DER GROSSE PLOETZ

V&R

DER GROSSE PLOETZ

DIE ENZYKLOPÄDIE DER WELTGESCHICHTE

35., völlig neu bearbeitete Auflage

Vandenhoeck & Ruprecht

1863 begründet von Dr. Carl Ploetz
Neu bearbeitet von über 80 Historikern

Bibliografische Information der Deutschen Bibliothek
Die Deutsche Bibliothek verzeichnet diese Publikation in der Deutschen Nationalbibliografie; detaillierte bibliografische Daten sind im Internet über http://dnb.d-nb.de abrufbar.

ISBN 978-3-525-32008-2

35., völlig neu bearbeitete Auflage 2008

Lizenzausgabe für Vandenhoeck & Ruprecht
GmbH & Co. KG, Göttingen

Projekt- und Redaktionsleitung: Dr. Dieter Geiß
Redaktion: Marit Borcherding, M.A. (Göttingen), Jens Grühn, M.A. (Freiburg i. Br.), Christina Knüllig, M.A. (Hamburg), Dr. Bernd Neumeister (Freiburg i. Br.), Dore Wilken, M.A. (Freiburg i. Br.)
Herstellung: Corinna Gabrisch

Gesamtgestaltung: deblik, Berlin
Umschlagmotiv: iStockphoto
Karten und Grafiken: Klaus Kühner, huettenwerke.de
Satz: pagina, Tübingen
Druck und Bindung: freiburger graphische betriebe

Gedruckt auf umweltfreundlichem, chlorfrei gebleichtem Papier
Printed in Germany

Vorwort zur 35. Auflage

Die »objektive Zusammenstellung der Tatsachen in übersichtlicher Gruppierung« war schon 1863 das Grundprinzip des Buches *Auszug der alten, mittleren und neueren Geschichte* des Berliner Gymnasialprofessors Dr. Carl Ploetz. Aus dieser Keimzelle erwuchs eine Daten- und Faktenenzyklopädie, seit der 29. Auflage unter dem Namen *Der Große Ploetz*, die in ihrer Art einmalig ist. Den Prinzipien von Carl Ploetz fühlt sich auch die 35. Auflage des *Großen Ploetz* verpflichtet.

Die Fülle der Ereignisse ist nach den gängigen historischen Epochen gegliedert, die weitere Unterteilung nach Regionen, Reichen und Staaten schafft überschaubare Kapitel. Das chronologisch geordnete Daten- und Faktengerüst bildet das Rückgrat auch der 35. Auflage des *Großen Ploetz*. Die geografischen und wirtschaftlichen, gesellschaftlichen und politischen Rahmenbedingungen von Epochen und Ländergeschichten sind den Kapiteln einleitend vorangestellt. Die Chronologien informieren über Jahr, Monat, Tag und manchmal sogar Uhrzeit, thematische Textblöcke erläutern Zusammenhänge, Begriffe, Institutionen usw.

Für die 35. Auflage wurde der *Große Ploetz* grundlegend überarbeitet, in Teilen völlig neu geschrieben, strukturell teilweise verändert und so weiterentwickelt: Das Werk beginnt nun mit der Evolution des Menschen, in den Abschnitt »Altertum« ist jetzt die Geschichte der Hochkulturen Indiens und Chinas integriert. Die Zeit zwischen etwa 500 und 1500 wird für die Alte Welt (Europa und Asien) als gemeinsame Geschichte mit zahlreichen Interaktionen verstanden und folglich in einem Abschnitt präsentiert. In den Teilen zur »Neuzeit etwa 1500 bis 1945« sowie »Neueste Zeit seit 1945« werden in den Kapiteln zu den internationalen Entwicklungen und Ereignissen jetzt auch die Entwicklungen in der Kulturgeschichte sowie Technik- und Wissenschaftsgeschichte seit ca. 1800 skizziert. Für die Kontinente Amerika, Afrika und Australien wird in dem Abschnitt »Neuzeit etwa 1500 bis 1945« auch deren jeweilige Geschichte vor 1500 dargestellt. In den Staatenartikeln nach 1945 wurden die Einträge der letzten 20 Jahre neu gewichtet, viele thematische Textblöcke zur Einordnung der neuesten Geschichte neu geschrieben und die Chronologie bis 2008 aktualisiert. Redaktionsschluss der 35. Auflage des *Großen Ploetz* ist der 30. April 2008.

Für die 35. Auflage wurden viele Schreibungen von Personen und Orten den neuen Transkriptionen angepasst. Allen Personennamen wurden bei ihrer Ersterwähnung in einem größeren Kapitel Geburts- und Sterbejahr, zahlreichen Ortsnamen die geografische Einordnung beigegeben.

Zusätzlich zur inhaltlichen Überarbeitung erscheint die 35. Auflage des *Großen Ploetz* in einem völlig neuen Gewand. Erstmalig ist das Werk durchgehend vierfarbig gestaltet. Der neue zweispaltige Satz mit der neuen Typografie macht das Werk deutlich lesefreundlicher.

Über 200 historische Karten wurden in Zusammenarbeit mit den Autoren völlig neu entwickelt. Die Karten ermöglichen dem Leser als Ergänzung zum Text eine umfassende Orientierung über historische Ereignisse im geografischen Raum. Weiterhin enthält das Werk über 250 vierfarbige Grafiken, Tabellen und Genealogien, die teilweise neu gestaltet, teilweise überarbeitet wurden: Grafiken stellen Verfassungen, Wirtschaftsformen und Bündnissysteme anschaulich dar, Tabellen enthalten chronologische Überblicke und themenbezogene Übersichten mit vielfältigem Datenmaterial, Stammtafeln informieren über dynastische und genealogische Beziehungen.

Das Register wurde gründlich überarbeitet und zur besseren Übersicht in ein Personen- sowie ein Orts- und Sachregister unterteilt. Für eine schnelle Orientierung ist jede Person mit ihren Lebensdaten, ihrer Nationalität und Funktion erfasst; die Einträge im Orts- und Sachregister sind mit einer Kurzbeschreibung versehen. Am Ende des *Großen Ploetz* findet sich erstmals eine Bibliografie, in der von den Autoren empfohlene Titel zum vertiefenden Weiterlesen aufgeführt werden.

Redaktion und Verlag danken allen Autoren für ihr Engagement bei der Bearbeitung ihrer Beiträge. Viele der Autoren haben darüber hinaus wertvolle Hinweise und Anregungen zu den neuen Strukturen und Inhalten des *Großen Ploetz* gegeben. Weiterhin gilt der Dank allen Mitarbeitern, die zum Gelingen des Werkes beigetragen haben. Den Leserinnen und Lesern des *Großen Ploetz* möchten wir unseren besonderen Dank für ihr anhaltenes Vertrauen und ihr Interesse aussprechen. Um ihrem Anspruch noch besser gerecht zu werden, bitten Verlag und Redaktion um Anregung und Kritik.

Redaktion *Ploetz* und
Verlag *Vandenhoeck & Ruprecht*

Freiburg im Breisgau und
Göttingen, Mai 2008

Autorenverzeichnis

Prof. Dr. Ronald G. Asch, Freiburg im Breisgau: Britische Inseln 1485–1783
Prof. Dr. Walther L. Bernecker, Erlangen-Nürnberg: Spanien seit 1788, Portugal seit 1495
Prof. Dr. Walther L. Bernecker, Rüdiger Zoller M.A., beide Erlangen-Nürnberg: Lateinamerika seit der Unabhängigkeit
Ulrich Bracher, Stuttgart: Skandinavien seit 1815
Prof. Dr. Sabine Dabringhaus, Freiburg im Breisgau: China
Prof. Dr. Alexander Demandt, Lindheim: Römisches Reich in der Spätantike 284–476, Prinzipat 30 v. Chr.–284 n. Chr., Christentum im Römischen Reich bis 313 (letzen beiden Kapitel unter Verwendung des Textes von Prof. Dr. Jochen Martin, Freiburg, aus der 34. Auflage)
Prof. Dr. Werner Eck, Köln: Palästina, Syrien, Kleinasien als römische Provinz
Prof. Dr. Wolfgang U. Eckart, Heidelberg: Geschichte der Medizin seit ca. 1800
Prof. Dr. Andreas Eckert, Berlin: Einführungen Afrika vor 1945 und Afrika nach 1945, Regionen und Staaten Afrikas südlich der Sahara, Mahgreb nach 1517 (bei Staaten südlich der Sahara außer Äthiopien, Eritrea, Somalia und Djibouti für die Jahre 1980–1985 unter Verwendung der Texte von Dr. Friedemann Corvinus, Schallstadt, aus der 34. Auflage)
Prof. Dr. Marion Eggert, Bochum: Korea
Prof. Dr. Jürgen Elvert, Köln: Irland seit dem 19. Jahrhundert
Prof. Dr. Birgit Emich, Freiburg im Breisgau: Einführungen Neuzeit und Frühe Neuzeit, Überblicke Europa in der Frühen Neuzeit und das frühneuzeitliche Europa und die Welt
Prof. Dr. Moritz Epple, Birgit Bergmann M.A., Björn Schirmeier M.A., Dr. Florian Schmaltz, alle Frankfurt am Main: Wissenschaftsgeschichte seit 1789
Prof. Dr. Michael Erbe, Mannheim: Niederlande, Belgien, Luxemburg seit 1477
Prof. Dr. Arnold Esch, Rom: Italien 568–1494
Prof. Dr. Franz Felten, Mainz: Kirchengeschichte, Papsttum 313–1534
Prof. Dr. Norbert Finzsch, Köln: USA 1800–1919, Kanada 1800–1931
Dr. Rainer Freitag-Wirminghaus, Schneverdingen: Georgien, Armenien, Aserbaidschan seit der Unabhängigkeit, West- und Ostturkestan 15.–20 Jahrhundert, Kasachstan, Turkmenistan, Usbekistan, Tadschikistan, Kirgistan seit 1945
Dr. Jörg Fündling, Aachen: Makedonien bis Philipp II., Alexander der Große, Diadochenkriege, Hellenistisches System, Griechenland 322–145 v. Chr., Antigoniden in Makedonien, Kleinasiatische Monarchien im Hellenismus, Seleukidenreich
Prof. Dr. Peter Funke, Münster: Armenien 6. Jh. v. Chr.–655, Parthien, Sassanidenreich
Prof. Dr. Hartmut Galsterer, Köln: Italien im Römischen Reich
Prof. Dr. Manfred Görtemaker, Potsdam: Deutschland seit 1792
Prof. Dr. Monika Gronke, Köln: Entstehung des Islams, Kalifat 661–1258, Persien/Iran seit 1501
Dr. Gerhard Groß, Potsdam: Erster Weltkrieg, Überblick Internationale Beziehungen 1919–1929
Prof. Dr. Thomas Grosser, Mannheim: Kulturgeschichte 1789–1914
Dr. Matthias Hardt, Leipzig: Einführung Frühmittelalter, Frankenreich 482–843, Westfrankenreich 843–987, Ostfrankenreich 843–911 (Frankenreich, West- und Ostfrankenreich unter Verwendung des Textes von Prof. Dr. Friedrich Prinz, München, aus der 34. Auflage)
Prof. Dr. Gabriele Haug-Moritz, Graz: Deutschland 1493–1792
Prof. Dr. Hans Hecker, Köln: Russland/Sowjetunion, Polen, Baltikum, Ukraine, Weißrussland, Moldawien
Prof. Dr. Klaus Helfrich, Madrid: Kulturen Australiens und Ozeaniens bis zum 18. Jahrhundert
Prof. Dr. Oskar von Hinüber, Freiburg im Breisgau: Indien, Pakistan, Bangladesh, Sri Lanka (Ceylon), Nepal, Bhutan, Malediven
Prof. Dr. Vincent Houben, Berlin: Südostasien
Dr. Dirk Jäckel, Bochum: Christliche Territorien im östlichen Mittelmeerraum und Kaukasus
Prof. Dr. Nikolas Jaspert, Bochum: Spanien 507–1516
Prof. Dr. Albrecht Jockenhövel, Münster: Neolithikum, Bronzezeit und Eisenzeit in Europa
Dr. Wolfgang Kessler, Mönchengladbach: Südosteuropa seit dem 6. Jh., Ungarn seit 1945, Böhmen im Mittelalter, Tschechoslowakei 1918–1992, Tschechien und Slowakei seit 1993
Dr. Michael Koch, Stolberg: Iberische Halbinsel im Altertum
Prof. Dr. Georg Kreis, Basel: Schweiz
Prof. Dr. Klaus Kreiser, Köln: Türkische Reiche Westasiens bis zum 15. Jh., Osmanisches Reich, Türkei
Dr. Wilhelm Kreutz, Mannheim: Religions- und Kulturgeschichte der Frühen Neuzeit
Prof. Dr. Kersten Krüger, Rostock: Skandinavien 1523–1815
Prof. Dr. Hermann Kulke, Heikendorf: Einführungen Asien im Altertum und Asien zwischen ca. 500 und 1500
Prof. Dr. Ulrich Lappenküper, Reinbek: Überblick Neuzeit 1789–1914
Prof. Dr. Ursula Lehmkuhl, Berlin: USA seit 1919, Kanada seit 1931
Prof. Dr. Reinhard Liehr, Berlin: Spanien 1516–1788
Prof. Dr. Rudolf Lill, Köln: Italien seit 1814
Prof. Dr. Wilfried Loth, Münster: Frankreich seit 1498
Prof. Dr. Helmut Maier: Technikgeschichte seit dem 18. Jh.
PD Dr. Martina Minas-Nerpel, Swansea: Ägypten 322 v. Chr.–629 n. Chr.
Prof. Dr. Rolf-Dieter Müller, Potsdam: Zweiter Weltkrieg, Überblick Internationale Beziehungen 1929–1939
Prof. Dr. Norbert Nebes, Weimar: Arabien bis zum Islam

Prof. Dr. Jens E. Olesen, Greifswald: Skandinavien ca. 600–1523

Dr. Klaus Oschema, Heidelberg/Bern: Frankreich 987–1498 (unter Verwendung des Textes von Prof. Dr. Joachim Ehlers, Berlin, aus der 34. Auflage)

Prof. Dr. Jürgen Osterhammel, Konstanz: Einführungen Asien in der Frühen Neuzeit und Asien seit ca. 1800

Prof. Dr. Diamantis Panagiotopoulos, Heidelberg: Minoisch-mykenische Kultur

Prof. Dr. Jürgen Petersohn, Würzburg: Deutschland im Hochmittelalter

Prof. Dr. Thomas Philipp, Erlangen-Nürnberg: Überblicke Nahe Osten und Nordafrika ca. 1800–1945 und Nahe Osten und Nordafrika seit 1945, Nahostkonflikt seit 1945, Staaten des Nahen Ostens seit 1920, Mamluken, Ägypten seit 1517

Prof. Dr. Horst Pietschmann, Köln: Kolonialgeschichte Lateinamerikas

PD Dr. Thomas Pratsch, Berlin: Byzantinisches Reich

Prof. Dr. Folker Reichart, Heidelberg: Einführung Alte Welt zwischen ca. 500 und ca. 1500

Prof. Dr. Volker Reinhardt, Freiburg im Üechtenland: Italien 1494–1814

Prof. Dr. Michael Richter, Konstanz: Britische Inseln ca. 500–1485

Prof. Dr. Berthold Riese, Bonn: Präkolumbische Indianerkulturen Amerikas

Prof. Dr. Robert Rollinger, Innsbruck: Anatolien bis zur Frühbronzezeit, Troia, Zypern bis 1200 v. Chr., Phrygien, Urartu, Lydien

Prof. Dr. Walther Sallaberger, München: Mesopotamien bis 539 v. Chr., Syrien und Phönikien bis 525 v. Chr.,Hethither 2000–1200 v. Chr., Elam bis ca. 1200 v. Chr.

Dr. Conrad Schetter, Bonn: Afghanistan seit der Unabhängigkeit

PD Dr. Rüdiger Schmitt, Münster: Palästina bis 63 v. Chr.

Prof. Dr. Thomas Schneider, Vancouver: Ägypten bis 323 v. Chr.

Prof. Dr. Rainer Christoph Schwinges, Bern: Kultur im Hoch- und Spätmittelalter, Politik, Wirtschaft und Gesellschaft im Hoch- und Spätmittelalter, Deutschland im Spätmittelalter (die beiden zuletzt genannten Beiträge unter Verwendung der Texte von Prof. Dr. František Graus und Prof. Dr. Peter Moraw aus der 34. Auflage)

Dr. Wido Sieberer, Kitzbühel: Skythen

Prof. Dr. Bernd Stöver, Potsdam: Einführung Neuzeit seit 1945, Überblick überregionale und globale Ereignisse und Entwicklungen seit 1945

Prof. Dr. Veronika Veit, Bonn: Xiongnu und Hunnen, Zentralasien bis zu den Mongolen, Mongolen und Mongolei, Tibet bis 1950, Ilkhane und Timuriden 1256–1507

Prof. Dr. Karl Vocelka, Wien: Habsburgermonarchie im Heiligen Römischen Reich, Kaiserreich Österreich, Österreich-Ungarn, Österreich seit 1918, Ungarn 1918–1945

Prof. Dr. Johannes Voigt, Marbach am Neckar: Australien, Neuseeland, Ozeanien seit 1776

PD Dr. Annette Vowinckel, Berlin: Kulturgeschichte ab 1914

Prof. Dr. Uwe Walter, Bielefeld: Griechenland vom Ende der Bronzezeit bis 322 v. Chr., Römische Geschichte bis 30 v. Chr., Karthago (in den Chronologien unter Verwendung der Texte von Prof. Dr. Jochen Martin, Freiburg, aus der 34. Auflage)

Prof. Dr. Peter Weber-Schäfer, Köln: Japan

Prof. Dr. Hermann Wellenreuther, Göttingen: Nordamerika ca. 1500–1800

Prof. Dr. Peter Wende, Frankfurt am Main: Großbritannien seit 1783

Prof. Dr. Gerd-Christian Weniger, Mettmann: Evolution des Menschen, Paläolithikum

Prof. Dr. Josef Wiesehöfer, Kiel: Westen und Nordwesten des Irans bis ca. 550 v. Chr., Achaimenidenreich

Prof. Dr. Hartmut Wolff, Passau: Nordwestafrika unter römischer Herrschaft, Gallien, Germanien, Rätien, Alpenprovinzen, Dalmatien, Mösien, Dakien, Thrakien, Pannonien und Noricum als römische Provinzen

Prof. Dr. Herwig Wolfram, Eugendorf: Völkerwanderung

Inhaltsverzeichnis

I

VORGESCHICHTE

Als Vorgeschichte oder Urgeschichte wird die Phase der menschlichen Geschichte bezeichnet, die vor dem Beginn der schriftlichen Aufzeichnungen liegt. In Europa wird der Beginn der antiken Kulturen des Mittelmeergebietes traditionell als Ende der Vorgeschichte verstanden. Da die schriftliche Überlieferung zeitlich versetzt in den verschiedenen Regionen der Erde beginnt, endet die Vorgeschichte je nach Region auch zu unterschiedlich Zeitpunkten.

Die Frühgeschichtsforschung begleitet die Geschichtsforschung inzwischen mit archäologischen Methoden bis in das Frühmittelalter hinein. Die Vorgeschichte ist im deutschsprachigen Raum Aufgabenfeld der Vorgeschichtsforschung (auch Ur- und Frühgeschichtsforschung oder prähistorische Archäologie genannt) sowie der Paläoanthropologie. Außerdem sind inzwischen viele naturwissenschaftliche Disziplinen an der Erforschung der Vorgeschichte beteiligt, die früher als Hilfswissenschaften bezeichnet wurden. Heute kann die Vorgeschichte nur noch als multidisziplinäre Forschung erfolgreich betrieben werden. Sie nimmt damit eine echte Brückenfunktion zwischen den Geistes- und Naturwissenschaften ein.

Traditionell wird die Vorgeschichte in Europa nach dem Dreiperiodensystem in Stein-, Bronze- und Eisenzeit unterteilt. Die Steinzeit wird in die Altsteinzeit (Paläolithikum) und Jungsteinzeit (Neolithikum) unterteilt, zwischen die in Europa die Mittelsteinzeit (Mesolithikum) eingefügt wird. Sowohl im Paläolithikum als auch im Mesolithikum ist Jagen und Sammeln die zentrale Subsistenzstrategien des Menschen. Mit dem Neolithikum beginnt die Sesshaftwerdung und die Entwicklung von Ackerbau und Viehzucht als neue Wirtschaftsform. Kulturgeschichtlich ist dieser Wandel der Wirtschaftsform ein entscheidender Wendepunkt in der menschlichen Entwicklungsgeschichte. Der Beginn der produzierenden Wirtschaftsweise hat tief greifende Folgen für das Verhältnis des Menschen zu seiner Umwelt und führt zur Entstehung neuer sozialer und politischer Systeme. Die demografische Entwicklung der Menschheit zur Topspezies auf der Erde hat ihre Ursache in dieser neuen Wirtschaftsform und ihren Entwicklungsmöglichkeiten.

Das Jagen und Sammeln in kleinen sozialen Einheiten war die Lebensform, in der Menschen den größten Teil ihrer Entwicklungsgeschichte verbracht haben. Mithilfe dieser Lebensform gelang es, das Experiment der Menschwerdung langfristig abzusichern und alle Kontinente von Afrika aus dauerhaft zu besiedeln. Verhaltensbiologisch ist der moderne Mensch wahrscheinlich bis in die Gegenwart hinein dieser Lebensform noch stark verhaftet.

Die Evolution der Hominiden

Die Geschichte des Menschen und der Gattung *Homo* vollzog sich v. a. im Quartär, der jüngsten erdgeschichtlichen Formation, doch reicht der Beginn der menschlichen Entwicklungsgeschichte erheblich weiter zurück bis in das vorangegangene späte Tertiär. Die frühe Phase der Humanevolution im späten Tertiär erforscht ausschließlich die Paläoanthropologie, da keine kulturellen Hinterlassenschaften aus diesem Zeitraum belegt sind.

Menschen und Menschenaffen werden taxonomisch gemeinsam in die Familie der *Hominidae* gestellt. Innerhalb der *Hominidae* bilden die Echten Menschen (*Homini*) mit der Gattung *Homo* sowie den ausgestorbenen Gattungen *Australopithecus* und *Paranthropus* eine eigene taxonomische Einheit. Es ist jedoch üblich, neben der taxonomisch korrekten Terminologie, den Sammelbegriff Hominiden für den Menschen und seine entwicklungsgeschichtlichen Vorfahren zu benutzen. Aufgrund von Hochrechnungen anhand genetischer Verteilungsmuster des aktuellen menschlichen Genoms wird geschätzt, dass die Aufspaltung zwischen der zum Menschen bzw. zum heutigen Schimpansen führenden Entwicklungslinie vor etwa 8 Mio. Jahren erfolgte.

Der entwicklungsgeschichtliche Weg der Hominiden ist in der Paläoanthropologie in hohem Maße umstritten, da nur eine extrem kleine Stichprobe von Humanfossilien bisher entdeckt wurde. Diese ohnehin schmale Datenbasis wird durch die Unvollständigkeit des Fundmaterials zusätzlich beeinträchtigt. Meist kann nicht auf komplette fossile Individuen, sondern nur auf Teilskelette, häufig nur einzelne Knochen, zurückgegriffen werden. Erschwerend kommt hinzu, dass alters- und geschlechtsspezifische Merkmale der Skelettmorphologie nicht hinreichend geklärt werden können. Dadurch können die Fossilien meist nicht als repräsentative Vertreter biologischer Populationen gelten. Diese mangelnde Repräsentativität führt zwangsläufig zu großen Unsicherheiten in der wissenschaftlichen Analyse und somit auch zu konkurrierenden Hypothesen in der Paläoanthropologie. Zwei grundsätzliche Forschungsansätze können unterschieden werden. Ein Forschungsansatz geht von der Entstehung weniger Arten aus, die entgegengesetzte Position vertritt die Entstehung vieler Arten. Ungeklärt ist dabei, inwieweit die paläoanthropologisch definierten Einheiten der Hominiden mit echten Arten im biologischen Sinn gleichgesetzt werden können. Der erstgenannte Forschungsansatz nutzt den Artbegriff in offenerer Weise und versteht die paläoanthropologische Systematisierung als eine vorläufige morphologische Begriffsbildung des Fundmaterials in Raum und Zeit in Abhängigkeit vom aktuellen Forschungsstand. Der reale geschichtlich-biologische Prozess der Menschwerdung kann andere systematische Einheiten gebildet haben. Trotz dieser konkurrierenden Modelle sowie unterschiedlicher taxonomischer Klassifizierungen sind die wesentlichen Etappen der Humanevolution und die im Hintergrund wirkenden Prozesse in der Paläoanthropologie aber weitgehend unbestritten.

Umweltgeschichte des Quartärs

Die Entwicklungsgeschichte der Gattung *Homo* vollzog sich im Quartär, das laut geologischer Definition vor 2,59 Mio. Jahren begann. Als chronologischer Marker dient der Beginn einer dauerhaften Vereisung beider Polkappen. Das Quartär umfasst drei Epochen: Das Ende des Pliozäns, das gesamte Pleistozän und das Holozän. Das Pleistozän, das den größten Teil des Quartärs einnimmt, begann vor 1,8 Mio. Jahren und endete vor 11 500 Jahren. Sein ältester Abschnitt, das Altpleistozän, dauerte bis vor 780 000 Jahren. Zwischen dem Altpleistozän und dem anschließenden Mittelpleistozän verläuft die Brunhes-Matuyama-Grenze, die die bisher letzte Umpolung des Magnetfeldes der Erde markiert. Das Jungpleistozän begann vor 120 000 Jahren mit der letzten Warmzeit des Pleistozäns. Auf das Pleistozän folgt mit dem Ende der letzten Eiszeit das Holozän als jüngste erdgeschichtliche Epoche, die noch andauert.

Der größte Teil des Quartärs war durch sehr starke Wechsel des globalen Klimas bestimmt. Zentrale Ursache dieser Klimaschwankungen sind Änderungen der Sonneneinstrahlung auf die Erde, die durch verschiedene Parameter bestimmt werden: Da die Erde die Sonne nicht auf einer exakten Kreisbahn umrundet, steht sie der Sonne mal näher und mal ferner. Darüber hinaus verändert sich diese elliptische Umlaufbahn zyklisch und auch die Schrägstellung der Erdachse selbst unterliegt zyklischen Schwankungen. Alle drei astronomischen Parameter beeinflussen in wechselnden Rhythmen die Sonneneinstrahlung und können sich gegenseitig verstärken oder abschwächen. Zusammen mit der Kontinentalverschiebung sowie den internen Steuerungsmechanismen des Erdklimas über die Eisschilde an den Polkappen und über die Strömungsverhältnisse in den Meeren entwickelte sich im Quartär ein komplexes Klimageschehen.

Während am Ende des Pliozäns noch warme Klimabedingungen auf der Nordhalbkugel vorherrschten, begann mit dem Pleistozän das Eiszeitalter. Ursprünglich ging die Forschung von vier großen Eiszeiten mit entsprechenden Vorstößen von Gletschern aus, die nach Nebenflüssen der Donau als Günz, Mindel, Riß und Würm bezeichnet wurden, da man an diesen Flüssen die Eisvorstöße alpiner Gletscher erstmals geologisch nachweisen konnte. Heute können 103 größere Klimaschwankungen unterschieden werden. Diese hochauflösende Gliederung des Klimas im Quartär wurde durch Kernbohrungen im grönländischen und antarktischen Eis sowie in Tiefseeablagerungen möglich. In den Bohrkernen haben sich feinste Ablagerungen erhalten, die die große Phasen des Pleistozäns fast lückenlos dokumentieren. Die grönländischen Eisbohrkerne reichen 250 000 Jahre, die der Antarktis sogar 420 000 Jahre zurück. Die Tiefseebohrkerne, deren Abfolge über das Verhältnis der Sauerstoffisotope 16O und 18O definiert wird, decken das gesamte Quartär ab. Klimadaten aus den Eisbohrkernen und aus Tiefseebohrkernen dokumentieren v. a. während der letzten Eiszeit viele kurzfristige, abrupte Klimaschwankungen auf der Nordhalbkugel mit einer Dauer von teilweise nur 100 oder 200 Jahren. Das Holozän ist dagegen im Vergleich zum Mittel- und Jungpleistozän durch einen außergewöhnlich ruhigen Klimaverlauf gekennzeichnet.

Längere kalte Klimaphasen werden als Eiszeiten (Glaziale) bezeichnet, die dazwischen liegenden warmen Klimaphasen als Warmzeiten (Interglaziale). Innerhalb dieser sich ständig abwechselnden großen Schwankungen kam es regelmäßig zu kleineren, kurzfristigen Klimaschwankungen. Im Verlauf des Pleistozäns hat sich das Klima allmählich immer weiter abgekühlt und zum Anwachsen der Eisschilde auf der südlichen und nördlichen Halbkugel sowie zum Anwachsen der Gletscher in den Hochgebirgen geführt.

Im Zuge des klimatischen Wandels veränderte sich auch die Tierwelt. Aufgrund von Fundplätzen mit umfangreichen Faunenresten lassen sich die großen Klimazyklen und ihre Auswirkungen auf die Tierwelt gut erfassen. Unterschieden wird zwischen eiszeitlichen und warmzeitlichen Faunengemeinschaften. Typische Vertreter der eiszeitlichen Fauna (Mammutfauna) in Europa waren im Mittel- und Jungpleistozän Mammut, Wollhaariges Nashorn, Wisent, Rentier, Moschusochse und Saigaantilope; als typische Vertreter warmzeitlicher Faunengemeinschaften (Waldelefantenfauna) gelten Waldelefant, Waldnashorn, Flusspferd, Wasserbüffel, Auerochse und Damhirsch. Große Raubtiere wie Höhlenlöwe, Höhlenhyäne, Wolf sowie verschiedene Bärenarten erwiesen sich als besonders anpassungsfähig und sind in beiden Faunengesellschaften anzutreffen. Die Zusammensetzung der Großtierfaunen belegt für beide Klimaphasen eine überaus große Artenvielfalt, die mit den holozänen Verhältnissen auf der Nordhalbkugel nicht mehr vergleichbar ist. Während das Altpleistozän noch eine geringe Klimadynamik aufwies, haben sich im Mittel- und Jungpleistozän eiszeitliche und warmzeitliche Faunengemeinschaften immer wieder abgelöst. Die Waldelefantenfauna hatte ihr Kerngebiet im Mittelmeerraum, die Mammutfauna in Westsibirien. Aus beiden Regionen erfolgte bei Klimawechseln eine Ausbreitung über weite Teile Europas mit anschließendem Aussterben und Rückzug auf die Kernregion.

Die Flora unterlag den Klimaschwankungen in gleicher Weise. Durch die Untersuchung von Blütenstaub (Pollenanalyse) sowie pflanzlicher Reste, die sich in See- oder Moorsedimenten erhalten haben, kann die Vegetationsdecke im Pleistozän rekonstruiert werden. In kalten Klimaphasen des Mittel- und Jungpleistozäns breiteten sich in Europa offene Kältesteppen ohne Baumbewuchs aus, in warmen Klimaphasen waren wärmeliebende Laubwälder vorherrschend. Der sich ständig ändernde Verlauf der Waldgrenze ist ein wichtiger bioklimatischer Parameter. Die mittlere Julitemperatur lag in kalten Phasen etwa 10°C–15°C unter der aktuellen (in Norddeutschland +17,5°C). Erst ab einer durchschnittlichen Julitemperatur von mindestens +10°C kann sich Nadelwald ausbreiten. In warmen Klimaphasen lag die mittlere Julitemperatur bei 20°C und darüber.

Durch das Vordringen der Gletscher in kalten Klimaphasen wurden die Landschaften der Nordhablkugel geomorphologisch überprägt. Ganz Nordeuropa und Teile Nordasiens waren in Vorstoßphasen vom skandinavischen Inlandeis bedeckt. In Nordamerika bedeckte der Laurentische Eisschild große Teile des Kontinents. Während des letzten glazialen Maximums vor 20 000 Jahren war ein Drittel der festen Erde mit Eis bedeckt. Das Vorstoßen und Zurückweichen der Eismassen hat die Landoberflächen durch Abtragung, Transport und Ablagerung von Gesteinsmaterial entscheidend verändert. Durch die Ausblasung von Feinstaub in trockenkalten Klimaphasen und seine Ablagerung haben sich in Europa und Asien mächtige Lößüberdeckungen gebildet.

Die Küstenlinien veränderten sich ebenfalls häufig durch Absenkungen des Meeresspiegels in Kaltzeiten, als große Teile des Wassers im Gletschereis gebunden waren. Während des letzten glazialen Maximums lag der Meeresspiegel um 130 m tiefer als heute. Die Nordsee war zu diesem Zeitpunkt Festland, das die Britischen Inseln mit dem Kontinent verband. Funde von Mammutknochen und von Steinartefakten bei Bohrungen auf der Doggerbank dokumentieren diese Phase. Die Ostsee ist ein junges Meer und entstand erst im Holozän durch das Abschmelzen des skandinavischen Eisschildes. In warmen Klimaphasen stieg der Meeresspiegel mit dem Abschmelzen des Gletschereises an, was zu Änderungen der Kommunikations- und Ausbreitungswege des eiszeitlichen Menschen führte.

Diese vielfältigen Veränderungen der natürlichen Umwelt im Pleistozän hatten bedeutenden Einfluss auf die Entwicklungsgeschichte des Menschen. Sie erforderten ständig neue kulturelle Anpassungsleistungen und eine hohe Mobilität. V. a. das Leben in Europa war im Pleistozän eine ständige Herausforderung für den Menschen. Hier verlief seit etwa 1 Mio. Jahren seine nördliche Verbreitungsgrenze, die sich unter dem Umweltdruck ständig verlagerte und ihn immer wieder zur Aufgabe von Siedlungsarealen in Europa zwang.

Globale chronostratigrafische Systeme

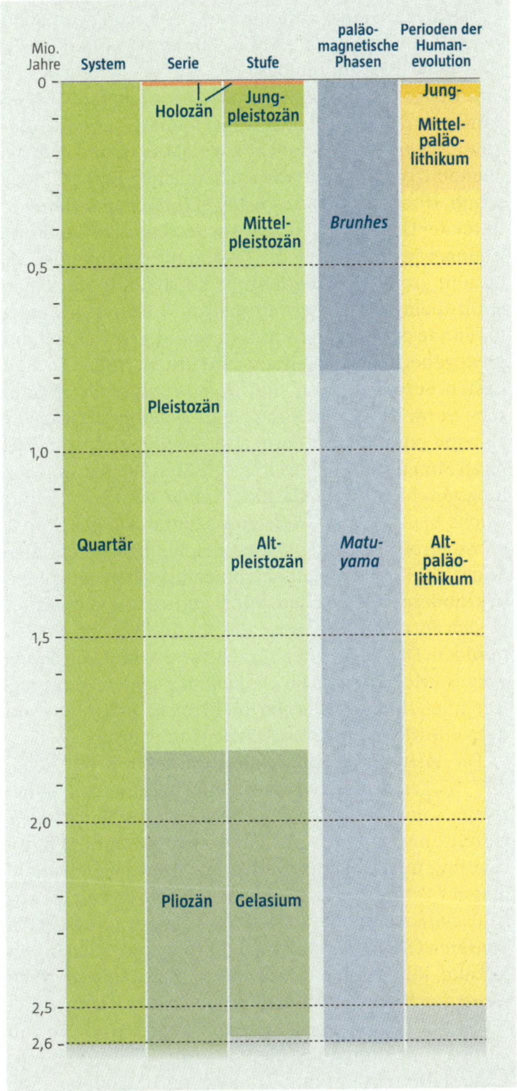

Der afrikanische Ursprung des Menschen

Die ältesten Hominidenfunde stammen ohne Ausnahme aus Afrika, das damit als »Wiege der Menschheit« gilt. Drei Fundplätze reichen mit ihrer Zeitstellung nahe an die postulierte Trennung der menschlichen Entwicklungslinie von der des Schimpansen vor etwa 8 Mio. Jahren heran. Auf ein Alter von 6–7 Mio. Jahren wird der *Sahelanthropus tchadensis* aus der Fundstelle Toros-Menalla im Tschad geschätzt. Für die Funde des *Ardipithecus kadabba* aus Äthiopien und des *Orrorin tugenensis* aus Kenia wird ein Alter von 5–6 Mio. Jahren angenommen. Die Zuordnung dieser ältesten Funde zu den Vorfahren des Menschen ist umstritten.

Erst mit *Australopithecus*, deren älteste Vertreter vor etwa 4 Mio. Jahren nachweisbar sind, entstand eine Hominidengattung, die heute durch zahlreiche Funde in vielen Teilen Afrikas belegt ist. Die Australopithecinen haben mehrere geografische Formen ausgebildet, deren phylogenetische Verbindungen untereinander noch weitgehend ungeklärt sind. Zu den typischen Merkmalen aller Australopithecinen zählt eine Gehirngröße von etwa 400 cm^3, die mit der heutiger Schimpansen vergleichbar ist, kräftige Backenzähne zur Nahrungsverarbeitung und eine weitgehend zweibeinige Fortbewegung. Morphologische Merkmale der Schulterblätter und Arme lassen vermuten, dass die Australopithecinen auch noch gute Kletterer waren. Die Entstehung der Australopithecinen wird als Anpassung früher Menschenaffen an veränderte Umweltbedingungen in Afrika verstanden. Durch eine globale Abkühlung vor etwa 8 Mio. Jahren schrumpfte das Verbreitungsgebiet des tropischen Regenwaldes, der bevorzugte Lebensraum afrikanischer Menschenaffen. Offenere Landschaftstypen wie die Baumsavanne breiteten sich nördlich, östlich und südlich der Zone des geschlossenen Regenwaldes aus. In den Randbereichen zwischen Regenwald, bewaldeten Uferhabitaten und Baumsavannen vollzog sich der erste Schritt zur Menschwerdung. Einige Menschenaffen nutzten zunehmend die offeneren Landschaftstypen und entwickelten dazu eine zweibeinige Art der Fortbewegung. Diese Entwicklung vollzog sich, wahrscheinlich unabhängig voneinander, mehrfach an den Rändern des Regenwaldes und erklärt die geografische Variationsbreite der Australopithecinen zwischen dem saharischen Bereich und Südafrika. Der globale Abkühlungsprozess schritt auch danach weiter voran, sodass sich immer größere Bereiche des afrikanischen Kontinents in offene Savannenlandschaften wandelten. Eine Variante der Australopithecinen entwickelte sich vor etwa 2,5 Mio. Jahren weiter zu der extrem robusten Gattung *Paranthropus*, dem sog. »Nussknackermensch«. Seine mächtigen Kiefer befähigten ihn zum Vermahlen selbst härtester Nahrung. Die Entstehung von *Paranthropus* wird als Spezialisierung an harte pflanzliche Nahrung interpretiert. Sein Lebensraum war wahrscheinlich eng an die Flussuferhabitate gekoppelt. Vor etwa 1,5 Mio. Jahren starb *Paranthropus* mit der immer weiter voranschreitenden Savannenbildung aus.

Die Evolution der Gattung Homo

Etwa zeitgleich zur Entstehung des *Paranthropus* entwickelten sich aus den Australopithecinen erste Vertreter der Gattung *Homo*. Dass die Entstehung der Gattung *Paranthropus* und der Gattung *Homo* etwa zeitgleich erfolgte, belegt einen starken Umweltdruck auf die Australopithecinen, die neue Formen der Anpassung entwickeln mussten. Welche der geografischen Varianten der Gattung *Australopithecus* als Wurzelformen der Gattung *Homo* gelten können, ist ungeklärt. Denn bereits die frühen Vertreter der Gattung *Homo* werden in zwei Formengruppen unterteilt: Den *Homo habilis* und den *Homo rudolfensis*. Kennzeichen der frühen Repräsentanten der Gattung *Homo* sind ein Anstieg des Gehirnvolumens über die Größe der Australopithecinen hinaus auf etwa 700 cm^3, ein vollständiger aufrechter Gang und die Herstellung von Steingeräten. Der Nachweis von Steinwerkzeugen markiert eine entscheidende Innovation in der Humanevolution.

Der Beginn einer systematischen Nutzung von Steinwerkzeugen vor etwa 2,5 Mio. Jahren war offenbar der alternative Weg zur biologischen Spezialisierung des *Paranthropus*. Er ging einher mit einer weiteren Größenzunahme des Gehirns und einer Zunahme der Körpergröße. *Homo erectus*, der vor etwa 2 Mio. Jahren in Afrika entstand, repräsentiert diesen deutlichen Entwicklungsschub. Über welchen der bisher gefundenen frühen Vertreter der Gattung *Homo* der Weg zu *Homo erectus* führte, ist ungewiss. Auch über die Taxonomie des *Homo erectus* besteht große Unsicherheit. Es kursieren in der Paläoanthropologie mehr als ein halbes Dutzend Artnamen für Funde der *Homo-erectus*-Gruppe, deren Validität und phylogenetische Beziehung umstritten sind. Die häufigsten Bezeichnungen sind *Homo ergaster* als afrikanische Form des *Homo erectus* und *Homo heidelbergensis* als eine europäische Form. Der *Homo erectus* im weiteren Sinn nimmt den weitaus größten Teil der Entwicklungsgeschichte der Gattung *Homo* ein. Sein Gehirn wuchs bis zu einer Größe von 1200 cm^3, seine Körpergröße erreichte Dimensionen des heutigen Menschen. Auch sein Körperskelett entsprach in weiten Teilen dem des modernen Menschen. Mit *Homo erectus* manifestierte sich in vielfacher Weise die Kulturfähigkeit der Hominiden. Der Beginn des Spracherwerbs muss mit *Homo erectus* erfolgt sein. Die Herstellung seiner Werkzeuge war über Imitationslernen nicht mehr erlernbar, sondern erforderte eine sprachliche Unterweisung.

Die Weitergabe von Erfahrungswissen schuf neben der biogenetischen Informationsübertragung einen zweiten, um ein Vielfaches schnelleren Weg der Wissensvermittlung und eine bis dahin nicht gekannte Flexibilisierung menschlichen Verhaltens. Diese neue Variabilität des Verhaltens ermöglichte es *Homo erectus* die afrikanische Savannenlandschaft zu verlassen und über den Vorderen Orient erstmals nach Europa und Asien in winterkalte Klimazonen vorzustoßen. Die ältesten Nachweise des *Homo erectus* außerhalb Afrikas liegen mit etwa 1,8 Mio. Jahren aus Dmanisi in Georgien vor. In Südeuropa sind Humanfossilien des *Homo erectus* ab etwa 1 Mio. Jahren in Ceprano (Italien) und Atapuerca (Spanien) nachweisbar. Während das Mittelmeergebiet zu den frühen Ausbreitungsräumen des *Homo erectus* zählt, wurden die Regionen nördlich davon erst spät besiedelt. Die strengeren klimatischen Bedingungen ließen erst ab etwa 600 000 Jahren mit einer weiteren Entwicklung der technologischen Möglichkeiten eine Besiedlung West-, Mittel-, und Osteuropas zu.

Aus den späten Formen des *Homo erectus* entwickelte sich in Europa vor etwa 200 000 Jahren der *Homo neanderthalensis*. Welche Formen in Asien zu diesem Zeitpunkt gelebt haben, ist noch ungeklärt. Der Neandertaler war als erste Menschenform in der Lage, auch unter eiszeitlichen Klimabedingungen in Europa zu siedeln. Sein Körperbau zeigt v. a. am Schädel deutlich archaische Merkmale und ist ausgesprochen robust. Seine Gehirngröße lag über der moderner Menschen.

Während in Europa der Neandertaler entstand, entwickelte sich zur gleichen Zeit in Afrika aus späten Formen des *Homo erectus* der anatomisch moderne Mensch *Homo sapiens*. Er gelangte in der letzten Warmzeit vor etwa 120 000 Jahren in den Vorderen Orient und besiedelte die gesamte Alte Welt. In Europa ist er vor 37 000 Jahren erstmals nachweisbar, in Ostasien und Australien sind die Nachweise etwa 40 000 Jahre alt. Der amerikanische Kontinent wurde vor etwa 20 000 Jahren über die Bering-Landbrücke besiedelt. Der späte Ursprung des anatomisch modernen Menschen in Afrika gilt als gesichert (Eva-Theorie oder Recent-African-Origin-Theorie)und wird sowohl durch morphologische Merkmale an Skelettfunden als auch durch genetische Merkmale des aktuellen Genpools bestätigt. Die multiregionale Theorie, die eine unabhängige Entstehung des moder-

Hominiden-Stammbaum

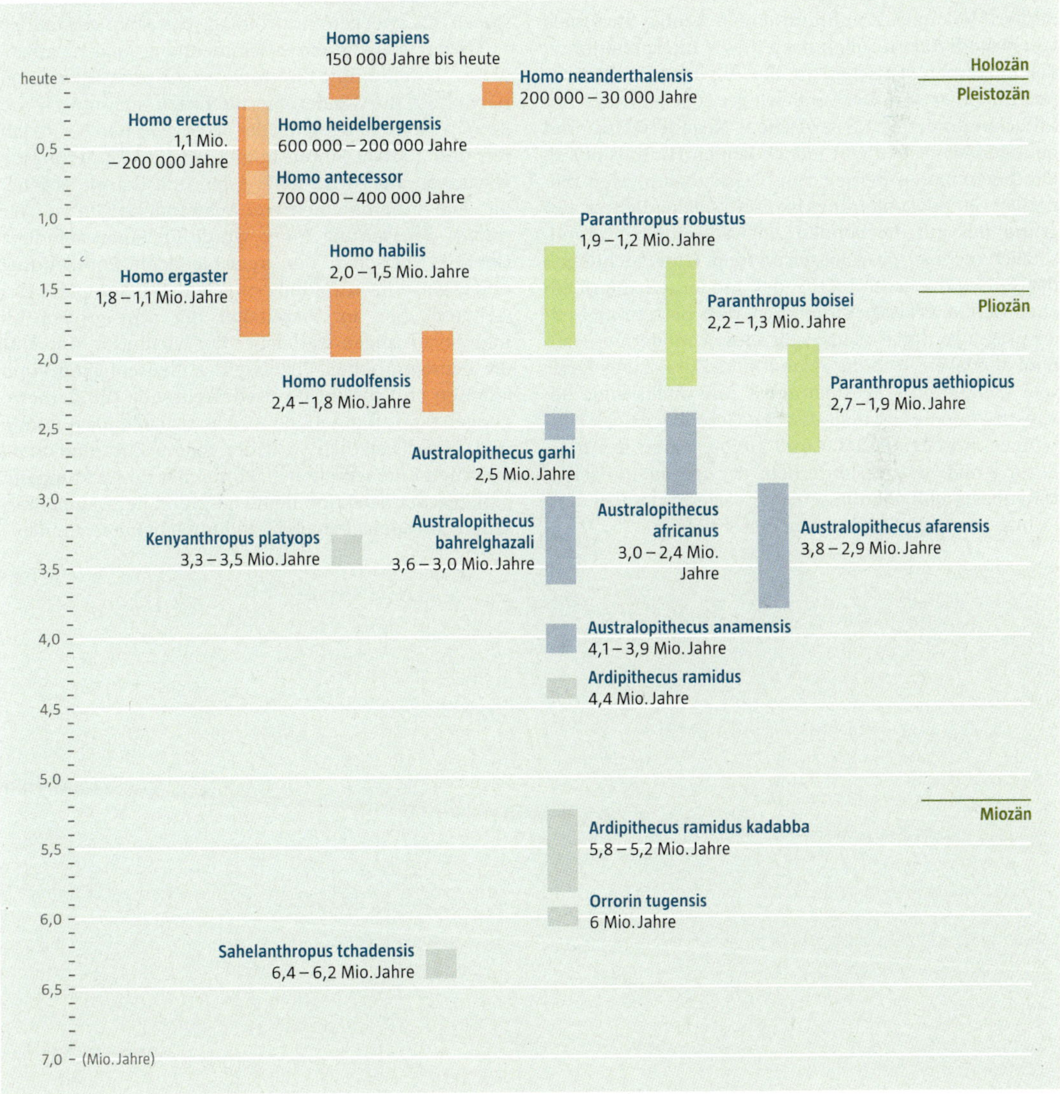

nen Menschen in Afrika, Europa und Asien postuliert, hat heute keine überzeugende Datenbasis mehr. Ungeklärt sind allerdings das Migrationsgeschehen und die Kontaktgeschichte zwischen dem anatomisch modernen Menschen und den in Europa und Asien lebenden indigenen menschlichen Populationen. Die wissenschaftliche Kontroverse dreht sich um den Umfang des potenziellen Beitrags der indigenen Populationen zum Genpool des modernen Menschen durch Vermischung mit den afrikanischen Einwanderern. Die strenge Sichtweise der Eva-Theorie schließt eine solche Vermischung kategorisch aus. Die Diskussion wird stellvertretend an dem Verhältnis zwischen Neandertalern und anatomisch modernem Menschen geführt. Diese Fokussierung ist durch die relativ gute Datenbasis in Europa im Vergleich etwa zu Asien bedingt.

Einige Paläoanthropologen sehen in Fossilien der ältesten modernen Menschen in Europa Hinweise auf ein mosaikartiges morphologisches Muster älterer und moderner Merkmale. Zumindest einige wenige Merkmale von Neandertalern sollen nach dieser Interpretation in den modernen Menschen aus der Zeit der Kontaktphase noch sichtbar sein. Der Vergleich genetischer Daten der mitochondrialen DNS zwischen Neandertalern und heutigen Menschen gibt jedoch keinen Hinweis auf einen erkennbaren Beitrag von Neandertalern zum modernen Genpool. Allerdings kann ein solcher Beitrag aufgrund der unzureichenden Analysetechniken grundsätzlich nicht ausgeschlossen werden. Untersuchungen der Entwicklungsgeschichte des modernen menschlichen Genpools lassen annehmen, dass bestimmte Genausprägungen erst relativ spät in den modernen Genpool durch Vermischung gelangt sind. Zur Lösung dieser sehr komplexen Fragestellung ist eine umfassende Rekonstruktion des demografischen Geschehens des Zeitraumes zwischen 150 000 und 10 000 Jahren in Afrika, Europa und Asien erforderlich; der fragmentarischen Datenbasis fehlt allerdings bisher das erforderliche Auflösungsvermögen zur Klärung dieser Fragen.

Einigkeit besteht darin, dass der Stammbaum des Menschen eher einem Busch ähnelt und verschiedene Menschenformen zeitgleich nebeneinander gelebt haben, von denen heute nur der moderne Mensch übrig geblieben ist. Umstritten ist der Grad der biologischen Distanz zwischen den verschiedenen Formen. Der Prozess der Artbildung benötigt in der Regel lange Zeiträume von mehreren Hunderttausend bis Millionen Jahren und gleichzeitig eine konstante geografische Trennung der Populationen. Für die Kontaktgeschichte des modernen Menschen mit den indigenen Populationen ist die Frage der Artbildung von zentraler Bedeutung. War eine Vermischung der Populationen biologisch überhaupt möglich oder war die biologische Distanz bereits zu groß? Bei einer offenen Handhabung des paläoanthropologischen Artbegriffes war die Mehrzahl der Vertreter der Gattung *Homo* wahrscheinlich untereinander fortpflanzungsfähig. Bei einer strikten Handhabung des Artbegriffes werden *Homo neanderthalensis* und *Homo sapiens* als zwei getrennte biologische Arten verstanden.

Unklar ist in diesem Zusammenhang auch, ob auf die erste Auswanderung des *Homo erectus* aus Afrika nur eine weitere Auswanderung durch den anatomisch modernen Menschen folgte oder ob es zwischen 2 Mio. Jahren und 100 000 Jahren immer wieder Wanderungsbewegungen aus Afrika nach Asien und Europa gegeben hat. Die Annahme mehrerer Auswanderungen von Vertretern der Gattung *Homo* würde für einen ständigen Genfluss zwischen den verschiedenen Populationen und gegen eine Artbildung sprechen. Das komplexe Umweltgeschehen im Eiszeitalter mit sehr großen Klimaschwankungen war sicher der wichtigste Motor für die demografischen Prozesse der menschlichen Populationen und spricht für wiederkehrende Wanderbewegungen sowohl innerhalb Afrikas als auch nach Europa und Asien. Letztlich wird der innere Zusammenhang zwischen Klimageschehen, kultureller Entwicklung und biologischer Selektion heute aufgrund der fragmentarischen Quellenlage noch nicht hinreichend verstanden.

Die Epochen der Vorgeschichte

Paläolithikum (Altsteinzeit)

Zentraler Werkstoff des Paläolithikums sind spaltbare Steinmaterialien, die häufig unter dem Sammelbegriff Silex zusammengefasst werden. Eine breite Palette sehr unterschiedlicher Rohmaterialien wird vom Menschen zur Herstellung von Steinwerkzeugen genutzt. Das Rohmaterial kann aus Flussschottern aufgesammelt oder aufwendig an natürlichen Lagerstätten aus dem Boden ausgegraben werden. Neben feinkörnigen Materialien mit sehr guten Schlageigenschaften wird auch grobkörniges Rohmaterial genutzt, in Abhängigkeit von den regionalen Quellen und den Anforderungen der Werkzeuge. Das entscheidende technologische Merkmal der Steingeräte des Paläolithikums ist ihre Herstellung durch Schlag. Eine Bearbeitung von Steingeräten durch Schleifen ist erst im Neolithikum nachweisbar.

Herstellungstechniken für Steinwerkzeuge

Mithilfe von Schlagsteinen oder Knochen-, Holz-, und Geweihschlegeln wird im Paläolithikum ein Rohstück zunächst grob behauen und in einen Kern transformiert. Von diesem Kern können in weiteren Arbeitsschritten gezielt Spaltprodukte gewonnen werden. Diese Grundformen werden als Abschläge oder Klingen bezeichnet. Klingen unterscheiden sich von Abschlägen durch ihre langschmale Form und sind in der Regel mindestens doppelt so lang wie breit. Die so gewonnenen Grundformen können aufgrund ihrer scharfen Kanten bereits als Werkzeuge eingesetzt werden. In der Regel werden ausgewählte Stücke jedoch weiter überarbeitet, um ihnen ihre endgültige Form zu geben. V. a. die Kanten werden durch Retuschieren, das Abheben kleinster Abschläge, modifiziert. Da Steingeräte im Laufe der technologischen Entwicklung des Paläolithikums immer häufiger als Werkzeugteile in mehrteilige Werkzeuge eingesetzt werden, nimmt der Umfang der Bearbeitung und die Standardisierung ihrer Größe zu. Innerhalb des Paläolithikums haben sich verschiedene Herstellungstechniken entwickelt, die ein grobes chronologisches Raster ergeben und vier unterschiedlichen technokulturellen Traditionen (Modus 1–4) zugeordnet werden. Das Paläolithikum wird in das Alt-, Mittel-, und Jungpaläolithikum unterteilt. Jede Phase weist technologische Innovationen auf.

Einfache Abschlagtechniken zum Behauen von Geröllen, die unter dem Begriff des Oldowan zusammengefasst werden, stehen am Beginn der Entwicklung (Modus 1). Es folgen komplexere Abbautechniken mit besserer Beherrschung der Form der Abschlagprodukte und mit der Herstellung von Faustkeilen, die dem Sammelbegriff Acheuléen im weiteren Sinne zugeordnet werden (Modus 2). Die folgende Tradition der mittelpaläolithischen Abbautechnik, insbesondere die Levallois-Technik, erlaubt durch entsprechende Präparation der Kerne die Vorherbestimmung der Form der Abschläge (Modus 3). Als letzte Tradition tritt die jungpaläolithische Klingentechnik auf, die einen kontinuierlichen Abbau stark normierter, langschmaler Klingen erlaubt (Modus 4).

Die Herstellung von Steinwerkzeugen durch Schlag hinterlässt auf dem Kern und den Abbauprodukten definierte Merkmale, über die der Arbeitsprozess vom Rohstück bis zum fertigen Werkzeug rekonstruiert werden kann. Außerdem können durch das Zusammenpassen der Abschlagprodukte die Arbeitsvorgänge noch weiter aufgeschlüsselt werden. Auf diese Weise gelingt es, Erkenntnisse über den Arbeitsablauf und die Arbeitsziele der paläolithischen Werkzeughersteller zu gewinnen. Die Verteilung und Häufigkeit von Kernen, Grundformen und Werkzeugen in Lagerplätzen erlaubt in günstigen Fällen Aussagen über die interne Organisation eines Lagerplatzes sowie über seine Funktion. Durch die Lokalisierung der natürlichen Lagerstätten der verwendeten Rohmaterialien können zusätzlich Informationen über die Ausdehnung von Schweifgebieten und die Größe von Kommunikationsnetzen gewonnen werden.

Steinwerkzeuge sind daher hervorragend geeignet, auf vielfältige Weise Spuren menschlichen Verhaltens zu konservieren. Ihre Dauerhaftigkeit und ihre große Zahl können aber zu einer falschen Gewichtung bei der Beurteilung der technologischen Standards im Paläolithikum führen. Denn aufgrund schlechter Erhaltungsbedingungen fehlen aus dem größten Teil des Paläolithikums Hinweise auf die Nutzung organischer Werkstoffe. Die Palette potenzieller organischer Werkstoffe ist weit gefächert. Ihre Nutzung ist nur unter außergewöhnlich günstigen Fundumständen nachweisbar. Erst im späten Mittelpaläolithikum und Jungpaläolithikum sind harte organische Werkstoffe mit guten Erhaltungsbedingungen wie Knochen, Geweih und Elfenbein regelmäßig neben Steingeräten archäologisch nachweisbar.

Die Definition kultureller Einheiten erfolgt in der Paläolithforschung ausschließlich über die Ausprägung der Geräteinventare. Regional oder auch chronologisch definierte kulturelle Einheiten werden als Technokomplexe bezeichnet, wodurch zum Ausdruck kommt, dass der enger gefasste historische Kulturbegriff im Paläolithikum nicht angewendet werden kann.

Die Grundlage der menschlichen Subsistenz bildet im gesamten Paläolithikum das Jagen und Sammeln. Diese aneignende Wirtschaftsform erlaubt ein hohes Maß an Flexibilität und führte zur Besiedlung aller Lebensräume der Erde. Sie erlaubt nur kleine soziale Einheiten und erfordert eine hohe Mobilität der Menschen. Lagerplätze können immer nur über einen begrenzten Zeitraum von Tagen oder Wochen bis zu wenigen Monaten besiedelt werden. Die Auswahl der Lagerplätze muss sich im Laufe des jahreszeitlichen Rhythmus' dem Nahrungsangebot des Siedlungsgebietes anpassen. Häufig sucht man Lagerplätze mehrfach auf, sodass sich Siedlungsspuren allmählich akkumulieren. Trotzdem haben paläolithische Lagerplätze einen ephemeren

Charakter und sind im Freiland nur unter besonders günstigen Bedingungen auffindbar.

Anders ist die Situation in Höhlen, die als natürliche Sedimentfallen Spuren paläolithischer Besiedlungen besonders gut konservieren und die zu allen Zeiten von Menschen als Rast- und Lagerplätze aufgesucht wurden.

Datierungsverfahren

Höhlen sind für Archäologen gut auffindbar und bis heute zentrale Archive des Paläolithikums. Insbesondere die Chronologie paläolithischer Technokomplexe kann in Höhlenfundstellen mit langer Besiedlungsgeschichte untersucht werden. Mithilfe der stratigrafischen Methode aus den Geowissenschaften kann das relative Alter der Besiedlungsschichten erkannt werden. Räumliche Vergleiche der Stratigrafien erlauben die Entwicklung chronologischer Systeme. Durch radiometrische Datierungsverfahren wurden die Möglichkeiten der Altersbestimmung paläolithischer Funde und Fundstellen bedeutend erweitert.

Das wichtigste Datierungsverfahren für das späte Mittelpaläolithikum und das Jungpaläolithikum ist die C14-Datierung. Dabei wird der Anteil des fossilen Kohlenstoffisotops C14 in organischen Fundmaterialien (Knochen, Geweih, Holzkohle) gemessen. Die Präzision ist hoch und erlaubt im günstigsten Fall eine Datierungsgenauigkeit auf Jahrhundertniveau. Da der C14-Gehalt der Atmosphäre Schwankungen unterlag, entsprechen die ermittelten C14-Jahre nicht Sonnenjahren und müssen kalibriert werden. Dies gelingt mithilfe der Dendrochronologie, die auf Jahresringen von Bäumen aufgebaut ist. Sie reicht bisher bis auf 14 000 Jahre vor heute zurück. Für ältere Daten ist die Kalibrierung noch unsicher. Die C14-Methode benötigt inzwischen nur noch kleinste Probenmengen, reicht aber nur bis auf etwa 50 000 Jahre vor heute zurück.

Weiter zurück reichen Lumineszenz-Datierungen mit denen das Alter verbrannter Steingeräte (Thermolumineszenz) oder alter Oberflächen von Fundplätzen (optisch stimulierte Lumineszenz) bestimmt werden kann. Ihre Datierungstiefe erreicht etwa 500 000 Jahre, wobei die Präzision aber deutlich geringer ist als bei der C14-Datierung. Für die frühen Zeitabschnitte des Paläolithikums eignen sich andere Methoden die über Zerfallsraten natürlich vorkommender radioaktiver Isotope Altersbestimmungen erlauben. Dazu gehören die Kalium-Argon-Methode, die Uran-Thorium-Methode oder die Uran-Blei-Methode, die Gesteinsmaterial oder Sedimentproben der umgebenden Fundschicht messen. Die C14-Methode und die Thermolumineszenz-Methode haben den Vorteil, dass archäologische Fundobjekte direkt gemessen werden können. Altersangaben werden im Paläolithikum in der Regel auf heute bezogen und mit der Bezeichnung »vor heute« (BP, Before Present) versehen.

Altpaläolithikum

Das Altpaläolithikum beginnt mit der Auffindung der ersten Werkzeuge früher Hominiden. Diese ältesten Artefakte markieren den archäologisch fassbaren Beginn menschlicher Kultur. Es handelt sich um einfache Steinwerkzeuge, die sich aufgrund ihrer Materialeigenschaften erhalten haben. Der Artefaktcharakter der ältesten Steinwerkzeuge ist nicht immer eindeutig. Natürlicher Transport von für die Werkzeugherstellung geeignetem Steinmaterial in Bach- oder Flusssedimenten, an Seeufern oder steilen Hängen können auf der Oberfläche der Steine ebenfalls Spuren hinterlassen, die von der einfachen Zurichtung durch den frühen Menschen nicht zu unterscheiden sind. Daher ist der Übergang zwischen Geofakten und Artefakten fließend – insbesondere wenn es sich um isolierte Einzelfunde ohne einen dazugehörigen Lagerplatz handelt. Treten diese ältesten Artefakte dagegen als strukturierte Ansammlungen mit Lagerplatzcharakter auf, handelt es sich mit hoher Wahrscheinlichkeit um menschliche Zeugnisse.

Bei den **Steinwerkzeugen** werden zwei Grundkategorien unterschieden: Abschlaggeräte und Kerngeräte. Abschläge oder Abschlaggeräte sind Spaltprodukte eines größeren Rohstücks, das Kern genannt wird. Die Grundformen können bereits ohne weitere Bearbeitung als Werkzeuge eingesetzt werden, da sie meist scharfe, schneidende Kanten besitzen. Sie können aber auch weiter bearbeitet werden, um ihnen durch Veränderungen der Kanten eine spezielle Form zu geben. Kerngeräte entstehen durch das Abtrennen kleinerer Spaltprodukte von einem größeren Rohstück. Durch diese Überarbeitung wird dem Kerngerät eine bestimmte Form gegeben. Chopper, Chopping Tools und Faustkeile gehören zu den Kerngeräten.

Die ältesten Steinwerkzeuge stammen aus Ostafrika, aus der Region um Gona in Äthiopien und sind etwa 2,6 Mio. Jahre alt. Es handelt sich um Abschläge und Chopper sowie Chopping Tools mit nur einer Arbeitskante, die aus Geröllen hergestellt worden sind. Daher werden diese frühen Werkzeuge auch als Geröllgeräte bezeichnet. Sie werden dem **Technokomplex des Oldowan** zugeordnet. Sowohl die Abschläge als auch die einfachen Kerngeräte können als Werkzeuge zum Einsatz gekommen sein. Chopper weisen nur einseitige Bearbeitungsspuren an der Arbeitskante auf, Chopping Tools verfügen über eine beidseitig behauene Arbeitskante. Schnittspuren auf Tierknochen, die mit den Steinwerkzeugen vergesellschaftet waren, geben einen Hinweis auf den Einsatz der Steingeräte bei der Zerlegung von Tieren. Da in Gona keine Humanfossilien gemeinsam mit den Steinwerkzeugen gefunden wurden, kann nicht entschieden werden, ob die ältesten Vertreter der Gattung *Homo* oder auch späte Vertreter der Gattung *Australopithecus* die Schöpfer dieser Steingeräte waren. Versuche mit Geröllgeräten belegen ihre Effizienz beim Verarbeiten von Tierkörpern. Mit diesen lassen sich sowohl Haut durchtrennen als auch Gelenke aufbrechen, Fleisch zerteilen und Knochen zur Markgewinnung zerschlagen. Weitere Fundplätze, die etwa 2 Mio. Jahre alt sind und dem Oldowan zugerechnet werden, sind Omo und Hadar in Äthiopien, Lokalalei, Koobi Fora und West Turkana in Kenia sowie Sterkfontein in Südafrika.

Ab etwa 2 Mio. Jahre sind in der Olduway-Schlucht in Tansania am namengebenden Fundplatz erste Zeugnisse von Lagerplätzen nachweisbar. Ein rundliches Fundareal aus Flussgeröllen mit Steingeräten und Tierknochen deutet die Struktur eines Lagerplatzes an. Die ältesten Hinweise auf die Nutzung des Feuers durch Vertreter der Gattung *Homo* stammen aus Koobi Fora und sind etwa 1,6 Mio. Jahre alt. Zwei ovale Fundareale mit verbrannten Erdschichten könnten Reste von Feuerstellen sein. In Swartkrans in Südafrika wurden aus dem gleichen Zeitraum verbrannte Tierknochen entdeckt, die als Hinweise auf die Feuernutzung interpretiert werden. Ab etwa 1,5 Mio. Jahren nimmt die Anzahl von Lagerplätzen v. a. im Osten Afrikas zu. Die Lebensweise der frühen Vertreter der Gattung *Homo* basiert v. a. auf dem Sammeln pflanzlicher Nahrung sowie der Verwertung von Wildtieren. Umstritten ist, inwieweit bereits große Wildtiere aktiv gejagt wurden oder nur Aas verwertet wurde. Für kleinere Wildtiere wird aktive Jagd, wie dies auch von Schimpansen belegt ist, angenommen.

Von Ostafrika aus erfolgt eine erste Auswanderung nach Westasien. Sie vollzieht sich wahrscheinlich als Folge von Faunenverschiebungen aus Afrika nach Westasien. In Dmanisi (Georgien) wurden mehrere Humanfossilien eines frühen Vertreters der Gattung *Homo* zusammen mit Werkzeugen des Oldowan gefunden. Das Alter der Funde liegt bei etwa 1,75 Mio. Jahren. Unter den Tierresten der Fundstelle sind zahlreiche afrikanische Vertreter wie Strauß, Giraffe und mehrere Gazellenarten vorhanden.

Vor etwa 1,6 Mio. Jahren entwickelt sich in Ostafrika ein neuer Technokomplex, das **Acheuléen**. Seine Leitform ist der Faustkeil. Faustkeile sind Kerngeräte mit komplexem Herstellungsprozess, der mehrere Bearbeitungsvorgänge erfordert. Sie verfügen über lange umlaufende Kanten und eine Spitze. Spitze und Kanten eignen sich zum Schneiden, Zerteilen und Zertrümmern. Bald nach ihrem Auftreten in Ostafrika sind sie auch im Vorderen Orient belegt. In der Fundstelle Ubeidiya (Israel) treten sie vor ca. 1,5 Mio. Jahren in großer Zahl auf. Zusammen mit den Faustkeilen konnten umfangreiche Fauneninventare geborgen werden, die deutliche Nutzungsspuren des Menschen aufweisen. Ob aktive Jagd des Men-

Fundstellen früher Hominiden

schen oder sekundäre Verwertung von Aas die Ursache der Fauneninventare sind, ist bisher unklar. Die Funde in Ubeidiya belegen enge Verbindungen zwischen Ostafrika und Westasien. Wahrscheinlich wird durch die Funde in Ubeidiya eine weitere Ausbreitungswelle des *Homo erectus* aus Afrika nach Asien dokumentiert.

In Südspanien werden aus der Guadix-Baza-Senke mehrere Fundstellen mit Werkzeuginventaren des Oldowan, jedoch keine Faustkeile beschrieben. Ihr Artefaktcharakter und die Datierung auf mehr als 1 Mio. Jahre ist bisher nicht gesichert, sodass für Europa keine gesicherte Besiedlung durch den Menschen vor mehr als 1 Mio. Jahren belegt ist. Schwierig ist auch die Situation im östlichen Asien. Ein hohes Alter für Fossilien des *Homo erectus* auf Java wurde inzwischen revidiert und es ist unklar, ob eine Besiedlung durch den Menschen vor mehr als 1 Mio. Jahren nachweisbar ist. Eine weitere Besonderheit des ostasiatischen Altpaläolithikums ist die geringe Präsenz von Faustkeilen, die in Afrika und Europa im Altpaläolithikum regelmäßig anzutreffen sind.

Ab etwa 800 000 Jahren sind sowohl im südlichen Europa als auch in Ostasien klare Siedlungsspuren des Menschen nachweisbar. In Ostasien liegen eindeutige Funde aus Java und aus China vor, in Europa aus dem Mittelmeergebiet. In der Fundstelle Gran Dolina in der Sierra de Atapuerca (Spanien) wurden Humanfossilien eines *Homo erectus/Homo antecessor* zusammen mit einfachen Steingeräten des Oldowan sowie Fauneninventaren angetroffen. In Italien sind aus Isernia la Pineta einfache Abschlaginventare belegt und aus Ceprano das Schädeldach eines *Homo erectus*. Typisch für diese frühe Besiedlung Europas ist das Fehlen von Faustkeilen, die in Afrika und im Nahen Osten bereits seit 1,5 Mio. Jahren belegt sind. In Europa tauchen sie erst ab etwa 600 000 Jahren auf. Ab diesem Zeitpunkt sind zahlreiche Fundstellen nördlich der großen Gebirgsketten belegt, meist gut erhaltene Lagerplätze, die neben Steinwerkzeugen in großem Umfang auch Faunenreste geliefert haben. Viele der Tierknochen zeigen Schnittspuren, doch ist umstritten, ob diese Tierknochen Hinweise auf eine aktive Jagd des *Homo erectus* sind. Sichere Jagdwaffen sind durch Holzspeere belegt. Der älteste Nachweis stammt aus der Fundstelle Clacton-on-Sea in Südengland, wo sich eine etwa 40 cm lange Spitze einer Eibenholzlanze erhalten hat, die etwa 420 000 Jahre alt ist. Etwa 400 000 Jahre alt sind mehrere vollständig erhaltene Holzspeere aus der Fundstelle Schöningen in Niedersachsen. Es handelt sich um die ältesten archäologischen Nachweise für die Nutzung von Holz als Werkstoff. Die Nutzung von Tierknochen zur Herstellung von Geräten ist nur in geringem Umfang belegt und archäologisch nachweisbar. So wurden in Einzelfällen Faustkeile aus Knochen von Großsäugern hergestellt. Aus der Fundstelle Bilzingsleben in Thüringen sind serielle Ritzungen auf einem Elefantenknochen belegt.

Das Rohmaterial für die Steingeräteherstellung kommt aus der Nähe des Lagerplatzes und stammt meist aus einer Entfernung von weniger als 30 km; größere Distanzen bis zu 80 km sind die Ausnahme. Die Mobilität der Menschen im Altpaläolithikum wird damit deutlich dokumentiert. Eine Besonderheit ist der Fundplatz Sima de los Huesos in der Sierra de Atapuerca. Hier wurden vor etwa 300 000 Jahren Körper von mehr als 30 Personen unterschiedlichen Alters und Geschlechts von oben in einen 14 m tiefen Höhlenschacht geworfen. Die Funde dokumentieren eine besondere Behandlung von Toten bereits am Übergang zum Mittelpaläolithikum.

Mittelpaläolithikum

Die Grenze zwischen dem Alt- und Mittelpaläolithikum ist innerhalb der Paläolithforschung nicht eindeutig definiert. Sie wird auf Basis technologischer Merkmale der Steingeräteinventare meist bei etwa 300 000 Jahren gezogen. Mittelpaläolithische Inventare sind aus Europa, Westasien und Nordafrika belegt. Mit Beginn des Mittelpaläolithikums treten erstmals standardisierte Grundformen auf. Die Präparationstechnik der Kerne ist so weit entwickelt, dass durch klar definierte Abbauschritte die Formen der Abschlagprodukte vorher bestimmt werden können. So entsteht ein Set von definierten Grundformen, die durch Retuschierung in ihre endgültige Form überführt werden können. Verschiedene Schabertypen, Spitzen und Messer gehören zum Geräteset des Mittelpaläolithikums. Mehrere regelmäßig anzutreffende Abbautechniken werden entwickelt, deren bekannteste die Levallois-Methode ist. Sie hat bis zum Ende des Mittelpaläolithikums Bestand und tritt in wechselnder Konstellation in den Steingeräteinventaren der Fundplätze auf. Im späten Mittelpaläolithikum lassen sich erstmals anhand der Steingeräteinventare regionale technologische Traditionen erkennen, die dem Moustérien und Micoquien zugewiesen werden.

Das Silex-Rohmaterial stammt in der Regel aus Aufschlüssen die weniger als 50 km entfernt liegen. Allerdings sind auch deutlich weitere Distanzen belegt, die über 100 km betragen können und eine erhebliche Ausweitung der Schweifgebiete gegenüber dem Altpaläolithikum erkennen lassen.

Neben Silex als Werkstoff werden harte organische Werkstoffe wie Knochen oder Geweih nur in geringem Umfang genutzt. Die Nutzung von Holz wird durch den Fund von Lehringen (Niedersachsen) aus der letzten Warmzeit, dem Eem, belegt. Unter dem Skelett eines Waldelefanten konnte im Uferbereich eines ehemaligen Sees eine Eibenholzlanze geborgen werden, die zur Jagd auf den Elefanten eingesetzt worden war. Der Nachweis von Speeren mit Steinspitzen kann durch einen Fund in Umm-el Tlel (Syrien) erbracht werden. Hier steckte eine Levallois-Spitze im Halswirbel eines bei der Jagd getöteten Wildesels. Klebematerial, mit deren Hilfe Steineinsätze in Holzschäften befestigt wurden, sind aus Königsaue (Thüringen) und Hummal (Syrien) belegt. In Königsaue wurden Reste von Birkenpech gefunden, das nur durch ein technisch aufwendiges Verfahren aus Birkenrinde gewonnen werden kann.

Die Lagerplätze des Mittelpaläolithikums belegen eine intensive Großwildjagd. Sowohl Waldelefanten, die größten Landtiere der Warmzeiten, als auch Mammute, die kaltzeitlichen Pendants, gehörten zur Jagdbeute des Menschen. Viele Fundplätze belegen die gezielte Jagd auf nur eine Tierart, etwa Wisent, Auerochse oder Rentier. Diese Verteilungsmuster sind Hinweise auf eine spezialisierte Jagd. Wandernde Tierherden wurden an topografisch günstig gelegenen Jagdplätzen abgefangen.

Humanfossilien aus dem frühen Mittelpaläolithikum ergeben kein einheitliches Bild. Späte *Homo erectus*-Formen von um 300 000 Jahren vor heute werden als Ante-Neandertaler bezeichnet. Hierzu gehören die Funde aus Swanscombe (Großbritannien), Steinheim (Baden-Württemberg), Weimar-Ehringsdorf (Thüringen) und der Sima de los Huesos (Spanien). Humanfossilien aus dem Zeitraum zwischen 200 000 und 100 000 Jahren werden als Proto-Neandertaler bezeichnet. In diese Gruppe werden Funde aus Ochtendung (Rheinland-Pfalz), Krapina (Kroatien) und Saccopastore (Italien) gestellt. Klassische Neandertaler sind erst ab dem Eem belegt. Humanfossilien sowohl von Ante-Neandertaler als auch von Proto-Neandertaler sind selten. Erst mit dem klassischen Neandertaler verfügen wir über eine umfangreiche Datenbasis von Westeuropa bis nach Westasien.

Auf dem afrikanischen Kontinent sind keine Neandertaler belegt. Hier nimmt die Entwicklung der Menschenformen einen anderen Verlauf. Aus späten Formen des *Homo erectus* entstehen vor etwa 200 000 Jahren frühe Vertreter des *Homo sapiens*, die sich zum anatomisch modernen Menschen weiter entwickeln und ab etwa 120 000 Jahren im Vorderen Orient nachweisbar sind. Von dort breitet sich der moderne Mensch weiter nach Asien und Europa aus, wo er vor 37 000 Jahren erstmals nachweisbar ist.

Im Vorderen Orient existiert die früheste Kontaktstelle zwischen *Homo neanderthalensis* und *Homo sapiens*. Humanfossilien des frühen *Homo sapiens* aus Skhul und Qafzeh in Israel werden auf ca. 100 000 Jahre datiert. Aus dem gesamten Vorderen Orient liegen von mehreren Fundplätzen Humanfossilien von Neandertalern vor, die eine Nutzung desselben Lebensraumes durch beide Menschenformen wahrscheinlich machen. Die kulturellen Hinterlassenschaften beider Menschenformen gehören dem Mittelpaläolithikum an und weisen keine Unterschiede auf. Die Kontaktgeschichte zwischen modernen Menschen und Neandertalern ist in hohem Maße umstritten. Die Diskussion kreist v. a. um den Begriff »modernes menschliches Verhalten«. Ist »modernes Verhalten« eine neue, vom anatomisch modernen Menschen erworbene Eigenschaft, die ihm einen kulturellen Vorteil gegenüber Neandertalern verschaffte? Oder entwickelte sich »modernes Verhalten« im Zuge eines langen, mehr als eine Mio. Jahre dauernden Entwicklungsprozesses innerhalb der Gattung *Homo*? Als zentrales Merkmal »modernen Verhaltens« wird die Ausbildung »symbolischen Denkens« in der Diskussion angeführt. »Symbolisches Denken« manifestiert sich archäologisch in Schmuck- und Kunstobjekten. In der afrikanischen Fundstelle Blombos Cave (Südafrika) wurden Schmuckschnecken, gravierte Knochenobjekte und Ockersteine gefunden, die 75 000 Jahre alt sind. Unter den Altfunden aus Skhul wurden bei Nachuntersuchungen ebenfalls Schmuckschnecken entdeckt. Sie hätten ein Alter von mehr als 100 000 Jahren, wenn sie mit den Humanfossilien assoziiert gewesen sind, was nicht eindeutig bestätigt werden kann.

Funde aus Pech-de-l'Azé (Frankreich) belegen, dass auch Neandertaler schwarze Farbsteine aus Manganoxid benutzt haben. Aufgrund der Gebrauchsspuren kann u. a. auf die Herstellung von Linienmustern mit den Farbstiften geschlossen werden. Schmuck aus Knochen oder durchbohrten Tierzähnen ist aus mehreren Fundstellen belegt. Besonders umfangreich sind Schmuckobjekte in der Fundstelle Arcy-sur-Cure (Frankreich) in etwa 40 000 Jahre alten Fundschichten gefunden worden. Die Fundschichten gehören dem Technokomplex des **Châtelperronien** an, das aufgrund seiner Steingerätetechnologie bereits in das frühe Jungpaläolithikum gestellt wird; seine Hersteller waren Neandertaler. Alle diese Nachweise »symbolischen Denkens« sind älter als der erste Kontakt zwischen Neandertalern mit dem anatomisch modernen Menschen in Europa.

Neandertaler haben ihre Toten regelmäßig bestattet. Meist handelt es sich um Ganzkörperbestattungen in Grabgruben. Sichere Beigaben liegen aus diesen Gräbern bisher nicht vor. Allerdings weisen einige der bestatteten Personen Manipulationen, v. a. Schnittspuren, am Skelett auf. Erste Interpretationen dieser Schnittspuren als Hinweise auf Nahrungskannibalismus werden inzwischen in Zweifel gezogen. Wahrscheinlicher ist, dass es sich um Hinweise auf sekundäre Bestattungssitten handelt. Frühere Annahmen eines Schädelkultes bei Neandertalern entbehren einer gesicherten Grundlage. Dies gilt auch für die sog. »Blumenbestattung« aus Shanidar (Irak). Aufgrund von Nachuntersuchungen des Fundmaterials kann davon ausgegangen werden, dass Nagetiere die Blütenpollen zu einem späteren Zeitpunkt in das Grab eingeschleppt haben.

Am Ende des Mittelpaläolithikums zwischen 45 000 und 35 000 vor heute ist in Europa eine außergewöhnliche kulturelle Dynamik erkennbar. Viele regionale Technokomplexe von kurzer Dauer entstehen. Dazu gehören das Châtelperronien in Südfrankreich und Nordspanien, das Uluzziano in Norditalien sowie das Bohunicien, Szeletien und Bachokirien in Mittel- und Osteuropa. Manche dieser Technokomplexe zeigen deutlich jungpaläolithische Merkmale unter Beibehaltung mittelpaläolithischer Traditionen. Daher werden diese Technokomplexe auch als Übergangsinventare bezeichnet. Für die Mehrzahl dieser Technokomplexe sind Neandertaler als Hersteller belegt. Der jüngste direkt datierte Neandertalerfund stammt aus der Höhle Mezmaiskaya (Russland) und hat ein Alter von 27 000 Jahren vor heute.

Jungpaläolithikum

Die Grenze zwischen dem Mittel- und Jungpaläolithikum ist technologisch definiert durch einen Wechsel in der Produktion von Grundformen in den Steingeräteinventaren. Im Jungpaläolithikum werden bevorzugt langschmale Klingen von speziellen Klingenkernen geschlagen, die eine hohe Standardisierung der Grundformen ermöglichen. Gleichzeitig nimmt im Jungpaläolithikum die Nutzung von Knochen, Geweih und Elfenbein als Rohmaterial für die Geräteherstellung deutlich zu. Der älteste jungpaläolithische Technokomplex ist das Châtelperronien (45000–36000 vor heute), mit einem Verbreitungsgebiet in Südfrankreich und Nordspanien. Inzwischen ist gesichert, dass Neanderthaler Träger des Châtelperronien waren und den Beginn des Jungpaläolithikums in Europa bestimmten.

Auf das Châtelperronien folgt in Europa das **Aurignacien**, das in ein frühes Aurignacien und ein entwickeltes Aurignacien unterteilt wird. Im frühen Aurignacien ist der Anteil von Knochen- und Geweihgeräten noch sehr gering. Erst im entwickelten Aurignacien ab etwa 34 000 vor heute treten regelmäßig Geschossspitzen und andere Werkzeuge aus Knochen und Geweih auf sowie Schmuckobjekte aus Muscheln und Tierzähnen. Aus einigen Fundstellen der Schwäbischen Alb (Vogelherd, Hohle Fels, Geißenklösterle) sind zu diesem Zeitpunkt die ältesten Objekte der Kleinkunst aus Elfenbein belegt. Eiszeitliche Tiere wie Mammut, Löwe, Höhlenbär oder Wildpferd wurden vollplastisch als kleine Figuren ausgearbeitet. Dazu gehören auch schematische Darstellungen des Menschen. Wenig später, ab 33 000 Jahren vor heute, sind erste Höhlenmalereien aus der Grotte Chauvet (Frankreich) bezeugt. Zu den Funden aus dem Geißenklösterle gehört auch eine Flöte aus Schwanenknochen, der älteste Nachweis eines Musikinstrumentes.

Das Aurignacien hat eine Ausdehnung von Spanien bis nach Westasien und in den Vorderen Orient. Es fehlt im Süden der Iberischen Halbinsel und in Nordafrika, wo späte mittelpaläolithische Traditionen noch weiterleben. Wahrscheinlich waren anatomisch moderne Menschen die Träger des entwickelten Aurignacien. Die Zahl der Humanfossilien in Fundplätzen des Aurignacien ist allerdings sehr gering. Der älteste Fund eines anatomisch modernen Menschen in Europa stammt aus Peştera cu Oase (Rumänien) und hat ein Alter von 37 000 Jahren vor heute. Es handelt sich um einen isolierten Fund ohne kulturelle Zeugnisse. Erst gegen Ende des Aurignacien sind Humanfossilien des anatomisch modernen Menschen aus Les Cottés und Bassempouy (Frankreich), Kent's Cavern (Großbritannien) und Maldec (Tschechische Republik) aus dem Zeitraum 32 000–29 000 vor heute belegt. Zu diesem Zeitpunkt sind nach C14-Datierungen auch noch letzte Neanderthaler in Europa nachweisbar. Allerdings weist die C14-Datierung gerade in der Zeit zwischen 40 000 und 30 000 vor heute aufgrund von Schwankungen des C14-Gehaltes in der Atmosphäre große Fehlermöglichkeiten auf.

Um 30 000 vor heute endet das Aurignacien und wird durch das **Gravettien** abgelöst. Die Grundformenproduktion wird weiter entwickelt. Klingen werden nun in umfangreich überarbeitete Spitzen unterschiedlicher Größe und in verschiedene Typen von Rückenmessern, die als Messereinsätze dienen, weiterverarbeitet. Das Gravettien hat eine paneuropäische Verbreitung bis nach Westasien. Die Rohmaterialdistanzen deuten auf eine weitere Ausdehnung der Kommunikationswege hin; manche Materialien stammen aus Distanzen von über 200 km. Die Nutzung von Knochen, Geweih und Elfenbein als Rohmaterial wird weiter intensiviert. Schmuckperlen aus Elfenbein und anderen organischen Materialien sind regelmäßig in den Fundstellen anzutreffen. Tierzähne werden häufig durchbohrt und als Schmuck genutzt; Muschelschmuck als Kleidungsbesatz oder als Ketten kommt oft vor. Manche der Muscheln stammen aus Entfernungen von 500 km–1000 km.

Während aus dem Aurignacien keine Bestattungen belegt sind, liegt aus dem Gravettien eine große Zahl vor. Schwerpunkte bilden die Ligurische Küste an der Grenze zwischen Frankreich und Italien mit dem Fundstellenkomplex der Balzi Rossi und die Tschechische Republik mit einer Konzentration von Fundstellen im Freiland wie Brünn, Dolní Věstonice und Pavlov. Die Bestatteten sind regelmäßig mit Ocker versehen, tragen Schmuckbesatz auf ihrer Kleidung und haben erstmals sichere Beigaben. In Ligurien sind dies über 20 cm lange Klingen, die im Handbereich lagen, doch sind auch Schmuckketten oder Geräte nachweisbar. Erstmals sind auch Mehrfachbestattungen belegt. In den Freilandfundstellen Osteuropas sind die Toten häufig mit Mammutschulterblättern überdeckt.

In der Kleinkunst tauchen kleine vollplastische Frauenfiguren auf, die ein weites Verbreitungsareal haben. Berühmt ist die »Venus von Willendorf«. Aus Dolní Věstonice und Pavlov sind kleine Tierfigürchen aus gebranntem Ton belegt, der älteste Nachweis von Keramik. Anhand von Abdrücken im Lehm lassen sich Netze aus organischem Material nachweisen. Neben umfangreichen Kleinkunstobjekten und Verzierungen der Geweih- und Knochengeräte sind auch Höhlen mit Wandkunst belegt. Gegen Ende des Gravettien tauchen erstmals Nähnadeln aus Knochen mit Öhr auf, die eine verbesserte Nähtechnik ermöglichen. Ende des Gravettien um 20 000 vor heute kommt es zum letzten glazialen Maximum mit einem erneuten Vorstoß der Gletscher. Diese Klimaverschlechterung führte zu einem Rückzug des Menschen aus Nord-, Mittel- und Osteuropa.

In Südwesteuropa entsteht das **Solutréen**, dessen Steingeräteinventare durch eine umfangreiche Retuschierung der Geräteoberflächen gekennzeichnet sind. Verschiedene Typen von Steinspitzen sind belegt. Für das Solutréen liegen erste Hinweise für die Speerschleuder vor, die eine erhöhte Durchschlagskraft der Jagdspeere ermöglicht. Im späten Solutréen um 17 000 Jahre vor heute sind einige Spitzen aus Spanien so klein, dass sie als Pfeilspitzen interpretiert werden können und den Beginn von Pfeil und Bogen markieren. Im Solutréen sind Höhlen mit Wandkunst belegt, gleichzeitig sind aus dem Côa-Tal in Portugal Felswände im Freiland mit Wandkunst nachgewiesen. Während sich in Südwesteuropa das Solutréen entwickelt, entsteht in Osteuropa das Epigravettien.

In Westeuropa wird nach dem letzten Kältemaximum das Solutréen durch das **Magdalénien** abgelöst, dessen östliche Ausläufer bis nach Mitteleuropa reichen. Im Magdalénien ist eine explosionsartige Zunahme der Höhlen mit Wandkunst feststellbar. Viele berühmte Bilderhöhlen wie Lascaux, Cosquer und Trois-Frères in Frankreich oder La Garma, Altamira und Tito Bustillo in Spanien datieren in diesen Zeitraum. Neben der Wandkunst entwickelt sich eine umfangreiche Kleinkunst. Gravierte Schieferplatten wie in Gönnersdorf (Rheinland-Pfalz) sind häufig zusammen mit vielen Schmuckobjekten und Kleinplastiken belegt. Abstrakte Frauenfiguren sind sowohl als Gravierungen wie auch als vollplastische Figuren nachweisbar, Knochen- und Geweihgeräte sind regelmäßig durch Schnitzereien und Ritzungen verziert. Im Magdalénien manifestiert sich eine Blütezeit eiszeitlicher Großwildjäger, die sich je nach Region auf die Hirsch-, Wildpferd- oder Rentierjagd spezialisiert hatten.

Gut erhaltene Lagerplätze in Höhlen und im Freiland ermöglichen umfangreiche Einblicke in die Organisation der Plätze mit unterschiedlichen Wohneinheiten und Aktivitätszonen. Rohmaterialien deuten weitreichende Verbindungen von Mitteleuropa bis an das Mittelmeer und den Atlantik an. Mit dem letzten Kältevorstoß der jüngeren Dryaszeit endet diese Blütezeit und damit auch das Eiszeitalter.

Neolithikum (Jungsteinzeit)

Der Übergang vom Jungpaläolithikum zum Neolithikum (von griechisch »neu« und »Stein«, d. h. die neue Technik des geschliffenen Steins im Gegensatz zum »geschlagenen Stein« des vorangegangenen Paläolithikums; John Lubbock,1865) ist ein komplexer Vorgang, der sich in den einzelnen Kontinenten der Erde sehr verschiedenartig darstellt und sich über eine unterschiedlich lange Zeitspanne erstreckt. Von einem raschen Aufkommen des Neolithikums (»neolithische Revolution« [Vere Gordon Childe, 1936]) ist man heute aufgrund einer gesicherteren Datierungslage zugunsten eines über ca. 3000–4000 Jahre dauernden evolutionären Wandels abgekommen. Zumeist werden Fundkomplexe aus dieser Übergangszeit, die nachweislich jünger als das Pleistozän bzw. jüngste Eiszeitalter sind, aber noch nicht alle für die Jungsteinzeitkultur kennzeichnenden Elemente aufweisen, als **Mesolithikum** (mittlere Steinzeit) bezeichnet. Vom Standpunkt einer jeweils regionalen Kulturstufenabfolge ist diese Benennung für viele Regionen, besonders Europa, zwar gerechtfertigt, eine selbstständige Epoche im Sinn eines universalhistorischen Entwicklungsabschnittes der Menschheit wird dadurch jedoch nicht umschrieben. Die allgemeinen klimatischen Änderungen bewirken das Abschmelzen der Eismassen (v. a. der Gletscher), Überflutungen ehemals besiedelter küstennaher Gebiete (z. B. Schwarzes Meer, östliches Mittelmeer, Nord- und Ostsee) und das Vordringen der Wälder nach Norden. Den Beginn des **Neolithikums** markiert der geochronologische **Übergang vom Pleistozän zum Holozän** (um 9500 v. Chr.), das Ende in der Alten Welt die ersten Hochkulturen, z. B. im Vorderen Orient um 3000 v. Chr., und der Beginn der Bronzezeit im 3. Jt. v. Chr. In anderen Regionen dauert das Neolithikum noch weiter an, so in weiten Teilen Afrikas sogar bis zum Beginn der Eisenzeit im 1. Jt. v. Chr.

Die neue historische Epoche des Neolithikums wird durch das Aufkommen einer gegenüber dem Paläolithikum neuen Lebensweise und Geisteshaltung geprägt. Neu ist die Ernährung durch Pflanzenanbau (Kultivierung von Wildpflanzen) und Tierhaltung (Domestikation von Wildtieren) sowie volle Sesshaftigkeit mit der Anlage fester Siedlungen und Errichtung von Häusern aus Steinen, Holz und/oder Lehm. Damit verbunden ist eine Vorratswirtschaft und die Entwicklung neuer Techniken (zimmermannsgemäße Holzbearbeitung, Keramikherstellung und erste Metallverarbeitung). Alle Merkmale kommen in dieser idealen Kombination jedoch nur in einigen Kerngebieten vor. Außerhalb davon werden z. B. in Japan schon im 12./11. Jt. in einem bis ca. 500 v. Chr. anhaltenden wildbeuterischen Umfeld (Yomon-Kultur) Tongefäße hergestellt, im Jungpaläolithikum in Mähren kleine Tonplastiken gebrannt und in Eurasien Haushunde gezüchtet. Die neue Wirtschaftsweise ernährt bei größerem Landbedarf (für Siedlungen, Feldflur, Viehweiden) eine größere Bevölkerung, die immer komplexere, zunächst egalitär und später zunehmend hierarchisch strukturierte Gesellschaften ausformt (die im Vorderen Orient, in Ägypten, Südasien und China kontinuierlich in die frühen Hochkulturen einmünden), die sich auch feindlich gegenüberstehen. Für frühe Konflikte stehen vom Beginn dieses Zeitalters an erstmalig Befestigungen, neue Waffenformen sowie bildliche Darstellungen von Kämpfen zwischen Menschengruppen, offenbar Hinweise auf eine jetzt – Hand in Hand mit jenen kulturellen Errungenschaften – entstehende kriegerische Haltung. Das neolithische Leben richtet sich aus am Lebensrhythmus von den Kulturpflanzen und Haustieren, findet seinen sozialen Niederschlag in weitgehend autark organisierten Häusern und Siedlungen sowie seinen religiösen Niederschlag in einer grundsätzlich neuen Symbolwelt (v. a. Fruchtbarkeitssymbole). Gegenüber der mehr und mehr verschwindenden Welt der aneignenden Jäger, Sammler und Fischer mit ihrer sehr effizienten Subsistenzstrategie ist diese Lebensweise jedoch stärker abhängig von den natürlichen Rahmenbedingungen (Klima, Wetter, Katastrophen).

Die neolithischen Kulturerscheinungen, die man unter dem Begriff der **Neolithisierung** zusammenfasst, haben in der Alten Welt ihren wichtigsten Herd im Vorderen Orient, dem »Fruchtbaren Halbmond« (James Henry Breasted, 1914), denn nur hier kommen die für diesen Abschnitt relevanten wildlebenden Pflanzen und Tiere vor. Von hier breiten sie sich nach Europa und Nordafrika in unterschiedlicher kultureller und räumlicher Geschlossenheit und unterschiedlicher Geschwindigkeit zu Land und See aus. Weitere eigene Neolithisierungszentren sind Süd- und Ostasien (mit Reis-, Hirseanbau in der Cishan-Peiligang-Kultur Chinas; jedoch sind die entsprechenden Kulturerscheinungen um ca. 2000 Jahre jünger als im Vorderen Orient) und Mesoamerika (Maiskultivierung um ca. 3500 v. Chr.). Das übrige Amerika, Afrika südlich der Sahara und Südostasien werden von ihnen während der jungsteinzeitlichen Jahrtausende offensichtlich noch nicht bzw. wie Australien und andere Teile der Welt (Wüsten-, Polar- und Permafrostgebiete) nie erreicht.

Wegen der erheblichen Unterschiede im Beginn, im Verlauf und dem Ende des Neolithikums herrscht keine einheitliche Periodisierung und Nomenklatur vor. Während in weiten Teilen Europas das Neolithikum in ein Alt-, Mittel-, Jung- und Endneolithikum gegliedert wird, wird im Vorderen Orient und in Südosteuropa ab ca. 5000 v. Chr. mit dem Aufkommen einer nachhaltigen Kupferverarbeitung von einem Chalkolithikum (Kupfersteinzeit), einem Aeneolithikum bzw. einer Kupferzeit (nach HERMANN MÜLLER-KARPE eine eigenständige Epoche in der Alten Welt) gesprochen.

Ursprünge und Entwicklung des Neolithikums in Westasien und Ägypten (ca. 12.–5. Jt. v. Chr.)

Die Übergangszeit zwischen Spätpaläolithikum und Altneolithikum fasst man als **Protoneolithikum** zusammen. Eingehender untersucht ist in Palästina das **Natufien** (ca. 12 000 bis spätes 11. Jt. v. Chr.), benannt nach einer Höhlenstation im Wadi an-Natuf (weitere Fundstellen z. B. Jericho [Tell es-Sultan], Nahal Oren, Eynan, Beidha, Mureybet, Tell Abu Hureyra, Wadi Hauran, Harif), das am Anfang der Entwicklung steht. Frühneolithische Siedlungen sind vom Westiran (Zagros-Gebirge: Jarmo) über Ostanatolien und bis zur Levante bekannt (»Fruchtbarer Halbmond«). An den Anfang dieser Zeit gehören die wichtigen epipaläolithischen Fundstellen von Göbekli Tepe und Nevali Çori in Ostanatolien: Aus großen Steinen errichtete Rundbauten, in deren Inneren tonnenschwere Monolithe stehen. Im Inneren sind sie meist mit Tierreliefs oder abstrakten Bildzeichen verziert, die Menschen ähneln (»T-Pfeiler«). Ob es sich um frühe »Tempel« bzw. Heiligtümer von Wildbeutern handelt, ist noch unklar. Die Erbauer der Anlagen sind spezialisierte Jäger (u. a. auf Gazellen, auch offenbar mithilfe spezieller Fanganlagen [»Wüstendrachen«]) und Sammler.

Aus der ältesten Stufe des anschließenden **Altneolithikums** (**Präkeramisches Neolithikum A**, *Pre-Pottery A*, PPNA, ca. 9./8. Jt. v. Chr.) sind Rundhäuser mit Steinsockel, Lehmoberbau, Herd und Silos sowie einer Umfassungsmauer bekannt, aus der nachfolgenden Zeit (**Präkeramisches Neolithikum B**, *Pre-Pottery B*, PPNB, ca. 8./7. Jt. v. Chr.) auch die ersten Rechteckhäuser (Çayönü, Cafer Höyük, Hallan Çemi, Gürcütepe). Die dorfartigen Ansiedlungen bilden mitunter die Basis von Tellsiedlungen (Hügel, die durch immer neues Planieren von Lehmhausresten und das Errichten neuer Häuser an derselben Stelle entstehen). In Beidha lässt sich eine stratigrafische Abfolge verschiedener Hausformen feststellen: als eingetiefte Grubenhäuser erst unregelmäßig vieleckig, dann rund, später einräumig viereckig mit gewölbten Seiten, schließlich rechteckig geradseitig und z. T. mehrräumig und zweigeschossig. In Jericho und Çayönü wurde ebenfalls eine Abfolge von Rund- und Viereckhäusern entdeckt; besonders beachtenswert ist in Jericho eine 1,7 m breite Befestigungsmauer mit einem massiv gebauten Rundturm (Durchmesser 9 m). Der Bestand an Steingeräten schließt zunächst an den spätpaläolithischen an, unterscheidet sich jedoch von diesem durch Klingen mit Sichelglanz und durch Mikrolithen. Die Ersteren bilden vielleicht die Einsätze von Erntegeräten, die Letzteren solche von dolch- oder speerartigen Waffen. Charakteristisch sind weiterhin Steinmörser zum Zerstampfen von Wild- und erstem Kulturgetreide (Einkorn, Gerste: z. B. in Iraq-eb Dubb, Tell Aswad, Tell Abu Hureyra, Jericho, Beidha, Baja), Steinbeile (zur Holzbearbeitung) und plastische Menschen- sowie Tierfiguren aus Stein oder Bein, die eventuell eine Tradition vom Spätpaläolithikum her verkörpern. An Bestattungen sind Körper- und isolierte Schädelbeisetzungen bekannt; von den Letzteren zeigen einige eine Übermodellierung mit gipshaltigem Ton und Augeneinsätzen aus Muscheln, sodass naturalistische Kopfplastiken mit echtem Schädelkern entstehen (Jericho). In Ain Ghazal (Jordanien) wurden fast menschengroße Hohlfiguren aus Gips gefunden. Als erste Haus- bzw. Herdentiere sind Schaf und Ziege bezeugt (Ali Kosh, Çayönü, Beidha), gefolgt von Schwein und Rind (möglicherweise zuerst in Ostanatolien domestiziert).

Während in den frühneolithischen Siedlungen Keramik noch fehlt (prä- bzw. akeramisches Neolithikum), ist diese in den zeitlich folgenden altneolithischen Fundstätten des Vorderen Orients geläufig (**keramisches Neolithikum**, *Pottery Neolithic*, PN). Zunächst ist es eine unbemalte Ware mit einfachen Formen, aus der sich aber bald eine mit Ritzmustern oder einfacher Streifenbemalung entwickelt (Yarmuk-Keramik). Siedlungen mit dieser frühen Keramik sind aus dem Iran (Tepe Sialk, Tepe Guran, Tell-i-Bakun), Mesopotamien (Tell Buqras, Tell Hassuna, Tell Matarra, Tell Halaf), Palästina (Jericho, Megiddo), Ägypten (Merimde), Libanon (Byblos), Westsyrien (Ras Schamra) und Anatolien (Mersin, Hacılar, Çatal Hüyük) bekannt. Die vielräumigen, mitunter mehrstöckigen, durchweg rechtwinkligen Häuser (luftgetrocknete Lehmziegel, gelegentlich auf Steinsockel und mit eingezogenen Holzbalken, Wände verputzt) sind unmittelbar aneinander gebaut (agglutinierende Bauweise). Die Räume sind mitunter mit Ornamenten oder symbolischen Jagddarstellungen ausgemalt, unter Wandbänken oder dem Fußboden sind Tote beigesetzt. Dass bisweilen mehr als zwölf Siedlungsschichten dieser Stufe übereinander liegen, lässt auf eine Besiedlungskonstanz und eine beträchtliche Gesamtdauer schließen. Während in diesen Siedlungen Rundbauten gänzlich fehlen oder nur als Speicherbauten vorkommen, haben die Häuser dieser Zeit nur noch auf Zypern durchweg Rundform (Choirokoitia, Kalavassos-Tenta).

In mehreren Siedlungen werden bereits einfache kleine Kupfergegenstände (Çayönü) aus gediegenem Kupfer (kalt gehämmert; einige getempert) hergestellt (dies steht offenbar in Verbindung mit anderen frühen pyrotechnischen Vorgängen, wie Herstellung von Keramik und von Fußböden aus Gips). Stein- und Tonplastiken spielen eine große Rolle (in Jericho und Ain Ghazal lebensgroß, deutlich eine Tradition von den frühneolithischen übermodellierten Schädeln), weiterhin Tonstempel (Pintaderas). An Haustieren sind jetzt vermehrt Rinder nachgewiesen, an angebauten Pflanzen v. a. Getreidearten, auch Hülsenfrüchte. Anscheinend gibt es an einigen Orten bereits eine künstliche Bewässerung. In überregionalen Netzwerken wird Obsidian vermittelt (Lagerstätten z. B. in Ostanatolien, Ägäis [Insel Melos]).

Auf die ältesten neolithischen Kulturerscheinungen folgen drei mehr oder weniger zeitlich gestaffelte Perioden, die nach ihrem jeweils charakteristischen Keramikstil (Oberbegriff »Buntkeramik«) als Hassuna-Stufe (6000–5600 v. Chr.), Samarra-Stufe (5600–5000 v. Chr.) und Halaf-Stufe (5000–4500 v. Chr.) bezeichnet werden. Dabei lassen sich regionalspezifische Ausprägungen verfolgen (bei der reichen Bemalung neben geometrischen Ornamenten auch figürliche und symbolische Darstellungen). Die Halaf-Ware ist technisch und künstlerisch der Höhepunkt dieser Töpferei. Zugehörig sind Steingefäße, steinerne Keulenköpfe, Stein- und Tonfiguren, Schminkpaletten, Steinbeile und andere Steingeräte, aber auch einzelne Kupfergeräte (jetzt auch die ersten aus Kupfererz über Verhüttung und Schmelzvorrichtungen erschmolzenen Objekte), ferner Sicheln aus hart gebranntem Ton. In Mittel- und Südmesopotamien wird in der mehrphasigen Obeid-Kultur (ca. 5000–4300 v. Chr.; Tell Obeid, untere Schichten von Eridu) Keramik auf einer drehbaren Unterlage (Tournette) hergestellt und mit einem vereinfachten Musterrepertoire verziert. Damit setzten die Zeugnisse einer neolithischen Kulturentwicklung und Besiedlung im späteren Land Sumer ein. Ob auch die erstmalige Inbesitznahme dieses Landesteiles durch eine Ackerbau treibende Bevölkerung (etwa infolge jetzt erfolgter Veränderungen im naturlandschaftlichen Charakter) angezeigt wird, oder ob das Fehlen älterer Belege nur auf einer Forschungslücke oder einer alluvialen Überdeckung beruht, ist offen.

Die mesopotamischen Siedlungen dieser Zeit bestehen aus vielräumigen, aneinandergebauten Wohnhäusern aus Lehmziegeln oder Stampflehm mit einem regelmäßigen Grundriss, die mitunter stattliche Größe erreichen (sog. Mittelsaalhaus mit Zentralraum als Zentrum [Tell es-Sawwan, obere Schicht von Tell Hassuna]). Sie sind umgeben von einer starken Lehmziegelmauer und einem Wassergraben (Sawwan). Weiterhin wurde runde Tholosbauten aus Lehmziegeln mit oder ohne Steinsockel entdeckt, die als Speicher fungieren und außerdem Stätten kultischer Handlungen sind. Weitere Kultanlagen finden sich z. B. in Tepe Gaura und Susa (im späteren Land Elam). Funde von Zählmarken und Siegeln belegen erste Ansätze zu Schriftlichkeit. | s. S. 83 |

Im übrigen Westasien sind Siedlungen der Samarra- und Halaf-Zeit bekannt (verwandte Keramik in den einzelnen Landesteilen, importierte Halaf-Ware bis in die Osttürkei, Kilikien und zur Küstenzone Palästinas). Die Siedlungen liegen teils an zuvor schon besiedelten Plätzen (Jericho, Byblos, Ras Schamra, Mersin, Hacılar), teils werden neue Tellsiedlungen begonnen, mitunter (so in Çatal Hüyük) dicht neben solchen des Altneolithikums.

In **Ägypten** gehören in das 7.–5. Jt. v. Chr. zum einen noch unterägyptische Siedlungen wie die von Merimde und El-Faijum, die bis in das frühe Neolithikum zurückreichen (frühe Keramik aus der Ostsahara [Bir Kiseiba, ca. 7000 v. Chr.] sowie qualitätvolle Steingeräte, u. a. retuschierte Sicheln, durchbohrte Keulenknäufe, Steingefäße), zum anderen beginnt in Oberägypten (frühe Fundorte wie Nabta Playa und Kadero) die Anlage ausgedehnter Friedhöfe (Tasa-Stufe: Mostagedda) mit Hockerbestattungen, ritzverzierter oder geriefelter Keramik, Elfenbeinarmringen und -löffeln sowie Steinperlen und -paletten. Die Anlage dieser Friedhöfe setzt sich kontinuierlich in die folgende Zeit hinein fort. | s. S. 67 |

In **Iran** (Tell-e Bakun, Tepe Gijan, Tepe Djafarabad, Tepe Sialk, Tell-i-Iblis) und im nordöstlich angrenzenden Turkmenistan (Dscheitun, Tepe Anau, Namazga) sind Siedlungen mit Lehmziegelarchitektur, Tonfiguren, einer bemalten Keramik und sonstigen Kulturerscheinungen bekannt, die mehr oder minder sicher mit dem Mittelneolithikum Mesopotamiens zu synchronisieren sind und Hinweise auf einen kulturellen Austausch zwischen den Regionen geben. In dieser Zeit (ca. 7./6. Jt. v. Chr.) erreicht das Neolithikum **Afghanistan** und **Pakistan** (Mehrgarh), wo es in der Folgezeit, in der bereits Kupfer verwendet wird, stärker fassbar ist (Mundigak, Quetta, Amri: 5.–frühes 3. Jt. v. Chr.) und zur hochentwickelten Harappa-Kultur überleitet (seit ca. 2500 v. Chr.). | s. S. 146 |

Ausbreitung des Neolithikums in Europa, Asien und Afrika (ca. 7.–5. Jt. v. Chr.)

Von ihrem vorderasiatischen Ursprungsgebiet aus werden wesentliche Züge der neolithischen Kultur im Altneolithikum gleichzeitig entlang der Küste nach Nordafrika, in die Ägäis (Franchti-Höhle [Argolis]) und nach Südosteuropa (Bulgarien, Rumänien, Zentralbalkan) sowie über Iran nach Mittel- und Südasien (Afghanistan, Pakistan) verbreitet, einerseits durch eine allmähliche Migration einer neolithischen Agrarbevölkerung, andererseits durch Akkulturationsprozesse der späten Wildbeuter, die die neolithische Lebensweise und Kulturtechniken übernehmen. Als Ursachen dieser Neolithisierungsprozesse kommen starke Umweltveränderungen und demografische Veränderungen (Anstieg der Bevölkerung infolge nachhaltiger Versorgung) infrage. Wie weit diese Bewegung in Nordafrika über Ägypten hinaus nach Westen reicht, ist noch ungeklärt. In Westafrika wird bereits im 7./6. Jt. v. Chr. Keramik hergestellt, möglicherweise geht dies auf transsaharische Verbindungen mit Ägypten und dem Vorderen Orient zurück. Die Sahara bietet damals wesentlich günstigere Lebensbedingungen als heute; dortige Felsbilder mit Rinderherden (sog. Bubalus-Phase) sind sicher z. T. neolithisch.

Auf Kreta (unterste Schichten des Siedlungshügels von Knossos), anderen ägäischen Inseln (Skyros, Chios), dem griechischen Festland (Achilleion, Argissa-Magula, Otzaki-Magula, Sesklo und Soufli-Magula in Thessalien, Nea Makri in Attika, Nea Nikomedia in Makedonien), im türkischen Thrakien (Hoca Çeşme, Aşaği Pınar), in Bulgarien (Karanovo), Rumänien (Leţ) und Serbien (Starčevo, Vinča [unterste Schicht]) sind altneolithische Siedlungen mit (selten noch runden) rechteckigen Einzelhäusern aus Lehm bekannt, die z. T. die unteren Partien von in der Folgezeit länger belegten Tells bilden.

In der altneolithischen Zeit Südosteuropas wird die zunächst durch einen hohen Anteil von Fischnahrung noch stark wildbeuterisch geprägte, später vollneolithische Siedlung (Starčevo-Kultur) bei Lepinski Vir (ca. 7500–4700 v. Chr.) am Eisernen Tor (Durchbruch der Donau zwischen Südkarpaten und Ostserbischem Gebirge) angelegt. Regelmäßig gebaute Trapezhäuser enthalten große ausdrucksvolle Steinplastiken aus Sandstein, deren Ausgangsmaterial aus ca. 10 km Entfernung herangeschafft wird.

Außerhalb dieser vollneolithischen Kultur, die durch agrarisch-viehhalterische Wirtschaftsform, Lehmarchitektur, Siedlungskonstanz und einfache bemalte Keramik gekennzeichnet ist, schließen sich in den angrenzenden europäischen Gebieten verwandte Kulturerscheinungen an, die insgesamt einen abgewandelten, weiterentwickelten Eindruck machen und offenbar wiederum auf Landnahmebewegungen bzw. Akkulturationsprozessen beruhen. Im Theiß-Gebiet (Ungarn) ist dies die Starčevo-Körös (rumänisch Criş)-Kultur, weiter westlich die Bandkeramikkultur und in den mediterranen Küstengebieten von Apulien, Ostadria, Italien, Ligurien, Südfrankreich und Spanien/Portugal die nach ihren Eindrucksmustern (u. a. mit der Herzmuschel [*Cardium edule*]) benannte Cardial- oder Impresso-Kultur. Diese neolithischen Kulturen gehören meist in das ausgehende 7. bis 5. Jt. v. Chr.

Weite Teile Ost-, Mittel-, West- und Nordeuropas sind in dieser Zeit durch die nachpleistozäne Mikrolithik gekennzeichnet (serienweise gefertigte, winzig kleine Steingeräte in Halbmond-, Dreieck- oder Trapezform: Tardenoisien in Frankreich), die wie verzierte Geweihäxte oder Geröllkeulenköpfe als Waffen für Jagd und Krieg dienen. Dazu passt, dass die nachpaläolithischen Felsmalereien Ostspaniens (Levante-Kunststil) und der Sahara (im Gegensatz zu allem, was aus dem Paläolithikum bekannt ist) erstmalig Darstellungen von Kämpfen zwischen mit Pfeil und Bogen bewaffneten Menschengruppen zeigen. Soweit diese »mesolithischen« bzw. wildbeuterischen Gruppen, die man zu einem **Mesolithikum** zusammenfasst, archäologisch fassbar sind, führen sie in ihrer Wirtschaftsform, ihrer Lebensweise und ihren Rastplatzanlagen (Freilandplätze, Höhlen, Abris) ein paläolithisches Erbe in einer veränderten Umwelt (Vegetationsperiode des Präboreals, Boreals und frühen Atlantikums) weiter. Von Bedeutung sind in West- und Nordeuropa Masken aus Hirschschädeln (Star Carr, Bedburg-Königshoven, Hohen-Viecheln), vielleicht Beleg für einen frühen Schamanismus.

Am nördlichen Rande Europas (von Norwegen bis zum Ural) leben über Jahrtausende – vom 9. Jt. bis teilweise in die Neuzeit hinein – Fischer, Jäger und Sammler. In Norwegen, Finnland und im östlichen Baltikum erstrecken sich die Fosna-, Komsa- und Kunda-Kulturgruppen (mit bedeutenden Felsbildern), an die sich von Nordrussland bis zum Ural die verwandte Schigir-Kultur anschließt. Dort steht hochwertiger Feuerstein, der für eine ausgeprägte Mikrolithik unerlässlich ist, nicht zur Verfügung (Geräte aus Quarz und Schiefer), doch fehlen funktionale Äquivalente nicht völlig. Typisch sind hier aus Knochen und Geweih gefertigte Harpunen, Speer- und Pfeilspitzen sowie Äxte. Auch im Gebiet des Dnjepr und Donez, auf der Krim und am Asowschen Meer sind Spuren einer epipaläolithischen (d. h. der Kultur, nicht der Zeit nach) Jäger- und Sammlerbevölkerung bekannt, die mancherorts gewisse neolithische Kulturmerkmale (geschliffene Steingeräte, Keramik) annimmt.

Neolithische Konsolidierung und Vielfalt: Europa im 6.–5. Jt. v. Chr.

In **Griechenland** wird die charakteristischste mittelneolithische Kultur (6./5. Jt. v. Chr.) nach der thessalischen Siedlung von Sesklo benannt (4 m mächtige Siedlungsschichten; mehrere Stufen zu unterscheiden). Hier und an anderen Plätzen (Argissa-Magula, Soufli-Magula, Korinth, Otzaki-Magula, Knossos) folgt die Besiedlung einer aus älterer Zeit, doch beginnt sie mitunter erst mit dieser Zeit (Chaironeia in Böotien, Rakhmani, Tsangli und Tsani in Thessalien). Typisch sind eine weiß-auf-rot oder rot-auf-weiß gemalte Keramik mit charakteristischem Ornamentschatz, Ton- und Steinstatuetten, Stein- und schon vereinzelt Kupfergeräte sowie eine spezielle Hausform (Tsangli-Typ), ein Einzelrechteckbau mit Wandzungen.

In **Bulgarien** wird die altneolithische Besiedlung in den Tells überlagert von Schichten der mittelneolithischen Veselinovo-Kultur (Karanovo, Azmaška Mogila) mit typischer Knopfhenkelkeramik, Lampen, Statuetten und Geräten. Diese Kulturerscheinungen stehen ebenso wie die Hausformen in einer Tradition zu vorhergehenden Kulturgruppen. In Nordbulgarien und **Rumänien** folgt auf die altneolithische Starčevo-Köros-Criş-Kultur (6. Jt. v. Chr.) die Boian-Kultur, von der aufgrund ihrer spezifischen Keramik mehrere Stufen zu unterscheiden sind.

Westlich des Verbreitungsgebietes der Starčevo-Köros-Criş-Kultur (Nordwestbulgarien, Ungarn, Westrumänien) erstreckt sich dasjenige der **Bandkeramikkultur** (auch linearbandkeramische Kultur). Deren ältestes Entwicklungsstadium im östlichen Mitteleuropa (an und nördlich der mittleren und oberen Donau) ist bis zum Oberrhein belegt (sog. Älteste Linearbandkeramik), ein entwickelteres in einem erweiterten, bis westlich des Mittelrheins reichenden Raum (Flomborn-Stufe), während ein nochmals jüngeres Stadium nach Westen bis zur Champagne, nach Norden bis Pommern und nach Osten bis zum oberen Dnjestr verbreitet ist. In einzelnen Gebieten lassen sich noch weitere chronologische Unterabschnitte unterscheiden, die insgesamt für eine beträchtliche Dauer dieser schnell expandierenden Kultur (etwa 5500–4800 v. Chr.) sprechen. Soweit bekannt, sind die Träger der recht uniformen bandkeramischen Kultur in Mitteleuropa agrarische Pioniere, die im Wesentlichen die stark bewaldeten (Atlantikum mit Eichenmischwald) und fruchtbaren Böden (Schwarz- und Braunerden auf Lössbasis) besiedeln, unfruchtbare und gebirgige Lagen aber meiden. Sie begründen eine vollneolithische Lebensweise, die von einem im Mitteldonaugebiet beginnenden Kolonisationsvorgang ausgeht. Daneben ist die Fortdauer (Henauhof bei Bad Buchau; ca. 2. Hälfte 6. Jt. v. Chr.) und gelegentliche Akkulturation »mesolithischer« Jäger- und Sammlergruppen anzunehmen, ähnlich wie auch später vielerorts verschiedene Wirtschaftsformen und Kulturen räumlich nebeneinander leben. Bei den Menschen dieser Zeiten spielt die Jagd nur eine untergeordnete Rolle; stattdessen halten sie Rinder, Schafe, Ziegen und Schweine. Im Rahmen einer ausgewogen **gemischtwirtschaftlichen Lebensweise** werden daneben Weizen (Einkorn, Emmer), Hülsenfrüchte (Linsen, Bohnen), Lein (Öl, Flachs) und Mohn (aus dem Mittelmeergebiet) angebaut. Namengebend für die Kultur ist ihre Keramik, bei der auf rundbodigen Gefäßen, Schalen oder Flaschen eingeritzte Spiral-, Mäander- oder Zickzackbänder, Stichreihen- und Zwickelmuster in beträchtlicher Vielfalt erscheinen. Obgleich diese Ware innerhalb ihres weiten Verbreitungsgebietes und ihrer langen Entwicklungsspanne sich als zusammengehörige Erscheinung erweist, bestehen viele regionale Sonderausprägungen und -entwicklungen, die teilweise erkennbar mit kleinen oder größeren Siedlungsräumen (in ihnen auch Siedlungen mit zentralörtlichen Funktionen) in Verbindung zu bringen sind.

Ebenso charakteristisch wie die Keramik sind die Steingeräte der Bandkeramikkultur, v. a. die aus Felsgestein geschliffenen sog. Schuhleistenkeile, ein mit D-förmigem Querschnitt versehenes Meißel- bzw. Drechselwerkzeug. Dieses dient v. a. der Holzbearbeitung, doch ist auch der Einsatz als Waffe belegt (»Massengrab« von Talheim; Schletz). Weitere Steingeräte sind Klingen aus Silex, der vielfach über längere Distanzen beschafft wird, und als Einsätze von Sicheln fungieren. Durchbohrungen finden sich nicht nur bei Waffen (Keulenköpfen). Inwieweit steinerne Pfeilspitzen oder Pfeilschneiden für die Jagd bzw. für den Krieg bestimmt sind, lässt sich schwer entscheiden. Unter den Schmuckformen stehen Perlen von Hals- und Armketten sowie Armringe der Stachelauster (*Spondylus gaederopus*; Verbreitung im Mittelmeer und dem Schwarzen Meer) und Stein an erster Stelle, die für weite Kontakte bzw. Austauschsysteme der Bandkeramiker sprechen.

Zahlreiche Ausgrabungen von Mähren über Polen bis Holland und Mittelfrankreich haben Aufschluss über die **Siedlungen der Bandkeramiker** gebracht, die wesentliche Gemeinsamkeiten haben. Typisch sind große rechteckige Langhäuser (5×20 m bis 8×40 m), deren Wände aus mächtigen Holzpfosten mit lehmverstrichener Flechtwerk- oder Fachwerkfüllung bestehen; drei innere Pfostenreihen tragen das Firstdach, wobei aus der Pfostenstellung Hinweise auf die Inneneinteilung der Häuser gewonnen werden können (Schlaf-, Wohn- und Küchenteil, Speicherteil). Dieser Haustypus zeigt in Details gewisse zeitliche und regionale Abwandlungen, kennzeichnet als Ganzes aber diese Kultur von ihrer Frühstufe an. Oft scheinen solche Häuser als Einzelhöfe zu bestehen, in einigem Abstand umgeben jeweils von einem Flechtwerkzaun, der das Vieh bei Nacht zusammenhalten und den Menschen Schutz vor wilden Tieren (und womöglich räuberischen Menschen, Mesolithikern?) bieten soll.

Zuweilen liegen offensichtlich zwei dieser Häuser (die jeweils eine über eine Kleinfamilie hinausgehende Sozialeinheit beherbergen, Großfamilie?), eventuell sogar mehrere, nahe beieinander. Jedoch ist ungewiss, ob es regelrechte Dorfsiedlungen gegeben hat. Die bei Ausgrabungen ermittelten Wand- und Pfostenspuren von oft zahlreichen Häusern rühren großenteils von nacheinander errichteten Bauten her, ähnlich wie bei den Häusern der Tellschichten. In einigen Siedlungen dienen mächtige, in Blockbautechnik holzversteifte Brunnen der Trinkwasserversorgung (Erkelenz-Kückhoven, mehr als 15 m tief; Dendrodatierung: 5090–5050 v. Chr.). Es werden Erdwerke (mit Graben, Wall, Palisaden befestigte Anlagen) errichtet, die z. T. im Innern besiedelt sind (Köln-Lindenthal, Darion), z. T. unbesiedelt sind mit vermutlich kultischer Funktion (Herxheim).

Typische Bestattungsform der Bandkeramiker ist die Beisetzung in liegender Hockerstellung mit Keramik-, Schmuck- und zuweilen auch Waffenbeigaben, dazu oft Rötelfärbung, selten eine anthropomorphe (menschengestaltige) oder zoomorphe (tiergestaltige) Tonfigur, wie sie unter den Siedlungsfunden häufig zu finden sind. Brandbestattungen kommen nur ganz vereinzelt vor.

In **Italien** folgt auf die Impressokeramik der neolithischen Anfangsstufe eine Keramik, die auf Sizilien sowie in Unter- und Mittelitalien durch bemalte (auch mit eingedrückter und geritzter Musterung versehene) Elemente (u. a. Capri-Stil der Ripoli-Kultur), in Oberitalien durch andere Gattungen (z. T. mit quadratischer Gefäßmündung [*bocca quadrata*]) charakterisiert ist. In dieser Zeit beginnt u. a. die befestigte Siedlung auf der späteren Akropolis von Lipari; diese Insel spielt wegen ihres Obsidianvorkommens eine bedeutende Rolle, da Obsidian für die Herstellung von Messerklingen besonders geeignet und daher weithin geschätzt ist.

In **Westeuropa** ist in den mediterranen Gebieten Frankreichs und Spaniens die Impresso- bzw. Cardialkeramik und **Epicardial-Kultur** verbreitet, die im Altneolithikum beginnen mag, aber im Wesentlichen jünger sein dürfte, und in Frankreich in einigen an Mitteleuropa angrenzenden Landesteilen die Bandkeramikkultur und die ihr westlich benachbarten Gruppe **Limburg** und **La Hoguette**. Ansonsten leben in Westeuropa einschließlich der Britischen Inseln und Irland im Mittelneolithikum meist noch Populationen »mesolithischen« Charakters (Larnian, Obanian). Ähnliches gilt für Norddeutschland und Südskandinavien sowie für Osteuropa östlich des Weichselgebietes und nördlich der Ukraine.

Vom ausgehenden Neolithikum über die Kupferzeit zur Bronzezeit Europas (5. Jt.–3. Jt. v. Chr.)

Ausgehendes Neolithikum (5./4. Jt. v. Chr.)

Im ägäischen Raum existiert im Jungneolithikum u. a. die thessalische Dimini-Kultur. In der namengebenden Magula (Tell) wurde eine stark befestigte Siedlungsanlage mit megaronartigem Hauptbau an einem Hof entdeckt, die nicht als Dorf, sondern als Einzelhof gedeutet wird. Vermutlich wohnte hier ein Angehöriger einer sozialen Oberschicht; außerhalb der Befestigung gibt es kleine Streusiedlungen. Die charakteristische Dimini-Keramik zeichnet sich (im Gegensatz zu den älteren Gattungen) durch Spiral- und Mäandermuster sowie eine Polychromie aus. Dieselben Muster können auch eingerillt sein. Die Dimini-Statuetten zeigen gegenüber denen der Sesklo-Kultur typologische und die Bemalung betreffende Besonderheiten (schwarze Farbe, Spiralmuster). In Mittel- und Südgriechenland sowie auf den Ägäischen Inseln sind Siedlungszeugnisse bekannt, die mit denen der Dimini-Gruppe verwandt sind.

In **Dalmatien** erscheint um 5500 v. Chr. die Danilo-Kultur, die Beziehungen besonders über die Adria nach Italien sowie an der Küste entlang nach Mittelgriechenland (Korinth) aufweist. Die benachbarte Butmir-Kultur (Butmir, Okoliste) in Bosnien zeichnet sich durch eine eigenwillige Keramik aus. Wie die Danilo-Ware sind die Gefäße mit einer reichen Spiralmusterung versehen, die im Einzelnen aber von dieser abweicht, und einer ausgeprägten Figuralplastik mit Menschenfiguren von teilweise beachtlicher künstlerischer Qualität. Auffällig ist der Reichtum an Pfeilspitzen in Verbindung mit einem hohen Prozentsatz von Wildtierknochen unter den Speiseabfällen der Siedlungen, die auf eine vergleichsweise große Bedeutung der Jagd hindeuten. Im Donautal und in Siebenbürgen findet sich die Turdaş- (ungarisch Tordos-)Gruppe mit ihrer geritzten Mäanderkeramik, ihrem charakteristischen Statuettenbestand und ihrer Vorliebe für Symbolzeichen, im unteren Donaugebiet die Spätabschnitte der Hamangia-Kultur, die Boian-Kultur und die (kontinuierlich aus dieser entwickelten) Frühphase der Gumelniţa-Kultur, in der nordbulgarischen Schwarzmeerregion die Poljanica-Sava-Gruppe und südlich davon die Maritsa-Gruppe, die beide ebenfalls in die Gumelniţa-Kultur einmünden. Diese Gruppen sind in ihrer Verbreitung sowie ihrer Entwicklung durch mehrere Stufen anhand ihrer Keramik und Statuetten, aber auch ihrer Siedlungsanlagen und typischen Hausformen zu verfolgen. Die Hausformen der Siedlungen in Bulgarien sind überraschend regelmäßig, sowohl in der äußeren Begrenzung (quadratisch oder rechteckig, von einer Befestigung umgeben) als auch der Innengliederung (gerade, sich rechtwinklig kreuzende Wege, daran feste Rechteckparzellen mit Häusern) sowie der Form und Bauweise der Häuser (mehrräumig, lehmverstrichene Stabwände, verputzt, mitunter bemalt, wobei die Musterung mit der Keramikdekoration ähnelt). Die jungneolithische Keramik in Bulgarien weist in Gefäßformen (Vierzipfelschale) und Verzierungsweise Beziehungen zur griechischen Dimini-Ware auf. Kupferverarbeitung ist belegt.

In **Siebenbürgen** und östlich des Karpatenkammes (Moldau und Ukraine) beginnt die Cucuteni-Tripolje-Kultur und -Besiedlungstradition, bei der aufgrund stratigrafischer Befunde mehrere Stufen zu unterscheiden sind (die jüngere – ebenso wie diejenige der Gumelniţa-Kultur – ist bereits kupferzeitlich). V. a. anhand der Keramik sind mehrere Cucuteni-Stufen zu unterscheiden: ritzverzierte Jungneolithstufe; Stufe mit bichrom bemalter Ware (nach der Siedlung Ariusd benannt); Stufe mit trichrom bzw. polychrom bemalter Keramik (»Cucuteni-A«); Stufe mit abweichender, einfarbig bemalter Keramik (»Cucuteni-A-B«); Stufe mit schwarzer Bemalung (»Cucuteni-B«); Stufe mit neuen Malmustern und Gefäßformen (Stufe Horodiştea, in der Ukraine Gorodsk- und Usatovo-Gruppen). In der **Ukraine** weisen die Siedlungen mitunter beträchtliche Größe sowie eine in Rumänien nicht nachgewiesene Anordnung der Häuser auf, indem diese konzentrisch in einer oder mehreren Reihen um einen runden Mittelplatz herum liegen, auf dem ein oder zwei Gebäude von offenkundig besonderer Bedeutung stehen (Kolomyjščina, Vladimirovka). Die dorfartigen Siedlungen (keine Tells) bestehen aus großen Rechteckhäusern mit gebranntem Lehmestrichboden (sog. Ploščadki). Die ukrainische Tripolje-Kultur (nach einer Siedlung bei Kiew) ist unter maßgebendem Einfluss vom Westen her entstanden, ohne dass mit Sicherheit auf eine Landnahme von dort kommender Bevölkerungsgruppen geschlossen werden könnte. In der Ukraine beginnt jedoch nicht erst mit Tripolje eine neolithische, agrarische Kultur. Als Vorläufer gilt die am mittleren und unteren Bug verbreitete Sudbug-Kultur, deren Träger Pflanzenanbau und Haustiere kennen und Keramik mit Oberflächenverzierung (Barbotine) herstellen. Diese kann in ihren Anfängen noch ins Mittelneolithikum zurückreichen. Weiter östlich, im Dnjepr-Donez-Gebiet, ist eine Gruppe charakteristischer Grabanlagen bekannt, bei denen oft viele Tote auf einer dicken Ockerschicht, mit Jagdgeräten und Waffen ausgestattet, liegen. Zugehörig sind Wohnplätze mit einfacher Kammkeramik. Wirtschaftlich ist diese Gruppe, ebenso alle östlich davon belegten, noch rein jägerisch und sammlerisch tätig.

In **Mitteleuropa** ist das Jungneolithikum (ca. frühes 5. Jt.–frühes 4. Jt. v. Chr.) in mehreren Gruppen ausgeprägt, die sich entweder unmittelbar aus altneolithischen Kulturen weiterentwickelt haben oder doch stark in ihren Traditionen stehen. In **Ostungarn** ist dies die Theiß-Kultur, die durch eine Keramik mit kräftig eingeritzten, komplizierten, zumeist schräg verlaufenden Mäandermustern gekennzeichnet ist. Die kleinen, regelmäßig angelegten Rechteckhäuser werden aus Lehm errichtet, sodass – verbunden mit einer Siedlungskonstanz – Tells entstehen (der am weitesten nach Europa hineinreichende Ausläufer dieser südosteuropäisch-vorderasiatischen Siedlungsform). Auch hier ist eine Verzierung von Hauswänden (mit komplizierten Mäandermotiven) bezeugt, die derjenigen der Keramik entspricht. Kleine Kupfergegenstände sind bekannt.

In **Westungarn** entspricht der Theiß-Kultur die Lengyel-Gruppe (nach einer Höhensiedlung im Komitat Tolna), aus der große, rechteckige Pfostenhäuser sowie große Friedhöfe mit Hockerbestattungen bekannt sind. Als Beigaben spielen eine reich bemalte Keramik, Perlenketten und v. a. durchbohrte Steinäxte (sicher Waffen) eine Rolle. In Nordungarn und der Ostslowakei findet sich die Bükk-Gruppe, in der **Mittelslowakei** die Zselizer-Gruppe, die in ihrer Keramik ein spätbandkeramisches Erbe zeigt, in ihren Hausformen sowie im Reichtum der Grabbeigaben sich davon aber unterscheidet. Etwas jünger ist die Lužianky-Gruppe (nach einem Gräberfeld bei Nitra), die durch ihre Friedhöfe mit bemalter Keramik, Tiergefäßen und Streitäxten bekannt ist. Während hier Statuetten nur vereinzelt begegnen, sind solche in der mährisch-niederösterreichischen Střelice-Gruppe (nach einer Siedlung bei Znojmo) überaus häufig und in ausgeprägten Typen vertreten. Überwiegend handelt es sich um weibliche Gestalten, oft mit nach vorn oder nach oben gehaltenen Händen, die eine kultische Geste (Adoration; ähnliche Darstellungen eingestochen auch als Gefäßzier) wiedergeben. Hausmodelle aus Ton zeigen ein Firstdach und Tierköpfe am Giebel; Häuser mit entsprechendem Grundriss sind auch durch Siedlungsgrabungen bezeugt. Bei Wien-Mauer (Antonshöhle) wird Radiolarit bergmännisch gewonnen.

In Böhmen, Mähren, Niederbayern, Mitteldeutschland sowie im südlichen Polen wird die Bandkeramikkultur in der ersten Hälfte des 5. Jt.s von der **Stichbandkeramikkultur** abgelöst, deren Tonware eine Weiterentwicklung der Bandkeramik ist. Die Bestattungsform (jetzt vermehrt Brandgräber) sowie die Häufigkeit von Pfeilschneiden und Steinäxten stellen etwas Neues gegenüber der vorangehenden Zeit dar. Die Hausformen der älteren Stichbandkeramikstufe schließen typologisch an die Bandkeramikhäuser an, während diejenigen einer jüngeren Stichbandkeramikstufe Trapezform und auch bautechnisch Abweichungen aufweisen. In Süddeutschland, im Elsass, in der Champagne, im Niederrheingebiet und in Westfalen geht die Bandkeramikkultur in landschaftlich jeweils eigene Gruppen über. Besonders markant ist die **Hinkelstein-Gruppe** am nördlichen Oberrhein (benannt nach einem Gräberfeld bei Worms), die Beziehungen zur Stichbandkeramik erkennen lässt (v. a. in den Schmuck- und Steingerät- bzw. Waffenformen) und in der Bestattungsweise (Strecklage auf dem Rücken) von der vorangehenden Bandkeramikkultur abweicht. Eine weitere Nachfolgeerscheinung der Bandkeramikkultur ist die ebenfalls in Südwestdeutschland bis nach Westfalen verbreitete Großgartacher Kultur (Großgartach, Siedlung bei Heilbronn) mit z. T. großen Friedhöfen mit Körperbestattungen (Trebur) und kennzeichnender stichverzierter Keramik. Auf sie folgt die von der Nordschweiz bis Westfalen und Mitteldeutschland verbreitete Rössener Kultur (Rössen, Friedhof bei Merseburg). Erstmalig werden jetzt in größerem Umfang Höhen zur Anlage von Siedlungen aufgesucht. In dieser Region leitet die Bischheim-Gruppe (Bischheim, Siedlung in der Rheinpfalz), gekennzeichnet durch ornamentarme Keramik, zum nachfolgenden Jungneolithikum (Michelsberger Kultur) über (Garzweiler; Schernau). Die mittelneolithischen Flachlandsiedlungen bestehen aus einem oder mehreren großen Trapezhäusern, die sich von denen der Bandkeramikkultur unterscheiden und ebenfalls mitunter in Gruppen zusammenliegen, sodass auch hier frühe dorfartige Siedlungen (Inden, Bochum, Deiringsen-Ruploh) entstehen. Von der mittleren Donau bis nach Westfalen werden sog. Kreisgrabenanlagen (kreisförmig mit einem oder mehreren konzentrischen Ringen aus Gräben oder Holzpalisaden ohne erkennbare Innenbebauung) angelegt, deren Zugänge anscheinend öfter nach astronomischen Phänomenen (besonders Wintersonnenwende) ausgerichtet scheinen (wie beim »Sonnenobservatorium« von Goseck, Sachsen-Anhalt).

In Frankreich gelangt im Mittelneolithikum eine vollneolithische Kultur nach Westen über das Pariser Becken nicht wesentlich hinaus. Auf den Britischen Inseln und in Nordeuropa/Südskandinavien ist von einer weiter andauernden Besiedlung »mesolithischer« Art auszugehen; wenige Importe von mittelneolithischen Steingeräten und Keramik (Hamburg-Boberg) belegen erste Neolithisierungsvorgänge. Die Gesellschaft dieser Zeit ist bei allen raumzeitlichen Unterschieden komplexer. Es entstehen größere Siedlungen mit einem strukturierten Plan, auch mit Befestigungen, und die ersten Dörfer mit kommunalen Einrichtungen (Freiräume, Gemeinschaftshäuser, Kulträume).

Aufkommen des Metalls: Kupferzeit Europas (ca. Ende 5. Jt.–3. Jt. v. Chr.)

Nach dem immer mehr bergmännisch gewonnenen und verarbeiteten Kupfer (aber auch Gold, Silber, Blei) wird in weiten Teilen der Alten Welt je nach regionaler Intensität von Chalkolithikum (Vorderer Orient), Kupferzeit (Südosteuropa, Donauländer), Kupfersteinzeit oder Aeneolithikum gesprochen, während andernorts der Begriff Jung- und Endneolithikum verwendet wird. In dieser Zeit werden die Grundlagen zur Herausbildung der frühen Hochkulturen (Sumer, Ägypten) gelegt, die auf ihre Randgebiete in Iran, Südasien (Harappa-Kultur), Kaukasus, Anatolien (mit dem frühen Troia) und Ägäis (Kykladen, Kreta) ausstrahlen. Im übrigen Europa (v. a. die mittlere und westliche Mittelmeerwelt, West- und Nordeuropa sowie Teile Mitteleuropas) tauchen **megalithische Kulturerscheinungen** (wie Tempel auf Malta, Megalithgräber West- und Nordeuropas, Statuenmenhire, Steinkreise, Steinreihen) und die **ersten Grabhügel** auf. Diese z. T. gewaltigen Anlagen werden mit einem hohen Arbeitsaufwand (Gewinnung, Transport, Errichtung der oft tonnenschweren Steine) gebaut, der Rückschlüsse auf eine gegenüber dem vorangegangenen Zeitabschnitt stärkere Hierarchisierung der einzelnen Gruppen zulässt. Kennzeichnend sind für diesen Abschnitt die Kollektivbestattungen, d. h. das Megalithgrab birgt Tote einer ganzen Siedlungsgemeinschaft und wird über einen längeren Zeitraum belegt. Es häufen sich zunehmend die Zeugnisse eines wesentlich ausgeprägteren Metallbesitzes (v. a. Kupfer, später ab ca. 2800 v. Chr. mit Zinn zu Bronze legiert). Dabei spielt das **Metall** nicht nur in seiner werkzeugtechnischen Funktion eine Rolle, sondern auch im Sozialgefüge der metallzeitlichen Gesellschaften; hier zeigen sich immer stärker werdende soziale und wirtschaftliche Unterschiede. Metall wird stärker als andere Materialien zu Werten akkumuliert und die aus ihm gefertigten Objekte spielen über den Alltag hinaus als Prestige- bzw. Prunk- und Kultobjekte eine große Rolle. Durch frühen Bergbau auf Kupfer (parallel dazu auch der auf Silex), die Verhüttung der Erze und durch sich daran anschließende Gießerei- und Schmiedetechnik kommen Spezialisten in Bergbau und Handwerk auf. So werden die technischen Grundlagen für diese und Folgezeiten gelegt, die durch zunehmende Arbeitsteilung geprägt sind.

Im Verlaufe dieses Zeitraums mit mehreren Traditions- und Innovationsphasen werden in einer sich auch kurzfristig verändernden Umwelt (Wechsel von nasskalten zu trockenfeuchten Phasen) neue Kulturpflanzen (wie Saatweizen) angebaut, neue Agrarmethoden (von Zugtieren gezogener Hakenpflug) und Transportmittel (hölzernes Scheibenrad, Wagen: zusammengefasst als »Traktionskomplex«) eingeführt sowie neue Siedlungsgebiete (Erweiterung der tradierten Ökumene, Feuchtbodengebiete, submontane Lagen) erschlossen.

Europa Ende 5. Jt.–Mitte 4. Jt. v. Chr.

Griechenland

Auf jungneolithische Kulturgruppen mit bemalter Keramik folgen in Griechenland solche, bei denen Gefäßbemalung zurücktritt oder ganz fehlt (Gefäße schwarz poliert, oft riefenverziert oder gefirnisst). In Thessalien wird eine davon als Larissa-Gruppe bezeichnet; von ihr sind erstmalig Urnengräber bekannt. In Mittel- und Südgriechenland spielen Höhensiedlungen eine Rolle (Asea in Arkadien, Malthi in Messenien, Eutresis in Böotien, Aigina). Es folgt auf dem griechischen Festland die **frühhelladische Kultur**, bei der die Siedlungen meist befestigt sind; Gräber liegen teils innerhalb der Siedlung, teils außerhalb in gesonderten Friedhöfen. Als altkupferzeitlich gilt nur die Frühstufe des Frühhelladischen (in Eutresis gehören ihr acht Bauschichten an).

Von den griechischen Inseln sind nachweislich Keos, Paros, Naxos, Chios, Mykonos, Kalymnos und Samos in der Frühkupferzeit besiedelt. Eine Kupfergewinnung ist auf Keos bezeugt; von Euböa stammen drei Goldgefäße, die typologisch der Keramik dieser Zeit ähneln. In der folgenden Pelos-Stufe (nach einem Gräberfeld auf Melos) werden kunstvolle Steingefäße (v. a. aus Marmor) und die sog. Kykladenidole gefertigt.

Auf Kreta finden sich aus spätneolithisch/frühkupferzeitlicher Zeit schwarze, mit einpolierten Mustern versehene sowie dunkel gefirnisste und weiß bemalte Keramiken. Sie ist in Knossos in einer Besiedlungsschicht zu finden, deren Architektur wie ein Vorläufer des späteren Palastes anmutet, außerdem in Grab- und Höhlenfunden. Von dieser spätneolithischen Stufe führt auf Kreta eine kontinuierliche Entwicklung zur Frühphase der **frühminoischen Kultur** (sowohl in Besiedlung als auch Keramik, Figuralkunst sowie Stein- und Kupfergeräte), deren Keramik Beziehungen zu derjenigen der kykladischen Pelos-Stufe zeigt. | s. S. 134 |

Südosteuropa

Im östlichen Bulgarien und in der Großen Walachei gehört v. a. die **Gumelniţa-Kultur** (auch Kodjadermen-Gumelniţa-Karanovo-VI-Kultur-[KGK VI-Kultur]) in die frühe und ältere Kupferzeit. Die Siedlungen bilden Tells, deren zahlreiche Bauschichten oftmals ältere überlagern. Wie in der vorangehenden Zeit sind die Dorfsiedlungen regelmäßig angelegt und von einer Befestigung umgeben. Die mehrräumigen Rechteckhäuser stehen aufgereiht in engen Gassen; einige von ihnen sind außen mit Spiralmustern bemalt, wie sie ähnlich auch auf der Keramik begegnen. Auch im Hausinnern sind die Wände manchmal kunstvoll bemalt und Holzsäulen mit einer bemalten Lehmschicht bedeckt (Căscioarele). Vermutlich zu Votivzwecken werden Tonmodelle von Häusern hergestellt (sie bezeugen strohgedecktes Firstdach und runde Fenster) mit Modellen von Herden, Mahlplätzen, Vorratsgefäßen und Altären sowie von menschlichen Figuren mit erhobenen oder vor den Körper gehaltenen Händen. Mitunter sind solche Statuetten mit anderen Votivgegenständen kombiniert (Ovčarovo), sodass die gefäßtragenden Figuren wohl als Opfernde zu verstehen sind.

Von den Gräberfeldern der Gumelniţa-Kultur, die außerhalb der Siedlungen liegen (Hocker), verdient v. a. die große **Nekropole von Warna** wegen der außerordentlich reichen Beigaben Beachtung. In den Gräbern finden sich schwere Äxte und Beile, Meißel und Kleingeräte (alles aus Kupfer), Schmuck aus Kupfer, außergewöhnliche Prunkwaffen und Rangabzeichen, zahlreiche Zierstücke sowie schematische kleine Figuren von Menschen (sog. Ring- und Scheibenidole) und Tieren aus Gold (Gesamtmenge an Gold ca. 6,5 kg). Die in Warna feststellbare soziale Schichtung ist einzigartig und ohne Nachfolge, denn um 3800 v. Chr. bricht die kulturelle Entwicklung ab, vermutlich durch eine Invasion von Nomadenvölkern aus der südrussischen Steppe.

Nördlich an das Verbreitungsgebiet der Gumelniţa-Kultur grenzt dasjenige der jüngeren Cucuteni-Tripolje-Kultur. Die Höhensiedlungen sind durch tiefe (z. T. in den Fels gearbeitete) Gräben und begleitende Wälle befestigt. Analog der Gumelniţa-Kultur, aber typologisch davon abweichend, werden auch hier Terrakottamodelle von Häusern, Hausteilen, Menschen und Tieren als Votivgegenstände hergestellt, wobei bei den Häusern hauptsächlich auf die Darstellung der Innenansicht mit Herd, Kreuzaltar und einer Reihe Vorratsgefäße Wert gelegt wird. In den kupfernen Äxten, Beilen, Dolchen und Anhängern bzw. Zierstücken (Carbuna/Moldawien) zeigt die Cucuteni-Tripolje-Kultur Verwandtschaft mit den rumänischen und bulgarischen Kulturgruppen. Um 3800 v. Chr. beenden vermutlich aus der südrussischen Steppe stammende Hirtenvölker diese balkanische Blütezeit (Srjedni Stog-Kultur).

Von den ukrainischen Gorodsk- und Usatovo-Gruppen sind neben den Siedlungen in stattlicher Anzahl **Grabhügel** (**Kurgane**) bekannt. Sie enthalten meist mehrere eingetiefte Beisetzungen (liegende Hocker) und sind regelmäßig ausgestattet mit einem schwarzbemalten und einem unbemalten, grobtonigen, oft schnurverzierten Gefäß, außerdem mit Tonidolen (seltener mit Knochenidolen), kupfernen Beilen oder Äxten, Dolchen, Lockenringen, Knochenäxten u. a. Diese Tumulusgräber, die bis dahin in dieser Region (und überhaupt in Europa) durchweg fehlen, sind keine Spezialität der Gorodsk- und Usatovo-Gruppen, sondern erscheinen in dieser Zeit in einer Zone vom Kaukasusvorland über die Ukraine bis zum unteren Donautal in einem kulturellen Rahmen, der als Ockergrab- oder Kurgankultur bezeichnet wird. Viele dieser Hügel zeigen beträchtliche Dimensionen (Höhe bis 13 m) und enthalten bis zu 120 Gräber, die teils als einfache Schächte, teils als Schächte mit Seitenkammern (sog. Katakomben) angelegt sind (Tote häufig auf Ockerstreuung). Auf der Krim sind Steinkisten vielfach innen mit schwarzen Mustern bemalt, in der Ukraine mit anthropomorph verzierten Platten abgedeckt, in anderen Tumuli neben bzw. über den Gräbern (menschengestaltige) **Statuenmenhire** aufgestellt (vgl. auch Westeuropa). Die Beigaben bestehen aus Keramik, Schmuck aus Stein, Muscheln, Fayence, Kupfer, Silber und Gold sowie Waffen aus Stein, Knochen und Kupfer, vereinzelt auch einem Wagen mit zwei Scheibenrädern oder einem Tonmodell von einem solchen.

Balkan, Ungarn, Östliches Mitteleuropa

Westlich der unteren Donau, in Serbien, Slawonien und im Banat entspricht der östlichen Gumelniţa-Kultur die mehrperiodige **Vinča-Kultur** (nach einem Tell unweit Belgrads mit 11 m mächtigen Kulturschichten). Typisch für diese Kultur sind eine riefen- oder mäanderverzierte, zum Schluss auch pastos bemalte Keramik, die Beziehungen zu Keramikgattungen Nordgriechenlands aufweist, ein ebenso ausgeprägter Bestand an Tonstatuetten, der sich deutlich von den östlich benachbarten Gruppen Gumelniţa und Cucuteni unterscheidet, sowie Monumentalplastiken und großer figürlicher Lehmschmuck an Häusern. Die jüngere Vinča-Kultur (Vinča-Pločnik-Phase) kennt schwere Kupferäxte und -beile. Aus dieser Zeit sind die ältesten Kupferbergwerke Europas bekannt (Aibunar [Bulgarien], Rudna Glava [Serbien]). Umstritten ist die Bedeutung der auf Keramik und kleinen Figuren angebrachten symbolischen Zeichen (sog. »Vinča-Schrift«).

Nördlich des Vinča-Gebietes ist in der **Theißregion** die Tiszapolgár-Kultur verbreitet (nach einem Friedhof in Ostungarn), die in wesentlichen Zügen eine Tradition der jungneolithischen Kultur des Theißgebietes erkennen lässt. Ihr Spätabschnitt wird als Bodrogkeresztúr-Stufe bezeichnet (nach einem ostungarischen Gräberfeld). Typisch für sie sind Friedhöfe mit ostwestlich gerichteten Hockerbestattungen (insgesamt mehr als 600 bekannt), wobei Männer regelmäßig auf der rechten Seite, Frauen auf der linken liegen. Im Rahmen der Tiszapolgár-Kultur begegnen auch Hügelgräber. Neben einer für diese Kultur charakteristischen Keramik (u. a. Gefäße mit hohem Standfuß, in der Spätstufe Gefäße mit feinen Ritzmustern) werden in die Gräber kupferne Äxte und Schmuckformen sowie goldene Scheiben- und Ringanhänger mitgegeben, die mit solchen der Gumelniţa- und Cucuteni-Kultur sowie Kulturen aus Griechenland verwandt sind. Die Goldzierstücke sind mitunter von erstaunlicher Größe und Gewicht. In Westungarn entspricht jener ostungarischen Kultur die Balaton-Gruppe, nördlich der Donau (Südwestslowakei) die Ludanice-Gruppe, die in ihrer Keramik Verwandtschaft mit der Tiszapolgár-Bodrogkeresztúr-Kultur zeigt, aber offensichtlich nicht die Sitte der geschlechtsdifferenzierten Totenlage kennt. Die Siedlungen bestehen aus regelmäßig gebauten zweiräumigen Rechteckhäusern.

Zentralmitteleuropa

In Böhmen und Mähren, Schlesien und Sachsen ist nach den mittelneolithischen Kulturgruppen (als späteste die Gaterslebener Kultur) die erste ausgeprägte Kupferzeiterscheinung die **Jordansmühl-Kultur** (nach Jordansmühl [heute: Jordanów] in Schlesien; bekanntester Fund eine große Widderfigur) mit Hocker- und Brandgräbern sowie kupfernen Schmuckformen und steinernen Streitäxten. In Mittelböhmen, Ostdeutschland bis Mecklenburg ist es die **Baalberger Kultur** (nach einem Hügelgrab mit Steinplattenkiste bei Baalberge, Sachsen-Anhalt), deren Verbreitung durch ihre charakteristische Keramik umschrieben wird. Für diese Kultur kennzeichnend sind Hügelgräber sowie megalithisch anmutende Steinkammern, die beide in diesen Gebieten als etwas Neues erscheinen, weiterhin ein steinerner Streitaxttyp, der südosteuropäischen Kupferäxten dieser Zeit ähnlich ist. Kupferschmuck ist noch selten. Bevorzugt sucht man für Siedlungen Höhen auf, die befestigt werden (Halle-Dölauer Heide).

In **Bayern** folgen auf die spätmittelneolithischen Erscheinungen der Oberlauterbacher Gruppe die Münchshöfener Gruppe (nach einer Siedlung bei Straubing in Niederbayern), und auf diese die frühjungneolithische bzw. altkupferzeitliche Altheim-Gruppe. Diese verarbeitet offenbar nicht Kupfer, sondern importiert es. Von ihr sind einige Wall-Graben-Anlagen (Erdwerke wie Kothingeichendorf) bekannt, bei denen bis jetzt nicht geklärt werden konnte, inwieweit es sich um befestigte Siedlungen oder um Kultstätten wie in Westeuropa handelt. Die Besiedlung durch agrarische Gruppen schiebt sich nach dem Mittelneolithikum weiter zum Alpenrand (z. B. Pollinger- und Schussenrieder-Gruppe) und in den circumalpinen Bereich (Schweizer Mittelland, Westschweiz) vor, wobei in den neu besiedelten Landstrichen die Jagd offenbar eine größere Rolle spielt als in den bislang besiedelten Lössgebieten. Eine Reihe von Siedlungen werden ab 3800 v. Chr. auf Feuchtböden (mit erhaltenen organischen Resten wie Holz und Textilien) angelegt (»Pfahlbauten«). Kupfer, vermutlich aus den Alpen (Götschenberg bei Bischofshofen) stammend, wird in der oberösterreichischen Mondsee-Kultur in größerem Umfang verarbeitet (zahlreiche Tiegel- und Metallfunde bekannt). Diese ist geprägt durch furchenstichverzierte und mit einer weißen Masse ausgefüllte Ornamente auf Keramik und steinerne Knaufhammeräxte, die an Kupfervorbilder erinnern.

In Südwestdeutschland und im Elsass sind einige Übergangserscheinungen zwischen mittelneolithischer Rössener bzw. Bischheimer Art und solchen jungneolithischen Alters bekannt, die insgesamt in die **Michelsberger Kultur** (nach einer befestigten Höhensiedlung bei Bruchsal) einmünden. V. a. aus Siedlungen, darunter zahlreichen auf Anhöhen, ist nachgewiesen, dass sich diese nach Norden über das Mittelrheingebiet und Niederhessen bis Belgien und Niedersachsen verbreitet und im Osten mit der Baalberger Kultur und nach Westen mit der Chasséen-Kultur West- und Mittelfrankreichs verknüpft hat (Koslar). Ihre Keramik kennzeichnen neben typischen Vorratsgefäßen v. a. sog. Tulpenbecher und flache Tonplatten (»Backteller«); letztere sind als Backunterlagen für eine Fladenart zu deuten. Streitäxte werden aus Stein hergestellt; Kupfer ist noch sehr selten. Einige Siedlungsuntersuchungen im Moorgelände (Ehrenstein bei Ulm, Riedschachen im Federsee) geben Aufschluss über die Gesamtkonzeption der Dörfer (kleinere, ein- oder zweiräumige Häuser mit der Schmalseite an einem Weg aufgereiht, von einem Dorfzaun umgeben, der eventuell verstärkt als Befestigung aufzufassen ist, mitunter in der Mitte des Dorfes ein Gebäude besonderer Zweckbestimmung) sowie über die Grundrissgestalt und Bauweise der Häuser (mehrräumig, rechteckig, mit Holzdiele, darauf in einem oder in beiden Räumen ein aus Lehm gebauter Herd, die Wände aus Holzpfosten mit lehmverstrichenem Flechtwerk oder aus Spaltbrettern bestehend). Eine an das Rheinufer grenzende Michelsberger Großsiedlung (über 100 ha) bei Urmitz (nahe Andernach) ist mit einem hufeisenförmig verlaufenden, insgesamt 2500 m langen, nach hinten durch eine Pfostenpalisade abgestützten Erdwall umzogen, der auf seiner Außenseite ziemlich regelmäßig weit vorspringende abgerundete Bastionen aufweist. Dieses Befestigungssystem, das gegenüber allem aus dem vorangegangenen Neolithikum in Mitteleuropa Bekannten ein völliges Novum darstellt, zeigt typologisch auffallende Ähnlichkeit mit mediterranen (von Palästina und Griechenland bis Spanien und Portugal), ägyptischen sowie vorderasiatischen Stadtmauern mit Bastionenkranz, aber auch mit dänischen Anlagen der Trichterbecherkultur (Sarup).

In der **Nordschweiz** entspricht der Michelsberger die Pfyner Kultur (nach einer aus neun Häusern bestehenden Siedlung im Kanton Thurgau), mit z. T. günstigen Erhaltungsbedingungen (Thayngen nahe Schaffhausen) für Holzgefäße und -geräte. In der Mittel- und der Westschweiz gehört in diese Zeit die Cortaillod-Kultur (nach einer Siedlung am Neuenburger See). Die letztere umfasst eine längere Zeitspanne und ist aufgrund der stratigrafischen Verhältnisse in zwei Hauptabschnitte zu gliedern. Sie besitzt eine Keramik u. a. mit Auflagemustern aus weißlichen Birkenrindenlamellen auf dunkelpoliertem Grund. Sehr reichlich vertreten sind aus Holz, Knochen und Geweih geschnitzte Geräte, Waffen, Sicheln, Kämme und Gefäße. Kupfer spielt eine gewisse Rolle (Objekte, Tiegel). Die Dorfsiedlungen bestehen meist aus einräumigen, reihenweise angeordneten Häusern. Die Pfyner Siedlung von Niederwil enthält Häuser der üblichen Breite (5 m), aber von außergewöhnlicher Länge (z. T. mehr als 60 m); sie sind in regelmäßige, etwa 10 m lange Abteilungen untergliedert, die jeweils mit einem Herd ausgestattet sind (Prinzip der Reihenhäuser). In ihrer Kulturzugehörigkeit bis jetzt schwer bestimmbar, aber am ehesten mit der Cortaillod- und Pfyner-Kultur in Verbindung zu bringen, ist eine vom Genfer See bis in die Nordschweiz verbreitete Gruppe von Steinplattengräbern (Chamblandes-Gruppe). Dies gilt sowohl für die Grabform als auch die Bestattungsweise als Kollektivbestattung (Grabkammer über einen längeren Zeitraum für Beisetzungen benutzt).

Mittelmeerraum

Im **zentralmediterranen Raum** ist auf Sizilien, den Liparischen Inseln und in Unteritalien nach den mittelneolithischen Kulturen mit bemalten Keramiken eine unverzierte, rotpolierte Keramik mit breiten Spulenhenkeln verbreitet (Diana-Gruppe, nach einer Fundstelle auf Lipari). Erstmalig können in Resten dieser Kultur Kupferschlacken nachgewiesen werden. Auf Malta wird die mittelneolithische Kultur von der jungneolithischen bzw. altkupferzeitlichen Zebbug-Stufe abgelöst. Erstmalig werden hier Felskammergräber mit Kollektivbestattungen angelegt. Der in diese Zeit datierte Kopf einer großen Steinstatue beweist, dass die in den folgenden Kupferzeitstufen auf Malta zu hoher Blüte gelangte Plastiken bereits in die Zebbug-Stufe zurückreicht. Dass dies auch für die monumentalen maltesischen Tempel der Fall ist, konnte bisher noch nicht erhärtet werden, doch ist mit der Möglichkeit zu rechnen.

Auch auf Sizilien setzen in dieser Zeit (Conzo-d'Oro-, Piano Quartara-Kultur) Felskammergräber sowie aus Stein gebaute Kammern mit Kollektivbestattungen ein. Das Gleiche ist auf der Apenninhalbinsel festzustellen, wo zudem auch megalithische Grabkammern sowie Kuppelgewölbe und Kammern unter einem Hügel auftreten; meist ist dabei allerdings nicht sicher, inwieweit diese Anlagen bereits altkupferzeitlich sind oder jünger. Sardinien scheint (nach sporadischen Vorgängersiedlungen) nachhaltig erst in der Kupferzeit besiedelt worden zu sein. Zu Beginn stehen dort Grabhügel mit Steinplattenkammern (Arzachena), die mit Anlagen aus Griechenland und Anatolien vergleichbar sind. Noch keine Klarheit besteht über die Datierung der für Sardinien so typischen Felskammergräber; möglicherweise reichen sie in ihren Anfängen in diese Zeit zurück.

Auf der **Iberischen Halbinsel** existieren in der frühen Kupferzeit anscheinend noch keine Grabkammern mit Kollektivbestattungen, sondern eingetiefte, mitunter mit Steinschutz versehene Gräber mit Einzelbestattungen (in Nordostspanien: Madurell-Kultur). Aus der folgenden Zeit finden sich Sepulkralmonumente verschiedener Typen, denen Kollektivbeisetzungen gemeinsam sind. Inwieweit diese Neuerungen bereits in der Altkupferzeit einsetzen, ist noch unklar. C14-Daten deuten hinreichend gesichert den Beginn der Errichtung von Megalithgräbern Mitte des 5. Jt.s in Portugal und der Bretagne sowie in Irland an.

Auch in **Frankreich** scheint ein gestaffelter Beginn von

kupferzeitlichen Kulturerscheinungen stattgefunden zu haben. Die **Chassey-Kultur** (benannt nach der Höhensiedlung Camp-de-Chassey, Dép. Saône-et-Loire) weist Beziehungen mit der schweizerischen Cortaillod-, der katalanischen Madurell-Kultur sowie zur westdeutschen Michelsberger Kultur auf. Aus dem älteren Abschnitt dieser Kultur, die in nahezu allen Teilen Frankreichs in Siedlungen ausgeprägt ist, sind keine Megalithgräber oder megalithische Grabhügel bekannt. Diese beginnen vielmehr in einem jüngeren Chassey-Abschnitt. Es sind runde oder rechteckige Erdhügel von z. T. beträchtlichem Ausmaß (der bretonische Tumulus St. Michel bei Carnac ist 120×56 m groß und 12 m hoch) mit kleinen, meist mehreren Steinkisten, die offensichtlich im Verlauf einer gewissen Zeitspanne angelegt und für Beisetzungen benutzt wurden; weiterhin rechteckige oder runde, aus Steinblöcken oder Trockenmauern errichtete Kammern mit Gang unter einem Hügel (die Kammer sollte durch einen leicht zu öffnenden Gang für neue Bestattungen zugänglich bleiben). In Chassey-Siedlungen, die häufig durch Wälle und Gräben befestigt sind, finden sich vereinzelt »Backteller«, die denen der mitteleuropäischen Michelsberger Kultur ähneln.

Britische Inseln

Auf den Britischen Inseln hat eine vom Kontinent (Atlantikküste bis Belgien) ausgehende Landnahme agrarischer Gruppen (»Neolithisierung«) gesichert erst in der ersten Hälfte des 4. Jt.s stattgefunden. Die ältesten Zeugnisse einer Bevölkerung, die Getreide anbaut, Vieh hält und feste (nicht selten befestigte) Siedlungen anlegt, wurden in England nach einer Siedlung in Wiltshire zur **Windmill-Hill-Kultur** zusammengefasst; diese ist meist südlich der Severn-Wash-Linie verbreitet, ein entwickelteres Stadium auch weiter nördlich (bis Lincolnshire und Yorkshire). Von besonderer Bedeutung ist ein neolithisches Zentrum im Nordwesten Irlands, wo um 3800/3600 v. Chr. die *Céide fields* (County Mayo) angelegt werden, ein mit niedrigen Steinmauern gegliedertes großes Feldsystem, das älteste archäologisch nachweisbare in Europa. Nach Ausweis der Keramik sind auch jüngere Stadien vertreten in verwandten Erscheinungen in Schottland (ältere Beacharra-Gruppe) und Irland (Dunmurry- und Lyles-Hill-Gruppe.) Die südenglische Windmill-Hill-Kultur zeigt in ihrer Keramik, ihrem Steingerätebestand, ihren Erdwerken und in ihren Grabmonumenten Beziehungen zur französischen Chassey-, teilweise auch zur belgischen Michelsberger Kultur, sodass kein Zweifel an der Herkunft eines Teils dieser Siedler besteht. Diese treffen keine unbewohnten Gebiete an, sondern finden dort wildbeuterische Populationen »mesolithischer« Art vor. Die durchweg großen Siedlungen der Windmill-Hill-Kultur sind häufig durch ringförmige, konzentrisch verlaufende Wälle mit Gräben (*causewayed enclosures*) befestigt, wobei die Letzteren (bis 2 m) tief in den Kreidefels eingearbeitet sind. Seit der ersten Hälfte des Jt.s wird Untertagebergbau auf Silex (Flint) betrieben; gut bekannt sind die Minen von Grimes Graves, die bis in die Bronzezeit ausgebeutet werden. Mit geschliffenen Felsgestein- und Silexbeilen existiert ein weiter Austausch auch über die Irische See nach Irland und den Kanal hinweg nach der Bretagne. An Grabmonumenten sind sowohl Langhügel (bis 90 m) ohne Megalithkammern bekannt, in denen die Beisetzungen in ebenerdig errichteten Holzbohlenkammern ruhen, als auch Hügel mit den ältesten megalithischen Kammern (*long barrows*). Aufgrund einiger Befunde sind die Ersteren (mindestens in ihrem Beginn) älter.

Norddeutschland, Südskandinavien, Östliches Mitteleuropa

Ähnlich wie auf den Britischen Inseln werden große Teile Norddeutschlands sowie Dänemarks, Südschwedens und Südnorwegens erstmalig im frühen Jungneolithikum von einer Bevölkerung mit vollneolithischer Wirtschaftsweise besiedelt bzw. die einheimische, zunächst noch wildbeuterisch geprägte Bevölkerung (Ertebølle-Ellerbek-Kultur mit Køkkenmøddinger [Küchenabfall von Muscheln]) geht unter Einflüssen aus Mitteleuropa (Rosenhof-Gruppe) über weitere Stufen (Siggeneben, Satrup) zur produktiven Wirtschaftsweise über. Nach einer keramischen Eigentümlichkeit spricht man von der **Trichterbecherkultur** (Beginn frühes 4. Jt. v. Chr.).

Die ältesten Zeugnisse dieser Kultur sind aus Siedlungen und aus Moordepositionen bekannt; Letztere sind offenkundig Zeugnisse ritueller Handlungen, da an Grabfunden nur einfache Erdbestattungen vorliegen. Ausgeprägte megalithische Erscheinungen beginnen offenbar erst in einer folgenden Stufe (um Mitte des 4. Jt.s v. Chr.). Die frühesten Grabmonumente des Nordischen Kreises sind Erdhügel mit eingetieften, kleinen, aus vier Steinblöcken gebauten Kammern (»Ur-Dolmen«), entweder einzeln liegend oder mehrere unter einem Hügel. Die Kammern sind wohl jeweils für eine Einzelbeisetzung bestimmt und darin den Grabmonumenten der mitteleuropäischen Baalberger Kultur verwandt, deren unmittelbare Ausstrahlung anhand der Keramik bis Mecklenburg, Brandenburg und Pommern zu verfolgen ist. Aufgrund der Form des Langhügels (der von Strahlendorf in Mecklenburg-Vorpommern ist 125 m lang) sind die Monumente auch mit südenglischen und bretonischen Anlagen vergleichbar. In den Verwandtschaftskreis dieser Langhügel gehört auch eine weiter östlich zwischen unterer Weichsel und mittlerer Warthe verbreitete Gruppe (kujawische Gruppe): Sie besteht aus trapezförmigen, 25–150 m langen Anlagen, die von einer Steinreihe eingefasst sind und Holzeinbauten enthalten. Von den Siedlungen der älteren nordischen Trichterbecherkultur weiß man nur wenig (Langhaus von Flögeln); die bisher als Langhäuser von mehr als 80 m Länge angesprochenen Anlagen gelten mittlerweile als Grabanlagen (Barkær in Jütland). Es wurden auch große Erdwerke, die denen der Michelsberger Kultur ähneln, errichtet. Kupfer (vermutlich mitteleuropäischer Herkunft) ist in Form von Äxten, Flachbeilen und Schmuckstücken bekannt (Bygholm), aber wenig verbreitet. Die stattdessen geläufigen Feuersteinbeile (Länge bis 40 cm) und Felsgesteinäxte zeigen typologische Anlehnungen an die Kupferformen südosteuropäischer Prägung.

Europa Mitte des 4. Jt.s–Mitte 3. Jt. v. Chr.

Östliches Mittelmeer, Ägäis, Griechenland

Auf den **ägäischen Inseln** sind auf Lesbos, Lemnos und Samos (Siedlungen Thermi, Poliochni und Samisches Heraion), auf den Kykladen, v. a. Syros, Melos, Delos, Paros und Amorgos, und auf Kreta (Gräber und Siedlungsfunde, die zum fortgeschrittenen und jüngeren Abschnitt der frühminoischen Kultur gehören) sowie auf dem **griechischen Festland** (Siedlungen und Nekropolen eines fortgeschrittenen und jüngeren Abschnittes der frühhelladischen Zeit) Kulturzeugnisse zu finden, die Kontakte mit mittel- und jungchalkolithischen Kulturen Vorderasiens erkennen lassen. Die Siedlungen bestehen aus vielräumigen, unmittelbar aneinandergebauten Häusern an gewundenen Straßen und sind häufiger von einer starken Befestigungsmauer mit Bastionen und Tortürmen umgeben. Auf dem griechischen Festland bestehen daneben auch Einzelhäuser in Rund-, Rechteck- oder Apsisform. Auf Kreta sind die Plätze einiger späterer Paläste (Knossos, Mallia) bereits in frühminoischer Zeit besiedelt, obwohl es unsicher ist, ob bzw. inwieweit sie als Vorläufer von Palastanlagen zu deuten sind. In der Argolis finden sich auf der späteren Akropolis von Tiryns Reste eines frühhelladischen Rundbaues mit einem Bastionenkranz (Durchmesser 28 m). Ein monumentaler, regelmäßig gebauter Rechteckpalast, orientalischen Anlagen vergleichbar, liegt in Lerna (»House of Tiles«).

Fürstlicher Edelmetallschmuck wie der in Troia II gefundene, ist aus der Siedlung Poliochni auf Lemnos bekannt. Auf Kreta finden sich fürstliche Grabausstattungen (Edelmetallschmuck, Kupferdolche, Stempelsiegel und Statuetten aus Elfenbein und hartem Stein, Modelle von vierrädrigen Wagen, Steingefäße und bemalte Keramik), die aus viereckigen (Mochlos, Archanes) oder runden, trockengemauerten, ehemals kragkuppelüberwölbten Anlagen (Tholoi: Lebena, Gurnes, Kumasa, Platanos in der Mesara-Ebene) stammen. Diese Zeugnisse hoch entwickelter Kunsthandwerkszweige und eines ausgeprägten Kunststils sind mit ähnlichen Beigaben in Alaca Hüyük vergleichbar. Die Grabkammern enthalten stets Kollektivbestattungen und Hinweise auf einen nach der Beisetzung unterhaltenen Totenkult. Dabei werden Kulträume benutzt, die regelmäßig auf der Ostseite der Tholoi liegen. Bildliche Darstellungen (Stiere und Menschen) dürften sich auf mythische Themen beziehen, wie auch einige Menschenfiguren als Darstellung göttlicher Gestalten zu deuten sind.

Die mittel- und jungkupferzeitliche **Kykladenkultur** (sog. Syros-Stufe) kennt im Gegensatz zur frühminoischen Kultur Kretas als typische Grabform Steinkisten oder trockengemauerte bzw. in den Felsboden gearbeitete Kammern, die geschlossene Nekropolen bilden (bei Chalandriani auf Syros etwa 600 Gräber). Auch hier bezeugen die Grabbeigaben eine hohe Kulturblüte mit einigem Wohlstand (Silber häufiger als Gold; außer Schmuck v. a. Gefäße; Silberplattierung auch bei Kupferdolch) und einer wirtschaftlichen Bedeutung (Kupfergewinnung, seetüchtige Schiffe, die auf Steinpfannen abgebildet sind). Von der Religion der Kykladenkultur zeugen Marmoridole, die überwiegend wohl den Verstorbenen in einer Gebetshaltung darstellen, auf Kultgefäßen und Edelmetallzierblechen Abbildungen der Sonne oder des Himmels mit Schiff ähnlich der ägyptischen Sonnenbarke, Nadeln mit Kopf in Form eines Vogels, eines Widders oder einer Schnabelkanne sowie Ritualgefäße aus Stein und Keramik.

Die **frühhelladische Kultur** des Festlandes, deren Siedlungen bis zu zehn Bauschichten enthalten, kennt Einzel- und Kollektivgräber inner- und außerhalb der Siedlungen. In Lerna wird nach Zerstörung eines frühhelladischen Palastes der Bauschutt zu einem im Durchmesser 19 m großen, mauerumsäumten Hügel aufgeschüttet und der Platz unbebaut gelassen, offensichtlich, um durch diesen Tumulus an das Bauwerk zu erinnern. Andere kultisch gedeutete Funde sind eine Marmorbätyle aus einem Haus in Eutresis und ein großer, runder Ritualherd mit doppelaxtförmiger Mittelvertiefung in Lerna. Menschen- und Tierfiguren sind seltener als auf den Inseln. Geläufig ist indes der Gebrauch von Siegeln, wobei Rollsiegel zur Gefäßdekoration, Stempelsiegel zur Besitzkennzeichnung auf Tonbullen u. Ä. verwendet werden. Als Ausstrahlung orientalischer Edelmetalltoreutik sind eine goldene Schnabeltasse und ein Kupferdolch mit Goldblechbelag des Griffs zu verstehen (weitere Zeugnisse von Beziehungen mit dem Orient: ägyptische Knopfsiegel, Fußamulett aus Steatit, silberne Doppelspiralnadel, kupferne Streitäxte). | s. S. 134 |

Südeuropa

Im **zentralmediterranen Raum** spielen in der Mittel- und Jungkupferzeit Malta und die Nachbarinsel Gozo eine herausragende Rolle (Mgarr- und Ġgantija-Stufe). Während die Ovalhäuser und die Felskammergräber (mit Kollektivbestattungen) dieser Zeit nachweislich in einer altkupferzeitlichen Tradition stehen, erscheinen nun erstmals Tempel, die charakteristischsten Bauten der maltesischen Kupferzeitkultur: Mgarr, Kovdin, Ġgantija (auf Gozo), Hagar Qim, Skorba, Mnajdra, Tarxien. Diese Tempel sind ahornblattförmige Komplexe von jeweils mehreren, paarweise angeordneten Apsidenräumen mit Mitteleingang und kleiner Stirnapsis, die in einem aus mächtigen Kalksteinblöcken errichteten Baukörper mit Trilithen, gewölbter Wandung und konkaver Vorderfront liegen. Mitunter sind mehrere solcher Tempel dicht nebeneinander gebaut. Steinaltäre, Kultnischen aus spiralverzierten Steinplatten, Darstellungen von Kultzeichen, Idolen und Opfertieren weisen auf die hier durchgeführten Kulthandlungen hin. Diese fanden auch auf den gepflasterten Plätzen vor den Tempeln statt. Wenngleich ein Zusammenhang zwischen Tempeln und Totenkult (unterirdischer Brochtorff Circle bei Ġgantija) nicht unwahrscheinlich ist, dienen die Tempel allem Anschein nach primär einem Götterkult. Typologisch mit den Tempeln verbunden ist das unterirdisch komplett in den Fels gearbeitete vielräumige Hypogäum von Hal Saflieni (500 m^2, drei übereinander liegende Etagen) mit Scheinarchitektur und bemalten spiralverzierten Decken. Die Seitenräume dienen als Bestattungsplätze (schätzungsweise 7000 Tote), die Zentralräume dem Totenkult. Dieser Sakralarchitektur künstlerisch ebenbürtig sind die Ton- und Steinplastiken, v. a. weibliche Gestalten, die mitunter auf einer Kline liegen.

Auf **Sizilien** existieren aus dieser Zeit Funde der Serraferlicchio-Stufe mit schwarz bemalter Keramik und der Malpasso-Stufe mit monochromer roter Keramik; beide Kulturen legen Felskammergräber an. Auf **Sardinien** wird die zeitlich entsprechende Kultur nach der Stadt Ozieri (oder der Höhle S. Michele) genannt. Die Siedlungen bestehen aus Rundhütten (Durchmesser 4–5 m). Bestattet wird in natürlichen Höhlen und in Felskammergräbern (*domus de janas*), von denen mehr als 1000 bekannt sind (große Nekropole z. B. in Anghelu Ruju). Neben einfachen Anlagen gibt es große, vielräumige mit Innenpfeilern oder -säulen und Scheinarchitektur sowie als Wandrelief ausgearbeitete Hörnermotive. Zuweilen tauchen gemalte Symbole und Ornamente sowie menschliche Darstellungen auf. Weibliche Steinfiguren (mit den Figuren der Kykladen verwandt, aber durchweg aus einheimischem Gestein) erscheinen in Kleinausführung in Gräbern, in größeren Exemplaren in Siedlungen (in Senorbi: 44 cm großes Idol in einem Steinkreis) und anderen Heiligtümern (»zikkurat«-artiger Monte d'Accodi: trockengemauerter Trapezsockel mit Rampe).

Auf der **Apenninenhalbinsel** sind in einigen Gegenden Gruppen von Felskammergräbern bekannt (Apulien: Celino San Marco; Kampanien: Gaudo-Gruppe; Latium-Toskana: Rinaldone-Gruppe). Neben der gruppenspezifischen Keramik spielen an Beigaben kupferne Dolche und Flachbeile, Steinpfeil- und Steinlanzenspitzen, Steinäxte und -keulenknäufe sowie knochengeschnitzte Hammerkopfnadeln eine Rolle, die solchen aus der frühhelladischen Kultur, aus Anatolien und dem südlichen Osteuropa ähneln. Üblich sind Gruftbestattungen, vereinzelt Einmalbestattungen (Ponte San Pietro: ungewöhnlich reich ausgestatteter Mann, dahinter mit beigesetzte Frau mit gespaltenem Schädel; Arnesano: schematisches Steinidol vor Hockerbestattung). Die Kupfergewinnung in der Toskana ist wahrscheinlich. In Oberitalien sind dolchführende Flachgräber mit Einzelhockern üblich (Remedello-Gruppe). Im alpinen Bereich werden in dieser Zeit (2. Hälfte des 4. Jt.s) Statuenmenhire errichtet (Algundo, Arco, Sion, Aostatal), deren männliche Ausrüstung mit Dolch und Beil der der Gletschermumie vom Hauslabjoch (italienische Seite der Ötztaler Alpen, daher auch **»Ötzi«** genannt) gleicht. Der im Eisacktal aufgewachsene, mit seiner wetterfesten Kleidung perfekt auf ein Hochgebirgsleben ausgerüstete, ca. 45 Jahre alte Krieger (Kupferbeil, Dolch, Bogen mit Pfeilköcher) stirbt beim Überqueren der Alpen in ca. 3210 m Höhe infolge eines Pfeilschusses.

Mitteleuropa

Im **südöstlichen Mitteleuropa** (Gebiet der mittleren Donau mit ihren Nebenflüssen) wird die Mittelkupferzeit (ca. 3500–2800 v. Chr.) durch die **Badener Kultur** (genannt nach der Königshöhle von Baden bei Wien) ausgefüllt (vertikal kannelierte Keramik). Die z. T. befestigten, mitunter burgartigen Ansiedlungen liegen oft auf Anhöhen (mit großen Apsidenhäusern und einer Kupferverarbeitung). Die Friedhöfe bestehen aus bis zu mehreren hundert Flacheinzelgräbern (Hocker oder Leichenbrand in Urne, vereinzelt isolierte Schädelbeisetzung). Auch Hügelgräber sind bekannt, die gelegentlich durch Stelen gekennzeichnet sind. Häufige Kupferbeigaben sind Diademe, Zierscheiben, Anhänger, Halsringe und Streitäxte, keramische Beigaben wie das Modell eines vierrädrigen Wagens (Budakalász) sowie anthropomorphe Gefäße (Menschen mit erhobenen Armen). Letztere weisen auf religiöse Vorstellungen und Riten hin, wie es offenbar auch für die Deponierung von gefüllten Gefäßen in Höhlen oder an anderen Plätzen gilt. Die Keramik sowie die kupfernen Schmuck- und Waffenformen der Badener Kultur weisen Beziehungen zu ägäischen und anatolischen Funden der Mittelkupferzeit auf. Im inneralpinen Bereich werden von den Trägern der Mondsee-Kultur zahlreiche Feuchtbodensiedlungen angelegt, in denen das aus den ostalpinen Grauwackenlagerstätten gewonnene Kupfer intensiv verarbeitet wird.

In Böhmen grenzt die kupferzeitliche Badener Kultur an die v. a. in Mitteldeutschland verbreitete **Salzmünder Kultur** (nach einer Höhensiedlung bei Halle/Saale) an, von der außer Höhensiedlungen v. a. Grabhügel bekannt sind (daraus große Steinäxte aus weichem Gestein mit Kreismustern; an Keramikformen neben Henkelkannen v. a. mit Symbolzeichen versehene Trichter, sog. Trommeln). Östlich schließt an das Salzmünder Gebiet dasjenige der südpolnischen Gruppe der Trichterbecherkultur an, nördlich dasjenige der Walternienburger Kultur (genannt nach einem Flachgräberfeld im Landkreis Anhalt-Bitterfeld, Sachsen-Anhalt) und der Elb-Havel-Kultur. Neben anderen Grabformen (u. a. Flachgräber) finden sich hier rechteckige oder trapezförmige Megalithkammern oder trockengemauerte bzw. aus Holzbalken errichtete Kammern mit Balkendecke in runden oder länglichen Hügeln mit Kollektivbestattungen. Diese Gräber sind offenbar eine südliche, periphere Erscheinung der nordischen Megalithgräber (Alttiefstichkeramik der Altmark-Gruppe der Trichterbecherkultur). Auch die Beile und Doppeläxte aus Felsgestein sowie Bernsteinamulette in Doppelaxtform bezeugen Beziehungen mit dem Norden.

Im **westlichen Mitteleuropa** treten in der Mittelkupferzeit (ca. 3300–2800 v. Chr.) die bayerisch-salzburgische Chamer Gruppe (gleichzeitig mit der kulturell verwandten böhmischen Řívnáč-Kultur), die schwäbisch-schweizerische Goldberg III- und die Horgener Gruppe sowie die hessisch-westfälische Wartberg-Kultur in Erscheinung. Die Chamer Gruppe (erkennbar an einer leistenverzierten Keramik und Doppeläxten aus Stein mit Verzierungen) lässt sich in zahlreichen, mitunter befestigten Höhensiedlungen belegen und ist in den Kupferrevieren zwischen alpinem Inn und Enns mit dem Beginn einer dortigen Kupfergewinnung in Verbindung zu bringen. Auf dem Goldberg im Nördlinger Ries folgt stratigrafisch ein in diese Zeit gehörendes Dorf aus kleinen Rechteckhäusern (lehmverstrichene Flechtwerkwände mit Mittelherd) auf eine ältere Michelsberger Siedlung. Vermutlich zeitlich hier einzureihen ist ein Grabhügel mit rotem Sandsteinsaum und weißer Kalksteindecke in Unterjettingen. Die Horgener Kultur (benannt nach einer Siedlung am Zürichsee, erkennbar an einer grobtonigen Keramik) ist, abgesehen von Höhensiedlungen, v.a. bekannt wegen ihrer Feuchtbodensiedlungen (»Pfahlbauten«; zumeist stattliche, regelmäßige Rechteckhäuser, z.B. in Sipplingen). Die nicht sorgfältig hergestellte Keramik steht in Kontrast zu kunstvoll gefertigten, dank günstiger Verhältnisse erhaltenen Holzgefäßen, Flecht- und Webarbeiten. Vermutlich zur Horgener Kultur gehören kleine, von Tumuli bedeckte Megalithkammern mit rundem Loch in einer Wandplatte, die im Verbreitungsgebiet der Horgener Keramik zum Vorschein gekommen sind (Aesch, Heidenstein bei Niederschwörstadt). Gleichzeitig werden in Nordhessen und Ostwestfalen (bis zur Soester Börde) große, megalithische oder trockengemauerte Steinkammern (Länge bis 30 m) der Wartberg-Kultur gebaut (Züschen, Altendorf, Lohra, Warburg [aus Holz]), die alle trotz Eintiefung von Langhügeln bedeckt sind. Die für die Beisetzung der Toten bestimmte Hauptkammer (mit Hunderten von Toten in ausgestreckter Rückenlage in Lagen übereinander) wird jeweils von einer kleinen Vorkammer durch eine Steinplatte mit rundem Loch (»Seelenloch«, für Einstieg bei Neubelegung) abgetrennt. Einige Kammern (Züschen, Warburg) weisen, wie auch in der Bernburger Kultur Mitteldeutschlands (Leuna-Göhlitzsch), eingepickte Ornamente oder bildliche Darstellungen auf (Rinder, Wagen, Köcher, Äxte, Pfeile, Bogen, »Dolmengöttin«). Typische Grabbeigaben sind Ketten aus Tierzähnen, Stein-, Bernstein-, Knochen- und Kupferperlen, Steinäxte (z.T. Nephrit) und -beile (auch aus Wiedaer Schiefer) sowie Pfeilspitzen und Kragenfläschchen (für bestimmte Essenzen). Ähnliche Keramik stammt aus Siedlungsplätzen (u.a. Höhensiedlungen). V.a. mit dem Totenkult dürften schwer datierbare **Menhire** in Verbindung stehen, die z.T. verziert sind.

Im **südöstlichen Mitteleuropa** ist um ca. 3000–2200 v.Chr. die **Vučedol-Kultur** ausgeprägt. Sie ist benannt nach einer burgartigen Höhensiedlung am kroatischen Donausteilufer bei Vukovar und zu erkennen an einer feinpolierten Keramik mit kräftigen, weiß und rot inkrustierten Mustern, z.T. symbolischen Charakters, und Kreuzfußschalen. Die südostalpine Laibacher Gruppe mit Feuchtbodensiedlungen zeichnet sich durch charakteristische Tonidole mit Textilmusterung und Zeugnisse einer Kupferverarbeitung (Gussformen, Tiegel usw.) aus, die slowakische und obertheißländische Kosihy-Čaka- und Nyírség-Zatín-Gruppe sowie die Zók-Gruppe im übrigen Ungarn, durch keramische Besonderheiten und Brandgräber. In Mähren wird die anschließende Kultur mit ihren oft befestigten Höhensiedlungen und Hügelgräbern nach dem Fundort Jevišovice (Jaispitz; bei Brünn) benannt; in Österreich ist die Melk-Gruppe ausgeprägt. In Jevišovice liegen Reste eines Dorfes aus dieser Zeit stratigrafisch über solchen der mittleren und der älteren Kupferzeit. Neben kupfernen Schaftlochäxten, wie sie ähnlich bis zum ägäischen Raum geläufig sind, treten in der Jevišovice-Gruppe steinerne Streitäxte in Erscheinung, die typologisch entsprechend im übrigen Mitteleuropa sowie in weiten Gebieten Nord- und Osteuropas begegnen, großenteils im Rahmen der Schnurkeramikkultur. In dieser Zeit werden die edelmetallführenden Körperbestattungen in den Tumuli von Velika Gruda und Mala Gruda (Dalmatien) angelegt.

Um 2900/2800 v.Chr. werden in weiten Teilen Europas statt der Kollektivbestattungen wieder Einzelbestattungen mit streng geschlechtspezifischer Lage der Toten angelegt. Damit beginnt zunächst die endneolithische **Schnurkeramikkultur** (ca. 2900/2800–2500/2400 v.Chr. mit örtlichem Weiterleben), gefolgt um 2500/2400 v.Chr. von der Glockenbecherkultur. Die Schnurkeramikkultur ist von der Westschweiz und dem Elsass bis Ostpolen und Westrussland verbreitet. Trotz mannigfacher regionaler Sonderausprägungen (v.a. in Ostdeutschland, Südpolen, Nordböhmen, Südbayern, Südwestdeutschland) bestehen verbindende Gemeinsamkeiten, v.a. im Grabbrauch, der Keramik (Becher u.a. mit Schnurabdrücken, große Amphoren) und der Bewaffnung (geschweifte Steinaxt, gerundet oder facettiert). Die weitgehende Uniformität bezeugt eine Homogenität der Kulturträger (ethnische Interpretation) oder eine feste Normierung ideologischer Art. Bestattet wird üblicherweise als Hocker, und zwar Männer auf der rechten Seite in West-Ost-Lage, den Blick nach Norden gewandt, Frauen auf der linken Seite in Ost-West-Lage, den Blick nach Süden gewandt, jeweils als eingetiefte Einzelbeisetzung (daher auch in Norddeutschland/Südskandinavien als Einzelgrabkultur bekannt) unter einem Hügel (zuweilen Plattenkisten oder Nachbestattung in älteren Megalithkammern sowie in Grabhügeln; einige Male auch gleichzeitige Mehrfachbestattung; bei Männern nicht selten Schädeltrepanation).

Im oberen Theißgebiet, in Siebenbürgen und am Oberlauf des Dnjestr sind ebenso wie in Norddeutschland Randerscheinungen der Schnurkeramikkultur bekannt. Während in den meisten Gebieten Siedlungen dieser Kultur nur selten nachgewiesen sind (in der verwandten Haffküstenkultur in Nordpolen sind sie jedoch bekannt), spielen sie an den Schweizer Seen eine beträchtliche Rolle, z.T. an Stellen, wo zuvor Vorläufersiedlungen bestanden haben; auch Reste von großen Rechteckhäusern wurden festgestellt. Charakteristische Funde aus diesen Siedlungen sind Holzgefäße und -geräte, die in Gräbern nie erhalten sind, außerdem kupferne Dolche, Beile und Perlen, die nicht zu den üblichen Grabbeigaben gehören. Als Einzelfunde oder als offenkundig rituelle Deponierungen im Moor bzw. Gewässer gelten schwere Kupferäxte (Typenfamilie Eschollbrücken, zuweilen mit mitgegossenem Kupferstiel), die typologisch den steinernen Äxten der Schnurkeramikgräber nahe stehen. Sie dürften Prunkwaffen bzw. Hoheits- und Machtzeichen einer sozialen und politischen Oberschicht gewesen sein.

Im östlichen Teil des Verbreitungsgebietes der Schnurkeramikkultur (von Böhmen, Ostdeutschland und Mecklenburg bis zur Weichsel und zur nördlichen Moldau und Ukraine) ist die nach ihrer keramischen Leitform benannte **Kugelamphorenkultur** angesiedelt. Obwohl die Kugelamphorenkultur teilweise gleichzeitig (ca. 3100–2700 v.Chr.) mit der Schnurkeramikkultur auftritt, ist sie als Ganzes von dieser deutlich zu unterscheiden. Typisch für die Kugelamphorenkultur ist der keramische Formenschatz, die als Hauptwaffe verwendeten Beile aus oft gebändertem Feuerstein sowie die Grabform: Einzelflachgräber mit oder ohne Steinschutz (Steinkisten) und rechts- oder linksseitige Hocker in Ost-West-Richtung (Blick also nach Süden oder Norden). Vergleichsweise selten begegnen Nachbestattungen in Megalithkammern oder älteren Grabhügeln. Relativ häufig sind eigens angelegte Gräber mit Rindern. Insgesamt stellt die offensichtlich von einer besonderen Population getragene Kugelamphorenkultur eine kurzfristige Erscheinung dar.

Westeuropa

In Westeuropa blühen im ausgehenden 4. bis zum mittleren 3. Jt. v. Chr. **megalithische Kulturen** als Weiterentwicklung früherer Ausprägungen. In **Südostspanien** gehört die Los-Millares-Kultur in diese Zeit. Der namengebende Fundort ist eine große Siedlung im Dreieck zweier Flüsse, die von einer 270 m langen Steinmauer mit Bastionenkranz abgeriegelt ist. Im Inneren befinden sich Rechteckhäuser und eine 1 km lange Wasserleitung von einer Quelle zu einer Zisterne. Außerhalb der Mauer liegt eine Nekropole aus mehr als 100 kragkuppelgewölbten Rundkammern mit Mittelsäule (bzw. Viereckkammer) und Gang nach Osten in einem Rundhügel; der Gang besitzt eine oder mehrere Verschlussplatten mit ausgemeißeltem Rundloch (»Seelenloch«). Durchweg handelt es sich um lange benutzte Sippenbegräbnisstätten. In Andalusien begegnen Kuppelgräber mit Blockabschluss und langem, blockgedecktem Gang, daneben Megalithgräber anderer Form, die aber stets nach außen weniger markant sind als die Tumuli der Los-Millares-Kultur. Runde Kuppelkammern mit Gang sind an der Atlantikküste bis in die Höhe von Lissabon zu finden, in den küstenfernen Gebieten der Pyrenäenhalbinsel dagegen die megalithische Polygonalkammer mit Blockdecke. Verglichen mit den in Blocktechnik errichteten oder gemauerten Kammern, treten Felskammergräber ganz zurück und sind auf einige Gebiete der Halbinsel beschränkt. Ebenso wie in Form und Bauweise der Grabmonumente unterscheiden sich die Regionen auch in Keramik, Schmuck- und Geräteformen, Steinidolen, Stein- und Knochen- bzw. Elfenbeingefäßen sowie Feuersteindolchen und -stabdolchen (v. a. gut bekannt in der Los-Millares-Kultur und der portugiesischen Praia-das-Macas-Gruppe). Perlen aus Bernstein und Türkis (Untertagebergwerk in Katalonien) bezeugen auswärtige Beziehungen. Religionskundlich aufschlussreich sind Idole in den Grabkammern und kleine Steinsäulen auf deren Vorplatz, wo nach Ausweis von Opfergaben ein Totenkult unterhalten wurde. Kalksteinmodelle von Halbmonden, Keulen und geschäfteten Querbeilen, männliche Elfenbeinfiguren, symbolische Darstellungen (Sonne, Tiere, Augenpaar) auf Keramik, auf Wandsteinplatten von Grabkammern und auf Felsmalereien in der Sierra Morena weisen ebenfalls auf religiöse Handlungen hin. Ähnlich der befestigten Siedlung von Los Millares sind solche auch aus Andalusien (Valencina de la Concepción) und von der portugiesischen Atlantikküste bekannt (Vila Nova de San Pedro und Zambujal): Inmitten größerer Ansiedlungen stehen Burgen mit mächtigen, oft erneuerten und verstärkten Mauern. Die Burgen sind fraglos Sitze politisch Mächtiger, wo auch Kupfer verarbeitet wird; zugehörig sind megalithische Steinreihen (bei Évora) und Menhire.

In **Frankreich** folgt auf die altkupferzeitliche Chassey-Kultur eine mittel- und jungkupferzeitliche Kultur (im Pariser Becken Seine-Oise-Marne-Kultur; in Südwestfrankreich Chenon-Kultur; in der Charente Peu-Richard-Kultur; im Languedoc Fontbouisse-Kultur), deren charakteristische Keramik Verwandtschaft mit der Horgener Ware der Schweiz aufweist. In der Mittelkupferzeit werden Megalithgräber der vorangehenden Stufe vielfach noch belegt; die damals neu errichteten Grabmäler weichen typologisch indes von jenen ab: Im Pariser Becken sind es Felskammergräber (*hypogées*) sowie eingetiefte, ganglose Rechteckkammern megalithischer Art (*allées couvertes*), häufig mit »Seelenloch«-Stein, die mit den hessisch-westfälischen Kammern verwandt sind. In Westfrankreich befinden sich die ebenfalls ganglosen Rechteckkammern (bis mehr als 18 m lichte Weite) in Rund- oder Rechteckhügeln. Nicht selten tragen die Gräber innen Darstellungen einer weiblichen Gestalt (»Dolmengöttin«), eines Beiles oder eines Sonnenzeichens (Gavrinis, Table des Marchands). Riesige Menhire wurden aufgestellt (Grand Menhir Brisé [21 m hoch]). Auch außerhalb der Gräber, die z. T. aber mit Sepulkralanlagen in Verbindung stehen, sind v. a. aus Südfrankreich zahlreiche Statuenmenhire bekannt, die außer anthropomorphen Zügen (mit Tracht, Waffen, Schmuck) zuweilen auch symbolische Zeichen (wie Sonne) aufweisen. Die meisten Einzelmenhire sowie die Menhirreihen (Alignements) und Menhirkreise (Cromlechs), wie sie besonders in der Bretagne bei Carnac erhalten sind, gehören in diese Zeit.

Auf den **Britischen Inseln**, bis hinauf zu den Orkney- (dort Siedlung von Skara Brae mit Steinhäusern) und Shetlandinseln, finden sich zahlreiche Gruppen von Megalithgräbern mit Rund- oder Viereckkammer unter mitunter großem Hügel und einem Vorplatz für den Totenkult. Grundrisstypen und Bauweise der Gräber und Hügel weisen ebenso regionale Sonderausprägungen auf (auf Irland: *court tombs, portal tombs, passage graves, wedge tombs*), wie die Keramik (*Peterborough ware, grooved ware* mit Untergruppen Rinyo-Clacton und Sandhill). V. a. im mittleren Ostirland verbreitet sind kuppelgewölbte Ganggräber (*passage graves*) der Boyne-Kultur mit ihren bis 12 m hohen Riesentumuli bei einem Durchmesser bis 85 m, die sich durch viele auf ihren Wandsteinen eingepickte Symbole (Spiralen, konzentrische Kreise, Rosetten, anthropomorphe Figuren) auszeichnen (Newgrange mit Ausrichtung des Grabganges mit seiner *roofbox* auf die Wintersonnenwende; Knowth). Auf dem nordschottischen Festland belegt ist der Grabtyp Yarrows (vierzipfelige Hügelform, Länge bis 72 m, mit kuppelgedeckter Kammer), auf den Orkneyinseln der Maeshowe-Typ. Der namengebende trockengemauerte Kuppelraum (Zugang ebenfalls auf Wintersonnenwende ausgerichtet) in Maeshowe zählt zu den großartigsten, technisch vollkommensten Megalithgräbern Europas. Neben den neu erbauten Megalithgräbern werden in allen Landesteilen solche der vorangehenden Zeit weiterbelegt. Die Hengemonumente (Avebury, Stonehenge) sowie die Menhirreihen, -alleen und -kränze oder Steinkreise (*stone circles*; auch solche aus Holzpfosten werden angelegt [Woodhenge]) reichen, zumindest als Denkmälergattung, in die vorangegangene Zeit zurück und sind bis in das ausklingende Neolithikum (und z. T. danach) in Benutzung. Für die Kultur auf den Britischen Inseln sind sie ebenso kennzeichnend wie die Megalithgräber.

Das bedeutendste Hengemonument ist **Stonehenge** bei Amesbury (Wiltshire) mit seinen drei komplexen Hauptausbauphasen mit Wall, Kreisgraben und einem Kreis von Löchern (Phasen 1 und 2: ca. 3100–2700 v. Chr.) sowie Steinkreisen (Phase 3 I: Blausteine aus den ca. 400 km entfernten Preseli-Bergen in Wales, ca. 2600 v. Chr.; Phase 3 II: Sarsensteine mit Trilithen, ca. 2400–2100 v. Chr; Phasen 3 III–VI: Umbauten der zuletzt hufeisenförmigen Blausteine und abschließend ein Kreis von Löchern, ca. 2100–1700 v. Chr.) einschließlich zugehörigen Einzelsteinen und einer sog. Avenue. Einige Sarsensteine tragen eingepickte Bilder von Dolchen und Beilen. Stonehenge wird eine (nicht unumstrittene) astronomische Funktion (Observatorium, Kalendarium) zugeschrieben. Die heute z. T. stark restaurierte Anlage wurde mit einem enormen Arbeitsaufwand und aufwendiger Logistik errichtet.

Norddeutschland, Südskandinavien

In den Niederlanden, Norddeutschland, Dänemark, Südschweden und dem südlichsten Teil Norwegens findet sich zwischen dem 33. und 28. Jh. v. Chr. die auf einer Vorgängerkultur beruhende jüngere **Trichterbecherkultur**, die mannigfache Beziehungen entlang der Ost- und Nordseeküste mit dem atlantischen Westeuropa aufweist. Kennzeichnend für diese Kultur sind Megalithgräber in Rund- oder Rechteckhügeln. Unter den Grabtypen spielen neben ganglosen Kammern (jetzt erweitere Dolmen bis Großdolmen) v. a. Ganggräber die Hauptrolle, die durchweg aus Wandblöcken mit Decksteinen und seitlichem Zugang bestehen. In Västergötland sind die Kammern oft extrem lang und schmal, in Bohuslän mitunter rhombisch, in Jütland mit Nebenkammern versehen. In Norddeutschland ist – verglichen mit Südskandinavien – der Gang stets relativ kurz, dafür die Kammer aber in die Länge gezogen (bis 27 m), wobei Sondertypen wie sehr lange Kammern in Drenthe und im Emsgebiet (sog. Westgruppe der Trichterbecherkultur), in Mecklenburg und in der Altmark erkennbar sind. In Nordwestdeutschland werden auch Einzelgräber angelegt (Coesfeld-Lette; mit Goldarmring in Himmelpforten bei Stade). Die anhand der Grabtypen sich abzeichnenden regionalen Gruppierungen kommen auch in der charakteristisch verzierten Keramik (sog. Trichterbecherkeramik, z. T. von beträchtlicher kunsthandwerklicher Qualität) zum Ausdruck. Die Bewaffnung besteht aus Pfeilen (v. a. mit Querschneide) und Stein-, vereinzelt auch Kupferäxten, wobei deren Bedeutung als Standeszeichen dazu geführt haben mag, dass Bernsteinamulette die Form von Doppeläxten erhalten. Wie in anderen Megalithgrabprovinzen werden in und vor den Grabmonumenten Totenkulthandlungen vorgenommen. Auch Augenmuster auf Gefäßen sowie verzierte Scheiben aus Ton, Bernstein und Kupfer lassen sich als religiöse Symbole deuten. Einige architektonische Anlagen aus Dänemark (Tustrup, Ferslev) mit Ritualgefäßen werden als ausgesprochene (nichtsepulkrale) Kultbauten angesehen. Die Bevölkerung, deren Sippenbegräbnisstätten die Megalithgrabmonumente sind, treibt weiter Ackerbau und Viehhaltung, wie dies für die meisten europäischen Kupferzeitkulturen nachweisbar ist. In Randgebieten der Trichterbecherkultur wie in den Niederlanden (Vlaardingen-Kultur) und anderen Teilen Südskandinaviens (Grübchenkeramikkultur) lebt daneben eine Population weiter in wildbeuterischer Wirtschaftsweise.

Zwischen ca. 2700 und ca. 2100 v. Chr. folgt in Norddeutschland und Südskandinavien die sog. **Einzelgrabkultur**, die im Gegensatz zu den eingetieften Megalithgrüften Einzelbestattungen (Untergrab) unter Hügeln kennt. Die Grabform sowie die typische Totenhaltung entsprechen ganz denjenigen der mitteleuropäischen Schnurkeramikkultur; auch die Keramik und die Streitaxttypen sowie die Beile und Messer bezeugen diese Zugehörigkeit. Nachbestattungen in Megalithkammern sind üblich. Insgesamt ist unklar, ob die Träger der Einzelgrabkultur im Nordischen Kreis dort Neueinwanderer aus Zentralmitteleuropa oder Osteuropa sind oder ob es sich um Nachfahren der einheimischen Megalithbevölkerung handelt.

Osteuropa

Im **nördlichen Osteuropa** (Mittel- und Nordrussland, baltische Gebiete, Finnland und Karelien), nach Süden bis zum mittleren Dnjepr und zum Donbecken, nach Osten bis zum Ural und darüber hinaus, sind Kulturen mit **Kamm- und Grübchenkeramik** verbreitet, die mit einer jägerisch-sammlerischen Population verbunden sind. Von den voll sesshaften, agrarischen Gruppen Mitteleuropas wird als einzige erkennbare Kulturerscheinung die Keramikherstellung übernommen. Bemerkenswert sind im Okagebiet bis zum Weißen Meer retuschierte Menschen- und Tierfiguren aus Feuerstein, in Karelien und Südostfinnland Steinäxte in Form eines Tierkopfes, vermutlich szepterartige Hoheits- und Machtzeichen, die mit ukrainischen, ägäischen und vorderorientalischen Figuraläxten zu vergleichen sind.

In der Ukraine, nach Westen bis zur Moldau und in die Walachei, nach Osten bis zum Kaukasusvorland reichend, ist im ausgehenden Neolithikum die **Ockergrabkultur** verbreitet, die Grabhügel mit Einzelbestattungen anlegt. Die Träger dieser Kultur kennen Ackerbau und Viehhaltung und erweisen sich insofern als Erben der ukrainischen Kulturen der vorangehenden Zeit. In den westlichen Verbreitungsgebieten (nordöstlicher Balkan) erscheint diese Kultur (Tumuli mit Steinwaffen, u. a. Tierkopfszepter, ohne Keramik) jedoch als Einbruch einer Fremdbevölkerung. – Für die Entstehung der Ockergrabkultur bedeutend sind die über den Kaukasus kommenden vorderasiatischen Einflüsse, für welche die Maikop-Kultur (um 3000 v. Chr.) im Kobangebiet wichtigste Etappenstation ist. In großen Kurganen (Höhe bis 13 m) enthalten Grabschächte mit Holz- oder Steinplattenauskleidung fürstliche Bestattungen. Die Grabschätze umfassen goldene Ringe, Halsketten aus Gold-, Silber-, Kupfer-, Lapislazuli-, Türkis- und Kristallperlen, Gold- und Silbernadeln, Diademen mit Goldrosetten, Silberbecher mit bildlichen Darstellungen (einmal Landschaftsdarstellung mit Gebirgskette, Bäume, Flüsse, ein See und Tiere), glatte Gold-, Silber- und Kupfergefäße, gold- und silberbeschlagene Stangen mit goldenen und silbernen Rinderfiguren, die offenbar zu einem Baldachin gehören, kupferne Dolche, Lanzenspitzen und Äxte. Diese fürstliche Kultur lässt sich mit der inneranatolischen von Alaca Hüyük verbinden. Ihr Reichtum und die Hochblüte des Kunsthandwerkes dürften mit dem Abbau von kaukasischen Metallvorkommen zusammenhängen. In die Jungkupferzeit reicht wohl auch die **Fatjanovo-Kultur** an der Moskwa und westlich der oberen Wolga zurück. Im Gegensatz zur Ockergrabkultur sind die Träger dieser Kultur nur Viehzüchter. Üblich sind Einzelflachgräber (Hocker: Männer auf der linken, Frauen auf der rechten Seite) mit Stein- und Kupferäxten, tönernen Axt- und Wagenmodellen, Steinpfeil- und Lanzenspitzen sowie Armschmuck aus Bärenzähnen (Männer) oder Eberzähnen (Frauen). Diese Kultur verdankt ihre Entstehung Einflüssen aus verschiedenen westlichen und südlichen Kulturen.

Bronzezeit

Antike Autoren (wie Hesiod) der ersten Hälfte des letzten Jt.s v. Chr. nennen das vor ihrer eigenen (als eisern bezeichneten) Gegenwart liegende Zeitalter »ehern« (d. h. bronzen) und verklären es zumeist als eine glücklichere Zeit der Götter und Heroen. Die archäologische Forschung bestätigt, dass etwa seit Ausgang des 2. Jt.s **Eisen** in einigen vorderasiatisch-ägäischen Gebieten übliches Werkmetall zu werden beginnt, während vorher seine Stelle **Bronze** einnimmt. Nach frühen Ansätzen im ausgehenden 3. Jt. (z. B. Troias) unter Nutzung natürlich vorkommender reiner (gediegenes Kupfer; oxidische und karbonatische Kupfererze) oder vermischter Kupfererze (Arsenkupfer; Fahlerzkupfer) setzt sich die Legierung von Kupfer und Zinn zu Bronze im klassischen Verhältnis 90:10 in vielen europäischen und asiatischen Regionen im Zuge eines weiträumigen Technologietransfers im 2. Jt. durch. Eine ausgeprägte Bronzezeitkultur gibt es im Vorderen Orient, in Gesamteuropa, im gesamten Nordafrika (besonders Maghreb), und weiten Teilen Asiens (auch im indischen Subkontinent) bis China (Xia- und Shang-Zeit). Sie grenzt ansonsten an noch neolithische Kulturen, die nur vereinzelt bronzene Objekte kennen, oder gar, wie im mittleren und nördlichen Skandinavien und dem nördlichen Eurasien an wildbeuterische Kulturen. Aufgrund zahlreicher Gemeinsamkeiten ist es begründet, das gesamte 2. Jt. v. Chr. als Bronzezeit zu bezeichnen, wobei klar ist, dass damit für die Gebiete vom Atlantik bis China nur eine allgemeine Rahmenkennzeichnung gegeben wird, ohne dass diese spezielle Kulturerscheinung für jeden einzelnen Geschichtsraum speziell in dieser zeitlichen Erstreckung nachweisbar (oder auch nur vorauszusetzen) wäre.

Der altweltlichen Bronzezeit liegt eine im Vergleich zur vorangegangenen Kupferzeit weit effizientere Metalltechnologie zugrunde, die vom teilweise im Untertagebergbau betriebenen Kupfer- und Zinnbergwerken (auch Zinnseifen werden angelegt) bis zur vollkommenen Guss- und Schmiedetechnik der nun härteren Metallobjekte reicht. Zugang, Beschaffung und Kontrolle (frühe Gewichtssysteme werden in der Ägäis vom Vorderen Orient adaptiert) der zur Herstellung von Bronzen notwendigen Rohstoffe Kupfer und Zinn, aber auch von Gold, Silber und Bernstein dienen teilweise weitgespannte und komplexe Beschaffungs- und Austauschsysteme (exemplarisch die Ladung des gesunkenen Schiffes von Uluburun/Südtürkei), die den Kontakt der bronzezeitlichen Bevölkerungsgruppen untereinander fördern und zur Herausbildung verwandter Kulturzüge entscheidend beitragen. In den einzelnen Geschichtsräumen Europas entwickeln sich untereinander verzahnte Gesellschaften mit einer gegenüber dem Neolithikum nachhaltig noch stärkeren regionalen Ausprägung (Waffen- und Trachtkreise, Bestattungssitten, Wirtschaftsformen), vertikalen Hierarchisierung (kenntlich an reich ausgestatteten Gräbern und Metalldeponierungen zu Land und Wasser/Mooren) sowie mit Kunstwerken, wie Felsbilder (Südskandinavien, Val Camonica, Mont Bego), seltener Plastiken und eine Symbolwelt, in der die Sonne einen zentralen Platz einnimmt (Goldhüte; »Sonnenwagen« von Trundholm; Vogel-Sonnen-Barke). Bronzezeitliche Bodendenkmäler wie große Grabhügel (v. a. in Südskandinavien und Norddeutschland) und befestigte Siedlungen prägen teilweise bis zur Gegenwart die europäische Kulturlandschaften (z. B. der Nuraghen auf Sardinien; letzte Ausbauphase von Stonehenge). Zu wesentlichen Innovationen der Bronzezeit gehören neben der Bronzetechnologie u. a. neue Entwicklungen in der Agrarwirtschaft (regelhafte Feldsysteme, Beginn der Transhumanz) und im Kriegswesen, wie neue Kampftechniken (Aufkommen des Schwertes, Prunkwaffen, metallene Schutzwaffen), das Halten von Pferden zunächst zum Fahren (auch Streitwagen), später zum Reiten, und die Errichtung stark befestigter Siedlungen (Burgenbau) aus Stein, Holz und Erde. Zudem werde neue Lebensräume erschlossen, etwa die Alpen und Karpaten, die erstmals kontinuierlich besiedelt werden. Vielfach wurzeln in der Bronzezeit die erst in der Eisenzeit namentlich bekannten Sprachen und Ethnien des ägäischen Raums sowie frühe antike Mythen (Troianischer Krieg, Theseus-Mythos). Aufgrund der nachweisbaren Kontakte stehen die bronzezeitlichen Gesellschaften Gesamteuropas (auch die hochkulturelle Welt im östlichen Mittelmeergebiet) in einer von Zentrum und Peripherie geprägten Wechselbeziehung, die sich zeitlich und räumlich unterschiedlich stark äußert.

Für die europäische Bronzezeit außerhalb der Mittelmeerwelt sind zwei Periodisierungssysteme gebräuchlich. In Mitteleuropa kommt das System von PAUL REINECKE zur Anwendung mit den Stufe Bz A (Altbronzezeit), Bz B und Bz C (Mittlere Bronzezeit), Bz D (frühe Urnenfelderzeit) sowie Ha A und Ha B (Ältere, Mittlere und Späte Urnenfelderzeit). In Nordeuropa gilt das System von OSCAR MONTELIUS mit den Periode I (Altbronzezeit), II (Ältere Bronzezeit), III (Mittlere Bronzezeit) und IV-VI (Jüngere Bronzezeit bis Ältere Eisenzeit). Absolutchronologisch erstreckt sich die **Bronzezeit auf drei Abschnitte** (ältere: ca. 2200–1700/1600 v. Chr., mittlere: ca. 1600–1300 v. Chr. und jüngere Bronzezeit: ca. 1300–800/700 v. Chr.). Das Ende der Bronzezeit ist räumlich unterschiedlich anzusetzen und hängt mit der jeweiligen Adaption des Eisens als neues Werkmetall zusammen. Europa geht von Ost nach West/Nord sukzessive von ca. 1000–700/600 v. Chr. zur Eisenzeit über.

Europa außerhalb der Ägäis (Ende 3. Jt./Beginn 2. Jt. v. Chr.)

Mittelmeergebiet

Auf **Malta** dauert die kupferzeitliche Tempelkultur offenbar bis in das frühe 2. Jt. an. Diese blühende Kultur der Tarxien-Stufe, benannt nach einem bedeutenden Tempelkomplex mit spiralverzierten Steinplatten und zahlreichen Votivstatuetten aus Stein, findet nach einer kriegerischen Invasion oder durch eine Epidemie ein plötzliches Ende.

Auf **Sizilien** fällt in diese Zeit die an einer charakteristisch bemalten Keramik kenntliche Castelluccio-Stufe, ausgeprägt in oft auf Höhen angelegten und mit einer Umfassungsmauer befestigten Siedlungen (Branco Grande) und benachbarten Felskammergräbern. Diese haben manchmal eine mit einer Scheinarchitektur versehene Prunkfassade, die Verschlusssteine Spiralreliefs, ähnlich wie in den maltesischen Tempeln. Die Häuser haben meist einen ovalen Grundriss. Auswärtige Beziehungen kommen auch in sog. Knochenleisten zum Ausdruck (kunstvoll geschnitzten Stäben mit Eierbesatz unbekannter, symbolisch-ritueller Bedeutung), die ganz entsprechend in Apulien, auf der Peloponnes und in Troia wiederkehren.

Auf **Sardinien** lebt die kupferzeitliche Anghelu-Ruju-Kultur mit ihren z. T. sehr großen Felskammergrüften in dieser Zeit weiter, wie v. a. das Auftreten einer Keramikform beweist, die als Glockenbecher bezeichnet wird (geschweifte Becher mit Zonenmuster, die Schalen oft mit vier Füßen). Zum relativ armen Kulturapparat der **Glockenbecherkultur** gehören noch knochengeschnitzte konische Knöpfe mit V-Loch, Silexpfeilspitzen mit »gestutzten« Flügeln und rechteckige Steinplatten mit Durchbohrungen an den Schmalseiten (sog. Armschutzplatten), die meist am Arm aufgebunden werden und die auch Bedeutung eines Amulettes oder eines Standeszeichens (wie die goldenen Exemplare) haben.

Der Formenkreis typischer Elemente der panwest- und mitteleuropäischen Glockenbecherkultur (ca. 2400–2200/2000 v. Chr.) begegnet auch auf der **Apenninhalbinsel**, v. a. bei den nordsüdlich gerichteten, nach Osten blickenden Einzelhockergräbern (Cadimarco, Santa Cristina, Rocolo Bresciani), die sich darin deutlich von den mittel- und süditalienischen Felskammern der Kupferzeit unterscheiden.

Mittel- und Nordeuropa

In gleicher Weise, zudem oft in strenger geschlechtsspezifischer Orientierung (Männer linksseitig mit dem Kopf im Norden, Frauen rechtsseitig mit dem Kopf im Süden; beide Blick nach Osten), sind Bestattungen in Hockerlage mit Beigaben (Glockenbecher, Pfeilspitzen und V-Knöpfen, dazu Kupferdolche, Knochenanhänger in Scheiben- oder Bogenform) in ganz **Mitteleuropa** von Ungarn, der Slowakei und Schlesien bis zum Rheingebiet und weiter westlich wohlbekannt. Diese Gräber (Siedlungen sind nur wenige überliefert) heben sich in Mitteleuropa in allen wesentlichen Zügen von der zeitlich vorangehenden Schnurkeramikkultur ab. Einige Kontaktbefunde (Glockenbecher-Nachbestattungen in Schnurkeramik-Hügeln; keramische Misch- bzw. Übergangsformen besonders im Rheingebiet) bezeugen eine gewisse Tradition, die indes die neuartige Geschlossenheit der **Glockenbecherkultur** nicht erklären kann. Lässt sich die Entstehung dieser Kultur einstweilen auch nicht aufhellen (erste Funde ab etwas 2800 v. Chr. im Zentrum der iberischen Halbinsel), so steht doch fest, dass sie – bei einigen regionalen Sonderausprägungen – bemerkenswert umfassende Gemeinsamkeiten der sie tragenden Bevölkerung innerhalb des weiten Verbreitungsgebietes widerspiegelt. Aus der sonst gleichförmigen Ausstattung ragen einige durch goldene Diademe, Ohr- oder Lockenringe oder ein verziertes Goldblech in der Form der normalerweise aus Stein bestehenden Armschutzplatten versehene Gräber (soweit bestimmbar von sozial hochstehenden Männern) hervor. Singulär ist eine aus Goldblech getriebene Tasse (Eschenz, Kanton Thurgau).

Mit der Glockenbecherkultur in Beziehung steht die in der Ostslowakei und in Südpolen verbreitete **Chłopice-Veselé-Gruppe**, die aber ihr gegenüber selbstständige Grundzüge aufweist. Sie führt in der Totenhaltung und -ausrichtung sowie der Keramik v. a. ein Erbe der Schnurkeramikkultur weiter. Ebenfalls dieser Stufe gehört die **Schönfelder Gruppe** im Gebiet vom Harz bis zum Havelland an, die auf die Elb-Havel- und Bernburger-Kultur (vermutlich im Zuge einer Einwanderung) folgt. Ausschließlich durch Brandbestattungen und Schalen mit parabelförmiger Musterung gekennzeichnet, zeigt diese Gruppe einen höchst eigenwilligen Charakter, von dem anzunehmen ist, dass er sich nicht nur im Handwerklich-Formalen erschöpft, sondern auch symbolische Bedeutung hat.

Im übrigen Norddeutschland und in Dänemark erweist sich ein später Abschnitt der dortigen jungkupferzeitlichen **Einzelgrabkultur** durch Einflüsse der Glockenbecherkultur mit dieser als zeitgleich (in Dänemark wegen der im Gegensatz zu den älteren eingetieften Gräbern in den Hügeln ebenerdig oder sogar innerhalb der Hügelaufschüttung angelegten Bestattungen als Bodengrab- und Obergrabzeit bezeichnet). Echte Glockenbecher sind vereinzelt bis Mecklenburg, Schleswig-Holstein und Jütland gelangt, ebenso die typischen Pfeilspitzen, Armschutzplatten und V-Knöpfe. Auch die in Dänemark und Südschweden nun auftauchende Nord-Süd-Richtung der Hocker im Gegensatz zur vorher herrschenden Ost-West-Richtung bezeugt einen Einfluss der mitteleuropäischen Glockenbecherkultur.

In anderen Kulturzügen kommt jedoch das jungkupferzeitliche Einzelgraberbe zur Geltung, so in der Bewaffnung mit einer Streitaxt. Typisch sind jetzt in Norddeutschland und Dänemark u. a. Waffen mit »gekniffenem« Nacken, in Schweden sog. Bootäxte, die dort in mehr als 2500 Exemplaren bekannt sind (danach spricht man in Schweden auch von der **Bootaxtkultur**), Dänemark aber nur vereinzelt erreicht haben; in **Südwestfinnland** treten demgegenüber Streitäxte anderer Form auf (finnischer Typ: auch mit Schafttülle sowie Nackenknauf), an die dann südlich des Finnischen Meerbusens die Streitaxtformen Estlands anschließen. Die Feuersteinbeile der späten Einzelgrabkultur sind von denen der älteren Stufe nicht zu unterscheiden. Vielleicht spezifisch für die glockenbecherzeitliche Stufe sind große, retuschierte Silexspandolche. Eine Tradition von vorangehenden Kulturen drückt sich auch in der Grabform der schwedischen jüngeren Bootaxtkultur aus (durchweg Flachgräber, reihenweise Anordnung).

Von Südspanien bis zu den Britischen Inseln und Holland ist die spätestkupfer- und frühestbronzezeitliche Zeit durch die Glockenbecherkultur gekennzeichnet. Zwar zeigen Keramik, Knöpfe, Metallspitzen und -dolche teilweise eine regionalspezifische Entwicklung, sodass v. a. in dem jüngeren Stadium die Unterschiede ins Auge fallen; dennoch sind die Gemeinsamkeiten mit der mitteleuropäischen Glockenbecherkultur höchst auffällig und von Gewicht, ohne dass es bisher gelungen wäre, eine begründete historische Erklärung für dieses archäologische Phänomen zu geben. Auf der Iberischen Halbinsel werden in der Glockenbecherzeit die Megalithkammern noch weiter belegt (jedoch keine neuen errichtet), daneben aber auch Einzelbestattungen in einfache Schächte gebettet. Die Siedlungen der vorangehenden Zeit bestehen gleichfalls weiter. Charakteristisch sind in Südwesteuropa dolchartige Kupferspitzen vom Palmela-Typ, Griffplattendolche und Goldspiralen sowie reiche Gold- und Silberschätze (Goldlagerstätten in Nordwestspanien werden ausgebeutet).

Auch in **Frankreich** werden neben der Anlage von Einzelbestattungen überall die überkommenen Megalithkammern als Beisetzungsstätten weiter benutzt, besonders im Languedoc, in der westlichen Provence und im Rhônegebiet, an der Atlantikküste von der Garonnemündung bis zur Bretagne, im Pariser Becken und in Burgund (in jedem dieser Gebiete zeigt die Keramik jeweils gewisse Sonderzüge). In den Niederlanden ist die Glockenbecherkultur besonders gut erforscht; hier lässt sich der Übergang von der vorangehenden Schnurkeramikkultur und zur folgenden Frühbronzezeit (Veluwe-Becher, Riesenbecher) vergleichsweise gut im Sinne einer Kulturkontinuität verfolgen. Auf den Britischen Inseln finden sich die ältesten Glockenbecher (ausschließlich mit Schnurlinien [All-Over-Corded-Becher]) v. a. in Süd- und Ostengland, was deutlich die Herkunft von den kontinentalen des Rheingebietes unterstreicht. Entwickeltere Ausprägungen sind bis Schottland und (vereinzelt) Irland verbreitet. Sie erscheinen zusammen mit Kupferdolchen, goldenen Ohrringen, Goldscheiben, Pfeilspitzen und Armschutzplatten bei Einzelflachhockern (auch in Grabhügeln [der größte Grabhügel Europas, Silbury Hill gehört in diese Zeit]) in Nord-Süd-Lage mit dem Blick nach Osten, entsprechen also den kontinentalen Glockenbechergräbern. Die kupferzeitlichen **Hengemonumente** haben als Kultplätze noch immer Bedeutung. In der Nähe von Stonehenge wird das bisher reichste Grab der Glockenbecherkultur angelegt, das eines aus dem westalpinen Gebietes stammenden ca. 50jährigen Mannes mit Goldbeigaben (sog. Amesbury Archer, populär auch *King of Stonehenge*). Die Träger der britischen Glockenbecherkultur gewinnen bergmännisch Kupfer in großem Umfang (Ross Island, Irland) und fertigen die ersten Metallobjekte aus Kupfer und zunehmend Bronze sowie aus Gold (Lagerstätte Wicklow-Berge), u. a. die prächtigen Lunula-Halskragen, die in Einzelstücken bis nach Nord- und Mitteleuropa gelangen und noch in der folgenden Zeit anzutreffen sind.

Ingesamt tragen die schnurkeramischen und glockenbecherzeitlichen Kulturerscheinungen zu einem weitreichenden soziokulturellen Ausgleich in weiten Gebieten von Ost- bis Westeuropa bei, der die Ausformung der nachfolgenden frühbronzezeitlichen Gruppierungen bedingt.

Altbronzezeit (ca. 2200–1700/1600 v. Chr.)

Die altbronzezeitlichen Kulturen im außerägäischen Europa zeigen trotz regionalspezifischer Besonderheiten untereinander deutliche gemeinsame Züge im Auftreten überdurchschnittlich reicher Einzelbestattungen (in oft noch geschlechtsspezifischer Ausrichtung) und damit verknüpfbarer Votiv- und Depotfunde mit neuartigen Prunkwaffen (Vollgriff- und Stabdolche, Beile und Äxte). Daraus lässt sich in mehreren Geschichtsräumen von der unteren Donau bis Südskandinavien, Südengland und die Bretagne auf eine sich etwa im 19./18. Jh. v. Chr. bildende Führungsschicht von Häuptlingen von weiter bäuerlich geprägten Gesellschaften schließen, die in vergleichsweise engem Standesverkehr (wie Austausch von Prestigegütern) miteinander steht und für die Herausbildung der regionalen Mittelbronzezeitkulturen von Bedeutung ist.

Im unteren **Donautal und in Siebenbürgen** treten im Rahmen örtlicher Siedlungsgruppen (Tei-, Monteoru-, Wietenberg-Kultur) erstmalig goldene Prunkwaffen (Dolche, Dolchstäbe, Äxte), die ältesten Bronzestichschwerter (teils in Anlehnung an ägäische Rapiere, teils eigene Formschöpfungen) sowie neuartige Bronzeaxttypen auf, dazu goldene Zierscheiben, Lockenringe und Gefäße, außerdem verzierte Trensen aus Knochen, wie sie Pferde als Zugtiere von schnell manövrierbaren Streitwagen benötigen. Alle Neuerungen sind teils eine einheimische Tradition bzw. in heimischen Werkstätten und aufgrund heimischer Metallvorkommen entstanden, teils aber wohl eine Anregung des ägäischen, anatolischen oder südrussischen Kreises.

Im Gebiet der **mittleren Donau und der Theiß** besteht die Nagyrév-Gruppe, kenntlich an ihrer Keramik in tellartigen Siedlungen (z. B. Tószeg) und Körpergräberfeldern mit Kupferdolchen und -ringen, westlich davon in Westungarn die etwas jüngere Kisapostag-Gruppe, bekannt v. a. die Friedhöfe durchweg mit Brandbestattungen (Leichenbrand in Urne, mit Schale zugedeckt), Keramik und Kupfer- und Bronzeschmuck, im Burgenland und im Wiener Becken die Wieselburger Gruppe mit geschlechtsdifferenzierten Hockerbestattungen und Gefäßdepots, nördlich der Donau in der Südwestslowakei die Nitra-Gruppe, ebenfalls mit geschlechtsdifferenzierten Hockern in Ost-West- bzw. West-Ost-Lage und Blick stets nach Süden, schließlich in der Ostslowakei die Košt'any-Gruppe mit ihren großen Flachgräberfeldern. Manche dieser Gruppen führen reichen Kupferschmuck sowie Knochen- und Fayenceperlen, die lokal hergestellt werden. Die folgenden Kulturen innerhalb der Altbronzezeit können mit reichen siebenbürgisch-unterdonauländischen Depots (Stil- und Symbolkreis Apa-Hajdúsámson) synchronisiert werden: an der mittleren Theiß die Periam-Gruppe mit Tellsiedlungen und geschlechtsdifferenzierten Hockergräbern und Bronzebeigaben, nordwestlich davon zwischen Theiß und Donau bei Budapest, die Vatya-Gruppe, deren große Gräberfelder ausschließlich aus Urnenbestattungen bestehen, in Westungarn die Veszprém-Gruppe mit Urnen und Brandschüttungsgräbern, an der oberen Theiß und in Nordsiebenbürgen und im polnischen Karpatenvorland die Otomani-Gruppe, kenntlich an einer qualitätvollen Keramik mit gerieften Spiralmustern, Tell- und befestigten Höhensiedlungen z. T. burgartigen Charakters, und an der unteren Theiß die Vattina-Gruppe mit Urnenfriedhöfen. Die letzteren Gruppen, wenngleich durch gewisse Traditionsfäden mit den Vorläufern verbunden, führen erstmals bronzene Waffen, z. T. ausgesprochene Prunkwaffen (Depots von Apa, Hajdúsámson), Goldschmuck und Pferdetrensen als Hinweis auf einen Streitwagenbesitz.

Im **nordöstlichen Mitteleuropa**, von der Südwestslowakei, dem nördlichen Niederösterreich, Böhmen-Mähren bis Ostdeutschland, Schlesien und Großpolen, wird die Altbronzezeit (22.–17./16. Jh. v. Chr.) von der Aunjetitzer Kultur (benannt nach Únětice bei Prag) ausgefüllt, die durch einheitliche Keramik und einheitlichen Grabritus (Flachgräberfelder mit Hocker in Süd-Nord-Richtung, Männer und Frauen übereinstimmend rechtsseitig und nach Osten blickend; Kinder auch in Pithoi) ausgezeichnet ist. Von einer älteren Stufe dieser Kultur (etwa 22. und 19. Jh.) hebt sich deutlich eine jüngere ab (etwa 18.–16. Jh.). In einigen Gegenden werden »Fürstengräber« unter monumentalen Hügeln (Höhe bis 8 m) angelegt mit reichem Goldschmuck (Nadeln, Armringe, Lockenringe), Bronzewaffen und -werkzeugen (Dolch, Beil, Stabdolch, Meißel) und als archaischem Besitz Steinäxten (Leubingen [jahrringdatiert um 1940 v. Chr.], Helmsdorf, Łeki Małe), die eine soziale Oberschicht anzeigen. Die Gräber der jüngeren Phase sind erheblich metallreicher als zuvor; zudem bezeugen mehrere Bronzedepotfunde einen beträchtlichen Metallbesitz sowie einen hohen Stand örtlicher Bronzeverarbeitung, der möglicherweise auf der Ausbeutung einheimischer Ressourcen (Kupfer, Salz) beruht.

In Österreich, Süddeutschland und den Westalpen folgen auf die Glockenbecherstufe regionale Gruppen von **Flachhockerfriedhöfen** (niederösterreichische Unterwölbling-Gruppe, bayrische Straubing-Gruppe, südwestdeutsche Singen-, rhein-mainische Adlerberg-Gruppe, westalpine Rhône-Gruppe), die aufgrund ihrer Kupferbeigaben mit der älteren Aunjetitzer Kultur zu parallelisieren sind. Davon ist wiederum eine jüngere Stufe abzusetzen, in der erste Hügelgräber, bronzene Waffendepots (u. a. mit den ersten Schwertern, Dolchstäben und Vollgriffdolchen) erscheinen. Goldtassen (u. a. Fritzdorf bei Bonn), die ältesten Bernsteinzierstücke mit komplizierten Durchbohrungen (Bernsteinschieber) sowie ein schweizerisches Prunkbeil mit polychromen Metalleinlagen (Thun-Renzenbühl) gehören ebenfalls in diese Stufe. Seit dieser Zeit werden verstärkt die Kupferlagerstätten der ostalpinen Grauwackenzone von Tirol/Salzburg (v. a. Bergwerk Mitterberg bei Bischofshofen) bis Niederösterreich abgebaut. Hiermit hängt der nordalpine Metallreichtum zusammen, das zur Niederlegung zahlreicher Barrendepots (Objekte in Form von Ösenhalsringen, Rippen- und Spangenbarren: z. B. 85 kg von München-Luitpoldpark) und einem aufblühenden Gusshandwerk (häufig in befestigten Höhensiedlungen wohl burgartigen Charakters) führt.

In **Italien** liegen aus diesem Zeitabschnitt außer Siedlungshinterlassenschaften einige reichhaltige Bronzedepots vor, die v. a. Prachtdolche mit Bronzegriffen (Vollgriffdolche) enthalten (Ripatransone: 25 Exemplare; Loreto Aprutino: mehr als 10 Exemplare). Insgesamt bezeugen die Funde das Vorhandensein einer für die Kulturentwicklung wesentlichen sozialen Oberschicht, in deren Auftrag Bronzewerkstätten tätig sind und enge ständische und handwerkliche Kontakte mit Mitteleuropa unterhalten. Außerdem bestehen in Apulien, Sizilien und auf den Liparischen Inseln Beziehungen mit dem ägäischen Kreis. Auf Sardinien herrscht die Bonnanaro-Kultur, die zur Nuraghen-Kultur überleitet.

Auf der **Iberischen Halbinsel** ist die altbronzezeitliche Kultur besonders weitgehend im Südosten (Provinzen Almeria, Murcia, Granada) erforscht (El Argar-Gruppe): befestigte, z. T. große Ansiedlungen mit städtischen Zügen und im Siedlungsbereich angelegten Hockergräbern in einfachen Schächten oder kleinen Steinkisten mit Dolchen, Stabdolchen und Goldschmuck. Goldgefäße aus Nordwestspanien, die vermutlich auch bereits altbronzezeitlich sind, deuten – in Verbindung mit Bronzefunden – auf eine kulturelle Bedeutung dieses durch seinen Kupfer-, Silber- und Zinnreichtum wirtschaftlich wichtigen Gebietes hin.

In Frankreich sind altbronzezeitliche Gräber und andere Kulturzeugnisse in allen Landesteilen bekannt (im Rhônegebiet wird ein Zusammenhang mit einer dortigen Kupfergewinnung angenommen), am weitaus besten in der **Bretagne.** V.a. in der Küstenzone häufen sich Grabhügel (Höhe bis 6 m) mit holz- oder steinausgekleidetem Schacht, z.T. in den Felsboden eingetieft und mit Steinplatten abgedeckt, in dem jeweils ein Toter mit reichen Beigaben beigesetzt wird (oft mehrere Bronzedolche oder -schwerter, Dolchstäbe und Beile, dazu Nadeln, Zierstücke und Ringe aus Bronze oder Edelmetall sowie Gold und Silbergefäße; auch Dolche zeigen goldene Einlagen oder Griffzier, einmal aus 15000 Goldstiften). Die Gräber dieser sog. Armorikanischen Gruppe und die kennzeichnende »fürstliche« Kultur heben sich markant von den zuvor in der Bretagne existierenden Kulturen ab. Die Beziehungen zu den ständischen und kulturellen Erscheinungen dieser Zeit in anderen europäischen Geschichtsräumen, besonders zur südenglischen Wessex-Gruppe, sind eng.

In der Bretagne dürften neben einem vermutlich noch wirksamen megalithischen Erbe die hier vorhandenen Zinnlagerstätten für das Aufblühen der Altbronzezeitgruppe bedeutend gewesen zu sein (mit den daran sich knüpfenden Fernverbindungen). Analoge Verhältnisse scheinen auch beim Aufblühen einer gleichzeitigen Gruppe in **Südengland** (**Wessex-Gruppe**) eine Rolle gespielt zu haben (gleichzeitiger Kupferbergbau in Wales, Zinngewinnung in Cornwall). Auch hier zeichnen sich einige Hügelgräber durch einen dort zuvor unbekannten Reichtum an Prunkwaffen (Dolche mit z.T. goldverziertem Griff, Steinkeulen mit goldbelegten Buckeln, Beile, Steinäxte), Gefäßen aus Gold (Rillaton, Cornwall; Ringlemere, Kent), Bernstein und Stein sowie goldenen Zierplatten aus (Bush Barrow, Wiltshire). Offenkundig besteht für diese »Fürstengräber« auch ein topografischer Bezug zum alten Heiligtum von Stonehenge, das in dieser Phase letztmalig baulich verändert wird. Andererseits treten hier wiederum deutlich die unmittelbaren Kontakte mit kontinentaleuropäischen Geschichtsräumen, einschließlich des frühmykenischen (über Bernsteinschieber), in Erscheinung. Während in der Wessex-Gruppe als Halsschmuck Kragen aus Bernstein- oder Gagat- bzw. Jetschiebern (letztere besonders in Schottland) und Perlenketten (auch Fayence) üblich sind, werden in Irland stattdessen weiter reich verzierte Goldhalskragen (Lunulae) getragen.

Im **norddeutsch-südskandinavischen Raum** setzen vor dem Hintergrund der weiterdauernden späten Einzelgrabkultur (Riesenbecher-Gruppen; Spätneolithikum bzw. Dolchzeit mit Tausenden von Flintdolchen) ab 1900 v.Chr. neuartige Kulturerscheinungen ein, wie Grab-, Moor- u.a. Votivfunde, bei denen Prunkwaffen (zunächst Vollgriff- und Stabdolche mit Bronzegriff, gefolgt von ersten bronzenen Stich- und Sichelschwerter, Äxte und Keulenköpfe [Fårdrup]) im Vordergrund stehen. Dabei stammen einige Exemplare fraglos aus mitteleuropäischen Werkstätten, andere (sowie goldene Lunulae und verzierte sog. angloirische Beile [Pile]) wohl aus westeuropäischen. Fest steht aber, dass im Norden mehrere selbstständige Werkstättenkreise entstehen (z.B. Malchiner Kreis in Mecklenburg mit regional hergestellten Vollgriffdolchen, Stabdolchen mit langen quergeschäfteten Metallgriffen [Melz, Bresinchen]), woraus auf eine entsprechende soziale, wirtschaftliche und politische Struktur geschlossen werden kann.

In **Nordosteuropa** (Nordpolen, Baltikum) ist die Altbronzezeit nur in Form weniger aus Mitteleuropa importierter Bronzeobjekte belegbar. Im Süden **Russlands** und der Ukraine folgt auf die Gruben- und Katakomben-Kultur die zur Mittelbronzezeit überleitenden Holzkammergräberkultur. In ihnen werden auch Gräber von Metallgießern und -schmieden angelegt, die ansonsten in bronzezeitlichen Gräbern Europas sehr selten sind.

Mittlere Bronzezeit (ca. 1600–1300/1200 v.Chr.)

Wie in der Altbronzezeit, so gibt es auch in der Mittelbronzezeit neben den kulturellen und wirtschaftlichen Beziehungen der mykenischen Kultur zum Vorderen Orient auch welche zu den Donau- und Mittelmeergebieten. Während Halsketten aus Bernsteinperlen und -platten in mykenischen Gräbern aus dem Norden stammen müssen, ist mykenischer Einfluss beispielsweise in den Schwertformen bis zum Unterdonaugebiet und nach Albanien zu verfolgen. Möglicherweise spielt, abgesehen von dem zyprischen Kupfervorkommen, auch das von Siebenbürgen (auch für Gold von Bedeutung) und Mittelitalien für den mykenischen Kreis direkt (wie Beschaffung durch Expeditionen) oder indirekt (Beschaffung über indigene Mittelsleute) eine Rolle.

Ostmitteleuropa

In Siebenbürgen reicht die Wietenberg-Gruppe aus der Alt- in die Mittelbronzezeit hinein; in der Kleinen Walachei, in Nordwestbulgarien, Sirmien und im Banat ist in der Mittelbronzezeit die Dubovac-Gruppe verbreitet. Sie ist kenntlich an großen Urnenfriedhöfen (Dubovac, Kličevac, Vrsac, Cîrna) mit einer reich verzierten Keramik (eingedrückte Spiral- und Bogenmuster; jeweils zahlreiche Gefäße in den Gräbern), Tonidolen (stehende Frauen mit Kleidung und Schmuck, ausnahmsweise auch Wagenfahrer, wobei Vögel als Zugtier und Wagenbegleiter erscheinen: Wagen von Dupljaja, vermutlich mythische Gestalten [Götter?]), zuweilen auch Tonmodellen anderer Art, so von verzierten Doppeläxten (ähnlich wie im ägäischen Kreis Kultzeichen) sowie ausgesprochenen Ritualgefäßen. – Während westlich davon, im bosnischen Bergland, Grabhügel errichtet werden (Glasinac-Gruppe), ist es im mittleren Theißgebiet in dieser Zeit üblich, Flachgräberfelder v.a. mit Körperbestattungen anzulegen, so in der westlich angrenzenden, mit der zentralmitteleuropäischen Hügelgräberkultur verbundenen Tápé-Gruppe, mit charakteristischen

Bronzeschmuckformen (u.a. Anhängern, Nadeln und Blechgürteln). Im oberen Theißgebiet sind Zeugnisse der späten Otomani-Gruppe anzutreffen, innerhalb der eine Wandlung von der Hocker- zur Brandbestattung festzustellen ist. Westlich davon kommt die Vatya-Gruppe ausschließlich mit Urnengräbern vor, in Nordungarn und der Südslowakei die Piliny-Gruppe, ebenfalls mit großen Urnenfeldern und z.T. ausgedehnten Siedlungsplätzen (oft befestigt und mit Zeugnissen von Metallverarbeitung [Radzovce]). Typisch für die Piliny-Gruppe ist die Beigabe von Miniaturausführungen von Bronzeschmuck, -waffen und -geräten. Dabei fällt besonders eine Diademform auf, die in Depots auch in natürlicher Größe bekannt und als gruppenspezifisches, eventuell standeskennzeichnendes Trachtelement anzusehen ist. Als Hinweis auf eine aristokratische Oberschicht dürfte auch die auf einer Urne angebrachte Ritzzeichnung von zweirädrigen, pferdebespannten Streitwagen gelten, die zeitgleichen mykenischen Streitwagen ähneln (Vel'ke Raškovce). Gleichfalls vermutlich als Besitz und Kennzeichen einer bestimmten Gesellschaftsschicht sind besonders im Piliny-Gebiet verbreitete szepterartige Bronzeknäufe mit zwei langen Armen (sog. Doppelarmknäufe) anzusehen.

Mitteleuropa

Westlich an das Piliny-Gebiet schließt dasjenige der sog. **karpatischen Hügelgräberkultur** an (ältere Stufe nach Gräbern von Dolný Peter bezeichnet, die jüngere nach solchen von Salka), genannt nach den herrschenden Grabhügeln, die ebenso im gesamten übrigen Mitteleuropa für die Mittelbronzezeit kennzeichnend sind. Wohl auf der Grundlage einer Ausbeutung des slowakischen (Zips, Tatra) und niederösterreichischen (Schneeberge bei Prein) Kupfervorkommens besteht im Mitteldonaugebiet in der gesamten Mittelbronzezeit ein blühendes leistungsstarkes Bronzehandwerk, das in der Herstellung von Dolchen, Schwertern und Streitäxten, Kopf-, Hals-, Brust-, Arm-, Gürtel- und Beinschmuck den altbronzezeitlichen Formenbestand weiterentwickelt (ältere Stufe nach Depots von Koszider benannt, jüngere nach Depot von Forró). Prachtvolle Blechdiademe (Pitten) finden ihre nächsten Entsprechungen im oberitalienischen Alpengebiet (Lago di Ledro).

Im nordöstlichen Mitteleuropa (Ostdeutschland, Schlesien, Warthegebiet) werden die Mittelbronzezeitfunde als Vorlausitzer Kultur bezeichnet. Es ist im Grunde eine Provinz der westlich und südwestlich davon verbreiteten Hügelgräberkultur, im Waffen-, Schmuck- und Geräteformenbestand stark vom Mitteldonaugebiet beeinflusst. In eigenen Werkstättenkreisen werden u.a. eigene Trachten entwickelt. V.a. entlang der Oder werden Einflüsse vom Mitteldonaugebiet zum Nordischen Kreis an der westlichen Ostsee vermittelt.

Nordwärts der Alpen können innerhalb der Zone der **zentralmitteleuropäischen Hügelgräberkultur** bei wichtigen kulturellen Gemeinsamkeiten in den Grabformen (Hügel oft mit Stein- oder Pfostenkranz und einem oder mehreren ebenerdigen Gräbern), den Bestattungssitten (überwiegend gestreckte Körperbestattung, seltener Totenverbrennung), der Bewaffnung (Stichschwert, Dolch und Streitbeil, nur ausnahmsweise die nun aufkommende Lanze; Pfeil und Bogen, vermutlich Streitwagen speziell für Adelsschicht) und der Schmuckausstattung (zur Frauentracht gehören meist zwei an den Schultern getragene Nadeln, Halsketten mit Anhängern verschiedener Form, Armringe und -spiralen, Gürtel, Fußringe, Kleiderbesatz) mehrere regionale Gruppen unterschieden werden: Niederösterreich und Mähren, Böhmen, Oberpfalz und Mittelfranken, Südbayern, Bereich der Schwäbischen Alb, Elsass, Rhein-Main-Gebiet, Osthessen, Südthüringen und Ostwestfalen. Neben ausgeprägten keramischen Eigenarten (Buckel-, Kerbschnitt- oder Ritzmuster) zeichnen sich diese Regionalgruppen v.a. durch besondere Schmuck- und Trachtformen, aber auch sepulkralrituelle Sonderzüge aus. Einige Formen von Anhängern und Nadelköpfen (Scheibe, Rad, Doppel- bzw. Brillenspirale) haben über den dekorativen Charakter hinaus einen symbolischen. Zeugnisse kultischer Handlungen sind Deponierungen von Bronzegegenständen in Mooren, Quellen und anderen Gewässern sowie Brandopferplätze, von denen einige oft an landschaftlich hervorragenden Stellen, vereinzelt auch innerhalb mittelbronzezeitlicher Siedlungen festgestellt worden sind und auf Opferhandlungen hindeuten: Ansammlungen von Asche, Holzkohle, verbrannten Tierknochen und großenteils verbrannte Keramikscherben, die von zahlreichen Gefäßen stammen.

Die Ansiedlungen haben sehr unterschiedliche Größe und Bedeutung. Mitunter können aus der Lage (auf einem Hügel, in einer Flussschleife oder an einem wichtigen Verkehrsweg), der Befestigung (Mauern, Wall und Graben) sowie durch gewisse Befunde im Innern (Bronzeverarbeitung) Erkenntnisse zur Sozialstruktur und Wirtschaftsweise gewonnen werden. Die in den einzelnen Gegenden für den Regionalbedarf arbeitenden Bronzegießer, die so an der Ausbildung von Regionaltraditionen mitwirken, unterhalten enge technologische und typologische Beziehungen mit den umliegenden Gebieten (von den Mittelmeerländern bis zur Ost- und Nordsee). Im circumalpinen Raum werden in der ersten Hälfte der Mittelbronzezeit erneut Feuchtbodensiedlungen dörflichen Charakters bewohnt (Arbon-Bleiche [Bodensee], Siedlung Forschner [Federsee]).

Mittelmeerraum

In **Italien** wird die Mittelbronzezeit durch die sog. **Apenninische Kultur** (15.–13. Jh. v. Chr.) verkörpert, für die eine mit eingerillten Mäander- und Spiralmustern verzierte Keramik kennzeichnend ist, von Apulien bis Kampanien, Ischia, die Toskana und bis zur Pomündung vereinzelt auch mykenische Importware (Siedlungen sowie Bestattungs- und Kulthöhlen). Auf Sizilien steht die Thapsos-Stufe (nach einer Siedlung auf einer Halbinsel mit Nekropole nördlich von Syrakus) in ihrer charakteristischen Keramik unvermittelt der altbronzezeitlichen Castelluccio-Ware gegenüber. Sie zeichnet sich durch gut zu verteidigende Siedlungsplätze (Rechteck- und Ovalhäuser mit Steinsockel), Felskammernekropolen und bemerkenswert intensive Beziehungen zu Mykene aus (Importkeramik, Idole, Bronzegefäße, Rapiere, Spiegel), die auch die Liparischen Inseln (Milazzese-Kultur) erreichen. Im südalpinen Bereich Oberitaliens geht die Altbronzezeit kontinuierlich in die Polada- und frühe Terramare-Kultur über, die starke Beziehungen zum ostalpinen/pannonischen Raum (auch Gräberfelder mit Körperbestattungen, darunter häufig Schwertbeigabe) aufweist. Es werden zahlreiche Feuchtbodensiedlungen (Fiavè) mit Hinweis auf intensive Metallurgie (Lago di Ledro) angelegt. Sulfidische Kupfererze werden, wie auch in der Folgezeit, auch im Trentino abgebaut und in einem standardisierten Verfahren (»Mitterberger Technologie«) verhüttet.

Auf der **Iberischen Halbinsel** haben die Pithosgräber mit Dolchen, Stabdolchen, Griffplattenschwertern, Silberschmuck (u. a. Diademe) und Perlenketten der jüngeren El Argar-Gruppe bereits als mittelbronzezeitlich zu gelten, ebenso verwandte Schwerter sowie andere Bronzefunde, die mitunter mit Castros (befestigte Siedlungsplätzen) oder Kupfer-, Zinn- und Silberminen in Verbindung stehen. Im Südwesten der Halbinsel dürften die Hügelkomplexe mit Felsschacht- oder Steinplattengräbern von Atalaia in diesen Zeitabschnitt gehören.

Westeuropa

In **Frankreich** setzt die Mittelbronzezeit mit einer Stufe ein, für die ein bretonischer Depotfund von Tréboul repräsentativ und namengebend ist. Die charakteristischen Schwerttypen, dazu Beile, Lanzenspitzen, Radnadeln und Rasiermesser, hergestellt in eigenen, eine Tradition von der Altbronzezeit her weiterführenden Werkstättenkreisen, weisen vielfache Beziehungen mit der Frühphase der mitteleuropäischen Hügelgräberkultur (Lochham-Phase), aber auch mit der Arreton-Stufe Englands auf. Die bronzenen Waffen-, Schmuck- und Gerätetypen der Frühphase der französischen Mittelbronzezeit werden weiterentwickelt oder ersetzt durch jüngere Ausprägungen, die sich mit der jüngeren mitteleuropäischen Hügelgräberkultur synchronisieren lassen. Bernstein-, Fayence- und Glasschmuck ist bezeugt, ebenso Goldgefäße und Goldschmuck (u. a. Rongères).

Auf den **Britischen Inseln** folgt auf die Wessex-Gruppe die den Beginn der Mittelbronzezeit bezeichnete Arreton-Stufe (nach einem Fund von der Insel Wight). Wie in Frankreich, so bezeugen auch hier geschweifte Dolche und Randleistenbeile (oft verziert) ein Weiterbestehen dortiger Traditionen, was durch das Vorkommen von Steinäxten (als archaisches Element) unterstrichen wird. In einer heimischen Formtradition stehen auch die nun als Lanzenspitzen verwendeten dolchartigen Dorn- oder Tüllenspitzen. Die in dieser Stufe neu erscheinenden Rasiermesser stellen zwar ebenfalls spezielle typologische Ausprägungen der Britischen Inseln dar, hängen aber kulturgeschichtlich mit den in vielen kontinentaleuropäischen Gebieten in dieser Zeit als etwas Neues auftauchenden Rasiermesserarten zusammen. Zum Frauenschmuck dieser Zeit (stets Brandbestattungen) gehören weiterhin noch Fayenceperlen und Halsketten aus Bernstein- oder Gagatperlen und -platten, die solchen aus Mitteleuropa und aus dem mykenischen Kreis bemerkenswert ähneln. Die jüngeren Abschnitt der Mittelbronzezeit ist auf den Britischen Inseln und in Irland noch schwer fassbar (Acton Park-, Killymaddy-Stufe), erst mit den zur Jungbronzezeit überleitenden Schmuckformen (Taunton-Stufe bzw. Ornament Horizon) sind Anknüpfungsmöglichkeiten zu Nordwestfrankreich vorhanden.

Norddeutschland, Südskandinavien

In **Norddeutschland** ist die Mittelbronzezeitkultur charakteristisch ausgeprägt, beginnend mit einer in Grabhügeln und Depots fassbaren Stufe (im Westen nach Grabfunden von Sögel und Wohlde bezeichnet). Die Männergräber sind mit Kurzschwert, Steinpfeilspitzen, Streitbeil und Dolch (die letzteren beiden meist aus Bronze, zuweilen aus Stein) sowie einer Nadel ausgestattet, Frauengräber mit Radnadeln, zunächst einem Halsringsatz, aus dem sich bald ein gegossener, längsgerippter Halskragen entwickelt, einer Halskette aus Bernsteinperlen und Bronzeanhängern, Armspiralen und Kleiderbesatzstücken, Blechgürtel und Fußbergen. In einer jüngeren Stufe der Mittelbronzezeit ist v. a. um Lüneburg dank reich vorhandener Grabfunde die Frauentracht mit ihrem spiralverzierten Schmuck gut bekannt, wobei hier örtliche Werkstättentraditionen und regionale Besonderheiten der Schmuckformen und des Grabbrauches in einem Ausmaß verfolgt werden können, wie es andernorts nicht gelingt, im Prinzip aber wohl weitgehend üblich ist.

Falls Fundumstände und Fundzusammenhänge authentisch sind, lässt sich das Ensemble vom Mittelberg bei Nebra (mit Sögel-Wohlde-Schwertern und -Beilen) in die beginnende Mittelbronzezeit datieren. Die große mit astralen Symbolen (Sonne, Mond, Sterne) und einem Schiff (?) und zwei »Horizontbögen« aus Goldblech belegte, in der Bronzezeit mehrfach umgearbeitete »Himmelsscheibe« gilt nach einer weitverbreiteten Auffassung als älteste konkrete Himmelsdarstellung oder auch als kalendarisches Memogramm, wie es bei den zumeist mittelbronzezeitlichen »Goldhüten« (Schifferstadt, Avanton; jünger: Ezelsdorf, »Berliner Hut«) ebenfalls vermutet wird. Eine abschließende Beurteilung der Himmelsscheibe ist derzeit noch nicht möglich.

Schleswig-Holstein, Dänemark, Südschweden und Südnorwegen bilden im engeren Sinn den **Nordischen Kreis**. Auf altbronzezeitlicher Grundlage entwickelt sich hier – parallel zur mitteleuropäischen Hügelgräberkultur – eine Kultur, die gleichfalls Grabhügel kennt (mit Höhe bis zu 8 m nicht selten von beträchtlicher Größe) und wie dort in Gruppen oft an landschaftlich bemerkenswertem Platz zusammen liegen. Nicht selten enthalten die Hügel (wie in Mitteleuropa) mehrere Gräber, oft jeweils einen Mann und eine Frau einander zugeordnet, mitunter zudem in zeitlicher Abfolge, eventuell mit Generationsabstand (Galgenberg bei Itzehoe), sodass die Hügel als Familienbegräbnisstätten anzusehen sind, die jeweils zu einem landwirtschaftlich geprägten Einzelhof gehören. Dank günstiger Erhaltungsbedingungen liegen in schleswig-holsteinischen und jütländischen Hügeln zahlreiche **Baumsärge** mit Textilbeigaben (vollständige Kleiderstücke wie Mantel, Rock, Kittel, Mützen), Holzgefäßen und anderen Gegenständen aus organischem Material vor, die einen Einblick in diese sonst nicht mehr zugänglichen Fertigungsbereiche vermitteln. Es werden von der nach wie vor bäuerlich geprägten, von Kriegern und Häuptlingen angeführten Gesellschaft sog. Wohnstallhäuser erreichtet, in denen vorrangig Rinder gehalten werden.

Bemerkenswert sind der Metallreichtum des Nordischen Kreises, obwohl es keine natürlichen Metallvorkommen in diesem Gebiet gibt (Kupfer wird aus dem mitteleuropäischen Gebiet, aber auch möglicherweise von Helgoland und Mittelschweden eingeführt) und die technische sowie künstlerische Qualität der in dortigen Werkstätten hergestellten Erzeugnisse. Dabei lassen sich im Wesentlichen zwei Stufen unterscheiden, die ältere Valsømagle- (späte Periode I) und die sog. Periode II. Zu besonderer formaler Vielfalt und besonderem Verzierungsreichtum (v.a. Spiralornamentik) gelangen die Schwerter mit Bronzegriff, die Lanzenspitzen, Streitbeile und -äxte, die mit einem plastischen Pferdekopfgriff versehenen Rasiermesser, Halskragen, Gürtelplatten, Fibeln sowie frühe Gold- und Bronzegefäße. Dabei sind bei vielen Formen, wie den Achtkantschwertern, mitteleuropäische Vorbilder und Anregungen allgemeiner Art zu erkennen, darüber hinaus sogar (mittelbare) Beziehungen mit dem mykenischen Kreis (Griffzungenschwerter, Doppelaxtzierstücke, spiralverzierte Lanzenspitzen, Klappstühle). Andererseits sind einige Waffen und Schmuckstücke des Nordischen Kreises über diesen hinaus bis Mecklenburg, Pommern und zum Baltikum, vereinzelt auch weiter südlich, bis Mähren, zum Vorschein gekommen.

Anscheinend auf Männergräber beschränkt sind goldene Armringe, die vermutlich Standeszeichen sind, und verzierte Goldscheiben, die als Sonnensymbole gedeutet werden. Darauf weist der in einem Moor bei Trundholm (Seeland) gefundene Bronzewagen mit Pferdefigur und großer Scheibe hin, die auf einer Seite mit einer spiralverzierten Goldplatte belegt ist (auf der Rückseite war keine Goldfolie aufgebracht [sog. Nacht- bzw. Mondseite]) und offensichtlich ein Abbild der über den Himmel fahrenden Sonne ist.

Kupfer- und bronzezeitliche Fundstätten in Europa

Jungbronzezeit (ca. 1200–1000/900 v. Chr.)

Mittelmeerraum

In **Sizilien**, den umliegenden Inselgruppen und in Unteritalien bestehen in der gesamten Jungbronzezeit (ebenso wie vorher) wirtschaftlich motivierte kulturelle Beziehungen mit dem ägäischen Kreis und auch darüber hinaus: Kupferne Stierhautbarren ostmittelmeerischer Herkunft, die v. a. von der Kupferinsel Zypern stammen, und mykenische Keramik gelangen bis Oberitalien, Sardinien, Südfrankreich, Spanien und Südwestdeutschland. Die ostsizilische Pantalica-Kultur führt in Keramik und Grabform (Felskammergräber, z. T. große Nekropolen) eine Tradition von der mittelbronzezeitlichen Thapsos-Stufe weiter, weicht u. a. aber von dieser merklich dadurch ab, dass die Ansiedlungen nicht mehr an der Küste, sondern zumeist weiter landeinwärts liegen (Pantalica mit großem palastartigen Bau mit Steinsockelmauer, Monte Dessueri). Bronzespiegel, bronzene Violinbogenfibeln, goldene Fingerringe u. a. stehen spätmykenischen Formen nahe. Die mehrphasige Pantalica-Kultur entwickelt sich vom 12. und 11. Jh. kontinuierlich in die Früheisenzeit hinein.

Auf der **Apenninhalbinsel** sind die wesentlichsten jungbronzezeitlichen Fundkomplexe Siedlungen am Gardasee (Peschiera-Gruppe) und in der Emilia (Terramare-Gruppe), die überaus reichhaltige Bronzefunde geliefert haben und vermutlich bei Hochwasserkatastrophen zerstört wurden. Weniger fundreiche Siedlungen mit entsprechenden Bronzewaffen, -schmuckstücken und -geräten sind bis Apulien bekannt; dazu gehören Friedhöfe meist mit Brandbestattungen. Von dieser älteren Jungbronzezeitstufe unterscheidet sich eine jüngere (11. Jh.), die v. a. in Urnenfriedhöfen von sog. Protovillanova-Art (Fontanella, Bismantova, Pianello, Timmari), in Bronzedepots und in Siedlungen verkörpert wird. Letztere haben mitunter eine beträchtliche Größe und stehen an der Wiege mittelitalischer Städte der Früheisenzeit.

In **Sardinien** fällt die nähere Altersbestimmung einer charakteristischen Grabform (Tombe dei Giganti: Rechteckkammer aus aufrecht stehenden Steinblöcken oder Trockenmauer mit Blockdecke oder Kraggewölbe mit Bogenfassade in Langhügel) innerhalb der Bronzezeit noch schwer. Einerseits typologisch an westeuropäische und maltesische Megalithbauten erinnernd, stehen diese Gräber andererseits am Beginn einer früheisenzeitlichen Entwicklung. Dasselbe gilt für die Nuraghen, einen nur auf diese Insel beschränkten Bautyp, von denen Tausende Exemplare erhalten sind (im Grundriss runde, kegelstumpfförmige Wohntürme aus großen, z. T. bearbeiteten Steinen mit kragkuppelgewölbten Räumen in mehreren, durch Treppen miteinander verbundenen Stockwerken) und deren Anfänge bis in die Mittelbronzezeit zurückgehen (Protonuraghen). Ob sie (und noch zugehörige Anlagen, z. B. Brunnenheiligtümer) noch bis in die Zeit der phönikischen Kolonisation gebaut wurden, ist umstritten. Es werden unzählige kleine Bronzefiguren (*bronzetti*) hergestellt, die überwiegend Krieger in voller Bewaffnung darstellen. Sie geben Aufschluss über Tracht, Schmuck und Gestik der bronzezeitlichen Menschen. Auf **Korsika** gibt es in der Bronzezeit noch Bestattungen in einfachen Megalithgräbern sowie zahlreiche Menhire. Letztere sind mitunter statuenartig und anthropomorph ausgestaltet, wobei auch eine Bewaffnung mit Langschwertern dargestellt wird (Filitosa). Auf den **Balearen** werden die meisten Talayots (Rundtürme noch unbekannter Funktion) in dieser Zeit errichtet.

Mitteleuropa

Im **südöstlichen Mitteleuropa** wird innerhalb der Jungbronzezeit zwischen einem älteren (Uriu-Stufe) und einem jüngeren (Kisapati-Stufe) Abschnitt unterschieden, jeweils benannt nach umfangreichen Bronzedepots in Siebenbürgen bzw. Westungarn. Funde dieser Art sind zu Hunderten aus dem unteren und mittleren Donaugebiet, Siebenbürgen und der Slowakei bekannt (die fünf umfangreichsten, darunter Uioara de Sus, insgesamt 4000 kg schwer). Sie bestehen u. a. aus meist Bruchstücken von Schwertern, Lanzenspitzen, Streitäxten, Helmen, Beinschienen, Schilden, Schmuckstücken, Geräten, Gefäßen sowie Wagen- und Pferdegeschirrteilen. Aufgrund der unterschiedlichen Keramik, Siedlungen und Gräberfelder sind mehrere Regionalgruppen erkennbar: als Nachfolge der Monteoru-Kultur die bronzearme Noua-Sabatinovka-Gruppe (Walachei, Moldau, Südostsiebenbürgen, östliche Nordkarpatenvorland), die Suciu-de-Sus-Gruppe (Nordsiebenbürgen, Oberlauf der Theiß), die ebenfalls eine Tradition aus der Mittelbronzezeit weiterführt (Hügelgräberfeld von Lăpuş; außer geschlossenen Nekropolen fürstliche Einzeltumuli), die Belegiš-Gruppe als Fortsetzung der Dubovac-Kultur (Banat, westlich der unteren Theiß, Sirmien, fassbar v. a. in Urnenfriedhöfen), die Csorva-Gruppe (beiderseits der mittleren Theiß), die Spätstufe der Piliny-Gruppe (Nordungarn, Südostslowakei), die Čaka-Gruppe (Südwestslowakei, Westungarn, Niederösterreich), die v. a. durch große Grabhügel mit fürstlichen Bestattungen (Čaka, Očkov, Siegendorf) und befestigte Höhensiedlungen charakterisiert ist. Befestigte Siedlungen gibt es auch im Flachland (Sîntana bei Arad: 1000 × 800 m Fläche von noch heute 6 m hohem Wall umzogen).

Im nordöstlichen Mitteleuropa (an oberer und mittlerer Elbe und Oder, oberer Weichsel und March) ist in der Jungbronzezeit die **Lausitzer Kultur** verbreitet, innerhalb der anhand der Keramik und Trachten mehrere landschaftliche Gruppen unterschieden werden können. Dabei ist jeweils eine regionalspezifische Entwicklung von der Mittelbronzezeit (Vorlausitzer Kultur) her festzustellen. Übereinstimmend ist die Brandbestattung und die Anlage großer Urnenfelder mit reichen Keramikbeigaben (oft buckel- und riefenverziert) vorherrschend. Bronzen (in Gräbern relativ selten) sind in gewisser Menge aus Depots erhalten. Reich mit Bronzen (Schwert, Lanzenspitzen, Bronzegefäße) versehene Bestattungen in Grabhügeln sind auf die Peripheriegebiete (z. B. Stenn bei Zwickau, Falkenberg) sowie die Nachbargruppen im Saalemündungsgebiet (Latdorf), in

Westböhmen (Milavče-Gruppe: Kesselwagengrab) und Mähren (Velatice-Gruppe) beschränkt.

In Süddeutschland, der Schweiz und dem Elsass folgt auf die mittelbronzezeitliche Hügelgräberkultur die jungbronzezeitliche **Urnenfelderkultur**, die aus mehreren landschaftlichen Gruppen besteht. Sie haben enge Beziehungen mit den Jungbronzezeitkulturen in Ost- und Südostmitteleuropa sowie Italien. Die Regionalgliederung lässt teilweise Siedlungsräume erkennen, z. B. Nordtiroler, Salzburger, Niederbayerische, Münchener, Ostbayerische Gruppe. Diese haben starke Anklänge an die böhmische Knovízer Gruppe, Untermainisch-schwäbische, Rheinisch-schweizerisch-ostfranzösische und Mittelrheinische Gruppe, die in ihren Grabriten, der Keramik, den Trachten sowie den Geräte- und Waffenformen Besonderheiten ausbilden und durch eine gewisse Zeitspanne tradiert haben (Keramik oft mit Riefen-, Buckel-, Rillen- und Kammstrichmuster, grafitüberzogen, zuweilen mit Kerbmuster oder Bronzenagelung; zur Tracht gehören Nadeln, Fibeln, Gürtel, Halsketten mit Bronzeanhängern, Bernstein- und Glasperlen, Hals-, Finger-, Arm- und Fußschmuck; zur Bewaffnung Schwerter mit Bronze- oder organischem Griff, Lanzen, Pfeile; wichtige Geräten sind Messer, Rasiermesser, Pinzetten, Sicheln, Beile, Wagen- und Pferdegeschirrteile). Nachweislich sind ortsfeste Bronzewerkstätten tätig, die für eine Region fertigen. Sie partizipieren an einem allgemeinen mitteleuropäischen Formenbestand, der regional mehr oder weniger ausgeprägt ist. Die Siedlungen haben zuweilen beträchtliche Ausmaße und sind oft befestigt, v. a., wenn Reste einer Metallverarbeitung bezeugt sind (Hesselberg, Bogenberg, Bullenheimer Berg). Neben diesen Zentralorten bestehen Einzelhöfe (nachgewiesen sind große, rechteckige Pfostenbauten und jeweils zu diesen gehörige kleine Bauten, wobei über das funktionale bzw. ökonomische oder soziologische Verhältnis dieser Hausformen zueinander noch keine Klarheit herrscht) und kleinere dorfartige Siedlungen.

Von den meist einfach ausgestatteten Gräbern heben sich die der sozialen Oberschicht ab. Diese Kammern sind aus Steinplatten, Trockenmauern oder Holzbalken gebaut (in Südwestdeutschland auffallend regelmäßig in Nord-Süd-Richtung). Die bestattete Person (auch Doppelbestattung von Mann und Frau) liegt teilweise verbrannt auf einem Wagen, teilweise wurde sie nicht verbrannt. Ihre Beigaben (Waffen, Bronzegefäße, Goldschmuck) sind reichhaltig (außergewöhnlich die Gräber mit sog. Zeremonialwagen: Poing, Hart an der Alz). Mitunter kann aus der Lage solcher Gräber zueinander auf die Abfolge, eventuell im Generationsabstand, geschlossen werden. Bronzene Schutzwaffen (v. a. Helme und Rundschilde), ein gesamteuropäische Innovation dieser Zeit und wohl Abzeichen einer adligen Oberschicht, werden nicht in die Gräber mitgegeben, sondern zumeist in Mooren oder Gewässern deponiert. Können bei Moor-, Quell-, Fluss- und Höhlendeponierungen hauptsächlich kultische Motive angenommen werden, so sind bei den zahlreichen Jungbronzezeitdepots in festem Grund ihre Vergrabungsmotive schwierig zu bestimmen. Teilweise ist aber auch bei ihnen mit entsprechenden Motiven zu rechnen. Die bedeutendsten Kultdenkmäler sind die aus Goldblech getriebenen Goldkegel von Ezelsdorf bei Nürnberg und (wohl noch mittelbronzezeitlich) Schifferstadt in der Pfalz. Eine Rolle spielen zudem Darstellungen der Sonne, von Vögeln und Stieren, die sich als Hinweis auf mythische Vorstellungen deuten lassen.

Im jetzt mit Siedlungen voll erschlossenen **Alpengebiet** erreicht der Kupferbergbau und die Kupferverhüttung ihren Höhepunkt (vom Salzburger Gebiet über Inntal bis Niederösterreich), die erst wieder im Mittelalter einsetzt. Trotz der natürlichen Zergliederung dieser Großlandschaft bilden sich in weiten Teilen gemeinsame Züge heraus (**Laugen-Melaun-Kultur**).

Westeuropa

In **Frankreich** ist eine in Grabfunden (Körper- und Brandbestattung), Siedlungen und Depots gut ausgeprägte Jungbronzezeitkultur im Elsass, in Burgund und in der Champagne bekannt, die sich in all ihren Einzelerscheinungen als Randgruppe des mitteleuropäischen Kulturbereiches erweist. Wie dort allgemein, lassen sich auch im Westen kulturelle Traditionen von der Mittelbronzezeit her aufzeigen (Entwicklung der Griffplattenschwerter, der Nadeln, Armringe, Fußbergen und Beile). Ein Goldkegel von Avanton bei Poitiers, bronzene Vogelfiguren sowie scheiben- und halbmondförmige Amulette sind bemerkenswerte, die Verwandtschaft mit Mitteleuropa unterstreichende religionskundliche Zeugnisse, mit feinem Bronzedraht kunstvoll umsponnene Eberhauer, Bronzehelme, Bronzepanzer (Fillinges) und Beinschienen Ausrüstungsstücke einer sozialen Oberschicht. Die Funde aus der Jungbronzezeit innerhalb der französischen Atlantikküstenzone bezeugen besondere Beziehungen mit den Britischen Inseln sowie dem Westen der Iberischen Halbinsel, wo sich im Osten starke Einflüsse der über das Languedoc aus dem westalpinen Gebiet ausgreifenden mitteleuropäischen Urnenfelderkultur in regionalen Ausprägungen niederschlagen.

Auf den **Britischen Inseln** fehlen wesentliche Erscheinungen der kontinentalen Jungbronzezeit. Die auf den Inseln hergestellten Bronzeschwerter, zunächst mit parallelseitiger (Penard-Phase), dann mit weidenblattförmiger Klinge (Wilburton-Phase), entsprechen aber der mitteleuropäischen Klingenentwicklung. Lanzenspitzen, Absatz-, Lappen- und Tüllenbeile, Bronzeschilde und -kessel weisen auf die Übernahme kontinentaler Formen und Errungenschaften hin. Insgesamt werden nur in einigen wenigen Landschaften reguläre Brandgräber (Deverel-Rimbury-Gruppe) angelegt. Gegenüber dem Kontinent sind Rundhäuser typisch, die mit anderen Anlagen (wie Speicher) zu einem Einzelhof mit abgegrenzter Feldflur gehören. Erste befestigte Siedlungen (*hill forts*) werden gegründet. Die britischen Kupferbergwerke sind offenbar nicht mehr in Betrieb. Metallnachschub in Form von Bronzeschrott wird vom Kontinent über den Kanal geliefert. Die meisten Bronzeobjekte stammen aus Depots in Flüssen, Seen und Mooren, v. a. in den südenglischen Fengebieten und in Irland.

Norddeutschland, Südskandinavien

In **Norddeutschland** und **Südskandinavien** besteht weiterhin eine blühende Jungbronzezeitkultur (Periode III), die sich in den einzelnen Landschaften (Pommern-Mecklenburg, Lüneburger Gebiet, Schleswig-Holstein mit Jütland, dänische Inseln und Südschweden; mit peripheren Gebieten im Baltikum) kontinuierlich aus der Mittelbronzezeitkultur (Periode II) entwickelt. Gegenüber dieser geht die kunsthandwerkliche Qualität einiger Erzeugnisse (Schwerter mit Bronzegriff, Lanzenspitzen, Beile, Gürtelscheiben) sichtlich zurück, indem die Typenvielfalt zugunsten einer uniformeren Produktion schwindet. Dafür zeigen andere eine glänzende regionalspezifische Entfaltung (Fibeln, Armschmuck).

Auch Bronzegefäße spielen nun eine bemerkenswerte Rolle, wobei es sich vermutlich um Erzeugnisse mitteleuropäischer Toreuten handelt (Werkstätten eventuell in Mecklenburg); sicherlich nordische Handwerksleistungen hervorragender Qualität sind indes gegossene Bronzegefäße (Gürteldosen). Es wird das mit Bildern reich verzierte Grab von Kivik (Ostküste von Schonen) angelegt, das neben überregionalen Querverbindungen (bis zur Ägäis?) auch Bezüge zu den zahlreichen Felsbildern des Nordischen Kreises verdeutlicht. Als Grabform herrscht allgemein der Tumulus vor (mitunter mit Steinkreis [bilderverziert: Sagaholm], Steinpackungen oder Holzsärgen), wobei oft mittelbronzezeitliche Hügel weiterbenutzt und überwölbt werden. Nicht selten enthalten die Hügel jeweils zwei, zwar gesonderte (nacheinander angelegte), aber doch zusammengehörige Bestattungen (Mann und Frau); anders als in der vorangehenden Zeit überwiegen jetzt die Brandbeisetzungen. Die rituell deponierten Moorfunde enthalten entweder männliche und (v. a. in einem jüngeren Stadium) weibliche Schmuckensembles, welche solchen von Grabbeigaben entsprechen, oder ausgesprochen kultische Gegenstände (Luren, riesige Ritualäxte u. a.).

Spätbronzezeit (1000/900–800 v. Chr.)

In **Mitteleuropa** folgen zu Beginn des letzten Jt.s auf die jungbronzezeitlichen die meist als spätbronzezeitlich bezeichneten Stufen der **Urnenfelderkultur**. Vom Mitteldonaugebiet, Polen, über den Ostalpenraum, Mähren und Süddeutschland bis in die Schweiz und Ostfrankreich sind Regionalgruppen anhand ihrer v. a. keramikreichen Urnenfriedhöfe ausgeprägt, die in den wesentlichen Kulturerscheinungen eine kontinuierliche Entwicklung aus den vorangehenden Urnenfelderstufen zeigen, andererseits aber Beziehungen zu den gleichzeitigen oberitalischen Gruppen erkennen lassen. Über den Formenbestand von Bronzewaffen (Helme, Schilde, Beinschienen, Schwerter, Streitäxte), Bronzegefäßen, Geräten, Wagen- und Pferdegeschirrteilen sowie Schmuckformen unterrichten v. a. die vielen vorliegenden Depotfunde. Sie spiegeln ebenso die Wirksamkeit regionaler Werkstättenkreise als auch die Vielseitigkeit enger handwerklicher Kontakte innerhalb von Mitteleuropa und darüber hinaus wider. Befestigte Höhensiedlungen sind weiter aus nahezu allen Regionen bezeugt, aus der Schweiz und Westfrankreich (Savoyen) außerdem Uferrandsiedlungen (sog. Pfahlbauten) mit reicher Fundausbeute (v. a. auch Metallobjekte). Die im Wesentlichen wohl ins 9. Jh. v. Chr. gehörende **Späturnenfelderstufe** stellt einen besonders markanten historischen Abschnitt dar. Zu den Flachgrabfriedhöfen treten nun Einzelhügel mit reich (u. a. mit Waffen) ausgestatteten Beisetzungen, die einer sozialen Oberschicht angehören bzw. Häupter von Sippenverbänden sein dürften.

In **Norddeutschland und Südskandinavien** (einschließlich Nordpolen) findet die Kultur der nordischen **Bronzezeitperiode III** in den (**spätbronzezeitlichen**) **Perioden IV und V** ihre kontinuierliche Fortsetzung. Außer dem leistungsfähigen Bronzegusshandwerk (besonders hervorzuheben: paarweise zu benutzende Luren, kunstvoll gegossene Hängebecken; mit Schiffsbildern verzierte Rasiermesser) sind Felsbilder (u. a. rituelle und mythische Darstellungen von Schiffen und Wagen, waffentragenden Menschen, Pflügern, Rindern, Sonnen u. a. Symbolen) von Bedeutung. Reiche Waffengräber (»Königsgrab« von Seddin [Brandenburg]; Lusehøj bei Voldtofte [Fünen]) sind mit mitteleuropäischen Hügelgräbern der Späturnenfelderzeit zu vergleichen. Wie in anderen Gebieten Europas herrscht auch hier die Bestattung des verbrannten Leichnams in Urnen (Urnenbestattung) vor.

In **Westeuropa** ist während der Spätbronzezeit bis in die Früheisenzeit hinein eine charakteristische Kultur (**Atlantische Bronzezeit**) ausgeprägt, die gemeinsame Züge von der Iberischen Halbinsel bis zu den Britischen Inseln (Ewart Park-Phase) und Irland (Dowris-Phase) aufweist (typisch: Karpfenzungenschwerter, große Bronzekessel, Fleischhaken; alles Objekte aus dem Kontext der sozialen Oberschicht), in den einzelnen Regionen jedoch eine Tradition von der Jungbronzezeit her sowie v. a. auf der Iberischen Halbinsel Beziehungen mit Italien und Mitteleuropa erkennen lässt (bronzene Schwerter, Lanzenspitzen, Schilde, Helme und Panzer, Bronze- und Goldgefäße, Geräte, Wagen und Pferdegeschirr). Von besonderer Bedeutung sind in Südwestspanien die reich verzierten Kriegerstelen vom Typ Extramedura.

Eisenzeit

Über die zeitliche **Abgrenzung der Vorgeschichte gegenüber der Alten Geschichte** werden unterschiedliche Ansichten vertreten. Für Europa dürfte es am sinnvollsten sein, diese Abgrenzung nicht an das Vorhandensein bzw. Nichtvorhandensein von **Schriftquellen** zu knüpfen, sondern die Vorgeschichte – räumlich differenziert – etwa bis zur ersten Hälfte des 1. Jt.s v. Chr. reichen zu lassen, in der dann andererseits die Antike beginnt. Seither liegen erste gesicherte schriftliche Nachrichten antiker Autoren über ihre Nachbarvölker vor, die sie allgemein als Barbaren bezeichnen, sie aber auch mit ihren Stammesnamen überliefern. Die Schriften fixieren auch Entdeckungen und Erkundungen unter Einbezug ethnografischer Daten. Im Ganzen erweitert sich das antike Weltbild der Griechen und Römer durch den Kontakt mit den thrakischen und skytischen sowie keltischen, illyrischen und zuletzt germanischen Stämmen entscheidend (auch punische Erkundigungen im Atlantik sind überliefert). So treten bis um Christi Geburt weite Teile des (bis dahin als »barbarisch« bezeichneten) Europas nördlich der Alpen und des Balkans in das Blickfeld des antiken Mittelmeerraumes. Insbesondere spielt die allmähliche Ausdehnung des Römischen Reiches bis zu den Britischen Inseln, bis zum Rhein (mit dem gescheiterten Versuch Germanien zu erobern) und zur Donau eine große zivilisatorische Rolle.

Griechische Autoren seit HESIOD (Ende des 8. Jh.s v. Chr.) bezeichnen ihre Gegenwart in Gegenüberstellung zur bronzenen Vergangenheit als eisern. Die **Verwendung von Eisen** als Werkmetall für Waffen und Geräte kennzeichnet tatsächlich weithin die Kultur vom Beginn des letzten Jt.s v. Chr. an, sodass es nahe liegt, diese Zeit der auslaufenden Vorgeschichte und der beginnenden Antike als Eisenzeit zu bezeichnen. Eisen wird im Rennofenprozess direkt als (noch Schlacke enthaltendes) Luppeneisen gewonnen und zeitaufwändig verfeinert und zu Objekten ausgeschmiedet. In der Eisenzeit wird v. a. von den Kelten der Grundstock der bis heute in Gebrauch befindlichen eisernen Handwerkzeuge und -geräte geschaffen. Da Eisenerz fast überall lokal beschaffbar ist, lösen sich die tradierten bronzezeitlichen Rohstoffverteilungssysteme und deren sozialer und kultureller Kontext weitgehend auf.

Was die Eisenzeit gegenüber der Bronzezeit von Europa bis China an Neuerungen in Philosophie, Religion, den Einzelwissenschaften, der bildenden Kunst sowie auf technologisch-wirtschaftlichem und politischem Gebiet hervorgebracht hat, ist so gewichtig, dass die Mitte des letzten vorchristlichen Jahrtausends seit ca. 800 v. Chr. (mit HOMER, den ionischen Naturphilosophen, den Mysterienkulten, der großgriechischen Kolonisation, den Propheten in Israel, ZARATHUSTRA in Persien, BUDDHA in Indien, KONFUZIUS und LAOZI in China [»Achsenzeit« nach KARL JASPERS]) sich im altweltlichen Raum als neue **gesamthistorische Stufe** darstellt, die als Weiterentwicklung gegenüber den Lebensformen und Bewusstseinsausprägungen der Bronzezeit aufzufassen ist.

Im Europa außerhalb der antiken Kulturen wird der archäologische Fundstoff in einen älteren und einen jüngeren Abschnitt der Eisenzeit unterteilt. Der ältere Abschnitt wird nach einem Gräberfeld oberhalb von Hallstatt/Salzkammergut als Hallstatt-Zeit, der jüngere nach einem Fundplatz am Neuenburger See als La-Tène-Zeit bezeichnet (für periphere Gebiete in Norddeutschland wird für beide der Begriff »vorrömische« Eisenzeit verwendet. Gültig ist nach wie vor die Periodisierung nach PAUL REINECKE in die Stufen Ha C–D (Hallstatt-Zeit) und Lt A–D (La-Tène-Zeit).

Übergang Bronzezeit zur Eisenzeit in Europa (1000/900–800 v. Chr.)

Auf der **Apenninhalbinsel** ist im 10. Jh. v. Chr. die Spätstufe der Protovillanova-Kultur ausgeprägt (Urnenfriedhöfe vom Alpenrand bis Apulien: Fontanella, Pianello, Allumiere, Timmari; Bronzedepotfunde sowie z. T. befestigte Höhensiedlungen). Am Golf von Tarent bestehen kontinuierlich Kontakte mit dem ägäischen Kreis. In mehreren Regionen (ebenso auf Sizilien) lässt sich von dieser Protovillanova-Kultur eine Tradition (in Keramikentwicklung, Schmuck-, Waffen- und Gerätformen; Grabsitten) in die voll entwickelte **Früheisenzeitkultur** des 9. Jh.s v. Chr. verfolgen; an einigen Orten betrifft dies auch die Besiedlungsverhältnisse (so in Rom). Die voll entwickelte Früheisenzeitkultur mit ihren großen beigabenreichen Gräberfeldern (teils mit Brand-, teils mit Körperbestattung) besteht aus mehreren Regionalgruppen (venetische Este-Gruppe, Bologna-Gruppe, Golasecca-Gruppe in der nördlichen Lombardei, toskanische, latinische, umbrische, kampanische Gruppe usw.). Die Gruppen im westlichen Mittelitalien stehen an der Wiege der etruskischen sowie der latinisch-faliskischen Kultur. In Rom lässt sich verfolgen, dass die ältere Früheisenzeitbesiedlung – offensichtlich rein dörflichen Charakters – im 9./8. Jh. v. Chr. urbane Züge annimmt; auch für die Etruskerstädte dürfte dies anzunehmen sein (Beginn von Drehscheibenkeramik, handwerkliche Spezialisierung, Auflassen von Friedhöfen innerhalb des geschlossenen Siedlungsgebietes, Festigung von Standesprivilegien, Bevölkerungskonzentration). Bereits vor Gründung der ältesten großgriechischen Kolonien (Pithekussai auf Ischia) steht das westliche Mittelitalien (bis zur Iberischen Halbinsel) in wechselseitigem Kontakt mit dem ägäischen und levantinischen Raum. Frühe Phöniker befahren im 10./9. Jh. v. Chr. das westliche Mittelmeer, stoßen wenig später durch die Straße von Gibraltar zur Küste Andalusiens und Marokkos vor und legen Hafenstützpunkte an.

In Mitteleuropa ist Eisen in dieser Zeit dagegen noch ein kostbares Metall, das nur vereinzelt zur Herstellung von Schmuckstücken und Schwertklingen, bzw. -verzierungen verwendet wird. Dies bedeutet gegenüber Italien oder gar dem ägäischen Raum eine deutliche Verzögerung.

Ältere Eisenzeit (800–500/450 v. Chr.)

Mittelmeerraum

Auf Sizilien und der Apenninhalbinsel werden seit der Mitte des 8. Jh.s v. Chr. die Kontakte mit dem ägäischen Kreis intensiver und in diesem Zuge an zahlreichen Küstenplätzen **griechische Kolonien** gegründet (Unteritalien, sog. Großgriechenland: Kyme, Neapel, Poseidonia, Elea, Medma, Rhegion, Kroton, Sybaris, Siris, Metapont, Tarent; Sizilien: Naxos, Syrakus, Leontinoi, Gela, Agrigent, Selinunt, Zankle [Messina]). In der Polisverfassung mit den ionischen bzw. dorischen Mutterstädten verbunden, bieten diese politisch und wirtschaftlich selbstständigen Kolonien nicht nur griechischen Siedlern und Handwerkern Ackerland und Lebensmöglichkeit, sondern üben auch auf die einheimischen sizilischen und italischen Völker einen merklichen Kultureinfluss aus. Dieser beschränkt sich nicht auf die Übernahme gewisser Import- und Luxusgüter, sondern regt zu eigenen Kultur- und Kunstschöpfungen an.

In Latium und Etrurien können Griechen zwar keine Koloniestädte gründen, doch unterstreichen griechische und vorderorientalische (auch ägyptische) Importgegenstände, dass auch das westliche Mittelitalien sowie die aus früheisenzeitlichen Wurzeln im 9. Jh. sich entwickelnden latinischen und etruskischen Stadtsiedlungen Kontakte in diese Gegenden haben. Von den latinischen Städten gewinnt allmählich Rom eine besondere Bedeutung, in Etrurien u. a. Veii, Tarquinia, Caere, Falerii, Vulci, Rusellae, Volsinii, Volterra, Vetulonia und Populonia. Politisch bilden diese Städte mit dem sie umgebenden Territorium zunächst jeweils selbstständige Staaten, in der Regel mit einem König an der Spitze. Außer stadteigenen Heiligtümern spielen zentrale Kultstätten eine Rolle (in Latium u. a. auf dem Mons Albanus, in Etrurien das Vultumna-Heiligtum bei Volsinii am Bolsener See), wodurch im 6. Jh. Städtebünde entstehen. Der etruskische Städtebund stellt eine gewisse politische Einheit dar, die gemeinsame militärische Aktionen ermöglicht (um 540 v. Chr. Seeschlacht der verbündeten **Etrusker** und **Karthager** gegen die phokaischen Griechen vor Sardinien). Nach Norden greifen die Etrusker über den Apennin in die Po-Ebene aus und gründen Kolonien, u. a. in Marzabotto, Bologna (etruskisch: Felsina), Modena, Spina und Mantua, nach Süden über Latium hinaus nach Kampanien. Stärker als in politischer Hinsicht treten die Etrusker, deren Herkunft umstritten ist, kulturell in Erscheinung. In Anlehnung an das griechische Alphabet entwickeln sie eine Schrift, in der sie vom 7. Jh. an ihre eigene (noch wenig erschlossene) Sprache wiedergeben. Während Tempel in den zumeist auf Hochplateaus gelegenen Städten anscheinend erst im 6. Jh. erbaut werden (ebenso in Rom: Jupitertempel auf dem Kapitol), werden in den ausgedehnten Nekropolen im 7. Jh. aus den einfacheren Grabformen der vorangehenden Zeit monumentale Sepulkralmonumente entwickelt, teils Felskammern, teils runde oder viereckige Tumuli mit äußerer Steinmauer und gemauerter, ausgemalter bzw. reliefierter Innenkammer, wobei eine Verwandtschaft mit orientalischen Grabanlagen (wie Gordion/Lydien) besteht. Orientalisierend sind auch kunstgewerbliche Produktionszweige, die in Etrurien zu besonderer Blüte gelangen (reiche Beigabenausstattung der Tomba Regolini Galassi in Caere; Tomba Barberini und Tomba Bernardini im latinischen Praeneste; Goldobjekte mit Granulation).

In **Oberitalien** blüht vor dem Eindringen der **Etrusker** in der Lombardei die südalpine Golasecca-Kultur (bedeutendes Gräberfeld Ca'Morta bei Como), in der Emilia und Romagna die Villanova-Kultur (wichtigste Grabfelder bei Bologna) und in Venetien die Este-Kultur (an namengebendem Ort mehrere beigabenreiche Gräberfelder), letztere mit starken kulturellen Beziehungen zu den ostalpinen Gesellschaften. Im östlichen **Mittel- und in Süditalien** (Picenum, Apulien, Basilicata) sind die älteren eisenzeitlichen Kulturerscheinungen (u. a. Novilara) charakteristisch ausgeprägt. Die italischen Adria-Kulturen, einerseits kulturell und historisch mannigfach mit den binnenländischen und den am Tyrrhenischen Meer ansässigen Stämmen verbunden, weisen andererseits auch Beziehungen mit der älteren eisenzeitlichen balkanischen Kultur östlich der Adria auf, wo nach antiken Quellen Illyrer wohnen. | s. S. 209 |

Im Süden der **Iberischen Halbinsel** macht sich seit dem 8. Jh. die Kolonisation der **Phöniker** bemerkbar (Sexs [Almuñécar]; Torre del Mar und Trayamar), deren Anfänge noch früher zurückreichen. Diesem die nordafrikanische Küste entlang erfolgenden phönikischen Vordringen, das den Metallvorkommen des Landes (Tartessos) gilt, entspricht die auf der Nordseite des Mittelmeeres nach Westen ausgreifende **Kolonisation von Griechen** (v. a. aus Phokaia) in der nordöstlichen Küstenregion Spaniens (Rhode, Emporion u. a.). Bei der einheimischen Bevölkerung wird unterschieden zwischen den Iberern im Osten der Halbinsel, einer binnenländischen Meseta-Kultur und den Tartessiern (nach Stadt und Reich Tartessos) im Süden und Westen der Halbinsel. | s. S. 343 |

West-, Mittel- und Osteuropa

Nördlich der Pyrenäen sind außerhalb der Gebiete mit hallstättischen und (später) keltischen Kulturerscheinungen in der atlantischen Küstenzone damit verwandte Besiedlungszeugnisse bekannt, die ihrerseits mit den eisenzeitlichen Kulturhinterlassenschaften der Britischen Inseln Beziehungen haben. Um 320 v. Chr. bereist der Grieche PYTHEAS aus Massalia (Marseille) den Atlantik über Irland bis nach Nordeuropa (sagenhafte Insel Thule – Lofoten?) und liefert die ersten Nachrichten über eine bis dahin für die Antike unbekannte (nach griechischem Empfinden »barbarische«) Welt.

Die südosteuropäischen und balkanischen Gruppen (von Thrakien, Makedonien [Trebenište], Serbien, Bosnien, dort nach Hügelnekropolen vom Glasinac benannt, bis Slowenien, dort wichtige Hügelgräberfelder von Stična, Magdalenska gora, Šmarjeta, Vače, Novo mesto, Santa Lucia) mit z. T. prunkvoll ausgestatteten Gräbern in Großhügeln (Atenica in Serbien) gehören zu einer Zone, die sich von der nördlichen Balkanhalbinsel über das mittlere Donaugebiet, den Raum nordwärts der Alpen bis nach Ostfrankreich erstreckt und allgemein als **Hallstatt-Kultur** wird (ältere **Hallstatt-Zeit** im Wesentlichen 7. Jh.; jüngere Hallstatt-Zeit: 6.–1. Hälfte 5. Jh.) Anhand der archäologischen Funde (v. a. Keramik, Schmuck- und Trachtformen) innerhalb des **Ost-** (typische Grabbeigaben Beil, Axt, bronzene Schutzwaffen) und **Westhallstattkreises** (typisch Schwert, Dolch, Wagengräber) in mehrere Regionalgruppen (u. a. Horákover, Bylaner, Kolíner, Oberpfälzische, Alb-Salem, Koberstädter Gruppe) gegliedert, stellt sich diese Kultur insgesamt als Weiterentwicklung der dortigen Spätbronzezeit-/Früheisenzeitkultur dar.

Für die historische Stellung und die Kultur wesentlich sind Kontakte mit der gleichzeitigen Kultur Italiens und Griechenlands sowie den Reiternomaden Osteuropas (Skythen). Verschiedentlich sind befestigte Burgsiedlungen mit zugehörigen landwirtschaftlich geprägten Ansiedlungen bekannt, offensichtlich Sitze kleinerer Potentaten (z.B. Stična in Slowenien, Ipf im Nördlinger Ries, Heuneburg an der oberen Donau, Mont Lassois bei Châtillon-sur-Seine), wozu besonders reich ausgestattete (oft antik geplünderte) Fürstengräber gehören (Magdalenenberg bei Villingen, Hohmichele, Vix). In einigen gut erforschten Gebieten (z.B. Württemberg) zeichnen sich bereits die Herrschaftsgebiete solcher Fürsten ab (»Fürstensitze« Heuneburg, Hohenasperg). Von exemplarischer Bedeutung ist das Grab von Hochdorf, mit seiner 2,75 m langen Bronzeliege (Kline), einem mit Met gefüllten Bronzekessel (Fassungsvermögen 500 l!) und einem Ess- und Trinkgeschirr für neun Personen, was einem griechischen Symposion ähnelt, das der Anführer, der auf sich die politische und wirtschaftliche Macht konzentriert, seiner Gefolgschaft gibt. Diese hervorgehobenen Personen sorgen zweifellos für die Unterhaltung von Beziehungen sowohl über die Alpenpässe hinweg als auch den Rhôneweg entlang (zur griechischen Kolonie Massalia) mit dem Süden. Aus ihm gelangen wertvolle Importe in die Region, wie ein etruskisches Bronzegefäß des 7. Jh.s aus einem Grab bei Appenwihr-Kastenwald im Elsass, etruskische Eimer und Rippenschalen im Hügelgrab von Frankfurt am Main-Eichlehen, zahlreiche etruskische und griechische Bronzegefäße des 6. Jh.s aus allen Teilen der Hallstatt-Kultur, v. a. ein 1,64 m hoher, figürlich verzierter Krater (mit Fassungsvermögen 1100 l größtes antike Metallgefäß) aus dem Fürstinnengrab von Vix beim Mont Lassois sowie rhodische Kleeblattkannen, ferner Elfenbeinschnitzereien und reichlich schwarzfigurige attische Keramik zeigen. Auch in figürlich geformten Steinstelen als Bekrönung von Grabhügeln (Hirschlanden) kommt eine Verbindung mit dem Süden (Krieger von Capestrano/Italien) zum Ausdruck, ebenso in dem (freilich in Mitteleuropa seit der Jungbronzezeit nachzuweisenden) Brauch, vornehme Tote auf (oder mit) einem vierrädrigen Wagen beizusetzen.

Insgesamt setzt sich eine neue Form der Selbstdarstellung der Einzelpersönlichkeit durch, die sich mit importierten Luxusgütern umgibt und teilweise mediterrane Lebensart mit entsprechendem Ideegut verkörpert. Die einheimische hallstättische Bronzetoreutik mit Kesseln, Eimern sowie Trink- und Siebgefäßen führt eine früheisenzeitlich-mitteleuropäische Tradition weiter; neuartig ist ein Bestand figürlicher Bildmotive (z. T. mit offensichtlich mythologischer Thematik) bei den Bronzegefäßen von Kleinklein in der Steiermark, die ihre Fortsetzung im Figurenwagen von Strettweg und in den friesartigen Bilderzählungen der ostalpinen **Situlenkunst** mit ihren festartigen Motiven findet. Auch die zumeist nur geometrisch verzierte (bemalte, geritzte oder gekerbte) Keramik weist mitunter figürliche Darstellungen auf. Unter ihnen treten erstmalig Reiter auf (auch als Kleinplastiken). Neu ist die nun in Mitteleuropa geläufige Verwendung von Eisen für Waffen (Schwerter, Lanzenspitzen, Streitbeile), Schmuckformen, Geräte (Messer, Sicheln) sowie Pferdegeschirr und Wagenteile, wobei zunächst vielfach typologisch an Formen der Bronzezeit angeknüpft wird. Zu den besonders kennzeichnenden bronzenen Schmuckformen gehören Gürtelbleche mit reichem Dekor, Fibeln sowie Hals-, Arm- und Beinringe, die oft jeweils in Sätzen übereinander getragen werden.

Der Osthallstattkreis grenzt in Ostungarn (Ártánd) und Siebenbürgen an einen reiternomadisch geprägten Kulturbereich an, der mit einer Westexpansion von Skythen oder anderen indoiranischen Stämmen einhergeht. Die **Skythen**, im nördlichen Schwarzmeergebiet zwischen Karpaten und Don (skythische Funde bis nach Südsibirien) ansässige, von Haus aus nomadisierende Stämme, sind östlicher Herkunft. Im nordpontischen Gebiet (Hügelgräber/Kurgane mit z. T. fürstlicher Ausstattung) bedrängen sie die dort vor ihnen lebenden reiternomadischen Stämme der **Kimmerier**, die daraufhin im 8./7. Jh. teilweise nach Anatolien (Urartu, Phrygien, Lydien) ausweichen. In dieser Zeit werden an der ukrainischen Schwarzmeerküste, auf der Krim und an Landstrichen am Asowschen Meer erste griechische Kolonien gegründet (Insel Berezan in der Dnjepr-Bug-Bucht, Tyras an der Dnjestr-Mündung, Olbia an der Bug-Mündung, Chersones auf der Krim), die auf die Kulturentwicklung des nördlichen Hinterlandes Skythiens großen Einfluss ausüben. | s. S. 309 |

Für das 6. Jh. v. Chr. lässt sich die Bevölkerung im Gebiet der oberen Donau und weiter westlich aufgrund antiker Autoren (Hekataios, Herodot) erstmalig als **keltisch** bestimmen. Die südöstliche Hallstatt-Kultur darf demgegenüber v. a. mit den Illyrern in Verbindung gebracht werden.

Nördlich der deutschen Mittelgebirge sind in der älteren Eisenzeit Spätformen der im Kern noch bronzezeitlichen **Lausitzer Kultur** ausgebildet (z. B. Billendorfer Kultur mit hallstättischen Einflüssen in Mitteldeutschland und an Oder, Aurither Kultur an unterer Oder und Warthe, polnische Gruppe mit z. T. riesigen Gräberfeldern [Niederkaina bei Bautzen], Pommerellische Gesichtsurnenkultur im Oder-Weichsel-Gebiet, Mitteldeutsche Hausurnenkultur). Unter den vielen befestigten Siedlungen ist die im 6. Jh. v. Chr. errichtete Inselsiedlung in einem See bei Biskupin (Kujawien-Pommern) besonders beachtenswert (auf 70×100 m großer, von Holzbalkenmauer umgebener Fläche, regelmäßige Anlage von 13 parallelen Häuserzeilen; die Häuser jeweils in einheitlicher Form und Größe). Bis ins Odergebiet reichen Zeugnisse skythischer Kultur bzw. Einbrüche (Goldfund von Vettersfelde in Niederschlesien).

In Norddeutschland formieren sich in der älteren Eisenzeit am Weserlauf die hallstättisch beeinflusste **Nienburger Gruppe** und in der jüngeren Eisenzeit im gesamten Gebiet die keltisch beeinflusste **Jastorf-Kultur** (nach Jastorf bei Uelzen; mit mehreren Phasen), die zumindest in ihrem jüngeren Stadium mit **Germanen** (Kimbern, Teutonen, Bastarnen [mit Abwanderung bis Rumänien]) zu verbinden ist. Importiert wird der keltische Silberkessel von Gundestrup. Starke Kontinuitäten von der jüngeren Bronzezeit bis weit in die vorrömische Eisenzeit weist der nordwestdeutsche-ostniederländische Raum auf mit seinen (auch für angrenzende Gebiete) Wohnstallhäusern (als Einzelgehöfte) und den spezifischen Einfassungen der Gräber (Kreis-, Lang-, Schüsselloch-, Quadratgräben) bei wenig erkennbarer sozialer Differenzierung auf.

Jüngere Eisenzeit (La Tène-Zeit) (450/400 v. Chr.–ca. Christi Geburt)

In der jüngeren Eisenzeit herrschen in dem Griechenland nördlich benachbarten und mit ihm in intensiven Kontakt stehenden **Thrakien** nach Ende der persischen Herrschaft (ca. 480 v. Chr.) bis zur Eroberung durch die Makedonen unter PHILIPP II. historisch belegte Könige (u. a. Dynastie der Odrysen). Zeugnisse dieser Eigenständigkeit sind ein reiches, griechische Motive aufgreifendes Kunsthandwerk, frühe urbane Siedlungsstrukturen, intensive Viehzucht, Handel mit Rohstoffen (Silberbergbau im Pangaios-Gebirge) und reich ausgestattete Grabanlagen (Zlatinitsa, Alexandrovo, Kazaulak) sowie Gold- und Silberschätze (Rogozen, Panagurischte).

Als keltisch tritt dann v. a. die vom 5. bis zum 1. Jh. in Mitteleuropa (bis zum Nordrand der Mittelgebirge) und weiten Gebieten Westeuropas ausgeprägte **La-Tène-Kultur** (nach La Tène am Neuenburger See) in Erscheinung, deren Wurzeln nordwestlich der alten hallstättischen Zentren im Gebiet zwischen Mosel (Hunsrück-Eifel-Kultur) und Böhmen liegen. Von mehreren Stämmen verwandter Sprache, die von antiken Autoren genannt werden, getragen und durch deren Wanderungen weithin verbreitet, zeigt diese Kultur gemeinsame Züge der Bewaffnung (langes Hiebschwert mit parallelseitiger Klinge, Lanze mit Eisenspitze, ovaler Holz-Leder-Schild mit eisernem Buckelbeschlag, Bronze- oder Eisenhelm mit Nackenschutz, Reitpferd mit eiserner Trense und bronzenen Zierstücken, zweirädrige Streitwagen), der Tracht- und Schmuckformen (Bronze- und Eisenfibeln; Halsring/Torques [Goldtorques von Erstfeld], der als besonders kulturspezifisch gilt; Armringe und Ketten aus bunten Glasperlen) und der Keramik, die nun großenteils (für Mitteleuropa erstmalig) auf der schnell rotierenden Töpferscheibe hergestellt ist.

In den älteren Abschnitten der La-Tène-Kultur, die bis auf den neuartigen, v. a. mediterrane (griechische, etruskische) Vorbildern umformenden Kunststil deutliche Kontinuitäten aufweist, spielen im archäologischen Fundbestand Fürstengräber mit kostbaren Beigaben sowohl einheimisch-keltischer Kunsthandwerksarbeiten verschiedener Kunststile (Dürrnberg mit Salzbergwerk, Glauberg [mit menschengestaltigen Großplastiken aus Stein in zum Großgrabhügel gehörenden Heiligtum], Kleinaspergle, Bad Dürkheim, Weiskirchen, Reinheim, Waldalgesheim) als auch griechischer Importstücke (besonders rotfigurige Keramik) eine hervorragende Rolle.

Nach ersten Abwanderungen über den Alpenkamm hinweg nach Oberitalien im 6./5. v. Chr. setzen ausgedehnte keltische Wanderungen und Kriegszüge nach Mittelitalien (387/386 v. Chr. Plünderung Roms), nach der Iberischen Halbinsel, wo sich eine Mischkultur mit iberischen Völkern herausbildet (Keltiberer), nach den Britischen Inseln und Irland, nach Mittelitalien (Boier, Insubrer, Senonen), nach Schlesien, Siebenbürgen und weiter südöstlich bis Griechenland (u. a. vor Delphi; 281 v. Chr. Kelten in Makedonien) und Kleinasien (Galater) ein. Nur mit Mühe können diese Kriegszüge abgewehrt werden. Häufig werden keltische Söldner von den antiken Staaten angeworben. Zeugnisse dieser unruhigen Zeit sind in Mitteleuropa große Flachgräberfelder mit Körperbestattungen, die keine größere soziale Differenzierung zeigen.

Im jüngeren Abschnitt der La-Tène-Kultur (2. und 1. Jh. v. Chr.) werden v. a. stadtartige Großsiedlungen (von CAESAR als *oppida* bezeichnet) als politisch-wirtschaftliche Vororte von Stammesverbänden (Stradonice, Závist, Manching, Dünsberg, Titelberg, Bibracte [Mont Beuvray], Alesia) als Befestigungsanlagen (häufig mit *murus gallicus*) mit ihren Handwerksbetrieben für die Eisen-, Glas-, Bronzebearbeitung, Salzgewinnung (Bad Nauheim) und Keramikherstellung sowie als Innovationen mit Einführung von Drehmühlen, eigenständiger (auf antiken Vorbildern beruhender) Geldwirtschaft (Münzprägung) und gelegentlicher Nutzung der griechischen Schrift angelegt. Gräber (jetzt Brandbestattungen) sind archäologisch kaum fassbar. Eine besondere Stellung in der spätkeltischen Gesellschaft, die durch eine männerorientierte Oligarchie von Adelsfamilien geprägt ist, üben als Priester die archäologisch kaum überlieferten Druiden aus. An besonderen Anlagen bestehen sog. Viereckschanzen in profaner und kultischer Funktion (Fellbach-Schmiden) sowie weitere Kultplätze (La Tène, Gournay-sur-Aronde), z. T. mit Schädeldepositionen als Merkmale eines Kopfkultes. Die große Uniformität im Kulturgut (Waffen, Schmuck, Geräte, Werkzeuge) als Ausdruck eines regen kulturellen Austausches erstreckt sich von Frankreich bis Osteuropa (»Oppidazivilisation«). Die keltische Kultur geht westlich des Rheins nach der Eroberung Galliens (58–51 v. Chr.) durch CAESAR in der gallorömischen bzw. provinzialrömischen auf (gallorömische Tradition des Matronenkultes). Keltische Sprache und keltisches Kunstempfinden prägen Irland, Wales und Nordschottland bis weit in das Mittelalter hinein. Östlich des Rheins wird sie durch Germanen (älteste Nennung erst 80 v. Chr. durch POSEIDONIOS von Apameia) abgelöst (nach dem Durchzug der Kimbern und Teutonen v. a. Sweben, Markomannen, Cherusker), besonders nach dem Rückzug der Römer aus diesen Gebieten nach dem gescheiterten VARUS-Feldzug 9 n. Chr. | s. S. 361 |

ALTERTUM

Der Begriff Altertum umfasst die Geschichte im Nahen Osten und im Mittelmeerraum von etwa 3000 v. Chr. bis 600 n. Chr. Am Anfang steht die Entwicklung der Schrift und des Städtewesens im südwestlichen Mesopotamien durch die Sumerer, fortgeführt durch die semitischen Akkader bzw. Assyrer in Ninive und Babylon. Im Niltal bildet sich das Pharaonenreich mit seinen Pyramiden, Tempelanlagen und Hieroglyphen-Inschriften. In der Levante hält sich um 900 kurz das Reich Israel unter SAUL, DAVID und SALOMO, während die Phöniker als bedeutende Seefahrer die Küsten des westlichen Mittelmeeres kolonisieren, namentlich Karthago gründen. Indogermanen aus Osteuropa besetzen im 2. Jt. Anatolien, wo das Hethiterreich entsteht, und Persien, wo sich nach 600 das Achaemenidenreich ausbreitet. Andere Gruppen besiedeln seit dem frühen 2. Jt. Griechenland und bilden nach Kontakten mit der kretischen Palastkultur die mykenischen Königreiche. Nach einer überlieferungsarmen Zeit entsteht im 7. Jh. die griechische Poliswelt. Das Festland, Kreta, die Inseln der Ägäis und die kleinasiatische Westküste werden hellenisiert. Im Zuge der großen griechischen Kolonisation, die insbesondere von Milet ausgeht, säumen Hunderte von Pflanzstädten die Süd- und Nordküste Kleinasiens, des Schwarzen Meeres, Süditaliens, Siziliens und Südfrankreichs. Während in Sparta eine stabile Militäroligarchie unter einem Doppelkönigtum entsteht, kommt es in anderen Städten nach einer Phase von Tyrannenherrschaften zur Demokratisierung. Nach den Perserkriegen 490/480 übernimmt Athen die kulturelle Führung. Hier blüht die Philosophie mit SOKRATES, PLATON und ARISTOTELES, das Theater mit AISCHYLOS, SOPHOKLES und EURIPIDES. Die klassische Periode wird abgelöst durch den Aufstieg Makedoniens und das Alexanderreich, das in den Hellenismus überleitet. Das Griechentum wird »weltläufig«. Die Flächenmonarchien der Antigoniden in Makedonien, der Seleukiden in Syrien und der Ptolemäer in Ägypten bilden die »moderne Zeit des Altertums«. Es kommt zu wegweisenden wissenschaftlichen und technischen Leistungen. Inzwischen hat Rom auf der Grundlage seiner republikanischen Verfassung im 4. Jh. die italische Wehrgemeinschaft gebildet. Im 3. Jh. wird Karthago besiegt und die Vorherrschaft über das westliche Mittelmeer erreicht, die im 2. Jh. über den Osten ausgedehnt wird. Das 1. Jh. bringt, expansionsbedingt, soziale Unruhen und die Krise der römischen Republik. Nach der Annexion Galliens begründet CAESAR die Monarchie, die unter AUGUSTUS im Prinzipat ihre gültige Form gewinnt. Die lateinische Literatur blüht auf durch die Werke von CICERO, SALLUSTIUS und LIVIUS, von VERGIL, HORAZ und OVID. Im 1. und 2. Jh. n. Chr. prosperiert das Imperium unter der Pax Romana. Es erreicht unter TRAJAN und HADRIAN seine größte Ausdehnung. MARK AUREL regiert als stoischer Philosoph. Im 3. Jh. bedrohen die Angriffe der Franken und Alamannen am Rhein, der Goten an der Donau und der Perser unter den Sassaniden im Osten das Reich. Es stabilisiert sich nach der »Reichskrise« noch einmal um 300 durch die Reformen von DIOKLETIAN und KONSTANTIN zu Beginn der Spätantike. Konstantinopel wird zweite Residenz, das Mehrkaisertum die Regel. Die Kaiser übernehmen das Christentum, THEODOSIUS erklärt es zur Staatsreligion. Die Germanisierung des Heeres und der wachsende Druck auf die Grenzen erschüttern das Reich. 376 sprengt die Völkerwanderung die Grenzen. Im 5. Jh. kommen Spannungen zwischen West- und Ostrom hinzu. 476 wird der letzte weströmische Kaiser entthront, während in Konstantinopel sich das byzantinische Reich etabliert. Die Versuche JUSTINIANS, die Reichseinheit zu erneuern, scheitern. Doch das von ihm geschaffene Corpus Iuris wird die Grundlage der europäischen Rechtskultur. Franken, Byzantiner und muslimische Araber beenden die klassische Antike und eröffnen das Mittelalter.

Frühe Hochkulturen: Vorderer Orient, Ägypten, Ägäis

Die Frühen Hochkulturen des Nahen Ostens und des Mittelmeerraums heben sich durch den Gebrauch von Schrift von der Vorgeschichte ab. Ihnen gebührt in der Menschheitsgeschichte besondere Aufmerksamkeit als eigenständigen und langlebigen Formen menschlicher Hochkultur, die der geistesgeschichtlichen Wende der griechischen Antike (Philosophie, Wissenschaft, Demokratie) und – im Wesentlichen – den großen monotheistischen Religionen vorangehen. Auf den von ihnen geschaffenen Grundlagen können Wissenschaft und Künste der griechischen Antike und das religiöse und ethische Weltbild von Judentum und Christentum entstehen, über die sie bis heute nachwirken.

Die Lebens- und Kulturräume des 3. bis 1. Jt.s v. Chr. werden durch die natürlichen Bedingungen vorgegeben. **Ägypten** umfasst das von der Wüste eingeschlossene Niltal mit seinem Delta und umliegenden Oasen; es entspricht im Wesentlichen dem modernen Ägypten. Als **Mesopotamien** im weiteren Sinne bezeichnet man die Gebiete an Euphrat und Tigris, die im Süden von Wüsten, im Norden und Osten von Bergzügen eingeschlossen werden (Gebiet von Irak und einem Teil Syriens, Randgebiete von Westiran und Südosttürkei). Mesopotamien umfasst Babylonien (Sumer und Akkade), Assyrien und Obermesopotamien. **Syrien** bezeichnet als antiker Kulturraum das Gebiet zwischen Euphrat und Mittelmeer südlich der Gebirge Anatoliens (heute westlicher Teil Syriens, Libanon, Südspitze der Türkei); durch die in Nord-Süd-Richtung verlaufenden Gebirge Libanon und Amanus wird ein Küstenstreifen vom Binnenland abgeteilt. **Palästina**, das Gebiet zwischen Jordangraben und Mittelmeer, schließt südlich an Syrien an und bildet die Brücke zu Ägypten (heute Israel, Jordanien, Palästina). Während die Wüsten und Wüstensteppen der arabischen Halbinsel meist nur nomadische Lebensformen erlauben, entwickelt sich im südwestlichen Bergland von **Arabien** eine Hochkultur (heute Jemen, Südwesten Saudi-Arabiens). **Anatolien** (**Kleinasien**) bezeichnet insbesondere das von Gebirgen eingerahmte Anatolische Hochland (heute Türkei). Auch **Iran** (etwa wie heutiger Iran) wird von Gebirgen (Zagros, Elburs) umgeben, deren Ränder und Täler besiedelt werden, während in den zentralen Wüsten höchstens Nomaden leben. Die minoisch-mykenische Kultur der **Ägäis** umfasst Festland-Griechenland mit der Inselwelt der Ägäis (v. a. Kreta) und reicht an die östlichen Küsten (heute Griechenland mit Zypern und Westküste der Türkei) heran.

Geschichte im engeren Sinne ist an das Auftreten der **Schrift** gebunden und erst das Vorliegen von Schriftzeugnissen erlaubt eine historische Beschreibung der Frühen Hochkulturen. Vor der Wiederentdeckung in der Neuzeit sind Ägypten und Mesopotamien allein durch Hinweise in der Bibel (Altes Testament) und bei einigen antiken Schriftstellern bekannt (z. B. HERODOT, STRABON), die minoisch-mykenische Welt durch Anklänge bei HOMER u. a. griechischen Quellen. Die Erforschung der Frühen Hochkulturen Ägyptens, des Vorderen Orients und der Ägäis beginnt, als durch Forschungsreisen und Ausgrabungen genuine Schriftzeugnisse bekannt werden und deren **Entzifferung** gelingt (Hieroglyphen durch JEAN-FRANÇOIS CHAMPOLLION 1822–24, altpersische Keilschrift durch GEORG FRIEDRICH GROTEFEND 1802, babylonische Keilschrift durch verschiedene Gelehrte bis 1857, Linear B durch MICHAEL VENTRIS und JOHN CHADWICK 1952). Durch die archäologische Forschung und durch Raubgrabungen (seit den 1990er-Jahren vermehrt im Irak) steigt die Zahl von Schriftdokumenten nach wie vor stark an. Von dieser sich ständig ändernden Quellenlage ist auch die Rekonstruktion der Geschichte der Frühen Hochkulturen betroffen.

Die **Schrifterfindung** erfolgt um die Mitte des 4. Jt.s in Mesopotamien (Uruk IV) und Ägypten (Abydos), wohl in dieser Abfolge. Die **ägyptischen Hieroglyphen** und die davon abgeleiteten Kursivschriften Hieratisch und schließlich Demotisch (ab dem 7. Jh. v. Chr.) bleiben auf Ägypten beschränkt und sind dort bis in nachchristliche Zeit in Gebrauch (Hieroglyphen bis 394, demotisch bis ins 5. Jh. n. Chr.). Die Quellenlage ist hervorragend, sind doch außer den Hieroglypheninschriften auf Stein aufgrund der großen Trockenheit Ägyptens sogar beschriftete Holzobjekte und Papyri mit hieratischen und demotischen Texten erhalten.

Die **mesopotamische Keilschrift** wird für andere Sprachen adaptiert und weit verbreitet, sodass mehrere vorderasiatische Regionen ins Licht der Geschichte treten: Obermesopotamien und die binnenländischen Teile Syriens übernehmen die Keilschrift schon im 3. Jt., in Kleinasien und in den Küstenregionen Syriens und Palästinas liegen die Anfänge im frühen 2. Jt. Nach der Katastrophe um 1200 wird die Keilschrift in Kleinasien nur im Reich Urartu (9.–7. Jh. v. Chr.) verwendet, in Iran bis ins 5. Jh., in Assyrien bis um 600, in Babylonien bis ins 1. Jh. n. Chr. Da Keilschrift primär auf das praktisch unvergängliche Material Ton geschrieben wird (Tontafeln), sind Quellen aller Art, von Inschriften und Literatur zu Privatbriefen und Urkunden, in sehr großem Umfang überliefert, sodass der keilschriftliche Alte Orient zu den am besten dokumentierten Perioden des gesamten Altertums gehört. Die Keilschrift wird im 1. Jt. vom Aramäischen verdrängt.

In der Ägäis wird ein eigenes Schriftsystem gebraucht: das bisher noch nicht entschlüsselte **Linear A** der minoischen Kultur auf Kreta (ca. 1625–1450), das auf ältere Vorläufer zurückgreift, und das daraus entwickelte **Linear B** (ca. 1420–1180) für das Mykenische, den ältesten griechischen Dialekt. Es handelt sich ausschließlich um knappe Verwaltungstexte.

Im Vorderen Orient treten neben der Keilschrift und den ägyptischen Hieroglyphen weitere Schriften auf. Für das Altpersische der Achämeniden (520–330) wird eine Form der Keilschrift gefunden, in Kleinasien und Nordsyrien eine Hieroglyphenschrift für das dort gebrauchte Luwische. **Buchstabenschriften** (**Alphabete**) entstehen in Syrien-Palästina ab dem 2. Jt., darunter eine Adaption der

Keilschrift für das Ugaritische (14.–13. Jh. v. Chr.). Aus diesen Vorbildern gehen das phönizische Alphabet (mit seinen Nachfolgern wie aramäisch, hebräisch, griechisch) und das altsüdarabische Alphabet hervor. Da Aramäisch, die wichtigste Sprache des Vorderen Orients im 1. Jh. v. Chr., vornehmlich auf vergänglichem Material geschrieben wird, das sich außerhalb Ägyptens kaum erhalten hat, ergänzen nur die selteneren (Stein)-Inschriften als Quellen die keilschriftliche und ägyptische Dokumentation, ebenso die tradierten Texte der Bibel und die antiker Autoren.

Der zeitliche Rahmen der hier behandelten frühen Hochkulturen beginnt mit der Überlieferung von Schrift und ist daher in den Räumen des Vorderen Orients unterschiedlich zwischen dem späten 4. und dem 2. Jt. anzusetzen. Das Ende wird durch den Eintritt in die klassisch-antike Welt bestimmt. Die griechische Geschichte behandelt die Ägäis mit den angrenzenden Gebieten Kleinasiens im 1. Jt. Das Ende der frühen Hochkulturen in Mesopotamien, Syrien-Palästina und Ägypten kann unterschiedlich festgelegt werden. Die politische Selbstständigkeit endet weitgehend mit der Eingliederung in das persische Reich der Achaimeniden durch Kyros (539 Mesopotamien, 525 Ägypten). Mit der Eroberung dieses Reichs durch Alexander den Grossen (336–323) tritt erstmals ein Eroberer aus Europa auf. Für die politische Geschichte von Alexander und dem Hellenismus (336–63) liegen v. a. griechische Quellen vor, weshalb sie Teil der traditionellen griechischen Alten Geschichte sind.

Mit der politischen Abhängigkeit verändern sich in der Perserzeit und besonders im Hellenismus auch die Kulturen des Vorderen Orients (Aramäisch als Reichssprache, aramäische Schrift, Entstehen neuer Religionen, neue Kunstformen). In Mesopotamien überlebt die altorientalische Tradition (Keilschrift, altmesopotamische Götterwelt) an wenigen Orten bis ins 1. Jh. n. Chr., während in Ägypten Schrift und Religion erst durch das Christentum im 4./5. Jh. n. Chr. verdrängt werden.

Ägypten

Altägypten umfasst das etwa 1000 km lange und bis maximal 2 km breite, in das nordafrikanische Wüstenplateau eingeschnittene, untere Niltal vom ersten Katarakt bei Assuan bis zur Region des heutigen Kairo, dazu das von den Verzweigungen des Stromes gebildete Delta im Norden. Äußerst regenarm, hängt seine große Fruchtbarkeit nur vom Nil ab, dessen Hochwasser jedes Jahr von Juni bis Oktober das Land bewässert und fruchtbaren Schlamm aus Zentralafrika auf ihm absetzt. Das Delta wird vor 5000 Jahren nur in den Randgebieten besiedelt. Das lange, schmale Tal begünstigt den Partikularismus einzelner Regionen; die volle Ausnutzung des Nils jedoch und die Regelung der künstlichen Bewässerung fordern straffe Zusammenfassung des Landes und das Siedeln in geschlossenen Dörfern inmitten des dazugehörigen Ackerlandes. Breite Wüstengürtel mit wenigen Oasen schließen das Land gegen Westen und Osten, eine hafenarme Küste gegen Norden weithin ab; nur im Süden, gegen Nubien, ist die Grenze offen und dadurch wechselnd. Trotz einer distinkten eigenen kulturellen Entwicklung war Ägypten in ein weites, seit frühester Zeit intensiv genutztes Netz von Beziehungen mit Nordafrika, Vorderasien und der Ägäis eingebunden.

Ägypten ist reich an wertvollen Gesteinen, dem Rohstoff für Großbauten und die einzigartigen Plastiken. Dagegen fehlt es an gutem Bauholz, und auch die meisten Metalle müssen durch Expeditionen oder Handel beschafft werden (Gold v. a. aus Nubien, Kupfer aus dem Sinai und der Ostwüste). Materielle Grundlage der stetig wachsenden Bevölkerung bleibt die Landwirtschaft.

Neolithikum und Chalkolithikum

In Ägypten beginnt das **Neolithikum** (um 5500 v. Chr.), in dem die Grundlagen der späteren Hochkultur gelegt werden und erste Anfänge des Götter- und Jenseitsglaubens hervortreten; sie geht um 4500 v. Chr. in das **Chalkolithikum** (Kupferzeit) über.

Die kulturelle Entwicklung verläuft in Ober- und Unterägypten zunächst getrennt; Unterschiede lassen sich nicht durch einen einfachen Gegensatz Nomaden-Bauern erklären, denn die soziale Struktur der Bevölkerung ist bereits im Neolithikum weitaus differenzierter.

Die ersten bedeutenden Kulturen in **Unterägypten** sind die von Merimde (am Westrand des Deltas) und Faijum. Die Menschen leben hier in Dörfern aus runden oder ovalen Schilf- und Strohhütten, die oft zur Hälfte in den Boden eingegraben sind. Die Toten werden in den Dörfern beigesetzt, bleiben daher bei den Lebenden und sind von Grabbeigaben unabhängig. Als Haustiere werden Rinder, Schweine, Schafe und Ziegen gezüchtet, auch der Hund ist domestiziert. Gerste und Emmer werden angebaut, doch bleiben auch Jagd und Fischfang für die Ernährung von großer Bedeutung. Gewebte Gewänder lösen die Fellbekleidung ab. Jüngere Phasen dieser Kulturen sind in El-Omari bei Helwan und Buto-Maadi bei Kairo bezeugt. In **Oberägypten** zeigt der Fundplatz von Deir Tasa (Mostagedda) bei Assiut Friedhofbestattung mit in Fellen oder Matten eingehüllten Leichen in Hockerstellung, dazu Beigaben (u. a. Schminkpaletten).

Die vordynastische Zeit

Das 4. Jt. v. Chr. ist in Ägypten eine Zeit des Umbruchs von lokalen prähistorischen Kulturen zu ersten Formen von Staatlichkeit. Kennzeichen sind eine zunehmende Komplexität und Neuerungen nicht zuletzt im technologischen Bereich (Massenkeramik, Steinindustrie, metallurgische Fortschritte, Architektur). Ein Anstieg der Bevölkerung, die Ausbildung einer sozialen Stratifikation und die Konzentration wirtschaftlicher Mittel führen zur Entstehung städtischer Strukturen als administrative und wirtschaftliche Drehpunkte. Aus den steigenden Bedürfnissen der Wirtschaft ergibt sich spätestens um 3200 v. Chr. in Ägypten (Naqada-[Negade-]III-Zeit) der Anstoß zur Schaffung eines Schriftsystems und zur Verwendung des Rollsiegels. Die deutlichen Einflüsse Südmesopotamiens auf Ägypten in dieser Zeit (sog. Nischenarchitektur, Rollsiegel, Dekorationsmotive, Gefolgschaftsbestattungen, archäologische Befunde wie Importkeramik) und der Umstand, dass sich bisher nur das mesopotamische Schriftsystem (Keilschrift) aus Vorformen ableiten lässt, könnten auf eine Übernahme der Idee Schrift aus Sumer oder Elam nach Ägypten hinweisen. Tempelanlagen (Hierakonpolis, Tell Ibrahim Awad) sowie das v. a. in Ägypten deutliche Profil eines frühen Königtums (frühe Königsgräber mit Sekundäranlagen u. a. in Abydos) verdeutlichen die Existenz ausgeprägter staatlicher und religiöser Institutionen.

In Oberägypten folgen auf die Kultur von Badari (Friedhof El-Badari, Mittelägypten; dünnwandige, geriefelte Keramik mit schwarzer Randzone, Rechteckpaletten, qualitätvolle Elfenbeinschnitzereien: Löffel, Kämme, Armringe, Menschenfiguren, Steinfiguren und -perlen, Kupferschmuckstücke; Bestattung der Toten außerhalb der Siedlung) die verschiedenen Stufen der Naqada-Kultur (I-III) (Friedhof Naqada in Oberägypten). Insgesamt sind aus den Naqada-Kulturen bisher über 15 000 Gräber an 50 Plätzen nachgewiesen, Siedlungsreste aber erst in geringer Zahl freigelegt.

Die Keramik seit Naqada I umfasst auch neue Gattungen (eine weiß-auf-rot gemalte Ware, v. a. mit geometrischen Mustern, daneben aber auch Tieren, Menschen und szenischen Darstellungen). Abweichend von den Badari-Formen sind die jetzt typischen rautenförmigen Schminkpaletten, Steingefäße, Keulenköpfe, Elfenbeingefäße und -kämme, Perlen und große, überaus fein retuschierte Feuersteinmesser. Die Naqada-II- oder Girsa-Kultur breitet sich seit etwa 3500 v. Chr. über das ganze Land aus. In der Keramik treten neben sog. Wellenhenkelgefäßen, die auch in Palästina bezeugt sind, rotbraun bemalte Gefäße mit reichem Bildschmuck hervor (Schiffe, Standarten, Tiere, tanzende Frauen, offenbar Szenen aus der Bestattung des Toten). Auf Gräber und Beigaben wird größere Sorgfalt verwendet; die Steingefäße erreichen hohe Vollendung, wobei auch Hartgesteine wie Diorit und Granit verwendet werden. Die neue Technik der ägyptischen Fayence wird für kleine Gefäße, Schmuck und Amulette angewandt. Typologische Weiterentwicklungen wie Keulenknäufe und Schminkpaletten sind im Relief dekoriert.

Kupfer ist häufiger belegt als zuvor. Bedeutend ist die in die Zeit vor der 1. Dynastie (Könige der »Dynastie 0«) gehörende Königsnekropole von Abydos, deren größtes Grab (U-j) die ersten Zeugnisse ägyptischer Schrift überliefert (um 3250 v. Chr., **Naqada IIIa**) und ein ägyptisch beeinflusster Herrscherfriedhof im nubischen Qustul. Ägypten erscheint schon um 3200 v. Chr. als kulturelle Einheit, der auch eine politische gefolgt sein dürfte. Indizien für eine frühe Staatlichkeit und soziale Stratifikation stammen auch aus den Deltakulturen von **Buto-Maadi** und **Merimde** (3300–2900).

Religion und Kultur der Frühzeit

In der Religion der Frühzeit werden Götter in Gestalt von Tieren und von Dingen (Fetisch) verehrt. Besonders treten Falke (später der Gott Horus), Löwe, Stier und Kuh hervor, auch Tierbestattungen bezeugen die Verehrung heiliger Tiere; menschengestaltige Gottheiten fehlen noch. Vorstellungen über das Fortleben im Jenseits sind bereits reich entwickelt, wie die große Sorgfalt für Gräber und Beigaben zeigt.

Die altägyptische Sprache bildet einen besonderen Zweig der hamito-semitischen Sprachgruppe. Sie wird mit den seit ca. 3300 v. Chr. bezeugten **Hieroglyphen** geschrieben, in der Wort-, Silben- und Konsonantenzeichen nebeneinander benutzt, aber keine Vokale geschrieben werden. Neben dieser Monumentalschrift steht von Anfang an eine verkürzte Buchschrift (Hieratisch, ab dem 7. Jh. v. Chr. das noch kursivere Demotisch). Die Entzifferung gelingt nach vielen vergeblichen Versuchen 1822 dem Franzosen Jean François Champollion mithilfe des dreisprachigen (griechisch-hieroglyphisch-demotischen) **Steins von Rosette**, der während der ägyptischen Expedition Napoleons 1799 gefunden wird (jetzt im Britischen Museum, London).

Der ägyptische Kalender

Der **ägyptische Kalender** beruht seit Beginn der geschichtlichen Zeit auf einem Sonnenjahr zu 365 Tagen (12×30+5 Tage). Da es keine Schaltjahre gibt, verschiebt sich das ägyptische Jahr gegenüber dem julianischen alle vier Jahre um einen Tag. Der Neujahrstag fällt theoretisch mit dem Beginn der Nilüberschwemmung (Mitte Juli) und dem Frühaufgang des Sirius (ägyptisch Sothis) zusammen; Datierungen des Frühaufgangs nach dem ägyptischen Kalenderjahr (»Sothisdaten«) lassen daher den Grad der Verschiebung gegenüber dem julianischen Jahr erkennen; die Verwendbarkeit der Daten für chronologische Zwecke ist aber zweifelhaft. Daneben wird im Kult und für Feste immer wieder auch ein Mondkalender verwendet, doch sind auch Monddaten nur schwer chronologisch zu verwerten. Eine fortlaufende Jahreszählung (Ära) gibt es in Ägypten nicht, man datiert im Alten Reich nach Steuererhebungen (meist alle zwei Jahre), dann nach Regierungsjahren der Könige. Die in Königslisten und durch zahllose Denkmäler erhaltenen Daten zu Regierungslängen erlauben aber die Festlegung einer bis auf +/– 50 Jahre genauen Chronologie bis zum Beginn des Neuen Reiches (1530 v. Chr.). Die früheren Epochen (Mittleres Reich, Altes Reich) sind in sich weitgehend geklärt; ihre absolute Datierung ist aber mit etwas größerer Unsicherheit behaftet als die Zeit bis zum Beginn des Neuen Reiches.

Die Frühzeit

Den ägyptischen Zentralstaat des 3. Jt.s zeichnet bis zu seinem Zerfall in der Ersten Zwischenzeit eine bemerkenswerte Konstanz aus, die in der Ideologie des Staates, der inneren administrativen und wirtschaftlichen Konsolidierung und der außenpolitischen Sicherheit begründet ist. Im Zentrum des Weltbildes steht der König als Garant der Maat, d. h. der sinnhaften Ordnung des Kosmos. Das **Königtum** erscheint in der Frühzeit (1.–2. Dynastie, ca. 3000–2700 v. Chr.) mit etablierter Ideologie (Identifizierung des göttlichen Königs mit dem Himmelsgott Horus; Ikonografie und Symbolik auf Paletten, Keulenköpfen, Siegeln).

Die Königsgräber entwickeln sich von den Anlagen der 1. Dynastie in Abydos (unterirdische Bestattungsräume, erstmalig Oberbauten aus Lehmziegeln; z. T. im Tal liegende Sekundärbezirke; Kenotaphe in Sakkara) über die Grabbezirke der 2. Dynastie in Sakkara (z. T. Verwendung von Stein) zur **Stufenpyramide des Djoser** in Sakkara zu Beginn der 3. Dynastie, dem ersten monumentalen Steinbau der Weltgeschichte (2660 v. Chr.) mit großem Grabbezirk (545×277 m). In dieser neuen Architekturform kommt eine abermalige Steigerung des Königtums (in seinem mythisch-kultischen und innerweltlich-machtpolitischen Aspekt) zum Ausdruck. Den Höhepunkt der Pyramide als königlicher Grabform stellen in der 4. Dynastie die Pyramiden des Snofru in Meidum und Dahschur dar und diejenigen des Cheops und Chephren auf dem Plateau von Giseh (Giza). Dabei wird erstmals die Form der geradseitigen, **»reinen« Pyramide** verwirklicht mit dem für die Folgezeit verbindlichen System von Kultanlagen (Totentempel, Taltempel, die Tempel verbindender Aufgang; reiches Relief- und Statuenprogramm). Die Königsgräber sind umgeben von regelmäßig angelegten Friedhöfen (mit aus Lehmziegeln oder Steinen erbauten Mastabas) der Beamten. Zunehmender Reichtum charakterisiert auch die Grabausstattung (Tausende von Stein- und Tongefäße, Gerät und Beschläge aus Kupfer; Elfenbeinschnitzereien, Möbel, Brettspiele, Schmuck, Waffen), zu der nun auch Statuen und Reliefs (erstmalig Grabstelen als Stätten des Totenkultes) treten. In der Frühzeit werden zunehmend anthropomorphe und tiergestaltige **Götterbilder** geschaffen, die kennzeichnend für die ägyptische Religion bleiben.

Im Laufe der ersten Dynastien wird der Übergang zu einer zentralen Wirtschaft am Königshof (auf Kosten der bisher monopolistischen Handelsstädte) und die Verlagerung des politischen Mittelpunktes des Landes in den Raum von Memphis vollzogen. Dass Ägypten vorher unzureichend konsolidiert ist, zeigen innenpolitische Auseinandersetzungen am Ende der 1. Dynastie, anhaltende Konflikte mit der Bevölkerung Unterägyptens und eine Teilung des Staates in der Mitte der 2. Dynastie unter Peribsen (um 2750 v. Chr.). Die alle zwei Jahre stattfindende Besteuerung des Landes durch den König ersetzt schon früh eponyme Ereignisse als Grundlage einer Jahreszählung.

ca. 3000–2900 v. Chr. Die erste Vereinigung der »Beiden Länder« von Ober- und Unterägypten ist ein Prozess, der sich über mehrere Generationen hinzieht. Die frühen Schriftdenkmäler dieser Zeit nennen die Namen von oberägyptischen Königen (»Skorpion«, Narmer, Aha), die eine spätere Überlieferung (seit etwa 1500 v. Chr.) in der legendären Gestalt des Reichseinigers **Menes** zusammenfasst.

ca. 2950–2700 v. Chr. Auf den hellenistisch gebildeten Priester Manetho (um 250 v. Chr.) geht die Einteilung der ägyptischen Könige in 30 »Dynastien« und die Bezeichnung der Herrscher der **1. und 2. Dynastie** (Frühzeit) als »Thiniten« zurück, wegen ihrer Herkunft aus dem »Gau« von Thinis in Oberägypten. Dort, bei Abydos, liegen die Königsgräber der 1. Dynastie, seit Aha weitere Grabanlagen in Sakkara, dem Friedhof von Memphis (bei Kairo), das allmählich zur bevorzugten Königsresidenz wird. Auf den »Annalentäfelchen« begegnet seit König Aha (um 2950) die offizielle Kennzeichnung der Jahre durch besondere Ereignisse, die Bauten, kultische Funktionen, aber auch Kämpfe mit den Nachbarn im Norden (Sinai und Westdelta) und Süden (Nubien) betreffen. Die Schrift wird zunächst nur für kurze Beischriften verwendet, die zusätzliche Informationen zur bildlichen Darstellung geben und zugleich als Mittel dienen, Ereignisse in Raum und Zeit festzulegen. Die reich verzierten Prunkschminktafeln verschwinden nach der Reichseinigung, während die Blüte der formenreichen Steingefäße weiterdauert; daneben finden sich Grabstelen der Könige und Steinplastiken von Königen, Beamten und Tieren. Die Bauten werden noch nicht aus Stein, sondern aus Nilschlammziegeln ausgeführt.

um 2750 v. Chr. **König Peribsen** ersetzt den Königsgott Horus vorübergehend durch Seth. Die religiösen und politischen Auseinandersetzungen beendet Chasechemui um 2700 v. Chr.; in Zukunft gilt der König als Verkörperung von Horus und Seth in einer Person. Nach der »Vermenschlichung der Mächte« werden die ersten Götter in Menschen- oder Mischgestalt (Tierkopf und Menschenleib) dargestellt.
Ägyptische Handelsbeziehungen sind jetzt bis nach Byblos im Libanon bezeugt.

Altes Reich (2700–2160 v. Chr.) und Erste Zwischenzeit

Seit der 3. Dynastie (2700–2630 v. Chr.) entsteht eine eigene Landesverwaltung und eine wirtschaftliche Neuordnung. Diese Neuordnung zeigt sich in der konsequenten Binnenkolonisation v. a. des ägyptischen Deltas (u. a. unter Snofru, 2630–2580), in der Neugründung von Landgütern für die Lebensmittelversorgung, der Ausformung neuer Siedlungsarten (Heiligtümer mit angegliederten Orten, Priester- und Arbeiterstädte) und der Zuweisung von Gütern als Verdienst an Beamte, die schon in der Frühzeit große Nekropolen (etwa Sakkara, Abu Rawasch, Heluan) besitzen. Als übergeordneter Rahmen wird die in der 3. Dynastie eingeführte Territorialorganisation in Form von Gauen (38, später 42) grundlegend. Besonderes Kennzeichen des ägyptischen Zentralstaates des Alten Reiches ist das Fehlen einer einheitlichen Hauptstadt. Die Lage der königlichen Grabbezirke und der in ihrer Nähe angelegten Residenzen wechselt aus administrativen und religiösen Gründen häufig. Zahlreiche kleine Pyramiden der ausgehenden 3. Dynastie sind vielleicht als Symbole königlicher Präsenz zu deuten oder mit dezentralen Wirtschaftsanlagen zu verbinden. Die Stelle des obersten Ministers (Wesir) wird zunächst nur mit Prinzen besetzt; der Wesir ist zugleich oberste Instanz für die Rechtsprechung. Ein eigener Priesterstand existiert noch nicht, und die Verwaltung der Provinz erfolgt nicht durch Gaufürsten, sondern durch die Leiter der königlichen Domänen, in denen die Steuerabgaben (Korn und Vieh, keine Geldwirtschaft) gestapelt werden. Sklaverei ist nicht belegt; die gewaltigen Bauleistungen, dazu Expeditionen und Kriegszüge werden durch Dienstverpflichtung eines Teiles der Bevölkerung ermöglicht.

Außenpolitisch sind während der 1.–4. Dynastie Razzien und Expeditionen auf den Sinai und nach Palästina, Nubien und bis weit in die westliche Wüste bezeugt; außerdem diplomatische Kontakte mit dem nordsyrischen Raum (Ebla).

Die Spätphase des Alten Reiches (5. und 6. Dynastie) sowie die Erste Zwischenzeit (8.–11. Dynastie) in der zweiten Hälfte des 3. Jt.s. ist von wichtigen Veränderungen geprägt. Seit dem Ende der 4. Dynastie ändert sich das Verständnis des Königtums, nachdem der Sonnengott Re theologisch in den Vordergrund tritt (der Gott ist von nun an regulärer Bestandteil der Thronnamen des Königs). Der König wird nun nur noch als Sohn des Sonnengottes Re betrachtet; die königlichen Grabanlagen neu konzipiert. Die Größe der Pyramiden in Sakkara und Abusir wird zugunsten von Kultanlagen reduziert. Für die **5. Dynastie** (2460–2310 v. Chr.) spezifisch sind die sog. **Sonnenheiligtümer**, die – herausragend in den Reliefs der Weltenkammer des Sonnenheiligtums von NIUSERRE (um 2400) – die Schöpfung des Sonnengottes Re betonen. Während der 5. Dynastie wird außerdem die Landesverwaltung tief greifend umstrukturiert und erweitert. Im Gegensatz zur bisherigen Praxis wird diese nicht mehr von Mitgliedern der Königsfamilie wahrgenommen, sondern von Privatpersonen. Ursache für diese Änderung ist sicher die wesentliche Erweiterung und Differenzierung der Administration. Das unter SNOFRU zuerst belegte höchste Verwaltungsamt des Wesirs wird nun doppelt für beide Landeshälften geführt, in denen eine Provinzialverwaltung entsteht.

In der **6. Dynastie** (2318–2188 v. Chr.) etabliert sich Memphis als erste Landeshauptstadt (königliche Nekropole in Sakkara; bedeutende Stellung der Königinnen). Die Möglichkeit zu beruflicher Profilierung in der staatlichen Administration schafft ein Beamtentum, dessen Grabanlagen die Bedeutung des hier im Jenseits residierenden Patrons unterstreichen und neben der präzisen Wiedergabe von Natur und Alltag die ersten Darstellungen historischer Ereignisse bieten. Der besseren Kontrolle und wirtschaftlichen Ausschöpfung des Landes dient eine Reduzierung der Zentralverwaltung und Auslagerung administrativer Ausgaben in die Provinz. Als bedeutende Lokalherren treten die durch neue Ausgrabungen bekannt gewordenen Gouverneure der Oase Charga sowie im Niltal die Gaufürsten von Hermopolis, Edfu und Elephantine hervor.

Zahlreiche Tempel mit ihren Priesterschaften werden durch Dekrete von Leistungen befreit. Mit der Demokratisierung der Landesverwaltung und der Entstehung eines Beamtentums geht der **Aufstieg des Jenseitsgottes Osiris** einher, der zuerst Ende der 5. Dynastie in Erscheinung tritt, und erste Ansätze zur Entstehung der ägyptischen Literatur (autobiografische Texte). Als ältestes religiöses Textkorpus der Menschheit werden – zuerst in der Pyramide des UNAS (um 2330) – Teile der königlichen Totenliteratur schriftlich niedergelegt (**Pyramidentexte**). Die strenge Ausrichtung der Pyramiden und ihrer Eingänge nach Norden weisen auf die Vorstellung eines Jenseits am Himmel, unter den »niemals untergehenden« Sternen in der Nähe des Himmelspols hin; zur Bewahrung des Körpers wird die Technik der Mumifizierung ausgebildet.

Nicht zu trennen von der inneren Konsolidierung des Staates ist die äußere, die über die Sicherung der Grenzen die Versorgung der Wirtschaft mit Handelsgütern und Rohstoffen sicherstellt. Als außenpolitische Brennpunkte erscheinen v. a. Syrien-Palästina (Handelsexpeditionen, Razzien nach Palästina) und Nubien, das in der 6. Dynastie Ägypten tributpflichtig ist. Hinzu kommen unter der 5. Dynastie neben Expeditionen in das Weihrauchland Punt (an der Rotmeer-Küste des heutigen Sudan und im Inland). Seit Ende der 5. Dynastie etabliert sich in Unternubien die sog. C-Gruppe, während im Sudan die mittlere Kerma-Kultur vorherrscht. Libysche Kontingente dienen in der 6. Dynastie neben Nubiern in der ägyptischen Armee, die kein stehendes Heer hat, sondern nach Bedarf rekrutiert wird.

Nach der 6. Dynastie bricht der Staat des Alten Reiches zusammen; Land und Kompetenzen werden von regionalen Fürstentümern übernommen. Zu inneren dürften äußere Ursachen hinzugetreten sein, nicht zuletzt der klimatische Wandel: seit dem Ende des Alten Reiches herrscht in Ägypten hyperarides (übertrockenes) Klima; die textlich und bildlich erwähnten Hungersnöte könnten eine direkte Folge davon sein.

Zwei Machtzentren sind in dieser Zeit bestimmend, in Mittelägypten Herakleopolis (9./10. Dynastie), in Oberägypten Theben (11. Dynastie). Aus der Gegend von Herakleopolis ist eine große Nekropole bekannt (Gebel Sedment), deren Grabformen und Grabausstattung in der Kontinuität des Alten Reiches stehen. Neu sind Holzfiguren und -modelle von Szenen des täglichen Lebens. In Mittel- und Oberägypten sind die Gräber weiterer Provinzfürsten bekannt (Beni Hasan, Deir el-Gebrawi; Anchtifi von Moalla). Die Fürsten des erst jetzt an Bedeutung gewinnenden oberägyptischen Theben namens ANTEF legen sich als Zeichen ihres Machtanspruchs große Gräber eines neuen Typs an.

Außenpolitische Aktivitäten dieser Fürstentümer treten gegenüber der Versorgung ihrer Gebiete und der innenpolitischen Konfrontation zurück. Das nördliche Fürstentum von Herakleopolis kann offenbar einen Einfall von Stämmen des Sinai/Südpalästinas auf unterägyptisches Gebiet abwehren. Nubische Hilfskontingente stehen im Dienst der thebanischen Armee, sind aber auch für das (mit Herakleopolis verbündete) Fürstentum von Assiut belegt. Grenzkämpfe zwischen beiden Machtbereichen unter ANTEF II. drehen sich um das alte religiöse Zentrum Abydos, dessen Besitz vielleicht auch den Anstoß zur **Eroberung Gesamtägyptens** durch MENTUHOTEP II. (2008–1957) bietet, die um 1970 v. Chr. abgeschlossen ist. Damit wird Theben Reichshauptstadt wo sich MENTUHOTEP im Talkessel von Deir el-Bahari ein monumentales Grabmal errichtet.

Trotz der innenpolitischen Konflikte bedeutet die Erste Zwischenzeit einen wichtigen Umbruch im Bereich der Religion (Ausbreitung des Osirisglaubens, »Demokratisierung« der Hoffnung auf ein Leben im Jenseits, das jetzt als eigentliches Land konzeptualisiert wird) und den eigentlichen Beginn ägyptischer Literatur (Lebenslehren, politische Schriften).

um 2700–2630 v. Chr. Mit der **3. Dynastie**, von NEBKA und DJOSER begründet, beginnt das Alte Reich (3.–6. Dynastie) oder die **Pyramidenzeit**. König DJOSER und sein Bauleiter IMHOTEP gestalten erstmals das Königsgrab als Pyramide (Stufenpyramide von Sakkara) und gehen damit zum monumentalen Steinbau über; gleichzeitig entstehen die erste lebensgroße Steinplastik (Djoser-Statue) und die ersten längeren Inschriften (Beamtenbiografien, Kapelle des DJOSER). Sinai und Unternubien werden regelmäßig von Expeditionen durchzogen, um Gold, Kupfer, Türkis u. a. wertvolle Steine zu holen. Die Nachfolger des DJOSER errichten weitere, unfertige Stufenpyramiden.

um 2630–2500 v. Chr. Die Könige der **4. Dynastie** gestalten die Form der Stufenpyramide zur »echten« Pyramide um. SNOFRU errichtet die beiden Steinpyramiden von Dahschur; CHEOPS (CHUFU), CHEPHREN (CHAFRE) und MYKERINOS (MENKEWRE) die Pyramiden von Giseh bei Kairo; mit 147 m Höhe und etwa 2,6 Mio. m^3 Mauerwerk ist die **Cheops-Pyramide** (Bauleitung: Prinz HEMIUN) das größte Bauwerk des Altertums. CHEPHREN lässt neben dem Aufweg zu seiner Pyramide die monumentale **Sphinx** von Giseh errichten. Zu den Pyramidenanlagen gehören weiterhin ein Tal- und ein Totentempel für den Kult, Totenschiffe und Nebenpyramiden für Königinnen; um sie herum liegen die Gräber der hohen Beamten in Form der Mastaba (»Steinbank«). Die 4. Dynastie unterhält Beziehungen bis Nordsyrien und schickt Expeditionen weit in die ägyptische Westwüste.

um 2460–2310 v. Chr. Die **5. Dynastie** errichtet bescheidenere Pyramidenanlagen, daneben aber zu Ehren des Re große Sonnenheiligtümer mit einem aufgemauerten Obelisk. Die Kulträume der königlichen wie der Beamtengräber (z. B. TI, PTAHHOTEP) sind reicher als bisher gegliedert und ausgestattet (bemaltes Relief, Szenen aus Landwirtschaft, Jagd und Handwerk). Außenpolitisch greift Ägypten weiter aus: erste gesicherte Fahrten über das Rote Meer nach Punt, Beziehungen bis Anatolien und Ägäis. In der Religion tritt Osiris hervor, der Herrscher eines unterweltlichen Totenreiches wird; mit ihm verbunden wird die Idee eines jenseitigen Gerichts über alle Toten.

um 2340–2310 v. Chr. Seit König UNAS werden die Innenräume der Pyramiden beschriftet. Die Pyramidentexte als ältestes Corpus religiöser Sprüche, beschreiben den Aufstieg des Königs zu den Göttern und seinen Schutz gegen Gefahren und Entbehrungen des Jenseits.

um 2310–2130 Mit der **6. Dynastie** endet die Blütezeit des Alten Reiches. Es kommt zu zunehmenden politischen und sozialen Unruhe sowie Kämpfen in Nubien, Palästina und Sinai. Im Inneren erstarken die lokalen Machthaber (Gaufürsten) und es setzt außerhalb der Residenz eine rege Bautätigkeit ein. Die wachsenden Aufgaben der Verwaltung übersteigen die Möglichkeiten des bisherigen patriarchalischen Systems, Steuerbefreiungen bürden dem königlichen Schatzhaus zu große Lasten auf, und eine neue Trockenperiode verstärkt die wirtschaftlichen Probleme. Nach der extrem langen Regierung von PEPIS II. (um 2245–2180) und einer raschen Folge ephemerer Herrscher verliert das göttliche Königtum seine bisherige Autorität; der Staat bricht auseinander.

um 2130–nach 2008 v. Chr. **Erste Zwischenzeit**, in der einzelne Regionen hervortreten und sich die ägyptische Literatur herausbildet (»Klagen des beredten Bauern«, »Gespräch eines Lebensmüden mit seiner Seele«, »Mahnworte des Ipuwer«, Lehre für MERIKARE). Gleichzeitig entstehen die ältesten erhaltenen Weisheitslehren (v. a. PTAHHOTEP) zur Erziehung der Beamten. Dagegen sinkt die bildende Kunst auf provinzielles Niveau herab, es fehlen die zentralen königlichen Werkstätten, denn das Land ist in zwei Teilreiche gespalten: die 9./10. Dynastie von Herakleopolis (bei Beni Suef) im Norden, die 11. Dynastie von Theben (heute Luxor) im Süden, dazu weitere selbstständige Gaufürsten. Bisherige königliche Vorrechte werden von den Gaufürsten und ihren Beamten übernommen, aus königlichen Pyramidentexten werden die für jeden Verstorbenen bestimmten Sargtexte.

Mittleres Reich (2008 – um 1650 v. Chr.)

Das Mittlere Reich (12. und 13. Dynastie), bildet für über 350 Jahre einen zentral regierten Territorialstaat, der über sein eigenes Gebiet hinaus ein nubisches Kolonialreich errichtet und bis nach Syrien und Zypern reicht. In vielfacher Hinsicht – literarischer, künstlerischer, sprachlicher (Sprachstufe des klassischen Mittelägyptisch) – ist es ein Höhepunkt und entscheidender Bezugspunkt für spätere Epochen.

Innenpolitisch stehen zunächst die politische Stabilisierung und Schaffung eines neuen Zentrums im Mittelpunkt. Nachdem noch der Begründer des Reiches, MENTUHOTEP II. (2008–1957), in Theben residiert und für den Norden einen »Vorstehers von Unterägypten«

einsetzt, gründet Amenemhet I. (1939–1909) in besserer geopolitischer Lage südlich der alten Hauptstadt Memphis die neue Residenz Itjtaui. Programmatisch nennt er sich »Erneuerer der beiden Länder« und wird in den »Prophezeiungen des Neferti« als Retter Ägyptens stilisiert. Weitere politische Schriften dieser Zeit legen die Richtlinien des königlichen Staatsverständnisses und des Staatsdienstes der Beamten dar. Amenemhet I. etabliert mit der Ernennung seines Sohnes Sesostris I. (1919–1875) zum Mitherrscher die Institution der Ko-Regentschaft, die der Absicherung der Thronfolge dient. Im Gegensatz zur königlichen Ideologie des Alten Reiches werden nun die menschlichen Leistungen des einzelnen Königs stärker herausgestellt und seine Herrschaft als Amt verstanden. Während zunächst Provinzialfürsten in ihren Stellung belassen werden, um eine effiziente Ausschöpfung der lokalen Ressourcen zu ermöglichen, eliminiert Sesostris III. (1837–1818) die Gaufürstentümer zugunsten einer zentralen Verwaltung des Landes von der Residenz her.

Als eines der zentralen innen- und religionspolitischen Instrumente erscheint die Baupolitik, so bei der Profilierung des neuen Reichs- und Dynastiegottes

Ägypten vom Mittleren Reich zum Neuen Reich

Amun oder der Wahl der Pyramide als Leitform des Königsgrabes, die an das Alte Reich anknüpft (Königsgräber in Lischt, Illahun – mit bedeutender städtischer Siedlung – und später Dahschur). Eine der größten Errungenschaften des Mittleren Reiches ist die Erschließung des Faijum, der durch einen Zufluss mit dem Niltal verbundenen größten Oase Ägyptens, unter Sesostris II. (1845–1837) und Amenemhet III. (1818–1773). Ein umfangreiches Bauprogramm verleiht der neu erschlossenen Landschaft ein politisches und kultisches Gesicht.

Das Land verdankt seine Wirtschaftskraft nicht zuletzt ausgedehnten Wirtschaftsbeziehungen, die bis nach Nubien, die Levante, Mesopotamien, die Ägäis und Anatolien reichen. Neben die Handelspolitik tritt nun auch eine zuvor unbekannte Kolonialpolitik, die Nubien, den Sinai und vielleicht auch Palästina als ägyptische Provinzen an das Reich angliedert und ausbeutet. In 120 Jahren (1939–1818), von Amenemhet I. bis Sesostris III., wird die Südgrenze Ägyptens bis in den Sudan, südlich des 2. Nilkataraktes, vorgeschoben und kontinuierlich durch ein mit Garnisonstruppen belegtes Festungssystem und eine Provinzialverwaltung gesichert. Sesostris I. und Sesostris III. werden hier bis in das Neue Reich vergöttlicht. Neben den nubischen Goldminen treten die Rohstoffe des Sinai (Türkis, Kupfer), der Bleiglanzminen am Roten Meer und verschiedener Steinbrüche. Im Norden führt eine Militärexpedition Amenemhets II. (1877–1843) bis nach Zypern und Kilikien, eine zufälliger Beleg für eine sicher weit intensivere Außenpolitik im vorderasiatischen Raum, in dem Ägypten wichtigen kulturellen Einfluss ausübt. Viele Ausländer werden in Ägypten nicht nur für staatliche Bauprojekte eingesetzt, sondern steigen schon im Mittleren Reich bis in höchste Ämter der Staatsverwaltung auf. Im Bereich des Jenseitsglaubens fasst eine weitere Demokratisierung Fuß. Von Privatleuten sind zahlreiche Felskammer- und einfache Schachtgräber bekannt, die größeren mit Wandreliefs und Malereien. Unter den Beigaben sind von besonderer Bedeutung Holzsärge, die mit Sargtexten versehen sind.

um 1970 v. Chr. Nach wechselvollen Kämpfen in Mittelägypten gelingt Mentuhotep II. von Theben aus die **neue Einigung des Landes.** Mit Theben erlangen sein Gott Amun und sein Haupttempel in Karnak (bei Luxor) zentrale Bedeutung für die ägyptische Religion. Damit beginnt das Mittlere Reich: neue Blüte der bildenden Kunst neben bedeutender Literatur (Erzählung von Sinuhe, Märchen, Lehren, Hymnen) und Wissenschaft (v. a. medizinische und mathematische Texte); der Seeverkehr nach Byblos, Kreta und Punt wird wieder aufgenommen.

1939–1759 v. Chr. In der **12. Dynastie**, von Amenemhet I. begründet, wird die politische Stabilität durch Mitregentschaft des Thronfolgers gesichert. Die Residenz liegt im Norden bei Lischt (südlich Kairo). Besondere Aufmerksamkeit gilt der Oase Faijum zwischen Nil und Mörissee (heute Karunsee), wo neues Fruchtland gewonnen wird. Dort liegen auch einige der königlichen Grabpyramiden. Sesostris II. gibt die bisherige

Nord-Orientierung der Pyramiden auf; damit verlagert sich auch das königliche Jenseits in die Unterwelt des Osiris, dessen Kultstätte in Abydos zu einem religiösen Mittelpunkt des ganzen Landes wird (jährliche Festspiele unter Leitung der höchsten Beamten). Im Zusammenhang mit dieser Entwicklung steht das Hervortreten neuer Formen in der Kunst (Skarabäus, Uschebti-Figuren in Mumiengestalt, Würfelhocker) und eine besonders ausdrucksvolle Königsplastik unter SESOSTRIS III. und AMENEMHET III. Das nubische Gebiet zwischen 1. und 2. Katarakt wird auf Dauer besetzt und durch starke Festungsbauten gesichert (Buhen, Semna, Uronarti u. a.). Die Außenpolitik in der Levante ist vermutlich aktiver als früher; Byblos und sein Hinterland stehen ganz unter ägyptischem Einfluss. Ausländer gelangen vermehrt in wichtige Positionen der Verwaltung; Söldner werden für die Armee rekrutiert. Straffe, zentrale Verwaltung im Inneren; SESOSTRIS III. beseitigt das Gaufürstentum.

1785–1650 v. Chr. Am Ende der 13. Dynastie (Blütezeit unter NEFERHOTEP I. und SEBEKHOTEP IV., um 1700) zerfällt der Einheitsstaat. Es entstehen regionale Fürstentümer. Nubien geht verloren, wo ein selbstständiger Staat mit der Residenz Kerma entsteht.

Zweite Zwischenzeit: Die Herrschaft der Hyksos (1630–1539 v. Chr.)

Die Zeit zwischen dem Mittleren Reich und dem Neuen Reich wird traditionell als **Zweite Zwischenzeit** oder **Hyksoszeit** bezeichnet. Die 13. Dynastie (1759–1630) verliert zwar die Oberherrschaft über die nubische Provinz, ein innenpolitischer Machtverlust nach einer Blütezeit um 1700 v. Chr. (NEFERHOTEP I., SOBEKHOTEP IV.) wird aber erst gegen Mitte des 17. Jh.s evident. Nach dem raschen Zerfall der Oberherrschaft der 13. Dynastie über Gesamtägypten übernehmen in verschiedenen Zentren des östlichen Deltas lokale Regenten mit bedeutender palästinischer Bevölkerung die Macht, die sich z. T. als **»Hyksos«** (»Herrscher der Fremdländer«) bezeichnen. Es handelt sich also nicht um eine Eroberung Unterägyptens durch Fremdherrscher – wie früher vermutet –, sondern ein endogenes Phänomen. Die palästinisch-ägyptische Mischkultur ist am deutlichsten in Auaris (Tell el-Daba), der Residenz der Herrschern der 15. Dynastie (1630–1522), wo seit der Wende von der 12. zur 13. Dynastie palästinisch-syrische Architektur (Sakralbauten, Häuser, Totenhäuser; Bestattungen neben dem Wohnbereich), Pferdebestattungen, Kriegergräber, Waffen, Plastik und Kleidung neben ägyptischer Kultur bezeugt ist. Seit dem 17. Jh. v. Chr. werden zahlreiche Innovationen aus Vorderasien nach Ägypten eingeführt (Pferd und Streitwagen; Kompositbogen, Krummschwert und Streitaxt; senkrechter Webstuhl und Webtechniken). Besonders wichtig wird die Etablierung eines Kultes des vorderasiatischen Baal (in Ägypten als Seth bezeichnet).

Die im oberägyptischen Theben residierende lokale 17. Dynastie strebt erst nach eigenen Thronkämpfen seit 1550 v. Chr. die politische Hegemonie über ganz Ägypten an. Besser bekannt ist der Kampf der thebanischen Fürsten KAMOSE (um 1545–1539) und AHMOSE (1539–1514) gegen die Hyksos APAPI und CHALMUDI, der letztlich – vielleicht dank der Unterstützung durch nubische und ägäische Söldner – von Erfolg gekrönt ist. Mit AHMOSE und seinem Nachfolger AMENOPHIS I. – Königen der Herrscherfamilie der späten 17. Dynastie – beginnt die **18. Dynastie** und damit das **Neue Reich** (1539–1070). Nach einer ersten Konsolidierung im Nordostdelta und dem palästinischen Grenzland wird die wirtschaftlich unentbehrliche nubische Provinz wieder Ägypten angegliedert. Sie wird nunmehr dem »Königssohn von Kusch« als Provinzstatthalter unterstellt und durch den Ausbau des Festungssystems gesichert. Innenpolitisch werden die Staatsverwaltung und die Struktur der Armee reformiert. Kult- und Baupolitik knüpfen explizit an die Vorgaben des Mittleren Reiches an. AMENOPHIS I. beginnt den Ausbau des Tempelbezirks des Amun in Karnak und lässt sich als erster Herrscher ein Felsgrab im Tal der Könige auf der westlichen Nilseite mit dazugehörigen Totentempel am Rande des Fruchtlandes errichten.

um 1650 v. Chr. Nach dem Zerfall des Zentralstaates der 13. Dynastie entsteht im Ostdelta (hoher Anteil an Zuwanderern aus Palästina) die **Herrschaft der Hyksos** (ägyptisch *hekau-chasut* »Fremdlandherrscher«) der 15. Dynastie (daneben regionale Fürstentümer), die nur mittelbar aus kanaanäischsprachigen Regionen Palästinas stammen (keine Eroberung). Die Kultur in ihrer Residenz in Auaris ist eine Mischkultur aus palästinischen und ägyptischen Elementen; gleichzeitig finden zahlreiche militärische, technische und religiöse Innovationen in Ägypten Eingang (u. a. Pferd und Wagen). Die Namen einiger Hyksos, von Kleinkönigen (sog. **14./16. Dynastie**) und ihren Beamten erscheinen auf Skarabäen, die jetzt zur beliebtesten Amulettform werden. Die Hyksos übernehmen Traditionen des ägyptischen Königtums und werden nominell auch in Oberägypten anerkannt, wo sich die lokalen Fürsten von Theben (17. Dynastie) als legitime Nachfolger der 13. Dynastie fühlen.

um 1550 v. Chr. **Auflehnung der thebanischen Könige** gegen den Hyksos APOPHIS I. (ägyptisch APAPI) durch SEQENENRE und seine Söhne KAMOSE und AHMOSE.

1539 v. Chr. AHMOSE (1539–1514) begründet das Neue Reich.

Das Neue Reich (1539–1070 v. Chr.)

Das **Neue Reich** ist eine der Blütezeiten der ägyptischen Geschichte. Residenz ist vielleicht schon früh Memphis, das als militärisches Hauptquartier an Bedeutung gewinnt. Für Ober- und Unterägypten steht je ein Wesir an der Spitze der Verwaltung. Die Staatswirtschaft prosperiert aufgrund der Einkünfte aus den Minen – v. a. den Goldminen Nubiens –, den Expeditionen (u. a. wieder nach Punt an der ostafrikanischen Küste) und dem weit gespannten Handel. Die Verwaltung wird durch einen Kader an Beamten geführt. Ausdruck findet dieser Wohl-

Die Dynastien des Alten Ägyptens

PRÄ- UND FRÜHDYNASTISCHE ZEIT

vor der Dynastie »0«

»Skorpion« I.	(um 3150)

Dynastie »0« (3050–3000 v. Chr.)

Nu (-Hor), Hat-Hor, Iri (-Hor), Ka, »Skorpion« II., Narmer

1. Dynastie (3000–2810 v. Chr.)

Aha	um 3000/2970
Djer	um 2970/2940
Wadj	um 2940/2900
Dewen	um 2900/2880
Adjib	um 2880/2850
Semerchet	um 2850/2830
Qaa	um 2830/2810

2. Dynastie (2810–2700? v. Chr.)

Hetepsechemui	ab 2810
Nebre	
Ninetjer	
Sechemib	2800
Peribsen	
Neferkare	bis
Neferkasokar	
Chasechem(ui)	2700

ALTES REICH

3. Dynastie (2700–2630 v. Chr.)

Nebka	um 2700–2680
Djoser	um 2680–2660
Sechemchet	um 2660–2655
Huni	um 2630

4. Dynastie (2630–2500 v. Chr.)

Snofru	um 2630–2580
Cheops	um 2580–2540
Djedefre	um 2540–2530
Chephren	um 2530–2490
Mykerinos	um 2490–2470
Schepseskaf	um 2470–2460

5. Dynastie (um 2460–2310 v. Chr.)

Userkaf	um 2460–2450
Sahure	um 2450–2435
Neferirkare	um 2435–2425
Schepseskare	um 2425–2420
Neferefre	um 2420–2415
Niuserre	um 2415–2380
Menkauhor	um 2380–2370
Djedkare	um 2370–2340
Unas	um 2340–2310

6. Dynastie
(2318/2348–2168/2198 v. Chr.)

Teti	um 2318–2300
Userkare	um 2300
Pepi I.	um 2295–2250
Antiemsaf I.	um 2250–2245
Pepi II.	um 2245–2180

7. Dynastie (existiert nicht)

8. Dynastie
(2168/2198 – 2131/2161 v. Chr.)

1. ZWISCHENZEIT

9. Dynastie
(2131/2161–2081 v. Chr.)

10. Dynastie
(2081–1990/1970 v. Chr.)

Cheti, Merikare usw.

11. Dynastie (THEBANER)
(2081–1938 v. Chr.)

Antef II.	2065–2016
Antef III.	2016–2008
Mentuhotep II.	2008–1957

MITTLERES REICH UND 2. ZWISCHENZEIT
(ab Reichseinigung durch Mentuhotep II.)

12. Dynastie
(1939–1759 v. Chr.)

Amenemhet I.	1939/8–1909
Sesostris I.	1919–1875/4
Amenemhet II.	1877/6–1843/2
Sesostris II.	1845/4–1837
Sesostris III.	1837–1818
Amenemhet III.	1818/7–1773/2
Amenemhet IV.	1773–1764/3
Nofrusobek	1763–1759

13. Dynastie (1759–1630 v. Chr.)

Neferhotep I.	1705–1694
Sebekhotep IV.	1694–1685

14./16. Dynastie

15. Dynastie
(1630–1522 v. Chr.)

Hyksos: Salitis (Scharek), Bnon, Apachnan (Chajran), Jinassi/Iannas, Archles/Sikru-Haddu, Apopi, Chalmudi

17. Dynastie (1625–1539 v. Chr.)

Seqenenre	bis um 1545
Kamose	um 1545–1539

NEUES REICH

18. Dynastie (1539–1292 v. Chr.)

Ahmose	1539–1514
Amenophis I.	1514–1493
Thutmosis I.	1493–1482
Thutmosis II.	1482–1479
Hatschepsut	1479–1458
Thutmosis III.	1479–1426
Amenophis II.	1426–1400
Thutmosis IV.	1400–1390
Amenophis III.	1390–1353
Amenophis IV.	1353–1336
Meretaton	1336–1335
Semenchkare	1335–1332
Tutanchamun	1332–1323
Aja	1323–1319
Haremhab	1319–1292

19. Dynastie (1292–1190 v. Chr.)

Ramses I.	1292–1290
Sethos I.	1290–1279
Ramses II.	1279–1213
Merenptah	1213–1204
Sethos II.	1204–1198
Amenmesse	1203–1200
Siptah	1198–1193
Tausret	1193–1190

20. Dynastie (1190–1070 v. Chr.)

Sethnacht	1190–1187
Ramses III.	1187–1156
Ramses IV.	1156–1150
Ramses V.	1150–1145
Ramses VI.	1145–1137
Ramses VII.	1137–1129
Ramses VIII.	1128–1126
Ramses IX.	1126–1108
Ramses X.	1108–1104
Ramses XI.	1104–1070

Die Dynastien des Alten Ägyptens

3. ZWISCHENZEIT UND SPÄTZEIT

21. Dynastie

Smendes	1069–1043 (im Norden 1080–69)
Amenemnesu	1043–1039
Psusennes I.	1039–991
Amenemope	993–984
Osochor	984–978
Siamun	978–959
Psusennes II.	959–945

Hohepriester der ausgehenden 20. und 21. Dynastie (1080–945 v. Chr.)

22. Dynastie

Scheschonq I.	945–924
Osorkon I.	924–889
Scheschonq II.	890
Takelot I.	889–874
Osorkon II.	874–850

23. Dynastie

Osorkon III.	787–759

24. Dynastie

Tefnacht	727–720 (Fürst ab 740)
Bokchoris	720–715

25. Dynastie

Pije	747–716
Schabaka	716–702
Schebitku	702–690
Taharqa	690–664
Tanwetamani	664–656

Hohenpriester des Amun (944–550 v. Chr.)

Gottesgemahlinnen (870–525 v. Chr.)

Lokalkönigtümer
Assyrische Herrschaft (671–664 v. Chr.)

Asarhaddon	681–669 (in Ägypten ab 671)
Assurbanipal	669–627 (in Ägypten bis 664)

26. Dynastie (Saitenzeit) (664–525 v. Chr.)

Psammetich I.	664–610
Necho II.	610–595
Psammetich II.	595–589
Apries	589–570
Amasis	570–526
Psammetich III.	526–525

27. Dynastie (1. Perserherrschaft)

Kambyses	525–522 (in Persien seit 530)
Dareios I.	521–486

28. Dynastie (404–399 v. Chr.)

Amyrtaios von Sais	404–399

29. Dynastie (399–380 v. Chr.)

Nepherites I.	399–393
Muthis	393
Achoris	393–380
Nepherites II.	380

30. Dynastie (380–343 v. Chr.)

Nektanebis (Nektanebos I.)	380–363
Tachos	362–361
Nektanebos (II.)	360–343

2. Perserherrschaft (»31. Dynastie«) (343–332 v. Chr.)

stand in der (auch privaten) bildenden Kunst und Malerei, der Fürsorge für Bestattung und Totenkult und insbesondere dem Tempelbau. Durch bedeutende Zuwendungen und Bauten der Könige werden der Amuntempel von Karnak und seine Priesterschaft zu einem bedeutenden Machtfaktor. Nahezu alle Könige der 18. und frühen 19. Dynastie bauen in den Tempelbezirken von Karnak: neben Amun-Tempel solche der Mut, des Month, des Chons und des Ptah; dazu zahlreiche plastische Bildwerke, so allein in einem Schachtdepot (sog. Cachette), 18 000 Votivstatuen und -statuetten aus dieser und der nachfolgenden Zeit. Neben **Karnak** werden vom Libanon (Byblos) bis in den Sudan (Gebel Barkal) Kultstätten errichtet oder erweitert. Die Felsgräber liegen nun im **Tal der Könige** (als einziges unberaubt erhalten geblieben ist das Grab des Tutanchamun [1332–1323] mit einzigartig reichem Grabschatz) und überliefern textlich und bildlich ausführliche Unterweltsführer (Amduat, Buch von den Pforten des Jenseits). Von ihnen durch eine Felsschranke getrennt liegen die Totentempel (am gewaltigsten einst der Totentempel Amenophis' III. (1390–1353) in Theben-West, von dem heute noch die sog. Memnonskolosse stehen; am besten erhalten derjenige von Hatschepsut [1479–1458] u. a. mit Reliefdarstellungen von einer Expedition ins Weihrauchland Punt). Die in Theben-West liegenden Gräber von Königinnen, Prinzen und hohen Beamten sind von außergewöhnlicher kultur- und kunstgeschichtlicher Bedeutung. Besonders aufschlussreich ist die (u. a. literarische) Hinterlassenschaft der für die Arbeiten an den Königsgräbern zuständigen Künstler von Deir el-Medine.

Die wirtschaftliche Prosperität verdankt Ägypten seinem Kolonialreich, das in der 18. Dynastie errichtet wird. Ägypten verfügt jetzt erstmals über ein großes, stehendes Heer verschiedener Waffengattungen (u. a. ein Streitwagenkorps). Das südliche Nubien bis zum Gebel Barkal am 4. Nilkatarakt gliedert Thutmosis III. dem Reich an. Hier wird eine Kolonialverwaltung unter einem Vizekönig (»Königssohn von Kusch«) eingerichtet. Das palästinisch-syrische Territorium wird längerfristig durch eine Auslandsverwaltung in Ägypten sowie ein Netz loyaler Lokalfürsten verwaltet. Thutmosis I. (1493–1482) und Thutmosis III. (1479–1426) etablieren Ägypten als Hegemonialmacht Syriens, wo das Reich zur Zeit seiner größten Ausdehnung bis an den Euphrat reicht. Dazu kommen rege Beziehungen mit Kreta und Punt (Expedition der Königin Hatschepsut, in ihrem Totentempel von Deir el-Bahari dargestellt). Der Streit um die Vormacht in Nordsyrien zwischen Ägypten, dem Hethiterreich und dem Reich von Mitanni dauert bis in die frühe 19. Dynastie an. THUTMOSIS IV. (1400–1390) und AMENOPHIS III. verständigen sich in der ersten Hälfte des 14. Jh.s diplomatisch mit Mitanni und Babylon (Vertrag; diplomatische Heiraten). Nach wechselvollen Auseinandersetzungen v. a. mit dem Hethiterreich muss Ägypten nach der verlorenen Schlacht von Kadesch (1274 v. Chr.) den Anspruch auf Syrien endgültig aufgeben, kann aber mit den Hethitern 1258 einen Friedensvertrag abschließen.

Die Innenpolitik der 18. Dynastie ist von Kontinuität, aber auch Traditionsbrüchen gekennzeichnet, z. B. die Thronbesteigung der HATSCHEPSUT als Königin Ägyptens und die Stiftung einer neuen Religion durch AMENOPHIS IV. (1353–1336), der seinen Namen in **ECHNATON** ändert. Er erhebt eine Form des Sonnengottes – Aton – zum alleinigen Gott, der im Bild der strahlenden Sonne verehrt wird und dessen einziger Mittler auf Erden der König ist. Dies ist die erste Religionsstiftung und der erste weitgehende Monotheismus der Weltgeschichte, den die Doktrin des Königs in Kultpraxis, Kunst und Innenpolitik kompromisslos umzusetzen gedenkt. In Mittelägypten wird eine neue sakrale Residenz (Achetaton) gegründet (besterforschte städtische Siedlung Ägyptens), nach deren moderner Lage man die ganze ausgehende 18. Dynastie als »**Amarnazeit**« bezeichnet. Die neuägyptische Sprachform des Ägyptischen wird – die wichtigste Nachwirkung der Amarnazeit – zur Schriftsprache erhoben. Es entwickelt sich ein freierer, bewegterer Kunststil mit eigenwilliger, oft kühner Ikonografie. Die alten Kulte werden verfolgt und deren Bilder in großem Ausmaß zerstört. Als Erklärung des Kosmos wird der Mythos (für die Welt ist eine Konstellation von Göttern verantwortlich) durch eine »wissenschaftliche« Beschreibung der Natur (Schilderung im »Sonnengesang« ECHNATONS) ersetzt, dazu der liebevolle Umgang des Königs mit seiner Gemahlin NOFRETETE und seinen sechs Töchtern zur Schau gestellt.

Eine definitive Etablierung der Religion scheitert; es folgen eine Restauration (v. a. der traditionellen Kulte; sog. Restaurationsedikt des TUTANCHAMUN), die Aufgabe der Stadt Achetaton und eine Verfolgung des Andenkens an ECHNATON. Die von der Witwe TUTANCHAMUNS beabsichtigte Thronbesteigung eines hethitischen Prinzen in Ägypten wird verhindert; mit HAREMHAB (1319–1292) und seinem Nachfolger RAMSES I. (1292–1290), dem Begründer der **19. Dynastie** (1292–1190 v. Chr.), übernehmen Generäle als Soldatenkaiser die Macht. Priestertum und Militär werden zunehmend als eigene politische und gesellschaftliche Faktoren deutlich; aus ihrer Verbindung wächst eine eigentliche theologische Begründung der Geschichte. Bezeichnend für das Neue Reich ist auch die im engeren Sinn historische (nicht rituelle) Darstellung geschichtlicher Ereignisse, die schon in der Außenpolitik der 18. Dynastie vielfache Ansatzpunkte findet. Eine kosmopolitische Offenheit zeigt sich in der Aufnahme von Fremdwörtern in die Sprache, von Ausländern in das Beamtentum und ausländischer Gottheiten in das ägyptische Pantheon.

Als bedeutendster Herrscher der 19. Dynastie initiiert RAMSES II. (1279–1213) eine gewaltige Baupolitik in Ägypten und seinen Provinzen, Ausdruck des wirtschaftlichen Wohlstands und gleichzeitig ein Instrument innenpolitischer und religiöser Konsolidierung. Er errichtet die von SETHOS I. (1290–1279) aus politischen und religiösen Erwägungen (Ort des Dynastiegottes Seth-Baal), in unmittelbarer Nachbarschaft zur alten Residenz der Hyksos, im Ostdelta gegründete neue Residenz der ramessidischen Könige, die Ramsesstadt. Damit wird Ägypten endgültig zu einer dem Mittelmeer zugewandten Macht. Alle späteren Hauptstädte Ägyptens, bis Alexandria, liegen im Delta, das sich im 1. Jt. zum ökonomischen und progressiven Zentrum des Landes entwickelt. Mit der sog. persönlichen Frömmigkeit bildet sich im königlichen und privaten Bereich eine besondere Form individueller Gottesnähe aus.

1539 v. Chr. Der **18. Dynastie** (bis 1292) gelingt unter AHMOSE die Eroberung von Auaris, die Vertreibung der Hyksos und die Wiedergewinnung des nubischen Gebietes.

1493–1482 v. Chr. THUTMOSIS I. (ägyptisch DHUTMOSE) greift im Norden bis zum Euphrat, im Süden bis zum 4. Katarakt aus; ganz Syrien, Palästina und Nubien gelangen unter ägyptische Oberhoheit.

1479–1426 v. Chr. Nach der friedlichen Regierung der ältesten Tochter THUTMOSIS' I., HATSCHEPSUT, etabliert ihr Stiefsohn und Mitregent THUTMOSIS III. auf zahlreichen Feldzügen in Syrien und Palästina ein eigentliches Kolonialreich.

1457 v. Chr. Ägyptischer **Sieg bei Megiddo**; Vorstoß zum Euphrat bei Karkemisch (1446).

1426–1400 v. Chr. THUTMOSIS' III. Sohn AMENOPHIS II. (ägyptisch AMENHOTEP) behauptet in langen Kämpfen die Orontes-Grenze und rühmt sich gewaltiger Sportleistungen (Bogenschießen, Rudern).

1400–1353 v. Chr. Unter THUTMOSIS IV. (1400–1390) führen Vorstöße der Hethiter nach Nordsyrien zu einem Friedensvertrag zwischen Ägypten und den Mitanni, gefolgt von einem Heiratsbündnis unter AMENOPHIS III. (1390–1353), dessen Hauptgemahlin die bedeutende TEJE (†um 1340) ist. In der Regierungszeit AMENOPHIS' III. steht die Malerei in voller Blüte (Gräber des Nacht und des Menena, Palast von El-Molgata) und entstehen kolossale Bauwerke und Plastiken (Memnonskolosse, Tempel von Luxor und Soleb). Die Keilschriftbriefe von El-Amarna belegen rege diplomatische Aktivitäten und Handelsbeziehungen mit den nördlichen Nachbarstaaten von Kreta bis Babylonien. In der Religion verstärkt sich die Dominanz des **Reichsgottes Amun** weiter, unter AMENOPHIS III. findet der populäre Tierkult auch am Königshof Eingang. | s. S. 100 |

1353–1336 v. Chr. Unter seinem Sohn AMENOPHIS IV. (der sich in **ECHNATON** umbenennt) wird Aton, dargestellt als Sonnenscheibe, zum einzigen Gott erhoben.

seit ca. 1350 v. Chr. Monotheistische Revolution des Echnaton, der jedoch keine Dauer beschieden ist. ECHNATONS Nachfolger SEMENCHKARE (†1332) beginnt die vorsichtige Restauration.

1332–1292 v. Chr. Unter **TUTANCHAMUN** (1332–1323) wird die Residenz Achetaton aufgegeben und nach Memphis zurückverlegt, während das Königsbegräbnis weiterhin in Theben erfolgt (Grabschatz des TUTANCHAMUN, noch stark von der Amarnazeit beeinflusst). Versuch eines Ausgleichs mit den alten Kulten: Der alleinige Aton wird durch die Dreiheit Amun–Re–Ptah ersetzt und die anderen Götter und der Tierkult sind wieder anerkannt.

Die 18. Dynastie endet mit HAREMHAB (1319–1292), der zuerst als General, dann als König versucht, die in der Amarnazeit gegen die Hethiter verlorenen Positionen in Syrien und Palästina zurückzugewinnen.

1292–1192 v. Chr. Die **19. Dynastie** wird von RAMSES I. (1292–1290), einem Offizier HAREMHABS, und seinem Sohn SETHOS I. (1290–1279) begründet. Jetzt kommt es zu einer offiziellen Reaktion auf die Amarnazeit; das Andenken ECHNATONS und seiner Nachfolger wird verfolgt, nur HAREMHAB gilt als legitim. Der Amuntempel von Karnak wird durch neue Zuwendungen und Bauten entschädigt (großer Säulensaal). Außer seinem gewaltigen Felsgrab im Tal der Könige errichtet SETHOS I. noch ein Zweitgrab mit prächtigem Tempel in Abydos und beginnt mit der Anlage einer neuen Residenz im Ostdelta (Ramsesstadt).

1275 v. Chr. **Kämpfe mit den Hethitern** gegen die RAMSES II. (1279–1213) die Schlacht von Kadesch verliert.

1259 v. Chr. Nach langen Verhandlungen Abschluss eines Friedensvertrags mit dem hethitischen König HATTUSILIS III. (†1236), der die beiderseitigen Interessensphären in Syrien abgrenzt und ein späteres Heiratsbündnis vorsieht. Weitere Einflüsse aus Westasien, die geradezu Mode werden, dringen nach Ägypten

Ägypten zur Zeit des Neuen Reiches

(Lehnwörter, Kleidung, Küche, Dichtung und Musik, asiatische Götter). Der gewaltige Felsentempel von Abu Simbel und das Ramesseum in Theben werden gebaut. In Memphis kümmert sich Prinz CHAEMWESE um die Erhaltung alter Denkmäler, die jetzt als Sehenswürdigkeiten gelten.

1213 v. Chr. Nach dem Tod RAMSES' II. besteigt MERENPTAH (1213–1204) den Thron.

1208 v. Chr. Er siegt bei Buto über Libyer und die Seevölker (Peleset; spätere Philister).
Kämpfe in Nubien und gegen Ende der Dynastie schwere innere Auseinandersetzungen (Usurpator AMENMESSE, Exekution des Staatskanzlers BIJA unter SIPTAH; Königin TAUSRET).

Umbrüche im 12. Jh. v. Chr.

Ägypten sieht sich an der Wende von der 19. zur 20. Dynastie mit erheblichen außen- und innenpolitischen Problemen konfrontiert. Zunächst beliefert MERENPTAH das unter einer Hungersnot leidende hethitische Reich mit Getreide. Auf einer seiner historischen Stelen wird zum weltgeschichtlich ersten Mal eine palästinische Bevölkerung namens »Israel« erwähnt. Die ägyptische Westgrenze am Nildelta muss gegen libysche Stämme verteidigt werden; schon unter RAMSES II. entsteht hier ein lang gestreckter Festungsgürtel. Innenpolitische Auseinandersetzungen um die Thronfolge unter SETHOS II. (Gegenkönig AMENMESSE) und seinen Nachfolgern (Herrschaft der TAUSRET als Königin) belasten die Staatsführung. Mit SETHNACHT kommt die **20. Dynastie** (1190–1070 v. Chr.) an die Herrschaft. Sie ist zunächst um innere Konsolidierung bemüht, doch RAMSES III. (1187–1156), der sich im Umfang seiner Baupolitik und in der Außenpolitik an RAMSES II. orientiert, wird in einer Hofintrige ermordet. Außenpolitisch am wichtigsten ist das Phänomen der v. a. aus ägyptischen Quellen näher bekannten sog. **Seevölker**. Sie sind Anzeichen einer tief greifenden Krise der Staatenwelt des Vorderen Orients, in der zu dieser Zeit das hethitische Großreich untergeht und Staaten Syriens und des Ostmittelmeerraumes zerstört werden (Ugarit, Emar, Zypern, Mykene). Es handelt sich um Bevölkerungskontingente, vielleicht aus dem Raum Balkan/Anatolien, die im östlichen Mittelmeerraum bis nach Ägypten vorstoßen (Namen von Teilgruppen leben in späteren Toponymen und Ethnonymen wie Sardinien und Sizilien weiter). Nach MERENPTAH besiegt sie RAMSES III. in See- und Landschlachten im Nildelta. Aus der Ansiedlung einer der Volksgruppen als Söldner in ägyptischen Garnisonen Palästinas, erwachsen die Philister.

Wie RAMSES III. tragen auch seine acht Nachfolger (RAMSES IV.–XI.) ausnahmslos den Geburtsnamen Ramses (Namensführung in bewusster Anknüpfung an RAMSES II.). Die Königsgräber der meisten Ramessiden liegen im Tal der Könige in Theben-West (drei späte Ramessiden wohl in der Ramsesstadt bestattet). Besondere Beachtung verdienen v. a. die Totentempel von RAMSES II. (Ramesseum) und RAMSES III. (Medinet Habu) wegen ihrer integrierten Palastanlagen und ihrer historisch und religionswissenschaftlich bedeutsamen Reliefs (Ramesseum: Schlacht bei Kadesch; Medinet Habu: Kriege gegen Seevölker und Libyer).

1190–1075 v. Chr. **20. Dynastie**: Die neun Nachfolger des Dynastiegründers SETHNACHT tragen alle den Namen Ramses in Anlehnung an RAMSES II.

1187–1156 v. Chr. RAMSES III. gelingt es, die Libyer sowie die Seevölker in mehreren getrennten Schlachten zu besiegen, die Kriegsgefangenen werden als Söldner in Dienst genommen. Es entstehen die letzten großen Bauten des Neuen Reiches (Tempel von Medinet Habu). Die umfangreichen Akten der thebanischen Handwerkersiedlung von Deir el-Medine berichten jedoch von wachsender wirtschaftlicher Not, Korruption und Streiks. Mit persönlicher Frömmigkeit, die auf die Hilfe der Götter vertraut, sucht man der Rechtsunsicherheit zu begegnen, greift aber auch zu Magie und zu scharfer Satire.

1156–1070 v. Chr. Nach der Ermordung des Königs verfällt die ägyptische Macht unter den letzten Ramessiden rasch; Palästina (das Land der Philister) und Nubien werden aufgegeben, dazu Bürgerkrieg in Oberägypten, der mit der Errichtung einer Theokratie der Amunspriesterschaft endet.

Dritte Zwischenzeit

Zu der allgemeinen Krise des altorientalischen Staatensystems im 12. Jh. und dem Verlust der auswärtigen Besitzungen Ägyptens treten vor 1100 v. Chr. zunehmend innere Gegensätze zwischen dem Königtum und dem thebanischen Amuntempel, der nun ein Drittel der Ländereien besitzt und damit eine staatsähnliche Machtposition einnimmt. Am Übergang zur 21. Dynastie stehen die Hohenpriester PIANCH (Krieg gegen einen aufständischen Gouverneur Nubiens) und HERIHOR als Militärdiktatoren, mit denen der **Zerfall Ägyptens in zwei Teile** besiegelt wird.

Für die Zeit der **21. Dynastie** (1069–945 v. Chr.) sind damit zwei Zentren politischer Macht bestimmend: die neue Hauptstadt Tanis als Residenz des Königshauses, die an die Stelle der aufgegebenen Ramsesstadt tritt und Theben, als Mittelpunkt eines theokratischen »Gottesstaates des Amun« unter der Regentschaft des (formell Tanis unterstellten) Hohenpriesters des Amun. Auf innenpolitische Auseinandersetzungen zu Beginn der 21. Dynastie deutet ein Amnestieerlass für in die Oasen der Westwüste verbannte Gegner hin (sog. Stele der Verbannten; um 1040 v. Chr.). Nach einer Anfangsphase wird Tanis zu einem zweiten Theben umgebaut: mit genauer Entsprechung in der Anordnung und Benennung der Tempel sowie der Übernahme der Kompositionen der königlichen Totentexte aus den Gräbern im Tal der Könige. Diese Gräber werden nun vermutlich von Staats wegen geräumt, um den Verlust der äußeren Besitzungen kurzfristig durch den Ertrag der Grabschätze kompensieren zu können, während die neuen Königsgräber im heiligen Bezirk des Tempels liegen (1939 gefunden; mit reichen Grabschätzen). Darin drückt sich auch ein neues Verständnis des Königtums aus: als eigentlicher König gilt nun Amun; der irdische Regent ist lediglich Priester und Diener des Gottes.

1069–945 v. Chr. Die Könige der 21. Dynastie residieren in Tanis (Ostdelta) bei weitgehender Selbstverwaltung Oberägyptens durch die Hohenpriester des Amun. Die Bautätigkeit erlahmt, dafür Blüte der Sarg- und Buchmalerei und des Bronzegusses. Orakelentscheidungen des Amun und anderer Götter regeln rechtliche und sogar politische Fragen.

Libysche Herrschaft in der 22. und 23. Dynastie

Mitte der 21. Dynastie kommt erstmalig ein libyscher Fürst an die Macht (nach den möglicherweise libyschen Hohepriestern am Übergang von der 20. zur 21. Dynastie), der damit Vorläufer der wenig späteren **Libyerherrschaft** (22.–23. Dynastie; 945–715 v. Chr.) ist. Als Begründer der aus Bubastis stammenden 22. Dynastie konsolidiert **Scheschonq I.** (945–924) die Staatsordnung. Bubastis fungiert als Schwesterresidenz zu Tanis, wo weiterhin die Königsnekropole liegt. In außenpolitischer Hinsicht haben Diplomatie und Handel (v. a. mit der Levante; in Nubien besteht seit der Jahrtausendwende ein unabhängiges Königreich) Vorrang vor militärischer Intervention. Der Zug Scheschonqs I. nach Palästina im Jahre 926, wo Rehabeam von Juda den Abzug von Jerusalem durch Herausgabe des Tempelschatzes erwirkt, bleibt Episode. 853 unterstützt Osorkon II. (874–850) die antiassyrische Koalition von Hamath, Damaskus und Israel (unter König Ahab) in der Schlacht bei Qarqar durch ein Militärkontingent. Er erreicht innenpolitisch eine gewisse Konsolidierung. In einem Bürgerkrieg zerbricht die Gesamtherrschaft über Ober- und Unterägypten aber Ende des 9. Jh.s und kann nur von Osorkon III. (787–759; 23. Dynastie) nochmals errungen werden.

Inwieweit die Libyerzeit als Fremdherrschaft gilt und Veränderungen im politischen System und kulturellen Repertoire auf libyschen Einfluss zurückzuführen oder Folgen der allgemeineren politischen und religiösen Veränderungen sind, ist umstritten. Die Libyerherrschaft zeigt jedenfalls das Bild einer eigentlichen Feudalgesellschaft mit einer tragenden Schicht von Kriegern, die dem König loyal sind und mit Lehen entlohnt werden. Charakteristisch ist eine in viele Einzelstaaten zersplitterte Territorialordnung, von denen im 8. Jh. das Westdeltareich der Fürsten von Sais herausragt. Im übrigen Ägypten bestehen neben dem (von Hohepriestern aus der libyschen Dynastie geführten) thebanischen »Gottesstaat des Amun« weitere Fürstentümer (Hermopolis, Herakleopolis). Zahlreiche innenpolitische Auseinandersetzungen und Parallelherrschaften schaffen ein kompliziertes Bild, das die spätere epische Literatur in demotischer Sprache als Epoche heroischer Kämpfe zwischen Fürsten und ihren Armeen verklärt.

945–715 v. Chr. Der libysche Söldnerführer Scheschonq I. begründet die 22. Dynastie. Von nun an steht **Ägypten kontinuierlich unter Fremdherrschern**, die sich jedoch meist der ägyptischen Kultur anpassen. Wieder aktivere Außenpolitik und größere Bautätigkeit. Oberägypten wird von Verwandten des Königshauses regiert; auch im übrigen Land wachsende Selbstständigkeit lokaler Machthaber.

926 v. Chr. Zug nach Palästina und vielleicht Plünderung Jerusalems.

818–715 v. Chr. Abspaltung der 23. Dynastie und **Zerfall des Landes** in kleine Machtgebiete; die letzten Könige der 22. Dynastie sind noch im Ostdelta anerkannt.

25. Dynastie und Assyrerherrschaft

Der Expansion des Westdeltareiches von Sais unter seinem Fürsten Tefnacht (**24. Dynastie**) setzt im Jahre 728 v. Chr. der Ägyptenfeldzug des nubischen (»kuschitischen«) Herrschers Pianchi ein Ende, der sich als General und Priester versteht (Siegesepos der Pianchi-Stele). Der Feldzug begründet den Beginn der **Kuschitenherrschaft** (**25. Dynastie**; 728/16–656) in Ägypten. Beide Expansionsbestrebungen können als Reaktion auf die zunehmende assyrische Bedrohung (722 Fall von Samaria und Untergang des Reiches Israel) gesehen werden, die eine innere Einigung Ägyptens forderte. Schabaka (716–702) nimmt eine proassyrische Haltung ein. Eine erneute wirtschaftliche und kulturelle Blüte Ägyptens geht einher mit einer religiösen Orthodoxie und einem durch die nubischen Goldminen finanzierten umfassenden Bauprogramm, u. a. in Theben (Karnaktempel). Besonders auffällig ist der sog. Archaismus, eine bewusste kulturelle Hinwendung zu der Vergangenheit (u. a. dem Alten Reich), die am deutlichsten in der Kunst sichtbar wird (Nachahmung von Stilformen und Ikonografie).

Als größter Bauherr seit dem Neuen Reich tritt Taharqa (690–664) hervor, der auch die Armee verstärkt. Der ägyptisch-assyrische Konflikt entzündet sich seit 680 v. Chr. wieder; schließlich gelingt dem assyrischen König Asarhaddon (680–669) die Eroberung der Landeshauptstadt Memphis (671). Eine Rückgewinnung Unterägyptens durch Taharqa führt 667/666 zur Eroberung des Deltas und der Deportation der aufständischen Deltafürsten durch Asarhaddons Nachfolger Assurbanipal (668–631). Ein assyrischer Vorstoß bis nach Theben in Oberägypten 664 beendet definitiv die kuschitische Herrschaft am Nil. Als König von Assyriens Gnaden wird Psammetich I. (664–610) eingesetzt, der bis 656 ganz Ägypten wieder einen kann.

Nach gelungener Konsolidierung schlagen die Nachfolger eine Expansionspolitik ein, um Ägypten die traditionellen Einflusszonen (politische Pufferzonen, Zugang zu Rohstoffen und Handel) wieder anzugliedern. In Vorderasien ist das assyrische Reich untergegangen; sein Nachfolgestaat ist das neubabylonische Reich. Necho II. (610–595) besiegt Josia von Juda und zieht als erster ägyptischer König seit einem halben Jt. nach Syrien (Unterstützung des assyrischen Rumpfstaates von Harran gegen die Babylonier; Sieg des babylonischen Herrschers Nebukadnezar bei Karkemisch 605). Psammetich II. (595–589) drängt im Sudan König Aspalta von Napata zurück bis nach Meroe. Ein babylonischer Vorstoß nach Ägypten 601 misslingt; Apries (589–570) verfolgt eine antibabylonische Politik. Es folgt eine innen-

Chronologische Übersicht über die Hochkulturen des Altertums

Zeit (v. Chr.)	Ägypten	Mesopotamien	Syrien und Palästina	Anatolien (Kleinasien)	Iran
	um 4400–um 3500: Naqada I-Kultur				
3500	**um 3500–um 3200:** Naqada II-Kultur **um 3300:** Entwicklung der Hieroglyphenschrift	**um 3600–3100:** späte Uruk-Zeit, Erfindung der Keilschrift			
3000	**um 3200–um 3000:** Naqada III-Kultur **um 3000–2700:** Frühzeit (1.–2. Dynastie) **um 3000–2900:** Vereinigung von Ober- und Unterägypten	**um 3100–2900:** Dschemde-Nasr-Zeit **um 2900–2330:** frühdynastische Zeit	**um 2900:** Gründung von Mari		**um 3000–2900:** proto-elamische Schrift
2500	**um 2700–2160:** Altes Reich (3.–6. Dynastie)	**um 2470–2340:** Lagasch I-Herrscher **2343–2211:** Akkade-Dynastie, Weltreich Sargon	**um 2380–2330:** Archive von Ebla	**27.–21. Jh.:** Frühbronzezeit II–III	**ab 2320:** Susa und Elam im Reich von Akkad
2000	**um 2130–2008:** 1. Zwischenzeit (Spaltung in zwei Teilreiche) **um 2008–1650:** Mittleres Reich (12.–13. Dynastie)	**um 2100:** Gudea von Lagasch **2110–2003:** 3. Dynastie von Ur **um 2000–1595:** altbabylonische und altassyrische Zeit **1792–1750:** Hammurabi von Babylon	**21. Jh.:** Blüte von Ebla **2. Jt.:** südarabische Stadtkultur	**vor 2000:** Einwanderung der Hethiter(?) **ca. 1940–1735:** assyrische Handelskolonien in Kanesch	**21. Jh.:** Schimaschki-Dynastie in Anschan **um 1900–1500:** Zeit der Sukkalmachs
1500	**1630–1539:** 2. Zwischenzeit (Herrschaft der Hyksos) **1539–1070:** Neues Reich (18.–20. Dynastie) **1353–1336:** unter Amenophis IV. (Echnaton) erster Monotheismus der Geschichte	**18. Jh.:** altbabylonische Blüte der Literatur **um 1500–1320:** Reich von Mittani **um 1350–1070:** Mittelassyrisches Reich	**16. Jh.:** erste semitische Alphabete **16.–14. Jh.:** Dominanz von Mittani und Ägypten **um 1320–1200:** Kleinstaaten (Ugarit) zwischen Ägypten und Hatti	**Anfang 18. Jh.:** Anitta von Kuschara **um 1670–1450:** althethitische Zeit **um 1450–1190:** Zeit des hethitischen Großreichs	**um 1500–1100:** Mittelelamische Periode, Blüte Elams
1000	**1069–666:** 3. Zwischenzeit (21.–25. Dynastie)	**11. Jh.:** literarische Produktivität in Babylon **10. Jh.–612:** Assyrisches Reich	**um 1200:** Ende der spätbronzezeitlichen Kulturen Syriens **12.–9. Jh.:** Aramäische Fürstentümer **11.–7. Jh.:** Phönikier **ab 850–612:** assyrische Eroberung und Herrschaft	**um 840–um 670:** Reich von Urartu im heutigen Armenien	**um 1000–539:** Neuelamische Periode
500	**664–332:** Spätzeit (26. Dynastie bis 525) **525–486:** persische Provinz **404–343:** letzte (28.–30.) einheimische Dynastien	**626–539:** Neubabylonisches Reich **539–333:** Achaimeniden-Herrschaft	**605–539:** babylonische Herrschaft **525–333:** achaimenidische Herrschaft	**8. Jh.:** Phrygisches Reich in Zentralanatolien **668–540:** Lydisches Reich in Westanatolien	**646:** Assurbanipal zerstört Susa **550–330:** persisches Weltreich der Achaimeniden
	332: Eroberung durch Alexander den Großen				

Ägäis und Griechenland	Karthago	Italien und Rom	China	Indien	Zeit (v. Chr.)
					3500
					3000
um 3100–um 2000: frühminoische und frühhelladische Kultur					
			um 2500–2000: Yangshao-Kultur im Norden Chinas **um 2500–1900:** Langshan-Kultur am Unterlauf des Hwangho	**um 2500–um 1500:** Harappa-Kultur am Indus	2500
um 2000–um 1650: mittelminoische und mittelhelladische Kultur					2000
um 1650–um 1060: spätminoische und späthelladische Kultur			**um 1570–um 1045:** Blütezeit der Shang-Dynastie am mittleren Hwangho		1500
				1400–600: vedische Zeit	
11. Jh.–um 800: *Dark Ages*	**seit ca. 1200:** phönikische Handelskolonien im Gebiet des heutigen Tunesien		**um 1045–771:** Zeit der Westlichen Zhou-Dynastie		
um 800–500: archaische Zeit	**9. Jh.:** Gründung Karthagos **seit um 650:** Vormachtstellung Karthagos unter den westlichen phönikischen Kolonien	**9. und 8. Jh.:** Villanova-Kultur **spätes 8. Jh.:** Städtebildung in Etrurien **seit um 650:** griechische Kolonisation in Süditalien und Sizilien	**771–256:** Zeit der Östlichen Zhou-Dynastie		1000
499–322: klassisches Griechenland	**seit 550:** Expansion Karthagos in Nordafrika und Spanien sowie nach Sizilien und Sardinien	**7.–6. Jh.:** etruskische Seeherrschaft **625–500:** Rom entwickelt sich zur Stadt **500/470–338:** Frühe Republik in Rom **5. Jh.–270:** Aufbau der römischen Herrschaft in Italien		**um 380:** vermutliches Todesjahr von Buddha **327–325:** Alexander der Große dringt ins westliche Indien ein	500
336–280: Alexander der Große und Diadochenkriege	**264–241:** 1. Punischer Krieg	**340–133:** Mittlere Republik in Rom **264–241:** 1. Punischer Krieg	**202:** Beginn der Han-Dynastie	**322–um 184:** Maurya-Reich im größten Teil Indiens	

politische Krise, als nach einer Niederlage des Apries gegen Kyrene, Amasis (570–526) die Macht ergreift. Er führt die Absicherung Ägyptens durch außenpolitische Bündnisse fort. Die Levante geht Ägypten verloren, während Zypern erobert wird. Handelsinitiativen im Interesse der ägyptischen Wirtschaft sind die von Necho II. veranlasste Umsegelung Afrikas durch phönikische Seeleute und der Baubeginn für einen (von Dareios I. fertiggestellten) Kanal zwischen dem Niltal und dem Roten Meer, eine weitere die unter Amasis eingerichtete griechische Handelsstadt von Naukratis im Delta.

Mit der Eroberung Ägyptens 525 v. Chr. durch Kambyses II. (530–522) wird das Land für 125 Jahre Satrapie des persischen Großreiches (Achaemeniden-Reich, ca. 559–332 v. Chr.). Dareios I. (521–486), der in Ägypten gleichzeitig als ägyptischer Pharao (Bau des Hibis-Tempels in der Oase Charga) und als persischer Oberherr (Statue aus Heliopolis) erscheint, vollendet den von Necho II. in Angriff genommenen Kanal und veranlasst eine Kodifikation des ägyptischen Rechts.

seit ca. 740 v. Chr. Während Oberägypten unter den Einfluss der nubischen Könige von Napata (am 4. Katarakt) gerät, versucht der libysche Fürst Tefnacht von Sais aus eine Einigung, wird aber von Pianchi, König von Kusch (Nubien), besiegt.

716–664 v. Chr. Ägypten ist wieder geeint unter nubischen (nach antiken Quellen »äthiopischen«) Königen der **25. Dynastie**. Sie geben sich als fromme Amun-Anhänger. Kunst und Kultur orientieren sich an den älteren Blütezeiten; es werden getreue Kopien alter Texte gefertigt, doch entsteht daneben eine neue, realistische Bildniskunst. Die königlichen Grabbauten bei Napata kehren zur Pyramidenform zurück.

690–664 v. Chr. Taharqa, ebenfalls ein Sohn Pianchis, entfaltet eine rege Bautätigkeit (Säulenhallen im Tempel von Karnak), wird aber von den Assyrern aus Ägypten vertrieben.

671 v. Chr. Die **Assyrer** unter Asarhaddon erobern den Norden Ägyptens.

666 v. Chr. Unter Assurbanipal dringen die Assyrer bis Theben vor.
Die Nachfolger des Taharqa behalten die Herrschaft über Nubien (Reich von Meroe, Residenz zunächst noch Napata). Necho I. von Sais (672–664) und sein Sohn Psammetich I. unterstützen anfangs die Assyrer, machen sich dann aber unabhängig.

Die Spätzeit

Das Ägypten der Spätzeit lässt sich im Sinne einer kulturellen und politischen Kontinuität verstehen. Dieser Rahmen erstreckt sich von der Saïtenzeit (26. Dynastie) über die persischen Fremdherrschaften bis in die frühe Ptolemäerzeit (664–164 v. Chr.). Äußeres Anzeichen ist die Verwendung des Demotischen als Schrift und Sprache. Kunst und Mentalität sind in besonderem Maß auf die Vergangenheit und die Wiederbelebung alter Traditionen ausgerichtet. Leitbilder der ägyptischen Politik sind die Selbstständigkeit des Landes und, durch die Entwicklung zu einer Seemacht, seine Funktion als Kontrollmacht im östlichen Mittelmeerraum und der Ägäis. Damit korreliert die Lage der späten Hauptstädte (Sais, Mendes, Alexandria) in unmittelbarer Nähe zur Küste des Mittelmeeres. Innenpolitisch ist diese Epoche weitgehend stabil; auch die ptolemäischen Herrscher bis zu Ptolemaios III. werden als legitime ägyptische Pharaonen betrachtet. Die Bau- und Kultpolitik zieht sich von der vorptolemäischen Zeit bis in die ptolemäische Epoche; von der saïtischen bis zur Römerzeit sind religiöse Tendenzen (etwa die Bevorzugung der göttlichen Familie Osiris, Isis, Horus) festzustellen. Insbesondere hellenisiert sich seit der Saïtenzeit Kultur und Bevölkerung Ägyptens, das ostmediterran-ägäische Züge erhält.

Die letzte Zeit eigener Autarkie wird in Ägypten 404 v. Chr. begründet. Die 30. Dynastie (380–343) entfaltet eine gewaltige Bau- und Stiftungstätigkeit, die auch der Konsolidierung des Landes dient. Persische Angriffe werden zurückgeschlagen; neue außenpolitische Optionen eröffnen sich mit einem Vorstoß des Tachos (362–360) nach Palästina-Syrien und dem Bündnis Phönikiens und Zyperns mit Ägypten – Optionen, die in der Ptolemäerzeit aufgegriffen werden. Mit der Niederlage Nektanebos II. (360–343) gegen Artaxerxes III. 343 und der Eroberung Ägyptens durch Alexander den Grossen 332 endet die Zeit einheimischer Dynastien.

664–525 v. Chr. Begründung der **26. Dynastie** mit der Hauptstadt Sais (daher Saïtenzeit). In Oberägypten vollzieht sich der Übergang von der nubischen zur saitischen Herrschaft friedlich. Formell untersteht das Gebiet einer »Gottesgemahlin« aus dem Königshaus, die ihr Amt durch Adoption weitergibt.

664–610 v. Chr. Psammetich I. beseitigt den Feudalismus der libyschen Kleinkönige; er stützt sich v. a. auf ionische und karische Söldner und öffnet das Land für griechischen Einfluss (von Milet gegründete Kolonie Naukratis im Westdelta). Die archaisierende Kunst bringt Werke von hervorragender Qualität hervor. Hieratisch wird von Demotisch als neuer Kanzleischrift abgelöst. In der Religion treten statt des Amun jetzt die Gottheiten des Osiris-Kreises in den Vordergrund; phönizischer und griechischer Handel verbreitet ägyptische Formen und Vorstellungen über das ganze Mittelmeergebiet.

seit 616 v. Chr. Psammetich unterstützt die Assyrer in ihrem Kampf gegen Babylonier und Meder.

610–595 v. Chr. Sein Sohn Necho II. kämpft in Palästina und Syrien.

605 v. Chr. Necho II. wird bei Karkemisch am Euphrat von dem damaligen babylonischen Kronprinzen und späteren Herrscher Nebukadnezar II. (†562) geschlagen, kann aber einen **Vorstoß der Babylonier nach Ägypten** verhindern.
Ein erster Kanal zwischen Nil und Rotem Meer bleibt unvollendet; die Geschichtlichkeit der ersten Umsegelung Afrikas unter Necho ist umstritten.

595–589 v. Chr. Unter Psammetich II. Feldzug in Nubien.

589–570 v. Chr. König Apries kämpft gegen die Babylonier unter Nebukadnezar II.

586 v. Chr. Nach dem Fall Jerusalems suchen der Prophet Jeremia und viele andere Juden Zuflucht in Ägypten. Auf der Nilinsel Elephantine bei Assuan entsteht eine jüdische Militärkolonie (Fund aramäischer Papyri).

570 v. Chr. Auf einem Feldzug gegen die griechische Kolonie Kyrene in Libyen wird Amasis (†526) zum König erhoben. Die stabile Friedenszeit unter seiner Regentschaft (enge Beziehungen zu den Inselgriechen, Freundschaftsvertrag mit Kyrene) wird durch das Vordringen der Perser beendet.

525 v. Chr., Mai Nach kurzer Regierung wird Psammetich III. vom Perserkönig Kambyses II. (†522) bei Pelusium geschlagen und hingerichtet.

525–404 v. Chr. **Ägypten ist Provinz (Satrapie) des Persischen Reiches**, behält aber eine gewisse Selbstverwaltung und die Religionsfreiheit. Die Ablehnung der neuen Fremdherrscher schürt den verbreiteten Fremdenhass, führt zu stärkerer Isolierung und fördert besondere Formen der Frömmigkeit (Tierkult, Verehrung von Osiris-Reliquien, Speisetabus). Mehrere Aufstände gegen die persische Herrschaft mit griechischer Waffenhilfe werden durch den Kalliasfrieden (449) beendet; kurz danach bereist (falls historisch wahr) Herodot das Land.

404 v. Chr. Amyrtaios von Sais (†399) gelingt es, Ägypten wieder unabhängig zu machen.

404–343 v. Chr. **Letzte (28.–30.) einheimische Dynastien**: Erfolgreiche Abwehr der Perser durch Achoris (393–380) mithilfe griechischer Söldner. König Tachos (362–360) stößt sogar nach Syrien vor.

343, Herbst Dem Perserkönig Artaxerxes III. (†338) gelingt die **erneute Unterwerfung Ägyptens**; der letzte Pharao Nektanebos II. (†343) flieht nach Nubien.

332 Eroberung Ägyptens durch Alexander den Grossen und Hellenisierung des Landes als Teil des makedonischen Reiches. Gründung von Alexandria als neuer Residenz, aber Anerkennung der alten Kulte (Bauarbeiten in Karnak und anderen Tempeln, Zug zur Oase Siwa). | Forts. S. 333 |

Mesopotamien

Mesopotamien, nach dem griechischen Begriff das »Land zwischen den Flüssen« **Euphrat und Tigris**, wird im Süden von der Arabischen Wüste, im Norden vom Taurus (Anatolien) und im Osten vom Zagrosgebirge (Iran) begrenzt. Westlich des Euphrat schließt der Kulturraum Syrien an. Im Gegensatz zu Ägypten zeichnet sich Mesopotamien durch eine größere Vielfalt an Landschaften aus, die im Laufe der altorientalischen Geschichte unterschiedlichen Völkern als Heimat dienen.

Im Süden des heutigen Irak liegt **Babylonien** (benannt nach der Hauptstadt des 2./1. Jt.s Babylon), die Schwemmlandebene von Euphrat und Tigris zwischen Samarra und dem Golf. Im 3. Jt. unterscheidet man nach den Sprachen zwischen **Sumer** im Süden und **Akkad** im Norden von Babylonien. Nördlich schließt sich das nach der Hauptstadt Assur benannte **Assyrien** entlang des Tigris an, das bis an die Gebirge Taurus und Zagros reicht (nördlicher Irak). **Obermesopotamien** umfasst die Ebenen und Hügel südlich von Taurus und Tur Abdin zwischen Euphrat und Tigris und die Flussoase des Euphrat vor dem Eintritt in die Tiefebene; dieser Raum, die Dschesira, entspricht dem »Mesopotamien« der klassischen Antike (heute Staatsgebiet von Syrien, Ränder reichen in die Südosttürkei und den Nordirak).

Im Norden Mesopotamiens genügt der jährliche Niederschlag (mehr als etwa 250 mm jährlich) für einen **Regenfeldbau**; der »Fruchtbare Halbmond«, das Gebiet des ersten Ackerbaus im Neolithikum | s. S. 34 |, zieht sich von

Gliederung der Geschichte Mesopotamiens

Zeitraum	archäologisch	nach Fundorten bzw. historisch	Sprachstufen
3600–2900	Chalkolitihikum	Uruk IV und III (= Dschemdet Nasr)	(Schrifterfindung, archaische Texte)
2900–2600	Frühbronzezeit I–II	Frühdynast. I–II	
2600–2300	III	Frühdynast. IIIa–b / Fara – Präsargonisch	Altsumerisch
2300–2100	IV	Akkade / Sargonisch; Gutium	Altakkadisch
2100–2000		(Lagasch II), Ur III	Neusumerisch
2000–1600	Mittelbronzezeit	Isin-Larsa; Obermesopotamisches Reich / Altassyrisch; Babylon I / Altbabylonisch; Spätaltbabylonisch (1749-1595)	Altbabylonisch / Altassyrisch; (sumerische Tradition altbabylonischer Zeit)
1600–1000	Spätbronzezeit	Mittani, Assyrien (Mittelassyrisch), Kassiten; Isin II	Mittelbabylonisch (mit Randgebieten) / Mittelassyrisch
1000–539	Eisenzeit	Assyrisches Reich, Chaldäer (Neubabylonisches Reich)	Neubabylonisch / Neuassyrisch, Jungbabylonisch
539–1. Jh. n. Chr.		Achämeniden; Seleukiden; Parther	Spätbabylonisch

Palästina und dem Gebirgsrand Syriens über Obermesopotamien bis Assyrien. In Babylonien ermöglicht hingegen erst künstliche **Bewässerung** mithilfe eines dichten Netzes an Kanälen den Anbau von Getreide, v. a. Gerste. Nach der Aussaat im Herbst bei den ersten Regenfällen kann die Ernte im Süden schon im April beginnen, der Zeit der Hochflut in den Flüssen, die in das Brachland umgeleitet werden muss und so allein der Entsalzung der Böden dient. In die heißen und trockenen Sommermonate ohne Niederschlag fallen die Kriegszüge der mesopotamischen Herrscher.

Die Lebensgrundlage beruht auf der **Landwirtschaft**, dem Ackerbau mit seinen reichen Getreideerträgen, Datteln in Babylonien, Obst und Wein in Obermesopotamien, Viehzucht von Schafen und Ziegen und – v. a. entlang der Flusstäler und im sumpfigen Süden – von Rindern. Die Steppengebiete um die Flusstäler südlich des »Fruchtbaren Halbmonds« sind Heimat von **Nomaden**, die mit ihren Schaf- und Ziegenherden zwischen Winter- und Sommerweideplätzen wandern (Transhumanz). Zwischen Viehzucht und Ackerbau, zwischen sesshafter und nomadischer Lebensweise gibt es Integration, ebenso wie Spannungen und Konflikte.

Mesopotamien verfügt über **keine Bodenschätze**, kontrolliert aber den Fernhandel von Metallen aus den umgebenden Regionen (Zinn aus Afghanistan, Kupfer im 3. bis frühen 2. Jt. aus Oman, Silber aus Anatolien usw.). Im Tiefland Babyloniens fehlen darüber hinaus Steine und (abgesehen von Weide und Pappel) Holz, was importiert werden muss; Exportgüter sind Wolle und Textilien, Getreide, Datteln. Der Verkehr über Land erfolgt meist mithilfe von Eseln oder Maultieren. In Babylonien werden Güter eher zu Schiff auf dem dichten Fluss- und Kanalnetz transportiert, auch die großen Flüsse Mesopotamiens dienen der Schifffahrt. Der Seehandel nützt die Häfen an der schmalen Küste zum Golf, die im Altertum bedeutend weiter landeinwärts liegt als heute (etwa 250 km im 3./2. Jt.). Die Kultur Mesopotamiens ist deshalb binnenländisch geprägt.

Die großen **Städte** Mesopotamiens fungieren als die Zentren von Politik, Religion, Wirtschaft und Gelehrsamkeit. Dementsprechend werden Dynastien nach den Hauptstädten bezeichnet.

Die Chronologie Mesopotamiens

Die Chronologie beruht zuerst auf den überlieferten **altorientalischen Zählungen von Jahren**, die vom 3. Jt. an üblich werden: Einfache **Zählung der Regierungsjahre eines Herrschers** im 24. Jh. bzw. ab dem späten 2. Jt. in Babylonien; ab 311 wird nach der Herrschaft der Seleukiden, ab 247 zusätzlich der der Arsakiden (Parther) gezählt (z. B. »Jahr Nebukadnezar 22«). In **Jahresnamen** werden wichtige Taten des Herrschers benannt; dies ist üblich im späten 3. und in der ersten Hälfte des 2. Jt.s in Babylonien und angrenzenden Gebieten (z. B. »Jahr: König Schulgi hat Kimasch zerstört«). Wenn die Reihenfolge aus Datenlisten bekannt ist oder rekonstruiert werden kann, ergeben die Jahresdaten schon einen Überblick über wichtige politische Ereignisse. In Assyrien wird das Jahr nach einem **Eponymen**, einem Jahresbeamten benannt; Abschnitte von Eponymenlisten sind überliefert von ca. 1974 bis 614 v. Chr. **Listen** von Jahresdaten, Eponymen, von Königen und Dynastien mit Angabe der Regierungszeiten erlauben die Rekonstruktion einer relativen Chronologie. Rückgrat ist die assyrische Königsliste, die vom 8. Jh. bis in die Ur III-Zeit (21. Jh.) zurückreicht, aber durch Textlücken und Fehler in der Tradition nicht problemlos benutzbar ist.

Fixpunkt für die **absolute Chronologie** ist zunächst die in der assyrischen Eponymenliste erwähnte Sonnenfinsternis vom 15. Juni 763. Die Quellen genügen noch nicht für eine sichere Rekonstruktion für die Zeit vor dem 14. Jh. Der in seiner relativen Chronologie gesicherte Block von 500 Jahren vom Ende des 3. bis zur Mitte des 2. Jt.s ist absolut noch nicht genau fixiert. Ausgangspunkt sind Daten der Venusbeobachtung, die in Tontafel-Manuskripten des 1. Jt.s überliefert sind, aber aus der altbabylonischen Zeit stammen. Je nach dem absoluten Ansatz der sog. Venusdaten unterscheidet man v. a. zwischen einer **»Langen Chronologie«** (HAMMURABI 1848–1816), **»Mittleren Chronologie«** (HAMMURABI 1792–1750) und einer **»Kurzen Chronologie«** (HAMMURABI 1738–1686). Während die Überlieferung der Venusdaten aber sehr unzuverlässig ist, dürfte die Nennung einer Sonnenfinsternis in der altassyrischen Eponymenchronik (wohl 1833) eher zu einer Lösung führen; in Abgleichung mit einer dendrochronologischen Bestimmung in den Palästen von Kültepe und Acemhüyük (Türkei) ist nach heutigem (2006) Wissensstand für die älteren Perioden Mesopotamiens wahrscheinlich eine gegenüber der Mittleren um 16 Jahre verkürzte Chronologie anzusetzen (also HAMMURABI 1776–1734). Diese Chronologie scheint sich auch für assyrische Daten zu bestätigen. In diesem Werk wird für die Zeit vor 1500 die traditionelle und weit verbreitete Mittlere Chronologie gebraucht.

Die mesopotamische Geschichte von der Schrifterfindung um 3500–3200 bis zum Ende der Keilschriftkultur im 1. Jh. n. Chr. lässt sich archäologisch nach dem Schema der Vorgeschichte (Stein-, Bronze-, Eisenzeit) bzw. nach namengebenden Fundorten (Uruk, Dschemdet Nasr, Fara) und archäologischen Schichten (Uruk IV–III, frühdynastisch), historisch nach Dynastien (Akkad, Ur III usw.) bzw. nach Sprachstufen (Neusumerisch, Altbabylonisch) einteilen.

Keilschrift und Keilschriftsprachen im Vorderen Orient

Die Bezeichnung **Keilschrift** ist den charakteristischen Eindrücken zu verdanken, die die dreieckige Griffelspitze im lederharten Ton der **Tontafel** hinterlässt. Die ersten Schriftzeichen sind noch bildhafte Symbole (um 3600–3300 v. Chr.). Bald werden krumme Linien aufgegeben, die Zeichen werden vereinfacht. Ein Zeichen kann bildhaft für einen Begriff stehen: ein stilisierter Kopf für das Wort »Kopf«, ein darin markierter Mundbereich für »Mund«, »Wort«, »Stimme«, »Nase«, »Zahn« oder »sprechen«. Ein Wortzeichen kann für eine gleichlautende Silbe verwendet werden (»Wasser«, sumerisch *a*, für die Silbe a; »Rohr«, sumerisch *ge*, für die Silbe ge). Die mesopotamische Keilschrift bleibt bis an ihr Ende eine gemischte **Wort-Silbenschrift**, in der man jede Sprache schreiben könnte.

Nach heutigem Wissensstand sind die frühesten Texte, meist Verwaltungsurkunden, sumerisch geschrieben, doch ist außer den Zahlen, den Angaben der Objekte und manchen Berufen noch wenig verständlich. **Sumerisch** wird als Alltagssprache im südlichen Mesopotamien für Urkunden bis ins 20. Jh. gebraucht, in altbabylonischer Zeit (18. Jh.) tradiert man eine umfangreiche Literatur, später nur noch kultische und wenige gelehrte Texte. Im

3. Jt. tritt erstmals das semitische **Akkadische** auf, benannt nach der Hauptstadt Akkade des Herschers Sargons von Akkade. Im 2. und 1. Jt. unterscheidet man **Babylonisch** im Süden (bis 1. Jh. n. Chr.) und **Assyrisch** im Norden (bis um 600). Auf Akkadisch sind Urkunden, Briefe, Inschriften, Literaturwerke aus zweieinhalb Jahrtausenden von Iran bis Anatolien erhalten; das Corpus akkadischer Texte gehört zu den größten antiken Textcorpora überhaupt. Zu manchen Zeiten ist die Schrift in der Gesellschaft weit verbreitet: Ein altbabylonischer oder altassyrischer Schreiber begnügt sich mit etwa 100–150 einfachen Silbenzeichen und wenigen Wortzeichen (etwa für Maße). Im Akkadischen sind in Eigennamen und einzelnen Wörtern v. a. **Amurritisch** (Anfang 2. Jt.) und **Kassitisch** (14.–12. Jh.) überliefert.

Die Wort- und Silbenzeichen der Keilschrift werden für Sprachen im Umkreis Mesopotamiens gebraucht: **Hurritisch** in Obermesopotamien und Nordsyrien (Ende 3. Jt. bis um 1200); in Kleinasien um 1600–1200 das indogermanische **Hethitische** u. a. altkleinasiatische Sprachen (die indogermanischen Sprachen **Luwisch** und **Palaisch**, das isolierte **Hattische**); in Iran **Elamisch** (Mitte 3. Jt. bis zu den Achämeniden, 4. Jh.); im 9.–7. Jh. in Ostanatolien das mit dem Hurritischen verwandte **Urartäische**.

Vom System der Wort- und Silbenschrift führt kein direkter Weg zur Alphabetschrift. Die deutlich einfacheren Alphabetschriften von etwa 20 bis 30 Zeichen verdrängen die kompliziertere Silbenschrift (von meist mehr als 150 Zeichen) im 1. Jt. als gängige Schriftform. Die Keilschrift dominiert im gesamten Vorderen Orient im 2. Jt. und dort insbesondere in der Späten Bronzezeit (ca. 1600–1200). Die Form der Keilschrift verwenden zwei andere Schriften, die aber eine Art Alphabetschrift sind: das semitische **Ugaritisch** (15.–13. Jh.) in der syrischen Küstenstadt Ugarit und Umgebung und das **Altpersische** (6.–4. Jh.), eine auf Steindenkmälern überlieferte Monumentalschrift. **Alphabetschriften** sind in Syrien-Palästina schon im 2. Jt. bekannt, aus denen sich u. a. die aramäische und die phönikische Schrift entwickeln. Im 1. Jt. breitet sich die aramäische Alphabetschrift im gesamten Vorderen Orient aus, während die Phöniker ihre Schrift in den Westen exportieren.

Die Kenntnis altorientalischer Geschichte beruht auf dem Zeugnis der Keilschrifttexte und ist deshalb nach wie vor stark von den Zufällen der Entdeckung antiker Tontafeln abhängig.

Götterwelt und Religion Mesopotamiens

Neben der Keilschrift ist die Götterwelt die zweite große Konstante der Kulturen Mesopotamiens. Die Gesamtheit der Götter, das **mesopotamische Pantheon**, wird in einer gleichsam »gesellschaftlichen« Ordnung vorgestellt, in der einzelne Götter bestimmte Aufgaben übernehmen. Diese Funktionen sind in der Regel für die einzelnen Göttergestalten wichtiger als ein Bezug zu bestimmten Naturerscheinungen; doch die wenig gegliederte Landschaft Mesopotamiens bietet auch keine hervorragenden Landschaftsmerkmale wie Berge oder Quellen.

Die Götter, dargestellt in Statuen, »wohnen« in **Tempeln**, gleichsam monumentalen Wohnhäusern. Im Tempel werden täglich zu den Mahlzeiten fertig bereitete Speisen als Opfergaben präsentiert; die Speisen selbst werden zum größeren Teil an das Personal des Tempels bzw. sonstige Bezugsberechtigte verteilt. An Festen partizipiert die Bevölkerung des Landes.

Unter den **religiösen Texten** sind v. a. Klagelieder in einer Form des Sumerischen, Emesal, hervorzuheben. Die Klage um die (mögliche) Abwesenheit der Gottheit und den dadurch bedingten Niedergang des Landes betont die Unverzichtbarkeit der Gottheit. Gebete an die Götter mit Lobpreisung und persönlicher Bitte und Beschwörungen jeder Art werden zu bestimmten Anlässen dargebracht.

In der Regel bewohnt eine **Götterfamilie** einen Tempel, etwa Hausherr und Ehefrau, Erbsohn (mit dessen Frau) und weitere Kinder, Wesir und Hofstaat. Jeder Ort ist einem Hauptgott zugeordnet. Der Haupttempel bildet das räumliche und ideologische Zentrum einer mesopotamischen Stadt.

Wichtige mesopotamische Götter mit ihren sumerischen bzw. akkadischen Namen sind: Enlil, der Götterkönig im 3. und 2. Jt.; Marduk, Gott von Babylon und Götterkönig im 1. Jt.; Assur, Gott der Stadt Assur und der »Enlil« Assyriens; Enlils bzw. Assurs Gemahlin Ninlil (sumerisch), Mullissu (akkadisch); der Erbsohn und kriegerische Held, Ninurta (Sohn Enlils oder Assurs) bzw. Nabu (Sohn Marduks, auch Gott der Schreibkunst); Enki/Ea, Gott des Süßwassers und der Weisheit; die Götter der großen Gestirne Sonne: Utu/Schamasch, alles sehender Gott der Gerechtigkeit; Mond: Nanna/Sin, der Beschützer der Frauen; Venus: Inana/Ischtar, Göttin der Liebe und des Kriegs. Der Wettergott Adad (oder Addu) wird v. a. im Regenfeldbaugebiet Obermesopotamiens und Syriens verehrt; sein Sohn ist der kriegerische Baal (wörtlich »Herr«). Über die Gleichsetzung der Götter mit Gestirnen (etwa Marduk: Planet Jupiter; Kriegs- und Seuchengott Nergal: Planet Mars) wirken die mesopotamischen Götter durch ihre klassisch-antiken Äquivalente bis heute in den **Planetennamen** nach (Götterherr Jupiter als Übersetzung von Marduk; ebenso bei Venus: Ischtar, Mars: Nergal, Merkur: Nabu).

Welche Rolle die Götter für jeden Bewohner Mesopotamiens spielen, zeigen die altorientalischen **Personennamen**, die sehr häufig die Beziehung des Kindes zu den Göttern darstellen (z. B. sumerisch Amar-Suena »Kalb Suens«, akkadisch Schamschi-Adad »Meine Sonne ist Adad«, Nabu-apla-iddina »Nabu hat mir einen Erbsohn gegeben«). Dem wird in der Regel bei der Schreibweise von akkadischen, sumerischen und elamischen Namen Rechnung getragen (also Amar-Suena, nicht Amarsuena).

Die frühen Stadtstaaten (spätes 4. Jt. bis ca. 2320 v. Chr.)

Uruk- und Dschemdet Nasr-Zeit (Uruk IV und III; ca. 3600–2900 v. Chr.)

Im Lauf des 4. Jt. konzentriert sich in Mesopotamien die stark wachsende Bevölkerung in Städten, von denen kleinere Siedlungen abhängig sind. Eine der beherrschenden Städte wird das im Süden Babyloniens gelegene **Uruk** (heute Warka), wonach die Uruk-Zeit (etwa 4. Jt.) benannt wird. Fundorte der Uruk-Kultur erstrecken sich im 4. Jt. bis nach Nordmesopotamien entlang der Täler von Euphrat und Tigris, was auf weit gespannte und intensive Handelskontakte schließen lässt.

In der Stadt Uruk selbst entstehen riesige Bauwerke, Tempel und Hallengebäude, die sich um Höfe legen, die Wände teilweise mit Mosaiken aus Tonstiften verziert. Die Kunst erlebt eine einzigartige Blüte und Werke der Plastik wie der Frauenkopf oder die Kultvase gehören zu den bekanntesten mesopotamischen Kunstwerken. Für eine solche Hochkultur bilden handwerkliche Spezialisten, v. a. für die Metallverarbeitung, und dementsprechend eine gesicherte Grundversorgung die Voraussetzung. Für die Verwaltung von Gütern, Land und Personal werden die Hilfsmittel immer komplexer. In der Uruk-Zeit taucht das für Mesopotamien charakteristische **Rollsiegel** auf: kleine Walzen aus Stein (oder einem anderen harten Material) mit einem eingravierten und für jede Person einmaligen Dekor werden auf dem feuchten Ton einer Tonplombe an Türen oder auf Behältern abgerollt; so wird gleichsam ein Stempel des Verantwortlichen angebracht. Zur Abrechnung erfindet man zunächst ein System aus kleinen Zählsteinen (engl. *token*) aus Ton in Form einfacher Symbole (wie Kugeln, Kegel, Scheiben), die in versiegelten Tonplomben eingeschlossen werden. Später drückt man Zahlzeichen in einfache Tontafeln. Die Bedürfnisse der Verwaltung führen dann um 3600–3300 in der Phase Uruk IV zur **Erfindung der Keilschrift**, sodass nun alle Verwaltungsvorgänge schriftlich festgehalten werden. Die archaischen Texte aus Uruk IV und der nachfolgenden Phase Uruk III (= Dschemdet Nasr) sind Verwaltungsurkunden und Wörterbücher für den Unterricht. Sie zeigen das charakteristische Zahl- und Maßsystem, das auf 60er-Einheiten beruht (**Sexagesimalsystem**), und damit einen 30-tägigen Normmonat gut abbilden kann. Damit ist zur Zeit der Schrifterfindung schon dasselbe System in Gebrauch, das heute in der Zeitmessung und bei den Winkelgraden, die über die Astronomie mit der Zeit verbunden sind, fortlebt. Aufgrund unserer nach wie vor nur ganz rudimentären Kenntnis dieser Schriftstufe lassen sich die urukzeitlichen Urkunden bisher kaum inhaltlich auswerten.

In der bildenden Kunst wird der Herrscher kriegerisch oder (auf der Uruk-Vase) demütig vor der Gottheit dargestellt. Herrschaftszeichen ist die in Form einer runden Kappe gebildete Krone, namensgebend für den Bildtypus wird der um die Hüften gewickelte »Netzrock«. Der institutionelle Hintergrund des Herrschers, sumerisch *en*, ist bisher unbekannt. Insbesondere ist nicht deutlich, ob das Königtum eher auf militärisch-politischer oder religiöser Führerschaft beruht.

Schriftfunde aus der sicher einige Jahrhunderte dauernden Phase **Uruk IV** kennt man sonst auch aus Susa. Aus der jüngeren **Uruk III-Zeit** stammen Funde aus mehreren Orten, darunter dem namensgebenden **Dschemdet Nasr** in Nordbabylonien. Über die kulturelle Verbundenheit hinaus, die sich am deutlichsten im gemeinsamen Schriftsystem äußert, gibt es nun schon Anzeichen einer überregionalen politischen Ordnung.

Frühdynastische Zeit (ca. 2900–2350 v. Chr.)

Im Anklang an die frühe Geschichte Ägyptens ist die folgende **frühdynastische Zeit** benannt (ca. 2900/2800–2350). Die allgemein verbreitete Einteilung in drei Phasen (Frühdynastisch I, II, III) ist aus der archäologischen Schichtenabfolge entstanden. Ein Problem für die Chronologie ist, dass aus der Frühdynastisch-I-Zeit nur wenige Funde vorliegen. In der Frühdynastisch-II-Zeit tauchen die ersten Herrscherinschriften auf, meist Angabe

Mesopotamien im 3. Jahrtausend v. Chr.

von Namen und Titel oder Weihinschriften. Für die Frühdynastisch-III-Zeit erlauben Herrscherinschriften sowie Urkunden, die politische Gliederung Babyloniens und einzelne historische Ereignisse zu erkennen.

Die absolute Chronologie für diesen Zeitraum ist nach wie vor sehr unsicher. Vor 2110 sind Abweichungen um Jahrzehnte möglich; vor dem 25. Jh. handelt es sich meist um Schätzungen, die in der Regel auf (oft nur wenigen) C14-Daten beruhen. Erst ab Frühdynastisch-IIIb lassen sich Dynastien verfolgen und ergeben sich aufgrund historischer Berichte Synchronismen zwischen Herrschern verschiedener Orte.

Die Frühdynastische Zeit ist geprägt von den **Stadtstaaten** in Babylonien. Diese bleiben trotz überregionaler Bündnisse außenpolitisch autonom und daher sind Kriege zwischen den Stadtstaaten häufig. Die politische Führung manifestiert sich im Titel **»König von Kisch«**, den auch Herrscher anderer Orte tragen können, wenn sie entsprechend anerkannt werden. Dass Kisch Sitz des Königtums ist, spiegelt sich in der »Sumerischen Königsliste« wider, einem Text aus dem späteren 3. Jt., der die dominierenden Orte und ihre Herrscher von der Sintflut an auflistet; später kommen sogar vorsintflutliche Dynastien dazu. Sagenhaft lange Regierungszeiten werden den frühen sagenhaften Königen zugeschrieben, darunter den aus der Dichtung bekannten Helden von Uruk, v. a. GILGAMESCH, seinem Vater LUGALBANDA und dessen Vorgänger ENMERKAR. Die Königsliste suggeriert, dass immer nur eine Dynastie, d. h. die aufeinander folgenden Könige eines Ortes, das Königtum in Sumer ausgeübt haben. Als historisches Dokument ist die Königsliste aber erst ab der Akkadzeit (2343–2211) brauchbar.

Folgende Zentren prägen Mesopotamien, insbesondere das südliche Babylonien im 3. Jt.: im Süden an der Meeresküste **Ur** am Euphrat sowie der Stadtstaat von **Lagasch** (al Hiba) am Tigris mit der jüngeren Hauptstadt **Girsu** (Tello); sie kontrollieren den wichtigen Handel mit dem antiken **Magan** (heute Oman) am Persischen Golf, der Quelle für Kupfer. Über Lagasch und das nördlich davon gelegene **Umma** laufen die Verbindungen in den Osten nach Iran, eine für Rohstoffe und Luxusgüter im 3. Jt. enorm wichtige Verbindung (Metalle, darunter Zinn, Edelsteine, Hölzer und Aromata). Am Euphrat liegt im Süden auch **Uruk** (Warka), in Mittelbabylonien **Nippur**, das religiöse Zentrum durch das dort beheimatete Heiligtum des Götterkönigs Enlil, in Nordbabylonien die alte Königsstadt **Kisch**. Die großen Orte Mittelbabyloniens wie Schuruppak (Fara) oder das Heiligtum Kesch verlieren im Laufe des 3. Jt.s an Bedeutung.

In **Obermesopotamien** (Nordsyrien, Nordostirak, Südosttürkei) entsteht wohl unter mesopotamischem Einfluss im frühen 3. Jt. eine Stadtkultur mit dem größten Ort und politischen Zentrum **Mari** (Tell Hariri) am mittleren Euphrat. Wichtige Orte sind auch Nagar (Tell Brak) in Obermesopotamien (heutiges Syien) und v. a. Ebla (Tell Mardich) in Syrien. In der ausgehenden frühdynastischen Zeit ist das gesamte Gebiet von Ebla und Mari bis Kisch und Sumer kulturell und politisch eng verbunden. Aus bisher unbekannten Gründen, vielleicht auch in Folge von Kriegen bisher ungekannten Ausmaßes am Ende der frühdynastischen Zeit, erfuhr die Stadtkultur Obermesopotamiens im 24. Jh. einen drastischen Niedergang. Viele Siedlungen werden aufgegeben und im Lauf des ausgehenden 3. Jt.s zum Weideland für Nomaden mit ihren Schaf- und Ziegenherden. Das Gebiet sollte erst in den 70er-Jahren des 20. Jh.s n. Chr. wieder so dicht besiedelt werden wie zur Mitte des 3. Jt.s.

Der **Ackerbau** hängt im Süden, in Babylonien, von der Bewässerung ab, im Norden herrscht Regenfeldbau. Die Felder werden mit Rindern bewirtschaftet, wobei in Mesopotamien auch mit dem »Säpflug« durch einen Trichter die Saatkörner vereinzelt eingesät werden und so durch dichtes Aufstocken vielfachen Ertrag bringen. Die Bewirtschaftung der Felder erfolgt in kollektiver Arbeit; v. a. bei der Ernte müssen alle mitarbeiten. Geräte und Arbeitstiere, so die von einer einzelnen Familie nicht kostendeckend zu haltenden Rinder, werden zentral verwaltet. Das eingebrachte Getreide, meist Gerste, wird an die Bevölkerung je nach beruflicher Leistung und Bedarf in monatlichen »Rationen« verteilt. Vergleichbar vertraut das kommunale Zentrum seine Schaf- und Ziegenherden Hirten an, die Produkte abliefern. Das wirtschaftliche Zentrum eines Stadtstaats bildet letztlich der Palast eines Herrschers. Die Administration der Landwirtschaft wird gerade in Babylonien an Tempel abgegeben. Da so ein großer Teil der Bevölkerung sozial und wirtschaftlich dem Tempel verbunden ist, ist man in der älteren Forschung von einer dominierenden »Tempelwirtschaft« im frühen Mesopotamien ausgegangen. In Obermesopotamien fungieren vielleicht Stadtverwaltungen als kommunale Zentren, während ansonsten die kollektive Bewirtschaftung und die Wiederverteilung der Basisgüter Getreide und Wolle im Norden wie im Süden in gut vergleichbarer Weise durchgeführt wird.

Die **Keilschrift**, die in Uruk IV und III nur für Verwaltungsurkunden und Wortlisten gebraucht wurde, wird bald vielfältiger eingesetzt: für Rechtsurkunden über Grundbesitz auf Stein, ab Frühdynastisch II für Herrscherinschriften, die sich in der Phase IIIb zu erzählenden historischen Dokumenten entwickeln. Literarische Texte, Erzählungen und religiöse Texte (Beschwörungen) kennen wir erstmals aus der Fara-Zeit (Frühdynastisch IIIa). Die Keilschrift wird im 25./24. Jh. über Babylonien hinaus bis nach Mari am Euphrat, bis nach Obermesopotamien (Tell Beydar) und bis nach Syrien (Ebla) verbreitet.

Aus frühdynastischer Zeit stammen große **Tempelanlagen** in den Stadtzentren; charakteristisch ist das umschlossene Tempeloval, in dem sich der eigentliche Tempel auf einer Plattform erhebt (Chafadsche, al Hiba, Obeid bei Ur). **Paläste**, die sich um einen oder mehrere Höfe legen, sind etwa in Kisch, Mari und Ebla freigelegt.

Die obermesopotamischen Siedlungen sind teilweise sog. »Kranzhügel«, bei denen eine kreisrunde äußere Stadtmauer ein ebenso rundes Zentrum umschließt. Auch die kleineren Orte sind durchaus von städtischem Charakter mit dichter Bebauung, engen Straßen und monumentalen Gebäuden im Zentrum, dazu kommunalen Speichern.

Unter den Kunstwerken nehmen die **Beterstatuetten**

der frühdynastischen Zeit den ersten Rang ein, Stifterstatuen, die im Tempel dauerhaft den Beter vertreten, wie spätere Inschriften zeigen. Bauwerke werden mit ornamentalen oder figürlichen Friesen verziert, wobei neben einer monumentalen Form aus Bronze (Obeid) mehrfarbige Einlegearbeiten aus verschiedenen Steinen (etwa in Kisch, Mari, Ebla) vorkommen. Höchste Kunstfertigkeit in Metallarbeit und Intarsientechnik zeigt sich bei den Funden aus dem Königsfriedhof von Ur, v. a. bei den Musikinstrumenten (Harfen und Leiern). Das figürliche Bildrepertoire ist am umfassendsten in der Glyptik, den Bildern der Rollsiegel, überliefert.

Die altorientalische Stadt

Mesopotamien wird durch seine Städte geprägt. Auch in kleineren ländlichen Siedlungen drängen sich die Häuser eng aneinander, es gibt keine einzeln stehende »Gehöfte«; zu bestimmten Zeiten werden solche kleinen Siedlungen festungsartig ausgebaut. Dennoch arbeitet ein guter Teil der Bevölkerung in der Landwirtschaft, die aber kollektiv betrieben wird, sodass das Haus des Einzelnen nicht bäuerlich wirkt. Die Häuser orientieren sich nach innen. Bei entsprechender Größe gibt es in Babylonien einen Hof, an dem als Hauptraum der »Empfangsraum« liegt. Am Grundriss des Hauses orientieren sich die im Zentrum der Stadt gelegenen Tempel oder die oft am Stadtrand angelegten Paläste. Der Austausch von Waren oder der Empfang von Personen findet im Vorhof von Palast oder Tempel statt.

Eine altorientalische Stadt kennt keine öffentlichen Gebäude im engeren Sinn, auch wenn es Organe städtischer Verwaltung und einflussreiche Personen gibt: Bürgermeister, die Ältesten, städtische Beamte, Richterkollegien, den Stadtfürsten, königliche Beauftragte, die Leiter der wichtigsten Tempel. Als Ort für Öffentlichkeit fungiert das Stadttor, hier werden auch Verlautbarungen verkündet. Der alltägliche Handel findet am »Kai« (akkadisch *karum*) statt, dem Namen und dem archäologischen Befund (Tell Bazi in Syrien) nach eine Freifläche außerhalb der eigentlichen Stadt am Fluss, über den der Verkehr abgewickelt wird.

Wichtigen Städten werden von mesopotamischen Herrschern Privilegien wie Abgabenfreiheit gewährt.

3600–3100 v. Chr. In der Phase **Uruk IV** Blüte des städtischen Zentrums Uruk mit monumentalen Bauten und hoch entwickelter Kunst. Im Rahmen der immer komplexer werdenden Administration wird die **Keilschrift erfunden**.

3100–2900 v. Chr. Nach der Schicht **Uruk III** oder nach dem nordbabylonischen Fundort **Dschemdet Nasr**, aus dessen Palast ebenfalls archaische Keilschrifttexte stammen, benannte Periode. In den Texten aus Dschemdet Nasr zeichnen sich erstmals überregionale politische Strukturen ab, da hier Lieferungen an den Tempel der Inana von Uruk verzeichnet sind. Zudem zeigt sich die Einheit Babyloniens in Abrollungen von »Städtesiegeln«, Rollsiegeln mit den Bildzeichen der wichtigsten Städte, die nur von einer überregionalen Amtsstube gebraucht werden können.

3000–2900 v. Chr. Urbanisierung in Obermesopotamien, die sog. »Kranzhügel«-Städte und das Zentrum Mari werden gegründet.

2900–2600 v. Chr. **Frühdynastisch I–II**: Aus der Frühdynastisch II-Zeit stammen die ersten Königsinschriften. Zu den ältesten bekannten Königen gehört MEBARAGESI, König von Kisch.
Die Stadtmauer von Uruk wird erbaut, der Sage nach von GILGAMESCH.
Der wichtigste Fund aus Babylonien sind Zeugnisse administrativer Praxis, Siegelabrollungen und Urkunden aus Ur. Im Dijala-Gebiet östlich von Bagdad werden Orte und Heiligtümer freigelegt, unter den Funden ragen die Beterstatuetten heraus.
Im Norden Mesopotamiens herrscht die nach der Fundschicht als »Ninive 5« bezeichnete Kultur.

ca. 26. Jh. v. Chr. **Frühdynastisch IIIa** (Fara-Zeit): Wichtigster Fundort ist **Fara** (antik Schuruppak) mit Urkunden, lexikalischen und literarischen Texten. Der Ort dient als Verwaltungszentrum eines Gebietes, das von Kisch im Norden bis Uruk im Süden reicht und die großen Städte Babyloniens mit Ausnahme von Ur umfasst. Die Stadtstaaten unterstehen dem König von Kisch.

ca. 2530/2500(?) v. Chr. **MESILIM**, König von Kisch, wird von den Fürsten von Adab wie von Lagasch in ihren Inschriften anerkannt; er bestimmt die Grenze zwischen den Stadtstaaten Umma und Lagasch.

ca. 2500–2320 v. Chr. **Frühdynastisch IIIb**: Schriftfunde und Ausgrabungen aus vielen Orten in Babylonien, Obermesopotamien und Syrien erlauben eine gute Kenntnis dieser Periode.

ca. 2470–2340 v. Chr. **Lagasch I-Dynastie**: URNANSCHE begründet eine Dynastie von insgesamt neun Fürsten (sumerisch *ensi*) von Lagasch. Mit URNANSCHE beginnen Berichte in den Inschriften, in denen er von Bauten im Land und erfolgreichen Schlachten berichtet.

25. Jh. v. Chr. Im **»Königsfriedhof von Ur«** werden einige besonders prächtig ausgestattete Gräber gefunden, in denen Herrscher oder Mitglieder der Königsfamilie, darunter Königin PU-ABI (besser: PU-ABUM), mit ihrem Gefolge und mit bespannten Wagen bestattet wurden. Diese auch aus Kisch bekannte Form der Gefolgschaftsbestattung wird in Mesopotamien weder zuvor noch später praktiziert.

ca. 2420 v. Chr. EANATUM, Fürst von Lagasch, berichtet auf der reliefierten »Geierstele« von den fortgesetzten Auseinandersetzungen mit dem nördlichen Nachbar Umma um den Besitz eines fruchtbaren Landstrichs, ein Zwist, der trotz königlicher Grenzziehungen von MESILIM von Kisch (um 2530/2500) bis zum Ende der Dynastie (ca. 2340) anhält. Die »Geierstele« ist nach den über den erschlagenen Feinden kreisenden Geiern des Reliefs benannt.

ca. 2380–2330 v. Chr. Die 1975 entdeckten Archive im Palast von **Ebla** in Syrien (etwa 3000–4000 Urkunden) erlauben eine Rekonstruktion der Geschichte Syriens und Obermesopotamiens während etwa 40–50 Jahren. Das gesamte Gebiet von Syrien östlich des Libanons über Obermesopotamien und das Euphrattal bis Babylonien ist von Territorialstaaten beherrscht, die ihre lokalen Konflikte austragen, Verträge schließen oder diplomatische Kontakte pflegen.

ca. 2380–2370 v. Chr. **Mari** am Mittleren Euphrat erscheint in der Frühzeit der Texte aus Ebla als die dominierende Stadt, deren Einfluss bis nach Obermesopotamien und Syrien reicht.

ca. 2360–2350 v. Chr. Neben Mari etablieren sich Ebla in Syrien und Nagar in Obermesopotamien als wichtige Zentren neben anderen Stadtstaaten.

ca. 2350–2320 v. Chr. In der letzten Phase der frühdynastischen Zeit verstärkt sich der Kampf der Stadtstaaten um die Vorherrschaft in Mesopotamien; die Koalitionen reichen von Babylonien bis Syrien. Durch diese Hegemonialansprüche wird das Reich SARGONS von Akkade vorbereitet.

ca. 2350–2340 v. Chr. **URUKAGINA** (auch IRI'ENIMGENA, IRIKAGINA, URU'INIMGINA gelesen), letzter frühdynastischer Herrscher von Lagasch, verfasst gegen Anfang seiner elfjährigen Regierungszeit die sog. »Reformtexte«, die den Schutz sozial Schwacher garantieren sowie die verschiedenen Abgaben und die Zuständigkeit von Palast und Tempel regeln. Die Reform wird als »alte Ordnung« des Stadtgottes Ningirsu dargestellt, geht aber einher mit der Annahme des Königstitels und wohl einer umfassenden Kontrolle der Tempel.

ca. 2347–2340 v. Chr. Ab seinem fünften Jahr muss URUKAGINA um das Überleben seines Staates erst gegen Uruk, dann gegen LUGALZAGESI kämpfen, dem er schließlich unterliegt (ca. 2340).

ca. 2350–2325 v. Chr. **LUGALZAGESI**, Fürst von Umma, gewinnt das Königtum von Uruk von ENSCHAKUSCHANA und wird dadurch zum mächtigsten Herrscher Babyloniens, wie seine auf zahlreichen Opfergefäßen überlieferte Weihinschrift aus Nippur zeigt.

ca. 2340 v. Chr. LUGALZAGESI erreicht die unumstrittene Vorherrschaft in Babylonien mit seinem Sieg über das einst mächtige Lagasch unter URUKAGINA, das den Südosten Babyloniens und damit den Handel über das Meer und nach Iran kontrolliert.

ca. 2333 v. Chr. Eine Koalition von Ebla (in Syrien) und Nagar (in Obermesopotamien), verbündet mit Kisch (in Babylonien), besiegt die alte Metropole Mari.

ca. 2330 v. Chr. **Ebla wird zerstört**, wahrscheinlich von Mari, das selbst noch etwa 10 Jahre besteht. Durch die Zerstörung und den Brand des Palastes sind die Tontafelarchive erhalten.

2343–2314 v. Chr. **SARGON** (so biblisch nach SARGON II., eigentlich SCHARRUM-KIN) **von Akkade**: Er gründet (oder erweitert) die bis dahin unbekannte Stadt Akkade (wohl am Tigris nördlich von Bagdad). Er geht in die Geschichte als Begründer des »ersten Weltreichs« ein. Um SARGON ranken sich in Mesopotamien mehrere Erzählungen (Geburtslegende: wie MOSES im Körbchen ausgesetzt; im Dienst bei König UR-ZABABA von Kisch Erwählung durch die Göttin Ischtar usw.).

ca. 2325 v. Chr. Durch den Sieg über LUGALZAGESI von Uruk fällt ganz Babylonien an SARGON.

ca. 2320 v. Chr. Ein Feldzug nach Westen endet mit der Zerstörung der alten Metropole Mari. Die Kriege zwischen den Mächten Obermesopotamiens und Syriens haben das Land wohl so verwüstet und geschwächt, dass SARGON bis ans Mittelmeer gelangen kann. Im Osten erobert SARGON Elam und Susa. Damit sind die ehemaligen Stadtstaaten des Alten Orients im Reich von Akkade aufgegangen.
In Obermesopotamien führt der Untergang der Stadtkultur zum Aufkommen des Nomadentums und damit zur Ethnogenese der Amurriter, die Lebensweise und Sprache der Nomaden der syrischen Steppe übernehmen.

Die Reiche von Akkade und Ur III (ca. 2320–2003 v. Chr.)

Die Zeit der Stadtstaaten in Mesopotamien geht mit Kämpfen um die Vorherrschaft zu Ende, in die alle Mächte vom Süden Babyloniens bis nach Syrien involviert sind. Der Sieg von **SARGON VON AKKADE** (2343–2314) bedeutet den Beginn einer neuen Epoche mit einem umfassenden Reich und seiner Kultur; zugleich sind Orte und Gebiete der vorangegangenen frühdynastischen Zeit von der Landkarte verschwunden oder in ihrer Bedeutung stark reduziert. Im **Reich von Akkade** (2343–2172/66) werden die ehemaligen Stadtstaaten zu Provinzen, die im Inneren in Verwaltung, Rechtspraxis und Kult weitreichende Freiheiten besitzen, aber keine eigene Außenpolitik führen und zu Abgaben an Akkade verpflichtet sind. Dieses in mancher Hinsicht föderalistische Modell der Verwaltung des Landes übernehmen die Könige von Ur (2110–2003). Nach der sumerischen Königsliste handelt es sich um die **Dritte Dynastie von Ur**, die in Babylonien herrscht; daher der moderne Begriff **»Ur III-Zeit«**.

Die Reiche von Akkade und Ur beruhen auf einem Königtum, das von den Fürsten in den Provinzen getragen wird. Ideologisch gelingt eine stärkere Verankerung der Herrschaft durch die **Vergöttlichung des Königs**. Von NARAM-SIN nach der Rettung aus der großen Revolte eingeführt und von seinem Nachfolger SCHAR-KALI-SCHARRI übernommen, führt dann SCHULGI von Ur in seinem 21.–30. Jahr schrittweise die Vergöttlichung ein: Der Name des Königs wird mit dem Determinativ für Gottheiten geschrieben, es werden Tempel für den Herrscher errichtet, darin ein Kult etabliert, Königsstatuen verteilt; zur Ur III-Zeit gibt es Jahresfeste für die Könige. Der Königskult wird in die sonst lokalen Kulte integriert und trägt so ideologisch zur Einheit des Reiches bei.

Die Zentren des Reichs sind die Hauptstädte. Zunächst Akkade, die bisher noch nicht sicher lokalisierte, von SARGON gegründete (oder ausgebaute) Hauptstadt, die am Tigris nördlich von Bagdad wohl an der Einmündung des Adem-Flusses zu suchen ist. Unter den Königen von Ur kommt neben Ur, dem Sitz der Dynastie, auch der alten Königsstadt Uruk und dem religiösen Zentrum Nippur ein besonderer Status im Reich zu. Im Reich von Ur bildet Girsu (ehemaliger Stadtstaat Lagasch) die stärkste Provinz.

Sowohl die Herrscher von Akkade als auch die von Ur führen besonders häufig Feldzüge nach Osten durch gegen die Staaten im Zagrosgebirge, um die für den Rohstoffimport wichtigen Wege nach Iran zu sichern. Susa (Südwestiran) ist sowohl in das Reich von Akkade wie in das von Ur integriert. Während Akkade noch **Obermesopotamien** teilweise beherrscht, ist dieses Gebiet unter den Königen von Ur v. a. von Nomaden bevölkert, die als **Amurriter** (Amoriter; sumerisch Mardu) bezeichnet werden. Diese Nomaden sind am Ende des 3. Jt.s auch im Süden Mesopotamiens zu einer Macht geworden. Die **Hurriter** sind ursprünglich am oberen Tigris und um den Tur Abdin (Dreiländereck Syrien-Türkei-Irak) beheimatet. Im ausgehenden 3. Jt. sind hurritische Herrscher (hurritisch *endan*) von kleineren Staaten in Obermesopotamien und wohl im Osttigrisland belegt, darunter sowohl als Gegner von NARAM-SIN (TALPUSCHATILI) wie als Verbündete (in Urkisch). Im Westen zerstören SARGON und NARAM-SIN von Akkade Ebla und Mari; nach einer Phase des Niedergangs erleben die beiden Orte einen enormen Aufschwung, wie die archäologischen Grabungen dort zeigen; sie gehören zu den wichtigsten diplomatischen Partnern der Könige von Ur.

Innenpolitisch überleben die aus der frühdynastischen Zeit bekannten Institutionen und Organisationen (wie der Tempel), auch wenn nun immer dem königlich staatlichen Bereich innerhalb der Provinz Raum zugestanden wird (Abgaben, Arbeitsdienste, Felderträge). Für die Herrscher von Akkade ist bemerkenswert, dass sie Grundbesitz in großem Maßstab aufkaufen. Die Zeit der Dritten Dynastie von Ur zeichnet sich durch eine ungewöhnlich hohe Dichte an überlieferten **Verwaltungsurkunden** aus (der erhaltene Bestand in Museen und Sammlungen wird auf bis zu 100 000 Tontafeln geschätzt). Die Urkunden stammen aus gut 30 Jahren und kommen v. a. aus den Provinzverwaltungen der Fürsten von Umma bzw. Girsu und den königlichen Archiven über Schlachtvieh; sie betreffen alle Bereiche der Wirtschaft von Ackerbau, Personal, Textilverarbeitung bis Handwerk, Handel und Lieferungen für Opfer.

Der Handel profitiert vom Bedarf und dem wirtschaftlichen Potenzial der Reiche. Neben dem Überlandhandel nach Iran kommt wie zuvor in der frühdynastischen Zeit v. a. der Verbindung über den Persischen Golf bis Magan (Oman) und Meluhha (Industal) besondere Bedeutung zu.

Sowohl die Akkade-Zeit als auch die Ur-III-Zeit sind eine Blütezeit künstlerischer Leistungen. In der Akkade-Zeit wird das **Akkadische als Literatursprache** der erzählenden Königsinschriften gebraucht; sonst sind wenige literarische Texte erhalten. Im Süden blüht im 21. Jh. v. Chr. die sumerische Literatur. Die Hymnen auf den Tempelbau GUDEAS' VON LAGASCH (um 2100 v. Chr.) gehören zu den umfangreichsten literarischen sumerischen Texten, ausgezeichnet durch ihre bildreiche Sprache. Am Hof von Ur entsteht eine ausgeprägte Dichtung, insbesondere Hymnen auf die Könige, eine besonders produktive Gattung der sumerischen Literatur (bis ins 19. Jh. v. Chr.). Auch ein Teil der Epik dürfte am Hof von Ur entstanden sein. In der Akkade-Zeit werden **Bildwerke** von allerhöchster Qualität geschaffen, die sich durch ihre Plastizität und Energie auszeichnen. Für die **Architektur** ist die Ur-III-Zeit prägend: UR-NAMMA (2110–2093) findet die verbindliche Form des dreistufigen Tempelturms, der Zikkurrat, die den Tempel trägt. In einem beispiellosen Bauprogramm lässt er die Tempel der Hauptgötter des Landes in Ur, Nippur, Uruk, Eridu und Kesch (dies nicht lokalisiert) aus Ziegeln errichten. In der Hauptstadt Ur liegen neben dem in der Ur-III-Zeit geschaffenen Tempelkomplex Reste des Palastes namens Ehursang (»Haus Gebirge«) und die königlichen Grüfte. In der Siegelkunst herrscht die sog. »Einführungsszene« als Thema vor, bei der ein Beter von einer persönlichen Gottheit vor einen thronenden Gott oder den vergöttlichten König geführt wird. Siegel tragen nun in der Regel eine Namensinschrift des Inhabers.

2343–2211 v. Chr. Herrschaft der Dynastie SARGONS von Akkade.

2343–2314 v. Chr. **SARGON VON AKKADE** schafft die Grundlagen des Reichs durch seine Eroberungen von Elam (im Südwesten Irans) bis Syrien. Die ehemaligen Stadtstaaten werden zu Provinzen. Akkadische Beamte sind im ganzen Land tätig.

2313–2292 v. Chr. SARGONS Söhne RIMUSCH und MANISCHTUSCHU halten das Reich ihres Vaters trotz mehrerer Aufstände zusammen. Erfolgreiche Feldzüge führen nach Iran. Die Abfolge der beiden Herrscher ist nicht gesichert.

2291–2236 v. Chr. **NARAM-SIN** von Akkade ist eine der schillerndsten Gestalten der mesopotamischen Geschichte. In seine lange Regierungszeit fällt die Konsolidierung des Reichs von Akkade, breitet sich akkadische Kultur jeder Art (Verwaltung, Schrift, Kunst, Alltagskultur) im gesamten Reich aus, das von Mesopotamien bis Südwestiran und im Nordwesten bis ins Habur-Gebiet (heute Provinz Hasseke, Syrien) reicht. Seine Feldzüge führen ihn nach Westen bis in den Libanon, nach Norden zu den »Quellen von Euphrat und Tigris«, und immer wieder in die Bergketten des Zagros.
Ein Aufstand Babyloniens, bei dem sich die früheren Stadtstaaten unter Kisch und Uruk zusammenschließen, die sog. »Große Revolte«, führt NARAM-SIN an den Rand der Katastrophe. In einer Reaktion auf den mühsam errungenen Sieg wird NARAM-SIN zum Gott seiner Stadt Akkade erklärt.

2235–2211 v. Chr. SCHAR-KALI-SCHARRI kann den Untergang des Reichs von Akkade nicht aufhalten, er ist militärisch v. a. im Osten gebunden.

2210–2172/66 v. Chr. Nach einem Interregnum mit vier Königen in drei Jahren und nach DUDU und SCHU-DURUL endet die Herrschaft von Akkade.

23.–22. Jh. v. Chr. In **Urkisch** (Tell Mozan) in Obermesopotamien (im Norden des heutigen Syrien) lokale hurritische Herrscher (genannt *endan*). Eine Tochter von NARAM-SIN heiratet in die Königsfamilie von Urkisch ein. Im 22. Jh. ist Urkisch dominierender Ort in Obermesopotamien, unter den Herrschern TISCHATAL von Urkisch und NAWAR.

ca. 2210–2110 v. Chr. Herrschaft der **Gutium** (Guti, Gutäer) in Babylonien, die sich in ihren Inschriften als Erben der mesopotamischen Kultur erweisen, auch wenn die mesopotamische Tradition sie als Fremde aus dem östlichen Bergland darstellt. Die Dauer ihrer Herrschaft ist nach wie vor ein zentrales Problem der mesopotamischen Chronologie; statt der hier vertretenen langen Chronologie von 100 Jahren wurde mit guten Gründen eine Verkürzung bis auf 40 Jahre vorgeschlagen; dann müssten alle zuvor genannten Daten um bis zu 60 Jahre niedriger angesetzt werden.

spätes 22. Jh. v. Chr. Kutik-Inschuschinak von Elam beherrscht den Ostteil der babylonischen Tiefebene.

um 2110 v. Chr. Utu-hengal von Uruk beendet die Herrschaft von Gutium, kann aber selbst keine Dynastie begründen.

um 2100 v. Chr. **Gudea von Lagasch** ragt unter den Fürsten von Lagasch (Hauptstadt Girsu) heraus, die zwischen den Reichen von Akkade und Ur herrschen (Lagasch II). Seinen Bau des Haupttempels Eninnu für Ningirsu, Hauptgott in diesem mächtigen Stadtstaat, verherrlicht eine auf zwei mächtigen Tonzylindern überlieferte Hymne, das wichtigste sumerische Literaturwerk des 3. Jt.s. Gudeas zahlreich überlieferte Statuen aus Diorit bzw. Gabbro sind z. T. mit ausführlichen Inschriften versehen, doch behandeln sie keine politischen Taten.

2110–2003 v. Chr. Die Dritte Dynastie von Ur herrscht über Babylonien und schließt im Osten das Reich Susa (Südwestiran) mit ein, im Nordosten das Dijala-Gebiet (Eschnuna; östlich von Bagdad), im Norden Assur. Die Feldzüge richten sich nach Osten gegen Kleinstaaten im Zagrosgebirge. Das mächtige Mari am mittleren Euphrat ist durch diplomatische Heirat mit Ur eng verbunden. Mit den Herrschern von Anschan (bei Schiras) und Schimaschki (bei Isfahan?) besteht intensiver, aber nicht immer freundschaftlicher Kontakt.

2110–2093 v. Chr. **Ur-Namma** (Ur-Nammu) von Ur begründet durch seine Eroberungen v. a. in Mittel- und Nordbabylonien und durch das Einbeziehen des starken Stadtstaates Lagasch das Reich. Dies erfordert eine neue Festlegung der Provinzen (»Katastertext«). Ur-Namma erlässt für seine Bewohner Rechtsvorschriften auf sumerisch, den ältesten überlieferten Gesetzestext (»Codex Ur-Namma«). In Sumer baut er das Kanalsystem aus und legt Land trocken. Wirtschaftlich entscheidend ist wohl die Konzentration des Seehandels über den Persischen Golf in Ur, wo insbesondere Kupfer aus Oman (antik Magan) geliefert wird. In einem großen Bauprogramm stattet er seine Hauptstadt Ur und die großen Heiligtümer des Landes mit Neubauten von Tempeln aus; neu ist die dreistufige Zikkurrat, die das Hauptheiligtum trägt. Unter Ur-Namma beginnt die neue Gattung der Königshymnen, die Taten des Herrschers preisen oder Götter zum Schutz des Herrschers anrufen.

2092–2045 v. Chr. **Schulgi von Ur**, Sohn von Ur-Namma, verheiratet zuerst mit Taram-Uram, Königstochter aus Mari, festigt das ererbte Reich und erweitert es durch Kriege im Osten und Nordosten. Unter Schulgi blüht die sumerische Dichtung am Hof; mehr als 20 z. T. umfangreiche Hymnen auf den König sind in altbabylonischen Abschriften (aus dem 18. Jh. v. Chr.) erhalten.

2081–2063 v. Chr. Die Vergöttlichung des Herrschers wird schrittweise eingeführt, von der Schreibung des Königsnamens mit dem Gottesdeterminativ 2081 bis zur Einrichtung von Tempeln mit ihrem Kult 2063. Die Vergöttlichung des Herrschers wird prägend für die Dynastie und für die Nachfolger des 20.–19. Jh.s v. Chr.

2073/72 v. Chr. Ordnung des Heerdienstes und der Verwaltung des Ackerlandes.

2069–2045 v. Chr. Wiederholte Kriegszüge gegen Kleinstaaten am und im Zagrosgebirge.

2054 v. Chr. Gründung einer Behörde für Kronbesitz an Vieh und Schätzen in Puzrischdagan (modern Drehem) bei Nippur; tausende Verwaltungsurkunden sind erhalten.

2044–2036 v. Chr. Amar-Suena (Amar-Sin), Sohn von Schulgi, verwaltet das Erbe des Vaters, geht aber als glückloser König in die Geschichte ein.

2035–2027 v. Chr. **Schu-Suen**, Sohn von Amar-Suena, führt erstmals Feldzüge nach Norden (gegen Schimanum, 2033) und gegen Schimaschki (in Iran, 2030) durch; Anzeichen für Änderungen in den bisher stabilen Koalitionen.

2032 v. Chr. Bau einer Mauer in Nordbabylonien gegen die Amurriter, Bezeichnung für die Schafnomaden, die v. a. in Syrien und Nordmesopotamien beheimatet sind, aber sich auch in Babylonien aufhalten.

2026–2003 v. Chr. Unter **Ibbi-Suen** (Ibbi-Sin), Sohn von Schu-Suen, zerfällt das Reich von Ur rasch.

2024–2019 v. Chr. Die Provinzen des Kernlandes, die alten Stadtstaaten, fallen in rascher Folge ab (2024 im Osten und Norden, darunter Eschnuna und Susa, 2023 Umma, 2022 Girsu, 2019 Nippur).

2021–2019 v. Chr. Die Getreideknappheit treibt den Preis für Gerste auf das 15-fache des Üblichen, selbst die Grundversorgung der Arbeitskräfte bricht zusammen. Hintergrund könnte eine nicht mehr korrigierbare Verschiebung des Tigriswassers nach Osten gewesen sein, sodass Getreidefelder in Umma und Girsu austrockneten.

2019 v. Chr. In Isin in Mittelbabylonien wird Ischbi-Erra aus Mari König. Ischbi-Erra verfügt über Getreide und nützt die Hungersnot von Ur für Zugeständnisse aus; 2014 werden die Tempelschätze von Ur für den Kauf von Getreide nach Isin gesandt.

2003 v. Chr. Die Hauptstadt Ur wird durch die einfallenden Elamer unter Kindattu von Schimaschki zerstört. Die Vernichtung der Königsstadt, das Wüten der Feinde und das Leiden der Bevölkerung werden erschütternd in langen historischen Klageliedern über die Zerstörung von Ur und Sumer geschildert.

Die altbabylonische Zeit (2003–1595 v. Chr.)

Die altbabylonische Zeit reicht vom Ende der 3. Dynastie von Ur (2003 v. Chr.) bis an das Ende der 1. Dynastie von Babylon (1595 v. Chr.). Mit dem Untergang von Ur enden die alten Stadtstaaten des 3. Jt.s, die in den Provinzen des Reiches von Ur fortbestanden haben. Die beiden sumerischen Stadtstaaten Umma und Lagasch/Girsu, die das 3. Jt. geprägt haben, verlieren jede Bedeutung, der Schwerpunkt der Besiedlung in Babylonien verschiebt sich nach Westen an den Euphrat.

Am Ende des 3. Jt.s sind in Babylonien verstärkt **Amurriter** (Amoriter) aufgetreten, die sich durch nomadische Lebensweise auszeichnen und durch ihre Sprache von den Städtern unterscheiden. Sie werden in der frühen altbabylonischen Zeit zu einer wichtigen Macht in Babylonien, viele altbabylonische Könige tragen amurritische Namen, was eine ursprüngliche Herkunft aus dem Nomadenmilieu andeutet, auch wenn sie längst Teil der mesopotamischen Stadtkultur sind. Die altbabylonische Zeit wird deshalb auch als Epoche der »amurritischen Dynastien« bezeichnet. Die Herrscher bezeichnen sich zum Teil als »Schech« eines Stammes ebenso wie als »König« einer Stadt, sind also auf Anerkennung in allen Bevölkerungsgruppen angewiesen. Die Trennung zwischen den städtischen Akkadern und den ländlich-nomadischen Amurritern bleibt besonders in Mari bis ans Ende (1759 v. Chr.) bestehen. Amurritische Namen finden sich von Babylonien bis nach Syrien im Westen.

Zwei zuvor unbedeutende Orte übernehmen den Führungsanspruch in Babylonien: **Isin** in Mittelbabylonien und **Larsa** im Süden. Doch neben ihnen herrscht genügend Freiraum, in dem sich verschiedene lokale Kleinkönigtümer entwickeln, die z. T. in Koalitionen überleben können. In Nordbabylonien setzt sich schließlich im 19. Jh. v. Chr. **Babylon** durch. Im Osten etabliert sich **Eschnuna** im Dijala-Gebiet als Macht. Überragt werden solche kleineren Orte von **Elam** im Südwestiran, das die Zufuhr des wichtigen Zinns kontrolliert. Im Norden am Tigris taucht nun **Assur** auf, das insbesondere durch die Kontrolle des Handels mit Anatolien Bedeutung gewinnt. Im Westen zählt die alte Metropole **Mari** am mittleren Euphrat weiterhin zu den Hauptakteuren, in Syrien kommen **Aleppo** und das östlich des Orontes gelegene **Qatna** hinzu. Ein komplexes Geflecht von nicht immer stabilen politischen Allianzen bestimmt die altbabylonische Geschichte: diplomatischer Austausch von Gesandten und Geschenken, dynastische Heiraten, Spionagetätigkeit, Stellvertreterkriege, Hilfstruppen an weit entfernten Kriegsschauplätzen, Heere von mehr als 10 000 Mann, Friedensschlüsse und Staatsverträge. Aus den Kriegen um die Vorherrschaft in Mesopotamien mit den großen Königen Schamschi-Adad I. und Rim-Sin I. von Larsa geht schließlich Hammurabi von Babylon (1792–1750) als Sieger hervor. Damit gewinnt Babylon den Status als Königsstadt, den es bis ans Ende der altorientalischen Geschichte beibehält.

Unter den Quellen sind für die Chronologie wichtig die Königslisten und die nach bestimmten Ereignissen, häufig militärischen Erfolgen, benannten Jahresdaten. Die Datierung von Urkunden zeigt dann auch die Zugehörigkeit zu einem Staat an. Die Inschriften der Könige betreffen meist Bauten und Weihungen, es lassen sich auch archivalische Zeugnisse wie Urkunden und Briefe heranziehen. Das mit Abstand beste Quellenmaterial sind die etwa 20 000 Tafeln und Fragmente aus den **Palastarchiven von Mari** (ca. 1810–1761), wo datierte administrative Urkunden ein chronologisches Gerüst ergeben, in das die in der Korrespondenz genannten Ereignisse eingefügt werden können. Die Administration verbucht z. B. Ausgaben für königliche Reisen, Geschenke an befreundete Herrscher oder Empfänge der siegreichen Feldherrn. Die Korrespondenz ist an den König von Mari gerichtet und stammt von Beamten und Statthaltern Maris, von Gesandten aus diplomatischer Mission oder von anderen Herrschern. Dabei werden Informationen über die aktuellen Ereignisse mitgeteilt, Pläne besprochen und politische Entscheidungen vorbereitet.

Wie in vorangegangenen Zeiten liegt auch in der altbabylonischen Zeit die politische wie wirtschaftliche Macht beim Palast. Vorrangig interessiert die Kontrolle des **Metallhandels** in der altbabylonischen Zeit, der Mittleren Bronzezeit: Kupfer kommt im Wesentlichen nach wie vor aus Oman über den Persischen Golf, doch tauchen gelegentlich auch andere Herkunftsorte auf (etwa Zypern). Das Zinn kommt über Elam (Südwestiran) nach Mesopotamien, Assur übernimmt den Export nach Anatolien, Mari den nach Westen.

Prinzipiell ist der Palast, also der König, Eigentümer des Landes, sodass für die Bewirtschaftung von **Ackerland** bestimmte Dienste zu leisten sind (Militärdienst, Arbeit am Kanalsystem usw.). Das Ackerland kann sich dann lange Zeit im Besitz einer Familie befinden. Dieser Familienbesitz wird möglichst auch nach Eroberungen unter dem neuen Herrscher berücksichtigt. Die ständigen Änderungen der politischen Rahmenbedingungen fördern es sicherlich, dass in altbabylonischer Zeit die wirtschaftlichen Prozesse stärker an bestimmte Ämter und Einzelpersonen gebunden sind, weniger wie zuvor an Organisationen wie Tempel. So übernehmen Mittelsmänner (»Entrepreneure«) für den Palast die Bewirtschaftung seiner Ressourcen, etwa die Bewirtschaftung von Dattelgärten, die weiterverpachtet werden, oder den Verkauf von Wolle aus den staatlichen Viehherden; ein Teil des Silbers ist dann abzuliefern. In gleicher Weise treiben Händler im Auftrag des Palastes ihre Geschäfte.

Die zu Tausenden erhaltenen Urkunden und die Thematik der Alltagsbriefe zeigen, in welchem Ausmaß das **Recht das Alltagsleben des Einzelnen** in der altbabylonischen Zeit **prägt**. Rechtsurkunden begleiten Privatleben (Adoption, Heirat, Erbschaft) wie Geschäftliches (Kauf, Darlehen, Pacht, Miete usw.); Prozesse werden vor örtlichen Richtern geführt. Der Schutz des Rechts obliegt wieder dem König. Dazu erlassen die Herrscher Schuldentilgungen oder Rechtsedikte, es sind auch Sammlungen von Rechtsvorschriften überliefert (Kodex Lipiteschtar, Kodex von Eschnuna, Kodex Hammurabi).

Die am Unterlauf des Tigris gelegenen Stadtstaaten Girsu und Umma verlieren nach dem Ende von Ur, wo-

Dynastien der altbabylonischen Zeit
(Auswahl, alle v. Chr.)

Isin	Larsa	Babylon	Assur
Ischbi-Erra 2019–1987	Naplanum 2025–2005		
Schu-ilischu 1986–1977			Iluschuma ca. 1980
Iddin-Dagan 1976–1956	Samium 1976–1942		Irischum I. ca. 1975–1935
Ischme-Dagan 1955–1937			
Lipit-Eschtar 1936–1926			Sargon I. ca. 1920–1880
Ur-Ninurta 1925–1898	Gungunum 1933–1907		
	Abisare 1906–1896		
Bur-Sin 1897–1876	Sumu-el 1895–1867	Sumu-abum 1894–1881	
Lipit-Enlil 1875–1871		Sumu-la-el 1880–1845	Puzur-Assur II. ca. 1870
Erra-imitti 1862–1839	Nur-Adad 1866–1851		Naram-Sin ca. 1850
	Sin-iddinam 1850–1844		
	Sin-eribam 1843–1842	Sabium 1844–1831	
Zambija 1838–1836	Sin-iqischam 1841–1837		
Iter-pischa 1835–1832	Silli-Adad 1836		
Urdukuga 1831–1828	Warad-Sin 1835–1823	Apil-Sin 1830–1813	
Sin-magir 1827–1817			Erischum II. ca. 1820
Damiq-ilischu 1816–1794	Rim-Sin 1822–1763	Sin-muballit 1812–1793	Schamschi-Adad I. 1808–1776
		Hammurabi 1792–1750	Ischmedagan I. 1776–1760
		Samsu-iluna 1749–1712	
		Abi-eschuch 1711–1684	
		Ammi-ditana 1683–1647	
		Ammi-saduqa 1646–1626	
		Samsu-ditana 1625–1595	

möglich aufgrund einer geänderten Wasserführung des Flusses, jede Bedeutung. Damit geht der Kernbereich von Sumer verloren. **Sumerisch** überlebt im politisch wie wirtschaftlich stabileren Mittelbabylonien, v. a. in Nippur, Stadt des Hauptheiligtums Babyloniens, als Alltagssprache bis ins späte 20. Jh. v. Chr. Danach wird Sumerisch als Literatursprache in der Schule gepflegt. Die Schreiber schaffen aber in ihrer Muttersprache, dem **altbabylonischen Dialekt des Akkadischen**, eine neue Literatur, die in ihrer Qualität zu den höchsten Kulturleistungen Mesopotamiens zählt (Gilgamesch und andere Epen, Mythen, Hymnen usw.).

Akkadisch ist Schriftsprache auch für persönliche Dokumente in einem weiten Bereich von Susa im Osten über Babylonien und Obermesopotamien bis nach Syrien, die assyrischen Kaufleute schreiben auch in Anatolien in ihrem Dialekt, dem Altassyrischen. Viele derjenigen, die Akkadisch als Schriftsprache benützen, beweisen durch ihre hurritischen, elamischen und v. a. amurritischen Namen, dass sie einem anderen sprachlichen Hintergrund entstammen. Nach dem Zeugnis von Briefen, etwa von reisenden Kaufleuten an ihre Ehefrau daheim oder von Amtskollegen sowie von Urkunden, sind Schreiben und Lesen in Babylonien recht weit in der Gesellschaft verbreitet; Schätzungen gehen sogar davon aus, dass 5–10 % der Bevölkerung lesen können.

Dominanz von Isin und Larsa in Babylonien (2003–1794 v. Chr.)

Das Ende der Dritten Dynastie von Ur, die ein Jahrhundert Babylonien regiert hat, wird als historische Zäsur empfunden. Die Klagelieder auf die Zerstörung von Ur sind ein deutliches Zeugnis für die literarische Bewältigung dieses Traumas. Das Ende beruht auf einer göttlichen Entscheidung: »Ur wurde das Königtum gegeben, eine ewige Herrschaft wurde ihm aber nicht gegeben«.

Die Könige von **Isin** übernehmen die Repräsentation des Königtums von der 3. Dynastie von Ur, v. a. in der Vergöttlichung des Königs (aber ohne Tempel für den König) und in der literarischen Form der sumerischen Königshymne. Ende des 20. Jh. etabliert sich **Larsa** unter GUNGUNUM als zweite Macht im Südosten des Landes und entlang der Tigrislinie bis Maschkanschapir, das sogar nördlich von Isin liegt. Isin bleibt eher auf Mittelbabylonien und die Euphratlinie beschränkt. Neben den beiden großen Dynastien von Isin und Larsa entwickeln sich weitere lokale Fürstentümer, von denen letztendlich Babylon die wichtigste Macht darstellen wird.

Das Konzept der Stadtstaaten bzw. »Provinzen« des 3. Jt.s lebt in der altbabylonischen Zeit aufgrund der starken demografischen und politischen Veränderungen nicht weiter. Die Staatsgebiete sind nun stärker auf das Zentrum ausgerichtet. Das ideologische Zentrum von Isin ist das Heiligtum des Götterkönigs Enlil von Nippur. Damit einher geht eine Pflege der sumerischen Sprache, die nach der Katastrophe um 2000 v. Chr. aufgrund der Verödung des Landes Sumer (Girsu und Umma) v. a. im akkadisch-sumerisch-zweisprachigen Mittelbabylonien überlebt und dort am Ende des 20. Jh. v. Chr. als Alltagssprache verschwindet. Unter den Königen von Isin wird das Sumerische gefördert, indem neben den Königshymnen ein Corpus an literarischen Texten z. T. tradiert, z. T. neu geschaffen wird; darunter Lieder auf den Gott Enlil oder die Stadt Nippur. Das Schreiberwissen wird in lexikalischen Listen gesammelt: Zeichenlisten geben Form und sumerische Aussprache von Keilschriftzeichen wider, Gegenstandslisten führen Begriffe wie Hölzer und Holzgegenstände, Metalle, Tiere, Berufe usw. auf, grammatische Texte sammeln Verbalformen usw. Die vielen erhaltenen Schultexte aus mehreren Orten Babyloniens erlauben eine Rekonstruktion des Schulcurriculums von Zeichenübungen über Listen zu Sprichwörtern und dann zur Literatur. Die **Schule von Nippur** genießt das höchste Ansehen; der Schulunterricht in Privathäusern und im ganzen Land orientiert sich an diesem Vorbild. Der Verankerung des Sumerischen in der Ausbildung der Schreiber, deren Muttersprache ja Akkadisch ist, verdanken wir den Reichtum der überlieferten sumerischen Literatur (etwa die Heldenepen um Enmerkar, Lugalbanda und Gilgamesch, historische Dichtung, Mythen, Hymnen, Weisheitsdichtung usw.). Die erhaltenen Abschriften stammen v. a. aus Nippur, meist aus dem 18. Jh. v. Chr. Die Rolle von Isin als Förderer der Literatur übernehmen nachfolgend zuerst die Königshöfe von Larsa unter RIM-SIN und von Babylon unter HAMMURABI und seinen Nachfolgern.

2026–2006 v. Chr. **NAPLANUM** wird in Königslisten als erster Herrscher von Larsa angeführt. Womöglich ist er der Amurriter NAPLANUM, der also als Schech von Nomaden im Reich von Ur in hohem Ansehen steht. Dahinter mögen Vereinbarungen zwischen Sesshaften und Nomaden gestanden haben.

2019 v. Chr. **ISCHBI-ERRA** aus Mari wird in Isin zum König (regiert bis 1987).

2003 v. Chr. Ur wird von Elamitern zerstört, der letzte König IBBI-SUEN gefangen genommen.

1995 v. Chr. ISCHBI-ERRA von Isin nimmt Ur ein und vertreibt dort die Elamiter.

ca. 1980 v. Chr. Assyrien unter ILUSCHUMA übernimmt die Kontrolle des Handels; Anzeichen für eine Schwächung Babyloniens?

1955–1937 v. Chr. Unter **ISCHME-DAGAN** von Isin Blüte der sumerischen Dichtung. Über politische Ereignisse liegen keine direkten Quellen vor, doch dürfte nach den Hinweisen in literarischen Texten ISCHME-DAGAN Isin aus größeren Schwierigkeiten geführt haben.

1936–1926 v. Chr. **LIPIT-ESCHTAR** von Isin erlässt eine sumerische Rechtssammlung (»Kodex Lipit-Eschtar«).

1933–1907 v. Chr. **GUNGUNUM** erweitert das Gebiet von Larsa, das damit im Süden Babyloniens den Einfluss Isins zurückdrängt. Vor allem erobert GUNGUNUM Ur mit dem für den Handel eminent wichtigen Seehafen.

1880–1845 v. Chr. **SUMU-ABUM** (1894–1881) gilt als erster **König von Babylon**, ist aber wohl eine Art »Großkönig«, der von mehreren amurritischen Herrschern anerkannt wird. Seine Regierungszeit ist eher gleichzeitig mit SUMU-LA-EL (1880–1845), dem eigentlichen Begründer der Dynastie von Babylon, anzusetzen.

ca. 1860–1802 v. Chr. Sin-kaschid-Dynastie als Könige in **Uruk** und als Schechs der Amnanu-Nomaden, mit enger Verbindung zu Babylon.

1835–1823 v. Chr. WARAD-SIN von Larsa wird von seinem Vater KUDURMABUK auf den Thron gebracht, der Larsa und das Gebiet von Jamutbalum erobert hat.

1822–1763 v. Chr. **RIM-SIN** führt in seiner 60 Jahre langen Regierungszeit Larsa zu seiner größten Blüte.

1802 v. Chr. RIM-SIN erobert Uruk und beendet damit die dortige lokale Dynastie.

1794 v. Chr. **RIM-SIN besiegt Isin** endgültig, das bisher das Erbe des Königtums von Ur verwaltet hat. Für RIM-SIN beginnt eine neue Epoche, denn er zählt seine folgenden 30 Regierungsjahre nach dem Ereignis der Zerstörung von Isin.

Obermesopotamien bis zum Tod von Schamschi-Adad (2024–1776 v. Chr.)

Eschnuna und Assur machen sich als Stadtstaaten am Rande des Reiches von Ur III rasch selbstständig. Anders als in Isin und Larsa wird hier nicht die Königstitulatur von Ur übernommen, sondern der Herrscher bezeichnet sich nach wie vor als der seinem »König« untergebene »Fürst«, doch dieser Fürst ist nun der Stadtgott: Assur in Assur, Tischpak in Eschnuna. Der Herrscher von **Assur** ist erst »Fürst« oder »Aufseher«, zudem ist er der höchste »Priester des Gottes Assur«; diese Titulatur wird bis ans Ende des assyrischen Reiches (612 v. Chr.) bestehen. Neben dem König übt die Stadtversammlung von Assur großen Einfluss aus. Jedes Jahr wählt man einen Beamten als Aufseher v. a. der Finanzen, der zudem als Jahreseponym fungiert (akkadisch *limum*). Dass in dieser Form die Finanzen und die Wirtschaft direkt mit der Politik verbunden sind, kennzeichnet gut den Charakter von Assur im frühen 2. Jt., das den Handel mit Anatolien kontrolliert. | s. S. 99 |

In **Mari** am mittleren Euphrat bezeichnen sich die Herrscher im späten 3. und frühen 2. Jt. als »General« (akkadisch *schakkanakkum*). Es handelt sich nach dem archäologischen Befund um eine Blütephase der Stadt. In den Steppen um das Euphrattal leben Nomaden mit ihren Herden, die z. T. aus den Siedlungen im Flusstal stammen. Insbesondere in Mari sieht man, dass die Kontrolle des Landes nicht nur die Siedlungen, sondern auch die von ihren Schechs angeführten Nomadenstämme betrifft. So treten Sesshafte und Nomaden politisch oft gemeinsam an. In Obermesopotamien treten verstärkt Hurriter auf. | s. S. 97 |

2024 v. Chr. Eschnuna macht sich vom schrumpfenden Reich von Ur unabhängig, ebenso wohl auch Assur.

ca. 1980 v. Chr. ILUSCHUMA baut Assur aus und ergreift Maßnahmen, um den Handel von Mesopotamien nach Anatolien in Assur zu konzentrieren

ca. 1974–1935 v. Chr. Mit IRISCHUM I. beginnt die älteste Liste der assyrischen Eponymen (*limum*), was mit dem Ausbau der Hauptstadt und der Organisation der Herrschaft zusammenfällt.

ca. 1940–1835 v. Chr. **Altassyrische Handelskolonie** in Anatolien, **Karum Kanesch** (modern Kültepe), Schicht II. Um 1835 wird die Siedlung zerstört.

ca. 1862–1818 v. Chr. Ipiq-Adad II. von Eschnuna dehnt sein Gebiet im Osttigrisland aus.

1833–1776 v. Chr. Regierungszeit von **Schamschi-Adad** (*1850), der das Reich von Obermesopotamien begründet. Nach schwierigem Beginn und einem Exil in Babylon gelingt ihm der Aufstieg über Ekallatum bis nach Assur.

ca. 1810–1794 v. Chr. Jachdun-lim ergreift in **Mari** die Macht, er dehnt das Reich bis Tuttul aus und zieht bis zum »Zederngebirge« (Libanon, Amanus) und bis zum Mittelmeer. Um Mari legt er Kanäle zur Bewässerung an. Er gerät mit Schamschi-Adad in Obermesopotamien in Konflikt und geht eine Koalition mit Eschnuna ein.

ca. 1818–1779 v. Chr. **Eschnuna** behält unter Naram-Sin und schließlich Daduscha seinen Status unter den wichtigen Mächten Mesopotamiens. Aus der Zeit von Daduscha stammt wohl der in einer Abschrift aus Tell Harmal (bei Bagdad) erhaltene »Kodex Eschnuna«, eine in akkadischer Sprache geschriebene Gesetzessammlung, die enge Parallelen zum Kodex Hammurabi aufweist.

1808 v. Chr. Schamschi-Adad verlegt den Herrschaftssitz von Ekallatum nach Assur und wird damit unter die Könige von Assur aufgenommen. Schamschi-Adad baut das obermesopotamische Schubat-Enlil (modern Tell Leilan, im Nordosten des Staates Syrien) zur Hauptstadt aus.

ca. 1800–1735 v. Chr. In die Zeit Schamschi-Adads datiert ein wesentlicher Teil der jüngeren Schicht Ib der Handelsniederlassung im anatolischen Karum Kanesch.

1792 v. Chr. Schamschi-Adad erobert Mari und setzt dort seinen Sohn Jasmach-addu als Statthalter ein (ca. 1785). Anschließend erweitert er sein Reich durch Feldzüge im Norden von Obermesopotamien und im Osttigrisland, Auseinandersetzungen mit Babylon sind die Folge.

1782 v. Chr. Schamschi-Adad schließt eine Koalition mit **Qatna in Syrien** und verheiratet seinen Sohn Jasmach-addu von Mari mit einer Prinzessin aus Qatna. Damit öffnet er den Weg nach Palästina, ab 1780 leistet er Qatna Hilfe. Gemeinsamer Gegner im Westen ist Aleppo (Jamchad) mit den von Aleppo unterstützten Nomadenstämmen.

1783–1781 v. Chr. Schamschi-Adad führt Krieg gegen das mächtige Eschnuna im Osten Mesopotamiens; Friedensschluss.

1776 v. Chr. Mit dem Tod Schamschi-Adads endet auch das Reich von Obermesopotamien, das für drei Jahrzehnte Mesopotamien dominiert. Sein Sohn Ischme-Dagan hält sich in Assur, verliert aber an Einfluss.

Babylon: Hammurabi und seine Nachfolger (1792–1595 v. Chr.)

Hammurabi von Babylon gelingt es gegen Ende seiner Regierungszeit, ganz Mesopotamien wieder in einem Reich zu vereinen. Auch wenn schon unter seinem Nachfolger Samsu-iluna der Süden wieder abfällt, so wird doch damit die Rolle von Babylon als Königsstadt geprägt. Der Stadtgott von Babylon, Marduk, der die Merkmale des Herrschers, des Kriegers und des Heilers auf sich vereint, wird im Reich rasch populär und so sein Aufstieg zum höchsten Gott im 11. Jh. vorbereitet.

Nach seinen Eroberungen nimmt Hammurabi auch die innere Ordnung seines Landes in die Hand. Zeugnis dafür sind seine Briefe an seine Vertrauten in Südbabylonien, die dort im Lande Larsa nach 1763 walten, besonders aber der »Kodex Hammurabi«. Eine Diorit-Stele mit der in mehreren Fassungen existierenden Gesetzessammlung wird 1902 in Susa (Südwestiran) gefunden. Die etwa 280 Satzungen betreffen alle Bereiche des Rechts; insbesondere werden die staatlichen Interessen wie Frondienste und die Betreuung der Felder festgeschrieben. Im Strafrecht ist das Prinzip der Talion berühmt geworden, etwa eine Körperverletzung mit einer gleichartigen Verletzung zu bestrafen; in den Rechtsurkunden ist diese Praxis nicht überliefert (Ersatzzahlungen?). Auch im alten Mesopotamien ist der »Kodex Hammurabi« ein herausragendes Dokument, das von Schreibern bis ins 1. Jt. kopiert und studiert wird. Hammurabi ist als einer der großen Könige auch in die mesopotamische Tradition eingegangen.

In der altbabylonischen Zeit wird die Wahrsagung mithilfe der Eingeweideschau ausgebaut, es werden umfangreiche Textsammlungen dazu angelegt. Spezialisten sind an den Königshöfen tätig. Neben dem offiziellen Kult zeigen sich nun immer mehr Zeugnisse für Familiengötter, die in kleinen Kultstätten versorgt werden; ihnen sind oft die Rollsiegel gewidmet. Die Familie ge-

Mesopotamien um 1770 v. Chr.

winnt so den Vorzug vor dem Amt. Gebete oder Gottesbriefe an den persönlichen Gott tauchen in dieser Zeit auf. Auch wenn die sumerische Literatur wie unter Isin gepflegt wird, so nimmt nun an den Höfen von Larsa und von Babylon die akkadische Literatur einen einzigartigen Aufschwung. In der altbabylonischen Zeit entstehen Meisterwerke akkadischer Dichtung.

1792–1750 v. Chr. **HAMMURABI** (HAMMURAPI) trägt als erster der Babylonkönige nach seinen beiden Vorgängern wieder einen amurritischen Namen, während sonst im ganzen Land nichts mehr von Amurritern zu spüren ist. Auch seine Nachfolger führen noch amurritische Namen.

1775 v. Chr. ZIMRI-LIM, Erbe des von SCHAMSCHI-ADAD geschlagenen JACHDUN-LIM, zieht wieder in Mari ein und wird in Terqa gekrönt. Diplomatisches Geschick verrät er damit, dass er die Königin von Qatna von seinem Vorgänger JASMACH-ADDU übernimmt, aber auch in das mächtige Königshaus von Aleppo einheiratet, das schon seinen Vater unterstützt hat.

1772–1771 v. Chr. Eschnuna sichert sich seinen Anteil am Reich SCHAMSCHI-ADADS und gerät dabei in Obermesopotamien mit Mari in Konflikt.

um 1770 v. Chr. Ein **Gleichgewicht der großen Mächte** in Mesopotamien und Syrien hat sich herausgebildet: RIM-SIN von Larsa, HAMMURABI von Babylon, IBAL-PI-EL von Eschnuna, ZIMRI-LIM von Mari, JARIM-LIM von Jamchad (Aleppo), AMUT-PI-EL von Qatna. Wie ein Brief aus Mari anschaulich beschreibt, folgen jedem dieser großen Herrscher 10 bis 20 Könige.

1765 v. Chr. **Eschnuna fällt**, besiegt durch eine Koalition von Elam, Mari (ZIMRI-LIM) und Babylon (HAMMURABI). Nachfolgend schließen ZIMRI-LIM von Mari, HAMMURABI von Babylon und JARIM-LIM von Aleppo ein Bündnis gegen SIWAPALAR-HUHPAK von Elam.

1764 v. Chr. Elam kommt mit einer riesigen Armee von 30 000 Mann nach Babylonien, kann aber nicht durchdringen, wird nach Norden abgedrängt und muss geschlagen Mesopotamien verlassen.

1763 v. Chr. **HAMMURABI** erobert im Bündnis mit Mari erst das nördliche Zentrum des Landes Larsa, Maschkanschapir am Tigris, und nach sechs Monaten Belagerung im Herbst 1763 **Larsa** selbst. Damit ist das Gleichgewicht der Mächte zugunsten von Babylon aufgehoben.

1762 v. Chr. HAMMURABI siegt über Eschnuna und die Osttigrisländer.

1759 v. Chr. HAMMURABI wendet sich gegen seinen ehemaligen Verbündeten Mari, besiegt es 1761 und **zerstört Mari** 1759 vollständig, ebenso Malgium am Tigris. Damit bleiben zwei Großmächte im Vorderen Orient übrig: Babylon und Aleppo.

um 1753 v. Chr. Die letzte Fassung des **Kodex Hammurabi** würdigt im Prolog alle Orte des Reichs Hammurabis.

1749–1712 v. Chr. **SAMSU-ILUNA** von Babylon führt anfangs Feldzüge in Obermesopotamien.

1742–1739 v. Chr. **Südbabylonien erhebt sich** unter RIM-SIN II., der Uruk, Larsa, Nippur und Ur kontrolliert, gegen SAMSU-ILUNA von Babylon. Nach der Niederschlagung dieses Aufstands endet plötzlich die schriftliche Überlieferung aus Südbabylonien. In den nachfolgenden Jahrzehnten und Jahrhunderten siedeln Exilanten aus dem Süden in Nordbabylonien (aus Uruk in Kisch, aus Larsa in Babylon).

1722/20 v. Chr. Die schriftliche Überlieferung von Nippur endet mit dem Abfall von Babylon.

Ende 18. Jh.–Ende 15. Jh. v. Chr. In Südbabylonien herrscht die bisher weitgehend unbekannte Meerland-Dynastie.

1711–1595 v. Chr. In der **spätaltbabylonischen Zeit** liegt das Zentrum in Nordbabylonien, doch AMMI-SADUQA (1646–1626) und SAMSU-DITANA (1625–1595) sind noch als Herrscher in Terqa am Mittleren Euphrat belegt.

1595 v. Chr. Der **Hethiterkönig Mursili I.** erreicht in einem Zug nach Süden **Babylon**, das er **zerstört**. Anders als der Fall von Ur gut 400 Jahre früher (2003), führt der Fall von Babylon nicht zu einer Reaktion in Historiografie und Literatur. Es folgt ein dunkles Zeitalter in Babylonien, in dem städtische Siedlungen weitgehend aufgegeben werden.

Mittani, Assur und Kassiten (ca. 1600–1000 v. Chr.)

Diese Periode ist klar abgegrenzt: Am Anfang steht das auf die Zerstörung Babylons (1595) folgende dunkle Zeitalter; das Ende um 1000 markieren Phasen geringer Aktivität in Assyrien wie in Babylonien. Nach archäologischer Terminologie befasst sich dieser Abschnitt im Wesentlichen mit der **Späten Bronzezeit (ca. 1600–1200)**. Das Ende wird durch den Untergang der Reiche und Kulturen in Anatolien und Syrien um 1200 markiert. Die Späte Bronzezeit gilt als die **»internationale Periode«** des Alten Orients, denn die großen Herrscherhäuser von Babylonien, Assyrien, Mittani in Obermesopotamien, Hatti in Anatolien und Ägypten stehen miteinander in engem Kontakt, was diplomatischen Austausch ebenso wie erbitterte Kriege einschließt. Ein Zentrum der Konflikte ist Syrien, wo die Interessen von Ägypten im Süden, Hatti im Norden und Mittani im Osten aufeinandertreffen, dazwischen liegen die syrischen Fürstentümer. Archäologische Denkmäler zeigen darüber hinaus rege Kontakte mit der Ägäis und der dort herrschenden minoischen bzw. mykenischen Kultur auf. Daher ist eine Synthese der turbulenten politischen Geschichte am ehesten im Abschnitt über Syrien möglich. | s. S. 108 |

Die Quellenlage für das 14.–13. Jh. ist hervorragend, denn die vorherrschende Sprache der internationalen Korrespondenz, der Verträge und großer Teile der internen Verwaltung ist das akkadische Babylonisch, das auf Tontafeln geschrieben wird. Entsprechende Dokumente haben sich in mehreren Orten, gerade auch den Hauptstädten von Amarna (Ägypten) über Ugarit und Qatna (Syrien) bis Hattusa (Anatolien) gefunden.

Trotz der hervorragenden Quellenlage ist die Chronologie auch im 15.–13. Jh. noch mit zahlreichen Unsicherheiten behaftet. Grund dafür sind die für Hatti, Mittani und die syrischen Fürsten fehlenden Königslisten oder anderen historiografischen Dokumente, die die Regierungszeiten bzw. die Taten genau angeben. Die Chronologie ist deshalb immer von der Ägyptens und Assyriens abhängig; doch nicht immer lassen sich gute Synchronismen gewinnen (z. B. keine assyrischen Daten vor etwa 1350), zudem ist auch die ägyptische Chronologie mit kleineren Unsicherheiten behaftet.

Der **Zusammenbruch des Hethiterreiches** und eines Großteils der syrischen Staatenwelt **um 1200** bedeutet einen dramatischen Einschnitt in der Geschichte des Alten Orients. Symptomatisch ist das Ende der Keilschrift in Kleinasien und Syrien, womit diese Gebiete nicht mehr diesem durch Schrift und Literatur verbundenen Kulturkreis angehören. Zudem bedeutet das Ende der Keilschrifttradition in Syrien einen entscheidenden Verlust an Quellen für den Historiker: Denn während Tontafeln beinahe unvergänglich sind, wird die sich bald durchsetzende aramäische Schrift meist auf vergängliches Material (Papyrus, Pergament, Holz, Wachstafeln) geschrieben. In Assyrien und Babylonien lässt sich noch der Zeitraum bis ca. 1000 sinnvoll erschließen, bevor dort die Quellen zurückgehen.

Die Hurriter und das Reich Mittani (ca. 1600–1325 v. Chr.)

Die Hurriter sind am oberen Tigris und im Tur Abdin beheimatet, erste Herrscher mit hurritischen Namen treten im 23. Jh. v. Chr. sowohl als Feinde als auch als Verbündete von Naram-Suen von Akkade, auf. Ein frühes Zentrum ist Urkisch in Obermesopotamien (22. Jh. v. Chr.), ab dem späten 3. und bis zur Mitte des 2. Jt.s breiten sich Hurriter in Syrien und Obermesopotamien nach Süden aus. Hurriter erscheinen ab dem 23. Jh. v. Chr. auch in Babylonien, wo dann in altbabylonischer Zeit hurritische Texte zur magischen Literatur zählen.

Politische Bedeutung erlangt das von Hurritern getragene Reich Mittani (zwischen 1600–1300/1200), für das die Quellenlage allerdings nach wie vor recht mager ist. Mittani bezeichnet stets das Land, nie aber eine Sprache oder die Bevölkerung; das Land heißt auch Hanigalbat, Hurri-Länder oder in Ägypten Naharina oder Nachrima (etwa »Flussland«). Mittani umfasst Obermesopotamien, also die Gebiete südlich der anatolischen Gebirgsketten östlich des Euphrat bis zum Tigris, wo es durch Assur und Arrapha begrenzt ist. Im hurritischen Kerngebiet im oberen Haburgebiet und um den Tur Abdin liegen die wichtigsten Städte (Waschukanni: Tell Fecherije?, Ta'ide, Kachat). Interessanterweise finden sich im Hurritischen der Mittani-Könige einige indoarische Elemente, die Bezug zum Vedischen aufweisen, so die Namen der Könige, Begriffe der Pferdezucht oder die Anrufung der Götter Mitra, Varuna und Indra im Schattiwaza-Vertrag. Wann, wo und wie der Kontakt mit Indoariern stattgefunden hat, ist noch unbekannt.

Im 2. Jt. sind Hurriter in Syrien weit verbreitet. Im 15. Jh. in Alalach am Orontes ist ein Großteil der Bevölkerung hurritisch, südlich davon schreibt man in Qatna nach der Mitte des 14. Jh.s Texte in akkadisch-hurritischer Mischsprache, es lässt sich sogar ein deutlicher Einfluss in Ugarit am Mittelmeer und in Emar (13. Jh.) am Euphratknie konstatieren. Über Kizzuwatna (Kilikien) gelangen Elemente hurritischer Religion und Kultur zu den Hethitern. Der große Einfluss des Hurritischen in einem Gebiet, das in der Frühen Bronzezeit fast ausschließlich und in der Mittleren Bronzezeit überwiegend eine semitischsprachige Bevölkerung aufgewiesen hat, lässt sich wohl mit der Präsenz des lange Zeit dominierenden Mittani-Reiches erklären. Der politisch-militärische Erfolg von Mittani hängt wohl an der Einführung des Streitwagens, der nach der Mitte des 2. Jt.s zum entscheidenden Faktor der Armee wird. Die politische Geschichte von Mittani in der Auseinandersetzung mit anderen Mächten konzentriert sich in Syrien. Nach Ende der Späten Bronzezeit (1200) finden sich nur letzte Reste hurritischer Namen im oberen Tigrisgebiet. | s. S. 108 |

um 1650–1600 v. Chr. Hinweise auf ein **Hurriter-Reich in Obermesopotamien**: Im 17. Jh. dominieren Aleppo in Syrien, das althethitische Reich in Anatolien, Babylon in Mesopotamien. Als Gegenspieler der althethitischen Könige Hattusili I. (ca. 1650–1620) und Mursili (ca. 1620–1590) treten in Obermesopotamien Könige des Landes Hurri (= späteres Mittani) auf.

um 1500 (?) v. Chr. Von Schuttarna, Sohn des Kirta, stammt das erste dynastische Siegel, das alle Mittani-Könige bis Sauschtatar benutzen (zeitliche Einordnung unsicher). Erste Erwähnung von **»Mittani«** bei Thutmosis I. (1493–1482).

um 1470 v. Chr. Unter **Parattarna** umfasst Mittani im Westen Aleppo, Alalach, Kizzuwatna (Kilikien), im Süden Terqa am Euphrat.

um 1450–1410 v. Chr. Unter **Sauschtatar** (Sausatatar) erreicht Mittani wohl seine größte Ausdehnung. Es erstreckt sich im Westen bis nach Alalach am Orontes (Alalach Schicht IV) und bis nach Kizzuwatna.

Mesopotamien am Ende des 14. Jh.s v. Chr.

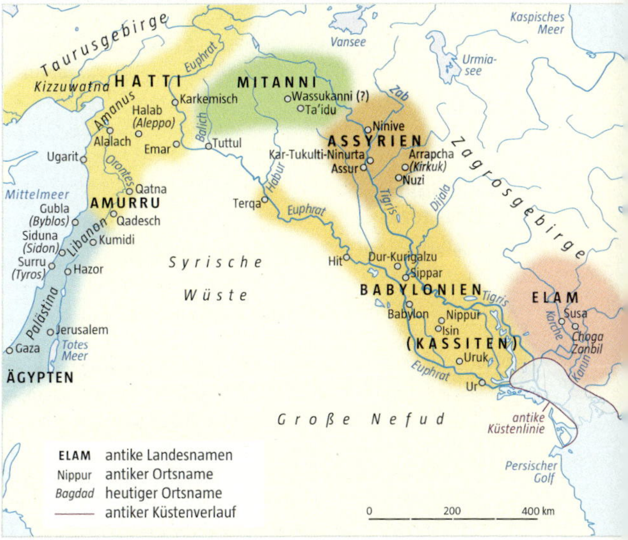

Wichtige Herrscher im Vorderen Orient in der zweiten Hälfte des 2. Jahrtausends v. Chr.

Ägypten	Mittani	Hatti	Assyrien	Babylonien
		Mursili I. ca. 1620–1590		Kassiten ab Ende 18. Jh. bis 1157
18. Dynastie 1539–1292				
Thutmosis I. 1493–1482				Burnaburiasch I. ca. 1470
Thutmosis III. 1479–1426	Parattarna um 1470			Agum »III.« ca. 1460(?)
	Sauschtatar um 1450– 1410	Tudhalija I. um 1440		Kara'indasch ca. 1440–1405
Thutmosis IV. 1400–1390	Artatama I. um 1390			Kurigalzu I. ca. 1400–1370
Amenophis III. 1390–1353	Tuschratta ca. 1360–1330			Kadaschman-Enlil I. ca. 1364–1350
Amenophis IV. 1353–1336				Burnaburiasch II. um 1350–1330
	Schattiwaza um 1330			Kurigalzu II. ca. 1328–1303
Haremhab 1319–1292		Suppiluliuma I. ca. 1350–1324	Assur-uballit I. 1353–1318	Nazimaruttasch ca. 1302–1277
19. Dynastie 1292–1190		Arnuwanda II.		
Ramses II. 1292–1290		Mursili II. ca.1321–1298		
		Muwatalli II. ca. 1297–1273		
		Urchiteschub ca. 1272–1266	Adad-nerari I. 1295–1264	
		Hattusili III. ca. 1265–1236		Kaschtiliasch IV. ca. 1232–1225
		Tudhaliya IV. ca. 1239–1209		
		Arnuwanda III. 1208		
		Suppiluliuma II. 1207–ca. 1190(?)	Salmanassar I. 1263–1234	
			Tukulti-Ninurta I. 1233–1197	Isin II. 1157–1026
20. Dynastie 1190–1070				Nebukadnezar I. 1125–1104
Ramses III. 1187–1156				Adad-apla-iddina 1068–1047
			Ninurta-apil-ekur 1181–1169	
			Assur-dan I. 1168–1133	
			Tiglatpilesar I. 1114–1076	
			Assur-bel-kala 1073–1056	

Einen Einbruch erleidet SAUSCHTATARS Reich, als THUTMOSIS III. auf seinem achten Feldzug (1447) bis Nordsyrien vorstößt und der Hethiter TUDHALIJA I. (ca. 1445?) Aleppo zerstört. Doch SAUSCHTATAR kann sein Reich zurückerobern, woraus sich die Schwierigkeiten Ägyptens erklären, in Syrien Fuß zu fassen. Sichtbares Zeichen der neuen Stärke Mittanis ist die Einführung eines neuen Königssiegels SAUSCHTATARS, das bis ans Ende von Mittani als dynastisches Siegel verwendet wird. Im Osten erreicht SAUSCHTATAR offensichtlich Assur (1421?).

ca. 1440–1340 v. Chr. Die **Archive von Nuzi** im Osttigrisland, einem Ort im Königreich Arrapcha (heute Kirkuk, Irak), sind die wichtigste Quelle für Gesellschaft und Recht im Mittani-Reich, dem Arrapcha untersteht. Neben den Palastarchiven zeigen die Familienarchive, wie die Einwohner durch »Adoptionen« gegen Kaufpreis die Regel umgehen, dass Grund und Boden nicht veräußert werden darf.

um 1395 v. Chr. **ARTATAMA I.** von Mittani schließt einen Friedensvertrag mit THUTMOSIS IV. (1400–1390) und entsendet eine Tochter in den ägyptischen Harem. ARTATAMA hält noch mit AMENOPHIS III. (1390–1353) diplomatische Kontakte; diese werden auch von ARTATAMAS Nachfolgern SCHUTTARNA II. (um 1380) und ARTASCHUMARA gepflegt.

um 1356 v. Chr. **TUSCHRATTA** von Mittani, der nach der Ermordung seines Bruders ARTASCHUMARA auf den Thron gelangt ist, kann nach Eliminierung der Mörder den guten Kontakt zu Ägypten wieder herstellen und eine Tochter an AMENOPHIS III. verheiraten. Ein in diesem Kontext nach Amarna gesandter umfangreicher Brief TUSCHRATTAS ist das wichtigste Zeugnis für die hurritische Sprache. Der Austausch mit AMENOPHIS IV. (ECHNATON) bricht bald ab.

um 1340/30 v. Chr. TUSCHRATTA wird ermordet und die von Assyrien gestützten ARTATAMA II. und SCHUTTARNA werden Könige von Mittani.

um 1325 v. Chr. Nach seiner Eroberung Syriens verhilft SUPPILULIUMA I. von Hatti SCHATTIWAZA, Sohn des rechtmäßigen Herrschers TUSCHRATTA, auf den Thron von Mittani, jedoch um den Preis, dass das gesamte Euphrattal dem Vizekönigtum von Aleppo zugeschlagen wird. Mittani und sein Nachfolgestaat Hanigalbat spielt nun in Syrien keine Rolle mehr.

1295–1263 v. Chr. ADAD-NERARI I. von Assur besiegt SCHATTUARA I. von Hanigalbat. Dessen Nachfolger ziehen sich in das Gebiet am Oberen Tigris und am Nordabhang des Tur Abdin, das alte Kerngebiet der Hurriter, zurück, bis nach den Wirren um 1200 die Hurriter bis auf einige Namen verschwinden.

Aufstieg Assyriens (ca. 1400–1000 v. Chr.)

Die als Handelsstadt im frühen 2. Jt. wichtig gewordene Stadt **Assur** bildet ein Zentrum im obermesopotamischen Reich SCHAMSCHI-ADADS (1808–1776 König von Assur). Nach SCHAMSCHI-ADAD verschwindet Assur weitgehend aus unserem Gesichtsfeld bis zum Wiederbeginn der Quellen um 1400. Die Könige von Assur des 14. bis 12. Jh.s dehnen den Einfluss bis zum Euphrat aus. Im 13. Jh. werden die eroberten Gebiete einer im Lande präsenten assyrischen Verwaltung unterstellt. Regierungssitz des assyrischen Großwesirs, dem Obermesopotamien untersteht, ist Dur-katlimmu (modern Tell Schech Hammed) am Habur. Neufunde von Tontafelarchiven (1970er- bis 1990er-Jahre) zeigen die Verwaltung Assurs im 13./12. Jh. in Obermesopotamien im Habur- und im Balich-Tal. Die Beamten Assurs führen außerhalb ihres Hauptsitzes in der Provinzhauptstadt als »Festungen« bezeichnete Wehrdörfer, von denen aus Mitarbeiter unterschiedlichster Herkunft das Land bearbeiten, das dem assyrischen König, vertreten durch den Besitzer des Wehrdorfs, gehört. In den befestigten Speichern wird das Getreide für den eigenen Bedarf gelagert, Abgaben gehen nach Assur, an den König und an das Heer. In Assur gefundene Aufzeichnungen verbuchen umgekehrt die Lieferungen der Provinzen an das Hauptheiligtum des Reichs. Ein Problem bilden die Nomaden, die nur zum Teil als Hirten oder im Militär verpflichtet werden können. Im 11. Jh. lassen nomadische und marodierende Aramäer und Sutäer (Sutû) jede staatliche Ordnung zusammenbrechen und bereiten damit auch dem Reich von Assur vorläufig ein Ende.

um 1450/30 v. Chr. **Assur** tauscht Geschenke mit Ägypten (THUTMOSIS III.); das ist ein Zeichen politischer Bedeutung Assurs, obwohl andere Quellen fehlen.

1354–1318 v. Chr. Unter **ASSUR-UBALLIT I.** erhebt sich Assyrien nach dem Tod TUSCHRATTAS von Mittani (um 1340) zu neuer Stärke. Trotz des anfänglichen Protests des kassitischen Königs BURNABURIASCH II. wird ASSUR-UBALLIT in die Korrespondenz der Großmächte mit Ägypten einbezogen.

1295–1264 v. Chr. ADAD-NERARI I. schlägt die Reste von Hanigalbat (= Mittani) und bereitet in Obermesopotamien den Ausbau der ehemaligen Mittani-Hauptstadt Ta'ide vor.
Mit ADAD-NERARI I. beginnt eine annalistische Beschreibung der königlichen Taten, die vielleicht durch die hethitischen Annalen beeinflusst ist. Für den Historiker werden von nun an die assyrischen Königsinschriften, häufig eigentlich Bauinschriften mit historischer »Einleitung«, zur wichtigsten Quelle.

1263–1234 v. Chr. **SALMANASSAR I.** (assyrisch SCHULMANU-ASCHARED) gelangt im Osten gegen die Lullubu bis an den Zagros, zieht im Norden gegen Urartu und im Nordwesten gegen Mittani. Wie ADAD-NERARI I. erreicht er den Euphrat. Assyrien wird nun auch von Hatti als Großmacht anerkannt.

1233–1197 v. Chr. **TUKULTI-NINURTA I.** festigt das Gebiet von Assur im Westen bis zum Euphrat und vergrößert es im Osten und Süden. Nahe Assur gründet er auf dem gegenüberliegenden Ostufer eine neue Hauptstadt namens Kar-Tukulti-Ninurta mit Palast und einem Tempel für Assur, dem einzigen je außerhalb Assurs geplanten.

1215 v. Chr. Mit der Zerstörung der Stadt Babylon beschließt TUKULTI-NINURTA seine erfolgreichen Kriege gegen Babylon, bei denen er schon den kassitischen König Kaschtiliasch IV. gefangen genommen hat. Er plündert den Tempel von Babylon und führt in seiner Beute auch eine Sammlung babylonischer Literatur mit, die in Assyrien weiter tradiert und bearbeitet wird. Bemerkenswert ist die Verherrlichung der königlichen Taten im Tukulti-Ninurta-Epos.

1197 v. Chr. Tukulti-Ninurta I. wird ermordet, seine Hauptstadt Kar-Tukulti-Ninurta wird aufgegeben.

um 1180 v. Chr. In diesen Jahren gehen das hethitische Reich und zum Teil die Fürstentümer Syriens unter. Der Machtbereich von Assyrien ist davon nicht direkt betroffen, doch wird nun der Druck der nomadischen Aramäer stärker.

1114–1076 v. Chr. **Tiglatpilesar I.** (assyrisch Tukulti-apil-eschara): Nach dem Zusammenbruch des Hethiterreichs und teilweise der Fürstentümer Syriens formiert sich die Staatenwelt in Teilen des Vorderen Orients neu. Assyrien unter Tiglatpilesar I. ist davon nicht direkt betroffen, und der König erweitert sogar das Gebiet durch Feldzüge. Auf dem Weg nach Westen kommt er ans Mittelmeer, wo er vor der phönikischen Küste eine Schiffsfahrt unternimmt. Tiglatpilesar hinterlässt sehr umfangreiche Tatenberichte in seinen Bauinschriften, in denen erstmals einzelne Feldzüge in der Form von Annalen voneinander getrennt sind.

1073–1056 v. Chr. **Assur-bel-kala** bringt Babylon in seine Abhängigkeit, er kann sich anfangs auch gegen die **Aramäer** behaupten. Seine Erfolge datieren in die ersten sechs Jahre (bis 1068). Dann brechen die Quellen ab, angesichts der nachfolgenden Schwäche Assurs Anzeichen dafür, dass nun unwiderruflich Aramäer assyrisches Gebiet übernommen haben. Assur-bel-kala verbessert die Form der Annalen, indem die einzelnen Jahre datiert werden, außerdem stammt von ihm der älteste der beschrifteten und mit Reliefs verzierten »Obelisken«, eine bis ins 9. Jh. übliche Form der Königsdenkmäler.
Nach Assur-bel-kala zeigt Assur bis ins 10. Jh. keine außenpolitischen Ambitionen; die Aramäer haben Obermesopotamien im Griff.

Kassiten und Isin II in Babylonien (ca. 1600–1026 v. Chr.)

Erstmals unter Samsu-iluna von Babylon (1749–1712) tauchen die **Kassiten** als plündernde Gruppen in Babylonien auf; sie stammen womöglich aus dem iranischen Zagros. Die Sprache der Kassiten ist nur wenig überliefert, sie selbst haben sich völlig der babylonischen Kultur unterworfen. Ihre Herrschaft beginnt vielleicht schon zur Zeit der niedergehenden Macht Babylons im späten 18. Jh. In der zweiten Hälfte des 2. Jt.s stellen sie die herrschende Dynastie in Babylon, die Königsliste weist ihnen insgesamt 576 Jahre zu. Die Kassiten nehmen an der internationalen Diplomatie der Großmächte teil. Sie verehren als höchsten Gott Enlil in Nippur, und in guter mesopotamischer Tradition verfassen die Herrscher ihre Inschriften auf Sumerisch, das im 14. Jh. schon ein halbes Jt. als Alltagssprache ausgestorben ist.

Nach der elamischen Invasion um die Mitte des 12. Jh.s bedeutet die Herrschaft der **II. Dynastie von Isin** (11. Jh.) v. a. eine kurze und für Babylonien entscheidende Phase kultureller Blüte. Damit gehen religiöse Neuerungen einher. Nebukadnezar I. (1125–1104) etabliert **Marduk von Babylon** als höchsten Gott. Der **Mythos Enuma elisch** (babylonisch nach der Anfangszeile »als oben ...«), der in dieser Zeit entstanden sein muss, begründet den Rang Marduks. In Marduk werden bisher auf mehrere Götter verteilte Funktionen vereint: Er ist sowohl Krieger als auch der von allen gewählte König und er wirkt als Schöpfergott, nachdem er das Urmeer Ti'amat erschlagen hat und daraus die Welt, seinen Kultort Babylon und die Menschheit erschafft – zum Dienst an den Göttern. Im 11. Jh. wird zudem die babylonische Literatur neu geordnet, indem die Gelehrten Einzeltexte zu Serien zusammenfassen und verbindliche Editionen schaffen; man spricht von der **»Kanonisierung« der Literatur**.

Eine wichtige Denkmälergattung beginnt in der Kassitenzeit: kleine Steinstelen (akkadisch *kudurru*), auf denen Rechtsakte des Herrschers, meist die Übertragung von Feldern an hohe Würdenträger, festgehalten sind. Der Rechtsakt wird bekräftigt durch die Anrufung der großen Götter, die zugleich in der Form von Bildsymbolen auf dem Stein reliefiert dargestellt sind. Die Repräsentation von Göttern in der Form von Symbolen prägt nachfolgend die babylonische Kultur.

ca. 1460 (?) v. Chr. Die Herrschaft des Kassitenkönigs Agum (III.?) schließt auch Bahrein im Persischen Golf ein. Bahrein (babylonisch Tilmun) wird bis ins späte 14. Jh. von den Kassiten kontrolliert.

Ende 15. Jh. v. Chr. Die Kassitenkönige Kara'indasch und Kurigalzu I. unterhalten diplomatische Beziehungen mit Ägypten. Kara'indasch, bekannt als Bauherr in Uruk, regelt den Grenzverlauf mit Assur.

ca. 1400–1370 v. Chr. Kurigalzu I. gründet die neue Hauptstadt Dur-Kurigalzu (modern Aqar Quf, 20 km westlich von Bagdad) und baut sie großzügig aus. Dazu wird wohl das von Ägypten erhaltene Gold eingesetzt.

ca. 1365–1360 v. Chr. **Kadaschman-Enlil I.** von Babylon tauscht mit Pharao Amenophis III. Geschenke: **Gold aus Ägypten**, das in der Kassitenzeit in Babylonien das übliche Silber als Wertmesser verdrängt, gegen Lapislazuli und Pferdegespanne aus Babylon. Sein Sohn Burnaburiasch II. (ca. 1350–1330) führt diesen Kontakt mit Ägypten fort.

um 1350 v. Chr. Im Norden etabliert sich Assur unter Assur-uballit (1353–1318) als neue Macht. Das kassitische Babylon behält seinen Status unter den großen Reichen bis ca. 1225; dynastische Heiraten mit Elam sichern die Ostgrenze (ca. 1290–1170).

1215 v. Chr. Tukulti-Ninurta I. zerstört die Stadt Babylon.

ca. 1208–1151 v. Chr. Nach dem Intermezzo Tukulti-Ninurtas ist Babylonien wieder unabhängig (wichtige Herrscher: Adad-schuma-usur und Marduk-apla-iddina I.).

1158 (?) v. Chr. Der Assyrer Assur-dan I. (1168–1133) besiegt Babylon. Im gleichen Jahr fällt **Schutruk-Nahhunte** von Elam in Babylonien ein.

nach 1158 bis ca. 1130 v. Chr. Kutir-Nahhunte wird als Nachfolger von Schutruk-Nahhunte Herrscher von Elam. Seine Babylonienfeldzüge markieren das Ende der Kassitendynastie. Zum Trauma wird die Zerstörung von Babylon, wobei Kutir-Nahhunte neben vielen anderen Denkmälern auch **die Statue des Hauptgottes Marduk nach Elam entführt**.

Schilhak-Inschuschinak von Elam kann weiterhin Macht über den Norden Babyloniens ausüben.

1157 v. Chr. Die später in Babylon residierende »II. Dynastie von Isin« löst die Kassitenherrscher ab. Die Anfänge während der elamischen Kontrolle Babyloniens liegen völlig im Dunkeln.

1125–1104 v. Chr. **Nebukadnezar I.** (babylonisch Nabu-kudurri-usur), einer der großen Könige der mesopotamischen Tradition, besiegt Elam. Die Rückführung der Marduk-Statue aus Elam und der Wiederaufbau der Tempel in Babylon markiert einen Wendepunkt in der mesopotamischen Religionsgeschichte: Marduk von Babylon wird als höchster Gott proklamiert, der alte Götterkönig Enlil tritt in den Hintergrund.

ca. 1085 v. Chr. **Tiglatpilesar I.** (1114–1076) zerstört in einem Rachefeldzug den Palast von Babylon, nachdem ihn zuvor Marduk-nadin-ahhe (1098–1081) besiegt hat. Dies bleibt ohne Folgen, denn die Einfälle der Aramäer und eine schwere Hungersnot im Land erfordern die Aufmerksamkeit der Könige.

1073/69 v. Chr. Der Babylonier Marduk-schapik-zeri (1081–1069) schließt Frieden mit dem Assyrer Assur-bel-kala (1073–1056).

1068–1047 v. Chr. Adad-apla-iddina bewahrt den Frieden mit Assyrien. Einfallende Sutäer und Aramäer zerstören die Kultzentren des Landes, doch sorgt der König für Erneuerung mit dem größten Bauprogramm zwischen dem 12. und 8. Jh.

Adad-apla-iddina trägt entscheidend zur **Tradition des Corpus babylonischer Texte** bei. Unter ihm wirken die Gelehrten Sagil-kina-ubbib und Esagil-kin-apli. Esagil-kin-apli erstellt eine kanonische Fassung des Handbuchs medizinischer Diagnostik und der Beschwörungsliteratur. Sagil-kina-ubbib dichtet die **babylonische Theodizee**, einen Dialog um das Problem der Gerechtigkeit Gottes bei gottwohlgefälligem Leben, aber persönlichem, beruflichen und sozialen Unglück.

1047–980 v. Chr. Die letzten Jahre von Isin II. (1047–1026) und von 1025 bis 980 mit drei Dynastien und sieben Herrschern sind geprägt von ständigen Auseinandersetzungen mit **Aramäerstämmen**. Andererseits weisen Waffenweihungen aus dem Zagrosgebirge auf militärische Siege in Westiran hin.

Assyrisches Reich (ca. 1000–609 v. Chr.)

Ausgehend vom assyrischen Kernland um die alte Hauptstadt Assur am Tigris erobern die assyrischen Könige im 9. bis 7. Jh. v. Chr. ein Reich, wie es die Welt zuvor noch nicht gesehen hat. Es erstreckt sich im 7. Jh. vom Persischen Golf bis zur Mittelmeerküste und bis Ägypten, von Khusistan und dem Zagrosgebirge bis nach Anatolien. In seinen Dimensionen und seiner Organisation bereitet es die folgenden Reiche der Chaldäer und der Achämeniden vor.

Assur hat sich v. a. gegen die Aramäer durchzusetzen. Die Aramäer tauchen seit 1100 häufiger auf, in Syrien und Obermesopotamien ebenso wie in Babylonien, die Sutäer sind schon länger bekannt. Das Phänomen herumziehender Nomadenstämme kann nicht allein mit einer Völkerwanderung aus der syrischen Steppe, dem klassischen Nomadengebiet des Alten Orients, erklärt werden. Ihnen mögen sich weitere Gruppen, andere Schafzüchter oder beim Untergang der spätbronzezeitlichen Kulturen (ca. 1180) Vertriebene angeschlossen haben. Ab dem 9. Jh. werden aramäische Gruppen in Babylonien sesshaft, im 10./9. Jh. etablieren sich aramäische oder aramäisch-hethitische Fürstentümer in Obermesopotamien und Syrien bis zum Mittelmeer. Die ehemals tribale Organisation der Fürstentümer wird durch Bezeichnungen mit dem Element *bit* »Haus« (im Sinne von Sippe, Stamm) nahegelegt: Bit Bahiani am Oberlauf des Habur mit der Hauptstadt Guzana (Tell Halaf), Bit Adini am Euphrat mit Til Barsip und andere. Ausgangspunkt für die assyrische Expansion nach Westen ist Obermesopotamien bis zum Euphrat, das schon vom frühen 13. Jh. bis frühen 11. Jh. zu Assyrien gehört hat.

Im Norden sieht sich Assyrien v. a. mit Urartu konfrontiert, das sich im 9. Jh. um den Vansee etabliert, und im 8. Jh. bis jenseits des Euphrat und bis in den Nordwestiran expandiert. Seit dem 9. Jh. werden in Keilschrift Texte auf Urartäisch geschrieben, einer mit dem Hurritischen des 2. Jt.s verwandten Sprache. Königsinschriften mit Annalen beschreiben die urartäische Geschichte aus ihrer Perspektive. Besondere Aufmerksamkeit widmet Assur seinem südlichen Nachbarn Babylonien, dem es religiös und kulturell verpflichtet ist. Babylonien gehört als einziges Gebiet zum selben mesopotamischen Kulturkreis, man verehrt dieselben Götter und verwendet dieselben religiösen Texte. Babylonien zeichnet sich durch das höhere kulturelle Prestige aus, ist aber machtpolitisch in der Regel unterlegen. Im Südosten verhindern die Bergketten des Zagrosgebirges großräumige politische Lösungen, doch das mächtige Elam (in Khusistan) wird neben Babylonien ein ernster Gegner.

Der **Aufstieg Assyriens** vollzieht sich in mehreren Etappen. Mitte des 9. Jh.s bildet im Westen der Euphrat die Grenze. Erst ein Jh. später führt Tiglatpilesar III. (744–727), der eigentliche Begründer des neuassyrischen Großreichs, das assyrische Heer bis nach Syrien und an die phönikische Küste, und er gliedert Babylonien ein. Sargon II. (721–705) erweitert durch seine zahlreichen Feldzüge die Grenzen in alle Richtungen, bis unter Assurbanipal um 660 das assyrische Reich von Ägypten bis Susa reicht. Die nicht mehr beherrschbare Größe und die fehlende ideologische Integration werden als Gründe für den raschen Zusammenbruch 630–612 angeführt.

Im Zentrum des Reichs steht der assyrische König, Feldzüge ebenso wie Bauprojekte sind seine persönlichen Taten. Vom 14. bis zum 7. Jh. v. Chr. stellt dieselbe Familie den assyrischen König, womit es sich um eine der am längsten regierenden Dynastien der Weltgeschichte handelt; der Thronfolger muss aber nicht der älteste Sohn sein. Das religiöse Zentrum bildet immer Assur am Tigris mit dem Hauptheiligtum des Gottes **Assur**. Tukulti-Ninurta I. (1233–1197) hat einst ohne Erfolg ein »neues Assur« zu gründen versucht, doch im 1. Jt. werden neue politische Hauptstädte gegründet: Kalach (Kalchu, heute Nimrud, etwa 35 km südlich von Ninive), gegründet 878 von Assurnasirpal II., war Hauptstadt bis 717/05 (Sargon II.), Dur-Scharrukin (heute Khorsabad), gegründet 717 von Sargon II., war Hauptstadt bis zu dessen Tod 705. Sanherib verlegte die Residenz 704 nach Ninive, wo sie bis zur Zerstörung 612 blieb.

Der assyrische König ist umgeben von seiner Familie mit den Haupt- und Nebenfrauen. An der Spitze seiner Administration und des Militärs stehen die Ämter Schatzmeister, Palastherold, Obermundschenk, Oberster der Eunuchen, »Reichsvogt«, Großwesir und Obergeneral. Die familienlosen Eunuchen gelten als besonders loyal gegenüber dem König, da sie in dessen Familie integriert werden; nicht nur der Harem wird ihnen anvertraut.

Das Weltreich ist in etwa 70 Provinzen organisiert, die zu jährlichen Abgaben verpflichtet sind. Der Erfolg des

Die assyrischen Könige

in Auswahl; Zählung nach der assyrischen Königsliste (bis Salmanassar V.); bei Regierungszeiten Angabe von vollen Königsjahren

Ziffer	Name	Regierungszeit (v. Chr.)	Ziffer	Name	Regierungszeit (v. Chr.)
26.	Aminu		86.	Assur-rescha-ischi I.	1132–1115
27.	Silulu		87.	Tiglatpilesar I.	1114–1076
30.	Puzur-Assur I.		88.	Aschared-apil-Ekur	1075–1074
31.	Schalim-achum		89.	Assur-bel-kala	1073–1056
32.	Iluschuma	ca. 1980	90.	Eriba-Adad II.	1055–1054
33.	Irischum I.	ca. 1974–1935	91.	Schamschi-Adad IV.	1053–1050
34.	Ikunum	ca. 1934–1921	92.	Assurnasirpal I.	1049–1031
35.	Sargon I.	ca. 1920–1880	93.	Salmanassar II.	1030–1019
36.	Puzur-Assur II.	ca. 1880–1873	94.	Assur-nerari IV.	1018–1013
37.	Naram-Sin	ca. 1872–?	95.	Assur-rabi II.	1012–972
38.	Irischum II.	ca. ?–1812	96.	Assur-rescha-ischi	971–967
39.	Schamschi-Adad I.	1811/1808–1776	97.	Tiglatpilesar II.	966–935
40.	Ischme-Dagan I.	1776–1760	98.	Assur-dan II.	934–912
59.	Schamschi-Adad III.	1544–1539	99.	Adad-nerari II.	911–891
60.	Assur-nerar I.	1506–1481	100.	Tukulti-Ninurta II.	890–884
61.	Puzur-Assur III.	1480–1467	101.	Assurnasirpal II.	883–859
62.	Enlil-nasir I.	1466–1454	102.	Salmanassar III.	858–824
65.	Assur-rabi I.	1440–?	103.	Schamschi-Adad V.	823–811
69.	Assur-bel-nischeschu	1407–1399	104.	Adad-nerari III.	810–783
70.	Assur-rim-nischeschu	1398–1391	105.	Salmanassar IV.	782–773
71.	Assur-nadin-ache II.	1390–1381	106.	Assur-dan III.	772–755
72.	Eriba-Adad I.	1390–1354	107.	Assur-nerari V.	754–745
73.	Assur-uballit	1353–1318	108.	Tiglatpilesar III.	744–727
74.	Enlil-nerari	1317–1308	109.	Salmanassar V.	726–722
75.	Arik-den-ili	1307–1296		Sargon II.	721–705
76.	Adad-nerari I.	1295–1264		Sanherib	704–681
77.	Salmanassar I.	1263–1234		Asarhaddon	680–669
78.	Tukulti-Ninurta I.	1233–1197		Assurbanipal	668–631/627?
79.	Assur-nadin-apli	1196–1193		Assur-etel-ilani	627–625?
82.	Ninurta-apil-Ekur	1181–1169		Sin-schar-ischkun	629/7–612
83.	Assur-dan I.	1168–1133		Assur-uballit II.	612–609

assyrischen Reichs basiert auf seinen militärischen Erfolgen. Die Armee wird mit Deportierten ständig vergrößert und ist perfekt organisiert. Feldzüge finden fast jährlich in den Sommermonaten nach der Ernte statt. Bei der Belagerung von Städten kommen Rammböcke, Sturmleitern oder das Unterminieren von Mauern zum Einsatz. An den Rändern des Reichs, im 7. Jh. von Ägypten bis Kleinasien und bis Iran, werden Verträge mit Herrschern geschlossen. In den von Assyrien abhängigen **Vasallenstaaten** steht ein assyrischer Beamter dem Fürsten zur Seite. Der reiche Tribut an Assyrien wird durch den Schutz der größten Militärmacht der Zeit vergolten. In solchen Staaten begegnet man öfter dem Widerstreit, ob man sich Assur anschließen oder unabhängig erklären solle. Sagt sich aber ein Herrscher los, erfolgt regelmäßig die fürchterliche Rache Assyriens: Der Vertrag ist beim Gott Assur und den Göttern des Landes geschlossen, und der Vertragsbrüchige wird vom assyrischen König im Namen der Götter bestraft. Der assyrische König gibt sich so als Bewahrer der Gerechtigkeit, der den Vertragsbrüchigen verfolgt und die ihm Anvertrauten wirksam beschützt. In den eroberten Gebieten wird die einheimische Elite durch Assur gewogene Gouverneure ersetzt. Als politische Maßnahme gegen erneuten Widerstand finden in großem Maßstab Deportationen statt, indem große Bevölkerungsgruppen innerhalb des Reichs aus ihrer Heimat gerissen und an anderen Orten angesiedelt werden, etwa im assyrischen Kernland zum Bau und zur Bevölkerung der neuen Residenzstädte. Abgaben, Tribute, Geschenke und die Beute der Kriegszüge bilden die ökonomische Grundlage für den Ausbau des assyrischen Reichs, der Reichtum wird durch den Fernhandel im Namen der Krone vergrößert. Assyrien bleibt dabei im Wesentlichen binnenländisch ausgerichtet, den Seehandel führen die Phönikier durch.

Unter den schriftlichen Quellen ragen die **Annalen** mit den Berichten über die alljährlichen Feldzüge der assyrischen Könige heraus. Sie finden sich in der Einleitung von Bauinschriften auf Tonprismen, die in den Fundamenten königlicher Bauwerke vergraben werden. Die sichtbaren Prunkinschriften fassen die Themen mehrerer Feldzüge zusammen. Der Geschichtsschreibung dienen zudem die Liste der Jahreseponymen mit Notizen zu bedeutenden Ereignissen und **Chroniken**, die die synchronistische Geschichte von Babylonien und Assyrien erfassen, ab 747 v. Chr. die babylonische Chronik. Aus

Assyrisches Reich

den **königlichen Archiven** von Ninive und Nimrud kommt eine einmalige Vielfalt an Texten: eine reiche Korrespondenz sowohl zur Außenpolitik (SARGON II.) wie zu kultischen Belangen (v.a. ASARHADDON), Verträge mit Vasallen, Gottesbriefe, Hofliteratur, Orakelanfragen, astronomische Berichte, Ritualtexte, administrative und Rechtsurkunden. Die Korrespondenz der Gelehrten am Königshof aus dem 7. Jh. v. Chr. vermittelt einen Einblick in die religiöse Welt des Königs. Dazu gehören z. B. Berichte über die ominösen Zeichen am Sternenhimmel oder Anweisungen über die durchzuführenden Rituale.

Die **assyrischen Paläste** in Kalach, Dur-Scharrukin und Ninive überragen an Größe, Pracht und technischer Kunstfertigkeit alles bisher Gewesene. Das Zentrum bildet der Thronsaal des Herrschers, der vom Eingangshof erreicht wird, dahinter schließen sich die inneren Räume um weitere Höfe an. Die Räume werden mit flachen, in Teilen farbig gefassten Reliefs aus Kalkstein geschmückt, die zwei Themenkreise aufweisen: Eine Gruppe schildert die Taten des Königs, insbesondere seine Feldzüge, doch auch die Jagd v. a. auf Löwen; Darstellungen von Genien und Dämonen gewährleisten Schutz vor eintretendem Übel (etwa die gewaltigen geflügelten Stiere an den Eingängen) und die dauernde Präsenz von Lebenskraft im Inneren (etwa die Genien mit dem sog. »Heiligen Baum«). Die Gestalt des Königs erscheint als Löwenbezwinger auf dem assyrischen Königssiegel, das auf allen offiziellen königlichen Dokumenten abgedrückt wird. Aus dem Palast von Nimrud stammen Gräber von Königinnen des 9. und 8. Jh.s v. Chr. mit reichem Schmuck. Den Reichtum der Ausstattung deuten die Elfenbeine aus Nimrud an, die aus verschiedenen Gebieten des Vorderen Orients stammen.

In **Ninive** legt ASSURBANIPAL eine **Bibliothek** zur gesamten babylonisch-assyrischen Literatur an: literarische Werke wie Epen, Mythen, Weisheitsliteratur; religiöse Texte wie Gebete, Hymnen, Beschwörungen, Kultlieder oder Ritualbeschreibungen; Fachtexte zur Wahrsagekunst wie die Eingeweideschau oder die Himmelsbeobachtung; lexikalische Listen jeder Art. Die im 19. Jh. ausgegrabenen Reste der Bibliothek bilden nach wie vor eine wichtige Grundlage für die Erforschung altorientalischer Sprache, Literatur und Kultur.

Im frühen 1. Jt. wird **Aramäisch** zur Volkssprache im Vorderen Orient. Zur Verbreitung trägt neben den Wanderungen verschiedener Gruppen das assyrische Reich bei, das sicheren Handel und Austausch erlaubt und wo durch Feldzüge und Deportationen große Menschengruppen über weite Strecken verschoben werden. Aramäisch übernimmt nun die Rolle als *Lingua franca* des Vorderen Orients von Ägypten bis Syrien, Mesopotamien und Elam, die vergleichbar in der Späten Bronzezeit (ca. 1600–1200) das akkadische Babylonisch eingenommen hat. Die aramäische **Alphabetschrift** verdrängt die Keilschrift, die v. a. im assyrischen Kernland bis um 600 und noch länger in Babylonien gebräuchlich bleibt. Abbildungen der Paläste zeigen zwei königliche Schreiber: einen mit Tontafel und Griffel für Keilschrift, einen mit Feder und Papyrusrolle.

In welchem Umfang die mesopotamische Kultur durch das assyrische Weltreich auf den Westen, auf die Bibel und auf die frühe griechische Dichtung und Philosophie gewirkt hat, ist im Detail umstritten. Der Name Assyrien wird im klassischen Altertum nicht vergessen, doch ist das so benannte Gebiet nicht mehr identisch mit dem altorientalischen Assyrien am mittleren Tigris. In römischer Zeit bezeichnet es eine Provinz am Euphrat, später entwickelt sich daraus der heute noch gebräuchliche Landesname Syrien.

10. Jh. v. Chr. Aramäerstämme in Assyrien und Babylonien verhindern eine großräumigere staatliche Ordnung.

934–884 v. Chr. Festigung Assyriens und erste Eroberungen der umgebenden Gebiete; im Westen in Obermesopotamien bis an den Euphrat.

887–855 v. Chr. Unter **NABU-APLA-IDDINA** von Babylonien wird nach einem Sieg über die Sutäer die Bautätigkeit wieder aufgenommen, die ersten Rechtsurkunden (*kudurrus*) seit einem Jahrhundert zeugen von staatlicher Stabilität. Editionen von magisch-religiösen Serien beweisen eine Blüte der Literatur.

883–859 v. Chr. **ASSURNASIRPAL II.** vergrößert das Reich durch seine Feldzüge: im Osten bis Kurdistan, im Norden bis zu den sog. Tigrisquellen, im Westen gegen die Aramäer um den Euphrat. Er erreicht wieder den Libanon und die phönikische Küste, von der er reichen Tribut heimbringt. In seinen Inschriften häuft sich die Beschreibung von grausamen Strafen der Gegner (wie Abhacken von Körperteilen, Schinden, Pfählen, Verbrennen).

864 v. Chr. Die neue Hauptstadt Kalach, gebaut seit 878, wird mit einem großen Fest eingeweiht, zu dem beinahe 70 000 Menschen, darunter die 16 000 zukünftigen Einwohner der neuen Stadt, eingeladen sind. Der Nordwestpalast ASSURNASIRPALS ist reich mit Reliefs ausgestattet, v. a. kultischen Szenen.

858–824 v. Chr. **SALMANASSAR III.** (so biblisch, assyrisch SCHULMANU-ASCHARED) führt die Eroberungen seines Vorgängers fort: Er unterwirft in Iran als erster medische Stämme, kämpft im Norden gegen Urartu, und sichert die Euphratgrenze. Annalen und bildliche Darstellungen von Tribut finden sich auf dem Schwarzen Obelisk, dem letzten Beispiel dieser Gattung; Reliefs von Feldzügen auf den Bronzebändern der Tore von Balawat.

858–855 v. Chr. SALMANASSAR III. sichert im Westen den wichtigen Euphratübergang nach der Zerstörung von Til Barsip durch Gründung von »Salmanassar-Hafen« gegenüber dem mächtigen Karkemisch.

853 v. Chr. Schlacht bei Qarqar am Orontes: SALMANASSAR kann sich gegen die Koalition unter ADAD-IDRI/HADAD-EZER von Damaskus mit Hamat, Israel unter AHAB, mit den hier zuerst genannten arabischen Kamelreitern, phönikischen und ägyptischen Truppen nicht durchsetzen. Die fast jährlichen Feldzüge gegen Westen 849–837 führen zu Gewinnen in Nordsyrien.

850 v. Chr. SALMANASSAR III. unterstützt Babylon aufgrund seines Vertrags mit NABU-APLA-IDDINA von Babylonien (887–858). Die hier erstmals genannten chaldäischen Stämme Amukanu, Dakkuru und Jakin rebellieren Ende des 8. Jh.s gegen Assyrien.

836–826 v. Chr. Orientierung der Feldzüge nach Nordwesten (v. a. Tabal: südliches Kappadokien, Que: Kilikien).

827–822 v. Chr. Revolten in Assyrien.

814–811 v. Chr. **Schamschi-Adad V.** (823–811) beendet mit seinen Feldzügen gegen Babylonien und der Herrschaft dort eine Phase der guten Nachbarschaft.

810–807 v. Chr. Für **Adad-nerari III.** (810–783) führt vier Jahre lang dessen Mutter Schammu-ramat, die Semiramis der Legende von den hängenden Gärten, die Regentschaft.

800–788 v. Chr. Adad-nerari III. zieht gegen die Meder südöstlich des Urmiasees.

ca. 810–745 v. Chr. Einige Gouverneure des assyrischen Reiches im Westen, am Euphrat, in Obermesopotamien und in Syrien gewinnen während des späten 9. und im 8. Jh. an Macht, verfassen Inschriften wie Könige, gründen und benennen Städte oder schließen Verträge ab. Dies wird durch eine Schwächung der Zentralgewalt möglich (insbesondere Aufstände 762–759 im Kernland).

781–774 v. Chr. Mit Salmanassar IV. (782–773) beginnen wiederholte Kriege gegen das starke Urartu.

747–734 v. Chr. **Nabu-nasir** (griechisch Nabonassar) von Babylon führt eine wissenschaftliche Beobachtung der astronomischen wie der historischen Zeit ein und wirkt damit bis in die Spätzeit babylonischer Kultur. Regelmäßige Beobachtungen von Himmelskörpern werden in astronomischen Tagebüchern vermerkt, von denen Tontafel-Manuskripte vom 7. bis 1. Jh. v. Chr. erhalten sind. Für den Astronom Klaudios Ptolemaios (2. Jh. n. Chr.) beginnt mit Nabunasir am 26. Febr. 747 v. Chr. die »Nabonassar-Ära« astronomischer Aufzeichnungen, die im ptolemäischen Kanon nach Alexander in Ägypten weitergeführt wird. Die babylonische Chronik, die bis in die hellenistische Zeit geführt wird, beginnt mit Nabunasir. Der Legende nach vernichtet Nabu-nasir die Tatenberichte aller älteren Herrscher.

745–727 v. Chr. Tiglatpilesar III. (so biblisch, assyrisch Tukulti-apil-Eschara), in nicht assyrischen Quellen Pulu oder Pul genannt, gilt als der eigentliche Begründer des neuassyrischen Großreichs. Er führt den Dreimann-Streitwagen ein.

744 v. Chr. Tilglatpilesar III. führt gemeinsam mit Nabu-nasir von Babylon einen Feldzug gegen Aramäer und Chaldäer in Babylonien und legt damit die Grundlage für eine gewisse Stabilität in Babylonien.

744–743, 737–736 v. Chr. Feldzüge von Tiglatpilesar III. zur Eingrenzung der Macht Urartus an dessen Vorstoßgebieten in Südanatolien und in Nordsyrien bzw. bei Medern und Persern im Osten.

742–738 v. Chr. In Nordsyrien erobert Tiglatpilesar III. Arpad, die Hauptstadt von Bit Agusi, 738 erhält er Tribut von Damaskus und Samaria.

735 v. Chr. Vorstoß Tiglatpilesars III. ins Kerngebiet von Urartu.

734–732 v. Chr. Tiglatpilesar III. zieht gegen Israel, Ammon, Moab, Edom und bis an die Küste Palästinas (734 Gaza erobert), ursprünglich von Ahas von Juda gegen die Koalition von Rezin von Damaskus und Pekah von Israel um Unterstützung gerufen. 732 wird Damaskus eingenommen. Nach einem Vorstoß nach Arabien bis Tema an der Weihrauchstraße erhält Assyrien Geschenke von Samsi, Königin der Araber.

731–729 v. Chr. Tiglatpilesar III. wendet sich gegen Babylon, wo Mukin-zeri, Schech des Amukanu-Stammes, die Macht ergriffen hat. 728–727 herrscht Tiglatpilesar III., 726–722 Salmanassar V. als König von Babylon, und die alte Königsstadt Babylon ist damit nicht zur Provinz degradiert.

723/22 v. Chr. Samaria fällt an Salmanassar V. (726–722).

721–705 v. Chr. **Sargon II.** (so biblisch, assyrisch Scharru-[u]ken) wählt einen Thronnamen, der auf Sargon von Akkad (2343–2314) und nicht Sargon I. von Assyrien (ca. 1920–1880) verweist. Sargon ist wohl Usurpator, denn er schickt 6000 Assyrer ins Exil nach Syrien (Hamat). Die in Ninive gefundene diplomatische Korrespondenz ergänzt die Quellen. Jetzt werden erstmals Skythen genannt, die Urartu bedrohen.

722–710 v. Chr. Marduk-apla-iddina II. (babylonisch, biblisch Merodachbaladan) aus dem chaldäischen Stamm Bit Jakin vereint die chaldäischen Stämme, geht mit Elam eine Allianz ein und strebt nach der Unabhängigkeit Babyloniens von Assyrien. Vertrag mit Sargon II., bis dieser in Babylonien einfällt.

720 v. Chr. Hamat erhebt sich und wird zerstört. Sargon deportiert die Bevölkerung und übernimmt die Streitmacht, insbesondere die Wagen. Das zerstörte Samaria wird neu erbaut und mit Deportierten (aus Babylonien, Elam, Araber) besiedelt. Sargon erobert Gaza und siegt über Ägypten; Zypern und Mita von Muski (Midas von Phrygien) senden Geschenke.

718–709 v. Chr. Mita von Muski unterstützt die Erhebung von Karkemisch und steht zunächst auf der Seite von Urartu und lydischen Fürsten, unterstellt sich aber 710/09 Assyrien.

717 v. Chr. Sargon gründet Dur-Scharrukin als neue Hauptstadt, die er mit Palästen und Tempeln ausstattet.

714 v. Chr. Sargon führt seinen achten Feldzug gegen Urartu, am Ende werden Palast und Tempel von Musasir geplündert. Der Bericht darüber im Gottesbrief an Assur ist ein literarisches Meisterwerk mit einer geradezu ethnografischen Beschreibung der Gebirgsländer und ihrer Bewohner.

711 v. Chr. Die Eroberung von Palästina findet ihren Niederschlag im Buch Jesaja der Bibel.

710–707 v. Chr. Assyrische Herrschaft in Babylonien.

705 v. Chr. Sargon fällt auf einem Feldzug gegen Tabal in Südostanatolien, vielleicht gegen die Kimmerier, die Anatolien in Unruhe versetzen. Sein Leichnam kann nicht geborgen werden, was als erschreckendes Zeichen von Assur bis Jerusalem (Jesaja 14,4ff.) wahrgenommen wird.

704–681 v. Chr. **Sanherib** (so oder Sennacherib biblisch, assyrisch SIN-AHHE-ERIBA), Sohn SARGONS II., muss sich v. a. mit Babylonien auseinandersetzen. Feldzüge sind nicht mehr alljährlich nötig; sie führen gegen Elam, in den Zagros und nach Anatolien (696–695). SANHERIB verlegt sofort seine Residenz aus Dur-Scharrukin nach Ninive, die Stadt wird auf 750 Hektar Fläche erweitert. 702 baut SANHERIB den Palast (»Palast-ohne-gleichen«), dessen Reliefschmuck z. T. erhalten ist. Für die prachtvollen Gärten und für die erweiterte Hauptstadt wird Wasser aus den Bergen herangeführt, ein technisches Meisterwerk mit Tunneln und Aquädukten.

703 v. Chr. In Babylonien erhebt sich wieder MARDUK-APLA-IDDINA II., bis 700 wird er endgültig vertrieben. 702–700 ist der assyrische Marionettenkönig BEL-IBNI auf dem Thron von Babylon.

701 v. Chr. Der dritte Feldzug SANHERIBS führt nach Westen gegen Phönikien und Palästina, um Aufständen vorzubeugen; er empfängt erneute Huldigungen. SANHERIB belagert Jerusalem unter HISKIA von Juda vergeblich und zerstört Ortschaften im Umland. Lachisch, die mächtigste Stadt von Juda neben Jerusalem, wird erobert; dies zeigen assyrische Reliefdarstellungen und die Funde bei Ausgrabungen.

694 v. Chr. SANHERIBS Sohn ASSUR-NADIN-SCHUMI, seit 700 in Babylon eingesetzt, wird an Elam ausgeliefert. Babylonien erhebt sich unter MUSCHEZIB-MARDUK und seinen Verbündeten gegen SANHERIB.

689 v. Chr. SANHERIB zerstört Babylon nach anderthalbjähriger Belagerung völlig. Das führt in der Folge zu einer Erneuerung der assyrischen Religion, indem Gott Assur als neuer Marduk angesehen wird, für den in Assur wie in Babylon das Neujahrsfest gefeiert wird; Enuma elisch, der Mythos von der Erhöhung Marduks, wird auf Assur umgedichtet.

681 v. Chr., 20. Aug. SANHERIB wird von zwei Söhnen, darunter der abgesetzte Kronprinz URDU-MULLISSI, ermordet.

680–669 v. Chr. **ASARHADDON,** der von SANHERIB 683 designierte Nachfolger, setzt sich gegen seine Brüder durch, unterstützt von seiner Mutter NAQIA (ZAKUTU). Gegenüber Babylon ändert ASARHADDON seine Politik, das er als politisches und kultisches Zentrum wieder aufbaut.

677 v. Chr. Sieg ASARHADDONS im Norden über die Kimmerier, die 707 die Urartäer schlagen und um 695 zum Ende des phrygischen Reiches beitragen.

676 v. Chr. ASARHADDON erobert Sidon und schließt mit BAAL von Tyrus einen Vertrag, sodass die assyrische Kontrolle des phönikischen Handels verstärkt wird.

674 v. Chr. Der bis 664 haltende Friedensschluss mit Elam verschafft Sicherheit an der Ostgrenze.

672 v. Chr. Auf die Ernennung von ASSURBANIPAL als assyrischen und SCHAMASCH-SCHUM-UKIN als babylonischen Kronprinz müssen die Bewohner des Landes schwören; ausführliche Loyalitätsverträge von Vasallen aus dem Osten über die Verpflichtungen gegenüber dem Nachfolger und mit ausführlichen Fluchformeln gegenüber dem Vertragsbrüchigen sind erhalten.

671 v. Chr. Auf dem zweiten Feldzug nach Ägypten wird TAHARQA besiegt, das assyrische Heer erobert Nordägypten und nimmt Memphis ein.

669 v. Chr., 10. Aug. Nachdem 670 eine von Harran ausgehende Verschwörung blutig niedergeschlagen wird, stirbt ASARHADDON auf dem dritten Feldzug nach Ägypten.

668–627(?) v. Chr. **ASSURBANIPAL**, der selbst eine Schreiberausbildung genießt und sich dessen rühmt, gründet in Ninive eine Palastbibliothek, indem er ältere Bibliotheken (etwa aus Kalach) transferiert, neue Abschriften erstellen lässt oder Texte konfisziert. ASSURBANIPAL bringt die von SANHERIB 689 entführten Götterstatuen nach Babylon zurück. 667–648 ist der jüngere Bruder SCHAMASCH-SCHUM-UKIN Herrscher von Babylonien.

668–665 v. Chr. GYGES von Lydien (Westanatolien) verbündet sich mit Assyrien gegen die Kimmerier als den gemeinsamen Feind. Er schließt sich dann aber PSAMMETICH I. von Ägypten an, als er ein Ende der Kimmerier-Gefahr sieht.

667–664 v. Chr. ASSURBANIPAL dringt in Ägypten bis Theben vor; außer reichen Gütern kommen auch Gelehrte und Ärzte aus Ägypten nach Ninive. Die assyrische Besetzung währt aber nicht lange und um 658 kann sich PSAMMETICH I. von Assur lösen.

653 v. Chr. In der Schlacht am Ulai wird der elamische Herrscher TE'UMMAN (eigentlich TEMPTI-HUMBAN-INSCHUSCHINAK) getötet, gegen den ASSURBANIPAL in Thronstreitigkeiten Partei ergriffen hat.

652 v. Chr. ASSURBANIPALS Bruder SCHAMASCH-SCHUM-UKIN, König von Babylonien, erhebt sich gegen Assyrien, dem Aufstand schließen sich Elam und die Araber an. Nur langsam gewinnen die Assyrer die Kontrolle zurück. Sieg über die Meder, die 625 unter KYAXARES wieder unabhängig werden.

648 v. Chr. Babylon wird eingenommen, SCHAMASCH-SCHUM-UKIN stirbt in den Flammen und KANDALANU fungiert als assyrischer Verwalter bis 627.

647 v. Chr. Die elamische Königsstadt Susa wird zerstört, wodurch die Meder im Zagros und die Perser der Kontrolle durch Elam enthoben sind.

640 v. Chr. Der Sieg gegen die Kimmerier und Hilfe für Urartu verschafft Ruhe im Norden und Osten. Über die letzten Jahre ASSURBANIPALS und nachfolgende liegen fast keine Quellen vor.

626 v. Chr. Babylonien macht sich unter NABOPOLASSAR (626–605) unabhängig von Assyrien.

616 v. Chr. PSAMMETICH I. von Ägypten unterstützt mit den Skythen Assyrien im Endkampf gegen die Meder unter KYAXARES und die Babylonier unter NABOPOLASSAR.

612 v. Chr. Nach der Zerstörung von Assur durch die Meder 614 fällt 612 die Hauptstadt Ninive. SIN-SCHAR-ISCHKUN kommt im Palast um. Ninive spielt in der Geschichte keine Rolle mehr.

609 v. Chr. Harran fällt, wohin sich der Kronprinz ASSUR-UBALLIT II. zurückgezogen hat, ein ägyptisches Heer kommt zu spät, um den Untergang Assyriens aufhalten zu können.

Das neubabylonische Reich (626–539 v. Chr.) und das Ende der babylonischen Kultur

Die Herrscher der neubabylonischen Dynastie NEBUKADNEZARS II. gelten nach der Bibel als »Chaldäer«, was aber nicht durch keilschriftliche Quellen bestätigt wird. Im Süden Babyloniens sind die Chaldäerstämme (*bit*) Jakin, Amukanu und Dakuru (von Süden nach Norden) beheimatet. MARDUK-APLA-IDDINA (722–710) ist ein Chaldäer auf dem babylonischen Thron, doch die Unterschiede zu den Babyloniern verschwinden.

Die Inschriften der neubabylonischen Könige behandeln ausführlich die großartigen Bauten, schweigen aber über politische und militärische Taten. Die politische Geschichte ist demgemäß sehr schlecht bekannt. Unter den letzten mesopotamischen Königen blühen noch einmal die Künste und die Literatur, insbesondere in der Hauptstadt Babylon und anderen Städten Babyloniens.

Mit der Eroberung Babyloniens durch den Achaimeniden KYROS II. endet 539 das eigenständige mesopotamische Königtum. Damit gibt es auch nicht mehr den Palast als Ort der Gelehrsamkeit und des Wissens. Die babylonische Kultur bleibt unter den Achaimeniden in den Städten bestehen und konzentriert sich im Laufe des Hellenismus an einigen Tempeln, zuletzt v. a. von Babylon.

626–605 v. Chr. **NABOPOLASSAR** (so biblisch, babylonisch NABU-APLA-USUR) begründet die »chaldäische« Dynastie.

616 v. Chr. NABOPOLASSAR einigt ganz Babylonien und greift Assyrien (ab 615 mit den Medern) entscheidend an. 609 Sieg über das letzte assyrische Heer unter ASSUR-UBALLIT II. und bis 605 Konsolidierung des von Assyrien übernommenen Reiches.

605 v. Chr. NEBUKADNEZAR II. schlägt NECHO II. von Ägypten bei Karkemisch am Euphrat und gewinnt damit Nordsyrien.

605–562 v. Chr. **NEBUKADNEZAR II.** (so biblisch, verschrieben aus NEBUKADREZAR, babylonisch NABU-KUDURRI-USUR) übernimmt das assyrische Reich. 601 nimmt er Palästina ein und rückt gegen Ägypten vor. Er baut Babylon aus, erweitert die Stadt, errichtet die zu den sieben Weltwundern der Antike gehörenden Stadtmauern, baut eine Brücke über den Euphrat, mehrere Paläste, den Haupttempel Marduks und die zugehörige Zikkurrat sowie die Prozessionsstraße.

597 v. Chr., 16. März Eroberung von Jerusalem; JOJACHIN und die jüdische Oberschicht werden ins babylonische Exil deportiert.

586 v. Chr., Juli Jerusalem missachtet unter ZEDEKIA den Vertrag mit Babylon und wie im assyrischen Reich wird die Stadt (nach 18 Monaten Belagerung) erobert und geplündert. Tausende werden deportiert. Die zweifache Einnahme Jerusalems ist in der Bibel belegt, keilschriftlich kennt man nur die erste. In Babylon sind nachfolgend in Urkunden Personen mit hebräischen Namen bekannt, die dort gut situiert erscheinen.

572 v. Chr. Tyrus wird erobert und 564 Babylonien unterstellt.

568 v. Chr. Siegreicher Feldzug gegen Ägypten mit nur vorübergehender Kontrolle.

562–556 v. Chr. **AWIL-MARDUK** (biblisch EWILMERODACH, 562–560) und **NERIGLISSAR** (so biblisch, babylonisch NERGAL-SCHARR-USUR, 559–556) sind Könige von Babylon; NERIGLISSAR führt einen Feldzug nach Kilikien.

555–539 v. Chr. **NABONID** (babylonisch NABU-NA'ID) aus Harran in Obermesopotamien, der letzte babylonische König, propagiert die Verehrung des universalen Mondgottes Sin gegenüber dem imperialen Marduk von Babylon. Am Anfang führt er drei Feldzüge nach Kilikien und Syrien.

552 v. Chr. NABONID zieht nach Nordarabien bis Yathrib (späteres Medina) und hält sich dann zehn Jahre bis 543 in der Oase Tema auf. Hierin äußert sich ein entscheidender Wechsel in der Einstellung gegenüber dem traditionellen Kult, der vom König geführt wird, da der babylonische Marduk-Kult vernachlässigt wird. Der Kronprinz BEL-SCHARR-USUR (biblisch BELSAZAR) verwaltet das Reich. | s. S. 117 |

539 v. Chr., 12. Okt. Babylon fällt kampflos an den Achaimeniden KYROS II. (559–530), wobei Widerstand der babylonischen Oberschicht gegen NABONID möglich scheint. Damit endet nach mehr als 2000 Jahren die Institution des Königtums in Mesopotamien. KYROS, nun der mächtigste Herrscher seiner Zeit, lässt die in Babylon versammelten geraubten Götterbilder heimsenden und unterstützt den Neubau des Jerusalemer Tempels. Babylon wird eine der drei Hauptstädte des Achaimenidenreichs neben dem elamischen Susa und dem persischen Persepolis, die für die drei Sprachen der achämenidischen Königsinschriften (Babylonisch, Elamisch, Altpersisch) stehen.

484 v. Chr. Im zweiten Jahr von XERXES (485–465) enden nach Unruhen in Babylonien die Archive, die die Tempelverwaltung betreffen: Eine Maßnahme gegen die einflussreichen Familien Babyloniens?

323 v. Chr. ALEXANDER stirbt in Babylon. Den geplanten Neubau der Zikkurrat NEBUKADNEZARS II., des »Turms von Babel«, kann er nicht mehr durchführen.

311 v. Chr. Die Seleukiden (311 = Jahr 1 der Seleukidenzählung) gründen um 300 Seleukeia am Tigris als neue Hauptstadt, die babylonische Kultur lebt v. a. in den Tempeln von Babylon und Uruk weiter.

141 v. Chr. Die parthischen Arsakiden beherrschen Mesopotamien, Babylon bleibt Zentrum mesopotamischer Tradition.

75 n. Chr. Letzter datierter Keilschrifttext mit astronomischem Inhalt.

Syrien

Die antike Landschaft Syrien umfasst das Gebiet zwischen dem Mittelmeer im Westen und dem Euphrat bzw. der syrischen Wüste im Osten, zwischen dem Südabhang des Taurus im Norden und dem Südabfall des Libanon (etwa entlang der heutigen Südgrenze von Libanon und Syrien) im Süden (Westen des modernen Staates Syrien, Libanon, Antakya in der Türkei). Das Libanongebirge und der östlich vorgelagerte Antilibanon sowie der nördliche Amanus teilen das Land in zwei Hälften, den schmalen Küstenstreifen und die Ebenen und Hügel Innersyriens. Die natürlichen Voraussetzungen charakterisieren die beiden Gebiete: An der Küste herrscht Mittelmeerklima, Häfen für den Handel werden angelegt, und die Phöniker des 1. Jt.s werden die wichtigsten Seefahrer ihrer Zeit. Die Ebenen Syriens liegen im Gebiet des »Fruchtbaren Halbmonds«, der Ackerbau bringt reichen Ertrag. Im Süden wird das fruchtbare Land von Wüstensteppen begrenzt, in denen die Oasen von Damaskus und Palmyra (Tadmor) liegen. Die kostbaren Hölzer, insbesondere die widerstandsfähigen Zedern des Libanongebirges, bilden das größte und heiß begehrte Kapital Syriens: Sie werden für die Schiffe der Küstenbewohner benötigt, dann aber über das Mittelmeer nach Ägypten bzw. über das Land und den Euphrat nach Mesopotamien geliefert. Die geografische Lage bestimmt die politische Geschichte: Syrien gewährt die Verbindung von Mesopotamien sowie den dadurch erschlossenen Gebieten und dem Mittelmeer. Es ist selbst Ziel der Interessen aufgrund der Hölzer der Gebirge Libanon, Antilibanon und Amanus, die das Land in zwei Hälften teilen. Südlich schließt sich Palästina an.

Bronzezeit (ca. 3000–1200 v. Chr.)

Frühe Bronzezeit (ca. 3. Jt. v. Chr.)

Die **hoch entwickelte Stadtkultur** der Frühen Bronzezeit lässt auf eine stratifizierte, arbeitsteilige Gesellschaft und ausgeprägte politische Einheiten schließen. Dies zeigen die materiellen Hinterlassenschaften aus Orten wie Ugarit oder Byblos an der Küste bzw. Hamath. Das Land erscheint streng zweigeteilt: An der Küste herrscht ägyptischer Einfluss, östlich der Gebirge orientiert sich Syrien kulturell an Mesopotamien.

Dies ist seit 1975 durch den Fund der Archive im **Palast von Ebla** (Palast G) deutlich geworden, die aus dem 24. Jh. v. Chr. stammen (etwa 3000–4000 Tontafeln). Nach diesen Quellen ist das gesamte Gebiet von Syrien östlich des Libanon über Obermesopotamien und das Euphrattal bis Babylonien von Territorialstaaten beherrscht, die ihre lokalen Konflikte austragen, Verträge schließen, diplomatische Kontakte pflegen und dynastische Heiraten arrangieren. Ähnliches ist auch für die Küste anzunehmen, wenngleich die nicht im Blickfeld der Ebla-Texte steht. Die ökonomische Macht von Ebla beruht auf der Kontrolle des Zugangs zum Zederngebirge. Der Flächenstaat Ebla wird von einem König (geschrieben mit dem sumerischen Zeichen EN, zu lesen wohl *malkum*) beherrscht, die Rolle der Königin (*maliktum*) übernimmt die Königinmutter bis zu ihrem Tod. Dem König, der eher repräsentative und kultische Aufgaben übernimmt, steht ein »Wesir« zur Seite, der sowohl den Palast und das Land im Inneren verwaltet wie die Feldzüge leitet. Die Großen des Landes sind zu Abgaben verpflichtet. Der Hofstaat residiert im Palast in der Oberstadt von Ebla. Zuerst treten in Ebla **Amurriter** als Nomaden in der syrischen Steppe um Euphratknie und Dschebel Bischri auf. Nach dem Ende der Stadtkultur Obermesopotamiens (24./23. Jh.) und Syriens (2200–2000) verbreiten sich Lebensweise und Sprache der Amurriter Syriens bis weit nach Mesopotamien. Die Texte im Palast von Ebla sind in Keilschrift geschrieben, die über Mari von Mesopotamien eingeführt worden ist. In Ebla spricht man einen als **Eblaitisch** bezeichneten lokalen Dialekt des semitischen Akkadischen, das in Obermesopotamien und bis ins nördliche Babylonien verbreitet ist.

Ende des 4. Jt. v. Chr. Zeugnisse der Uruk-Kultur am Euphrat, u. a. in Dschebel Aruda.

ca. 2600–2200 v. Chr. Der starke ägyptische Einfluss in **Byblos** äußert sich in dort gefundenen ägyptischen Inschriften und Objekten. Ägypten bezieht aus Byblos Hölzer und Harze und exportiert dorthin Metalle, Gold, Stein, Elfenbein sowie Luxusgüter. Der Austausch über das Meer erfolgt auf den »Byblos-Booten«. Die syrische Küste ist Teil der ägyptischen Mythologie, weil hier der angespülte Körper von Osiris von einer Zeder umwachsen wird, bevor ihn Isis zurückbringt. Byblos wird um 2200 zerstört.

ca. 2380–2370 v. Chr. **Mari** am mittleren Euphrat ist in der Frühzeit der Texte aus Ebla insbesondere unter König Iplul-il die dominierende Stadt, an die Ebla große Abgaben liefert.

ca. 2370–2360 v. Chr. Unter Irkab-Damu (ca. 2372–2366) und Isch'ar-Damu (ca. 2365–2330) gewinnt Ebla gegenüber Mari an Einfluss. Eine eblaitische Prinzessin wird durch Heirat Königin von Emar. Die Verwaltung des Landes und die Kriegsführung obliegt den »Wesiren« Arrukum (ca. 2370–2366), Ibrium (ca. 2365–2348) und Ibbi-zikir (ca. 2347–2330).

ca. 2333 v. Chr. Eine Koalition von Ebla und Nagar (in Obermesopotamien), verbündet mit Kisch (in Babylonien), besiegt die alte Metropole Mari.

ca. 2330 v. Chr. Ebla wird zerstört, wahrscheinlich von Mari. Durch die Zerstörung und den Brand des Palastes sind die Tontafelarchive erhalten.

ca. 2320 v. Chr. Sargon von Akkade (2343–2314) zerstört Mari. Auch Naram-Sin von Akkade (2291–2236) rühmt sich, Mari und Ebla erobert zu haben. Ziel von Sargon und Naram-Sin ist das Zederngebirge.

ca. 2200–1950 v. Chr. Blütezeit von Ebla, die durch die archäologischen Funde ebenso wie durch den diplomatischen Kontakt mit dem Reich der Dritten Dynastie von Ur (2110–2003) nachgewiesen ist.

Mittlere Bronzezeit, Altsyrische Zeit (ca. 2000–1600 v. Chr.)

Auch in der Mittleren Bronzezeit ist prinzipiell Innersyrien nach Mesopotamien orientiert, während sich an der Küste ägyptischer Einfluss zeigt. Allerdings zeigen nun die Quellen eine Verbindung der beiden Sphären durch die diplomatischen Kontakte, wie die Palastarchive von Mari (ca. 1810–1761) belegen. Die Bewohner Syriens tragen amurritische Namen, Schriftsprache ist aber Akkadisch. Der Sprachwandel innerhalb dieser semitischen Sprachen ist im Zusammenhang mit dem Untergang der frühbronzezeitlichen Stadtkultur zu sehen. Das Amurritische ist von Syrien bis Babylonien verbreitet. In Syrien steigt wie in Obermesopotamien stetig die Präsenz der Hurriter. In die altsyrische Zeit fällt mit der politischen Blüte von Jamchad der Aufstieg des Wettergottes (Adad, Haddu) von Aleppo.

1782 v. Chr. Heirat einer Prinzessin von Qatna mit Jasmach-Addu, Statthalter Schamschi-Adads I. in Mari. Qatnas Einfluss reicht bis nach Hazor. Schamschi-Adad I. unterstützt Qatna gegen Sumu-epuch (1800–1780) von Jamchad (Aleppo), 1779 kommt es zu direkten Auseinandersetzungen zwischen Jamchad und Schamschi-Adad im Euphrattal.

1780–1765 v. Chr. Unter Jarim-Lim I. von Jamchad (Hauptstadt Aleppo), Nachfolger von Sumu-epuch, steht Aleppo auf dem Höhepunkt seiner Macht. Jamchad reicht im Osten an den Euphrat, im Süden grenzt in der Ebene von Homs Qatna an, im Westen Ugarit an der Mittelmeerküste.

1775–1759 v. Chr. Zimri-Lim zieht, unterstützt vom mächtigen Jarim-Lim von Jamchad, nach dem Ende Schamschi-Adads wieder in Mari ein. Zimri-Lim übernimmt die Frau aus Qatna von seinem Vorgänger Jasmach-Addu und heiratet eine Tochter Jarim-Lims. Der Konflikt von Qatna und Aleppo ist damit aufgehoben. Jamchad verkauft an Zimri-Lim Alalach am Orontes. Besondere Interessen verbinden Mari mit Qatna und Ugarit, doch bestehen diplomatische Kontakte bis Hazor in Palästina, Zypern und Kreta. An den Küstenorten zeigt sich der Einfluss Ägyptens bis ca. 1780.

1759 v. Chr. Nach der Zerstörung Maris durch Hammurabi von Babylon erfolgt der **Aufstieg von Jamchad (Aleppo)**. Hammurabi I., Abban (Abba-Il) und Jarim-Lim II. dehnen das Gebiet von Jamchad bis weit nach Obermesopotamien aus. Im Euphrattal etabliert sich eine Dynastie in Terqa.

ca. 1650–1620 v. Chr. Hattusili I., Begründer des hethitischen Reiches, fällt in Obermesopotamien und Syrien ein.

ca. 1620–1590 v. Chr. Mursili I. zerstört Aleppo, was das Ende der Blütezeit von Jamchad bedeutet.

Späte Bronzezeit (ca. 1600–1200 v. Chr.)

In der Späten Bronzezeit treffen in Syrien die Interessen der Großmächte Ägypten, Mittani bzw. Assur und Hatti aufeinander. Das Reich von Mittani beruht im Wesentlichen auf einer Föderation von Staaten, die, von Obermesopotamien ausgehend, bis ans Mittelmeer reicht. Ägypten verlässt den Küstenstreifen und versucht nun bis ans Ende der altorientalischen Geschichte nördlich von Palästina in Syrien Fuß zu fassen. Hatti setzt nach der Eroberung (spätes 14. Jh. v. Chr.) einen Vizekönig in Karkemisch ein, dem jenseits des Euphrattales der assyrische Vizekönig von Hanigalbat gegenübersteht. Die Verbreitung der Keilschrift im gesamten Vorderen Orient im 14./13. Jh. v. Chr. und damit auch der Gebrauch von Babylonisch als Diplomatensprache führen zu einer ausgesprochen guten Quellenlage für diese Zeit.

Hatti schließt mit den Vasallen in Syrien Verträge, Abschriften stammen aus Hattusa: Nach einer ausführlichen historischen Einleitung (wichtigste Quellen zur Geschichte Syriens) folgen die Verpflichtungen im Kriegsfall und der Tribut. Erhält der Vasall eine Königstochter zur Frau, dürfen nur ihre Nachkommen den Thron erben. Jährlich hat der Vasall seinen Eid in Hattusa vor dem Großkönig zu wiederholen. Die Götter werden angerufen, den Vertrag zu hüten. Abgesehen von diesen Verpflichtungen sind die Vasallenstaaten aber in ihrem Handeln und ihrer Verwaltung nicht weiter gebunden; umgekehrt garantiert der Großkönig den Schutz des Vasallen. Die Fürstentümer sind daher auch gezwungen, sich der jeweils stärksten Macht anzuschließen.

Syrien von 3000–600 v. Chr.

Im 2. Jt., besonders häufig im 14. Jh., tauchen in Syrien und darüber hinaus als **Apiru** bezeichnete Leute auf. Es sind wohl Vertriebene, nicht Sesshafte unterschiedlichster Herkunft, die als kriegerische Rotten durch die Lande streifen oder als Söldner in den Heeren verpflichtet werden. Wie sich genau diese Apiru zu den Hebräern (*'ibrim*) der Bibel verhalten, ist noch unbekannt.

Der wichtigste Fundort an der Mittelmeerküste ist **Ugarit**. Die Texte beleuchten die Zeit Ugarits von etwa 1350 bis um 1175 v. Chr., erst als Vasall Ägyptens, dann ab 1330 v. Chr. auf Seite Hattis. Nachgewiesene Handelskontakte reichen nach Ägypten, ins Binnenland und nach Zypern und in die Ägäis. Der durch den Handel gewonnene Reichtum erlaubt es, sich von Kriegsverpflichtungen freikaufen zu können. Die Einwohner Ugarits sind meist Semiten, doch findet man auch einige Hurriter sowie eine ägäisch-mykenische Kolonie. Dem lokalen Herrscher obliegt die interne Verwaltung, er ist der oberste Richter und nimmt im Kult eine wichtige Rolle ein. Aus dem Palast von Ugarit stammen mehrere Archive von Keilschrifttexten, die neben Briefen auch Rechtstexte, Alltagstexte und Bibliotheken mit Texten der mesopotamischen Tradition (Zeichenlisten, Literatur) enthalten. In Ugarit werden v. a. vier gesprochene Sprachen geschrieben: Babylonisch, trotz der politischen Abhängigkeit nur wenig Hethitisch, häufiger Hurritisch sowie Ugaritisch; diese kanaanäische Sprache wird in der ugaritischen Alphabetschrift mit 30 Buchstabenzeichen verschriftet. Die vielsprachige Situation von Ugarit spiegelt sich in den mehrsprachigen Vokabularen, heute eine wichtige Quelle zur Kenntnis der antiken Sprachen. Literarische ugaritische Texte beleuchten v. a. die Religion mit der Mythologie von El, Baal, Dagan, Mot, Jam u. a. Göttern.

Aus **Emar** am Euphrat, das Hatti bzw. dem Vizekönig in Karkemisch unterstellt ist, stammen Keilschrifttexte aus dem 14./13. Jh. (bis ca. 1185). Charakteristisch für Emar und andere Orte im Euphrattal ist die tragende Rolle von Vertretern der Einwohner, in der Regel wohl Familienälteste, während der lokale König eher marginal und v. a. im Kult erscheint. Die Stadt wird geleitet von den Ältesten, die im Namen des Stadtgottes agieren. Weniger ein festes Gremium, sondern eine aktuell einberufene Versammlung von wichtigen Persönlichkeiten stellen die »Brüder« dar. Die Bibliothek des Wahrsagers von Emar enthält neben Texten der mesopotamischen Tradition wichtige Quellen für die lokalen Kulte.

Mit dem Ende der Späten Bronzezeit kurz nach 1200 v. Chr. endet die Verbreitung der Keilschrift in Syrien und an der Küste.

ca. 1650–1551 v. Chr. Hyksos-Zeit in Ägypten: Die Hyksos dürften als regierende Gruppe von »Asiaten«, als semitische Einwanderer aus Küstengebieten von Syrien-Palästina, anzusehen sein. | s. S. 73 |

16. Jh. v. Chr. **Aleppo** weist seit der Einnahme durch den Hethiter Mursili I. (um 1600) wieder eine eigene Dynastie auf (Scharra-el, Abban, Ilimilimma) und gewinnt im Westen Gebiete hinzu, v. a. Alalach am Orontes in der Amuq-Ebene.

um 1490 v. Chr. Thutmosis I. (1493–1482) gelangt bis zum Euphrat bei Karkemisch, wo er eine Stele errichten lässt. Die Vasallen in Syrien und Palästina werden von ägyptischen Beamten kontrolliert.

um 1470 v. Chr. Die ägyptische Pharaonin Hatschepsut (1479–1458) zeigt weniger Interesse an Syrien. So kann Parattarna das sich etablierende Reich Mittani nach Westen über Aleppo bis zum Mittelmeer ausdehnen. In Aleppo wird Idrimi vertrieben, der sich später mit Parattarna aussöhnt und Herrscher von Mittanis Gnaden in Alalach am Orontes wird. Die »Autobiografie« des Idrimi auf seiner in Alalach gefundenen Sitzstatue ist das wichtigste historische Dokument seiner Zeit.

1458 v. Chr. Thutmosis III. (1479–1426) erobert am Anfang seiner selbstständigen Regierungszeit Megiddo und andere Orte in Palästina.

1447 v. Chr. Thutmosis III. führt seinen achten Feldzug nach Nordsyrien, er erreicht den Euphrat bei Karkemisch. Als Grenze etabliert sich der Orontes bei Kadesch, doch bleiben Aufstände der syrischen Vasallen Ägyptens nicht aus.

um 1445(?) v. Chr. Tudhalija I. von Hatti nützt womöglich die Schwäche von Mittani nach dem ägyptischen Feldzug und erobert Aleppo; dies bleibt aber ohne Folgen, da inneranatolische Schwierigkeiten den hethitischen König nach Norden zurückrufen. Die Zerstörung von Alalach (Schicht IV) ist wohl auch auf die Eroberung Hattis zurückzuführen.

um 1440–1410 v. Chr. **Sauschtatar** (besser: Sausatatar) von Mittani muss nach dem Intermezzo des achten Feldzugs von Thutmosis und der Zerstörung Aleppos durch Tudhalija sein Mittani-Reich wieder aufbauen. Er gewinnt zumindest das Gebiet über den Euphrat hinaus bis Halab wieder. Die Schwierigkeiten Ägyptens, in Syrien Fuß zu fassen, mögen auf seine erneute Reichsbildung zurückzuführen sein.

ca. 1425–1420 v. Chr. Amenophis II. (1426–1400) führt die Syrienpolitik seines Vaters weiter, kann aber Nordsyrien nicht halten.

um 1390 v. Chr. Thutmosis IV. (1400–1390) schließt einen Friedensvertrag mit Artatama I. von Mittani, der mit der Aufnahme einer mittanischen Prinzessin im ägyptischen Harem verbunden ist. Damit ist die Teilung Syriens zwischen Ägypten und Mittani geregelt.

ca. 1355–1330 v. Chr. Die **Amarna-Korrespondenz** vermittelt ein lebendiges Bild der Zeit von Amenophis III. (1390–1353) und Amenophis IV. (1353–1336): Es handelt sich um die keilschriftlichen, meist babylonischen Briefe aus der Residenz Amenophis' IV. (Echnaton) in Achetaton (Tell el-Amarna) von den Vasallen Ägyptens in Syrien und Palästina und den Großmächten Babylon, Assur, Hatti und Mittani.

ca. 1350–1320 v. Chr. Der **Hethiterkönig Suppiluliuma I.** erobert in mehreren Feldzügen Nordsyrien, der syrische Fürst Aziru von Amurru fällt von Ägypten ab und schließt sich Hatti an. Mit seinen Verbündeten schlägt Suppiluliuma Mittani vernichtend. Die ehemals von Ägypten abhängigen Fürstentümer werden nun mit Verträgen an Hatti gebunden. Suppiluliuma macht sich Orte wie Aleppo, Alalach, Ugarit, Tunip, Qatna und Kadesch untertan. So ist die hethitische Südgrenze bis an den Libanon vorgeschoben. In Karkemisch wird SCHARRIKUSCHUCH (PIJASSILI), ein Sohn des hethitischen Großkönigs, als Vizekönig eingesetzt. Die Dynastie in Karkemisch beherrscht das Euphrattal und Syrien bis ans Ende des hethitischen Reiches. Hier werden Rechtskonflikte sowohl aus Ugarit am Mittelmeer wie aus Emar im Euphrattal geregelt.

um 1325 v. Chr. SUPPILULIUMA I. von Hatti schließt mit SCHATTIWAZA von Mittani einen Vertrag, in dem dieser das gesamte Euphrattal dem Vizekönigtum von Aleppo abtreten muss.

1275 v. Chr. Die Konflikte zwischen Hatti und Ägypten in Syrien entladen sich in der **Schlacht von Kadesch**, wo sich der Hethiter MUWATALLI II. (ca. 1297–1273) mit etwa 35 000 Mann und 3500 Wagen und der ägyptische Pharao RAMSES II. (1279–1213) gegenüberstehen. Der Ausgang begünstigt eher die Hethiter, die das abgefallene Amurru wieder übernehmen und auch Kadesch behalten. RAMSES festigt seine Stellung an der Küste von Palästina.

1259 v. Chr. Der **Friedensvertrag zwischen HATTUSILI III.** (ca. 1265–1236) **und RAMSES II.** bestätigt die bestehende Grenze: zu Ägypten gehören Palästina samt der phönizischen Küste und das Gebiet von Damaskus. Zu Hatti zählen im Süden das Orontestal mit Amurru und Kadesch und an der Küste das Gebiet von Ugarit.

1209 v. Chr. Der ägyptische Pharao MERENPTAH (1213–1203) feiert einen Sieg gegen die **Seevölker**, die zur Bedrohung der Orte am Mittelmeer werden.

um 1175 v. Chr. Die spätbronzezeitliche Kultur geht unter. Briefe des Herrschers von Alaschia (Zypern) an Ugarit beschreiben das Auftauchen von feindlichen Schiffen, ein letzter Hilferuf des ugaritischen Königs, dass die Feinde angekommen seien, bleibt ungehört. Ugarit spielt in der altorientalischen Geschichte keine Rolle mehr. Das Ende von Städten im Landesinneren und im Euphrattal kann nicht direkt auf eine Invasion zur See zurückgeführt werden, muss aber mit den Wanderungen und Invasionen und dem Zusammenbruch der staatlichen Ordnung zusammenhängen. Nach ägyptischen Quellen erfolgen heftige Attacken von »Seevölkern« im achten Regierungsjahr von RAMSES III. (1184–1153), der sich gegen diese und Philister zur Wehr setzen muss. Um 1150 bricht das ägyptische Großreich zusammen, die Philister in Palästina übernehmen vieles von der vorangegangenen ägyptischen Kultur und von den einheimischen Kanaanäern.

Eisenzeit in Syrien und Phönikien (ca. 1200–525 v. Chr.)

Im Seevölkersturm (um 1180) und den anschließenden Wirren geht die bisher gültige staatliche Ordnung Syriens und Palästinas zugrunde: Ägypten muss sich zurückziehen, das Reich Hatti verschwindet. Wichtige Orte Syriens wie Alalach und Ugarit werden zerstört und aufgegeben, Staaten wie Amurru vergehen. Im Binnenland bilden sich kleine Fürstentümer, meist lokale Stadtstaaten. Im Norden Syriens und im Südosten Anatoliens ist das hethitische Erbe noch stark; so dürfte die lokale Dynastie von Karkemisch am Euphrat tatsächlich die hethitische Tradition weitergeführt haben. Inschriften werden in Nordsyrien und Obermesopotamien in luwischer Hieroglyphenschrift geschrieben. So bezeichnen die Assyrer die syro-hethitischen Gebiete in Nordsyrien und dem nördlich angrenzenden Bereich im 9.– 8. Jh. als **»Hatti-Land«**. Der aramäische Einfluss wird im 10./9. Jh. in Syrien und in Obermesopotamien sehr stark und verdrängt das hethitische Erbe. Im Süden Syriens entwickelt sich Aram-Damaskus zum stärksten Staat nach der Herrschaft SALOMOS und DAVIDS. Für das 9. und 8. Jh. wird der **Vorstoß Assyriens** entscheidend. In den Stadtstaaten wirken pro- und antiassyrische Kräfte, die entweder die Abhängigkeit und den Schutz durch Assur oder Freiheit und die Gefahr der Zerstörung wählen.

Phönikien steht im 11.– 9. Jh. unter ägyptischem Einfluss. Am phönizischen Küstenstreifen behaupten sich die alten Städte, allen voran Sidon, dessen führende Rolle im Lauf des 10./9. Jh.s von Tyros übernommen wird, weiterhin Byblos (antik Gubla) und Arwad (heute Ruad). Für die Geschichte Phönikiens werden nun erstmals griechische Quellen bedeutsam, und zwar Annalen von Tyros, die über Abschriften und Zitate bis in das Werk von JOSEPHUS FLAVIUS gelangen. Inschriften belegen lokale Dynastien in den einzelnen Orten, die hier nicht aufgeführt werden können. Die Phöniker beherrschen von ihren Küstenstädten aus den Handel im Mittelmeer, schon im 10. Jh. mit dem Westen. Im 9. Jh. wird Kition auf Zypern als erste Kolonie von Tyros gegründet, ab 800 folgen phönizische Handelskolonien im Westen (etwa Melite [Malta], Panormus [Palermo] und Karthago). Die Phöniker produzieren Luxusgüter wie Glas und Purpur und verarbeiten das kostbare Elfenbein oder Metalle. Selbst als Assyrien im 8. Jh. Syrien erobert, bleiben die phönizischen Städte frei, um den Handel nicht zu gefährden. Tyros ist während der gesamten assyrischen Zeit nominell unabhängig, muss aber seinen Tribut abliefern und wird von einem assyrischen »Vertrauten« kontrolliert. Für Assyrien bilden die phönikischen Städte das Tor zum Westen, dagegen fördert Ägypten in der gleichen Zeit die Kontakte mit Griechen aus der Ägäis, wie die Anlage von Naukratis im Nildelta um 625 zeigt. In der phönikischen Religion dominiert der kriegerische Wettergott Baal, lokal in Tyros als Melqart, in Sidon als Eschmun verehrt; daneben fungiert als »Himmelsherr« Baal-schamim. Astarte erscheint als Göttin in mehreren Städten, der Vegetationsgott Adonis spielt v. a. in Byblos eine Rolle.

Phönikien bringt dem Mittelmeerraum das Alphabet. Das **phönikische Alphabet** beruht auf älteren Vorbildern des 2. Jt.s, die in Kanaan (Syrien-Palästina) entwickelt worden sind. Die Lage zwischen den Schriftkulturen von Mesopotamien und Ägypten hat sicher zur Entwicklung eigener Alphabetschriften beigetragen. Das ugaritische Alphabet des 14./13. Jh. v. Chr. weist immerhin schon dieselbe Abfolge der Buchstaben wie spätere Alphabete auf. Das phönikische Alphabet wird von Griechen und Etruskern übernommen und ist so auch der Urahn unseres lateinischen Alphabets. Im Osten entwickelt sich aus der phönikischen die aramäische Schrift, aus der die hebräische und die arabische Schrift hervorgehen.

seit 1200 v. Chr. Kontinuität in Karkemisch mit lokaler Dynastie.

um 1100 v. Chr. Die phönikischen Städte **Tyros**, **Sidon**, **Byblos** und **Arwad** florieren wieder unter ihren lokalen Dynasten. Der assyrische König Tiglatpilesar I. (1114–1076) empfängt von ihnen Tribut. Phöniker durchfahren die Straße von Gibraltar.

ca. 1000–970 v. Chr. David erobert Damaskus.

ca. 969–936 v. Chr. **Hiram I. von Tyros** schließt einen Vertrag mit David und Salomo von Israel, wohl auch um die Philister in Schach zu halten, die als Konkurrenz auftauchen. Beginn der phönikischen Kolonisation im Mittelmeerraum.

um 950–732 v. Chr. Den Herrschern von **Aram-Damaskus**, darunter Bar-Hadad I.–III., untersteht das südliche Syrien.

853 v. Chr. In der Schlacht von Qarqar hält die Koalition unter Führung von Aram-Damaskus das Heer des assyrischen Königs Salmanassar III. (858–824) auf, dem auch in den folgenden Jahren kein entscheidender Durchbruch gelingt.

ca. 842–810 v. Chr. Hasa'el von Damaskus erweitert den Einfluss seines Landes zu Lasten von Israel.

814/13 v. Chr. Der griechischen Überlieferung nach erfolgt (über Zypern) die phönikische Gründung von Karthago (*Qart hadascht* = »Neustadt«).

805–796 v. Chr. Die Syrienfeldzüge Adad-neraris III. enden in der Schwächung von Damaskus und bringen für syrische Stadtstaaten wie Hamat die Abhängigkeit von Assyrien. Nach 796 erfolgen bis Tiglatpilesar III. (744–727) keine assyrischen Feldzüge in Syrien.

745 v. Chr. Arpad, mächtigster Ort in Nordsyrien, wird unter Mati'ilu Assyriens Vasall, ein Aufstand nach einem Politikwechsel wird 741 niedergeschlagen.

744–721 v. Chr. Tiglatpilesar III. von Assyrien unternimmt in zahlreichen Feldzügen die Eroberung von Syrien und Palästina. Damit enden die lokalen Fürstentümer in syro-hethitischer Tradition.

738 v. Chr. Assyrischer Sieg über Hamat, das sich 780 von Assyrien losgesagt hat, und seine Verbündeten in Syrien; nach einer weiteren Rebellion 720 von Sargon II. besiegt.

732 v. Chr. Mit dem Fall von Damaskus endet der einst mächtige Staat von Aram-Damaskus und Südsyrien fällt an Assyrien.

720 v. Chr. Sargon II. (721–705) von Assyrien stößt wieder bis Palästina vor, erobert Gaza und besiegt Ägypten. Er führt die Deportationspolitik von Tiglatpilesar III. in Syrien fort. 712 erfolgt ein weiterer Feldzug nach Palästina.

701 v. Chr. Der dritte Feldzug von Sanherib (704–681) von Assyrien richtet sich zunächst gegen Phönikien und Palästina, wo der König Tribut und Huldigungen empfängt und damit Aufstandsplänen vorbeugt. Jerusalem unter Hiskia von Juda bleibt unversehrt, doch erobert Sanherib Orte im Umkreis, darunter Lachisch, die mächtigste Stadt von Juda neben Jerusalem. Darstellungen auf Reliefs aus dem Palast Sanheribs in Ninive und archäologische Funde belegen die assyrische Eroberung.

676 v. Chr. Sidon wird vom assyrischen König **Asarhaddon** (680–669) erobert, da die Stadt die assyrischen Bedingungen nicht länger akzeptiert. Eine eigene assyrische Handelsstadt »Kar-Assarhaddon« wird angelegt, wo außer Phönikern und Syrern auch Zyprioten eingesetzt sind. Im Vertrag mit Baal von Tyros wird Bewegungsfreiheit für den Handel gewährleistet, doch ein assyrischer Beamter kontrolliert die Politik und es sind Abgaben zu leisten.

um 620 v. Chr. Ägypten unter Psammetich I. (664–610) nützt die Schwäche Assyriens und erobert Syrien bis an den Euphrat (Karkemisch). Phönikier nehmen wieder Kontakte mit Ägypten auf. Skythen fallen nachfolgend in Syrien ein, doch Psammetich zwingt sie zur Umkehr.

609 v. Chr. Necho II. (610–595) von Ägypten eilt den untergehenden Assyrern in Harran zu Hilfe, kann dabei aber nur die Präsenz Ägyptens in Syrien bestätigen.

605 v. Chr. Nebukadnezar II. (604–565) besiegt die Ägypter am Euphrat und unterwirft Nordsyrien. Er nimmt Palästina ein und rückt 601 gegen Ägypten vor.

572 v. Chr. Tyros, auf einer Landzunge im Meer gelegen, fällt nach einer Belagerung von 13 Jahren, es wird 564 Babylonien unterstellt. Damit endet die Monarchie von Tyros und Sidon nimmt den ersten Rang in Phönikien ein.

539 v. Chr. Mit dem Einmarsch von Kyros II. in Babylon fällt das babylonische Reich an die Achaimeniden.

525 v. Chr. Kambyses II. (530–522) dehnt die persische Oberhoheit auf Syrien, Phönikien und Palästina aus, er erobert Ägypten. Phönikien behält während der Achaimenidenzeit eine beschränkte Selbstständigkeit, wichtig sind die Herrscher von Sidon. Der Sitz des Satrapen liegt wohl in Tripoli.

Palästina

Die, im Anschluss an den römischen und altchristlichen Sprachgebrauch sog. Landschaft Palästina (»Philisterland«), das alte **Kanaan**, umfasst das südliche Drittel Syriens, etwa vom südlichen Libanon bis südlich des Toten Meeres (etwa 250 km); die Ostgrenze bildet die syrisch-arabische Wüste, die Längsachse der Jordangraben, der größtenteils tief unter dem Meeresspiegel liegt (See Genezareth –209 m, Totes Meer –396 m). Die politischen Grenzen haben sich sehr oft geändert, vor allem im Osten; das Ostjordanland ist nur selten mit den übrigen Gebieten vereinigt. Die Fruchtbarkeit des Landes ist sehr ungleich, ebenso das Klima: Einzelne Gebiete, insbesondere der Ostabfall des Hochlandes von Judäa, haben Steppen- oder Wüstencharakter und erlauben keine Dauersiedlungen; anderswo gedeihen der Ölbaum und der Weinbau. Bodenschätze gibt es wenig. Die größtenteils sandige und hafenarme Küste ist für Schifffahrt und Seehandel wenig einladend. Da das Land von den beiden im Altertum wichtigsten Handelsstraßen, die Via Maris an der Küste und dem transjordanischen Königsweg durchquert bzw. berührt wird, kam ihm eine wichtige handelspolitische und geostrategische Bedeutung zu. Palästina als Brücke zwischen Ägypten und Arabien, Anatolien, Mesopotamien und Syrien ist daher in seiner Geschichte stets Gegenstand der Begehrlichkeiten der altvorderasiatischen Großmächte gewesen.

Quellen der Geschichte Palästinas

Für weite Zeiträume der Geschichte Palästinas stehen ausschließlich archäologische Quellen zur Verfügung. Erst um 2000 v. Chr. setzen erste ägyptische Quellen ein, die Orte in Palästina erwähnen. Verwertbare historische Quellen mehren sich in der Zeit des ägyptischen Neuen Reiches ab 1550. Assyrische und babylonische Quellen liegen v. a. für die Zeit zwischen 900 und 586 vor. Die biblischen Quellen sind von höchst unterschiedlichem Wert, da es sich im Wesentlichen um theologische Geschichtsdeutung handelt, die größtenteils aus der Zeit des babylonischen Exils (deuteronomistisches Geschichtswerk: [Dtn] Jos, Ri, 1+2 Sam, 1+2 Kön) und danach stammt. Der legendenhafte Charakter der Vätererzählungen, des Exodus, der Landnahme unter Josua und der Richtersagen verbietet eine historische Rekonstruktion aufgrund dieser Quellen. Die Erzählungen über die frühen Könige Saul, David und Salomo sind teilweise legendenhaft, auch wenn sie in historischen Grundzügen zutreffend sein sollten. Auch die Korrelation der archäologischen Daten mit den Erzählungen über die frühe Königszeit ist problematisch. Auf sicherem Boden stehen wir wieder in der **israelitischen Königszeit** ab dem 9. Jh., wo eine Korrelation der Daten der biblischen mit den assyrischen und babylonischen Quellen möglich ist. Die Zuverlässigkeit des sog. Chronistischen Geschichtswerkes (1.–2. Jh. n. Chr.; Esra-Nehemia) für die persische Zeit ist uneinheitlich. Für weite Teile der persischen und hellenistischen Zeit schweigen die Quellen nahezu ganz, um erst mit den Makkabäerbüchern wieder einzusetzen.

um 4300–3300 v. Chr. Ins Chalkolithikum werden größere Hausbauten mit mehrfarbig gemalten Kultszenen in Telelat Ghassul bei Jericho datiert. Eine bedeutende chalkolithische Kultanlage wurde bei En Gedi am Westufer des Toten Meeres ausgegraben. Ein großer Hort von rituellen Kupferobjekten aus Nahal Mischmar wird mit diesem Tempel in Verbindung gebracht. Bei Beerscheba (Bir Safadi) sind unterirdische Siedlungen ausgegraben worden.

um 3300–2300 v. Chr. Die **Frühe Bronzezeit** ist die erste Hochphase urbaner Kultur in Palästina. Waren in der Frühbronzezeit I noch kleine unbefestigte Siedlungen dominant, so ist die Frühbronzezeit II–III von befestigten urbanen Zentren gekennzeichnet. Die Städte wiesen Größen zwischen ca. 220 ha (Beth Yerach) und ca. 100 ha (Ai, Arad) auf.

um 2300–1900 v. Chr. Parallel zur Ersten Zwischenzeit in Ägypten erlebt auch Palästina in dieser Phase, der sog. Frühbronze-Mittelbronze-Zwischenzeit, einen ökonomischen und kulturellen Niedergang. Die urbanen Zentren der Frühen Bronzezeit existieren nicht mehr und das spärlich besiedelte Land zeigt nur noch armselige Siedlungsspuren, v. a. in den ariden Regionen. Die wenigen Siedlungsspuren in Kombination mit zahlreichen großen Friedhöfen sprechen für eine halbnomadische Bevölkerung.

um 1900 v. Chr. Die ägyptischen Ächtungstexte erwähnen u. a. die Stadt Jerusalem. Gleichzeitig bietet die Nennung von Städten einen Hinweis auf die in Gang befindliche Re-Urbanisierung Palästinas.

1800/1750–1550 v. Chr. Die Mittelbronzezeit II B, auch als »Hyksos«-Periode bezeichnet, ist die zweite Blütephase der Stadtkultur in Palästina. Die von mächtigen Erdwällen umgebenen Städte erreichen eine Größe von bis zu 80 ha (Hazor). Neben den größeren Städten gibt es kleinere urbane Ansiedlungen (z. B. Megiddo, ca. 10 ha) und kleinere dorfartige Siedlungen. Die Städte weisen eine differenzierte Bebauung mit Tempeln, Palästen und Wohnquartieren auf, die materielle Kultur eine hochwertige Produktion von Keramik und Metallobjekten, insbesondere Götterfigürchen. Eine Verortung der Traditionen mithilfe der biblischen Patriarchen in der Mittelbronzezeit hat sich als unhaltbar erwiesen.

1550–1200 v. Chr. Nach dem Zusammenbruch der Hyksos-Herrschaft in Ägypten wird Palästina ägyptische Provinz. Direkte ägyptische Herrschaftsausübung bleibt hierbei auf Gaza und vereinzelte Garnisonen an strategisch wichtigen Punkten beschränkt. Die örtliche Regierungsgewalt bleibt nach wie vor lokalen Dynasten überlassen.
Die materielle Kultur der Spätbronzezeit setzt vielfach Traditionen der Mittleren Bronzezeit fort, jedoch auf niedrigerem Niveau. Die Spätbronzezeit erlebt einen Niedergang der urbanen Kultur, der im Zusammenhang mit einer ökologischen, ökonomischen und geopolitischen Krise im gesamten östlichen Mittel-

meerraum zu sehen ist. Größere Bevölkerungsgruppen sind zum Übergang zu einer halbnomadisch-weidewirtschaftlichen Lebensweise gezwungen, um ihre Subsistenz zu sichern. Eine wichtige Quelle für das spätbronzezeitliche Palästina ist das Keilschriftbriefarchiv von Amarna (Mittelägypten) – die sog. Amarnabriefe, die über Auseinandersetzungen der Stadtkönige (u. a. ABDI-HEPA von Jerusalem) mit entwurzelten Bevölkerungselementen und marodierenden Räuberbanden (Hapiru) sprechen. Die Stadtstaaten werden weiter geschwächt durch Kriege untereinander und durch die Versorgungsabgaben zur Unterhaltung der im Land befindlichen ägyptischen Truppen und der durchziehenden Heere.

um 1200 v. Chr. Die schleichende Krise erlebt im östlichen Mittelmeerraum einen Höhepunkt durch den Zerfall des hethitischen Großreichs, den Untergang Ugarits und den Krieg RAMSES III. (1187–1156) gegen die sog. Seevölker um 1176. Die Bewegungen von Seevölkergruppen, zu denen auch die später in Palästina ansässigen Philister und Tjeker gehören, sind jedoch nicht Ursache sondern Folge einer umfassenden Krise. Im Gefolge des Seevölkerkrieges werden die Philister laut den ägyptischen Quellen von RAMSES III. in der Küstenebene angesiedelt.

1200–1000 v. Chr. Die **frühe Eisenzeit** ist eine Phase des Umbruchs, zahlreiche urbane Zentren werden aufgegeben oder zerstört. Die ägyptische Hegemonie über Palästina endet spätestens in der Regierungszeit RAMSES VI. (1143–1136). Die in den gebirgigen Randgebieten Palästinas lebende Bevölkerung besiedelt das jüdäische und samarische Bergland neu mit kleinen, runden Siedlungen. Ihre materielle Kultur steht zum einen in der Tradition der Spätbronzezeit, weist aber auch Eigentümlichkeiten auf (»Kragenhalsamphoren«- engl. *collared rim jars*, Vierraum-Häuser). Diese Protoisraeliten sind wahrscheinlich mit der auf der MERENPTAH-Stele um 1208 genannten Größe »Israel« zu identifizieren.

Die Stämme Israels und ihre Nachbarn

Die Besetzung des eigentlichen Palästina, die die biblische Überlieferung mit dem Namen von MOSES Nachfolger JOSUA verbindet, vollzieht sich aus heutiger Sicht als langsamer Prozess der Wiederbesiedlung des judäischen und zentralen Berglandes durch Hirtennomaden im Rahmen der sozio-ökonomischen Veränderungsprozesse v. a. während der Spätbronzezeit, die aus der kanaanischen Bevölkerung hervorgegangen sind. Ein Exodus aus Ägypten und eine militärische Eroberung des Landes sind archäologisch nicht nachweisbar. Die biblischen Berichte zu Exodus und Landnahme sind ohne historischen Wert. Das frühe Israel ist eine segmentäre Gesellschaft, die im wesentlichen Subsistenzwirtschaft betreibt. Das biblisch bezeugte Zwölfstämmesystem ist ein späteres Konstrukt und auch die biblischen Erzählungen über die »Richter« besitzen für die historische Rekonstruktion nur geringen Quellenwert. Auf etwas sichererem Quellenboden steht man allerdings mit den Erzählungen über die frühe Königszeit (1 Sam–1 Kön 11), auch wenn diese Texte nicht frei von idealisierenden und legendenhaften Zügen sind. Die langsame Formierung einer nationalstaatlichen Größe aus den nur lose durch eine gemeinsame Sprache, Kultur und Religion verbundenen Stämmen geschieht parallel zu entsprechenden Entwicklungen in den Siedlungsgebieten der Aramäer sowie in Ammon, Moab und im Süden Edom. Die Küstenebene wird nach 1200 großenteils von den aus der Ägäis kommenden Philistern besetzt, die nach dem Sieg RAMSES' III. von den Ägyptern dort ansässig gemacht werden. Diese setzen die urbane Kultur der Spätbronzezeit fort und produzieren u. a. hochwertige Keramik im Gefolge mykenischer Formen und Dekorationen (Submykenische Keramik, Philisterware).

um 1012 v. Chr. Im Kontext von Auseinandersetzungen mit den Philistern u. a. Nachbarn um Territorien und Ressourcen schließen sich die israelitischen Stämme unter der Führung des Heerkönigs **SAUL** zusammen, der den immer noch losen Stämmeverband zuerst zu Siegen über die Ammoniter, Philister und andere Nachbarn führt, dann aber den Philistern unterliegt.

um 1008–969 v. Chr. Der Prozess der Herausbildung einer staatlichen Größe setzt sich unter SAULS Nachfolger **DAVID** fort, dem es gelingt, die Philister zurückzudrängen. Durch die Eroberung der Stadt Jerusalem von den Jebusitern schafft DAVID sich eine Hausmacht nach den Vorbildern der spätbronzezeitlichen Stadtkönigtümer. Die so entstandene Größe trägt aber noch weitgehend das Gepräge eines Häuptlingstums (*chiefdom*) und auch die dynastische Herrschaft bleibt prekär, wie der Aufstand des ABSALOM und der Abfall der Nordstämme zeigen.

um 969–926 v. Chr. Die im Alten Testament überlieferten Nachrichten über DAVIDS Sohn **SALOMO**, insbesondere über die Ausdehnung seines Herrschaftsgebietes und seinen Reichtum, sind weitgehend legendär. Die dieser Zeit zugeschriebenen archäologischen Befunde sind umstritten und können nicht mit Sicherheit mit SALOMO in Verbindung gebracht werden. Historisch zuverlässig dürfte die Nachricht über die Gründung des dem Nationalgott Jahwe in Jerusalem geweihten Tempels sein.

926 v. Chr. Nach seinem Tod **zerfällt das Reich** in das Nordreich Israel (Hauptstadt Sichem, später Samaria) unter JEROBEAM I. (†907) und das viel kleinere Juda unter SALOMOS Sohn REHABEAM (†906). Die Gründe für das Auseinanderfallen liegen in bestehenden Antagonismen zwischen den Nord- und Südstämmen. Dass eine Abspaltung des Nordens aufgrund der (religiös motivierten) Ablehnung des dynastischen Königtums erfolgt ist unwahrscheinlich, da sich auch hier ein solches behauptet hat.

Der Palästinafeldzug durch den ägyptischen Pharao SCHESCHONQ I. (†924) aus der 22. Dynastie bleibt ohne Folgen.

Die religiöse Tradition Israels

Die israelitische Religion (Jahwereligion) der Königszeit ist kein exklusiver Monotheismus; sie ist vielmehr eine pluralistische Religion, die in ihren unterschiedlichen Schichten (Staatskult, Lokalkult, Nachbarschaftskult und Familienreligion) unterschiedliche Ausprägungen erfahren hat. Der israelitische Nationalgott Jahwe, seiner Herkunft nach ein Berggott der südlichen Wüstengebiete, trägt starke Züge des kriegerischen kanaanäischen Wettergottes Baal, hat aber auch Züge eines Sonnengottes und Aspekte des alten Hochgottes El in sich vereint. Inschriftlich bezeugt ist die Verehrung der Göttin Aschera als Gemahlin Jahwes. Das Symboltier Jahwes ist der Stier (Stierbilder in den Nordreichsheiligtümern Dan und Bethel werden im Alten Testament erwähnt). Archäologisch belegt sind die Verehrung des Mondgottes Sin und zahlreicher Schutzgottheiten (Seraphim in Gestalt einer geflügelten Kobra, Kerubim als geflügelte Sphingen), seit dem 8. Jh. auch eine verstärkte Verehrung astraler Gottheiten unter assyrischem Einfluss. Tendenzen zur Alleinverehrung Jahwes (Monolatrie) in Israel sind frühestens in der zweiten Hälfte des 9. Jh. (Elia und Elisa), sicher aber Mitte des 8. Jh., erkennbar (Hosea). Der exklusive Jahwe-Monotheismus, den die israelitische Geschichtsschreibung (das exilische deuteronomistische Geschichtswerk Dtn–2 Kön.) zum Maßstab der Beurteilung der eigenen Geschichte gemacht hat, ist erst ein Produkt der Exilszeit. Noch in der Perserzeit können sich jedoch – wie Zeugnisse aus der jüdischen Militärkolonie in Elephantine zeigen – polytheistische Elemente in der Jahwereligion behaupten.

882–845 v. Chr. Unter der Dynastie des Omri (†871) und seines Sohnes Ahab erlebt das Nordreich Israel eine ungeheure kulturelle Blüte, die sich in monumentalen Palastanlagen in Samaria und Jezreel und dem Ausbau befestigter Städte (Megiddo) zeigt. König Ahab (†852) nimmt Teil an einer antiassyrischen Koalition gegen Salmanasser III. (858–824) in der Schlacht bei Qarqar 853. Obwohl die Assyrer aus der Schlacht siegreich hervorgehen, kann die Koalition eine assyrische Hegemonie über Syrien und Palästina vorerst verhindern.

845 v. Chr. Der durch einen Militärputsch an die Macht gekommene General Jehu (845–818) schlägt eine assurfreundliche Politik ein und muss Salmanassar III. von Assyrien Tribut zahlen. Entgegen der biblischen Darstellung spielen religiöse Gründe für den Putsch eine untergeordnete Rolle, jedoch wird Jehu wohl von prophetischen Kreisen (Elisa) gestützt. Das Südreich Juda kann sich bis dahin aus der Auseinandersetzung mit der Großmacht Assyrien heraushalten.

845–840 v. Chr. Eine innenpolitische Krise im Südreich ist der Versuch einer Usurpation der Herrschaft durch die Königinmutter Athalja, einer Tochter Omris von Israel. Anhängern der davidischen Dynastie gelingt es jedoch, Athalja zu ermorden und den noch unmündigen Joas (840–801) auf dem Thron zu installieren.

802–747 v. Chr. Unter Joas und Jerobeam II. erlebt das Nordreich Israel eine wirtschaftliche Blüte, die jedoch mit sozialen Spannungen einhergeht, welche prophetische Kritik (Amos) an den herrschenden Verhältnissen provoziert.

732 v. Chr. Tiglatpilesar III. (744–727) von Assyrien, dem Menahem von Israel (746–737) schon 738 Tribut zahlen muss, wird von Ahas von Juda (742–726) gegen einen gemeinsamen Angriff von Damaskus und Pekah von Israel (734–732) zu Hilfe gerufen; er annektiert Teile von Israel.

732–724 v. Chr. Der letzte König von Israel, Hosea (732–724) wird wegen seiner Verhandlungen mit Ägypten von Salmanassar V. (726–722) gefangen gesetzt, Samaria 3 Jahre lang belagert.

721 v. Chr. Samaria wird von Sargon II. (727–705) erobert. Große Teile des Volkes werden nach Mesopotamien und Medien deportiert. Babylonier und Syrer werden dafür auf dem ehemaligen Gebiet des Nordreiches angesiedelt.

725–697 v. Chr. Nach dem Untergang des Nordreichs versucht Hiskia, sich in Anlehnung an Ägypten von Assyrien zu lösen, muss jedoch Sanherib (704–681) Tribut zahlen, obwohl diesem (wohl wegen einer Seuche in seinem Heer) 701 die Eroberung Jerusalems misslingt. Die Folgen für Juda sind jedoch erheblich: Das Land ist bis auf Jerusalem und das südliche Bergland verwüstet und Hiskia verliert einen großen Teil seines Territoriums. Die im Alten Testament berichtete umfassende Kultreform des Hiskia gilt heute in wesentlichen Teilen als unhistorisch. Historischer Kern dürfte die Entfernung von Kultsymbolen und

Palästina im 8. Jh. v. Chr.

Objekten sein, die mit der offiziellen Jahwe-Monolatrie in Spannung standen.

696–642 v. Chr. Unter der langen Regierungszeit seines Nachfolgers MANASSE, der im Alten Testament negativ bewertet wird, erlebt Juda eine Zeit der Ruhe und Konsolidierung.

639–609 v. Chr. JOSIA führt nach der fingierten Auffindung eines Gesetzbuches, das eine Vorform des Buches Deuteronomium gewesen sein könnte (621), eine Kultreform durch, die in der Zentralisierung des Kultus und der Durchsetzung eines monolatrischen Jahwismus (d. h. der Alleinverehrung Jahwes als Nationalgott) besteht. Während des Niederganges der assyrischen Großmacht versucht JOSIA seine Herrschaft über Juda hinaus auf das Gebiet des ehemaligen Nordreiches auszudehnen.

609 v. Chr. Josia scheitert bei dem Versuch, den Assyrien zu Hilfe ziehenden Ägyptern unter NECHO II. (†595) bei Megiddo den Weg zu verlegen und wird getötet. Danach fällt Juda in den Machtbereich Babyloniens.

597 v. Chr. Nach einem Aufstandsversuch des JOJAKIM (608–597) erobert NEBUKADNEZAR I. (605–562) Jerusalem und führt dessen eben König gewordenen Sohn JOJACHIN (†nach 561; in babylonischen Urkunden JA'U-KIN genannt) nach Babylonien.

588 v. Chr. Der als König eingesetzte ZEDEKIA (†nach 587) erhebt sich erneut.

587 v. Chr. Nach einer Belagerung von eineinhalb Jahren erobert NEBUKADNEZAR Jerusalem wieder, blendet ZEDEKIA, **zerstört Stadt und Tempel** und verschleppt große Teile der Bevölkerung (Babylonisches Exil).

586 v. Chr. Ein weiterer Teil flieht nach der Ermordung des nun eingesetzten Statthalters GEDALJA mit JEREMIA nach Ägypten, wo schon etwas früher jüdische Söldnerkolonien entstanden sind (die von Syene = Assuan mit z. T. archaischen Kultgebräuchen wurden durch Papyri aus der Perserzeit bekannt).

Babylonische Gefangenschaft

Die Zeit des babylonischen Exils markiert den Beginn der Formierung eines großen Teils der alttestamentlichen Literatur. Auch der exklusive Jahwe-Monotheismus ist Ergebnis der Erfahrung des Endes der Eigenstaatlichkeit und des Exils. Das im Exil entstandene deuteronomistische Geschichtswerk (Dtn–2. Kg.) versucht, das Ende der Eigenstaatlichkeit als Folge des Ungehorsams Israels und Judas gegenüber Jahwe zu erklären, lässt jedoch auf eine Restitution der Staatlichkeit hoffen. Die im Exil entstandene Fassung der Vätergeschichten bietet Identifikationsfiguren und schafft Hoffnung auf eine Rückkehr in das »Land, wo Milch und Honig fließt.« Auch die zeitgenössische prophetische Literatur wie das Deuterojesabuch, das Ezechielbuch und die deuteronomistischen Editionen des Jeremiabuches haben die Verarbeitung des historisch Erfahrenen und die Hoffnung auf Rückführung bzw. Wiederherstellung der Staatlichkeit zum Thema.

538 v. Chr. Nach der Eroberung Babylons durch KYROS II. (559–530) beginnt die Rückwanderung der in Babylonien ansässigen Judäer in das nunmehr an Persien gefallene Juda nicht unmittelbar. Eine nennenswerte Rückwanderung erfolgt erst 520 unter der Leitung des zum Statthalter bestimmten SERUBBABEL, einem Enkel des letzten judäischen Königs. Das im Alten Testament überlieferte Edikt des KYROS gilt heute als nicht authentisch.

520–515 v. Chr. Unter dem der davidischen Dynastie entstammenden Statthalter SERUBBABEL und dem Priester JOSUA wird der Tempel in Jerusalem mit Billigung der persischen Behörden auf dem alten Platz wieder errichtet. Die in SERUBBABEL gesetzten messianischen Hoffnungen auf eine Restitution der DAVID-Dynastie (von SACHARJA und HAGGAI vertretene nationale Heilsprophetie) erfüllen sich nicht, da dieser aus unklaren Gründen von der Bildfläche verschwindet. Der Tempel selbst kann 515 neu geweiht werden.

445 v. Chr. Nach langen Jahren vielfach gehemmter Entwicklung kommt im Auftrag von ARTAXERXES I. (463–424) NEHEMIA als Statthalter nach Jerusalem, um dort den Neubau der Stadtmauer gegen Widerstände insbesondere der Provinzverwaltung in Samaria durchzusetzen. Zu NEHEMIAS Tätigkeit gehört ein Schulderlass, um soziale Spannungen auszugleichen, ebenso wie rigoristische religiöse Reformen (Zwangsscheidung von Mischehen). Schwierigkeiten macht die Datierung ESRAS, der im siebten Jahr des ARTAXERXES nach Jerusalem gekommen sein soll. Wahrscheinlicher ist eine Datierung in das siebte Jahr ARTAXERXES II. (404–360), also 398.

Die religiösen Gesetze

Mit der Person ESRAS ist die in Neh 8–10 berichtete öffentliche Bekanntmachung des »Gesetzes des Moses« als eine Art Verfassungsurkunde des nachexilischen Israel verbunden. Inwieweit das genannte Gesetz des MOSE mit der Thora (dem Pentateuch) identisch und die öffentliche Bekanntmachung des Gesetzes ein von den Persern autorisierter Akt ist (sog. Reichsautorisation), ist ebenso umstritten wie die Frage nach der Historizität der Person ESRAS überhaupt. Auch wenn aus den Quellen nichts Sicheres mehr zu erheben ist, darf das ausgehende 5. und beginnende 4. Jh. v. Chr. dennoch als Geburtsstunde des Judentums bezeichnet werden. Bereits in die Perserzeit fällt wohl auch die Abtrennung der Samaritaner, wie eines samaritanischen Tempels aus dieser Periode auf dem Garizim erkennen lassen.

332 v. Chr. Die Periode bis zum Anschluss an das Alexanderreich bleibt historisch dunkel, und auch für die Zeit danach stehen bis ins 2. Jh. hinein keine gesicherten Quellen zur Verfügung. | Forts. S. 321 |

Arabien

Die arabische Halbinsel ist eine nach Osten abfallende Wüsten- und Steppentafel mit ausgedehnten Gebirgsketten im Südwesten, die zweimal im Jahr die Monsunregen abfangen, sodass in diesen Gebieten eine kontinuierliche Bewässerungslandwirtschaft betrieben werden kann. Diese ist Grundlage des Wohlstands im antiken Jemen und ermöglicht die Kultivierung des Weihrauchbaumes, vorwiegend im heutigen Oman. In einigen Regionen Zentral-, Nord- und Südostarabiens sind ebenfalls die Voraussetzungen für eine Bewässerungswirtschaft gegeben (z. B. in Teilen des Nadschd, in 'Asir, Wadi ad-Dawasir). In zahlreichen über die Halbinsel verstreuten Oasen – unter ihnen einige sehr große, z. B. al-Hasa', Ha'il, Dedan, Taima, Duma, Tabuk, Yathrib – betreibt eine sesshafte Bevölkerung über Jahrtausende Landwirtschaft, Gartenbau und kultiviert riesige Dattelpalmhaine. In einigen dieser Oasen entwickeln sich urbane Gesellschaften, die sogar Königreiche gründen.

Seit dem 4. Jt. v. Chr. liegt die Halbinsel im Einflussbereich der beiden Großmächte des Vorderen Orients: Ägypten im Westen sowie Mesopotamien im Nordosten. Aus Ostarabien stammt der Großteil unserer Kenntnisse über das Neolithikum und die Bronzezeit auf der arabischen Halbinsel, was damit zusammenhängt, dass in diesen Regionen archäologische Forschung schon länger möglich ist. In Ostarabien treffen die Handelsrouten zwischen Mesopotamien und dem Industal zusammen. Dort haben zahlreiche prähistorische Gesellschaften, die nach ihren Fundplätzen benannt werden (Hafit, Hili, Umma an-Nar etc.), riesige Monumentalgräber mit Gemeinschaftsbestattungen und zahlreichen Artefakten hinterlassen. Seit dem 4. Jt. sind den Sumerern und Babyloniern zunächst die Ostküste Arabiens und später die Inseln Bahrains unter dem Namen »Dilmun« bekannt. In den frühesten Keilschrifttexten wird diese Region als Zwischenhandelsplatz für Nutzholz (und später für Metalle) erwähnt, das von weit entfernten Gebieten nach Mesopotamien gebracht wird. In der sumerischen Mythologie gilt »Dilmun« als eine Art irdisches Paradies, welches frisches Wasser im Überfluss bietet. Zwischen 2400 und 1700 v. Chr. werden im Norden von Bahrain mehr als 170 000 Grabtumuli errichtet. Auf der Halbinsel von Oman, die in den Keilschrifttexten »Magan« genannt wird, wird seit dem 3. Jt. v. Chr. Kupfer abgebaut, eingeschmolzen und nach Mesopotamien exportiert.

In der Eisenzeit wird in Oman ein ausgeklügeltes Bewässerungssystem (*faladsch*) entwickelt, das später nach Iran exportiert und dort als *qanat* bekannt wird. Dabei wird das Wasser unterirdisch von Quellen zu den Feldern und Siedlungen geleitet und ermöglicht so eine großflächige Landwirtschaft in Gebieten mit geringen saisonbedingten Niederschlägen. Vermutlich schon um 3000 v. Chr. wird das Dromedar in Südostarabien domestiziert, das nicht nur als Lasttier dient, sondern sowohl der sesshaften als auch der nomadischen Bevölkerung zahlreiche Milchprodukte liefert.

Die Blütezeit mehrerer städtischer Gesellschaften an der Ostküste der Halbinsel, die z. T. eigene Münzen prägen und von Königinnen regiert werden, fällt in die letzten vorchristlichen und die ersten nachchristlichen Jahrhunderte. Die bedeutendste Handelsstadt unter ihnen ist Gerrha, das den Handel zwischen dem Indischen Ozean, Mesopotamien, dem Jemen und – über die Nabatäer – dem Mittelmeerraum kontrolliert.

In den ausgedehnten Oasen Nord- und Zentralarabiens ist die Landwirtschaft und die Kultivierung der Dattelpalme Lebensgrundlage der sesshaften Bevölkerung. Bereits im 2. Jt. – v. Chr. entwickeln sich einige dieser Oasen wie Taima zu großen städtischen Zentren, was in erster Linie durch den Handel begünstigt wird. Keramikfunde aus Qurayya im Nordwesten Arabiens weisen ins Wadi al-'Araba nach Timna, in die südliche Fortsetzung des Jordangrabens: ein Kupferabbaugebiet, das von den Ägyptern kontrolliert wird.

Über die an der Weihrauchstraße gelegenen Oasen im Norden und Nordwesten werden im 1. Jt. v. Chr. Weihrauch und andere Gewürzpflanzen von Südarabien nach Ägypten, zum Mittelmeer (Gaza), nach Phönikien, Syrien, Anatolien und Mesopotamien befördert. Kriegerische Aktionen der Assyrer und Babylonier haben die Kontrolle der nördlichen Abschnitte dieses Handelsweges zum Ziel und richten sich sowohl gegen die sesshafte als auch gegen die nomadische Bevölkerung, die ihr Zentrum in der Oase von Duma (heute al-Dschauf) hat und von Priesterköniginnen regiert wird. Dieser Handel ist anscheinend von so großer Bedeutung, dass um die Mitte des 6. Jh.s Nabonid, der letzte König von Babylon, seine Residenz nach Taima verlegt und fünf weitere bedeutende Oasenstädte (u. a. Dedan und Yathrib, heute Medina) erobert. In Dedan, dem Zentrum der beiden aufeinanderfolgenden Königreiche von Dedan und Lihyan, gründen die Minäer, die das südliche Ende der Handelsroute kontrollieren, einen Außenposten. Kurz vor der Zeitenwende übernehmen die Nabatäer – nomadische Araber, die sich im 3. Jh. v. Chr. im südlichen Jordanien niedergelassen haben – die Kontrolle über die gesamten nordwestlichen Abschnitte der Weihrauchstraße und gründen 20 km nördlich von Dedan die Stadt Hegra (heute Mada'in Salih).

In Zentralarabien, am nordwestlichen Rand der Rub' al-Chali, liegt eine weitere bedeutende Oasenstadt, die in den Inschriften Qaryat genannt wird (heute Qaryat al-Fa'w) und vom 2. Jh. v. Chr. bis zum 5 Jh. n. Chr. besiedelt ist. Diese Handelsoase ist Sitz der arabischen Stämme Kinda, Madhhig und Qahtan. Die Ausgrabungen dort haben Wandmalereien, erlesenes Glas, Bildnisse aus Bronze und Stein, Textilien sowie zahlreiche Inschriften zum Vorschein gebracht, die eine außerordentlich reiche und luxuriöse Lebensweise dokumentieren und zeigen, dass Luxusgüter vom Mittelmeer, aus Ägypten, Phönikien, Mesopotamien, Indien, Südarabien und anderen Orten importiert werden. Dieser Wohlstand gründet sich auf die strategische Lage der Stadt, die auf der Haupthandelsroute von Südarabien zum Persischen

Golf liegt. Trotz seiner Nähe zu den mächtigen südarabischen Nachbarn, gegenüber denen es lange Zeit seine politische Unabhängigkeit behaupten kann, entwickelt Qaryat einen eigenen künstlerischen Stil.

Spätestens seit dem 4. Jt. v. Chr. lassen sich in den meisten Regionen der Halbinsel nomadische Stämme nachweisen, die in symbiotischer Verbindung mit den Oasenbewohnern leben. Die Nomaden liefern den Sesshaften Fleisch, Leder, Woll- und Milchprodukte sowie Transportmöglichkeiten (Dromedare); im Gegenzug können sich die Oasenbewohner mit Gemüse, Mehl, Datteln, Holz- und Metallprodukten revanchieren. Beide Lebensformen sind in den Überlandhandel eingebunden und profitieren davon; sie haben daher ein vitales Interesse an der Sicherung des Friedens, der einen reibungslosen Handel garantiert. Das Ziel der Feldzüge der Assyrer gegen die Araber liegt primär darin, die Handelswege selbst zu kontrollieren, wie umgekehrt die Gegenreaktionen der Araber und ihrer Verbündeten das Ziel haben, diese Kontrolle und damit ihre Unabhängigkeit zu behalten.

Im Unterschied zu weiten Teilen der Arabischen Halbinsel ist Südwestarabien ein in sich geschlossener Kulturraum, der trotz zahlreicher Einflüsse von außen und starker Veränderungen im Inneren seine kulturelle, politische und sprachliche Eigenständigkeit von den historischen Anfängen bis in die Spätantike behält. Bereits im frühen 1. Jt. sind in den großen Trockendeltas an den Osträndern des zentraljemenitischen Hochlandes hochentwickelte Gemeinwesen mit Schrift und Monumentalarchitektur entstanden, deren Lebensgrundlage eine auf mindestens zwei Ernten im Jahr basierende Landwirtschaft bildet. Die bedeutendsten unter ihnen sind Saba und Ma'in, Qataban und Hadramaut. Ihr Reichtum, von dem die griechisch-römischen Schriftsteller im Zusammenhang mit *Arabia felix* berichten, basiert auf dem Handel mit Weihrauch und anderen Gewürzpflanzen bzw. auf der Kontrolle weiter Strecken der Weihrauchstraße. Einen ersten detaillierten und authentischen Einblick in die politische Landkarte des 1. Jt.s v. Chr. gewähren die beiden großen Tatenberichte der sabäischen Herrscher YITHA''AMAR WATAR (8. Jh.) und KARIB'IL WATAR (7. Jh.), die die frühesten sicher datierbaren historischen Texte aus Südarabien und von der Arabischen Halbinsel überhaupt darstellen. Diese um 715 bzw. 685 v. Chr. gesetzten Monumentalinschriften, die im Heiligtum des sabäischen Hauptgottes Almaqah in Sirwah, unweit der sabäischen Metropole Marib, aufgestellt sind, berichten von der Niederwerfung der südlichen und nördlichen Nachbarn der Sabäer und der damit einhergehenden Etablierung sabäischer Herrschaft in Südarabien, welche diese im Laufe des 6. Jh.s an ihre Nachbarn Qataban und Ma'in abgeben.

Arabien in vorislamischer Zeit

Über die Struktur und Organisationsformen der Gesellschaften im antiken Südarabien geben die epigrafischen Zeugnisse nur begrenzt Auskunft, wobei wir wiederum über die Verhältnisse im sabäischen Kernland um Marib und Sirwah am besten unterrichtet sind.

An der Spitze der Gesellschaft steht der Mukarrib, der eine Mittlerrolle zwischen dem sabäischen Hauptgott Almaqah und dem Volk von Saba einnimmt: Ihm obliegt die Ausübung bestimmter ritueller Pflichten wie der Vollzug der »heiligen Hochzeit«, die Ausrichtung ritueller Gastmähler für die von allen altsüdarabischen Völkerschaften verehrte Gottheit 'Athtar; er ist auch für die Durchführung ritueller Umzüge in den großen Tempelanlagen und für bestimmte Opferhandlungen zuständig und übt die rituelle Jagd aus. Der Titel Mukarrib (»Vereiniger«) spielt vermutlich auf die zentrale Aufgabe der sabäischen Herrscher an, die südarabischen Städte und Stämme durch ein weitverzweigtes Bündnissystem unter ihre Oberhoheit zusammenzuschließen. Mit dem Verlust der sabäischen Vorherrschaft im 4. Jh. v. Chr. wird dieser Titel durch den des »Königs« (*mlk*) ersetzt.

Die Schrift ist im westlichen zweidrittel der Halbinsel weit verbreitet. Arabien besitzt eigene, dem südsemitischen Zweig zugehörige Alphabete, die ihren Ursprung im Proto-Alphabet des 2. Jt.s v. Chr. haben und sich parallel zum phönikisch-aramäischen Alphabet entwickeln. Die Schrift wird umfassend genutzt, nicht nur von Oasenbewohnern und in den hochentwickelten Gesellschaften Südarabiens, sondern seit der Mitte des 1. Jt.s auch von den Nomaden, die zehntausende Graffiti auf Felsen hinterlassen haben. In Nordwest- und Zentralarabien werden die Inschriften auf Frühnordarabisch verfasst: Darunter wird eine Gruppe von Dialekten verstanden, die mit dem späteren Arabisch verwandt sind, das bis ins 5. Jh. n. Chr. eine weitestgehend ungeschriebene Sprache geblieben zu sein scheint. Auffälligerweise kommen aus Ostarabien nur wenige epigrafische Zeugnisse, die in ganz verschiedenen Sprachen (Akkadisch, Aramäisch, Griechisch, Sabäisch, Hasaitisch) abgefasst sind, wobei das im altsüdarabischen Alphabet abgefasste lokale Hasaitische mit einigen Dutzend Inschriften dem Frühnordarabischen zuzurechnen ist.

Von den epigrafisch bezeugten Dialekten der Arabischen Halbinsel sprachgeschichtlich zu trennen ist das auf dem Gebiet des heutigen Jemen beheimatete Altsüdarabische, welches in seine großen Hauptdialekte Sabäisch, Minäisch, Qatabanisch und Hadramitisch zerfällt. Mit über 5000 Inschriften ist das Sabäische der am besten bezeugte und – mit über 1400 Jahren vom 8. Jh. v. Chr. bis ins 6. Jh. n. Chr. – der am längsten dokumentierte Dialekt der ganzen Arabischen Halbinsel. Die meist auf vorbereiteten Steinflächen angebrachten, sorgfältig ausgeführten Dokumente, die ein breites inhaltliches Spektrum umfassen, sind in einer aus 29 Buchstaben bestehenden Alphabetschrift niedergeschrieben, deren geometrische Gestaltungsprinzipien bereits in den Monumentalinschriften des 8. und 7. Jh.s v. Chr. vollständig ausgebildet sind. Eine seit geraumer Zeit bekannte Minuskelschrift auf Holzstäbchen wird für den alltäglichen Schriftverkehr verwendet.

11/10. Jh. v. Chr. Erstes, nach der C14-Methode zwischen 1150 und 901 v. Chr. sicher datiertes Schriftzeugnis aus Arabien, mit einem in ein Holzstäbchen eingravierten Alphabet in südarabischer Schrift.

853 v. Chr. Erste Erwähnung eines »Arabers«: In den Annalen des assyrischen Königs Salmanassar III. (858–824) wird berichtet, dass »Gindibu, der Araber« an einer anti-assyrischen Allianz bei der Schlacht von Qarqar (Zentralsyrien) mit 1000 Kamelen teilnimmt.

8. Jh. v. Chr. Der assyrische Statthalter von Suchu am mittleren Euphrat überfällt eine Karawane von »Leuten aus Taima und Saba'«.

738 v. Chr. Zabibe, »Königin der Araber«, zollt dem assyrischen König Tiglatpileser III. (744–727) Tribut.

um 734–716 v. Chr Herrschaft der Samsi, der »Königin der Araber«, vom Stamme Qedar, die in der Oase von Duma residiert.

734 v. Chr. Samsi versichert König Tiglatpileser III. ihre Bündnistreue.

733 v. Chr. Der Aufstand der Samsi, der Einwohner der Oase von Taima und anderer arabischer Stämme gegen Tiglatpileser III. wird niedergeschlagen. 9400 ihrer Soldaten werden getötet, 1000 werden gefangengenommen, 30 000 Kamele, 20 000 Schafe und 5000 Maßeinheiten verschiedener Gewürzen werden erbeutet. Samsi bleibt Königin unter der Aufsicht eines assyrischen Beamten.

732–705 v. Chr. Assyrische Beamte in Syrien berichten ihrem König in Kalchu (Nimrud) über die Beziehungen mit den Arabern in ihren Provinzen.

716 v. Chr. Sargon II. (721–705) siedelt in Samaria arabische Stämme aus Nordarabien an.

715 v. Chr. Samsi sendet zusammen mit Ita'amar, dem Sabäer (Yitha''amar Watar bin Yakrubmalik), und dem Pharao von Ägypten Geschenke an Sargon II. Der Große Tatenbericht des Yitha''amar aus Sirwah berichtet vom Sieg über eine Koalition südarabischer Städte und Stämme aus dem südlichen Hochland unter der Führung Qatabans; Niederwerfung des Königs von Kaminahu im jemenitischen Dschauf und Erwerb von Städten und Landstrichen entlang der südarabischen Route der Weihrauchstraße.

703 v. Chr. Die in ummauerten Städten und Dörfern in Westbabylonien lebenden Araber unterstützen den babylonischen König Marduk-apla-iddina II. (722–703) gegen die Assyrer, werden aber geschlagen, wobei Basqanu, Bruder der Iat'ie, Königin der Araber, gefangengenommen wird. Frühnordarabische Inschriften in südsemitischer Schrift werden zu dieser Zeit in den Städten Babyloniens verfasst.

691–689 v. Chr. Te'elchunu, Königin der Araber, die in Adumatu (Duma) residiert, und Haza'il, König der Qedar, werden von dem assyrischen König Sanherib (704–681) besiegt. Duma wird erobert und Te'elchunu zusammen mit den Götterstatuen der Araber nach Assyrien verschleppt. Tarbua, möglicherweise Te'elchunus Tochter, die das gleiche Schicksal erleidet, wird am assyrischen Hof aufgezogen. Haza'il, der kapituliert, muss an Sanherib hohe Abgabeleistungen zahlen.

685 v. Chr. Karibilu (Karib'il Watar bin Dhamar'ali), König von Saba, bringt Sanherib Geschenke, die dieser bei der Gründung seines »Neujahrsfesthauses« in dessen Fundamente legt. Die Große Inschrift des Karib'il aus Sirwah berichtet vom Sieg über den König von Ausan und seine Verbündeten sowie über die Zerstörung von dessen Palast und der Hauptstadt im Wadi Marcha. Qataban und Hadramaut sind Verbündete der Sabäer. Der König von Naschschan im jemenitischen Dschauf wird besiegt. Nadschran im Norden wird erobert. Die Sabäer haben die Vorherrschaft in Südarabien. Das Obergeschoss des Palasts Salhin in Marib wird gebaut.

681–676 v. Chr. Der assyrische König Asarhaddon (680–669) gibt den Einwohnern von Duma ihre Götterstatuen zurück und setzt Tarbua anstelle von Te'elchunu als Königin der Araber ein. Er bestätigt Haza'il als König von Qedar, dessen Abgabeleistungen er erhöht. Nach dem Tod Haza'ils bestätigt er als Nachfolger dessen Sohn Yautha'. Als Gegenleistung erhält er zusätzlich 10 Minas Gold, 1000 auserlesene Perlen, 50 Kamele und 1000 Säcke Gewürzpflanzen.

676–673 v. Chr. Asarhaddon schlägt einen Aufstand gegen Yautha' nieder.

673–669 v. Chr. Yautha' erhebt sich gegen Asarhaddon und wird besiegt. Dumas Götterstatuen werden ein zweites Mal verschleppt.

671 v. Chr. Arabische Stämme unterstützen Asarhaddons Truppen bei der Durchquerung des Sinai und der Eroberung Ägyptens.

668 v. Chr. Der assyrische König Assurbanipal (668–631) gibt Yautha' die geraubten Götterstatuen zurück.

vor 652 v. Chr. Yautha' und seine Gemahlin Adiya, Königin der Araber, greifen assyrische Vasallenstaaten in Transjordanien an. Sie werden besiegt: Adiya wird gefangengenommen und Yautha' flüchtet zu Natnu, König der Nabayoth. Assurbanipal setzt anstelle von Yautha' als König von Qedar Abiyatha', Sohn des Te'ri, ein.

651–648 v. Chr. Abiyata' unterstützt den babylonischen König Schamasch-schum-ukin (669–648) gegen Assurbanipal. Beide werden in Syrien besiegt.

Mitte 7. Jh. v. Chr. Der sabäische Mukarrib YADA''IL DHARIH ummauert den Awam-Tempel, das Hauptheiligtum des sabäischen Reichsgottes Almaqah in Marib, und den Almaqah-Tempel in Sirwah.

um 600 v. Chr. Erster griechischer Beleg für Weihrauch (SAPPHO).

552–543 v. Chr. NABONID (555–539), letzter König von Babylonien, erobert sechs Oasen in Nordwestarabien einschließlich Taima und Dedan, deren Könige getötet werden, und verlegt seine Residenz für zehn Jahre nach Taima.

um 550 v. Chr. Der Tatenbericht eines unbekannten sabäischen Mukarribs, vermutlich des YITHA''AMAR BAYYIN BIN SUMUHU'ALI YANUF, erwähnt einen Krieg gegen Qataban, einen Kriegszug gegen die Minäer und ihr Königreich Ma'in sowie die Belagerung von Yathill im nördlichen Dschauf, dem Kerngebiet der Minäer. In die Stadtmauer von Marib werden Tore und Türme eingebaut. Die Süd- und Nordschleuse des großen Dammes von Marib werden errichtet. Aufstieg Qatabans und Ma'ins.

525 v. Chr. Araber im Sinai unterstützen den persischen König KAMBYSES II. (530–522) bei dessen Eroberung von Ägypten.

um 520 v. Chr. Auf Befehl des persischen Königs DAREIOS I. (521–486) unternimmt SKYLAX VON KARYANDA eine Expedition vom Indus nach Ägypten, die ihn entlang der Südküste der arabischen Halbinsel ins Rote Meer führt. Dabei stellt er fest, dass die Kamaran-Inseln von Arabern bewohnt werden.

343 v. Chr. In Ägypten tätige minäische Kaufleute fliehen vor den angreifenden Persern und erreichen sicher die minäische Hauptstadt Qarnawu im jemenitischen Dschauf, nördlich von Marib.

326–325 v. Chr. ALEXANDER DER GROSSE (336–323) entsendet mehrere Flotten, um die Küsten der arabischen Halbinsel erkunden zu lassen. Dabei wird zum ersten Mal festgestellt, dass Südarabien das Ursprungsland des Weihrauchs ist.

3.–1. Jh. v. Chr. Im Nordosten des Persischen Golfs (wahrscheinlich in Bahrain) prägen mehrere Königinnen mit dem Herrschernamen »Abiel« Nachahmungen von Münzen ALEXANDERS.

2. Jh. v. Chr. AGATHARCHIDES VON KNIDOS (†nach 132/31) beschreibt die Westküste der arabischen Halbinsel.
Ein Königreich Hagar im Norden der Halbinsel prägt Nachahmungen von Münzen ALEXANDERS mit dem Namen eines Königs HARETAT.

141–139 v. Chr. Das arabische Königreich von Charakene (Mesene) wird im südlichen Mesopotamien am Persischen Golf gegründet, das bis 222 n. Chr. existiert.
| Forts. S. 330 |

Anatolien

Das überwiegend gebirgige **Anatolien** (Kleinasien) zerfällt in **zahlreiche**, oft durch hohe Gebirgsriegel **voneinander geschiedene Landschaften** sehr ungleichen Charakters. Kleinstaaterei und kulturelles Eigenleben der einzelnen Landesteile werden dadurch sehr gefördert. Manche der an anbaufähigem Boden armen Hochgebirgslandschaften im Osten und Norden sind ausgesprochene Rückzugsgebiete für kleine Bevölkerungsreste. Das Gebiet der durch tiefe Buchten reich gegliederten Westküste mit ihrem leicht zugänglichen Hinterland ist kulturell meist ein Teil des ägäischen Gebietes, während sich Zentralanatolien stärker nach Süden und Südosten orientiert. Ostanatolien bildet bei oft wechselnden Grenzen das Übergangsgebiet zu Nordwestiran und zum transkaukasischen (grusinischen) Tiefland. Das kilikische Tiefland zwischen dem passarmen Taurusgebirge und dem Amanos (Teil des Ost-Taurusgebirges) stellt die Brücke nach Syrien dar. Anatolien ist v. a. im Nordteil reich an leicht abzubauenden Metallen. Eisenerze gibt es um Malatya (Südostanatolien).

Neolithikum bis Frühbronzezeit (10.–3. Jt. v. Chr.)

Die südlichen Ausläufer des Taurusgebirges sind **Teil des »Fruchtbaren Halbmondes«**, einer klimatisch begünstigten Zone, die von Palästina bis Iran reicht, in der sich zwischen dem 10. und 8. Jt. v. Chr. die **»neolithische Revolution«** abspielt. Hatte die moderne Wissenschaft lange diskutiert, wo die Wiege des Neolithikums zu suchen sei, so ist man sich heute weitgehend einig, dass diese im sog. **»goldenen Dreieck«** liegt. Dies ist eine Kulturprovinz, die die Gebirgsregionen zwischen Ober- und Mittelauf von Euphrat und Tigris auf der einen (Türkei und Irak) und die südlich angrenzende Ebene der Djezire auf der anderen Seite (Syrien) umfasst. Bereits am Ende des 11. Jt.s entstehen erste dörfliche Siedlungen in Hallan Çemi (Türkei) und Mureybet (Syrien). Mit ihnen beginnt eine Phase, die als **vorkeramisches Neolithikum** bezeichnet wird, und die bis an das Ende des 8. Jt.s reicht. Neben der Jagd führen erste Experimente im Pflanzenanbau und in der Viehzucht (Schaf und Ziege, schließlich Schwein und Rind) zum *primary farming* (keine Milchproduktion, keine Schafschur, kein Pflügen und kein Hacken, kein Dünger). Die ältesten Häuser sind als runde Gruben in den Boden eingetieft. Ab etwa 8500 v. Chr. tauchen rechteckige Hausgrundrisse auf. Der Rechteckbau setzt durch das Problem der Verbindung zweier senkrechter Mauern den Einsatz vorgefertigter Elemente (behauene

Steine bzw. Lehmziegel) voraus. Dieser Entwicklungsschritt ist etwa in Çayönü, Nevalı Çori und Göbekli Tepe (bei Urfa) zu beobachten. Es dominieren Langrechteckbauten, die als Wohnstätten und Speicheranlangen dienen. Steingeräte und Skulpturen werden hergestellt. In Nevalı Çori und Çayönü sticht jeweils ein einräumiges Gebäude mit massiver Konstruktion heraus, das durch monolithische und reliefierte Pfeiler gegliedert ist. Ein regelrechtes Ensemble solcher **»Sondergebäude«** findet sich in Göbekli Tepe, das als **Zentralort einer Jäger- und Sammlergemeinschaft** zu bezeichnen ist. Die monumentalisierte Architektur setzt bereits eine sozial organisierte Gemeinschaftsarbeit voraus. Die Deutung dieser Sondergebäude ist noch ungewiss. Die Tatsache, dass diese bereits Apsiden besitzen, wie sie für die spätere sakrale Architektur bis in die Gegenwart kennzeichnend sein werden, lässt u. a. auf Kulthandlungen schließen. Der Ort wird am Ende des 9. Jt. für immer verlassen.

Im 8. Jt. entstehen **erste komplexe Dorfsiedlungen** mit entwickelter Raumordnung und professionellem Handwerk; es kommt zur ökonomischen Verflechtung zwischen Hoch- und Tiefland. Das »Sondergebäude« in Çayönü, das sich bis ins 9. Jt. zurückverfolgen lässt, wird mehrmals umgebaut. Das in dieser Phase entstehende »Schädelgebäude« ist wie sein Vorgänger eine Gemeinschaftsleistung aller Bewohner. Es beherbergte mehrere 100, z. T. in Regalen aufgereihte Skelette. Die Skelett- und Schädeldeponien bezeugen wohl Ahnen- und Totenkult. Gesellschaftlich geschichtete Dorfsiedlungen entstehen während des akermaischen Neolithikums auch in Zentralanatolien. In Aşıklı Höyük (Kappadokien) begegnet erstmals eine für diesen Raum spezifische Siedlungsform: dicht aneinander gesetzte Wohnhäuser, deren Zugang wohl über das Flachdach erfolgte.

Ab dem 7. Jt. tritt die Keramik als wichtigstes Fundgut auf (**keramisches Neolithikum**). Hauptfundort für diese Phase ist Çatal Hüyük südlich von Konya. Wie in Aşıklı Höyük sind die Häuser dicht aneinander gereiht und werden über die Dächer betreten. Die Wohneinheiten sind allerdings größer und weisen eine klare Binnengliederung auf. Ein oder zwei kleine Räumlichkeiten, die Lagerungszwecken dienten, treten neben einen großen Raum mit Lehmbänken. Die Räume waren verputzt und z. T. mit Wandmalereien versehen. Die Toten wurden unter den Fußböden innerhalb der Häuser bestattet. Stein- und Tonfiguren (Göttin und Tiere) bezeugen eine reiche Kunstproduktion. Insgesamt wurden 18 Siedlungsschichten festgestellt, die z. T. eine dicht bebaute Fläche von 13,5 ha aufweisen. Moderne Schätzungen rechnen teilweise mit 3500 bis 8000 Einwohnern. Öffentliche Gebäude konnten bisher allerdings nicht nachgewiesen werden. Ein weiterer bedeutender Fundort ist Hacılar (Hadschilar bei Burdur in Pisidien), dessen Besiedlung am Ende des 7. Jt.s einsetzt und bis ins 6. Jt. reicht. In einer der letzten Siedlungsphasen wurde der Ort mit einer Mauer umgeben.

Im 5. Jt. entstehen **primary horticultural communities**: Erstmals werden Baumfrüchte kultiviert (Trauben im östlichen Anatolien; Oliven, Feigen, Mandeln im mediterranen Hochland, Datteln im Gebiet des Persischen Golfs) und sekundär verarbeitet (Fermentation von Trauben und Datteln zur Weinherstellung; Zugabe von Zucker- und Konservierungsstoffen sowie gegorener Brote; Bier); Verbreitung von Wollschaf und Molkereiprodukten aus Ziegenmilch. In Ostanatolien kommen komplexe metallurgische Verarbeitungstechniken (Kupfer) auf. Metall verdrängt Keramik als Luxusgut: **Chalkolithikum** (**Kupfersteinzeit**; ca. 4500–3500). Eine frühe Form von Dorfbürokratie reguliert die Überschussproduktion und den Handel. Weiträumige Beziehungen zur Tell-Hassuna, später zur Tell-Halaf-Kultur Mesopotamiens sowie zur Amuk-Kultur Syriens. Weiterhin kommt es zu starken strukturellen Veränderungen der Siedlungen am oberen Euphrat und an den Abhängen des Zagros. Administrative Abläufe werden in wenigen Gebäuden konzentriert, die durch Größe und zentrale Lage gekennzeichnet sind. In Hacinebi am oberen Euphrat wird **Kupfer industriell verarbeitet** (200 km von der nächsten Lagerstätte in Ergani entfernt). In Arslantepe (Malatya) entsteht ein **administratives Zentrum mit Hinterland**. Ende des 4. Jt.s gerät das Gebiet am oberen Euphrat in den Einzugsbereich der im Südirak beheimateten Uruk-Kultur.

um 2500–2200 v. Chr. Die **Frühe Bronzezeit** ist v. a. im Halysgebiet in Alaca Hüyük (nordwestlich von Yozgat) und Alişar Hüyük vertreten. Städtische Siedlungen nützen die reichen Metallvorkommen aus. Überaus reiche Beigaben finden sich in den Fürstengräbern von Alaca und in ähnlich ausgestatteten, etwas jüngeren Gräbern auf dem Horoztepe nördlich von Tokat im Pontosbereich: neben bemalter Keramik Gefäße aus Bronze und Gold, Waffen, kupferne Tierfiguren mit Elektronüberzug, Sistra (Handrasseln) mit Symbolfigürchen usw. Heilige Tiere sind danach der Stier, der den Wettergott vertritt, und der Hirsch.

23. Jh. v. Chr. NARAM-SUEN von Akkade (2291–2236) kommt bis zum »Silbergebirge« (dem Taurus?). Sagenhafte Erzählungen über Taten der Akkadekönige in Anatolien lassen sich nicht historisch begründen.

Hethiter (ca. 2000–1200 v. Chr.)

Das anatolische Hochland wird von Gebirgen umrahmt und darin bezeichnet der Fluss Kızıl Irmak, griechisch Halys bzw. hethitisch Marassantiya, mit seinem Bogen das **Kernland Hatti**. Das Gebiet weist keine vorgegebene natürliche Grenze auf, jeder Angriff in die umgebenden Gebiete ist auch eine Verteidigung der Grenzen. In den keilschriftlichen Quellen heißt das Land Hatti, während man die Bewohner als Hethiter und ihre Sprache als **Hethitisch** bezeichnet, wobei Hethitisch die älteste bezeugte indogermanische Sprache darstellt. Unter Hattisch versteht man die isolierte alte Sprache Kleinasiens, die zumindest im Kult noch in hethitischer Zeit gepflegt wird.

Im Norden schließt sich das Gebiet der **Kaskäer** an, und die Auseinandersetzungen mit ihnen dauern die hethitische Geschichte über an. Im Südwesten grenzen an Hatti die **Arzawa**-Länder, die v. a. von Luwiern bewohnt werden. Das Luwische ist eine dem Hethitischen nah verwandte Sprache, die auch im Kerngebiet von Hatti verbreitet ist und an Einfluss gewinnt. Östlich und südöstlich schließt sich das Gebiet der **Hurriter** an, die in der Hethiterzeit das Reich Mittani tragen. **Kizzuwatna** bezeichnet die Landschaft Kilikien im Süden Anatoliens, die sowohl politisch als Brücke zu Syrien wie auch kulturell-religiös von eminenter Bedeutung für Hatti ist. Im Westen liegt **Achijawa**, das von HATTUSILI III. als gleichrangig mit den Großmächten Ägypten, Babylonien und Assur angesehen wird und das eine Seemacht darstellt. Achijawa ist daher höchstwahrscheinlich mit den Trägern mykenischer Kultur an der kleinasiatischen Westküste zu verbinden. Das von Achijawa abhängige Milawanda, das politischen Einfluss in Westkleinasien ausübt, kann wohl mit dem späteren Milet identifiziert werden, wo Ausgrabungen mykenische Funde erbracht haben. Unklar bleibt, wo das Zentrum von Achijawa liegt, ob in Kleinasien, in der Inselwelt, auf der Peloponnes oder doch in Theben in Böotien, dessen Kontakte zum Vorderen Orient durch den Fund von vorderasiatischen Rollsiegeln nachgewiesen sind.

Die historische Zeit in Anatolien wird durch das Vorliegen von **keilschriftlichen Quellen** definiert. Aus dem 20.–18. Jh. v. Chr. stammen in erster Linie die Archive der assyrischen Händler in Kültepe/Karum Kanesch. Für das hethitische Reich vom 17. Jh. bis 1200 v. Chr. stehen die Funde aus der Hauptstadt Hattusa selbst im Mittelpunkt. Trotz der Fülle an Quellen ist die Chronologie im Einzelnen immer noch unsicher. Hethitisch wird mit den Zeichen der mesopotamischen Keilschrift geschrieben, doch existieren daneben auch akkadische Texte im babylonischen Dialekt. Während der Großreichszeit kommt v. a. für Inschriften die luwische Hieroglyphenschrift auf. Das Vorliegen von Schriftdokumenten bestimmt auch den zu behandelnden Raum; so hat z. B. Troia außer einem hieroglyphenluwischen Siegel (Import?) keine Schriftfunde erbracht.

Hethitisches Reich

Der regierende hethitische König ist der **»Großkönig«**. Der König muss für die Bestimmung seines Nachfolgers den Rat der Versammlung (*panku*) einholen. Eine wichtige, religiös fundierte Rolle kommt der Tawananna, der Königin, zu. Nach seinen Eroberungen in Syrien setzt SUPPILULIUMA I. (um 1330) zwei Söhne als Vizekönige in Aleppo (antik Halpa) und Karkemisch ein. Ein Vizekönigtum existiert auch in Tarhuntassa im 13. Jh. In Syrien und Anatolien verpflichtet der Großkönig Vasallen, die zu militärischer Gefolgschaft und zu Tributleistungen verpflichtet werden, innenpolitisch eigenständig bleiben und dem Schutz Hattis unterstellt sind.

Die Vielfalt der Kulturen im hethitischen Reich prägt auch die **Religion** und die Götterwelt. Gerade im Kult lässt sich die Vielfalt der Sprachen bemerken, wo es hurritische kultische Texte, palaische und hattische Zitate gibt. Die Vielfalt der Götterwelt beruht auch auf der Übernahme von Gottheiten, alten hattischen Göttern ebenso wie hurritischen Göttern, die man erst später kennenlernt. Im gebirgigen Anatolien begegnen Berge und Gewässer wie Quellen als heilige Orte. Die höchsten Götter sind die Sonnengöttin von Arinna und der Wettergott von Hatti.

Die hethitische Hauptstadt **Hattusa** (heute Boğazkale) liegt inmitten des Kernlandes Hatti auf einem ansteigenden Berghang, der von Schluchten abgetrennt wird. Die 165 ha große Stadt wird von einer Stadtmauer umfasst, auf einer Anhöhe liegt die Burg mit dem Königspalast, daneben findet sich viele Tempel, außerhalb der Stadt die Kultanlage Yazılıkaya.

In der **hethitischen Literatur** überwiegen erzählende Texte. Häufig stehen historische Ereignisse im Zentrum, wobei nicht immer wie in Annalen oder Tatenberichten die Perspektive des Königs vorherrscht. Gerade aus der althethitischen Zeit stammen viele dieser Erzählungen. Dagegen fehlt Dichtung, selbst das mesopotamische Gilgamesch-Epos wird in Prosa übertragen. Anweisungen für Festrituale und magische Rituale bilden den größten Teil der schriftlichen Überlieferung. Das Textcorpus zeigt den **hohen Rang der Wahrsagung** am hethitischen Königshof. Dabei stellen die Seher Fragen an den Befund der Eingeweide des Opfertieres, v. a. an die Leber, beobachten den Vogelflug in einem bestimmten Gebiet oder führen ein Orakel mit Bildzeichen durch. **Hethitische Texte** stammen außer aus Hattusa v. a. aus Maşat, Kuşaklı und Ortaköy. Abgesehen von Briefen sind Alltagstexte relativ selten. Althethitisch sind Landschenkungsurkunden; später schreibt man entsprechende Texte wohl auf vergänglichem Material, da aus dieser Zeit nur Tonbullen mit königlichem Siegel, jedoch keine Texte vorhanden sind. Neben Tontafeln werden hölzerne Schreibtafeln mit einer Wachsschicht verwendet, wie ein Fund vom Schiffswrack von Ulu Burun (heute Bodrum) zeigt.

Die **Beziehungen des Hethiterreichs zur ägäischen Welt** werden in jüngster Zeit heftig diskutiert. Jüngere hethitische Texte erwähnen mehrfach feindliche Berührungen und diplomatische Kontakte mit dem Reich von Achijawa, das in Milawanda (Milet) einen kleinasiatischen Stützpunkt besitzt.

Ein Fortwirken der hethitischen Kultur ist sowohl in Zentralanatolien bei den Phrygern, als auch in Syrien erkennbar, von wo aus der kulturelle Einfluss bis nach Assyrien ausstrahlt (v. a. in der Bild- und Baukunst). Die Wirkung auf Griechenland lässt sich noch nicht abschätzen; nachweisbar ist sie in der Mythologie (Kronosmythen). Die Vermittlung künstlerischer Elemente wie des sog. orientalisierenden Stils erfolgt seit etwa 800 wohl überwiegend über die Städte Kilikiens und Nord-Syriens.

vor 2000 v. Chr. Die **indogermanischen Hethiter** wandern in Zentralanatolien ein, doch lässt sich der Zeitpunkt weder historisch noch archäologisch bestimmen. Das Land wird schon von den Hattiern besiedelt, von denen die Hethiter einen Teil der Götterwelt und ihres Kultes übernehmen. Nach den Hattiern ist Hattusa (Hattuscha), Hauptstadt des hethitischen Reiches, benannt. Die Hethiter bezeichnen ihre eigene Sprache als **»Nesisch«** nach dem Ort Kanesch, dem Stützpunkt assyrischer Kaufleute. Dort, im Karum von Kanesch (ca. 1940–1735) begegnen schon hethitische und andere einheimische Namen und Lehnwörter.

ca. 1940–1835 v. Chr. In Kanesch (modern Kültepe nahe Kayseri) finden sich im Karum, dem Handelskontor in der Vorstadt unterhalb des Palastes, in Schicht II die Häuser von assyrischen Händlern. Aus Karum Kanesch Schicht II und nachfolgend Ib (ca. 1800–1735) stammen etwa 20 000 Urkunden (nur ein Bruchteil ist publiziert). Die Händler führen als Zwischenhändler das aus Afghanistan (?) stammende Zinn und assyrische Textilien ein und exportieren im Gegenzug aus Anatolien Silber und Gold. Der Handel ist durch Verträge zwischen Assur und den anatolischen Fürsten gesichert, ein Stellvertreter von Assur residiert in der wichtigsten Handelskolonie Kanesch. Gegen Zölle (etwa 5 % für Textilien und 3 % für Zinn) und ein Vorkaufsrecht des Palastes wird Handelsfreiheit gewährt. Die Urkunden und Briefe vermitteln ein detailliertes Bild, wie die Händler zur Maximierung des Gewinns Informationen über Preise sammeln oder geschickt Darlehen einsetzen.

ca. 1800–1735 v. Chr. In den Urkunden von Karum Ib lässt sich die Präsenz mehrerer lokaler Fürsten in Anatolien erkennen.

Anfang 18. Jh. v. Chr. Anitta, Herrscher von Kussara, erobert Zentralanatolien und legt seinen Regierungssitz nach Kanesch, Hattusa zerstört er völlig. Die Zerstörung von Kanesch um 1740/35 mag in Zusammenhang mit solchen Kämpfen zwischen den anatolischen Fürsten stehen.

Althethitische Zeit (ca. 1670–1425 v. Chr.)

ca. 1670 v. Chr. Mit Labarna beginnt die hethitische Dynastie; sein Name wird zum Königstitel.

ca. 1650–1620 v. Chr. Hattusili I. verlegt die Hauptstadt von Kussara nach Hattusa. Durch seine Eroberungen bis nach Obermesopotamien und Nordsyrien begründet er das althethitische Reich. Er nimmt u. a. Alalach, Ebla, Karkemisch, Haschum, Urschum und Hachum ein.

ca. 1620–1590 v. Chr. Mursili I., der Sohn von Hattusili I., dehnt das Reich seines Vorgängers aus, erobert um 1600 Aleppo (Halpa) und zerstört 1595 auf einem Feldzug weit in den Süden Babylon, was das Ende der altbabylonischen Zeit bedeutet.

1590–15. Jh. v. Chr. Aufgrund von inneren Konflikten konzentriert sich die Politik auf Inneranatolien. Die Kaskäer dringen von Norden ein, im Süden dominiert das Reich von Mittani.

Großreichszeit (ca. 1445–1190 v. Chr.)

ca. 1445(?) v. Chr. Tudhalija I. zerstört Aleppo, indem er vielleicht die Wirren in Syrien nach dem Feldzug Thutmosis' III. 1447 ausnützt. Letztlich kann er Sauschtatar von Mittani nicht verdrängen und muss zurück nach Anatolien, weil die Kaskäer wieder drohen. Es gelingt ihm, das Reich nach Westen und nach Osten bis zum Euphrat auszudehnen.

ca. 1400–1380 v. Chr. Unter Arnuwanda I. Aufstände in Hatti, bei denen sogar die Hauptstadt Hattusa in Brand gesteckt wird.

ca. 1350–1320 v. Chr. Suppiluliuma I. konsolidiert das Reich im Inneren und greift Mittani an. In mehreren Feldzügen erobert er Syrien bis zum Libanon, wobei er Mittani und Ägypten zurückdrängt. Er richtet zur politischen Kontrolle das Vizekönigtum von Karkemisch ein, das er mit seinem Sohn Scharrikuschuch (Pijassili) besetzt. Mit Suppiluliuma I. erfolgt der **Aufstieg Hattis zu einem überregional bedeutenden Territorialstaat**, der sich in das Konzert der Großmächte Vorderasiens einordnet.

ca. 1321–1298 v. Chr. Mursili II. benötigt zunächst zehn Jahre, um Aufstände in dem ererbten Reich niederzuschlagen, dann kann er das hethitische Großreich festigen und ausbauen. Dies erfolgt v. a. durch **Expansion nach Westen**, wo der Regionalstaat von Arzawa zerschlagen wird.

1275 v. Chr. In der **Schlacht von Kadesch** am oberen Orontes stehen sich Muwatalli II. (ca. 1297–1273) und der ägyptische Pharao Ramses II. (ca. 1279–1213) gegenüber. Der Hethiterkönig nimmt dabei die vorauseilende Division des Pharao in die Zange, doch kann sich der noch befreien. Da das Land Amurru nachfolgend wieder bei Hatti ist und auch Kadesch gehalten wird, liegt der Erfolg eher auf hethitischer Seite.

ca. 1272–1266 v. Chr. Urchiteschub, Sohn einer Nebenfrau Mursilis II., mit Thronnamen Mursili (III.), macht Hattusa wieder zur Hauptstadt, nachdem etwa 20 Jahre lang das südwestlich gelegene, strategisch wichtige Tarhuntassa, das den Zugang nach Kilikien kontrolliert, diesen Rang eingenommen hat.

ca. 1265–1236 v. Chr. Hattusili III., der zur Zeit seines Bruders Muwatalli II. Hatti im Norden militärisch gesichert hat und dort als König regiert, usurpiert den Thron und sendet Urchiteschub ins Exil nach Syrien, der an den ägyptischen Königshof flieht. Muwatallis II. Sohn Kurunta, Bruder von Urchiteschub, wird als zunächst loyaler Vizekönig von Tarhuntassa gegenüber Hattusili mit besonderen Rechten ausgestattet.

1259 v. Chr. Der **Friedensvertrag** von Hattusili III. mit

RAMSES II. **zwischen Ägypten und Hatti** beendet alle Konflikte, die bestehenden Grenzen in Syrien werden bestätigt. Abschriften der Silbertafel mit dem Vertrag stammen aus beiden Hauptstädten: in ägyptischen Hieroglyphen auf zwei Steinstelen in Theben sowie zwei Keilschrifttafeln mit der akkadischen Fassung in Hattusa. Ägypten liefert Getreide an Hatti. 1245 nimmt RAMSES II. eine hethitische Prinzessin in seinen Harem auf.

ca. 1239–1209 v. Chr. TUDHALIJA IV. führt religiöse Reformen durch und lässt in seiner Hauptstadt Hattusa viele Tempel errichten: die über das gesamte Reich verteilten Kultstätten sollten in der Hauptstadt konzentriert werden. Ein Feldzug von TUDHALIJA IV. nach Zypern könnte auf Probleme mit den Getreidelieferungen hindeuten.

1228–1227 v. Chr. KURUNTA, der von HATTUSILI in Tarhuntassa eingesetzte Vizekönig, erscheint kurzfristig als Großkönig. Die Eroberung des Throns ist offensichtlich nicht längerfristig erfolgreich, doch schwächen diese Auseinandersetzungen das Reich. Tarhuntassa scheint sich wenig später von Hatti loszusagen und ist womöglich entscheidend am Untergang des Hethiterreiches beteiligt.

1207–ca. 1190? v. Chr. Unter SUPPILULIUMA II., dem letzten Herrscher von Hattusa, gibt es wenige Anzeichen von Schwäche, doch sind kaum historisch relevante Texte überliefert. In einer Seeschlacht siegt er gegen die Feinde von Zypern, womit die Seevölker gemeint sein dürften. Kämpfe führt er in Westanatolien und gegen Tarhuntassa.

um 1190 v. Chr. **Ende von Hatti**. Der archäologische Befund zeigt, dass in Hattusa der Niedergang einsetzt, bevor die Stadt zerstört wird: die Königsfamilie, dann die Elite wandern ab, sodass auch keine Texte mehr erhalten sind. Die genauen Gründe für das Ende und der Verlauf der Ereignisse sind noch unklar. Ein Zusammenhang mit dem Seevölkereinfall und den damit angestoßenen Völkerwanderungen ist wahrscheinlich, wie Zerstörungen von anatolischen Orten um 1190 zeigen. In Hatti kommt der Getreidemangel hinzu, da ägyptische Lieferungen nicht mehr durchkommen. Der Streit verschiedener Familienzweige um den Thron verschärft die Situation. Mit dem Untergang des Hethiterreichs endet die Keilschrifttradition in Kleinasien.

nach 1190 v. Chr. Nur in wenigen Orten zeigt sich Kontinuität, insbesondere im Vizekönigtum von Karkemisch, wo nun der hethitische Titel »Großkönig« gebraucht wird. Hieroglypheninschriften, hethitische Namen und Titel bewahren für zwei, drei Jahrhunderte das Erbe Hattis in Südostanatolien und Nordsyrien, dem »Hatti-Land« der Assyrer.

Troia (Hisarlık) (30.–7. Jh. v. Chr.)

Der Siedlungshügel Hisarlık an der südwestlichen Einfahrt des Hellespont (Dardanellen) repräsentiert eine bedeutende **bronzezeitliche Stadtanlage in Nordwestanatolien**, deren Anfänge bis ins 3. Jt. zurückreichen. Insgesamt werden **sieben prähistorische Schichten** (I–VII) mit über 50 Bauphasen unterschieden. Einen ersten Höhepunkt erreicht der Ort in der 2. Hälfte des 3. Jt.s, als sich auf dem Hügel eine befestigte Burganlage mit einer etwa 330 m langen Verteidigungsmauer befindet (Schicht II). Megarongebäude im Inneren werden als Kult- und Versammlungshäuser interpretiert. Einen weiteren Höhepunkt erlebt die Siedlung von 1700–1200 (Schicht VI–VIIb). Eine mit Türmen und Bastionen bewehrte Steinmauer umgibt eine Burganlage. Inwieweit dieser Burganlage eine größere, befestigte und dicht besiedelte Unterstadt vorgelagert ist, wird in der Forschung kontrovers diskutiert. Auch die Frage, inwiefern der Siedlung eine nur regionale oder aber eine überregional-internationale Bedeutung als ein Handelzentrum mit weitreichenden Beziehungen zukommt, wird unterschiedlich beantwortet. Gegen 1300 wird die Stadt zerstört und wieder aufgebaut (Schicht VIIa) um gegen 1200 erneut einer Zerstörung anheim zu fallen. Zwischen 1200 und 1000 ist eine kleinteilige Bebauung auf der Burg zu beobachten, worauf eine Phase mit stark eingeschränkter Besiedlung folgt. Um 700 entsteht hier eine **Siedlung**, die den Namen **Ilion** trägt. Die Identität des bei HOMER genannten Ilios bzw. Troie (= Troia) mit Hisarlık wird heute meist akzeptiert. Eine Identifizierung mit den in hethitischen Quellen genannten Toponymen Wilusa und Taruwisa scheint möglich, auch wenn sich nach wie vor sprachgesetzliche Unstimmigkeiten ergeben. **Umstritten bleibt die Historizität des bei HOMER behandelten »Troianischen Krieges«** ebenso wie die Frage, ob bei den um 700 entstehenden homerischen Epen ein bis in die Bronzezeit zurückreichender Überlieferungsstrom anzunehmen ist.

Zypern (7000–1200 v. Chr.)

Um 7000 setzen Bevölkerungsgruppen aus Vorderasien nach Zypern über und bringen die **Kulturtechnik von Ackerbau und Viehzucht** mit. Dicht bebaute Siedlungen mit runden Hütten und Steinfundamenten kennzeichnen die frühe neolithische Phase. Am Beginn des 4. Jt.s setzt das **Chalkolithikum** ein, das bis in die Mitte des 3. Jt.s reicht. Erste einfache Kupferwerkzeuge prägen den Fundbestand der Epoche. Die Anzahl der Siedlungen nimmt zu, einzelne Orte weisen Befestigungsanlagen auf. Kalksteinstatuetten nackter weiblicher Figuren in hockender Position dürften einen religiösen Hintergrund aufweisen. Um 2500 v. Chr. beginnt die **Bronzezeit**. Am Beginn dieser Epoche stehen reiche Gräber mit wertvollen Metallbeigaben, die auf einen beträchtlichen Wohlstand hinweisen. Tonmodelle von Heiligtümern und der Darstellung einer göttlichen Trias sind wichtige religiöse Zeugnisse. Mit dem beginnenden 2. Jt. sind erneut **reiche Siedlungsfunde** belegt, wobei mehrräumige, rechteckige

Wohnstrukturen dominieren. Neben Felskammergräbern sind auch Tumulus-Gräber bezeugt. Eine Intensivierung des reichen Kupferbergbaus ist zu beobachten und ein **zunehmender Export in den ägäischen und levantinischen Raum** anzunehmen. Seit der 2. Hälfte des 2. Jt.s erlebt die Insel eine **wirtschaftliche Blüte**. In diesem Zusammenhang treten seit dem 16. Jh. unterschiedliche Linearschriften auf, die nach wie vor nicht entziffert sind und als »kyprominoische Schriften« bezeichnet werden. Für das 14. und 13. Jh. sind diplomatische Kontakte mit Ugarit (Ras Schamra, Syrien), anderen levantinischen Städten und Ägypten bezeugt (Amarna-Korrespondenz). Diese Keilschrifttexte bezeichnen Zypern als Alaschia und erwähnen Kupfer als wichtiges Produkt des Landes. Die Amarna-Briefe nennen einen König von Alaschia, der als »Bruder des Pharao« figuriert und somit als gleichrangig bezeichnet wird. Wo dieser Fürst residiert hat, bleibt unklar. Befestigte Städte sind in Engomi, Maroni und Kition (Lárnaka) nachgewiesen. Gräber mit reicher Ausstattung belegen den Import von Luxusgütern. Schiffswracks bezeugen den **Kupferexport in den Westen**, wie jenes von Ulu Burun (bei Kaş, Südwestküste der Türkei). Die spätbronzezeitlichen Unruhen erfassen auch die Insel, doch erholen sich die teilweise zerstörten Siedlungen rasch und erleben bald eine neue Blüte. Erst Mitte des 11. Jh.s gehen ehemals große Städte wie Enkomi (Tuzla, Nordzypern) unter; die Gründe für diese Zäsur bleiben unklar. Mit dem Aufkommen einer industriell betriebenen Eisenverhüttung im 11. Jh. erreicht **Zypern eine Vorreiterrolle** und leitet ein neues Zeitalter ein.

Phrygien (12.–7. Jh. v. Chr.)

12.–8. Jh. v. Chr. In assyrischen Verwaltungstexten aus der Zeit Ninurta-apil-Ekurs (1191–1179) und Assur-dans I. (1178–1133) wird erstmals ein **Volk namens Muschku** erwähnt. Seit Tiglatpilesar I. (1114–1076) findet dieses auch Eingang in die assyrischen Königsinschriften, wo es bis in das 9. Jh. in einem Gebiet nördlich des Tur Abdin und am Oberen Tigris (Ostanatolien) bezeugt ist. In den Inschriften Sargons II. (721–705) wird mehrfach ein Mitâ von Muschku als ein mächtiger Potentat in Zentralanatolien erkennbar. Dieser Mitâ wird in der Forschung gerne mit dem in der griechisch-römischen Historiografie und Dichtung gut bezeugten Midas von Phrygien identifiziert und auf diese Weise eine Gleichsetzung der Muschku mit den Phrygern postuliert. Zumindest für die Zeit vom 12.–9. Jh. bleibt diese Gleichsetzung jedoch – ebenso wie die damit verbundene Annahme einer Westwanderung – nicht unproblematisch. Nach einer anderen These sollen die Phryger aus Thrakien nach Anatolien eingewandert sein. Auch diese Theorie wird in neuerer Zeit zunehmend kritisch betrachtet, nicht zuletzt deshalb, weil die phrygische Sprache mit dem Thrakischen nicht verwandt ist. Am wahrscheinlichsten ist deshalb die Vorstellung, dass sich nach dem Zusammenbruch des Hethiter-Reiches die Ethnogenese der Phryger erst in Zentralanatolien vollzog. Dabei ging mit der Ausprägung einer eigenen Identität auch die bestimmter kultureller Erscheinungsformen Hand in Hand.

um 1000–um 800 v. Chr. **Wichtigster Fundort der phrygischen Kultur ist Gordion** (bei Yassıhöyük südwestlich von Ankara). Neuere Forschungen haben die Chronologie der Grabungsbefunde und damit den zeitlichen Ablauf der phrygischen Kultur auf eine völlig neue Grundlage gestellt. Danach entsteht im 10. Jh. eine von Wällen umgebene Zitadelle, worin im 9. Jh. ein Palastviertel errichtet wird. Dieses geht um 800 in einem großen Schadensfeuer unter (von der bisherigen Forschung wurde dieser *destruction level* um 700 datiert). Gleichzeitig ist an zahlreichen anderen Orten Zentralanatoliens eine phrygische Präsenz nachweisbar (Ankara, Hattusa, Alişar, Hacıbektaş). Ob dieses relativ weitläufige Gebiet bereits von einem in Gordion residierenden Herrscher kontrolliert wird, oder ob mit mehreren unabhängigen Herrschaftszentren zu rechnen ist, bleibt offen.

8. Jh. v. Chr. Spätestens ab dieser Zeit ist mit der Existenz eines große Teile Zentralanatoliens umfassenden **phrygischen Reiches** zu rechnen, dessen wichtigster Zentralort Gordion ist. Dort werden in der ersten Hälfte des Jh.s Königszitadelle und Stadt neu angelegt. Der Herrschaftsbereich scheint von Daskyleion in Nordwestkleinasien bis nach Tyana im Taurus gereicht zu haben. Bei Gordion entsteht eine Königsnekropole, deren berühmtestes Grab, der sog. »Midas-Tumulus«, von den Archäologen unversehrt geborgen werden konnte. Die Identität des dort um 740 bestatteten Königs bleibt allerdings unbekannt.
Macht und Einfluss des phrygischen Territorialstaates werden am Ende des Jahrhunderts auch von den Kilikien (assyrische Provinz Que) kontrollierenden Assyrern wahrgenommen. Texte aus der Zeit Sargons II. zeichnen einen Mitâ von Muschku als einflussreichen Herrscher, der ein weitläufiges Gebiet kontrolliert und der assyrischen Politik große Probleme bereitet. Die Gleichsetzung von Muschku mit Phrygien darf seit dieser Zeit mit großer Wahrscheinlichkeit angenommen werden.

718–709 v. Chr. Konfrontation zwischen Mitâ von Muschku und Assyrien. Die Auseinandersetzungen führen jedoch nicht zu einer direkten militärischen Begegnung der beiden Mächte. Mitâ kann das assyrische Reich auch nicht direkt bedrohen, sondern vielmehr zahlreiche assyrische Vasallen zur Einstellung der Tributzahlungen bewegen und damit den assyrischen Machtanspruch an den äußersten Rändern des Imperiums in Frage stellen. Bezeugt ist dies etwa für Pisiri, König von Karkemisch, Ambaris, König von Tabal (Kappadokien) oder Tarhunazi von Melid (Malatya). Die assyrischen Truppen können die unbotmäßigen Vasallen besiegen, doch befindet sich das Herrschaftszentrum Mitâs offenkundig außerhalb ihrer Reichweite. Mitâ selbst vermeidet jede direkte militärische Konfrontation. Durch den Bau von Festungen versuchen die Assyrer Einfällen des Mitâ entgegenzuwirken.

709 v. Chr. Ende der militärischen Auseinandersetzungen. MITÂ sendet einen Boten mit Tribut an den Hof SARGONS. Im Gegenzug befiehlt SARGON dem assyrischen Statthalter von Que, alle Flüchtlinge aus Muschku an MITÂ auszuliefern.

nach 705 v. Chr. Nachdem SARGON II. bei einem Feldzug in Tabal gefallen war, scheint sich der Staat von Muschku wieder freier entfaltet zu haben, wobei es wieder zu Auseinandersetzungen mit Assyrien gekommen sein kann.

1. Hälfte 7. Jh. v. Chr. In einer Orakelanfrage des assyrischen Königs ASARHADDON (680–669) erscheint in unklarem Kontext ein MITÂ gemeinsam mit seinem (namentlich nicht genannten) Neffen sowie seinen Boten und Truppen. Unklar ist, ob dies als Zeugnis für eine erneute militärische Konfrontation mit Muschku zu werten ist, da MITÂ in dem Text nicht als König von Muschku, sondern als »Stadtherr« einer in dem bruchstückhaft überlieferten Text nicht erhaltenen Ortschaft/Region erscheint. Dieser MITÂ kann jedoch nicht mit dem Gegner SARGONS identisch sein, wie überhaupt der Name MITÂ im anatolischen Raum eine gewissen Verbreitung gehabt zu haben scheint. Dies wirft ein neues Licht auf die Identität und historische Verortung des aus der griechischen Sage bekannten sagenhaften Königs MIDAS VON PHRYGIEN. Die fiktive Person scheint vielmehr aus verschiedenen Traditionen zusammengesetzt und nur wenig historische Substanz zu besitzen (nicht auszuschließen ist auch, dass es sich bei MITÂ gar nicht um einen Personennamen, sondern um einen Titel handelt). Angebliche Stiftungen dieses MIDAS nach Delphi sind wohl als spätere legendenhafte Erfindungen zu betrachten. Die Kontakte Phrygiens zu den griechischen Städten an der westkleinasiatischen Küste scheinen eher bescheiden gewesen zu sein. Eine Phrygien durchziehende *via antatolica*, die als zentrale Verkehrsader Westkleinasien mit Syrien und Vorderasien verbunden haben soll, bleibt eine Fiktion. Überregionale Verkehrverbindungen bevorzugten in dieser Zeit die wesentlich einfachere Seeroute.
Ein zweite Orakelanfrage des ASARHADDON erwähnt einen weiteren Stadtherrn von Muschku (der Personenname und Titel sind abgebrochen) an dessen Seite die Kimmerier gemeinsam gegen den assyrischen König agieren. Im gleichen Text (wie in mehreren anderen Orakelanfragen) wird darüber hinaus MUGALLU, ein Melid (Malatya) kontrollierender »*warlord*« von Tabal (Kappadokien) als assyrischer Gegner genannt. Durchaus wahrscheinlich ist, dass Muschku und MUGALLU in dieser Zeit gemeinsam gegen Assyrien opponierten. Bemerkenswert ist aber auf jeden Fall der Umstand, dass ein Stadtherr von Muschku über Kontingente der Kimmerier gebot und diese gegen Assyrien einsetzte.
Ob der phrygische Territorialstaat anlässlich eines Einfalls der Kimmerier untergeht oder nur eine empfindliche Schwächung erleidet, bleibt unklar. Ein Teil des Gebietes geht jedenfalls im späteren Lydien auf.

Kultur und Religion der Phryger

Über die **Kultur der Phryger** ist wenig bekannt. Könige und Vornehme werden in großen Felsgräbern oder unter gewaltigen **Grabtumuli**, künstlichen Hügeln (bis zu 53 m Höhe), bestattet. Die Körperbestattung überwiegt, doch kommt auch Brandbestattung vor. Zwei der **Hauptgottheiten** sind die »Berg-Mutter« Kybele und ihr Geliebter Attis. Ekstatische Feiern, orgiastische Tänze und Selbst-Entmannung der Priester sind bezeugt. Das Hauptheiligtum der Kybele lag bei Pessinus (bei Ballıhisar, südwestlich von Ankara). Als **Kultstätten** dienten monumentale Felsfassaden, Kultnischen und Felsaltäre (»Midas-Stadt«), deren Datierung oft unsicher ist (8.–6. Jh. v. Chr.). Daneben spielten der Weingott Sabazios und der Mondgott Men eine wichtige Rolle. In der **Architektur** ist das Megaron als Wohnhaus bzw. Palast vertreten (Gordion). Ebenso sind ornamental und figürlich verzierte Dachrandverkleidungen bekannt. Mit Orthostatenreliefs wurden die Wände gegliedert.

Ewa 300 Inschriften, die in einem dem Griechischen nahestehenden Alphabet geschrieben sind, bezeugen die Existenz des **Altphrygischen** vom 9.–3. Jh. (die meisten Denkmäler stammen aus dem 7.–5. Jh.). Ob das Alphabet selbstständig aus dem nordsyrischen Raum oder doch über griechische Vermittlung entlehnt worden ist, wird in jüngster Zeit kontrovers diskutiert. Die Sprache der Phryger repräsentiert einen eigenen Zweig der indogermanischen Sprachfamilie.

Das Reich von Urartu

Im Gebiet des späteren Armenien gibt es seit dem 13. Jh. v. Chr. **zahlreiche Kleinstaaten** mit vorwiegend hurritischer Bevölkerung. Die assyrischen Inschriften sprechen seit dem 13. Jh. von den Nairi-Ländern bzw. von Uruatri/Uratri (seit ca. 850 Urartu).

Mitte 9. Jh. v. Chr. In Inschriften des Assyrerköngs SALMANASSAR III. (859–824) wird ein Aramu, »der Urartäer« genannt. Regierungssitz ist Arzaschkun.

ca. 840–ca. 830 v. Chr. **SARDURI I.** (Sohn des LUTIPRI): Er **gilt als Begründer des urartäischen Reichs** und hinterlässt die ältesten erhaltenen Schriftdenkmäler eines urartäischen Königs. Diese sind noch in assyrischer Sprache (und assyrischer Keilschrift) verfasst. Wichtigste Residenzstadt ist Tuschpa (heute Van am Vansee).

ca. 830–ca. 780 v. Chr. ISCHPUINI und sein Sohn MINUA (die ca. 820–ca. 810 gemeinsam regieren): Urartu entwickelt sich zu einem **überregional bedeutenden Reich**. Erstmals werden Inschriften in urartäischer Sprache gesetzt. Darauf erscheint das Reich nicht in der Fremdbezeichnung **Urartu** (davon das Ararat der Bibel) sondern in der Eigenbezeichnung als Biainili. Die urartäische Macht reicht im Norden bis über den Araxes (Nachicevan), im Südwesten bis Syrien, im Südosten bis Iranisch-Aserbaidschan westlich und südlich des Urmia-Sees.

ca. 815 v. Chr. Zur ideologischen Absicherung der weit gespannten Herrschaft wird der in Musasir (Nordostirak) beheimatete Gott Haldi an die Spitze des urartäischen Pantheons gesetzt. Dessen Stellung ist mit jener des Gottes Assur bei den Assyrern vergleichbar. Als Reichs- und »Nationalgott« verleiht er das Königtum und führt die königlichen Armeen zum Sieg. Eine eigens angelegte und von beschrifteten Stelen markierte *via sacra* führt von Tuschpa nach Musasir, dem Krönungsort der urartäischen Könige.

ca. 780–760 v. Chr. ARGISCHTI I. dehnt die urartäische Herrschaft bis Südgeorgien aus und **siegt über den assyrischen König ASSUR-NERARI V.** (754–745).

ca. 760–ca. 730 v. Chr. Unter SARDURI II. stoßen die Urartäer bis zum Euphrat und darüber hinaus vor, wo sie schließlich den Assyrern unter TIGLATPILESAR III. (744–727) weichen müssen. In der Folgezeit gerät Urartu zwischen Assyrien und den von Norden vordringenden Kimmeriern in Bedrängnis.

ca. 730–ca. 714 v. Chr. RUSA I.: Die Auseinandersetzung zwischen Assyrien und Urartu um die Kontrolle Nordwestirans strebt einem Höhepunkt zu.

714 v. Chr. Der **Assyrerkönig SARGON II.** (721–705) **schlägt RUSA I. vernichtend** und zerstört das Kultzentrum von Musasir. Daraufhin begeht RUSA Selbstmord.

714 –ca. 670 v. Chr. Unter ARGISCHTI II. (bis ca. 680) und RUSA II. kann sich die urartäische Macht erneut festigen und teilweise bis in den syrisch-kilikischen Raum ausgreifen. Beide Herrscher treten als aktive Bauherren und Städtegründer auf.

ca. 670–ca. 600 v. Chr. Für die letzten namentlich bekannten urartäischen Könige (ERIMENA, RUSA III., SARDURI III., SARDURI IV.) werden die Informationen spärlicher. Nach dem Untergang des neuassyrischen Imperiums bleibt auch Urartu von den sich abzeichnenden großen politischen Veränderungen nicht verschont. Die »Babylonische Chronik« berichtet von Vorstößen des babylonischen Königs NABOPOLASSAR (626–605) in »das Gebiet von Uraschtu«.

nach 600 v. Chr. Urartu gerät unter medische Oberhoheit, kann aber einen Teil an staatlicher Selbständigkeit bewahren.

547 v. Chr. KYROS DER GROSSE (†530) von Persien erobert den urartäischen Reststaat und gliedert ihn als Provinz in sein Imperium ein.

522/21 v. Chr. Anlässlich der Wirren um die Thronbesteigung DAREIOS' I. (*549, †486) kommt es auch in Urartu zu Aufständen und dem Versuch, die persische Herrschaft abzuschütteln. Die Erhebungen werden von den Generälen des DAREIOS niedergeschlagen. Der Achaimenidenkönig berichtet von diesen Ereignissen in seiner dreisprachigen Inschrift von Bisutun (Nordwestiran). Während in der babylonischen Fassung noch von Urartu die Rede ist, taucht in der altpersischen und elamischen Fassung der Inschrift **erstmals die Landesbezeichnung Armenien** auf.

Die urartäische Kultur – ihr Erbe

Die urartäische Sprache, in assyrischer Keilschrift geschrieben, steht dem Hurritischen nahe. Der Großteil der erhaltenen **Texte sind Stelen- und Felsinschriften**. Daneben haben sich nur eine Handvoll archivalische Texte auf Tontafeln erhalten. Neben der Keilschrift wird ein lokales hieroglyphisches Schriftsystem verwendet. Bedeutend ist das in den Motiven z. T. von Assyrien beeinflusste **Kunsthandwerk**; in der Metallbearbeitung ist Urartu führend. Der Land- und Gartenbau wird durch ausgedehnte Bewässerungsanlagen und Kanäle gefördert. Den Göttern, besonders dem Nationalgott Haldi, werde große, reich ausgestattete Turmtempel erbaut. Die starken, z. T. in den Fels gehauenen und auf markanten Felsvorsprüngen errichteten Burgen geben Zeugnis von einer **hoch entwickelten Festungsbaukunst**.

Die Armenier treten das Erbe Urartus an, deren Ursprünge im Dunkeln bleiben. Nach griechischen Quellen gibt es im 6. Jh. v. Chr. noch mancherlei Kämpfe zwischen ihnen und den in Armenien noch ansässigen Resten der Urartäer (griechisch Alarodier) ehe Einwanderer und Altansässige in einem als Ethnogenese zu bezeichnenden Prozess zu dem uns bekannten Volk der Armenier zusammenwachsen. Politisch werden die Armenier zunächst den Medern und später den Persern botmäßig. Armenisch gehört zur indogermanischen Sprachfamilie. Die ältesten Textzeugnisse stammen allerdings erst aus dem 5. Jh. n. Chr.! Die **Selbstbezeichnung der** (von Griechen und Persern so genannten) **Armenier ist Hayk** (woraus der Landesname Hajastan gebildet wird). | Forts. S. 308 |

Lydien

Unter den bekannten Staaten Westkleinasiens gewinnt nach dem Zusammenbruch Phrygiens nur **Lydien unter der Dynastie der Mermnaden** für begrenzte Zeit eine größere Bedeutung als Territorialstaat. Über Königsliste, Regierungsdauer und einzelne Ereignisse sind wir vornehmlich aus der späteren griechischen Historiografie unterrichtet, deren Informationen jedoch wegen der zahlreichen legendenhaften Ausschmückungen sehr kritisch zu betrachten sind. Um so größer ist die Bedeutung der wenigen zeitgenössischen Quellen, die v. a. aus den benachbarten Kulturen Vorderasiens stammen.

vor 668–644 v. Chr. GYGES (assyrisch Guggu/Gūgu) gilt **als Begründer des lydischen Reiches**. Von der Residenz Sardeis (Sardis, am Gedis) aus weitet er den politische Einfluss bis an die Küsten aus, wobei es auch zu militärischen Konflikten mit griechischen Poleis kommt. In die Regierungszeit von GYGES fallen wohl mehrere Einfälle der Kimmerier, deren Auswirkungen bis nach Westkleinasien spürbar sind. Dabei kommt es zu einem (wohl mit Tributpflicht verbundenen) **Bündnis mit dem assyrischen König Assurbanipal** (668–627). Dieser berichtet in mehreren Texten von diesem Ereignis, wobei Lydien als ein bisher unbekanntes Land (mit einer ebenso unbekannten Sprache) beschrieben wird, das jenseits des Ozeans (d. h. an den Außenbezirken der bekannten Welt) liegt. Die assyrischen Texte bezeugen auch die Kündigung des Bündnisses durch GYGES, der gemeinsam mit PSAMMETICH I. von Ägypten (664–610) die assyrische Oberhoheit abzuschütteln versucht (wohl in den 650er-

Jahren). Bei einem weiteren Einfall der Kimmerier (wohl 644) findet GYGES den Tod. Sein (namentlich nicht genannter) Sohn erkennt nach der Thronbesteigung erneut die assyrische Oberhoheit an.

2. Hälfte 7. Jh. v. Chr. Unter ARDYS (ca. 644–615) und SADYATTES (ca. 615–610) kann sich der Staat wieder stabilisieren und nach dem Zusammenbruch Assyriens frei entfalten.

1. Hälfte 6. Jh. v. Chr. Unter ALYATTES (ca. 610–561) ist **Lydien erneut ein mächtiges Reich** in Westkleinasien, das seinen Einfluss auf die Küstenstädte weiter festigen kann. Im Osten kommt es zur militärischen Konfrontation mit der von KYAXARES angeführten Stammeskonföderation der Meder, die eine lose Oberhoheit über Ost- und Zentralanatolien ausübt. Die spätere griechische Historiografie nennt als Höhepunkt dieser Ereignisse eine unentschiedene Schlacht am Halys, die durch eine angeblich von THALES VON MILET (*um 650, †560) vorausgesagte totale Sonnenfinsternis beendet worden sein soll. Von den beiden zeitlich möglichen Sonnenfinsternissen in diesem Raum (28. Mai 585 und 19. Mai 557) wird meistens erstere als chronologisch relevant betrachtet. Die von der griechischen Tradition mit dem medisch-lydischen Friedensschluss verbundene Grenzziehung zwischen beiden Territorien am Halys (Kızılırmak) dürfte (wie vielleicht auch die Verbindung der Schlacht mit einer Sonnenfinsternis) Fiktion sein.

575 v. Chr. ALYATTES erobert und zerstört Smyrna, ALYATTES' Sohn KROISOS erobert Ephesos.

560–um 540 v. Chr. An der Küste bleibt nur Milet noch selbstständig, wird aber durch Vertrag an Lydien gebunden. Verträge mit Sparta und anderen Griechenstaaten folgen. Zwischen Lydien und den griechischen Küstenstädten herrscht eine **intensive kulturelle Interaktion** (reiche Stiftungen für griechische Tempel; Verbreitung des lydischen Münzgeldes).

um 560/550 v. Chr. Das von Lydern kontrollierte Territorium reicht im Südosten bis nach Lykaonien, wo es direkt an das vom neubabylonischen Reich kontrollierte Kilikien grenzt.

um 540 v. Chr. Gestützt auf Bündnisse mit Babylonien, Ägypten und Sparta glaubt KROISOS, den nach Kappadokien vorgestoßenen KYROS von Persien angreifen zu können; er wird jedoch isoliert, nach einer Niederlage bei Pteria in Sardeis eingeschlossen und bei der Eroberung der Stadt gefangen genommen. Über das weitere Schicksal des Königs bieten die antiken Quellen unterschiedliche Informationen, die von Begnadigung bis Hinrichtung reichen. Die Datierung dieses Ereignisses auf das Jahr 547 ist aufzugeben, da die dafür in Anspruch genommene »Babylonische Chronik« keinen Feldzug gegen Lydien, sondern gegen Urartu bezeugt. Lydien wird persische Provinz.

Staat und Kultur der Lyder

Die mit einer eigenen, der griechischen ähnlichen Buchstabenschrift geschriebene lydische Sprache gehört zum anatolischen Zweig der indogermanischen Sprachen und ist mit dem Luwischen und Palaischen nah verwandt. **Bekannt sind etwa 100 Texte**, deren Großteil aus dem 5.–3. Jh. stammt (die ältesten um 700). Große Viehherden und reiche Bodenschätze (Gold) in Verbindung mit einem hochstehenden **Kunsthandwerk** (Gold und Elfenbein), der Herstellung feiner Stoffe sowie die Vermittlung des **Ost-West-Handels** bestimmen den Wohlstand der lydischen Eliten. Lydische Schwelgerei und Weichlichkeit werden in der griechischen Literatur und Dichtung sprichwörtlich. Lydischer Luxus und die Vorstellung vom sagenhaften Reichtum des Königs GYGES bestimmen dieses Außenbild. Mit den griechischen Poleis Westkleinasiens besteht eine **enge kulturelle Symbiose**. Lydische Könige tätigen Stiftungen und Weihungen in griechischen Heiligtümern, die teilweise auch das Baugeschehen bestimmen (Artemision in Ephesos und Didyma, beide Westtürkei). Lydische Stoffe, lydische Kunstproduktion, lydische Parfums und Salben sowie lydische Musik werden in den griechischen Städten gerne angenommen und prägen das Leben der dortigen Oberschicht. Wohl als erste prägen die Lyder (vermutlich schon ALYATTES, sicher vor KROISOS) die für Zahlungen verwendeten Metallstücke durch **beidseitige Abstempelung zu Münzen**, um das bis dahin notwendige immer erneute Abwiegen entbehrlich zu machen. Bald werden überall Münzen geprägt.

Kybele- und Attis-Kult werden, ebenso wie der Kult um Sabazios und Men, aus Phrygien übernommen. Auch die Sitte, Könige und Vornehme in großen Grabtumuli zu bestatten, ist phyrgisch geprägt (Lydische Königsnekropole Bintepe bei Sardeis).

Iran

Iran (einschließlich des heutigen Afghanistan und Belutschistan) ist mit Ausnahme schmaler Tieflandstreifen im Südwesten entlang des Zagrosgebirges und im Norden ein von schroffen, passarmen Hochgebirgen umrandetes und z. T. auch durchzogenes Hochplateau von sehr ungleichem Charakter: Fruchtbare Hochtäler stehen neben oasenlosen Salzwüsten und Steppen, die nur Nomaden das Dasein ermöglichen. Die Hauptkulturgebiete sind neben Aserbaidschan im Nordwesten der südwestliche und der nördliche Gebirgsrand mit seinen Tälern v. a. an der Innenseite, während die hafenarme, heiße Südküste nur schwach besiedelt ist. Die Beschaffenheit des Landes im Ganzen ist staatlicher Zusammenfassung nicht ungünstig; einige abgelegene Hochgebirgsgebiete sind allerdings nur schwer auf die Dauer von einer Zentrale aus zu regieren. Iran, zu allen Zeiten städtearm, bildet die Brücke von Westasien nach Indien und Zentralasien. Es gibt nur zwei natürliche große Ost-West-Straßen, die in den teilweise erz- und mineralreichen Gebirgen jedoch leicht zu sperren sind.

Wie in Anatolien gibt es in Iran, das bereits im Paläolithikum besiedelt ist, stellenweise schon im vorkeramischen Frühneolithikum des 6. Jt.s v. Chr. Ackerbau und Viehzucht. Im keramischen Neolithikum und Chalkolithikum existieren verschiedene Kulturen, die sich v. a. durch eine reiche und mannigfache Gefäßbemalung auszeichnen und offenbar die frühen Kulturen Mesopotamiens mehrfach befruchtet haben.

Das Reich Elam

Die langlebigste Macht in Iran zur Zeit der alten Hochkulturen ist Elam. Das Kerngebiet bildet das Tiefland von Khusistan mit der Hauptstadt Susa und die nach Westen offene Ebene von Karcheh und Karun. Hinzu kommen Gebiete in den Bergländern: Anschan (Anzan, heute Tappe Malyan, 36 km nordwestlich von Schiraz im Westen der Fars [Persien] gelegen) und Schimaschki, die wichtige Macht im 3. und frühen 2. Jt. (wohl in der Gegend von Isfahan zu suchen). In den Gebirgstälern des Zagros begegnen viele eher kleinteilige Fürstentümer, die in mesopotamischen Quellen aller Zeiten erscheinen. Für die Geschichte Elams sind v. a. mesopotamische Quellen heranzuziehen, die meist die feindlichen Auseinandersetzungen beleuchten. Das Königtum in Elam verteilt sich meist auf Susa und Anschan, wobei sich das genaue Verhältnis ändert und oft nicht zu bestimmen ist. In Elam folgt in der Erbfolge der Bruder nach, nicht der älteste Sohn, den weiteren Verlauf bestimmt die Abstammung von der Mutter; die Geschwisterehe ist verbreitet. Wesentlich zum Rang Elams in der altorientalischen Geschichte trägt die wirtschaftspolitische Lage bei: Es kontrolliert die Bodenschätze und Hölzer des Zagrosgebirges und weiter östlich gelegener Gebiete (Belutschistan, Afghanistan), die durch Elam nach Mesopotamien importiert werden müssen. Elam profitiert in erster Linie davon, dass das in der Bronzezeit dringend benötigte Zinn über Elam importiert wird. Die Keilschrift Mesopotamiens wird in Elam nachgeahmt oder übernommen. Viele Texte werden auch in Elam sumerisch oder akkadisch geschrieben, elamische Texte datieren vom 23. Jh. v. Chr. bis in die Achaimenidenzeit.

um 4300–3100 v. Chr. Susa wird um 4300 gegründet. In der Phase Susa II (etwa 3800–3100), der späten Uruk-Zeit Mesopotamiens, herrscht starker mesopotamischer Einfluss.

um 3000 v. Chr. Angeregt durch das Vorbild der mesopotamischen Keilschrift wird in Elam in der Phase Susa III die sog. proto-elamische Schrift entwickelt (Susa, Tepe Sialk und Tepe Yahya).

ca. 2320 v. Chr. SARGON von Akkade (2343–2314) erobert Susa und Elam; in Susa ist eine akkadische Garnison stationiert.

23. Jh. v. Chr. NARAM-SIN von Akkade (2291–2236) schließt einen Vertrag mit einem Herrscher von Awan, das älteste altelamische Sprachdenkmal.

um 2200 v. Chr. KUTIK-INSCHUSCHINAK (auch PUZUR-INSCHUSCHINAK), dessen Machtbereich sich bis Babylonien erstreckt, führt in einigen königlichen Inschriften die sog. Strichschrift ein.

21. Jh. v. Chr. Die Schimaschki-Dynastie, eine Ko-Regentschaft von Anschan, Schimaschki und Susa, steht in engem Kontakt mit dem Königshaus von Ur. 2030 ändert sich die Lage, als SCHU-SUEN in den Zagros und gegen Schimaschki zieht.

2024 v. Chr. Susa fällt vom Reich von Ur III ab, anschließend erobert JABRAT (EBARAT) von Schimaschki Susa.

2003 v. Chr. KINDATTU von Schimaschki führt die Elamiter an, die die Reichshauptstadt Ur zerstören.

ca. 1900–1500 v. Chr. Zeit der Sukkalmachs, benannt nach dem in Elam üblichen, eigentlich sumerischen Herrschertitel *sukkalmach* »Großwesir«. Elam übt als Quelle des wichtigen Zinns enormen Einfluss auf Mesopotamien aus, sein Eingreifen beeinflusst die Geschichte in altbabylonischer Zeit entscheidend.

ca. 1500–1100 v. Chr. Mittelelamische Periode, die Blütezeit Elams.

ca. 1400–1200 v. Chr. Die nach dem Usurpator (?) IGICHALKI benannte Igichalkiden-Dynastie ist mit den in Babylonien regierenden Kassiten durch dynastische Heiraten verbunden.

ca. 1340–1300 v. Chr. UNTASCH-NAPIRISCHA hinterlässt ein reiches Erbe an Bauten und Statuen in Susa und gründet Al-Untaschnapirischa (modern Choga Zanbil) in Khusistan mit einer großen Zahl von Heiligtümern, einer dominierenden Zikkurrat und mehreren Großbauten. Die Stadt wird wohl schon von NEBUKADNEZAR I. von Babylon (1126–1104) geplündert.

1158(?) v. Chr. SCHUTRUK-NAHHUNTE, der eine neue dynastische Linie begründet, fällt in Babylonien ein. KUTIR-NAHHUNTE führt den Zug gegen Babylon fort und setzt damit der Kassitendynastie ein Ende. Er zerstört Babylon, führt die Statue Marduks ins Exil nach Elam und bringt zahlreiche mesopotamische Monumente nach Susa. Daher stammen wichtige Denkmäler Mesopotamiens wie der Kodex Hammurabi oder die Naram-Suen-Stele aus den Grabungen in Susa.

um 1150 v. Chr. SCHILCHAK-INSCHUSCHINAK hält Nordbabylonien.

1126–1104 v. Chr. NEBUKADNEZAR I. besiegt Elams HULTELUTUSCH-INSCHUSCHINAK, von dem Funde aus Anschan stammen. Damit endet die seit ca. 1158 regierende Dynastie der »Schutrukiden«.

ca. 1000–539 v. Chr. Neuelamische Periode, dabei ist die Phase Neuelamisch I (ca. 1000–744) weitgehend unbekannt.

744–646 v. Chr. Die Phase Neuelamisch II ist von der Auseinandersetzung mit Assyrien geprägt, wobei außer assyrischen Annalen auch die Babylonische Chronik als Quelle dient. Zunächst nimmt Elam erst mittelbar an den Kämpfen gegen Assur teil, indem es Aramäern, Chaldäern oder Babylon gegen Assyrien Hilfe leistet. 720 unterstützt Elam dann MARDUK-APLA-IDDINA in der Schlacht von Der.

693 v. Chr. Nach der Auslieferung des assyrischen Kronprinzen auf dem babylonischen Thron an Elam greift SANHERIB (704–681) die elamische Königsstadt Madaktu an. In Elam folgen rasche Thronwechsel.

674 v. Chr. Friedensschluss zwischen ASARHADDON von Assyrien (680–669) und URTAK von Elam. ASSURBANIPAL (668–627) unterstützt zunächst Elam in Hungerzeiten.

664 v. Chr. URTAK von Elam greift gegen den Vertrag assyrisches Territorium (Sippar) an. URTAK stirbt und TE'UMMAN (TEPTI-HUBAN-INSCHUSCHINAK) usurpiert den Thron. Die unterlegene Partei der Königsfamilie flieht nach Assyrien.

653 v. Chr. TE'UMMAN stirbt in der Schlacht am Ulai. ASSURBANIPAL setzt den zu ihm geflohenen UMMANIGASCH (II.) als König ein, doch der wendet sich mit SCHAMASCH-SCHUM-UKIN sofort wieder gegen Assyrien (653–652). In rascher Folge wechseln sich verschiedene Herrscher auf dem Thron von Elam ab.

647–646 v. Chr. Beim fünften und entscheidenden Elam-Feldzug ASSURBANIPALS wird die Königsstadt Susa völlig zerstört.

626 v. Chr. NEBUKADNEZAR II. von Babylon gibt von Assyrern aus Uruk geraubte Statuen an Elam zurück.

ca. 600–539 v. Chr. Susa wird wieder besiedelt. In neuelamischen Texten finden sich nun einige persische Namen bzw. Namenselemente. Elam endet als politische Größe im Reich der Achaimeniden, Elamisch erscheint als eine der drei Sprachen der achaimenidischen Königsinschriften und als Sprache der Verwaltungsdokumente von Persepolis.

Der Westen und Nordwesten Irans

Während erste Spuren im Gebiet von Hamadan-Kermanschah auf deutlich ältere Siedlungen hinweisen, werden Kurdistan und Aserbeidschan erst ab dem 6. Jt. v. Chr. besiedelt, wobei eine Konzentration der Fundorte um den Urmiasee auffällt; im Norden, auf der Ostseite des Sees und in Kurdistan, d. h. auf höherem oder gebirgigerem Terrain, sind bis Mitte des 4. Jt.s bislang keine Siedlungen nachweisbar. Als Rohstoffe für Werkzeuge spielen Obsidian, Flint und Knochen eine Rolle; Landwirtschaft und Kleintierzucht sind die vorherrschenden Wirtschaftsformen. Die Frühbronzezeit wird in Nordwestiran durch die **Kura-Araxes-Kultur** bestimmt, für die befestigte Siedlungen und die Entwicklung der Großtierzucht sowie enge Verbindungen nach Ostanatolien und Transkaukasien charakteristisch sind. In der Mittleren Bronzezeit existieren voneinander unabhängige Kulturbereiche, die ebenfalls enge Verbindungen nach Ostanatolien und Transkaukasien bzw. nach Nordmesopotamien haben. Aus den Tälern des Zagrosgebirges brechen seit 2300 immer wieder die kriegerischen Lullubu und um 2200 die Gutäer in das Ost-Tigrisland ein sowie nach 1700 die Kassiten. Eine höhere Kultur hat wohl keine dieser Ethnien besessen.

In der **frühen Eisenzeit** (1450–800) dringt eine neuartige Keramiktradition nach Nordwestiran ein – und mit ihr die Träger dieser Tradition (Iraner?). V. a. die zweite Phase der frühen Eisenzeit ist durch die Existenz befestigter Siedlungen bestimmt, von denen einige (etwa Hasanlu IV/V) sogar als zentrale Orte zu bezeichnen sind. Im Verlauf des 9. Jh.s werden zahlreiche dieser Siedlungen im Zuge der assyrischen (Rohstoff- und Pferdebeschaffung) und der urartäischen Expansion zerstört. Etwas später formiert sich in Kurdistan der Regionalstaat der **Mannäer**. In der zweiten Hälfte des 9. Jh.s werden im Bereich des Urmiasees Festungen im urartäischen Baustil errichtet. Noch nicht geklärt ist, welchen »Völkern« die als Luristanbronzen bekannt gewordenen, überaus zahlreichen, sehr verschiedenen **Bronzeplastiken** aus dem Bereich von Kermanschah-Nehawend zuzuschreiben sind, die sich über eine sehr lange Zeit verteilen.

Für das mittlere Zagrosgebiet **berichten im 9.–7. Jh. assyrische Quellen von Medern**, genauer von medischen »Stadtfürsten« in einer politisch kleinteiligen und fragmentierten Landschaft. Versuche, die in griechischen Zeugnissen, wie z. B. HERODOT (*um 485, †um 424) und KTESIAS (5./4. Jh.), erwähnten medischen Persönlichkeiten (etwa DEIOKES) mit den – assyrisch belegten – Lokalfürsten in Verbindung zu bringen, sind äußerst fragwürdig. Ein »medisches Reich« scheint es nie gegeben zu haben, wohl aber zu bestimmten Zeiten – Ende des 7. Jh.s unter KYAXARES (UMAKISCHTAR) und Mitte des 6. Jh.s unter ASTYAGES (ISCHTUMEGU) – eine gemeinsame militärisch-politische Führung einer medischen Stammeskonföderation (der in babylonischen Zeugnissen mit dem pejorativen Begriff belegten *Ummanmanda*). Die bei HERODOT greifbare Ausdehnung eines Mederreiches weit in den Westen bis zum Halys (Kızılırmak) ist wohl ebenso fiktiv wie die Konzeption einer medischen Oberherrschaft über die Perser. Medische Schriftdenkmäler sind bisher nicht bekannt.

um 614/612 v. Chr. Unter ihrem Anführer KYAXARES **erobern die** mit den Babyloniern verbündeten **Meder** (*Ummanmanda*) **Assur und Ninive**.

um 553 bzw. 550 v. Chr. **ASTYAGES**, der Anführer der Meder, **unterliegt den Persern** unter KYROS I. (†530).

Assyrische Zeugnisse belegen zwischen 720 und 714 Auseinandersetzungen der damals im Lande Gamir (in der Nachbarschaft Urartus) wohnenden (iranischsprachigen?) Kimmerier (Gimirri) mit Urartu. 679 wird der Kimmerer-»König« TEUSCHPA von den Assyrern besiegt. Ebenfalls nach assyrischen Zeugnissen fallen die **Kimmerer wiederholt ins westliche Kleinasien** (um 688 sowie 657 und 644) ein. Beim dritten Kimmerereinfall kommt der Lyderkönig GYGES (ca. 668–644) ums Leben.

Der religiöse Reformator Zarathustra (Zoroaster)

Der Name **SPITAMA ZARATHUSTRA**, dessen Etymologie unklar ist, wird erstmalig in fünf **ritualpoetischen Gesängen** erwähnt, den *Gatha*, dem wohl ältesten iranischen Sprachzeugnis; zumeist wird dabei auch von der Autorschaft ZARATHUSTRAS ausgegangen. Trotz unterschiedlicher philologischer und inhaltlicher Erklärungen dieser Texte steht doch fest, dass sie in besonderer Weise den **Gott Ahura Mazda** (den »weisen Herrn« bzw. »Herrn Weisheit«) rühmen und dabei auch andere religiös-ethische Konzepte vorstellen, z. B. das mit dem Feuer verbundene *ascha*, die göttlich-kosmische Ordnung, der im Rahmen sozialer und ethischer Konflikte die *drudsch* (»Lüge«) entgegensteht. Es gibt bis heute zahlreiche unterschiedliche religions- und sozialhistorische Versuche, den »Sitz im Leben« dieser Texte – und damit auch die Lebenszeit und Wirkungsstätte ZARATHUSTRAS – zu bestimmen. In der **Datierungsfrage** tendieren die meisten Wissenschaftler heutzutage zu dem Zeitraum **um 1000 v.Chr.**; teilweise wird aber auch für die Mitte des 2. Jt.s oder das 7./6. Jh. bzw. die frühe Achaimenidenzeit plädiert. Obgleich die *Gatha* sprachlich sicher ostiranischen Ursprungs sind, gibt es höchst unterschiedliche Versuche einer näheren Eingrenzung ihres Entstehungsgebietes – und damit der Heimat des Stifters. Die *Gatha* gehören zum älteren Teil des sog. *Avesta*, einer Sammlung von »heiligen« zumeist Ritualtexten, die in einer altiranischen Sprache, dem Avestischen, komponiert und in sasanidischer Zeit in einer Spezialschrift niedergeschrieben wurden. In den zahlreicheren sog. jungavestischen Texten (v. a. Hymnen, Gebeten, rituellen Vorschriften) werden viele Gottheiten verehrt, die dem immer noch überragenden Ahura Mazda untergeordnet sind. Wohl im Zuge einer produktiven Weiterentwicklung gathischer Konzeptionen kristallisiert sich nun eine um Ahura Mazda zentrierte Gruppe von sechs göttlichen Wesen (die *amescha spenta*, »wohltätige Unsterbliche«) heraus, die sowohl ethische Tugenden als auch kosmische Elemente repräsentieren. Zugleich nimmt die Lehre stärker dualistische Züge an (etwa dank Ahura Mazdas Gegenspieler Angra Mainyu). Auch bilden sich individuelle und kollektive Eschatologien heraus. In einem jungavestischen Text werden Reinheitsgebote und Reinigungspraktiken behandelt, nicht zuletzt der Umgang mit den die Reinheit bedrohenden Leichen (Gebot der Leichenaussetzung an abgelegenen, felsigen Orten). V. a. in der **Zeit der Achaimeniden**, deren Herrschaftsverständnis stark von avestisch-zoroastrischen Elementen geprägt war, **gelangen die religiösen Praktiken der Zoroastrier weit nach Westen**. Der Zoroastrismus erhält als Religion allerdings erst in sasanidischer Zeit – in Auseinandersetzung mit den universalistisch-missionarischen Bewegungen der Manichäer und Christen – einen offiziellen, von den Königen geförderten »politischen« Status.

Die Perser

Die Ethnogenese der das indogermanische (indoarische) Altpersisch sprechenden Perser ist nicht mit letzter Sicherheit zu klären. Fest steht aber, dass sich ihr politischer und kultureller Aufstieg in einer maßgeblich elamisch bestimmten Umgebung vollzog, in der es zu vielfältigen Formen des Kulturtransfers kam. Aus der berühmten Zylinderinschrift KYROS' II. (559–530) aus Babylon erfahren wir, dass vor ihm sein Vater KAMBYSES I. (KAMBUDSCHIJA; †um 559), sein Großvater KYROS (KURASCH) und der Ahnherr TEISPES (TSCHISCHPISCH) als »König(e) von Anschan« Teile Südwestirans (Fars) kontrollierten. Die Kyroslinie ist damit als die Linie der Teispiden richtig benannt. Dagegen liegen die Anfänge der Linie DAREIOS' I. (522–486), des nach einem Ahnherrn HACHAMANISCH genannten Clans der Achaimeniden, trotz der genealogischen Informationen in DAREIOS' Inschrift aus Bisutun und in HERODOTS *Historien*, im Dunkeln. Für eine medische Oberhoheit über die Persis (Fars) vor 559 v. Chr. spricht, entgegen HERODOTS diesbezüglichem Hinweis, nichts.

559–550 v. Chr. In der militärischen Auseinandersetzung zwischen der medischen Stammeskonföderation unter Führung des ASTYAGES (ISCHTUMEGU) und den Persern unter KYROS II. unterliegen die Meder; KYROS II. erobert die medische Residenz Ekbatana (heute Hamadan, Iran).

540er-Jahre v. Chr. Vermutlich nach einem erfolgreichen Feldzug gegen Urartu wendet sich KYROS gegen das nach Ostanatolien expandierende Lydien, dessen König KROISOS bei der persischen Erstürmung von Sardeis (Westtürkei) ums Leben kommt. Die Griechenstädte Westkleinasiens (außer dem halbautonomen Milet) geraten unter persische Herrschaft.

539 v. Chr. Nach ausgiebiger »ideologischer« Vorbereitung (unter Ausnutzung der Missstimmung in Babylon gegen NABONID, 555–539), aber auch nach militärischen Konflikten im Vorfeld, wird Babylon leicht eingenommen. Durch die darauf folgende Annexion des ganzen Chaldäerreichs bis zur Grenze Ägyptens wird Persien zum Weltreich in damaliger Sicht. In administrativ-fiskalischen Angelegenheiten orientiert KYROS sich an den regionalen traditionellen Mustern.

530 v. Chr. KYROS fällt, nach der Eroberung Ostirans(?), im Kampf gegen die Massageten in der aralischen Steppe. Sein monumentales Grabmal steht noch heute in Pasargadai in Fars, das neben Susa (früher Hauptstadt von Elam) und Babylon Residenz geworden ist. Ein literarisches Denkmal setzt ihm später XENOPHON (*um 430, †nach 355) in seiner an der griechischen Debatte um die ideale Staatsform und den idealen Staatsmann orientierten *Kyroupaideia* (»Erziehung des Kyros«). Auch KYROS' Bezeichnung als »Gesalbter« Gottes in Schriften des Alten Testaments und die dort ebenso überlieferte Genehmigung der Rückkehr der Judäer aus der »babylonischen Gefangenschaft« sowie des (jedoch erst unter DAREIOS begonnenen) Wiederaufbaus des Tempels in Jerusalem sind ursächlich für seinen bis heute guten Leumund.

530–522 v. Chr. Nachfolger wird sein Sohn KAMBYSES II. (†um 522). Er lässt (vermutlich) seinen Bruder BARDIYA (SMERDIS) als möglichen Rivalen um die Herrschaft aus dem Weg räumen.

525 v. Chr. Persische Truppen unter KAMBYSES erobern nach langwierigen und kostenaufwendigen Rüstungen zur See (Schaffung einer persischen Reichsflotte) und zu Lande die Territorien der Seemacht Ägypten. Trotz traditionell-ägyptischen Verhaltens und Unterstützung durch Funktionäre sorgen KAMBYSES' Beschneidungen von Tempeleinkünften für Unmut.

522/1 v. Chr. In Iran erhebt sich der medische Magier GAUMATA (oder der Königsbruder BARDIYA?) und gewinnt Anhänger durch ein Steuer- und Heeresdienstmoratorium. Auf dem Rückmarsch von Ägypten zur

Bekämpfung Gaumatas stirbt Kambyses in Syrien durch ein Unglück, ohne einen Sohn zu hinterlassen. Nach nur siebenmonatiger Herrschaft wird Gaumata von sieben aristokratischen Verschwörern ermordet. Einer von ihnen, der Achaimenide Dareios (522–486), wird zum König bestimmt und begründet damit eine neue Dynastie. Es gelingt ihm, zahlreiche Aufstände gegen sein Regiment niederzuschlagen. Für die altpersische Fassung seines dreisprachigen (altpersisch-elamisch-babylonischen) Tatenberichts am Felsen von Bisutun (nahe Kermanschah, Iran), in dem er die Legalität der Thronübernahme zu begründen sucht, wird zum ersten Mal die neugeschaffene altpersische Keilschrift benutzt (von Georg Friedrich Grotefend und Henry Creswicke Rawlinson unabhängig voneinander entziffert). Die dreisprachigen Inschriften der Achaimenidenkönige ermöglichten später auch die Entzifferung der babylonischen und der elamischen Keilschrift durch Rawlinson und andere Gelehrte um 1850.

519 v. Chr. Dareios bezwingt den Skythenkönig Skuncha.

um 510 v. Chr. Trotz eines erfolglosen Feldzuges gegen die »europäischen« Skythen gelingt die Eroberung Thrakiens. Der Makedonenkönig erkennt vermutlich bereits damals die persische Oberhoheit an. Im Osten wird die Herrschaft bis ins Industal ausgedehnt. Athenische Gesandte vollziehen in einer Zeit der Bedrängnis durch die Spartaner die förmliche Unterwerfung unter den Großkönig (507/6).

Das Reich des Dareios

Sein Reich teilt Dareios in Provinzen unter Satrapen (Statthaltern) auf, die große politische, militärische und wirtschaftliche Vollmachten haben. Den Satrapien (Provinzen) ist – auf Grundlage der festgelegten Erhebungsstandards (Vermessung und Bewertung des steuerpflichtigen Landes) einerseits, der bestimmten Abgabenhöhe und der durchgesetzten regelmäßigen Erhebungen andererseits – ein bestimmtes Tributsoll auferlegt, von dem ein Teil in der Provinz verbleibt, ein Teil (in Edelmetallform) in die Schatzhäuser der Zentren des Reiches geschafft wird. Den Kern des stehenden Heeres bilden die Iraner (darunter als Leibgarde die 10 000 sog. Unsterblichen); aber auch alle anderen Völker sind zur Heeresfolge verpflichtet, wobei die Phöniker, Karer und Griechen die Flotte bemannen. Obgleich in manchem älteren Vorbildern folgend, treiben die Achaimeniden Ausbau, Unterhalt, Pflege, Nutzung und Sicherung von Straßen im Reich voran, die in erster Linie militärischen und Nachrichtenzwecken dienen, durchaus aber auch für den Warenverkehr genutzt werden. Die alten Landessprachen bleiben Verwaltungssprachen, die Verordnungen der königlichen Kanzlei werden aber für große Teile des Reiches aramäisch abgefasst. Unter Dareios wird auch – unter Nutzung assyrischer, babylonischer, urartäischer, ägyptischer und griechischer Vorbilder – mit dem Bau der beiden wichtigsten achaimenidischen Residenzen begonnen, zunächst Susa, dann Persepolis. Das Bildprogramm der Reliefs und die Inschriften im Namen des Königs dort und anderswo (etwa an der Grablege des Königs in Naqsch-i Rustam bei Persepolis) legen beredtes Zeugnis davon ab, wie der »König der Könige« Dareios seine Herrschaft verstanden wissen woll-

Achaimenidenreich

te: als vom Gott Ahura Mazda gegebenes und göttlich unterstütztes, gerechtes Regiment eines vorbildlichen Königs über dankbare loyale Untertanen. Mit dieser Herrscherideologie – und mit seiner konkreten Politik eines Zusammenspiels von gewährter Autonomie und strenger Aufsicht – setzt DAREIOS Maßstäbe, an denen sich alle seine Nachfolger orientieren. Die Herrscher- und Herrschaftsideologie der Achaimeniden bedient sich auf mancherlei Weise einer ins Politische gewendeten avestisch-zoroastrischen ethischen Terminologie. Wie sich der Mazdaismus der Achaimeniden und die Lehre der Zarathustrier dieser Zeit zueinander verhalten, bleibt unklar; eine doktrinäre Religionspolitik ist DAREIOS und seinen Nachfolgern fremd.

500–490 v. Chr. Griechische Poleis an der kleinasiatischen Küste, aber auch Städte in Südwestkleinasien und auf Zypern erheben sich gegen den persischen Oberherrn, werden aber trotz athenischer (und eretrischer) Hilfeleistung besiegt (»Ionischer Aufstand«). Milet wird erobert, die Führungsschicht deportiert.

490 v. Chr. Während MARDONIOS den thrakisch-makedonischen Raum für die Perser zurückgewinnt (492), scheitert ein im Kykladenraum durchaus zunächst erfolgreiches persisches Flottenunternehmen unter DATIS und ARTAPHERNES gegen Athen und Eretria (auf Euboia) letztendlich bei Marathon. DAREIOS stirbt (486) und wird in Naqsch-i Rustam in einem kreuzförmigen Felsengrab bestattet.

486–465 v. Chr. Der von ihm zum Nachfolger bestimmte jüngere Sohn XERXES I. (CHSCHAJARSCHA; †465), der über seinen Vater DAREIOS und seine Mutter ATOSSA, die Tochter KYROS' II., nun beide dynastischen Linien zusammenführt, muss zunächst Aufstände in Ägypten und Babylonien niederschlagen.

480–479 v. Chr. Der große Feldzug gegen Griechenland, der wohl nicht auf eine Provinzialisierung Griechenlands zielte, scheitert trotz anfänglicher Erfolge bei Salamis (480) zur See und Plataiai (479) zu Lande. | s. S. 171 | Eine weitere Erhebung in Babylonien wird niedergeschlagen. Entgegen späterer griechischer Tradition ist der von manchen Untaten freizusprechende XERXES durchaus erfolgreich bei der Sicherung der Reichseinheit und der Festigung der Achaimenidenherrschaft. Er zeichnet sich zudem in besonderer Weise als Bauherr in Persepolis aus. 465 wird XERXES zusammen mit dem Thronfolger DAREIOS ermordet. Mörder bzw. Anstifter zum Mord ist vermutlich der jüngere Sohn ARSES, der als ARTAXERXES I. (ARTACHSCHACA; †424) den Thron besteigt.

465–424 v. Chr. In die Regierungszeit ARTAXERXES' I. fallen die Niederlage am Eurymedon gegen die Mitglieder des »Ersten Athenischen Seebundes«, aber auch die Erfolge in Ägypten (gegen den Heerführer INAROS und Athen) und auf Zypern. 449 stecken der Großkönig und Athen (im Kalliasfrieden) ihre Interessensphären ab. ARTAXERXES entsendet zur Ordnung der Verhältnisse in Judäa NEHEMIA als Statthalter.

423–404 v. Chr. Nach der Ermordung XERXES' II. durch SOGDIANOS (†423) besteigt DAREIOS II. NOTHOS (†405/04) den Thron. Ihm gelingt auf diplomatischem Wege und mit militärischem Druck die Rückgewinnung der kleinasiatischen Küstenstädte (durch Unterstützung Spartas im Peloponnesischen Krieg). Über die Verwaltung und Besitzverhältnisse der Zeit DAREIOS II. und der seines Vorgängers ARTAXERXES' I. unterrichtet ein großes Geschäftsurkundenarchiv der Familie Muraschu aus Nippur in Mittelbabylonien.

404–359 v. Chr. Gegen ARTAXERXES II. (†360), den Sohn des DAREIOS, erhebt sich dessen Bruder KYROS DER JÜNGERE, der aber in der Schlacht von Kunaxa (401) bei Babylon getötet wird. Ägypten geht dem Perserreich verloren. Im »Königsfrieden« (387/86) werden dem König von den Griechen Westkleinasien und Zypern endgültig als Besitz zuerkannt. Satrapenaufstände im Westen scheitern gegen Ende der Regierungszeit dieses durch die Vita PLUTARCHS (*um 46, †um 120) besonders bekannten Großkönigs. In den Königsinschriften tauchen nun neben Ahura Mazda auch die Götternamen Mithra und Anahita auf. Vermutlich unter ARTAXERXES II. wirkt der persische »Schreiber« ESRA in Jerusalem.

359–338 v. Chr. In der Regierungszeit ARTAXERXES' III., des Sohnes von ARTAXERXES II., werden weitere Aufstände in Kleinasien und Phönikien unterdrückt. 343/42 wird Ägypten zurückerobert.

336 v. Chr. Nach der Ermordung des Königs ARTAXERXES III. (338) und kurz darauf auch seines Sohnes und Nachfolgers ARSES gelangt DAREIOS III. (†330), ein anderer Urenkel DAREIOS' II., auf den Thron.

334–330 v. Chr. ALEXANDER DER GROSSE (*356, †323) von Makedonien greift das Perserreich an und erobert nach Siegen am Granikos, bei Issos und Gaugamela den gesamten Westen, das Zweistromland und die iranischen Residenzen. DAREIOS wird 330 auf der Flucht vom Satrapen BESSOS (†329) ermordet. ALEXANDER knüpft in vielem an die Traditionen des Achaimenidenreiches an. | s. S. 199 |

Das persische Erbe

Ihrerseits deutlich von den Traditionen der Vorgängerreiche beeinflusst, verleihen die Perser ihrer Herrschaft doch eine dezidiert persische Note: in der Königtumsideologie, die das Gottesgnadentum der Herrschaft und die *pax achaemenidica* betont, in der durch Gewährung von Lokalautonomie und durch strenge Aufsicht gleichermaßen bestimmten konkreten Politik; in der Verschmelzung fremder kultureller Einflüsse und eigener Traditionen zu etwas Neuem. Obgleich die Perser auf der regionalen und lokalen Ebene in die sprachlichen Verhältnisse nicht eingreifen, nutzen sie doch das Aramäische als eine Art *lingua franca*, um nicht nur eine überregionale Kontaktsprache zu besitzen, sondern diese auch wie eine sprachliche Klammer für das Gesamtreich einzusetzen. Der in der Forschung üblich gewordene Terminus »Reichsaramäisch« für die Sprachstufe jener Zeit und das Fortwirken des Aramäischen zeigen, dass man damit erfolgreich war. Auch im Bereich von Landwirtschaft und Gartenkultur (*Paradeisos*) ist die Verbindung von Tradition und Neuschöpfung, von Autonomie

und Kontrolle zu beobachten: Lokale Anbauweisen leben fort, werden aber durch königliche Maßnahmen im Bereich der Bewässerung und der Einführung neuer Feldfrüchte zugleich gefördert und ergänzt; lokale Besitz-, Abhängigkeits- und Einkommensverhältnisse werden im allgemeinen respektiert, z.T. aber auch durch Landzuweisungen (Güter, Militär-»Lehen«) und zusätzliche Abgaben und Pflichten zugunsten des Königs und seiner Amtsträger modifiziert. Das persische Straßen- und Nachrichtenwesen gilt noch den Römern als vorbildlich. Die meisten Untertanen, von den Ägyptern abgesehen, haben sich im persischen Großreich eingerichtet. Unter dessen Eindruck schufen die Griechen HERODOT und KTESIAS das bis in die Neuzeit virulente und nach ihnen heilsgeschichtlich aufgeladene Schema einer Abfolge von Weltreichen. Dieses persiche Großreich garantiert den Untertanen Schutz nach außen und innen sowie wirtschaftliches Auskommen. An seinen Institutionen und Politikmustern orientieren sich die makedonischen (Seleukiden) ebenso wie die iranischen Nachfolger der Perserkönige (Parther, Sassaniden).
| Forts. S. 325 |

Die Ägäis in der Bronzezeit

Frühe Bronzezeit

Die Einführung und intensive Verwendung der Bronze seit dem Anfang des 3. Jt.s v. Chr. bedeutet für Griechenland den Beginn einer dynamischen Kulturentwicklung. Sie markiert den Anfang der ägäische Bronzezeit bzw. der minoisch-mykenischen Kultur. Die Land- und Weidewirtschaft des griechischen Festlands und der Ägäischen Inseln entwickelt sich dank des Gebrauchs neuer Technologien (besonders des Pfluges), die Bevölkerung vermehrt sich, die Siedlungen vervielfachen sich. Unter den Zentren dieses noch nicht griechischen Griechenlands, hat Lerna eine besondere Bedeutung, eine größere Siedlung in der Argolis (Peloponnes) im Scheitelpunkt des Golfes von Nauplia. Ein repräsentatives Gebäude des Typus der sog. Korridorhäuser und die zahlreichen Spuren einer systematischen Versiegelung von Räumen und Waren zeugen hier für die Entstehung einer komplexeren sozialen Struktur. Die Kykladen erleben in derselben Periode (Mitte des 3. Jt.s v. Chr.) einen frühen kulturellen Höhepunkt, dessen Grundlagen in der Nutzung der reichen Metallvorkommen und der Entwicklung der Schifffahrt zu suchen sind. Als wichtigste Zeugnisse dieses Fortschritts gelten die sog. Kykladenidole und ästhetisch anspruchsvolle Ton- und Steingefäße. Für Kreta ist das 3. Jt. eine Epoche des Keimens kultureller Prozesse mit der Herausbildung einer Elite, deren hervorgehobene soziale Stellung in Grabarchitektur und -beigaben Ausdruck findet. Diese Zeit kultureller Blüte und intensiver Kontakte zwischen den verschiedenen ägäischen Regionen endet im späten 3. Jt. (letzte Phase der Frühen Bronzezeit) durch die Ankunft neuer Einwanderer, die ein Zweig der großen, als Indoeuropäer bezeichneten Völkerschaften sind. Von deren Zerstörungen bleibt nur Kreta verschont, wo die langsame, dafür aber kontinuierliche Entwicklung um die Jahrtausendwende (ca. 2000) in die Errichtung der ersten Paläste gipfelt (Beginn der Altpalastzeit; Mittelminoisch I B im Rahmen der Keramikchronologie).

Das chronologische System der ägäischen Bronzezeit

Die relative Chronologie der Ägäischen Bronzezeit geht auf den Ausgräber des Palastes von Knossos, ARTHUR EVANS zurück, der Anfang des 20. Jh.s ein **dreigeteiltes Chronologiesystem für die minoische Kultur Kretas** einführte. Die drei Hauptperioden dieses Systems (Früh-, Mittel-, Spätminoikum) entsprechen mehr oder weniger den drei wichtigsten Perioden der ägyptischen Kultur (Altes, Mittleres, Neues Reich). Sie sind in jeweils drei Phasen unterteilt, die mit den römischen Zahlen I, II und III bezeichnet wurden. Dieses System wurde später für die relative Datierung der Kulturentwicklung in den **beiden anderen ägäischen Regionen übernommen** (griechisches Festland und Kykladen) und bleibt trotz seines sehr schablonenhaften Charakters bis heute gültig. In einem Versuch, die starre Dreiteilung der evansschen Chronologie an die nicht symmetrisch ablaufenden Phasen der Entwicklung der Kultur anzupassen, hat man die neun Phasen in zwei, drei oder sogar mehr Subphasen unterteilt (z. B. Spätminoisch u. a. in III A1, III A2, III B, III C). Als größtes Problem bleibt dabei die Tatsache, dass die Zäsuren der einzelnen Zeitabschnitte in vielen Fällen mit keinen archäologisch greifbaren Ereignissen (z. B. Zerstörungshorizonten) zusammenfallen und daher beliebig verschoben werden können. Ein alternatives Chronologiesystem für die minoische Kultur nimmt als Grundlage die Baugeschichte der minoischen Paläste und **unterscheidet zwischen Vor-, Alt-, Neu- und Nachpalastzeit**:

Vorpalastzeit Frühminoisch I – Mittelminoisch I A
Altpalastzeit Mittelminoisch I B – Mittelminoisch II
Neupalastzeit Mittelminoisch III – Spätminoisch I B
Nachpalastzeit Spätminoisch II – III C

Auch wenn sich dieses System wohl wegen der zu groben Unterteilung der einzelnen Periode nicht durchgesetzt hat, werden heute seine architektonischen Periodebezeichnungen neben der evansschen Chronologie verwendet.

Die absolute Chronologie wurde für lange Zeit ausschließlich durch die traditionelle historisch-archäologische Methode ermittelt, deren Grundlage die Synchronismen der ägäischen Kulturen mit den besser zu datierenden Kulturen Ägyptens und des Vorderen Orients bildeten (traditionelle oder niedrige Chronologie). Erst seit einiger Zeit werden systematisch naturwissenschaftliche Datierungsmethoden eingesetzt, die für eine wesentlich höhere absolute Datierung einzelner Phasen der ägäischen Kulturen sprechen (neue oder hohe Chronologie). Die **zeitliche Diskrepanz zwischen den beiden Systemen ist in einzelnen Phasen beträchtlich** (über ein Jahrhundert). Dreh- und Angelpunkt der hohen absoluten Chronologie stellt der Vulkanausbruch auf Thera (Santorin) dar, der nach neuen Erkenntnissen in das Jahr 1613 v. Chr. datieren soll.

Mittlere Bronzezeit

Kreta

Die Errichtung der ersten Paläste auf Kreta im frühen 2. Jt. markiert den Beginn einer neuen kulturellen Ära auf der Insel (Altpalastzeit). In Knossos, Phaistos und Mallia tauchen ohne erkennbare Vorläufer ausgedehnte Baukomplexe auf, die für die Herausbildung einer komplexeren Gesellschaftsstruktur sprechen. Die Paläste haben einen großen Zentralhof, um den sich Wohn-, Kult- und Wirtschaftsräume gruppieren. Mit der Entwicklung dieser neuen politischen Institution geht die Einführung der Schrift, die Verbreitung der Siegelpraxis, die Entwicklung des Kunsthandwerks und die Intensivierung der Handelskontakte mit anderen Regionen in der Ägäis und im östlichen Mittelmeer einher. Schrift und Siegelpraxis stehen im Dienste der Palastadministration zu einer effektiven Überwachung und Registrierung diverser verwaltungstechnischer Vorgänge. Auf einheimischen Siegeln, Gefäßen, Steinblöcken, Tonstangen und -tafeln treten bereits kurz vor der Entstehung der ersten Paläste bilderschriftartige Zeichen und echte minoische Hieroglyphen auf. Neben der hieroglyphischen Schrift entwickelt sich in der späteren Altpalastzeit ein zweites Schriftsystem, dessen Zeichen linear abstrahiert sind (Linear A). Beide Schriftsysteme konnten noch nicht entziffert werden. Zu den feinsten kunsthandwerklichen Erzeugnissen dieser Periode gehören die Gefäße der mit bunten pflanzlichen Motiven und Ornamenten verzierten Keramik (sog. Kamares-Gattung), die als Import bis Westsyrien und Ägypten gekommen sind. Als wichtigste Kultorte der kretischen Altpalastzeit gelten die Berghei-

Chronologie der minoischen und mykenischen Kultur

Chronologie (v. Chr.) hohe	niedrige	Kreta		Festland		
3100	3100	früh-minoisch	I	früh-helladisch	I	Beginn der Bronzezeit
2700	2700		II		II	Festland: Korridorhäuser und Siegelpraxis Kreta: oberirdische Tholosgräber und Grabhäuser
2200	2200		III		III	Festland: Zerstörungen, Zuwanderungen aus Kleinasien und dem Balkan
2050	2050	mittel-minoisch	I A/B	mittel-helladisch	I	Kreta: alte Paläste Schrift und Versiegelung, Blüte des Kunsthandwerks (Kamares-Keramik)
1900	1850		II		II	Kreta: Zerstörung der alten Paläste
1800	1700		III		III	Kreta: Errichtung der neuen Paläste
1700	1600	spät-minoisch	I A	spät-helladisch	I	Festland: Schachtgräber von Mykene Beginn der mykenischen Kultur
1600	1500		I B		II A	
1500	1450		II		II B	Kreta: Zerstörung der neuen Paläste (Ausnahme Knossos)
1460	1420		III A1		III A1	Festland: mykenische Burgen und Paläste
1420	1380		III A2		III A2	Kreta: Zerstörung und Wiederaufbau in Knossos
1350	1300		III B		III B	Kreta/Festland: Linear B-Schrift
1200	1200		III C		III C	Ende der mykenischen Palastkultur kurze kulturelle Nachblüte
1060	1060	subminoisch		submykenisch		
1000	1000					

ligtümer (Petsophas, Vrysinas, Piskokephalo, Iuktas). Viele bereits in der Vorpalastzeit errichteten Tholoi (oberirdische Rundgräber) und rechteckige Grabhäuser werden auch jetzt noch als Bestattungsstätten genutzt. Am Ende dieser Zeitstufe (etwa um 1800) werden die Paläste Kretas und viele andere Siedlungen wahrscheinlich durch ein gewaltiges Erdbeben zerstört.

Griechisches Festland

Auf dem griechischen Festland wird Ende des 3. Jt.s v. Chr. die frühhelladische von der mittelhelladischen Kulturstufe abgelöst. An einigen Orten ist eine Besiedlungskontinuität und eine ungebrochene Kulttradition (Architektur, Keramik-, Geräte-, Schmuckformen) feststellbar, doch liegt an den meisten Plätzen zwischen beiden Stufen ein Besiedlungs- und Kulturbruch, sodass eine Einwanderung neuer Bevölkerungsgruppen anzunehmen ist. Verglichen mit dem frühen Höhepunkt der helladischen Kultur in der mittleren Phase der Frühbronzezeit (Frühhelladisch II) handelt es sich bei dieser Periode um eine Zeit kultureller Rezession und langsamer Entwicklung. Die mittelhelladischen Siedlungen enthalten oft Apsishäuser (Korakou, Lerna, Eutresis; alle auf dem Peloponnes), vereinzelt auch Ovalhäuser (Tiryns) aber auch Rechteckhäuser (Asine, Tiryns, Eutresis, alle Peloponnes), dazu Befestigungsmauern (Insel Aigina; Argos, Malthi, beide Peloponnes). Die recht vollständig untersuchte Höhensiedlung von Malthi (150 × 90 m, von 2–5 m dicker Mauer umzogen) aus dem Spätabschnitt der mittelhelladischen Periode zeigt in ihrer Mitte ein sorgfältig gebautes Gebäude mit Kultraum sowie andere Wohn- und Wirtschaftsgebäude. Gräber sind innerhalb und außerhalb der Siedlungen in geschlossenen Friedhöfen zu finden, meist als Einzelbestattung, vereinzelt aber auch in Kammergräbern mit Kollektivbestattung, die häufig in große Grabhügel (v. a. in Argolis und Messenien, Peloponnes) eingebettet sind; Kinder werden gewöhnlich in Pithoi bestattet. Gegen Ende der mittelhelladischen Periode erscheinen erstmalig gebaute Tholoi (Voidokilia). Neben den beiden wesentlichsten Keramikgattungen, der sog. minyschen und der mattbemalten Gattung, sind vereinzelt Geräte und Waffen aus Bronze sowie Edelmetallschmuck bekannt.

Fundorte der minoisch-mykenischen Kulturen

Späte Bronzezeit

Kreta

Unmittelbar nach ihrer Zerstörung, vermutlich durch Erdbeben um 1800 v. Chr., werden die alten Paläste auf der Insel neu errichtet. Der neue Zeitabschnitt, die Neupalastzeit, entspricht den Stufen Mittelminoisch III und Spätminoisch I der minoischen Keramikchronologie. Die neuen Paläste in Knossos, Phaistos und Mallia übertreffen ihre Vorgänger an Größe und Ausstattung. In ihrem Grundtyp (nordsüdlich gerichteter Zentralhof, Repräsentations- und Kulträume, breite Treppen zu den Obergeschossen, in einigen Trakten Untergeschosse als Magazinreihen) führen die jüngeren Paläste die älteren weiter; bemerkenswert sind die in Resten erhaltenen Wandfresken mit Darstellungen von üppiger Vegetation, Tieren, Kulthandlungen und Festen. Ohne örtliche Vorläufer werden in dieser Zeit der Palast von Krato Zakros, der kleinere Palast von Galatas und der Baukomplex von Agia Triada erbaut, weiterhin die als »Villen« oder »Landhäuser« bezeichneten Anlagen von Amnissos, Sklavokampos, Vathypetro, Zominthos u. a. Mehrere Siedlungen (Pseira, Mochlos, Gournia, Palaikastro, Tylissos, Kommos) erleben nun die Zeit ihrer größten Blüte. Erstmals werden in dieser Stufe Felskammergräber mit langem Dromos (Korridor) angelegt (Poros, Isopata). Seltener sind gebaute Anlagen (Isopata, sog. Tempelgrab von Knossos). In hoher Blüte steht Töpferkunst (Meeres- und Florastil), Elfenbeinschnitzerei (Spiegelgriffe, Figuren), die besondere Kontakte mit dem Orient bezeugen, Juwelierhandwerk, Bronzetoreutik (Metallbearbeitung durch Treiben und Ziselieren) und Siegelschneidekunst (goldene Siegelringe mit anspruchsvollen figürlichen Darstellungen). Neben zahlreichen Zeugnissen der Linear A-Schrift, u. a. auf Tontafeln und -gefäßen, Altären, Schmuck und Goldringen, gibt es eine Tonscheibe mit spiralig angeordneten piktografischen Zeichen, die im Gegensatz zu den eingeritzten Zeichen der Schrifttafeln eingestempelt sind (Diskus von Phaistos). Beziehungen mit orientalischen Kulturregionen (Ägypten, Syrien und Palästina, Mesopotamien) bezeugen die Intensivierung der Handelsbeziehungen und die engen diplomatischen Kontakte, in deren Rahmen die Herrscher kostbare Geschenke austauschen (wie den Deckel eines Alabastergefäßes mit dem Namen des Hyksos Chian, Pharao im 16. Jh., aus dem Palast von Knossos). In derselben Periode kommt es auf mehreren südägäische Inseln (Thera [Santorin], Melos [Milos], Keos [Kea], Kythera, Rhodos) zu einer kulturellen Blüte, die unter starkem minoischen Einfluss steht. Bedeutsam ist v. a. die Siedlung Akrotiri auf Thera, die durch Vulkanausbruch verschüttet wird (nach einer neuen dendrochronologischen Datierung 1613 v. Chr.). In den bis zum dritten Stockwerk erhaltenen Häusern der Siedlung sind zahlreiche Fresken in einem ausgezeichneten Erhaltungszustand ans Licht gekommen (u. a. ein narrativer Fries mit Städten, Seeschlacht, Flotte aus großen seetüchtigen Schiffen, Alltags- und Landschaftsszenen, zahlreiche Darstellungen aus dem Kultbereich sowie der Pflanzen- und Tierwelt). Die kretischen Paläste – mit Ausnahme des Palastes von Knossos –, die als »Villen« oder »Landhäuser« bezeichneten vornehmen Bauten sowie viele größere Siedlungen finden am Ende der Spätminoisch I-Stufe ein gewaltsames Ende, dessen Ursachen noch ungeklärt sind. In der Phase nach diesem Zerstörungshorizont bleibt Knossos das unbestrittene kulturelle – und offensichtlich auch einzige politische – Zentrum der Insel. In den Werkstätten des Palastes wird weiterhin Prachtkeramik (sog. Palaststil) gefertigt. Auch mehrere reich mit Waffen, Bronzegefäßen und Importartikeln ausgestatteten Gräbern dieser Stufe aus der Gegend von Knossos lassen erkennen, dass dieser Ort, stärker als zuvor, eine überragende Bedeutung für die gesamte Insel besitzt. Kulturell ist diese Stufe eine Fortsetzung der Spätminoisch I-Stufe; nur einige geringfügige Erscheinungen (z. B. in der Keramik) weisen auf eine Einflussnahme festländisch-griechischer Werkstätten hin. Die starke festländische Präsenz auf der Insel ist spätestens seit Einführung der Linear B-Schrift eindeutig. Diese Schrift, die sich aus der minoischen Linear A entwickelte, wird nun für die Fixierung einer anderen Sprache benutzt, die eine Frühform des Griechischen darstellt. Die Übernahme des neuen Schriftsystems scheint auf eine Herrschaftsübernahme durch festländische Mykener hinzuweisen. Der Zeitpunkt der letzten Zerstörung des Palastes von Knossos ist noch umstritten. Möglicherweise wurde er erst Ende des 13. Jh.s v. Chr. endgültig verlassen.

Griechisches Festland

Die reichen Funde der Schachtgräber von Mykene, in denen Mitglieder einer kriegerischen Elite bestattet waren, markieren auf dem griechischen Festland den Beginn der mykenischen oder späthelladischen Kultur (1600–1200 v. Chr.). In diversen Kulturerscheinungen eine Weiterentwicklung des Mittelhelladischen, kommen die Neuerungen dieser Zeit im bisher unbekannten Reichtum der königlichen Grabausstattungen zum Ausdruck: Die Grabbeigaben umfassen Edelmetallschmuck und -gefäße, Bronze-, Fayence-, Stein- und Tongefäße sowie z. T. mit farbigen Einlagen und Goldgriffen versehene Bronzeschwerter und Helme mit Eberzahnbesatz. Die Pracht dieser Grabbeigaben, das v. a. durch die goldenen Gesichtsmasken unterstrichene Bestreben, die Personalität des Toten zu bewahren, und die Monumentalität der die Stätte des Totenkultes kennzeichnenden Stele (mit Reliefdarstellung des »heroisierten« Grabherrn auf Streitwagen) werden ergänzt durch neue, aufblühende Handwerkszweige (Edelmetall- und Bronzetoreutik, Steinglyptik, Bronzeguss von Stichschwertern und Tüllenlanzenspitzen). In alldem spiegelt sich eine zu Macht und Reichtum gekommene soziale Oberschicht, die auf Grundlage heimischer Tradition durch wirtschaftliche, kulturelle und politische Kontakte mit Kreta und außerägäischen Regionen die frühmykenische Kultur entstehen lässt. Die explosionsartige Entwicklung des mykenischen Kunsthandwerks ist ohne einen tief greifenden Einfluss der minoischen Kultur undenkbar.

Auf die frühmykenische Phase folgt im 16./15. Jh. die mittelmykenische und vom 14. Jh. an die spätmykenische. Die durch bestimmte Keramiken gekennzeichnete Stufe Mykenisch III A2 kann durch zahlreiche Keramikfunde im ägyptischen Amarna mit der Regierungszeit Amenophis IV. (1353–1336) und seinem unmittelbaren Nachfolger, Mykenisch III B mit der Regierungszeit von Ramses II. (1279–1213) synchronisiert werden. Erst in der spätmykenischen Phase sind Palastanlagen archäologisch greifbar. Zu den mykenischen Palästen (v. a. Mykene, Tiryns, Pylos) gehören als königliche Grabstätten unterirdisch angelegte, kragkuppelgewölbte Tholoi (auch Peristeria, Vaphio, Kakovatos, Orchomenos, alle Peloponnes; Marathon), die sowohl in ihrer Architektur als auch im Reichtum ihrer Beigabenausstattung alle anderen Grabanlagen dieser Zeit überragen. Neben den Tholoi gibt es zahlreiche, kleine und weniger monumental wirkende Felskammergräber mit einfacherer Architektur. In ihrer Beigabenausstattung stehen sie in einigen Fällen den königlichen Tholosgräbern kaum nach (ebenfalls kostbares Edelmetallgeschirr, kunstvoller Edelmetallschmuck, Eberzahnhelme, Bronzepanzer, Streitwagen, Prachtschwerter und künstlerisch hervorragende Steinsiegel); in ihen werden offensichtlich großenteils Angehörige der bevorzugten Aristokratie begraben.

Nach dem Zusammenbruch der kretischen Palastkultur übernehmen die Mykener die Rolle der Minoer als führende ägäische Macht und ebenbürtige Partner der orientalischen Staaten. Die aktive Teilnahme der Mykener im internationalen Netz der Geschenkdiplomatie ist durch Briefe im Archiv der hethitischen Hauptstadt Hattusa belegt. Die Massen mykenischer Keramik an levantinischen und z. T. auch ägyptischen Fundorten belegen den Anschluss mykenischer Zentren an den intensiven maritimen Handel im östlichen Mittelmeer. Diese enge Berührung auf politischer und wirtschaftlicher Ebene setzt sicherlich eine gewisse Kompatibilität in den Institutionsformen voraus: Den Motor des vielfältigen kulturellen Austausches bilden auf beiden Seiten die mächtigen Palastzentren, die nicht nur die dominanten politischen Instanzen, sondern auch die größten wirtschaftlichen Unternehmer in ihrer Region waren. | Forts. S. 151 |

Troia

In den archäologischen und epigrafischen Quellen zur mykenischen Palastkultur gibt es keine Hinweise auf die Historizität des trojanischen Krieges. Troia war wegen seiner günstigen geografischen Lage an einer der ägäischen Haupthandelsrouten ein zweifellos bedeutendes Zentrum der Späten Bronzezeit. Die politischen Spannungen zwischen Mykenern und Hethitern für die Kontrolle der westkleinasiatischen Küstenregionen, die im hethitischen Keilschriftarchiv von Hattusa dokumentiert sind, zeigen den ständigen Drang beider Seiten, iihren Einflussbereich auszudehnen. Eine mykenische Schiffsexpedition zur Unterwerfung eines wichtigen Handelszentrums an der westkleinasiatischen Küste wäre unter diesen konkreten historischen Umständen ein durchaus plausibles Szenario. Dass es eine solche Expedition kurz vor dem Ende der mykenischen Palastzeit oder nach dem Zusammenbruch der mykenischen Paläste stattgefunden hat, lässt sich allerdings nicht nachweisen. | s. S. 124 |

Das System der mykenischen Paläste ist einen gewaltsamer Eingriff in die Lebens- und Wirtschaftsweise der für ihre Subsistenz produzierenden agrarischen Bevölkerung. Letztere werden in das Palastsystem eingegliedert und im Rahmen diverser Abgabe- und Frondienstpflichten systematisch ausgebeutet. Zwischen herrschender Elite und Untertanen sind daher von Beginn an ein Konflikt angelegt, der im Laufe der Zeit und angesichts der zunehmend zentralistischen Tendenzen des Palaststaates Grund für soziale Unruhen bietet. Der kurze zeitliche Abstand zwischen der Erweiterung der Burgen von Mykene und Tiryns (um 1250) und ihrer endgültigen Zerstörung (um 1200), kann ein Hinweis auf die Instabilität des politischen Systems sein, wenn man bedenkt, dass diese Projekte nur durch massive Unterdrückung der abhängigen Bevölkerung realisiert werden konnten. In den Denkmälern, die nach traditioneller Absicht als Glanzleistungen der mykenischen Hochkultur gefeiert werden, keimte vielleicht ein unaufhaltsamer Verfallsprozess, der langsam das endgültige Ende dieser Palastzentren herbeiführte.

Die spätmykenische Kultur, die sich bis Thessalien im Norden erstreckt, erlebt um 1200 v. Chr. in vielen Landesteilen Zerstörungen von Siedlungen, Burgen und Friedhöfen sowie Veränderungen im kulturellen Erscheinungsbild; dazu gehören Spuren (handgemachte Keramik u. ä.) neuer Bevölkerungsgruppen aus Nordwestgriechenland. An etlichen Orten endet die Besiedlung mit (Prosymna, Berbati, Lerna, Sparta, alle Peloponnes; Eutresis, Orchomenos, Gla, alle Böotien); andere Orte werden nach den Zerstörungen wieder aufgebaut (Mykene, Tiryns, Midea, alle Peloponnes). Verschiedene Kulturerscheinungen, die eng mit der Palastinstitution verknüpft waren (Schrift, Siegel, verschiedene Zweige des Kunsthandwerks), finden ein abruptes Ende. Trotz dieser dramatischen Zäsur ist die nun einsetzende letzte mykenische Kulturstufe (Mykenisch IIIC, 12. Jh.) im Hinblick auf Siedlungsverhältnisse, Bewaffnung, gewisse Schmuckformen, bemalte Drehscheibenkeramik, Grabformen (Felskammergräber) und Bestattungssitten eine kontinuierliche Weiterführung der vorangehenden Kultur. Für viele Orte an der »Peripherie« und v. a. für die Küstensiedlungen ist das 12. Jh. sogar eine Periode, in der mehrere Handwerkzweige aufblühen. Das Ende der Palastgesellschaft hat auf das Leben der einfachen Bevölkerung auch positive Auswirkungen. Sie ist Auslöser langwieriger sozialer Prozesse, an deren Ende die Entstehung der griechischen Polis steht. Das Machtvakuum, das nach dem Zusammenbruch der Paläste und der Vertreibung der hierin residierenden Eliten entsteht, nutzen lokale Potentanten oder einflussreiche Familien, die eine neue Führungsschicht bilden. Diese Personen übernehmen den früheren Beamtentitel des *qa-si-re-u* (*basileus*), der in den Linear B-Archiven ein eher zweitrangiges Mitglied der Palastadministration bezeichnete. Die mykenische Bezeichnung für den König wa-na-ka (*wanax*), wie auch alle anderen mykenischen Beamtentitel, geraten dagegen in Vergessenheit. Das Bestreben der neuen Führungsschicht, die kulturelle Tradition der palatialen Eliten fortzusetzen, ist in der materiellen Kultur deutlich, wenn sich auch im allgemeinen eine unaufhaltsame Entwicklung zum Einfacheren und Geringerwertigen erkennen lässt. Die kulturellen Kontakte, v. a. mit Kreta und dem Vorderen Orient, werden zwar fortgesetzt, erlangen allerdings nie wieder ihre einstige Intensität und Vielfalt.

Diese Periode einer kurzen kulturellen Nachblüte endet im frühen 11. Jh. v. Chr. Die zeitlich anschließende Kulturstufe, die kurz vor 1050 beginnt, wird als submykenisch (auf Kreta: subminoisch) bezeichnet. Zwar steht die bemalte Drehscheibenkeramik typologisch und technologisch in der Tradition der vorherigen Kultur und auch sonst gibt es Hinweise auf ein weitergeführtes kulturelles Erbe (auf Kreta auch in religionskundlicher Hinsicht), doch dominiert in den Siedlungsverhältnissen, Grabformen und meisten Schmuck- und Waffenformen das neue Erscheinungsbild: Die Ansiedlungen finden sich meist an anderen Plätzen als zuvor; falls jedoch die submykenische Stufe am alten Ort auftritt, wird die alte Bebauung nicht fortgeführt; als Grabform ist das Flachgrab mit Körperbestattung, zuweilen mit Plattenschutz (Athen-Kerameikos, Tiryns) vorherrschend, daneben sind Urnengräber zu finden (die alten Familiengrüfte der Felskammergräber werden nicht weiter belegt; Ausnahme: Argos). Zur Waffenherstellung wird ganz vereinzelt Eisen verwendet. Auf Kreta werden in dieser Zeit an schwer zugänglichen Orten Fluchtsiedlungen gegründet, die von einer Periode sozialer Unsicherheit zeugen. In mehreren dieser Siedlungen (Karphi, Vrokastro, Kephala) kamen Kulträume mit Idolen, die die minoische Tradition fortsetzen, zutage.

Frühe Hochkulturen in Süd- und Ostasien

Asien umfasst ohne die Gebiete des Vorderen Orients über ein Viertel der Erdoberfläche, wird aber trotz der dünnen Besiedlung der Weiten Zentral- und Nordasiens nahezu von der Hälfte der Menschheit bewohnt. Die Geschichte dieses Großraumes wird seit frühester Zeit von der Gegensätzlichkeit zweier extrem unterschiedlicher landschaftlicher und klimatischer Zonen, den semiariden Steppen Zentralasiens und den großen Flusslandschaften der Monsungebiete (*Monsoon Asia*) Süd-, Südost- und Ostasiens, bestimmt. Zentren frühstaatlich-urbaner Entwicklung sind im Altertum die Flusslandschaften Süd- und Ostasiens. Die Geschichte des asiatischen Großraumes wird jedoch nicht minder von der Dynamik bestimmt, die von den Steppenvölkern Zentralasiens ausgeht, von ihren Migrationen (z.B. Indoeuropäer) und kurzlebigen Großreichsbildungen (z.B. Hunnen und im Mittelalter Turkvölker und Mongolen).

Die einzelnen Großregionen Asiens werden seit dem späten 2. Jt v. Chr. jedoch auch durch die Dynamik eigener, ethnischer und insbesondere kultureller Nord-Süd-Expansionen geprägt: In Südasien breitet sich die vedisch-brahmanischen Kultur der indoeuropäischen Einwanderer vom Nordwesten des Subkontinents bis zu dessen Südspitze aus, die nordchinesische Kultur durchdringt schrittweise seit der Shang-Zeit im späten 2. Jt den chinesischen Großraum und v. a. breitet sich das »Han-Chinesentums« seit Ende des 1. Jt.s v. Chr. aus. Die Geschichte Südostasiens ist ebenfalls stark von ethnischen Nord-Süd-Migrationen geprägt, zu denen jene der Tibeto-Birmanen, Thai-Siamesen, Vietnamesen und v. a. der Malayen zählen, die sich in der vermutlich großflächigsten vormodernen »Völkerwanderung« sogar bis Polynesien und nach Madagaskar ausbreiten.

Ein weiterer wichtiger Faktor der Geschichte Eurasiens sind die Seidenstraße Zentralasiens und der Indische Ozean, der zu Recht auch als maritime Seidenstraße bezeichnet wird. Über diese Wege spielen sich seit dem Altertum die fruchtbaren transkulturellen Beziehungen zwischen seinen Großregionen ab, v. a. die Ausbreitung der asiatischen Weltreligionen des Buddhismus und (im Mittelalter) des Islams.

Den beiden frühen Hochkulturen Süd- und Ostasiens am Indus und Huanghe ging eine Entwicklung über mehrere Jahrtausende voraus, die alle Merkmale des Neolithikums von der Sesshaftwerdung bis zu frühurbanen Siedlungen mit deutlich erkennbarer sozialer Stratifizierung aufweist, eine indigene Entwicklung, die nahtlos in die Harappa-Kultur des Industals und die Shang-Dynastie am Huanghe einmündet. Anders als die beiden Hochkulturen des Vorderen Orients beeinflussen sich jene Asiens jedoch nicht gegenseitig. Das Reich der Shan entsteht nach dem Untergang der Indusstädte um 1700 v. Chr. Merkmal der Industalstädte ist ihre einmalige Städteplanung und Kanalisation, während die Shang-Kultur durch ihre zu der Zeit einzigartigen Bronzen besticht. Beide Kulturen entwickeln eigene Schriftsysteme. Während jene des Industales noch nicht entziffert ist, ging aus der Schrift der Orakelknochen der Shang-Zeit die heutige chinesische Schrift hervor. Festländisch Südostasien, das *India extra Gangem* der klassischen Autoren, weist seit dem 3. Jt. ebenfalls eine Entwicklung auf, die dann im 1. Jt. v. Chr. v. a. in Thailand eine deutliche Siedlungshierarchie erkennen lässt, aus der dann seit dem frühen 1. Jt. n. Chr. unter starkem indischem Einfluss die frühen Königreiche Südostasiens hervorgehen.

Die historische Entwicklung Chinas weist seit der frühen Hochkultur der Shang-Zeit trotz einer Abfolge von Großreichbildungen und regionaler Staatlichkeit eine starke politische und kulturelle Kontinuität auf. Südasien scheint dagegen durch den Untergang der hochentwickelten, urbanen Induskultur im frühen 2. Jt v. Chr. und die aus der indoeuropäischen Einwanderung hervorgegangenen vedischen Dorfkultur Nordindiens zunächst von einem starken ethnischen und kulturellen Bruch gekennzeichnet zu sein. Neuere archäologische Forschungen lassen dagegen starke kulturelle Einflüsse der Induskultur v. a. auf die Entwicklung des späteren Hinduismus erkennen.

Wichtig für die Geschichte und Kultur Südasiens und im weiteren Sinne auch Asiens ist es, dass Nordindien seit ca. 700 v. Chr. einen Prozess frühstaatlicher Entwicklung und Urbanisierung durchläuft, aus dem im 5. Jh. gegen den Opferritualismus der Brahmanen die Heilslehre des BUDDHA hervorgeht, die sich in den folgenden Jahrhunderten als erste asiatische Religion über weite Teile Zentral-, Ost- und Südostasien ausbreitet. Da in dieser Zeit in den Lehren des KONFUZIUS und LAOZI auch in China ebenso wie in Griechenland, Israel und Persien rationale Lehren transzendentaler Visionen entstanden, sprach KARL JASPERS von der »Achsenzeit«.

Das Römische Reich und das Reich der Han-Dynastie verbinden die beiden Außenpole des eurasiatischen Kontinents in den Jahrhunderten um Christi Geburt in einer anderen Art von Achsenzeit. Zusammen mit dem Maurya-Reich (ca. 320–185) als erster gesamtindischer Staat ist diese Zeit von drei Großreichen mit einer hoch entwickelten staatlichen Rationalität und Bürokratie gekennzeichnet. Davon zeugen u. a. in Indien das politische Lehrbuch des Arthasastra und die konfuzianische Staatsideologie in China.

Nachdem HERODOT und der Indienzug ALEXANDERS den Blick des Abendlandes nach Asien geöffnet hatte, wurden in den Jahrhunderten um die Zeitenwende erstmals Anzeichen einer eurasiatischen Ökumene erkennbar. Fast gleichzeitig, als Apostel THOMAS in Indien missioniert haben soll, erreichet die Lehre BUDDHAS China, stoßen chinesische Schiffe bis Südindien vor und empfängt Kaiser AUGUSTUS Botschafter südasiatischer Könige. Mit seiner Eroberung Ägyptens setzt über das Rote Meer ein reger Seehandel mit Indien ein, durch den große Mengen römischer Goldmünzen nach Südindien und Seide nach Rom gelangen, und mit dem Vordringen Han-Chinas nach Zentralasien wird auch die Seidenstraße erstmals eine historische Realität. In dieser Zeit sind auch indische Einflüsse in Südostasien, zunächst v. a. in Form des Buddhismus, verstärkt nachweisbar.

Als Höhepunkt der Geschichte des chinesischen Altertums gilt die fast vierhundertjährige Herrschaft der Han-Dynastie, obschon die vorangegangenen Jahrhunderte der östlichen Zhou-Zeit für die Entwicklung der chinesischen Kultur von ungleich größerer Bedeutung waren. Der bedeutendste Herrscher des frühen Indiens ist ohne Zweifel Kaiser ASHOKA, unter dem das Maurya-Reich seinen Höhepunkt findet. Er erhebt den Buddhismus zu einer Art Staatsreligion und entsendet, wohl erstmalig im Altertum, Missionare in Gebiete, die weit außerhalb der eigenen Reichsgrenzen liegen, wie Sri Lanka, Birma und Länder des Mittelmeers. Als Höhepunkt des klassischen Altertums Indiens gilt aber das nordindische Gupta-Reich, in dem sich im 5. und frühen 6. Jh. n. Chr. eine Kanonisierung der nordindischen Kultur und deren Ausbreitung nach Südindien vollzieht. In dieser Zeit florierenden Seehandels zwischen Indien, Südostasien und China entstehen die frühen »indisierten« Fürstentümer und Kleinkönigreiche Südostasiens, unter denen im 5. und frühen 6. Jh. besonders Funan im heutigen Kambodscha hervorragt.

China bis zum Ende der zweiten Reichsteilung

Das heutige China, am Ostrand des eurasischen Kontinents gelegen, nimmt den größten Teil Ostasiens ein. China ist von einer landschaftlichen Vielgestaltigkeit und von klimatologischen Unterschieden gekennzeichnet. Im Südwesten bedeckt tropische und subtropische Vegetation unwegsame Mittelgebirgszüge mit tief eingeschnittenen Tälern, nach Westen erheben sich hohe Gebirgsketten (Himalaja, Kunlun, Tianshan, Altai), die von Hochplateaus (Tibet, Qinghai) und Wüstenbecken (Turfan, Tarim, Gobi) durchbrochen werden und in die Steppen- und Waldgebiete des Nordens und Nordostens übergehen. Mit Ausnahme der gebirgigen Halbinseln Liaodong und Shandong besteht die flache Küste nördlich der Mündung des Yangzi Jiang (Jangtsekiang) aus Schwemmland, dagegen ist der südliche Küstenabschnitt steil, tief ins Land eingeschnitten und von zahlreichen vorgelagerten Inseln geprägt. Diese natürlichen Grenzen umschließen das eigentliche historische Siedlungsgebiet der Chinesen, das **»chinesische Kernland«** oder die »Achtzehn Provinzen« der späteren Kaiserzeit. Es hat vornehmlich Mittelgebirgscharakter (nur etwa 10 % des gesamten Territoriums liegen unter 500 m) und gliedert sich durch die West-Ost-Linie Qinlinggebirge, Huai-Fluss und Huai-Mündung in zwei Produktionslandschaften. Im subtropischen Süden (Yangzi-Tal und südchinesisches Bergland) mit seinen Roterde- und Rotsandsteinböden überwiegt Nassfeldbau (Reis). Der gemäßigte Norden (Ebene des Huanghe [Hwangho] und das von ihm entwässerte Bergland) ist der ursprüngliche Lebensraum der frühgeschichtlichen Chinesen; seine fruchtbaren Lössböden erlauben den Trockenfeldbau von Hirse, Gerste und Weizen.

In diesem Raum lebt bereits vor 500 000 Jahren der Homo erectus (Fundstätte Zhoukoutian bei Peking), aus späterer Zeit (ca. 25 000–20 000 v. Chr.) sind paläolithische Siedlungsschichten im Ordos-Bogen nachweisbar.

Am Ende der Eiszeit werden um 9000 v. Chr. die Jäger- und Sammlerkulturen sesshaft, zwischen 9000–7000 v. Chr. entstehen ersten Ackerbaugemeinschaften. Im Süden Chinas entwickeln sich vier geografisch voneinander isolierte »Kulturen«: Baozitou (Nanning), Zengpiyan (Guilin), Xianrendong (Wannian) und Wengyuan (Nord-Guangdong). Im Norden unterscheidet man im 7. Jt. vier »Kulturen«: Cishan in Süd-Heibei, Peiligang in Henan, eine Gruppe von mindestens sieben Fundorten im Wie-Tal (Osten von Shaanxi und Gansu) sowie Lijiacun (Südshaanxi). Sowohl im Norden wie auch im Süden werden um 8000 v. Chr. Keramiken hergestellt, erste Pflanzen (Hirse, Reis) angebaut und Tiere (Hund, Rind, Schwein) domestiziert.

Da die Ackerböden aufgrund von Brandrodung nach wenigen Jahren ausgelaugt sind, werden die Dörfer während des mittleren Neolithikums (5000–3000) zunächst aufgegeben und erst nach mehreren Jahren wiederbesiedelt. Noch scheint die Gesellschaft egalitär strukturiert zu sein. Das späte Neolithikum (3000–2000) ist durch eine aus mehreren gleichzeitig existierenden Zentren weit gespannte Matrix gekennzeichnet und beschränkt sich keineswegs auf die von der chinesischen Wissenschaft und westlichen Sinologie hervorgehobenen Kulturen des Shang- und Zhou-Königtums.

Frühe Kulturen und vorkaiserliche Dynastien (ca. 2500 v. Chr. – 221 v. Chr.)

Mit Beginn des 3. Jt.s v. Chr. treten Gruppen auf (**Yangshao- und Longshan-Kultur**), die in wesentlichen ethnischen und kulturellen Merkmalen als unmittelbare Vorläufer der historischen Chinesen gelten.

Unter der Shang- und Zhou-Dynastie dehnt sich der Siedlungsbereich der Ackerbau treibenden Chinesen von der mittleren Huanghe-Ebene nach allen Richtungen aus, bis er um Christi Geburt das chinesische Kernland (mit Ausnahme einiger Gebiete im Süden) umfasst. Diese kolonisatorische Durchdringung ist geprägt von der Auseinandersetzung mit »barbarischen« Stämmen – also Stämmen von anderer Lebensweise –, die integriert oder in langwierigen Kämpfen in die für Ackerbau ungeeigneten Steppen- und Berggebiete abgedrängt werden.

Die vom Ende der Zhou-Zeit überlieferten Ursprungsmythen, lassen die chinesische Geschichte mit einer Reihe **legendärer Kulturheroen** (um 2500) beginnen, auf die Erfindungen wesentlicher Kulturgüter und Gesellschaftsinstitutionen zurückgehen: der »Ochsenzähmer« Fu Xi (Jagd, Schrift), der »Göttliche Bauer« Shen Nong (Ackerbau, Pflug, Märkte) und der »Gelbe Fürst« Huang Di (Boot, Pfeil, Karren, Seidenfaden, Töpferkunst, Feuerbohrer); der »Flüssebändiger« Yu ist der Begründer der ersten, legendären Xia-Dynastie (2205–1766 traditionell). Mitte des 1. Jt.s v. Chr. werden die geistigen Grundlagen der chinesischen Zivilisation gelegt. Die damals formulierten Werte und Normen bleiben in großen Teilen bis zum Ende der Kaiserzeit gültig.

um 2500–2000 v. Chr. Ausgrabungen lassen zwei unterschiedliche spätneolithische Bauernkulturen erkennen, die nach ihren Hauptfundorten benannt sind: Von der **Yangshao-Kultur** (Provinzen Henan, Shanxi, Shaanxi, Gansu) sind größere Dörfer bekannt. Die Menschen sind Jäger, Viehzüchter und Bauern sowie geübte Zimmerer und Weber. Ihre Keramik ist hoch entwickelt, bunt bemalt und mit großer Variationsbreite. Erst für Ende des 3. Jt.s ist die **Longshan-Kultur** (Provinzen Henan, Shandong, Jiangsu, Anhui) mit schwarzer, einfarbiger Keramik belegt. In der Spätzeit dieser Kultur werden Schafe und Rinder gezüchtet.

Beginn 2. Jt. v. Chr. Im Überlagerungsbereich der beiden Kulturen (Nordost-Henan) bildet sich eine Übergangskultur (Xiaotun) mit vorherrschend grauer Keramik, die unmittelbar in die Hochkultur der **Shang-Dynastie** überleitet. Die komplexere Bronzekultur ist gekennzeichnet durch eine Stadtkultur mit wechselnden Hauptstädten, einem relativ kleinen Herrschaftsbereich mit starker Ausstrahlung (bis in das Yangzi-Tal, die Küste, die heutigen Provinzen Hebei und Shaanxi) und einer stabilen politisch-religiösen Hierarchie, eigene Schrift (Orakelknochen), Metallverarbeitung sowie der Domestizierung des Pferds. Die soziale Schichtung zeigt feudalistische Züge: Brudererbfolge der Könige, bedeutender Kriegsadel (ausgeprägte Kultur von Bronzewaffen und -rüstungen) und spezialisierte Handwerker (glasierte, weiße Keramik, hoch entwickelte Steinschnitzereien in Jade, Marmor und Bein, Palastanlagen aus Holz, Bronzeindustrie).

ca. 1570–1045 v. Chr. Blütezeit und Spätphase der Shang-Kultur, von der **erstmals schriftliche Quellen** vorliegen. Das politisch-religiöse Weltbild ist konzentriert auf den König und seine priesterliche Funktion bei der Verehrung der »obersten Gottheit« (*Shangdi*) und der göttlichen Ahnen. Es gibt eine reiche Grabkultur mit Menschen und Tieren als Begleitopfer, auf Orakelknochen erscheint eine ausgebildete **logografische Zeichenschrift** (mit einem Symbol für jedes Wort) und ein Mondkalender findet Anwendung. In der Kunst zeigen sich vornehmlich Jagd- und Tiermotive.
Mittels Hackbau und mit primitiven Pflügen wird Hirse (weniger Weizen und Reis) angebaut, an Haustieren kommen Ziegen und Geflügel hinzu.
Zahlreiche Kriegszüge gegen Nachbarvölker (Truppenstärke ca. 3000–5000 Mann) sind nachgewiesen.

um 1045 v. Chr. Die Shang werden von den Zhou gestürzt, einem Vasallenstamm, der im Shaanxi-Becken siedelt. Er ist von den kulturellen Traditionen der neolithischen Nomadenkulturen des Nordwestens beeinflusst und absorbiert die materielle Kultur der Shang. König Wen (*1099, †1050), der »Markgraf des Westens«, erobert den Großteil des Shang-Territoriums, sein Sohn, König Wu (†1043), schlägt den letzten Shang-Herrscher in der Ebene von Mu. Er legitimiert seinen Treuebruch mit der Verworfenheit der Shang, deren »himmlisches Mandat« deshalb den Zhou übertragen wird. Diese Begründung gilt paradigmatisch für alle folgenden Dynastiewechsel.
Aus dieser Zeit sind viele Texte überliefert, die z. T. im späteren Klassiker »Buch der Urkunden« (*Shujing*) enthalten sind. 305 Gedichte werden im »Buch der Lieder« (*Shijing*) gesammelt. Außerdem gibt es Hunderte von Inschriften auf Sakralbronzen.

um 1045–771 v. Chr. Die ersten Jahrhunderte der **Westlichen Zhou-Zeit** sind stabil: Die Dynastie hat eine starke Hausmacht durch Familienbelehnungen; v. a. im Süden werden neue Gebiete durch Garnisonsgründungen und agrarische Erschließung gewonnen. Der höhere Adel ist durch patrilineare oder angeheiratete Verwandtschaft miteinander verbunden. Von den 800 Feudalherren spielen etwa 25 politisch eine Rolle.
Wichtige religiöse Vorstellungen verändern sich: Die Zahl der Menschenopfer bei Begräbnissen nimmt ab, das »Buch der Wandlungen« (Interpretation von Hexagrammen) wird bedeutsam und der Begriff »Himmel« als moralische Macht des Kosmos eingeführt.
In den Grenzgebieten des Zhou-Reichs und zwischen den Zhou-Territorien leben »Barbarenvölker«. Die Zhou beschreiben sie als Yi (Shandong), Man (Yangzi-Tal), Di (Norden) und Rong (Shaanxi). Im Süden entstehen die Staaten Chu, Wu und Yue. Zum Ende der Zhou-Dynastie reiben Bündnisse von Rong-Stämmen und Zhou-Vasallen die Zhou-Macht auf und der Zhou-König wird ermordet.

771 v. Chr. Nach Brandschatzung der Hauptstadt muss diese aus dem Wei-Tal (Provinzen Gansu und Shaanxi) nach Osten, an den Ort des heutigen Luoyang (Henan), verlegt werden.

771–256 v. Chr. **Östliche Zhou-Zeit**: Die Herrschaft der Zhou-Könige ist nur mehr nominell und beschränkt sich auf die königliche Domäne im Umkreis von Luoyang. Deren Überleben ist dem prekären Gleichgewicht der erstarkten ehemaligen Lehnstaaten geschuldet, die sich gegenseitig neutralisieren.

722–481 v. Chr. **»Frühling- und Herbst-Periode«** (*Chunqiu*): Unter dem Druck des Südstaates Chu, der sich seit dem 8. Jh. den Titel »König« (*wang*) anmaßt, und durch Barbareneinfälle im Norden schließen die »Mittelstaaten« in der chinesischen Zentralebene 681 eine Allianz mit dem Herrscher des mächtigen Oststaates Qi, Herzog Huan (685–643), der Hegemon (*ba*) wird. Die Randstaaten erstarken in der Folge und können nach außen expandieren. Die traditionellen feudalistischen Strukturen werden zugunsten einer effizienten Verwaltungsorganisation aufgegeben. Die ursprünglich über 1000 Kleinstaaten und Lehen werden von den großen Nachbarn annektiert, bis nur noch sieben Großstaaten übrig bleiben.

453–221 v. Chr. Heftige Kämpfe und Allianzsysteme bestimmen die **»Periode der Streitenden Reiche«** (*Zhanguo*). In dieser Zeit findet der allmähliche Übergang von Bronze- zu Eisengeräten und vom Brandrodungsbau zur intensiven Bodennutzung durch Mehrfachfelderwirtschaft statt. Weiterhin werden anpassungsfähige Getreidesorten (Reis, Weizen) gezüchtet sowie Entwässerungs- und Bewässerungstechniken entwickelt. Das Transport- und Handelswesen zur Versorgung der Städte nimmt einen Aufschwung. Die durch mächtige Erdwälle geschützten Städte dienen als Regierungssitze. Innerhalb der Mauern liegen die Paläste und Ahnentempel des Herrschers und anderer Adliger. Handwerker, Kaufleute und Bauern leben außerhalb der inneren Mauern – oftmals geschützt durch einen äußeren Wall.

Die geistige Blüte der Östlichen Zhou-Zeit

In den politischen Wirren seit dem 7. Jh. v. Chr. bildet sich eine neue intellektuelle Elite heraus, die sich aus den gebildeten, jedoch verarmten Söhnen des Adels und der Großwürdenträger rekrutiert. Diese Wanderphilosophen der **»Hundert Schulen«** wetteifern darin, den Herrschern gesellschaftliche, wirtschaftliche und militärische Reformmodelle anzubieten, die die Machtstellung ihres Staates gegenüber anderen stärken soll. So fördern sie die Redekunst, die strategische Wissenschaft und das Studium der Logik.

Einer der frühesten selbsternannten Ratgeber ist **KONFUZIUS** (chinesisch KONGZI; *551, †479). Er will die in Verfall geratene Ethik des Feudaladels nach dem Idealbild der Vergangenheit wiederherstellen: Traditionelle Riten und verbindliche sittliche Normen sollen die Beziehungen zwischen Herrscher und Untertan und in der Familie regeln. Auf diese Weise wird er zu einem großen Verteidiger der zerfallenden Zhou-Ordnung. Während der Zhou-Zeit bleiben die Lehren des KONFUZIUS und seines bekanntesten Nachfolgers **MENZIUS** (chinesisch MENGZI; *370, †319) politisch wirkungslos. Erst von **XUNZI** (*um 310, †220) sind die Gedanken zusammenhängender und geordneter überliefert, da er sie in einer Essaysammlung größtenteils selbst aufgeschrieben hat. Auch verfügt er über eine weitaus größere politische und administrative Erfahrung und geht ausführlich auf die Probleme eines Herrschers ein, der durch Tugend und Riten regieren will. Im Gegensatz zu MENZIUS glaubt er nicht an das Gute im Menschen, sondern empfiehlt, ihn durch strenge Erziehung im Zaum zu halten. Beide sind nur die bekanntesten unter Hunderten von Schülern des KONFUZIUS in der späten Zhou-Zeit.

Die humanistischen Konfuzianer sind davon überzeugt, dass die Regierung dem Volk Nutzen bringe und wollen zu einer guten Regierung beitragen.

Die **Daoisten** suchen die Harmonie mit der Natur durch das *Dao* (»Weg«), einer unsichtbaren, unstofflichen Energie, dem Urgrund von allem, was existiert und geschieht. Da sie in der menschlichen Gesellschaft nur einen kleinen Teil der Wirklichkeit sehen, empfehlen sie den Menschen, ihre Eingebundenheit in die natürliche Welt zu erkennen. **LAOZI** (etwa 3. Jh.) und ZHUANGZI (*369, †286) verkünden die Abwendung von der Zivilisation und ihrer Künstlichkeit und fordern die Rückkehr zur ursprünglichen Natürlichkeit durch das »Nicht-Eingreifen« (*wu wei*). LAOZI bevorzugt Nachgeben gegenüber Selbstbehauptung und Schweigen gegenüber Reden. Geht es bei ihm um den Schutz des Lebens jedes Menschen, so sucht ZHUANGZI nach einer philosophischen Begründung für eine Stellung des Menschen im Kosmos, die ihn auch mit dem Tod versöhnen soll.

Die Mohisten, nach MOZI (†um 429) benannt, lehnen Angriffskriege ab, empfehlen aber eine militärische Aufrüstung, da sich dann kein Staat mehr Vorteile aus einem Angriff auf andere erhoffen könne. MOZI beurteilt Institutionen und Gebräuche nach ihrem Nutzen für die gesamte Bevölkerung und empfiehlt Nächstenliebe und gegenseitige Fürsorge. Statt auf ein erbliches Beamtentum wie die Konfuzianer setzt er auf die Ernennung der Fähigen und Würdigen, auch wenn sie Handwerker, Bauern oder Händler sind. Die Erfolge der Mohisten sind ebenso kurzfristig wie die anderer Schulen (Strategen, Logiker, Rhetoriker, Agronomisten, Hedonisten).

Den größten Einfluss während der Periode der Streitenden Reiche gewinnt die Schule der **Legalisten** (*fajia*, »Rechtsschule«), die das Rechtssystem in den Vordergrund ihres Denkens stellen und nicht Kosmologie, individuelle Moral oder Erkenntnistheorie. Ihre Hauptvertreter Fürst SHANG (GONGSUN YANG, *um 400, †338) und HAN FEIZI (†233), ein früherer Schüler des Konfuzianers XUNZI, sind erfolgreiche Minister im Staat Qin, der als Sieger aus dieser Zeit hervorgeht. Die Legalisten fordern die absolute Machtstellung des Herrschers, unterwerfen das gesamte Volk festgelegten und kodifizierten Rechtsnormen (»Lohn und Strafe«), zerschlagen die alten Familienstrukturen, um die Bevölkerung mobiler zu machen, und führen neue organisatorische Verwaltungseinheiten ein, die direkt der Zentrale unterstehen. Adel und persönliche Leibeigenschaft werden abgeschafft. Allein die Regierung entscheidet über Rang und Privilegien. Auch die Förderung der Landwirtschaft, die Beseitigung unproduktiver Gewerbe und die Sippenhaftung stärken die staatliche Autarkie und Kontrolle.

Von der ersten Reichseinigung bis zum Ende der Han-Dynastie

246–210 v. Chr. 246 zerstört der nach legalistischen Prinzipien herrschende König ZHENG (*259, †210) von Qin das faktisch machtlose Zhou-Haus. Der Ausbau eines etwa 120 km langen Kanals nördlich des Wei-Flusses nach 246 und die Bewässerungskanalisation in Sichuan verschaffen die nötigen Naturressourcen als Grundlage für die weitere Reichsexpansion. König ZHENG erobert die sechs rivalisierenden Staaten und vereint zum ersten Mal »alles, was unter dem Himmel« (*tianxia*) ist.

221 v. Chr. **1. Reichseinigung durch Zheng.**

221–207 v. Chr. ZHENG gründet die **Qin-Dynastie** und nennt sich QIN SHIHUANGDI, der »erste Erhabene und Göttliche von Qin«. Damit ruft er den chinesischen Kaisertitel ins Leben, der sich aus den beiden Wörtern

»erhaben« (*huang*) und »göttlicher Ahn« (*di*) zusammensetzt. Er unternimmt fünf Reisen durch sein Reich und lässt überall Inschriftensäulen errichten. Der eigentliche Architekt des ersten Kaiserreichs ist sein Kanzler Li Si (*um 280, †208), ein Schüler Han Feizis. Er leitet die Reformen ein, die zur Überwindung feudaler Strukturen und Rationalisierung der Verwaltung führen. Das Reich wird in 36 Distrikte mit militärischer und ziviler Leitung geteilt. Gesetze, Schrift, Gewichte, Maße und Spurbreiten der Wagen werden vereinheitlicht, ein dichtes Straßen- und Kanalnetz wird gebaut. Um die Nordgrenze zu sichern, werden die bestehenden Mauerabschnitte zur **»Großen Mauer«** zusammengefasst. Mächtige und reiche Familien werden in der Nähe der Hauptstadt Xianyang (bei Xi'an, Provinz Shaanxi) angesiedelt, um ihre Einflussnahme auf die Lokalverwaltung zu verhindern. Zur Befriedung des Reichs werden Waffen eingezogen und Stadtbefestigungen geschliffen.

Kurz nach der Thronbesteigung des zweiten Qin-Kaisers, Zhengs Sohn Ershi Huangdi (*230, †207, 210–207) kommt es zu regionalen Aufständen der alten Feudalherren.

202 v. Chr. In den Kämpfen um das Erbe der Qin seit 206 ist der von Bauern abstammende Liu Bang (kanonisiert als Gaozu, *247, †195) siegreich. Er gründet die bis 220 n. Chr. andauernde **Han-Dynastie** und wählt Chang'an (nahe Xianyang, Provinz Shaanxi) als Hauptstadt. Gaozu hält an der bürokratischen Lokalverwaltung der 13 Kommandanturen (*jun*) des Reichslands fest, belehnt aber Familienangehörige und treue Gefolgsleute mit zehn Königtümern im Osten. Die Refeudalisierung schwächt die zentrale Machtstellung seiner Nachfolger.

154 v. Chr. Erst durch die Entmachtung der rebellierenden »Sieben Königreiche« wird die Gefahr einer erneuten Machtübernahme durch Feudalherren endgültig gebannt. Die Macht des Zentrums wird durch die landesweite Einrichtung von Ahnentempeln des Herrschers überall sichtbar (72 v. Chr.–168 n. Chr.).

141 v. Chr. Beginn der energischen Regierung von **Kaiser Wudi** (*157, †87): institutionelle und organisatorische Neuordnung des Reichs und Ansätze eines staatlich gelenkten Berufsbeamtentums, das von einem Zensorat kontrolliert wird. Die ressortmäßig gegliederte Zentralverwaltung bestellt und überwacht die lokalen Behörden. Das Land ist in Kommandaturen und Präfekturen aufgeteilt. Eine großangelegte Umsiedlungspolitik schwächt die Macht von einflussreichen Familien und fördert die Reichsexpansion (Militärkolonien). Zur konfuzianischen Ausbildung potenzieller Beamter wird ein staatliches Bildungssystem entwickelt.

Seit 124 werden in der neu gegründeten kaiserlichen Akademie die fünf Klassiker – »Buch der Wandlungen« (*Yijing*), »Buch der Urkunden« (*Shujing*), »Buch der Lieder« (*Shijing*), »Buch der Riten« (*Lijing*) und die »Frühlings- und Herbstannalen« – gelehrt.

Der **Konfuzianismus wird Staatsideologie**: Dong Zhongshu (*um 179, †104) formt die Lehre des Konfuzius in ein kosmologisches System mit starken prognostischen und spekulativen Zügen um, das die Beziehung zwischen Herrscher und Natur regelt (»Staatskult«). Die Theorie des »Himmelsmandats« (*tianming*) wird neu begründet.

Kraftvolle militärische Expansion aus wirtschaftlichen und politischen Gründen (Gewinnung neuer Anbaugebiete, Grenzsicherung).

138 v. Chr. Annexion von Fujian.

128–108 v. Chr. Eroberung von Teilen der Mandschurei und Koreas. Die größte Gefahr für China droht im Nordwesten von den **Xiongnu**, die seit der Herrschaft Mao Duns (*234, †174; 209–174) ein Bündnis von Steppenvölkern zwischen Baikal und Balchasch anführen.

126 v. Chr. Nach der Rückkehr des Gesandten Zhang Qian, einem Offizier, der mit einem bewaffneten Spähtrupp bis nach Fergana (heute Usbekistan) und Baktrien (heute v. a. Afghanistan) zieht, beginnt eine diplomatische und militärische Offensive nach Zentralasien, um Verbündete gegen die Xiongnu zu gewinnen und den wirtschaftlich bedeutenden Fernhandel (**»Seidenstraßen«**) zu kontrollieren. Jährlich werden bis zu zehn Karawanen mit mehreren hundert Teilnehmern von Chang'an entsandt. Auf diese Weise gelangt chinesische Seide bis nach Rom. Nach China werden Gold, Pferde und Luxusgüter eingeführt. In der Provinz Gansu werden vier Kommandanturen errichtet und im Nordwesten über eine Mio. chinesische Kolonisten angesiedelt.

Die Reichsgründung durch die Qin-Dynastie

Um die kostspieligen Feldzüge zu finanzieren, monopolisiert der Staat ertragreiche Produktionszweige: Salz und Eisen (119), Münzprägung (113), zeitweise auch den Vertrieb von Wein und die Nutzung von Marschen und Bergen. Die neuen Kupfermünzen dienen bis in die Tang-Zeit als Zahlungsmittel. Außerdem werden die Preise festgelegt, der Warentransport koordiniert und Fortschritte in der Eisenverarbeitung (Ochsenflug, einspänniges Pferdefuhrwerk, Schubkarren) und der Seidenproduktion gemacht.

115 v. Chr. Beginn der zweiten Mission ZHANG QIANS in das Ili-Tal (Region Xinjiang), nach Fergana, Parthien und Sogdien. Aus seinen Berichten erfahren die Chinesen erstmals von anderen zivilisierten Staaten.

111 v. Chr. Eine chinesische Armee erreicht Kanton (Guangzhou, Provinz Guangdong).

108 v. Chr. In Korea werden vier Han-Kommandanturen eingerichtet. Bis ins 4. Jh. n. Chr. bleibt die Westküste Koreas chinesisch beherrscht.

104–101 v. Chr. Zwei Feldzüge nach Fergana bringen das Tarimbecken unter chinesische Herrschaft und schwächen die Macht der Xiongnu, deren Reich allmählich zerfällt.

um 100 v. Chr. **Größte Ausdehnung des Han-Reichs.** Die Belastungen der Bauern durch Kriege (Steuern, Wehrdienst) sowie Geldentwertung und Ämterkauf führen in den letzten Jahren der Regierung Kaiser WUDIS zur **wirtschaftlichen Krise.** Es kommt zu wirtschaftspolitischen Debatten über eine Kombination von Staatsmonopolen und Handelssteuern mit selbstregulierendem Markt. Gegner dieser Auffassung lehnen Großgrundbesitz und Staatsmonopole ab.

Unter den schwachen Nachfolgern gewinnen die Familien der Kaiserinnen immer mehr Einfluss. Die Nachfolgefrage wird zur Angelegenheit von Fraktionen und einzelnen mächtigen Politikern. Ein Enkel WUDIS wird 74 v. Chr. erster von mehr als 20 »entthronten Kaisern« (*feidi*) des ersten Jahrtausends.

53 v. Chr. Zerfall der Xiongnu-Konföderation: Die südlichen Stämme unterwerfen sich dem Han-Reich und besiedeln Gebiete in der Inneren Mongolei und in Shaanxi; die nördlichen Stämme ziehen sich in die Äußere Mongolei zurück.

9–23 n. Chr. Nach kurzer Regentschaft übernimmt WANG MANG (*45 v. Chr., †23 n. Chr.), der Onkel des Kaisers, die Macht und proklamiert die **Xin-Dynastie** (»Die Neue«). Wirtschaftliche Reformen nach dem imaginären Muster der Zhou: Währungsreform, Ausgleichsämter für Zeiten guter und schlechter Ernten, staatliche Kreditinstitute. Durch Landbegrenzungsgesetze zieht WANG MANG sich die Feindschaft der Großgrundbesitzer zu. Eine Volkszählung ergibt 2 n. Chr. 58 Mio. Einwohner.

Durch Rücknahme der Verteidigungslinien im Norden, Einfällen von Tibetern und Xiongnu sowie Flussbettverlagerungen des Gelben Flusses kommt es zu Bevölkerungsverschiebungen. Bis 140 n. Chr. ziehen 5–10 Mio. Menschen aus dem Norden in Gebiete südlich des Yangzi-Flusses.

23 Naturkatastrophen und Bauernaufstände (die »Roten Augenbrauen«) führen zum Sturz WANG MANGS.

25–220 Mit LIU XIU (*5 v. Chr., †57 n. Chr.), einem Nachkommen der Han, wird die alte Dynastie restauriert: **Östliche** (oder Spätere) **Han-Dynastie.** Im Gegensatz zur früheren, Westlichen stützt sich die neue Regierung auf Großgrundbesitzerfamilien und auf

Das Han-Reich 202 v. Chr. – 220 n. Chr.

ein System örtlicher Empfehlungen für Staatsämter. Hauptstadt wird Luoyang. Nach kurzer Konsolidierung der Zentralmacht beginnen Fraktionskämpfe zwischen den »Großen Familien« (Großgrundbesitzer, Kaiserinnenklane) und den Hofeunuchen.

nach 57 Verschwenderische Hofhaltung und hohe Belastung der Bevölkerung führen zu inneren Auflösungstendenzen. Die Familien der Kaiserinnen gewinnen ebenso an Einfluss wie die Eunuchen, die sich über den kaiserlichen Harem in die Staatsgeschäfte einmischen und ab 135 das Recht erhalten, Adelstitel und Lehen an Adoptivsöhne zu vererben. 165 kommt es zu bürgerkriegsähnlichen Auseinandersetzungen zwischen Eunuchen und Beamtenfraktionen.

184 Extrem hohe Abgaben an Grundherren lösen Bauernaufstände aus. Diese werden von Anhängern des »Wegs des Großen Friedens« (*Taiping*) getragen, eines daoistisch inspirierten religiösen Kults, der mit mystischem Gesundbeten und sozialen Hilfsprogrammen wirbt und aufgrund der Kopfbedeckung seiner Mitglieder als »Gelbe Turbane« bezeichnet wird. Beginn des Daoismus als organisierte religiöse Volksbewegung. Die Aufstände werden im gleichen Jahr niedergeschlagen. Die beteiligten Generäle bauen ihre Armeen zu eigenen Machtzentren aus und bekämpfen sich gegenseitig: Eskalation zu einem jahrzehntelangen Bürgerkrieg.

189 Massaker an 2000 Eunuchen in der Hauptstadt. In den Kämpfen wird Luoyang zerstört und die Hauptstadt nach Chang'an zurückverlegt. Endgültiger Zusammenbruch der Han-Dynastie.

Die erste und zweite Reichsteilung

220 Niederschlagung von religiös-chiliastischen Aufstandsbewegungen durch Militärführer, welche die politische Macht übernehmen.

220–280 **1. Reichsteilung**: Zerfall in drei wirtschaftlich geschlossene Regionalblöcke, die Reiche Shu-Han (221–263), Wei (220–264) und Wu (222–280). In diesem Jh. militärischer Kämpfe breitet sich unter der Elite eine Atmosphäre innerer Emigration aus: Abkehr vom politischen Leben und Hinwendung zu Luxus oder metaphysischen Lehren; Blütezeit der Dichtkunst.

264/265–316 Der Sima-Klan usurpiert die Macht in Wei. Er ruft die (Westliche) Jin-Dynastie aus, die für kurze Zeit das Reich eint: **2. Reichseinigung**. Die Macht der Aristokratenfamilien mit ihren riesigen Ländereien und Privatarmeen ist jedoch auch durch Steuerreformen nicht einzudämmen und lähmt die politische Autorität des Kaisers. Es kommt zu blutigen Thronfolgekämpfen. Der Staat wird zusätzlich durch Naturkatastrophen und Aufstände messianischer Sekten geschwächt.

311/316 Die Auflösung der Jin-Dynastie in einem gegenseitigen Vernichtungskrieg wird von wieder erstarkten Xiongnu-Stämmen ausgenutzt, um die beiden Hauptstädte des Nordens Luoyang und Chang'an zu erobern. Damit beginnt die **2. Reichsteilung**.

317–589 »Periode der Südlichen und Nördlichen Dynastien«.

386–550 Im Norden lösen sich in rascher Folge »barbarische« Dynastien ab (304–439: die »Sechzehn Reiche«), von denen nur die Toba-Wei, ein Xianbi-Stamm, einen ausgedehnten und stabilen Staat errichten können. Aus den ehemaligen Nomadenvölkern werden sesshafte Viehzüchter. Die sich bekämpfenden Herrscherhäuser setzen sie als Soldaten und Hilfstruppen ein. Da die Kriege auch zu Hungersnöten und Banditentum führen, versuchen ländliche Siedlungen, sich durch Befestigungen und eigene Milizen zu schützen. Millionen Nordchinesen fliehen in den Süden. Dort behaupten sich die »Sechs Dynastien« unter chinesischen Herrscherfamilien. Diesen von Generälen gegründeten Reichen gelingt es nicht, kaiserliche Institutionen zu schaffen.

Die Gesellschaft während der 2. Reichsteilung

Die zahlenmäßig schwachen Barbarenstämme, die in Schüben den Norden erobern und kurzlebige Dynastien errichten, stützen sich auf die vorhandene chinesische Verwaltungsstruktur. Sie übernehmen nach kurzer Zeit die chinesische Lebensweise und Sitten und werden das Opfer der nachdrängenden, »reinen« Barbaren. Durch die Kontinuität der chinesischen Verwaltung bleibt die Bevölkerung des Nordens relativ homogen. Eine Herrscherschicht aus Xianbi und Mitgliedern anderer nördlicher Stämme herrscht über etwa 20–30 Mio. Nordchinesen. Der verstärkte Einfluss zentralasiatischer Nomadenkulturen in Tendenzen zu Leibeigenschaft und Sklaverei (Kriegsgefangene) ist sichtbar.

Der seit dem 2. Jh. aus Nordindien auf Handelsstraßen durch die buddhistischen Königreiche Zentralasiens eindringende **Mahayana-Buddhismus** etabliert sich zeitweise als staatlich geförderte, vorherrschende Religion. Der Mönch Faxian (*337, †422), der 399 auf dem Landweg nach Indien reist und 414 über Sri Lanka und Sumatra auf dem Seeweg nach China zurückkehrt, hinterlässt als erster Aufzeichnungen einer Reise chinesischer Mönche in die Heimat des Buddhismus. Gleichzeitig erfolgt in China die Sinisierung des Buddhismus, der mit seinen Tempeln und Klöstern auch die chinesische Architektur und Landschaft verändert. Der Höhepunkt des buddhistischen Einflusses ist unter Kaiser Wudi (*464, †549) der Liang-Dynastie (502–549).

Gleichzeitig entsteht in der Emigration des Südens ein äußerst fruchtbares intellektuelles Klima: Philosophische Schulen der Zhou-Zeit leben wieder auf, v. a. ein individualistischer Neo-Daoismus, reiche Übersetzertätigkeit unter Einfluss des Buddhismus. Die wirtschaftliche und geistige Macht der Klöster (als Großgrundbesitzer und kulturelle Zentren) sowie ihr religiöses Privileg (Steuerfreiheit) führen zu Spannungen zwischen »Kirche« und Staat und mehrfach zu Buddhistenverfolgungen. | Forts. S. 679 |

Indien von den Anfängen bis zum Ende des Gupta-Reichs

Südasien wird vom Arabischen Meer, dem Golf von Bengalen und dem Gebirgsmassiv des Himalaja eingegrenzt; der Großraum umfasst die Gebiete der heutigen Staaten Indien, Pakistan, Bangladesh, Nepal und Sri Lanka (Ceylon). Die indische Kultur hat aber weit über diese Grenzen hinaus, v.a. durch den sich ausbreitenden Buddhismus, nach Südost- und Ostasien sowie im Nordwesten bis nach Zentralasien (Usbekistan) ausgestrahlt.

Das Klima wird vom Monsun (Juni bis Sept.) geprägt, wobei starke Gegensätze zu verzeichnen sind: Entweder bedrohen zu starke Regenfälle, die zu verheerenden Überschwemmungen führen, oder aber zu geringe Niederschläge die ernährungswirtschaftliche Grundlage großer Landstriche.

In den nach allen Richtungen durch Gebirge und Wüsten abgeschirmten Raum des Subkontinents bewegen sich immer wieder Ströme von **Einwanderern aus dem Nordwesten**, v.a. über den Khaiber-Pass (heute Grenze zwischen Pakistan und Afghanistan), und geben dem Verlauf der indischen Geschichte neue Wendungen.

Im südasiatischen Kulturraum hat sich mit Ausnahme Ceylons und Kaschmirs **in vorislamischer Zeit kaum Geschichtsschreibung** entwickelt. Doch verweisen z.B. die Genealogien der Herrscherhäuser, die den zahlreichen Landschenkungsurkunden vorangestellt werden, auf ein durchaus vorhandenes Interesse an vergangenen Ereignissen. Die historische Darstellung beruht wegen dieser Gegebenheiten für lange Zeiträume weitgehend auf Erkenntnissen der Archäologie, Epigrafik und Numismatik. Gelegentliche und beiläufige Erwähnungen historischer Persönlichkeiten oder Ereignisse in religiösen Texten oder der erzählenden Literatur und die Berichte von griechischen Gesandten (MEGASTHENES im späten 4.Jh. v.Chr.) oder von buddhistischen Pilgern aus China (FAXIAN im 4.Jh. n.Chr. oder XUANZANG im 7.Jh. n.Chr.) helfen, das fragmentarische Bild zu vervollständigen. **Die chronologische Zuordnung**, v.a. in Südindien, **bleibt** aber dennoch **bis etwa um 1000 n.Chr. vielfach unsicher**. Erst die islamische Geschichtsschreibung schafft die Voraussetzungen für eine gesicherte Chronologie.

Die Harappa-Kultur (um 2500–um 1500 v.Chr.)

Mit der Ausgrabung der beiden Städte Harappa (1921) und Mohenjo-Daro (1922) und ihrer Erforschung durch J. MARSHALL, E.J.H. MACKAY und M. WHEELER wurde eine Hochkultur im Nordwesten Indiens entdeckt, deren Blüte zwischen 2500 und 1500 v.Chr. lag. Da sich die Fundstätten zunächst auf das Indus-Gebiet beschränkten, spricht man meist von der Indus-Kultur. Heute beginnt sich dagegen der Name **Harappa-Kultur** durchzusetzen, da inzwischen etwa 1000 Fundorte auf einem Gebiet bekannt sind, das sich bis an die Flüsse Jamuna im Osten und Oxus (heute: Amudarja-Fluss an der Nordgrenze Afghanistans) im Westen erstreckt.

Die Entstehung der Harappa-Kultur lässt sich tief in die Vergangenheit bis in dörfliche Siedlungen des 7.Jt.s v.Chr. zurückverfolgen, deren bekannteste Mehrgarh im Südwesten Pakistans ist. Diese historische Tiefe schließt die Annahme eines Einflusses aus Mesopotamien auf die Gründung der Stadtkultur aus.

Da die Indus-Schrift, die v.a. aus den etwa 4000 Inschriften auf in Speckstein geschnittenen Siegeln mit einer Fläche von etwa 2×3 cm bekannt ist, noch nicht entziffert werden konnte, **fehlen jegliche schriftliche Zeugnisse** zur Deutung der Harappa-Kultur. Über den inneren Aufbau des Staates ist daher nichts bekannt. Auffällig ist das Fehlen von Palastanlagen in den sorgfältig geplanten Großstädten Harappa und Mohenjo-Daro mit einem ausgezeichneten System zur Wasserversorgung und dessen Entsorgung. Auf einem Hügel über der Stadt liegt eine Zitadelle, in deren Schutz – vor äußeren Feinden wie vor der eigenen Stadtbevölkerung – vielleicht ein Priesterkollegium die Geschicke des Reiches gelenkt hat. Großbauten, die man vorläufig als Getreidespeicher deutet, und die vorzügliche Kanalisation deuten ebenso auf eine straff geführte Verwaltung wie ein einheitliches System von Maß und Gewicht. Ob Harappa und Mohenjo-Daro Hauptstädte zweier Reiche oder vielmehr eines Staates waren, bleibt unsicher.

Funde von Siegeln und anderen Gegenständen aus der Harappa-Kultur im alten Vorderen Orient deuten auf **weit verzweigte Handelsbeziehungen.**

Der allmähliche, sich über Jahrhunderte hinziehende Untergang der Kultur beginnt um 1900 v.Chr., was sich aus dem Grundriss der Städte in der Spätzeit ablesen lässt, der auf einen fortschreitenden Verfall der Stadtkultur hindeutet. Es bleibt daher unklar, inwieweit die über die Pässe des Nordwestens nach Indien einwan-

Die Harappa-Kultur

dernden Arier noch Reste der Harappa-Kultur vorfinden. Eine zu Beginn der Erforschung der Harappa-Kultur vielfach angenommene, gewaltsame Zerstörung der Stadt Mohenjo-Daro durch arische Einwanderer hat sich nicht bestätigt, da zwischen dem Auftreten der den Ariern zuzuschreibenden grauen Tonware (*painted grey ware*) und der roten der Harappa-Kultur (*painted red ware*) eine Lücke besteht. Wie weit Umwelteinflüsse wie Dürren oder Überschwemmungen zum Untergang der Kultur beigetragen haben, ist umstritten.

Die vedische Zeit

Die **Arier**, die auf ihrer Wanderung nach Indien das Gebiet der Oxus-Kultur (*Bactria-Margiana Cultural Complex*: BMAC, um 2500–1500 v. Chr.) durchqueren und dabei kulturelle Anregungen aufnehmen, **bringen um 1400 v. Chr. die indogermanischen Sprachen nach Indien**. Diese wissenschaftlich gesicherte Erkenntnis wird in neuester Zeit jedoch von Hindu-Fundamentalisten aus ideologischen Erwägungen angezweifelt.

Bei ihrem Eindringen in das Land von Nordwesten her sind die Arier in ständige Kämpfe mit der dunkelhäutigen Urbevölkerung verwickelt, die sie zurückdrängen und mit der sie sich auch im Laufe der Zeit vermischen. Frühe, in der ältesten Literatur (*Rigveda*) bezeugte nicht indogermanische Lehnwörter deuten daraufhin, dass, anders als oft vermutet, diese Urbevölkerung nicht Träger dravidischer Sprachen und Kultur war. Die Geschichte der archäologisch nur schwer fassbaren Arier kann hauptsächlich aus ihren religiösen Schriften nur in Umrissen wieder gewonnen werden.

Die arischen Inder können zunächst das Gebiet des **Punjab** durchdringen. Hier entsteht in der Zeit zwischen 1400 und 1000 v. Chr. die **älteste Literatur in Sanskrit**, die Veden (Sanskrit: *veda* = »Wissen«). Der älteste Veda, der *Rigveda* –»das in Versen bestehende Wissen« –, zeigt uns eine lebensfrohe, dem diesseitigen Leben zugewandte Gesellschaft, die nach dem Tode auf Vereinigung mit ihren Vorfahren hofft. Der Reichtum der in kleinen Gruppen ohne größere, feste Siedlungen unter der Führung eines gewählten *Raja* (König) durchs Land nach Osten ziehenden Arier besteht im Besitz von Rindern, die sie durch Raub gewinnen. Dabei unterstützt sie der gewaltige Kriegsgott *Indra*, an den zahlreiche Lieder des *Rigveda*, die bei der Bewirtung der Götter zum Opfermahl vorgetragen werden, gerichtet sind. Daneben stehen als Beschützer ethischer Werte *Varuna*, der Gott der Wahrheit, und *Mitra*, der Gott des Vertrages. In den späten Teilen des *Rigveda* werden bereits neben denen des Pandschab die Flüsse Jamuna und Ganges erwähnt.

Die Arier dringen seit 1000 v. Chr. über das Zweistromland (*Doab*) von Ganges und Jamuna hinaus nach Osten vor. In der Zeit **bis 600 v. Chr. entstehen die jüngeren vedischen Texte**, die sich, wie *Brahmanas* und *Upanishaden*, mit der Deutung des Opferwesens und philosophischen Betrachtungen über die Einheit von Individualseele und Allseele (Sanskrit: *Atman/Brahman*) befassen oder Hilfswissenschaften zur Erklärung der Veda, wie Grammatik, Phonetik, Metrik, Mathematik usw., enthalten. In diesem Zeitraum vollzieht sich ein nicht mehr in jeder einzelnen Entwicklungsstufe greifbarer Wandel in Religion und sozialer Struktur. Eine tief pessimistische Lebensauffassung greift um sich, die die Seele in einen endlosen, leidvollen Kreislauf von Wiedergeburten (*Samsara*) verstrickt sieht, der sie durch menschliche wie tierische Existenzen führt. Diesen Kreislauf zu beenden bleibt von nun an Erlösungsziel aller indischen Hochreligionen.

Möglicherweise spiegelt jedoch diese negative, in der religiös-philosophischen Literatur ausgedrückte Weltsicht nur einen Ausschnitt aus der Wirklichkeit wider. Denn in späteren Zeiten steht vergleichbaren Aussagen eine lebensfrohe Bilderwelt gegenüber. Entsprechende Quellen fehlen für die vedische Periode.

Die Gesellschaft beginnt allmählich in vier Klassen (Sanskrit: *Varna*) zu zerfallen, an deren Spitze die Priester (Brahmanen) stehen; dann folgen die Krieger (*Kshatriya*), die Bauern und Handwerker (*Vaishya*) und schließlich die Knechte (*Shudra*). Dieses System bildet den theoretischen Hintergrund des tatsächlichen Systems der **Kasten** (Sanskrit: *jati*= »Geburt«, d. h. einer im Allgemeinen durch bestimmte Heiratsordnungen, Speisevorschriften und mitunter auch durch den gemeinsamen Beruf zusammengehaltenen Gruppe). Durch die Entstehung immer neuer Untergruppierungen existieren heute etwa 3000 Kasten.

Aus dieser Zeit sind kaum mehr als die Namen einzelner Könige, die ihre Herrschaft nun auf ihre Söhne zu vererben beginnen, bekannt, wobei das Königtum der Kuru etwa im Zentrum des nördlichen Indien für die spätere Entwicklung von Herrschafts- und Ritualstrukturen von prägender Bedeutung zu sein scheint. Im Verlauf der spätvedischen Zeit entstehen **16 Königreiche in Nordindien**. Auch der Ursprung der im Epos *Mahabharata* (»der große Kampf der Nachkommen *Bharatas*«) erzählten Kämpfe zwischen zwei verwandten, jedoch verfeindeten Geschlechtern geht wohl in diese Zeit zurück. Obwohl sich die im *Mahabharata* erwähnten Städte Hastinapura, die Hauptstadt der Kauravas (Kuru-Nachkommen) und Indraprastha (vielleicht Vorläufer von Delhi), die Hauptstadt der Pandavas, archäologisch nachweisen lassen, bleibt das historische Geschehen unsicher.

Aus dem damals von einem schwer zu durchdringenden Dschungel überzogenen Vindhya-Gebirge des vom Norden getrennten Dekhan und aus Südindien gibt es außer nicht immer klar deutbaren archäologischen Funden, v. a. von Gräbern einer Megalithkultur, keine historischen Nachrichten.

Nachdem sich die vedische Kultur in den Osten des nördlichen Indien ausgebreitet hat, endet diese Periode mit dem Auftreten des BUDDHA (traditionell *um 560, †um 480; wahrscheinlich 100 Jahre später), der ersten näher bekannten historischen Persönlichkeit aus Indien. Im Osten Indiens entstehen in einer Zeit des geistigen Umbruchs eine Reihe von religiösen Reformbewegungen, von denen sich nur **Buddhismus und Jainismus** zu weit verbreiteten Religionen entwickeln. Die zahlreichen anderen Richtungen, wie etwa die Ajivikas, deren

Gründer Maskarin Goshala ein streng deterministisches System lehrt, sind nur aus der Polemik ihrer Gegner bekannt.

Die Lehren des Buddhismus und Jainismus

Der Buddha, dessen weltlicher Name Siddhartha Gautama Shakya lautet, verlässt den Palast seines Vaters in Kapilavastu und gelangt nach Jahren des Suchens und der Askese in Bodh Gaya (Bihar) unter einem Feigenbaum zur Erleuchtung, die aus dem Kreislauf der Wiedergeburt herausführt. Im Gazellenhain bei Benares, im heutigen Sarnath, verkündet der **Buddha** die »vier edlen Wahrheiten« vom Leiden, von der Entstehung des Leidens, von der Aufhebung des Leidens und vom Weg, der zur Aufhebung des Leidens führt. Zur Erreichung dieses Heilsziels lehnt er strenge Askese ebenso wie luxuriöses Leben ab und empfiehlt einen »mittleren Weg«. Im älteren Buddhismus des »kleinen Fahrzeugs« (*Hinayana*) gelangt der Einzelne durch asketische Lebensweise zur erlösenden, zum Nirvana führenden Erkenntnis. Etwa im 1. Jh. n. Chr. beginnt die Entwicklung einer neuen Richtung, des »großen Fahrzeugs« (*Mahayana*), in der Heilsziel zunächst der *Bodhisatva*, das Wesen auf dem Weg zur Erlösung, ist, der durch sein religiöses Verdienst andere ebenfalls zur Erlösung führt, bevor er auch für sich das Nirvana anstrebt. Der Mahayana-Buddhismus breitet sich nach Zentral- und Ostasien aus, während der Hinayana-Buddhismus noch heute in Sri Lanka und Südostasien lebendig ist. Im Gegensatz zum Buddhismus hat der etwa gleichzeitig entstandene, von Vardhamana Mahavira, der auch den Titel *Jina* (Sieger) führt, verkündete Jainismus niemals über die Grenzen Indiens hinaus gewirkt. Er lehrt eine strenge Askese zur Überwindung der Wiedergeburten.

Buddhismus und Jainismus stützen sich auf einen Orden von Mönchen und Nonnen. In der Organisation des buddhistischen Ordens kann man vermutlich ein Spiegelbild der Verfassung einiger kleinerer Adelsrepubliken im Osten Indiens erkennen. Buddha selbst stammt aus einer solchen Republik; diese Regierungsform geht jedoch bereits zur Zeit des Buddha unter.

um 380 v. Chr. Das genaue **Todesjahr des Buddha** kann man nicht ermitteln. Die neuere Forschung neigt dazu, der sog. »kürzeren Chronologie« gegenüber dem früher angenommenen Todesdatum um 480 v. Chr. den Vorzug zu geben. Die Quellenlage lässt keine eindeutige Entscheidung zu. Entsprechend schwanken auch die Daten der Zeitgenossen des Buddha. Aus buddhistischen und jainistischen religiösen Schriften kennen wir die Namen von Königen wie Bimbisara (um 440–390?) und seines Sohnes Ajatashatru (um 390–360?), die unter den zahlreichen Kleinstaaten von Rajagriha (heute: Rajgir) und später von Pataliputra (heute: Patna) aus die Macht von Magadha (heute: Bihar) begründen. Weitere Machtzentren entstehen in Kosambi und Ujjain. Etwa in die Lebenszeit des Buddha fällt die zweite Urbanisierung nach dem Untergang der Harappa-Kultur, nun im Osten Indiens.

Die Zeit der großen Reiche: Vom Maurya- zum Gupta-Reich

360–322 v. Chr. Wenig bekannt ist über die Vorläufer der Maurya-Dynastie, die Shishunaga-Könige und die neun Nanda-Könige, die über ein Reich unbekannter Größe von Magadha aus herrschen.

327–325 v. Chr. Im Zuge seiner Eroberung des persischen Großreiches, das die indischen Provinzen Gandhara und Sind (beide heute Pakistan) vermutlich bereits unter Kyros (559–530) erworben hat, **dringt Alexander der Grosse** (336–323) **nach Indien ein.** | s. S. 202 |

326 v. Chr. Während Alexander Taxila (Nordwestpakistan) durch Verhandlungen mit den einheimischen Fürsten gewinnen kann, muss er den erbitterten Widerstand des indischen Königs Poros (†317) in einer Schlacht am Hydaspes (heute: Jhelum) überwinden, bevor ihn seine Truppen am Hyphasis (heute: Beas) zur Umkehr zwingen.

um 322–300 v. Chr. Der Usurpator Candragupta Maurya entreißt dem letzten Nanda-König in Magadha die Macht und legt damit die Grundlage für das **erste Großreich auf indischem Boden**, das von Pataliputra aus verwaltet wird. Dass bei dem Aufbau des Reiches das persische Reich als Vorbild dient, bleibt eine ansprechende Vermutung.

305 v. Chr. Candragupta, der sich gegen Ende seines Lebens als frommer Jaina-Mönch aus der Welt zurückgezogen haben soll, gelingt es, einen Angriff des syrischen Diadochen Seleukos I. Nikator (305–

Das Gupta-Reich

281), der Alexanders Idee von der Eroberung Indiens zu verwirklichen sucht, zurückzuschlagen.

300–235 v. Chr. Sein Nachfolger Bindusara (um 300–270) erweitert das Reich, das **unter Ashoka** (um 270–235), nach der Eroberung von Kalinga (heute: Orissa), ganz Indien bis auf den äußersten Süden umfasst und so **seinen Höhepunkt erreicht**. Die Verwaltung des weitläufigen Herrschaftsgebietes erfolgt durch Vizekönige von vier Provinzhauptstädten aus, was bereits die Ursache des Zerfalls der Reichseinheit in sich birgt.
Über Ashokas Wirken berichten die ältesten indischen Inschriften, die, in seinem Auftrag in Säulen und Felsen eingemeißelt, weit über das Reichsgebiet verstreut sind und so zugleich die Ausdehnung seines Herrschaftsgebietes andeuten. Aus ihnen erfahren wir über Ashokas Bemühen um einen politischen Ausgleich durch Toleranz gegenüber den verschiedenen religiösen Strömungen wie *Jainas* und *Ajivikas*, während er zugleich den **Buddhismus durch eine Mission außerhalb Indiens fördert** und so den Weg für seine Entwicklung zur Weltreligion bereitet.

um 250–130 v. Chr. Als Folge des Alexanderzuges entstehen **im indo-iranischen Grenzgebiet eine Reihe griechischer Reiche**. Etwa im heutigen Afghanistan bildet sich, getragen von den Statthaltern der Seleukiden, in den östlichen Provinzen das hellenistische Gräkobaktrische Reich. Nach der Schwächung des Seleukidenreiches durch den Frieden von Apameia (188) gewinnen die griechischen Herrscher politische Bewegungsfreiheit, um ihre Macht nach Indien hinein auszudehnen. Als bedeutendste Herrscher dürften Demetrios II. und Menander (beide 2. Jh.) gelten. Im Einzelnen bleibt vieles in der Abfolge der Herrscher, deren Namen oft nur von Münzen bekannt sind, und in ihrer geografischen Zuordnung unsicher.

um 184 v. Chr. Die Maurya-Dynastie endet nach einer Periode des Zerfalls des Reiches mit der Ermordung Brihadrathas durch Pushyamitra Shunga.

um 184–72 v. Chr. Mit dem Ende der Maurya-Dynastie **zerfällt Indien in mehrere kleinere Einzelstaaten**. Über die Shungas, die von Vidisha (heute: Bhilsa) aus über Teile Nordindiens herrschen, sind kaum mehr als Listen von Königen bekannt.

2./1. Jh. v. Chr. Nach dem Ausweis von Münzfunden gibt es eine Reihe lokaler Dynastien, unter denen die **Mitra-Könige** von Mathura und Herrscher anderer nordindischer Städte herausragen. Ihre politische Beziehung zu den Shungas bleibt undeutlich.
Neben die ältesten Steinplastiken aus der Maurya-Zeit treten in der Shunga-Zeit als erste frei stehende Bauwerke die buddhistischen Stupas, als Kultbauten dienende Grab-/Reliquien-Denkmale, in Bharhut und Sanchi (beide Madhya Pradesh).

um 100 v. Chr. In Südindien entsteht das Reich der Andhra- oder Satavahana-Dynastie.

1. Jh. v. Chr. Im Verlauf des Jh.s bricht die griechische Herrschaft im Nordwesten Indiens endgültig unter dem Druck der Saken, die die Inder Shaka nennen, zusammen.

25–45 n. Chr. Die aus Zentralasien stammenden, von den Parthern aus Ostiran verdrängten **Shakas** gründen für kurze Zeit ein Reich im Nordwesten, werden aber bald von den nachdrängenden Indoparthern abgelöst. Unter ihren Herrschern ragt Azes heraus, der als Begründer der bis heute in Indien für religiöse Zwecke gebräuchlichen Vikrama-Ära (Beginn: 58/7 v. Chr.) gelten darf.
Unter Gondophares (um 20–50) erreichen diese iranischen Herrscher ihren Höhepunkt, bevor sie durch die Kushanas verdrängt werden. Als Statthalter (Kshatrapas) der Kushanas können sich Nachfahren der Shakas und Indoparther als Kleinkönige (bis 2. Jh.) eine gewisse Selbstständigkeit bewahren.

1. Jh./2. Jh. In den letzten beiden Jh. v. Chr. dringen aus Zentralasien die Tocharer (Yuezhi) nach Baktrien vor und erobern, vom Anführer der Kushanas, Kujula Kadphises, geeint, das indoparthische Reich. Das von den Kushanas beherrschte Gebiet umfasst neben Teilen Irans, Afghanistans und Chinesisch-Turkestans auch den Nordwesten Indiens und die nordindische Ebene bis hin zum Ganges.
Seit der Auffindung der Inschrift von Rabatak (Afghanistan) ist die zeitliche Abfolge dreier Vorfahren und Vorgänger des Kanishka, Kujula Kadphises, Vima Taktu und Vima Kadphises, bekannt und gesichert. Der über mehr als ein Jahrhundert umstrittene Zeitpunkt des Regierungsbeginns Kanishkas lässt sich heute mithilfe indischer Quellen auf das Jahr 127 festlegen. Unter Kanishka erreicht das **Weltreich der Kushanas** den Gipfel seiner Macht.

Indien nach der Zeitenwende

Mit den Kushana-Herrschern beginnt in Indien das **Zeitalter der klassischen Kultur**. Bedeutende Kunstschulen entstehen in Mathura und Gandhara. In der gräkobuddhistischen Kunst Gandharas verschmelzen indische mit hellenistischen und iranischen Elementen. Sie vermittelt westliche Kunsttradition weitgehend im Gefolge des Buddhismus nach Chinesisch-Turkestan (reiche Funde aus der 2. Hälfte des 1. Jt.s in Turfan und Kuca) und Ostasien. Die ungewöhnliche geografische Gestalt des Kushana-Reiches fördert die Ausbreitung der indischen Kultur nach Osten, da sie sichere Verkehrswege nach China öffnen hilft. In Indien selbst sind aus der Kushana-Zeit mit den Kunstgedichten und Dramenfragmenten des buddhistischen Dichters ASHVAGHOSHA (1./2. Jh.) die ersten Werke der klassischen Sanskritliteratur erhalten.

Obwohl KANISHKA als ein bedeutender Förderer des Buddhismus gilt, stehen die Kushana-Herrscher, v. a. nach Ausweis ihrer Münzsymbolik, auch anderen Religionen wie Hinduismus, der Lehre des Zarathustra und der hellenistischen Religion, tolerant gegenüber.

3. Jh. Welche Ursachen zum **Untergang des Kushana-Reiches** führen, ist nicht gesichert. Ihre Macht beginnt Anfang des 3. Jh.s unter dem Druck der in Iran erstarkenden Sasaniden zu schwinden.

4. Jh. Mit Beginn des neuen Jh.s kommt es in Nordindien erneut zur Bildung eines Großreiches von Pataliputra aus.

um 320–350 CANDRAGUPTA I. (319–350) begründet durch geschickte Heiratspolitik die Gupta-Dynastie (um 320–500).

um 320–375 Die machtpolitische Grundlage der Dynastie beruht auf den Eroberungen SAMUDRAGUPTAS (um 350–376). Seine in Nordindien erfolgreiche Militärpolitik scheitert im Süden nach einer Niederlage im Kampf mit dem Pallava-Herrscher VISHNUGOPA von Kanci. Südgrenze des Gupta-Reiches bleibt etwa der Fluss Narmada.

um 380–415 Unter CANDRAGUPTA II. (um 376–415) gelingt der Vorstoß zu den Häfen am Arabischen Meer, der den **Zugang zum Westhandel für das Reich eröffnet**. Aus dem Bericht des 399–414 in Indien weilenden buddhistischen Pilgers FAXIAN (FA-HSIEN) ist diese Zeit als die friedlichste unter den Guptas bekannt.

415–470 Wachsende Bedrängnis durch Fremdvölker wird aus Inschriften von SKANDAGUPTA (um 456–467) erkennbar. Nach dem letzten bedeutenden Gupta-Herrscher, BUDHAGUPTA (um 477–488), **überrennen die Hunnen Nordindien**. Unter ihrem Ansturm zerbricht das Reich um 500.

480–500 Der letzte bekannte König der Dynastie ist VISHNUGUPTA (um 515), der nur noch über ein von Kämpfen zerrissenes Rumpfreich geherrscht zu haben scheint. Danach regieren einzelne Zweige der Gupta-Familie (bis in das 7. Jh.) über kleinere Gebiete in verschiedenen Teilen Nordindiens.

Unter den Guptas erreichen bildende Kunst, Wissenschaft und Sanskritliteratur ihren klassischen Höhepunkt. Spätestens am Hofe SKANDAGUPTAS hat vermutlich der größte Sanskritdichter, KALIDASA, gewirkt. Zugleich beginnt der Hinduismus den Buddhismus allmählich zu verdrängen, bis er um 1200 in Nordindien erlischt, im Süden jedoch in letzten Ausläufern bis tief in das 17. Jh. weiterbesteht. Obwohl die Gupta-Zeit als ein Höhepunkt der indischen Kultur gilt, scheinen zugleich die Städte des Gupta-Reiches an Größe und Bedeutung verloren zu haben.

Südindien von den Anfängen bis zur Vakataka-Dynastie (bis 500)

Die Herkunft der heute in Südindien lebenden Draviden und ihrer Sprache liegt im Dunkeln. Dravidische Sprachinseln in Nordindien sind durch Einwanderer aus dem Süden im Mittelalter entstanden. Noch in historischer Zeit scheint das dravidische Sprachgebiet dennoch weiter nach Norden gereicht zu haben als heute, da die Südgrenze der Bundesstaaten Maharashtra und Orissa etwa mit der Sprachgrenze zusammenfällt. Auf den ASHOKA-Inschriften (3. Jh. v. Chr.) begegnen zum ersten Mal die Namen von drei bedeutenden südindischen Herrscherhäusern: Cola, Cera und Pandya. Genauere Nachrichten über den Süden setzen erst mit der Zeitwende ein.

seit ca. 100 v. Chr. Nach dem Zerfall des Maurya-Reiches beginnt sich von Pratishthana (heute: Paithan) aus die Herrschaft der Andhras (Satavahanas) zu festigen. Sie setzen sich gegen die Kshatrapas im Westen Indiens durch und gründen ihre wirtschaftliche Stärke nach dem Gewinn von Häfen am Arabischen Meer auf den Handel mit dem Mittelmeerraum, der auch durch reiche Funde römischer Münzen in Südindien bezeugt wird. Die Satavahanas scheinen als erste indische Dynastie nach dem Vorbild griechischer Münzprägung in Nordwestindien beschriftete Münzen eingeführt und damit das Ende der allein mit Symbolen versehenen gepunzten Münzen eingeleitet zu haben. Unter den Satavahanas blüht die mittelindische Prakrit-Literatur; in Amaravati und an anderen Orten entstehen zahlreiche buddhistische Klosteranlagen als bedeutende Bauwerke.

um 220 n. Chr. Das Reich der Satavahanas löst sich in eine Reihe kleinerer Fürstentümer auf, von denen die Ikshvakus (3. Jh.) durch die buddhistischen Baudenkmäler von Nagarjunakonda besonders bekannt sind.

um 250–um 500 Nachfolger der Satavahanas werden die Vakatakas, die den gesamten Dekhan beherrschen und die das Vordringen der Guptas, denen sie durch Heirat verbunden sind, in den Süden verhindern. Die Macht der Vakatakas endet etwa gleichzeitig mit der der Guptas, ohne dass die Gründe genau erkennbar sind; vermutlich ist die Herrschaft der Vakataka-Dynastie von den Vishnukundis (um 380– 610) übernommen worden.

Unter den Vakatakas entstehen in Ajanta buddhistische Malereien und Bauwerke. | Forts. S. 669 |

Die Antike

Griechenland und der Hellenismus

Griechenland vom Ende der Bronzezeit bis 500 v. Chr. |Forts. v. S. 137|

Die geophysikalischen Bedingungen Griechenlands erfordern – im Unterschied zu den Flusstälerkulturen Ägyptens und Mesopotamiens – keine komplexe gesellschaftliche und administrative Organisation für die Bearbeitung des Bodens, sondern begünstigen im Gegenteil regionale und lokale Entwicklungen. Die Landwirtschaft bleibt vielerorts wegen der beschränkten Arbeitskräfteressourcen (Kleinfamilie und maximal einige Sklaven) im Rahmen des Oikos (Hausgemeinschaft) eine Subsistenzwirtschaft; Großgrundbesitz ist weniger verbreitet und ausgeprägt als etwa im römischen Italien. Bereits die eindrucksvolle ökonomische und politische Organisation in der Bronzezeit hat lokalen und polyzentrischen Charakter. Ihre Rückbildung in den Dark Ages (dem »Dunklen Zeitalter«) und die damit verbundene Abflachung der Hierarchien, verstärkt durch Migrationen und ethnische Neuformierungen, verleihen dem »Neubeginn« seit dem 8. Jh. v. Chr. einen ausgesprochen partikularen Zug. Gleichzeitig begünstigen die vielen sich nun ausbildenden politischen Einheiten und die maritimen Netzwerke zum Vorderen Orient und zu den eigenen Tochterstädten (*Apoikien*) eine dynamische, dabei von Lernprozessen und Konkurrenz gekennzeichnete Entwicklung. Dazu kommt eine weitere Grundbedingung für die Geschichte bis um 500: Griechenland bleibt von äußeren Angriffen verschont.

Nach dieser formativen Phase bleibt griechische Geschichte unter politischen Gesichtspunkten trotz veränderter Rahmenbedingungen immer die Geschichte einzelner Städte (*Poleis*), »Stämme« (*Ethnê*) und (später) föderaler Bundesstaaten (*Koina*), deren Beziehungen untereinander strukturell unfriedlich sind. Für die Ethnizität, die Sprache, die politischen und religiösen Grundstrukturen und die allen Griechen gemeinsamen Vorstellungen und Praktiken (z. B. Agon, Symposion, aristokratische Kultur) bildet die archaische Zeit (800–500) die formative Epoche (Alfred Heuss). Ihr vorgelagert ist das »Dunkle Zeitalter« (Dark Ages; ca. 1050–800); die Bezeichnung wird verwendet, weil dieser Abschnitt für die Forschung nur durch archäologische und sprachgeschichtliche Quellen zugänglich ist und weil gegenüber der mykenischen Kultur in allen Lebensbereichen ein deutlicher Rückgang erkennbar ist. Umstritten ist, wo und in welchem Ausmaß es Kontinuitäten gab.

Trotz der im 8./7. Jh. (Homer, Hesiod, Inschriften) einsetzenden Schriftlichkeit gibt es für die griechische Geschichte bis um 600 nur wenige gesicherte absolute Daten. Die Darstellung kann deshalb nicht in der Form einer strikten Chronologie erfolgen. Auch für die Zeit bis etwa 500 beruhen viele Daten auf antiken chronografischen Rekonstruktionen und können daher nur als Konventionen gelten.

Die Dark Ages (11. Jh.–um 800 v. Chr.)

Das Ende der mykenischen Staatlichkeit

Die mykenische Staatlichkeit als komplexe Organisation von Ressourcen, Macht und überseeischer Kommunikation endet im 12. Jh. Ursache ist nicht ein massiver Einbruch neuer Völker von Norden (»Dorische Wanderung«); vielmehr zerreißt in Folge der Invasionen der Seevölker ins östliche Mittelmeergebiet (Ägypten, Syrien, Anatolien) das Austauschnetz, das für die Palastkultur mit ihrer weit entwickelten und daher anfälligen Organisation und Zirkulation von Herrschaft, Gütern und Wissen unverzichtbar ist. Vermehrte militärische Anstrengungen (Tiryns, Mykene, Athen) belasten die ohnehin überdehnten Ressourcen zusätzlich. Während bei einigen Palästen Brandschichten auf gewaltsame Zerstörungen hindeuten, werden in Gla und Orchomenos unbedrohte Paläste aufgegeben. Während die Zentrale mit ihren *wanakes* und der schriftgestützten Administration langfristig ganz verschwindet, behaupten sich nach einer nachpalatialen Konsolidierung auf niedrigerem Niveau (submykenische Phase bis 1050) lediglich

Das frühe Griechenland und seine chronologischen Dimensionen

ungefährer Zeitraum	Keramikstil	Leitmetall	historische Epochen	homerische Chronologie
1200 – 1100 v. Chr.	späthelladisch III C	Bronze	spätmykenische Zeit (bis 1050)	heroische Vergangenheit Relikte / mündliche Tradition ?/ künstliche Archaisierung
1100 – 1050 v. Chr.	submykenisch			
1050 – 900 v. Chr.	protogeometrisch		*Dark Ages* (1050–800)	
900 – 850 v. Chr.	frühgeometrisch	Eisen		
850 – 770 v. Chr.	mittelgeometrisch			
770 – 700 v. Chr.	spätgeometrisch		frühharchaische Zeit (ab 800)	Gegenwart / »epischer Hintergrund«
			Homer (ca. 700/650)	

kleinere lokale Einheiten (*damoi*) unter ihren Siedlungsführern (*basileis*); sie bilden neben den Siedlungen, die nie den hohen Organisationsstand der Paläste erreicht haben, die »politischen« Einheiten der Dark Ages.

Merkmale der Dark Ages

Die Zahl der besiedelten Plätze sinkt stark (ca. 80 %), und es kommt zu vielfältigen, erst in ihrem Ergebnis großräumig wirkenden Migrationen aus vielen Bewegungen »dorischer« und »nordwestgriechischer« Gruppen, aber auch ursprünglich mykenischer Bevölkerungsteile. Einwanderung und Binnenwanderung gehen Hand in Hand, Phasen der Sesshaftigkeit und des Weiterziehens, der kriegerischen Landnahme und der allmählichen Infiltration wechseln sich ab, und die kleinen Wanderungseinheiten sind in ihrer Zusammensetzung dauernder Veränderung unterworfen. Vielfach kommen die Migrationsverbände in Gebiete, die durch den Kollaps der mykenischen Zivilisation bereits weitgehend entvölkert sind. Zuwanderungsgebiete sind die Ostküste Attikas, Euböa, Chios, Kreta, Zypern und sogar Tarsos in Kilikien. Eine wichtige Rolle in der zeitweisen Verflüssigung der Siedlungsgeografie in Griechenland spielt die Lebensform teilsesshafter Herdenbesitzer (Transhumanz). In der Tat belegen Knochenfunde und die homerischen Epen die zeitweise große (und prestigeträchtige) Bedeutung von Fleisch als Nahrungsmittel. – In ähnlich komplexen Formen und gleichzeitig verläuft die Besiedlung der kleinasiatischen Küste durch Griechen (sog. Ionische Kolonisation). Die Landnahme dort wird begünstigt, weil keine größere staatliche Macht den Griechen Widerstand entgegensetzen kann. Doch spätestens im 9. Jh. setzt sich die agrarische Wirtschaftsweise (Getreide, Wein, Öl) erneut allgemein durch, und gibt es wieder feste Siedlungen, etwa Alt-Smyrna (bei Bayrakli, 4 km nördlich Izmir). Neue Siedlungskerne lösen ihrerseits wiederum kleinräumigere Wanderungen aus und vergrößern sich durch Zuzug. Die ethnischen Strukturen der griechischen Welt, die »Stämme« und ihre Unterabteilungen (Phylen; Phratrien), sind jedenfalls keine Relikte des Zerfalls von Großverbänden der Wanderungszeit, sondern bilden sich parallel zu neuen politischen Verdichtungen aus, wahrscheinlich auf Grundlage erfolgreicher und daher attraktiver Endogamieverbände.

Verteilung der griechischen Dialekte (vereinfacht)

In den kleinräumigen Siedlungsgemeinschaften sind überall die Lebensverhältnisse sehr einfach. Die mykenische Schrift ist verloren. Die aufwendigen Grabbauten werden vielfach durch Kistengräber mit individueller Bestattung abgelöst. An die Stelle der mykenischen Steinbauten treten im 11. und 10. Jh. einfache Lehmziegelhäuser. Die Kommunikation zwischen den einzelnen Siedlungen scheint im 11. Jh. weitgehend unterbrochen zu sein. Einzelne größere Häuser (Lefkandi/Euboia; Nichoria/Messenien; Emporio/Chios u. a.) belegen zwar eine soziale Differenzierung, halten jedoch keinem Vergleich mit mykenischen Bauten stand. Eine gewisse Sonderstellung scheint Athen einzunehmen, wo die ersten protogeometrischen Vasen auf einen Neubeginn im Bereich der materiellen Kultur hindeuten.

Folgenreich ist der Übergang zum **Gebrauch des Eisens**. Es kann in größeren Mengen aus Ressourcen in Griechenland selbst gewonnen werden; seine Nutzung hängt nicht an einem gefährdeten Fernhandelsnetz. Der Zugang zu Werkzeugen für Krieg und Landwirtschaft ist damit nicht mehr von einer kleinen Elite monopolisiert, sondern steht einer breiteren Schicht offen. Die Landwirtschaft und die damit verbundene neue Sesshaftigkeit bilden weitere Voraussetzungen für die Konsolidierung größerer und egalitärerer Gruppen als Siedlungsgemeinschaften. Die elementare Erfahrung der Unsicherheit und die Subsistenzwirtschaft schließlich verweisen die dörflichen Gemeinschaften auf eine nachbarschaftliche und lokale Solidarität, ohne die kein Überleben möglich ist.

Die zur Ethnogenese (einschließlich der Ausbildung der griechischen **Dialekte**) führenden Explorationen und Migrationen gehen bruchlos in die erneute Erweiterung des Horizontes über. Deutlichen Ausdruck findet dies in der orientalisierenden Vasenmalerei und in der Schaffung eines **griechischen Alphabets** auf der Basis des phönikischen. Durch Hinzufügung von Zeichen für Vokale nach dem Prinzip der Lautschrift kann jedes gesprochene Wort leicht niedergeschrieben werden. Diese erste reine Buchstabenschrift der Geschichte kann jeder erlernen; zu schreiben ist so kein Monopol Privilegierter.

Einzelne Stützpunkte mobiler griechischer Unternehmer bilden Brückenköpfe für neue Netzwerke des Handels (Al-Mina in Syrien, um 800), aber auch für eine anschließende Landnahme durch Siedler (Pitthekussai in Unteritalien). Teilhaber dieser Dynamik, die sich auch aus Piraterie speist, erlangen Wohlstand und verstärken die neue soziale Differenzierung, für die nunmehr Grundbesitz, Prominenz und Bewährung bei der Bewältigung der Gemeinschaftsaufgaben ausschlaggebend sind. In verschiedenen Gebieten entsteht Differenzierung auch dadurch, dass Teile der Bevölkerung unterworfen und in einen minderberechtigten Status herabgedrückt werden (z. B. Heloten und Perioiken in Sparta, Penesten in Thessalien), wobei unklar ist, wann diese Verknechtungen erfolgen. Archäologisch nachweisbar ist die **Herausbildung der Stadt** als Lebensform. Dabei ist das ionische Kleinasien führend: Alt-Smyrna ist die einzige Stadt, die schon im 9. Jh. eine Mauer besitzt; selbst bis zum Ende des 8. Jh.s sind Mauern selten. Urbanisierung und Kommunalisierung zeigen sich vielmehr in der bewussten Gestaltung öffentlicher Plätze (*Agorai*), die aber zunächst noch keine größeren Bauten aufweisen. Die Qualität der Wohnhäuser nimmt seit dem 9. Jh. zu; das Ovalhaus wird durch rechtwinklige Häuser abgelöst, die eine dichtere Bauweise ermöglichen und im späten 8. Jh. zu ersten Stadtanlagen führen. Dabei dürften neben der Initiative Einzelner auch neuartige Gestaltungsaufgaben (zumal in neuen Siedlungen) und Frühformen kommunaler Willensbildung und Mobilisierung eine Rolle gespielt haben.

Bis Ende des 10. Jh.s gibt es keine spezifischen Gebäude für den **Kult**, der wohl v. a., wie auch in der Bronzezeit, an natürlichen Kultstätten vollzogen wird. Der Betrieb von Kultstätten stellt ein wichtiges Moment der Kontinuität über die Dark Ages dar. Materielle Reste, die auf eine solche Kontinuität hinweisen, fehlen, doch ist heute unbestritten, dass die griechische Religion des 8. Jh.s an die mykenische Religion anknüpft. Eigenständige Kultgebäude, zunächst kaum unterscheidbar von Wohnhäusern, beginnen mit dem 9. Jh.; aus dem 8. Jh. sind erste Beispiele des für die spätere Zeit typischen rechtwinkligen Tempels bekannt (z. B. Heraion in Samos).

Gesellschaft und politische Gemeinschaften im 8. Jh. v. Chr.

Homer und Hesiod

Die Verhältnisse der ausgehenden Dark Ages und der früharchaischen Zeit sind uns durch die dem Dichter **Homer** zugeschriebenen Epen »Ilias« und »Odyssee« sowie durch die Dichtungen des Boioters Hesiod bekannt. Die homerischen Epen erzählen Mythen, die auf einer Tradition mündlicher Verfertigung von Dichtungen (*Oral Poetry*) beruhen und im ionischen Kleinasien mithilfe der Schrift ihre endgültige Fassung erhalten. Die Arbeitsweise des Dichters/der Dichter und die Datierung der Niederschrift sind umstritten; gute Gründe sprechen für die 2. Hälfte des 8. Jh., wobei es auch jüngere Einschübe gibt. Während die Historizität der epischen Vordergrundschilderung (Troianischer Krieg) sehr problematisch ist und viele überhöhte Elemente gar keiner tatsächlichen Epoche zuzurechnen sind, können die Epen dennoch für die Lebens-, Gedanken- und Wertewelt ihrer Entstehungszeit als Quellen herangezogen werden. Dabei stehen Ruhm und richtiges Verhalten des hauptsächlichen Publikums, der Elite, im Vordergrund. – Eine andere Perspektive bieten die Werke des Hesiod aus Askra in Boiotien (um 700). Die »Theogonie«, welche die Entstehung der olympischen Götterwelt zum Thema hat, lässt altorientalische Einflüsse erkennen, während die »Werke und Tage«, die im ersten Teil vom Streit Hesiods mit seinem Bruder Perses und der Unterdrückung des Rechts durch die Adligen berichten, im zweiten Teil genaue Anweisungen für die bäuerlichen Arbeiten im Kreislauf des Jahres geben.

Lebensformen und Gesellschaft

Die Landwirtschaft ist bei Hesiod wesentlich Ackerbau, bei Homer eine Mischform zwischen Ackerbau und Viehzucht; große Herden (v. a. Rinder, Schafe, Ziegen) sind für den Reichtum der Herren charakteristisch. Angebaut werden Weizen, Emmer und Gerste, wahrscheinlich auch Hirse, ferner spielen Wein und Öl eine große Rolle. Zur Bodenbearbeitung werden starre Holzpflüge und Handhacken benutzt. – Handwerker werden bei Homer zusammen mit Sängern, Ärzten, Sehern und Herolden unter dem Namen Demiourgoi (»in der Öffentlichkeit und für sie Wirkende« – Felix Eckstein) zusammengefasst. Es gibt Zimmerleute, Goldbearbeiter, Lederbearbeiter, Töpfer und Schmiede; nur der Schmied hat eine eigene Werkstatt. Viele handwerkliche Arbeiten werden noch von Mitgliedern der Haushalte geleistet oder von Handwerkern auf den Höfen durchgeführt. Eine wichtige Rolle spielen umherziehende Dichtersänger. Der Handel erscheint in den Epen weniger bedeutend. Seine Träger sind meist nicht Griechen, sondern Phöniker. Tauschmittel sind Metalle und Sklaven, daneben auch Vieh.

Die grundlegende soziale Einheit ist im 8. Jh. der **Oikos** (Haus); zu wohlhabenderen Oikoi gehören auch Sklaven und v. a. Sklavinnen, zu den adligen Häusern ferner Gefolgsleute. V. a. für Gelegenheitsarbeiten werden auch Lohnarbeiter (Theten) beschäftigt, die nicht Mitglieder des Oikos sind. Die Wirtschaft der Oikoi ist auf Autarkie ausgerichtet, der Überschuss wird gewöhnlich gehortet. Neben seinen wirtschaftlichen hat der Oikos v. a. Schutzfunktionen: Da die politische Organisation gering entwickelt ist, genießt nur Schutz, wer Mitglied eines von einem starken Herrn geführten Oikos ist. – Als größere soziale Verbände werden in den Epen Phylen (»Stämme«) und Phratrien (»Bruderschaften«) genannt, die offenbar in der Organisation des Heeresaufgebotes eine Rolle spielen.

Die Gesellschaft erscheint grundsätzlich in Adlige und Nichtadlige unterschieden. Die **Adligen** zeichnen sich aus durch großen Besitz, kriegerische Tüchtigkeit, physische Kraft und Schönheit; sie brauchen für ihren Unterhalt nicht zu arbeiten (obwohl sie bäuerliche und handwerkliche Tätigkeiten beherrschen) und bilden besondere Formen der öffentlichen Geselligkeit aus (gemeinsames Essen und Trinken, Jagd, Wettkämpfe und Spiele aller Art), die sich allmählich zu einer eigenständigen Adelskultur verfestigen. Erkennbar ist auch das Bestreben, durch den Verweis auf Abstammung, große Taten der Vorfahren und angeborene Vorzüge den eigenen Status zu stabilisieren und exklusiv zu werden. Archäologisch spiegelt sich dieses Bestreben seit dem 8. Jh. im Heroenkult wider. Dabei schließt sich vielfach die Verehrung epischer Heroen an anonyme Gräber der Bronzezeit an. Die Elite gibt sich so eine Vergangenheit, die im epischen Erzählen wurzelt und Kontinuität mit der bronzezeitlichen Vergangenheit lediglich vorstellt.

Die **Nichtadligen** setzen sich zusammen aus Demiourgoi, Bauern, Theten und Sklaven. Die Bauern müssen, auch wenn sie nicht nur als arm vorgestellt sind, hart arbeiten. Die **sozialen Beziehungen** zwischen Adligen sind einerseits bestimmt durch Konkurrenz: die Größe des Besitzes, die physische Kraft, die Leistung im Krieg und im Wettkampf, das Redenkönnen – in allen Lebensbereichen gilt es, besser zu sein als der andere und dadurch Ruhm zu erlangen. Von hierher wird das Agonale (Wettkampfmäßige) eine der Grundstrukturen des griechischen Lebens überhaupt. Fehden und Raubzüge beim Nachbarn und über See sind eine häufige Erscheinung dieser Krieger- und Adelsgesellschaft. Der Besitz ist deshalb immer prekär, v.a. wenn ein starker Herr des Oikos fehlt. – Andererseits stehen die Adligen untereinander in mannigfachen Beziehungen der **Gastfreundschaft**, die nicht auf eine Stadt oder ein Gebiet beschränkt ist, sondern den gesamten griechischen Raum umfasst. Der Austausch wertvoller Geschenke (Waffen, Kleidung, Bronzegegenstände) ist weit verbreitet, wobei auf genaue Äquivalenz der Geschenke geachtet wird. Dieses Prinzip der gleichwertigen Erwiderung (Reziprozität) bestimmt auch immaterielle Beziehungen wie Hilfeleistung und Rache.

Ähnliches gilt für die Beziehungen unter den Bauern. Unter den Bedingungen einer wenig entwickelten, v.a. den Wechselfällen der Natur ausgesetzten Produktion, sind sie auf **Nachbarschaftshilfe** angewiesen, die aber auch, wie Hesiod ausdrücklich betont, auf der Basis der Gleichwertigkeit und des gegenseitigen Nutzens geleistet wird. Knappheit und Hilfeverpflichtung generieren in der Dorfgemeinschaft aus Bauern und unterbäuerlicher Schicht einen starken sozialen Druck zu sozialkonformem Verhalten (Fleiß, Rechtschaffenheit und Solidarität, Wahl der richtigen Frau, Wahrung der unumschränkten Autorität des Mannes), das bei Verstößen rigoros eingefordert wird (Rügebräuche).

Die Beziehungen zwischen Adligen und Bauern beruhen nicht auf der Verleihung von Land und daraus resultierender Gefolgschaft, haben also nichts mit feudalen Verhältnissen zu tun. In der Schilderung Hesiods sind Bauern auf vielfache Weise der Gewalt der Adligen ausgesetzt: Diese werden als »geschenkefressende Könige« bezeichnet; die gegenseitigen Raubkriege der Adligen fügen den Bauern Schaden zu; die Adligen benutzen ihre Richterfunktion zu »schiefen« Rechtsprüchen. Hesiods Fabel vom Habicht und der Nachtigall ist Ausdruck dieses Gewaltverhältnisses. Daneben steht das Ideal des gerechten und uneigennützigen »Königs« (*Basileus*). Gemeinschaftsorientierung und egomane Ruhmbegierde stellt bereits der Dichter der »Ilias« in den Gestalten von Hektor auf der einen, Agamemnon und Achilleus auf der anderen Seite gegenüber. Noch deutlicher werden in der »Odyssee« und bei Hesiod die Norm eines sozialverträglichen Verhaltens formuliert, wird gutes Verhalten unter das Gebot des Zeus gestellt, der Rechttun belohnt und Unrechttun bestraft.

Politik in den vorstaatlichen Gemeinden

Die in den Gemeinden öffentlich agierende Elite besteht in den Epen immer aus mehreren Personen, die als Basileis (singular: Basileus) bezeichnet werden. Der Vorrang eines einzelnen kann sich aus besonderen Verdiensten, überlegenem Charisma oder anderen Gründen ergeben, verfestigt sich aber nicht zu einer deutlich abgesetzten monarchischen Position. Auch epische Überhöhungen sind in Rechnung zu stellen. Da die sehr viel später (4. Jh.) in mehreren Staaten erstellten Königslisten nicht auf genuine alte Überlieferung zurückgehen, muss die Vorstellung eines starken frühgriechischen Königtums als Konstrukt betrachtet werden.

Die Basileis versehen einzeln oder gemeinsam, in Konkurrenz oder Kooperation die Gemeinschaftsaufgaben (innergemeindliche Streitschlichtung, Führung im Krieg, Kommunikation mit den Göttern). Sie tun dies noch nicht als Inhaber eines Amtes, sondern aufgrund ihrer Stellung und der ihnen zugeschriebenen Qualifikation. Entziehen können sich die Basileis den Erwartungen an sie wegen des »Geredes im Volk« nur schwer.

Die Basileis treffen und beraten sich in einem noch gänzlich informellen Rat. Stärker formalisiert erscheint dagegen schon die Volksversammlung (*agora*, zugleich Bezeichnung des Versammlungsplatzes). Sie besteht aus den Wehrfähigen, die bereits im 8. Jh. militärisch unverzichtbar sind: Sie kämpfen in einer Aufstellung, die schon der späteren Phalanx ähnelt, und führen in Massengefechten die Entscheidung herbei; die Führer behandeln ihre Mannen daher meist freundschaftlich und fürsorglich. Die homerische Agora weist bereits wesentliche Elemente der Volksversammlung der späteren Polis auf. So ist der ordnungsgemäße Ablauf solcher Versammlungen klar bestimmt und wird von Herolden durchgesetzt. Der jeweilige Redner stellt in der Debatte die verschiedenen Positionen und möglichen Varianten des Handelns vor und tritt für eine der Optionen ein. Rhetorische Fähigkeiten nehmen deshalb im Wertesystem der Epen einen hohen Rang ein. Was der Versammlung noch fehlt, ist das Recht zu einem Beschluss nach einer formalisierten Abstimmung. Vielmehr setzt sich häufig die Ansicht des letzten Redners durch, der seinerseits zusammenfasst, was sich aus den Reden und den Reaktionen der Versammelten als eine Art von kollektivem Konsens herausgestellt hat. Von den kollektiv akklamierten Beschlüssen der Versammlung geht ein erheblicher Druck aus, sich zu fügen. Das gilt auch für Entscheidungen öffentlich tagender Schiedsgerichte.

Mythos, Kult, Fest

In den Epen Homers und Hesiods sowie in anderen, nicht erhaltenen Dichtungen werden **Mythen** erzählt. Als »Mythos« (ursprünglich einfach »Wort«, erst im 5. Jh. auch »unverbürgte, unglaubwürdige Erzählung«) wird eine »traditionelle Erzählung von kollektiver Bedeutsamkeit« bezeichnet (Geoffrey Kirk, Walter Burkert). Für die Griechen haben Mythen von Göttern, Heroen und Menschen mehrere Funktionen. Sie erklären den Uranfang (Kosmogonie und Theogonie) und die Herkunft von Institutionen, Riten, Naturerscheinungen und dergleichen (Aitiologie) und sie zeigen das vorbildhafte oder verwerfliche Handeln von Personen, die »größer waren, als jetzt die Sterblichen sind«. Besonders für den Adel liefern die Mythen Vorbilder, Legitimationen und Normen.

Homer und Hesiod »haben den Hellenen ihr Göttergeschlecht gebildet, den Göttern ihre Beinamen gegeben, die Ämter und Fähigkeiten und ihre Gestalt umrissen« (Herodot: »Historien«, II 53). Auch für die Entstehung der griechischen **Religion** bilden die Epen also einen entscheidenden Schritt, obwohl der Prozess, der zu ihnen führt, schon lange vorher angelegt ist. Für die Folgezeit entscheidend ist, dass die von Homer und Hesiod reflektierten Göttermythen an keinen Ort lokal gebunden sind und somit eine panhellenische Göttermythologie vorgeben, welche mit den lokalen, an einzelne Kulte gebundenen Mythen in einer unauflöslichen Spannung steht. Charakteristisch ist die konsequente Ausgestaltung der Götterwelt nach dem Bild des Menschen. Der Abstand zwischen Menschen und Göttern ist zunächst gering. Schon in der »Odyssee«, v. a. jedoch bei Hesiod, wird der Abstand zwischen Menschen und Göttern jedoch dadurch vertieft, dass die Götter mit moralischen Ansprüchen verbunden werden; Zeus wird zum Gott der Gerechtigkeit. – Wieweit das religiöse Leben der Unterschichten von der Religion der olympischen Götter berührt wird, ist unsicher. Hier wirken wohl eher traditionale Elemente, wie die Verehrung alter Natur- und Lokalgottheiten und mit der täglichen Arbeit verbundene rituelle Vollzüge sowie magische Praktiken, wie auch später für die Volksreligion die Sterne, Wahrsager, Sühne- und Wanderpriester und Mysterien große Bedeutung haben. Ferner spricht der Dionysos-Kult mit seinen ekstatischen Riten die Bauern und v. a. auch Frauen besonders an. Trotz dieser Einschränkung sind der Mythos und die olympische Religion grundlegend sowohl für die Entstehung einer kulturellen Zusammengehörigkeit Griechenlands als auch für das Selbstverständnis der Griechen.

Die wichtigsten Amphiktyonien

um das Poseidon-Heiligtum auf der Halbinsel Mykale (Panionion)	Milet, Ephesos, Myus, Priene, Kolophon, Lebedos, Teos, Klazomenai, Phokaia, Samos, Chios, Erythrai
um das Apollon-Heiligtum in Delos	Ionische Städte und Inseln
um das Apollon-Heiligtum in Delphi	Die Amphiktyonie, die ursprünglich zum Demeter-Tempel von Anthela (nahe den Thermopylen) gehört, umfasst im 7. Jh. Stämme Mittel- und Nordgriechenlands. Für das 4. Jh. werden genannt: Thessaler, Boioter, Dorer, Ionier, Perrhaiber, Doloper, Magneten, Lokrer, Ainianen, Phthioten, Malier, Phoker
um das Poseidon-Heiligtum von Kalaureia	Athen, Prasiai, Aigina, Nauplia, Hermione, Epidauros, Orchomenos

In gleicher Hinsicht bedeutsam werden zwei Erscheinungen, die unmittelbar mit der Religion zusammenhängen, nämlich die Amphiktyonien und die Spiele. Verschiedene Kultorte im Mutterland, auf den Inseln und in Kleinasien erlangen überlokale Bedeutung. Um sie herum bilden sich **Amphiktyonien**, d. h. religiöse Verbände der Städte und Ethnê (»Stämme«), die um ein Heiligtum »herumwohnen«. Amphiktyonien dienen dem Schutz und der Verwaltung des Heiligtums, um das sie sich bilden, und der Sicherung des Friedens während der Feste. Obwohl mit der Zeit auch politische Interessen Einfluss gewinnen, entwickeln sich die Amphiktyonien nur in Ausnahmefällen zu politischen Bünden, so das Panionion im Ionischen Aufstand (499–494).

In Verbindung mit den Kultfeiern bilden sich allmählich Spiele (Agone) heraus, die bekanntesten für den Zeus in Olympia (West-Peloponnes). Zunächst eine Orakelstätte, zieht das Heiligtum ab dem 7. Jh. Gesandte, Athleten und Zuschauer aus der ganzen Peloponnes, im 6. Jh. dann aus allen von Griechen besiedelten Regionen an. Der erste Olympiasieger im Stadionlauf wird für das Jahr 776 v. Chr. verzeichnet; die Liste ist jedoch konstruiert. Das Wettkampfprogramm der Olympischen Spiele wird ständig ausgeweitet: vom Stadionlauf über den Faustkampf, Wettkampf mit dem Viergespann, Reiten bis zum Ringkampf etc.; auch Tanz-, Gesangs- und Rezitierwettbewerbe werden aufgenommen. Am Beginn des 6. Jh.s entstehen weitere bekannte Spiele, so die Pythien in Delphi, die Nemeen in Nemea auf der Peloponnes, die Isthmien am Isthmos von Korinth. Bei den Spielen trifft sich der griechische Adel, dessen Konkurrenzverhalten fast von selbst zu überlokalem panhellenischem Vergleich drängt. Siege bei den großen Spielen vermitteln hohen sozialen Ruhm. Um 700 begegnet bei Hesiod der Name **Hellas** für Griechenland – ein erstes Zeichen des Einheitsbewusstseins, das sich auch in einem aitiologischen Mythos (Hellen als Stammvater, Doros, Aiolos und Ion als Söhne bzw. Enkel) manifestiert. Generell spielen Mythen von Migrationen, Remigrationen und Gründungen als Gerüst der Selbstverortung und Legitimation in der formativen Phase der griechischen Geschichte eine zentrale Rolle.

Das archaische Griechenland: räumliche Erweiterung, politische Formierung, kultureller Aufbruch (8.–6. Jh. v. Chr.)

Die Gründung neuer Siedlungen

Seit Mitte des 8. Jh.s werden in der gesamten Mittelmeerwelt und im Schwarzmeergebiet viele griechische Siedlungen mit urbanem Charakter gegründet. Diese sog. **Apoikien** (»Tochterstädte«) erweitern den Lebens-, Erfahrungs- und Wirtschaftraum der Hellenen beträchtlich, wobei die Schwerpunkte in Sizilien, Unteritalien und dem Schwarzmeergebiet liegen. Diese Entwicklung ist lange Zeit mit Vorstellungen aus der neuzeitlichen Geschichte und nicht ohne Ethnozentrismus als Kolonisation verstanden und bezeichnet worden. Erklärt wurde die Bewegung in erster Linie durch Überbevölkerung, Erbteilung und Landnot im Mutterland, von der eine anschauliche (spätere) Schilderung im Falle der Gründung Kyrenes von Thera aus (ca. 630) zu berichten weiß. Tatsächlich aber ergibt sich die mehrstufige Siedlungsexpansion eher aus den Möglichkeiten, die aus verbreiteter Mobilität erwachsen. Die Migrationen während der Dark Ages und die Gründung von Apoikien bilden einen kontinuierlichen Zusammenhang. Die Selbstverständlichkeit von Mobilität und das von aggressiven seefahrenden adligen Krieger-Unternehmern angesammelte Wissen um die Verhältnisse an fernen Küsten sind die Voraussetzungen für Neugründungen. Die ersten Griechen in der Fremde sind kleine, ethnisch heterogene Gruppen von Händlern und Wanderhandwerkern (Demiourgoi bei HOMER!), Exilierten und Söldnern, die sich zunächst mit ihrem Know-how (Keramikherstellung, Metallbearbeitung, Kriegshandwerk) in funktionierende und prosperierende Ökonomien und multikulturelle Siedlungen eingliedern. Sie schaffen Mobilitätskanäle und damit die Voraussetzung für den Nachzug größerer Gruppen, die nun auch Ackerbau in großem Stil betreiben wollen. Erst diese Generation von Immigranten, nicht selten schon die dritte oder vierte insgesamt, gründet im Laufe des 7. Jh.s v. Chr. auf nunmehr gewaltsam okkupiertem Territorium großzügig geplante und aufgrund der guten Vorbereitung meist rasch prosperierende Siedlungen mit deutlich urbanem und institutionalisiertem Charakter (Poleis). Die Apoikien liegen zunächst an den Küsten, spätere Gründungen erschließen aber auch das Hinterland. Ansporn und Anregungen zugleich gehen von den teilweisen konkurrierenden Expansionen

Zeitalter der griechischen Kolonisation ca. 8.–5. Jh. v. Chr.

der Phöniker, v. a. Karthagos, im westlichen Mittelmeer und der Etrusker in Italien aus.

Einen wichtigen Anlass für die Migrationen bilden vielerorts politisch-soziale Konflikte in den sich verdichtenden Gemeinden, die häufig zu blutigen Gewalttaten eskalieren. Um die daraus resultierende religiöse Befleckung zu bereinigen, wird das Ausscheiden der Ausgestoßenen durch einen Orakelspruch überhöht und zugleich geheilt. Begünstigt wird die Gründung von Stützpunkten und Siedlungen in Einzelfällen auch durch exogene Faktoren, z. B. in Kleinasien, wo sich das lydische Reich unter Gyges (†um 644) konsolidiert und die weitere Ausdehnung der Griechen ins Innere Kleinasiens blockiert. Dazu kommen zwischen 670 und 650 Raubzüge der Kimmerer und Trerer ins griechische Kleinasien. Die Apoikien der kleinasiatischen Griechen liegen v. a. im fisch- und ressourcenreichen (Holz, Metalle, Sklaven) Schwarzmeergebiet, wobei Milet mit angeblich 90 Gründungen eine führende Rolle spielt.

Die Initiative zum überseeischen Unternehmen geht zunächst meist von einem einzelnen Aristokraten aus. Die später von den Griechen geschaffenen Gründungslegenden machen aus diesem in der Regel einen ordnungsgemäßen **»Gründer«** (Oikistes) im Auftrag seiner Heimatgemeinde oder des namhaften Apollon-Orakels in Delphi (in der antiken Landschaft Phokis, Mittelgriechenland). Der Oikist erfährt nach seinem Tod kultische Verehrung. Als Metropolis (»Mutterstadt«) der Apoikie gilt die Heimat des Oikisten oder der meisten Neusiedler des ersten Erweiterungsschubs oder die Stadt, in der diese sich zur Ausfahrt versammeln. So erlangen mittlere Städte wie Chalkis und Eretria auf Euboia vergleichsweise große Bedeutung als Mutterstädte, während Athen in archaischer Zeit gar keine und Sparta nur eine einzige Apoikie gründet (Taras, heute Tarent). Mit der Mutterstadt bestehen in der Regel enge kultisch-religiöse Verbindungen. Für Neugründungen von einer Apoikie aus holt man sich häufig einen Oikisten aus der eigenen Mutterstadt.

Die Apoikie steht aber nicht in einem Abhängigkeitsverhältnis zur Mutterstadt; der Versuch, die Tochterstädte auch machtpolitisch enger zu binden, bleibt auf die Seemächte Korinth (in archaischer Zeit) und Athen (im 5./4. Jh.) beschränkt. Sonderfälle sind die Ansiedlungen griechischer Söldner durch fremde Könige; dazu gehört Naukratis (am westlichen Nilarm), das ab etwa 600 eine wichtige Schnittstelle zwischen der zentralistischen Ökonomie Ägyptens und dem griechischen Marktsystem bildet.

Das notwendige Zusammenwirken von zunächst wenigen, dann vielen »Griechen« in einer multikulturellen Umwelt befördert die Ausbildung von neuen ethnischen Identitäten verschiedener Art (»Korinther«, »Sikelier«, »Dorer«, »Kreter«, »Panhellenes«). Der Bezug auf Delphi, die Heiligtümer und Kultpraktiken, das Symposion, die Homerrezitation und ein starker Wille zu Gestaltung und Ordnung machen die »Hellenen« sich selbst und ihrer Umwelt erkennbar.

Die Ausbildung der Polis als Staat

Die am Ende der Dark Ages wiedergewonnene agrarische Sesshaftigkeit auf dauerhaftem Landbesitz und die Praxis der bäuerlichen Solidarität sind wichtige Voraussetzungen für die Entstehung der Polis als Gebiets- und Personenverband. Die Summe der Oikoi wächst durch gemeinsame Anstrengungen zur Verteidigung gegen räuberische Überfälle und zur aggressiven Erweiterung der eigenen Lebensgrundlagen zusammen. Diesen Prozess verstärkt im 7. Jh. die Weiterentwicklung der bereits in der »Ilias« Homers erkennbaren kollektiven Kampfesweise zur Phalanx (»Walze«) aus tief gestaffelten Reihen von Hopliten (»Schwerbewaffneten«). Neben den adligen Kriegsherren mit seiner Gefolgschaft tritt so auf Dauer eine von Egalität und Solidarität geprägte Formation. Innergemeindliche Integration und zwischengemeindliche Konkurrenz werden verstärkt durch das Anwachsen der Bevölkerung ab dem 8. Jh., dessen Ausmaß allerdings nicht überschätzt werden darf und regional sehr verschieden ist.

Die ersten größeren Konflikte, die sich z. T. aus Raubzügen adliger Gruppen zu **Kriegen** zwischen Staaten entwickeln, gibt es zwischen Sparta und Messenien (7. Jh.), zwischen Chalkis und Eretria auf Euboia (Lelantischer Krieg, 1. Hälfte 7. Jh.) sowie zwischen Athen und Megara um den Besitz von Salamis (spätes 7./frühes 6. Jh.).

Die dynamische Entwicklung der Poleis (Einzahl: Polis) ab dem 8. Jh. resultiert ganz wesentlich aus ihrer Pluralität. Stadtstaaten bilden Netzwerke, deren Glieder miteinander konkurrieren und voneinander lernen. Die verbreitete Mobilität begünstigt Entlehnungen bei den Phönikern und Rückkoppelungen aus den Apoikien. So kann sich etwa die Verwendung von **Münzgeld** nach dem Vorbild der Lyder im 6. Jh. von Kleinasien (Ephesos) aus rasch verbreiten. Das Münzgeld gehört zum Prozess der Polisbildung; es dient zunächst der Begleichung standarisierter Zahlungen (Bußen, Sold) und dem regionalen Handel. Die Poleis unternehmen kollektive Anstrengungen für öffentliche Räume und Nutzbauten (Agora, Akropolis, ggf. Hafen- und Befestigungsanlagen). Die polisbezogenen Gottheiten erhalten Tempel und Heiligtümer, die den urbanen Kern, das bewirtschaftete Land (*chora*) und die Grenzregionen markieren und über Prozessionsstraßen miteinander verbinden. Auch die Ne-

Die Kleinräumigkeit der Polis – Territorien um 500 v. Chr. (in km²)

einzelne Poleis		durchschnittliche Größe einer Polis in	
Athen	2 500	Phokis	65
Sparta (mit Messenien)	8 400	Arkadien	120
Milet	2 000	Kreta	167
Syrakus (im 4. Jh.)	12 000	Pallene, Sithonia, Akte	55
Erytrai (Boiotien)	< 25	Lesbos	266
Halieis (Argolis)	< 100		

kropolen als Räume der Toten festigen die Identität der Polisbürger als Erinnerungsgemeinschaft.

Gleichzeitig fördern Verdichtung, Zuwanderung und die wachsende Polisbezogenheit des Handelns innere **Konflikte**. Die Bemühungen zu ihrer Bewältigung führen zu einem Institutionalisierungsschub und begründen die Staatlichkeit als »kontinuierliche anstaltsmäßige Vergesellschaftung« (MAX WEBER). Als erste Stufe einer Ausdifferenzierung konkreter sachlicher Aufgaben werden reguläre, meist jährliche **Polisämter** für allgemeine Führungsaufgaben eingerichtet sowie Ämter und Gremien zur **Rechtsprechung**, die zunächst noch ganz in der Hand des Adels sind. Die frühen Ämter und Gremien entstehen als Antworten auf den zunehmenden Bedarf der breiten Bevölkerung an einer stetigen, verlässlichen und geregelten Wahrnehmung der wichtigen Gemeinschaftsaufgaben durch Mitglieder der Oberschicht und aus dem Bedürfnis der miteinander konkurrierenden Mitglieder der sozialen Elite, ihren Wettbewerb um Einfluss und Prestige zu versachlichen und sowohl eine Blockade des Entscheidungshandelns als auch eine Monopolisierung von Kompetenz und Praxis bei einigen Wenigen zu verhindern.

Viele **Gesetze**, die ab dem 7. Jh. zur dauerhaften Regelung einzelner Probleme in Kraft gesetzt werden, schärfen eine korrekte und engagierte Wahrnehmung der Aufgaben durch die Beauftragten der Gemeinden ein und regeln die Besetzung der Ämter. Daneben geht es immer wieder um die Einhegung und Entschärfung von Streit und Gewalt. V. a. im Kreis der Adligen führen Stolz und der Anspruch, »immer der erste zu sein« und sich nichts gefallen zu lassen, verbunden mit einer geringen Affektkontrolle, immer wieder zur Eskalation von Tat und Vergeltung. In diesem Bereich regeln frühe Gesetze das Verfahren von Schlichtung und Ahndung (z. B. in Athen: DRAKON), definieren befriedete Räume und erweitern so den Aufgabenbereich und das Gewicht der Polisinstitutionen. Die Gesetze werden oft als monumentale Inschriften an Tempeln angebracht und erlangen so nachdrückliche Geltung.

Zunehmend entdecken die Adligen, dass neben ihren überlokalen und exklusiven Aktivitäten (Gastfreundschaft, Wettkämpfe, Seefahrt und Kriegertum) auch das Wirken in der Polis Nutzen und Prominenz verspricht. Wohlstand und Status werden vor der Bürgergemeinschaft demonstriert, um die Besetzung der noch wenigen Ämter herrscht Wettbewerb. Wo sich die Macht vorübergehend in den Händen weniger miteinander rivalisierender Adelsfamilien konzentriert, entsteht eine *Dynasteia*, doch anders als in Rom bildet sich keine homogene und politisch geschlossen agierende Aristokratie; auch die nunmehr stärker institutionalisierten Adelsräte (in Athen: Areopag) bieten dafür keinen Rahmen. Versuche der Adligen, sich durch den Hinweis auf Tradition und Stammbäume, die zurückreichen bis auf Göttersprösslinge, exklusiv abzuschließen, haben keinen durchschlagenden Erfolg; die aristokratische Existenz bleibt vereinzelt und erfolgsabhängig.

Adlige dominieren auch die wichtigen kultischen und genossenschaftlichen Vergemeinschaftungen der Phratrien (»Bruderschaften«). Während es ihnen nur in wenigen Gemeinden gelingt, dauerhafte ökonomisch-soziale Abhängigkeiten in Form klienteler Systeme zu etablieren, finden sich kurzfristig immer wieder Anhängerschaften für einen Führer zu einer »Partei« (*stasis*) zusammen, mit deren Hilfe sich Adlige Machtkämpfe (ebenfalls *stasis*) bis hin zum Bürgerkrieg liefern. Aufbauend auf bereits errungener sozialer Prominenz und meist auch durch Hilfe von außen gelangen im 7. und 6. Jh. in mehreren, überwiegend ökonomisch fortgeschrittenen Poleis einzelne Aristokraten in eine dauerhafte Machtposition und errichten eine **Tyrannis**. In Sizilien (mit Ausnahme von Akragas [Agrigento] und Leontinoi [Lentini]) beginnt die Tyrannis erst im 5. Jh.

Die Tyrannis ist nichts anderes als die äußerste Steigerung adliger Macht und von daher, wie SOLON es beschreibt, das letzte Ziel adliger Wünsche.

Einzelne Adlige können sich, wie in Megara, die Unzufriedenheit der Bauern zunutze machen, um an die Macht zu gelangen. Wegen des Aufkommens der Hoplitenphalanx kann auch ein militärisches Führungsamt Ausgangspunkt für eine Tyrannis sein. Schließlich verhelfen schon an der Macht befindliche Tyrannen Adligen in anderen Städten zur Herrschaft.

Die bedeutendsten Tyrannen

Zeit	Ort	Tyrannen
ca. 650–580 v. Chr.	Korinth	Kypseliden: – Kypselos – Periandros – Psammetichos
ca. 650–550 v. Chr.	Sikyon	Orthagoriden: – Orthagoras – Myron – Kleisthenes – Aischines
2. Hälfte 7. Jh.	Megara	Theagenes
ca. 615/610 v. Chr. ca. 590/580 v. Chr.	Mytilene (Lesbos)	Melanchros Myrsilos Pittakos
Ende 7. Jh.? 6. Jh.	Milet	Thrasybulos Thoas Damasenor
ca. 600 v. Chr. 1. Hälfte 6. Jh.	Ephesos	Pythagoras Melas Pindaros
ca. 570–554 v. Chr.	Akragas	Phalaris
561–511 v. Chr.	Athen	Peisistratiden: – Peisistratos – Hippias – Hipparchos
1. Hälfte 6. Jh. ca. 538–520 v. Chr.	Samos	Demoteles Solyson Polykrates
ca. 550–524 v. Chr.	Naxos	Lygdamis

Um diese aufrechtzuerhalten, setzen Tyrannen ihre Familienangehörigen als Helfer ein, treten in Kontakt zu anderen Tyrannen oder auswärtigen Mächten, schaffen sich auswärtige Stützpunkte und eine Leibgarde, verschiedentlich auch ein Söldnerheer. Rivalen werden meist vertrieben oder umgebracht, zeitweise, so in Athen, auch eingebunden. Probleme treten in der Regel beim Übergang zur zweiten Tyrannengeneration auf; eine dritte Generation kann sich fast nirgendwo etablieren oder gar halten. – Die Tyrannen konzentrieren erstmals die Machtmittel einer Stadt in einer Person und schaffen dadurch neue Handlungsmöglichkeiten, auch wenn die folgenden Merkmale nicht für alle Tyrannen gelten: Sie führen Steuern ein, reglementieren das Leben der Bürger, stützen die Bauern (ob es zu regelrechten Landverteilungen kommt, ist unsicher), zentralisieren die Rechtsprechung, fördern den Kult (besonders auch zentrale Kulte) und geben ihrer Polis durch große Bauten (Wasserleitungen, Hafenanlagen, Tempel) erste monumentale Züge. »Aus alldem spricht eine systematische Planung, wie sie der Vergangenheit unbekannt war und unbekannt sein musste« (ALFRED HEUSS). – Schon dadurch bildet die Tyrannis einen wichtigen Markstein in der Entstehung der Polis als politisch-organisatorischer Einheit. Darüber hinaus schwächt die Tyrannis, wenn sie längere Zeit besteht, die Bindungen zwischen Adligen und Bauern und damit die gesellschaftliche Macht des alten Adels. Nach dem Ende einer Tyrannis kann dieser daher in Städten wie Athen und Syrakus nicht mehr an die alten Gepflogenheiten von Exklusivität, Macht und Spaltung anknüpfen.

Ein bleibendes Ergebnis der archaischen Zeit ist die Ausbildung einer spezifischen Adelskultur, die einen verfeinerten Lebensstil (Körperpflege, Kleidung) und mit dem Symposion (Trinkgelage) auch eine neue Form der Geselligkeit umfasst. Luxusgüter finden ihren Weg in die Häuser der *aristoi* (»Besten«). Dieser Lebensstil erfordert erhebliche Mittel und größeren Landbesitz, deren Beschaffung in einigen Poleis zu Übergriffen und sozialen Konflikten führt. Eine Ausweichmöglichkeit bietet die Abwanderung in eine Apoikie.

Die Polis als Bürgerstaat

In einigen *Poleis* werden die sozialen Konflikte zwischen Bauern und Adligen, die bis zu dauerhafter Abhängigkeit durch Verschuldung führen können, als bedrohlich wahrgenommen; hinzu kommen die von krassen Besitzungleichheiten bewirkten Reibungen in der bäuerlichen Gesellschaft und die unsichere Zugehörigkeit von den Teilen der Bevölkerung, die von Verarmung betroffen oder zugewandert sind.

Während es wahrscheinlich nur in sehr seltenen Fällen zu einer Neuaufteilung des Ackerlandes kommt, ist ein Schuldenerlass für Athen, Megara und Kroton überliefert. Das Problem der strittigen Zugehörigkeit und der Spaltung der Bürgerschaften wird im 7. und 6. Jh. vielerorts durch eine Neueinteilung der Bürgerschaft mit dem Ziel der Integration und der gesicherten Teilhabe gelöst. Solche Phylenreformen sind u. a. für Korinth, Kyrene, Sikyon und Athen belegt. Die Schärfung des Bürgerstatus definiert auch den Ausländer und den Sklaven; beide Kategorien können ab etwa 600 ineinanderfallen (Barbaren als Kaufsklaven auf Chios).

Als Alternative zur irregulären Machtballung in der Hand eines Tyrannen wird vielerorts ein einzelner Aristokrat, der häufig von außen kommt, beauftragt und ermächtigt, als Gesetzgeber (*nomothetes*), »Versöhner« (*diallaktes*) oder »Verkünder des Zustehenden« (*aisymnetes*) zu wirken.

Wichtige Gesetzgeber im 7. und 6. Jh. sind ZALEUKOS in Lokroi (beim heutigen Locri, Süditalien), CHARONDAS in Katane (Catania, Sizilien) sowie DRAKON und SOLON in Athen. PITTAKOS von Mytilene wird sowohl Tyrann wie auch Aisymnet genannt; ebenso werden sowohl SOLON als auch PITTAKOS, PERIANDROS und THRASYBULOS zu den »Sieben Weisen« (eine sich erst später herausbildende und in ihrer Zusammensetzung wechselnde Gruppe von Männern der archaischen Zeit, die wegen ihnen zugeschriebener moralischer Lehren angesehen sind) gerechnet. Obwohl die spätere griechische Geschichtsschreibung die Tyrannis negativ bewertet, haben Tyrannen und Aisymneten vieles gemeinsam. Es gibt noch keine klare, staatlich definierte Legitimität, die sauber zwischen beiden Gruppen zu unterscheiden erlaubt. Tyrannen wie Aisymneten agieren kraft eigener Macht und Einsicht; ihr Wirken ist jedoch an die Polis als die »Darstellung eines Gesamtwillens von höchster Tätigkeit und Tatfähigkeit« (JACOB BURCKHARDT) gebunden. Bereits im frühen 7. Jh. findet sich ausdrücklich der Beschluss der Polis als Quelle verbindlicher Regelungen benannt (Gesetz von Dreros/Kreta). Der egalitäre und solidarische Grundzug griechischer Politik findet v. a. in verantwortlichen Kollektivgremien seinen Niederschlag (Ephetengericht in Athen, um 600; »Volksrat« auf Chios, ca. 550). Indem sich die Bürgergemeinschaft schrittweise als Trägerin aller öffentlichen Funktionen konstituiert, entsteht die Polis als Bürgerstaat (ALFRED HEUSS). Schwierig bleibt die Einbindung der Adligen mit ihren gemeinschaftssprengenden Verkehrsformen, obgleich ihnen auch kooperative Werte nicht fehlen. Gleichzeitig ist die kreative, Grenzen überschreitende Dynamik vieler Adliger ein Motor der politischen und ökonomischen Entwicklung. Zudem lösen die von Aristokraten ausgetragenen Machtkonflikte (*staseis*) Anstrengungen zu ihrer Einhegung aus und verstärken den Institutionalisierungsschub, der die Polis zum Staat macht.

Religiöse und kulturelle Neuformierungen in archaischer Zeit

Auch auf religiösem Gebiet sowie in der Literatur und Kunst vollziehen sich im 7. und 6. Jh. Neuformierungen. Das Apollon-Heiligtum in **Delphi**, das bei der Siedlungsexpansion eine gewisse Bedeutung hat und das verschiedenen Gesetzgebern die Inspiration zu ihrem Werk gegeben haben soll, vermittelt spätestens im 6. Jh. moralische Lehren, deren wesentlicher Inhalt in zwei über dem Eingang zum Orakel angebrachten Sprüchen Ausdruck findet: »Erkenne dich selbst!« und »Nichts zu viel!« Auch in seinen Orakelsprüchen fordert Delphi, dass man sich unauffällig in die bestehende Ordnung einzufügen habe. Im eigentlich religiösen Bereich vertritt die Priesterschaft des delphischen Apoll eine »legalistische« Position (Martin Persson Nilsson): Sie achtet darauf, dass religiöse Gebote und Riten peinlich genau erfüllt werden und ist zuständig für Reinigungen und Sühnungen. Versucht Delphi, durch die Aufforderung zum Maßhalten das Bestehende zu sichern, so sind andere religiöse Erscheinungen charakteristisch für die Not der Unterschichten und daraus erwachsende religiöse Erregtheit und Jenseitshoffnungen. Wundermänner und Seher, die in den Städten umherziehen und zu Entsühnungen herangezogen werden, finden große Resonanz. In den Mysterien (am bekanntesten sind die Eleusinischen) begründet die mystische Vereinigung (in Eleusis zwischen Demeter und der ihr geraubten Tochter Kore/Persephone), die während der Mysterien-Feier vollzogen wird, für Eingeweihte individuelle Hoffnung auf ein besseres Jenseits.

Den Schritt, dass die Hoffnung auf ein besseres Jenseits von moralisch gutem oder schlechtem Verhalten abhängig gemacht wird, tun die Orphiker, die durch eine Anthropogonie (religiöse Anschauung über die Entstehung des Menschen) das Gute und Schlechte im Menschen zu erklären versuchen. Sie verkünden, dass Missetäter für ihre Handlungen in der Unterwelt büßen müssen, während den Gerechten – den Orphikern selbst – die Seligkeit bevorstehe. Die Körperfeindlichkeit der Orphiker spricht dafür, dass die Sekte sich nicht in erster Linie aus Aristokraten rekrutiert.

Das 7. und 6. Jh. v. Chr. ist das große Zeitalter der griechischen **Lyrik**, die Zeichen ist für die Entdeckung der Subjektivität des eigenen Ich. Menschen und Natur werden ganz persönlich betrachtet, obwohl die Lyrik dialogisch ausgerichtet ist und sich auf Vergesellschaftungen (Symposion, Stasis, Liebesverhältnisse) bezieht. Archilochos aus Paros (Mitte 7. Jh.) thematisiert in seinen *Iamben* (Spott- und Scheltlieder) u. a. die Existenz mobiler Krieger und Siedler. Die gleiche literarische Form benutzen später Semonides von Amorgos (um 660); sein »Weiberspiegel« ist ein für die Zeit charakteristisches Stück frauenfeindlicher Dichtung. – Mit Elegien appellieren die Dichter an die Bürger ihrer Polis und rufen zu gemeinsamen Anstrengungen für Siege im Krieg und gute Ordnung (*Eunomia*) im Innern auf: Tyrtaios in Sparta (Ende 7. Jh.), Kallinos aus Ephesos (ca. 650), Mimnermos aus Kolophon (Ende 7. Jh.) und Solon in Athen. – Schlaglichter auf Kämpfe zwischen Adelsparteien werfen Theognis aus Megara (6. Jh.) und Alkaios, der in Mytilene auf Lesbos an den inneren Auseinandersetzungen beteiligt ist, die zur Aisymnetie des Pittakos führen. Die Tradition der Liebes- und Trinklieder wird fortgesetzt von Anakreon aus Teos (2. Hälfte 6. Jh.). Simonides von Keos (*557/56, †468/67) gilt als der bedeutendste griechische Elegien- und Epigrammdichter.

Im Laufe des 7. Jh.s wird im Mutterland – wohl ausgehend von Argos und Korinth – die dorische Ordnung im **Tempelbau** ausgebildet. Nach vermuteten Vorläufern in Holzbauten erscheint sie am Ende des Jh.s voll ausgebildet (Artemistempel von Korkyra). In Kleinasien entsteht um die gleiche Zeit die ionische Säulenordnung mit ausgearbeiteten Säulenbasen und geschmückten Kapitellen, die in Voluten auslaufen. – Parallel zum dorischen Tempel wird im 7. Jh. die archaische **Großplastik** geschaffen. Charakteristisch sind zunächst (unbekannte) nackte Jünglinge (Kouroi), deren strenge, einfache Formen im 6. Jh. einer organischeren Körpergliederung Platz machen. Besonders in Ionien und Athen entstehen auch bekleidete weibliche Plastiken (z. B. Genelaos-Gruppe in Samos, Hera des Cheramyes, Akropolis-Koren), die v. a. in der Gewanddarstellung immer differenzierter werden. Um die Mitte des 6. Jh.s werden von samischen Künstlern nach technischen Vorbildern aus Ägypten lebensgroße Bronzeplastiken im Hohlguss geschaffen. – Seit dem 6. Jh. pflegen Künstler ihre Werke zu signieren und werden so als Persönlichkeiten fassbar.

In Ionien entwickeln einzelne Denker Ansätze, die über alltägliche Wahrnehmung und mythische Erklärungen hinausgelangen. Herrschaft, Wandel und Regel sind Schlüsselkonzepte auf der Suche nach dem lenkenden Prinzip und dem unveränderlichen Urstoff (ionische **Naturphilosophie**). In Milet lehren im 6. Jh. nacheinander Thales, Anaximander und Anaximenes, die jeweils das Wasser, das »Unbegrenzte« und die Luft als den gesuchten Urstoff verstehen. Gleichermaßen beeinflusst von ägyptischer und babylonischer Mathematik und Astronomie wie von seekundigen Kapitänen widmen sich die ionischen »Philosophen« auch praktischen Aufgaben. Thales sagt die Sonnenfinsternis vom 28. Mai 585 voraus, Anaximander schafft eine Sonnenuhr und eine Weltkarte. Hekataios von Milet (um 500) verfasst eine »Erdbeschreibung« und wendet als erster kritischen Sinn auf die Vergangenheit an, indem er die griechischen Mythen einer Revision nach den Regeln der Vernunft unterzieht. – Gegenüber der milesischen Philosophie des Stoffes und der Erfahrung ist die des Pythagoras (*um 570, †nach 510), der aus Samos stammt und um 530 nach Kroton in Süditalien geht, eine Philosophie der Form: Die Welt ist ein begrenzter, strukturierter, in Harmonie befindlicher Kosmos; Prinzip der Harmonie ist die Zahl. Die Welt bildet eine Einheit, an der alle Lebewesen einschließlich der Tiere teilhaben. Die Seele ist unsterblich und kann sich beim Tod des Körpers in jedem Lebewesen neu inkarnieren (Seelenwanderung). Aus den Vorstellungen über die Harmonie der Welt ziehen die Pythagoräer, die sich in der Form eines Bundes organisieren, auch politische, religiöse, ethische und medizinische Folgerungen. – Von Xenophanes (†um 470), der von Kolophon (Kleinasien) nach Elea (Velia in Süditalien) auswandert, ist v. a. die Kritik überkommener polytheistischer Vorstellungen bekannt. – Für Herakleitos von Ephesos (*um 540, †um 480) gibt es keine statische Harmonie, sondern nur dauerndes Werden: Alles ist immer in Bewegung, alles entsteht aus dem Kampf der Gegensätze.

Einzelne Städte und Gebiete (Dark Ages–500 v. Chr.)

Sparta

Zu Sparta (Lakedaimon) gehört um die Mitte des 6. Jh.s der ganze südliche Teil der Peloponnes. Das Gebiet zerfällt in zwei größere Hälften, die durch das Taygetos-Gebirge getrennt sind: Lakonien und Messenien. Im Unterschied zu anderen griechischen Städten besitzt Sparta, v. a. in den Flussebenen des Eurotas und des Pamisos, genügend gutes Ackerland; als Hafen dient v. a. Gytheion.

Über die innere Geschichte Spartas vor dem 6. Jh. gibt es viele divergierende Auffassungen. Als wahrscheinlich kann gelten, dass sich die das antike und moderne Spartabild prägenden Besonderheiten erst nach dem 2. Messenischen Krieg ausbilden.

10. Jh. v. Chr. Kleinere Gruppen von zuwandernden Dorern besiedeln zusammen mit verbliebenen nachmykenischen Bevölkerungselementen die Dörfer Pitane, Mesoa, Limnai und Konosura in der fruchtbaren Ebene des Eurotas. Früh zeichnet sich eine stärkere soziale Differenzierung ab. Aus dem Aufstieg zweier Adelsfamilien, der Agiaden und Eurypontiden, entsteht das spartanische **Doppelkönigtum**, dessen hohes Alter seine Besonderheiten erklärt. Die spartanische **Gesellschaft** ist, wie alle Dorer, in die drei *Phylen* (»Stämme«) der Hylleis, Dymanes und Pamphyloi aufgeteilt. Möglicherweise reichen einzelne Elemente (z. B. Altersgruppen, Männerbünde) der im 6. Jh. ausgebildeten Gesellschaftsordnung schon in die Frühzeit zurück, doch lassen sich ihre alten Funktionen nicht feststellen.

um 750 v. Chr. Im Zuge der Expansion nach Süden wird im frühen 8. Jh. Amyklai erobert und in den Siedlungsverband inkorporiert. Die Spartaner entwickeln zwei Instrumente territorialer Herrschaft: die Teilintegration der Bevölkerung als Perioiken und die Verknechtung und Herabdrückung zu Heloten. Die Heloten bleiben auf ihren angestammten Höfen, in ihren alten sozialen und kultischen Beziehungen; ihr Land wird in Form von Landlosen (*klaroi*) an die einzelnen Spartiaten verteilt, an welche die Heloten die Hälfte ihres Ernteertrags abführen müssen, ohne mit ihrem Land in das individuelle Eigentum der Spartaner überzugehen. Perioiken (»Umwohnende«, wahrscheinlich Dorer wie auch Nicht-Dorer) sind Einwohner von Städten, die im Innern weitgehend autonom, außenpolitisch und militärisch aber von Sparta abhängig und zur Heeresfolge verpflichtet sind.

um 700–680 v. Chr. Eigenmächtige Beutezüge aristokratischer Gefolgschaftsgruppen nach Messenien eskalieren zum **1. Messenischen Krieg**. Sparta gewinnt (unter dem König Theopompos?) die nördliche Pamisos-(Stenyklaros-)Ebene mit der Festung Ithome und dringt nach Süden und Westen vor. Die Kämpfe befördern die Formierung Spartas zur institutionalisierten Polis, machen aber auch Spannungen zwischen einzelnen aristokratischen Gruppierungen und dem Damos (Volk) deutlich.

um 660/650 v. Chr. Die Ausstoßung einer besonders konfliktträchtigen Aristokratengruppe führt zur einzigen Apoikiegründung Spartas in Tarent.

1. Hälfte 7. Jh. v. Chr. Die Bemühungen um eine Integration der adligen Gefolgschaftsgruppen in den Polisverband und um eine Heilung der Spannungen zwischen Adel und Damos schlagen sich in der **»Großen Rhetra«** nieder, die der delphische Apoll dem Gesetzgeber **Lykurgos** als Orakel gegeben haben soll. Kulte des Zeus Syllanios und der Athena Syllania sollen eingerichtet, das Volk in **Phylen** und *Oben* eingeteilt und eine **Gerusia** (Rat der Alten) aus 30 Mitgliedern einschließlich der beiden Könige (*archagetai*) gebildet werden; Volksversammlungen (Apella) sollen in regelmäßigen Abständen an einem festgelegten Ort abgehalten und dort Vorlagen eingebracht werden; diese Versammlungen sollen die letzte Entscheidung haben. – Es bleibt unklar, wie sich Phylen und Oben, die beide schon vor der Rhetra bestehen, zueinander verhalten; in späterer Zeit sind Oben die Grundlagen der militärischen Gliederung. Regelmäßige Volksversammlungen werden hier erstmals in Griechenland institutionell gesichert. Die Könige werden als Mitglieder des Rates eingeführt, d. h. wahrscheinlich in ihrer innenpolitischen Stellung eingeschränkt (als Heerführer bleiben sie ganz eigenständig). – In einem Zusatz zur Rhetra wird festgelegt, dass Älteste und Könige »krumme« Beschlüsse des Volkes aufheben können. Obwohl nicht alle Einzelheiten geklärt werden können, ist die Gesamttendenz klar: Durch die Rhetra wird eine organisierte Aristokratie geschaffen, die Macht der Gerusia wird befestigt, die Volksversammlung erhält zwar Entscheidungsrechte, bleibt aber den Ältesten und Königen untergeordnet. Im Übrigen unterscheidet sich das Leben im Sparta des 7. Jh.s kaum von dem in anderen griechischen Poleis.

676 v. Chr. Die Siegerliste der Karneia (Kultfest für den Fruchtbarkeitsgott Karneios) beginnt, 1. Sieger ist Terpander von Lesbos, der den Chorgesang und die Musik in Sparta ausgestaltet. Der Dichter Alkman (aus Sardeis oder aus Sparta?) bezeugt ein fast höfisches Leben in der Stadt. Vasenmalerei (lakonische Keramik) und Plastik erreichen in der 2. Hälfte des 7. Jh.s einen hohen Standard und lassen, wie auch die Dichtung, enge Verbindungen Spartas zur übrigen griechischen Welt erkennen.

um 630–600 v. Chr. **2. Messenischer Krieg**: Erhebung der Messenier gegen Sparta, das von Elis unterstützt wird, während Pisa und Arkadien auf der Seite der Messenier stehen. Aus den Kriegsjahren stammen die Kampflieder des Dichters Tyrtaios, der für *eunomia* (gute Ordnung) eintritt und das adlige Ideal als Kampf für die Vaterstadt umdefiniert. Der Krieg gegen die Messenier kann nur mit großer Anstrengung gewonnen werden. Nach seinem Ende werden bereits zuvor im *Damos* erhobene Forderungen nach einer Neuaufteilung des Bodens entschärft, indem ganz Messenien in Landlose (*klaroi*) aufgeteilt und den Spartiaten zugewiesen wird. Die Herrschaft im geografisch von Sparta getrennten Messenien aufrechtzuerhalten erfordert eine scharfe Unterdrückung der Heloten (u. a. jährliche förmliche Kriegserklärung) und bedingt wesentlich die ab dem 6. Jh. v. Chr. auf der Peloponnes errichtete Sicherheitsarchitektur.

Der spartanische »Kosmos«

Unter dem Eindruck des 2. Messenischen Krieges und der folgenden Niederlagen entsteht (etwa bis um 550) die **spartanische Lebensordnung**, durch die Sparta in der hellenischen Welt und bis in unsere Tage berühmt ge-

Könige von Sparta* (alle Daten v. Chr.)

Agiaden	Regierungszeit
Eurysthenes	
Agis I. (Namengeber des Königshauses)	
Echestratos	
Labotas	
Doryssos	
Agesilao I.	
Archelaos	
Telekleos	spätes 8. Jh.
Alkamenes	
Polydoros	
Eurykrates	
Anaxandros	2. Hälfte 7. Jh.
Eurykratides	
Leon	erste Hälfte 6. Jh.
Anaxandridas II.	Mitte 6. Jh.
Kleomenes I.	ca. 520–490
Leonidas I.	490–480
Pleistarchos	480–458
Pleistoanx	458–408
Pausanias	408–394
Agesipolis I.	394–380
Kleombrotos I.	380–371
Agesipolis II.	371–370
Kleomenes II.	370–309
Areus I.	309–ca. 265
Akrotatos	ca. 265–ca. 262
Areus II.	ca. 262–ca. 254; regierte nicht
Leonidas II.	ca. 262–235
Kleombrotos II.	ca. 242–241
Kleomenes III.	235–219
Eukleidas	ca. 227–222
Agesipolis III.	219

Eurypontiden	Regierungszeit
Prokles	
Soos	
Eurypon (Namengeber des Königshauses)	
Prytanis	
Eunomos	
Polydektes	
Eunomos	
Charillos	
Nikandors	
Theopompos	
Anaxandridas I.	
Archidamos	
Zeixidamos	
Anaxidamos	
Archidamos	
Archidamos I.	
Anaxilaos	
Leotychidas I.	
Hippokratidas	
Agasiklas	Mitte 6. Jh.
Ariston	Mitte 6. Jh.
Damaratos	Ende 6. Jh.
Leotychidas II.	ca. 491–469
Archidamos II.	469–427
Agis II.	427–400
Agesilaos II.	400–360
Archidamos III.	359–338
Agis III	338–331
Eudamidas I.	331–294
Archidamos IV.	294
Eudamidas II	294–244
Agis IV.	244–241
Archidamos V.	227
Lykurgos	ca. 220–211
Pelops	211–207
Nabis	207–192

nach: M. Meier, Könige von Sparta, in: Der Neue Pauly Supplemente 1: Herrscherchronologien der antiken Welt, Stuttgart/Weimar 2004, 180-183

* sicher fiktive Namen sind in *kursiv*

worden ist. Sie bringt alte und neue Elemente in einen Funktionszusammenhang, der etwas völlig Neues ergibt.

Die Bevölkerung des von Sparta beherrschten Gebietes gliedert sich in Spartiaten, Perioiken und Heloten. Nur die (wohl maximal 9000 erwachsenen männlichen) Spartiaten sind Vollbürger, die sich als »Gleiche« (*homoioi*) verstehen; die Gleichheit bezieht sich aber nicht auf den Besitz, sondern meint Homogenität im Denken und Kämpfen bei der Behauptung des Errungenen. Die Spartiaten sind von jeder wirtschaftlichen Tätigkeit freigesetzt. Jedem von ihnen ist ein Landlos (*klaros*) zugewiesen, das von Heloten bearbeitet wird. Wahrscheinlich gibt es auch Eigentum neben den zugewiesenen Landlosen. Jedenfalls lassen die Quellen auf die Weiterexistenz von Besitz- und Vermögensunterschiede schließen, die sich im 5. und 4. Jh. erheblich verschärfen. Jeder Spartiate ist zwar durch sein Landlos prinzipiell wirtschaftlich abgesichert. Doch belegt die Existenz von minderberechtigten Spartanern (*mothakes, nothoi, hypomeiones*), dass die Zugehörigkeit zur Spartiatenklasse zunehmend prekär wird. Den Handel und das Handwerk, die den Spartiaten verboten sind, tragen die Perioikenstädte, von denen es etwa 100 gegeben haben soll.

Der Aufrechterhaltung dieses Systems, in dem sich wenige Spartiaten gegenüber einer großen Zahl von Heloten durchsetzen müssen, dient die gesellschaftliche, militärische und politische Ordnung Spartas. Neben den Bindungen des Besitzes werden auch die der Familie zurückgedrängt; zeitweilig wird sogar die Ehe ganz abgeschafft. Über die Aufzucht oder Aussetzung eines neugeborenen Kindes entscheiden die Ältesten der Phylen. Vom siebten Lebensjahr ab werden die Knaben aus der Familie herausgenommen und es beginnt für sie die staatliche Erziehung, die *agôgê*. Sie vollzieht sich in Altersgruppen (7.–13. und 14.–20. Lebensjahr), ist einem Paidonom unterstellt und zielt auf militärische Ertüchtigung, Abhärtung, die Erlernung von List und Verschlagenheit sowie Gehorsam und Disziplin. In der Erziehung wird mit dem Mittel eines dauernden Leistungswettbewerbs gearbeitet, ferner herrscht absolute Unterordnung unter die Leiter der Altersgruppen und jeden Älteren. Für die zweite Altersgruppe ab dem 5. Jh. belegt ist das Institut der *krypteia*: Junge Männer werden ins Land ausgeschickt, um Heloten zu töten. Möglicherweise ist hier ein alter Initiationsritus oder ein militärisches Trainingsprogramm für Polizeifunktionen umgebildet. Insgesamt wird die Agôgê erst im 5. Jh., als Helotengefahr und Bevölkerungsrückgang den spartanischen Kosmos bedrohen, voll ausgebildet. – Auch die Mädchen sind in Sparta in die staatliche Erziehung einbezogen. Die genaue Form ist unbekannt, doch scheint Sport eine wichtige Rolle gespielt zu haben.

Mit Vollendung des 20. Lebensjahres sind die Spartiaten zum Kriegsdienst verpflichtet. Auch jetzt leben sie, selbst wenn sie heiraten, noch weiterhin mit ihren Altersgenossen zusammen, wahrscheinlich bis zum 30. Lebensjahr. Vom 30. Lebensjahr ab können die Spartiaten, die jetzt auch das Stimmrecht in der Volksversammlung erhalten, in ihren Häusern wohnen, müssen aber die Mahlzeiten in genossenschaftlichen Gruppen einnehmen (*andreia, phiditia*), in die man kooptiert wird. – Das ganze System wird durch soziale Sanktionen gesichert: Diese können informeller Natur sein (z. B. Nichtkooptation in eine Mahlgemeinschaft), aber auch in der formellen Versetzung in einen niedrigeren bürgerrechtlichen Status (*hypomeiones*) oder im Verlust der bürgerlichen Rechte (*atimia*) bestehen.

Die **gesellschaftliche Ordnung** wird in der militärischen abgebildet: Sparta hat nach beschwerlichen Anfängen (Niederlagen gegen Argos im späten 7. und frühen 6. Jh.) die **Hoplitenphalanx** zur Vollendung gebracht. Es ist einem Spartiaten praktisch unmöglich, seinen Platz in der Phalanx zu verlassen. Gleichzeitig werden alle Manöver durch dauerndes Exerzieren eingeübt, was die spartanische Phalanx besonders reaktionsfähig und schlagkräftig macht.

Politische Institutionen sind die zwei Könige, die Gerusia, die fünf Ephoren und die Volksversammlung. Das **Königtum** ist innerhalb der beiden Geschlechter der Agiaden und Eurypontiden erblich. Die Könige genießen bestimmte Vorrechte (z. B. »Krongüter«, Sonderbehandlung bei den Mahlzeiten, Leichenfeiern), verrichten die Staatsopfer und haben die Führung im Krieg; ihre besondere Stellung gegenüber dem Staat kommt darin zum Ausdruck, dass sie sich eidlich auf die Gesetze verpflichten müssen und in der Außenpolitik durch die Pflege von Gastfreundschaften großen Handlungsspielraum haben. Dieser wird später v. a. durch die Ephoren eingeschränkt, doch haben starke Könige wie Kleomenes (†490) die Möglichkeit, gestützt auf dem Damos die Politik maßgeblich zu bestimmen.

Die **Gerusia** setzt sich aus Spartiaten zusammen, die über 60 Jahre alt sind und durch Akklamation des Volkes auf Lebenszeit bestimmt werden. Der Rat richtet in allen Staatsangelegenheiten und schweren Kriminalfällen und bereitet die Volksversammlungen vor.

Die **Ephoren**, die ebenfalls durch Akklamation für ein Jahr gewählt werden, wachen als »Aufseher« über die bestehende Ordnung (Perioiken, Heloten, Klarossystem) sowie darüber, dass die Gesetze eingehalten werden. Sie nehmen den Königen den diesbezüglichen Eid ab. Mit der Aufsicht über die Gesetze sind Polizeifunktionen und eine ausgedehnte Strafgerichtsbarkeit verbunden. Jährlich erklären sie den Heloten formell den Krieg. Im frühen 5. Jh. ist die Erweiterung der Kompetenzen der Ephoren weitgehend abgeschlossen. Zur Zeit der Perserkriege überwachen sie sogar die Kriegführung eines Königs oder Regenten; sie kontrollieren ferner die Ausführung von Volksbeschlüssen, empfangen Gesandte und besitzen weitgehende Strafgewalt sowie das Recht, die Amtsführung anderer Funktionsträger zu überprüfen und Verfahren selbst gegen Könige einzuleiten. Sie selbst sind ihren Amtsnachfolgern rechenschaftspflichtig. Obwohl der jährliche Amtswechsel eine kontinuierliche Politik des Ephorats verhindert, wird das Kollegium im späten 5. Jh. zur Schaltzentrale (Karl-Wilhelm Welwei), in der die weitgespannten militärischen und politischen Aktionen Spartas koordiniert wurden.

Die **Versammlung der Spartiaten** (Apella oder Ekklesia)

beschließt über alle Angelegenheiten, mit denen sie befasst wird, besonders über Gesetze, Bündnisse, Krieg und Frieden. Das Abstimmungsverfahren der Volksversammlung ist offenbar nicht fest vorgegeben.

Über das Funktionieren des Systems gibt es nur wenige Nachrichten. Insgesamt bleibt die Institutionalisierung des Politischen in Sparta schwach, was eine hohe Normen- und Konsensorientierung in der herrschenden Klasse der Vollbürger (Spartiaten) erfordert. Weder lässt sich ein grundsätzlicher Gegensatz zwischen Königtum und Ephorat annehmen noch sind allgemeine dauernde Konflikte zwischen den Organen überliefert. Gesetze werden nicht aufgeschrieben. Dies trägt zusammen mit dem Modus der Wahl von Geronten und Ephoren und den hierarchischen Befehlsstrukturen wohl dazu bei, den oligarchischen Charakter des politischen Systems zu bewahren.

Die Ziele des spartanischen Kosmos – innere Geschlossenheit und militärische Effizienz nach außen – scheinen erreicht worden zu sein: Eine Tyrannis entsteht in Sparta nicht; seit der Mitte des 6. Jh.s gilt die spartanische Phalanx als unbesiegbar. Preis des Systems ist ein starker Abschluss nach außen, der auch bewusst gefordert wird; fremde Importe nach Sparta hören ebenso auf wie Schöpfungen im Bereich der Musik und Literatur; Sparta zieht keine fremden Künstler mehr an; die Prägung von Silbermünzen wird wahrscheinlich Anfang des 6. Jh.s verboten; die Zahl der spartanischen Olympiasieger nimmt deutlich ab (720–576: 46 von 81 bekannten; 548–400: 12 von 200). Gleichwohl bedingt die aktive Außenpolitik Spartas, dass seine Vertreter mit der Außenwelt Berührung haben. Bestechungen spartanischer Amtsträger und normenwidriges Gebaren (König PAUSANIAS [†470]) kommen daher vor.

seit um 550 v. Chr. Sparta errichtet auf der Peloponnes eine Sicherheitsarchitektur durch zweiseitige Bündnisse mit fast allen Poleis außer dem weiter feindlichen Argos und Achaia. Den Beginn scheint ein Bündnis mit Tegea gebildet zu haben, von wo aus die Überreste des mythischen Heroen ORESTES nach Sparta überführt werden – damit wird ein Anschluss an die Tradition der Herrschaft AGAMEMNONS geschaffen. Um 500 tritt das Bündnissystem als Peloponnesischer Bund auf, in dem Sparta aufgrund seiner inneren Geschlossenheit und militärischen Stärke die Hegemonie ausübt.

510–507 v. Chr. Unter der Führung des energischen Königs KLEOMENES I. interveniert Sparta mehrmals in Athen, doch der Versuch, die Polis nach dem Sturz der Tyrannis der Peisistratiden politisch dauerhaft an Sparta zu binden, scheitert.

499 v. Chr. KLEOMENES I. lehnt das Gesuch des Milesiers ARISTOGORAS um Hilfe im Ionischen Aufstand ab.

Korinth

um 720 v. Chr. In Korinth treibt die *dynasteia* der **Bakchiaden** die Bildung der Polis voran (urbanes Zentrum nördlich von Akrokorinth mit Apollon-Tempel; Expansion gegenüber Megara; Gründung extra-urbaner Heiligtümer). Um 720 wird der geometrische Stil der Vasenmalerei durch den protokorinthischen, »orientalisierenden« Stil abgelöst. Damit beginnt der Aufstieg der korinthischen Keramik, der bis ins 6. Jh. v. Chr. andauert.

734/733 v. Chr. (traditionell) Der Korinthier ARCHIAS gründet – wohl nach einem inneren Konflikt in seiner Heimat – die Apoikie Syrakus auf Sizilien.

um 664 v. Chr. Seeschlacht zwischen Korinth und dessen Kolonie Korkyra; die (wahrscheinliche) Niederlage dürfte die Bakchiadenherrschaft erschüttert haben.

um 657 v. Chr. Der Söldnerführer KYPSELOS, über seine Mutter mit den Bakchiaden verwandt, kann – wohl mit Unterstützung der Bauern und eines Teils des Adels – die Bakchiaden entmachten und eine Tyrannis errichten. Die Bakchiaden werden verbannt, ihre Güter konfisziert und vielleicht an die Bauern verteilt. KYPSELOS richtet eine regelmäßige Steuer ein und betreibt eine Kolonisation neuen Stils: Leukas, Anaktorion (beim heutigen Vonitsa) und Ambrakia (Arta) werden von Söhnen des KYPSELOS als abhängige Kolonien gegründet und können korinthische Bauern aufnehmen. Unter KYPSELOS beginnt die Blüte des korinthischen Stils der Keramik, die schnell Verbreitung v. a. im westlichen Mittelmeergebiet findet. Das Handwerk genießt in Korinth hohes Ansehen.

um 627–587 v. Chr. PERIANDROS, KYPSELOS' Sohn, setzt dessen Außenpolitik fort: Poteidaia (Chalkidike) sowie Apollonia (Pojan) und Epidamnos (Durrës) in Illyrien werden kolonisiert, Korkyra unterworfen, Epidauros annektiert. Verbindungen zu auswärtigen Herrschern (THRASYBULOS von Milet, ALYATTES in Lydien, ägyptische Könige) werden geknüpft. Im Gegensatz zu seinem Vater soll PERIANDROS eine Leibwache gehabt und Adlige getötet haben. Gegen den Adel richtet sich auch das Verbot eines übermäßigen Luxus und des Erwerbs von Sklaven. Baumaßnahmen: Wasserleitung; Diolkos (befestigte Straße zwischen dem Korinthischen und Saronischen Golf). Die keramische Produktion bleibt auf ihrer Höhe.

um 587 v. Chr. Nachfolger des PERIANDROS ist dessen Neffe PSAMMETICHOS, der jedoch nach kurzer Zeit gestürzt wird.
Durch die lange Dauer der Tyrannis in Korinth werden die Unterschiede innerhalb des Adels verringert und wahrscheinlich auch das Bauerntum gestärkt. Da sich später die alten drei dorischen Phylen nicht mehr in Korinth finden, ist es möglich, dass die Kypseliden durch eine Phylenreform die Bevölkerung umstrukturiert haben (acht neue Phylen). Jedenfalls sind durch die Tyrannis die Voraussetzungen für eine organisierte Aristokratie geschaffen, deren wichtigste politische Institution wohl ein Rat (**Boule**) von 80 Mitgliedern und ein daraus gebildetes Kollegium von acht Bouleuten als Exekutive sind. Von weiteren Unruhen in Korinth ist nichts bekannt; im 5. Jh. wird die *Eunomia* (»gute Ordnung«) Korinths von dem Dichter PINDAROS gelobt.

um 500 v. Chr. Korinth gehört dem Peloponnesischen

Bund an, in dem es als einzige bedeutende Flottenmacht eine große Rolle spielt und auch seine Selbstständigkeit und seine maritimen Ambitionen wahrt.

Athen

Athen ist mit rund 2500 km² nach Sparta der zweitgrößte Polisstaat im griechischen Mutterland. Die Landschaft Attika gliedert sich in verschiedene Ebenen, die nicht scharf voneinander getrennt sind. In Laureion (Südwestattika) gibt es Silbervorkommen.

Zwischen der mykenischen Kultur und dem Dunklen Zeitalter besteht demografisch kein scharfer Bruch. Zwar wird die mykenische Burg von Athen im 12. Jh. v. Chr. verlassen, geht die Zahl der Siedlungen stark zurück und gibt es keine den mykenischen vergleichbare Bauten mehr. Die Position des mykenischen »Königs« (*wánax*) bildet sich im Zuge der allgemeinen Erosion der Sozialordnungen und Herrschaftsstrukturen zur Stellung eines Siedlungsführers in einer Kleingesellschaft mit geringer Stratifikation zurück. Dennoch bleibt Athen in den Dark Ages die größte Siedlung Attikas und dient als Rückzugsgebiet nachmykenischer Bevölkerungselemente; möglicherweise stellt die spätere Vorstellung der ununterbrochenen Sesshaftigkeit (Autochthonie) einen Reflex vergleichsweise geringer Migrationstätigkeit dar; nur im Zuge der sog. Ionischen Kolonisation scheint Athen eine gewisse Rolle gespielt zu haben. Beim erneuten Zusammenwachsen der verschiedenen Regionen Attikas wird Athen Kristallisationspunkt der Polisbildung. Ob mit der vorübergehenden Schwäche Athens ein deutlicher Machtanstieg lokaler Eliten in Attika einherging, ist strittig, aber ein gewisses Spannungsverhältnis zwischen der Stärke des Zentralortes Athen und einem Regionalismus prägt die weitere Geschichte dieser Landschaft bis ans Ende der archaischen Zeit.

um 1050 v. Chr. Beginn der protogeometrischen Keramik und der Eisenbearbeitung in Attika. Besonders in der Keramik bleibt Athen in der geometrischen Zeit (bis um 700) führend. Bereits seit dem 10. Jh. lassen sich Verbindungen Athens mit anderen Gebieten der Mittelmeerwelt nachweisen.

1. Hälfte 7. Jh. v. Chr. Die staatliche Institutionalisierung beginnt in Athen mit der Etablierung von Polisämtern (die im 4. Jh. konstruierte Archontenliste beginnt 683/82). Es entstehen folgende **Jahresämter**: Archon eponymos (allgemeine Leitung; nach ihm wird das Jahr benannt), Basileus (»König«; zuständig für den Kult), Polemarchos (»Feldherr«), sechs Thesmotheten (zuständig für die Interpretation des Rechts); alle Amtsträger haben in ihrem Bereich auch jurisdiktionelle Kompetenzen. Daneben besteht wohl auch schon der Areopag als Adelsrat. Die Tätigkeit der Institutionen ist bis zum Ende des 6. Jh.s nur sehr selten belegt.

Phylen, Phratrien, Adelsfamilien

Die athenische Gesellschaft ist eingeteilt in die Phylen Geleontes, Hopletes, Argadeis und Aigikoreis, die auch in anderen ionischen Städten vorkommen. Die Phylen haben eine eigene Organisation mit einem »Phylenkönig« (*phylobasileus*) an der Spitze. Sie bilden die Grundlage für das militärische Aufgebot der Stadt. – Die Phratrien sind kleinere soziale Einheiten auf wohl genossenschaftlicher Grundlage, deren genaues Verhältnis zu den Phylen ungeklärt ist. Auch sie haben eine eigene Organisation und eigene Kulte; im 7. und 6. Jh. erhalten sie gesetzlich festgelegte Funktionen bei der Blutrache und der Führung der Bürgerliste. – Über Phratrien und Phylen, die beide auch Nichtadlige umfassen, üben adlige Häuser (Eupatriden, »die mit edlen Vätern«) ihren Einfluss aus. Mittel dafür sind – neben den Funktionen der Phratrien bei der Blutsühne und der Aufnahme in die Gemeinschaft – wahrscheinlich eine lokale Privatgerichtsbarkeit des Adels sowie der Kult.

Die zunehmende Konkurrenz weniger Adelsgruppierungen bedroht durch gewaltsame Übergriffe und Druck auf die Bauern den Zusammenhalt der Polisgemeinschaft. Die generelle Prekarität der subsistenzbäuerlichen Existenz wird von Adligen für den Versuch benutzt, dauerhafte Abhängigkeitsverhältnisse zu begründen (Hektemoroi: noch freie Bauern, die ein Sechstel ihrer Ernte abführen müssen). Unklar ist, welches Ausmaß die damit zusammenhängende Verschuldung und der Verkauf von Schuldsklaven ins Ausland annehmen.

um 630 v. Chr. Der Olympiasieger und Schwiegersohn des Tyrannen Theagenes von Megara, Kylon, besetzt mithilfe megarischer Truppen die Akropolis und versucht, eine Tyrannis zu errichten. Von Bauern und Mitadligen unterstützt, kann der Archon Megakles aus dem Haus der Alkmaioniden den Versuch niederschlagen, wobei Anhänger Kylons, obwohl sie bei einem Altar Schutz gesucht haben, getötet werden. Dieser »Kylonische Frevel« führt später zur Verbannung des Megakles und belastet die Alkmaioniden auch in der Folgezeit.

Athen und Attika

um 624 v. Chr. Wahrscheinlich einige Jahre nach KYLONS Tyrannis-Versuch Gesetzgebung des **DRAKON**: Durch die Bindung der Blutrache an ein gerichtliches Verfahren soll der Binnenraum der Polis befriedet werden. Wie erfolgreich DRAKONS Regelung war, ist unsicher. Doch aus den teilweise heftigen Stasiskämpfen der Folgezeit ist niemals die Eskalation tödlicher Gewalt überliefert.

um 600 v. Chr. Kämpfe Athens mit Megara um die Insel Salamis, an denen SOLON (als Archon Polemarchos?) beteiligt ist, und weitere innere Auseinandersetzungen.

um 580/570 v. Chr. (traditionell 594/93) Der Adlige **SOLON**, führt als »Versöhner« (*diallaktes*) ein Gesetzgebungswerk aus vielen Elementen durch und sichert damit den Zusammenhalt der Polis Athen.

Die solonischen Gesetze

Im Zentrum steht die **Lastenabschüttelung** (Seisachtheia): Die verschuldeten bäuerlichen Höfe werden schuldenfrei gemacht; verbannte und geflohene Athener können zurückkehren. Für die Zukunft wird Schuldknechtschaft verboten. Eine Neuaufteilung des Landes lehnt SOLON jedoch ab. Vielmehr fasst er Gerechtigkeit durch einen die jeweiligen Umstände berücksichtigenden Ausgleich als Grundlage der Polisgemeinschaft. In der Rechtsordnung manifestiert sich ein Raum bürgerlicher Gemeinschaft, der die Gesellschaft als ganze umgreift. Wer diesem Raum zugehört, ist Mitglied der Bürgergemeinde, mit allen daraus erwachsenden Rechten und Pflichten. Der Bürger genießt persönliche Freiheit und hat am Gemeinschaftsleben teil. Während sich an den bestehenden wirtschaftlichen Ungleichheiten nichts ändert, soll es künftig keinerlei dauerhafte soziale Abhängigkeit unter den Bürgern mehr geben dürfen. Deren Pflicht besteht in erster Linie in der Bereitschaft, mit der Waffe für die Gemeinschaft einzutreten. Die militärische Leistungsfähigkeit des einzelnen bemisst sich nach dem am jährlichen Getreideertrag gemessenen Besitz; das bildet die Grundlage der (bestehende Unterscheidungen normierenden) Einteilung der Gesellschaft nach timokratischen Prinzipien in vier Gruppen: Pentakosiomedimnoi (Fünfhundertscheffler = solche, die über 500 Scheffel ernten), Hippeis (»Ritter«, über 300 Scheffel), Zeugiten (über 200 Scheffel) und Theten (unter 200 Scheffel). Die politischen Rechte entsprechen dieser Einteilung: Das Archontat können nur Mitglieder der beiden ersten Klassen bekleiden, zusammen mit den Zeugiten, die sich selbst die schwere Ausrüstung beschaffen müssen, dienen sie als Hopliten. Die Theten, im Krieg von untergeordneter Funktion, haben wahrscheinlich dennoch Zugang zur Volksversammlung.

Die politischen Institutionen werden nur wenig verändert. Seit SOLON gibt es ein Volksgericht (*Heliaia*), an das sich wohl Bürger gegen magistratische Zwangsmaßnahmen wenden können. – Der Tendenz, möglichst alle Bürger am politischen Leben aktiv zu beteiligen, dienen die Einführung der Popularklage (jeder kann wegen eines begangenen Unrechts Anklage erheben) und vielleicht ein – in der Forschung umstrittenes – Stasis-Gesetz, durch das jeder Bürger bei inneren Auseinandersetzungen zur Parteinahme verpflichtet wird. Wahrscheinlich ist die Schaffung eines Rates der 400 (Boule; je 100 Ratsmänner aus jeder Phyle).

Außerhalb der Bereiche der Seisachtheia und der politischen Organisation werden SOLON viele weitere Gesetze zugeschrieben, die nur zum Teil auf ihn zurückgehen. Am wahrscheinlichsten ist die Zuschreibung für die den Oikos betreffenden Bestimmungen: Durch Regelungen zur Erbschaft, zu den Erbtöchtern, zur Adoption soll der Fortbestand der einzelnen bäuerlichen Oikoi gesichert werden, deren Wiederherstellung ja auch Ziel der Seisachtheia ist. Zu den Gesetzen, die der Belebung der Wirtschaft in Athen dienen, zählt eine Maß- und Gewichtsreform.

Die solonische Gesetzgebung ist politisch möglich, weil die Furcht vor einer Tyrannis alle diejenigen vereint, die nicht selbst die Chance zum Gewinn einer Tyrannis haben; SOLON selbst lehnt die Tyrannis für sich ab. Seine politische Botschaft zielt auf eine Bewusstseins- und Verhaltensänderung in der Aristokratie und eine stärkere Identifikation aller freien Athener mit der Polis. Erst im solonischen Entwurf des Bürgerstaates ist es sinnvoll, von Polisbürgern zu reden. Auch in Gedichten tritt SOLON für die *eunomia* (gute Ordnung) ein. Sein Werk und sein politisches Denken erweisen sich als »Vorgriff«: Weil die »bürgerliche Gegenwärtigkeit« (CHRISTIAN MEIER) erst wachsen muss und zugleich die partikularen und auf Machtgewinn zielenden Bemühungen einzelner Adliger fortdauern, kann SOLONS gedanklicher Entwurf noch nicht gleich wirksam werden.

ca. 570–560 v. Chr. In der nachsolonischen Zeit kommt es in Attika zu Auseinandersetzungen zwischen drei rivalisierenden Adligen und deren Anhang: dem Alkmaioniden MEGAKLES mit den Paraliern (Küstenbewohner), LYKURGOS mit den Pediakern (Bewohner der Ebene) und PEISISTRATOS (*um 607, †528) mit den Diakriern oder Hyperakriern (Bergbewohner). Die Anhänger sind vermutlich nach dem (durch Besitz und Kulte bestimmten) Kerngebiet der jeweiligen Führer benannt.

561/60 v. Chr. **PEISISTRATOS**, der sich in Kämpfen mit Megara ausgezeichnet hat und vielleicht auch durch soziale Forderungen Unzufriedene auf seine Seite zieht, erhält durch Beschluss der Volksversammlung eine Leibwache, bemächtigt sich der Akropolis und gewinnt damit die Tyrannis. Durch eine Koalition zwischen MEGAKLES und LYKURGOS wird er kurz darauf gestürzt.

558/57 v. Chr.? MEGAKLES, dessen Tochter PEISISTRATOS heiraten soll, verhilft diesem ein zweites Mal zur Tyrannis, doch wird PEISISTRATOS wiederum gestürzt und aus Athen verbannt. Er geht auf die Halbinsel Chalkidike, sichert sich die Ausbeutung der Gold- und Silberminen im Pangaion-Gebirge in Thrakien, heuert Söldner an und gewinnt die Unterstützung von Adelsgruppen in verschiedenen griechischen Städten.

546/45 v. Chr. Mit dieser Streitmacht setzt PEISISTRATOS von Eretria nach Attika über, schlägt ein athenisches Heer bei Pallene und erlangt zum dritten Mal die Tyrannis, die er bis zu seinem Tod behält.

528/27 v. Chr. Ihm folgen in der Herrschaft seine Söhne Hippias (†nach 490) und Hipparchos, der 514 bei einem Panathenaienfest von Harmodios (†514) und Aristogeiton (†514) ermordet wird. Die Tyrannis, nun des Hippias allein, wird daraufhin härter, der Berg Munichia wird befestigt. Das delphische Orakel stiftet auf Betreiben der Alkmaioniden die Spartaner an, militärisch gegen die athenische Tyrannis vorzugehen.

511/10 v. Chr. Mithilfe eines spartanischen Heeres unter König Kleomenes I. wird Hippias gestürzt und geht zum Perserkönig Dareios I. (521–486) ins Exil.

Die Herrschaft der Peisistratiden

Peisistratos und seine Söhne stützen ihre Herrschaft auf Söldner (skythische Bogenschützen) und auf ein Netz persönlicher äußerer Beziehungen (z. B. Gastfreundschaften, Heiraten); Sigeion am Eingang zu den Dardanellen wird erneut kolonisiert und dort ein Sohn des Peisistratos als Herrscher eingesetzt.

Im Innern werden die Bauern durch Darlehen und vielleicht auch Landverteilungen gestützt; in der Zeit nach der Tyrannis erscheint das kleinere und mittlere Bauerntum als relativ gefestigt. Dem Ziel, das Landvolk zufriedenzustellen und zu entpolitisieren, dient wahrscheinlich auch die Förderung des Dionysos-Kultes, der in enger Beziehung zur Landwirtschaft steht und mit seinen ekstatischen Riten einen Ausgleich für den schweren bäuerlichen Alltag bietet; das Demeter-Heiligtum in Eleusis wird ausgebaut.

Die Lebenssituation der Stadtbevölkerung wird durch den Bau einer großen Wasserleitung verbessert; die Agora wird vergrößert, als Kultbauten werden ein Olympieion (für den olympischen Zeus) und ein Athena-Tempel auf der Akropolis begonnen; alle diese Maßnahmen tragen zur Stärkung der Orientierung der Bürger auf die Polis bei.

Unter den Peisistratiden setzt die Blüte der attischen schwarzfigurigen Keramik ein, die in verschiedenen Gebieten des Mittelmeerraumes die bis dahin vorherrschende korinthische Keramik verdrängt. Strittig ist, ob durch Bauten und keramische Produktion auch neue Arbeitsmöglichkeiten für die Stadtbevölkerung geschaffen oder ob nicht primär Fremde und Metoiken (dauerhaft wohnhafte Ausländer) nach Athen gezogen werden. Jedenfalls ist nach dem Ende der Peisistratidenherrschaft die Zugehörigkeit dieser Personen umstritten, bis sie vollständig in die Bürgerschaft integriert werden.

Obwohl zwischen Adligen und Tyrannen keine grundsätzliche Feindschaft besteht und einige Adelsfamilien mit den Peisistratiden zusammenarbeiten, wird die Macht des Adels durch die Tyrannis stark getroffen: Verschiedene Adlige werden verbannt oder gehen freiwillig ins Exil; einige Güter werden konfisziert. Noch stärker ist die indirekte Wirkung: Die Bürger erfahren unter der Tyrannis erstmals das kontinuierliche und offenbar zufriedenstellende Funktionieren der Polisinstitutionen (Ämter, Gerichte) ohne Störungen durch adlige *staseis*. – Peisistratos fasst die wirtschaftlichen Ressourcen Attikas in seiner Person zusammen, indem er eine (zehnprozentige?) Bodenertragssteuer einführt. Weitere Geldquellen erwachsen den Tyrannen durch Zölle und Marktgebühren, ferner aus den Gold- und Silberminen im Pangaion-Gebirge. Erstmals werden Münzen für die gesamte Stadt (sog. Athena-Eulen-Münzen) geprägt; sie lösen vielleicht adlige Prägungen ab. An die Stelle einer adligen Privatgerichtsbarkeit setzt Peisistratos die Institution der Demenrichter, die in den einzelnen Wohnbezirken umherreisen und Recht sprechen. Der Luxus der Adligen und damit deren Repräsentationsmöglichkeiten werden eingeschränkt.

Schließlich werden zentrale Kulte, z. B. der für Athena (Ausgestaltung der Panathenaien mit Vortrag der Gesänge Homers), gefördert, vielleicht auch das Fest der Städtischen (Großen) Dionysien eingerichtet, bei denen 534 die erste Tragödie (des Thespis) aufgeführt wird.

Die Herrschaft der Peisistratiden bewirkt eine Stärkung Athens als Zentrum und gleichzeitig eine Schwächung der sozialen Abhängigkeit der Bauern von den Adligen. Damit bildet sie ein wichtiges Stadium in der Entstehung der athenischen Demokratie.

Neugliederung der Bürgerschaft Athens durch Kleisthenes

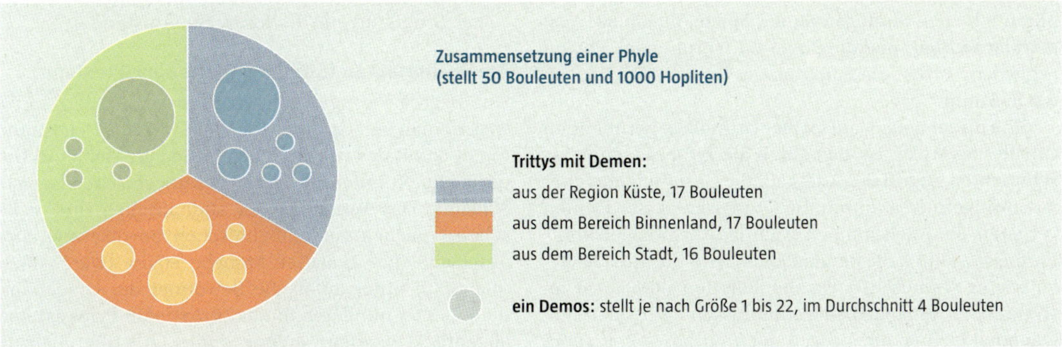

Die Reformen des Kleisthenes in Athen

509/08 v. Chr. Stasis-Auseinandersetzungen zwischen zwei »Dynasten«, ISAGORAS und dem Alkmaioniden KLEISTHENES, die beide von Adelsgefolgschaften unterstützt werden. ISAGORAS wird für 508/07 zum *Archon* gewählt. KLEISTHENES zieht daraufhin das Volk mit dem Vorschlag einer **Phylenreform** auf seine Seite. Auf Bitten des ISAGORAS interveniert KLEOMENES I. von Sparta. KLEISTHENES wird mit vielen seiner Anhänger aus der Stadt verwiesen. Als KLEOMENES und ISAGORAS die Burg von Athen besetzen und den Rat auflösen, werden sie dort von Athenern, die keine Herrschaft einer Adelsclique von Spartas Gnaden akzeptieren wollen, belagert. Die Spartaner müssen abziehen, Anhänger des ISAGORAS werden hingerichtet, KLEISTHENES und die mit ihm Exilierten zurückgerufen.

508/07 v. Chr. KLEISTHENES führt seine Reformen durch, die wohl (jetzt oder schon vor der spartanischen Intervention) von der Volksversammlung beschlossen werden. Ihr Ziel ist es, das brachliegende Wehrpotenzial Attikas besser mobilisieren zu können, die Adelsfehden auszutrocknen und die gesamte – zuvor politisch meist passive – Bevölkerung Attikas an der Polis teilhaben zu lassen.

Die Reform beruht auf den (später 139 zählenden) **Demen**, die auf dem Land bestehenden Siedlungseinheiten entsprechen, in der Stadt als Wohnbezirke neu geschaffen werden. Die Demen werden als lokale Selbstverwaltungseinheiten konstituiert: mit einem Demarchen (Demenvorsteher), einer Versammlung der Demenmitglieder (Demoten) und eigenen Kulten. Von den **Phratrien**, die zwar weiter bestehen, aber ihre politische Bedeutung verlieren, übernehmen sie die Führung der Bürgerlisten. Zugleich wird ganz Attika in drei große Bereiche – Stadt, Binnenland, Küste – aufgeteilt. Jeder dieser Bereiche ist wieder unterteilt in zehn Einheiten, die Trittyen genannt werden. Aus mehreren Demen je einer Trittys aus den Bereichen Stadt, Binnenland, Küste wird eine **Phyle** gebildet (der Name Trittys bedeutet ein »Drittel« einer Phyle), sodass neben den alten vier jetzt zehn neue Phylen entstehen: Erechtheis, Aigeis, Pandionis, Leontis, Akamantis, Oineis, Kekropis, Hippothoontis, Aiantis und Antiochis. Die Phylen haben ebenfalls einen Vorsteher, eine Versammlung und einen Kult des Heros, nach dem die Phyle benannt ist; das Heeresaufgebot (10000 Hopliten mit zehn Strategen an der Spitze, die ab 501/500 gewählt werden) und die Boule sind fortan nach Phylen gegliedert. – Über die Funktion der Trittyen ist kaum etwas bekannt.

Sinn dieser neuen, auf lokaler Grundlage beruhenden Gliederung Attikas ist, den durch die Tyrannis schon geschwächten Zugriff des Adels auf die Gesellschaft weiter zu verringern. V.a. durch die Organisation der Demen verlieren die Adelsfamilien wichtige Grundlagen ihres Einflusses. Durch die neuen Phylen wird die attische Bevölkerung »vermischt«, was ebenfalls den alten, lokal bestimmten Abhängigkeitsverhältnissen zuwiderläuft. Dennoch bleiben die Adligen noch für lange Zeit allein die politisch Führenden. Sie können Führung jetzt aber nicht mehr aufgrund fester Gefolgschaften ausüben, sondern nur im Rahmen politischer Institutionen und durch die Macht der Rede und der Überzeugung.

Politisches Kernstück der kleisthenischen Ordnung ist der neue **Rat der 500** (Boule) aus 500 Bürgern, in den jede Phyle 50 Mitglieder schickt. Da die Phylen durch das Demen-Trittyen-System Querschnitte aus ganz Attika darstellen, sind im Rat Athener aus allen Regionen vertreten. Jeder Demos ist durch »seine« Ratsherren (je nach Demengröße 1–22, im Durchschnitt 4) im Zentrum Athen repräsentiert und über die anstehenden Entscheidungen informiert. Die Ratsherren (Bouleuten) werden zunächst gewählt, später gelost; jeder Bürger kann im Leben nur zweimal Ratsherr sein. Bouleutendienst, Wehrdienst und gemeinsamer Kultvollzug stärken die Solidarität über einen möglichen Interessenpartikularismus hinweg und lassen die kopfstarke Bürgerschaft allmählich zu einer Einheit zusammenwachsen. Jede Phyle hat für einen Monat den Vorsitz (Prytanie), aus den 50 Prytanen wird jeweils für einen Tag ein Vorsitzender gewählt. Der Rat bereitet die Geschäfte der Volksversammlung vor.

Durch die Phylenreform werden die politischen Institutionen und das Zentrum Athen, das allein deren Sitz ist, gestärkt, ohne das übrige Attika, wo die Mehrheit der Bürger lebt, zu marginalisieren. Die Ausweitung der Staatlichkeit und die Beseitigung sozialer Abhängigkeitsverhältnisse sind entscheidende Voraussetzungen für die Entstehung der athenischen Demokratie.

Außenpolitische Krise und Konsolidierung

507 v. Chr.? Athen sucht gegen die drohende spartanische Intervention ein Bündnis mit Persien.

506 v. Chr. KLEOMENES I., König von Sparta marschiert, erneut von ISAGORAS gerufen, in Attika ein. Gegen Athen stehen auch die Korinther, Boioter und Chalkidier. Wegen Uneinigkeit mit dem zweiten spartanischen König, DEMARATOS, und mit den Korinthern muss KLEOMENES abziehen. Die Boioter und Chalkidier werden in getrennten Schlachten geschlagen. Als Folge seines Sieges gründet Athen auf dem Lelantinischen Feld bei Chalkis erstmals eine **Kleruchie**, d.h. eine Kolonie, deren Siedler (angeblich 4000) athenische Bürger bleiben.

499 v. Chr. Auf Ersuchen des Milesiers ARISTAGORAS entsendet die Volksversammlung 20 athenische Schiffe zur Unterstützung des Ionischen Aufstandes.

Die Westgriechen (Sizilien und Großgriechenland)

Der Begriff Westgriechen ist modern; in der Antike spricht man von Großgriechenland (*Megalê Héllas*) und meint damit das von Griechen besiedelte Gebiet in Unteritalien, oft unter Einschluss der griechischen Gebiete Siziliens. Das Verhältnis der süditalischen und sizilischen Griechen zur einheimischen Bevölkerung wird unterschiedlich gestaltet: Manche Städte (wie Syrakus und Gela) unterwerfen die Bewohner der Umgebung, die in einen minderen Status (*kyllyrioi* in Syrakus) herabgedrückt werden; andere Städte (z.B. die chalkidischen Gründungen) treten mit den Einheimischen in freundschaftliche Beziehungen.

Für die Zeit zwischen der Gründung der Apoikien und dem Ende des 6. Jh.s gibt es nur wenige Nachrichten. Insgesamt gleichen sich die Verhältnisse in Bezug auf die Sozialstruktur und die Machtausübung denen des Mutterlandes an. Griechen aus dem Westen nehmen an den großen Spielen und religiösen Festen des Mutterlandes teil; Auseinandersetzungen (*staseis*) innerhalb des Adels und zwischen Adel und Volk führen zur Gesetzgebung und Tyrannis. Viele Städte, zwischen denen auch hier immer wieder Rivalitäten und Kämpfe ausbrechen, bringen es zu beträchtlichem, primär agrarisch fundiertem Reichtum, der sich seit dem 6. Jh. auch in prachtvollen Bauten und in der Münzprägung äußert. Doch während im Mutterland die aus der Formierung der Polis erwachsende Dynamik – soziale Konflikte, Tyrannis, Grenzkriege – um 500 zu einem gewissen Ende kommt, »gärt es dort unentwegt weiter« (Alfred Heuss). Die vielfache Unterdrückung der ursprünglichen Bewohner (Elymer, Sikaner, Sikuler – Lukaner, Kampaner) und fortgesetzte Immigrationen erschweren eine bürgerstaatliche Konsolidierung und befördern den Aufstieg von Tyrannen. Diese tun zudem wenig für die innere Entspannung und den Ausgleich der Gegensätze, sondern sind eher geneigt, die Labilität der inneren Ordnung für eine expansive Machtpolitik auszunutzen. Das geschieht v. a. immer wieder durch Umsiedlungen und Vertreibungen, in denen »Stadtbevölkerungen aufs gewaltsamste gemischt« werden (Jacob Burckhardt).

661 v. Chr.? Nach der Tradition soll schon einige Jahre nach der Gründung von Lokroi (673) dort Zaleukos als erster Gesetzgeber in der griechischen Welt aufgetreten sein. Er legt wohl Strafen für Vergehen fest. In der Folgezeit erscheint Lokroi als stabile Aristokratie mit einem Rat der 1000, der auch für Rhegion (Reggio di Calabria) und Kroton (Crotone) bezeugt ist, und einem Kosmopolis als höchstem Beamten.

7. Jh. (Ende?) v. Chr. Panaitios errichtet in Leontinoi (heute: Lentini) als Feldherr mithilfe des Volkes die erste Tyrannis Siziliens.

um 580 v. Chr. Rhodier und Knider unter Pentathlos versuchen, eine Kolonie in Lilybaion (Marsala) zu gründen, werden aber von Phönikern, die in Motye (Isola San Pantaleo, nördlich von Marsala) und Panormos (heute: Palermo) siedeln, und den das westliche Sizilien bewohnenden Elymern geschlagen und ziehen nach Lipari.
Wahrscheinlich seit den 70er-Jahren des 6. Jh.s bringen die Karthager die phönikischen Siedlungen unter ihren Einfluss.

um 570–554 v. Chr. Tyrannis des Phalaris in Akragas (Agrigento), der den Machtbereich der Stadt ausweitet und durch seine Grausamkeit berüchtigt wird.

um 570–530 v. Chr. Erste große Tempelbauten in Syrakus (Apollon- und Zeus-Tempel), Selinunt (Selinuns; Tempel C, D und F), Poseidonia (Paestum; Hera- und Athena-Tempel) und Metapont (Tempel des Apollon Lykeios, Hera?-Tempel).

um 550 v. Chr. Kamarina (südwestlich von Ragusa), unterstützt von einheimischen Sikelern, erhebt sich gegen die Mutterstadt Syrakus und wird zerstört.

um 540 v. Chr. Seeschlacht in sardischen Gewässern zwischen Phokaiern, die Alalia (Aleria; Korsika) kolonisiert haben, und vereinigten Etruskern und Karthagern. Die Etrusker übernehmen die Kontrolle auf Korsika, die Karthager auf Sardinien; die Phokaier gründen Elea (Velia), in das bald darauf der Philosoph Xenophanes aus Kolophon im Zuge der Fluchtbewegung der kleinasiatischen Griechen vor den Persern kommt. Er ist der erste der berühmten Eleaten.
Siris (am Sinni) wird von Metapont, Sybaris (am Crati) und Kroton zerstört.

um 530 v. Chr. Der Philosoph Pythagoras (†nach 510) wandert von Samos nach Kroton aus, begründet dort im Rahmen eines »Bundes« die pythagoreische Philosophie und beeinflusst auch die politische Ordnung der Stadt. Daneben wird Kroton zu einem Zentrum der Medizin (Demokedes [†504]), die ebenfalls durch den Pythagoreismus starke Impulse erhält (Alkmaion von Kroton).

524 v. Chr. (?) Kyme unter Aristodemos besiegt die Etrusker in einer Schlacht vor der Stadt. Damit wird der etruskischen Ausbreitung in Kampanien eine Grenze gesetzt.

um 514 v. Chr. Dorieus (†508/07), Halbbruder des spartanischen Königs Kleomenes, versucht Kolonien in Libyen, nach 511/10 auf dem Mons Eryx (Erice) in Sizilien zu gründen, wird aber von Karthagern und Elymern getötet.

511/510 v. Chr. Kroton unter dem Olympiasieger Milon besiegt Sybaris, die größte Stadt Süditaliens, deren Einfluss zuvor bis Poseidonia am Tyrrhenischen Meer reicht und die durch Reichtum und Luxus bekannt ist; über die zerstörte Stadt wird der Fluss Crati geleitet.

Großgriechenland

Die Ostgriechen

um 680–652 v. Chr. Unter König Gyges wird Lydien mit der Hauptstadt Sardeis (am Hermos) zu einer bedeutenden Macht. Gyges stößt auch nach Westen vor (Eroberung von Kolophon) und nimmt den kleinasiatischen Griechenstädten die Möglichkeit einer weiteren Ausdehnung ins Landesinnere. Daraufhin gründen die ionischen Städte, v. a. Milet, in Thrakien, an den Dardanellen, am Bosporus und im gesamten Schwarzmeergebiet bis zur Krim zahlreiche Apoikien.

7. Jh. v. Chr. In Smyrna (Izmir) und Milet entstehen regelmäßige Stadtanlagen mit rechtwinklig einander zugeordneten Straßen. Im Heraion in Samos wird der Tempel des 8. Jh.s durch einen großen Neubau ersetzt und der Tempelbezirk durch eine Stoa ausgestaltet.

um 600 v. Chr. Der Tyrann Thrasybulos kann die Angriffe des Lyders Alyattes (ca. 610–561) abwehren. Milet bleibt selbstständig. In Ephesos wird die Herrschaft des Geschlechts der Basiliden, die mit den Lyderkönigen verwandt sind, durch die Tyrannis des Pythagoras unterbrochen, der sich auf das Volk gestützt haben soll.

um 590–580 v. Chr. Nach Kämpfen zwischen Adelsfraktionen, an denen auch der Dichter Alkaios beteiligt ist, wird in Mytilene auf Lesbos Pittakos zum Aisymneten gewählt; teilweise wird er in den Quellen als Tyrann bezeichnet. Er ordnet die Stadt und tritt freiwillig zurück.

Wie in Milet, Ephesos und Mytilene gibt es auch in anderen Städten Tyrannisherrschaften. Mit oder ohne Tyrannen dauern innere Unruhen und Kämpfe in vielen Städten das ganze 6. Jh. über an. Trotzdem blüht infolge der Apoikien und der von den Lydern übernommenen Geldwirtschaft der Handel auf.

Griechenland und Ägäisraum in archaischer u. klassischer Zeit

575 v. Chr. Der Lyderkönig Alyattes erobert und zerstört Smyrna. Sein Nachfolger Kroisos erobert alle griechischen Küstenstädte bis auf Milet, lässt aber den Griechen weitgehende Selbstständigkeit und fördert Tempelbauten durch Geschenke. Als riesige Monumentalbauten entstehen ein 3. Tempel (sog. Labyrinth) im Heraion in Samos (Baumeister Rhoikos und Theodoros) und das nicht vollendete Artemision in Ephesos. Zugleich blüht die filigrane ionische Skulptur (besonders in Naxos, Samos, Chios).

547 v. Chr. Nach einer Niederlage des Kroisos gegen den Perserkönig Kyros II. (†530) und der Einnahme von Sardeis wird Lydien persische Satrapie (Provinz). Auch die Griechenstädte, mit Ausnahme Milets, werden unterworfen. In vielen Städten werden, v. a. unter Dareios I., die inneren Konflikte stillgestellt, indem die Perser ihnen gegenüber loyale Tyrannen unterstützen. Vor der Perserherrschaft flüchten viele Griechen nach Thrakien, ins griechische Mutterland sowie nach Süditalien und Sizilien.

um 540–522 v. Chr. Polykrates (†522) erringt in Samos die Tyrannis, baut den Hafen und die Flotte aus, ist zur See aktiv und treibt Piraterie. Seinen großen Reichtum verwendet er für Bauten (Wasserleitung; unvollendeter monumentaler Tempel im Heraheiligtum; Palast) und eine großzügige Hofhaltung. U. a. wirken die Dichter Anakreon von Teos und Ibykos von Rhegion an seinem Hof. Beziehungen nach Ägypten; am Ende wird jedoch trotz anfänglicher Kooperation mit den Persern sein Handlungsspielraum durch diese stark eingeschränkt. 522 nimmt der Satrap Oroites Polykrates durch eine List gefangen und lässt ihn kreuzigen.

517 v. Chr. (?) Samos, Chios und Lesbos kommen unter persische Herrschaft.

512 v. Chr. Dareios I. unterwirft mithilfe kleinasiatischer Tyrannen Thrakien.

Das klassische Griechenland (499–322 v. Chr.)

Die klassische Zeit ist kulturell durch eine enorme Produktivität gekennzeichnet; die Leistungen in den Bereichen Bildende Kunst, Architektur, Drama, Geschichtsschreibung, Philosophie und Rhetorik gelten bereits in der Antike als unerreicht und vorbildlich. Zugleich sind es diese beiden Jahrhunderte, in denen die Griechen »auf der Grundlage des Stadtstaates große Politik machen« (Alfred Heuss). Dabei wirken die Perserkriege katalytisch. Im 4. Jh. bleiben wegen der Erschöpfung der griechischen Großmächte durch den Peloponnesischen Krieg und das Wiedererstarken der Perser alle Versuche, an die alte Hegemonialpolitik anzuknüpfen ohne Erfolg.

Das 5. Jh. ist sozialgeschichtlich und politisch dadurch charakterisiert, dass es – v. a. im demokratischen

Athen, aber auch (teilweise in Abhängigkeit von Athen) in anderen Städten – gelingt, den Adel in die Polis einzubinden, d. h. die politische Organisation der Stadt zu vollenden. Das geschieht im Rahmen unterschiedlicher Organisationsformen. Im 4. Jh. kommen neben der konsolidierten Demokratie auch neue Formen staatlicher Organisation wie der Bundesstaat auf.

Das Zeitalter der Perserkriege (499–478 v. Chr.)

Der Ionische Aufstand

499 v. Chr. Aristagoras (†497), Tyrann von Milet, gewinnt den persischen Satrapen in Sardeis, Artaphrenes, für eine Expedition gegen Naxos. Als diese scheitert, nutzt Aristagoras (angeblich auf Anstiften seines Schwiegervaters Histiaios [†493]) die Unzufriedenheit mit der persischen Herrschaft aus, um die ionischen Städte zu einem Aufstand gegen Persien zu bewegen. Er reist nach Griechenland, um dort Hilfe zu gewinnen. Sparta lehnt eine Unterstützung ab, Athen sendet 20, Eretria 5 Schiffe. Vielerorts brechen innerstädtische Kämpfe (*staseis*) aus und werden die persertreuen Regierungen gestürzt.

498 v. Chr. Eroberung und teilweise Zerstörung von Sardeis. Auf dem Rückzug Niederlage der Griechen bei Ephesos. Die Athener ziehen ihr Kontingent ab; dagegen treten Städte an den Meerengen und auf Zypern der Aufstandsbewegung bei. In den folgenden Jahren können die Perser zunächst Zypern und die Städte im Norden zurückgewinnen. Aristagoras verlässt Milet und geht nach Thrakien.

494 v. Chr. Niederlage einer griechischen Flotte unter Dionysios von Phokaia bei der Milet vorgelagerten Insel Lade. Einnahme und Zerstörung Milets; die überlebende Bevölkerung wird z. T. deportiert. Auch andere Städte werden bestraft. Durch Schiedsgerichte und die Einsetzung aristokratischer Regierungen können die Perser Ionien stabilisieren. Im Perserkrieg stehen die kleinasiatischen Griechen auf der Seite des Großkönigs.
Schwere Niederlage von Argos bei Sepeia (östlich von Argos?) gegen Kleomenes I. von Sparta; die Stadt verliert die Kontrolle über Teile der Argolis (Tiryns, Mykenai); Spartas Hegemonie auf der Peloponnes ist auf längere Zeit gesichert.

Die Perserkriege 499–478 v. Chr.

Hellas in den 490er- und 480er-Jahren – Marathon

493 v. Chr. THEMISTOKLES (*um 525, †459) betreibt als Archon den Ausbau des Peiraieus (Piräus, Hafen von Athen). Athen liegt seit Ende des 6. Jh.s im Konflikt mit der Seemacht Aigina.

492 v. Chr. Der Perser MARDONIOS (†479) unternimmt einen Kriegszug nach Thrakien und sichert die Abhängigkeit des Landes ebenso wie die Makedoniens und der Insel Thasos (nördliche Ägäis). Auf der Rückfahrt werden Teile der persisch-phönikischen Flotte am Berg Athos (östliche Landzunge der Halbinsel Chalkidike) durch Stürme vernichtet.

491 v. Chr. Der Perserkönig DAREIOS I. (*549, †486) schickt Gesandte nach Griechenland, die von den Städten Erde und Wasser als Zeichen der Unterwerfung verlangen. Die meisten Städte, u. a. Aigina, kommen der Forderung nach; in Athen und Sparta werden die Gesandten getötet.
KLEOMENES I. von Sparta, der mithilfe des bestochenen Delphi die Absetzung seines Mitkönigs DEMARATOS erreicht hat (neuer König wird LEOTYCHIDAS II. [†469]), zieht gegen Aigina, das Geiseln stellen muss. Sie werden den Athenern übergeben. Kurz darauf wird die Bestechung aufgedeckt, KLEOMENES muss Sparta verlassen.

490 v. Chr. Unter DATIS und ARTAPHERNES unternimmt Persien einen Feldzug gegen Eretria und Athen, die am Ionischen Aufstand teilgenommen haben. Eine Flotte mit höchstens 20 000 Mann überquert die Ägäis, unterwirft die am Weg liegenden Inseln, landet in Euboia, erobert und zerstört Eretria, dessen Einwohner später nach dem Osten deportiert werden. Nach Attika übergesetzt, gehen die Perser, bei denen sich der ehemalige Tyrann HIPPIAS (†um 490) befindet, bei **Marathon** (an der Ostküste von Attika) an Land. Ein athenisches Heer von etwa 9000 Mann, unterstützt durch ein kleines Aufgebot von Plataiai in Boiotien, bezieht unter dem Polemarchen KALLIMACHOS (†490) eine günstige Stellung beim Herakleion, die Perser formieren sich gegenüber dem athenischen Heer. Die Athener, bei denen der Stratege MILTIADES (*um 550, †489) die militärische Planung bestimmt, warten zunächst auf ein spartanisches Heer, dessen Ankunft sich wegen einer religiösen Feier in Sparta verzögert. Als die Perser wegen des ungünstigen Geländes ihre starke Reiterei abziehen und einschiffen und ein Angriff auf das entblößte Athen droht, wagen die Athener allein die Schlacht und erringen einen vollständigen Sieg. Die Perser segeln noch nach Athen, doch das athenische Heer ist rechtzeitig zur Stelle, sodass die Perser den Angriff aufgeben und nach Kleinasien zurückfahren. – Der unerwartete Sieg wird der Hilfe der Götter zugeschrieben (Weihegeschenke an verschiedenen Orten Griechenlands).

489 v. Chr. MILTIADES beantragt in der Volksversammlung Geld, Schiffe und Mannschaften für einen Raubzug gegen Paros. Das Unternehmen scheitert, der schwer verwundete MILTIADES wird zu einer hohen Geldstrafe (50 Talente) verurteilt und stirbt bald darauf. Sein Sohn KIMON (*um 510, †um 450) bezahlt die Buße.

490–480 v. Chr. Kämpfe zwischen Athen und Aigina, weil Athen die 491 gestellten Geiseln nicht zurückgeben will.

487 v. Chr. Erster Ostrakismos (»Scherbengericht«: Abstimmung darüber, ob ein Politiker ohne Verlust seines Vermögens und seines Bürgerrechts außer Landes gehen soll) in Athen. Ostrakisiert wird der Peisistratide HIPPARCHOS. Der Ostrakismos dient dazu, unter den von KLEISTHENES neu geschaffenen Bedingungen politischen Handelns (die Kämpfe zwischen Adligen werden jetzt vor der Volksversammlung ausgetragen) die inneren Auseinandersetzungen zu begrenzen, indem bestimmte politische Gruppen zeitweise personell geschwächt werden. Die Ostrakismen der 80er-Jahre treffen besonders Adlige, die unter dem Verdacht einer Zusammenarbeit mit Persien stehen, doch stehen auch immer Lebensführung und Verhalten gegenüber dem Volk unter Beobachtung.

487/486 v. Chr. Ostrakismos des Alkmaioniden MEGAKLES.
Änderung in der Bestellung der Archonten, die künftig nicht mehr direkt gewählt, sondern aus vorgewählten Kandidaten erlost werden. Gleichzeitig verliert wohl der Polemarchos den Oberbefehl über das athenische Heer. Das bedeutet eine Aufwertung der zehn Strategien, die fortan das einzige bedeutende Wahlamt in Athen bekleiden und für die es keine Beschränkung der Wiederwahl gibt.

483/482 v. Chr. Als neue ergiebige Minen in den Silberbergwerken von Laureion (im Südosten Attikas) entdeckt werden, setzt THEMISTOKLES durch, dass die Erträge nicht an die Bürger verteilt, sondern zum Bau einer Flotte verwendet werden, der offiziell gegen Aigina, in Wirklichkeit aber wohl schon gegen Persien gerichtet ist. – ARISTEIDES (†um 467), Gegner des Flottenbaus, wird ostrakisiert (482).

Abwehr der Invasion des Xerxes

482/481 v. Chr. In Persien trifft zunächst DAREIOS I., nach seinem Tod sein Sohn und Nachfolger (seit 485) XERXES I. (*um 519, †465) Vorbereitungen für einen neuen Feldzug gegen Griechenland. Der Bau zweier Brücken über den Hellespont und eines Kanals durch den Isthmus der Halbinsel Athos wird in Angriff genommen.

481 v. Chr. XERXES fordert alle griechischen Städte außer Sparta und Athen zur Unterwerfung auf. Boioter und Thessaler treten wegen ihrer geografischen Lage auf die Seite der Perser (obwohl es antipersische Minoritäten gibt); Argos bleibt aus Feindschaft gegen Sparta neutral; die übrigen peloponnesischen Städte, ferner Athen, Chalkis, Eretria und Aigina sowie die mittelgriechischen Plataier, Phoker und Thespier erklären sich für den Krieg, während die delphische Priesterschaft zur Unterwerfung rät.
Etwa 30 antipersische Städte treffen sich auf dem Isthmus von Korinth und schließen unter der Führung Spartas eine *Symmachia* (Kampfbund) gegen

die Perser und die perserfreundlichen Griechen (*mêdizontes*). Die Streitigkeiten zwischen den einzelnen Staaten werden beigelegt, die Verbannten zurückgerufen. Gesandte werden – u. a. zu dem Tyrannen von Syrakus, GELON (†478) – ausgeschickt, um weitere Städte für den Krieg zu gewinnen.

480 v. Chr. Aufbruch des persischen Heeres (Schätzungen der Stärke: 100 000–150 000 Kämpfer zu Lande, etwa 700 Kriegsschiffe). Das Landheer überquert den Hellespont, durchzieht Thrakien und vereinigt sich mit der Flotte in Thermai bei Saloniki. Um Mittelgriechenland zu verteidigen und die von unterschiedlichen Interessen und Strategien bedrohte Koalition zu stabilisieren, besetzt der spartanische König LEONIDAS (†480) mit ca. 5000 Spartanern, anderen Peloponnesiern, Phokern, Thespiern und Thebanern die **Thermopylen** (Pass am Golf von Malia). Eine Flotte von 271 Schiffen unter dem Spartaner EURYBIADES – das athenische Aufgebot wird von THEMISTOKLES geführt – bezieht Stellung in der Nähe des Artemision an der Nordküste Euboias; ein kleines Aufgebot von 53 Schiffen sichert den Süden des Euripos (Meerenge zwischen Euboia und dem Festland).

Juli/Aug. Das persische Landheer marschiert von Thermai aus nach Süden, die Flotte erleidet an der Küste von Magnesia durch Stürme schwere Verluste. 200 Schiffe gehen bei dem Versuch, Euboia zu umfahren, durch ein Unwetter verloren. Seegefechte beim Artemision enden ohne Entscheidung. Zu Lande wehrt LEONIDAS die persischen Angriffe zwei Tage ab; in der folgenden Nacht kann die Garde der »Unsterblichen« die griechische Stellung auf einem Seitenpass umgehen. Als LEONIDAS davon hört, entlässt er den größten Teil seiner Soldaten und findet, »den Befehlen gehorsam« (Epitaph), am folgenden Tag mit 300 Spartiaten, 700 Thespiern und 400 Thebanern den Tod. Die griechische Flotte zieht sich zurück.

Das persische Landheer verwüstet Phokis, Thespiai und Plataiai. Die attische Bevölkerung wird nach Salamis, Aigina und Troizen (in der östlichen Argolis) evakuiert. Attika wird verheert; Athen und die nur von wenigen verteidigte Akropolis werden niedergebrannt.

Die griechische Flotte unter EURYBIADES (etwa 300 Schiffe) sammelt sich im Sund von Salamis, die persische bei Phaleron (östlich des Piräus). THEMISTOKLES kann mit Mühe einen Rückzug der Flotte hinter die Isthmus-Linie verhindern.

Ende Sept. **Seeschlacht von Salamis** unter den Augen des XERXES. Die Perser können sich wegen der Enge des Raumes nicht entfalten. Der aus dem Exil zurückgekehrte ARISTEIDES besetzt die Insel Psyttaleia am Südostausgang des Sundes und verdrängt die dort postierten Perser. Mit Geschick und Glück erringen die Griechen einen Sieg. Die persische Flotte segelt nach Asien zurück, XERXES verlässt Griechenland auf dem Landweg; der größte Teil des Landheeres unter MARDONIOS bezieht Winterquartiere in Thessalien.

Athen lehnt ein Angebot des MARDONIOS für einen vorteilhaften Sonderfrieden ab.

479 v. Chr. MARDONIOS verwüstet erneut Attika, nachdem auch ein zweites Friedensangebot abgelehnt ist. Als auf Drängen Athens das peloponnesische Landheer unter PAUSANIAS (†467/66, Regent für LEONIDAS' Sohn) den Isthmus überschreitet, zieht sich MARDONIOS nach Boiotien zurück.

Sept. Bei **Plataiai** kommt es, nachdem sich die Athener mit den Peloponnesiern vereinigt haben, nach langen Manövern und Gefechten zur größten Schlacht der Perserkriege zu Lande (ca. 50 000 Hellenen gegen etwa 60 000–70 000 Mann des Großkönigs), in deren Endphase MARDONIOS fällt. Die persische Armee, deren Lager erobert wird, flieht nach Norden. Das mit den Persern verbündete Theben wird belagert und liefert die perserfreundlichen Führer aus, die hingerichtet werden. In Plataiai wird dem Zeus Eleutherios (Befreier) ein Fest gestiftet. Aus der reichen Beute erhalten viele Heiligtümer Weihegeschenke. In Delphi wird ein goldener Dreifuß auf einer bronzenen Schlangensäule aufgestellt. Sie enthält die Namen der Staaten, die an den Schlachten von Salamis und Plataiai teilgenommen haben.

Eine griechische Flotte, die im Frühjahr unter dem spartanischen König LEOTYCHIDAS von Aigina nach Delos gesegelt ist, fährt nach Samos weiter und besiegt bei der Halbinsel Mykale die dort gelandete Besatzung der persischen Restflotte. Überall in den ionischen Städten wird die Perserherrschaft gestürzt. Die griechische Flotte segelt zum Hellespont, wo die Griechenstädte ebenfalls auf breiter Front vom Perserreich abfallen.

479/478 v. Chr. Als man die Brücken über den Hellespont schon zerstört findet, kehrt LEOTYCHIDAS mit den Peloponnesiern nach Griechenland zurück, während die Athener unter XANTHIPPOS Sestos belagern und einnehmen. Die Aktionen der Flotte in Kleinasien markieren schon den Übergang vom Abwehr- zum Angriffskrieg gegen Persien.

Sizilien und Süditalien in der Zeit der Älteren Tyrannis

Nach Vorläufern in archaischer Zeit (PANAITIOS VON LEONTINOI, PHALARIS VON AKRAGAS) setzt sich die Tyrannis bei den Westgriechen erst kurz nach 500 durch. Die Größe einiger Poleis, die Heftigkeit der sozialen und politischen Konflikte, die Mobilisierbarkeit von Söldnern und die Bedrohung durch fremde Mächte (Karthago; Einheimische) begünstigen außergewöhnliche Machtbildungen; außerdem ist Politik in Großgriechenland als der »Neuen Welt« der Hellenen weniger durch Traditionen gebunden.

um 505–um 490 v. Chr. ARISTODEMOS (†um 490), der sich in Kämpfen gegen die Etrusker ausgezeichnet hat, ist Tyrann in Kyme (Cumae, westlich von Neapel). Er schafft sich eine Leibwache, tötet die adeligen Standesgenossen, konfisziert ihr Vermögen, verspricht den Armen Landverteilung und Schuldentilgung; außerdem wirbt er Söldner, gibt Sklaven das Bürgerrecht und entwaffnet die Bürger.

um 498–491 v. Chr. In Gela (an der Südküste Siziliens) Tyrannis des HIPPOKRATES (†491), der zunächst das Hinterland um Gela, dann die Griechenstädte Naxos (südlich vom heutigen Taormina), Zankle (Messana, [Messina]) und Leontinoi (Lentini) erobert und dort abhängige Tyrannen einsetzt; das ist der erste Ansatz zur Bildung eines Territorialstaates auf der Basis tyrannischer Macht- und Netzwerkpolitik.

494–476 v. Chr. ANAXILAOS (†476) Tyrann in Rhegion. Eine Gruppe samischer Flüchtlinge besetzt auf seine Aufforderung hin das gegenüberliegende Zankle, als sich der dort von HIPPOKRATES eingesetzte Tyrann SKYTHES auf einem Feldzug befindet. Der herbeigerufene HIPPOKRATES setzt SKYTHES ab, lässt die Samier im Besitz der Stadt und fordert dafür die Hälfte der beweglichen Güter und Sklaven innerhalb und alle Güter außerhalb der Stadt. Die Zankleier werden versklavt, 300 Vornehme den Samiern zur Hinrichtung übergeben, von diesen aber verschont. Hier zeigt sich zum ersten Mal die für die sizilische Tyrannis typische Willkür im Umgang mit den Bevölkerungen ganzer Städte.

um 492 v. Chr. HIPPOKRATES greift Syrakus an, wo Auseinandersetzungen zwischen den landbesitzenden Oligarchen (*gamoroi*) und dem Volk stattfinden. Die Syrakusaner werden am Heloros (heute Tellaro) besiegt, doch kann die Stadt mangels einer Flotte nicht eingenommen werden. Auf Vermittlung Korinths wird Frieden geschlossen: HIPPOKRATES gibt die Gefangenen heraus und erhält dafür Kamarina (südwestlich von Ragusa), das er mit Einwohnern Gelas neu besiedelt.

491 v. Chr. HIPPOKRATES fällt im Kampf gegen autochthone Sikeler.

491–478 v. Chr. Sein Nachfolger in Gela wird GELON (†478) aus dem Geschlecht der Deinomeniden.

nach 490 v. Chr. ANAXILAOS VON RHEGION vertreibt die Samier aus Zankle und besiedelt die Stadt neu mit Griechen verschiedenen Ursprungs, unter anderem vor den Spartanern geflohenen Messeniern. Die Stadt erhält den Namen Messana (heute Messina).

um 488–472 v. Chr. THERON (†472) Tyrann in Akragas. Seine Tochter DAMARETE wird Frau des GELON.

485 v. Chr. In Syrakus erhebt sich das Volk zusammen mit den Kyllyrioi (einheimische unterworfene Bevölkerung) gegen die *gamoroi* (»die das Land unter sich aufgeteilt haben«), die GELON um Hilfe bitten. GELON erobert, ohne Widerstand zu finden, die Stadt, macht sich zum Herrn in Syrakus und setzt in Gela seinen Bruder HIERON (†466/65) zum Tyrannen ein. Die Hälfte der Bevölkerung Gelas wird nach Syrakus umgesiedelt; Kamarina wird zerstört, seine Bewohner trifft dasselbe Schicksal. Megara Hyblaia (am Golf von Augusto) und Euboia (Lage unbekannt) werden erobert, die Vornehmen in Syrakus aufgenommen, die Armen versklavt. Schließlich erhalten auch 10 000 der Söldner GELONS Bürgerrecht in Syrakus, das damit und durch den Aufbau einer Kriegsflotte zur volkreichsten und mächtigsten griechischen Stadt wird.

483 v. Chr. THERON vertreibt den Tyrannen TERILLOS von Himera (zwischen den heutigen Palermo und Cefal?). Dieser und sein Schwiegervater ANAXILAOS wenden sich um Hilfe an Karthago, das umfangreiche Vorbereitungen für einen Krieg trifft.

481 v. Chr. Eine Gesandtschaft der antipersischen Koalition in Griechenland bittet GELON um Unterstützung. Er lehnt ab, als ihm das Oberkommando versagt wird.

480 v. Chr. Die Karthager landen in Panormos und stoßen mit Heer und Flotte bis Himera vor. Sie werden von GELON und THERON vernichtend geschlagen. Von der griechischen Tradition wird die Schlacht auf den gleichen Tag wie der Sieg über die Perser bei Salamis datiert. Die hohe Kriegskostenentschädigung Karthagos wird für die Münzprägung in Syrakus, Tempelbauten in Syrakus und Akragas und große Weihegeschenke nach Delphi und Olympia verwendet.

478 v. Chr. HIERON, der mit einer Tochter des ANAXILAOS VON RHEGION verheiratet ist, wird Nachfolger GELONS in Syrakus; sein Bruder POLYZALOS, der die Witwe GELONS heiratet, wird Tyrann in Gela. HIERON verstärkt die Söldnermacht und schafft eine Geheimpolizei. Er verpflanzt die Einwohner von Naxos und Katane nach Leontinoi, gründet Katane neu unter dem Namen Aitna und setzt dort seinen Sohn DEINOMENES (†um 451) als Herrscher ein.

474 v. Chr. Auf Hilferuf von Kyme schlägt HIERON die Etrusker in der Bucht von Neapel.

um 473 v. Chr. MIKYTHOS VON RHEGION kämpft zusammen mit den Tarentinern verlustreich gegen die Iapygen.

472 v. Chr. Tod THERONS. Sein Nachfolger THRASYDAIOS wird in einem Feldzug gegen HIERON geschlagen und die Tyrannis in Akragas und Himera gestürzt. Einrichtung einer gemäßigten Oligarchie.

467 v. Chr. MIKYTHOS gibt in Rhegion die Regentschaft zugunsten der Söhne des ANAXILAOS auf.

466/465 v. Chr. Tod HIERONS, dessen Bruder THRASYBULOS nun die Tyrannis in Syrakus übernimmt. Er wird jedoch bald durch die von anderen Städten unterstützten Syrakusaner gestürzt. Auch in Gela und – in den folgenden Jahren – in den übrigen sizilischen Städten **endet die Tyrannis** und es werden stattdessen »Demokratien«, d.h. bürgerstaatliche Verfassungen mit Zensusbeschränkungen geschaffen.

seit 460 v. Chr. Im Gefolge des Sturzes der Tyrannen sucht der Sikelerfürst **DUKETIOS** (†440) die Sikeler zu vereinen und eine starke Macht aufzubauen, u.a. durch die Gründung einer Hauptstadt Palike (nahe Palagonia) beim Heiligtum der Paliken, der sikelischen »Nationalgottheiten«.

460/459 v. Chr. Zusammen mit Syrakus vertreibt er die ehemaligen Söldner des Hieron aus Aitna, das wieder in Katane umbenannt wird.

451/450 v. Chr. Später erobert er das zu Akragas gehörende Motyon, wird dann aber von Syrakus und Akragas bei Nomai geschlagen. 448/47 nach Korinth verbannt, kehrt er von dort zurück und besiedelt Kale Akte (beim heutigen Caronia) neu.

Die sizilischen Tyrannen ziehen berühmte Dichter und Philosophen wie PINDAROS (*522/18, †nach 446), AISCHYLOS (*525, †456), SIMONIDES VON KEOS, BAKCHYLIDES (*um 518, †um 451) und XENOPHANES (†um 470) an ihre Höfe, entfalten rege Bautätigkeit und erringen häufig Siege bei den gesamtgriechischen Spielen. Anders als die frühgriechischen Tyrannen stützen sie sich fast nirgends auf das Volk. Durch die Bevölkerungs- und damit verbundenen Besitzumschichtungen wird die Gesellschaftsstruktur zwar verändert, aber keine Konsolidierung der sozialen Unterschichten erreicht, sodass die »Demokratie« in Sizilien nur Episode bleibt.

Nach dem Sturz der Tyrannis kehren viele umgesiedelte Griechen wieder in ihre Heimatstädte zurück und versuchen, auch ihren alten Besitz wieder zu gewinnen. Die daraus resultierenden Prozesse vor Gericht sind eine Voraussetzung für die zur technischen Kunstlehre entwickelte Rhetorik, als deren Begründer die Syrakusaner KORAX und TEISIAS gelten.

Das griechische Mächtesystem und der Aufstieg Athens: Die Pentekontaëtie (479–432 v. Chr.)

Die etwa »50 Jahre« (daher der Begriff »Pentekontaëtie«) zwischen Plataiai und dem Beginn des Peloponnesischen Krieges (431) sind durch den Aufstieg Athens zur politisch und kulturell führenden Macht Griechenlands bestimmt. Strukturelle Voraussetzungen dafür wurden durch SOLON, die Tyrannis und die kleisthenischen Reformen geschaffen. Der Kampf gegen die Perser, zunächst von Athen allein, dann unter wesentlicher Beteiligung besonders der attischen Flottenmacht durchgeführt, stärkt das Selbstbewusstsein der Athener und lässt sie zu Rivalen der Vormachtstellung Spartas in Griechenland werden. Dieser neuartige Dualismus löst eine bündnispolitische und militärische Eskalation aus. Andere Staaten (Korinth, Argos, Megara, Theben) richten ihre Politik an den beiden Großen und der Gesamtsituation aus; umgekehrt werden die Vormächte in die regionalen Konflikte einerseits hineingezogen, nutzen diese andererseits aber auch aus, um den Rivalen zu überflügeln. Die strukturelle Unfriedlichkeit und Labilität der zwischenstaatlichen Beziehungen in Hellas gewinnt in dieser Konstellation eine gefährliche Dynamik; diese wird noch dadurch gesteigert, dass sich nun auch die innerstädtischen Konflikte (*staseis*) am bipolaren Mächtesystem auszurichten beginnen.

479/478 v. Chr. Wiederaufbau Athens und Befestigung der Stadt durch eine Mauer.

478/477 v. Chr. Eine griechische Flotte unter dem Spartaner PAUSANIAS (†469/68) befreit Zypern und Byzanz von der Perserherrschaft. Eigenmächtige Pläne und autoritäres Verhalten des PAUSANIAS (Verbindungen zum Perserkönig?) führen zu dessen Abberufung. In Sparta wird ihm der Prozess gemacht. Die Athener nutzen mit Unterstützung der Chier, Lesbier und Samier die Unzufriedenheit mit dem spartanischen Oberbefehlshaber und bringen die Griechen dazu, dem Führer des athenischen Kontingents, ARISTEIDES, den Oberbefehl zu übertragen. Ziel ist die energische Weiterführung des Krieges gegen die Perser, zu der Sparta nur widerwillig bereit ist. Daraus entsteht gegen den Willen Spartas der **Delisch-Attische Seebund** als offensiver Kampfbund (Symmachie): Athen schließt mit Inseln und Küstenstädten der Ägäis zeitlich unbefristete Einzelverträge; die Bündnispartner, denen Verträge untereinander verboten werden, haben Schiffe zu stellen oder jährliche Tribute (Phoroi) in Geld zu entrichten, deren Höhe nach der Leistungskraft festgelegt wird. Die von athenischen »Hellenenschatzmeistern« (Hellenotamiai) verwaltete Bundeskasse befindet sich in Delos, wo auch die Bundesversammlung (Synhedrion) tagt, in der jeder Bündnispartner eine Stimme hat. Feldherrn des Bundes sind athenische Strategen, wie auch die politische Führungsstellung (Hegemonie) bei Athen liegt (offizielle Bezeichnung: »Die Athener und ihre Verbündeten«).
Ziele des Seebundes sind Vergeltung für die von den Persern angerichteten Verwüstungen, Befreiung der noch unter persischer Herrschaft stehenden Griechen und das Beschaffen von Mitteln für die Weiterführung des Krieges durch Beutemachen. Athen führt durch den Seebund seine bereits in archaischer Zeit (MILTIADES DER ÄLTERE; PEISISTRATOS) betriebene Politik der Gewinnung und Sicherung der Nordägäis und der Meerengen ins Schwarze Meer mit nunmehr ganz neuen Machtpotenzialen fort und erweitert im Laufe der Zeit seine Instrumente zur Erweiterung des Bundes und Disziplinierung der Verbündeten: Flottenpräsenz, athenische Aufsichtsbeamte und Interessenvertreter in den Städten, Ansiedlung von athenischen Bürgern in Kleruchien (Kolonien, deren Siedler attische Bürger bleiben) auf erobertem Gebiet, Unterstützung von Athenfreunden, energische Bekämpfung von Sezessionen u. a.

476/475 v. Chr. Erste Unternehmung des Seebundes unter dem Strategen KIMON (†450; Sohn des MILTIADES) ist die Einnahme des von Persern besetzten Eion in Thrakien.

470er-Jahre v. Chr. Skyros, die südlichste Insel der nördlichen Sporaden, wird erobert und, wie auch Eion, mit attischen Kleruchen besiedelt. KIMON lässt die Gebeine des athenischen Gründungsheros THESEUS von Skyros nach Athen überführen. Das euboiische Karystos wird in den Seebund hineingezwungen.

471/470 v. Chr. Ostrakismos des THEMISTOKLES, der zunächst nach Argos geht, dann auf Verlangen Spartas in Athen verurteilt und von Athenern und Spartanern gemeinsam verfolgt wird, über Korkyra und Epeiros zum Perserkönig flieht und als persischer Vasall stirbt. Synoikismos (Bildung eines städtischen Zentrums) von Elis (nordwestlicher Teil der Peloponnes).

470–465 v. Chr. Weitere Neugründungen von Poleis durch Synoikismos in Arkadien (Mantineia, Tegea). Argos erobert Mykenai und Tiryns (in der Argolis) zurück, die sich 494 selbstständig gemacht haben. Vielleicht wirken THEMISTOKLES und der aus Sparta verbannte König LEOTYCHIDAS an diesen Bewegungen mit, deren Folge kriegerische Auseinandersetzungen mit Sparta sind: Sparta besiegt zunächst bei Tegea (im Süden der ostarkadischen Hochebene) die verbündeten Argos und Tegea, kurz darauf bei Dipaia (im mittleren Arkadien) die Arkader.

um 467 v. Chr.? Als erstes Mitglied tritt Naxos aus dem Seebund aus, wird mit Gewalt zurückgezwungen und muss fortan, statt Schiffe zu stellen, Geldzahlungen leisten.

467/466 v. Chr.? Als die Perser an der Südküste Kleinasiens Schiffe zusammenziehen (geplante Offensive?), werden sie in einer **Land- und Seeschlacht am Eurymedon** (Pamphylien) von der Seebund-Flotte unter Kimon vernichtend geschlagen. Weitere Städte treten dem Seebund bei.

465 v. Chr. Thasos tritt aus dem Seebund aus (vielleicht wegen Aktivitäten Athens im thrakischen Interessengebiet der Insel), wird zur See geschlagen, dann belagert und muss sich nach zwei Jahren ergeben. Ein Hilfeersuchen an Sparta bleibt, obwohl dieses zur Hilfeleistung geneigt ist, wegen eines Erdbebens und anschließenden Helotenaufstandes erfolglos.

465/464 v. Chr. Athen sendet Kolonisten nach Enneahodoi (dem späteren Amphipolis; Thrakien), die aber bei Drabeskos von den Edonern vernichtet werden.

464/463 v. Chr. Erdbeben in Sparta, in dessen Folge sich die **Heloten Messeniens erheben**; der Aufstand kann erst 457 endgültig niedergeschlagen werden.

463/462 v. Chr. Die Spartaner bitten ihre Bundesgenossen sowie Athen um Hilfe gegen die Messenier. Kimon befürwortet eine Hilfeleistung, die im Erfolgsfall Sparta vor der griechischen Öffentlichkeit schwach erscheinen lassen würde, sein innerathenischer Konkurrent Ephialtes (†461) widerrät, weil man einen aktuell gelähmten Rivalen nicht stark machen solle. Kimon setzt sich durch und geht mit 4000 Hopliten nach Messenien, wird aber von den Spartanern in brüskierender Weise zurückgeschickt und nach diesem Prestigeverlust im Frühjahr 461 ostrakisiert. Die seit der spätarchaischen Zeit vorhandene Rivalität zwischen Athen und Sparta eskaliert in der Folgezeit zum offenen Konflikt.

462/461 v. Chr. Während der Abwesenheit Kimons setzt **Ephialtes** durch, dass dem Areopag die Zuständigkeit für die Kontrolle der Behörden (einschließlich der Eingangsprüfung für Beamten, der Dokimasie) entzogen und auf Gremien der Volksversammlung, der Boule, und auf das Volksgericht übertragen wird. Der Areopag behält als eigene Kompetenz nur die Blutgerichtsbarkeit. Damit ist im Sinne der kleisthenischen Ordnung endgültig klargestellt, dass in Athen Politik allein in den Kollektivorganen der Bürgerschaft gemacht wird und sich aristokratischer Einfluss nur durch Überzeugen und Organisieren von Mehrheiten in diesen Gremien zur Geltung bringen kann und keine institutionelle Basis in Gestalt des Areopag mehr hat.

461 v. Chr. Ephialtes wird unter ungeklärten Umständen ermordet.
Athen schließt Bündnisse mit Argos und Thessalien.

460/459 v. Chr. Schon 462 oder 461 operiert eine griechische Flotte vor Zypern, das noch unter persischem Einfluss steht. Auf einen Hilferuf des Libyers Inaros (†um 454) hin, der gegen die Perser revoltiert und Ägypten »befreien« will, segelt die Seebund-Flotte (oder ein Teil von ihr) von Zypern nach Ägypten und nimmt Memphis (außer der Zitadelle) ein.
In Griechenland schließt sich Megara nach einem Umsturz an Athen an. Wohl deshalb kommt es zu einem Krieg, in dem Athen eine Landschlacht bei Halieis (Portocheli) gegen Korinth (das in Grenzstreitigkeiten mit Megara liegt und als Seemacht Konkurrent Athen ist) und Epidauros verliert, aber eine Seeschlacht gewinnt. Ebenso wird das mit Korinth verbündete Aigina in einer Seeschlacht geschlagen und anschließend die Stadt drei Jahre lang belagert.
Baubeginn der »Langen Mauern«, die Athen mit dem Peiraieus und Phaleron zu einer starken Festung verbinden.

458/457 v. Chr.? Bündnisvertrag zwischen Athen und Segesta in Sizilien(?).

457 v. Chr. Die Phoker greifen Doris (am Nordabhang des Parnass) an. Die Spartaner und ihre Verbündeten leisten den als stammverwandt betrachteten Dorern Hilfe. Als die Athener ihnen den Rückweg verlegen, kommt es bei Tanagra (im westlichen Böotien) zu einer Schlacht (insgesamt ca. 30000 Hopliten), in der Athener und Argiver besiegt werden. Zwei Monate später fallen die Athener unter Myronides in Boiotien ein und besiegen bei Oinophyta (südöstlich von Tanagra) die Böoter; die meisten böotischen Städte und Phokis schließen sich ihnen nach inneren Umstürzen an, das opuntische Lokris wird unterworfen. (Verschiedentlich werden die Auseinandersetzungen seit Tanagra oder schon seit Halieis bis 446 als **1. Peloponnesischer Krieg** bezeichnet.)

457/456 v. Chr. Kapitulation Aiginas, das seine Mauern schleifen, seine Schiffe abliefern und – mit einem hohen Tribut – in den Seebund eintreten muss.
In Athen werden die Zeugiten (3. Vermögensklasse) zum Archontat zugelassen, möglicherweise als »Belohnung« für die erbrachten Opfer. Wahrscheinlich in dieser Zeit werden Tagegelder für die Richter im Volksgericht eingeführt und damit die Teilnahmemöglichkeiten der Bürger an den demokratischen Institutionen gestärkt.

456/455 v. Chr. Eine athenische Flotte unter Tolmides (†447) umsegelt die Peloponnes, zerstört den spartanischen Hafen in Gytheion. In Naupaktos werden Messenier angesiedelt, die am Ende des Aufstandes am Ithome auf freien Abzug kapituliert haben. Dieser neue Stützpunkt Athens am Ausgang des Korinthischen Golfs bedroht die Verbindungen Korinths zu seinen Kolonien an der Westküste Griechenlands.
In Ägypten vertreibt der persische Feldherr Megabyzos die Seebundstreitkräfte aus Memphis und schließt sie auf der Deltainsel Prosopitis ein.

454 v. Chr. Höhepunkt der Machtentfaltung: Athen kontrolliert den gesamten maritimen Raum von der Ägäis, dem Saronischen Golf, dem Isthmos von Korinth bis zum Malischen Golf im Westen. Thessalien und Boiotien sind Verbündete bzw. von Athen abhängig, die Hafen- und Handelsstädte Aigina und Megara als Bündner gewonnen oder in den Seebund eingegliedert. Die Wende tritt ein mit der **Katastrophe der Ägyptenexpedition**.

Nach achtzehnmonatiger Belagerung wird die Insel Prosopitis genommen, die meisten Griechen finden den Tod. Eine Hilfsflotte wird ebenfalls vernichtet. Als Folge dieses Desasters werden athenische Unternehmungen im Mutterland (Feldzüge des MYRONIDES gegen Thessalien und des PERIKLES [*ca. 490, †429] nach Akarnanien) abgebrochen. Wegen erneuerter Anstrengungen des Perserreichs in der Ägäis wird die Kasse des Seebundes von Delos nach Athen verlegt und bleibt auch dort, als die Persergefahr beseitigt ist. 453 und 452 zahlen viele Städte keine Tribute.

451/450 v. Chr. **Fünfjähriger Friede zwischen Athen und Sparta**, dreißigjähriger Friede zwischen Sparta und Argos.

450/449 v. Chr. Unter dem Kommando des aus der Verbannung zurückgekehrten KIMON besiegen Seebundstreitkräfte bei **Salamis** (auf Zypern) die persischen Truppen zu Wasser und zu Land. Bei der anschließenden Belagerung von Kition stirbt KIMON.

449/448 v. Chr. Verhandlungen des Atheners KALLIAS in Susa führen zu einer Übereinkunft mit dem Perserkönig (sog. **Kalliasfriede**, wohl kein formeller Vertrag): Athen verzichtet auf Expeditionen an die Küstengebiete des Perserreiches (Ägypten und Zypern); die Perser halten sich aus der Ägäis fern und akzeptieren den Beitritt der kleinasiatischen Küstenstädte zum Seebund. Der Großkönig erkennt damit faktisch Athen als ostmediterrane Großmacht an. Mit dem Kalliasfrieden ist das ursprüngliche Ziel des Seebundes erreicht, weswegen einige Mitglieder ihre Tributzahlungen vorübergehend einstellen. Athen bemüht sich in der Folgezeit daher um eine institutionelle, politische und ideologische Festigung seiner Hegemonie und baut diese konsequent zu einer *archê* (Herrschaft) aus. Die wieder eingetriebenen Beitragszahlungen der Bündner werden fortan auch für rein athenische Angelegenheiten benutzt. Durch Beschlüsse der Volksversammlung (deren Datierung umstritten ist) wird das attische Münz- und Maßsystem für das gesamte Bundesgebiet verbindlich gemacht (Dekret des KLEARCHOS) und die Tributeinziehung durch attische Beamte gestrafft (Dekret des KLEINIAS). Athen greift mehrmals (jeweils zugunsten des Demos) in die inneren Angelegenheiten von Bündnern ein. Außerdem werden Kleruchien auf der thrakischen Chersones (Halbinsel Gallipoli), in Naxos und Andros gegründet.

Baubeginn des Parthenon.

447/446 v. Chr. Athenfeindlicher Umsturz in Boiotien. Ein athenisches Heer unter TOLMIDES wird bei Koroneia vernichtend geschlagen. Dadurch bricht die Machtstellung Athens in Mittelgriechenland schlagartig zusammen.

446 v. Chr. Gründung einer athenischen Kleruchie in Brea am Strymon. Aufstand von Megara und Euboia. Ein spartanisches Heer unter PLEISTOANAX (†408) fällt in Attika ein, dieser wird aber von PERIKLES (durch Bestechung) zum Rückzug veranlasst. Danach wird das abgefallene Euboia unterworfen, eine Kleruchie nach Histiaia gelegt und das Land der vertriebenen Aristokraten (Hippoboten) als athenisches Staatsland eingezogen.

446/445 v. Chr. Abschluss eines **dreißigjährigen Friedens zwischen Athen und Sparta**. Athen verzichtet auf seinen Einfluss in Mittelgriechenland, Sparta erkennt die athenische Seemachtstellung an. Streitigkeiten sollen durch ein Schiedsgericht beigelegt werden. Die Athener müssen Eroberungen auf der Peloponnes herausgeben, behalten aber die Kontrolle über Naupaktos und Aigina und verständigen sich mit Argos. Eine Auflistung der mit den vertragsschließenden Parteien verbündeten Staaten fixiert die Machtbereiche. Es ist beiden Parteien verboten, abtrünnige Bündner der Gegenseite aufzunehmen oder zu unterstützen. Die zum Zeitpunkt des Friedensschlusses bündnisfreien Poleis können sich anschließen, »welcher der beiden Mächte sie wollen«. Dem erkennbaren Bemühen, das Konfliktpotenzial auf ein Minimum zu reduzieren und die Situation im gesamten griechischen Raum zu regeln, steht die Geringschätzung der Interessen der jeweiligen Verbündeten gegenüber. Das Ergebnis sind im athenischen Lager Abfallversuche, im spartanischen Eigenmächtigkeiten und erpresserische Politik v. a. Korinths gegenüber Sparta.

Bau der mittleren Langen Mauern zwischen Athen und Peiraieus und Neuanlage des Peiraieus nach dem Plan des HIPPODAMOS VON MILET.

444/443 v. Chr. Unter Federführung Athens und Beteiligung zahlreicher Staaten Koloniegründung in Thurioi (Süditalien).

443 v. Chr. Ostrakismos des THUKYDIDES, des Sohnes des MELESIAS. Fortan wird PERIKLES bis zu seinem Tod ununterbrochen zum Strategen gewählt.

441/439 v. Chr. Athen setzt in Samos eine demokratische, athenfreundliche Regierung ein. Nach einem Umsturz sagt sich Samos vom Seebund los und wird von PERIKLES nach wechselvollen Kämpfen besiegt (Frühjahr 439). Es muss kapitulieren, Kriegsentschädigung zahlen, Gebiet abtreten, die Flotte ausliefern und Geiseln stellen; die Demokratie wird erneut eingeführt.

439–435 v. Chr. Flottenexpedition des PERIKLES in das Schwarze Meer zur Sicherung der Getreideeinfuhren Athens und zur Erweiterung des Seebundes.

437/436 v. Chr. Gründung der Kolonie Amphipolis am Strymon (Thrakien).

433/432 v. Chr. Das Ergebnis des Ausbaus der athenischen Seeherrschaft wird exemplarisch deutlich im Psephisma (Volksbeschluss) gegen Megara, das zuvor Athens Rivalin zur See Korinth unterstützt hat: Athen und das Seebundsgebiet werden für Megara gesperrt. Megara und mittelbar Korinth sollen alle Ressourcen (Holz, Getreide) aus der von Athen beherrschten Region abgeschnitten werden, die Ägäis »Binnenmeer« Athens sein.

Wirtschaft, Gesellschaft, Politik und Kultur im klassischen Athen

Trotz der Bedeutung Athens als eines Zentrums für Manufaktur und Handel ist auch im 5. Jh. die **Landwirtschaft** der wichtigste Teil der attischen Wirtschaft. Nur athenische Bürger dürfen in Attika Land besitzen. Noch am Ende des 5. Jh.s haben drei Viertel der Athener Grundbesitz, der stark zersplittert ist. Der größte Teil wird von kleinen und mittleren Bauern und deren Familien, teils mithilfe von Sklaven, bewirtschaftet. Auch wenig ergiebige Flächen werden mit hohem Arbeitseinsatz (Terrassierungen, Wegebau) bewirtschaftet. Im 5. Jh. werden auch mehrfach athenische Bauern in **Kleruchien** (Kolonien, deren Siedler athenische Bürger bleiben) angesiedelt. – Die größeren Güter der Adligen, ebenfalls in Streulage, werden entweder verpachtet oder mit Sklaven bewirtschaftet. Angebaut werden die Grundnahrungsmittel Weizen und Gerste, daneben Gemüse, Olivenbäume, Feigen und Wein. V. a. in bergigen Gegenden gibt es Schaf- und Ziegenzucht, ein Statusmerkmal ist die Pferdezucht. Auch Fischfang und Fischkonservierung spielen eine wichtige Rolle, da Fisch ein begehrtes Genussgut darstellt.

Die Organisationsform des **Handwerks** ist, selbst bei der berühmten attischen Keramik, in der Regel der häusliche Kleinbetrieb. Größere Betriebe, in denen Sklaven beschäftigt werden, sind seit der 2. Hälfte des 5. Jh.s bekannt; als Höchstzahl von Beschäftigten in einem Betrieb ist 120 überliefert, doch liegen die normalen Zahlen weit darunter (etwa 10–30). Bezeugt sind Betriebe für Lederverarbeitung (Schilde und Schuhe), Eisenverarbeitung (Messer und Schwerter), Töpferei, eine Lyra-, Flöten-, Lampen- und eine Möbelwerkstatt. Bedürfnisse der Rüstung und der vielen attischen Feste spielen neben solchen des Alltags offensichtlich eine wichtige Rolle für die Entwicklung dieser Betriebe. Von Bedeutung sind ferner das Bau- und Zimmerhandwerk (große öffentliche Bauten, Flottenbau).

Der **Handel** gliedert sich in Lokal- und Fernhandel. Träger des Lokalhandels sind zu einem großen Teil noch die Produzenten selbst; daneben gibt es aber auch einen äußerst differenzierten Berufshandel, der entweder von lokalen Produzenten oder beim Fernhändler kauft. Der Fernhandel wird, soweit er den Export betrifft, teils ebenfalls von den Produzenten, teils von Händlern getragen, die aber neben Athenern und Metoiken auch Fremde sein können. Der Seebund bildet eine »politisch integrierte Handelsregion« (Armin Eich), deren Prosperität und Ausrichtung auf die Interessen Athens durch staatliche Maßnahmen massiv gefördert wird (Kontrolle der Warenwege, Vereinheitlichung der Münze, gezielte Abschöpfung durch Zölle und Steuern). – Exportiert werden landwirtschaftliche Produkte (Öl, Wein, Honig), Salzfische, Keramik und andere Handwerksprodukte (z. B. Lampen, Schilde). Wichtiger als der Export ist der Import, da Athen sowohl für die Ernährung als auch für die Flotte auf Einfuhren angewiesen ist. Getreide kommt v. a. aus dem Schwarzmeergebiet und aus Euboia, Schiffsbauholz aus Makedonien. Daneben werden Eisen,

Die Finanzierung öffentlicher Aufwendungen in Athen um 430 v. Chr.

öffentliche Einnahmen	Aufwendungen	Leistungen einzelner Bürger (Leiturgien)
Verpachtung von Immobilien	Sold für Flottenmannschaften (jährlich)	
Verpachtung von Bergwerken		
	Sold für Hopliten und Reiter (nur in Kriegszeiten)	
Zölle (z. T. verpachtet)		
Markt- und Torsteuern (z. T. verpachtet)	Unterhalt von Pferden ←	Hippotrophia
	Tagegelder (Diäten) für Richter, Ratsherren und Amtsträger	
Verkaufssteuern		
Sklavensteuer		
	Feste und Kulte ←	Choregie
Strafen und Bußen		
Konfiskationen	Sozialleistungen (für Kriegswaisen und Invalide)	
Vermögenssteuer (nur bei außergewöhnlichem Bedarf, zuerst 428/7 v. Chr.)	Betrieb der Gymnasien ←	Gymnasiarchie
	Speisung der Phylengenossen ←	Hestiasis
	Ausstattung von Gesandtschaften ←	Architheoria
Metoikensteuer (Metoikion)		
	Unterhalt für länger dienende Amtsträger (Prytanen) und Sklaven	
Tribute der Symmachoi (Phoroi) →	Bauten (Befestigungen; Akropolis)	
Kriegsbeute	Schiffsbau und -ausrüstung ←	Trierarchie

Kupfer, Hanf sowie viele Delikatessen und Luxusgüter importiert.

Staatliche **Wirtschaftspolitik** besteht zum einen darin, die Ernährung der Bevölkerung (d.h. die Getreidezufuhr) und den Import von Materialien für den Schiffsbau zu sichern; zum anderen ist sie fiskalisch ausgerichtete Zoll- und Ausgabenpolitik. Außerordentlich belebend wirkt der ständige Umlauf; das aus dem Seebund eingenommene Geld wird ganz überwiegend rasch wieder für politische Zahlungen (Tagegelder, Sold, Rüstungsausgaben) ausgegeben, gelangt so in die Hände der Bürgerschaft und der Metoiken und bewirkt dort eine Belebung der lokalen und regionalen Wirtschaftsaktivität.

Die athenischen Bürger zahlen keine regelmäßigen direkten Steuern, die nur in Notzeiten erhoben werden. Gewissen Ersatz stellen die Leiturgien dar: Bürger und Metoiken mit festgelegtem Mindestvermögen sind verpflichtet, bestimmte Aufgaben zu finanzieren, z.B. die Choregie (Sorge für Chöre bei Schauspielen) und – als wichtigste – die Trierarchie (Instandhaltung von Kriegsschiffen für ein Jahr).

Die regelmäßigen Einnahmen Athens bei Ausbruch des Peloponnesischen Krieges belaufen sich auf etwa 900–1000 Talente (davon 500–600 Talente Tribute) und werden während des Krieges durch Erhöhung der Tribute und der Handelszölle an den Meerengen mehr als verdoppelt. Die jährlichen Ausgaben für die Richter betragen allein 100–150 Talente; der sich über mehrere Jahre hinziehende Bau der Propyläen kostet z.B. 2012 Talente. V.a. die hohen Kriegskosten bewirken, dass der 432 vorhandene Staatsschatz von 6000 Talenten rasch zusammenschmilzt und Anleihen bei den Tempelschätzen genommen werden müssen.

Die athenische Silberwährung besteht aus vier Einheiten: Talent (= 60 Minen), Mine (= 100 Drachmen), Drachme (= 6 Obolen) und Obole. Der Lohn für einen ungelernten Arbeiter ist mindestens 3 Obolen, für gelernte Arbeiter, zu denen auch z.B. Architekten gehören, 5–6 Obolen. 1 Medimnos Weizen (52,5 l) kostet 3 Drachmen, 1 Metretes Öl (39,4 l) 12–36 Drachmen, 1 Metretes Wein 4 Drachmen, 1 Sklave 1–3 Minen, 1 Ackerpferd 3 Minen.

Unter politisch-rechtlichen Gesichtspunkten gliedert sich die Bevölkerung des 5. Jh.s in Bürger, Metoiken und Sklaven. In Attika leben vor 431 schätzungsweise 120 000–150 000 Bürger (35000–45 000 Männer), ca. 30 000–40 000 Metoiken (einschließlich Familien) und 80 000–120 000 Sklaven. 1500–2000 Bürger sind reich, 300–400 davon besitzen mehr als 20 000 Drachmen. 10 000–12 000 männliche Bürger sind mittlere und größere Bauern oder Inhaber von kleinen Handwerksbetrieben. Zu den Theten gehören unterbäuerliche Athener, Ruderer, Werftarbeiter und Tagelöhner.

Athenische **Adlige** sind im 5. Jh. durch Landbesitz, Ahnen, Sozialprestige und Bildung gekennzeichnet; einige Priestertümer sind in bestimmten Adelshäusern erblich. Die adligen *oikoi* (Haushalte) stehen aber vereinzelt, sind in keinen größeren Verwandtschaftsverband eingebunden und verfügen auch nicht über Klientelen oder Gefolgschaften. In die Polis integriert sind die Adligen, indem sie Führungsaufgaben wahrnehmen und Leiturgien leisten; bis zum Peloponnesischen Krieg üben fast ausschließlich Adlige politische und militärische Funktionen (als Antragsteller in der Volksversammlung und als Strategen) aus. Der Areopag verliert mit der Bedeutungsminderung des Archontats seinen Charakter als Adelsrat; als ein Forum politischer Vergesellschaftung von Adligen über die Geselligkeit (Symposion) hinaus fungieren informelle, einem »Club« ähnelnde Vereinigungen (Hetairien).

Der Lebensstil der Adligen behält einerseits seine exklusiven Züge, da diese das wichtigste Zugehörigkeitskriterium darstellen; andererseits erzwingt die Polisgemeinschaft ein ihren Normen gehorchendes Verhalten, zum einen durch den Ostrakismos, aber auch durch das Bürgerrechtsgesetz des Perikles (451/50): Das Bürgerrecht wird auf diejenigen beschränkt, deren beide Eltern athenische Bürger sind. Nichtathenerinnen zur Ehefrau zu nehmen, wie es unter Adligen zuvor üblich war, wird damit unattraktiv. Selbst Lebensführung und Umgang des Perikles, der sehr stark auf die Konformitätserwartungen des Demos eingeht, unterliegen der (schmähenden) Kritik, wie in den 430er-Jahren u.a. die Prozesse gegen Pheidias (Schöpfer des Standbildes der Athena im Parthenon), den Philosophen Anaxagoras (†428) und Perikles' Konkubine Aspasia zeigen.

Reiche Nichtadlige gewinnen in der Politik seit dem Tod des Perikles Bedeutung. Sie erlangen ihren Reichtum entweder ebenfalls durch Landbesitz oder durch Manufaktur und Handel. Ihnen mangeln zwar Sozialprestige und Ahnen, doch haben sie Zugang zur neuen sophistischen Bildung und sind z.T. auch militärisch befähigt.

Die Masse der Bevölkerung besteht aus selbstständigen kleinen und mittleren Produzenten im Bereich der Landwirtschaft und des Handwerks; dazu kommen die auf der Flotte dienenden Theten. Die Lage der **Bauern** ist nach der Tyrannis und den kleisthenischen Reformen relativ konsolidiert; zusätzlicher Landbedarf wird durch Kleruchiegründungen gedeckt. Die Handwerker und Tagelöhner leben zwar, wenn man die Löhne betrachtet, oft am Rande des Existenzminimums, haben aber in der Regel Arbeit. Klagen über die Konkurrenz von Metoiken und Sklaven sind nicht bekannt. Zusätzliche Verdienstmöglichkeiten bringen die seit Perikles gezahlten Diäten und der Flottendienst.

Die **Metoiken** sind Fremde, die in Athen zeitweise oder auf Dauer wohnen und arbeiten. Sie haben keine politischen Rechte, müssen ein Schutzgeld (*metoikion*) zahlen und sich auch an den staatlichen Aufgaben (Leiturgien, Heeres- und Flottendienst) beteiligen. Da Grundbesitz in Attika nur athenischen Bürgern erlaubt ist, betätigen sich die Metoiken ausschließlich im Handwerk und im Handel und gewinnen dabei oft großen Reichtum. Die Ökonomie der Polis ist ohne sie nicht denkbar. Im Alltag sind sie sehr viel stärker integriert, als ihr Rechtsstatus dies bedingt; sie gehören daher auch in Kriegs- und Notzeiten zu den loyalsten »Athenern«.

Die **Sklaven**, die wohl überwiegend in der Stadt arbeiten, sind in der Regel rechtlos, doch gibt es Zwischenstufen zwischen Sklaven und Freien. Die konkrete Lage der Sklaven hängt von den jeweiligen Umständen ab. In den meisten handwerklichen Tätigkeiten finden sich Bürger, Metoiken und Sklaven, ohne dass Unterschiede in der Wertung und Entlohnung der Arbeit gemacht würden. Wie in der späten römischen Republik haben Sklaven auch die Möglichkeit, in Handwerksbetrieben auf eigene Rechnung zu arbeiten oder als Teilhaber in die Geschäftsnachfolge eines kinderlosen Bürgers einzurücken. Viele Sklaven sind als Haussklaven tätig. Über die Situation der Sklaven in der Landwirtschaft ist für Athen nichts bekannt. Äußerst schlecht ist die Lage der Sklaven, die in den Silberbergwerken von Laureion arbeiten müssen. Sie werden dafür teilweise von Sklavenbesitzern an Unternehmer verpachtet. – Zu Sklavenaufständen kommt es in Athen nie. Eine Gruppe von Sklaven, die 300 skythischen Bogenschützen, wird sogar als Polizeitruppe verwendet.

Der Vereinzelung der Haushalte (*oikoi*) gegenüber steht eine höchst intensive Gemeinschaftsbildung im gesellschaftlichen, religiösen und politischen Bereich, d. h. in den Nachbarschaften, Demen, Phratrien, Phylen und Kultgemeinschaften. Medium der Integration sind, wie es der Historiker THUKYDIDES (*um 460, †um 400) den PERIKLES sagen lässt, die Macht und Größe der Stadt und der Stolz auf die Verfassung, durch welche die Macht erreicht worden ist. Die Macht und die Größe der Stadt dienen auch dazu, ökonomische und soziale Interessen der Unterschichten zu absorbieren. In den politischen Auseinandersetzungen der 2. Hälfte des 5. Jh.s fehlen klassenkämpferische Themen. Der Demos, v. a. die Flotte, tritt immer wieder als ein »konservatives« Element in Erscheinung und verteidigt die Demokratie gegen sozial und elitär-ideologisch begründete Angriffe.

Das soziale und das politische System stehen deshalb in Athen unvermittelter nebeneinander als in Rom. Der *oikos* der Adligen z. B. vermittelt zwar Reichtum, Ahnen und sozialen Ruhm; er ist aber, anders als die *familia* der römischen Oberschicht, in keiner Weise bestimmend für die politische Integration. Politischer und sozialer Ruhm sind nicht, wie in Rom, identisch; politische Heiraten oder politische Freundschaften haben keine Funktion, weil politisches Handeln nicht auf dem Vorhandensein fester Abhängigkeitsverhältnisse beruht. Das wirkt sich auch auf die Stellung des Vaters und der Familie überhaupt aus. Es gibt in Athen keine der römischen ver-

Die athenische Demokratie um 430 v. Chr.

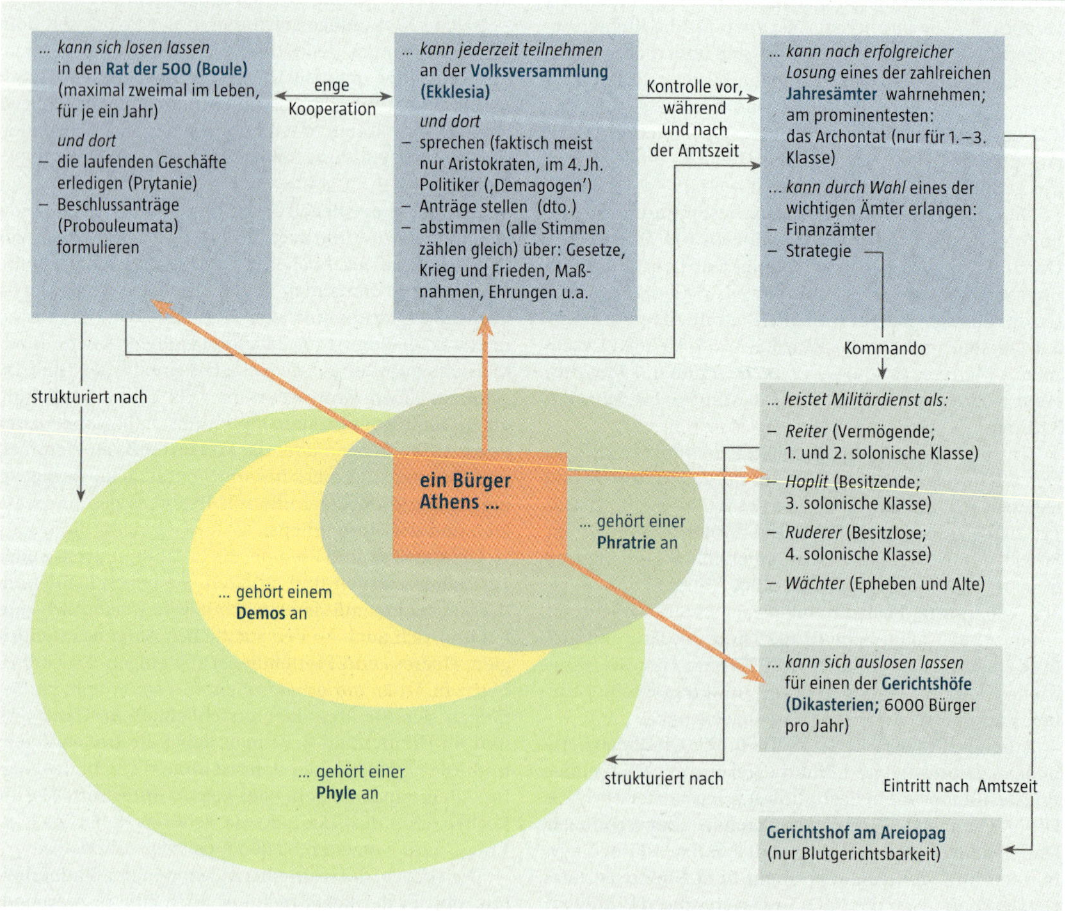

gleichbare väterliche Gewalt; im Gegenteil wird die Autorität der Alten dadurch stark geschwächt, dass der Oikosherr mit etwa 60 Jahren den Hof oder Betrieb weitergeben muss und auf dem Altenteil lebt, abhängig vom Wohlwollen der Kinder und geschützt nur von den Gesetzen gegen Misshandlung der Eltern.

Im Zentrum des politischen Systems steht die **Volksversammlung** *(Ekklesia)*. In ihr haben alle männlichen Bürger Attikas, die das 18. Lebensjahr vollendet (bzw. später mit etwa 20 Jahren die Ephebie durchlaufen) haben, Stimmrecht. Die Versammlung ist ungegliedert. Sie wird vorbereitet und einberufen durch den Rat der 500, geleitet durch den Vorsitzenden des Rates, der immer nur für einen Tag amtiert. Bestimmte Termine und Tagesordnungspunkte für Versammlungen sind gesetzlich festgelegt. Grundlage für die Diskussion in der Versammlung ist in der Regel ein Probouleuma (Vorlage) des Rates. Jedes Mitglied der Versammlung kann dazu reden und Anträge einbringen. Bei den Abstimmungen wird jede einzelne Stimme gezählt. – Der Kompetenzbereich der Ekklesia ist schlechthin umfassend: Sie beschließt nicht nur über Gesetze, Kriegserklärungen, Verträge und Ehrungen und wählt, soweit es sich nicht um Losbeamte handelt, die Magistrate, sondern befasst sich auch mit allen laufenden Dingen der Politik und kann Prozesse gegen Beamte an sich ziehen. Rede- und Antragsrecht hat »jeder der will«.

Der **Rat der 500** (Boule) setzt sich aus je 50 besoldeten Vertretern der 10 Phylen zusammen. Für je einen Monat bilden die Ratsmitglieder einer Phyle als Prytanie einen geschäftsführenden Ausschuss; von den Prytanen hat jeweils einer für 24 Stunden den Vorsitz und leitet dann auch in diese Zeit fallende Volksversammlungen. – Der Rat bereitet die Beschlüsse der Volksversammlung vor und führt sie aus. Die Vorbereitung geschieht meist durch ein Probouleuma, das aber von der Volksversammlung abgeändert werden kann; die Ekklesia kann dem Rat auch Probouleumata vorschreiben. Ausgeführt werden die Beschlüsse der Ekklesia in Zusammenarbeit mit den Amtsträgern, die der Rat überwacht. Besondere Zuständigkeiten des Rates sind der Kult, die auswärtigen Angelegenheiten und die Finanzen, aber auch in diesen Bereichen besitzt er keine eigene Entscheidungskompetenz.

Die attischen **Amtsträger** sind in der Regel gegenüber der Volksversammlung und dem Rat strikt weisungsgebunden und rechenschaftspflichtig. Sie haben eng umgrenzte, bis ins Einzelne genau festgelegte Tätigkeitsbereiche und sind nicht mit einer Regierung oder Administration im modernen Sinn vergleichbar. Die Rekrutierung geschieht in den meisten Fällen aus allen Athenern (jedes Zivilamt darf aber nur einmal im Leben bekleidet werden) durch Losung, wobei zuvor in der Dokimasie die Berechtigung überprüft wird (Bürgerstatus, Unbescholtenheit). Wahrscheinlich werden alle Inhaber von Losämtern besoldet. Wahlämter sind nur die Strategie und einige hohe Finanzämter. Die Amtszeit beträgt ein Jahr. Die meisten Behörden setzen sich – entsprechend der Zehnzahl der Phylen – aus Kollegien von je 10 Beamten zusammen. Eine Hierarchie innerhalb der Ämter oder eine Ämterlaufbahn wie in Rom gibt es nicht. – Die alten Archonten haben in der Demokratie keine politische Bedeutung mehr. Der eponyme Archon behält Funktionen im Familienrecht, der Basileus wie auch der Polemarchos im Kult, während die Thesmotheten als Justizbehörde fungieren, die bestimmte Klagen annimmt, Verfahren vor dem Volksgericht in Gang bringt und leitet. – Den größten Bewegungsspielraum unter den Ämtern hat, der Natur der Sache entsprechend, die **Strategie**, für deren Bekleidung Grundbesitz in Attika Voraussetzung ist. Auf sie als einziges bedeutendes Wahlamt richtet sich deshalb besonders der Ehrgeiz der Adligen. Auch die Strategie fällt aber, was Weisungsgebundenheit und Rechenschaftspflicht angeht, nicht aus den allgemeinen Bedingungen für die Ämter heraus; bei ihr ist jedoch Wiederwahl unbegrenzt möglich. Es gibt keinen »Oberstrategen«.

Für das **Volksgericht** *(Heliaia)* werden jährlich aus athenischen Bürgern, die das 30. Lebensjahr überschritten haben und sich freiwillig melden, 6000 Geschworene ausgelost. Es ist in mehrere Abteilungen (Dikasterien) untergliedert, deren Größe (z. B. 501, 1001, 1501) von der Bedeutung der zu verhandelnden Fälle abhängt. Abgesehen davon, dass Bagatellfälle von Beamten und Demenrichtern abgeurteilt werden können und die Blutgerichtsbarkeit dem Areopag vorbehalten ist, ist die Zuständigkeit des Volksgerichts allgemein. Da Athen bei bestimmten Straftaten und -arten auch Gerichtsstand für die Bündner ist, fallen sehr viele Prozesse an und tagen die Abteilungen des Volksgerichts fast permanent. Gegen Urteile des Volksgerichts gibt es keine Berufung.

Im politischen System Athens ist die **Volksversammlung** tatsächlich souverän, und zwar nicht nur im Sinne eines Gesetzgebers: Die Volksversammlung herrscht unmittelbar, alle nicht strikt routinemäßigen politischen Angelegenheiten müssen von ihr entschieden werden. Die Beamten, die dauernder Kontrolle der Öffentlichkeit ausgesetzt sind (Eisangelie-Klage), sind ausführende Organe, der Rat ist in jedem Konfliktfall der Volksversammlung unterlegen und außerdem so konstruiert (jährlich wechselnde Mitglieder, monatlich wechselnde Prytanie, täglich wechselnder Vorsitz), dass sich dort keine dauernde Macht bilden kann. Die Volksversammlung ist in ihren Entscheidungen auch nicht begrenzt: Eine Klage wegen nicht verfahrens- oder gesetzeskonformer Antragstellung (*graphê paranomôn*) gibt es frühestens seit 415. Hinzu kommt, dass im 5. Jh. noch nicht scharf zwischen situativ und auf Dauer geltenden Beschlüssen unterschieden wird. Die Demokratie lebt aus dem – vom Komödiendichter Aristophanes karikierten – Bewusstsein, dass die Volksversammlung alles machen kann. Das Prinzip der Demokratie ist konsequent durchgesetzt; die Direktheit und Massenhaftigkeit der politischen Teilhabe und die Allzuständigkeit des Demos sind durch kein Teilsystem eingeschränkt. Es gibt keine Regierung, keine Opposition und keine Parteien. Die Funktion der politischen Initiative übernehmen die »Meinungsführer« (*prostatai*, wörtlich »Vorsteher«). Sie sind diejenigen, die in der Volksversammlung reden und Anträge stellen. Ihre Stellung beruht auf Ansehen, persönlicher Einsicht und Redekunst. Sie sind kein institutionelles, wohl aber ein strukturelles Element der athenischen Demokratie, weil ohne sie diese Demokratie nicht funktionieren kann. Bis zum Peloponnesischen Krieg nehmen häufig adlige Strategen (der berühmteste von ihnen ist PERIKLES) die Funktion des *prostatês* wahr. Obwohl die Stellung eines Strategen Vorteile für die Meinungsführerschaft bietet, sind beide Erscheinungen nicht grundsätzlich miteinander verbunden. Die Strategie ist kein Regierungsersatz. Seit dem Peloponnesischen Krieg heißen die politisch initiativen Sprecher in der Volksversammlung ambivalent Demagogen (»Volks[ver]führer«); im 4. Jh. treten politische und militärische Führung auseinander und werden nicht mehr vom gleichen Personal wahrgenommen.

Auf der Ebene der Rechtsprechung bilden das Gegenstück zu den Demagogen die Sykophanten. Der Bereich des öffentlichen Interesses ist in der Demokratie außerordentlich weit gefasst und umschließt z. B. Kult und Religion, Familien- und Erbschaftsangelegenheiten sowie Finanzen (v. a. im Hinblick auf Leiturgien). Andererseits gibt es keine staatliche Strafverfolgungsbehörde. Diese Lücke füllen die Sykophanten aus. Sie erheben aus privater Initiative Anklage gegen solche, die nach ihrer Meinung das öffentliche Interesse schädigen und sind damit idealiter Verkörperungen der sozialen Kontrolle. Ihr Wirken führt aber in der Praxis zu einem hohen Grad von Rechtsunsicherheit, weil einerseits die juristischen Grundlagen oft unklar sind, andererseits die Entscheidungen des Volksgerichts stark von Stimmungen und der rhetorischen Kompetenz der Parteien abhängig sind, während Gesetze und juristische Konsistenz eine geringe Rolle spielen. Politische Fehden und sozialer Neid nähren daher das Sykophanten(un)wesen, das allerdings u. a. durch Strafen für grob unberechtigte Anklagen begrenzt wird.

Demokratische Beteiligung vieler setzt ein Mindestmaß an Bildung voraus, obwohl die demokratische Praxis im 5. Jh. noch stark von Mündlichkeit geprägt ist. In Athen wie auch in anderen Städten Griechenlands gibt es zwar keine öffentlichen, aber relativ billige private Schulen; wahrscheinlich können die meisten Athener lesen und schreiben.

Für politische Führerschaft in der Demokratie, aber auch für das Geschäftsleben bieten die **Sophisten** eine neue Form der Ausbildung. Während in der nichtsophistischen griechischen Philosophie die Probleme des Urgrunds alles Seienden und des Werdens weiter verfolgt werden, so von EMPEDOKLES aus Akragas (†um 423), ANAXAGORAS aus Klazomenai (*um 500, †428) und DEMOKRITOS aus Abdera (†um 370), und die Eleaten, etwa PARMENIDES (1. Hälfte 5. Jh.) und ZENON (*um 490, †um 430), eine scharfe Trennung zwischen Sein und Schein behaupten, reflektieren die Sophisten Probleme des Zusammenlebens in der Polis radikal vom Menschen her (PROTAGORAS: »Der Mensch ist das Maß aller Dinge«). Sie gehen von den Erscheinungen der Dinge aus, betonen die Relativität menschlicher Erkenntnis und kommen zu ganz unterschiedlichen praktischen Konsequenzen. Die meisten Sophisten, zu denen u. a. PROTAGORAS aus Abdera (*um 485, †um 415), GORGIAS aus Leontinoi (*um 480, †nach 400) sowie ANTIPHON (*um 480, †411) und KRITIAS (†403) aus Athen gehören, sind Wanderlehrer, die um teuren Preis jungen Adligen und reichen Nichtadligen Unterricht in Rhetorik und »Politik« erteilen und damit auf die sich aus dem Handeln mit der Volksversammlung und vor Gericht ergebenden Bedürfnisse antworten. Athen wird zu einem Zentrum sophistischer Tätigkeit, obwohl die Entstehung der Sophistik nicht auf Athen beschränkt ist. In Athen werden dann auch durch SOKRATES (*469, †399) und PLATON (*427, †347) die philosophischen Gegenpositionen gegen die Sophistik geschaffen. Ihr verdankt sich das Zerrbild der – gar nicht auf einen Nenner zu bringenden, sondern sehr verschiedenen – Sophisten; tatsächlich verstärken und »rationalisieren« diese nur bereits vorhandene Verhaltensweisen und Praktiken in einer auf Sieg in jeder Art Wettbewerb programmierten Gesellschaft, in der öffentliche Kontroversen und Normenkonflikte von jeher eine zentrale Rolle einnehmen und auch anderswo, zumal in der Tragödie, thematisiert werden.

Wie die Sophistik ist auch die Geschichtsschreibung des THUKYDIDES (*um 460, †um 400) wesentlich durch die Geschichte der Polis und v. a. Athens bedingt. Die griechische Geschichtsschreibung beginnt mit den »Genealogien« des HEKATAIOS VON MILET (*um 560, †um 480). HERODOT aus Halikarnassos (*um 485, †um 424), der »Vater der Historie«, stellt in seiner »Darlegung der Erkundung« (*historiês apodexis*) die Auseinandersetzung zwischen Griechen und Persern dar. Während er die Wirklichkeit als außerordentlich vielfältige beschreibt – sein Werk bietet z. B. eine Fülle von kultur- und religionshistorischen Mitteilungen –, konzipiert THUKYDIDES in seinen »Historiai« über den Peloponnesischen Krieg Geschichte wesentlich als politische Geschichte: Leitender Gesichtspunkt ist die Macht der Polis, der Kampf um die Macht zwischen den Poleis und die davon ausgehenden Erschütterungen, auch im sozialen und politischen Bereich.

Die griechische Tragödie und Komödie des 5. Jh.s sind genuine Schöpfungen Athens. Sie sind von ihrem Ursprung her eng mit dem Kult verknüpft. **Tragödien** werden jährlich an den Großen Dionysien aufgeführt, wobei mehrere Dichter um den 1. Preis kämpfen. Im Medium der Heroenwelt, der in der Regel der Stoff der Tragödien entstammt, werden von den großen Tragikern für die Polis typische Spannungen und Konflikte dargestellt. AISCHYLOS aus Eleusis (*525, †456; erhaltene Werke: »Perser«, »Sieben gegen Theben«, »Hiketiden«, »Agamemnon«, »Spenderinnen am Grab«, »Eumeniden«, »Prometheus«) und SOPHOKLES aus Kolonos in Attika (*496, †406/05; erhaltene Werke: »Trachinierinnen«, »Aias«, »Antigone«, »Oidipus Tyrannos«, »Elektra«, »Oidipus Kolonos«) betonen, wie schmal der Entscheidungsspielraum des Menschen zwischen altem oder eigenem Verschulden und göttlichem Ratschluss ist. EURIPIDES aus Phyle in Attika (*480, †406; 18 Werke erhalten, darunter »Medea«, »Hippolytos«, »Hekabe«, »Elektra«, »Iphigeneia in Aulis«, »Bakchen«) stellt in seinen Charakteren die Freiheit und Verantwortung des Menschen in den Vordergrund, ohne zu einem optimistischeren Gesamtbild zu kommen.

Komödien werden ebenfalls an den Großen Dionysien und an den Lenaien aufgeführt. Hauptvertreter der sog. Alten Komödie ist ARISTOPHANES aus Athen (*um 445, †um 385), von dem elf Stücke erhalten sind. Sie behandeln in häufig grotesker Weise unmittelbar politische Probleme v. a. der Zeit des Peloponnesischen Krieges. ARISTOPHANES thematisiert die Friedenssehnsucht vieler Athener (»Acharner«, »Eirene«, »Lysistrate«) und geißelt Erscheinungen der Demokratie wie die Demagogen (»Ritter«), das Gerichtswesen (»Wespen«) und die sophistische Bildung (»Wolken«), ohne jedoch die Demokratie als solche und den Patriotismus als Säulen athenischen Lebens in Frage zu stellen.

Die Stadt Athen wird im 5. Jh. um prachtvolle **Bauten** bereichert, die ihren Höhepunkt in der von PERIKLES initiierten Neugestaltung der Akropolis finden. Dafür werden auch die Tribute der Bündner herangezogen. Der Parthenon wird 447–438 von den Baumeistern IKTINOS und KALLIKRATES (†420) erbaut. Das Kultbild der Athena Parthenos stammt von PHEIDIAS, der auch zusammen mit unter seinem Einfluss stehenden Werkstätten den Bildschmuck des Tempels (Giebel, Metopen) gestaltet. 437–432 entstehen die Propyläen (Baumeister MNESIKLES), das Erechtheion wird 408, der Niketempel 406 vollendet. Ein Odeion (Gebäude für musikalische Aufführungen) lässt PERIKLES 445 am Südabhang der Akropolis errichten. – Die Agora (Markt) erhält im 5. Jh. Bauten für das Volksgericht (*Heliaia*) und den Rat (*Bouleuterion* und *Tholos*) und wird durch Säulenhallen und einen Arestempel ausgeschmückt. Weitere wichtige Bauten in Attika um die Mitte des 5. Jh.s sind der Poseidontempel in Sunion und das Telesterion (Mysterientempel) in Eleusis.

Die Tempelbauten Athens und die vielen Götterfeste, die in der Stadt gefeiert werden, sind nicht nur Ausdruck von Religiosität, sondern auch der Macht Athens und dienen der gesellschaftlichen Integration der Athener. Die Bedeutung der **Religion** für das klassische Athen ist vielfältig. Die öffentliche und kollektive Kultausübung ist ohne Zweifel wichtig für die soziale Integration wie die Distinktion. An Festen wie den Panathenäen oder den städtischen Dionysien sind Alte und Junge, Männer und Frauen, Bündner und Fremde präsent. Die meisten Feste aber lassen sich als Aufführung der einzelnen sozialen Gruppen verstehen. Im Ritual erfahren neue wie alte Mitglieder, Akteure wie Zuschauer, wer dazugehört, wer von diesem Kult ausgeschlossen ist. Unvermindert ausgeprägt sind individuelle religiöse Praktiken in persönlichen Krisensituationen: Rituale vor und nach Reisen, Votive zur Genesung von Krankheiten, dazu der Beitritt zu Kultgemeinschaften, die das persönliche Leben nach dem Tod versprechen. Hier schließen die Mysterienkulte an (Eleusis), die das System des Polytheismus nicht sprengen. Seher und Wahrsager haben großen Einfluss. – Mag der Demos auch zeitweilig den Eindruck haben, alles »machen« zu können, so sucht er doch stets die Kommunikation mit den Göttern der Polis und deren Wohlwollen. Wenn in der Tradition der ionischen Naturphilosophie viele Erscheinungen, die vorher auf das Einwirken der Götter zurückgeführt wurden, jetzt »naturwissenschaftlich« erklärt werden und einzelne Sophisten sogar die Existenz der Götter oder zumindest ihren Einfluss auf das menschliche Leben leugnen, hat das auf den »kleinen Mann« und seinen Glauben an die Wirksamkeit des religiösen Systems der Polis keinen Einfluss, eher im Gegenteil: die Aktivitäten von Philosophen und Sophisten in diesem Bereich werden abgelehnt oder (in der Komödie) verspottet. So finden seit den 30er-Jahren des 5. Jh.s Asebieprozesse (wegen »Gottesfrevel«) statt, die in dem Prozess gegen SOKRATES (399) gipfeln. HERODOT, AISCHYLOS und SOPHOKLES sind vom Glauben an eine göttliche Weltordnung und innerweltliche Vergeltungszusammenhänge durchdrungen.

Der Peloponnesische Krieg (431–404 v. Chr.)

Zum Ausbruch des Krieges führen Konflikte um Korkyra, Poteidaia und Megara, an denen jeweils Athen beteiligt ist. Den strukturellen Hintergrund bilden der Machtdualismus zuwischen Athen und Sparta, aber auch Mittelmächte wie Korinth und Theben, die für einen Krieg mit Athen auf Spartas Unterstützung rechnen. In Athen nimmt PERIKLES eine Eskalation in Kauf, da er Athen besser gerüstet glaubt und die Chance sieht, die Vormachtstellung seiner Polis endgültig zu zementieren, indem Sparta als potenzieller Unterstützer von Autonomiebewegungen im Seebund ausgeschaltet wird.

435 v. Chr. Korinth, das sich in Epidamnos, einer Kolonie Korkyras (Korfu), in die Auseinandersetzungen zwischen Demokraten und Oligarchen hineinziehen lässt, sendet eine Flotte, die von Korkyra bei Leukimne (Kap im Südosten Korfus) geschlagen wird. Korkyra gewinnt die Kontrolle in Epidamnos, Korinth bereitet eine neue Flottenexpedition vor.

433 v. Chr. Dagegen schließen Korkyra und Athen ein Defensivbündnis (Epimachie). Athen schickt ein kleines Flottenkontingent.
Als die Korinther eine Flotte gegen Korkyra aussenden, kommt es bei den Sybota-Inseln zur Schlacht, die ungünstig für die Korkyraier und Athener verläuft. Wegen der Ankunft einer weiteren kleinen attischen Hilfsflotte ziehen die Korinther jedoch ab.

433/432 v. Chr. Athen erneuert Verträge mit den Städten Leontinoi und Rhegion. Die attische Volksversammlung beschließt das »Megarische Psephisma« und provoziert damit den Peloponnesischen Bund.
Der Makedonenkönig PERDIKKAS II. (†413) wirkt auf der Halbinsel Chalkidike gegen Athen und versucht auch mit der korinthischen Kolonie Poteidaia, die gleichzeitig zum Seebund gehört, zusammenzuarbeiten.

432 v. Chr., Frühjahr Athen stellt ultimative Forderungen an Poteidaia, das aus dem Bund austritt. Korinth schickt Hilfstruppen, Athen verstärkt schon vorher gegen PERDIKKAS gesandte Einheiten und schließt Poteidaia ein.

Auf einem Treffen des Peloponnesischen Bundes drängen Korinth, Megara und Aigina auf Krieg gegen Athen, das den Frieden von 446/445 gebrochen habe. Obwohl der spartanische König ARCHIDAMOS II. (†427) warnt, wird kurz darauf der Krieg beschlossen.

Der Archidamische Krieg (431–421 v. Chr.)

Der Kriegsplan des PERIKLES geht von der Überlegenheit der athenischen Flotte aus: Attika soll nur punktuell verteidigt, die Bevölkerung in Athen und zwischen den Langen Mauern zusammengezogen werden; zugleich soll die Flotte die peloponnesische Küste angreifen und den Feind zermürben. Athen ist durch sein Bündnissystem, das zu Beginn des Krieges noch ausgebaut wird, geschützt; finanzielle Ressourcen für einen längeren Krieg sind vorhanden; die Ernährung der Bevölkerung ist durch Einfuhren gesichert.

431 v. Chr., Frühjahr Überfall der Thebaner auf Plataiai. Die Thebaner werden gefangen genommen und hingerichtet – eine Grausamkeit, die als Kriegsfanal wirkt. Erster Einfall des spartanischen Königs ARCHIDAMOS II. in Attika; PERIKLES kann das Volk nur mühsam zum Durchhalten des Kriegsplanes bewegen. Athenische Flottenexpedition um die Peloponnes. Die Bewohner von Aigina werden vertrieben und dort Kleruchen angesiedelt. Bündnis mit dem Odrysenkönig SITALKES (†424); auch der Makedonenkönig PERDIKKAS tritt wieder auf Athens Seite.

430 v. Chr. Zweiter Einfall in Attika. In Athen bricht eine epidemische Krankheit (»Pest«) aus, die zu hohen Bevölkerungsverlusten führt. Die Flotte unter PERIKLES verheert peloponnesische Küstengebiete. SITALKES nimmt spartanische Gesandte gefangen, die mit den Persern verhandeln wollen und nun in Athen hingerichtet werden. – Das athenische Volk entlädt die Unzufriedenheit mit der defensiven Kriegsführung auf PERIKLES, der abgesetzt und wegen Unterschlagung zu einer hohen Geldbuße verurteilt, 429 jedoch wieder zum Strategen gewählt wird.

429 v. Chr. Poteidaia, das seit 432 belagert worden ist, kapituliert auf freien Abzug der Bevölkerung und der Truppen und wird mit Athenern besiedelt. ARCHIDAMOS fällt nicht in Attika ein, sondern beginnt die Belagerung von Plataiai. Die athenische Flotte unter PHORMION (†429/28) besiegt die Korinther und Sikyonier bei Naupaktos.

PERIKLES stirbt an der »Pest«. Einfluss auf die Politik Athens gewinnen jetzt u. a. KLEON (†422) und NIKIAS (†413), später ALKIBIADES (*um 450, †404), HYPERBOLOS (†411) und KLEOPHON.

428 v. Chr. Dritter spartanischer Einfall in Attika: Mytilene auf Lesbos fällt vom Seebund ab und wird von Athen belagert.

427 v. Chr. Vierter Einfall in Attika: Mytilene muss kapitulieren, Sparta leistet keine Hilfe. Die oligarchischen Initiatoren des Abfalls werden hingerichtet, athenische Kleruchen angesiedelt. – Sparta nimmt Plataiai, dessen Einwohner getötet werden.

Athen erhebt eine einmalige Vermögenssteuer (Eisphora), die etwa 200 Talente einbringt.

Der sophistische Rhetor GORGIAS von Leontinoi bittet Athen um Hilfe in einem Krieg gegen Syrakus. Eine kleine Flotte unter LACHES (†418) segelt nach Sizilien.

In Korkyra bricht ein grausamer Bürgerkrieg aus, in den Athen und Sparta einzugreifen versuchen.

Der Peloponnesische Krieg 431–404 v. Chr.

426 v. Chr. Flottenkrieg unter Demosthenes (†413) gegen Leukas, die Aitoler und Ambrakia.

425 v. Chr. Fünfter Einfall in Attika: Eine zweite athenische Flotte, bei der sich auch Demosthenes befindet, bricht nach Sizilien auf und landet unterwegs in Pylos vor der Küste Messeniens. Pylos wird befestigt, Demosthenes bleibt mit fünf Schiffen dort. Die Spartaner senden eine Flotte und besetzen die südlich von Pylos gelegene Insel Sphakteria. Die zurückgerufene attische Flotte besiegt die peloponnesische, die Hopliten auf Sphakteria werden eingeschlossen. Gegen Übergabe der peloponnesischen Flotte (als Pfand) wird ein Waffenstillstand geschlossen. Spartas Friedensangebot lehnen die Athener auf Drängen Kleons ab. Kleon selbst kann mit Demosthenes Sphakteria erobern und die meisten Hopliten (292) lebend gefangennehmen. Sie werden als Geiseln gegen weitere peloponnesische Invasionen in Athen festgehalten.
Die Tribute im Seebund werden drastisch erhöht (insgesamt auf 1460 Talente).

424 v. Chr. Athenische Flottenexpedition ins Schwarze Meer. Einnahme von Kythera und Plätzen der peloponnesischen Küste. Ein Angriff auf Boiotien endet mit einer schweren Niederlage der Athener bei Deleion. Die sizilischen Städte schließen einen Waffenstillstand, die athenische Flotte kehrt zurück.
Der Krieg nimmt eine überraschende Wende, als der Spartaner Brasidas (†422) durch Mittelgriechenland zur Chalkidike zieht, dort die Freiheit der Städte verkündet, Akanthos, Stageiros sowie das für Athen auch ökonomisch besonders wichtige Amphipolis nehmen kann. Der Stratege Thukydides kann die Stadt nicht entsetzen, wird verurteilt und sammelt in der Verbannung das Material für sein Geschichtswerk.

422 v. Chr. Waffenruhe in Griechenland. Kleon kann auf der Chalkidike Städte zurückgewinnen, fällt jedoch in einer Schlacht gegen Brasidas, der ebenfalls umkommt. Jetzt setzt sich in Sparta und Athen die Friedensbereitschaft durch.

421 v. Chr. Friedensschluss auf 50 Jahre (**Friede des Nikias**): Die eroberten Plätze werden herausgegeben, die Gefangenen ausgetauscht; Streitigkeiten sollen durch ein Schiedsgericht geregelt werden. Sparta erreicht sein Kriegsziel (Autonomie für alle Hellenen, d. h. faktisch Auflösung des Attischen Seebundes) nicht. Wichtige Staaten des Peloponnesischen Bundes wie Korinth und Megara treten dem Frieden nicht bei, was Sparta in eine prekäre Lage bringt.

420 v. Chr. Alkibiades vermittelt ein 100-jähriges Bündnis Athens mit Argos, Elis und Mantineia.

418 v. Chr. Sparta siegt (mit Korinth und Boiotien) unter Agis II. (†399) in der Schlacht bei Mantineia über die neue Koalition und schließt nach einem oligarchischen Umsturz in Argos mit diesem einen fünfzigjährigen, mit Mantineia einen dreißigjährigen Frieden. Damit ist Spartas Stellung auf der Peloponnes wiederhergestellt.

417 v. Chr. Der Demagoge Hyperbolos versucht, Alkibiades ostrakisieren zu lassen; dieser verbindet sich jedoch mit Nikias, sodass der Ostrakismos (der letzte überhaupt) Hyperbolos selber trifft.

416–415 v. Chr. Athen greift das neutrale Melos an, nimmt es nach einer Blockade. Alle Männer werden niedergemacht, Frauen und Kinder versklavt, auf der Insel Kleruchen angesiedelt.

415–413 v. Chr. **Sizilische Expedition Athens.** Auf Hilferuf des mit Athen verbundenen Segesta, das mit dem von Syrakus unterstützten Selinunt im Kampf liegt, und der durch Syrakus vertriebenen Einwohner von Leontinoi beschließt Athen, eine große Flotte und Hopliten unter dem Kommando von Nikias (der selbst gegen das Unternehmen ist), Alkibiades und Lamachos (†414) nach Sizilien zu senden, wobei wohl die Hoffnung auf die überlegenen Ressourcen der Insel die entscheidende Rolle spielt. Obwohl Alkibiades kurz vor der Abfahrt der Teilnahme an Religionsfreveln (Verstümmelung der Hermes-Pfeiler, Befleckung der Eleusinischen Mysterien) verdächtigt wird, kann er mit der Flotte lossegeln, wird aber kurz nach der Ankunft in Sizilien zurückberufen; er flieht, von den Athenern in Abwesenheit zum Tode verurteilt, nach Sparta, um dort gegen seine Heimatstadt zu wirken. In Athen finden unter dem Einfluss religiöser Erregung viele Prozesse statt.

414 v. Chr. Sparta schickt auf Rat des Alkibiades den Offizier Gylippos zur Hilfe, der die drohende Eroberung von Syrakus abwendet.

413 v. Chr. Auf Bitten des Nikias treffen Hilfskontingente unter Eurymedon (†413) und Demosthenes in Sizilien ein. Ein Angriff auf Syrakus scheitert. Der von den athenischen Feldherren beschlossene Abzug wird wegen einer Sonnenfinsternis um einen Monat verschoben. Die Syrakusaner sperren die Ausfahrt aus dem Hafen, die Athener müssen die Flotte aufgeben, sich über Land zurückziehen und werden von den Syrakusanern überwunden. Die Gefangenen werden in die Steinbrüche geworfen, Nikias und Demosthenes hingerichtet.

413–404 v. Chr. **Dekeleisch-Ionischer Krieg.**

413 v. Chr. Auf Rat des Alkibiades besetzen und befestigen die Spartaner Dekeleia in Attika, um so die Bauern und den Verkehr dauernd zu bedrängen. Die Schwächung der athenischen Seemacht durch die sizilische Katastrophe, Verhandlungen zwischen Persien und Sparta und die Entsendung einer peloponnesischen Flotte in die Ägäis lösen in der Folgezeit den Abfall verschiedener Städte (u. a. Chios und Milet) vom Seebund aus.

412–411 v. Chr. Athen kann mit einer neuen Flotte zwar Erfolge in der Ägäis erringen, doch geht auch die Abfallbewegung weiter. Abschluss eines ersten persisch-spartanischen Vertrags: Die kleinasiatischen Griechen werden Persien preisgegeben, Sparta erhält Geld zum Flottenbau.

411 v. Chr. Von Alkibiades initiierte Verhandlungen zwischen Athen und Persien über ein Bündnis schlagen fehl.
Oligarchischer Umsturz in Athen: Volksversammlung und Boule werden aufgelöst, alle Diäten aufgehoben.

Die Herrschaft geht auf einen Rat der Vierhundert über. Friedensbemühungen der Oligarchen scheitern. Die Flotte in Samos erklärt sich für die Demokratie und wählt THRASYBULOS und THRASYLLOS (†406), später auch ALKIBIADES als neue Strategen. Als bei Eretria eine athenische durch eine peloponnesische Flotte geschlagen wird, werden die Vierhundert entmachtet (Sept.). Unter Führung des THERAMENES (†404) wird eine gemäßigte Verfassung der 5000 geschaffen, wobei die Beschränkung des Zugangs zur Volksversammlung wahrscheinlich Fiktion bleibt.

410 v. Chr. Vernichtende Niederlage der peloponnesischen Flotte gegen die Athener unter ALKIBIADES bei Kyzikos. Ein Friedensangebot Spartas lehnt Athen auf Betreiben des Demagogen KLEOPHON ab. Die volle Demokratie wird wieder hergestellt, neben den Diäten eine Zahlung von zwei Obolen täglich an arme Bürger eingeführt.

407 v. Chr. ALKIBIADES kehrt nach Athen zurück und wird zum Strategen mit unumschränkten Vollmachten gewählt. Der spartanische Nauarch (Flottenkommandant) LYSANDER (†395) nimmt mit KYROS (*um 423, †401), dem Sohn des Perserkönigs DAREIOS II. (†404), Verbindung auf und erhält finanzielle Unterstützung.

406 v. Chr. LYSANDER schlägt bei Notion (südlich von Kolophon) einen Teil der athenischen Flotte; ALKIBIADES wird abgesetzt. KALLIKRATIDAS (†406), der Nachfolger LYSANDERS, schließt die athenische Flotte unter KONON (†um 390) in Mytilene ein. Athen baut mithilfe des makedonischen Königs ARCHELAOS (†399) und unter äußersten Anstrengungen (u. a. Freilassung von Sklaven zur Flottenbemannung; Einschmelzen goldener Weihgeschenke) eine neue Flotte.

Verlustreicher Seesieg der Athener bei den Arginusen-Inseln (südöstlich von Lesbos) über die Peloponnesier; KALLIKRATIDAS fällt. Die Strategen werden vor der Volksversammlung angeklagt, weil sie wegen eines Sturmes die Schiffbrüchigen nicht gerettet haben, und gegen den Einspruch des Prytanen SOKRATES zum Tode verurteilt und hingerichtet.

405 v. Chr. LYSANDER sperrt die für Athen lebenswichtigen Meerengen. Die athenische Flotte bezieht eine ungünstige Stellung bei Aigospotamoi (gegenüber Lampsakos) und wird bei einem Überraschungsangriff LYSANDERS völlig aufgerieben (Spätsommer). Alle Gefangenen werden getötet. Ende der attischen Arche; nur Samos hält noch zu Athen; die Samier erhalten das athenische Bürgerrecht.

Beginn der Belagerung Athens.

404 v. Chr., April Nach Verhandlungen des THERAMENES mit LYSANDER in Sparta kommt es zum Frieden: die Langen Mauern und die Peiraieus-Mauern müssen geschleift, die Flotte bis auf zwölf Schiffe übergeben werden. Alle Besitzungen sind aufzugeben, Athen muss der hegemonialen Symmăchie Spartas beitreten.

Alte und neue Herren: Die griechische Poliswelt im 4. Jh. (404–322 v. Chr.)

Die Folgen des Peloponnesischen Krieges – Grundstrukturen im 4. Jh.

Der Krieg hat für die griechische Poliswelt tief greifende Folgen. Die Verluste an Menschen und Gütern können recht rasch wieder ausgeglichen werden; im 4. Jh. findet kein genereller ökonomischer Niedergang statt. Athen mobilisiert trotz des Verlustes der Zahlungen aus dem Seebund mehr Geld für die Flotte als je zuvor; zugleich können die Wohlhabenden in größeren Häusern einen Lebensstil entfalten, der »privater« und luxuriöser ist als im 5. Jh. Der Ägäishandel floriert weiterhin, Münzen aus athenischer und persischer Prägung sorgen für eine zunehmende Monetarisierung; in Athen entwickelt sich ein Bankwesen. Handwerksbetriebe expandieren zu Manufakturen; sie und der Bergbau beschäftigen zahlreiche Sklaven. In anderen Handelsstädten (Megara, Korinth, Sikyon, Argos) findet eine ähnliche Entwicklung statt. Daraus ergeben sich auch innenpolitische Verschiebungen; so besteht in Athen die »politische Klasse« überwiegend aus reichen Unternehmern, während die aristokratischen Häuser praktisch keine Rolle mehr spielen.

Doch in erster Linie ist es der Krieg, der durch den Krieg modernisiert wird. Die Kriegführung wird flexibler, der Hoplitenphalanx erwächst durch gemischte Verbände aus leichter Bewaffneten ein bedrohlicher Gegner: 391/90 vernichtet der athenische Söldnerführer IPHIKRATES (†um 354) mit Peltasten eine spartanische Hoplitenabteilung. Ferner zeichnet sich eine Professionalisierung ab (erstes Traktat über Belagerungstaktik von AINEIAS TAKTIKOS; Strategie in Athen fast nur noch militärisches Amt ohne gleichgewichtige innenpolitische Komponente). V. a. aber produzieren die Kriege große Zahlen von Soldaten, die kaum mehr in ein ziviles Leben einzugliedern sind und ein jederzeit für jeden mobilisierbares Reservoir an Söldnern bilden.

Griechische Bundesstaaten (ethnê, koina) im 5./4. Jh. v. Chr.

Region	Gründung / Verdichtung zum Bundesstaat	Bundesheiligtum / Hauptort/ Vormacht
Phoker (Mittelgriechenland)	Ende 6. Jh.; Verdichtung 4. Jh.	Elateia (?)
Thessaler (Nordgriechenland)	5. Jh.; neu organisiert ca. 360	Larisa
Achaier (Peloponnes)	Mitte 5. Jh.	Helike, später Aigion
Boiotien (Mittelgriechenland)	kurz nach 447	Theben
Akarnanien (Mittelgriechenland)	430er-Jahre (?)	Apollon-Heiligtum von Aktion (?)
Chalkidier (Nordgriechenland)	432	Olynth
Aitolien (Mittelgriechenland)	Ende 5. Jh.	Apollon-Heiligtum von Thermos
Arkader (Peloponnes)	371	Megalopolis

»Allgemeine Frieden« in Griechenland

Datum	Garantie-/Vormächte	Bemerkungen
386	persischer Großkönig; Sparta	in der Folge des sog. Königs- oder Antalkidasfriedens
375	Sparta	Präzisierung des Königsfriedens
371	Sparta	Präzisierung des Königsfriedens
371	Athen	
367	Theben	
362	??	
337	Makedonien	Korinthischer Bund

Durch dieses flottierende Kriegspotenzial wird eine weitere Tendenz verstärkt: die Vermehrung der Akteure im »internationalen System«. Zu diesem gehört neben Sparta, Athen, Korinth, Theben und den anderen schon im 5. Jh. wichtigen Poleis seit dem Dekeleisch-Ionischen Krieg nun wieder das Perserreich, das trotz oder gerade wegen der Erosionserscheinungen an der Peripherie (Aufstände in Ägypten; Separatismus von Satrapen in Kleinasien) und oft in Gestalt lokaler Machthaber einzelne griechische Staaten oder Koalitionen mit Geld unterstützt und so den innergriechischen Machtwettbewerb anheizt. Außerdem setzen die Dynamik und die Ausweitung des Peloponnesischen Krieges auf weitere Gebiete in ganz Griechenland dort nachholende Modernisierungsprozesse in Gang. Bisher schwach organisierte Regionen gelangen nunmehr zu Machtbildungen, die selbst den großen Einzelpoleis durch ihre Ressourcen und die Option einer Territorialisierung überlegen sind. Die Formen dieser machtpolitischen Verdichtung und Integration sind: der Bundesstaat (u. a. Boiotien, Arkadien, Thessalien) und die »Monarchie« in Gestalt des Königtums (Makedonien; Maussolos von Karien [†353]) oder der »Jüngeren« Tyrannis (Dionysios I. von Syrakus [*um 430, †367]; Jason von Pherai [†370]); zu den Instrumenten gehören Stadtgründungen, dynastische Verbindungen und professionell geführte, große Heere. Auch in traditionellen Polisstaaten gewinnen Einzelpersönlichkeiten große Handlungsspielräume und üben weit über ihre Ämter hinaus maßgeblichen Einfluss aus (Lysander und Agesilaos [†um 360] in Sparta; Timotheos [†354], Demosthenes, Eubulos [*um 400, †vor 330] und Lykurg [*vor 383, †324] in Athen; Epameinondas [†362] und Pelopidas [†364] in Theben). Im politischen Diskurs wird die Monarchie nun ebenfalls als eine geeignete Form der Herrschaft betrachtet, wenn auch zunächst nur im Perserreich (Xenophon, »Kyrupädie«) und in Randgebieten (Isokrates [*436, †338], »Euagoras«, »Philippikos«). Für Hellas selbst wird die autonome Polis als normative Staatsform nicht in Frage gestellt.

Die Bundesstaaten entstehen ohne erkennbaren

Hegemonie- und Großmachtbildungen in Griechenland im 4. Jh. v. Chr.

Staat	Dauer	Instrumente	Schwächung/Zusammenbruch
Sparta	404–371	Ruf der militärischen Unbesiegbarkeit zu Lande; Besatzungen (**Harmosten**; **Dekarchen**); zeitweises Auftreten als Vorkämpfer griechischer Freiheit in Kleinasien Umstürze; militärische Interventionen unter Berufung auf »**Allgemeine Frieden**«; finanzielle Unterstützung durch Persien.	394 Seeschlacht bei **Knidos** 376 Seeschlacht bei **Naxos**: Vernichtung spartanischer Flotten 371 Niederlage bei **Leuktra** gegen Theben: Verlust Messeniens, Zerfall des **Peloponnesischen Bundes** 362 Niederlage bei **Mantineia** gegen **Theben**
Athen	377–355	**Zweiter Attischer Seebund**	356/355 **Bundesgenossenkrieg**; erzwungene Entlassung der meisten Verbündeten
	354–338/322	Aufrüstung; Bündnispolitik	338 Niederlage bei **Chaironeia** gegen Makedonien 322 Niederlage im Lamischen Krieg und Verlust der Autonomie
Theben	371–362	**Boiotischer Bund**; Militärischer Sieg über Sparta bei Leuktra 371	362 Tod des **Epameinondas** in der Schlacht von Mantineia 335 Zerstörung Thebens durch Alexander den Großen
Thessalien	375–370	Mobilisierung eines großen Heeres durch Jason von Pherai; Instrumentalisierung des **Thessalischen Bundes**	370 Ermordung **Jasons**
Makedonien	ab 359	Konsolidierung des makedonischen Staates durch Philipp II., Bündnisse, militärische Siege, Stadtgründungen, Beitritt zur Delphischen Amphiktyonie nach dem **3. Heiligen Krieg** (356–346)	

Bruch aus älteren Kooperationsformen regionaler »Stammes«-Verbände, die oft ein Heiligtum als Zentrum haben. Politisch innovativ sind sie durch die Institution des doppelten Bürgerrechtes, das die Zugehörigkeit zur Einzelpolis und zum Bundesverband ausdrückt, sowie durch die nicht selten komplexen Institutionalisierungen politischer Repräsentation in der Bundesversammlung und der Bundesexekutive auf Grundlage einer Bezirkseinteilung (am deutlichsten erkennbar im Boiotischen Bund); dabei bleiben die älteren kultischen und mythologischen Integrationsmechanismen wirksam. Doch auch die Bundesstaaten sind meist nur Instrumente des Hegemonialstrebens einer Vormacht (Theben im Boiotischen Bund; Olynth im Chalkidischen Bund) oder einer Einzelperson (Jason von Pherai im Thessalischen Bund) oder sie kommen gar auf äußeren Druck zustande (Arkadischer Bund).

In den zwischenstaatlichen Beziehungen bleiben die hergebrachten Normen und Instrumente wirksam. Drei Ziele bestimmen das Handeln: das Streben nach Hegemonie, die Behauptung von Autonomie nach außen und der Frieden. Jeweils zwei der Ziele können zusammengespannt werden, alle drei zu erreichen ist unmöglich. Aus den immer neuen Versuchen erwächst eine dauernde Instabilität der zwischenstaatlichen Verhältnisse: Hegemonie und Autonomie werden von großen und kleinen Staaten parallel verfolgt; da sie einander entgegengesetzt sind, ist dauernder Unfriede die Folge. Frieden und Hegemonie unter Einschränkung der Autonomie bedürfen einer dauerhaft starken und integrationsfähigen Hegemonialmacht, die es aber nach dem Zusammenbruch des Attischen Seebundes nicht mehr gibt, während die Idee der Autonomie stark bleibt und durch den Aufstieg der Mittelmächte noch stärker wird. Frieden und Autonomie sind wegen der hegemonialen Bestrebungen der großen Akteure nicht zu verwirklichen. Daher wird sogar die neue Idee eines **»Allgemeinen Friedens«** (*koinê eirênê*), erstmals 392 im Kontext athenisch-spartanischer Verhandlungen von dem Redner Andokides formuliert, zum Instrument der Machtpolitik, da die darin enthaltenen Bestimmungen über Autonomie und Ausweitung des Friedens auch auf Nichtunterzeichner Instrumente der gewaltsamen Intervention gegen missliebige Machtbildungen darstellen. Der erste funktionierende »Allgemeine Friede« ist der Korinthische Bund von 337, der die Hegemonie Makedoniens über Hellas festschreibt.

Die tatsächliche Unfriedlichkeit der griechischen Verhältnisse zeigt sich auch in zahlreichen Umstürzen und Bürgerkriegen (*Staseis*) zwischen »Demokraten« und »Oligarchen«, die oft mit sozial motivierten Gewaltexzessen verbunden sind (z. B. 370/69 in Argos). Eine Reaktion darauf stellt die politische Philosophie dar, die eine Befriedung in der inneren Konstituierung der Einzelpolis sucht, nicht aber in den zwischenstaatlichen Beziehungen. Während Platon in utopischer Weise das Politische als Herd der Unruhe ganz ausschließen und durch eine monistische, transzendental begründete Ordnung unter der Herrschaft von Weisen entwirft (»Politeia«), erkennt Aristoteles (*384, †322) in der »Politik« die Vielfalt der existierenden Verhältnisse an; seine Idealpolis ist wirtschaftlich autark und außenpolitisch inaktiv.

Ansätze zu übergreifenden Machtbildungen lösen einander ab. Auch die Bundesstaaten haben beständig mit zentrifugalen Tendenzen zu kämpfen. Am Ende ist es eine neue Großmacht, das Makedonien Philipps II. (*382, †336, König seit 359), die unter Ausnutzung der innergriechischen Machtkämpfe nach Osten bis zu den Meerengen und nach Süden bis nach Mittelgriechenland expandieren kann. Nach dem Sieg von Chaironeia 338 erzwingt Philipp als Hegemon des Korinthischen Bundes die äußere Einheit Griechenlands.

Einzelne Mächte und Regionen

Sparta und die Peloponnes

Die machtpolitische Überforderung und die zunehmende innere Schwäche, verursacht durch Besitzkonzentration und rapide Abnahme der Vollbürgerzahl, sucht Sparta durch ein betontes Zementieren der gesellschaftlichen Strukturen zu kompensieren. Selbst nach der Katastrophe von 371 gibt es keine Ansätze zu einer Neuordnung der gesellschaftlichen, militärischen und politischen Strukturen.

404 v. Chr. Mit dem Friedensschluss verkündet Sparta gemäß seiner bisherigen Propaganda die Freiheit und Autonomie aller griechischen Staaten; tatsächlich aber nutzt es den Sieg für seine Hegemonie aus. Lysander legt in zahlreiche Städte des ehemaligen Attischen Seebundes Besatzungen unter der Führung von Harmosten (spartanische Offiziere) und gibt die Regierungsgewalt spartafreundlichen oligarchischen Zehnmännerkommissionen (Dekarchien). In Athen setzt er die »Dreißig Tyrannen« ein. Lysander erhält als erster in Griechenland göttliche Ehren.

403–402 v. Chr. König Pausanias (†394) lässt gegen den Willen Lysanders in Athen die Wiederherstellung der Demokratie zu. Auch in den übrigen Dekarchien werden die Anhänger Lysanders zurückgedrängt, der auf ein spartanisches Wahlkönigtum hinarbeitet und dazu Unterstützung in Delphi sucht. Als er mit dem Satrapen Pharnabazos (†nach 373) verhandelt, verrät dieser ihn in Sparta, und die Ephoren entmachten ihn.

400–394 v. Chr. **Persischer Spartanisch-Krieg** in Kleinasien. Sparta, obwohl gerade mit dem vom Peloponnesischen Bund abgefallenen Elis beschäftigt (400–398), schickt Thibron (†391) mit 5000 Mann dem von Tissaphernes belagerten Kyme zu Hilfe. Ziele der Intervention sind die Rückgewinnung von Prestige in der griechischen Welt sowie die Kontrolle der Meerengen. Hinzu kommen die von den Ephoren kaum mehr zu kontrollierenden Ambitionen von König Agesilaos.

399 v. Chr. Der Versuch des Kinadon (†398), mithilfe von Periöken und Heloten die Macht der Spartiaten durch einen Umsturz zu brechen, scheitert.

396/395 v. Chr. Die verstärkten persischen Rüstungen veranlassen Sparta zu neuen Anstrengungen zu Wasser und zu Land. AGESILAOS übernimmt das Oberkommando in Kleinasien und besiegt TISSAPHERNES. Dessen Nachfolger TITHRAUSTES schließt einen Waffenstillstand, und AGESILAOS wendet sich gegen PHARNABAZOS. Den kleinasiatischen Städten wird die Anwesenheit der Spartaner immer lästiger, und in Griechenland gelingt es mit persischem Gold, eine zweite Front aufzubauen: Theben, Argos, Athen, Korinth und die kleineren mittelgriechischen Staaten schließen sich zu einem Bund gegen Sparta zusammen (**Korinthischer Krieg** 395–386).

394/393 v. Chr. AGESILAOS muss Kleinasien aufgeben. Die antispartanische Koalition wird von ARISTODEMOS am Nemeabach und von AGESILAOS bei Koroneia besiegt, aber der Athener KONON (†um 390) und PHARNABAZOS vernichten die spartanische Flotte bei Knidos und beenden damit die Seeherrschaft Spartas. Die letzten spartanischen Harmosten werden vertrieben. KONON und PHARNABAZOS plündern die Küste Lakoniens.

392 v. Chr. In Korinth veranstalten demokratische Spartagegner ein Massaker unter den Aristokraten und verstärken sich durch eine argivische Garnison. Bis 386 besteht zwischen beiden Städten eine Sympolitie (Bund mit doppelten Bürgerrecht). Der Spartaner ANTALKIDAS (†um 367) scheitert mit einem Friedensangebot bei TIRIBAZOS, dem Nachfolger des PHARNABAZOS.

391/390 v. Chr. AGESILAOS kämpft erfolgreich gegen Argos.
Da Athen intensiv den Ausbau der Flotte betreibt, wendet sich die persische Schaukelpolitik wieder Sparta zu und ermöglicht den Bau von 27 Schiffen, mit denen Samos und Knidos besetzt werden.

387/386 v. Chr. Weitere Erfolge Athens führen zu einer erneuten persisch-spartanischen Annäherung. ANTALKIDAS schließt in Susa einen Friedensvertrag. Er sperrt am Hellespont die Getreidezufuhr nach Athen und macht die Stadt verhandlungsbereit. Im folgenden **Königsfrieden** (auch: Antalkidasfrieden) setzt Persien seine Forderung nach Autonomie, d. h. Aufgabe der kleinasiatischen Städte und Auflösung aller Bündnisse durch. Ein Friedenskongress in Sparta vereinbart zusätzlich einen »Allgemeinen Frieden«, der tatsächlich die Hegemonie Spartas bedeutet. In den folgenden Jahren nimmt Sparta die Autonomieklausel zum Anlass, um in anderen Städten die ihm genehme Partei an die Macht zu bringen.

385/384 v. Chr. Sparta zwingt die Bürger von Mantineia, ihre Stadt aufzugeben und wieder in Dörfern zu siedeln (Dioikismos).

383–379 v. Chr. Sparta schließt mit dem Makedonenkönig AMYNTAS III. (†370) und den chalkidischen Städten Akanthos und Apollonia einen Vertrag gegen den seit Ende des Peloponnesischen Krieges immer stärker werdenden Chalkidischen Bund. Dessen Hauptstadt Olynth wird ab 381 von spartanischen Truppen belagert und muss 379 kapitulieren. Der Bund wird aufgelöst. Sparta scheint auf einem neuen Höhepunkt seiner Macht zu sein.

379/378 v. Chr. Nachdem eine spartanische Abteilung die Kadmeia (Akropolis Thebens) besetzt hat (382), gewinnen thebanische Flüchtlinge die Stadt zurück und errichten eine Demokratie, die Sparta vergeblich zu stürzen sucht. Auch ein spartanischer Handstreich auf den Piräus scheitert. Athen und Theben verbünden sich; Theben wird neben Athen zum aktivsten Gegner Spartas in Griechenland.

376/375 v. Chr. Athenisch-Spartanischer Krieg zur See. Sparta besetzt Aigina, Athen besiegt im Gegenzug die Flotte des Peloponnesischen Bundes bei Naxos.
Auf einem Kongress in Sparta erneuern die kriegführenden Mächte den Königsfrieden.

371 v. Chr. Zum zweiten Mal werden auf einer Konferenz in Sparta Königsfriede und »Allgemeiner Frieden« erneuert. Nur Theben beteiligt sich nicht und betreibt statt dessen den Ausbau des Boiotischen Bundes. Als Sparta auf der Autonomie der boiotischen Städte beharrt und KLEOMBROTOS (†371) mit 10 000 Mann gegen Theben vorrückt, wird es von den Thebanern unter EPAMEINONDAS bei **Leuktra** schwer geschlagen (5. Aug.). Die Niederlage kostet Sparta nicht nur 400 Spartiaten, sondern v. a. den Nimbus der Unbesiegbarkeit zu Lande und erschüttert seine Stellung in der Peloponnes, wo Mitglieder des Peloponnesischen Bundes revoltieren. In Arkadien entsteht ein Bundesstaat; Mantineia wird wieder aufgebaut.

370 v. Chr. Thebanische Truppen verwüsten unter Zuzug der Arkader, Argiver und Eleer Lakonien, können aber das von AGESILAOS verteidigte Sparta nicht nehmen, da die Perioiken und die Heloten Lakoniens loyal bleiben. Doch die Gründung eines messenischen Staates um die neue Stadt Messene, wozu die in der griechischen Welt zerstreuten Messenier zurückgerufen werden, bedroht die Grundlage der spartanischen Lebensordnung und verstellt den Weg zurück zur Großmacht. Sparta bittet Athen um Hilfe, und IPHIKRATES zwingt die Thebaner zum Rückzug. Arkadiens neue Hauptstadt Megalopolis entsteht aus einem erzwungenen Synoikismos (Zusammenlegung) von 39 Gemeinden.

369 v. Chr. EPAMEINONDAS rückt zum zweiten Mal in die Peloponnes, gewinnt Pellene, Phlius und Sikyon; weitere Erfolge werden von einem spartanisch-athenischen Heer verhindert, dem DIONYSIOS I. Hilfe schickt.

367 v. Chr. Auf einem dritten Zug in die Peloponnes kann EPAMEINONDAS das bisher neutrale Achaia nur kurze Zeit halten, da sich eine neue oligarchische Regierung wieder Sparta anschließt.

362 v. Chr. Auf seinem vierten Zug in die Peloponnes kann EPAMEINONDAS Sparta wieder nicht erobern. In der **Schlacht von Mantineia** siegt er zwar knapp, fällt aber, und damit bricht die thebanische Vormacht zusammen. Die erschöpften Staaten erneuern den »Allgemeinen Frieden« auf der Grundlage des Status quo. Da damit die staatliche Existenz Messeniens anerkannt wird, hält sich Sparta fern, kann aber in der Folgezeit keine erfolgreiche militärische oder politische Initiative mehr ergreifen.

353/352 v. Chr. Sparta greift das mit dem inzwischen geschwächten Theben verbündete Megalopolis an.

351/350 v. Chr. Sparta erobert Orneai und schlägt die Argiver. Mit Theben schließt es nach mehreren unentschiedenen Gefechten einen Waffenstillstand. Damit endet Thebens Einfluss in der Peloponnes, die dortigen Gegner Spartas (Messene, Argos, Arkadien, Elis) schauen fortan auf PHILIPP II. von Makedonien.

338–337 v. Chr. Sparta beteiligt sich nicht an der antimakedonischen Koalition Athens und Thebens und auch nicht am Korinthischen Bund.

332 v. Chr. Der spartanische König AGIS III. (†331) mobilisiert mit persischem Geld Söldner und besiegt den Makedonen KORRAGOS. Elis, Achaia und Arkadien treten daraufhin zu Agis über.

331 v. Chr. AGIS III. und die Verbündeten belagern Megalopolis, werden aber dort vom makedonischen Feldherrn ANTIPATROS (*399/98, †319) schwer geschlagen.

323–322 v. Chr. Am Aufstand griechischer Staaten gegen Makedonien (Lamischer Krieg) beteiligt sich Sparta nicht.

Athen

Athen kann die innenpolitischen und wirtschaftlichen Folgen seiner Niederlage überraschend schnell abschütteln und kehrt bereits in den 390er-Jahren zu einer offensiven Machtpolitik zurück. Ihr Ziel ist die Rückgewinnung der für die Seeherrschaft wichtigen Regionen (Klerucheninseln, Thrakien, Meerengen), ferner die Eindämmung der jeweiligen Hegemonialmacht zu Lande (bis 371 Sparta, bis 362 Theben, ab 359 Makedonien).

Die Grundstrukturen der **athenischen Demokratie** bleiben die gleichen wie im 5. Jh. Ausdifferenzierungen, Aufgabenteilungen und verstärkte Routinen haben das Ziel, die Politik stetiger und berechenbarer zu machen; zugleich werden vermehrte Anstrengungen unternommen, möglichst viele Bürger am politischen Leben teilhaben zu lassen (bezeichnend dafür die Einführung des Ekklesiastensoldes in den 390er-Jahren sowie der Ausbau des Versammlungsplatzes, der Pnyx). Sie sollen Fehlentwicklungen begegnen (v. a. durch die verfahrensmäßige Trennung von Gesetzgebung und einfachen Beschlüssen), den Einfluss politischer Cliquen unterbinden (Einführung der »Normenkontrollklage«, der *graphè paranómon*) und einzelne Organe der Polis neuen Aufgaben anpassen. V. a. die wegen des erhöhten Geldbedarfs und der Veränderungen im Militärwesen erforderlichen Befähigungen der Verantwortlichen führen zu einer Spezialisierung in diesen Bereichen. Die Inhaber der für die Finanzen zuständigen Ämter (Theorikon-Kasse) gewinnen großen Einfluss auf die Gesamtpolitik, sodass für 355–338 von einer Ära des EUBULOS und für 338–322 von einer Ära des LYKURG gesprochen werden kann. Die politische Initiative liegt in den Händen von »Rednern«, die meist keine militärischen Ämter mehr wahrnehmen. – Demografisch ruht die Demokratie auf dem soliden Fundament von 20 000 bis 30 000 Bürgern.

Athen bleibt weiterhin das **Zentrum des griechischen Kulturlebens**, dessen geistige Kraft ungebrochen ist. Mit dem Ausgang des Peloponnesischen Krieges geht allerdings die tragische Dichtung zu Ende (EURIPIDES, SOPHOKLES). 386 wird ein Gesetz über die Wiederaufführung nunmehr kanonisierter älterer Dramen verabschiedet. Auch auf anderen Feldern erfolgt ein Rekurs auf die eigene große Vergangenheit (Gefallenenreden; Retro-Stilelemente in der Kunst; Diskurs über die »Verfassung der Väter«). Auch die Idee des ISOKRATES (»Panegyrikos«, 380), die innergriechischen Streitigkeiten beizulegen und einen »panhellenischen« Feldzug unter athenischer Führung gegen die Perser zu führen, um so den Söldnern und Entwurzelten Land zu verschaffen, ruht auf einer illusorischen Idealisierung der Perserkriegszeit.

Das 4. Jh. ist die Blütezeit der attischen Prosa, und die attische Sprache verbreitet sich nicht nur in der Literatur, sondern auch als gehobene Umgangssprache in der ganzen griechischen Welt. Mit ihr wird das ionische Alphabet, das der Archon EUKLEIDES 403/02 in Athen einführt, zur gemeingriechischen Schrift. LYSIAS (*um 445, †380) und ISOKRATES führen die Rhetorik auf ihren Höhepunkt und verbreiten durch ihre Lehrtätigkeit die Technik der kunstvollen Rede. Noch stärker als im 5. Jh. ist Rhetorik in der Demokratie Voraussetzung einer politischen Karriere; AISCHINES (*um 389, †um 315), DEMOSTHENES (*384, †322) und HYPEREIDES (*390/89, †322) verkörpern am besten diese Synthese. Formale sprachliche Bildung gewinnt einen hohen Stellenwert, wie überhaupt die Bildung formalisiert wird (Neugestaltung der Ephebie; Ausbau der Gymnasien). Griechische (= athenische) Bildung zeichnet nunmehr den kultivierten Menschen aus und kann auch von »Barbaren« erworben werden – eine wichtige Voraussetzung für den Hellenismus.

In der Geschichtsschreibung findet das Werk des THUKYDIDES Fortsetzungen in »Hellenika« von XENOPHON (*um 430, †nach 355), EPHOROS (*um 400, †um 330) und THEOPOMPOS (*um 378, †nach 320). Letztere tragen in weiteren, ebenfalls nicht erhaltenen Werken zugleich der veränderten Mächtearchitektur und dem erweiterten historischen Horizont durch eine auf Makedonien konzentrierte Zeitgeschichte (»Philippika« des Theopomp) und eine Universalgeschichte (»Historiai« des Ephoros) Rechnung.

Nachdem die Philosophie in Gestalt des SOKRATES den unmittelbaren Zugang zu den Bürgern im Gespräch gesucht hat, zieht sie sich mit dessen Schüler PLATON in einen engeren Kreis von Anhängern zurück (387 Gründung der Akademie). PLATON entwickelt die Ideenlehre als transzendentale und nur Wenigen zugängliche Begründung des Seienden und macht sie zur Grundlage eines idealen Staates (»Politeia«, »Nomoi«). Doch scheitert die politische »Beratung« als Grundlage einer möglichen Praxis bereits im Ansatz (Rechenschaftsbericht im 7. Brief über seinen Aufenthalt bei dem Tyrannen von Syrakus DIONYSIOS II. [*um 396, †337] 367/66 und 361/60). Der Nicht-Athener ARISTOTELES ist 367–347 Schüler PLATONS. 343–340 unterrichtet er in Makedonien ALEXANDER DEN GROSSEN, 335 gründet er in Athen seine eigene Schule, den Peripatos. Er erweitert die spekulative Philosophie PLATONS durch weit gespannte empirische Forschungen. Seine Schriften über Politik (»Politeia«), Ethik (Nikomachische Ethik; Große Ethik), Metaphysik, Poetik, Zoologie entspringen unmittelbar seiner Lehrtätigkeit. In großen Sammelwerken, zu denen seine Schüler beitragen (u. a. Sammlung von Verfassungen, von denen die »Verfassung Athens« 1892 auf Papyrus entdeckt wurde), vereinigt und verarbeitet er das Wissen seiner Zeit; zugleich begründet er die Philosophie als systematische und methodisch verfahrende Wissenschaft.

Auch in der Bildenden Kunst bleibt Athen vorbildlich. Die Erhabenheit der perikleischen Klassik wird zum sog. Schönen Stil der Zweiten Klassik fortentwickelt, PRAXITELES (*um 390, †um 320) bringt in seinen Götterstatuen (Aphrodite von Knidos; Hermes von Olympia) seelische Empfindungen zum Ausdruck. Die subjektive Erscheinung will LYSIPPOS in seinen Bronzestatuen darstellen. Neben der freien Plastik blüht die Reliefkunst (Grab- und Weihereliefs).

404–403 v. Chr. Nach der Niederlage etabliert sich mit Unterstützung Spartas ein radikales Oligarchenregime, die »Dreißig Tyrannen«, die ein Terrorregime ausüben (angeblich 1500 Hinrichtungen). Demokratietreue Emigranten unter THRASYBULOS (*um 455, †um 388) gewinnen den Piräus. Der Führer der Dreißig, PLATONS Onkel KRITIAS, fällt im Straßenkampf. Unter spartanischem Druck wird Frieden geschlossen; die Anhänger der Oligarchie erhalten einen eigenen Staat in Eleusis zugestanden. Eine Amnestie soll die verfeindeten Lager aussöhnen; der eleusinische Sonderstaat wird erst 401 aufgelöst. Die innenpolitischen und gerichtlichen Debatten stehen noch lange unter dem Einfluss der traumatisierenden Spaltung der Bürgerschaft unter den »Dreißig«.

399 v. Chr. In Athen wird SOKRATES als Jugendverderber und Verkünder neuer Götter, in Wirklichkeit aber wegen seiner engen Verbindungen mit Mitgliedern der »Dreißig« und seiner als demokratiekritisch verstandenen Infragestellung konventioneller Gewissheiten von Protagonisten der restaurierten Demokratie angeklagt und mit knapper Mehrheit verurteilt. Sein Tod durch den Giftbecher wird für PLATON, der Prozess und Tod seines Lehrers in den Dialogen »Apologie« und »Kriton« schildert, zum Schlüsselerlebnis und bestimmt ihn zur Ablehnung der Demokratie.

394/393 v. Chr. Als Mitglied der antispartanischen Koalition leistet Athen im Korinthischen Krieg (395–386) einen wesentlichen Beitrag, indem der Athener KONON als Kommandeur einer persischen Flotte die spartanische Flotte bei Knidos vernichtet. Die Langen Mauern werden mit persischen Mitteln neu errichtet. Die Kleruchien Lemnos, Imbros und Skyros kehren zu Athen zurück, Rhodos, Kos, Chios und Ephesos schließen Bündnisse mit der Stadt, sodass man dort an eine Erneuerung des Seebundes denkt. Treibende Kraft einer Erneuerung der Flottenmacht ist zunächst THRASYBULOS.

389/388 v. Chr. THRASYBULOS erobert Thasos, Samothrake und die thrakische Halbinsel Chersones (Gallipoli), schließt mit den Thrakerkönigen AMADOKOS (†um 351) und SEUTHES (†383) ein Bündnis und gewinnt Byzantion und Chalkedon. Er stößt nach Halikarnassos und Klazomenai vor, doch seine Gegner zu Hause stürzen ihn.

387/386 v. Chr. Der Spartaner ANTALKIDAS schließt in Susa einen Friedensvertrag. Er sperrt am Hellespont die Getreidezufuhr nach Athen und macht die Stadt verhandlungsbereit. Athen muss sich dem Königsfrieden unterwerfen.

379/378 v. Chr. Athen und Theben verbünden sich, ein weiteres Bündnis mit Byzantion sichert die pontische Getreidezufuhr nach Athen.

377 v. Chr. Athen ruft »die Griechen, die Barbaren des Festlandes und die Inselbewohner, soweit sie nicht Untertanen des Großkönigs sind«, zur Gründung des **Zweiten Attischen Seebundes** auf, der auf der Grundlage der im Königsfrieden garantierten Autonomie stehen soll und damit in erster Linie gegen Sparta gerichtet ist. Einzelverträge binden die Mitglieder an Athen, an erster Stelle die bisherigen Verbündeten Chios, Byzantion, Mytilene, Rhodos und Theben, wozu noch Städte auf Euboia und einige Inseln der nördlichen Ägäis kommen. Der Kreis erweitert sich in den folgenden Jahren bis auf 70 Mitglieder, die alle Stimmrecht in dem in Athen zusammentretenden Synedrion haben, doch müssen Beschlüsse von der Ekklesia bestätigt werden. Um keine bösen Erinnerungen an den ersten Seebund zu wecken, werden statt Steuern (*phoroi*) Matrikularbeiträge (*syntaxeis*) erhoben. In Athen ist die treibende Kraft KALLISTRATOS (†um 355). ANDROTION führt eine Reform der Abgaben durch, die die in Symmorien zusammengeschlossenen Bürger der Stadt aufbringen müssen und die vornehmlich für die Flotte verwendet werden.

376/375 v. Chr. Im Rahmen von Auseinandersetzungen zur See besetzt Sparta Aigina, während der athenische Stratege CHABRIAS (†357) im Gegenzug die Flotte des Peloponnesischen Bundes bei Naxos besiegt. Er fährt in die nördliche Ägäis, hilft den von Thrakern bedrängten Abderiten und gewinnt Thasos, Samothrake und den erneuerten Chalkidischen Bund für den Seebund. Ihm ist auch der Vertrag mit AMYNTAS III. zu verdanken, der Athen das wichtige makedonische Schiffbauholz sichert.

373/372 v. Chr. Sparta versucht mithilfe von DIONYSIOS I., Korkyra in seine Gewalt zu bringen, doch der athenische Stratege IPHIKRATES kann den spartanischen Zugriff vereiteln und zusätzlich Kephallenia gewinnen. Zwischen Athen und Theben kommt es zum Bruch über die von Sparta aufgegebenen boiotischen Städte. Athen nimmt Oropos in Besitz, Theben zerstört Plataiai (»Plataikos« des ISOKRATES). Als Reaktion auf die wachsende thebanische Macht nähert sich Athen wieder Sparta.

367–366 v. Chr. Theben als neuer griechischer Hegemon fordert Athen auch zur See heraus und lässt 100 Trieren bauen. Außerdem verliert Athen Oropos. Zur See ist man erfolgreicher: Athen unterstützt den aufständischen Satrapen ARIOBARZANES am Hellespont und erhält von diesem Sestos und Krithote. Samos wird erobert und mit 2000 Kleruchen besiedelt.

365–363 v. Chr. Timotheos gewinnt Methone, Torone, Pydna und Poteidaia, scheitert aber vor Amphipolis trotz makedonischer Unterstützung. Die wachsende Unzufriedenheit im Seebund über Athens Herrschaftspraxis nutzt Epameinondas aus und bringt mit der neuen Flotte Keos, Chios, Byzantion und Rhodos zum Abfall.

361/360 v. Chr. Alexander von Pherai (†358) fordert Athen mit Kaperfahrten heraus, erobert Peparethos und überfällt den Piräus; Byzantion, Chalkedon und Kyzikos bringen attische Getreideschiffe auf; Amphipolis wird mittlerweile von Perdikkas III. von Makedonien unterstützt; Sestos geht an Kotys verloren. Trotz neuer Leiturgien fehlt in Athen das Geld für energische Gegenschläge. Der Demos macht seiner Unzufriedenheit Luft durch Todesurteile gegen Politiker und Strategen; Kallistratos und Leosthenes (†322) gehen rechtzeitig nach Makedonien in die Verbannung.

359/358 v. Chr. Dem athenischen Strategen Kephisodotos gelingt es nicht, die Verluste auf der Chersones gutzumachen. Fehden zwischen thrakischen Stammeskönigen und die Schwäche des Seebundes kennzeichnen die Situation an der Nordküste der Ägäis, als der Regierungsantritt Philipps II. eine neue Epoche einleitet. Athen unterstützt zunächst den Thronprätendenten Argaios (†359), schließt dann aber mit Philipp einen Vertrag, in dem ihm Amphipolis im Tausch gegen das Seebundsmitglied Pydna versprochen wird.

357 v. Chr. Ein Bündnis mit thrakischen Fürsten soll Athen die Tributzahlungen der Seebundsmitglieder an der thrakischen Küste und auf der Chersones sichern. Es schlägt zusammen mit Eretria die anderen Städte auf Euboia, die Theben zu Hilfe gerufen haben, und sichert den Erfolg durch ein die ganze Insel einschließendes Bündnis. Groß ist die Enttäuschung in Athen, als Philipp nach der Eroberung von Amphipolis nicht an die Übergabe der Stadt denkt. Die Athener geben allerdings auch nicht Pydna heraus, für den Makedonenkönig der Anlass, die Stadt anschließend zu unterwerfen. Athen kann keinen wirksamen Gegenangriff führen, da inzwischen der **Bundesgenossenkrieg** (357–355) ausgebrochen ist: Chios, Rhodos und Kos schließen sich gegen die Missachtung der bundesgenössischen Autonomie mit dem karischen Dynasten Maussolos zusammen, der ihren Abfall mit Schiffen und Söldnern unterstützt. Byzantion, Perinthos und Selymbria schließen sich an. Chabrias fällt bei einem Angriff auf Chios. Teure Flottenrüstungen zwingen Athen zu einer Reform der Symmorien und Trierarchien.

356 v. Chr. Der athenische Stratege Chares (*um 395, †324) operiert mit dem aufständischen Satrapen Artabazos zusammen, während Maussolos und seine Verbündeten von Artaxerxes III. Ochos (†338) unterstützt werden. Gegen Makedonien ist Athens Bündnis mit den Königen Ketriporis von Thrakien, Lyppeios von Paionien und Grabos von Illyrien gerichtet. Im **3. Heiligen Krieg** (356–346) unterstützt Athen aus machtpolitischen Gründen die phokische Aggression gegen das Orakel von Delphi.

355/354 v. Chr. Chares erobert Lampsakos und Sigeion und schlägt ein persisches Heer. Darauf setzt eine persische Gesandtschaft Athen unter Druck, das den abgefallenen Bündnern die Unabhängigkeit zugesteht. Im Seebund verbleiben lediglich Euboia und einige Inseln und Städte der thrakischen Region. Die Zerrüttung der Finanzen als Folge des Bundesgenossenkriegs führt zu Spannungen. Eubulos als Vorsteher des Theorikon (Schauspielgelderkasse) führt eine Finanzreform durch und plädiert für eine Friedenspolitik, um den Staatshaushalt zu sanieren (Xenophons Buch »Einkünfte«; Isokrates' »Friedensrede«). In der Folgezeit hält sich Athen außenpolitisch zurück und unterstützt Megalopolis nicht gegen Sparta.

349 v. Chr. Nachdem Philipp II. durch seinen Sieg über die Phoker in Mittelgriechenland festen Fuß gefasst hat, wächst in Athen das Misstrauen. Demosthenes, der schon seit 352 für stärkere Unterstützung Olynths gegen Makedonien plädiert hat, bringt angesichts von Philipps bedrohlichem Vorgehen auf der Chalkidike ein Bündnis zustande (1. Olynthische Rede). Das Kontingent von 30 Trieren und 2000 Söldnern ist jedoch zu schwach, um das makedonische Belagerungsheer zu vertreiben.

348 v. Chr. Auf Demosthenes' 2. und 3. Olynthische Rede hin wird Charidemos (†333) mit 4000 Söldnern vom Hellespont nach Olynth beordert, kann aber die Eroberung der Stadt nicht verhindern. Die Bemühungen einzelner athenischer Politiker, eine gesamtgriechische Koalition gegen Makedonien zu bilden, scheitern. Dagegen rät Philokrates, auf die von Philipp geäußerten Friedensabsichten einzugehen.

347 v. Chr. Im Einverständnis mit lokalen Herrschern sichert Chares die thrakischen Küstenplätze des Seebundes mit Besatzungen gegen weiteres Ausgreifen Makedoniens.

346 v. Chr. Eine athenische Delegation reist nach Pella, darunter Demosthenes und Aischines, deren spätere Darstellungen vom Verhandlungsverlauf sich vielfach widersprechen (Reden von den Truggesandtschaften). Philipp geht auf die Forderung nach Rückgabe von Amphipolis und nach Sicherheitsgarantien für die athenischen Positionen in Thrakien nicht ein. Eine Gegengesandtschaft mit Parmenion (*um 400, †330) und Antipatros bietet ein Defensivbündnis auf Grundlage des Status quo an; der von Philokrates redigierte Vertragstext wird nach heftigen Auseinandersetzungen in der Ekklesia ratifiziert (**Friede des Philokrates**).

345–343 v. Chr. Die Makedonengegner bestimmen nunmehr die Politik; Philokrates wird von Hypereides (*390/89, †322) angeklagt und verbannt; Aischines entgeht knapp der Verurteilung.

342 v. Chr. Athen, dessen Furcht vor einer makedonischen Einkreisung wächst, stationiert ein Geschwader bei Skiathos und siedelt auf der Chersones neue Kleruchen an.

341 v. Chr. Der Stratege DIOPEITHES greift makedonische Stützpunkte an der thrakischen Küste an. Sein Zusammenstoß mit dem promakedonischen Kardia veranlasst PHILIPP im Zuge weiterer Ausdehnung nach Osten zu Gegenmaßnahmen. Die attischen Makedonengegner entfalten eine intensive diplomatische Tätigkeit (DEMOSTHENES' 3. Philippische Rede). Aus Oreos und Eretria werden die makedonenfreundlichen Tyrannen durch eine Koalition von Athen, Chalkis und Megara vertrieben, und ein Euboiischer Bund konstituiert sich. Er schließt sich einem Kriegsbündnis Athens mit Megara, Achaia, Korinth, Akarnanien, den Leukadiern und Korkyraiern an. Ein Synedrion unter Athens Führung wird gebildet. Als PHILIPP Byzantion belagert und athenische Getreideschiffe kapert, erklärt ihm Athen den Krieg. CHARES kommt mit einer Flotte Byzantion zu Hilfe, das sich dem Bund anschließt.

339 v. Chr. PHOKION (*um 402, †318) segelt mit einem zweiten Geschwader nach Byzantion; auch Chios, Kos und Rhodos senden Schiffe. PHILIPP muss die Belagerung aufheben. Der Erfolg setzt DEMOSTHENES, in diesem Jahr Flottenvorsteher (Epistates), in die Lage, eine Finanzreform durchzuführen: Die Schauspielgelder werden für die Dauer des Krieges an die Kriegskasse abgeführt. Er sucht ferner mit Erfolg Theben zu gewinnen.

338 v. Chr., 2. Aug. Nach der Zerstörung Amphissas macht PHILIPP den siegessicheren Athenern vergeblich Friedensangebote. Umso härter trifft Athen die Niederlage in der **Schlacht von Chaironeia**, die mit einem Schlag nicht nur die zwanzigjährige Auseinandersetzung mit Makedonien entscheidet, sondern die Stadt darüber hinaus in den von PHILIPP II. aufdiktierten **Korinthischen Bund** zwingt. Die Demokratie ist aber nicht gefährdet.

330 v. Chr. Athen, das sich nicht an den Aufständen Thebens (335) und Spartas (331) beteiligt, bereitet einen erneuten Krieg gegen Makedonien zur Wiedergewinnung seiner außenpolitischen Handlungsfreiheit vor (Sanierung der Staatsfinanzen; Aufrüstung). Der gerichtliche Erfolg des Demosthenes (»Kranzrede«) über AISCHINES manifestiert die makedonienfeindliche Stimmung.

324 v. Chr. Das Verbanntendekret ALEXANDERS DES GROSSEN lässt die Stimmung eskalieren, da Athen durch die Rückführung der Verbannten und Enteigneten in seine Kleruchien massiv betroffen wäre. Das Eintreffen von ALEXANDERS geflohenem Schatzmeister HARPALOS (†324) mit einer großen Kasse heizt die Kriegsstimmung zusätzlich an.

323–322 v. Chr. Die Athener werben Söldner in großer Zahl an und bringen ihre Flotte auf eine nie zuvor erreichte Stärke von fast 400 Kriegsschiffen. Auf die Nachricht von ALEXANDERS Tod treten viele griechische Staaten einer Symmachie unter Führung Athens bei. Demosthenes kehrt zurück. Doch im **Lamischen Krieg** unterliegt die Koalition | s. S. 292 |; die athenische Flotte wird vernichtet. ANTIPATROS besetzt Athen und schafft die Demokratie ab. Das Vollbürgerrecht wird von einem Zensus von 2000 Drachmen abhängig gemacht, wodurch sich die Vollbürgerschaft von 21 000 auf 9000 verringert. DEMOSTHENES, zum Tode verurteilt, endet durch Selbstmord; HYPEREIDES wird hingerichtet. Exekutor eines nunmehr gemäßigten und promakedonischen Kurses ist PHOKION.

Theben

396/395 v. Chr. Theben schließt sich mit Argos, Athen, Korinth und kleineren mittelgriechischen Staaten zu einem Bund gegen Sparta zusammen (**Korinthischer Krieg** 395–386).

382 v. Chr. Besetzung der Kadmeia (Akropolis Thebens) durch einen spartanischen Handstreich; Umsturz zugunsten einer prospartanischen Gruppe.

379 v. Chr. Befreiung der Kadmeia durch PELOPIDAS (†364), demokratischer Umsturz. In den Folgejahren Reorganisation des Boiotischen Bundes unter Führung Thebens.

371 v. Chr. Theben verweigert sich einem von Sparta diktierten »Allgemeinen Frieden«. Architekt der antispartanischen Bündnis- und Aufrüstungspolitik (u. a. Eliteeinheit der »Heiligen Schar«) sind PELOPIDAS und EPAMEINONDAS, der als Befehlshaber der Truppen des Boiotischen Bundes (*Boiotarch*) bei Leuktra trotz numerischer Unterlegenheit dank der neuartigen Taktik des verstärkten linken Flügels (**schiefe Schlachtordnung**) die spartanische Phalanx zertrümmert. Die **thebanische Hegemonie** der folgenden zehn Jahre (371–362) ruht fast ausschließlich auf dem militärischen und politischen Talent des EPAMEINONDAS, der Spartas Vormacht auf der Peloponnes durch mehrere kriegerische Einfälle, Bündnisverträge mit ehemaligen Mitgliedern des Peloponnesischen Bundes und die Neugründung eines messenischen Staates auf Dauer zerstört.

370 v. Chr. Lokrer, Phoker und Aitoler schließen mit dem Boiotischen Bund einen Freundschaftsvertrag, Euboia und Akarnanien, Mitglieder des Attischen Seebundes, treten zu ihm über. Eine sich abzeichnende Auseinandersetzung mit JASON VON PHERAI wird durch dessen Ermordung verhindert. Theben erhält die Promantie (Vortritt bei Orakelbefragung) in der delphischen Amphiktyonie.

369 v. Chr. PELOPIDAS schließt ein Bündnis mit ALEXANDER II. (†368), und PHILIPP II. kommt als Geisel nach Theben. EPAMEINONDAS rückt zum zweiten Mal in die Peloponnes, kann aber Sparta selbst nicht erobern. Die Enttäuschung in Theben äußert sich in einem Prozess gegen EPAMEINONDAS, der für das kommende Jahr nicht zum Boiotarchen gewählt wird.

367 v. Chr. Nach der machtpolitischen Neutralisierung Spartas will Theben als neuer griechischer Hegemon Athen die Seeherrschaft streitig machen. EPAMEINONDAS lässt 100 Trieren bauen.

366 v. Chr. Theben entreißt Athen Oropos und unterstützt den sich bildenden Aitolischen Bundesstaat.

365–363 v. Chr. EPAMEINONDAS bringt mit der neuen

Flotte Keos, Chios, Byzantion und Rhodos zum Abfall von Athen. Aber neue Anforderungen in Griechenland unterbrechen Thebens Ausgreifen in die Ägäis. Der Boiotische Bund vernichtet Orchomenos, das verbannte thebanische Aristokraten aufgenommen hat, und unterstützt Tegea und Megalopolis bei Rivalitäten im Arkadischen Bund.

362 v. Chr. Epameinondas entscheidet die Schlacht von Mantineia für sich, fällt aber; mit seinem Tod bricht die thebanische Vormachtstellung zusammen.

356–346 v. Chr. Im 3. Heiligen Krieg kämpft Theben gegen die Phoker; der Krieg veranlasst zahlreiche andere Staaten zur Parteinahme und öffnet schließlich Makedonien den Zutritt zu Mittelgriechenland.

351/350 v. Chr. Durch den Sieg Philipps II. über die Phoker gewinnt Theben freie Hand, wieder in der Peloponnes einzugreifen. Nach unentschiedenen Kämpfen schließt Theben mit Sparta einen Waffenstillstand. Damit ist Thebens Einfluss in der Peloponnes faktisch beendet.

346 v. Chr. Nach dem Frieden des Philokrates gewinnen auch in Theben die Makedonengegner an Einfluss.

339–338 v. Chr. Athen gewinnt Theben für eine antimakedonische Koalition, als Philipp anlässlich einer Strafexpedition der Amphiktyonie gegen Amphissa nach Mittelgriechenland einmarschiert. Als Teil der Koalition unterliegt Theben den Makedonen in der Schlacht von Chaironeia (2. Aug. 338).

335 v. Chr. Auf das Gerücht vom Tod Alexanders des Grossen erhebt sich Theben gegen die makedonische Herrschaft, doch kommt eine von Demosthenes betriebene Koalition nicht zustande. Nominell auf einen Bundesbeschluss hin lässt Alexander Theben vollständig zerstören, nur das Haus des Dichters Pindaros wird verschont.

Sizilien und Großgriechenland

Nach dem Sieg von Syrakus über die Athener (413) entwickeln sich die Verhältnisse in Sizilien und Großgriechenland weitgehend unbeeinflusst vom Mutterland; nur Dionysios I., der Begründer der »größten und längsten Tyrannenherrschaft in der Geschichte« (Diodor) macht durch glanzvolle Auftritte bei den panhellenischen Spielen von sich reden und ist aufgrund seiner Macht ab etwa 370 auch ein umworbener Bündnispartner für Sparta und Athen, ohne dass daraus auf Dauer engere Verbindungen resultieren. Rahmenbedingungen von Machtpolitik in der Region sind: die Dichte an Poleis, die fast alle ein hohes ökonomisches und demografisches Potenzial haben; die enge Tuchfühlung zu Nichtgriechen (Elymer, Sikaner, Sikuler, Lukaner, Kampaner), die in ein Machtsystem eingefügt werden können (zuvörderst als Söldner), die aber auch »politisiert« werden; die Strahlkraft der aristokratischen Traditionen mit dem Aristieideal und den Optionen dynastischer Politik; die Nähe zu Karthago, das je nach Lage und Perspektive eine echte Bedrohung darstellt, als eine solche perhorresziert wird oder als Verbündeter einzelner Städte ins Spiel kommt.

405–367 v. Chr. Nach karthagischer Invasion wird Dionysios zum Oberbefehlshaber (*stratêgos autokratôr*) von Syrakus ernannt. In der Folgezeit nutzt er seine militärischen Erfolge, bewusste diplomatische Verschleppungen in vier Karthagerkriegen, zum Aufbau einer persönlichen Machtstellung (Tyrannis) aus. Unter seiner Ägide wird Syrakus die größte Stadt und stärkste Festung der ganzen griechischen Welt. Seine Söldner stammen aus vielen Ländern, von der Peloponnes, aber auch aus Italien. Die rücksichtslosen Umsiedlungen großer Teile von ganzen Stadtbevölkerungen und die Ansiedlung von Söldnern dienen dem Ziel, den bürgerstaatlichen Zusammenhalt und die Geschlossenheit der Poleis zu schwächen und sie damit bereiter zu machen für seine Kontrolle (u. a. Einrichtung einer Geheimpolizei). Dadurch sowie durch Familienbündnisse und Vasallentyrannen schafft Dionysios einen machtvollen, aber allein über seine Person integrierten Territorialstaat Syrakus. Er greift auch nach Unteritalien über (388 Sieg über den von Kroton geführten Italiotenbund am Elleporos; 387/6 Eroberung von Rhegion), gründet Kolonien an der dalmatinischen Küste und unterhält Beziehungen zu Etruskern und Kelten.

367–344 v. Chr. Dionysios' I. Sohn Dionysios II. (367–357 und 346–344) und seinem Schwager und Schwiegersohn Dion (†354; 357–354, anschließend Wirren) fehlen Talent und Energie, das Regiment erfolgreich fortzusetzen.

344–337 v. Chr. Auf Ersuchen der Bürgerschaft von Syrakus schickt die Mutterstadt Korinth Timoleon, dem die Stabilisierung der Verhältnisse und die Restaurierung der Bürgerstaatlichkeit gelingt. Zugleich kann er Karthago auf dessen Epikratie begrenzen (Westteil der Insel bis zu einer Linie von Himera bis Herakleia Minoa). Das während der Anarchie fast ganz verödete Syrakus bevölkert er neu mit angeblich 60 000 Neubürgern aus Griechenland, Italien und Sizilien. In seiner Ära erleben auch andere Städte wie Akragas, Gela, Kamarina und Leontinoi eine neue Blüte. 337 zieht er sich unter hohen Ehrungen aus der Politik zurück.

Kleinasien

Die Griechen Kleinasiens verbleiben auch im 4. Jh. im Spannungsfeld der griechischen Mächte im Mutterland und der Perser, wobei die zeitweilige Schwäche der Zentralgewalt lokalen Satrapen wie Tissaphernes und Pharnabazos und Dynasten wie Maussolos von Karien Handlungsmöglichkeiten eröffnet.

401–399 v. Chr. Der Jüngere Kyros (*um 423, †401) wirbt mit Spartas Hilfe in Griechenland Söldner für einen Zug gegen den persischen Großkönig, seinen älteren Bruder Artaxerxes II. (†360, regiert seit 405/04), der gerade eine Revolte in Ägypten niedergeschlagen hat. Kyros bricht von Sardeis auf. Bei Kunaxa (nordöstlich von Babylon am Euphrat) besiegen seine Söldner unter dem Spartaner Klearchos die Truppen des Artaxerxes, doch Kyros fällt, und den Griechen bleibt nur die Rückkehr (»Zug der Zehntausend«). XENOPHON, der an dem Unternehmen in führender Stellung teilnimmt, gibt in der »Anabasis« eine lebendige Schilderung. Der Erfolg nährt in Griechenland langfristig die Überzeugung, das Perserreich militärisch besiegen zu können.

400–394 v. Chr. Es gelingt den kleinasiatischen Griechen, Sparta zum Krieg gegen den persischen Satrapen TISSAPHERNES zu veranlassen; die Kämpfe werden durch das Eingreifen des spartanischen Königs AGESILAOS (396) mit größerem Nachdruck und militärischen Erfolgen geführt, doch muss Sparta nach der Formierung einer feindlichen Koalition in Griechenland und dem Verlust der Flotte (394) den Krieg abbrechen.

391–381/80 v. Chr. Der Abfall Zyperns unter EUAGORAS vom Perserreich scheitert am Ende militärisch.

386 v. Chr. Durch den Königsfrieden gelangen die Griechen Kleinasiens wieder unter persische Herrschaft. Sie beteiligen sich u. a. 343–342 an der Niederschlagung eines weiteren ägyptischen Aufstandes.

368/367 v. Chr. Infolge von Satrapenaufständen machen sich Bithynien und etwas später die Satrapen Datames und Ariobarzanes in Sinope (heute Sinop) und Daskyleion sowie der König MAUSSOLOS in Karien selbstständig. Es folgen weitere Sezessionen von Satrapen in Kleinasien und Kilikien (365–360)

362 v. Chr. MAUSSOLOS gelingt im Bunde mit den griechischen Nachbarstaaten unter Duldung der Großkönige ARTAXERXES II. und ARTAXERXES III. die Gründung eines südwestkleinasiatischen Staates mit der Hauptstadt Halikarnassos. Hier kommt es, wie auch sonst in Kleinasien, zu einem intensiven kulturellen Austausch (»Hellenismus vor dem Hellenismus«). Pontos und Paphlagonien bleiben dagegen stärker iranisierte Gebiete, obwohl auch hier der griechische Einfluss deutlich in Erscheinung tritt (Felsgräber von Süleimanköy).

336 v. Chr. Als Vorbereitung des von PHILIPP II. geplanten Perserkrieges kommen makedonische Vorauskommandos ins nordwestliche Kleinasien. Die Nachricht vom Tod PHILIPPS führt allerdings in Chios, Mytilene, Eresos und Ephesos zum Sturz der promakedonischen Regierungen.

ab 334 v. Chr. Die Griechen auf den Inseln und in Kleinasien werden Teile des Alexanderreiches, z. T. unter gewaltsamen inneren Umstürzen.

Makedonien und Epeiros bis Philipp II.

Die Frühgeschichte von Epeiros und der Westhälfte Makedoniens wird durch die geografische Lage bestimmt. Südlich des Ohrid- und Prespasees liegen hinter schmalen Küstensäumen enge Flusstäler zwischen hohen Gebirgsketten. Die Wellen von Indoeuropäern, die das Gebiet seit ca. 2000 v. Chr. nach Süden durchqueren (Ionier, Nordwestgriechen, Dorer), werden hier deshalb nicht sesshaft. Dagegen hat in Ostmakedonien der Axios (heute Vardar) eine für Ackerbau und Viehzucht gut geeignete Schwemmlandebene aufgeschüttet. Ihr schließt sich das Mittelgebirge der Chalkidike an, dessen Wälder Holz und Pech für den Schiffbau liefern. Aber auch hier entstehen zunächst keine größeren Machtgebilde, wohl weil die Küstenregion als Durchgangsland nach Thrakien und weiter nach Kleinasien dient.

Die politische Zersplitterung spiegeln Landesnamen, die nicht original sind: Makedonien ist nach den einwandernden Makedonen (»Hochländer«) benannt und setzt sich im Zuge der staatlichen Einigung als politischer Begriff durch; Epeiros (»Festland«) ist seit Beginn des 4. Jh.s als Landschaftsname gebräuchlich. In der frühen Eisenzeit (1300–700) besiedeln beide Gebiete viele größere und kleinere Stämmen, deren ethnische Einordnung schwierig ist. Neben dem griechischen im Süden herrscht im Norden das illyrische, in Makedonien auch das thrakisch-phrygische Element vor; die materielle Kultur wirkt dagegen sehr einheitlich.

um 750 v. Chr. An der epeirotischen und makedonischen Küste setzt die griechische Kolonisation ein: Auf der Epeiros vorgelagerten Insel Korkyra (Korfu) kolonisiert Korinth und geht von dort auf das Festland über, am Thermäischen Golf siedeln sich Griechen in Methone und Pydna an, ein Kranz griechischer Städte entsteht auf der Chalkidike. Etwa zur gleichen Zeit setzen weiträumige, vom Donauraum und von Südrussland (Kimmerer) ausgehende Völkerverschiebungen die Stämme des Landesinneren in Bewegung.

um 700 v. Chr. Aus dem epeirotischen Bergland dringen kleine wandernde Kriegergruppen (Makedonen) unter Heerkönigen in Pierien am mittleren Haliakmon (heute Aliákmon) ein. Sie gewinnen die Oberhoheit über die ältere Bevölkerung, vermischen sich mit ihr und legen so den Grund zum makedonischen Staat.

In den folgenden zwei Jahrhunderten dehnt sich die makedonische Herrschaft nach Norden, Nordwesten und in die westliche Chalkidike aus. Die ansässigen Stämme werden integriert, widerstrebende Teile vertrieben. Die erfolgreiche Expansion lässt das ursprüngliche Wahlkönigtum gegenüber dem Kriegeradel immer stärker in die Stellung einer Erbmonarchie hineinwachsen. Die für das 7. und 6. Jh. überlieferten Königsnamen sind historisch, aber gehören kaum alle zur selben Herrscherlinie. Kriegerische Fähigkeiten des Königs bleiben für die makedonische Monarchie stärker bestimmend als Richter- und Priesterfunktionen, was zusammen mit der Rolle der Heeresversammlung an die Ursprünge aus dem Heerkönigtum erinnert. Vornehme Adlige stehen dem König als *Hetaíroi*, »Gefährten« (Adelsreiterei), zur Seite und werden für ihre Dienste mit Landbesitz in den eroberten Gebieten belohnt. Die Kontinuität der Herrschaftsverhältnisse wird gefördert durch die dauernde militärische Anspannung: Die wiederkehrende Gefahr, die an den nördlichen Grenzen von illyrischen und thrakischen Ethnien ausgeht, dazu zeitweilige Versuche griechischer Mächte, Einfluss in Makedonien zu gewinnen, erfordern ständige Abwehrmaßnahmen.

Ein vergleichbarer Einigungsprozess findet in Epeiros

zunächst nicht statt: Die Stämme bleiben bis ins 4. Jh. v. Chr. fragmentiert. Die Macht der Könige wird vom Adel stark eingeschränkt, die größeren Stämme (Chaonen, Molosser) bilden bundesstaatliche und genossenschaftliche Formen (*Koinón*) aus. Der Vorrang geht im 4. Jh. von den Chaonen auf die Molosser über, nachdem König THARYPS (*um 430, †385) sie in der 2. Hälfte des 5. Jh.s zu politischem und wirtschaftlichem Aufschwung geführt hat, begleitet von einer Hellenisierung.

2. Hälfte 6. Jh. v. Chr.–um 495 v. Chr. AMYNTAS I. (*um 540, †498) verstärkt Makedoniens Beziehungen zu griechischen Staaten. Er bietet dem aus Athen vertriebenen Tyrannen PEISISTRATOS (*um 607, †528) das zuvor eroberte Anthemus auf der Chalkidike an.

513/512 v. Chr. Als der Perserkönig DAREIOS I. (521–486) im Rahmen seiner Westoffensive von Makedonien Unterwerfung fordert, gibt AMYNTAS I. angesichts der eigenen Schwäche nach.

498–454 v. Chr. **ALEXANDER I.** (†454) folgt der vermittelnden Politik seines Vaters: Er ist athenischer Proxenos und zeigt den Griechen seine Sympathie – daher sein Beiname »Philhellen« (»Griechenfreund«).

480 v. Chr. Beim Zug des Perserkönigs XERXES I. (486–465) leistet ALEXANDER I. dennoch Heeresfolge gegen die griechische Eidgenossenschaft. | s. S. 173 |

479 v. Chr. Als Dank für ALEXANDERS I. Dienste erweitert XERXES auf dem Rückzug nach der Niederlage von Salamis (480) Makedonien um ein großes Gebiet zwischen den Flüssen Axios und Strymon. Der Machtzuwachs festigt auch ALEXANDERS Stellung als König im Innern: Seine neuen Münzen verdrängen die bisherigen Stammesprägungen. Er gewinnt die Hegemonie über die obermakedonischen Fürstentümer, baut Pella zur Hauptstadt aus und stärkt seine Armee, indem er den berittenen adligen *Hetaíroi* das Fußvolk der *Pezhetaíroi* (Phalanx) zur Seite stellt. Nach dem endgültigen Abzug der Perser bemüht er sich erneut um gute Beziehungen zu Griechenland, besonders zum im Perserkrieg neutral gebliebenen Argos.

476 v. Chr. ALEXANDERS I. Teilnahme an den Olympischen Spielen soll ihn, wie die Legende, das Königshaus stamme aus Argos, als Griechen ausweisen.

454–413 v. Chr. ALEXANDERS I. Nachfolgeregelung (sein Sohn PERDIKKAS II. [†413] erhält die Herrschaft über Gesamtmakedonien, dessen Brüdern PHILIPPOS [†429] und ALKETAS [†448] Teilherrschaften) führt zu inneren Konflikten. Auch später stellen Angehörige der Königsfamilie, darunter Söhne von Nebenfrauen des regierenden Herrschers, wiederholt dynastische Forderungen und gewinnen aufgrund des anerkannten Geblütsrechts Teile der Makedonen für sich.

432–429 v. Chr. **PERDIKKAS II.** verdrängt seine Brüder, obwohl sich PHILIPPOS mit Athen, dessen Sohn AMYNTAS (†393) sich mit dem Odrysenkönig SITALKES (†424) verbündet hat. Makedonien wird so in den Peloponnesischen Krieg gezogen, doch gelingt es PERDIKKAS durch eine geschickte Schaukelpolitik zwischen Athen und Sparta, die makedonischen Interessen zu wahren. | s. S. 183 |

423 v. Chr. PERDIKKAS II. schließt ein Bündnis mit Athen, das der Stadt das Exportprivileg auf das wichtige makedonische Bauholz garantiert.

417 v. Chr. PERDIKKAS II. geht zur Koalition von Sparta, Argos und Chalkis über, um zu verhindern, dass Athen seine Machtstellung im benachbarten Thrakien zurückgewinnt.

413–399 v. Chr. ARCHELAOS (†399), Sohn PERDIKKAS' II. aus einer früheren Ehe und Vormund über den minderjährigen Thronfolger, beseitigt seinen Schützling, heiratet die Königinwitwe und übernimmt selbst die Herrschaft. Er fördert den wirtschaftlichen Ausbau des Landes und zieht dazu griechische Handwerker ins Land. Insbesondere die Aristokratie hellenisiert sich immer stärker. Neben anderen Künstlern und Dichtern verbringt EURIPIDES die letzten Lebensjahre am Hof zu Pella, wo er in der nach seinem Gönner benannten Tragödie »Archelaos« die Anfänge des Königshauses und dessen angeblich argivische Herkunft verherrlicht. Auch nach Thessalien kann ARCHELAOS seinen Einfluss ausdehnen.

399–392 v. Chr. ARCHELAOS' Ermordung durch Verschwörer leitet eine Periode voller Wirren ein, in der Thronprätendenten rasch wechseln (ORESTES [†396], Sohn des ARCHELAOS; AEROPOS [†393]; AMYNTAS II., Sohn des PHILIPPOS), vom Nordwesten illyrische Stämme einfallen und an der makedonischen Ostflanke im Chalkidischen Bund mit seinem Vorort Olynth ein gefährlicher Gegner erwächst.

393/392–370 v. Chr. **AMYNTAS III.** (†370) schließt einen Bündnis- und Handelsvertrag mit Olynth, muss aber bald darauf vor dem Prätendenten ARGAIOS II. (†359) aus Makedonien weichen. Es gelingt ihm, mit thessalischer Hilfe zurückzukehren. Durch Tribute an die Illyrer sichert er das Land vor Einfällen.

382–379 v. Chr. AMYNTAS gelingt ein Bündnis mit Sparta gegen Olynth, das Teile Makedoniens an sich gerissen hat: Die Stadt muss sich Sparta anschließen, der Chalkidische Bund löst sich für mehrere Jahre auf.

um 375–373 v. Chr. AMYNTAS III. schließt Bündnisse mit Athen (375) und JASON, dem Tyrannen von Pherai (Thessalien) (374/73).

370–368 v. Chr. AMYNTAS' III. Nachfolger ALEXANDER II. wird nach kurzer Regierung ermordet. Neue Thronwirren geben Athen Gelegenheit einzugreifen.

365–359 v. Chr. PERDIKKAS III. (†359), Sohn AMYNTAS' III., gewinnt die Herrschaft. Ein Bündnis mit der ehemaligen athenischen Kolonie Amphipolis (360) garantiert seine Eigenständigkeit gegenüber Athen.

359 v. Chr. In einer großen Schlacht, mit der PERDIKKAS III. die Tributpflicht gegenüber den Illyrern beenden will, fällt er zusammen mit 4000 Makedonen. In dieser verzweifelten Lage übernimmt PERDIKKAS' Bruder **PHILIPP II.** (*382, †336) die Regierung. Die Illyrer besetzen Teile des westlichen Makedonien, im Norden dringen Paionen ein. Mehrere Prätendenten aus der Königsfamilie machen PHILIPP die Herrschaft streitig: PAUSANIAS sucht mit thrakischer Hilfe den Thron zu erobern, ARGAIOS II. mit athenischer.
PHILIPP II. beweist sogleich seine Fähigkeiten als

Feldherr und Politiker: Trotz der Katastrophe gelingt es ihm die Konkurrenten im Innern auszuschalten – als nächster Angehöriger des gefallenen PERDIKKAS III. hat er die größere dynastische Legitimität –, und die Paionen zu vertreiben. Mit Athen vereinbart er, Amphipolis zu erobern und es im Tausch gegen Pydna an Athen zu übergeben.

358 v. Chr. PHILIPP II. besiegt die Illyrer und gewinnt die von ihnen besetzten Gebiete zurück. Er festigt die Vorherrschaft über Obermakedonien, dessen Stammeskönigtümer in den nächsten Jahren ihre Autonomie verlieren. Die rasche Konsolidierung Makedoniens ermöglicht PHILIPPS expansive Außenpolitik der nächsten Jahre, begünstigt durch Griechenlands Schwäche, den Bundesgenossenkrieg (357–355) und den dritten Heiligen Krieg (356–346). | s. S. 192 |

357 v. Chr. Ein Bündnis mit dem molossischen König ARYBBAS sichert PHILIPP II. zusätzlich durch seine Hochzeit mit dessen Nichte OLYMPIAS (*um 376, †316). OLYMPIAS gebiert ihm den Thronfolger ALEXANDER III. (DER GROSSE; *356, †323). PHILIPP erobert Amphipolis, behält es aber vertragswidrig für sich, worauf ihm Athen den Krieg erklärt.

356 v. Chr. Durch Einnahme des mit Athen verbündeten Pydna arrondiert PHILIPP Makedonien im Süden. Er gewinnt den Chalkidischen Bund für eine Bundesgenossenschaft (Symmachie) und übergibt ihm das wenig später eroberte Poteidaia, das Mitglied des Zweiten Attischen Seebundes war. Er schlägt eine gegen ihn gerichtete illyrisch-paionisch-thrakische Koalition, die mit athenischem Beistand Makedoniens Ausgreifen jenseits des Strymon (heute Struma) – die Besetzung von Krenides – verhindern will. Die Gold- und Silberbergwerke des Pangaiongebirges mit ihrem jährlichen Ertrag von 1000 Talenten erlauben PHILIPP fortan eine reiche Münzprägung und helfen seine auswärtigen Aktionen zu finanzieren (Söldnerwerbung, Schiffsbau, Bestechungsgelder). Mit Gründung und Benennung der Stadt Philippi gibt er ein für die hellenistische Zeit folgenreiches Beispiel.

355 v. Chr. Mit der Eroberung von Methone fällt die letzte Enklave auf makedonischem Gebiet. PHILIPP hat nun freien Zugang nach Thessalien, wo die Aleuaden von Larisa bei den Kämpfen mit benachbarten Tyrannen auf makedonische Hilfe angewiesen sind.

354 v. Chr. Ein Flottenunternehmen entlang der thrakischen Küste bringt PHILIPP II. in den Besitz von Abdera und Maroneia, beides athenische Verbündete.

353 v. Chr. Der Konflikt der Phoker mit den Boiotern und Thessalern (3. Heiliger Krieg) gibt PHILIPP II. Gelegenheit, in Griechenland einzugreifen. In Thessalien erleidet er jedoch zwei Niederlagen gegen phokische Söldner.

352 v. Chr. Zum Archon (höchster Beamter) des thessalischen Koinon gewählt, kann PHILIPP II. mit 20 000 Fußsoldaten und 3000 Reitern die etwa gleichstarken Phoker auf dem Krokusfeld bei Pagasai schlagen. Die Hafenstadt Pagasai wird makedonischer Flottenstützpunkt. Als PHILIPP den Sieg ausnützen und in Phokis selbst einmarschieren will, versperren ihm athenische, spartanische und achaiische Truppen an den Thermopylen den Zugang zu Mittelgriechenland. Er zieht nach Thrakien, wo der athenische Stratege CHARES inzwischen Sestos eingenommen und einen Vertrag mit dem Thrakerkönig KERSEBLEPTES abgeschlossen hat.

351 v. Chr. PHILIPP II. nützt innerthrakische Gegensätze aus, unterstützt Byzantion und Perinthos gegen KERSEBLEPTES und zwingt ihn zu einem Vertrag. Eine Krankheit hindert PHILIPP vorläufig daran, seinen Einfluss, der schon bis zu den Meerengen (Dardanellen und Bosporus) reicht, noch weiter auszubauen.

350 v. Chr. PHILIPP II. greift in Epeiros ein, provoziert durch antimakedonische Maßnahmen des Molosserkönigs ARYBBAS. Dieser muss Landverluste hinnehmen. Sein Neffe ALEXANDER (Der Molosser; *um 370, †331), Bruder der OLYMPIAS, wird nach Pella gebracht, um dort zu ARYBBAS' Nachfolger erzogen zu werden. Wahrscheinlich findet noch im gleichen Jahr ein Feldzug gegen Paionen und Illyrer statt.

349 v. Chr. PHILIPP II. versucht, gegen den Widerstand Olynths und des Chalkidischen Bundes seinen Herrschaftsbereich auszuweiten. Eine wachsende promakedonische Partei schwächt den Widerstand in Olynth. Im Spätsommer beginnt PHILIPP den Olynthischen Krieg mit der Belagerung und Zerstörung von Stageira (Geburtsort des ARISTOTELES), worauf sich ihm andere chalkidische Städte kampflos ergeben. Olynth ersucht Athen dringend um Hilfe. DEMOSTHENES' Olynthischen Reden ist zu verdanken, dass trotz Kriegsmüdigkeit Hilfskontingente geschickt werden. Um Athen an einer zweiten Front zu binden, schürt PHILIPP auf Euboia den Kampf gegen die Anhänger Athens (Euboiischer Krieg).

348 v. Chr. Im Frühjahr erneuert PHILIPP II. den Angriff auf Olynth und erobert die Stadt trotz eines zweiten athenischen Entsatzheers. Eine dritte athenische Expedition kommt zu spät, zahlreiche Athener geraten in Gefangenschaft. Olynth wird zerstört, die Makedonengegner vertrieben, die anderen chalkidischen Städte dem Königreich eingegliedert. Im eroberten Gebiet erhalten die Hetairoi große Güter. Der Gewinn der Chalkidike, mit 4000 km^2 ist für Makedonien von höchster Bedeutung: Die Griechenstädte mit ihren alten und weitgespannten Handelsbeziehungen stärken die Wirtschaftskraft spürbar, die Hellenisierung erhält neuen Schub, das makedonische Truppenreservoir wächst beträchtlich, Makedoniens Rang als stärkste Landmacht der nördlichen Balkanhalbinsel ist gesichert. In der nördlichen Ägäis bilden fortan makedonische Schiffe eine gefährliche Konkurrenz zur attischen Flotte. Nach dem Engagement im 3. Heiligen Krieg und Euboiischen Krieg liefert der Olynthische Krieg den endgültigen Beweis, dass PHILIPP gewillt ist, seine Machtstellung auch im Kreis der griechischen Staaten geltend zu machen. Darüber hinaus richtet sich sein Interesse bereits auf Kleinasien und damit den persischen Machtbereich. An Athen sendet er Friedenssignale.

347 v. Chr. PHILIPP II. zieht erneut gegen KERSEBLEPTES, der wieder zu Athen übergeschwenkt ist, um weitere makedonische Gewinne in Thrakien zu verhindern.

346 v. Chr. Ein makedonisches Heer unter PARMENION (*um 400, †330) operiert erfolgreich gegen die Phoker und belagert das aufständische Halos Achaia in der Thessalien unterstehenden Phthiotis. Die vom Krieg erschöpften Athener beschließen, auf PHILIPPS II. Verhandlungsangebote einzugehen, und müssen große Rückschläge hinnehmen: Athen erhält weder Amphipolis zurück, noch darf es für diejenigen unter seinen Bundesgenossen sprechen, die nicht dem Seebund angehört haben. Vom endgültigen Vertrag (»Friede des Philokrates«), der eine zwölfjährige Feindseligkeit beendet, sind KERSEBLEPTES sowie Halos und Phokis ausgenommen. Gegen alle drei Gegner geht PHILIPP im gleichen Jahr vor. KERSEBLEPTES wird noch vor Abschluss der Verhandlungen in einem raschen Feldzug niedergeworfen, Halos erobert und zerstört. Phokis ist durch innere Konflikte und Geldmangel so geschwächt, dass es bei PHILIPPS Anmarsch kapituliert. Es wird aus der delphischen Amphiktyonie ausgeschlossen, und PHILIPP erhält seine beiden Stimmen zusammen mit dem Vorsitz bei den Pythischen Spielen. Damit ist der Makedonenkönig offiziell in den Kreis der griechischen Staaten aufgenommen. ISOKRATES sieht in ihm den künftigen Einiger Griechenlands und Führer im panhellenischen Rachefeldzug gegen die Perser (Philippos: Brief 2), während DEMOSTHENES zum Wortführer der – vorerst handlungsunfähigen – Makedonengegner wird.

345 v. Chr. In die Zeit der Erholung nach dem Philokratesfrieden fällt eine Reorganisation Makedoniens: Zur Sicherung der Landgewinne und der Grenze zu den Illyrern werden Bevölkerungsgruppen verpflanzt. PHILIPP schlägt die von der Adriaküste vordringenden illyrischen Ardiaier unter PLEURATOS und legt im Grenzgebiet befestigte Plätze an.

344 v. Chr. Konflikte im thessalischen Adel zwingen PHILIPP auch hier zum Eingreifen: Er wird auf Lebenszeit zum Archon des Koinon gewählt und sichert die Loyalität des Landes, dessen Einnahmen dem Archon zur Verfügung stehen, durch Einsetzung von vier ergebenen Tetrarchen.

343 v. Chr. Die Opposition in Athen verbündet sich mit antimakedonischen Kräften in Sparta. Sie wird durch Thebens Abkehr von Makedonien gestärkt und droht weitergehende makedonische Pläne an den Meerengen und in Kleinasien zu behindern. PHILIPP schickt daraufhin den Byzantier PYTHON nach Athen, um eine Neuregelung des Friedens von 346 anzubieten. Der Vorschlag einer allgemeinen griechischen Friedensordnung (*Koinè eiréne*) scheitert an der Forderung der Makedonengegner, PHILIPP solle Amphipolis, Poteidaia und andere einst athenische Plätze herausgeben (DEMOSTHENES' zweite Philippische Rede).

343/342 v. Chr. Als Reaktion greift PHILIPP II. wieder wie 349/48 in Euboia ein und unterstützt in Megara und Elis die Aristokraten gegen die athenfreundlichen Demokraten. In Epeiros vertreibt er ARYBBAS und setzt ALEXANDER DEN MOLOSSER auf den Thron. Sein weiteres Ausgreifen nach Akarnanien in Westgriechenland verhindern athenische Truppen.

342/341 v. Chr. PHILIPP II. schließt ein Bündnis mit HERMIAS (†um 341), dem Tyrannen von Atarneus. Er wendet sich wieder Thrakien zu, wo die makedonische Herrschaft neuer Sicherung bedarf, auch weil sich DEMOSTHENES um eine griechisch-persisch-thrakische Koalition bemüht (dritte Philippische Rede). Es gelingt PHILIPP, KERSEBLEPTES und dessen Verbündete zu vertreiben. Neue Festungen werden angelegt, Thrakien wird als makedonische Strategie eingerichtet: es muss den Zehnten bezahlen und Hilfstruppen stellen. Athen schließt ein Bündnis mit Byzantion und Perinthos, die sich der bedrohlichen Freundschaft PHILIPPS entziehen.

340 v. Chr. Unter seiner Führung gründet Athen den Hellenischen Bund gegen Makedonien. PHILIPP belagert Perinthos, doch als der benachbarte persische Satrap der Stadt Hilfe schickt, muss er sich zurückziehen. Darauf greift er Byzantion an und kapert eine athenische Getreideflotte. Nun erklärt ihm Athen den Krieg.

339 v. Chr. PHILIPP II. muss wegen der eintreffenden athenischen Verstärkung Byzantion aufgeben und unternimmt einen Blitzfeldzug gegen die Skythen an der unteren Donau, um sein Prestige wiederherzustellen. Eine Strafexpedition der Amphiktyonie gegen Amphissa in Lokris Ozolia wird überraschend PHILIPP übertragen, sodass er in Griechenland eine Entscheidung herbeiführen kann: Als er in Phokis einmarschiert und Elateia besetzt, verbündet sich Theben, um einem Angriff zuvorzukommen, mit Athen zur bisher stärksten Allianz gegen PHILIPP.

338 v. Chr. PHILIPP II. bricht, am Riegel der Verbündeten vorbei, nach Amphissa durch und zerstört die Stadt. Seine Friedensangebote werden ausgeschlagen.

2. Aug. In der Ebene von Chaironeia kommt es zur Entscheidungsschlacht. Auf beiden Seiten stehen je etwa 30 000 Mann: Der linke makedonische Flügel unter Kronprinz ALEXANDER schlägt die boiotischen Kerntruppen. Die Kampferfahrung der makedonischen Phalanx und der Reiterei machen PHILIPP II. zum Herrn Griechenlands. Vorbereitend zu einer umfassenden Neuordnung der griechischen Staatenwelt löst er den Boiotischen und Athenischen Bund auf. Theben wird besetzt, Athen verliert seine letzten Besitzungen auf der Chersones (Gallipoli); auf der Peloponnes bringt PHILIPP seine Anhänger an die Herrschaft. Gesandte aller griechischen Staaten werden nach Korinth gerufen. Auf Grundlage der früheren Verträge über *Koinè eiréne* errichtet er einen Friedensbund, dem nur Sparta fernbleibt (Korinthischer Bund). Der makedonische König ist Hegemon des Bundes, dessen Synedrion (Ratsversammlung) die nominell autonomen Mitglieder vertritt, zusätzlich durch eine Symmachie (Kampfbündnis) verbunden.

337 v. Chr. Der Bund erklärt Persien den Krieg und überträgt PHILIPP II. als dem »bevollmächtigten Strategen« (*Strategòs autokrátor*) die Kriegführung. Nach

Makedonien zurückgekehrt, heiratet PHILIPP KLEOPATRA (†336), die Nichte seines Generals ATTALOS (†336), und löst damit einen schweren Konflikt mit OLYMPIAS und ALEXANDER aus, die Pella verlassen.

336 v. Chr. PHILIPP II. versöhnt sich mit ALEXANDER und bestätigt ihn als Thronfolger. Eine makedonische Vorhut unter PARMENION setzt nach Kleinasien über. Bevor PHILIPP folgen kann, wird er in Aigai während der Hochzeit seiner Tochter KLEOPATRA (*355, †309) mit ALEXANDER DEM MOLOSSER ermordet. Die zweifellos politischen Hintergründe, besonders die Verwicklung seines Sohns, sind bis heute umstritten. »Ein Mann, wie ihn Europa bis dahin noch nie gesehen hat« (THEOPOMPOS), hat sein Land zur europäischen Großmacht geführt und die Grundlage geschaffen, auf der sein Sohn ALEXANDER ein Weltreich errichten kann.

Alexander der Große (336–323 v. Chr.)

Den besten Anschauungsunterricht in Politik und Strategie erhält der junge ALEXANDER bei seinem Vater PHILIPP II. Am Königshof in der makedonischen Hauptstadt Pella erlebt er, wie PHILIPP, gestützt auf die Aristokratie und ein reformiertes Heer, mit diplomatischer Raffinesse und massiver Bestechung aus Makedonien die erste Macht der Balkanhalbinsel formt.

Die Erziehung des Kronprinzen liegt zunächst in den Händen seiner Mutter OLYMPIAS, die ihm auch etwas von ihrem aufbrausenden Temperament vererbt hat. Die entscheidende geistige Ausbildung verdankt er aber dem Umgang (343–340) mit ARISTOTELES. Der Universalgelehrte weckt in ihm ein kulturelles Interesse, das die Literatur ebenso einschließt wie naturwissenschaftliche Forschungen, die er auf seinem Asienzug gezielt fördert. HOMER wird sein Lieblingsdichter, der homerische ACHILLEUS sein lebendiges Vorbild.

Während PHILIPPS Feldzug 340 gegen Byzantion führt ALEXANDER als Sechzehnjähriger die Regierung und kämpft gegen die Thraker. In der Schlacht von Chaironeia 338 hat er entscheidenden Anteil am makedonischen Sieg. Die anschließende Friedensgesandtschaft nach Athen öffnet ihm das kulturelle Zentrum Griechenlands und verschafft ihm das athenische Bürgerrecht. Der Bundesvertrag in Korinth der Griechen mit »Philipp und seinen Nachkommen«, soll nicht zuletzt ALEXANDERS Rechte sichern. Das Zerwürfnis von 337 zwischen Vater und Sohn treibt ALEXANDER zur Flucht aus Pella. PHILIPP sorgt für eine baldige Versöhnung, schon weil unsichere dynastische Verhältnisse während er intensiv zum Perserkrieg rüstet, ein hohes Risiko darstellen.

336 v. Chr. Nach der Ermordung PHILIPPS II. setzt ALEXANDER sofort seinen Thronanspruch durch und sichert sich mit der Akklamation durch die Heeresversammlung die makedonische Gefolgschaft (PARMENION und ANTIPATROS unterstützen ihn). Mögliche Konkurrenten beseitigt er, besonders AMYNTAS IV., den Sohn des 359 gefallenen PERDIKKAS III., für dessen Thronfolge sich Stimmen erheben. Um die äußere Stellung Makedoniens zu sichern, zieht er nach Thessalien, dessen Bundesversammlung ihn zum Archon wählt, und erscheint vor Theben, das seine Pläne zur Rebellion aufgibt. In Korinth übernimmt er die Hegemonie und verpflichtet sich als bevollmächtigter Stratege des Bundes (*Strategòs autokrátor*) zum Perserkrieg.

335 v. Chr. ALEXANDER bekämpft die revoltierenden Triballer im Balkangebirge und überschreitet die Donau. Verträge mit dortigen Stämmen sollen ihm während des Perserkriegs den Rücken sichern. Er vertreibt die in Westmakedonien eingefallenen Illyrer und marschiert im Herbst in einem Blitzfeldzug gegen Theben, das sich nach einem Gerücht über ALEXANDERS Tod wieder erhoben hat. Eine antimakedonische Koalition bleibt trotz DEMOSTHENES' Einsatz und Subsidien des neuen Perserkönigs DAREIOS III. (336–330) aus. Das isolierte Theben wird erobert und – nominell auf Beschluss des Korinthischen Bundes – zerstört, die Bevölkerung versklavt.

334 v. Chr. Im Frühjahr eröffnet ALEXANDER den Perserkrieg und setzt bei Abydos über den Hellespont. In seinem Heer von 35 000 Mann bilden je 1200 makedonische Hetairoi zu Pferde und 1200 thessalische Reiter sowie 12 000 Mann der makedonischen Phalanx (*Pezhetairoi*) mit ihren vier Meter langen Stoßlanzen (*Sarissen*) den Kern. Die bedeutendsten Mitglieder der makedonischen Aristokratie üben Kommandos aus (PARMENION und sein Sohn PHILOTAS [†330], KRATEROS [†321], ANTIGONOS [*382, †301], KLEITOS [†328]) oder erhalten sie im weiteren Verlauf (PERDIKKAS [†321], PTOLEMAIOS [*366, †282], ALEXANDERS engster Freund und Geliebter HEPHAISTION [*um 360, †324]). Die 7000 Hopliten (schwer bewaffnete Fußsoldaten) des Korinthischen Bundes sind zugleich ein Pfand für das Wohlverhalten Griechenlands während ALEXANDERS Abwesenheit. Der Bund stellt auch die Flotte mit 160 Schiffen. Das Heer wird von einer Kanzlei begleitet sowie einem umfangreichen Hofstaat mit Naturwissenschaftlern, Künstlern, Philosophen und Literaten, u. a. KALLISTHENES (*um 370, †um 327), Neffe des ARISTOTELES. ANTIPATROS bleibt mit starken Truppen zurück, um Makedonien zu sichern und für Nachschub zu sorgen. Die Befreiung der kleinasiatischen Griechenstädte und Rache für den Perserkrieg von 480 sind für ALEXANDER als Bundesfeldherrn die erklärten Ziele, doch das große Aufgebot verrät weiter gehende Absichten.

Mai Nach einem Besuch in Troia – auf HOMERS Spuren – schlägt ALEXANDER am Granikos das Heer der kleinasiatischen Satrapen, die sich v. a. auf griechische Söldner stützen. Der Dynast MEMNON VON RHODOS (†333) rät vergebens zur Taktik der verbrannten Erde. In der Schlacht rettet KLEITOS ALEXANDER, der seinen Sieg wie stets in vorderster Linie miterkämpft, das Leben. 300 persische Rüstungen kommen als Weihgeschenk nach Athen, die gefangenen Griechen als Verbrecher nach Makedonien zur Zwangsarbeit.

Der Sieg eröffnet den Zugang nach Kleinasien. Die

Alexanderzüge

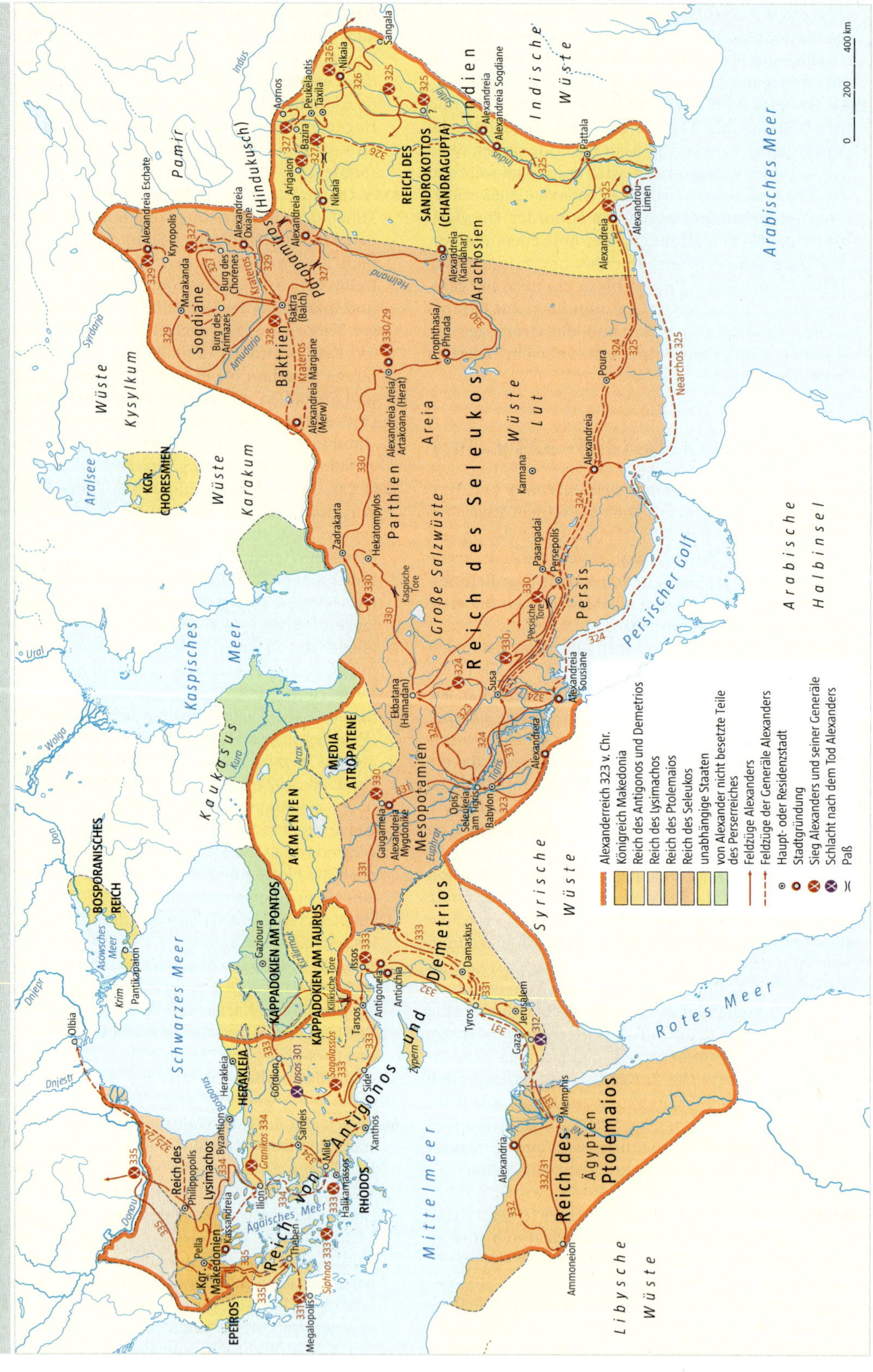

Satrapenresidenzen Daskyleion und Sardeis ergeben sich kampflos, ebenso Ephesos. Milet und Halikarnassos werden erobert. Die griechischen Städte erhalten nominell die Freiheit, müssen aber Beiträge (*Syntaxeis*) abführen. In Anlehnung an ältere Stammesbünde organisieren sie sich in politisch-religiösen *Koiná*, vermutlich unabhängig vom Korinthischen Bund; perserfreundliche Oligarchien werden durch Demokratien ersetzt. ALEXANDER überträgt ADA, Schwester MAUSOLOS' II. (†353), die Satrapie Karien und wird als Nachfolger von ihr adoptiert.

Mit Verlust der kleinasiatischen Küste fehlt der persischen Flotte, die DAREIOS III. MEMNON unterstellt hat, die Basis. MEMNON verbündet sich mit Makedonengegnern in Griechenland und bereitet eine Invasion vor. Da die Bundesflotte die knappe Kriegskasse belastet und für einen Gegenschlag zu schwach ist, wird sie von ALEXANDER entlassen. In einem Winterfeldzug unterwirft er Lykien, Pamphylien, Pisidien und Phrygien. Die persische Verwaltungsorganisation der Satrapien belässt er und stellt nur Makedonen an die Spitze. Gordion wird neuer Aufmarschort.

333 v. Chr. Da MEMNONS Gewinne in der Ägäis bedrohlich werden, lässt ALEXANDER wieder eine Flotte ausrüsten. Doch MEMNONS Tod bei der Belagerung von Mytilene beendet den persischen Versuch, eine zweite Front aufzubauen. DAREIOS III. hat inzwischen ein riesiges Heer aufgeboten und zieht vom Euphrat gegen Kleinasien. In Eilmärschen ziehen die Makedonen über das Taurosgebirge zur kilikischen Küstenebene. Nach einem Bad im kalten Kydnos liegt ALEXANDER zwei Monate krank in Tyros. PARMENION schickt er zur Sicherung der syrischen Gebirgspässe voraus und stößt noch rechtzeitig zu ihm, während DAREIOS mit seinem Heer die Küste entlang nach Issos vorrückt.

Nov. **Schlacht bei Issos**, in der die griechischen Söldner des DAREIOS gegen die makedonische Phalanx standhalten und erst ALEXANDERS Reiterattacke auf DAREIOS die Entscheidung bringt. Der Großkönig flieht, sein Lager mit der Königsfamilie wird erobert. Kleinasien ist endgültig verloren, Syrien und Ägypten liegen offen. PARMENION nimmt Damaskus, und der dort lagernde persische Kriegsschatz von 2600 Talenten beseitigt alle finanziellen Nöte. Ein vages Friedensangebot des DAREIOS lehnt ALEXANDER ab. Er marschiert die phönikische Küste entlang, wo sich Arados, Byblos und Sidon, die bisher einen wesentlichen Teil der persischen Flotte gestellt haben, ergeben.

332 v. Chr. Tyros, das sich neutral erklärt, wird nach neunmonatiger Belagerung erobert. Zypern unterwirft sich freiwillig. Ein Angebot des DAREIOS, alles Land bis zum Euphrat abzutreten, wird von ALEXANDER gegen PARMENIONS Rat verworfen. Damit bekennt er sich erstmals klar zu dem Ziel, die Herrschaft über ganz Persien zu gewinnen. Die Festung Gaza wird nach zweimonatiger Belagerung bezwungen. Der Marsch nach Ägypten ist angesichts neuer persischer Rüstungen unnötig riskant. ALEXANDER wird begeistert empfangen und übernimmt die Nachfolge der Pharaonen. Die Gründung Alexandreias zeigt wirtschaftlichen Weitblick: Die Stadt entwickelt sich rasch zu einem der größten Handelszentren des Mittelmeers. Beim Zug zum Heiligtum des Zeus-Ammon in der Oase Siwa, wo ihn der Priester als Sohn des Ammon begrüßt, wird seine neue Selbstauffassung deutlich: Zum machtpolitischen Anspruch auf Nachfolge der Achaimeniden und Pharaonen kommt die Vorstellung des Gottkönigtums. Es provoziert erstmals Spannungen im Heer, das um die traditionelle makedonische Königsherrschaft fürchtet.

Das nordafrikanische Kyrene unterwirft sich.

331 v. Chr. In Griechenland gelingt es ANTIPATROS, eine von AGIS III. von Sparta geführte Koalition (Elis, Arkadien, Achaia) bei Megalopolis zu schlagen. AGIS fällt, Sparta tritt dem Korinthischen Bund bei.

DAREIOS III. führt aus den östlichen Satrapien ein neues Heer nach Gaugamela (Arbela) am oberen Tigris, wo er in der für seine Streitwagen und Reiter günstigen Ebene den makedonischen Vormarsch erwartet.

1. Okt. Die Entscheidungsschlacht entscheidet wieder der von ALEXANDER selbst geführte Reiterangriff: DAREIOS flieht erneut. ALEXANDER wird nach der Schlacht zum »König von Asien« ausgerufen. Die Satrapen von Babylon und Susa kapitulieren und bleiben im Amt. ALEXANDER beginnt mit der Ausmünzung des persischen Kronschatzes in Susa (50000 Talente; Schatzmeister ist sein Freund HARPALOS [†324]). Die von XERXES I. 480 verschleppten Statuen der Tyrannenmörder HARMODIOS (†514) und ARISTOGEITON (†514) kehren nach Athen zurück.

330 v. Chr. Die Makedonen erkämpfen gegen Bergstämme den Zugang zur Persis. Die Königsstadt Persepolis wird als Fanal für das Ende der Achaimenidenherrschaft eingeäschert. DAREIOS III. stellt in Medien ein letztes Aufgebot zusammen, verliert aber die Führung an den Satrapen BESSOS (†329), der zunächst in seine Satrapie Baktrien ausweicht. In Ekbatana (Hamadan) entlässt ALEXANDER die griechischen Kontingente in die Heimat, da der Rachefeldzug im Namen des Korinthischen Bundes beendet ist. In einem Gewaltritt verfolgt er DAREIOS, der kurz vor seiner Ankunft von BESSOS bei Hekatompylos ermordet wird. Mit einem ehrenvollen Begräbnis in den Königsgräbern von Persepolis legitimiert sich ALEXANDER als sein Nachfolger. Den Erwartungen der Makedonen auf das Ende des Krieges, tritt er entgegen. Die Einführung des persischen Hofzeremoniells (Proskynese = Verehrung des Herrschers durch Handkuss) und das Anlegen der persischen Königstracht ruft bei der Phalanx und einigen Adligen Opposition hervor, die ALEXANDER mit dem Todesurteil gegen PHILOTAS wegen angeblichen Hochverrats und dem Mordbefehl gegen dessen Vater PARMENION in Ekbatana einschüchtert.

Hyrkanien, Areia (Gründung von Alexandreia [Herat]), Drangiane und Arachosien (Gründung von Alexandreia [Kandahar]) werden, teilweise nach hartem Widerstand, unterworfen.

329/328 v. Chr. ALEXANDER dringt über den Hindukusch

nach Baktrien vor, wo ihm BESSOS ausgeliefert und von einem persischen Gericht als Hochverräter zum Tode verurteilt wird.

Die sogdischen Bergfesten werden in mühseligem Kampf erobert. ALEXANDER führt einen Präventivangriff über den Jaxartes (Syrdarja), Persiens Nordgrenze gegen die skythischen Steppenvölker, und gründet Alexandreia Escháte (Chodschent). Gegen den in seinem Rücken ausbrechenden Aufstand unter SPITAMENES (†328) muss er Baktrien und Sogdien in fast zweijährigen verlustreichen Gebirgskämpfen zurückerobern. Dazu gliedert ALEXANDER das geschwächte Heer in kleinere unabhängige Einheiten, die durch persische Abteilungen ergänzt werden. Aus Makedonien und Griechenland trifft dringend benötigte Verstärkung ein.

Bei einem Gastmahl in Marakanda (Samarkand) ersticht ALEXANDER im Jähzorn seinen Gefährten KLEITOS, der ihm Verrat an der makedonischen Tradition vorgeworfen hat.

327 v. Chr. Liebe und Politik der Versöhnung verbindet ALEXANDER bei der Heirat ROXANES (*347, †310), der Tochter des sogdischen Adligen OXYARTES, die ihn fortan als seine rechtmäßige Gemahlin begleitet.

Eine Verschwörung wird entdeckt, die Beteiligten, darunter auch der Geschichtsschreiber KALLISTHENES, der die Proskynese abgelehnt hat, hingerichtet.

Mit 50 000 Mann (z. T. aus nationalen Verbänden der eroberten Völker) bricht ALEXANDER nach dem ehemals persischen Indien auf, um es zurückzugewinnen. TAXILES, Fürst von Taxila (zwischen Indus und Hydaspes), unterwirft sich. PERDIKKAS und HEPHAISTION ziehen über den Khaiberpass und sichern den Indusübergang, während ALEXANDER zur Rückendeckung das Gebirgsland von Nordpakistan bezwingt.

326 v. Chr. TAXILES wird in seiner Herrschaft bestätigt. POROS (†317), der mächtigste König des Punjab, lehnt eine Unterwerfung ab und wird am Hydaspes (Jhelum) trotz eines großen Aufgebots (Elefantenkämpfer) geschlagen. Sein Königtum wird ihm belassen. Beim Weitermarsch nach Osten sind die Soldaten durch Kämpfe und ungewohntes Klima (Monsunregen) so erschöpft, dass sie ALEXANDER am Hyphasis (Beas) die Heeresfolge verweigern und ihn zur Umkehr zwingen. In einem kombinierten Land- und Flottenzug mit neu gebauten Schiffen stößt ALEXANDER den Hydaspes hinab. Beim Sturm auf eine Stadt wird er schwer verwundet.

325 v. Chr. Bei der Einfahrt in den Indus wird ein weiteres Alexandreia gegründet. Kämpfe mit anliegenden Stämmen unterbrechen immer wieder den Zug. Vom Indusdelta aus zieht ALEXANDER mit einem ausgesuchten Teil des Heers durch Gedrosien westwärts. Das Gros mit den Verwundeten führt KRATEROS durch Arachosien zurück, die Flotte fährt unter NEARCHOS (*um 360, †nach 312) die Küste entlang. Nach seinem katastrophalen, oft als Rache am Heer gedeuteten Wüstenmarsch vereinigt sich ALEXANDER mit KRATEROS in Karmanien (Süden des heutigen Iran).

324 v. Chr. ALEXANDER setzt alle Satrapen ab, die sich während seiner Abwesenheit zu selbstständig gemacht haben. Sein Schatzmeister HARPALOS flieht vor einem Strafgericht nach Athen. In Susa nimmt ALEXANDER STATEIRA (†323), Tochter DAREIOS' III., neben ROXANE zur Frau und verheiratet in einer Massenhochzeit makedonische Adlige mit vornehmen Perserinnen, um zunächst innerhalb der Führungsschicht eine Integration zu beginnen. In gleicher Absicht bildet er aus jungen Persern Heeresformationen nach makedonischer Art.

Die Empörung des makedonischen Fußvolks über diese Entwicklung entlädt sich in Opis, als ALEXANDER 10 000 Veteranen unter KRATEROS in die Heimat verabschiedet. Er verspricht, die Eigenständigkeit des makedonischen Königtums und den Vorrang der Makedonen zu erhalten. Bei den Olympischen Spielen lässt er die Rückkehr aller Verbannten verkünden, um die Unzufriedenheit in Griechenland, v. a. in Athen und Aitolien, zu mindern.

Der Tod HEPHAISTIONS erschüttert ALEXANDER, welcher den Geliebten als Heros verehren lässt.

323 v. Chr. In Babylon trifft ALEXANDER Vorbereitungen zu einer Umsegelung Arabiens. Auch das westliche Mittelmeer bezieht er in seine Pläne ein, doch erkrankt er überraschend und stirbt am 10. Juni.

Das Weltreich Alexanders des Großen

Das »Alexanderreich« ist bei ALEXANDERS Tod ein Konglomerat aus einzelnen Herrschaften unterschiedlichster Natur, die er in seiner Hand vereinigt hat: die makedonische Basileia, das persische Großkönigtum, die Nachfolge der Pharaonen und die Hegemonie über Griechenland. Dazu kommen zahlreiche Einzelbündnisse mit kleinen Staaten und Städten. Mit der Aufgabe, die verschiedenen Teile zu verbinden und seine Stellung weiter zu konsolidieren, steht ALEXANDER erst am Anfang. Dass er sie wahrnimmt, macht am frühesten die Vereinigung persischer und makedonischer Elemente in Königstracht und Hofzeremoniell sinnfällig. Nach der Rückkehr aus dem Osten folgen erste Schritte zur Verschmelzung der Untertanen. Schon während der Feldzüge nimmt er immer mehr Perser in die Armee auf. Übergreifende wirtschaftliche Maßnahmen sind im Sinne einer künftigen »Reichswirtschaft« zu deuten: Von den etwa 35 neu gegründeten Städten haben viele nicht nur strategische Bedeutung, sondern liegen an Handelsstraßen; NEARCHOS' Expedition von der Indus- zur Euphratmündung und die geplante Umsegelung Arabiens sollen zugleich Handelswege erkunden; der Umlauf der bisher gehorteten persischen Königsschätze belebt die Wirtschaft und schafft eine Europa und den Orient verbindende Währung. ALEXANDERS Eroberungswerk öffnet auch – den Hellenismus fördernd – einem neuen Strom griechischer Kultur den Weg nach Osten, der ältere Ansätze verstärkt; doch ist hier die Grenze zwischen Absicht und natürlicher Folge schwer zu ziehen. Ungewiss ist auch, ob der persische Weltreichsgedanke auf ALEXANDERS Reichspolitik einwirkt und ob er im Herrscherkult ein einigendes Band für alle Untertanen gesehen hat.

Die Diadochenkriege (323–281 v. Chr.)

Alexanders Eroberungswerk hebt den historischen Konflikt zwischen Griechenland und Persien, Europa und Asien auf. Es fehlt jedoch ein starker Nachfolger für die noch ungefestigte, ganz auf Alexanders Person zugeschnittene Gesamtherrschaft. Dadurch bricht mit der Verwaltungsteilung in Babylon wieder der alte Gegensatz auf, nur treten sich jetzt auf beiden Seiten Makedonen gegenüber. Ausgangspunkt der folgenden Kämpfe sind die verschiedenen Auffassungen, welche die Verwalter des alexandrinischen Erbes, die Diadochen (= Nachfolger), über dessen Zukunft haben: Die Anhänger des makedonischen Königshauses treten für die Reichseinheit zumindest unter nomineller Herrschaft eines Angehörigen der Königsfamilie ein. Ihre Vertreter sind Antipatros, Polyperchon (*394, †um 303) und Eumenes (*362/61, †316). Eine eigene Alleinherrschaft über das Gesamtreich erstrebt Perdikkas, dann Antigonos Monophthalmos (der Einäugige; *382, †301).

Ein Teil der Diadochen will von Anfang nur für sich die Macht über ein begrenztes Gebiet sichern, ausgehend von den Satrapien, die in Babylon 323 und in Triparadeisos 320 verteilt werden, v. a. Ptolemaios, Lysimachos (*361, †281), Seleukos (*um 358, †281), später Kassandros (*um 350, †297). Die drei unvereinbarten Fraktionen entscheiden über die Fronten in den politischen und kriegerischen Konflikten von 323–301. Als Verbündete umwerben die Diadochen eifrig die griechischen Staaten des Mutterlandes und Kleinasiens sowie weitere staatliche Sondergebiete im Reich.

323 v. Chr. Alexander stirbt, ohne die Nachfolge geregelt zu haben. Da seine schwangere Ehefrau Roxane noch keinen Erben geboren hat und der einzige männliche Überlebende der makedonischen Königsfamilie, Alexanders Halbbruder Philipp Arrhidaios (*352, †317), geisteskrank ist, fällt die Entscheidung den in Babylon anwesenden makedonischen Generälen und Truppen zu. Die Perser sind ausgeschlossen, Alexanders Verschmelzungspläne werden nicht fortgeführt. Die Reichsordnung von Babylon ist ein machtpolitischer Kompromiss: Die makedonische Phalanx setzt aus Verbundenheit zur Dynastie durch, dass Philipp Arrhidaios zum König ausgerufen wird. Als Roxane einen Sohn gebiert, wird er als Alexander IV. (†310) zum Mitherrscher erhoben. Die Verwaltung Asiens mit der Aufsicht über die Satrapen übernimmt Perdikkas, der schon seit Hephaistions Tod die Chiliarchie, eine Art Reichsverweserschaft, innehat. Antipatros bleibt Stratege von Europa, Krateros, der sich mit 10 000 Veteranen in Kilikien befindet, wird *prostates*, Verweser des makedonischen Königtums, wohl als Gegengewicht zu Perdikkas. Die von Perdikkas durchgeführte Satrapienverteilung belässt Antigonos Großphrygien, Lykien und Pamphylien. Eumenes, Alexanders Kanzleivorsteher und der einzige Grieche unter den Diadochen, erhält Kappadokien und Paphlagonien, Lysimachos Thrakien und Ptolemaios Ägypten.
Unter Athens Führung will eine Koalition griechischer Staaten Makedoniens Herrschaft abschütteln. Antipatros wird von Leosthenes (†322) in Lamia eingeschlossen (Lamischer Krieg).

322 v. Chr. Leosthenes fällt vor Lamia. Leonnatos (*um 360, †322), Satrap des hellespontischen Phrygien, kommt Antipatros zu Hilfe, wird aber von Lamia abgezogenen Griechen in Thessalien geschlagen. Antipatros flieht nach Makedonien, wohin nun auch Krateros zieht. Ihnen folgt Antigonos, da Perdikkas den Titel des Prostates beansprucht.
Die griechische Flotte unterliegt der makedonischen bei Amorgos (Kykladen). Antipatros und Krateros schlagen die verbündeten Griechen bei Krannon in Thessalien. Athen kapituliert, harte Friedensbedingungen sichern den makedonischen Einfluss.

321 v. Chr. Ptolemaios bemächtigt sich der Leiche Alexanders, die nach der Oase Siwa überführt werden soll, und bestattet sie in Memphis.

321/320 v. Chr. Antipatros, Krateros, Antigonos und Ptolemaios vereinbaren eine *Koinopragía* (persönliche Zusammenarbeit) gegen den nach Alleinherrschaft strebenden Perdikkas, zu dem sich Eumenes schlägt (**1. Diadochenkrieg**).
Perdikkas' Vormarsch gegen Ptolemaios bleibt stecken, er wird von Peithon (*um 355, †um 314) und Seleukos ermordet; Krateros fällt gegen Eumenes.

320 v. Chr. Im syrischen Triparadeisos stellt Antipatros eine neue Reichsordnung auf: Er übernimmt die Reichsverweserschaft (*epimeleia*), die er fortan von Makedonien aus im Namen der bei ihm befindlichen Könige ausübt. Antigonos und sein Stellvertreter Kassandros, Antipatros' Sohn, bleiben als Führer des Reichsheers in Asien, um den Reichskrieg gegen den geächteten Eumenes zu führen. Seleukos erhält die Satrapie Babylon. Antigonos strebt nach der Herrschaft über Asien und überwirft sich mit Kassandros. Er schlägt Eumenes in Kappadokien und schließt ihn in der Festung Nora ein.

319 v. Chr. Antipatros stirbt, nachdem er vorher Polyperchon, einen alten General Alexanders, zum Nachfolger, Kassandros als Chiliarchen zu dessen Stellvertreter ernannt hat.

319–316 v. Chr. Antigonos und Kassandros, der nach der Herrschaft über Makedonien strebt, erkennen Polyperchon nicht an. Sie verbünden sich und suchen in Kleinasien und Griechenland die Städte für sich zu gewinnen. Dagegen verkündet Polyperchon im Namen von Philipp III. Arrhidaios feierlich die Freiheit aller Griechenstädte und zieht aus Griechenland die makedonischen Besatzungen ab. Er ernennt, von der Königinmutter Olympias unterstützt, Eumenes zum Strategen von Asien und überträgt ihm den Krieg gegen Antigonos (**2. Diadochenkrieg**).

318 v. Chr. Eumenes verliert Kleinasien und Syrien an Antigonos, zu dem Seleukos und Ptolemaios halten.
In Athen wird Phokion (*um 402) von den wieder erstarkten Demokraten hingerichtet.
Kassandros besetzt den Piräus. Polyperchon stürzt

auf der Peloponnes die von ANTIPATROS eingerichteten und KASSANDROS unterstützenden Oligarchien, aber seine Flotte wird von ANTIGONOS bei Byzantion vernichtend geschlagen.

317 v. Chr. Athen ergibt sich KASSANDROS, der DEMETRIOS VON PHALERON (†um 280) als *Prostates* (317–307) einsetzt. EURYDIKE, Gemahlin des PHILIPP III. ARRHIDAIOS, setzt in dessen Namen POLYPERCHON ab und überträgt KASSANDROS die Reichsverweserschaft, ANTIGONOS die Strategie von Asien.

OLYMPIAS und POLYPERCHON fallen in Makedonien ein, nehmen das Königspaar gefangen und lassen es mit zahlreichen Adligen hinrichten. Daraufhin belagert KASSANDROS OLYMPIAS in Pydna.

316 v. Chr. KASSANDROS erobert Pydna, lässt OLYMPIAS hinrichten und hält ROXANE und ALEXANDER IV. in Gewahrsam.

ANTIGONOS besiegt und tötet EUMENES in Gabiene und nimmt dessen Landsmann HIERONYMOS VON KARDIA (*um 360, †nach 272), den späteren Historiker der Diadochenzeit, in seine Dienste. Durch eine Umverteilung der Satrapien – unter Absetzung des SELEUKOS – verstärkt er seine Stellung im Osten, wo er von Einheimischen als König von Asien begrüßt wird.

315 v. Chr. KASSANDROS, LYSIMACHOS und PTOLEMAIOS, zu dem SELEUKOS geflohen ist, schließen statt einer *Koinopragía* eine Symmachie, ein zwischenstaatliches Bündnis, gegen ANTIGONOS, womit sie die Einheit des Alexanderreichs negieren

315–311 v. Chr. **3. Diadochenkrieg**: ANTIGONOS ernennt POLYPERCHON zum Strategen der Peloponnes und verkündet, um die gegnerische Koalition zu treffen, die Freiheit aller Hellenen. PTOLEMAIOS benutzt ebenfalls die Freiheitsparole, um die Griechenstädte zu gewinnen.

KASSANDROS gründet Thessalonike und Kassandreia und baut Theben (von ALEXANDER zerstört) wieder auf.

ANTIGONOS baut eine Flotte, gründet das Koinón der Nesioten (Bund der Inselbewohner) und tritt in Kleinasien, der Ägäis, auf Zypern und Griechenland den Verbündeten mit kleineren Erfolgen entgegen. Dort kämpfen die Aitoler für ANTIGONOS gegen die mit KASSANDROS verbündeten Akarnanen. POLYPERCHONS Sohn ALEXANDER (†314) geht zu KASSANDROS über und erhält dafür die Strategie der Peloponnes.

312 v. Chr. Gegen PTOLEMAIOS' Vorstoß nach Syrien schickt ANTIGONOS seinen Sohn DEMETRIOS (*um 336, †283), der bei Gaza geschlagen wird. PTOLEMAIOS besetzt fast ganz Syrien, sein Verbündeter SELEUKOS gewinnt seine Satrapie Babylon wieder und legt so den Grundstein zur Herrschaft der Seleukidendynastie, die ihre Ära von diesem Zeitpunkt an datiert. Er schlägt ANTIGONOS' Strategen NIKANOR (†310); Susiane, Medien und die Persis fallen ihm zu. Vor einem vereinigten Angriff von ANTIGONOS und DEMETRIOS zieht sich PTOLEMAIOS nach Ägypten zurück. Syrien fällt bis auf die Nabatäer im Süden an ANTIGONOS.

311 v. Chr. Die Pattsituation führt zu einer vom Status quo ausgehenden Verständigung: ANTIGONOS wird Stratege Asiens, KASSANDROS Stratege Europas (formal nur bis zur Volljährigkeit ALEXANDERS IV.), LYSIMACHOS und PTOLEMAIOS werden im Besitz ihrer Territorien bestätigt. Alle Vertragspartner bekennen sich zur Freiheit und Autonomie der Griechen. DEMETRIOS VON PHALERON versucht vergebens, vor Abschluss des Friedens SELEUKOS aus Babylon zu vertreiben. Die Vertragspartner treten offen wie souveräne Mächte auf. Aus der Abwehr gegen Konkurrenten können sie für sich das Recht des »speererworbenen Landes« (*chóra doríktetos*) auf ihre Territorien beanspruchen. Der Friedensvertrag unterbricht nur kurz ihr Bestreben, den eigenen Machtbereich auf Kosten des Nachbarn zu erweitern und zu konsolidieren.

310 v. Chr. KASSANDROS lässt den zwölfjährigen ALEXANDER IV. und seine Mutter ROXANE ermorden und beseitigt mit der direkten Linie ALEXANDERS DES GROSSEN die letzte formale Hürde auf dem Weg der Diadochen zur Souveränität.

PTOLEMAIOS zwingt NIKOKLES, König von Paphos auf Zypern, wegen Konspiration mit ANTIGONOS zum Selbstmord.

309 v. Chr. POLYPERCHON hofft, mithilfe eines illegitimen Sohnes ALEXANDERS DES GROSSEN, HERAKLES (*327), die Makedonen für sich zu gewinnen. KASSANDROS hält die Absicht für so bedrohlich, dass er einer Machtteilung zustimmt. POLYPERCHON erhält die Strategie der Peloponnes und lässt im Gegenzug seinen Schützling erdrosseln.

308 v. Chr. Ein als Befreiungsfahrt ausgegebener Vorstoß des PTOLEMAIOS nach Griechenland endet mit der Besetzung Sikyons und Korinths. KASSANDROS, mit dem er einen Freundschaftsvertrag schließt, erhält Megara. Ein Verteidigungsbündnis mit DEMETRIOS zur weiteren Befreiung griechischer Städte ist kurzlebig.

In legitimistischer Absicht gründet LYSIMACHOS auf der thrakischen Chersones (Gallipoli) seine Hauptstadt Lysimacheia, SELEUKOS Seleukeia am Tigris. Die Anfänge von Antigoneia am Orontes fallen möglicherweise in die gleiche Zeit. ANTIGONOS kämpft gegen SELEUKOS, der von den Einheimischen zum König von Babylon ausgerufen worden ist.

307 v. Chr. DEMETRIOS überrumpelt mit einer großen Flotte Piräus, gewinnt Athen und Megara, vertreibt die makedonische Besatzung, verbannt DEMETRIOS VON PHALERON und stellt die attische Demokratie wiederher. Der Philosoph THEOPHRAST (†um 287), Schüler und Nachfolger des ARISTOTELES, verlässt vorläufig die Stadt. Die Athener überschütten ANTIGONOS und DEMETRIOS mit maßlosen Schmeicheleien und verehren sie als »rettende Götter«.

306 v. Chr. ANTIGONOS rüstet gegen PTOLEMAIOS. DEMETRIOS belagert dessen Bruder MENELAOS (†nach 284) in Salamis auf Zypern mit neuartigen Belagerungsmaschinen, die ihm den Beinamen *Poliorkétes* (Städteeroberer) einbringen. Vor Salamis vernichten seine modernen Großkampfschiffe die Flotte des PTOLEMAIOS. Daraufhin nehmen ANTIGONOS und DEMETRIOS den Königstitel an. Ihre Invasion in Ägypten zu Wasser und zu Land wehrt PTOLEMAIOS durch eine geschickte Defensivtaktik im Nildelta ab.

305 v. Chr. Auch PTOLEMAIOS, KASSANDROS, LYSIMACHOS und SELEUKOS nehmen den Königstitel an und vollenden so die Auflösung des Alexanderreichs.
DEMETRIOS belagert Rhodos, das sich als wichtige Handels- und Marinemacht wohlwollend neutral gegenüber PTOLEMAIOS verhält.
SELEUKOS unterwirft Baktrien, andere östliche Satrapien muss er SANDROKOTTOS (CANDRAGUPTA) überlassen, der zwischen Indus und Ganges das Maurya-Reich begründet hat. | s. S. 148 |

304 v. Chr. DEMETRIOS schließt mit den Rhodiern einen Vergleich, um freie Hand in Griechenland zu erhalten, wo KASSANDROS das 307 verlorene Athen in seine Gewalt zu bringen sucht. DEMETRIOS treibt ihn zurück, gewinnt die Boioter und rüstet sich, um KASSANDROS und POLYPERCHON ganz aus Griechenland und möglichst auch aus Makedonien zu verdrängen.

303 v. Chr. DEMETRIOS vertreibt die Besatzungen des PTOLEMAIOS aus Sikyon und Korinth und erobert mit seinen Belagerungsmaschinen die meisten Städte in Achaia und Arkadien. Elis tritt zu ihm über, der junge König PYRRHOS (*318, †272) von Epeiros verbündet sich mit ihm.

302 v. Chr. DEMETRIOS erneuert den Korinthischen Bund, zu dem alle griechischen Staaten bis auf Sparta, Messenien und Thessalien Vertreter schicken. ANTIGONOS und DEMETRIOS übernehmen gemeinsam die Hegemonie und vereinbaren mit den Mitgliedern einen gemeingriechischen Frieden (*Koinè eiréne*) und eine Symmachie (Bündnis) gegen KASSANDROS. Dieser verbündet sich mit PTOLEMAIOS, LYSIMACHOS und SELEUKOS, um gegen ANTIGONOS vorzugehen (**4. Diadochenkrieg**). DEMETRIOS muss Griechenland aufgeben, um seinem Vater zu helfen, der fast ganz Kleinasien bis zum Taurus an LYSIMACHOS verliert.

301 v. Chr. ANTIGONOS kann nicht verhindern, dass sich LYSIMACHOS in Kappadokien mit SELEUKOS, der 500 indische Elefanten heranführt, vereinigt, und PTOLEMAIOS Koilesyrien erobert. Dieser zieht sich aber wegen des falschen Gerüchts vom Sieg des ANTIGONOS zurück. Bei Ipsos in Phrygien siegen die Verbündeten, ANTIGONOS fällt, DEMETRIOS flieht mit wenigen Truppen. Die Herrschaft der Antigoniden wird aufgeteilt: LYSIMACHOS erhält Kleinasien bis zum Taurus, SELEUKOS Syrien ohne Koilesyrien, auf dessen Besitz PTOLEMAIOS beharrt, KASSANDROS' Bruder PLEISTARCHOS (†nach 292) fällt eine Herrschaft in Kilikien zu.

Für die Zeit von 301 bis 220 sind die Daten wegen der schlechten Quellenlage relativ unsicher. Die vier Diadochenreiche scheinen nach Ipsos in einem Gleichgewicht zu sein, das Ruhe für die Zukunft verspricht, doch die kollidierenden Interessen führen bald zu neuen Verwicklungen. Der größte Unruhefaktor ist zunächst DEMETRIOS, dem vom Reich seines Vaters einige kleinasiatische Küstenstädte und Inseln, Tyros, Sidon und Zypern, in Griechenland Megara, Korinth und Chalkis verblieben sind, dazu die stärkste Flotte.

300 v. Chr. Der Korinthische Bund löst sich auf. Athen weigert sich, DEMETRIOS aufzunehmen, der PYRRHOS zu seinem Stellvertreter in Griechenland macht und Plünderungszüge an der thrakischen Küste in LYSIMACHOS' Gebiet unternimmt.
Gegen SELEUKOS, der die Einnahme Koilesyriens vorläufig zurückstellt, nähert sich PTOLEMAIOS stärker LYSIMACHOS und KASSANDROS an.

299 v. Chr. Als Reaktion verbündet sich SELEUKOS mit DEMETRIOS und heiratet dessen Tochter STRATONIKE (†nach 268). Er gründet Antiocheia am Orontes.
DEMETRIOS vertreibt PLEISTARCHOS aus Kilikien. Nach erneuter Entfremdung von SELEUKOS bemüht er sich um PTOLEMAIOS und sendet PYRRHOS als Geisel nach Ägypten.

297 v. Chr. KASSANDROS' Tod eröffnet DEMETRIOS neue Aussichten auf den makedonischen Thron.
PYRRHOS kehrt mit PTOLEMAIOS' Hilfe nach Epeiros zurück, wo er zunächst eine Samtherrschaft mit NEOPTOLEMOS (†295) ausübt und bald in Konkurrenz zu DEMETRIOS nach dem Westen Makedoniens greift.

296/295 v. Chr. DEMETRIOS belagert Messene und gewinnt mehrere Städte auf der Peloponnes zurück. Seine Flotte erobert Aigina und Salamis, das Landheer Eleusis und Rhamnus. Piräus und Athen, von Tyrann LACHARES (†278) verteidigt, werden eingeschlossen, die Getreidezufuhr blockiert. Ein Entlastungsangriff des PTOLEMAIOS scheitert, führt jedoch zur Eroberung Zyperns.

294 v. Chr. Athen ergibt sich und die Demokratie wird erneuert. DEMETRIOS marschiert gegen Sparta, schlägt die Spartaner in zwei Feldschlachten, greift die Stadt aber nicht an, sondern folgt dem Hilferuf von KASSANDROS' Sohn ALEXANDER V. im Thronstreit mit seinem Bruder ANTIPATROS II. (†279), der sich an LYSIMACHOS gewandt hat. Inzwischen haben die anderen Diadochen DEMETRIOS' asiatische Besitzungen an sich gerissen. DEMETRIOS lässt ALEXANDER ermorden und wird von der makedonischen Heeresversammlung zum König ausgerufen. Seine Absicht, die Herrschaft ALEXANDERS DES GROSSEN über Griechenland und Asien zu erneuern, vereinigt die anderen Diadochen gegen ihn.

293 v. Chr. DEMETRIOS gewinnt Thessalien, wird zum Archon des Thessalischen Bundes gewählt und gründet am Golf von Volos bei Pagasai seine Hauptstadt Demetrias. Er bezwingt Theben und setzt den Historiker HIERONYMOS VON KARDIA (*um 360, †nach 272) als Statthalter ein.

292/291 LYSIMACHOS gerät bei einem Feldzug jenseits der Donau kurz in die Gefangenschaft des Getenkönigs DROMOCHAITES, der ihn freilässt, um einen Helfer gegen den gefährlicheren DEMETRIOS zu gewinnen. Dieser fällt in Thrakien ein, muss aber das aufständische Theben, das sich mit dem Aitolischen Bund und PYRRHOS verbündet hat, erneut erobern.

291/290 v. Chr. DEMETRIOS heiratet LANASSA, Tochter des Tyrannen von Syrakus AGATHOKLES (*360, †289), die ihren Gemahl PYRRHOS verlassen hat. Er gewinnt dadurch Korkyra und schließt mit AGATHOKLES ein

Bündnis. PTOLEMAIOS eignet sich (291–287) die DEMETRIOS noch verbliebenen Inseln der Ägäis an.

289 v. Chr. Nach einer Militäraktion in Aitolien verwüstet DEMETRIOS Epeiros. PYRRHOS verheert inzwischen Makedonien. DEMETRIOS treibt ihn zwar zurück, aber sein Ansehen ist nach den dauernden Kriegen so sehr gesunken, dass er mit PYRRHOS Frieden schließt, um sich auf eine Rückeroberung Asiens vorzubereiten.

288–286 v. Chr. Beunruhigt durch DEMETRIOS' Flottenbau schließen LYSIMACHOS, SELEUKOS und PTOLEMAIOS ein Bündnis, für das sie auch PYRRHOS gewinnen (**5. Diadochenkrieg**). PTOLEMAIOS verschafft sich das Protektorat über den Nesiotenbund und erscheint mit einer Flotte im Saronischen Golf. PYRRHOS und LYSIMACHOS fallen von zwei Seiten in Makedonien ein und teilen es unter sich auf. DEMETRIOS flieht nach Griechenland, wo zunächst Athen, dann auch seine Armee von ihm abfällt. PYRRHOS erlaubt gegen Anerkennung seiner Nachfolge in Makedonien DEMETRIOS' Abfahrt nach Kleinasien mit 11 000 Mann. Als Statthalter seines Restbesitzes in Griechenland lässt DEMETRIOS seinen Sohn ANTIGONOS (II.) GONATAS (*um 319, †239) zurück.

286/285 v. Chr. Mehrere kleinasiatische Städte gehen von LYSIMACHOS zu DEMETRIOS über, ehe er in das SELEUKOS gehörige Kilikien abgedrängt wird. Krankheit und Desertionen zwingen DEMETRIOS schließlich zur Kapitulation. SELEUKOS interniert ihn in Apameia am Orontes, wo DEMETRIOS 283 stirbt. In Griechenland kann ANTIGONOS die »Fesseln Griechenlands« Chalkis, Demetrias und Korinth sowie die Peloponnes gegen PYRRHOS halten, der Thessalien besetzt.

285/284 v. Chr. LYSIMACHOS verbündet sich mit Athen und den Aitolern und vertreibt PYRRHOS aus Makedonien. Der Anschluss von Thessalien und Paionien macht ihn kurzzeitig zum mächtigsten Diadochen.

283 v. Chr. LYSIMACHOS lässt auf Betreiben seiner jüngsten Gemahlin ARSINOË, der Tochter von PTOLEMAIOS und dessen Nebenfrau BERENIKE, seinen Sohn AGATHOKLES aus erster Ehe ermorden. AGATHOKLES' Gattin LYSANDRA, Tochter des PTOLEMAIOS und der EURYDIKE, flieht mit anderen Anhängern zu SELEUKOS. Dort findet sich auch LYSANDRAS Bruder PTOLEMAIOS KERAUNOS (»Blitz«, †279) ein, den PTOLEMAIOS von der Erbfolge zugunsten eines Sohnes der BERENIKE (PTOLEMAIOS II. PHILADELPHOS [*308, †246]) ausgeschlossen hat. KERAUNOS erhofft sich von SELEUKOS Hilfe gegen PHILADELPHOS, der seit 285 Mitregent ist und 283 seinem Vater auf den Thron folgt.

282/281 v. Chr. SELEUKOS lässt sich von den Enterbten zum Krieg gegen LYSIMACHOS treiben (**6. Diadochenkrieg**). Er fällt in Kleinasien ein, wo er viel Unterstützung findet. LYSIMACHOS setzt über den Hellespont und fällt in der Schlacht von Kurupedion bei Sardeis.

281 v. Chr. SELEUKOS, der letzte von ALEXANDERS Generälen, vereinigt für sieben Monate fast dessen gesamtes Erbe. Er will den Erfolg mit der Herrschaft über Makedonien krönen und überquert nach der Neuordnung Kleinasiens den Hellespont, wird aber bei Lysimacheia von KERAUNOS ermordet, der sich in seiner Hoffnung auf den ägyptischen Thron getäuscht sieht. Als Rächer des LYSIMACHOS wird KERAUNOS von der makedonischen Heeresversammlung zum König ausgerufen. Die Epoche der Diadochen ist zu Ende.

Das hellenistische System

Hellenismus als politisch-historischer Begriff (zuerst JOHANN GUSTAV DROYSEN) umfasst die Geschichte des Alexanderreichs nach ALEXANDERS Tod (323), also den Zerfall der kurzzeitig vereinten europäischen und asiatischen Gebiete und den Aufstieg und Niedergang der Nachfolgestaaten bis zu dem Zeitpunkt, da sie dem Römischen Reich einverleibt werden. Die ältere kulturhistorische Bedeutung des Wortes meint die Ausbreitung griechischer Kultur und ihre Vermischung mit anderen Kulturen (im Osten wie im Westen), ein Prozess, den ALEXANDER und seine Nachfolger wesentlich fördern, dessen Beginn und Ende aber nicht eindeutig festliegen. Im Osten wird die dünne Schicht der makedonisch-griechischen Eroberer und Einwanderer Träger der politischen und kulturellen Entwicklung. Dank ihr wirkt die kurze Zeit der Zugehörigkeit zum Alexanderreich in dessen höchst verschiedenartigen Teilgebieten nach und überlagert die Eigentraditionen dauerhaft, womit man von einem »hellenistischen System« sprechen kann.

Politisch wird die hellenistische Zeit in erster Linie von den aus den Kämpfen der Diadochen hervorgegangenen drei Monarchien der Antigoniden in Makedonien, Seleukiden in Asien und Ptolemaier in Ägypten, Südsyrien, der Cyrenaika in Nordafrika sowie auf Zypern bestimmt. Das Verhältnis der drei Staaten prägen – je nach äußeren Bedingungen, militärischen Möglichkeiten und persönlichen Entscheidungen der Monarchen oder ihrer Freunde – bald hegemoniale Zielvorstellungen, bald Gleichgewichtspolitik. Stets sucht man Bündnisse mit den kleineren griechischen Staaten des Mutterlandes, der Inseln und Kleinasiens. Auch dynastische Heiraten sind politische Mittel. Die hellenistische Staatenwelt wird vielfältiger, als in Kleinasien im 3. Jh. neue Staaten auf seleukidischem Boden entstehen: Pergamon, Bithynien, Galatien, Kappadokien und Pontos. | s. S. 301 |

Seleukiden und Ptolemaier verbinden Herrschaftsformen der Achaimeniden bzw. Pharaonen, äußerlich am Zeremoniell und an der königlichen Tracht abzulesen, mit Elementen des makedonischen Königtums. So erhalten sich Gemeinsamkeiten mit den Antigoniden, die ihrerseits von der Entwicklung im Osten beeinflusst werden. Einheit und Staatlichkeit des Herrschaftsgebiets beruhen auf der Person des Königs, der als das »lebendige Gesetz« (*nómos émpsychos*) absolut regiert. Die Legitimität seiner Herrschaft leitet sich ursprünglich aus dem Recht des »speererworbenen Landes« (*chóra doríktetos*) ab, für Makedonien auch außerhalb seiner Stammlande. Die Erbfolge ist anerkannt, häufig durch Mitregentschaft des Erben gesichert. Zunächst bildet noch das Heer die Machtgrundlage des Regenten, was sich in dessen Erhebung durch die makedonische Heeresversammlung manifestiert. Erfolgreiche Politik und Sicherheit nach außen, wirtschaftliche Blüte und Ruhe im Innern fördern die dynastische Anhänglichkeit, zu deren Fundierung auch der – in Makedonien unbekannte und dort nie eingeführte – Herrscherkult beiträgt. Der bürokratische Apparat, mit dem der König seine Macht ausübt, ist in Makedonien ebenfalls schwächer ausgebildet; dagegen tritt die straff hierarchisch organisierte Verwaltung der Ptolemaier das Erbe der Pharaonen an, während im weiträumigen Seleukidenreich die Provinzgouverneure häufig eine große Selbstständigkeit behaupten. Hier wie dort nehmen Griechen die hohen Verwaltungsposten ein, Einheimische finden sich nur auf der unteren lokalen Ebene; erst spät steigen einzelne Nichtgriechen in die oberen Ränge auf. Im Heer, ursprünglich nur Makedonen, geht die Vermischung schneller vonstatten. Den Berufsbeamten entsprechen Berufskrieger zu Fuß (Makedonische Phalanx) und zu Pferde, die als erbliche Bauernsoldaten in geschlossenen Dörfern angesiedelt werden. Eine durchgängige Bevölkerungsmischung findet nicht statt; soziale Unterschiede verstärken die Kluft zwischen der privilegierten fremden Oberschicht und den wirtschaftlich und politisch benachteiligten »Barbaren«. Sie erzeugt im 2. Jh. im Seleukidenreich (Juden) und in Ägypten in dem Maße innere Spannungen, wie sich die Macht der Dynastien verringert.

Der Hof in der Hauptstadt ist zugleich das Zentrum der Herrschaft. Dort versammelt der König den Kronrat (Synedrion), dem als seine offiziellen »Freunde« hohe Offiziere und Beamte angehören. Der Rat hat keine fest umrissene Funktion, prägt dennoch politische Entscheidungen oft mit. Als Besitzer des Landes kraft Eroberungsrecht entlohnt der König nach Gutdünken den Adel mit Gütern, weist den Soldaten Ackerland zu und siedelt Kolonisten in den neu gegründeten Städten an. Zwar behält er die Oberhoheit am Boden und kann Schenkungen rückgängig machen, aber sie verringern mit der Zeit das verfügbare Königsland. Trotzdem stellt dieses das größte Wirtschaftspotenzial des Landes dar, dessen Erträge zusammen mit Zöllen, Geldsteuern und Naturalabgaben in die königlichen Kassen fließen. Großen Gewinn zieht der Monarch auch aus dem Handel, dessen staatliche Lenkung in Ägypten am weitesten geht (Monopole auf Öl und Wein, im Manufaktur-, Bank- und Transportwesen). Neue Häfen werden angelegt; die Seleukiden pflegen und erweitern das alte persische Straßennetz. Der bisher im Osten wenig übliche Geldverkehr wächst gewaltig. Die Handelsbeziehungen reichen vom Westrand des Mittelmeers bis Indien und China.

Die Städte nehmen im Herrschaftsbereich politisch und wirtschaftlich eine Sonderstellung ein, die verschiedene Abstufungen kennt. Die Abhängigkeit wird vielfach von der Stärke des jeweiligen Herrschers bestimmt. Sie ist am größten in den altmakedonischen Städten und den Neugründungen des Ostens. Dagegen stehen die vom Königsland umgebenen griechischen Polisstaaten in einem Bundesverhältnis zum Herrscher mit nomineller Selbstständigkeit, durch die häufigen Freiheitsproklamationen bestätigt. Die Grenze der Souveränität zeigt sich bei Interessenkollisionen, wenn der König Besatzungen in eine Stadt legt und ihr einen Vorsteher (*epistátes*) aufzwingt. Für Beziehungen des Königs zu den lokalen Dynasten, die im Seleukidenreich an Unabhängigkeit gewinnen, und zu den Tempelterritorien (in Kleinasien, Syrien und Ägypten) gilt Ähnliches.

Das **griechische Staatsdenken** setzt sich im ausgehenden 5. und im 4. Jh. in Reaktion auf Krisen der Demokratie intensiv mit dem Problem des Königtums auseinander (Sophistik, PLATON, ISOKRATES). Auf die politische Praxis wirken monarchiefreundliche Überlegungen nur als nachträgliche, wenn auch willkommene Argumentationshilfen. Andererseits fördern die Konflikte der griechischen Staaten mit der makedonischen Monarchie und das Erlebnis der großen, aus dem Alexanderreich hervorgehenden Territorialherrschaften bundesstaatliche Zusammenschlüsse (*sympoliteia, koiná*), die sich nicht mehr wie bisher auf den geschlossenen Stamm (*ethnos*) beschränken. Die beiden stammesübergreifenden Sympolitien der Achaier auf der Peloponnes und der Aitoler in Mittelgriechenland sind neue starke Kräfte im griechischen Staatenleben. Ihre Struktur ändert sich nicht gegenüber den alten Stammesbünden. Im Innern sind die Mitgliedsgemeinden autonom und behalten ihr eigenes Bürgerrecht. Daneben stehen ein Bundesbürgerrecht, eine Versammlung aller Bundesbürger, ein Rat und Bundesbeamte mit einem jährlich gewählten Strategen an der Spitze. Bundessachen sind Außenpolitik, Heerwesen und Münzprägung.

Außerhalb der Bünde erfährt die **Polis** in ihrem staatlichen Aufbau keinen grundsätzlichen Wandel. Eingriffe der Könige sollen lediglich ihre Loyalität sichern. Zu diesem Zweck werden je nach Bedarf Oligarchen oder Demokraten an die Macht gebracht; die Antigoniden stützen sich auch gerne auf Tyrannen. Der städtische Kult für den Herrscher entspringt der Dankbarkeit für erwiesene Güte und ist Aufforderung zu künftigem Wohlverhalten. Letztlich dokumentiert er das ungleiche Machtverhältnis zwischen König und Polis, oft auch deren Abhängigkeit von materiellen Zuwendungen des »Wohltäters« (*Euergétes*) und »Retters« (*Sotér*). Das Sozialprestige des Bürgerrechts wird dadurch ebenso schleichend entwertet wie das politische Selbstbewusstsein.

Wirtschaftlich erlebt Griechenland in der Diadochenzeit zunächst eine Blüte durch Einströmen der ausgemünzten persischen Edelmetalle, während der Bevölkerungsdruck nachlässt, weil viele Arme im Osten eine neue Existenz finden. Doch im 3. Jh. setzt ein Niedergang ein, für den POLYBIOS 162 mit Recht die dauernden Kriege zwischen den Griechen unter Zutun der auswärtigen Mächte verantwortlich macht. Die häufigen Verwüstungen des Kulturlands ruinieren v. a. den grundbesitzenden Mittelstand, während die Vermögenskonzentration in der Hand weniger zunimmt. Diese Entwicklung ist am Schicksal Spartas gut zu beobachten. Es kommt zu heftigen sozialen Spannungen und revolutionären Forderungen (Landverteilung, Schuldenerlasse). Weniger betroffen sind Handelsstädte wie Athen, Korinth und Sikyon, aber auch hier fällt der Unterschied zur Wirtschaftsblüte im Osten auf. Das günstig gelegene Rhodos wird zur neuen Handelsgroßmacht. Der binnenländische Markt für Manufakturwaren stagniert und der Export geht zurück, da die Könige die eigene Industrie fördern und die freien Lohnarbeiter nicht mit den billigen Sklaven konkurrieren können. Zu Beginn der römischen Herrschaft ist Griechenland, anders als etwa das blühende Kleinasien, nachhaltig verarmt und entvölkert.

Die **soziale Position der Frauen** verbessert sich gegenüber der klassischen Epoche. Das zeigt sich am deutlichsten in ökonomischer Hinsicht, jedoch nur mäßig auf juristischem Gebiet, die Sozialmoral – philosophisch durch die Stoiker untermauert – bleibt restriktiv und betont asymmetrisch, besonders auf dem griechischen Festland. In den neuen Stadtgründungen kann sich die Geschlechtertrennung des Alltags schon nicht mehr voll durchsetzen. Ihr Privatbesitz erlaubt den reichsten Frauen, gegenüber den Städten als Stifterinnen aufzutreten und öffentliche Anerkennung zu fordern. Elementarbildung wird auch für Mädchen langsam verbreiteter. Aber selbst weibliche Mitglieder von Königsfamilien bleiben in ihrem Handeln weiterhin an ihre männlichen Verwandten gebunden. Das Risiko der Aussetzung – mit den Folgen Tod oder Sklaverei, häufig als Prostituierte – trifft neugeborene Mädchen überproportional hoch. Die hellenistische Kunst und Literatur erschließt sich erstmals die weibliche Sexualität als eigenständiges Objekt der (Männer-)Phantasie. Parallel dazu entwickelt sich, v. a. in der Komödie und der neuen Form des Romans, ein romantisches, beiderseitige Zuneigung forderndes Liebesideal, das die Ehe einbezieht.

Die **hellenistische Kultur** tragen, auch in den neuen Reichen, v. a. die Städte. Die Gründungen ALEXANDERS und seiner Nachfolger übernehmen das Muster der griechischen Polis, mit Markt (*agorá*, gewöhnlich mit einer umgebenden Säulenhalle), Tempel, Theater und das Gymnasion für Sport und Bildung, das zu besuchen im Osten geradezu Beleg des Griechentums wird. Straßen und Häuser sind oft schachbrettartig angelegt (System des HIPPODAMOS VON MILET). Der attisch-ionische Dialekt wird mit einigen Änderungen zur hellenistischen Amts- und Verkehrssprache. Athen behält seine führende Stellung v. a. in der Philosophie. Mit ARKESILAOS (*um 316, †241; Schulhaupt 265–240) beginnt die Neue Akademie der Erben PLATONS. Im »Peripatos« (Wandelhalle für Vorträge) führen ARISTOTELES' Nachfolger THEOPHRAST und STRATON VON LAMPSAKOS (*um 340, †um 269) v. a. die naturwissenschaftlichen Forschungen des Meisters fort. 307/06 eröffnet EPIKUR (*um 341, †um 270) von Samos den »Garten« (Kepos). Seine Lehre vom politikfernen Leben (»Lebe im Verborgenen!«) in Freundschaft und auf Tugend gegründetem Genuss überzeugt angesichts der politischen Unwägbarkeiten. Die langfristig weit erfolgreichere Gegenströmung ist die etwa gleichzeitig durch ZENON VON KITION (†um 262) gegründete und von CHRYSIPPOS (*281/77, †208/04) systematisierte Stoa, die einen strengen Rationalismus mit rigiden Verhaltensnormen vertritt, innere Unerschütterlichkeit gegen Gefühle und äußere Drohungen setzt, Zeus als Garanten eines letztendlich vernünftigen Weltgeschehens interpretiert (Zeushymnus des KLEANTHES [*um 331, †232/31]) und den Menschen als Weltbürger sieht.

Die Neue Komödie mit ihren gewollt unpolitischen Gesellschaftsstücken erreicht mit MENANDER (*342, †291), einem Meister der Komposition und Charakteristik (»Dyskolos« [»Der Menschenfeind«], »Epitrepontes« [»Das Schiedsgericht«]), ihren Höhepunkt. 324 wird das steinerne Dionysostheater in Athen erbaut. Als Bildhauer sind in Athen die beiden Söhne des PRAXITELES tätig (Menanderkopf um 290). POLYEUKTOS schafft die ausdrucksvolle Bronzestatue des DEMOSTHENES. Aus der Schule des LYSIPPOS in Sikyon stammt der Apoxyomenos, der sich abschabende Athlet.

Griechenland wird in bildender Kunst, Architektur, Dichtung und Wissenschaft mehr und mehr von den neuen Residenzen überflügelt, v. a. von Alexandreia iund Pergamon. Diese sollen nicht nur Zentren der Macht sein, sondern auch die kulturelle Führung übernehmen und so Glanz auf die Monarchen werfen, die als großzügige Förderer und Auftraggeber um Künstler und Gelehrte aus der ganzen griechischen Welt werben und wetteifern. Freigebiges Mäzenatentum (Euergetismus) findet sich auf kleinerer Ebene auch in den prosperierenden Städten Kleinasiens und Syriens, wo zahlreiche öffentliche Gebäude, musische und gymnische Veranstaltungen (neben sonstigen sozialen Aufwendungen) den Spenden reicher Mitbürger verdankt werden.

Wissenschaft zur Zeit des Hellenismus

Die sprunghafte Horizonterweiterung durch Eroberung und Handelskontakte (v. a. mit den Kulturen im Osten) trifft zusammen mit neuen politischen Bedürfnissen. ALEXANDER, der seine Darstellung für Gegenwart und Nachwelt bereits bewusst steuert, wird von Gelehrten begleitet. Im Streben nach Prestigeerwerb entdecken hellenistische Herrscher (voran die Ptolemaier) den ideologischen Nutzen der Wissenschaft. Das aufblühende Buchwesen und der hohe Stellenwert der Bildung als kultureller Integrationsfaktor liefern Ressourcen für gewaltige theoretische Fortschritte. Die praktische Wirkung bleibt jedoch Nebensache, auch wegen der Geringschätzung für »Handarbeit« jeder Art, Grenzfälle wie die Medizin ausgenommen; Philosophie, Rhetorik und Geschichtsschreibung stehen im Ansehen über exakten Disziplinen.

Den wissenschaftlichen Aufschwung tragen anfangs die Philosophenschulen. Nach PLATONS Tod wird die Akademie in Athen Zentrum für mathematische Forschungen. Überragend ist der Einfluss des ARISTOTELES, der die empirische Methode etabliert, Beispiele systematischer Sammeltätigkeit (Verfassungen, Pflanzen, Tiere) gibt. ARISTOTELES universelle Interessen wiederholen sich in THEOPHRAST (Botanik, Psychologie, Naturphilosophie, Musiktheorie), ehe die Schultradition sich verengt. Die spätere Lehre der Stoa nähert sich der Natur zwar verstehend, aber eher meditativ. Während Athen philosophisch führend bleibt, ist Alexandreia ca. 300–145 konkurrenzloses Zentrum der Natur- und Geisteswissenschaften. Im *Museion* leben und forschen königlich besoldete Gelehrte, getragen von der auf ca. 500 000 Buchrollen anwachsenden, systematisch organisierten und erweiterten Bibliothek. Geleitet wird sie von Talenten wie ERATOSTHENES VON KYRENE, der als Dichter, Philologe, Mathematiker, Historiker und Geograf arbeitet (Messung des Erdumfangs). Nach 188 tritt Pergamon neben Alexandria; im 1. Jh. ist die Glanzzeit der hellenistischen Wissenschaft vorbei.

Methodisches Schlüsselfach ist die Mathematik, deren Beweisverfahren andere Disziplinen prägt. EUKLID (*um 365, †um 300) macht die Geometrie zur Leitwissenschaft, forscht zu Optik und Zahlentheorie; ARCHIMEDES (*um 285, †212), wendet Mathematik (Rechnung mit großen Zahlen, Bestimmung von Pi) und Physik (Hebelgesetz, spezifisches Gewicht) zum Bau von Kriegsmaschinen an. APOLLONIOS VON PERGE (*um 260, †um 190) entwickelt die Lehre von den Kegelschnitten. Die Astronomie nimmt babylonisches Wissen auf; ARISTARCHOS VON SAMOS (*um 310, †um 230) entwirft ein heliozentrisches Modell des Sonnensystems, HIPPARCHOS (*um 194, †um 120) begründet die Trigonometrie, entdeckt die Präzession der Erdachse. Die Astronomen von Alexandria beeinflussen noch CAESARS Kalenderreform. Die Medizin wird »Massenfach« mit guten Berufsaussichten; philosophisch ausgerichtete Vertreter stehen gegen Empiriker wie HEROPHILOS, der Organfunktionen bestimmt, und ERASISTRATOS, der durch Tierversuche (und Vivisektion an Gefangenen) Gehirn und Nervensystem untersucht. In der Geografie stehen gebildete Händler wie PYTHEAS VON MASSILIA, der um 330 Britannien beschreibt und ins Nordmeer vordringt, neben Theoretikern wie dem stoischen Philosophen und Historiker POSEIDONIOS (*um 135, †um 51), der die Völker Galliens und Syriens schildert. Die Geschichte widmet sich v. a. den Taten ALEXANDERS und seiner Erben, oft als Auftragswerk; POLYBIOS (*um 200, †um 120) ragt durch seine ursachenorientierte Analyse des Aufstieges Roms zur Vorherrschaft im Mittelmeer heraus. Neben Philologen wie ZENODOT und ARISTOPHANES VON BYZANZ, die den ersten kritischen Homer-Text erarbeiten und zur Basis weiterer Editionen und detailreiche Sprachstudien machen, steht KRATES MALLOTES (Rombesuch 168/67), der konsequent Wissen und Interessen seiner Zeit in die Klassiker hineinliest.

Mit Rhodos' wirtschaftlichem Aufschwung wächst auch seine kulturelle Bedeutung. Der rhodischen Bildhauerschule entstammt die Nike von Samothrake. Pergamon bietet die hervorragendsten Beispiele hellenistischer Architektur (Akropolis, vollendet um 175) und Skulptur (Pergamonaltar, Sterbender Gallier). Neben der pathetisch-erhabenen Plastik bildet die hellenistische Bildhauerei realistisch-genrehafte Darstellungen aus (Trunkene Alte, Ganswürger, Dornauszieher). Einer der Leiter der Bibliothek von Alexandreia ist der Dichter und Gelehrte, für die spätere römische Dichtung vorbildhafte KALLIMACHOS (*um 305, †um 240). Neben einem Katalog der griechischen Klassiker in 120 Büchern verfasst er Götterhymnen, Epigramme, das eposartige Lehrgedicht »Aitia« (Ursprünge von Festen und Bräuchen) und, in Abwendung vom großen Epos, das einflussreiche Kleinepos (Epyllion) »Hekale«, aber auch qualitätvolle höfische Huldigungen (»Die Locke der Berenike«). Sein Nachfolger an der Bibliothek, APOLLONIOS VON RHODOS, ist Verfasser eines Argonautenepos in vier Büchern. THEOKRIT aus Syrakus, mit PTOLEMAIOS II. und KALLIMACHOS befreundet, begründet die bukolische, das Zeitbedürfnis nach Idyllen und Rückzug erwidernde Dichtung. In Mimiamben schildert HERONDAS aus Kos um 250 kleine Alltagsszenen.

Die traditionelle **griechische Religion** setzt ihr formenreiches Leben im Hellenismus fort und erreicht über die vielen Auswanderer neue Regionen, gefördert von den Herrschern, die sich ihre Reichsgötter unter den Olympiern suchen (Ptolemaier: Zeus; Seleukiden: Apollon; Attaliden von Pergamon: Zeus und Athene). Meist sind sie gegenüber den vorgriechischen Kulten tolerant und fördern so indirekt den Synkretismus, der im Fall des Serapis von Alexandreia in die Reichsreligion eingeht. Zugleich verstärken sich östliche Einflüsse auf die griechische Religion. Die Philosophie steigt vermehrt zum Religionsersatz der Oberschichten auf. Wie in der Ausdehnung der Mysterienkulte persönliche Erlösung versprechen, tritt überall die individuelle Frömmigkeit neben den offiziellen Kult, der seinerseits dem neuen Bedürfnis antwortet (Aufschwung der Dionysosverehrung, Herakles als Erlösergott) und mit göttlicher Verehrung des Herrschers einen Erlöser eigener Art präsentiert.

Römische Geschichte

Das vorrömische Italien (8.–1. Jh. v. Chr.)

Die Völkerkarte Italiens ist seit der Eisenzeit von Offenheit, überregionalem Austausch und Wandel durch Migrationen gekennzeichnet. Anders als im Griechenland der homerischen Zeit haben die einzelnen Stämme keine Heiratsgemeinschaft miteinander (vgl. die Legende vom Raub der Sabinerinnen), was sich auf die Struktur der Kriege auswirkt. Die zahlreichen Konflikte, meist Raubkriege, ergeben sich auch aus Gefällen und Ungleichzeitigkeiten in der wirtschaftlichen Entwicklung und Urbanisierung. Eine politische Einheit bildet die Halbinsel erst im 1. Jh. v. Chr. unter römischer Herrschaft, sprachlich und kulturell wird die Homogenisierung in der Kaiserzeit abgeschlossen.

Im äußersten Norden bilden die Ligurer und zugewanderte Kelten eine Brücke über die Westalpen bis nach Südfrankreich, die Veneter im Bogen um die nördliche Adria nach Osten. Die Griechen in ihren Kolonien in Unteritalien und von ihnen angeregt auch die Etrusker etablieren ab dem späten 8. Jh. die antik-mediterrane Stadtstaatlichkeit in Italien. Beide strahlen nach Mittelitalien aus, v. a. zu den Latinern und nach Kampanien, während die weiter östlich gelegenen Samniten, Marser, Osker, Lukaner, Bruttier u. a. Gruppierungen ihre kriegerisch-tribalen Strukturen beibehalten. Unter den latinischen Städten steigt Rom nach und nach zu regionaler Führung und schließlich zur Beherrschung der ganzen Apenninenhalbinsel auf. Es erhält seine Impulse von den Griechen (Kyme) und den Etruskern, die ihrerseits Elemente der griechisch-ägäischen Kultur adaptieren. Rom ist aber nie eine »etruskische Stadt«.

Die Etrusker und Rom

Auf der Basis der Golasecca-Kultur (Lombardei), der Villanova-Kultur (Etrurien, etruskisches Kampanien, Emilia-Romagna) und der Este-Kultur (Venetien) entsteht ab dem späten 8. Jh. v. Chr. durch Urbanisierung und Hellenisierung die etruskische Kultur.

Die (nicht indogermanische) Sprache der Etrusker ist schlecht überliefert und nur teilweise übersetzbar, da mit keiner bekannten Sprache sicher zu parallelisieren; phonetisch lesbar ist jedoch die von einem westgriechischen Alphabet abgeleitete etruskische Schrift.

Die Zone etruskischen Einflusses umfasst zur Zeit der größten Ausdehnung im 6. Jh. neben dem eigentlichen Etrurien noch die Po-Ebene im Norden, Kampanien und Latium im Süden sowie Elba und das Gebiet um Alalia auf Korsika. Beziehungen zu Karthagern/Phönikern sind belegt (Goldtäfelchen von Pyrgi). Die materielle Kultur basiert auf der Landwirtschaft, dem Holzreichtum und reichen Bodenschätzen (Eisen, Kupfer, Silber) v. a. im Tolfagebirge, in den Colline Metallifere (westlich von Siena) und auf Elba. Der Reichtum und die Urbanisierung verstärken die soziale Differenzierung; der Adel organisiert sich gentilizisch und pflegt einen aufwendigen Luxuskonsum mit Importgütern (Phokaia, Athen, Aigina).

In archaischer Zeit stehen die etruskischen Städte jeweils unter Stadtherrschern (Königen); Umstürze durch aristokratische »*warlords*« (z. B. LARS PORSENNA) sind offenbar nicht selten. Die Möglichkeiten horizontaler Mobilität zeigt der Korinther DEMARATOS, der zunächst Etrurienhandel betreibt und sich später in Tarquinia niederlässt. Politisch ist Etrurien im 5. Jh. in 12 (oder 15) **selbstständige Städte** aufgeteilt, die einen kultisch ausgerichteten Bund bilden und am Bundesheiligtum Fanum Voltumnae zu Konsultationen, Festen und Spielen zusammenkommen. Ebensolche Zwölfstädtebünde werden auch für das etruskische Kampanien und die Po-Ebene genannt. Zu einer nennenswerten Machtbildung kommt es jedoch nicht; gegen militärisch und politisch mobilisiertere Gegner unterliegen die Etrusker seit etwa 500 regelmäßig. Später profitiert Rom von der Unfähigkeit der etruskischen Städte zur außenpolitischen Kooperation.

Die **etruskische Religion** kennt zunächst keine anthropomorphen Gottheiten, gerät aber früh unter griechischen Einfluss; ein der olympischen Götterwelt entsprechendes Pantheon entsteht. Ausgeprägt ist das Bemühen, den Willen der Götter durch Beobachtung des Vogelflugs (*auspicium*) und durch Leberschau (*haruspicium*) zu erkennen – die sog. »etruskische Disziplin«. Auf diesem Gebiet erfolgt ein starker Einfluss auf Rom.

Die Kunst der Etrusker ist fast nur aus den zahlreichen, oft großzügig ausgestatteten Grabanlagen bekannt, die nicht nur die etruskische Architektur, sondern auch bildende Kunst und tägliches Leben (der Vornehmen) dokumentieren; letzteres wird gerade in der Wandmalerei (Blütezeit 6./5. Jh.) ausdrucksvoll dargestellt, während aus den Kammergrabanlagen Rückschlüsse auf Konstruktion und Ausstattung der Wohnhäuser gezogen werden können.

spätes 8. Jh. v. Chr. Prozess der Stadtbildung, v. a. in Südetrurien.

7.–6. Jh. v. Chr. Etruskische Seeherrschaft und Piraterie im Tyrrhenischen Meer.

um 540 v. Chr. Etruskisch-karthagischer Seesieg vor Sardinien über die phokaiischen Griechen.

6.–5. Jh. v. Chr. In den etruskischen Stadtstaaten wird das Königtum zugunsten aristokratischer Regime gestürzt.

Anfang 5. Jh. ARISTODEMOS VON KYME entsetzt das von Etruskern unter ARRUNS angegriffene Aricia. Die etruskische Macht in Latium zerbricht (auch im Zusammenhang mit Angriffen der Äquer und Volsker).

474 v. Chr. HIERON (†466/65), Tyrann von Syrakus, besiegt mit Kyme eine etruskische Flotte in der Bucht von Neapel. Ende der etruskischen Dominanz zur See.

5. Jh. v. Chr. Kelteneinfälle bewirken den Niedergang der etruskischen Macht in der Po-Ebene.

424 v. Chr. Die Samniten erobern Capua, der etruskische Städtebund Kampaniens zerfällt.

396 v. Chr. Zerstörung Veiis durch Rom.

384 v. Chr. Plünderung von Pyrgi durch Syrakus.

295 v. Chr. Sieg der Römer über eine Koalition von Etruskern, Italikern und Galliern bei Sentinum.

Die Latiner und Rom

In der Antike unterscheidet man das Gebiet zwischen dem Tiber und dem Vorgebirge Circaeum (Latium vetus, bewohnt von latinischen Stämmen im eigentlichen Sinne, deren Kern möglicherweise die »Alt Latiner« darstellen), von dem sich südlich anschließenden Latium novum oder adiectum, das in historischer Zeit nach dem Sieg der Römer über die Volsker, Herniker und Aurunker zu Latium hinzukommt. Die Latiner und mit ihnen Rom gehören zur latino-faliskischen Sprachgruppe.

Der archäologische Befund zeigt, dass die Bildung des latinischen Ethnos Ergebnis eines langen Prozesses ist, der sich in Latium abspielt (kulturelle Kontinuität und Siedlungskontinuität zwischen den Phasen der Bronzezeit und der Eisenzeit, die sich auch in benachbarten Regionen nachweisen lassen). Die für Latium kennzeichnende *cultura laziale* bildet sich in vier Phasen vom 10. bis 6. Jh. v. Chr. heraus. Das Territorium wird von den großen Routen der Transhumanz zwischen dem Apennin und dem Tyrrhenischen Meer sowie durch die Straßen zwischen dem Tibertal bzw. zwischen Etrurien und Kampanien durchzogen. Seit frühester Zeit sind die Latiner in religiösen Bünden um zentrale Heiligtümer organisiert. Der wichtigste bildet sich um den Tempel des Iuppiter Latiaris auf dem Mons Albanus. Ein anderes Zentrum sind die Quellen der Göttin Ferentina; eine wichtige Rolle spielt schließlich auch Diana (Kulte in Corne bei Tusculum, in Nemi und in Rom auf dem Aventin).

Roms Lage am Unterlauf des Tiber ermöglicht einerseits die Verbindung zur See und bietet andererseits Schutz gegen direkte Angriffe von der See her. Nahe der Tiberinsel befindet sich, von der Mündung des Flusses aus gesehen, die erste Furt über den Tiber, durch die schon vor dem Bau der ersten Brücke ein wichtiger Verkehrsweg, die Salzstraße von Etrurien nach Kampanien, verläuft. Ebenso bestehen nach Mittelitalien gute Verbindungen, durch die Rom allerdings auch leicht den Angriffen umliegender Bergstämme ausgesetzt ist. Roms Sieg über die Latiner (338 v. Chr.) und ihre Einbindung in ein hegemoniales System markieren den ersten Schritt der Stadt zur künftigen Weltmacht.

Frühzeit: Stadtstaat und Regionalmacht (ca. 750–340 v. Chr.)

Die älteste Zeit (bis ca. 500/470 v. Chr.)

Durch einen alten Mythos, der jedoch erst durch den römischen Dichter Vergil (*70, †19 v. Chr.) seine kanonische Ausformung und Geltung erhält, wird die Geschichte Roms mit der Griechenlands verbunden: Aeneas sei auf der Flucht aus Troia nach Latium gekommen; dieser habe Lavinium (Pratica di Mare), sein Sohn Ascanius (= Iulus) Alba Longa (Castel Gandolfo) gegründet, das als Mutterstadt Roms gilt. Nach Berechnungen des römischen Gelehrten Varro (*116, †27) wird die Gründung Roms auf das Jahr 753 v. Chr. festgelegt. Rom sei danach für 244 Jahre Monarchie gewesen. Der erste König der Stadt, Romulus, habe schon wichtige soziale und politische Institutionen (Einteilung in Patrizier und Plebejer, Klientel, Senat, Volksversammlung) geschaffen, die von den folgenden Königen weiter ausgebaut worden seien.

Die Sprachen Italiens im 5. Jh. v. Chr.

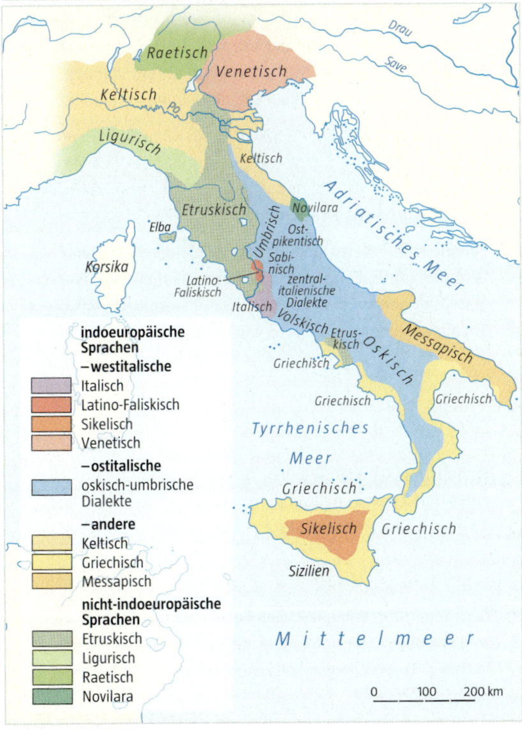

Die Stadtwerdung Roms

Stellt man der fast ganz aus Konstruktionen bestehenden Überlieferung die archäologischen, sprachwissenschaftlichen, institutions- und religionsgeschichtlichen Erkenntnisse gegenüber, dann ergibt sich etwa folgendes Bild: In Latium lässt sich eine kontinuierliche Frequentation ungefähr seit dem 14. Jh. (Mittlere Bronzezeit, Apennin-Kultur) nachweisen (Funde von San Omobono). Während die spätbronzezeitlichen Funde noch in deutlicher Beziehung zur »Protovillanova«-Kultur Etruriens stehen, wird seit dem 9. Jh. der Raum, der später durch die latinische Sprachgruppe umschrieben ist, als eigenständige Einheit fassbar. Der Übergang zur Sesshaftwerdung und zum Ackerbau wird vollzogen, die Siedlungsreste und die Nekropolen zeigen ein spürbares Bevölkerungswachstum an. Die Latiner (*nomen Latinum*) siedeln in kleinen, voneinander unabhängigen, zunächst nicht städtischen Einheiten (*populi*), für deren Gesamtheit trotz fortlaufender Veränderungen immer die Zahl 30 angegeben wird. Sie kommen jährlich auf dem Mons Albanus zusammen, um das Fest des Iuppiter Latiaris (Latinerfest = Kult des göttlichen Ahnherrn der Latiner?) zu feiern. Außer durch gemeinsame Kulte sind sie durch Heiratsgemeinschaft und Handelsverkehr miteinander verbunden. Die Gemeinschaft im latinischen Ethnos bedeutet keine Abschließung nach außen. Zu den wichtigsten Grundzügen der frühen römischen Geschichte gehört vielmehr eine – auch in der Überlieferung gespiegelte – ethnische und politische Offenheit gegenüber oskisch-umbrischen Elementen (Sage vom »Raub der Sabinerinnen« und dem Doppelkönigtum des Romulus und Titus Tatius), etruskischem und griechischem Einfluss (etruskische Könige in Rom; Demaratos aus Korinth als Vater von Tarquinius Priscus) und generell gegenüber Zuwanderern (»Asyl« des Romulus; Einwanderung des Geschlechts der Claudier).

1000–ca. 750 v. Chr. Dörfliche (präurbane) Siedlungen auf dem Gebiet des späteren Rom (Palatin, Cermalus, Velia, Quirinal, Kapitol, Caelius).

ca. 725 v. Chr. Erste protourbane Phase: Zusammenfassung der Siedlungen auf dem Cermalus und dem Palatin; erste Ummauerung(?).

ca. 700–625 v. Chr. Formierung einer protourbanen Kernsiedlung aus Palatin, Cermalus und Velia.

ca. 625–550/525 v. Chr. Erweiterung durch Caelius, Subura und Esquilin (Oppius/Cispius) zur Gemeinde des Septimontium (»Siebenhügelsiedlung«). Die Trockenlegung (*Cloaca Maxima*) und Ausweisung des jetzt gepflasterten Forums als öffentlichen Raum ist der entscheidende Schritt zur Urbanisierung.
Erster Gebrauch der Schrift für öffentliche Satzungen (*Lapis Niger* auf dem Forum).

ca. 550/525–500 v. Chr. Durch die Festlegung des Stadtzentrums (*mundus*), die Anlage einer Prozessionsstraße über das Forum (*Via Sacra*) sowie die Einteilung in vier Regionen und vier Tribus gewinnt Rom endgültig urbanen Charakter nach griechischem Muster (doppeltes Zentrum: Kapitol wie Akropolis und Forum wie Agora). Errichtung erster durch Skulpturen geschmückter Sakralbauten, v. a. des monumentalen Tempels für Jupiter Optimus Maximus auf dem Kapitol (um 500) sowie eines Tempels am Forum Boarium und der Regia, des ersten repräsentativen Profangebäudes auf dem Forum. Die Bauten sind »sowohl architektonischer Ausdruck einer römischen Bürgergemeinde (*civitas*) als auch handfeste materielle Indizien wachsenden Wohlstandes, eines beachtlichen Niveaus handwerklicher Technik und Spezialisierung sowie einer verfeinerten sozialen Differenzierung, wie sie für die Entstehung eines urbanen Zentrums unabdingbar sind« (FRANK KOLB).

Parallel zur Stadtwerdung bildet sich eine Aristokratie heraus. Typisierte Formen der Grabbeigaben deuten auf die Anfänge eines Handwerks hin, die Keramikfunde lassen Verbindungen zu Griechenland (Apoikien in Unteritalien) und zu etruskischen Städten (besonders Veii beim heutigen Isola Farnese) erkennen, die im 7. Jh. intensiver werden (sog. orientalisierender Stil). Der Urbanisierungsschub im 6. Jh. setzt die Existenz einer entscheidungsfähigen Zentralgewalt voraus. In der römischen Geschichtsschreibung findet diese Phase ihren Niederschlag in den städtebaulichen und organisatorischen Maßnahmen, die den Königen TARQUINIUS PRISCUS und SERVIUS TULLIUS zugeschrieben werden. Sie beide und ihr Nachfolger, der in stereotyper Manier zum Tyrannen entartete TARQUINIUS SUPERBUS, gelten in der Tradition als Etrusker. In der Tat haben die – ihrerseits stark griechisch geprägten – Etrusker seit dem 7. Jh. ihr Einflussgebiet bis nach Kampanien ausgedehnt; dabei sind auch Rom und Latium auf eine heute nicht mehr erkennbare Weise unter ihren Einfluss gekommen, der sich nicht nur auf die Stadtentwicklung, sondern auch auf andere Bereiche des römischen Lebens ausgewirkt hat. Politisch wird man aber weder von einer etruskischen »Herrschaft« über Rom noch von einer anfänglichen starken Spannung zwischen »Monarchie« und Adel ausgehen dürfen; vielmehr haben einzelne Große die nachholende Modernisierung Roms nach etruskischem und griechischem Vorbild vorangetrieben. Ein Gegensatz ist erst für die Zeit nach der politischen Formierung von Zentralgewalt, Adel und Bürgerschaft anzunehmen.

Wirtschaft, Gesellschaft und politische Formierung des ältesten Roms

Grundlage der Wirtschaft Roms bleiben während der gesamten römischen Geschichte Ackerbau und Viehzucht. Der dennoch zu beobachtende Prozess wirtschaftlicher

Maßnahmen der römischen Könige nach der Überlieferung

König	Maßnahmen im Innern	Maßnahmen nach außen
Numa Pompilius	Einrichtung der meisten Priestertümer; Einrichtung vieler Kulte; Bau des Janus-Tempels am Forum; Jahreseinteilung und Bestimmung der Festtage	
Tullus Hostilius	Aufnahme der vornehmen Albaner in den Senat; Bau der Curia (*Hostilia*); Bildung neuer Reiterturmen und Legionen; Caelius in die Stadt einbezogen	Unterwerfung und Zerstörung von Alba, Übersiedlung der Bevölkerung nach Rom, Vorherrschaft in Latium; Kämpfe mit Veii und Fidenae, mit den Sabinern und den Latinern
Ancus Marcius	Aventin und Janiculum in die Stadt einbezogen, Bau einer Pfahlbrücke über den Tiber; Bau eines Gefängnisses	Eroberung latinischer Orte, Bewohner in römische Bürgerschaft aufgenommen; Eroberung veiientinischen Gebietes, Ausdehnung bis zur Tibermündung, Bau von Ostia; Kämpfe mit Fidenae und Sabinern
Tarquinius Priscus	Zahl der Senatoren um 100 vermehrt (*gentes minores*), die der Reiterzenturien verdoppelt; Einrichtung der ludi magni (*Romani*); Entwässerung der niedrig gelegenen Teile der Stadt, Bau des Circus Maximus, von Säulenhallen und Kaufläden um das Forum; Rom durch steinerne Mauer geschützt; Bau des Jupiter-Tempels auf dem Kapitol begonnen; Übernahme etruskischer Königsinsignien: Goldkranz, Purpurgewand, Elfenbeinthron und -szepter, 12 Äxte	Kämpfe mit Latinern, Eroberung von Apiolae und anderer latinischer Orte; Kämpfe mit Sabinern, die römische Oberherrschaft anerkennen; Kämpfe mit Etruskern und römische Suprematie über sie
Servius Tullius	Einführung des Zensus und der Zenturienordnung (Festlegung der Rechte und Pflichten der Bürger nach dem Vermögen); Erweiterung der Stadt um Quirinal, Viminal und Esquilin und Bau von Mauern und Gräben; Einteilung der Stadt in 4 Regionen, des Landes in Tribus	Kämpfe mit Etruskern, v.a. Veii; zusammen mit Latinern Bau eines Diana-Heiligtums auf dem Aventin in Rom, das damit als Haupt des Latinerbundes anerkannt wird
Tarquinius Superbus	Weiterbau des Jupiter-Tempels; Ausbau des Circus Maximus und der Abwasserkanäle	Gewinnung von Gabii, Kolonien nach Signia und Circeii, Vertrag mit den Latinern; Bündnis mit Hernikern; Kämpfe mit Volskern (Eroberung von Suessa Pometia) und Sabinern; Krieg mit Ardea

Differenzierung hat seine Gründe wohl einmal in den Eroberungen, zum anderen darin, dass die Stadt, wie die Funde zeigen, durch ihre zentrale Lage im etruskischen Einflussbereich einige Bedeutung im Handel erlangt. Das Handwerk wird durch wachsende Luxusbedürfnisse der Aristokratie und die Baumaßnahmen der Stadtherren gefördert. Als alte Handwerkervereinigungen (*collegia*) gelten in der römischen Tradition Flötenspieler, Goldschmiede, Zimmerleute, Färber, Schuhmacher, Kupferschmiede und Töpfer. Die durch Importe ergänzte handwerkliche Produktion in Rom dient später v. a. dem Bedarf der stadtrömischen Bevölkerung selbst; insgesamt wird Rom kein Exportzentrum für Handwerkserzeugnisse, sondern profitiert von seiner politisch-militärischen Dynamik (Eroberung von Land; Beute; Tribute; Piraterie; Kontrolle über den Handel). Anfang des 5. Jh.s hat Rom etwa 25 000–40 000 Einwohner und kontrolliert ein Territorium von etwa 800 km^2; es zählt damit bereits zu den größeren Städten des Mittelmeerraumes.

Die soziale und politische Organisation ist durch ein Nebeneinander und Ineinander von verwandtschaftlichen, genossenschaftlichen und künstlich geschaffenen Formierungen geprägt, wobei es kaum möglich ist, für einzelne Elemente ein wesentlich höheres Alter anzunehmen als für andere. Vielmehr finden sich die in Rom ansässigen Familien erst im Verlauf der Stadtentstehung zu größeren Verbänden (*gentes*) zusammen, die sich auf einen mythischen Ahnherren zurückführen. Daneben existieren die 30 **Kurien**, die teils nach Orten, teils nach Personenverbänden benannt sind (sieben überlieferte Namen: Rapta, Foriensis, Veliensis, Velitia, Acculeia, Faucia, Titia). Die wahrscheinlichste Etymologie (*curia* = *coviria*: Männervereinigung) deutet auf einen genossenschaftlich-kultischen Ursprung hin. Gentilverbände und Kurien sind schließlich verschränkt mit den **Tribus**. Von diesen gibt es zunächst drei mit etruskischen (gentilizischen?) Namen: Ramnes, Tities, Luceres, die eng mit der Organisation der adligen Reiterei verbunden scheinen, während die vier neuen städtischen Tribus mit lokalen Bezeichnungen für die Gliederung der Fußtruppen von Bedeutung sind. Die Tribus sind als Produkte eines zentralen politischen Willens anzusehen; als Unterabteilungen der Stadt und der Bürgerschaft dienen sie der Ausschöpfung des Wehrpotenzials für die Hoplitenphalanx und der Integration der Bevölkerung in einer komplexen ethnischen Mischsituation bei fortwährender Zuwanderung; sie sind in diesem Sinne mit den reformierten Phylen in Athen (Kleisthenes) und Kyrene (Demonax) vergleichbar. Für neu gewonnene Gebiete und inkorporierte Bevölkerungen werden zunächst neue (Land-) Tribus eingerichtet (am Ende sind es 31), während die Zahl der Stadttribus bei vier verbleibt.

Die *gentes* werden im Laufe der römischen Frühgeschichte zu Horten aristokratischer Macht und Autonomie (u. a. eigene Gerichtsbarkeit, Traditionsbildung, Kulte, vielleicht auch Kampfverbände); dazu trägt das Erstarken der Position des Hausvaters (*pater familias*) mit einer schließlich umfassenden Gewalt (*patria potestas*) über das Haus und alle Hausangehörigen (*familia*) bei. Seine Rechte sind nur durch die Tradition (*mores*) und Religion eingeschränkt. Er ist alleiniger Eigentümer des Familienvermögens. Die übrigen Familienmitglieder, auch die erwachsenen Söhne, bleiben unter seiner Gewalt, solange er lebt. In jeder Familie werden die verstorbenen Eltern, Großeltern und Urgroßeltern als »*di parentes*« (»Eltern-Götter«) verehrt; in der Republik wird der Ahnenkult zunehmend politisiert. Die zweite Säule aristokratischer Macht bilden die festen Gefolgschaftsverbände (Klientelen), die ebenfalls in die Frühzeit zurückreichen. Die Römer verstehen unter der **Klientel** ein Treueverhältnis (*fides*) auf Gegenseitigkeit. Der Klientelherr (*patronus*) ist zur Vertretung der Interessen des Klienten vor Gericht und gegenüber Angriffen Dritter, der Klient zur militärischen und – in der republikanischen Zeit – politischen (bei Wahlen und Abstimmungen) Unterstützung des Patrons, aber auch zu materiellen Leistungen (z. B. für die Mitgift der Töchter des Patrons; Hilfe in besonderen Notlagen) verpflichtet. Obwohl die Klienten wahrscheinlich nicht Hörige, sondern Freie sind, wird das Klientelverhältnis im Normalfall vererbt. Die ursprüngliche Festigkeit der Klientel kann darauf beruht haben, dass die Klienten durch die *gentes* Land zugewiesen bekamen, v. a. aber erklärt sie sich aus der gering ausgebildeten staatlichen Zentralgewalt: Schwache müssen sich unter den Schutz von Mächtigen stellen. Die aristokratische Repräsentation durch Bestattungsluxus, große Häuser, Verbrauch von Importgütern, Reiterdienst im Heer und Standesabzeichen setzt in Rom nach etruskischem und griechischem Vorbild früh ein. Die Aristokratisierung findet auch Ausdruck im Gentilnamensystem, das dem Individualnamen einen Gentilnamen und später noch einen Familiennamen hinzufügt.

Demgegenüber vollzieht sich die gesamtstaatliche Integration über die Tribus und später die nach Vermögen gegliederte Wehrversammlung (*comitia centuriata*) sowie den Kult der »staatlichen« Gottheiten Jupiter, Juno und Minerva (kapitolinische Trias). Eine endgültige »Aufgabenteilung« zwischen einer partikularen aristokratisch-gentilizischen Organisation und »gesamtstaatlichen« Institutionen gibt es erst ab der Mitte des 4. Jh.s., nachdem die neue Aristokratie ihre Position gefestigt und die Notwendigkeit einer starken, freilich von ihr besetzten Zentralgewalt in Gestalt der magistratischen Befehlsgewalt (*imperium*) akzeptiert hat.

Urbanisierung und politische Integration werden – zunächst wohl in Kooperation mit den sich formierenden *gentes* – vom späten 7. Jh. bis etwa 500 von Einzelpersönlichkeiten vorangetrieben, die in Rom als Führungspersönlichkeiten wirkten. Die spätere Überlieferung hat sie zu **Königen** gemacht, doch ist es angemessener, in ihnen Oikisten und Tyrannen nach griechischem Vorbild zu sehen. Auch die kanonische Siebenzahl kann keinesfalls als verbürgt gelten; wahrscheinlich gibt es noch mehr solcher Stadtherrscher auf kürzere oder längere Zeit, die nicht selten als mobile Gefolgschaftsführer (»*warlords*«) an die Macht gekommen sein dürften. Die römische Überlieferung kriminalisiert solche Bestrebungen (z. B. Lars Porsenna, Marcius Coriolanus). Das römische »Königtum« ist seinem anfangs ungefestigten Charakter entsprechend auch nicht erblich; das zeigt die Einrichtung des Interregnum (Zwischenregentschaft) noch in republikanischer Zeit: Wenn bis zum Ende eines Amtsjahres keine Konsuln für das folgende Jahr gewählt werden, bestellt der Senat aus den Patriziern einen *interrex* (Zwischenkönig), der fünf Tage amtiert, dann sich einen Nachfolger ernennt usw. Der zweite und die folgenden *interreges* haben die Aufgabe, Konsulwahlen zu veranstalten. – Doch es scheint, dass im Zuge der Vergrößerung und zunehmenden Urbanisierung sowie in Konkurrenz mit den erstarkenden *gentes* einzelne Stadtherrscher Roms die monarchische Macht zu stärken und zu verstetigen suchen. Ein Zeichen dafür sind die Amtsinsignien, die von TARQUINIUS PRISCUS eingeführt worden sein sollen. Besonders die zwölf Äxte und Rutenbündel (*fasces*), die von Liktoren (Amtsdienern) dem König vorangetragen werden, kennzeichnen die Macht über Leben und Tod. Sie werden von den republikanischen Magistraten übernommen, ebenso der Amtssessel (*sella curulis*). Goldkranz und Purpurgewand stehen ursprünglich dem König, in republikanischer Zeit dem Triumphator zu. Die politische Mobilisierung des *populus* sowie die institutionelle Ausgestaltung Roms (u. a. Heeresreform, Stadtbefestigung, Zensus), die in der Überlieferung besonders SERVIUS TULLIUS zugeschrieben werden, gehören in die zweite Hälfte des 6. Jh.s und in den Kontext eines latenten Konflikts zwischen Einzelherrscher und Adel.

Den **Senat** hat es wohl ebenfalls schon in voretruskischer Zeit gegeben. Über seine Mitgliedschaft (ursprünglich die ältesten Familienoberhäupter[?], später Adlige oder vom König benannte Personen[?]) ist nichts Genaues bekannt. Aus dem Interregnum ergibt sich eine Mitwirkung bei der Königsernennung, die aber nicht am Anfang gestanden haben muss.

Die älteste **Volksversammlung** ist nach den 30 Kurien gegliedert; der Modus ihrer Beteiligung an der Königserhebung und politischen Entscheidungen (Akklamation/Abstimmung [?]) ist nicht sicher zu bestimmen. Auch die militärische Ordnung Roms baut vielleicht zunächst auf den Kurien auf, die in dieser Funktion aber bald von den Tribus abgelöst werden.

Unter den Latinern, zu denen die Bewohner Roms gehören, hat bis zum Beginn des 7. Jh.s Alba Longa eine kultisch-zeremonielle Vorrangstellung inne. Nach römischer Tradition hat König TULLUS HOSTILIUS Alba Longa zerstört und damit für Rom die Vorherrschaft in Latium gewonnen; die folgenden Könige sollen weitere latinische Siedlungen für Rom annektiert haben, das dann unter den Tarquiniern den übrigen Latinern als Hegemonialmacht in Latium gegenübergestanden habe – eine Auffassung, die heute v. a. von italienischen Forschern vertreten wird. Andere Forscher betrachten die frühe Hegemonie Roms in Latium als Rückprojektion späterer Verhältnisse. Unklar bleibt, in welchem Ausmaß der Latinische Bund als religiöse Vergemeinschaftung (Amphiktyonie) für eine politische Vorherrschaft überhaupt geeignet war.

Möglicherweise im Zusammenhang mit dem Niedergang der etruskischen Macht setzt sich in Rom zu Beginn des 5. Jh.s die erstarkte Aristokratie gegen das Königtum durch. Der unmittelbare Anlass für den Regimewechsel in Rom scheint aber ein inneretruskischer Konflikt gewesen zu sein: König PORSENNA von Clusium (Chiusi) erobert Rom und vertreibt TARQUINIUS SUPERBUS, der nach Tusculum flieht. Die Latiner schließen sich gegen PORSENNA und Rom in dem neuen Bund von Aricia zusammen. Mithilfe des ARISTODEMOS VON KYME wird der Sohn PORSENNAS, ARRUNS, bei Aricia geschlagen. Unter dem Eindruck dieser Niederlage scheint PORSENNA dem römischen Adel die Herrschaft überlassen zu haben und von der Stadt abgezogen zu sein. Die Überlieferung kleidet diesen Vorgang nach dem Vorbild der Vertreibung des HIPPIAS aus Athen in eine Erzählung vom Tyrannensturz und erhebt diesen zum Gründungsmythos der Republik, datiert auf das Jahr 509 v. Chr.; neuere Untersuchungen setzen den Umbruch etwas später, ca. 490 oder 470 an. In dieser Zeit werden auch in Sizilien und Unteritalien vielerorts Tyrannen gestürzt und bürgerstaatlich-aristokratische Ordnungen etabliert. | s. S. 173 |

Außenpolitisch hat der politische Umbruch zunächst keine gravierenden Auswirkungen. Die neue Regierung erneuert die guten Beziehungen zu Karthago aus der Königszeit durch einen Vertrag, der die Interessensphären absteckt und einen zunächst noch weit nach Süden reichenden Einfluss Roms dokumentiert (erster römisch-karthagischer Vertrag, traditionell 507 v. Chr.).

Die frühe Republik: innere Konflikte und politische Formierung (500/470 bis ca. 340 v. Chr.)

Die Jahreszahlen auch für die frühe Republik sind fast alle unsicher – es handelt sich lediglich um Anhaltspunkte. Viele Daten sind als »traditionell« gekennzeichnet; in diesem Fall wird, wenn möglich, im Text ein Vorschlag zur korrekteren Datierung gegeben.

In der Tradition stehen sich in Rom zwei Gruppen gegenüber: die **Patrizier** (*patres*) und die **Plebejer** (*plebs*, von *plere*, »füllen«). Der Patriziat ist ein grundbesitzender Geburtsadel und geht möglicherweise auf den Reiteradel der Königszeit zurück, dessen Vorrechte und Standesabzeichen er übernimmt. Er ist nach Geschlechtern (*gentes*) gegliedert, die einen festen Anhang von rechtlich und ökonomisch gebundenen Klienten besitzen. Sein innerer Zusammenhalt wird gestützt durch die Stärke der väterlichen Gewalt, die straffe Familienorganisation und ein System von Nahbeziehungen (politische Freundschaften und Heiraten). Alle wesentlichen Funktionen der Könige, in erster Linie aber das Religionsmonopol, gehen auf ihn über. Zugleich schließt sich der Adel zunehmend gegen Zuwanderer und Aufsteiger ab und bildet eine Binnenhierarchie aus.

Die übrigen Römer bilden keine einheitliche soziale Schicht, sondern setzen sich aus sehr unterschiedlichen Gruppen zusammen; ihnen gehören wahrscheinlich Gefolgsleute der Könige, Bewohner unterworfener Territorien, Einwanderer, unabhängige Landbesitzer und Besitzlose an, denen v. a. gemeinsam ist, dass sie zu keiner adligen *gens* oder Klientel zählen. Neben sehr armen stehen wohlhabendere Bauern. Die wirtschaftliche Situation des Großteils der kleinen Bauern ist indes prekär: Sie haben nur kleine, auf Subsistenzwirtschaft ausgerichtete Parzellen, die Technik der Bodenbearbeitung ist wenig entwickelt, jede Missernte hat katastrophale Folgen, es mangelt an Arbeitskraft und v. a. an Schutz gegen Übergriffe. So ist es verständlich, dass in den Quellen zur frührepublikanischen Gesellschaft das Schuldenproblem eine große Rolle spielt. Bauern leihen sich Nahrung, Saatgut oder Vieh in der Form, dass sie sich verpflichten, das Geliehene mit »Zinsen« innerhalb einer bestimmten Zeit zurückzuzahlen; wenn sie das nicht können, erhalten die Gläubiger Zugriff auf die Person des Schuldners, den sie gefangen nehmen, töten oder als Sklave verkaufen können. Verbreiteter als diese Form des Schuldenmachens ist aber in der Frühzeit wahrscheinlich eine zweite, das Eingehen der Schuldknechtschaft (*nexum*): Bauern begeben sich, gleich wenn sie Schulden machen, in die Knechtschaft des Gläubigers; sie verlieren zwar ihre persönliche Freiheit, sind aber vor den Konsequenzen der Tötung und des Verkaufs geschützt; die Schulden arbeiten sie gleichsam ab. Für die Gläubiger hat diese Form den Vorteil, dass sie die Verfügungsgewalt über stets knappe menschliche und tierische Arbeitskraft erlangen – die Landwirtschaft im 5. Jh. beruht noch nicht auf Sklavenarbeit.

Aus dieser Situation erklärt sich die zentrale wirtschaftlich-soziale Forderung, nämlich die nach Schuldenerlass bzw. einer Milderung der Schuldenexekution. Dazu kommt die politische Forderung nach Rechtssicherheit, d. h. Aufzeichnung des Rechts. Im Verlauf des Kampfes organisieren sich zunächst die Benachteiligten und Bedrohten, die nicht von den Patronagesystemen der Patrizier und den von diesen kontrollierten gesamtstaatlichen Institutionen geschützt sind, und bilden die **Plebejer**. Politisch laufen ihre Forderungen auf eine erneute Rückbindung des Adels an das Gemeinwohl und den Gedanken einer integrierten Bürger- und Rechtsgemeinschaft auf der Basis persönlicher und politischer Freiheit (*libertas*) hinaus. Die politische Mobilisierung der *plebs* hat zwei Effekte: Zum einen organisieren sich nun auch die Altadligen stärker, was für einige Zeit die Monopolisierung verstärkt (u. a. Verbot von Eheschließungen mit Plebejern), zum anderen erscheint die politisch formierte Schlagkraft der Plebejer auch Wohlhabenden, die nicht zum Patriziat gehören, oder bessergestellten ehemaligen Klienten, denen der Zugang in die Elite versperrt ist, attraktiv für eigene Karriereaussichten. Mit dieser Erweiterung der *plebs* um eine Oberschicht tritt zu den Forderungen nach Schutz vor Willkür und nach Rechtssicherheit auch das Verlangen nach deren politischer und sozialer Gleichberechtigung mit den Patriziern. Die Plebejer machen sich diesen Anspruch zu eigen, weil sie sich ad hoc eine bessere Führung und auf lange Sicht eine Vertretung der eigenen Interessen in der Elite versprechen.

Die gesamtstaatliche politische Organisation der Anfangszeit weist nur wenige Institutionen auf: wahrscheinlich einen **Oberbeamten** mit dem Titel (*maximus*) *praetor* (nach anderen Auffassungen *dictator*) sowie zwei rangniedrigere *praetores* (oder vielleicht schon *consules*); sie werden auf ein Jahr gewählt und haben als zentrale Funktion die Heerführung inne. In den Oberbeamten setzt sich die alte politische und militärische Macht (*imperium*) der Könige fort, wenn auch durch das Prinzip der Annuität (Einjährigkeit des Amtes) in republikanischem Sinne eingeschränkt. Oft wird auch angenommen, dass es das Ausnahmeamt des *Dictators* schon in der republikanischen Frühzeit gegeben habe: Der *Dictator* wird bei schwerer innerer oder äußerer Bedrohung für maximal sechs Monate mit unbeschränktem Imperium ernannt und bestellt sich einen militärischen Gehilfen (*magister equitum*). – Die sakralen Funktionen der Könige gehen auf einen »Opferkönig« (*rex sacrorum*) und auf die Priester (*pontifices*) über. – Der **Senat**, in dem die Häupter der patrizischen Familien vertreten sind, wird aus einem Beratungsorgan der Könige zu einem der Oberbeamten und bildet zugleich ein institutionelles Mittel für die Konsensfindung innerhalb des Patriziats. Anfangs sind seine Zusammensetzung und Kompetenzen locker und wenig geregelt; erst im Zuge der Institutionalisierung konsolidiert sich beides. Der Senat bestellt, wenn die Oberbeamten ausfallen, einen »Zwischenkönig« (*interrex*).

Als Organisation des Gesamtvolkes gibt es zu Beginn der Republik sicher die **Kuriatkomitien** (*comitia curiata*), d. h. die nach Kurien gegliederte Volksversammlung. Wahrscheinlich in die späte Königszeit (Ende 6. Jh.) gehören die **Zenturiatkomitien** (*comitia centuriata*; *centuria* = Hundertschaft), deren Einrichtung mit der Tribusreform und einem Umbruch im Militärwesen zusammenhängt. Nunmehr besteht das römische Heer aus Reitern, die weiterhin der Adel stellt, aus Schwerbewaffneten in der Phalanx, die sich aus Besitzenden rekrutieren, weil die schwere Ausrüstung selbst beschafft werden muss, sowie aus Leichtbewaffneten. Die Besitzenden werden *classis* (Aufgebot), die Ärmeren *infra classem* (unterhalb des Aufgebots) genannt. Nach dem Vermögen und der davon abhängigen Stellung im Heer bemisst sich in den Zenturiatkomitien das Gewicht der politischen Stimme: Adel, *classis* und *infra classem* sind in Zenturien eingeteilt; es wird nach Zenturien abgestimmt, wobei allein Adel und *classis* Gewicht haben. Später wird innerhalb der *classis* weiter differenziert (nach Alter und Vermögen), doch das Übergewicht der Reichen und der Besitzenden bleibt erhalten. – In historischer Zeit obliegt den Zenturiatkomitien die Wahl der Obermagistrate, die Entscheidung über Krieg und Frieden, über Gesetze und über politische Kapitalverbrechen. Welche Rolle sie in der Frühzeit haben, ist unklar; im Zwölftafelgesetz (um 450) erscheint die »Größte Versammlung« (*comitiatus maximus*) als Appellationsinstanz.

Die Ausgangssituation für die sog. **Ständekämpfe** ist bestimmt durch den Konflikt zwischen einer politisch und sozial relativ gut organisierten Herrschaftsschicht und den Plebejern, deren Interessen in den patrizisch dominierten Institutionen keine Rolle spielen. Dabei dürfte ihre Zahl die der Patrizier und ihres Anhangs nicht erheblich überstiegen haben, obwohl sie im Heeresaufgebot gewiss unverzichtbar waren. Die römische Tradition homogenisiert die Zeit zwischen ca. 500 und 287 zu einer einzigen Kette von immer wieder erneuerten sozialen und politischen Auseinandersetzungen bis hin zur offenen *staseis* (Machtkämpfen), was wahrscheinlich ebenso übertrieben ist wie die vollständige Polarisierung der römischen Gesellschaft in Patrizier und Plebejer. Auch die prekäre äußere Situation, in der sich Rom v. a. im 5. Jh. befindet, fördert die zeitweise Suspendierung der Konflikte. Jedenfalls wird die römische Führungsschicht sowohl durch die äußere Situation wie durch den Konflikt mit der sich organisierenden Plebs und die Bedrohung durch populäre Agitatoren in aktuellen Krisensituationen (in der Tradition kanonisch: Spurius Cassius, Spurius Maelius, Manlius Capitolinus), von denen möglicherweise eine Tyrannisgefahr ausging, zu gesamtstaatlich orientiertem Handeln gezwungen. Die Verpflichtung des Adels auf die »öffentliche Sache« (*res publica*) hat darin ihren Grund. Voraussetzung für die Integration der Plebs ist aber die Dominanz des (reformierten) Adels auch im politischen System des römischen Bürgerstaates sowie generell die Etablierung einer wiederum strikt hierarchisierten und stratifizierten Gesellschaft.

509 v. Chr. (traditionell) Die römische Tradition hat die Tendenz, in das (konstruierte) erste Jahr der Republik wichtige Ereignisse zu datieren, die für das Selbstverständnis der Römer bedeutend sind: so ein Provokationsgesetz, das Leib und Leben römischer Bürger gegen magistratische Übergriffe schützt und das wohl erst im Jahre 300 verabschiedet wird, ebenso auch die Weihe des dem Jupiter zusammen mit Juno und Minerva (kapitolinische Trias) gewidmeten Jupiter-Tempels auf dem Kapitol, der wahrscheinlich noch auf den letzten etruskischen König zurückgeht. In den Augen der Römer wird die Republik auch durch einen religiösen Akt konstituiert; der Kult des kapitolinischen Jupiter (Optimus Maximus) wird zum Mittelpunkt des Staatskultes: dort legen z. B. die Konsuln bei ihrem Amtsantritt die Gelübde ab, dort enden die Triumphzüge. Vermutlich verschlechtert sich die wirtschaftliche und außenpolitische Situation Roms nach dem Ende der Königsherrschaft erheblich: Während bis in die 470er-Jahre griechische und etruskische Importe archäologisch nachweisbar sind, nehmen sie danach spürbar ab. Der etruskische Handel erleidet durch die etruskische Flottenniederlage gegen Kyme und Syrakus (474) einen entscheidenden Rückschlag. Durch das Vordringen der kriegerischen Volsker wird Roms Verbindung nach Kampanien durchschnitten, die Feindschaft zum etruskischen Veii und zu den Äquern behindert auch den Verkehr in andere Richtungen sowie generell die Sicherheit der bäuerlichen Bevölkerung und ihres Erwerbs. Der Tiber-Übergang Roms verliert den Charakter einer »Durchgangsstraße«.

494 v. Chr. (traditionell) Um sich gegen die Willkür der Ausbeutung und des Machtmissbrauchs durch Patrizier zu schützen und um den Ausschluss aus den gesamtstaatlichen Institutionen (Magistratur, Komitien) zu kompensieren, schaffen sich die Plebejer eine eigene Organisation: eine Versammlung (*concilium plebis*) und Repräsentanten (**Volkstribune**, *tribuni plebis*; Zahl anfangs ungewiss, später zehn). In der Tradition wird dieser Akt mit einer Kriegsdienstverweigerung durch die Plebs und deren Auszug (Sezession) aus Rom verbunden. Grundlage der Organisation ist ein religiöser Schwur (*lex sacrata*), durch den sich die Plebejer verpflichten, ihre Tribune zu schützen. Wer sich an den Tribunen vergreift, soll den Göttern verfallen (*sacer*) sein. Aufgabe der Tribune ist v. a. die Hilfe für den einzelnen Plebejer gegen die patrizischen Magistrate. Das ist die Grundlage der späteren Rechte des Volkstribunats, des *ius auxilii* (Hilferecht) und des *ius intercedendi* (Einspruchsrecht). Im 5. und 4. Jh. handelt es sich jedoch nicht um Rechte, sondern um usurpierte Gewalten, deren Wirksamwerden eine Frage der Macht ist. Auch das *concilium plebis* kann bis 287 keine das Gesamtvolk bindenden Gesetze, sondern nur Resolutionen beschließen, die aber am Ende nicht selten von den Patriziern stillschweigend akzeptiert werden.

Obwohl *leges sacratae* auch sonst in Italien bekannt sind, ist die separate politische Organisation einer von der Herrschaft ausgeschlossenen Gruppe ohne dauerhafte Spaltung oder Vertreibung für die Antike singulär und hat Einfluss auf die Form der inneren Auseinandersetzungen in den folgenden Jahrhunderten.

493 v. Chr. (traditionell) Die Weihe eines Tempels für Ceres (griechisch: Demeter, Göttin des Wachstums), Liber und Libera markiert in der römischen Tradition als Gegenstück zur kapitolinischen Trias der Patrizier (Jupiter, Juno, Minerva) die religiöse Komponente der plebejischen Sonderstaatsgründung. Mit der Verwaltung des Kultes beauftragt sind zwei Ädile (*aediles plebis*, von *aedes*, Tempel), die als Beamte der Plebs ebenso alt sein sollen wie die Tribune. Später befinden sich im Ceres-Tempel auf dem Aventin, der überwiegend von Zuwanderern und Neubürgern bewohnt und erst in der Kaiserzeit in das Pomerium einbezogen wird, das Archiv und die Kasse der Plebs.

484 v. Chr. (traditionell) Weihe des 496 in der Schlacht am See Regillus gelobten Castor- (später Dioskuren-) Tempels. Castor und sein Bruder Pollux, deren Kult wohl aus Tusculum übernommen wird, werden zu Patronen der Ritterschaft. Die Übernahme fremder Kulte ist typisch für die Römer, die sich des Wohlwollens aller Götter versichern wollen und mehrfach während eines Krieges die Götter der bekämpften Stadt »herausrufen« (*evocatio*) und bei sich aufnehmen.

460 v. Chr. Der Sabiner Appius Herdonius sucht durch einen Handstreich auf das Kapitol in Rom die Macht an sich zu reißen; sein Scheitern markiert für Rom das Ende der Usurpationsversuche kriegerischer »*warlords*« sowie generell der Einzelherrschaft als Option.

um 450 v. Chr. Einen Teilerfolg für die Plebs, aber auch einen generell wichtigen Institutionalisierungsschub für Rom bedeutet die Aufzeichnung des Rechts durch die **Zwölftafelgesetzgebung**. Sie behandelt u. a. Rechtsverfahren, Erbschaftsfragen, Diebstahldelikte, Schulden und Schuldknechtschaft, aber auch Bestattungsluxus. Die Zwölftafeln bezeugen eine einfache Agrarwirtschaft, Privateigentum und Besitzdifferenzierung (*assidui* in der Steuerklasse – *proletarii* dagegen nicht). Als Verbände werden die *familia*, die Agnaten und das Geschlecht (Sippe, *gens*) genannt. Auf die Ständekämpfe reagieren das Verbot nächtlicher Zusammenrottungen und die Reservierung (politischer) Kapitalurteile allein für den *comitiatus maximus* (Zenturiatkomitien).

Es ist unbekannt, wann neben den Kuriat- und Zenturiatkomitien die dritte Organisationsform der Volksversammlung, die **Tributkomitien** (*comitia tributa* nach *tribus*, Wohnbezirk), entstanden sind. Die Einteilung des römischen Gebietes nach Wohnbezirken (Tribusordnung) selbst gehört in die späte Königszeit und ist dort Teil der integrativen Modernisierung dieser Epoche. Da in den Tributkomitien keine Zensusdifferenzierungen bestehen und sie auch nicht vom Adel dominiert sind, handelt es sich wahrscheinlich um eine erste Übernahme einer plebejischen Institution, des ebenfalls nach Tribus gegliederten *concilium plebis*, für den Gesamtstaat und damit um den Beginn der Integration der Plebejer. Die Tributkomitien dienen zur Wahl unterer Magistrate, zunächst der Quästoren (ab 447), ab 367 auch der (plebejischen) Ädile. Die auf die Zwölftafelgesetzgebung folgenden Jahrzehnte bis zur Eroberung Veiis lassen keine Erfolge für die plebejischen Unterschichten erkennen, was vielleicht auf ein vorübergehendes Nachlassen des Konfliktdruckes schließen lässt. Außerdem machen die reichen Plebejer erste Schritte auf dem Weg zur Gleichstellung mit dem Patriziat, was möglicherweise ihr Engagement für die rechtlichen und sozialen Forderungen abebben lässt.

445 v. Chr. (traditionell) Die *Lex Canuleia* gestattet die Heirat (*conubium*) zwischen Patriziern und Plebejern.

444?–366 v. Chr. Mehrfach werden Konsulartribune (bis zu acht jährlich) gewählt, die aber wahrscheinlich nicht die gleichen Befugnisse wie die regulären Oberbeamten haben. Das Amt, dessen Sinn und Zweck strittig sind, ermöglicht tüchtigen Plebejern eine militärische Bewährung.

443 v. Chr. (traditionell) Einführung des Zensus zur Durchführung der Bürgerschätzung und -musterung.

409 v. Chr. Erstmals sind plebejische Quästoren bezeugt.

387 v. Chr. Mit der Einrichtung neuer Tribus nach der Eroberung von Veii werden in größerem Umfang Landwünsche der Plebejer befriedigt (Viritanassignationen, d. h. Einrichtung einzelner neuer Bauernstellen auf dem *ager Romanus*).

367/366 v. Chr. Unter dem Druck der zeitweise immer noch schwierigen außenpolitischen Lage, aber v. a. als Ergebnis eines längerfristigen Annäherungsprozesses bündelt die licinisch-sextische Gesetzgebung Regelungen in den wichtigsten Streitpunkten. Sozialer Bereich: Der Umfang des durch Okkupation gewonnenen Besitzes an öffentlichem Land (*ager publicus*) wird beschränkt, was den Anreiz für Großgrundbesitzer mindert, sich illegal Arbeitskräfte zu beschaffen; außerdem wird gegen Zinswucher und Missbrauch des *nexum* vorgegangen. Im politischen Bereich erringen die Plebejer faktisch die Gleichberechtigung, indem das oberste Amt zweistellig bei voller Gleichberechtigung wird (Kollegialität) und einer der beiden der nunmehr als Konsuln bezeichneten Oberbeamten Plebejer sein kann (erster plebejischer Konsul: LUCIUS SEXTIUS LATERANUS, 366). Die Prätur bleibt bei den Patriziern und wird faktisch zur Gerichtsmagistratur, behält aber eine militärische Kommandogewalt (*imperium*). Zusätzlich zur plebejischen wird die kurulische Ädilität eingerichtet. Plebejer dringen in der Folgezeit in alle Ämter ein, freilich gegen anhaltenden Widerstand der Patrizier, die sich auf ihre religiösen Prärogativen (Monopol auf die Auspizien) berufen. Im Laufe der beiden folgenden Generationen, v. a. unter dem Druck der schweren Belastungen von außen (Latinerkrieg, Samnitenkriege), entsteht jedoch eine neue Führungsschicht, die **Nobilität**, die anders als der Patriziat einen Amtsadel darstellt. Personell besteht sie aus Patriziern und Plebejern, sie ist zugleich aber das Produkt einer völligen Neuausrichtung der politischen Elite auf die *res publica* und ihr militärisch erzieltes Gedeihen. Zur Nobilität gehören alle Familien, die unter ihren Vorfahren Konsuln haben; das höchste Amt und militärischer Ruhm sind für alle *nobiles* Ziel und Maßstab; »wer zum Adel gehörte, machte Politik, und wer Politik machte, gehörte zum Adel« (CHRISTIAN MEIER). Als Gremium der gewesenen Amtsträger und Versammlung der politisch ausgerichteten Aristokratie gewinnt der Senat an Autorität und wird zum politischen Zentrum der Republik, zumal durch die *lex Ovinia* seine Zusammensetzung der Willkür der Oberbeamten entzogen wird. | s. S. 220 | – Durch die Reformen von 367/66 wird die soziale und politische Struktur Roms nicht durchgreifend verändert. Die plebejische Oberschicht gleicht sich dem Patriziat an. Wirtschaftliche Forderungen der plebejischen Unterschicht können in der Folgezeit aufgrund militärischer Erfolge durch Landverteilungen auf erobertem Gebiet (358, 332, 318 jeweils Einrichtung zweier neuer Tribus) befriedigt und damit innere Auseinandersetzungen abgefangen werden. Die Institutionen des plebejischen Sonderstaates werden nicht beseitigt, sondern in den Gesamtstaat integriert. Die zehn Volkstribunen etwa setzen zunehmend politische Initiativen des Senates in Gesetzesanträge um; das Amt wird ein Teil der Ämterlaufbahn, behält aber latent das revolutionäre und antiadlige Potenzial aus der Frühzeit. Außerdem erhalten Plebejer Zugang zu den (zunächst noch niederen) Priesterschaften.

357 v. Chr. Einführung einer Steuer auf die Freilassung von Sklaven; die Sklaverei spielt v. a. auf den Gütern der Großgrundbesitzer bereits eine wesentliche Rolle und weitet sich durch die zahlreichen Kriegsgefangenen bis Ende des Jh.s aus.

356 v. Chr. Erster plebejischer Dictator.
351 v. Chr. Erster plebejischer Zensor.
336 v. Chr. Erster plebejischer Prätor.
326 v. Chr. Das Verbot der Schuldknechtschaft (*nexum*) durch eine *lex Poetelia* beseitigt einen wesentlichen Anstoß des sozialen Konflikts endgültig.

Frühe Republik: äußere Bedrohung und Konsolidierung bis zum Latinerkrieg (500/470–338 v. Chr.)

Man kann die äußere Entwicklung Roms in der frühen Republik in zwei Phasen einteilen: die erste reicht bis zur Eroberung Veiis 396, die zweite bis zur Unterwerfung Latiums 338. Angesichts der unsteten Verhältnisse (Nähe zu nichturbanen Bergvölkern, Destabilisierung durch Erosion des etruskischen Zusammenhaltes; Aktivitäten von »*warlords*« mit ihren mobilen Gefolgschaften) und der relativ begrenzten Operationsräume sind in der Frühphase Selbstbehauptung und Expansion, Sicherheitsstreben und offensive Politik keine Gegensätze. Eng ist der Zusammenhang mit den gleichzeitigen inneren Konflikten, die durch kriegerische Erfolge teilweise entschärft werden können (Beute, Sklaven als Arbeitskräfte, Land für neue Bauernstellen). Die Instrumente der römischen Politik sind von Anfang an vielfältig und flexibel: Annexion (direkte Gebietsvergrößerung oder Koloniegründung), enge Anbindung (Latinischer Bund) und bilaterale Verträge, u. a. mit Karthago.

Das ganze 5. Jh. ist durch zwei Schwerpunkte charakterisiert: Auseinandersetzungen mit der südetruskischen Stadt Veii und Kämpfe Roms und der Latiner gegen sabellisch-oskische Stämme, die nach Latium vordringen. Insgesamt konsolidiert sich Roms äußere Stellung im 5. Jh. und verbessert sich im 4. Jh. erheblich. Die Invasion der Kelten 390 bewirkt lediglich einen kleinen Rückschlag.

493 v. Chr. (traditionell) Nach dem Sieg über eine Koalition latinischer Städte wohl 496 am See Regillus (bei Tusculum) können die Römer den zuvor wahrscheinlich primär religiös ausgerichteten **Latinerbund** durch das sog. *foedus Cassianum*, das u. a. ewigen Frieden, gegenseitige Hilfeleistung bei Angriffen und Teilung der Beute bestimmt, unter ihre Kontrolle bringen. Eine zukunftsträchtige Innovation bilden die Aufstellung einer integrierten römisch-latinischen Armee unter einheitlichem Kommando und die Gründung latinischer Kolonien, die als militärische Stützpunkte auf ehemaligem Feindterritorium um das latinische Gebiet angelegt und zunächst eigenständige Mitglieder des Latinerbundes werden.
Auch infolge der Erosion der etruskischen Macht in Latium und den angrenzenden Gebieten (474 vernichtende Niederlage einer etruskischen Flotte bei Kyme) dringen sabellisch-oskische Stämme gegen latinisches Gebiet vor: die Volsker in die Pomptinische Ebene (Süd-Latium), die Äquer zum Algidus-Pass (Osten der Albanerberge). In den folgenden Jahrzehnten unternehmen sie häufige Beutezüge gegen

Formen der römischen Herrschaft über Italien im 5.–2. Jh. v. Chr.

Form	Ausweitung des *ager Romanus*	römische Bürgerkolonie	latinische Kolonie	politisch voll integrierte Gemeinden	politisch teilweise integrierte Gemeinden	außenpolitisch gebundene Gemeinden
antike Bezeichnung	–	*colonia civium Romanorum*	*colonia civium Latinorum*	*municipium*	*municipium*	*socii*
Art der Veränderung	Die ehemals selbstständige, nunmehr von Rom unterworfene oder sich unterwerfende oder das Bündnis suchende Gemeinde …					
	… wird aufgelöst, die Bevölkerung vernichtet oder vertrieben. Annexion des Gebietes; Besiedlung mit Römern; Einrichtung neuer Tribus oder Einweisung in eine alte	… wird (eines Teils) ihres Territoriums beraubt; darauf Ansiedlung von römischen Bürgern, später meist Veteranen. Kolonisten behalten ihre Tribuszugehörigkeit; begrenzte lokale Selbstverwaltung	… wird (eines Teils) ihres Territoriums beraubt; darauf Ansiedlung von römischen Bürgern und Nichtrömern. Die Kolonisten verzichten auf ihr früheres Bürgerrecht. Volle Staatlichkeit; Institutionen nach römischem Vorbild; außenpolitisch fest an Rom gebunden	… bleibt erhalten, wird aber als Ganze in die römische Tribusordnung integriert; begrenzte lokale Selbstverwaltung; keine Handlungsfreiheit in der Außenpolitik	… bleibt erhalten; die Bewohner werden römische Bürger mit *census*, aber ohne Stimmrecht *(suffragium)* in den Komitien. Lokale Selbstverwaltung; keine Handlungsfreiheit in der Außenpolitik	… bleibt erhalten und selbstständiges staatliches Subjekt; dauerhafte Bindung an Rom durch Vertrag und Stellung von Soldaten
Typologie	territorialintegrative direkte Herrschaft		territorialintegrative indirekte Herrschaft	politisch integrative direkte Herrschaft	politisch teilintegrative indirekte Herrschaft	politisch nichtintegrative indirekte Herrschaft
erstes Vorkommen	nach 426: Fidenae, Crustumerium	Ostia: vor 350	Ardea: 442	Tusculum: 381 (?) Latinerstädte: 338	386: Caere 338: Capua	338: Tibur, Praeneste

nach Th. Hantos

Rom und die Latinerstädte, die große wirtschaftliche Schäden verursachen.

486 v. Chr. (traditionell) Bündnis Roms und des Latinerbundes mit den Hernikern (um Anagnia [Anagni]), das von manchen Forschern aber erst für 358 angenommen wird. – Im 5. Jh. haben die Herniker mit dem Latinerbund die Frontstellung gegen Äquer und Volsker gemein.

477 v. Chr. Mit der im Kern wohl historischen Vernichtung eines Gentilaufgebots der Fabier an der Cremera durch ein Heer der Stadt Veii zeigt sich das Scheitern der partikularen Politik des römischen Adels. In den folgenden Jahrzehnten flammen die Kämpfe mit Veii immer wieder auf.

442 v. Chr. Die Reihe der latinischen **Koloniegründungen** beginnt wahrscheinlich mit dem noch auf latinischem Gebiet gelegenen Ardea; auf äquischem Gebiet folgen Labici (Monte Compatri, 418) und Vitellia (beim heutigen Valmontone, vor 393), während das volskische Gebiet südöstlich von Rom von den Kolonien Velitrae (Velletri), Cora (Cori), Norba, Signia (Segni; Gründungsdaten sind unbekannt), Circeii (Monte Circeo, 393), Satricum (beim heutigen Casale di Conca, 385) und Setia (Sezze, ca. 383) gleichsam deutlich getrennt wird.

426 v. Chr. Mit der Einnahme von Fidenae (Castel Giubileo) und Crustumerium (wenige Kilometer nördlich von Rom) gelingt ein entscheidender Erfolg gegen Veii.

um 400 v. Chr. Keltische Gruppen wandern nach Norditalien ein und nehmen die Po-Ebene in Besitz.

396 v. Chr. Nach zehnjährigem Krieg wird **Veii erobert und zerstört**.

390 v. Chr. (traditionell) Römer und Latiner werden an der Allia (linker Nebenfluss des Tiber nördlich von Rom) von keltischen Senonen unter Brennus vernichtend geschlagen. Rom wird besetzt und geplündert, nur das Kapitol soll verteidigt worden sein. Gegen Lösegeld ziehen die Kelten ab. Rom wird wieder aufgebaut und durch die sog. Servianische Mauer geschützt.

387 v. Chr. Das Land von Veii (wie schon vorher das von Fidenae und Crustumerium) wird zum größten Teil von Rom annektiert, in vier neue Tribus aufgeteilt und zu Landanweisungen an römische Bürger (Viritanassignation) benutzt; das römische Territorium vergrößert sich von ca. 800 auf ca. 1500 km^2.

Vor der Eroberung Veiis gibt es folgende 21 Tribus, deren Einrichtungsdaten in der Forschung umstritten sind; 4 städtische: Collina, Esquilina, Palatina, Suburana; 17 ländliche: Aemilia, Camilia, Claudia, Clustumina, Cornelia, Fabia, Galeria, Horatia, Lemonia, Menenia, Papiria, Pollia, Pupinia, Romilia, Sergia, Voltinia, Voturia.

386 v. Chr. (traditionell) Durch die zeitweilige Schwäche Roms ermutigt erheben sich die Volsker von Antium (Anzio) und latinische Städte. Die gleiche Koalition tritt in den folgenden Jahrzehnten mehrfach als Feind Roms auf, bis Rom im Latinerkrieg von 340/38 endgültig die Herrschaft über Latium gewinnt.

Caere, das Rom im Kampf gegen die Gallier unterstützt hat, erhält das Privileg der »Gastfreundschaft« (*hospitium*), d. h. die Bürger der selbstständig bleibenden Gemeinde (*municipium*) genießen in Rom die privatrechtlichen Privilegien eines römischen Bürgers. Dieses nach dem Vorbild der griechischen Bürgerrechtsverbindung (*Isopolitie*) gestaltete Verhältnis wird später als Rechtsinstitut römischer Herrschaft umgedeutet werden zum minderen Bürgerrecht ohne Stimmrecht in Rom (*civitas sine suffragio*).

ca. 382 v. Chr. Im Norden werden zwei latinische Kolonien (Sutrium [Sutri] und Nepet [Nepi]) angelegt. Die direkte Inkorporierung fremder Gebiete durch Annexion, Tribuseinrichtungen und Landanweisungen an römische Bürger bleibt auch für die Folgezeit ein Grundmuster der römischen Expansion in Italien. Ein Teil des eroberten Gebietes bleibt in Staatsbesitz (*ager publicus*) und wird gegen geringe Abgaben zur Okkupation freigegeben: Diejenigen, die genügend Mittel für die Bearbeitung dieses *ager occupatorius* haben, können ihn »besetzen«; das kommt v. a. dem Adel zugute.

Neben der Integration eroberten Gebietes entwickelt Rom in der Folgezeit noch weitere Methoden, um seinen Einfluss in Italien zu sichern. Ihre Anwendung hängt ab von der jeweiligen machtpolitischen Situation und der Intensität der Beziehungen, die zwischen der römischen Elite und fremden Führungsschichten bestehen.

Die Gründung latinischer Kolonien durch Rom und den Latinerbund endet 382 und wird 334 durch Rom allein mit veränderter Zielsetzung wiederaufgenommen. Nach der Eroberung Veiis haben die Römer ein deutliches Übergewicht im Latinerbund.

383 v. Chr. (traditionell) Krieg mit Lanuvium (Lanuvio).

381 v. Chr. (traditionell) Tusculum wird in den römischen Bürgerverband gezwungen. Diese Form der römischen Expansion wird als Primärform nur bei latinischen Städten angewandt, und zwar außer bei Tusculum (dessen Eingliederung teilweise erst ins Jahr 338 gesetzt wird) nur noch nach dem Latinerkrieg 340/38.

um 360 v. Chr. (traditionell) Zweiter Einfall der Kelten, die von Tibur und wahrscheinlich auch von Praeneste unterstützt werden.

354 v. Chr. (traditionell) Ein erster Vertrag Roms mit den Samniten (erneuert 341) signalisiert das Ausgreifen Roms über Mittelitalien hinaus. – Allein zwischen 361 und 354 feiern in Rom acht Feldherren einen Triumph; eine regelrechte Machtexplosion Roms durch sein Inkorporierungs-, Sicherheits- und Bündnissystem zeichnet sich ab.

350–349 v. Chr. (traditionell) Dritte Invasion der Kelten, die wiederum von Latinerstädten unterstützt, jedoch von Rom besiegt werden.

ca. 345 v. Chr. Eine »griechische« (syrakusische?) Flotte greift die latinische Küste an. Als Antwort darauf schließt Rom einen weiteren Vertrag mit Karthago, in dem Latium als Einflussgebiet der Römer erscheint. Eine Erneuerung des Vertrages (343) billigt Karthago größere Rechte bei der Einnahme von Städten in Latium ein – vielleicht eine Drohung gegen die feindlichen Latinerstädte.

343–341 v. Chr. **Erster Samnitenkrieg**: Capua wendet sich gegen die Expansion der Samniten nach Kampanien an Rom um Hilfe. Obwohl der Latinerbund gegen Rom rüstet, ziehen die Römer nach Kampanien und Samnium und können sich dort durchsetzen. Erstmals tritt Rom in einem Territorium seines Vorfeldes aufgrund des Hilferufes eines befreundeten Gemeinwesens als Ordnungsmacht auf.

341 v. Chr. Friede mit den Samniten, die freie Hand gegen die Sidiciner (Kampanien) erhalten; Rom behält Capua. Die Sidiciner gewinnen die Kampaner und den Latinerbund für einen Angriff gegen die Samniten.

340–338 v. Chr. **Latinerkrieg**: Rom vereinigt seine Streitkräfte mit den samnitischen; die Latiner und Kampaner werden in zwei Schlachten am Vesuv und bei Trifernum (zwischen Sinuessa und Minturnae) besiegt.

338 v. Chr. Zusammen mit dem volskischen Antium müssen sich die Gegner Roms ergeben. Der Latinerbund als Organisation auf der Basis von Gleichberechtigung wird aufgelöst, *conubium* (Ehegemeinschaft) und *commercium* (Handelsverkehr) zwischen den latinischen Städten werden verboten. Rom annektiert einen Teil des latinischen und kampanischen Gebietes. Mit Tibur und Praeneste werden Bündnisverträge geschlossen; einige Latinerstädte und die latinischen Kolonien behalten ihren selbstständigen Status, die übrigen Latinerstädte werden voll in den römischen Herrschaftsbereich integriert; die kampanischen Städte werden *municipia*. Nach Antium, das seine Kriegsflotte ausliefern muss (die Schiffsschnäbel *[rostrum]* werden in Rom an der Rednerbühne angebracht, die deshalb *rostra* heißt), wird eine römische Bürgerkolonie gelegt – zusammen mit Ostia der Beginn einer langen Reihe römischer Kolonien, die im 4. und 3. Jh. ausschließlich an der Küste errichtet werden und deren Schutz dienen.

Die folgenden Jahrzehnte (bis 267) sind zunächst durch die Auseinandersetzung mit den Samniten gekennzeichnet, die Rom auch in Kontakt und schließlich in Konflikt mit den süditalischen Stämmen und Griechenstädten bringen. Im Verlauf der Kämpfe baut Rom auch seine Stellung in Zentralitalien bis zur Adria aus. Insgesamt markiert der Latinerkrieg den Durchbruch Roms zur unangefochtenen Herrschaft über Mittelitalien und zugleich die erste Bewährungsprobe für die immer stärker auf Expansion drängende neue Elite (Nobilität).

334 v. Chr. Gründung der latinischen Kolonie Cales (Calvi). Obwohl der Latinerbund aufgelöst ist, gründet Rom fortan neben Bürgerkolonien solche latinischen Rechts, die – in feindlichem oder gefährdetem Gebiet liegend – aufgrund ihrer Eigenstaatlichkeit selbstständig auf äußere Entwicklungen reagieren können und als »Bollwerke der Herrschaft« (CICERO) dienen.

Rom in der Mittleren Republik: Zeitalter der Nobilität – Aufstieg zur Supermacht (340–133 v. Chr.)

»Senat und Volk von Rom«: Konsolidierung der Nobilität bis zur Festschreibung der Ämterlaufbahn (340–180 v. Chr.)

339 v. Chr. Die Zustimmung des Senats für Gesetze (*patrum auctoritas*) muss künftig vor deren Abstimmung in den Zenturiatkomitien gegeben werden (*lex Publilia Philonis*).

326 v. Chr. Anlässlich der Belagerung Neapels erster Fall der Verlängerung (*prorogatio*) der Amtsgewalt eines Konsuls (QUINTUS PUBLILIUS PHILO). Zunächst ein Mittel, um Befehlshaber von Heeren ihre Aufgaben auch nach ihrer normalen Amtszeit *pro consule* (»anstelle eines Konsuls«) zu Ende führen zu lassen, wird die Prorogation im 2. Jh. v. Chr. zu einer regelmäßigen Institution (Prokonsuln, Proprätoren).

vor 318 v. Chr. Die Ergänzung des Senats (*lectio senatus*) wird von den Konsuln auf die Zensoren übertragen (*lex Ovinia*); das Gremium gewinnt dadurch an Autonomie und Stärke.

312 v. Chr. Zensur des APPIUS CLAUDIUS CAECUS (†273 v. Chr.), der die erste gepflasterte römische Straße von Rom nach Capua (*via Appia*, vorwiegend für militärische Zwecke) und die erste Wasserleitung nach Rom (*aqua Appia*) anlegt; er soll auch stadtrömische Besitzlose in die ländlichen Tribus eingeschrieben haben, was das Gewicht der Stadtrömer bei Abstimmungen und die Integration der Bürgerschaft unter dem Druck des schweren 2. Samnitenkrieges verbessert hätte. Die Maßnahme soll 304, gegen Ende des Krieges, rückgängig gemacht worden sein.

vor 311 v. Chr. Die Zahl der Legionen wird von zwei auf vier, die der Reiterzenturien von sechs auf 18 erhöht; damit können Plebejer verstärkt in sie eindringen.

311 v. Chr. 16 der 24 Militärtribune (= Offiziere des »mittleren Dienstes«; sechs für jede Legion) werden künftig vom Volk gewählt. Erstmals *duoviri navales* (»Zweimänner für das Flottenwesen«) genannt.

304 v. Chr. Der Ädil GNAEUS FLAVIUS veröffentlicht die Spruchformeln (*legis actiones*), die bei Zivilprozessen vor dem Prätor verwendet werden, und macht die Rechtsfindung damit transparenter. Außerdem veröffentlicht er den zuvor nur von Priestern mündlich angesagten Kalender in schriftlicher Form. Durch die Fixierung und Publikation der für Rechtswesen und Politik maßgeblichen Tagesqualitäten für die größer gewordene Bürgerschaft wird ein weiteres Relikt patrizisch-partikularer Vorstaatlichkeit in Rom beseitigt. Diese und die anderen von APPIUS CLAUDIUS CAECUS initiierten Maßnahmen bescheren Rom kurz vor 300 einen Modernisierungs-, Urbanisierungs- und Egalisierungsschub.

300 v. Chr. Durch eine *lex Ogulnia* werden die Plebejer zu den Priestertümern der *pontifices* und *augures* zugelassen und sind damit im Bezug auf alle politischen Ämter und fast alle Priestertümer den Patriziern gleichgestellt. Im selben Jahr wird durch eine *lex Valeria de provocatione* römischen Bürgern eingeräumt, gegen magistratische Zwangsmaßnahmen (=Koerzition), soweit sie Leib und Leben betreffen, an die Volksversammlung zu appellieren (*provocare*, das Volk herausrufen).

287 v. Chr. Unter unklaren Umständen (angeblich erneute, letzte Sezession der Plebs, Ernennung des Dictators Quintus Hortensius, Schuldenagitation) wird eine *lex Hortensia* verabschiedet: Die Beschlüsse des *concilium plebis* (=Plebiszite) erhalten Gesetzeskraft und werden den in den Zenturiatkomitien beschlossenen *leges* gleichgestellt. Damit ist die Anerkennung des Volkstribunats und die Integration der Plebejer in den Gesamtstaat auch formal vollzogen. Der Unterschied zwischen Patriziern und reichen Plebejern im Sinne eines Standesunterschiedes verliert in der Folgezeit immer mehr an Bedeutung; Gesetze werden zunehmend nur noch im leichter handhabbaren *concilium plebis* eingebracht und verabschiedet.

242 v. Chr. Einsetzung des *praetor peregrinus* für die Rechtsprechung zwischen römischen Bürgern und Fremden; darin drückt sich die zunehmende »internationale« Bedeutung Roms aus.

241 v. Chr. Die letzten beiden neuen Tribus, Quirina und Velina, werden eingerichtet. Die jetzt erreichte Zahl der Tribus, 35, bleibt fortan konstant; neu erworbenes römisches Gebiet wird in Zukunft bestehenden Tribus zugeordnet, wodurch diese bald den Charakter geschlossener Wohngebiete verlieren.

241/218 v. Chr. Reform der Zenturiatkomitien. Der Inhalt der Reform ist im Einzelnen umstritten. Sicher ist aber, dass zumindest für die 1. Klasse die Tribus- mit der Zenturienordnung verbunden wird; damit wird der Ausdehnung des römischen Herrschaftsgebiets in Italien Rechnung getragen, eine Repräsentation aller italischen Wohnbezirke in den Zenturiatkomitien erreicht und zugleich das bäuerliche Element in ihnen gestärkt. Ferner genügen nun nicht mehr allein die Stimmen der Ritter und der 1. Klasse für eine Mehrheit. Die Teilung der Zenturien dieser Klasse in je 35 der *iuniores* (18–45 Jahre) und *seniores* (älter als 45 Jahre) vergrößert angesichts der demografischen Struktur das Gewicht der Älteren. Schließlich verlieren die Ritter zugunsten der 1. Klasse das Recht der Prärogative, d. h. der zuerst abstimmenden Zenturie; diese wird künftig ausgelost.

232 v. Chr. Ein Gesetzesantrag des Volkstribunen Gaius Flaminius (†217), dass der *ager Gallicus* (das Gebiet südlich von Rimini) einzeln an neue Siedler verteilt werden soll (Viritanassignation), wird gegen Widerstand im Senat vom *concilium plebis* beschlossen.

227 v. Chr. Die Zahl der Prätoren wird von zwei auf vier erhöht und damit eine geordnete Verwaltung der neu erworbenen außeritalischen Gebiete ermöglicht. Die Vermehrung verbessert die Chancen von Aufsteigern auf ein Amt mit *imperium*. Langfristig verschärft sich jedoch zugleich der Wettbewerb um das Konsulat, das immer zweistellig bleibt.

221 v. Chr. Einrichtung der *ludi plebei*.

220 v. Chr. In der Zensur des Flaminius werden Freigelassene nur noch in die vier städtischen Tribus eingeschrieben; auch künftig wird das politische Gewicht von Neubürgern durch diese Praxis beschränkt. Bau des Circus Flaminius, des Forum Flaminii und der Via Flaminia.

218 v. Chr. Die *lex Claudia* des Volkstribunen Quintus Claudius erklärt den Besitz von Schiffen, die mehr als 300 Amphoren fassen, als »unschicklich« für Senatoren. Das Gesetz bedeutet keine handfesten Beschränkungen für die Wirtschaftsaktivitäten der Senatoren, die nun mit Strohmännern arbeiten. Das Gesetz sondert aber nach außen die Senatoren klar von den zum Ritterstand (*equites*) gehörenden Geschäftsleuten (*publicani*) ab, die nun die Staatspacht und Heeresversorgung monopolisieren und der Nobilität die politische Führung überlassen. Die Nobilität wiederum ist durch Heiraten und Geschäftsverbindungen weiter eng mit den *equites* verbunden, jedoch zugleich eindeutiger als zuvor auf die militärische und politische Leitungsfunktion festgelegt.

218–201 v. Chr. Im 2. Punischen Krieg werden wegen der kritischen Lage Roms, insbesondere wegen des Mangels an erfahrenen Heerführern, zahlreiche Regeln für die Magistratur suspendiert oder gelockert. Durch ein Plebiszit wird die kurzfristige Wiederholung (Iteration) oder Fortsetzung (Kontinuation) von Konsulaten erlaubt; die Verlängerung der Amtsgewalt (*prorogatio*) wird weit häufiger angewandt als in der Zeit davor, und zwar teilweise für einen langen Zeitraum (bis zu zehn Jahren). Im Durchschnitt gibt es in jedem Jahr des Krieges acht außerordentliche Inhaber von Kommandofunktionen (*imperium*) neben den regulären sechs, außerdem mehrere Dictaturen (zuletzt 202), z. T. auch für Spezialaufgaben in Rom. Innerhalb der Nobilität kommt es um die richtige Strategie auch zu heftigen Auseinandersetzungen, in denen alle formalen und politischen Mittel mobilisiert werden (Plebiszite, religiöse Verhinderungsmaßnahmen, Manipulationen bei Wahlen). Dominierende Figuren sind Quintus Fabius Maximus »Cunctator« (*um 280, †203) und Marcus Claudius Marcellus (*um 268, †208), beide fünfmal Konsuln, sowie Publius Cornelius Scipio (*236, †183), der 211 in beispielloser Manier als Mann ohne Amt (*privatus*) mit einem prokonsularischen Imperium betraut wird, noch dazu in sehr jungem Alter. Die religiöse Erregung der Kriegszeit wird u. a. darin deutlich, dass Menschenopfer dargebracht werden (216) und der Kultstein der Magna Mater von Pessinus (Phrygien) nach Rom überführt wird (205/4).

Nach 201 ist die Nobilität bemüht, die wirtschaftlichen, politischen und religiösen Anomalien der Kriegsjahre zu überwinden und wieder zu »normalen« Verhältnissen zurückzukehren. Dazu gehört die Festigung der Sicherheitsarchitektur Italiens durch Veteranenansiedlungen und Koloniegründungen, die Kontrolle religiöser und geistiger Strömungen griechischer oder orientalischer

Herkunft, der Kampf gegen übermäßigen Luxus in der Aristokratie, die Verregelung des Wettbewerbs um die Ämter und die Wiedereinbindung überragender Individuen in das Kollektiv der Nobilität.

seit 201 v. Chr. In den in Süditalien konfiszierten Gebieten werden Veteranen Scipios angesiedelt, große Teile des Landes zur Okkupation freigegeben.
Auf Ersuchen der von Bevölkerungsschwund betroffenen Verbündeten werden 12 000 Latiner und Italiker, die illegal nach Rom eingewandert sind, zur Rückkehr in ihre Gemeiden genötigt.

195 v. Chr. Gegen den Widerstand von Marcus Porcius Cato (*234, †149; Zensor 184) wird die *lex Oppia*, die seit 215 den demonstrativen Luxuskonsum von Frauen der Oberschicht reguliert, wieder abgeschafft.

194 v. Chr. Zur Sicherung der italischen Küsten und der ehemals aufständischen Gebiete werden acht Bürgerkolonien gegründet.

187 und 184 v. Chr. Publius Cornelius Scipio Africanus, der Sieger über Hannibal, und sein Bruder Lucius Cornelius Scipio, der Sieger über Antiochos III., werden nach ihrer Rückkehr aus dem Osten wegen angeblicher Unterschlagungen und Eigenmächtigkeiten mit Prozessen überzogen, deren Details und Chronologie strittig sind. Den Hintergrund bildet der Versuch einer Gruppe im Senat mit Cato an der Spitze, die Gefahr zu bannen, die sich aus dem enormen Ansehen und Ruhm der Scipionen ergibt und die innere Architektur der gesamten Nobilität bedroht. Lucius Scipio wird zu einer Geldstrafe verurteilt, sein Bruder Africanus zieht sich 184 verbittert aus Rom zurück und stirbt kurz darauf.

186 v. Chr. Senatsbeschluss gegen die Bacchanalien (orgiastischer Dionysos-Kult in geheimen Gesellschaften), weil in ihnen eine Gefahr für die staatliche Ordnung gesehen wird. Die Ermächtigung der römischen Magistrate, gegen die Umtriebe vorzugehen, gilt auch für die Gemeinden der Verbündeten; sie hat wahrscheinlich den Zweck, die Kontrolle der Nobilität über die Religion gegen »autonome« und geheime Vergemeinschaftungen einzuschärfen.

184/181 v. Chr. Zur Sicherung der Verbindungen nach Norden werden die Bürgerkolonien Potentia (Potenza) und Pisaurum (Pesaro) sowie Saturnia und Graviscae (Porto Clementino) gegründet.

181 v. Chr. Gesetz gegen *ambitus*, d. h. gegen Missbräuche bei der Ämterbewerbung, hervorgerufen durch wachsende Konkurrenz innerhalb der Herrschaftsschicht. Bis zum Ende der Republik sind ambitus-Gesetze ein ständiges Thema römischer Innenpolitik.
Schriften religiösen und philosophischen Inhalts, die angeblich von König Numa stammen und zufällig »gefunden« werden, lässt der Prätor Quintus Petilius öffentlich verbrennen.

180 v. Chr. Die *lex Villia annalis* regelt die Ämterlaufbahn (*cursus honorum*): Eintrittsalter, Ämterfolge und Intervalle werden festgelegt und der Wettbewerb dadurch objektivierbaren Steuerungsmechanismen unterworfen.

Die innere Ordnung Roms im 3. und 2. Jh. v. Chr.

Wirtschaft

Grundlage der römischen Wirtschaft bleibt immer die Landwirtschaft, in der sich jedoch in der mittleren Republik ein merklicher Wandel vollzieht: Sind etwa bis zum 2. Punischen Krieg bäuerliche Klein- und Mittelbetriebe (bis 4 bzw. 10 ha) vorherrschend, so bilden sich danach in bestimmten Gegenden Italiens (Etrurien, Latium, Kampanien, verschiedene Regionen Süditaliens) verstärkt größere Gutsbetriebe von 20 bis 100 ha Größe aus. Sie werden durch Sklaven bewirtschaftet; statt Getreide werden v. a. Oliven, Wein und Gartenbauprodukte angebaut, teilweise geht man zu Viehzucht über. Die Möglichkeiten für die Bildung von Großgrundbesitz werden durch die römische Expansion und Kriege geschaffen: Im 2. Punischen Krieg werden die zu Hannibal abgefallenen Städte durch Landkonfiskationen bestraft; die Reichen erhalten dadurch vermehrt Gelegenheit zur Okkupation. Die kleineren Subsistenzbetriebe mit ihrer geringen Produktivität und ohne Reserven sind den Unwägbarkeiten der bäuerlichen Existenz fast ungeschützt ausgesetzt. Hinzu kommen die Verwüstungen des Hannibalkrieges und generell die Bedrückungen durch langen Kriegsdienst; dieser trifft zwar eher die erwachsenen Söhne als die Bauern selbst, doch das Fehlen von Arbeitskräften kann nur ausgeglichen werden, wenn durch Beuteanteile die Produktivität verbessert werden kann. Eine nicht unerhebliche Entlastung bilden dagegen die Koloniegründungen, die neue Bauernstellen mit überwiegend ausreichenden Besitzgrößen schaffen (bis 177). Gewinne und Belastungen für die ärmere und mittlere ländliche Bevölkerung sind generell sehr unterschiedlich verteilt und auch von Region zu Region verschieden. Unzweifelhaft existiert vielerorts ein landloses Proletariat von Nichtsesshaften und Saisonarbeitern; auch die Abwanderung nach Rom nimmt zu. Daneben gibt es aber auch landschaftsspezifische Kooperationen zwischen Subsistenzbauern und größeren Grundbesitzern.

Durch Statthalterschaften, Kriegsbeute und die Staatspacht strömt viel Geld aus den Provinzen nach Rom, das in Land angelegt wird. Infolge der Kriege sind Sklaven als Arbeitskräfte billig zu haben; um 150 gibt es nach Tenney Frank in Italien neben ca. vier Mio. freien Bewohnern knapp eine Mio. Sklaven. Anregungen für neue landwirtschaftliche Produktionsformen haben die Römer durch die Begegnung mit den süditalischen Griechen und den Karthagern erhalten. Auf den Gütern der Reichen wird zwar für den Markt produziert, die Gewinne werden aber konsumiert: Die politische Laufbahn und gesellschaftliche Repräsentation (z. B. bei Begräbnissen) verschlingen riesige Summen. In der Regel werden die Güter nicht durch die Eigentümer, sondern durch Verwalter (*vilici*) bewirtschaftet (»*absentee landlordism*«). Die wirtschaftlichen Möglichkeiten der Großbetriebe werden nicht ausgeschöpft, die Erträge bleiben relativ gering. Insgesamt handelt es sich bei der römischen Gutswirtschaft nicht um eine kapitalistisch betriebene Wirtschaftsform.

Gegenüber der Landwirtschaft stehen alle übrigen Wirtschaftszweige in Italien an Bedeutung zurück. Zwar gibt es ein ausgedehntes Handwerk, das insbesondere auch von den wachsenden Anforderungen auf dem Gebiet der Waffenherstellung, der Gutswirtschaft, des Luxusbedarfs, des Baus von privaten und öffentlichen Gebäuden, Wasserleitungen etc. profitiert. Dennoch entsteht daraus keine Industrie, obwohl die Arbeitsteilung entwickelt ist. Das Handwerk bleibt also wesentlich auf kleine Betriebe beschränkt; es weist zwar insgesamt viele Beschäftigte auf, wirft aber keinen großen Gewinn ab. Hauptgrund für diese Verhältnisse dürfte sein, dass die Absatzmärkte wegen Transportschwierigkeiten begrenzt sind: Der Landtransport ist äußerst teuer und kommt deshalb für normale Gebrauchsgüter nicht in Frage; der Seetransport ist zwar billiger, enthält aber große Risiken. Dazu kommt, dass die Reichen immer wieder Gelegenheit haben, ihr Geld in Land zu investieren. Im sozialen Wertesystem gilt die Landwirtschaft als die honorigste Weise des Unterhalts, weil nur sie allein volle Autarkie ermöglicht.

Die Expansion Roms hat zur Folge, dass sich die öffentlichen Aufgaben stark erweitern: Heeresversorgung im Krieg, Transportwesen, städtebauliche Maßnahmen, Straßenbau, Zölle aller Art, Ausbeutung von Bergwerken in den Provinzen. Der Staat übernimmt diese Aufgaben nur teilweise in eigene Regie, teilweise vergibt er sie an Staatspächter (*publicani*). Diese Gruppe, Kern des sich neu herausbildenden Standes der Ritter (*equites*), wächst aus dem Bauerntum heraus und investiert ihre Gewinne aus der Staatspacht zum großen Teil in Land. Um die teils großen Summen für die Pachten aufzubringen und Risiken (etwa im Seehandel) zu verteilen, bilden die *publicani* Gesellschaften (*societates*).

Nicht durch wirtschaftliche, sondern durch politisch-militärische Tätigkeit als Statthalter und Heerführer (Kriegsbeute) erwachsen der römischen Führungsschicht seit der Einrichtung von Provinzen und den Kriegen mit den reichen hellenistischen Staaten Einnahmen, die für den Kreis der Nobilität wahrscheinlich nach und nach die Einnahmen aus der Landwirtschaft übertreffen. Daraus ergibt sich eine Schieflage bei den politischen Chancen; die Angehörigen der Nobilität und v. a. die Inhaber von Kommandofunktionen erlangen auch ökonomisch einen Vorsprung gegenüber Aufsteigern und weniger erfolgreichen Adligen.

Eine staatliche Wirtschaftspolitik im eigentlichen Sinn gibt es in der römischen Republik nicht. Der Staat versucht – nicht immer mit Erfolg –, die Kornzufuhr für die hauptstädtische Bevölkerung zu sichern; er schafft neue Bauernstellen durch Viritanassignationen und Koloniegründungen, mit denen aber immer auch, wenn nicht primär, militärische Zwecke verfolgt werden. Ebenso liegt die Münzprägung in Händen des Staates: Geprägtes Kupfergeld gibt es seit dem 4. Jh., Silbergeld wird erstmals 269 geprägt. Die gebräuchlichsten römischen Münzen haben seit 217 folgende Relation: 1 *denarius* (Silber) = 4 *sestertii* (Silber) = 16 *asses* (Kupfer). 6000 Denare entsprechen einem Talent Silber. Was dieses Geld wert ist, kann man sich am besten an einigen Löhnen und Preisen klarmachen, die Frank für die 1. Hälfte des 2. Jh.s berechnet hat. Ein freier Arbeiter verdient um 3 *sestertii* am Tag, die Arbeit eines Sklaven wird zu 2 *sestertii* gerechnet. Ein *modius* (= 8,733 Liter) Weizen kostet 3, ein Liter gewöhnlichen Weins 0,77 bis 1 *sestertii*, ein Landsklave 300–500, ein Pflugochse 60–80 *denarii*. Ebensowenig wie eine staatliche Wirtschaftspolitik gibt es einen geregelten Staatshaushalt mit genauer Planung der Einnahmen und Ausgaben. Die Bürgersteuer kann nach den gewaltigen Beuteerträgen aus dem 3. Makedonischen Krieg 167 auf Dauer abgeschafft werden. Wichtige Einnahmequellen sind ferner die Abgaben der Provinzen und die Verpachtung von Einnahmequellen durch die Zensoren.

Aristokratie und Gesellschaft

Der Senat besteht bis zu Sulla (*138, †78) aus 300 Mitgliedern, die von den Zensoren durch *adlectio* (Zuwahl) bestimmt werden. Er rekrutiert sich aus denjenigen Mitgliedern von senatorischen und ritterlichen Familien, die eine politische Laufbahn einschlagen. Im Normalfall sichert die Bekleidung von Ämtern die Anwartschaft auf einen Sitz im Senat. Innerhalb der Senatsaristokratie bilden die Familien, die in ihren Reihen oder unter ihren Vorfahren Konsuln haben, einen herausgehobenen Kreis, die Nobilität. Insbesondere seit dem 2. Punischen Krieg tendiert dieser Kreis zu stärkerer Exklusivität.

Der Begriff Ritter, ursprünglich nur auf die in 18 Zenturien organisierten Staatspferdinhaber (*equites equo publico*) angewandt, dient seit der mittleren Republik zunehmend zur Bezeichnung Wohlhabender überhaupt. Erst seit Gaius Sempronius Gracchus (*153, †121) erhält diese Schicht eindeutige Konturen: Seitdem muss jeder Staatspferdinhaber, der Senator wird, sein Pferd abgeben. Ob schon in der mittleren Republik ein Vermögensminimum für die Zugehörigkeit zum Ritterstand besteht, ist umstritten. – Die Ritter wachsen aus dem wohlhabenden Bauerntum hervor. Ihnen erstehen durch die römische Expansion in und außerhalb Italiens mannigfache Aufgaben, v. a. durch die Staatspacht. Daneben sind Ritter als Großhändler und Offiziere tätig. Obwohl durch die *lex Claudia* von 218 Senatoren vom Seehandel und wahrscheinlich auch von der Staatspacht ausgeschlossen werden, bleiben Ritter- und Senatorenschicht relativ homogen; die Ritter legen ihre Gewinne v. a. in Land an und richten sich nach der senatorischen Lebensweise aus. In ihrer wirtschaftlichen Tätigkeit wirken römische Ritter mit ihren italischen Standesgenossen eng zusammen, sodass sie in den Provinzen vielfach als einheitliche Gruppe wahrgenommen werden. Hochburgen ihrer Aktivität sind Delos und Kleinasien.

Weitgehend stabil bleibt eine breite bäuerliche Bevölkerung, deren Lebensstandard zwischen Auskommen und einem gewissen Wohlstand liegt. Sie ist zwar teilweise in aristokratische Klientelen eingebunden und nimmt auch gelegentlich, wenn möglich, am politischen Leben in der Hauptstadt teil. Ihr Selbstbewusstsein ruht jedoch auf der verbrieften Freiheit (*libertas*) des römischen Bürgers und damit eines Angehörigen des mächtigsten Staates der Welt sowie auf der Autonomie des Hauses, in dem der Hausherr (*pater familias*) eine nirgendwo anders existierende Machtfülle genießt.

Demgegenüber wird die Plebs mehr und mehr zu einer sozialen Unterschicht. Auf dem Lande besteht sie aus unterbäuerlichen, meist nicht selbstständigen Familien *(plebs rustica)*, in der Stadt Rom aus allen Bürgern, die von täglicher Arbeit leben müssen (*plebs urbana*). Die soziale Zusammensetzung der stadtrömischen Plebs ändert sich auch durch die relativ häufigen Freilassungen von Sklaven und die Zuwanderung aus der *plebs rustica* sowie von Italikern nach Rom. Zwar gibt es in der expandierenden Stadt genug Gelegenheitsarbeit, v. a. im Bau- und Transportgewerbe; dennoch sind die Lebensbedingungen der Plebs hart, da es vor GRACCHUS keine staatliche Vorsorge für eine kontinuierliche Getreidezufuhr gibt und Wohnungsknappheit herrscht; das betrifft auch die wirtschaftlich durch Handwerk und Dienstleistungen selbstständigen Mitglieder der Plebs. Als Anhängerschaft und »Gesetzgebungsvolk« (weniger als Wählerschaft, da Besitzlose in den Zenturiatkomitien keine Rolle spielen) ist die stadtrömische Plebs für ehrgeizige Politiker attraktiv; sie ist nicht käuflich, aber wegen der fehlenden Einbindung in ein klienteles System sozialer Absicherung für gezielte Werbung ansprechbar.

Die Beziehungen und Normierungen innerhalb der Aristokratie sind von dem Ziel bestimmt, die soziale Integration der Herrschaftsschicht zu sichern. Diesem Ziel dienen: die starke Ausprägung der väterlichen Gewalt (und damit ein strikter Zwang zur Einordnung von Kindern und »Jugendlichen«); die Verbindungen von Adelsfamilien durch politische Heiraten und durch – wesentlich politisch bestimmte – Freundschaften (*amicitiae*) – politische Gruppen bilden sich in Rom nicht um Programme, sondern um Personen; das Protektionswesen, d. h. der Zwang für junge Adlige, sich einflussreichen Nobiles anzuschließen, um in der politischen Laufbahn voranzukommen; ein einheitliches Wertesystem, das militärische Tüchtigkeit, wirtschaftlichen Erfolg, Beredsamkeit und Autorität hochschätzt und in dessen Rahmen die Konkurrenz innerhalb der Adligen auf das Wirken im Staat bezogen ist; zunehmende juristische Sanktionen gegen Regelverstöße von Aristokraten in neuralgischen Rollen (Luxusdemonstration, Wahlbestechung, Unterschlagung, Amtsmissbrauch); schließlich der Senat, der nicht nur ein Herrschaftsorgan, sondern auch ein Mittel sozialer Kommunikation ist, das allen anderen sozialen Gruppen in Rom fehlt. Die Wahrung dieser Kommunikation ist aber auch dafür verantwortlich, dass die Zahl der Herrschaftsträger nicht mit dem Herrschaftsgebiet mitwächst; vielmehr hält die Nobilität an stadtstaatlichen politischen Strukturen, intensivem und persönlichem Austausch untereinander und mit den anderen Gruppen der Bürgerschaft sowie – im weiteren Herrschaftsgebiet – an einer Mischung aus militärischer Drohung, gering entwickelter Administration und indirekt-subsidiärer Herrschaft und Ausbeutung fest. Die Kontrolle der Herrschaftsträger und die Wahrung einer ungefähren wirtschaftlichen Gleichheit des Standes können auf diese Weise nicht gesichert werden.

Für die Beziehungen zwischen der Herrschaftsschicht und den übrigen Gruppen der Bürgerschaft ist bis zur mittleren Republik v. a. das Institut der Klientel kennzeichnend: Es ist nicht nur ein wichtiger gesamtgesellschaftlicher Integrationsfaktor, sondern auch soziale Grundlage der aristokratischen Herrschaft. Weil in der 1. Hälfte des 2. Jh.s Patrone den Schutzverpflichtungen gegenüber bäuerlichen Klienten oft nicht mehr nachkommen (wollen) und viele Bauern ihre Wohnsitze verlassen müssen, führt das wahrscheinlich zu einer Lockerung der Klientelbeziehungen, deren Wirkung sich dann im Tribunat des TIBERIUS SEMPRONIUS GRACCHUS (*162, †133) zeigt; das Prinzip der Bindung zwischen sozial Ungleichen auf der Grundlage von »Wohltat« (*beneficium*) und »Treue« (*fides*) bleibt aber erhalten.

Die Ritter haben mit der Führungsschicht weitgehend die gleichen Interessen an der Erhaltung des Status quo und sind durch die wirtschaftlichen Möglichkeiten, die sich ihnen seit dem 2. Jh. bieten, voll saturiert. Sklaven gelangen nach Rom durch Kriege (seit dem 3. Jh. werden in der Regel nur noch die Bewohner abgefallener oder aufständischer Städte versklavt), durch Sklavenjagden römischer Statthalter und Publikanen und über den Sklavenmarkt (v. a. in Delos und Aquileia). Die Hauptquelle für Sklaven scheint aber deren natürliche Fortpflanzung zu sein. – Der römische Sklave hat keine persönlichen Rechte, er ist rechtlich eine Sache *(res)*, mit

Außerordentliche Magistraturen

Name	Zahl und Entstehung	Bestellung	Rekrutierung	Amtszeit	Funktionen
Interrex	1; wahrscheinlich Königszeit	durch patrizische Senatoren	nur Patrizier	5 Tage	Abhaltung von Konsulwahlen, wenn Konsulat vakant ist.
Dictator	1; wahrscheinlich Königszeit	von 1 Konsul ernannt	Konsulare	6 Monate	besondere Aufgaben, vor allem im militärischen Bereich
Magister equitum	1; wahrscheinlich Königszeit	vom Dictator ernannt	Konsulare	6 Monate	Gehilfe des Dictators, Aufgaben nach Auftrag

Bis zu Sulla hin sind auch Proconsules und Propraetores als außerordentliche Magistrate zu betrachten. Seit 326 wird mehrfach das Imperium von Konsuln und Prätoren verlängert (prorogiert), damit kriegerische Aufgaben pro consule oder pro praetore zu Ende geführt werden können. Im 2. Punischen Krieg erhalten auch Private prokonsularische Imperien, seit dem 2. Jh. werden Prokonsuln und Proprätoren auch in der Provinzverwaltung eingesetzt. Die damit eingeleitete institutionelle Verfestigung der Promagistratur wird durch Sulla vollendet; seitdem folgt auf jedes Konsulat und jede Prätur automatisch eine Promagistratur in den Provinzen.

der der Besitzer nach Belieben verfahren kann. An der Wende vom 3. zum 2. Jh. wird auf den Gütern der Reichen die Sklaverei zur Grundlage der landwirtschaftlichen Produktion, doch dringen Sklaven auch verstärkt ins Handwerk sowie in die private und öffentliche Verwaltung ein. Je nach Beschäftigungssituation ist die Lage der Sklaven sehr unterschiedlich: Am unmenschlichsten sind die Verhältnisse in den Bergwerken; die Arbeit dort ist häufig Bestrafung für Freie wie für Sklaven. In der Landwirtschaft werden die Sklaven zwar nicht rücksichtslos ausgebeutet (in einer nichtkapitalistischen Wirtschaft steht das Interesse an der Erhaltung des Besitzes im Vordergrund), werden aber dauernd beaufsichtigt, sind der Willkür ihrer Herren oder Verwalter ausgesetzt, leben z. T. in Sklavenhäusern (*ergastula*) und sind vom gesellschaftlichen Leben isoliert. Die Handwerker-Sklaven sind oft nicht im Haushalt ihres Herrn tätig, genießen eine gewisse Unabhängigkeit und haben wahrscheinlich Zutritt zu den Kollegien und deren Kulten. Noch besser geht es den Sklaven in der Verwaltung und denen mit speziellen Fähigkeiten (z. B. Köche, Tänzer): Ihr Wert sichert ihnen menschliche Behandlung. Wegen der unterschiedlichen Situation und der verschiedenen ethnischen Herkunft der Sklaven entwickelte sich keine gemeinsame Interessenlage. Sklaven und Freigelassene tragen ihrerseits stark zur kulturellen und religiösen Gemengelage in der Stadt Rom bei.

Politik in der res publica

Das politische System Roms ist von der Aristokratie geprägt, wobei diese aber umgekehrt ganz durch die Politik konstituiert und auf diese fixiert ist. Das findet seinen

Ordentliche Magistraturen

Name (Mindestalter seit 180)	Zahl und Entstehung	Wahl in	Rekrutierung	Funktionen
Censores	2; 367/6	*comitia centuriata* (alle 5 Jahre für jeweils 18 Monate)	Konsulare	Vermögensschätzung und Musterung der Bürger *(census)*; Auswahl der Mitglieder des Senats *(lectio senatus)*; Musterung der Ritter *(census equitum)*; Sittenaufsicht *(cura morum)*; verantwortlich für Gemeindeimmobilien; Verpachtung staatlicher Güter (Bergwerke, Zölle); Anordnung und Realisierung städtischer Neubauten
Consules (43 Jahre)	2; Beginn eines städtischen Oberamtes am Anfang der Republik; wann als *consules*, unsicher	*comitia centuriata*	im Normalfall konsularische Familien; selten Aufsteiger aus Ritterfamilien *(homines novi)*	Imperium; allgemeine Leitungsfunktion; Heerführung; Berufung und Leitung der Komitien und des Senats
Praetores (40 Jahre)	367/6: 1 *praetor urbanus*	*comitia centuriata*	senatorische und Ritterfamilien, Bürger der 1. Klasse	Imperium; Vertretung des Konsuls bei dessen Abwesenheit; Berufung und Leitung der Komitien und des Senats; Jurisdiktion in Rom; Vorsitz in Geschworenengerichtshöfen (seit 2. Jh.); Abhaltung der *ludi solemnes*
	+ 242: 1 *praetor peregrinus*			Imperium; Iurisdiktion *inter cives et peregrinos* (zwischen Bürgern und Fremden)
	+ 227: 2 *praetores*			Verwaltung der Provinzen Sizilien und Sardinien/Korsika
	+ 197: 2 *praetores*			Verwaltung der beiden spanischen Provinzen
Tribuni plebis	10 (seit 450?); kurz nach Beginn der Republik	*concilium plebis*	nur Plebejer	Berufung und Leitung des *concilium plebis* (Gesetzgebung, politische Gerichtsbarkeit); Hilferecht *(ius auxilii)* und Interzessionsrecht *(ius intercedendi)*
Aediles plebis (37 Jahre)	2; kurz nach Beginn der Republik	*concilium plebis*		Berufung und Leitung des *concilium plebis*; Verwaltung der plebejischen Tempel — *cura urbis:* Aufsicht über Sicherheit und Sauberkeit der Stadt und des Verkehrs, über Kultstätten, Marktgeschäft, Bäder, Garküchen, Bordelle, öffentliche Brunnen; Multprozesse vor Tributkomitien; *cura annonae:* Sorge für ausreichende Getreide- und Ölzufuhr, Aufsicht über Magazine, Leitung der Getreideverteilung
Aediles curules (37 Jahre)	2; 367/6	*comitia tributa*	senatorische und Ritterfamilien, Bürger der 1. Klasse	Berufung und Leitung der Tributkomitien; Zivilprozesse wegen Beleidigung; *cura ludorum*
Quaestores (31 Jahre)	447: 2 *quaestores urbani*	*comitia tributa*		Gehilfen der Konsuln; Verwalter des *aerarium*
	+421: 2 *quaestores*			Feldherrnquaestoren; Verwaltung der Kriegskasse und der Proviantmagazine; Vertretung des Feldherrn
	+267 (?): 4			*quaestores classici* für die Flotte
	+ unbestimmte Zahl			Provinzquaestoren; Verwaltung der Gelder und Marktgerichtsbarkeit in Provinzen; Vertretung des Statthalters

Ausdruck in den Statuskriterien für die Zugehörigkeit zur Nobilität, in dem scharfen und zugleich strikt geregelten Wettbewerb innerhalb der Nobilität und in der Orientierung auf die Institutionen des Volkes. Diese Ausrichtung, die sich in alltäglicher Nähe zwischen Adel und Volk sowie auch in hohen Verlusten des Adels im Krieg manifestiert (in den ersten Jahren des 2. Punischen Krieges verliert fast die Hälfte der Senatoren ihr Leben!), erklärt ganz wesentlich den erstaunlichen Gehorsam der Bürgerschaft gegenüber der politischen Elite. Die wichtigsten politischen Institutionen Roms sind der Senat, die Magistrate und die Volksversammlung.

Der Senat setzt sich aus 300 Mitgliedern zusammen, die sich v. a. aus den gewesenen Magistraten rekrutieren. Rechtlich hat er fast keine Entscheidungskompetenzen, faktisch jedoch eine umfassende Zuständigkeit; er ist Beratungsorgan der Magistrate (der Senatsbeschluss heißt *senatus consultum*). Faktisch wird der Senat in der mittleren Republik zum entscheidenden Regierungsorgan Roms, weil in ihm die politische Erfahrung Roms repräsentiert ist und er ein kontinuierliches Organ gegenüber den jährlich wechselnden Magistraten bildet. Das wirkt sich besonders in der angesichts der Expansion komplizierter werdenden Außen- und Finanzpolitik aus, weshalb der Senat diese beiden Gebiete als seine Domäne betrachtet. Ein großer Teil der Gesetzgebung zwischen dem 2. Punischen Krieg und den Gracchen vollzieht sich auf Initiativen aus dem Senat, wobei man sich für diesen Zweck der Volkstribunen bedient. Ferner usurpiert der Senat eine wichtige Rolle in der Gerichtsbarkeit: Er setzt häufig außerordentliche Quästionen (Untersuchungsgerichte) ein. Richter in Geschworenengerichten sind Senatoren. Dennoch darf die Homogenität senatorischer Politik nicht überschätzt werden. Neben der individuellen Konkurrenz um Ämter und Ansehen, die natürlich auch im Senat ausgetragen wird, gibt es mehrfach – zumal in der Außenpolitik – grundsätzliche Meinungsunterschiede. Auch ergreifen einzelne Magistrate immer wieder einmal Initiativen gegen den Willen der Senatsmehrheit. Meist haben sie wie Gaius Flaminius und Tiberius Gracchus die Unterstützung zumindest einer kleineren Gruppe im Senat und können das Volk kurzzeitig und erfolgreich gegen den Widerstand der Senatsmehrheit mobilisieren.

Bis 81 v. Chr. sind auch Proconsules und Propraetores als außerordentliche Magistrate zu betrachten. Seit 326

Die römischen Volksversammlungen

Name	Teilnehmer	Leitung	Versammlungsort	Funktionen: Wahl	Gesetzgebung	Gericht
Comitia curiata (Kuriatkomitien)	30 *curiae* (Personalverbände); in der späten Republik wird jede *curia* durch 1 *liktor* repräsentiert	Konsul oder Prätor, in religiösen Angelegenheiten *Pontifex Maximus*	*Comitium (Capitol)*		*lex curiata*, durch die das *imperium* der höheren und die *potestas* der niedrigen Magistrate bestätigt wird; in Versammlungen unter dem *Pontifex Maximus* werden Adoptionen und bestimmte testamentarische Verfügungen bestätigt.	
Comitia centuriata (Zenturiatkomitien)	193 *centuriae* (Stimmkörper) verschiedener Größe (*equites*: 18, 1. Klasse: 80; 2.–4. Klasse: je 20; 5. Klasse: 30; sonstige: 4; Besitzlose *[capite censi]*: 1)	Konsul oder Prätor; wenn kein Konsul im Amt, *Interrex* für Konsulwahlen	außerhalb des *Pomerium*, fast immer *Campus Martius*	von Konsuln, Prätoren, Zensoren	ursprünglich für gesamte Gesetzgebung zuständig; nach 218 aber nur noch selten für allgemeine Gesetze gebraucht, ausgenommen Kriegserklärung und Bestätigung der *potestas* der Zensoren	zuständig für Kapitalklagen; seit Gracchenzeit vor allem auf Perduellionsklagen beschränkt
Comitia tributa (Tributkomitien)	35 *Tribus* (Wohbezirke), 4 städtische und 31 ländliche; offen für alle Bürger	Konsul oder Prätor; für Gerichtsfälle manchmal kurulischer Ädil	für Wahlen in der späten Republik *Campus Martius;* für Gesetzgebung und Gericht das *Forum* oder die *Area Capitolina*	von kurulischen Ädilen, Quästoren, niedrigen Beamten, Sonderbeauftragten	Gesetzgebung jeder Art, ausgenommen die den *Comitia centuriata* vorbehaltene	für Verbrechen gegen den Staat, die nicht kapital waren
Concilium plebis (Versammlung der Plebs)	35 *Tribus*, offen nur für Plebejer	Volkstribun oder plebejischer Ädil	(wie Comitia tributa)	von Volkstribunen, plebejischen Ädilen und bestimmten Sonderbeauftragten	seit 287 haben Plebiszite den Rang von Gesetzen; der größte Teil der Gesetzgebung seit 218 durch *concilium plebis*	häufige Verfahren durch Tribune wegen Verbrechen gegen den Staat

nach L. R. Taylor

wird mehrfach das Imperium von Konsuln und Prätoren verlängert (prorogiert), damit kriegerische Aufgaben *pro consule* oder *pro praetore* zu Ende geführt werden können. Im 2. Punischen Krieg erhalten auch Private prokonsularische Imperien, seit dem 2. Jh. werden Prokonsuln und Proprätoren auch in der Provinzverwaltung eingesetzt. Die damit eingeleitete institutionelle Verfestigung der Promagistratur wird durch SULLA vollendet; seitdem folgt auf jedes Konsulat und jede Prätur automatisch eine Promagistratur in den Provinzen.

Die Ämterlaufbahn (*cursus honorum*) beginnt mit der Quästur; nach diesem Amt erfolgt in der Regel der Eintritt in den Senat. Die Ädilität kann übersprungen werden; für Plebejer gibt es die Alternative des Volkstribunats (kein Mindestalter, nicht Teil des *cursus*). Für viele Aufsteiger oder weniger glückliche Mitglieder der Nobilität endet die Karriere mit der Prätur. – Alle ordentlichen Magistrate werden nur für ein Jahr gewählt (Prinzip der Annuität); nur die Amtszeit der Zensoren, die alle fünf Jahre gewählt werden, beträgt 18 Monate. Jedes Amt wird mindestens mit zwei Vertretern besetzt (Prinzip der Kollegialität). Die Ämter sind grundsätzlich unbezahlte Ehrenämter (*honores*), weshalb sie nur von Wohlhabenden bekleidet werden können. Jeder Beamte hat gegenüber seinen Kollegen, jeder höhere Magistrat hat gegenüber dem niedrigeren ein Einspruchsrecht (Veto). Eine Sonderstellung nehmen aufgrund ihrer Entstehung die Volkstribune ein: Sie unterliegen nur dem Einspruch ihrer Kollegen, können aber ihrerseits die Amtshandlungen jedes anderen Magistrats unterbinden (*ius intercedendi*) und somit jede staatliche Handlung lähmen. Weitere Einspruchsmöglichkeiten bietet die Religion: Viele Amtshandlungen, insbesondere die Abhaltung von Volksversammlungen, werden von religiösen Zeremonien begleitet; eine Amtshandlung darf nicht durchgeführt bzw. muss abgebrochen werden, wenn die religiösen Vorzeichen schlecht sind. Durch diese Bindungen sichert sich die Aristokratie gegen Einzelgänger; sie sind aber auch Instrumente im politischen Wettbewerb. – Die allgemeine Amtsgewalt der römischen Magistrate heißt *potestas*, die spezifische Amtsgewalt der Obermagistrate (Konsuln, Prätoren) *imperium*, das die Heerführung, die Einberufung des Senats und die Abhaltung von Zenturiatkomitien umfasst. – Die römischen Magistrate sind nicht einfach Repräsentanten des Volkes, sondern Träger der vollständigen Staatsgewalt. Sie werden vom Volk gewählt, aber die wahlleitenden Magistrate haben das Recht, die Kandidatur von Bewerbern anzunehmen oder abzulehnen; eine Wahl wird erst gültig durch die Verkündigung (*renuntiatio*) des wahlleitenden Magistrats. Die Beamten sind dem Volk nicht verantwortlich, es gibt kein förmliches Rechenschaftsverfahren. Keine Volksversammlung kann ohne Initiative eines Magistrats handeln. Die Volkstribune waren zwar ursprünglich Repräsentanten der Plebs, haben diesen Charakter aber mit dem Ende der Ständekämpfe eingebüßt. In der 1. Hälfte des 2. Jh.s sind sie bevorzugte Mittel senatorischer Politik, ohne ihr Potenzial zu einer eigenständigen Gegenpolitik zu verlieren.

Die Vielfalt der römischen Volksversammlungen, die sich in ihren Kompetenzen teilweise überschneiden, hat historische Gründe. In der mittleren und späten Republik sind die Kuriatkomitien politisch bedeutungslos. Den Zenturiatkomitien bleiben zwar die Wahlen der Obermagistrate, bestimmte politische Entscheidungen sowie politische Kapitalprozesse vorbehalten; die Gesetzgebung geht jedoch – wegen des einfacheren Verfahrens – immer mehr auf das *concilium plebis* über. – In allen römischen Volksversammlungen wird nach Stimmeinheiten (Kurien, Zenturien, Tribus), nicht nach Personen abgestimmt. In den Zenturiatkomitien haben die reichen und gehobenen Schichten übermäßigen Einfluss; die Masse der Armen und Besitzlosen stimmt nur in wenigen Zenturien und kommt im Normalfall gar nicht zur Abstimmung, da diese abgebrochen wird, wenn die Mehrheit der Zenturien erreicht ist. Neuere Forschungen sehen in den Voten der Zenturiatkomitien daher in erster Linie ein Konsensritual, in dem die Bürgerschaft zusammenkommt und ihre politische Freiheit und Macht inszeniert und demonstriert. In den Tributkomitien und im *concilium plebis* spielt zwar der Besitz keine direkte Rolle; da aber die z. T. sehr weit von Rom entfernt wohnenden Bauern zu gewöhnlichen Abstimmungen nicht in die Hauptstadt kommen können, haben auch hier die Reichen ein Übergewicht, sofern nicht unter besonderen Umständen die stadtrömische Plebs mobilisiert wird. Schwer zu bestimmen ist der Einfluss des Klientelsystems in den Versammlungen, da die Ausweitung der Bürgerschaft und die Verschärfung des politischen Wettbewerbs zu einer Aufweichung der strengen Bindungen und zu Loyalitätsüberlagerungen und -konflikten geführt zu haben scheinen. – Initiativen in den Volksversammlungen können nur von den Magistraten ausgehen. Es gibt keine Diskussion, sondern nur die Abstimmung mit »ja« oder »nein«. Zwar können den Komitien sog. *contiones* vorangehen, nichtabstimmende Versammlungen, in denen z. B. Gesetzestexte verlesen und Stellungnahmen abgegeben werden; aber auch in den *contiones* gibt es keine freie Diskussion. Auch sie werden von einem Magistrat geleitet; sprechen darf nur, wer vom Magistrat dazu aufgefordert wird. Gleichwohl dienen sie als »Stimmungstest«; Kandidaten ohne Erfolgsaussichten resignieren häufig nach dem Durchfallen in einer *contio*; Gesetzesanträge werden zurückgezogen. Die *contiones* dienen so als »Filter«; in den abstimmenden Komitien werden vorgelegte Anträge dann fast ausnahmslos angenommen.

Die Organisation der römischen Herrschaft

Mit den Latinern und italischen Bundesgenossen bilden die Römer eine Wehrgemeinschaft. Das römische Heer ist ein bäuerliches Milizherr, zu dem neben den römischen Bauern auch festgesetzte Kontingente der Latiner und Bundesgenossen herangezogen werden. Diese Wehrgemeinschaft ist wesentlicher Zweck der Verträge; deutliche Eingriffe in die inneren Angelegenheiten der Bundesgenossen kommen erst im 2. Jh. vor (Senatsbeschluss über die Unterdrückung der Bacchanalien 186 v. Chr.). – Die »Freundschaft« (*amicitia*) dient zunächst dazu, ein Verhältnis wohlwollenden Interesses zu außeritalischen Städten und Staaten zu schaffen. Mit der wachsenden Ausdehnung und Macht Roms lässt sich die Unabhängigkeit der »Freunde« nicht aufrechterhalten und wird die Freundschaft zum Hebel für Interventionen in überseeische Konflikte. – Regelrechte Bündnisverträge (*foedera*) mit außeritalischen Partnern sollen in der Regel diese aus der Provinzialorganisation herausnehmen und ihre Unabhängigkeit garantieren, doch ist auch dieses Ziel angesichts der römischen Überlegenheit und der Aktivitäten der Publikanen kaum zu erreichen. – Die Provinzialen bilden die Untertanen Roms. Die ihnen aufgebürdete Steuerlast ist anfangs relativ gering, sie liegt z. T. erheblich unter den vorher einheimischen Herrschern geleisteten Abgaben. Schwerere Belastungen ergeben sich für die Provinzialen – v. a. in Spanien und dem hellenistischen Osten – jedoch aus Kriegen (Einquartierung, Verpflegung von Heeren, Stellung von Auxilien) und dem Zugriff der Statthalter. In anderen Provinzen – z. B. Sizilien – werden durch die römische Herrschaft dauernde innere Auseinandersetzungen beendet und damit die Grundlagen auch für größere wirtschaftliche Prosperität geschaffen.

Kultur und Literatur in Rom

Rom steht zwar seit der Stadtwerdung unter dem Eindruck der griechischen Kultur (direkt oder über die Etrusker), doch verstärkt sich dieser Einfluss mit dem direkten Ausgreifen Roms nach Unteritalien in der 1. Hälfte des 3. Jh.s über die süditalischen Griechenstädte. Ansätze zu einer individualisierenden Adelskultur nach griechischem Muster werden aber zunächst nicht weiterverfolgt, da die Organisierung der Aristokratie als Nobilität zu einer starken Normierung des Lebensstils führt. Obwohl die Nobiles sehr reich sind und durch die Kriegsbeuten noch reicher werden, dominiert das Ideal einfacher, bäuerlicher Lebensführung nach dem »Vorbild der Vorfahren« (*mos maiorum*).

Über die bildende Kunst ist nur wenig bekannt. Sie ist zunächst durch Importe aus dem griechischen Süditalien geprägt. In Pompeii beginnt um 150 der sog. 1. Stil in der Wandmalerei, in der Architektur erfolgt im 2. Jh. der Übergang vom einfachen italischen Atrium-Haus zum griechisch beeinflussten Peristyl-Haus (genannt nach dem von Säulen umgebenen Innenhof). Charakteristisch für die Bautätigkeit in Rom sind die großen Basiliken auf dem Forum: Basilica Porcia (184), Aemilia (179), Sempronia (170) und Opimia (121). Der 179 begonnene

Die Organisation der Herrschaft gegenüber den Nichtrömern

Kategorien	Latiner (*nomen Latinum*)	Bundesgenossen (*socii populi Romani*)	Föderierte (*socii populi Romani*)	Freunde (*amici populi Romani*)	Provinziale (*stipendiarii*)
geografischer Raum	Italien		außeritalische Gebiete (Provinzen oder vorgelagerte »Klientel«staaten)		
Grundlagen des Verhältnisses zu Rom	Vertrag	Vertrag	Vertrag	Gesandtenaustausch, konkret geleistete Hilfe (*merita*), Friedensverträge oder Verträge anderer Art	Unterwerfung; Provinzialstatut (*lex provinciæ*)
rechtlicher Status	im Innern autonom, Prozess-, Handels-, Heiratsgemeinschaft mit Römern; z. T. latentes Doppelbürgerrecht	im Innern autonom	volle Autonomie (konformes Handeln vorausgesetzt)	autonome staatliche Subjekte; faktisch weisungsgebunden; z.B. Eingriff Roms bei Thronwechsel	keine eigene Staatlichkeit; die Herrschaft wird durch Statthalter ausgeübt; nur lokale Selbstverwaltung wird belassen
Pflichten gegenüber Rom	Verzicht auf außenpolitische Handlungsfreiheit; Leistung von Militärhilfe; keine Tribute		materielle und militärische Unterstützung im Kriegsfall; freie Hand für römische/italische Unternehmer	Neutralität im Kriegsfall; zunehmend wird aktive Unterstützung erwartet und gefordert; i.d.R. freie Hand für römische/italische Unternehmer	Grundsätzlich alles, was Rom befiehlt (*imperium*); im Regelfall Zahlung von Tributen, Stellung von Hilfstruppen, Unterwerfung unter römische Gerichtsbarkeit; freie Hand für römische/italische Unternehmer
Leistungen Roms	Freiheit von Tributen; Schutz nach außen; Anteile an Kriegsbeute; u.U. auch an Landanweisungen		Garantie der Autonomie	Vertretung der »Interessen« der *amici*, oft militärisch und ohne gefragt zu sein	Schutz nach außen, Garantie der bestehenden sozialen und politischen Ordnungen; theoretisch juristische Handhabe gegen Ausbeutung (seit 149 v. Chr.)

Pons Aemilius (Aemilische Brücke) wird 142 erstmals durch steinerne Bögen überwölbt. Charakteristisch für Rom sind die zahlreichen Memorialobjekte im Stadtbild, die fast immer an militärische Siege erinnern (Ehrenstatuen, Beuteweihungen, Denkmäler).

Die literarische Produktion beginnt nach einer Vorlaufphase mündlicher Performanz im 3. Jh. Sie wird, soweit sie nicht Geschichtsschreibung ist, zunächst meist von Dichtern nichtrömischer Herkunft getragen. Neben Übersetzungen von Epen, Tragödien und Komödien aus der griechischen Literatur werden originär römische Epen, Tragödien *(tragoedia praetexta)* und Komödien *(comoedia togata)* geschaffen. Lucius Livius Andronicus (aus Tarent? wirkt mindestens zwischen 240 und 207) verfertigt eine lateinische Fassung der »Odyssee« und verfasst Dramen, Gnaeus Naevius (aus Kampanien?; *um 265, †nach 200) schreibt neben Tragödien und Komödien ein Epos »Bellum Punicum«. Die ersten Höhepunkte findet die für die großen religiösen Feste (*ludi publici*) geschaffene und sehr populäre Komödie in Titus Maccius Plautus (aus Sarsina; *um 250, †um 184) und Publius Terentius Afer (aus Karthago; *195?, †um 160), das historische Epos in Quintus Ennius (aus Rudiae; *239, †169) mit den »Annales«, einer kühnen Gesamtgeschichte Roms in Hexametern. – Die römische Geschichtsschreibung in Prosa ist mit der praktischen Politik eng verbunden, ihre Autoren sind zunächst durchweg Mitglieder der römischen Führungsschicht. Als Erster schreibt Quintus Fabius Pictor, der 216 als Gesandter in Delphi ist, während des 2. Punischen Krieges eine Gesamtgeschichte Roms in griechischer Sprache, um einem gebildeten Publikum die römische Politik verständlich zu machen. Das erste Geschichtswerk in lateinischer Sprache, die »Origines«, stammt von Marcus Porcius Cato und berücksichtigt ausführlich auch die selbstgestaltete Zeitgeschichte sowie die Städte Italiens. Neben »Annales« in lateinischer Sprache (Lucius Calpurnius Piso Frugi, Konsul 133, und Gaius Sempronius Tuditanus, Konsul 129) entsteht erstmals auch eine historische Monografie: das »Bellum Punicum« des Lucius Coelius Antipater (*165?, †ca. 110?). – Die Kategorie des Sachbuches führt der schon genannte Cato mit einem Werk über die Landwirtschaft (»De agri cultura«), einer Art Leitfaden für die Gutsverwaltung, in Rom ein. Nach 146 lässt der Senat außerdem ein umfangreiches Lehrbuch zur Landwirtschaft aus der Feder des Karthagers Mago übersetzen.

Seit dem 2. Jh. werden auch Einflüsse der griechischen Philosophie und Bildung in Rom aufgenommen. 168 kommt der griechische Historiker Polybios als Geisel nach Rom; in seiner »Zeitgeschichte« versucht er den Aufstieg Roms zur Weltherrschaft aus der Verfassung des römischen Staates zu erklären. Griechisch gebildete Sklaven sind als Hauslehrer in adligen Familien tätig und gründen Schulen. Innerhalb der Nobilität sind aber v. a. griechische Rhetorik und Philosophie als mögliche Bedrohungen traditioneller Autoritäten und Gehorsamsstrukturen umstritten. Von einer tief greifenden »Hellenisierung« der politischen Elite kann nicht die Rede sein.

Feste und Feiern zur Zeit der römischen Republik

Zeit	Name	Bedeutung
11. u. 15. Jan.	*Carmentalia*	zu Ehren der Carmentis = Geburtsgöttin (?)
15. Febr.	*Lupercalia*	ursprünglich Hirtenfest zur Abwehr der Wölfe (?), dann Reinigungsfest
13.–21. Febr.	*Parentalia*	zu Ehren der Toten der Familie
17. März	*Liberalia*	für Liber und Libera, Fruchtbarkeitsfest
27. Febr. u. 14. März	*Equirria*	Reinigung der Pferde, Waffen und Hörner zur Vorbereitung des Feldzuges
19. März	*Quinquatrus*	
23. März	*Tubilustrium*	
15. Apr.	*Fordicidia*	Opferung trächtiger Kühe in den Kurien für Tellus (= Erde)
21. Apr.	*Parilia*	Hirtenfest zur Reinigung
25. Apr.	*Robigalia*	zur Abwehr des Getreiderostes
9., 11., 13. Mai	*Lemuria*	zur Abwehr von Gespenstern
11. Juni	*Matralia*	zu Ehren der Mater Matuta für die eigenen Kinder
19., 21. Juli	*Lucaria*	?
23. Juli	*Neptunalia*	Bau von Laubhütten, Versiegen von Wasser soll abgewendet werden (?)
17. Aug.	*Portunalia*	für Türen
19. Aug.	*Vinalia*	zu Ehren Jupiters, für Schutz der Weinberge
21. Aug. u. 15. Dez.	*Consualia*	zu Ehren des Consus = Gott des geernteten Getreides
23. Aug.	*Volcanalia*	zum Schutz der Ernte vor Feuer
11. Okt.	*Meditrinalia*	Fest des neu gekelterten Weines
13. Okt.	*Fortinalia*	zur Stärkung der Quellen
15. Okt.	*Equus October*	Entsühnung der Pferde und Waffen nach den Feldzügen
19. Okt.	*Armilustrium*	
11. Dez.	*Agonicum Indigati*	für Wärme für die Wintersaat
17. Dez.	*Saturnalia*	Abwehr von Gefahren für die Saat
23. Dez.	*Larentalia*	zu Ehren der Lares = Hausgötter

nach K. Latte

Religiöse Entwicklung

Stärker und v. a. vielfältiger wirken Einflüsse von außen auf die römische Religion. Sie bleibt einerseits eine Bauernreligion, welche mit den als sehr zahlreich gedachten numinosen Einflüssen auf das Leben und die Arbeit auf dem Lande umzugehen hat. Der Rhythmus der Feste und Kulte im Verlauf des römischen Jahres ist Ausdruck dieser Überzeugung.

Wichtigster Inhalt der römischen Religion ist es, sich bei allen Geschehnissen und Handlungen des Wohlwollens der Götter zu versichern. Dies gilt auch für Ereignisse des staatlichen Lebens. Staat und Religion sind deshalb eng aufeinander bezogen, eine ganze Anzahl öffentlicher Priesterschaften nimmt religiöse Angaben wahr: z. B. die *pontifices* (Priester) mit dem *pontifex maximus* an der Spitze, die für alle Entscheidungen in sakralen Fragen letztlich zuständig sind; die *haruspices* und *augures*, jene für die Weissagung aus tierischen Eingeweiden, diese für die Vogelschau (sie unterstützen Magistrate bei den Auspizien); die *fetiales* wirken bei der Kriegserklärung und beim Friedensschluss mit.

Im Zusammenhang mit der Expansion oder inneren Krisen werden ab dem 4. Jh. v. Chr. vermehrt Tempel gestiftet und Spiele (*ludi publici*) eingerichtet, zunächst mit circensischen Wettkämpfen, spätestens ab 240 v. Chr. auch mit szenischen Aufführungen verbunden. Die *ludi* sollen die Bindung zwischen dem *populus Romanus* und den Göttern sowie (nach dem Ende der Ständekämpfe) zwischen Nobilität und Volk festigen und inszenieren; sie sind ein sinnfälliger Teil eines geglaubten Wirkungszusammenhangs und tragen erheblich zur Geschlossenheit und Einsatzbereitschaft der Römer bei.

Innenpolitik zwischen der lex Villia und den Gracchen

In der Zeit zwischen 180 und 133 erleidet das Kleinbauerntum v. a. infolge von Belastungen durch Kriege weitere Einbußen, die Besitzkonzentration setzt sich fort. Rekrutierungen v. a. für Feldzüge in Spanien werden immer schwieriger. Die Klientelbeziehungen beginnen sich zu lockern. Mitglieder der Aristokratie erkennen die Gefahren der wachsenden Konkurrenz innerhalb der Herrschaftsschicht und der hervorgehobenen Stellung Einzelner (als Feldherrn, Statthalter), die beide Folge der errungenen Herrschaft und nicht systemwidrig sind; die Maßnahmen dagegen bleiben im Rahmen der vorhandenen Erkenntnisse und Möglichkeiten jedoch punktuell. Allerdings bildet sich ein innernobilitärer Moraldiskurs über die Bedrohungen durch übermäßigen Reichtum, Luxus und griechische Einflüsse heraus.

177 v. Chr. Mit der Gründung von Luna (Luni) endet die Anlage von Kolonien vorläufig; ob aus Mangel an Land oder an Siedlern, ist umstritten.

173 v. Chr. Zwei griechische epikureische Philosophen werden aus Rom ausgewiesen.

vor 167 v. Chr. Ein Gesetz modifiziert die aus dem 4. Jh. (?) stammenden Begrenzungen für die Okkupation von Staatsland und setzt sie auf 500 *iugera* = 125 ha pro Mann fest.

167 v. Chr. Triumph des LUCIUS AEMILIUS PAULLUS (†160) in Rom mit 250 Wagenladungen erbeuteter griechischer Kunstwerke.

ca. 151 v. Chr. Ein Gesetz untersagt die zweimalige Wahl zum Konsul; wahrscheinlich soll das Amt einer größeren Zahl von Familien zugänglich gemacht werden.

149 v. Chr. Durch ein Gesetz des LUCIUS CALPURNIUS PISO FRUGI wird ein erster ständiger, aus Senatoren bestehender Geschworenengerichtshof in Rom eingerichtet, der für Rückforderungen (Repetunden) der Provinzialen gegenüber erpresserischen Statthaltern zuständig ist. – Ein Prozess gegen SERVIUS SULPICIUS GALBA wegen Kriegsverbrechen in Spanien endet mit Freispruch.

147 und 134 v. Chr. Jeweils durch ein Gesetz wird PUBLIUS CORNELIUS SCIPIO AEMILIANUS (*185, †129) Dispens von den Karriereregeln gewährt, damit er die stagnierenden Kriege gegen Karthago und Numantia als Oberbefehlshaber leiten kann.

139 und 137 v. Chr. Tabellargesetze schreiben die schriftliche Abstimmung (*tabella* = Stimmtäfelchen) zunächst bei Beamtenwahlen, dann bei Gerichtskomitien vor. Dies dient wahrscheinlich der Stabilisierung des Klientelsystems, weil durch die verdeckte Stimmabgabe konkurrierende und fluktuierende Bindungen verdeckt werden.

139 v. Chr. »Chaldäer« (= Magiere und Astrologen aus Babylonien) und Juden werden als religiöse Unruhestifter aus Rom ausgewiesen.

Roms Aufstieg von der Regionalmacht zur alleinigen Weltmacht (338–133 v. Chr.)

Abschluss der Eroberung Italiens

327 v. Chr. Neapel greift römisches Gebiet an. Rom erklärt ihm den Krieg. Gegen eine römisch eingestellte Gruppe in Neapel wird eine samnitische Besatzung in die Stadt gelegt, die aber von der proömischen Gruppe vertrieben wird. Neapel sucht jetzt Schutz bei den Römern und wird deren Bundesgenosse.

326–304 v. Chr. **2. Samnitenkrieg.**

321 v. Chr. Das Heer beider Konsuln wird in den Caudinischen Pässen eingeschlossen, muss kapitulieren und wird gedemütigt. – Ein Vertrag unterbricht den Krieg (321–316). In der Zwischenzeit schließt Rom Bündnisse mit den zentralitalischen Stämmen der Marser, Päligner, Frentaner und mit den apulischen Städten Teanum (Ponte di Cività), Canusium (Canosa) und Arpi (Arpe).

315–305 v. Chr. Der zweite Kriegsabschnitt beginnt mit einer römischen Niederlage bei Lautulae (Pass östlich von Terracina), der aber ein römischer Sieg über die Aurunker, die Rückeroberung verlorener Städte, die Gründung neuer latinischer Kolonien als militärische Stützpunkte (Anlage von Luceria [Lucera] im Nordosten des samnitischen Gebiets), ein Sieg über die Herniker bei Silvium (Punta di Salvore) und schließlich die Eroberung des samnitischen Hauptortes Bovianum (Pietrabbondante), ferner der Städte Sora, Arpinum (Arpino) und Aesernia (Isernia) folgen. Im Friedensschluss bleibt das Gebiet des Samnitenbundes in Aufbau und Umfang unangetastet, doch erstreckt sich das Gebiet Roms und seiner Bundesgenossen jetzt bis zur Adria. Zur Stabilisierung tragen in erster Linie die neu gegründeten Kolonien bei; zwischen 338 und 298 entsendet Rom pro Jahr durchschnittlich mehr als 1000 Bürger in latinische oder römische Kolonien.

ca. 303/302 v. Chr. Krieg zwischen Rom und Lukanern einerseits und Tarent andererseits, das den Spartaner KLEONYMOS zur Hilfe ruft. Im Frieden muss sich Rom verpflichten, nicht über das Lakinische Vorgebirge hinaus den Tarentinischen Golf zu befahren.

seit 299 v. Chr. Versuche Roms, seine Stellung in Zentralitalien zu festigen und nach Norden vorzudringen (Bündnisse, Kolonien), führen zu Kriegen mit gallischen Senonen, Etruskern, Umbrern und Sabinern.

298–290 v. Chr. **3. Samnitenkrieg**.

298 v. Chr. Die Lukaner werden von LUCIUS CORNELIUS SCIPIO BARBATUS besiegt.

297 v. Chr. Samniten, Etrusker, Umbrer und Kelten bilden eine Koalition und zwingen Rom einen Mehrfrontenkrieg auf.

295 v. Chr. Durch gezielte Plünderungen werden Etrusker und Umbrer zum Verlassen des Koalitionsheers veranlasst. In der Schlacht bei Sentinum (beim heutigen Sassoferato) schlägt QUINTUS FABIUS MAXIMUS RULLIANUS Samniten und Kelten entscheidend.

293 v. Chr. LUCIUS PAPIRIUS CURSOR besiegt die Samniten bei Aquilonia noch einmal.

290 v. Chr. Ein Feldzug gegen zentralitalische Stämme beschließt den Krieg: Die Sabiner, Prätuttier und Äquiculer werden Bürger ohne Stimmrecht, der Samnitenbund bleibt unabhängig, wird aber durch die Kolonie Venusia (Venosa) weiter eingekreist.

285 v. Chr.? Thurioi verbündet sich mit Rom gegen die Lukaner.

284–280 v. Chr. Kriege mit Kelten und Etruskern. Rom annektiert das Gebiet an der nordadriatischen Küste von den Senonen (*ager Gallicus*). Zur Sicherung wird 268 in Ariminum (Rimini) eine latinische Kolonie niedergesetzt.

282–270 v. Chr. **Krieg mit Tarent** und süditalischen Stämmen sowie **mit Pyrrhos** von Epeiros (*319/18, †272).

282 v. Chr. GAIUS FABRICIUS besiegt die Lukaner und Bruttier, entsetzt damit das belagerte Thurioi, das eine römische Garnison erhält. Lokroi und Rhegion (Reggio di Calabria) schließen sich Rom an und erhalten ebenfalls Garnisonen. Eine römische Flotte, die gegen den Vertrag von 303/02 in den Tarentinischen Golf einfährt, wird von den Tarentinern teilweise vernichtet, die auch Thurioi einnehmen.

282/281 v. Chr. Eine römische Gesandtschaft nach Tarent bleibt ergebnislos, sodass die Römer Tarent den Krieg erklären. Samniten, Lukaner, Bruttier und Sallentiner treten entweder jetzt oder im folgenden Jahr in den Krieg ein, der so zu einer Auseinandersetzung zwischen Rom und Süditalien wird. Tarent ruft König PYRRHOS zu Hilfe.

280 v. Chr. Sieg des PYRRHOS über die Römer bei Heraclea (am Agri), dann Vorstoß bis Latium.

Das römische Italien um 300 v. Chr.

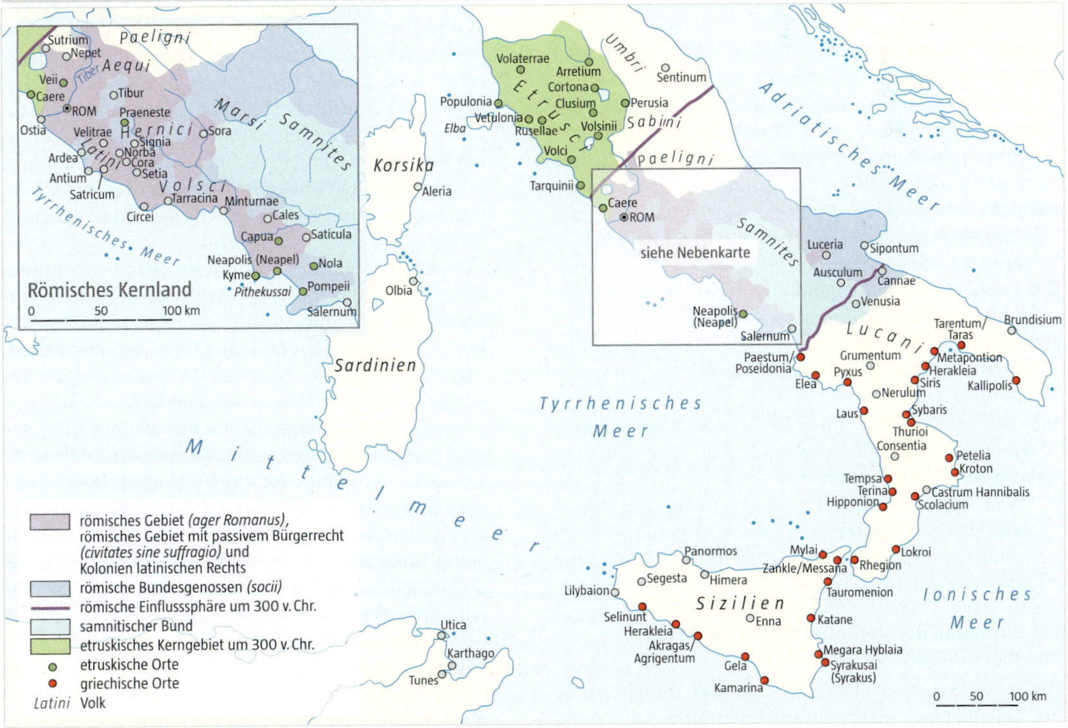

279 v. Chr. Angriff des PYRRHOS auf Apulien, Sieg über ein römisches Heer bei Ausculum (Ascoli Satriano). Friedensverhandlungen scheitern, maßgeblich durch die Intervention des greisen APPIUS CLAUDIUS CAECUS gegen die in Rom verbreitete Friedensbereitschaft.

279/278 v. Chr. Rom schließt mit Karthago, das mit den ostsizilischen Griechenstädten im Kampf liegt und PYRRHOS von Sizilien fernhalten will, einen Pakt.

278–273 v. Chr. Nach Hilferuf von Syrakus geht PYRRHOS dennoch nach Sizilien. Während seiner Abwesenheit erzielen die Römer Erfolge, aber keine Entscheidung. Ebenso kann PYRRHOS die westsizilische Stellung der Karthager nicht einnehmen und kehrt nach Italien zurück (karthagischer Sieg über PYRRHOS' Flotte). Rom mobilisiert unter erheblichen Schwierigkeiten (Seuchen; Kriegsmüdigkeit) zwei konsularische Heere. Die letzte Schlacht zwischen PYRRHOS und Rom bei Benevent (275) endet mit einem knappen Sieg der Römer und veranlasst PYRRHOS, seine Großmachtpläne in Italien aufzugeben. Er setzt nach Epeiros über und ruft auch die zunächst in Italien zurückgelassenen Teile seines Heeres zurück; nur in Tarent bleibt eine Besatzung. Die Römer können sich jetzt (274–273) gegen die Samniten, Lukaner und Bruttier durchsetzen. Der taktisch den Römern überlegene hellenistische Feldherr kann trotz mehrerer glänzender Siege den Kampfeswillen und das überlegene Potenzial der römisch-italischen Wehrgemeinschaft an Wehrfähigen nicht brechen. Die schweren, aber letztlich siegreich beendeten Samnitenkriege bilden die erste große Bewährungsprobe der Nobilität und festigen das neue Band zwischen ihr und dem *populus Romanus*.

272 v. Chr. Nach dem Tod des PYRRHOS wird Tarent übergeben. Im Frieden müssen die Samniten ca. ein Drittel ihres Landes abtreten (Koloniegründungen Beneventum [Benevent] und Aesernia), ihr Bund wird stark eingeschränkt. Mit den Lukanern (Kolonie Paestum) und Bruttiern werden Bündnisse geschlossen.

270 v. Chr. Rhegium wird aus der Herrschaft kampanischer Söldner befreit und erhält den Status einer föderierten Gemeinde.

269–268 v. Chr. Ein Aufstand der Picenter wird unterdrückt, ihr Land größtenteils annektiert.

267–266 v. Chr. Kämpfe mit den Sallentinern führen zur Annektion von Brundisium (Brindisi; 244 latinische Kolonie).

265–264 v. Chr. Wegen innerer Auseinandersetzungen wendet sich der Adel von Vulsinii an Rom; die Stadt wird zerstört und an anderer Stelle wieder aufgebaut. Damit ist die römische Eroberung Unter- und Mittelitaliens abgeschlossen. Mit einer einzigen Ausnahme (Falerii 241) gibt es bis zum 2. Punischen Krieg keine Aufstände mehr.

Die Erringung der Vorherrschaft im Westen und die Sicherung Italiens

Die Jahre zwischen dem Abschluss der römischen Eroberung Italiens und dem Ende des 3. Jh.s werden durch die beiden **Punischen Kriege** zwischen Rom und Karthago beherrscht. Der Konflikt zwischen diesen Mächten ist nicht durch grundlegende, einander widerstreitende Interessen bedingt; vielmehr scheinen Rom und Karthago ohne weitergehende Pläne durch regionale Konflikte auf Sizilien und in Unteritalien in den 1. Punischen Krieg hineingeraten zu sein. Bestimmte Kriegsziele Roms bilden sich erst während des Kriegs heraus. Dass der Krieg dennoch äußerst hartnäckig geführt wird, ist wohl darin begründet, dass Rom sich erstmals als Führungsmacht des italischen Bundes bewähren muss und eine Niederlage den Zusammenbruch seiner Herrschaft bedeuten würde. Außerdem wirken die Ausrichtung der Nobilität auf militärischen Ruhm und die Konkurrenz zwischen den führenden Familien dynamisierend.

um 285 v. Chr. Ehemalige oskische Söldner des AGATHOKLES (*360, †289; Tyrann von Syrakus), die sich nach dem sabellischen Kriegsgott Mamers (= Mars) Mamertiner nennen, bemächtigen sich der Stadt Messana (Messina), bauen einen eigenen Staat auf und bringen umliegende Städte in ihre Gewalt. Seit um 280 arbeiten sie dabei mit Rhegion zusammen, das zu dieser Zeit von kampanischen Truppen besetzt ist.

275–269 v. Chr. Gegen die Mamertiner stellt sich HIERON II. (*306, †215), der nach dem Abzug des PYRRHOS aus Sizilien eine Führungsposition in Syrakus gewonnen hat. Nach einer Niederlage bei Kentoripa (Centuripe) besiegt er sie schließlich am Longanus entscheidend (die Römer haben vorher – 270 – eine Strafexpedition gegen die Kampaner in Rhegion unternommen, die als Abtrünnige der italischen Wehrgemeinschaft betrachtet wurden). Karthago, die dritte wichtige Macht Siziliens, hindert HIERON, der sich nach Syrakus zurückzieht und dort zum König ausgerufen wird, an der Ausnutzung des Sieges und legt eine Besatzung nach Messana. Die strategische Gesamtsituation – Rom und Karthago sind einander mit noch ungefestigten Herrschaftsgebieten an der Straße von Messina nahegerückt – befördern die Eskalation lokaler Konflikte und das Engagement der Großmächte.

265/264 v. Chr. Den Mamertinern gelingt es – ob mithilfe Roms, ist unklar –, die karthagische Besatzung zum Abzug zu bewegen. Karthago lässt daraufhin den Kommandanten von Messana hinrichten und rüstet gegen die Stadt. Das Gleiche tut HIERON, der die Karthager für ein Bündnis gewinnen kann. Beide belagern die Stadt. In dieser Situation wendet sich Messana mit einem Hilfegesuch an Rom und bietet die Übergabe der Stadt (Dedition) an (teilweise wird dieses Hilfegesuch schon vor die Vertreibung der karthagischen Besatzung datiert). Die – im Senat zuvor heftig umstrittene – Annahme des Hilfegesuchs der übel beleumundeten Mamertiner löst den Krieg mit HIERON und den Karthagern aus.

264–241 v. Chr. 1. Punischer Krieg.

264 v. Chr. Rom entsendet ein Heer unter dem Konsul APPIUS CLAUDIUS CAUDEX. Von Rhegion aus fordert der Konsul HIERON und die Karthager auf, die Belagerung Messanas abzubrechen. Als das abgelehnt wird, erklärt er ihnen den Krieg, setzt mit seinem Heer nach Sizilien über und kämpft dort mit wechselhaftem Erfolg.

263 v. Chr. Die Römer setzen zwei konsularische Heere (ca. 40 000 Mann) in Sizilien ein, mehrere ostsizilische Städte schließen sich ihnen an. HIERON schließt Frieden mit Rom, muss die Kriegsgefangenen ausliefern, ein Lösegeld zahlen und die von den Römern eroberten und zu ihnen abgefallenen Städte an sie abtreten, behält aber im Übrigen sein Königreich und wird römischer Bundesgenosse (*socius populi Romani*), der in der Folgezeit die Römer häufig, v. a. durch Getreidelieferungen und Schiffe, unterstützt.

263/262 v. Chr. Karthago, das vorher wenig in die Auseinandersetzung eingegriffen hat und nun vor der Situation steht, dass die Römer ein wichtiger Machtfaktor im Osten Siziliens geworden sind, legt Truppen nach Akragas (Agrigento) und baut die Stadt zur Festung aus.

262/261 v. Chr. Rom schickt daraufhin abermals zwei konsularische Heere nach Sizilien, die Akragas belagern und in Westsizilien operieren. Karthago beginnt mit der Verwüstung italischer Küstenstriche und mit Operationen an den sizilischen Küsten den Seekrieg gegen Rom. Unter dessen Eindruck und mit der Einnahme von Akragas scheint sich in Rom als Kriegsziel die Eroberung ganz Siziliens durchgesetzt zu haben. Um die karthagische Seeherrschaft zu brechen, wird der Bau einer Flotte beschlossen.

260–257 v. Chr. Die folgende Kriegsphase ist durch römische Flottenaktionen an den sizilischen Küsten, gegen Sardinien, Korsika und Malta bestimmt. Seesiege bei Mylai (Milazzo; 260) unter GAIUS DUILIUS und Sulci (Sardinien; 258), unentschiedene Seeschlacht bei Tyndaris (257).

256–254 v. Chr. Offensive in Afrika: Durch einen Seesieg bei Eknomos (beim heutigen Licata; 256) wird die Überfahrt gesichert. Die Römer (unter dem Konsul MARCUS ATILIUS REGULUS) verwüsten karthagisches Gebiet; ein Friedensangebot Karthagos scheitert wegen zu hoher Forderungen des ATILIUS REGULUS, der von dem Söldnerführer XANTHIPPOS bei Tunes (Tunis) geschlagen und gefangengenommen wird (255). Die römische Flotte, die das Restheer aus Afrika holt, wird bei Kamarina (südwestlich vom heutigen Ragusa) durch einen Sturm vernichtet (254).

253 v. Chr. Nach Bau einer neuen Flotte wieder Konzentration des Kampfes auf Sizilien. Panormus (Palermo) und andere Städte werden erobert, der größte Teil der Flotte bei Palinurus (Capo Palinuro) durch Sturm verloren.

252 v. Chr. Karthago schickt HASDRUBAL (Sohn des HANNO) mit Elefanten nach Sizilien: Er wird von LUCIUS CAECILIUS METELLUS bei Panormus geschlagen (250), aber Drepana (Trapani) und Lilybaeum (Marsala) werden von den Karthagern gehalten.

249 v. Chr. Die karthagische besiegt die römische Flotte bei Drepana; eine weitere römische Flotte wird an der Südküste Siziliens vernichtet. Rom gibt den Seekrieg zunächst auf; langwieriger, unentschiedener Stellungskrieg in Sizilien. In Rom kommt es zu heftigen Auseinandersetzungen um die Einsetzung eines Dictators und zu religiöser Erregung (Befragung der Sibyllinischen Bücher, Gelobung von Tempeln, Einrichtung der *ludi saeculares*). Trotz Kriegsmüdigkeit und Zweifeln an der militärischen und politischen Führung kämpfen die Römer aber weiter. – Karthago kann in den folgenden Jahren wiederholt Angriffe auf die italischen Küsten unternehmen und sich im Westen Siziliens (seit 247 unter HAMILKAR BARKAS, †229) halten, bis die Römer die Wohlhabenden mit einer Sondersteuer belasten und eine neue Flotte bauen.

241 v. Chr. Der römische Seesieg unter GAIUS LUTATIUS CATULUS bei den Ägatischen Inseln (vor der Westküste Siziliens) über die Karthager zwingt diese zur Aufgabe von Lilybaeum und Drepana und zum Frieden. Die Römer verlieren im Laufe des Krieges etwa 600, die Karthager 500 Schiffe.

Die Friedensordnung nach dem 1. Punischen Krieg

Ein zwischen HAMILKAR BARKAS und C. LUTATIUS CATULUS ausgehandelter Friedensvertrag wird von der römischen Volksversammlung annulliert und in mehreren Punkten zu Ungunsten der Karthager modifiziert. Diese müssen Sizilien mit den Liparischen und Ägatischen Inseln an Rom abtreten, die gefangenen Römer ohne Lösegeld zurückgeben, als Kriegskostenentschädigung 1000 Talente sofort, weitere 2200 Talente in 10 Jahresraten zahlen; die beiderseitigen Bundesgenossen werden in den Frieden eingeschlossen; beide Partner sollen jeweils den Machtbereich und die Bundesgenossen des anderen respektieren.

Die römische Organisation des neu gewonnenen Gebietes wird erst allmählich entwickelt. HIERONS Reich bleibt bis zu dessen Tod (215) selbstständig und – ebenso wie z. B. Messana – nur durch einen Bundesgenossenvertrag an Rom gebunden. Im Übrigen wird das italische Bundesgenossensystem nicht auf Sizilien übertragen: Die dieses System konstituierenden gemeinsamen Interessen fehlen in Sizilien, die aus Bundesgenossenverträgen resultierenden Verpflichtungen wären bei außeritalischen Staaten schwer zu realisieren. Wahrscheinlich erhält zunächst einer der vier Flottenquästoren (*quaestores classici*) in Lilybaeum seinen Sitz. Da es sich dabei um Beamte ohne Imperium handelt, die Verwaltung des eroberten Gebiets aber an das *imperium* gebundene Kompetenzen erfordert (z. B. Rechtsprechung, Kriegsführung), wird 227 die Zahl der Prätoren von zwei auf vier erhöht – einer von ihnen erhält Sizilien als Amtsbereich (= *provincia*, daher der Begriff »Provinz«). Wann die verschiedenen Formen von Tribut- und Steuerleistungen eingeführt werden, ist unklar; nach dem 2. Punischen Krieg (218–201) wird Sizilien zu einer wichtigen Kornkammer Roms.

241–238 v. Chr. Aufstand von ehemaligen karthagischen Söldnern und Libyern in Afrika sowie in Sardinien gegen Karthago. Der Kampf, mit unerbittlicher Grausamkeit geführt, bringt Karthago an den Rand des Abgrunds. HIERON und Rom unterstützen Karthago anfangs mit Getreidelieferungen.

238 v. Chr. Rom, das eine erste Einladung der Söldner in Sardinien zur Besitznahme der Insel abgelehnt hat, entschließt sich zur Annahme eines zweiten Angebots. Als die Karthager nach Beendigung des Aufstandes in Afrika gegen die sardinischen Söldner rüsten, erklären die Römer die karthagischen Rüstungen als feindliche Handlung.

237 v. Chr. Die Karthager müssen nachgeben; in einem Zusatzvertrag zum Vertrag von 241 wird diktiert, dass sie Sardinien an die Römer abtreten und weitere 1200 Talente Kriegskontribution zu zahlen haben. Wohl um die gleiche Zeit reißen die Römer auch Korsika an sich. Beide Inseln werden 227 als Provinz eingerichtet und einem Prätor unterstellt.

Das Verhältnis zwischen Rom und Karthago muss durch die erneuten Annexionen stark belastet worden sein. Ob aber fortan eine Gruppe in Karthago unter Führung des Adelsgeschlechts der Barkiden nur auf Revanche an Rom hingearbeitet hat oder ob die folgenden Eroberungen in Spanien primär als Ausgleich für die an Rom verlorenen Gebiete dienen sollten, ist unsicher.

HAMILKAR BARKAS geht als karthagischer Feldherr nach Spanien, an dessen Küste Karthago schon Handelsstützpunkte besitzt. In den nächsten Jahren erobert er Teile des südlichen und östlichen Spanien.

Die Provinzen Roms in der Zeit der Republik
(alle Daten v. Chr.)

Name	Eroberung/ Einziehung	Einrichtung als Provinz
Sicilia	241	227
Sardinia / Corsica	237	227
Gallia (Cisalpina)	3. Jh.	218 (?)
Hispania	201 (teilw.)	197
Macedonia	168	147 (Mitverwaltung von Epirus und Achaia bis 27)
Africa Proconsularis	146	146
Asia Minor	133	129
Gallia Narbonensis	125–121	121
Cilicia	78-50	102 (zunächst nur Operationsgebiet gegen Piraten)
Illyricum	2. Jh.	ca. 80 (?)
Creta et Cyrenae	74/67	ca. 67
Pontus et Bithynia	74/63	62
Cyprus	58	58 (bis 47 zus. mit Cilicia)
Gallia (comata)	58-51	27/22
Aegyptus	30	30
Achaia (= Griechenland)	146	27

236 v. Chr. Eine Invasion (seit 238) der norditalischen Kelten bis vor die Tore von Ariminum endet mit Auseinandersetzungen innerhalb des keltischen Heeres, dessen einer Teil abzieht; mit dem restlichen Teil, den Boiern, schließen die Römer Frieden.

231 v. Chr. Rom soll auf die karthagischen Eroberungen in Spanien durch eine Gesandtschaft reagiert haben, die HAMILKAR aber habe beruhigen können. Nach dessen Tod übernimmt sein Schwiegersohn HASDRUBAL (†221) den Oberbefehl in Spanien. Er dehnt die karthagische Herrschaft auch mit diplomatischen Mitteln aus, konsolidiert sie und gründet um 225 Carthago Nova (Cartagena).

229–228 v. Chr. Durch die Schwäche der griechischen Städte an der Adriaküste kann sich, gestützt auf das illyrische Königtum von Skodra (Ardiaierreich), die Piraterie in der Adria ausbreiten. Auf Hilfegesuche ostadriatischer Städte schickt Rom eine Delegation, die aber nichts ausrichtet. Einer der Gesandten wird auf dem Rückweg ermordet, was den 1. Illyrischen Krieg auslöst.

Gegenüber einer großen Flotte, die Rom gegen Illyrien aufbietet, muss die Königin TEUTA (231–228) nachgeben. Im von den Römern diktierten Friedensvertrag verzichtet sie auf einen großen Teil Illyriens und muss eine Kriegskostenentschädigung in Jahresraten zahlen. Der Küstenstreifen zwischen Lissos (Lesh) und Epeiros (dazu Korkyra, Pharos [Hvar], Issa [Vis], Epidamnos [Dyrrhachion, Durrës], Atintanien und das Gebiet der Parthiner) wird als römisches »Protektorat« eingerichtet, der Rest des Ardiaierreiches DEMETRIOS VON PHAROS (†214) als Regenten unterstellt. Illyrische Kriegsschiffe dürfen südlich von Lissos nicht operieren. Roms Interesse an der Gegenküste ist damit klargestellt. Eine römische Gesandtschaft nach Griechenland erläutert die römische Politik; die Römer werden zu den Isthmischen Spielen zugelassen.

226/225 v. Chr. Rom betrachtet – vielleicht im Zusammenhang mit der Keltengefahr in Oberitalien – die Expansion HASDRUBALS mit Misstrauen und schickt eine Gesandtschaft zu ihm, mit der er den sog. Ebrovertrag abschließt: Er verpflichtet sich, den Ebro nicht in kriegerischer Absicht zu überschreiten. Wahrscheinlich kurze Zeit später (oder vor dem Ebrover-

Bevölkerungsgruppen in Italien im 3. Jh. v. Chr.

Römer	300 000
Latiner	134 000
Samniten	123 000
Apuler	89 600
Abruzzenvölker	54 400
Etrusker	86 400
Umbrer	35 200
Lukaner	52 800

korrigierte Zahlen nach P. A. Brunt

trag?) greift Rom als »Schiedsrichter« in innere Auseinandersetzungen der weit südlich des Ebro gelegenen Stadt Sagunt ein, ohne ein förmliches Bündnis mit ihr abzuschließen. Sagunt wird im Ebrovertrag jedenfalls nicht erwähnt.

225 v. Chr. Fast alle italischen Kelten, unterstützt durch Abteilungen aus dem Rhônetal, schließen sich gegen Rom zusammen und dringen bis nach Etrurien (Clusium) vor. Anlässlich der Invasion lässt Rom eine Aufnahme der erwachsenen männlichen Bevölkerung Italiens durchführen.
Das keltische Heer, das sich an die etruskische Küste zurückzieht, wird in der Schlacht bei Telamon durch die unter dem Konsul Gaius Atilius Regulus aus Sardinien heranrückenden Legionen und das zweite konsularische Heer unter Lucius Aemilius Papus in die Zange genommen und großenteils vernichtet. Um die Keltengefahr endgültig zu bannen, führen die Römer in den folgenden Jahren in Oberitalien eine Offensive durch und gründen Kolonien.

224–223 v. Chr. Die Kelten südlich des Po (Boier, Lingonen, Anaren) ergeben sich kampflos.

223 v. Chr. Die Römer überschreiten den Po.

222 v. Chr. Die Kämpfe mit den Insubrern enden mit der Einnahme von Comum (Como) und Mediolanum (Mailand), ohne dass das Gebiet schon fest unter römische Herrschaft gebracht wird. Zur besseren Verbindung mit den gallischen Gebieten lässt der Zensor Gaius Flaminius die von Rom nach Spoleto reichende Straße über den Apennin bis nach Ariminum verlängern (Via Flaminia). Zur Sicherung gegen die Kelten jenseits des Po werden 218 die beiden latinischen Kolonien Placentia (Piacenza) und Cremona (jeweils mit 6000 Siedlern) angelegt.

221 v. Chr. Hannibal, der Sohn Hamilkars, übernimmt das Kommando und geht bald zu großangelegten militärischen Eroberungen in Mittelspanien über. Die Meldungen darüber und ein Konflikt zwischen Sagunt und den unter karthagischem Schutz stehenden Torboleten veranlassen die Römer, 220 durch eine erneute Gesandtschaft bei Hannibal und in Karthago die Forderung zu stellen, dass Sagunt nicht angegriffen und der Ebro nicht überschritten wird, wobei nur letzteres durch den Ebrovertrag gedeckt ist. Daher fühlt sich Hannibal frei, 219 Sagunt zu belagern; die Stadt fällt nach acht Monaten. Aus ungeklärten Gründen (Suche nach einem Vorwand zur Intervention? Krieg mit Demetrios?) greift Rom während der Belagerung nicht ein, fordert aber nach der Einnahme Sagunts Karthago ultimativ auf, Hannibal und die bei ihm befindlichen Mitglieder des karthagischen Rates auszuliefern. Als das abgelehnt wird, erklären die römischen Gesandten Karthago den Krieg.

220 v. Chr. Demetrios von Pharos bricht den Vertrag von 228; der Konsul Lucius Aemilius Paullus zerstört Pharos (219), Demetrios flieht zu Philipp V. von Makedonien (220–179).

218–201 v. Chr. **2. Punischer Krieg**: Der Krieg ist von beiden Seiten offensiv angelegt: Hannibal will den Krieg in Italien austragen; dabei rechnet er auf die Unterstützung der Kelten und italischen Bundesgenossen Roms, die er durch das Versprechen der Freiheit gegenüber Rom gewinnen will. Nach den römischen Plänen sollen die beiden Konsuln des Jahres 218 den Feind in Afrika und Spanien bekämpfen. Von den Ausgangsbedingungen her liegen alle Chancen auf Seiten der Römer: Sie besitzen die Überlegenheit zur See und haben bei weitem die größeren Reserven. Ihnen steht aber mit Hannibal ein außergewöhnlich versierter Feldherr gegenüber.

218 v. Chr., Sommer Nach Sicherung Afrikas und Spaniens, wo er seinem Bruder Hasdrubal den Oberbefehl überträgt, bricht Hannibal nach Italien auf. Der Konsul Publius Cornelius Scipio, der auf dem Weg nach Spanien bei Massilia (Marseille) landet, kommt zu spät, um Hannibals weit landeinwärts vollzogenen Rhôneübergang zu verhindern. Dennoch schickt er seinen Bruder Gnaeus mit dem Heer nach Spanien – eine für den ganzen Krieg wichtige Grundentscheidung – und geht selbst nach Norditalien. Hannibal überschreitet mit seinem Heer unter großen Strapazen und Verlusten (u. a. aller Elefanten bis auf einen) die Alpen, hat zunächst mit den Taurinern zu kämpfen und besiegt dann Scipio in einem Reitergefecht am Ticinus (Ticino).

Sept. Die Kelten beginnen in größerer Zahl zu ihm überzugehen und verstärken Hannibals Heer, von dem 20 000 Fußsoldaten und 6000 Reiter überlebt haben. Rom gibt den Plan des Angriffs auf Afrika auf, der Konsul Tiberius Sempronius Longus (*um 260) wird aus Sizilien nach Norditalien gerufen.

Dez. An der Trebia (Trebbia) kommt es nach Vereinigung der konsularischen Heere zur Schlacht, die Hannibal – schon durch Anwendung der Umfassungstaktik – gewinnt. – In Nordspanien können sich die Römer nördlich des Ebro eine Basis für weitere Operationen schaffen.

217 v. Chr. Hannibal, der alle Kriegsgefangenen der römischen Bundesgenossen ohne Lösegeld entlässt und sich als Freiheitsbringer propagiert, stößt an zwei gegen ihn bei Ariminum und Arretium (Arezzo) aufgestellten Heeren vorbei nach Mittelitalien vor. Der ihm folgende Konsul Gaius Flaminius wird am Nordufer des Trasimenischen Sees in einen Hinterhalt gelockt und fällt zusammen mit dem größten Teil seines Heeres. In Rom wird Quintus Fabius Maximus durch Volkswahl zum Dictator ernannt; den Göttern werden besondere Opfer gebracht. Hannibal dringt durch Mittelitalien ins nördliche Apulien vor, plündert auch Samnium und Teile Kampaniens. Fabius' Strategie, eine Schlacht zu vermeiden, führt in Rom zu heftiger Kritik an ihm. Hannibals Hoffnung auf Abfall der mittelitalischen Bundesgenossen Roms erfüllt sich nicht. – In Spanien, wohin Rom Verstärkung unter Publius Cornelius Scipio schickt, können sich die Römer nördlich des Ebro halten und erste Vorstöße nach Süden unternehmen.

216 v. Chr., Aug. Für eine weitere Schlacht gegen Hannibal stellen die Römer ein Heer von fast 80 000 Mann unter den Konsuln Lucius Aemilius Paullus und

Die Punischen Kriege

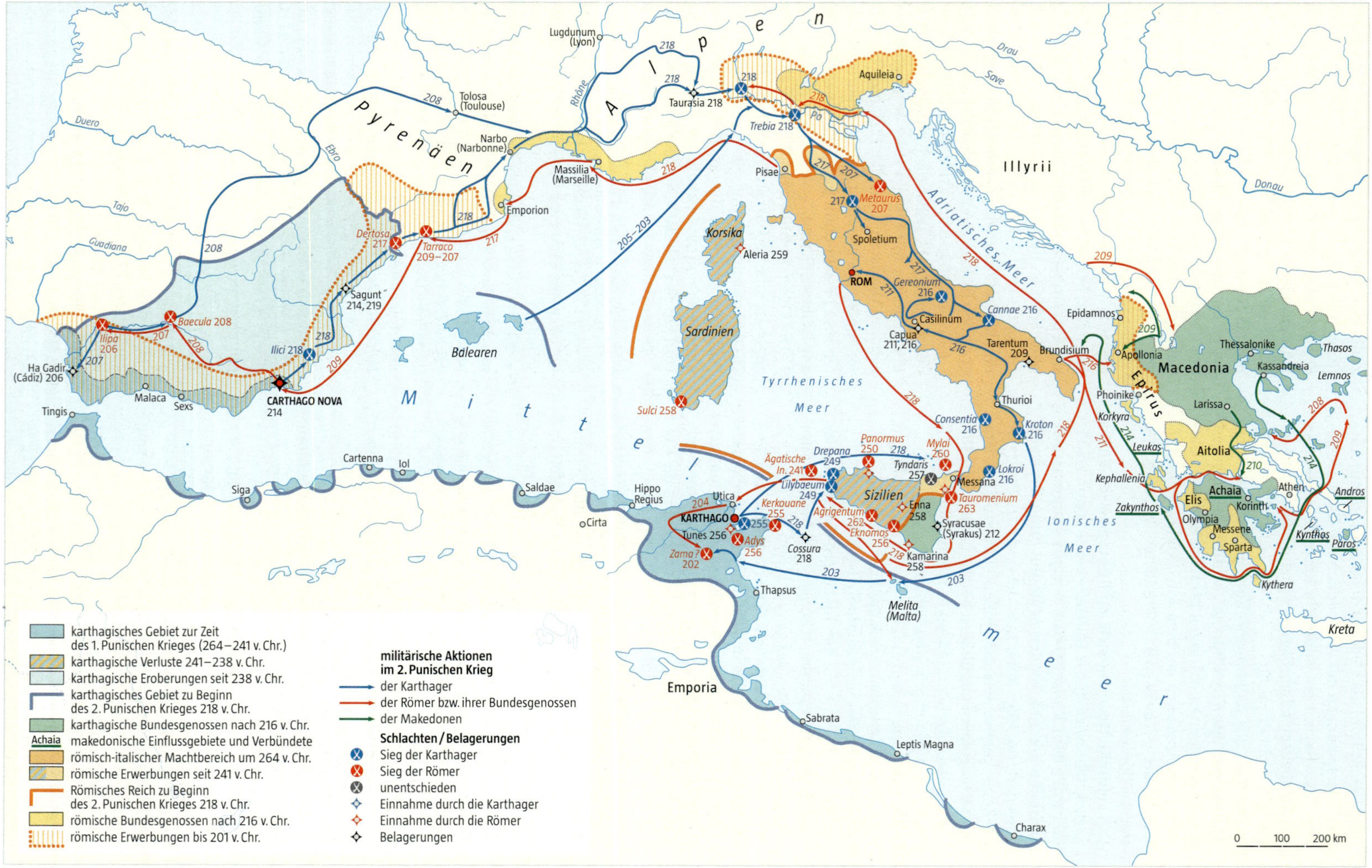

Marcus Terentius Varro auf und versuchen, die Karthager mit Übermacht niederzuwalzen. Doch Hannibal vernichtet das Heer in der klassischen **Umfassungsschlacht von Cannae**. Obwohl die Wirkung der Niederlage auf die römische Bevölkerung ungeheuer ist (ca. 50 000 Gefallene!) und besondere Opferhandlungen zur Versöhnung der Götter vorgenommen werden, behält der Senat das Heft in der Hand: Den geschlagenen Konsul Varro empfängt er ehrenvoll an den Stadtmauern Roms; karthagische Gesandte, die wegen Auslösung der Kriegsgefangenen verhandeln und die Friedensbereitschaft der Römer erkunden sollen, werden abgewiesen. In der Frage nach der künftigen Strategie obsiegt zunächst Fabius Maximus; für die Zukunft wird auf jede offene Feldschlacht verzichtet. Trotz einiger Abfallbewegungen im Süden Italiens – die wichtigste ist die von Capua – bleibt insgesamt das römische Bündnissystem stabil. Hannibal kann deshalb seinen Sieg in Italien nur begrenzt ausnutzen.

215 v. Chr. In Spanien verteidigen die Römer erfolgreich die Ebro-Grenze; in Sardinien wird ein karthagisches Heer geschlagen. Auf diplomatischem Gebiet erringt Hannibal Erfolge: Er schließt ein Bündnis mit Philipp V. von Makedonien.

215–205 v. Chr. Der sich daraus ergebende 1. Makedonische Krieg zwischen Rom und Makedonien hat kaum Wirkungen auf die militärische Situation in Italien.

214 v. Chr. Als Hieron von Syrakus stirbt, schließt die Stadt nach inneren Auseinandersetzungen ein Bündnis mit Hannibal gegen Rom.

213 v. Chr. Die Karthager landen in Sizilien, wo auch die grausame Kriegsführung der Römer (Blutbad von Enna) viele Städte zum Abfall treibt. Die Einnahme von Syrakus, an dessen Verteidigung der Mathematiker Archimedes (*um 285, †212) mitwirkt, gelingt nicht.

213/212 v. Chr. Offensive Philipps im Illyricum; Rom kann die wichtigen Küstenplätze halten, verliert aber Gebiet im Hinterland. In Süditalien kann Hannibal Tarent erobern; daraufhin gehen auch Metapont, Herakleia (Policoro) und Thurioi (am Crati) zu ihm über.

212 v. Chr. In Spanien nehmen die Römer Sagunt ein; in Sizilien erobert Marcus Claudius Marcellus Syrakus (Tod des Archimedes), das zur Provinz Sicilia geschlagen wird.
Um den Aktionen Philipps zu begegnen, schließt Rom ein Bündnis mit den Aitolern, das u. a. einen Separatfrieden mit Philipp verbietet.

211 v. Chr. Attalos (*269, †197) von Pergamon und peloponnesische Städte (Sparta) treten dem antimakedonischen Bündnis bei.
Die Römer nehmen Capua ein, obwohl Hannibal sie durch einen Zug auf Rom ablenken will; damit Entlastung in Kampanien. Capua verliert seine Selbstständigkeit, sein Land wird konfisziert.
In Spanien erleiden die Römer bei einem Vorstoß ins Innere des Landes eine vernichtende Niederlage; Publius und Gnaeus Cornelius Scipio fallen.

210 v. Chr. Publius Cornelius Scipio (Sohn des gefallenen Publius Scipio), der vorher nur Ädil gewesen ist, erhält 25-jährig durch Volksbeschluss das Oberkommando in Spanien. Durch ihn wird in der Folgezeit der Krieg wesentlich bestimmt und erlangt Rom die Initiative zurück.
In Sizilien gewinnen die Römer Agrigent.
In Italien herrscht Hungersnot, Getreide muss aus Ägypten eingekauft werden.

209 v. Chr. Einnahme Tarents durch Rom, Hannibal wird im Wesentlichen auf Bruttium eingeschränkt.
Der entscheidende Kriegsschauplatz wird Spanien: Scipio stößt in Eilmärschen bis Carthago nova vor, erobert die Stadt mit den spanischen Geiseln der Karthager, den Nachschublagern, Schiffen und Silberminen der Umgebung. Er wird dadurch mit einem Schlag berühmt, viele Spanier gehen zu ihm über.

208 v. Chr. Scipio besiegt bei Baecula (beim heutigen Bailén) Hasdrubal, kann aber dessen Durchbruch nach Italien nicht verhindern. – Rom hat 23 Legionen zu je 4000 Mann unter Waffen.

207 v. Chr. Nach Überwinterung in Gallien kann Hasdrubal zwar die Alpen überschreiten, wird aber beim Weitermarsch nach Mittelitalien am Metaurus (Umbrien) geschlagen. Hannibal selbst wird auf den Raum von Kroton (Crotone) und Lokroi (Locri) zurückgedrängt.

206 v. Chr. In Spanien fällt die endgültige Entscheidung in der Schlacht bei Ilipa (Alcalá del Río): Scipio besiegt Hasdrubal, den Sohn Geskons, und Mago Barkas (†203). Nach Rom zurückgekehrt, wird er zum Konsul für das Jahr 205 gewählt.
Entgegen den Abmachungen von 212 schließen die Aitoler einen Separatfrieden mit Philipp von Makedonien.

205 v. Chr. Rom schließt mit Philipp den Frieden von Phoinike.
In Rom setzt sich Scipio mit seinem Plan, den Krieg nach Afrika zu verlegen, im Senat durch und erhält als Provinz Sicilia. Von Rhegion aus wird Lokroi eingenommen. Den Winter verbringt Scipio mit seinem Heer in Sizilien.

204 v. Chr., Sommer Von Lilybaeum aus setzt Scipios Streitmacht nach Afrika über, wo sie sich zunächst, weil der Numiderfürst Syphax (†um 201; 220–203) zu den Karthagern übergegangen ist, bei Utica (Hr. Bou Chateur) verschanzen muss.

203 v. Chr. Scipio besiegt Hasdrubal, Geskons Sohn, in der Schlacht auf den »Großen Feldern«. Masinissa (*238, †149; 201–149), ein Rivale des Syphax, übernimmt dessen Reich, Karthago bittet um Frieden. Ein Vertrag wird ausgehandelt, Hannibal aus Italien zurückgerufen. Der Senat stimmt dem Vertrag zu. Vor der offiziellen Zustimmung Karthagos trifft Hannibal in Afrika ein; unter dem Eindruck der Rückkehr verwirft Karthago die römischen Friedensbedingungen. Beide Seiten rüsten für die Entscheidungsschlacht.

202 v. Chr. **Schlacht bei Zama** (Lokalisierung unsicher). Scipio besiegt den an Truppen ungefähr gleichstarken Hannibal mit dessen eigener Umfassungstaktik und erhält dafür den Beinamen Africanus.

202/201 v. Chr. Karthago muss unter den – jetzt verschärften – römischen Bedingungen Frieden schließen: Es verliert die inzwischen von Rom eroberten überseeischen Besitzungen, v. a. Spanien, das »Peru und Mexiko der Alten Welt« (EDWARD GIBBON), das in der Folgezeit von den Römern wegen seines Silberreichtums schwer ausgeplündert wird. In Afrika empfängt Karthago zwar aus den Händen Roms seine staatliche Unabhängigkeit, wird aber auf den territorialen Status vor Kriegsbeginn beschränkt und muss Besitz, der ehemals MASSINISSA und dessen Vorfahren gehörte, zurückgeben; alle Kriegsschiffe bis auf zehn und alle Elefanten müssen ausgeliefert werden; Kriegsführung außerhalb Afrikas wird den Karthagern überhaupt verboten, innerhalb Afrikas nur erlaubt, wenn Rom zustimmt; als Kriegskostenentschädigung sind 10 000 Talente in 50 Jahresraten zu zahlen, bis zur Bezahlung sind adlige Geiseln zu stellen. – Karthago büßt, abgesehen von allen territorialen und materiellen Verlusten, als »Freund und Bundesgenosse der Römer« seine außenpolitische Handlungsfreiheit ein; mit dem Gebiet des römischen Klientelfürsten MASSINISSA reicht römischer Einfluss bis unmittelbar an die karthagischen Grenzen. Die eroberten spanischen Gebiete werden (197) geteilt (Hispania citerior und ulterior), als Provinzen eingerichtet und je einem Prätor unterstellt. Obwohl durch den Krieg Roms Vormachtstellung im Westen endgültig befestigt ist, hat es in der Folgezeit in Norditalien, Spanien und Nordafrika noch harte, jedoch regional begrenzte Kämpfe zu bestehen.

201 v. Chr. In Norditalien erheben sich unter Mitwirkung des Karthagers HAMILKAR die Boier, denen sich die Insubrer und Cenomanen anschließen, und erobern Placentia (200). Die Insubrer werden bei Comum besiegt (196).

seit 197 v. Chr. Von Süden (Turdetani) ausgehend, Aufstand spanischer Stämme.

195 v. Chr. Der Konsul MARCUS PORCIUS CATO schlägt den Aufstand im Norden nieder, bleibt aber im Süden und bei einem Angriff auf die Keltiberer erfolglos. Der Krieg dehnt sich auf die Lusitaner (Süd-Portugal) aus. In den folgenden Jahren wird mit wechselndem Erfolg gekämpft.

191 v. Chr. Sieg über die Boier durch PUBLIUS CORNELIUS SCIPIO NASICA, einen Cousin des Hannibal-Bezwingers.

190 v. Chr. Niederlage des LUCIUS AEMILIUS PAULLUS gegen die Lusitaner.

Zur Sicherung Norditaliens werden die latinischen Kolonien Cremona und Placentia reorganisiert und verstärkt.

189 v. Chr. Als neue latinische Kolonie wird Bononia (Bologna) gegründet.

187 v. Chr. Neue Straßenverbindungen, die Via Aemilia von Ariminum nach Placentia und eine zweite Via Flaminia von Arretium nach Bononia, werden angelegt.

183 v. Chr. Errichtung von Mutina (Modena) und Parma als Bürgerkolonien neuen Typs, welche – anders als die alten *coloniae maritimae* – die gleichen Funktionen erfüllen sollen wie die latinischen Kolonien. Rekrutierungsschwierigkeiten führen zur Aufgabe dieses Typus.

181 v. Chr. Die letzte latinische Kolonie wird in Aquileia zur Sicherung der Nordostgrenze eingerichtet.

181–180 v. Chr. Die Ligurer werden nach siebenjährigen Kämpfen besiegt, 40 000 von ihnen in die Gegend von Beneventum deportiert. Zur Sicherung werden die Bürgerkolonien Luca (180) und Luna (177) gegründet. Dennoch gibt es immer wieder Kleinkriege (Triumphe über die Ligurer 166, 158 und 155).

QUINTUS FULVIUS FLACCUS erobert das Gebiet der keltiberischen Lusones (südöstlich von Calatayud).

180–178 v. Chr. TIBERIUS SEMPRONIUS GRACCHUS dringt weiter in keltiberisches Gebiet vor, kann aber v. a. durch Verträge die Situation in Spanien für längere Zeit stabilisieren. Er gründet Gracchurris am oberen Ebro und benennt die Stadt (als erster Römer) nach sich selbst.

178–177 v. Chr. Durch die Eroberung Istriens und einen Feldzug gegen die Dalmatiner (157–155 Einnahme der Hauptstadt Delminium [beim heutigen Tomislavgrad, Bosnien-Herzegowina]) wird die Adria zu einem römischen Binnenmeer.

171 v. Chr. Als erste latinische Kolonie in Spanien wird Carteia (nahe der Mündung des Guadarranque) gegründet und mit Veteranen und Einheimischen besiedelt.

154 v. Chr. In Spanien, das seit 178 relativ ruhig geblieben ist, fallen die Lusitaner in römisches Provinzialgebiet ein und schlagen ein römisches Heer. Wegen der Ummauerung der Stadt Segeda erklären die Römer den Keltiberern den Krieg.

153 v. Chr. Der Prätor LUCIUS MUMMIUS unterliegt bei seiner Ankunft in Spanien den Lusitanern, kann sie aber danach mehrfach schlagen; der Konsul QUINTUS FULVIUS NOBILIOR erleidet mehrere Niederlagen bei Numantia (beim heutigen Soria).

152 v. Chr. Sein Nachfolger MARCUS CLAUDIUS MARCELLUS versucht, den Aufstand auf diplomatischem Weg zu bannen, doch werden seine Friedensvorschläge vom Senat abgelehnt. Verträge mit den Lusitanern werden daraufhin von diesen nicht eingehalten.

152/151 v. Chr. MARCELLUS schließt mit den Keltiberern Frieden, der bis 143 weitgehend Bestand hat. Zuvor Proteste gegen Rekrutierungen; die aushebenden Konsuln werden zeitweilig durch Volkstribune inhaftiert.

Karthago bemüht sich, die aus dem Frieden von 201 resultierenden Verpflichtungen gewissenhaft zu erfüllen, wird aber immer wieder durch Übergriffe MASSINISSAS provoziert, der karthagische Gebiete annektiert und von Rom meistens gedeckt wird. Als er sich 152/151 das Gebiet um Thugga (Dougga, Tunesien) aneignen will, erscheint auf Bitten Karthagos eine römische Gesandtschaft in Afrika (wohl 152). Zu ihr gehört auch MARCUS PORCIUS CATO, der im Selbstbewusstsein der karthagischen Politiker und im erneuerten Wohlstand der Stadt wohl eine Bedrohung sieht und fortan unablässig für Karthagos Zerstörung plädiert, sich zunächst aber nicht durchsetzen kann.

151/150 v. Chr. In Karthago wächst der Hass gegen Numidien, Anhänger MASSINISSAS werden aus der Stadt vertrieben, eine numidische Gesandtschaft wird belästigt. Als daraufhin MASSINISSA in karthagisches Gebiet einfällt, bekriegen ihn die Karthager mit einem Heer von 58 000 Mann, ohne zuvor die Erlaubnis Roms eingeholt zu haben, unterliegen aber. Dennoch setzt sich in Rom nunmehr die Ansicht durch, von Karthago gehe Gefahr aus.

149 v. Chr. Wegen Verletzung des Vertrages von 201 erklärt Rom Karthago den Krieg, führt ihn anfangs aber nicht sehr energisch: Den Oberbefehl erhalten zwei militärisch unprofilierte Konsuln.

149–146 v. Chr. **3. Punischer Krieg**: Karthago unterwirft sich durch den Akt der *deditio*; der Senat sichert der Stadt die Erhaltung des Territoriums und Freiheit zu, falls Geiseln gestellt und die Anordnungen der Konsuln befolgt werden. Die Konsuln landen mit einer Armee bei Utica, verlangen die Auslieferung sämtlicher Waffen. Als dies geschehen ist, fordern die Konsuln, Karthago solle zerstört werden, die Einwohner sollen sich im Binnenland, mindestens zehn Meilen von der Küste entfernt, ansiedeln. Trotz Waffenlosigkeit lehnen die Karthager ab, befestigen die Stadt und können fast drei Jahre der römischen Belagerung standhalten.

147 v. Chr. PUBLIUS CORNELIUS SCIPIO AEMILIANUS (*185, †129) wird unter Entbindung von bestehenden Gesetzen zum Konsul gewählt und erhält den Oberbefehl in Afrika.
In Spanien wird VIRIATUS (*um 190, †139) Anführer der Lusitaner und bringt den Römern eine Reihe schwerer Niederlagen bei (147–145).

146 v. Chr. SCIPIO gelingt eine vollständige Blockade Karthagos, das schließlich in einem sechs Tage währenden Straßenkampf erobert wird. Die Überlebenden dieses »wohl brutalsten Aggressionskriegs der bisherigen römischen Geschichte« (HERBERT HEFTNER) werden in die Sklaverei verkauft, die Stadt zerstört, der Boden mit einem Fluch belegt: Er soll nie mehr besiedelt werden. Karthagos Territorium wird zur römischen Provinz Africa.

143 v. Chr. QUINTUS FABIUS MAXIMUS AEMILIANUS kann VIRIATUS aus Hispania ulterior zurückdrängen, doch gelingt es diesem, die Keltiberer zur Aufkündigung des Friedens von 151 zu bewegen.

143–142 v. Chr. Erfolgreiche Kriegsführung des QUINTUS CAECILIUS METELLUS MACEDONICUS (†115) gegen die Keltiberer, während die Lusitaner unter VIRIATUS die Römer mehrfach besiegen (143–140), sodass QUINTUS FABIUS MAXIMUS gezwungen ist, mit VIRIATUS einen Vertrag zu gleichen Bedingungen zu schließen.

140 v. Chr. Der vom römischen Volk bestätigte Vertrag mit den Lusitanern wird vom Senat auf Drängen des neuen Statthalters QUINTUS SERVILIUS CAEPIO (*um 181, †112) wieder aufgehoben.

139/138 QUINTUS POMPEIUS schließt nach zweijähriger unglücklicher Kriegsführung einen Vertrag mit den Numantinern; wegen Auslegungsstreitigkeiten müssen sich beide Vertragspartner vor dem Senat verantworten. Der Senat verwirft den Vertrag, das Volk lehnt aber die – in solchen Fällen übliche – Auslieferung des POMPEIUS an die Numantiner ab. – Auf dem lusitanischen Kriegsschauplatz wird VIRIATUS durch Verrat ermordet; die Lusitaner, durch SERVILIUS CAEPIO zurückgedrängt, übergeben sich und erhalten Land zur Ansiedlung. Vor Numantia erleidet MARCUS POPILLIUS LAENAS eine Schlappe.

137 v. Chr. GAIUS HOSTILIUS MANCINUS, mit seinem Heer von den Numantinern eingeschlossen, muss kapitulieren und einen für Rom ungünstigen Frieden schließen, um das Heer zu retten. Vermittler dabei ist der spätere Volkstribun TIBERIUS SEMPRONIUS GRACCHUS, der von seinem Vater her bei den Keltiberern Ansehen genießt.

136 v. Chr. Der Vertrag wird in Rom verworfen, MANCINUS den Numantinern ausgeliefert, die ihn jedoch nicht annehmen. In den beiden folgenden Jahren gelingt den Römern vor Numantia kein Fortschritt.

134 v. Chr. Erst als PUBLIUS CORNELIUS SCIPIO AEMILIANUS (für 134 ohne Bewerbung und gegen das Verbot der Iteration zum Konsul gewählt) den Oberbefehl gegen Numantia übernimmt und das demoralisierte Heer reorganisiert, gelingt die vollständige Blockade und Aushungerung der Stadt.

133 v. Chr. Daraufhin müssen sich die Numantiner bedingungslos ergeben. Die Einwohner werden in die Sklaverei verkauft, die Stadt dem Erdboden gleichgemacht.

136–132 v. Chr. Ein großer Sklavenaufstand auf Sizilien unter Führung des Syrers EUNUS und des Kilikiers KLEON in Henna (Enna), dem sich auch besitzlose Freie anschließen, führt zu einer kurzzeitigen Staatsbildung im hellenistischen Stil. Nach Erfolgen gegen kleinere römische Kontingente Niederlage gegen den Konsul PUBLIUS RUPILIUS; 20 000 Sklaven werden gekreuzigt.

Rom und der hellenistische Osten

Die Ursachen der mit dem 2. Makedonischen Krieg beginnenden Wendung Roms nach Osten sind seit der Antike umstritten. Ein vordergründiges Motiv ist sicher Rache für PHILIPPS V. Verhalten im 2. Punischen Krieg. Die römischen Sicherheitsinteressen legen generell ein Vorgehen gegen starke und potentiell expansive Mächte im Hinterland nahe. Außerdem bedeuten die Offenheit Roms für neue Beziehungen (*amicitia*) und die Übertragung des Klientelprinzips auf die Außenpolitik eine Ermutigung für schwächere Regionalmächte wie die griechischen Bundesstaaten, Pergamon, Rhodos und die Juden im Seleukidenreich, ihrerseits eine aggressive Politik gegen die jeweilige Vormacht zu verfolgen und deren Reaktion als Bedrohung für Rom, die offensichtlich überaus potente neue Supermacht im Westen, auszugeben. Aber auch innerrömische Faktoren spielen eine Rolle: die Aussichten auf reiche Beute, zumal im Vergleich mit den ungeliebten und am Ende beutearmen Feldzügen in Spanien und Oberitalien, ferner die persönlichen Interessen der einzelnen Befehlshaber im

Rahmen der aristokratischen Konkurrenz um Siege und Triumphe, schließlich die Interessen der römisch-italischen Geschäftsleute an den reichen »Märkten« des Ostens für Sklaven, Kreditvergabe und Heereslieferungen. Außerdem sind die militärischen Interventionen wahrscheinlich auch mit einer gewissen Ratlosigkeit der Römer zu erklären, die kein anderes Instumentarium zur Stabilisierung großer Räume besitzen als Machtsprüche und Militärschläge. Und schließlich dürfte die relative Leichtigkeit, mit der einst furchterregende Großmächte wie Makedonien und das Seleukidenreich auf dem Schlachtfeld zerschmettert werden, eine gewisse Eigendynamik entfaltet haben. Zahlreiche Gesandtschaften von Königen und Städten machen römische Eingriffe im Osten für die Bittsteller wie für den Senat, die »Versammlung aus Königen«, zur Routine.

Rom nimmt bis 146 keine Annexionen im Osten vor, betreibt aber nach dem Frieden von Apameia eine für die Region verhängnisvolle Interventionspolitik, die schließlich in Gewaltexzessen (Zerstörung Korinths) endet und nach der Zerschlagung aller potenziellen Machtballungen instabile Verhältnisse produziert. Die Interventionspolitik wird auch dadurch befördert, dass sich Rom vielerorts indirekte Herrschaft über Klientelfürsten und -gebiete ausübt. Das schafft zwar Sicherheit bei geringem eigenen Ressourceneinsatz und verschafft den Römern im Bedarfsfall Hilfstruppen. Aber innere Konflikte in den Städten und Fürstentümern richten sich immer wieder am strittigen Verhältnis zu den Römern aus und lösen Interventionen aus, die meist von wenig Verständnis für die lokalen Verhältnisse geprägt sind. V. a. in Griechenland wird Rom zur Schlichtung zahlreicher inner- und zwischenstaatlicher Konflikte angerufen, und es ist unvermeidlich, dass viele Entscheidungen oder Nichtentscheidungen Enttäuschung und Aggression hervorrufen. – Außerdem verstärken die »*foreign clientelae*« (ERNST BADIAN), denen der siegreiche oder vertragschließende Feldherr als Patron gegenübersteht, die Ungleichheit innerhalb der Nobilität.

204 v. Chr. PTOLEMAIOS IV. PHILOPATOR stirbt und hinterlässt einen fünfjährigen Sohn.

203/202 v. Chr. PHILIPP V. von Makedonien und ANTIOCHOS III. von Syrien schließen einen Geheimvertrag, um die ägyptischen Außenbesitzungen anzugreifen und unter sich aufzuteilen. Bei den folgenden militärischen Unternehmungen gerät PHILIPP in Konflikt mit den Aitolern, Rhodos und dem mit Rom freundschaftlich verbundenen ATTALOS I. von Pergamon.

202 v. Chr. Eine Gesandtschaft der Aitoler nach Rom wird dort unter Hinweis auf den Separatfrieden mit PHILIPP von 206 brüsk abgewiesen.

201 v. Chr. Eine rhodisch-pergamenische Gesandtschaft berichtet in Rom über PHILIPPS Vorgehen und den Geheimvertrag. Daraufhin wird der in makedonischen Angelegenheiten erfahrene PUBLIUS SULPICIUS GALBA zum Konsul für 200 gewählt.

200 v. Chr. Er erhält nach Amtsantritt Macedonia als Amtsbereich zugewiesen. Eine Senatsgesandtschaft reist nach Osten ab, verkündet in Griechenland die Parole der Freiheit für griechische Städte (gegen Makedonien als Hegemonialmacht gerichtet), trifft im Mai in Athen ein und übergibt dem in Attika eingefallenen makedonischen Feldherrn NIKANOR ultimative Forderungen des Senats; NIKANOR zieht sich zurück. PHILIPP greift unter ptolemaiischer Herrschaft stehende Städte in Thrakien und Kleinasien an. Vor Abydos (an den Dardanellen) überbringt ihm MARCUS AEMILIUS LEPIDUS (†152), ein Mitglied der Senatsgesandtschaft, verschärfte ultimative Forderungen des Senats. Als PHILIPP sie ablehnt, kann der Senat – trotz einer singulären Opposition der Zenturiatkomitien gegen einen erneuten Feldzug ein Jahr nach dem Frieden mit Karthago – den Kriegsbeschluss durchsetzen.

200–197 v. Chr. 2. Makedonischer Krieg.

197 v. Chr., Juni In der Schlacht bei Kynoskephalai (Thessalien) besiegt TITUS QUINCTIUS FLAMININUS (*229, †174) PHILIPP. Makedonien muss auf die Hegemonie über Griechenland verzichten, 1000 Talente Tribut zahlen und seine Kriegsflotte bis auf sechs Schiffe ausliefern.

196 v. Chr. Auf den Isthmischen Spielen verkündet FLAMININUS im Auftrag des Senats die Freiheit aller Griechenstädte und wird dafür wie ein Gott verehrt. Dennoch erweist sich die anschließende Neuordnung und Befriedung Griechenlands als schwierig; insbesondere die Aitoler fühlen sich benachteiligt.

195 v. Chr. Durch einen von FLAMININUS organisierten Feldzug aller griechischen Städte wird Argos von der Herrschaft des Tyrannen NABIS (†192) von Sparta befreit.

194 v. Chr. Rom zieht sein Heer und alle Besatzungen aus Griechenland zurück und überlässt das Land seiner »Freiheit«.
Während des 2. Makedonischen Krieges dehnt der Seleukidenherrscher ANTIOCHOS III. (223–187) seine Macht aus. Rom fordert ihn 196 ohne Erfolg auf, die Freiheit der Griechenstädte zu respektieren.

194/193 v. Chr. Ein Angebot ANTIOCHOS' III. an Rom für den Abschluss eines Freundschaftsvertrags, falls seine Ansprüche in Kleinasien und Thrakien anerkannt werden, lehnt Rom ab. Verhandlungen in Kleinasien scheitern.

192 v. Chr. Die mit der Friedensregelung von 196 unzufriedenen Aitoler erobern ohne Kriegserklärung Demetrias (bei Volos, Thessalien), laden ANTIOCHOS zur Landung in Griechenland ein und wählen ihn, als er im Herbst in Euboia ankommt, zum Strategen.

192–188 v. Chr. Antiochos-Krieg.

191 v. Chr. Schon im ersten Kriegsjahr gewinnen die Römer unter MANIUS ACILIUS GLABRIO Griechenland (Sieg bei den Thermopylen), ANTIOCHOS zieht sich nach Kleinasien zurück. LUCIUS CORNELIUS SCIPIO, den sein Bruder SCIPIO AFRICANUS begleitet, überschreitet den Hellespont.

190 v. Chr., Dez. ANTIOCHOS wird bei Magnesia am Sipylos (Lydien) zusammen mit einem 70 000 Mann großen Heer vernichtend geschlagen.

189 v. Chr. GNAEUS MANLIUS VULSO unternimmt einen

Feld- und Raubzug gegen die Galater in Kleinasien und versklavt 40 000 Gefangene.

188 v. Chr. Im Frieden von Apameia (Dimêr, Phrygien) zwischen Rom und ANTIOCHOS muss dieser zugunsten von Rhodos und Pergamon auf Kleinasien diesseits des Tauros-Gebirges verzichten; militärische und diplomatische Aktivitäten westlich des Tauros werden ihm verboten. Er muss 15 000 Talente Kriegsentschädigung zahlen sowie seine Flotte und prominente Romfeinde ausliefern, darunter HANNIBAL.

Damit ist das hellenistische Mächtesystem zerstört. Rom zieht zwar auch 188 alle Truppen aus Griechenland und Kleinasien zurück, wird aber in der Folgezeit häufig um Intervention gebeten. Umgekehrt wächst Roms Misstrauen gegenüber dem Osten, sodass – besonders nach dem Perseus-Krieg – keine Macht mehr unabhängige Politik betreiben kann, ohne dass Rom interveniert. Dies steigert die Instabilität im Osten, die auch dadurch gefördert wird, dass Roms Interventionspolitik und die Bevorzugung oligarchischer Regierungen zur Verschärfung sozialer Gegensätze beitragen.

Nach dem Frieden von Apameia sind im Osten neben dem Seleukidenreich und Makedonien Pergamon, Rhodos und der Achaiische Bund die stärksten Kräfte. Während der Achaiische Bund unter PHILOPOIMEN (*253, †183) römische Interventionen möglichst abzuwehren versucht, gelingt es dem im Frieden von Apameia benachteiligten PHILIPP V., Makedonien trotz mehrfacher Eingriffe Roms wieder zu stärken. Nach seinem Tod setzt sein Sohn PERSEUS (179–168) diese Politik fort. Das Misstrauen Roms ihm gegenüber findet endlich einen konkreten, wenn auch zweifelhaften Anhaltspunkt in einer Liste von »Verbrechen« des PERSEUS, die EUMENES (197–159) von Pergamon dem Senat vorlegt. Rom erklärt PERSEUS den Krieg.

171–168 v. Chr. **3. Makedonischer Krieg.**

168 v. Chr. Trotz anfänglicher Erfolge unterliegt PERSEUS schließlich dem Konsul LUCIUS AEMILIUS PAULLUS in der Schlacht bei Pydna (Südmakedonien), flieht, wird gefangen und später im Triumph mitgeführt. Staat und Monarchie werden aufgelöst, Makedonien wird in vier unabhängige Bezirke aufgeteilt. 1000 vornehme Achaier, unter ihnen der Historiker POLYBIOS (*um 200, †um 120), werden nach Rom deportiert. – Rhodos verliert wegen Vermittlungsversuchen während des Krieges die lykischen und karischen Gebiete, die es im Frieden von Apameia erhalten hat; durch Errichtung eines Freihafens in Delos (unter attischer Oberhoheit) wird sein Handel geschädigt; die Schwächung der Inselrepublik hat eine Ausbreitung der Seeräuberplage zur Folge. Auch Roms Verhältnis zu EUMENES von Pergamon bleibt gespannt.

ANTIOCHOS IV. (175–164) greift Ägypten an, nachdem er schon in den Vorjahren dort eingedrungen ist. Nach der Schlacht von Pydna interveniert Rom: Der römische Gesandte GAIUS POPILLIUS LAENAS trifft mit ANTIOCHOS in Eleusis bei Alexandria zusammen und fordert ihn auf, Ägypten zu räumen. Als der König Bedenkzeit erbittet, zeichnet LAENAS um den Standort des Königs einen Kreis in den Sand und fordert eine Entscheidung vor Verlassen des Kreises. Der König gibt nach. Diese Episode und die Tatsache, dass König PRUSIAS II. (†149) von Bithynien in der Tracht eines Freigelassenen vor dem Senat erscheint, kennzeichnen Roms Stellung und Politik im Osten.

167 v. Chr. In Epirus, das zu PERSEUS gehalten hat, werden 70 Städte geplündert und 150 000 Menschen versklavt.

161 v. Chr. Bündnis (*foedus*) zwischen Rom und den Juden, die unter Führung der Makkabäer die Sezession vom Seleukidenreich betreiben.

seit 151 v. Chr. Der Schritt zur direkten Annexion im Osten wird vollzogen, als in Makedonien ANDRISKOS (†nach 148) auftritt, der sich als Sohn des PERSEUS ausgibt.

149 v. Chr. Mit fremder Hilfe gelingt es ihm, sich zum König zu machen (PHILIPP VI.); ein römisches Heer unter Q. CAECILIUS METELLUS (†115) bereitet ihm aber ein schnelles Ende (148). Makedonien wird römische Provinz, dessen Statthalter auch für Epirus und Illyricum zuständig ist.

146 v. Chr. In Griechenland versucht nach dem Tod des proromischen KALLIKRATES (150) der Achaiische Bund, Sparta wieder in den Bund hineinzubringen. Auf Klagen Spartas verlangt Rom die Unabhängigkeit Spartas, Korinths und Argos' vom Bund; die entsprechende Senatsgesandtschaft wird in Korinth tätlich angegriffen. Der Achaiische Bund erklärt Sparta und Herakleia am Oita den Krieg, wird aber schnell von QUINTUS CAECILIUS METELLUS, dann LUCIUS MUMMIUS besiegt. Korinth wird nach einem Gemetzel unter der Bevölkerung geplündert und zerstört, der Achaiische Bund aufgelöst. Rom interveniert in vielen Städten zugunsten von Oligarchien. Die Unabhängigkeit Griechenlands, das dem makedonischen Statthalter unterstellt wird, ist damit endgültig beseitigt.

133 v. Chr. ATTALOS III. (139–133) von Pergamon stirbt ohne Erben und vermacht sein Reich testamentarisch den Römern.

Rom in der Späten Republik: Erfolgskrise und Kampf um die res publica (133–30 v. Chr.)

In der Mitte des 2. Jh.s stehen die römische Dominanz über die Mittelmeerwelt und die Herrschaft der Nobilität über die *res publica* unerschüttert. Zwar lösen die gesteigerte aristokratische Konkurrenz, die Herrschaftsaufgaben im weiten Befehlsbereich Roms, die opferreichen und nicht länger ergiebigen Kriege in Spanien und die Lockerung der vertikalen Bindungen im Klientelsystem »Dehnungseffekte« (BERNHARD LINKE) aus, doch führen diese nicht notwendig zur Erosion und Zerstörung des politischen Systems. Allerdings halten die gewachsenen Rahmenbedingungen latente Potenziale bereit, die im Falle eines sich einfressenden Konflikts zur

Eskalation führen können. Es sind dies v.a. die Kompetenzen und revolutionären Traditionen des Volkstribunats, der Mangel an Sicherungen gegen Gewaltausbrüche, ein jederzeit mobilisierbares Reservoir an Unterprivilegierten und die Chancen auf Ruhm und Beute, die erfolgreiche Feldzüge bieten. Im Senat, im Volkstribunat und später im Obermagistrat mit dem machtvollen *imperium* liegen starke und selbstbewusste Institutionen bereit, die ökonomische und soziale Interessen politisch bündeln können und so den Weg bereiten zu einer Homogenisierung partikularer Interessen und damit zu einer breiten horizontalen Gruppenbildung, welche die angestammte polyzentrisch-personale, vertikale und schichtenübergreifende Integration überlagert und sprengt. Die Gruppen und ihre »Mobilisierer« sind in der zeitlichen Reihenfolge: das ländliche Proletariat (Tiberius Gracchus), die Grundbesitzer (Senat), die Bundesgenossen (Marcus Fulvius Flaccus, Gaius Gracchus, Marcus Livius Drusus), das städtische Proletariat und die Ritter (Gaius Gracchus, Marcus Livius Drusus) und die Soldaten (Gaius Marius, Lucius Cornelius Sulla). Damit entstehen neue Machtzentren und politische Optionen, von denen sich der Feldherr mit *imperium*, der sich auf ein loyales Heer stützt und seine Handlungsfreiheit im politischen Apparat der Hauptstadt abzusichern weiß, als die am Ende erfolgreichste erweist. Der Gesamtprozess stellt sich – trotz aller Versuche, durch institutionelle Maßnahmen die Stabilität zurückzugewinnen – als eine dialektische Eskalation dar, die v.a. durch wachsende Bereitschaft zur Gewaltanwendung gekennzeichnet ist. Obwohl der Prozess kein immanentes Ziel verfolgt, weisen zumindest im Rückblick manche Innovationen auf den Prinzipat voraus: die tendenzielle Monopolisierung der Patronagebeziehungen durch Volkstribune und Feldherren; die Entmachtung des Senats, der seit den Gracchen immer wieder von Einzelnen politisch marginalisiert, gespalten, dezimiert, korrumpiert oder instrumentalisiert wird; die Ausweitung des politischen Feldes von der Stadt Rom über Italien auf die Provinzen, die zunächst in erster Linie Kriegsschauplätze und Ressourcen für Bürgerkriege darstellen, am Ende aber nicht mehr ignoriert werden können und für die Monarchie des Augustus zugleich Basis und Aufgabe darstellen.

133 v. Chr. **Tiberius Sempronius Gracchus**, dessen Familie zu den Spitzen der Nobilität gehört, der aber als Mitverantwortlicher für den schmählichen Mancinus-Vertrag (136) ins Hintertreffen zu geraten droht und für seine weitere Karriere dringend einen Erfolg braucht, macht als Volkstribun unter Rückgriff auf ein bereits bestehendes Gesetz einen neuen Gesetzesvorschlag: Jeder Römer soll nur noch 500 *iugera* (= 125 ha) von Gemeindeland (*ager publicus*) besitzen dürfen, dazu noch je 250 *iugera* für seine erwachsenen Söhne. Der Rest soll eingezogen und in Einheiten zu je 30 *iugera* zur Errichtung neuer Bauernstellen verwendet werden, die unverkäuflich sein sollen. Privateigentum wird durch das Gesetz nicht tangiert. Obwohl einflussreiche Nobiles den Vorschlag unterstützen, lehnt die Senatsmehrheit ihn ab, teils aus Eigennutz, teils aus Furcht vor dem großen Einfluss, der dem ohnehin privilegierten Tribunen durch zahlreiche neue Klienten beschert würde, teils auch wegen der unübersehbaren technischen und besitzrechtlichen Probleme, die das Gesetz in sich birgt. Tiberius Gracchus bringt seinen Antrag dennoch vor die Volksversammlung, findet ungeheure Zustimmung und lässt den im Auftrag der Senatsmehrheit Einspruch einlegenden Volkstribun Marcus Octavius in präzedenzloser Manier absetzen; danach wird das Gesetz angenommen. Ferner beschließt die Volksversammlung auf Antrag des Tiberius Gracchus, die angefallene Erbschaft des Königreichs Pergamon für die Durchführung des Ackergesetzes zu verwenden und die mit der Verteilung beauftragte Landkommission, die große Kompetenzen haben soll, mit Tiberius, seinem Bruder und seinem Schwiegervater zu besetzen. Tiberius Gracchus sucht sich gegen die Gefahr, ihn nach seiner Amtszeit vor Gericht zu stellen, durch die Bewerbung um eine zweite Amtszeit zu schützen; damit besteht in der Sicht vieler Senatoren die Gefahr einer faktischen Alleinherrschaft des Tribunen. Obwohl dieser sich nach dem Weggang vieler seiner Anhänger bereits in der Defensive befindet, wird er bei den Vorbereitungen zur Wahl zusammen mit 300 Gefolgsleuten von Senatoren unter Führung des Publius Cornelius Scipio Nasica Serapio (†132) in einem Gewaltexzess erschlagen.

Die Vorgänge sind in mehreren Punkten symptomatisch für die gesamte späte Republik: 1) Mit Tiberius Gracchus wird der Volkstribunat zum aktiven Träger von Veränderungen und emanzipiert sich vom Senat. 2) Eine Minderheit der Herrschaftsschicht kann mithilfe des Tribunats und der Volksversammlung gegen die Senatsmehrheit eigenständige Politik machen; man nennt diese Art politischen Handelns populare Politik (*popularis ratio*); sie ruht auf der ständigen Aktualisierbarkeit sozialer Missstände und auf einer abrufbaren Tradition antiadliger Agitation. 3) Die Mehrheit des Senats verliert das Gesamtwohl aus dem Blick und vertritt primär eigene Interessen; dies und die Bereitschaft, im Binnenraum der *res publica* nackte Gewalt anzuwenden, führt längerfristig zu einem Legitimitätsverlust der politischen Klasse, der im Klientelsystem nicht mehr aufgefangen werden kann. 4) Die neu mobilisierten Schichten werden nicht dauerhaft politisiert; ihre Aktivierung ist von situativer, eskalationsträchtiger Agitation abhängig und schwer kalkulierbar. 5) Erfolgreiche Politik von Einzelnen oder Minderheiten bedroht das zentrale Prinzip aristokratischer Herrschaft, die aristokratische Gleichheit und die Kontrolle des Kollektivs über die Politik; die gewaltsame Reaktion zeugt von der Hilflosigkeit des Senats, der gegen einen entschlossenen und kontinuierlich amtierenden Volkstribunen keine legale Verteidigung hat. Auch in der Folgezeit werden institutionelle Initiativen oder Bremsmanöver immer wieder von Gewalt überspielt. 6) Durchsetzungsstarken und erfolgreichen Individuen droht nach Ende ihrer

Amtszeit die juristische, politische oder gar physische Vernichtung, gegen die sie sich mit ordnungswidrigen und zugleich neue Optionen schaffenden Mitteln wehren (Perpetuierung der Amtsfunktion; Auslöschung politischer Gegner; Aufbau dauerhafter militärischer Macht).

132 v. Chr. Durch außerordentliche, vom Senat eingerichtete Gerichtshöfe werden weitere Anhänger des Tiberius Gracchus zum Tode verurteilt und hingerichtet.
Das Ackergesetz bleibt zunächst wirksam. Eine Dreimännerkommission vollzieht die Aufteilung in neue Parzellen. Die italischen Bundesgenossen, die auch *ager publicus* besetzt haben, aber als Nicht-Bürger nicht zum Kreis der Empfänger neuer Parzellen gehören, intervenieren gegen die Landverteilung.

129 v. Chr. Der Ackerkommission werden Kompetenzen entzogen, was faktisch zum Ende ihrer Arbeit führt. Umstritten ist, wie viele Bauernstellen geschaffen wurden und wie nachhaltig das Ansiedlungsprogramm wirkte.

125 v. Chr. Der Konsul Marcus Fulvius Flaccus (†121), seit 130 Mitglied der Landverteilungskommission, beantragt, den Bundesgenossen wahlweise das Bürgerrecht oder das Provokationsrecht zu erteilen, um die Ackerverteilung wieder in Gang zu bringen; er wird aber vom Senat auf ein Kommando im Krieg gegen die Allobroger (125–121) in Südgallien abgeschoben.

123–122 v. Chr. **Gaius Sempronius Gracchus**, der jüngere Bruder des Tiberius, nimmt als Volkstribun dessen Politik mit einem umfassenden Reformprogramm wieder auf. Die Gesetzesanträge, teilweise von Kollegen des Gaius Gracchus eingebracht, zielen auf eine politische und juristische Absicherung der »popularen« Maßnahmen; sie lassen sich in drei Hauptgruppen einteilen: 1) Verfahrensgesetze, die auf das Schicksal des Tiberius Gracchus reagieren und tribunizisches Handeln für die Zukunft sichern sollen: u. a. eine *lex de capite civis*, die Sondergerichte wie die von 132 verbietet, soweit sie nicht durch Volksbeschluss eingerichtet werden; damit wird das Provokationsrecht erneut eingeschärft. 2) Sozialgesetze: Durch ein Ackergesetz greift Gaius Gracchus die Agrarreform seines Bruders auf und stattet wahrscheinlich die Landverteilungskommission erneut mit umfassenden Vollmachten aus; in den Zusammenhang der Agrarreform gehören wohl auch mehrere Gesetze über die Gründung von Kolonien (Capua, Scolacium [Squillace], Tarent, Iunonia auf dem Gebiet von Karthago); durch ein Getreidegesetz (*lex frumentaria*) soll die kontinuierliche Getreideversorgung der Plebs zu einem festen Preis gesichert werden; diesem Zweck dient auch die Errichtung von Getreidemagazinen und vielleicht die Förderung des Straßenbaus; eine *lex militaris* verbietet, Jugendliche unter 17 Jahren zum Kriegsdienst heranzuziehen; den Soldaten wird ihre Kleidung künftig ohne Soldabzug vom Staat gestellt. 3) Gesetze, die das Verhältnis Roms zu den Latinern, Bundesgenossen und Provinzialen regeln: Ein Gesetzesantrag, dass Latiner Bürger- und Bundesgenossen Latinerrecht erhalten, geht nicht durch; um eine wirksame Kontrolle der Statthalter zu ermöglichen, sollen künftig in Repetundengerichten Ritter statt Senatoren Richter sein und die Verfahren transparenter sein; durch ein Gesetz über die konsularischen Provinzen wird bestimmt, dass künftig die Amtsbereiche (»Provinzen«) der Konsuln vor deren Wahl festgelegt werden sollen; schließlich wird gesetzlich geregelt, dass die Tribute der Provinz Asia durch römische Steuerpächter eingezogen werden sollen.
Gaius Gracchus greift mit seinen Gesetzen, die ein umfassendes Konzept zur Veränderung der »politischen Grammatik« (Christian Meier) in Rom verraten und unverkennbar gegen den Senat gerichtet sind, zugleich einige neuralgische Probleme des politischen und sozialen Systems auf. Seine Innovation besteht in der Einbindung bisher isolierter und nur sporadisch thematisierter Einzelprobleme in einen Gesamtzusammenhang; außerdem aktiviert er mit der stadtrömischen *plebs* und den Rittern zwei bislang eher passive Gruppen und setzt für sie Agenden, die künftig immer wieder eine Rolle spielen (Getreideversorgung; Besetzung der Gerichte; Rahmenbedingungen für Staatspacht).
Als er, für 122 wiedergewählt, im zweiten Amtsjahr nach Iunonia geht, um die Gründung der Kolonie vorzubereiten, beantragt der Tribun Marcus Livius Drusus (†108) im Auftrag des Senats die – in der Sache völlig unrealistische – Gründung von zwölf Kolonien in Italien, um Gaius Gracchus in der Gunst des Volkes auszustechen. Außerdem werden Aversionen der Plebs gegen die Bundesgenossen, Latiner und Ausländer durch Ausweisungen geschürt. Bei der Tribunenwahl für 121 unterliegt Gaius Gracchus. Dass die antigracchische Mehrheit im Senat den Konflikt damit nicht für entschärft hält, sondern auf die politische und am Ende auch physische Vernichtung ihres Gegners zielt, zeigt, wie tief sich die Gegensätze bereits eingefressen haben.

121 v. Chr. Bei dem Versuch des Senats, die Kolonie Iunonia aufzuheben, kommt es zum Tumult. Gaius Gracchus, Marcus Fulvius Flaccus und ihre Anhänger besetzen den Aventin, der in den Ständekämpfen Hauptort des plebejischen Widerstandes gegen die Patrizier gewesen war. Der Senat ruft erstmals den »Ausnahmezustand« aus (*senatus consultum ultimum*: *Videant consules ne quid detrimenti res publica capiat* = die Konsuln sollen dafür sorgen, dass der Staat keinen Schaden nimmt), der den Konsuln unbegrenzte Gewalt einräumt – eine Antwort auf die *lex de capite civis* des Gaius Gracchus und generell auf die erwiesene Machtlosigkeit des Senats gegen energische Volkstribune. Erstmals werden kretische Bogenschützen und damit Militär in einem innenpolitischen Konflikt eingesetzt. Gracchus kann noch über den Tiber entkommen, lässt sich dann aber von einem Sklaven töten; sein Leichnam und der des Flaccus werden geschändet. 3000 seiner Anhänger

werden ohne Verfahren hingerichtet. Der Senat weiht einen Tempel der Concordia (Eintracht).
In Südgallien schlägt GNAEUS DOMITIUS AHENOBARBUS (†um 104) zusammen mit dem Konsul von 121, QUINTUS FABIUS MAXIMUS, die Allobroger und Arverner, worauf die Römer einen Küstenstreifen in Südgallien als Landverbindung nach Spanien unter dauernder Kontrolle behalten (spätere Provinz Gallia Narbonensis). Gründung der Bürgerkolonie Narbo Martius (Narbonne).

119–109 v. Chr. Die CAECILII METELLI und ihre politischen Freunde bekleiden jedes Jahr mindestens ein Konsulat; wahrscheinlich soll durch Rückgriff auf bewährte Kräfte eine innenpolitische Beruhigung erreicht werden.

113 v. Chr. GNAEUS PAPIRIUS CARBO (*um 135, †82) unterliegt bei Noreia (Ostalpen) den Kimbern, Teutonen und Ambronen, die ihre Heimat an der Nordsee (infolge einer Sturmflut?) verlassen haben. Trotz ihres Sieges wenden sie sich nicht nach Italien, sondern westwärts nach Gallien.

112 v. Chr. Das numidische Königreich haben bei MICIPSAS Tod (118) dessen Söhne ADHERBAL und HIEMPSAL sowie der Adoptivsohn des Königs, JUGURTHA (*um 160, †104), übernommen. HIEMPSAL wird ermordet, das Reich durch Rom zwischen JUGURTHA und ADHERBAL aufgeteilt (116). JUGURTHA greift ADHERBAL an, nimmt – trotz römischer Intervention – dessen Hauptstadt Cirta (Constantine, Algerien) ein und lässt ADHERBAL sowie die männliche erwachsene Bevölkerung der Stadt, in der sich auch viele italische Geschäftsleute befinden, töten. Darauf heftige Agitationen in Rom, an denen sich besonders auch Ritter beteiligen. JUGURTHA hat aber seit seinem Militärdienst bei Numantia unter SCIPIO AEMILIANUS viele Freunde in der Nobilität. Diese will außerdem ein unnötig erscheinendes Engagement vermeiden.

111 v. Chr. Nach verschiedenen Maßnahmen gegen die gracchische Landverteilungspolitik seit 121 (Aufhebung des Veräußerungsverbots; Auflösung der Ackerkommission) macht eine *lex agraria* große Teile des noch nicht regulierten Staatslandes abgabenfrei und damit faktisch zu Privateigentum. Legale Landverteilungen sind damit stark erschwert.

111–105 v. Chr. **Jugurthinischer Krieg**: Der Konsul LUCIUS CALPURNIUS BESTIA geht nach Afrika, schließt aber mit JUGURTHA einen für diesen vorteilhaften Vertrag. JUGURTHA, auf Antrag des Tribunen GAIUS MEMMIUS (†100 v. Chr.) nach Rom vorgeladen, um wegen Bestechungsverdachts auszusagen, lässt dort einen Konkurrenten ermorden. Daraufhin Fortführung des Krieges.

109 v. Chr., Anfang Eine schwere Niederlage der Römer in Afrika führt in Rom auf Antrag des Tribunen GAIUS MAMILIUS LIMETANUS zu Sondergerichtsverfahren (mit Rittern als Richtern) gegen Adlige.

109 v. Chr. Niederlage des MARCUS IUNIUS SILANUS gegen die Germanen im Rhônetal.

109–108 v. Chr. In Numidien erfolgreiche Kriegsführung durch QUINTUS CAECILIUS METELLUS (*um 126, †um 63), dem es aber nicht gelingt, JUGURTHA zu fassen und den Krieg zu beenden.

108 v. Chr. Für 107 wird gegen den Widerstand der Nobilität, aber mit Unterstützung der Ritter, **GAIUS MARIUS** (*um 157, †86) zum Konsul gewählt und erhält durch Volksbeschluss den Oberbefehl im Jugurthinischen Krieg. Er nimmt erstmals auch Freiwillige aus der Gruppe der Besitzlosen (*proletarii*) ins Heer auf. Obwohl die Maßnahme durch ständige Herabsetzungen des Zensusminimums (d. h. der für den Kriegsdienst notwendigen Besitzgröße) seit dem 2. Punischen Krieg vorbereitet ist, stellt sie einen weitreichenden Eingriff dar: Die Besitzlosen sind frei auch für längeren Kriegsdienst, verteidigen nicht eigenen Besitz, sind für ihr materielles Wohl und die Versorgung nach dem Krieg auf den Feldherrn angewiesen. Das Heer nimmt dadurch und durch die Reformen von 104 den Charakter eines professionalisierten und eingeschworenen Apparates an, der persönlich an den Feldherrn gebunden ist und dessen Loyalität gegenüber Senat und Volk schwindet. Diese »Heeresklientel« ist eine der wichtigsten Voraussetzungen für den Prinzipat.

107 v. Chr. MARIUS geht als Konsul nach Numidien.
Niederlage des LUCIUS CASSIUS LONGINUS gegen die Tiguriner, die sich den Kimbern und Teutonen angeschlossen haben, bei Agen.

106 v. Chr. Ein Gesetz des Konsuls QUINTUS SERVILIUS CAEPIO überträgt – wohl in Reaktion auf die Mamilianischen Sondertribunale – die Richtertätigkeit entweder Senatoren allein oder Rittern und Senatoren gemeinsam. Durch ein Gesetz des GAIUS SERVILIUS GLAUCIA (zwischen 104 und 101?) werden die Ritter jedoch wieder alleinige Richter.

105 v. Chr. JUGURTHA fällt durch Verrat in die Hände des LUCIUS CORNELIUS SULLA (*138, †78, Quästor des MARIUS), damit Ende des Jugurthinischen Krieges. Numidien wird geteilt: Die östlichen Gebiete erhält GAUDA, ein Halbbruder JUGURTHAS, die westlichen Teile BOCCHUS (†81) von Mauretanien.
Vernichtende Niederlage des Q. SERVILIUS CAEPIO und GNAEUS MALLIUS gegen die Kimbern, Teutonen, Ambronen und Tiguriner bei Arausio (Orange).

104 v. Chr. Eine *lex Cassia* bestimmt, dass Träger eines *imperium*, dem das Kommando entzogen oder der in einem Prozess verurteilt wurde, auch seinen Senatssitz verlieren soll. Das verschafft dem Volk bzw. seinen Führern, den Volkstribunen, erheblichen direkten Einfluss auf die Zusammensetzung des Senats und bedroht zugleich missliebige Nobiles mit der politischen Vernichtung.
Eine *lex Domitia* bestimmt die Wahl der nachrückenden Mitglieder der großen Priesterkollegien durch die Tributkomitien anstelle der Kooptation durch die Mitglieder selbst.

104–101 v. Chr. 2. Sizilischer Sklavenaufstand: Weil durch Seeräuber und Steuerpächter viele Einwohner mit Rom befreundeter Staaten zu Sklaven gemacht und verkauft worden sind, hat der Senat angeordnet, die Statthalter sollen solche Sklaven freilassen. Der Statthalter Siziliens führt den Beschluss zunächst aus, stoppt dann die Ausführung aufgrund einer Intervention der Gutsbesitzer. Dies löst den 2. Sklavenaufstand aus, der 101 durch den Konsul MANIUS AQUILIUS niedergeschlagen wird.

seit 104 v. Chr. MARIUS ist fünfmal hintereinander Konsul, zunächst – bis 101 –, um den Krieg gegen die Kimbern und Teutonen zu beenden. Innere Auseinandersetzungen und eine tatsächliche Notsituation wirken zusammen, um das Prinzip der Annuität faktisch außer Kraft zu setzen.

Durch Veränderungen in der Heerestaktik (von Centurionen geführte Kohorten werden anstatt der Manipel zu taktischen Einheiten der Legion) und durch militärischen Drill (dabei u. a. Bau eines Kanals von Arles zum Mittelmeer) schaffen MARIUS und PUBLIUS RUTILIUS RUFUS (*um 158, †78) eine schlagkräftige Armee mit starkem Korpsgeist (u. a. durch die Einführung von Legionsadlern).

103 v. Chr. Erstes Tribunat des LUCIUS APPULEIUS SATURNINUS (†100). Er verbindet sich mit MARIUS und setzt – unter Gewaltanwendung gegen einen interzedierenden Kollegen – durch, dass den afrikanischen Veteranen des MARIUS je 25 ha Land in Afrika zugewiesen werden. Damit wird eine erste Konsequenz aus der Rekrutierung Besitzloser gezogen; auch die Zusammenarbeit zwischen Tribunen und Feldherrn bleibt für die Folgezeit typisch. – Ein Versuch, die Getreidepreise durch Plebiszit herabzusetzen, scheitert an gewaltsamem Widerstand, in dessen Verlauf die Abstimmungseinrichtungen zerstört werden. Um Gewalt gegen tribunizische Akte für die Zukunft zu erschweren, bringt SATURNINUS ein Gesetz gegen die Schmälerung der »Majestät« des römischen Volkes (*lex de maiestate*) durch und besetzt den zuständigen Gerichtshof mit Rittern. Da nicht definiert ist, was die »Majestät« des Volkes mindert, wird die Drohung mit einem solchen Prozess zum Kampfmittel der Popularen gegen den Senat. Zusammen mit seinem Kollegen GAIUS NORBANUS (†82/81) schaltet SATURNINUS die beiden Verantwortlichen für die Niederlage bei Arausio (105), QUINTUS SERVILIUS CAEPIO und GNAEUS MALLIUS, politisch aus.

102 v. Chr. Der Prätor MARCUS ANTONIUS (*143, †87), erhält ein prokonsularisches Kommando (102–100) gegen die Seeräuber in Kilikien und Pamphylien.

102/101 v. Chr. MARIUS schlägt die Teutonen und Ambronen bei Aquae Sextiae (Aix-en-Provence) und – zusammen mit seinem Kollegen QUINTUS LUTATIUS CATULUS (†87) – die Kimbern bei Vercellae (Vercelli). Damit ist die Germanengefahr beseitigt. MARIUS wird trotz Widerstandes der Nobilität ein sechstes Mal zum Konsul gewählt. In turbulenten Wahlen erlangen LUCIUS APPULEIUS SATURNINUS den Tribunat, GAIUS SERVILIUS GLAUCIA die Prätur.

100 v. Chr. Zweites Tribunat des SATURNINUS, der einen Gesetzesvorschlag zur Versorgung der Veteranen des MARIUS aus den Germanenkriegen in der Gallia Cisalpina, in Sizilien, Achaia und Makedonien einbringt. Da dabei auch Bundesgenossen berücksichtigt werden sollen, regt sich Widerstand, zumal sich die stadtrömische Bevölkerung, die nicht an Bauernstellen, sondern an besseren Lebensbedingungen in Rom (u. a. durch Getreideverteilungen) interessiert ist, benachteiligt fühlt. Mit den Veteranen des MARIUS wird der Widerstand gewaltsam gebrochen. Erstmals ergibt sich damit zwischen Veteranen und *plebs urbana* eine Konkurrenzsituation, wer tribunizische Initiativen unterstützt und von ihnen profitiert. Es kommt zu Straßenschlachten zwischen Angehörigen der *plebs urbana* und Veteranen-Schlägerbanden. Alle legalen Verhinderungsmittel versagen. Alle Senatoren müssen binnen fünf Tagen auf das Gesetz schwören – ein in diesen Jahren auch bei anderen Gesetzen aufkommendes Mittel gegen die Senatsopposition und zugleich eine beispiellose Demütigung der Aristokratie. SATURNINUS kann für 99 erneut seine Wahl zum Tribunen durchsetzen. Als SERVILIUS GLAUCIA sich gegen die Gesetze um den Konsulat bemüht und dabei ein Mitbewerber, GAIUS MEMMIUS, erschlagen wird, fasst der Senat das *senatus consultum ultimum*; der Konsul MARIUS geht gegen seine früheren Verbündeten vor, die gefangengenommen, in der Kurie eingesperrt und von der städtischen Menge vom Dach aus gesteinigt werden. Das Gesetz des SATURNINUS wird aufgehoben.

95 v. Chr. Die Konsuln QUINTUS MUCIUS SCAEVOLA (†82) und LUCIUS LICINIUS CRASSUS (*140, †91) weisen alle unrechtmäßig eingebürgerten Fremden aus Rom aus. Die Maßnahme trifft v. a. die Bundesgenossen.

92 v. Chr. Die Verurteilung des PUBLIUS RUTILIUS RUFUS wegen Amtsmissbrauchs in der Provinz Asia verursacht einen Skandal, da RUFUS' Amtsführung vorbildlich war und er lediglich für sein Einschreiten gegen die kriminellen Praktiken der Steuerpächter gegenüber den Provinzialen abgestraft wird.

91 v. Chr. Ein Gesetzespaket des Volkstribunen MARCUS LIVIUS DRUSUS umfasst alle drei aktuellen Streitfragen: das Verhältnis zwischen Senatoren und Rittern, die stadtrömische und die ländliche Plebs sowie das Bundesgenossenproblem. 1) Durch ein Richtergesetz soll die Gerichtsbarkeit dem Senat übertragen werden; als Ausgleich soll der Senat um 300 Männer aus dem Ritterstand erweitert werden, vielleicht um die Frontstellung zwischen den beiden obersten Ständen aufzubrechen; 2) auf die städtische und die ländliche Plebs zielt ein großzügig bemessenes Getreide- und ein Ackergesetz, möglicherweise mit der Absicht, künftige Initiativen überflüssig und damit unmöglich zu machen; 3) die Bundesgenossen sollen das Bürgerrecht erhalten, ihr Anteil am Staatsland damit für eine Verteilung bereitstehen. Trotz Opposition der Ritter und eines der Konsuln werden die Gesetze verabschiedet, vom Senat später aber wieder aufgehoben. Die Pläne des LIVIUS finden durch die Ermordung des Tribunen ihr Ende. Das Bundesgenossenproblem hat sich seit der *lex Licinia Mucia* von 95 verschärft. Da es nach dem Tod des LIVIUS DRUSUS unter den Bundesgenossen gärt, sendet der Senat Beauftragte in die einzelnen Gebiete. Ein Prätor wird in Asculum (Ascoli Piceno) ermordet, ebenso alle Römer in der Stadt.

91–88 v. Chr. Das ist das Signal zum Ausbruch des Bundesgenossenkrieges (auch Marsischer Krieg oder Italischer Krieg genannt). Die Italiker, die sich eine nationale Organisation mit Namen »Italia« und Zentrum in Corfinium nach römischem Vorbild (Senat, Doppelspitze, Münzprägung) schaffen, können den Römern zwar eine Reihe von Niederlagen beibringen, unterliegen aber am Ende wegen ihrer unterschiedlichen Interessen: Während v. a. die Latiner das Bürgerrecht und damit die volle Integration in den römischen Staatsverband anstreben oder zumindest anzunehmen bereit sind, suchen die übrigen Verbündeten mehr Autonomie und Sicherheit gegen römische Übergriffe – vielleicht in Form eines Bundesstaates – oder im Konfliktfall letztlich die Sezession. Rom, im Kriegsjahr 90 militärisch ins Hintertreffen geraten, kann das Blatt wenden, indem es der ersten Gruppe ihren Wunsch erfüllt (*lex Iulia de civitate sociis danda*; *lex Plautia Papiria*) und damit die zweite isoliert. Der Krieg unter einstigen Kampfgefährten, faktisch ein italischer Bürgerkrieg, wird mit großer Erbitterung geführt. Am Ende erhalten die Italiker das römische Bürgerrecht als Begnadigte oder als Besiegte. Alle Neubürger werden freilich zunächst nur in wenige Tribus eingeschrieben, sodass sie in den Volksversammlungen kein ihrer Zahl entsprechendes Gewicht erlangen können. Außerdem wird die Einrichtung von *municipia* der Neubürger verschleppt und erst über 40 Jahre später zum Abschluss gebracht. Das Ergebnis des Krieges – Italien wird weitgehend römisch – hat wichtige Konsequenzen für das aristokratisch-stadtstaatliche Regiment, das die erweiterte Bürgerschaft nicht mehr kontrollieren kann. »Italien« und die Interessen der lokalen Oberschichten werden zu einem weiteren Faktor und mindern langfristig das Gewicht der stadtrömischen Politik.

88 v. Chr. In der Nachfolge der Politik des Livius Drusus betreibt der Tribun Publius Sulpicius Rufus die Verteilung der Neubürger und Freigelassenen auf alle Tribus. Als dagegen die Konsuln einen Stillstand der Geschäfte (*iustitium*) dekretieren, kommt es zum Kampf auf dem Forum; der Konsul Lucius Cornelius Sulla muss den Geschäftsstillstand aufheben und geht nach Nola (Kampanien), wo das Heer für den ihm übertragenen Krieg gegen Mithradates VI. (120–63) bereitgestellt wird. In Rom geht das Neubürgergesetz durch, auf Antrag des Sulpicius wird der Oberbefehl im Mithradatischen Krieg von Sulla auf Marius übertragen. Sulla antwortet, indem er erstmals römische **Legionen gegen Rom** führt, die Stadt nach kurzem Straßenkampf erobert, das Neubürgergesetz aufhebt und Sulpicius und Marius sowie deren Anhänger ächten lässt; Sulpicius wird kurz darauf ermordet. Sulla sichert dem Senat die Kontrolle der staatlichen Angelegenheiten, führt Konsulwahlen durch und geht dann in den Osten ab.

88–85 v. Chr. **1. Mithradatischer Krieg.**

88 v. Chr. Mithradates VI. Eupator, König von Pontos, hat seit 120 seine Macht ständig ausgeweitet. Er fällt in Bithynien und Kappadokien ein (90), dringt dann in die von den römischen Steuerpächtern geplagte Provinz Asia vor, proklamiert sich als Befreier und verkündet Schuldenerlass. An einem festgesetzten Tag werden auf den »Blutbefehl von Ephesos« alle Römer und Italiker in den Städten der Provinz ermordet (es sollen 80 000 gewesen sein). Auf Einladung der Griechen schickt Mithradates eine Heeresabteilung unter Archelaos nach Griechenland, wo viele Städte zu ihm übergehen.

87 v. Chr. Der Konsul Lucius Cornelius Cinna (*um 130, †84) nimmt – trotz einer vorangegangenen eidlichen Verpflichtung gegenüber Sulla, dessen Ordnung zu wahren – das Neubürgergesetz des Sulpicius wieder auf und betreibt die Rückberufung der von Sulla Verbannten. Sein Kollege Gnaeus Octavius (†87) und die Senatsmehrheit widersetzen sich; Cinna wird gewaltsam vertrieben, sammelt in Italien ein Heer (Sulla hat eine Legion bei Nola zurückgelassen) und erobert – Sullas Beispiel nachahmend – zusammen mit dem zu ihm stoßenden Marius die Stadt. In einem anschließenden zehntägigen Morden fallen auch viele Mitglieder der Nobilität. Für 86 werden Cinna und Marius zu Konsuln bestimmt.

86 v. Chr. Marius stirbt zu Beginn seines siebten Konsulats, sein Nachfolger wird Lucius Valerius Flaccus. Zensoren werden gewählt, die vielleicht mit der Verteilung der Neubürger auf alle Tribus beginnen; durch ein Gesetz des Flaccus werden drei Viertel aller Schulden erlassen, durch ein Edikt der Prätoren und Tribunen wird die Währung stabilisiert. Durch Gesetz wird die Verteilung der Neubürger auf alle Tribus bestimmt. Trotz der faktischen Aufhebung der politischen Ordnung – bis 84 finden keine regulären Wahlen statt – findet das Regime Cinnas in Rom durchaus (provisorische) Akzeptanz.

März Sulla erobert das seit einem Jahr belagerte Athen und gibt es der Plünderung preis. Die Truppen des Mithradates, die vom Norden her in Griechenland einmarschieren, schlägt er bei Chaironeia, ein zweites Heer bei Orchomenos (beide in West-Boiotien). Der Konsul Lucius Valerius Flaccus, von Rom zur Übernahme des Oberbefehls mit zwei Legionen in den Osten gesandt, zieht nach einer kurzen Berührung mit den sullanischen Truppen an den Bosporus und wird durch eine Meuterei getötet; sein Legat Gaius Flavius Fimbria (†84), der an der Meuterei beteiligt gewesen sein soll, übernimmt das Kommando.

85 v. Chr. Fimbria setzt nach Kleinasien über, schlägt ein Heer des Mithradates, seine Legionen plündern die Provinz. Sullas Quästor Lucius Licinius Lucullus (*117, †56) beherrscht mit einer Flotte das Meer. Wegen der Situation in Rom schließt Sulla mit Mithradates den für diesen äußerst günstigen Frieden von Dardanos (Troas): Er muss das gesamte eroberte Gebiet räumen, wird aber als König von Pontos anerkannt; er muss 70 Schiffe abliefern und 2000 Talente Kriegskostenentschädigung zahlen. Die Truppen Fimbrias zieht Sulla zu sich herüber. Viel härter für den Abfall zu Mithradates bestraft wird Asia, das 20 000 Talente zahlen muss; viele Städte werden geplündert. Um die geforderten Zahlungen aufzubringen, müssen sich die Gemeinden zu Wucherzinsen hoch verschulden. Von diesem Schlag erholt sich die Provinz erst wieder im Prinzipat.

In Rom sind Cinna und Gnaeus Papirius Carbo Konsuln. Verhandlungen des Senats mit Sulla führen zu keinem Ergebnis. Cinna will Sulla im Osten entgegentreten, wird aber bei der Einschiffung in Ancona von meuternden Truppen getötet. Carbo ist alleiniger Konsul (auch im Jahre 84); die Abwehr Sullas wird vorbereitet.

83–81 v. Chr. Der **2. Mithradatische Krieg**, vom Statthalter Asiens Lucius Licinius Murena eigenmächtig begonnen, endet mit einer Bestätigung des Friedens von Dardanos.

83 v. Chr. Sulla setzt mit 40 000 Mann von Makedonien nach Brundisium über. Zu ihm stoßen verschiedene Nobiles und Gnaeus Pompeius (*106, †48) mit einem privat ausgehobenen Heer. Sulla verkündet, dass er die Rechte der Neubürger respektieren werde, rückt gegen Rom vor und schlägt nördlich von Capua den einen Konsul, Gaius Norbanus; das Heer des anderen Konsuls, Lucius Cornelius Scipio Asiaticus, geht zu ihm über.

82 v. Chr. Konsul Gaius Marius, der Sohn des Marius, bei Sacriportus (Latium) geschlagen und in Praeneste eingeschlossen, lässt in Rom noch viele Nobiles hinrichten. Sulla nimmt Rom, Carbo, der andere Konsul, flieht nach Afrika. Als Versuche, Marius zu entsetzen, scheitern, unternehmen die Gegner Sullas, mit denen sich die Samniten verbündet haben, einen Vorstoß auf Rom.

1. Nov. Sulla siegt in einer blutigen Schlacht am Collinischen Tor; die überlebenden Samniten werden ermordet. Bald darauf fällt Praeneste. Die Reste der Marianer in Sizilien und Afrika werden von Pompeius besiegt (81–80).

82–81 v. Chr. In Rom werden die Gegner Sullas geächtet, ihre Namen auf Tafeln bekannt gemacht (**Proskriptionen**). 40 Senatoren und 1600 Ritter sind zur Tötung freigegeben; ihre beschlagnahmten Vermögen bescheren Anhängern Sullas (u. a. Marcus Licinius Crassus, *115, †53) riesige Reichtümer. Etwa 10 000 Sklaven von Proskribierten werden freigelassen und stärken als Cornelii die Klientel Sullas. Angeblich 120 000 Veteranen wird durch Koloniegründungen in Kampanien, Etrurien und Samnium Land zugewiesen, das ehemaligen Gegnern Sullas abgenommen wird – eine wirtschaftliche Umverteilung größten Ausmaßes, die zur Verelendung vieler italischer Bauern führt. Viele der Veteranen geben in der Folgezeit ihr erhaltenes Land rasch wieder auf, da sie an einer bäuerlichen Existenz nicht interessiert sind. Aufkäufer bringen so rasch riesige zusammenhängende Güter (Latifundien) zusammen, die mit Sklaven bewirtschaftet werden. Vielerorts zerreißen jetzt die noch bestehenden Netzwerke zwischen Klein-, Mittel- und Großbesitz.

82 v. Chr. Da beide Konsuln tot sind, bestimmt der Senat als Interrex Lucius Valerius Flaccus, der durch ein Komitialgesetz Sulla zum *dictator legibus scribundis et reipublicae constituendae* (»**Dictator** für die Abfassung von Gesetzen und die Neuordnung des Staates«) ernennen lässt. Seit dem 2. Punischen Krieg nicht gebraucht, erscheint die Dictatur hier in neuer Form: Sie ist zeitlich unbegrenzt; ihre Vollmachten betreffen nicht den militärischen, sondern den politischen Bereich.

81–80 v. Chr. Mit seinen Reformen, die als Gesetze in den Komitien verabschiedet werden, reagiert Sulla auf alle inneren Schwierigkeiten Roms seit der Gracchenzeit, die sich u. a. auch in seiner eigenen Karriere darstellen.

Die Reformen Sullas

Die Gesamtheit der Adligen und damit der Senat soll wieder die Kontrolle über das politische Leben erlangen. Dazu wird 1) der **Volkstribunat entmachtet**: Gesetzesanträge der Tribune müssen vom Senat genehmigt sein, das Vetorecht der Tribunen wird beschnitten und auf die direkte Hilfe für einzelne Bürger beschränkt, gewesenen Tribunen wird die weitere Ämterlaufbahn verboten, wodurch der Tribunat für fähige und ehrgeizige junge Römer unattraktiv wird. 2) Die **Ämterlaufbahn** und das Eintrittsalter für die Magistraturen werden neu und schärfer geregelt als durch die *lex Villia annalis* von 180 (frühestens mit 30 Jahren Quästor, frühestens mit 42 Jahren Konsul); Iteration eines Amtes nach einem Intervall von zehn Jahren erlaubt. 3) Als Antwort auf vermehrte Aufgaben wird die Zahl der **Quästoren** auf 20, der **Prätoren** auf acht **erhöht**; desgleichen werden die Kollegien der *Pontifices* und *Auguren* auf je 15 Mitglieder gebracht und die Volkswahl für diese Kollegien wieder durch die Kooptation ersetzt. 4) Die **Provinzialverwaltung** wird neu geordnet: Die acht Prätoren und zwei Konsuln sollen nach ihrer Amtszeit jeweils ein Jahr als Prokonsuln und Proprätoren eine Provinz verwalten (es gibt deren zehn im Jahre 80); sie sollen ohne Erlaubnis des Senats weder ihre Provinz verlassen noch Krieg führen dürfen. Damit soll die Gefahr außerordentlicher Kommanden, langer Befehlshaberschaft und einer Invasion Italiens abgewendet werden. Italien soll entmilitarisiert sein, da Konsuln und Prätoren im Regelfall keine militärischen Kommanden mehr zu führen brauchen. 5) Das **Gerichtswesen** wird neu geordnet: Sulla errichtet neue Geschworenengerichtshöfe, deren Zahl jetzt auf sieben gebracht wird. Prätoren führen den Vorsitz, Geschworene sind Senatoren. 6) Sulla bringt den **Senat** durch die Aufnahme vieler seiner Anhänger wieder auf 300 Mitglieder und verdoppelt die Zahl der Senatoren außerdem durch die Aufnahme von 300 Rittern auf 600. Jeder Quästor wird nach seinem Amtsjahr künftig automatisch Mitglied im Senat, sodass die *lectio senatus* als Funktion der Zensoren obsolet wird. Bis 70 werden keine Zensoren mehr gewählt.

Mit diesem Werk versucht Sulla, der zweimal gegen Rom marschiert ist, auf sich eine nie zuvor dagewesene diktatorische Gewalt vereinigt und sich durch den Beinamen »Felix« (im Osten: Epaphroditos) schon im Sinne der späteren Kaiser deutlich aus allen Römern herausgehoben hat, die alte republikanische Ordnung gesetzlich abzusichern. Dieser Widerspruch ist charakteristisch nicht nur für die Person, sondern für die Zeit. Die individuellen Ansprüche einzelner Aristokraten, die Anforderungen durch die Dominanz über die Provinzen, die durch SULLAS Herrschaft kompromittierte Oligarchie und die Schwierigkeiten bei der Integration der Bundesgenossen belasten von Anfang an die sullanische Ordnung. V. a. aber die Gewalt bei der Durchsetzung und die traditionswidrige Konsequenz der Inhalte der Neuordnung setzen der beabsichtigten Stabilisierung enge Grenzen.

79 v. Chr. Noch der Diktator SULLA selbst muss dem jungen POMPEIUS, der noch kein ordentliches Amt bekleidet hat, einen Triumph zugestehen. Auch die weitere Karriere des POMPEIUS verläuft gegen die sullanische Ordnung.
SULLA legt die Dictatur nieder. Er ist durch seine überwältigende soziale Macht (Veteranen, Neusenatoren, Freigelassene) persönlich abgesichert und geht davon aus, dass das restaurierte Senatsregime allein funktionieren wird. Er stirbt im folgenden Jahr.

78–75 v. Chr. Da Rom die hellenistischen Mächte geschwächt, aber selbst keine starke ständige Flottenmacht aufgebaut hat, breitet sich die Piraterie immer stärker aus; sie erhält Zuzug von allen mit der römischen Herrschaft Unzufriedenen und wird, besonders seit den Kriegen mit MITHRADATES, in quasistaatlichen Formen organisiert.
Im Auftrag des Senats zerstört PUBLIUS SERVILIUS VATIA ISAURICUS (*134/30, †44) die Festungen der Seeräuber an der kleinasiatischen Südküste, dringt ins Innere Kilikiens vor und besiegt auch die Isaurer. Ein Teil der Seeräuber zieht sich nach Kreta zurück.

78–71 v. Chr. Zum Schutz der makedonischen Nord- und Ostgrenze Kämpfe in Dalmatien und Thrakien, das unterworfen wird.

77 v. Chr. Als die von SULLA enteigneten Bauern in Faesulae (Fiesole) revoltieren, macht der Konsul MARCUS AEMILIUS LEPIDUS (*120, †77) mit ihnen gemeinsame Sache, sammelt in Gallia Cisalpina ein Heer und rückt gegen Rom vor. Der Senat fasst das *senatus consultum ultimum*, wiederum erhält POMPEIUS als Privatmann ein Imperium. Nach der Niederschlagung des Aufstandes weigert er sich, sein Heer zu entlassen, und verlangt ein Kommando in Spanien gegen SERTORIUS, das ihm auch gewährt wird.
QUINTUS SERTORIUS (*um 123, †72), 83 Prätor, hat im Bürgerkrieg gegen SULLA gekämpft und sich dann nach Spanien zurückgezogen. Von dort 81 nach Afrika vertrieben, wird er 80 von den Lusitanern zurückgerufen und baut eine römische Gegenregierung auf (u. a. Bildung eines Senats aus marianischen Emigranten). Die spanischen Statthalter, seit 79 u. a. QUINTUS CAECILIUS METELLUS PIUS, können seinen Vormarsch auch in keltiberische Gebiete nicht aufhalten. – Auf dem Weg nach Spanien unterwirft POMPEIUS die Salluvier in der Provence.

75 v. Chr. In Spanien unentschiedene Schlacht zwischen den vereinigten römischen Heeren und SERTORIUS bei Sagunt. SERTORIUS schließt einen Hilfsvertrag mit MITHRADATES.
In Rom wird (seit 76) für die Wiederherstellung des Volkstribunats agitiert. Wegen der äußeren Anspannungen und der Tätigkeit der Seeräuber Hungersnot; vielleicht im Zusammenhang damit wird durch Gesetz des Konsuls GAIUS AURELIUS COTTA (*um 124, †74/73) den Volkstribunen wieder die Ämterlaufbahn ermöglicht.

74 v. Chr. NIKOMEDES IV. vermacht sein Reich Bithynien testamentarisch den Römern, aber MITHRADATES, der (seit 81) seine Macht wieder ausgedehnt hat, fällt in das Land ein: **3. Mithradatischer Krieg** (bis 63).
LUCIUS LICINIUS LUCULLUS erhält den Oberbefehl mit besonderen Vollmachten über die römischen Truppen.
In Spanien erhält POMPEIUS Verstärkung, kann mit METELLUS die Offensive übernehmen (74–72), aber SERTORIUS nicht entscheidend schlagen.

74–71 v. Chr. MARCUS ANTONIUS (†71) erhält ein Kommando mit besonderen Vollmachten gegen die Seeräuber, wird aber in einer Seeschlacht an der kretischen Küste geschlagen und muss Frieden schließen.

73–71 v. Chr. **Spartacus-Aufstand**: Der Thraker SPARTACUS (†71) bricht mit einigen Mitsklaven aus der Gladiatorenschule in Capua aus. Nach anfänglichen Erfolgen über kleinere römische Einheiten wächst das Heer durch Zulauf von Sklaven und unterbäuerlichen Armen vom Lande auf 70 000 an.

72 v. Chr. SERTORIUS wird von seinem Stellvertreter MARCUS PERPERNA ermordet, dieser anschließend von POMPEIUS besiegt. Damit ist die Sezession Spaniens beendet. Die beiden spanischen Provinzen werden neu geordnet, POMPEIUS schafft sich eine große Klientel.
Eine abgespaltene Gruppe der Sklaven unter KRIXOS wird am Mons Garganus (Monte Gargano) besiegt, SPARTACUS schlägt in Norditalien die gegen ihn aufgestellten Heere. Obwohl damit den Sklaven der Weg über die Alpen freisteht, wendet sich das Heer wieder nach Süden und wird durch den neuen römischen Oberfeldherrn, MARCUS LICINIUS CRASSUS, in der Bruttischen Halbinsel eingeschlossen.

71 v. Chr. SPARTACUS gelingt zwar der Durchbruch, aber in der Folgezeit zersplittert sich sein Heer, die einzelnen Abteilungen und schließlich er selbst werden geschlagen, 6000 Sklaven gekreuzigt. Eine versprengte Gruppe wird in Oberitalien von dem aus Spanien zurückkehrenden POMPEIUS vernichtet. Ihm wird vom Senat ein Triumph zugestanden und die Erlaubnis, sich unter Überspringen der gesamten Ämterlaufbahn um den Konsulat zu bewerben.

70 v. Chr. POMPEIUS und CRASSUS stellen als Konsuln durch einen gemeinsamen Gesetzesvorschlag alle Rechte des Volkstribunats wieder her; durch eine *lex Aurelia* bilden künftig statt Senatoren allein zu je einem Drittel Senatoren, Ritter und (in ihrer sozialen Stellung nicht zu bestimmende) Aerartribune die

Richter in Geschworenengerichten. Nachdem der aus dem Ritterstand stammende MARCUS TULLIUS CICERO (*106, †43) bereits zu SULLAS Lebzeiten gegen einen Nutznießer des neuen Regimes prozessiert hat, klagt er nun auf Bitten der Provinzialen VERRES (um 115, †43), den ehemaligen Proprätor von Sizilien und »eine der elendesten unter den Kreaturen Sullas« (THEODOR MOMMSEN), wegen zahlreicher Amtsvergehen an. VERRES geht noch vor der Hauptverhandlung ins Exil. Die Zensoren des Jahres 70, GNAEUS LENTULUS und LUCIUS GELLIUS, schließen 64 Senatoren, die sich als Richter der Korruption schuldig gemacht haben sollen, aus dem Senat aus. – Die sullanische Ordnung ist damit in den zehn Jahren nach SULLAS Diktatur in wesentlichen Bereichen entweder durch Gesetze oder faktisch überholt, viele Anhänger und Profiteure sind ökonomisch und politisch bankrott. Autorität und Legitimität des Senats schwinden mehr und mehr. Demgegenüber wächst der Einfluss mächtiger Einzelner (CRASSUS, POMPEIUS, CAESAR), die nicht bereit sind, sich in das aristokratische Regiment einzuordnen, und die gewachsenen Chancen, sich Geld und Macht zu verschaffen, ausnutzen.

69 v. Chr. Im Krieg gegen MITHRADATES überschreitet LUCULLUS Euphrat und Tigris und besiegt MITHRADATES' Schwiegersohn TIGRANES (†um 55) bei Tigranokerta.

68 v. Chr. GAIUS IULIUS CAESAR (*100, †44) wird Quästor. Der Schwiegersohn CINNAS und Neffe des MARIUS ist unter SULLA geächtet, dann begnadigt worden; 73 (?) Pontifex, setzte er sich für den Volkstribunat ein. Während seiner Quästur führt er beim Begräbnis der Tante IULIA die Bilder des MARIUS mit.

Im Mithradatischen Krieg kämpft LUCULLUS weiterhin erfolgreich (Sieg am Fluss Arsanias in Armenien; Vormarsch auf Artaxata). Er hat jedoch mit Meutereien zu kämpfen und wendet sich deshalb nach Mesopotamien (Eroberung von Nisibis).

67 v. Chr. In Rom verleumden Vertreter der Steuerpächter LUCULLUS, der weiterhin durch Meutereien geschwächt wird, wegen seiner Intervention für eine Konsolidierung der Finanzen der Provinz Asia und erwirken seine Abberufung. MITHRADATES kann nach dem Sieg über ein römisches Kontingent bei Zela seine Stellung wieder festigen, während TIGRANES Kappadokien angreift.

Auf Antrag des Tribunen AULUS GABINIUS (†47) erhält POMPEIUS gegen den Widerstand des Senates – nur CAESAR soll für den Antrag gesprochen haben – ein mit beispiellosen Vollmachten ausgestattetes Sonderkommando gegen die Seeräuber für drei Jahre und löst die Aufgabe innerhalb von drei Monaten. Die Seeräuber werden größtenteils in Städten angesiedelt und bilden künftig eine maritime Klientel des POMPEIUS. Kreta wird mit Kyrene als Provinz organisiert.

66 v. Chr. In Rom wird auf Antrag des Tribunen GAIUS MANILIUS der Oberbefehl im Mithradatischen Krieg – wiederum mit großen Sondervollmachten – POMPEIUS übertragen; für das Gesetz hält CICERO als Prätor seine erste politische Rede.

POMPEIUS besiegt bei Dasteira (nahe dem Euphrat) MITHRADATES, der aber auf die Krim entkommen kann, und unterwirft Armenien. TIGRANES muss alle Eroberungen (u. a. Syrien) aufgeben, darf aber das Königreich Armenien behalten.

65 v. Chr. CAESAR gibt als Ädil große Fechterspiele zu Ehren seines Vaters und lässt die Siegesdenkmäler des MARIUS und dessen Statue wieder errichten.

POMPEIUS verfolgt MITHRADATES, lässt ihn auf der Krim blockieren, unterwirft die Völker südlich des Kaukasus und zieht über Armenien nach Amisos (Samsun, Türkei); seine Legaten rücken in Syrien ein.

65–64 v. Chr. Von Amisos aus wird die römische Herrschaft am Schwarzen Meer neu geordnet: Teile von Pontos werden zu Bithynia geschlagen; in der Nachfolge ALEXANDERS werden neue Städte gegründet und das Provinzialgebiet in elf Verwaltungsbezirke unterteilt. Im östlichen Pontos werden Klientelfürsten neu eingesetzt oder bestätigt.

64 v. Chr. POMPEIUS marschiert nach Syrien, wo er das Ende des Seleukidenreichs besiegelt: Syrien wird als römische Provinz organisiert.

63 v. Chr. In Palästina erhält POMPEIUS die Nachricht vom Selbstmord des MITHRADATES im Zusammenhang mit einer Meuterei, an der auch dessen Sohn PHARNAKES (†47) teilnimmt. In Jerusalem interveniert er in Thronstreitigkeiten zwischen den Hasmonäern ARISTOBULOS (†49) und HYRKANOS II. (†30) und belagert drei Monate lang ARISTOBULOS auf dem Tempelberg. HYRKANOS wird als Hoherpriester bestätigt.

POMPEIUS regelt abschließend die Verhältnisse in Kleinasien und Syrien. Seine Anordnungen lassen eine einheitliche Konzeption erkennen: Dem Kranz römischer Provinzen, der sich jetzt an fast der ganzen kleinasiatischen und syrischen Küste entlang zieht (Bithynia/Pontus, Asia, Cilicia, Syria), werden Klientelfürstentümer (u. a. Galatia, Paphlagonia, Cappadocia, Armenia Minor, Commagene, das Bosporanische Reich, Osrhoene, Gordyene, Emesa, Chalcis) vorgelagert, die insbesondere auch einen Schutz gegen die Parther bilden sollen. Durch Städtegründungen (u. a. Pompeiopolis und Nikopolis in Kleinasien) wird die römische Herrschaft stabilisiert. Sowohl durch die Kriegführung als auch die Ordnung der eroberten Gebiete weist POMPEIUS, der sich als zweiter ALEXANDER stilisiert, auf den Prinzipat voraus.

Konsulat des M. TULLIUS CICERO. Der Tribun RULLUS bringt ein Ackergesetz ein, das eine großzügige Landverteilung an die städtische Plebs vorsieht und hinter dem CRASSUS, vielleicht auch CAESAR stehen. CICERO verhindert die Annahme. Auf Antrag des Tribunen LABIENUS (*um 100, †45) wird die Wahl für die großen Priesterkollegien wieder ans Volk zurückgebracht; CAESAR wird – unter Einsatz großer Bestechungssummen – zum Pontifex Maximus gewählt. CICERO beschuldigt den bei der Konsulwahl (für 62) erneut gescheiterten LUCIUS SERGIUS CATILINA (*um 108, †62) einer Verschwörung gegen den Staat. CATILINA verlässt Rom und begibt sich zu Verbänden von Aufständischen nach Etrurien, wo er Anfang 62 bei Pistoria im Kampf ums Leben kommt. In einer Senatsdebatte über die Behandlung der in Rom verhafteten Anhänger CATILINAS spricht sich CAESAR gegen die Hinrichtung aus, unterliegt aber, da MARCUS PORCIUS CATO (Uticensis, *95, †46), der bald zur Zentralfigur der Opposition gegen die großen Feldherrn wird, für die Todesstrafe eintritt. CICERO lässt die Gefangenen hinrichten. Der Senat betrachtet die Bereinigung dieser Affäre, die ohne Hilfe des POMPEIUS erreicht wird, als großen Erfolg.

62–61 v. Chr. CAESAR geht noch während seiner Amtszeit als Prätor, bedrückt von 25 Mio. Sesterzen Schulden, in seine Provinz Hispania Ulterior ab und saniert dort durch eigenmächtige Kriegs- und Beutezüge seine Finanzen. POMPEIUS landet in Brundisium und entlässt sein Heer. Er feiert einen spektakulären Triumph, dringt aber im Senat mit seinen Forderungen nach Versorgung seiner Veteranen und Anerkennung der Ordnung des Ostens nicht durch.

60 v. Chr. Dem für 59 zum Konsul gewählten CAESAR gelingt es, mit CRASSUS und POMPEIUS ein politisches Bündnis (sog. 1. Triumvirat) zu schließen, wonach in Rom »nichts geschehen solle, was einem der drei missfalle«.

59 v. Chr. CAESAR setzt als Konsul folgende Maßnahmen durch: die Versorgung der Veteranen des POMPEIUS (*lex agraria*), die Anerkennung der pompeianischen Ordnung des Ostens, einen von CRASSUS schon früher befürworteten Pachtnachlass für die Steuerpächter Asiens, eine umfassende Neuregelung der Repetundengerichte (*lex de repetundis*) und die Verteilung des *ager Campanus* an Familien mit drei und mehr Kindern. Auf Antrag des Tribunen VATINIUS werden CAESAR für sofort auf fünf Jahre die Provinzen Gallia Cisalpina und Illyricum zugewiesen, auf Antrag des POMPEIUS fügt der Senat (nur eine Minderheit nimmt noch an den Sitzungen teil) Gallia Narbonensis hinzu. – Bei allen seinen Maßnahmen arbeitet CAESAR mit der Volksversammlung gegen die Senatsmajorität zusammen, wobei teilweise auch die Veteranen des POMPEIUS eingesetzt werden. Widerstand wird gewaltsam gebrochen, religiöse Einsprüche (Obnuntiationen) des Kollegen MARCUS CALPURNIUS BIBULUS (*103, †48) bleiben unbeachtet. Auf die Ackergesetze müssen die Senatoren bzw. Amtsbewerber schwören. Infolge der vereinigten Macht der Triumvirn – POMPEIUS heiratet im April CAESARS Tochter IULIA – sind die politischen Spielregeln der Republik außer Kraft gesetzt, das Verhältnis besonders zwischen CAESAR und der Senatsmehrheit irreparabel zerrüttet. Um auch die stadtrömische Plebs, der die demütigende Behandlung von BIBULUS missfällt, zu gewinnen, lässt CAESAR den PUBLIUS CLODIUS (*um 92, †52) zum Volkstribunen für 58 wählen und eine heftige Agitation entfalten, in erster Linie gegen CICERO.

58 v. Chr. Versuche, CAESARS Gesetzgebung von 59 zu annullieren, scheitern. CLODIUS führt durch Gesetze die unentgeltliche Versorgung des Volkes mit Getreide ein, stellt die im Jahre 64 verbotenen *Collegia* (Handwerkervereinigungen u. a. mit kultischen Zwecken) wieder her, um so die stadtrömische Plebs zu mobilisieren, außerdem schränkt er die Obnuntiation und die Möglichkeit des Ausschlusses aus dem Senat durch Zensoren ein. Durch ein weiteres Gesetz werden alle diejenigen geächtet, die römische Bürger ohne Gerichtsurteil töten oder getötet haben. Aufgrund des Gesetzes wird CICERO verbannt, CATO wird durch den Auftrag, Zypern zu annektieren, aus Rom entfernt. CLODIUS kann sich als Tribun mithilfe seiner Banden eine gegenüber den großen Heerführern unabhängige Stellung schaffen und auch in den folgenden Jahren, obwohl ohne Amt, Einfluss ausüben; mit Aktionen und Krawall zielt er auf eine Lähmung und Entlegitimierung von Senat und Magistratur sowie auf eine dauerhafte politische Mobilisierung der *plebs urbana* als Gegengewicht zu den Veteranen.

58–51 v. Chr. **Gallischer Krieg**: CAESAR nutzt eine der nicht seltenen Migrationsbewegungen in den von Kelten und Germanen bewohnten Gebieten beiderseits des Rheins, um im Vorfeld seiner Provinzen einen großen Krieg zu führen. Er verbietet den **Helvetiern** nach dem Verlassen ihrer Wohnsitze den Durchzug durch seine Provinz, besiegt sie bei Bibracte (Mont-Beuvray) und zwingt die Überlebenden, wieder in ihre Heimatgebiete zurückzukehren. Auf Bitten der Häduer, die sich durch das Vordringen germanischer Verbände in linksrheinische Gebiete bedroht fühlen, wendet sich CAESAR gegen den erst im Vorjahr als Freund des römischen Volkes anerkannten ARIOVIST, der einer weiteren Ausdehnung römischer Macht ins östlichen Gallien im Weg steht, und schlägt ihn im Elsass. Auch in den Folgejahren kann Caesar immer wieder die Rivalität der gallischen Stämme untereinander ausnutzen und offensiv werden, um »Freunde« Roms zu schützen.

Der Krieg lässt sich in vier Phasen gliedern: Kriege gegen Helvetier, Germanen und Belger als Demonstration von Roms Anspruch auf ganz Gallien (58–57); Festigung der römischen Position und Machtprojektion durch Expeditionen über den Rhein und nach Britannien (56–53); Entscheidungskampf gegen die im Vercingetorix-Aufstand erstmals vereinten Gallier (52); endgültige »Befriedung« Galliens (51–50).

57 v. Chr. CAESAR erobert das nördliche und westliche Frankreich (Sieg über die Nervier an der Sambre) und geht nach Illyricum. – Während des ganzen Krieges greift er immer wieder durch Beauftragte und riesige Bestechungssummen in die römische Politik ein

In Rom stellen die Tribunen TITUS ANNIUS MILO (†48) und PUBLIUS SESTIUS den gewalttätigen Banden des CLODIUS eigene entgegen; in den Folgejahren immer wieder gezielte Gewaltakte und zeitweise Lahmlegung staatlicher Prozeduren (Wahlen, Hinderungsmaßnahmen). CICERO wird aus der Verbannung zurückberufen. Der Senat beschließt ein 15-tägiges Dankfest für die Siege CAESARS in Gallien. POMPEIUS erhält einen umfassenden Spezialauftrag zur Beschaffung von Getreide (*cura annonae*).

56 v. Chr. Erneuerung des Bündnisses zwischen CAESAR,

Pompeius und Crassus (Abmachungen von Ravenna und Lucca): Caesars Kommando soll verlängert werden, Pompeius und Crassus erhalten den Konsulat für 55. In Gallien unterdrückt Caesar unter Einsatz einer neu gebauten Flotte einen Aufstand der Veneter und benachbarter Stämme, die dabei weitgehend ausgelöscht oder versklavt werden.

55 v. Chr. Die Konsulwahlen für 55 werden bis zum Anfang des Jahres verhindert, dann mithilfe abkommandierter Urlauber Caesars Pompeius und Crassus gewählt. Auf Antrag des Tribunen Gaius Trebonius (†45) erhalten sie auf fünf Jahre beide Spanien bzw. Syrien als Provinzen; sie selbst verlängern durch Gesetz Caesars Kommando in Gallien ebenfalls um fünf Jahre. Weitere konsularische Gesetze gegen die Bestechung bei Gerichtsverfahren und bei Wahlen, ferner zum Verfahren bei Verwandtenmord. Einweihung des Theaters des Pompeius (erstes steinernes in Rom). Crassus geht 54 nach Syrien, um einen Angriffskrieg gegen die Parther zu führen, Pompeius bleibt nach Amtsrecht in der Nähe Roms und lässt Spanien durch Legaten versehen. Auf seine Anweisung setzt ferner der Statthalter in Syrien, Aulus Gabinius, den aus Ägypten vertriebenen König Ptolemaios XII. (80–51) wieder in seine Stellung ein und beendet damit die heftigen Debatten und Intrigen im zunehmend handlungsunfähigen Senat um die »ägyptische Frage«.

Caesar besiegt an der Mosel die germanischen Stämme der Usipeter und Tenkterer die den Rhein überschritten haben, unter klaren Rechtsbrüchen, für die ihn zur Verantwortung zu ziehen seine Gegner im Senat unter Führung Catos sich vergeblich bemühen. Caesar unternimmt ferner einen kurzen Demonstrationszug in rechtsrheinisches Gebiet (Brückenbau bei Neuwied). Erstmals setzt ein römisches Heer nach Britannien über. Der Senat beschließt ein Dankfest von 20 Tagen.

54 v. Chr. Zug Caesars in das Gebiet der Treverer, dann zweiter Feldzug nach Britannien, Kämpfe gegen die Briten unter Cassivellaunus, der tributpflichtig wird. Das gesamte römische Heer wird aber wieder abgezogen. Gallien leistet in diesem Jahr 40 Mio. Sesterzen Tribute.

In Rom Bestechungsskandal anlässlich der Konsulwahlen für 53, die bis zum Juli 53 nicht durchgeführt werden können (Interregnum). Im Sept. stirbt Iulia, die Tochter Caesars und Frau des Pompeius. Die Politik ist »kopflos und die Rechtsordnung kaum mehr funktionsfähig, weil das Triumvirat gleichzeitig über allem schwebte und doch nicht wirklich physisch präsent war« (Ernst Baltrusch).

54–53 v. Chr. Aufstände gallischer Stämme: Die Eburonen überrennen ein römisches Winterlager.

53 v. Chr. Strafexpeditionen Caesars gegen die aufständischen Nervier und Vernichtung der Eburonen.

Crassus wird mit seinem Heer von den Parthern bei Karrhai (Nord-Mesopotamien) besiegt und kommt zusammen mit seinem Sohn ums Leben (15. Juni). Durch den Wegfall der Heiratsverbindung und wachsendes Misstrauen des Pompeius gegen Caesar erodiert das Bündnis und nähert sich Pompeius allmählich den Caesargegnern im Senat an.

52 v. Chr. Milos Bande tötet Clodius (18. Jan.), die Plebs steckt die Kurie in Brand. Schwere Unruhen; Pompeius alleiniger Konsul (25. Febr.–1. Aug.) mit quasi-diktatorischen Vollmachten zur Wiederherstellung der Ordnung (Gesetze gegen politisch motivierte Gewalt und Amtserschleichung; Neuordnung der Geschworenengerichte und des Amtsrechts, u. a. Verbot der Amtsbewerbung in Abwesenheit). Auf Antrag der zehn Volkstribunen und mit Billigung des Pompeius wird Caesar jedoch die Bewerbung um den Konsulat in Abwesenheit erlaubt; dagegen scheitert Caesars Versuch einer neuen Heiratsverbindung mit Pompeius. Milo wird trotz Ciceros Verteidigung verurteilt, da Pompeius die Befriedung und Konsolidierung der stadtrömischen Verhältnisse über die Parteizugehörigkeit stellt.

Aufstand fast aller gallischen Stämme unter Vercingetorix. Caesar nimmt Avaricum (Bourges) ein, bleibt aber vor Gergovia (Gergovie südlich von Clermont-Ferrand) erfolglos. Siegreiche Entscheidungsschlacht bei Alesia (Alise-Sainte-Reine nahe Dijon), Vercingetorix wird gefangen.

51 v. Chr. Feldzüge gegen Bituriger, Carnuten und Bellovaker und die Einnahme von Uxellodunum (nicht lokalisiert) schließen die Eroberung Galliens faktisch ab. Caesar bittet dennoch den Senat um eine weitere Verlängerung seines Kommandos bis 48 (49?); Widerspruch seiner Gegner unter Führung des Konsuls Marcus Claudius Marcellus (*um 93, †40).

50 v. Chr. Versuche, Caesar vom gallischen Kommando abzulösen, schlagen dank der Gegenmaßnahmen des für Caesar agierenden Volkstribunen Gaius Scribonius Curio (†49) und der Furcht vor einem Bürgerkrieg zunächst fehl. Im Dez. überträgt der Konsul Gaius Marcellus eigenmächtig Pompeius den Schutz der Republik. Die radikalen Caesargegner fühlen sich stark genug, gegen die eher friedenswillige Mehrheit des Senats einen harten Kurs durchzusetzen; in ihren Augen wäre es eine schwere Bedrohung der republikanischen Ordnung, wenn Caesar aus dem gallischen Sonderkommando ohne Unterbrechung in einen neuen Konsulat eintreten und damit unbelangbar werden würde.

49 v. Chr., 1. Jan. Der Senat verlangt von Caesar Entlassung des Heeres; Caesar stellt dies nur für den Fall in Aussicht, dass auch Pompeius Amtsgewalt und Legionen aufgebe. Der Senat setzt Caesar daraufhin eine Frist; die caesarfreundlichen Volkstribune, unter ihnen Marcus Antonius (*um 82, †30), werden aus Rom vertrieben.

7. Jan. Als Caesar das Ultimatum unter Verweis auf seine Verdienste um die *res publica* und seine Ehre sowie auf die Übergriffe gegen Volkstribune ablehnt, fasst der Senat das *senatus consultum ultimum*, Caesar rückt, den Rubicon überschreitend (11./12. Jan.), mit zunächst nur einer Legion in Italien ein und eröffnet den **Bürgerkrieg**.

17. März Die Konsuln und Pompeius sind von Caesars schnellem Vormarsch überrascht und zudem ungerüstet; sie geben Italien auf und setzen mit der Mehrheit der Senatoren nach Dyrrhachion über. Pompeius baut auf die Ressourcen und Klientelen »seiner« Provinzen in Griechenland, Asien, Nordafrika und Spanien, hat aber Mühe, seine Strategie den ungeduldigen und militärisch nicht ausgewiesenen »Republikanern« gegenüber zu rechtfertigen. Caesar findet in Italien kaum Widerstand, lässt überall besiegte Senatoren und Ritter frei (»Milde von Corfinium«) und geht nach einwöchigem Aufenthalt in Rom zunächst nach Spanien.

2. Aug. In Hispania citerior zwingt er die Legaten des Pompeius bei Ilerda (Lérida) zur Kapitulation; der Befehlshaber in Hispania Ulterior, Marcus Terentius Varro (*116, †27), übergibt die Provinz kampflos. Massilia kapituliert nach längerer Belagerung, muss Teile seines Gebiets abtreten, bleibt aber freie Stadt. In Afrika erleidet Caesars Legat Curio eine Niederlage.

Dez. Vom Prätor Marcus Aemilius Lepidus zum Dictator ernannt, führt Caesar in Rom während eines nur zehntägigen Aufenthalts Wahlen durch (er selbst wird mit Publius Servilius Isauricus zum Konsul gewählt), erlässt ein Gesetz zur Schuldenregulierung und beschlagnahmt den Staatsschatz. Gallia Cisalpina (Italien nördlich des Po) und die spanische Stadt Gades (Cádiz) erhalten das römische Bürgerrecht.

48 v. Chr. Trotz Beherrschung der See durch die Gegner kann Caesar mit 20 000 Mann nach Epeiros übersetzen und später Verstärkung nachkommen lassen.

9. Aug. Nach erfolglosem Stellungskrieg bei Dyrrhachion knapper, aber glänzender Sieg Caesars über Pompeius bei Pharsalos (Farsala, Thessalien). Pompeius flieht nach Ägypten und wird dort ermordet (28. Sept.). Die übrigen pompeianischen Führer versammeln sich in Afrika und bilden dort ein neues Heer. Caesar, der von Publius Servilius Isauricus für ein Jahr zum Dictator ernannt wird und dem besondere Ehrenrechte übertragen werden, gelangt auf der Verfolgung des Pompeius mit geringer Truppenmacht nach Ägypten, wo er in die Thronstreitigkeiten zugunsten der Kleopatra VII. (51–30) eingreift, in Alexandria wird er von den Ratgebern des Königs Ptolemaios XIII. (51–47) belagert (Vernichtung der Alexandrinischen Bibliothek durch Brand). Erst nach Eintreffen kleinasiatischer und syrischer Hilfstruppen kann er den König schlagen. Ägypten bleibt unter Kleopatra und Ptolemaios XIV. (47–44) selbstständig, drei Legionen werden im Land belassen.

Über Syrien, Kilikien und Kappadokien, wo überall die römische Herrschaft neu geordnet wird, zieht Caesar gegen Pharnakes, der seit 48 von seinem Bosporanischen Reich aus die Rückeroberung der Gebiete seines Vaters Mithradates betrieben hat.

47 v. Chr., 2. Aug. Caesar besiegt Pharnakes bei Zela (Zile/Türkei) (*veni, vidi, vici* – »Ich kam, ich sah, ich siegte«).

Das Römische Reich beim Tode Caesars

In Rom, wo MARCUS ANTONIUS als *magister equitum* CAESARS die Geschäfte führt und der Tribun PUBLIUS CORNELIUS DOLABELLA (†43) das ganze Jahr über für Schuldenerlass agitiert, stabilisiert CAESAR die Lage, wobei er zwischen den Wünschen der Plebs und den Interessen der Gläubiger laviert, und landet noch im Dez. in Afrika, wo die Republikaner zehn Legionen versammeln.

46 v. Chr., 6. April **Sieg** über die Republikaner **bei Thapsus** (Henchir ed-Dimas, Tunesien); CATO, der gegen CAESAR stets die aristokratische Republik verteidigt hat, nimmt sich in Utica (Tunesien) das Leben. Die Söhne des POMPEIUS entkommen nach Spanien. Numidien wird aufgeteilt: Ein Teil fällt an Mauretanien, der andere wird der Provinz Africa zugeschlagen.
CAESAR feiert einen vierfachen Triumph, beschenkt Heer und Bürgerschaft mit Geld, erhält die Dictatur auf zehn Jahre und die zensorische Aufsicht über die Lebensführung der Senatoren (*praefectus moribus*), beginnt die Veteranenversorgung in Italien und die Ansiedlung stadtrömischer Besitzloser in außeritalischen Kolonien (angeblich 80 000), beschränkt die Verteilung kostenlosen Getreides in Rom auf 150 000 römische Bürger, regelt die Gerichtspraxis neu, beschränkt politische Vereinigungen (*collegia*), erweitert den Senat (bis 44 auf 900 Mitglieder) um Mitglieder der italischen Munizipalelite, verdiente Offiziere und (wenige) Gallier und führt als Ersatz für den in starke Unordnung geratenen alten Kalender einen neuen (iulianischen) Kalender auf der Grundlage des Sonnenjahres von 365 Tagen ein, der sich rasch verbreitet und mit Korrekturen als Gregorianischer Kalender (seit 1582) noch heute gilt.

45 v. Chr., 17. März In einem letzten Feldzug werden die Söhne des POMPEIUS bei Munda (Montilla bei Córdoba) in Spanien besiegt; lediglich SEXTUS POMPEIUS (*um 75, †35) kann sich retten und nach CAESARS Abzug mit neuen Truppen gegen dessen Legaten einen Teil Spaniens zurückerobern.
Gründung von Bürgerkolonien aus Veteranen in Spanien und Gallia Narbonensis. Nach Rom zurückgekehrt, setzt CAESAR die Kolonisationspolitik auch in Griechenland, Kleinasien und Africa fort. Sizilien erhält Latinerrecht.

45–44 v. Chr. Vorbereitungen zu einem Partherfeldzug. Der römische Staat ist in bis dahin ungekannter Weise militarisiert; 45 Legionen stehen unter Waffen (allein 250 000 römische Bürger, 5–10 % der Gesamtbürgerschaft). Als »Reichspatron« (ERNST BALTRUSCH) monopolisiert CAESAR außerdem alle Ressourcen der Provinzen und bildet die personale Mitte aller Untertanengebiete, die durch die Ausrichtung auf ihn erstmals als »Reich« angesprochen werden können.
Nach seinen Siegen werden CAESAR jeweils umfassende Ehren und Sonderrechte verliehen: Er erhält jeweils immer längere Dankfeste, ist zuletzt Dictator auf Lebenszeit (*dictator perpetuus*, seit Febr. 44), führt einen erblichen Imperatortitel, darf für die Hälfte der Magistrate bindende Wahlvorschläge machen und Patrizier ernennen, hat tribunizische Ehrenrechte, erhält den Titel *pater patriae* und als *divus Iulius* göttliche Verehrung; sein Geburtstag wird gefeiert, der Monat Quintilis in Iulius umbenannt. Er erhöht nach eigenem Ermessen die Zahl der Magistrate und Senatoren und regiert mit ritterlichen Helfern, einer Art von Kabinett. Die Verbote der Kumulation, Kontinuation und Iteration von Ämtern gelten für CAESAR nicht. Gegenüber den ordentlichen Magistraturen zeigt er Geringschätzung; die wichtigsten Ämter werden auf Jahre im voraus an Gefolgsleute vergeben, um auch während des Partherfeldzuges in Rom das Heft in Händen zu halten. Von seinem Adoptivsohn OCTAVIAN (*63 v. Chr., †14 n. Chr.), der später viele der genannten Vollmachten und Ehrungen übernehmen und sich wie schon CAESAR bemühen wird, alle relevanten Gruppen (Senatoren, Ritter, italische Munizipaleliten, stadtrömische Plebs, Soldaten) durch Gefälligkeiten und Statuserweise an sich zu binden, unterscheidet ihn die besonders in der lebenslänglichen Dictatur zum Ausdruck kommende Missachtung republikanischer Formen. Diese Dictatur, die jede Hoffnung auf eine absehbare Normalisierung der politischen Verhältnisse zunichte macht und die CAESAR wohl als Rechtstitel einer dauerhaften Monarchie gelten lassen will, nachdem Versuche mit dem Königtum (*regnum*) in der Bevölkerung keine Akzeptanz gefunden haben, ist wahrscheinlich auch der letzte Anstoß für die weit gespannte **Verschwörung**, an deren Spitze MARCUS IUNIUS BRUTUS (*85, †42), GAIUS CASSIUS LONGINUS (†42), DECIMUS BRUTUS (*um 81, †43) und GAIUS TREBONIUS stehen.

44. v. Chr., 15. März Kurz vor seiner Abreise zum Partherfeldzug wird **CAESAR an den Iden des März** in einer Senatssitzung vor einer Statue des POMPEIUS mit 23 Stichen **ermordet**.

Nach der Ermordung CAESARS kämpfen in Rom um die Macht: Die Republikaner, zu denen die Caesarmörder mit M. BRUTUS und G. LONGINUS an der Spitze sowie die führenden Männer im Senat gehören, ebenso die Caesarianer mit dem Konsul MARCUS ANTONIUS und dem *magister equitum* CAESARS MARCUS AEMILIUS LEPIDUS (*um 90, †12). Auch viele Provinzstatthalter und große Teile des römischen Heeres stehen aufseiten der Caesarianer: Der Großneffe CAESARS, GAIUS OCTAVIUS, den CAESAR zum Erben eingesetzt und testamentarisch adoptiert hatte, und schließlich SEXTUS POMPEIUS, der seit der Schlacht bei Munda einen Seekrieg gegen die Caesarianer führt.

20. März ANTONIUS sichert sich die nachgelassenen Papiere CAESARS und setzt durch, dass CAESARS Testament anerkannt wird und die Anordnungen CAESARS Gesetzeskraft haben sollen. Auf der Begräbnisfeier für CAESAR verkündet er dessen Schenkungen ans Volk. Die Caesarmörder werden dadurch in die Verteidigung gedrängt. Einige von ihnen gehen in die ihnen noch von CAESAR zugewiesenen Provinzen, so D. BRUTUS in die Gallia Cisalpina.

Mai OCTAVIUS, seit der Adoption GAIUS IULIUS CAESAR

OCTAVIANUS, trifft in Rom ein und nimmt das Erbe CAESARS an. Es kommt zu Spannungen mit ANTONIUS.

Juni ANTONIUS gibt die ihm zugewiesene Provinz Macedonia auf, bekommt dafür Gallia Cisalpina und Gallia Comata.

Aug. BRUTUS und CASSIUS erhalten vom Senat außerordentliche Kommandos zum Einzug von Getreide in Asia und Sizilien; beide verlassen Italien.

seit Sept. CICERO hält seine Philippischen Reden gegen ANTONIUS, der seine Provinz Gallia Cisalpina einfordert und D. BRUTUS, welcher die Übergabe der Provinz verweigert, in Mutina einschließt. Inzwischen stellt OCTAVIAN in Arretium aus CAESARS Veteranen eine Privatarmee auf. Den Kern seiner Anhängerschaft bilden die Ritter MARCUS VIPSANIUS AGRIPPA (*63, †12) und GAIUS MAECENAS (*70, †8).

43 v. Chr., Jan. Der Senat legitimiert die Truppen OCTAVIANS und D. BRUTUS' und nimmt OCTAVIAN in seine Reihen auf.

Febr. *Senatus consultum ultimum* gegen ANTONIUS: Neben den Konsuln wird OCTAVIAN mit dem Schutz des Staates beauftragt.

21. April ANTONIUS wird bei Mutina geschlagen. Die Konsuln AULUS HIRTIUS und GAIUS VIBIUS PANSA fallen. Der zum Staatsfeind erklärte ANTONIUS vereinigt sich in der Gallia Narbonensis mit M. AEMILIUS LEPIDUS und LUCIUS MUNATIUS PLANCUS (†um 15 v. Chr.).

Aug. OCTAVIAN marschiert nach Rom und erzwingt seine und des QUINTUS PEDIUS (†43) Wahl zu Konsuln. Die Caesarmörder werden verurteilt, die Soldaten OCTAVIANS erhalten riesige Donativa.

Nov. Inzwischen haben BRUTUS und CASSIUS im Osten eine beträchtliche militärische Macht gesammelt, während POMPEIUS vom Senat ein außerordentliches Kommando über die Flotten und Küsten erhalten hat. Deshalb sucht OCTAVIAN die Verständigung mit ANTONIUS und schließt mit ihm und AEMILIUS LEPIDUS bei Bononia das **Zweite Triumvirat** (*tresviri rei publicae constituendae*). Es soll für fünf Jahre bestehen. OCTAVIAN soll das Konsulat aufgeben, die Konsuln bis 40 v. Chr. im Voraus bestimmt werden. Von den Provinzen erhält ANTONIUS Gallia Cisalpina und Comata, LEPIDUS die Narbonensis und beide Spanien, OCTAVIAN Africa, Sicilia, Sardinia und Corsica. Zur Bekräftigung der Abmachungen heiratet OCTAVIAN eine Stieftochter des ANTONIUS.

27. Nov. Durch eine *lex Titia* wird das Triumvirat von der Volksversammlung (*comitia centuriata*) bestätigt. Danach beginnen Proskriptionen: Auf der Ächtungsliste stehen 130 Senatoren, unter ihnen CICERO, der am 7. Dez. ermordet wird. Viele Senatoren können in den Osten fliehen, ihr Vermögen fällt an die Triumvirn. Da trotzdem das Geld für die Soldaten nicht ausreicht, werden neue Steuern eingeführt. Der Senat wird mit Anhängern der Triumvirn aufgefüllt.

42 v. Chr., 1. Jan. CAESAR wird unter die Staatsgötter aufgenommen, sodass OCTAVIAN sich jetzt *divi filius* (Sohn des Vergöttlichten) nennen kann.

Es beginnen die Vorbereitungen für den Krieg mit BRUTUS und CASSIUS, die sich bei Philippi (Makedonien) festsetzen.

23. Okt. ANTONIUS schlägt zunächst CASSIUS, 20 Tage später BRUTUS; beide begehen Selbstmord. In den Schlachten fallen viele Senatoren.

41 v. Chr. ANTONIUS geht in den Osten, um dort Geld zu beschaffen, während OCTAVIAN in Italien die Ansiedlung der Veteranen durchführen soll. Die italischen Städte lehnen sich dagegen auf. Zu Sprechern der Opposition gegen OCTAVIAN machen sich LUCIUS ANTONIUS, der Bruder des Triumvirn, und dessen Frau FULVIA (†40). L. ANTONIUS setzt sich in Perusia (Perugia) fest, OCTAVIAN belagert die Stadt und nimmt sie ein (Perusinischer Krieg).

40 v. Chr., 15. März Perusia wird zur Plünderung freigegeben, 300 Senatoren und Ritter vor dem Altar des Divus Iulius hingeschlachtet.

Während des Perusinischen Krieges fallen die Parther unter PACORUS (†38) und dem römischen Renegaten QUINTUS LABIENUS (†39) – er nennt sich *Parthicus imperator* – in Syrien ein und dringen bis Kleinasien vor.

Sept. Der Triumvir ANTONIUS, dem sich S. POMPEIUS anschließt, belagert Brundisium, doch verständigen sich auf Druck der beiden Armeen die caesarischen Führer im Pakt von Brundisium: OCTAVIAN erhält den Westen des Reichs, ANTONIUS den Osten, LEPIDUS Africa; Italien soll gemeinsamer Besitz sein. In Rom heiratet ANTONIUS OCTAVIA (*um 70, †11), die Schwester OCTAVIANS. Ein Gedicht VERGILS (*70, †19), die »Vierte Ekloge«, in der die Geburt eines Knaben und mit ihm der Anbruch eines goldenen Zeitalters prophezeit wird, weist auf die in den Pakt zwischen ANTONIUS und OCTAVIAN gesetzten Hoffnungen hin.

39 v. Chr. Vertrag von Misenum mit S. POMPEIUS, der neben den besetzten Inseln Achaia erhält.

39/38 v. Chr. PUBLIUS VENTIDIUS BASSUS besiegt die Parther in drei großen Schlachten.

38 v. Chr. OCTAVIAN heiratet nach seiner Scheidung von SCRIBONIA die mit DRUSUS (*38 v. Chr., †9 v. Chr.) schwangere LIVIA DRUSILLA (*58 v. Chr., †29 n. Chr.), die sich von TIBERIUS CLAUDIUS NERO (†33 v. Chr.) trennt und OCTAVIAN den Zugang zu den höchsten Adelskreisen Roms öffnet. OCTAVIAN nennt sich erstmals *Imperator Caesar*.

Eine gegen SEXTIUS POMPEIUS geplante Invasion Siziliens misslingt.

In Rom kommt es zu Aufständen der städtischen Plebs wegen einer Hungersnot.

37 v. Chr. OCTAVIAN bittet ANTONIUS um Hilfe und trifft sich mit ihm in Tarent: Der Triumvirat wird um fünf Jahre – wahrscheinlich bis Ende 32 – verlängert, OCTAVIAN erhält von ANTONIUS 120 Schiffe für den Krieg gegen SEXTIUS POMPEIUS. AGRIPPA baut eigens einen Kriegshafen in Puteoli.

36 v. Chr., 3. Sept. POMPEIUS wird von AGRIPPA in der Seeschlacht bei Naulochus entscheidend geschlagen. OCTAVIAN besetzt Sizilien und kann LEPIDUS als Triumvir ausschalten.

Durch den Sieg über POMPEIUS wird die Macht OCTAVIANS endgültig konsolidiert: Die Veteranen von Mutina und Philippi werden in Kolonien angesiedelt, Steuern und Schulden erlassen. Die Hungersnöte in Rom hören auf. OCTAVIAN erhält die Unverletzlichkeit (*sacrosanctitas*) der Volkstribune.

Im Osten regelt ANTONIUS seit dem Winter 37/36 die Angelegenheiten der Provinzen und Vasallenkönigtümer; Ägypten wird vergrößert. Die Historizität der Hochzeit des ANTONIUS mit Königin KLEOPATRA ist umstritten. Ein Partherfeldzug endet mit einer Niederlage.

35/34 v. Chr. Die Feldzüge OCTAVIANS gegen die pannonischen Stämme führen u. a. zur Einnahme Siscias (Sisak) und zur Befriedung der Küsten Dalmatiens.

34 v. Chr. ANTONIUS gewinnt Armenia als römische Provinz und feiert einen Triumph in Alexandria. Er tritt dem Ptolemaierreich durch Schenkungen Gebiete ab, die den Kindern KLEOPATRAS – von CAESAR und ANTONIUS – übertragen werden.

33 v. Chr. Als Konsul trägt OCTAVIAN im Senat heftige Angriffe gegen die Regelungen des ANTONIUS im Osten und gegen die Verbindung mit KLEOPATRA vor. In einem Propagandafeldzug wird der Kampf gegen ANTONIUS und KLEOPATRA zu einer nationalrömischen Sache stilisiert.

32 v. Chr. Die Propaganda erreicht ihren Höhepunkt, als OCTAVIAN das bei den Vestalinnen deponierte Testament des ANTONIUS in seine Hand bringt und veröffentlicht. Italien und die Westprovinzen schwören ihm einen persönlichen Gefolgschaftseid. ANTONIUS verliert alle Gewalt, KLEOPATRA wird der Krieg erklärt. ANTONIUS trennt sich von OCTAVIA, die er schon 37 nach Rom zurückgeschickt hat.

32/31 v. Chr. OCTAVIAN zieht mit dem gesamten Senat in den Osten.

31 v. Chr., 2. Sept. **Seesieg bei Actium** (Punta am Golf von Arta) über ANTONIUS und KLEOPATRA, die nach Ägypten entkommen. Dieser Sieg wird zum Gründungsmythos des neuen Systems.

Kultur der späten Republik

In der Zeit der Krise der Republik gelangt die römische Kultur auf verschiedenen Gebieten zu höchster Blüte: Mit PUBLIUS und QUINTUS MUCIUS SCAEVOLA (†spätestens 115 bzw. 82) sowie SERVIUS SULPICIUS RUFUS (†43) entfaltet sich die römische **Rechtswissenschaft**. Mit MARCUS TULLIUS CICERO kommt auch – nach GAIUS SEMPRONIUS GRACCHUS, MARCUS ANTONIUS (†87), LUCIUS LICINIUS CRASSUS und QUINTUS HORTENSIUS HORTALUS (*114, †50) – die lateinische **Rhetorik** zu ihrem Höhepunkt und wird in Schriften (»Auctor ad Herennium«, CICEROS »De inventione«, »De oratore«, »Brutus« und »Orator«) systematisiert und theoretisch begründet; sie findet ihren Stoff in den Verhandlungen vor Geschworenengerichten und in den politischen Debatten der Volksversammlung und des Senats. – In TITUS LUCRETIUS CARUS (†55) gewinnt die epikureische Philosophie in Rom einen beredten Fürsprecher (Lehrgedicht »De rerum natura«), während CICERO in seinen philosophischen Schriften (»De finibus bonorum et malorum«, »Tusculanae disputationes«, »De natura deorum«, »Cato maior de senectute«, »De divinatione«, »Laelius de amicitia«, »De officiis«) große Teile der griechischen Philosophie verschiedener Schulen in lateinischer Sprache aufbereitet, sie auf die römischen Verhältnisse bezieht und mit ihnen aus dem Krisenbewusstsein der Zeit heraus neue Wege der intellektuellen Bewältigung und Handlungsbegründung sucht (v. a. in den Werken zur politischen Philosophie »De re publica« und »De legibus«, die – in den turbulenten Jahren seit 54 verfasst – den Versuch einer systematischen Vergegenwärtigung aristokratisch-republikanischer Grundsätze darstellen).

In der **Geschichtsschreibung** suchen umfangreiche Ge-

Rechtlich verhüllte Wege zur Macht in der späten Republik

Usurpation im »Staatsnotstand« / Privatmann mit *imperium*	legalisierte Militärdiktatur	Kontinuität der Konsulats / des *imperium*	prokonsularisches *imperium* mit Recht auf Wahrnehmung durch Legaten	politische Initiative des Volkstribunen
P. Cornelius Scipio (210)				Ti. Gracchus (133) C. Gracchus (123)
		Marius (104–100)		L. Drusus (91)
Pompeius (83–77)	Sulla *dictator* (82–79)			
	Pompeius *consul sine collega* (52)		Pompeius (55–49)	P. Clodius (58)
	Caesar *dictator* (49–44)	Caesar (59; 58–50; 49)		
Octavian / Augustus				
»privato consilio et privata impensa« (Res Gestae 1) 44–43	Triumvir *rei publicae constituendae* 43–33	Konsul 31–23	*proconsul / imperium (pro)consulare* ab 23	*tribunicia potestas* ab 23

samtgeschichten aus der Feder nicht mehr nur senatorischer Autoren ein breiteres Publikum zu erreichen (sog. Jüngere Annalistik). Zeitgeschichtliche und monografische Werke verknüpfen einen hohen stilistischen Anspruch mit dezidierter Politisierung. Erhalten ist allein das Werk des GAIUS SALLUSTIUS CRISPUS (*86, †35), der in seinen nach 44 verfassten historischen Monografien (»Catilinae coniuratio«, »Bellum Iugurthinum«) und in einer Zeitgeschichte (»Historiae«, nur Fragmente) die Gründe für den Niedergang der Republik zu erfassen sucht. Spezifische Formen der Geschichtsschreibung stellen die Commentarii (Rechenschaftsberichte) CAESARS (»De bello Gallico«, »De bello civili«), die Biografien des CORNELIUS NEPOS (*um 100, †um 25) und die Autobiografie (z. B. die SULLAS, nicht erhalten) dar. Die antiquarische Forschung hat in MARCUS TERENTIUS VARRO ihren bedeutendsten und produktivsten Vertreter; er stellt für die spätere Rekonstruktion und Kanonisierung der Vergangenheit in den Bereichen Sprache, Geschichte, Kultur und Religion durch AUGUSTUS das Material bereit. – Das Briefwerk CICEROS (»ad familiares«, »ad Quintum fratrem«, »ad Atticum«) vermittelt wichtige Aufschlüsse nicht nur über die Motive der politisch Handelnden, sondern auch über die politischen und sozialen Verhältnisse der ciceronischen Zeit. – GAIUS VALERIUS CATULLUS (*um 84, †um 54) ist mit seinen Liebesgedichten Vorläufer der klassischen Elegie. Von seiner Herkunft her mit CICERO vergleichbar, wählt er bewusst eine nicht-politische Lebensform und wird zugleich als Vertreter einer sehr elaborierten Form von Dichtung (Neoteriker) zu einem Wegbereiter einer genuinen literarischen Kultur in Rom. Diese wird durch den Beginn buchhändlerischer Verbreitung von Schriften zusätzlich befördert.

Der Prinzipat (30 v. Chr.–284 n. Chr.)

Die Selbstbezeichnung des Römischen Reiches bleibt bis zu JUSTINIAN *res publica Romana.* Der Name des Souveräns *S(enatus) P(opulus) Q(ue) R(omanus)* begegnet noch im 4. Jh., verliert dann aber an Bedeutung. Schon römische Autoren sprechen von der Republik als *res publica libera* und unterscheiden zwischen der Zeit *sub consulibus* und der Kaiserzeit *sub imperatoribus*, beginnend mit CAESAR – oder häufiger – mit AUGUSTUS. Der Begriff *imperium* für die Befehlsgewalt des obersten Feldherrn geht über auf den geografischen Bereich der römischen Herrschaft. Seit THEODOR MOMMSEN wird die von AUGUSTUS begründete, bis zu DIOKLETIAN im Wesentlichen unveränderte Staatsform, als *Prinzipat* bezeichnet. Es handelt sich um eine Monarchie, die theoretisch auf dem Willen von »Senat und Volk« beruht: anfangs nur aus einer Kumulation und einer Perpetuierung republikanischer Ämter bestehend, praktisch jedoch auf dem Ansehen des Kaisers (und seiner Familie) bei den Legionen, seinem exorbitanten Vermögen, einer weitgefächerten Propaganda und der Anerkennung durch die Provinzialen basiert, die im Kaiser ein gottbegnadetes oder gar, zumal im hellenistischen Osten, ein göttliches Wesen erblicken. Der Übergang zur Einherrschaft hat sich in der späten Republik bereits angekündigt, als die äußeren Siege von GAIUS MARIUS, SULLA, POMPEIUS und CAESAR diesen Machtmittel in die Hand geben, denen der Senat nichts entgegenzustellen hat.

Grundzüge der Administration des Imperium Romanum

Seit dem Bundesgenossenkrieg und SULLAS Reformen gliedert sich das Römische »Reich« in das **Bürgerland Italien**, das unter dem unmittelbaren Regiment der in Rom residierenden Magistrate, des Senats, später zusätzlich des Kaisers und seiner Beauftragten (Prätorianerpräfekt, *praefectus urbi* u. a.) steht, **und in die »Außenländer«** (*provinciae*), die von einem Promagistrat (oder dessen Stellvertreter, wozu auch die kaiserlichen Legaten und Prokuratoren zählen) geführt werden; die Vorrangstellung Italiens wird erst unter DIOKLETIAN aufgehoben.

Der **römischen Zentral- und Reichsadministration**, die sich im Wesentlichen auf die Gewährleistung von Frieden (Militär, Polizei, Rechtsprechung), die Einziehung von Steuern und Tributen und die Bereitstellung der zu beiden Aufgaben erforderlichen Infrastrukturen (politisch-administrative Ordnungen und Bauten) beschränkt, steht die lokale einheimische Administration der Gebietskörperschaften – *coloniae*, *municipia*, *praefecturae*, *civitates* (darunter auch Poleis und Stammesverbände), Strategien und kleine Klientelfürstentümer – gegenüber, die die personalintensiven Aufgaben, z. B. beim Zensus, Umlage von *munera* (Dienstleistungen) und Abgaben, lokale Raumordnung, niedere Rechtsprechung, soziale Fürsorge (soweit vorhanden) u. ä. in autonomer Gestaltung wahrnimmt, in welche »Rom« nur bei Versagen eingreift. Daher kommt die römische Administration mit wenigen Amtsträgern und geringem Personal, das teilweise vom Militär gestellt wird, aus.

Die Verbindung zwischen römischer und einheimisch-lokaler Administration wird meist durch informelle soziopolitische Beziehungen zur einheimischen Oberschicht hergestellt; diese Verzahnungen werden v. a. durch die Offenheit der römischen Gesellschaft (besonders gegenüber fremden Oberschichten) und die römische Bürgerrechts- und Kolonisationspolitik (seit CAESAR) gewährleistet. Die politisch bedingte Aufteilung der Außenländer in Senats- und Kaiserprovinzen wird schon im 1. Jh. n. Chr. durch das *imperium maius* des Kaisers weitgehend überbrückt. (Die Einrichtung von Provinzen unter ritterlichen Beamten beruht ursprünglich zumeist auf ihrer Übernahme von Klientelfürsten, ist später aber u. a. auch durch Mangel an Senatoren bedingt.) Die Trennung von Heerführung und Ziviladministration, die Verkleinerung der Provinzen und die Dezentralisierung des kaiserlichen Verwaltungsapparates ermöglichen in der Spätantike eine intensivere »Verwaltung« und die institutionelle Überwindung der Trennung zwischen römischer und einheimisch-lokaler Administration. Durch den daraus resultierenden Integrationsprozess, der sich im Laufe der Kaiserzeit zuerst auf soziopolitischem, im 3. Jh. auch auf institutionellem Terrain vollzieht, entsteht aus dem römischen Herrschaftsgebiet (*Imperium Romanum*) langsam ein **territorialstaatliches Reich**, das erst in der Spätantike seinen höchsten Grad an Staatlichkeit erreicht. Erst die Intensivierung der römischen Administration zwingt dann in der Spätantike zu einer Objektivierung administrativer Akte und Entscheidungskriterien, mithin zur Entwicklung eines Behördentyps (*officium*).

Die julisch-claudische Dynastie

30 v. Chr. Sieg OCTAVIANS über ANTONIUS und Einnahme Alexandrias. ANTONIUS und KLEOPATRA begehen Selbstmord. ÄGYPTEN wird als eine Art Krongut OCTAVIANS eingezogen und künftig in dessen Auftrag von einem ritterlichen Präfekten verwaltet; Senatoren dürfen es nicht betreten. Die Ordnung des Ostens übernimmt OCTAVIAN von ANTONIUS und wechselt nur die Statthalter aus.

29 v. Chr., 13.–15. Aug. OCTAVIAN zieht in Rom ein und feiert drei Triumphe: für den dalmatinischen Krieg, Actium und Alexandria. Auf Senatsbeschluss werden die Türen des Janus-Tempels geschlossen. Nach etwa 100 Jahren Bürgerkrieg ist die Sicherung des Friedens (Pax Romana) eine Grundbedingung für die augusteische Herrschaft.
Die Stellung OCTAVIANS in Rom beruht zunächst auf dem Konsulat, das er von 31–23 ununterbrochen bekleidet, und auf dem Gefolgschaftseid von 32. Im Jahrzehnt nach 29 wird allmählich und unter Spannungen eine neue Ordnung geschaffen. Dabei knüpft OCTAVIAN bewusst an die alte *res publica* an, deren Wiederherstellung er schon seit 36 propagiert hat. In einer *lectio senatus* werden 200 Senatoren aus dem Senat ausgeschlossen. OCTAVIAN lässt sich den Titel *Princeps senatus* verleihen. Ferner ernennt er 22 neue Patrizierfamilien. Die Heere der Bürgerkriegszeit (etwa 60 Legionen) werden allmählich auf ein stehendes Heer von 28 Legionen reduziert. Viele Veteranen sind zu versorgen, wozu Kolonien (Bürgerstädte) in Italien und in den Provinzen gegründet werden.

28 v. Chr. Zensus der gesamten römischen Bürgerschaft. Illegale und willkürliche Akte der Triumvirn werden annulliert, v. a. die Steuern für römische Bürger wieder abgeschafft. OCTAVIAN lässt 82 Tempel wiederherstellen.

27 v. Chr., 13. Jan. In einem feierlichen Staatsakt legt OCTAVIAN alle außerordentlichen Gewalten nieder.

16. Jan. Unter den zahlreichen Ehrungen für OCTAVIAN sind die Verleihung eines Ehrenschildes, auf dem die Tugenden des **AUGUSTUS** (*virtus, clementia, iustitia, pietas*) eingeschrieben sind, und des Ehrennamens *Augustus* (der Erhabene), mit dem OCTAVIAN eine religiöse Weihe erhält, hervorzuheben. Sein offizieller Name ist von nun an *Imperator Caesar divi filius Augustus.* Der Monat Sextilis wird in Augustus umbenannt.

Sommer AUGUSTUS geht über Gallien, wo er einen Zensus durchführt, nach Spanien.

26 v. Chr. Erstmals wird ein *praefectus urbi* für Rom ernannt, der aber nach wenigen Tagen sein Amt wieder niederlegt.

26/25 v. Chr. Kämpfe gegen die Asturer und Kantabrer in Nordwestspanien. Der Janus-Tempel wird erneut geschlossen.

25 v. Chr. Kämpfe gegen die Salasser in den Westalpen und Gründung der Kolonie Augusta Praetoria (Aosta). Nach dem Tod des Königs AMYNTAS wird Galatia annektiert.

25/24 v. Chr. Kämpfe gegen die Sabäer in Arabia felix.

24 v. Chr. Aufstand in Spanien. AUGUSTUS kehrt nach Rom zurück.

23 v. Chr. Verschwörung des FANNIUS CAEPIO, an der auch der Mitkonsul des AUGUSTUS, AULUS TERENTIUS VARRO MURENA, Schwager des mit AGRIPPA und LIVIA DRUSILLA den engsten Kreis um AUGUSTUS bildenden MAECENAS, beteiligt ist.
Die Verschwörer werden hingerichtet. Anstelle VARROS wird ein überzeugter Republikaner, GNAEUS CALPURNIUS PISO, Konsul. Die Spannungen in Rom und eine schwere Krankheit des AUGUSTUS führen zu einer Neuordnung: AUGUSTUS übernimmt die *tribunicia potestas* (und damit das Initiativrecht für Gesetzesanträge und das Interzessionsrecht) auf Lebenszeit. Nach der *tribunicia potestas* werden künftig die Regierungsjahre gezählt. Ferner wird AUGUSTUS ein

Die römischen Kaiser vor Diokletian

Augustus	27 v. Chr. bis 14 n. Chr.	Hadrian	117–138	Elagabal	218–222	Volusianus	251–253
Tiberius	14–37	Antoninus Pius	138–161	Severus Alexander	222–235	Aemilianus	253
Caligula (Gaius)	37–41	Marcus Aurelius	161–180	Maximinus Thrax	235–238	Valerianus	253–259
Claudius	41–54	Verus	161–169	Gordianus I.	238	Gallienus	260–268
Nero	54–68	Commodus	180–192	Gordianus II.	238	Claudius Gothicus	268–270
Galba	68–69	Pertinax	193	Balbinus	238	Quintillus	270
Otho	69	Didius Iulianus	193	Pupienus	238	Aurelianus	270–275
Vitellius	69	Septimius Severus	193–211	Gordianus III.	238–244	Tacitus	275–276
Vespasian	69–79	Caracalla	211–217	Philippus Arabs	244–249	Florianus	276
Titus	79–81	Geta	211–212	Decius	249–251	Probus	276–282
Domitian	81–96	Macrinus	217–218	Trebonianus Gallus	251–253	Carus	282–283
Nerva	96–98					Carinus	283–285
Trajan	98–117					Numerianus	283–284

übergeordnetes Imperium (*imperium proconsulare maius*) auch für die Senatsprovinzen verliehen. Die tribunizische und prokonsularische Gewalt, die auch in der späten Republik immer wieder den Rahmen der Verfassung durchbrochen haben, werden zur Grundlage des Prinzipats.

Durch die Krankheit des AUGUSTUS – schon in Spanien ist er schwer erkrankt – wird die Nachfolge akut. Die dynastische Politik des AUGUSTUS entlarvt den republikanischen Schein des Prinzipats. AGRIPPA erhält ein prokonsularisches Imperium auf fünf Jahre. Der für die Nachfolge zunächst favorisierte Neffe des AUGUSTUS, MARCELLUS (*42), stirbt Ende des Jahres. AGRIPPA geht nach Osten.

22 v. Chr. AUGUSTUS lehnt die ihm wegen einer Hungersnot angetragenen außerordentlichen Gewalten ab, übernimmt aber die Getreideversorgung (*cura annonae*), die er durch prätorische Beamte (*curatores*) durchführen lässt.

22–19 v. Chr. AUGUSTUS begibt sich zunächst nach Sizilien, dann in den Osten.

21 v. Chr. Hochzeit von MARKUS VIPSANIUS AGRIPPA und IULIA (*39 v. Chr., †14 n. Chr.), Tochter des AUGUSTUS und der SCRIBONIA.

20 v. Chr. AUGUSTUS erreicht im Osten, wo er die römische Verwaltung regelt, durch Verhandlungen und Drohungen – sein Stiefsohn TIBERIUS (*42 v. Chr., †37 n. Chr.) marschiert in Armenien ein und krönt dort TIGRANES (II.) zum König – die Rückgabe der 53 bei Karrhai verlorenen Feldzeichen durch die Parther. Das Ereignis wird in der römischen Öffentlichkeit außerordentlich gefeiert. – Für den Straßenbau werden senatorische *curatores viarum* eingesetzt.

20/19 v. Chr. AGRIPPA begibt sich nach Gallien und Spanien, das endgültig befriedet wird.

19 v. Chr. Während der Abwesenheit des AUGUSTUS hat das Volk zweimal nur einen Konsul gewählt und AUGUSTUS zur Übernahme der Diktatur oder des Konsulats aufgefordert. Durch den populären MARCUS EGNATIUS RUFUS (†19 v. Chr.) veranlasste Unruhen werden unterdrückt. Nach seiner Rückkehr übernimmt AUGUSTUS wahrscheinlich die allgemeine Leitungsgewalt der römischen Konsuln auf Lebenszeit – eine Funktion, die durch die *tribunicia potestas* nicht ersetzt werden konnte. Damit ist nach den Regelungen von 27 und 23 die Konzeption des Prinzipats im Wesentlichen abgeschlossen.

18 v. Chr. In einer erneuten *lectio senatus* wird die Zahl der Senatoren von 800 auf 600 gesenkt. Mit der neuen Ehegesetzgebung (*lex Iulia de maritandis ordinibus*) werden die Ehen von Senatoren mit Freigelassenen und von Bürgern mit »anrüchigen« Frauen (Schauspielerinnen, Dirnen, Kupplerinnen) verboten. Ehe- oder Kinderlose werden bei Erbschaften benachteiligt, Verheirateten mit Kindern Privilegien in der Ämterlaufbahn eingeräumt. Ehebruch mit verheirateten Frauen wird für beide mit Vermögensstrafe bedroht (*lex Iulia de adulteriis*). Vielleicht gehören in dieses Jahr auch die Vorschriften für städtische Bauten zur Eindämmung der häufigen Einstürze und Brände.

AGRIPPAS *imperium proconsulare* wird auf die Senatsprovinzen erweitert und um fünf Jahre verlängert, dazu erhält er die *tribunicia potestas* für fünf Jahre.

17 v. Chr. Anlässlich der Feier der Säkularspiele (*ludi saeculares*, die Jahrhundertfeier der Gründung Roms) verfasst der Dichter HORAZ (*65 v. Chr., †8 v. Chr.) das »Carmen saeculare«.

AUGUSTUS adoptiert die beiden Söhne AGRIPPAS und IULIAS, GAIUS (*20 v. Chr., †4 n. Chr.) und LUCIUS (*17 v. Chr., †2 n. Chr). AGRIPPA geht wieder in den Osten.

16 v. Chr. In Gallien erleidet MARCUS LOLLIUS (†2 n. Chr.) gegen germanische Stämme (Usipeter, Sugambrer, Tenkterer), die über den Rhein vorgedrungen sind, eine schwere Niederlage.

16–13 v. Chr. AUGUSTUS weilt in Gallien. Für die Stadt Rom wird zum zweiten Mal ein *praefectus urbi* ernannt. AUGUSTUS' Stiefsöhne TIBERIUS und DRUSUS erobern die Alpenländer Raetia, Vindelicia und Noricum. Damit beginnt ein Offensivprogramm, das die Schaffung gut zu verteidigender Grenzen im Norden und im Balkanraum zum Ziel hat. Im Osten wird dagegen nur der Status quo gesichert. V. a. hier wie auch in Nordafrika bleiben den römischen Provinzen Klientelfürstentümer vorgelagert, die von AUGUSTUS scharf kontrolliert werden.

13 v. Chr. Nach seiner Rückkehr nach Rom wird AUGUSTUS durch die Errichtung eines Friedensaltars (*ara pacis*) gelobt. Die Gewalten AGRIPPAS werden erneut um fünf Jahre verlängert.

12 v. Chr. AGRIPPA stirbt nach einem Feldzug in Illyricum.

6. März Nach dem Tod des MARCUS AEMILIUS LEPIDUS wird AUGUSTUS zum *Pontifex Maximus* gewählt.

Einweihung eines Altars für AUGUSTUS und die Göttin Roma in Lugdunum (Lyon).

12–9 v. Chr. TIBERIUS unterwirft Pannonien und Dalmatien. LUCIUS CALPURNIUS PISO (*48 v. Chr., †32 n. Chr.) wirft einen Aufstand in Thrakien nieder. In Kämpfen gegen die Germanen stößt DRUSUS bis zur Elbe, der Wunschgrenze des AUGUSTUS, vor.

11 v. Chr. TIBERIUS muss die Witwe AGRIPPAS, IULIA, heiraten.

Die Sorge für die Wasserleitungen, die AGRIPPA übernommen hat, wird zu einem Amt (*cura aquarum* mit *curatores* an der Spitze).

9 v. Chr. DRUSUS stirbt in Germanien nach einem Unfall.

30. Jan. Einweihung des Friedensaltars (*ara pacis*).

8/7 v. Chr. Weitere Germanenfeldzüge unter TIBERIUS.

8 v. Chr. Reform des Iulianischen Kalenders.

Tod des MAECENAS.

7 v. Chr. Einteilung Roms in 14 Regionen. Als Folge davon wird das Feuerlöschwesen in Rom neu organisiert.

6 v. Chr. TIBERIUS erhält die *tribunicia potestas* auf fünf Jahre, geht jedoch wegen eines Zerwürfnisses mit AUGUSTUS in ein freiwilliges Exil nach Rhodos.

5 v. Chr. AUGUSTUS übernimmt das Konsulat, um seinem Enkel GAIUS die *toga virilis* (Mannestoga) zu verleihen. Die Ritterschaft ruft GAIUS zum *princeps iuventutis* (Führer der aktiven Ritterschaft) aus.

2 v. Chr. Die gleichen Ehrungen erhält LUCIUS.

5. Febr. AUGUSTUS erhält den Titel *Pater patriae* (Vater des Vaterlandes).

12. Mai Einweihung des Augustusforums.
Erstmals werden zwei *praefecti praetorio* (Befehlshaber für die Prätorianer) ernannt.

um die Zeitenwende **Geburt des JESUS VON NAZARETH.**

1 v. Chr.–4 n. Chr. GAIUS regelt im Osten das Verhältnis Roms zu den Parthern und greift in Armenien ein.

2 n. Chr. TIBERIUS kehrt nach Rom zurück und lebt dort als Privatmann.
Tod des LUCIUS in Massilia.

4 Tod des GAIUS in Armenien. Damit sind alle Nachfolgepläne AUGUSTUS' zunichte gemacht. Der Prinzeps adoptiert jetzt TIBERIUS und MARCUS AGRIPPA POSTUMUS (*12 v. Chr., †14 n. Chr.), Sohn des AGRIPPA und der IULIA. Obwohl er einen eigenen Sohn hat, muss TIBERIUS, der auch die *tribunicia potestas* auf zehn Jahre erhält, GERMANICUS (*15 v. Chr., †19 n. Chr.), den Sohn des DRUSUS und Enkel der Schwester des AUGUSTUS, OCTAVIA, adoptieren.
Durch die *lex Aelia Sentia* wird der Status der Freigelassenen festgelegt und die Freilassung unter bestimmten Bedingungen verboten.

4–6 Feldzüge des TIBERIUS in Germanien.

5 Durch die *lex Valeria Cornelia* wird die Vorwahl (*destinatio*) der Kandidaten für Konsulat und Prätur eingeführt. Aus Senatoren und Rittern der Richterdekurien gebildete zehn Zenturien suchen die Kandidaten aus und schlagen sie der Volksversammlung zur Wahl vor. Die Reihenfolge der Wahlvorschläge wird durch Los bestimmt.
Einrichtung einer Stadtpolizei (*cohortes urbanae*).

6 Das Amt eines Befehlshabers der Feuerwehr (*praefectus vigilum*) wird geschaffen. – Für die Veteranenversorgung, die vorher vom Prinzeps allein abhängig war, wird eine Kasse (*aerarium militare*) eingerichtet, die v. a. aus einer fünfprozentigen Erbschaftssteuer und Stiftungen des Prinzeps gespeist wird.
Das Reich des HERODES ARCHELAOS (*um 23 v. Chr., †um 18 n. Chr.) fällt an Rom; Judäa wird der Provinz Syrien zugeschlagen.

6–9 Ein groß angelegter Zangenangriff (vom Westen und Süden) gegen das Reich des MAROBODUUS (†37) in Böhmen wird durch den Pannonisch-Dalmatischen Aufstand unterbrochen, den TIBERIUS nur nach schweren Kämpfen niedergeschlagen kann.

7 Einsetzung eines *praefectus annonae* für die Getreideversorgung.

9 Mit der *lex Papia Poppaea* wird die Ehegesetzgebung von 18 v. Chr. fortgeführt. Ziel ist eine Vermehrung der Ehen und der Zahl der Kinder.
PUBLIUS QUINCTILIUS VARUS (*um 47 v. Chr., †9 n. Chr.) erleidet gegen die Cherusker und Chatten unter ARMINIUS (*um 16 v. Chr., †um 21 n. Chr.) eine vernichtende Niederlage bei der **Schlacht im »Teutoburger Wald«** (Funde bei Kalkriese). Drei Legionen gehen verloren.

10–12 Kämpfe des TIBERIUS und GERMANICUS gegen die Germanen.

12 Triumph des TIBERIUS für seinen Sieg in Pannonien.

13 Die *tribunicia potestas* des TIBERIUS wird verlängert. Er erhält das *imperium proconsulare maius.*

14, 19. Aug. Tod des AUGUSTUS in Nola. Seine Frau LIVIA DRUSILLA wird testamentarisch adoptiert. Ein von AUGUSTUS selbst verfasster Tatenbericht (*Res gestae*) wird vor seinem Mausoleum aufgestellt (nur Kopien erhalten; nach der besten, in Ankyra [Ankara] gefundenen wird der Bericht auch »Monumentum Ancyranum« genannt). AUGUSTUS wird wie CAESAR zuvor zum Gott erklärt (konsekriert).

Der Prinzipat unter Augustus

Die sozialen Voraussetzungen für den augusteischen Prinzipat sind zunächst die Patronate des Kaisers für die Soldaten und die *plebs Romana*, die als seine Klienten gelten. Ihre Loyalität beruht auf der Versorgung durch den Prinzeps. Er sichert den Frieden im Reich, damit den Wohlstand in den Provinzen und die Ernährung von Rom mit Getreide aus Ägypten. Durch Spiele (*panem et circenses*), Geschenke (*donativa*) – die Freigebigkeit (*liberalitas*) des Prinzeps wird zu einer wichtigen Herrschertugend – und Speisungen (*congiaria*) wird die Stimmung der stadtrömischen Bevölkerung gehoben. Die Abschaffung der privaten Ausbeutung der Provinzen durch Statthalter und Steuerpächter sowie die Verbesserung der Kommunikation durch Straßenbau bieten günstige wirtschaftliche Bedingungen, die in vielen Teilen des Reiches zu einer wirtschaftlichen Blüte führen. Die u. a. daraus entstehenden Bindungen an Rom und den Prinzeps äußern sich im Kult für AUGUSTUS und die *Dea Roma*, für die im Westen in Provinzhauptstädten (so Lugdunum, Tarraco) Altäre, im Osten viele Tempel errichtet werden. Der **Kaiserkult** und die damit verbundenen Spiele sind auch die Hauptfunktionen der Provinziallandtage – jährliche Versammlungen von Abgeordneten der Städte einer Provinz. In Rom und Italien duldet AUGUSTUS nur die Verehrung seines Genius. Festtage der kaiserlichen Familie werden im ganzen Reich gefeiert.

Die **Ritter** formt AUGUSTUS zu einem geschlossenen Stand um. Nur der Kaiser bzw. von ihm beauftragte Senatoren entscheiden über die Aufnahme und das Verbleiben im Ritterstand. Voraussetzungen für die Aufnahme sind Unbescholtenheit und ein Mindestvermögen von 400 000 Sesterzen. Die Standeszugehörigkeit ist nicht erblich, obwohl faktisch viele Söhne von Rittern ebenfalls Ritter werden. Zum Ritterstand gehören auch Senatorensöhne vor ihrem Eintritt in den Senat. – Durch die absolute Kontrolle des Zugangs zum Ritterstand schafft sich AUGUSTUS in den Rittern eine ergebene Gefolgschaft. Mit der Rekrutierung vieler Ritter aus der Munizipalaristokratie im ganzen Reich entstehen Verbindungen zwischen dem Reich und dem Prinzeps, die ebenfalls für die Loyalitätssicherung bedeutsam sind.

Die **Senatoren** werden mit AUGUSTUS zu einem erblichen Stand. Senatorensöhne gelangen nach Heeresdienst und Bekleidung des Vigintivirats durch die Quästur in den Senat (Voraussetzung ist die Vollendung des 25. Lebensjahres und ein Mindestvermögen von einer Mio. Sesterzen, doch hilft der Prinzeps hier nicht selten aus). Republikanische Erinnerungen belasten das Verhältnis zwischen Senat und Prinzeps, aber AUGUSTUS und die folgenden Prinzipes bleiben auf die Erfahrung und Autorität dieser Schicht angewiesen. Durch seinen Herrschaftsstil, beispielsweise die Ablehnung übertriebener Ehrungen und außerordentlicher Gewalten, knüpft AUGUSTUS bewusst an Traditionen der Republik an, die auch in der Ideologie des Prinzipats und in der Religionspolitik (Wiederbelebung alter Kulte, Wiederherstellung vieler Tempel) betont werden. Das soziale Ansehen des Senats wird durch die Verstoßung unwürdiger Mitglieder und durch besondere Privilegien angehoben. Der Prinzeps kann durch Zuwahl (*adlectio*) neue Mitglieder in den Senat bringen; AUGUSTUS geht aber mit diesem Recht sehr vorsichtig um.

Durch die Ernennung neuer patrizischer Familien schafft AUGUSTUS einen inneren Kreis innerhalb der Herrschaftsschicht. Die **Patrizier** werden bei der Besetzung der ordentlichen Konsulate, der Provinzstatthalterposten und militärischen Kommandos, schließlich der Priesterstellen bevorzugt und genießen Erleichterungen in der Ämterlaufbahn. Sie haben den gleichen sozialen Rang wie der Prinzeps selbst und sind dadurch eng mit dem Kaiserhaus verbunden.

Den engsten Kreis um den Prinzeps bilden seine Verwandten. AUGUSTUS nutzt rücksichtslos alle Möglichkeiten dynastischer Heiraten aus, um durch Bindung an seine Person Machtansprüche zu schaffen.

Neben dem vielfältigen System sozialer Bindungen bildet das **Heer** eine zweite Grundlage der Macht des Prinzeps. Als Oberkommandierende für große Aktionen setzt AUGUSTUS häufig Mitglieder des Kaiserhauses ein. Das Offizierskorps und die Soldaten gewinnt er v. a. in der Bürgerkriegszeit durch die Tradition des Namens CAESARS und durch verschwenderische Donativa. Eine charismatische Beziehung zwischen Heer und dem Prinzeps wird mit dem Vornamen *Imperator* angestrebt. Die konkreten Ausrufungen zum Imperator werden für den Prinzeps reserviert. Nach 19 v. Chr. gibt es für Senatoren keine Triumphe mehr. Durch die Feldzüge von 35–34 v. Chr. sucht OCTAVIAN auch persönlichen militärischen Ruhm zu gewinnen. – Eine Bindung zwischen Heer und Prinzeps besteht auch dadurch, dass er bis zur Errichtung des *aerarium militare* allein für die Veteranenversorgung verantwortlich ist. Sie geschieht zunächst durch Ansiedlung in Kolonien, später durch ein Entlassungsgeld. Die in Italien und den Provinzen angesiedelten Veteranen bilden nicht nur eine Anhängerschaft des AUGUSTUS, sondern zugleich eine militärische Reserve und einen wichtigen Faktor für die Romanisierung.

Seit AUGUSTUS ist das römische Heer eine Berufsarmee. Die Dienstzeit beträgt zunächst 16, ab 6 n. Chr. 20 Jahre. Nach den Bürgerkriegen wird die Streitmacht halbiert. Es verbleiben 28 Legionen, die von römischen Bürgern gebildet werden, dazu kommen von Provinzialen gestellte Auxiliarkohorten und Alen (Reitertruppen). Zwei Flotten liegen in Ravenna und Misenum. Eine Schutztruppe des Prinzeps sind die Prätorianer (neun Kohorten zu je 1000 Mann), deren Garnisonen in Rom und den Städten der Umgebung liegen. – Jede Legion steht unter einem senatorischen *legatus legionis*, mit Ausnahme der ägyptischen, die von ritterlichen Präfekten befehligt werden. Ebenfalls senatorischen Ranges ist der höchste *tribunus* (*laticlavius*), der in der Regel nur für ein Jahr dient. Die übrigen Tribune werden ebenso wie die Präfekten der Auxiliarkohorten und Alen aus Rittern rekrutiert (*militia equestris*). Das eigentliche Gerüst der Legionen bilden die Centurionen. In der Regel ist der Centurionat die höchste erreichbare Stufe für den gemeinen Soldaten, doch gibt es die Möglichkeit des Übergangs vom ranghöchsten Centurio (*primipilus*) zur *militia equestris*.

Eine dritte Stütze des Prinzeps wird schließlich der **Verwaltungsapparat**. In Rom und Italien werden sämtliche alten zensorischen Funktionen, mit Ausnahme des Zensus, der *lectio senatus* und des *census equitum*, zu ständigen Ämtern, die von senatorischen *curatores* – vom Prinzeps in Übereinstimmung mit dem Senat ernannt – geleitet werden. Auch aus den übrigen republikanischen Ämtern werden, obwohl sie im Gegensatz zur Zensur weiter bestehen, wichtige Funktionen ausgegliedert und gehen auf senatorische Präfekturen über. Dadurch und durch die auf AUGUSTUS übertragenen Gewalten werden die alten Ämter ausgehöhlt. Das Konsulat (das AUGUSTUS noch bis 23 v. Chr. jährlich bekleidet) wird zu einem Prestigeamt, was auch darin zum Ausdruck kommt, dass seit 2 v. Chr. fast regelmäßig zwei Konsulpaare (*consules ordinarii* und *suffecti*) gewählt werden.

Die Volksversammlungen werden, obwohl AUGUSTUS für sie in einem umfassenden Bauprogramm neue Versammlungsplätze schafft, in ihren Wahlrechten eingeschränkt: Der Prinzeps kann Kandidaten für bestimmte Ämter vorschlagen (*commendatio*); diese *candidati Caesaris* müssen gewählt werden. Daneben kann er sich durch *suffragatio* (Wahlunterstützung) für einen Kandidaten einsetzen, doch sind hier die Komitien nicht an sein Votum gebunden. Von der *commendatio* macht AUGUSTUS nur sparsam und nie im Falle von Konsulwahlen Gebrauch. Das Recht der Gesetzgebung bleibt den Komitien, doch werden mehr und mehr Angelegenheiten durch Senatskonsulte und kaiserliche Erlasse geregelt. Als neue ständige Aufgabenbereiche werden die Getreidebeschaffung und die Feuerwehr ritterlichen Präfekten unterstellt.

Die senatorischen Provinzen werden durch jährlich wechselnde Prokonsuln, die kaiserlichen, welche zusammen die *provincia* des AUGUSTUS bilden, in dessen Auftrag durch proprätorische *legati Augusti pro praetore* (ohne zeitliche Begrenzung) geleitet (darunter Gallien, Spanien, die Donauländer und Syrien). Für die Finanzverwaltung treten ihnen ritterliche Prokuratoren zur Seite. An der Spitze Ägyptens steht ein ritterlicher Präfekt, und auch in einigen kleineren neu gewonnenen Provinzen setzt AUGUSTUS ritterliche Leiter ein. So behält AUGUSTUS den größten Teil der militärischen Macht Roms in seiner Hand.

Die private Zentralverwaltung des Hofes wird aus Freigelassenen und Sklaven rekrutiert. In diesem Bereich werden sich bei der zunehmenden Institutionalisierung des Prinzipats einschneidende Veränderungen ergeben. Gemeinsame Merkmale der neuen Verwaltung sind klare Kompetenzaufteilung, feste Bezahlung, das Abrücken von der Kollegialität im alten Sinn und von der Annuität. Im Gegensatz zur modernen Bürokratie bleibt aber die patrimoniale Rekrutierung des Verwaltungsstabes erhalten, und damit der Verzicht auf fachliche Qualifikationen – zivile und militärische Laufbahn werden nicht getrennt. Zwischen den Ämtern gibt es keine Weisungsbefugnis.

Die augusteische Zeit bringt einen ungeheuren **Aufschwung der Bautätigkeit in Rom**. Im Zuge der Reaktivierung der traditionellen Religion werden viele Tempel wiederhergestellt oder neu errichtet, u. a. das Pantheon des Agrippa (27 v. Chr.). Für die Volksabstimmungen wird eine riesige Halle, die Saepta Iulia (26 v. Chr. vollendet), errichtet. Für Spiele und szenische Aufführungen entstehen mehrere Theater, so das Amphitheater des Titus Statilius Taurus (†nach 10 v. Chr.) auf dem Marsfeld (29 v. Chr.), das Marcellus-Theater (13 oder 11 v. Chr.) und das Theater des Lucius Cornelius Balbus (13 v. Chr.). Um die Wasserleitungen bemüht sich besonders Agrippa, der auch zwei neue Leitungen (Aqua Iulia und Aqua Virgo) anlegen lässt. Der kaiserlichen Repräsentation dienen das gewaltige Mausoleum des Augustus (28 v. Chr.), der Augustusbogen (19 v. Chr.) und das Augustusforum mit dem Tempel des Mars Ultor (2 v. Chr. eingeweiht). Einen Höhepunkt der augusteischen Klassik in der Reliefkunst stellt der 9 v. Chr. geweihte Friedensaltar (*Ara Pacis*) dar.

Auch die lateinische **Literatur** erreicht in der augusteischen Zeit ihren klassischen Höhepunkt. In Dichterkreisen um Maecenas, Asinius Pollio (*76 v. Chr., †4 n. Chr.) und Valerius Messalla Corvinus (*64 v. Chr., †13 n. Chr.) wird sie stark gefördert und stellt sich in den Dienst der augusteischen Erneuerung. – Vergil (Publius Vergilius Maro) verfasst »Bucolica« (Hirtenlieder, mit der berühmten Vierten Ekloge vom Jahre 40 v. Chr., in der die Geburt eines Kindes und ein goldenes Zeitalter vorausgesagt wird), deutet in seinen »Georgica« das Leben aus der bäuerlichen Welt und schafft mit der »Aeneis« das römische »Nationalepos«, das die römische Weltherrschaft als Vollzug des göttlichen Willens versteht. – Horaz (Quintus Horatius Flaccus) dichtet Epoden, Satiren, Oden und Episteln, setzt sich auch theoretisch mit der Dichtkunst auseinander (»De arte poetica«) und preist in seinen Römeroden und dem für die Säkularfeier von 17 v. Chr. verfassten »Carmen saeculare« die Römertugenden und das Herrscherhaus. – Albius Tibullus (*um 50 v. Chr., †19 v. Chr.), Sextus Propertius (*um 47 v. Chr., †vor 2 v. Chr.) und Ovid (Publius Ovidius Naso; *43 v. Chr., †17/18 n. Chr.) schreiben Elegien, der Letztere außerdem ein Lehrgedicht über die Liebeskunst (»Ars amatoria«), »Metamorphosen« (Verwandlungen), eine aitiologische Deutung des römischen Kalenders (»Fasti«) und poetische Briefe.

In der **Geschichtsschreibung** schafft Titus Livius (*59 v. Chr., †17 n. Chr.) mit seinen 142 Büchern (35 erhalten) »Ab urbe condita« die für die Folgezeit maßgebende und vom Gedanken der *virtus*, der *concordia* und der *mores maiorum* her konzipierte Darstellung der römischen Republik. Diodoros von Agyrion (»Bibliotheke«) schreibt ebenso wie der aus der Gallia Narbonensis stammende Pompeius Trogus (»Historiae Philippicae«) eine Weltgeschichte, Dionysios von Halikarnassos (wirkt 30–8 v. Chr. in Rom) eine römische Archäologie (»Antiquitates Romanae«). Einen geografischen Überblick über die damals bekannte Welt mit vielen historischen Notizen bietet die Geografie des Strabon (*64/63 v. Chr., †nach 23 n. Chr.). Vitruvius verfasst wohl in den 30er-Jahren n. Chr. ein Lehrbuch über die Architektur.

14 **Tiberius** (Tiberius Caesar Augustus) erbt zwei Drittel des Vermögens des Augustus. Die *tribunicia potestas* und das *imperium proconsulare maius* werden ihm auf Lebenszeit übertragen. Ebenso erhält sein Adoptivsohn Germanicus, der die germanischen Legionen befehligt, das prokonsularische Imperium auf Lebenszeit. – Tiberius hält sich strikt an die politischen Vorgaben des Augustus, verzichtet auf den Vornamen Imperator und weist übertriebene Ehrungen zurück. Er sorgt für eine gute Verwaltung. Korrupte Statthalter werden verurteilt, die Provinzialen können sich mit Klagen direkt an den Prinzeps wenden. Versuche, den Senat – teils devot, teils misstrauisch – zur Mitregierung zu bewegen, scheitern. Prozesse wegen Majestätsbeleidigung belasten das Verhältnis. Das dunkle Bild des Kaisers bei Tacitus und Suetonius beruht auf den Memoiren der Vipsania Agrippina (*14 v. Chr., †33 n. Chr.), der Witwe des Germanicus, die den Kaiser hasste.
Meutereien der germanischen und pannonischen Legionen v. a. wegen der Länge der Dienstzeit und der Höhe des Soldes.

14–16 Verlustreiche Feldzüge des Germanicus gegen den Cherusker-Fürsten Arminius. Besuch des Schlachtfeldes im Teutoburger Wald.

15 In Fortführung der *lex Valeria Cornelia* von 5 n. Chr. werden die Beamtenwahlen jetzt ganz von den Komitien auf den Senat übertragen, der zudem – der Prozess bahnt sich schon unter Augustus an – zum Gerichtshof für die oberen Stände (Senatoren und Ritter) wird. Der *praefectus urbi* wird zu einem ständigen Amt.

15. März Tiberius wird zum *Pontifex Maximus* gewählt.

16 Tiberius stoppt die Angriffe gegen Germanien. Der Rhein bleibt die Grenze, wie Augustus nach der Niederlage im Teutoburger Wald verfügt hat.

17 Cappadocia wird römische Provinz.

17–19 Kampf zwischen Arminius und dem König der Markomannen Maroboduus, der vertrieben wird. Arminius wird von Verwandten ermordet.

17–24 Aufstand des Tacfarinas (†24) in Nordafrika.

17–19 Germanicus wird mit einem außerordentlichen Kommando in den Osten gesandt und setzt in Armenien Zenon (†35), der sich Artaxias (III.) nennt, als König ein (18). Kommagene wird römische Provinz, bald darauf aber Syrien zugeschlagen.

19, 10. Okt. Mit dem Tod des Germanicus in Antiocheia beginnt die steile Karriere des seit 14 (allein seit 15) amtierenden Prätorianerpräfekten Lucius Aelius

SEIANUS (*um 17 v.Chr., †31 n.Chr.). Gegen ihn kämpft GERMANICUS' Witwe, VIPSANIA AGRIPPINA, um die Nachfolgerechte ihrer Söhne.

21 Aufstand der Treverer unter IULIUS FLORUS (†21)und der Haeduer unter IULIUS SACROVIR (†21), der bei Augustodunum (Autun) niedergeschlagen wird. Ebenso wird ein Aufstand thrakischer Stämme unterdrückt.

22 Der Sohn des TIBERIUS, DRUSUS MINOR (*um 13 v. Chr, †23 n.Chr.), erhält die *tribunicia potestas* und wird damit zum Nachfolger designiert.

23 SEIANUS zieht die Prätorianer in einem Lager in Rom (*castra praetoria*) zusammen. Auf sein Anstiften wird DRUSUS MINOR vergiftet.

23/24 Nach Siegen des QUINTUS IUNIUS BLAESUS (†um 31) schlägt PUBLIUS CORNELIUS DOLABELLA endgültig den Aufstand des TACFARINAS, der in den Kämpfen fällt, nieder.

25 TIBERIUS lehnt eine Einheirat SEIANUS' in das Kaiserhaus ab.
Der republikanisch eingestellte Historiker AULUS CREMUTIUS CORDUS wird von SEIANUS zum Selbstmord getrieben.

26 Ein erneuter Aufstand thrakischer Bergstämme, der sich gegen Aushebungen von Soldaten richtet, wird von GAIUS POPPAEUS SABINUS (†35) unterdrückt.

27 TIBERIUS zieht sich nach Capri zurück und betritt Rom bis zu seinem Tod nicht wieder.

29 Tod der LIVIA DRUSILLA. Kurz darauf werden auf Betreiben SEIANUS' AGRIPPINA und deren ältester Sohn NERO CAESAR (*6, †31) verbannt.

um 30 Prozess gegen JESUS VON NAZARETH und dessen Kreuzigung in Jerusalem.
Der zweite Sohn der AGRIPPINA, DRUSUS CAESAR (*7, †33), wird verurteilt und eingekerkert; Höhepunkt der Macht des SEIANUS, dem auch das *imperium proconsulare* übertragen wird. Der Offizier und Historiker VELLEIUS PATERCULUS veröffentlicht seine aus loyaler Einstellung gegenüber dem Prinzipat heraus verfasste »Römische Geschichte«.

31 SEIANUS wird durch Senatsbeschluss Konsul zusammen mit TIBERIUS, der über die auf den Prinzipat zielenden Bestrebungen seines Gardepräfekten informiert wird und eine Anklageschrift gegen ihn verfasst.

18. Okt. SEIANUS wird vom Senat verurteilt und hingerichtet. Prozesse gegen Anhänger des SEIANUS, die Hinrichtungen und Selbstmorde ziehen sich über mehrere Jahre hin. Die Karriere des SEIANUS offenbart die Schwächen des Systems in der Nachfolgeregelung. Auch nach dem Fall des SEIANUS trifft TIBERIUS keine Bestimmungen über die Nachfolge.
Der Geschichtsschreiber VALERIUS MAXIMUS widmet seine Sammlung historischer Beispiele »Facta et dicta memorabilia« TIBERIUS.

35 Nach dem Tod des ARTAXIAS III. erfolgt die Einsetzung eines neuen Königs in Armenien und die Durchsetzung desselben gegenüber dem Partherkönig.

37, 16. März Tod des TIBERIUS bei Misenum. Er wird nicht konsekriert.

18. März GAIUS CAESAR AUGUSTUS GERMANICUS (Spitzname **»CALIGULA«** [Soldatenstiefelchen]; *12, †41) wird auf Betreiben des Prätorianerpräfekten QUINTUS NAEVIUS SERTORIUS MACRO (*21 v.Chr., †38 n.Chr.) vom Senat der Titel *Imperator* verliehen. Mit GAIUS gelangt die Familie des GERMANICUS auf den Thron, dessen noch immer bestehende Popularität Anlass großer Hoffnungen ist. GAIUS unterstützt das Volk durch großzügige Congiarien, Donativa und eine Amnestie für alle aus politischen Gründen Verurteilten, erweist sich aber bald als absoluter Herrscher, dessen ganze Regierungszeit von Verurteilungen, Hinrichtungen und Aufforderungen zum Selbstmord durchzogen ist. Dabei spielt besonders auch die ständige Geldnot des Prinzeps (Konfiskationen) eine Rolle.
Kommagene wird wieder Königreich. Der jüdische Fürst und Freund des GAIUS, IULIUS AGRIPPA (*10 v.Chr., †44), erhält Gaulanitis, Trachonitis und Abilene, 39 Galiläa und Peraea als Klientelkönigtum.

39/40 Züge des GAIUS an den Rhein und an den Ärmelkanal, wo er die Unterwerfung eines britischen Prinzen entgegennimmt.

39 GNAEUS CORNELIUS LENTULUS GAETULICUS und MARCUS AEMILIUS LEPIDUS werden als Verschwörer hingerichtet, IULIA AGRIPPINA (*15, †59) und IULIA LIVILLA (†nach 41), die beiden Schwestern des GAIUS, werden verbannt.

40 Die Ermordung des PTOLEMAIOS von Mauretanien löst dort einen Aufstand aus.
Der armenische König MITHRADATES (†51) wird vertrieben, ohne dass ein neuer König eingesetzt wird.
Forderungen an die Juden, in ihren Synagogen Kaiserbilder zu verehren, führen zu einer erfolglosen Gesandtschaft der Juden von Alexandria unter PHILON nach Rom.
Der Senat beschließt, GAIUS als Gott zu verehren und ihm einen Tempel zu errichten.
GAIUS führt neue Steuern ein.

41, 24. Jan. Der Prinzeps fällt einer Verschwörung von Prätorianeroffizieren zum Opfer.
Unmittelbar nach der Ermordung des GAIUS erheben die Prätorianer dessen Onkel **CLAUDIUS** (TIBERIUS CLAUDIUS CAESAR AUGUSTUS GERMANICUS; *10 v.Chr., †54 n.Chr.) auf den Thron. Der Senat, der für einen Tag die Hoffnung auf Wiederherstellung der Republik hegt, muss das Faktum anerkennen. Verbannte werden zurückberufen, konfiszierte Güter zurückgegeben. Die meisten der neuen Steuern des GAIUS werden aufgehoben.

Die Regierung des Claudius

CLAUDIUS, unter dem Verschwörungen und Hinrichtungen von Senatoren und Rittern weitergehen und der in Rom den übermächtigen Einfluss kaiserlicher Frauen – zunächst der VALERIA MESSALINA (*um 25, †48), dann der IULIA AGRIPPINA – und kaiserlicher Freigelassener duldet, tut Entscheidendes für die Verwaltung und Romanisierung des Reiches. Viele Kolonien werden gegründet, so 50 Köln (*Colonia Claudia Ara Augusta Agrippinensium*), provinziale Städte erhalten das Bürger- oder Latinerrecht, ebenso werden Soldaten mit dem Bürgerrecht belohnt. In einer berühmten, z.T. auf einer Inschrift erhaltenen Rede verteidigt CLAUDIUS das Recht der führenden Männer Galliens, in den Senat aufgenommen zu werden. Oft greift er unmittelbar zugunsten der Provinzialen in Angelegenheiten einzelner Städte ein. Der Straßenbau wird gefördert.

Unter CLAUDIUS tritt erstmals die kaiserliche Zentrale mit festen Ressorts in Erscheinung. Die kaiserlichen Kassen werden zum *fiscus* zusammengefasst und dem (*procurator*) »*a rationibus*« unterstellt, von dem die Finanzprokuratoren in den Provinzen abhängen. Für die kaiserliche Privatschatulle, das *patrimonium*, wird wahrscheinlich ein *procurator patrimonii* eingesetzt. Weitere zentrale Ämter sind der *ab epistulis* (Sekretariat) *a libellis* (für Bittschriften), *a cognitionibus* (für die Vorbereitung kaiserlicher Gerichtsverfahren) und *a studiis* (zuständig für wissenschaftliche Materialien?). Alle Zentralämter sind mit Freigelassenen, die wichtigsten sind NARCISSUS (†54), MARCUS ANTONIUS PALLAS (†62) und CALLISTUS, besetzt. Auch in andere Bereiche (Wasserleitungen, Getreidezuteilungen, Hafen Ostia) dringen kaiserliche Prokuratoren ein.

CLAUDIUS entfaltet – über Komitialgesetze, Senatsbeschlüsse und v. a. kaiserliche Edikte – eine rege gesetzgeberische Tätigkeit, die v. a. auch schwachen Gruppen der Gesellschaft, u. a. Witwen, Kindern und Sklaven, zugute kommt. In der Stände- und Religionspolitik folgt er der traditionellen Linie des AUGUSTUS.

41/42 Nach der Niederschlagung des Aufstands in Mauretanien werden zwei neue prokuratorische Provinzen, Mauretania Tingitana und Mauretania Caesariensis, eingerichtet.

42 Ein Aufstand des Statthalters von Dalmatia, LUCIUS ARRUNTIUS CAMILLUS SCRIBONIANUS (†42) mit dem Ziel der Wiedererrichtung der Republik, scheitert. Beginn des Baus eines neuen Hafens in Ostia.

43 Lycia wird römische Provinz.

44 Auf einem Feldzug in Britannien kann Camulodunum (Colchester) eingenommen werden. Britannia wird Provinz, doch dauern die Kämpfe dort in den folgenden Jahren an. CLAUDIUS und sein Sohn erhalten den Ehrennamen »Britannicus«.

46 Judäa wird wieder prokuratorische Provinz, Moesia als eigene Provinz von Makedonien abgetrennt. Thracia wird prokuratorische Provinz, zu einem nicht bekannten Zeitpunkt auch Noricum und Raetia.

47, 21. April Säkularspiele (*Ludi saeculares*).

47/48 CLAUDIUS beauftragt seinen Zensor LUCIUS VITELLIUS (†nach 51) mit einem Zensus. Die Schätzung ergibt etwa 6 Mio. römische Bürger.

48 CLAUDIUS' Frau MESSALINA heiratet während einer Abwesenheit des Prinzeps den Senator GAIUS SILIUS (*um 4), der so den Prinzipat erstrebt, doch werden beide hingerichtet.

49 CLAUDIUS heiratet IULIA AGRIPPINA, deren Sohn LUCIUS DOMITIUS AHENOBARBUS, der spätere Kaiser NERO (*37, †68), von dem stoischen Philosophen und Schriftsteller LUCIUS ANNAEUS SENECA (*um 4 v. Chr., †65 n. Chr.) erzogen wird.

50 Ausweisung von revoltierenden Juden aus Rom.

25. Febr. CLAUDIUS adoptiert den Sohn AGRIPPINAS unter dem Namen NERO CLAUDIUS DRUSUS GERMANICUS CAESAR.

52 Vollendung zweier neuer Wasserleitungen, der Aqua Claudia und des Anio Novus.

53 Durch Senatsbeschluss erhalten die kaiserlichen Finanzprokuratoren in den Provinzen Jurisdiktionsgewalt.

54, 13. Okt. CLAUDIUS wird von AGRIPPINA vergiftet. Der Senat konsekriert den toten Kaiser, den SENECA in seiner »Apokolokyntosis« (Verkürbissung) verhöhnt.

NERO (NERO CLAUDIUS CAESAR AUGUSTUS GERMANICUS) wird vom Prätorianerpräfekten SEXTUS AFRANIUS BURRUS (†62) den Prätorianern präsentiert, von diesen zum Imperator ausgerufen und vom Senat bestätigt. Die durch CLAUDIUS gefestigte Reichsverwaltung wird zunächst von AFRANIUS BURRUS und SENECA geleitet.

Die Parther erobern Armenien. TIRIDATES, Bruder des Partherkönigs VOLOGAESES (†um 80), wird dort als König eingesetzt.

GNAEUS DOMITIUS CORBULO (†67) wird Statthalter von Cappadocia und Galatia.

57–60 CORBULO erobert Armenien, 58 fällt die Hauptstadt Artaxata (Artashat).

59 NERO lässt seine Mutter AGRIPPINA ermorden. Er führt neue Spiele ein und tritt selber auf.

60 TIGRANES V. wird als König von Armenien eingesetzt. CORBULO wird Legat von Syrien.

61 In Britannien kommt es zu einem Aufstand der Briten unter Königin BOUDICCA, hervorgerufen durch die Einbeziehung der Icener in die römische Provinz und die Härte der römischen Verwaltung. Die Aufständischen nehmen Camulodunum und Londinium (London), bis es dem Statthalter GAIUS SUETONIUS PAULLINUS gelingt, die Briten in einen Hinterhalt zu locken und zu schlagen. BOUDICCA begeht Selbstmord.

61–65 Weitere Kämpfe in Armenien.

62 Der Tod des AFRANIUS BURRUS, SENECAS Rückzug aus der Politik und die Heirat NEROS mit POPPAEA SABINA (*um 30/32, †65) markieren den Übergang zu einem despotischen Regime.

Tod des Satirendichters AULUS PERSIUS FLACCUS aus Volterra (*34).

64 NEROS ständige Geldnot führt zur Reduktion des Gold- bzw. Silbergehalts des Aureus und Denars. Die Vorschrift wird eingeführt, dass der Prinzeps bei Testamenten bedacht werden muss. Dazu kommen große Konfiskationen, v. a. in Afrika.

Annexion von Pontos, das der Provinz Galatia zugeschlagen wird.

18./19. Juli Brand Roms, für den die Christen verantwortlich gemacht und grausam bestraft werden.

64/65 Wiederaufbau Roms und Bau einer großen kaiserlichen Palastanlage mit der *domus aurea*; Raub von Kunstschätzen im ganzen Reich.

65 Die wachsende Opposition gegen NERO, die auch philosophisch begründet wird, gipfelt in der Pisonischen Verschwörung. Auch Prätorianer sind beteiligt. Die Verschwörung wird entdeckt, GAIUS CALPURNIUS

Die julisch-claudische Dynastie

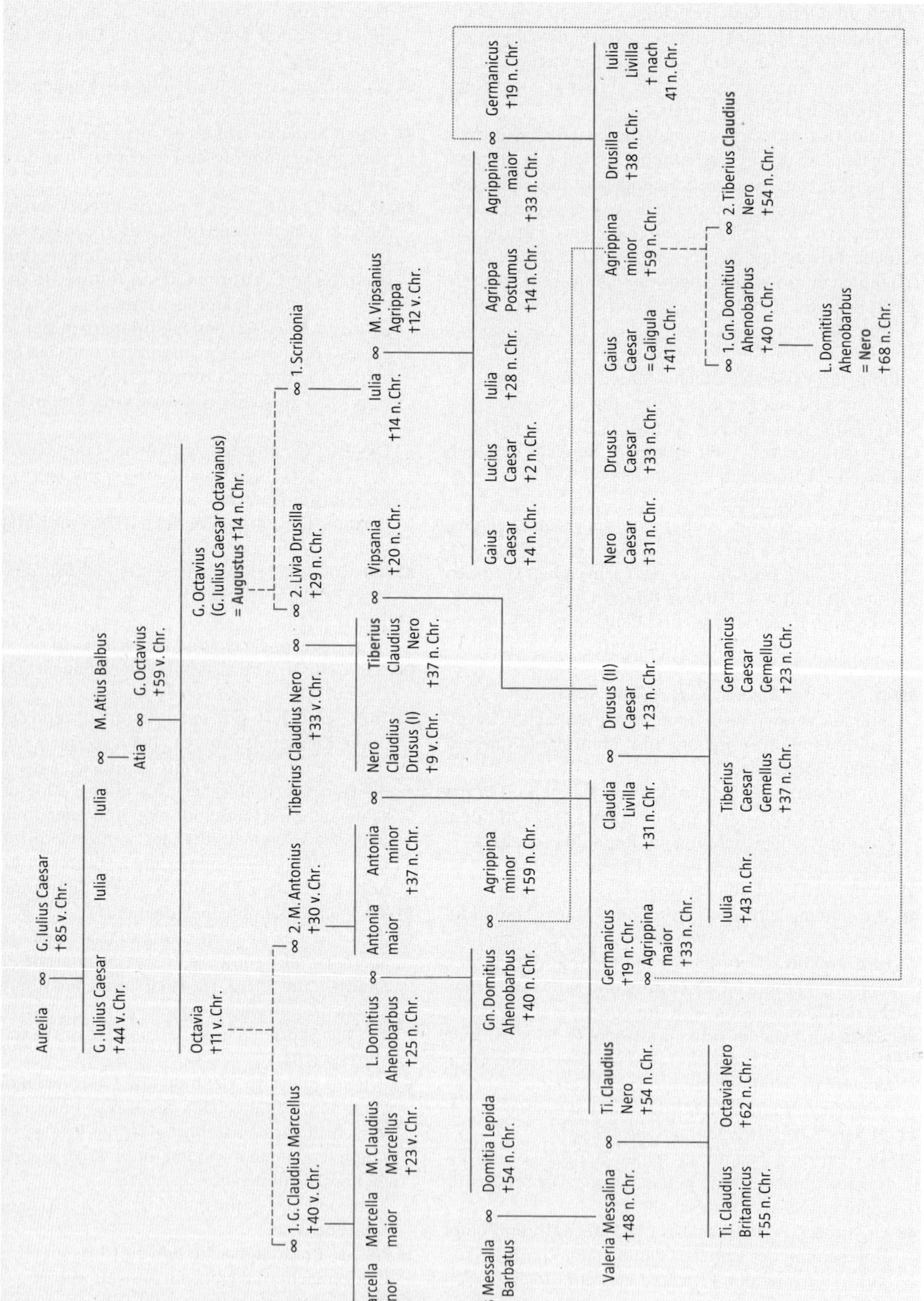

Piso mit vielen anderen hingerichtet, Seneca und der Epiker Marcus Annaeus Lucanus (*39) aus Corduba, Verfasser eines Epos über den Bürgerkrieg (»Pharsalia«), zum Selbstmord gezwungen. Das Morden geht auch im folgenden Jahr weiter.

66 Der Dichter Gaius Petronius Arbiter (»Satyricon«) begeht Selbstmord.
Tiridates, der 65 angesichts einer groß angelegten Invasion Corbulos' in Armenien seine Krone vor einer Statue Neros niedergelegt hat, erhält sie unter großem Pomp aus der Hand Neros zurück.
In Judäa bricht ein großer jüdischer Aufstand gegen die harte Politik der römischen Prokuratoren aus.
In Rom scheitert die Vinicianische Verschwörung.

66/67 Große Demonstrationsreise Neros durch Griechenland; er lässt sich als Wagenlenker in Olympia feiern und verkündet auf den Isthmien 66, wie Titus Quinctius Flamininus 196 v. Chr., die Freiheit Griechenlands.

67 Titus Flavius Vespasianus (*9, †79) wird mit dem Krieg gegen die Juden beauftragt.
Die Kommandeure von Ober- und Niedergermanien und Corbulo werden zum Selbstmord gezwungen. Damit gerät die Loyalität der Provinzialheere ins Wanken.

68 Gaius Iulius Vindex (*um 25, †68), Statthalter der Gallia Lugdunensis, revoltiert. Ihm schließen sich Servius Sulpicius Galba (*3 v. Chr., †69 n. Chr.), Statthalter von Hispania Tarraconensis, und andere an. Vindex wird zwar von Lucius Verginius Rufus (*um 14, †97), Kommandeur in Obergermanien, geschlagen, dieser unterstellt sich aber dem Senat, mit dem auch der Prätorianerpräfekt Gaius Nymphidius Sabinus (†68) gemeinsame Sache macht.

8. Juni Galba wird vom Senat als Kaiser anerkannt. Nero wird zum Staatsfeind erklärt und tötet sich selbst (9. Juni).
Damit ist die julisch-claudische Dynastie erloschen. Der neue Kaiser besitzt kaum Anhang und kann sich nur kurze Zeit halten. In dieser Krise des Reiches, die in kurzer Folge vier Kaiser hervorbringt (**Vierkaiserjahr**), fällt die endgültige Entscheidung aufgrund der militärischen Macht in den Provinzen.

68/69 **Galba** (Imperator Caesar Augustus), dessen Prinzipat vom Senat zunächst als Wiederherstellung republikanischer Formen angesehen wird, macht sich schnell aufgrund großer Strenge und Verweigerung von Donativa für die Prätorianer unbeliebt. Gegner in den Provinzen und in Rom werden getötet.

69, 1. Jan. Das niedergermanische Heer ruft seinen Kommandeur Aulus Vitellius (*12, †69) gegen Galba zum Kaiser aus.

10. Jan. Galba adoptiert Lucius Calpurnius Piso (*38, †69). Der bei der Adoption zurückgesetzte Marcus Salvius Otho (*32, †69) gewinnt die Prätorianer für sich.

15. Jan. Galba wird ermordet, Otho von der Garde zum Kaiser ausgerufen und vom Senat anerkannt (Imperator Caesar Augustus). Er versucht, die Provinzen durch Zugeständnisse zu gewinnen, doch schließt sich fast der gesamte Westen Vitellius an, der zwei Heere unter Aulus Caecina Alienus (†79) und Fabius Valens (†69) nach Italien in Marsch setzt. Nach ihrer Vereinigung schlagen sie am 14. April die Truppen Othos bei Bedriacum (Calvatone).

16. April Otho begeht Selbstmord. Vitellius marschiert nach Rom.

1. Juli Gegen Vitellius rufen die Truppen Ägyptens unter Tiberius Iulius Alexander den mit dem Krieg gegen die Juden beauftragten Titus Flavius Vespasianus zum Kaiser aus, die Legionen Judäas und Syriens schließen sich an. Der Statthalter Syriens, Gaius Licinius Mucianus, bricht nach Italien auf. Auch die Donaulegionen erklären sich für Vespasian.

24. Okt. Unter Marcus Antonius Primus (†nach 81) besiegen die Legionen Vespasians, noch bevor Mucianus in Italien eingetroffen ist, die Truppen des Vitellius bei Cremona, das geplündert wird. Unter weiteren Plünderungen ziehen die Legionen nach Rom und nehmen es ein.

20. Dez. Vitellius wird getötet.

Die flavischen Kaiser

Vespasian (Imperator Caesar Vespasianus Augustus) gewinnt ein gutes Verhältnis zur römischen Aristokratie, obwohl es auch eine philosophisch begründete Opposition gibt. Die Reichsverwaltung wird weiter ausgebaut. Zudem werden nach dem Bürgerkrieg die Finanzen saniert, Privilegien für bestimmte Gebiete, beispielsweise Griechenland, aufgehoben und die Ausgaben für Congiarien und Donativa zurückgeschraubt. Die Erträge der Landwirtschaft, besonders auch der kaiserlichen Domänen, sucht Vespasian durch Ansiedlung von Kolonen zu erhöhen. Besonders im Osten wird die Provinzialorganisation reformiert. Aus der Gründung von Kolonien, der Erhebung von Städten zu Munizipien, der Verleihung des Bürger- und Latinerrechts resultiert das vermehrte Eindringen von (auch östlichen) Provinzialen in den Senatorenstand und in die kaiserliche Verwaltung. Durch viele Straßen- und Brückenbauten wird die Kommunikation verbessert; auch die übrige Bautätigkeit Vespasians, so u. a. die Errichtung von Amphitheatern, bleibt nicht auf Rom beschränkt. Feste Legionslager werden entweder wiederhergestellt oder neu errichtet. Bei der Besetzung v. a. der militärischen Posten achtet Vespasian auf Qualifikation. In Ansätzen bildet sich so etwas wie eine zivile Karriere heraus, für die der Dienst als Militärtribun nur noch eine Formalität ist.

69 Die Stellung Vespasians wird in der teilweise inschriftlich erhaltenen *lex de imperio Vespasiani* umschrieben. Titus (*39, †81) und Domitian (*51, †96), die Söhne Vespasians, werden Caesares und *principes iuventutis*.

69/70 Bataveraufstand unter Iulius Gaius Civilis, der zunächst gegen die Vitellius anhängenden Legionen kämpft, nach der Schlacht bei Cremona aber zur offenen Rebellion übergeht und die Rheingermanen sowie weitere gallische Führer, wie die Treverer Iu-

LIUS TUTOR und IULIUS CLASSICUS, gewinnt. Die Legionslager nördlich von Moguntiacum (Mainz) werden genommen. Streitigkeiten innerhalb der Gallier und das energische Eingreifen römischer Legionen unter QUINTUS PETILLIUS CERIALIS beenden den Aufstand. In der Folge werden die gallischen und germanischen *auxilia*, die den Aufstand unterstützt haben, in anderen Gebieten des Imperiums eingesetzt.

70 Einnahme und Zerstörung Jerusalems durch TITUS (Darstellung auf dem Titusbogen), der auch die tribunizische Gewalt erhält. Im Gefolge des Krieges kommt der Historiker FLAVIUS JOSEPHUS (*37/38, †nach 100) nach Rom, der in seinem »Jüdischen Krieg« die Römer verteidigt und in seinen »Jüdischen Altertümern« der hellenistischen Welt das Judentum bekannt machen will.

70/71 Neubau des Jupiter-Tempels auf dem Kapitol.

70–80 Bau des flavischen Amphitheaters (Kolosseum).

71–73 Feldzüge des PETILLIUS CERIALIS gegen die Briganten in Nordengland.

72/73 Fall der jüdischen Festung Masada.

73/74 VESPASIAN und TITUS amtieren als Zensoren. Die Zahl der senatorischen Familien wird erhöht, Spanien erhält das Latinerrecht.
Feldzug des GNAEUS PINARIUS CORNELIUS CLEMENS zum oberen Neckar. Das Land, von TACITUS (*55/56, †nach 115) »Decumates agri« genannt, wird durch Kastelle und Kolonisten gesichert und damit die Konzeption des späteren Limes vorbereitet.

74 Astrologen und stoische Philosophen werden aus Rom ausgewiesen.

74–76 Kämpfe des SEXTUS IULIUS FRONTINUS (†nach 100) gegen die Siluren in Südwales.

75 Ausdehnung des Pomerium, der Stadtgrenze Roms. Aufteilung von Africa in Africa Vetus und Africa Nova.

77/78–84 Feldzüge des GNAEUS IULIUS AGRICOLA (*40, †93) in England und Schottland.

79, 23. Juni Tod VESPASIANS, der konsekriert wird. Sein Nachfolger **TITUS** (Imperator Titus Caesar Vespasianus Augustus) setzt die Politik seines Vaters fort.

24. Aug. Ein Ausbruch des Vesuv zerstört Pompeii und Herculaneum. Dabei kommt auch der Präfekt der Flotte von Misenum, GAIUS PLINIUS SECUNDUS (*23/24), um, der u. a. eine erhaltene Enzyklopädie der Natur (»Naturalis historia«) verfasst hat.

80 Brand Roms. Einweihung des Kolosseums.

81, 13. Sept. TITUS stirbt und wird später konsekriert. Nachfolger wird sein jüngerer Bruder **DOMITIAN** (Imperator Caesar Domitianus Augustus).

Die Regierungszeit des Domitian

DOMITIAN versteht sich als autokratischer Herrscher, der in schwere Konflikte mit der Senatsaristokratie gerät. Die Reichsverwaltung wird weiter zentralisiert, DOMITIAN überwacht alle Angelegenheiten persönlich und drängt so die Macht der Freigelassenen in der Zentrale zurück. In zwei wichtigen Ressorts werden Freigelassene durch Ritter ersetzt. Die Reichsverteidigung wird effektiv organisiert. DOMITIAN erhöht den Sold der Truppen von 225 auf 300 Denare pro Jahr, leitet häufig selbst militärische Unternehmungen und behält dadurch enge Verbindung zu den Truppen. Aus der Sicht der Provinzialen erscheint sein Regiment in einem wesentlich besseren Licht als aus der Sicht der Senatsaristokratie.

Die Bautätigkeit in Rom wird ausgedehnt. Es entstehen u. a. der Domitianspalast auf dem Palatin, der Jupiter-Tempel auf dem Kapitol (Wiederherstellung 82 abgeschlossen) sowie weitere Tempel, das Stadion auf dem Marsfeld und *horrea* (Getreidespeicher).

82/84 Verleihung des (inschriftlich erhaltenen) Munizipalrechts an Malaca (Málaga) und Salpensa (Provinz Sevilla) in Spanien.

83–85 Kriege gegen die Chatten (83 unter DOMITIAN selbst); weiterer Ausbau der rechtsrheinischen Grenzsicherung durch Anlage eines Limes.

84 Abschluss der Kämpfe in Britannien unter GNAEUS IULIUS AGRICOLA.

85/90 Die germanischen Militärdistrikte werden als Provinzen eingerichtet.

85 DOMITIAN nimmt den Titel *censor perpetuus* an, kontrolliert streng das moralische Verhalten v. a. der Führungsschichten und stützt die traditionelle römische Religion (Verurteilung von Vestalinnen).
Die Daker, die einen einheitlichen Staat gebildet haben, fallen in Mösien ein.

86 Erster Daker-Feldzug DOMITIANS. Schwere Niederlage und Tod des Gardepräfekten CORNELIUS FUSCUS gegen den Dakerkönig DECEBALUS (†106). Die Provinz Moesia wird geteilt. DOMITIAN lässt sich fortan *dominus et deus* (Herr und Gott) nennen.

88 Feier der *ludi saeculares*.
Zweiter Daker-Feldzug unter LUCIUS TETTIUS IULIANUS, der DECEBALUS bei Tapae schlägt und mit ihm Frieden schließt.

89 Weil die Markomannen, Quaden und (iranischen) Jazygen keine Heeresgefolgschaft gegen die Daker geleistet haben, unternimmt DOMITIAN selbst einen Feldzug gegen sie, allerdings ohne sichtbaren Erfolg.
Erneuerung der *lex Iulia de adulteriis*, Vertreibung der Astrologen und Philosophen aus Rom. Ein Aufstand des obergermanischen Legaten LUCIUS ANTONIUS SATURNINUS (†89) wird niedergeworfen, bevor DOMITIAN persönlich eingreift.

90 Teilung des römischen Germanien in die Provinzen Germania Superior (um Mainz) und Germania Inferior (um Xanten).

92/93 Nach dem Tod von IULIUS AGRIPPA II. (*27/28) werden Gaulanitis und Trachonitis annektiert.
Einfall der Markomannen, Quaden und Jazygen in Pannonien und Vernichtung einer Legion. In der weiteren Auseinandersetzung führt DOMITIAN die Kämpfe v. a. gegen die Jazygen.
Durch ein Edikt wird der Weinanbau in den Provinzen zugunsten Italiens begrenzt – einer der ganz seltenen kaiserlichen Eingriffe in die Wirtschaft.

seit 93 Aufgrund seiner Furcht vor Attentaten verstärkt DOMITIAN den Terror in Rom.

96, 18. Sept. Die Terrormaßnahmen DOMITIANS führen schließlich zu seiner Ermordung. Es erfolgt der Be-

Römisches Reich in der Kaiserzeit

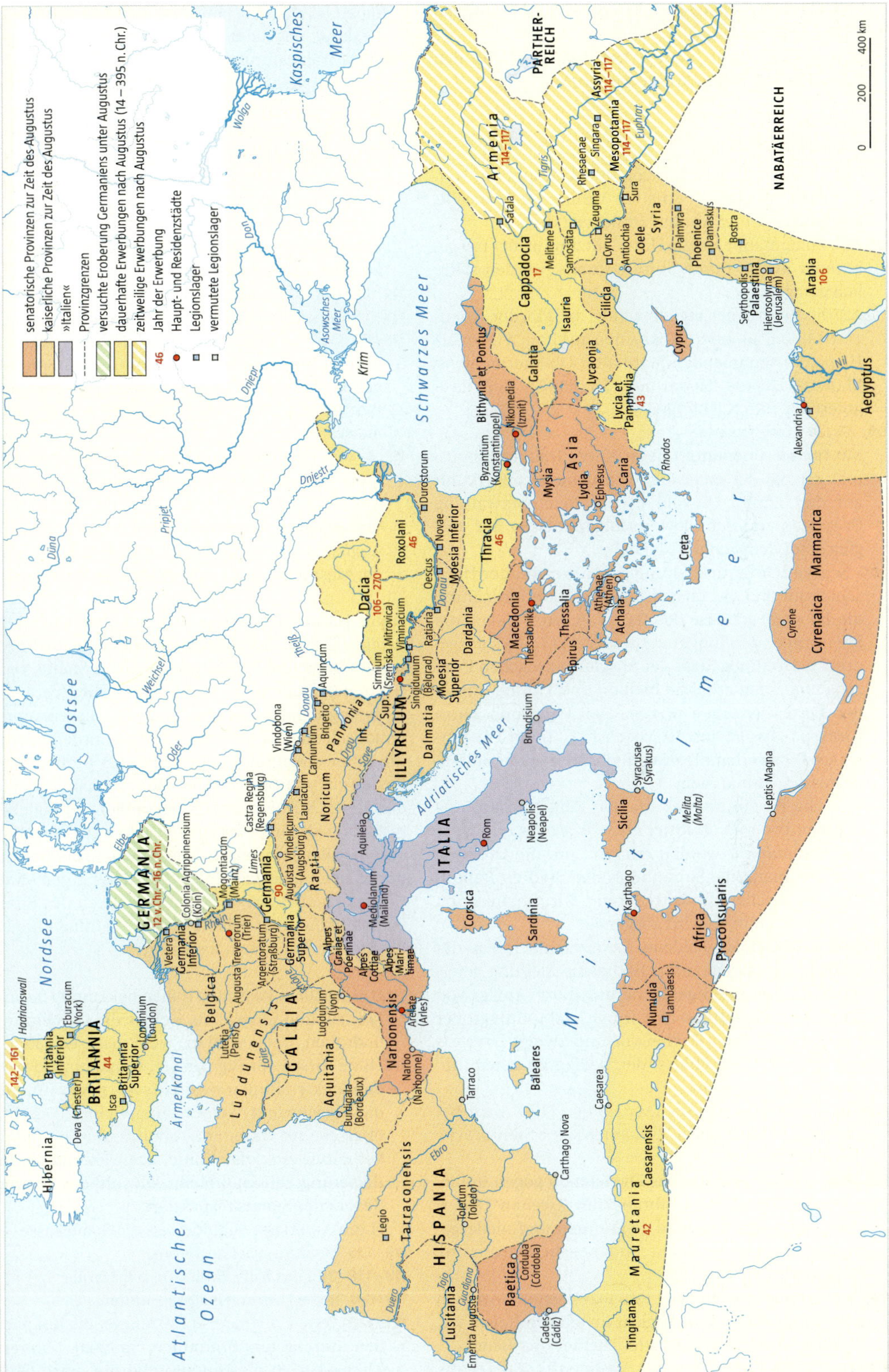

schluss, sein Andenken zu ächten und auszulöschen (*damnatio memoriae*).
MARCUS COCCEIUS NERVA (*30, †98) wird von den Gardepräfekten zum Kaiser ausgerufen.

Das Adoptivkaisertum

96–98 Unter der Herrschaft von **NERVA** (Imperator Nerva Caesar Augustus) erhalten Verurteilte Amnestie, konfiszierte Güter werden zurückerstattet.

97 Die Alimentationen, die Unterstützung armer frei geborener Kinder durch Stiftungsfonds, werden staatlich geregelt.
Als die Prätorianer eigenmächtig die Mörder DOMITIANS töten, adoptiert NERVA den aus Italica (Provinz Hispania) stammenden Statthalter Obergermaniens, MARCUS ULPIUS TRAIANUS (*53, †117), und designiert ihn zum Nachfolger.

98, 27. Jan. Tod NERVAS.
Mit **TRAJAN** (Imperator Caesar Nerva Traianus Augustus) gelangt der erste Römer provinzialer Herkunft auf den Thron. Obwohl in der Reichsverwaltung CLAUDIUS und den Flaviern folgend, ist er auf Ausgleich mit dem Senat bedacht.

100 Sein durch Zurückhaltung gekennzeichneter Herrschaftsstil und die Tatsache seiner Adoption nähren die im »Panegyricus« des GAIUS PLINIUS CAECILIUS SECUNDUS (der Jüngere; *61/62, †113/115) ausgedrückte Hoffnung, dass der Ausgleich zwischen Prinzeps und Senat erhalten bleiben und künftig immer der Beste herrschen werde. Der Philosoph DION CHRYSOSTOMOS (*um 40, †nach 112), unter DOMITIAN aus Rom verbannt, entwirft das Ideal eines pflichtbewussten Monarchen.
Fast alle Posten der kaiserlichen Zentralverwaltung nehmen von nun ab Ritter ein; *correctores* und *curatores rei publicae* werden ernannt, um die Ordnung und die finanzielle Situation in den Städten Italiens und des Reiches zu »korrigieren«. Die Organisation der Alimentationen wird ausgebaut.

101/102 Erster Daker-Feldzug TRAJANS, nachdem der Dakerkönig DECEBALUS (†106) seine Stellung gefestigt hat. Unter ständiger Sicherung durch Anlage von Straßen und Befestigungen dringt TRAJAN mit großer Heeresmacht nach Dakien vor und zwingt DECEBALUS zum Friedensschluss, der Dakien zu einem Klientelkönigtum macht.

seit 102 APOLLODORUS VON DAMASKUS (†128) baut bei Drobeta (Turnu Severin, Rumänien) eine Steinbrücke über die Donau.

105/106 Erneute Angriffe des DECEBALUS gegen umliegende Völkerschaften führen zum Zweiten Dakerkrieg. Sarmizegetusa wird genommen und niedergebrannt, DECEBALUS flieht und begeht Selbstmord, Dakien wird Provinz.

106 Pannonien wird in zwei Provinzen geteilt, Arabien annektiert. – Rege Bautätigkeit im ganzen Reich, v. a. Straßen, Brücken, Aquädukte, Theater und Bäder.

110/111–112/113 GAIUS PLINIUS CAECILIUS SECUNDUS wird Sonderbeauftragter in Bithynien. Er unterhält einen Briefwechsel mit TRAJAN und empfängt dessen Reskript, das die Behandlung der Christen regelt.

113 Das Trajansforum mit der Trajanssäule, auf der sich eine Darstellung der Dakerkriege findet, und umliegenden Märkten, wird eingeweiht.

114–117 Als in Armenia der mit römischer Zustimmung eingesetzte König AXIDARES mit Billigung des Partherkönigs OSROES (†nach 128) verdrängt wird, kommt es zum Partherkrieg. Armenia, Mesopotamia und Assyria werden nacheinander erobert und zu Provinzen gemacht. **Damit erreicht das Römische Imperium seine größte Ausdehnung.**

114 TRAJAN erhält den Titel *optimus princeps*.

115–117 Aufstand des Diasporajudentums.

116/117 Während der jüdischen Erhebung beginnen die Parther in Mesopotamien zum Gegenangriff überzugehen. TRAJAN setzt PARTHAMASPATES als König der Parther ein, dieser wird von seinem Volk aber nicht anerkannt.

117, 9. Aug. Nach schwerer Krankheit stirbt TRAJAN in Selinus (Kilikien). Auf dem Sterbebett soll er PUBLIUS AELIUS HADRIANUS (*76, †138) adoptiert haben.

11. Aug. **HADRIAN** (Imperator Caesar Traianus Hadrianus Augustus) wird zum Kaiser ernannt. Er gibt Armenien, Mesopotamien und Assyrien als Provinzen auf.

Unter HADRIAN herrscht in den meisten Gebieten des Reiches Friede. Der Prinzeps bereist fast alle Provinzen, regelt überall die Verwaltung, gründet Städte, regt Bauten in den Städten an und inspiziert die Heere und Verteidigungsanlagen. Obwohl er die Reichsverwaltung systematisch und zentralistisch ordnet – unter ihm dringen die Ritter endgültig in alle wichtigen prokuratorischen Posten ein – stützt er lokale Traditionen und erweist sich durch den Stil seiner stark persönlich geprägten Administration als ein paternalistischer Herrscher. Durch gesetzliche Regelungen wird die Willkür in der Behandlung der Sklaven eingeschränkt, die Stellung der Mutter im Erbrecht verbessert und die Möglichkeit des Erbens für Soldatenkinder geschaffen; die Verpflichtungen für Pächter werden genau festgelegt.

117/118 Auf dem Weg nach Italien bekämpft HADRIAN die Jazygen und Roxolanen, welche die Donauprovinzen bedrohen. Dacia wird in zwei Provinzen geteilt.

118 Eine Verschwörung von vier Konsuln wird vom Gardepräfekten PUBLIUS ACILIUS ATTIANUS unterdrückt, die Verschwörer werden hingerichtet. Das Ereignis überschattet HADRIANS Ankunft in Rom und dessen Verhältnis zur Aristokratie, das während der ganzen Regierungszeit kühl bleibt, obwohl der Prinzeps die Rechte des Senats respektiert.
HADRIAN erlässt Schulden an die Staatskasse.

118–125 Neubau des Pantheons.

118–138 Bau der Villa Hadriana bei Tivoli.

119/120 Reise HADRIANS durch Italien.

121–126 Erste Provinzreise HADRIANS, die ihn nach Gallien, Germanien, Britannien, Spanien, Mauretanien, Kleinasien, in die Donauprovinzen, nach Griechenland und Sizilien führt.

122 Der Prinzeps veranlasst den Bau des Hadrianswalls (vom Solway zum Tyne) in Britannien.

123 Durch Verhandlungen mit dem Partherkönig Osroes kann ein Krieg vermieden werden.

124 Einrichtung der Provinz Dacia Parolissensis.

124/125 Hadrian besucht Athen: Die Stadt wird erweitert und verschönert, der Kaiser in die eleusinischen Mysterien eingeweiht.

127 Reise durch Italien.

128 Hadrian nimmt den Titel *pater patriae* an. Besuch Afrikas.

128–134 Hadrians zweite große Rundreise in den Osten führt ihn nach Athen, Kleinasien, Syrien, Arabien, Palästina, Ägypten und auf den Balkan.

um 130 Die Jurisdiktionsedikte der römischen Magistrate werden vom Juristen Publius Salvius Iulianus abschließend redigiert und vom Senat bestätigt.

130 Wiederaufbau Jerusalems als Aelia Capitolina.

132–135 Wohl als Reaktion auf den Aufbau Jerusalems als römische Kolonie und den Plan, dort einen Tempel für Jupiter zu errichten, bricht der Bar Kochba-Aufstand aus, in dessen Folge viele Juden aus Palästina vertrieben werden.

134 Das Mausoleum Hadrians, die spätere Engelsburg, wird eingeweiht.

135 Einweihung des Tempels der Venus und der Roma.

136 Hadrian adoptiert wegen einer Erkrankung Lucius Ceionius Commodus und bestimmt ihn als Lucius Aelius Caesar zu seinem Nachfolger.

138 Als der designierte Nachfolger L. Aelius Caesar stirbt, adoptiert Hadrian den Titus Aurelius Fulvus Boionius Arrius Antoninus als Imperator Titus Aelius Caesar Antoninus Pius (*86, †161) und verpflichtet ihn, seinerseits Marcus Annius Verus als Marcus Aelius Aurelius Verus (Marc Aurel; *121, †180) und Lucius Ceionius Commodus (*130, †169) als Lucius Aelius Aurelius Commodus Verus zu adoptieren.

10. Juli Tod Hadrians, der 139 in seinem Mausoleum beigesetzt und konsekriert wird.

Wirtschaft, Gesellschaft, Verwaltung und Kultur zur Zeit der Adoptivkaiser

Durch die mit dem Kaiserfrieden geschaffenen günstigen Bedingungen (Ende der Bürgerkriege, Abbau der riesigen Bürgerkriegsheere, Wegfall der Ausbeutung durch Statthalter, Überwachung der Staatspächter, Verbesserung der Kommunikation) blüht die **Wirtschaft** im römischen Reich auf. Techniken der Bodenbearbeitung und der Warenproduktion werden überallhin verbreitet. Da die Verkehrswege sicher sind und das Straßennetz dauernd ausgebaut wird, können Waren gleichsam weltweit ausgetauscht werden. Der relativ kleine Verwaltungsapparat, die insgesamt geringe Kriegstätigkeit und die Zurückhaltung verschiedener Prinzipes im persönlichen Lebensstil ermöglichen es, die finanziellen Anforderungen an Bürger und Provinzialen niedrig zu halten. Der Geldwert bleibt im Wesentlichen stabil.

Für die Zeit um 100 wird der Anteil der Bauern an der Gesamtbevölkerung des Reiches auf etwa 70–75 % geschätzt. Die **Landwirtschaft** bildet also weiterhin den wichtigsten Wirtschaftszweig im Imperium Romanum. Der Boden ist v. a. aufgeteilt in kaiserliche Domänen, die während des 1. Jh.s, u. a. durch Konfiskationen und Legate, beträchtlich anwachsen, Großgrundbesitz und bäuerlichen Mittel- und Kleinbesitz. Die Bewirtschaftung der Domänen und großen Güter erfolgt teils durch Sklaven, teils durch freie Pächter (*coloni*), deren Partner meist nicht der Besitzer, sondern ein Großpächter (*conductor*) ist. Obwohl die Sklavenwirtschaft als die rentabelste Wirtschaftsform gilt, gewinnt das Kolonentum an Boden, weil Sklaven knapp werden und Kolonen eine sicherere Rendite bringen als Sklaven, die der Gutsbesitzer nicht selbst überwacht. Dies ist aber die Regel bei den Gutsbesitzern, die mit den Erträgen ihrer Güter ein Rentnerdasein führen. Hier liegt eines der wichtigsten Probleme der römischen Landwirtschaft seit der Republik. Die Gutsbesitzer konsumieren die Gewinne aus ihren Gütern, u. a. für glanzvolle Spiele und Bauten in den Städten. Unter den günstigen Bedingungen des frühen Prinzipats machen sich die Nachteile des Systems zunächst nicht bemerkbar, aber schon Plinius der Jüngere berichtet, dass Gutsbesitzer den Rückstand von Pachten durch Verkauf von Arbeitsmaterialien wettgemacht, dadurch aber den Wert von Gütern verringert hätten. Auch die Pächter selbst, deren Verträge in der Regel fünf Jahre laufen, hätten sich nicht um die Bezahlung ihrer Rückstände gekümmert, sondern alles verbraucht. Auf den kaiserlichen Domänen werden Pächter rar, sodass beispielsweise Hadrian besondere Anreize für diejenigen schafft, die unbebaute Äcker (*agri deserti*) bewirtschaften wollen.

Diese Probleme äußern sich besonders scharf dort, wo der Großgrundbesitz und die kaiserlichen Domänen weit verbreitet sind, das heißt v. a. in Italien, Afrika (außer Ägypten) und den Westprovinzen. Die Ernennung von *curatores rei publicae* und *correctores* seit Trajan kann mit diesen Schwierigkeiten zusammenhängen, denn der Reichtum der Städte ist in erster Linie von ihrem Umland abhängig. Zwar gibt es Beispiele für Manufakturen, die überregionale Bedeutung erlangen, wie etwa die Terra-sigillata-Produktion von Arretium. Da aber der Landtransport teuer ist, tendieren die Abnehmer dazu, Waren möglichst im eigenen Gebiet herzustellen. Deshalb bilden sich kaum Großbetriebe aus und der Handel bleibt begrenzt, auch wenn bestimmte Luxusgüter über weite Strecken verkauft werden.

Das Reich ist flächendeckend in Stadtgebiete (*civitates*) aufgeteilt. In den **Städten** lebt ein wohlhabendes und gebildetes Bürgertum. Die Magistrate und Dekurionen (Ratsherren) sind Landbesitzer. Nur wenige Städte, wie Lugdunum, Arelate (Arles), Ostia, Karthago und Alexandria, sind ausgesprochene Handelsstädte. Über die Städte erreicht die römische Verwaltung die Bürger und Provinzialen. Allenthalben entstehen Foren und Säulenhallen, Tempel, Theater, Bäder und Denkmäler für den Kaiser. In diesem Sinn wird die Kultur des gesamten Imperium Romanum zu einer städtischen, und bis etwa zur Mitte des Zweiten Jh.s rivalisieren die Städte mit der Bautätigkeit und den Bildungsangeboten.

Die **finanziellen Ressourcen** des Reiches setzen sich zusammen aus den Tributen der Provinzen, aus Steuern (5 % Erbschafts-, 1 % Verkaufs-, 4 % Freilassungssteuer) und Zöllen sowie den Erträgen der Bergwerke. Die Verpachtung der Tribute und Zölle an Publikanengesellschaften wird seit AUGUSTUS zurückgedrängt. Zölle (*portoria*) werden zwar noch verpachtet, ihr Einzug aber durch kaiserliche Prokuratoren kontrolliert, bis um die Mitte des 2. Jh.s der Staat auch hier direkt tätig wird. Das Reich ist in Zollgebiete eingeteilt (u. a. Gallien, Spanien, Illyricum), die gleichzeitig Wirtschaftsgebiete bilden. – Neben den Steuern und Zöllen sind die Einwohner des Reiches zu den *munera* (bestimmten Aufgaben) verpflichtet. Sie reichen vom Unterhalt von Straßen und Leistungen für die kaiserliche Post bis zur Finanzierung von Spielen und Bauten. – Das kaiserliche Vermögen wird aus den Domänen gespeist: durch Berücksichtigung des Prinzeps in Testamenten, Konfiskationen und durch Geschenke, die teilweise, wie das »Krongold« (*aurum coronarium*), den Charakter einer Sondersteuer annehmen.

Die grundlegenden **gesellschaftlichen Einteilungen** ändern sich in den ersten 150 Jahren des Prinzipats nicht. Die Bedeutung der Ritter als Träger der kaiserlichen Verwaltung nimmt zu. Die lateinische Sprache, die capitolinische Religion, das römische Bürgerrecht und seine Vorform, das Latinerrecht breiten sich teilweise über ganze Länder (Spanien) aus. Senatoren und Ritter werden zunehmend auch aus den Provinzen rekrutiert, mit TRAJAN gelangt der erste Provinzialrömer auf den Thron. Die Legionen, bis zu GAIUS überwiegend noch aus Italikern zusammengesetzt, werden seit HADRIAN nur noch zu einem geringen Prozentsatz von Italien gestellt. Die regionalen Sprachen und Traditionen bleiben weitgehend erhalten, die Führungsschicht romanisiert sich. Im Osten bleibt das Griechische Verkehrssprache.

In der Zeit zwischen AUGUSTUS und HADRIAN bildet sich eine **Zentral- und Reichsverwaltung** aus. Sie kommt mit einem Minimum von Personal aus, da die Städte in weitem Umfang Selbstverwaltung genießen. Zwischen den einzelnen Ämtern gibt es in der Regel keine hierarchischen Abhängigkeiten. Dagegen gibt es eine Rangfolge der Ämter und von daher typische Laufbahnen für Senatoren und Ritter. Dem Einfluss des Prinzeps können sich auch die Ämter nicht entziehen, die teilweise dem Senat unterstellt sind. Daher ist es vom Herrschaftsstil der einzelnen Prinzipes abhängig, inwieweit dem Senat eine Chance zur Mitregierung eingeräumt wird. Außer bei den alten republikanischen Magistraturen besteht bei den Ämtern weder Kollegialität (Doppelbesetzung) noch Annuität. Die Amtsträger werden durch den Prinzeps eingesetzt. Gesichtspunkte einer sachlichen Qualifikation werden zunehmend berücksichtigt, wenn auch das Prinzip einer patrimonialen Rekrutierung durch den Prinzeps nie grundsätzlich durchbrochen wird. – Senatoren bekleiden weiterhin die Ämter, die ihnen schon unter AUGUSTUS verliehen oder neu zugewiesen worden sind. Eine entscheidende Veränderung bis zu HADRIAN vollzieht sich dadurch, dass die Ritter alle wichtigen Posten der kaiserlichen Zentrale und die Finanzprokuraturen in den Provinzen übernehmen, teilweise auch senatorischen *curatores* oder *praefecti* beigegeben werden. Die kaiserliche Zentralverwaltung wird vom privaten Haushalt des Prinzeps auf den Staat übertragen. Freigelassene und Sklaven dienen in verschiedenen Rangstellungen am Hof und auf den Domänen.

In der **Gesetzgebung** verlieren die Volksversammlungen seit CLAUDIUS jede Funktion; eine Ausnahme bilden nur die Gesetze, durch die dem Kaiser jeweils bei Herrschaftsantritt die Gewalt übertragen wird (*leges de imperio*). An die Stelle der Volksgesetze treten Senatsbeschlüsse, die faktisch Gesetzeskraft erhalten, und Anordnungen der Kaiser (*constitutiones principis*), die v. a. in drei Formen ergehen: dem magistratischer Praxis nachgebildeten Edikt (allgemeine Kundmachung), dem Reskript (schriftlicher Bescheid auf Anfrage) und dem Dekret (richterliche Entscheidung). Die Jurisdiktionsedikte der Magistrate werden unter HADRIAN von dem Juristen P. SALVIUS IULIANUS redigiert und durch Senatsbeschluss verabschiedet.

In der **Rechtspflege** bildet sich das Kaisergericht aus, das, ausgehend von der dem Kaiser mit seinen Funktionen – z. B. als Statthalter – zustehenden Jurisdiktionsgewalt, bald zu einer allgemeinen Zuständigkeit gelangt und die Spitze eines Instanzenzuges darstellt. Neben das alte Formular- und Geschworenenverfahren tritt, bestärkt durch die Praxis des Kaisergerichts, mehr und mehr ein neues formloses Kognitionsverfahren, in dem der Magistrat selbst entscheidet. Damit setzt sich auch in der Rechtspflege die Verstaatlichungstendenz durch, denn im Kognitionsverfahren gibt es keine private Initiative der Parteien und keine privaten Richter mehr.

Den Entscheidungen des Kaisergerichts kommt normierende Wirkung zu. Die Kaiser berufen auch immer wieder Juristen in ihr Consilium; seit HADRIAN sind Juristen ein fester Bestandteil dieses Instituts. Ferner suchen die Prinzipes die Entwicklung des Rechts über die Rechtspflege auch dadurch zu beeinflussen, dass schon seit AUGUSTUS ausgewählte Juristen das *ius respondendi* erhalten, d. h. die Befähigung, mit der Autorität des Prinzeps (*ex auctoritate principis*) Rechtsgutachten über Prozesse abzugeben. Seit HADRIAN schränken diese Gutachten die Entscheidungsfreiheit des Richters ein. Senatorische und ritterliche Juristen dringen seit dem 2. Jh. vermehrt in wichtige Posten der Verwaltung ein. Eine enge Zusammenarbeit zwischen Juristen und Prinzeps kennzeichnet die hochklassische Zeit römischer Jurisprudenz, unter HADRIAN mit bedeutenden Männern wie P. IUVENTIUS CELSUS und P. SALVIUS IULIANUS.

Neben den sich seit AUGUSTUS ausbildenden Funktionen des **Prinzeps** als Spitze der Verwaltung, der Rechtspflege und als Quelle des Rechts steht weiterhin sein Kommando über das Heer, das in den ersten 150 Jahren des Prinzipats nur unwesentlich vergrößert wird. Im Heer wird der Kaiserkult besonders gepflegt, der auch für die Sicherung der Loyalität und Einheit des Reiches große Bedeutung hat. Die stadtrömische Bevölkerung wird mit Korn versorgt, erhält Geldgeschenke sowie *congiaria* (Speisungen) und v. a. immer wieder Spiele. Der Kanon der alten republikanischen Spiele wird ausgeweitet, teils durch einmalige Spiele, z. B. anlässlich eines Sieges oder anderer festlicher Gelegenheiten, teils durch neue, in regelmäßigen Abständen gefeierte Spiele, wie der *ludi Divi Augusti et Fortunae Reducis* (im Okt.), die einen Bezug zum Kaiserkult haben. DOMITIAN führt die Kapitolinischen Spiele (Juni/Juli) als athletische Wettkämpfe ein und baut dafür das Stadion auf dem Marsfeld (Piazza Navona).

Insgesamt ist die Herrschaft der Prinzipes gesichert. Der Grund dafür liegt nicht nur in der Verwaltungsorganisation und im Heer, in der Befriedigung der stadtrömischen Bevölkerung und im Ausgleich zwischen Prinzeps und Senat, sondern v. a. auch darin, dass Prinzipes wie HADRIAN sich um alle Belange der Reichsbevölkerung kümmern und diese nicht als Ausbeutungsobjekt betrachten. Man nennt deshalb das Kaisertum des 2. Jh.s auch das humanitäre Kaisertum oder den Staat einen »Wohlfahrtsstaat«.

Im letzten Drittel des 1. Jh.s sowie unter TRAJAN und HADRIAN erreicht die römische **Literatur** noch einmal eine Blüte (»Silberne Latinität«). Epen verfassen SILIUS ITALICUS (*um 35, †um 100; »Punica«) und PUBLIUS PAPINIUS STATIUS (*um 40, †um 96; »Thebais«, »Achilleis«, auch »Silvae« [Stegreifpoesie]). Die Epigramme des aus Bilbilis (Spanien) stammenden MARCUS VALERIUS MARTIALIS (*um 40, †103/04) und die Satiren des JUVENAL (DECIMUS IUNIUS IUVENALIS; *um 67) sind für das tägliche Leben Roms äußerst aufschlussreich. MARCUS FABIUS QUINTILIANUS (*um 35, †um 100) schreibt ein Rhetorikhandbuch (»Institutio oratoria«). Der jüngere PLINIUS schreibt einen »Panegyricus« auf TRAJAN und kunstvolle Briefe, die als historische Quelle wertvoll sind. Die lateinische Geschichtsschreibung hat ihren größten Vertreter in TACITUS, der zwar von der Notwendigkeit des Prinzipats ausgeht, ihn aber immer wieder an der alten Adelsvirtus misst. Neben kleineren Werken (»Agricola«, »Germania«, »Dialogus de oratoribus«) verfasst er die »Annales« und »Historiae«, in denen die Zeit vom Tod des AUGUSTUS bis zu DOMITIAN dargestellt ist (nur teilweise erhalten). Von GAIUS SUETONIUS TRANQUILLUS (*um 70) stammen Biografien der Kaiser bis zu DOMITIAN (»De vita Caesarum«). Aus der griechischen Literatur sind zu nennen: PLUTARCHOS VON CHAIRONEIA (*um 45, †nach 120), der seine vergleichenden Lebensbeschreibungen großer Griechen und Römer dem Kaiser TRAJAN widmet, der Rhetor DION COCCEIANUS (CHRYSOSTOMOS) aus Prusa und der stoische Philosoph EPIKTETOS (*um 55, †um 135) aus Hierapolis (Phrygien).

138–161 **ANTONINUS PIUS** (Imperator Caesar Titus Aelius Hadrianus Antoninus Augustus Pius) stützt die traditionelle Religion und veranlasst wichtige Regelungen zum Strafverfahren und zum Personen-, Familien- und Erbrecht. Erstmals erscheint in Gesetzen die Unterscheidung in *honestiores* (Oberschicht), denen Privilegien im Strafverfahren eingeräumt werden, und *humiliores* (Unterschicht). – Fremde dringen stärker ins römische Heer ein, nationale Hilfskontingente (*numeri*) werden stehend. Durch eine umsichtige Finanzpolitik hinterlässt ANTONINUS PIUS trotz Erleichterungen für die Provinzialen seinen Nachfolgern wohl gefüllte Kassen. Seine friedliche Regierung gilt als eine der besten der Kaiserzeit.

139–142 Kämpfe gegen die Briganten in Nordengland.

142/143 Bau des Antoninuswalls zwischen dem Firth of Clyde und dem Firth of Forth.
Der Rhetor PUBLIUS AILIOS ARISTEIDES (*117, †um 187) preist in seiner berühmten Rede auf Rom die Vorzüge des Imperiums.

144–150 Unruhen in Mauretanien und in Ägypten.

148 Feier der *ludi saeculares.*

150–161 Der germanisch-raetische Limes wird auf die Miltenberg-Lorch-Linie vorgeschoben. – Bei den Quaden und in Armenien wird jeweils ein König eingesetzt.

161, 7. März Tod des ANTONINUS PIUS.

161–169 Obwohl von ANTONINUS allein zum Nachfolger designiert, lässt **MARCUS AURELIUS** (Imperator Caesar Marcus Aurelius Antoninus Augustus) seinen Adoptivbruder **LUCIUS AURELIUS VERUS** (Imperator Caesar Lucius Aurelius Verus Augustus) sofort zum gleichberechtigten Mit-Augustus erheben. Nach langer Zeit eines relativen Friedens brechen an verschiedenen Grenzen schwere Kämpfe aus. Dadurch werden die Finanzen des Reiches außerordentlich belastet. MARCUS AURELIUS vermehrt die ritterlichen Verwaltungsposten und dehnt die Kompetenzen der Prätorianerpräfekten (Zuständigkeit für Italien) und des *a rationibus,* der zum Chef der gesamten kaiserlichen Finanzverwaltung wird, aus. Die Zölle werden verstaatlicht. In der Gesetzgebung wird die humanitäre Linie fortgesetzt und u. a. die *patria potestas* (väterliche Gewalt) eingeschränkt.

161–166 Partherkrieg: Heere der Parther, deren nationale Einheit unter dem seit 148 herrschenden VOLOGAESES III. (†193) gestärkt worden ist, dringen siegreich in Armenien und Syrien ein (161). In Armenien wird der von den Römern eingesetzte König durch einen parthischen Prinzen ersetzt.

162 VERUS geht in den Osten, wo auch Heere aus anderen Gebieten zusammengezogen werden.

163 MARCUS STATIUS PRISCUS (†um 165) erobert Armenien zurück, zerstört Artaxata und setzt wieder einen Klientelkönig ein.

164/165 Unter GAIUS AVIDIUS CASSIUS (*um 130, †175) überschreiten die Römer den Euphrat, dringen in Mesopotamien ein, schlagen die Parther bei Dura-Europos und erobern u. a. Edessa, Seleukeia und Ktesiphon.

165/166 Feldzug nach Medien.

166 Friedensschluss: Armenien und Osrhoene bleiben römische Klientelstaaten. Die Truppen bringen aus dem Osten die Pest mit und verbreiten sie bis nach Italien und in den Westen.

166–180 **Markomannenkriege**: Völkerbewegungen bei den Germanen (Südwanderung der Goten) lösen einen starken Druck auf die Donaugrenze aus. Einfall der Markomannen und Quaden in Rätien, Noricum und Pannonien, eine Abteilung dringt bis Oberitalien vor.

168 MARCUS AURELIUS und VERUS begeben sich an die

Donaufront. Die Markomannen und Quaden ziehen sich zurück.

169 Tod des Verus in Altinum. Nach einem Aufenthalt in Rom, wo er wegen Geldmangels Juwelen aus kaiserlichem Besitz verkauft, kehrt Marcus Aurelius zur Donau zurück.

169/170 Die südrussischen Kostoboken dringen bis Griechenland vor.

170 Marcus Claudius Fronto, der ein Kommando über Obermösien und Dakien erhalten hat, fällt gegen die Markomannen, Quaden und Jazygen.

171 Publius Helvius Pertinax (*126, †193) und Tiberius Claudius Pompeianus verdrängen Markomannen, Quaden und Noristen aus Noricum und Rätien.

171–173 Maureneinfälle in Spanien.

172 G. Avidius Cassius schlägt einen Aufstand in Ägypten nieder.

172–174 Markomannen und Quaden werden besiegt, vor den Grenzen eine neutrale Zone eingerichtet.

174/175 Feldzug gegen die Jazygen, die ebenfalls Frieden schließen müssen.

175 Usurpation des G. Avidius Cassius, der von Syrien und Ägypten unterstützt wird. Noch bevor Marcus Aurelius im Osten eintrifft, wird Avidius Cassius von den eigenen Soldaten getötet.

176 Der Sohn des Marcus Aurelius, Commodus (*161, †192), erhält den Titel Imperator, bald darauf den des Augustus (177). **Damit endet das System des Adoptivkaisertums** welches darauf beruhte, dass die Kaiser keine Söhne hatten.

180, 17. März Erneute Kämpfe an der Donaufront. Pläne zur Bildung zweier neuer Provinzen (Marcomannia und Sarmatia) werden durch den Tod des Marcus Aurelius in Vindobona (Wien) verhindert.

Kultur zur Zeit von Antoninus Pius und Marcus Aurelius

Unter Antoninus Pius und Marcus Aurelius, der selbst philosophische Interessen hat und »Selbstbetrachtungen« (»Eis heauton«) schreibt, leben bedeutende griechische Wissenschaftler. Zur Zweiten Sophistik gehören der Rhetor Tiberius Claudius Herodes Atticus (*101, †um 177), der im Osten auch durch Stiftungen und glänzende Bauten, u. a. in Athen, hervortritt, der Satiriker Lukianos von Samosata (*um 120, †nach 180) und der Rhetor Aelius Aristides (*117, †um 187). Klaudios Ptolemaios (†nach 161) verfasst Schriften zur Astronomie, Mathematik und eine Geografie, der Arzt Galenos von Pergamon (*129, †199), der auch als Leibarzt der Kaiser wirkt, veröffentlicht medizinische Untersuchungen. Durch seine Alexander-Geschichte ist der Schriftsteller und Historiker Lucius Flavius Arrianus (†nach 170) aus Nikomedien bekannt, während Appianos von Alexandria (*um 100, †um 170) eine Römische Geschichte verfasst. Von Pausanias (*111/115, †nach 180) stammt eine Beschreibung Griechenlands. – Die lateinische Literatur ist durch den Rhetor Marcus Cornelius Fronto (*100, †nach 175) und durch Aulus Gellius (2. Jh.) vertreten, der unter dem Titel »Noctes atticae« Erörterungen zu verschiedenen Gegenständen schreibt. – Die römische Rechtswissenschaft findet nach der Zeit Hadrians weitere große Vertreter in Ulpius Marcellus und Qunitus Cervidius Scaevola, die beide v. a. durch ihre Gutachtertätigkeit wirken, sowie Sextus Pomponius und Gaius, die u. a. Kommentarwerke verfassen. Von Gaius ist ein Lehrbuch des römischen Privatrechts (»Institutiones«) fast vollständig erhalten.

180–192 Unter **Commodus** (Marcus Aurelius Commodus Antoninus Augustus) werden wieder Senatoren in großer Zahl hingerichtet. Durch Spiele, für die auch neue Ämter geschaffen werden, Ämterverkauf, spezielle Abgaben von Senatoren, Rittern und Dekurionen sowie durch private Bereicherung auch der Mitarbeiter des Kaisers werden die Ressourcen des Reiches belastet. In einzelnen Gebieten steigen die Getreidepreise, der Silbergehalt des Denars nimmt ab. Östliche Kulte dringen in Rom ein.

180 Friedensschluss mit Markomannen und Quaden, die Klientelstaaten bleiben. Die Limesbauten an der Donaugrenze werden verstärkt.

182 Verschwörung der Lucilla (*148/49, †182), der Schwester des Kaisers. Seitdem reißen Hinrichtungen nicht ab.

184 Der Antoninuswall in Britannien wird von feindlichen Stämmen durchbrochen.

186 Unruhen in Gallien und Spanien.

192 Commodus wird vom Senat als Gott anerkannt (*Hercules Romanus*).

31. Dez. Ermordung des Commodus, der zunächst der *damnatio memoriae* verfällt, später aber auf Veranlassung des Lucius Septimius Severus rehabilitiert und konsekriert wird.

193 Publius Helvius Pertinax (*126) wird zum Kaiser ausgerufen, aber bald von den Prätorianern ermordet, die Marcus Didius Iulianus (*133) erheben.

April Septimius Severus (*146, †211) wird in Carnuntum, Gaius Pescennius Niger (*um 135, †194) in Antiocheia zum Kaiser ausgerufen. Septimius Severus marschiert nach Rom, wo Didius Iulianus noch vor seiner Ankunft ermordet wird.

Die Severer

Septimius Severus (Imperator Caesar Lucius Septimius Severus Pertinax Augustus; bis 211) verbessert die Situation der Soldaten, denen er seine Stellung verdankt: Der Sold wird von 300 auf wahrscheinlich 400 Denare erhöht (durch Münzverschlechterungen sinkt aber der Silbergehalt des Denars auf 50 %), den Soldaten wird die Heirat gestattet. Erstmals wird eine Legion in Italien stationiert. – Die Zahl der Prokuratorenstellen für die Verwaltung wird beträchtlich erhöht. Die Veränderungen betreffen besonders die Hervorhebung der kaiserlichen Zentrale und die Schaffung von regionalen Zuständigkeiten, u. a. für bestimmte Straßen und die Post. Das Privatvermögen des Kaisers, die *res privata*, wird vom Krongut, dem *patrimonium*, getrennt. Viele Zenturionen steigen in den Ritterstand auf. V. a. in Rom entwickelt sich eine große Bautätigkeit. – Die spätklassischen römischen Juristen Aemilius Papinianus (†212), Iulius

Paulus und Domitius Ulpianus (†223) sichten die Entscheidungen der vorangehenden Zeit und sind im kaiserlichen Rat und in der Verwaltung tätig; Papinianus (unter Septimius Severus) und Ulpianus (unter Severus Alexander) bringen es bis zu Gardepräfekten.

193 Septimius Severus löst die Garde auf und bildet sie neu aus Legionären. Publius Helvius Pertinax wird konsekriert. Decimus Clodius Albinus (†197), Statthalter in Britannien, erhält den Caesar-Titel und wird adoptiert.
Krieg gegen Gaius Pescennius Niger. Nach Siegen des Septimius Severus bei Perinthos und Kyzikos am Marmarameer sowie Nikaia (Bithynien) wird Niger bei Issos (Kilikien) entscheidend geschlagen. Um Aufstände zu erschweren, wird die Provinz Syrien, wie später auch andere Provinzen, geteilt.
Feldzug gegen parthische Vasallenstaaten.

196 Nachdem Clodius Albinus den Augustus-Titel angenommen hat, erklärt sich Severus, um seine Legitimation zu stärken, zum Sohn des Marcus Aurelius und macht seinen älteren Sohn Caracalla (*186, †217) zum Caesar.

197 Clodius Albinus wird bei Lugdunum geschlagen. In Rom werden die Senatoren hingerichtet, die mit ihm gemeinsame Sache gemacht haben.

197 Britannien wird geteilt (oder 211/12?).

197/201 Numidia wird von Africa abgetrennt.

197–199 Partherkrieg: Die parthische Hauptstadt Ktesiphon wird genommen, Mesopotamien und Osrhoene werden annektiert.

199/200 Aufenthalt des Severus in Ägypten.

201/202 Über Antiochia und die Donauprovinzen kehrt Severus nach Rom zurück.

204 Feier der *ludi saeculares*.

208–211 Kämpfe in Britannien.

211, 4. Febr. Tod des Severus in Eburacum (York).

211–217 **Caracalla** (Imperator Caesar Marcus Aurelius Antoninus Augustus) tritt die Herrschaft zunächst mit seinem jüngeren Bruder Geta (Imperator Caesar Publius Septimius Septimius Geta Augustus, *189) an. Ende 212 ermordet Caracalla Geta und erhöht den Sold der Legionäre wahrscheinlich auf 600 Denare. Er führt eine neue Münze, den Antoninianus, zum Nominalwert von zwei Denaren, ein.

212, 11. Juli Verleihung des römischen Bürgerrechts an fast alle Einwohner des Reiches (»Constitutio Antoniniana«).

213 Krieg gegen die Alemannen im Dekumatland, Niederlage gegen die Cennen.

214 Kämpfe gegen die Karpen an der Donau.

214–217 Aufenthalt des Kaisers im Osten (um als neuer Alexander dessen Reich wiederherzustellen?).

215/216 Unruhen in Ägypten veranlassen Caracalla, sich nach Alexandria zu begeben.

216 Angriff gegen das Partherreich.

217, 8. April Caracalla wird bei Karrhai auf Veranlassung des Gardepräfekten Marcus Opellius Macrinus (*164, †218), der sich selbst zum Kaiser ausrufen lässt, ermordet.

218 **Macrinus** (Imperator Caesar Marcus Opellius Severus Macrinus Augustus), der erste Kaiser nichtsenatorischer Herkunft, schließt mit den Persern unter Zahlung einer hohen Kriegskontribution Frieden. Gegen ihn betreiben Iulia Maesa (†um 224), Schwester der Frau des Septimius Severus, und deren Töchter Iulia Mamaea (†235) und Iulia Soaemias (†222) die Erhebung des Sohnes der Soaemias, Varius Avitus Bassianus (*204, †222), Priester des Sonnengottes von Emesa, Elagabal. Er wird als Sohn Caracallas ausgegeben und von den Truppen zum Kaiser ausgerufen; Macrinus wird geschlagen.

218–222 **Bassianus**, jetzt Elagabal (Imperator Caesar Marcus Aurelius Antoninus Augustus) macht Elagabal zum höchsten Staatsgott, wird aber nach kurzer Herrschaft zusammen mit seiner Mutter ermordet.

222–235 Nachfolger wird **Severus Alexander** (Imperator Caesar Marcus Aurelius Severus Alexander Augustus; *208, †235). Während seiner Herrschaft werden im Partherreich die Arsakiden durch die Sassaniden als Herrscher abgelöst, die angeblich den Anspruch auf Wiederherstellung des Achaimenidenreichs erheben. Damit beginnt ein jahrhundertelanger Konflikt zwischen Rom und den Sassaniden.

231–233 Den Einfall des Sassaniden Ardaschir I. (†um 241) in Mesopotamien versucht Severus Alexander zurückzudrängen. Trotz ungünstigen Verlaufs dieses Feldzugs kann Mesopotamien gehalten werden.

233 Alemannen überschreiten den Limes.

235, 19. März Als der Kaiser gegen sie zieht und ihnen für Frieden Geldzahlungen anbietet, wird er mit seiner Mutter bei Mainz ermordet.
Statthalter mehrerer Provinzen ist unter Severus Alexander der Historiker Cassius Dio Cocceianus (†nach 229), der eine »Römische Geschichte« (nur teilweise erhalten) schreibt. Der etwas jüngere Herodianos verfasst eine erhaltene Geschichte vom Ende des Marcus Aurelius bis zu Gordianus III.

Die Soldatenkaiser

In den Jahren zwischen 235 und 285 regieren 22 Kaiser, einige nur für wenige Monate. Sie werden fast durchweg von den Legionen erhoben. Das ist ein Ausdruck der Reichskrise, die im 3. Jh. alle Lebensbereiche erfasst.

Der Schutz des Reiches kann, trotz starker Bedrohung seit Marcus Aurelius, zunächst noch aufrechterhalten werden, bricht aber bald nach Severus Alexander, v. a. unter Valerianus und Gallienus, zeitweise völlig zusammen. Im Osten ersteht mit den Sassaniden ein neuer gefährlicher Gegner, an der Donau und am Rhein drücken germanische Völker auf die Grenze. Das System der Reichsverteidigung mit festen Garnisonen ist den Angriffen, bei denen v. a. auch Reiterei eingesetzt wird, nicht gewachsen. Teilweise muss sich Rom den Frieden an der Grenze durch hohe Tributzahlungen erkaufen.

Das Heer wird immer mehr zu einer Kaste, die sich wesentlich aus sich selbst rekrutiert, keinen Bezug zum Reichsganzen mehr hat und Loyalität nur gegenüber den Generälen kennt. Die wachsende Bedeutung des Heeres muss mit Solderhöhungen und hohen Donativen bezahlt werden. Ebenso zielen die dynastische Politik der Severer und der Ausbau der monarchischen Repräsentation der Kaiser auf die Loyalität des Heeres. Um die Gefahr von Aufständen zu verringern, werden große Provinzen, wie Syrien und Britannien, mit starker militärischer Macht geteilt. Seit SEPTIMIUS SEVERUS werden auch schon ritterliche Präfekten an die Spitze von Legionen gestellt; Provinzen werden nicht mit ordnungsgemäßen senatorischen Statthaltern besetzt, sondern von ritterlichen Stellvertretern verwaltet. GALLIENUS schließt Senatoren ganz von Legionslegaturen aus.

Die ritterlichen Prokuratorenstellen werden zwischen HADRIAN und DECIUS fast verdoppelt. Der wachsende Zugriff des Staates auf alle Bereiche zeigt sich v. a. in den Sonderbeamten, durch die die Selbstverwaltung der Städte eingeschränkt wird.

Die Bevölkerung der Grenzprovinzen gerät im 3. Jh. in eine desolate Situation. Die Ausweitung der Verwaltung, Kriege, Tributzahlungen und die Verpflichtungen der Kaiser gegenüber der Armee belasten die Ressourcen. Dem steht eine nachlassende Produktion gegenüber. Auf den kaiserlichen Domänen und Latifundien werden die Lasten auf die Pächter abgewälzt, die zudem noch unter erhöhten Verpflichtungen zu Dienstleistungen (*munera*), unter privaten »Requirierungen« von Beamten und Militärs, feindlichen Einfällen und Räuberbanden zu leiden haben. Viele Pächter verlassen ihre Äcker. Das wirkt sich unmittelbar auf den Reichtum der Städte aus. Die Dekurionen, die persönlich für das Steueraufkommen der städtischen Gebiete haften, werden oft finanziell ruiniert, die städtische Bautätigkeit hört auf.

Die Kaiser reagieren auf die dauernde Geldnot durch Verschlechterung des Geldes (unter GALLIENUS beträgt der Silbergehalt des Denars nur noch 1–5 %), was aber bei gleichzeitig sinkendem Warenangebot zu galoppierenden Preisen führt. Die Goldwährung (*aureus*) verschwindet aus dem Verkehr. Trotz erhöhten Soldes werden Geldzahlungen an Soldaten praktisch wertlos; ebenso geht der Reallohn der Beamten stark zurück. Die Folge ist in beiden Bereichen ein Übergang zu naturalwirtschaftlichen Verhältnissen. Für die Getreidelieferungen der Provinzen an die Militärs und Beamten in ihrem Bereich (*annona militaris*) werden entweder unangemessene Preise oder gar kein Entgelt mehr gezahlt.

Ist im 1. und 2. Jh. der Schutz des Reiches und die Sicherung ausreichender Lebensbedingungen die Wurzel für die Loyalität gegenüber Rom, so gibt es um die Mitte des 3. Jh.s dafür keine Basis mehr. Seit DECIUS versuchen die Kaiser, durch eine Aktivierung der alten römischen Religion die Einheit des Reiches neu zu beleben. Um die Unterstützung der Götter zu gewinnen, wird von allen Reichsbewohnern der Kult für die traditionellen Götter verlangt. Folge dieser Religionspolitik sind die ersten allgemeinen Christenverfolgungen.

235 MAXIMINUS THRAX (Imperator Caesar Gaius Iulius Verus Maximinus Augustus; *um 170, †238) kämpft erfolgreich gegen die Germanen im Gebiet des heutigen Württemberg und an der Donau (236/237).

238 Gegen die Steuerpolitik des MAXIMINUS revoltieren Grundbesitzer in Afrika, die den Prokonsul GORDIANUS (I.) (*159) zur Übernahme der Kaiserwürde veranlassen. Er erhebt seinen Sohn als GORDIANUS (II.) (*um 190) zum Mitkaiser. Beide werden vom Senat anerkannt. GORDIANUS II. fällt gegen den Statthalter Numidiens, der Vater nimmt sich das Leben. Der Senat erhebt daraufhin DECIMUS CAELIUS CALVINUS BALBINUS (*178) und MARCUS CLODIUS PUPIENUS MAXIMUS (*um 164) zu Kaisern. MAXIMINUS THRAX wird von seinen Truppen getötet, bald darauf werden BALBINUS und PUPIENUS nach 99-tägiger Regierung von der Garde ermordet. Die Prätorianer erheben sich, der Enkel GORDIANUS' I., MARCUS ANTONIUS GORDIANUS als **GORDIANUS III.** (Imperator Caesar Marcus Antonius Gordianus Augustus) (*225, †244), zum Kaiser ausgerufen.

241 Einfall der Perser.

241/242 Vorstöße der Alemannen über den Limes und der Karpen an die Donau.

242–244 Krieg gegen die Perser unter SCHAPUR I. (†273). Der Prätorianerpräfekt TIMISITHEUS (†243) erringt bis zu seinem Tod große Erfolge.

244 Der Kaiser wird bei Zaitha ermordet. Sein Nachfolger **PHILIPPUS ARABS** (Imperator Caesar Marcus Iulius Philippus Augustus; *um 204, †249) schließt gegen Geldzahlungen Frieden mit den Persern. Während seiner Regierung werden an der Donau, in Mesopotamien und Syrien Usurpationen versucht.

245–247 Erfolgreiche Kämpfe gegen Quaden und Karpen, die die Donau überschritten haben.

248 Jahrtausendfeier Roms.
Die Goten fallen in Mösien ein.

249 DECIUS wird an der Donau zum Kaiser ausgerufen, PHILIPPUS fällt gegen ihn bei Verona.
Um der ständigen Krise des Reiches Herr zu werden, versucht DECIUS (Imperator Caesar Gaius Messius Quintus Traianus Decius Augustus) (*um 190, †251) durch ein allgemeines Opferedikt die Einheit des Reiches im Kult für die traditionellen Götter wieder zu beleben. Das Opfergebot richtet sich an alle Reichsbewohner. Das Christentum wird zwar nicht direkt verboten, mittelbare Wirkung des Edikts ist aber die erste allgemeine Christenverfolgung im römischen Reich.

250 Die Karpen fallen in Dakien, die Goten unter KNIVA in Mösien ein. Niederlage des DECIUS bei Beroia (Verria) in Makedonien.

251 DECIUS und sein Sohn HERENNIUS fallen gegen die Goten bei Abrittus (Razgrad [Bulgarien]).
Ihm folgt TREBONIANUS GALLUS (Imperator Caesar Gaius Vibius Trebonianus Gallus) (*um 206, †253), der mit den Goten gegen Tributzahlungen Frieden schließt und seinen Sohn VOLUSIANUS (†253) zum Mitkaiser erhebt.

251/252 Von Ägypten breitet sich die Pest im Reich aus.

252 Angriff SCHAPURS I. auf Nisibis.

253 Der Statthalter von Mösien, MARCUS AEMILIANUS (*207/13), erzielt Erfolge gegen die Goten und wird vom Heer zum Kaiser ausgerufen. Als er nach Rom marschiert, wird TREBONIANUS von seinen Truppen bei Interamna ermordet. Das gleiche Schicksal erleidet AEMILIANUS, als VALERIANUS in Rätien von seinen Truppen zum Kaiser ausgerufen wird.

VALERIANUS (Imperator Caesar Publius Licinius Valerianus Augustus) (*um 190, †259/60) macht seinen Sohn **GALLIENUS** (Imperator Caesar Publius Licinius Egnatius Gallienus Augustus) (*218, †268) zum Mitkaiser. Während beider Herrschaft erreichen äußere Angriffe und innere Revolten ihren Höhepunkt. GALLIENUS übernimmt das Kommando im Westen, während VALERIANUS in den Osten geht.

253/254 Angriffe SCHAPURS I. werden von URANIUS ANTONINUS (SAMPSIGERAMOS), Hohepriester des Baal von Emesa, abgewehrt.

253–257 Einfälle der Goten und Boraner, die sich zuletzt bis nach Kleinasien ausdehnen; bithynische Städte werden zerstört.

254–257 Kämpfe des GALLIENUS am Rhein und an der Donau gegen die Germanen.

254–260 Aufstände afrikanischer Völkerschaften.

256 SCHAPUR erobert Dura-Europos und bedroht (erobert?) Antiocheia.

257/258 Edikte VALERIANS gegen die Christen.

258–260 Großer Goten- und Roxolanen-Einfall in Pannonien.

258/259 Die Usurpationen des INGENUUS (†258), dann des REGALIANUS (†259) in Pannonien werden niedergeworfen. Die Alemannen dringen bis Mailand vor, werden dort aber von GALLIENUS geschlagen.

259 POSTUMUS (†269) wird von den Truppen am Rhein zum Kaiser ausgerufen und residiert in Köln. Sein gallisches Sonderreich (*Imperium Galliarum*) umfasst auch Spanien und Britannien.

259/260 Die Alemannen zerstören den obergermanisch-rätischen Limes.

Germanische Einfälle bis nach Spanien.

VALERIAN wird bei Edessa (Urfa) von den Persern gefangen genommen und später getötet.

259/260–268 GALLIENUS ist nun Alleinherrscher. Er gestattet den christlichen Gottesdienst, strebt eine innere Erneuerung auf der Grundlage der neuplatonischen Philosophie an und konzentriert die Kräfte des Reiches im Abwehrkampf nach außen, indem er Sonderreiche am Rande bestehen lässt und mit ihnen zusammenarbeitet. Durch eine Heeresreform werden Reiterverbände als bewegliche Reserve geschaffen. Senatoren werden von den hohen militärischen Kommanden ausgeschlossen.

260 Usurpation des MACRIANUS (†261) und seiner Söhne. ODAINATHOS VON PALMYRA (†267) schafft sich eine selbstständige Stellung und übernimmt in den folgenden Jahren mit Billigung des GALLIENUS die Abwehr der Perser.

261/262 Usurpationen im Osten (QUIETUS [†261]) und in Ägypten (AEMILIANUS [†262]) werden niedergeschlagen.

262 Großer Goteneinfall bis nach Griechenland, Belagerung von Thessalonike.

265 GALLIENUS kämpft ohne Erfolg gegen POSTUMUS.

267 Ein Vorstoß der Heruler bis nach Athen führt zur Verkleinerung der Stadt (Herulermauer).

Nach dem Tod des ODAINATHOS gründet seine Witwe ZENOBIA (*um 240, †nach 272) als Regentin für ihren Sohn VABALLATHOS (†nach 272) ein palmyrenisches Sonderreich, zu dem neben Arabien auch Ägypten, Syrien und Mesopotamien gehören.

268, 22. März Bei der Belagerung des Usurpators AUREOLUS (†268) in Mailand wird GALLIENUS ermordet.

Nachfolger wird CLAUDIUS GOTHICUS (Imperator Caesar Marcus Aurelius Valerius Claudius) (*219, †270). Er besiegt die Alemannen am Gardasee.

VICTORINUS (†270) wird neuer Herrscher des gallischen Sonderreiches.

269 Sieg über die Goten bei Naissos (Niš [Serbien]).

270 CLAUDIUS stirbt an der Pest. Nach kurzer Herrschaft von CLAUDIUS' Bruder QUINTILLUS (†270) wird **AURELIANUS** (Imperator Caesar Lucius Aurelianus Augustus; *214, †275) zum Kaiser ausgerufen. Er stellt die Reichseinheit wieder her (*restitutor orbis*), befestigt Rom und andere Städte durch eine Mauer und führt eine Münzreform durch.

Die Vandalen werden aus Pannonien, die Juthungen trotz einer Niederlage des Kaisers bei Placentia aus Italien vertrieben.

Auf dem Weg in den Osten bekämpft AURELIANUS die Karpen an der Donau und gibt Dakien auf.

TETRICUS (†nach 274) wird Herrscher des gallischen Sonderreiches (bis 274); er residiert in Trier.

271/272 AURELIANUS zerschlägt das palmyrenische Reich der ZENOBIA, die gefangen genommen wird. Auf dem Rückmarsch nach Rom kommt es erneut zu Kämpfen gegen die Karpen.

273 Infolge eines Aufstands wird ein zweiter Feldzug gegen Palmyra unternommen und die Stadt zerstört.

274 In einer Schlacht bei Châlons-sur-Marne wird dem gallischen Sonderreich ein Ende gesetzt; TETRICUS geht zu AURELIANUS über. – Auf dem Weg zu einem Perserfeldzug wird AURELIANUS bei Byzanz ermordet. Einrichtung eines Staatskultes für Sol Invictus; Tempelbau in Rom.

275/276 Der neue Kaiser TACITUS (Imperator Caesar Marcus Claudius Tacitus Augustus; *um 200, †276) wird vom Senat gewählt, unternimmt einen erfolgreichen Feldzug gegen die nach Kleinasien eingedrungenen Goten und Alanen, wird aber von seinen Soldaten getötet. Ihm folgt für zwei Monate sein Halbbruder MARCUS ANIUS FLORIANUS, gegen den das Ostheer PROBUS (*232, †282) zum Imperator ausruft. FLORIANUS wird getötet.

276–282 PROBUS (Imperator Caesar Marcus Aurelius Probus Augustus).

279–281 PROBUS bekämpft die Franken, Alemannen, Burgunder, Vandalen und Goten am Rhein und an der Donau, befestigt die Rheingrenze, geht gegen Räuber in Kleinasien vor und schlägt Aufstände des PROCULUS (†281) und BONOSUS (†281) in Gallien nieder.

282/283 CARUS (Imperator Caesar Marcus Aurelius Carus Augustus) (*224, †283) besiegt Sarmaten und Perser.

283–285 Von den beiden Söhnen des CARUS wird NUMERIANUS (Imperator Caesar Marcus Aurelius Numerius Numerianus Augustus) schon 284, CARINUS (Imperator Caesar Marcus Aurelius Carinus Augustus) beim Kampf gegen den in Nikomedia (Bithynien, heute İzmit) zum Kaiser ausgerufenen DIOCLETIANUS (*243/45, †313/16) in Mösien ermordet.

Das Römische Reich in der Spätantike

Der Begriff **Spätantike** (JACOB BURCKHARDT, 1853) bezeichnet die letzte Phase der Antike vor dem Beginn des Mittelalters und zugleich die letzte Periode der römischen Herrschaft über die Mittelmeerwelt. Der Anfang wird üblicherweise mit dem Regierungsantritt DIOKLETIANS 284 verbunden (ERNST STEIN, 1928), weil damit nach der Reichskrise unter den Soldatenkaisern eine erneute Stabilisierung einsetzt, bedingt durch die lange Regierungszeit von DIOKLETIAN und KONSTANTIN und deren umfassende Reformen.

Als Endpunkt der Spätantike gilt die Absetzung des letzten weströmischen Kaisers ROMULUS AUGUSTULUS 476, weil sich darin die politische Auflösung des Reiches dokumentiert. Als Schlussdaten werden außerdem genannt: der mutmaßliche Aufbruch der Westgoten als Beginn der sog. Völkerwanderung 375, deren Ansiedlung in Thrakien 382, die angebliche Reichsteilung 395, CHLODWIGS Alemannensieg 497(?), JUSTINIANS Tod 565 und der Langobarden-Einmarsch nach Italien 568, der Tod des MAURIKIOS 602 oder noch spätere Daten bis zur Ausbreitung der arabischen Herrschaft in der zweiten Hälfte des 7. Jh.s.

Mit den diokletianisch-konstantinischen Reformen verändert sich der römische Staat tief greifend: »Neu ist darin sozusagen alles« (THEODOR MOMMSEN). Die hellenistisch-orientalische Komponente im Kaisertum drängt die römisch-senatorische Tradition zurück und verleiht ihm eine höhere Stellung. Im Gegensatz zum »Prinzipat« des AUGUSTUS spricht MOMMSEN vom spätrömischen »Dominat«, MICHAEL I. ROSTOVTZEFF von einer »orientalischen Zwingherrschaft«. Die wichtigsten Befugnisse des Kaisers bleiben Heeresbefehl, Außenpolitik, Ernennung der Beamten, Rechtsprechung und Gesetzgebung. Das Krongut (*res privata*), seit KONSTANTIN um das konfiszierte Tempelland erweitert, umfasst etwa 15 % des gesamten Reichsterritoriums.

Angesichts der zahlreichen Kriegsschauplätze setzt sich das legale **Mehrkaisertum** durch. Jeder Kaiser regiert seinen Sprengel, offizielle Verlautbarungen erfolgen jedoch im Namen aller, die Reichseinheit bleibt staatsrechtlich bestehen. Die Kaiserernennung liegt beim rangältesten (*senior*) Augustus, es folgt die Akklamation durch das Heer, der Senat stimmt unaufgefordert zu. Erhoben werden Verwandte oder ausgewiesene Militärs, die durch Adoption oder Heirat dynastisch legitimiert werden, in der Regel zunächst zu Unterkaisern (*Caesares*), dann zu Oberkaisern (*Augusti*). Usurpationen bleiben erfolglos. Die meisten Kaiser stammen aus dem Donauraum, viele sind niederer Herkunft.

Rom behält einen Ehrenvorrang, die Residenzen aber werden in die Grenznähe verlagert. DIOKLETIAN residiert in Nikomedia, KONSTANTIN in Byzanz (Konstantinopel/Neurom). An der Perserfront wird Antiochia, an der Donaufront Sirmium, an der Rheinfront Trier, in Britannien York Hauptstadt. In Italien wird Mailand 402 durch Ravenna abgelöst. Ins Feld begleitet den Kaiser sein Hofstaat (*comitatus*), nach Rängen gegliedert. Entscheidungen werden im Kronrat (*consistorium*) beraten.

Die außenpolitische Notlage zwingt zu dauernder **Vergrößerung des Heeres**. Die Sollzahl beträgt um 400 524 000 Mann. Die Rekrutierung unter den Provinzialen wird schwieriger, immer mehr Barbaren, v. a. Germanen, treten in die Armee ein. Die Reiterei gewinnt an Bedeutung. Disziplin und Ausrüstung gehen zurück. Der Militärhaushalt belastet die Wirtschaft, ihm dienen die Steuerreform DIOKLETIANS und die Bürokratisierung. Die Verwaltungsstruktur zeigen die »Notitia Dignitatum« (Staatshandbuch, um 430) und der »Codex Theodosianus« (Gesetzessammlung von 438). KONSTANTIN trennt Militär- und Zivilverwaltung. Der Hof wird so selbstständig, dass »Kinderkaiser« die Funktionsfähigkeit nicht mehr bedrohen. Im Westen regieren seit 395 die Heermeister (Rangtitel seit 414: *Patricius*), im Osten die höchsten Zivilbeamten (beide Beamtengruppen stehen im Rang von *viri illustrissimi*).

Zeitgenössische Quellen teilen die **Gesellschaft** in drei soziale Schichten ein: 1. senatorische Grundbesitzer und Würdenträger (*honorati, possessores*), 2. gehobenes Stadtbürgertum (*curiales, decuriones*), 3. niederes Volk (*plebei, coloni, servi*). Die Oberschicht entsteht nach den Wirren des 3. Jh.s aus Aufsteigern im Zivil- und Heeresdienst im frühen und mittleren 4. Jh. neu. Es bildet sich wieder ein jetzt nicht mehr an Rom bzw. Konstantinopel gebundener erblicher Senatsadel (*clarissimi*), der zumal im Westen über erheblichen Grundbesitz verfügt und in der Zivilverwaltung tätig ist. Die großen Senatsfamilien der Anicii, Symmachi und Nicomachi Flaviani in Rom sind Träger des altrömischen Traditionsgutes. Indem die Grundherren niedere Gerichtsbarkeit, Steuerhoheit und militärische Kompetenzen (Gefolgschaft, Bewaffnung der Bauern, Befestigung der Höfe) gewinnen, entwickelt sich faktisch eine Grundherrschaft. Die Patroziniumsbewegung verstärkt diese »Feudalisierung«: Kleine Leute (*clientes*) suchen bei den *patroni* Schutz vor den Barbaren und vor dem Fiskus. Die Kaiserhäuser sind untereinander verschwägert, durch Einheirat der Heermeister und Barbarenfürsten entsteht neben der Senatsaristokratie ein Militäradel, der mit den Tetrarchen beginnt und dem nahezu alle militärisch-politisch wichtigen Persönlichkeiten einschließlich der germanischen Könige angehören. In der Führungsschicht besteht eine genealogische Kontinuität von der Spätantike zum Mittelalter. Die städtische Oberschicht (*curiales, decuriones*) verarmt, da sie für das Steueraufkommen persönlich haftet und dem fiskalischen Druck am stärksten ausgesetzt ist. Die Städte schrumpfen, v. a. im Westen, das Regiment kommt an die Bischöfe. Die Unterschichten werden homogener. Freie Bauern und Handwerker werden erblicher Berufs- und Ortsbindung unterworfen. Sklaven unterscheiden sich kaum noch von Landpächtern. Alle sozialen Gruppen geraten mit der Staatsgewalt in Konflikt: Bauern (Bagauden), die Bevölkerung der antiken Großstädte (Hunger- und Zirkusrevolten), die Sonderkirchen (Donatisten, Meletianer), die Heeresteile (Spannung mit den Germanen), die Grundherren (in Steuer- und Rechtsfragen).

Seit KONSTANTIN macht die **Christianisierung** erhebliche Fortschritte, die Kirche wird vom Staat begünstigt, die Interessen beider verflechten sich. Die Maßnahmen gegen die Heiden werden schärfer. Unter KONSTANTIN beginnen Opferverbot und Tempelzerstörung; gegen Ende des 4. Jh.s werden Mönche gegen die Altgläubigen ins Feld geführt. Das Judentum bleibt standhaft, unterliegt jedoch Schikanen. Die innere Einheit des Christentums wird trotz der Reichskonzile und der Gesetzgebung nicht erreicht. Ende des 4. Jh.s setzt sich im Westen der Primat des Bischofs von Rom (Papst) durch. Der Kanon der im Neuen Testament vereinigten Schriften bildet sich heraus. Administrative Gegensätze zwischen Rom und Konstantinopel, diesem und Alexandria sowie das Donatisten- und Arianerproblem werden nicht behoben, obwohl THEODOSIUS das katholische Bekenntnis zur Vorschrift erhebt. Noch AUGUSTINUS bekämpft 88 Häresien. Im Osten ist der Bürgerkrieg zwischen den christlichen Richtungen an der Tagesordnung.

Das **Kulturleben** kommt zu neuer Blüte. Zahlreiche Bauten entstehen in Rom (Diokletiansthermen, Maxentiusbasilika [Markthalle und Zirkus], Romulusrotunde, Konstantinsbogen) und den Residenzen (Konstantinopel; Trier: Basilika, Porta Nigra, Thermen; Thessalonike). Seit KONSTANTIN werden Kirchen im Basilika-Typ und Rundbauten als Grabeskirchen gebaut, namentlich in Rom, in den Residenzstädten und in Palästina. Senatorische Villa von Piazza Armerina (Mosaikschmuck); Alterspaläste (DIOKLETIAN in Spalato, GALERIUS in Gamzigrad, DAIA in Sharkamen).

In der Plastik und der (Katakomben-) Malerei zeigen sich expressionistische Tendenzen, teilweise verbunden mit einem Rückgang des handwerklichen Könnens (Konstantinsbogen). Das Kaiserbild, überwiegend frontal dargestellt, wird schematisiert und ins Kolossale gesteigert. Kalligrafie, Glaskunst, Edelmetallarbeiten (Silbergeschirre von Mildenhall, Augst), Elfenbeindiptychen, Textilkunst (ägyptische Funde) und Mosaiktechnik bleiben auf hohem Stand.

In diese Zeit fällt auch eine ungemein reiche Produktion von lateinischer wie griechischer Literatur: Rhetorik (Panegyriker, SYMMACHUS [*um 345, †402], LIBANIOS [*314, †um 393], THEMISTIOS [*um 317, †um 388], SYNESIOS [*um 370, †um 413]), Fachschriftsteller (MACROBIUS, VEGETIUS, PALLADIUS, OBSEQUENS, PAPPOS, PROKLOS [*412, †485], Anonymus de rebus bellicis, FIRMICUS MATERNUS), Historiografie (EUSEBIUS [*um 260, †339], AMMIANUS MARCELLINUS [*um 330, †um 395], Historia Augusta, Breviatoren, OROSIUS [†um 420], HIERONYMUS [*347, †420], ZOSIMOS), Poesie (CLAUDIAN [†um 405], AUSONIUS [*um 310, †393/94], RUTILIUS, PALLADAS, SIDONIUS [*um 430, †um 486]), Patristik, Rechtsquellen, Listenliteratur (Verzeichnisse, Staatsbeschreibungen, Kalender, Chroniken, Tabula Peutingeriana). Die literarische Qualität ist weniger einheitlich als früher.

284–305 **DIOKLETIAN** wird vom Offizierskorps anstelle des ermordeten NUMERIANUS in Nikomedia zum Kaiser (*Augustus*) erhoben. DIOKLETIAN heißt zuvor DIOKLES und nennt sich so wieder nach seiner Abdankung. Er stammt aus Dalmatien, ist niederer Herkunft (Sklave?) und hat sich zum Kommandanten einer Gardetruppe (*domestici*) hochgedient. Insofern ist auch er »Soldatenkaiser«.

285 Nach dem Tode des CARINUS erhebt er seinen illyrischen Kriegskameraden MAXIMIAN (*um 240, †310) zum Caesar, 286 zum Augustus des Westens.

seit 286 Usurpationen werden niedergeworfen: in Gallien die Bagauden unter AMANDUS (286), in Britannien CARAUSIUS 286–293 und ALLECTUS 293–296, in Ägypten LUCIUS DOMITIUS DOMITIANUS (†297) und ACHILLEUS 297/298.

Mit dem Perserkönig BAHRAM II. (†293) kann 288 ein Frieden geschlossen werden, 290 fallen Sarazenen ein. In Armenien wird TIRIDATES III. (†317/330) inthronisiert. Das Christentum verbreitet sich dort. Im neu ausgebrochenen Perserkrieg erleidet GALERIUS bei Karrhai eine Niederlage (297), DIOKLETIAN gewinnt jedoch 297 Nisibis und befestigt den Limes gegen die Sarazenen. Die Donaugrenze wird gegen Westgoten, Karpen, Gepiden, Jazygen und Sarmaten, die Rheingrenze gegen Alemannen, Burgunder, Franken und Friesen mithilfe von Feldzügen, Befestigungen, Jahrgeldern und durch die Umsiedlung von Barbaren (*laeti*) auf Reichsterritorium gesichert. Britannien wird gegen Sachsen und Pikten, Africa gegen Quinquegentanei verteidigt. Die äußere Sicherheit ist seit etwa 300 wieder hergestellt.

293 Die Zahl der Kriegsschauplätze erfordert eine Erweiterung des Kaiserkollegiums zur **Tetrarchie** (Vierherrschaft). Jeder Augustus ernennt einen Caesar, adoptiert ihn und verheiratet ihn mit seiner Tochter: DIOKLETIAN den GALERIUS (*um 250, †311), MAXIMIAN den CONSTANTIUS (I.) CHLORUS (*um 250, †306). Beide Caesares sind Soldaten von derselben geografischen und sozialen Herkunft wie die Augusti. Jeder Kaiser erhält einen Schutzgott: DIOKLETIAN den Jupiter (Beiname »Jovius«), MAXIMIAN den Herkules (Beiname »Herculius«), GALERIUS den Mars, CONSTANTIUS den Sol. Die Kompetenzbereiche innerhalb der Reichshälften bleiben lose: DIOKLETIAN residiert meist in Nikomedia, GALERIUS in Thessalonike und Sirmium, MAXIMIAN in Mailand, CONSTANTIUS in Trier und York. Offiziell treten die Kaiser gemeinsam auf, so bei Konferenzen und Staatsfeiern.

294 DIOKLETIANS Verwaltungsreform erweist ihn als den größten Organisator seit AUGUSTUS: Die vier, den Tetrarchien entsprechenden Reichspräfekturen werden (später) unter je einem *praefectus praetorio* als höchstem Beamten aufgeteilt in zwölf Diözesen unter *vicarii*, diese in insgesamt etwa 100 Kleinprovinzen unter *praesides* (auch *rectores, iudices*), die Stellung Italiens und Ägyptens wird angeglichen. Senatoren sind praktisch aus dem Staatsdienst ausgeschaltet. Im Finanzwesen werden neue Nominale (*follis*) und Paritäten eingeführt.

301 Der Wert der Silbermünzen in Rechnungsdenaren wird verdoppelt, um die Liquidität des Fiskus angesichts der gestiegenen Staatsausgaben zu wahren. Die Provinzialprägungen hören auf, Prägung wird Staatsmonopol von 14 Prägestätten. Die bisher unregelmäßigen Steuerforderungen werden festgelegt (*indictio*), ein Staatshaushalt aufgestellt. Berechnungsgrundlagen sind Landgröße (*iugum*) und Arbeitskräfte (*caput*); die Städte bleiben frei von dieser *capitatio-iugatio*, die in Naturalien (*annona*) geleistet wird. Mit seinem Höchstpreisedikt (inschriftlich erhalten) versucht DIOKLETIAN vergeblich, Preise und Löhne zu stabilisieren.

303 Manichäerverbot und Christenverfolgung: Unter dem Einfluss von GALERIUS will DIOKLETIAN in Glaube und Leben den *mos maiorum* (Vätersitte) wiederherstellen. Er entfernt die Christen aus dem Staatsdienst, enteignet die Gemeinden, bestraft die Geistlichkeit und versucht, die Christen zur Rückkehr zum alten Glauben zu zwingen. Im Osten gibt es zahlreiche Martyrien, CONSTANTIUS wendet im Westen keine Zwangsmaßnahmen gegen Personen an. Der Erfolg bleibt aus.

305 Abdankung DIOKLETIANS und MAXIMIANS zugunsten ihrer zu Augusti erhobenen Cäsaren. DIOKLETIAN zieht sich in seinen Palast zu Spalato (Split) zurück und stirbt dort (313/316).

Das Heer erreicht nach 300 die doppelte Stärke wie in der Severer-Zeit, Veteranensöhne werden dienstpflichtig, Rekruten nach dem Steuersystem ausgehoben und Barbaren mehr als zuvor angeworben. Germanen erscheinen jetzt auch in den höchsten Offiziersrängen, so der erste germanische *dux* im Jahre 303. Die seit 295 bezeugte Feldarmee (*comitatenses*) untersteht den *duces* der Provinzen. Die Soldaten befestigen die Grenzen, bauen Straßen und arbeiten in den staatlichen Waffenfabriken.

Die DIOKLETIAN zugeschriebenen Neuerungen im Kaiserzeremoniell hat dieser nicht eingeführt (nicht einmal die *adoratio*), sondern allenfalls neu geregelt. Ebenso wenig beginnt mit ihm ein »spätantiker Absolutismus«. Die Gesetzgebung, etwa 1300 Gesetze sind im Wortlaut erhalten, zeigt eine klassizistische, zentralisierende und humanisierende Tendenz (gegen Zinswucher und brutalen Strafvollzug), jedoch wird eine Schollenbindung der Pächter (*coloni*) und die Berufsbindung in den Versorgungsbetrieben der Großstädte und der Armee angestrebt. Lateinisch wird Amtssprache im Osten.

306–324 Aufstieg **KONSTANTINS I., DES GROSSEN** (*um 280, †337), zur Alleinherrschaft.

Bei der Nachfolgeregelung 305 wird CONSTANTIUS CHLORUS Augustus des Westens, FLAVIUS VALERIUS SEVERUS (†307) dessen Caesar für Italien, GALERIUS Augustus des Ostens, MAXIMINUS DAIA (†313) dessen Caesar für Syrien und Ägypten. Nach dem Tode von CONSTANTIUS CHLORUS wird dessen Sohn KONSTANTIN 306 in York, MAXENTIUS (*um 278, †312) in Rom zum Kaiser ausgerufen, zugleich übernimmt dessen Vater MAXIMIAN wieder sein Kaisertum und vermählt 307 seine Tochter FAUSTA (†326) mit KONSTANTIN,

Die spätantike Reichsverwaltung

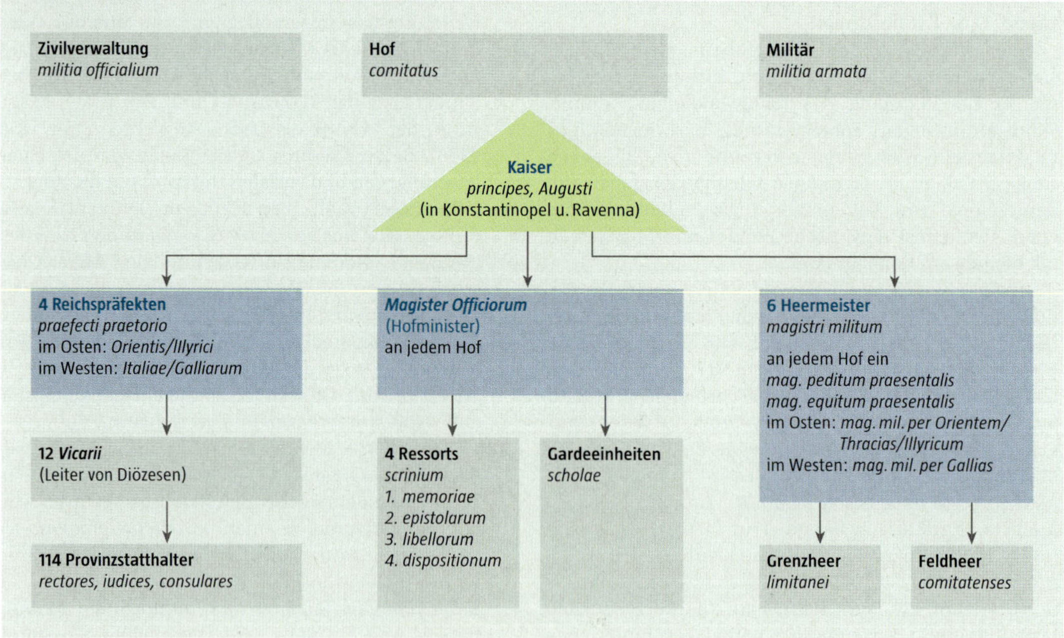

der in Trier residiert. SEVERUS scheitert gegen MAXENTIUS, in Africa erhebt sich 308 DOMITIUS ALEXANDER (†um 310). In der Kaiserkonferenz von Carnuntum (307 oder 308) unter DIOKLETIANS Vorsitz wird LICINIUS (†325) als Augustus für Italia, KONSTANTIN als Caesar anerkannt sowie MAXENTIUS für illegitim erklärt. KONSTANTIN und MAXENTIUS gestatten 306 den christlichen Gottesdienst im Westen.

310 KONSTANTIN lässt MAXIMIAN (nach einem Putschversuch?) erdrosseln.

311 GALERIUS erlässt auf dem Totenbett in Serdica ein Toleranzedikt für die Christen, begründet mit der Erfolglosigkeit des Verbots und dem Erfordernis (irgendeines) göttlichen Segens für das Reich. KONSTANTIN verbündet sich mit LICINIUS und zieht gegen MAXENTIUS.

312 Aufgrund einer Kreuzesvision lässt KONSTANTIN das Christogramm auf die Schilde der durchweg heidnischen Soldaten malen und gewinnt den Bürgerkrieg an der Milvischen Brücke. Er beseitigt die Familie des MAXENTIUS und stiftet die Lateranbasilika.

313 KONSTANTIN trifft LICINIUS in Mailand, dieser heiratet KONSTANTINS Schwester, akzeptiert die Duldung des Christentums und besiegt seinen aufsässigen Unterkaiser MAXIMINUS DAIA.

317 KONSTANTIN erhebt seine Söhne CRISPUS (†326) und KONSTANTIN (II.) (*316, †340) zu Caesaren.

318–324 KONSTANTIN annektiert Illyricum, sichert die Donaugrenze gegen Sarmaten und Goten und wirft LICINIUS 324 bei Adrianopel und Chrysopolis (Seesieg) mit germanischen Truppen unter dem *Labarum* (Feldzeichen mit Christogramm) nieder. LICINIUS und sein Sohn werden getötet.

324–337 **Alleinherrschaft KONSTANTINS**. Das Mehrkaisertum wird fortgesetzt durch Beteiligung der Söhne als Caesares, unterstützt von *praefecti praetorio*.

326 Seit 317 Caesar für Gallien, wird CRISPUS vom Kaiser vergiftet, danach FAUSTA im Bade erstickt. KONSTANTIN (II.) sichert (vor 332) die Donaufront. CONSTANTIUS (II.) (*317, †361), seit 324 Caesar, erhält Gallien, später die Ostfront; KONSTANTIN (II.) kehrt nach Gallien zurück. CONSTANS (*323, †350) wird Caesar für Italien; DALMATIUS (†337), Neffe KONSTANTINS, Caesar für die untere Donau.

330 KONSTANTIN weiht den von ihm 324 begonnenen Ausbau von Byzantium (Konstantinopel) zur neuen

Verwandtschaftstafel zu den spätantiken Dynastien

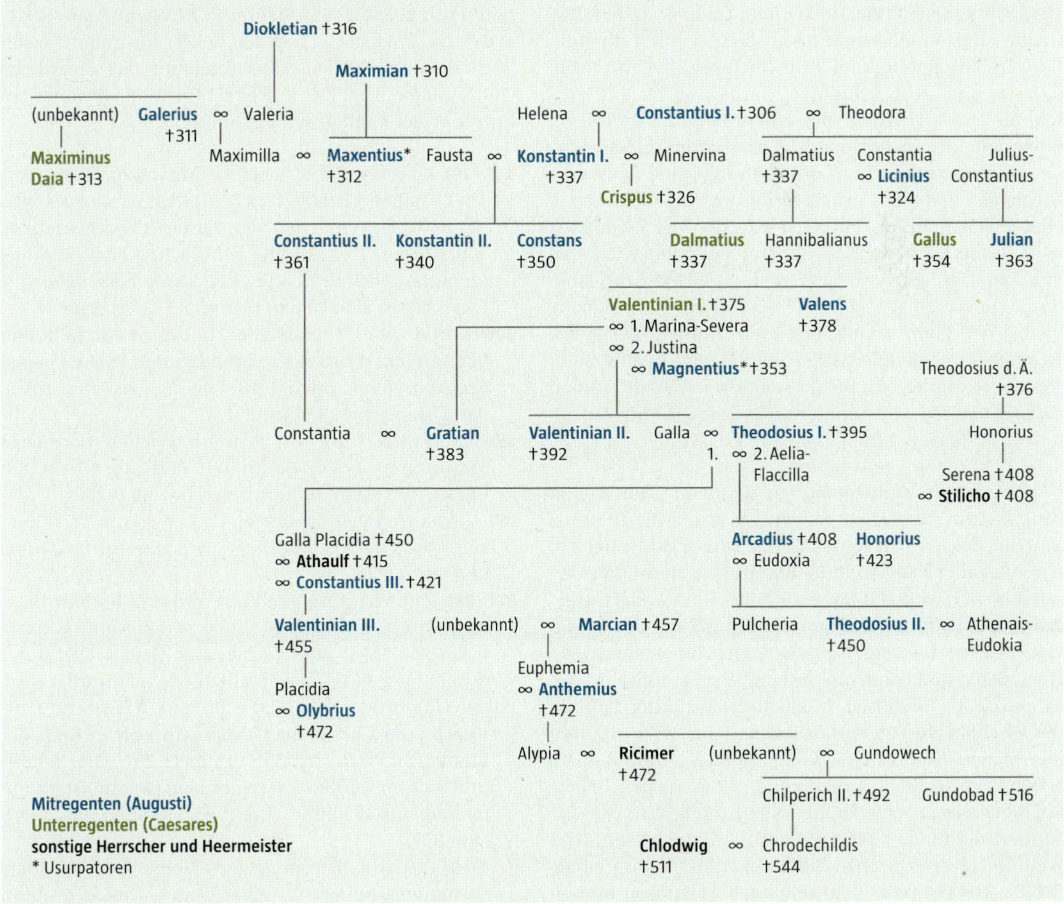

kaiserlichen Residenz ein. Sie wird ein »Neues Rom«. Zusiedler erhalten Vergünstigungen und Kornrationen wie in Rom. Es entstehen Landmauer, Palast, Hippodrom, Kirchen, Märkte. Dem Schmuck der Stadt dient ein umfangreicher Kunstraub in Griechenland.

334 Die äußere Sicherheit wird, von Grenzkonflikten abgesehen, erst durch den Angriff des Perserkönigs SCHAPUR II. (SAPOR; *309, †379) bedroht.

337, 22. Mai Beim Aufbruch in den Perserkrieg stirbt KONSTANTIN, nachdem er durch EUSEBIOS VON NIKOMEDIA (†341, Arianer) getauft worden ist; er wird in Konstantinopel bestattet.

Staat und Kirche unter Konstantin

KONSTANTIN I. führt die **Verwaltungsreform** DIOKLETIANS weiter, wovon die etwa 400 erhaltenen Gesetze zeugen: Als Oberkommandierende werden zwei Heermeister eingesetzt (*magister peditum* und *magister equitum*), unter CONSTANTIUS II. vermehrt um drei regionale Heermeister in den Präfekturen Orient, Gallien und Illyricum. Die Truppen werden verstärkt, v. a. um Germanen, denen die gesamte militärische Laufbahn und das Konsulat offenstehen, die mobile Feldarmee wächst auf Kosten der Grenzbesatzung. Die Prätorianergarde wird 312 aufgelöst, die gemäß den Reichsteilen hinfort drei- oder vierfach besetzte Präfektur (Orient, Gallien, Italien, Illyricum – letztere oft zusammengefasst) verliert die militärische Kompetenz und wird höchstes Zivilamt. Militärische und zivile Befugnisse werden weiter entflochten, die Hofverwaltung wird einem *magister officiorum* unterstellt, der die Ressorts (*officia, scrinia*) und die Garde (*scholae*) beaufsichtigt. Die Hofränge sind in *comites* (Begleiter) erster bis dritter Ordnung eingeteilt. Eunuchen erscheinen im Hofdienst seit 326. Der Zivildienst wird als *militia* verstanden, Senatoren werden wieder an ihm beteiligt. KONSTANTINS neue Goldwährung (*solidus*), durch eingezogene Tempelschätze ermöglicht, bleibt 700 Jahre stabil; Paritäten werden korrigiert: 1 Goldstück = 240 *folles*. Die *capitatio* wird in eine Geldsteuer verwandelt, die bisher steuerfreien Städte zahlen *collatio lustralis*, die Senatoren *collatio glebalis* von ihrem Grundbesitz. Munizipale Steuern werden verstaatlicht, die Inflation geht weiter.

KONSTANTINS Christentum, zu Unrecht von JACOB BURCKHARDT bezweifelt, ist geprägt durch die Toleranz und den Sonnenkult seines Vaters. KONSTANTIN hat 310 eine Vision des Sol-Apollon, der als sein Beschützer erscheint, 321 wird die Sonntagsruhe (*dies Solis*) vorgeschrieben, Weihnachten auf den Geburtstag des Sol invictus verlegt (bezeugt für den 25. Dez. jedoch erst 354). Heer, Senat und Landvolk sind im Westen, außer in Africa, durchweg heidnisch. Möglicherweise unter Einfluss des Bischofs HOSIUS VON CÓRDOBA (*um 257, †357/58) identifiziert KONSTANTIN seinen solaren, monotheistischen Gottesglauben zunehmend mit dem christlichen, auf den er seine Schlachtenerfolge zurückführt. Dies akzeptiert die Kirche, 314 wird auf der Synode von Arles Wehrdienstverweigerern die Exkommunikation angedroht. KONSTANTINS Wunsch nach religiöser Einheit scheitert. Das donatistische Schisma in Africa ist weder gewaltsam noch friedlich zu beheben. Gegen die arianische »Häresie« beruft KONSTANTIN 325 das erste Staatskonzil nach Nikaia. Die (unbiblische) Kompromissformel des Kaisers »wesenseins« (*homo-ousios*) wird Glaubensbekenntnis, alle Sekten werden verboten, teilweise verfolgt. KONSTANTIN stiftet zahlreiche Kirchen, v. a. in Rom, Jerusalem und Konstantinopel, und beschenkt sie mit Gütern. Die Bischöfe erhalten erhebliche regelmäßige Zuwendungen aus der Staatskasse für ihren Unterhalt, für repräsentative und karitative Zwecke. KONSTANTIN verspricht Steuerprivilegien für Dekurionen, die sich weihen lassen, Christen werden im Staatsdienst bevorzugt. Ein Armeegebet wird eingeführt, Zivilgerichtsbarkeit und Sklavenfreilassung auch Bischöfen zugestanden. Weiterhin werden Prämien für prominente Konvertiten ausgesetzt, Opfer verboten, Tempel zerstört und der Kaiserkult reduziert.

KONSTANTIN begreift sich nach herkömmlicher Manier als Günstling und Beauftragter des Himmels und erblickt im rechten Gottesdienst die Garantie für Wohlergehen und Kriegserfolg. Er bezeichnet sich als »gemeinsamen Bischof«, auch als Bischof der Nichtchristen (Caesaropapismus). Die »katholische (universale) Kirche« mit dem Bischof von Alexandria, ATHANASIOS (*um 295, †373), sowie Arianer und Donatisten akzeptieren ihn als obersten Richter in Kirchenfragen. EUSEBIUS VON CAESAREA (*um 260, †339) formuliert in der Festrede zum 30. Regierungsjubiläum das christliche Gottesgnadentum: Der Kaiser sei Gottes Sachwalter auf Erden, Widerstand gegen ihn Sünde.

337–361 CONSTANTIUS II.: Testamentarisch hat KONSTANTIN I. Gallien KONSTANTIN II., Italien CONSTANS, Illyricum DALMATIUS und den Orient CONSTANTIUS II. zugewiesen. Dynastische Morde in Konstantinopel (veranlasst durch CONSTANTIUS II.?) beseitigen u. a. DALMATIUS, sein Gebiet kommt an CONSTANS.

340 KONSTANTIN II. marschiert in Italien ein, fällt aber bei Aquileia. CONSTANS verteidigt den Westen gegen Franken, Alemannen und Pikten, CONSTANTIUS II. den Osten gegen SCHAPUR II.

350 CONSTANS wird von dem fränkischen Usurpator MAGNENTIUS (†353) gestürzt. In Illyricum erhebt sich VETRANIO (†356), in Rom NEPOTIANUS (†350).

351 VETRANIO muss zugunsten CONSTANTIUS' II. abdanken. MAGNENTIUS unterliegt CONSTANTIUS bei Mursa und stirbt 353.

351–355 Zur Wahrung der Kaiserpräsenz bestellt CONSTANTIUS II., selbst ohne Söhne, seinen Vetter GALLUS (*325/26, †354) zum Caesar des Ostens (351), der durch Juden- und Isaurieraufstände beunruhigt wird, den Halbbruder des GALLUS, JULIAN (APOSTATA; *331, †363), zum Caesar für Gallien, wo sich in Köln der Franke SILVANUS (†355) erhoben hat. Die Reichspräfekturen werden mit regionalen Heermeisterkommandos ausgestattet: Orient 351, Gallien 355, Illyricum 359.

CONSTANTIUS kämpft gegen Alemannen, Quaden, Sarmaten und Perser, die 359 u. a. Amida erobern

(Augenzeugenbericht des AMMIANUS MARCELLINUS).

357 CONSTANTIUS besucht Rom. Bei den Auseinandersetzungen zwischen der römisch-alexandrinischen Orthodoxie, angeführt von ATHANASIOS, und dem »Arianismus« in Syrien, Kleinasien und Illyricum unterstützt CONSTANTIUS den Letzteren und verfolgt das Heidentum im Osten blutig.

JULIAN APOSTATA (der Abtrünnige [vom Christentum]) verwaltet seit 355 als Caesar Gallien vorbildlich, überschreitet oft den Rhein, besiegt die Alemannen bei Straßburg und siedelt Salfranken in Toxandrien an.

360 Zum Augustus ausgerufen (Schilderhebung!), marschiert JULIAN gegen CONSTANTIUS, doch stirbt dieser in Kleinasien (361). JULIAN verkörpert das senatorische Kaiserideal (Vorbild MARCUS AURELIUS), er löst den teuren Hofstaat und die Staatspolizei (*agentes in rebus*) auf und gibt den Städten die konfiszierten Einkünfte zurück. JULIAN vertritt den Neuplatonismus, wie er in Athen, Pergamon (MAXIMOS VON EPHESOS [†372]), Antiochia (LIBANIOS) und Alexandria gelehrt wird (Briefe, Reden, Schriften von ihm sind erhalten). Er begünstigt den »hellenischen« Glauben und versucht ihn nach christlichem Vorbild zu organisieren: Provinzialpriester sollen die Funktion heidnischer Bischöfe wahrnehmen. Christen werden geduldet, aber von den staatlichen Professuren ausgeschlossen (Rhetorenedikt).

362/363 Um den seit 337 schwelenden Perserkrieg zu beenden, stößt JULIAN bis Ktesiphon vor, fällt aber auf dem Rückmarsch. Das Offizierskorps erhebt JOVIANUS (*331), einen Christen zum Kaiser, der das Territorium um Nisibis und Singara an den Perserkönig SCHAPUR II. abtritt, aber schon 364 stirbt.

364 Das Offizierskorps erhebt den illyrischen Militärtribun **VALENTINIAN** (*um 321, †375) im Westen, dieser seinen Bruder **VALENS** (*328, †378) zum Augustus für den Osten. Das zum Perserzug vereinte Heer wird geteilt. VALENTINIAN der meist in Trier residiert, bevorzugt im Reichsdienst Pannonier und Germanen. Er kämpft erfolgreich gegen Alemannen, Franken, Sachsen, Quaden und Sarmaten, befestigt Rhein-, Donau- und Nordseegrenzen.

366 In Rom bricht zwischen den Anhängern des URSINUS (†nach 384) und des DAMASUS (*um 305, †384) ein Bürgerkrieg um den Bischofsthron aus.

368–371 Zaubereiprozesse gegen Senatoren in Rom.

Den maurischen Usurpator FIRMUS (†375) in Africa (370–375) wirft der Heermeister FLAVIUS THEODOSIUS (†376) nieder. VALENTINIAN erleichtert die Steuern und richtet das Amt des *defensor plebis* zum Schutz der kleinen Leute ein. Er übt, obschon er selbst Christ ist, programmatisch Toleranz gegenüber Heiden und Ketzern, erneuert jedoch das Manichäerverbot 372.

366 VALENS besiegt den Usurpator PROCOPIUS (*um 325, †366), der Konstantinopel eingenommen hat, kämpft gegen die Westgoten unter ATHANARICH (†381) und residiert angesichts der Persergefahr meistens in Antiochia. Der Senat von Konstantinopel wird vergrößert. Kirchenpolitisch begünstigt VALENS weiterhin die Arianer und gerät in Konflikt mit BASILIUS VON CAESAREA (*329/30, †379).

376 VALENS gestattet den von den Hunnen bedrängten Westgoten unter FRITIGERN (†nach 378) den Donauübergang, um Siedler und Soldaten zu gewinnen, zumal die Westgoten durch WULFILA (*um 311, †383) schon weitgehend christianisiert sind.

378 Bei der Übernahme ins Reichsgebiet kommt es zu Reibereien. VALENS verliert gegen die Westgoten bei Adrianopel Schlacht und Leben. Die Armee des Ostreiches ist praktisch aufgerieben. Seitdem steht Illyricum den Germanen offen, die Landverbindung zwischen Westen und Osten bleibt bedroht.

VALENTINIANS Sohn GRATIAN (*359, †383), Mit-Augustus seit 367, übernimmt Gallien, sein anderer Sohn, VALENTINIAN II. (*371, †392), bekommt unter Leitung seiner arianischen Mutter IUSTINA (†um 388) Italien (375). GRATIAN residiert in Trier, fördert Senatoren, insbesondere die Familie seines Lehrers AUSONIUS (Gedichte und Briefe erhalten). Er legt den Titel *Pontifex Maximus* ab, widerruft 379 das Toleranzedikt und konfisziert die Einkünfte der römischen Staatskulte. Die militärische Leitung liegt beim fränkischen Heermeister MEROBAUDES (†nach 383).

379 **THEODOSIUS I., DER GROSSE** (*347, †395), wird als Sohn des gleichnamigen spanischen Heermeisters von GRATIAN zum Nachfolger des Ostkaisers VALENS erhoben.

382 THEODOSIUS überlässt den Westgoten römisches Land an der Donau. Diese können nun nach ihrem eigenen Recht leben und sind nur unter ihren eigenen Führern wehrpflichtig.

383 Der aus Britannien vordringende Usurpator MAGNUS MAXIMUS (†388) stürzt GRATIAN. MAXIMUS verurteilt auf kirchliches Betreiben die asketischen Priscillianisten aus Spanien; es kommt zur ersten europäischen Ketzerhinrichtung.

384–387 Am Hofe VALENTINIANS II. in Mailand verhindert Bischof AMBROSIUS (*339, †397) die Wiederaufstellung der Victoriastatue im römischen Senat (384), für die der Senator SYMMACHUS eingetreten ist, und die Herausgabe der Basilica Porciana an IUSTINA (386). Mit ihrem Sohn flieht diese vor dem nach Italien einrückenden MAXIMUS nach Thessalonike (387).

387 In Antiochia bricht ein Aufstand wegen Steuererhöhungen aus (Zeugnisse des LIBANIOS). Armenien wird mit Persien geteilt.

388 THEODOSIUS besiegt MAXIMUS. Gallien kommt an VALENTINIAN II., geleitet von dem fränkischen Heermeister ARBOGAST (†394).

390 Ein Aufstand in Thessalonike wird von THEODOSIUS grausam gerächt, AMBROSIUS zwingt den Kaiser zur öffentlichen Kirchenbuße in Mailand.

392 Nach dem Selbstmord VALENTINIANS II. erhebt ARBOGAST den Rhetor EUGENIUS (†394) zum Kaiser des Westens, der Toleranz verkündet. Letzte Blüte des Heidentums in Rom: SYMMACHUS (Schriften erhalten), NICOMACHUS FLAVIANUS (*334, †394) und AMMIANUS MARCELLINUS, der bedeutendste lateinische

Römisches Reich um 395

Historiker seit TACITUS; die zeitgenössischen Teile seines Geschichtswerks sind erhalten.

394 THEODOSIUS besiegt den Usurpator EUGENIUS am Frigidus (Wippach). Auf beiden Seiten kämpfen hauptsächlich Germanen.
Die durch KONSTANTIN I. begonnene Christianisierung wird vorangetrieben. THEODOSIUS bricht mit der arianischen Tradition im Osten. 380 definiert er durch Gesetz den Begriff »katholisch« und erhebt den Glauben der Bischöfe von Rom und Alexandria zur Vorschrift für alle Untertanen. Seitdem ist der Glaubenszwang Staatsgesetz, bestätigt vom zweiten ökumenischen Konzil 381 in Konstantinopel. Es kommt zur blutigen Verfolgung von Häretikern und Nichtchristen, Synagogen und Tempel werden zerstört, das Serapeum mit der Bibliothek in Alexandria niedergebrannt (391); im Osten herrscht religiöser Bürgerkrieg. Die Olympischen Spiele werden (393) zum letzten Mal begangen, das Orakel von Delphi und die Mysterien von Eleusis enden etwa gleichzeitig. Reste des Heidentums halten sich im Westen in Rom (Senatoren) und auf dem Lande in Italien und Gallien, im Osten in den Universitäten (Athen, Alexandria) und einzelnen Tempelstädten (Apameia, Karrhai, Gaza). Sie werden im 5. Jh. niedergekämpft.

395 THEODOSIUS stirbt, ihm folgen seine Söhne ARCADIUS (*um 377, †408; Mit-Augustus seit 383) im Osten und HONORIUS (*384, †423; Mit-Augustus 393) im Westen, dieser unter der Leitung des vandalischen Heermeisters STILICHO (*um 365, †408), Günstling und Schwiegersohn des THEODOSIUS, Schwiegervater des HONORIUS. Seitdem regiert im Westen der jeweils führende Heermeister. STILICHO favorisiert die Germanen, die Kirche und die Senatoren; es kommt zur Spannung mit dem Ostreich über die Zugehörigkeit von Illyricum. Dort wird ALARICH (*um 370, †410) von STILICHO 395 und 397 bekriegt.
Der Ostkaiser in Konstantinopel, ARCADIUS, wird geleitet von den rasch wechselnden höchsten Zivilbeamten, Hofeunuchen und seiner Frau EUDOXIA (†404), Tochter eines fränkischen Heermeisters.

398 Der abtrünnige Befehlshaber von Africa, GILDO (*um 330, †398), wird niedergeworfen.

399/400 Aufstand der germanischen Truppen unter TRIBIGILD (†400) und GAINAS (†400) in Kleinasien (beschrieben bei ZOSIMOS und SYNESIOS), danach folgt eine germanenfeindliche Personalpolitik. Die Heiden- und Ketzerverfolgung geht weiter, in der Spannung zwischen den Patriarchaten Alexandria und Konstantinopel stürzt JOHANNES CHRYSOSTOMOS (*um 349, †407).

402 Bei ALARICHS Angriff auf Italien zieht STILICHO die Garnisonen vom Rhein und aus Britannien ab, besiegt die Westgoten bei Pollentia (dargestellt durch STILICHOS Hofdichter CLAUDIAN).
HONORIUS verlegt den Hof von Mailand ins besser geschützte Ravenna.

403 Nach dem Sieg über ALARICH bei Verona bestellt er diesen zum Heermeister für Illyricum.

406 STILICHO besiegt die Ostgoten unter RADAGAIS (†406) bei Faesulae. Dennoch brechen Vandalen, Alanen und Sweben in Gallien ein.

407/408 Usurpation von KONSTANTIN III. (†411) in Britannien und Gallien. Bei dem Versuch, nach dem Tode des ARCADIUS im Osten einzugreifen, wird STILICHO von HONORIUS umgebracht, danach kommt es zu einer antigermanischen Welle unter der Regentschaft des *magister officiorum* Olympius (†412).

408–450 **THEODOSIUS II.** (*401, †408), Sohn des ARCADIUS, Mit-Augustus seit 402, wird Ostkaiser. Die Regierung bleibt bei den Zivilbeamten, auf deren Bestellung die Kaiserschwester PULCHERIA (*399, †453) und die Kaiserin EUDOKIA (ATHENAÏS; *um 400, †460), Tochter eines Athener Neuplatonikers, einwirken. Seit 412 wird Konstantinopel erweitert und befestigt, 415 die neuplatonische Philosophin HYPATIA durch Mönche in Alexandria ermordet. Der Konflikt zwischen den Patriarchaten von Alexandria und Konstantinopel (NESTORIUS [†um 451]) wird 431 auf dem dritten ökumenischen Konzil von Ephesos gewaltsam fortgesetzt.

409/410 Vandalen, Alanen und Sweben besetzen Spanien, Alarich dringt in Italien ein, erhebt den Senator Attalus (†nach 416) zum Gegenkaiser (409) und nimmt Rom (410). Ein literarisches Echo findet sich bei HIERONYMUS, AUGUSTINUS (*354, †430) und OROSIUS; doch der Glaube an Roms Ewigkeit bleibt bestehen, so bei RUTILIUS. | s. S. 387 |

411–423 HONORIUS ernennt den Pannonier FLAVIUS CONSTANTIUS (†421) zum leitenden Heermeister; dieser besiegt KONSTANTIN III. in Arles 411, überlässt den Westgoten Aquitanien, heiratet die zuvor mit dem Westgotenkönig ATHAULF (†415) vermählte Kaiserschwester GALLA PLACIDIA (*um 390, †450) 417 und wird 421 als CONSTANTIUS III. Mit-Augustus. In den Westprovinzen gehen Usurpationen, Bauernunruhen und Barbarenkriege weiter, in Africa dauern die Spannungen zu den Donatisten (etwa 400 Bischöfe) an, trotz ihrer von AUGUSTINUS, Bischof von Hippo, geförderten kirchlichen und staatlichen Bekämpfung. 423 erhebt der Senat den Germanen JOHANNES PRIMICERIUS (†425) zum Nachfolger des HONORIUS in Ravenna.

413 Der Kommandant Africas, HERACLIANUS (†413), wird bei Ocricolum geschlagen.

425–429 VALENTINIAN III. (*419) wird Westkaiser. Seine Mutter GALLA PLACIDIA stürzt mit östlichen Truppen JOHANNES in Ravenna, ihr Anhänger in Africa, BONIFATIUS (†432), öffnet dieses den Vandalen, die 429 von Spanien aus unter GEISERICH (*389, †477) mit 80 000 Personen einmarschieren.

433–455 Als leitender Heermeister setzt sich, gestützt auf hunnische Truppen, gegen den Willen des Hofes der illyrische Offizier AËTIUS (*um 390) durch; er sucht Roms Herrschaft gegen Bagauden und Sweben in Spanien, gegen Westgoten und Franken in Gallien zu sichern, doch gelingt dies meist nur in den Städten. AËTIUS siedelt die von den Hunnen geschlagenen Burgunder um Worms (»Nibelungenlied«) in Savoyen an (443) und besiegt 451 mit den Westgoten ATTILA (*um 395, †453) auf den katalaunischen Feldern. Die Hunnen kehren um, plündern aber 452 noch Aquileia. 454 wird AËTIUS, der »letzte Römer«, von VALENTINIAN III. persönlich erschlagen, dieser 455 von Gefolgsleuten des AËTIUS. VALENTINIAN III. wird, wie vor ihm GALLA PLACIDIA und HONORIUS, im Mausoleum bei Alt Sankt Peter in Rom bestattet. Die Verhältnisse im Westen werden chaotisch.

438 Der **Codex Theodosianus**, die erste staatliche Gesetzessammlung, wird publiziert. Aus derselben Periode stammt die Notitia Dignitatum, ein Verzeichnis der spätantiken Behörden. Die Politik bestimmen die kaiserlichen Damen, Hofbeamten und Eunuchen. Die Militärführung liegt wieder bei germanischen und alanischen Heermeistern (PLINTHA, FLAVIUS ARDABUR ASPAR [†471]), sie kämpfen gegen Perser, Isaurier, Vandalen und Hunnen, die unter ATTILA die Donauländer plündern und Lösegelder erpressen.

450–457 MARKIANOS (*um 390, †457), Offizier niederer Herkunft aus Thrakien, wird durch den Heermeister ARDABUR ASPAR und die Ehe mit der Kaiserschwester PULCHERIA zum Ostkaiser erhoben.

451 Das vierte ökumenische Konzil von Chalkedon stärkt das Patriarchat Konstantinopel auf Kosten Alexandrias. Es kommt zum Bruch mit dem im Osten dominanten Monophysitismus und zu religiösen Bürgerkriegen.

453 Die Hunnengefahr endet mit dem Tode ATTILAS. Ostgoten werden in Pannonien angesiedelt.

457–474 LEON I. (†474), gleichfalls thrakischer Offizier, wird von ARDABUR ASPAR zum Nachfolger im Osten lanciert. Die Ostgoten erheben sich unter THEODERICH STRABO (†481), die Hunnen greifen wieder an, der groß angelegte Vandalenfeldzug scheitert (468). LEON zieht Isaurier nach Konstantinopel und stürzt den alanisch-germanischen Heermeister ARDABUR ASPAR 471. Auf LEONS Tod folgen Usurpationen und Bürgerkriege zwischen den Heermeistern, in denen sich ZENON DER ISAURIER (*um 440, †491) mühsam als Kaiser behauptet.

455–476 Bürgerkriege unter den letzten Westkaisern: 455 wird der Senator PETRONIUS MAXIMUS (*396, †455) Kaiser. Der Vandale GEISERICH plündert Rom (Vandalismus). Mit westgotischer Hilfe erhebt sich in Gallien AVITUS (†457). Ihn stürzt 456 der swebische Heermeister RICIMER, der 16 Jahre der mächtigste Mann im Westen bleibt. So erhebt er 457 MAIORIAN, setzt ihn 461 ab und lässt ihn hinrichten. Es folgt LIBIUS SEVERUS bis 465. LEON I. entsendet ANTHEMIUS aus dem Osten 467; der scheitert gegen die Germanen, wird von RICIMER 472 gestürzt und durch OLYBRIUS ersetzt, beide sterben im gleichen Jahr.

473 Der Neffe und Nachfolger RICIMERS, GUNDOBAD (†516), später König der Burgunder, macht GLYCERIUS zum Kaiser. LEON I. entsendet jedoch JULIUS NEPOS (†480) als Westkaiser.

475 NEPOS' pannonischer Heermeister ORESTES (†476) vertreibt ihn und erhebt seinen eigenen jungen Sohn ROMULUS AUGUSTULUS im Westen.

476 AUGUSTULUS wird vom thüringischen Heermeister ODOAKER (ODOVAKAR; *um 430, †493) abgesetzt. ODOAKER regiert fortan Italien als römischer *patricius* und germanischer *rex Italiae*. Obwohl der legitime NEPOS bis 480 im dalmatischen Exil lebt, bemerkt der Chronist MARCELLINUS COMES zum Jahr 476: »Hesperium Romanae gentis imperium [...] cum hoc Augustulo periit« (das westliche Reich des römischen Volkes zerfiel mit diesem Kaiserlein); über JORDANES, BEDA und OTTO VON FREISING (*um 1112, †1158) gelangt diese Epochensetzung in die neuere Historiografie. | s. S. 389 |

Deutung der Spätantike

In den offiziellen Äußerungen (Panegyriken, Münzumschriften) wird daran festgehalten, das Imperium Romanum, verkörpert durch die Bauten der Stadt Rom, bedeute den krönenden Abschluss der Weltgeschichte, umspanne den gesamten Erdkreis und dauere ewig (Romidee). EUSEBIUS VON CAESAREA verkündet, die letzte Stufe irdischen Glücks beginne mit dem gottgewollten Regiment des christlichen Kaisers, Gottes irdischem Sachwalter (Romtheologie). Heidnische Autoren kritisieren innere und äußere Missstände, führen sie auf moralisches Versagen (AMMIANUS MARCELLINUS) oder auf das Christentum zurück, das den Göttern den schuldigen Respekt entziehe und deren Segen verscherzt habe (SYMMACHUS, ZOSIMOS, anonyme Gegner AUGUSTINUS'). Die Christen haben die Dekadenz teilweise geleugnet, ja einen Fortschritt zu erkennen geglaubt (AMBROSIUS, PRUDENTIUS, OROSIUS), später die Unglücksfälle als Züchtigung der Sünder oder als Prüfung der Gerechten durch Gott verstanden in einer Welt, die ohnedies nur von transitorischer Bedeutung sei (AUGUSTINUS, SALVIANUS). Allgemein herrscht die Ansicht, dass trotz der alternden Roma (*Roma senescens*) das Imperium keiner anderen politischen Ordnung weichen und bis zum Weltgericht dauern werde. Die Germanen haben diese Konzeption theoretisch nicht bestritten, sondern mehrfach erneuert (ATHAULF, THEODERICH, THEUDEBERT I. und KARL DER GROSSE), sie schien durch eine entsprechende Deutung der Daniel-Prophezeiung (Kapitel 2) biblisch legitimiert. Sie wird noch im 17. Jh. von JACQUES-BÉNIGNE BOSSUET vertreten und endet erst mit dem Heiligen Römischen Reich Deutscher Nation 1806.

Gegen diese Kontinuitätsthese wendet sich jedoch die **Katastrophentheorie** der italienischen Humanisten des 15. Jh.s (FLAVIO BIONDO, NICCOLÒ MACHIAVELLI). Sie besagt, das Imperium sei von den Germanen nicht weitergeführt, sondern zerschlagen, die antike Kultur sei barbarisiert worden. Das »finstere Mittelalter« weiche erst jetzt einer Neuentdeckung der (antiken) Zivilisation. Der Protestantismus stützt diese Deutung durch die Annahme, die Kirchenherrschaft des Papstes sei ein Irrweg gewesen, und auch religiös sei nun das Mittelalter überwunden. Die deutschen Humanisten (BEATUS RHENANUS, ULRICH VON HUTTEN, HUGO GROTIUS) entlasten ihre »germanischen Vorfahren«, indem sie als eigentlichen Verfallsgrund die Korruption im spätrömischen Staat angeben. Die Aufklärung hält an den inneren

Gründen fest. VOLTAIRE macht die Kirche verantwortlich, MONTESQUIEU den Luxus, der die Römer den Germanen gegenüber geschwächt habe. EDWARD GIBBON (1776) verbindet beides, indem er nach gesunkener Moralität die christliche Weltflucht benennt, während JOHANN GOTTFRIED HERDER jeden Imperialismus für vorübergehend und nur die »natürlichen« Nationen für dauerhaft erachtet.

Für den **historischen Materialismus** scheiterte das Reich an der angeblichen Unfähigkeit, sich politisch dem sozialen Wandel von einer Sklavenwirtschaft zum Feudalismus anzupassen in der Folge einer »Epoche sozialer Revolution« (KARL MARX) von Sklaven, Kolonen und Germanen (ELENA M. ŠTAERMAN). Nach FRIEDRICH ENGELS ist die Sklaverei eine »Sackgasse«, nur die aufgrund ihrer urgesellschaftlichen Lebensform seelisch gesunden Germanen seien fähig gewesen, »eine an verendender Zivilisation laborierende Welt zu verjüngen«. Die spätere marxistische Forschung konzentriert sich auf die Fragen nach den progressiven Kräften, den gesellschaftlichen Gegensätzen und den Ursprung des Feudalismus und hält an der Vorstellung einer mehrhundertjährigen »Revolution« fest. Sozialökonomische Verfallsgründe nimmt auch MAX WEBER an, doch hat sie MICHAEL I. ROSTOVTZEFF, der beste Kenner der kaiserzeitlichen Wirtschaftsgeschichte, kategorisch bestritten. Er macht im Anschluss an EDUARD MEYER eine kulturelle Nivellierung verantwortlich. Während OTTO SEECK, KARL JULIUS BELOCH und TENNEY FRANK anthropologische, THEODOR MOMMSEN, ALFRED VON DOMASZEWSKI und ERNST KORNEMANN administrativ-militärische Niedergangsursachen annehmen, verschiebt sich die Diskussion durch die Thesen von ALFONS DOPSCH und HENRI PIRENNE, die kulturelle Entwicklung sei nicht durch die Völkerwanderung, sondern erst durch die Araber unterbrochen worden. Diese Ansicht hat durch HERMANN AUBIN und PAUL EGON HÜBINGER wesentliche Korrekturen erfahren: Während der kulturelle und administrative Überbau mit Ausnahme der fortlebenden Kirche zusammenbrach, dauerten die sozialen Strukturen an (Großgrundbesitz, Sklaverei, Gefolgschaft, Stadtleben).

Eine abgewogene Bilanz zieht ARNOLD H. M. JONES (»The Later Roman Empire«, 1964), der die inneren Schwächesymptome einräumt, aber wie NORMAN H. BAYNES als letzte Ursache des Niedergangs die **Germaneneinbrüche** ansieht, denen das Westreich mit seinen langen Flussgrenzen wesentlich stärker ausgesetzt war als das Ostreich, das aufgrund seiner günstigeren strategischen Lage überdauerte. Seit dem 3. Jh. sind die Germanen militärisch nahezu auf demselben Stand wie die Römer. Indem sie das Reich durch dauernde Angriffe bedrohen, wird dieses zu einer Erhöhung der Militär- und Verwaltungsausgaben gezwungen, die von der Bevölkerung zunehmend unwillig geleistet werden, zumal es Anzeichen für eine wachsende Korruption in der Verwaltung gibt. Zugleich schwindet in der römischen Bevölkerung die Bereitschaft zum Kriegsdienst, der immer stärker von germanischen Söldnern geleistet wird. Deren militärisches Übergewicht wird seit dem 5. Jh. politisch spürbar und führt schließlich zur Auflösung des Reichsverbandes in ein östliches (byzantinisches) Restimperium und die germanischen Nachfolgestaaten im Westen, so ALEXANDER DEMANDT.

Das spätantike Byzantinische Reich (324–641)

Das Byzantinische Reich (*Imperium Romanum Christianum*) ist die Fortsetzung des Römischen Reichs in seiner christianisierten Form. Die Christianisierung des Reichs beginnt mit den Toleranzedikten der römischen Kaiser von 311 (Serdica) und 313 (Mailand), die den Christen den Status einer *religio licita* (erlaubten Religion) neben den antiken Kulten und dem Judentum zugestehen. Der seit 324 allein regierende CONSTANTINUS I., genannt KONSTANTIN DER GROSSE, fördert die junge Religion in vielerlei Hinsicht. 325 beruft er das erste Konzil der gesamten Kirche in Nikaia in Bithynien (Nicaenum I) ein, das unter seiner Leitung für viele wichtige Fragen des christlichen Glaubens ein erstes verbindliches Dogma festlegt. Ferner finanziert er den Bau zahlreicher Kirchen, v. a. in Rom, Jerusalem und im Heiligen Land. Gleichzeitig bleibt er aber als römischer Kaiser auch Pontifex Maximus der antiken Kulte. Von 324–330 lässt er die am Bosporus gelegene antike Polis Byzantion als Konstantinupolis (»Konstantinsstadt«) zur neuen kaiserlichen Residenz ausbauen. Zahlreiche christliche Kirchen werden errichtet (Apostelkirche, Hagia Sophia, Hagia Eirene), aber auch traditionelle Monumente antiker Gottheiten (Tyche, Nike, Gaia u. a.). Der Kaiser selbst lässt sich statuarisch als Sonnengott (Helios, Apollo), *sol invictus*, abbilden. KONSTANTIN steht somit zwar auf dem Boden der antiken Tradition, jedoch implantiert er darauf nachdrücklich und erfolgreich das noch junge Christentum. Nach Fortsetzung und Ausbau dieser Politik durch seine Söhne CONSTANTIUS II. und CONSTANS setzt unter Kaiser JULIAN APOSTATA (*332, †363) eine Gegenbewegung ein. Er versucht ohne nachhaltigen Erfolg den antiken Kulten wieder Priorität vor dem Christentum zu verschaffen. Erst Kaiser THEODOSIUS I., verleiht dem Christentum den Rang einer Staatsreligion, indem er in Edikten vom 24. Febr. 391 den Besuch heidnischer Tempel und Opfer und vom 8. Nov. 392 jeglichen antiken Götterkult verbietet und unter Strafe stellt. Dennoch spielen die antiken Kulte bis ins 6. Jh. regional, v. a. in der Provinz eine gewisse Rolle.

Da die griechische Sprache und Kultur im hellenisierten Osten des Römerreichs stets eine große Bedeutung hat, erlangt nach dem Zusammenbruch der römischen Herrschaft im Westen zwischen 476 (Absetzung des ROMULUS AUGUSTULUS) und 568 (Errichtung des Langobardenreichs) das Griechische im 6./7. Jh. auch offiziell (erste Gesetzgebung in griechischer Sprache unter JUSTINIAN I. [*482, †565]) die Prävalenz über das weiterhin im Militär und bei Hof verwendete Latein.

JUSTINIAN I. ist der letzte Kaiser, der noch einmal den Versuch einer Wiederherstellung des gesamten Römischen Reichs in seinen alten Grenzen unternimmt (*Renovatio* oder *Restitutio Imperii*). Diese Wiederherstellung gelingt zwar weitgehend, hat aber nach seinem Tod keinen dauerhaften Bestand.

Unter Kaiser Herakleios (*ca. 575, †641) werden Schwächen des Reichs sichtbar: Die Perser unter ihrem Großkönig Chosrau II. (†628) durchbrechen die Ostgrenze, dringen bis nach Kleinasien vor; sie nehmen 613 Damaskus ein, 614 Jerusalem, erreichen 615/16 Chalkedon (gegenüber Konstantinopel, auf dem asiatischen Ufer des Bosporus) und erobern Syrien, Palästina und Ägypten. Gleichzeitig machen Awaren und Slawen den Balkan unsicher. Erst 622 erfolgt die byzantinische Gegenwehr. Bis 628 führt der Kaiser einen zähen Krieg mit allen militärischen und diplomatischen Mitteln gegen Persien, an dessen Ende Chosrau II. gestürzt wird und die Perser alle eroberten Gebiete zurückgeben müssen. Die Heimholung der Kreuzesreliquie nach Jerusalem am 21. März 630 markiert den Triumph des Herakleios und der Restauration des Reichs. Bereits 636 aber verlieren die Byzantiner am Fluss Yarmuk in Palästina die erste größere Schlacht gegen die muslimischen Araber. Dieser Sieg läutet die arabische Expansion ein, in deren Verlauf sämtliche von den Persern zurückeroberten Reichsgebiete sukzessive an die Araber verloren gehen (636/37 Antiochia, 638 Jerusalem, 640–642 Ägypten).

337 Nach dem Tod Konstantins am Pfingstfest 337 töten Militärs unter ungeklärten Umständen mehrere Mitglieder der konstantinischen Familie, wobei am Ende nur die Söhne des Kaisers und die Verwandten Constantinus Gallus und Julian übrigbleiben.

337–340 Die Konstantinssöhne Konstantin II., Constans und Constantius II. führen den Augustustitel; Konstantin und Constans herrschen im Westen, Constantius II. im Osten.

340 Konstantin II. stirbt im Kampf gegen Constans, der nun den gesamten Westen einschließlich des Balkans regiert.

350 Magnentius lässt sich in Gallien zum Augustus ausrufen, Constans wird ermordet.

351 Constantius II. besiegt Magnentius bei Mursa und 353 bei Mons, dieser begeht daraufhin Selbstmord. Constantius II. ist Kaiser des gesamten Reichs bis 360

361 Tod Constantius II. Julian, genannt Julian Apostata (»der Abtrünnige«), wird als Kaiser anerkannt.

364–378 Valens Kaiser des Ostreiches. Er fällt in der Schlacht gegen die Goten bei Adrianopel.

379–395 Theodosius I. (»der Große«) Kaiser des Ostreichs, seit 388/94 des gesamten Römischen Reichs.

395–408 Arcadius Kaiser des Ostreichs.

408–450 Theodosius II. Kaiser des Ostreichs.

nach 408–413 Erweiterung Konstantinopels durch den Bau der »theodosianischen« Landmauer.

450–457 Markianos Kaiser des Ostreichs.

457–474 Leon I. Kaiser des Ostreichs.

474–491 Zenon (*um 440, †491) Kaiser des Ostreichs mit einer 20-monatigen Unterbrechung 475/76.

475/76 Basiliskos revoltiert und vertreibt vorübergehend Zenon aus Konstantinopel.

476 Der germanische Heermeister Odoaker setzt den letzten weströmischen Kaiser, Romulus Augustulus, ab. Von seinen Truppen zum *rex Italiae* ausgerufen, schickt Odoaker die kaiserlichen Insignien (*ornamenta palatii*) nach Konstantinopel zu Kaiser Zenon zum Zeichen seiner Unterordnung. Zenon ernennt ihn zwar zum *patricius*, verweist ihn aber an den legitimen Kaiser Nepos, der in Dalmatien sitzt.

480 Ermordung des Nepos in Dalmatien, Odoaker ist nun unangefochten kaiserlicher Statthalter in Italien.

482 Edikt »Henotikon« durch Zenon. Ein Einigungsversuch zwischen Monophysiten und Orthodoxen mit monophysitischer Tendenz folgt der erste Bruch mit dem Papsttum (Akakianisches Schisma 484–519).

482–488 Zenon mobilisiert die Rugier gegen Odoaker; diese fallen in das Noricum ein und verwüsten es. Odoaker kann sie in zwei Feldzügen 487/88 vernichtend schlagen und ihren König gefangen nehmen. Das Rugierreich wird von den Langobarden besetzt.

488 Zenon vereinbart mit dem *rex Gothorum* Theoderich den Zug der Ostgoten nach Italien.

491 Nach Zenons Tod heiratet dessen Witwe Ariadne den Hofbeamten **Anastasios** (*ca. 430, †518). Anastasios I. muss zunächst den Widerstand der Isaurier, der Anhänger des verstorbenen Kaisers Zenon, überwinden (bis 497). Durch kluge finanzpolitische Maßnahmen saniert er die Staatsfinanzen und fördert die **Zentralisierungstendenzen**. Umfangreicher Bau von Befestigungsanlagen an den Grenzen – gegenüber dem persischen Nisibis (heute Nusaybin) wird die Festung Dara (Oğuz) gebaut, vor der Hauptstadt sollen die Langen Mauern in Thrakien (ca. 503/04) Konstantinopel gegen die auf den Balkan vordringenden Völker sichern. Anastasios zeigt monophysitische Tendenzen und behält das Akakianische Schisma bei.

493 Theoderich ermordet nach jahrelangen Kämpfen Odoaker in Ravenna und herrscht nun in Italien.

497 Theoderich erhält von Kaiser Anastasios die *ornamenta palatii*. Er herrscht fortan als *rex Italiae* und trägt den Purpur.

502–506 Ein Krieg mit Persien bleibt ohne Ergebnis.

518 Anastasios stirbt ohne Thronerben.

518–602 Dynastie Justins I. und Justinians I. (mit adoptierten und angeheirateten Nachfolgern)

518–527 Kaiser Justin I. (*um 450, †527), ein Militär aus Makedonien, wird von der Armee und den Demen (Zirkusparteien) zum Kaiser ausgerufen. Von Anfang an bindet er seinen Neffen und späteren Nachfolger Justinian mit in die Regierung ein.

Demen (Zirkusparteien)

Die römischen Zirkusparteien (lat. *factio*, griech. *meros* oder *demos*) sind Vereine, die jeweils einen Wagen bei den Wagenrennen im Circus bzw. Hippodrom ausstatten und unterstützen. Sie unterscheiden sich durch verschiedene Farben (blau, grün, weiß, rot). In Konstantinopel bilden die Blauen mit den Weißen und die Grünen mit den Roten Allianzen und Renngemeinschaften. In byzantinischer Zeit stehen die Blauen und Grünen viel stärker im Vordergrund, während die Weißen und Roten nur selten erwähnt werden. Sie bleiben aber bis zum Ende der Wagenrennen im 12. Jh. existent. Inschriften und erzählende Quellen bezeugen ihre zunehmende Bedeutung im öffentlichen Leben: Sie errichten Statuen für herausragende Wagenlenker, beschäftigen Funktionäre, Schausteller und Schauspieler und verfügen über nicht unerhebliche finanzielle Mittel. Die Identifikation mit den Demen reicht dabei über die eigentlichen Wagenrennen hinaus; so werden bestimmte Stadtviertel vorzugsweise von Anhängern der einen oder anderen Faktion bewohnt. Insbesondere im Hippodrom von Konstantinopel erhalten die Demen über die Akklamationen (gereimte Hochrufe oder auch Spottverse auf den Kaiser oder seine Würdenträger) auch eine zeremonielle und politische Funktion. Sie können die Zustimmung oder Ablehnung des Volkes zum Ausdruck bringen. Mitunter führen diese Artikulationen der Volksmeinung – teilweise in Kombination mit der latent vorhandenen Rivalität zwischen den Demen – auch zu schweren Ausschreitungen (Nika-Aufstand 532). Als Vertreter des Volkes werden sie aber auch zu einem der drei Konstituenten kaiserlicher Macht (Senat, Heer, Volk) und spielen in Byzanz v. a. bei der Ausrufung von dynastisch nicht legitimierten Kaisern eine wichtige Rolle. Vom 7. Jh. an werden die Demen mehr und mehr in die kaiserliche Beamtenschaft eingebunden und verlieren ihre relative Unabhängigkeit. Die Anführer der Demen werden als Demarchen zu kaiserlichen Würdenträgern und stehen in kaiserlichem Sold. Fortan beschränkt sich ihre Rolle im Wesentlichen auf das Zeremoniell. In dieser Funktion sind sie bis in das 12. Jh. nachweisbar.

519 Justin hebt das Henotikon auf und legt damit das Akakianische Schisma durch eine Rückkehr zum Glaubensbekenntnis von Chalkedon bei.

525 Zerstörung Antiocheias durch ein Erdbeben.

527–565 **Kaiser Justinian I.** (Flavius Petrus Sabbatius Justinianus) strebt nach größtmöglicher (repräsentativer und faktischer) Machtentfaltung nach innen und außen. Repräsentation, Bautätigkeit, Verwaltung und Kriegsführung verschlingen enorme Summen, die durch Steuereinnahmen und Sparmaßnahmen aufgebracht werden müssen. Dennoch gelingt ihm die *renovatio* bzw. *restitutio imperii*, die Wiederherstellung der römisch-byzantinischen Macht rund um das Mittelmeer. Justinian umgibt sich mit ausgezeichneten Beratern und fähigen Fachleuten. Engste Beraterin und Mitregentin ist seine Frau und Kaiserin Theodora (*um 497, †548); weitere wichtige Persönlichkeiten in seiner Umgebung sind die Feldherren Belisar (*um 505, †565) und Narses (*um 490, †574), der Prätorianerpräfekt Johannes Kappadox (†nach 547), der Rechtsgelehrte Tribonian (†543/45) sowie die Baumeister Anthemios von Tralles (†vor 558) und Isidoros von Milet (†vor 558).

528 Beginn der Kodifikation des Römischen Rechts im **Codex Iustinianus** in lateinischer Sprache. Erste (verlorene) Publikation 529, zweite (erhaltene) 534.

Codex Iustinianus (Corpus Iuris Civilis)

Justinian setzt unter der Leitung des Rechtsgelehrten und Quästors Tribonian eine juristische Kommission ein, die sich mit der Neuordnung und Bereinigung der bisherigen Rechtsliteratur befassen sollen. Zunächst werden die kaiserlichen Gesetze aus den älteren Rechtskodifikationen (*Codex Gregorianus, Codex Hermogenianus* und *Codex Theodosianus*) gesammelt und überarbeitet, um Wiederholungen und Widersprüche zu beseitigen. Ferner wird ein kaiserliches Lehrbuch für römisches Recht mit Gesetzeskraft (*Institutiones*) erarbeitet und eine Sammlung von Auszügen aus Schriften römischer Rechtsgelehrter (*Digesta* bzw. *Pandektai*) angefertigt. Schließlich kommen noch die von Justinian selbst erlassenen Gesetze (*Novellae*) hinzu.

Die Gesetzessammlung Justinians wird im 12. Jh. durch die Rechtsschule von Bologna wiederentdeckt und unter dem Namen *Corpus Iuris Civilis* Grundlage des Studiums der Jurisprudenz an den aufkommenden Universitäten. Sie beeinflusst bis in die frühe Neuzeit die Rechtsentwicklung Europas.

529 Justinian schließt die Philosophenschule von Athen als weitere Maßnahme gegen die Fortexistenz der alten Kulte, v. a. in den Provinzen des Reiches.

531 Die letzten heidnischen Neuplatoniker suchen Zuflucht im Perserreich.

532 **Nika-Aufstand** (nach dem Schlachtruf der Aufständischen: »Nika!«, dt. »Siege!«) in Konstantinopel: Die Demen revoltieren, brandschatzen in der Stadt, versammeln sich im Hippodrom und rufen Hypatios, einen Neffen Kaisers Anastasios I., zum Gegenkaiser aus. Justinian will angeblich schon abdanken, seine Frau Theodora spricht sich jedoch dagegen aus. Schließlich stürmen die beiden Heermeister Belisar und Mundus (†536) mit loyalen Truppen (Germanen) den Hippodrom und ersticken den Aufstand in Blut. V. a. sozial-ökonomische Gründe (rigide Steuerpolitik) dürften für den Aufstand eine Rolle gespielt haben.

532–537 Bau der Hagia Sophia in Konstantinopel.

533 Publikation eines Rechtslehrbuches (*Institutiones*) und einer Sammlung von Auszügen aus Schriften römischer Rechtsgelehrter (*Digesta* bzw. *Pandektai*) in 50 Büchern in lateinischer Sprache.
Justinian schließt mit dem Perserkönig Chosrau I. (531–579) nach vierjährigem Krieg einen »ewigen Frieden« und zahlt dafür 11 000 Goldpfund.

533–534 **Belisar erobert das Vandalenreich** und gewinnt Nordafrika zurück, ebenso Sardinien, Korsika, die Balearen und Ceuta.

535–553 Krieg gegen die Ostgoten in Italien. Nach raschen Anfangserfolgen verschlingt der Krieg durch seine Dauer und Intensität große Mittel. Rom wird mehrmals von Byzantinern und Goten erobert.

537, 27. Dez. Feierliche Einweihung der Hagia Sophia in Konstantinopel.

540 Bruch des »ewigen Friedens« durch Persien. Chosrau I. erobert Antiocheia am Orontes und Petra in

Lazika (heute Georgien.) Damit stehen die Perser am Mittelmeer und am Schwarzen Meer.

541 Der weströmische Senator BASILIUS bekleidet zum letzten Mal das Jahreskonsulat. Nur noch neu erhobene Kaiser geben fortan im ersten Jahr ihrer Herrschaft die konsularischen Spiele. Diese Maßnahme und andere Verwaltungsreformen dienen v.a. der Einsparung finanzieller Mittel.

541/542 Pestepidemie in Konstantinopel und im Osten, starker Bevölkerungsrückgang.

542 Erneuter Krieg mit Persien.

544 Drei Schriften von THEODOROS VON MOPSUESTIA (*350, †428), THEODORET VON KYROS (*um 393, †460) und IBAS VON EDESSA (†457) werden als nestorianisch verurteilt. Dieser erfolglose Versuch, die Monophysiten im Osten zu gewinnen, gefährdet die Glaubensgemeinschaft mit dem Westen (Dreikapitelstreit).

545 JUSTINIAN erkauft von CHOSRAU I. einen fünfjährigen Frieden für 2000 Goldpfund.

548 Tod THEODORAS, Beisetzung im neu erbauten Heroon Justinians an der Apostelkirche in Konstantinopel.

551 Der Friede mit Persien wird für 2600 Goldpfund erneuert.

552–554 Militärisches Ausgreifen nach Spanien, wo der südöstliche Teil (Cordoba, Cartagena, Malaga) gewonnen werden kann (byzantinisch bis 625).

553 Nach dem endgültigen **Sieg über die Ostgoten** wird Italien in das Byzantinische Reich eingegliedert. Einberufung des 5. Ökumenischen Konzils nach Konstantinopel: die »Drei Kapitel« werden verurteilt.

559/560 Die hunnischen Kutriguren stehen vor Konstantinopel, werden aber von BELISAR und durch geschickte Diplomatie vertrieben.

562 Abschluss eines Friedens mit den persischen Sassaniden auf 50 Jahre gegen hohe Tributzahlungen.

565 Tod JUSTINIANS, Beisetzung im Heroon Justinians.

Die Regierungszeit Justinians

In der Rückschau wird JUSTINIAN als letzter »wahrhaft römische Imperator« gepriesen oder ihm wird die Überforderung der Kräfte und Finanzen des Reiches vorgeworfen und damit die Schuld an dem post-justinianischen Niedergang gegeben. Beides scheint indes zu kurz gegriffen. Seine Person steht sowohl für ein letztes Aufleben der römischen Tradition, wie sie sich in seinen universalen Herrschaftsansprüchen ausdrückt, als auch für den Abschied von dieser Tradition, wie sie etwa die Abschaffung des Konsulats bedeutet. JUSTINIAN treibt die Christianisierung und Gräzisierung des Ostreiches weiter voran und betont so nicht genuin römische, sondern byzantinische Elemente. Für ihn ist Konstantinopel das unangefochtene Zentrum des Reiches. Bei der Bewertung der *Renovatio Imperii* darf man nicht übersehen, dass die meisten seiner Aktivitäten nicht auf einen vorgefassten Plan zurückgehen, sondern Reaktionen auf sich rasch verändernde Rahmenbedingungen sind. Dies schließt ein gewisses Sendungsbewusstsein des Kaisers keineswegs aus. JUSTINIAN muss auf Entwicklungen an den Grenzen des Reichs reagieren, hat dafür aber nur begrenzte Mittel zur Verfügung. So kann er an der Ostgrenze zu Persien – unter großen Schwierigkeiten und nur durch den Einsatz enormer finanzieller Mittel – nur den status quo wahren. Die Rückeroberungen im Westen und der dadurch bedingte Zweifrontenkrieg lassen eine offene Flanke auf dem Balkan, in die noch zu JUSTINIANS Lebzeiten die Hunnen und wenig später Awaren, Slawen und Bulgaren hineinstoßen. Als er stirbt, sind die Reichsgrenzen zwar wesentlich länger, aber keineswegs sicherer geworden. So kann man mit A. DEMANDT konstatieren, dass JUSTINIAN zwar »das Kaisertum vom Euphrat bis zum Atlantik wieder zu Ansehen gebracht« hatte, seiner Politik aber »im ganzen kein Erfolg beschieden« war.

JUSTINIAN verfolgt von Anfang an eine straffe Steuer- und Finanzpolitik. Anders sind die gewaltigen Ausgaben (Kriegsführung, Verwaltung, Bauwesen usw.) nicht zu finanzieren. Zwar fallen ihm im Laufe der Kriegszüge auch die Königsschätze der Vandalen und Ostgoten und andere Beute in die Hände, die aber durch enorme Tributzahlungen an die Perser aufgewogen wird. Erhöhtes Steueraufkommen aus den eroberten Gebieten steht erhöhten Verwaltungsausgaben für diese Provinzen gegenüber. Hofstaat und Verwaltung werden verschlankt, Ämter abgeschafft und zusammengelegt – eine Einschränkung der Macht der Senatsaristokratie ist durchaus beabsichtigt –, neue Steuern werden eingeführt und Steuervergehen unnachgiebig geahndet. Religionspolitisch fördert JUSTINIAN entschieden das Christentum und geht gegen Heiden, Juden und christliche Häretiker vor, ausgenommen freilich die gotischen Föderaten, die ihren arianischen Glauben behalten dürfen. Vergeblich sucht er einen Kompromiss zwischen den Monophysiten im Osten des Reiches, Konstantinopel und Rom (»theopaschitisches« Glaubensedikt, Dreikapitelstreit), der aber die Glaubensgemeinschaft mit dem Westen bedroht. Der Kaiser versteht sich als Oberhaupt der gesamten Kirche. Der wichtigste der fünf Patriarchen ist zurzeit JUSTINIANS zweifellos der Patriarch von Konstantinopel. Wirtschaftlich wichtig ist die Sicherung der byzantinischen Oberhoheit auf der Krim mit den Stützpunkten Bosporos und Chersonesos, da hier die nördliche Route der Seidenstraße aus China, die das Perserreich umgeht und den persischen Zwischenhandel ausschaltet, endet. Wohl auf diesem Weg kommt die Seidenraupenzucht nach Byzanz, das daraus ein europäisches Monopol in der Seidenherstellung und -verarbeitung gewinnt, und lange Zeit ein bedeutender ökonomischer Faktor bleibt. Auch der Fernhandel zur See mit dem indischen Subkontinent floriert (*Kosmas Indikopleustes*). Kunst und Kultur erleben unter JUSTINIAN eine Blüte. Er lässt allein in Konstantinopel über 30 Kirchen errichten, andere in Ravenna, Thessalonike, Ephesos und Antiochia. Glanzstück ist der Bau der **Hagia Sophia**, der Kirche der Heiligen Weisheit, in Konstantinopel. Seine Bautätigkeit dokumentiert PROKOPIOS VON KAISAREIA (*um 490, †nach 555) in einem eigenen Werk. PROKOP ist auch Geschichtsschreiber JUSTINIANS und schildert den Vandalen-, Goten- und Perserkrieg teilweise aus eigenem Erleben; in einer Schmähschrift,

Das Byzantinische Reich um 600

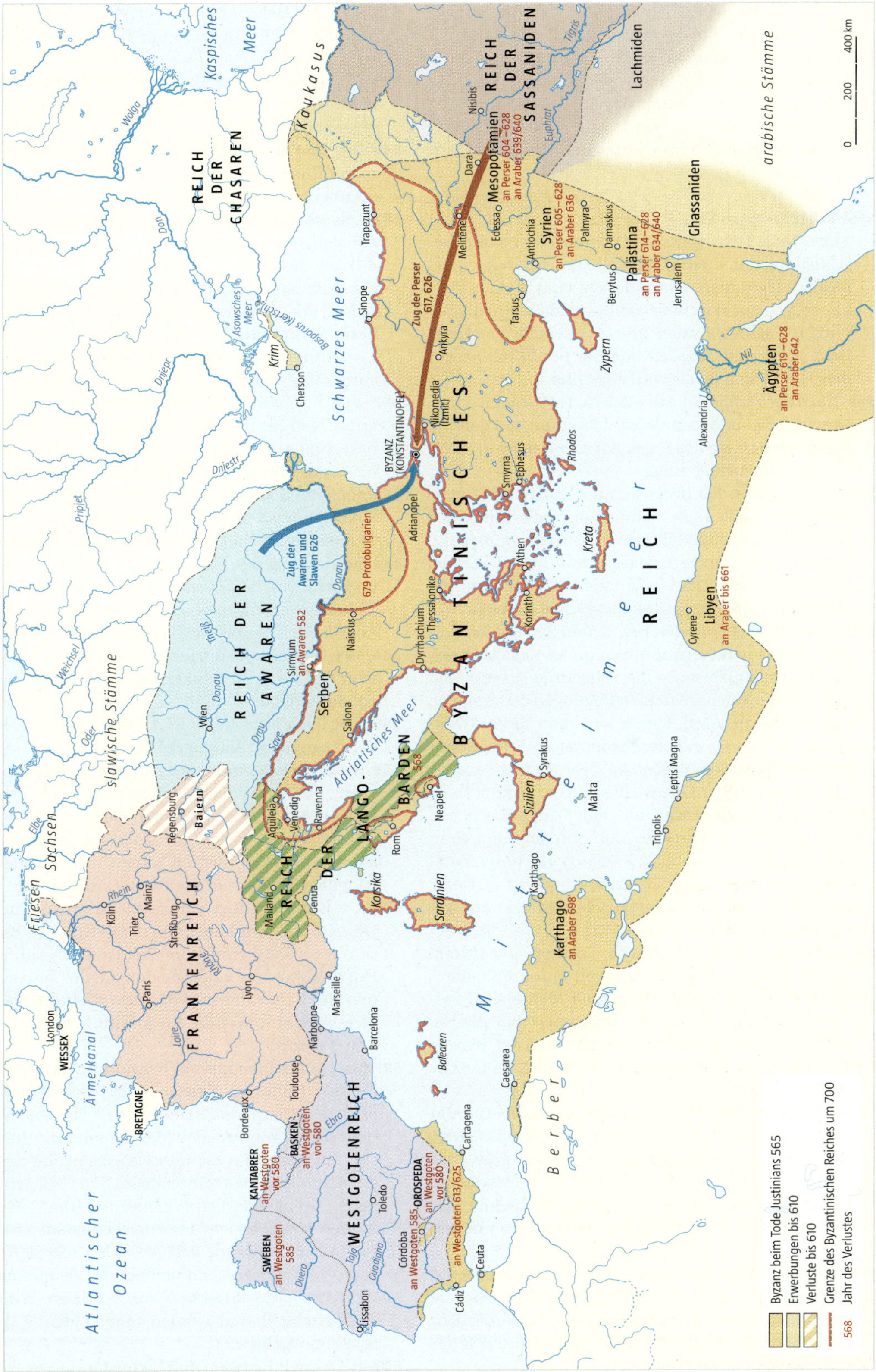

der sog. »Geheimgeschichte« (lat. *historia arcana*, griech. *anekdota*), übt er allerdings scharfe Kritik an Theodora und Justinian. Literarische Zeugnisse diese Zeit sind außerdem das anonyme Chronicon Paschale (Osterchronik), die Chronik des Johannes Malalas, das Ämterbuch des Johannes Lydos (*490, †nach 552) und religiöse Hymnen von Romanos Melodos (†um 555).

565–578 (effektiv bis 574) Kaiser Justin II. (*520, †578) ist ein Neffe Justinians und überdies durch die Eheschließung mit Sophia, einer Nichte Theodoras, dynastisch legitimiert. Obwohl nicht zum Mitkaiser erhoben, gelangt er durch rasches Handeln und die Beseitigung seines Rivalen Justin, ebenfalls ein Neffe Justinians und *magister militum per Illyricum*, auf den Thron. Sein Rivale wird ermordet.

567 Nach der Vernichtung des Reichs der Gepiden durch Langobarden und Awaren wird Sirmium von den Byzantinern besetzt; das Reich hat damit für kurze Zeit seine größte Ausdehnung.

568 Die Langobarden unter ihrem König Alboin marschieren in Italien ein, nehmen etwa die Hälfte des Landes in Besitz und teilen es in 35 Herzogtümer auf. Byzanz behält einige Exklaven, Rom und Ravenna, und Unteritalien. Das Restaurationswerk Justinians in Italien ist damit zum Teil rückgängig gemacht.

572 Erneuter Krieg mit den persischen Sassaniden aufgrund von Interessenkonflikten in der Kaukasusregion und Armenien sowie der Weigerung Justins, die Tributzahlungen nach den Bedingungen des Friedens von 562 fortzusetzen. Die Perser unter ihrem Großkönig Chosrau I. erzielen bedeutende Erfolge und überrennen Mesopotamien.

573 Die Perser erobern die wichtige Grenzfestung Dara.

574 Justin II. zeigt Anzeichen einer neurologischen oder psychischen Krankheit. Auf Anraten seiner Frau Sophia erhebt er General Tiberios (Flavius Tiberius Constantinus; †582) zum Mitkaiser (7. Dez.). Dieser führt von nun an praktisch alle Regierungsgeschäfte.

575 (oder 576) Der byzantinische Feldherr Justinian, Bruder des vom Kaiser beseitigten Thronprätendenten Justin, schlägt die Perser bei Melitene. Chosrau I. kann nur mit Mühe entkommen. Für die folgende Waffenruhe in Mesopotamien leistet Byzanz Zahlungen, doch flammen schon 578 die Kämpfe wieder auf.

578–582 (effektiv seit 574) Kaiser Tiberios I. übernimmt nach dem Tod Justins II. auch offiziell die Macht. Offerten einer Eheschließung mit der Kaiserinwitwe Sophia lehnt er ab. Er betreibt eine konsequente Rüstungspolitik, ist aber gleichzeitig beim Volk recht beliebt, weil er großzügig Steuergeschenke verteilt.

579 Aufstand in Syrien: Anhänger des Sonnenkultes um die Stadt Baalbek (Heliopolis) erheben sich gegen die kaiserliche Christianisierungspolitik. Tiberios lässt den Aufstand blutig niederschlagen und die Anführer verurteilen und hinrichten.

579/580 Die Awaren belagern das strategisch wichtige Sirmium, nachdem der Kaiser die Übergabe der Stadt verweigert hat.

579 Der persische Großkönig Hormizd IV. (579–590) lehnt jegliche Friedensgespräche mit Byzanz ab und besteht auf Krieg.

581 **Sieg über die Perser** bei Konstantina (in Mesopotamien) unter dem General und späteren Kaiser Maurikios (*539, †602).

582 Das isolierte Sirmium muss kapitulieren und wird von den Awaren eingenommen. Um ein weiteres Vordringen der Awaren zu vermeiden, stimmt Tiberios der Zahlung von Jahresgeldern an den Khagan zu. Der Kaiser erkrankt, adoptiert den erfolgreichen Feldherrn Maurikios, verheiratet ihn mit seiner Tochter Constantina und erhebt ihn zum Mitkaiser, ehe er stirbt (13. Aug.).

582–602 Kaiser Maurikios (Flavius Mauricius Tiberius): Seine nach außen hin zwar relativ erfolgreiche, nach innen aber kompromisslose Politik macht ihn bei der Bevölkerung und auch beim Heer zunehmend unbeliebt. Sparmaßnahmen führen zur Kürzung der Soldzahlungen und zu mangelhafter Versorgung der Truppen, was schließlich seinen Sturz bewirkt.

584 Einrichtung des Exarchats von Ravenna; die zivile und militärische Gewalt werden unter einem Exarchen zusammengefasst.
Angriff der Awaren und Slawen auf Thessalonike.

584/585 Gute Kontakte zu den Franken unter Childebert II. führen zu fränkischen Einfällen in das Langobardenreich.

586 Sieg über die Perser bei Solachon nahe Dara. Angriff der Awaren und Slawen auf Thessalonike.

588 Meuterei byzantinischer Truppen an der persischen Front, da sie den neuen Befehlshaber nicht akzeptieren und Maurikios Soldkürzungen angekündigt hat. Die Perser sind selbst im Kaukasus gebunden und können aus der Situation keinen Vorteil ziehen. Die Langobarden konvertieren zum Christentum.

590 Chosrau II. stürzt den sassanidischen Großkönig Hormizd IV., wird aber von dem Feldherrn Bahram Chobin (†592) verfolgt und flieht nach Byzanz an den Hof des Maurikios. Gegen den Rat des Senats adoptiert der Kaiser den sassanidischen Thronfolger und vereinbart mit ihm die Rückführung auf den persischen Thron.

591 Mit Unterstützung eines byzantinischen Heeres unter dem Feldherrn Narses (†605) siegt Chosrau II. über den Usurpator Bahram (VI.) Chobin und erringt den Thron Persiens. Wie vereinbart, tritt Chosrau zum Dank für die byzantinische Hilfe den Norden Mesopotamiens einschließlich Nisibis, Armenien bis zur Grenze westlich von Dvin und zum Vansee und Iberien (Ostgeorgien) bis zur Hauptstadt Tbilisi an Byzanz ab. Auf dem Balkan stoßen die Slawen bis nach Nordgriechenland und auf die Peloponnes vor. Einrichtung des Exarchats von Karthago; zivile und militärische Gewalt werden unter einem Exarchen zusammengefasst.

602 Bei einer Prozession durch Konstantinopel wird der

Kaiser mit Gegenständen beworfen. Als er Ende 602 der Donauarmee befiehlt, im Kriegsgebiet zu überwintern, rufen die Soldaten den Unteroffizier (*centurio*) PHOKAS zum Kaiser aus, ziehen mit ihm nach Konstantinopel und können es im Nov. einnehmen. MAURIKIOS und seine Söhne werden hingerichtet.

602–610 Kaiser PHOKAS (*um 547, †610) wird in den byzantinischen Quellen äußerst negativ dargestellt, allerdings stammen diese Berichte aus der Zeit seines Nachfolgers HERAKLEIOS, der den Thron usurpiert und daher ein Interesse an einer negativen Darstellung seines Vorgängers hat. PHOKAS stößt allerdings als Usurpator und als gesellschaftlicher Aufsteiger wohl auf Widerstand besonders der Aristokratie, gegen den er mit großer Härte vorgeht.

603 Der persische Großkönig CHOSRAU II. nimmt den Sturz des MAURIKIOS zum Anlass, PHOKAS den Krieg zu erklären. Er präsentiert zunächst THEODOSIOS, der als Sohn des MAURIKIOS ausgegeben wird, während der echte Maurikios-Sohn hingerichtet worden war, als Thronkandidaten. Der Krieg schlägt bald in einen reinen Eroberungskrieg um. CHOSRAU erobert Nordmesopotamien, Armenien und Teile Ostkleinasiens. Byzanz schließt einen Waffenstillstand mit den Langobarden in Italien für zwei Jahre.

605 Nach Ablauf des Waffenstillstands bemächtigen sich die Langobarden unter AGILULF weiterer Teile Italiens.

605–611 CHOSRAU II. eröffnet den Krieg gegen Byzanz, erobert Dara und Kaisareia (Zentraltürkei).

607 PHOKAS verabschiedet ein Gesetz, das die Würde des Ökumenischen Patriarchen dem Patriarchen von Konstantinopel aberkennt und dem Papst in Rom überträgt. Damit erkennt er den Primat Roms an.

608 PHOKAS schenkt Papst BONIFATIUS IV. (608–615) das Pantheon in Rom, der es 609 zur Kirche weiht. Auf dem Forum Romanum in Rom wird die Phokas-Säule errichtet. In Karthago beginnt die Rebellion gegen den Kaiser.

610 PHOKAS wird gestürzt und hingerichtet.

610–711 Dynastie des HERAKLEIOS.

610–641 Unter Kaiser HERAKLEIOS erreicht die persische Invasion erst ihr volles Ausmaß: Die Perser erobern 613 Antiocheia, 614 Jerusalem, von wo die Kreuzesreliquie nach Ktesiphon gebracht wird, erreichen 615/16 Chalkedon, erobern Syrien, Palästina und 616–619 Ägypten, was Konstantinopel der Kornkammer beraubt.

Unter HERAKLEIOS schreiten Christianisierung (Judenfeindlichkeit) und Gräzisierung (griechische Kaisertitulatur: Basileus) des Reiches weiter voran.

610–620 Verlust der inneren Balkangebiete an Awaren und Slawen.

615/616 Die Perser stehen vor Konstantinopel, müssen aber wieder abziehen.

620 oder 622 Die Perser erobern Ankyra.

621 Die Kirche stellt einen Teil ihres gewaltigen Vermögens dem Kaiser als Darlehen für Rüstungszwecke zur Verfügung.

622 Der Gegenangriff der Byzantiner beginnt. Der Kaiser führt sein Heer im Norden in das persische Reichsgebiet hinein.

623 HERAKLEIOS erkauft sich vom Khagan der Awaren einen Frieden für drei Jahre.

624/625 Kämpfe in der Kaukasusregion. Die Byzantiner nehmen Erzerum ein, zerstören Dvin, ziehen durch Aserbaidschan und zerstören in Ganzaka einen berühmten Feuertempel.

626 Ein gleichzeitiger Angriff von Awaren und Persern auf die Hauptstadt wird in Abwesenheit des Kaisers nach einem Seesieg erfolgreich abgeschlagen. Wendepunkt des letzten Perserkrieges.

627 HERAKLEIOS siegt entscheidend bei Ninive.

628 HERAKLEIOS steht vor Ktesiphon. Das Sassanidenreich bricht zusammen. CHOSRAU II. wird gestürzt.

629 Friedensschluss mit Persien. Vereinbart wird die Rückgabe aller von den Persern eroberten Gebiete, der Kreuzesreliquie und anderer Kriegsbeute. Grenzfluss wird der Euphrat.

630, 21. März Der feierliche Einzug der Kreuzesreliquie in Jerusalem steht symbolisch für die Restauration des Reiches.

632 Tod des Propheten MOHAMMED.

634 Die muslimischen Araber fallen – zunächst kaum beachtet – in Syrien ein.

636 Die Byzantiner verlieren am Fluss Yarmuk in Palästina die erste größere Schlacht gegen die muslimischen Araber. Dieser Sieg läutet die arabische Expansion ein, in deren Verlauf sämtliche von den Persern zurück eroberten Reichsgebiete sukzessive an die Araber verloren gehen (636/37 Antiocheia, 638 Jerusalem, 640–642 Ägypten).

638 Erlass der »Ekthesis«: Dieses Dekret bietet eine Kompromissformel in den christologischen Streitigkeiten an. Nach der Rückeroberung der monophysitischen Ostprovinzen versucht HERAKLEIOS, die christologischen Streitigkeiten mit Zustimmung Papst HONORIUS' I. (625–638) durch den Monenergetismus (zwei Naturen, eine Wirkungskraft) zu überwinden; später durch den Monotheletismus (zwei Naturen, ein Wille) in der »Ekthesis«. Alle diese Kompromisse scheitern.

641, 11. Febr. Tod des HERAKLEIOS. | Forts. S. 638 |.

Regionen Europas, Westasiens und Nordafrikas zur Zeit der Antike

Griechenland und Makedonien

Griechenland (338–145 v. Chr.)

Die Niederlage von Chaironeia (338) und der Korinthische Bund (338/37) haben Griechenland befriedet, mit der makedonischen Hegemonie aber nicht versöhnt. Griechenland verliert in dem Maße an Gewicht, wie ALEXANDERS Eroberung den politischen Schwerpunkt im Mittelmeerraum nach Osten verlagert. Durch seinen alten Partikularismus ist es weder gegenüber den Diadochen noch den drei großen Nachfolgemonarchien eine gleichrangige Macht. Doch sind die griechischen Staaten weiterhin stark genug, um im politischen Kräftespiel als Partner umworben zu werden, oft mit Freiheitsparolen. Die räumliche Nähe und das historische Erbe PHILIPPS II. bringen es mit sich, dass sich Makedonien dabei am wenigsten eine Zurücksetzung leisten kann. Ptolemaier und Seleukiden verfolgen mit ihrer Griechenlandpolitik zusätzlich die Absicht, sich den Zustrom griechischer Söldner und Siedler zu erhalten, die zusammen mit den makedonischen Soldaten ihre Herrschaft stützen sollen. Der Partikularismus und der Antagonismus gegen Makedonien machen es Rom im 2. Jh. leicht, die Oberhoheit über Griechenland zu gewinnen.

334 v. Chr. ALEXANDER DER GROSSE zieht nicht nur als makedonischer König in den Perserkrieg, sondern auch als Hegemon des Korinthischen Bundes, dessen Mitglieder 7000 Fußsoldaten und die meisten Schiffe stellen. ANTIPATROS (*399/98, †319) bleibt als Stratege Europas zurück, um Griechenland zu überwachen. MEMNON (†333) plant nach der Niederlage am Granikos (Mai 334) eine Invasion in Griechenland, um sich mit den Makedonengegnern zu verbünden.

332/331 v. Chr. Der spartanische König AGIS III. (338–331) bietet mit persischem Geld Söldner auf und schlägt ein makedonisches Heer. Elis, Achaia und Arkadien treten zu AGIS über und belagern mit ihm Megalopolis. DEMOSTHENES (*384, †322) bewegt Athen zur Neutralität. ANTIPATROS schlägt die Verbündeten in der Schlacht von Megalopolis; AGIS fällt.

330 v. Chr. Athen bereitet einen Verteidigungskrieg gegen Makedonien vor: Die Finanzen werden reformiert, Befestigungen und Flotte ausgebaut, die Epheben militärisch geschult. Im Kranzprozess siegt DEMOSTHENES über den Makedonenfreund AISCHINES (*389, †um 315). In Aitolien regt sich Widerstand.

324/323 v. Chr. Nach seiner Rückkehr aus Indien sucht ALEXANDER mit dem Dekret über die Rückführung der griechischen Verbannten die Makedonenanhänger zu stärken. Die Aitoler und Athen sollen Eroberungen an die früheren Bewohner zurückgeben. Aitoler und Athener schließen ein Bündnis und werben Söldner an. In Athen trifft ALEXANDERS geflohener Schatzmeister HARPALOS (†324) ein; DEMOSTHENES wird wegen des Vorwurfs, Geld des HARPALOS unterschlagen zu haben, verbannt.

323/322 v. Chr. Mit der Nachricht von ALEXANDERS Tod kommt der drohende Krieg zum Ausbruch. Unter Athens Führung bildet die meisten griechischen Staaten eine Symmachie (Kampfbündnis). DEMOSTHENES kehrt zurück; das Bundesaufgebot schließt ANTIPATROS in Lamia ein (Lamischer Krieg). Diesem gelingt es, zu entkommen und mithilfe des von Kilikien eingetroffenen KRATEROS (†321) die Griechen bei Krannon zu schlagen. Die athenische Flotte wird bei Amorgos vernichtet – die Gefallenen werden durch die Grabrede des HYPEREIDES geehrt. ANTIPATROS besetzt Athen und löst die Demokratie auf. DEMOSTHENES, zum Tode verurteilt, flieht auf die Insel Kalauria und nimmt Gift; HYPEREIDES wird hingerichtet. ANTIPATROS setzt auch in anderen Städten promakedonische Reformen durch. PHOKION (*um 402, †318) steuert in Athen einen gemäßigten Kurs.

321–318 v. Chr. Im Kampf gegen ANTIPATROS verbündet sich PERDIKKAS (†321) mit den Aitolern, deren Bund (Koinón) sich gerade bildet. Nach ANTIPATROS' Aufbruch nach Asien unterwerfen sie die Lokrer und einen Teil Thessaliens. Als ANTIPATROS' Nachfolger POLYPERCHON (*394, †um 303) mit einer Freiheitsdeklaration Griechenland gegen KASSANDROS (*um 350, †297) zu sichern sucht, stellt sich der makedonische Kommandant im Piräus auf dessen Seite. Dem vermittelnden PHOKION werfen die wieder erstarkten Demokraten Verrat vor und lassen ihn hinrichten. Auch in der Peloponnes fallen die von ANTIPATROS eingerichteten Oligarchien. Megalopolis hält sich erfolgreich gegen die Belagerung POLYPERCHONS.

317 v. Chr. KASSANDROS gewinnt Athen. Er schränkt die Demokratie durch Zensus ein und stellt an die Spitze der Stadt den Aristoteles-Schüler DEMETRIOS VON PHALERON (†um 280), der in zehn Jahren Regierung eine solide Finanzpolitik verfolgt und das kulturelle Leben fördert. Euboia und Teile Thessaliens treten auf KASSANDROS' Seite, während POLYPERCHON sich in Mittelgriechenland (Aitolien) hält und sein Sohn ALEXANDER (†314) Sikyon und Korinth besetzt.

316 v. Chr. KASSANDROS stellt Theben wieder her.

315 v. Chr. ANTIGONOS I. (*382, †301) verkündet in Tyros gegen KASSANDROS die Freiheit der Griechenstädte und verbündet sich mit den Aitolern. Die Kykladen schließen sich unter seinem Protektorat zu einem Bund zusammen (Koinón der Nesioten).

315/314 v. Chr. KASSANDROS sucht die Gegner aus der Peloponnes und aus Aitolien zu verdrängen. ALEXANDER schließt sich ihm an und wird ermordet.

312/311 v. Chr. ANTIGONOS' Neffe PTOLEMAIOS (†309) gewinnt Boiotien, Euboia und Theben. Er schließt mit Athen Frieden und erkennt ANTIGONOS KASSANDROS' Stellung in Griechenland an: Alle Diadochen bekennen sich zur Freiheit der Hellenen.

309/308 v. Chr. POLYPERCHON erhält nach Versöhnung mit KASSANDROS die Strategie der Peloponnes. Gegen beide tritt PTOLEMAIOS I. SOTER (306–282) als Befreier der Griechen auf und erhält Korinth und Sikyon. Er versöhnt sich mit KASSANDROS gegen ANTIGONOS, der ein umfangreiches Befreiungsprogramm für Griechenland vorbereitet.

307/306 v. Chr. ANTIGONOS' Sohn DEMETRIOS POLIORKETES (*um 336, †283) gewinnt mit einer Flotte im Handstreich den Piräus und erobert Megara. Athen ergibt sich, DEMETRIOS VON PHALERON flieht nach Theben, später Ägypten. Auch THEOPHRAST, ARISTOTELES' Schüler und Nachfolger, verlässt für ein Jahr die Stadt. Die Athener beschließen göttliche Ehren für die »Retter« ANTIGONOS und DEMETRIOS erhalten Statuenneben denen der Tyrannenmörder.

306–302 v. Chr. KASSANDROS versucht im Vierjährigen Krieg seine Herrschaft in Griechenland gegen die Antigoniden zu festigen. Er unterwirft Korinth, Boiotien, Euboia und Phokis; ein Angriff auf Athen scheitert.

305/304 v. Chr. Als DEMETRIOS Rhodos belagert, bemühen sich über 50 griechische Staaten, den Frieden für die bedeutende Handelsmacht zu vermitteln.

304–301 v. Chr. KASSANDROS verwüstet neuerlich Attika, seine Flotte besiegt die athenische. DEMETRIOS wird wieder in Griechenland aktiv, drängt KASSANDROS an die Thermopylen zurück: Boiotien, Phokis und fast die ganze Peloponnes gehen zu ihm über.

303/302 v. Chr. DEMETRIOS erneuert den Korinthischen Bund PHILIPPS II.: Alle griechischen Staaten außer Sparta, Messenien und Thessalien schließen ein ewiges Bündnis und einen Allgemeinen Frieden (*koinè eiréne*) mit ANTIGONOS und DEMETRIOS als Führern (Hegemonen) des Bundes, und verpflichten sich, Kontingente zum Bundesheer zu stellen.

302 v. Chr. DEMETRIOS kämpft gegen KASSANDROS, schließt aber mit ihm einen Präliminarfrieden, um seinem Vater in Kleinasien zu helfen: KASSANDROS stellt sofort die makedonische Herrschaft über Thessalien wieder her und erzielt Teilerfolge in Mittel- und Südgriechenland.

301–297 v. Chr. Die Niederlage der Antigoniden bei Ipsos beendet den Korinthischen Bund: In Athen regiert wieder die gemäßigte Demokratie. DEMETRIOS ernennt den von KASSANDROS aus Epeiros vertriebenen jungen König PYRRHOS (*318, †272) zum Strategen über die verbliebenen Griechenstädte. Weder KASSANDROS noch LYSIMACHOS (306/05–281) von Thrakien, der sich nach KASSANDROS' Tod (297) stärker Griechenland zuwendet, tolerieren Athens Wunsch nach Neutralität.

296–294 v. Chr. DEMETRIOS gewinnt einige Städte der Peloponnes und erobert Attika sowie den Piräus, wo sich eine demokratische Gegenregierung etabliert (295). Nach einer Hungerblockade muss Athen kapitulieren und erhält eine Besatzung. Eine Belagerung Spartas bricht DEMETRIOS ab, da sich ihm Aussichten auf den makedonischen Thron eröffnen (294).

293–287 v. Chr. Mit der Herrschaft in Makedonien übernimmt DEMETRIOS auch die makedonische Griechenlandpolitik. Er erneuert die Personalunion mit Thessalien, dringt 292 in Boiotien ein. Theben fällt nach über einjähriger Belagerung (291). Die Aitoler behaupten sich 290 und 289 erfolgreich gegen zwei Einfälle des DEMETRIOS. Seine Kämpfe gegen PYRRHOS und LYSIMACHOS nutzt Athen, von beiden und PTOLEMAIOS I. unterstützt, um das makedonische Joch abzuschütteln (287). Als Statthalter seines Vaters behauptet ANTIGONOS II. GONATAS (*um 319, †239) Boiotien, Euboia und einen Teil der Peloponnes.

285–281 v. Chr. ANTIGONOS II. zwingt wahrscheinlich sogar Sparta, ihn anzuerkennen. Ein Einfall in Attika scheitert (283), zur See besiegt ihn 281 PTOLEMAIOS KERAUNOS (†279). Der Nesiotenbund kommt unter ptolemaiisches Protektorat.

280 v. Chr. AREUS (†265), König von Sparta, bringt eine peloponnesische Koalition gegen ihn zusammen und fällt in das Gebiet der auf ANTIGONOS' Seite stehenden Aitoler ein, wird aber vertrieben. Unter den Verbündeten vereinen sich die vier achaiischen Städte Patrai, Dyme, Tritaia und Pharai, woraus der Kern des Achaiischen Bundes wird.

279 v. Chr. Kelten unter BRENNOS (†279) dringen durch Makedonien nach Griechenland und überrennen Thessalien. An den Thermopylen stellt sich ihnen eine Koalition mit starkem aitolischem Anteil entgegen. BRENNOS kann die Stellung umgehen und stößt auf Delphi vor. Einer rasch aufgebauten Verteidigung, der auch ein athenisches Kontingent zu Hilfe eilt, wehrt den Angriff ab, mit schweren Verluste für die Kelten. Die Leistung der Aitoler gegen die Kelten leitet den Aufschwung des Aitolischen Bundes und seinen Vorrang in der delphischen Amphiktyonie ein.

276–273 v. Chr. ANTIGONOS II., nun makedonischer König, bemüht sich um ein gutes Verhältnis zu Athen, wo eine ihm wohlgesinnte, gemäßigte demokratische Regierung ans Ruder kommt. Eine neue Entfremdung tritt ein, als Athen dem PYRRHOS bei dessen Marsch in die Peloponnes zuneigt.

273–269 v. Chr. PYRRHOS' Plan, nach seinem Erfolg gegen ANTIGONOS in Makedonien (274) Griechenland zu unterwerfen, provoziert ein makedonisch-spartanischen Bündnis: PYRRHOS scheitert vor Sparta beim Versuch, König AREUS zu stürzen. Vor Argos trifft er auf ANTIGONOS, beide von streitenden Parteien in der Stadt herbeigerufen worden. PYRRHOS' Tod im Straßenkampf in Argos 272 beendet ANTIGONOS' ungeliebte Allianz mit Sparta, wo AREUS Formen der hellenistischen Monarchie übernimmt (Münzprägung in eigenem Namen). In der Peloponnes sucht ANTIGONOS seinen Einfluss durch Unterstützung von Tyrannen zu sichern, die soziale Gegensätze zur Usurpation ausnutzen (Sikyon; Argos; Megalopolis). Im Gegenzug bildet AREUS mit Elis, Achaia, Mantineia, Tegea, Orchomenos und einigen arkadischen und kretischen Städten einen neuen Peloponnesischen Bund. PTOLEMAIOS II. (282–246) wendet sich Griechenland zu und schließt mit Athen sowie den Peloponnesiern Symmachieverträge.

268–261 v. Chr. Chremonideischer Krieg: CHREMONIDES, mit seinem Bruder GLAUKON Leiter der athenischen Politik, beantragt ein ewiges Bündnis mit Sparta und seinen Bündnern, um Freiheit und Autonomie aller

Partner zu garantieren. ANTIGONOS, auf den der Antrag zielt, belagert 267 Athen, das weder PTOLEMAIOS' Flotte noch AREUS zu Land entsetzen können. Die Situation wiederholt sich in zwei weiteren Kriegsjahren. AREUS fällt 265 gegen ANTIGONOS bei Korinth: Der Peloponnesische Bund löst sich auf, Athen kapituliert 262.

262/261 v. Chr. Athens Autonomie wird stark eingeschränkt: Die Stadt erhält wieder eine Besatzung; die höchsten Beamten, an ihrer Spitze ein Epistates (Vorsteher), werden von ANTIGONOS ernannt. GLAUKON und CHREMONIDES fliehen nach Ägypten.

Der Aitolische und Akarnanische Bund vereinbaren (um 262) gegen Makedonien, eine Symmachie und Isopolitie, die Berechtigung, das Bürgerrecht des Partners zu erwerben.

255 v. Chr. Als ANTIGONOS II. in Athen die Epistasie aufhebt und die Besatzung außerhalb des Piräus abzieht, sichern promakedonische Anhänger seinen Einfluss.

253–247 v. Chr. ANTIGONOS' Kampf gegen seinen abgefallenen Neffen ALEXANDER (†247), Strategen der Peloponnes, spaltet die griechischen Staaten: ALEXANDER schließen sich Euboia, Boiotien und der Achaische Bund an. Athen und Argos unterstützen ANTIGONOS, werden aber von ALEXANDER zum Friedensschluss gezwungen (249). Der Aitolische Bund steht auf ANTIGONOS' Seite, nutzt aber dessen schwierige Lage aus, sich mit ALEXANDER II. (†245/40), König von Epeiros, über eine Aufteilung Akarnaniens zu verständigen, trotz eines Bündnisses von 262.

252/251 v. Chr. In Sikyon macht sich NIKOKLES mit ALEXANDERS Einverständnis zum Tyrannen.

251 v. Chr. ARATOS (*271, †213), Sohn des demokratischen sikyonischen Politikers KLEINIAS, der mit anderen Verwandten in Argos im Exil lebt, befreit Sikyon im Handstreich von der Tyrannis und führt die Stadt in den Achaiischen Bund. PTOLEMAIOS II. spendet ARATOS 40 Talente, um die sozialen Probleme zu lösen, die durch Rückkehr der Verbannten entstanden sind. ARATOS wird Stratege des Achaiischen Bundes, fortan ein über das andere Jahr wiedergewählt.

245 v. Chr. Die Aitoler siegen bei Chaironeia über die Boioter, die ihnen das seit 255 zu ihrem Bund gehörige Phokis genommen haben.

243/242 v. Chr. ARATOS überrumpelt das seit 244 wieder makedonische Korinth. Er plündert 243 Attika und Salamis. ANTIGONOS erweitert das bisherige Einvernehmen mit Aitolien zu einer Symmachie und vereinbart eine Aufteilung Achaias.

241 v. Chr. In Sparta, wo die Zahl der Vollbürger auf 700 gesunken ist und nur 100 Familien sich den Grundbesitz teilen, unternimmt AGIS IV. eine Sozial- und Verfassungsreform (Schuldentilgung, Bodenaufteilung in 4500 gleiche Landlose, Auffüllung der Bürgerzahl). Den Widerstand der konservativen Ephoren sucht er durch außenpolitische Erfolge zu brechen. Als er dem verbündeten Achaiischen Bund gegen die angreifenden Aitoler zu Hilfe kommt, wird die Reform in seiner Abwesenheit hintertrieben, er selbst, von ARATOS brüsk zurückgeschickt, wird bei der Heimkehr hingerichtet. ARATOS überrascht kurz darauf die plündernden Aitoler bei Pellene und schlägt sie.

240–236 v. Chr. Kurz vor seinem Tod schließt ANTIGONOS mit dem Achaiischen Bund Frieden, was ARATOS zu einem erneuten Einfall in Attika und in die Argolis ausnutzt. Nach dem Regierungsantritt von DEMETRIOS II. (†229) schwenkt er um und geht ein Bündnis mit den Aitolern ein. So gedeckt, okkupieren diese auch den Nordteil Akarnaniens, während ARATOS erfolglos die makedonische Besatzung aus dem Piräus zu vertreiben sucht. Nach Absprache fallen die Aitoler in Lakonien ein (236), um spartanische Verbannte zurückzuführen, während die Achaier Heraia in Westarkadien erobern.

235 v. Chr. Der Tyrann von Argos, ARISTIPPOS, fällt gegen die Achaier bei Kleonai, sein Bruder und Nachfolger ARISTOMACHOS (†225) hält sich mit makedonischer Hilfe.

234 v. Chr. Der promakedonische Tyrann von Megalopolis, LYDIADAS (†227), führt angesichts der achaiischen Expansion seine Stadt in den Bund und wird zum Strategen gewählt.

233 v. Chr. Die Schläge, die DEMETRIOS II. Aitolien und Achaia versetzt, und die Gefahr einer makedonisch-spartanischen Kooperation zwingen die beiden Bünde weiterhin zusammen. Der neue epeirotische Bundesstaat und in der Peloponnes Tegea, Mantineia und Orchomenos schließen sich ihnen an.

229–226 v. Chr. Der Herrscherwechsel in Makedonien zu ANTIGONOS III. DOSON (*um 263, †221) bietet ARATOS neue Möglichkeiten. Er hilft Athen, die Stadt von den makedonischen Besatzungen im Piräus, auf Sunion und Salamis freizukaufen. Er gewinnt ARISTOMACHOS von Argos für das Koinon; Aigina, Phlius und Hermione folgen. Gegen den zu mächtig gewordenen Bundesgenossen fördern die Aitoler den alten spartanisch-achaiischen Gegensatz. KLEOMENES III. (*um 255, †219) erobert Tegea und Orchomenos (229). Allein wagt ARATOS keine Revanche (228) und unterliegt KLEOMENES zweimal (227). In Sparta nimmt der so gestärkte König AGIS' Landreform wieder auf: Die großen Güter werden eingezogen und auf 4000 Landlose verteilt, das Ephorat entmachtet.

226/225 v. Chr. KLEOMENES überfällt Mantineia und schlägt das achaiische Heer bei Dyme; ARATOS muss zurücktreten. KLEOMENES verhandelt mit dem Koinon und fordert für sich die Hegemonie, was ARATOS, der mit ANTIGONOS III. Geheimgespräche aufgenommen hat, hintertreibt. KLEOMENES gewinnt Pellene, Kaphyai, Pheneos, Argos und Korinth. PTOLEMAIOS III. (246–221) zahlt ihm seit 226 Subsidien.

225/224 v. Chr. Der Achaiische Bund schließt eine Symmachie mit ANTIGONOS III., der die Hegemonie des Bundes erhält. Er marschiert in die Peloponnes; Argos und Korinth treten auf die makedonische Seite.

224/223 v. Chr. Das Bündnis mit dem Achaiischen Bund unter ANTIGONOS III. wird um andere Bünde (Phokis, Boiotien, Lokris, Euboia, Epeiros und Akarnanien) erweitert. KLEOMENES' Versuch, Argos zurückzugewinnen, misslingt. ANTIGONOS erobert 223 Arkadien.

222 v. Chr. Nach einem weiteren vergeblichen Angriff auf Argos zieht sich KLEOMENES nach Lakonien zurück, wo er bei Sellasia von ANTIGONOS geschlagen wird und nach Ägypten flieht. ANTIGONOS zieht in Sparta ein. Das Königtum wird abgeschafft, das Ephorat restauriert, die Stadt Mitglied der Symmachie.

221–217 v. Chr. Nach Regierungsantritt PHILIPPS V. (220–179) von Makedonien sucht die aitolische Kriegspartei die Übermacht der Symmachie zu brechen. Einfälle in deren Gebiet (Akarnanien, Epeiros, Boiotien) und in das bisher mit Aitolien verbündete, aber Makedonien zuneigende Messenien provozieren den **Bundesgenossenkrieg** (220–217). Sparta, wo das Königtum wiederhergestellt wird, schließt mit Aitolien eine Symmachie, Elis folgt. Große Schlachten bleiben aus, doch die beiderseitigen rücksichtslosen Eroberungen von Städten, Plünderungszüge und Piraterien, unter denen auch das neutrale Athen zu leiden hat, verwüsten Griechenland so nachhaltig, dass sich die neutralen Handelsmächte Rhodos, Chios, Byzantion und sogar PTOLEMAIOS IV. (†204) einschalten und den Frieden von Naupaktos vermitteln.

215–207 v. Chr. Die Achaier weigern sich, PHILIPPS Wendung gegen Illyrien und Rom (1. Makedonisch-Römischer Krieg) mitzumachen, während die Aitoler mit römischer Hilfe Makedoniens Vormacht zu brechen hoffen. Doch das Bündnis mit Rom (212/11) und mit ATTALOS I. (241–197) von Pergamon trägt ihnen nur schwache Unterstützung ein: PHILIPP verdrängt die Aitoler aus Zakynthos, Thessalien und von den Thermopylen. In der Peloponnes, wo sich ihnen Elis, Messenien und Sparta anschließen (211/10), schlägt der unter PHILOPOIMEN (*253, †183) erstarkte Achaiische Bund die Spartaner bei Mantineia (207).

206–201 v. Chr. PHILIPPS Frieden mit Aitolien (206) und Rom (205), gefolgt von der Wendung nach Osten, geben Griechenland äußerlich Ruhe: Er macht sich zum Anwalt der Massen gegen die Oligarchen in den kriegsbedingt verschärften inneren Spannungen. Der Achaiische Bund gewinnt ihm gegenüber größere Unabhängigkeit. – In Sparta nimmt NABIS (207–192) die Reformen KLEOMENES' III. auf und geht sogar zur Helotenbefreiung über. Als er Messenien erobert (202), unterliegt er PHILOPOIMEN.

200–197 v. Chr. Roms Bündnis mit Rhodos und ATTALOS von Pergamon gegen PHILIPP im Zweiten Makedonisch-Römischen Krieg (200–197) schließt sich in Griechenland zunächst nur Athen an, dann folgen Aitoler (199) und Achaier (198) sowie, nach heftigen inneren Auseinandersetzungen, auch die Boioter (197). Stärker als die vom römischen Konsul TITUS QUINCTIUS FLAMININUS verheißene Freiheit wirkt dabei Roms militärische Überlegenheit. Die makedonische Herrschaft in Griechenland endet 197 mit PHILIPPS Niederlage bei Kynoskephalai.

196 v. Chr. FLAMININUS krönt seinen Sieg mit der Freiheitsverkündigung bei den Isthmischen Spielen. Die Proklamation bedeutet für Rom aber nicht Verzicht auf eigene Interessen und direkte Interventionen, weshalb die von PHILIPP freigegebenen »Fesseln Griechenlands« Chalkis, Demetrias und Akrokorinth von römischen Truppen besetzt werden. Vor allem die Aitoler, die auf den Gewinn Thessaliens und PHILIPPS Sturz hoffen, sehen sich hintergangen.

195 v. Chr. Argos und – mit minderem Status – die lakonischen Küstenstädte treten dem Achaiischen Bund bei. NABIS von Sparta weigert sich Argos freizugeben und wird von einer römisch-achaiischen Koalition besiegt.

194 v. Chr. Nach Vorhaltungen der Aitoler bewirkt FLAMININUS als Geste des guten Willens beim Senat den Abzug aller römischen Truppen aus Griechenland. Aitolien nähert sich NABIS, der beim Versuch, die Achaier aus den lakonischen Seestädten zu vertreiben, von PHILOPOIMEN geschlagen wird. FLAMININUS verhindert NABIS' Sturz, um Achaia nicht zu mächtig werden zu lassen, aber NABIS wird kurz darauf unter aitolischer Mithilfe ermordet.

193/192 v. Chr. PHILOPOIMEN zwingt Sparta endgültig in den Achaiischen Bund und beendet damit dessen Unabhängigkeit. Aitolien schließt gegen athenischen und römischen Protest mit ANTIOCHOS III. (223–187) ein Bündnis. Da dieser mit 10000 Mann nach Griechenland übersetzt, halten sich seine möglichen Bundesgenossen (Boiotien, Thessalien, Athen, Achaia) misstrauisch zurück. Richtungskämpfe zwischen Freunden und Gegnern Roms beeinträchtigen die Wirkung seiner Freiheitsparole.

191–188 v. Chr. Mit einem ungenügenden aitolischen Aufgebot von 4000 Mann unterliegt ANTIOCHOS III. den Römern an den Thermopylen. Gegen Roms Forderung nach bedingungsloser Unterwerfung und Kriegsentschädigung von 1000 Talenten kämpfen die Aitoler weiter (Kampf um Ambrakia). Erst unter Vermittlung von Athen, Rhodos und dem Athamanenkönig AMYNANDROS gelingt 189 der Frieden. – Der Beitritt von Elis und Messenien macht den Achaiischen Bund 191 zum Herrn der Peloponnes. PHILOPOIMEN schlägt 188 einen Aufstand Spartas nieder.

187/186 v. Chr. Ein Bündnis mit Ägypten soll das Achaiische Koinon aus der Abhängigkeit von Rom befreien.

183–181 v. Chr. Der römische Senat neigt dagegen Sparta zu. PHILOPOIMEN zieht gegen das unter römischem Einfluss abgefallene Messenien, wird gefangen und vergiftet. Sein Nachfolger LYKORTAS (†um 168) unterwirft Messenien. Gegen ihn vertritt KALLIKRATES im Koinon eine prorömische Richtung. In Sparta unternimmt CHAIRON 182/181 soziale Reformen, die eine achaiische Intervention rückgängig macht.

seit 179 v. Chr. Die sozialen Gegensätze stellen in Aitolien, Boiotien und Thessalien reiche Römerfreunde gegen arme Romgegner. Letztere blicken auf PERSEUS (179–168), der beim Regierungsantritt in Delphi Koroneia und Delos einen Schuldenerlass verkündet. Eine Gruppe, zu der in Achaia LYKORTAS und sein Sohn, der Historiker POLYBIOS (†um 120), gehören, sucht einen neutralen Kurs zu steuern.

171–168 v. Chr. PERSEUS' Versuch, die Differenzen zunutzen und Makedoniens Einfluss zu stärken (174 Bündnis mit Boiotien; Annäherung an Aitolien), führt zum

3. Makedonisch-Römischen Krieg: Roms Diplomatie unterbindet fast alle Unterstützung für Perseus.

168 v. Chr., 22. Juni Nach der Schlacht von Pydna werden in Aitolien die Römerfeinde niedergemetzelt. Achaia muss 1000 Geiseln, darunter Polybios, nach Italien schicken; Rhodos wird für einen Vermittlungsversuch durch Verlust seines kleinasiatischen Gebiets und Errichtung eines Freihafens auf Delos bestraft.

167–146 v. Chr. Die außenpolitische Abhängigkeit von Rom zeigt sich in dessen Entscheidungen über zwischenstaatliche Konflikte (Grenzstreit zwischen Sparta und Megalopolis 165). Im Konflikt zwischen Athen und Oropos kommt die kulturell bedeutsame athenische Philosophengesandtschaft mit Karneades (†129/28), Kritolaos und Diogenes von Babylon (†um 150) nach Rom (155). Die sozialen Spannungen halten an.

146–145 v. Chr. Rom billigt nach langem Schweigen Spartas Austritt aus dem Achaiischen Bund, den zusätzlich die Unabhängigkeit von Korinth und Argos schwächen. Der Achaiische Krieg, nominell gegen Sparta, wird zur letzten griechischen Erhebung gegen Rom. Den Achaiern unter Kritolaos schließen sich Boiotien, Lokris, Phokis und Euboia an. Nach Niederlagen wird Korinth niedergebrannt, der Achaiische Bund aufgelöst. Die Achaier und ihre Bundesgenossen werden hart bestraft und dem Prokonsul von Makedonien unterstellt; die schrittweise Provinzialisierung Griechenlands ist damit eingeleitet.

Die Antigoniden in Makedonien (272–167 v. Chr.)

Der Alexanderzug und die auf Alexanders Tod folgenden Diadochenkriege, die stets mit Massen von makedonischen Soldaten geführt werden, sind für das makedonische Mutterland ein ungeheuerer Aderlass. Eine gewisse Erholung bringt trotz weiterer Belastungen die 20-jährige Herrschaft (316–297) des Kassandros (*um 350, †297), seit 305 als König der Makedonen. Sein Versuch einer Dynastiegründung scheitert mit Thronstreitigkeiten der überlebenden Söhne Antipatros (II.) (†279) und Alexander (V.) (†294), während Seleukiden und Ptolemaier sich längst fest etabliert haben. Um Makedonien streiten Demetrios Poliorketes (*um 336, †283), Pyrrhos (*318, †272) und Lysimachos (*361, †281). Mit dem Sieg bei Kurupedion fällt das Land an Seleukos I. Nikator (305–281), doch wird er ermordet, ohne es auch nur betreten zu haben.

Aus den folgenden Wirren, die sich mit dem Kelteneinfall verquicken, geht Antigonos (II.) Gonatas (*um 319, †239) als Sieger hervor. Ihm gelingt es in einer langen Regierungszeit, die Dynastie der Antigoniden so zu festigen, dass sie über 100 Jahre unangefochten herrscht. Die Sicherung der Grenzen nach Westen, Norden und Osten, die Rolle im Machtgefüge der Diadochenreiche und das Verhältnis zu Griechenland sind die drei Gebiete, die Makedoniens äußere Politik in dieser Zeit und zugleich das Ansehen seiner einzelnen Herrscher bei den Makedonen bestimmen. In allen drei Punkten ist die Antigonidenherrschaft weithin intakt und gefestigt, als sie als erste der hellenistischen Monarchien dem vordringenden Rom unterliegt.

281–279 v. Chr. Ptolemaios Keraunos wird von einer Heeresversammlung zum König der Makedonen ausgerufen. Er setzt seine Herrschaft gegen Antigonos Gonatas, seit 287 Statthalter in den griechischen Besitzungen des Demetrios Poliorketes, durch. Ptolemaios vertreibt Arsinoë (*um 316, †270), Witwe des Lysimachos, aus Makedonien und ermordet ihre jüngeren Söhne. 279 fällt er in einer Schlacht gegen die in Makedonien eingedrungenen Kelten.

279–276 v. Chr. Die Kelten plündern das flache Land, die Städte halten sich. Mehrere Thronprätendenten versagen jeweils nach wenigen Wochen militärisch gegen die Kelten. Erfolge erringt der Regent (*Prostátes*) Sosthenes (†278), der aber den Königstitel ablehnt. In der Anarchie macht sich Kassandreia unter Apollodoros (†276) selbstständig. 277 schlägt Antigonos Gonatas die Kelten bei Lysimacheia und öffnet sich mit dem Sieg den Weg auf den makedonischen Thron. Nach zehnmonatiger Belagerung erobert er Kassandreia.

274/273 v. Chr. Der aus Italien zurückgekehrte Pyrrhos gewinnt Westmakedonien. Antigonos kann sich dank seiner Flotte in Teilen Ostmakedoniens halten. Sein Versuch, Pyrrhos' Abwesenheit in der Peloponnes auszunutzen und gegen dessen Sohn das Verlorene wiederzugewinnen, misslingt.

272 v. Chr. Pyrrhos' Tod in Argos gibt Antigonos Gesamtmakedonien zurück. Obwohl er seine Königsjahre offiziell von 283 an rechnet, beginnt jetzt erst die ununterbrochene Herrschaft der Antigoniden. Sein Königtum versteht er in stoischem Sinn als »ehrenvollen Knechtsdienst« (*éndoxos douleía*). Vor außenpolitischen Abenteuern hütet er sich. Den Königshof in Pella macht er wieder zu einem kulturellen Zentrum, wo Dichter (Aratos von Soloi [*um 315, †um 245]), Historiker (Hieronymos von Kardia [*um 360, †nach 272]) und Philosophen (der Stoiker Persaios) leben; er selbst ist mit Zenon von Kition (*um 336, †264), dem Haupt der Stoa, befreundet.

271/270 v. Chr. In mehreren peloponnesischen Städten sichert Antigonos seinen Einfluss durch Tyrannenherrschaften. Darüber zerbricht die Koalition mit Sparta gegen Pyrrhos. Er befestigt Chalkis, das mit Demetrias und Korinth fortan die makedonischen »Fesseln Griechenlands« bildet. Sparta formiert um 270 ein antimakedonisches Bündnis aus kretischen und peloponnesischen Staaten sowie Ptolemaios II. (282–246). Die Aitoler bleiben neutral.

268(267?)–261 v. Chr. Athens Beitritt zum Bündnis löst den Chremonideischen Krieg aus (Chronologie und Verlauf unsicher). Antigonos belagert Athen, das die ptolemaiische Flotte trotz ihrer Stützpunkte an der attischen Küste nicht entsetzen kann. Auch Sparta kann in mehrmaligen Vorstößen den makedonischen Sperrriegel bei Korinth nicht durchbrechen. Bei einem dieser Angriffe fällt der spartanische König Areus I. (†265). Nach der Kapitulation (262) erhält

Athen eine makedonische Besatzung. Vielleicht fallen in die Zeit gegen Kriegsende ANTIGONOS' Seesiege bei Andros und Kos, durch die er Ägyptens Seemacht in der Ägäis zurückdrängt.

260–253 v. Chr. Im Zusammenhang mit dem 2. Syrischen Krieg setzt ANTIGONOS den Vormarsch in der Ägäis fort, schließt aber einen Sonderfrieden mit PTOLEMAIOS II. Athen erhält 255 seine Freiheit zurück.

253–244 v. Chr. ANTIGONOS' Herrschaft in Griechenland erschüttert der Abfall seines Neffen ALEXANDER, der, unterstützt von PTOLEMAIOS II. und dem Achaiischen Bund, den Königstitel annimmt. Korinth, Chalkis und Eretria fallen zu ihm ab; in Arkadien werden die Makedonenfreunde vertrieben. Als ALEXANDER 247 stirbt, übernimmt seine Witwe NIKAIA die Herrschaft. Sie heiratet 244 Thronfolger DEMETRIOS II. (†229), ANTIGONOS gewinnt Korinth und Euboia zurück.

243–240 v. Chr. ARATOS VON SIKYON (*271, †213) besetzt im Handstreich Korinth; Megara, Epidauros und Troizen fallen von Makedonien ab. Gegen den unter ARATOS' Führung aufstrebenden Achaiischen Bund schließt ANTIGONOS mit den Aitolern 242 ein Bündnis, ohne aber offensiv zu werden.

239–229 v. Chr. Nach ANTIGONOS' Tod übernimmt DEMETRIOS II., seit ALEXANDERS Usurpation mit dem Königstitel ausgestattet, die Herrschaft. Seine Ehe mit PHTHIA, der Tochter ALEXANDERS II. (†245/40), König von Epeiros, gibt ihm dort Einfluss. Doch kann er 234 die Ablösung der epeirotischen Monarchie durch eine bundesstaatliche Verfassung nicht verhindern. Der neue Staat schließt sich dem aitolisch-achaiischen Zweibund an. Mit dem fast seine ganze Regierungszeit ausfüllenden Krieg gegen die verbündeten Aitoler und Achaier sucht DEMETRIOS den achaiischen Einfluss in der Peloponnes zu beschränken und das aitolische Ausgreifen in Epeiros zu unterbinden. 236 gewinnt er Megara zurück; 233 unterliegt ARATOS bei Phylake. DEMETRIOS zieht Boiotien, Lokris und Phokis von den Aitolern zu sich herüber.

229–221 v. Chr. Nach DEMETRIOS' Tod, wohl im Kampf gegen die Dardaner, wählt der makedonische Adel seinen Vetter ANTIGONOS (DOSON, »der die Herrschaft Übergebende«; *um 263, †221) zum Regenten (*Prostátes*) und Vormund (*Epitropos*) für dessen neunjährigen Sohn PHILIPP (V.) (*238, †179).

Die Antigoniden (Makedonien)

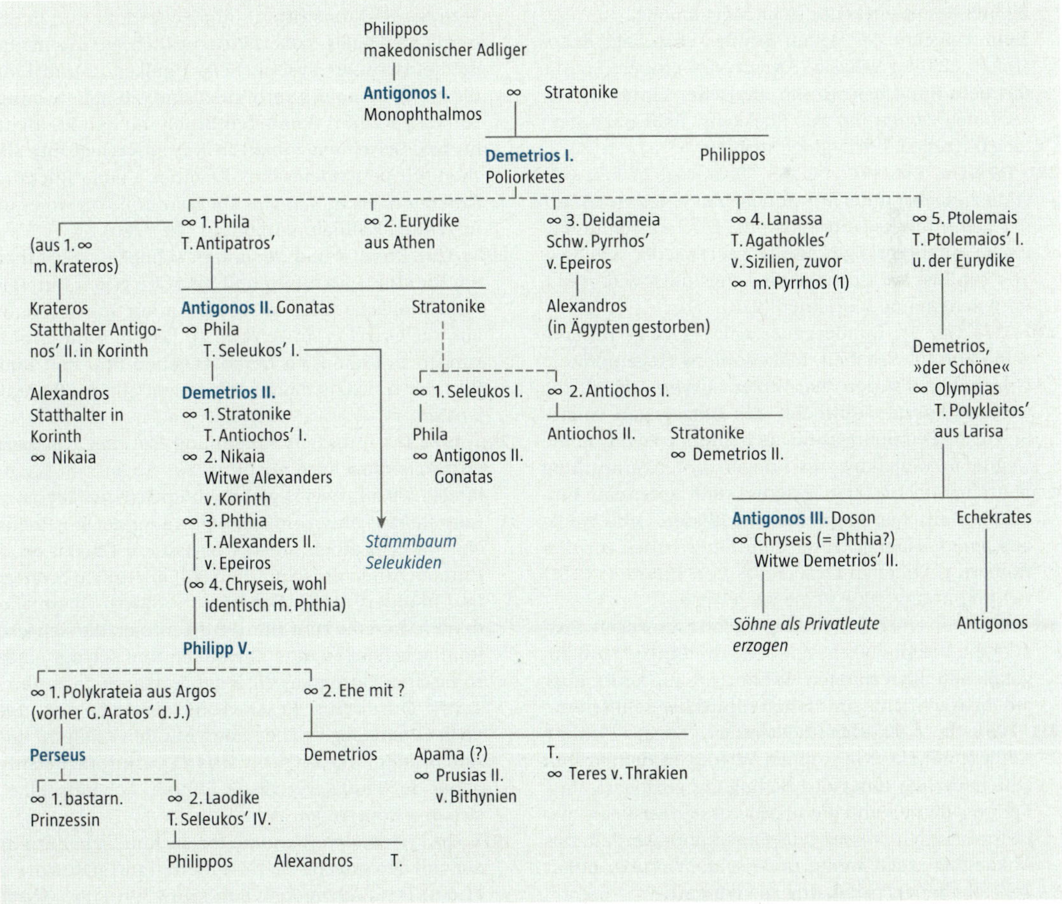

Athen befreit sich mit ARATOS' Hilfe von der makedonischen Besatzung.

229–227 v. Chr. ANTIGONOS sichert die Nordgrenze gegen die Dardaner, erzwingt die Fortsetzung der Union gegen das Unabhängigkeitsstreben Thessaliens und besiegt die Aitoler, die es unterstützt. Für seine Erfolge ruft ihn die Heeresversammlung 227 zum König aus, unter Vorbehalt von PHILIPPS Thronfolge. ANTIGONOS heiratet die Königinwitwe und adoptiert PHILIPP. Eine Flottenexpedition nach Karien zur Unterstützung des Dynasten OLYMPICHOS knüpft an frühere Aktionen Makedoniens gegen die Ptolemaier an.

226–222 v. Chr. Die expansive Politik des spartanischen Königs KLEOMENES III. veranlasst ARATOS zur Annäherung an Makedonien.
Das Bündnis mit dem achaiischen Koinon 225/24 gibt ANTIGONOS den Oberbefehl (Hegemonie) über die Bundestruppen. Er besetzt Korinth und zwingt KLEOMENES zum Rückzug vom Isthmos. In Aigion erweitert er den Vertrag mit den Achaiern zu einem gemeingriechischen Bündnis, dem sich Phoker, Boioter, Euboier und Lokrer anschließen. Der makedonische König hat auch hier den Oberbefehl und den Vorsitz im Bundesrat (Synedrion).
ANTIGONOS gewinnt 223 Arkadien; KLEOMENES vernichtet das promakedonische Megalopolis.
Dem Aufgebot des neuen Bundes unterliegt KLEOMENES 222 bei Sellasia. ANTIGONOS erobert Sparta, das dem Bund beitritt. Ein illyrischer Einfall in Makedonien zwingt ihn zur Rückkehr. Bald nach dem Sieg über die Eindringlinge stirbt er.

221–179 v. Chr. **PHILIPP V.**, bei der Thronfolge 17 Jahre alt, steht zunächst unter Vormundschaft eines von APELLES geführten Regentschaftsrats. Doch durch militärische Anfangserfolge kann er APELLES, der sich ARATOS' Einfluss auf die makedonische Politik widersetzt, entmachten und hinrichten (218).

220–217 v. Chr. Im Bundesgenossenkrieg zeigt PHILIPP seine Entschlossenheit, Makedoniens Hegemonie in Griechenland gegen die Aitoler zu verteidigen, die sich mit Sparta verbünden. Mit blitzartigen Vorstößen in die Peloponnes und nach Aitolien zwingt er die Gegner in Naupaktos zum Frieden, unter Vermittlung neutraler Staaten. Der Kongress steht unter dem Eindruck römischen Eingreifens in Illyrien (»die Wolke aus dem Westen«). Unter dem Einfluss des vor den Römern geflohenen DEMETRIOS VON PHAROS (†214) richtet PHILIPP seine Pläne nach Westen.

216 v. Chr. Mit einer neuerbauten Flotte umsegelt PHILIPP die Peloponnes gegen den von ihm zu Rom abgefallenen Illyrerfürsten SKERDILAÏDAS, kehrt aber auf die Nachricht vom Nahen römischer Schiffe um.

215–205 v. Chr. **1. Makedonisch-Römischer Krieg**: PHILIPP schließt mit HANNIBAL einen Vertrag, in dem er ihm Unterstützung unter der Bedingung zusichert, dass Epeiros, Illyrien und die Inseln vor der Küste als makedonisches Interessengebiet anerkannt werden. Das Abkommen zeigt wenig praktische Wirkung, außer Teile des Senats nachhaltig zu verärgern.

214–206 v. Chr. PHILIPPS Angriff auf Apollonia scheitert am Eingreifen einer römischen Flotte. Seine Siege über die Atintanen, Ardiaier und Parthiner (213) veranlassen die Römer zu einem Bündnis mit den Aitolern (212/11), dem sich Elis, Messenien, Sparta und ATTALOS I. von Pergamon anschließen.
Die Koalition, der eine römisch-pergamenische Flotte zu Hilfe kommt, erringt mangels römischer Landtruppen nur Einzelerfolge. PHILIPP kann sich auf den verschiedenen griechischen Kriegsschauplätzen behaupten; eine dardanische Invasion schlägt er zurück. Mit PHILOPOIMEN (*253, †183) gewinnt auch sein achaiischer Verbündeter an Schlagkraft (207). Die Aitoler schließen 206 einen Vorfrieden.

205 v. Chr. PHILIPP schließt in Phoinike Friede mit den Römern, die seine Stellung in Griechenland und die Eroberung Atintaniens angesichts ihrer eigenen Erschöpfung durch HANNIBAL einstweilen anerkennen.

204–200 v. Chr. Die Ägäis tritt in PHILIPPS Politik in den Vordergrund. Er unterstützt die Kreter in einem Krieg gegen Rhodos (204) und baut eine reguläre Flotte auf. Nach dem Tode PTOLEMAIOS' IV. (204) und der Thronfolge des unmündigen PTOLEMAIOS V. (204–180) vereinbaren PHILIPP und ANTIOCHOS III. (223–187) insgeheim, die Schwäche Ägyptens für ihre Interessen auszunutzen (die genauen Bestimmungen des Vertrags sind umstritten). Am Hellespont und in der nördlichen Ägäis erobert PHILIPP mehrere Inseln und Städte, darunter Lysimacheia, Chalkedon und Kios, die mit den Aitolern verbündet sind (202). Er belagert Samos und führt damit den Bruch mit den Rhodiern herbei. Bei einem Einfall in Karien verlegt ihm die rhodisch-pergamenische Koalition den Rückzug. PHILIPP muss in Bargylia überwintern, von wo er im folgenden Frühjahr entkommt (201/200).

200 v. Chr. Rhodos und Pergamon schließen mit Athen ein Bündnis und erbitten Roms Hilfe gegen PHILIPP: Eine römische Gesandtschaft fordert ihn ultimativ auf, die Griechen in Frieden zu lassen, seine Eroberungen in Kleinasien herauszugeben und den Konflikt mit ATTALOS einem Schiedsgericht zu überantworten.

200–197 v. Chr. PHILIPPS Ablehnung löst den **2. Makedonisch-Römischen Krieg** aus: PUBLIUS SULPICIUS GALBA landet 200 mit zwei Legionen in Epeiros, wo Illyrer zu ihm stoßen; eine römische Flotte landet im Piräus. Nach einem athenischen Überfall auf Chalkis greift PHILIPP Athen an, kann die Stadt aber nicht erobern und plündert Attika. Die Römer erobern Obermakedonien. PHILIPP vertreibt 199 die Aitoler, die sich jetzt Rom anschließen, aus Thessalien und schlägt einen römischen Flottenangriff gegen Kassandreia zurück.
TITUS QUINCTIUS FLAMININUS vereinigt sich 198 nach einem Sieg in Thessalien mit den Aitolern, und sein Bruder LUCIUS QUINCTIUS FLAMININUS, Befehlshaber der Flotte, verwüstet Euboia. Achaia schließt sich den Römern an.

197 v. Chr. Friedensverhandlungen in Rom scheitern an der von den griechischen Gegnern und T. QUINCTIUS FLAMININUS vertretenen Forderung, PHILIPP solle alle Besitzungen in Griechenland herausgeben. NABIS, König von Sparta, tritt zu Rom über. Für die Entscheidungsschlacht bei Kynoskephalai in Thessalien bietet PHILIPP 25000 Mann auf. Seine Niederlage beendet die makedonische Herrschaft in Griechenland un Thessaliens: Im Friedensvertrag liefert er die Kriegsflotte aus, zahlt eine Entschädigung und verpflichtet sich Rom zur Heeresfolge. Sein Sohn DEMETRIOS (†180) geht als Geisel nach Rom. Thessalien wird in vier Tetrarchien aufgeteilt; die von PHILIPP abgefallenen Oresten bleiben unabhängig.

196–187 v. Chr. In den folgenden Jahren bemüht sich PHILIPP im Innern um eine wirtschaftliche und bevölkerungspolitische Sanierung seines erschöpften Lands (Intensivierung des Bergbaus, Pflege des Handels, Ansiedlung von Thrakern). Er macht Zugeständnisse an die Selbstverwaltung der Gemeinden. In Roms Konflikten mit NABIS (195) und ANTIOCHOS III. sowie den Aitolern (191–190) zeigt PHILIPP sich als treuer Bundesgenosse. Er erobert Athamania, Dolopia und Perrhaibia (191), Ainos und Maroneia (187). Doch auf Betreiben seiner Gegner in Rom muss er seine Gewinne zum größten Teil wieder hergeben.

187–180 v. Chr. Erbittert rüsten PHILIPP und sein Sohn und Nachfolger PERSEUS (*212, †165/62) heimlich zum Krieg, während PHILIPPS anderer Sohn DEMETRIOS prorömisch gesinnt ist und von Rom als Thronfolger gefördert wird. Spannungen innerhalb des Adels beseitgt PHILIPP mit DEMETRIOS' Ermordung.

179–175 v. Chr. PHILIPP stirbt nach kurzer Krankheit. PERSEUS (179–168) geht zu einem versöhnlichen Kurs gegen Rom über, bemüht sich um gute Beziehungen zu den Seleukiden und den griechischen Staaten (Thessalien, Aitolien). Die Dardaner und EUMENES II. (†159) von Pergamon, der Makedoniens Einfluss in Thrakien und am Hellespont fürchtet, schüren erfolgreich Roms Misstrauen gegen PERSEUS, der die Verdächtigungen auszuräumen versucht.

174–172 v. Chr. In Thessalien, Boiotien sowie im achaiischen und aitolischen Koinon wird PERSEUS in den Streit zwischen Oligarchen und Demokraten samt den damit parallel laufenden pro- und antirömischen Tendenzen hineingezogen. Gegner Roms sehen in ihm ihren Vorkämpfer, sodass EUMENES' II. persönliche Anklagen vor dem Senat trotz makedonischer und rhodischer Gegendarstellungen ihre Wirkung nicht verfehlen. Um Zeit für Rüstungen zu gewinnen, täuscht eine römische Gesandtschaft unter QUINTUS MARCIUS PHILIPPUS PERSEUS Friedensaussichten vor. Römische Gesandte fordern von den verbündeten Königen in Kleinasien, Ägypten und Illyrien Hilfstruppen. Die Mehrheit des Boiotischen Bundes und der Achaiische Bund treten auf Roms Seite.

171–168 v. Chr. Die Schuld am **3. Makedonisch-Römischen Krieg** liegt bei Rom, das seit PHILIPP V. auf die völlige Vernichtung Makedoniens fixiert ist. PERSEUS schlägt den Konsul PUBLIUS LICINIUS CRASSUS in Thessalien; statt den Sieg auszunützen, macht er ein letztes Friedensangebot, während in Griechenland die Sympathie für ihn wächst.

170 v. Chr. Eine römische Invasion Makedoniens von Thessalien aus scheitert. Die römisch-pergamenische Flotte gewinnt Abdera durch Verrat. PERSEUS schlägt die Dardaner vernichtend und gewinnt den Illyrerkönig GENTHIOS.

169 v. Chr. Ein römisches Heer wird durch Verpflegungsschwierigkeiten aus Südmakedonien vertrieben. Angriffe der Flotte gegen Küstenstädte scheitern. Makedonien vernichtet eine pergamenische Abteilung auf Chios.

168 v. Chr. LUCIUS AEMILIUS PAULLUS (*um 228, †160) übernimmt das römische Heer, umgeht den makedonischen Riegel südöstlich des Olymps und zwingt PERSEUS zum Rückzug auf Pydna. Dort wird der König am 22. Juni vernichtend geschlagen und flieht nach Samothrake – 167 wird PERSEUS beim Triumphzug in Rom mitgeführt und stirbt 165 als Gefangener. Makedonien ergibt sich AEMILIUS ohne Widerstand.

167 v. Chr. Makedonien wird für frei erklärt. Eine Senatskommission teilt es in vier autonome Republiken auf, die untereinander weder politische noch wirtschaftliche Beziehungen pflegen dürfen. Die Ausbeutung der Silberbergwerke wird verboten. In den instabilen Kunststaaten kommt es immer wieder zu Unruhen.

151–148 v. Chr. ANDRISKOS, angeblich ein Sohn des PERSEUS, nützt die Unruhen aus. Er eint Makedonien, nimmt als PHILIPP VI. den Königstitel an und gewinnt Thessalien. Ein Sieg über den Prätor PUBLIUS IUVENTIUS THALNA (†148) veranlasst die Römer zu einem starken Aufgebot unter dem Prätor QUINTUS CAECILIUS METELLUS (†115), dem ANDRISKOS unterliegt. Ganz Makedonien wird 148 römische Provinz.

Die römischen Provinzen Achaia, Creta-Cyrene, Cyprus, Epirus, Macedonia

Die römischen Provinzen Macedonia, Epirus und Achaia umfassen die Balkanhalbinsel südlich des Skardon- und Piringebirges (Šarplanina bzw. Perim) mit den küstennahen Inseln (u. a. Kykladen). Die Cyrenaika im nördlichen Libyen reicht von Arae Philenorum (Gser et-Trab) bis (ausschließlich) Paraetonium (Marsa Matruch). Die stolz empfundene Tradition, Ursprungsland höherer kultureller Leitstungen und Stätten berühmter Taten zu sein, verpflichtet zumeist auch die Römer zur wenigstens wohlwollenden Behandlung der Epigonen.

148 v. Chr. Bei Einrichtung der **Provinz Macedonia** unterstehen nur die vier makedonischen »Republiken« und Epirus (mit illyrischen Stämmen um Dyrrhachium [Durrës]) dem römischen Statthalter.

145 v. Chr. Auch ein Teil der südlicheren Poleis gerät in direkte Abhängigkeit vom Statthalter (Tributpflicht; ein Teil des Gebietes des zerstörten Korinth wird zu *ager publicus* erklärt). Der Achaiische Bund wird neu konstituiert. Aitolien, Akarnanien, Thessalien, Athen, Sparta, Sikyon, Elis u. a. Poleis bleiben »frei«.

134/33, 104/02 v. Chr. Sklavenaufstände in Laureion; sie werden von sizilischen **Sklavenkriegen** beeinflusst.

88 v. Chr. **Athen** schließt sich unter Führung von ATHE-

NION, der primär antiaristokratische Ziele verfolgt, und danach ARISTION (†86) MITHRADATES (*132, †63) an. Nach Anfangserfolgen der antirömischen Bewegung in Mittelgriechenland und Peloponnes brechen die Bündnisse bei SULLAS Erscheinen zusammen.

86 v. Chr. Athen wird nach schwerer Belagerung erobert und grausam bestraft. Damit endet der griechische Widerstand gegen Rom.

75–74 v. Chr. PUBULIUS CORNELIUS LENTULUS MARCELLINUS zieht die von PTOLEMAIOS APION (†96) Rom testamentarisch vermachte **Cyrenaika** ein.

75–70 v. Chr. GAIUS SCRIBONIUS CURIO (†53) und MARCUS TERENTIUS VARRO LUCULLUS (†nach 56) kämpfen gegen Dardaner, Thraker, Besser u. a. Stämme südlich der Donau.

68–65 v. Chr. QUINTUS CAECILIUS METELLUS CRETICUS (†nach 54) wird als Prokonsul mit einem Piratenkrieg auf **Kreta** beauftragt und erobert und provinzialisiert die Insel; sie wird gemeinsam mit Cyrene als Creta-Cyrene regiert.

58 v. Chr. MARCUS PORCIUS CATO zieht aufgrund eines *plebiscitum Clodium* **Zypern** (Cyprus) ein und ordnet die Insel, die der Provinz Cilicia zugeschlagen wird, im römischen Interesse.

In den Bürgerkriegen werden besonders Epirus, Thessalien und Makedonien in Mitleidenschaft gezogen. Die Parteinahme der einzelnen Poleis richtet sich überwiegend nach der Präsenz im Osten, d. h. nach der jeweils unterlegenen Partei (POMPEIUS, BRUTUS, CASSIUS und ANTONIUS). CAESAR, ANTONIUS und OCTAVIAN gewähren Vergünstigungen für ihre Parteigänger, aber auch für ehrwürdige Poleis der Gegenseite wie Athen. Erst seit etwa dieser Zeit wird die römische Präsenz so intensiv, dass die Geschichte der vier Provinzen als Regionalgeschichte des Imperium Romanum verstehbar wird.

37 v. Chr. ANTONIUS überträgt Cyprus, die Cyrenaika(?) u. a. römische Gebiete an KLEOPATRA VII. und ihre Kinder (31 wieder aufgehoben).

29–28 v. Chr. Erfolgreiche Kämpfe des MARCUS LICINIUS CRASSUS gegen Bastarner, Geten, Möser und Thraker begründen die großenteils noch mittelbare Herrschaft Roms bis zur unteren Donau. Thrakien bleibt Klientelkönigtum (bis 46).

27 v. Chr. **Achaia** mit Altepeiros und Thessalien wird von Macedonia getrennt und als eigenständige Provinz (wie Macedonia und Creta-Cyrene) dem Senat zugewiesen. Die *civitas foederata* Sparta wird dem GAIUS IULIUS EURYCLES (später auch Sohn und Enkel) als Lohn der Unterstützung OCTAVIANS überlassen. Frei oder föderiert bleiben auch die Eleutherolakonen, Elis, Athen, Tanagra, Thespiai, Plataiai, Delphoi, Amphissa, Elateia, Nikopolis u. a.

22 v. Chr. **AUGUSTUS** überträgt die Kontrolle über die Provinz Cyprus dem Senat.

15 v. Chr.–44 n. Chr. Macedonia und Achaia unterstehen dem kaiserlichen Legaten von Moesia; CLAUDIUS stellt die augusteische Ordnung wieder her.

67 n. Chr., 28. Nov. **NERO** erklärt zum Abschluss seiner Griechenlandtournee an den Isthmien alle Poleis des klassischen Griechenland für frei; Epirus wird prokuratorische Provinz, Thessalien Macedonia zugeteilt.

73 Wegen Unruhen in den Freistaaten macht VESPASIAN Achaia wieder zur Senatsprovinz.

115 Ein Judenaufstand in der Cyrenaika und auf Cyprus (v. a. Salamis) führt zu schweren Bevölkerungsverlusten und Zerstörungen.

170–171 Die Kostoboken fallen bis weit nach Achaia ein.

262 Erstmals fallen Germanen nach Griechenland ein und belagern Thessalonike; Befestigung des Isthmus von Korinth.

267 Heruler fallen bis in die Peloponnes ein (Zerstörungen in Athen, Korinth, Argos, Sparta); eine Abteilung wird von 2000 Athenern unter PUBLIUS HERENNIUS DEXIPPUS (*um 210, †um 275), einem athenischen Adeligen und Literaten, besiegt.

380–382 Nach dem Sieg bei Adrianopel (378) durchstreifen Goten die Balkanhalbinsel; diese wird nun wiederholt bedroht.

393 Letzter olympischer Agon (293. Olympiade).

395–396 Westgoten unter König ALARICH I. durchziehen Thessalien, Boiotien, die Peloponnes und Epirus.

410–413 Die Austuriani greifen die Cyrenaika an.

465 Vandalen plündern die griechische Westküste.

517 Bulgaren durchstreifen erstmals Mittel- und Südgriechenland.

559 Kutrigurische Hunnen, Bulgaren und Sclaveni verheeren Nordgriechenland bis zu den befestigten Thermopylen.

Abgesehen von der (centenaren) procuratorischen Provinz Epirus unterstehen die vier anderen Provinzen nach 27 bzw. 22 v. Chr. einem prätorischen Prokonsul mit je einem Legaten und Quästor (und deren geringem Hilfspersonal) sowie einem *centenaren* (Cyprus: *sexagenaren*) Prokurator (die 100 000 bzw. 60 000 Sesterzen Jahresgehalt bekommen). Hauptstädte sind in Macedonia Thessalonike, in Achaia Korinth, für Creta-Cyrene Gortyn (und Kyrene), auf Cyprus Paphos, in Epirus Nikopolis. Die römische administrative Präsenz und Durchdringung der Poleis ist in der Republik noch sehr rudimentär und nimmt nur langsam zu; sie steigert sich seit TRAJAN durch die gelegentliche Entsendung kaiserlicher *correctores* für die (v. a. finanzielle) Reform der Freistaaten (*civitates liberae* oder *foederatae*). Das seltene unmittelbare Eingreifen des Statthalters erklärt, dass Creta-Cyrene oder das zerklüftete Griechenland von je einem Prokonsul regiert werden können. Die Kompetenz des Kaisers in den Senatsprovinzen zeigt sich besonders deutlich an den »Edikten von Kyrene« (7/6 und 4 v. Chr.).

Im **diokletianisch-konstantinischen** Administrationssystem gehören die fünf Provinzen, von denen Macedonia dreigeteilt wird, zu verschiedenen Diözesen der Prätorianerpräfektur Oriens: Macedonia, Thessalia (Hauptort: Larissa), Epirus nova (Hauptort: Dyrrhachium), Epirus vetus, Achaia (von *correctores* bzw. *proconsules* regiert) und Creta bilden (wohl ab 327) die Diözese Macedonia (Sitz des Vikars: Thessalonike, sofern dort kein Kaiser residiert). Cyrene verliert als Libya superior östliche Gebiete an Libya inferior und zählt zu Aegyptus; Cyprus gehört der Diözese Oriens an. – In der Republik kommandiert der Statthalter von Macedonia meist zwei bis vier Legionen; später sind die vier Senatsprovinzen entmilitarisiert (außer 15–44, 119/20, als sie von kaiserlichen Legaten regiert werden). In Zypern wird vielleicht schon seit der 2. Hälfte des 3. Jh.s ein Geschwader stationiert. Im 4.–6. Jh. existieren Garnisonen in unterschiedlicher Stärke in allen Festlandprovinzen, die in der Diözese Macedonia zum Feldheer, in Libya überwiegend zu den *limitanei* (unter dem *dux Libyarum*) zählen.

Die **Infrastruktur** braucht kaum verbessert zu werden: Die Via Egnatia, bald nach Provinzgründung erbaut, führt von Dyrrhachium/Apollonia nach Thessalonike, Philippi und Byzanz; eine Straße von Thessalonike führt über Stobi und Scupi an die Donau sowie über Larissa, Demetrias, Thespiai, Korinth nach Patrai und Megalopolis. Kyrene ist durch die Küstenstraße mit Tripolitanien und Ägypten verbunden. – Der Durchstich des Isthmus von Korinth wird nach Plänen des DEMETRIOS POLIORKETES (*um 336, †283), CAESARS u. a. erst von NERO begonnen, aber nicht beendet.

Insbesondere an wichtigen Handelsplätzen wie Delos, Athen, Chalkis, Korinth, Argos u. a. lassen sich im 2. und 1. Jh. v. Chr. bereits viele Römer (Italiker) nieder, die gelegentlich sehr mächtige *conventus civium Romanorum* bilden. **Kolonien** deduzieren nur CAESAR (Laus Iulia Corinthus [auch Freigelassene], Buthrotum, Dyme) und AUGUSTUS (Philippi, Pella, Cassandrea, Dyrrhachium, Patrae, Cnossus u. a.); TRAJAN siedelt nach der Judenrevolte von 115 in Kyrene 3000 Legionsveteranen an, ohne die Verfassung der Stadt zu ändern. Römische Municipien werden nur im illyrischen Teil Makedoniens gegründet (Denda, Stobi); Verleihungen des *ius Latii* sind nicht bekannt. Mehrere Kolonien, wozu auch Stobi erhoben wird, erhalten im 2. oder Anfang des 3. Jh.s n. Chr. das *ius Italicum*. – Die **griechischen Poleis** werden von vielen Kaisern durch Bauten und Privilegien gefördert, v. a. von AUGUSTUS, NERO, HADRIAN (in Athen: 112/13 Archon; 124/25, 128/29,131/32 anwesend; Neufassung der *patrioi nomoi* Bauten), MARK AUREL, GALLIENUS und JULIAN APOSTATA. Neugründungen sind selten (Nicopolis und Actium durch AUGUSTUS). Rom begünstigt eine Oligarchisierung, v. a. dauerhafte Stadträte mit Censusqualifikation. Die übrigen Institutionen halten sich zäh (*Ephebie*; spartanischer Kosmos). Die landschaftlichen **Städtebünde** (*Koiná*) bleiben ohne politisch bedeutsame Rechte bestehen (Achaier, Arkader, Eleutherolakonen, Athamanen, Aitoler, Lokrer, Phoker, Boioter u. a.); sie vereinigen sich als Ersatz für einen Provinziallandtag (in Achaia erst im 4. Jh. eingerichtet) zum Panachaischen Synedrion (zwischen NERO und MARK AUREL durch Achaisches Koinon ersetzt). Das makedonische Koinon (mit Kaiserkult) tagt in Beroia (Mitte 1.–Mitte 3. Jh.); ein ähnliches Koinon besteht auch auf Kreta (in Gortyn) und Zypern (in Paphos), aber nicht in Kyrene und Epirus. HADRIAN begründet das Panhellenion, das in Athen jährlich Delegierte aller Griechenpoleis versammelt (Kult des Zeus Panhellenios; penteterische Spiele).

Unter der *Pax Augusta* blüht auch das vielfältige, hochentwickelte **Wirtschaftsleben** Griechenlands, der Cyrenaika und der Inseln wieder auf. Die Tendenz zum Großgrundbesitz zerstört langsam das freie Bauerntum mit erheblichen sozialen Folgen. Jedoch wird von der grundbesitzenden Oberschicht auch stark in Handel, Bankwesen und Gewerbe investiert (notorisch: HERODES ATTICUS). Zu besonderer Blüte gelangen Korinth, Patrae, Thessalonike, Nikopolis und Athen (Fremdenverkehr). Der Erzbergbau leidet an Erschöpfung der Minen, nicht jedoch die Marmorgewinnung; Viehzucht (Pferde) findet statt in Thessalien und der Cyrenaika, Purpurfischerei gibt es in Thessalien, Achaia und Epirus. Der wirtschaftliche Rückschlag im 3. Jh. geht mit einem Bevölkerungsrückgang einher (z. T. bedingt durch die Seuche von 166 n. Chr.). Kaiserliche Domänen finden sich v. a. in der Cyrenaika.

Die **Gesellschaftsentwicklung** wird nur wenig römisch beeinflusst. Obwohl die Oberschicht zwischen CLAUDIUS und MARK AUREL weitgehend das römische Bürgerrecht erhält und relativ zahlreich in Senat und Ritterstand aufrückt, bleiben die verschiedenen griechischen Rechtsordnungen bis weit ins 3. Jh. in Kraft. Das wirkt sich sozial stark aus, u. a. auf die Stellung von Sklaven und Freigelassenen, die nicht Bürger der Heimatstadt ihres Patrons werden. Die soziopolitischen Spannungen des 2. und 1. Jh.s v. Chr. scheinen sich zu mildern, nicht aber die sozioökonomischen Unterschiede.

Die sich in Griechenland manifestierende **Kultur** gilt noch bis ins 4. Jh. für normativ; die meisten bedeutenden Geister der griechischen (und römischen) Kulturwelt kennen Hellas und wirken dort zeitweise; der römische Einfluss bleibt gering. Die Hellenisierung der illyrischen Regionen Makedoniens, der inneren Cyrenaika und in Cyprus schreitet rasch voran. Die intensiven religiösen Traditionen, wozu auch Agone zählen, bleiben lebenskräftig. Eine Änderung bewirkt erst das **Christentum**, das sich trotz der paulinischen Gemeinden (Philippi, Thessalonike, Beroia, besonders im missionarisch aktiven Korinth) vor dem 4. Jh. wenig im Mutterland und stärker in Mittelkreta, Cyrene und auf Zypern (Mission des BARNABAS [1. Jh.]) ausbreitet. Hort der traditonellen Religionen ist Athen. Die kirchliche Organisation des 3. und 4. Jh.s orientiert sich an der römischen Reichsadministration. Nur die libyschen Gemeinden (Metropole: Ptolemais) werden dem alexandrinischen Patriarchen zugewiesen und auf Zypern ist Salamis (Constantia) Metropole. Erst als JUSTINIAN 529 nach dem Verbot heidnischen Unterrichts das Vermögen der platonischen Akademie konfisziert und deren Philosophen die Gehälter entzieht, endet Hellas' spezifischer Beitrag zur Geschichte des Imperium Romanum. | Forts. S. 635 |

Kleinasien

Die kleinasiatischen Monarchien im Hellenismus

Das nördliche Kleinasien – Bithynien, Paphlagonien und Pontos – ist von ALEXANDER nicht erobert worden. Hier und in Kappadokien herrschen auch während der Diadochenzeit starke Unabhängigkeitsbestrebungen. Aus dem Adel dieser Gebiete, der von befestigten Herrensitzen aus das Land beherrscht, gehen im 3. Jh. v. Chr. einheimische Monarchien hervor. Eigene Herrschaften neuer Mächte bilden sich zudem in Pergamon und in Galatien. Diese »Mittelmächte« treten neben die hellenistischen Großmächte – die Seleukiden vornehmlich im Binnenland der anatolischen Halbinsel und die Ptolemaier im Südosten – und neben die kleinen griechischen Stadtstaaten an den Küsten. Die neuen Monarchien sind die kräftigsten Förderer des Hellenismus, der während des 3. und 2. Jh.s v. Chr. in unterschiedlichem Umfang nach Osten vordringt. Mit dem 2. Jh. beginnt sich das politische Kräftefeld auf Rom auszurichten, das die Region schrittweise in Provinzen überführt.

Bithynien

328–280 v. Chr. Bithynien gewinnt mit dem Fall des Perserreichs seine Unabhängigkeit und kann sie gegen ALEXANDER DEN GROSSEN und die Diadochen behaupten. Der einheimische Fürst ZIPOITES (*356, †um 279) nimmt nach mehreren Abwehrsiegen gegen LYSIMACHOS (306/05–281) 297 den Königstitel an. Nach SELEUKOS' I. Ermordung (281) besetzt er die ökonomisch wichtigen Städte Thynis, Tios und Kieros im Gebiet von Herakleia.

280 v. Chr. Nachfolger wird sein Sohn NIKOMEDES I. (†um 250). Er verbündet sich mit ANTIGONOS GONATAS (†239) und Herakleia, dem er die Eroberungen seines Vaters zurückgibt, gegen ANTIOCHOS I. (†261).

278 v. Chr. NIKOMEDES holt die Galater ins Land, besiegt mit ihrer Hilfe seinen aufständischen Bruder ZIPOITES (†277) und gewinnt Phrygia epiktetos. Er gründet die Hauptstadt Nikomedeia als griechische Stadt.

250–230 v. Chr. Aus den Thronkämpfen unter NIKOMEDES' Söhnen aus zwei Ehen geht, mit Unterstützung der Galater, der älteste Sohn ZIAËLAS (†230) hervor.

230–182 v. Chr. PRUSIAS I. (†182), Sohn des ZIAËLAS, führt zusammen mit Rhodos Krieg gegen Byzantion (220/19), erobert dessen Besitz in Mysien, gibt ihn aber beim Friedensschluss zurück. PRUSIAS erringt 216 gegen galatische Hilfstruppen des ATTALOS I. SOTER (um 238–197) am Hellespont einen großen Sieg.

215–205 v. Chr. Im 1. Makedonischen Krieg kämpft PRUSIAS auf der Seite PHILIPPS V. (220–179) von Makedonien gegen ATTALOS. Um 195 gewinnt er von Pergamon Phrygia epiktetos, von Herakleia Tios und Kios (vorher Prusias). Ein Angriff auf Herakleia scheitert.

188 v. Chr. Für PRUSIAS' Neutralität im Antiochoskrieg sichert ihm Rom seinen Besitzstand zu, dennoch eröffnet EUMENES II. (197–159) von Pergamon mit römischer Billigung den Krieg um Phrygia epiktetos gegen ihn. HANNIBAL, nach Bithynien geflohen, erringt gegen EUMENES einen Seesieg, wird aber auf Roms Druck von PRUSIAS fallen gelassen und tötet sich.

182–149 v. Chr. PRUSIAS II. (†149) nähert sich Pergamon (181) und hilft EUMENES II. gegen PHARNAKES I. (†170), König von Pontos. Trotz der Ehe mit APAME, Schwester des makedonischen Königs PERSEUS (179–168), tritt er im 3. Makedonischen Krieg (171–168) auf Roms Seite und profitiert von der Entfremdung zwischen EUMENES und Rom. PRUSIAS bekriegt 156–154, mit mehreren griechischen Städten, ATTALOS II. PHILADELPHOS (159–138), wird aber von Rom zu Frieden und Kriegsentschädigung gezwungen. Sein Sohn NIKOMEDES (II.) (†128/27) erhebt sich 150, unterstützt von ATTALOS, und stürzt ihn.

149–128 v. Chr. NIKOMEDES II. EPIPHANES: Stets um gute Beziehungen zu Rom bemüht, hilft er den Römern gegen ARISTONIKOS (†129), Thronprätendent von Pergamon, doch seine Erwartungen, dafür Phrygien zurückzuerhalten, erfüllen sich nicht.

128–94 v. Chr. NIKOMEDES III. EUERGETES (†um 94): Roms politischer Einfluss führt zur wirtschaftlichen Ausbeutung Bithyniens durch die *publicani* (Steuereinnehmer). Die Versklavung zahlreicher Einwohner macht es NIKOMEDES unmöglich, Truppen für GAIUS MARIUS' Kimbernkrieg (102/01) zu stellen. Die zusammen mit MITHRADATES VI. seit 106 unternommenen Anstrengungen, Paphlagonien und Kappadokien zu unterwerfen, scheitern an den beiderseitigen Eigeninteressen und am Einspruch Roms (95).

94–74 v. Chr. NIKOMEDES IV. PHILOPATOR (†74) verteidigt mit Roms Hilfe die Herrschaft gegen seinen Halbbruder SOKRATES, dem MITHRADATES VI. auf den Thron verholfen hat. Als er 88 im Gegenzug auf Veranlassung des römischen Gesandten MANIUS AQUILIUS (†um 88) in Pontos einfällt, wird er geschlagen: MITHRADATES besetzt Bithynien. SULLA führt NIKOMEDES 84 aus Italien zurück, der Rom, das sein Reich schon in provinzartiger Abhängigkeit hält, testamentarisch als Erben einsetzt.

64/63 GNAEUS POMPEIUS MAGNUS richtet die römische Provinz Pontus et Bithynia ein.

Pontos

301 v. Chr. Pontos, bis dahin unter Herrschaft der Antigoniden, wird nach der Schlacht von Ipsos selbstständig. | s. S. 205 |

281–266 v. Chr. Der Lokalherrscher MITHRADATES I. KTISTES (»Gründer«, †266) erringt die Oberhoheit und nimmt, wahrscheinlich nachdem er einen der Schlacht von Kurupedion (281) folgenden seleukidischen Angriff abgewehrt hat, den Königstitel an. Er macht Amaseia zur Residenz.

266–um 250 v. Chr. Unter seinem Sohn ARIOBARZANES (†um 250, seit 279 Gesamtherrscher?) bilden die im Süden sich festsetzenden Galater die stärkste Gefahr für die junge Herrschaft.

um 250–um 220 v. Chr. **MITHRADATES II.** beginnt eine expansive Politik und fördert die Hellenisierung des Landes. Durch die Heirat mit SELEUKOS' II. (246–226) Schwester gewinnt er um 245 Phrygien, unterstützt aber dennoch ANTIOCHOS HIERAX (*um 263, †227) gegen SELEUKOS. 222 verheiratet er seine Tochter LAODIKE mit ANTIOCHOS III. (223–187). Die gewaltsame Annexion des freien Sinope scheitert 220.

um 220–um 160 v. Chr. MITHRADATES III. führt eine ereignislose Herrschaft. Sein Sohn PHARNAKES I. (seit um 185) erobert 183 Sinope. Im Pontischen Krieg (182–179) gelingen ihm – teilweise mit galatischer Hilfe –

weitere Eroberungen gegen Kappadokien, die er aber unter römischem Druck aufgeben muss.

um 160–um 150 v. Chr. Mithradates IV. Philopator Philadelphos (†um 150), Bruder des Pharnakes, wird Freund und Bundesgenosse der Römer und unterstützt 155/54 Attalos II. gegen Prusias II.

um 150–120 v. Chr. Mithradates V. Euergetes (†120), Sohn Pharnakes' I., macht Sinope zur Hauptstadt. Er unterstützt Rom im 3. Punischen Krieg (149–146) und gegen Aristonikos. Nach Ariarathes' V. Tod gewinnt er Kappadokien (130) und übernimmt testamentarisch Paphlagonien. Mithradates V. wird ermordet.

120–63 v. Chr. **Mithradates VI. Eupator Dionysos** (*132, †63) setzt sich in Thronwirren innerhalb der Herrscherfamilie bis 112 als Alleinherrscher durch. Er führt die Expansion zunächst nach Osten und Norden fort, wo sein Heer seit 110 das Bosporanische Reich mit den Halbinseln Krim und Taman erobert, dazu Kolchis und Kleinarmenien. So gestärkt greift er in Kleinasien (Bithynien, Galatien) ein.

95 v. Chr. Mithradates gehorcht der Aufforderung des römischen Senats und räumt Kappadokien. Er schließt ein – tendenziell antirömisches – Bündnis mit Tigranes I. (†um 55) von Armenien.

88 v. Chr. Seine Rolle im bithynischen Thronstreit und die scheiternde Invasion Nikomedes' IV. geben Mithradates die Gelegenheit zur Eroberung Westkleinasiens. Durch den Mord an den ansässigen Römern (»Vesper von Ephesos«) gewinnt er die Bevölkerung für sich. Aus dem 1. Mithradatischen Krieg (88–85), der v. a. in Griechenland ausgetragen wird, geht er – obwohl besiegt – dank des parallelen Bürgerkriegs auf der Gegenseite als Herr eines neuen hellenistischen Großreichs hervor, muss aber seine Gewinne von 88 abgeben. Sein Verhandlungspartner Sulla unterbindet den Raubkrieg des Lucius Licinius Murena gegen Pontos (2. Mithradatischer Krieg 83–81).

74–63 v. Chr. Mithradates' Absicht, Rom das herrscherlose Bithynien nicht zu überlassen, führt 74 zum 3. Mithradatischen Krieg. Trotz Intrigen im römischen Lager erobert Lucius Licinius Lucullus bis 70 ganz Pontos und setzt dem König 69–67 bis Armenien nach. Neue Intrigen zugunsten von Gnaeus Pompeius sabotieren Lucullus' Erfolge; Mithradates kehrt 67 nach Pontos zurück. Nach ergebnislosen Verhandlungen nimmt Pompeius 66 mühelos das Reich ein, das er 64 als römische Provinz einrichtet. Mithradates rettet sich nach Kolchis, später ins Bosporanische Reich, wo sein Sohn Pharnakes II. (†47) ihn nach Streitigkeiten zum Selbstmord zwingt. Mit seiner rastlosen Expansionspolitik, politischem und strategischem Geschick, hoher Intelligenz und kulturellen Interessen, aber auch Skrupellosigkeit, verkörpert Mithradates VI. typische Züge des hellenistischen Herrschertums.

63–47 v. Chr. Rom erkennt Pharnakes II. als König des Bosporanischen Reichs an. Unter Ausnutzung des Bürgerkriegs erobert er 48 Kolchis, Kleinarmenien und Pontos in einem Blitzfeldzug. Caesar besiegt ihn 47 bei Zela; Pharnakes stirbt nach der Flucht auf die Krim, die bei seinen Nachkommen verbleibt.

Kappadokien

um 255 v. Chr. Als der aus einem alten kappadokischen Fürstengeschlecht stammende Ariarathes III. (†um 220) den Königstitel annimmt, ist die nominelle Oberhoheit der Seleukiden beendet. Um 240 gewinnt er, wahrscheinlich während der Auseinandersetzung zwischen Seleukos II. und Antiochos Hierax, die Region Kataonien am Taurus. | s. S. 313 |

um 220–um 163 v. Chr. Ariarathes' III. Sohn Ariarathes IV. Eusebes (†um 163) unterstützt seinen Schwiegervater Antiochos III. gegen die Römer. Er kann sich jedoch nach der Niederlage von Magnesia (190) den Frieden mit hohen Geldzahlungen erkaufen, wechselt die Seiten, wird zum treuen Vasallen Roms und zum Verbündeten Pergamons, an dessen Krieg gegen Pontos er sich unter zeitweiligen Gebietsverlusten 182–179 beteiligt. Ariarathes IV. bemüht sich um die Hellenisierung seines Landes: Die beiden einzigen größeren Städte, Mazaka und Tyana, erhalten den Beinamen Eusebeia.

um 163–130 v. Chr. Auch Ariarathes V. Eusebes Philopator treibt die Hellenisierung kräftig voran. Eine von Rom oktroyierte Samtherrschaft beendet die Thronstreitigkeiten (162–156) mit seinem Bruder Orophernes. 150 hilft Ariarathes den Römern gegen Orophernes' früheren Unterstützer Demetrios I. Soter (†150). Er fällt 130 im Kampf gegen Aristonikos von Pergamon. Danach wird Kappadokien Ziel der pontischen Expansion, gegen die sich die machtlosen Könige Ariarathes VI. (†116), VII. (†101) und VIII. (†96) nicht durchsetzen können.

95–63 v. Chr. Nach Aussterben des Königsgeschlechts und einem pontischen Marionettenregime (Ariarathes IX. [†87] seit um 100) wird Ariobarzanes I. (†63) mit römischer Billigung König. Zur pontischen tritt die armenische Bedrohung (Tigranes I.), die erst Pompeius 66–64 beseitigt.

63–42 v. Chr. Ariobarzanes I. übergibt den Thron seinem Sohn Ariobarzanes II. (†52), den Verschwörer ermorden. Ariobarzanes III. (†42) wird in die Wirren der untergehenden römischen Republik verwickelt.

36 v. Chr.–17 n. Chr. Der von Marcus Antonius eingesetzte Archelaos (†17 n. Chr.) erweitert Kappadokien um Teile Kilikiens und Armeniens. Schwierigkeiten mit den Untertanen führen mehrmals zu Klagen in Rom. Von Tiberius wird Archelaos deswegen vorgeladen, stirbt aber nach seiner Ankunft, worauf das Land als Provinz Cappadocia eingezogen wird.

Pergamon

Die auf einem Berg in der Kaïkosebene, 25 km vom Meer entfernt gelegene Festung Pergamon ist im 4. Jh. v. Chr. Sitz einer Adelsfamilie. In der Diadochenzeit ist Philhetairos (*343, †263), Sohn des makedonischen Feldherrn Attalos (†336) und einer Paphlagonierin, Burgkommandant und bewacht die dort gelagerten 9000 Talente aus dem Reichsschatz Alexanders des Grossen. Er unterstellt sich 302 vor der Schlacht von Ipsos Lysimachos und tritt 281 vor Kurupedion zu Seleukos I. über. Nach dessen Ermordung erlangt er unter lockerer seleukidischer Oberhoheit fast vollständige Autonomie.

263–241 v. Chr. Philhetairos' Neffe und Nachfolger Eumenes I. (†241) schließt ein Bündnis mit Ptolemaios II. (282–246). Seine neue Unabhängigkeit verteidigt er in der Schlacht von Sardeis 262 gegen Antiochos I., ist aber gezwungen, den Galatern Tribut zu zahlen. Die Küstenstadt Elea wird Pergamons Hafen.

um 238 v. Chr. Attalos I. (*269, †197), Neffe des Eumenes I., schlägt die von Antiochos Hierax unterstützten Galater an den Kaïkosquellen bei Pergamon und nimmt den Königstitel mit dem Beinamen »Soter« an. Unter ihm wird Pergamon neben Alexandreia zum größten Zentrum hellenistischer Kultur (Bibliothek, Bildhauerschule). Nach Erfolgen gegen Hierax in Phrygien, Lydien und Karien dehnt Attalos seine Herrschaft 228 bis zum Taurus aus. Schon 223–220 verliert er diese Eroberungen gegen Antiochos' III. Feldherrn Achaios (†213), dessen Rebellion ihm 216 den Ausgleich mit Antiochos ermöglicht.

211 v. Chr. Folgenreiche Westorientierung Pergamons: Gegen Seleukiden und Antigoniden sucht Attalos Verbindung mit den griechischen Küstenstädten, das Bündnis mit Rom und den Aitolern (210/09 Stratege des Aitolischen Bundes). Als Beuteanteil gewinnt er Aigina (Erneuerung des Zeustempels).

201 v. Chr. Gegen das Ausgreifen Philipps V. von Makedonien nach Kleinasien betreibt Attalos den 2. Makedonischen Krieg (200–197). Mit seiner Bündnisdiplomatie in Griechenland (zahlreiche Stiftungen, v. a. in Delphi) wird er zu Roms wichtigstem Helfer östlich Italiens, kann aber das Eindringen Antiochos' III. von Osten nicht verhindern. 197 stirbt er nach einem Schlaganfall in Theben während einer Mission mit T. Quinctius Flamininus.

197–159 v. Chr. Unter Eumenes II. erreicht Pergamon den Gipfel seiner Macht: 188 verleiht ihm Rom für seine Hilfe gegen Antiochos III. fast das gesamte seleukidische Kleinasien, 183 erhält er das an Bithynien verlorene Phrygia epiktetos zurück und macht Galatien tributpflichtig. Mit Bithynien und Kappadokien verhindert er 182–179 das Ausgreifen Pharnakes' I. von Pontos. Eumenes setzt den kulturellen und wirtschaftlichen Ausbau Pergamons fort (Zeusaltar, Hallen, Stadtmauer), mit Prägung von Cistophoren (*cista*, Kultgefäß des Dionysos), die zur Leitmünze ganz Kleinasiens werden.

172 v. Chr. Die Warnungen von Eumenes treiben Rom zum 3. Makedonischen Krieg (171–168), der den Abstieg Pergamons einleitet: Seine Eigenständigkeit im Krieg macht den König den Römern verdächtig, die zur Schwächung seiner Position 165 die Galater für autonom erklären.

159–138 v. Chr. Attalos II., Bruder des Eumenes, vollen-

Griechenland und Kleinasien im 2. Jh. v. Chr.

det den Bau des Pergamonaltars und stiftet die Kleinen Gallier auf der Akropolis in Athen. Für ALEXANDER BALAS (†um 146) kämpft er 156–154 gegen PRUSIAS II., der Pergamon belagert, aber durch römische Intervention zum Abzug gezwungen wird. 149 fördert er PRUSIAS' Sturz durch NIKOMEDES II., 144 besiegt er die Thraker. Sein außenpolitischer Spielraum gegenüber Rom sinkt weiter.

138–133 v. Chr. ATTALOS III. (†133), Neffe ATTALOS' II., ist ein gelehrter Exzentriker ohne legitime Erben. In seinem Testament erklärt er die abhängigen Städte für frei und vererbt Pergamon an das römische Volk.

132–129 v. Chr. Rom muss die neue Herrschaft gegen die soziale Revolution unter ATTALOS' II. unehelichem Sohn ARISTONIKOS (EUMENES III.) erobern, der die wirtschaftliche Polarisierung der Gesellschaft ausnutzt und bei Sklaven wie verarmten Bürgern ganz Kleinasiens großen Zulauf gewinnt. ARISTONIKOS wird 130 nach schweren Kämpfen von MARCUS PERPERNA (†129) geschlagen und in Rom hingerichtet.

129 v. Chr. MANIUS AQUILIUS richtet das pergamenische Erbe als Provinz Asia ein.

Galatien

278 v. Chr. Teile der Kelten, die seit 281 Thrakien, Makedonien und Nordgriechenland verheert und im östlichen Thrakien das Königreich von Tylis gegründet haben, werden durch NIKOMEDES I. von Bithynien gegen seinen Bruder und Rivalen ZIPOITES unter Vertrag genommen. Nach dem Sieg ziehen sie, getrennt in die drei Stämme der Tolistobogier, Tektosagen und Trokmer, plündernd durch das kleinasiatische Binnenland und erpressen von den Küstenstädten am Hellespont und an der Ägäis Geldzahlungen.

275 v. Chr. ANTIOCHOS I. besiegt in der **Elefantenschlacht** die Kelten, die als Galater sesshaft werden: Tolistobogier um Pessinus, Tektosagen um Ankyra, Trokmer um Tavion. Neben ihren begehrten Diensten als Söldner der Seleukiden und Ptolemaier beunruhigen sie durch Raubzüge auf eigene Rechnung – zeitweilig müssen die kleinasiatischen Seleukidenstädte zur Abwehr eine »Galatersteuer« bezahlen. ATTALOS I. von Pergamon gewinnt um 230 mit zwei Siegen über die Galater hohes Ansehen.

189 v. Chr. Die Hilfe galatischer Söldner für ANTIOCHOS III. und die Klagen kleinasiatischer Städte veranlassen den römischen Konsul GNAEUS MANLIUS VULSO zu einem verheerenden Einfall, der die Galater dezimiert und nachhaltig einschüchtert.

184 v. Chr. EUMENES II. von Pergamon gewinnt im Kampf die Oberhoheit über Galatien bis 165. Vielleicht fällt in diese Zeit die Einteilung der drei Stammesgebiete in Tetrarchien.

90–86 v. Chr. MITHRADATES V. bringt Galatien unter pontischen Einfluss, dennoch stellt es Rom Truppen gegen MITHRADATES VI., der das Land mit allen Mitteln zu sichern sucht und die Tetrarchen 86 ermordet.

66–40 v. Chr. GNAEUS POMPEIUS MAGNUS setzt drei ihm genehme Tetrarchen ein. Einer, DEIOTAROS (†40), erringt später die Gesamtherrschaft.

40–36 v. Chr. MARCUS ANTONIUS ernennt DEIOTAROS' Enkel KASTOR (40–36) zum Nachfolger, verleiht ihm zusätzlich Paphlagonien, das nach KASTORS Tod 36 sein Sohn DEIOTAROS II. erbt; König von Galatien wird AMYNTAS (†25), vormals Sekretär DEIOTAROS' I.

25 v. Chr. AMYNTAS fällt in Pisidien. Galatien geht testamentarisch in römischen Besitz über.

Karien, Lykien, Pamphylien, Kilikien

Die Küstenstädte im Südwesten und Süden Kleinasiens stehen im 3. Jh. v. Chr. unter ägyptischem Einfluss. In Kilikien stoßen die Interessen der Ptolemaier und Seleukiden immer wieder aufeinander. Episode bleibt das makedonische Eingreifen in Karien (227 und 202/01).

197 v. Chr. ANTIOCHOS III. zwingt den Küstenstädten seine Oberhoheit auf, verliert sie aber schon 190 mit der Niederlage von Magnesia. Rhodos erhält von Rom das südliche Karien und Lykien, veriert aber beides nach dem 3. Makedonischen Krieg (171–168). In der folgenden Zeit der Unabhängigkeit werden die – quasistaatlich organisierten – Seeräuber in Kilikien mit Kaperfahrten und Sklavenraubzügen zu einem Hauptwirtschaftsfaktor und einer Plage für das östliche Mittelmeer. Die nominell freien Städte Kariens kommen um 129 zur Provinz Asia.

102/101 v. Chr. Rom richtet gegen die Seeräuber ein eigenes Kommando als Provinz Cilicia ein. Nach jahrzehntelangem Kleinkrieg und dem endgültigen Sieg des GNAEUS POMPEIUS MAGNUS 67 dient die Region als Vorposten gegen die Parther.

43 n. Chr. Das Territorium des Lykischen Bunds wird römische Provinz.

Kleinasien unter der Herrschaft Roms

Der Westen und Süden Kleinasien gelangt unter die Herrschaft der Nachfolgestaaten ALEXANDERS DES GROSSEN, der Norden und Osten unter einheimische bzw. iranische Dynastien, sodass der Grad der Hellenisierung und Urbanisierung unterschiedlich ausfällt. Seit ca. 200 v. Chr. betreibt Rom eine jahrzehntelange, indirekte Interventionspolitik.

133 v. Chr. ATTALOS III. vererbt das pergamenische Reich an Rom.

129 v. Chr. Nach dem Aufstand des ARISTONIS (†129) **Einrichtung der Provinz Asia** durch MANIUS AQUILIUS und eine Senatskommission.

102 v. Chr. Ein geografisch nicht fest begrenzter Amtsbereich Cilicia dient zur Bekämpfung der Seeräuber.

88 v. Chr. Die Ausbeutung von Asia durch die römischen Statthalter und Steuerpächter führt zum Bündnis vieler Städte mit dem König von Pontos, MITHRADATES VI.; **Vernichtung von ca. 80 000 Römern.**

84 v. Chr. Neukonstituierung der Provinz durch SULLA.

75/74 v. Chr. NIKOMEDES IV. (†74) vererbt sein Königreich Bithynien an Rom.

64 v. Chr. Mit dem 73 eroberten Pontos wird Bithynien durch POMPEIUS in der **Doppelprovinz Pontus et Bithynia**

organisiert (spezielle Regelungen in einem eigenen Provinzgesetz). Sie bleibt mit manchen territorialen Änderungen bis nach 200 n. Chr bestehen.

44–39 v. Chr. **Ausplünderung des Lands** durch die verschiedenen Parteien des römischen Bürgerkriegs und Einfall der Parther.

Die Provinzen zur Zeit des Augustus

Die Provinzialorganisation baut hier wie auch später zumeist auf den zufälligen Grenzen zum Zeitpunkt der Eroberung auf. Weitreichende Schäden entstehen während der römischen Bürgerkriege durch Kontributionen und Erpressungen, der Aufschwung des Landes beginnt erst mit Festigung des Friedens durch AUGUSTUS und seine Nachfolger. Der großräumige militärische Schutz wird von Syrien, später auch Kappadokien aus geleistet. Veteranen werden nur unter CAESAR und AUGUSTUS in *Pontus et Bithynia* (Apameia, Herakleia, Lampsako, Sinope), Asia (Alexandreia Troas, Parion) und Pisidien (v. a. Antiochia) angesiedelt; die Kolonien in Pisidien dienen auch dem Niederhalten der Homonadenser. Noch in der Republik beginnt der Bau von Straßen, unter AUGUSTUS der Via Sebaste von Asia nach Kilikien.

Die beiden Provinzen aus republikanischer Zeit sind seit AUGUSTUS Prokonsuln unterstellt, in Asia mit konsularem, in *Pontus et Bithynia* mit prätorischem Rang. Weitere Provinzen, als kaiserliche organisiert und einem Legaten unterstellt, kommen seit AUGUSTUS durch Einziehen einzelner abhängiger Dynastenherrschaften hinzu: Das Königreich des AMYNTAS (†25) als Provinz Galatia (25 v. Chr.), dem nach dem Tod des DEIOTAROS Paphlagonien angeschlossen wird (6 v. Chr.).

In Asia verlieren die Steuerpächter die Grund- und Kopfsteuer seit CAESAR zugunsten der Städte, unter Kontrolle der Prokonsuln: In den kaiserlichen Provinzen sind Prokuratoren für den Einzug zuständig, in den Senatsprovinzen sind ihnen die Domänen, große Marmorbrüche und Bergwerke unterstellt; die unregelmäßig anfallenden Steuern und Zölle erheben Pachtgesellschaften, frühzeitig durch Prokuratoren überwacht, die seit dem späten 2. Jh. die direkte Leitung übernehmen. Die Verpflichtung zum Bau und Unterhalt der Straßen liegt bei den Gemeinden; nur selten werden auch Soldaten eingesetzt. Schon unter AUGUSTUS besteht ein öffentliches Nachrichten- und Transportsystem (*cursus publicus*; Details im Edikt des SOTIDIUS STRABO in Galatia), das Städte und Dörfer belastet. Viele Beschwerden gibt es besonders im 3. Jh. wegen Übergriffen; im 4. Jh. wird der *cursus publicus* weiter ausgebaut und dem Prätorianerpräfekten unterstellt.

17 n. Chr. Das **Königreich Kappadokien wird eingezogen** und von einem ritterlichen Amtsträger geleitet, der jedoch vom Statthalter von Syrien abhängig ist. Unter NERO wird die Provinz zeitweise unter dem Kommando des DOMITIUS CORBULO mit Syrien vereinigt.

43 Wegen innerer Unruhen wird der Städtebund der Lykier, seit CAESAR mit Rom verbündet (der Text ist durch eine Inschrift bekannt), durch CLAUDIUS provinzialisiert und intensiv durch Straßen erschlossen. Das Gebiet bewahrt vermutlich bis VESPASIANS steuerliche Privilegien.

64 Das **pontische Königreich** des POLEMON (38–64) wird **Galatien zugeschlagen**.

nach 70 Cappadocia wird mit Galatia und den angeschlossenen Gebieten vereinigt und einem konsularen Legaten unterstellt, mit zwei Legionen in Melitene und Satala sowie einem Unterstatthalter für Galatia. In den übrigen Provinzen sind nur einzelne Auxiliareinheiten stationiert. Unter den Flaviern werden die Straßenverbindungen ausgebaut.

72/74 VESPASIAN schafft die Doppelprovinz Lycia-Pamphylia unter einem prätorischen Legaten (Pamphylien vorher bei Galatien). Cilicia (seit AUGUSTUS Klientelkönigtum, der östliche Teil zu Syrien) wird Provinz, ebenfalls unter einem prätorischen Legaten.

um 110 PLINIUS (*61, †111/12) Sonderlegat in Pontus et Bithynia (sein Briefwechsel mit TRAJAN ist erhalten). Cappadocia und Galatia werden durch TRAJAN wieder getrennt, wohl um eine größere Effizienz der militärischen Überwachung zu erreichen.

vor 159 Pontus et Bithynia wird kaiserliche Provinz, Lycia-Pamphylia hingegen einem Prokonsul unterstellt.

162 **Einfall der Parther** nach Kappadokien, nachdem es schon in der Spätzeit des ANTONINUS PIUS zu militärischen Spannungen gekommen war.

seit ca. 240 Angriffe der Sassaniden im Osten.

253–267 Angriffe der Heruler und Goten im Westen Kleinasiens.

seit Ende 3. Jh.s Das innere Kleinasien und die Städte der Südküste werden öfters von Isaurern angegriffen.

Politische Strukturen seit Diokletian

Schon vor DIOKLETIAN werden neue Provinzen geschaffen, z. B. Phrygia und Caria. Doch erst seit DIOKLETIAN und KONSTANTIN steigt ihre Zahl deutlich; Asia wird z. B. in sechs neue Provinzen unterteilt – Asia, Hellespontus, Lydia, Phrygia I und II und Caria. Cappadocia wird erst 371/72 in mehrere Teile getrennt; die kleineren Einheiten werden wiederum zusammengefasst in den Diözesen Asiana und Pontica. Nur noch im stark verkleinerten Asia amtiert ein Prokonsul; die anderen Provinzen leiten ritterliche Präsides, die im 4. Jh. oft zu senatorischem Rang aufsteigen, doch sind diese Stellungen nicht mehr mit der alten sozialen Struktur verbunden. Das Schwergewicht des Lands verlagert sich in den Nordwesten, da unter DIOKLETIAN Nicomedia (İzmit) und (seit 330) Konstantinopel Kaiserresidenzen werden. Dort werden Truppen konzentriert, wohl ab KONSTANTIN unter einem Heermeister. Sonst stehen Militäreinheiten nur noch um das Land der Isaurier sowie im äußersten Osten unter dem *dux Armeniae*.

5. Jh. Isaurier werden zu einer bestimmenden Macht in Konstantinopel: 474 wird der Isaurier ZENON Kaiser.

Entwicklungen in römischer Zeit

Bei ihrer Annexion sind die Siedlungen in den einzelnen Provinzen sehr unterschiedlich strukturiert: **Asia** ist v. a. im Westen meist in Stadtterritorien gegliedert; einigen

Städten bestätigt Rom die Freiheit, die sich z. T. bis ins 3. Jh. n. Chr. inhaltlich hält (Dokumente aus Aphrodisias); manche verlieren die Freiheit, z. B. unter VESPASIAN die Insel Rhodos. Abhängige Städte, manche mit sehr großem Territorium, sind nach innen autonom, aber wie überall dem Willen der Statthalter, speziell in der Jurisdiktion, unterworfen. Die Kaiser des 1./2. Jh.s fördern die Bildung neuer Städte durch Erhebung von Dörfern, nach dem Historiker JOSEPHUS (*37/38, †nach 100) in Asia ca. 500 Städte. Noch in der Spätantike werden Poleis neu eingerichtet, aber auch viele kleine Städte zusammengelegt, wodurch sich ihre Anzahl auf etwa 320 unter JUSTINIAN reduziert. In **Bithynien** belässt und stärkt POMPEIUS die Stadtorganisation; **Pontus** wird unter den Dynasten zentralistisch regiert; deshalb entstehen erst ab 64 n. Chr. griechisch strukturierte Städte mit großem Landgebiet. **Galatien** bewahrt bis weit ins 2. Jh. seine dreiteilige Stammesstruktur mit je einem Vorort; auch hier dringt seitdem langsam die Stadtkultur vor. **Cappadocia** war seit der persischen Zeit ein von königlichen Beauftragten geleitetes Land, in Zentralkappadokien um die Hauptstadt Caesarea (heute Kayseri) bis ins 6. Jh. Das Königsland wird in kaiserliche Domänen überführt; Südkappadokien wird bis zum 4. Jh. in zahlreiche Stadtterritorien aufgeteilt, Hierapolis (heute Şar) entsteht aus einem Tempelstaat, Archelais (heute Aksaray) wird unter CLAUDIUS eine römischen Kolonie, Faustinopolis von MARC AUREL gegründet. In **Cilicia**, v. a. im Ostteil, werden viele griechische Siedlungen durch hellenistische Gründungen vermehrt. POMPEIUS lässt gefangene Piraten ansiedlen und gründet Pompeiopolis; weitere Neuanlagen sind Claudiopolis (heute Bolu) und Traianopolis. Lycia-Pamphylia urbanisiert sich größtenteils schon in hellenistischer Zeit nach griechischem Muster; die lykischen Städte sind in einem Bund vereinigt (Koinón), der auch nach Bildung der Provinz Lycia administrative Befugnisse behält, etwa in der Zollorganisation. AUGUSTUS lässt mehrere römische Veteranenkolonien anlegen, z. B. Antiochia, Cremna und Comama.

Die intensive Urbanisierung fördert in fast ganz Kleinasien das Vordringen **griechischer Sprache und Kultur**, im Westen, Norden und Süden selbst auf dem flachen Land zumindest oberflächlich. Trotzdem bleiben etwa in Phrygia Überreste der einheimischen Sprache noch lange lebendig; in Galatia und Cappadocia ist nur die Oberschicht gräzisiert, Keltisch und Aramäisch der Landbewohner ist noch im 4. und 5. Jh. in großem Umfang erhalten. Lateinisch dient nur dem amtlichen Gebrauch: Selbst in den Veteranenkolonien (außer in Antiochia) verschwindet Latein schon im 2. Jhs; an seine Stelle tritt das Griechische.

Die Förderung der städtischen **Führungsschichten** durch Rom (auf sie größtenteils Beschränkung der Ratsfähigkeit; Ratsmitgliedschaft lebenslänglich) schafft eine enge Interessenidentität, die zur Befriedung beiträgt (Formulierung der ideologisch überhöhten Position in der Romrede des AELIUS ARISTIDES [*86, †161] aus Smyrna, wohl 143 vor ANTONINUS PIUS gehalten). Das römische Bürgerrecht verbreitet sich schnell in den führenden, in Galatien und Pontus in den ehemals königlichen bzw. tetrarchischen Familien und im Westen, in den Hafenstädten gestützt durch Ansiedlung zahlreicher italischer Kaufleute bereits seit der Republik sowie römischer Veteranen. Unter CLAUDIUS stehen erstmalig Bewohner Kleinasiens in größerer Anzahl im ritterlichen kaiserlichen Dienst, seit NERO auch erste Senatoren. Diese Bewegung verstärkt sich unter den Flaviern, gefördert durch die Erhebung VESPASIANS zum Kaiser im Jahr 69, der manche seiner, aus diesen Provinzen stammenden Offiziere in den Senat aufnimmt. Um 150 sind die Bewohner Kleinasiens durch eine starke Gruppe im Senat repräsentiert (jetzt auch die vorrömische Führungsschicht). Soziale Spannungen überdecken in den Städten (z. B. Tarsos) oft glänzenden Aufwand für Nutz- und Prunkbauten sowie bei Spielen und Festen.

Wirtschaftliche Grundlage Kleinasiens ist die Landwirtschaft, getragen zumeist von der vorgriechischen bäuerlichen Bevölkerung, mit umfangreicher Weidewirtschaft. In den Küstenstädten handelt eine breite Schicht von Kaufleuten inländische Erzeugnisse und Handelsgüter mit dem Osten. Bekannt sind Tuche aus Asia (Goldstickereien aus Laodicia) und Tarsus in Kilikien. Auf den kaiserlichen Gütern Kappadokiens wird Pferdezucht v. a. für die Armee betrieben. Die großen Marmorbrüche (bei Mylasa [Milas], Synnada, Dokimeion [İscehisar]) gehören meist dem Kaiser: Nach 100 wird Marmor in großem Stil verkauft. Aus dem Pontus und aus Pamphylia wird Holz exportiert.

Mit dem Kaiserfrieden entfaltet sich wieder eine rege **kulturelle Tätigkeit**, v. a. mit aufwendigen Bauten. Die Kaiser fördern die Träger des geistigen Lebens, für deren Benennung und Privilegierung die Städte zuständig sind: Ärzte (seit CAESAR, durch VESPASIAN erneuert), Rhetoren und Philosophen (seit CAESAR, HADRIAN und ANTONINUS PIUS). Sie tragen zur relativen Kulturblüte einer Gesellschaft mit weit verbreiteter Schriftlichkeit bei. DIO CHRYSOSTOMUS (*um 40, †nach 112), Aelius Aristides und PHILOSTRATUS sind wichtige Vertreter der zweiten Sophistik im 2. und frühen 3. Jh.

Äußere Formen griechischer Kultur stülpen sich auch über einheimische **Religionen**, die in Galatia, Pisidia und Cappadocia nicht völlig verdrängt werden: z. B. Kult der »Ma« um Caesarea in Kappadokien (als Ma Bellona seit sullanischer Zeit auch in Rom), des Men um Antiochia in Pisidien. Viele einheimische Götter werden unter griechischem Namen verehrt. Kleinasien wird das klassische Land des Kaiserkultes, aufbauend auf der Verehrung vorrömischer Herrscher. Seit 29 v. Chr. werden Tempel für Roma und Augustus in Pergamon und Nikaia errichtet. Bald beginnt ein heftiger Wettbewerb vieler Städte (Ephesus, Smyrna, Thyateira) um einen oder mehrere Kaisertempel (Neokorien), da mit den Festen auch soziale und wirtschaftliche Interessen verbunden sind. Die Ausrichtung des Kaiserkults ist, abgesehen von den Städten, Aufgabe der Landtage (*Koiná*) in Provinzen, in denen die Städte durch Abgesandte vertreten sind.

Früh verbreitet sich das **Christentum**, gefördert durch zahlreiche starke jüdische Gemeinden (z. B. Smyrna, Aphrodisias). Alle drei Missionsreisen des Apostels PAULUS führen nach Kleinasien, u. a. Kilikien, Pisidien, Galatien und Ionien; zweijähriger Aufenthalt in Ephesus. In Phrygien ist wohl der Apostel PHILIPPUS tätig, in Asia JOHANNES (die Apokalypse ist u. a. eine Antwort auf die kultische Verehrung DOMITIANS, für den ein monumentaler Tempel in Ephesus errichtet wurde). Unter TRAJAN ist in Pontus-Bithynien die christliche Religion bereits auf dem Land verbreitet. Der Statthalter PLINIUS geht gegen die Christen vor (Briefwechsel mit TRAJAN!); Grund für die Verurteilung ist das Bekenntnis, Christ zu sein. Vereinzelte Martyrien sind im gesamten 2./3. Jhs bezeugt (Bischof POLYKARP VON SMYRNA in der Spätzeit des Antoninus Pius; unter dem Statthalter ARRIUS ANTONINUS in Kappadokien). Um 250 christianisiert GREGOR DER WUNDERTÄTER (*um 213 †270/75) schnell den Pontus Polemoniacus; in Teilen Phrygiens sind die Christen vor 300 vielleicht schon in der Mehrheit. Von Kappadokien aus erfolgt die Christianisierung Armeniens durch GREGOR DEN ERLEUCHTER vor 300. Schon im 2. Jh. entwickeln sich heterodoxe Gruppen, z. B. die Montanisten in Phrygien, die sich auf den Apostel PHILIPPUS zurückführen. Im 3. Jh. ist die kirchliche Hierarchie voll ausgebildet und weitgehend nach Städten und Provinzen gegliedert; Vorrang hat der Bischof der Metropole. In Kappadokien sind wegen Städtearmut zahlreiche Chorbischöfe für die kirchliche Versorgung der Landbevölkerung verantwortlich. Nach Anerkennung des Christentums durch GALERIUS, entscheidend dann seit KONSTANTIN, tagen **fast alle Reichssynoden in Kleinasien**: 325 Nikaia, 431 Ephesus, 451 Chalkedon. Einflussreich ist die kappadokische Theologie des BASILIUS (*329/30, †379), GREGOR VON NAZIANZ (†390) und GREGOR VON NYSSA (*um 338/39, †nach 394) beim Versuch der Versöhnung des Christentums mit antiker Philosophie und Kultur, aber auch in den christologischen Streitigkeiten. Es bildet sich bei BASILIUS eine spezifische Form des östlichen Mönchtums durch Überwindung der radikalen Askese und Verarbeitung der Erfahrungen ägyptischer Eremiten zu einem Ideal der Gemeinschaft aus. Die Errichtung der Kaiserresidenz des Ostens in Konstantinopel verschafft dem Bischof bald einen Vorrang, in Chalkedon (heute Istanbul-Kadıköy) 454 zum Patriarchat über die Diözesen Asia, Pontus und Thracia rechtlich fixiert. Die Kirche fördert die weitere Gräzisierung der kleinasiatischen Provinzen, was wesentlich für das Überleben des Byzantinischen Reichs seit dem Verlust Syriens, Palästinas und Ägyptens (638/40) an die muslimischen Araber wird.

Armenien | Forts. v. S. 127 |

Die indogermanischen Armenier wandern im frühen 6. Jh. v. Chr. aus dem anatolischen Teil Kleinasiens, wohin sie wohl mit den Phrygern gekommen sind, in das Gebiet des zuvor von den Kimmerern bedrängten und 585 von den Medern unter KYAXARES eroberten Reiches von Urartu ein. Nach anfänglichen Kämpfen vermischen sich Reste der Urartäer mit den Einwanderern, die sich selbst »Haikh« nennen und den bei den Griechen und Persern gebräuchlichen Namen »Armenier« nicht kennen. Die geografische Lage des Landes ist eine der wichtigsten Ursachen für den Verlauf der armenischen Geschichte: Am Übergang von Vorder- zu Kleinasien besitzt das zentrale Hochland zwischen Anatolien und Iran mit Vansee im Zentrum einerseits eine kulturelle Mittlerfunktion (v. a. für die iranische Religion und Kunst), andererseits ist es stets von den Machtblöcken in Ost und West umkämpft. Schon früh bildet sich, wohl unter iranischem Einfluss, eine ständische Gliederung der Gesellschaft in Adel, Priester, Bauern und Handwerker heraus. Mitglieder der Stände sind zu Abgaben und Dienstleistungen verpflichtet, im Übrigen politisch und persönlich frei. Die eigentliche Macht liegt beim vorwiegend iranischstämmigen Adel, dem als selbstständige Kraft neben dem König in königslosen Zeiten die Vollgewalt zufällt.

6. Jh. v. Chr. Die Armenier sind den Medern tribut- und dienstpflichtig. Unter den Achaimenidenherrschern ist Armenien eine Satrapie, an deren Spitze zunächst (bis Ende des 5. Jh.s) Angehörige der Dynastie der Hydarniden, dann der Orontiden stehen.

521 v. Chr. Ein Aufstand gegen die persische Zentralgewalt wird von DAREIOS I. (521–486) niedergeschlagen. Erst nach dem Ende des Achaimenidenreiches erlangen die Armenier politische Eigenständigkeit.

331 v. Chr. ALEXANDER DER GROSSE (336–323) erhebt MITHRENES zum Satrapen von Armenien, ohne jedoch das Land tatsächlich zu erobern; so bleibt Armenien zur Zeit ALEXANDERS und auch der frühen Seleukiden faktisch selbstständig.

212 v. Chr. ANTIOCHOS III. (223–187) erzwingt die Anerkennung der seleukidischen Oberhoheit, belässt aber vorerst dem armenischen König XERXES (215–202) die Herrschaft.

um 202 v. Chr. ANTIOCHOS III. lässt XERXES beseitigen und setzt ZARIADRIS über das westliche Kleinarmenien und zunächst ORONTES und dann (dessen Enkel?) ARTAXIAS über das östliche Großarmenien als Strategen ein, die sich nach der Niederlage ANTIOCHOS' gegen Rom (Friede von Apameia 188) selbstständig machen und jeweils den – dann auch von Rom anerkannten – Königstitel annehmen. ZARIADRIS (202–um 163) verlegt seine Hauptstadt nach Karkathiokerta (heute Eghil), ARTAXIAS I. (vor 190–um 159) gründet die Hauptstadt Artaxata.

95–55 v. Chr. Nach seiner Rückkehr aus parthischer Geiselhaft erreicht TIGRANES I. (†um 55, Angehöriger der Dynastie des ARTAXIAS) die Wiedervereinigung des Landes unter seiner Herrschaft: Höhepunkt Expansion bis zum Kaspischen Meer.

seit 83 v. Chr. TIGRANES erlangt die Oberherrschaft über die Reste des Seleukidenreiches durch Eroberung von Kommagene, Phönikien und Syrien mit Antiochia.

seit 77 v. Chr. TIGRANES gewinnt die Oberherrschaft über Kappadokien. Gründung der neuen Hauptstadt Tigranokerta, Annahme des Titels »König der Könige«.

69 v. Chr. Im dritten Mithradatischen Krieg erleidet TIGRANES eine Niederlage gegen LUCIUS LICINIUS LUCULLUS (*117, †56).

66 v. Chr. Endgültige Kapitulation gegenüber POMPEIUS: TIGRANES verliert alle Eroberungen und bleibt als König auf dem ostarmenischen Kernraum, als Puffer zum Partherreich, beschränkt, während Kleinarmenien (Armenia minor) westlich des Euphrat zunächst abwechselnd den angrenzenden römischen Klientelstaaten bzw. Provinzen zugeschlagen, spätestens unter dem römischen Kaiser VESPASIAN Teil der Provinz Kappadokien wird.
Armenien bleibt ständiges Streitobjekt zwischen Rom und dem Parther- bzw. Sassanidenreich, während sich beide Großmächte Dauerkonflikte zwischen armenischem Adel und Königtum zunutze machen.

1 n. Chr.–37 n. Chr. Parthische Einmischungsversuche kann Rom durch direkte Interventionen (1, 18 und 37 n. Chr.) zu eigenen Gunsten zurückweisen.

63 Beilegung der armenischen Frage im Abkommen von Rhandeia: Das armenische Königtum wird arsakidische Sekundogenitur unter römischer Oberhoheit.

66 TIRIDATES I., Bruder des Partherkönigs VOLOGAISES I. (†um 80), wird von NERO in Rom zum König von Armenien gekrönt.

117 Die Umwandlung in eine römische Provinz (114) durch TRAJAN macht HADRIAN wieder rückgängig.

238–280 Nach zunächst erfolgreichen Abwehrkämpfen gerät Armenien unter die Herrschaft der Sassaniden, die den Zoroastrismus einzuführen versuchen.

nach 298 Befreiung Armeniens mit römischer Hilfe durch TIRIDATES III., DEN GROSSEN, (†317/30): Nach anfänglicher Ablehnung lässt er die **Einführung des Christentums** durch GREGOR DEN ERLEUCHTER (*239, †325), Mitglied einer hochgestellten parthisch-armenischen Familie, zu. Zerstörung der heidnischen und zoroastrischen Tempel und Ersetzung durch christliche Kirchen. Eine Nationalkirche, in zwölf Bistümer eingeteilt,leitet der Katholikos mit Sitz im alten heidnischen Kultzentrum Aschtischat (später Valarschapat, heute Etschmiadzin), dessen Amt (bis 428) in der Familie GREGORS erblich ist.

4. Jh. Unter ARSAKES II. (um 338–367) und PAP (369–374) bestehen starke Spannungen zwischen Königtum sowie Kirchenführung und Adel.

384/389 Unter ARSAKES III. (um 379–384/89) **Teilung Armeniens** zwischen Ostrom und dem Sassanidenreich: Der östliche Teil, bis 428 unter arsakidischen Königen mit Tributpflicht, fällt an die Sassaniden, danach von sassanidischen Statthaltern (*marzpan*) verwaltet.

390–439 Trennung von der Mutterkirche in Neokaisareia unter dem Katholikos SAHAK (*um 338, †439).

um 400 Vollendung der **Armenisierung der Kirche** durch Verwendung der von Bischof MESROP MASCHTOZ (*um 360, †440) erfundenen armenischen Schrift im Gottesdienst – rege Übersetzungstätigkeit liturgischer, theologischer und literarischer griechischer Texte ins Armenische, Ausbildung einer eigenen armenischen Literatur und Geschichtsschreibung.

439–457 Blutige Christenverfolgung durch Sassanidenkönig YEZDEGIRD II. (†457) in Ost-Armenien.

536 Unter JUSTINIAN Neueinteilung der römischen Provinzen mit Kleinarmenien als Armenia I.–IV.

540–562 Armenien wird durch die Kriegszüge des Sassaniden CHOSRAU I. (†579) schwer verwüstet.

2. Hälfte 6. Jh. Erneute Kriege mit den Sassaniden um Armenien unter den byzantinischen Kaisern JUSTIN II. (565–578), TIBERIOS I. (†582) und MAURIKIOS (†602).

591 MAURIKIOS greift in die sassanidischen Thronwirren ein, bringt CHOSRAU II. (†628) an die Macht und erreicht die Abtretung eines großen Teils des sassanidischen Armeniens.

seit 604 Erfolgreiche Offensive der Sassaniden, die sich erst nach dem Sieg des byzantinischen Kaisers HERAKLEIOS (610–641) bei Ninive (627) aus Armenien zurückziehen.

653/655 Als Ziel von Angriffen der islamischen Araber (seit 640) gerät Armenien endgültig unter die Oberhoheit des Kalifenreiches. | Forts. S. 653 |

Die Skythen

Im 5. Jh. v. Chr. rückt ein über Vermittlung der griechischen Kolonien am Schwarzen Meer schon länger bekanntes Volk deutlicher ins Bewusstsein der klassischen Antike. Die Skythen und das von ihnen bewohnte und nach ihnen als »Skythien« bezeichnete Gebiet am Nordufer des Schwarzen Meeres werden Thema in griechischer Dichtung und insbesondere in zwei Werken der Prosaliteratur, der dem Arzt HIPPOKRATES zugeschriebenen Schrift »Über die Umwelt« und HERODOTS Historien, umfassender beschrieben. In Ermangelung eines genuinen Schrifttums und der Vagheit der altorientalischen Überlieferung waren die antiken griechischen und späteren lateinischen Autoren über Jahrhunderte die einzigen Informationslieferanten über die Skythen. Eine wesentliche Erweiterung des Kenntnisstandes konnte erst die im 19. Jh. einsetzende systematische archäologische und ethnologische Forschung bieten. Unter Einbezug der altphilologischen bzw. althistorischen Kritik, die auf den mythopoetischen und spekulativen Gehalt vieler antiker Schriften aufmerksam machte, ergibt sich heute ein umfassenderes, aber auch vielschichtigeres Bild der Skythen und ihrer Kultur.

Ein wichtiges Verdienst der modernen Archäologie ist der Nachweis einer engen Verflechtung der im nördlichen Schwarzmeerraum, dem antiken Skythien, festgestellten Kultur mit jener zahlreicher frühnomadischer Kulturkomplexe vom Donauraum bis ins östliche Sibirien. Die bislang ältesten, ins ausgehende 9. Jh. v. Chr. datierenden Belege förderten die Grabungen am Arzan-Kurgan im südsibirischen Tuva zutage. Vom 7. Jh. v. Chr. bis um 300 v. Chr. ist diese nach den griechischen Schriftquellen als »skythisch« bezeichnete Kultur für den gesamten angesprochenen Raum bestimmend. Sie wird als Ergebnis eines am Ende des 2. Jt.s parallel mit der Ablösung der Bronze durch das Eisen einsetzenden Wandels von einer sesshaften zu einer halb- bzw. vollnomadischen Wirtschaftsweise angesehen. Dieser Wandel lässt sich im gesamten eurasischen Steppengürtel feststellen und wird ab dem 9. Jh. von kulturellen Impulsen aus den Hochkulturen Chinas und des Vorderen

Orients begleitet, die sich an Kunst und Kunsthandwerk festmachen lassen.

Die monumentalste Hinterlassenschaft der skythischen Sachkultur sind tausende Kurgane, riesige Grabhügel mit bis zu 100 m Durchmesser und bis 25 m Höhe, die sich als Ergebnis organisierter Gemeinschaftsleistungen interpretieren lassen. Formal definiert sich diese Kultur durch bei allen regionalen Unterschieden grundsätzlich gleichartige Waffenformen, Pferdegeschirr und insbesondere durch den sog. **Tierstil**. Kunst und Kunsthandwerk zeichnen sich durch sehr charakteristische Darstellungen von Tieren, besonders Hirschen, Steinböcken, Raubkatzen, Widdern oder Raubvögeln aus, die als Edelmetall-Schmuckelemente Kleidung, Waffen, Pferdegeschirr, Satteldecken oder Möbel zieren.

Die skythische Kultur kann somit auf einen geografisch weitgespannten Raum und als Träger auf ethnisch nicht bestimmbare Reiternomaden des eurasischen Steppengürtels bezogen werden. In Tradition der griechischen bzw. altorientalischen Überlieferung werden als Skythen im eigentlichen Sinn allerdings nur die Bewohner des nördlichen Schwarzmeerraumes unter Einschluss der Krim und des Kaukasusvorlandes verstanden. Auch hier hat die Archäologie verschiedene Kulturkomplexe festgestellt, die, abgesehen von vagen Hinweisen auf iranische Einflüsse, aber weder ethnisch bestimmbar sind noch konkret mit der schriftlichen Überlieferung in Verbindung gebracht werden können. Welche Kulturkomplexe etwa bei den in der hippokratischen Schrift, bei Herodot und späteren Autoren genannten einzelnen skythischen Stämmen oder den als Vorläufer bzw. Nachbarn der Skythen bezeichneten Kimmeriern, Tauriern, Agathyrsen oder Sauromaten zugewiesen werden können, ist strittig, zumal die Schilderung dieser Nachbarvölker stark mythisch-poetische Züge trägt.

Die Skythen haben eine nomadische Lebensweise, deren in den Schriftquellen besonders hervorgehobene Bedeutung durch Entdeckungen und eingehendere Untersuchungen von Burgwällen allerdings relativiert wurde. Anlagen wie Elizavetovskoje im Don-Delta oder Kamenskoje am unteren Dnjepr werden als Wirtschaftszentren mit einer sesshaften Bevölkerung und Residenzen auch der nomadischen Oberschicht angesehen. Die von den griechischen Autoren genannten Könige (*basileis*) der Skythen bzw. ihrer Stämme wird man im Sinne der Ethnologie mit den Begriffen *big man* oder *chief* gleichsetzen dürfen. Ihnen dürfte auch die Mitbestattung von Pferden und – archäologisch allerdings in viel geringerer Zahl nachgewiesen als in der Antike kolportiert – Menschen, vorbehalten gewesen sein. In unterschiedlicher Menge und Qualität beigegebene Waffen, Wagenbestandteile, Kleidung, Speisen oder Wein legen die Annahme weiterer sozialer Abstufungen und einer entsprechend gegliederten Gesellschaft nahe. Die Grabbeigaben lassen ferner auf einen aufwändigen Totenkult schließen, mit Jenseitsvorstellungen, die von einer Weiterführung von sozialer Stellung und Funktion nach dem Tod bestimmt zu sein scheinen.

Spätes 8. bis Mitte 7. Jh. v. Chr.

Im ausgehenden 8. Jh. werden in assyrischen Schriftquellen »Gimmirrai« als Eindringlinge aus dem Norden genannt, die dem Reich von Urartu zusetzen. Die Kimmerier können zwar keiner der archäologisch fassbaren Kulturgruppen des Nordschwarzmeer- bzw. Nordkaukasusraumes eindeutig zugeordnet werden, doch sind sie wohl als Reiternomaden anzusehen, die mit der skythischen Kultur bzw. einer ihrer unmittelbaren Vorläufer in Verbindung zu bringen sind. Im Kontext der skythischen Kultur als ethnisch nicht näher bestimmbare Reiternomaden sind auch die in den assyrischen Machtbereich einfallenden »Iskuzai« zu sehen, auch wenn ihre Gleichsetzung mit den Skythen der griechischen Literatur nicht gesichert ist. Der Assyrerkönig Asarhaddon (680–669) gibt seine Tochter dem Bartatua zur Frau, der möglicherweise mit dem bei Herodot genannten Skythenkönig Protothyes identisch ist.

Nach Auseinandersetzungen mit den Assyrern vernichten die Gimmirrai das Phrygerreich und verwüsten griechische Kolonien im westlichen Kleinasien. Als »Kimmerier«, die entsprechend negativ belegt sind, finden sie Eingang in die frühe griechische Literatur.

Nach assyrischen Überlieferungen sind die Iskuzai für gewisse Zeit ein Machtfaktor im Vorderen Orient, der im Bündnis mit den Assyrern für den Todesstoß des Reiches von Urartu verantwortlich sein dürfte. Herodot berichtet davon, dass die Skythen die Kimmerier vertrieben und so für deren Einfall im Vorderen Orient gesorgt hätten. Diese Annahme erscheint jedoch konstruiert und ebenso fragwürdig wie der von ihm überlieferte Zug der Skythen gegen Ägypten. Dass die Skythen, wie er weiter berichtet, 28 Jahre über Asien geherrscht hätten, wird in der modernen Forschung bestritten.

6.–4. Jh. v. Chr.: Blütezeit skythischer Kultur im nördlichen Schwarzmeergebiet

Nach der im 7. Jh. einsetzenden griechischen Kolonisation der Schwarzmeerküsten nehmen Skythen und Griechen ab dem 6. Jh. intensive Handelsbeziehungen auf. Die griechischen Kolonien und Handelsstützpunkte beziehen vorwiegend Rohstoffe, Getreide, Wolle, Spinnfaserpflanzen, Trockenfisch oder Edelmetalle, im 5. Jh. auch Sklaven aus Skythien, die gegen Luxuswaren aller Art ins griechische Mutterland weitergehandelt werden. Eine wichtige Mittlerrolle kommt dem Bosporanischen Reich zu, zu dem sich 480 die griechischen Kolonien und Handelsniederlassungen auf der Halbinsel Kertsch unter Führung Pantikapaions zusammenschließen. Wichtigster Handelspartner im griechischen Mutterland ist Athen, das um 400 skythische Bogenschützen als öffentliche Sklaven zur Aufrechterhaltung der Ordnung bei den Volks- und Ratsversammlungen einsetzt.

Mit Fortdauer der Beziehungen lässt sich eine insbesondere an den künstlerischen Ausdrucksformen und an der Tendenz zu größerer Sesshaftigkeit feststellbare Hellenisierung der Skythen beobachten. Diese regen im Gegenzug als »Wilde« zur Reflexion des Status quo der griechischen Zivilisation an, als deren Spiegel sie Gegenstand der politischen und kulturellen Theoriebildung sowie eines spekulativ-wissenschaftlichen geo- bzw. ethnografischen Schrifttums werden.

um 510 v. Chr. HERODOT berichtet von einem groß angelegten Feldzug des Perserkönigs DAREIOS I. gegen die von König IDANTHYRSOS geführten Skythen. Sein Bericht nimmt sich allerdings wie ein mit zahlreichen Analogien gespicktes Lehrstück für den späteren großen Xerxes-Zug gegen Griechenland aus, das kein reales Ereignis wiedergibt. In den persischen Quellen findet sich nur eine Erwähnung der »Saken, die jenseits des Meeres wohnen« auf der Grabinschrift des DAREIOS von Naqusch-i-Rustam, die möglicherweise auf die Skythen im Nordschwarzmeerraum bezogen werden kann. Die Historizität des von HERODOT überlieferten Feldzuges ist zweifelhaft.

ca. 400–339 v. Chr. Der skythische König ATEAS tritt in den antiken Quellen als Beherrscher großer Teile der Barbaren an der nördlichen Schwarzmeerküste auf. Die genaue Ausdehnung seiner Macht ist umstritten. Die von ihm überlieferten Münzen lassen auf ein von den bestehenden griechischen Staaten beeinflusstes Staatswesen schließen. ATEAS fällt 339 am Istros im Kampf gegen PHILIPP II. von Makedonien.

ab 300 v. Chr. In den Jahren nach 300 endet die klassische skythische Kultur. Einer der maßgeblichen Faktoren sind die von Osten eindringenden Sarmaten. Die Skythen werden in die Küstengebiete und auf die Halbinsel Krim abgedrängt, wo es im 3./2. Jh. zur Gründung eines spätskythischen Reiches mit der Hauptstadt Neapolis Scythica kommt.

3./2. Jh. v. Chr.–Ende 2. Jh. n. Chr.: Das spätskythische Reich auf der Krim

150 v. Chr. Skythenkönig SIKULUROS erobert das mit den Sarmaten verbündete Olbia. Er und seine Söhne errichten Festungsbauten.

110 v. Chr. DIOPHANTES, General des MITHRADATES VI., kämpft erfolgreich gegen die Skythen unter PALAKOS.

47–17 v. Chr. Regierungszeit des bosporanischen Königs ASANDROS. Er schlägt 47 den skythischen König PHARNAKES II. und unterwirft die Skythen.

um 50 n. Chr. Die Skythen befreien sich wieder, Olbia gerät unter ihre Herrschaft, wird aber 61 n. Chr. von den Römern eingenommen.

Ende 2. Jh. SAUROMATES II. vernichtet in einer Schlacht das Königreich der Skythen. Die Skythen gehen in der sarmatischen Bevölkerung auf. In byzantinischer Zeit werden mit »Skythai« unterschiedslos barbarische Völker aus dem Norden und Nordosten bezeichnet.

Das Seleukidenreich (281–63 v. Chr.)

Die Seleukiden datieren den Beginn ihrer Herrschaft von 312/11 an, als **SELEUKOS I. NIKATOR** seine Satrapie Babylon von ANTIGONOS I. MONOPHTHALMOS (*382, †301) zurückerobert (Seleukidische Ära). In den folgenden Jahren unterwirft SELEUKOS die iranischen (»Oberen«) Satrapien, stößt bis zum Indus vor, gewinnt 301 durch die Schlacht bei Ipsos Syrien, 296 Kilikien und 281 mit seinem Sieg bei Kurupedion das übrige Kleinasien, außer Pontos, Bithynien und einigen Griechenstädten. »Könige, Dynasten, Städte und Völker« umfasst die heterogene Herrschaft, legitimiert vom Eroberungsrecht. Aber die eroberten Gebiete, die sich anfangs ungefähr mit dem Umfang des Achaimenidenreichs decken, sind in ihrer geopolitischen, ethnischen und kulturellen Struktur zu ungleich, als dass sie unter der neuen Dynastie zu einer Einheit zusammenwachsen könnten. Die Geschichte des Seleukidenreichs ist zu einem guten Teil die Geschichte eines dauernden Kampfs seiner Herrscher gegen die zentrifugalen Kräfte. Indien geht 304 noch unter SELEUKOS verloren. Die Souveränität über die iranischen Provinzen muss immer wieder militärisch behauptet werden, in Baktrien und Parthien entstehen nach 250 neue Königreiche, um Koilesyrien entwickelt sich ein Dauerkonflikt mit Ägypten. In Kleinasien bilden sich im Verlauf des 3. Jh.s mehrere unabhängige Fürstentümer unter einheimischen Dynasten: Die keltischen Galater gründen einen Staat, das pergamenische Reich entwickelt sich aus kleinen Anfängen zu einer bedeutenden Macht. Im Konflikt mit Rom seit Beginn des 2. Jh.s schrumpft der Bestand des Reiches weiter, das schließlich, auf Syrien beschränkt, römische Provinz wird.

Wie in Ägypten sind makedonisch-griechische Soldaten, Offiziere und Verwaltungsbeamte Stützen der Monarchie. Um diese Grundlage zu stärken, betreiben SELEUKOS und sein Sohn ANTIOCHOS I. SOTER eine intensive Siedlungspolitik nach dem Vorbild ALEXANDERS. Neben zahlreichen Städten für Einwanderer aus Makedonien und Griechenland, teils angelehnt an ältere Siedlungen, legen sie Militärkolonien für den Unterhalt der Berufssoldaten an, die später oft Stadtrecht erhalten und Zentren der hellenistischen Kultur werden. Ihre anfängliche Integrationswirkung sinkt in dem Maße, wie die Einwanderung nachlässt und regionale Verbundenheiten überwiegen.

Zwar regiert der Herrscher aus eigener Machtvollkommenheit, stützt sich aber auf den Rat (*Synédrion*) seiner Freunde (*phíloi*) aus hohen Militärs und Zivilbeamte. In der Verwaltung knüpfen die Seleukiden an die persischen Vorgänger und ALEXANDER an. V. a. im Osten bleibt die Einteilung in Satrapien bestehen, an ihre Spitze Satrapen, später Strategen, die Statthalter mit starker militärischer wie ziviler Macht sind. Die Finanzverwaltung ist ein eigenständiger Bereich. Finanzielle und militärische Lasten entfallen auch auf die reichsunmittelbaren Städte, Tempelstaaten und Dynasten. Der König bezieht bedeutende Einkünfte aus großen Domänen (*chóra basiliké*), die allerdings durch großzügige Schenkungen, mit denen sich die Herrscher Loyalität zu verschaffen suchen, zurückgehen. Diesem Ziel dient auch die Einführung und Institutionalisierung des Königskults, zunächst für den toten, seit Beginn des 2. Jh.s auch für den lebenden Herrscher und seine Gemahlin.

294 v. Chr. **ANTIOCHOS I. SOTER** (*um 325, †261) wird Mit-

Hellenistische Staaten im 3. Jh. v. Chr.

regent seines Vaters SELEUKOS I. NIKATOR (*um 358, †281) und König der jenseits des Euphrat gelegenen Oberen Satrapien mit der Hauptstadt Seleukeia. Schon als Thronerbe gründet er zahlreiche Städte.

281–277 v. Chr. Als SELEUKOS nach der Schlacht von Kurupedion nach Makedonien aufbricht, dehnt er die Mitregentschaft seines Sohns auf ganz Asien aus. Mit der Ermordung des Vaters fällt ANTIOCHOS, der sich zu der Zeit im Osten aufhält, die Alleinherrschaft zu. Ein Aufstand in Syrien hindert ihn daran, SELEUKOS' Ansprüche auf Thrakien und Makedonien durchzusetzen oder PTOLEMAIOS II. PHILADELPHOS (282–246) von Ägypten entgegenzutreten, der sich in Karien und auf Samos festsetzt. Auch die Ausdehnung Bithyniens an der Schwarzmeerküste muss er hinnehmen. Bedroht durch die Galater, die NIKOMEDES I. (†um 250), König von Bithynien, für seine Ziele zu Hilfe gerufen hat, schließt er Frieden mit dem in Kleinasien eingedrungenen makedonischen König ANTIGONOS II. GONATAS (*um 319, †239) und vermählt seine Halbschwester PHILA mit ihm. | s. S. 302 |

275 v. Chr. ANTIOCHOS besiegt in der »Elefantenschlacht« die Galater und siedelt ihre Reste in Großphrygien an. Er erhält den Beinamen »Soter« (Retter).

274–271 v. Chr. **1. Syrischer Krieg**: PTOLEMAIOS II. dringt in Syrien ein. MAGAS (†250), Halbbruder des PTOLEMAIOS und Statthalter von Kyrene, greift nach dem ägyptischen Thron und heiratet die Tochter des ANTIOCHOS, der auf eine Abtretung des seit 301 beanspruchten Koilesyrien hofft. PTOLEMAIOS kommt dem geplanten Zangenangriff zuvor, kann MAGAS abwehren und trägt den Krieg in die Ägäis, nach Nordsyrien und an die kleinasiatische Küste. ANTIGONOS' Eingreifen bringt für ANTIOCHOS keine Wende. Im Friedensvertrag muss er Ägyptens Herrschaft in Koilesyrien bestätigen.

270–261 v. Chr. ANTIOCHOS treibt den inneren Ausbau des Reichs voran. Seinen ältesten Sohn SELEUKOS (*um 293), seit 279 Mitregent in den Oberen Satrapien, lässt er 268 wegen Hochverrats hinrichten und setzt den jüngeren ANTIOCHOS II. THEOS (*um 286, †246) an seine Stelle. Die Selbstständigkeitsbestrebungen des PHILHETAIROS (*343, †263), Dynast von Pergamon, kann er nicht unterbinden und unterliegt dessen Neffen und Nachfolger EUMENES I. (†241) 263 bei Sardeis. Kappadokien löst sich aus der seleukidischen Vasallität. 261 fällt ANTIOCHOS gegen die Galater. | s. S. 303 |

261–246 v. Chr. **ANTIOCHOS II.**: Die Hälfte seiner Regierungszeit füllt der **2. Syrische Krieg (260–253)**, dessen Ausbruch möglicherweise mit ANTIOCHOS' Erfolgen gegen die ptolemaischen Stützpunkte in Kleinasien zusammenhängt.

259 ANTIOCHOS gewinnt Ephesos und befreit Milet vom Tyrannen TIMARCHOS, einem Verbündeten des PTOLEMAIOS, dem Sohn PTOLEMAIOS' II., wofür er den Beinamen »Theos« (Gott) erhält. Auch Erythrai und die Küstenstädte im Rauhen Kilikien und in Pamphylien fallen zu ihm ab. Einfälle des PTOLEMAIOS II. in Syrien haben keinen durchschlagenden Erfolg. Eventuell ist ANTIGONOS II. GONATAS am Krieg beteiligt (unsichere Daten der Seesiege bei Kos und Andros). Den Friedensvertrag besiegelt ANTIOCHOS durch die Heirat mit PTOLEMAIOS' II. Tochter BERENIKE (†246), verstößt sie aber wieder nach ihrer Niederkunft und bestimmt SELEUKOS (II.) (*265, †226), den Sohn seiner ersten Frau LAODIKE (†um 240), zum Nachfolger. Nach dem Unternehmen gegen Byzantion und Thrakien stirbt ANTIOCHOS in Ephesos.

246–226 v. Chr. SELEUKOS II. KALLINIKOS kommt auf den Thron, kurz nachdem in Ägypten PTOLEMAIOS III. (246–221) die Herrschaft übernommen hat. Dieser eröffnet nach dem Hilferuf seiner Schwester BERENIKE gegen LAODIKE den **3. Syrischen Krieg (Laodikekrieg 246–241)**. Noch vor seinem Angriff wird BERENIKE ermordet. Als ihr Rächer erobert PTOLEMAIOS Syrien mit den Hauptstädten Antiocheia und Seleukeia und stößt nach Mesopotamien vor. ANDRAGORAS (†238), Satrap von Parthyene, macht sich selbstständig. Die ägyptische Flotte erobert inzwischen die Südküste Kleinasiens: SELEUKOS verliert Ionien, die vorgelagerten Inseln und die thrakische Südküste. Unruhen in Ägypten zwingen PTOLEMAIOS zur Umkehr und geben SELEUKOS Gelegenheit zur Rückeroberung des Verlorenen. In Kleinasien erhebt er seinen Bruder ANTIOCHOS HIERAX (*um 263, †227) zum Mitregenten.

240–234 v. Chr. Nach dem Frieden mit PTOLEMAIOS führen Selbstständigkeitsbestrebungen des ANTIOCHOS, hinter dem LAODIKE steht, zum Bruderkrieg: ANTIOCHOS verbündet sich mit kleinasiatischen Dynasten und mit Galatern, die SELEUKOS 240/39 bei Ankyra besiegen. Als HIERAX die Galater gegen Pergamon führt, unterliegt er dessen Herrscher ATTALOS I., der den Königstitel annimmt (um 238–197). 235 veranlasst er PTOLEMAIOS zu einem Angriff auf Damaskus. Beim Friedensschluss erkennt SELEUKOS die Herrschaft seines Bruders jenseits des Taurus an.
Um die gleiche Zeit nutzt DIODOTOS I. (†234), Satrap von Baktrien und Sogdiane, den Bruderzwist aus und gründet das Gräkobaktrische Reich.
Das iranische Reitervolk der Parther unter ARSAKES I. dringt in Parthien ein und gründet ein eigenes Reich. | s. S. 325 |

um 230–228 v. Chr. SELEUKOS will die Parther vertreiben, die sich nach DIODOTOS' I. Tod mit dessen Nachfolger DIODOTOS II. (†um 223) verbündet haben, erleidet aber nach ersten Erfolgen eine Niederlage. DIODOTOS wird von EUTHYDEMOS (†um 195) gestürzt, der sich zum König in Baktrien macht. Neue dynastische Konflikte rufen SELEUKOS nach Syrien zurück.

228/227 v. Chr. ANTIOCHOS HIERAX wird von ATTALOS I., König von Pergamon, aus Kleinasien vertrieben. Als er sich mithilfe STRATONIKES, Tochter ANTIOCHOS' I. und ehemaligen Gattin DEMETRIOS' II. von Makedonien, Syriens bemächtigen will, wird er von SELEUKOS' Feldherrn ANDROMACHOS und ACHAIOS (†213) geschlagen und fällt bald darauf in Thrakien. STRATONIKE wird hingerichtet.

226–223 v. Chr. Auf SELEUKOS II., der durch einen Sturz

Die Seleukiden

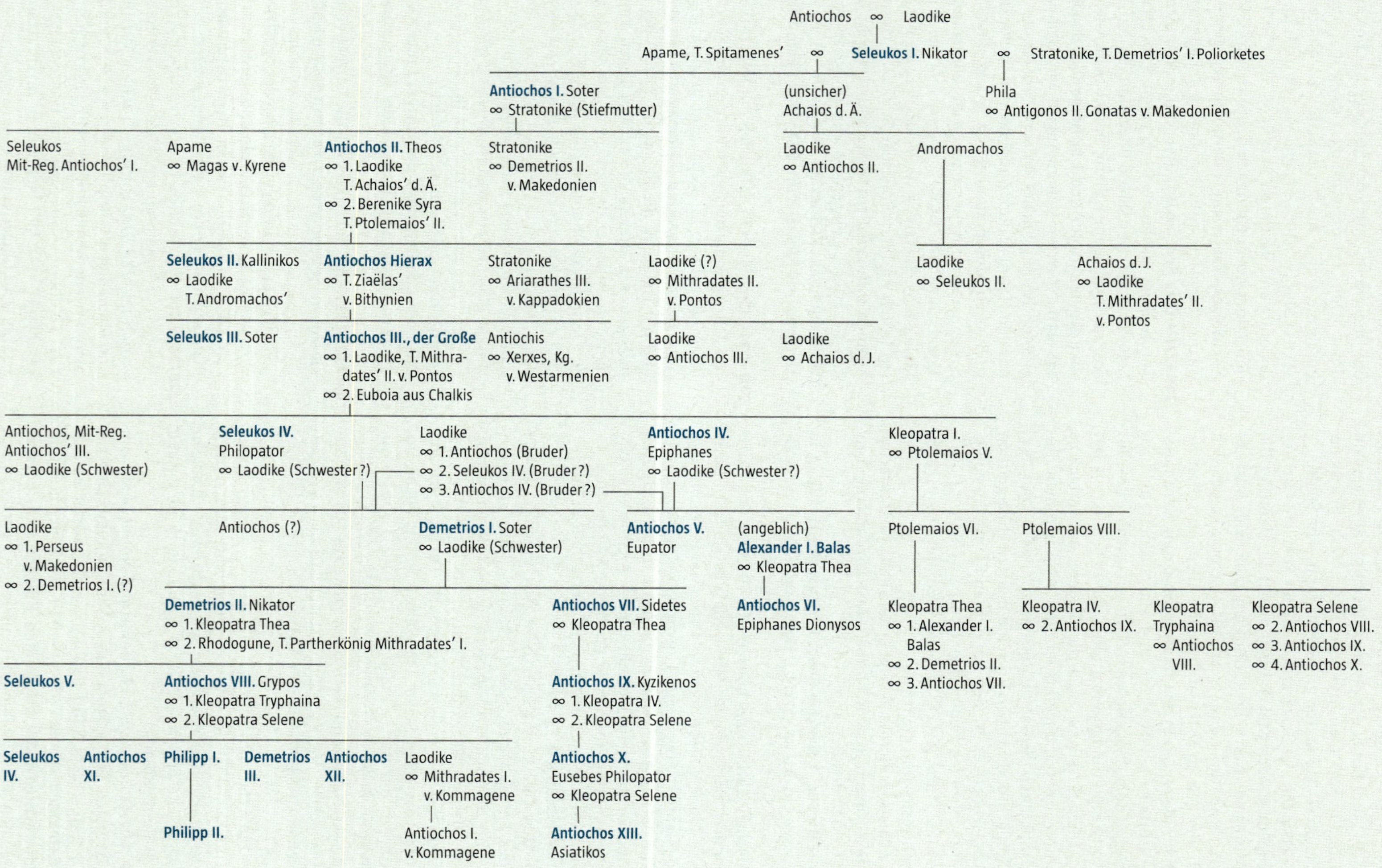

vom Pferd umkommt, folgt **Seleukos III. Soter** (*243, †223). Er sieht in der Rückgewinnung Kleinasiens seine Hauptaufgabe.

223 v. Chr. Nach einem Misserfolg des Andromachos gegen Attalos I. zieht Seleukos selbst mit einem großen Heer über den Taurus, wird aber in Phrygien während eines Söldneraufstands ermordet. Statt seines unmündigen Sohns wird sein etwa 20 Jahre alter Bruder Antiochos III. (*243/42, †187) vom Heer zum Nachfolger ausgerufen, nachdem sein Verwandter Achaios den Königstitel abgelehnt hat.

223–187 v. Chr. **Antiochos III., der Grosse**: Er vergrößert für kurze Zeit das Seleukidenreich beinahe auf seine Ausdehnung unter Seleukos I., vermag aber nicht, den Auflösungsprozess auf Dauer anzuhalten. Zunächst übernimmt er die wichtigsten Helfer seines Vorgängers: Hermeias (†220) bleibt Reichskanzler, Achaios wird Statthalter Kleinasiens.

222 v. Chr. Der medische Satrap Molon (†220), von Antiochos als Statthalter über die Oberen Satrapien eingesetzt, revoltiert und nimmt den Königstitel an. Er gewinnt die benachbarten Satrapen und besiegt mehrere gegen ihn ausgesandte Generäle.

220 v. Chr. Antiochos zieht selbst gegen Molon und vernichtet ihn bei Apollonia in Babylonien. Er setzt die mit Molon verbündeten Satrapen ab und macht Artabazanes, Herrscher von Atropatene, zum Vasallen. Der unbeliebte Hermeias wird gestürzt. Achaios erhebt sich in Kleinasien und lässt sich zum König ausrufen.

219–217 v. Chr. Im **4. Syrischen Krieg** versucht Antiochos, Koilesyrien dem neuen ägyptischen König Ptolemaios IV. (221–204) zu entreißen, der Verbindung mit Achaios aufnimmt. Antiochos vertreibt die ägyptische Besatzung aus Seleukeia Pieria, gewinnt Tyros und Ptolemais durch Verrat (219). Seinen Vormarsch nach Süden verlangsamt einheimischer Widerstand.

217 v. Chr. In der Schlacht bei Raphia, in der auf jeder Seite etwa 70 000 Mann stehen, wird Antiochos von Ptolemaios IV. geschlagen. Er schließt einen Waffenstillstand und zieht sich hastig zurück.

216–213 v. Chr. Zum Krieg gegen Achaios verbündet sich Antiochos mit Attalos von Pergamon; auch die anderen kleinasiatischen Dynasten neigen ihm zu. Er belagert Achaios in Sardeis (215–213) und lässt ihn nach dem Fall der Stadt hinrichten. Die kleinasiatischen Reichsteile kehren formal unter seine Oberhoheit zurück.

212–205/204 v. Chr. Mit seiner Anabasis, dem acht Jahre währenden Feldzug im Osten, erneuert Antiochos den seleukidischen Machtanspruch bis zur indischen Grenze. In realistischer Einschätzung seiner Mittel greift er in bestehende Herrschaftsverhältnisse kaum ein und begnügt sich mit der Anerkennung seiner Oberhoheit. Der armenische König Xerxes (†um 202) unterwirft sich und erhält Antiochos' Schwester Antiochis zur Frau (212); Medien wird neu geordnet (211). Der Partherkönig Arsakes II. (†um 191) und der baktrische Herrscher Euthydemos fügen sich nach heftigem Widerstand Antiochos' militärischer Überlegenheit (209–207). Auch der indische Fürst Subhagasena (griechisch: Sophagasenos) schließt ein Freundschaftsabkommen (206) mit ihm. Nach seiner Rückkehr nach Babylonien unternimmt Antiochos eine Expedition zum Südufer des Persischen Golfs und tritt in Beziehung zu dem arabischen Handelsvolk der Gerrhaier, das einen Tribut zahlt (205). 204 nimmt Antiochos den (persischen) Titel eines Großkönigs an, Zeitgenossen geben ihm den Beinamen »der Große«.

203/202 v. Chr. Der Geheimvertrag mit dem makedonischen König Philipp V. (220–179) nach dem Thronwechsel von Ptolemaios IV. zu Ptolemaios V. soll Antiochos, der Wirren in Alexandreia ausnutzt, endlich die Herrschaft über Koilesyrien bringen.

201(202?)–198 v. Chr. **5. Syrischer Krieg**: Antiochos fällt in Koilesyrien ein, das bis auf Gaza kaum Widerstand leistet. Den ägyptischen Gegenstoß unter dem aitolischen Söldnerführer Skopas (†um 197) fängt er in der Schlacht beim Berg Panion (200) in der Nähe der Jordanquelle auf.

200 v. Chr. Jerusalem geht zu Antiochos über. Skopas, der nach Sidon geflüchtet ist, muss sich ergeben. Als »Koile Syria und Phoinikia« wird das 100 Jahre lang umkämpfte Gebiet seleukidische Provinz. Auf ägyptische Bitten hin verhandelt eine römische Gesandtschaft mit Antiochos, der eine Ehe seiner Tochter Kleopatra (*um 215, †176) mit Ptolemaios V. verabredet.

197 v. Chr. In der Endphase des 2. Makedonischen Kriegs gewinnt Antiochos mit einer großen Flotte die mit Ägypten verbündeten Städte in Kilikien, Lykien und Karien. Nach der Schlacht bei Kynoskephalai und dem fast gleichzeitigen Tod Attalos' I. zieht er gegen makedonische und pergamenische Stellungen in Ionien und Aiolien. | s. S. 298 |

196 v. Chr. Trotz der Warnung des römischen Feldherrn T. Quinctius Flamininus und der Aufforderung, alle Griechenstädte freizulassen, setzt Antiochos über den Hellespont, gewinnt die Chersones (Gallipoli), wo er Lysimacheia wieder aufbaut, und zieht gegen die Thraker. Gegenüber L. Cornelius Scipio, der die Rückgabe der ägyptischen und makedonischen Besitzes verlangt, beruft er sich auf den von seinem Vorfahren Seleukos I. ererbten Rechtstitel.

195–193 v. Chr. Auf einem erneuten Zug zur Chersones nimmt Antiochos den flüchtigen Hannibal in Ephesos auf und ehrt ihn demonstrativ. In zwei Kriegszügen befreit er alle Griechenstädte von den Thrakern. Kleopatra I. gibt er bei der Hochzeit mit Ptolemaios V. die Einkünfte einiger Städte Koilesyriens, Judäas und Phönikiens als Mitgift (194). Mehrere Verhandlungen mit den Römern bleiben erfolglos. Die von Rom enttäuschten Aitoler fordern Antiochos auf, nach Griechenland zu kommen.

192–188 v. Chr. **Seleukidisch-Römischer Krieg** (Antiochoskrieg): Antiochos landet in Demetrias und verkündet die Freiheit aller Griechen. In der Hoffnung auf eine allgemeine Erhebung hat er nur 10 000 Mann bei sich. Aber neben den Aitolern schließen sich ihm nur Elis, Epeiros und Euboia an, die Hauptmächte Sparta und Makedonien bleiben passiv.

191 v. Chr. Da ANTIOCHOS auch von seinen Bundesgenossen wenig Hilfe erhält, ist er weit unterlegen: In der Schlacht an den Thermopylen gegen MANIUS ACILIUS GLABRIO werden seine Truppen fast völlig aufgerieben. Er flieht nach Kleinasien, seine Flotte wird noch im Herbst bei Korykos von einer römisch-pergamenisch-rhodischen Koalition geschlagen. Nach zwei weiteren Niederlagen zur See gibt ANTIOCHOS die Chersones auf und zieht sich vor dem römischen Heer unter CORNELIUS SCIPIO nach Magnesia am Sipylos zurück.

190 v. Chr. Trotz nummerischer Überlegenheit unterliegt ANTIOCHOS bei Magnesia und flieht nach Apameia. Der armenische König ARTAXIAS (†um 159) nützt die Niederlage aus, schüttelt die seleukidische Oberhoheit ab und gründet 189 das armenische Reich.

188 v. Chr. Im **Frieden von Apameia** verliert ANTIOCHOS ganz Kleinasien bis zum Taurus, muss die Flotte ausliefern und eine Kriegsentschädigung von 15000 Talenten in zwölf Jahresraten zahlen. Phrygien, Mysien und Lydien fallen an Pergamon, Lykien und Karien an Rhodos; die meisten Griechenstädte werden für frei erklärt. Damit ist die Großmachtstellung des Seleukidenreichs dauerhaft gebrochen.

187 v. Chr. Auf einem Zug in die Oberen Satrapien wird ANTIOCHOS beim Versuch, einen Baaltempel zu plündern, von Eingeborenen in der Elymais erschlagen.

187–175 v. Chr. **SELEUKOS IV. PHILOPATOR** (*nach 220, †175): Seit 193 übt er als Thronfolger in Kleinasien wichtige militärische Funktionen aus, ab 189 als Mitregent. Seine gesamte Regierungszeit überschattet der Zwang, die enorme Entschädigung an Rom einzutreiben, die wirtschaftliche Probleme und Konflikte mit den Juden provoziert. Außenpolitisch setzt SELEUKOS auf Versöhnung mit Rom und Freundschaft mit Ägypten und Makedonien – 177 heiratet seine Tochter LAODIKE (†um 150) den makedonischen König PERSEUS (179–168). Syrien, Koilesyrien und Mesopotamien bleiben fest in seiner Hand; über die Vasallen im Osten fehlen sichere Nachrichten. 183 verlockt Pontos ihn durch das Angebot hoher Subsidien, gegen Pergamon zu intervenieren, was jedoch durch römischen Druck verhindert wird. 175 fällt SELEUKOS einem Mordanschlag seines Kanzlers HELIODOROS zum Opfer, dessen Hintergründe nicht geklärt sind.

175–164 v. Chr. **ANTIOCHOS IV. EPIPHANES**, der jüngere Bruder des ermordeten SELEUKOS IV., lebt seit 190 als Geisel in Rom und erfährt auf der Heimreise in Athen von der Tat. Mithilfe EUMENES' II. (†159) von Pergamon vertreibt er den Mörder HELIODOROS, der sich zum König hat ausrufen lassen, und besteigt den Thron. Er sichert ihn durch Zugeständnisse an die Städte, in denen er als Hellenenfreund das Griechentum fördert. Auch die Kolonisations- und Siedlungspolitik, die seit ANTIOCHOS I. weithin geruht hat, nimmt er wieder auf und gewinnt für Neugründungen Siedler aus Griechenland. Der Festigung seiner Herrschaft soll auch der Kult für ihn als »Theos Epiphanes« (leibhaftig erschienener Gott) dienen. Wegen seines exzentrischen Auftretens wird er angeblich als »Epimanes« (Spinner) verspottet.

170–168 v. Chr. **6. Syrischer Krieg**: Nach dem Tod KLEOPATRAS I., die für ihren unmündigen Sohn PTOLEMAIOS VI. (180–146) seit 180 die Regentschaft führt und für gute Beziehungen zu ihrem Bruder ANTIOCHOS IV. sorgt, betreibt eine Hofclique in Alexandreia den Angriff auf Syrien. Seleukidische und ptolemaiische Gesandtschaften rechtfertigen sich in Rom. ANTIOCHOS schlägt die schlecht vorbereiteten Ägypter bei Pelusion, dringt bis Memphis vor und übernimmt die Vormundschaft für PTOLEMAIOS VI. (170/69). Ein Umsturz erhebt dessen jüngeren Bruder PTOLEMAIOS VIII. (145–116) zum König, worauf ANTIOCHOS gegen Alexandreia vorrückt. Er kann die Stadt nicht nehmen und räumt Ägypten bis auf Pelusion. Die beiden Ptolemaier versöhnen sich und rufen Rom als Schutzmacht an. Als ANTIOCHOS wieder vorrückt, zwingt ihn eine römische Gesandtschaft unter GAIUS POPILLIUS LAENAS unter bewusst demütigenden Umständen zum Abzug. Auf dem Rückweg legt er eine Besatzung nach Jerusalem, wo die Orthodoxie proägyptisch gesinnt ist, und versucht eine gewaltsame Hellenisierung. Er bemächtigt sich der Tempelschätze und löst so den Makkabäeraufstand aus. | s. S. 321 |

166 v. Chr. ANTIOCHOS IV. beauftragt LYSIAS (†162) als Reichsverweser und Vormund seines Sohns ANTIOCHOS (V.) (*um 173, †162) mit dem Kampf gegen die Makkabäer. Nach weiteren Rüstungen bricht er 165 in den Osten auf und zwingt ARTAXIAS von Armenien wieder zur Unterwerfung. In die Persis zurückgekehrt stirbt er, nachdem er LYSIAS durch PHILIPPOS (†nach 162) ersetzt hat.

164–162 v. Chr. ANTIOCHOS V. EUPATOR, schon mit drei Jahren zum Mitregenten erhoben, wird Alleinherrscher. Den Thronanspruch seines Vetters DEMETRIOS (I.) (†150), eines Sohnes SELEUKOS' IV., der in Rom als Geisel lebt, weist der Senat ab.

163 v. Chr. LYSIAS, der mit ANTIOCHOS die Makkabäer in Jerusalem bekämpft, schließt Frieden und gewährt Religionsfreiheit, um sich gegen PHILIPPOS zu wenden, der Antiocheia besetzt hat und nach der Krone greift. Er schlägt ihn, ist aber gegen den aus Rom entkommenen DEMETRIOS machtlos, der im phönikischen Tripoli landet und rasch in ganz Syrien anerkannt wird. LYSIAS und ANTIOCHOS werden gefangen und hingerichtet.

162–150 v. Chr. **DEMETRIOS I. SOTER**: Rom verzögert seine Anerkennung und begünstigt den medischen Satrapen TIMARCHOS (†161/60). Dieser revoltiert 161 mithilfe des ARTAXIAS, unterliegt aber DEMETRIOS.

160 v. Chr. DEMETRIOS nützt Zwistigkeiten in Jerusalem aus. JUDAS MAKKABAEUS fällt im Kampf.

158–156 v. Chr. DEMETRIOS zieht nach Kappadokien, vertreibt ARIARATHES V. (†130), der ihm bei der Thronerhebung aus Vorsicht gegenüber Rom Hilfe versagt hat, und setzt dessen Bruder OROPHERNES ein. Durch

Attalos II. (159–138), König von Pergamon, unterstützt, kehrt der Vertriebene mit römischer Billigung zurück. Orophernes flieht nach Antiocheia, wo er Unruhen gegen Demetrios anstiftet, aber von diesem gefangen genommen wird.

Demetrios' Versuch, Ägypten Zypern wegzunehmen, führt zu Spannungen mit Alexandreia. Ein neuer Feldzug gegen die Makkabäer schließt sich an.

153–150 v. Chr. Gebilligt von Ptolemaios VI., Ariarathes V. und dem römischen Senat baut Attalos II. einen angeblichen Sohn Antiochos' IV., Alexander Balas (†um 146), als Prätendenten gegen Demetrios auf. Alexander überrumpelt mit einer Söldnertruppe die phönikische Stadt Ptolemais und verbündet sich mit dem Makkabäer Jonathan (†143), den er zum Hohepriester ernennt. Niederlagen, harter Regierungsstil und wachsender Steuerdruck machen Demetrios immer verhasster. Nach verlorener Entscheidungsschlacht gegen Balas wird er auf der Flucht getötet.

150–146 v. Chr. Alexander I. Balas sucht sich durch Morde und die Heirat mit Ptolemaios' VI. Tochter Kleopatra Thea (†121) zu sichern; er überlässt die Regierung seinen Beratern um Ammonios (†147).

146 v. Chr. Demetrios' gleichnamiger Sohn nimmt den Kampf um das väterliche Erbe auf, unterstützt von Ptolemaios VI., der einem Anschlag des Ammonios knapp entrinnt und Kleopatra heimruft. Er verheiratet sie mit Demetrios, um Koilesyrien zu gewinnen. Die Antiochener bieten Ptolemaios das Königtum an, er aber setzt Demetrios' Proklamation durch. Alexander Balas, den beide am Oinoparas besiegen, flüchtet zum Nabatäerherrscher Zabdiël, der ihn töten lässt. Der schwer verwundete Ptolemaios VI. stirbt nach wenigen Tagen; Koilesyrien bleibt im Besitz des Demetrios.

145–138 v. Chr. **Demetrios II. Nikator** (†125) macht den Makkabäern neue Zugeständnisse. Daraufhin hilft ihm Jonathan gegen das aufständische Antiocheia, das hart bestraft wird. Die Erbitterung der Stadt benutzt der Befehlshaber Diodotos Tryphon (†138), um 145 dort den kleinen Sohn des Alexander Balas als Antiochos VI. (*um 148, †143) zum König ausrufen zu lassen. Demetrios muss fliehen.

143 v. Chr. Diodotos gewinnt fast ganz Syrien. So gestärkt ermordet er Antiochos und regiert selbst unter dem Namen »Tryphon« (der Prächtige). Demetrios kann sich in Kilikien und Mesopotamien halten. Jonathan erobert Koilesyrien, gerät aber durch Verrat in Diodotos' Hand und wird getötet.

142 v. Chr. Demetrios erkennt Jonathans Bruder Simon (†134) als Hohepriester an und gewährt Judäa Steuerfreiheit; die seleukidische Besatzung verlässt Jerusalem. Die hasmonäische Ära rechnet das Jahr als **Beginn eines unabhängigen jüdischen Staats**.

141–129 v. Chr. Demetrios zieht gegen den Partherkönig Mithradates I. (†138), der die Elymais, Babylonien und Medien erobert hat. Mit baktrischer Hilfe schlägt er ihn zunächst, gerät aber dann in Gefangenschaft. Er wird mit einer Tochter des Mithradates verheiratet und bleibt zehn Jahre in Haft, um als möglicher Prätendent zu dienen.

138–129 v. Chr. **Antiochos VII. Euergetes Sidetes** (*um 159, †129), jüngerer Bruder des gefangenen Demetrios, heiratet dessen erste Frau Kleopatra Thea und vertreibt Diodotos, der sich 138 das Leben nimmt.

Antiochos belagert und erobert 135/34 Jerusalem. Ein großer Feldzug gegen die Parther bringt ihm 130 zunächst Babylonien wieder ein.

129 v. Chr. Mithradates' I. Nachfolger Phraates II. (†128) gibt Demetrios frei und schlägt Antiochos in Medien vernichtend; der König kommt um. Das Seleukidenreich bleibt, nach irreparablen Verlusten an Menschen, auf Syrien und Kilikien beschränkt.

129–125 v. Chr. Demetrios gewinnt Syrien zurück, allerdings sind die früheren Spannungen mit den Städten, besonders mit Antiocheia, geblieben.

Als ihn seine Schwiegermutter Kleopatra II. (†116) gegen ihren Bruder und Ehemann Ptolemaios VIII. zu Hilfe ruft, zieht Demetrios gegen Ägypten (128). Ptolemaios stellt ihm in seinem Rücken Alexander II. Zabinas (†123) entgegen, einen (angeblichen) Adoptivsohn des gefallenen Antiochos VII., der mehrere Städte gewinnt. Demetrios muss vor Pelusion umkehren, wird von Zabinas bei Damaskus geschlagen und als Flüchtling auf Betreiben seiner ehemaligen Gemahlin Kleopatra Thea getötet.

125–123 v. Chr. Alexander II. Zabinas kann mit Ptolemaios' VIII. Unterstützung einen Teil Syriens halten. Er ist in dem Augenblick überflüssig, als sich Ptolemaios mit seiner Schwester Kleopatra II. versöhnt. Zabinas unterliegt Antiochos VIII. (†96), dem ein großes ägyptisches Heer zu Hilfe kommt.

125–96 v. Chr. Antiochos VIII. Grypos, jüngerer Sohn des Demetrios und der Kleopatra Thea, regiert zusammen mit seiner Mutter, die er 121 vergiften lässt.

115–96 v. Chr. Antiochos IX. Kyzikenos (†95), Sohn Antiochos' VII. und der Kleopatra Thea, den seine Mutter nach Kyzikos in Sicherheit gebracht hat (129), sucht gegen seinen Stiefbruder eine eigene Herrschaft in Syrien zu errichten. Der Bruderkrieg mit wechselnder ägyptischer Unterstützung beschleunigt den Verfall des Restreichs. Die verstoßene Kleopatra IV. (†112) verheiratet sich mit Kyzikenos und führt ihm Truppen zu. Deren Sieg 113 treibt Grypos nach Aspendos in die Verbannung, doch kann er im gleichen Jahr Nordsyrien zurückerobern. Die Städte erweitern auf Kosten der Rivalen ihre Autonomie. Rom begünstigt das Vordringen Judäas (seit 105 Königreich) in Koilesyrien und setzt sich 102 in Kilikien fest. Grypos wird 96 ermordet.

95–83 v. Chr. Kyzikenos fällt im Kampf gegen Grypos' Sohn Seleukos VI. (†95). Dessen Sohn, Antiochos X. Eusebes Philopator (†92/83), vertreibt Seleukos aus Syrien nach Kilikien, wo er bald stirbt.

94 v. Chr. Antiochos X. schlägt Seleukos' jüngeren Bruder Antiochos XI. (†92). Es folgen Kämpfe mit dessen verbleibenden Brüdern Philipp I. Philadelphos (†nach 83), Demetrios III. (†88) und Antiochos XII. Dionysios (†84).

86–69 v. Chr. Der armenische König TIGRANES I. (†um 55) nutzt das Chaos zur Eroberung Syriens. Er verschafft dem Land eine Ruhepause, die mit dem Krieg gegen den römischen Oberbefehlshaber für ganz Kleinasien, LUCIUS LICINIUS LUCULLUS, endet.

69–64 v. Chr. ANTIOCHOS XIII. ASIATICUS, Sohn ANTIOCHOS' X., übernimmt mit LUCULLUS' Duldung die Königswürde. Nach einem unglücklichen Zug gegen die Araber bricht in Antiocheia wieder ein Aufstand aus, der mit arabischer Hilfe zur Proklamation des Gegenkönigs PHILIPP II. (†63), Sohn PHILIPPS I., führt. ANTIOCHOS XIII., »der letzte Seleukide«, stirbt 64 in arabischer Gefangenschaft.

63 v. Chr. Der römische Oberbefehlshaber für das gesamte Mittelmeer, GNAEUS POMPEIUS MAGNUS, setzt PHILIPP II. ab und macht Syrien zur römischen Provinz.

Syrien

Syrien ist durch die geografische Lage einerseits zur Mittelmeerwelt hin geöffnet, andererseits nach Osten nach Mesopotamien, Persien und Indien hin orientiert. Dadurch ist das Land wesentlich auf Austausch und Vermittlung ausgerichtet. Die in Nord-Süd-Richtung verlaufenden Gebirgszüge des Libanon und Antilibanon behindern diesen Charakter nicht, teilen das Gebiet allerdings in viele kleine, getrennte regionale Einheiten, was immer wieder lokale Machtbildungen begünstigt. Der Regenreichtum der Westküste und die weitgehende Wasserlosigkeit des Ostens bestimmen wesentlich die wirtschaftliche und soziopolitische Struktur.

64 v. Chr. Politische Krise durch den **Zusammenbruch des Seleukidenreichs** und das Ausgreifen des TIGRANES (†um 55; König von Armenien). Nach dessen Niederlage wird das Zentralland der Seleukiden durch POMPEIUS zur **römischen Provinz** erklärt, die auf den Küstensaum, einen Teil des Orontestals und die fruchtbare Hochebene vom Amanus bis zum Euphrat beschränkt ist und von einem Prokonsul bzw. Proprätor geleitet wird (Amtssitz Antiochia am Orontes). Der größere Teil des Lands bleibt unter einheimischen Dynasten, die einen Schutz gegen nomadisierende Stämme aus dem Osten und Süden bilden sollen.

53 v. Chr. Von Syrien aus beginnt CRASSUS seinen Zug gegen die Parther, die nach der Niederlage der Römer bei Carrhae (Karrhai), bei der auch Legionsadler verloren gehen, in römisches Gebiet einfallen.

39/38 v. Chr. Die Parther räumen erst nach den Siegen des VENTIDIUS BASSUS Syrien. Seit der letzten große Schlacht gegen die Parther bei Gindarus (38), fallen sie bis 162 n. Chr. nicht mehr ein.

nach 31 v. Chr. Die von ANTONIUS an KLEOPATRA und andere Dynasten verschenkten Gebiete werden durch OCTAVIAN (AUGUSTUS) wieder zum Provinzialgebiet gemacht. Veteranenansiedlungen entstehen in Berytos (heute Beirut) und (vermutlich) in Heliopolis (heute Baalbek).

Römische Provinzialverwaltung

Die Provinz wird von einem **kaiserlichen Legaten in konsularem Rang** geleitet, der zumeist am Ende seiner Laufbahn steht – dies ist ein Ausdruck für die Bedeutung der Provinz; bis 70 sind ihm vier Legionen unterstellt sowie zahlreiche Auxilien. Die Truppen, zunächst im Landesinnern gegen die unruhige Bevölkerung und räuberische Stämme stationiert, werden seit AUGUSTUS unter normalen Bedingungen zu einem nicht geringen Teil aus dem Osten bzw. unmittelbar aus Syrien rekrutiert; doch kommen für die Auxilien viele Rekruten auch aus dem thrakischen Siedlungsraum. In der Provinz selbst werden zahlreiche Spezialeinheiten (z. B. berittene Bogenschützen) ausgehoben, die in anderen Reichsteilen eingesetzt und späterhin häufig mit Rekruten aus Syrien aufgefüllt werden. Das Steuersystem baut wohl auf den seleukidischen Verhältnissen auf; bekannt sind Grund- und Kopfsteuer der auch, im Unterschied zu anderen Provinzen, Frauen unterworfen sind. Nur wenige Städte mit römischem Rechtsstatus werden von den Kaisern privilegiert. Das Finanzwesen untersteht einem ritterlichen ducenaren Prokurator; der Einzug erfolgt über die Territorialeinheiten oder die Scheichs der abhängigen Stämme. AUGUSTUS errichtet eine Münzstätte, die Silber- und Kupfergeld prägt. Der Münzfuß ist mit dem der Parther identisch; daneben gibt es lokale städtische Kupferprägung bis in gallienische Zeit.

Spätestens seit NERO beginnt der **Ausbau des Straßensystems** durch die Truppen bzw. die Städte, zunächst in Nord-Süd-Richtung, später in Ost-West-Richtung bis zum Euphrat, auch über Palmyra (Syrien) am Euphrat entlang. Ein Provinziallandtag mit Sitz in Antiochia besteht spätestens seit Mitte des 1. Jh.s n. Chr.

18–19 n. Chr. **Kommagene** (zwischen Kilikien und Euphrat) wird durch GERMANICUS, der im Auftrag von TIBERIUS mit einem Spezialkommando im Osten weilt, **Syrien zugeschlagen**; **auch Palmyra** steht seit TIBERIUS in direkter Abhängigkeit von Rom (mit weitgehender innerer Autonomie). Es kommt zum Konflikt des GERMANICUS mit CALPURNIUS PISO (†20), dem Statthalter der Provinz und Vertrauten des TIBERIUS; GERMANICUS verweist ihn der Provinz. Als GERMANICUS im Oktober stirbt, versucht PISO, die Provinz mit Gewalt zurückzugewinnen, scheitert aber.

41 Unter CLAUDIUS wird Kommagene an ANTIOCHOS IV. (38–72) zurückgegeben; zwischen 51 und 54 Gründung der Veteranenkolonie Ptolemais im Süden.

54–65 Kämpfe gegen die Parther unter DOMITIUS CORBULO, der ein weit über die Provinz hinausgreifendes Kommando erhält, das auch Cappadocia (Kappadokien) einschließt.

66 Truppen der Provinz Syrien unter dem Legaten CESTIUS GALLUS werden in die Auseinandersetzungen in Judäa involviert; es kommt zu einer schweren Niederlage gegen die Aufständischen.

69 Der syrische Statthalter LICINIUS MUCIANUS unterstützt mit seinen Truppen die Usurpation VESPASIANS, der das Expeditionsheer in Judäa kommandiert, gegen Kaiser VITELLIUS (*12, †69).

70 Die Zahl der Legionen wird auf drei verringert, die seit VESPASIAN teilweise an den Euphrat verlegt werden. **Errichtung eines Limes**, der die Bewegungen der nomadisierenden Stämme kontrollieren soll.

72 Kommagene wird endgültig zum Provinzialgebiet geschlagen; das flache Kilikien wird der Provinz Cilicia zugewiesen.

ca. 92 Das letzte Dynastengebiet, Chalkis (heute Quinnresrin, Syrien), wird größtenteils Syrien eingegliedert, der andere Teil Judäa.

114–117 **Angriffskrieg TRAJANS gegen die Parther**, gleichzeitig Aufstände jüdischer Gruppen im Rücken der operierenden Truppen.

117 HADRIAN erhält als Statthalter von Syrien in Antiochia die Nachricht vom Tod TRAJANS und übernimmt die Herrschaft.

161–166 **Einfall der Parther** in Kappadokien und Syrien; Krieg unter der nominellen Führung von LUCIUS VERUS (*130, †169), dem Bruder von MARK AUREL; später erhält AVIDIUS CASSIUS (*um 130, †175) als Statthalter von Syrien wieder ein übergreifendes Kommando im Osten wie unter DOMITIUS CORBULO.

175 Kurzfristige Usurpation des AVIDIUS CASSIUS, die von MARK AUREL niedergeschlagen wird.

193/194 Usurpation durch PESCENNIUS NIGER (*um 135, †194), der zum Kaiser akklamiert wird.

194 Die **Provinz** wird von SEPTIMIUS SEVERUS **geteilt** in Syria Coele unter einem konsularen Legaten (Hauptstadt für kurze Zeit Laodicea [heute Latakia], dann wieder Antiochia) mit zwei Legionen und Syria Phoenice unter einem prätorischen Legaten (Hauptstadt vielleicht Heliopolis) und einer Legion, um die Aufstandsgefahr zu mindern.

197–199 Kämpfe gegen die Parther.

217 CARACALLA wird bei Carrhae ermordet und MACRINUS zum Kaiser ausgerufen.

218 Durch eine Revolte der Soldaten wird ein mütterlicher Verwandter CARACALLAS, ELAGABAL (*204, †222), der Hohepriester des Gottes von Emesa (heute Homs, Syrien) war, zum Kaiser ausgerufen; MACRINUS wird besiegt und ermordet. **In Rom verstärkt** sich dadurch der **syrische Einfluss**.

seit 230 **Ständige Angriffe der Sassaniden** auf Syrien, Verschleppung zahlreicher Bewohner nach Persien.

260 Gefangennahme VALERIANS durch den Sassaniden SCHAPUR I. (†273); Akklamation des URANIUS ANTONINUS als Gegenkaiser zum Schutz gegen die Perser, ebenso des MACRIANUS (†261) und QUIETUS (†261).

seit 260 Zusammenhalt des römischen Ostens durch ODAINATHOS (†267), den Fürsten von Palmyra, nach seinem Tod durch seine Witwe ZENOBIA (*um 240, †nach 272) und ihren Sohn VABALLATHUS (†nach 272), die zunehmend unabhängiger werden von der Zentralgewalt bis zur Annahme des Augustustitels.

273 Erst durch AURELIAN wird die Sezession beendet. Die **Provinz wird wiederhergestellt** und Ausgangspunkt für die Perserfeldzüge unter Kaiser DIOKLETIAN; intensiver Ausbau des Limes mit Kastellen und einer besonderen Verbindungsstraße.

Während der Regierungen von DIOKLETIAN und KONSTANTIN jeweils **Teilung der beiden Provinzen** in zwei kleinere Einheiten (Syria Coele – Augusta Euphratensis, Syria Phoenice – Augusta Libanensis). Das Militärkommando geht auf die zwei Duces über, die dem Heermeister des Orients unterstellt sind; die zivilen Statthalter sind an die Weisungen des Vikars der Diözese Orient sowie des Prätorianerpräfekten für den Osten gebunden. Der Heermeister, der Vikar und der höchste Finanzbeamte der Diözese Orient haben in Antiochia ihren Sitz. Zur Versorgung des Heers und der staatlichen Amtsträger bei Antiochia, Damaskus, Skythopolis (in Palästina) und Tyros werden staatliche Waffen- und Kleidermanufakturen errichtet. Unter DIOKLETIAN wird ein umfassender Zensus zur gleichmäßigen Verteilung der Steuerlast durchgeführt; dabei differenzierte Berechnung nach Bodenqualität und Bebauung.

354 Caesar GALLUS, ein Verwandter von CONSTANTIUS II., der für den Osten zuständig war, wird hingerichtet.

363 Julian will die unter CONSTANTIUS II. notwendigen, wegen innerer Konflikte verschobenen Feldzüge gegen die Perser fortsetzen, fällt aber im Kampf; Syrien wird erst zwischen 528–530 wieder durch persische Einfälle verheert.

387 **Aufstand in Antiochia** gegen Steuererhöhungen, der *comes Orientis* muss eingreifen; kaiserliche Strafmaßnahmen gegen die Stadt.

532 Der Sasanidenherrscher CHOSRAU I. (531–579) beschließt den Krieg gegen Ostrom mit »ewigem Frieden«; schon 540 bricht der Krieg erneut aus und wird erst 562 durch einen »50-jährigen Frieden« beendet, der aber nach 10 Jahren wieder gebrochen wird. Verstärkte **Angriffe durch** nomadisierende **Araber**.

ab 604 Der Krieg von CHOSRAU II. (591–628) führt zum Verlust Syriens; langsame Rückgewinnung durch den byzantinischen Kaiser HERAKLEIOS und **Räumung Syriens durch die Perser**.

636 Die **byzantinische Herrschaft geht** durch die Schlacht am Yarmuk **an die muslimischen Araber verloren**.

638 Antiochia wird als letzter großer Stützpunkt geräumt. Die Grenze des Byzantinischen Reichs wird auf die Tauruspässe zurückgenommen.

Die Strukturen der römischen Provinz Syrien

In der untersten territorialen Gliederung der römischen Provinz bleiben vorseleukidische und seleukidische Strukturen erhalten. An der Küste und im Orontestal gibt es zahlreiche Städte mit Polisverfassung, im Landesinnern große Tempelherrschaften mit vielen abhängigen Dörfern und an den Rändern des Fruchtlands nomadisierende Stämme, die schon teilweise feste Mittelpunkte haben (z. B. Soada). Durch POMPEIUS wird die Autonomie der Griechenstädte wiederhergestellt; Bürger sind nur Bewohner der Städte; diese werden durch die Römer zur Sicherung ihrer Herrschaft und zur Durchführung der Administration unterstützt. Viele Dörfer mit lokaler Administration bleiben bis ins 4./5. Jh. hinein erhalten, die in der Spätantike besondere Bedeutung gewinnen.

Nur wenige Veteranenkolonien werden gegründet, wichtig sind Berytos und Heliopolis (vielleicht erst spätes 2. Jh.); später Verleihung des Kolonietitels an manche Städte, z. B. an Antiochia, Tyros, Palmyra (Hadrian), Emesa (Caracalla).

Mit Umwandlung von Dörfern in autonome Städte dringt auch die griechische Sprache vor; die Unterschicht der Städte und die Landbewohner bewahren aber weitgehend ihre aramäischen Dialekte, an den Rändern der Provinz werden diese Sprachen auch zu Schriftsprachen (Palmyrener, Nabatäer). Zur Schriftsprache wird das aramäische Syrisch erst durch das Christentum seit dem 3. Jh. (Bardesanes von Edessa, *154, †222), gestärkt durch das monophysitische Schisma des 5./6. Jh.s. Latein wird v. a. im Heer verwendet, in der staatlichen Administration spielt das Griechische eine gewichtige Rolle (Papyri Euphratenses, 3. Jh.); der zeitweilige Aufschwung der lateinischen Sprache erfolgt durch die Rechtsschule von Berytos im 4. Jh.

Die **Wirtschaftsstruktur** wird durch die Landwirtschaft, ein hoch entwickeltes Handwerk und den Handel bestimmt. Angebaut und exportiert werden Getreide, Oliven und Wein, ferner Holz aus dem Libanon für Bauten und Schiffe (kaiserliche Forste im Libanon mit Zedern, Zypressen, Tannen, Fichten). Um Palmyra gibt es eine intensive Pferdezucht, die wichtig für die römische Armee ist. Großgüter werden von freien Pächtern und Lohnarbeitern bestellt, weniger durch Sklaven; in den Dörfern findet sich zahlreicher Kleinbesitz. Die überall notwendigen Bewässerungsanlagen werden durch liturgische Dienste der Bevölkerung erhalten, sowohl für die Landwirtschaft, als auch für das Handwerk (z. B. in Antiochia unter dem Statthalter Trajan der Ältere 73–77).

Viele Manufakturen für Glas, Textilien und Parfüm; die Purpurherstellung und -färberei sind um Tyros, Byblos (heute Djebeil, Libanon), Berytos und Sidon konzentriert. Der Handel setzt die einheimischen Produkte im gesamten Römischen Reich ab, u. a. durch Niederlassung vieler syrischer Händler in römischen Städten des Westens (z. B. Lyon). Wesentlich ist aber v. a. der Durchgangshandel von Ost nach West; die Karawanenwege von Mesopotamien, Persien und Indien konzentrieren sich auf die syrischen Städte (Palmyra, Damaskus, Gerasa [in Arabien]), von dort weiter zu den Küstenstädten. Verkauft werden v. a. Seidenstoffe, Teppiche, Stickereien, Pelze, Parfüm, Perlen und Drogen. Das risikoreiche Geschäft bringt hohe Gewinne; die Händler gehören in den syrischen Städten zur Oberschicht.

Die **Bevölkerung** besteht hauptsächlich aus einheimischen Syrern, die stark mit Juden, Nabatäern und Palmyrenern vermischt sind. Seit seleukidischer Zeit siedeln sich, v. a. in den Städten, Griechen und Makedonen an, die sich frühzeitig mit der einheimischen Bevölkerung mischen. Die griechische und aramäische Sprache ist häufig kein Symptom ethnischer sondern kultureller Zugehörigkeit. Italiker wandern, v. a. als Händler, in der Republik ein; in der Kaiserzeit gibt es nur geringfügige ethnische Veränderung durch die geschlossene bzw. viritane Ansiedlung von Veteranen, da ein Teil der Soldaten im Osten selbst rekrutiert wird. Viele Soldaten, die meist von außen gekommen waren, verlassen nach dem Dienst wieder die Provinz.

Das **römische Bürgerrecht** ist über den Dienst im Militär verbreitet, jedoch (bis 212) nicht in der Masse der Bevölkerung. Auch in der Namensgebung ist der römische Einfluss gering. Spürbar ist er in der Oberschicht der Städte, in die seit vespasianischer Zeit einzelne Familien, v. a. aus stärker römisch geprägten Städten (Berytos, Heliopolis, ferner aus Antiochia, Tripoli und später Palmyra), in den Ritter- und Senatorenstand aufgestiegen sind. Der wesentliche Einfluss in der Provinz bleibt bei den großen Handelsfamilien der Städte und den Stammesfürsten im Innern. Mit dem langsamen Auseinanderdriften der beiden Reichshälften im 4. Jh. gewinnen gebildete Familien aus Syrien über den Aufstieg in der Reichsadministration größeren Einfluss, z. B. Schüler des Libanios (*314, †393) und Absolventen der Rechtsschule von Berytus.

In den Städten gibt es Widerstand gegen die äußerliche **Adaption der griechisch-römischen Zivilisation**; in Baukunst und Ornamentik sind aber starke lokale Einflüsse bemerkbar (z. B. Heliopolis, Emesa, Palmyra). Zahlreiche Schulen fördern die weite Verbreitung von Schriftlichkeit (zumeist Griechisch). Syrien leistet einen umfangreichen Beitrag zur griechischen (Libanios) Literatur, weniger zur lateinischen; eine Ausnahme ist der Jurist Ulpian (†223, aus Tyrus) mit seinen zahlreichen Werken. Seit dem 4. Jh. gewinnt die christliche Literatur immer größere Bedeutung (Johannes Chrysostomus, *um 349, †407, zuerst in Antiochia, später als Patriarch von Konstantinopel). Die ursprüngliche **Religion** der phönikischen Städte, Tempelherrschaften und nomadisierenden Stämme gleicht sich zumindest im Äußeren stark an die olympische Religion an; Einflüsse des persischen Manichäismus und des jüdischen Monotheismus sind überall spürbar: Einführung der Mysterien durch die Griechen und Einbau in die einheimischen Kulte (z. B. in Doliche, heute Dülük) sowie leichte Übertragbarkeit von Götternamen auf verschiedene Erscheinungen. Durch theologische Spekulation kommt es zur synkretistischen Angleichung mit Richtung auf einen solaren Henotheismus (Jamblichus; *um 250, †um 330): Die Sonne ist Sitz aller göttlichen Energie, alle Gottheiten sind ihr Ausfluss. Die syrischen Kulte (Dea Syria, Jupiter Heliopolitanus, Jupiter Dolichenus aus Doliche in Kommagene, der Unbesiegte Sonnengott) haben einen weitreichenden Einfluss im ganzen Reich; verbreitet werden sie zunächst durch Kaufleute, später auch durch Soldaten. Der Sonnengott Aurelians ist aber keine direkte Übertragung aus dem besiegten Palmyra.

Bald nach dem Tod Jesu breitet sich wegen der innerjüdischen Verfolgungen das **Christentum** in Südsyrien, noch vor Paulus auch in Antiochia, aus. Dort kommt der Name Christen auf (als Selbstbezeichnung oder als amtliche Kennzeichnung einer jüdischen Sekte: *Christianoi*). In Antiochia entsteht die erste heidenchristliche Gemeinde, sie gilt als petrinische Gründung. Von Anfang an gibt es eine Rivalität mit Jerusalem; auf dem Konzil von Nikaia 325 wird der Vorrang Antiochias bestätigt, das sich zum Patriarchat ausbildet. Bis ins 4. Jh. halten sich aber judenchristliche Gemeinden. Schon am Ende des 3. Jh.s sind die griechisch geprägten Städte und auch Dörfer auf ihren Territorien stark christianisiert. Auch politischer Einfluss geht von der Gemeinde von Antiochia (Bischof PAULUS VON SAMOSATA [um 260–272] schon als Amtsträger Königin ZENOBIAS von Palmyra) aus; beim Konzil von Nikaia sind 11 phönikische und 22 nordsyrische Bischöfe vertreten. Die inneren Landesteile sind gering christianisiert, v. a. die alten Tempelherrschaften; dort bekommen erst durch Befehl KONSTANTINS Christen Zugang. Heidnische Kulte werden durch die Übertragung von Götterfunktionen auf Märtyrer (hl. BARLAAM auf dem Berg Kasius verehrt) und frühzeitige Heiligen- und Märtyrerverehrung (KOSMAS und DAMIAN bei Cyrrhus; BABYLAS in Daphne) umgewandelt. Es entsteht eine breite Eremiten- und Mönchsbewegung mit einer partiell bizarren Askese; eine besondere Ausdrucksform sind die Säulenheiligen: SYMEON DER ÄLTERE (*um 390, †459) und SYMEON DER JÜNGERE (*521, †592) haben beide weitreichenden religiösen und sozialen Einfluss. Das syrische Christentum nimmt intensiv an der theologischen Fortentwicklung teil; LUCIAN (*um 250, †312), der Lehrer des ARIUS (*um 280, †336) begründet eine rational geprägte antiochenische Exegetenschule. Besonders in der Streitfrage um die Person und Natur Christi sind antiochenische Bischöfe und syrische Theologen beteiligt gegen die Theologie Alexandrias, wobei auch eine allgemeine regionale Konkurrenz ihren Ausdruck findet. Die schnelle Ausbreitung des **Monophysitismus** geht einher mit der Bildung einer Art Gegenkirche zur orthodoxen Reichskirche mit getrennter Hierarchie. Die zahlreichen Verfolgungsmaßnahmen durch manche Kaiser schwächen den religiösen und politischen Zusammenhalt. Perser und schließlich muslimische Araber werden zunächst als Befreier begrüßt; ein Weiterleben der jakobitischen Kirche ist auch unter dem Islam möglich.

Palästina | Forts. v. S. 116 |

Palästina (320–63 v. Chr.)

Palästina fällt 320 v. Chr. an die **Ptolemaier** und gerät dadurch unter starken hellenistischen Einfluss. Die Schriften des Alten Testaments werden sukzessive für die ägyptischen Judengemeinden ins Griechische übersetzt (Septuaginta). Die Ptolemäer gründen zahlreiche Städte wie Philadelphia (Amman), Ptolemais (Akko), Skythopolis (Beth Schan).

Die **Eroberung durch den Seleukidenherrscher ANTIOCHOS III.** (223–187) 200 v. Chr. im Zuge des 5. Syrischen Krieges (202–195) beschleunigt die Hellenisierung des Landes. Teilweise wird der jüdische Gott Jahwe mit Zeus gleichgesetzt, im Kult werden griechische Bräuche eingeführt. Durch die Einrichtung eines Gymnasiums in Jerusalem erreichen griechische Bildungsideale auch das Judentum. Diese Entwicklungen, insbesondere die unbekleidet durchgeführten und daher als Provokation empfundenen Leibesübungen, führen zum Konflikt mit den gesetzestreuen (orthodoxen) Gruppen.

168 v. Chr. ANTIOCHOS IV. (175–164) lässt auf seinem Rückzug von Ägypten während des 6. Syrischen Krieges (170–168) in Jerusalem eine starke seleukidische Besatzung zurück, um gegen die proägyptisch eingestellten Orthodoxen vorgehen zu können.

167 v. Chr. Als ANTIOCHOS IV., unterstützt durch prohellenistische Kreise, eine gewaltsame Hellenisierung versucht, indem er sich der Tempelschätze bemächtigt, den jüdischen Kult verbietet und ihn durch hellenistische Kulte ersetzt (Zeus Olympios in Jerusalem und Zeus Xenios auf dem Garizim), löst er den **Makkabäeraufstand** unter Führung der Makkabäer MATTATHIAS (†166) und seiner Söhne JUDAS MAKKABÄUS (†160), JONATHAN (†143) und SIMON (†134) aus.

166 v. Chr. LYSIAS (†162) führt im Auftrag von ANTIOCHOS als Reichsverweser den Kampf gegen die Makkabäer.

163 v. Chr. Nach blutigen Kämpfen schließt LYSIAS Frieden und gewährt die Wiedereinführung des Jahwekults, um gegen seinen Widersacher PHILIPPOS (†nach 162) freie Hand zu haben, der an seiner Stelle zum Reichsverweser ernannt worden ist und selbst die Herrschaft übernehmen will.

160 v. Chr. Der Seleukidenherrscher DEMETRIOS I. SOTER (162–150) lässt seinen Feldherrn BAKCHIDES gegen die Makkabäer vorgehen: JUDAS MAKKABÄUS fällt.

156 v. Chr. Erneute Auseinandersetzung der Seleukiden mit den von JONATHAN und SIMON geführten Makkabäern.

153 v. Chr. ALEXANDER I. BALAS (150–146), Prätendent gegen DEMETRIOS II. NIKATOR (145–140 und 129–125), verbündet sich mit JONATHAN und ernennt diesen zum Hohepriester.

143 v. Chr. JONATHAN kann sich Koilesyriens bemächtigen, gerät aber durch Verrat in die Hand des Söldnerführers DIODOTOS TRYPHON (†138) und wird getötet.

142 v. Chr. DEMETRIOS II. erkennt JONATHANS Bruder SIMON als Hohepriester an und gewährt Judäa Steuerfreiheit. Die syrische Garnison wird von Jerusalem abgezogen.

142–135 v. Chr. Mit SIMON setzt die **hasmonäische Ära** ein: Beginn eines selbstständigen jüdischen Staates – Vereinigung von geistlicher und weltlicher Macht.

135–134 v. Chr. Erneuter Verlust Jerusalems an die Seleukiden.

129 v. Chr. Durch die Niederlage von ANTIOCHOS VII. (†129) im Partherkrieg bedingt, kann im erweiterten Gebiet von Judäa die Freiheit der Juden wiedergewonnen werden.

134–76 v. Chr. Die Hasmonäer unter HYRKANOS I. (134–104) und ALEXANDER JANNAEUS (102–76) erobern die Küstenstädte, Galiläa und große Teile des Ostjordanlandes.

Palästina unter römischer Herrschaft

63 v. Chr. Der im Kampf gegen die Seleukiden mächtig gewordene Hasmonäerstaat wird von GNAEUS POMPEIUS nach der Einrichtung der Provinz Syrien seiner faktischen Unabhängigkeit beraubt. **Judäa wird abhän-**

giger Klientelstaat mit Pflicht zur Stellung von Hilfstruppen und zur Zahlung von Tribut. Der Hohepriester Hyrkanos ist gleichzeitig Ethnarch (= politischer Führer seines Volkes); alle griechischen Städte an der Küste und im Landesinneren werden durch Pompeius autonom, Ausbildung des Städtebundes der Dekapolis. Die von Pompeius in die Sklaverei verkauften Juden verstärken die Diaspora.

47–40 v. Chr. Im römischen Bürgerkrieg schließt sich Palästina nach anfänglichem Zögern Caesar an, deshalb wird Hyrkanos wieder als Ethnarch bestätigt, während der Idumäer Antipater (*um 100, †43) als Vertreter der römischen finanziellen Interessen eingesetzt wird; durch eine Gesandtschaft des Hyrkanos wird mit Rom ein Bündnis unter Einbeziehung der Diasporajuden geschlossen. Erlasse Caesars schützen die religiöse Sonderstellung der Juden, v. a. in den einzelnen Städten des Reichs.

40 v. Chr. Durch Anschluss an Antonius sichert sich **Herodes I.**, (der Große, *um 72, †4 v. Chr.) der Sohn Antipaters, die **Herrschaft in Judäa** und wird durch den Senat als König anerkannt.

37 v. Chr. Konsolidierung seiner Macht durch Eroberung Jerusalems. Die Stellung des Hohepriesters wird endgültig von der des Königs getrennt, da Herodes als Idumäer nur Halbjude ist. Wegen Konflikten mit der ägyptischen Königin Kleopatra nimmt Herodes nicht an der Schlacht von Actium teil.

30 v. Chr. Deshalb ist für Herodes ein schneller Parteiwechsel zu Octavian (Augustus) möglich, der den Machtbereich des Königs vergrößert. Seine Macht wird durch die Ausrottung der letzten Angehörigen der Hasmonäer, die Schwächung des Hohen Priestertums, die neuerliche Ummauerung Jerusalems, die Errichtung von Befestigungen (z. B. Masada und Macheiron) und die Gründung von Städten (Sebaste/Samaria, Caesarea) gestärkt.

4 v. Chr. Nach Herodes' Tod teilt Augustus dessen Herrschaftsbereich unter die überlebenden Söhne auf; Archelaos (*um 23, †um 18 n. Chr.) erhält u. a. Judäa mit Jerusalem, aber nicht mehr als König, sondern nur als Ethnarch.

6 n. Chr. Nach lang anhaltenden Beschwerden der Untertanen wird Archelaos von Augustus abgesetzt und nach Gallien verbannt, sein Teilreich provinzialisiert und als **Judäa in die Provinz Syrien eingegliedert.** Judäa wird zunächst unter der Oberaufsicht des Statthalters von Syrien von einem ritterlichen Präfekten geleitet, dem nur Hilfstruppen unterstehen, der aber auch über die Kapitalgerichtsbarkeit verfügt. Bei Überschreiten seiner Kompetenzen können sich die Bewohner an den Legaten von Syrien wenden. Die Juden werden zur Bezahlung von Grund- und Kopfsteuer gezwungen; beide Steuern werden durch die lokalen administrativen Bezirke, die Toparchien, eingezogen. Die **innere Autonomie bleibt erhalten**, auch in der Rechtsprechung, wie üblich mit Ausnahme der Kapitalgerichtsbarkeit.

Entweder um 5/4 v. Chr. oder um 7 n. Chr. wird **Jesus** (†um 30) geboren.

40 Herodes Antipas (*um 20, †40), Sohn von Herodes, der einen Teil des herodianischen Königreichs beherrschte, wird von Caligula verbannt, sein Herrschaftsgebiet von Claudius zusammen mit dem bisher provinzialisierten Teil des Landes an Herodes Agrippa I. (*10 v. Chr., †44), den Enkel Herodes' des Grossen, übergeben.

44 Nach Agrippas Tod wird das Königreich erneut provinzialisiert, ob bereits als eigene Provinz ist unsicher, da auch weiterhin der Statthalter von Syrien in Judäa eingreift.

53 Der Sohn von Agrippa I., Agrippa II. (*27/28, †um 92), wird zum **Klientelkönig der Trachonitis und Gaulanitis** bestimmt; er behält großen Einfluss im provinzialisierten jüdischen Gebiet.

66 **Jüdischer Aufstand**: Die Spannungen mit der römischen Herrschaft wachsen spätestens seit dem Versuch Caligulas, sein Bild im Tempel in Jerusalem aufzustellen. Als ungerecht empfundener Steuerdruck und Missachtung religiöser Privilegien durch die römischen Amtsträger verstärken eine messianische Stimmung, die von der Bewegung der Zeloten auch politisch verwertet wird. Unmittelbarer Anlass des Aufstands ist das Verhalten des Präfekten (oder Prokurators) Gessius Florus (64–66), der die Juden in Caesarea nicht vor einem Pogrom der Griechen schützt und Geld aus dem Tempelschatz fordert. Nachdem ein Teil der römischen Besatzung von Jerusalem auf dem Marsch nach Caesarea von Juden niedergemetzelt wurde, entwickelt sich eine allge-

Palästina um Christi Geburt

meine Aufstandsbewegung. Diese wird bald (67) auch von den politischen Führern des Judentums, den Pharisäern, unterstützt, darunter der spätere Geschichtsschreiber JOSEPHUS (*37/38, †nach 100).

67 Rom reagiert durch Entsendung des Sonderbefehlshabers VESPASIAN, der zunächst das offene Land erobert. Durch den Tod NEROS und die Erhebung VESPASIANS zum Kaiser (1. Juli 69) wird die **Belagerung Jerusalems** erst im Jahr 70 begonnen.

70, 25. Sept. Nach etwa halbjähriger Belagerung wird die Hauptstadt durch TITUS, VESPASIANS Sohn, erobert, der **Tempel** (schon am 30. Aug.) **vernichtet**.

Judäa nach dem jüdischen Aufstand

Judäa wird endgültig selbstständige Provinz, die einem senatorischen Legaten mit prätorischem Rang unterstellt ist; die *Legio X Fretensis* errichtet auf den Trümmern Jerusalems ihr Lager. Daneben werden neun Hilfstruppeneinheiten stationiert. Die Befreiung der Juden vom Militärdienst bleibt bestehen; deshalb Rekrutierung zumeist außerhalb der Provinz bzw. unter der nichtjüdischen Bevölkerung.

Ein kaiserlicher Prokurator mit Sitz in Caesarea ist für den Steuereinzug und die großen kaiserlichen Domänen einschließlich der Balsamproduktion verantwortlich. Die bisherige Tempelsteuer von zwei Drachmen muss jetzt an den kapitolinischen Jupiter entrichtet werden, jetzt von allen Personen mit jüdischer Religion, während dies zuvor nur für Männer galt. Zölle an den Provinzgrenzen werden durch jüdische Zolleinnehmer erhoben.

Das durch die Religion bestimmte jüdische Leben wird Schritt für Schritt durch das Zentrum in Jamnia (heute Jebna) gestaltet, wo der Pharisäer JOCHANAN BEN ZAKAI, angeblich mit Erlaubnis VESPASIANS (die eher unwahrscheinlich ist) eine Rabbinerschule ins Leben ruft; dort soll auch der *Sanhedrin* (Gerichtshof) getagt haben; doch ist diese Überlieferung höchst zweifelhaft.

73 oder 74, April Die letzten Reste des Aufstands werden mit der **Erstürmung der Festung Masada** in der judäischen Wüste ausgelöscht, zahlreiche Juden in die Sklaverei verkauft.

ca. 92 Mit dem Tod AGRIPPAS II. kommt das letzte jüdische Klientelgebiet unter direkte römische Herrschaft; sein Gebiet wird aufgeteilt auf Syrien und Judäa.

115–117 Während des Partherkriegs TRAJANS kommt es zu einer weitreichenden **Aufstandsbewegung der Diasporajuden** in Syrien, Babylonien, Ägypten, der Cyrenaika und auf Zypern; auch Palästina wird wohl partiell einbezogen. Als Folge des Aufstands wird die Provinz Judäa wahrscheinlich seit spättrajanischer Zeit mit einer zweiten Legion belegt (zuerst die *II Traiana*, dann die *VI Ferrata*); dadurch wird auch der Rang des Statthalters konsular. Der erste konsulare Legat ist um 120 bezeugt, ebenfalls mit Sitz in Caesarea. Sein Amtssitz (*praetorium*, der ehemalige Palast des Herodes) ist bei Ausgrabungen gefunden worden.

132–135/36 Letzter großer **Aufstandsversuch** in Palästina **durch** SIMEON BAR KOSIBA (**BAR KOCHBA** = »Sohn des Sternes«; †135) nach sorgfältiger militärischer und politischer Vorbereitung; Galiläa ist wenig beteiligt. Der Anlass ist wohl im Plan HADRIANS (zu sehen, Jerusalem unter dem Namen *Colonia Aelia Capitolina* als römische Kolonie, auch mit allen kultischen Gebäuden, u. a. einem Jupitertempel, wieder zu errichten. Zu Beginn haben die römischen Truppen massive Verluste. Es folgen langwierige militärische Auseinandersetzungen, an der auch die Statthalter von Syrien und Arabien beteiligt sind. Wohl als Folge des Aufstands wird die Beschneidung verboten, ebenso das Betreten Jerusalems durch Juden; sehr viele Bewohner Judäas werden getötet oder aus dem Land vertrieben; das zentrale Gebiet Judäas bleibt für lange Zeit fast unbevölkert.

ANTONINUS PIUS hebt die religiösen Beschränkungen wieder auf. Die innere Ruhe der Provinz bleibt bis 351 weitgehend gewahrt.

3. Jh. Im späteren 3. Jh., nicht vor 282, wird der senatorische Legat durch einen ritterlichen Präses ersetzt; das Militärkommando geht später an einen *dux Palaestinae* über, dem zahlreiche kleinere Abteilungen unterstellt sind. Die Truppen werden v. a. am Limes, nicht mehr im Landesinnern, aufgestellt. Nach Einsetzung eines Heermeisters im Osten wird der *dux* diesem untergeordnet.

351 **Jüdischer Aufstandsversuch** gegen den Caesar GALLUS (*325/26, †354), u. a. veranlasst durch das Verbot, christliche Sklaven beschäftigen zu dürfen.

357 Der Süden der Provinz wird wieder (*Palaestina Salutaris*) Arabien zugeschlagen.

363 Die Anordnung Julians, Jerusalem den Juden zurückzugeben und den Tempel wieder zu errichten, wird nach seinem Tod sofort aufgehoben.

um 400 **Teilung in Palästina I und II**; Palästina Salutaris wird zu Palästina III. Die Statthalter sind dem Leiter der Diözese Oriens mit Sitz in Antiochia und dem Prätorianerpräfekten des Orients mit Sitz in Konstantinopel untergeordnet. Der Rang des Statthalters von Palästina I wird zeitweise zu einem Prokonsulat erhöht.

484 und 529 **Aufstände**, zum ersten Mal **durch die Samaritaner**, die sich um ihr Kultzentrum auf dem Berg Garizim (heute Westjordanland) von den Juden abgesondert hatten. Die Hoffnung auf persische Unterstützung erfüllt sich nicht; anstelle des samaritanischen Heiligtums wird auf dem Garizim durch Kaiser ZENON eine Kirche errichtet. Durch die Ausbreitung der monophysitischen Lehre wird die Zentralgewalt geschwächt.

Strukturen Palästinas zur Römerzeit

Die lokale Organisation ist zunächst durch vorrömische Formen bestimmt; an der Küste und im Jordantal finden sich griechische Städte, sonst ist das Land in Toparchien eingeteilt. Dabei übernehmen die Dörfer die Funktion als administrative Zentren, aber ohne eigene Autonomie. Auch die von HERODES und seiner Familie gegründeten Städte fungieren meist nur als Verwaltungsmittelpunkt ohne Territorien. Eine städtische Gliederung im Rechtssinn ist erst seit VESPASIAN stärker entwickelt; im

3. Jh. ist das Land fast ganz in städtische Territorien aufgeteilt. Von VESPASIAN wird in Emmaus (heute Amwas, nahe Jerusalem) eine Veteranensiedlung angelegt; Caesarea wird als römische Kolonie umgestaltet, die starke römische Prägung ist wohl durch Ansiedlung lateinischsprachiger Siedler bedingt. Die meisten Städte sind griechisch bestimmt, z. T. wird die vorhandene jüdische Aristokratie entmachtet, das Judentum aber nirgends vernichtet. Tiberias (heute Tevarya) und Diocaesarea sind selbst im 4. Jh. noch fast vollständig jüdisch; die jüdische Bevölkerung ist jedoch besonders stark auf dem Land. Die Bevölkerungszusammensetzung verändert sich durch die Abwanderung von Juden und die Einwanderung von Griechen und Syrern sowie die Niederlassung entlassener Veteranen. Das römische Bürgerrecht ist vor 212 unter Juden wenig verbreitet, da der hauptsächliche Zugang über den Dienst im Heer aus religiösen Gründen nicht genutzt wird. In der Führungsschicht erhalten schon bald einzelne das römische Bürgerrecht, v. a. im Haus des HERODES; auch der Zugang zur Reichsaristokratie ist stärker als bisher angenommen. Aus Caesarea und Neapolis sind Bürger in prokuratorischen Ämtern bekannt, während Juden selten bezeugt sind und nur nach Religionswechsel (z. B. IULIUS ALEXANDER, Präfekt von Ägypten 69). Latein ist nur in Caesarea und bei Mitgliedern des Heers stärker verbreitet; weit bedeutender ist Griechisch, das im 3. Jh. selbst auf dem Land weitgehend verwendet wird. Hellenistischer kultureller Einfluss ist überall zu erkennen, auch im jüdischen Milieu, doch ist dort das Aramäische als Verkehrssprache weiterhin stark. Noch intensivere Beeinflussung der Juden in der Diaspora deren Sprache zunächst meist Griechisch, später im Westen auch häufig Latein ist.

Die **Wirtschaftsstruktur** ist überwiegend agrarisch; Großgüter sind fast nur im Besitz des Kaisers oder des jüdischen Patriarchen nachweisbar; doch müssen die städtischen Eliten auch über größeren Landbesitz verfügen. Zahlreich im jüdischen Siedlungsgebiet sind freie Landbesitzer, die auch Bearbeiter des Lands sind. Typischerweise wird die Bindung der Kolonien an den Boden erst 386 für Palästina verfügt. Besondere Produkte sind das Olivenöl Galiläas, die Datteln der Oasen von Jericho und Engeddi sowie der Balsam von Jericho, der kaiserlicher Besitz ist; Olivenöl wird in großem Ausmaß in die jüdische Diaspora exportiert. Verbreitet ist außerdem die Weidewirtschaft (Schafe) und bedeutende Weberei auf handwerklicher Basis; Zentrum für feine Stoffe ist Skythopolis (heute Beth Schean).

Durch die **jüdische monotheistische Religion** nimmt Palästina eine Sonderstellung ein. Die Hohepriester sowie der *Sanhedrin* (Gerichtshof) besitzen selbst über die Diasporajuden Macht, die bis 70 auch durch die Tempelsteuern an Jerusalem gebunden sind. Nach 70 entwickelt sich langsam das Patriarchenamt im Haus Hillel als erbliche Führerstellung; den größten Einfluss hat der Patriarch im späten 2. und Anfang des 3. Jh.s (in Tiberias). Durch den Patriarchen erfolgt die Ernennung der Richter, die Ordination von Rabbinern ist nur mit seiner Erlaubnis möglich, auch in der Diaspora. Er entsendet persönliche Beauftragte zur Kontrolle der Gemeinden, die bei besonderen Anlässen eine Abgabe zu entrichten haben. Von ihm werden auch die Festtage des Kalenders verkündet, ein Mittel zum Zusammenhalt des Judentums. Für Rom wird, so stellen es die jüdischen Quellen dar, nach 136 der Patriarch der Vertreter des Gesamtjudentums, der im Eigeninteresse mäßigend auf sein Volk einwirkt, doch überträgt ihm keiner der Kaiser richterliche Macht, v. a. nicht die Kapitalgerichtsbarkeit. Auch in zivilen Rechtsangelegenheiten kann er nur als Schiedsrichter tätig sein; erst im 4. Jh. werden seine Entscheidungen offiziell anerkannt und mit staatlicher Macht durchgesetzt. Das Patriarchat, noch im 4. Jh. durch die Verleihung des Ehrenrangs eines Prätorianerpräfekten herausgehoben, wird vor 429 auf Drängen christlicher Kreise abgeschafft; die Ernennung der Rabbiner gelangt in die Zuständigkeit einer Versammlung von Rabbinern innerhalb der Provinz. Dadurch ist v. a. das Diasporajudentum führerlos. Die Möglichkeit zum Zusammenhalt beruht nur noch auf religiöser Grundlage. Die dafür gültige Lehre ist im Kanon des Alten Testaments (seit etwa 100) festgelegt. Die kommentierende Arbeit lehrhafter und gesetzlicher Natur wird in der mischnaischen (um 200 in Palästina) und talmudischen Literatur zusammengefasst (in Palästina um 400, in Babylonien um 525).

Die religiöse Situation ist innerhalb des Judentums zunächst vornehmlich durch die Richtungen der **Sadduzäer, Pharisäer und Essener** bestimmt. Die Essener sind eine apokalyptische Strömung, die in Chirbet-Qumran (am Toten Meer) vielleicht ihr klosterähnliches Zentrum hat (zahlreiche Schriften in benachbarten Höhlen seit 1947 gefunden); die Sadduzäer bilden die priesterliche Fraktion mit Beschränkung der Heiligung auf den kultischen Bereich; die Pharisäer vertreten die Durchdringung des gesamten Lebens mit religiösen Forderungen. Wegen der apokalyptischen Züge überleben die Essener die Jahre 66/70 nicht, ebenso wenig die Sadduzäer wegen ihres national-religiösen Engagements. Nach 70 bzw. 136 setzt sich die pharisäische Richtung durch.

In den römischen Kolonien und den hellenistisch geprägten Städten ist die übliche olympische Religion vorherrschend; hinter deren Göttern sind manchmal einheimische Gottheiten verborgen, z. B. Marnas in Gaza.

Das **Christentum**, das in Jerusalem seine erste Gemeinde hat, ist zunächst stark judenchristlich orientiert; die Leitung liegt ursprünglich bei PETRUS, dann bei JAKOBUS DEM JÜNGEREN (bis 62). Am Aufstand 66–70 beteiligen sich die Judenchristen nicht; sie wandern nach Pella östlich des Jordans aus. Seit 136 besteht in Jerusalem eine rein heidenchristliche Gemeinde, andere Zentren entwickeln sich im 2./3. Jh. v. a. in hellenistischen Städten.

Die **Sprache der christlichen Kirche** ist griechisch, erst im 4. Jh. gibt es auch Übersetzungen ins Aramäische. Kirchliche Metropole wird Caesarea; dort wirken im 3. Jh. ORIGENES (*um 185, †um 254) und PAMPHILOS unter Kaiser KONSTANTIN EUSEBIOS (*um 260, †339) als Bischof und Schriftsteller. Jerusalem behält den Ehrenvorrang, doch erst nach 451 wird es als Patriarchat anerkannt. Christen sind bis zu KONSTANTIN selten, in jüdischen Zentren wie Tiberias und Diocaesarea wird der Zugang erst durch

KONSTANTIN erzwungen. Starke pagane (heidnische) Religion findet sich noch bis um 400 in Gaza und Raphia. Der römische Staat geht gegen die Christen v.a. unter DIOKLETIAN, GALERIUS und MAXIMINUS DAIA vor. Mit KONSTANTIN wird Palästina zum **Heiligen Land**. Es folgt ein intensiver Kirchen- und Klosterbau unter dem Einfluss der zahlreichen Pilger aus dem gesamten Reich, auch von Mitgliedern des römischen Senats; groß ist der Einfluss des Kirchenvaters HIERONYMUS (*347, †420), der in Bethlehem das Alte und Neue Testament übersetzt. Im 5. und 6. Jh. wird das flache Land christianisiert, Kirchen und Klöster gibt es selbst in kleinsten Orten. Zahlreiche Einsiedler treten auf, z. B. SABAS (*439, †532) und JOHANNES SILENTIARIUS; frühzeitig verbreitet sich der Märtyrerkult und die Verehrung von Heiligen, wofür zahlreiche Kapellen erbaut werden. Im 5. Jh. kommt es zur **Kirchenspaltung** durch weitgehende Annahme des Monophysitismus durch das Volk und die Mönche. Dies schwächt den inneren politischen Zusammenhalt – eine der Ursachen für den schnellen Verlust Palästinas an die muslimischen Araber.

614 Der Perserkönig CHOSRAU II. (591–628) zieht nach Palästina; die jüdische Bevölkerung schließt sich ihm an und Jerusalem wird erobert. Die Stadt wird den Juden übergeben; 37 000 Christen werden in die Gefangenschaft nach Persien verschleppt, ebenso wie die Kreuzesreliquie. Schon drei Jahre später werden die Juden wieder vertrieben; **Wiedererrichtung des christlichen Patriarchats**.

629, 21. März Nach Friedensschluss mit den Persern zieht Kaiser HERAKLEIOS (*575, †641) in Jerusalem mit der wieder gewonnenen Kreuzesreliquie ein.

seit 632 Eindringen der muslimischen Araber.

636, 20. Aug. Niederlage des byzanztinischen Heers bei Yarmuk.

638 Jerusalem wird dem Kalifen OMAR (*um 586, †644) übergeben.

640 Eroberung von Caesarea und damit **Ende des byzantinischen Palästina**.

Iran und Mesopotamien | Forts. v. S. 134 |

Unter SELEUKOS I. (305–281) werden Mesopotamien und Iran (einschließlich des heutigen Afghanistans und Belutschistans) ein **Teil des Seleukidenreiches**.

304/303 v. Chr. Große Gebiete westlich des Indus und im Hindukusch (Satrapie Paropamisadai, östlichen Teile von Arachosien und Gedrosien) gehen an das unter CANDRAGUPTA (griechisch SANDROKOTTOS) expandierende Maurya-Reich verloren. Konflikte mit den Antigoniden und Ptolemaiern und innerdynastische Streitigkeiten (240/39–237 Bruderkrieg zwischen SELEUKOS II. [246–226] und ANTIOCHOS HIERAX [*um 263, †227]) zwingen die Nachfolger SELEUKOS' I., ihre Macht im Westen zu konzentrieren. Der politische Einfluss in den östlichen Reichsteilen zerfällt.

nach 250 v. Chr. Von der seleukidischen Zentralgewalt lösen sich Parthien unter dem Satrapen ANDRAGORAS (†238; eigene Münzprägung, jedoch ohne Königstitel) und Baktrien unter dem Satrapen DIODOTOS (†234; zunächst unter seleukidischer Oberhoheit, seit 239 Unabhängigkeit), wahrscheinlich auch Elymais und Persis unter einheimischen Lokaldynasten.

Parthien

um 239 v. Chr. In Parthien brechen die Parner, iranische Reiternomaden vom Stamm der Daher aus dem Steppengebiet südöstlich des Aralsees, ein und verdrängen unter ARSAKES I. (†um 217; eventuell seit 247 Herrscher [Beginn der arsakidischen Zeitrechnung] und Stammvater der Dynastie der Arsakiden), ANDRAGORAS aus dessen Machtbereich. Die Parner, an die schon bald – wohl wegen rascher Verschmelzung mit der einheimischen iranischen Bevölkerung – der Name Parther übergeht, gründen im neu eroberten Gebiet (samt Hyrkanien) das Partherreich.

230/228 v. Chr. Der Versuch SELEUKOS' II., im Bund mit dem baktrischen König DIODOTOS I. das parthische Gebiet zurückzuerobern, scheitert. ARSAKES I. festigt die parthische Machtstellung: Gründung der Hauptstadt Dara, Beginn parthischer Münzprägung.

212–205 v. Chr. Erst ANTIOCHOS III. (223–187) zwingt mit seinem Ostfeldzug ARSAKES II. und den baktrischen König EUTHYDEMOS I. (†um 195) zur teilweisen Anerkennung der seleukidischen Oberhoheit.

188 v. Chr. Friede von Apameia: Die Niederlage ANTIOCHOS III. gegen Rom erschüttert die seleukidische Vormachtstellung auch in den mesopotamischen und iranischen Reichsteilen.

nach 188 v. Chr. Lokale Machthaber in der Elymais (187 wird hier ANTIOCHOS III. erschlagen), der Persis und in Media Atropatene fallen erneut ab und machen sich unabhäng. Die Parther lösen sich von der seleukidischen Vorherrschaft.

Bildung eines parthischen Großreichs

171–138 v. Chr. **MITHRADATES I.** (†138) erobert das gesamte westiranische Gebiet sowie (141) Mesopotamien, annektiert Teile des baktrischen Gebietes. Ein Gegenangriff der Seleukiden scheitert durch die Gefangennahme DEMETRIOS' II. (†125) (139). Zum Ausdruck seiner neuen Machtstellung nimmt MITHRADATES I. den alten Achaimenidentitel »König der Könige« an.

138/37–128 v. Chr. PHRAATES II. (†128) kann die parthischen Eroberungen im Westen behaupten und den seleukidischen Widerstand endgültig brechen.

seit 130 v. Chr. Sakische Stämme, deren Ansturm das Griechisch-Baktrische Reich zum Opfer fällt, bedrohen auch die Nordostgrenze des Partherreichs.

129 v. Chr. Der Seleukide ANTIOCHOS VII. (*um 159, †129) unterliegt nach Anfangserfolgen den Parthern.

128 v. Chr. PHRAATES II. fällt in Abwehr der Steppenvölker.

123 v. Chr. Das gleiche Schicksal erleidet sein Nachfolger ARTABANOS I.

123–88/87 v. Chr. MITHRADATES II. stellt die von MITHRADATES I. begründete parthische Großmachtstellung durch Festigung der Vormacht im Osten (Expansion bis in West-Baktrien), Ansiedlung der Saken im Gebiet des Hamun-Sees (Sistan, »Sakenland« als Vasallenstaat) und die Rückeroberung Babyloniens, das HYSPAOSINES VON CHARAKENE (*209, †124) zwischenzeitlich den Parthern entrissen hat, wieder her: Parthische Expansion bis zum Oberlauf des Euphrat, Unterwerfung ganz Mesopotamiens (113 Einnahme von Dura-Europos), erstmals Eingreifen in Armenien. Als neue Großmacht zwischen Ost und West nimmt das Partherreich Verhandlungen mit China auf (Gesandtenaustausch mit Han-Kaiser WU-TI [*156, †87]).

96 v. Chr. Verhandlungen mit Rom zwischen dem parthischen Gesandten OROBAZOS und dem damaligen römischen Proprätor von Kilikien, SULLA.

Die Grundstrukturen des Partherreichs

Ein locker gefügter, **dezentralisierter staatlicher Aufbau** prägt das parthische Reich: Die von den Achaimeniden begründete, von den Seleukiden modifizierte Satrapienordnung gilt nur noch bedingt. Zahlreichen Kleinfürsten und Unterkönigen (etwa Persis mit dem Feuerheiligtum von Istachr als Zentrum, Media Atropatene, Elymais, Charakene und Adiabene sowie Osrhoene und Hatra unter arabischen Dynastien) haben ebenso wie die griechischen Städte, u. a. Seleukeia am Tigris, bei Anerkennung der parthischen Oberhoheit eine sehr weitgehende Autonomie. Das Königtum der Arsakiden orientiert sich stark am hellenistischen Vorbild (griechische Königstitulatur, ostentativ bekundetes Philhellenentum seit PHRIAPITES [um 191–176], Griechisch und Aramäisch bleiben Amtssprachen). Zugleich erfolgt ein bewusstes Anknüpfen an achaimenidische Traditionen: Parthische Machtansprüche berufen sich auf die Achaimenidennachfolge. Dem König erwächst im Rat des Adels eine Gegenmacht, die zunehmend an politischem Einfluss gewinnt. Die starke Abhängigkeit des Königs von den Magnaten mit großen Privilegien, v. a. den sieben führenden iranischen Adelshäusern, und die Erblichkeit zahlreicher Ämter beschleunigen die Feudalisierung. Die Sozialstruktur weist, wie die Heeresverfassung schon in der Frühzeit, feudale Züge auf: Die Landbevölkerung lebt in Abhängigkeit von den adligen Grundherren, die mit ihren Hörigen auch das Heeresaufgebot stel-

Das Partherreich vom 3. Jh. bis um 100 v. Chr.

len; eine Sonderstellung nehmen die griechischen Polis ein.

Grundlage der **parthischen Wirtschaft** sind Landwirtschaft (Ackerbau, Weidewirtschaft) und Fernhandel (Kontrolle der Seidenstraße und wichtiger Handelswege zwischen Levante und Persischem Golf; Blütezeit von Hatra, Dura-Europos und des von den Parthern neu begründeten Assur). Außer den Steuereinnahmen aus dem Handel gibt es zumindest teilweise eine Grund- und Kopfsteuer sowie Frondienstverpflichtungen.

Die **Religion** weist vielfältige Erscheinungsformen auf: Synkretistische Kulte hellenistisch-semitischer Prägung bestimmen besonders im Westen das Bild. Der Kult des Sonnengottes Mithra findet weite Verbreitung auch jenseits der parthischen Reichsgrenzen; daneben religiöse Dominanz des Mazdaismus. Gegenüber Juden, Mandäern und Christen zeigen sich die parthischen Dynasten, die selbst wahrscheinlich anfangs Anhänger einer schamanistischen Religion sind, sich dann aber dem Zoroastrismus zuwenden, weitgehend tolerant. Unter Vologaeses I. (51–79/80) erfolgt die erste Kodifizierung des »Avesta« (Gesamtheit der religiösen Grundtexte), jedoch noch keine Bildung einer Orthodoxie.

In der **Kunst** entwickelt sich ein parthischer Stil, der griechisch-römische, iranische und teilweise arabische Komponenten verbindet, im Partherreich selbst (Assur, Hatra, Nisa, Ktesiphon) wie auch in angrenzenden Regionen (Palmyra, Dura-Europos). In Malerei, Plastik und Reliefkunst fällt neben der Neigung zum Linearen, besonders die Frontalität auf. Die Baukunst entwickelt den Liwan, ein nach einer Seite offener, großräumiger Saal von rechteckigem Grundriss, den ohne stützende Säulen, Bögen und Gewölben überspannen.

Nach Konsolidierung des Partherreichs unter Mithradates II. steht, neben den fortdauernden Kämpfen gegen die Saken und das Kuschanareich im Osten, der Konflikt Rom im Vordergrund, wobei innenpolitische Streitigkeiten die parthische Position schwächen.

89–63 v. Chr. In den Kriegen Roms gegen den pontischen König Mithradates VI. Eupator (120–63) verhalten sich die Parther neutral.

69/66 v. Chr. Anerkennung des Euphrat als Grenze zwischen der römischen und parthischen Machtsphäre in Verträgen mit Lucullus (69) und Pompeius (66).

64 v. Chr. Die Stabilisierung der römischen Herrschaft durch die Neuordnung des Ostens durch Pompeius schwächt den parthischen Einfluss im Westen (Klientelkönigreich Osrhoene).

53 v. Chr. Der offene Bruch der Verträge durch den Einmarsch des Crassus in Gebiete östlich des Euphrat führt zur **Schlacht bei Karrhai** (Carrhae), in der das römische Heer durch die berittenen parthischen Bogenschützen unter Surenas (*um 84, †um 52) vollständig vernichtet wird. Crassus findet den Tod.

51 v. Chr. Erfolgloser Gegenangriff der Parther auf Syrien.

41–39 v. Chr. Die Parther können unter dem Thronfolger Pakoros (†38) gemeinsam mit Quintus Labienus (†39, eigene Münzen mit Titel *Parthicus imperator*) Syrien und große Teile Kleinasiens erobern.

39/38 v. Chr. Die Parther unterliegen Publius Ventidius Bassus: Labienus und Pakoros fallen.

36/34 v. Chr. Trotz einer dynastischen Krise im Partherreich bleiben Feldzüge des Marcus Antonius erfolglos.

20 v. Chr. Friedensvertrag zwischen Augustus und König (seit 38) Phraates IV. (†2 v. Chr.): Rückgabe der bei Karrhai eroberten Feldzeichen, Anerkennung der römischen Oberhoheit über Armenien. Die Befriedung der Euphratgrenze bringt eine Blütezeit für den internationalen Handel.

1 n. Chr. Neue Konflikte um Armenien zwischen Augustus und Phraates V. (†4) werden diplomatisch beigelegt.

10 Gegen den in Rom erzogenen Vonones I. (†19, König seit 8) erhebt der Adel Artabanos II. (†38) zum König: Seine Zentralisierungspolitik (Umwandlung zahlreicher Vasallenstaaten in arsakidische Sekundogenituren) provoziert neue Widerstände des Adels. Rom schürt die dynastische Krise.

37 Ein abermaliger Streit um Armenien zwischen dem römischen Statthalter von Syrien Lucius Vitellius (†nach 51) und Artabanos II. wird beigelegt.

38 Nach Artabanos' II. Aufstände und Bürgerkriege.

um 39–51 Zeitweiser Zerfall des Partherreichs in einen westlichen Teil unter Vardanes (†47/48, um 39–45) und östlichen unter Gotarzes II. (†51, um 43–51).

51–63 Vologaises I. (†um 80) erhebt erneut Ansprüche auf Armenien, was zum Krieg mit Rom führt.

63 Beilegung der armenischen Frage im Abkommen von Rhandeia: Das armenische Königtum wird arsakidische Sekundogenitur unter römischer Oberhoheit.

66 Vologaises' I. Bruder Tiridates wird von Kaiser Nero in Rom zum König von Armenien gekrönt.

nach 72 Ein Alaneneinfall und der Abfall Hyrkaniens erschüttern das Partherreich. Aufflammen neuer, lang andauernder Thronkämpfe nach Vologaises' I. Tod.

114–117 Das widerrechtliche Eingreifen des Partherkönigs Osroes (†nach 128, um 108–128) in Armenien veranlasst Kaiser Trajan zum Feldzug gegen das Partherreich: Einrichtung der Provinzen Armenia, Mesopotamia und Assyria, Eroberung von Ktesiphon, Einsetzung des Parthamaspates, eines Sohnes des Osroes, als römischer Vasall.

nach 117 Der Verzicht Kaisers Hadrian auf die Neuerwerbungen stellt die parthische Machtstellung im Westen weitgehend wiederher. Der Euphrat bildet erneut die Grenze. Im Osten wächst die Bedrohung durch das Kuschanareich.

162 Ein Angriff Vologaises' IV. (147/48–191/92) auf Armenien und Syrien ist zunächst erfolgreich.

163–166 Ein römischer Gegenangriff unter Avidius Cassius (*um 130, †175) gewinnt Seleukeia-Ktesiphon: Das nordwestliche Zweistromland mit Dura-Europos wird römisch.

195 Kaiser Septimius Severus richtet die Provinz Mesopotamia ein.

ab 198 Feldzüge des Septimius Severus, der erneut Ktesiphon erobert, 198/99 jedoch vor Hatras scheitert, und des Caracalla 216/17 sowie der Thronstreit zwischen VOLOGAISES VI. (207/08–221/22 oder 227/28) und ARTABANOS IV. (†224, 213–224) schwächen die königliche Zentralgewalt.

Das Sassanidenreich

Den Untergang der Arsakiden führen wachsende innere Auflösungstendenzen im Partherreich herbei. Den Kleinfürsten von Istachr, Vorsteher des dortigen Feuerheiligtums, erringen durch eine Rebellion, deren Anfänge in die Zeit von VOLOGAISES V. (191/92–um 207) zurückreichen, die Macht in der gesamten Persis.

seit 205/206 Festigung der Machtstellung und Eroberung angrenzender Gebiete (Elymais, Isfahan, Kerman) durch PAPAK und dessen Sohn ARDASCHIR (†241).

224, 28. April Die Weigerung ARTABANOS' IV., ARDASCHIR als neuen Vasallen anzuerkennen, führt zur Entscheidungsschlacht bei Hormezdagan, in der ARTABANOS IV. fällt.

226 ARDASCHIRS Krönung in Ktesiphon zum »König der Könige von Iran« eröffnet offiziell die Regierungszeit der Sassaniden (benannt nach dem Stammvater SASSAN).

226–241 **ARDASCHIR I.** unterwirft, zum Teil gemeinsam mit seinem Sohn SCHAPUR I. (†273) als Mitregenten, die meisten Gebiete des ehemaligen Partherreichs. Große Teile des Kuschanareichs erhalten sassanidische Statthalter. Seit 237 erobern die Sassaniden Mesopotamien, Nisibis, Karrhai und Hatra sowie Armenien (238–280). Das Sassanidenreich wird zur größten außenpolitischen Bedrohung für das Römische Reich.

241–273 **SCHAPUR I.** setzt die Expansionspolitik (Titel: »König der Könige von Iran und Nichtiran«) in wechselvollen Kämpfen gegen Rom fort.

Das Sassanidenreich im 3. Jh.

nach 254 Zerstörung von Dura und Antiochia.

259/260 Kaiser VALERIAN wird von SCHAPUR I. bei Edessa (heute Urfa) gefangen genommen, er stirbt in Gefangenschaft. Ansiedlung römischer Kriegsgefangener in der neu gegründeten Stadt Gundeschapur (»das schönere Antiocheia des Schapur«).

260/283 Das Eingreifen des ODAINATHOS VON PALMYRA (†267) in die Kämpfe (seit 260) und der römische Gegenstoß unter CARUS (*224, †283) (Einnahme Ktesiphons 283) verhindern ein weiteres Ausgreifen der Sassaniden.

288 Frieden zwischen BAHRAM II. (276–293) und Kaiser DIOKLETIAN: der Euphrat wird als Grenze bestätigt.

298 Der »Schmachfriede von Nisibis« zwischen NARSE (293–302) sowie DIOKLETIAN und GALERIUS schiebt die römisch-sassanidische Grenze bis über den oberen Tigris hinaus.

Die Grundstrukturen des Sassanidenreichs

Die Sassaniden stärken die königlichen Zentralgewalt erheblich. Die Gründung von Städten mit eigenem Territorium auf Königsland, Ablösung lokaler Herrscher in neu eroberten Gebieten durch Mitglieder der Königsfamilie (Errichtung sassanidischer Sekundogenituren) und Aufbau eines hierarchisch gegliederten Verwaltungs- und Beamtenapparates sowie eines stehenden Heeres (mit der gepanzerten Reiterei als Kernstück) beschleunigen die Zentralisierung. Dennoch besteht weiterhin ein starker Einfluss des grundbesitzenden Adels, die in Gruppen unterschiedlich großen Ansehens gegliedert ist; unter ihnen sind, wie schon in parthischer Zeit, die sog. »sieben Häuser« führend. Der Adel besetzt zahlreiche Ämter (teilweise erblich) und stellt die Kerntruppen im Heer. Der dauernde Gegensatz zwischen zentralisierendem Königtum und Adel bedeutet eine ständige innere Bedrohung für die Sassanidendynastie, Hofintrigen und Wahlkapitulationen begrenzen die politische Handlungsfreiheit. Uneingeschränkte Vollmacht besitzt das Königtum nur in der Frühzeit unter ARDASCHIR I. und SCHAPUR I., wieder unter CHOSRAU I. (†579).

Innerhalb der Bevölkerung sind vier Stände in Klassen unterteilt: Priester, Krieger, Beamte sowie Bauern und Handwerker. Die religiös sanktionierte, kastenhaft starre Einteilung bietet nur geringe Aufstiegsmöglichkeiten. Im wirtschaftlichen Bereich fällt neben der landwirtschaftlichen Produktion aufgrund der wachsenden Bedeutung von Handwerk (Seiden- und Glasherstellung, Kunsthandwerk) und Handel (eigener Warenverkehr sowie Mittler im Fernhandel zwischen Ost und West) den Städten eine wichtige Rolle zu. Die Vorrangstellung des Königs gegenüber den Städten sichern staatliche Kontrollen und Handelsmonopole.

Die Sassaniden erheben den **Zoroastrismus** in einer, mit alten mazdaistischen Vorstellungen durchsetzten Form, zur Staatsreligion: An der Spitze der hierarchisch gegliederten Priesterschaft (Magier) steht ein vom König eingesetzter, auch politisch einflussreicher *mobadan mobad* (höchster Würdenträger). Es erfolgt eine erneute Sammlung und Vervollständigung der religiösen Überlieferung im nunmehr autoritativen »Avesta« mittels einer eigenen, auf einem Vokalalphabet basierenden Schriftsprache. Schon früh erwächst der neuen Staatsreligion starke Gegnerschaft im **Manichäismus**, einer von MANI (*216, †276) begründeten, synkretistischen Religion aus gnostischen, babylonisch-chaldäischen, jüdischen, christlichen und iranischen Vorstellungen. MANI wird durch SCHAPUR I., dem er eines seiner Hauptwerke (»Schapuragan«) widmet, und HORMIZD I. (†273) unterstützt. Unter BAHRAM I. (†276) wird MANI jedoch 276 auf Betreiben der Magier hingerichtet, werden die manichäischen Gemeinden verfolgt. Dennoch breiten sie sich dank reger Missionstätigkeit schnell bis Spanien und Gallien sowie China aus (manichäische Handschriften u.a. in koptischer, türkischer und chinesischer Sprache).

Die starke Ausbreitung des **Christentums** ist v.a. auf den Einfluss der seit den Eroberungskriegen SCHAPURS I. zwangsweise im Sassanidenreich angesiedelten, römischen Kriegsgefangenen zurückzuführen. Die Behandlung der Christen ist stark von der Außenpolitik abhängig, seitdem KONSTANTIN I. das Christentum im Römischen Reich begünstigt und damit die Christen im Sassanidenreich als potenzielle Bundesgenossen Roms gelten. Daher finden unter SCHAPUR II. (*309, †379) während der Kriege gegen Rom seit 339 blutige Christenverfolgungen statt. Unter YEZDEGIRD I. (†421) wird die Glaubensfreiheit nach Aufnahme freundschaftlicher Beziehungen mit dem oströmischen Reich wiederhergestellt. Auf den Synoden von Seleukeia (410 und 420) folgt die endgültige Festlegung einer kirchlichen Organisation (unter einem Katholikos von Seleukeia-Ktesiphon mit fünf Erzbischöfen). Die Spannungen zwischen König und Kirche unter YEZDEGIRD II. (†457) entladen sich in erneuten Christenverfolgungen (besonders in Armenien, Syrien und Babylonien). PEROZ (†484) unterstützt in seiner Religionspolitik den Nestorianismus, seitdem wird das Sassanidenreich Zufluchtsort für die Nestorianer aus dem Römischen Reich (Gründung der nestorianischen Theologieschule in Nisibis). 484 trennen sich die im Sassanidenreich wohnenden Christen mit dem Bekenntnis zum Nestorianismus von der Großkirche: Entstehung einer christlichen Nationalkirche.

Die sassanidische **Kunst** knüpft an achaimenidische und parthische Traditionen an und entwickeltsie fort. Daneben existieren starke römisch-hellenistische Einflüsse, besonders durch Vermittlung römischer Kriegsgefangener, die v.a. zum Städtebau (Entwicklung römischer Stadtkultur) und bei Brücken- und Dammbauten herangezogen werden. Palastbauten mit großen Gewölbe- und Kuppelkonstruktionen (Palast von Ktesiphon) als vollendete Formen parthischer Liwane werden vorbildhaft für die weitere Kunstentwicklung. In den Felsreliefs, mit Darstellungen der Siege über die Arsakiden und Römer sowie von Herrscherinvestituren durch den Gott Ahura Mazda als Mittel der Bildpropaganda, wechseln Frontalität und Profildarstellung. Hervorragende Leistungen in der Toreutik (Treibarbeit) und Glyptik; sassanidische Seidenstoffe (Einführung der Seidenraupenzucht) mit figürlichem Schmuck sind im Abendland hoch geschätzt. Wissenschaft und Forschung stehen in den geistigen Zentren wie Gundeschapur und Nisibis in hoher Blüte: literarische Ausformung einer in ihrem Sagenstoff auf parthische Ursprünge zurückgehenden Ritterepik, die später die mittelalterlichen Epen des Abendlandes beeinflussen.

4. Jh. Kriege gegen Rom im Westen, Skythen und Hunnen im Osten gehen weiter. Gegen die wachsende Bedrohung durch Araberstämme im Südwesten bietet der sassanidische Vasallenstaat der arabischen Lachmidendynastie von Hira Schutz.

309–379 Nach langen Kriegen gewinnt SCHAPUR II. die unter NARSE an die Römer verlorenen Gebiete nach erfolgreicher Abwehr einer Offensive des Kaisers JULIAN vor Ktesiphon (Tod Julians) durch Frieden (363) mit dessen Nachfolger JOVIAN teilweise (größter Teil Mesopotamiens mit Nisibis) zurück. Das Kuschanareich wird erneut erobert. Dort folgen Konflikte mit den seit um 350 einfallenden hunnischen Völkern (Chioniten, Kidariten), die nach einem Bündnis mit den Sassaniden (seit 360) gegen Rom kämpfen.

seit 387 Der östliche Teil Armeniens wird aufgrund eines Teilungsvertrages mit Ostrom wieder sassanidisch.

nach 400 Im Osten dringen die (iranischen oder hunnischen) Hephthaliten ein, gründen auf dem Gebiet des ehemaligen Kuschanareichs ein eigenes Reich und mischen sich in sassanidische Thronstreitigkeiten ein.

465/484 Nach wechselvollen Kämpfen erleiden die Sassaniden unter PEROZ (459–484) gegen die Hephthaliten zwei vernichtende Niederlagen und geraten bis in die erste Hälfte des 6. Jh.s in tributäre Abhängigkeit.

488–496 Die Niederlagen schwächen die Stellung des Königs vollends. Herrschende Macht ist der Adel, gegen dessen Willkür sich unter KAVADH I. (†531, 488–496 und 498–531) die religiöse, dem Manichäismus verwandte Bewegung des Mazdak mit sozialrevolutionären Forderungen wendet (gleichmäßige Verteilung aller Güter, Weiber- und Besitzgemeinschaft). Die Vorherrschaft des Grundadels wird gebrochen, das feste Gefüge der Gesellschaft radikal zerstört. Zunächst unterstützt KAVADH I. die Mazdakiten, da er eine Möglichkeit zur Stärkung der Königsmacht gegen den Adel sieht.

496 Sturz KAVADHS durch eine Adelsverschwörung.

496–498 TSCHAMASP wird König. Mit hephthalitischer Unterstützung kann KAVADH zurückkehren.

523/524 (528/529?) Nach der Ernennung CHOSRAUS I. zum Thronfolger noch unter KAVADH I. werden die Führer der mazdakitischen Bewegung ermordet und ihre Anhänger blutig verfolgt.

531–579 **CHOSRAU I.** vollendet die schon unter KAVADH I. eingeleitete Staatsreform zur Stärkung der königlichen Zentralgewalt: Steuerreform nach dem Vorbild der Reformen DIOKLETIANS: Katastrierung des Grundbesitzes, Einführung einer festen Grundsteuer statt der wechselnden Ertragssteuer, umfassende Volkszählung und Neufestsetzung der Kopfsteuer (Staffelung nach Vermögensklassen). Verwaltungsreform: Einschränkung der Vollmachten des Großwesirs, Abschaffung des Amtes des militärischen Oberbefehlshabers und Einteilung des Reichs in vier Heeresbezirke unter je einem Feldherrn. Förderung des niederen Adels und Schaffung eines neuen Hof- und Beamtenadels. Wiederherstellung der Rechte des Zoroastrismus. Heeresreform: Ausstattung der Soldaten auf Staatskosten, Normierung der Rüstung, Einführung von Rangabzeichen (neuer Militäradel); umfassende Grenzsicherung und Ausbau des Wegenetzes.

540 Den »Ewigen Frieden« (532) mit dem oströmischen Kaiser Justinian bricht Chosrau I. (Einfall in Syrien, Zerstörung Antiocheias, Deportation von Facharbeitern).

um 560 Mithilfe der verbündeten Westtürken kann das Hephthalitenreich vernichtet werden.

562 Erneuter Friedensschluss mit Ostrom auf 50 Jahre (Erhöhung der schon 532 vereinbarten Tributzahlungen an die Sassaniden).

575 Eroberung des Jemen und Vertreibung der mit Byzanz verbündeten Abessinier aus Aksum aus Südarabien.

579 Nach dem Tod Chosraus I. Frontstellung zwischen dem neuen Militäradel und dem Königtum.

591–628 **Chosrau II.** (†628) kann den um 590 ausgebrochenen Aufstand des Bahram Chobin (†592) mit oströmischer Hilfe niederschlagen.

seit 604 Mit der Eroberung großer Teile Kleinasiens und Syriens feiert Chosrau II. große Erfolge im Kampf gegen das oströmische Reich.

619 Einnahme Ägyptens.

626 Belagerung Konstantinopels durch Sassaniden und Awaren.

626–628 Der Gegenschlag des Herakleios, der 627 bei Ninive siegt, zwingt zur Aufgabe der Eroberungen. Das harte Vorgehen Chosraus' II. gegen den Adel verstärkt dessen Widerstand.

628 Sturz und Ermordung Chosraus' II.

633 Nach einer Periode völliger Anarchie wird Yezdegird III. (633–651) durch die Adelspartei des Feldherrn Rustam (†636) auf den Thron gebracht.

636/642 Das durch Kriege und innere Zerrüttung geschwächte Sassanidenreich erliegt dem Ansturm der islamischen Araber. Nachdem sich ihnen bereits 633 das lachmidische Hira ergeben hat, verlieren die Sassaniden die Schlacht bei Kadisija in Arabien (636). Es folgen die Eroberung Ktesiphons (637) und die Niederlage bei Nihavend in Medien (642).

651 Yezdegird III. wird in Ostiran ermordet. Das Sassanidenreich wird Teil des Kalifenreichs.

Arabien | Forts. v. S. 120 |

Nordarabien

Als im Jahre 64 v. Chr. Pompeius Syrien und Judäa erobert, existieren städtische, landwirtschaftliche und nomadische arabische Gemeinschaften verschiedener Größe im Osten Ägyptens, auf dem Sinai, im südlichen Palästina, in Jordanien, im heutigen Libanon, in Nord-, Zentral- und Südsyrien, in Nord-, Zentral- und Südmesopotamien und auf der Arabischen Halbinsel. Diese Regionen werden von den antiken Autoren ohne Unterschied als »Arabien« bezeichnet.

Obwohl Pompeius das benachbarte Syrien zur römischen Provinz macht, bleibt das nabatäische Königreich, das sich von Südsyrien nach Nordwestarabien und Südpalästina erstreckt, noch für einige Zeit unabhängig. Erst 106 n. Chr. annektiert es Rom und richtet die »Provincia Arabia« ein. Seither nennen die Römer alle Bewohner dieser Provinz »Araber«, sodass sich allmählich für die nomadische Bevölkerung, für die zuvor diese Bezeichnung verwendet wurde, der Begriff »Sarazenen« durchsetzt und schließlich auf alle diejenigen angewendet wird, welche vorher als »Araber« bezeichnet wurden, unabhängig davon, ob sie nomadisch oder sesshaft sind.

Die Nabatäer sind ursprünglich Nomaden, die sich im 3. Jh. v. Chr. im Süden Jordaniens niederlassen. wo sie ihre Hauptstadt »Reqem«, gründen, die die Griechen »Petra« nennen. Mittels einer hochentwickelten Bewässerungstechnik nutzen sie den saisonbedingten Niederschlag für eine großflächig betriebene Landwirtschaft. Die städtische Gesellschaft von Petra ist gut organisiert, worüber der griechische Philosoph Athenodoros, der sich einige Jahre dort aufhält, anerkennend berichtet. Die Nabatäer kontrollieren das nördliche Ende der Weihrauchstraße, die von Südarabien zum Mittelmeer führt, und übernehmen in Kooperation mit den Händlern der ostarabischen Stadt Gerrha den Transport von Gewürzen und anderen Luxusgütern, die über den Persischen Golf aus Indien und von weiter entfernten Regionen kommen. Von Südjordanien aus erweitern die nabatäischen Könige ihre Herrschaft, die sich Ende des 1. Jh.s v. Chr. von Südsyrien bis Nordwestarabien erstreckt und die Sinai-Halbinsel sowie die Negev-Wüste einschließt. Nach 50 n. Chr. verlegt der letzte nabatäische König Rabbel II. (†105/06) seine Hauptstadt von Petra nach Bosra im Süden Syriens, welche nach der Annexion durch die Römer auch Hauptstadt der »Provincia Arabia« wird.

Von 64 v. Chr. bis zur islamischen Eroberung beherrschen Rom und anschließend Byzanz den Vorderen Orient, deren Politik vom Konflikt mit Persien bestimmt wird. Die sich immer wieder verschiebende Grenze zwischen beiden Großmächten verläuft durch Armenien (in der heutigen Osttürkei) und die Dschazira. Ein Teil dieser Gebiete ist Wüste, ein anderer fruchtbares Kulturland mit urbanen Zentren. In diesen Konflikt sind die dortigen sesshaften und die nomadischen arabischen Gesellschaften involviert.

224 übernehmen die Sassaniden von den Parthern die Macht in Persien, das seitdem von seinen Herrschern »Iran« genannt wird. Die lachmidischen Könige, die in Hira im Südirak residieren, und von den Sassaniden abhängig. fallen seit Mitte des 4. Jh.s. in byzantinisches Territorium ein. Auf byzantinischer Seite greifen Ende des 5. Jh.s die Ghassaniden, die sich im Süden Syriens und in der Provincia Arabia niedergelassen haben, in die Kämpfe ein. Die dauernde Konflikte schwächen Byzanz und Persien in einem Maße, dass sie in den 630er-Jahren

dem Ansturm der Truppen der jungen islamischen Gemeinde unterliegen: Byzanz verliert seine Provinzen südlich von Anatolien, Persien wird von den Muslimen vollständig erobert.

Südarabien

Qataban, an das im 4. Jh. v. Chr. Saba seine Vormachtstellung in Südarabien abgegeben hat, kann seinen Herrschaftsbereich weit nach Südwesten bis an den Bab al-Mandab ausdehnen. Die Minäer, die in Dedan einen starken Außenposten mit eigener Verwaltungsstruktur errichtet haben, treten als Kaufleute außerhalb der südarabischen Routen verstärkt in Erscheinung: Sie sind in Ägypten und an der Levante präsent, in Mesopotamien fahren sie mit ihren Waren den Tigris aufwärts bis nach Seleukia-Ktesiphon und hinterlassen ihre Widmungsinschriften sogar auf der griechischen Insel Delos.

Das zu Ende des Jahrtausends bedeutendste Ereignis für Südarabien ist der Feldzug des römischen Präfekten Aelius Gallus, der 25 v. Chr. mit 10 000 Mann von Ägypten in die Weihrauchanbaugebiete aufbricht. Er erreicht die sabäische Metropole Marib, die er, wie der Geograf Strabo berichtet, sechs Tage erfolglos belagert. Auch wenn auf südarabischer Seite bislang die entsprechende Dokumentation fehlt, so steht dieser Feldzug möglicherweise im Zusammenhang mit dem völligen Verschwinden der Minäer, deren Rolle im Überlandhandel die Nabatäer übernehmen, die nach der römischen Expedition auch in Südarabien vertreten sind.

Mit der gewachsenen Bedeutung des Indienhandels, der durch die römische Besetzung Ägyptens noch zusätzliche Dynamik gewinnt, verschieben sich auch die Machtkonstellationen im südarabischen Raum. Besondere Bedeutung erhalten die wenigen natürlichen Häfen an den südarabischen Küsten und der Zugang zu ihnen. Hadramitische Kolonisten gründen in dieser Zeit an der omanischen Küste unweit von Salala den Weihrauchhafen Samarum. Der Hafen Qana' westlich von al-Mukalla sichert Hadramaut in nachchristlicher Zeit den Zugang zum Seehandel.

Die Himyar im südlichen Hochland, deren Hauptstadt Zafar nur wenige Tagesreisen von der Küste des Roten Meeres entfernt liegt, lösen sich von Qataban und nehmen als aufstrebende Macht seit dem 1. Jh. n. Chr. am südarabischen Kräftespiel teil. Zur Zeitenwende, eventuell auch als Folge des Feldzuges des Aelius Gallus, koalieren Saba und Himyar, deren Könige sich seitdem »Könige von Saba' und dhu Raidan« nennen. Letzteres bezeichnet den Königspalast in der himyarischen Hauptstadt Zafar. Diese Koalition findet mit dem Aufstieg der Stämme im nördlichen Hochland ein Ende, die im 2. Jh. das Erbe der traditionellen Dynastie der Könige von Saba in Marib antreten.

Das 2. und 3. Jh. ist durch Koalitionskriege mit mehreren Hauptakteuren geprägt. Nachdem Qataban von Hadramaut einverleibt worden ist, betreibt Scha'irum Autar auf sabäischer Seite letztmalig eine großräumige Expansionspolitik und leitet eine letzte kurzzeitige sabäische Renaissance ein. Seine Feldzüge führen ihn nach Qaryat al-Fa'w im Norden, die auf der Karawanenstraße nach Ostarabien gelegene Oasenstadt der Kinda. Im Osten zerstört er Schabwa, die Hauptstadt des Königreichs von Hadramaut, und dessen Indienhafen Qana'. Im Westen geht er gegen die Abessinier vor, die von der westlichen Küstenebene aus in die südarabischen Auseinandersetzungen eingreifen. In Sana erbaut er das Schloss Ghumdan, von dessen Pracht noch im 10. Jh. der jemenitische Schriftsteller al-Hamda berichtet. Viele auf Sabäisch abgefaßte Inschriften aus der Mitte des 3. Jh.s berichten von erbitterten Kriegen, die der Sabäerkönig Ilscharah Yahdib und seine himyarischen Gegenspieler Schammar Yuhahmid und Karib'il Ayfa' mit unentschiedenem Ausgang gegeneinander führen. Ende des 3. Jh.s können die Himyar diese Auseinandersetzungen für sich entscheiden, ohne dass es aber zu einer letzten großen Auseinandersetzung mit den Sabäern gekommen zu sein scheint. Anfang des 4. Jh.s ist der Jemen unter himyarischer Ägide von Schammar Yuhar'isch geeint.

Mitte des 4. Jh.s tauchen die ersten Inschriften mit monotheistischen Bekenntnisformeln auf. Angerufen wird »(Gott,) der Herr des Himmels (und der Erde)«, der später auch »Rahmanan«, »der Barmherzige« genannt wird, womit der jüdische Gott gemeint ist, wie weitere religiöse Zuschreibungen zeigen. Der Übertritt des himyarischen Herrscherhauses zum Judentum erfolgt nicht zuletzt als Reaktion auf den wachsenden Einfluss von Byzanz in der Region, der sich wenige Jahre zuvor in der Annahme des Christentums durch den äthiopischen König Ezana in Aksum manifestiert. Die schon allein geografisch vorgezeichnete Konfliktlage mit dem einzigen verbliebenen Gegner der Himyar, den Abessiniern auf der afrikanischen Seite des Bab al-Mandab, erhält damit zusätzlich eine religionspolitische Komponente.

Den epigrafischen Quellen zufolge ist allerdings im 5. Jh. auf beiden Seiten ein dauerhafter Konflikt oder seine unmittelbare Zuspitzung nicht zu entnehmen. Vielmehr können die Himyar unter Abikarib As'ad in mehreren Feldzügen ihren Machtbereich nach Zentralarabien ausdehnen und ihren dortigen Einfluss durch die Installierung der arabischen Kindakönige über den Beduinenverband der Ma'add dauerhaft sichern.

Der Konflikt zwischen den Äthiopiern in Aksum und den Himyar in Zafar kulminiert im ersten Viertel des 6. Jh.s, worüber nicht nur sabäische und äthiopische Inschriften sondern auch syrisch-aramäische und griechische literarische Quellen Auskunft geben. Unmittelbar vorausgegangen ist offensichtlich eine probyzantinische (und proabessinische) Politik des himyarischen Herrscherhauses, was die größere Zahl christlicher Gemeinden an der Westküste, in der Hauptstadt Zafar, in Hadramaut und im nördlichen Nadschran erklärt, gegen die und gegen deren äthiopische Deckung der zum Judentum übergetretene König Yusuf (Dhu Nuwas) Anfang der 520er-Jahre vorgeht. Diese militärischen Aktionen enden mit der Belagerung und Übergabe von Nadschran, deren christliche Bewohner Yusuf tötet. Mit byzantinischer Hilfe erfolgt der abessinische Gegenschlag, den der äthiopische König Ella Azbeha selbst leitet und der die Herrschaft der Himyar in Südarabien beendet. Mit dem Äthiopier Abreha etabliert sich ein sich zum Christentum bekennender Herrscher, der sich jedoch in die Tradition der himyarischen Könige stellt und deutlichen Abstand zu den Königen in Aksum hält. Dessen Herrschaft, die auch durch größere Bauprojekte wie einer letzten Instandsetzung des Dammes in Marib und dem Bau einer Kathedrale in der neuen Hauptstadt Sana geprägt ist, wird durch die Sassaniden beendet, bevor der Jemen im 7. Jh. islamisch wird und sich die jemenitischen Stämme den Eroberungszügen der jungen islamischen Gemeinde in Medina anschließen.

4. Jh. v. Chr. Die Nabatäer, im 3. Jh. in Transjordanien sesshaft geworden, beteiligen sich am Weihrauchhandel und kontrollieren in der Folgezeit das nördliche Ende der Weihrauchstraße.

um 175–63 v. Chr. Die Nabatäer sind in die Kriege der Makkabäer und ihre Nachfolger verwickelt.

110 v. Chr. Beginn der himyarischen Ära in Südarabien.

1. Jh. v. Chr. Eine in altsüdarabischer Schrift ausgeführte Grabinschrift aus Qaryat (heute Qaryat al-Fa'w) in Zentralarabien ist erstes Zeugnis für das Arabische.

um 85 v. Chr. Der nabatäische König Arethas III. erhält Koilesyrien (Südsyrien) und Damaskus.

72 v. Chr. Die Nabatäer verlieren Damaskus an den armenischen König Tigranes (†um 55), der Syrien erobert und die Seleukidenherrschaft beendet.

66–64 n. Chr. Die Araber um den Berg Amanus und ein »Alchaudonios der Araber« unterwerfen sich Pompeius' General Afranius (†62).

37–34 v. Chr. Die Kinder der ägyptischen Königin Kleopatra VII. (51–30) erhalten von Marcus Antonius Teile des nabtäischen Königreiches in Südsyrien.

31 v. Chr. Der nabatäische König Malichus I. unterstützt Marcus Antonius bei der Schlacht von Actium mit einem Truppenkontingent.

25–24 v. Chr. Expedition des *Praefectus Aegypti* Gaius Aelius Gallus nach Südarabien, an der sich 1000 Nabatäer beteiligen. Geführt wird diese von Syllaeus, einem engen Vertrauten des nabatäischer Königs, der in Rom später für den Misserfolg der Expedition verantwortlich gemacht und hingerichtet wird.

7/6 v. Chr. Eine nabatäisch-sabäische Bilingue aus Sirwah, nahe der Sabäerhauptstadt Marib, bezeugt die Anwesenheit nabatäischer Kaufleute in Südarabien.

um 25 n. Chr. Die qatabanische Hauptstadt Timna' wird von Hadramaut zerstört.

Mitte 1. Jh. Der nabatäische König Malichus II. (†70), Karib'il Watar, König von Saba' und dhu Raidan, sowie Il'azz Yalit, König von Hadramaut, sind in dem Seefahrerhandbuch *Periplus maris Erythraei*, genannt, das die geografischen und politischen Verhältnisse an der West- und Südküste der arabischen Halbinsel beschreibt.

67 Malichus II. unterstützt Vespasian mit 1000 Reitern und 5000 Fußsoldaten bei der Niederschlagung des jüdischen Aufstandes.

um 75 Plinius der Ältere erwähnt Zafar, die Hauptstadt der Himyar.

106 Nach dem Tode Rabbels II. annektiert Rom das nabatäische Königreich, aus dem die *Provincia Arabia* mit der Hauptstadt Bosra entsteht.

ab 111 Bau der Straße von Bosra nach Aila (heute Aqaba) am Roten Meer durch Trajan.

um 120 Eine Abteilung der *Legio VI Ferrata* ist auf der größten Insel des Farasan-Archipels an der Südspitze des Roten Meeres stationiert, was durch eine lateinische Inschrift dokumentiert wird.

144 Eine Abteilung der *Legio II Traiana Fortis*, die im Hafen derselben Insel stationiert ist, verfasst eine lateinische Inschrift für den Kaiser Antoninus Pius.

166–169 Die Thamud bauen in Rawwafa in Nordwestarabien einen Tempel mit einer auf Griechisch und Nabatäisch abgefassten Widmung für die Kaiser Marcus Aurelius und Lucius Verus.

2. Hälfte 2. Jh. Qataban wird Hadramaut einverleibt.

175–177 Eine lateinische Inschrift aus der ehemaligen Nabatäerstadt Hegra (Mada'in Salih in Nordwestarabien), die Marcus Aurelius gewidmet ist, berichtet vom Wiederaufbau der Stadtmauer durch den Provinzstatthalter Iulius Firmanus und einem Zenturion der *Legio III Cyrenaika*.

187 Der Statthalter von Syrien und spätere Kaiser Septimius Severus heiratet Iulia Domna aus der arabischen Priesterfamilie von Emesa (heute Homs in Zentralsyrien). Sie und ihre Familie spielen bis 235 eine führende Rolle in der römischen Politik.

190–275 Erste Intervention der Abessinier in Südarabien, die von der westlichen Küstenebene aus mit

Das Nabatäerreich im 1. Jh. v. Chr.

wechselnder Parteinahme in die südarabischen Auseinandersetzungen eingreifen.

Anfang 3. Jh. Erste Christengemeinden in Bosra.

218 ELAGABALUS aus der »arabischen« Stadt Emesa wird zum römischen Kaiser ausgerufen.

erstes Drittel 3. Jh. Der Sabäerkönig SCHA'IRUM AUTAR erobert die Oasenstadt Qaryat in Zentralarabien und zerstört die hadramitische Hauptstadt Schabwa.

244 PHILIPPUS ARABS aus der südsyrischen Stadt Schahba im Hauran wird zum römischen Kaiser ausgerufen. Der Beiname »Arabs« bezieht sich auf dessen Herkunft aus der Provinz Arabia.

um 250 Feldzüge der Sabäerkönige ILSCHARAH YAHDIB und seines Bruders YA'ZIL BAYYIN gegen die Abessinier in der westlichen Küstenebene, gegen Nadschran im Norden und gegen die himyarischen Könige SCHAMMAR YUHAHMID und KARIB'IL AYFA'.

um 280 Unter dem Himyarenkönig YASIRUM YUHAN'IM endet die sabäische Herrschaft.

Ende 3. Jh. Der nomadische Stamm der arabischen Tayyi' wandert von Nordarabien nach Mesopotamien ein, dessen Name in der syrisch-aramäischen Literatur stellvertretend für alle arabischen Nomaden steht. SCHAMMAR YUHAR'ISCH eint Südarabien.

frühes 4. Jh. Von den arabischen Kinda, die sich an der himyarischen Eroberung Hadramauts beteiligen, lässt sich ein großer Teil im Westen des Wadi Hadramaut nieder.

326 Der Sassanidenkönig SCHAPUR II. durchquert auf einem Feldzug den Norden der arabischen Halbinsel von al-Hasa im Nordosten bis nach Yathrib (heute Medina) im Westen.

328 In nabatäischer Schrift und arabischer Sprache ist die Grabinschrift des MARA' AL-QAIS von an-Namara in der Nähe einer römischen Festung in der syrischen Wüste verfasst. Eventuell handelt es sich bei MARA' AL-QAIS, der sich als »König aller Araber« bezeichnet, um den zweiten König der Lachmiden aus Hira.

um 350 Der Kirchenschriftsteller PHILOSTORGIOS berichtet von ersten christlichen und jüdischen Missionstätigkeiten in Südarabien.

um 375–378 MAVIA, Königin der mit den Römern verbündeten Sarazenen, fällt in die Grenzregionen Phönikiens, der Provinz Arabia, Palästinas und Ägyptens ein.

2. Hälfte 4. Jh. Erster inschriftlich bezeugter Bruch des Dammes von Marib.

383 Der Himyarenkönig MALKIKARIB YUHAN'IM und seine Söhne bekennen sich zum Monotheismus.

1. Drittel 5. Jh. Unter ABIKARIB AS'AD erreicht das Reich der Himyar seine größte territoriale Ausdehnung.

454 Erneut bricht der Damm in Marib; der himyarische König SCHURAHBI'IL YA'FUR lässt ihn wieder instand setzen.

497–502 Vertrag zwischen Kaiser ANASTASIOS (491–518) und dem Ghassanidenkönig DSCHABALA, nachdem dieser die römischen Grenzregionen bekriegt.

502–602 An den Auseinandersetzungen zwischen Persien und Byzanz nehmen die Lachmiden und Ghassaniden als deren jeweilige Bundesgenossen teil.

522–523 Der himyarische König YUSUF geht gegen die Christen und ihre abessinischen Verbündeten in Zafar und an der Westküste vor. Er belagert mithilfe der arabischen Kinda Nadschran (Nagran) und tötet die dortigen Christen.

524 Zusammenkunft von Gesandten des byzantinischen Kaisers mit dem lachmidischen König AL-MUNDHIR III. (505–554) in Ramla (südöstlich von Hira), in der vom Tod der Christen in Nadschran berichtet wird.

525 Abessinier besetzen den Jemen: König YUSUF wird getötet, Siegesinschrift des äthiopischen Königs ELLA AZBEHA in Marib und Niederbrennung des Palastes.

528–529 Ein Graffito vom Dschabal Usais in Südsyrien gehört zu den frühesten Zeugnissen arabischer Schrift. Dieses berichtet, dass sein Autor vom Ghassanidenkönig AL-HARITH (†559) ausgesandt worden war, möglicherweise aus Anlass einer Kampagne gegen den Lachmidenkönig AL-MUNDHIR III.

535–575 Der Jemen wird unter ABREHA und seinen Söhnen christlich.

548 Erneuter Bruch des Dammes und Instandsetzungsmaßnahmen des ABREHA.

552 Vierter Feldzug des ABREHA nach Zentralarabien.

um 570 Geburt des Propheten MOHAMMED in Mekka.

575 Die Sassaniden erobern Südarabien. Der Jemen wird persische Provinz.

Ende 6. Jh. Endgültiger Bruch des Dammes von Marib. Die Oase verödet.

602 Auf Veranlassung des persischen Königs CHOSRAU II. wird NU'MAN III. ermordet; die Lachmidenherrschaft in Hira endet.

622 Der Prophet MOHAMMED wandert von Mekka nach Yathrib/al-Medina aus (Hedschra).

632, 8. Juni Tod des Propheten; ABU BAKR wird erster Kalif.

632 Der persische Statthalter in Sana, der Hauptstadt des Jemen, nimmt den Islam an.

636 Die Ghassaniden nehmen auf byzantinischer Seite an der Schlacht am Yarmuk gegen die Muslime teil. Nach ihrer Niederlage schließen sich viele Überlebende den Byzantinern an und lassen sich in Anatolien nieder.

Ägypten | Forts. v. S. 83 |

Ägypten unter den Ptolemaiern (332–30 v. Chr.)

Nach dem Tod ALEXANDERS DES GROSSEN kann sich PTOLEMAIOS als Satrap (Statthalter) Ägyptens behaupten, zunächst für ALEXANDERS Halbbruder PHILIPP III. ARRHIDAIOS, seit 317 für seinen Sohn ALEXANDER IV. 306 wird PTOLEMAIOS I. SOTER erster König der Ptolemaier. Alle Könige der Dynastie tragen den Namen PTOLEMAIOS und werden in der Antike nur durch ihre Beinamen unterschieden; die Nummerierung der Könige ist modern. Sie werden daher als Ptolemaier (Ptolemäer) oder nach LAGOS, dem Stammvater, als Lagiden bezeichnet. Die Ptolemaierherrschaft hält sich bis zum Tode KLEOPATRAS' VII. (30) fast 300 Jahre in Ägypten, länger als alle anderen hellenistischen Monarchien und länger als jede andere Dynastie in Ägypten seit dem Alten Reich.

Das Stammland der Ptolemaier ist zwar stets Ägypten, doch haben sie zeitweise auch die Cyrenaika, Zypern, Phönikien und Teile von Kleinasien unter ihrer Gewalt und kämpften mit den Antigoniden und Seleukiden um den Einfluss in der Ägäis. Im 2. und 1. Jh. müssen sie nach und nach ihre auswärtigen Territorien räumen und werden auf ihr Kernland reduziert.

Gesellschaft, Wirtschaft und Kultur

Die Gesellschaft Ägyptens unter der Herrschaft der Ptolemaier ist von verschiedenen Ethnien und deren wechselseitigen Beziehungen geprägt: Ägypter, Makedonen, Griechen, Thraker, Juden und andere mehr. Den einheimischen Ägypter steht eine zahlenmäßig geringe, aber politisch überlegene griechisch-makedonische Eroberschicht gegenüber, die selbst keineswegs einheitlich ist, sondern sich aus verschiedenen Teilen der griechischsprachigen Welt zusammensetzt. Das Leben der einzelnen Volksgruppen ist den eigenen Traditionen verhaftet. Diese Volksgruppen schotten sich jedoch nicht von einander ab, sondern entwickeln Berührungspunkte zwischen griechischer und ägyptischer Kultur. Koexistenz und Kooperation führen jedoch weniger zu einer Vermischung als zu einer gewissen Wandlung und Akkulturation, wobei sich gerade Hellenentum und ägyptische Religion nicht gegenseitig ausschließen, was sich auch im Serapis-Kult niederschlägt, der unter Ptolemaios I. Soter geschaffenen wurde.

331 gründet Alexander die nach ihm benannte Stadt Alexandreia an der Mittelmeerküste, deren Bevölkerung mit der Zeit auf rund eine halbe Million Einwohner anwächst. Ptolemaios I. verlegt noch als Satrap seinen Amtssitz von Memphis nach Alexandreia. Als königliche Residenz mit hohem griechischen Bevölkerungsanteil ist Alexandreia nicht nur Hauptstadt und Verwaltungszentrum, sondern mit dem *Museion* (Akademie) und der berühmten Bibliothek auch geistiger Mittelpunkt der gesamten hellenistischen Welt. Mit der Gründung Alexandreias als internationalem Handelsplatz wird Ägypten, das traditionell auf den Nil konzentriert war, auf das Mittelmeer ausgerichtet. Neben der Landwirtschaft gewinnt damit auch der Außenhandel, v. a. mit Getreide, für Ägypten an Bedeutung.

Abgesehen von Alexandreia gibt es nur zwei griechische Städte in Ägypten: die alte griechische Handelsniederlassung Naukratis im Delta und Ptolemais, eine Neugründung Ptolemaios' I. Soter, in Oberägypten. Makedonen und Griechen siedeln sich zudem als Soldaten und Kolonisten im ganzen Land an. Ägypten ist wie zuvor in rund 40 »Gaue« (*Nomoi*) eingeteilt, gilt aber als »speergewonnenes« Land. Der ptolemäische König betrachtet es als sein Eigentum, das von Einheimischen und Kleruchen als Pächter bestellt wird. Auch die Steuern werden verpachtet, Banken und Papyrus-Produktion sind dagegen staatliche Monopole.

Die offizielle Amts- und Verkehrssprache ist Griechisch. Die ägyptische Bevölkerung spricht und schreibt – soweit des Lesens und Schreibens kundig – Demotisch. In den ägyptischen Tempeln werden die Inschriften dagegen in der althergebrachten Hieroglyphenschrift angebracht. Begünstigt durch das trockene Wüstenklima sind viele griechische und demotische Papyri überliefert, die eine reiche Quelle für unser Wissen über Alltagsleben, Verwaltung, Wirtschaft, Recht und Literatur sind. Alle drei Sprachen bzw. Schriften (Griechisch, Demotisch und Hieroglyphen) finden sich in den königlichen Synodaldekreten vereint, die auf monumentalen Stelen angebracht und in den ägyptischen Tempeln aufgestellt werden. Die beiden berühmtesten sind die Dekrete von Kanopos (238) und Memphis (196), letzteres überliefert auf dem Stein von Rosette.

Auch wenn die Ptolemaierkönige in erster Linie Makedonen bleiben, übernehmen sie in den einheimischen Tempeln die traditionelle Rolle des den Kult vollziehenden Pharaos, erhalten jeweils eine volle ägyptische Titulatur und werden im herkömmlichen Ornat beim Opfer vor den ägyptischen Göttern dargestellt. Ganz in der Tradition Alexanders setzen die Ptolemaier die Förderung der ägyptischen Kulte fort und versuchen, die einheimische Priesterschaft – geistige Elite des Landes und Verwalter der großen und mächtigen Tempelanlagen – für sich zu gewinnen. Meist profitieren König und Priester voneinander, doch kommt es auch zu gewaltsamen Aufständen, v. a. in der Thebais.

Die Darstellung zeitgeschichtlicher Fakten in den traditionell geprägten, einheimischen Tempeln ist eher subtil und oft durch den Legitimationswillen der makedonischen Monarchen auch im ägyptischen Bereich motiviert. So sind historische Gegebenheiten sowohl in den Reliefszenen, in denen der lebende Ptolemaierkönig seine dynastischen Ahnen verehrt, als auch in den sog. Ahnenreihen, in denen die ptolemäischen Vorfahren des lebenden Herrschers genannt werden, erkennbar.

332 v. Chr. Alexander marschiert in Ägypten ein.

331 v. Chr. Gründung Alexandreias. Alexander begibt sich zum Amun-Orakel in der Oase Siwa, um seine Herrschaft über Ägypten auch sakral legitimieren zu lassen.

323 v. Chr. Alexander stirbt in Babylon. Ptolemaios (*367/66, †283/82), Sohn des Lagos (*um 390, †nach 340), Stammvater der Dynastie, wird Satrap Ägyptens.

321/320 v. Chr. 1. Diadochenkrieg: Der Reichsverweser Perdikkas wird 321 durch seine Offiziere im Nildelta ermordet.

319–316 v. Chr. 2. Diadochenkrieg: Ptolemaios annektiert Syrien und Phönikien.

317 v. Chr. Der makedonische König Philipp III. Arrhidaios (*352) wird ermordet.

315–311 v. Chr. 3. Diadochenkrieg: Die Soldaten Ptolemaios' müssen sich aus den meisten syrischen Städten zurückziehen.

313 v. Chr. Seleukos I. Nikator (*um 358, †281) gewinnt Zypern für Ptolemaios.

312 v. Chr. Ptolemaios und Seleukos siegen in Gaza über Demetrios I. Poliorketes (*um 336, †283).

311 v. Chr. Ptolemaios muss Syrien ganz räumen.

310 v. Chr. Der makedonische König ALEXANDER IV. AIGOS (*323), Sohn ALEXANDERS, wird ermordet.

306 v. Chr. PTOLEMAIOS nimmt den Königstitel an: **PTOLEMAIOS I. SOTER.** Aus seiner zwischen 322 und 319 geschlossenen Ehe mit EURYDIKE, Tochter des Reichsverwesers ANTIPATROS, gehen u. a. die Söhne PTOLEMAIOS KERAUNOS (†279) und MELEAGROS hervor, die später für kurze Zeit als Könige in Makedonien regieren. Danach vermählt er sich mit EURYDIKES makedonischer Hofdame BERENIKE (†um 279), deren Sohn MAGAS (†250) um 276 König von Kyrene wird. Sie gebärt den Thronfolger PTOLEMAIOS (II.) (*308, †246).

303–301 v. Chr. 4. Diadochenkrieg: PTOLEMAIOS I. gewinnt Koilesyrien (302/01).

298/286 v. Chr. Kyrene (298), Zypern (294), Tyros und Sidon (286) werden ägyptisch.

Die besondere Fürsorge PTOLEMAIOS' gilt der Hauptstadt Alexandreia. Der Leichnam ALEXANDERS wird zunächst nach Memphis, dann nach Alexandreia gebracht. Als Griechen und Ägypter verbindendes Element stiftet der König den neuen Serapis-Kult, in den die Verehrung von Isis und Osiris sowie Dionysos integriert ist. In Oberägypten wird als weitere Stadt Ptolemais gegründet.

285/284 v. Chr. **PTOLEMAIOS II. PHILADELPHOS** wird neben seinem Vater Mitregent.

283/282 v. Chr. PTOLEMAIOS I. stirbt im Winter. PTOLEMAIOS II. regiert seitdem bis 246 als Alleinherrscher, wenngleich er zwischenzeitlich seinen Sohn PTOLEMAIOS zum Mitregenten erhebt. Als dieser sich gegen den Vater stellt, wird er aus dem Amt entfernt. Seit 259 ist PTOLEMAIOS, DER SOHN nicht mehr in ägyptischen oder griechischen Quellen belegt.

278/277 v. Chr. PTOLEMAIOS II. heiratet seine Schwester ARSINOË II. (*um 316), zuvor Gattin des LYSIMACHOS, der Thrakien, Makedonien und Westkleinasien beherrscht, und des PTOLEMAIOS KERAUNOS. Nach ihrem Tod im Juli 270 wird sie in ägyptischen Tempeln göttlich verehrt. – Am Roten Meer werden mehrere Faktoreien gegründet und durch den Bau eines Kanals mit dem Nil verbunden.
In mehreren Kriegen kann PTOLEMAIOS die Besitzungen in Kleinasien und in der Ägäis behaupten.

275 v. Chr. PTOLEMAIOS II. führt Krieg gegen König MAGAS von Kyrene.

274–271 v. Chr. 1. Syrischer Krieg gegen den König des Seleukidenreichs ANTIOCHOS I. SOTER (281–261).

273 v. Chr. Erster Gesandtenaustausch mit Rom.

267–261 v. Chr. Chremonideischer Krieg: PTOLEMAIOS II. verbündet sich mit Sparta und Athen gegen den makedonischen König ANTIGONOS II. GONATAS (277–239).

260–253 v. Chr. 2. Syrischer Krieg gegen ANTIOCHOS I. SOTER: PTOLEMAIOS II. kann sich nicht in Syrien festsetzen.

246 v. Chr. Nach dem Tod PTOLEMAIOS' II. tritt **PTOLEMAIOS III. EUERGETES I.** (*um 282, †221) die Regierung an. Er heiratet BERENIKE II. (*um 272, †221), Tochter König MAGAS' von Kyrene.
Eine kulturelle Blüte setzt ein: KALLIMACHOS' (*um 305, †240) Gedicht »Locke der Berenike« (245), Baubeginn des Tempels von Edfu (237).

246–241 v. Chr. 3. Syrischer Krieg: Die Kampfhandlungen werden durch die Enterbung sowie Ermordung BERENIKES, der Schwester PTOLEMAIOS' III. und zweiten Gattin des Seleukidenherrschers ANTIOCHOS II. THEOS (261–246), und ihres Sohnes ausgelöst. Einen Vorstoß PTOLEMAIOS' über den Euphrat kann der neue König des Seleukidenreichs, SELEUKOS II. KALLINIKOS (246–226), zurückwerfen.

238 v. Chr. Der Herrscherkult wird durch das »Dekret von Kanopos« ausgedehnt.

233 v. Chr. PTOLEMAIOS III. verliert Damaskus an das Seleukidenreich.

221 v. Chr. PTOLEMAIOS III. stirbt und hinterlässt sein Reich **PTOLEMAIOS IV. PHILOPATOR** (*nach 240, †204). Die Regentschaft übernehmen aber zunächst SOSIBIOS (†um 203) und AGATHOKLES (†203). PTOLEMAIOS wird mit seiner Schwester ARSINOË III. (*246/45, †204) verheiratet.

219–217 v. Chr. 4. Syrischer Krieg gegen den Seleukidenherrscher ANTIOCHOS III., DEN GROSSEN (223–187), der PTOLEMAIOS IV. zunächst aus Syrien verdrängen kann.

217 v. Chr., 22. Juni Durch den Sieg in der Schlacht bei Raphia gewinnt PTOLEMAIOS IV. Südsyrien zurück.

nach 217 v. Chr. Im nördlichen Ägypten bricht ein Aufstand ägyptischer Soldaten aus. Die Ägypter entwickeln ein neues Selbstbewusstsein.

215/214 v. Chr. Einweihung des Gemeinschaftsmausoleums für ALEXANDER DEN GROSSEN und die Ptolemaier.

206 v. Chr. Nach einem Aufstand, der von den Meroiten unter dem nubischen König ERGAMENES II. unterstützt wird, regieren die einheimischen Gegenkönige HERWENNEFER (griechisch HYRGONAPHOR; 206–200) und ANCHWENNEFER (griechisch CHAONNOPHRIS; 200–186/84) Oberägypten. Der Aufstand unterbricht den Bau des Horus-Tempels in Edfu.

204 v. Chr. Nach dem Tod PTOLEMAIOS' IV. und der Ermordung seiner Mutter ARSINOË III. übernehmen zunächst AGATHOKLES und SOSIBIOS die Vormundschaft für **PTOLEMAIOS V. EPIPHANES** (*210, †180). Bis zu seiner Mündigkeitserklärung 197 steht PTOLEMAIOS unter wechselnder Vormundschaft.

203 v. Chr. ANTIOCHOS III. und der makedonische König PHILIPP V. (220–179) einigen sich in einem Geheimvertrag über die Aufteilung der ptolemäischen Besitzungen außerhalb Ägyptens. Im Jahr darauf marschiert ANTIOCHOS in Koilesyrien ein.

202–195 v. Chr. 5. Syrischer Krieg gegen ANTIOCHOS III.

200 v. Chr. Durch die Niederlage in der Schlacht bei Paneion verliert das Ptolemaierreich Südsyrien, Palästina und die kleinasiatischen Gebiete. Zypern und Kyrene bleiben ägyptisch.

196 v. Chr. Erlass des Priesterdekrets von Memphis, das durch seine Überlieferung in drei Schriften bzw. Sprachen (Griechisch, Demotisch, Hieroglyphen) auf dem Stein von Rosette zur Grundlage für die Entzifferung der altägyptischen Hieroglyphen durch JEAN FRANÇOIS CHAMPOLLION im Jahr 1822 wird.

194 v. Chr. PTOLEMAIOS V. heiratet die syrische Prinzessin KLEOPATRA I. (*um 215, †176), Tochter ANTIOCHOS' III.

186/184 v. Chr. Nach der Niederwerfung des Aufstands von 206 wird die ptolemäische Herrschaft in Oberägypten wiederhergestellt.

180 v. Chr. PTOLEMAIOS V. wird von seinen Generälen vergiftet. Unter der Vormundschaft (bis 176) seiner Mutter KLEOPATRA I. tritt **PTOLEMAIOS VI. PHILOMETOR** (†145) die Nachfolge an.

175 v. Chr. PTOLEMAIOS VI. heiratet seine Schwester KLEOPATRA II. (*um 185, †116).

170–168 v. Chr. 6. Syrischer Krieg: Der König des Seleukidenreichs, ANTIOCHOS IV. EPIPHANES (†164), besetzt Ägypten bis auf Alexandreia, wird aber durch die Intervention des römischen Gesandten GAIUS POPILLIUS LAENAS zum Abzug gezwungen.

170–164 v. Chr. Dreierregierung der Geschwister PTOLEMAIOS VI., PTOLEMAIOS VIII. EUERGETES II. (*um 180, †116) und KLEOPATRA II.

um 165 v. Chr. In Oberägypten und im Faijum brechen neue Unruhen aus.

164 v. Chr. Der König wird von seinem Bruder PTOLEMAIOS VIII. vertrieben und flieht nach Rom, sowie anschließend nach Zypern. PTOLEMAIOS VIII. herrscht kurzzeitig allein.

163 v. Chr. PTOLEMAIOS VI. kehrt nach Ägypten zurück. Es kommt zur Reichsteilung: PTOLEMAIOS VI. und KLEOPATRA II. erhalten Ägypten mit Zypern, ihr Bruder PTOLEMAIOS VIII. Kyrene, das er in seinem Testament den Römern verspricht.

152 v. Chr. PTOLEMAIOS EUPATOR (*166), Sohn PTOLEMAIOS' VI., wird zum Mitregenten erhoben, stirbt aber noch im selben Jahr.

145 v. Chr. PTOLEMAIOS VI. fällt im Kampf um Koilesyrien, das letztendlich in seleukidischem Besitz bleibt. **PTOLEMAIOS' VIII. EUERGETES II.**, der Physkon (»der Dicke«) genannt wird, übernimmt erneut die Herrschaft und heiratet seine Schwester KLEOPATRA II., die Witwe seines Bruders und Vorgängers PTOLEMAIOS VI.

142 v. Chr. PTOLEMAIOS VIII. heiratet zudem seine Nichte und Stieftochter KLEOPATRA III. (†101).

139 v. Chr. Eine römische Gesandtschaft unter PUBLIUS CORNELIUS SCIPIO AEMILIANUS AFRICANUS kommt nach Ägypten.

134–132 v. Chr. Bürgerkrieg zwischen PTOLEMAIOS VIII. und KLEOPATRA II. 132 wird PTOLEMAIOS mit KLEOPATRA III. nach Zypern vertrieben. KLEOPATRA II. regiert nun allein in Alexandreia und beginnt eine eigene Jahreszählung.

131–129 v. Chr. In Theben und Achmim regiert der einheimische Gegenkönig HARSIESIS.

127 v. Chr. PTOLEMAIOS VIII. gewinnt Alexandreia zurück.

124 v. Chr. Die streitenden Parteien söhnen sich aus. PTOLEMAIOS VIII., KLEOPATRA II. und KLEOPATRA III. regieren gemeinsam. Der Handel wird ausgeweitet.

um 117 v. Chr. Beginn der regelmäßigen Seefahrten nach Indien.

116 v. Chr. PTOLEMAIOS VIII. stirbt, sein Sohn PTOLEMAIOS IX. SOTER II. genannt Lathyros (*um 143/42, †80), tritt die Nachfolge an und regiert zunächst mit KLEOPATRA II. und KLEOPATRA III.

115 v. Chr. Nach dem Tod KLEOPATRAS II. regiert PTOLEMAIOS IX. mit (seiner Mutter?) KLEOPATRA III. Er muss sich von KLEOPATRA IV. (*um 141, †112) scheiden lassen und heiratet KLEOPATRA V. SELENE (*um 135, †69).

107 v. Chr. PTOLEMAIOS IX. wird nach Zypern vertrieben. KLEOPATRA III. regiert daraufhin mit ihrem Sohn PTOLEMAIOS X. ALEXANDROS I. (*um 142, †nach 88).

101 v. Chr. PTOLEMAIOS X. ermordet seine Mutter KLEOPATRA III. und heiratet seine Schwester KLEOPATRA BERENIKE III. (*um 116, †80). In Syrien kommt es zu Kämpfen zwischen den beiden Brüdern.

88 v. Chr. PTOLEMAIOS IX. vertreibt seinen Bruder PTOLEMAIOS X. aus Ägypten und kehrt nach Alexandreia zurück. Neue Aufstände in Oberägypten werden unterdrückt.

84 v. Chr. PTOLEMAIOS XI. ALEXANDROS II. (*um 115, †80), Sohn des vertriebenen PTOLEMAIOS' X., flieht zu SULLA nach Rom.

80 v. Chr. PTOLEMAIOS IX. SOTER II. stirbt. Seine Mitregentin KLEOPATRA BERENIKE III. übernimmt zuerst alleine die Regierung, heiratet dann aber den aus Rom zurückgekehrten PTOLEMAIOS XI. ALEXANDROS II. Er lässt sie nach nur 18 Tagen ermorden und wird daraufhin selbst von den Alexandrinern getötet. Obwohl er Ägypten und Zypern testamentarisch dem römischen Staat vererbt hat, tritt PTOLEMAIOS XII. NEOS DIONYSOS (*117, †51), genannt Auletes, ein Sohn PTOLEMAIOS' IX., die Regierung in Alexandreia an und heiratet seine Schwester KLEOPATRA VI. TRYPHAINA (*um 110, †57), mit der er zusammen regiert.

74 v. Chr. Kyrene wird römisch.

69/68 v. Chr. KLEOPATRA VI. TRYPHAINA fällt in Ungnade.

58–56 v. Chr. Rom annektiert Zypern.

58–55 v. Chr. PTOLEMAIOS XII. wird aus Ägypten vertrieben und flieht nach Rom. Die Herrschaft übernimmt seine Tochter BERENIKE IV. (†55) mit verschiedenen Mitregenten.

55 v. Chr. PTOLEMAIOS XII. wird nach der Zahlung von erheblichen Bestechungsgeldern von GABINIUS, dem römischen Prokonsul in Syrien, in Ägypten wieder als König eingesetzt, wo römische Truppen (*Gabiniani*) stationiert werden. Zudem verpflichtet PTOLEMAIOS in seinem Testament Rom als Schutzmacht für Ägypten und seine Tochter **KLEOPATRA VII.** (*um 69, †30). Das Ptolemaierreich ist inzwischen wieder auf die Grenzen der Satrapie, die PTOLEMAIOS I. SOTER nach dem Tode ALEXANDERS DES GROSSEN übernommen hat, zusammengeschrumpft. Im Römischen Reich breitet sich der ägyptische Isis-Kult aus.

51 v. Chr. Nach dem Tod PTOLEMAIOS' XII. regiert KLEOPATRA VII. zunächst mit ihrem Bruder PTOLEMAIOS XIII. PHILOPATOR PHILADELPHOS (*61, †47), und dann alleine, bevor ihr Bruder wieder als Mitregent eingesetzt wird.

48/47 v. Chr. Im Alexandrinischen Krieg leistet PTOLEMAIOS XIII. Wiederstand gegen CAESAR und wird getötet.

47 v. Chr. CAESAR übergibt KLEOPATRA VII. die Regierungsgewalt, erhebt aber ihren zweiten Bruder PTOLEMAIOS XIV. PHILOPATOR (*60/59, †44) zum Mitregenten.
Geburt von PTOLEMAIOS XV. KAISAR, genannt KAISARION (†30), Sohn von CAESAR und KLEOPATRA.

46 v. Chr., Sommer–44 v. Chr., April KLEOPATRA VII. ist mit ihrem Sohn PTOLEMAIOS XV. zu Gast bei CAESAR, der am 15. März 44 umgebracht wird.

44 v. Chr. KLEOPATRA VII. kehrt nach Ägypten zurück, lässt PTOLEMAIOS XIV. umbringen und erhebt ihren Sohn PTOLEMAIOS XV. zum Mitregenten.

41 v. Chr. Erste Begegnung KLEOPATRAS VII. mit MARCUS ANTONIUS in Tarsos. Bald darauf treffen sie in Ägypten wieder zusammen. KLEOPATRA versucht im Bündnis mit ihm das Ptolemaierreich im einstigen Umfang wiederherzustellen.

40 v. Chr. Geburt der Zwillinge ALEXANDER HELIOS (†um 30) und KLEOPATRA SELENE (†6), der Kinder KLEOPATRAS und MARCUS ANTONIUS'.

37/36 v. Chr., Winter KLEOPATRA VII. besucht MARCUS ANTONIUS in Antiochia. Dieser erkennt die Zwillinge als seine Kinder an.

34 v. Chr. KLEOPATRA VII. wird als »Königin der Könige« proklamiert. MARCUS ANTONIUS heiratet KLEOPATRA.

32 v. Chr. Der formellen Kriegserklärung OCTAVIANS an Ägypten folgt heftige Propaganda gegen KLEOPATRA VII., die zum Staatsfeind Roms erklärt wird.

31 v. Chr., 2. Sept. In der Schlacht bei Actium erleiden die Ägypter eine Niederlage gegen OCTAVIAN.

30 v. Chr., 1. Aug. Die Einnahme Alexandreias durch OCTAVIAN bedeutet das Ende des Ptolemaierreiches und ist der offizielle Beginn der Geschichte Ägyptens als römische Provinz. Kurz darauf begehen zuerst MARCUS ANTONIUS, dann KLEOPATRA VII. Selbstmord.

Ägypten (30 v. Chr.–639 n. Chr.)

OCTAVIAN, der spätere Kaiser AUGUSTUS, macht Ägypten nach der Eroberung zu einer Provinz des römischen Imperiums. Ägypten steht, wie schon unter den Ptolemaiern, unter Fremdherrschaft, jedoch mit einem großen Unterschied: Die Ptolemaier hatten Ägypten von der neu gegründeten Metropole Alexandreia aus beherrscht, waren also in Ägypten ansässig, während der römische Kaiser – wie zuvor der persische Großkönig – aus der Ferne regiert. Die Römer ziehen wie die Perser v. a. wirtschaftlichen Nutzen aus der neuen Provinz, der Kornkammer ihres Imperiums. Unter römischer Herrschaft behält Ägypten einen gewissen Sonderstatus, da es nicht dem Senat, sondern direkt dem Kaiser unterstellt ist, der einen Statthalter ernennt, den *praefectus Aegypti.* Römischen Senatoren und Rittern ist es aus Angst vor Erhebungen gegen den Kaiser sogar untersagt, ohne dessen Zustimmung in die reiche Provinz Ägypten zu reisen. AUGUSTUS und seine Nachfolger treten in Ägypten als absolute Monarchen auf, sodass die Regierungsjahre nicht, wie im Rest des Reiches, nach Konsuln, sondern nach dem Kaiser/Pharao gezählt werden.

Der römische Staat übt Toleranz gegenüber der bestehenden altägyptischen Religion, bedient sich ihrer sogar. So kommt es auch unter den römischen Kaisern in ganz Ägypten zu einer regen Bau- und Dekorationstätigkeit an ägyptischen Gottheiten geweihten Tempeln. Die ägyptischen Tempel werden jedoch nicht romanisiert, vielmehr wird der Kaiser in der traditionellen Rolle des den Kult vollziehenden Pharaos dargestellt. In den Tempeln wird weiter die Hieroglyphenschrift gepflegt; die letzte hieroglyphische Inschrift wird 394 auf der Nilinsel Philae verfasst.

Das Weiterleben der ägyptischen Hochkultur bis ins 3. Jh. n. Chr. demonstriert die Sonderrolle, die Ägypten im Kreise der römischen Provinzen einnimmt. Zudem sind die römischen Kaiser des 1. Jh.s n. Chr. meist besonders für die ägyptischen Kulte aufgeschlossen, sodass sich diese im Römischen Reich immer mehr ausbreiten.

Die von den Ptolemaiern aufgebaute Verwaltung wird nach Möglichkeit fortgeführt. An ihrer Spitze steht der Präfekt aus dem Ritterstand mit dem Status eines Vizekönigs, dem auch die Rechtssprechung untersteht. Nach GAIUS CORNELIUS GALLUS (*69, †26), dem ersten Statthalter Ägyptens (30–26), wird meist alle zwei bis vier Jahre ein neuer Präfekt ernannt. Erster nichtrömischer Statthalter ist TIBERIUS IULIUS ALEXANDER (*um 10 n. Chr., †nach 70 n. Chr.; 66–69), der einer reichen jüdischen Familie Alexandreias entstammt.

Alexandreia, die Residenz der Präfekten, steht außerhalb der Landesverwaltung, die in drei neu geschaffene Verwaltungsbezirke (*Epistrategien*) eingeteilt ist: Oberägypten (Thebais), Mittelägypten (Heptanomia) und Unterägypten (Delta). In den Epistrategien sind die etwa vierzig »Gaue« (*Nomoi*), die wiederum Strategen unterstehen, zusammengefasst.

Die allgemeine Verwaltungssprache ist Griechisch; Latein spielt nur auf höchster administrativer Ebene und im Militär eine nennenswerte Rolle. Demotisch wird zunehmend in die ägyptische Tempelverwaltung und -bibliotheken zurückgedrängt, von denen viele literarische Manuskripte überliefert sind. Seit dem späten 2. Jh. kommen auch koptische Quellen hinzu, anfänglich mit meist christlichen Inhalten. So wird die Bibel ins Koptische übersetzt.

Im Land sind meist drei Legionen stationiert: In Oberägypten, Babylon nahe dem heutigen Kairo und Nikopolis bei Alexandreia. Häufig kommt es in Alexandreia zu antisemitischen Ausschreitungen gegen die starke Judengemeinde. Als Ausfuhrhafen des Getreides (*annona*) für Rom ist die Stadt auch Stützpunkt der Flotte (*classis Augusta Alexandrina*). Ägypten gewinnt zudem Bedeutung durch den über Koptos und die Häfen am Roten Meer abgewickelten Handel mit Indien und die Ausfuhr von wertvollen Gesteinen (Rosengranit aus Assuan, Porphyr vom Mons Porphyrites).

Stadtrecht haben bis zum Erlass der *Constitutio Antoniniana* (212) außer Alexandreia nur die beiden Griechenstädte Ptolemais und Naukratis. Die Zahl der Römer im Land ist gering, doch werden viele Veteranen angesiedelt. Alle 14 Jahre findet eine Volkszählung (*census*) für Steuerzwecke statt. Den griechischen Bürgern werden immer mehr erzwungene und unbesoldete Dienste (*Liturgien*) auferlegt. Der wirtschaftlichen Ausbeutung des Landes kommt eine große Bedeutung zu, sodass die Landwirtschaft unter den ersten Kaisern einen großen Aufschwung nimmt. Vermutlich deckt der ägyptische Weizen rund ein Drittel des gesamtrömischen Bedarfs. Zugleich bildet die Landwirtschaft, wie in anderen Gebieten des Römischen Reiches, die Basis für die sozial privilegierte Stellung der Oberschicht, denn neben dem Kaiser besitzen nur Mitglieder des Kaiserhauses und Angehörige des Hofes große Landgüter. Kleinere Landgüter können auch im Besitz reicher Alexandriner sein. Der Abgabendruck, der auf der Landbevölkerung lastet, ist enorm hoch.

38 und 41 n. Chr. Unter CALIGULA kommt es in Alexandreia zu Pogromen gegen die Juden.

69 VESPASIAN wird mit Unterstützung des Statthalters TIBERIUS IULIUS ALEXANDER in Alexandreia zum Kaiser ausgerufen.

81–96 Unter DOMITIAN werden in Rom und Benevent Isis-Heiligtümer gegründet bzw. ausgebaut.

115–117 In Alexandreia erheben sich die Juden. Der Aufstand wird brutal niedergeschlagen und läutet den Niedergang der jüdischen Gemeinde ein.

130–131 HADRIAN besucht Ägypten und gründet nahe Hermupolis die vierte griechische Stadt (*Polis*) mit griechischen Stadtrechten: Antinoupolis, benannt nach ANTINOOS (*110, †130), dem Liebling des HADRIAN, der dort im Nil ertrank. HADRIAN initiiert die Via Hadriana, eine neue, mit zahlreichen Stationen und Wasserstellen ausgestattete Straße durch die östliche Wüste, die von Antinoupolis ans Rote Meer und daran entlang nach Berenike führt, wodurch die neue griechische Polis an den Handel angeschlossen wird.

167 Während der Regierungszeit von Kaiser MARK AUREL schleppen römische Legionäre die Pest (bzw. Pocken) nach Ägypten ein, was zu einem erheblichen Bevölkerungsrückgang führt. Hinzu kommt der wachsende Steuerdruck, der die Bauern vielfach zur Flucht aus ihren Dörfern zwingt und zur Verödung des Landes führt.

172 Im sog. Boukoloi (Bauern)-Aufstand erhebt sich die einheimische Bevölkerung und kann zunächst sogar das römische Heer besiegen. Erst der aus Syrien herbeieilende GAIUS AVIDIUS CASSIUS (*um 130) stellt die Ruhe wieder her. 175 wird er, weil MARK AUREL fälschlicherweise für tot gehalten wird, zum Kaiser ausgerufen, und erfährt die Unterstützung des ägyptischen Präfekten GAIUS CALVISIUS STATIANUS. Der Usurpator wird im Juli, drei Monate nach seiner Erhebung, ermordet.

175/176 MARK AUREL besucht Ägypten. Die Bautätigkeit an ägyptischen Tempeln geht unter seiner Herrschaft zurück und erreicht nicht mehr das Ausmaß wie unter seinem Vorgänger ANTONINUS PIUS. Aus seiner Regierungszeit sind erste Spuren des Koptischen überliefert, das vor allem in den wachsenden christlichen Gemeinden benutzt wird.

189 DEMETRIUS I. (†um 231) wird zum Bischof von Alexandreia ernannt.

199/200 SEPTIMIUS SEVERUS besucht mit der kaiserlichen Familie Ägypten.

um 202 Verwaltungsreformen und Dezentralisierung der Administration. Die Gauhauptstädte (*metropoleis*) werden autonome griechische Städte mit denselben Rechten wie die bereits bestehenden Griechenstädte (Alexandreia, Naukratis, Ptolemais, Antinoupolis).

215 CARACALLA besucht Ägypten und richtet ein Massaker unter der Bevölkerung Alexandreias an, da sich die Alexandriner zuvor in ihrer bekannten Spottlust über den Kaiser lustig gemacht und dessen Statuen, die ihn als neuen Alexander zeigen, umgeworfen hatten. Die Ägypter werden aus der Stadt gewiesen und die Versammlungsfreiheit eingeschränkt. CARACALLA ist nachweislich der letzte Kaiser, der das Grab ALEXANDERS DES GROSSEN in Alexandreia besucht hat. An ägyptischen Tempeln ist nur noch eine mäßige Bau- und Dekorationstätigkeit belegt, etwa in der Vorhalle (*Pronaos*) des Chnum-Temples von Esna.

244–249 Erneute Verwaltungsreformen unter PHILIPPUS ARABS.

248/249 In Alexandreia herrscht Bürgerkrieg, die Christen werden verfolgt.

250 Christenverfolgungen unter Kaiser DECIUS.
Die Bautätigkeit an ägyptischen Tempeln kommt nach DECIUS ganz zum Erliegen.

seit 253 Einfälle der Nobaden und Blemmyer, Nomadenvölker aus Nubien.

261/262 Der Präfekt LUCIUS MUSSIUS AEMILIANUS (†262) wird in Ägypten zum Kaiser ausgerufen, jedoch von GALLIENUS und dem neuen Präfekten AURELIUS THEODOTUS besiegt.

270–272 Die Königin von Palmyra, ZENOBIA (*um 240, †nach 272), erklärt ihre Unabhängigkeit von Rom und herrscht zusammen mit ihrem Sohn VABALLATHUS (†nach 272) auch über Teile Ägyptens.

272 Kaiser AURELIAN erobert Ägypten zurück.

297 DIOKLETIAN schlägt einen Aufstand des DOMITIUS DOMITIANUS (†297) in Ägypten nieder und stellt mit Verwaltungsreformen wieder administrative Stabilität im Kaiserreich her. Ägypten wird in mehrere Provinzen aufgeteilt und verliert seine Sonderstellung im Römischen Reich. Der Präfekt ist jetzt dem *vicarius* der Diözese Oriens unterstellt; erst ab 380/381 wird Ägypten mit Libyen zu einer eigenen Diözese vereint. Die militärischen Aufgaben werden von einem *dux* wahrgenommen, der dem *magister militum* der Diözese Oriens untersteht.
Unter DIOKLETIAN kommt es zu schwerwiegenden Christenverfolgungen.

310–313 Unter MAXIMINUS DAIA wird letztmalig ein Heiligtum – der Horus-Tempel von Tahta – mit einer hieroglyphischen Königskartusche versehen. Die letzte ägyptische Buchis-Stele aus der Nekropole der Buchis-Stiere in Hermonthis (Armant) bei Theben stammt aus dem Jahr 340.

324 Die Gründung Konstantinopels führt zu einer kulturellen Zäsur.

379–395 Unter THEODOSIUS I. wird das Christentum Staatsreligion.

391 Alle nicht-christlichen Kulte werden verboten und alle Tempel (bis auf Philae) geschlossen. 394 wird die letzte hieroglyphische Inschrift in Philae angebracht.

395 Teilung des römischen Imperiums: Ägypten gehört in der Folgezeit zum Oströmischen Reich.

527–565 Unter JUSTINIAN I. dauern die theologischen Streitigkeiten und die Unruhen in der Bevölkerung an; Nubien wird durch Bischof THEODOR (*um 490/95, †nach 577) missioniert. Die wirtschaftliche Ausbeutung des Landes und die Verfolgung seiner monophysitischen Kirche machen die byzantinische Verwaltung bei den Ägyptern verhasst.

535–537 Schließung der letzten paganen Heiligtümer auf Philae.

619–629 Die Sassaniden erobern und besetzen Ägypten. Nach kurzer Rückgewinnung führt die arabische Eroberung (639) zum endgültigen Bruch mit Byzanz.

Das Christentum im römischen Ägypten

Das Christentum findet in Alexandreia und Ägypten früh Eingang, doch liegen die Anfänge bis etwa 180 im Dunklen. Nach EUSEBIUS VON CAESAREA (*um 260, †339) soll der Evangelist MARKUS das Land missioniert haben. Durch das Fehlen einer Stadtverfassung in den Gauen vor 296 bleibt Alexandreia lange der einzige Bischofssitz, dazu ist die Stadt seit 190 Sitz einer Katechetenschule mit bedeutenden Lehrern wie KLEMENS VON ALEXANDREIA (*um 150, †um 215), ORIGENES (*185, †254) und später ATHANASIUS (*um 295, †373). Erst im 3. Jh. erhalten auch die *metropoleis* in den Gauen Bischöfe, die jedoch unter Aufsicht des Bischofs von Alexandreia stehen, dessen Aufstieg zum Metropoliten und Patriarchen (seit 451), so vorbereitet wird. Besonders unter DIOKLETIAN kommt es zu Christenverfolgungen. Die meisten Anhänger findet die neue Lehre in der unterdrückten Landbevölkerung, während die gebildete griechische Oberschicht noch länger an den heidnischen Kulten festhält. So wird das Serapis-Heiligtum von Alexandreia erst 325 geschlossen, 391 unter THEODOSIUS ganz zerstört.

In Ägypten entsteht früh das Mönchtum, aus dessen ursprünglichster Form des Eremitendaseins sich organisierte Verbände bilden; jahrelange Verfolgung und staatliche Steuereintreibung mögen das Eremitenwesen begünstigt haben. So zieht sich Ende des 3. Jh.s der heilige ANTONIUS (*251/52, †356) in die östliche Wüste zurück. Um 320 gründet PACHOMIOS DER ÄLTERE (*um 290, †346) das erste Kloster bei Tabennese, nordwestlich von Dendera. Daneben wirken die gnostischen Lehren fort. Im 3. Jh. konkurriert die Lehre des Propheten MANI (*216, †276) mit dem christlichen Zweig der Gnosis.

Im 4. und 5. Jh. ist Ägypten Schauplatz erbitterter theologischer Auseinandersetzungen um die Natur Christi zwischen den kaisertreuen Melchiten und den Monophysiten. Hauptsächliche Widersacher sind dabei ARIUS (*um 280, †336), ein in Alexandreia lehrender Priester, und ATHANASIUS, Patriarch von Alexandreia von 328–373. In diesen Zeiten werden auch die Juden aus Alexandreia vertrieben und die letzten heidnischen Philosophen verfolgt (Ermordung der HYPATIA 415). Gegen den manichäischen Glauben, der immer stärkeren Einfluss nimmt, werden mehrfach strenge Edikte erlassen.

Nordwestafrika

Nordwestafrika (arabisch *Maghreb*) wird von Sahara und Hohem Atlas im Süden begrenzt und ist ein nur z. T. für den Ackerbau geeignetes Steppen- und Bergland; zwischen der im Altertum von Landwirtschaft und Städten geprägten Küstenzone und dem Hinterland gab es keine klare Grenze. Die älteste erkennbare Bevölkerung, gewiss nicht die Urbevölkerung, sind (seit vor 4000 v. Chr.?) die nach ihrer Sprache den Semitenvölkern verwandten, tribal organisierten Berber, die auch den Afrikahandel in der Hand haben.

Karthago (9. Jh.–146 v. Chr.)

In dem phönikischen Handels- und Stützpunktenetzwerk im westlichen Mittelmeerraum erlangt Karthago (phönikisch Kart Hadasht [»Neustadt«]; griechisch Karchedon) nach protokolonialen Anfängen im 9. Jh. v. Chr. durch seine günstige Lage bald eine besondere Stellung und zieht Siedler und Händler an. Das überlieferte Gründungsdatum 814 beruht auf späterer Konstruktion. Die auch durch Phönikisierung von Autochthonen rasch wachsende Bevölkerung bildet eine zusätzliche Voraussetzung für Karthagos Wachstum zu einer der größten und mächtigsten Städte im alten Mittelmeerraum.

seit ca. 650 v. Chr. Nach einer Phase der Stabilisierung der ökonomischen und politischen Verhältnisse erlebt Karthago aufgrund weitreichender und intensiv gepflegter Handelsbeziehungen einen raschen Aufschwung, der sich nicht zuletzt in der Anlage von Faktoreien und Kolonien zeigt. Es gelingt ihr, die verschiedenen phönikischen Expansionsbewegungen zu koordinieren und die diversen westphönikischen Stützpunkte und Kolonien (außer Utica) in einem Verband zusammenzufassen, der sich von der Großen Syrte bis Mogador und Gades erstreckt und auch die Balearen, Sardinien und Westsizilien umfasst. Karthago vertritt ihre Interessen mit militärischen Mitteln. Besonders zahlreich sind die Kriege gegen sizilische Griechen und deren Verbündete.

Staat und Heerwesen Karthagos

Karthago ist ein Stadtstaat des antik-mediterranen Typus, durch seine merkantile Orientierung und die maritime Struktur seines Einflussbereiches jedoch auf besondere Formen von Netzwerk- und Machtbildung angewiesen, verstärkt durch den Wettbewerb mit den Griechen. Dennoch ist die Ansprache als »Handelsstaat«, gar »semitischen Typs«, ideologiebefrachtet und obsolet.

Karthago besitzt eine geteilte oder – nach antiker Begrifflichkeit – gemischte Verfassung aristokratisch-oligarchischen Charakters. An der Spitze der laufenden Geschäfte stehen seit dem 6. Jh. v. Chr. für jeweils ein Jahr zwei (gelegentlich auch vier) Sufeten (Richter). Militärische Unternehmungen des Bürgerheeres werden meist von besonders dafür Beauftragten befehligt, ab dem 6. Jh. v. Chr. mehrfach von Männern mit Namen MAGO (Abkömmlingen einer alten Königsfamilie?), später von gewählten Feldherren. Seit dem 5./4. Jh. v. Chr. haben die Feldherrn vor einem »Staatsgerichtshof« der Hundert bzw. Hundertvier Rechenschaft abzulegen. Die Gestaltung der Politik scheint beim Rat (*h'drm* = Die Mächtigen) zu liegen. Aus seinen wohl 300 Mitgliedern erhebt sich ein engerer Rat, der vielleicht eine Art Regierung bildet. Die Volksversammlung nimmt durch die Wahl der Sufeten und Feldherren sowie die freie Diskussion eine wichtige, in späterer Zeit vielleicht sogar dominierende Position ein.

Die Streitkräfte bestehen aus dem Bürgerheer, diversen Hilfstruppen aus dem karthagischen Einflussgebiet sowie (in späterer Zeit vermehrt) aus Söldnern.

6. Jh. v. Chr. Karthago steigt zur führenden phönikischen Kolonie im westlichen Mittelmeer auf. Das Vordringen der Griechen in diesen Raum führt zu bewaffneten Auseinandersetzungen (karthagisch-etruskische Bündnisse gegen die Griechen).

550–450 v. Chr. Unter der Führung der Magoniden, die eine Art dynastisches Monopol auf das Feldherrnamt besitzen, wird Westsizilien unterworfen, ein Teil Sardiniens erobert und durch Kolonien gesichert. Daneben begründet Karthago in Nordafrika ein eigenes Reich (Eroberung des heutigen Nordtunesiens).

Im Zuge der Expansion behält Karthago seine stadtstaatlichen Institutionen, baut aber zugleich imperiale Strukturen auf. Das Reich umfasst eine Fülle von Städten und Stämmen, die auf unterschiedlichste Weise in den Einflussbereich Karthagos geraten sind und deshalb abgestufte Rechte, Pflichten und Privilegien genießen. Eine einheitliche Reichsverwaltung oder vergleichbare Ordnungen in den einzelnen Herrschaftsgebieten sind nicht fassbar. Es gibt die Bürger Karthagos, die Bürger der phönikischen Städte im Westen, die karthagischen Kolonien sowie die Untertanen, zu denen die afrikanischen Libyer und teilweise numidische Stämme gehören. Alle Städte und Stämme innerhalb des Reiches sind zur Heeresfolge verpflichtet und haben, sofern sie nicht karthagische Bürger sind, einen Tribut in Geld oder Naturalien zu bezahlen (10 % der Erträge in Sizilien; 25 % bei den Libyern). Insgesamt bewährt sich dieses System der gestuften Rechte und Tribute, das – wie das römische – äußerst flexibel ist und so den unterschiedlichsten Herrschaftsbedingungen gerecht werden kann. Karthago unterhält außerdem mit anderen Mächten gedeihliche politische und wirtschaftliche Beziehungen, so mit etruskischen Städten und seit dem 5. Jh. v. Chr. auch mit Rom (mehrere Verträge, zuletzt 279).

Das Heer besteht aus Bürgern, Verbündeten und Abhängigen; es wird nach Bedarf durch Söldner vermehrt. Die wachsende Bedeutung des Söldnerwesens ist nicht Ausdruck des Verfalls oder gar unkriegerischer Gesinnung eines »Händlervolkes«, sondern Folge der seit dem Hellenismus aufkommenden Professionalisierung des gesamten Kriegswesens.

Die karthagische Religion – oberste Gottheiten Baal Hammon und Tanit – teilt viele Züge mit den religiösen Systemen mediterraner Stadtstaaten (Schutz-, Himmels- und Vegetationsgottheiten mit Opferkult). Darbringungsopfer für Tanit und Baal Hammon, wohl ursprünglich von kleinen Kindern, später von Substituten, sollen durch Hingabe von Leben künftiges Leben stärken. Dieser Zug erscheint in dem Bild, das die Karthago gegenüber feindlichen Griechen und Römer zeichnen, einseitig betont.

um 450 v. Chr. Der Karthager HANNO unternimmt eine Entdeckungsfahrt zur Koloniegründung an der afrikanischen Westküste. Sein in punischer Sprache niedergeschriebener Reisebericht ist in einer griechischen Übertragung aus dem 4. Jh. v. Chr. erhalten.

4. Jh. v. Chr. Außenpolitisch kennzeichnet die folgenden Jahrzehnte der Kampf mit Syrakus um Sizilien.

366 v. Chr. In einem Friedensvertrag mit DIONYSIOS II. von Syrakus (*um 396, †337) wird der Fluss Halykos als Grenze zwischen der karthagischen Eparchie und dem griechischen Ostteil Siziliens festgelegt.

264–241 v. Chr. Die Niederlage im **1. Punischen Krieg** hat den Verlust Siziliens (241) zur Folge.

242–237 v. Chr. Die aus der Niederlage erwachsene Finanzkrise führt zu einem Söldneraufstand in Nordafrika. Rom nutzt diese Schwäche Karthagos und erzwingt die Abtretung Sardiniens (237).

seit 237 v. Chr. Unter Führung von HAMILKAR BARKAS (†229) dehnt Karthago sein Reich auf Hispanien aus, um so die territorialen und materiellen Verluste von 241 auszugleichen.

218–201 v. Chr. Durch die Niederlage im **2. Punischen Krieg** verliert Karthago seine Flotte, Spanien und seine Hegemonialstellung in Nordafrika, da Rom den Numiderkönig MASSINISSA (*um 238, †148) in seiner aggressiven Politik unterstützt. Trotzdem kann sich der Staat – auch durch eine Modernisierung der Landwirtschaft – in der Folgezeit konsolidieren.

195 v. Chr. HANNIBAL (*247/46, †183) versucht den Rat der Hundertvier und die Finanzen zu reformieren. Von einer rivalisierenden karthagischen Gruppierung in Rom verleumdet, entzieht er sich einem drohenden Auslieferungsbegehren Roms durch Flucht ins Seleukidenreich und endet durch Selbstmord.

149–146 v. Chr. Ein Kriegszug Karthagos gegen den Numiderkönig MASSINISSA – formell eine Verletzung von Karthagos Vertrag mit Rom – führt nach dreijährigem erbitterten Widerstand zur vollständigen **Zerstörung Karthagos**, dessen Territorium teils römische Provinz, teils MASSINISSA übergeben wird.

Nordwestafrika unter römischer Herrschaft

Nordwestafrika, wohl die kulturell fruchtbarste, westliche Provinzgruppe aus Africa Proconsularis (einschließlich Tripolitaniens), Numidia, Mauretania Caesariensis und Mauretania Tingitana, reicht von Arae Philenorum (Gser et-Trab) im Osten bis »ad Mercurios« (südlich von Rabat) im Westen.

Die geografische Grobgliederung prägt die Geschichte: ein schmaler Küstenstreifen, teilweise sehr fruchtbare Bergregionen bzw. Flusstäler und ein Steppen- und Wüstensteppensaum nördlich der Sahara. Die Küstenstädte sind stark punisch-karthagisch beeinflusst, zum karthagischen Machtbereich gehörig, dessen Zentrum südlich und südwestlich Karthagos in Nordtunesien (Bagradastal, Byzacena [die tunesische Sahel-Region]) liegt. Die punischen Städte (u.a. Karthago, Utica, Lepcis Magna) sind Stadtaristokratien aus Händlern und Gewerbetreibenden mit verstreutem Großgrundbesitz im Hinterland. Numidien und Mauretanien sind von halbnomadischen und wohl mit den Iberern verwandten Berberstämmen bewohnt, die zu wechselnden Herrschaften unter punisierten bzw. hellenisierten Königen zusammengezwungen werden (Reiche von Siga und Cirta; Syphax [†um 201], Massinissa und Dynastie, Hiempsal II. [†um 60], Juba I. [†46] und Nachkommen). Nomadenstämme des Steppengürtels (u.a. Garamanten, Musulamii, Gaetuler, Quinquegentanei, Baquaten, Bavares) werden nur selten beherrscht und (vermutlich durch Klimaschwankungen) immer wieder zu Angriffen auf das Kulturland veranlasst.

Die römische Eroberung Nordwestafrikas erfolgt im Rahmen des Kampfes gegen Karthago, wodurch die Berberkönige zu römischen Verbündeten und seit Gaius Marius zu Klientelfürsten werden.

146 v. Chr. Der Einzug des verstreuten karthagischen Stadtgebietes zu *ager publicus* und des karthagischen Herrschaftsbereichs schafft die Provinz Africa vetus mit der Hauptstadt Utica.

46 v. Chr. Die Einziehung des Reiches Jubas I. führt zur Einrichtung der neuen Provinz Africa nova, deren erster Prokonsul der spätere Geschichtsschreiber Sallust (*86, †35) wird. Bereits 36 v. Chr. wird Africa vetus mit Tripolitanien zur nunmehrigen Provinz Africa proconsularis zusammengefaßt.

33–25 v. Chr. Mauretanien gerät unter direkte römische Herrschaft und wird dem jungen Juba II. (†23 n. Chr.), einem eifrigen Gelehrten, als Klientelreich übergeben. Er erhält um 20 v. Chr. Kleopatra Selene (*40 v. Chr., †6 v. Chr.), Tochter der ägyptischen Königin Kleopatra VII. und des Marcus Antonius, zur Ehefrau.

17–24 n. Chr. Aufstand des Tacfarinas mit den Musulamii gegen Numidia und Africa poconsularis. Der Guerillakrieg findet erst nach dem Tod des Tacfarinas in der Schlacht bei Auzia ein Ende.

23 Der Sohn Jubas II. und der Kleopatra Selene, Ptolemaeus (†40) erbt die Herrschaft in Mauretanien.

37 Caligula entzieht dem Prokonsul den unmittelbaren Befehl über die »legio III Augusta« und weist deren Legionslegaten, der nun dem Kaiser untersteht, den neu geschaffenen Militärbezirk Numidia zu.

40 Ptolemaeus wird von Caligula umgebracht.

42 Nach kurzem Krieg gegen Ptolemaeus' Freigelassenen Aedemon richtet Claudius die Provinzen Mauretania Caesariensis (Hauptstadt Caesarea [Iol]) und Mauretania Tingitana (Hauptstadt Tingis [Tanger] oder Volubilis) ein, die beide einem erfahrenen ducenaren Prokurator unterstehen (Beginn der Provinzära: 40 n. Chr.). Ein Provinziallandtag existiert in beiden Mauretanien wohl seit Claudius (in Tingis und Caesarea), in Africa proconsularis seit Vespasian (in Karthago).

68/69 Usurpation des Lucius Clodius Macer (†68).

70–73 Aufstand der Garamanten südlich von Tripolitanien.

um 122 Aufstand von Mauren (Baquaten [?]) in Mauretania Tingitana.

142–um 180 Angriffe von Völkern des Rîf und des südlichen Mauretanien mit Übergriffen auf Südspanien.

197/201 Der Militärbezirk Numidia wird, von einem erfahrenen Prätorier regiert, eigenständige Provinz.

238 Die Usurpation Gordians I. und Gordians II. wird vom numidischen Legaten Capellianus niedergeschlagen. Gordian III. löst die »legio III Augusta« auf, die erst Valerian253 wiedererrichtet.

254–260 Angriffe von Baquaten, Quinquegentanei und Fraxinensern auf Mauretanien und Numidien.

um 289–297 Aufstand der Quinquegentanei und anderer Stämme des südlichen Mauretanien gegen die römische Herrschaft.

Im diokletianisch-konstantinischen Administrationssystem bildet Nordafrika mit Ausnahme der Tingitana, die der Diözese Hispania zugewiesen wird, eine eigene Diözese Africa unter der Prätorianerpräfektur »Italia (Illyricum) et Africa«. Ein eigener Präfekt wird in Africa nur unter Konstantin und nach 534 eingesetzt. Der östliche Teil der Mauretania Caesariensis wird als neue Provinz Mauretania Sitifensis organisiert, Numidien kurzfristig geteilt in Numidia Cirtensis und Numidia Militaris, die Africa proconsularis v.a. auf das städtereiche Bagradastal beschränkt (Zeugitana), Byzacena (Mitteltunesien) und Tripolitanien abgetrennt.

308/310 Usurpation des *vicarius Africae* Lucius Domitius Alexander (†um 310).

372–374/375 Usurpation des Berberfürsten und *dux Mauretaniae* Firmus (†374/375).

397/398 Usurpation des Gildo (†398), Bruder des Firmus und *comes Africae.*

Wiederholte Aufstände und Raubzüge kaum kontrollierbarer nomadischer und halbnomadischer Stämme des Steppengürtels und des Rîf erzwingen ein sehr umfangreiches Verteidigungssystem. Während der Republik sind in Afrika keine ständigen Besatzungstruppen stationiert. Seit Augustus lagert hier in der Regel nur eine Legion (»legio III Augusta«), Anfang des 1. Jh.s in Ammaedara (Haidra), dann in Theveste (Thébessa), seit Hadrian bis zum Anfang des 5. Jh.s in Lambaesis (238–

253 aufgelöst). Sie sichert mit dem Auxiliarheer von im 2. Jh. etwa 4000 Mann (2 Alen, 6 Kohorten) in mehreren Posten die numidische und afrikanische Südgrenze und stellt außerdem jährlich wechselnd eine Kohorte und den Stab (*officium* aus 37 Chargierten) für den Prokonsul nach Karthago (neben dem Stab des numidischen Legaten). In Karthago versieht die »cohors I urbana« seit VESPASIAN Polizeiaufgaben. Das Auxiliarheer der Tingitana besteht im 2. Jh. aus etwa 5 Alen und mindestens 10 Kohorten (insgesamt etwa 8000 Mann), das der Caesariensis aus etwa 3 Alen und 10 Kohorten (etwa 7000 Mann). Seit MARCUS AURELIUS ist in der Caesariensis eine Provinzflotte stationiert (vorher nur Schiffe anderer Flotten). Außer aus Nordafrika werden die Soldaten aus Gallien und Italien rekrutiert. Im 4. Jh. ändert sich die Zusammensetzung der Truppen, aber nicht wesentlich die Zahl: Es werden insbesondere berberische Stammesverbände eingezogen.

Ein besonders dichtes Straßennetz wird in der Africa proconsularis und der Numidia ausgebaut; in der Mauretania Caesariensis laufen drei, in Tripolitanien eine Hauptverkehrslinie parallel zur Küste. Aus militärischen Gründen ist auch der Steppensaum gut erschlossen.

Der römisch-italischen Einwanderung sind v. a. die Küstenstädte und das Bagradastal ausgesetzt. Entsprechend verläuft die römische Urbanisierung (wohl meist Kolonien und Munizipien römischen Rechts). In der Republik gibt es nur viritane Ansiedlungen (Scheitern des GAIUS SEMPRONIUS GRACCHUS; »lex agraria« von 111; GAIUS MARIUS). Seit CAESAR und AUGUSTUS gründen fast alle Kaiser bis ins 4. Jh. neue römische »Städte« zumeist an der Stelle einheimischer Gemeinden oder Zentralorte. Die größte Intensität liegt in der Zeugitana, Byzacena, Numidia, Mauretania Sitifensis und an der mauretanischen Küste, zeitlich unter AUGUSTUS, TRAJAN, HADRIAN und den Severern. Seit HADRIAN werden Kolonien meist »titular« ohne Ansiedlung gegründet. Nur in der Mauretania Tingitana ist die römische Urbanisierung schon unter CLAUDIUS abgeschlossen, hatte aber schon in frühaugusteischer Zeit, also vor der Gründung der Provinz, mit Küstenkolonien begonnen.

Infolge der römischen Immigration und Urbanisierung verlieren die punischen und berberischen »Städte« (*civitates liberae, civitates stipendiariae*) schon unter AUGUSTUS an Zahl und Ausstrahlungskraft. In den wirtschaftlich zentralen Orten bestehen seit dem 1. Jh. v. Chr. *conventus civium Romanorum*, die oft Anlass zur Umkonstituierung ihrer Residenzgemeinde zu einer römischen »Stadt« geben. Von großer Bedeutung ist das über die Africa proconsularis verstreute einstige Territorium Karthagos, auf dem sich, eingestreut in einheimische *civitates*, romanisierte *pagi* entwickeln, die mit den *civitates* v. a. im 2. und 3. Jh. zu römischen Munizipien (seltener zu Kolonien) zusammengefasst werden. Die mauretanischen Stämme, seit MASSINISSA zur Sesshaftigkeit veranlasst, wandeln sich zumeist noch im 1. Jh. n. Chr. zu punisch geprägten Stadtgemeinden mit Sufeten, lokalen Untergliederungen der Bevölkerung (*curiae, portae*) und einem »aristokratischen« Rat (*senatus, ordo*). Auch die *curiae* leben in den später römisch verfassten »Städten« fort. Eine scharfe Trennung zwischen Stadt- und Landbevölkerung zeigt sich nur bei den zahlreichen Großgrundbesitzungen, besonders des Kaisers und, zunehmend seit dem 1. Jh. n. Chr., römischer Senatoren. Letztere können sich – ähnlich den kaiserlichen Domänen – v. a. im 4. Jh. der städtischen Hoheit entziehen und Grundherrschaften annähern, da die Herren nun überwiegend auf ihren Gütern (statt im städtischen Zentrum) wohnen.

Haupterzeugnisse Nordafrikas sind landwirtschaftliche Produkte, v. a. Weizen und Öl, deren Absatz Rom fördert. Die gewerbliche Produktion ist, außer lokal begrenzter Purpurgewinnung und Lampenherstellung, für den Export in andere Wirtschaftsräume des Reiches unbedeutend. Erst im 4. Jh. beliefert Africa das ganze Reich mit feiner Terra sigillata. An Grundprodukten ist nur Marmor erwähnenswert (Simitthu, Lepcis Magna). Dennoch gehört Nordafrika zu den wohlhabendsten Gebieten des Imperiums.

Die Sozialstruktur ist durch die vielen kleinen und mittleren Stadtsiedlungen und den Großgrundbesitz, v. a. kaiserliche Domänen, bestimmt. Es bildet sich eine breite stadtsässige, grundbesitzende Oberschicht heraus mit vielen abhängigen Landarbeitern und Bedarf an hoch entwickeltem Gewerbe. Daneben existieren freie Landarbeiter, die entweder als Schnitter und Olivenpflücker mit der (im Bergland späteren) Saison wandern und ein Potenzial sozialer und religiöser Unruhen bilden (*circumcelliones*) oder als Kleinpächter (*coloni*) Domänen bewirtschaften. Soldaten und Veteranen spielen außerhalb der Limeszone und der Provinzhauptstädte keine wesentliche gesellschaftliche Rolle. Die rechtliche und soziokulturelle Romanisierung erreicht im 2. Jh. ihre stärkste Dynamik, sodass Nordafrika zur Severerzeit weitestgehend in die römisch-lateinische Gesellschaft und Kultur integriert ist, obwohl Libysch und Punisch vielenorts bis in die Vandalenzeit überleben. Die provinziale Oberschicht stellt durch Senatoren und im Reichsdienst hervortretende Ritter im 2. bis 4. Jh. einen sehr starken Anteil an der Reichsaristokratie. Der erste Konsul aus Africa ist 80 n. Chr. QUINTUS PACTUMEIUS FRONTO. Mit SEPTIMIUS SEVERUS, dessen Familie aus Lepcis Magna stammt, und DECIMUS CLODIUS ALBINUS (aus Hadrumetum) gelangen 193 zwei »Afrikaner« zur Kaisermacht. Noch nach der Vandalenherrschaft findet die Oberschicht zurück in die Reichsaristokratie. – Eine besondere soziale Auszeichnung stellt in vorchristlicher Zeit das (halbeponyme) Priesteramt der karthagischen Ceres dar; die Ära beginnt wohl 44 v. Chr.

Seit dem 2. Jh. gibt Nordafrika nicht allein in der bildenden Kunst und der Architektur, wie an zahlreichen städtischen Bauten sowie prächtigen Mosaiken städtischer und ländlicher Villen und in feiner Plastik sichtbar, wichtige kulturelle Impulse, sondern v. a. in der Literatur. Hervorzuheben sind MARCUS CORNELIUS FRONTO aus Cirta (*100, †nach 175; Konsul 143, Redner, Erzieher MARCUS AURELIUS'), LUCIUS APULEIUS aus Madaura (†um 170; Redner und Romancier [»Metamorphosen«]) und PUBLIUS SALVIUS IULIANUS (Konsul 148, Jurist) sowie besonders die christlichen Schriftsteller TERTULLIAN (*um 160, †nach 220; »Apologeticum«, 197), MINUCIUS FELIX (»Octavius«, 1. Hälfte 3. Jh.), CYPRIAN (†258; Bischof von Karthago), ARNOBIUS aus Sicca Veneria (Anfang 4. Jh.), LACTANTIUS (*um 250, †um 325), AUGUSTINUS (*354, †430; Bischof von Hippo Regius), FULGENTIUS VON RUSPE (†532/33) und PAULUS OROSIUS (†um 420; »Historiarum adversum paganos libri VII«, um 418).

Diese Blüte beruht auf der starken Verbreitung des Christentums seit dem 2. Jh., das interne Auseinandersetzungen heftig, gelegentlich gewalttätig austrägt: Im 4./5. Jh. herrscht ein hartnäckiger Kampf zwischen den Orthodoxen und den Donatisten, der u. a. Anklang findet bei den Wanderarbeitern (*circumcelliones*) und auch den Aufstand des GILDO fördert. Die punischen und berberischen Kulte führen, zumeist in römischer Interpretation, neben importierten römisch-italischen Kulten ein kräftiges Eigenleben (z. B. Saturn/Baal Hammon, Caelestis/Tanit, Liber Pater/Chadrapha, Mars/Hadad, dii Mauri). Daneben findet in den Städten der römische Kaiserkult eine weite (offizielle) Verbreitung, ferner die Verehrung der numidischen Könige wie u. a. HIEMPSAL, JUBA und PTOLEMAEUS.

Die Eroberung Nordafrikas durch die arianischen Vandalen zerstört die stark romanisierte Sozialstruktur und Kultur nicht, schwächt aber erheblich den Wohlstand. Viele Städte werden 429–431 zerstört, u. a. Hippo Regius. 439 fällt mit Karthago den Vandalen die volle Herrschaft zu. Es bilden sich zahlreiche römisch-berberische Fürstentümer, sodass der vandalische Einfluss auf die stärker urbanisierten Gebiete, in Mauretanien weitgehend auf den Küstenstreifen beschränkt wird. Nach der Rückeroberung durch BELISAR 534 erneuern sich die alten Bindungen zum Imperium.

695–697 gerät Nordafrika unter arabische Herrschaft. Römisch-christliche Traditionen halten sich bis in das 12. Jh., auf die arabisch-islamische Geschichte Nordafrikas wirkt die römische Okkupation nur gering fort. Der wesentliche Einfluss beruht im 2.–5. Jh. auf der Ausstrahlung der hoch entwickelten Zivilisation und des Christentums auf die anderen Reichsteile, ferner auf der Lieferung von Getreide und Öl (besonders für Rom), sowie dem hohen Anteil an der Reichsaristokratie.

Iberische Halbinsel

Am Beginn des 1. Jt.s v. Chr. befinden sich Teile der Iberischen Halbinsel, v. a. der Südwesten, im Übergang von der späten Bronze- zur Eisenzeit. Der Schatz von Villena (10./9. Jh.) belegt die Verwendung von Eisen als Edelmetall. In dieser Zeit treten, vermutlich auf den Spuren älterer Westfahrer aus dem östlichen Mittelmeerraum, phönikische Händler in Kontakt zum spätbronzezeitlichen Süden und Südwesten der Halbinsel. Agenten des Königs HIRAM I. von Tyros erhandeln im 10. Jh., nach Abschluss eines Wirtschaftsabkommens mit SALOMO von Israel, welches maritime Unternehmungen auf dem Roten Meer und dem Mittelmeer einschließt, auf dem südwestlichen Metallmarkt Tarschisch neben anderen Mineralen v. a. Silber. Tarschisch ist die semitische Umformung eines einheimischen Lautstandes »trt/trs« (griechische Version: Tartessos), der später in Namen wie Tertis(?) (Guadalquivir), Thersitai, Turta, Turdetani und Turduli greifbar bleibt. Nach einer Zeit vermutlich stummen Handels werden an der Südküste, im Südosten und Südwesten in geschützter Lage **phönikische Faktoreien** angelegt, in denen gegen Agrarprodukte (Öl, Wein), Fertigwaren und Luxusgüter aller Art (Elfenbein, Keramik, typisch: Schatz von Aliseda) sowie Rohstoffe (v. a. Metalle) eingetauscht werden. Phöniker bringen Ölbaum, Töpferscheibe (aber auch Haushuhn und Esel) und eine weiterentwickelte Metallurgie auf die Halbinsel. Die zentralen Hochebenen (Kontinentalklima) und den niederschlagreichen atlantischen Westen füllen noch zu Beginn des 1. Jt.s. Wanderungsschübe von Indoeuropäern, die teilweise aus dem Raum zwischen Kaukasus und Persischem Hochland kommen. Die Träger der letzten Bewegungen, die – ohne je in die La-Tène-Phase einzutreten – auf einer spätbronzezeitlichen bis frühhallstattzeitlichen Kulturstufe verharren, erscheinen späteren griechischen Ethnografen als **Kelten** (Keltiberer, d. h. iberische oder Ebro-Kelten).

Erste Anzeichen deuten auf eine, eventuell indirekte, Verbindung der Halbinsel mit der mykenischen Welt (Funde von Llanete de los Moros bei Córdoba). Eine interessante Sonderentwicklung gibt es auf den Balearen, wo Funde in den Höhlen des Mussol und des Càrritx auf Menorca Bezüge nach Mitteleuropa aufzeigen.

Im 8. Jh. entwickeln sich die günstig gelegenen Faktoreien im Südwesten aufgrund verstärkter Zuwanderung aus den phönikischen Städten, bewirkt durch assyrischen Druck und innere Konflikte, zu **westphönikischen Kolonien** (v. a. Abul im Südwesten, HaGadir [Cádiz], Malaca [Málaga], Sexs [Almuñécar] und an der Südostküste La Fonteta an der Seguramündung) mit regem Wirtschaftsleben (u. a. Metall- und Elfenbeinverarbeitung, Purpurherstellung, qualitativ hervorragende Drehscheibenkeramik, Fischverarbeitung) und Verbindungen zu gleichartigen Siedlungen im westlichen Mittelmeerraum und v. a. Karthago. Unter überwiegend phönikischem Einfluss entwickelt sich im iberischen Hinterland der Südküste die **tartessische Kultur** mit unverkennbar orientalischen Elementen wie die linksläufige südiberische oder »tartessische« Schrift (Musteralphabet von Espanca mit phönikischen und griechischen Elementen, ca. 500), mit verfeinertem Metallhandwerk (u. a. Schatzfunde von El Carambolo und Gaio) und Grabarchitektur (Pozomoro). Unter östlichem Einfluss entstehen auch tartessische Wohnsiedlungen wie bereits im 8. Jh. Castillo de Doña Blanca auf dem Festland unweit des phönikischen HaGadir, später Tejada la Vieja bei Huelva, Puente Tablas bei Jaén u. a. Die Tartessier bleiben wirtschaftlich neben dem Metallabbau und -handel vorwiegend agrarisch orientiert. Aus Stammesherrschaften entwickeln sich, früher als anderswo auf der Halbinsel, auf ökonomische Macht gegründete Hierarchien mit auch kultisch verankerten Herrschaftszentren wie Cancho Roano in der Extremadura (ca. 600–400) sowie Stadtkönigtümer (halbmythisches Vorbild:

ARGANTHONIOS VON TARTESSOS), die jedoch erst im Zweiten Punischen Krieg deutlicher hervortreten.

Um 650 haben Griechen aus Phokaia und Samos Kontakte mit Tartessos, die im Laufe des 6. Jh.s infolge wachsender karthagischer Einwirkung abbrechen. Während im 6. Jh. Süd- und Osthispanien (»Tartessos« und »Iberia«) in der griechischen Literatur rezipiert werden (STESICHOROS, HEKATAIOS VON MILET u. a., später HERODOT, EPHOROS und THEOPOMPOS), nehmen Niederlassungen aus Phokaia und Massalia (Marseille), u. a. Emporion, Rhode, Hemeroskopeion, starken kulturellen Einfluss auf die vordem kulturell tartessisch beeinflussten iberischen Stämme im südöstlichen Binnenland (v. a. die heutigen Provinzen Jaén, Albacete, Granada, Murcia) und besonders auf die Iberer an der Mittelmeerküste nördlich des Cabo de la Nao bis in den Rhônebereich. Der Einfluss lässt sich fassen anhand der Entwicklung der rechtsläufigen nordostiberischen Schrift auf Keramik, Bleiblech, Bronze und Stein (vermutlich im 6. Jh.), im Metallhandwerk, in der Einführung des Münzgeldes im Osten, dann im westphönikischen Süden (erste Prägestätte: Emporion, wenig später HaGadir), in der Großplastik (Elche, Porcuna, El Cigarralejo, Cerro de los Santos, Osuna u. a.) sowie in der beginnenden Stadtkultur (Ullastret, Castellet de Bernabé, Alorda Park, El Oral, Santa Pola, Elche, La Serreta, Meca und zahlreiche Nekropolen wie Baza, Cruz del Negro, Los Villares). Immer deutlicher tritt in der Forschung der letzten Jahrzehnte eine eigenständige, sich von ihren östlichen Vorbildern emanzipierende iberische Kultur zutage, die ab dem 2. Jh. römisch amalgamiert wird (z. B. die Skulpturen vom Cerro de los Santos). Gleichwohl bleibt das Fehlen einer iberischen Staatlichkeit oder bedeutenderer iberischer Herrschaftsbildungen auffällig.

Während der Süden und Osten des Landes in die mittelmeerische Welt einbezogen ist (so tauchen im 5. Jh. Söldnertruppen von der iberischen Halbinsel auf Sizilien und im griechischen Mutterland auf), werden die politischen und sozialen Vorgänge im Zentrum und Westen bis zur Entdeckungsreise des PYTHEAS (4. Jh.) vermutlich kaum wahrgenommen. Der Raum westlich der Iberer heißt, in Übereinstimmung mit der ionischen Weltkarte, ohne geografische Scheidung von Gallien pauschal Keltenland (*Keltiké*). Das Wissen über diesen Raum in vorrömischer Zeit ist gering. Weder das nummerische Verhältnis zwischen Einwanderern und autochthoner Bevölkerung noch die Art ihres Zusammenlebens sind geklärt. Archäologisch lassen sich neben der atlantischen Castro-Kultur die nordwestliche Duero-Kultur und die südlichere Tajo-Kultur unterscheiden. Zu Staatenbildungen kommt es auch hier bis in römische Zeit nicht. Sprachlich ist der Westen v. a. durch auf *-briga*, seltener *-dunum* endende Ortsnamen sowie später die hispanokeltische Namenformel (Familienname im Genitiv Plural mit *-co*-Suffix bei Keltiberern, Vakkäern, Vettonen, Kantabrern, nicht dagegen im nicht minder keltischen Galicien und Lusitanien) gekennzeichnet. Vorwiegend durch Ortsnamen sind auch Vorstöße indoeuropäischer Gruppen in den Osten (Aberca [bei Lérida], Segobriga) und den reichen Süden belegt.

Hispanien zur phönikischen und punischen Zeit

nach 600 v. Chr. Mit zunehmend eingeschränkter Handlungsfreiheit des phönikischen Mutterlandes übernimmt **Karthago** die außenpolitische Vertretung der Westphöniker im Süden der Halbinsel (schon um 650 Besetzung von Ebysos [Ibiza]). HANNO und HIMILKO unternehmen Erkundungsfahrten in den süd- bzw. nordatlantischen Raum. Karthago kontrolliert die Straße von Gibraltar und gründet eigene (u. a. sog. libyphönikische) Kolonien.

348 v. Chr. Im zweiten römisch-karthagischen Vertrag ist die Küste südlich des Cabo de la Nao (»Mastia in Tartessos« nach POLYBIOS) karthagisch/westphönikische Schutzzone. Im Binnenland wächst der iberische Einfluss auf die indoeuropäischen Stämme des östlichen Hochlandes und Ebrotales (keltische Sprachzeugnisse in iberischer Schrift seit frührömischer Zeit [Botorrrita-Bronzen]). Es entstehen befestigte stadtähnliche Siedlungen wie Sagunt mit unabhängiger Münzprägung in iberischer Sprache, Castulo im Südosten sowie im Binnenland u. a. Numantia und Azaila. Im westlichen Hinterland der iberisch-indoeuropäischen Konvergenzzone bestehen weiterhin vorstaatliche Organisationsformen: Sippenverbände (*gentilitates*) und Familienburgen (*castella*); im Nordwesten und in der Mitte des Landes hält sich die Castro-Kultur bis weit in die römische Zeit. Die Stämme des indoeuropäischen Raumes bleiben – oft in halbnomadischen Lebensweisen – primitiven Wirtschaftsformen verhaftet und sind zum Mängelausgleich auf Raubzüge in die Territorien ihrer besser gestellten Nachbarn v. a. im Süden angewiesen.

237 v. Chr. Als Ersatz für Einbußen aus dem 1. Punischen Krieg (Sizilien, Sardinien), intensiviert Karthago seine Beziehungen zur Iberischen Halbinsel. HAMILKAR BARKAS beginnt, von HaGadir/Gades aus die Eroberung eines hispanischen Kolonialreiches, das bei seinem Tod (229) den gesamten Süden umfasst.

227 v. Chr. Sein Schwiegersohn und Nachfolger HASDRUBAL (†221) gründet mit Kart Hadashat (Cartagena) die Hauptstadt des überseeischen Imperiums, das er, wie auch sein ihm folgender Schwager HANNIBAL (*247/46, †183), ähnlich hellenistischen Monarchen, beherrscht. Beide schieben die Grenzen ihres Dominiums nach Norden und Westen vor, sichern es durch Bündnisse mit einheimischen Potentaten (Heiratsdiplomatie) und erschließen die Erzvorkommen v. a. im Raum Cartagena-Linares und der Sierra Morena in technisch und organisatorisch ungekanntem Ausmaß.

226 v. Chr. Mit Rom wird der Ebro als Demarkationslinie festgelegt.

219 v. Chr. Den Konflikt um Sagunt beendet HANNIBAL durch dessen Eroberung: Roms Ultimatum und Kriegserklärung an Karthago beantwortet HANNIBAL mit einer Offensive von Kart Hadashat aus zu Land gegen Rom: Beginn des 2. Punischen Krieges. | s. S. 235 |

218 v. Chr.–206 v. Chr. 218 landen römische Verbände in Emporion und dringen nach Süden vor. Nach wechselvollen Kämpfen werden die römischen Truppen nach Niederlage und Tod ihrer Feldherren 211 über den Ebro zurückgeworfen. Im Gegenzug nimmt der junge **PUBLIUS CORNELIUS SCIPIO** 209 überraschend Kart Hadashat (Carthago Nova) ein und entscheidet damit im Wesentlichen den Krieg in Hispanien, abschließend mit der Entscheidungsschlacht bei Ilipa (206). Die einheimischen Stämme der Mittelmeerküste und des Südens treten mehrheitlich auf die Seite Roms; die westphönikischen und punischen Niederlassungen bleiben bei Wohlverhalten unangetastet. Zwei römische Verwaltungsbezirke sind in Hispanien (**Hispania**; die Herkunft des Namens ist ungeklärt, vielleicht punischen Ursprungs), vorgesehen.

201 v. Chr. Karthago verzichtet auf seinen Besitz auf der Iberischen Halbinsel.

ab 197 v. Chr. Nach definitiven Verfügungen des älteren CATO stehen die beiden Provinzen Hispania citerior und Hispania ulterior unter der Verwaltung von Prätoren; die Grenzziehung zwischen beiden erfolgt südlich von Carthago Nova, das Verwaltungszentrum der Citerior wird, während die stärker urbanisierte Provinz Hispania ulterior lange keine feste Statthalterresidenz kennt. Später wird Corduba Verwaltungssitz. Eine Grenzziehung im Westen findet nicht statt.

bis 133 v. Chr. Allmählich weitet sich der römische Herrschaftsraum nach Westen und Norden aus. Nachfolgend wachsen einheimischer Widerstand gegen die Fremdherrschaft (ab 195 regelmäßige Tributzahlungen; *argentum Oscense*), römische Aggression, ausbeuterische Übergriffe römischer Magistrate (zahlreiche Repetundenprozesse gegen Statthalter hispanischer Provinzen im 2. Jh.), aber auch einheimische Überfälle auf provinziales Kulturland. Roms Versuche, die Grenzen der halbnomadischen Stämme des östlichen Hochlandes und des Südwestens (Lusitaner) festzuschreiben (tiefer Eingriff in deren Lebensgewohnheiten), führen zu ständigen Konflikten an den Binnengrenzen der beiden Provinzen. Ab 154 gewinnt der Widerstand unter charismatischen Führern (u. a. VIRIATUS; *um 190, †139) überregionalen Zusammenhalt. Zunächst von den Lusitanern ausgehend, die erfolgreich eine Guerillataktik anwenden, gipfelt der Kampf gegen Rom in einer breit angelegten Koalition der Stämme am mittleren und oberen Ebro (Zentrum: Segeda, später Numantia).

133 v. Chr. Nach beträchtlichen Verlusten gelingt es PUBLIUS CORNELIUS SCIPIO AEMILIANUS (*185/84, †129), den einheimischen Widerstand mit einer gewaltigen militärischen Anstrengung niederzuwerfen.

Die Romanisierung der Iberischen Halbinsel

In den vorrömisch höher zivilisierten Landesteilen (Baetistal [Guadalquivir], Ostküste, unteres und mittleres Ebrotal) schreitet im 2. Jh. die Romanisierung v. a. der Oberschicht rasch voran. Rom fördert die Urbanisierung durch Stadtgründungen: Schon 206 wird Italica (bei Sevilla) mit Kriegsveteranen gegründet, 179 Gracchurris im Ebrotal, 171 Carteia mit römisch-einheimischen Soldatenkindern (latinisches Recht) an der Südküste (Flottenstützpunkt). Es folgen 152(?) in wirtschaftsgeografisch günstiger Position Corduba (unter Einbeziehung ausgewählter Einheimischer), 138 Valentia, 123/22 Palma und Pollentia (mit schon in Hispanien ansässigen Italikern) auf den Balearen. Träger der Romanisierung sind v. a. in Hispanien stationierte und rekrutierte Soldaten sowie aus wirtschaftlichem Interesse kürzer oder länger auf der Halbinsel verweilende Italiker und Römer (Bildung von *conventus civium Romanorum*).

Seit Beginn der Okkupation werden unter römischer Regie Mineralien abgebaut; später wird der Abbau an Privatleute verpachtet. Eine einheimische Münzprägung entwickelt sich innerhalb der Provinzen und in dem kulturell zunehmend beeinflussten Nachbarraum. Aus militärischen und ökonomischen Gründen wird das Provinzialgebiet durch Straßen erschlossen, d. h. alte Wege werden ausgebaut und befestigt, in republikanischer Zeit eher zögerlich, mit der frühen Kaiserzeit systematisch und intensiv. Beispiele sind die Via Herculea (später: Augusta) entlang der Ostküste bis Gades, die Straße Carthago Nova über Castulo und Obulco nach Gades, die Ebrotal/Jalóntal-Straße ins Zentrum des Landes, die Hispalis nach Emerita sowie Straßen von Tarraco bis Asturica, Caesaraugusta nach Legio und Carthago Nova nach Complutum. Das Straßennetz hat seine größte Ausdehnung in trajanisch-hadrianischer Zeit. Weiterhin werden Wasserleitungen angelegt, Brücken und Häfen gebaut sowie die Binnenschifffahrt gefördert.

Im 1. Jh. erhalten koloniale Eliten erste persönliche Bürgerrechte, gelangen erste Hispanorömer in hohe Staatsämter (QUINTUS VARIUS HIBRIDA, LUCIUS FABIUS HISPANIENSIS). In Hispania citerior sind Carthago Nova und Tarraco (Tarragona), in Hispania ulterior Corduba, Hispalis (Sevilla) und Gades die großen Zentren.

Im 2. und 1. Jh. wird die Halbinsel auch geografisch und ethnografisch weiter erschlossen. Auf Vorarbeiten des ERATOSTHENES VON KYRENE stützen sich POLYBIOS,

Poseidonios, Artemidoros von Ephesos und Asklepiades von Myrlea, der in Turdetanien als Lehrer wirkt. Später tragen Pomponius Mela, Marcus Vipsanius Agrippa und Claudius Ptolemäus zur geografischen Erschließung Hispaniens bei. Den Süden empfindet Poseidonios im 1. Jh. bereits als so weitgehend romanisiert, dass er Italien vergleichbar sei. Das gilt allerdings nicht für die ganze Halbinsel, und gebildeten Römern wie Cicero gilt der gesamte Westen noch lange als unzivilisiert, ja barbarisch. Bürgerrechtsverleihungen an Einzelne und Gruppen (*turma Sallvitana* im italischen Bundesgenossenkrieg) sowie italische Einwanderung haben einen nicht unbedeutenden Anteil latinischer und römischer Bürger in Hispanien geschaffen (*legiones vernaculae* im Bürgerkrieg zwischen Caesar und Pompeius), das wirtschaftlich sehr erfolgreich ist und an der Assimilation der Halbinsel an italische Verhältnisse, Lebensformen und Moden erheblichen Anteil hat.

81 v. Chr.–71 v. Chr. Während sich Süden und Osten wirtschaftlicher Prosperität und römisch-hellenistischen Kultureinflüssen ergeben, kommt es im Nordwesten und Westen der Halbinsel nach begrenzten Unruhen (Kimberneinfall; Arevakeraufstand) unter Führung des vor Sulla flüchtenden Quintus Sertorius (*um 123, †72; Proprätor von Hispania citerior 82) zu einer letzten großen Abwehrbewegung gegen Rom. Diese erhält durch Verbindungen zu Romgegnern im östlichen Mittelmeerraum gefährliche Dimensionen, bleibt aber in ihren letzten politischen Zielen unklar. Gegen die lange erfolglos operierenden sullanischen Heerführer Quintus Caecilius Metellus Pius (*um 126, †um 63) und Gnaeus Pompeius übernimmt Sertorius die einheimische Guerillataktik und kämpft erfolgreich im Norden und Osten des Landes. 72 wird er auf Betreiben des nach dem Lepidus-Aufstand mit römischen Verbänden nach Hispanien geflohenen ehemaligen Prätors M. Perperna ermordet. Den letzten Widerstand bricht bis 71 Pompeius, der so in den hispanischen Provinzen hohes Ansehen und wichtige Klientelverbindungen gewinnt. Der Sertorius-Krieg bewirkt einen Romanisierungsschub im Inneren der Halbinsel und fördert die Entwicklung der neuen Zentren Castra Caecilia (Cáceres), Metellinum (Medellín) und Pompaelo (Pamplona), eine Entwicklung, von der nach wie vor der äußerste Nordwesten ausgespart bleibt. Dort gibt es vor der Eroberung durch Augustus bereits Vorstöße des Brutus Callaicus (138), des Publius Licinius Crassus (nach 96) und Caesars während seiner Statthalterzeit (61/60) in Hispania ulterior. Aus den hispanischen Magistraturen rühren Caesars (der schon 69 als Quästor in Hispania ulterior war) enge Beziehungen zur Iberischen Halbinsel (hispanische Leibwache; Cornelius Balbus und Decidius Saxa als enge Vertraute).

49 v. Chr. Der nach Hispanien getragene Bürgerkrieg, 45 bei Munda zugunsten Caesars entschieden, hemmt diese Entwicklung nicht; vielmehr trägt die Bürgerrechtspolitik des Diktators und später Augustus

Hispanien zur Zeit der Römischen Republik und der früheren Kaiserzeit

dem inzwischen vergleichsweise hohen Romanisierungsgrad von Teilen Hispaniens Rechnung und fördert diesen weiter. Caesarisch-augusteische Munizipien und Kolonien römischer Bürger sind u. a. Gades, Hasta (bei Jerez de la Frontera), Urso (Osuna), Corduba, Hispalis, Elche, Carthago Nova, Tarraco und Barcino (Barcelona); in Emerita Augusta (Mérida), Emporiae (Ampurias) und Caesaraugusta (Saragossa) werden Veteranen angesiedelt.

27 v. Chr.–19 v. Chr. Die noch außerhalb der römischen Herrschaft stehenden Kantabrer und Asturer werden nicht ohne Mühe von AUGUSTUS (der sich 26–25 in Tarraco aufhält, das Carthago Nova als Verwaltungszentrum von Hispania citerior abzulösen beginnt) und M. VIPSANIUS AGRIPPA unterworfen. Asturica Augusta (Astorga), Bracara Augusta (Braga) und Lucus Augusti (Lugo) werden zur Kontrolle dieses wegen seines Goldreichtums und seiner Rekrutierungsmöglichkeiten von Soldaten wichtigen Raumes angelegt, der sonst seine altertümlichen Siedlungsformen beibehält und bis zum Ende der römischen Zeit trotz jahrhundertelanger Zugehörigkeit zum Imperium Romanum nur oberflächlich romanisiert wird.
Die kulturelle Anbindung des überwiegenden Teils der Halbinsel an Rom und die hellenistische Welt ist inzwischen irreversibel, freilich um den Preis weitgehender Selbstaufgabe der eigenen vielgestaltigen Identitäten. In Rom sind der einfache Soldatenmantel (*sagum*) und das Hieb-/Stoßschwert (*falcata*) Spuren hispanischen Einflusses, in Hispanien wird nahezu die gesamte Lebenswelt »romanisiert«. Für Öl, Getreide, Fischsauce (*garum*), Wein, Rekruten und Bodenschätze erhält Hispanien Verwaltung, Infrastruktur sowie religiöse und sprachliche Vereinheitlichung nach römisch-hellenistischer Maßgabe.

15/14 v. Chr. AUGUSTUS, der noch einmal die Halbinsel besucht, organisiert die Provinzialverwaltung neu. Über die Wohngebiete der Lusitaner hinaus, wird im Westen eine neue Provinz Lusitania (Hauptstadt: Emerita Augusta) geschaffen. Im Südosten kommt das mineralreiche Waldgebirge (*saltus Castulonensis*) an die jetzt meist als **Tarraconensis** bezeichnete Hispania citerior, die ungefähr die Hälfte der gesamten Halbinsel ausmacht. Die südliche Restprovinz **Hispania baetica** (Hauptort: Corduba) wird dem Senat unterstellt, während die beiden anderen Provinzen mit der im Nordwesten der Tarraconensis stationierten »Legio VII Gemina«, die allein in der gesamten Kaiserzeit den militärischen Schutz der Iberischen Halbinsel wahrnimmt, der kaiserlichen Verwaltung unterliegen. Die Provinzen ihrerseits werden in Gerichtsbezirke (*conventus iuridici*) eingeteilt.
Die *pax Augusta* bewirkt eine bemerkenswerte Aufbruchstimmung in vielen Landesteilen: Umfangreiche Verschönerungsbemühungen in den Städten, ausgehend von den lokalen und regionalen Eliten, betreffen v. a. öffentliche Bauten wie Tempel und Foren. Darüber hinaus entstehen Theater, Amphitheater und Circusanlagen in den größeren Städten bis zu den Hauptorten der Gerichtsbezirke. Ein weiterer, noch tiefer greifender Monumentalisierungsschub ist in der Zeit der flavischen Dynastie zu beobachten.
In der Tarraconensis wird der **Kaiserkult** eingeführt (Hispania baetica und Lusitanien folgen erst in flavischer Zeit). Der Kult für den Kaiser und die Dea Roma, verbunden mit den Provinziallandtagen (*concilia*, die auch ein gewaltiges dynastisches Propagandaprogramm bedeuten [*Tabula Ilicitana* und *Tabula Siarensis*]), sollen die Bindung der Provinzialen an die Reichsspitze und die innere Konsolidierung der Gesellschaft fördern; Priesterämter sind eine Domäne der provinzialen Aristokratie. Mit der wachsenden administrativen Zentralisierung verschwinden die Reste kommunaler Selbstständigkeit (Verbot städtischer Münzprägung unter CLAUDIUS).

74 n. Chr. Der stetig gewachsenen Romanisierung (und ihrer weiteren Förderung) trägt VESPASIAN durch Verleihung des *ius Latium minus* an alle Gemeinden der Halbinsel Rechnung, die bisher ohne Rechtsstellung waren, wodurch die Oberschichten in den Genuss des Bürgerrechtes kommen (nach den Stadtrechten auf Bronzetafeln von Urso und Malaca Fund der Lex Irnitana). Dieser Prozess wird durch die Constitutio Antoniniana (212) praktisch abgeschlossen.

Hispanien zur Zeit des Prinzipats

Unter dem Prinzipat erlebt Hispanien fast 200 Jahre eine nahezu ungestörte Blüte. Die großen Städte des Landes sind Zentren wirtschaftlicher und kultureller Prosperität und schmücken sich mit großartigen Bauten. Die früh romanisierten Zonen leisten bemerkenswerte Beiträge zum geistigen und politischen Leben des Reiches. Hispanier sind außer der SENECA-Familie die Literaten HYGINUS, PORCIUS LATRO, CANIUS RUFUS, COLUMELLA, POMPONIUS MELA, CORNELIUS BOCCHUS, MARTIAL und QUINTILIAN. Seit CAESARS Berater BALBUS als erster Nichtitaliker Konsul wurde, gibt es eine wachsende Zahl von Hispanorömern im Senat; etwa ein Viertel aller Senatoren ist hispanischer Abkunft, allen voran LICINIUS SURA und ANNIUS VERUS. TRAJAN, HADRIAN und im 3. Jh. n. Chr. BALBINUS sind Kaiser hispanischer Herkunft; MARK AUREL hat einen hispanischen Großvater. Diese Blüte ermöglichen hohe agrarische und industrielle Produktivität und ungestörtee Fernhandel. Exportiert werden, neben dem bis nach York und Xanten gelangenden Öl, Wein, Fischprodukte (v. a. die Fischsauce *garum*), Alfagras, Textilien, Terra sigillata und Pferde. Im Süden und Nordwesten werden weiterhin Minerale abgebaut. Importiert werden Konsum- und Luxusgüter. Die Infrastruktur wird ständig verbessert; noch in severischer Zeit besitzt das Land neben Wasserwegen 34 Fernstraßen, an denen sich Marktflecken (*fora*) mit hoher Romanisierungsintensität gebildet haben. Die ungestörte Entwicklung von Wirtschaft und Handel führt zur Bildung einer starken Mittelschicht, meist in Städten, später zunehmend in stadtnahen *villae rusticae*. Der Großgrund besitzende Adel, v. a. im Süden, spielt zahlenmäßig keine besondere Rolle; die bäuerliche Landbevölkerung, deren Romanisierungsgrad nicht überschätzt werden darf, erscheint wirtschaftlich gesichert.

Das religiöse Leben auf der Halbinsel – in vorrömischer Zeit durch ein selbstverständliches Nebeneinander einheimischer und fremder Kulte bestimmt – nimmt in den stärker romanisierten Landesteilen bald römisch-hellenistische Züge an. In den weniger romanisierten Zonen und auf dem bäuerlichen Lande erweisen sich die einheimischen und von frühen Kolonisatoren importierte orientalische Kulte als erstaunlich resistent. Verstärkt im 2.–3. Jh. erreichen östliche Religionen und Kulte erneut die Halbinsel, die sich, wie schon früher Juden und erste Christen, vorwiegend in den Handelsstädten der Küste und des Südens sowie im Bereich der Militärstationen ausbreiten. Das **hispanische Christentum** kommt meist aus Nordafrika, das stets enge Beziehungen mit Hispanien unterhalten hat. Die erste hispanische Synode in Iliberi (Granada) um 305 vereinigt 19 Bischöfe, die zweite wenig später bereits 37. Um 250 sind Emerita, Asturica, Legio (aus der Stationierung der Legio VII Gemina entstanden), Caesaraugusta, Tarraco und Hispalis Bischofssitze. Nach den Verfolgungsjahren des 3. Jh.s und der diokletianischen Zeit mit zahlreichen Martyrien stellt das christliche Hispanien mit Ossius von Córdoba und Acilius Severus einflussreiche Hofleute. Aus dem vergleichsweise rasch christianisierten Land kommt im 4. Jh. die asketisch-rigoristische Häresie des Priscillianus (†386). Sonst ist die hispanische Kirche durchweg ein zuverlässiges Glied der Reichskirche.

180–285 Mit dem letzten Viertel des 2. Jh.s beginnen für die Halbinsel unruhige Jahr:. Die von Osten eingeschleppte Pest, Überfälle maurischer Stämme auf den Süden (bis Italica), nach 260 Bedrohung der Küsten durch fränkische und alemannische Seepiraten stürzen Hispanien in eine mehr als 100-jährige Dauerkrise, die durch innere Schwierigkeiten (sozial motivierte Bauernaufstände in Lusitanien; Maternus-Bande unter Commodus) noch vertieft wird. Schlecht bekommt dem Land die Parteinahme für Clodius Albinus (193–197); die Konfiskationen des siegreichen Septimius Severus bewirken tief greifende gesellschaftliche Veränderungen. Während die Zeit unter Severus selbst im Land Ruhe schafft (Einrichtung der neuen Provinz Hispania nova citerior aus Asturia und Callaecia durch Caracalla), trägt das schlecht dokumentierte 3. Jh. in Hispanien (Rückgang des Mineralertrags, Verfall der Verkehrswege und des Fernhandels, Verarmung der Mittel- und Verelendung der Unterschichten) die gleichen Züge wie die Entwicklung im Reich insgesamt.

285–400 Die **diokletianische und konstantinische Epoche** bringt der Halbinsel noch einmal Ruhe und gewissen Wohlstand. Die Reichsreform Diokletians (Schaffung der neuen Provinz Carthaginiensis mit den Balearen, die ab 360 eine eigene Provinz bilden) macht Hispanien, mit der Mauretania Tingitana, zur Diözese in der gallischen Präfektur. Daher fällt die Halbinsel zunächst an Maximian (zeitweilige Residenz eventuell im Palast von Cercadilla in Corduba), dann 306 an Konstantin I., in die von Gallien/Britannien ausgehenden Usurpationen (Magnentius, Eugenius, Konstantin II.). 350 flüchtet Kaiser Constans in Richtung Pyrenäen und wird im Auftrag des Usurpators Magnentius ermordet (Bestattung wahrscheinlich im prachtvollen Mausoleum von Centcelles bei Tarraco). Wirtschaft und Handel erleben eine Nachblüte, aber die neu ummauerten Städte schrumpfen, das wirtschaftliche Schwergewicht verlagert sich auf die befestigten Landsitze der *potentes* mit ihren Privatarmeen. Aus Hispanien kommen die theodosianische Dynastie, der Usurpator Magnus Maximus (383–388) und christliche Schriftsteller (Iuvencus, Prudentius, Orosius (mit teilweise romkritischem Geschichtsverständnis) sowie möglicherweise die Autorin des *Itinerarium Egeriae*. Ebenfalls von der Iberischen Halbinsel, aus reichem konsularischen Hause, stammt Melania die Ältere, Gründerin des Klosters auf dem Jerusalemer Ölberg und eine der bedeutendsten Frauen ihrer Zeit (um 400).

400–473 Nach 400 beginnt, gegen zähen Widerstand des einheimischen Adels, die politische und gesellschaftliche Auflösung der römischen Herrschaft. Nach 408 dringen Vandalen, Alanen und Sweben ein. Eine von Hispanien ausgehende Usurpation (Maximus 409–422) bleibt ohne Folgen. Um 450 erschüttern Bagauden-Unruhen den Norden, in die die Westgoten erst als Föderaten unter römischem Oberkommando ordnend, unter Eurich als Okkupanten eingreifen. Während sich die Bevölkerung mit den Germanen zu arrangieren beginnt, scheitert Kaiser Majorian 460 mit dem Versuch, Hispanien für Westrom zurück zu gewinnen.

474 Mit dem **Fall der Tarraconensis** scheidet die Iberische Halbinsel faktisch aus dem römischen Reichsverband aus, während die romanische Kultur des Landes stark genug ist, sich mit Sprache, Religion und Lebensformen gegen die Eroberer durchzusetzen. | Forts. S. 557 |

Italien im Römischen Reich

Name und Grenzen Italiens in der Republik

Nach Meinung der Griechen **entsteht der Name Italia im äußersten Süden des Landes**, dem antiken Bruttium (heute Kalabrien), abgeleitet von einem mythischen König Italos oder von einem später verschwundenen Stamm, den Itali. Diese Ableitung, in ursprünglicher Schreibweise *Vitalia* von *Vitaloi*, findet ihre Entsprechung in anderen italischen Stammesnamen; so wie die Picentes von *picus* (Specht) und die Hirpini von *hirpus* (Wolf), sollen auch die Itali von dem ihnen heiligen Tier, dem *vitulus* (junger Stier), ihren Namen erhalten haben.

In den nächsten Jh.n erhält *Italia* als Benennung immer weitere Geltung, ohne dass eine politische Einheit dahinter steht: Ende des 5. Jh.s umfasst es nur Großgriechenland um den Golf von Tarent, im 4. Jh. reicht es bis Paestum (Golf von Salerno), dann bis Kampanien. Nachdem Rom Vormacht der westlichen Griechen geworden ist und im 3. Jh. den Kampf gegen deren alte Gegner, Lukaner und Karthago, aufgenommen hat, wird *Italia* das **gesamte Gebiet des römischen Bundes**, wohl durch bewusste Aneignung der Römer, die ihr eigenes Territorium – seit wann, ist unbekannt – *Italia* nennen.

Die **Nordgrenze** dieses neuen »Groß«-Italien bleibt **bis ins 1. Jh.** (Sulla) **unverändert**: von Livorno im Westen südlich an Florenz vorbei bis zur Aesismündung nördlich Anconas. Diese Linie hat freilich weder geografische noch politische Bedeutung: *Italia* als geografischer Begriff umfasst zunächst das Land bis zum Apenninbogen, ab dem 2. Jh. nach Polybios und Cato auch dasjenige südlich der Alpen. Auch in ihrer Bündnispolitik nehmen die Römer keine Rücksicht auf diese Grenze: Wie im Süden das sizilische Messina vollgültiger »italischer« Bundesgenosse wird, gründet man im Norden in rascher Folge viele latinische und Bürgerkolonien, wie zuvor in Alt-*Italia*. Die schnelle und durchgreifende Romanisierung führt im Bundesgenossenkrieg zu Problemen, als die Bürgerrechtsgesetze von 90/89 die generelle Verleihung des Bürgerrechtes auf *Italia* beschränken, die Gemeinden der gallischen Provinz *Transpadana* (Poebene) nur latinisches Kolonialrecht erhalten. Diese Zurücksetzung wird noch verschärft, als Sulla den bisher mit dem Rest Italiens verwalteten Norden als Provinz *Gallia Cisalpina* verselbstständigt. Die Grenze von *Italia* rückt zwar auf den Arno im Westen und den Rubikon im Osten vor, dennoch leben nunmehr viele Bürger unter der absoluten Gewalt eines Statthalters. Unzufriedenheiten und Agitationen finden ihr Ende, als Caesar 49 allen Bewohnern der *Gallia Cisalpina*, die es noch nicht besitzen, das Bürgerrecht verleiht und Octavian 42 die Provinz auflöst und das Gebiet Italien anschließt. Seine endgültigen Nordgrenzen findet Italien nach der Unterwerfung und Befriedung der Alpenstämme im Zusammenhang mit der Einteilung in Regionen (möglicherweise während des letzten Zensus des Augustus, 13/14 n. Chr.). Die Westgrenze ist nun der Var bei Nizza. Von ihm verläuft die Grenze knapp westlich Turins, dann auf dem Hauptkamm der Alpen um das Tal von Aosta nach Osten und am Nordufer des Lago Maggiore und des Comer Sees, kreuzt den Vinschgau westlich von Meran und das Eisacktal bei Klausen, verläuft über den Plöckenpass und biegt dann nach Südosten, sodass Ljubljana, Triest und der größte Teil Istriens zu Italien gehören.

Italien in der mittleren und späten Republik

Zum ersten Mal erscheint im Frieden, den Roms mit den Latinern 338 die Reihe der Rechtsformen, die die Römer in Zukunft anwenden, um ihr Verhältnis zu italischen Gemeinden auf Dauer zu regeln. Der **»Italische Bund«**, die Bundesgenossenschaft Roms mit ihm zu militärischer Unterstützung verpflichteten, sonst selbstständigen Staaten, dauert bis 91 v. Chr., als ein Teil dieser *socii* meutert und Rom sich gezwungen sieht, sein Bürgerrecht auf die italischen Bundesgenossen auszudehnen. Dieser Bund besteht aus dem Staat Rom, dem Latinischen Bund und den Bundesgenossen (*socii*).

Der **römische Staat** ist kein Einheitsstaat, sondern in sich gegliedert: 1) Die **Stadt Rom** und ihr unmittelbares Territorium, der *ager Romanus* im eigentlichen Sinn, wo die stadtrömischen Magistrate direkt wirksam werden, da es hier, außer den 31 Landtribus und einer rudimentären Selbstverwaltung der Dörfer und Märkte (*vici, pagi, fora et conciliabula*), keine staatlichen Organe gibt. Dieses Gebiet nimmt zunächst in den Eroberungskriegen durch erzwungene Landabtretungen stark zu, verringert sich aber, v. a. seit dem 2. Punischen Krieg, durch Errichtung von Kolonien und Bürgermunizipien.
2) **Kolonien** römischer Bürger sind Ansiedlungen auf dem oder am Rand des *ager Romanus*, in die wenige römische Bürger (meist um 300) mit ihren Familien geschickt werden (Deduktion). Neben diesen wohnen durchweg wesentlich mehr bisherige Einwohner weiterhin in der Stadt, die später römisches Bürgerrecht erhalten, sodass beide Bevölkerungsteile allmählich zusammenwachsen. Aufgabe der Kolonisten ist die Überwachung und politische Romanisierung einer nichtrömischen Vorbevölkerung. Zur Erfüllung dieser Aufgabe erhalten die Kolonien ein gewisses Maß an Selbstverwaltung.
3) **Munizipien** römischer Bürger sind ursprünglich Nachbargemeinden Roms, die freiwillig in dessen Gemeindeverband eintreten und als »Belohnung« einen Großteil ihrer Eigenstaatlichkeit und Selbstverwaltung behalten; als Latiner haben sie den römischen ähnliche Institutionen, sodass eine »Romanisierung« wie bei den Kolonien unnötig erscheint. Ursprünglich sind es sehr wenige (z. B. Tusculum); ihre Zahl steigt seit den Bürgerrechtsverleihungen von 90/89 und v. a. in der Kaiserzeit rasch.
4) **Halbbürgergemeinden** (*municipia sine suffragio*), stammesfremde Staaten (z. B. das etruskische Caere und das oskische Capua), mit denen Rom eine Militärunion eingegangen ist, sodass deren Bürger mit den römischen in der Legion kämpfen, sie also kein eigenes Militär unterhalten. In Sprache und Institutionen sind die Munizipien sonst autonom – ein interessantes Experiment, das bei größerer Verbreitung und längerer Dauer den römischen Staat vielleicht föderativer gestaltet hätte. Die Anziehungskraft des immer mächtiger werdenden Rom und im 2. Punischen Krieg der Abfall sowie die folgende Auflösung der wichtigsten Halbbürgergemeinde, Capua, entziehen dieser Rechtsform jedoch ihre Grundlagen. Die übrigen Halbbürgermunizipien romanisieren sich schnell und erhalten bald das römische Bürgerrecht.

Der **Latinische Bund** (*nomen Latinum*) besteht weiter, ist jedoch nun ganz auf Rom ausgerichtet, das die Stammesbeamten stellt, Feste veranstaltet und die Politik des Bundes bestimmt. Ihm gehören an die wenigen nach der Neuordnung von 338 noch verbliebenen Latiner- und Hernikerstädte, die sog. *prisci Latini* (z. B. Tibur, Anagnia), und als immer größerer Teil die »latinischen Kolonien«. Als selbstständige Staaten mit Militär- und eigener politischer Ordnung besitzen sie, anders als die römischen Kolonien, deren Bürger in zentral aufgestellten Legionen dienen, eine jederzeit mobilisierbare Streitmacht. An strategisch wichtigen, aber weit vom römischen Territorium abgelegenen Positionen (Aquileia über 600 km!) haben sie die **Funktion vorgeschobener Festungen**. Da in latinische Kolonien viel größere Kontingente (von Bürgern und Latinern, aber auch von *socii*) deduziert werden als in Bürgerkolonien (mehrere Tausend gegenüber einigen Hunderten), ist auch hier die politische Zuverlässigkeit und langfristige Romanisierung der verbleibenden Vorbevölkerung gesichert.

Den größten Teil der **Bundesgenossen bilden die socii**, die nur durch Militärvertrag mit Rom verbunden sind, ihre etruskische, samnitische oder griechische Staats- und Sozialordnung jedoch beibehalten. Ihre Militärkontingente werden auf Aufforderung Roms mobilisiert und treten unter römisches Kommando. Das Bündnis (*foedus*), in dem das Verhältnis der betreffenden Stadt zu Rom seinen Ausdruck findet, regelt meist nur den militärischen und damit außenpolitischen Anschluss. Selbst wenn den Vertrag de jure gleichberechtigte Mächte abschließen, ist der faktische Machtunterschied zwischen Rom und den kleinen italischen Staaten, deren politische Bündnisse untereinander möglichst unterbunden werden, so groß, dass Roms Herrschaft gesichert bleibt.

Das politische Gebilde »Italien unter römischer Herrschaft«, für das die Römer selbst keine eigene Bezeichnung haben, setzt sich also zusammen aus Rom und seinem Territorium im weitesten Sinn (unter Einschluss der Halbbürgerstädte) als dem **Rekrutierungsgebiet der Legionen** (etwa zwei Fünftel des Bundesgebietes) und den **Territorien verbündeter Staaten** (den restlichen drei Fünftel des Landes), die für das Heer Hilfstruppen stellen. Die offizielle Bezeichnung lautet: *Socii nominisve Latini quibus ex formula milites in terra Italia imperare solent* (dt.: die Bundesgenossen und die vom latinischen Bund, denen sie [die Römer] die Gestellung von Hilfstruppen nach der Verhältnistabelle zu befehlen pflegen). Je nach Zahl der von Rom mobilisierten Legionen müssen die

Regionen und Straßen im römischen Italien

etwa 150 übrigen Staaten Italiens kleine Einheiten (*cohortes* der Infanterie, *turmae* der Reiterei) aufbieten, vereinigt zu den *alae sociorum* (Bundesgenossenkorps). Einige, v. a. griechische Städte Süditaliens, stellen ferner auch bemannte Schiffe zum Küstenschutz.

Die römischen Konsuln sind im Kriegsfall Oberbefehlshaber des Bundes, greifen aber auch bei Notständen (*tumultus*, so beim Bacchanalienskandal 186) ins innere Leben der Bundesgenossenstädte ein; der Senat ist – mehr de facto als de jure – die oberste politische Entscheidungsinstanz für Italien. Sonst bemüht sich Rom lange Zeit, die Autonomie der *socii* nicht zu verletzen. Die politischen Beziehungen zwischen Rom und seinen italischen Bundesgenossen werden weitgehend als Verhältnis von *patroni* und *clientes* abgewickelt: Ein prominenter Römer übernimmt die Vertretung eines bestimmten Staates vor Senat und Volk, dafür ist ihm dieser Staat zu Dank und Diensten verpflichtet. Der Patron kann Wünsche und Anregungen Roms an seine Klienten weitergeben, und diese richten sich weitgehend danach, ohne dass es sich um einen administrativen Dienstweg handelt: Eine »Italienverwaltung« existiert nicht.

Italien ist im 3. und 2. Jh. v. Chr. staatsrechtlich wie **sozial, wirtschaftlich und kulturell ein buntes Gebilde**. Neben den in vollem Niedergang befindlichen Griechenstädten am Golf von Tarent und den oft nicht wesentlich lebendigeren Städten der Etrusker, entwickeln sich v. a. die Stadt Rom selbst und einige römische und latinische Kolonien zu auch wirtschaftlich bedeutenden Zentren (z. B. Ostia, Puteoli, Brundisium, Aquileia).

Die große Trennlinie verläuft in dieser Zeit zwischen städtisch und ethnisch geordneten Gesellschaften: Etrusker, Latiner, Campaner und v. a. Griechen, also die Bewohner der Ebenen an der West- und Südküste Italiens, leben in städtischen Zentren, die sabellischen Stämme im Apennin hingegen noch in Gauen ohne zentrale Orte. Dieser **Unterschied im Sozialgefüge** fällt zusammen mit dem zwischen Ackerbau und Gewerbe einerseits und meist Viehzucht andererseits. Da die Bergregionen nur einer beschränkten Bevölkerungszahl Lebensunterhalt bieten, kommt es immer wieder zu organisierten Abwanderungs- und Landnahmeversuchen sabellischer Gruppen in der Ebene (*ver sacrum*). Roms politischer Erfolg beruht nicht zuletzt darauf, dass es von Anfang an Vorkämpfer der zunehmend urbanisierten Ackerbauern des Flachlandes gegen solche Einfälle ist. Auf seinen vielen mittleren und kleinen Bauern beruht Roms Sozial- und Militärordnung; die Anweisung von Ackerland an bedürftige Bürger (Viritanassignation), wie sie Flaminius (†217) 220 bei Rimini vornimmt, hat ebenso militärische wie soziale Gründe. Die späte Einführung einer richtigen Austauschwährung zeigt, dass Handel – v. a. Fernhandel – und Gewerbe noch keinen wichtigen Platz in der römischen Wirtschaft einnehmen.

Eines der Hauptinstrumente Roms zur Eroberung, wie später bei der Beherrschung und Romanisierung Italiens, ist das **gut ausgebaute Netz von Fernstraßen** (*via publicae*), dessen Idee die Römer wohl von den Etruskern übernommen haben. Die ältesten Straßen (*via Latina, via Salaria*) sind alte Handelswege. Ab 312 heißen die

Neuanlagen, errichtet v. a. aus strategischen Gründen, nach den Auftraggebern (meist Zensoren). Zwischen erster Trassierung und Ausbau, d. h. Pflasterung, vergeht in der Republik oft geraume Zeit. In der Kaiserzeit unterstehen die Straßen den vom Kaiser ernannten *curatores viarum* senatorischen oder ritterlichen Standes. Die Kosten des Straßenbaus teilen sich Staatskasse, Anliegergemeinden und Eigentümer des an der Strecke liegenden Großgrundbesitzes, wobei die Kaiser v. a. bei Neubauten erheblich beizusteuern pflegen. Die Meilensteine sind Anzeiger für Straßenbau und -unterhalt in den verschiedenen Epochen der römischen Geschichte.

Eine neue Dynamik kommt in die italischen Verhältnisse durch die Herrschaft, die Rom (mithilfe seiner *socii*) im Mittelmeerraum erwirbt, sowie durch die **Folgen des 2. Punischen Krieges** (218–201), der hauptsächlich Italien in Mitleidenschaft zieht. Zu HANNIBAL sind v. a. die Bewohner nicht urbanisierter Bergkantone und die Griechenstädte im Süden übergegangen. Die Rückeroberung und die darauf folgende Bestrafung dieser Gebiete bewirken, dass Süditalien während der gesamten römischen Zeit – bis heute – gegenüber der Mitte und dem Norden der Halbinsel wirtschaftlich zurückbleibt. Viele Städte in Mittelitalien gewinnen durch die Flucht der Bauern vom Lande erheblich an Einwohnerzahl und Bedeutung, die sie nach dem Krieg auch behalten, da viele Landleute nicht auf ihre zerstörten Höfe zurückkehren oder durch den entstehenden Großgrundbesitz verdrängt werden.

Der lange Krieg, der die Führungsfunktion des römischen Senats erheblich verstärkt, und die mit dem Krieg verbundenen Bevölkerungsverschiebungen bewirken einen starken **Abbau des kleinstaatlichen Bewusstseins**, v. a. bei Soldaten der *socii*, die unter römischen Offizieren neben römischen Einheiten lange Jahre kämpfen, später noch mehr in den folgenden Jahrzehnten fast dauernder Kriege im Osten. Die **Romanisierung Italiens** macht durch den Gebrauch der lateinischen Sprache, Angleichung von Sitten und Gebräuchen sowie Uniformierung in Kriegstechnik und Kleidung (Gebrauch der Toga und Bezeichnung aller Italiker als *Togati* im Osten) wichtige Fortschritte.

Dieser Entwicklung parallel und ihr, zumindest teilweise, auch entgegen läuft die zunehmende Absonderung und faktische **Privilegierung der Römer** gegenüber ihren italischen Verbündeten: Die Siegesbeute nach Schlachten wird zwar auch weiterhin meist nach den alten Verträgen aufgeteilt, die eigentlichen Gewinne aus den neuen Provinzen fließen aber nach Rom, hier wieder v. a. in die Stadt Rom und in die Taschen der Senatoren. Die Bundesgenossen können weder ihre Stadtbevölkerung mit außeritalischem Getreide ernähren, noch können sie sich dem römischen Verzicht auf die Erhebung direkter Steuern (167) anschließen. V. a. sieht sich die **Aristokratie** der bundesgenössischen Gemeinden zusehends degradiert. Bis ins 3. Jh. verkehrt man mit den römischen Senatoren fast von gleich zu gleich; Heiraten untereinander sind nicht selten. Nun kann man, weder in Besitzausdehnung und Luxus der Lebensführung, geschweige denn in der Machtausübung, mithalten. Gelegentliche Entgleisungen römischer Beamter, die die *socii* spüren lassen, dass sie nicht durch die Appellationsrechte römischer Bürger geschützt sind, bewirken, dass samnitische und etruskische Adlige an eine Abwanderung nach Rom denken. Dort kann man durch gute Beziehungen das Bürgerrecht erwerben und hoffen, bald selbst Senator zu werden: Solche »Möchtegern«-Römer führen ihre Gemeinden mehr im Sinn römischer Erwartungen als im ausschließlichen Interesse ihrer Heimatstadt. Die Autonomie der mit Rom Verbündeten wird von innen ausgehöhlt.

Ein zweites Problem sind verarmte Bauern und Erwerbslose, die aus den wirtschaftlich zurückgebliebenen Bergkantonen in das römische Gebiet abwandern wollen: Da Rom das zweigeteilte Militärsystem nicht ändern will, muss es auch die Rekrutierungs-, d. h. Bevölkerungsstärken der *socii* beibehalten, Auswanderung also möglichst verhindern. Meist sind es sogar die Heimatgemeinden, die um eine Rücksendung ihrer nach Rom geflüchteten Bürger bitten, nicht Rom selbst.

Diese lange Zeit nur in ihren Symptomen beachtete Krise erkennt zuerst – aus Gründen der römischen Innenpolitik – GAIUS GRACCHUS: Das **Ackergesetz** (133) seines Bruders TIBERIUS war schließlich daran gescheitert, dass das umfangreiche römische Staatsland im Besitz der *socii* ohne tiefe Erschütterung des Bündnissystems nicht zu beschlagnahmen und an römische Bürger zu verteilen war. FULVIUS FLACCUS (†121) stellt 125 in seinem Gesetzesprojekt den Bundesgenossen Bürger- oder Provokationsrecht zur Auswahl – gegen Herausgabe ihres *ager publicus*; G. GRACCHUS verspricht in seiner *lex de civitate* den Latinern das Bürgerrecht, den übrigen Bundesgenossen ein beschränktes Stimmrecht in Rom, im Tausch gegen *ager publicus*. Beide Vorschläge scheitern, wieder auch am mangelnden Interesse der *socii* selbst.

Diese indifferente Haltung der *socii* ändert sich als Folge der **Heeresreform des Marius**, die für zum Militär eingezogene *proletarii* großzügige Landabfindungen vorsieht. Als daraufhin wieder viele Verbündete nach Rom einzuwandern suchen, kommt es 95 (*lex Licinia Mucia*) zu den letzten großen Repatriierungsaktionen. Die hieraus entstandene Erregung, verstärkt durch die Ermordung des LIVIUS DRUSUS, eskaliert 91–88 zum **Bundesgenossenkrieg**: Verbündete Gemeinden, hauptsächlich des samnitischen Stammes, gründen ein Gegen-Italia, einen unabhängigen Staat. Ihre Hoffnung auf einen allgemeinen Abfall der *socii* geht nicht in Erfüllung. Bürgerrechtsverleihungen an treu gebliebene (90, *lex Iulia*) sowie an freiwillig wieder unter Roms Herrschaft zurückgekehrte Bündnispartner (89, *lex Plautia Papiria*) erreichen, nach anfänglichen Niederlagen, relativ schnell eine Befriedung. Nur der Kampf gegen die Samniten, der in seiner letzten Phase in die **Bürgerkriege zwischen MARIUS und SULLA** einmündet, dauert noch einige Jahre an.

Im Ergebnis der Kämpfe ist, das vergrößerte Italien nur noch von römischen Bürgern bewohnt. Einheimische Sprachen, Institutionen und Rechtsformen werden zwar nicht sofort geändert (das Stadtrecht von Bantia wird noch um 80 in oskischer Sprache verfasst und enthält eine Reihe einheimischer Institutionen); im Laufe des nächsten halben Jh.s wird Italien jedoch tief greifend romanisiert. Hierzu tragen nicht zuletzt die Bürgerkriege selbst und die Ansiedlung von Veteranen bei, durch SULLA und noch brutaler OCTAVIAN unter Enteignung der Vorbevölkerung. Die Vernichtung vieler alter senatorischer Familien durch Kriege und Proskriptionen eröffnet den munizipalen Aristokratien Italiens die Möglichkeit, in den Senat aufzusteigen. Die Sozial- und Wirtschaftsordnung der Gemeinden gleicht sich ebenso an wie ihr politischer Aufbau, ohne dass es irgendwelcher Vereinheitlichungsgesetze bedarf.

Oberitalien, d.h. Ligurien und *Gallia Cisalpina*, wird seit dem 3. Jh. mehr und mehr von Römern und Italikern besiedelt. Koloniegründungen (Lucca und Luna am Golf von La Spezia, Rimini und andere entlang der neuen *via Aemilia*; Aquileia), Aussiedlungen besonders renitenter Stämme oder Stammesteile (282 Vertreibung der Senonen aus dem *ager Gallicus* südlich von Rimini; 180 Verpflanzung von 40 000 Apuani aus dem Hinterland Luccas nach Samnium) sowie Landnahme und Kultivierung durch viele unorganisierte Einwanderer machen aus dem Land zwischen Apennin und Po ein ebenso reiches wie durchgreifend romanisiertes Neuland. Weder Ligurer noch gallische Stämme schließen sich dem Aufstand von 91 an. Sie erhalten – sofern südlich des Po wohnend – das Bürgerrecht; die gallischen, venetischen und euganeischen Stämme nördlich des Po bekommen nach einem Zwischenstadium mit latinischem Kolonialstatus (89, *lex Pompeia*) schließlich von CAESAR 49 das volle Bürgerrecht zuerkannt. Unter AUGUSTUS ist **Italien in Sprache, Recht und Zivilisation weitgehend geeint**.

Italien in der Kaiserzeit

Italien in der Form, die ihm AUGUSTUS gegeben hat, besteht ohne große Veränderungen bis zu den Reformen DIOKLETIANS weiter. Seine **Verwaltung bleibt in der Kaiserzeit zunächst die der Republik**: Italien ist territorial die Summe von über 400 Stadtgebieten, administrativ von ebenso vielen Stadtregierungen, über die Kaiser, Konsuln und Senat eine nicht recht abgegrenzte Oberaufsicht führen. Die wachsende Zahl von Beamten, die der Kaiser zu anderen Zwecken in Italien ernennt (Flotten-, Straßen-, Postbeauftragte u. a.), ergibt jedoch eine immer größere faktische Präsenz der Zentralregierung auch in abgelegeneren Regionen. Die Prätorianerpräfekten werden, als Kommandanten einer auch als Bereitschaftspolizei dienenden Truppe, mehr und mehr für die innere Sicherheit des Landes zuständig. Die Abwertung der städtischen Gerichte und damit die Verlagerung von immer mehr Prozessen an die stadtrömischen Gerichtshöfe macht die Schaffung regionaler Obergerichte nötig: Neben dem Stadtpräfekten und den Prätorianerpräfekten, die Appellationsrichter der Sprengel innerhalb und außerhalb einer Hundertmeilenzone um Rom sind, kommen unter TRAJAN und HADRIAN vier *consulares* bzw. *iuridici* auf, ab 164 dann kontinuierlich belegte, an Zahl wechselnde Gerichtsmagistrate (*iuridici*), deren Amtsbezirke in wechselnder Kombination auf der Grundlage der augusteischen Regioneneinteilung bestimmt werden.

Die **Regionen** werden unter AUGUSTUS in Anlehnung an alte ethnische und sprachliche Gemeinschaften, die seit den Bürgerkriegen kaum mehr Bedeutung besitzen, **neu geschaffen**; ihr Zweck ist unbekannt. Rom selbst ist aus der **Regionenordnung** ausgenommen. Von Rom aus umfassen zunächst (gegen den Uhrzeigersinn fortschreitend) sieben Regionen das »alte« Italien: Latium und Campania, Apulia und Calabria, Lucania und Bruttium, Samnium mit dem Gebiet der Sabiner (später Valeria), Picenum, Umbria und *ager gallicus* sowie Etruria. In vier Regionen ist Norditalien aufgeteilt: Gallia Cispadana (später Aemilia), Liguria, Venetia und Transpadana. Als Grenzen der Regionen werden nach bewährtem römischen Muster, wenn möglich, Flussläufe gewählt.

Neben der wachsenden staatlichen besteht indes, wie in der Republik, die Selbstverwaltung der Gemeinden weiter, von Territorialkörperschaften also mit städtischem Mittelpunkt. Nach einem langen Angleichungsprozess ist die Verfassung der Städte ein Abbild des republikanischen Rom im Kleinen. Ihre Organe sind Beamte (*magistratus*), Senat und Volksversammlung. Die Magistraturen sind *honores*, Ehrenämter ohne Bezahlung, von deren jährlich wechselnden Inhabern sogar die Schenkung erheblicher Summen an die Stadtkasse erwartet wird. Als die freiwilligen Meldungen zu diesen kostspieligen Ehrenämtern zurückgehen, muss man auf die Zwangsverpflichtung genügend vermögender Kandidaten zurückgreifen (aus *honos* wird *munus*). Die ursprünglich kaum beschränkten Kompetenzen der Magistrate werden durch römisches Eingreifen und Nichtausnutzen vorhandener Möglichkeiten vonseiten der Städte selbst immer geringer.

Folgende **Ämter** finden sich, unter geringfügig wechselnden Bezeichnungen, fast überall: *duumviri* (*iure dicundo*): die Vorsitzenden des Stadtrates, obersten Richter und Vertreter der Stadt nach außen; *aediles*: zuständig für die Überwachung des Marktes (Sorge für genügend viel und billiges Getreide!), Kontrolle von Bauwesen und Straßenreinigung; *quaestores*: Überwachung der städtischen Einnahmen (Marktabgaben, Zölle, Verbrauchssteuern, Verpachtungen) und Ausgaben (Gehälter des Unterpersonals, Bauten, Organisation von Festen). Alle fünf Jahre übernehmen die *duumviri* als *quinquennales* zusätzlich zensorische Befugnisse, stellen die Rats-, Bürger- und Steuerlisten neu auf und verpachten die wirtschaftlichen Unternehmungen der Stadt. Bei ihren Aufgaben werden die Beamten von einem teilweise recht großen Stab bezahlter Sekretäre und Amtsdiener (Sklaven und Freigelassene) unterstützt. Der **Stadtrat**, meist mit etwa 100 Mitgliedern, besteht aus allen gewesenen Beamten und zugewählten Bürgern.

Die **Volksversammlung** aller erwachsenen freien Bürger verliert immer mehr an Bedeutung. Dem Volk bleibt die informelle Möglichkeit, sich bei Forderung von Spenden sowie der Ablehnung bzw. Befürwortung bestimmter Amtskandidaten lautstark oder selbst tätlich zu äußern.

Zur Einbindung der Freigelassenen in die Stadtverfassung und ihrer finanziellen »Verwertung« dient schon in augusteischer Zeit das Ehrenamt der *seviri augustales*.

Zunehmende **Verarmung der Städte** durch Abwanderung der reichsten Familien nach Rom, abnehmende Attraktivität der politisch immer unbedeutenderen Ämter sowie finanzielle Misswirtschaft führen zu einer schärferen Staatsaufsicht durch vom Kaiser ernannte *curatores*. Die Selbstverwaltung der Städte geht, lokal verschieden schnell, immer mehr zurück.

Die **Sonderstellung Italiens im Reich schwächt sich immer mehr ab**: Das Bürgerrecht verbreitet sich auch in den Provinzen mehr und mehr, bis CARACALLA es 212 allen freien Reichsbewohnern verleiht. Auch Senat und Ritterstand ergänzen sich seit dem 1. Jh. n. Chr. mehr und mehr aus den Provinzen. Das hat zwar keine politischen Folgen, da die Integrationskraft des Senats stark genug ist, selbst Afrikanern und Griechen das Standesethos aufzuzwingen, und die Senatoren sind auch gehalten, einen ansehnlichen Teil ihres Vermögens in italischem Land anzulegen – Italiker werden sie aber trotzdem nicht. Bei den Legionen geht der Anteil der in Italien rekrutierten Soldaten zurück, und ihr letztes Bollwerk, die Prätorianergarde, wird unter SEPTIMIUS SEVERUS ebenfalls mit Provinzialen aufgefüllt. Die Unmittelbarkeit der italischen Städte zu Kaiser und Senat beeinträchtigt die Einrichtung von Kuratoren und *iuridici*; die Freiheit vom ordentlichen Militär, die Italien zumindest im Frieden seit SULLA genießt, hört auf, als SEPTIMIUS SEVERUS eine Legion auf dem Albanerberg bei Rom stationiert; der unter CARACALLA belegte *corrector Italiae* ist faktisch ein Provinzstatthalter. Die Provinzialisierung setzt sich im 3. Jh. fort; es ist nur der Schlussstrich einer langen Entwicklung, dass DIOKLETIAN dem Land seine seit dem 2. Jh. v. Chr. genossene Freiheit von direkten Steuern (*tributum*) nimmt und Italien etwa zur selben Zeit **in Provinzen** (auf Grundlage der alten Regionen) **teilt**: Vor der neuen absoluten Monarchie hat die alte Unterscheidung zwischen Eroberern und eroberten Provinzen keinen Bestand.

Seit DIOKLETIAN (bzw. seinem westlichen Mitkaiser MAXIMIAN) besteht die *dioecesis Italiciana* mit der Hauptstadt Mailand, der neuen Kaiserresidenz, statt des strategisch immer unbedeutenderen Rom. Zur Diözese gehören auch Sizilien, Sardinien, Korsika, Alpes Cottiae und Rätien. Sie ist von Anfang an geteilt in zwei Vikariate, in *Italia annonaria* (das für den Hof in Mailand und das in Oberitalien stationierte Feldheer die *annona*, das jährliche Getreidekontingent, liefernde Italien), das mit gelegentlichen Grenzverschiebungen bis südlich des Arno reichte, und *Italia suburbicaria*, Mittel-, Süd- und Inselitalien, das durch Lieferung v. a. von Wein und Schweinefleisch zur Ernährung der noch immer wichtigen Großstadt Rom beiträgt. Beide Vikariate haben je fünf bis zehn Provinzen unter *consulares*.

Die soziale und wirtschaftliche Entwicklung Italiens in der Kaiserzeit bietet ein nicht leicht zu interpretierendes und v. a. lokal sehr verschiedenes Bild. Die **Bevölkerungszahl** scheint im Ganzen gegenüber der Republik zurückgegangen zu sein. Der Zustrom nach Rom hält zwar an und macht die bei den Lebensbedingungen der städtischen *plebs* verständliche hohe Sterblichkeitsquote wett. Auf dem Lande wird aber schon im 1. Jh. eine Entvölkerung sichtbar, angezeigt vom Rückgang bei der Rekrutierung von Italikern und dem Ende der bis AUGUSTUS noch recht starken Auswanderung. TRAJAN und spätere Kaiser versuchen, durch Aussetzen eines Kindergeldes (*alimenta*; abgestuft nach ehelichen Knaben und Mädchen, unehelichen Knaben und Mädchen) die Geburtenziffer zu steigern, doch scheitert das Projekt. Die Städte beginnen unter dem Aussterben bzw. der Abwanderung alte Adelsfamilien nach Rom zu leiden. Die Neubildung einer zwar stadtsässigen, aber landbesitzenden **Aristokratie** ist dadurch erschwert, dass oft ein großer Teil des verfügbaren Bodens im Besitz Nichtansässiger (Kaiser, Senatoren, kaiserliche Günstlinge) ist.

Im wirtschaftlichen Bereich bleibt die **Landwirtschaft** wichtigster Sektor. Die Besitzkonzentration schreitet, lokal verschieden schnell, weiter fort, doch kann man etwa in Oberitalien erst in der Spätantike von einem Überwiegen des Großgrundbesitzes sprechen. In der Bewirtschaftung der Güter versucht man sich, nachdem Sklaven zusehends teurer werden, mit verschiedenen Formen der Verpachtung zu behelfen, ohne zu allseits befriedigenden Resultaten zu kommen. Der Anbau von Getreide nimmt, gegenüber Wein und Öl, weiterhin ab; Versuche DOMITIANS, den italischen Weizenanbau zu fördern, scheitern. Obwohl Italien, bedingt durch den zu ernährenden »Wasserkopf« Rom, insgesamt wesentlich mehr ein- als ausführt, werden v. a. Spitzenweine, daneben Öl, Oliven, Fischsoße (*garum*) usw. noch bis ins 2. Jh. exportiert. Marmor aus Carrara (Luna) erfreut sich seit der Erschließung der Lagerstätten in augusteischer Zeit auch in den Provinzen großer Beliebtheit. Italische Handwerkserzeugnisse (Reliefkeramik aus Arezzo = Terra sigillata, Arretina; Glaswaren aus Aquileia u. a.) haben in der Kaiserzeit zunehmend mit der Konkurrenz provinzieller Produktionsstätten zu kämpfen.

Insgesamt geht, mit geringen Ausnahmen, der Wohlstand Italiens bis in die Spätantike nicht entscheidend zurück. | Forts. S. 537 |

Sizilien, Sardinien und Korsika

264 v. Chr. Der **Hilferuf der Mamertini**, oskischer Söldner, die sich in Messina auf Sizilien niedergelassen haben, an Rom und Karthago **löst den 1. Punischen Krieg** (264–241) **aus**. Messina wird infolgedessen, wie die italischen *socii*, als militärpflichtiger Bundesgenosse an Rom angeschlossen.

241 v. Chr. Die bisher karthagischen Städte im Westen Siziliens, kommen nach Ende des Krieges unter römische Oberhoheit; daneben besteht bis 212 das Königreich HIERONS II. von Syrakus (*306, †215) weiter.

237 v. Chr. **Rom erpresst von Karthago** die **Abtretung Sardiniens** und **Korsikas**.

227 v. Chr. Sizilien, Sardinien und Korsika werden *provinciae* unter einem Prätor, seit SULLA einem Proprätor.

Sizilien, Sardinien und Korsika zur Zeit der Republik

Auf **Sizilien** sind neben einigen verbündeten und freien Städten (z.B. Palermo) die meisten Gemeinden tributpflichtig (Ablieferung eines Zehnten, *decuma*, nach den weiter geltenden Bestimmungen von König HIERONS Finanzordnung, der *lex Hieronica*); einige zahlen darüber hinaus noch Pacht für ihnen abgenommenes Land (*civitates censoriae*). Die Fruchtbarkeit der Insel macht das **sizilische Getreide** (den Tribut!) **unentbehrlich für die Ernährung der Bevölkerung Roms**. Es entstehen große, oft eingewanderten Römern gehörige Landgüter, die vorwiegend mit Sklaven bewirtschaftet werden. Als Folge der Missstände auf diesen Latifundien brechen 135–132 und 104–101 **Sklavenkriege** aus, die von Rom nur mühsam niedergeschlagen werden können. CICEROS Anklageschrift gegen den Statthalter GAIUS VERRES (*um 115, †43) bietet das ausführlichste, aber auch ein besonders negatives Bild der Misswirtschaft im römischen Sizilien. Die Insel wird durch den Krieg OCTAVIANS gegen SEXTUS POMPEIUS (*um 67, †35) erheblich geschädigt.

In **Sardinien** wird die fruchtbare Ebene im Süden der Insel relativ schnell unterworfen. Im Hochland, wo auch die Karthager ihre Herrschaft nie fest etablieren konnten, dauern die Kämpfe bis 177 an, und auch später folgen immer wieder Aufstände. Räuberei ist in diesem Gebiet bis in die Kaiserzeit an der Tagesordnung. Die Ebene ist **wichtiger Weizenlieferant für Rom**, im Bergland bleibt die Viehzucht wichtigste Erwerbsquelle. Im Südwesten der Insel werden einige Metallvorkommen abgebaut (Blei, Silber, Eisen und Kupfer). In ihrer gesellschaftlichen und politischen Entwicklung ist die Insel zurückgeblieben: Wenigen Bürgergemeinden an der Küste (Cagliari, Porto Torres) steht die große Menge der Sarden gegenüber, die im traditionellen Stammesverband verbleiben.

Die Niederwerfung und Kontrolle des Hochlandes von **Korsika** gelingt noch weniger als in Sardinien. Nur Mariana und Aleria werden später Kolonien, die durch die einzige Straße der Insel verbunden sind. Die Insel ist in der Antike noch stark bewaldet. Hauptausfuhrartikel sind deshalb Bau- und Schiffsholz sowie Teer und Pech.

Sizilien, Sardinien und Korsika in der Kaiserzeit

In der Kaiserzeit ist **Sizilien Senatsprovinz** und steht unter einem Prokonsul prätorischen Ranges. In einige Städten (Catania, Palermo, Syrakus) hat AUGUSTUS Veteranenkolonien deduziert, andere (z.B. Messina, Taormina) sind Bürgermunizipien. Die übrigen Gemeinden besitzen seit CAESAR latinisches Recht. Der Wohlstand der Insel, der v.a. auf Weizenanbau, daneben Weinbau und Viehzucht beruht, bleibt bestehen. Große kaiserliche und senatorische Domänen zeugen von ihrer Anziehungskraft. In der Geschichte der Kaiserzeit taucht Sizilien kaum auf, bis es 440 n.Chr. von den Vandalen besetzt wird. Auch **Sardinien** ist in der Kaiserzeit **meist Senatsprovinz** unter einem Prokonsul prätorischen Ranges, dazwischen gelegentlich kaiserlich unter einem Präsidialprokurator. Von der Geschichte der Insel in dieser Zeit ist kaum etwas bekannt. **Korsika** ist seit CLAUDIUS eine eigene Provinz unter einem Prokurator der niedrigsten Rangstufe.

Gallien, Germanien, Rätien, Alpenprovinzen

Die Region zwischen Alpen, Pyrenäen, Rhein und oberer Donau wird Jahrhunderte vor der römischen Eroberung vorwiegend von Kelten besiedelt. Die Gascogne bewohnen iberische Aquitanier, die Seealpen Ligurer; von Nordosten sickern vereinzelte Stämme und Gruppen von Germanen ein: Die kulturelle Einheitlichkeit des Gebietes ist davon kaum berührt. Neben der intensiven Landwirtschaft, die auf adliger Großgrundherrschaft basiert, sind der Bergbau und in den großen befestigten Zentralorten (*oppida*) das Handwerk (u.a. Metallarbeiten und Keramik) hoch entwickelt. Der Handel führt schon früh, v.a. über Massilia, zu regem Güteraustausch mit dem Mittelmeerraum. Die Münzprägung scheint stammesweise organisiert zu sein. Die Macht des Adels, der das soziale, politische, wirtschaftliche und religiöse Geschehen bestimmt, beruht auf Gefolgschaften aus halbfreien Hintersassen und wird durch Bündnisse zwischen ungleich angesehenen und mächtigen Adligen politisch umgesetzt. Die *oppida* sind keine selbstständigen Körperschaften, die Organisationsgrundlage bilden vielmehr »Gau« (*pagus*) und Stammesgemeinde (*civitas*). Im 1. Jh. v. Chr. sind die wohl ursprünglichen Königtümer großenteils abgelöst von einer regelmäßig monarchischen Jahresmagistratur (*vergobret*), die mit Adelsrat und Volks- bzw. Heeresversammlung, in der ebenfalls die Adligen das Wort führen, zusammenwirkt. Gewichtigen Einfluss besitzen ferner die aus dem Adel rekrutierten Druiden.

Rom steht seit Anfang des 4. Jh.s v. Chr. in ständiger Auseinandersetzung mit der keltischen Welt – seit der Niederlage an der Allia 387 existiert so etwas wie ein »Galliertrauma«. Das erste dauerhafte Interesse Roms an Südgallien (Provence, Languedoc) entsteht seit dem 2. Punischen Krieg (218–201 v. Chr.) aufgrund der strategischen Bedeutung des Landweges nach Spanien. Zum wichtigsten Verbündeten wird hier Massilia, das besonders östlich der Rhônemündung ein großes Territorium besitzt und spätestens seit dem 2. Punischen Krieg durch *foedus* mit Rom verbunden ist.

125–122 v. Chr. Nach längeren Kämpfen zum Schutz Massilias (MARCUS FULVIUS FLACCUS 125/123 [†121]; GAIUS SEXTIUS CALVINUS, Gründer von Aquae Sextiae [Aix-en-Provence], 123/22) befriedet GNAEUS DOMITIUS AHENOBARBUS (Konsul 122) das Rhônetal bis zum Genfer See sowie Savoyen, Dauphiné, Provence und Languedoc, baut die via Domitia aus und begründet hier endgültig die römische Herrschaft.
Lokale Aufstände um 90, 85–83, 78/77, 74–72 und 61.

um 80 v. Chr. Spätestens unter SULLA wird die Region selbstständigen Provinz.

59 v. Chr. Die Eroberung des übrigen Gallien bis zum Rhein wird CAESAR durch den Wanderzug der Helvetier (mit Klientelstämmen) ermöglicht, die beschließen, vor anhaltenden germanischen Raubzügen nach Aquitanien auszuwandern, um dort eine Hegemoniestellung zu begründen.

58 v. Chr. Das starke Stammesaufgebot der Helvetier von angeblich etwa 92 000 Waffenfähigen unter 368 000 Auswanderern wird bei Bibracte mit Unterstützung der Haeduer so vernichtend geschlagen, dass (nach CAESAR) nur insgesamt 110 000 nach Helvetien zurückkehren. Um die verbündeten Haeduer vor ARIOVIST (†um 54) und dessen Sueben zu beschützen, kann CAESAR diesen angreifen.

Sept. Nördlich Vesontios werden die Sueben von CAESAR geschlagen und über den Rhein zurückgeworfen.

57–53 v. Chr. Die übrigen belgischen, gallischen und aquitanischen Stämme, die teilweise wiederholt rebellieren, werden unterworfen: 57 die Nervier bei Maubeuge an der Sambre, 56 die Veneter und Aquitanier. 55 schlägt CAESAR die über den Rhein gezogenen Usipeter und Tenkterer und errichtet einen ersten Rheinübergang bei Neuwied. Der erste Britannienzug schließt sich an, 54 erfolgt der zweite. 54/53 vernichtet er die aufständischen Eburonen unter AMBIORIX und besiegt die Treverer. 53 wird ein zweiter Rheinübergang bei Andernach geschaffen.

52 v. Chr. Ein allgemeiner gallischer Aufstand unter dem Arvernerkönig VERCINGETORIX (†46) wird niedergerungen. Der Niederlage CAESARS bei Gergovia folgt der entscheidende Sieg bei Alesia.

52/51 v. Chr. Befriedung der restlichen Unruheherde. CAESARS Ordnung belässt die unterschiedliche Stellung der *civitates* zueinander (u. a. die Klientelen der Haeduer) und gegenüber Rom (so behalten Haeduer, Remer, Lingonen u. a. ihr *foedus*), fördert die proömischen Adligen und sichert die Herrschaft durch Geisel- sowie Truppengestellung. Ein sehr maßvoller Jahrestribut von 40 Mio. Sesterzen und die Erschöpfung des Landes erhalten über Jahrzehnte die Ruhe. Lokale Aufstände sind aber wiederholt zu bekämpfen: 46 Bellovacer, 38 und 28 Aquitanier, 30 Moriner, 29 Treverer.

44 v. Chr. Prokonsul LUCIUS MUNATIUS PLANCUS (†um 15 v. Chr.) wehrt einen Angriff der Räter ab.

19 v. Chr. MARCUS VIPSANIUS AGRIPPA (†12 v. Chr.) siedelt zum Schutz der Rheingrenze die germanischen Ubier (um Köln) und vielleicht auch schon die Vangionen (um Worms), Nemeter (um Speyer) sowie Triboker (um Brumath) an.

16–14 v. Chr. Ein Einfall der Sugambrer (16 »clades Lolliana«) und die Eroberung der Alpen und des rätischen Alpenvorlandes unter DRUSUS und TIBERIUS (15) führen zur Neukonzeption der gallischen Ostgrenze.

12–8 v. Chr. Nach der abgeschlossenen Neuordnung Galliens unterwerfen DRUSUS (12–9) und TIBERIUS (8/7) in jährlichen Sommerfeldzügen vom Rhein (Hauptbasen: Mogontiacum [Mainz], oppidum Ubiorum [Köln], Vetera [bei Xanten]) und Alpenvorland aus (Legionslager Dangstetten und Militärstation in Augsburg-Oberhausen[?]) die Germanenstämme bis zur Elbe der römischen Vorherrschaft.

8 v. Chr. Umsiedlung von 40 000 Sugambrern auf die Westseite des Niederrheins.

7 v. Chr.–6 n. Chr. In den folgenden Jahren wird die römische Herrschaft östlich des Rheins durch jährlichen Einmarsch der römischen Rheinarmee gefestigt bzw. gegen Rebellionen durchgesetzt, besonders unter TIBERIUS.

6–9 TIBERIUS' Plan, das Reich des Markomannenkönigs MARBODUUS (†37), dessen Kern im späteren Böhmen liegt, zu unterwerfen, scheitert am Ausbruch des Pannonischen Aufstandes.

7–9 Der Versuch des Kommandeurs des Rheinheeres, PUBLIUS QUINCTILIUS VARUS (*um 47 v. Chr., †9 n. Chr.), die römische Herrschaft zu institutionalisieren, scheitert an dem in seinen Ursachen umstrittenen Aufstand des Cheruskerkönigs (?) ARMINIUS (*20/19 v. Chr., †um 19 n. Chr.), der VARUS' Armee (XVII., XVIII., XIX. Legion mit Auxilien) im Sept. 9 im »Teutoburgischen Bergwald« (»Teutoburgiensis saltus«, auf langer Strecke am nördlichen Rand des Wiehengebirges mit Zentrum am Kalkrieser Berg bei Bramsche) aus dem Hinterhalt überfällt und vernichtet.

13–16 Nach Konsolidierung der Rheingrenze und Neuordnung des germanischen Kommandos durch TIBERIUS in den Jahren 10–12 (Teilung in Militärbezirke Unter- und Obergermanien) stellt GERMANICUS (*15 v. Chr., †19 n. Chr.) in erfolgreichen Feldzügen gegen ARMINIUS und die Germanenstämme in Nordwestdeutschland und durch Rückgewinnung von zwei Legionsadlern – den dritten entwindet AULUS GABINIUS SECUNDUS 42 den Chauken – das römische Ansehen wieder her (Triumph 26. Mai 17). TIBERIUS begnügt sich mit indirekter Herrschaft über die (im Innern noch wenig konsolidierten) Germanenstämme östlich des Rheins als Klientelrandvölker.

Die Rheingrenze unterhalb der Neckarmündung bleibt im 1. Jh. unruhig (Aufstände der Friesen 28 und 57, der Chatten 39 und 50, der Chauken 41/42 und 47, der Brukterer 77). Während im Innern Galliens der lokale Aufstand von 21 (Haeduer und Treverer unter IULIUS SACROVIR [†21] und IULIUS FLORUS [†21]) ebenso schnell niedergeworfen ist wie 68 der verfrühte Putsch des Legaten der Lugdunensis GAIUS IULIUS VINDEX (*um 25, †68) gegen NERO (unterstützt von Vienna, Sequanern und Haeduern), kann 69/70 der vom Bürgerkrieg begünstigte Aufstand der Bataver unter IULIUS CIVILIS, der Treverer unter IULIUS CLASSICUS und IULIUS TUTOR, der Lingonen unter IULIUS SABINUS (†79) und kleinerer Stämme (wohlwollende Neutralität der colonia Agrippinensium) erst nach VESPASIANS Sieg von QUINTUS PETILLIUS CERIALIS in wenigen Monaten erstickt werden. – Ganz unrealistisch ist das »gallische Kaisertum« des CLASSICUS.

89, Jan. Nach dem Chattenkrieg DOMITIANS 83 (»Germania capta«) und der Umwandlung (85) der zwei germanischen Heeresbezirke in die Provinzen Germania Inferior und Superior, in die Wetterau, Odenwald, Neckartal (seit DRUSUS von Süden und Westen aus von Galliern neu besiedelt: Agri decumates[?]) sowie die Schwäbische Alb eingegliedert werden, putscht der Legat Obergermaniens, LUCIUS ANTONIus Saturninus (†89), trotz Unterstützung durch die Chatten erfolglos.

Bereits Claudius hatte eine Kastellkette entlang der Donau und im Oberrheintal, Vespasian im unteren und oberen Neckartal (Arae Flaviae [Rottweil]: Straßenbau von Argentorate [Straßburg] zur Donau durch Gnaeus Pinarius Clemens) und Domitian entlang des späteren Pfahl, im Odenwald, mittleren Neckartal, auf der Schwäbischen Alb und an der Altmühl errichtet. Später befestigen Hadrian und Antoninus Pius unter Auflassung der rückwärtigen Auxiliarlager den obergermanisch-rätischen **Limes** (obergermanischer Pfahlgraben und rätische Mauer) und Pius schiebt denselben vor auf die Miltenberg-Lorch-Linie.

2. Jh. Die Rheingrenze bleibt im 2. Jh. im Wesentlichen ruhig (172 Chaukeneinfall in die Belgica). Die rätische Donaufront wird durch die Markomannenkriege unter Marcus Aurelius gefährdet (166/67–180).

213 Caracalla wendet sich in einem Präventivkrieg gegen die Alemannen, die zu dieser Zeit vielleicht schon als Großstamm organisiert sind.

233 Wohl nach lokalen Attacken (um 230/32[?]) überrennen die Alemannen den Limes, v. a. in der Wetterau, und zerstören diesen teilweise.

235 Nach dem Tod des Severus Alexander schlägt Maximinus Thrax die Alemannen zurück.

um 259/260 Germanenheere durchbrechen den obergermanisch-rätischen Limes und ziehen raubend und sengend bis weit in das Reich, sodass die Römer gezwungen sind, die letzten Truppen aus den Limeslagern abzuziehen, um den Rückkehrern die Beute wieder abzujagen. Dies gelingt bei Semnonen/Juthungen, die man am 24./25. April 260 bei Augsburg besiegen kann. Der Limes und das Hinterland bis zu Rhein, Iller und Donau werden aufgegeben, die Alemannen besiedeln das Neckartal und den (vorher siedlungsleeren) Schwarzwald. Das Schicksal der gallo-römischen Bevölkerung der rechtsrheinischen Gebiete ist unklar. Der Bedrohung Galliens leisten die wohl von der einheimischen Aristokratie gestützten Kaiser des Gallischen Sonderreiches Postumus (um 260–274) erfolgreich Widerstand.
268, 270/71, 275/76, 288 und 298 kommt es erneut zu ausgedehnten Einfällen von Franken, Alemannen, Juthungen u. a. nach Gallien und Rätien.

353–357 Der Stabilisierung der Grenze unter Diokletian/Maximian und Konstantin folgen schwere Verwüstungen durch Franken und Alemannen, denen Julian Apostata 356 bei Köln und 357 bei Straßburg erfolgreich begegnet.
Das Gebiet zwischen Waal, Maas und Schelde wird fränkisches Föderatenland.

365–374 Die umfassende Befestigung der gallischen und rätischen Grenzen an Maas, Rhein und oberer Donau durch Valentinian I. kann germanische Raubzüge nicht verhindern (368 und 388/89 Franken, 378 Alemannen; 383 Alemannen und Juthungen nach Raetia II).

Der Limes in Germanien

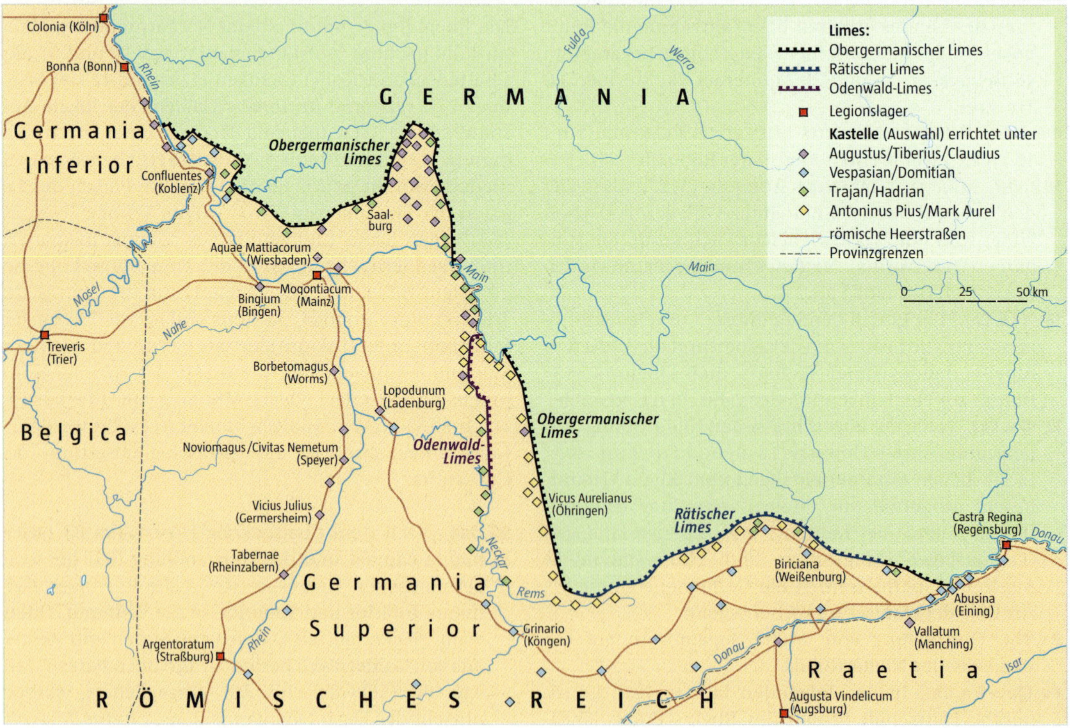

um 406 Im ersten Jahrzehnt des 5. Jh. zerfällt die Rhein-Donau-Grenze: Silvester 406 gehen Alanen, Vandalen, Quaden, Burgunder und Alemannen auf Dauer über den Oberrhein und ziehen bis weit ins Innere des Römischen Reichs. 405/406 marschiert RADAGAISUS (†406) durch Raetia nach Italien.

418 Als erstes förmlich anerkanntes Germanenreich bildet sich das westgotische im weiteren Aquitanien. – 443 das der von den Hunnen 436 geschlagenen Burgunder in Savoyen.

442 Alanen werden im Territorium der »civitas Aurelianorum« (Orléans) angesiedelt. Die aremorikanischen Bagauden tun es den Germanen nach (435–437 und um 445).

454 Eine geregelte Reichsverwaltung wird in weiten Teilen der Prätorianerpräfektur unmöglich. Trotz der siegreichen Abwehr der Hunnen auf den Katalaunischen Feldern 451 zerfällt die Reichsgewalt in Gallien nach der Ermordung des AËTIUS. Nur gelegentlich regt sich Widerstand im gallischen Adel, hervorzuheben ist der des GAIUS SOLLIUS MODESTUS SIDONIUS APOLLINARIS in der »civitas Arvernorum«.

nach 470 Reich des SYAGRIUS (†486/487).
Die eingedrungenen Franken bilden unter ihrem König CHILDERICH (†482) in Nordostgallien ein eigenständiges Reich.

Während auch die administrative Ordnung der *civitates* zugrunde geht und sehr rudimentär nur in der Organisation der Kirche überdauert, wird die Kontinuität von Städten (im sozioökonomischen Sinne) und Adel nur in den Gebieten intensiver germanischer Landnahme gefährdet. Wo sie abbricht, werden später oft die gallorömischen Ruinenstädte zu neuen Siedlungszentren.

Politische Struktur zur Zeit des Römischen Reichs

Die 22 v. Chr. von der Gallia comata abgetrennte Provinz Gallia Narbonensis mit der Hauptstadt Narbo Martius (Narbonne), seit VESPASIAN auch Sitz des Landtages und provinzialen Kaiserkults, entspricht einer erweiterten Gallia ulterior. Das stark romanisierte und urbanisierte Gebiet wird von prätorischen Prokonsuln mit einem prätorischen Legaten und einem Quästor regiert (ferner ein ducenarer Prokurator). 16–12 erhält **Gallien** von AUGUSTUS und DRUSUS mit drei prätorischen Kaiserprovinzen seine endgültige Organisationsform: Gallia Belgica (Statthaltersitz: Durocortorum [Reims]), Gallia Lugdunensis (Statthaltersitz: Lugdunum [Lyon]) und Gallia Aquitania (Statthaltersitz: im 1/2. Jh. unklar, im 3./4. Jh. Burdigala [Bordeaux]). Zur selben Zeit findet ein allgemeiner Zensus statt (im 1.–3. Jh. in unregelmäßigen Abständen wiederholt), zu dessen Abschluss im Aug. 12 v. Chr. der erste Landtag der Tres Galliae (»Drei Gallien«) aus den gallischen Honoratioren in Confluentes (*pagus Condate*) bei Lugdunum zusammentritt. Er wird im Rahmen des Kaiserkultes unter dem auf ein Jahr gewählten *sacerdos Romae et Augusti* (bzw. *Augustorum*) am 1. Aug. jährlich wiederholt. Hinzu kommt die Einsetzung zweier ducenarer Finanzprokuratoren: Galliae Belgicae (nach 85 mit dem Zusatz *et duarum Germaniarum*) mit Sitz in Trier (anfangs in Reims[?]) und Galliarum Lugdunensis et Aquitaniae mit Sitz in Lyon. In den **Alpen** bleibt ein Teil des ehemaligen Königreiches des COTTIUS unter dessen Verwaltung als *praefectus civitatium* bestehen, neben ihm fungiert ein Prokurator. Hauptort ist Segusio (Susa). Sein Sohn DONNUS (13–44) und Enkel COTTIUS II. (*rex* 44–63) erben diese Stellung. Seit 63 regiert die Provinz Alpium Cottiarum ein centenarer Prokurator. – Die Alpes Maritimae (Hauptort Cemenelum [Cimiez]) und die Alpes Graiae (Alpes Atrectinae[?], Hauptort Axima [Forum Claudii, heute Aime]) stehen seit AUGUSTUS unter ritterlichen *praefecti*, wohl seit 69 unter centenaren Prokuratoren. Die Alpes Poeninae (Wallis, Hauptort Octodurus [Martigny]), spätestens seit Mitte 2. Jh. mit Alpes Graiae vereint, gehören bis CLAUDIUS zu dem von einem *praefectus* verwalteten Gebiet der Vindeliker und Räter, die dann die Provinz **Raetia** unter einem ducenaren Prokurator bilden. Der Statthaltersitz ist bis zum Ende des 1. Jh.s in Cambodunum (Kempten), danach in Augusta Vindelicum (Augsburg). Die Grenze von Raetia bilden Alpenkamm, Inn, Donau (bzw. Schwäbische Alb), Bodensee (Untersee) und Hochrheintal. Die Grenzen der drei westlichen Alpenprovinzen verschieben sich wiederholt geringfügig. 85–90 werden die zwei germanischen Militärbezirke (seit 12/13) in Provinzen umgewandelt (**Germania Inferior** [Statthaltersitz Köln] und **Superior** [Statthaltersitz Mainz]). Die Grenze zwischen beiden Provinzen bildet der Vinxtbach bei Brohl; im Westen (Zugehörigkeit der Frisiavonen und Tungrer bzw. der Lingonen und Sequaner) ist sie umstritten, Aquae Granni [Aachen] gehört aber wohl zu Niedergermanien. 175 wird Raetia prätorische Kaiserprovinz (»legio III Italica« in Reginum [Regensburg]). Die iberische Novempopulana wird wohl Anfang des 3. Jh.s als eigene Provinz aus der sonst keltischen Gallia Aquitania ausgegliedert (Statthaltersitz Elusa [Eauze]).

Im diokletianisch-konstantinischen System gehört das gesamte Gebiet außer Raetia I (um Chur) und II (um Augsburg), die zur **Präfektur Italia et Africa** zählen, zur **Prätorianerpräfektur Galliae** (Sitz in Trier, seit Ende des 4. Jh.s in Arelate [Arles]) mit den **Diözesen Viennensis** (Sitz des Vikars: Vienna [Vienne]) **und Galliae** (Sitz des Vikars: Trier, seit Ende des 4. Jh.s vereint mit dem Vikariat der Viennensis). Zur Diözese Viennensis zählen die Provinzen Aquitania I und II (unter KONSTANTIN wieder vereint), Novempopulana (um Elusa, später Auch), Narbonensis I (um Narbonne) und II (um Aix-en-Provence), Viennensis (um Vienne; zwischen KONSTANTIN und VALENTINIAN I. vereint mit Narbonensis II) und Alpes Maritimae (mit dem Südteil der Alpes Cottiae um Embrun). Zur Diözese Galliae gehören die Provinzen Lugdunensis I (um Lyon), II (um Rouen), III (383/88 aus der Lugdunensis II; um Tours) und IV (Maxima Senonia; 383/88 aus der Lugdunensis I; um Sens), Belgica I (um Trier) und II (um Reims), Germania II (um Köln), Germania I (um Mainz), Maxima Sequanorum (um Besançon) und Alpes Graiae et Poeninae. Die »notitia Galliarum« zählt Ende des 4. Jh.s in beiden Diözesen 118 *civitates* (korrigiert). Die Provinzen und Diözesen bilden im 4. Jh. eigene Landtage; das *concilium Trium Galliarum* in Lyon löst DIOKLETIAN auf. Die übrigen Zentralämter (v. a. *sacrae largitiones* und *res privata*) residieren zumeist in den Vororten der Provinzen und Diözesen.

Militärische Organisation

Die **Besatzungsarmee** ist bis in das 2. Jahrzehnt v. Chr. auf das innere, v. a. nördliche Gallien verteilt, und wird dann an den Rhein verlegt. Legionslager sind Mogontiacum, Köln (ab etwa 35 nach Bonna [Bonn] und bis um 100 nach Novaesium [Neuss]), Vetera, seit Anfang TIBERIUS Argentorate (außer 43–70), bis um 101 Vindonissa [Windisch] und von 70 bis Anfang HADRIAN Noviomagus (Nimwegen). Das Heer ist in einer wechselnden Zahl von Legionen organisiert: Bis 9 n. Chr. wohl sieben Legionen, 9–43: acht, 43–70: sieben, 70–86: acht, 86–92: sieben, 92–um 101: sechs, um 101 bis Anfang HADRIAN: fünf, danach vier Legionen (bis 175 »legio III Italica« in Reginum stationiert) in Argentorate (»legio VIII Augusta«), Mogontiacum (»legio XXII Primigenia«), Bonna (»legio I Minervia«), Vetera (»legio XXX Ulpia Victrix«). Die Hilfstruppen, die im 1./2. Jh. in Niedergermanien verringert, in Obergermanien vermehrt werden, stehen im 2./3. Jh. in Einzelkastellen entlang des Limes (im 2. Jh. in Niedergermanien: 5–6 Alen, 13 Kohorten [1 *milliaria*], bis zu 4 Numeri, also 10 000–10 800 Mann; in Obergermanien: 3 Alen [1 *milliaria*], etwa 22 Kohorten [1 *milliaria*], 15–17 Numeri [v. a. Brittonen, seit Anfang des 2. Jh.s aus Britannien rekrutiert, und *explorationes*], d. h. um 16 500 Mann; in Rätien: 3–4 Alen [1 *milliaria*], 13 Kohorten, keine Numeri, rund 8500–9000 Mann). Viele Einheiten der beiden germanischen Heere werden zwischen CLAUDIUS und HADRIAN nach Britannien und an die mittlere und untere Donau verlegt. Bis in flavische Zeit werden (irreguläre) Stammesaufgebote nach Bedarf einberufen (berühmt die acht Bataverkohorten). In den Binnenprovinzen stehen nur einzelne Kohorten (z. B. in Cemenelum die *cohors Ligurum* und *cohors Gaetulorum* im 1. Jh.). In Lyon versieht die *cohors I* bzw. *XIII urbana*, nach 197 eine Legionsvexillation, Polizeiaufgaben. Den Rhein sichert die *classis Augusta Germanica* (Haupthafen Köln-Bayenthal), die Überfahrt nach Britannien die *classis Britannica* (Haupthafen Gesoriacum [Boulogne]). Seit Ende des 3. Jh.s lagern unter dem Befehl eines *dux* in jeder Grenzprovinz zwei Legionen (Sollstärke vielleicht wesentlich unter der des 1–3. Jh.s) und eine wechselnde Anzahl kleinerer Hilfstruppen. Auch im Innern Galliens und an der Atlantikküste werden nun Truppen stationiert (zumeist comitatensische). Die Legionen werden im 1. Jh. überwiegend noch in (Nord-)Italien rekrutiert, seit Mitte des 2. Jh.s vornehmlich aus dem gallischen Raum, woher auch nicht spezialisierte Auxilien seit AUGUSTUS zumeist ergänzt werden. Im 4. Jh. überwiegt bei weitem das germanische Element.

Infrastruktur und Stadtgründungen

Die **Infrastruktur** wird durch Straßenbauten besonders unter militärischen Gesichtspunkten wesentlich verbessert. Hauptknotenpunkte sind Arelate (*via Domitia*), Lugdunum, Durocortorum, Augusta Treverorum und Augusta Vindelicum (*via Claudia*). Die wichtigsten Alpenpässe sind Mont-Genèvre (Alpis Cottia), Kleiner und Großer St. Bernhard (Alpis Graia, Summus Poeninus), Septimer-Julier, Reschenscheideck und Brenner. Bedeutende Kanalbauten sind *fossa Mariana* an der Rhônemündung (103 v. Chr.), *fossae Drusinae* (Rhein-Zuidersee, 12 v. Chr.) *und fossa Corbulonis* (Altrhein-Maas, 47 n. Chr.). Offenbar verhindert ein Kompetenzstreit im Jahr 63 die Verbindung von Saône und Maas.

Die römische Kolonisation beschränkt sich auf Narbo Martius (Narbonne) 118 v. Chr. (Nachdeduktion unter CAESAR). Cäsarische Gründungen sind Arelate (durch TIBERIUS CLAUDIUS NERO [†33 v. Chr.]), Valentia (Valence), Equestris (Nyon), Lugdunum (44 v. Chr. durch LUCIUS MUNATIUS PLANCUS [†15 v. Chr.]) und Raurica (Augst, 44/43 v. Chr. durch PLANCUS, augusteische Nachdeduktion); augusteische Gründungen sind Forum Iulii (Fréjus, Flottenstation v. a. der frühaugusteischen Zeit) und Arausio (Orange), Baeterrae (Béziers); claudische Gründungen sind Vienna (37–46, titular) und colonia Claudia Ara Agrippinensium (Köln, 50); weiter sind Aventicum/colonia Pia Flavia Constans Emerita Helvetiorum Foederata (Avenches, 70/73) und colonia Ulpia Traiana (Xanten, um 100). Zumeist sind militärische Gründe für die Koloniededuktionen maßgebend, bei Köln der Geburtsort der AGRIPPINA MINOR (*15, †59).

In den Germaniae und Raetia werden auch römische(?) Municipien gegründet: Arae Flaviae (vor 186, trajanisch[?]), municipium Batavorum (um Nimwegen[?], trajanisch[?]), municipium Cananefatum (um Voorburg, hadrianisch[?]); Augusta Vindelicum (hadrianisch).

Rechtliche Stellung

Das **Latinische Recht** erhalten in den drei Alpenprovinzen und der Narbonensis anscheinend alle nichtrömischen *civitates*, im übrigen Gallien sehr viele, darunter die *civitates* Treverorum, Arvernorum, Haeduorum, Lingonum, Sequanorum, Segusiavorum und Viducassium. Diese Gemeinden führen in den Alpen den Titel *municipium*, im gallischen Raum *colonia* (oder *civitas*). Römische Neugründungen trajanischer und aurelischer Zeit sind die acht (zumeist wohl peregrinen) *civitates* zwischen Rhein und Limes: Ulpia Sueborum Nicretum (um Lopodunum [Ladenburg]), Ulpia(?) Mattiacorum (um Aquae Mattiacorum [Wiesbaden]), Ulpia[?] Taunensium (um Nida [Frankfurt-Heddernheim]), Auderiensium (um ein *vicus*, dessen Name unvollständig überliefert ist [Dieburg]), Alisin ... (um Bad Wimpfen im Tal), Aurelia G ... (östlich des Neckars), Sumelocennensis (um Sumelocenna [Rottenburg]), Aurelia Aquensium (um Aquae [Baden-Baden]). Erstaunlicherweise ist Rätien wohl nicht in ähnlicher Weise in *civitates* mit einem städtischen Zentralort unterteilt worden: Neben Augsburg sind nur Cambodunum (Estiones und Licantii[?]) und Brigantium (Bregenz; Brigantii und Venones[?]) als Civitaszentren wahrscheinlich. Zu erwägen ist ferner Curia (Chur). Offensichtlich haben die vorrömischen Stämme als *civitates* ohne Hauptort mit lokalstaatlichen Funktionen fortbestanden. Ein civitasfreies Gebiet war anscheinend das ehemals treverische Umland von Mogontiacum, das Ende des 3. Jh.s eine *civitas* wird.

Die gallischen Stammesgemeinden sind prinzipiell nicht verändert: 21 n. Chr. gibt es in den Tres Galliae insgesamt 64 *civitates* mit einem durchschnittlichen Territorium von etwa 8300 km^2. In der Narbonensis sind die Gemeinden regelmäßig kleiner (vergleichbar Vienna, die einstige civitas Allobrogum, oder Nemausus), ebenso im 2./3. Jh. in Obergermanien (außer Lingonen und Sequaner). Das ländliche Territorium behält daher oft bis in das 4. Jh. das Übergewicht gegenüber dem Vorort. In augusteischer Zeit werden viele Hauptorte mit rechtwinkligem Straßensystem neu angelegt, u. a. Augustobona (Troyes), Augustonemetum (Clermont-Ferrand), Augusta Treverorum, Augusta Viromanduorum (Saint-Quentin), Bagacum (Bavay), Lutetia (Paris) und Samarobriva (Amiens). Der Einfluss der grundbesitzenden, oft sehr reichen land- und stadtsässigen Aristokratie wird verstärkt; Dekurionenrat und Ämter werden den römischen Prinzipien angeglichen. Der Vorort der *civitas*, oft mit der körperschaftlichen Organisation eines *vicus*, besitzt nur beschränkte Zentralität für die gesamte Gemeinde und steht zumeist in Konkurrenz mit anderen städtischen Siedlungen (*vici*). In Mittelgallien werden ländliche Zentren mit Theater, Basilica, Thermen, Forum und Tempeln bei anscheinend geringer Wohnbesiedlung und Vicusverfassung durch private Stiftungen geschaffen. Das Wachstum anderer *vici* neben dem Vorort führt, zumeist auf der Basis alter *pagi*, besonders seit DIOKLETIAN, zu Teilungen großer Stammesgemeinden (etwa der Haeduer Ende des 4. Jh.s: »civitas Haeduorum« um Augustodunum [Autun], »civitas Cabillonum« um Cabillo [Châlon-sur-Saône] und »civitas Autissiodurum« um Auxerre). Schon im ersten vor- und nachchristlichen Jahrhundert wird das Helvetiergebiet durch Koloniededuktionen zumindest dreigeteilt. Als vermutliches Relikt des einstigen Stammes bleibt ein *conventus Helveticus* bestehen. – Alte Unterorganisationen des Stammes (*pagi, curiae*) bleiben oft erhalten.

Das gallische Sonderreich 260 – 274

Wirtschaftliche Entwicklung

Der wichtigste und für den Reichtum Galliens grundlegende Wirtschaftszweig ist die gegen äußere Unruhen störanfällige Landwirtschaft. Sie wird überwiegend in Großgrundbesitz (*fundi*) von Gutshöfen aus (*villae rusticae* mit je etwa 1 km^2 Land) betrieben (Getreide, Wein, Öl, Viehzucht). Pächter und Landarbeiter scheinen gewöhnlich auf dem Gutshof zu leben. Bauerndörfer sind selten nachzuweisen, ebenso die Centuriation (wie in Arausio durch inschriftliche Pläne überliefert). In den großen Städten und stadtähnlichen Siedlungen (*vici*; die alten keltischen *oppida* werden bis Ende des 1. Jh.s n. Chr. verlassen) sowie in zahlreichen kleinen Straßendörfern (oft auch als *vici* verfasst) werden in kleinen(?) Betriebsformen viele, z. T. hoch differenzierte Gewerbe (u. a. Metallarbeiten, Holz, Bein) ausgeübt, die v. a. den lokalen Markt bedienen. Stadt und Land sind daher wirtschaftlich aufeinander angewiesen. Freie Arbeitskräfte scheinen zu überwiegen, sind als Landarbeiter jedoch vom Grundherrn stark abhängig. Die Eigentumsformen der Gewerbebetriebe sind unklar. Bergbau und Erzgewinnung werden in ganz Gallien im kleinen Maßstab betrieben (Gruben und Raseneisenabbau). Kaiserliche Minen bauen Silber (im Rutenerland) und v. a. Eisen ab; sie stehen unter Leitung eines centenaren *procurator ferrariarum Galliarum*. V. a. im 4. Jh. lassen sich über ganz Gallien verstreut zahlreiche kaiserliche Betriebe (*fabricae*) feststellen.

Überregionale Bedeutung erlangt die Keramikproduktion v. a. von Condatomagus (La Graufesenque, Rutenergebiet), Ledosus (Lezoux, Arvernerland) und Tabernae (Rheinzabern), ferner die Glasproduktion im Loiregebiet und v. a. in Köln (u. a. Diatretgläser, Schlangenfasergläser) und die Textilherstellung in ganz Gallien (Wolle, Leinen). Eigene Wirtschaftsniederlassungen entstehen bei den Legions- und Auxiliarlagern (*canabae* und *vici*). Fernhandel spielt nicht nur in den bedeutenden Häfen (Massilia, Arelate, Narbo Martius, Burdigala, Rheinmündung) eine große Rolle, sondern auch entlang von Rhône, Saône, Loire, Seine, Maas, Mosel, Rhein und anderen Flüssen (*collegia nautarum* u. a. in Arelate, Lugdunum, Portus Namnetum [Nantes], Lutetia). Zentrum sind Lugdunum (v. a. für Wein) und beschränkt Arelate (für Öl). Bescheidenes Wirtschaftszentrum Rätiens ist Augsburg. An den gallischen Außengrenzen und im Binnenland wird die *quadragesima Galliarum* als Zoll zu 2,5 % vom Warenwert erhoben; Raetia gehört zumindest teilweise zum *publicum portorium Illyrici*. Kleinhandel und Transportunternehmen florieren in den *vici* verschiedenster Größe. Auch der Fremdenverkehr blüht im 2./3. Jh. (Badeorte, Heiligtümer).

Eine Münzstätte prägt von AUGUSTUS bis 69, 193–197

und 274–423 in Lyon, Ende 256–273 in Köln, 269–273 und ab 293 auch in Trier (um 395 nach Mailand), 324–476 in Arles. Lokale städtische Prägung (einflussreich Nemausus) endet unter CALIGULA.

Soziale Strukturen

Über die im Imperium allgemeine Rechtsgliederung hinaus ist von der Sozialstruktur im gallischen Raum wenig bekannt. Die Stellung im Wirtschaftsprozess scheint besonders stark bestimmend und in Land und Stadt wesentlich verschieden zu sein; das römische Personenrecht und die Urbanisierung lockern die Abhängigkeit vom grundbesitzenden Adel, jedoch wird ein städtisches »Bürgertum« nur in der Narbonensis und einigen Großstädten, z.B. Lugdunum, Augustodunum, Burdigala, Augusta Treverorum und Colonia Claudia Ara Agrippinensium, zur vorherrschenden Schicht, obgleich der Adel schon früh rechtlich und kulturell romanisiert ist (im 1. Jh. in den Tres Galliae). Soziale Mobilität trifft man v.a. in größeren Stadtsiedlungen an. In Ostgallien, beiden Germanien und Rätien spielt das Heer nicht nur als Wirtschaftsfaktor und Männeransammlung, sondern auch für den sozialen Aufstieg eine zentrale Rolle.

Viele Angehörige der Oberschicht der Narbonensis gelangen schon im 1. Jh. n. Chr. in Senat und ritterlichen Kaiserdienst, z.B. DECIMUS VALERIUS ASIATICUS (*um 5 v. Chr., †47) aus Vienna, *consul iterum* 46, GNAEUS IULIUS AGRICOLA (*40, †93) aus Forum Iulii, Konsul 76 und SEXTUS AFRANIUS BURRUS (†62) aus Vasio Vocontiorum, Prätorianerpräfekt unter NERO. Nur sehr wenige Gallier der Tres Galliae sind ähnlich aufgestiegen, als erster Senator 48 ein Haeduer, ferner GAIUS IULIUS VINDEX (*um 25 †68) aus einem aquitanischen Fürstengeschlecht. Seit den Flaviern setzt sich die von CLAUDIUS forcierte Förderung dieser Gallier nicht fort: Noch im 3. Jh. ist ihr Anteil gering (ein Prokurator aus Köln [GAIUS TITIUS SIMILIS]; beste, aber folgenlose Beziehungen hat TITUS SENNIUS SOLLEMNIS aus der colonia Viducassium [um Vieux]), erst im 4. Jh. nimmt er zu; die Ursachen sind unbekannt. Ebenso werden nur wenige Gallier in die Richterdekurien aufgenommen, vornehmlich aus der Narbonensis und den Kolonien Lugdunum und Equestris. – Der einzige in Prokuraturen aufgestiegene Vindeliker, CLAUDIUS PATERNUS CLEMENTIANUS (*65, †nach 125) stammt aus Abudiacum (Epfach).

Die Assimilation an die römische Kultur und Zivilisation findet v.a. in und über die städtischen Siedlungen statt, am frühesten in der Narbonensis, die PLINIUS DER ÄLTERE (*23/24, †79) um 75 »treffender Italien als eine Provinz« zu sein scheint und die seit Ende 2. Jh. v. Chr. einer intensiven Einwanderung unterliegt. Nur in Germanien und Rätien wird die Akkulturation vom Heer stark gefördert. Keltische Sprache, Religion und Brauchtum halten sich auf dem flachen Land noch weit ins 4. Jh., sodass die Verzögerung der Romanisierung den irreführenden Eindruck einer »keltischen Renaissance« im 3. und 4. Jh. erweckt. Kontinuität zeigt sich allgemeiner auf religiösem Gebiet, obwohl schon AUGUSTUS den Druidenkult den Römern, CLAUDIUS dann allen verbietet und die sehr zahlreichen, oft nur eng lokal verehrten Götter zumeist römisch benannt werden (z.B. Taranis-Jupiter, Teutates-Mars, Esus-Merkur, Grannus-Apollo, Sirona-Diana; Matronenkulte [germanisch] und Jupiter-Giganten-Säulen im Rheinland; Rosmertakult, Eponakult; gallische Umgangstempel).

Soziale Unruhen sind wohl erst eine Folge der Germaneneinfälle: Bagauden 283–286 (»Bagaudenkrieg« MAXIMIANS) und v.a. seit um 380 und im 5. Jh. in Alpen, Bretagne und Normandie (zeitweise selbstständige »Staatsbildung«; keine sozialrevolutionäre Bewegung).

Seit Ende des 3. Jh.s werden Reichsfremde (*laeti*; germanische [zumeist fränkische] *foederati*) in Nordgallien wiederholt angesiedelt, aber in die gallorömische Bevölkerung kaum integriert. Die Germaneneinfälle führen zu Verarmung, Flucht, Verschleppung und Bevölkerungsverlusten, die seit etwa der 2. Hälfte des 4. Jh.s nicht mehr ausgeglichen werden können; am härtesten betroffen sind die nord- und nordostgallischen Provinzen. Auch die germanische Landnahme des 5. Jh.s kann den starken Bevölkerungsrückgang hier nicht aufhalten. Die städtischen Siedlungen schrumpfen erheblich (teilweise wegen Rückgangs öffentlicher Gebäude und des Baluxus' der Oberschicht) und bleiben lange romanische Inseln im germanischen Umland. Der regional verschiedene, in Mittel- und Südgallien leichtere, im Nordosten schwere zivilisatorische Rückschritt vereinfacht entsprechend die Wirtschafts- und Sozialstruktur.

Kultur und Religion

Die kulturelle Blüte der Region fällt, abgesehen von der früh entwickelten Narbonensis, in das 2.–4. Jh. Besonders die lateinische Redekunst wird intensiv gepflegt, z.B. MARCUS APER und IULIUS SECUNDUS in TACITUS' »Dialogus de oratoribus«; berühmt wird die Redeschule von Augustodunum (»Panegyrici Latini«). Aus der Narbonensis stammen die Historiker POMPEIUS TROGUS, der unter AUGUSTUS eine »Weltgeschichte« (»Historiae Philippicae«) verfasst, und vielleicht CORNELIUS TACITUS (Konsul 97). Im 4. Jh. treten der Dichter DECIMUS MAGNUS AUSONIUS (*um 310, †393/94) aus Burdigala (»Mosella«, um 370) und der Agrarschriftsteller PALLADIUS hervor, im 5. Jh. die Dichter RUTILIUS NAMATIANUS (»De reditu suo«, 416) und GAIUS SOLLIUS MODESTUS SIDONIUS APOLLINARIS (*um 430, †um 480) aus Lugdunum, der Redner ENNODIUS (*473, †521) und der Historiker GREGOR VON TOURS (*538/39, †594). Eine Blüte erlebt die christliche Literatur seit dem 4. Jh., u.a. durch HILARIUS VON POITIERS (*um 315, †367) und ALCIMUS ECDICIUS AVITUS (*um 460, †518). Einen wesentlichen Einfluss hat diese späte Literatur auf das Reich nicht mehr ausüben können, wohl aber auf das Abendland.

Die materielle Kultur zeigt sehr unterschiedliche künstlerische Qualität. Spitzenleistungen finden sich in den großen Städten besonders der Narbonensis. Einen repräsentativen Eindruck von Zivilisation und Prunk der großen *vici* und Zentralorte bieten u.a. die noch erhaltenen Theater von Arausio, Vienna oder Augusta Raurica, die Amphitheater von Nemausus, Arelate oder Aventicum, die Tempel von Vienna oder Nemausus, die Stadttore von Reims, Besançon oder Trier (Porta Nigra) sowie

Aquädukte (Pont-du-Gard), Brücken, Grabbauten (Iulierdenkmal von Glanum [Saint-Rémy] oder Publiciusdenkmal von Köln). Die Zahl prächtiger Villen mit hervorragenden Mosaiken (z.B. Nennig) lässt sich nicht mehr schätzen. Unzählige, oft recht qualitätsvolle Weihdenkmäler, Statuen, Schmuck- und Gebrauchsgegenstände, Wandmalereien, Mosaiken befinden sich in Heiligtümern, Plätzen und privaten Anwesen – ein in den barbarischen Raubzügen nur langsam erschöpfter, breit gestreuter Wohlstand. In Germanien und Rätien ist zumeist das Heer der entscheidende Akkulturationsfaktor, im übrigen Gallien neben den Einwanderern (v.a. aus Italien) die einheimische Oberschicht. Daher schließen hervorragende Werke oft unmittelbar an italische oder stadtrömische Vorbilder an. Das italische Kunstempfinden hat – regional verschieden intensiv – spätestens im 2.Jh. feste Wurzeln gefasst.

Die Ausbreitung des Christentums verläuft über die städtischen Zentralorte. Die wohl ältesten bedeutsamen Gemeinden sind Lugdunum (Christenverfolgung 177) und Vienna. Im 3.Jh. beherbergen auch die südliche Narbonensis, Trier, Köln, Paris und andere Städte größere Christengemeinden. Den Durchbruch erfolgt um 300 (314 Synode von Arles). Die Gliederung der Kirche folgt im Wesentlichen der politisch-administrativen Raumordnung. Im 5.Jh. wird Arles schrittweise (417, 462) zum päpstlichen Vikariat erhoben. – Die Religiosität ist auch in vorchristlicher Zeit sehr stark ausgeprägt und äußert sich u.a. in zahllosen Weihgaben in den vielen ländlichen und städtischen Heiligtümern. Außer den römischen und zahlreichen gallischen Kulten verbreiten auch orientalische Religionen (u.a. Kybele-Attis [Dendrophoren], Mithras, Iupiter Dolichenus, Isis-Serapis, Bacchus/Liber Pater) v.a. im Rheinland. Die landnehmenden Germanen stehen im 5.Jh. noch zumeist in religiösem Gegensatz (z.T. noch nicht christianisiert, z.T. Arianer) zu den christianisierten, romanischen Stadtsiedlungen (bzw. deren Resten).

Abgesehen von der Narbonensis, ist die Bedeutung Galliens für das Römische Reich relativ gering, der Einfluss des Imperiums auf Gallien und Rätien jedoch enorm. Einerseits ist es ein Schutzglacis gegen die nördlichen Barbaren bis in das 5.Jh. hinein, andererseits in herausragender Weise römisches Kulturland: Die zivilisatorische und sprachliche Romanisierung und deren durch die Urbanisierung ermöglichtes Fortwirken ins Mittelalter sowie die Christianisierung haben weltgeschichtlich höchst relevante Folgen. | Forts. S. 398 |

Das Freie Germanien bis zur Völkerwanderung

Seit dem 2.Jt. v.Chr. lässt sich von Südskandinavien bis zum Harzvorland und von Ostniedersachsen bis Hinterpommern eine kulturelle Zone von relativer Einheitlichkeit und beträchtlicher Stabilität archäologisch abgrenzen; in ihr werden um die Zeitenwende die Germanen fassbar, deren (keltischer) Name vermutlich erst von Poseidonios (vor 60 v.Chr. in den »Historiai«) festgehalten, von Caesar und damit den Römern im 1.Jh. v.Chr. verwendet wird. Eine eigene schriftliche Überlieferung der Germanen des Altertums fehlt fast ganz, die Zeugnisse lateinischer Schriftsteller setzen erst mit Caesar und Tacitus (»Germania«, verfasst um 98 n.Chr.) ein und sind in der Regel wenig zuverlässig oder doch interpretationsbedürftig. So bleibt die Forschung weitgehend (vor Christi Geburt fast ausschließlich) neben sprachwissenschaftlichen Rückschlüssen auf archäologische Funde angewiesen, deren ethnische Zuordnung stets problematisch ist. Dies macht die Annahme eines Germanentums der Bronzezeit äußerst fraglich, zumal man von germanischen Sprachen kaum vor der ersten Lautverschiebung (5./3.Jh. v.Chr.[?]) sprechen kann.

Dies lässt es für die frühe Zeit ratsamer erscheinen, nur von der Vorgeschichte angehörenden Kulturen zu sprechen. Aus ähnlichen Gründen sind die Fragen der vor der römischen Eroberung auf linksrheinischem Gebiet sesshaft gewordenen, rasch in die gallorömische Kultur einbezogenen Germanen oder der Vermischung mit vorgermanischer Bevölkerung (etwa mit Kelten in Böhmen, Mähren, der Slowakei und Südpolen) noch nicht ausdiskutiert. Die der jüngeren Eisenzeit (etwa 6.Jh. bis um Christi Geburt) zugehörende Jastorfkultur (Jastorf bei Uelzen) in Norddeutschland und Südjütland wird jedoch als germanisch bezeichnet trotz Beeinflussung durch die Hallstatt- bzw. La-Tène-Kultur (Silberkessel von Gundestrup bei Ålborg in Jütland, wohl keltisch). Aber erst in der römischen Kaiserzeit werden die Bodenfunde durch römische Berichte über Namen und Ereignisse, wirtschaftliche und gesellschaftliche Gegebenheiten und politische Umstände ergänzt. Auf den (umstrittenen) Rückbezug des hierauf aufgebauten Bildes auf davorliegende Epochen wird hier bewusst verzichtet.

Das Freie Germanien der römischen Kaiserzeit, im Westen und Süden durch das Imperium Romanum begrenzt, reicht im Osten bis zum Gebiet der Balten, ohne dass in Ost- und Südostmitteleuropa generell feste Grenzen angegeben werden können. Auch im Norden, gegen die Lappen (Samen), gibt es eine nicht sicher zu definierende Übergangszone. Während das Bewusstsein einer Zusammengehörigkeit bei den Germanen feststellbar ist, sind die v.a. von Tacitus genannten Stammeseinteilungen noch weit unsicherer und labiler als vom 3./4.Jh. n.Chr. an und jedenfalls nicht mit eigenen Stammesterritorien oder gar -institutionen verbunden. Mit diesem Vorbehalt lassen sich im 1.Jh. n.Chr. fünf Gruppen unterscheiden, denen wahrscheinlich, aber ohne Anspruch auf Vollständigkeit, einige namentlich bekannte Stämme zugeordnet werden können: Neben den Nordgermanen Skandinaviens stehen eine Gruppe an der Nordseeküste (mit Friesen und Chauken), Westgermanen zwischen Rhein und Saale, Weser und Main (Brukterer, Tenkterer, Chatten, Cherusker, teilweise Hermunduren), Elbgermanen von Niedersachsen bis zur Oder (Langobarden, Semnonen, Markomannen, Quaden, teilweise Hermunduren) und Ostgermanen zwischen Oder und Weichsel, Bug und San (Lugier, Rugier, Burgunder, Goten, Vandalen).

Wirtschaft und Gesellschaft

Archäologisch zeichnen sich regional begrenzte, durch nicht oder wenig bewohnte Ödmarken voneinander geschiedene Siedlungsgruppen ab, die sich aus Einzelhöfen, Weilern oder auch dorfartigen Siedlungen zusammensetzen. Ausweitungen, Verlagerungen und Verdichtungen des Siedlungsraums, die neben großen Wüstungsvorgängen nachweisbar sind, setzen umfangreiche Rodungs- und Kolonisationsvorgänge und damit größere soziale Zusammenschlüsse voraus. Fluchtburgartige Anlagen sind vereinzelt bekannt, befestigte Adelssitze kaum, Höhenburgen als politische Mittelpunkte nicht vor der jüngeren römischen Kaiserzeit. Die Nahrungswirtschaft beruht auf Viehhaltung (in Nordeuropa vorwiegend; neben Rindern auch Schafe, Ziegen und/oder Schweine) und Ackerbau (v.a. Gerste) in großen Flursystemen mit für individuelle Bestellung geeigneten Parzellen. Es ist also keine genossenschaftliche Bewirtschaftung anzunehmen. Bodenmelioration ist in Einzelfällen bekannt. Der schwere Streichbrettpflug ist etwa seit der Zeitenwende nachweisbar, die Sense dagegen erst seit der jüngeren römischen Kaiserzeit.

Während die gesamte Ernährungswirtschaft durch ein weitgehendes Festhalten an überlieferten Formen ohne erhebliche Beeinflussung durch die fortgeschrittenen römischen bzw. keltischen Produktionsformen geprägt ist, sind Handwerk, Handel und Gewerbe stärkerem Wandel und äußeren Einflüssen unterworfen. Das z.T. in großen Verhüttungsgebieten gewonnene Eisen wird von einem nach Qualität der Erzeugnisse differenzierten Schmiedehandwerk verarbeitet (Damaszierungstechnik in der jüngeren römischen Kaiserzeit). Bronze- und Edelmetallarbeiten des Kunsthandwerks sind aus Grab- und Schatzfunden bekannt, die vom 1. Jh. an eine (außergermanische Einflüsse aufnehmende) Steigerung der Verarbeitungstechniken dokumentieren. Auch die Töpferei feiner Ware sowie die Bearbeitung von Holz und anderen Werkstoffen deuten auf die Existenz eines spezialisierten Handwerkertums neben verbreitetem Hausgewerbe hin. Neben einheimischen Erzeugnissen sind bis nach Skandinavien hinein römische Importgüter (Münzen, Terra-sigillata-Geschirr, Gläser) festzustellen, die den literarisch bezeugten Fernhandel (großenteils, wenn nicht ausschließlich durch römische Kaufleute) auch archäologisch belegen. Die schriftliche Überlieferung spricht von Wein und Lebensmitteln als römischen, von Bernstein und Sklaven als germanischen Exporten. Handelsplätze werden in römischen Quellen genannt. Als Handelsstraßen spielen die Flüsse und nicht zuletzt der Seeweg eine wesentliche Rolle.

Käufer wertvoller Importgüter, aufwändig hergestellter Waffen und repräsentativer Kunstgegenstände ist eine sozial abgehobene Gruppe, die schon in Gräberfeldern der Zeitenwende durch Bestattungsart und Beigabensitte fassbar wird. Im 1./2. Jh. n.Chr. wird eine erheblich stärkere Hervorhebung deutlich in den reich ausgestatteten sog. Fürstengräbern der Lübsowgruppe (Lübsow bei Greifenberg, Polen), die von Südnorwegen bis Zentralböhmen, von der Weser bis zur Weichsel das recht einheitliche Bild einer Oberschicht zeigen, die unter römischem Kultureinfluss steht und für welche die Forschung (mit Einschränkung wegen des Fehlens z.B. nachgewiesener genealogischer Bezüge) die Bezeichnung »Adel« verwendet. Unter dieser als politisch eindeutig führend anzunehmenden, aufgrund von Besitz, Gefolgschaft und Ansehen herrschenden Schicht stehen die (in ihrem Verhältnis zum Adel nicht eindeutig zu definierenden) Freien und die zahlreichen, mit Sicherheit nachgewiesenen Unfreien.

Eine soziale Differenzierung spiegelt sich auch in den Siedlungsfunden sowie der (archäologisch und literarisch rekonstruierbaren) Bewaffnung und Kampfesweise wider: Die Masse des Fußvolks ist nur mit der Lanze, z.T. auch mit dem Schild bewaffnet, nur eine Minderheit trägt zusätzlich ein (römisch beeinflusstes Kurz-)Schwert. Von dem in geschlossenem Haufen kämpfenden Fußvolk heben sich die Berittenen auch durch ihre Bewaffnung (Wurfspeer, Lanze, Schwert) ab, die sich in der Völkerwanderungszeit – ebenso wie die Kampfesweise – den Stoßlanzen, Bogen und Panzern benachbarter iranischer Reitervölker angleicht. Die Größe der Heerhaufen deutet auf eine den Rahmen der einzelnen Siedlung übergreifende Organisationsform hin, die sich im 2./3. Jh. unter dem Druck der historischen Entwicklung erneut und tief greifend zu wandeln beginnt. Aus zahlreichen Kleinstämmen bilden sich größere Stammesverbände neu (z.B. Franken, Sachsen, Alemannen), nicht germanische Bevölkerungsteile werden dabei z.T. integriert (z.B. bei der Herausbildung der Bajuwaren/Baiern im 6. Jh.). Politische Strukturen wie Heerkönigtum bzw. Herzogsherrschaft, Gefolgschaftswesen und weitere Herausbildung des Adels gehen in die Verfassung der Völkerwanderungsreiche ein.

4. Jh. v. Chr. Erste Nachrichten über die Germanen Jütlands bei PYTHEAS VON MASSALIA.

2./1. Jh. v. Chr. Überlieferung des Namens der Germanen durch POSEIDONIOS (*um 135, †um 51) und CAESAR.

um 120 v. Chr. Abzug der Kimbern, Teutonen und Ambronen aus Jütland.

102/101 v. Chr. Nach Siegen bei Noreia (113) und Arausio (105) werden Kimbern, Teutonen und Ambronen bei Aquae Sextiae und Vercellae von den Römern unter GAIUS MARIUS und QUINTUS LUTATIOS CATULLUS geschlagen.

1. Jh. v. Chr. Im Zusammenhang mit der Südausdehnung der elbgermanischen Sweben kommen die Hermunduren nach Thüringen, die Triboker nach Württemberg, die Vangionen und Markomannen ins Rhein-Main-Gebiet, die Quaden über dieses nach Mähren. Die Vandalen besetzen das frei gewordene Gebiet an Elbe und Unstrut.

59/58 v. Chr. Germanischer Druck auf die Helvetier führt zu deren Kampf gegen CAESAR und Kelten in Gallien.

58 v. Chr. Die von ihrem Heerkönig ARIOVIST (†vor 54) über den Rhein geführten Sweben werden durch CAESAR wieder vertrieben, der die Usipeter und Tenkterer vernichtend schlägt (55) und zweimal (55/53) den Rhein überschreitet.

19 v. Chr. Ansiedlung der Ubier im Raum Köln. Deren

bisheriges Gebiet zwischen Rhein, Main und Lahn erhalten die Chatten.

12–8 v. Chr. Römische Eroberungszüge unter DRUSUS bzw. TIBERIUS führen zur Unterwerfung der Germanenstämme bis zur Elbe.

8–6 v. Chr. MAROBODUUS (MARBOD; †37 n. Chr.) wird König der Markomannen, die er nach Böhmen führt, von wo aus er seine Macht zeitweilig auch über Lugier, Semnonen und Langobarden errichtet.

9 n. Chr. Die Vernichtung der drei Legionen des VARUS (*um 47 v. Chr., †9 n. Chr.) durch den Aufstand des ARMINIUS (*20/19 v. Chr., †19 n. Chr.) beendet die direkte Römerherrschaft zwischen Rhein und Elbe und macht die weit vorangeschrittene Provinzialisierung Germaniens westlich der Elbe zunichte.

13–16 Nach erfolgreichen Feldzügen des GERMANICUS in Nordwestdeutschland wird ein Klientelverhältnis Roms zu den rechtsrheinischen Germanenstämmen errichtet.

um 150–180 Wanderung der Goten von der Weichselmündung zur Schwarzmeerküste. Dadurch werden eine Westbewegung der Burgunder und eine Südbewegung der Vandalen ausgelöst.

166–180 Erfolgreicher römischer Abwehrkampf in den Markomannenkriegen unter MARCUS AURELIUS.

213 Krieg des Kaisers CARACALLA gegen die Alemannen (?), die bald darauf (233) den Limes durchbrechen, aber zunächst noch zurückgeschlagen werden (235).

238 Die 236 an der unteren Donau aufgetretenen Goten fallen erstmals nach Mösien ein. Solche Beutezüge werden 250/51 bis weit nach Thrakien hinein wiederholt. 251 fällt Kaiser DECIUS in der Schlacht bei Abrittus. 253–257 dringen die Goten nach Griechenland und zur See bis nach Kleinasien vor.

257 Frankenzug über Gallien und Spanien bis Marokko.

258–260 Goten- und Roxolaneninvasion nach Pannonien.

259/260 Alemannen und Semnonen/Juthungen durchbrechen den Limes und ziehen nach Gallien bzw. Italien. Die beutebeladenen Juthungen werden am 24./25. April 260 mithilfe der restlichen Truppen der Region, die vom Limes abgezogen sind, östlich von Augsburg durch MARCUS SIMPLICINIUS GENIALIS besiegt, die Alemannen im Sommer durch GALLIENUS bei Mailand. Die Limeskastelle können nicht wieder besetzt werden, sodass das rechtsrheinische Obergermanien und Rätien jenseits von Iller und Donau zu Siedlungsgebieten der Alemannen werden.

262 Großer Goteneinfall bis nach Griechenland. Ein gotischer Heerzug durch die Balkanhalbinsel schließt sich an.

267 Die Heruler zerstören Athen.

268/269 Kaiser CLAUDIUS siegt über die Alemannen am Gardasee und über die Goten bei Naissos.

270 Kaiser AURELIANUS vertreibt die Vandalen aus Pannonien und die Juthungen aus Italien.

ab 276 Erfolgreicher Kampf des Kaisers PROBUS gegen Franken, Alemannen, Burgunder, Vandalen und Goten an Rhein und Donau.

3./4. Jh. In der Folgezeit können die Kaiser DIOKLETIAN, MAXIMIANUS und KONSTANTIN die Reichsgrenze gegen die Germanen vorerst stabilisieren.

357 Sieg des Caesars JULIAN über die Alemannen bei Straßburg.

366 Kaiser VALENS kämpft gegen die Westgoten unter ATHANARICH (†381).

ab 368 Trotz der militärischen Bemühungen des Kaisers kommt es zu weiteren germanischen Raubzügen (Franken, Alemannen, Juthungen).

um 375 Das Reich des Ostgotenherrschers ERMANARICH (†375/76) in Südrussland wird von den Hunnen zerschlagen. Die sich daran anschließende Westbewegung der Ostgoten leitet die als **Völkerwanderung** (im engeren Sinn) bezeichnete Epoche ein. | Forts. S. 383 |

Britische Inseln: Britannia

Roms nördlichste Provinz umfasst England, Wales und zeitweilig Südschottland. Die Highlands und Irland geraten nur als Ausgangsbasen von Raubzügen in die römische Interessensphäre. Die vom Festland her durch Siedlungsschübe und Handel fortentwickelte keltische Kultur teilt sich in drei Gruppen, von denen die südöstlichen Belgerstämme die höchste Entwicklung, die Briganten (Pennines und Umland) noch bronzezeitliche Kulturmerkmale und nur geringen Ackerbau aufweisen; die Highlands sind von Britannien kulturell stark verschieden. Die politische Ordnung beruht auf meist locker gefügten, im Südosten gefestigteren, großen Stammesverbänden unter Königen (auch weibliche Erbfolge) und »Rittern« mit deren Gefolgschaften. Landwirtschaft und Viehzucht wird meist von Einzelhöfen aus im Rahmen von Großfamilien betrieben. Auch Gewerbe und Handel sind nur mäßig entwickelt. Die Römer lernen Britannien erst durch CAESAR genauer kennen.

55 v. Chr., Spätsommer und 54, etwa 6. Juli–30. Aug. CAESARS Abschreckungsexpeditionen nach Südostengland: Ihm gelingt die Eindämmung der expansionistischen Catuvellaunen, wobei sich deren mutmaßlicher König CASSIVELLAUNUS als sein Hauptgegner erweist, und die Erzwingung von Tributzahlungen dieser und anderer Stämme. Britannien bleibt aber Zufluchtsland für Gallier, wie z. B. den Atrebatenfürst COMMIUS. Der römische Einfluss bringt die südlichen Stämme allmählich in die Stellung von »Klientelrandvölkern«, der Handel mit den Galliern nimmt zu, die Königsherrschaften konsolidieren sich. In spätaugusteisch-tiberischer Zeit erfolgt eine neuerliche Ausdehnung der Catuvellaunen unter CUNOBELIN.

40 n. Chr., Sommer Der Versuch des GAIUS, nach Britannien überzusetzen, scheitert wohl an einer Meuterei.

43 AULUS PLAUTIUS erobert mit vier Legionen und etwa 20 000 Mann Hilfstruppen Südostengland (Catuvellaunen, Trinovanten, Cantii, Atrebaten, Regnenses, Belger).

Ende Aug. Mit großem Stab und einer Legion befindet sich CLAUDIUS kurzzeitig in Britannien. Es gelingt die Einnahme von Camulodunum (Colchester); Triumph des CLAUDIUS. In den drei folgenden Jahren wird England bis zum Severn und Trent unterworfen.

49 Gründung der »colonia Claudia Vitricensis« um Camulodunum.

60/61 Die Eroberung von Wales wird durch den besonders von Icenern und Trinovanten getragenen Aufstand der BOUDICCA (†61) unterbrochen. Ursache der Revolte ist die nach dem Tod des Klientelkönigs PRASUTAGUS (†um 60), des Mannes der BOUDICCA, von den Römern durchgeführte gewaltsame Provinzialisierung der Icener, die den Hass auf die römische Herrschaft provoziert. Es kommt zur Zerstörung von Camulodunum, Londinium (London) und Verulamium (St. Albans). Nach hohen Verlusten siegt Statthalter GAIUS SUETONIUS PAULLINUS südlich von Leicester (»Schlacht an der Watling Street«).

69/70 Eine Rebellion gegen die Klientelkönigin CARTIMANDUA zwingt QUINTUS PETILLIUS CERIALIS noch 71/73 zum Kampf gegen Briganten (und Parisier).

78 Die von SEXTUS IULIUS FRONTINUS (†nach 100) begonnene Besetzung von Wales (74–77) beendet GNAEUS IULIUS AGRICOLA (*40, †93).

79–84 Nordengland und Schottland bis zu den Highlands werden von AGRICOLA erobert.

84, Herbst In einer Entscheidungsschlacht kann AGRICOLA die Kaledonier unter CALGACUS am Mons Graupius (im schottischen Hochland) vernichtend schlagen. Es gelingt die Umsegelung Schottlands.

87/88 Der Abzug der »legio II Adiutrix« an die Donaufront zwingt die Römer zur Preisgabe des nördlichsten Legionslagers Inchtuthil nördlich von Perth.

um 105 Der Hauptteil der schottischen Besatzungsarmee wird wohl auf die Tyne-Solway-Linie (Stanegate-Limes) zurückgezogen.

122–128/135 Der **Hadrianswall** wird auf der Tyne-Solway-Linie zur Abwehr und Trennung der nördlichen Stämme von den Briganten erbaut.

139–142/143 Erneute Unterwerfung der Namnonii, Novantae, Selgovae und Votadini durch QUNITUS LOLLIUS URBICUS und Errichtung des **Antoninuswalls** zwischen Clyde und Forth. Der Hadrianswall bleibt anscheinend durchgehend (aber minder dicht) besetzt.

183/184–185 Kaledonische Stämme durchbrechen den Antoninuswall, werden aber nach schweren Verlusten von ULPIUS MARCELLUS besiegt.

196, Frühjahr DECIMUS CLODIUS ALBINUS (†197), als Legat von Britannien im April 193 vom Usurpator SEPTIMIUS SEVERUS adoptiert und zum Caesar erhoben, setzt nach Annahme des Augustustitels mit vielen Truppen nach Gallien über. Seine Abwesenheit und Niederlage provozieren Aufstände in Wales, der Briganten und Angriffe der Kaledonier (u. a. Maeaten).

205–207 Wiederherstellung des Hadrianswalles zur Überwachung der südschottischen Stämme.

208–211 Der Krieg von SEPTIMIUS SEVERUS und CARACALLAS gegen die Highlandsstämme endet nach SEVERUS' Tod am 4. Febr. 211 in Eburacum (York).

um 213 Teilung Britanniens in Britannia superior und inferior (vielleicht auch schon 197).

um 260–274 Von der Reichskrise des 3. Jh.s wird die Insel wenig berührt. Britannien gehört zum Gallischen Sonderreich.

um 270/290 Angriffe sächsischer Seeräuber werden durch die Verlegung von Teilen der Flotte von Gesoriacum/Bonnonia (Boulogne-sur-Mer) nach Südostbritannien abgewehrt.

287 Usurpation des MARCUS AURELIUS MAUSAEUS CARAUSIUS. Nach seiner Vertreibung aus Nordgallien (288) und einer siegreichen Seeschlacht toleriert, wird er 293 von seinem »Finanzminister« (*rationalis summae rei*) ALLECTUS (†296) ermordet.

296 ALLECTUS nimmt den Augustustitel an. Er fällt in der Schlacht bei Londinium gegen CONSTANTIUS CHLORUS.

306 CONSTANTIUS reist erneut nach Britannien und zieht gegen die Kaledonier und Pikten ins Feld. Nach seinem Tod in Eburacum ruft die Armee seinen Sohn KONSTANTIN am 25. Juli 306 zum Augustus aus.

367 Angriffe der Skoten (aus Irland), Attacotti (von Irland oder den westschottischen Inseln aus) und Pikten über den Hadrianswall sowie von Sachsen und Franken auf die Ostküste führen zu vernichtenden Niederlagen des NECTARIDUS (*comes litoris Saxonici*) und FULLOFAUDES (*dux Britanniarum*) und zu schweren Verwüstungen in Nord- und Ostbritannien.

368/369 THEODOSIUS DER ÄLTERE stellt die römische Herrschaft wieder her und ordnet die Verteidigung neu.

382 Zug des MAXIMUS gegen Skoten und Pikten.

383 Usurpation des MAGNUS MAXIMUS, wohl *dux Britanniarum*. Er zieht Truppen aus Britannien ab, was zu wiederholten Raubzügen von Pikten, Skoten und Iren führt.

401 Abzug weiterer Einheiten zum Schutz Italiens.

406/411 Schwierigkeiten der Verteidigung führen zu kurzlebigen Schilderhebungen: MARCUS (†407), GRATIANUS (†407) und KONSTANTIN III. (†411), der mit den meisten Verbänden nach Gallien übersetzt.

410 Ein Sachseneinfall leitet die allmähliche Auflösung der römischen Reichsgewalt in Britannien ein.

442 Angebliche Rebellion sächsischer Föderaten. Ab Mitte des 5. Jh.s wird Britannien langsam angelsächsisch.

Seit 43 wird Britannien von einem militärisch erfahrenen konsularen *legatus Augusti pro praetore* und einem ducenaren Procurator regiert (Amtssitze Londinium). Einen Teil der Zivilfunktionen des Legaten übernimmt TIBERIUS CLAUDIUS COGIDUBNUS, Klientelkönig der Regnenses und anderer Stämme, als provinzinterner Großkönig (über andere Könige) *rex magnus Britanniae*. Seit VESPASIAN entlastet ein prätorischer *legatus iuridicus* den Statthalter, den er gegebenenfalls vertritt. Bei der Provinzteilung um 213 ist ein Prätorier, der zugleich die »legio VI Victrix« kommandiert Legat von Britannia inferior (Amtssitz Eburacum). Oberbritannien wird weiterhin durch einen konsularen Legaten von Londinium aus regiert. Die Provinzgrenze verläuft vermutlich zwischen Humber und Liverpool an den nördlichen Civitasgrenzen der Corieltauvi und Cornovii. Im diokletianisch-konstantinischen Administrationssystem bildet Britannien eine Diözese (Amtssitz des Vikars und anderer Zentralämter ist Londinium) der Prätorianerpräfektur Galliae mit vier bzw. (seit spätestens 369) fünf Provinzen: Britannia I (Westengland und Wales, Hauptort Corinium Dobunnorum [Cirencester]) und II (wohl im Wesentlichen die alte Inferior, Hauptort Eburacum), Maxima Caesariensis (um Londinium), Flavia Caesariensis (um Lindum [Lincoln]) und seit 369 Valentia (konsularisch, wohl westlicher Teil der Secunda, Hauptort Luguvallium [Carlisle]). Sitz des Provinziallandtages ist Camulodunum.

Das dichte Straßennetz im Süden entsteht entsprechend militärischen Erfordernissen; Hauptknotenpunkte sind Londinium und Corinium Dobunnorum. Nach Norden führen zwei Hauptstraßen von Lindum (Lincoln) über Eburacum und Corstopitum (Corbridge) nach Nordostschottland, westlich der Pennines von Deva (Chester) über Luguvallium nach Westschottland.

43–87/88 sichern vier, dann drei Legionen das befriedete Mittel- und Südengland: »legio II Augusta« in Glevum (Gloucester), ab um 75 in Isca Silurum (Caerleon), »legio IX Hispana« in Lindum, ab um 72/73 in Eburacum (wohl um 122 hier ersetzt durch die »legio VI Victrix«), »legio XIIII Gemina« in Viroconium (Wroxeter) bis Ende 67, 71 bis etwa 77 ersetzt durch die »legio II Adiutrix« (bis 87/88 in Deva [Chester]) und »legio XX Valeria Victrix« in Viroconium, unter Agricola in Inchtuthil, seit 87/88 in Deva. Die Masse des ungewöhnlich großen Auxiliarheers steht seit Frontinus und Agricola als Besatzung in Wales, im Brigantengebiet, am Hadrianswall (zeitweise auch am Antoninuswall) und in Südschottland: In der ersten Hälfte des 2. Jh.s über 36 500 Mann (14 Alen [1 *milliaria*], 51 Kohorten [7 *milliariae*], mehrere Numeri). Seit um 270 kommt der Schutz des *litus Saxonicum* hinzu, das im 4. Jh. einem *comes* untersteht, die übrige Armee dem *dux Britanniarum*. – Im 1. Jh. werden die Legionen überwiegend aus Gallien, Germanien und Britannien ergänzt. Föderaten sind im 4. Jh. selten.

Auxiliarkommandeure oder Centurionen fungieren als Administrationschefs von »Regionen« anscheinend v. a. in Mittel- und Nordwales, im Brigantenland (außerhalb der »civitas Brigantium« um Isurium [Aldborough]) und während der Besetzung des Antoninuswalls wohl auch in Südschottland. Das übrige Britannien ist seit Agricola in 12, seit Hadrian in 16 *civitates* aufgeteilt, von denen drei im 1. Jh. durch Veteranendeduktionen eine Verkleinerung erfahren. Ausgegliedert werden die »colonia Claudia Victrix Camulodunum« aus der »civitas Trinovantium«, die »colonia Nervia Glevum« aus der »civitas Dobunnorum« und, unter den Flaviern, die »colonia Lindum« aus der »civitas Coritanorum«. Unter Caracalla wird wohl die »civitas Parisiorum« titular zur »colonia Eburacum« umgewandelt. Im 3. Jh. wird zumindest noch die »civitas Carvetiorum« wohl um Luguvallium gebildet. Die Durchschnittsgröße der *civitates* beträgt schätzungsweise etwa 6000 km^2. Die meist mittelgroßen Hauptorte sind ebenso wie viele andere stadtähnliche Siedlungen, darunter wohl auch Londinium, als *vici* verfasst und seit dem 3. Jh. zumeist befestigt. Auch in Nachbarschaft der vielen Auxiliarkastelle entstehen Zivilsiedlungen (*vici*). Das alte Stammeskönigtum wird schon in der ersten Generation durch die römische Dekurionenverfassung ersetzt. Latinisches Recht und römische Municipien sind nicht nachzuweisen.

Die Landwirtschaft wird in *villae rusticae* und besonders in kleineren Einzelhöfen betrieben. Umfangreicher privater Großgrundbesitz scheint selten zu sein, kaiserliche Domänen befinden sich wahrscheinlich in den neu erschlossenen Fenlands und zwischen Salisbury und Bath. Ende des 1. Jh.s wird das sonst übliche Niveau erreicht, im 4. Jh. sogar exportiert. – Die städtischen Gewerbe beschicken lokale Märkte. Exportfähig sind Wolltücher und im 3. Jh. das sog. »Castor-Geschirr«, produziert um Durobrivae (westlich von Peterborough [Cambridgeshire]). Viele Güter, nicht nur Luxuswaren, müssen eingeführt werden. Bedeutsam ist der Bergbau: Gold in Dolaucothi (Carmrathenshire), Silber und Blei in den Mendip Hills (Somerset) und Pennines (u. a. in Metallum Lutudarense in Derbyshire), Kupfer in Nordwales und den Pennines, Zinn in Cornwall, Eisen u. a. in Ostsussex und im Land der Corieltavi, auch Kohle wird vielerorts abgebaut. – Handelszentrum ist Londinium, Motor des Güteraustausches ist die Wirtschaftskraft der Armee und die Entwicklung der Landwirtschaft.

Über die Sozialordnung ist wenig bekannt. Prägende Gruppen sind das Heer und kleine bis mittlere Stadtsiedlungen. Die Bevölkerungsdichte scheint nicht nur durch Immigration (Soldaten, Händler) erheblich zu wachsen. Die lokalen Oberschichten in der Dekurionenschaft sind wohl nicht ständig stadtsässig. Kein Senator und nur wenige Ritter sind aus Britannien eindeutig nachzuweisen; zwei bis drei Senatorenfamilien kann man vermuten. Die soziokulturelle Romanisierung konzentriert sich auf Garnisonen und »Städte« und wird v. a. durch intensiven Handel und die Mobilität in der Armee gefördert; die Latinisierung des flachen Landes bleibt gering. Im 3./4. Jh. herrscht auf mäßigem Niveau die übliche provinzialrömische Zivilisation der Westprovinzen, die kaum Spitzenleistungen hervorbringt.

Die keltische Tradition prägt die Religion, ferner nationale Götter von Soldaten und Händlern. Das Christentum findet über die Städte seit Ende 2. Jh. langsam Verbreitung (208/09 Martyrium des heiligen Alban in Verulamium). Bischöfe von Londinium, Eburacum und Lindum findet man 314 bei der Synode von Arles. Es erreicht aber erst Ende 4. Jh. allgemeinere Anerkennung.

Kulturelle Impulse gibt Britannien nicht. Die Provinz bleibt ein unauffälliger, vom Heer geprägter Teil des Imperiums und unterscheidet sich von Provinzen wie Dakien durch die starke keltische Tradition, langsame innere Befriedung und recht ungestörte Entwicklung im 3./4. Jh. Nach dem Abzug der Truppen erlischt die Romanität im Laufe eines Jahrhunderts. |Forts. S. 574|

Dalmatien

Die **griechische Kolonisation** in die abseits gelegene, gegen Nordwesten orientierte Adriawelt hat im 7. Jh. v. Chr. eingesetzt (Epidamnos [Durrës], 627) gerät jedoch ins Stocken. Zu einer neuen Welle kommt es im 4. Jh. v. Chr., als an der Adria sich die politische Situation interessanter gestaltet (liburnische Einheit, illyrischer Staat, Delmatae-Bereich, die alle mit dem mineralreichen Landesinneren kommunizieren). Auch der Handel mit den etrusko-venetischen nordadriatischen Emporia (Spina, Adria) lockt. Die wichtigsten Kolonien und Emporia sind Issa (Vis, eine Versorgungs- und Etappenstation), Pharos (Stari Grad auf der Insel Hvar), Tragurion (Trogir), Korkyra Melaina (Korčula), Apsoros (Osor), Buthoe (Budva) und Epetion (Stobreč).

Durch die **wirtschaftlichen und sozio-politischen Einflüsse** beginnt sich die Lebensorganisation der Einheimischen den mediterranen Anschauungen anzupassen. Unter dem Einfluss von Epeiros und Makedonien formieren Illyrer seit dem 4. Jh. ein Stammesgebilde, das kriegerisch nach Osten und Süden greift. Ähnliches gilt für die Dardaner. Stämme in nordwestlichen Regionen richten sich nach venetischen (Histrer, Liburner) und keltischen (Japoden) Beispielen aus. Genau in der Mitte dieser Einflusssphären siedeln Delmatae.

Dalmatien umfasst ursprünglich nur das **Gebiet des Stammes der Delmatae**, zwischen Narona (Vid bei Metković) und Scardona (Skradin). Stammeszentrum ist nicht Salonae (Solin), wo die Issaier vielleicht schon im 2. Jh. v. Chr. Fuß fassen, sondern anscheinend am neuralgischen, gegen Norden und Nordwesten orientierten Punkt bei Knin, auf dem Burgwall Delminium (Županac im Duvanjskopolje). Die Delmatae halten Viehherden und werden durch Plündern und Piraterie zum scharfen Gegner des römischen Handels in der Adria.

Das karstige Innere des Landes ist vom schmalen Küstenstreifen (mit nur wenigen fruchtbaren Enklaven um Zadar, Salonae und auf einigen Inseln) durch den schroffen, parallel zur Adria verlaufenden Gebirgszug der Velebit- und der Dinarischen Kette getrennt. Die Stämme in den Bergen leben fast ganz von der Viehwirtschaft, ausgenommen die Bergbauzonen im erzreichen Bosnien, die den dort siedelnden Stämmen jeweils Prosperität und politische Führungsstellung sichert (Maezaei, Daesidiati). Die Ausfuhr schwerer Ladungen wird über die Flüsse abgewickelt. Mit den erwähnten Gebieten nur lose verbunden ist die nach Pannonien hinüberführende nordbosnische Hügelwelle.

Im 2. und 1. Jh. v. Chr. beherrschen das Savetal die Skordisker; das westliche Provinzgebiet besiedeln die keltisierten Japoden; an der Küste südlich von diesen leben venetisierte Liburner. Das dalmatinische Zentralgebiet liegt in den Händen der Delmatae, an die sich im Südosten Stämme der Illyrer anschließen. Entsprechend der geopolitischen Bedingungen verlaufen die ersten **Kontakte mit Rom**. Neben der Sicherung der Schifffahrt, der Bekämpfung der Piraterie und dem Interesse an einigen strategisch und für die Fernschifffahrt wichtigen und reichen hellenistischen Städten auf den Inseln und an der Küste ist für die römische Politik in Dalmatien in der späten Republik der Erzreichtum entscheidend. In Konflikte mit Rom geraten v. a. die Küstenanwohner – Illyrer, Delmatae, Liburner – wegen Belästigung griechischer Kolonien, die sich an Rom um Hilfe wenden, und wegen der Piraterie. Von den anderen Stämmen geraten nur jene in Konflikt, die an römisches Territorium grenzen oder dort einfallen, wie Japoden oder Skordisker im Save- und Moravatal, die das römische Makedonien bedrohen.

229 v. Chr. Im Gebiet zwischen Montenegro und Narona entwickelt sich unter makedonisch-griechischen Einflüssen und Vorbildern das regional mächtige **Ardiaierreich**, dessen Untertanen die Schifffahrt in der südlichen und mittleren Adria durch Piraterie gefährden, die griechischen Siedlungen und Emporia erpressen (Briganten) und sich als Söldner von den politisch zersplitterten griechischen Staaten anwerben lassen. Die Bedrängten sehen im benachbarten Rom einen natürlichen Beschützer, der auch an der Aufrechterhaltung der Ruhe in der Adria interessiert ist. Im 1. Illyrischen Krieg werden nach kurzer Intervention die Verhältnisse mit den **Illyrern** vertraglich geregelt, ohne dass vorerst ein Interesse bestünde, das zerklüftete, armselige Gebiet zu besetzen.

219 v. Chr. Im 2. Illyrischen Krieg gegen **DEMETRIOS** (†214) flieht dieser zu PHILLIP V. (220–179) nach Makedonien, mit dem er sich im 1. Makedonischen Krieg (215–205) gegen Rom engagiert.

176–168 v. Chr. Der Kampf des Fürsten **GENTHIOS** auf Seiten des Makedonenkönigs PERSEUS (179–168) gegen Rom führt zur Ausplünderung des Landes, das für frei erklärt wird. In der Folgezeit kommt es zu mehreren Feldzügen Roms gegen Stämme östlich der Adria, wodurch die östliche Adriaküste unter dauerhafte römische Herrschaft gelangt. Spätestens nach dem Krieg des GAIUS COSCONIUS (Proconsul 78–76) wird diese Region als römische Provinz Illyricum eingerichtet, meist der Gallia Cisalpina angeschlossen.

35–33 v. Chr. Feldzüge führen zur Eroberung des Save- und Drautales sowie von küstennahen Regionen des dalmatinischen Binnenlandes.

27 v. Chr. Illyricum wird Senatsprovinz.

11–9 v. Chr. Das Gebiet wird infolge von Revolten wieder unter direkte militärische Kontrolle gestellt. Im Zuge der Befriedung unter AGRIPPA (12) und TIBERIUS (1–9) werden Bergsiedlungen geräumt, Straßen trassiert, Sicherheitsposten eingerichtet, Landvermessungen durchgeführt, Bergbaugebiete eingerichtet und das Brigantentum im Gebirge bekämpft, über welche nur drei *viae publicae* – die 600 km lange Küste mit dem Savetal verbindend – geführt werden können.

6–9 n. Chr. Veranlasst durch Steuerdruck, stete Rekrutenaushebungen u. a. bricht der schwere und viele Stämme erfassende Dalmatisch-Pannonische Aufstand aus, der auch auf Teile Pannoniens und Makedoniens übergreift. TIBERIUS kann ihn mit enormen Kräften erst nach vier Jahren unterdrücken.

9 n. Chr. Die Provinz Illyricum wird in Illyricum superior

(Dalmatien) und Illycrium inferior (Pannonien) geteilt. Seither verwalten die Provinz konsularische *legati Augusti pro praetore* (bis sie seit der zweiten Hälfte des 3. Jh.s regelmäßig den ritterlichen *praesides* im Range der *viri perfectissimi* zugerechnet werden).

42 n. Chr. Aufstand des Statthalters Lucius Arruntius Camillus Scribonianus (†42), dessen Legionen nach fünf Tagen von ihm abfallen.

Strukturen der römische Provinz Dalmatia

Die Provinz Dalmatia umfasst das Gebiet im Hinterland der Adriaküste (mit den Inseln) von der Arsia (Raša) bzw. seit Mark Aurel von ausschließlich Tarsatica (Rijeka) bis einschließlich Lissus (Lješ); im Landesinneren verläuft die Grenze entlang dem Tal des Colapis (Kulpa) und einer Linie, die etwa 20 bis 30 km südlich des Savus (Save) bis etwa zur Einmündung der Kolubara, südwestlich von Singidunum (Belgrad), reicht, von wo aus sie nach Süden bis zum Scardus mons (Šar planina) und von dort westwärts nach Lissus verlief.

Der Legat des Kaisers hat seinen Amtssitz in Salonae, ebenso der Finanzprokurator, der 200 000 Sesterzen Jahresgehalt bezieht und bis Trajan für Pannonien und Dalmatien zuständig ist. Auch die Bergwerke werden zusammen mit den pannonischen von einem *procurator argentariarum* verwaltet. Von Tiberius bis zur Mitte des 1. Jh.s n. Chr. stehen im Hinterland zwei Legionen (in Tilurium *legio VII*, in Burnum *legio XI*, die seit 42 n. Chr. *Claudia pia fidelis* heißen). Danach stehen in Dalmatien nur mehr Auxilien (etwa 2000 Mann). Die Provinz wird zur Erleichterung der Rechtsprechung des Statthalters in drei Gerichtsbezirke (conventus) geteilt, deren Zentren die coloniae Narona und Salonae sowie das municipium Flavium Scardona bilden.

Die Küstenzone der Provinz wird schon in augusteischer Zeit intensiv mit römischen Städten (*coloniae, municipia*) erschlossen. Frühe Kolonien sind Lader (Zadar), Epidaurus (Cavtat), Scodra (Shkoder), Aequum (Čitluk bei Sinj); Munizipien finden sich v. o. in Liburnien, ferner im gesamten Binnenland. Schon allein dadurch und durch die engen Wirtschaftsbeziehungen mit Italien wird die Küstenregion im Laufe des 1. Jh.s n. Chr. intensiv romanisiert und latinisiert, weniger das Binnenland, wo die Landesnatur eine verfeinerte römische Lebensweise verhindert. Die römischen Städte wie auch die nichtrömischen (peregrinen) Gemeinwesen sind weitgehend eigenständig. Sie entsenden jährlich zum Provinziallandtag einen Vertreter und üben dort den Kaiserkult, aber auch ein Beschwerderecht gegen den ehemaligen Statthalter aus; in Dalmatien ist darüber fast nichts überliefert. Die wenigen Senatoren, die nachweislich aus Dalmatien stammen, kommen vornehmlich aus der Küstenregion. Im 3. Jh. erhält das Reich aus dem dalmatinisch-moesischen Gebiet mehrere gute Offizieren und Kaiser, insbesondere Diokletian, vielleicht aus der Umgebung von Salonae.

Händler, Bauern, Veteranen und v. a. ein intensiver Städteausbau bringen dem Land seit dem frühen Prinzipat Prosperität; das trifft v. a. auf den Handel mit landwirtschaftlichen Gütern zu, die die Provinz gegen handwerkliche Produkte liefert. Das Binnenland, wo die Viehwirtschaft die Lebensgrundlage bleibt und wo produktiv v. a. der Erzreichtum im Gebiet um Domavia (Gradina bei Sevrenica), Bistue Nova (Vitez) und Splonum (Plevlje) wichtig ist, bleibt dauerhaft erheblich zurück. Der politisch aktive, romanisierte Bevölkerungsteil in den Küstenstädten profitiert zivilisatorisch und kulturell von der Nähe Italiens, besonders Aquileias, was sich v. a. in geistigen Strömungen (orientalische Kulte) und seit dem 2. Jh. n. Chr. in der intensiven Verbreitung des Christentums widerspiegelt (besonders wichtig Salonae). Aus dem Norden der Provinz, dem unlokalisierten Ort Stridon, stammt der heilige Hieronymus (*347, †420).

284–305 Im Zuge der diokletianisch-konstantinischen Staatsreform wird der südöstliche Teil der Provinz mit der Hauptstadt Scodra (Shkodër) als eigenständige Provinz Praevallis abgespalten, die zur Diözese Moesia bzw. Dacia zählt und der Prätorianerpräfektur Illyricum angehört. Dalmatien rechnet man zur Diözese Pannonien und zur Prätorianerpräfektur Italien. Diokletian siedelt sich nach seiner Abdankung bei Salonae in einem neuerbauten Palast an: Spalatum, die spätere Stadt Split.

454–480 Marcellinus (†468), ab ca. 461 Militärmeister (*comes rei militaris*), verfolgt von Dalmatien aus eine eigenständige Politik. Sein Neffe Iulius Nepos (†480) wird 472 zum Augustus im westlichen Reichsteil ernannt und regiert, seit 475 auf Dalmatien beschränkt, soweit möglich, von Spalatum aus.

504 Dalmatien gerät unter die Herrschaft des Theoderich (*451/456, †526).

535 Dalmatien wird vom Militärmeister Mundus (†536) für Kaiser Justinian (teils von Goten) erobert.

641 Nachdem seit der zweiten Hälfte des 6. Jh.s der Balkan von den Slawen und Alanen durchstreift wird, erobern und zerstören die Slawen Salonae.

Mösien (Moesia)

Die Nordgrenze der ursprünglichen Provinz Mösien ist die Donau, die vor Trajan und nach Marcus Aurelius mit der Reichsgrenze zusammenfällt. Die Ostgrenze bildet das Schwarze Meer, die Südgrenze der Haemus mons (Balkan) bzw. die Sura Planina, südlich von Skopje. Vom Scardus mons (Šar Planina) verläuft die Westgrenze westlich der Zapadna Morava und des Ibar nach Norden bis zur Save westlich Singidunum (Belgrad). Die Grenzlinie zwischen Ober- und Untermösien läuft von der Mündung des Ciabrus (Cibrica) gegen das Gebirge Stara Planina im Süden. Dieses Gebiet wird im 2. und 1. Jh. v. Chr. von keltisch-thrakischen Skordiskern, illyrisch-thrakischen Dardanern, thrako-getischen Moesiern sowie anderen Thrakern und Geten bewohnt. Sie sprechen indogermanische Sprachen und verteilen sich auf verschiedene Stämme, die teilweise wohl erst von den Römern nach Ortsnamen gebildet sind, wie Tricornenses von Tricornium und Picenses von Pincum an der Donau. In frührömischer Zeit sind neben den Dardani im Südwesten die Celegeri, Timachi und Moesi zu nennen; sofern sie von Rom als *civitates* organisiert werden, sind sie sehr groß (ähnlich wie in Gallien). Im Osten fehlen weitgehend in unseren Quellen Stämme als politische Organisationen (Ausnahme: Ausdecenses nahe Tropaeum Traiani [Adamclisi]). An der Küste des Schwarzen Meeres siedeln seit dem 7. Jh. v. Chr. griechische Kolonisten (Histria [Istria], Kallatis [Mangalia], Tomoi [Constanţa], Odessos [Warna]); schon in der Dobrudscha, in der v. a. Skythen leben, bleibt der griechische Einfluss gering.

Mösien ist durch drei große Verkehrswege geprägt: durch die Schifffahrt und die Straße entlang der Donau, wofür am Eisernen Tor unter Tiberius, Domitian und Trajan eine Straße in den Felsen geschlagen und mit Holzkonstruktionen verbreitert wird, sowie unterhalb von Transdierna ein Kanal gebaut wird; ferner durch die Nord-Süd-Verbindung durch das Tal des Margus (Morava) und Axius (Vardar); und drittens durch die große Heerstraße vom Rhein über Singidunum, Naissus (Niš) und Serdica (Sofia) nach Byzantium/Konstantinopel. Von Naissus führt auch eine Straße nach Bononia (Vidin) und Ratiaria (Arčar) an die Donau oder von Oescus (Gigen) nach Philippopolis (Plovdiv) im Hebrustal.

Die Stämme der Moesier, Dardaner, Thraker und Geten treten seit dem 5. und 4. Jh. v. Chr. in zumeist feindliche Kontakte zu den Makedonen und Griechen. Im 3. Jh. v. Chr. kommen Kelten hinzu, die aber 278/77 v. Chr. zu großen Teilen nach Kleinasien weiterziehen.

148 v. Chr. Seit der Konstituierung der römischen Provinz Makedonien haben die Stämme im Moravatal auch mit Rom Verbindung. Im Laufe des 1. Jh.s v. Chr. werden die Römer im Moravatal und zum Schutze der westpontischen Griechenstädte aktiver, was schließlich – besonders durch die Feldzüge des Marcus Licinius Crassus (Prokonsul von Makedonien und Legat des Augustus 30–28 v. Chr.) gegen Bastarnen, Moesier, Thraker und Geten – zur Besetzung führt. Nach der weitgehenden Eroberung steht das mit zwei Legionen besetzte Gebiet als Militärdistrikt unter dem Kommando konsularischer Legaten des Kaisers, wird jedoch der Administration der Senatsprovinz Makedonien zugeteilt. Die zivile Administration beruht auf den Polis an der Pontosküste und den alten Stammesgebieten, die römische Offiziere als Aufseher (*praefecti*) erhalten können. Diese sind dem Statthalter untergeordnet. Die Ausdehnung des Militärbezirks ist unter Augustus unklar, weil das thrakische Donauufer (*ripa Thraciae*) und auch die Dobrudscha noch bis Claudius zu den thrakischen Klientelreichen gezählt haben könnten.

15–44 n. Chr. Gemeinsam mit Achaia und Makedonien steht Mösien unter einem konsularen *legatus Augusti pro praetore*, der noch andere Legaten (auch konsularen Ranges) als Befehlshaber der zwei oder drei Legionen in Mösien unter sich hat.
Von Mösien aus werden sowohl äußere Feinde (Geten, Skythen) abgewehrt, als auch in die thrakischen Reiche eingegriffen.

44 Mösien wird eine eigenständige Provinz unter einem konsularen kaiserlichen Legaten mit drei Legionen (IIII Scythica, V Macedonica, VIII Augusta), die an der Donau stationiert sind. Die Finanzen verwaltet ein kaiserlicher Procurator mit centenarem Rang. Mösien gehört zum illyrischen Zollbezirk. Zwischen den Legionslagern werden an der Donau viele Auxiliarkastelle erbaut, deren Zahl im Laufe der Kaiserzeit zunimmt.

60–ca. 67 Der Statthalter Tiberius Plautius Silvanus Aelianus siegt über transdanubische halbnomadische Stämme (Bastarner, Roxolanen, Skythen) und siedelt über 100 000 Menschen mir ihren Fürsten auf mösischem Gebiet an. Er befreit auch einige Städte am Pontos von den Skythen.

85–86 Der Dakerfürst Diurpaneus (später Decebalus) überschreitet um die Jahresmitte die Donau und schlägt den Statthalter Gaius Oppius Sabinus, der mit großen Teilen seines Heeres fällt. Domitian eilt daraufhin für einige Monate an die Donau, überträgt seinem Prätorianerpräfekten Cornelius Fuscus (†86) den Oberbefehl gegen die Daker, die ihn jedoch Mitte 86 nördlich der Donau besiegen und töten. Domitian reist erneut nach Mösien und setzt dort Marcus Cornelius Nigrinus Curiatius Maternus zum Statthalter ein. Dieser siegt über Diurpaneus und teilt Mösien in Moesia Superior (bis zum Cibrus/Cibar) und Moesia Inferior. Die Provinz Moesia Superior erhält vier, die Moesia Inferior zwei Legionen. Statthaltersitze sind Viminacium (Kostolac) und Tomoi. Die nördliche Schwarzmeerküste und die Chersonnesos Taurica (Krim) fallen in den Amtsbereich von Moesia Inferior.

88–89 Lucius Tettius Iulianus, Legat von Obermösien, schlägt den Dakerfürsten Decebalus bei Tapae (Eiserner-Tor-Pass nach Siebenbürghen), der sich im Jahr darauf unterwirft.

101–106 Nachdem Trajan 99 die Donaufront inspiziert hat, beginnt er im April 101 von Viminacium aus mit sieben Legionen und umfangreichen Hilfsverbänden den Krieg (1. Dakerkrieg) gegen Decebalus, den er erstmals im Herbst 102 mit einem Frieden abschließt, durch den römische Truppen nördlich der Donau stationiert werden. Daher wird zwischen Pontes (Kladovo) und Drobeta (Turnu Severin) in den Jahren 103–105 von Apollodor von Damaskus (†128) die große Donaubrücke gebaut. Weil sich der Frieden nicht bewährt, führt Trajan 105/06 den 2. Dakerkrieg und gründet die Provinz Dacia. In Moesia Superior werden künftig zwei (Singidunum, Viminacium), in Moesia Inferior drei Legionen stationiert (Novae [Svištov], Durostorum [Silistra], Troesmis [Igliţa]). Dem Statthalter von Niedermösien kommt auch weiterhin der Schutz der Polis bis zur Krim zu.

168–170 Mittelbar wird Mösien von der Abwehr der Markomannen, Quaden und Sarmaten betroffen und dazu kurzzeitig unter Marcus Claudius Fronto mit Dacia zusammengefasst. Die Legionen Niedermösiens werden um eine vermindert.

Im 3. Jh. wird Mösien zunehmend von räuberischen Stämmen bedroht, zu denen auch die Goten stoßen, die Claudius Gothicus 269 bei Naissus schlägt. Die Raubzüge der »Barbaren« zerstören viele Siedlungen und Gutshöfe (*villae rusticae*). Da Mösien an der Hauptverbindung zwischen Osten und Westen liegt, wirken sich hier auch die Machtkämpfe unter den Kaisern und Usurpatoren zerstörerisch aus. Durch den Rückzug der römischen Administration und Truppen aus Dacia unter Aurelian werden beide Mösien wieder Grenzprovinz. Die abziehenden Bewohner Dakiens finden in Ober- und Niedermösien eine neue Heimat; unter Diokletian wird daher bei der Neugliederung der Provinzen auch der östliche Teil Obermösiens, das westliche Niedermösien und Nordwestthrakien in Dacia Ripensis (»Uferdakien«) und Dacia Mediterranea (»Binnenlanddakien«) umgestaltet. Die zwei dakischen Legionen werden nach Ratiaria und Oescus verlegt.

Im Zuge der diokletianischen Reformen entstehen auf dem Gebiet des einstigen Mösien und Nordwestthrakien sechs Provinzen: Moesia Prima, Dacia Ripensis, Dacia Mediterranea, Dardania, Moesia Secunda und Scythia Minor; die ersten vier gehören zur Diözese Dacia, die beiden letzten zur Diözese Thraciae und unterstehen somit im Westen der illyrischen, im Osten der orientalischen Prätorianerpräfektur. Dem entspricht auch das regionale Oberkommando über die Truppen; in der Spätantike liegt die Kompetenz für sie bei *duces* und Heermeistern. Rom fühlt sich weiter als Ordnungsmacht im Barbarikum, sodass Konstantin sogar zwischen Oescus und Sucidava (Celei) 328 eine Brücke schlagen lässt. Bereits 324 zwingt Konstantin die Goten an der unteren Donau in ein Foederatenverhältnis. Im 4. Jh. bleibt die Donaugrenze lange ruhig, zumal es 358 Constantius II. gelingt, die Sarmates Limigantes in der Theissebene schwer zu schlagen. Erst das von Valens gebilligte Gesuch der Goten, vor den andrängenden Hunnen im Reiche Schutz zu finden, führt aus Anlass von Versorgungsproblemen und Korruption regionaler Reichsbeamter im Umfeld von Marcianopolis (Reká Devnja) schließlich für die Römer zu einer folgenreiche Niederlage in der Schlacht von Adrianopel am 9. Aug. 378 durch die Goten, die dauerhaft als Stammesverband im Reich siedeln bzw. umherstreifen.

404/05 und 408 plündern erstmals auch Hunnen die Diözese Thracia. 440 erobern sie Viminacium und plündern wiederholt die Gebiete südlich der unteren Donau.

Gotische Foederaten agieren in den 470er- und 480er-Jahren südlich der unteren Donau (v. a. um Nicopolis ad Istrum), bis Theoderich 488 in kaiserlichem Auftrag nach Italien aufbricht. Im 6. Jh. muss sich dieses Gebiet zahlreicher Angriffe von Awaren, Bulgaren und Slawen erwehren.

Strukturen in der Provinz Mösien

Die rund 600 Jahre dauernde römische Präsenz romanisiert den mösischen Raum – mit Ausnahme der pontischen Griechenstädte. Latein wird rasch die Verkehrssprache und auf Dauer auch Muttersprache. Dies ist eine Folge der Anwesenheit der Truppen Roms, der Administration, wirtschaftlicher und sozialer Mobilität und der Einrichtung römischer Städte: In flavische Zeit fällt die Deduktion der *colonia Flavia Felix Dardanorum* um Scupi (Skopje). Besonders im 2. Jh. werden Städte gegründet, so im Gebiet der Dardaner die Munizipien Dardanorum (Sočanica) und Ulpiana, Naissus oder Viminacium (Kostolac; Municipium Hadrians, Kolonie unter Gordian III.), Singidunum, Margum (Dubravica, wohl von Mark Aurel eingerichtet), die *colonia Ulpia Ratiaria*, von Trajan in das Umland des heutigen Arčar deduziert, ferner in Niedermösien die trajanische *colonia Ulpia Oescus* (Gigen), die Munizipien Novae, Tropaeum Traiani, Durostorum, Troesmis und Noviodunum (Isaccea). Die letztgenannten Städte liegen alle an der Donau oder nur wenig entfernt von ihr; sechs sind in der Nachbarschaft von Legionslagern gebildet worden. Neben den griechischen Polis gibt es auch Neugründungen nichtrömischer Städte wie Nicopolis ad Istrum (Nikiup). Alle diese Städte haben jeweils ein großes Territorium, die mit den Bergwerkbezirken den größten Teil des Provinzgebietes ausmachen. Noch Justinian errichtet seinen Geburtsort als prächtige Stadt Iustiniana Prima (Caričin Grad) mit vielen Kirchen und dem Statthalterpalast völlig neu; hier wirken im 6. Jh. der Erzbischof und der Statthalter von Dacia Mediterranea. An der Donau siedeln sich viele Bewohner von Lagerdörfern im 4./5. Jh. in den sicheren Lagern selber an, sodass es faktisch zu einer zweiten Urbanisierungwelle kommt. Das bestbekannte Beispiel ist Iatrus (Krivina). Die Städte und Kleinstädte bleiben zumeist bis zum Ende des 6. Jh.s bewohnt und werden durch die awarisch-slawische Invasion und Landnahme zerstört.

Der wichtigste eigenständige Wirtschaftszweig ist in Mösien der Bergbau vornehmlich nach Gold, Silber, Blei und Kupfer, seltener nach Eisen. Die Bergwerke konzentrieren sich in Obermösen auf das Kosmaj-Gebiet südlich von Belgrad, die *metalla Dardanica* und die *metalla Ulpiana* westlich der Morava, und östlich dieses Flusses auf die *metalla Aelia Pincensia* und die *metalla Aureliana*, die von kaiserlichen Prokuratoren vom 2. bis 4. Jh. geleitet werden. In Niedermösien, wo es auch um Montana und in der Dobrudscha um Capidava (südlich Hirşova) Erzgruben gibt, liegt der wirtschaftliche Schwerpunkt auf Landwirtschaft und Viehzucht. Die Landwirtschaft wird v. a. im 2. bis 4. Jh. von Gutshöfen (*villae rusticae*) aus betrieben. Es bleiben jedoch offensichtlich viele dörfliche Siedlungen von Kleinbauern bestehen. Im 3. Jh. entstehen in Obermösien zahlreiche Höhensiedlungen zur Verteidigung gegen marodierende Barbaren; in Niedermösien werden *villae rusticae* im 4./5. Jh. des Öfteren befestigt. Gleichwohl ist das 3. und 4. Jh. eine Zeit der besonderen Blüte.

Die Religion ist v. a. in der römisch-griechischen Form fassbar, während einheimische Vorstellungen unbekannt sind. Das Christentum fasst in Mösien spätestens im 3. Jh. Fuß. Wulfila (Ulfila; *um 311, †383), 341 zum Bischof der Goten geweiht, flüchtet sich mit seiner arianischen Gemeinde 348/49 auf Reichsboden bei Nicopolis ad Istrum. Im 5. Jh. ist der Arianismus hier die normale Konfession. Der arianische Bischof Palladius von Ratiaria zeigt, dass die innerkirchlichen Streitigkeiten auch an Mösien nicht vorbeigingen (um 381).

An der Schwarzmeerküste wirkt der griechische Einfluss; dort lebt der römische Dichter Ovid in Verbannung. Eine in Ritterstand und Senat aufgestiegene Oberschicht ist nicht bekannt, doch gibt es im 3./4. Jh. Soldaten, die Kaiser werden, wie Claudius Gothicus, Marcus Aurelius oder Galerius, der sich nach dem Vorbild Diokletians in Romuliana (Gamzigrad), wohl seinem Geburtsort, einen großen befestigten Alterssitz baut, wie sein Neffe Maximinus Daia bei Šarkamen.

Die antike Epoche endet in Mösien im späten 6. und 7. Jh. durch die Zerstörungen der Awaren und, in deren Gefolge, der Slawen, die sich in den eroberten Gebieten niederlassen. An der unteren Donau bricht die urbane Tradition der Antike erst um 600 – also später, aber auch gründlicher – ab als etwa am Rhein, was in der Folgezeit einen wesentlichen Entwicklungsunterschied bewirkt.

Dakien

Dakien vor der römischen Eroberung entspricht in etwa dem heutige Rumänien und umfasst das Gebiet nördlich der unteren Donau. Die römische Provinz Dakien umfasst das östliche Banat, ganz Siebenbürgen und die Kleine Walachei (Oltenien). Große Teile der Großen Walachei (Muntenien), von Geten, Roxolanen und Skythen bewohnt, gehören nur zeitweise, besonders unter Trajan und Hadrian sowie seit dem 4. Jh., dem Imperium an und sind Untermösien zugeteilt.

Wirtschaftsgrundlagen sind die reichen Minerallager in Siebenbürgen, die Weidewirtschaft der Hirtenstämme in den Bergen (im überschwemmungsreichen Südwesten und Südosten Nomadentum) und der Getreideanbau in Oltenien. Die von lokalen Fürsten beherrschten Bewohner Dakiens sind die nordthrakischen Daker und Geten. Die Region (und damit auch die Bevölkerung) wird beeinflusst von Skythen (Kulmination des politischen Expansionseinflusses vom 7.–4. Jh. v. Chr.), Kelten (3. und 2. Jh.) sowie von den griechischen Kolonien am Schwarzen Meer (z. B. Prägetätigkeit).

Wegen ihres Reichtums sind die Daker stets einem Druck vom Nordosten (Karpen, Quaden, Skythen usw.) ausgesetzt, zivilisatorische Einflüsse werden aus dem griechischen Raum wirksam. Unter geschickten politischen Führern expandieren die Daker, so um 60/50 v. Chr. unter Burebista (†44), als sich die Expansion gegen Westen richtet, den boisch-tauriskischen Bund in Westpannonien zerschlägt und Noricum gefährdet. Caesar beabsichtigt zum Schutz des verbündeten Noricum und der nordöstlichen Gebiete Italiens einen Gegenschlag, der sich erübrigt, weil Burebista stirbt und seine Koalition zerfällt. Nachfolgend kommt es zu wechselseitigen Grenzplünderungen mit anschließenden Strafexpeditionen unter Führung der römischen Grenzkommandeure. Im letzten Drittel des 1. Jh.s n. Chr. gewinnt eine Rom feindliche Politik die Oberhand.

85 n. Chr. Daker unter Führung des Diurpaneus überfallen die römische Provinz Mösien und schlagen deren Statthalter Gaius Oppius Sabinus. Domitian eilt an die Donau und organisiert – anfangs erfolgreich – die Abwehr der Daker.

86 Nach einer zweiten schweren Niederlage der römischen Truppen unter dem Prätorianerpräfekten Cornelius Fuscus gegen Diurpaneus reist Domitian erneut an die Donau und zieht neue Verbände hinzu. Der Statthalter Marcus Cornelius Nigrinus Curiatius Maternus schlägt Diurpaneus.

88 Lucius Tettius Iulianus, Legat von Obermösien, schlägt Diurpaneus (seither als Decebalus König der Daker) bei Tapae (am Eisernen – Tor – Pass zwischen Sarmizegethusa und Tibiscum [Jupa])

89 Decebalus tritt zu den Römern unter Vertrag.

106 Unter Trajan wird nach zwei Kriegen (101–102; 105–106), in denen sich Decebalus als fähiger Heerführer erweist, das ganze Land von den Römern besetzt und als konsulare **Provinz Dacia** eingerichtet. Das entscheidende Kampfgeschehen kann v. a. durch die Darstellung auf der Trajanssäule in Rom und aus sporadischen Notizen von Schriftstellern und in Inschriften rekonstruiert werden.

Noch während der Okkupationsphase werden alle Bergbaugebiete vom römischen Staat übernommen, dann in Pacht gegeben, Spezialisten und Ingenieure herbeigeführt und auch Kolonisten aus anderen Bergbaugebieten des Reiches angesiedelt (vorwiegend aus der mineralreichen Provinz Dalmatien), was eine Reihe von Neugründungen zur Folge hat. Aus diesen Organisationsmaßnahmen ist klar die römische (schon unter Domitian erkennbare) Grundtendenz ersichtlich, nämlich dem finanziell erschöpften Reich den Zustrom neuer Geld- und Mineralressourcen zu sichern.

Die Okkupation wird mit militärischen Kräften aus dem ganzen Imperium durchgeführt. Da Dakien mehr als andere Provinzen isoliert in feindliche Länder hineinragt, besteht die Gefahr direkter Eingriffe von Ostmitteleuropa und Südrussland. Die häufig gespannte Lage erfordert eine starke Provinzarmee: Neben zwei Legionen unter Trajan und seit 168 bilden die Sollstärke zunächst zwei Reitereinheiten und zehn Kohorten, deren Anzahl jedoch von Jahrzehnt zu Jahrzehnt gesteigert werden muss (100 Jahre später: vier *alae*, 15 Kohorten, 13 *numeri*). Sie sind auf strategisch wichtige Positionen verteilt und leisten Wacht- und Sicherheitsdienste.

118–123 Die **Verwaltung** Dakiens wird elastisch gehandhabt. Die zunächst konsulare Provinz wird zur Zeit des mühsam zurückgeschlagenen Einfalls der vereinten Jazygen und Roxolanen (Reiternomaden; Rom muss den Schwerpunkt auf die Kavallerie legen, was Hadrian, der diese Kampagne leitet, zeitlebens beeindruckt) mit Unterpannonien militärisch gemeinsam geführt. Sofort danach wird Dakien jedoch in Dacia Superior (Siebenbürgen und Ostbanat), Dacia Inferior (Oltenien) und Dacia Porolissensis geteilt und geleitet von einem *legatus Augusti pro praetore* im Range eines ehemaligen Prätors (Amtssitz ist das Lager der »legio XIII Gemina« in Apulum (Alba Iulia), bzw. von einem *procurator* im centenaren Rang (100 000 Sesterzen Jahresgehalt), dessen Amtssitz vielleicht Drobeta (Turnu Severin) ist, bzw. von einem *procurator* im ducenaren Rang (200 000 Sesterzen Jahresgehalt), der in Porolissum, später in Napoca (Cluj-Napoca) amtiert. Während der bedrohlichen Situation der Markomannenkriege wird Dakien militärisch gestärkt und unter einem konsularen *legatus Augusti pro praetore* als *tres Daciae* vereinigt.

180–248 Die durch Krieg und Pest verödete Provinz wird mit freien Dakern als Kolonisten besiedelt. Der dadurch mühsam begonnene Aufschwung wird jedoch (schon seit 235) besonders durch die **Invasion der Karpen** abrupt abgebrochen.

271 (oder 275) Erst in den Krisenzeiten der zweiten Hälfte des 3. Jh.s wird die Idee, Dacia aufzugeben, die bereits unter HADRIAN erwogen wird, wieder wach. Schon unter GALLIENUS militärisch geschwächt, wird die **Provinz unter MARCUS AURELIUS geräumt**. Anlass dazu ist starker Druck der aus Südrussland vertriebenen Westgoten und anderer Stämme, die zunächst die Dobrudscha und die Walachei überschwemmen und Siebenbürgen vom übrigen Reich abschneiden (*Dacia amissa*).

Strukturen der römischen Provinz Dakien

Intensive Kolonisation, große Erzausfuhren, Handel entlang der Donau sowie die vielen der in der Provinz angesiedelten Veteranen führen in verhältnismäßig kurzer Zeit zu **städtischen Gründungen** entstehen: So richtet MARCUS AURELIUS in Alba Iulia am Mureş ein Munizipium ein, das kurz darauf zur Kolonie erhoben wird; unter SEPTIMIUS SEVERUS gründet hier ein zweites, räumlich getrenntes Munizipium, das später ebenfalls zur *colonia* erhöht wird. Weitere Munzipien sind Dierna (Orşova), Drobeta, Napoca, Porolissum (Moigrad), Romula (Reşca) und Tibiscum; Siedlungskolonien sind Sarmizegethusa (107) und wohl auch Malva (unlokalisiert). Einige weitere Munizipien werden titular zu Kolonien erhöht: Drobeta, Napoca, Romula, vielleicht auch Dierna; darüber hinaus sind einige Dörfer (*vic*) auch als Kurorte von Bedeutung.

Grundstock der **wirtschaftlichen Bedeutung** Dakiens sind die Bergbauschätze (attraktive Goldlager und Buntmetalle). Die Bevölkerung besteht aus Hirten, Bauern, Bergbauarbeitern und Soldaten, die mit ihren Familien in Dorfgemeinschaften bei den Lagern leben. Für Verkehr und Handel ist die Donau von großer Bedeutung. Die **Kultur**, hauptsächlich von Militärs und Kolonisten getragen, ist auch durch orientalische Einflüsse geprägt. Das Christentum kann bis zur Aufgabe der Provinz unter AURELIAN kaum Fuß fassen. Es wird im 4. Jh. v. a. von Mösien aus durch Bischof WULFILA (*310, †383) unter der gotischen und gepidischen Bevölkerung, die sich in Dakien angesiedelt hat, in arianischer Form verbreitet. Nach Aufgabe der Provinz verbleiben viele Romanen in Siebenbürgen. Im 4. Jh. werden einige der alten Militärfestungen wie Dierna, Drobeta, Romula und Sucidava aus strategischen Gründen noch auf dem dakischen Ufer der Donau besetzt; die anderen Militäreinheiten werden auf das südliche Ufer der Donau (Ratiaria, Oescus u. v. a.) verlegt. Unter KONSTANTIN besteht eine Brücke bei Oescus.

Thrakien

Thrakien umfasst das Gebiet zwischen Haemus (Balkangebirge) und dem Ägäischen Meer mit vorgelagerten Inseln in nordsüdlicher und vom Schwarzen Meer bis zu den Flüssen Morava (Margus) und Vardar (Axios) in ostwestlicher Ausdehnung. Auch einige außerhalb gelegenen Randterritorien werden stark assimiliert (Paionien, Dardanien) und gelegentlich kommt die enge Verwandtschaft mit den Dako-Geten zum Ausdruck. In geschichtlicher Zeit befinden sich die Ballungsräume der Thraker besonders im Stromgebiet des Hebros (Maritza) und im Nordosten des heutigen Bulgarien. Die wichtigsten **Stämme der Thraker** (die schon durch HERODOT als das nach den Indern zahlreichste Volk bekannt sind, während sie THUKYDIDES – er ist halbthrakischen Ursprungs – sie sofort hinter den Skythen einreiht) sind Triballer, Myser, Serden, Dentheleten, Maider, Bessen, Odrysen, Sapaier und Geten.

Lebensgrundlage der Bevölkerung ist seit jeher die Weidewirtschaft. Dabei nimmt die Pferdezucht eine herausragende Stellung ein, die bis in die römische Phase dauert (Reiterkontingente) und sich auch im Kult (thrakischer Reitergott) und in bildlichen Darstellungen äußert. Weniger wichtig ist der Ackerbau, der sich v. a. auf Ländereien der griechischen Kolonien entwickelt und durch hellenistische Gründungen (Philippopolis, Lysimacheia usw.) ins Innere eindringt. Besonders von hier – jedoch nicht ausschließlich – geht der Impuls zum Weinbau aus, der sich in Bräuchen, thrakischer Musik (Orpheus), Tanz und Religion stark niederschlägt. Seit der Vorgeschichte sind die Bergwerke Grundlage der thrakischen »Industrie«. Wichtig ist v. a. die **Eisenproduktion** im Gebiet der Bessen, aber auch im Pangaion- (das Griechen seit jeher anzieht) und Dysorongebirge; sie bringt für die dort lebenden Stämme konstanten Reichtum und wirkt sich soziopolitisch als ständige Quelle wirtschaftlicher und gesellschaftlicher Differenzierung aus.

Die **thrakische Sprache** gehört zur indoeuropäischen Familie. Ihre nur fragmentarische Kenntnis ist vorwiegend auf griechisch oder lateinisch transkribierte Orts-, Fluss-, Berg-, Götter- und Personennamen beschränkt; es gibt auch einige Glossen und ein paar Inschriften.

Auf die ethnischen Unterschiede und die geografischen Bedingungen der Besiedlung weist die **thrakische Religion** hin, in der sich typisch griechische und hellenistische Vorstellungen (auch Unsterblichkeitsglaube) und assimilierte Götter (wie Bendis-Artemis, Hermes, Dionysos, Ares) mit der urthrakischen Welt vermischen (wie die Gleichsetzung Asklepios–Apollon–thrakischer Reiter, Ortskulte, Kultstätten an Quellen, vorrömisch auch Menschenopfer im Zalmoxis-Kult, Kriegsgefangenen-Opfer für den Gott Pleistoros), was sich synkretistisch – später auch unter einem starken orientalischen Einfluss

– in kosmischen Deutungen der Volksreligion und dem Jenseitsglauben bis zur Ausbreitung des Christentums auswirkt. Das durch Bodenschätze reiche Gebiet der Thraker zieht seit jeher seine Nachbarn – Griechen, Makedonen, später Kelten und Römer – und über die Dardanellen sogar das Ägypten, Perser und Pergamon an. Die thrakischen Stämme, deren berühmte Kämpfer und Reiter im 2. Jt. der Sage nach auch in Kleinasien und vor Troia kämpfen, büßen in der nachfolgenden Zeit durch das Aufkommen disziplinierter und kollektiver Kampfweisen an Schlagkraft und Ruhm ein, bleiben jedoch als geübte und harte Söldner gesuchte Leute. Die Bergregionen entwickeln sich nach dem Aufkommen der Metallurgie zu starken, reichen und bedeutenden Gebieten. Unter Magnaten oder königlicher Führung bilden sich Stammesverbände, die einander häufig bekämpfen, aber auch mit den benachbarten Mächten paktieren.

7.–6. Jh. v. Chr. Nach der griechischen Kolonisation haben das größte Interesse an Thrakien die **Makedonen**, die dort reiche Beute suchen und teilweise finden. Besonders ist ihnen am goldreichen Pangaion- und Dysorongebirge gelegen.

512 v. Chr. DAREIOS I. (521–486) erobert den Süden Thrakiens. Über der von Viehzucht und Ackerbau lebenden Bevölkerung verfestigt sich eine adlige Oberschicht mit Stammeskönigen an der Spitze. Sie lässt Silbermünzen prägen und häuft große Reichtümer an (reiche Grabbeigaben).

um 450 v. Chr. Der odrysische König TERES (†445) eint mehrere Stämme und gründet ein thrakisches Reich, das unter seinem Nachfolger Sitalkes (†424) seine größte Blüte erreicht.

351/341 v. Chr. Der makedonische König PHILIPP II. (359–336) erobert Thrakien in langjährigen Kämpfen.

148–129 v. Chr. Als die **Römer** nach drei Kriegen Makedonien bezwingen und als Provinz einrichten, wird ihr das Gebiet zwischen Strymon und Hebros als separater Gerichtsbezirk zugeteilt und sofort mit dem Bau der Via Egnatia als Straße durch den Balkan auf der Grundlage der persischen Heerstraße begonnen. Später wird dem separaten Gerichtsbezirk auch der Streifen vom Hebros bis zur Thrakischen Chersonesos (Gallipoli) zugeschlagen.

129–19 v. Chr. Die Zeit bis zur Errichtung des thrakischen Vasallenstaates ist durch interne Kämpfe gekennzeichnet, an welchen sich Skordisker, das Bosporanische Reich, Bastarner, Griechen, Dardaner und Rom beteiligen. Die Römer paktieren mit thrakischen Königtümern (Odrysen- und Sapäerbund), besetzen thrakische Gebiete und verlieren sie wieder. Besonders blutig und hartnäckig verlaufen die Kämpfe gegen die Bessen. Starke Rückwirkungen hat in Thrakien der dakische Bund unter BUREBISTA (*111, †44).

42 v. Chr. Die Thrakerkönige nehmen aktiv am Kampf bei Philippi und an den Auseinandersetzungen zwischen ANTONIUS und OCTAVIAN teil.

19 v. Chr.–46 n. Chr. In der kurzen Periode des thrakischen Klientelstaates teilt sich das thrakische Königsgeschlecht der Odrysen die Führung bzw. Verwaltung einerseits der Ripa Thraciae (Gebiet zwischen dem Haemus und der Donau) und andererseits das Gebiet der Sapäer (während eine Reihe der Gebirgsstämme frei lebt). Deren Einheiten helfen während des **pannonisch-dalmatischen Aufstandes**, die Übergänge nach Makedonien zu sperren, und kämpfen gegen Geten an der unteren Donau. Anlässlich von Zwistigkeiten zwischen beiden Herrschaftsteilen muss das römische Heer aus Mösien eingreifen. Ein allgemeiner thrakischer Aufstand gegen die Regenten wird unterdrückt. Nach einem weiteren Aufstand wird Thrakien annektiert und die Provinzverwaltung eingeführt.

Strukturen in der römischen Provinz

Massive Rekrutierungen, um die Ordnung zu erhalten und den Bergbau mit stets neuem Zustrom an Häftlingen zu betreiben, tragen zuächst nicht zur Befriedigung des Landes bei. Aus dem Versuch, die Gefahrenherde auszuschalten, erklärt sich die auf Dörfern, Gauen und Stämmen basierende römische Gebietseinteilung in Strategien (z. B. Dentheletike, Kainike, Maidike, Serdike usw.). Militärstraßen mit dazugehörigen befestigten Stationen werden ausgebaut.

Die meisten Städte Thrakiens um die Zeitenwende sind griechischen oder hellenistischen Ursprungs (Apollonia, Mesembria, Philippopolis, Lysimacheia), nur wenige werden durch Thraker gegründet (u. a. die Residenzstadt Seuthopolis im 4. Jh. v. Chr.). Durch **römische Militärkolonien**, d. h. städtische Gründungen für das ausgediente Militär (z. B. Apri, Deultum), wird das Gebiet urbanisiert und das Land systematisch kultiviert. Der wichtigste Städtegründer ist TRAJAN. Unter ihm entstehen Anchialos, Nicopolis ad Nestum, Traianopolis, Augusta Traianopolis, Augusta Traiana, Pautalia, Serdica und Nicopolis ad Istrum, das bis SEPTIMIUS SEVERUS zu Thrakien, später zu Untermösien gehört. Viele dieser Städte haben – nach dem Vorbild griechischer Poleis – das Recht, für eigene Bedürfnisse Münzen zu prägen; die Prägungen sind wichtige lokalhistorische Quellen für das Kultleben, die Verwaltung, Wirtschaft usw.

Der großen Teilen der Bevölkerung zugute kommende Wohlstand geht nicht nur auf die Landesschätze, sondern auch auf den **Transitverkehr** (Via Egnatia, Linie Sirmium–Byzanz, Küstenschifffahrt) und die Tatsache zurück, dass das ganze Land als Verpflegungsgrundlage für viele Garnisonen dient. Dieser Wohlstand manifestiert sich in Kultur und Architektur sowie in vielen stark griechisch beeinflussten Kunstgegenständen.

86–180 Die ruhige Lage und die friedliche Entwicklung der Provinz in den ersten zwei Jh. n. Chr. wird durch die stark befestigte Provinz Mösien ermöglicht, die in der Zeit der Kämpfe DOMITIANS gegen die Daker und Roxolanen, gegen die eine Verteidigungslinie von Tomoi bis Axiopolis an der Donau errichtet wird, viele Einbruchsversuche und Rückschläge abfängt, welche die römische Armee erleidet. Dasselbe gilt für die Phase der Okkupation Dakiens und – etwas weniger – für die Zeit der Markomannenkriege (166–180), als die Plünderungsvorstöße der Kostoboken über Mösien und die Ränder Thrakiens bis Mittelgriechenland reichen.

250–271 Den **Goten** gelingt es, Philippopolis zu besetzen und das römische Heer unter Decius bei Abrittus in der Dobrudscha zu schlagen (251). Im Laufe des 3. Jh.s wird Thrakien mehrmals Schauplatz blutiger Einfälle. Eine Folge davon ist der festungsartige Ausbau der Städte. Die Plünderungszüge der Daker, Goten und Heruler werden besonders stark zur Zeit des Kaisers Gallienus. Sein Nachfolger Claudius Gothicus besiegt bei Naissus (Niš) die Goten (269), jedoch nicht entscheidend. Aurelian gibt die Provinz Dakien kampflos auf und verlegt die Truppen und die Bevölkerung auf die Gebiete der ziemlich entvölkerten Regionen am Südufer der Donau. Dort gründet er 271 aus dem östlichen Obermösien, dem westlichen Thrakien und Untermösien die neue Provinzen Dacia Ripensis (Hauptstadt Ratiaria) und Dacia Mediterranea (Hauptstadt Serdica [Sofia]).

276–278 Unter Probus (*232, †282) müssen 100 000 Bastarner, die dem Druck im Bereich der unteren Donau nicht mehr widerstehen können, auf thrakischen Boden umgesiedelt werden.

284–305 **Diokletian** besiegt die in die Dobrudscha eindringenden Karpen und die mit ihnen verbündeten Germanen entscheidend. Um sie zu befriedigen, werden Teile dieser Stämme in Pannonien und Mösien angesiedelt. In Thrakien siedelt Diokletian gefangene Perser an (Spuren davon auch in religiösen Hinterlassenschaften). Besonders wegen dieser Ereignisse – außerdem wegen der kritischen wirtschaftlichen Lage, des unzuverlässigen Verwaltungsapparats und der ungenügenden Schlagkraft der ständig bedrohten Provinzen – reorganisiert der Kaiser die Militärverwaltung. Aus Untermösien und Thrakien entstehen 294 sieben kleinere Provinzen (von *praesides* verwaltet), die zur Diözese Thrakien gehören: Europa (Hauptstadt wohl Perinthos), Rhodope (Traianopolis), Thracia (Philippopolis), Haemimontus (Hadrianopolis), Moesia Inferior (auch Mysia oder Moesia Secunda; Marcianopolis) und Scythia (Tomoi); die letzten zwei stehen als Grenzprovinzen unter der gemeinsamen Führung von *praesides* und *duces*.

382 Ansiedlung von Westogten als Föderaten nach der Schlacht von Adrianopel.

395 Einfall von Hunnen in Thrakien. Thrakien befindet sich seit Arcadius im oströmischen Reichsteil.

5.–7. Jh. Thrakien wird von Hunnen, Awaren, Bulgaren und Slawen oft und schwer heimgesucht. | Forts. S. 604 |

Pannonien

Die römische Provinz Pannonia reicht von den Osträndern der Alpen bis zur Donau und von dort bis zu den Ausläufern der Dinarischen Alpen südlich der Save. Ihre Bewohner sind teils Kelten (Boier, als norische Ostnachbarn, Eraviscer, Latobiker, Taurisker, Skordisker im Savetal, die später anscheinend von Pannoniern assimiliert werden), teils Pannonier mit illyrischer Sprachbasis (Breuker, Andizetes, Amantini, Iasi, Azali, Hercuniates, Varciani). Das keltische Element ist im Westen und Norden des Landes vorherrschend. Wirtschaftliche Grundlage aller dort lebenden Stämme ist der Feldbau kombiniert mit Viehwirtschaft.

2. Jh. v. Chr. Erste Strafexpeditionen der Römer aus der Cisalpina nach Osten, v. a. 156 und 119, wenden sich gegen Siscia (Sisak), das einflussreiche Produktions- und Handelszentrum.

ca. 50 v. Chr. Die im Entstehen begriffene Hegemonie der Boier und Taurisker wird durch die dakische, westwärts gerichtete Expansion gebrochen (die Gründe sind unklar, wahrscheinlich ein vorhergehender boisch-keltischer Vorstoß in die Karpaten), doch verebbt der dakische Druck nach dem Tode des Anführers Burebista (†44).

35 v. Chr. Die Römer unter dem jüngeren Caesar kämpfen gegen Taurisker, Karner, Japoden und nehmen Siscia ein.

14–9 v. Chr. Die Endphase der Kriegshandlungen wird von der Cisalpina und dem dalmatischen Küstenland aus durch Augustus eingeleitet und v. a. durch den Mitregenten Marcus Vipsanius Agrippa und durch Tiberius weitergeführt und beendet.

6–9 n. Chr. Der dalmatisch-pannonische Aufstand in Südpannonien und Dalmatien wird von Tiberius mühevoll und mit großem Aufwand niedergeschlagen. In der vorausgehenden **Okkupationsphase** werden Pannonien und Dalmatien von einem kaiserlichen Legaten aus den ehemaligen Konsuln unter dem Namen Illyricum gemeinsam regiert und 9 n. Chr. in »Illyricum Inferius« (unter Nero/Vespasian »Pannonia«) und »Illyricum Superius« (Dalmatia) geteilt.

An wichtigen Orten werden Legionslager gegründet, so unter Augustus in Emona (Ljubljana), Siscia (Sisak) und Carnuntum (Deutsch-Altenburg), unter Vespasian in Poetovio (Ptuj) und Carnuntum, am Ende der Regierung Domitians in Poetovio, Carnuntum, Aquincum (Budapest) und vermutlich Mursella (Petrievci), seit Beginn der Regierung Trajans in Vindobona (Wien), Carnuntum, Brigetio (Ó-Szöny) und Aquincum. Ferner werden die Stämme in Unruhegebieten gelegentlich römischen Offizieren unterstellt (z. B. bei den Skordiskern oder denColapiani). Es werden intensiv Straßen gebaut. Die systematische Rekrutierung schwächt die Möglichkeiten der Stämme zu Rebellionen (z. B. der Breuker), v. a. nach dem dalmatisch-pannonischen Aufstand. Der Sitz des Statthalters (*legatus Augusti pro praetore* aus ehemaligen Konsuln) ist im 1. Jh. unklar.

41–54 Während der Frühzeit der Provinz wird die Donau als Grenzfluss nur an neuralgischen Punkten kontrolliert. Seit Claudius errichtet Rom an dieser Grenze zunehmend Lager von Hilfstruppen. Mit der Zeit werden auch die Ebenen von Innerpannonien erschlossen und kultiviert, womit das spätere Aufblühen der Gutshöfe dort erst möglich wird. Der wachsende Lebensstandard weckt in verstärktem

Maße die Aufmerksamkeit der Nachbarn, weshalb nicht nur der Druck auf die Reichsgrenze stärker wird, sondern die »Barbaren« sich auch durch die vielschichtigen römischen Kontakte zivilisatorisch und besonders organisatorisch zu entwickeln beginnen.

69–117 Als Folge davon muss von VESPASIAN bis TRAJAN die bedrohte Grenzlinie dicht besetzt werden. Im Herbst 69 erklärt sich das pannonische Heer unter ANTONIUS PRIMUS (†nach 81) für VESPASIAN. Unter DOMITIAN und TRAJAN kommt es zu Kriegen mit Sarmaten und Dakern.

106 **Zweiteilung der Provinz** in Pannonia Superior (westlicher Teil) mit drei Legionen unter konsularischen Statthaltern (Sitz Carnuntum) und Pannonia Inferior (längs der Donau und östlich vom Plattensee; Grenze: Donauknie–Plattensee–Drau; Sitz Aquincum) mit einer Legion unter prätorischen Legaten, deren erster der spätere Kaiser HADRIAN wird.

137–161 Unter ANTONINUS PIUS wird die seit TIBERIUS geförderte Klientelpolitik gegenüber den Grenzstämmen (z. B. Quaden) noch aufrechterhalten.

166–180 Unter **MARCUS AURELIUS** wird Pannonien zum Hauptschauplatz der Kämpfe gegen die germanischen und sarmatischen Stämme, die in die Donauprovinzen und nach Norditalien eindringen.

180–192 COMMODUS wird Herr der kritischen Lage und befestigt erneut die Grenzlinie.

214, 9. April Der oberpannonische Statthalter punischer Abstammung, LUCIUS SEPTIMIUS SEVERUS wird in Carnuntum zum Kaiser ausgerufen und geht, von der pannonischen Armee unterstützt, aus dem nachfolgendem Bürgerkrieg als Sieger hervor.

214 Aus machtpolitischen Gründen wird die Ostgrenze Oberpannoniens vom Donauknie nach Westen verschoben und damit die Legion in Brigetio der unterpannonischen Armee zugeordnet, sodass die Macht des oberpannonischen Provinzgouverneurs beschränkt wird. Die Wirtschafts- und Finanzverwaltung wird durch Prokuratoren versehen, getrennt für die Staatsfinanzen, den kaiserlichen Besitz, Bergbau, Zoll, Verkehr, Staatspost und besondere Ausgaben.

253–268 Verarmung, politische Unsicherheit, Barbareneinfälle, wirtschaftlich-soziale Krisen, **Armeeunruhen** unter GALLIENUS und Usurpationen (INGENUUS [†258], REGALIANUS [†259]); wiederholt müssen schwere Abwehr- und Offensivkämpfe geführt werden. GALLIENUS sieht sich gezwungen, PIPA, Tochter des Markomannenkönigs ATTALUS, zu heiraten und die Markomannen in Pannonien zu dulden. Damals beginnt man, kleine Garnisonen auch im Inneren der Provinz zu errichten, ein Versuch, der 100 Jahre später durch Föderatensiedlungen weitergeführt wird.

284–305 Seit DIOKLETIAN sind beide Pannoniae nochmals geteilt in die unter *duces* und *praesides* stehenden Provinzen »Pannonia Prima« (Hauptstadt Savaria, heute Szombathely), Savia (Hauptstadt Siscia), Valeria (Hauptstadt Sopianae, heute Pécs) und Pannonia Secunda (Hauptstadt Sirmium [Sremska Mitrovica], zugleich als kaiserliche Residenzstadt und Hauptquartier ausgebaut).

Seit TIBERIUS werden in Pannonien zunehmend römisch geordnete Städte (*coloniae, municipia*) gegründet: so die colonia Iulia Emona (Ljubljana), die colonia Claudia Savaria (Szombathely), die coloniae Flaviae Siscia (Sisak) und Sirmium (Sremska Mitrovica), die colonia Ulpia Traiana Poetovio (Ptuj), die colonia Aelia Mursa (Osijek) und viele Munizipien, etwa in Vindobona (Wien), Carnuntum (Deutsch-Altenburg), Brigetio (Ó-Szöny), Aquincum (Budapest), Scarbantia (Sopron/Ödenburg) und viele andere Siedlungen im Binnenland. Dies fördert (neben Straßenbau, Handel, Militär etc.) wesentlich die Assimilation an und die Integration in die mittelmeerisch-römische Zivilisation. Latein wird die Verkehrssprache, oft auch Muttersprache der Einheimischen. Zu Beginn des 3. Jh.s ist Pannonien bereits ein stark römisch geprägtes Land.

Epidemien, sozioökonomische Krisen und Kriege dezimieren v. a. seit MARCUS AURELIUS die Provinzbevölkerung. In das entstehende Vakuum beginnen vorerst sporadisch, später massiv unterstützt, neue Siedler einzuströmen, die der Provinz ein östliches und afrikanisches Gepräge geben. Ebenso werden Legionäre und Auxiliarrekruten für Hilfseinheiten oft im Osten und in Afrika ausgehoben. Handel und Gewerbe liegen mehr und mehr in den Händen der aus dem Osten Zugewanderten. Damit dringen auch östliche, ägyptische und afrikanische Kulte, zuletzt das Christentum ins Land ein. Die Staats- und Militärgötterwelt herrscht im Kultwesen vor, daneben treten sowohl lokale und regionale Besonderheiten (auch Vorrömisches, lokale Natur- und Schutzgottheiten wie Nymphen, Stadtpatroninnen, Schifffahrtsbeschützer, glückbringende Marktgötter) als auch die orientalischen Götterwelt (Mithras, Iupiter Dolichenus, Iupiter Heliopolitanus, Isis usw.) auf.

Wirtschaftlich gehört Pannonien zu den mehr oder weniger autarken Provinzen des Römischen Reiches mit stark entwickeltem Handwerk (Manufaktur), Handel- und Verkehrsgewerbe Importiert werden hauptsächlich Luxusgüter. Trotz entgegengesetzter, fragmentarisch erhaltener Aussagen der Schriftsteller (z. B. VELLEIUS PATERCULUS [*um 20 v. Chr., †um 35 n. Chr.], der in Pannonien kämpft, oder CASSIUS DIO [*155, †nach 235], der hier Provinzgouverneur ist) ist archäologisch bekundet, dass Feldwirtschaft und Weinbau von Bedeutung sind, was auf die Tätigkeit der Veteranen (*missiones agrariae* oder *nummariae*) und die Bewirtschaftung der kaiserlichen Domänen zurückzuführen ist. Einheimische Produkte werden nicht nur innerhalb, sondern auch außerhalb des Römischen Reiches abgesetzt. Pannonien ist wie ein Eckstein des Imperiums, auf welchen vom Norden und Osten stets starker Druck ausgeübt wird. Zugleich ist es ein wichtiges Durchgangsland.

Eine mit Sicherheit in Pannonien festzustellende zusätzliche **Sprache** ist – neben dem vorausgehenden Illyrischen sowie Latein und Griechisch – nur das Keltische. Vom Norden sickert über die Grenzen vielleicht das Germanische ein. Vom Süden kommt das Liburnische und vom Osten und Südosten muss mit dako-thrakischen Elementen gerechnet werden. Die Namen und mythologischen Vorstellungen des Altertums weisen auf die

Fortexistenz des Illyrischen hin, was auch durch die gemeinsame Bewegung der Stämme im dalmatisch-pannonischen Aufstand nahegelegt wird.

Wohl schon seit dem 2. Jh. verbreitet sich in Pannonien das Christenum. Als frühe Märtyrer sind EUSEBIUS VON CIBALAE (Vinkovci), IRENAEUS VON SIRMIUM (†304), QUIRINUS VON SISCIA (†308) und viele andere bezeugt. Unter DIOKLETIAN sind auch christliche Gemeinden beispielsweise in Siscia, Savaria und Poetovio nachgewiesen. MARTIN (†397), Bischof von Tours 372–397, stammt aus Savaria. Im 4. Jh. gerät das pannonische Christentum in die Auseinandersetzungen zwischen Arianern und der Orthodoxie. Da Sirmium im 4. Jh. eine gelegentliche Kaiserresidenz wird, finden hier auch wiederholt pannonische Synoden statt.

4. Jh. Einfälle von Markomannen und Vandalen und ein Erdbeben um 350 verwüsten die Region. Seit der HONORIUS 395 gehört Pannonien zum westlichen Teil des Römischen Reichs.

um 400 Zusammenbruch des pannonischen Limes. 405 überfallen Goten die Provinz.

433 Nord- und Mittelpannonien fällt an die Hunnen, die römische Herrschaft endet.

6. Jh. Nach Abzug der Hunnen bleibt in Südpannonien die nominelle römische Herrschaft trotz schwerer Bedrohungen bis Ende des Jh.s in Kraft. Teile der Region gehören zum Gepidenreich (454–567), zum Ostgotenreich (493–540) bevor es die Awaren erobern (568).

Noricum

Die römische Provinz Noricum grenzt im Norden an die Donau, die die Grenze östlich Astura (Zeiselmauer westlich von Wien) verlässt, um über den Cetius Mons (Wienerwald) und östlich der Fischbacher Alpen, westlich von Poetovio (Ptuj) bis über den Savus (Save) nach Süden und dann nach Westen über den Pass von Atrans (Trojana) auf dem Caravancus Mons (Karawanken) und den Alpes Carnicae (Karnische Alpen) an den Isarcus (Eisack) zu ziehen; von hier aus läuft sie über die Zillertaler Alpen nach Norden und stößt östlich des Zillertals an den Inn, der nun bis Boiodurum (Passau-Innstadt) die Grenze bezeichnet.

Als die Römer im 2. und 1. Jh. v. Chr. mit Noricum in Verbindung treten, ist es ein im Wesentlichen keltisches Land, das Stämme dieser Kultur seit mindestens zwei bis drei Jahrhunderten im Besitz hatten. Die Alpen teilen das Gebiet in zwei Hälften: Die nördliche ist zum Donautal hin orientiert und mitteleuropäischen und ost-westlichen Strömungen geöffnet; die südliche umfasst die Stromgebiete der Drau, Gurk, Sann und Mur und bildet ein natürliches Eingangstor zur mediterranen Welt (gespiegelt in der Herkules-Sage oder dem Argonautenweg). Südlich der Alpen leben Saevates, Laianci, Ambilini, Ambidravi, Norici, Elveti und Uperaci, nördlich sind im Umkreis von Salzburg Ambisontes und Alauni bekannt. Die Norici haben eine politische und wirtschaftliche Führungsrolle inne und geben dem *regnum Noricum* den Namen, dessen Vorort das unlokalisierte Noreia ist. **Wirtschaftliche Basis** sind v. a. die qualitativ herausragenden Eisenlager in Nordkärnten und der Obersteiermark; Eisen wird zu erstklassigem Stahl verarbeitet. Außerdem wird Gold, Silber, Blei und Kupfer abgebaut. Die Adligen prägen in ihren Stämmen (und vielleicht für sie) Gold- und Silbermünzen. Das bedeutendste Zentrum des Handels befindet sich in der latinischen Kolonie Aquileia (181 v. Chr. deduziert). Mit Rom steht das *regnum Noricum* in einem freundlichen Verhältnis, das auch auf den Kaiser übertragen wird. Auch wenn es kleinere Feldzüge v. a. zur Abwehr pannonischer Stämme gibt, wird Noricum nicht in schweren Kämpfen erobert. Anscheinend wird ein Angriff von Norikern und Pannoniern auf Istrien im Jahre 16 v. Chr. zum Anlass für die »Einziehung« des »Königreiches«. Eine Reichsverwaltung wird aber noch nicht eingerichtet. Das wesentliche Zentrum der friedlichen wirtschaftlichen Beziehungen wird in der (späteren) Provinz auf dem Magdalensberg bei Klagenfurt ausgebildet. Die ökonomisch, sozial und politisch führende Schicht von Noricum lehnt sich in der späten Republik und frühen Kaiserzeit eng an Rom an, festigt sich wirtschaftlich und übernimmt mit der kurzen eigenen Münzprägung (etwa 70–40 v. Chr.) sowie rudimentärer Geldwirtschaft auch die lateinische Schrift. Die *civitates* stehen wohl nur in einem Vertragsverhältnis zu Rom und können vielleicht gelegentlich von ritterlichen *praefecti* oder *procuratores* neben deren Hauptfunktion überwacht worden sein.

170 v. Chr. Der norische König CINCIBILIS sendet eine Gesandtschaft nach Rom und wird als König anerkannt.

113 v. Chr. Der römische Konsul GNAEUS PAPIRIUS CARBO (†82) erleidet bei Noreia eine vernichtende Niederlage gegen die Kimbern.

um 15 v. Chr. Noricum wird unmittelbarem römischem Einfluss unterworfen.

seit 14 n. Chr. Die Gebiete um Vindobona (Wien) und Carnuntum (Deutsch-Altenburg) werden Pannonien zugewiesen.

Wohl unter **CLAUDIUS** wird **Noricum** formal als **Provinz** eingerichtet; der erste bekannte Statthalter ist als ritterlicher Procurator CLAUDIUS BAEBIUS ATTICUS aus dem nahen Iulium Carnicum (Zuglio). Spätestens zu dieser Zeit erhält die Provinz auch eine Armee aus Auxiliartruppen, die 69 zumindest eine Ala und acht Kohorten umfasst. Das Leben in Noricum beginnt sich reichseinheitlich zu formieren, die alten Stammes- und Handelszentren werden im neuen Stil aufgebaut, die lokale Verwaltung wird von assimilierten Stammesmagnaten geführt. Es bilden sich führende Familien heraus, deren großer Reichtum den Aufstieg in den Ritterstand, im 2. Jh. sogar in den Senat ermöglicht. Das Land ist dem *procurator Augusti provinciae Noricae* mit Sitz in Virunum unterstellt. Von Virunum aus wird auch die Verwaltung der Postdienste und der im Lande stationierten militärischen Hilfseinheiten geführt.

69 In den Wirren nach der Ermordung des Kaisers Nero ergreifen Noriker vorerst Partei für Otho und, als dieser beseitigt wird, für Vespasian.

166–180 Die Bevölkerung genießt Ruhe bis zur **Invasion der Markommanen** und anderer germanischer Stämme, die zur Zeit des Mark Aurel' verheerend über Noricum, Rätien und Pannonien hereinbricht. Gleichzeitig wird mit dem Militär aus dem Orient eine epidemische Seuchenwelle eingeschleppt, die die übrig gebliebene Bevölkerung dezimiert und auch den germanischen Stämmen schwere Verluste zufügt. Nach der mühevollen Wiederherstellung der Ruhe wird zum Provinzschutz die damals geschaffene zweite italische Legion im Lande belassen und die Provinzführung deren prätorischem Legaten mit Sitz in der Garnison Lauriacum (Lorch bei Enns) übergeben. Der Sitz der Finanzprokuratur wird der Eisenindustrie wegen in Virunum belassen; einige Provinzämter kommen nach Ovilava (Wels).

193, 13. April Die Erhebung des Septimius Severus in Carnuntum unterstützt auch die norische Legion. Die zivile Bevölkerung entscheidet sich jedoch für den Gegenkaiser, was politische Säuberungen nach sich zieht.

214 Unter Kaiser Caracalla **fallen** im Nordwesten der Provinz die **Alemannen ein**, mit denen später, besonders unter Gallienus und Aurelianus und bis in die Jahre des hl. Severin (†482), an der Grenze unerbittlich gekämpft wird.

284–305 Im Zuge der **diokletianischen Staatsreform** wird Noricum in zwei Verwaltungsbezirke geteilt: Noricum Ripense (zur Donau orientiert, Verwaltungssitz Ovilavae) und Noricum Mediterraneum (die ostalpine Südhälfte, Verwaltungssitz Virunum). Das militärische Oberkommando bleibt in Lauriacum und wird dem *dux* von Pannonia Prima und Noricum Ripense zugeordnet. Die damals neu errichtete »legio I Noricorum« scheint in Favianae stationiert zu sein.

Der **Handel** basiert auf Bodenschätzen (Rohguss und Verarbeitungen, berühmt wegen der Qualität, v. a. der Eisenprodukte); gehandelt werden aber auch Vieh, geräuchertes Fleisch, Honig, Wolle und Wollstoffe, Felle und Leder. Luxusartikel werden aus Italien, später mehr und mehr aus Gallien, aus dem römischen Germanien und Rätien eingeführt. Noricum gehört zum Zollbezirk Illyricum, der von Rätien bis zum Schwarzen Meer reicht. Die Produktion von Eisen wird zunächst verpachtet, Sitz der Pächter und des Pachtamtes in iulisch-claudischer Zeit ist Aquileia, später Virunum. Die Blei-, Kupfer- und Silberproduktion tritt weit zurück. Seit flavischer Zeit, v. a. seit Mark Aurel, übernimmt der Staat die Eisenbergwerke in direkte Verwaltung und unterstellt sie dem Prokurator mit dem Sitz in Tiffen (Kärnten). Die übrige Produktion, außer vielleicht die der Waffen und Kleidungsstücke, bewegt sich auf Lokalebene.

Die **Urbanisierung** beginnt trotz der wohl geringen Besiedlungsdichte schon früh: Unter Claudius werden aus je ein oder zwei benachbarten Stämmen fünf römische(?) Munizipien gegründet: *municipia Claudia Iuvavum* (Salzburg), Aguntum (bei Lienz), Teurnia (St. Peter im Holz), Virunum (bei Klagenfurt) und Celeia (Celje), unter Vespasian Flavia Solva (Leibnitz), unter Hadrian Ovilava und Cetium (St. Pölten; beide mit Beinamen *municipium Aelium*); unter Caracalla werden Ovilava titular zur *colonia Aurelia Antoniniana* und die Zivilsiedlung beim Legionslager von Lauriacum zum Munizipium erhoben. Eventuell mit Ausnahme der innernorischen kaiserunmittelbaren Region *regnum Noricum* ist offensichtlich ganz Noricum in Städte untergliedert.

Eine Vermittlerrolle zwischen der mediterran-römischen Kultur und Zivilisation und den Ostalpengebieten hat seit seiner Gründung Aquileia inne; überhaupt erschließt der Handel und eine Zuwanderung aus Italien die Provinz. Einen wesentlichen Romanisierungsfaktor stellt in Nordnoricum, v. a. an der Donau, die Armee dar, besonders weil die Veteranen mit ihren Familien zumeist im Lande verbleiben bzw. später sogar nur noch lokal rekrutiert werden. Die römische Kultur wird bis in die Gutshöfe (*villae rusticae*) und Dörfer (*vic*) rezipiert, wie u. a. die lateinischen Inschriften oder die mit mythologischen Szenen und mediterranen Symbolen dekorierten Gräber der besitzenden Schichten zeigen. Wichtige Zentren der Zivilisation sind jedoch die Städte, Herrensitze der Landeigentümer und die Garnisonen. Reisen, Militärdienst, Verwaltungsapparat und Sklavenhandel vermitteln breitesten Kreisen Weltkenntnisse. Die technischen Errungenschaften (wie Wasserleitungen, Hygiene, verbesserte Vieh- und Feldwirtschaft) tragen zum Wohlstand bei. Eine rhetorisch, literarisch oder philosophisch-wissenschaftlich gehobene Bildung ist jedoch außerhalb von Kreisen der Reichsadministration, der Militärkommandeure und der sozio-ökonomisch führenden, gelegentlich dem Ritterstand angehörenden Familien kaum zu finden.

Aus dem altnorischen Pantheon wird vieles in die römische **Religion** offiziell übernommen (v. a. Städtebeschützer wie Celeia, Noreia, Atrans), einiges der *interpretatio Romana* unterworfen (Mars Latobius, Jupiter Culminalis, Apollo Grannus), anderes verbleibt stets auf der Ebene lokaler Kulte (verschiedene Nymphen, Beschützer der Flussschifffahrt, der Weide). Von orientalischen Kulten erfreuen sich besonderer Beliebtheit Mithras, Jupiter Dolichenus und Isis. – Spätestens seit der 2. Hälfte des 2. Jh.s verbreitet sich das Christentum. Am 4. Mai 304 stirbt der hl. Florian aus Cetium den Märtyrertod; in der 2. Hälfte des 5. Jh.s wirkt zugunsten der von verschiedenen Germanenscharen bedrängten Provinzialen in Noricum und in Osträtien der hl. Severin, von dem als Mönchsvater eine ausführliche Vita (verfasst 509–511) des Eugippius (*um 465, †nach 533) berichtet. Viele Kirchenbauten der Zeit wurden ausgegraben, v. a. auf dem Hemmaberg in Kärnten. Im 4. und 5. Jh. sind Bischöfe für Lauriacum, Teurnia, Celeia, Aguntum und Poetovio bekundet, das seit Diokletian und Konstantin Noricum angehört und wo der Märtyrerbischof Victorinus (†304) auch literarisch hervortritt.

488 Odoaker zieht mit den Truppen einen Teil der römischen Bevölkerung aus Noricum ab. | Forts. S. 604 |

Das Christentum in der Antike

Das Christentum im Römischen Reich bis 313

Die alten Poliskulte für die olympischen und capitolinischen Götter haben im Hellenismus an Bedeutung zugunsten orientalischer Erlösungsreligionen (Isis, Kybele, Adonis, Attis, Mithras) verloren. Sie verbreiten sich über das Imperium Romanum, in dem Religionsfreiheit herrscht, seit AUGUSTUS aber in Heer und Staat der Kaiserkult gefordert wird. Ausgehend von Judäa und Galiläa, verbreitet sich das Christentum über Damaskus und Antiochia nach Westen. PAULUS, ein gräzisierter Pharisäer aus Tarsos, wird der erste Organisator, er findet in Rom bereits Gläubige vor. Gründe für die stetige Ausbreitung ist die Heilsbotschaft, das erwartete Gottesgericht, die gewinnende Gestalt JESU, die praktizierte Nächstenliebe, die Vernetzung der Gemeinden und die umfangreiche Literatur (Paulusbriefe um 60 n. Chr., Evangelien um 80 n. Chr.). Ursprünglich eine jüdische Sekte, erweitert sich die Gemeinde zunehmend um Griechen. Ihre Exklusivität bringt sie in Verruf. Den Christen werden Inzest und Kannibalismus unterstellt. Wiederholte Verfolgungen und Verbote können ihre Ausbreitung nicht verhindern. Dem Staat stehen sie angesichts ihrer Endzeiterwartungen in distanzierter Loyalität gegenüber, doch verweigern sie das Kaiseropfer.

um die Zeitenwende **Geburt JESU** als Sohn eines Zimmermanns in Nazareth. Die Überlieferung zur Kindheit ist durch messianische Legenden und Wandermotive geprägt (»Reichszensus«, Bethlehem, Stern, Magier, Kindermord, Flucht nach Ägypten).

27/28 n. Chr. Wirken JOHANNES' DES TÄUFERS.

um 28–30 Öffentliche Wirksamkeit JESU in Galiläa, der Jünger um sich sammelt. Seine Predigten und insbesondere sein Anspruch, der Messias zu sein, werden von den jüdischen Führern als Gotteslästerung betrachtet. Sie klagen ihn beim römischen Statthalter, dem Präfekten PONTIUS PILATUS (Inschrift aus Caesarea), an, der JESUS als »König der Juden« wegen erwiesenem Hochverrat am Rüsttag vor Passah in Jerusalem kreuzigen lässt (wahrscheinlich 7. April 30).

nach 30 Der Bericht über die »Auferstehung« und das Pfingsterlebnis halten die Gemeinde zusammen. In Jerusalem, der »Urgemeinde«, haben zunächst die »Zwölf« (Apostel) und unter ihnen PETRUS eine hervorragende Stellung inne. Eine weitere Institution bilden die »Sieben«, die von der Gemeinde für den Tischdienst ausgewählt und von den Aposteln eingesetzt, aber danach als Prediger und Missionare tätig werden. Die Steinigung des STEPHANUS, einer der »Sieben«, durch die Juden und die Verfolgung der Gemeinde, auch durch PAULUS, führen zur Flucht vieler Christen, die Keime neuer Gemeinden in Judäa und Samaria bilden.
Bekehrung und Mission des PAULUS in Syrien und Kilikien.

um 43/44 Verfolgung der Urgemeinde durch HERODES AGRIPPA. JAKOBUS DER ÄLTERE wird hingerichtet, PETRUS verlässt die Stadt. JAKOBUS DER JÜNGERE übernimmt die Leitung der Gemeinde. Neben ihm üben Presbyter Leitungsfunktionen aus.
BARNABAS gewinnt PAULUS für die Mission im syrischen Antiochia, die von »Propheten und Lehrern« getragen wird. **In Antiochia entsteht die Bezeichnung »Christen«** (*Christianoi*) für die neue Gemeinschaft.

vor 49/50 Erste Missionsreise des PAULUS – mit BARNABAS – im Auftrag der antiochenischen Gemeinde über Zypern (Salamis, Paphos) nach Pisidien (Perge, Antiochia) und Lykaonien (Ikonion, Lystra, Derbe).

um 49/50 Judenchristen kritisieren PAULUS, der in der Heidenmission nicht die Beachtung des mosaischen Gesetzes und die Beschneidung fordert. Ein »Apostelkonzil« in Jerusalem, zu dem auch PAULUS und BARNABAS reisen, entscheidet für diese.

um 50–53 Zweite Missionsreise des PAULUS – mit SILAS – über Kilikien und Lykaonien nach Troas, von dort über Makedonien (Philippoi, Thessalonike, Beroia) nach Athen (Areopagrede) und Korinth, wo PAULUS eineinhalb Jahre als Zeltmacher arbeitet. Von Korinth reist er über Ephesos nach Palästina zurück.

um 54–58 Dritte Missionsreise des PAULUS nach Ephesos, wo es zum Konflikt mit den Silberschmieden der Artemis kommt. Anschließend besucht er wieder die Gemeinden in Makedonien und Griechenland.
Die paulinischen Gemeinden unterscheiden sich von der Urgemeinde. So fehlt das Presbyterat. Es gibt eine große Anzahl von freien »Diensten«, die auf die Anerkennung der Gemeinde angewiesen sind; noch zu Lebzeiten des Apostels beginnen sich aber die Funktionen der Vorsteher, Verwalter und Hirten in den Episkopen (»Bischöfen«) zu institutionalisieren. – Das Nebeneinander verschiedener Organisationsformen ist typisch für die Gemeinden der ersten und auch noch der zweiten christlichen Generation.

58 PAULUS in Jerusalem.

58–60 Als die Juden ihn bedrohen, wird er von den römischen Behörden gefangen genommen und zwei Jahre in Kaisareia in Palästina in leichter Haft gehalten. Vor dem Statthalter FESTUS appelliert er an den Kaiser und wird nach Rom gebracht (61). Für die Zeit nach seiner Ankunft dort fehlen sichere Berichte; eine Reise des Apostels nach Spanien und ein weiterer Aufenthalt im Osten bleiben unsicher.
JAKOBUS DER JÜNGERE erleidet in Jerusalem den Märtyrertod.

64 Brand Roms und anschließende **Verfolgung der römischen Christen**, denen Brandstiftung vorgeworfen wird. Während der Verfolgung sollen auch PETRUS und PAULUS getötet worden sein.

66/67 Anlässlich des Ersten Jüdischen Aufstandes (66–70) wandern die Judenchristen aus Jerusalem aus.

70 Einnahme Jerusalems durch TITUS.
Die zweite christliche Generation steht vor dem Pro-

blem der wahren Tradition. Die ältesten aramäischen Passionsberichte sind verloren. Die Paulusbriefe, die Evangelien und die Apostelgeschichte werden auf Griechisch abgefasst. Presbyter und Episkopen, diese Begriffe werden teilweise zunächst synonym gebraucht, leiten die Gemeinden.

90/100 Brief der Gemeinde von Rom an die von Korinth (Clemensbrief), in dem der durch die Apostel vermittelte gottgesetzte Ursprung des Gemeindeamtes vertreten wird.
Im 2. Jh. dringt das Christentum weiter in Randgebiete des Vorderen Orients und Kleinasiens, auf den Balkan, nach Gallien, Spanien und Nordafrika vor.

98/117 Unter TRAJAN erleidet der Bischof IGNATIOS VON ANTIOCHIA in Rom den Märtyrertod. In seinen erhaltenen Briefen erscheint erstmals der monarchische Episkopat. Die Presbyter stehen unter dem Bischof, die Diakone sind seine Helfer. Die zentrale Leitung stärkt den Zusammenhalt der Gemeinden, die jedoch unterschiedlichen lokalen Traditionen folgen. Ziel der Betonung der bischöflichen Stellung ist die Wahrung der Einheit der christlichen Gemeinden, die von Sondergruppen bedroht wird. IGNATIOS verwendet als erster den **Begriff »katholische (universale) Kirche«**.

110/113 Reskript des Kaisers TRAJAN an den Sonderbeauftragten in Bithynien, GAIUS PLINIUS CAECILIUS SECUNDUS (PLINIUS DER JÜNGERE; *61/62, †um 113): Christen sollen nicht aufgespürt, anonyme Anzeigen nicht beachtet werden. Wenn Christen angezeigt werden und das Kaiseropfer verweigern, sind sie hinzurichten. Nach diesen Regeln wird bis Mitte des 3. Jh.s verfahren. Angebliche Reskripte der Kaiser HADRIAN und ANTONINUS PIUS sind christliche Fälschungen.

117–138 KODRATOS (QUADRATUS) und ARISTIDES verfassen unter HADRIAN die ersten christlichen Verteidigungsschriften (Apologien) gegen das Heidentum und das Judentum.

138–161 Unter ANTONINUS PIUS schreiben die Apologeten ARISTON VON PELLA und JUSTINUS VON FLAVIA NEAPOLIS (†um 165). Die Apologien richten sich teilweise direkt an die Kaiser.
Schon seit hadrianischer Zeit treten Gnostiker auf, die ein religiöses, auf »wahre Erkenntnis« (Gnosis) zielendes Welt- und Menschenverständnis vermitteln. Ihre Hauptgruppen sind die Basilidianer (benannt nach dem Syrer BASILIDES), die Valentinianer (nach dem Ägypter VALENTINOS) und v. a. die Markioniten (nach dem Kleinasiaten MARKION, der seine Anhänger entsprechend den christlichen Gemeinden straff organisiert).

155/169 Märtyrertod des Bischofs POLYKARPOS VON SMYRNA im dortigen Stadion.

um 160 In Phrygien entsteht der Montanismus (nach MONTANUS) als christliche Bewegung, für die ethischer Rigorismus und eine große Bedeutung der Prophetie kennzeichnend sind; sie breitet sich auch in andere Gebiete, besonders nach Afrika, aus.

161–180 Unter MARCUS AURELIUS verfassen der Philosoph KELSOS eine Streitschrift, der Satiriker LUKIANOS VON SAMOSATA (*um 120, †nach 180) eine Satire und der Rhetor MARCUS CORNELIUS FRONTO (*100, †nach 175) eine Hetzrede gegen das Christentum. Christliche Apologien schreiben TATIAN, MILTIADES, APOLLINARIS VON HIERAPOLIS, THEOPHILOS VON ANTIOCHEIA und MELITON VON SARDEIS.

177 Aus Anlass einer Feier des Kaiserkults in Lyon werden Mitglieder der Gemeinden von Lyon und Vienne vom Volk auf dem Marktplatz von Lyon zusammengetrieben und erleiden mit Zustimmung des Kaisers das Martyrium. Der Fall ist typisch für die Martyrien der Zeit vor 250, die häufig auf Ausbrüche der Volkswut zurückgehen.

seit um 180 Gegen die Gnostiker, die sich für ihre Lehre auf geheime, von den Aposteln ausgehende Traditionen berufen, entsteht die kirchliche Sukzessionstheorie. HEGESIPPOS stellt erstmals eine Bischofsliste für Rom zusammen. Das Gleiche tut IRENÄUS VON LYON (*um 130, †um 200): Nach ihm haben die Apostel in den einzelnen Gemeinden Bischöfe als ihre Nachfolger eingesetzt und ihnen das Lehramt übergeben. Die ununterbrochene Abfolge der Bischöfe soll garantieren, dass eine Gemeinde bei der rechten Lehre bleibt. Für IRENÄUS ist die Gemeinde von Rom ein besonderer Garant der rechten Überlieferung.
Mit der Sukzessionstheorie kann es zusammenhängen, dass das »Petrusgrab« unter der heutigen Peterskirche seit etwa 160 durch ein Monument (Tropaion) ausgestattet ist. Gleichzeitig wird die Kanonbildung vorangetrieben: Das älteste Verzeichnis der meisten neutestamentlichen Schriften bietet das Muratorische Fragment (benannt nach dem Entdecker LUDOVICO ANTONIO MURATORI [*1672, †1750]).

um 195 Im Streit um die Datierung des Osterfestes, das v. a. in Kleinasien und Syrien am Tag des jüdischen Passah, in Rom am ersten Sonntag nach dem Passahfest gefeiert wird, finden auf Veranlassung des römischen Bischofs VIKTOR I. (†um 198) in verschiedenen Gebieten Synoden statt, die hier erstmals als Mittel der Kommunikation zwischen den Gemeinden erwähnt werden.

um 200 QUINTUS SEPTIMIUS FLORENS TERTULLIANUS (*um 160, †nach 220), der erste bedeutende Kirchenschriftsteller lateinischer Sprache, verfasst theologische und apologetische Schriften (u. a. das »Apologetikum«). Er wendet sich um 205 dem Montanismus zu. Ebenfalls eine lateinische Apologie (»Octavius«) schreibt MINUCIUS FELIX.
In Edessa wird BARDESANES (*154, †222) zum Begründer der syrischen Theologie und Dichtung.
Den Ruhm der alexandrinischen Theologie begründet KLEMENS VON ALEXANDRIA (*um 150, †um 215), der seit etwa 200 in Alexandria lehrt und sich um eine Synthese zwischen Christentum und griechischer Bildung bemüht.

um 200/235 HIPPOLYT (†235) von Rom verfasst neben wichtigen exegetischen und dogmatischen Werken die erste erhaltene Kirchenordnung (»Traditio apostolica«), die eine scharfe Trennung der Gemeinden in Klerus und Laien, eine Differenzierung der Funktionen in der Gemeinde und eine sowohl von alttestamentlichen Vorstellungen wie auch vom römischen Recht beeinflusste Legitimation des Klerus, besonders des Bischofs, bezeugt.

um 205 ORIGENES (*um 185, †um 254), der größte Theologe der frühen griechischen Kirche, übernimmt die Leitung der Katechumenenschule in Alexandria. Seit um 230 lehrt er in Kaisareia (Palästina).

SEXTUS JULIUS AFRICANUS (†nach 240) schreibt eine Weltchronik, in der die profane, alttestamentliche und christliche Geschichte synchronisiert werden.

In Persien begründet MANI (*216, †276) den Manichäismus als asketische Erlösungsreligion, die indische, persische, christliche und gnostische Elemente enthält. Sie verbreitet sich im gesamten Mittelmeerraum (AUGUSTINUS), obwohl sie in Persien und im Imperium von heidnischen und christlichen Kaisern verboten wird.

248/249–258 CYPRIAN (*200/210, †258), Bischof von Karthago, leitet seine Gemeinde während der Verfolgungen durch DECIUS und VALERIAN. Er verfasst wichtige theologische Schriften, vertritt im Konflikt mit Rom über die Ketzertaufe die Eigenverantwortlichkeit jedes einzelnen Bischofs und lehnt einen Primat Roms ab.

249 Opferedikt des DECIUS, der von allen Reichsbewohnern den Kult für die traditionellen Götter verlangt. Über die vollzogenen Opfer werden Bescheinigungen (*libelli*) ausgestellt. Das Opfergebot ist begründet in der Krise des Reiches, in der die Unterstützung der Götter gewonnen werden soll. Obwohl das Edikt nicht eigens gegen die Christen gerichtet ist, löst es, da ernste Christen Opfer verweigern, die **erste allgemeine Christenverfolgung** aus.

257/258 Edikte VALERIANS, die von christlichen Klerikern und vornehmen Laien Opfer fordern und im Verweigerungsfalle schwere Strafen (Hinrichtung, Verbannung, Vermögenskonfiskation) sowie ein Versammlungsverbot verfügen.

260 GALLIENUS beendet die Verfolgung, die Christen erhalten ihre Versammlungs- und Begräbnisstätten zurück (*religio licita*). Die Auseinandersetzung verlagert sich auf die philosophische Ebene (Neuplatonismus).

260–303 Bis zur letzten großen Verfolgung unter DIOKLETIAN erlebt die Kirche eine Friedenszeit, in der das kirchliche Leben aufblüht und Christen selbst in Staatsämter eindringen. Auch übergemeindliche Organisationsformen scheinen sich jetzt auszubilden oder zu verfestigen: Auf dem Konzil von Nicäa (325) wird die Existenz von Kirchenprovinzen und Metropoliten schon vorausgesetzt. Im Osten folgt die Organisation der staatlichen, in Ägypten haben Alexandria, in Africa Karthago, wo viele Synoden der afrikanischen Kirche schon unter CYPRIAN stattfinden, und in Italien Rom eine Vorrangstellung errungen.

um 270 ANTONIOS (*251/52, †356) beginnt in der libyschen Wüste ein Einsiedlerleben, sammelt Jünger um sich und gründet Einsiedlergemeinden.

297 Edikt DIOKLETIANS gegen die Manichäer.

303–311 Nach Maßnahmen gegen die Christen im Heer und im kaiserlichen Palast lösen DIOKLETIAN und GALERIUS vorwiegend im Osten die **letzte und größte Christenverfolgung** aus.

303, 24. Febr. Ein erstes Edikt ordnet an, die christlichen Versammlungsstätten zu zerstören und christliche Schriften zu verbrennen; Christen sollen ihre Ämter und Würden und dazu die Rechtsfähigkeit verlieren. Zwei weitere Edikte im Sommer richten sich gegen Kleriker, die gefangen genommen werden und Opfer für die heidnischen Götter bringen sollen.

304, Frühjahr In einem vierten Edikt wird von allen Christen das Opfern für die Staatsgötter verlangt, bei Weigerung die Todesstrafe angedroht. DIOKLETIANS Vorgehen gegen die Christen steht im Rahmen seines Versuchs, auf allen Gebieten den alten römischen Staat zu erneuern. Dazu gehört auch die Wiederherstellung der traditionellen Religion. – Im Westen beachtet MAXIMIAN, nicht aber CONSTANTIUS I. CHLORUS, bis 305 die Edikte. 306 gestatten KONSTANTIN in Gallien, Britannien und Spanien und MAXENTIUS in Italien und Africa den christlichen Gottesdienst.

311 Durch ein Toleranzedikt stellt GALERIUS die Verfolgung auch im Osten ein, erlaubt erstmals ausdrücklich die Ausübung der christlichen Religion und den Wiederaufbau der Kirchen. Die Christen sollen, wie die Heiden zu den Göttern, zu ihrem Gott um das Staatswohl beten. Dies fordert bereits TERTULLIAN.

311/312 MAXIMINUS DAIA untersagt den Gottesdienst innerhalb der Städte.

312 MAXENTIUS erstattet der römischen Gemeinde ihre Güter zurück.

28. Okt. Sieg KONSTANTINS über MAXENTIUS an der Milvischen Brücke (im Norden Roms). Unter dem Zeichen des Christengottes (Christusmonogramm) erfochten, bedeutet der Sieg auch dessen Anerkennung als Helfer. Noch im selben Jahr begünstigt KONSTANTIN die römische Gemeinde durch Kirchenbauten (Lateran) und Geldzuwendungen, auch für Africa.

313, Febr. Bei einem Treffen in Mailand einigt sich KONSTANTIN mit LICINIUS über eine Duldung der Christen und die Rückgabe des Kirchengutes auch im Machtbereich von MAXIMINUS DAIA.

Papsttum und Kirche in der Spätantike (313–604)

Die Kirche als Förderer der Kontinuität zwischen Antike und Mittelalter

KONSTANTIN begründet, THEODOSIUS I. vollendet die Ablösung der römischen Staatsreligion durch das Christentum. In der Folge durchdringen sich kirchliche, staatliche und soziale Sphären (»Reichskirche«), bewahrt die durch Lehrstreitigkeiten und Sonderentwicklungen gefährdete Kirche ihre Einheit und schafft die Voraussetzung für eine den Verfall des Imperiums überdauernde Kontinuität des römischen Erbes. Ausmaß und Intensität dieses Fortlebens beurteilt die Forschung nicht einhellig. In der östlichen wie in der durch die Völkerwanderung erschütterten Reichshälfte hängen sie von den ethnischen, geografischen und politischen Umständen ab. Kirche und Papsttum tragen trotz der allgemeinen Barbarisierung und Regionalisierung im 4./5. Jh. dazu bei, Elemente der römischen Reichsidee, von Verfassung und Verwaltung, Recht und Brauch, Sprache, Literatur und Kunst auf dem Boden des Reiches zu bewahren bzw. an die innerhalb und außerhalb der alten Reichsgrenzen entstehenden Herrschaftsbildungen weiterzugeben.

Träger dieser Kontinuität, auch zahlreicher Institutionen und Techniken der Haus- und Landwirtschaft, des Handels und Gewerbes, sind im Westen neben den Päpsten die Bischöfe (zum Großteil aus den alten Führungsschichten) der in Anlehnung an die Reichseinteilung entstandenen Bischofssprengel sowie der Klerus der monastischen Gemeinschaften. Bis in die Karolingerzeit retten in erster Linie klösterliche Schulen und Schreibstuben das literarische und wissenschaftliche Erbe der heidnischen und christlichen Antike. Die von dieser neuen geistlichen Elite tradierten Texte und die durch sie in Handbüchern (ISIDOR VON SEVILLA!) verarbeiteten Ergebnisse der antiken Wissenschaft bilden neben den fortbestehenden und weiter entwickelten Institutionen, den erhalten gebliebenen Bau- und Kunstdenkmälern sowie dem in Liturgie und theologische Literatur (Patristik) eingegangenen geistigen Erbe die Grundlage für die schon im Frühmittelalter einsetzenden Bemühungen um eine **Wiederbelebung der Antike**.

Die Verlegung der Reichshauptstadt nach Konstantinopel gibt dem Osten ein Übergewicht, befreit aber das **Papsttum** von unmittelbarer kaiserlicher Bevormundung. In Auseinandersetzung mit der östlichen Christenheit und dem v. a. in römischen Adelskreisen (Senat) weiterlebenden alten Glauben beginnt unter SILVESTER I. (314–335) sein zunehmend juristisch abgesicherter Aufstieg, der unter DAMASUS I. (366–384) zu einem ersten Höhepunkt gelangt.

325 **Konzil von Nikaia**, einberufen von Kaiser KONSTANTIN. Das Konzil verurteilt den Arianismus, formuliert ein gegen den Arianismus gerichtetes Glaubensbekenntnis und legt die Berechnung des Ostertermins fest. KONSTANTIN bestätigt die Beschlüsse und verkündet sie als Reichsgesetze.

342/343 Die Synode von Serdica vertieft die Spaltung zwischen arianischen Christen im Osten und den Anhängern des Konzils von Nikaia im Westen unter Führung des Papstes JULIUS I. (337–352).

361/63 Kaiser JULIAN erlässt ein allgemeines Toleranzedikt, lässt die heidnischen Tempel wieder öffnen, verfügt wenig später die Schließung von Kirchen und die erneute Verbannung von Bischöfen, u. a. des ATHANASIOS (328–373 Bischof von Alexandria).

380 Kaiser THEODOSIUS I. erlässt im Codex Theodosianus ein Gesetz, das den christlichen Glauben in der Form, der Papst DAMASUS (366–384) folgt, allgemein verbindlich macht.

381 Das von THEODOSIUS I. berufene 1. Konzil von Konstantinopel bestätigt die Glaubensformel von Nikaia (325), verurteilt damit den Arianismus erneut und räumt dem Bischof von Konstantinopel den Ehrenprimat nach dem Bischof von Rom ein.

384–399 Papst SIRICIUS betont die Führungsrolle des römischen Stuhles mit (für den gesamten Westen) verbindlichen Rechtsentscheidungen (Dekretalen).

402–417 **INNOZENZ I.** will die *Consuetudo Romana* (»römische Gewohnheit«) in Disziplin und Liturgie durchsetzen. Eingriffe (404) in den Prozess gegen JOHANNES CHRYSOSTOMOS (*349/50, †407) und die Errichtung eines apostolischen Vikariats von Thessalonike (415) sollen den **Primatsanspruch** gegenüber Konstantinopel und, v. a. im Streit gegen PELAGIUS (†vor 431), Gegner der Gnadenlehre des AUGUSTINUS, seine Lehrautorität zur Geltung bringen.

412 Anerkennung des bischöflichen Rechts auf Gerichtsbarkeit über den Klerus.

415 Einzug der heidnischen Tempelgüter.

Die sieben ersten ökumenischen Konzilien

Ort /einberufen von	Jahr
1 **Nikaia (Nicaea) I** Konstantin I. d.Gr. (306–337)	**325** 20. Mai – ca. 25. Aug.
2 **Konstantinopel I** Theodosius I. (379–395)	**381** 1. Mai – Juli
3 **Ephesus** Theodosius II. (408–450)	**431** 22. Juni – 17. Juli
4 **Chalkedon** Markianos (450–457)	**451** 8. Okt. – 1. Nov.
5 **Konstantinopel II** Justinian I. (527–565)	**553** 5. Mai – 2. Juni
6 **Konstantinopel III** Papst Agatho (678–681)	**680–681** 7. Nov. – 6. Sep.
7 **Nikaia (Nicaea) II** Kaiserin Irene (780/797–802)	**787** 24. Sep. – 23. Okt.

Nach Rückschlägen beanspruchen COELESTIN I. (422–432) und SIXTUS III. (432–440) gegenüber dem Konzil von Ephesus (431) sowie den Patriarchen von Alexandria und Konstantinopel die Leitung der Ökumene. Sie profitieren von den Auseinandersetzungen um die Trinität zwischen NESTORIUS (*381, †451), seit 428 Patriarch von Konstantinopel, und CYRILL VON ALEXANDRIA (†444), seit 412 Patriarch von Alexandria, um die Natur Christi und sein Verhältnis zu Maria als Gottes- oder Christusgebärerin (*Theotokos – Christotokos*).

431 Auf dem von Kaiser THEODOSIUS II. einberufenen 3. Ökumenischen **Konzil von Ephesus** wird die von Patriarch JOHANNES (†441) von Antiochia und den syrischen Bischöfen vertretene Auffassung des NESTORIUS, die auf eine stärkere Trennung der beiden Naturen in Christus hinausläuft und MARIA den Titel einer *Theotokos* aberkennt, von CYRILL, Papst COELESTIN I. und dem zunächst nestoriusfreundlichen THEODOSIUS unter Berufung auf das Nicaenische Bekenntnis (325) sowie Synodalentscheidungen in Rom und Alexandria verurteilt.

440–461 Der literarisch und juristisch hochgebildete Papst LEO I., DER GROSSE, führt, unter stärkerer Berufung auf die Petrusnachfolge, durch Lehrentscheidungen und juristische Eingriffe den Anspruch der römischen Bischöfe auf Leitung der Ökumene zu einem neuen Höhepunkt. Im **Westen** setzt er HILARIUS (*401, †449) als Metropoliten von Arles ab (445), erreicht von VALENTINIAN III. die Gleichstellung der Dekretalen mit den Reichsgesetzen, verwirft den Beschluss des Konzils von Chalkedon (451) über die Gleichrangigkeit Konstantinopels mit Rom und prägt entscheidend dessen theologische Beschlüsse, für deren Durchsetzung im Osten er den Kaiser in die Pflicht nimmt. Im Westen übernimmt er durch sein Eintreten gegen ATTILA (452) und GEISERICH (455) die Schutzfunktion für Italien und Rom anstelle der schwindenden Reichsgewalt. Im **Osten** kommt es nach einer u. a. von SIMEON STYLITES DEM ÄLTEREN (†459) herbeigeführten Einigung zwischen JOHANNES VON ANTIOCHIA und CYRILL (433) zu wiederholten Konflikten: THEODORETOS VON CYRUS (*um 393, †460) vertritt 447 mit Abwandlungen die Lehre des NESTORIUS, während Patriarch DIOSKUROS VON ALEXANDRIA (†454) und der Mönch EUTYCHES (†nach 454) die Theologie des CYRILL in Richtung auf den Monophysitismus übersteigern und auf der zweiten Synode von Ephesus (Räubersynode, 449), mit Gewalt gegen den Widerspruch Papst LEOS I. zur Anerkennung bringen wollen.

451 Nach dem Tode THEODOSIUS' II. beruft Kaiser MARKIANOS das 4. Ökumenische **Konzil von Chalkedon** ein. Unter Leitung römischer Legaten finden die überwiegend aus dem Osten stammenden Väter auf Basis einer schon 449 abgegebenen Stellungnahme Papst LEOS (»Tomus Leonis«), eine verbindliche Formel, wonach die beiden Naturen Christi als unvermischt und ungetrennt in einer Person und Substanz (*Hypostase*) zu verstehen sind. Gegen den Protest der römischen Legaten erkennt das Konzil die Gleichrangigkeit der Metropoliten von Konstantinopel und Rom sowie den besonderen Rang von Alexandria, Antiochia und Jerusalem an. Obwohl das Konzil von Chalkedon die in Ephesus ergebnislos gebliebene theologische Diskussion zu einem Abschluss bringt, kann sich der **Monophysitismus** in den Patriarchaten von Alexandria, Jerusalem und Antiochia verbreiten, während der Nestorianismus in Edessa und später in Persien Anhänger findet.

468–483 SIMPLICIUS widersetzt sich dem Versuch Kaiser ZENONS, mit einem die Beschlüsse von Chalkedon missachtenden Unionsdekret (Henotikon, 482) die Monophysiten in Antiochia und Alexandria mit der Orthodoxie zu versöhnen.

484 FELIX II. (III.) (483–492) setzt AKAKIOS (†489), den seinen Kaiser unterstützenden Patriarchen von Konstantinopel ab und führt damit den ersten offenen Bruch zwischen Ost und West herbei (**Akakianisches Schisma** bis 519).

492–496 Papst GELASIUS I. formuliert in einem Brief an Kaiser ANASTASIOS die Lehre von zwei höchsten Gewalten, der *auctoritas sacrata pontificum* und *regalis potestas*, die gemeinsam die Welt regieren (später: **Zweigewaltenlehre**) und setzt sich gegen die ostgotischen Herrscher ODOAKER und THEODERICH für die dem Papst in Süd- und Mittelitalien verbliebenen Rechte und Besitzungen ein.

496–498 ANASTASIUS II. bemüht sich um Aussöhnung mit Byzanz.

498 Bei der Wahl seines Nachfolgers kommt es zum **Laurentianischen Schisma**. SYMMACHUS (498–514) wird in seiner Politik gegen Konstantinopel von THEODERICH unterstützt, der probyzantinische LAURENTIUS (†507/08) von der Mehrheit des römischen Senats, bis 506 von THEODERICH geduldet.

499 Eine Synode beschließt für künftige Papstwahlen Designation durch den Vorgänger, ersatzweise Mehrheitswahl durch den Klerus, d. h. Ausschaltung der Gemeinde.

501 Eine Synode italienischer Bischöfe lehnt eine Verurteilung des schwer beschuldigten SYMMACHUS ab, weil ein Papst keinem menschlichen Gericht, sondern nur dem Urteil Gottes unterworfen sei. Die sog. Symmachianischen Fälschungen suchen dies als Rechtsgrundsatz zu belegen.

Die Päpste* (314–604)

Silvester I.	314–335	Zosimus	417–418	Anastasius II.	496–498	Silverius	536–537
Markus	336	*Eulalius*	418–419	Symmachus	598–514	Vigilius	537–555
Julius I.	337–352	Bonifatius I.	418–422	*Laurentius*	498–506	Pelagius I.	556–561
Liberius	352–366	Coelestin I.	422–432	Hormisdas	514–523	Johannes III.	561–574
Felix (II.)	355–368	Sixtus III.	432–440	Johannes I.	523–526	Benedikt I.	575–579
Damasus I.	366–384	Leo I.	440–461	Felix III. (IV.)	526–530	Pelagius II.	579–590
Ursinus	366–367	Hilarius	461–468	Bonifatius II.	530–532	Gregor I.	590–604
Siricius	384–399	Simplicius	468–483	Dioskur	530		
Anastasius I.	399–402	Felix II. (III.)	483–492	Johannes II.	533–535		
Innozenz I.	402–417	Gelasius I.	492–496	Agapet I.	535–536		

* Gegenpäpste kursiv

Nach seiner allgemeinen Anerkennung wendet sich SYMMACHUS gegen das Henotikon, verleiht (erstmals belegt) CAESARIUS (*470, †542), Bischof von Arles, das Pallium (513) und erneuert das Vikariat von Arles über die gallische und spanische Kirche. Während seines Pontifikates Bekehrung des Burgunderkönigs SIGISMUND (†524) zum Katholizismus (vor 507) unter dem Einfluss des AVITUS VON VIENNE und Taufe CHLODWIGS (zwischen 497 und 499) durch Remigius von Reims.

519 HORMISDAS (514–523) erreicht die **Aussöhnung mit dem Osten** aufgrund seiner vom Patriarchen von Konstantinopel übernommenen Bekenntnisformel (»*Regula fidei*«).

523–536 In der Folge wird das Papsttum unter nur kurz regierenden Päpsten in den Kampf zwischen Ostgoten und Byzanz einbezogen, ohne eine selbstständige Position behaupten zu können.

536–561 Das politische Gewicht und moralische Ansehen des Papsttums gelangen auf einen Tiefpunkt, während JUSTINIAN I. die Reichsgewalt in Italien erneuert (Codex Iustinianus 538) und die Anzeige der Papstwahl und deren kaiserliche Bestätigung durchsetzt (letztmals 731 belegt).

590–604 GREGOR I., DER GROSSE (*um 540), Sohn einer in Stadt und Kirche führenden Familie, um 573 Präfekt von Rom, gründet aus eigenem Vermögen sieben Klöster, darunter St. Andreas in Rom, wo er selbst Mönch wird. Als Papst beendet er die altkirchliche Epoche des Papsttums und legt die Grundlagen für die mittelalterliche: Die weltlichen durch die Konsolidierung der Patrimonialgüter der römischen Kirche, die geistigen durch die Gewinnung des Mönchtums für die universale Mission sowie gesteigerte Anforderungen an den Klerus (*Regula pastoralis*). Diese schaffen die Voraussetzungen für die Wiederaufnahme der Führungsrolle der Päpste, die sich seit GREGOR I. *Servus Servorum Dei* (Diener der Diener Gottes) nennen. Er respektiert die Stellung des oströmischen Kaisers als Haupt des christlichen Imperiums, wendet sich aber gleichzeitig den germanischen Völkern zu: Er veranlasst einen Friedensvertrag zwischen Byzanz und den Langobarden (593), deren Katholisierung er einleitet, tritt für Verständigung zwischen dem Frankenreich und Ostrom ein und bemüht sich um Bindung des Westgotenreiches an Rom.

596 Mit der Entsendung des Mönchs AUGUSTINUS (†wohl 604) zu **ETHELBERT VON KENT** (*um 550, †616/18) eröffnet er die Missionierung der Angelsachsen.

Anfänge von Mönchtum und Klosterwesen

Das christliche Mönchtum verdankt seinen Ursprung den neutestamentlichen Forderungen nach einer die für alle Christen geltende Norm überschreitenden Weltentsagung. Aus locker organisierten Asketengemeinschaften im Osten und Westen entwickeln sich seit etwa 250 in Ägypten, Syrien und Palästina seine grundlegenden For-

Kirchliche Organisation Mitte des 5. Jh.s

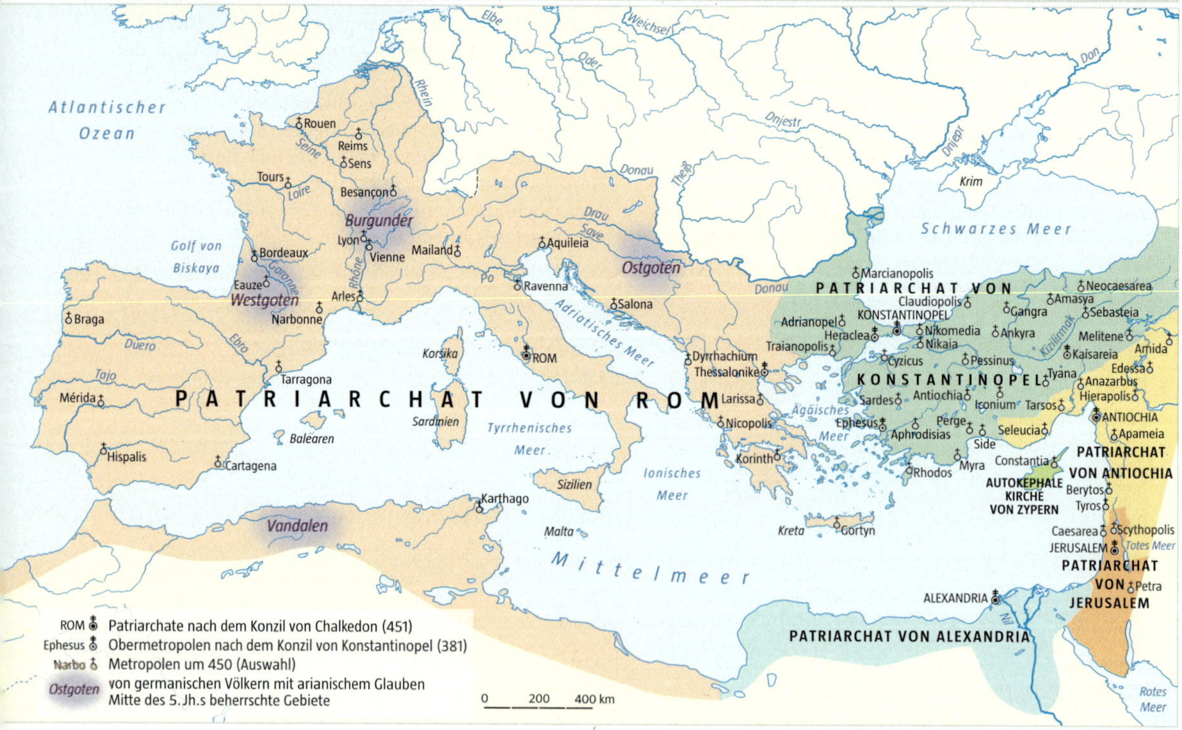

men. Neben den Gyrovagen, schweifenden Asketen ohne örtliche Bindung, entsteht nach dem Vorbild der Wüstenväter PAULUS (*um 228, †um 341) und ANTONIUS (*251/52, †356) der Typ des allein bzw. in losen Kolonien lebenden Eremiten in der nitrischen Wüste (EVAGRIUS PONTICUS, †um 399), während PACHOMIUS (*um 287, †347) in der ägyptischen Thebais und BASILIUS DER GROSSE (*um 330, †379) in Kleinasien die Grundlage für das gemeinsame Leben, das Zönobitentum, legen.

Das orientalische Mönchtum, in dem christliche und antike Vorstellungen von der Heiligung durch Entsagung verschmelzen, wird in die theologischen, kirchenpolitischen und sozialen Auseinandersetzungen einbezogen und nimmt oft gegen die Kirche und ihre »Verweltlichung« Stellung. Sein Vorbild wirkt auf Byzanz und Nordafrika sowie über Südfrankreich und Italien auf den Westen, wo sich eigenständige monastische Lebensformen entwickeln. Seit Ende des 5. Jh.s verbinden sich orientalische mit keltischen und britischen Traditionen zur Sonderform des irischen Mönchtums, das von COLUMBAN DEM JÜNGEREN (*um 530, †615) seit 590 ins Frankenreich und bis nach Südwestdeutschland und Oberitalien verpflanzt wird. Zukunftsträchtiger als diese und andere Formen wird das von **BENEDIKT VON NURSIA** (*um 480, †um 547) im Anschluss an einheimische Entwicklungen in Mittelitalien begründete Mönchtum. Seine maßvolle, Gotteslob, Schriftlesung, ständige Ortsgebundenheit und Gehorsam betonende Regel verdrängt die gelegentlich exzentrische ältere monastische Gesetzgebung und wird in der Karolingerzeit Grundlage für das mittelalterliche Klosterwesen, das stärker als das orientalische und das enger mit diesem verbunden gebliebene Mönchtum der Ostkirche in der Gesellschaft aufgeht und mit seinen rechtlich und ökonomisch weitgehend selbstständigen Klöstern dauernde Leistungen in fast allen Lebensbereichen erbringt.

Zweite Hälfte 4. Jh. Erste Vorläufer des Mönchtums im Westen sind Asketenkreise in Rom und Mailand, die Klöster der Melania in Kampanien und Sizilien, des PAULINUS VON NOLA (*um 348, †431) bei Neapel, des AUGUSTINUS (*354, †430) in Thagaste und Hippo, Asketen um PRISCILLIANUS (*um 340, †385) in Spanien, um MARTIN VON TOURS (†397) und in Trier.

400/410 HONORATUS (†429/30) gründet nach einer Orientreise auf der Insel Lérins vor Cannes eine monastische Gemeinschaft, aus der zahlreiche gallische Klöster und Bischöfe, u. a. HONORATUS, HILARIUS (*401, †449) und CAESARIUS von Arles, FAUSTUS (*um 410, †vor 500) von Riez, EUCHERIUS (*um 380, †449/50) von Lyon, hervorgehen.

415 Ihr folgt eine ähnliche Gemeinschaft bei St. Viktor in Marseille, die auf JOHANNES CASSIANUS (*um 360, †430/35), den Verfasser grundlegender monastisch-asketischer Schriften (v. a. »Collationes« und »Institutiones«), zurückgeht. Beide Gemeinschaften lassen das ältere, stärker orientalisch geprägte Mönchtum MARTINS VON TOURS zurücktreten.

529 **BENEDIKT VON NURSIA** beginnt nach einem Eremitendasein in Subiaco auf dem Monte Cassino ein Gemeinschaftsleben und verfasst auf Basis der kurz zuvor von einem Unbekannten erarbeiteten ausführlicheren Regula Magistri seine **Regula sancti Benedicti**. Sie fordert Gehorsam in Keuschheit und Armut, Beständigkeit in der Abkehr von der Welt, später als Bindung an das Eintrittskloster (*stabilitas loci*) verstanden (*conversio morum*), stellt Gotteslob (*opus divinum*), Gebet (*oratio*) und Schriftlektüre (*lectio*) in den Mittelpunkt und sucht die Selbstheiligung weniger durch strenge Askese als durch Verbindung von Gebet, Arbeit, Entsagung und brüderlicher Liebe zu erreichen.

555 Das von CASSIODOR (*um 485, †nach 580) in Süditalien gegründete Vivarium zeichnet sich durch besondere Pflege der Wissenschaft aus.

Das irofränkische Mönchtum

In Irland schaffen PALLADIUS und PATRICK (*um 385, †461) seit 429/32 durch ihre Mission die Voraussetzungen für ein keltisch-irisches Mönchtum, das durch strenge Askese, harte Bußgesinnung, eschatologische Ausrichtung, aber auch durch eine enge Verbindung von Seelsorge und Mönchsleben (Mönchsbischöfe) gekennzeichnet ist. Es entfaltet in Irland, Schottland und England von den Klöstern Armagh, Bangor, Iona und Lindisfarne aus eine erfolgreiche missionarische Tätigkeit (CLOUMBA VON IONA, der Ältere, *520/22, †597). COLUMBAN DER JÜNGERE macht es auf dem Festland heimisch (Vogesenklöster, v. a. Luxeuil, 612 Bobbio in Oberitalien). COLUMBAN und seine Schüler (**irofränkisches Mönchtum**) wirken stark auf das merowingische und burgundische Königtum sowie auf die fränkische Aristokratie ein und sind bedeutsam für die Christianisierung der Franken, Alemannen und Baiern. | Forts. S. 438 |

Die Völkerwanderungszeit | Forts. v. S. 363 |

Der Begriff »Völkerwanderung«

Seitdem sich die antike Ethnografie für die »äußeren«, »barbarischen« Völker interessiert, berichtet sie von deren Wanderungen. Es ist eine v. a. deutsche Konvention, den Begriff »Völkerwanderung« auf die Jahre 375 (Einfall der Hunnen in Europa) bis 568 (die Langobarden geben Pannonien auf und ziehen nach Italien) zu beschränken.

WOLFGANG LAZIUS (*1514, †1565; Hofhistoriograf Kaiser FERDINANDS I.) veröffentlicht 1557 das Werk »De gentium aliquot migrationibus«, worin er die Herrschaft des »Hauses Österreich« (Österreich gilt im Mittelalter als Gothia) mit den Wanderungen v. a. der Goten legitimiert. Der Historiker MICHAEL IGNAZ SCHMIDT (*1736, †1794) setzt in seiner »Geschichte der Deutschen« (1778) den Begriff *migratio gentium* mit »Völkerwanderung« gleich, eine Lehnübersetzung, die jedoch schon JOHANN CHRISTOPH GOTTSCHED (*1700, †1766) aus vornehmlich sprachlichen Gründen mit Recht ablehnt. Der Ausdruck ist tatsächlich höchst bedenklich, weil eine *gens* sich nicht mit einem modernen Volk vergleichen lässt und etymologisch eine Abstammungsgemeinschaft meint, die sie aber bedeutungsgeschichtlich nicht war. Da die Vertreter der germanischen Altertumskunde v. a. des 19. Jh.s der antiken Historiografie misstrauten, versuchten sie mit Archäologie, Sprachwissenschaft und Siedlungsforschung die Geschichte von gesunden, starken Wandervölkern, mit denen man sich identifizierte, zu entwerfen. Bereits der Humanist BEATUS RHENANUS (*1485, †1547) setzte die Deutschen mit den germanischen Völkern der Völkerwanderungszeit gleich; er feiert nicht bloß die germanischen Siege über die Römer, sondern reklamiert sie als deutsche Geschichte. Dagegen zeigt die westeuropäische, v. a. französische Forschung in ihrem Festhalten an Begriffen wie *invasions des barbares* oder *invasions germaniques*, dass sie sich bis heute in weit größerem Maße auf antikes Schrifttum bezieht, als die deutsche Geschichtsschreibung. Doch gibt es in den Grundauffassungen beider Betrachtungsweisen auch Gemeinsamkeiten: So sind sich französische Romantik und deutscher Historismus im 19. Jh. darüber einig, dass die hereinbrechenden Germanen eine »Blutauffrischung« für das Abendland bedeutet hätten. Heute sind es links wie rechts des Rheins gerade Archäologie und Frühgeschichte, die aufgrund der dinglichen und anthropologischen Überreste den Beweis liefern, dass die Germanen eben nicht »junge, kraftstrotzende Völker« mit einer »gesunden Vergangenheit« waren.

Neben dem ideologisch belasteten Begriff »Völkerwanderung« kann auch *gens* nur missverständlich mit »Volk« übersetzt werden. Der Volksbegriff ist vom modernen Nationenbegriff nicht zu trennen. Hingegen ist eine *gens* weder nach nationalstaatlichen Vorstellungen noch als biologische Einheit zu bestimmen. Auch sind keine ganzen Völker gewandert, sondern eben *gentes*, ethnisch benannte Gruppen, deren Repräsentanten im Römerreich zunächst nur militärische, schließlich auch staatliche Aufgaben übernahmen. Da die gentile Geschichte die Kunde von den »Taten tapferer Männer« ist, ist eine *gens* nicht die Bevölkerung eines bestimmten Landes, sondern das politisch-rechtliche Volk »in Waffen«. Die quellengerechte Gleichung Volk = Heer macht damit die Etymologien aller Begriffe zunichte, die, wie *gens, genus, genealogia, natio*, die Vorstellung einer einheitlichen Abstammungsgemeinschaft nahelegen. Dagegen sind gentile Völkerschaften stets ethnisch gemischt. Obwohl sie die Quellen so darstellen, sind sie keine bloßen Abstammungsgemeinschaften, sondern vielmehr Aktionsgemeinschaften. So erklären Etymologie wie Semantik die *fara*, die bekannteste Unterabteilung der Langobarden in Italien, als »Fahrtengemeinschaft«, als eine Gruppe, die zu gemeinsamem Tun aufbricht und sich im eroberten Land niederlässt. Der langobardische Geschichtsschreiber PAULUS DIACONUS (†um 799) versteht sie aber gegen alle Evidenz als Großfamilie. Die Entstehung der frühen Völker ist jedoch keine Sache des »Blutes«, sondern der »Verfassung«, also das Zusammenfassen und Zusammenhalten derjenigen heterogenen Gruppen, die ein gentiles Heer ausmachen. Anführer und Repräsentanten von »edlen«, d. h. bekannten Sippen (*nobilis*, edel, ist derjenige, dessen Vorfahren man kennt), die der ererbten Macht und dem Ansehen, das ihre zahlreichen Ahnen erworben haben, durch eigene Erfolge entsprechen können, bilden und erhalten die Völker. Aus ihren Reihen kommen die Heerkönige, von denen einige, etwa die gotischen Amaler und Balthen sowie die fränkischen Merowinger, den Weg zum früh- und hochmittelalterlichen Großkönigtum gehen.

Eine *gens* ist die Rechtsgemeinschaft der »Männer = Menschen« oder »Göttersöhne«. Viele gentile Selbstbezeichnungen bedeuten nichts anderes als »Männer«, etwa die Goten, »Menschen« wie die alemannischen »Vollmenschen« oder die indianischen Arapaho, »Göttersöhne«, wie die skandinavischen Gauten oder die keltischen Biturigen. Wer außerhalb ihrer Rechtsgemeinschaft steht, gilt daher als ein »Unmensch«, dem man keine Treue schuldet und weder Schwüre noch Verträge halten muss. Umgekehrt ist es nicht anders: Wenn ein zivilisierter Römer oder Grieche über Barbaren schreibt, erwähnt er zuerst ihre abscheuliche Treulosigkeit. In seinen Augen gleichen die Barbaren zweifüßigen Tieren, ihre Sitten sind fremd, unberechenbar und gefährlich, ihre Sauflust ist unermesslich. Sie umarmen einander zum Bruderkuss, tragen lange Haare und Hosen, aber auch Pelze selbst dort, wo es warm ist. Ihre Sprache ist nicht die Sprache von Menschen, sondern Gestammel und bloßer Lärm. Ihre Religion ist Aberglaube, wenn nicht Heidentum, so doch verdorbenes Christentum, häretischer Arianismus. Barbaren können weder vernünftig denken noch handeln, sie werden von Dämonen getrieben: »ihnen sitzt einer auf« und zwingt sie, die abscheulichsten Dinge zu tun. Ob Germanen oder nicht, die Barbaren gelten dennoch als schön; sie sind blond und groß, wenn auch furchtbar schmutzig und mit sonderbaren Toilettensitten. Bloß die eigentlichen Hunnen sind hässlich, Söhne von bösen Geistern und gotischen Hexen. Unerschöpflich ist die Menschenkraft der Barbaren; sie vermehren sich in erschreckender Weise. Hat man ein Barbarenvolk abgewehrt oder vernichtet, kommt schon das nächste aus den Sümpfen und Wäldern Germaniens oder den großskythischen Steppen.

Diese Bilder und Vorstellungen der antiken Ethnografie werden so lange gebraucht, wie die wandernden *gentes* als Fremde gelten. In dem Augenblick, da sich dieses Gefühl der Fremdheit verflüchtigt, sind die *gentes*, die auch das Wandern aufgeben, keine wilden Barbaren mehr. Aus ihren Königtümern werden die Nachfolgestaaten des westlichen Römerreichs, wenn auch nur das Frankenreich auf dem Kontinent und die angelsächsischen Königreiche Britanniens überdauern.

Wanderbewegungen und Reichsgründungen der Germanen (375–552/568)

Ende des 3. Jh.s spalten sich die Goten aus nicht erschließbaren Gründen: Nach der Niederlage des westlich des Dnjestr und des unteren Pruth entstandenen gotischen Großkönigtums bildet sich hier während des 4. Jh.s die äußerst leistungsfähige Oligarchie der baltisch-terwingischen Vesier (Westgoten). Diese werden Föderaten (Verbündete) Roms und entwickeln eine multizentrale Verfassung, die im Vorfeld des Römischen Reichs die erste Territorialisierung der *gens* (*Gútthiuda*), ermöglicht. Gleichzeitig bildet sich zwischen Dnjestr und Don das Heerkönigtum der amalischen Greutungen-Ostrogothen (Ostgoten). Unter der Führung dieses Heerkönigtums erreicht die Skythisierung der östlichen Goten ihren Höhepunkt. Der gepanzerte Lanzenreiter, der ungeheure Entfernungen überwindet und seine Zweikämpfe zu Pferd austrägt, die Beizjagd, der Schamanismus sowie religiöse Praxis und Erfahrung, dargestellt in den Adlerfibeln, die politische Manifestation, die sich an der Übernahme des sassanidischen Königsornats der Amaler erkennen lässt – kurz: Die Lebensweise der iranisch-türkischen Steppenvölker wird Teil der gotischen Welt, die der große ostrogothisch-greutungische König Ermanarich (†375/76) beherrscht. Seine Eroberungen und der Umfang seines Vielvölkerreiches – genannt werden neben den Ostrogothen auch wolgafinnische Gruppen, Slawen, Anten, Heruler, Alanen, Hunnen, Sarmaten und wohl auch Ästier (Balten) – legen dem spätantiken Beobachter den Alexander-Vergleich nahe. Ermanarich tötet sich selbst, als sein Kampf gegen die Hunnen verloren geht.

Der Einbruch der Hunnen zerstört sowohl das östliche Königreich als auch die westliche Oligarchie der Goten, die ebenfalls eine Völkergemeinschaft umfasst. Diejenigen Goten, die keine hunnischen Goten werden wollen und sich der Unterwerfung entziehen können, treten auf römisches Gebiet über. Hier werden sie die Föderaten des Römischen Reichs, bleiben jedoch auf die Dauer nur dann eine politisch handlungsfähige *gens*, wenn sie Königreiche errichten können.

Die gotischen Reiche auf römischem Boden wurzeln zwar nominell in der gentilen Tradition, leiten sich aber von einer lateinischen Institution ab, die an die höchsten Magistrate der spätantiken Heeresorganisation und die damit verbundene vizekaiserliche Position anknüpft. Analog dazu ist die *gens* nicht bloß das Heer der Goten, sondern zugleich auch eine römische Föderatenarmee, die in der Nachfolge der römischen Hofheere ein, wenn auch abgewandeltes, Recht der Herrschaftsübertragung besitzt. Die Goten erheben als Föderaten keinen Kaiser, sondern einen König. Vom Standpunkt der römischen Verfassung bildet das barbarische Königtum diejenige Anomalie, die Praxis und Theorie der anomalen spätantiken Staatlichkeit miteinander versöhnt.

um 375 Die Hunnen und die mit ihnen verbündeten Alanen überschreiten den Don. Mehrere Niederlagen der Greutungen (Ostgoten). Tod Ermanarichs. **Spaltung der Gens und der Amalersippe**. Die Mehrheit der Greutungen wird den Hunnen untertan, einer bedeutenden Minderheit gelingt mit hunnischen und alanischen Splittergruppen 376 die Flucht ins Römerreich.

376 Die Hunnen zerstören die terwingisch-vesische Völkergemeinschaft in den Kernlanden des heutigen Rumäniens (Moldau, Große Walachei, Siebenbürgen) und Moldawiens. **Spaltung der Terwingen**: Eine Minderheit erobert unter dem bisherigen terwingischen Oberhaupt, dem heidnischen Gotenrichter Athanarich (†381), den von Sarmaten bewohnten *Caucalandensis locus* (wahrscheinlich in Siebenbürgen). Die terwingische Mehrheit hingegen folgt dem Häuptling Fritigern (†nach 382), dem alten Gegner Athanarichs, der bereits am Beginn der siebziger Jahre das arianische Bekenntnis des Kaisers Valens (364–378) angenommen hat, um dessen Unterstützung im Kampf gegen Athanarich zu erhalten. Die Goten Fritigerns werden im Spätsommer unter unklaren Bedingungen ins Römerreich aufgenommen. Inkompetenz und Habgier der römischen Beamten sowie Verpflegungsschwierigkeiten führen zur Rebellion der Fritigern-Goten.

377 Sie verbinden sich mit der berittenen, aus Greutungen, Alanen und abtrünnigen Hunnen bestehenden Dreivölkerkonföderation.

378, 9. Aug. Schlacht bei Adrianopel (Edirne): Die östliche Hofarmee wird von den Goten unter Führung Fritigerns fast völlig vernichtet, wobei die greutungisch-alanisch-hunnische Kavallerie die Schlacht entscheidet. Der oströmische Kaiser Valens fällt.

382 Sein Nachfolger Theodosius I. (379–395) schließt mit den Goten, von denen sich die Dreivölkerkonföderation getrennt hat (Ansiedlung in Pannonien 380), das folgenschwerste *Foedus* (Vertrag) der römischen Geschichte. Durch die Ansiedlung eines ganzen Volkes, das jedoch autonom bleibt, auf römischem Hoheitsgebiet wird ein Staat im Staate und die Voraussetzung dafür geschaffen, dass barbarische Reiche innerhalb des Römerreichs entstehen. Kaiser Valens hatte den entsprechenden Vorschlag Fritigerns abgelehnt; doch 382 nimmt Theodosius I. die gotischen Forderungen auf und erfüllt sie in modifizierter, d. h., in römisch-rechtlicher Form. Die Fritigern-Goten erhalten zwischen Donau und Balkangebirge, im Norden der Diözesen Dakien und Thrakien, Siedlungsland als steuerfreien Besitz, nicht jedoch als Eigentum, sowie anstelle von Naturalabgaben Jahrgelder in unbekannter Höhe und sollen den Grenzschutz in den Provinzen an der unteren Donau wahrnehmen. Hier im heutigen Nordbulgarien geschieht die weitere **Christianisierung der Goten** im Sinne des Arianers, genauer Homöers Wulfila (*um 311, †383), die anscheinend selbst noch der katholische Kaiser Theodosius, »der Freund der Goten und des Friedens«, fördert oder zumindest toleriert.

395 Nach dem Tod Theodosius' I. fallen die Westgoten unter der Führung Alarichs I. (*um 370, †410) vom Oströmischen Reich ab und verlassen die von den

Hunnen bedrohten Wohnsitze an der unteren Donau. Die Westgoten plündern die gesamte Balkanhalbinsel bis in die Peloponnes, obwohl es dem römischen Heermeister STILICHO (*um 365, †408) zweimal beinahe gelingt, sie zu besiegen. Der Vorwurf, STILICHO habe Verrat geübt, ist jedoch unbegründet.

397 Der oströmische Kaiser ARCADIUS (395–408) schließt mit dem Balthen ALARICH I. einen Föderationsvertrag, der den Westgoten die Niederlassung in Epirus gestattet. ALARICH I., wohl schon vorher zum König der Westgoten erhoben, erhält das römische Militäramt eines *magister militum per Illyricum*.

400 Sieg der antigotischen Partei in Konstantinopel. Niedermetzelung der anwesenden Goten.

um 400 Beginn der Wanderung der hasdingischen Theiß-Vandalen, der pannonischen Alanen und donauswebischer Gruppen nach dem Westen. Vereinigung mit silingischen (schlesischen) Vandalen.

401/402 Die Westgoten unter ALARICH I. brechen in Italien ein und werden in den zwei Schlachten bei Pollentia (bei Turin) und Verona von STILICHO besiegt und zum Abzug gezwungen.

405 Während ein vertragsloser Zustand herrscht, lassen sich die Westgoten »im Barbarenland neben Dalmatien und Pannonien« nieder, von wo sie Plünderungszüge ins Ostreich unternehmen. Während ALARICH I. – nun durch einen Vertrag gebunden – in Illyrien völlig ruhig bleibt, fallen zahlreiche Scharen vornehmlich gotischer Herkunft unter RADAGAISUS (†406) über Pannonien und Noricum in Italien ein.

406 Sie werden von STILICHO bei Faesulae (Fiesole) gestellt und mithilfe von Alanen, donauländischen Hunnen unter Fürst ULDIN (†412) und den von ALARICH abgespaltenen SARUS-Goten besiegt; RADAGAISUS endet durch Henkershand. Viele der geschlagenen RADAGAISUS-Goten gehen zu ALARICH I. über.

31. Dez. **Vandalen, Sweben, Alanen, Burgunder und Quaden überschreiten** nach Kämpfen mit föderierten Franken **den Rhein**. Vandalen, Sweben und Alanen breiten sich über ganz Gallien und 409 auch über Spanien aus. Schließlich kommt es 411 zum Abschluss eines Vertrags, wonach die Hasdingen das östliche, die Sweben das westliche Galizien, die Silingen die Baetica (Andalusien) und die Alanen Lusitania (Portugal) und die Carthaginiensis (Südostspanien) durch Los erhalten. Die Burgunder errichten zwischen Mainz und Worms ihr erstes Reich (bis 436).

408 STILICHOS Versuch, das von ihm geleitete Westreich mit dem Ostreich auszusöhnen, führt zum Bruch des etwa 405 abgeschlossenen Gotenvertrages und schließlich zum Untergang STILICHOS. ALARICH I. bezieht Stellung im pannonisch-norischen Grenzgebiet und fällt nach STILICHOS Hinrichtung in Italien ein. Er belagert Rom, zieht aber gegen reiche Tributzahlung

Völkerwanderung im 4./5. Jh.

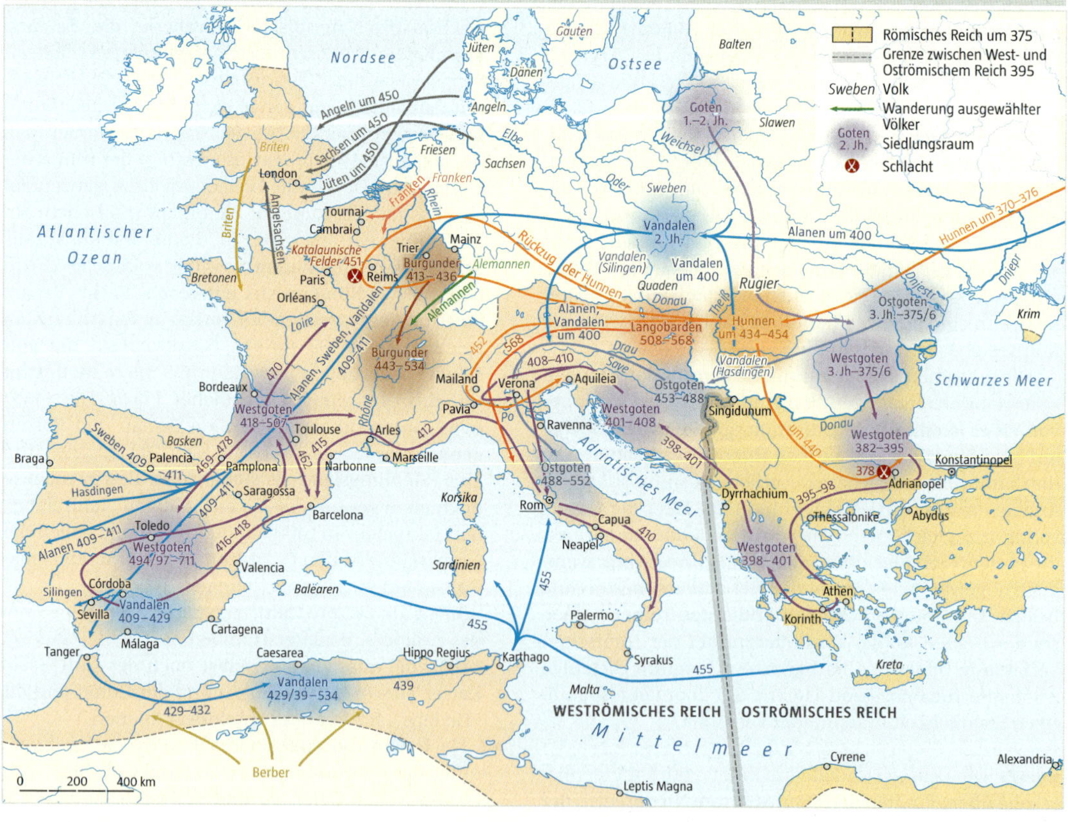

wieder ab und beginnt die Verhandlungen mit Kaiser HONORIUS (395–423) um die Anerkennung seines Königtums auf römischem Boden.

409 Als ihm der Kaiser nicht einmal die Ansiedlung in den beiden norischen Provinzen und ausreichende Getreidelieferungen zusagt, marschiert ALARICH erneut vor Rom und erzwingt vom Senat die Erhebung des Stadtpräfekten ATTALUS zum Kaiser. Da weder HONORIUS noch der Usurpator bereit sind, eine gotische Reichsbildung (etwa in Afrika) zuzulassen, rücken die ALARICH-Goten zum dritten Mal vor Rom.

410 HONORIUS zieht die letzten regulären römischen Truppen aus Britannien ab und fordert die britischen Städte auf, sich von nun an selbst zu verteidigen.

24.–27. Aug. **Einnahme und Plünderung Roms**: Die Einnahme der Ewigen Stadt erschüttert die lateinischen Zeitgenossen aufs Tiefste: »Was bleibt heil, wenn Rom fällt?«.

Mit gewaltiger Beute (Teile des jüdischen Tempelschatzes) und nach Gefangennahme der GALLA PLACIDIA (*um 390, †450), der Halbschwester des HONORIUS, zieht ALARICH I. nach Unteritalien, um nach Afrika überzusetzen. Das Unternehmen schlägt fehl. Auf dem Rückmarsch nach Norden stirbt ALARICH und wird bei Cosenza im Busento begraben. Da ALARICH ohne geeignete leibliche Erben stirbt, wird sein Schwager ATHAULF (†415) König.

412 ATHAULF führt die Westgoten nach Gallien.

414 In Narbonne vermählt sich ATHAULF mit GALLA PLACIDIA. Er sieht sich nicht als Zerstörer, sondern Erneuerer Roms und will daher Frieden schließen, doch schlagen alle Verhandlungen fehl.

415 ATHAULF wendet sich nach Spanien und wird in Barcelona aus Blutrache ermordet. Es folgt König WALLIA (†418).

416 Nachdem ein neuerlicher Versuch der Westgoten gescheitert ist, nach Afrika überzusetzen, schließt WALLIA einen Vertrag mit HONORIUS und lässt GALLA PLACIDIA frei.

418 In römischem Dienst schlägt WALLIA die silingischen Vandalen, doch wird das Gotenheer noch vor der endgültigen Befriedung Spaniens vom römischen Oberkommandierenden nach Südgallien verlegt. Die Ansiedlung erfolgt bereits unter dem Westgotenkönig THEODERID (THEODERICH I.; †451). Er gilt als Begründer der »jüngeren« Balthen-Sippe.

Die Reste der von den Westgoten in Spanien besiegten Silingen und Alanen schließen sich den hasdingischen Vandalen an; ihr König GUNDERICH (†428) ist nun der König der Vandalen und Alanen.

Das Tolosanische Westgotenreich (418–507)

Das Tolosanische Reich des Westgoten mit der Hauptstadt Toulouse (Tolosa) ist zwischen der Loire und Garonne auf dem Gebiet der Provinz Aquitania Secunda und angrenzender Stadtdistrikte gelegen. Das föderierte Gotenheer wird nach einem römisch-rechtlichen Modus angesiedelt, den die Quellen als *hospitalitas* bezeichnen. Darunter sind möglicherweise einerseits die vertraglich gesicherte Einquartierung der gotischen Krieger und ihres Anhangs (*buccellarii, saiones*) und andererseits ihre steuerfreien *sortes*, d. h. die Aufteilung von zwei Drittel der Steuerleistung der Provinzialen unter ihnen, zu verstehen. Beide Vertragspartner gelten jedenfalls als *consortes*. Anzunehmen ist, dass nicht bloß der König, sondern auch die gotischen Eliten Anteil an dem ausgedehnten römischen Fiskalland erhielten.

429 Der Vandalenkönig GEISERICH (*389, †477) setzt mit seinen polyethnischen Heerhaufen (80 000 Menschen) über die Meerenge von Gibraltar.

Erneuter Einfall von Pikten und Sachsen in Britannien. Die Eliten der britischen Städte nehmen die sächsischen Krieger (angeblich unter Führung der Brüder HENGIST und HORSA) als Föderaten unter Vertrag. In der Folgezeit besiedeln Angeln, Sachsen und Jüten den Süden Englands und die Insel Wight.

Das Vandalenreich in Afrika (429–534)

Die Vandalen erobern rasch die Seeherrschaft im westlichen Mittelmeer und errichten Stützpunkte auf Sizilien, Sardinien, Korsika und den Balearen. Afrika ist die Kornkammer des römischen Westreichs, doch ist der soziale Friede durch religiöse Spannungen (Donatistenstreit) ständig gefährdet. Die Vertreter der unterdrückten religiösen Richtung stehen den Vandalen nicht ablehnend gegenüber. Möglicherweise haben sie zur harten antikatholischen, proarianischen Religionspolitik GEISERICHS und seines Nachfolgers beigetragen. Trotzdem versucht GEISERICH, die Römer in sein Reich einzugliedern. Als sichtbares Zeichen dafür gilt im Allgemeinen ihr Übertritt zum Arianismus. Die Verfolgung der Katholiken jedoch scheint vorwiegend politische Ursachen zu haben. Indem sie als »Römlinge« und Feinde des Vandalenreichs gewertet werden, wird ihre Führungsschicht, die *episcopi et senatores*, vielfach enteignet und verbannt. Der Versuch HILDERICHS (†533; 523–530), Sohn HUNERICHS (*um 430, †484; 477–484) und der EUDOKIA (*439, †um 471) sowie Enkel GEISERICHS, die ausweglose Politik zu beenden und ein vandalisch-römisches Reich in Afrika aufzubauen, bleibt nicht zuletzt wegen siegloser Auseinandersetzung mit den Berbern erfolglos, auch wenn Kaiser ZENON im »ewigen« Frieden von 474 den vandalischen Besitzstand anerkennt. Die Herrschaft gilt als Erbgut der königlichen Sippe der Hasdingen; die *constitutio* GEISERICHS sieht vor, dass jeweils der Älteste aus der männlichen Nachkommenschaft König werden solle (Seniorat). Dieses »Hausgesetz« kann jedoch Thronstreitigkeiten und Königsmorde nicht verhindern; der letzte Vandalenkönig, GELIMER (†nach 534; 530–534), gilt als Usurpator.

430 AUGUSTINUS (*354), Bischof von Hippo Regius (bei Annaba), stirbt während der Belagerung der Stadt durch die Vandalen.

435 Die Vandalen erhalten den Status von Föderaten in einem Teil der Diözese Afrika.

436 **Vernichtung des mittelrheinischen Reichs der burgundischen Nibelungen** durch hunnische Hilfstruppen im Auftrag des weströmischen Heermeisters AËTIUS

(*um 390, †454); König GUNDAHAR (der GUNTHER im Nibelungenlied) und die ganze Königssippe werden getötet, das Volk erleidet schwere Verluste.
Den Süden des Burgunderreichs mit Worms besetzen die Alemannen, den Nordteil bis Mainz die Franken. Im Laufe des 5. Jh.s dehnen sich die Alemannen vom Neckarland über das südliche Rheinhessen, die Pfalz, das Elsass, die Nordschweiz, Vorarlberg und östlich bis zur Iller/Lech-Linie aus.

439 Die Hauptstadt Karthago wird von den Vandalen mitten im Frieden überrumpelt und eingenommen.

442 VALENTINIAN III. (425–455) schließt Frieden und erkennt das Vandalenreich an, ohne dass es aus dem Verband des Römischen Reichs ausgeschieden wäre. Die sächsischen Föderaten in Britannien brechen erstmals den Vertrag und machen sich zunächst im Osten der Insel zu Herren ihrer Vertragspartner. Es entstehen zahlreiche gentile Königreiche.

443 AËTIUS weist die überlebenden Burgunder als Föderaten in die Sapaudia (Savoyen, Gebiet der oberen Rhône und Saône) mit der Hauptstadt Genf ein und überträgt ihnen die Grenzwacht gegen die Alemannen. Die Burgunder werden unter ähnlichen Bedingungen wie die Westgoten angesiedelt. Unter einem neuen Königsgeschlecht (balthisch-westgotischer Herkunft?) gelingt den wieder erstarkten Burgundern die Ausbreitung ihres Reichs über das ganze Rhônetal mit der Hauptstadt Lyon bis zur Isère.

451 **Schlacht auf den Katalaunischen Feldern** (Mauriacensischen Feldern) zwischen Troyes und Châlons-en-Champagne. Die gallische Gemeinschaft von Römern und Barbaren (außer Westgoten auch Alanen, Rheinfranken, Bretonen, sarmatische und germanische Laeten, Burgunder, gallische Sachsen und Angehörige ehemaliger römischer Militärbezirke) gilt Außenstehenden als »Vereinigung zwieträchtiger Völker« und besteht dennoch ihre große Bewährungsprobe, als der Hunnenkönig ATTILA (*um 395, †453; 434–453) mit einem starken Aufgebot aus Hunnen sowie unterworfenen ost- und westgermanischen Stämmen (v. a. Gepiden und Ostgoten) in Gallien einfällt. Die Hunnen werden von AËTIUS und dem Westgotenkönig THEODERID (durch Speerwurf des Amalers ANDAGIS getötet) besiegt und in ihrer Wagenburg eingeschlossen. AËTIUS beschleunigt jedoch sowohl den Abzug der Westgoten als auch den Rückzug ATTILAS, der sich schon zum Selbstmord entschlossen hat, wohl um das gentile Gleichgewicht zu erhalten.

452 ATTILA verwüstet die Poebene und zerstört Aquileia. Papst LEO I. verhandelt als kaiserlicher Gesandter mit dem Hunnenkönig in Mantua, wobei der Hinweis auf das Schicksal ALARICHS I. angeblich ATTILA von einem Marsch auf Rom abhält. Tatsächlich löst eine Seuche den hunnischen Rückzug aus.

453 Die Hunnen räumen Italien. ATTILA kehrt in seine Residenz an den Theiß zurück und stirbt unerwartet nach der Hochzeitsfeier mit der Ostgermanin ILDICO (HILDCHEN; vielleicht eine Wurzel der Krimhildsage). Der Westgotenkönig THEODERICH (II.) (*466) reaktiviert den Vertrag mit Rom.

454/55 Die Gepiden ARDARICHS stellen sich an die Spitze einer gentilen Koalition, die am pannonischen Fluss Nedao die Hunnen und die ihnen treu gebliebenen Ostgoten schlägt und somit die Auflösung des Hunnenreichs erzwingt.
Die Gepiden dehnen darauf ihre Herrschaft von der Theißebene bis über Siebenbürgen (Dakien) aus, sodass die Ostgoten ihre bisherigen Sitze verlieren und im Römerreich (Pannonien) Zuflucht suchen müssen. Außerdem entstehen das Rugierreich am Ostrand des niederösterreichischen Waldviertels und im Weinviertel, ein herulisches Königtum in Südmähren und in der heutigen Westslowakei sowie daran anschließend ein Reich derjenigen Donausweben, die nicht mit den Vandalen und Alanen die Heimat verlassen haben. Zwischen Donauknie und Theißmündung gibt es weiterhin ein sarmatisches Reich sowie als Novum eine Reichsbildung der Skiren.

455 Nach der Ermordung Kaiser VALENTINIANS III., mit dem GEISERICH eine dynastische Heirat verabredet hat, erscheint dieser mit einer Flotte vor der Tibermündung. **Rom** wird vierzehn Tage lang **von den Vandalen geplündert.** VALENTINIANS Witwe und ihre Tochter EUDOKIA werden ins Vandalenreich gebracht, wo EUDOKIA GEISERICHS Sohn HUNERICH heiratet.
THEODERICH (II.) macht seinen ehemaligen Lehrer AVITUS (†457) zum Kaiser, der jedoch nie die Anerkennung Ostroms erhält. Der König erringt zahlreiche Erfolge sowohl gegen die Sweben wie gegen die einheimische Aristokratie Spaniens. Die Westgoten erobern Narbonne (462) und erreichen damit die gallische Mittelmeerküste. Wie THEODERICH (II.) selbst seinen Bruder beseitigt hat, wird er Opfer einer Verschwörung seines jüngeren Bruders EURICH (†484).

466–484 Der Westgotenkönig EURICH löst den Vertrag mit Rom, erobert das spanische Ebrotal (Tarraconensis) sowie die Auvergne, die der Sohn des AVITUS, ECDICIUS, lange Zeit verteidigt hatte. ECDICIUS wird von seinem Schwager SIDONIUS APOLLINARIS (*um 430, †um 480), seit etwa 470 Bischof von der Auvergne, ideologisch unterstützt. Nach der Anerkennung des westgotischen, auf das Sechsfache seines ursprünglichen Umfangs angewachsenen Reichs durch Kaiser JULIUS NEPOS (*um 430, †480) im Jahre 475 erreicht das Tolosanische Reich 477 seine größte Ausdehnung mit Loire, Rhône und Durance als Grenze gegenüber dem übrigen Gallien, mit den Seealpen gegenüber Italien und der offenen iberischen Halbinsel als gotischem Hinterland.
Das älteste von einem germanischen König mit römischen Juristen erlassene Recht, der *Codex Euricianus*, geht zumindest in den Grundzügen auf EURICH zurück, obwohl die endgültige Fassung in die Zeit ALARICHS II. fallen dürfte. Die EURICH zugeschriebene antikatholische bzw. proarianische Kirchenpolitik ist weniger religiös als politisch bestimmt, da die gallischen Diözesangrenzen und die Grenzen seines Reiches sich nicht decken, die Bischöfe ständig mit dem »Ausland« verhandeln müssen und sich daher des Verdachts der Illoyalität aussetzen.

475 Der Patricius und Heermeister ORESTES (†476) verjagt den weströmischen Kaiser JULIUS NEPOS und erhebt den eigenen Sohn ROMULUS (AUGUSTULUS) (†nach 507/11) zum Kaiser. Er versagt bei der Versorgung der regionalen Föderatenarmee.

476 Daher wird ROMULUS abgesetzt (formelles **Ende des weströmischen Kaisertums und Reichs**) und ODOAKER (*um 430, †493) aus der skirischen Königssippe, die mit dem ORESTES-ROMULUS-Clan seit den Tagen ATTILAS verfeindet ist, zum König erhoben.

Die v. a. ostgermanischen Föderaten erhalten angeblich die *tertia* (Drittel) des römischen Grundbesitzes zugewiesen. Sie werden nach Modalitäten angesiedelt, die von THEODERICH DEM GROSSEN knapp 20 Jahre später übernommen und ausgebaut werden.

seit 476 Bis zu den Vandalen- und Gotenkriegen JUSTINIANS I. steht fast das gesamte römische Westreich unter der Herrschaft lateinisch-germanischer Könige. Der oströmische Kaiser ZENON (474–491) erkennt ODOAKER als König an, überträgt ihm jedoch nicht die gewünschte Amtsgewalt eines Heermeisters (*magister militum*) und Patricius. Senat und Papst (FELIX III.) stützen ODOAKER, da seit 484 aufgrund der gegenüber den Monophysiten freundlichen Kirchenpolitik ZENONS ein Schisma (Akakianisches Schisma) zwischen Konstantinopel und Rom besteht.

ODOAKER erwirbt Sizilien gegen Tributzahlung an den Vandalenkönig GEISERICH.

480 Nach der Ermordung von Kaiser JULIUS NEPOS, der sich nach seiner Entthronung in Dalmatien halten konnte, gliedert ODOAKER das Land wieder dem Westreich an.

481/82 Der Merowinger CHLODWIG (*466, †511) wird König der salischen Franken in Tournai. Er übernimmt auch die Verwaltung der Römerprovinz Belgica II und führt zumeist erfolgreiche Eroberungskriege gegen innerfränkische Konkurrenten. Die salischen Franken sind nach ihrer vertraglichen Ansiedlung 357 durch JULIAN (361–363) im linksrheinischen Toxandrien (heutiges niederländisches Nordbrabant) im 4. Jh. in die höchsten Ämter der westlichen Militärhierarchie aufgestiegen.

484–507 Der Westgotenkönig ALARICH II., EURICHS Sohn, wird mit einer Tochter THEODERICHS DES GROSSEN vermählt. Das Andenken an seine Herrschaft ist durch seine Niederlage und seinen Tod in der Schlacht von Vouillé (bei Poitiers) gegen CHLODWIG (507) überschattet. Tatsächlich festigt er die westgotische Herrschaft in Spanien und verteidigt bis 506/07 meist erfolgreich die tolosanische Nordgrenze gegen die Franken. ALARICH II. rettet 490 die Ostgoten THEODERICHS durch eine Intervention in Italien und 501 die rechtmäßige burgundische Dynastie, worauf Avignon westgotisch wird.

486/487 CHLODWIG besiegt den römischen Statthalter SYAGRIUS und beseitigt die letzten Reste römischer Staatlichkeit im Raum von Soissons. Weitere Feldzüge führt er gegen Alemannen (496/97) und Burgunder (500). Die Alemannenschlacht gilt als Anlass für die katholische Taufe CHLODWIGS, womit er den Glauben der Mehrheitsbevölkerung annimmt, sodass er die Einigung Galliens nicht nur militärisch-politisch, sondern auch konfessionell vollziehen kann.

487/488 ODOAKER zerstört in zwei Feldzügen das donauländische Rugierreich, dessen Überlebende sich den Ostgoten anschließen.

488 Die römische Stadtbevölkerung des donaunahen Teils von Noricum ripense wird zwangsweise nach Italien geführt. Eine ebenso anschauliche wie einzigartige Quelle über die Ereignisse und Zustände beim Ende des Römerreichs an der Donau ist die Vita des heiligen SEVERIN (†482), die EUGIPPIUS (*um 465, †nach 533) um 511 im ostgotischen Italien verfasst.

Nach der Aufgabe des pannonischen Ostgotenreichs (ca. 455–473) zieht eine der drei ostgotischen Gruppen unter König THIUDIMER (†474) und seinem Sohn THEODERICH (*um 451/56, †526), der seine Jugend als Geisel in Konstantinopel verlebt hat, auf der Suche nach günstigeren Bedingungen für eine Reichsbildung auf der Balkanhalbinsel umher. Von seinem letzten Stützpunkt, Novae (Svištov an der Donau) in Niedermösien, marschiert THEODERICH 488 im Auftrag Kaiser ZENONS als dessen Heermeister (*magister militum et patricius*), nachdem er 484 Konsul war, nach Italien.

nach 488 Die Langobarden werden in ihren sudetenländischen Sitzen den Herulern untertan; Teile von ihnen werden um 505 ins niederösterreichische Tullner Feld südlich der Donau verlegt. Wahrscheinlich im Jahre 508 kommt es zum Krieg zwischen Langobarden und Herulern, wobei Letztere vernichtend geschlagen werden.

489 Siege THEODERICHS über ODOAKER an der Isonzobrücke bei Görz und bei Verona.

490 Mit westgotischer Hilfe schlägt THEODERICH in einer großen Schlacht an der Adda ODOAKER, worauf sich dieser nach Ravenna zurückzieht.

493 Nach zweieinhalbjähriger Belagerung (»Rabenschlacht« der Heldensage) öffnet ODOAKER die Tore Ravennas aufgrund eines Vertrags, der eine gemeinsame Herrschaft über Italien vorsieht, wird aber von THEODERICH ermordet. Ostgotenreich Italien bis 552.

Das Ostgotenreich unter Theoderich dem Großen (493–526)

Das italienische Ostgotenreich unter THEODERICH DEM GROSSEN (offizieller Titel *Flavius Theodericus rex*), sein vom Kaiser 498 anerkanntes Königtum über »Goten und Italiker«, verbindet die Herrschaft über Rom und Italien mit dem gotischen Königtum und wird in einer Weise, die »die übrigen Völker nicht haben können«, dem römischen Vorbild angeglichen. Der König gilt »der Tat nach als wahrer Kaiser«. Die Römer nennen ihn einen TRAJAN oder VALENTINIAN. Der Vergleich gibt Aufschluss über den Eindruck, den THEODERICHS Herrschaft macht. Man stellt sie in kaiserlicher Weise zur Schau, wofür besonders sein Auftreten im Rom des Jahres 500 zeugt. Anlässlich der Feier seiner Tricennalien erweist er, obwohl Arianer, dem heiligen PETRUS seine Referenz, »als wäre er Katholik«, ehrt den Senat, gibt Geschenke wohl nach Art des berühmten Goldmedaillons von Senigallia zu drei Solidi und erfreut das Volk durch Getreidespenden, Zirkusspiele und einen feierlichen Einzug. Kein Wunder, dass Theoderich Statuen und Bilder gesetzt werden, ohne dabei den Kaiser zu erwähnen, dass die Römer ihn als ihren Herrn akklamieren und mitunter sogar Augustus nennen. Kaiserlich ist auch die Herrschaft Theoderichs über die römische Bürokratie, die er bis zu den höchsten Rängen hinauf besetzt. Doch bleibt das Recht Konstantinopels gewahrt, Senatoren, Patrizier und die Konsuln – auf Vorschlag Ravennas – zu ernennen. Theoderich übt die Blutgerichtsbarkeit wie das Gnadenrecht über alle Bewohner Italiens aus und besitzt die Hoheit in Angelegenheiten sowohl der arianischen wie der katholischen Kirche; eine Zuständigkeit, die Theoderichs heermeisterliche Befugnisse wesentlich übertrifft.

Da Theoderich den inneren Frieden in Italien sichert, kann er auch wie ein Kaiser wirtschaften. Vernünftige ökonomische Maßnahmen, wie eine Münzreform, ergeben sehr rasch einen Überschuss, der für eine intensive, doch vornehmlich restaurative Bautätigkeit verwendet wird. Es werden sowohl Repräsentationsbauten, Nutzbauten, wie etwa Wasserleitungen, als auch Verteidigungsanlagen errichtet. In der Königsstadt Ravenna bleibt es nicht bloß bei der Renovierung, sondern es entstehen neue, prachtvolle Gebäude (besonders San Apollinare Nuovo). Die kaiserlichen Reservatsrechte, die Annahme des Imperator-Titels, das Anlegen kaiserlicher Gewänder und die uneingeschränkte Münzprägung bleiben formal unangetastet. Mit der Erlassung des berühmten *Edictum Theoderici*, das einerseits das römische Kaiserrecht modernisiert und den gegebenen Umständen anpasst, andererseits aber keineswegs in das Vorrecht der kaiserlichen Gesetzgebung eingreift, verkündet Theoderich territoriales Recht, wovon niemand, auch nicht die Goten, ausgenommen bleiben. Die Ansiedlung des Gotenheers überträgt Theoderich493 dem noch jungen, aber äußerst fähigen Prätorianerpräfekten Liberius (†nach 554), der nach einer Steuerreform anscheinend zur allgemeinen Zufriedenheit ein Mischsystem aus Zuteilung von Fiskalland, Steueranteilen und Donativen entwickelt und damit den inneren Frieden Italiens sichert. Das so integrierte polyethnische Gotenheer ersetzt eine reguläre römische Hofarmee, sodass die Italiener v. a. in regionalen Milizeinheiten dienen und nur ausnahmsweise Kriegsdienste leisten.

Die Zivilbürokratie bleibt hingegen unangetastet in den Händen der Römer. Italien erlebt eine Spätblüte der antiken Kultur. Dazu tragen Männer wie Boethius (*um 480, †524), Papst Symmachus (†514), Ennodius (*473, †521), Cassiodor (*um 485, †nach 580), der eine, nur im Auszug des Jordanes erhaltene, Gotengeschichte verfasst und als »Minister« des späteren Theoderichs und seiner Nachfolger wichtige Staatspapiere (*Variae*) hinterlässt, der heilige Benedikt von Nursia (*um 480, †um 547), der Gründer von Montecassino (529), und der skythische Mönch Dionysius Exiguus (*um 470, †um 550), der die Zeitrechnung nach Christi Geburt entwirft, bei. Dass Theoderich Analphabet gewesen sei, ist eine

Germanische Reiche um 526

Legende, die – bezeichnenderweise – von einer Schilderung des ungebildeten Kaisers JUSTIN I. (518–527) auf ihn übertragen wird.

506 und 510 THEODERICH sichert seine Herrschaft durch ein weit gespanntes Heirats- und Bündnissystem, das die gesamte gentile Welt umfassen soll. Dieses System scheitert ein erstes Mal zwischen 506 und 510, da THEODERICH, gehindert durch Konstantinopel, die von den Franken angegriffenen Westgoten und die von den Langobarden angegriffenen Heruler nicht schützen kann. Durch die Aufnahme von geschlagenen Alemannen und Herulern sowie durch das Heiratsbündnis mit den Thüringern (um 510) versucht er das System, nur kurzfristig erfolgreich, zu retten.

506 Im Westgotenreich Verkündung des für die römischen Untertanen gültigen Rechts in der *Lex Romana Visigothorum* (auch *Breviarium Alaricianum*) als Gegenstück zum *Codex Euricianus* für die Westgoten. CAESARIUS, Bischof von Arles (502–543), leitet im Auftrag ALARICHS zu Agde (Département Hérault) die Synode des gallisch-westgotischen Reichsteils, wobei ein Ausgleich zwischen dem katholischen Episkopat und dem arianischen Gotenkönig zustande kommt.

507–511 Eingreifen THEODERICHS in Gallien: Nach dem Tod seines Schwiegersohns ALARICH II. in der Schlacht bei Vouillé (507) gegen die Franken und dem Verlust Aquitaniens sendet THEODERICH ostgotische Truppen, wenn auch verspätet, den Westgoten zu Hilfe. Die Provence wird als gallische Präfektur dem Ostgotenreich angegliedert. Nach mehrjährigen Kämpfen gegen GESALECH (†511), unehelicher Sohn ALARICHS' II., wird THEODERICH selbst König der Westgoten. Ihm folgt sein Enkel AMALARICH (†531), echter Sohn ALARICHS' II., nach. Für THEODERICH regiert sein ostgotischer Waffenträger THEUDIS (Westgotenkönig 531–548) das Ostgotenreich.

510 WACHO (†540) wird König der Langobarden. Während seiner etwa dreißigjährigen Herrschaft bewahrt er in den Konflikten zwischen den Großmächten der Zeit Neutralität, unterwirft isolierte Gruppen wie die pannonischen Sarmaten und Donausweben, und macht sein Volk zu Föderaten Konstantinopels. Eine kluge, an THEODERICH erinnernde Heiratspolitik, sichert die langobardischen Eroberungen ab.

515 THEODERICH verheiratet den bei den Westgoten »gefundenen« Amaler EUTHARICH (†522) mit seiner Tochter AMALASUNTHA (AMALASWINTHA, †535) und designiert ihn zum Nachfolger.

519 EUTHARICH wird von dem byzantinischen Kaiser JUSTIN I. »nach barbarischer Sitte« zum Waffensohn adoptiert, erhält das römische Bürgerrecht und tritt als FLAVIUS EUTHARICUS CILLIGA gemeinsam mit dem Kaiser das Konsulat an.

523 THEODERICH nimmt Wirren in der burgundischen Königsfamilie, denen einer seiner Enkel zum Opfer fällt, zum Anlass, Krieg mit dem Burgunderreich zu führen, das gleichzeitig von den Franken angegriffen wird. Das Gebiet zwischen Isère und Durance wird ostgotisch (530 von AMALASUNTHA zurückgegeben).

523–524 Nach Ende des Akakianischen Schismas (519) und dem überraschenden Tod EUTHARICHS (522) zunehmende Opposition des Senats, der nun von sich aus die Sorge um die Nachfolge THEODERICHS wahrnimmt; Hochverratsprozess gegen die Senatoren BOETHIUS, der im Kerker sein Buch »De consolatione philosophiae« schreibt, und seinen Schwiegervater QUINTUS AURELIUS MEMMIUS SYMMACHUS.

524/525 BOETHIUS und SYMMACHUS werden qualvoll hingerichtet.

um 525 Der byzantinisch gesinnte Vandalenkönig HILDERICH (523–530) lässt das ostgotische Gefolge der AMALAFRIDA (Schwester THEODERICHS und Witwe seines Vorgängers THRASAMUND [496–523], der sie 500 geheiratet hat) niedermachen; sie selbst stirbt im Kerker. THEODERICH baut eine große Flotte, um das Vandalenreich anzugreifen.

526 THEODERICH stirbt aber vorher in Ravenna, wo sein Grabmal erhalten ist. In der deutschen Heldensage lebt er als DIETRICH VON BERN (=Verona) fort.

526–535 AMALASUNTHA, THEODERICHS Tochter und Witwe EUTHARICHS, regiert zuerst für ihren unmündigen Sohn ATHALARICH (*516, †534), sowie nach seinem Tod als Königin der Ostgoten.

532 Die Franken besiegen in der Schlacht bei Autun die Burgunder und gliedern 534 ihr Gebiet in das Fränkische Reich ein.

533–534 **Zerstörung des Vandalenreichs** in Afrika durch BELISAR (*um 500, †565), Feldherr des Kaisers JUSTINIAN I. (527–565), unterstützt von AMALASUNTHA.

535 AMALASUNTHA wird von ihrem Vetter THEODAHAD (†536), den sie zum Mitregenten angenommen hat, ermordet. Diese Untat bietet den Anlass für den Krieg Kaiser JUSTINIANS I. gegen die Ostgoten (bis 552).

535–540 BELISAR erobert Sizilien und Neapel und wird von WITIGIS (†541), den das Gotenheer nach Absetzung und Tötung THEODAHADS (536) auf den Schild erhoben und der sich mit AMALASUNTHAS Tochter MATASUNTHA (*518, †nach 550) vermählt hat, vergeblich in Rom belagert (Landverluste an die Franken). WITIGIS zieht sich nach Ravenna zurück und öffnet schließlich BELISAR die Tore der Stadt. Dieser gibt vor, König des ihm angebotenen Reichs der Goten und Italiener zu werden, nimmt aber stattdessen WITIGIS und seine Umgebung gefangen, worauf er das Königspaar und zahlreiche gotische Elitekrieger nach Konstantinopel führt.

540/47 AUDOIN (†560/61) wird Nachfolger WACHOS, zunächst etwa sieben Jahre als Vormund eines WACHO-Sohnes, dann als langobardischer König. Kaiser JUSTINIAN überträgt ihm 547/48 Pannonien südlich der Drau. Als Föderaten nehmen starke Langobardenverbände 552 an der Schlacht bei den Busta Gallorum teil, wo das Ende des Ostgotenreiches seinen Anfang nimmt. Gleichzeitig besiegt AUDOIN seine östlichen Nachbarn, die Gepiden.

541 Während BELISAR gegen die Perser kämpft, wählen die Goten, die sich nördlich des Po halten können, TOTILA (BADUILA; †552) zum König, der fast ganz Italien außer Ravenna zurückerobert.

544–549 Belisar, aufs Neue nach Italien entsandt, kämpft mit wechselndem Erfolg bis zu seiner endgültigen Abberufung nach dem Tod seiner Gönnerin, der Kaiserin Theodora (†548).

552 Erst Narses (*um 478, †573), einem Eunuch armenischer Herkunft, gelingt es in einem frontalen Angriff von Istrien her, das ostgotische Königtum binnen Jahresfrist zu vernichten. Er schlägt zunächst Totila auf den Busta Gallorum (nahe dem umbrischen Tadinae), wobei der Gotenkönig fällt. Dessen Nachfolger Teja besiegt Narses am Mons Lactarius (Milchberg, heute Monte Angelo), zwischen Neapel und Salerno. **Der letzte Ostgotenkönig Teja fällt.** Die meisten Ostgoten kapitulieren und ziehen sich als kaiserliche Untertanen auf ihre Güter zurück.

553–554 Eine ostgotische Minderheit versucht Butilin, der mit seinem Bruder Leuthari ein fränkisch-alemannisches Heer nach Italien führt, zum König auszurufen. Narses vernichtet die eine der in zwei Gruppen operierenden Invasoren bei Capua, während die andere in Venetien einer Seuche erliegt.

555 Kapitulation von Compsa (Conza della Campania) am Fluss Ofanto, wo 7000 Barbaren verschiedenster Herkunft und nur zum Teil Ostgoten noch Widerstand geleistet haben. Italien ist wieder römisch, Narses erster Statthalter, seine Nachfolger führen den Titel *exarchus et patricius* mit Sitz in Ravenna. Der zwanzigjährige Krieg in Italien hat das antik-römische Kernland verwüstet und derart geschwächt, dass die politische Einheit des Landes 568 verloren geht und erst im 19. Jh. wiederhergestellt wird.

568 Der langobardische König Alboin (†572) beginnt, nach einem Sieg über die Gepiden mit awarischer Hilfe ein Jahr zuvor, den gut vorbereiteten Abzug der Langobarden aus der Heimat in Richtung Italien und besetzt zunächst die Lombardei, später auch die Toskana, Spoleto und Benevent. Neben pannonischen und norischen Provinzialen, Donausweben, Sarmaten, Bulgaren, Herulern und Gepiden schließen sich auch thüringisch-sächsische Gruppen an.

Ergebnis der Völkerwanderung

Die Germanen haben das Römerreich weder zerstört noch erneuert, sondern sich in ihm eingerichtet, wie vorher die kaiserlichen Familien aus Spanien, Gallien und Illyrien. Im Unterschied zu ihren Vorgängern geben sie aber das westliche Imperium und die Universalität seiner Lebensordnungen auf: Ihnen »genüge« der eine Kaiser in Konstantinopel, den sie ebenso als ihren Herrn und Vater verehren wie sie den Vorrang von Byzanz viele Jahrhunderte hindurch anerkennen. Gleichzeitig nutzen aber die germanischen Könige die Entfremdungstendenzen der römischen Provinzen von der Zentrale, die schon lange vor dem Ende des Römerreichs wirksam werden. Allerdings versuchen die Germanen die römische Administration, wenn auch in reduzierter Form, zu übernehmen und die sozioökonomischen Gegebenheiten zu bewahren. Weder das römische Steuersystem noch die Sklaverei werden abgeschafft. Von den Langobarden und Angelsachsen abgesehen, sind bis 600 fast alle Germanen auf römischem Reichsboden Katholiken, und auch die Tage des langobardischen Arianismus wie des angelsächsischen Heidentums sind bereits gezählt.

Die Umgestaltung der römischen Welt ist aber nicht das alleinige Werk germanischer Könige. Theoderich, Geiserich oder Chlodwig konkurrieren mit dem spätrömischen Staat um die Verteilung der Reichtümer, die der mediterrane Wirtschaftsraum produziert, und es gelingt ihnen, sich des traditionellen Herrschaftsapparates zu bemächtigen. Die Religion spielt dabei zwar keine geringe Rolle, Glaubenskriege werden aber nicht geführt. Dies ändert sich jedoch, als die Araber im Namen Allahs die Südhälfte des Römerreiches erobern und hier auf Dauer dessen Nachfolger werden.

Zwischen Ende des 5. und Anfang des 7. Jh. besiedeln Slawen östlich der sächsischen Elbe, der niederösterreichischen Enns und der Adria weite Teile Ost- und Mitteleuropas. Nach der germanischen Völkerwanderung ist die Germania, rechnet man die Verluste im Osten gegen die Gewinne im Westen und Süden auf, eher kleiner als zuvor. Das römische Imperium konnte in einem halben Jahrtausend nur einen Teil seines Machtbereichs romanisieren. Die Slawisierung von Römern, Germanen und Reiternomaden hat dagegen in wenigen Generationen einen ungleich nachhaltigeren Erfolg, der mehr als das Ergebnis einer bloßen Völkerwanderung ist und auch jede imperiale Politik übertrifft.

Der Umgestaltung der römischen Welt folgt auch eine der germanischen; unter Einfluss römischer Staatlichkeit werden die germanischen Verfassungsstrukturen von Grund auf verändert: Das Königtum nimmt eine monarchische, ja vizekaiserliche Gestalt an. Die Gefolgschaften überlagern und verändern die früheren Abstammungsgemeinschaften, sodass selbst die Sippe nur noch als traditionelle Rechtsgemeinschaft fassbar wird. Existenz und Form römischer Rechtskodifikationen stehen Pate bei der Umwandlung der germanischen Gewohnheiten in schriftlich fixierte Stammesrechte. Die Schriftlichkeit wird durch das Lateinische bestimmt; die Volkssprachen besitzen – abgesehen von der gotisch-arianischen Kultsprache – nur marginale Bedeutung.

III

DIE ALTE WELT ZWISCHEN CA. 500 UND CA. 1500

Die Epoche zwischen ca. 500 und ca. 1500 wird herkömmlich als das »Mittelalter« bezeichnet. Der Begriff stammt aus der Zeit um 1500 und bezieht sich auf die europäische Geschichte. Auf die nicht- oder außereuropäischen Kulturen passt er nur mit Einschränkungen. Der Beginn dieses Zeitraums wird durch den Untergang des Weströmischen Reiches bezeichnet. An seinem Ende geht mit der Entdeckung Amerikas die Geschichte der Alten in die der Neuen Welt über. Charakterisiert ist er durch den geringen Organisationsgrad staatlicher Institutionen, den weitgehenden Verzicht auf Schriftlichkeit in Recht und Verwaltung, die Dominanz agrarwirtschaftlicher Strukturen und die Verbindlichkeit eines einheitlichen, v. a. religiös bestimmten Weltbildes.

Kulturräume und Reiche

Im westlichen Teil Europas treten die fränkischen Karolinger das Erbe des Römischen Reiches an und geraten damit in Konkurrenz zum byzantinischen Osten. Denn dort besteht das antike Kaisertum ohne Unterbrechung fort. Lateinischer Westen und byzantinischer Osten entwickeln sich sprachlich, religiös und kulturell auseinander. Immer wieder kommt es zu diplomatischen und militärischen Konflikten. Gleichzeitig geraten beide Seiten durch die Ausbreitung des Islams in Vorderasien und Nordafrika unter Druck. Man kann das gesamte Mittelalter als beständige Auseinandersetzung zwischen Lateinern, Orthodoxen und Muslimen verstehen.

Alle drei Kulturräume haben ein politisches Zentrum (der Sitz des Basileus in Konstantinopel, das Kalifat in Damaskus bzw. Bagdad, Rom als kaiserliche Stadt nur theoretisch), das bei Orthodoxen und Muslimen mit dem geistlichen zusammenfällt, sowie einen Kranz abhängiger Reiche an der Peripherie. Dazwischen liegen Übergangszonen, in denen ein kultureller Austausch stattfinden kann. Der Süden Spaniens mit seiner islamisch-christlichen Mischkultur ist augenfälligstes Beispiel. Anderswo sind die kulturellen Grenzen weniger durchlässig, jedoch selten hermetisch verschlossen. Die großen Reiche können diplomatisch miteinander kommunizieren, oft aber versuchen sie, ihre Konflikte militärisch zu lösen. Auch Krieg kann eine Form des Kulturkontakts sein.

Muslimische Heere drängen im 7./8. Jh. bis ins Frankenreich vor und stehen im Osten vor Konstantinopel. Die Gegenbewegung setzt schon im 8. Jh. mit der spanischen Reconquista ein und hat einen Höhepunkt in den Kreuzzügen, die zur Errichtung mehrerer Kreuzfahrerstaaten in Palästina und Syrien führen. Es ist kein Zufall, dass die Kreuzzugsbewegung während des Investiturstreits in Westeuropa entsteht. Ein Bedürfnis nach gesteigerter Frömmigkeit kommt damit zum Ausdruck. Allerdings werden auch materielle Ziele mit den Kreuzzügen verfolgt. Gleiches gilt für die Eroberung des Byzantinischen Reiches 1204, die einerseits eine Ausplünderung ist und andererseits die Unterstellung des als schismatisch angesehenen orthodoxen Christentums unter die römische Kirche bezweckt. Geistliche und weltliche Motive greifen auch hier ineinander.

Zwar geht Jerusalem den Kreuzfahrern schon 1187, der Rest des Heiligen Landes 1291 verloren. Doch die Glaubenskriege nehmen kein Ende. Im Westen führt die Reconquista auf der Iberischen Halbinsel zur Eroberung von Stützpunkten in Nordafrika und geht in die europäische Expansion in Afrika, Asien und Amerika über. Im Osten erwächst aus dem Grenz- und Glaubenskriegertum der osmanischen Türken ein Großreich, das den Resten des wiedererstandenen Byzantinischen Reiches den Garaus macht und zum Zeitpunkt seiner größten Ausdehnung vom Maghreb bis zum Kaukasus, von der Arabischen Halbinsel bis vor die Tore Wiens reicht. Das weltliche Zentrum der Orthodoxie zieht sich unterdessen nach Moskau, dem Dritten Rom, zurück.

Die Welt hinter den islamischen Ländern bleibt für Europa lange Zeit im Schatten. Die Einfälle nomadischer Reitervölker (Hunnen, Awaren, Petschenegen, Ungarn) sind notorisch, vermitteln aber keine Kenntnisse von deren Heimat; alle Vorstellungen sind nebulös. Auf Weltkarten des frühen und hohen Mittelalters erscheint Asien als doppelt so groß wie Europa und gilt als Ursprung von Reichtümern, Weisheit und Wissen. V. a. Indien hält man für ein Land voller Wunder. Nur wenige zutreffende

Nachrichten mischen sich in die Berichte, Beschreibungen und kartografischen Zeugnisse. Afrika bleibt vollends ein dunkler Kontinent. Der Name bezog sich ursprünglich nur auf die römischen Provinzen im Norden. Die dunkelhäutigen Bewohner bezeichnet man als Äthiopier und betrachtet sie als Nachkommen Hams, den sein Vater Noah verflucht hatte. Deshalb seien sie auf ewig zur Sklaverei verdammt.

Transkontinentaler Handel

Immerhin gibt es Handelswege, die Europa, Asien und Afrika miteinander verbinden. Die arabische Welt bezieht aus Zentralafrika Gold, Elfenbein und Sklaven. Die italienischen Seestädte Genua, Venedig, Pisa und Florenz beliefern Nordafrika nicht nur mit Wein, Metallen und Getreide aus Europa, sondern auch mit Luxuswaren, die aus Zentral-, Ost- und Südasien stammen: mit Gewürzen, Medizinaldrogen und kostbaren Stoffen. Ein ganzes Netz von Karawanenstraßen durchzieht Asien, hat einen Hauptstrang, Verästelungen, Ausläufer und Zubringer und teilt sich großräumig, um schwierige Streckenabschnitte zu umgehen. Ist die Landroute gefährlich, kann man auf den Seeweg ausweichen, der über Indien und Südostasien nach China führt. Wird die Schifffahrt gestört, geht man auf die Karawanenstraßen zurück. Wie kommunizierende Röhren verhalten sich Land- und Seeweg zueinander. Später wird man die Begriffe »Seidenstraße« und »Seidenstraße des Meeres« erfinden, um die Bedeutung der Handelswege durch den Namen des jeweils wertvollsten (aber keineswegs einzigen) Handelsgutes zu charakterisieren. Auch andere Fernverkehrsrouten in Eurasien (Bernsteinstraße, Pelzstraße, Weihrauchstraße) und ganze Küstenabschnitte in Westafrika (Pfefferküste, Elfenbeinküste, Goldküste, Sklavenküste) werden auf diese Weise benannt. Auch im Mittelalter gibt es somit ein globales Handelssystem, das die drei Teile der Alten Welt miteinander verbindet und die Warenströme reguliert.

Allerdings ist der transkontinentale Warenverkehr für Jahrhunderte nur als Zwischenhandel möglich. Die Handelsgüter werden von einem Kaufmann an den anderen verkauft und kommen dadurch an ihr Ziel. Der Gewinn verteilt sich auf entsprechend viele Köpfe. Das gilt für den arabischen Handel in Afrika ebenso wie für den europäischen mit Asien. Erst im 13. Jh. ändern sich die Verhältnisse fundamental, kommt ein direkter, stetiger Handelskontakt zwischen Europa und Ostasien zustande. Dafür gibt es zwei Gründe: die mongolische Reichsbildung seit 1206 und die dynamische Wirtschaftsentwicklung in Europa.

Tschinggis Khan hat die Stämme östlich des Altai-Gebirges unter seiner Herrschaft vereinigt und in pausenlosen Feldzügen ein Reich zusammengerafft, das bei seinem Tod (1227) vom Chinesischen bis zum Kaspischen Meer, von Transoxanien bis Sibirien reicht. Seine Nachfolger Ögedei, Möngke und Khubilai fügen Eroberungen in China, Tibet, Osteuropa, Iran und Korea hinzu. Anders als bei früheren Einfällen nomadischer Völker begnügen sich die vereinigten mongolischen Stämme nicht mit Plünderung und Frauenraub und streben auch keine bloße Landnahme an, sondern finden zur Reichsbildung. Unter Khubilai wird schließlich auch das südliche China und damit das Herz der chinesischen Zivilisation eingenommen. Deren Reichtümer stehen nun den Eroberern zu Gebote. Halb Asien befindet sich unter mongolischer Herrschaft, und die transkontinentalen Handelswege werden fast auf ganzer Länge von einer einzigen Macht kontrolliert. Man muss die sog. *Pax Mongolica*, den Reichsfrieden unter mongolischer Herrschaft, nicht überbewerten, denn es gibt auch zentrifugale Tendenzen im Großreich der Mongolen. Der Handel steht in seiner Blüte, als die Konflikte zwischen den Teilreichen zunehmen. Aber bis 1368, bis zur Vertreibung der fremden Herren aus China, wird zumindest theoretisch der Anspruch eines einheitlichen Großreiches unter einem einzigen Herrscher, dem Großkhan in Peking, aufrecht erhalten. Nie zuvor konnten Kaufleuten so sehr auf die Sicherheit der Handelswege vertrauen und die weite Reise in den Fernen Osten auf sich nehmen.

Dass dies fast ausschließlich Italiener tun, liegt an der sog. »kommerziellen Revolution« in Südeuropa. Man versteht darunter die Expansion des Handels im Mittelmeerraum, die mit der Gründung kolonialer Stützpunkte, der Einrichtung überseeischer Kontore und der Erfindung neuer Kapitalanlageformen einher geht. Insbesondere die Seestädte Genua und Venedig sind im östlichen Mittelmeer aktiv, und Genuesen und Venezianer sind es auch, die von hier aus nach Osten ausgreifen, um das Geschäft auf der Seidenstraße nicht mehr zahlreichen Zwischenhändlern überlassen zu müssen, sondern in die eigenen Hände nehmen zu können. Die bekanntesten von ihnen sind die Brüder Niccolò und Maffio Polo. Der junge Marco Polo hat sie begleitet und von seinen Erlebnissen ausführlich berichtet. Er gehört zu einer großen Zahl interkultureller Akteure, die von der mongolischen Reichsbildung profitieren und einen Teil ihres Lebens in der Fremde verbringen.

Mission und Glaubensverbreitung

Christentum und Islam gehen nacheinander aus der gleichen monotheistischen Wurzel, dem Judentum, hervor. Man kann sie als sukzessive Versuche verstehen, den Glauben an den einen Gott auf die richtigen Grundlagen zu stellen und ein besseres Dogma zu verkünden. Damit ist der Anspruch verbunden, eine religiöse Wahrheit zu vertreten, die alle anderen Glaubenslehren als unwahr ausschließt. Anders als im Judentum, dessen Offenbarungslehre sich auf das Volk Israel beschränkt, wird die Wahrheit Gottes als universal gültig gedacht. Sowohl der christliche Missionsauftrag als auch das islamische Unterwerfungsgebot ergeben sich daraus. Islam und Christentum beabsichtigen die Verbreitung eines exklusiven Glaubens und konkurrieren deshalb miteinander. Dies kann mit friedlichen Mitteln geschehen. Oft aber werden auch Kriege im Namen Gottes, also »heilige Kriege«, geführt. Die heilige Stadt Jerusalem, Pilgerziel für Christen, Muslime und Juden gleichermaßen, ist immer ein Brennpunkt des religiösen Konflikts.

In Europa fasst der Islam nur marginal Fuß, dauerhaft

nur im Gefolge der osmanischen, nicht der arabischen Expansion. In Afrika dagegen reicht der islamische Einfluss bis zum Niger-Bogen, an der Ostküste bis Moçambique und Madagaskar. In Asien wird von Afghanistan aus Nordindien unterworfen, von dort aus die südostasiatische Inselwelt missioniert. Hinduismus und Buddhismus sehen sich nach Süden und Osten verdrängt. In Zentralasien drängt der Islam über die Handelswege vor, erreicht im 10. Jh. die Oasenstädte im Tarimbecken und konfrontiert die Steppenvölker mit der Unbedingtheit seines Anspruchs. Die neue mongolische Weltmacht ist lange unschlüssig, welches religiöse Bekenntnis ihren Bedürfnissen am besten entspricht, und schwankt zwischen den verschiedenen Optionen. Am Ende machen Islam (im Iran, im Khanat Tschagatai und bei der Goldenen Horde) und Buddhismus (in der mongolischen Steppe) das Rennen.

Doch auch das Christentum erhält seine Chance. Schließlich haben die verschiedenen orthodoxen oder heterodoxen Bekenntnisse seit Jahrhunderten in Asien und Afrika missioniert und sich erfolgreich gegen einheimische und islamische Konkurrenz behauptet. Am Heiligen Grab in Jerusalem sind sie alle präsent: Äthiopier, Kopten, Georgier, Armenier, Melchiten, Maroniten, Jakobiten, Thomas-Christen u. a. m. Am erfolgreichsten ist die ostsyrische Kirche, die sich auf den als Häretiker verurteilten Erzbischof Nestorius zurückführt und sich über ganz Asien ausbreitet. Im Zuge der mongolischen Reichsbildung und im Gefolge des europäischen Asienhandels kommen auch katholische Geistliche bis nach Indien und China und kooperieren zunächst eng mit den bestehenden, v. a. nestorianischen Gemeinden. So entstehen Bistümer, Erzbistümer und zwei Kirchenprovinzen in Süd- und Ostasien, doch gehen sie im Laufe eines Jh.s alle wieder ein. Gemessen an der Zahl ihrer Täuflinge sind die katholischen Missionare ohnehin nicht besonders erfolgreich.

Christoph Kolumbus und das Weltbild der Europäer

Schon im frühen 14. Jh. ist die Einheit des mongolischen Reiches nur noch Fiktion. Nach der Vertreibung der fremden Herren aus China (1368) zerfällt es endgültig in seine Teile. Der Direkthandel mit Ostasien ist von nun an mit so großen Unwägbarkeiten verbunden, dass er unterbleibt. Kein europäischer Kaufmann kommt noch nach China und die Missionare verlassen das Land.

Das Reich der Mitte tritt vorübergehend in die Fußstapfen der mongolischen Großkhane und schickt sieben mächtige Flotten in den Indischen Ozean, um Präsenz an den Küsten und auf der »Seidenstraße des Meeres« zu demonstrieren. Bis an das Horn von Afrika und ins Rote Meer fahren die »Schatzschiffe«. Ihr Befehlshaber, der Eunuch und Admiral Zheng He, wird legendär. Es ist das einzige Mal in der vormodernen Geschichte, dass das Reich der Mitte eine globale Rolle spielen will. Doch aus ungeklärten Gründen zieht sich China hinter seine Grenzen zurück und verzichtet auf eine maritime Politik. Der Indische Ozean bleibt arabischen Kaufleuten und den Seestreitkräften des Mamlukensultanats in Ägypten überlassen, auf lange Sicht den Europäern.

In Europa bleibt die Erinnerung an den früheren Direkthandel erhalten. Ihn wieder aufzunehmen, scheint auf zwei Wegen möglich: Portugal verfolgt konsequent die südliche Route, erkundet die afrikanischen Küsten, findet den Seeweg nach Indien und drängt sich rücksichtslos und gewaltsam in den süd- und südostasiatischen Handel. Auf diese Weise entsteht ein Netz kolonialer Stützpunkte und Handelsstationen, das von Westafrika bis zu den hinterindischen Gewürzinseln reicht (der sog. *Estado da Índia*). Spanien lässt sich von Christoph Kolumbus (einem der vielen Genuesen in portugiesischen und spanischen Diensten) davon überzeugen, dass die Westfahrt über den Atlantik schneller und direkter zum Ziel führen könne. Sein Vorschlag beruht erstens auf der verbreiteten Vorstellung von der Kugelgestalt der Erde, zweitens auf optimistischen Berechnungen der zurückzulegenden Strecken, drittens auf genauen Kenntnissen der ostasiatischen Geografie, wie sie v. a. Marco Polo seinen Lesern beschert hatte. Das Unternehmen des Kolumbus basiert somit auf der Logik des spätmittelalterlichen Weltbildes und will nichts dem Zufall überlassen. Doch indem es ungewollt zur Entdeckung des amerikanischen Kontinents führt, geht es deutlich über die Kenntnisse und Vorstellungen des Mittelalters hinaus. Eine Neue Welt tritt zur Alten hinzu.

Die Epochen des europäischen Mittelalters

Der traditionelle Begriff »Mittelalter« als Epochenbegriff ist eine Erfindung des 18. Jh.s. und erhält erst durch Bezug auf die vorangehende und nachfolgende Epoche einen Sinn. Das Mittelalter erscheint so als bloße Übergangs- oder Verbindungsepoche in der geschichtlichen Entwicklung zwischen einem »Altertum« und einer »Neuzeit«. Die Zeitgenossen des Mittelalters verstanden ihr Zeitalter indessen nicht als Zwischenzeit. Nach christlich theologischer Interpretation gibt es nur zwei wesentliche Epochen: die vor dem Erscheinen Christi auf Erden und die jeweils gegenwärtige, welche als Heilsgeschichte dem Ende des Erlösungswerks zueilt. Nach dem 6. Jh. setzt sich im Bereich der lateinischen Kirche die Zeitrechnung seit »Christi Geburt« durch. Im Einflussbereich von Byzanz dagegen werden seit dem 7. Jh. (in Russland bis 1700), wie auch im Judentum, die Jahre von der Erschaffung der Welt gezählt; sie wird mit dem Jahr 5509 v. Chr. angesetzt, in der jüdischen Zeitrechnung mit dem Jahr 3761. Neben der im Mittelalter durchaus üblichen einfachen chronologischen Einreihung nach Jahren verwendet man auch Zählungen nach größeren Zeiteinheiten, gewöhnlich nach der Regierungszeit von Herrschern oder Päpsten, während die Einteilung nach Dynastien nur sporadisch auftritt. Die größte bekannte Epocheneinheit ist die der »Reiche«. Diese baut v. a. die mittelalterliche Geschichtsschreibung in die theologisch inspirierte Vorstellung von den Zeiten vor und nach Christus ein. Man unterscheidet die Abfolge von sechs Reichen, deren Geschichte das gesamte Weltgeschehen bis zum Jüngsten Tag ausfüllen soll. Das letzte Reich ist das Römische Reich, das als noch fortbestehend angesehen wird. Nicht existent erscheint die Idee eines profanen »Mittelalters«, obwohl zeitweise Zweifel am Fortgang der Heilsgeschichte gehegt werden und man auf antik profane Vorstellungen vom Wechsel von Glück und Unglück zurückgreift, wenn durch allzu großes Unglück (z. B. Investiturstreit im 11. Jh.) Gottes Wille im Fortgang der Geschichte nicht mehr erkennbar zu sein scheint.

Der neue Begriff »Mittelalter« taucht – wie auch die entsprechenden Termini »Altertum« und »Neuzeit« (*aetas antiqua, aetas nova*) – seit dem 14./15. Jh. mit dem Humanismus auf und ist philologisch begründet. Der erste Ansatz dazu ist bei FRANCESCO PETRARCA (*1304, †1374) festzustellen, der die Zeit vor der Annahme des Christentums durch die römischen Kaiser als die »alte« (*antiqua*), die folgende als »neue« (*nova*) bezeichnet. Dies entspricht noch der traditionellen Zwei-Epochen-Einteilung, jedoch ohne Geburt Christi als Zäsur. Die eigene Zeit gilt ihm aber, und das ist neu, als eine weitere Scheide zwischen einer Zeit der Finsternis und der Moderne. Erweitert wird diese Auffassung durch Humanisten wie FLAVIO BIONDO (*1388, †1463), der die entscheidende Wende im Jahr 410 (Plünderung Roms durch die Goten) sieht. Die Vorstellung von einer Übergangszeit zwischen Antike und Gegenwart – auch sprachlich adaptiert als *aetas media* – wird zum Gemeingut der Humanisten. Deren entscheidendes Kriterium, die Zeitalter einzuteilen und zu werten, ist die Reinheit der lateinischen Sprache. In der römischen Antike sieht man den Gipfel der bisherigen Entwicklung, an den man neu und mit einer eigenen Neuzeit anknüpfen will. Folglich wird das Mittelalter pejorativ eingeschätzt und als barbarische, auch »gotische« Gegenwart und Vergangenheit aufgefasst und abgewertet. Populär geworden ist diese Auffassung durch die Lehrbücher des CHRISTOPH CELLARIUS (*1638, †1707), der in seiner »Historia tripartita« (1688) auf Grundlage der alten philologischen Kriterien auch eine Geschichte des Mittelalters, eine »Historia medii aevi«, von KONSTANTIN DEM GROSSEN bis zur Eroberung Konstantinopels durch die Osmanen schreibt. Seither beherrscht sie die Geschichtsschreibung. Eine kirchliche Variante besteht seit der Reformation in der protestantischen Geschichtsschreibung, die in der Kirche des Mittelalters, im Gegensatz zur sog. Urkirche, die Zeit des Verfalls sieht. Durch das Aufkommen des Mittelalter-Begriffes selbst ist bereits eine negative Wertung der Zeit angelegt: Die »Zwischenzeit« erscheint als Verfall der Bildung (v. a. der Sprache und Literatur bzw. des wahren Glaubens) und seit der Aufklärung auch als Zeit des »finsteren Aberglaubens«. Dagegen bemüht sich die Romantik, eine positive Wertung besonders aufgrund der »Einheit der Christenheit« und der »Ideale des Rittertums« aufzubauen. Die beiden vereinfachenden Charakterisierungen (Abwertung und Verherrlichung) beeinflussen die Auffassungen oft bis heute.

Seit dem 19. Jh. weisen jedoch Historiker immer wieder auf die Tatsache hin, dass jede Einteilung der Vergangenheit künstlich ist, insbesondere eine Dreiteilung der europäischen Geschichte oder gar noch der Weltgeschichte. Dies hat mit Geschichte nichts zu tun, aber wohl mit der »Drei« in der Zahlensymbolik der europäischen Kulturen. Besonders problematisch ist der Bezug zur Weltgeschichte, da auch der Mittelalter-Begriff in seiner originären Bedeutung kein universalhistorischer Epochenbegriff ist, nicht einmal ein europahistorischer. Die Geschichte des Mittelalters spielt sich im Wesentlichen in einem geografischen Raum ab, der nur mit dem Herrschaftsbereich der lateinischen Papstkirche identisch ist, und auch dieser ist in sich keine Einheit. Deswegen sind verschiedene Versuche unternommen worden, die Vergangenheit aufgrund besonderer Kriterien (z. B. Kulturen, Wirtschafts- und Kunstformen) zu periodisieren, welche sich jedoch nicht durchsetzten konnten. Infolgedessen kehrt man immer wieder zum viel geschmähten und doch bisher nicht ersetzten Begriff des »Mittelalters« zurück. Er ist bequem und unverbindlich, und überdies Bestandteil der einzigen nichttheologischen und nichtideologischen Einteilung der Geschichte in größere Zeitabschnitte.

Früher hat man versucht, genaue Grenzdaten für den »Anfang des Mittelalters« festzulegen. Als Anfangszeiten werden oft die Jahre 375/78 (Anfang der Völkerwanderungszeit), 410 (Eroberung Roms durch ALARICH), 476

(Absetzung des letzten weströmischen Kaisers ROMULUS AUGUSTULUS) genannt. Als Ende wird recht allgemein das Jahr 1492 (Entdeckung Amerikas) vorgeschlagen. Die heutige Forschung lehnt es ab, genaue Jahreszahlen ermitteln zu wollen; man muss sich mit der Festlegung von chronologischen Grenzzonen begnügen und berücksichtigen, dass die Entwicklung nach Ländern und Sachgebieten große chronologische Unterschiede aufweist. Praktische Gründe zwingen die Geschichtswissenschaft jedoch zu einer Abgrenzung, wobei Übereinstimmung darin herrscht, dass als Grenzzonen des europäischen Mittelalters das 4–6. Jh. bzw. das 15. Jh. gelten (mit beträchtlichen regionalen Abweichungen, nicht zuletzt in den nationalen Geschichtsschreibungen).

Für die Darstellung einer mehr als 1000 Jahre umfassenden Geschichte ist es notwendig, diese weiter zu gliedern. Auch hier gelingt es jedoch nicht, sachliche Periodisierungskriterien zu ermitteln, die eine Einteilung rechtfertigen würden, und so begnügt man sich damit, die mechanische – kaum wirklich etwas aussagende – Einteilung in ein Früh-, Hoch- und Spätmittelalter vorzunehmen, um größere Zeiträume zu benennen, während man innerhalb dieser Räume gewöhnlich von »Jahrhunderten« spricht, ein Prinzip, das zum ersten Mal im 16. Jh. die Magdeburger Centurien für die Kirchengeschichte anwenden. Auch dabei gilt jedoch, dass jede Einteilung letztlich willkürlich ist und nur durch die Praxis der Forschung und die Art der Darstellung gerechtfertigt werden kann.

Versuche, den Begriff »Mittelalter« inhaltlich zu rechtfertigen, beginnen bereits mit der Abwertung durch die Humanisten, wenn sie das Mittelalter als »Barbarisierung« der Mittelmeerwelt interpretieren. Später glaubt man, in der »kirchlichen Einheit Europas« das entscheidende Charakteristikum zu finden, ohne zu berücksichtigen, dass es eine Kirchenspaltung in Europa zwischen Ost und West gibt, dass in Europa Juden und bis 1492 Muslime siedeln und dass es bis 1386 im Baltikum noch »heidnische Herrscher« gibt. Auch die Kategorie des »Feudalismus« hat sich als Grundlage der Periodisierung nicht bewährt, da keine allgemein anwendbare und zur Gliederung geeignete Charakteristik erarbeitet werden kann. Nicht möglich war es, das Mittelalter mit den Ansprüchen des mittelalterlichen Reiches (Imperium Romanum) zu identifizieren oder es ethnisch zu charakterisieren – etwa durch eine Symbiose »germanischer« und »romanischer« Komponenten im sog. Abendland –, weil alle diese Charakteristika höchstens die Geschichte eines Teils des europäischen Kontinents widerspiegeln können. Eine gewisse Bedeutung haben bisher nur Versuche, den historischen Prozess durch tief greifenden Wandel und sog. »Sattelzeiten« interpretatorisch zu gliedern, etwa den Aufbruch Europas im 11./12. Jh. aus »archaischer« Zeit in ein »alteuropäisches Zeitalter«, das wiederum durch einen neuen Aufbruch um 1800 durch das »Industriezeitalter« abgelöst wird.

Europa im Frühmittelalter

Die Übernahme zahlreicher Foederatenverbände in das spätantike römische Heer führt seit dem 4. Jh. zunächst zu einer fortschreitenden Barbarisierung der Reichsadministration sowie zu einer Romanisierung gentiler Führungsschichten. Im 5. Jh. entstehen auf dem Gebiet des weströmischen Reiches eine Anzahl von *Regna*, deren Könige hohe Funktionen innerhalb der römischen Militärhierarchie inne haben und auch die Provinzialadministration übernehmen. Am erfolgreichsten erweist sich dabei, wohl auch aufgrund des Übertritts CHLODWIGS zum katholischen Glauben der galloromanischen Bevölkerung und eines dauerhaft engen Verhältnisses zu Byzanz, das Frankenreich der Merowinger, deren Könige sich im Verlauf des 6. Jh.s gegen Westgoten, Burgunder und Alemannen durchsetzen können. Aber auch das iberische Westgotenreich, das Ostgotenreich in Italien und in abgewandelter Form die angelsächsischen Herrschaftsbildungen in Britannien sowie das Langobardenreich in Italien schließen an vorgefundene römische Infrastruktur an. Ein Gegenmodell zu dieser militärisch-administrativ konfigurierten Königsherrschaft in römischer Kontinuität ist die seit der zweiten Hälfte des 6. Jh.s einsetzende Herausbildung der slawischen Ökumene Ostmitteleuropas, die immer wieder von reiternomadischen Gruppen (Awaren, Bulgaren, Ungarn) in ihrer Entwicklung beeinflusst wird und in der sich eine Fürstenherrschaft erst allmählich verfestigt. Das Frankenreich wird in der Zeit der Karolinger, insbesondere unter KARL DEM GROSSEN, zur Hegemonialmacht auch östlich des Rheins, an der mittleren Donau und südlich der Alpen, weil aufgrund militärischer Erfolge die Integration der Sachsen, die Angliederung des Langobardenreichs und die Zerschlagung des awarischen Khaganats gelingt. Der Anerkennung der Herrschaft des Frankenkönigs in seinem multigentil zusammengesetzten Reich diente der im Bündnis mit dem Papsttum gelungene Erwerb der Kaiserkrone am Weihnachtstag des Jahres 800. Dennoch kann die Einheit des Frankenreiches im 9. Jh. nicht aufrecht erhalten werden. In den westfränkischen und ostfränkischen Teilreichen liegen die Wurzeln Frankreichs und Deutschlands. Mit dem Anschluss an die römischen Strukturen, der Übernahme und Weiterverbreitung des christlich-katholischen Glaubens, der Weiterführung und Ausbreitung der Schriftlichkeit über die monastische Kultur, der Kodifizierung des Rechts und der Herausbildung der Grundherrschaft werden im Frankenreich und im angelsächsischen England die Voraussetzungen für das mittelalterliche Europa geschaffen, das im frühen Mittelalter aber auch Anregungen aus dem muslimischen Spanien und Nordafrika, aus Irland, Skandinavien, dem slawisch-reiternomadischen Ostmitteleuropa und nicht zuletzt aus Byzanz aufnimmt.

Das Frankenreich (482–843) | Forts. v. S. 361 |

Auch im nordöstlichen Gallien treten barbarische Foederaten, ähnlich wie Westgoten im Südwesten, Burgunder im Südosten und Ostgoten in Italien, das Erbe der römischen Provinzialverwaltung an. Ein auf diese Weise wirkender Militärkommandant ist der salische Franke CHILDERICH, Vater CHLODWIGS, der an der Spitze der Provinz Belgica II. steht und 482 in Tournai bestattet wird; sein Grab wurde 1653 entdeckt. Das fränkische Reich ist also das Ergebnis eines Bündnisses und bald auch der Verschmelzung fränkischer Einwanderer mit der Gallien verwaltenden gallorömischen Aristokratie. Die Politik des Frankenkönigs CHLODWIG und der Katalysator des (römisch-)katholischen Glaubens, dem sich die Franken im Unterschied zu anderen germanischen Gentes von Anfang an zuwandten, werden Voraussetzungen einer raschen Integration und politisch-sozialen Homogenisierung der gallorömischen wie der fränkischen Oberschichten. Die Franken sind schon seit CHLODWIG niemals nur »Okkupanten«; die Machtstrukturen des Merowingerreiches vertiefen daher kaum jemals die Unterschiede der ethnischen Struktur, sondern treiben die Verschmelzung zu einer neuen politischen Einheit und zu einem »reichsfränkischen Bewusstsein« voran. Die Integration der fränkischen und gallorömisch-senatorischen Oberschicht vollzieht sich jedoch nicht glatt und reibungslos, denn Letztere, die großgrundbesitzenden *possessores Romani*, haben in der Provence und in Gebieten südlich der Loire noch starke Machtpositionen inne, v.a. auch als bischöfliche Stadtherrschaft. Man hat sogar von »Civitasrepubliken« gesprochen, die nur lose in die merowingischen Gesamtherrschaft integriert sind. Die sog. »Säkularisationen« KARL MARTELLS Anfang des 8. Jh.s bieten dem karolingischen Hausmeier und seinen Nachkommen die Chance, Stück für Stück diese Herrschaftsstruktur abzubauen, teils durch geschickte Personalpolitik bei der Besetzung der Bistümer, teils durch militärische Mittel. So entsteht seit KARL MARTELL und bis zum Tode KARLS DES GROSSEN die fränkische Reichskirche als sicheres und effektives Herrschaftsinstrument der Karolinger: Die Kirche wird seit den monastisch-kirchlichen Reformen WILLIBRORDS (*658, †739), BONIFATIUS (†754) und CHRODEGANGS VON METZ (†766) sowohl innerlich erneuert als auch gleichzeitig für politisch-administrative Zwecke des Herrschers »instrumentalisiert« und in ihren wirtschaftlichen und personellen Ressourcen sogar für militärische Aufgaben (Heeresfolgepflicht der Bischöfe und Reichsäbte) mobilisiert. Das Bündnis der Karolinger mit dem Papsttum und ebenso seit 800 die Kaiserwürde sichern diesen Prozess der durchgreifenden Reichsreform von päpstlicher Seite her ab und leiten gleichzeitig den Dualismus von weltlicher und geistlicher Gewalt ein, der für das gesamte europäische Mittelalter von entscheidender Bedeutung wird. Die Stabilisierung der karolingischen Herrschaft im Innern ermöglicht dann unter KARL DEM GROSSEN eine gewaltige Expansion des Reiches, die einerseits mit dem Sieg über das langobardische Italien sowie der Verbindung mit dem Papsttum abgeschlossen wird und andererseits alle germanischen Gentes zwischen den Pyrenäen und der Elbe vereint. Damit tritt auch die sich formierende westslawische Welt in den Gesichtskreis des Karolingerreiches.

Die Kirche und die seit KARL MARTELL neu entstandene fränkische Reichsaristokratie sind die beiden Säulen, auf denen Verwaltung und Organisation des fränkischen Reiches im Wesentlichen beruhen. Die alten merowingischen Randdukate Aquitanien, Alamannien und Baiern werden erst unter KARL DEM GROSSEN endgültig in das Frankenreich integriert und der Verwaltung durch fränkische Amtsträger aus den Reihen der Reichsaristokratie unterworfen; doch steht außer Zweifel, dass autochthone Adelsfamilien dabei berücksichtigt, in die Reihen der Reichsaristokratie aufgenommen werden und mit derselben verwandtschaftlich verschmelzen. Diese tragende Schicht, aus der seit dem 10. Jh. im entstehenden Frankreich das französische Fürstentum und im werdenden Deutschland die königsgleichen *duces* hervorgehen, bewahrt auch in den karolingischen Bruderkriegen des 9. Jh.s und während der jahrzehntelangen normannischen Invasion das Bewusstsein der politischen Einheit des Karolingerreiches.

Die Merowingerzeit (482–714)

482–511 **König CHLODWIG** (CHLODOWECH, französisch: CLOVIS; *um 466, †511), Sohn des Königs der salischen Franken CHILDERICH (†482), beseitigt die übrigen fränkischen Teilherrscher.

486 CHLODWIG besiegt bei Soissons den römischen *dux* SYAGRIUS (†486/87). Damit endet die bis dahin noch nominell bestehende römische Provinzialadministration.

um oder vor 500 An unbekanntem Ort werden die Alemannen besiegt. Im nördlichen Alemannenland siedeln sich Franken an, das übrige, ausgenommen der ostgotische Teil, fällt unter fränkische Herrschaft.

CHLODWIG tritt nach der Schlacht zum (römisch-katholischen) Christentum über, was die Integration von Gallorömern und Franken wesentlich erleichtert.

500 Im Krieg gegen das Burgunderreich an der Rhône siegt CHLODWIG über König GUNDOBAD (†516) bei Dijon. Dank der Unterstützung der Westgoten kann GUNDOBAD seine Herrschaft jedoch behalten.

507 Bei Vouillé (nördlich von Poitiers) bezwingen die Franken mit burgundischer Hilfe die Westgoten, deren König, ALARICH II., in der Schlacht fällt. Ganz Aquitanien (zwischen Loire und Garonne) wird in das Frankenreich einbezogen.

511 Das von CHLODWIG nach Orléans berufene erste fränkische Konzil markiert den Beginn einer einheitlichen kirchlichen Gesetzgebung im Frankenreich.

CHLODWIG stirbt in seiner Residenz Paris. Seine vier Söhne THEUDERICH (*vor 484, †533), CHLODOMER (†524), CHILDEBERT (*um 496, †558) und CHLOTHAR (*um 500, †561) teilen das Reich untereinander als gleichberechtigte Herrscher, jeder als *rex Francorum*, auf. Die Hofhaltungen befinden sich in den Städten Reims, Orléans, Paris und Soissons. Als Ältester erhält

Theuderich I. die Champagne mit Reims und den Osten; jeder bekommt einen Teil Aquitaniens.

523/524 Erfolgloser Krieg gegen das Burgunderreich.

531 **Theuderich I. und Chlothar I. unterwerfen das Reich der Thüringer** unter König Herminafrid, der 534 ermordet wird. Im Nordteil des Thüringerreichs erstarken die Sachsen. Die slawische Besiedlung kann sich jetzt bis zur Saale vorschieben. Das Maingebiet wird fränkisch (Ost- oder Mainfranken).

532 Niederlage des letzten Burgunderkönigs Godomar (†534) bei Autun. Die fränkische Eroberung des Burgunderreichs ist 534 abgeschlossen.

534–547/548 In seiner Regierungszeit lässt Theuderichs I. Sohn, König Theudebert I. (*um 500, †547/48), unter seinem eigenen Namen Goldmünzen prägen, was bisher als Vorrecht des Kaisers galt.

537 Der durch den Krieg gegen Byzanz in Anspruch genommene Ostgotenkönig Witigis (†541) tritt z.T. alemannisch besiedelte Gebiete in Rätien (Nordschweiz und am Rhein) und die Provence an die Franken ab.

539 Theudebert I. besiegt Ostgoten und Byzantiner in Italien und erobert zeitweilig Venetien sowie einen Teil von Ligurien.

558–561 Vereinigtes Frankenreich unter König Chlothar I.

Nach Chlothars I. Tod wird das Reich unter vier, dann drei Söhne geteilt: Herausbildung der drei Reichsteile Austrien (oder Austrasien: Champagne, Maas- und Mosselland mit den fränkisch beherrschten Stämmen, Vorort: Reims, später Metz), Neustrien (der romanische Westen zwischen Schelde und Loire, Vorort: Paris), Burgund (oberes und mittleres Loire- und Rhônegebiet, Vorort: Orléans, später Lyon und Chalon-sur-Saône). Aquitanien ist unter die Teilreiche aufgeteilt.

Die weitere Entwicklung bestimmt der doppelte Gegensatz zwischen Königtum und Großen sowie Neustrien und Austrien, wo sich unter Führung der Arnulfinger und Pippiniden eine starke Adelsopposition formiert. Die westgotische Königstochter Brunichilde (†613) veranlasst ihren Gemahl, König Sigibert I. von Austrien (ermordet 575), zum Krieg gegen seinen Bruder Chilperich I. von Neustrien (ermordet 584), der Brunichildes (dann ermordete) Schwester verstoßen und seine frühere Geliebte Fredegunde (†597) geheiratet hat.

vor 590 Bischof Gregor von Tours (*538/39, †594) schreibt seine »Historiae«, die wertvollste historiografische Quelle des 6. Jh.s.

593 Vereinigung der Reichsteile Burgund und Austrien.

Ende des 6. Jh.s Die Gascogne zwischen Garonne und den Pyrenäen, seit 568 z.T. von Basken besiedelt, kommt an das Frankenreich.

613 König Chlothar II. (*584, †629) stellt die Reichseinheit wieder her. Brunichilde wird gefangen genommen und hingerichtet.

614 Das »Edictum Chlotharii«, in Paris als Kompromiss zwischen Königtum und Adel abgeschlossen, lässt die drei Teilreiche (Neustrien, Austrien, Burgund) unter der Verwaltung von Hausmeiern fortbestehen und festigt den Einfluss der Aristokratie.

623 Chlothar II. muss seinem Sohn Dagobert I. (†638/39) Austrien überlassen.

629–639 König Dagobert I., letzter tatkräftig regierender Merowinger, reorganisiert erfolgreich die fränkische Herrschaft östlich des Rheins.

631/632 Niederlage Dagoberts gegen den Franken Samo (†um 660), der nach einem geglückten Aufstand gegen die Awaren ein westslawisches Reich an der fränkischen Ostgrenze beherrscht.

633 Dagoberts Sohn Sigibert (III.) (*630, †656) wird Unterkönig für Austrien, wo Metz Reims als Hauptort ablöst. Die Reichseinheit kann nicht wie bisher aufrechterhalten werden. Auch unter Dagoberts Nachkommen erfolgen Teilungen zwischen Neustrien-Burgund und Austrien unter zunehmendem Einfluss der Hausmeier, die in Neustrien-Burgund ihrerseits im Konflikt mit dem mächtigen Adel stehen.

nach 639 Nach Dagoberts Tod wird Grimoald (†um 662), Sohn Pippins I. (†640), Hausmeier von Austrien. Die Maasregion gewinnt stärkeres politisches Gewicht.

656 Nach dem Tod Sigiberts III. setzt Grimoald seinen eigenen Sohn auf den Königsthron, fällt aber der austrischen Adelsopposition zum Opfer.

Das Frankenreich der Merowinger bis zum 6. Jh.

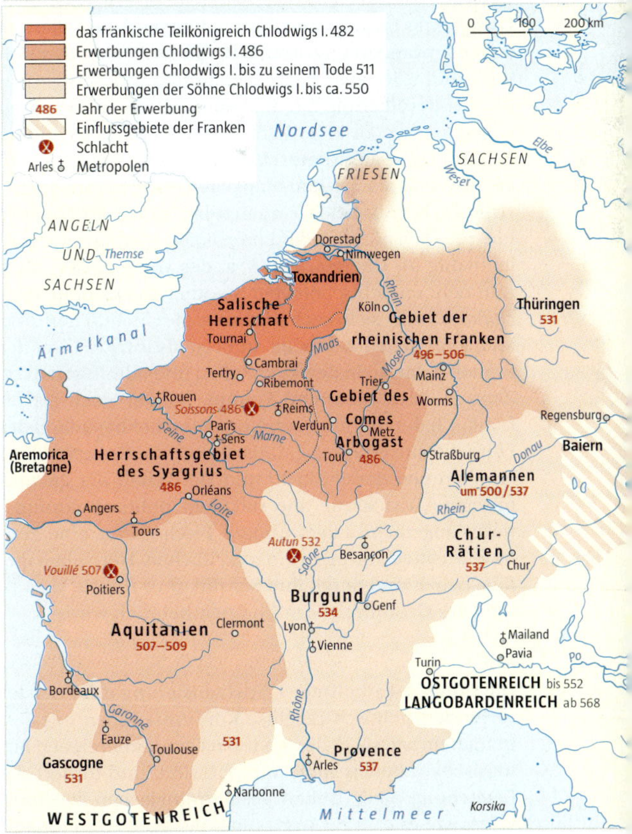

662 Trotz zeitweiligen Verlusts der Hausmeierstellung bleibt der starke Einfluss der Pippiniden auf die fränkische Politik aufgrund des großen Güterbesitzes bestehen. In Austrien wird das Hausmeieramt schließlich erblich.

um 672 Aquitanien wird unter eigenen Duces selbstständig.

673 Der mächtige, mit den Pippiniden seit 658 rivalisierende Hausmeier von Neustrien-Burgund, Ebroin (†681), wird gestürzt.

673–675 Mit König Childerich II. (†675) beherrscht letztmalig ein Merowinger das Gesamtreich.

um 677–681 Ebroin, erneut Hausmeier von Neustrien-Burgund, erstrebt die Herrschaft über das Gesamtreich, wird aber ermordet.

687 Pippin II. (»der Mittlere«, †714), Enkel Pippins I. (»des Älteren«), besiegt bei Tertry den Hausmeier von Neustrien-Burgund und übt fortan als Majordomus (Hausmeier) von seinen Stammlanden an Maas und Mosel die Herrschaft über das ganze Reich aus.

714 Pippin II. stirbt.

Strukturen des Merowingerreichs

Bevölkerung

Anders als im Tolosanischen Reich der Westgoten und im ostgotischen Italien trägt die fränkische Herrschaft in Gallien keinen durch das *ius hospitalitatis* bzw. durch die *tertia* fixierten Okkupationscharakter, d. h., die galloromischen Grundbesitzer verlieren nicht ein bzw. zwei Drittel ihres Besitzes und ihrer abhängigen Bevölkerung an die Zuwanderer. Zwischen Rhein und Loire lässt sich im 5. und 6. Jh. eine starke Zunahme fränkisch-germanischer Bevölkerung durch Siedlung nachweisen, wenn es auch kaum zu einer agrarischen Massenbesiedlung kommt. Die spätere deutsch-französische Sprachgrenze erweist sich als Ergebnis langwieriger ethnisch-sozialstruktureller Ausgleichsvorgänge bis ins Hochmittelalter hinein. Auch nördlich der Loire bleiben Galloromer zahlenmäßig im Übergewicht. V. a. das Umland der alten, nunmehr unter bischöflicher Stadtherrschaft stehenden *civitates* stellt sich nach siedlungsgeschichtlichen und archäologischen Befunden zumeist als intakte Insel der Romania dar, so in den kirchlichen und administrativen Zentren Trier, Metz und Verdun. Stärker noch als im fränkisch durchdrungenen Nordosten bleibt südlich der Loire die alte ethnisch-politische wie die Besitzstruktur erhalten und damit Macht und Herrschaft der galloromischen Aristokratie, die mit dem politisch-administrativ ungemein aufgewerteten Bischofsamt eine zentrale Position im merowingerzeitlichen Herrschaftsgefüge behält und durch ihre Schriftkultur für die Verwaltung des Gesamtreichs rasch unentbehrlich wird.

Kultur

Die römisch-katholische Christianisierung der Franken verhindert politisch-religiöse Konfrontationen mit den Romanen, wie sie in den anderen Germanenreichen auf römischem Boden vorgekommen sind, und fördert die Entstehung eines frühen gesamtfränkischen Bewusstseins, wie es sich im Werk Gregors von Tours manifestiert. Das mittelmeerische Mönchtum wirkt von Lérins (bei Cannes), Marseille, Burgund, der Touraine und Aquitanien aus als neue geistige Kraft auch auf die fränkische Bevölkerung, v. a. auf das Königtum, ein und fördert seinerseits die kulturelle Integration.

Neben dem Christentum übernehmen die Franken auch eine Reihe wichtiger Kulturgüter, so die Schrift, den Steinbau und Elemente der spätantiken Kunst. Ebenso eignen sich die Franken die weiterlebenden, rudimentären Traditionen römischer Rechts-, Steuer- und Verwaltungspraxis an. Schließlich übernehmen sie in doppelter Weise die Sprache – die spätlateinische Volkssprache Galliens, die sich zum Altfranzösischen entwickelt, ebenso wie das geschriebene Latein, das als lebendige Kirchen- und Gelehrtensprache für das gesamte Mittelalter wichtig wird. Der sprachlichen Romanisierung der Franken steht die geistig-ideologische Annäherung der Galloromanen an die Franken zumindest bis zur Kulturscheide der Loire gegenüber. – Aquitanien-Septimanien hat bis weit in die Karolingerzeit hinein und darüber hinaus seine eigene politisch-kulturelle Prägung bewahrt, ebenso die Provence.

Fränkisch-romanische Integration

Entscheidend und prägend ist ein neues reichsfränkisches Bewusstsein. Die Franken werden im Westen rasch, im Osten langsamer assimiliert, geben dem Kernland ihrer Reichsbildung den Namen: *Francia* (meist nur das Land nördlich der Loire). Im Zuge der Verschmelzung fränkischer und römischer Lebensformen und Denkweisen kommt es zwar zur Ausbreitung der politischen Herrschaft, teilweise Ausbreitung fränkischen Rechts und fränkischer Siedlung sowie Entwicklung einer neuen Agrarverfassung mit der fränkischen Grundherrschaft, zugleich aber auch zu Rezeption und Annäherung an die vorgefundene galloromische, christlich-spätantike Zivilisation. In Ergänzung früherer Auffassungen, wonach die Hauptakzente der fränkischen Epoche bei der Reichsgründung Chlodwigs (482–511) und beim Übergang der Herrschaft von den Merowingern an die Karolinger im 8. Jh. zu setzen seien, kann man der ersten Hälfte des 7. Jh.s dieselbe Bedeutung für die Gesamtentwicklung beimessen. In diesem Zeitraum vollzieht sich die gesellschaftliche und politische Integration der aus Franken, Burgundern und Romanen gebildeten Führungsschichten im *regnum Francorum.*

Orte dieser politisch so wichtigen Verschmelzung sind, neben den reduzierten Zentralverwaltungsorganen in den Königsresidenzen (u. a. Paris, Metz, Soissons, Orléans, Autun), v. a. die zahlreichen neuen Königs- und Adelsabteien des 7. Jh.s, allen voran das um 590 am Westrand der Vogesen entstandene Musterkloster Luxeuil und seine vielen Tochtergründungen sowie die Hofkreise um Chlothar II. und Dagobert I., die als Stifter, Äbte und fördernde Bischöfe maßgeblich an der Aufwärtsentwicklung des fränkischen Klosterwesens Anteil haben. Durch die in Luxeuil geknüpfte enge Verbindung mit dem fränkischen Adel gewinnt das Mönchtum weitreichende Wirkungsmöglichkeiten, dringt, oft an führender Stelle, in die von Franken neubesiedelten oder politisch neu erschlossenen Räume im Norden und Osten vor und nimmt aktiv an der Urbarmachung weiter Sumpf- und Waldgebiete in Belgien, den Ardennen und Vogesen teil. Die Klöster haben sich nun meist aus dem Bannkreis städtischer Zivilisation entfernt, das Mönchtum insgesamt breitet sich im Gefolge der Ostexpansion des Frankenreiches weiter aus, erreicht und überschreitet im 7. Jh. den Rhein und gewinnt durch die schrittweise Durchsetzung der Benediktinerregel über die älteren, orientalischen und irischen Klosterordnungen an innerer Kraft und organisatorischer Straffheit. Gleichzeitig überformt diese neue Klosterkultur das ältere, südgallische Mönchtum der Provence und Aquitaniens.

Die Verschmelzung von Oberschichten fränkischer und burgundischer, alemannischer und bajuwarischer Herkunft mit der gallorömischen Führungs- und Bildungsschicht, die vornehmlich im Wirkungsbereich der irofränkischen Klosterkultur stattfindet, geht Hand in Hand mit einer Verchristlichung des Adels. Gleichzeitig dringt die fränkisch-burgundische Oberschicht, oft über den monastischen Bildungsweg, in den merowingischen Episkopat ein, der bis zum 6. Jh. eine Art Reservat der gallorömischen Aristokratie gewesen ist.

Recht und Verwaltung

Aus Personalverbandsbezeichnungen werden geografisch-politische Begriffe, die *Romani* verschwinden in den Quellen nicht nur der *Francia*, sondern auch der *Burgundia*. Die sog. germanischen Volksrechte des Frankenreichs (u. a. *Lex Salica* [vielleicht schon zwischen 508 und 511], *Pactus legis Alamannorum* und *Lex Alamannorum, Lex Baiuvariorum, Lex Ribuaria*) sind als königliche Rechtskodifikationen erlassen und, wie die *Lex Baiuvariorum*, in mehreren Zeitstufen zwischen dem 6. und 8. Jh. entstanden. In ihnen verbinden sich germanische Rechtstraditionen mit Normen des spätrömischen Vulgarrechts. Umstritten ist freilich, inwiefern in diesen Rechtsaufzeichnungen tatsächlich die gesellschaftliche Wirklichkeit und Verfassungsstruktur des Frankenreichs aufscheinen.

Ob das Frankenreich eine durchgehende, auf den König bezogene Verwaltungsorganisation in Form einer gleichmäßig ausgebildeten Grafschaftsverfassung besitzt oder ob das Grafenamt neben allgemeiner Interessenwahrung für den König (z. B. beim Heeresaufgebot) v. a. der Verwaltung des Königsguts dient, ist umstritten. Ebenso herrscht Unklarheit über die Standesqualität der in den Quellen auftauchenden *liberi* (Freien), doch handelt es sich dabei weder um germanische »Gemeinfreie« im Sinne der älteren Rechtsgeschichte noch ausschließlich um die vom König mit Sonderstatus versehenen, auf Königsgut sitzenden und mit militärisch-administrativen Spezialaufgaben betreuten »Königsfreien«. Da der Begriff des »Freien« sehr differenziert ist, kann man auch nicht exakt zu sagen, welcher Teil der Bevölkerung damals zum Kriegsdienst verpflichtet war (Heerbann). Der umfangreiche, an die Kirche geschenkte Grundbesitz mit Hintersassen erlangt allmählich Immunität und wird dadurch dem Eingriff der königlichen Beamten entzogen. Fraglich ist, ob die aus den Rechtsquellen erschlossenen Verfassungs- und Standesverhältnisse auch für die Räume der intakt gebliebenen Stadtkultur südlich der Loire Bedeutung haben, in denen der großgrundbesitzende gallorömische Adel mit der Bischofsherrschaft und dem rudimentär auftretenden Grafenamt nach wie vor die *civitates* und ihr Umland beherrscht.

Als **königliche Hofämter** finden sich bereits im Merowingerreich Marschall, Schenk und Kämmerer; die *schola palatii*, aus der die *referendarii* hervorgingen, ist Ausbildungsstätte junger Adliger für zentrale Verwaltungsaufgaben am Hofe, gleichzeitig Königskanzlei. Der Majordomus (Hausmeier), ursprünglich lediglich Vorsteher der königlichen Hofhaltung, wird Führer der Antrustionen, der berittenen königlichen Gefolgschaft, und Leiter merowingischer Domänenverwaltung. Schließlich steigt er in den Kämpfen der Teilreiche Ende des 6. Jh.s zum Anführer des Adels im jeweiligen Reichsteil auf. Auch nach der Wiederherstellung der Einherrschaft unter CHLOTHAR II. und DAGOBERT I. behalten Neustrien, Austrien und Burgund ihre Hausmeier. Mit dem Erblichwerden des Hausmeieramts in Austrien unter den Arnulfingern bzw. Pippiniden beginnt der Aufstieg der Karolinger und ihrer adligen Mitstreiter im Maas-Mosel-Raum (karolingische Reichsaristokratie).

Wenn auch im Merowingerreich feste Königsresidenzen vorhanden sind, spielen dennoch die Pfalzen als Zentren der Königsgutsverwaltung für das Reisekönigtum dieser Epoche eine ebenso wichtige Rolle; desgleichen haben Bischofsstädte und große Abteien als zeitweilige Aufenthaltsorte des fränkischen Herrschers oft Pfalzcharakter. Der königliche Schatz, von Schatzmeistern (*thesaurarii*) verwaltet, in den Pfalzen aufbewahrt, aber auch auf Reisen mitgeführt, ist als Grundlage von Gabentausch und königlicher Repräsentation ein bedeutendes Herrschaftsinstrument. In ihn fließen die Mittel verbliebener spätantiker Finanzverwaltung sowie Tribute und Geschenke benachbarter Herrscher und nicht zuletzt Kriegsbeute.

Stämme und Großdukate rechts des Rheins

Dem Merowingerreich werden im 6. Jh. das Burgunderreich, das Thüringerreich, die Alemannen und Baiern eingegliedert.

Die **Baiern**, um 550 erstmalig zwischen Lech und Inn, Donau und Alpenrand bezeugt, sind wohl keine geschlossene, etwa aus Böhmen eingewanderte germanische Gens, sondern im 6. Jh. als politische Einheit unter fränkisch-merowingischer Oberhoheit zur Zeit König THEUDEBERTS I. (534–547/48) entstanden. Ethnisches Substrat waren sowohl die romanische Vorbevölkerung wie verschiedene germanische Verbände. Der archäologische Befund bestätigt die Vielfalt der Komponenten und den allmählichen Prozess der Immigration germanischer Gruppen seit dem 5. Jh. Unsicher bleibt, ob das bairische Herzogsgeschlecht der Agilolfinger fränkischer, burgundischer oder langobardischer Herkunft ist. In spätmerowingischer Zeit verselbstständigt es sich und erlangt mithilfe dynastischer Verbindungen zum Langobardenreich ein hohes Maß von Unabhängigkeit, die allerdings im Westteil des Herzogtums durch fränkisch orientierte Adelsgruppen (u. a. der Huosi) gefährdet wird. Erst unter PIPPIN DEM JÜNGEREN und KARL DEM GROSSEN kann Baiern gewaltsam und endgültig in den Reichsverband integriert werden.

Die Ausbreitung der **Alemannen** über die in der 2. Hälfte des 5. Jh.s erreichten Gebiete (Vogesen, Nordschweiz, Raum zwischen Iller und Lech) hinaus ins Rhein-Main-Gebiet wird (um oder vor 500) von König CHLODWIG durch seine militärischen Siege gestoppt und zurückgeworfen. Nunmehr stellen sich die Alemannen unter den Schutz des Ostgotenreichs in Italien, kommen aber bald nach THEODERICHS Tod (526) dauerhaft unter fränkische Herrschaft (um 536). Das alemannische Herzogtum des 6. und 7. Jh.s, das sich zwar als merowingisches Amtsherzogtum vornehmlich auf Reste spätrömischer Institutionen und romanische Siedlungsinseln im Bodenseeraum und im Bereich des Hochrheins stützt, aber dennoch den gesamten alemannischen Siedlungsraum beherrscht, spielt in den innermerowingischen Auseinandersetzungen der Teilreiche, v. a. Burgunds und Austriens, eine wichtige Rolle. Nach der Wiederherstellung der Reichseinheit unter den Königen CHLOTHAR II. und DAGOBERT I. wird Alemannien, wie auch Bayern, wieder fester in den Reichsverband einbezogen. Auf einer Reichsversammlung zwischen 613 und 623 kommt es zu einer ersten Aufzeichnung des alemannischen Rechts im *Pactus legis Alamannorum*. Neben dem alemannischen Herzog, der im 7. Jh. wieder fast unabhängig wird, bestehen selbstständige Adelsherrschaften. Unter dem karolingischen Hausmeier KARL MARTELL und seinen Söhnen KARLMANN und PIPPIN wird dieses merowingisch-alemannische Herzogtum endgültig zerschlagen und der Widerstand des herzogstreuen Adels im Gerichtstag von Cannstatt (746) gebrochen.

Die **Thüringer** bilden sich im 4. Jh. aus verschiedenen Völkerschaften, besonders den Angeln und Warnen. Das Zentrum des Thüringerreich liegt zunächst um Erfurt und Weimar und beiderseits der Saale, dehnt sich im Laufe des 5. und 6. Jh.s im Westen und Süden bis in den mainfränkischen Raum um Hammelburg und Würzburg aus und erreicht wenigstens vorübergehend den Raum nördlich der mittleren Donau. Thüringen wird Bestandteil des antifränkischen Bündnissystems von THEODERICH, nach dessen Tod wird das Thüringerreich 531 von den Franken zerschlagen. Der karolingische Hausmeier PIPPIN DER MITTLERE gliedert das thüringische Herzogtum als erstes der ostrheinischen Großdukate fest dem Frankenreich ein und spätestens unter Herzog HEDEN II. beginnt eine intensive christliche Mission durch die Angelsachsen WILLIBRORD und BONIFATIUS.

Die Ethnogenese der **Sachsen** entzieht sich bisher genauerer Kenntnis. Schon in der Spätantike plündern als Sachsen angesehene Gruppen in Gallien, andere Sachsen erobern zusammen mit Angeln und Jüten im 5. Jh. England. Im 6. und 7. Jh. sind Auseinandersetzungen zwischen Sachsen und merowingischen Königen überliefert. Um 700 reicht das sächsische Stammesgebiet, in dem wohl Angehörige von Chauken, Angrivariern, Cheruskern, Thüringern, Semnonen und Langobarden aufgegangen sind, von Ostsee, Eider und Schlei bis zu Ijssel, Niederrhein, Sieg, Diemel, Werra und Saale. Die spätere politisch-rechtliche Gliederung der Sachsen in die vier Untergruppen der Engern, Westfalen, Ostfalen und Nordalbingier weist ebenso auf die komplizierte Entstehungsgeschichte dieses bis zuletzt nur locker organisierten Stammes hin wie das Vorhandensein von drei voneinander getrennten Ständen der *Edelinge, Frilinge* und *Liten*. Der Übergang eines Teils des sächsischen Adels auf die fränkische Seite ermöglicht es KARL DEM GROSSEN, den Sachsenkrieg erfolgreich zu beenden. Eine zeitweise harte fränkische Okkupation, verbunden mit einer teils gewaltsamen Christianisierung, vollendet die völlige Integration der Sachsen in das Frankenreich, die 802 mit der Reichsrecht und Stammesrecht verbindenden *Lex Saxonum* abgesichert wird.

Die **Friesen**, die ursprünglich nördlich der Zuidersee und bis zur Ems leben, schließen sich keinem der neuen Stammesverbände der Völkerwanderungszeit an, sondern erweitern ihr Siedlungsgebiet: unter ihrem Fürsten RADBOD (†719) bis zur Schelde und im 9. Jh. bis nach Jütland. Sie bewahren ihre selbstständige, germanische Sprache und ihr Stammesrecht bis in die Karolingerzeit und bilden im Gegensatz zu den Sachsen, von denen sie zeitweise überschichtet werden, eine monarchische Spitze aus. Utrecht und Dorestad werden unter DAGOBERT I. politische und kirchliche Vorposten des Frankenreichs in Friesland, doch gehen diese Stützpunkte im Verlauf des 7. Jh.s wieder verloren. Im Nordseehandel des Frühmittelalters spielen die Friesen eine große Rolle, den Missionsbemühungen WILLIBRORDS, BONIFATIUS', GREGORS VON UTRECHT (†nach 774) und WILLEHADS (†789) setzen sie lange Widerstand entgegen. Seit KARL MARTELLS Eroberungskriegen müssen die Friesen ihre Unabhängigkeit immer wieder verteidigen, KARL DER GROSSE unterwirft schließlich auch Ostfriesland.

Die Karolingerzeit (714–843)

714–741 Hausmeier **KARL MARTELL** (Hammer; *um 696, †741), Sohn PIPPINS II., hat sich die Stellung als Majordomus gegen die Neustrier und PIPPINS Witwe PLEKTRUDIS (†725) erkämpft.

732 Zwischen Tours und Poitiers siegt KARL über ABD AR-RAHMAN (†732), den Statthalter des Kalifen in Spanien.

Burgund wird wieder stärker ans Reich gebunden.

ab 737 KARL regiert ohne (Merowinger-)König.

741 Vor seinem Tod teilt KARL das Reich unter seinen Söhnen: KARLMANN (†754), erhält den Osten, PIPPIN III., »DER JÜNGERE« (†768) den Westen.

743 Wegen des Widerstands der merowingischen Großdukate gegen den Aufstieg der karolingischen Hausmeier zur Gesamtherrschaft wird mit CHILDERICH III. (†nach 751) noch einmal ein merowingischer Schattenkönig eingesetzt.

746 Die alemannische Adelsopposition gegen die fränkische Herrschaft wird im Gerichtstag von Cannstatt niedergeworfen.

747 KARLMANN geht ins Kloster (später nach Monte Cassino); Beginn der Alleinherrschaft PIPPINS.

751/752 Nach erfolgreichen Verhandlungen mit Papst Zacharias (741–752) wird Pippin der Jüngere in Soissons von einer Reichsversammlung zum König **Pippin I.** erhoben und vom Legaten Bonifatius gesalbt. Die geistliche Salbung soll das fehlende Geblütsrecht ersetzen. Childerich muss ins Kloster.

754 Papst Stephan II. (752–757), der Unterstützung gegen den Langobardenkönig Aistulf (†756) erbittet, erhält von Pippin ein Schutzversprechen, salbt ihn in Saint-Denis erneut, überträgt ihm und seinen Söhnen die Würde eines *patricius Romanorum* (ohne Amtsbefugnis, aber von den Franken als Auftrag zur Schutzherrschaft über Rom und das Papsttum aufgefasst). In der **Pippinischen Schenkung** gibt der König dem Papst territoriale Zusagen in Italien.

754/756 Zwei Langobardenfeldzüge: Pippin veranlasst Aistulf die fränkischen Oberhoheit wieder anzuerkennen und das Exarchat und die Pentapolis an den Papst herauszugeben (mit dem Dukat von Rom Grundlage der Herausbildung des Kirchenstaats).

757 Der bayerische Herzog Tassilo III. (*741, †nach 794) huldigt Pippin als Vasall.

759 Mit der Einnahme von Narbonne ist die 752 begonnene Eroberung des bisher arabischen (vorher westgotischen) Septimanien (Gotien) vollendet.

760–768 Feldzüge gegen Aquitanien enden mit der Ermordung des letzten aquitanischen Herzogs Waifar. Das Herzogtum wird in das fränkische Reich eingegliedert.

763 Herzog Tassilo III. von Baiern verlässt (*harisliz*, Fahnenflucht) auf dem Feldzug gegen Aquitanien das Heer Pippins und regiert in relativer Unabhängigkeit (bis 781).

768–814 **Karl I., der Grosse** (*747, †814), Sohn König Pippins, herrscht anfangs zusammen mit seinem Bruder Karlmann (*751, †771), der den Süden (von Alemannien bis Septimanien) regiert. Nach Karlmanns Tod ist Karl Alleinherrscher.

772 **Beginn der Sachsenkriege**: Zug gegen die Engern und Eroberung der Eresburg (im heutigen Obermarsberg) an der Diemel. Die Irminsul, ein sächsischer Kultgegenstand (Holzsäule), wird zerstört.

773/774 **Eroberung des Langobardenreichs**: Um den vom Langobardenkönig Desiderius (†nach 786) angegriffenen Papst Hadrian I. (772–795) zu unterstützen, zieht Karl über die Alpen, erreicht nach langer Belagerung die Übergabe Pavias, zwingt Desiderius zum Eintritt ins Kloster und erneuert in Rom als *protector ac defensor* das Schenkungsversprechen seines Vaters an die Kirche, vereinigt als *rex Francorum et Langobardorum* das Langobardische Reich mit dem Fränkischen.

775–780 Sachsenkrieg: Eroberung der Sigiburg (Hohensyburg) an der Ruhr und mehrfache Wiederherstellung der von Sachsen zerstörten Eresburg.

777 Reichstag in Paderborn.

778 Auf Aufforderung des Emirs von Barcelona, der sich gegen den omajjadischen Emir von Córdoba, Abd ar-Rahman I. (*731, †788), erhoben hat, unternimmt Karl einen Spanienfeldzug. Zwar gelingt die Eroberung von Pamplona, Saragossa hingegen wird vergeblich belagert. Nordöstlich Pamplonas, im Tal Roncesvalles, erleidet Karls Heer eine Niederlage durch die Waskonen (Basken oder Gascogner) bei der Hruodland (Roland), Graf der Bretonischen Mark, ums Leben kommt (»Chanson de Roland«). Die spanischen Eroberungen gehen dadurch wieder verloren.

779/780 Ein von Widukind (†807) geführter Aufstand in Sachsen wird durch Feldzüge niedergeworfen.

781 Karl bestätigt in Rom Papst Hadrian I. das Exarchat und die Pentapolis. Der fränkische Schutz wird immer mehr zur Herrschaft. – In Worms anerkennt Herzog Tassilo III. von Baiern sein Vasallenverhältnis zum Frankenreich. – Karls Söhne Ludwig (*778, †840) und Pippin (*777, †810) werden Unterkönige von Aquitanien bzw. Italien.

782 Mit Einführung der Grafschaftsverfassung in Sachsen ernennt Karl sächsische und fränkische Adlige zu Grafen. Der Aufstand gegen die Frankenherrschaft unter Widukind führt zur Vernichtung eines fränkischen Heeres am Süntel. Trotz des Erfolges muss Widukind zu den Dänen fliehen. In Verden an der Aller trifft die Sachsen ein fränkisches Strafgericht.

783–785 Während eines neuerlichen Aufstands erleiden die Sachsen Niederlagen bei Detmold und an der Hase. Die Kriegszüge führen Karl bis zur Elbe.

785 Widukind wird in Attigny getauft.

787 Feldzug gegen Herzog Arichis von Benevent (†nach 788), Schwiegersohn des Langobarden Desiderius, der nun zeitweilig die fränkische Oberhoheit anerkennt, wegen dessen Annäherung an Byzanz und Kämpfe mit den Griechen in Kalabrien.

um 788 Das byzantinische Istrien fällt unter fränkische Herrschaft.

788 Der bairische Herzog Tassilo, Schwiegersohn des Desiderius, der noch 787 seine Vasallität bekräftigt, bald darauf aber erneut verletzt hat, wird auf einer Reichsversammlung in Ingelheim abgesetzt und mit seiner Familie in Klöster verbannt. Damit endet der letzte Großdukat östlich des Rheins.

789 Feldzug gegen die in Brandenburg und Vorpommern siedelnden slawischen Wilzen, die mit den mit Karl verbündeten Abodriten (Obodriten) in Mecklenburg verfeindet sind.

790 Die auf Karls Veranlassung wohl von Theodulf von Orléans (†821) verfassten »Libri Carolini« lehnen die (von Papst Hadrian I. gebilligten) Beschlüsse des 2. Konzils von Nikaia (787) zugunsten der Bilderverehrung ab und erheben den Führungsanspruch des Frankenreichs in der Gesamtkirche.

791 Von Regensburg donauabwärts und von Italien ausgehender Feldzug gegen die Awaren bis an die Raab.

792–799 Kämpfe gegen aufständische Sachsen, v.a. Nordalbinger, unter Mitwirkung der Abodriten: Umsiedlung vieler Sachsen in andere Reichsgebiete.

793 Niederlage Wilhelms von Aquitanien (*754, †812), Graf von Toulouse, gegen die Sarazenen am Orbieu.

794 Die Frankfurter Synode unter Karls Vorsitz verurteilt die Beschlüsse des 2. Konzils von Nikaia.

Die Karolinger

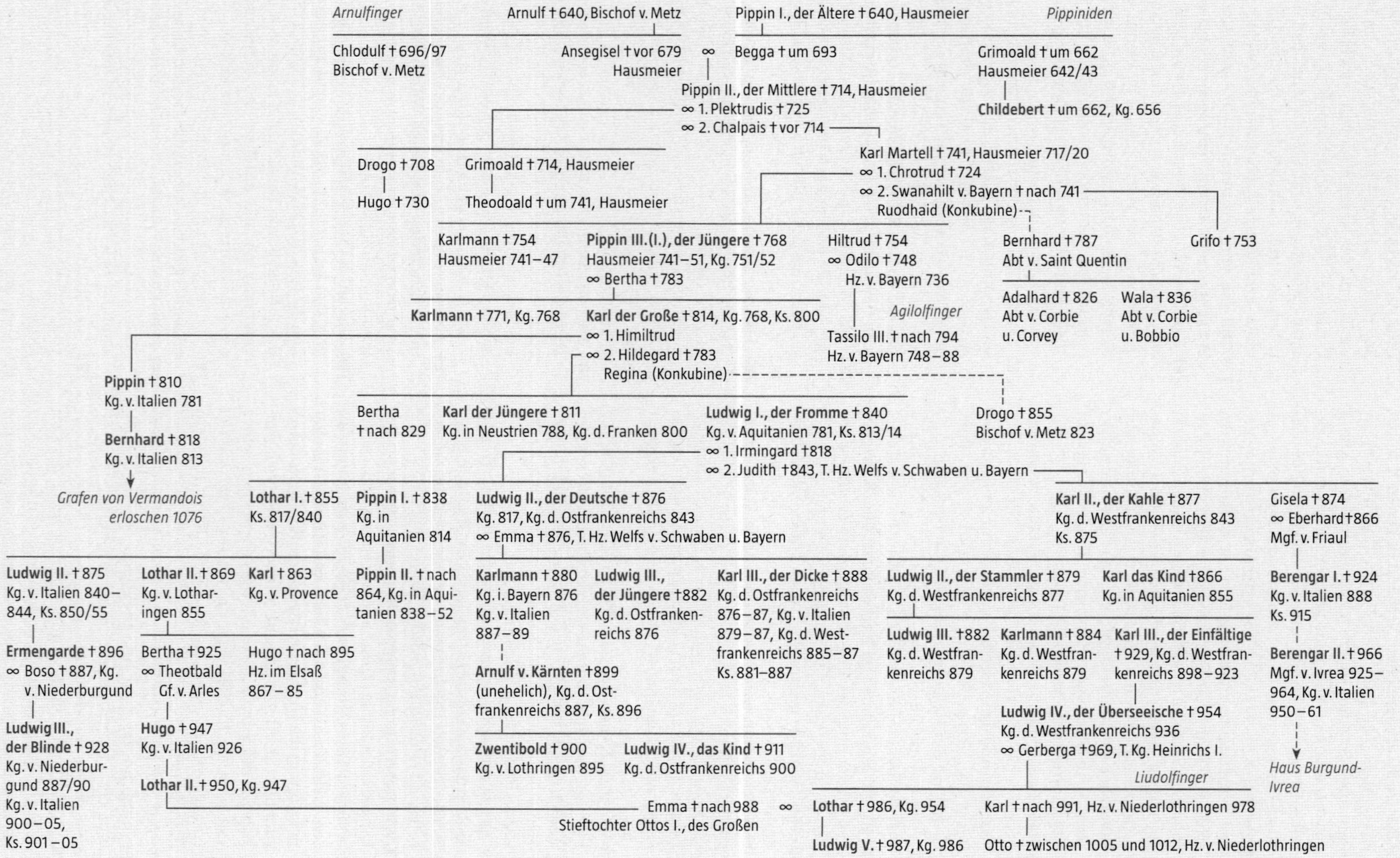

795/796 Erfolgreiche Feldzüge des Markgrafen Erich von Friaul (†799) und König Pippin von Italien gegen die Awaren, deren Fürstenresidenz (»Ring«) zwischen Donau und Theiß erobert wird (Erbeutung umfangreicher Schätze). Die von den Awaren eroberten, bairisch besiedelten Gebiete östlich der Enns fallen ans Reich zurück (bairische Ostmark).

797, 28. Okt. Das »Capitulare Saxonicum«, unter sächsischer Mitwirkung erlassen, soll der Befriedung des eroberten Sachsen dienen.

seit 797 Aus arabischen Quellen nicht belegte zeitweilige gesandtschaftliche Verbindung des Frankenreichs mit dem Kalifen Harun ar-Raschid (†809).

798 Die mit Karl verbündeten Abodriten schlagen die Nordalbinger an der Schwentine.
Das Bistum Salzburg wird als Haupt der bairischen Kirchenprovinz Erzbistum. Erster Metropolit ist Karls Freund Arn (†821).

799 Der von einer Gegenpartei vertriebene Papst Leo III. (795–816) flieht zu Karl nach Paderborn.

800 Karl zieht nach Rom.

25. Dez. **Kaiserkrönung Karls des Grossen** in der Peterskirche durch Papst Leo III. (gleichzeitig Königskrönung von Karls Sohn Karl der Jüngere [*772/73, †811]). Byzanz betrachtet die Erhebung zum Kaiser als Usurpation. Karl erhält als Rechtsnachfolger des byzantinischen Kaisers auch förmlich die Hoheit über den Kirchenstaat. Die Krönung Karls ist nicht mit einer Salbung verbunden, entbehrt also des sakramentalen Charakters. Durch den Vorgang in der Peterskirche wird die bereits kaisergleiche Stellung Karls durch den Kaisertitel förmlich anerkannt. Das Kaisersiegel Karls trägt die Umschrift *Renovatio Romani Imperii* (nämlich Konstantins).

803 Fränkische Eroberung von Barcelona und Beginn des Kriegs mit Byzanz.

804 Nach dem letzten Sachsenfeldzug wird Nordalbingien den Abodriten überlassen.

805, 24. Dez. Das Diedenhofener Kapitular regelt den Handel mit Slawen und Awaren.

805/806 Feldzüge nach Böhmen, das tributpflichtig wird.

806 Karl der Jüngere führt Krieg gegen die Sorben zwischen Elbe und Saale.
Venedig und Dalmatien huldigen dem Kaiser.

6. Febr. Erbfolgeordnung von Diedenhofen (*Divisio Regnorum*): Die Gebiete der Unterkönige Ludwig (Aquitanien) und Pippin (Italien) werden erweitert, dem ältesten Sohn Karl wird der Kern des Reichs mit der Francia zugesprochen.

808 Der mit den slawischen Wilzen verbündete Dänenkönig Göttrik (Gudfred; †810) überfällt die Abodriten in Nordalbingien. Ein Dänenzug des Königs Karl bleibt erfolglos.

810 Anlage einer gegen Göttrik gerichteten Burg an der Stör (nahe Itzehoe). Friesland wird von einer dänischen Flotte geplündert und teilweise tributpflichtig gemacht. Ermordung Göttriks.

811 Friedensschluss mit Göttriks Nachfolger Hemming (†811/12) auf Grundlage der Eidergrenze.
Fränkische Eroberung von Tortosa in Katalonien.
Der venezianische Doge verlegt seinen Sitz von Malamocco auf dem Lido nach dem Rialto; rascher Aufschwung Venedigs.

812 Der byzantinische Kaiser Michael I. (811–813) erkennt im Vertrag von Aachen gegen fränkischen Verzicht auf Venedig und das dalmatinische Küstenland die Kaiserwürde Karls an. Ihrerseits erweitern die byzantinischen Kaiser den Titel *Basileus* durch den Zusatz *ton Rhomaion*. – Karls Nachfolger Ludwig der Fromme und die späteren Kaiser bis Otto II. (†983) nennen sich nur *imperator augustus* ohne Beziehung auf Rom im Titel.

813 Karl krönt in Aachen seinen Sohn Ludwig zum Mitkaiser und designiert ihn so zum Nachfolger im ungeteilten König- und Kaisertum.

814, 28. Jan. Karl der Grosse stirbt in Aachen und wird in dem von ihm erbauten Münster bestattet. Neuer Kaiser wird **Ludwig der Fromme** (bis 840).

816 Papst Stephan IV. (816/17) krönt Ludwig nochmals in Reims (sog. Festkrönung).

816/817 Auf Betreiben des Westgoten Benedikt (Witiza) von Aniane (†821), Oberaufseher aller Klöster, wird eine Klosterreform durchgeführt.

817 »Ordinatio imperii«: Ludwig krönt seinen ältesten Sohn Lothar (*795, †855) zum Mitkaiser und präsumtiven Nachfolger. Ludwigs jüngere Söhne Pippin (*797, †838) und Ludwig der Deutsche (*um 805, †876) werden Unterkönige über Aquitanien bzw. Bayern.

817 Karls Enkel Bernhard (†818), Unterkönig in Italien seit 810, scheitert im Aufstand gegen Kaiser Ludwig den Frommen.

824, 11. Nov. Erlass der »Constitutio Romana« (Regelung der kaiserlichen Rechte im Kirchenstaat) durch Lothar I.: Gerichtsaufsicht durch ständigen kaiserlichen Missus, Treueid des neugewählten Papstes vor der Weihe.

826 Der dänische Thronprätendent Harald (†um 846) wird in Mainz getauft. Als sein Begleiter geht Ansgar (*801, †865; »Apostel des Nordens«) nach Dänemark, missioniert dort (827) und in Schweden (830/31).

829 Ludwig gesteht dem von seiner zweiten, welfischen Gemahlin Judith (*795, †843) geborenen Sohn Karl (II.) dem Kahlen (*823, †877) einen neu gebildeten Dukat aus Alemannien, Rätien und Elsass zu.

830 Empörung der drei älteren Söhne, Lothar, Pippin und Ludwig, die formell die Wiederherstellung der »Ordinatio« von 817 zum Ziel hat: Es beginnt ein langandauernder, wechselvoller Machtkampf, der die Gesamtreichsidee nachhaltig schwächt.

831 Errichtung des Erzbistums Hamburg (für die Missionierung Nordeuropas); erster Erzbischof wird 832 Ansgar. 864 erfolgt die Verlegung nach Bremen.
Erbteilung unter Lothar, Pippin, Ludwig und Karl.

833 Die zweite Empörung der älteren Söhne, nachdem der Vater die Erbteilung von 831 beiseite geschoben hatte, endet auf dem »Lügenfeld« bei Colmar, wo Papst Gregor IV. (827–844) und andere geistliche Verfechter der Reichseinheit Lothar unterstützen, das Heer Ludwigs des Frommen zu seinen Söhnen übergeht, der alte Kaiser gefangen wird und als abgesetzt gilt.

834 Wiedereinsetzung Kaiser Ludwigs durch seine Söhne Pippin und Ludwig II. wegen der wachsenden Macht Lothars, der sich schließlich unterwerfen muss, aber Italien behält. – Die Normannen plündern im Loiregebiet (Noirmoutier) und in Friesland.

838 Tod Pippins. Gegen die neue Reichsteilung zwischen Karl dem Kahlen und Lothar empört sich Ludwig der Deutsche.

840 Kaiser Ludwig der Fromme stirbt bei Ingelheim. Daraufhin beginnt ein Krieg Ludwigs des Deutschen und Karls des Kahlen gegen Lothar, der aufgrund der »Ordinatio« von 817 die volle Kaisergewalt beansprucht.

841 Niederlage Lothars bei Fontenay (bei Auxerre).

842, 14. Febr. »Straßburger Eide«: Feierliche Bekräftigung des Bündnisses von Ludwig und Karl vor ihren Heeren zu Straßburg (wichtige Sprachdenkmäler des Altfranzösischen und Althochdeutschen).

843, 10. Aug. **Vertrag von Verdun**: Teilung des Reichs unter den drei Brüdern: Karl der Kahle erhält das westliche Frankenreich, Ludwig der Deutsche das östliche und Lothar I. ein Gebiet von Mittelitalien bis Friesland. Die Westgrenze des Mittelreichs bleibt im Wesentlichen das ganze Mittelalter hindurch die Grenze zwischen Deutschland und Frankreich.

Strukturen des Karolingerreichs

Königtum, Verfassung, Verwaltung

Als sich die Karolinger anschicken, dem Königtum seinen früheren Platz zurückzuerobern, stehen sie in den rechtsrheinischen Gebieten, wo die römischen Einrichtungen fehlen und der Adel das Heft in der Hand hält, vor einer fast unlösbaren Aufgabe. Durch ihre riesigen Haus- und Krongüter, großenteils Besitz der ausgeschalteten alemannischen und bairischen Herzogsfamilien, gelingt es den Karolingern, gegen die zur Eigenständigkeit neigenden Adelsherrschaften, ein Gegengewicht zu schaffen. Mit dem Instrument der seit Pippin I. und Karl dem Großen entstandenen **»Hofkapelle«** schaffen sich die Karolinger ein, wenn auch rudimentäres, Zentralverwaltungsorgan, mit dem sowohl die Reichskirche beherrscht als auch die Grafschaftsverwaltung und die Institution der *missi dominici* (Königsboten, bevollmäch-

Das Frankenreich beim Tod Karls des Großen 814

tigte Abgesandte zur unmittelbaren Wahrung königlicher Gewalt) gelenkt werden.

Die Herzogtümer werden beseitigt. Anstelle der Herzöge übernehmen Grafen aus den Reihen der karolingischen Reichsaristokratie die Regierungsgewalt. Die **Grafschaftsverfassung** wird weiter ausgedehnt, doch hat sie wahrscheinlich niemals wirklich, v.a. nicht im Norden und Osten, das ganze Reich mit einem geschlossenen Verwaltungsnetz überzogen. Grafschaft und Gau (*pagus*) stimmen nicht immer überein.

Eine urgermanische Hundertschaft hat es nie gegeben. Der *centenarius* ist in den rechtsrheinischen Gebieten ein aus der militärischen Organisation hervorgegangener Königsbeamter und Gehilfe des Grafen. Er ist etwa seit 750 in Alemannien, Baiern, Sachsen und besonders Ostfranken nachweisbar, doch scheinen *centenae* als Unterbezirke der Grafschaft nur in Ostfranken bestanden zu haben. In spätkarolingischer Zeit beginnt eine rückläufige Bewegung: Grafschaften und Zentenen werden feudalisiert und allodialisiert (Tendenz zur Umwandlung in erbliche Lehen bzw. erblichen Privatbesitz), die fränkischen königlichen Amtsträger verschmelzen mit dem eingesessenen Adel. Sie üben ihre Ämter zu eigenem Recht aus, das von ihnen verwaltete Königsland fällt der Adelsherrschaft anheim. Mithilfe der gräflichen Amtsgewalt steigen einzelne Adelsfamilien (Luitpoldinger, Bertholde, Unruochinger) zur Führung in Alemannien, Baiern und Franken im 10. Jh. auf.

Zur Organisation der Grenzgebiete sind die **Marken**, z.B. die Bretonische, Awarische, Friaulische, eingerichtet, in denen mehrere Grafschaften unter dem Befehl eines dieser Grafen, u.a. als Markgraf oder *dux* betitelt, vereinigt sind. Das Amt der Königsboten (*missi dominici*, seit spätmerowingischer Zeit) erlebt seinen Höhepunkt unter Karl dem Grossen. Sie werden jährlich zur Beaufsichtigung der örtlichen Amtsträger und Bischöfe entsandt. Die geistlichen und weltlichen Großen werden im Frühjahr und Herbst zu Hoftagen (*conventus*) versammelt. Es erwächst eine in den verschiedenen Reichsteilen begüterte Reichsaristokratie meist fränkischer, daneben alemannischer, bairischer und sächsischer Herkunft, die, solange es möglich ist – neben dem hohen Klerus, der ebenfalls fast durchweg der Reichsaristokratie entstammt –, für die Einheit des Reichs wirkt und im 9. Jh. die maßgebende Rolle spielt.

Die Gerichtsversammlungen werden als »echte« (regelmäßige) Dinge vom Grafen gehalten. Als (je nach Bedarf) »gebotene« Dinge hält sie der *centenarius* oder *iudex* ab. Karl der Grosse beschränkt die Zahl der echten Dinge, zu deren Besuch die ganze Gerichtsgemeinde verpflichtet ist, auf jährlich drei, um die Last der Gerichtsfolge zu erleichtern. Fortan urteilen die Schöffen anstelle der gesamten Versammlung. Diese Gerichtsreform ist bei Sachsen und Oberdeutschen nicht durchgedrungen. Karl lässt, soweit noch nicht geschehen, die Volksrechte aufzeichnen, z.B. die »Lex Saxonum«. Umfassende Gesetzgebung durch *capitularia*, schriftlich ergangene Gesetze, die die alten Volksrechte ergänzen und neues Reichs- oder Landesrecht setzen; fraglich bleibt jedoch die praktische Wirksamkeit der *capitularia*.

Gesellschaft

Die wichtigsten Strukturelemente der karolingischen Gesellschaft sind neben dem Herrscher und der ihn stützenden, z.T. mit ihm verwandten Reichsaristokratie, der Reichsverwaltung durch Grafen und der Hofkapelle, die Grundherrschaft, das Lehnswesen und die Reichskirche. Letztere haben als Adels- und Mönchskirche Funktionen in Reichsverwaltung und Mission und sind östlich des Rheins die stärkste Stütze der karolingischen Herrschaft.

Die **Grundherrschaft** im Sinne einer Zusammenfassung politischer, rechtlicher und wirtschaftlicher Funktionen ist eine das gesamte Mittelalter bestimmende, neue Organisationsform. König und Adel entwickeln die Grundherrschaft und ihre Fronhofsverfassung (Abhängigkeitsverhältnis der – vom Grundherrn zu Lehen ausgegebenen – Bauerngüter und Ländereien des Fronhofsverbands zum Fronhof) sowohl in jenen Gebieten, in denen noch römische Einrichtungen bestehen, als auch außerhalb derselben in Austrien und rechts des Rheins. Die weltliche und geistliche Grundherrschaft entsteht aus der Hausherrschaft über alle zum Haus gehörigen Personen samt den Knechten (Leibherrschaft), der Schutzherrschaft über Gefolgsleute und der Inbesitznahme von Grund und Boden, der an freie und unfreie Bauern zur Leihe gegeben wird. Es handelt sich also um Herrschaft über Land und Leute, die sich von der Latifundienwirtschaft der Antike in mehrfacher Hinsicht unterscheidet. Erstens ist sie in einer überwiegend naturalwirtschaftlichen Epoche nicht ein rentebringendes Besitztum neben anderen, sondern nahezu die einzige Grundlage der Adels- und Königsherrschaft. Ferner leben die Grundherren, v.a. die Adligen, auf ihren Herrenhöfen. Auch die königlichen Pfalzorte (u.a. Ingelheim, Worms, Nimwegen, Heristal, Diedenhofen, Attigny) sind Mittelpunkte grundherrschaftlich organisierten Reichsguts; der Herrscher besucht sie reihum und verzehrt mit seinem Gefolge die dort angesammelten Nahrungsmittelvorräte. Erst in der Spätzeit Karls des Grossen entwickelt sich die Aachener Pfalz zu einer Art Dauerresidenz. Nur die aus der Spätantike stammenden Bischofsstädte links des Rheins und v.a. die im System der mittelmeerischen Stadtkulturen verbleibenden Gebiete südlich der Loire bewahren eine eigene, ältere Sozialstruktur.

Große Teile der adligen Grundherrschaften sind nicht ererbtes Eigengut (Allod), sondern Lehen des Herrschers aus Königsgut oder Kirchenbesitz (z.B. den Säkularisationen Karl Martells). Soweit das Land nicht in Eigenbetrieben bewirtschaftet wird (Herrenhof, Fronhof, *villa*), ist es zur Erbleihe ausgegeben. Der Bauer, der eine Hufe (*mansus*), die übliche Einheit, die ihm die Existenz sichert, in Erbleihe besitzt, zahlt keinen Pachtzins, sondern erbringt Leistungen (Arbeitsleistungen und Naturalabgaben; er ist »Grundhold«, der dem Grundherrn zu »Rat und Hilfe« verpflichtet bleibt, wie dieser ihm zu »Schutz und Schirm«). Den Eigenbetrieb des Herrn leitet meist ein Verwalter, in der Regel ein Unfreier. Auf dem Hof arbeiten Knechte und Mägde (*servi, mancipia*), die z.T. in Gesindehäusern untergebracht sind, z.T. aber auch als »behauste« Unfreie familienweise außerhalb des Herrenhofs in kleinen Häusern wohnen. Das zum

Herrenhof gehörige Salland wird nicht nur von diesen Unfreien bestellt, sondern auch die Hufenbauern arbeiten auf dem Salland. Die Bauern, die auf Freienhufen sitzen (*mansi ingenuiles*), sind verpflichtet, mit ihren Tieren und Arbeitsgeräten bei der Feldarbeit zu helfen. Die unfreien Hübner (auf *mansi serviles*) müssen wöchentlich drei Tage auf dem Herrenhof arbeiten. Die arbeitsteilige Organisationsform der Grundherrschaft, die mehrere tausend Bauernstellen zusammenfassen und auf Jahre hinaus Arbeitskräfte für Sonderaufgaben (z. B. Rodung) freistellen kann, und ebenso die in ihrem Bereich entwickelten technischen Innovationen (Übergang von der Feld-Gras-Wirtschaft zur Dreifelderwirtschaft, tiefpflügender Radpflug mit Sech und Streichbrett) sind eine Grundvoraussetzung für einen früh- und hochmittelalterlichen Landesausbau seit dem 8. Jh., in dessen Gefolge sich durch Rodung und Melioration die Anbauflächen und damit die Bevölkerung Europas vervielfachen. Schon in den Kapitularien KARLS DES GROSSEN und LUDWIGS DES FROMMEN wird allerdings Klage darüber geführt, dass Grafen und Äbte durch ständige übermäßige Inanspruchnahme freier Bauern für die Kriegszüge des Herrschers versuchen, dieselben zur Aufgabe ihres Eigens und zum Eintritt als unfreie Hintersassen in den eigenen Fronhofsverband zu zwingen. Dafür bleibt ihnen die fast jedes Jahr fällige Heeresfolge erspart, die jetzt Knechte des Herrenhofs übernehmen. Die Maßnahmen KARLS DES GROSSEN und LUDWIGS DES FROMMEN gegen diesen Missbrauch sind anscheinend wirkungslos.

Das **Lehnswesen**, das der Feudalgesellschaft den Namen gibt (*feudum*, Lehen), bildet sich aus, als die karolingischen Hausmeier und Könige, v. a. zur Abwehr der Araber, aber auch im Kampf gegen innere Feinde, immer mehr Panzerreiter (*loricati*) brauchen, also möglichst viele Vasallen besitzmäßig so ausstatten und an sich binden müssen, dass sie regelmäßig Kriegsdienst leisten können. Dabei greifen die Herrscher auf Kirchengut zurück, das den Vasallen zinslos auf Lebenszeit als *beneficium* (Lehen) geliehen wird. Seit dem 9. Jh. kommt, gleichbedeutend mit *beneficium*, das Wort *feudum* in Gebrauch. Durch das Lehnswesen entsteht eine »Lehenspyramide«, an deren Spitze der Herrscher steht und die eine überregionale Organisationsform bildet, die Menschen von oben nach unten und umgekehrt aneinander bindet. So wie der karolingische König an seine Vasallen Lehen vergibt, geben die großen Vasallen wiederum Teile ihrer Lehen gegen ständige Dienstleistungen an Untervasallen weiter. Den so organisierten »Staat«, der sonst kaum öffentliche Organe besitzt, weder ein stehendes Heer noch eine Polizei oder ein Beamtentum, kann man als Personenverbandsstaat bezeichnen.

Die **fränkische Kirche** und besonders die v. a. durch WILLIBRORD, BONIFATIUS, CHRODEGANG VON METZ und FULRAD VON SAINT-DENIS (†784) erneuerte karolingische Reichskirche ist sowohl Trägerin politischer Funktionen als auch die fast ausschließliche Vermittlerin geistigen Lebens. Durch die kirchliche Organisation und die mit ihr verbundene missionarische Durchdringung der vom Frankenreich neu hinzugewonnenen Gebiete, zu denen auch Alemannien, Baiern, Thüringen und Sachsen gehören, werden aus den merowingischen und karolingischen Eroberungen feste Bestandteile des fränkischen Reichs. Ebenso gibt die Kirche der Karolingerherrschaft die religiöse Legitimation, die den Herrscher weit über den Adel hinaushebt.

Entwicklungsgeschichtlich gehen mit der Ausdehnung des Frankenreichs schon seit dem 6. Jh. Neuaufbau und Erweiterung des Netzes der Kirchenorganisation Hand in Hand: Die Könige statten ihre Bischofskirchen mit Königsgut aus, gleichzeitig werden die Bischöfe als Träger schriftlicher Kultur und römischer Verwaltungspraxis für den Aufbau der Reichsverwaltung unentbehrlich. Aus den von der Völkerwanderung relativ unberührt gebliebenen Räumen Südgalliens gehen Priester und Bischöfe zu Mission und kirchlichem Aufbau nach Norden und Osten in die noch heidnischen Randzonen des Frankenreichs, z. B. AMANDUS (†679), Apostel der Belgier, und REMACLUS (†um 675), Klosterbischof von Stablo und Malmédy. Infolge der engen Verbindung kirchlicher und staatlicher Aufgaben wird die Kirche fränkische Reichskirche, ihre Bischöfe wirken oft im Königsdienst als Berater und Verwaltungsbeamte, so ARNULF VON METZ (†640, Ahnherr der Karolinger). Mit der Ende des 7. Jh.s und v. a. im 8. Jh. einsetzenden angelsächsischen Mission (u. a. WILLIBRORD, BONIFATIUS, WILLIBALD [†787/89]) und mit dem Bündnis zwischen Papsttum und Karolingern (750/51) beginnt eine Phase von Bistumsgründungen östlich des Rheins (Utrecht, Würzburg, Eichstätt, Büraburg, Erfurt). BONIFATIUS organisiert 739 mithilfe Herzog ODILOS (†748) die mit Rom verbundene bairische Kirche, wie er dann auch in den 40er-Jahren die fränkische Kirche mit Unterstützung von KARL MARTELLS Söhnen KARLMANN und PIPPIN (dem späteren König) als romverbundene fränkische Reichskirche reorganisiert.

Kultur

Bis zum 10. Jh., als die Domschulen gegenüber den Klosterschulen an Bedeutung gewinnen und diese teilweise überflügeln, ist das Mönchtum der wichtigste Träger und Vermittler einer religiös geprägten schriftlichen Kultur und mit einer innovationsfreudigen klösterlichen Grundherrschaft auch wesentlich an der Entwicklung der materiellen Kultur beteiligt. Daher kommt dem fränkischen Klosterwesen als dem dynamischen Teil der Reichskirche entscheidende Bedeutung zu. Die nach 530 verfasste Ordensregel des BENEDIKT VON NURSIA (†um 547) setzt sich bis zum 8./9. Jh. in ganz West- und Mitteleuropa durch. Bis zur Zeit KARLS DES GROSSEN werden im Frankenreich mehr als 1000 Klöster gegründet; sie sind, v. a. nördlich der Alpen, sowohl Zentren der christlichen Mission als auch Mittelpunkte der frühmittelalterlichen Gesellschaft.

Die Land besitzende grundherrliche Oberschicht (König, Herzog, Adel) überträgt den Mönchen Land und Leute, sodass aus vorübergehenden Missionsplätzen festorganisierte Klöster entstehen, deren Existenz durch eine klösterliche Grundherrschaft gesichert wird. Zur Klostergrundherrschaft gehören oft Tausende von Bauern und Hintersassen (z. B. in St.-Germain-des-Prés bei Paris im 9. Jh. 24 Herrenhöfe und 1646 Bauernstellen), die dem Kloster Dienste und feste Abgaben leisten müssen. Sie ermöglicht nicht nur die materielle Freistellung von Mönchen für Mission, Gottesdienst, Gebetsgedenken und Schule, sondern ist gleichzeitig Voraussetzung dafür, dass die Klöster auch kulturelle Mittelpunkte werden. Hier entstehen wertvolle und künstlerisch bedeutende Handschriften und – u. a. durch gegenseitigen Bücheraustausch – Bibliotheken (St. Gallen, Fulda, Lorsch, Tours, Corbie, Fleury-sur-Loire, Saint-Denis u. a.), wird Wissenschaft (z. B. Theologie, Mathematik, Medizin, Sprachen, Kirchenrecht) gepflegt und gelehrt, schaffen Mönche große Werke der bildenden Kunst (Klosterbauten, Miniaturen, kostbare Altargeräte aus Goldschmiedearbeit), und – etwa in St. Gallen, Fulda, Reichenau, Lorsch, Murbach, Corvey, Benediktbeuern, St. Emmeram (Regensburg) – bildet sich aus der Kenntnis der internationalen Kirchen- und Gelehrtensprache, des Lateins, auch die erste am Latein geschmeidig gemachte deutsche Schriftsprache: das Althochdeutsche.

Die Rolle der **Klöster als Zentren der Gesamtgesellschaft** zeigt z. B. der »St. Galler Klosterplan« (um 820), der idealtypisch darstellt, was alles zu einem karolingischen Reichskloster gehören sollte: Es ist religiös-kultisches Zentrum, Grablege und meist Eigentum einer Adelsfamilie oder des Herrschers, es ist Wirtschaftszentrum mit Landwirtschaft, Viehzucht und Handwerkern. Mit einem repräsentativen Wohntrakt für den weltlichen Klosterherrn ist es aber zugleich eine Art »Pfalzort« und damit politischer Stützpunkt; ferner ist es mit seiner seit Karl Martell üblich gewordenen Verpflichtung, dem Herrscher Truppen und Ausrüstung zu stellen, militärisch wichtig. Es bildet mit Klosterschule, Musik- und Schreibschule sowie durch seine Kunsthandwerker einen kulturellen Schwerpunkt und stellt schließlich als Vorratszentrum mit Krankenhaus, Apotheke und Armenversorgung zugleich die erste Entwicklungsstufe der Sozialfürsorge dar.

Karl der Grosse nutzt als erster Herrscher die vielfältigen Funktionen von Kirche und Mönchtum für den Aufbau des Reiches, verbessert nach Kräften die Ausbildung und das geistige Niveau von Klerikern und Mönchen, vereinheitlicht mithilfe Benedikts von Aniane (†821; 779 Gründer des Klosters Aniane bei Montpellier) sowie einer generellen monastischen Gesetzgebung das gesamte Klosterwesen (worin ihm später Ludwig der Fromme folgt) und fügt durch die Metropolitanverfassung sowie die intensive Nutzung von Kirchen- und Klosterbesitz die Strukturen der erneuerten Reichskirche in sein politisch-administratives Gesamtsystem ein.

Literatur: Entscheidende geistig-kulturelle Impulse gehen unmittelbar vom Herrscher aus oder werden von ihm auf Anregung geistlicher Berater in der fränkischen Kirche verwirklicht. Karl selbst besitzt einen großen Bildungshunger, er kann lesen und schreiben, spricht Latein und versteht Griechisch; die allgemeine kulturelle Erneuerung fördert er durch Heranziehung berühmter Gelehrter. Zu dieser »Hofakademie« gehören u. a. der Grammatiker Petrus aus Pisa, die beiden Theologen und Dichter Paulinus von Aquileia (†802, ab 787 Patriarch von Aquileja) und Theodulf von Orléans (†821; Westgote, ab 798 Bischof von Orléans und Abt von Fleury), der Langobarde und Geschichtsschreiber seiner Gens (»Historia Langobardorum«) Paulus Diaconus (†um 799) sowie der Angelsachse Alkuin (Alchvine) (†804), Abt von St. Martin in Tours, Theologe, Dichter, Verfasser von Lehrbüchern, Leiter der Hofschule in Aachen und Berater des Kaisers in geistlichen Angelegenheiten, seit 781 in Karls Dienst. Es entsteht am Hofe und in den großen Reichsklöstern eine offiziöse Reichsannalistik: Einhard (†840; 828 Gründer des Klosters Seligenstadt, Abt mehrerer Klöster), verfasst wohl zwischen 817 und 830 die »Vita Caroli Magni«, Karls Enkel Nithard (†844) schreibt die »Historiarum Libri IV« (für die Jahre 814–843). Regino von Prüm (†915; 892 Abt des Klosters Prüm in der Eifel) eine Weltchronik. Politische Denkschriften verfasst Hinkmar (†882), seit 845 Erzbischof von Reims. Den humanistischen Austausch zeigen die durch klassisches Latein ausgezeichneten Briefe des Baiern Servatus Lupus (†862), Abt von Ferrières.

Durch bewusstes Zurückgreifen auf die Werke griechischer und lateinischer Dichter belebt Karl die Kenntnis der Antike (**karolingische Renaissance**), ebenso hält er sich in seiner Architektur an die antiken Vorbilder. Daneben steht aber auch die Sorge für die heimische Kultur: Versuch einer volkssprachlichen Grammatik, Sammlung von Heldenliedern, Übersetzungen aus dem Lateinischen im Kloster Reichenau (u. a. die Benediktinerregel). Wohl gegen Ende des 9. Jh.s entsteht das Heldenepos »Waltharius«, dessen Verfasser unbekannt bleibt. Das altsächsische Stabreimepos »Heliand« (vor 840) stellt die Heilsgeschichte mit den Ausdrucksmitteln germanischer Heldendichtung dar. Zwischen 863 und 870 dichtet der Mönch Otfried von Weissenburg (*um 800, †um 870) in fünf Büchern seine große althochdeutsche Evangelienharmonie in Endreimversen, die seitdem die europäische Literatur beherrschen. In St. Gallen wirkt Notker Balbulus (der Stammler; †912), der eigentliche Schöpfer der Sequenzenliteratur (Sequenz ist das lateinische Kirchenlied mit ungleichen Strophen und wechselnder Melodie).

Alkuins Schüler Hrabanus Maurus (*um 780, †856), Leiter der Klosterschule, dann Abt von Fulda und Erzbischof von Mainz, Praeceptor Germaniae und fruchtbarer Schriftsteller, bemüht sich um die philosophische und theologische Bildung des Klerus. Sein Schüler Walahfrid Strabo (*808/09, †849), Abt von Reichenau, ist Dichter. Den (bis zu den Scholastikern) tiefsten und selbstständigsten Philosoph, den in Irland geborenen Johannes Scotus Eriugena (*810, †877), beruft Karl der Kahle an die Hofschule und beauftragt ihn mit der Übersetzung der (um 500 in Syrien entstandenen) Schriften des sog. Dionysius Areopagites, welche den neuplatonischen Gedankenkreis mit der christlichen Lehre zu verschmelzen suchen (»Vorscholastik«).

Kunst: Seit König Pippin I. erscheint der stadtrömische konstantinische Typ der T-förmigen Basilika mit durchlaufendem Querhaus erneut (Neubau der königlichen Grabes- und Abteikirche in Saint-Denis 754–775), der in karolingischer Zeit an repräsentativer Stelle, v. a. bei Reichsklöstern, wiederbelebt wird (Fulda 790–810, Hersfeld 831–840). Die Aachener Pfalzkapelle KARLS DES GROSSEN (um 785–805, 798 im Rohbau fertig) veranschaulicht mit der Blickrichtung auf Byzanz die Unabhängigkeit vom Papsttum. Die Aachener wurde nicht nur Vorbild für einige Pfalzkapellen im Maasgebiet (z. B. Nimwegen, St. Donatus in Brügge), sondern auch für zahlreiche doppelgeschossige Herrschaftskapellen vom 11.–13. Jh., die sich in dieser Form fast nur in Deutschland finden. Auch die sog. Westwerke, den Basiliken der Reichsklöster angefügte Zentralbauten, die wahrscheinlich als Gastkirchen für den Herrscher während seiner Residenz im Kloster dienten, gehen auf das Aachener Vorbild zurück (Corvey 873–885, Werden 875–943). Die Verbindung und Gleichsetzung kirchlicher und herrscherlicher Gewalt kommt auch darin zum Ausdruck, dass der Bischofsdom in den Städten in die Nachbarschaft der Grafenburg gelegt wird (Köln). In gleicher Richtung sind auch die (untergegangenen) Wandmosaiken zu verstehen, auf denen KARL DER GROSSE neben Papst LEO III. in gleicher Rangordnung dargestellt wird (Triclinium des Laterans, Basilika Santa Susanna in Rom). Nach Vorstufen im merowingischen Großkloster Corbie entwickelt sich in den karolingischen Reichsklöstern im 8. Jh. die karolingische Minuskel als internationale Verkehrsschrift des europäischen Mittelalters, die auch in Italien ältere Schriftformen verdrängt. Karolingische Bibelgelehrsamkeit schafft mit der »Alkuin-Bibel« eine philologisch verbesserte neue Edition der Heiligen Schrift, die für ganz Europa richtungweisend wird.

In Buchmalerei, Elfenbein- und Goldschmiedekunst bildet sich eine Hofschule aus, die die insular geprägte Kunst der älteren Klosterschulen mit der antiken Überlieferung verschmilzt. Ein Hauptwerk ist das zu den Reichskleinodien gehörige Krönungsevangeliar, das angeblich OTTO III. im Jahre 1000 im Grabe KARLS gefunden hat. Insgesamt ist durch die Impulse des Hofes, die Wiederaufnahme antiker Traditionen und die Wirksamkeit der Klöster eine Kulturhöhe erreicht, die nach dem Zerfall des Karolingerreichs frühestens im ausgehenden 10. Jh. wieder zu vergleichbaren Leistungen führt.

Die Auflösung des Reichs

Im Teilungsvertrag von Verdun (843) erhält Kaiser LOTHAR I. Italien und ein relativ schmales Gebiet von Friesland bis zur Küste der Provence mit den Kaisersitzen Rom und Aachen, aber ohne Oberhoheit über die Brüder. Das Ostfrankenreich LUDWIGS DES DEUTSCHEN umfasst das Gebiet östlich einer Linie von der Wesermündung zur unteren Ruhr, dann Rhein und Aare aufwärts, dazu die Gebiete von Mainz, Speyer und Worms. Das Westfrankenreich KARLS II., DES KAHLEN, beginnt an einer Linie, die von der Schelde aufwärts zum Bistum Cambrai (Reich LOTHARS), von dort östlich zur Maas und weiter in beträchtlichem Abstand westlich vom Fluss nach Süden verläuft, dann von der Maasquelle zur oberen Saône, diese abwärts, südlich von Mâcon nach Westen zurückweichend und westlich der Rhône nach Süden bis zu ihrer Mündung weiter führt.

Nach LOTHARS Tod als Mönch im Kloster Prüm 855 wird das Mittelreich unter seinen Söhnen geteilt: LOTHAR II. erhält den Norden, KARL Burgund und die Provence, LUDWIG II. Italien. Nach LOTHARS II. Tod 869 wird dessen Reichsteil von Norden nach Süden an das West- und Ostfrankenreich unter seinen Onkeln KARL DEM KAHLEN und LUDWIG DEM DEUTSCHEN aufgeteilt.

Die im Zuge der karolingischen Reichsteilungen verstetigte, jedoch in einem lang andauernden Prozess bis in die Zeit um 1000 entstandene Grenze zwischen romanischen und germanischen Sprachen verläuft heute als Grenze zwischen Französisch und Deutsch/Niederländisch von Gravelingen über Saint-Omer, Menin, östlich durch Belgien zur Maas unterhalb Lüttich, entlang der belgisch-deutschen Grenze von 1914 (Malmédy jedoch wallonisch) und der belgisch-luxemburgischen Grenze (Arlon jedoch deutsch), weiter zwischen Metz (französisch) und Diedenhofen (deutsch) hindurch nach Südosten, diesseits der deutsch-französischen Grenze von 1914, dann unterhalb des Vogesenkammes nach Süden, hinüber zum Bieler See, Murten, Freiburg im Üchtland (französisch), Diablerets, Wildstrubel, Siders (französisch), Matterhorn und Monte Rosa. Die Sprachgrenze, ursprünglich mit zahlreichen Sprachinseln beiderseits ihres Verlaufs, hat sich seit der Jahrtausendwende nur unbedeutend verschoben, u. a. im Departement Pas-de-Calais und im Metzer Bistum zugunsten des Französischen.

Die Ostfranken nennen ihre Sprache im Gegensatz zum Latein des gelehrten Klerus die *lingua theodisca*, d. h. volkstümliche Sprache (*diutisc* von *diot*, Volk). Der erste Beleg für *theodiscus* (786) bezieht sich noch auf das Angelsächsische. *Teutisci* als Volksname, im Gegensatz zu den Langobarden, erscheint zuerst 843. Für *theodiscus* kommt dann, von Fulda ausgehend, unter gelehrtem Einfluss das anklingende *theutonicus* in Aufnahme (zuerst 876 belegt). | Forts. S. 465, 495 |

Die Missionierung europäischer Völker vom 4.–10. Jh.

Die Verbreitung des Christentums erfolgt innerhalb des Römischen Reiches zunächst durch Leben und Zeugnis der Gemeinden, wobei äußeres und inneres Wachstum der Kirche eng miteinander verbunden sind. Nach der Anerkennung des Christentums als Staatsreligion ist die **Mission** bis ins Hochmittelalter Angelegenheit von Herrscher, Klerus und Mönchtum, die in enger Verbindung von politischem und religiösem Interesse außerhalb der christlichen Welt und in anderen Traditionen lebende Völker oft durch die vorhergehende **Bekehrung ihrer Führer bzw. Führungsschicht** für das Christentum zu gewinnen suchen und sich dabei neben Predigt, Liturgie und Wunderbeweisen auch politischer Macht bedienen.

Der ostgermanische Arianismus

Von den in den theologischen Auseinandersetzungen des 4. Jh.s vertretenen Sonderlehren gewinnt der Arianismus für die sich während der **Völkerwanderungszeit** ausbildenden germanischen Völker entscheidende Bedeutung. Die bereits Ende des 3. Jh.s auf der Krim mit dem Christentum in Berührung gekommenen Goten nehmen Mitte des 4. Jh.s an der unteren Donau eine radikale Form des Arianismus (Ablehnung der Trinitätslehre) an. Eine dynamische, vorwiegend innergermanisch betriebene Mission gewinnt vom ausgehenden 4. bis ins 6. Jh. alle in das Römische Reich und sein Vorfeld einströmenden germanischen Völker (außer Franken, Alemannen und Baiern im Westen) für den Arianismus, sodass sich germanisch-arianische Reiche um das westliche Mittelmeer bilden (Ost- und Westgoten, Vandalen, Burgunder, Sweben und Langobarden). Volkssprachige Bibel und Liturgie, sowie die Nähe der homöischen Lehrformel (Sohn wesensähnlich mit dem Vater) zu germanischen Gottesvorstellungen machen die Stärke des Arianismus aus, betonen aber die Distanz zu der an den Beschlüssen des Konzils von Nikaia (325) festhaltenden einheimischen Bevölkerung. Bei den Vandalen kommt es gelegentlich zur Verfolgung des katholischen Klerus. Diese im Glauben begründete Distanz, die auch durch die tolerante Politik der Ostgoten nicht aufgehoben wird, hindert die germanisch-arianische Herrscherschicht an der Gewinnung der nichtgermanischen Bevölkerung, v. a. der katholischen Hierarchie, und damit an der Festigung ihrer Reiche. Allein die (auch nach einer arianischen Phase) katholisch gewordenen Völker können Herrschaften bilden, die über die Völkerwanderungszeit hinaus Bestand haben.

3. Jh. Die Goten auf der Krim und an der unteren Donau sind die ersten Germanen, die mit dem Christentum in Berührung kommen, v. a. durch Kriegsgefangene aus Kappadokien, wie die Vorfahren WULFILAS (ULFILA; *um 310, †383, Bibelübersetzer und Schöpfer der gotischen Schrift).

325 Auf dem Konzil von Nikaia ist ein Bischof THEOPHILOS GOTHIAS vertreten.

Mitte 4. Jh. Unter dem 341 zum Bischof geweihten WULFILA schließt sich ein Teil der Westgoten dem **Arianismus** an, der im Oströmischen Reich im 4. Jh. viele Anhänger findet.

376 Trotz zweier Christenverfolgungen um 350 und 370 folgt ihnen unter FRITIGERN (†nach 378) auch die im römischen Reichsgebiet angesiedelte Mehrheit der Westgoten.

395 Die nach Westen abwandernden gotisch-vandalischen Völker verbreiten im 5. und 6. Jh. den Arianismus.

Anfang des 6. Jh.s beginnt die **Katholisierung der arianischen Germanen**: Der Burgunderkönig SIGISMUND (†524) tritt 496/99 zum Katholizismus über, der spanische Swebenkönig CHARARICH (†559) 550/55. MARTIN (*um 515, †579), seit ca. 572 Metropolit von Braga, schafft Voraussetzungen für eine orthodoxe swebische Landeskirche. Nach Bekehrung des Westgotenkönigs REKKARED (†601) entwickelt sich eine gotisch-spanische Kirche mit dem Zentrum Toledo, wo eine Reihe bedeutender Synoden stattfinden. Der Langobardenkönig ARIBERT I. (†661) schließt sich dem katholischen Bekenntnis an, nach arianischer Reaktion unter GRIMOALD (†671) setzt es sich unter LIUTPRAND (†744) durch.

Christianisierung Britanniens

Im späten 4. oder frühen 5. Jh. gründet der hl. NINIAN das Kloster Candida Casa (Whithorn). Bischof PALLADIUS und PATRICK, die in der Überlieferung weithin verschmelzen, bauen die irische Kirche in engem Anschluss an die Kleinkönigtümer (*Tuatha*) auf. Seit Mitte des 6. Jh.s gewinnt das von Äbten wie FINNIAN (†549), BRENDAN (†577 oder 583) und COLUMBAN DEM ÄLTEREN (*521/22, †597) und großen Abteien wie Bangor, Clenmacnois, Iona und Kells repräsentierte Mönchtum das Übergewicht über die ältere Diözesanstruktur auch in der Seelsorge und missioniert in Wales, Schottland und England, seit 590 auch auf dem Kontinent.

5./6. Jh. Von Britannien aus wirken Bischof NINIAN und die Äbte ILTUT, DAVID VON MENEVIA (†588/89 oder 601), SAMSON VON DOL (†um 565) und GILDAS (*um 500, †570) für die **Christianisierung der Pikten, Skoten und Iren.**

596 Mit der Entsendung des römischen *Praepositus* (Prior) AUGUSTINUS (†wohl 604) durch GREGOR DEN GROSSEN (590–604) beginnt die römisch geprägte **Mission der Angelsachsen.** Sie kann sich auf die seit der Vermählung (588) von ETHELBERT (†616/18), König von Kent seit 560, mit der Merowingerin BERTHA (†um 612) geförderten Beziehungen zur gallischen Kirche stützen. Nach der Taufe ETHELBERTS (597?) Ausbau einer Kirchenorganisation in Kent, Ostanglien und Wessex mit Canterbury als Bischofssitz.

seit 625 Mission des römischen Presbyters PAULINUS (†644) in Northumbrien, Taufe König EDWINS (*584, †633) und nach heidnischer Reaktion verstärkte Christianisierung unter König OSWALD (†642).

664 Spannungen zwischen der römisch-kontinentalen und der von den Klöstern Iona und Lindisfarne aus betriebenen iroschottischen Mission werden auf der Synode von Whitby zugunsten Roms entschieden.

668–690 Der in Rom 668 zum Erzbischof von Canterbury geweihte griechische Mönch THEODOROS VON TARSUS (†690) baut die Kirchenorganisation Englands aus (regelmäßige Gesamtsynoden; bei seinem Tode 14 Bistümer unter Canterbury; York wird erst 735 Erzbistum) und macht seine Metropole zu einem Zentrum der Gelehrsamkeit. Schon gegen Ende des 7. Jh.s kann die angelsächsische Kirche Missionare zu den Friesen und Sachsen senden.

Christianisierung der Franken

Die Bekehrung der **Franken zum katholischen Glauben** wird durch die Bekehrung des Reichsgründers **CHLODWIG** (482–511) entschieden, der sich nach seinem Sieg über die Alemannen (496/97) von Bischof REMIGIUS VON REIMS (†533) taufen lässt. Damit stellt er sich gegen die arianischen Goten und Burgunder, auch Teile seines Volkes, gewinnt aber die Unterstützung der galloromanischen Hierarchie und Bevölkerung. Die erste Reichssynode in Orléans 511 demonstriert den Aufbau einer fränkischen Reichskirche. – Bei der Restauration der auch im Norden und Osten (Köln, Trier, Mainz?) teilweise erhaltenen gebliebenen römischen Kirchenorganisation und der Christianisierung der diesseits und jenseits der alten Reichsgrenzen heimisch gewordenen Germanen wirken im 6./7. Jh. neben Galloromanen aus dem Süden irofränkische Mönche mit, im Nordwesten WALARICUS (†619/22), RICHARIUS (†um 650), AUDOMAR (†ca. 670), AMANDUS (†679/84) und ELIGIUS (†660), im burgundisch-rätisch-alemannischen Grenzraum nach COLUMBAN seine Schüler GALLUS (†um 650), EUSTASIUS (†629), RAGNACHAR und FRIDOLIN.

In Baiern, wo vielerorts, v. a. in Augsburg (St. Afra), Regensburg und im Alpenraum altchristliche Tradition über den Zusammenbruch durch die Landnahme der Baiern und Slawen weiterwirkt, missionieren seit den Zeiten König THEUDEBERTS I. (†547/48) gallorömische Kleriker, später die Columbanschüler EUSTASIUS und AGILUS (†ca. 650) von Luxeuil, zeitweise auch AMANDUS, die Franken EMMERAM (†um 680) in Regensburg, RUPERT (†716) seit 696 in Salzburg und KORBINIAN (†ca. 728/30) seit 716 in Freising. In der Gegend um Würzburg wirken der Ire KILIAN (†um 689) und seine Begleiter; von den mittelrheinischen Bischofssitzen dringt das Christentum nach Hessen, in die Wetterau, in Spessart, Odenwald, Kraichgau und Neckarraum vor. Der vom irofränkischen Mönchtum geprägte PIRMIN (†um 750) gründet mit Unterstützung des fränkischen Hausmeiers KARL MARTELL (717–741) das Kloster auf der Reichenau (724) und, nach seiner Vertreibung, Klöster in Murbach im Elsass (728) und Hornbach in der Pfalz (vor 742).

Die angelsächsische Mission in Friesland und Sachsen beginnt 670/80 mit der Romreise Bischof WILFRITHS von York (*634, †709/10); es folgen EGBERT (*639, †729), die beiden EWALDE (†ca. 695) und schließlich WILLIBRORD und WINFRID (BONIFATIUS) mit ihren Gefährten.

Der Northumbrier **WILLIBRORD** (*657/58, †739), Mönch in Ripon und dem irischen Rathmelsigi, wird von WILFRITH zur Mission entsandt. 695 in Rom zum Erzbischof geweiht, missioniert er in Zusammenarbeit mit dem fränkischen Hausmeier PIPPIN DEM MITTLEREN (†714) unter den Friesen und begründet das Bistum Utrecht. Nach einem zeitweiligen Rückschlag unter dem Herzog RADBOD 716 kann WILLIBRORD die Mission reorganisieren, zeitweise unterstützt von dem aus Wessex stammenden **WINFRID** (*672 oder 675, †754), Mönch in Exeter und Nursling, dort auch kurze Zeit Abt, nach seinem Scheitern 716 in Friesland. 719 lässt WINFRID sich in Rom einen Missionsauftrag, 722 die Bischofsweihe erteilen und erhält den Namen **BONIFATIUS**. Im Auftrag GREGORS II. (715–731), mit Unterstützung KARL MARTELLS und Rückhalt an fränkischen Stützpunkten wie Büraburg und Amöneburg, wirkt er im christlich-heidnischen Grenzgebiet in Hessen und Thüringen. Er fällt die Donareiche zu Geismar (723) und gründet Klöster, u. a. in Fritzlar (723 Kirche, 733/34 Kloster), Amöneburg (721), Kitzingen, Ohrdruf und Tauberbischofsheim, die er mit angelsächsischen Mönchen und Nonnen (Leoba) besetzt. 732 durch den Papst zum Erzbischof erhoben, reorganisiert er 738/39 die bayerische, nach dem Tod KARL MARTELLS auch die fränkische Kirche: Reformsynoden 742–745 mit Unterstützung KARLMANNS und PIPPINS, Gründung der Bistümer Würzburg, Büraburg und Erfurt, von denen nur Würzburg realisiert wird. Nach der Gründung von Fulda (744) und Übernahme des Bistums Mainz statt des erstrebten Erzbistums Köln gerät BONIFATIUS ins politische Abseits und wird 754 bei einer Firmreise bei Dokkum in Friesland erschlagen.

Christianisierung der Slawen

Die nach älteren, von Rom und Aquileia sowie Byzanz ausgehenden Ansätzen unter Bischof VIRGIL (†784) von Salzburg einsetzende und von Bayernherzog TASSILO III. geförderte bayerisch-fränkische Mission der **Alpen- und nördlichen Südslawen** (Missionsklöster Innichen im Pustertal 769, Kremsmünster 777) greift im 9. Jh. nach Kroatien, Pannonien und Mähren über. Hier überschneidet sie sich mit dem Wirken der auf Bitten des großmährischen Herrschers RASTISLAV (†nach 870) 863 von Kaiser MICHAEL III. (842–867) aus Saloniki entsandten Brüder KONSTANTIN-KYRILLOS (*826/27, †869) und METHODIOS (*um 815, †885), die eine slawische Kirchensprache entwickelten. Trotz der Unterstützung des Papstes, unter der Auflage, auf das Slawische zu verzichten, stößt METHODIOS auf kirchlich und politisch motivierten Widerstand, v. a. nach RASTISLAVS Sturz (870) durch SVATOPLUK (†894). In Bulgarien, das METHODIOS 883 bei einer Reise nach Konstantinopel besucht hatte, finden seine aus Mähren vertriebenen Gefährten 886 Aufnahme und entwickelten das Kirchenslawisch in Verbindung mit Byzanz weiter.

Böhmen, unter dem ersten Přemysliden BOŘIVOJ (†894) von der griechischen Mission berührt, öffnet sich nach Anerkennung der fränkischen Oberhoheit der fränkisch-bayerischen Mission. Die kirchenfreundliche Haltung des böhmischen Herzogs WENZEL (des Heiligen) 921–929/35) führt zu heidnischer Reaktion und seiner Ermordung. Unter BOLESLAV II. (†999) wird 972/73 das Bistum Prag errichtet (Suffragan von Mainz), das weit nach Osten (Schlesien, Krakau) und zeitweise Mähren ausgreift. Der böhmische Fürstensohn ADALBERT (VOITECH; *um 956, †997), seit 983 mit Unterbrechungen Bischof von Prag, wird nach Amtsverzicht und zeitweiligem Aufenthalt in Italien und Deutschland (Nähe zu OTTO III.) als Missionar bei den Prußen zum Märtyrer. Prußen und Balten werden erst seit dem 13. Jh. christianisiert. Wohl aus Böhmen stammt der erste Bischof in **Polen**, der wahrscheinlich 968 nach der Taufe Herzogs MIESZKO I. (960–992) in Posen erhobene JORDAN (†984). Unter Herzog BOLESŁAW CHROBRY (992–1025) wird 1000 Gnesen, wohin er die Gebeine ADALBERTS überführen lässt, mit Unterstützung von Kaiser und Papst zur Metropole einer polnischen Kirchenprovinz erhoben. **Östlich der Elbe** werden im Zuge der militärischen Expansion unter den Kaisern OTTO I. und OTTO II. Bistümer in Havelberg (946), Brandenburg (948), Merseburg, Zeitz und Meißen (alle 968) gegründet und 968 dem neuen Erzbistum Magdeburg unterstellt. Der Slawenaufstand 983 vernichtet die politische und kirchliche Organisation.

Die 955/57 Christin gewordene **Kiewer Fürstin** OLGA (†969) erbittet von OTTO I. Missionare. Der auf Anregung von WILHELM (*um 929, †968), Erzbischof von Mainz, entsandte und 961 zum Bischof geweihte Trierer Mönch ADALBERT (†981) muss bereits 962 nach der Herrschaftsübernahme SWJATOSLAWS (*um 942, †972/73) fliehen. Dessen Sohn WLADIMIR (†1015) wird 988 in engem Einvernehmen mit dem byzantinischen Kaiser Christ und zwingt die Kiewer zur Massentaufe.

Christianisierung Skandinaviens

Die **Skandinavienmission** beginnt mit der Ernennung des Erzbischofs EBO VON REIMS (†851) zum Legaten des Nordens (823), der Taufe des dänischen Königs HARALD »KLAK« (812–826) 826 in Ingelheim und den Missionsreisen ANSGARS (*um 801, †865) seit 899. 831 wird Hamburg als Missionsbistum gegründet, 832 zum Erzbistum erhoben, ANSGAR als Legat für Dänemark, Schweden und Slawen ernannt. Er und seine Mitarbeiter gründen Kirchen in Schleswig und Ripen. Nach Rückschlägen aufgrund der engen Bindung an die fränkische Politik (Zerstörung Hamburgs 845) wird die hamburgisch-bremische Mission im Norden unter den Erzbischöfen RIMBERT (*um 830, †888) und UNNI (†936) von Hamburg-Bremen wieder aufgenommen, doch liegt die weitere Geschichte bis zum Neuansatz unter OTTO I. im Dunkeln. In den Jahren 947/48 erfolgt unter dem Erzbischof von Hamburg-Bremen ADALDAG (*um 900, †988) die (Wieder-)Errichtung der Bistümer Schleswig, Ripen, Århus und Skare, mit Unterstützung des dänischen Königs HARALD BLAUZAHN (etwa 935–um 987) der sich um 960 taufen lässt.

Starke Einflüsse der angelsächsischen Kirche auf Skandinavien machen sich nach der Eroberung Englands durch die Dänen bemerkbar. In England wird 885 der König von Dänemark GUTHRUM (†um 890) getauft; ihm folgen HÅKON I. (935–961), erster christlicher König Norwegens, dessen Nachfolger HARALD II. GRAUMANTEL (961–um 970) und OLAF I. TRYGGVASSON (995–1000) sowie der dänische König SVEN GABELBART (986–1014). Ein Höhepunkt der englischen Einwirkung wird mit KNUT DEM GROSSEN (*um 995, †1035) erreicht, der als Herrscher über Dänemark, Norwegen und England von ihm gegründete dänische Bistümer mit in England geweihten Bischöfen besetzt. Auf **Island**, wo schon um 800 irische Mönche nachweisbar sind, missionieren nach der Landnahme um 875, an der auch Christen beteiligt sind, seit 981 der aus Norddeutschland stammende Bischof FRIEDRICH, die getauften Isländer THORVALD und STIFNIR THORGILSSON sowie 997–999 der ehemalige sächsische Hofkaplan König OLAFS von Norwegen, DANKBRAND. Auf dem Althing fällt 999/1000 der Gesetzessprecher THORGEIR einen Schiedsspruch für die allgemeine Annahme des Christentums.

Das Hochmittelalter

Wirtschaft und Gesellschaft des Hochmittelalters

Das 11./12. Jh. erscheint in vielerlei Hinsicht als eine außerordentlich tief greifende Wendezeit zwischen zwei Epochen. Zwar kommen noch gelegentlich Eroberungszüge vor (Normannen Ende 9.–11. Jh.; Mongolen 13. Jh.), doch haben sich Einheiten mit mehr oder weniger staatlichen Zügen (als Vorläufer der neuzeitlichen »Nationalstaaten«) bereits herausgebildet. Siedlungsbewegungen, Urbanisierung und Landesausbau setzen ein mit jeweils neuen Techniken; neue Wege zu Lande oder Wasser werden entdeckt, Straßen gebaut. Die Bevölkerung nimmt bei relativ günstigen klimatischen Verhältnissen zu; das Sozialgefüge stabilisiert sich. Das lateinische Europa erlebt eine erste innere und äußere Expansion. Infolgedessen beginnt ein wirtschaftlicher Aufschwung, der als »Industrielle Revolution des Mittelalters« oder als große »Handelsrevolution« bezeichnet wird.

Geändert haben sich auch die politischen Schwerpunkte in jenem Raum, den man gemeinhin Europa nennt, ohne dass es hier zu einer Einheit gekommen ist. Zu großen Zentren der Machtbildung entwickeln sich das Römisch-deutsche Reich und das Papsttum. Der Anspruch des Reiches auf eine Art von Oberherrschaft wird außerhalb des Reiches nicht anerkannt; der Versuch einer wirklichen »Erneuerung des Reiches« (*Renovatio imperii* 962, 1000) scheitert. Der Anspruch der Päpste auf die Suprematie in der Kirche, von der Ostkirche entschieden abgelehnt, führt zum offenen Bruch (1054), der bis heute nicht geheilt ist, und setzt sich auch in den Diözesen der Westkirche sehr ungleich durch.

Das größte Machtzentrum bildet zunächst noch das Reich (Höhepunkte der Machtentfaltung unter Ottonen und Staufern). Seit dem 13. Jh. ist hier jedoch aufgrund älterer Ansätze das Entstehen von Landesherrschaften in vollem Gange. Dagegen bilden sich in England und Frankreich, zunächst am stärksten von feudaler Zersplitterung betroffen, die ersten Verwaltungsinstitutionen der Königreiche heraus. Der Osten (Byzanz, Russland) spielt künftig eine geringere politische Rolle, auch weil sich die religiös-kulturelle Zweiteilung Europas zwischen Ost und West verfestigt; die Grenze verläuft quer durch das von Slawen besiedelte Gebiet.

Der größte Fortschritt ist auf dem Gebiet des Handels und des Handwerks zu verzeichnen. Die Mühle, v. a. die Wassermühle, wird in verschiedenen technischen Adaptationen zur »Allzweckmaschine« (11. Jh.), die auch in der Eisenerzeugung, bei der Tuchproduktion und später bei der Herstellung von Papier Verwendung findet.

Wirtschaft

Die Landwirtschaft

Die Grundlage der gesamten Wirtschaft bildet weiterhin die Landwirtschaft, die das Gros der Bevölkerung beschäftigt und durch die Produktion von Nahrungsmitteln die Bevölkerungszahl bestimmt. Das Land wird von Grundherrschaften regiert, die größtenteils im sog. Villikationssystem (Herren- oder Fronhöfe und bäuerliches Land) organisiert sind. Freie Bauern können sich in größerer Anzahl bloß in Randzonen halten. Die unfreien Bauern müssen Naturalabgaben zinsen und Frondienste leisten. Die Verbreitung des Pfluges und der Dreifelderwirtschaft erhöhen die Erträge in der Landwirtschaft. Allerdings ist auch die Einführung des (tief gehenden) Pfluges an die Qualität des Bodens und an das Vorhandensein ausreichender Zugkraft gebunden; daher hat sich bis in das 19. Jh. hinein neben dem Pflug auch der primitive Haken in vielen Gebieten Europas als Ackergerät erhalten. Die Ackerfläche ist in Zelgen (oder Fluren seit 780 bezeugt) eingeteilt.

Die **Dreifelderwirtschaft** (Dreifelderfolge) sieht jeweils einen zweijährigen Getreideanbau und ein Brachjahr vor, wobei Flurzwang zur Nutzung des Brachlandes als Viehweide herrscht. Hauptgrund für dieses System ist der Mangel an Düngemitteln. Die Dreifelderwirtschaft wird in den einzelnen Regionen Europas zu unterschiedlichen Zeiten eingeführt. Da ihre Anwendung an eine ganze Reihe von agrotechnischen und strukturellen Vorbedingungen geknüpft ist, hat sie sich nie allgemein durchgesetzt. So gibt es in Frankreich einen Bereich der Drei- und einen der Zweifelderwirtschaft.

Entscheidende Bedeutung hat die sog. **»Verdorfung«**: Mit dem Landesausbau entstehen neben den alten Streusiedlungen und den Fron- oder Herrenhöfen (*villae*) Dörfer als neue Siedlungsform. Die Größe sowie die äußere und z. T. auch innere Struktur der Dörfer sind durch viele Komponenten bestimmt. Es gibt regellose und geregelte Grundrisse, letztere z. B. als Straßen-, Platz-, Anger-, Rund- oder Zeilendorf. Schon um die Felderwirtschaft zu regeln, entwickeln die Dörfer gewisse kommunale Formen, die man als Grundlagen der späteren Genossenschaftsbildungen betrachten kann. Auch in dieser Hinsicht ist die Entwicklung nicht einheitlich verlaufen. Im Gegensatz zu West- und Mitteleuropa hat sich das Dorf als dominante Siedlungsform in weiten Teilen Süd- und Nordeuropas nicht durchgesetzt.

Bedeutende Änderungen sind seit der Mitte des 11. Jh.s auch im Landschaftsbild zu verzeichnen. Das ältere Siedlungsbild ist vorwiegend von sog. Siedlungskammern geprägt, von besiedelten Flächen, die durch Wälder voneinander getrennt sind, wobei der Wald sowohl wirtschaftlich genutzt wird als auch zum Schutz der Siedlungen dient. Seit dem 11. Jh. beginnt der Landesausbau durch gezielte Kolonisation, der die Siedlungskammern zu größeren Siedlungsflächen erweitert. Chronologisch verläuft die große mittelalterliche Kolonisationswelle gestaffelt in west-östlicher Richtung und nimmt bald geregelte, zuweilen sogar geradezu genormte Formen an.

Kolonisation und Kolonistenrecht

Die Kolonisation, die geregelte Erschließung von Neusiedelland, beruht auf der Gründung neuer Dörfer und dem Urbarmachen des Bodens. Sie erfordert die koordinierte Tätigkeit der Gründer (Lokatoren, »Unternehmer«) und der Kolonisten, die bereit sind, das Risiko von Neugründungen zu tragen. Daher entwickelt sich bald ein eigenes Kolonistenrecht (emphyteutisches Recht), das im Bereich der sog. Ostsiedlung als »deutsches Recht« (*ius theutonicum*) bezeichnet wird. Neben Vergünstigungen (etwa Abgabenfreiheit auf Zeit) werden den Neusiedlern im Unterschied zu den Bauern des Altsiedellandes Sonderrechte zugestanden: ein begrenztes Eigentum gerodeten Bodens mit dem Recht, es zu vererben bzw. zu verkaufen, fixierte Abgaben an den Herrn und eine gewisse Selbstverwaltung (sogar die niedere Jurisdiktion). Dadurch können sich soziale Differenzierungen in der bäuerlichen Bevölkerung stärker ausprägen und sich Herrschaftsverhältnisse zwischen Kolonisten und Grundherren lockerer gestalten als in den alten Formen der Abhängigkeit. Gelegentlich nähern sich die Beziehungen zwischen Herren und bäuerlichen Neusiedlern sogar bloßen Pachtverhältnissen an.

Der Handel

Der Fernhandel steht weiterhin vor großen Herausforderungen. Der Zustand der Landwege ist schlecht, die Nutzung der Flüsse durch Zölle behindert. Dagegen werden die Seewege ausgeweitet und stärker genutzt. Der Orienthandel wird neben Marseille mehr und mehr von italienischen Seestädten, v. a. von Genua und Venedig, monopolisiert. Durch sie bleibt die Dominanz des Mittelmeeres im europäischen Fernhandel erhalten, doch treten mit dem 12. Jh. auch Handelsverbindungen in Nord- und Ostsee hinzu. Zu bedeutenden Zentren des europäischen Binnenhandels werden im 13. Jh. die Messen der Champagne; der Handel konzentriert sich allerdings zunehmend in großen Handelsstädten (Brügge, Nowgorod, Köln, Mailand, Venedig, Florenz).

Gesellschaft

Die soziale Schichtung

Die wirtschaftlichen Neuerungen und Umwälzungen finden ihren Niederschlag in sozialen Umschichtungen. Als erster »Stand« formiert sich der **Klerus**, der durch einige formale Kriterien (v. a. die Jurisdiktion des kanonischen Rechtes) vom Rest der Bevölkerung getrennt ist, ohne dass beim geweihten Personal die sozialen Unterschiede der Herkunft aufgehoben wären. Die Sonderstellung der Kleriker wird infolge der Reformbestrebungen der Kirche allgemein anerkannt. Die kirchlichen Reformen, zunächst vom Reformmönchtum getragen, kommen v. a. der Hierarchie und dem Papsttum zugute. Ihre Durchsetzung bedeutet das Ende des frühen sog. Reichskirchensystems (mit entscheidendem Einfluss des Königs auf die Besetzung der Bischofsstühle).

Im Hochmittelalter ändert sich teilweise auch die Zusammensetzung des **Adels**: Die Ministerialen, ursprünglich zum Großteil Unfreie in Ämtern oder mit Diensten auf den Fronhöfen betraut, erfahren einen sozialen Aufstieg und verschmelzen im Laufe der Zeit großenteils mit dem alten Adel. Noch ist der Adel jedoch kein eigentlicher Stand, die Stellung der einzelnen Angehörigen bleibt sehr unterschiedlich. Bei Besitz wird zwischen Allod (Erbgut) und Lehen (abhängiges, »verliehenes« Gut) unterschieden. Gemeinsam ist dem Adel, dass er erbliche Vorrechte beansprucht und die Herrschaft über Menschen ausübt, weil sie auf seinem Grund und Boden sitzen. Durch die Kombinationen des Lehnswesens mit alten Vorrechten und neuen Ansprüchen sowie nicht zuletzt durch Gewaltanwendung auch untereinander entstehen vielfältige Arten adeliger Herrschaft.

Als neue Form adeliger Lebensweise tritt das **Rittertum** auf. »Ritter« (ursprünglich »Reiter«) ist jemand, der kraft seiner Ausrüstung den Fußkämpfern weit überlegen ist. Obwohl die Aufnahme in die Ritterschaft bald durch verschiedene Förmlichkeiten normiert wird (Ritterschlag, Schwertleite, Schwertnahme), bilden die Ritter zunächst keinen geschlossenen Stand; erst im Spätmittelalter setzt die Entwicklung zum Rittertum als einem Bestandteil des niederen Adels ein. Eine Sonderform stellen die sog. Reichsritter dar. Das Ritterideal – vorgeformt durch die Gottesmiliz (*militia Dei*) der kreuzfahrenden Papstkirche – wird schließlich weitgehend durch die Literatur geprägt (CHRÉTIEN DE TROYES [†um 1190], WOLFRAM VON ESCHENBACH [†um 1220]), die die Formen eines »adeligen Lebens« definiert. Das Rittertum ist seit der Romantik oft Grundlage der Idealisierung des Hochmittelalters geworden. Mit dem Rittertum und dem Kampf in geschlossener Rüstung hängt auch das Aufkommen von Wappen zusammen; sie sind selbst entwickelt und nicht etwa orientalischen Vorbildern entlehnt. Ursprünglich ein Schildzeichen, um den gepanzerten Ritter zu erkennen, wird das Wappen später zum bleibenden oder erblich verliehenen »Standesabzeichen«. Eine ähnliche Entwicklung ist auch beim Burgenbau zu beobachten: Die militärischen Stützpunkte werden bald zu »Prestigesymbolen« ausgestaltet.

Die Dreiständelehre

Die Veränderungen im Sozialgefüge finden auch in der zeitgenössischen »Theorie« ihren Niederschlag. Seit Anfang des 11. Jh.s ist die sog. Dreiständelehre zunächst in England und Frankreich bezeugt; sie wird bald allgemein als Gesellschaftslehre akzeptiert. Eine offizielle Soziallehre der Kirche gibt es im Mittelalter nicht, und die Vorherrschaft der Dreiständelehre wird auch von den meisten »Ketzern« nicht angetastet. Nach dieser Lehre ist die Gesellschaft in drei »Stände« (*ordines*) geteilt, denen jeweils bestimmte Funktionen zugewiesen sind: Das Beten obliegt dem Klerus (*oratores*), der Kriegsdienst dem Adel (*bellatores*) und die Arbeit den übrigen, den *laboratores* (»tu ora, tu protege tuque labora« – du bete, du schütze und du arbeite). Diese Funktionslehre wird auch in späteren Jahrhunderten nicht mehr weiterentwickelt; selbst der Aufstieg des städtischen Bürgertums vermag das rigide Dreiteilungsschema der Gesellschaft nicht zu modifizieren. Alle Personen, die nicht zu Adel oder Klerus gehören (u. a. Bürger, Bauern, Taglöhner), bilden undifferenziert den sog. »dritten Stand«. Versuche, das Schema in eine Vierständelehre mit Sonderstellung der Bürger umzuändern, bleiben ohne Erfolg.

Die Städte

Das bedeutendste Ereignis des Hochmittelalters ist der **Urbanisierungsprozess**, der Aufschwung der Städte (*urbs, civitas*; Burg; *ville*; *port*; *město*; *gorod*). In den Mittelmeergebieten, in denen es eine Kontinuität seit der Spätantike gibt, entfalten sich jetzt die Städte nach Siedlungsgröße und Anzahl. Die großen Stadtkommunen Norditaliens beginnen sich bereits seit Ende des 11. Jh.s zu autonomen Stadtstaaten zu entwickeln. In den transalpinen Gebieten, wo in der vorangehenden Zeit bestenfalls Vorformen der Stadt existieren, kommt es zum Ausbau dieser Ansätze, v. a. aber zur massenweisen Neugründung von Städten: Europa wird für längere Zeit ein riesiger Bauplatz. Insgesamt entstehen während des Hochmittelalters überall Städtenetze und gelegentlich sogar ausgeprägte Städtelandschaften (Norditalien, Flandern).

Über den Charakter und die entscheidenden Merkmale der Stadt gibt es bereits seit dem Mittelalter selbst unterschiedliche Meinungen. Klar ist heute, dass eine bloße Rechtsdefinition zu kurz greift. Vielmehr stimmt man darin überein, dass die mittelalterliche Stadt von vielen Kriterien im Sinne eines »Kriterienbündels« bestimmt wird, dessen Kombination in sachlicher, zeitlicher und räumlicher Hinsicht jeweils verschiedene Städtetypen hervorbringt. Die Städte sind zunächst Konzentrationspunkte der Bevölkerung und von Anfang an auf den Zustrom ländlicher Bevölkerung angewiesen. Das nahe Umland bleibt das Hauptreservoir. Allerdings können sich mittelalterliche Städte in der Größenordnung weder mit antiken noch modernen vergleichen; die weitaus meisten sind Kleinstädte zwischen 500 und 2000 Einwohnern. Eine Stadt mit mehr als 10 000 Einwohnern gilt bereits als Großstadt. Ein charakteristisches Bild bietet das Äußere der Städte, ihre Befestigung durch Stadtmauern und Türme und ihre dichte, gegliederte Bebauung nach einem bestimmten Grundriss. In wirtschaftlicher Hinsicht sind Städte Zentren des Nah- und Fernhandels sowie der gewerblichen Produktion, die sich bald völlig innerhalb der Stadtmauern konzentriert. Hier lebt eine beruflich differenzierte und sozial geschichtete Bevölkerung. Städte halten Markt und sind Märkte. Sie füllen gewisse »zentrale Funktionen« in ihrer Umgebung aus, die nach Größe und politischer Bedeutung der jeweiligen Stadt stark variieren. Oft ist die ökonomische Vorrangstellung gegenüber dem Umland rechtlich (durch Privilegien) kodifiziert.

Besonders bezeichnend für weite Teile Europas (gerade des lateinischen Kulturraumes) ist die eigenartige Rechtsstellung der Stadt, ihrer »Bürger« und Einwohner. Diese können Städte entweder unformal erwerben (friedlich durch Kauf oder Verpfändung oder in Auseinandersetzungen mit dem Stadtherrn) oder durch besondere Privilegien (*chartes de franchises*) erteilt bekommen (ältestes, bruchstückhaft erhaltenes Stadtprivileg für Huy 1066) oder gleich bei der Neugründung verbrieft erhalten (Stadtgründungsprivileg). An der Gründung von Städten sind nicht nur die Bürger selbst, sondern auch die Stadtherren (v.a. die Herrscher) interessiert. Städte sind »Großburgen« und damit auch militärisch wichtige Machtfaktoren (z.B. Städtegründungen der Staufer und Přemysliden). Zu den wichtigsten Vorrechten der Bürger gehört ein erhöhtes Maß an Freiheit, v.a. beim Erbrecht, das bei größeren Städten zur vollen persönlichen Freiheit aller Einwohner der Städte führt. Aus den älteren Einungen (Schwurverbänden, *coniurationes*; bereits 1076 Cambrai) entwickelt sich, zuweilen nach italienischem Vorbild, eine selbstständige Verwaltung, die dahin tendiert, ihre Kompetenzen ständig zu erweitern (im Spätmittelalter bilden die Städte oft eigene Gerichtsbezirke und die großen Städte erlangen durch die Hochgerichtsbarkeit auch formal ihre völlige Emanzipation vom Stadtherrn).

Die Grundsätze, nach denen die Städte verwaltet und nach denen auf gewohnheitsrechtlicher Grundlage Recht gesprochen wird, erweitern sich allmählich zu einem städtischen Recht, das bisweilen sehr umfangreich werden kann. So schätzt man z.B. die Gesamtzahl der Statuten der italienischen Städte auf über 10000. Das Mittelalter hat jedoch kein einheitliches Stadtrecht hervorgebracht. Allgemein verbreitet sind nur gewisse Grundlagen, z.B. der römisch-rechtlich geprägte Eigentumsbegriff. Versuche von Königen im 13.Jh. (LUDWIG IX. in Frankreich, OTTOKAR II. PŘEMYSL in Böhmen), ein einheitliches Stadtrecht zu kodifizieren, dringen zunächst nicht durch. Im Reichsgebiet wird v.a. im nördlichen und östlichen Deutschland eine gewisse Einheitlichkeit dadurch erreicht, dass das Recht einiger großer Städte (Nürnberg, Lübeck, Magdeburg) zum maßgeblichen Vorbild anderer Stadtrechte wird. Man spricht von **Stadtrechtsfamilien**, die einen ausgedehnten gemeinsamen Geltungsbereich früher und effizienter garantieren können, als königliche oder fürstliche Verwaltungen.

Beherrscht wird die städtische Selbstverwaltung zunächst von den Ministerialen der Stadtherren (v.a. in Süddeutschland) und den Kaufleuten, die schon bald (z.B. in Köln 1074, 1114) auch in Konflikt mit den Stadtherren (besonders in bischöflichen Städten) geraten. Sobald die Städte eine gewisse Größe erreichen und Macht erlangen, werden sie zwangsläufig zu Konkurrenten ihrer alten Herren. Seit dem 13.Jh. werden sich die Herren dieser Gefahr in zunehmendem Maße bewusst. So setzt im Reich eine städtefeindliche Gesetzgebung ein, die im Spätmittelalter ihre Fortsetzung findet.

Trotz der relativen Größe der Städte bleibt der lokale Markt begrenzt, und der Fernhandel erzwingt einen Zusammenschluss, um das Risiko zu mindern. In den Städten bilden sich daher besondere Genossenschaften. Die Gilde (*fraternitas, unio*) der Fernkaufleute ist eine der ältesten Organisationsformen, bedingt durch die Art des Handels und durch die Notwendigkeit, Sonderprivilegien für den Handel zu erhalten. Diese werden zur Basis eines besonderen Kaufmannsrechts (*ius mercatorum*). Andersartig sind die Organisationsformen des Fernhandels der italienischen Städte, die bald städtische Vertretungen organisieren. Langwieriger gestaltet sich die Genossenschaftsbildung auf dem Gebiet der Handwerksproduktion, die zwangsläufig zur Reglementierung der gesamten Produktion und des Nahhandels führen muss. Ihr kommendes Gefäß sind die Zünfte. Gewissermaßen als Vorform schließen sich Handwerker in religiösen Bruderschaften zusammen. Um Zünfte zu konstituieren – je nach Region z.B. auch Amt, Handwerk, Zeche, Innung oder Gaffel genannt – bedarf es in der Regel des Zunftzwangs, d.h. der Beschränkung, dass nur Mitglieder der Zunft das jeweilige Handwerk, den Handel oder das Gewerbe betreiben dürfen. Dadurch erlangen die Zünfte eine Monopolstellung in Gewerbe und Handwerksproduktion. Erste Zunftbildungen (wohl von Byzanz beeinflusst) sind seit dem Ende des 11.Jh.s bezeugt: 1095 Pisa, 1099 Mainz[?], 1106 Worms, 1112 Ferrara, 1121 Parma, 1128 Würzburg, vor 1130 London, Oxford, Lincoln, Winchester, 1100–1135 Rouen.

Zünfte kontrollieren nicht nur die Qualität der Produkte, sondern suchen zunehmend auch die Produktion zu reglementieren, um die Preise stabil zu halten. Bald regt sich Widerstand dagegen – aus der städtischen Oberschicht wie aus der Unterschicht. Trotz wiederholter Verbote (allgemeines Verbot 1231/32 auf dem Hoftag von Ravenna) lassen sich die Zünfte jedoch nicht unterdrücken. Sie erweitern gar ihre Kompetenzen und streben danach, zu einer allgemeinen Organisationsform mit militärischen Funktionen und eigener Jurisdiktion zu werden. Seit dem 13.Jh. verfolgen sie zusätzlich politische Ambitionen und verlangen, an der Verwaltung der Stadt beteiligt zu werden oder versuchen gleich, die Selbstverwaltung zu übernehmen. Dominant sind in den Zünften die Meister. Im Spätmittelalter haben die Zünfte den Charakter von Meisterzünften; daneben entstehen eigene Gesellenzünfte. Die Zunft wird zur allgemeinen Organisationsform des städtischen Lebens.

Religion

Durch die Kreuzzüge und die weithin erfolgreiche Reconquista in Spanien wird praktisch ganz Europa christlich. Die nichtchristlichen Religionen in Ost- und Nordosteuropa werden immer mehr zurückgedrängt und in organisierten »Missions-Kreuzzügen« und sog. »Preußenfahrten« auch gewaltsam bekämpft. Durch die Taufe des Litauerfürsten WŁADYSŁAW JAGIEŁŁO 1386 werden auch die letzten Nichtchristen im Baltikum formal endgültig verdrängt. Die einzigen geduldeten Nichtchristen bleiben danach im christlichen Europa die Juden, denen die Kirchenlehre die Rolle der »Zeugen« (*testes*) der Heilsgeschichte zuspricht.

Die Juden

Die strikte Abgrenzung der jüdischen Bevölkerung, wie sie im 7.Jh. die Kirche besonders im westgotischen Bereich durchgeführt hat, ist inzwischen weitgehend aufgehoben. Die Juden spielen im Frühmittelalter eine wichtige Rolle im Fernhandel. Durch die Verbreitung des (katholischen) Christentums und den Ausbau der feudalen Gesellschaft werden die Juden des Hochmittelalters indessen immer mehr zu Außenseitern. Sie unterscheiden sich von der christlichen Bevölkerung nicht nur durch Glauben und Ritus, Kleidung, Sprache und Schrift, sondern zwangsläufig auch durch wirtschaftliches und soziales Verhalten. Aus Landwirtschaft, Handel und Gewerbe immer mehr verdrängt, werden sie gezwungen, sich – neben medizinischem und technischem Expertentum – v.a. auf den Geldverleih zu konzentrieren. Lange Zeit beherrschen Juden das Kreditwesen im großen wie im kleinen Stil. Da aber durch kanonisches Recht jedes Ausleihen von Geld gegen Zins als unzulässiger Wucher gebrandmarkt wird, trifft sie dieser Makel zusätzlich. Einerseits werden die Juden für ihre Herren zu einer wichtigen Einnahmequellen (Judensteuern), andererseits ziehen sie den Hass der Schuldner auf sich. Ihre Rechtsstellung verschlechtert sich im Laufe des Hochmittelalters trotz oder gerade wegen der Sonderprivilegien. Seit dem 13. Jh. werden die Juden als Kammerknechte (*servi camerae*) angesehen und dienen nicht nur zur Erhöhung der Einnahmen der Herrscher, sondern auch als »Blitzableiter« und »Sündenböcke« für zunehmende Antagonismen in der Gesellschaft. So müssen Juden im alltäglichen Leben größte Gegensätze aushalten: In christlicher Umgebung sind sie gleichzeitig ausgegrenzt und eingebunden, aber trotz allem ein Teil der gemeinsamen Kultur; schließlich hat man die gleichen Lebensgestaltungs- und Unterhaltungsinteressen. Recht und Gewohnheiten, z. B. die Stellung der Frau, die Monogamie und selbst das Trauungszeremoniell, werden von der umgebenden christlichen Mehrheit beeinflusst. Die jüdische Literatur greift mit Heldenepen und Ritterromanen die gleichen Themen auf wie die christliche. Illuminatoren aus beiden Religionen gestalten profane Handschriften nach gleichen Techniken und oftmals auch gleichen Motiven. Die Häuser der Juden unterscheiden sich in nichts von denen der Christen. Synagogen und Kirchen werden im gleichen Stil gebaut und von den gleichen Steinmetzen geschmückt. Wie andere Sozial- und Berufsgruppen – Handel und Gewerbe – wohnen auch die Juden vor den großen Verfolgungen zumeist relativ geschlossen (Judengassen), öfter in den besten Vierteln der Stadt.

Das Leben der jüdischen Gemeinde und die Beziehungen zwischen den einzelnen Mitgliedern richten sich nach dem *jüdischen Recht*, das auf die Bibel und den Talmud zurückgeht. Die Rechtsstellung der Juden und der jüdischen Gemeinden in ihren Beziehungen zur nichtjüdischen Umwelt wird dagegen durch das *Judenrecht* geregelt, deren Quellen die Privilegien der Herrscher sind. Das älteste Privileg stellt 1090 Kaiser Heinrich IV. für Worms und Speyer aus. In den Gemeinden organisieren sich die Juden selbst, geführt von Ältestenrat und Judenmeister. Rabbiner haben eine beratende Funktion. Kult- und Bildungsfragen, finanzielle und soziale Angelegenheiten werden selbst geregelt. Zumindest vor den großen Verfolgungswellen des späteren Mittelalters führen die Gemeinden ein reges geistiges Leben. Die Hauptsorge gilt der Synagoge.

Die große Wende des jüdischen Lebens in Europa verursacht der 1. Kreuzzug (1096–1099) mit der ihn begleitenden Pogromwelle. Während in den vorangehenden Jh.n die Juden relativ unbehelligt unter der christlichen Bevölkerung siedeln, beginnt mit dem Ende des 11. Jh.s eine Reihe von Verfolgungen, die unter immer neuen Vorwänden (Schuld am Tode Christi, Ritualmord, Hostienschändung) zu blutigen Exzessen führt.

Nun wird auch die alte kirchliche Abgrenzungspolitik neu aufgenommen und im kanonischen Recht fest verankert. In der aufgewühlten Zeit des frühen 13. Jh.s, mit innerchristlichen Kreuzzugs- und Ketzerproblemen, drängt auch die Kirchenführung, die zuvor immer untersagt hat, die Juden zu bedrängen, aus Furcht vor Infiltration auf Isolierung: Juden – so beschließt es 1215 das 4. Laterankonzil – sollen getrennt von den Christen wohnen und ein Unterscheidungszeichen tragen, einen kreisförmigen gelben Fleck an der Kleidung. Dieser Beschluss hat wie alle dispositiven Beschlüsse zunächst kaum praktische Bedeutung, doch ist damit die Idee des späteren Judensterns in die Welt gesetzt. Analog wird auch von rabbinischer Seite eine konsequente Trennung gefordert. Erst im Spätmittelalter findet die Idee der Abgrenzung ihren Niederschlag in der räumlichen Konzentration der Juden im Getto, das aber zunächst oft nur dem Schutze der Juden dient. Die sich wiederholenden Verfolgungswellen und dann die einsetzenden Vertreibungen von Juden (1290 in England, 1306, 1322 und 1394 in Frankreich) verschieben den Lebens- und Siedlungsschwerpunkt der europäischen Juden nach Osteuropa (Polen) und drängen außerdem zu einem engeren Zusammenschluss der jüdischen Gemeinden.

Größere antijüdische Pogromwellen

1096/1097	Erster Kreuzzug
1146/1147	Zweiter Kreuzzug
1190	England
1236	Frankreich
1287	Mittelrhein
1298	»König Rintfleisch«-Süddeutschland
1320	Pastouraux-Frankreich
1336–1339	Armleder-Süddeutschland
1348–1350	Pogromwelle im Zusammenhang mit der Pest

Die Kultur des Hochmittelalters

Gemeinsame Merkmale einer europäischen Kultur vom 10.–13. Jh. sind schwer festzustellen: Gegenüber stehen sich lateinische und nichtlateinische, christliche und nicht christliche Kulturen und jeweils große regionale Unterschiede. Hinzu kommt, dass Europa gerade im Übergang vom 11. zum 12. Jh. einen tief greifenden Wandel erfährt, einen inneren und äußeren Aufbruch, der in seiner expansiven Kraft zwar alle Lebensbereiche tangiert, aber keineswegs die Unterschiede einebnet.

Die geistlichen Zentren, die Bischofsstädte und v.a. die Klöster, sind weiterhin Garanten einer allgemeinen Ausstrahlung. Sie bleiben die Kulturträger, solange es noch an Urbanität und kulturell wirksamen höfischen Zentren fehlt. Ein neues »Aachen« ist nach dem Zerfall des Karolingerreichs vorerst nicht in Sicht. Der Welt- und Ordensklerus ist fast allein im Besitz der Schriftlichkeit und prägt Literatur und bildende Kunst, Historiografie, Philosophie und Wissenschaft, aber auch administrative Funktionen in »Staat« und Gesellschaft nach seinen Möglichkeiten, Bedürfnissen und Zielen. Europa ist weitgehend ländlich, das Wirtschaftsleben auf Fronhofsverbände und Dörfer beschränkt, sodass kaum Nachfrage nach Bildungsgütern, Kunstgegenständen und Luxuswaren über enge Kreise hinaus vorhanden ist. Die Herrscher der Zeit und ihr hochadliges Gefolge können nur begrenzt kulturell wirksam werden, am ehesten noch das Römisch-deutsche Kaisertum mit OTTO I. (936/62–973) und OTTO III. (983/96–1002), später mit FRIEDRICH I. (1152/55–1190), HEINRICH VI. (1169/91–1197) und v.a. FRIEDRICH II. (1212/20–1250). Schriftlichkeit in Laienkreisen und damit eine betont **laikale Kultur** gewinnt erst seit dem späten 11. Jh. allmählich an Boden, beginnend **in Italien und Südfrankreich**, wo Bildung unter Laien seit der römischen Antike nie ganz verschwunden ist. Mit der kommunalen Bewegung und Urbanisierung Europas verstärkt sich zwar der Einfluss des Stadtbürgertums, doch bleibt das kulturelle Leben insgesamt auf eine schmale Schicht beschränkt.

Weltbild und Umfeld

Das Weltbild ist christlich bestimmt, die **geografischen Kenntnisse** decken sich zunächst weitgehend mit der Verbreitung der Christenheit, werden aber im Gefolge der Handelsfahrten in Mittelmeer und Ostsee sowie der Kreuzzüge in Orient und Osteuropa beträchtlich erweitert. Das Kirchenjahr, das dem natürlichen, jahreszeitlichen Ablauf des agrarischen Lebens angepasst ist, bestimmt mit seinen Festtagen das Zeitgefühl und den Tagesablauf. Monatsbilder zeigen bäuerliche Arbeiten. Die Chronologie ist technisch unvollkommen. **Geschichte** wird ausschließlich als christliches Heilsgeschehen aufgefasst. Die Geschichte der Juden und der »heidnischen« Völker nimmt man von ganz wenigen Ausnahmen abgesehen (WILHELM VON TYRUS [†1186]; RODRIGO JIMÉNEZ DE RADA [*1170, †1247] gegenüber Muslimen) als eigenständige Geschichte nicht zur Kenntnis. Latent präsente chiliastische Vorstellungen führen wiederholt zur Naherwartung des Weltendes mit dem Erscheinen des Antichrist, mit dem sich Papst und Kaiser gelegentlich gegenseitig identifizieren (INNOZENZ IV., FRIEDRICH II.).

Wichtiger als die unmittelbare Erfahrungswelt ist das, was hinter den sicht-, greif- und benennbaren Dingen steckt. Man denkt in **Symbolen**, wie sie in Zahlen (u.a. drei, vier, sieben, acht), in der Kirchenbaukunst (Grundformen von Kreuz und Kreis [= Vollkommenheit]), in der Liturgie und in der Naturbetrachtung entgegentreten. Am eindruckvollsten wohl in der Wortsymbolik, die das Studium von Wörtern und Sprachen zur Grundlage von Erziehung und Wissenschaft erhebt: Wörter sind Symbole der Dinge, und diese sind Widerspiegelungen anderer Dinge, die einer höheren Sphäre angehören. Die menschliche Gesellschaft ist folglich das Abbild der himmlischen Gesellschaft (Engelshierarchie), und ein Aufbegehren gegen die irdische Sozialordnung ist gleichbedeutend mit der Auflehnung gegen die göttliche Schöpfung. In diesem Geflecht der Unter- und Überordnung wird der Mensch in Kunst und Literatur kaum als Individuum gesehen, vielmehr als Vertreter von Rang und gesellschaftlicher Position, als Ausdruck seines Typus in Kleidung, Gestik und Geschlecht. Dargestellt werden die Gestalten des Alten und Neuen Testaments, Kirchenväter, Heilige, Geistliche, christliche Herrscher und ritterliche Helden. Bauern werden verachtet und zunehmend verspottet. Selten noch wird der bildende Künstler namentlich genannt. Doch mit dem 12. Jh. – auch dies ein Ausfluss des tief greifenden sozialen Wandels in Europa, u.a. durch Expansion, Bildung und Urbanisierung – sieht sich der Mensch, wenn auch vorerst v.a. in intellektuellen Kreisen, mehr und mehr als selbstverantwortliches Individuum, das sein »Ich« begreifen kann.

Hohe Wertung hat die praktische **Ethik**. Sie wird durch *Exempla* (beispielhafte Begebenheiten) und Vorbilder gelehrt, die Regeln menschlichen Zusammenlebens als Sitte aus der Vergangenheit übernommen. Gleichwohl ist eine Rationalisierung von Denkgewohnheiten und Untersuchungsmethoden z.T. schon im späten 10. Jh. festzustellen: Kaiser OTTO III. kritisiert die Konstantinische Schenkung als Fälschung, GERBERT VON AURILLAC (Leiter der Domschule in Reims, 999–1003 Papst SILVESTER II.) verschafft in Begegnung mit antikem Geistesgut der Logik große Geltung und führt nach arabischem Vorbild die mathematische Zahlenrechnung ein.

Philosophie und Geisteswissenschaft

Die Scholastik

Scholastik (von lateinisch *schola* = Schule) ist ein Sammelbegriff für die vorwiegend in den Schulen (Klosterschulen, Kathedralschulen, Universitäten) des lateinischen Mittelalters gepflegten und gelehrten Wissenschaften. In erster Linie meint man damit die Theologie und die vielfältigen Disziplinen der Philosophie. Theologie und Philosophie stehen in der Scholastik in einem engen, wechselvollen Verhältnis: Es reicht von der Tendenz, die theologischen Glaubenswahrheiten in Philosophie aufzulösen (Versuch ANSELMS VON CANTERBURY [*1033, †1109], die Frage nach Grund und Bedeutung der Menschwerdung Gottes rational zu lösen) bis zur Integration philosophischer Einzelargumentationen in ein grundsätzlich theologisches Denken (so etwa bei BONAVENTURA [*1221, †1274]). Zwischen diesen beiden Extremen entwickelt THOMAS VON AQUIN (*1224/25, †1274) die klassische, wissenschaftstheoretisch reflektierte Synthese: Die Philosophie und die übrigen nichttheologischen Wissenschaften kennen als Quelle lediglich Erfahrung und natürliche Vernunft. Dagegen nutzt die Theologie auch die – im Glauben akzeptierten – Auskünfte der übernatürlichen Offenbarung. Quellen sind die Heilige Schrift und die kirchlichen Lehrtraditionen. Oberhalb dieser akzeptierten Basis ist ihr Verfahren aber wieder rein rational und damit wissenschaftlich nachprüfbar. Gegen eine Unterordnung der Theologie unter die Philosophie wendet sich **Petrus Damiani** (*1007, †1072) mit seiner Forderung, die Philosophie habe in Glaubensfragen Magd der Theologie (*ancilla theologiae*) zu sein. Diese »Ancilla-Formel« ist für das Verständnis der Scholastik indessen ungeeignet.

Die scholastische Methode

Von enormem Einfluss auf die scholastische Arbeitsweise ist **Peter Abaelards** (*1079, †1142) Schrift »Sic et non« (abgefasst etwa 1122). Sie kompiliert aus dem Traditionswissen der Heiligen Schrift und der Kirchenvätern widersprüchliche Texte über 158 wichtige theologische Fragen. Aus den Widersprüchen dieser *auctoritates* ergibt sich eine *quaestio*, eine Frage oder ein Problem, das zu lösen die *ratio* herausgefordert ist. Unter dem zusätzlichen Einfluss der »Logica nova« (der in der Mitte des 12. Jh.s bekannt gewordenen aristotelischen Schriften Topik, Analytiken und Sophistische Widerlegungen) entstehen aus diesem Verfahren die scholastische Disputationsmethode und die sie widerspiegelnde literarische Form der *Quaestio*. Diese schlägt sich in einer außerordentlich reichen Kommentarliteratur nieder. Bevorzugte Texte der Kommentatoren sind in der Philosophie Pseudo-Dionysius Areopagita (um 500) und Boethius (*um 480, †524) und vom 13. Jh. an Aristoteles, in der Theologie die einzelnen Bücher des Alten und Neuen Testaments und die Sentenzen des Petrus Lombardus (*um 1095, †1160), eine Sammlung von »Meinungen« der Autoritäten.

Charakteristisch für den Geist der scholastischen Methode ist der Dualismus von tradierter *auctoritas* und *ratio*. Die *auctoritas* ist dabei aber nicht einfach »autoritär«, da der Grad ihrer Verbindlichkeit sehr verschieden ist. Sie reicht von der unbedingten Geltung der Heiligen Schrift bis zur bloß noch dekorativen Zitierung einer früheren Berühmtheit, um die eigene Position zu stützen. Das generelle Problem für die mittelalterlichen Gelehrten ist nur, dass die Autoritäten des Traditionswissens noch nicht historisiert sind.

Die Mystik

Der Begriff Mystik fasst zumeist alle jene Personen und Bewegungen religiösen Geisteslebens zusammen, die ihre Wirksamkeit nicht an den Schulen und in den Formen der Schulen entfalten, sondern dem unmittelbaren praktischen Vollzug des Glaubens dienen wollen. Im engeren Sinne meint »mystisches« Erleben einen unmittelbaren übersprachlichen und überbegrifflichen, je individuellen Kontakt zu Gott. Mystik ist der Scholastik nicht entgegengesetzt, sondern ihr Korrelat. Scholastiker sind oft zugleich Verfasser mystischer Texte und umgekehrt. Durch diese enge, bereits in den ersten christlichen Jh.en grundgelegte Verbindung gewinnt die Religiosität des christlichen Europa jene intellektualistische Orientierung, die ihr Charakteristikum unter den großen Weltreligionen ausmacht: Glaube und Vernunft sind prinzipiell versöhnt.

Die Frühscholastik

Bereits um die Wende zum 12. Jh. tauchen führende Köpfe dieser Denkschule auf. Anselm von Canterbury formuliert als Leitidee den »Glauben, der nach Einsicht sucht« (*fides quaerens intellectum*) und will (*per rationem ad fidem*) durch Vernunft zum Glauben gelangen. In seinem Werk »Proslogion« entwickelt er so etwas wie einen »ontologischen Gottesbeweis«, in »Cur Deus homo« eine Satisfaktionstheorie, um die Menschwerdung Christi rational verständlich zu machen.

Peter Abaelard ist seit 1113 ein sehr erfolgreicher und einflussreicher Lehrer in Paris. Sein Liebesverhältnis mit seiner Schülerin Heloise (*um 1100, †1164) endet furchtbar: Der Onkel von Heloise lässt Abaelard aus Rache kastrieren. Heloise wird Nonne im Kloster Argenteuil, er selbst Mönch in Saint-Denis, beginnt aber bald ein unruhiges Wanderleben. Der berühmte Briefwechsel zwischen beiden ist teilweise literarische Fiktion Abaelards, die Selbstbiografie (»Historia calamitatum«) ist wohl echt und ein bedeutendes Dokument des Individualisierungsprozesses. Als Philosoph beschäftigt sich Abaelard u. a. mit (Sprach-)Logik und lehrt im **Universalienstreit** (Frage nach der Seinsweise des Allgemeinen) einen Konzeptualismus; in der Ethik betont er die Funktion des subjektiven Gewissens: Nicht in der Handlung, sondern in der Absicht liege das sittlich Gute und Böse. Sein rationalistisches Herangehen an theologische Fragen erregt Widerspruch in amtskirchlichen Kreisen (u. a. bei Bernhard von Clairvaux [*um 1090, †1153]). Er steht jedoch gerade in der Aufbruchszeit des 12. Jh.s damit nicht allein (etwa Anselm von Canterbury).

Ein besonderes Phänomen der Frühscholastik ist die **Schule von Chartres** (Blütezeit im 12. Jh., vor der Erbauung der Kathedrale). Hauptvertreter sind Gilbert de la Porrée (*um 1080, †1154), Bernhard von Chartres (†um 1130), Thierry von Chartres (†1151) und Johannes von Salisbury (*um 1115, †1180). Charakteristisch für die Schule ist das intensive Interesse an den Autoren der Antike. Berühmt für Selbstverständnis und Entwicklung der Wissenschaft allgemein wird die Formulierung Bernhards von Chartres: »Wir stehen wie Zwerge auf den Schultern von Riesen«, die die Verehrung der *auctores* ebenso zum Ausdruck bringt wie die stolze Gewissheit der Zeitgenossen über den größeren Überblick. Die Schule bevorzugt den Platonismus (v. a. Platons »Timaios«) und entwickelt daher eine besondere Vorliebe für »naturwissenschaftliche« Fragen. Der Platonismus von Chartres treibt, wie viele spätere platonisierende Richtungen (intensiver als der jeweilige Aristotelismus), die wissenschaftsgeschichtliche Entwicklung in die Richtung der modernen Naturwissenschaften.

Die Hochscholastik (13. Jh.)

Das Jahrhundertereignis ist das Bekanntwerden des Gesamtwerks des Aristoteles im lateinischen Europa über die schon rezipierten logischen Schriften hinaus. Die Übersetzungen stammen teilweise direkt aus dem Griechischen (Bartholomäus von Messina, Robert Grosseteste [†1253], Wilhelm von Moerbeke [*um

1215, †1286]), teilweise wanderten aristotelische Texte über das Syrische ins Arabische und von dort ins Lateinische. Mittelpunkt dieser Vermittlung ist die Übersetzerschule von Toledo, wo v.a. GERHARD VON CREMONA (*1114, †1187) äußerst fruchtbar tätig ist.

Der Weg über den Orient und das maurische Spanien bleibt für das Verständnis der Aristotelestexte nicht ohne Folgen. Mit übersetzt werden die Werke (v.a. die Aristoteleskommentare) der großen persischen und arabischen Gelehrten des 11. und 12. Jh.s: **AVICENNA** (IBN SÎNÂ, *um 980, †1037) hat mehr als 100 Werke hinterlassen. Sein »Kanon« ist für Jh.e das klassische Lehrbuch der Medizin, sein »Buch der Genesung« eine große philosophische Enzyklopädie, in der eine Gesamtinterpretation der Lehren des Aristoteles geliefert wird. **ALGAZEL** (AL-GHASALI, *1058, †1111) ist aus theologischen Gründen Gegner der Philosophie, v.a. des Aristotelismus, den er aber kritisch und scharfsinnig darlegt. **AVERROËS** (IBN RUSCHD, *1126, †1198) wirkt als Richter im maurischen Córdoba. Seine in drei verschiedenen Redaktionen überlieferten Aristoteles-Kommentare tragen ihm den Namen des Kommentators schlechthin ein. Die Araber sind in ihrer Aristoteles-Kommentierung ihrerseits abhängig von den neuplatonischen Aristoteles-Kommentatoren des 3.–5. Jh.s (PORPHYRIOS, THEMISTIOS, AMMONIOS). Mit ihrem Aristotelismus strömt daher wieder neuplatonisches Gedankengut in das Mittelalter ein, das als Erbe der Patristik ohnehin schon präsent ist.

Aus Südspanien (Zentrum Córdoba) dringt indessen nicht nur die arabische, sondern auch die jüdische Philosophie des 11. und 12. Jh.s nach Europa vor. **Avicebron** (SALOMON IBN GABIROL, *um 1020, †1070) ist der früheste Vertreter der Philosophie der Juden in Spanien. In seinem Traktat »Quelle des Lebens« (von DOMINICUS GUNDISALVI in Segovia um die Mitte des 12. Jh.s ins Lateinische übersetzt) verbindet er eine neuplatonisierende Hypostasenlehre mit der Betonung eines freien göttlichen Willens als »Lebensquelle« aller endlich Seienden. **MOSES MAIMONIDES** (*1135, †1204) verdankt seine Berühmtheit u.a. seinem Werk »Dux neutrorum« (Führer der Unschlüssigen). Er ist auch neuplatonisch inspiriert, doch steht bei ihm ARISTOTELES an erster Stelle. Sein Einfluss auf das 13. Jh., speziell auf THOMAS VON AQUIN, ist groß; Berührungspunkte sind v.a. die Schöpfungslehre und die Gottesbeweise.

Die Wirksamkeit von Logik und Vernunft, die Wiederentdeckung antiker Gelehrsamkeit und die Begegnung mit der arabischen Wissenschaft führen in dieser Phase aus ganz verschiedenen Perspektiven zu den Anfängen einer wissenschaftlichen Auseinandersetzung mit Phänomenen der Natur. Daran beteiligt ist z.B. auch Kaiser FRIEDRICH II. mit seinem Buch über die Kunst mit Vögeln (Falken) zu jagen (»Ars venandi cum avibus«). Große Bedeutung und nachhaltige Wirkung entfaltet die unter dem Einfluss französischer Schulen (u.a. Chartres) von ROBERT GROSSETESTE (†1253; Kanzler der Universität Oxford 1214–1221) gegründete Schule von Oxford, wo man sich mit Lichtmetaphysik, methodologischen, physikalischen und astronomischen Arbeiten beschäftigt und das Prinzip des Experiments entwirft. Herausragende Gestalt dieser Schule wird ROGER BACON (*1214, †um 1292), der sich besonders den Sprachen, der Mathematik und der Optik annimmt und erstmals den Begriff des Naturgesetzes formuliert.

Hauptvertreter der Hochscholastik

Führende Köpfe sind v.a. ALBERTUS MAGNUS, THOMAS VON AQUIN, BONAVENTURA und RAIMUNDUS LULLUS. **ALBERTUS MAGNUS** (ALBERT DER GROSSE; *um 1200, †1280), der einzige Philosoph, der diesen ehrenden Beinamen trägt, tritt als Student in Padua in den Dominikanerorden ein und lehrt als Magister der Theologie an der Pariser Universität sowie am Studium der Dominikaner in Köln. In seinem umfangreichen Werk vereinigt er Neuplatonismus, Aristotelismus und eigene einzelwissenschaftliche Naturbeobachtung. Nicht zuletzt dieser verdankt ALBERTUS MAGNUS seinen großen Nachruhm. Die Berichte der »erfahrenen Alten« hält er in Ehren, doch könne in Fragen der Natur »nur das Experiment Sicherheit bringen«, wobei *experimentum* Einzelbeobachtung bedeutet, nicht »Experiment« im modernen Sinne. Seine Erkenntnisse hat ALBERTUS MAGNUS u.a. auch auf seinen Visitationsreisen in der deutschen Ordensprovinz der Dominikaner verbreitet und an manchen Orten – so scheint es – für eine realistische Wahrnehmung natürlicher Ereignisse gesorgt.

THOMAS VON AQUIN tritt gegen den Widerstand seiner gräflichen Herkunftsfamilie um 1243 dem Dominikanerorden bei, der ihn 1244 zu ALBERTUS MAGNUS nach Köln schickt. 1256 wird er Magister der Theologie in Paris. THOMAS schreibt u.a. Aristoteles-Kommentare, einen Kommentar zu PSEUDO-DIONYSIUS, eine »Summa contra gentiles – Summe wider die Heiden« und als Hauptwerk eine »Summa theologiae – Summe der Theologie«, die zwar unvollendet geblieben ist, das Lehrgebäude der römischen Kirche jedoch stark beeinflusst hat. THOMAS integriert ARISTOTELES in die augustinische und neuplatonische Tradition und verstärkt damit die seit AUGUSTINUS stets vorhandene positive Wertung der Schöpfung. Das führt zur Annahme einer relativen Autonomie der theoretischen und praktischen Vernunft, zur Unverzichtbarkeit der Sinneserfahrung in der menschlichen Erkenntnis, zur Betonung der wesentlichen und positiv zu wertenden Leiblichkeit des Menschen und zur Aufwertung der Natur gegenüber der göttlichen Gnade. THOMAS hat eine imponierende Wirkungsgeschichte erfahren bis hin zu seiner zentralen Stellung in der »Neuscholastik« des 19. und 20. Jh.s.

JOHANNES FIDANZA, Ordensname **BONAVENTURA**, tritt 1242 als Pariser Artistenmagister und Theologiestudent in den Franziskanerorden ein. Seit 1257 lehrt er als Magister oder Professor Theologie, macht dann jedoch als Ordensgeneral und später als Kardinalbischof von Albano (seit 1373) Karriere. Seine wichtigsten Schriften sind die Kommentare zu den Sentenzen des PETRUS LOMBARDUS, das Pilgerbuch (»Itinerarium«) der Seele zu Gott und die Erklärung des Sechstagewerks. BONAVENTURA könnte man als Mystiker bezeichnen. Auch inhaltlich stellt er einen Kontrapunkt (nicht Gegner) zu THOMAS VON AQUIN dar. Wie sein Lehrer ALEXANDER VON

HALES (†1245) in der augustinischen Tradition stehend, spielt ARISTOTELES bei ihm eine untergeordnete Rolle. Theologie und Philosophie gehen ineinander über. In der Beschreibung der menschlichen Erkenntnis verbindet BONAVENTURA Illumination und Abstraktion. Gott und Welt sollen nicht zu weit auseinandertreten.

Eine besonders faszinierende Gestalt der mittelalterlichen Philosophie und Wissenschaftsgeschichte ist **RAIMUNDUS LULLUS** (RAMON LLULL; *1232, †1316). Nach einem religiösen Wendeerlebnis um 1263 gibt er sein Leben als verheirateter aragonesischer Hofmann auf und widmet sich ganz seinem neuen Lebensziel, der theoretischen und praktischen Missionierung der Muslime und Juden in deren eigenen Sprachen. Sein genialer Entwurf dazu ist seit 1273 in der »Ars generalis« (»Ars Lulliana«) niedergelegt. Ziel ist das Erstellen einer *tabula generalis* sämtlicher Grundbegriffe und Prinzipien, über deren Definitionen man sich geeinigt hat. LULLUS stellt Kombinationsregeln und Verfahrensweisen auf, mit deren Hilfe sinnlose Kombinationen von sinnvollen unterschieden werden können. Nach einer Art Formalisierung könnte man sich die Herausarbeitung sinnvoller Kombinationen (=Wahrheit) durch Maschinen erleichtern. LULLUS arbeitet ernsthaft an der Entwicklung solcher »Computer« und hätte im Prinzip bei Vollständigkeit dieser Vorarbeiten das gesamte mögliche Wissen erfasst. Die »Ars Lulliana« soll aber nicht nur den Wissenschaften dienen, sondern auch dem politisch-religiösen Frieden zwischen Christentum, Judentum und Islam.

Wissenschaften und Bildungswesen

Eine der stärksten Einwirkungen der Antike geht von der Neuentdeckung des **römischen Rechts** in der Sammlung Kaiser JUSTINIANS (»Corpus iuris civilis«, 534) Ende des 11. Jh.s in Oberitalien aus, die in der Rechtsschule von Bologna systematisch zusammengetragen, gesichtet und ausgewertet wird. Als ihr Begründer gilt IRNERIUS VON BOLOGNA (†um 1130), dessen Rechtsschule unter seinen Schülern zur Keimzelle der Universität Bologna wird. Nach den Glossen, mit denen sie den Text der justinianischen Rechtsquellen fortlaufend erläutern, nennt man ihre Schule **Glossatorenschule**. Die Gesetze der Römisch-deutschen Kaiser, die im mittelalterlichen Verständnis unmittelbare Nachfolger der römischen Imperatoren sind, werden den Novellen JUSTINIANS angefügt. Die Erläuterungen der Glossatoren stellt ACCURSIUS (ACCORSO DA BAGNOLO, *um 1183, †1263) in der *glossa ordinaria* (oder *magistralis*) systematisch zusammen und ermöglicht so erstmals eine Übersicht über den ausgedehnten Stoff und die bisherigen exegetischen Leistungen. Die *glossa* wird Grundlage der künftigen Arbeit der Rechtsgelehrten, der Legisten. Den Glossatoren folgen etwa von der Mitte des 13. Jh.s bis Anfang des 16. Jh.s die Kommentatoren des Corpus iuris, früher Postglossatoren genannt. Unter dem Einfluss der aristotelischen Dialektik entwickeln sie eine eigenständige legistische Methode, wenden sich verstärkt aktuellen Fragen der Rechtspraxis zu, werden in bedeutendem Maße als Gutachter (Konsiliatoren) tätig und sorgen für die Ausbreitung des gelehrten römischen Rechts in Europa.

Bologna wird zum Zentrum, das nach ganz Europa ausstrahlt und das Rechtsleben nachhaltig beeinflusst. Die **Rezeption des römischen Rechts**, im Wesentlichen ein personengebundener Bildungsprozess, wird eingeleitet über die geistliche Gerichtsbarkeit und das Kirchenrecht und erfasst bereits im 13. Jh. auch das weltliche Recht. In den einzelnen Ländern vollzieht sich die Rezeption verschieden rasch und intensiv. Von Italien und Frankreich ausgehend, spielt römisches Recht schon im 12. und 13. Jh. in England eine gewisse, in Spanien und in den Niederlanden eine bedeutende Rolle, erfasst im 13. Jh. das Reich, dominierend aber erst im Laufe des 15. Jh.s, erreicht im 14. Jh. Polen und im 15. Jh. Skandinavien. Nirgendwo kommt es jedoch zu einer Totalrezeption. Überall gilt das lokale Gewohnheits- oder Statutarrecht vor dem römischen als dem *ius commune*. Das gelehrte Recht hat subsidiären Charakter. In England kommt es sogar über eine periphere Bedeutung nicht hinaus. Das im ganzen Lande gültige Gewohnheitsrecht, das *Common Law*, ist selbst gemeines Recht, das des fremden materiellen Rechts nur wenig bedarf. Die Rezeption führt zur Verwissenschaftlichung des Rechts, das mehr und mehr von ausgebildeten Juristen angewandt wird.

Die »Renaissance des 12. Jh.s« (CHARLES H. HASKINS) und der Aufstieg der Städte verändern das noch immer nach den Prinzipien der karolingischen Epoche organisierte **Schulwesen** von Grund auf. Das führt zu einer großen Erweiterung des Wissens und zur Vermehrung der Schulen, der Scholaren und Magister. Die Kathedral- und Stiftskirchenschulen überflügeln qualitativ und quantitativ die Klosterschulen. Dort lernen Schüler (meist zu Klerikern bestimmte Knaben) Lesen, Schreiben, Rechnen und Latein, Singen, Kenntnis von Bibel und liturgischen Büchern.

In Italien bestehen neben den kirchlichen Einrichtungen privat geführte **Laienschulen**: Notariats- und Rechtsschulen, z. B. in Rom, Ravenna, Pavia und Bologna, und Medizinerschulen in Salerno und im provencalischen Montpellier. Beide erlangen – vielleicht unter arabischem und jüdischem Einfluss – schon im 10. bzw. 11. Jh. Berühmtheit. Die Zentren des neuen schulischen Lebens liegen fast durchweg in den Städten der wirtschaftlich früh entwickelten und politisch bedeutsamen Regionen: im Norden Italiens und in Frankreich zwischen Loire und Rhein, z. B. in Laon, Reims, Orléans, Tours, Chartres und v. a. Paris. In ersten Formen entwickelt sich hier ein wissenschaftlicher Unterricht für viele, aus dem die Universität als Organisationsform hervor wächst und der Hochscholastik eine institutionelle und formale Prägung gibt.

Dieses **studium generale** – die eigentliche Bezeichnung der mittelalterlichen Universität im Gegensatz zum *studium particulare* z. B. der Städte – zieht Studierwillige von überall heran. Neben der Lehre der Freien Künste (*artes liberales*) machen sich die *studia* durch die besondere Pflege bestimmter Disziplinen einen Namen: der Philosophie und Theologie in Paris, der Jurisprudenz in

Bologna, der Medizin in Montpellier. Mit Beginn des 13. Jh.s entstehen die beiden Prototypen der mittelalterlichen Universität, die Magisteruniversität zu Paris und die Studentenuniversität zu Bologna. Sie gelten gemeinhin als alternative Verfassungsmodelle für die nachfolgenden Gründungen, sind dies aber nicht aus juristischen Erwägungen, sondern aus den unterschiedlichen politischen und sozialen Bedingungen ihrer Entstehung. Die Universitäten sind zunächst nichts anderes als um Lehrer gescharte, mobile Gemeinschaften von Personen, die ein *studium generale* besuchen. Mit einem Begriff, der dem städtischen, korporativen Milieu entlehnt ist, nennen sie sich *universitas magistrorum* und/oder *scholarium* oder *universitas studii* unter Beifügung des Studienortes, z. B. *Parisiensis*. Gegen äußere, städtisch-staatliche und ortskirchliche Widerstände können sich die junge Korporationen allerdings nur dank des Privilegienschutzes der römischen Papstkirche erfolgreich etablieren. Die Entwicklung zu festgefügten Institutionen dauert bis in die Neuzeit an.

Die ältesten europäischen Universitäten*

Ort (Name)	Gründungsjahr	Anmerkung
Bologna	1088	
Oxford	vermutlich 1. Hälfte des 12. Jh.s	exakte Datierung nicht möglich; ab 1167 rasche Entwicklung, 1231 als Universität anerkannt
Cambridge	1209	
Salamanca	1218	
Padua	1222	
Neapel	1224	
Toulouse	1229	
Siena	1240	
Paris (Sorbonne)	vermutl. 1. Hälfte des 13. Jh.s	exakte Datierung unklar; 1215 von Innozenz III. anerkannt; seit 1970 in 13 autonome Universitäten aufgeteilt
Montpellier	1289	
Lissabon/Coimbra	1290	vis 1537 Ortswechsel zwischen Lissabon und Coimbra; ab 1537 endgültiger Sitz in Coimbra
Lleida	1300	1300 Gründung des Studium generale
Avignon	1303	
Rom (La Sapienza / Universität Rom I)	1303	
Orléans	1306	
Perugia	1308	
Florenz	1321	1321 Eröffnung des Studium generale; 1364 durch Karl IV. Universität.
Cahors	1331	seit 1751 Teil der Universität Toulouse.
Grenoble	1339	1970 durch die heutigen drei Universitäten von Grenoble ersetzt
Pisa	1343	
Valladolid	1346	1346 als Studium generale anerkannt; entsteht durch Umzug der Universität Palencia (gegründet 1208) nach Valladolid
Prag	1348	
Perpignon	1350	
Angers	1356	
Pavia	1361	1361 als Studium generale anerkannt; 1485 per kaiserlichem Dekret zur Universität erhoben
Krakau	1364	seit 1364 Krakauer Akademie, seit 1817 Universität
Wien	1365	
Pécs	1367	2000 wird die Nachfolgerin, die heutige Universität von Pécs, gegründet
Heidelberg	1386	
Köln	1388	
Ferrara	1391	
Erfurt	1392	

* verzeichnet sind nur heute noch existierende Universitäten

Literatur und Kunst

Maßgeblicher sprachlicher Vermittler der Wissenschaft ist das Latein, das auch in der außerwissenschaftlichen **Literatur** lange führend bleibt: Im 10./11. Jh. dominiert es in der Historiografie und Dichtkunst etwa Deutschlands, Italiens, Frankreichs, Englands. Zwischen 1050 und 1200 kommt es zu einer ausgesprochenen Blüte der mittellateinischen Literatur mit zunehmender Affinität zur Antike (sog. Loirekreis), mit Natur- und Liebesdichtung, und somit generell wachsender weltlicher Tendenz. Die Publizistik erlebt durch den sog. Investiturstreit sowie die Konflikte um die neuen Mönchsorden einen Aufschwung, die Kreuzzüge und die Einflüsse aus der arabischen Welt liefern zusätzlich vielfältige Anregungen.

Hochmittelalterliche **Literatur in den Volkssprachen** ist (mit Ausnahme der Rechtsquellen sowie der irischen und russischen Literatur) bis um 1100 nur vereinzelt überliefert (bei fortlaufendem lateinischem Einfluss etwa durch Übersetzungen: Notker Labeo, »der Deutsche« [*um 950, †1022]). Gegen 1100, verstärkt nach dem Ersten Kreuzzug (1096–1099), hebt eine französische und provenzalische, vom Adel bestimmte Dichtung an, die durchaus weltlichen, wenngleich häufig religiös verbrämten Themen gewidmet ist: Die weltliche Epik (*chanson de geste*) und die Troubadour-Lyrik (Lyrik der ritterlichen Minnesänger bzw. -dichter, beginnend mit Herzog Wilhelm IX. von Aquitanien [*1071, †1126]) idealisieren die sich herausbildenden ritterlichen Lebensformen des Adels, vor dem sie vorgetragen werden, und bilden selbst einen Bestandteil ritterlichen-höfischen Lebens. Vergleichbare Gattungen sind im deutschen Reich nach dem Zweiten Kreuzzug (1147–1149) in der Epik der mittelhochdeutschen Klassik und im Minnesang festzustellen. An eine sehr schmale Schicht gebunden, zeigt sich damit eine Laienkultur, die über die Epoche hinausreichende Leistungen vollbringt – wie der (Wieder-)Einführung einer Verherrlichung der weltlichen Liebe in die europäische Dichtung. Mitte des 12. Jh.s kommt in England und in der Champagne anstelle der Heldenepen bereits der höfische Roman auf, der gleichfalls in metrischer Form zum Vortrag bestimmt ist. Erst später geht er zur Prosaform über und damit zum Lesen statt Hören.

Ein enger Zusammenhang nicht nur mit dem Aufbau der Gesellschaft, sondern auch mit der politischen Geschichte ist in der bildenden Kunst sichtbar. Nach der ostfränkisch-deutschen Reichsbildung wird die in der Karolingerzeit noch gepflegte spätantike Tradition in der ottonischen Kunst (etwa Mitte 10.–Mitte 11. Jh.) weitgehend aufgegeben. Das Kaiserhaus selbst gibt unter Verwendung byzantinischer Vorbilder und Künstler Impulse: In der **Architektur** kommt die kreuzförmige, dreischiffige Basilika auf mit zwei Querschiffen und zwei Chören oder Doppelturmfassade zur Betonung des Westbaus. Daneben ist v. a. die Buchmalerei bedeutend (ausdrucksstarke Gestik); von Wandmalerei und Plastik ist nur wenig erhalten.

Parallel zur kirchlichen Reformbewegung im christlichen Europa vollzieht sich etwa seit der Wende zum 11. Jh. eine vom Sakralbau ausgehende Wandlung des Kunststils zur **Romanik**, die in großen Kirchenbauten ihren repräsentativen Ausdruck findet (in Deutschland v. a. die »Kaiserdome« von Speyer, Worms, Mainz): Auf der basilikalen Grundform aufbauend, zeigen sie eine klare Gliederung mit Doppelturmfassade bzw. Westwerk, oft Vierungsturm (und/oder Türmen am Ostabschluss) zur Betonung der Vertikalen, sind im Innern weiträumig und hoch durch Wölbung mithilfe von Kreuzgraten (später Kreuzrippen) auf schweren Säulen und Pfeilern. Die monumentale Größe betont im Zeichen der geistigen Erneuerung (Cluny, Gregorianische Reform) den Herrschaftswillen der Kirche, erwächst aber, gesteigert in den großen Kirchen an den **Pilgerwegen und Zentren**, auch aus praktischen Bedürfnissen: Reliquien werden hier ausgestellt und durch eventuelle große Pilgermassen verehrt, die den Gottesdiensten beiwohnen und auch im Innern Prozessionen abhalten wollen. Optisch-gefühlsmäßig konzentriert man sich auf den Hochaltar als den Sitz des Pantokrators (Weltenherrschers). Die Kirchen haben somit drei bis fünf Schiffe, ein oder zwei Querhäuser, Tribünen über den Seitenschiffen, Krypten zur Aussetzung der Reliquien, Kapellen für Nebenaltäre und einen Chor mit Umgang. Die feierlich-religiöse Wirkung wird unterstützt durch eine **Plastik**, die, als Groß- oder Bauplastik im vorromanischen Mittelalter nur vereinzelt auftretend, nun eine erste große Blüte im nachrömischen Europa erlebt. Den die Kirche betretenden Gläubigen empfängt die Portalplastik, die auf dem Tympanon [zwischen Türsturz und Torbogen] häufig eindrucksvoll das Weltgericht zeigt: Der Weltenrichter scheidet die Seligen von den Verdammten, der Blick wird hingelenkt zum Triumphkreuz mit der Christusdarstellung. Träger weiterer in die Architektur einbezogener Bilder sind u. a. Fassadenfriese, Kapitelle, Chorschranken (Ausgestaltung zum Lettner), Bronzetüren. Hinzu tritt, der Belehrung und Erbauung dienend, die farbige Wandmalerei mit Szenen und Figuren vorzugsweise aus der Bibel, oft in großartigen Bildzyklen.

Die gesteigerte Prachtentfaltung der Romanik wird der cluniazensischen Bewegung von zisterziensischer Seite schwer angelastet, dominiert aber im deutschen Reich noch bis in die erste Hälfte des 13. Jh.s. Währenddessen bildet sich in einem Innovationsraum, wo sich die Scholastik mit ihren neuen, rationalistischen Denk- und Arbeitsweisen entfaltet und sich mit sozialer Dynamik und dem wirtschaftlichem Fortschritt der Urbanisierung verbindet und dort, wo kulturelle Anregungen aus verschiedenen Landschaften Frankreichs zusammenwirken, ein neuer Kunststil heraus: Die **Gotik** entsteht in der Île-de-France und leitet in ihrer Verbreitung über Europa schließlich ins Spätmittelalter über.

Die Kreuzzüge (1095–1291)

Der Kreuzzugsgedanke

Die seit 1095 von den Päpsten mit der Zusage eines vollkommenen Ablasses propagierten Kreuzzüge werden von Herrschern, Adel und Volk unternommen, um nach dem Willen Gottes (*Deus lo volt*) Jerusalem und das Heilige Land zurückzuerobern und die morgenländischen Christen vom Joch der »Heiden« zu befreien. Die durch ein Kreuz gekennzeichneten Kreuzfahrer verpflichten sich durch ihr Gelübde zum Kampf für das Erbe (*hereditas*) Christi und erlangen dadurch für sich und ihre in der Heimat verbliebenen Angehörigen Rechte und Privilegien; als Lohn für die Kreuzfahrt erwarten sie v. a. die Vergebung ihrer Sünden und Erlass der Sündenstrafen. Kreuzzug und Kreuzzugsgedanke sind vorgebildet in der bis ins christliche Altertum zurückgehenden **Jerusalemverehrung** und Heilig-Land-Wallfahrt, dem schon von den Kirchenvätern gerechtfertigten *bellum iustum* sowie den im 11. Jh. von Päpsten und Bischöfen erstmals mit Ablässen geförderten Feldzügen gegen Muslime und Normannen. Im 12. und 13. Jh. werden auch andere von der Kirche sanktionierte Kämpfe gegen (angebliche) Ungläubige, Ketzer und politische Feinde des Papsttums und der »Kirche« als Kreuzzüge bezeichnet, wie diese organisiert, finanziert und durch geistliche Privilegien für die Teilnehmer erleichtert (Albigenser 1209–1229, Apostoliker 1307, Hussiten 1420; Stedinger Bauern 1233/34; Kämpfe in Italien, Sizilien; Flandern 1383; Galicien, Portugal 1386/87).

Die erst neuzeitliche Zählung (1., 2. etc. Kreuzzug) hebt die großen Heerzüge, v. a. unter der Leitung von Königen, hervor und verdeckt die Breite der Unternehmungen, insbesondere in der Frühzeit.

1095, 27. Nov. Nachdem auf dem Konzil von Piacenza 1094 die Bitte des byzantinischen Kaisers ALEXIOS I. KOMNENOS (1081–1118) um Hilfe gegen die seit 1071 vordringenden Seldschuken bekannt wird, löst der eindringliche Kreuzzugsaufruf Papst URBANS II. (1088–1099) auf dem Konzil von Clermont eine Massenbewegung zur Befreiung Jerusalems aus.

1096–1099 Erster Kreuzzug.

1096, Frühjahr Schon vor dem von URBAN II. festgesetzten Aufbruchstermin (15. Aug. 1096) begeben sich auf Betreiben und unter Führung von Klerikern und Laien wie dem nordfranzösischen Wanderprediger PETRUS EREMITA (PETER VON AMIENS; *um 1050, †1115) und dem adligen WALTER SANS-AVOIR (OHNE HABE) (†1096) zahlreiche Nichtkämpfer, Männer, Frauen und Kinder von Nordwesteuropa aus auf dem Landweg ins Heilige Land. Durch eschatologische Vorstellungen aufgewühlt, erfüllt von der Hoffnung auf Besserung ihrer Lage, vernichten sie unter Führung des Predigers FOLKMAR und des Grafen EMICHO (von Flonheim/von Leiningen; †1117) trotz Widerspruchs der Bischöfe die Judengemeinden der rheinischen Bischofsstädte (v. a. Mainz, Worms, Speyer). Auch in Süddeutschland und Südfrankreich kommt es zu den bis dahin schwersten **Judenpogromen**. Die Reste der Haufen WALTERS OHNE HABE und PETRUS' EREMITA gelangen nach Kleinasien, werden aber im Okt. von Seldschuken vernichtend geschlagen.

Sommer Die Ritterheere ziehen seit Sommer 1096 in fünf Gruppen auf verschiedenen Routen nach Konstantinopel: Das größte Heer, West- und Südfranzosen, zieht unter Graf RAIMUND VON TOULOUSE (*1041/42, †1105) über Italien und Durazzo; Herzog GOTTFRIED IV. VON NIEDERLOTHRINGEN (GOTTFRIED VON BOUILLON; *um 1060, †1100) führt mit seinen Brüdern BALDUIN (*1058, †1118) und EUSTACHE (*um 1057, †1125) Lothringer, Nordfranzosen und Deutschen die Donau entlang über den Balkan. HUGO VON VERMANDOIS (*1057, †1101), Bruder des französischen Königs (kein König ist persönlich beteiligt!) mit seinen französischen Rittern, sowie der Herzog von der Normandie ROBERT II. (†1134), die Grafen ROBERT II. VON FLANDERN (*1065, †1111) und STEPHAN VON BLOIS (*um 1045, †1102) mit Flamen und Normannen nehmen den Weg über Süditalien. Die süditalienischen Normannen werden von BOHEMUND VON TARENT (*1051/52, †1111) und seinem Neffen TANKRED (*um 1076, †1112) geführt.

1096, Herbst–1097, Mai 30 000–70 000 Bewaffnete und ca. 30 000 Unbewaffnete treffen vor Konstantinopel ein. Ihre Führer leisten nach anfänglicher Weigerung dem Kaiser Treueide, erst danach werden sie über den Bosporus gesetzt.

1097, Sommer Erste Siege bei Nikaia (19. Juni) und bei Dorylaion (bei Eskischehir) (1. Juli) über den Sultan von Ikonion (Konia) KILIÇ ARSLAN I. (†1107).

1098, 3. Juni Nach verlustreichem Marsch durch Anatolien, die Kilikische Pforte und Armenien und von Konflikten geprägter siebenmonatiger Belagerung wird Antiochia erobert und das vom Emir von Mosul herangeführte Entsatzheer (28. Juni) geschlagen. BOHEMUND bleibt in Antiochia und gründet hier ein Fürstentum, BALDUIN übernimmt die (christliche) Grafschaft Edessa.

1099, 15. Juli Erst im Jan. brechen die Kreuzfahrer unter Führung des Grafen RAIMUND VON TOULOUSE auf und erreichen ohne größere Konflikte am 7. Juni **Jerusalem**, das von flämischen und lothringischen Rittern in hartem Kampf und anschließendem Blutbad unter den Einwohnern erobert wird; ein Entsatzheer unter dem fatimidischen Wesir AL-AFDAL (†1121) wird am 12. Aug. bei Askalon vernichtet.
Sofort beginnt der Aufbau weltlicher und geistlicher Herrschaft. Die in Anlehnung an altchristliche Verhältnisse organisierte lateinische Kirche untersteht dem Patriarchen ARNULF (†1118), einem Kaplan ROBERTS II. von der Normandie. Dem **Königreich Jerusalem** unter GOTTFRIED VON BOUILLON als »Vogt/Beschützer des Heiligen Grabes« (bis 1100), danach unter seinem Bruder BALDUIN als »König von Jerusalem« sind das Fürstentum Antiochia (1098), die Grafschaften Edessa (1098) und Tripolis (1109) und das Gebiet um Tiberias, das spätere Fürstentum Galiläa, als Lehnsstaaten unterstellt. Die **Kreuzfahrerstaaten**, der Ausdruck suggeriert ein höheres Maß an Organisation als tatsächlich vorhanden, werden beherrscht vom im Lande gebliebenen »fränkischen« Adel, der sich am heimischen Lehnswesen orientiert. Trotz attraktiver Bedingungen ist die Zahl der zuwandernden Siedler gering, die politische Bedeutung der morgenländischen Christen und Muslime minimal. Die Handelsstädte Italiens sichern sich weitreichende politi-

sche und wirtschaftliche Vorrechte, bevor sie, erst nach dem Fall Jerusalems, mit ihren Flotten die Eroberung der Küstenstädte unterstützen.

1145 Nach der Eroberung Edessas am 25. Dez. 1144 durch den Emir von Mosul und Aleppo SENGI (*1082, †1146) ruft Papst EUGEN III. (1145–1153) zum Kreuzzug auf, massiv unterstützt durch BERNHARD VON CLAIRVAUX (*um 1090, †1153).

1147–1149 **Zweiter Kreuzzug**: König KONRAD III. (1127–1135) zieht im Mai 1147 von Regensburg, König LUDWIG VII. von Frankreich (1137–1180) im Juli von Metz aus auf getrennten Wegen ins Heilige Land. Die getrennt operierenden Heere werden von Kaiser MANUEL I. KOMNENOS (1143–1180) nur mangelhaft unterstützt und erleiden schwere Niederlagen bei Dorylaion, Laodikeia (südwestlich von Antiochia) und Antalya. KONRAD kehrt nach Konstantinopel zurück, der französische König schifft sich mit Klerus und Adel nach Antiochia ein. Die Könige treffen sich im Frühjahr 1148 in Jerusalem, von wo aus sie gemeinsam, aber erfolglos gegen das mit den Christen verbündete Damaskus und Askalon vorgehen. KONRAD kehrt im Sept. 1148, LUDWIG im April 1149 in die Heimat zurück. Der **gescheiterte Kreuzzug** vertieft die Spannungen mit Byzanz, verärgert die Verbündeten und erschüttert im Westen den Glauben an die Gottgefälligkeit des Kreuzzuges, auch wenn die Niederlage als Folge des Sittenverfalles und der politischen Konflikte in den Kreuzfahrerstaaten gedeutet wird.

1187 SALADIN (*1138, †1193) bringt von Ägypten aus Damaskus, Aleppo und Mosul unter seine Kontrolle, schlägt am 4. Juli das bis dahin größte Heer der Lateiner in der Schlacht bei Hattin am See Genezareth so schwer, dass Jerusalem fällt (2. Okt.) und die Kreuzfahrerstaaten auf Tripolis, Antiochia und die palästinensischen Küstenstädte zusammenschrumpfen. Der Schock führt zum größten Kreuzzug unter Kaiser FRIEDRICH I. BARBAROSSA (1152/55–1190), König RICHARD LÖWENHERZ von England (1189–1199) und König PHILIPP II. AUGUST (1180–1223) von Frankreich, um Jerusalem zurück zu erobern und die Kreuzfahrerstaaten zu retten.

1189–1192 **Dritter Kreuzzug**: FRIEDRICH I. nimmt 1190 von Regensburg aus den Landweg, gelangt nur mit Gewaltandrohung bis Adrianopel und setzt Ostern 1190 nach Umgehung Konstantinopels nach Gallipoli über. Nach einem Sieg bei Ikonion (18. Mai) ertrinkt der Kaiser am 10. Juni im Saleph. Sein Sohn, Herzog FRIEDRICH V. VON SCHWABEN (*1167, †1191), führt den Rest des sich auflösenden Heeres über Antiochia vor das seit 1189 belagerte Akkon. Dort landen im Mai bzw. Juni 1991 PHILIPP II. AUGUST und RICHARD LÖWENHERZ nach Überwinterung auf Sizilien und Eroberung Zyperns. FRIEDRICH stirbt bei der Belagerung, PHILIPP kehrt nach der **Eroberung Akkons** am 12. Juli 1191 nach Frankreich zurück, RICHARD LÖWENHERZ versucht vergeblich Jerusalem zurückzuerobern, schließt mit SALADIN einen Waffenstillstand (2. Sept. 1192) und gerät auf der Rückreise in Gefangenschaft.

1198, Aug. Der plötzliche Tod Kaiser HEINRICHS VI. (1169/91–1197) führt zu einem abgebrochenen Kreuzzug, der immerhin Sidon und Beirut einbrachte. Daraufhin proklamiert Papst INNOZENZ III. (1198–1216) den Kreuzzug, wobei er sich vornehmlich an die Geistlichkeit und den Adel Frankreichs sowie die italienischen Seestädte wendet.

1202–1204 **Vierter Kreuzzug**.

1202/1203 Die Kreuzfahrer unter Markgraf BONIFAZ VON MONTFERRAT (†1207) und BALDUIN IX. VON FLANDERN (*1171, †1206) können einen Transportvertrag mit Venedig nicht erfüllen. Unter venezianischem Druck erobern sie im Nov. 1202 gegen den Willen des Papstes die christliche dalmatinische Küstenstadt Zara (Zadar), die Venedig 1186 verloren hatte. Sie unterstützen den Thronanspruch des aus Byzanz exilierten ISAAK II. ANGELOS (Kaiser 1185–1195, 1203/04) und dessen Sohn ALEXIOS (1195–1203), die finanzielle und militärische Hilfe beim Kreuzzug zusagen. ALEXIOS kann den Thron besteigen, wird aber, auch wegen der Spannungen mit den Kreuzfahrern, rasch gestürzt. Nun fühlen sich die Kreuzfahrer berechtigt, Konstantinopel, die reichste Stadt der Christenheit, im Sommer zu erobern und brutal zu plündern.

1204, 13. April BALDUIN VON FLANDERN wird von Venezianern und Franken zum lateinischen Kaiser gewählt (bis 1205) und eine formelle Kirchenunion herbeigeführt. Beides wird von den Griechen heftig abgelehnt. Der Aufbau lateinischer Herrschaften bindet die Kräfte der Kreuzfahrer, soweit sie nicht mit ihrer Beute nach Hause zurückkehren (größter Kunstraub des Mittelalters), sodass sie ihr ursprüngliches Ziel aufgeben. Das lateinische Kaisertum bleibt bis zu seinem Untergang 1261 durch MICHAEL VIII. PALAIOLOGOS auf die Hilfe Venedigs, das am meisten von dem fehlgeleiteten Kreuzzug profitiert, angewiesen.

1212 **Kinderkreuzzug**: Begeistert für den Gedanken der Nachahmung der Armut Christi brechen in den Rheinlanden und Niederlothringen, aber auch in Frankreich junge Leute, auch Kleriker und andere Angehörige niederer Stände auf, um die von den Mächtigen bisher nicht erreichte Rückeroberung Jerusalems auf wunderbare Weise zu bewerkstelligen. Während die französische Gruppe unter der Leitung eines Schäfers zum großen Teil aufgehalten wird, sodass nur einige von ihnen bis Marseille kommen, gelangt die von einem Knaben NIKOLAUS geführte rheinisch-lothringische Schar im Aug. fast vollständig nach Genua (angeblich 7000 Personen). Da das vorhergesagte Wunder ausbleibt und eine Überfahrt für sie nicht erschwinglich ist, kehren die meisten in die Heimat zurück, etliche bleiben in Italien, andere, die sich nach Palästina einschiffen, sollen von Kaufleuten als Sklaven verkauft worden sein.

1213 Papst INNOZENZ III. ruft zu einem neuen Kreuzzug auf, das Laterankonzil legt 1215 die Modalitäten fest.

1217–1221 **Fünfter Kreuzzug**: Der ungarische König ANDREAS II. (1205–1235) und Herzog LEOPOLD VI. VON ÖSTERREICH (1198–1230) brechen 1217 von Split aus ins Heilige Land auf und unternehmen von Akkon aus

Kreuzzüge

Kreuzzüge
1. Kreuzzug (1096–99)
Kreuzzug der Lombarden von 1101
2. Kreuzzug (1147–49)
3. Kreuzzug (1189–92)
4. Kreuzzug (1202–04)
Deutscher u. Französischer Kinderkreuzzug 1212
Kreuzzüge 1217–21
5. Kreuzzug Friedrichs II. (1228–29)
6. Kreuzzug Ludwigs IX. von Frankreich (1248–54)
7. Kreuzzug Ludwigs IX. von Frankreich (1270)
Religionen bei Beginn der Kreuzzüge
römisch-katholische Kirche
griechisch-orthodoxe Kirche
monophysitische Kirche
Muslime unter dem Kalifat von Bagdad
Muslime unter dem Kalifat von Kairo
Kreuzfahrerstaaten sind unterstrichen
0 200 400 km
Atlantischer Ozean
Ärmelkanal
England
London
Canterbury
Flandern
Utrecht
Gent
Boulogne
Normandie
Rouen
Paris
Cloyes
Tours
Bloise
Loire
Vézelay
FRANK-REICH
Bordeaux
Clermont
Lyon
Le Puy
Rhône
Toulouse
Aigues-Mortes
Marseille
León
Porto
Duero
Pamplona
Ebro
Saragossa
Kastilien
Toledo
Tajo
Guadiana
Lissabon
Barcelona
Valencia
Sevilla
Córdoba
Granada
Tanger
Ceuta
Fès
Algier
Balearen
ALMORAVIDEN
Aachen
Köln
Rhein
Bouillon
Trier
Mainz
Lothringen
Straßburg
Basel
Pontarlier
Genf
Magdeburg
Elbe
HEILIGES RÖMISCHES REICH
Prag
Regensburg
Gottfried v. Bouillon
Salzburg
Wien
Pressburg
Odenburg
Donau
Ofen
Gnesen
Weichsel
Oder
Breslau
POLEN
Krakau
Theiß
UNGARN
Halitsch
Russische Fürstentümer
Pripjet
Kiew
Dnjepr
Don
Dnjestr
Asowsches Meer
Krim
Petschenegen
Schwarzes Meer
Mailand
Turin
Aquileia
Raimund IV v. Toulouse
Venedig
Po
Drau
Save
Genua
Pisa
Florenz
Robert v. d. Normandie
Philipp II. August
Korsika
Sardinien
Cagliari
Rom
Monte Cassino
Adriatisches Meer
Zara
Spalato
Ragusa
Serbien
Belgrad
Konrad III. / Ludwig VII.
Ludwig VII.
Niš
Sofia
Bulgarien
Adrianopel
Friedrich I. Barbarossa
Konstantinopel
Nikomedia
Nikaia
Dyrrhachium
Bohemund
Thessalonike
Brindisi
Tarent
Otrento
Richards Heer
Richards Heer u. Flotte
Richards Flotte
Richard
fläm., holländ., fries. und rhein. Kreuzfahrer
Normannen
Palermo
Reggio
Sizilien
Tunis
Ludwig IX.
Mittelmeer
BYZANZ
Athen
Smyrna
Ephesos
Rhodos
Candia
Kreta
Sinope
Trapezunt
Georgien
Gangra
Angora (Ankara)
RUM-SELDSCHUKEN
Kaisareia
Ikonion
Kleinarmenier
Attalia
Tarsos
Marasch
Balduin v. Boulogne
GFT. EDESSA
Edessa
Euphrat
Aleppo
Antiochia
FTM. ANTIOCHIA
Zypern
Famagusta
Limassol
Tripolis
GFT. TRIPOLIS
Beirut
Damaskus
Tyrus
Akko
KGR. JERUSALEM
Jerusalem
Totes Meer
Askalon
Friedrich II.
Richard Löwenherz
Konrad III.
Andreas v. Ungarn / Leopold v. Österreich
Philipp II. August
Heinrich VI.
Pelagius
Damiette
Alexandria
Mansura
Kairo
Nil
Akaba
Seldschuken
FATIMIDEN
Tripolis

drei erfolglose Expeditionen gegen die Sarazenen. Nach der Rückkehr König ANDREAS' greifen die verbliebenen Kreuzfahrer im Sommer 1218 einen schon früher mehrfach gefassten Plan auf und ziehen gegen das im Nildelta gelegene Damiette. Unterstützt von niederrheinischen und friesischen Seefahrern, die sich auf dem Weg nach Palästina an Kämpfen in Portugal beteiligt haben, erobern sie nach 18-monatiger verlustreicher Belagerung die Stadt (5. Nov. 1219). Unter Leitung des päpstlichen Legaten wird zuvor das Friedensangebot des Sultans (mit Abtretung Jerusalems!) abgelehnt. Damiette wird schon am 8. Sept. 1221 wieder aufgegeben, als die Kreuzfahrer bei Al-Mansurah eingekesselt werden. Als »Ertrag« des gescheiterten Unternehmens bleibt der Gedanke, dass Ägypten ein legitimes Ziel eines Kreuzzugs sei.

1228–1229 **Kreuzzug Kaiser FRIEDRICHS II.**: Das Unternehmen Kaiser FRIEDRICHS II. (1212/20–1250) steht ganz im Zeichen des Konfliktes mit den Päpsten. 1220 bereits erneuert er ein älteres Kreuzzugsversprechen, 1225 heiratet er Königin ISABELLA II. (*1212, †1228) von Jerusalem und gelobt erneut den Aufbruch, muss ihn aber im Aug. 1227 wegen einer Erkrankung abbrechen und wird daher von Papst GREGOR IX. (1227–1241) gebannt.

1228 Dennoch sticht er am 28. Juni von Brindisi aus in See. Nach Zwischenlandung in Zypern, wo er die Lehnsherrschaft des Reiches zu erneuern sucht, erreicht er im Sept. Akkon.

1229, 18. Febr. Angesichts der politischen und militärischen Lage schließt er mit dem ägyptischen Sultan AL-KAMIL MUHAMMAD AL-MALIK (*1180, †1238) in Jaffa einen Vertrag, aufgrund dessen Jerusalem (ohne Tempelplatz mit Felsendom und Al-Aksa-Moschee), Bethlehem und Nazareth samt der Verbindung zur Küste auf 10 Jahre zurückgewonnen werden. Gegen den Widerstand des Papstes und des Patriarchen von Jerusalem geht er am 18. März in der Grabeskirche unter der Krone und tritt am 1. Mai von Akkon die Heimreise an.

1244/1245 Nach dem (wie sich zeigen sollte: endgültigen) Verlust Jerusalems am 23. Aug. 1244 und einer schweren Niederlage der christlichen Heere am 17. Okt. 1244 entschließt sich der französische König LUDWIG IX., DER HEILIGE (1226–1270), zum Kreuzzug, unterstützt von Papst und Konzil von Lyon 1245.

1248–1254 **Sechster Kreuzzug**: LUDWIG nimmt am 6. Juni 1249 Damiette, wird aber auf dem Zug nach Kairo schwer geschlagen und ergibt sich mit seinem Heer am 6. April 1250 bei Al-Mansurah. Gegen Verzicht auf Damiette und Zahlung eines hohen Lösegeldes kann er am 8. Mai nach Akkon reisen, wo er bis 1254 zur Konsolidierung der Kreuzfahrerherrschaften beiträgt. Doch sein Scheitern zeigt, dass die Zeit der eigentlichen Kreuzzüge vorbei ist. Dennoch unternimmt LUDWIG 1270 selbst noch einen Kreuzzug.

1261–1272 Nachdem es dem Mamlukensultan BAIBARS I. (*um 1229, †1277), dem Sieger über die Mongolen (1259), gelungen ist, Syrien und Ägypten zu vereinigen, führt er erfolgreiche Feldzüge gegen die durch die Gegensätze zwischen italienischen Handelsstädten, Ritterorden, Baronen und Krone geschwächten Kreuzfahrerstaaten; Fall Jaffas und Antiochias (1268).

1270 **Siebter Kreuzzug**: LUDWIG IX. von Frankreich, der mit Unterstützung des englischen Prinzen EDUARD (*1239, †1307) BAIBARS entgegentreten will, wird von seinem Bruder KARL I. (1266–1285), König von Sizilien, zu einem Angriff auf Tunis veranlasst. Nach dem Tod des Königs am 25. Aug. 1270 wird der Kreuzzug abgebrochen. EDUARD segelt nach Akkon weiter, wo er nach dem Verlust wichtiger Burgen, u. a. Crac des Chevaliers, mit BAIBARS einen auf ca. 11 Jahre begrenzten Waffenstillstand schließt (1272). Die Erfolge BAIBARS' halten an, 1289 wird Tripolis erobert, die männlichen Einwohner werden massakriert. Alle Kreuzzugsaufrufe verhallen; der Westen ist zu sehr mit eigenen Konflikten beschäftigt.

1291, 18. Mai Akkon wird von den Mamluken erobert, der Rest Palästinas kampflos geräumt.

1303 Die Templer geben ihren letzten Stützpunkt, die Insel Ruad vor Tortosa, auf.

Von den in der Kreuzfahrerzeit entstandenen christlichen Staaten im östlichen Mittelmeerraum können sich nur Armenien (bis 1375) und das Königreich Zypern (1489 an Venedig) behaupten. | s. S. 650 | Die zahlreichen in der Folgezeit aufgestellten Kreuzzugspläne und kleinere Rückgewinnungsversuche – König PETER I. (*1328, †1369) von Zypern erobert 1365 Alexandria, eine genuesische Flotte greift 1390 in Tunesien an – bleiben erfolglos, die Kreuzzugsidee dient zur Finanzierung christlicher Könige und Fürsten. Mit den Osmanen dringen die Muslime im 14. Jh. auf den Balkan vor (Nikopolis 1396, Warna 1444).

1453, 29. Mai Sultan MEHMED II. (*1432, †1481) erobert Konstantinopel und beendet das Byzantinische Reich, dessen Hilferuf 1095 zum ersten Kreuzzugaufruf geführt hatte.

Die Ritterorden in Palästina

Im Verlauf der Kreuzzüge entstehen in Palästina die geistlichen Ritterorden, die Ideale des christlichen Rittertums, am Armutsgedanken orientiertes Mönchsleben, Hospitalfürsorge und Heidenkrieg miteinander verbinden und zu einer der stärksten Stützen der Kreuzfahrerstaaten werden.

Der **Templerorden** geht auf eine Gemeinschaft französischer Ritter zurück, die um 1118 unter dem aus der Champagne stammenden HUGO VON PAYENS (*um 1080, †1136) mit einem geistlichen Leben den bewaffneten Pilgerschutz verbinden. Sie leben zunächst nach Art der Kanoniker der Heiligen Stadt und geloben dem Patriarchen von Jerusalem Gehorsam. Von König BALDUIN II. (†1131; seit 1118 König von Jerusalem) erhält die Gemeinschaft der *Pauperes commilitones Christi* (Arme Streiter Christi) Räumlichkeiten auf dem Tempelberg, daher *Militia Templi*. Auf einer Versammlung geistlicher und weltlicher Herren in Nablus 1120 genehmigt, wird vom Konzil von Troyes (1128) die unter Mitwirkung

BERNHARDS VON CLAIRVAUX erarbeitete Regel bestätigt. Die Templer erhalten 1139 von Papst INNOZENZ II. weitgehende Selbstständigkeit und die Bestätigung ihrer Organisationsform, die durch das Nebeneinander von Rittern, Kaplänen und dienenden Brüdern gekennzeichnet ist. Um diese Zeit legen sie einen weißen Mantel, dem später ein rotes Kreuz hinzugefügt wird, als Ordenskleidung an. 1312 wird der Orden auf Betreiben des französischen Königs von Papst und Konzil aufgehoben.

Der **Johanniterorden** setzt die Tradition eines um 1070 bei dem amalfitanischen Benediktinerkloster S. Maria Latina in Jerusalem gegründeten Hospitals fort. Ursprünglich auf karitative Aufgaben beschränkt, übernimmt der Orden bereits 1137 militärische Funktionen, seit Mitte des 12. Jh.s ist er den Templern als Ritterorden gleichgestellt. Die Johanniter können sich auf dem 1309–1310 eroberten Rhodos bis 1523 und auf Malta (1530–1798) als Landesherren behaupten. Der Orden existiert heute noch in verschiedenen Nachfolgeorganisationen (evangelische Johanniter, katholische Malteser).

Der **Deutsche Orden** entwickelt sich aus einer 1190 bei der Belagerung Akkons zur Betreuung von Kreuzfahrern aus Lübeck und Bremen gegründeten Hospitalbruderschaft, deren Verhältnis zu dem 1143 erstmalig erwähnten deutschen Spital in Jerusalem nicht eindeutig geklärt ist. Der *ordo fratrum hospitalis s. Mariae Teutonicorum Hierosolimitanorum* wird 1198 nach dem Vorbild der Templer in einen Ritterorden mit weißem Mantel und schwarzem Kreuz umgewandelt. Seine eigentliche Bedeutung erlangt der Deutsche Orden nicht in Palästina, sondern in Preußen, wo er sich, nach einem missglückten Versuch im Burzenland (Siebenbürgen) um Kronstadt (1221–1225), auf Bitten des Herzogs KONRAD VON MASOWIEN (†1247) mit Billigung von Papst und Kaiser nach 1226 niederlässt und den Kampf gegen die heidnischen Prußen aufnimmt. Schon vorher wirkt hier der 1202 gegründete **Schwertbrüderorden,** der v. a. in Estland und Livland missionierte und den ersten Ordensstaat schuf und sich 1237 nach einer schweren Niederlage dem Deutschen Orden anschloss. Der 1228 gegründete **Orden von Dobrin** (an der Weichsel) wurde schon 1235 inkorporiert, doch vollzogen nicht alle Brüder diesen Schritt mit.

Militärische Aufgaben übernehmen neben anderen kleineren **Ritter- und Hospitalorden** auch der um 1120 aus dem Zusammenschluss von Aussätzigen entstandene Orden vom hl. Lazarus und der aus einem im Dritten Kreuzzug vor Akkon entstandenen Hospital hervorgegangene englische Orden von St. Thomas in Akkon. Eine besondere Bedeutung erlangen die Ritterorden auf der Iberischen Halbinsel. Im späten Mittelalter mehrt sich die Kritik an den Ritterorden, nicht nur wegen der Misserfolge im Heiligen Land, und es werden zahlreiche Pläne für Auflösungen, Zusammenschlüsse und Neugründungen entwickelt.

Das Spätmittelalter

Politik, Wirtschaft, Gesellschaft und Verfassung im Spätmittelalter

Das Spätmittelalter ist eine Epoche gesteigerter Erregung, was sich in verschiedenen Teilen Europas in Krisen unterschiedlichster Art niederschlägt. Besonders offensichtlich ist die Krise des Papsttums: Trotz Verkündung des absoluten Vormachtsanspruchs, gar der Weltherrschaft in der Bulle »Unam sanctam« Papst BONIFATIUS' VIII. von 1302 geraten die Päpste in Avignon unter französischen Einfluss und scheiden langsam, aber sicher aus der politischen Geschichte Europas aus. Das Große Schisma der Papstkirche (1378–1415) wird zum allgemeinen Ärgernis und führt zum Konziliarismus, nach dessen Lehre ein allgemeines Konzil die höchste Autorität in der Christenheit beansprucht. Die Krise der Kirche findet im Hussitentum ihren sichtbarsten Ausdruck. Die Kirche ist zum ersten Mal genötigt, mit »Ketzern« zu verhandeln. Letztlich siegt jedoch das Papsttum über den Konziliarismus, wodurch die Überwindung der Kirchenkrise durch eine von oben gesteuerte Reformation verhindert wird.

Im Spätmittelalter nimmt der neuzeitliche Europabegriff erste Konturen an. Eine dominante europäische »Führungsmacht« gibt es in der Politik indessen nicht; Frankreich, das eine solche Stellung Anfang des 14. Jh.s einzunehmen scheint, verliert sie wieder im Laufe des Hundertjährigen Krieges. Im Osten beginnt der Aufstieg des Moskauer Rus; die Folgen offenbaren sich für die Geschichte Europas jedoch erst Jahrhunderte später. Der Versuch, ein neues Machtzentrum in Burgund zu gründen, scheitert. Im Reich stabilisieren sich die Landesherrschaften endgültig und lassen die Bestrebungen, durch Reformen eine neuartige Struktur des Reiches zu schaffen, ins Leere laufen. Herrschaftsgrundlage der Könige und Kaiser ist und bleibt ihre Hausmacht. England wird durch Adelsfehden weitgehend lahm gelegt, und nur in Frankreich (LUDWIG XI., 1461–1483) und auf der Iberischen Halbinsel sind gegen Ende der Epoche Ansätze zu einem neuen Staatstypus festzustellen.

Innerhalb der Staaten zeichnet sich ein Ringen zwischen dem Königtum und den Ständen ab. Letztere finden eigene Organisationsformen: *Parliament* in England, *États* in Frankreich, *Sněm* in Böhmen, *Sejm* in Polen, *Cortes* in Spanien. In etwa gilt das auch für die Reichstage, die seit 1489 in drei Kurien gegliedert sind. Insgesamt setzt sich, wenn auch in sehr unterschiedlichem Ausmaß, das Königtum durch (bedeutendste Ausnahme wird später die polnische Adelsrepublik). Die Monarchie als europäischer Regelfall steht jedoch nirgends zur Disposition. Ihre Macht korrespondiert direkt mit ihrer finanziellen Stärke. Zur militärischen Grundlage wird – nach spektakulären Niederlagen der feudal organisierten Ritterheere – das Söldnerwesen.

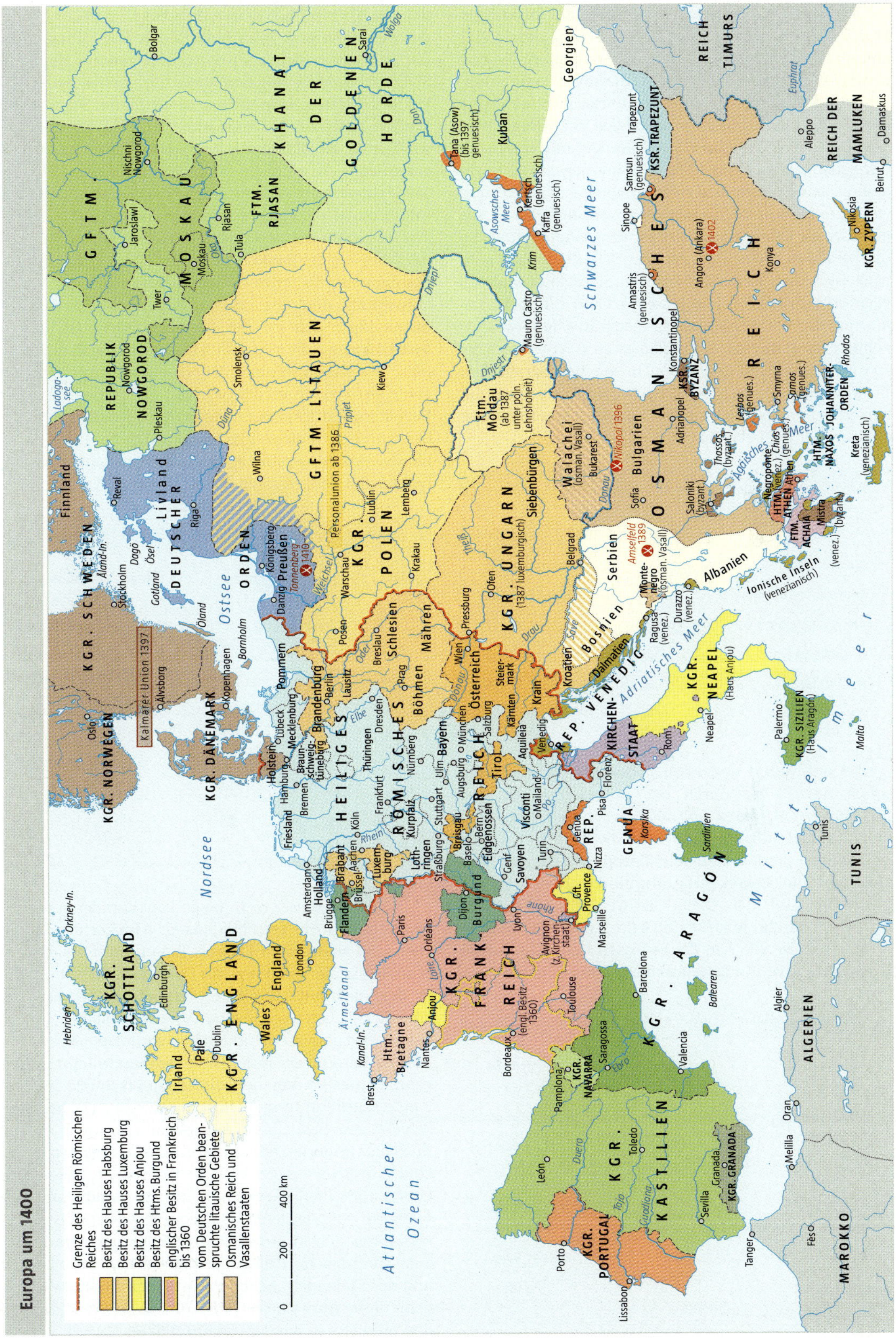
Europa um 1400
Grenze des Heiligen Römischen Reiches
Besitz des Hauses Habsburg
Besitz des Hauses Luxemburg
Besitz des Hauses Anjou
Besitz des Htms. Burgund
englischer Besitz in Frankreich bis 1360
vom Deutschen Orden beanspruchte litauische Gebiete
Osmanisches Reich und Vasallenstaaten
0 200 400 km
Atlantischer Ozean
Nordsee
Ostsee
Mittelmeer
Schwarzes Meer
Adriatisches Meer
KGR. SCHOTTLAND
KGR. ENGLAND
KGR. NORWEGEN
KGR. SCHWEDEN
KGR. DÄNEMARK
Kalmarer Union 1397
KGR. FRANKREICH
HEILIGES RÖMISCHES REICH
KGR. POLEN
GFTM. LITAUEN
Personalunion ab 1386
DEUTSCHER ORDEN
KGR. UNGARN
GFTM. MOSKAU
REPUBLIK NOWGOROD
KHANAT DER GOLDENEN HORDE
OSMANISCHES REICH
REICH TIMURS
REICH DER MAMLUKEN
KGR. PORTUGAL
KGR. KASTILIEN
KGR. ARAGÓN
KGR. NAVARRA
KGR. GRANADA
KGR. NEAPEL
KGR. SIZILIEN
KIRCHENSTAAT
REP. VENEDIG
REP. GENUA
KGR. ZYPERN
MAROKKO
ALGERIEN
TUNIS

Ökonomisch scheinen die Grenzen der bisherigen Möglichkeiten erreicht zu sein. Seit Anfang des 14. Jh.s kommt es zu einer wirtschaftlichen Stagnation, die sich in den europäischen Regionen allerdings sehr unterschiedlich auswirkt; sie wird erst in der zweiten Hälfte des 15. Jh.s überwunden. Im Vergleich zur vorangehenden Epoche verlangsamt sich das Gesamttempo der Wirtschaftsentwicklung. Während im Agrarsektor sogar technischer Stillstand herrscht, dringen in der Handwerksproduktion doch einige Innovationen durch, die das weitere Leben entscheidend umgestalten (mechanische Uhren, Webstühle, Feuerwaffen, Buchdruck). Errungenschaften in der Seefahrt, in Schiffsbau und Navigation ermöglichen die ersten großen Entdeckungsfahrten, die in der Folgezeit das geografische »Weltbild« völlig revolutionieren. Am auffälligsten zeichnet sich die spätmittelalterliche Stagnation in der demografischen Entwicklung ab: Nach dem mächtigen Anwachsen der europäischen Bevölkerung im Hochmittelalter tritt nun ein merklicher Rückgang ein.

Bevölkerungsentwicklung (geschätzt in Mio. Einwohner)

	1000	1340	1450
Italien	5	10	7,5
Frankreich-Niederlande	6	19	12
Iberische Halbinsel	7	9	7
Britische Inseln	2	5	3
Deutschland	4	11,5	7,5
Polen-Litauen	2	3	2

Tief erschüttert und verunsichert werden die Menschen des 14. Jh.s durch das Auftauchen der **Pest** (Schwarzer Tod). Sie ist eine auf dem Schiffsweg aus dem Orient eingeschleppte Pandemie, die in Wellen unterschiedlicher Stärke weite Teile Europas heimsucht und vielerorts die Bevölkerung dezimiert. Bedeutendere Pestwellen sind 1348–1350, 1360/61, 1369–1374, 1380/81, 1412, 1425/26, 1430/31 und 1439 zu beobachten.

Eine weitere von den Zeitgenossen tief empfundene Unsicherheit ist die **Geldentwertung**. Immer lauter werden die Klagen über den sinkenden Feingehalt (Korn) der Silbermünzen. Man beschuldigt die Münzherren, die Münzen künstlich zu entwerten, um aus dem sog. Schlagschatz persönlichen Nutzen zu ziehen. Dem Sinken des »Wertes« wird die Hauptschuld am Anstieg von Preisen und Löhnen zugeschrieben; die Münzherren werden für die ökonomischen Schwierigkeiten der Zeit verantwortlich gemacht. Noch gravierender als die Münzentwertung ist jedoch der »Kursverfall« der Silbermünzen, v. a. der kleinen Scheidemünzen, im Verhältnis zu den relativ stabilen Goldmünzen (Gulden, Florene), der Währung der Banken, der päpstlichen Kurie und des Fernhandels. So schwerwiegend die Folgen der Münzentwertung und des rapiden Kursverfalls auch sind, nachhaltiger scheint die gesamte Wirtschaft durch **Agrarkrisen** betroffen zu sein. Diese treffen v. a. die europäischen Ballungsräume. Durch ein relatives Überangebot an Getreide auf den Märkten – wohl eine Folge des Bevölkerungsrückgangs – stagnieren oder sinken die Getreidepreise. Gleichzeitig steigen Löhne und Preise handwerklicher Produkte; auch dieses Phänomen fällt bereits den Zeitgenossen auf.

Kurs des florentinischen Guldens in Silbermünzen

1252	20 s.
1292	38 s. 2 den.
1302	51 s.
1322	66 s.
1342	65 s.
1378	68 s.
1386	73 s.
1445	97 s.
1457	108 s.

s. = solidi; den. = denarii

Indizierte englische Weizenpreise und Löhne

Jahr	Weizenpreise	Löhne	Relation der Löhne zu den Preisen
1320–1339	100	100	100
1340–1359	88	94	107
1360–1379	99	105	106
1380–1399	72	122	169
1400–1419	76	116	153
1420–1439	71	105	148
1440–1459	59	101	171
1460–1479	52	82	158

Die Folgen dieser recht lange andauernden Agrarkrisen betreffen die verschiedensten Aspekte des ländlichen und städtischen Lebens. Eine unmittelbare Konsequenz ist die Verödung von Feldern und Dörfern, die in der hochmittelalterlichen Kolonisationsphase ungünstig angelegt worden sind. Allerdings ist dies nur ein Faktor, den man für das Entstehen von »Wüstungen«, die in ganz Europa verbreitet sind, verantwortlich machen kann. Ferner werden die sozialen Unterschiede auf dem Lande schroffer. In den Dörfern mit einer wachsenden Schicht von Besitzlosen entsteht ein Armutsproblem. Auch die Grundherren geraten durch das Sinken der Einkünfte in Schwierigkeiten, v. a. Kleinadlige, deren Einkünfte nicht mehr ausreichen, um der Familie und sich selbst ein »standesgemäßes Leben« zu gewährleisten. So verbreiten sich in unmittelbarer Folge der Agrarkrisen auch die sozialen Krisen der bäuerlichen Bevölkerung und des Kleinadels. Sozialer Abstieg droht, und die Verlierer dieser Entwicklung füllen oft das Reservoir der großen Söldnerbanden des Spätmittelalters. Viele Bauern reagieren auf die Krisen mit verstärkter Abwanderung in die Städte. Die sog. **»Landflucht«** setzt ein, die die Herren mit allen Mitteln zu stoppen versuchen, nicht zuletzt durch die Einführung der Leibeigenschaft, die den leibeigenen Bauern u. a. die Freiheit nimmt, den herrschaftlichen Boden zu verlassen. Bald beginnen auch die Städte, den Zustrom der Landbevölkerung zu drosseln, da die städtischen Märkte nur begrenzt aufnahmefähig sind. Viele Städte nutzen im 14./15. Jh. das Instrument der Neubürgeraufnahme zu einer ausgesprochen restriktiven Zuwanderungspolitik.

Zu diesen langfristigen krisenhaften Erscheinungen treten, Unrast und Unsicherheit verstärkend, noch kurzfristige hinzu: Hungersnöte und Verwüstungen des Landes durch Krieg oder Fehden und v. a. die Bedrückung der Bevölkerung durch erhöhte landesherrliche Steuern, durch die die finanziellen Lasten der Kriege und Fehden auf die städtische und ländliche Bevölkerung abgewälzt werden. Klerus und Adel sind steuerfrei. Das Spätmittelalter ist daher auch ein Zeitalter sozialer Unruhen und Aufstände. Zahlreiche Revolten in Stadt und Land, zuweilen in gegenseitiger Unterstützung, entzünden sich an den als untragbar empfundenen Lasten.

Ökonomisch wird die spätmittelalterliche Entwicklung jedoch nicht vom Land beherrscht; immer deutlicher übernehmen die Städte die Führung, auch wenn es letztlich dem Bürgertum nicht gelingt, eine seiner wirtschaftlichen Macht adäquate politische Position zu erobern. Obwohl die städtische Bevölkerung insgesamt nur einen kleinen Teil der Gesamtbevölkerung ausmacht, erreichen einige Städte trotz der krisenbedingten Stagnation beachtliche Ausmaße. Das Gros der Städte wächst aber über bescheidene Verhältnisse nie hinaus. Die Zahl der Städte des Römisch-deutschen Reiches im 14./15. Jh. schätzt man auf insgesamt etwa 4000. Davon sind jedoch nur zehn »Großstädte« mit über 20 000 Einwohner. Sechs bis zehn Städte zählen zwischen 10 000

Einwohner einiger mittelalterlicher »Großstädte«
(geschätzte Einwohnerzahlen)

Jahr	Stadt	Einwohner
ca. 1325	Paris	80 000
ca. 1335	Toulouse	35 000
1338	Venedig	120 000
1339	Florenz	120 000
1350	Hamburg	10 000
1350	Gent	60 000
1350	Genua	60 000
1370	Prag	30 000
–	Köln	40 000
1387	Frankfurt/M.	10 000
1431	Nürnberg	22 148
1444	Straßburg	20 600
1446	Basel	10 500

und 20 000, über 200 Städte 2000 bis 10 000 Einwohner. Köln ist mit mehr als 40 000 Einwohnern die größte Stadt des Reiches. Die große Mehrheit der Städte sind Kleinstädte mit bis zu 2000, meistens jedoch mit weniger als 1000 Einwohnern.

Das wirtschaftliche und politische Gewicht der Städte ist je nach Größe und Lage außerordentlich unterschiedlich. Größte Macht und größten Einfluss haben die norditalienischen Stadtstaaten und die flämischen Metropolen. Im Reich gelingt es den Reichsstädten (zeitweise über 80), d. h. Städte, die dem König und Kaiser als Stadtherrn direkt unterstellt sind (»reichsunmittelbar«), politisch selbstständig zu werden und z. T. eigene Territorien aufzubauen. Das größte Territorium im Reichsgebiet nördlich der Alpen erringt im 15. Jh. die Reichsstadt Bern. Versuche, mithilfe von Städtebünden dem Einfluss von Fürsten und Adel entgegenzusteuern, scheitern zumeist an den politischen Eigeninteressen der Mitglieder. Einen Sondercharakter haben nur die schweizerische Eidgenossenschaft, ein Bündniskonglomerat von Städten und Landgemeinden, sowie die deutsche Hanse, die sich in der Mitte des 14. Jh.s aus einer Vereinigung von Kaufleuten in ein Bündnis der Städte wandelt, ohne jedoch eine feste Struktur anzunehmen. Von größerem Erfolg gekrönt ist das Streben der Städte, ihre Kompetenz gegenüber dem Stadtklerus zu erweitern.

Bedeutende Städtebünde

1254–1257	Erster Rheinischer Städtebund
1346–1547	Oberlausitzer Städtebund
1354–1673/1678	Elsässer Zehnstädtebund
1376–1389	Erster Schwäbischer Städtebund
1381–1389	Zweiter Rheinischer Städtebund
1474–1484	Niedere Vereinigung
1493–1508	Niedere Vereinigung

Mit der Größe der Städte verschärfen sich die sozialen Gegensätze in den Stadtmauern. Die Meisterzünfte machen vielen Gesellen einen sozialen Aufstieg unmöglich. Die mangelnde Aufnahme- und Integrationsfähigkeit der Wirtschaft und der Gesellschaft in der Stadt bringt Randgruppen hervor. Darüber hinaus führen wirtschaftliche Schwierigkeiten zur **Pauperisierung**; reichsweit muss man mit einer Quote von 15 bis 20 % rechnen. Es entsteht ein »soziales Problem«, sodass sich zumindest die großen Städte gezwungen sehen, eine Armenfürsorge und eine Aufsicht über die Randgruppen zu organisieren. Insbesondere in den mittelalterlichen »Großstädten« ist der Anteil der Unterschichten relativ hoch: In Lübeck erreicht er um 1380 etwa 42 %, in Rostock etwa 60 % und in Augsburg 1475 sogar etwa 66 %. Wo die Quellen einen näheren Einblick gewähren, zeigt sich kein harmonisches Bild der Einwohnerschaft, sondern eine außerordentlich stark differenzierte soziale Schichtung.

Infolge der Spannungen in den Städten kommt es zu einer Welle von **Revolten**, deren unmittelbarer Anlass oft neue steuerliche Belastungen sind. An diesen Aufständen beteiligen sich aus unterschiedlichen Gründen (teils aus persönlichen Motiven) Personen verschiedenen Standes, darunter Mitglieder der Führungsschicht. Die eigentlichen »Träger« der Bewegungen sind die Zünfte, z. T. aber auch schon Angehörige der Unterschichten, die im Unterschied zu den Handwerkerzünften jedoch selbst nicht organisiert sind. Als Ergebnis dieser Revolten bildet sich fast regelmäßig eine neue städtische Führungsschicht aus Kaufleuten und reichen Handwerkern heraus, die die ältere Stadtregierung aus Ministerialen und Kaufleuten – durchaus im Sinne einer »Elitenrotation« – ergänzt oder ablöst.

Wenn das Spätmittelalter in mancherlei Hinsicht (v. a. kulturell) vom städtischen Bürgertum beherrscht wird, so mündet es dennoch nicht in ein »bürgerliches Zeitalter«. In den großen Zentren Norditaliens ist das 15. Jh. durch das Aufkommen der *Signorien* gekennzeichnet, und auch nördlich der Alpen büßen alte große Handelszentren wie Gent und Brügge allmählich ihre Selbstständigkeit ein. Das Schicksal der Reichsstädte gestaltet sich in jede Richtung: Neben aufstrebenden Städten wie Augsburg, Nürnberg oder Frankfurt stagnieren einige, z. B. Regensburg, während andere, v. a. die kleineren Reichsstädte, z. T. durch Verpfändung ihre Freiheit verlieren und landesherrliche Städte werden.

Durch die Taufe der Litauer und durch die endgültige Verdrängung der Mauren aus Spanien (1492) ist Europa christlich – dabei aber weiterhin in zwei »Kirchen« geteilt. Versuche (v. a. aufgrund byzantinischer Vorstöße), die Spaltung zwischen Ost- und Westkirche durch Unionsverhandlungen zu überbrücken, scheitern. Zur großen Gefahr für die »Christenheit« werden am Ende der Epoche die Osmanen, die unaufhaltsam auf dem Balkan vorrücken (1389 Serbien; 1393 Bulgarien; 1396 Niederlage des späteren Kaisers SIGISMUND bei Nikopolis) und durch die Eroberung von Konstantinopel (1453) das Ende der einst mächtigen byzantinischen Herrschaft herbeiführen. Für Jahrhunderte kennen nun Ost- und Mitteleuropa eine »Türkengefahr«.

In den Krisen des Spätmittelalters verschlechtert sich auch die **Lage der Juden** in weiten Teilen Europas. Mehr und mehr werden sie auch aus dem Kreditwesen verdrängt. Geschwächt durch Verfolgungen und Vertreibungen müssen sie der Konkurrenz der Lombarden, der italienischen Handelsbankiers, und schließlich im Reich auch der städtischen Kreditwirtschaft, namentlich der oberdeutschen Wirtschaftskraft, weichen. Aus den Städten vertrieben und auf Dörfer abgeschoben bleiben den Juden oft nur noch die kleine Pfandleihe und das Hausieren als Möglichkeit zum Überleben offen.

Die Abgrenzung der jüdischen Bevölkerung wird nun konsequent durchgeführt. Die Bamberger Synode erneuert 1451 die alten Vorschriften des 4. Laterankonzils von 1215 und führt als Kennzeichen – auf der Kleidung zu tragen – den sog. Judenring ein. Daneben ist man bestrebt, die Juden innerhalb des Reiches insgesamt zu erfassen. Erste Ansätze dazu gibt es in der Regierungszeit RUPRECHTS VON DER PFALZ. Später wird JOSELMANN VON ROSHEIM (*1476, †1554) »Befehlshaber und Regierer der gemeinen Jüdischkeit im Reich«.

Ausgelöst durch die Pogromwellen von 1348–1350 und späterer Jahre – die Juden werden als »Brunnenvergifter« für das Auftauchen der Pest verantwortlich gemacht – verschiebt sich der Schwerpunkt des aschkenasischen Judentums (Sprache Jiddisch) zunehmend nach Polen, dessen König, KASIMIR DER GROSSE, die entsprechenden Privilegien erteilt. Die nachhaltigste Umschichtung bewirkt jedoch – ebenfalls nach Pogromwellen – die Vertreibung der Juden von der Iberischen Halbinsel (1492 Spanien, 1498 Portugal). Einst blühende Zentren jüdischen geistigen und politischen Lebens werden ausgelöscht. Die Juden spanischer Sprache (spaniolisch; Sefardim) werden weitgehend aus Europa nach Nordafrika verdrängt. Einige erreichen Italien und den Norden des Reiches (Hamburg). In Spanien organisiert die Inquisition die Verfolgung der im Land verbleibenden getauften Juden und Mauren (*conversos* – Maranen), die als »Scheinchristen« verdächtigt werden. Eine neue Gesetzgebung legt jetzt Wert auf die »Reinheit des Blutes« (*limpieza de sangre*) und formuliert damit die ersten Ansätze von Rassengesetzen.

Das Spätmittelalter ist auch die Epoche des Aufkommens eines **frühen »Nationalbewusstseins«** in einigen Teilen Europas. Neben dem Lob der »Heimat«, die bereits mit den »Staaten« identifiziert werden kann, entsteht ein neuartiges Sprach- und Wir-Bewusstsein. Zuweilen wird die Sprachgemeinschaft bereits als Schicksalsgemeinschaft interpretiert, und aus der Zugehörigkeit zu dieser Gemeinschaft werden zwingende Folgerungen für das Individuum abgeleitet. Markant tritt dieser Trend im 14. Jh. beim Kampf von Völkern gegen fremde Expansion zutage, so beim Kampf der Iren und Schotten gegen die Könige von England. »National« gefärbte Töne schwingen auch in den Auseinandersetzungen zwischen England und Frankreich im Hundertjährigen Krieg (1338–1453) mit. Den »Höhepunkt« in dieser Beziehung erreicht im 15. Jh. Böhmen, wo sich ältere antideutsche Stimmungen mit dem religiösen Sendungsbewusstsein der Hussiten verbinden. Stark religiös gefärbt ist auch das Wir-Bewusstsein in Polen (katholisch) und Russland (Hort des wahren – orthodoxen – Glaubens als Erbe Konstantinopels). In Deutschland glauben im 15. Jh. die Humanisten, in den Germanen die unmittelbaren Vorfah-

Judenvertreibungen im Mittelalter

1388	Straßburg
1390/1391	Pfalz
1418	Trier
1420	Mainz
1424	Köln; Freiburg i.Br.
1436	Zürich
1439	Augsburg
1446	Leipzig
1470	Erzstift Mainz
1498	Nürnberg; Salzburg

ren der Deutschen gefunden zu haben; die Sprachgemeinschaft wird historisch interpretiert. Nirgends ist jedoch im Spätmittelalter ein »Nationalbewusstsein« zur prägenden Kraft geworden, nirgends tritt es so wie im 19. und 20. Jh. mit dem Anspruch der Ausschließlichkeit auf. Soziale und machtpolitische Probleme werden noch nicht »national«, sondern religiös, teils gelehrt-theologisch, teils volkstümlich-biblisch formuliert. Mit Ausnahme Frankreichs ist auch nirgends ein unmittelbares Weiterwirken national gefärbter Strömungen festzustellen; sie werden weitgehend von den religiös artikulierten Gegensätzen der Folgezeit überlagert. Eine gewisse Kontinuität wahren sie jedoch in der gelehrten Forschung und z. T. auch in der politischen Pamphletistik.

Wandlungen in der spätmittelalterlichen Kultur

Die geringe Lebenserwartung, die ständige Bedrohung durch Krieg, Raub und Unfall, Hunger, Krankheit und Seuche sowie der geringe soziale und rechtliche Schutz bis hin zur Unterdrückung prägen ein insgesamt unsicheres Lebensgefühl. Umso mehr wird Halt in der überschaubaren sozialen Gruppe gesucht, in Familie und Verwandtschaft, in Genossen- und Bruderschaften. Das diesseitige Leben scheint nicht ohne Hinwendung zu Gott möglich zu sein. So lebt man unter ständiger Erwartung eines nahen, konkret verstandenen Weltendes, das auch verschiedentlich prophezeit wird. Im späten Mittelalter treten jedoch in wachsendem Masse Anzeichen dafür auf, dass der Tod nicht nur als Übergang ins Jenseits begriffen wird. Die Kunst entdeckt die Realität des leiblichen Todes und stellt ihn ab etwa 1400 populär in der Form des »Totentanzes« dar. 1525/26 malt Hans Holbein der Jüngere (*1497/98, †1543) »Todesbilder«. Das um 1465 entstandene Buch »Ars moriendi« (»Kunst des Sterbens«) ist einer der häufigsten verbreiteten Wiegendrucke (mit Holzschnitten).

Die **bildende Kunst**, nach wie vor in erster Linie religiösen Themen gewidmet, hebt das Diesseits stärker als je zuvor seit der Antike durch ein auffallendes Interesse an der Natur vom Jenseits ab. Nichts Wirkliches ist nun vom Kunstinteresse ausgeschlossen, da alles eine Beziehung zu Gott hat: »Gott erfreut sich aller Dinge, denn jedes stimmt mit seinem Wesen überein« (Thomas von Aquin). Der philosophische Hintergrund des gewandelten künstlerischen Wollens ist der, dass die Allgemeindinge jetzt als den Erfahrungstatsachen immanent gedacht werden (Wilhelm von Ockham [*um 1285, †1349]). Die Gotik, die das Spätmittelalter beherrschende Stilepoche, versucht in ihren maßgebenden Bauwerken, den großen Pfarr- und Bischofskirchen, die übernatürliche Wirklichkeit mit den Mitteln einer äußerlich komplexen, doch geometrisch klaren Architektonik abzubilden; sie ist der Synthese von Form und Funktion, von Teil und Ganzem verpflichtet. Dem technischen Streben nach dem günstigeren Verhältnis von Leistung und Aufwand entspricht die Auflösung des einheitlich starken, romanischen Mauerwerks in einen Strebapparat mit steinernen Diensten (als Wand- und Pfeilervorlagen), der den Gewölbeschub auffängt. Strebepfeiler akzentuieren den Außenbau, der von Gewölberippen und Spitzbogen konstruktiv ergänzt wird. Dies alles sind die Voraussetzungen sowohl für die dem Himmel zustrebende Dynamik des gotischen Kirchenbaus und insbesondere seiner Türme, als auch für die nicht weniger dynamischen großen Maßwerkfenster (z. B. in Chartres oder in Altenberg bei Köln), auf denen großartige Werke der Glasmalerei entstehen (Hochblüte ab 14. Jh.). Hier mischen sich die Stufen von Helligkeit und Schatten.

Bildende Kunst

Auch die **Plastik** erfährt in der Gotik durch verselbstständigte Figuren, meist in der Bauhütte gleich neben der Kirche hergestellt, einen grundsätzlichen Wandel (Portale der Westfassade von Chartres [1145–1155] und von Senlis [um 1170]). Die Figuren erhalten nicht nur eine eigenständige Form (sichtbar in der Raumbezogenheit im Faltenwurf des Gewandes, in der Ausdrucksstärke und Lebendigkeit der Darstellung bis hin zum gotischen Schönheitsideal), sondern werden auch als selbstständige Träger von Inhalten in Anspruch genommen, wie in den Figurenportalen, komponiert nach ikonografischen Programmen. Die Bauhütte, in der Bauleute und Steinmetze noch häufig in Personalunion zusammenwirken, hält den grundsätzlichen Verbund von Bau- und Bildhauerkunst noch lange fest, bis das Ausscheiden der Steinmetze aus den Bauhütten und die Arbeit in eigenen Werkstätten im 14. Jh. das weitere Herauslösen der Plastik aus den architektonischen Bindungen auch im Sinne eines stärkeren Realismus erleichtern. Italienische Fürstengrabmäler des 14. Jh.s zeigen den Verstorbenen in ganz persönlicher Darstellung, bewaffnet und beritten (z. B. Cangrande I. Scaliger (della Scala) [Signore von Verona], Bernabò Visconti [Signore von Mailand]) und bringen damit die politisch-soziale Wirklichkeit des italienischen Spätmittelalters zum Ausdruck, auf deren Boden nun rasch die italienische Renaissance einsetzt.

Nördlich der Alpen kommt die spätgotische Bildhauerkunst besonders in der Holzplastik zu reicher Blüte. Diese befreit sich im frühen 14. Jh. vom steinernen Vorbild durch das vergleichsweise kleinformatige Andachtsbild, das unter dem Einfluss der deutschen Mystik entsteht (u. a. Vesperbild, Schmerzensmann, Schutzmantelmadonna, Heiliges Grab). Als Höhepunkte der Holzplastik gelten die spätgotischen Schnitzaltäre, z. B. von Michael Pacher (*um 1435, †1498) in St. Wolfgang (Salzkammergut, 1471–1481), sowie von Veit Stoss (*um 1445, †1533) in der Marienkirche zu Krakau (Marienaltar, 1477–1481), oder von Tilman Riemenschneider (*um 1460, †1531) in Creglingen (Altar der Herrgottskirche, Nordwürttemberg, 1502–1505). Dieser Aufschwung an künstlerischer Qualität, an Vielfalt und Umfang ist neben den Impulsen der Höfe und Herrscher großenteils der steigenden Zahlungskraft und dem Interesse der Bürger zu verdanken, die zwar nicht als Auftraggeber von Kirchen und Schlössern, aber von Altarschreinen und Tafelbildern auftreten.

In der **Malerei** überflügelt unter diesen Bedingungen gerade die Tafelmalerei, etwa seit der Mitte des 14. Jh.s, zunächst in Gestalt von Altarbildern die älteren Wandgemälde (außer in Italien). Zu nennen sind u. a. der Prager Hof Kaiser KARLS IV., die Schule von Avignon, die deutschen Meister des 15. Jh.s, in den Niederlanden HUBERT (†1426) und JAN VAN EYCK (†1441) (Genter Altar) sowie ROGIER VAN DER WEYDEN (*1399/1400, †1464; Kreuzabnahme). Vorbereitend wirkt seit der Mitte des 13. Jh.s die höfische Buchmalerei mit biblischen Büchern, Heiligenlegenden und Stundenbücher; ihr Höhepunkt vollzieht sich in Burgund.

Die schon im 13. Jh. deutlicher werdende Naturbeobachtung tritt als Prinzip zuerst in der Landschaftsmalerei des Italieners GIOTTO (†1337) hervor und führt schließlich vom 15. Jh. an zur Ablösung des Goldgrundes der Gemälde zugunsten naturalistischer Hintergründe. Ein schon in der Bildhauerkunst sichtbares, neues Raumempfinden kommt hier zum Ausdruck. Daneben entwickelt sich seit dem 13. Jh. die Porträthaftigkeit zunächst bei einzelnen Grabfiguren (z. B. König RUDOLF I. im Speyerer Dom, 1280–1290) und in der Plastik (z. B. die genannten italienischen Grabmäler des 14. Jh.s), um ab etwa 1300 auch auf die Malerei überzugreifen (um 1360 Bildnis des französischen Königs JOHANN II. DER GUTE; um 1380 Bildnis des Trierer Erzbischofs KUNO VON FALKENSTEIN im Evangelistar). Anfänglich (v. a. in Deutschland) liegt dabei das Schwergewicht auf Bildnissen der Stifter von Altären (z. B. beim erwähnten Genter Altar). Führend sind die Niederlande mit zahlreichen Porträts von JAN VAN EYCK und ROGIER VAN DER WEYDEN – neben Italien, dessen Bilder im 15. Jh. bereits der Frührenaissance angehören. Vielleicht wird es nirgendwo deutlicher als gerade in den Porträts, dass das Kunstwerk nicht mehr in erster Linie Symbol, sondern bereits Abbild ist.

Architektur

Ausgangsgebiet **gotischer Architektur** ist bereits im 12. Jh. die Île-de-France. Der Europa weithin umspannende Zisterzienserorden, dessen Baukunst schlichte Sonderformen entwickelt, trägt durch seine einheitlichen Bauvorschriften zur raschen Verbreitung des neuen Baustils bei. In **Deutschland** wird schon in der ersten Hälfte des 13. Jh.s im Bau gotischer Hallenkirchen eine eigenständige Entwicklung sichtbar. Sie setzt unter dem Einfluss von Stifts- und Pfarrkirchen etwa im Übergang zur Einturmfassade (Freiburger und Ulmer Münster) und weiteren baulichen Eigentümlichkeiten in der deutschen Spätgotik fort, die deswegen als Sondergotik bezeichnet wird. Neue Bauformen machen am deutschen Beispiel deutlich, dass hinter bedeutenden stilistischen Neuerungen des 13. bis15. Jh.s nicht zuletzt ein entscheidendes stadtbürgerlich soziales Engagement zugunsten der neuen Stadtpfarrkirche steht.

In **England** setzt die Gotik im späten 12. Jh. ein (Chor der Kathedrale von Canterbury, ab 1185) und macht sich rasch vom französischen Vorbild frei. In der Folgezeit entwickelt sie eigene Stilelemente (stärkere Horizontalgliederung, spezifische Dekorationen) und findet ihre

Bürgerlich-städtische Kirchenbauten (in Auswahl)

	Baubeginn		Baubeginn
Annaberg, St. Annen	1499	Landshut, St. Martin	1387
Antwerpen, O. L. Vrouwkerk	1352	Lavenham, St. Peter and Paul's	14. Jh.
Bern, St. Vinzenz	1421 Neubau	Lübeck, St. Marien	1286
Boston (England), St. Botolph	14. Jh.	Lüneburg, St. Nikolai	1407
Brügge, St. Salvator	1358	Neuötting, St. Nikolaus	1410
Brüssel, St. Gundula und Michael	1225	Nördlingen, St. Georg	1427
Danzig, St. Marien	1343	Nürnberg, St. Lorenz	Ende 13. Jh.
Dinkelsbühl, St. Georg	1448	Nürnberg, St. Sebald	1361 Neubau
Esslingen, Liebfrauen	1321	Rostock, St. Marien	1290 Umbau
Florenz, Or San Michele	um 1300	Schwäbisch Gmünd, Hl. Kreuz	um 1320
Florenz, S. Maria del Fiore (Dom)	1294	Siena, Dom	um 1250
Freiburg i. Br., Liebfrauen	1354 Chorbau	Soest, St. Maria zur Wiese	1331
Freising, St. Georg	2. Viertel 15. Jh.	Stettin, St. Jakobi	1375 Chorbau
Gent, St. Bavo	1228	Stralsund, St. Jakobi	1303
Greifswald, St. Marien	1260	Stralsund, St. Marien	1382 Neubau
Groningen, St. Martini	1469	Stralsund, St. Nikolai	um 1276
Haarlem, St. Bavo	vor 1397	Straubing, St. Jakob	Ende 14. Jh.
Herzogenbusch, St. Janskerk	um 1370	Thorn, St. Jakob	1309
Krakau, St. Marien	1320	Ulm, Liebfrauen (Münster)	1377
Kuttenberg, St. Barbara	1388	Wasserburg, St. Jakob	1410

Vollendung von der Mitte des 14. Jh.s an durch besondere Maßwerkfenster und Gewölbeformen im *Perpendicular style*, z. B. in den Kathedralen von Gloucester (ab 1351) und Winchester (ab 1394), in der King's College Chapel in Cambridge (1446–1515) oder in der Kapelle HEINRICHS VII. der Westminster-Abtei (1503–1510). Im *Tudorstyle* des frühen 16. Jh.s dringen Renaissanceformen in die englische Gotik ein. – Während die gebräuchliche Einteilung in Früh-, Hoch- und Spätgotik auf die meisten Länder mit Einschränkungen anwendbar ist, bleibt die Gotik in **Italien** dem romanischen Raumgefühl verhaftet und wird von der Renaissance abgelöst.

Zahl, Größe und Komplexität der neuen Gebäude erfordern eine effektivere Arbeitsorganisation: Im 13. Jh. **entsteht** (in Deutschland, Frankreich, England) die **Bauhütte**. Sie ist eine an eine Hüttenordnung gebundene Werkstattgemeinschaft der Steinmetze, die Arbeitsmethoden, technische Erfahrungen und Kenntnisse bewahrt und im Rahmen der Ausbildung weitergibt. In der Bauhütte hat sich im Gegensatz zu den früheren mönchischen Organisationen ähnlicher Art ein erheblicher Wandel vollzogen, der sich in vielen neuen Bauwerken und Gebäudetypen niederschlägt. Die Stärkung des Laienelements zeigt sich auch im Aufschwung der Profanbaukunst. Diese hat besonders im militärischem Bereich, gewissermaßen »im Kielwasser der Kreuzzüge«, wesentliche Impulse durch das Kennenlernen der hoch entwickelten orientalischen, teils arabischen, teils byzantinischen und armenischen Burgen- und Schlossarchitektur erfahren. Die Burgen werden militärisch vervollkommnet, in England und der Romania setzt sich die regelmäßig-rechteckige Kastellform durch (so schon in den Stauferkastellen Süditalien-Siziliens). In Deutschland und Skandinavien bilden meist Bergfried und Pallas als Hauptwehr- bzw. Wohnbau das Zentrum, um das sich eine wachsende Zahl von Wohn- und Wirtschaftsgebäuden gruppiert: Der Wohnwert sowie der Repräsentationscharakter der Burg nehmen zu; in der Spätgotik treten z. T. monumentale Anlagen auf (z. B. Prager Burg). Die Verwendung des Schießpulvers und der Einsatz von Feuerwaffen führen seit der Mitte des 15. Jh.s zur Anpassung des Burgenbaus (Bastionen, Gräben, Wälle), dann jedoch zur Entwicklung der neuzeitlichen Festung, während sich die Wohn- und Repräsentationsfunktionen auf das Schloss bzw. den Stadtpalast verlagern. Beispiel dafür sind noch im Spätmittelalter die italienischen Palazzi und v. a. der Papstpalast in Avignon.

Die Ummauerung als das (häufig ins Wappen aufgenommene) äußere Hauptmerkmal der mittelalterlichen Stadt begleitet den Aufstieg des Bürgertums, das der Profanbaukunst zu neuer Entfaltung verhilft. Besonders typisch für den sozialen Wandel in der Stadt sind die Rathäuser (Thorn [ab 1393], Breslau [14. Jh.], Brügge [14. Jh.]) und die frühen Zunfthäuser (Tuchhalle in Ypern [13. Jh.], Haus zum Rosengarten in Konstanz [14./15. Jh.], Gewandhaus in Leipzig [ab 1477], »Zur Schmiden« in Zürich [spätgotischer Zunftsaal 1520]).

Der zunehmende Einfluss des Bürgertums, der Wandel des Sakralgebäudes von der Kirche der Geistlichkeit zur Kirche der Bürgergemeinde und die insgesamt größere Anzahl und gesellschaftliche Vielfalt der Auftraggeber erlauben es immer mehr Bauleuten, sich aus der streng hierarchischen Bindung der Bauhütten zu lösen, sich in Zünften zu organisieren, mit größerer künstlerischer Freiheit zu gestalten und aus der Anonymität herauszutreten. Künstlerfamilien, dann auch Künstlerpersönlichkeiten werden namentlich fassbar und »verewigen« sich z. T. durch Selbstbildnisse, wie z. B. die Baumeister- und Bildhauerfamilie Parler im 14. Jh., die an den Münsterbauten von Freiburg (Breisgau) und Basel, u. a. an der Heiligkreuzkirche in Schwäbisch Gmünd und am Prager Dom tätig ist, hier v. a. PETER PARLER (*1330/33, †1399; Büste im Prager Dom), der den Prager Dombau weiterführt und ihm eine bis dahin nicht gekannte bauplastische Ausstattung verschafft.

Literatur und Schriftkultur

Auch in der **Literatur** des Spätmittelalters werden Entwicklungen sichtbar, die sich mit stärkerer Naturbeobachtung, mit Individualisierung und Verbürgerlichung umschreiben lassen, ohne dass die bis dahin gültigen Formen und Gattungen sogleich entwertet werden. Die mittellateinische Literatur zeigt ihr Weiterblühen in didaktischen Schriften, in theologischen, wissenschaftlichen und enzyklopädischen Werken aus Mystik und Scholastik, in der religiösen Lyrik der Bettelorden, in Exemplarsammlungen und in Legenden, wie z. B. der um 1270 geschriebenen »Legenda aurea« des Genueser Erzbischofs JACOBUS A VORAGINE (*um 1230, †1298); schließlich sind noch die (teils fiktiven) Reiseberichte oder Reisebeschreibungen zu nennen (z. B. JOHANNES VON MANDEVILLE, Mitte 14. Jh.) und die Autobiografien, wie die Kaiser KARLS IV.

Es wächst zudem die Zahl der Übersetzungen in **Volkssprachen**, deren Vordringen binnen kurzem selbst zum literarischen Thema avanciert: DANTE ALIGHIERI (*1265, †1321), der selbst teils lateinisch, teils italienisch schreibt und von dem das erste wissenschaftliche Prosawerk in italienischer Sprache stammt (»Il convivio«, zwischen 1303 und 1308), verfasst um 1305 ein Lehrbuch »Über die Volkssprache« (»De vulgari eloquentia«) und lässt in seiner »Divina Commedia« die im Paradies auftretenden Menschen ihre eigenen Dialekte reden; freilich deckt sich »Sprache« nicht mit »Volk«; DANTE rechnet für Italien mit 14 Haupt- und über 1000 Lokaldialekten. Aber auch als schriftliches Verständigungsmittel spielen die Volkssprachen von nun an eine wachsende Rolle. Das Latein verliert zwar seine Monopolstellung, repräsentiert und garantiert aber bis weit in die Neuzeit hinein die Einheit der wissenschaftlichen Kultur Europas. Mit der Verbreitung des Papiers, das die Araber im 12. Jh. nach Spanien bringen, steigt im Spätmittelalter die Schriftlichkeit rapide an und kommt der literarischen Ausbreitung der Volkssprachen sehr zugute.

Ein »nationales« Selbstbewusstsein fördert das Bewusstsein des Wertes der eigenen Sprache sowohl dem Lateinischen als auch den anderen Volkssprachen gegenüber. In diesem Sinn kommen die Sprachen Frankreichs, das (Nord-)Französische und das Provenzalische, am frühesten zur Blüte. In Poesie und Prosa, Geschichtsschreibung, Kanzleierzeugnissen und wissenschaftlicher Literatur formt sich vom 12. zum 14. Jh. eine französische Sprachkultur, die in dieser Glanzzeit eine internationale Reichweite erlangt und die semantische und literarische Entwicklung anderer Volkssprachen nachhaltig beeinflusst. Manche Sprachen, wie das Italienische, Englische und Spanische, müssen sich gegen den französischen Kulturprimat ebenso durchsetzen wie gegen den Lateinischen. Auch das Deutsche gewinnt durch die zahlreichen Übersetzungen und Bearbeitungen französischer Vorlagen an Substanz. Im Zuge der deutschen Ostsiedlung trägt die deutsche Sprache neben Latein und Französisch zur Entwicklung slawischer Sprachen bei. In weiten Teilen Europas wird eine literarische Verbürgerlichung spürbar. Gewiss ist diese Entwicklung nicht einheitlich: Höfische Literatur, ritterliche Turniere und Feste erleben v. a. in Burgund eine hohe Blüte (1430 Ritterorden vom Goldenen Vlies) und der Adel bleibt auf vielen Gebieten noch lange führend, auch über das Spätmittelalter hinaus. Ihrerseits rezipiert die bürgerliche Oberschicht adlige Ideale und Lebensformen und drückt sie auch literarisch aus.

Die Prosa dringt immer stärker in die bisher von der Versform dominierten Gattungen ein und Versepen werden in Prosaversionen umgearbeitet: Das Interesse an stofflich orientierter, nüchterner Erzählliteratur wird stärker. Der Prosa kommt es sehr zugute, dass jetzt mehr individuell gelesen als gemeinschaftlich vorgetragen wird – eine Entwicklung, die sich nach Einführung des Drucks mit beweglichen Lettern im 15. Jh. rasch beschleunigt. Überdies sprechen zeitgenössische Quellen der Prosa einen größeren Wahrheitsgehalt im Vergleich zur Versliteratur zu. Schon um 1220/27 wird Eike von Repgow (*um 1180, †nach 1233) mit seinem »Sachsenspiegel« das Vorbild der Rechtsprosa.

In der **Geschichtsschreibung** ist bei den weiterhin gepflegten Annalen und Chroniken (»Klosterneuburger Chronik« in deutscher Prosa, zwischen 1322 und 1428) eine stärkere Berücksichtigung des Individuellen und des Alltäglichen zu beobachten. Der kastilische König Alfons der Weise lässt eine »Crónica general de España« verfassen, eine (unvollendet gebliebene) Menschheitsgeschichte, die auf arabischen und europäisch-volkssprachlichen Materialien fußt. Auch die spätmittelalterliche Historiografie bleibt im heilsgeschichtlichen Rahmen, bemüht sich jedoch mehr und mehr um Genauigkeit in der Darstellung sowohl der Tatsachen und Umstände als auch der Charaktere (Jean de Joinville [*1225, †1317]: »Histoire de Saint Louis«, 1304–1309). Augenzeugenberichte werden öfter herangezogen (Jean Froissart [*um 1337, †nach 1404]), auch die belehrende bzw. anklagende Zielsetzung kommt zu ihrem Recht (Philippe de Commynes [*1447, †1511]: »Mémoires«, 1489–1498). Schließlich rückt die Schilderung des Stadtlebens in den Vordergrund, z. B. in der »Nuova Cronica« des Florentiner Kaufmanns Giovanni Villani (*um 1280, †1348), der heilsgeschichtliche Weltchronik mit patrizischer Stadtchronik und Wirtschaftsgeschichte verbindet; ein weiteres einschlägiges Beispiel ist »The Great Chronicle of London« aus dem 15. Jh. Historisch-politische Themen werden aber auch in der Lyrik behandelt, v. a. aber in der Epik, etwa in der »Vox Clamantis« von John Gower (†1408), der u. a. den englischen Bauernaufstand von 1381 behandelt. Passionsspiele (in Deutschland) und Mysterienspiele (in England und den romanischen Ländern) weisen auf die Verbürgerlichung auch der kirchlichen, liturgischen Literatur hin, was sich im 15. Jh. verstärkt in Moralitäten fortsetzt, z. B. im englischen »Everyman«-Spiel, in deutschen Fastnachtsspielen und in französischen Farcen mit ihren lebendigen, teilweise derben Schilderungen. Im 15./16. Jh. führen die deutschen Meistersinger (in Singschulen organisierte, bürgerliche Dichter-Handwerker) die Tradition von Minnesang und Spruchdichtung fort. Autobiografische Inhalte, die in der Lyrik eines François Villon (*1431, †nach 1463) und eines Oswald von Wolkenstein (*um 1377, †1445) zum Ausdruck kommen, lassen die Dichterpersönlichkeit stärker hervortreten. Ein Porträt Oswalds findet sich in der »Innsbrucker Handschrift« von 1442.

Als erste bricht die kaufmännische Oberschicht die Bildungs- und Kulturhoheit des Klerus und geht in ihren Kontoren zur Schriftlichkeit über. Im 14. Jh. wird hier die Buchführung allgemein üblich. Die Städte richten in zunächst scharfer Konkurrenz zu den geistlichen Dom- und Stiftsschulen eigene Schulen ein, die dem Nachwuchs in Kaufmannschaft, Rat und Schreiberamt praktisches Wissen vermitteln sollen: Neben Lesen, Schreiben und Rechnen, Latein und Kirchengesang wird v. a. die Stilisierung der Urkunden und der geschäftlichen und politischen Korrespondenz gelehrt und gefördert. Der Bedarf an geschulten Kräften verschafft den Universitätsbesuchern, v. a. den Juristen sowohl des kirchlichen als auch des weltlichen (kaiserlichen) Rechts, wachsenden Einfluss. Kaiser Friedrich II. hat bereits 1224 in Neapel die Landesuniversität für das sizilische Königreich gegründet, um diese Entwicklung für sich zu nutzen. Damit wird der zunehmenden Verrechtlichung des Lebens entsprochen, durch die es eher als zuvor möglich (aber auch nötig) wird, Verfahrensweisen in nicht mehr überschaubaren, weil in größerem Maßstab organisierten und komplizierter gewordenen gesellschaftlichen Einheiten einzuüben und (staatlich-herrschaftlich) zu verfestigen: Die auf ein bestimmtes Reich bezogene, an der Rationalität orientierte positive Rechtsetzung durch den Fürsten (frühes Beispiel: Friedrichs II. Konstitutionen von Melfi, 1231) kann sich zwar nicht von den hergebrachten Normen lösen, beginnt aber, ein staatliches Monopol der Reglementierung, Rechtsetzung und Rechtsprechung letztlich erfolgreich durchzusetzen, das sich auf weite Bereiche auch des täglichen Lebens erstreckt (ab Ende 13. Jh. Kleiderordnungen). Die schriftliche Fixierung beginnt, das Rechtsleben zu beherrschen. Auch Gewohnheitsrechte werden unter Einfluss gelehrter Juristen aufgezeichnet.

Die Rationalisierung von Denkgewohnheiten, Naturbetrachtung und Untersuchungsmethoden bereitet den Boden für eine fruchtbare Begegnung mit der arabischen **Wissenschaft**, die über die beiden Kontaktzonen Sizilien (Friedrich II.) und Toledo (Alfons der Weise) verläuft und zugleich auch antikes Bildungsgut durch zahlreiche Übersetzungen vermittelt. Neue Errungenschaften sind die Einführung der arabischen Astronomie im 13. Jh., mechanische Uhren Ende 13. Jh. und erste Brillen um 1350. Mit den Anfängen der Chemie bzw. Alchemie wird der Aufstieg der experimentellen Wissenschaften eingeleitet. »Pulvergeschütze« und andere Feuerwaffen (Ballistik) revolutionieren das Kriegswesen seit der ersten Hälfte des 14. Jh.s und setzen weit darüber hinaus greifende Entwicklungen mit in Gang. Kompass (13. Jh.[?]) und Achterruder (14. Jh.) stehen am Anfang eines neuen Zeitalters der Seefahrt, des Fernhandels und der Politik. Die Wissenschaft beginnt, die Welt umzugestalten und das Weltbild zu verändern.

Die Innovation des **Buchdrucks** ermöglicht eine leichtere und raschere Kommunikation. Als Ersterfinder des Buchdrucks sind die Chinesen anzusehen (Lettern aus Ton im 11. Jh.), deren Erfindung jedoch nicht nach Europa gelangt. Erst die erneute Erfindung führt zur »Kommunikationsrevolution«. Anders ist es mit dem Papier: Erfunden in China im 1. Jh., wandert es über Orient und Spanien nach Europa. Die erste deutsche Papiermühle nimmt 1390 in Nürnberg ihren Betrieb auf. Papier ist sehr viel billiger als Pergament; es ist die Voraussetzung zur Ausbreitung des Buchdrucks. Für Europa erfindet Johannes Gensfleisch zum Gutenberg in Straßburg, dann in Mainz die Kunst des Drucks mit wieder verwendbaren Einzellettern, zunächst aus Holz, dann aus Metall (1436–1445). 1455 wird als erstes größeres Druckwerk die lateinische »Gutenbergbibel« fertig gestellt (Auflage zwischen 100 und 200, heute noch 40 Exemplare erhalten). Formales Vorbild der frühen Buchdrucker sind die Traditionen der handgeschriebenen Bücher; viele Inkunabeln (= Wiegendrucke, vor 1500) sind von Handschriften kaum zu unterscheiden. 1457 erscheint in der Mainzer Werkstatt (aus der Gutenberg aus finanziellen Gründen hinausgedrängt worden ist) das »Psalterium Moguntinum«, 1465 Ciceros »De officiis«. Die neue Technik breitet sich erstaunlich rasch aus. Das Interesse, die vergleichsweise billigen gedruckten Bücher zu kaufen, ist gewaltig. Gedruckt werden nicht nur kirchliche und wissenschaftliche Schriften, sondern sehr bald auch volkstümliche, oft mit Holzschnitten geschmückte Bücher (v. a. in Straßburg).

Philosophie

Von den Wandlungen der Zeit sind auch die scholastische **Philosophie und Theologie** und die Mystik betroffen. Die heutige Wertung der **»Spätscholastik«** ist noch in der Diskussion, aber von Verfall oder vom Vorherrschen des Nominalismus kann kaum noch die Rede sein. Ähnliches gilt für das Interesse an formalen logischen Problemen. Hochscholastik und der Spätscholastik bergen schließlich positive »Gründerfunktionen« für die Neuzeit, womit die »Epochenschwelle« problematisch wird.

Mystik ist immer schon ein Korrelat der Scholastik gewesen. Ihre zentrale Gestalt ist Meister Eckhart. Ohne die lateinischen »wissenschaftlichen« Schriften vermitteln seine in mittelhochdeutscher Sprache erhaltenen Predigten allein genommen ein falsches Bild. Meister Eckharts Formulierungen, zumal die in den deutschen Predigten, in denen er nicht unter dem Schutz einer lang bewährten lateinischen Terminologie steht, mögen mitunter pantheistisch missverständlich sein (daher die Verurteilung von 26 seiner Sätze durch den Papst 1329). An Eckharts subjektiver Orthodoxie ist jedoch nicht zu zweifeln. In seiner Ethik betont Meister Eckhart den entscheidenden Wert der inneren Gesinnung. Unmittelbare Schüler sind Johannes Tauler (*um 1300, †1361) und Heinrich Seuse (Suso; *1295, †1366). Beide führen das eckhartsche Denken kaum weiter, sind aber durch ihre umfangreiche seelsorgerische Tätigkeit Grund für seine weite Verbreitung in der religiösen Praxis.

Der Flame Jan van Ruysbroeck (*1293, †1381) legt seine Lehre über den Weg des Mystikers zur Gottesschau in zwölf flämischen, kunstvoll aufgebauten Traktaten nieder (Hauptschrift: »Zierde der geistlichen Hochzeit«). Sein Freund Gerhard Grote (*1340, †1384) ist Gründer der »Brüder des gemeinsamen Lebens«, kurz »Fraterherren« genannt. Diese ordensähnliche Genossenschaft verbreitet die Reformbewegung der »neuen Frömmigkeit« (*devotio moderna*): Sie ist schlichter und nüchterner, wohl auch praxisorientierter als die hohe Mystik, aber eindeutig von ihr beeinflusst. Einflussreichster Vertreter ist Thomas Hemerken von Kempen (*1379/80, †1471). Sein Werk »Nachfolge Christi« (um 1420 entstanden) wird ein populäres Buch der gesamten Christenheit – bis auf den heutigen Tag. Dass die geistigen Ursprünge der Neuzeit mittelalterlich sind, wird besonders bei Dietrich von Freiberg (*um 1250, †1310) deutlich. Sein Interesse gilt Problemen der Naturforschung (darin Albertus Magnus ähnlich). Daneben entwickelt er eine Theorie des menschlichen *intellectus*, die in ihrer Betonung der gegenstandskonstitutiven Spontaneität des erkennenden Subjektes vieles, was üblicherweise als neuzeitlich gilt, vorwegnimmt.

Johannes Duns Scotus (*um 1265, †1308) hebt in der Ethik den Willen in seiner Eigenständigkeit stärker hervor und macht ihn zur letzten Entscheidungsinstanz des Menschen. Der Wille ist frei, nur durch sich selbst bestimmt. In der Metaphysik wird sowohl gegenüber der platonischen als auch der aristotelischen Tradition der Wert des Einzelnen, Individuellen stärker gesehen.

Nach Wilhelm von Ockham sind unsere Allgemeinbegriffe nur Zeichen, das Universale ist »etwas von uns Gebildetes« (*quoddam fictum*). Man pflegt diese Position unter die des Nominalismus zu rechnen: Allgemeines ist nur Name. Die Gegenposition des Realismus lehrt, dass das Allgemeine in den realen Dingen steckt. Streng genommen hat man es mit einem Konzeptualismus zu tun: Allgemeines ist nur Begriff. In der Gotteslehre betont Ockham noch stärker als Duns Scotus den Primat des göttlichen Willens: Seine Macht ist absolut, jedoch hält er sich in ihrer Ausübung an die einmal von ihm positiv gesetzte Ordnung und ist an sie gebunden.

Überragende Gestalt am Ende der Spätscholastik ist Nikolaus Krebs von Kues (Cusanus; *1401, †1464). Er nimmt ab 1432 am Basler Konzil teil, 1450 wird er Kardinal und Bischof von Brixen. Als Legat für Deutschland unternimmt er weite Reisen und ist intensiv um die Kirchenreform bemüht. Sein schriftliches Werk enthält juristisch-kirchenpolitische und mathematische Schriften, behandelt astronomische Fragen und entwickelt eine frühe Theorie des naturwissenschaftlichen Experiments. Schwerpunkte liegen auf Philosophie, Theologie, spekulativer Mystik und in einer umfangreichen Predigtsammlung. In der Erkenntnislehre greift NIKOLAUS nominalistische Ansätze auf, überwindet sie aber in einer Theorie der Spontaneität des menschlichen Geistes. Gott ist der – oder gar über dem – »Zusammenfall der Gegensätze« (*coincidentia oppositorum*), ihn kann man nur in »belehrter Unwissenheit« (*docta ignorantia* – gleich lautende Schrift von 1440) erkennen. Präzise Wesenserkenntnis gibt es nicht von der Welt, Gott- und Welterkenntnis sind »Mutmaßung« (*coniectura* – gleich lautende Schrift 1444). Wohl aber gibt es partielle Wesenserkenntnis durch spontan gebildete Begriffe; diese Begriffe fassen die außergeistige Realität, da sie Abbild des urbildlichen menschlichen Geistes ist. Diese Theorie weist voraus auf den deutschen Idealismus, auch wenn die Wirkungsgeschichte noch oft unerforscht ist. In dieser Erkenntnislehre ist der cusanische Toleranzgedanke begründet (»De pace fidei«, 1453): Auch die christliche Religion hat nicht die »präzise« Wahrheit, wenn sie ihr auch relativ am nächsten steht. Partieller Wahrheitsgehalt liegt in allen Religionen. Es gibt nur »eine Religion in vielfachen rituellen Ausprägungen« (*religio una in rituum varietate*). »De pace fidei« ist, entgegen den anderen cusanischen Schriften, noch der deutschen Aufklärung bekannt: GOTTHOLD EPHRAIM LESSINGS »Nathan« entsteht unter nachweislichem Einfluss dieser Schrift.

Besonders stark betont die menschliche Vernunft MARSILIUS VON PADUA (*um 1275, †1342/43) in seiner 1324 vollendeten Schrift »Defensor pacis«. In den politisch-religiösen Konflikten seiner Zeit stehend, flieht er nach Bekanntwerden der Verfasserschaft zu Kaiser LUDWIG IV. nach München und wird als dessen Ratgeber 1327 ebenso wie zuvor schon der Kaiser vom Papst gebannt. Seine im Defensor niedergelegte Staatstheorie bestreitet nicht nur den universalen Herrschaftsanspruch des Papstes, ohne ihn durch einen kaiserlichen ersetzen zu wollen, sondern – ähnlich wie bald darauf JOHN WYCLIFFE (†1384) – die Berechtigung jeder »weltlichen Herrschaft« der Kirche. Die Normen des Zusammenlebens sind auf die menschliche Vernunft gegründet. MARSILIUS unterscheidet damit ganz klar und scharf zwischen göttlichem (christlicher Offenbarung) und menschlichem Bereich (Vernunft). Letzte Konsequenz ist die Postulierung der Volkssouveränität.

Vernunfterkenntnis und religiöse Toleranz, Rationalität und Verrechtlichung, Wissenschaftlichkeit und Naturbeobachtung sind dort am deutlichsten ausgeprägt, wo in Kultur, Gesellschaft und Politik das Laienelement am stärksten hervortritt und die Handel treibende stadtbürgerliche Oberschicht schon im Hochmittelalter großen wirtschaftlichen Einfluss besitzt. In der hoch entwickelten italienischen Stadtkultur, zunächst in Florenz, vereinigen sich diese Elemente mit einem wachsenden Interesse an der römischen Vergangenheit, die durch Baudenkmäler, künstlerische Hinterlassenschaften und Traditionen noch gegenwärtig ist. Der Dichter FRANCESCO PETRARCA (*1304, †1374) greift die Rhetorik CICEROS auf und widmet sich der antiken Moralphilosophie. Aus der Rückbesinnung auf Sprache, Literatur und Wissenschaft der Antike erwächst eine Bewegung, die man seit dem 19. Jh. als **Humanismus** bezeichnet. Nach den Konzilen von Konstanz (1414–1418) und Basel (1431–1447, z. T. ab 1437/38 in Ferrara, ab 1439 in Florenz), wo sich wie nie zuvor die gelehrte Welt Europas getroffen hat, breitet sich diese humanistische Bewegung nach Frankreich, Spanien, England und weiteren europäischen Ländern aus. Nach Deutschland wird sie u. a. durch NIKLAS VON WYLE (*um 1415, †1479), ALBRECHT VON EYB (*1420, †1475), JAKOB WIMPFELING (*1450, †1528), CONRAD CELTIS (*1459, †1508), CONRAD PEUTINGER (*1465, †1547) und WILLIBALD PIRKHEIMER (*1470, †1530) getragen. Die von der geistig-literarischen Bewegung stimulierte Wiederentdeckung der antiken Kunst führt, mit Italien im Spätmittelalter beginnend, zur Renaissance. In ihrer Ausbreitung über fast ganz Europa sowie in ihrer Verbindung mit dem Humanismus wird diese zum Inbegriff der die Neuzeit einleitenden Epoche.

Das Papsttum (604–1534) | Forts. v. S. 383 |

Papsttum und Anfänge des Kirchenstaates (604–955)

604–625 Die meist nur kurze Zeit regierenden Nachfolger GREGORS DES GROSSEN können sich mit ihm nicht messen.

625–638 Erst sein Schüler **HONORIUS I.** versucht, in seinem Sinne die päpstliche Autorität zu stärken, die Versorgung Roms zu sichern und den Kontakt mit Angelsachsen und Langobarden aufrechtzuerhalten. Er stimmt aber einer von Kaiser HERAKLEIOS (610–641) zur Rückgewinnung der Monophysiten propagierten Ausgleichsformel (*Ekthesis*) zu, die Christus zwei Naturen, aber eine einheitliche Wirkweise (*Energie*) zuschreibt (Monoenergismus). Diese Abwendung vom Nicaenischen Dogma löst Empörung im Westen aus; das Dekret und seine Befürworter werden als häretisch verurteilt.

649–653 MARTIN I. (*591, †655) zeigt seine Wahl dem Kaiser nicht an, lässt *Ekthesis* und das kaiserliche Verbot weiterer theologischer Diskussionen (*Typos*) 649 auf der 1. Lateransynode verdammen. Des Hochverrats beschuldigt, wird er in Konstantinopel zum Tode verurteilt, später zum Exil auf der Krim begnadigt.

Trotz der Schwächung des Oströmische Kaisertums

durch die arabische Invasion behauptet es weiterhin die Kontrolle über Rom und das Papsttum.

680–681 Nach dem Verlust der monophysitisch dominierten Provinzen im Osten will das **Sechste Ökumenische Konzil in Konstantinopel** (Erstes Trullanum) in engem Zusammenwirken mit Papst AGATHOS (678–681) den Glaubensstreit beenden. Der von 170 Konzilsvätern gefasste Beschluss über zwei Wirkweisen und Willen in Christus wird von Papst und Kaiser bestätigt, Papst HONORIUS I. als Häretiker verurteilt. (Honoriusfrage, das bis in die Neuzeit diskutierte Problem, ob ein Papst in Glaubensfragen irren könne).

Die Flucht vor der arabischen Expansion führt zu einer Zunahme des griechischen und syrischen Elementes in Rom. Von 685 bis 715 lösen sich Griechen und Syrer auf dem Papstthron ab.

692 Kaiser JUSTINIAN II. (685–695, 705–711) will die den Unterschied zwischen Ost und West betonenden Beschlüsse des **Zweiten Trullanum** (Quinisextum), das alle seit dem Konzil von Chalkedon (451) kirchlicherseits offen gebliebenen kanonischen Fragen, z. T. in Abweichung von römischen Bräuchen, regeln sollte, mit Gewalt gegen Papst SERGIUS I. (687–701) durchsetzen, scheitert aber am Widerstand der kaiserlichen Miliz in Italien, die den Papst auch als Sachwalter der Interessen Italiens schätzen.

708–731 KONSTANTIN I. (708–715), der 711 nach Zusicherung freien Geleits als letzter Papst Konstantinopel besucht, lehnt das Zweite Trullanum ab.

Als Byzanz die christologische Streitfrage wieder aufwirft, verweigert GREGOR II. (715–731) dem Kaiser und seinem Patriarchen die Anerkennung.

731 Den (wie sich zeigen sollte) endgültigen Bruch provoziert Kaiser LEON III. (717–741) durch seine Forderung nach Besteuerung des Kirchenbesitzes auch in den byzantinischen Gebieten Italiens und sein Vorgehen gegen die Bilderverehrung. Eine römische Synode verurteilt die Ikonoklasten, und GREGOR III. (731–741) spricht dem Kaiser jede Kompetenz in kirchlichen Fragen ab, worauf LEON den römischen Kirchenbesitz in seinem Herrschaftsbereich einzieht und die Kirchenprovinzen in Süditalien, Illyrien und Griechenland dem Patriarchen von Konstantinopel unterstellt. Das Papsttum wird zu einem »mittelitalienischen Rumpfpatriarchat«, das sich auf die eigenen Kräfte und auf die Annäherung an die aufsteigenden Reiche des Westens verwiesen sieht.

741–752 ZACHARIAS gibt einer vom fränkischen Hausmeier PIPPIN III., DEM JÜNGEREN (751/52–768), nach Rom geschickten Gesandtschaft die berühmte Antwort, dass derjenige König sein solle, der auch die Macht dazu habe, und erleichtert so 751 die Absetzung des letzten Merowingers und PIPPINS Wahl zum König. Anders als 738 KARL MARTELL (†741) ist PIPPIN bereit, dem Papst gegen die Rom bedrängenden Langobarden beizustehen.

754 Die Reise STEPHANS (II.) III. (752–757) ins Frankenreich leitet die **Abkehr des Papsttums von Byzanz** ein. Papst und Frankenkönig schließen ein Treue- und Freundschaftsbündnis. Der Papst bestätigt das Königtum PIPPINS und seiner Söhne, verleiht ihm den Titel eines *Patricius Romanorum*. PIPPIN verspricht ihm seine Hilfe und die »Rückgabe« der ehemals kaiserlichen, von den Langobarden besetzten Gebiete zwischen Rom und Ravenna. Obwohl diese (als Urkunde nicht erhaltene) **Pippinische Schenkung** nach PIPPINS Siegen über AISTULF (†756) (und auch nach der Erneuerung durch KARL) nicht vollständig realisiert wurde, ist sie Grundlage des durch weitere königliche Schenkungen wachsenden »Kirchenstaats«.

757–768 Auf spätere Hilferufe geht der Patricius nicht ein und interveniert auch nicht in den nach dem Tod PAULS I. (757–767) ausbrechenden blutigen Kämpfen um den Papstthron.

768–772 Unter STEPHAN (III.) IV. sieht sich Rom erneut dem Druck der Langobarden ausgesetzt, der erst 774 durch den Sieg KARLS DES GROSSEN (768–814) von der fränkischen Herrschaft abgelöst wird.

774 KARL erneuert das Freundschaftsbündnis und die Schenkung seines Vaters und vermehrt sie um einen Teil des langobardischen Tuszien mit Orvieto und Viterbo sowie um die Sabina und Capua; da die Urkunden ebenfalls verloren sind, ist der genaue Umfang der übertragenen Gebiete nicht sicher.

772–795 HADRIAN I. mahnt die Erfüllung der Versprechen immer wieder an, dokumentiert die Lösung von Byzanz in Urkundendatierung und Münzprägung. Trotz starker Bindung an Rom in Liturgie und Recht bestehen die Franken auf eigener Kompetenz in Fragen der Kirchenorganisation und des Glaubens: Widerspruch gegen Beschlüsse des **Siebten Ökumenischen Konzils** in Nikaia (787), Adoptianismusstreit (Synode von Frankfurt 794), *filioque* im Credo.

800, Weihnachten Nach einem Attentat auf den Papst (April 798) erbittet LEO III. (795–816) in Paderborn die Hilfe KARLS und krönt ihn in St. Peter zum Kaiser; Byzanz akzeptiert das westliche Kaisertum erst 812.

Die Anfänge des Kirchenstaates

816–817 Papst STEPHAN V. krönt den schon 813 in Aachen zum Mitkaiser erhobenen LUDWIG DEN FROMMEN in Reims; LUDWIG bestätigt PASCHALIS I. (817–824) im **Pactum Ludovicianum** den »Kirchenstaat« sowie die Freiheit der Papstwahl und -weihe.

823 LOTHAR I., 817 in Aachen zum Mitkaiser gekrönt, wird in Rom erneut gekrönt und bestätigt in der *Constitutio Romana* die Freiheit der Papstwahl, fordert aber einen Treueeid vor der Weihe und stärkt die kaiserlichen Rechte in Rom und im »Kirchenstaat«.

Die Pseudoisidorischen Dekretalen

Die Pseudoisidorischen Dekretalen, benannt nach ISIDOR MERCATOR, dem angeblichen Verfasser der größten der vier Textsammlungen, enthalten rund 100 gefälschte Briefe, v. a. römischer Bischöfe vom 1.–3. Jh., echte und verfälschte Konzilstexte sowie Papstbriefe des 4.–8. Jh.s, die meist der *Collectio Hispana Gallica Augustodunensis*, einer verfälschten spanischen Kirchenrechtssammlung, entnommen sind. Die *Capitularia Benedicti Levitae* enthalten gefälschte karolingische Kapitularien; der angebliche Autor gibt vor, die bekannte Sammlung des Abtes ANSEGIS VON ST. WADRILLE (†829) ergänzt zu haben. Die *Capitula Angilramni* bieten rund 70 Sätze v. a. aus dem römisch/westgotischen Recht zum Strafprozess gegen Kleriker, die angeblich ANGILRAM VON METZ (†791) von Papst HADRIAN I. erhalten haben soll. Die *Collectio Danieliana,* benannt nach dem frühneuzeitlichen Besitzer der Handschrift, FRANÇOIS DANIEL, eine frühe Sammlung verfälschter Kanones v. a. zum Prozessrecht, ist auch dem pseudoisidorischen Fälscherkreis zuzurechnen.

Der sehr umfangreiche Fälschungskomplex (allein die ersten vier Teile füllen mehr als 700 Druckseiten in der Ausgabe von PAUL HINSCHIUS) wird durch sehr geschickte Montage und Variation echter und gefälschter Textpartikel vermutlich von einer Gruppe Kleriker unter Beteiligung des Abtes PASCHASIUS RADBERTUS (†847) von Corbie bis 852 erarbeitet. Ihre Quellen sind die Bibel, römisches und fränkisches Recht, echte Papstbriefe und Konzilscanones, theologische und historische Schriften. Inhaltlich geht es v. a. um kirchliche Strafprozesse, gegen Bischöfe in erster Linie, aber auch um den rechten Glauben, um Liturgie und Sakramente, nicht zuletzt auch gegen die Chorbischöfe. Im Bestreben, die Bischöfe gegen ihre Metropoliten zu schützen, wird das Recht der Appellation nach Rom betont, was die Stellung des Papstes stärkt.

Gelegentlich schon im 9. Jh. genutzt, setzt die eigentliche Wirkung der gefälschten Dekretalen erst im 11. Jh. ein. Die kirchlichen Reformer finden hier Material für ihren Kampf gegen die Einmischung der weltlichen Gewalt in kirchliche Angelegenheiten und nutzen es für die Stärkung des Papsttums. Mit ihrer (indirekten, über andere

Die Päpste* (604 – 1059)

Sabinian	604–606	Gregor II.	715–731	Stephan V. (VI.)	885–891	Johannes XIII.	965–972
Bonifatius III.	607	Gregor III.	731–741	Formosus	891–896	Benedikt VI.	973–974
Bonifatius IV.	608–615	Zacharias	741–752	Bonifatius VI.	896	*Bonifatius VII.*	974, 984–985
Adeodatus I.	615–618	*Stephan II.*	752	Stephan VI. (VII.)	896–897	Benedikt VII.	974–983
Bonifatius V.	619–625	Stephan II. (III.)	752–757	Romanus	897	Johannes XIV.	983–984
Honorius I.	625–638	Paul I.	757–767	Theodor II.	897	Bonifatius VII.	984–985
Severinus	640	*Konstantin II.*	767–768	Johannes IX.	898–900	Johannes XV.	985–996
Johannes IV.	640–642	*Philipp*	768	Benedikt IV.	900–903	Gregor V.	996–999
Theodor I.	642–649	Stephan III. (IV.)	768–772	Leo V.	903	*Johannes XVI.*	997–998
Martin I.	649–653	Hadrian I.	772–795	*Christophorus*	903–904	Silvester II.	999–1003
Eugen I.	654–657	Leo III.	795–816	Sergius III.	904–911	Johannes XVII.	1003
Vitalian	657–672	Stephan IV. (V.)	816–817	Anastasius III.	911–913	Johannes XVIII.	1003–1009
Adeodatus II.	672–676	Paschalis I.	817–824	Lando	913–914	Sergius IV.	1009–1012
Donus	676–678	Eugen I.	824–827	Johannes X.	914–928	Benedikt VIII.	1012–1024
Agatho	678–681	Valentin	827	Leo VI.	928	*Gregor VI.*	1012
Leo II.	682–683	Gregor IV.	827–844	Stephan VII. (VIII.)	929–931	Johannes XIX.	1024–1032
Benedikt II.	684–685	*Johannes*	844			Benedikt IX.	1032–1045
Johannes V.	685–686	Sergius II.	844–847	Johannes XI.	931–935	*Silvester III.*	1045
Konon	686–687	Leo IV.	847–855	Leo VII.	936–939	Gregor VI.	1045–1046
Theodor	687	Benedikt III.	855–858	Stephan VIII. (IX.)	939–942	Clemens II.	1046–1047
Paschalis	687–692	*Anastasius III.*	855			Benedikt IX.	1047–1048
Sergius I.	687–701	Nikolaus I.	858–867	Marinus II.	942–946	Damasus II.	1048
Johannes VI.	701–705	Hadrian II.	867–872	Agapet II.	946–955	Leo IX.	1049–1054
Johannes VII.	705–707	Johannes VIII.	872–882	Johannes XII.	955–964	Victor II.	1055–1057
Sisinnius	708	Marinus I.	882–884	Leo VIII.	963–965	Stephan IX.	1057–1058
Konstantin I.	708–715	Hadrian III.	884–885	*Benedikt V.*	964	*Benedikt X.*	1058–1059

* Gegenpäpste kursiv

Sammlungen vermittelte) Rezeption bei GRATIAN (†vor 1160) werden pseudoisidorische Texte anerkannter Teil des Kirchenrechts, insbesondere des kirchlichen Prozessrechts. Seit dem 15. Jh. werden Zweifel an der Echtheit laut, etwa bei NIKOLAUS VON KUES. Nach der Reformation wird die Kritik heftiger (Magdeburger Centuriatoren). Der Calvinist DANIEL BLONDEL beweist 1628, dass Texte von Verfassern verarbeitet sind, die erst lange nach den angeblichen päpstlichen Briefschreibern gelebt haben, denen sie zugeschrieben werden. Seit der Mitte des 19. Jh.s wird in der Wissenschaft allgemein akzeptiert, dass es sich um Fälschungen handelt.

833 GREGOR IV. (827–844) greift in den Konflikt zwischen dem Kaiser und seinen Söhnen um die Erbfolge und die Herrschaftsordnung im Reich ein.

844 Nach der Missachtung der kaiserlichen Rechte bei der Erhebung SERGIUS' II. (844–847) schreibt LOTHAR I. einen kaiserlichen Befehl zur Papstwahl vor, mehr als je ein byzantinischer Kaiser beansprucht hatte.

850 LEO IV. (847–855) krönt LUDWIG II. zum Kaiser; seither ist die Krönung in Rom konstitutiv (bis zum Ende des Mittelalters).

846/852 Gegen die Vorstöße der Sarazenen lässt er das Gebiet um St. Peter ummauern (Leostadt) und betont die juristische Zuständigkeit Roms für die gesamte Kirche.

858–867 NIKOLAUS I., einer der bedeutendsten Päpste des Frühmittelalters, bringt die päpstliche Autorität gegenüber Franken und Byzantinern zur Geltung.
Er entscheidet 863 im Ehestreit König LOTHARS II. (855–869), setzt die auf der Seite ihres Königs stehenden Erzbischöfe von Köln und Trier ab, interveniert in Streitigkeiten westfränkischer Bischöfe und Erzbischöfe, unterwirft den Erzbischof von Ravenna und setzt im Streit um das Patriarchat in Konstantinopel PHOTIOS (*vor 820, †891) ab und erklärt die Wahl des IGNATIOS (*um 798, †877) für nichtig. Das **Photianische Schisma** vertieft die Kluft zwischen Ost und West, auch wenn Papst JOHANNES VIII. (872–882) zu Kompromissen bereit ist, um die Unterstützung des Kaisers in Süditalien zu gewinnen.

866 Der bulgarische Fürst BORIS (852–889, †907) erbittet römische Missionare, kehrt aber in die griechische Obödienz zurück (870), nachdem die Päpste den Kardinalbischof von Porto nicht zum Erzbischof in Bulgarien ernannten. – Die Bindung der mährischen Kirche an Rom wird gestärkt.

875 JOHANNES VIII. überträgt dem westfränkischen König KARL II. (DEM KAHLEN; *823, †877) die Kaiserkrone und bemüht sich, die politische Position des Papsttums in Italien zu sichern.

882–904 Nach seiner Ermordung können sich die sich in rascher Folge ablösenden Päpste in den von römischen Parteien, den mächtigen Herzögen von Spoleto und anderen Fürsten dominierten Machtkämpfen kaum behaupten. WIDO (†894) wird 889 König, 891 von Papst STEPHAN V. (885–892), sein Sohn LAMBERT (*875, †898) 892 von FORMOSUS (891–896) zum Kaiser gekrönt. Dieser kann sich bis zu seinem Tod gegen den vom Papst zu Hilfe gerufenen und 896 zum Kaiser erhobenen König ARNULF VON KÄRNTEN (*um 850, †899) behaupten.

896–897 Der von STEPHAN VI. geführte Prozess gegen den als Leiche in der Versammlung präsenten Vorgänger (sog. Leichensynode) führt zu jahrzehntelangen Auseinandersetzungen über die Gültigkeit der von FORMOSUS gespendeten Weihen.

904–911 Mit SERGIUS III. gewinnt eine stadtrömische Adelsfamilie (THEOPHYLAKT; MAROZIA; ALBERICH) für Jahrzehnte die Kontrolle über das Papsttum.

915 JOHANNES X. (Papst seit 914, abgesetzt 928, ermordet? 929) besiegt im Bündnis mit Byzanz, Spoleto und Gaeta am Garigliano die Sarazenen, krönt ungeachtet des geblendeten Kaisers LUDWIG III. (DES BLINDEN) (*um 880, †928) BERENGAR I. (†924) zum Kaiser. Durch Eingreifen in Südfrankreich und in der Normandie, im West- und Ostfränkischen Reich (916 Synode von Hohenaltheim), in Kroatien und Byzanz demonstriert er den universalen Anspruch des Papsttums auch in »dunkler Zeit«, die auch das Eingreifen OTTOS DES GROSSEN (962) nicht beendet.

Die Konstantinische Fälschung

Im *Constitutum Constantini*, einer auf Basis der Konstantinslegende gefälschten Urkunde, sanktioniert KONSTANTIN I. aus Dankbarkeit für seine Heilung vom Aussatz durch Papst SILVESTER (†335) den Primat des Römischen Stuhles und überträgt ihm neben zahlreichen kaiserlichen Ehrenrechten die **Herrschaft über Rom** (mit dem kaiserlichen Palast), Italien und die Provinzen und Inseln des westlichen Reiches, nachdem er selbst seine Residenz nach Konstantinopel verlegt hat, »da es sich nicht ziemt, dass ein irdischer Kaiser dort herrscht, wo der himmlische die Herrschaft über die Priester und das Haupt der Religion beheimatet hat«. Zeitpunkt und Ort, Anlass und Zweck der Fälschung sind immer noch umstritten: sicher nach 752 und vor 850, um 774 in Rom (mehrheitlich angenommen) oder um 840 im Frankenreich entstanden. Allgemein wird vermutet, dass sie den Anspruch auf den Kirchenstaat stützen sollte, doch wird sie kaum dafür genutzt und schon von Kaiser OTTO III. in diesem Zusammenhang ausdrücklich als Fälschung verworfen. LEO IX. (1049–1054) verweist 1053 auf sie zur Rechtfertigung des päpstlichen Primats; INNOZENZ III. (1198–1216) und GREGOR IX. (1227–1241) begründen erstmals territoriale Forderungen mit ihr. Seit der Aufnahme ins *Decretum Gratiani* (um 1140) Teil des Kirchenrechts, soll sie seit dem Hochmittelalter päpstliche Suprematieansprüche stützen, doch wird im 14. Jh. ihre Rechtsgültigkeit bestritten, im 15. Jh. die Fälschung historisch-philologisch bewiesen. Erst seit Mitte des 19. Jh.s wird dies allgemein akzeptiert.

Papsttum und Kirche (955–1309)

Papsttum und römische Kirche geraten nach dem Zerfall des fränkischen Reiches, mit dessen Hilfe sie sich von Ostrom lösten und der Bedrohung durch die Langobarden entzogen, unter den Einfluss des stadtrömischen Adels und der langobardischen Herrscher. Die Ottonen, denen zur Festigung ihrer Herrschaft an einer funktionsfähigen Leitung der Gesamtkirche gelegen ist, unterstützen die päpstlichen Bemühungen um ein eigenes

Territorium und tragen dazu bei, den universalen Anspruch des römischen Bischofs wieder zur Geltung zu bringen. Die Realisierung dieses Anspruchs erfolgt nicht ausschließlich durch politische Mittel.

Erst die in Burgund und Lothringen einsetzende monastische Reform, der bald eine Erneuerung des kanonikalen und eremitischen Lebens folgt, schafft das Bewusstsein von der Notwendigkeit der *Libertas ecclesiae*, der Freiheit von weltlicher Bevormundung und der Lösung aus zu weitgehender Beanspruchung durch staatliche Aufgaben. Die ersten salischen Herrscher verhelfen den Vertretern der *Libertas ecclesiae* zur Durchsetzung ihrer Ziele, wodurch das Recht des römisch-deutschen Kaisertums auf Mitgestaltung von Kirche und Welt wesentlich beschränkt wird. Das Ende des Investiturstreits bedeutet nicht das Ende des Kampfes um die rechte Zuordnung von geistlicher und weltlicher Gewalt.

Gestützt auf Theologie, Kanonistik und neue Orden, im Bündnis mit italienischen Stadtstaaten und europäischen Herrschern, gelingt es dem Papst, mit den Staufern das Kaisertum als die zweite Universalmacht zeitweise auszuschalten und auf Dauer entscheidend zu schwächen. Dies erweist sich jedoch als ein Pyrrhussieg: Durch den letztlich negativen Ausgang der Kreuzzüge, zunehmende Häresie, wachsende Kirchenkritik sowie fortschreitende Rationalisierung und Säkularisierung des Lebens in seinem Ansehen geschwächt, wird der Papst 1309 von seinem Bundesgenossen, dem König von Frankreich, in eine Abhängigkeit gebracht, die größer ist als je zuvor die vom Kaiser.

Die Krise des Papsttums und der Sieg der Reformbewegung (955–1159)

Die Erneuerung des Mönchtums im 10. und 11. Jh.

Im Anschluss an die Bemühungen BENEDIKTS VON ANIANE (†821) um die Durchsetzung der **Benediktregel** setzt im ersten Drittel des 10. Jh.s in Lothringen und Burgund eine Erneuerung des vom politischen Niedergang des Frankenreiches betroffenen Mönchtums ein, die bald auf das ganze Abendland ausgreift und eine neue Epoche der Kirchen- und Ordensgeschichte einleitet.

In Niederlothringen reformiert GERHARD VON BROGNE (†959) von der 913/14 gegründeten Abtei Brogne bei Namur aus zahlreiche hennegauische, flämische und nordfranzösische Klöster, während die 933 von Klerikern der Diözese Metz restaurierte Abtei Gorze zu einem Reformzentrum wird, das besonders stark ins römisch-deutsche Reich hineinwirkt. Wichtiger noch ist das 909/10 von WILHELM I., DEM FROMMEN, Herzog von Aquitanien (886–918) und Graf von Mâcon, gegründete burgundische **Cluny**. Der Gründer verzichtet auf alle Rechte, gewährt freie Abtswahl und unterstellt seine Gründung dem Schutz des hl. Petrus. So dem Einfluss lokaler weltlicher und geistlicher Gewalten entzogen (*libertas Romana*), entwickelt die Abtei unter den bedeutenden, lange regierenden Äbten MAIOLUS (*906, †994; seit 954), ODILO (*961/62, †1049, seit 994) und HUGO (*1024, †1109, seit 1049) einen auf der Benediktregel beruhenden Lebensstil, der die feierliche Liturgie für Lebende und Verstorbene betont, Studium, Askese und Handarbeit jedoch zurücktreten lässt. Gestützt auf päpstlichen Schutz und Privilegien (931 Erlaubnis zur Übernahme bestehender Klöster, 998/1024 Befreiung von den Rechten des Diözesanbischofs) bildet sich um Cluny ein weit über Frankreich hinaus reichender Verband von ca. 3000 Abteien und Prioraten, die in mehr oder minder großer Abhängigkeit vom Großabt in Cluny stehen. Durch seine schriftlich fixierten *consuetudines* (Gewohnheiten des täglichen Lebens) und Statuten wirkt Cluny auch auf zahlreiche eigenständig bleibende Klöster und Klosterverbände, wie diejenigen von St.-Bénigne in Dijon unter WILHELM VON VOLPIANO (989–1031), Farfa (Sabiner Berge) unter dem großen Abt HUGO (998–1036/39), Cava dei Terreni (Kampanien, gegründet vor 1025), Fruttuaria (Piemont, gegründet 1003) und Hirsau (Schwarzwald, Neugründung nach 1049) ein. Auch wenn Clunys Anteil an Gottesfriedensbewegung, Gregorianischer Reform, Kreuzzug, Reconquista sowie der Entwicklung der romanischen Kunst (große Kirche Cluny III) gelegentlich übertrieben wird, strahlen die **Wirkungen Clunys** auf die von ihm beeinflussten Reformbestrebungen im Mönchtum weit über die monastische Welt auf das geistliche und künstlerische Leben, die Frömmigkeit und Lebenshaltung der hochmittelalterlichen geistlichen und profanen Gesellschaft aus.

962, 2. Febr. Der ostfränkisch-deutsche König OTTO I. (936–973) betreibt eine aktive Italienpolitik und erwirbt 951 die langobardische Königskrone. Als ihn Papst JOHANNES XII. (955–964), aus einer seit Jahrzehnten die Stadt beherrschenden Familie, gegen König BERENGAR II. VON IVREA (950–966) zu Hilfe ruft, wird er in St. Peter zum Kaiser gesalbt und gekrönt.

13. Febr. Mit dem Papst hält OTTO eine gemeinsame Synode, bestätigt die Zusagen früherer Herrscher an den Papst und erweitert sie (*Ottonianum*), ohne alle Zusagen später einzulösen.

963 JOHANNES XII. verschwört sich mit kaiserfeindlichen Kräften in Rom und dem Sohn BERENGARS gegen OTTO, der den in die Flucht geschlagenen Papst von einer römischen Synode absetzen lässt. Ein Aufstand in Rom vertreibt den neugewählten LEO VIII. (963–965), den der zurückgekehrte JOHANNES XII. als Eindringling verurteilen lässt. Den gegen den Willen des Königs gewählten BENEDIKT V. (964) lässt OTTO nach einem Feldzug gegen Rom 964 von einer Lateransynode absetzen und nach Hamburg verbannen, wo er spätestens 966 stirbt.

Der häufige Wechsel der Päpste, auch in den folgenden Jahrzehnten, zeigt, dass die Kaiser trotz des Anspruchs auf Kontrolle der Papstwahl den Kampf römischer Adelsfamilien, v. a. der zunehmend dominierenden **Crescentier**, um den Papstthron nur zeitweise und mit militärischer Präsenz steuern können.

966 Der aus Rom vertriebene JOHANNES XIII. (965–972) wird von OTTO nach Rom zurückgeführt.

967 Der Papst stimmt auf der **Synode von Ravenna** der vom Kaiser seit 955 geplanten kirchlichen Organisation des Slawenlandes zu: Errichtung des Erzbistums

Magdeburg mit den bisher Mainz unterstehenden Bistümern Brandenburg und Havelberg sowie den Neugründungen Merseburg, Meißen und Zeitz (später Naumburg) und betont den römischen Primat.

973 Eine gemeinsame Synode von Kaiser und Papst demonstriert Einvernehmen.

973–974 Der Nachfolger JOHANNES' XIII., BENEDIKT VI. wird auf Betreiben des CRESCENTIUS, Graf der Sabina und von Terracina (†998 als Mönch) gestürzt und auf Veranlassung des zum Nachfolger gewählten BONIFATIUS VII. (Papst 974, 984/85, †985) erdrosselt. Dieser muss bald nach seiner Wahl aus Rom fliehen und versucht vergeblich, den unter kaiserlicher Kontrolle gewählten BENEDIKT VII. (974–983) zu verdrängen.

983–984 JOHANNES XIV., zuvor Erzkanzler OTTOS II., kann sich nach dem Tode des Kaisers OTTO II. (13. Dez. 983) nicht halten.

985–996 Nachfolger wird, nach einem zweiten kurzen Pontifikat des BONIFATIUS (984–985), unter dem Einfluss CRESCENTIUS' II., Graf von Terracina, JOHANNES XV., der aber mit der kaiserlichen Regentschaft (THEOPHANU, ADELHEID) kooperiert.

996 Nach dessen Tod designiert OTTO III. seinen Vetter BRUN, Sohn des Herzogs von Kärnten, zum Papst, der sich nach Wahl und Weihe in Rom GREGOR V. (996–999) nennt und OTTO III. am 21. Mai zum Kaiser krönt.

997/998 Der vom Kaiser zum Exil begnadigte CRESCENTIUS lässt in Abwesenheit OTTOS JOHANNES PHILAGATHOS, einen Vertrauten THEOPHANUS und OTTOS, als JOHANNES XVI. zum (Gegen-)Papst erheben, doch wird dieser gestürzt und schwer verstümmelt, bevor OTTO Rom erreicht. CRESCENTIUS wird hingerichtet, JOHANNES von einer Synode abgesetzt; er stirbt ca. 1013 im Kloster.

999–1003 OTTO lässt GERBERT VON AURILLAC, einen der größten Gelehrten seiner Zeit, zeitweise Erzbischof von Reims, seit 996 im Umfeld OTTOS III. und 998 Erzbischof von Ravenna, zum Papst wählen. Er wählt den bedeutungsschweren Namen **SILVESTER II.**

1000/1001 Unter der Devise **Renovatio imperii Romanorum** schicken Kaiser und Papst sich an, Kirche und Welt zu erneuern. Gnesen und Gran werden zu kirchlichen Metropolen Polens und Ungarns erhoben; auch die unter venezianischer Herrschaft stehenden Konstantinopel zugeordneten dalmatinischen Küstenstädte und selbst Russland sollen für die römische Kirche gewonnen werden.

1002/1003 Mit dem frühen Tod OTTOS und seines Papstes bricht die Konzeption zusammen. In Rom reißen die Crescentier wieder die Herrschaft an sich, die Päpste JOHANNES XVII. (1003), JOHANNES XVIII. (1003–1009) und SERGIUS IV. (1009–1012) sind völlig von ihnen abhängig, zumal König HEINRICH II. (1002/14–1024) zunächst nicht in Italien eingreift.

1012 Doppelwahl nach dem Tode SERGIUS' IV.: GREGOR VI. kann sich gegen den von den **Tuskulanern** (Grafen von Tusculum) und HEINRICH II. gestützten BENEDIKT VIII. (1012–1024) nicht durchsetzen.

1014 BENEDIKT krönt HEINRICH zum Kaiser, bestätigt dessen Bistumsgründung Bamberg und erhält eine Bestätigung der kaiserlichen Schenkungen (*Heinricianum*). Er wahrt energisch die Rechte des Apostolischen Stuhls in der Kirche, regiert Rom und das Patrimonium Petri in Zusammenarbeit mit seinem Bruder (und Nachfolger) JOHANNES XIX. (1024–1032) und geht mit Pisanern und Genuesen ein Bündnis gegen die Sarazenen ein; Eroberung Sardiniens.

1020 Gegen die von Süditalien nach Rom vorrückenden Byzantiner eilt HEINRICH II. dem Papst zu Hilfe und hält mit ihm 1022 in **Pavia** eine **Reformsynode** ab, auf der u. a. die Zölibatspflicht eingeschärft wird.

1024–1046 Tuskulaner lösen sich auf dem Stuhl Petri ab: Auf JOHANNES XIX. (1024–1032) folgt sein Neffe BENEDIKT IX. (1032–1045; †um 1056). BENEDIKT wird 1044 durch einen Aufstand vertrieben. Der Crescentier SILVESTER III. (†1063) kann sich 1045 nur 20 Tage auf dem Stuhl Petri halten, BENEDIKT IX. kehrt zurück, tritt aber schon am 5. Mai nach Erhalt einer hohen Geldsumme zugunsten seines Patenonkels zurück: GREGOR VI. (†1047).

1046, Dez. König HEINRICH III. (1038/46–1056), beeinflusst von den französischen Reformzentren, setzt auf der Synode von Sutri (20. Dez.) SILVESTER III. und GREGOR VI. formell ab, drei Tage später auch BENEDIKT IX., ohne dazu eine eindeutige Legitimation zu besitzen und lässt Bischof SUIDGER VON BAMBERG am 24. Dez. zum Papst erheben. Er nennt sich CLEMENS II. und krönt HEINRICH sogleich nach seiner Inthronisation am 25. zum Kaiser.

1047–1048 Zum Nachfolger des schon nach 10 Monaten verstorbenen (vergifteteten?) CLEMENS' II. wird POPPO VON BRIXEN designiert, der nur 23 Tage als DAMASUS II. regiert.

1049–1054 Der 1048 zum Nachfolger ernannte BRUN VON TOUL aus dem Geschlecht der Grafen von Egisheim im Elsass öffnet als LEO IX. der Reform den Weg nach Rom. Er schart mit HUMBERT VON SILVA CANDIDA (†1061; Kardinal seit 1051), FRIEDRICH VON LOTHRINGEN (†1058; Bruder des lothringischen Herzogs GOTTFRIED DES BÄRTIGEN, 1051 Kanzler der römischen Kirche, 1057 Kardinal und Papst STEPHAN IX.), HUGO CANDIDUS (†um 1099; aus Remiremont, Kardinal) und HILDEBRAND (†1085; später GREGOR VII.) ihre wichtigsten Vertreter um sich und legt gemeinsam mit ihnen die Grundlage für die **»Gregorianische Reform«**. Auf zahlreichen Reisen und Synoden diesseits und jenseits der Alpen, lässt er Priesterehe, Simonie und Nikolaitismus verurteilen und stärkt die **Autorität des Papsttums**. Das Reimser Konzil (1049) bezeichnet ihn als *universalis ecclesiae primas et apostolicus* und gibt damit dem neu gewachsenen Selbstbewusstsein des lateinischen Westens gegenüber dem byzantinischen Osten Ausdruck.

1053 LEO ist seit 1051 als Schirmherr von Benevent direkt in die Konflikte in Süditalien verwickelt. Sein Plan, (erstmals) mit eigenem Heer im Bündnis mit den Byzantinern in Apulien, trotz Abzugs der Truppen Kaiser HEINRICHS III., die Normannen aus Süditalien zu vertreiben, scheitert; sein Heer wird bei Civitate (Apulien) geschlagen, er selbst gefangen genommen.

Auf Veranlassung des byzantinischen Kaisers KONSTANTIN IX. MONOMACHOS (1042–1055), der an einem Bündnis gegen die Normannen interessiert ist, verhandeln der Patriarch MICHAEL KERULLARIOS (†1059) sowie die römischen Kardinäle HUMBERT VON SILVA CANDIDA und FRIEDRICH VON LOTHRINGEN über die Wiederherstellung der kirchlichen Einheit. Sie scheitern an der Unnachgiebigkeit der Verhandlungspartner in liturgischen und dogmatischen Phrasen.

1054, 16. Juni Die päpstlichen Legaten bannen Kaiser und Patriarch und legen die Bannbulle in der Hagia Sophia nieder, worauf Patriarch und Synode mit der Bannung des Papstes reagieren. Damit beginnt das bis heute währende **Schisma** zwischen östlicher und westlicher Christenheit, wenngleich die Ansätze dafür viel früher liegen.

Kirchenspaltung und Unionsverhandlungen

Nach dem Schisma von 1054 werden Versuche unternommen, die Einheit der Kirche wiederherzustellen. Die Unionen von 1274 (Zweites Konzil von Lyon) und 1439 (Konzil von Basel, in Florenz) scheitern, weil sich **Kirchen- und Unionsbegriff** widersprechen: Dem theologisch begründeten Primat und der Uniformität von Ritus und Disziplin im Westen steht die Idee eigenständiger Patriarchenrechte und des Konzils als höchster Instanz im Osten gegenüber. Union heißt für Rom Unterwerfung unter die päpstliche Autorität mit Angleichungen in Ritus und Disziplin, was ein Konzil nur bestätigen kann, für den Osten dagegen Verhandlungen zweier gleichberechtigter Kirchen mit Entscheidung auf einem Konzil. Wichtigste **inhaltliche Streitpunkte** sind Filioque, Azymen, Fegefeuer, Priesterehe, Ritenpluralismus und eigene Hierarchien, v. a. aber die Primatsfrage.

Mit der Union sind stets **politische Fragen** verbunden: byzantinische Westpolitik, Kreuzzug, lateinisches Kaiserreich, normannisch-angevinische Eroberungspläne.

Rom und Byzanz haben entgegengesetzte Ziele; die Alternative lautet seit Papst INNOZENZ III. (1198–1216): Union als Voraussetzung (Rom) oder als Folge (Konstantinopel) von Konzil und Kreuzzug bzw. Verzicht auf Kreuzzug. Zur größten Annäherung kommt es ab Mitte des 13. Jh.s unter den Päpsten INNOZENZ IV. und GREGOR X., der den Osten selber kennt. Die Union von 1274 ist jedoch eine Kapitulation der Ostkirche aus Rücksicht auf die politische Not des Byzantinischen Reichs; in Florenz wird 1439 die Primatsfrage durch eine mehrdeutige Formel überspielt.

Beide Unionen bleiben Entscheidungen der Reichs- und Kirchenspitze; im Osten werden sie vom Volk, unter Einfluss des aktiven Mönchtums und unter dem Eindruck der zwangsweisen Unterwerfung und Angleichung der griechischen Kirche nach 1204 als Folge des Vierten Kreuzzugs (1202–1204) abgelehnt.

1055–1057 Der kaiserliche Kanzler GEBHARD VON EICHSTÄTT setzt als VICTOR II. LEOS Politik fort und sichert nach dem Tode Kaiser HEINRICHS III. die Nachfolge König HEINRICHS IV. (1056–1106) und die Regentschaft seiner Mutter AGNES (*um 1025, †1077).

1057–1058 Die kirchlichen Reformer werden von GOTTFRIED DEM BÄRTIGEN (1044–46 Herzog von Lothringen, seit 1054 Markgraf von Tuszien; †1069) unterstützt. Sie wählen seinen Bruder FRIEDRICH als STEPHAN IX. zum Papst, ohne die Zustimmung des Königshofes einzuholen. STEPHAN ernennt den Prior von Fonte Avellana, PETRUS DAMIANI (*1007, †1072), Autor bedeutender Reformschriften, zum Kardinalbischof von Ostia und macht so das italienische Mönch- und Eremitentum für die Kirchenreform fruchtbar.

1058–1061 Der auf ungewohnte Weise in Siena durch reformgesinnte Kardinäle gewählte Bischof GERHARD VON FLORENZ bannt 1059 den nach STEPHANS Tod von den Tuskulanern erhobenen BENEDIKT X. und wird als **NIKOLAUS II.** inthronisiert.

1059 Unter seiner Leitung beschließt die Lateransynode (April/Mai) ein Papstwahldekret, das seine Wahl legalisiert und im Einklang mit Gedanken HUMBERTS VON SILVA CANDIDA (in seinem Werk »Adversus Simoniacos«) den Erfolg der Reformer durch einen dreistufigen Wahlgang sichern soll: Die Kardinalbischöfe beginnen mit der Wahl, die auch außerhalb Roms vorgenommen werden kann, die Kardinalpresbyter und -diakone schließen sich ihnen an, dem übrigen Klerus sowie dem römischen Volk bleibt nur die Zustimmung, wodurch der Schritt zum exklusiven Wahlrecht der Kardinäle gemacht wird und sich das Papsttum prinzipiell von den Stadtrömern löst. Die Rechte des deutschen Königs werden mit der unbestimmten Formel *salvo debito honore et reverentia* nur nebenbei erwähnt.

In Revision der bisherigen päpstlichen Politik verbündet sich NIKOLAUS II. mit den Normannen, um ihre Unterstützung gegen BENEDIKT X. zu gewinnen. Auf der Synode von Melfi (Aug.) investiert er ROBERT GUISCARD (*1016, †1085) als Herzog von Apulien und Kalabrien und künftigen Herzog von Sizilien. Von RICHARD VON AVERSA (†1078), nimmt er ebenfalls Lehnshuldigung und Treueid entgegen und legitimiert damit dessen Eroberung Capuas (1058). Die beiden Fürsten versprechen ihrerseits treue Hilfe und Unterstützung der »besseren« Kardinäle bei einer strittigen Papstwahl. Die Entgegennahme der Huldigung wird als Verletzung der Reichsrechte betrachtet, eine Synode erklärt sie für ungültig, ein päpstlicher Legat wird bei Hof nicht empfangen.

1061 Die römische Opposition nutzt die Spannungen und erbittet nach dem Tode NIKOLAUS' von König HEINRICH IV. einen neuen Papst. Dagegen wählen die von HILDEBRAND angeführten Reformer Bischof ANSELM VON LUCCA als **ALEXANDER II.** (1061–1073) und inthronisieren ihn mithilfe des Fürsten RICHARD VON CAPUA, bevor deutsche und lombardische Bischöfe in Basel Bischof CADALUS VON PARMA zum Papst wählen: HONORIUS II. (1061–1064; †1072). Nach dem politischen Richtungswechsel in Deutschland kann

ALEXANDER mithilfe GOTTFRIEDS 1063 in Rom einziehen.

1064 ALEXANDER II. wird vom Reichsepiskopat auf einer Synode in Mantua anerkannt und setzt mit Synoden und Prozessen den Kampf gegen Simonie und Nikolaitismus fort; er greift energisch in den Konflikt um den Mailänder Erzbischof ein, verlangt gemeinsames Leben (*vita communis*) der Kleriker und fördert die Reconquista in Spanien sowie die Verdrängung der Byzantiner aus Süditalien und Sizilien.

1073, 22. April Noch während der Beisetzung ALEXANDERS wird HILDEBRAND »tumulturarisch« (vom römischen Volk) als Papst ausgerufen und erst danach vom Kardinal- und Stadtklerus als GREGOR VII. (†1085) gewählt und inthronisiert. Schon LEO IX. hatte ihn als Legaten eingesetzt, NIKOLAUS II. ihn 1059 zum Archidiakon gemacht; unter ALEXANDER II. war er der wichtigste Mann an der Kurie. Mit ihm setzt sich der Reformgedanke in Rom durch.

1075 Der von GREGOR VII. formulierte **Dictatus Papae**, eine unsystematische Zusammenstellung von 27 Sätzen, deren Funktion bis heute ungeklärt ist, verlangt die Unterordnung der weltlichen Gewalt unter die geistliche und die Ausrichtung der gesamten Kirche auf Rom.

Auf regelmäßigen Reformsynoden in Rom wendet sich GREGOR bei Strafe der Absetzung gegen Simonie und Nikolaitismus, erklärt Weihen, die Gebannte vornehmen oder gegen Gegenleistungen oder ohne Billigung der Oberen erteilt werden, für ungültig. Er nimmt den **Kampf gegen die Laieninvestitur** (durch Laien vorgenommene Besetzung geistlicher Ämter) und das Eigenkirchenrecht (Besitz von Kirchen und deren Zehnten in Händen von Laien) auf, versucht, die vom kanonischen Recht vorgesehene freie Wahl der Bischöfe durchzusetzen. Ständige, meist aus den betreffenden Ländern stammende Legaten setzen mit Provinzialsynoden und Prozessen gegen schuldig gewordene Bischöfe und Erzbischöfe die Reformdekrete um. Wichtige Prozesse werden in Rom geführt, die Zahl der Appellationen nimmt zu; all das stärkt die hierarchische Stellung des Papstes.

GREGOR fördert Mission und Kirchenorganisation in Skandinavien, Polen, Böhmen und Ungarn, will (1074) mit einem abendländischen Heer Byzanz gegen die Seldschuken beistehen und eine Union der Kirchen herbeiführen. In England unterstützt er die von LANFRANC (†1089; seit 1066 Erzbischof von Canterbury) im Einvernehmen mit WILHELM DEM EROBERER (1066–1087) durchgeführte Kirchenreform, auch wenn sie nicht seinen strengen Prinzipien entspricht und LANFRANC auf seinen Rechten auch gegenüber Rom besteht. In Spanien will er die Reconquista nutzen, um die eroberten Gebiete als Eigentum für die römische Kirche zu gewinnen.

Italien bereitet Probleme: Ein von GREGOR 1074 vorbereiteter Krieg gegen die auch päpstliche Ansprüche verletzenden Normannen in Süditalien scheitert im Ansatz. Im Vertrag von Ceprano muss er 1080 die Eroberungen der Normannen hinnehmen. In Mittelitalien überträgt ihm die Markgräfin von Tuszien ihre Eigengüter gegen lebenslänglichen Nießbrauch, doch wächst der Widerstand gegen die Reformen unter Führung des 1076 gebannten, 1078 vergeblich abgesetzten Erzbischofs WIBERT VON RAVENNA (*um 1025, †1100), während die Pataria, derer sich seit STEPHAN IX. die Päpste für ihre Ziele zu bedienen versuchen, an Kraft verliert.

Auf den stärksten Widerstand stößt die päpstliche Politik im Reich, wo die enge Zusammenarbeit des hohen Klerus mit dem Herrscher den Reformforderungen entgegensteht. Daher wird hier der **Investiturstreit** zu einem Entscheidungskampf zwischen Kaiser und Papst, *Regnum* und *Sacerdotium*, an dessen Ende eine Schwächung des römisch-deutschen Kaisertums steht, von der es sich nicht wieder völlig erholen kann.

1075 verschärft sich der Konflikt um Mailand, wo die Pataria den 1070 von König **HEINRICH IV.** ernannten Erzbischof erbittert bekämpft und 1073 eine päpstliche Synode fünf Räte des Königs wegen Simonie bannt. Die römische Fastensynode wendet sich gegen die Investitur von Laien, GREGOR fordert freie Bischofswahlen auch im Reich und nennt die Investiturpraxis des Königs im Dez. eine *prava consuetudo.*

1076 Im Gegenzug erklären Reichstag und Synode in Worms im Jan. GREGOR VII. wegen ungültiger Wahl für abgesetzt. Dieser bannt umgehend auf der Fastensynode den König. Der König verliert Anhänger, die sich mit den oppositionellen Fürsten verbinden. Den in Tribur versammelten Fürsten muss HEINRICH IV. im Okt. weitgehende Zugeständnisse machen und dem Papst Gehorsam, Genugtuung und Buße versprechen. Die Fürsten erklären, sie würden ihn nicht mehr als König anerkennen, wenn er nicht bis zum Jahrestag seiner Bannung vom Bann gelöst werde.

1077 So kommt es im Jan. zum dramatischen **Zug nach Canossa**, einer Burg der Markgräfin MATHILDE VON TUSZIEN (*1046, †1115) am Nordabhang des Apennin, wo GREGOR VII. auf Vermittlung Abt HUGOS VON CLUNY und MATHILDES den Bann aufhebt. Dennoch wählen deutsche Fürsten im März Herzog RUDOLF VON SCHWABEN zum König, der auf das dynastische Erbrecht der Krone verzichtet und die freie Bischofswahl zugesteht. Der Kampf um die Krone wird auch nach dem Tode RUDOLFS (Okt. 1080) mit dem Gegenkönig HERMANN VON SALM (†1088) fortgesetzt und verbindet sich mit den Auseinandersetzungen um die kirchliche Reform.

1078 Die römischen Synoden erneuern die Verurteilungen gegen die Anhänger HEINRICHS in Italien und formulieren ein generelles Verbot der Laieninvestitur.

1080 GREGOR bannt erneut HEINRICH IV. in feierlicher Form, die den universalen Anspruch des Papstes betont und die Konflikte in Deutschland verschärft (Streitschriften).

Eine Synode in Brixen setzt GREGOR ab, wählt WIBERT VON RAVENNA zum Gegenpapst: CLEMENS III.

1084 HEINRICH gewinnt die meisten Bischöfe Ober- und Mittelitaliens für sich. Ein Aufstand in Rom, dem sich auch 13 Kardinäle anschließen, öffnet den Weg zur

Kaiserkrönung durch CLEMENS III. HEINRICH muss aber Rom preisgeben, als die von dem in der Engelsburg eingeschlossenen Papst GREGOR zu Hilfe gerufenen Normannen nahen. Nachdem diese Rom schwer geplündert haben, verlässt der Papst mit ihnen die Stadt und stirbt am 25. Mai 1085 in Salerno.

1086–1087 HEINRICH IV. ist auf dem Höhepunkt seiner Macht. Sein Papst wird auch in England, Ungarn und Kroatien zeitweise anerkannt. Der erst 1086 gewählte Papst VICTOR III. stirbt 1087, ehe er die Chance zu vermitteln gehabt hätte.

1088–1099 Sein Nachfolger **URBAN II.** (ODO VON CHÂTILLON, Prior in Cluny und Kardinalbischof von Ostia) setzt die Politik GREGORS VII. erfolgreich fort. Er privilegiert Klöster und die neuen Stifte der Regularkanoniker, reorganisiert in Zusammenarbeit mit ROGER I. (1071–1101) die Kirche des 1091 endgültig von den Arabern zurückeroberten Sizilien.

1089 Der kaiserlichen Übermacht in Italien wirkt er durch ein Ehebündnis zwischen WELF V. (†1120) von Bayern und MATHILDE VON TUSZIEN entgegen.

1092 Die Opposition gegen den Kaiser wächst in Oberitalien (Niederlage bei Canossa, Bündnis lombardischer Städte).

1093 HEINRICHS Sohn KONRAD (*1074, †1101) tritt zur päpstlichen Partei über und wird in Mailand gekrönt.

1095, März URBAN kann endgültig nach Rom zurückkehren und die Synode von Piacenza triumphal inszenieren. Dort werden die Verbote der Simonie und der Bann über den Gegenpapst und seine Anhänger erneuert, aber auch byzantinische Gesandte empfangen, die um Hilfe gegen die Seldschuken bitten.

Nov. URBAN II. verkündet auf dem **Konzil von Clermont** den Kreuzzug mit großem Erfolg und stärkt so die universale Stellung des Papsttums.

1099–1118 Schon unter URBAN II. bereiten IVO VON CHARTRES (†1116) und andere die Lösung des Investiturstreits theoretisch vor, doch erst unter **PASCHALIS II.** kommt es zu ersten vertraglichen Vereinbarungen.

1107 In Frankreich ist die Investiturfrage für den König weniger bedeutsam, da er nur über wenige Bistümer verfügt. Der von 1095–1104 wegen seiner Eheaffären gebannte PHILIPP I. (1060–1108) akzeptiert die kanonische Wahl der Bischöfe, überträgt nach der Weihe die Temporalien ohne ein Investitursymbol, begnügt sich mit einem Treueeid ohne Handgang und schließt mit dem Papst unter Berufung auf die traditionelle Treue der Franzosen (Franken) einen Freundschaftsbund. 1119 beschränkt Papst CALIXTUS II. das Investiturverbot auf Bistümer und Abteien, ein französischer Bischof erklärt, sie würden auch ohne Investitur der *res publica* dienen.

In England verzichtet der seit 1105 wegen seines Konflikts mit dem die Lehnshuldigung verweigernden ANSELM VON CANTERBURY (*1033, †1109) exkommunizierte König HEINRICH I. (1100–1135) von England auf die Investitur der Bischöfe mit Ring und Stab, wahrt aber seinen Einfluss auf die Besetzung, indem die Wahl am Königshof stattfinden und der Gewählte vor der Weihe für die Temporalien huldigen soll.

1112 In Deutschland ist die Lösung wegen der großen Bedeutung der in den Händen der Kirche befindlichen Herrschaftsrechte viel schwieriger. Auch **HEINRICH V.** (1111–1125), der seinen 1102 erneut gebannten Vater mit Unterstützung des Papstes absetzt, beansprucht das königliche Investiturrecht und wird darin von den geistlichen und weltlichen Großen unterstützt. Sie lehnen 1111 einen von PASCHALIS II. in Sutri gemachten Vorschlag ab, wonach die Reichskirchen dem König gegen Verzicht auf die Investitur alle ihnen verliehenen Güter und Rechte zurückgeben sollten. König HEINRICH V. nimmt den Papst gefangen und erzwingt neben der Kaiserkrönung eine Bestätigung des Investiturrechtes, die aber von der Lateransynode als *Pravilegium* verurteilt wird.

Die Päpste* (1058–1304)

Nikolaus II.	1058–1061	*Coelestin (II.)*	1124	*Innozenz (III.)*	1179–1180	Gregor X.	1271–1276
Alexander II.	1061–1073	Honorius II.	1124–1130	Lucius III.	1181–1185	Innozenz V.	1276
Honorius (II.)	1061–1064	Innozenz II.	1130–1143	Urban III.	1185–1187	Hadrian V.	1276
Gregor VII.	1073–1085	*Anaklet (II.)*	1130–1138	Gregor VIII.	1187	Johannes XXI.	1276–1277
Clemens III.	1080–1100	*Victor (IV.)*	1138	Clemens III.	1187–1191	Nikolaus III.	1277–1280
Victor III.	1086–1087	Coelestin II.	1143–1144	Coelestin III.	1191–1198	Martin IV.	1281–1285
Urban II.	1088–1099	Lucius II.	1144–1145	Innozenz III.	1198–1216	Honorius IV.	1285–1287
Paschalis II.	1099–1118	Eugen III.	1145–1153	Honorius III.	1216–1227	Nikolaus IV.	1288–1292
Theoderich	1100	Anastasius IV.	1153–1154	Gregor IX.	1227–1241	Coelestin V.	1294
Albert	1102	Hadrian IV.	1154–1159	Coelestin IV.	1241	Bonifatius VIII.	1294–1303
Silvester (IV.)	1105–1111	Alexander III.	1159–1181	Innozenz IV.	1243–1254	Benedikt XI.	1303–1304
Gelasius II.	1118–1119	*Victor (IV.)*	1159–1164	Alexander IV.	1254–1261		
Gregor (VIII.)	1118–1121	*Paschalis (III.)*	1164–1168	Urban IV.	1261–1264		
Calixtus II.	1119–1124	*Calixtus (III.)*	1168–1178	Clemens IV.	1265–1268		

* Gegenpäpste kursiv

1117–1118 Paschalis flieht vor einem Aufstand in Rom und stirbt nach der erkämpften Rückkehr.

1118–1119 Gelasius II. muss vor der Familie Frangipani und dem Kaiser aus Rom fliehen und stirbt nach einem Jahr in Cluny.

1119–1124 Dort wählen die begleitenden Kardinäle Erzbischof Guido von Vienne als Calixtus II. zum Papst, der noch vor seinem Zug nach Rom Verhandlungen mit dem gebannten Kaiser anknüpft; eine persönliche Begegnung in Mouzon scheitert. Den gegen Gelasius erhobenen Gregor VIII. (Mauritius von Braga, Burdinus; 1118–1121) kann Calixtus II. verdrängen.

1122, 23. Sept. Deutsche Fürsten handeln mit päpstlichen Legaten das **Wormser Konkordat** aus, einen in zwei Urkunden gefassten Kompromiss, der im Okt. von einem Fürstentag zu Bamberg und im März 1123 von einem Konzil im Lateran bestätigt wird und den Investiturstreit im Reich beendet. Der Kaiser verzichtet auf Investitur mit Ring und Stab, behält jedoch das Recht der Regalieninvestitur in Deutschland sofort nach der Wahl, in Burgund und Reichsitalien binnen sechs Monaten nach der Weihe; die Wahl findet im deutschen Reichsgebiet in seiner oder seiner bevollmächtigten Gegenwart statt.

1123, März Das Laterankonzil schließt die Serie der römischen Reformsynoden seit Leo IX. ab, fasst die Reformforderungen zusammen und stärkt wieder die Gewalt der Ortsbischöfe. Später als 9. Ökumenisches Konzil anerkannt, eröffnet es die Serie der großen Lateransynoden.

1124 Auf Betreiben des von den Frangipani unterstützten Kardinalkanzlers Haimerich (†1141) wird gegen Coelestin (II.) (†um 1126) Lambert von Ostia tumultuarisch als **Honorius II.** (1124–1130) zum Papst erhoben. Er kann Coelestin zum Rücktritt bewegen, greift in den deutschen Thronstreit ein und schreibt mit Roger II. (*1095, †1154) im Friede von Benevent (1128) den status quo in Süditalien fest.

1130 Die wiederum irreguläre Wahl führt zu einem Schisma: Rechtlich ist nicht zu entscheiden, ob der unter Einfluss Haimerichs gewählte **Innozenz II.** (1130–1143) oder der von der Mehrheit gewählte Anaklet II. (1130–1138) aus dem Geschlecht der Pierleoni rechtmäßiger Papst ist. Innozenz gewinnt mithilfe der großen Orden, v.a. Bernhards von Clairvaux (*um 1090, †1153) und Norberts von Xanten (*um 1080, †1134), fast ganz Frankreich, England und Deutschland für sich, während sich Anaklet bis zu seinem Tod auf Rom, Mailand und Süditalien, Schottland und Teile Südfrankreichs stützen kann.

1139 Auf dem **Zweiten Laterankonzil** werden alle Akte Anaklets II. verurteilt, seine Kardinäle abgesetzt, aber auch die wichtigsten Reformforderungen wiederholt.

1145–1153 Nach den kurzfristigen Pontifikaten Coelestins II. (1143/44) und Lucius' II. (1144/45) wird der Zisterzienserabt von Trefontane als Eugen III. Papst, der meist außerhalb Roms regiert, das der Senat und der gegen die weltliche Herrschaft des Papstes und der Kirche predigende Arnold von Brescia (*um 1100, †1155) kontrollieren.

1147–1148 Auf einer Reise durch Frankreich und Deutschland (langer Aufenthalt in Trier, gut besuchte Synode in Reims) festigt Eugen die Stellung des Papstes in der westlichen Kirche. Ein Versuch, Rom mithilfe der Normannen zu erobern, scheitert.

1153 Nach Annäherung schon an Konrad III. (1138–1152), dem er die Kaiserkrone in Aussicht stellt, kommt es im **Konstanzer Vertrag** zu einer Einigung mit Friedrich I. (Barbarossa; 1152–1190). Dieser verspricht, Rom zu unterwerfen, keinen Frieden mit Normannen zu schließen und den Byzantinern in Süditalien entgegen zu treten. Eugen sagt die Kaiserkrönung und die Mehrung des *honor imperii* zu.

1154–1159 Als Kardinalbischof von Albano organisiert der ehemalige Abt von St. Ruf bei Avignon, Nikolaus Breakspear, die norwegische und schwedische Kirche. Als Papst **Hadrian IV.** erneuert er den Vertrag von Konstanz und besteht bei der Begegnung mit dem König in Sutri auf dem Stratordienst (Pferd am Zügel führen).

1155 Friedrich weist die ihm vom römischen Senat angebotene Kaiserkrone zurück, lässt sich vom Papst krönen, schlägt einen Aufstand am Tag der Kaiserkrönung nieder und lässt Arnold von Brescia hinrichten.

1156 Als der Kaiser abzieht, ohne dem Papst die versprochene Hilfe gegen die Normannen geleistet zu haben, schließt Hadrian in Benevent einen Vertrag mit Wilhelm I. von Sizilien (1154–1166). Dieser erhält eine Bestätigung seines Königstitels und der Herrschaft in Süditalien mit weitgehenden Rechten über die Kirche; der Papst wird als Oberlehnsherr mit hohem Lehnszins anerkannt und ihm die Rückkehr nach Rom und die Festigung seiner Herrschaft im Kirchenstaat ermöglicht. Der Vertrag verschärft aber die Spannungen mit dem Kaiser, der den von Rom heimreisenden Erzbischof Eskil von Lund (†1181/82) gefangen nehmen lässt; seine Erhebung wird als Verletzung der Rechte des Erzbistums Hamburg-Bremen interpretiert.

1157 Der Konflikt entlädt sich auf dem Hoftag zu Besançon, als Rainald von Dassel (*um 1120, †1167) den auf das Kaisertum bezogenen Begriff *beneficium* im Protestschreiben des Papstes gegen die Gefangennahme Eskils mit »Lehen« übersetzt.

1158 Als Friedrich auf dem **Reichstag von Roncaglia** die Regalien in Italien und dem Kirchenstaat wieder beansprucht, gewinnen die oberitalienischen Städte den Papst als Verbündeten, der den Kaiser unter Bannandrohung zur Rücknahme seiner Maßnahmen auffordert und gegen dessen Pläne in Italien ein Bündnis zwischen Kaiser Manuel Komnenos (1143–1180) und König Wilhelm I. von Sizilien vermittelt.

Die neuen Orden des 12. Jh.s

Der für das späte 11. und frühe 12. Jh. charakteristische geistige und religiöse Aufschwung führt zur Bildung zahlreicher neuer Orden, in denen das bisher nur in selbstständigen Klöstern oder in lockeren Verbänden geführte Leben der Mönche, Kanoniker und Eremiten straffer organisiert wird.

Der **Zisterzienserorden** übertrifft verwandte Neugründungen wie die von La Chaise-Dieu (Auvergne, Klostergründung 1046) und Fontevrault (Anjou; Gründung des Doppelklosters 1101) weit an Bedeutung. Abt ROBERT VON MOLESME (†1111) verlässt 1098 das von ihm gegründete reformbenediktinische Kloster, um in Cîteaux (südlich von Dijon) ein eremitisch geprägtes strengeres Mönchsleben zu führen. Nach krisenhaften Anfängen (der Gründer kehrt nach Molesme zurück) kann Cîteaux unter Abt STEPHAN HARDING (*1059, †1134) nach dem Eintritt BERNHARDS mit dreißig Gefährten (1112) Tochterklöster in La Ferté (1113), Pontigny (1114), Clairvaux (1115) und Morimond (1115) gründen. Durch Neugründungen und Anschluss bestehender Klöster und Kongregationen verbreitet sich der straff organisierte und päpstlich privilegierte Orden sehr rasch in ganz Europa, nicht zuletzt durch das Wirken BERNHARDS VON CLAIRVAUX. Bei seinem Tod (1153) zählt man mehr als 350, am Ende des Mittelalters über 700 Klöster, ohne die Frauenkonvente, deren Beziehung zum Orden sehr vielfältig ist. Höchste Autorität des Ordens ist das jährlich in Cîteaux tagende Generalkapitel aller Äbte, das legislative und jurisdiktionelle Kompetenz hat. Die grundlegenden Texte und die Statuten betonen gegen Cluny die strenge Beobachtung der Benediktregel in Askese, Handarbeit und Armut. Der große ökonomische Erfolg, v.a. dank der Konversen (Laienbrüder), führt schon im 12. Jh. zu massiver Kritik.

Der **Prämonstratenserorden** ist der wichtigste Verband der Regularkanoniker, die im Geist der *vita apostolica* ein strengeres Leben nach den beiden AUGUSTINUS zugeschriebenen Regeln führen wollen. Dazu zählen die Kongregationen von St. Ruf (bei Avignon, Gründung 1039, reformiert um 1100, relativiert durch Bekenntnis zum *ordo antiquus* vor 1125), Arrouaise (bei Arras, Gründung um 1090, reformiert unter zisterziensischem Einfluss 1135 oder 1121), St. Viktor in Paris (Gründung 1113) und die Gilbertiner, der einzige in England entstandene Orden (Gründung um 1130 von GILBERT IN SEMPRINGHAM [*1093, †1189], Lincolnshire). Die Prämonstratenser gehen aus von dem 1120 in Prémontré (Diözese Laon) von dem ehemaligen Wanderprediger NORBERT VON XANTEN gegründeten, stark eremitisch geprägten Konvent hervor. Nach seiner Berufung zum Erzbischof in Magdeburg 1126 gründet NORBERT Stifte, die stärker auf Seelsorge ausgerichtet sind, was auch für den Gesamtorden prägend wird. Der zweite Abt HUGO (1128–1161/64) formt den auf NORBERT ausgerichteten Verband zum Orden nach zisterziensischem Vorbild mit Generalkapitel und Visitationen; hinzu kommt später die regionale Gliederung in Zirkarien. Bis zu 500 Konvente sollen im Mittelalter zum Orden gehört haben.

Der **Kartäuserorden** geht auf die vom Reimser Kanoniker BRUNO VON KÖLN (*um 1030, †1101) 1084 in der Chartreuse (bei Grenoble) gegründete Eremitengemeinschaft zurück. Die in den ältesten Kartausen geltende Lebensform wird von dem fünften Prior der Grande Chartreuse, GUIGO (1109–1136), aufgezeichnet und bleibt auch für die nach 1200 vornehmlich nördlich der Alpen gegründeten bis zu 200 Klöster bestimmend.

Weitere Eremitenverbände gründen ROMUALD (*um 952, †1027) in Camaldoli (um 1012, Kamaldulenser), JOHANNES GUALBERTUS (*um 995, †1073) in Vallombrosa (nach 1039, Vallombrosaner) und STEPHAN VON THIERS (*1050, †1124) in Muret (um 1076, Grammontenser oder Orden von Grandmont).

Gleichzeitig entstehen zahlreiche **Hospitalorden** und -kongregationen, v.a. der aus einer 1095 in St. Antoine (bei Vienne, Dauphiné) gegründeten Laienbruderschaft hervorgegangene Antoniterorden (seit 1247), der sich v.a. der Pflege der an einer Mutterkornvergiftung Erkrankten widmet, und der 1198 von INNOZENZ III. approbierte Trinitarierorden, der auf eine von JOHANNES DE MATHA (*1160, †1213) in Cerfort (Dép. Aisne) gegründete Bruderschaft zurückgeht und sich v.a. um den Loskauf der in sarazenische Gefangenschaft geratenen Christen bemüht.

Kirchenrecht und Kanonistik

Seit dem frühen Mittelalter werden Beschlüsse der Konzilien (*Canones*) und rechtsverbindliche Entscheidungen der Päpste (*Dekretalen*) in einer Vielzahl regionaler Sammlungen mit Auszügen aus der Bibel, Bußbüchern u.a. meist historisch geordnet (Dionysius Exiguus um 500 Rom, erweitert zur Dionysio-Hadriana um 774; Hispana, 7. Jh.; Collectio Vetus Gallica um 600–8. Jh.; Dacheriana um 800 Südfrankreich; Pseudo-Isidor um 840, Nordfrankreich). REGINO VON PRÜM (†915) erarbeitet um 906 ein zweibändiges Handbuch für Visitationen; das Decretum Bischof BURCHARDS VON WORMS (*um 965, †1025) zwischen 1008/12, sicher vor 1023, die Sammlungen ANSELMS VON LUCCA (*um 1035, †1086) nach 1083 und IVOS VON CHARTRES (†1116) 1091–1095 leiten zur systematischen Kirchenrechtswissenschaft über, die mit dem nicht näher bekannten **GRATIAN** einsetzt, der wohl in Bologna, unter dem Einfluss der neu aufblühenden römischen Rechtswissenschaft und geprägt durch die Frühscholastik, um 1140 seine *Concordia discordantium canonum* vollendet. Dieses systematisch-kritisch angelegte **Decretum Gratiani** wird Grundlage für die schnell aufblühende Dekretistik. Seit ALEXANDER III. (1159–1181) prägen die Päpste die weitere Entwicklung des Kirchenrechts mit ihren immer zahlreicheren Dekretalen, die in unterschiedlichen privaten Sammlungen zusammengestellt werden. Auf dieser Grundlage erarbeitet RAIMUND VON PEÑAFORT (*um 1180, †1275) eine systematische Sammlung und fügt Texte zu neuen Sachverhalten dazu. Durch seine Publikation als *Liber Extra* 1234 verleiht Papst GREGOR IX. diesem Gesetzeswerk universale und ausschließliche Gesetzeskraft. Die Dekretalen der folgenden Päpste werden wiederum in unterschiedlichen Kompilationen gesammelt, die durch den 1298 von Papst BONIFATIUS VIII. (1294–1303) promulgierten *Liber Sextus*, eine systematische Sammlung von 359 Dekretalen und durch Canones der beiden Lyoner Konzilien ergänzt wurden. Die Clementinen (Dekretalen Papst CLEMENS V. und Canones des Konzils von

Vienne 1311/1312, publiziert durch JOHANNES XXII. 1317) schließen die offiziellen Sammlungen des **Corpus Iuris Canonici** ab. Die Dekretalen JOHANNES' und die sog. *Extravaganten Communes* werden nur noch privat gesammelt, aber seit etwa 1500 mit den amtlichen Teilen des Corpus gedruckt, das bis 1917 Hauptgrundlage des kanonischen Rechts ist.

Die Kanonistik erreicht in der Zeit zwischen GRATIAN und JOHANNES ANDREAE (*um 1270, †1348), der Epoche der Glossatoren, ihren Höhepunkt mit HUGUCCIO (†1210) und JOHANNES TEUTONICUS (†1245). Die bald in ganz Europa betriebene Kanonistik (Dekretistik, Auslegung des Decretum Gratiani, und Dekretalistik, Erklärung der späteren Sammlungen) legt ihre Ergebnisse in Glossenapparaten, Summen und Kommentaren nieder. Kirchenrecht und Kanonistik reichen weit über das innerkirchliche Leben hinaus (Ehe und Familie, Prozessrecht). Sie sind ebenso Indiz wie Instrument des von INNOZENZ III. bis BONIFATIUS VIII. betriebenen energischen Ausbaus der **päpstlichen Machtstellung**. Das Papsttum baut seine Souveränität auch dem Konzil gegenüber aus, beruft und leitet die allgemeinen Synoden, deren Beschlüsse als seine Dekrete publiziert werden. Laien (auch der Kaiser) haben hieran keinen wesentlichen Anteil mehr. Erteilung von Privilegien und Dispensen sowie die höchste richterliche Gewalt über alle geistlichen und weltlichen Glieder der Christenheit stärken den päpstlichen Einfluss. Ähnlich wirken die Weiterentwicklung des obersten Verwaltungsrechts des Papstes, das Aufsichtsrecht über die Gesamtkirche, der Vorbehalt der Kanonisation, die Zentralisation des kirchlichen Ablasswesens, die Bewilligung von Kreuzzugszehnten, der zunehmende Einfluss auf die Besetzung kirchlicher Ämter und die Vergabe von Pfründen, beides verbunden mit Abgaben, die Gründung bzw. Privilegierung von Universitäten, der Ausbau der päpstlichen Kanzlei und Kammer (Finanzwesen) und vieles mehr.

Höhepunkt und Niedergang: Papsttum 1159–1309

1159 Im latenten Konflikt mit dem Kaiser kommt es zum Schisma: Die Mehrheit der Kardinäle wählt den Kanzler HADRIANS IV., ROLAND BANDINELLI, zum Papst **ALEXANDER III.** (bis 1181), eine Minderheit **VICTOR (IV.)** (bis 1164). Stärker als beim Schisma von 1130 fällt das Gewicht der Herrscher in die Waagschale; die Cluniazenser warten zunächst ab, die Zisterzienser entscheiden sich mehrheitlich für ALEXANDER, die Regularkanoniker sind gespalten.

1160 Auf dem Konzil von Pavia erkennen Kaiser und Reichsepiskopat VICTOR an.

1163 Der von WILHELM I. VON SIZILIEN gestützte ALEXANDER gewinnt auf der gut besuchten Synode in Tours Anerkennung in England und Frankreich, trotz der politischen Gegensätze, die der Kaiser auszunutzen versucht.

1164 Nach dem Tode VICTORS betreibt RAINALD VON DASSEL, Kanzler des Kaisers FRIEDRICH I. BARBAROSSA, die Wahl PASCHALIS' (III.) (bis 1168).

1165 Auf dem Würzburger Hoftag verpflichtet der Kaiser sich und seine Fürsten, ALEXANDER niemals anzuerkennen, doch gehen u. a. die Erzbischöfe von Salzburg, Mainz, Trier und Magdeburg auf Distanz. ALEXANDER verbündet sich mit den oberitalienischen Städten.

1167–1168 Der auf seinem vierten Italienzug zunächst siegreiche BARBAROSSA lässt nach der Eroberung der Leostadt PASCHALIS III. in St. Peter inthronisieren, ALEXANDER flieht nach Benevent. BARBAROSSAS Heer erleidet vor Rom katastrophale Verluste durch eine Seuche, dennoch setzt er nach dem Tode PASCHALIS' III. das Schisma durch die Wahl CALIXTUS' (III.) (†1180) fort (bis 1178).

1172 Nach dem Mord an THOMAS BECKET (*1118, †1170), den er 1173 heilig spricht, erzwingt ALEXANDER III. von HEINRICH II. von England (1154–1189) kirchenpolitische Konzessionen (Verzicht auf die Konstitutionen von Clarendon) und Bußleistungen.

1177 Nach der schweren Niederlage gegen die lombardische Liga bei Legnano (1176) führen mehrmonatige Verhandlungen (Vorvertrag von Anagni 1076) zum Frieden von Venedig. Der Kaiser wird vom Bann gelöst und erkennt ALEXANDER als rechtmäßigen Papst an, CALIXTUS III. verfällt der Reichsacht. Mit den lombardischen Städten und den Normannen wird ein Waffenstillstand auf sechs bzw. 15 Jahre geschlossen. Der Kaiser verspricht dem Papst, Rom zurück zu gewinnen und darf die Mathildischen Güter nutzen.

1179 Das **Dritte Laterankonzil**, an dem ca. 300 Bischöfe aus allen westlichen Ländern teilnehmen, zeigt ALEXANDER III. als unumstrittenen Leiter der westlichen Kirche. Die Synode will durch die Forderung einer Zweidrittelmehrheit bei der Papstwahl künftigen Schismen vorbeugen, und beschließt im Rückgriff auf frühere Reformforderungen in 27 (28) Canones u. a. Maßnahmen zur Besserung der Disziplin des Klerus und Behebung verschiedener kirchlicher Missstände und verbietet den vor dem Konzil befragten Waldensern die Predigt.

1184 Der Zisterzienserpapst LUCIUS III. (1181–1185) muss vor den Römern nach Norditalien ausweichen, wo er auf der Synode von Verona in Anwesenheit des Patriarchen von Jerusalem und der Großmeister der Ritterorden den Kaiser zum Kreuzzug auffordert und für eine gemeinsame Bekämpfung der Ketzer gewinnt (*Ad abolendam*).

Die Waldenser

Die Waldenser gehen auf den Kaufmann WALDES (VALDES, VALDUS; †um 1206) aus Lyon zurück, der 1173/76 durch das Evangelium und die Alexiuslegende dazu veranlasst wird, seinen Besitz zu verschenken und Gottes Wort zu verkündigen. Er und die sich ihm bald anschließenden männlichen und weiblichen Laien, die sich selbst Pauperes Christi, Pauperes de spiritu, P. de Lugduno nennen, greifen damit die Tradition der sich seit Mitte des 11. Jh.s in Europa ausbreitenden apostolischen **Armutsbewegung** auf. Sie wollen durch Predigt und vorbildliches Leben besonders das aufstrebende städtische Laientum, aber auch den Klerus für ein Leben nach dem

Evangelium gewinnen, ohne jedoch Kirche und Glaubenslehre in Frage zu stellen. Erst als die Waldenser die ihnen 1179 auf dem III. Laterankonzil untersagte Glaubenspredigt fortsetzen und daraufhin 1184 auf der Synode von Verona **exkommuniziert** werden, kommt es in Organisation, Glaubenslehre und religiöser Praxis zu Spaltungen und zur Trennung der radikaleren Gruppierungen von der Kirche (*Pauperes Lombardi*), mit teilweiser Hinwendung zu den zunächst auch von ihnen bekämpften Katharern. Dagegen werden die am Glauben der Kirche festhaltenden Gruppen 1208/10 als Pauperes catholici, P. reconciliati mit der Kirche versöhnt und sind am Kampf gegen die Katharer in Südfrankreich beteiligt. Anders als die Katharer können Waldenser trotz jahrhundertelanger Verfolgung durch die Inquisition, v.a. 1487/88, als ein Kreuzzug gegen sie ausgerufen wird, überleben. In der Reformation schließen sich die v.a. in den Alpen von Savoyen/Piemont konzentrierten Waldenser der Reformation an.

1185–1187 Der kurze Pontifikat URBANS III. ist v.a. von Auseinandersetzungen mit dem Kaiser geprägt (Trierer Bistumsstreit, Forderung nach Regalien und Spolien der deutschen Bischöfe, Bündnis BARBAROSSAS mit Mailand, dessen Erzbischof URBAN auch als Papst bleibt, Besetzung des Patrimonium Petri durch HEINRICH VI.).

1188, 31. März In einem Vertrag mit dem Senat erreicht CLEMENS III. (1187–1191) gegen den Verzicht auf Tusculum und finanzielle Zugeständnisse die Hoheit über Rom, die Rückkehr der Kurie nach Rom, und beendet damit einen fast 50 Jahre dauernden Konflikt.

1189, April Das Verhältnis zum Kaiser verbessert er, nicht zuletzt im Interesse des Kreuzzugs, durch Konzessionen im Reich und in Italien. Von BARBAROSSA erhält er das Patrimonium unter Vorbehalt des *honor imperii* und stellt HEINRICH VI. die Kaiserkrönung in Aussicht, obwohl es zu Spannungen wegen der staufischen Erbansprüche auf Sizilen kommt.

1191 Der fast 90-jährige COELESTIN III. (1191–1198) krönt HEINRICH VI. zum Kaiser.

1192 Während HEINRICH ganz Unteritalien als Erbe seiner Frau KONSTANZE (*1154, †1198) beansprucht, belehnt COELESTIN ihren Onkel TANKRED VON LECCE (†1194) mit Sizilien und schließt ein für die Ansprüche der Kurie in Süditalien und Sizilien vorteilhaftes Konkordat. COELESTIN III. leitet Strukturreformen an der Kurie ein, reorganisiert den Besitz der römischen Kirche (*Liber Censuum*) und kann die Stellung Roms als zentrale Instanz und die päpstliche Delegationsgerichtsbarkeit ausbauen. Die Spannungen mit dem Kaiser nehmen zu (Ermordung des Bischofs von Lüttich, Gefangennahme des Kreuzfahrers RICHARD LÖWENHERZ, *Unio regni et imperii* 1194), sodass der Papst trotz der inhaltlich nicht bekannten großen Zusagen HEINRICHS VI. dessen Erbreichsplan nicht zustimmt. In den Wirren nach dem Tode HEINRICHS VI. (28. Sept. 1197) gewinnt die Kurie noch unter COELESTIN Handlungsspielraum.

1198–1216 Mit **INNOZENZ III.** beginnt eine neue Epoche in der Geschichte von Kirche und Papsttum. Der 37 Jahre alte Kardinaldiakon LOTHAR VON SEGNI hat in Paris und Bologna Theologie und Kanonistik studiert und spielt bereits unter seinen Vorgängern CLEMENS und COELESTIN an der Kurie eine bedeutende Rolle. Er baut die Herrschaft in Rom und im Kirchenstaat aus (»zweiter Begründer des Kirchenstaates«), fördert die Kreuzzüge, auch im Kampf gegen die Häresie, und die Reform der Kirche. Besser als seine Nachfolger versteht es INNOZENZ, seine politischen Absichten theologisch und kirchenrechtlich zu begründen, so bei seinem Eingreifen in den deutschen Thronstreit.

1200/1201 Um eine erneute Umklammerung des Kirchenstaates zu verhindern, entscheidet er sich gegen den im März 1198 zum König gewählten Staufer PHILIPP VON SCHWABEN für OTTO IV. (†1218). Dieser verspricht nach seiner Wahl im Juni 1198 die Rechte und Besitzungen der Kirche zu achten, auf das Spolienrecht, die Mathildischen Güter und das unter päpstlicher Regentschaft stehende Süditalien zu verzichten. PHILIPP gewinnt die Oberhand in Deutschland, erkennt die vom Papst betriebenen Veränderungen in Italien nicht an, wird aber nach seinem Sieg über OTTO IV. 1208 ermordet. Daraufhin wird OTTO IV. vom Papst wieder anerkannt und 1209 zum Kaiser gekrönt. Als er entgegen seiner Zusagen seit dem Neusser Eid 1201 nach Süditalien zieht, wird er gebannt (1210).

1209–1229 Nach der Ermordung des Zisterzienserpredigers PETER VON CASTELNAU (1208) predigt der Papst erstmals den Kreuzzug in einem christlichen Land gegen die südfranzösischen Katharer, die Albigenser, da Ketzerpredigten und disziplinarische Strafen keinen Erfolg hatten. Die von Anfang an mit politischen Zielen und großer Härte unter einem päpstlichen Legaten, dann unter SIMON IV. VON MONTFORT (*1160, †1218) und schließlich dem französischen König geführten langwierigen **Albigenserkriege** führen nach der Niederlage von Muret (1213) zur (zunächst indirekten) Unterwerfung Südfrankreichs unter die französische Krone. Graf RAIMUND VI. VON TOULOUSE (*1156, †1222) wird wegen seiner Begünstigung der Ketzer (Lateran IV) seine Herrschaft aberkannt und im Frieden von Toulouse ALFONS VON POITIERS, dem Bruder des französischen Königs, übertragen.
INNOZENZ III. sieht die Notwendigkeit, die Ketzer statt durch das Schwert mit dem Wort zu überzeugen und die sich von der Kirche entfernende religiöse Bewegung mit ihr zu vereinen. Es gelingt ihm, einzelne Gruppen der Waldenser und Humiliaten zu versöhnen und mit den zunächst mündlich anerkannten Orden der Dominikaner und Franziskaner die positiven Impulse der Armutsbewegung für die Kirche zu nutzen und in ihnen wirksame Instrumente für die Bekämpfung der Irrlehre zu gewinnen.

1211–1213 Auf Betreiben des Papstes, dem KONSTANZE 1198 die Vormundschaft über ihren Sohn übertragen hatte, wird **Friedrich II.** 1211 zum Kaiser und dann erneut 1212 zum König gewählt. Er verzichtet auf eine Vereinigung Siziliens mit dem Reich, bestätigt in der Goldbulle von Eger (12. Juli 1213) alle von OTTO IV.

dem Papst gemachten Konzessionen, sanktioniert so die Territorialpolitik des Papstes in Italien und Sizilien und verzichtet auf die dem Herrscher im Wormser Konkordat verbliebenen Rechte über die Reichskirche.

1213 Auch gegenüber anderen europäischen Herrschern macht INNOZENZ III. seinen Einfluss geltend. Im Konflikt zwischen Frankreich und England ergreift er zunächst für PHILIPP II. AUGUSTUS (1180–1223) Partei, da JOHANN OHNELAND (1199–1216) die königlichen Rechte bei der Bischofsbesetzung zu erweitern sucht. Als er den vom Papst nominierten Erzbischof von Canterbury nicht anerkennt, verhängt INNOZENZ III. 1207 das Interdikt über England. Erst 1213 akzeptiert JOHANN, der 1206 die Normandie verloren hat und mit Aufständen zu kämpfen hat, den Ausgleich mit dem Papst. Er akzeptiert den päpstlichen Kandidaten und trägt sein Reich als Lehen dem Heiligen Stuhl auf. INNOZENZ unterstützt ihn und seinen Sohn HEINRICH III. (1216–1272), ohne deswegen jedoch die engen Bindungen an den französischen König PHILIPP II. AUGUST zu lösen.

1215 Höhepunkt und Abschluss des Pontifikats INNOZENZ' III. ist das **Vierte Laterankonzil**. Auf der größten mittelalterlichen Kirchenversammlung, an der 400 Bischöfe, über 800 Äbte und Prioren sowie vornehme Laien teilnehmen, werden theologische, kirchenorganisatorische und politische Fragen, Kreuzzug, Mission und Ketzerbekämpfung beraten. Die 71 Konstitutionen, zum größten Teil erst nach dem Konzil formuliert, betreffen neben dogmatischen Festlegungen nahezu alle Bereiche des kirchlichen Lebens (u. a. Osterpflicht), aber auch soziale Ausgrenzung der Juden. Sie werden über Provinzialsynoden weitervermittelt und gehen fast alle ins kanonische Recht ein.

1216–1227 HONORIUS III., seit 1188 Kämmerer der römischen Kirche (*Liber Censuum*), versucht den noch von INNOZENZ III. angeregten Kreuzzug zu fördern, auch durch Versuche, im Konflikt zwischen England und Frankreich zu vermitteln. Der von einem päpstlichen Legaten geleitete Kreuzzug scheitert 1221. Das Verhältnis zu dem von ihm 1220 zum Kaiser gekrönten FRIEDRICH II. wird durch dessen Politik in Italien und das nicht eingelösten Kreuzzugsversprechen bestimmt. Ein bleibendes Verdienst dieses Papstes ist die Förderung der entstehenden Bettelorden.

Die Bettelorden

Die ersten Bettelorden wurzeln in der Armutsbewegung des 12. und 13. Jh.s. Der **Dominikaner-** oder Predigerorden wird in Südfrankreich, unter dem Eindruck der waldensischen und katharischen Häresie und des Scheiterns der traditionellen Ketzerpredigt der Kirche, von DOMINIKUS VON CALERUEGA (†1221), Kanoniker an der Kathedrale zu Osma in Kastilien, gegründet und 1216 von Papst HONORIUS III. als Klerikerorden nach der Augustinerregel anerkannt. Er verbindet mit der gemäßigten Befolgung des evangelischen Armutsgebotes zwei Aufgaben: Bekämpfung der Ketzerei und Seelsorge, v. a. an der städtischen Bevölkerung, auf Basis eines intensiven Studiums der Theologie. Bereits 1277 zählt man über 400 Konvente, 1357 über 600, ohne die Frauenklöster (58 bzw. 158) und Drittordensgemeinschaften. Die etwa 1380 eingeleiteten Reformbestrebungen (Observanz) erreichen zu Beginn des 16. Jh.s ihren Höhepunkt.

Die Franziskaner oder Minderbrüder gehen auf die von dem aus Assisi in Umbrien stammenden Kaufmannssohn GIOVANNI (FRANCISCUS) BERNARDONE (*1181/82, †1226) begründete Bruderschaft zurück und kommen erst nach spannungsreichen Auseinandersetzungen mithilfe des Kardinals und späteren Papstes GREGOR IX., HUGOLIN VON OSTIA, zu einer verbindlichen Regel (Regula non bullata 1219, Regula bullata 1223) und dauernder organisatorischer Gestalt. Die Minderbrüder, der größte Bettelorden im Mittelalter, wollen in Gehorsam gegenüber Kirche und Hierarchie in vollkommener Armut, Heimatlosigkeit und apostolischer Predigt in Wort und Beispiel die Forderungen des Evangeliums in ihrer ganzen Radikalität erfüllen. Rasch widmen sie sich der Seelsorge und Mission (FRANZ predigt 1221 vor dem Sultan), zunehmend, nach dem Vorbild der Dominikaner, auch dem Studium. Noch zu Lebzeiten des Gründers setzen Konflikte um die richtige Interpretation der Armut ein: GREGOR IX. relativiert 1230 die Geltung der radikalen Armutsforderung in dem Testament des FRANCISCUS, Verfolgung der Zelanti in Italien (1240er-Jahre), der Spiritualen, Fratizellen (13./14. Jh.). Sie sind mit Konflikten des Ordens mit Klerus und Hierarchie verbunden im praktischen (1240/60) und theoretischen (1323) Armutsstreit. Die inneren Auseinandersetzungen im Orden führen im 14. Jh. zur Unterdrückung der radikalen Spiritualen/Fratizellen, deren Gedanken seit 1368 von der Observanzbewegung aufgegriffen werden und im 15. Jh. zur Spaltung zwischen Konventualen und Observanten (1438/46, Teilung 1517), 1528 zur Verselbstständigung der Kapuziner (mit strengerer Armut) führen. Dramatisch sind auch die Anfänge und die organisatorische Entwicklung des weiblichen Zweigs (Zweiter Orden, Franziskanerinnen, Klarissen in vielfältiger Ausprägung). Er geht auf die von FRANZ und seiner Armutsidee begeisterte KLARA VON ASSISI (*1193/94, †1253) zurück, die seit 1215 eine eigene Frauenkommunität leitet, der schon bald zahlreiche Frauenkonvente der Bußbewegung angeschlossen werden. Nach langem Kampf um die radikale Armut erreicht KLARA 1253 die Anerkennung ihrer Regel durch INNOZENZ IV. Die Frauenkonvente des 1289 päpstlich bestätigten Dritten Ordens (Tertiarinnen) werden v. a. nach 1311 eine Zuflucht für Beginen.

Nach dem Vorbild dieser beiden Bettelorden werden der 1256 aus der Union bisher selbstständiger toskanischer Eremitengemeinschaften hervorgegangene **Augustinereremitenorden** und die um 1185 in Palästina am Berg Karmel entstandene, seit den 1230er-Jahren in Europa heimische Eremitengemeinschaft der **Karmeliten** umorganisiert und in den Dienst der Seelsorge gestellt.

Im 13. Jh. gesellen sich diesen zahlreiche kleinere Bettelorden, z. B. die aus provenzalischen bzw. Florentiner Bußbruderschaften hervorgegangenen Sackbrüder und Serviten zu, von denen aber die meisten 1274 vom Zweiten Konzil von Lyon zur Auflösung gezwungen werden.

Die Bettelorden sind, ungeachtet aller individuellen Züge, eine eigene Ordensgruppe, die sich vom älteren Mönchtum in zahlreichen Punkten unterscheidet. Sie lehnen nicht nur den persönlichen, sondern auch gemeinsamen Besitz ab, kennen nicht die Bindung ihrer Mitglieder an einen Konvent (*stabilitas loci*), schränken den Gebrauch irdischer Güter ein (*usus pauper*), leben von Schenkungen und Arbeitslohn, wenn erforderlich auch vom Betteln. Sie konzentrieren sich auf die städtische Seelsorge, das Studium und die Lehre sowie die Heidenmission. Ihre **Ordensverfassung** hat genossenschaftlichen Charakter, die Leiter von Konventen, Provinzen und Orden werden von Konvents-, Provinzial- und Generalkapiteln auf Zeit gewählt und haben sich vor diesen Gremien zu verantworten. Die Generalkapitel, auf denen auch Delegierte der Brüder vertreten sind, haben Satzungs- und Disziplinargewalt.

Wegen ihrer reichen Privilegierung und der intensiven Lehrtätigkeit geraten die Bettelorden schon im 13. Jh. in Konflikte mit Klerikern in der Welt und an Universitäten, v. a. der Pariser Universität (Armutsstreit, Seelsorgestreit) und werden auch wegen ihres Lebenswandels hart kritisiert. Die Sonderstellung der Bettelorden führt bis in die Neuzeit immer wieder zu Spannungen mit dem Ortsklerus. Ihre Verdienste um Seelsorge, Ketzerbekämpfung, kirchliche Propaganda, Wissenschaft (Haus-, Provinzial-, Generalstudien, v. a. Bologna, Florenz, Oxford mit herausragenden Gelehrten; ROGER BACON), und weitreichende Mission sind bedeutend.

Die Inquisition

Die richterliche Verfolgung der **Häresie** durch ein von der Kirche eingesetztes Glaubensgericht und ihre Bestrafung durch die weltliche Gewalt hat ihre Wurzeln in der von Kaiser KONSTANTIN I. hergestellten Verbindung von Staat und Kirche. Sie wird durch das römische Kaiserrecht und die in das Kirchenrecht aufgenommene Anschauung des Kirchenvaters AUGUSTINUS, wonach Ketzer mit Gewalt in die Kirche zurückgeführt werden können (*compelle intrare*), legitimiert. Die seit Beginn des 11. Jh.s vermehrt auftretenden Ketzer werden zunächst in spontanen Aktionen, dann durch Fürsten mit strengen Strafen bekämpft. Erst schrittweise wird die Aufspürung, Verurteilung und Auslieferung an die weltliche Gewalt im Anschluss an die auf dem Laterankonzil von 1179, der Synode von Verona 1184 und dem Laterankonzil von 1215 gefassten Beschlüsse in der Ketzergesetzgebung Kaiser FRIEDRICHS II. (1231/32) und der Dekretalensammlung Papst GREGORS IX. (1234) als gemeinsame Aufgabe von Kirche und »weltlichem Arm« (zur Verhängung und Vollstreckung der Todesurteile) geregelt. Die seither vornehmlich **von den Bettelorden durchgeführte** und unter Papst INNOZENZ IV. (1252) durch die Einführung der Folter verschärfte, die Verteidigung der Angeklagten stark einschränkende **Inquisition** gegen Ketzer, kommt in Deutschland, Frankreich und Italien seit der Mitte des 14. Jh.s weitgehend zum Erliegen, kann sich in England und Skandinavien nicht recht durchsetzen. Wiederholt zur Durchsetzung politischer Ziele eingesetzt (Albigenserkriege, Vernichtung der Templer), wird sie seit dem 15. Jh. in Erweiterung des Häresiebegriffs in den seit 1350 zunehmenden Hexenprozessen eingesetzt (Bulle »Summis desiderantes« 1484, Hexenhammer 1487). In Spanien erreicht sie seit 1478 unter Leitung eines vom König bestätigten und bevollmächtigten Großinquisitors bei der Verfolgung zwangsgetaufter Juden (Marranos) und Mauren (Moriscos) sowie Protestanten ihren grausamen Höhepunkt. Das im 16. Jh. zur Bekämpfung der Reformation in Rom eingerichtete römische und weltweite Inquisition (Sanctum Officium) erhält bald weiter reichende Aufgaben (Index). Erst im 19. Jh. wird die Inquisition in Portugal (1821), in Spanien (1834), in Italien (1859), zuletzt auch im Kirchenstaat (1870) abgeschafft.

1227–1241 Der Pontifikat **Gregors IX.**, Kardinal HUGOLIN VON OSTIA, der reiche Erfahrung als Legat gesammelt hat, wird überschattet vom sich ins Grundsätzliche verschärfenden Konflikt mit FRIEDRICH II., der noch den Nachfolger INNOZENZ IV. beschäftigt.
Von bleibendem Wert sind GREGORS Förderung der Orden, der neuen Bettelorden, aber auch der Reform der alten Orden und der Gesetzgebung (Approbation des von RAIMUND zusammengestellten Liber Extra 1234 durch Übersendung an die Universitäten).

1227–1239 1227 wird **FRIEDRICH II. erstmals exkommuniziert**, weil er den zuletzt 1225 im Vertrag von San Germano versprochenen Kreuzzug aufgeschoben hat. Der gebannte Kaiser gewinnt auf einer friedlichen Kreuzfahrt auf diplomatischem Wege Jerusalem. Nach dem Ausgleich in Ceprano (1230) und San Germano nehmen die Spannungen wieder zu. FRIEDRICH setzt den zentralistischen Ausbau seines sizilianischen Königreiches und die Wiederherstellung der königlichen Macht in Oberitalien fort. Sein Sieg über die lombardischen Städte bei Cortenuova (1237), die Vermählung seines Sohnes ENZIO mit der Erbin Sardiniens, eines päpstlichen Lehens, und der Versuch, seine Herrschaft auf Rom auszudehnen, lösen den Widerstand des Papstes aus, der ein Bündnis mit den oberitalienischen Städten eingeht. Als FRIEDRICH zum Kampf gegen die lombardischen »Reichsrebellen« aufruft, verhängt GREGOR über ihn erneut den Bann und läutet damit den Endkampf der Kurie gegen den Kaiser ein. Die Bannbulle nennt als Gründe die Unterstützung der gegen die päpstliche Herrschaft rebellierenden Stadtrömer, Behinderung des Albigenserkrieges und Bedrückung der Kirche in Sizilien. Der anschließende Propagandakrieg gipfelt in der Bulle »Ascendit de mare bestia« vom Juni/Juli 1239, der Kaiser verhindert das vom Papst einberufene Konzil mit Gewalt.

1243 Nach dem nur zwei Wochen dauernden Pontifikat COELESTINS IV. und längerer Sedisvakanz (10. Nov. 1241–25. Juni 1243) wird der Genueser Kardinal SINIBALD FIESCO einstimmig als **INNOZENZ IV.** (bis 1254) gewählt.

1244–1245 Der Jurist (Dekretalenkommentar) und erfahrene Diplomat versucht zunächst, den Konflikt mit dem Kaiser beizulegen, um sich auf den Kreuzzug und die Abwendung der Mongolengefahr konzentrieren zu können. FRIEDRICHS Konzessionen können die Atmosphäre des Misstrauens nicht beseitigen. Der Papst reist überraschend über Genua nach Lyon, während der politische und literarische Kampf in Italien von beiden Seiten verschärft wird. Trotz umfassender Gegenwehr des Kaisers und seines Vertreters im Konzil setzt das **Erste Konzil von Lyon**, nach Beschlüssen zur Mongolengefahr, zum Kreuzzug und zur Kirchenreform, FRIEDRICH als Kaiser und König aller seiner Reiche ab.

Verdienste erwirbt INNOZENZ IV. sich um die päpstliche Gesetzgebung (Dekretalen), Fernostmission, Gespräche mit dem byzantinischen Kaiser und um die Gründung der Bistümer Ermland, Kulm und Pomesanien (1245).

1250–1254 Im Kampf gegen die Staufer, der den Tod FRIEDRICHS II. (1250) überdauert, mobilisiert das Papsttum alle Kräfte. Im Reich unterstützt INNOZENZ IV. die Wahl von Gegenkönigen (HEINRICH RASPE), für Sizilien sucht er RICHARD VON CORNWALL (*1209, †1272), KARL I. VON ANJOU (*1226, †1285) und EDMUND (*1245, †1296), den Sohn HEINRICHS III. von England, als Nachfolger der Staufer zu gewinnen (1253).

1254–1264 ALEXANDER IV. (1254–1261) und sein Nachfolger URBAN IV. (1261–1264) haben den Widerstand der letzten Staufer MANFRED (*1232, †1266) und KONRADIN (*1252, †1268) zu überwinden.

1265 URBAN überträgt KARL I. VON ANJOU Sizilien als Erbkönigreich, gegen die Zusage hoher finanzieller Leistungen und das Versprechen, die Rechte der Kirche zu achten, nicht die Kaiserkrone und die Herrschaft über Italien anzustreben.

Das Bündnis mit KARL, der für das Papsttum die Staufer in Italien niederringt, ordnet sich ein in eine lange angebahnte Verbindung des Papsttums nach Frankreich, gefördert durch persönliche Bindungen (Herkunft, Studium) von Kardinälen und Päpsten wie URBAN IV., CLEMENS IV. und MARTIN IV. sowie die politischen Interessen des Papsttums in Italien, die neben übergreifenden Zielen, wie dem Kreuzzug, v.a. unter GREGOR X. die Beziehungen zu den Herrschern bestimmen. Es dominiert die nie konfliktfreie Zusammenarbeit mit KARL I. und Frankreich, von der Papst (Einnahmen) und König sehr profitieren, während sich die Zusammenarbeit mit dem deutschen Herrscher auch nach dem mithilfe des Papstes beendeten Interregnum lockert; zwischen 1220 und 1312 kommt es zu keiner Kaiserkrönung. Der politische und kirchliche Einfluss der Päpste auf der iberischen Halbinsel verstärkt sich, wird aber durch die Sizilianische Vesper (1282) beeinträchtigt.

Die Bindung an Frankreich und v.a. an KARL I. VON ANJOU ist an der Kurie nicht unumstritten, wie sich in langen Vakanzen und politisch unterschiedlichen Kandidaten zeigt. In dem schnell ins Grundsätzliche abgleitenden Konflikt zwischen BONIFATIUS VIII. und PHILIPP IV. gerät sie in eine tiefe Krise, die in der Übersiedlung des Papsttums nach Avignon (1309) endet, nachdem schon im 13. Jh. die Päpste meist nicht in Rom residiert hatten.

1265–1268 Erst nach achtzehn Monaten Vakanz wird CLEMENS IV. gewählt, der auf eine lange zivile Karriere als Jurist in Frankreich zurückblicken kann. In Rom mit Sizilien belehnt, vernichtet KARL VON ANJOU die letzten Staufer, konsolidiert seine Macht in Sizilien als Grundlage für weiterreichende politische Ambitionen in Italien und im Mittelmeerraum, schiebt aber den versprochenen Kreuzzug hinaus.

CLEMENS IV. reorganisiert den Zisterzienserorden (Bulle »Parvus fons«, 1265), unterwirft die kirchlichen Ämter weithin seiner Verfügung (*Licet ecclesiarum*, 1265) und überträgt die Nominierung der Inquisitoren den Dominikanern und Franziskanern.

1271–1276 Der nach mehr als dreijähriger Vakanz gewählte THEOBALD VISCONTI sieht als GREGOR X. in der Befreiung der heiligen Stätten die Hauptaufgabe seines Pontifikates (»letzter Kreuzzugspapst«). Er versucht deswegen, die politischen Konflikte in Italien und Deutschland zu beenden, erkennt 1274 den 1273 zum König gekrönten RUDOLF VON HABSBURG als König an und bewegt ALFONS VON KASTILIEN (1252–1284) zum Verzicht. Der 1275 mit RUDOLF, der alle Versprechen OTTOS IV. und FRIEDRICHS II. erneuert und seine Teilnahme am Kreuzzug verspricht, verabredete Romzug mit Kaiserkrönung kommt nicht zustande.

1274 Den Kreuzzugsplänen dienen auch GREGORS Kontakte mit Byzanz und den Mongolen und die Einberufung des **Zweiten Konzils von Lyon**. Daneben werden dort die Einigung mit den Griechen und die durch Denkschriften vorbereitete Reform von Missständen in der Kirche beraten. Für die Papstwahl wird das Konklave am Sterbeort des Papstes vorgeschrieben.

1276–1277 Die nur kurzfristig regierenden Nachfolger, INNOZENZ V. (1276), HADRIAN V. (1276) und JOHANNES XXI. (1276–1277), sind nicht in der Lage, die Pläne GREGORS X. aufzugreifen.

1277–1280 NIKOLAUS III. aus dem Geschlecht der Orsini, erreicht die Konsolidierung des Kirchenstaates (Verzicht RUDOLFS VON HABSBURG auf die Romagna, KARLS VON ANJOU auf Reichsvikariat und Herrschaft in Rom), vermittelt die Belehnung KARLS mit der Provence und dessen Ehe mit einer Tochter RUDOLFS. Innerkirchlich fördert er die Franziskaner (Vermittlung im Armutsstreit), aber auch den Nepotismus.

1281–1285 MARTIN IV., vor seiner kurialen Karriere Kanzler LUDWIGS IX. von Frankreich, als Kardinal mit den Verhandlungen mit KARL VON ANJOU beauftragt, fördert dessen weitreichende politische Ziele mit allen Mitteln (1281 Bannung des byzantinischen Kaisers auf Kosten der in Lyon vereinbarten Union), v.a. nach der **Sizilianischen Vesper** (1282, Kreuzzugspredigt gegen PETER III. VON ARAGON), doch stirbt KARL 1285 als Geschlagener noch vor dem Papst.

1288–1292 HONORIUS IV. (1285–1287) und (nach einer Vakanz von 10 Monaten) NIKOLAUS IV., der erste Franziskaner auf dem Hl. Stuhl, der die Bußbewegung außerhalb der Orden zu organisieren versucht.

1294 Der **Konflikt der Kardinäle der Colonna und Orsini** verhindert 27 Monate lang eine Neuwahl. Der Verstrickungen und politischen Auseinandersetzungen müde, wählt das Kardinalskollegium einen Eremiten aus den Abruzzen, PETRUS VON MURRONE. **COELESTIN V.** wird von den Spiritualen und Fratizellen als der prophezeite Engelpapst und Urheber eines neuen Zeitalters der Kirche begrüßt, ist aber dem Amt nicht gewachsen. Gegen den Willen der Kardinäle verlegt er seinen Sitz nach Neapel, wo KARL II. VON ANJOU (*1254, †1309) ihm ein Schloss zur Verfügung stellt und massiven Einfluss ausübt. Im Konflikt mit den Kardinälen, die ihm bestätigen, dass ein Rücktritt möglich ist, tritt der unter Gewissensskrupeln leidende Papst nach fünf Monaten von seinem Amt zurück, stirbt 1296 in der Gefangenschaft seines Nachfolgers und wird 1313 heilig gesprochen.

1294–1303 Der von seinen Anhängern nicht anerkannte Amtsverzicht und die Gefangennahme des geflohenen COELESTIN werden von den Gegnern des einstimmig gewählten BONIFATIUS VIII. aus dem Geschlecht der Gaetani über seinen Tod hinaus zum Kampf gegen seine Person und seine Politik genutzt. BONIFATIUS verlegt den Sitz der Kurie nach Rom, entfernt die Anhänger KARLS II., kassiert die Maßnahmen COELESTINS, reorganisiert die Finanzverwaltung (Florentiner Bankhäuser), regiert mit harter Hand den Kirchenstaat unter massiver Förderung seiner Familie und provoziert damit den Widerstand der Colonna, die seit 1297 ein allgemeines Konzil fordern, vor dem sich der Papst wegen der Ereignisse vor seiner Wahl, bald auch wegen des Vorwurfs der Häresie, verantworten soll. Sie werden von den Spiritualen, bald auch von Frankreich unterstützt.

1296 Der Papst verbietet mit der **Bulle Clericis laicos** den Fürsten, ihren Klerus ohne Zustimmung des Papstes zu besteuern. Sie richtet sich vornehmlich gegen König PHILIPP IV., DEN SCHÖNEN (1285–1314), von Frankreich, der das Geld für den Krieg gegen England braucht. Dieser verbietet daraufhin die Ausfuhr von Geld, Edelmetall und Wechsel und weist die päpstlichen Gesandten und Kollektoren aus. Unter diesem Druck gestattet der Papst die Besteuerung der Kirchen im Notfall und spricht LUDWIG IX. (1214–1270) heilig (1297).

1300 Das Heilige Jahr, das erste Jubeljahr der römischen Kirche, lockt mit dem Versprechen eines vollkommenen Ablasses zahlreiche Pilger nach Rom, steigert damit das Ansehen des Papstes in der Kirche und die Einnahmen Roms.

1301–1302 Als König PHILIPP den Bischof von Pamiers, BERNARD SAISSET (†1314), wegen Hochverrats vor sein Gericht zieht, verteidigt der Papst das Gerichtsprivileg der Geistlichen, indem er das Steuerverbot der Bulle *Clericis laicos* erneut in Kraft setzt, den König sowie die französischen Prälaten und Professoren zu einer Synode nach Rom beruft. Das mit Vorwürfen gegen den König gespickte Einladungsschreiben *Ausculta fili* wird am Hof im antipäpstlichen Sinne zugespitzt (*Deum time*) und propagandistisch genutzt. Eine nach englischem Vorbild nach Paris einberufene allgemeine Ständeversammlung stützt den König, der die Reise nach Rom untersagt.

1302, 18. Nov. Nach der trotz Verbots auch von (süd)französischen Prälaten besuchten Synode betont der Papst in der **Bulle Unam sanctam** in herausfordernder Weise die **Überordnung des Papstes** über alle geistliche und weltliche Gewalt und die Pflicht zum Gehorsam aller Gläubigen (*extra ecclesiam nulla salus*). Damit erhebt die Bulle früher geäußerte Lehrmeinungen, v. a. des AEGIDIUS ROMANUS (*um 1243, †1316) zum Glaubenssatz. Dennoch wird sie nicht offizieller Teil des Kirchenrechts und erst 1516, nach Bestätigung durch das 5. Laterankonzil, in der (katholischen) Kirche allgemein anerkannt.

1303 Dem päpstlichen Plan, den König feierlich zu exkommunizieren, kommen der französische Kanzler WILHELM VON NOGARET (†1313) im Bunde mit SCIARRA COLONNA (†1329) durch das **Attentat von Anagni** (Residenz des Papstes bei Rom) am 7. Sept. zuvor. BONIFATIUS verweigert den Rücktritt, wird von Bürgern der Stadt befreit (11 Okt.), stirbt aber einen Monat später in Rom.

Papsttum und Kirche (1309–1534)

In der Gestalt des seine kirchliche und irdische Macht in Taten, vollmundigen Erklärungen und symbolischen Handlungen (Tiara, Statuen des lebenden Papstes) manifestierenden BONIFATIUS VIII. werden Anspruch und Möglichkeiten des mittelalterlichen Papsttums auf seinen Gipfel und an seine Grenzen geführt, die ihm die auf ihre Selbstständigkeit bedachten Landesherren und -kirchen aufzeigen.

Kirchenpolitisch und politisch weithin gescheitert (vergebliche Interventionen im schottischen und ungarischen Thronstreit, begrenzte Erfolge bei Vermittlung zwischen England und Frankreich, gegenüber ALBRECHT I., Anerkennung der aragonesischen Herrschaft auf Sizilien), belastet sein Pontifikat seine Nachfolger erheblich, können sie doch mit der Drohung eines Prozesses gegen sein Andenken unter Druck gesetzt werden.

Insbesondere die französischen Könige sind noch weniger als Kaiser FRIEDRICH II. bereit, ihre Interessen denen der Päpste unterzuordnen. Sie suchen vielmehr die Möglichkeiten des Papsttums (Besteuerung des Klerus, Stellenvergabe, Benefizialpolitik, Kreuzzugszehnten) für ihre politischen Ziele zu nutzen. Das **Avignonesische Papsttum** (1309/16–1378) baut die Ansätze des 12. und 13. Jh.s im Sinne einer Fiskalisierung, Juridifizierung und Zentralisierung so aus, dass es die Kirche effizienter als je zuvor regiert, aber auch ausnutzen kann. Die dadurch ausgelöste Kritik und Reformforderungen auf allen Ebenen werden durch politische Vorwürfe v. a. in Deutschland, England und Spanien verstärkt, wobei die Intensität der Kritik nicht mit der Höhe der Belastung der verschiedenen Länder korreliert. Die Rückeroberung und Neuorganisation des Kirchenstaates seit 1354 durch Kardinal AEGIDIUS ALBORNOZ (†1367) schafft die Voraussetzungen zur Rückkehr nach Rom, doch kommt es zu einem lang dauernden **Schisma** (1378–1415), das zu erneuter Unsicherheit und Verfall des Ansehens der Päpste und zum Erstarken der konziliaren Idee führt. Die **Reformkonzilien** beenden die Kirchenspaltung (1415), beschneiden aber Rechte und Einnahmen des Papsttums, wie auch die Konkordate mit den europäischen Herrschern, die ihre Landeskirche kontrollieren wollen. Umso stärker konzentrieren sich die Päpste des 15. Jh.s auf den Ausbau der Herrschaft über Rom und den Kirchenstaat. Mit den Zöllen, Steuern, Erträgen der Salinen und der Alaungruben von Tolfa, aber auch durch Ausweitung des Ämterhandels liefert der Kirchenstaat den größten Teil der päpstlichen Einnahmen, trotz des intensivierten Verkaufs von Privilegien und Ablässen, ja kirchlicher Würden.

Im Stil der Machtausübung, nicht zuletzt im Interesse der Familie, Repräsentation und Mäzenatentum sowie Ausbau Roms zu einer glänzenden Residenz ähneln die Päpste weltlichen **Renaissancefürsten.** Seit 1454 sind sie Teil der »Pentarchie«, die Italien »vierzig glückliche Jahre« bis zu den Interventionen der französischen Könige (seit 1494) und Kaiser KARLS V. beschert.

Nach dem Zusammenbruch des Konzils von Basel (1431–1439) und des dort ausgelösten Schismas und nach dem Erfolg des »Unionskonzils« in Ferrara/Florenz (1438/39) wird die Position des Papstes als nahezu unumschränkter Leiter der westlichen Kirche auch »ideologisch« gestärkt, was die Kritik an den ausbleibenden Reformen nur verstärkt, zumal die Ideen des Konziliarismus in allen Schichten weiter wirken. Reformen in den Landeskirchen und Orden stoßen in Rom kaum auf Widerhall, werden teilweise sogar erschwert, wie auch das Wirken MARTIN LUTHERS und der anderen Reformatoren in Rom sträflich unterschätzt wird.

Der Franziskanerorden und seine Zweige

Im Franziskanerorden wird schon zu Lebzeiten des FRANZ VON ASSISI darüber gestritten, wie die Forderung nach der absoluten Armut realisiert werden soll. Nach seinem Tode bilden sich drei Richtungen heraus, die auf die Befolgung der im Testament (1226) eingeschärften absoluten Armut, die Übernahme der Armutspraxis der älteren Orden bzw. eine Anpassung im Sinne der *Regula bullata* (1223) drängen.

Nach dem unter Generalminister BONAVENTURA (*1221, †1274; seit 1257) scheinbar erreichten Kompromiss (Unterscheidung von Besitz und Gebrauch), den NIKOLAUS III. 1279 durch seine Bulle »Exiit, qui seminat« bestätigt, kommt es zu erneutem Streit, der sich auf die Forderung nach Armut der Kirche nach dem Beispiel Jesu und der Apostel ausweitet. CLEMENS V. (»Exivi de paradiso«, 1312) versucht durch die Einschärfung des *usus moderatus* und das Verbot, Immobilien und Geld anzunehmen, den praktischen Armutsstreit zwischen Ordensmehrheit und Spiritualen friedlich beizulegen. Die Verfechter der strikten Armut, die auch von Ideen JOACHIMS VON FIORE (†1202) beeinflussten **Spiritualen**, die sich in Mittelitalien um ANGELO CLARENO (†1337) und UBERTIN VON CASALE (†nach 1329), in Südfrankreich um HUGO VON DIGNE (†um 1255) und PETRUS JOHANNIS OLIVI (†1298) scharen, werden mit Ausnahme einer 1294 von Papst COELESTIN V. anerkannten italienischen Splittergruppe (1284–1318) von der Inquisition verfolgt. JOHANNES XXII. verschärft die Verfolgung und verurteilt 1323 den Beschluss des Generalkapitels, JESUS und seine Apostel hätten einzeln und gemeinsam kein Eigentum besessen, als Häresie (*Cum inter nonnullos*). Nun verbindet sich der (theoretische) Armutsstreit und die Verfolgung der Spiritualen mit den politischen Kämpfen zwischen Kaiser und Papst (Appellation von Sachsenhausen, 1324), da sich führende Ordensvertreter (MICHAEL VON CESENA, BONAGRATIA VON BERGAMO, WILHELM VON OCKHAM) LUDWIG IV. anschließen.

Als Verfolgte im Untergrund leben die Anhänger der strengen Armut auch nach dem Tod MICHAELS VON CESENA (1342) als Fratizellen bis ins 15. Jh. weiter. Andere finden den Weg zu den **Observanten** (mit strikter Regelbefolgung), die sich in Italien seit 1368 unter PAULUS TRINCI (†1390) organisieren. Sie greifen auf die Tradition der Spiritualen zurück, lehnen die antikirchliche Tendenz jedoch ab und setzen sich mithilfe BERNHARDINS VON SIENA (*1380, †1444), JOHANNES KAPISTRANS (*1386, †1456), ALBERTS VON SARTEANO (*1385, †1450) und JAKOBS VON DEN MARKEN (*1393, †1476) beiderseits der Alpen durch. Nach vergeblichen Versuchen, den gesamten Orden zu reformieren, MARTIN V. widerruft die Verurteilungen JOHANNES' XXII., erlaubt Papst EUGEN IV. 1446 den Observanten die Wahl eines eigenen Generalvikars und eigener Provinzialvikare, was die Trennung von den **Konventualen**, den nicht observanten Franziskanern, ermöglicht. Unter diesen entstehen im 15. Jh. eigene Reformgruppen: Martianer, Colettaner, Diskalzeaten, Amadeiten, Clarener und Capriolanti.

1517 erfolgt die endgültige organisatorische Trennung zwischen Observanten und Konventualen. Die (rund 30 000) Observanten, denen sich die von ihnen unabhängig entstandenen Reformgruppen anschließen,

Die Päpste* (1305–1492)

Clemens V.	1305–1314	*Alexander (V.)*	1409–1410
Johannes XXII.	1316–1334	*Johannes (XXIII.)*	1410–1415
Nikolaus (V.)	1328–1330		
Benedikt XII.	1334–1342	Martin V.	1417–1431
Clemens VI.	1342–1352	*Clemens (VIII.)*	1423–1429
Innozenz VI.	1352–1362	*Benedikt (XIV.)*	1425–1430
Urban V.	1362–1370	Eugen IV.	1431–1447
Gregor XI.	1370–1378	*Felix (V.)*	1439–1449
Urban VI.	1378–1389	Nikolaus V.	1447–1455
Clemens (VII.)	1378–1394	Calixtus III.	1455–1458
Bonifatius IX.	1389–1404	Pius II.	1458–1464
Benedikt (XIII.)	1394–1417	Paul II.	1464–1471
Innozenz VII.	1404–1406	Sixtus IV.	1471–1484
Gregor XII.	1406–1415	Innozenz VIII.	1484–1492

* Gegenpäpste kursiv

erhalten mit dem Namen Minoriten (OFM) Ordenssiegel und Generalat den Vorrang. Die (etwa 20 000) Konventualen werden zu einem nachrangigen, autonomen Zweig. Die von dem Observanten MATTHÄUS VON BASCIO (*1495, †1552) und seinen Mitbrüdern LUDWIG und RAPHAEL VON FOSSOMBRONE gegründete Reformgruppe der **Kapuziner** (Ordo Fratrum minorum Cappucinorum), wird nach anfänglicher Verfolgung 1528 päpstlich anerkannt und ist seit der durch Papst LEO XIII. 1897 durchgesetzten Unio Leonina der dritte Zweig des (ersten) Ordens der Franziskaner.

Neben dem Klarissenorden, dem zweiten Orden der Franziskaner, entstehen seit dem 13. Jh. eine Fülle von Terziaren- und Terziarinnengemeinschaften, die als regulierte Konvente eigene Brüder- oder Schwesternkongregationen (Dritter Orden) bilden, in denen viele nach dem Konzil von Vienne 1311/12 von Verfolgung bedrohte Semireligiosen (außerhalb eines regulierten Konvents einzeln oder in Gemeinschaften lebende religiöse Männer und Frauen, v. a. Beginen) Zuflucht finden. Die unter dem Einfluss der Reformen im 15. Jh. zunehmende Tendenz zum Leben in Klöstern mit strenger Klausur wird durch die Regel LEOS X. von 1521 und das Konzil von Trient gefördert.

Die Päpste in Avignon (1309–1377/78)

1303–1304 BENEDIKT XI. (*1240), ehemals Generalmagister der Dominikaner, wird ohne Beteiligung der Colonna-Kardinäle gewählt, hebt die Sanktionen gegen den französischen König und die Colonna auf (1304), bannt aber NOGARET und dessen Helfer.

1305 Nach fast einjährigem Konklave in Perugia wird keiner aus den verfeindeten Kardinalsgruppen um die CAETANI und COLONNA (Verteidiger und Gegner des verstorbenen BONIFATIUS VIII. bzw. eines Vorgehens gegen die Attentäter von Anagni), sondern der Erzbischof von Bordeaux, BERTRAND DE GOT (†1314), aus der englischen Gascogne, zum Papst gewählt und in Lyon als **CLEMENS V.** gekrönt.

1309 Mit ihm wird die Zeit des Avignonesischen Papsttums, in den Augen der Kritiker, v. a. im verwaisten Italien, die »Babylonische Gefangenschaft« der Kirche eingeleitet. Denn der kranke Papst bleibt in der Nähe seiner Heimat, seit 1309 auch in Avignon, Reichslehen in der Hand des Königs von Neapel, an der Grenze zu Frankreich. Er baut eine neue Kurie vornehmlich mit Landsleuten auf, ernennt, nicht zuletzt zur Überwindung der blockierenden Rivalitäten der dominierenden Italiener, neun (Süd-)Franzosen, darunter vier Verwandte, und einen Engländer zu Kardinälen, erweitert die Rechte des Papstes zur Besetzung kirchlicher Ämter.

1311–1312 **Konzil von Vienne**: Der persönlich schwache CLEMENS widersetzt sich einem Häresieprozess gegen BONIFATIUS VIII., mit dem Frankreich ihn unter Druck setzt, und betreibt die Verurteilung NOGARETS, bis 1311 beide Verfahren außergerichtlich mit Vorteilen für die Krone beendet werden. Er unterstützt nicht das Streben KARLS VON VALOIS (*1270, †1325) nach der Kaiserkrone, kooperiert aber bei der vom französischen König aus fiskalischen Gründen, aber mit moralischen Argumenten betriebenen **Unterdrückung des Templerordens**. Er wird auf dem Konzil aber durch päpstliches Dekret aufgehoben. Das Konzil verhandelt auch über einen Kreuzzug und, gestützt auf Beschwerden und Denkschriften, über Reformen in der Kirche, die Lehren des PETRUS JOHANNIS OLIVI (*1248/49, †1298) und die franziskanische Armut (*usus pauper*), zu denen abschließend vermittelnde Konstitutionen verkündet werden. Im Streit um die Semireligiosen werden die »schlechten« Beginen (als häretisch) verurteilt.

1312 In der Italien- und Kaiserpolitik laviert der Papst: Er unterstützt gegen den Widerstand ROBERTS VON ANJOU (†1343) Romzug und Kaiserkrönung HEINRICHS VII. (1308–1313), stützt aber ROBERT, als der Kaiser diesem den Prozess macht. Nach dem Tode HEINRICHS beansprucht er die Ernennung von Reichsvikaren in Italien als päpstliches Recht und ernennt ROBERT zum Reichsvikar.

1316 Erst nach zweijähriger Vakanz und nach Sprengung des Konklaves in Carpentras können sich die Kardinäle in Lyon unter dem Druck des Bruders des französischen Königs auf JACQUES DUÈZE (*um 1244, †1334) aus Cahors, Bischof von Avignon und ehemaliger Kanzler KARLS II. von Neapel, einigen. Er lässt sich in Gegenwart des Königs in Lyon als **Johannes XXII.** krönen und nimmt schließlich eine Wohnung in seinem Bischofspalast in Avignon.
Sein angesichts seines hohen Alters unerwartet langes Pontifikat ist vom administrativen Ausbau der Kurie und des Benefizialwesens und damit einhergehend Fiskalismus und Nepotismus, aber auch von schweren dogmatischen und politischen Konflikten in Italien, im Reich, zwischen Frankreich und England bestimmt.

1323/1324 JOHANNES erkennt keinen der in der Doppelwahl 1314 gewählten deutschen Könige an, auch nicht nach dem Sieg LUDWIGS IV. (1314/28–1347) 1322. Als dieser gegen den päpstlichen Vikar in Mailand eingreift und damit den Kampf des Papstes gegen die Visconti stört, eröffnet er einen Prozess gegen ihn, weil er ohne päpstliche Approbation als König handle. LUDWIG appelliert an ein Konzil, in einer zweiten Appellation mit dem Vorwurf der Häresie gegen den Papst, nachdem JOHANNES die Erklärung des franziskanischen Generalkapitels, Christus und seine Apostel hätten weder einzeln noch gemeinsam Eigentum besessen als häretisch erklärt hat (*Cum inter nonnullos*).

1327–1328 Angesichts drohender Verfolgung fliehen führende Männer des Ordens um den Generalminister MICHAEL VON CESENA (†1342) zu LUDWIG, der 1327 nach Italien zieht, sich zuerst vom römischen Volk, dann von dem von ihm lancierten Gegenpapst NIKOLAUS V. (1328–1330, †1333) zum Kaiser erheben lässt (1328).

1331/1334 Der englische Franziskanertheologe WILHELM VON OCKHAM (*um 1285, †1349) und andere Publizisten tragen durch heftige Angriffe auf den Papst und die Forderung eines allgemeinen Konzils zur Verschärfung des Konflikts bei, v. a. als JOHANNES, mehr Politiker und Kanonist als Theologe, mit seinen Predigten über die *visio beatifica* (Anschauung Gottes nach dem Hinscheiden) neuerlich in Häresieverdacht gerät. Der französische König PHILIPP VI. (1328–1350) und seine Berater (v. a. PIERRE ROGER, der spätere CLEMENS VI.) nutzen die Bedrängnis des Papstes, um der Krone den seit Jahren erstrebten großen Kreuzzugszehnten bewilligen zu lassen.

1334–1342 Der Zisterzienser BENEDIKT XII., schon als Bischof von Pamiers und langjähriger Kardinal erfahren in Fragen der Häresie, legt die *visio-beatifica*-Krise bei, revidiert die kuriale Politik in Italien und bei der Verleihung von Benefizien. Da er nach dem Scheitern der Heere seines Vorgängers in Italien keine Chance zu einer Rückkehr nach Rom sieht, baut er den Papstpalast in Avignon, in dem alle wichtigen Regierungsfunktionen konzentriert werden, und schafft so die Voraussetzungen effektiver Regierungsarbeit. Er betreibt aktiv Reformen in den Orden und an der Kurie. Gegenüber dem Kaiser hält er an der kurialen Rechtsposition fest, was ihm den Hass der Anhänger des Kaisers einbringt. Die Kurfürsten und der Kaiser weisen den päpstlichen Approbationsanspruch zurück (1338: Kurverein von Rhense, Licet iuris). BENEDIKT ist kein Werkzeug französischer Politik. Er stoppt den von JOHANNES bewilligten Kreuzzugszehnten wegen absehbaren Missbrauchs und versucht hartnäckig die Verwendung der schon gesammelten Gelder für den Kampf gegen England zu verhindern, bis EDUARD III. (1327–1377) sich zu einem konzertierten Angriff auf Frankreich mit dem gebannten LUDWIG IV. verbündet, der die Verhandlungen in Avignon 1337 hat scheitern lassen. Erst Ende 1338 ernennt BENEDIKT den wichtigsten Mann der französischen Politik, PIERRE ROGER (*um 1292, †1352) zum Kardinal, warnt nach dem Bruch der deutsch-englischen Allianz den französischen König vor einem Bündnis mit dem gebannten Kaiser und protestiert so energisch wie erfolgreich gegen die Gefangennahme eines englischen Gesandten an die Kurie.

1342–1352 **CLEMENS VI.** (PIERRE ROGER) hingegen unterstützt (wie in seiner ganzen bisherigen Karriere) mit allen Mitteln Frankreich gegen England, auch nach dem in Avignon ausgehandelten Waffenstillstand 1343. Er fördert 1346 die Wahl KARLS IV. (*1316, †1378) von Böhmen noch zu Lebzeiten des von ihm erneut verurteilten Kaisers, verteilt großzügig Benefizien, begünstigt seine Nepoten und pflegt einen höfischen Lebensstil in dem von ihm ausgebauten und prächtig ausgestatteten Palast. Avignon und die Grafschaft Venaissin erwirbt er (1348) durch Kauf von der Königin von Neapel, JOHANNA I. (*um 1326, †1382), die ihm für eine Heiratsdispens und politische Unterstützung zu Dank verpflichtet ist. Rom gewährt er ein vorgezogenes Heiliges Jahr (1350) mit reichen Ablässen, für die er durch die Lehre vom »unerschöpflichen Gnadenschatz der Kirche« die Voraussetzungen schafft. Sein Versuch, die päpstliche Position im Kirchenstaat zu konsolidieren, ist wenig erfolgreich.

Die Strukturen des Papsttums in Avignon

Kurialer Zentralismus, Benefizialwesen (Vergabe von Ämtern und Pfründen an der Kurie), Fiskalismus (Steigerung der Einnahmen, v. a. bei der Vergabe von Ämtern und Privilegien) und Nepotismus sind keine neuen Erscheinungen, nehmen aber in Avignon stark zu. Auf den Grundlagen des 13. Jh.s wird die zentrale Verwaltung ausgebaut: Kanzlei, Kammer, Audientia sacri palatii/Rota (päpstliches Gericht, v. a. für Konflikte um Stellenbesetzungen). Die unter JOHANNES und BENEDIKT ausgearbeiteten Geschäftsordnungen wirken lange nach; die seither zunehmend dichter überlieferten zahlreichen Registerserien halten die Einnahmen und Ausgaben der Kurie, Suppliken (Bittschriften, v. a. um Ämter und Pfründen, aber auch um sonstige Vergünstigungen), Expektanzen (Anwartschaften auf Ämter und Pfründen), Provisionen (Zuweisung von Ämtern, die aber am Ort erst realisiert werden müssen, was oft zu langwierigen Konflikten führt), diplomatischen Schriftverkehr, Entscheidungen der Rota und der von BENEDIKT XII. grundlegend reorganisierten Pönitentiarie (päpstliches Gericht, v. a. im Bereich des Beichtsakraments) fest. Der Zugriff auf die Besetzung nahezu aller höheren kirchlichen Ämter, aber auch zunehmend auf niedere Pfründen durch Reservationen (der Papst reserviert sich in zunehmend systematischer Form die Besetzung frei werdender Ämter), wird stark erweitert, mit der Folge steigender Einnahmen aus Servitien(ursprünglich Spenden, seit dem 14. Jh. in der Höhe nach den taxierten Einkünften eines höheren Amtes – ab 100 Gulden Jahreseinnahmen – festgelegte Abgaben; zu entrichten vor Erhalt der Ernennungsurkunde) und der seit 1306 eingeführten und seit 1326 flächendeckend erhobenen Annaten (ursprünglich Geschenke bei der Ordination, seit dem 13. Jh. verpflichtende Abgabe für niedere, vom Papst verliehene Ämter; CLEMENS V. fordert 1306 ein Jahreseinkommen von allen freiwerdenden Benefizien, JOHANNES XXII. für alle an der Kurie vergebenen). Die *servitia communia*, ein Drittel der Jahreseinkünfte, teilen sich Papst und Kardinäle je zur Hälfte; die *servitia minuta* (3,5–5 % der *servitia communia*) fallen an das Kanzleipersonal. Hinzu kommen Geschenke, Gebühren und Trinkgelder. Weitere Einkünfte kommen aus vakanten Benefizien, dem Nachlass von Prälaten (der Kreis der Betroffenen wird stark ausgeweitet, v. a. von URBAN V.), Zehnten (die jedoch größtenteils den Herrschern, v. a. dem französischen König, zugute kommen), Visitationsgeldern, Zensus (England stellt die Zahlungen zu Beginn des Hundertjährigen Krieges ein und beschränkt das päpstliche Besetzungsrecht), Peterspfennig, Subsidien, die zunächst für besondere Anlässe erbeten werden (unter JOHANNES XXII. v. a. für den Krieg in Italien), aber bald zu einer normierten Pflichtleistung werden, Strafzahlungen, Steuern (seit 1348 aus Avignon und Umgebung), nicht zuletzt Geschenken und Zahlungen im Zusammenhang mit Friedensschlüssen und dem Heiligen Jahr. In enger Zusammenarbeit mit italienischen Banken mit ihrem verzweigten Niederlassungsnetz in ganz Europa, gelingt es der effizienten Finanzverwaltung (Kammer, reisende Kollektoren), das Ausbleiben der Einnahmen aus dem Kirchenstaat zu kompensieren.

Die steigenden Einnahmen erweitern den politischen Handlungsspielraum, finanzieren die kostspielige Politik in Italien (v.a. unter JOHANNES XXII. und INNOZENZ VI.), die wachsende Bürokratie, die immer mehr Aufgaben an sich zieht, und den steigenden Aufwand der Päpste, Kardinäle und Kurialen, samt den Familiaren (Mitglieder des Haushalts von Päpsten und Kardinälen). Ihre Ausgaben beleben Wirtschaft, Kultur und Kunst in und um Avignon.

Der fiskalische Druck, auch mithilfe von Exkommunikation (Ausschluss von den Sakramenten) und Interdikt (Verbot der öffentlichen Gottesdienste und Sakramentenspendung in bestimmten Gebieten), der von den Betroffenen als Ausbeutung der Kirche zugunsten der Zentrale empfunden wird, der Missbrauch der Prokurationen (Erhebung der bei Visitationsreisen fälligen Abgaben, ohne die Visitation durchzuführen), Pfründenhäufung (ein Kardinal hat bis zu hundert) und aufwendiges, auch sittlich zweifelhaftes Leben der meisten Päpste und Kardinäle werden heftig kritisiert. Hinzu kommen die im Schlagwort »babylonische Gefangenschaft« gebündelten politisch motivierten Vorwürfe: In Rom und Italien fühlt man sich verlassen, in Deutschland und England kritisiert man die Vergabe von Ämtern und Pfründen an landfremde Kurialen und die damit verbundenen Geldabflüsse sowie die (bei einzelnen Päpsten unterschiedlich starke und wenigstens z.T. durch gleiche Interessen erklärbare) Parteinahme zugunsten von Frankreich. Von dort kommen jedoch nicht nur seit CLEMENS V. alle Päpste, die meisten Kardinäle und Kurialen, sondern auch der weitaus größte Teil der Einnahmen.

Insgesamt verschärft sich die schon im 12. Jh. in der Romkritik fassbare antikuriale Stimmung, die sich zu allgemeiner Kritik des Klerus ausweitet, v.a. in den Ländern der späteren Reformation, sodass man in den in Avignon geschaffenen, im 15. Jh. ausgebauten Strukturen und Missständen einen wichtigen Grund für die in der Reformation zu ihrem Höhepunkt kommenden Kirchenkritik sehen kann.

1352–1362 Unter INNOZENZ' VI., für dessen Wahl die erste, von ihm jedoch ein halbes Jahr später widerrufene Wahlkapitulation eines Papstes vorliegt, wird der von ihm 1353 mit fast unbeschränkten Vollmachten entsandte Kardinal AEGIDIUS ALBORNOZ (*um 1300, †1367) trotz aller Widerstände und der ihm von seinen Gegnern (Visconti) an der Kurie gemachten Schwierigkeiten (zeitweilige Rückberufung) zum »zweiten Gründer des Kirchenstaats«. Durch seine militärischen Erfolge (auch im Dukat Spoleto, den Marken und in der Romagna) und seine bis ins 19. Jh. geltende Gesetzgebung (*Constitutiones Aegidianae*, 1357) schafft er eine wichtige Voraussetzung für die Rückkehr des Papstes nach Rom. Trotz der wachsenden Unsicherheit in Avignon (Befestigung der Stadt, 1357 marodierende Söldnertruppen des Hundertjährigen Krieges) kann sich INNOZENZ aber trotz mehrfach geäußertem Wunsch nicht dazu entschließen.

1362–1370 Dem als Kompromisskandidat gewählten Abt von St. Viktor in Marseille (kein Kardinal) **URBAN V.** (*um 1390) liegt die Reform der Orden, der Kurie und des Klerus am Herzen. Doch bleiben die Erfolge begrenzt, nicht zuletzt weil er, von außen kommend und persönlich schwierig, kein gutes Verhältnis zu Kurie und Kardinalskollegium entwickelt.

1367 Als Legat mit Italien vertraut, sucht er durch eine Revision der Politik des ALBORNOZ, mit Unterstützung Kaiser KARLS IV. Italien zu befrieden (u.a. teuer bezahlter Ausgleich mit den Visconti). Gegen den Willen der Kardinäle kehrt er **nach Rom** zurück, wo er sich um Ausbesserung und Schmuck der römischen Kirchen kümmert, und, zurückhaltend unterstützt von KARL IV., der ihn 1368 in Rom besucht, ein politisches Bündnis gegen die Visconti zustande bringt. Erstmals seit 700 Jahren kommt 1369 mit JOHANNES V. PALAIOLOGOS (1341–1391) ein byzantinischer Herrscher nach Rom, um Hilfe gegen die Türken zu erbitten.

1370 Nach dem Scheitern seiner neuen Italienpolitik, dem Zerfall seiner Liga, konfrontiert mit Unruhen in Rom und im Kirchenstaat, kehrt URBAN nach Avignon zurück. Das Drängen der Kardinäle wiegt stärker als die Warnungen der visionär begabten KATHARINA VON SIENA (*1347, †1380) und BIRGITTA VON SCHWEDEN (*1303, †1373).

1370–1378 GREGOR XI. (*1329), von seinem Onkel CLEMENS VI. zum Kardinal erhoben, nimmt den Kampf gegen die Visconti wieder auf (Kreuzzugspredigt!) und begibt sich trotz Verschlechterung der politischen Lage in Italien, gegen heftigen Widerstand der meisten Kardinäle, der Kurialen, der Bewohner Avignons und des französischen Hofes, auch unter dem Einfluss KATHARINAS VON SIENA Anfang 1377 nach Rom, wo er 1378 stirbt.

Das Abendländische Schisma (1378–1417/23)

1378, 8. April Unter massivem Druck der auf einen einheimischen Papst drängenden römischen Bevölkerung wird der Erzbischof von Bari, BARTOLOMEO PRIGNANO (*um 1318), als URBAN VI. zum Papst gewählt (bis 1389). Sein überhebliches und autoritäres Auftreten, besonders gegenüber den Kardinälen, das man als Amtsunfähigkeit (*incapacitas*) auslegt, veranlassen diese, dem von ihnen inthronisierten und drei Monate lang akzeptierten Papst mitzuteilen, er habe kein Recht auf das Amt.

20. Sept. Als er kompromisslos auf seinem Amt besteht, wählen die Kardinäle nach wochenlangen Beratungen in Fondi den Kardinal ROBERT VON GENF (*um 1342) als CLEMENS VII. (bis 1394). Damit beginnt das fast 40 Jahre dauernde **Abendländische Schisma**, da unklar (und bis heute wissenschaftlich umstritten) ist, welcher der rechtmäßige Papst ist, und die Entscheidungen für die jeweilige Obödienz trotz jahrelanger

Die Obödienzen des Abendländischen Schismas 1378–1415

gerichtlicher Untersuchungen der Wahlumstände (mit sehr umfangreichen Akten) v. a. nach (kirchen-) politischen Motiven fallen.

1379 Clemens gelingt es nicht, Urban militärisch aus Rom zu verdrängen. Er kehrt daher über Neapel nach Avignon zurück, wo ohnehin ein Großteil der Kurie weilt. Neben Neapel schließen sich ihm später Frankreich, Kastilien, Aragón, Navarra (erst 1390), und Schottland (in Opposition gegen England), aus dem Reich Savoyen und Burgund an (Clementisten), während die meisten italienischen Mächte, fast das ganze Reich (mit großen Unsicherheiten im Westen), die östlichen und nordischen Länder, Ungarn, England (als Gegner Frankreichs) und (nach mehrfachem Wechsel) seit 1385 auch Portugal die Partei Urbans ergreifen (Urbanisten). Stärker als 1159 werden die großen Orden zerrissen; es kommt zu Spaltungen in Dom- und Stiftskapiteln, Wechseln der Obödienz, ja Hinrichtung von Kardinälen. Da beide Päpste nach ihrem Tode Nachfolger erhalten, dauert das Schisma mit den durch die Doppelung verbundenen finanziellen und psychologischen Belastungen an.

1389–1404 In Rom wird der aus Neapel stammende junge Kardinal Pietro Tomacelli (*um 1350) als Kompromisskandidat gewählt, der sich als Bonifatius IX. gegen Ludwig II. von Anjou (Neapel) und clementistische Tendenzen im nördlichen Kirchenstaat und in Italien durchsetzt. Überzeugt von der Rechtmäßigkeit seiner Wahl, lehnt er alle Vorschläge eines Kompromisses zur Beendigung des Schismas ab. Seine Bestätigungsbulle für König Ruprecht (1403) behauptet, die Absetzung Wenzels sei Kraft päpstlicher Vollmacht erfolgt.

1394–1417 In Avignon folgt als Benedikt XIII. der herausragende spanische Kardinal Pedro de Luna (*ca. 1327, †1423), der dem Druck der französischen Krone, den Beschlüssen mehrerer Synoden und hochrangiger Gesandtschaften widersteht, den Weg zur Einheit durch Abdankung (*via cessionis*) frei zu machen. Er will durch politische Übereinkunft (*via conventionis*), ja militärischen Druck (*via facti*), den römischen Papst verdrängen.

1398–1403 Benedikt übersteht auch die Entziehung der Obödienz durch Frankreich und 18 Kardinäle und die militärische Belagerung des in eine Festung verwandelten Papstpalastes. Er kann in die zu ihm zurückgekehrte Provence fliehen und erneut die Unterstützung Frankreichs und der Kardinäle erreichen.

1404–1408 Seine Versuche, sich mit den neuen römischen Päpsten Innozenz VII. (1404–1406) und Gregor XII. (1406–1415) zu einigen, scheitern, doch verlassen die meisten Kardinäle Gregor XII., als er seine feierlich erklärte Bereitschaft zum Rücktritt nicht einlöst. Nachdem die Position Benedikts XIII. durch erneuten Obödienzentzug Frankreichs geschwächt ist und er ein Konzil nach Perpignan einberuft, vereinbaren die meisten Kardinäle beider Obödienzen die Einberufung eines Generalkonzils nach Pisa, um im Sinne der seit 1378 u. a. von Heinrich von Langenstein (†1397) und Konrad von Gelnhausen (*1320/22, †1390) propagierten konziliaren Theorie über die Päpste zu richten und durch eine Neuwahl die Einheit der Kirche wiederherzustellen.

1409 Auf dem **Konzil zu Pisa**, an dem 24 Kardinäle, mehr als 80 Bischöfe persönlich, noch mehr durch Stellvertreter, viele Äbte, Abgesandte von Fürsten und Universitäten teilnehmen, werden die beiden Päpste nach langen Auseinandersetzungen als notorische Schismatiker, Häretiker und Eidbrecher exkommuniziert und ihnen der Gehorsam entzogen. Nach einem kurzen Konklave wird Alexander V. (1409–1410) gewählt. Da es die beiden anderen Päpste ablehnen, sich dem Spruch des Konzils zu unterwerfen, und eine Reihe von Herrschern an »ihrem Papst« festhalten, gibt es nun **drei Päpste**, zumal auch Alexander nach seinem frühen Tod in Johannes XXIII. (1410–1415; *um 1360, †1419) einen Nachfolger erhält.

Vom Konzil von Konstanz zur Reformation (1415–1534)

Der Konziliarismus

Der Konziliarismus oder die konziliare Theorie sieht im allgemeinen **Konzil die höchste Instanz** der Kirche, der auch der Papst grundsätzlich (radikaler Konziliarismus) oder in Notsituationen (gemäßigter Konziliarismus) unterworfen sei. Die Wurzeln dieser Theorie sind im älteren kirchlichen Recht und bei den hochmittelalterlichen Kanonisten zu suchen, die einen häretischen Papst dem Gericht einer Kirchenversammlung unterwerfen und den Begriff der Häresie auf notorische Verbrechen, Simonie und Verharren im Schisma ausdehnen. Im frühen 14. Jh. werden diese Ansätze von Johannes Quidort von Paris (†1306), Marsilius von Padua (†1342) und Wilhelm von Ockham ausgebaut. Nachdem schon Kaiser Friedrich II., sowie die französischen Könige Philipp IV. und Ludwig IV. den Appell an ein Generalkonzil als Waffe gegen die Päpste eingesetzt haben, erhält die »konziliare Bewegung« ihre größte Bedeutung im Schisma seit 1378. Da die Päpste eine Abdankung (*cessio*) verweigern und der Weg des Obödienzentzugs (*subtractio*) nicht zum Ziel führt, sehen immer mehr Menschen, unter der Führung von Männern wie Konrad von Gelnhausen (*um 1320, †1390), Heinrich von Langenstein (*um 1340, †1397), Pierre d'Ailly (*1352, †1420), Jean Gerson (*1363, †1429) und Francesco Zabarella (*1360, †1417) im Generalkonzil als Vertretung der Gesamtkirche den einzigen Weg, ihre Einheit wieder herzustellen. Nach dem Fehlschlag von Pisa 1409 erreicht das **Konstanzer Konzil** (1414–1418) dieses Ziel, legt in dem (bis heute diskutierten) Dekret »Haec sancta« das Konzil als höchste Instanz der Kirche fest und versucht mit dem Dekret »Frequens« regelmäßige Konzilien als Gegengewicht gegen den päpstlichen Absolutismus zu schaffen. Die Dekrete werden jedoch von den Päpsten von Beginn an relativiert. Das Scheitern des **Konzils von Basel** (1431–1449) bedeutet den Sieg des monarchisch-hierarchischen Papsttums, doch wirken korporatistische-konziliare Ideen, auch nach dem Konzil von Trient (1545–1563), im Gallikanismus und Episkopalismus fort und gewinnen anlässlich der beiden Vatikanischen Konzilien (1869–1870, 1962–1965) in theologischer Diskussion und historischer Forschung erneut an Bedeutung. Die diffizilen Diskussionen des Konstanzer Konzils kann man als einen dramatischen Höhepunkt europäischer Verfassungsdiskussionen sehen.

1410–1415 König SIGISMUND (1410/33–1437) strebt mit weitreichenden diplomatischen Bemühungen die Wiederherstellung der kirchlichen Einheit und die Bekämpfung der hussitischen Häresie an. Nach der Verurteilung WYCLIFFES (†1384) in Rom laden SIGISMUND im Benehmen mit Kardinälen und Papst JOHANNES XXIII. nach dem Fehlschlag des vom Papst nach Rom einberufenen Konzils (1412) 1413 zum Generalkonzil nach Konstanz ein.

1414–1418 Der König gewinnt durch einen Geheimvertrag England, durch ein Bündnis Frankreich für die Teilnahme, sodass sich seit dem 28. Okt. 1414 zahlreiche Fürsten und Prälaten aus der ganzen Christenheit zur **Kirchenversammlung von Konstanz**, dem größten Kongress des Mittelalters versammeln. Das Konzil, das sich die Beseitigung der Kirchenspaltung (*causa unionis*), die Verbesserung der kirchlichen Zustände (*causa reformationis*) und die Niederschlagung der Ketzerei (*causa fidei*) zur Aufgabe gemacht hat, gibt sich, wie schon Pisa, nach dem Vorbild der Universitätsverfassungen eine Geschäftsordnung, nach der nicht nach Köpfen, sondern nach Nationen (deutsche, französische, englische, italienische) abgestimmt und so eine Majorisierung durch die italienischen Bischöfe verhindert wird.

1415 Der als rechtmäßig anerkannte JOHANNES XXIII. stellt auf Druck des Konzils seinen Rücktritt in Aussicht, flieht jedoch am 20. März mithilfe Herzog FRIEDRICHS IV. von Österreich (*1382, †1439) aus Konstanz, um so die Versammlung zur Auflösung zu zwingen. Daraufhin verkündet das Konzil das bis heute im Hinblick auf Charakter und Wirksamkeit umstrittene Dekret »Haec sancta« über die dem Papst übergeordnete Gewalt des allgemeinen Konzils.
Aufgrund dieser Legitimation setzt das Konzil JOHANNES XXIII. als »unwürdig« (nicht: unrechtmäßig) ab. GREGOR XII. beruft seinerseits das Konzil durch einen Kardinal ein und resigniert danach. Die Lehren WYCLIFFES werden erneut verurteilt, ebenso **JOHANNES HUS**, der nach öffentlichem Gehör und trotz Zusicherung freien Geleits durch den König am 6. Juli verurteilt, degradiert und verbrannt wird, weil er einen Widerruf ablehnt. Danach begibt sich SIGISMUND mit einer Abordnung des Konzils nach Narbonne und Perpignan. BENEDIKT XIII. verweigert die Abdankung, aber die spanischen Staaten versprechen die Aufkündigung des Gehorsams und die Teilnahme am Konzil (ab 1417 fünf Nationen).

1417, 26. Juli Nach langwierigem Prozess setzt das Konzil BENEDIKT ab, der diesen Spruch bis an sein Lebensende nicht akzeptiert. Gestritten wird nun, ob die Wahl eines neuen Papstes der Reform vorausgehen oder ihr folgen soll. Der König und die deutsche und englische Nation drängen auf die Reform, die Kardinäle mit dem Rest des Konzils auf die Wahl des Papstes, für die ein komplizierter Modus ausgehandelt wird, um dem Gewählten die allgemeine Zustimmung zu sichern (Zweidrittelmehrheit der Kardinäle und der mitwählenden je sechs Vertreter der fünf Nationen).

11. Nov. Nach der Verabschiedung der ausgehandelten Reformen und des in seiner Deutung wiederum kontrovers beurteilten Dekrets »Frequens« (10. Okt.; über die Einberufung von Konzilien), wählen die Kardinäle ODO COLONNA (*1368) als **MARTIN V.** zum Papst.

1418 Das Konzil hat seine wichtigsten Aufgaben (Union, Reform, Glaubensfragen) unterschiedlich gelöst. Die Union wird erreicht, die Lehren WYCLIFFES und HUS' werden verurteilt, aber keine positive Definition des katholischen Glaubens formuliert, die Reform bleibt weithin stecken, trotz der sieben Reformdekrete und der (befristeten) Konkordate des Papstes mit den einzelnen Nationen zur Beschneidung der päpstlichen Benefizialpolitik. In der lange und heftig diskutierten Frage des Tyrannenmords (mit Bezug auf die Rechtfertigung der Ermordung LUDWIGS VON ORLÉANS 1407 durch JEAN PETIT und deren Verurteilung 1414) gab es ebensowenig eine Entscheidung wie im Streit um die von Polen in Zweifel gezogenen Privilegien des Deutschen Ordens.

1423 Nach dem Dekret »Frequens« beruft MARTIN V. ein Konzil nach Pisa ein, das er aber bald auflöst, da es ihm mehr um die Restauration der päpstlichen Macht geht, nicht zuletzt in Rom und im Kirchenstaat. Er beruft jedoch ein neues Konzil ein – mit der Vollmacht für den vorgesehenen Vorsitzenden, Kardinal CESARINI, es bald aufzulösen.

1431–1447 EUGEN IV. (*1383), ein Neffe GREGORS XII., will das **Konzil von Basel** schon nach vier Monaten auflösen, scheitert aber am Widerstand fast aller Kardinäle und nimmt aus politischen Gründen das Auflösungsdekret zurück. Fortan beherrscht jedoch die Spannung zwischen Papst und Konzil, das seine Überordnung über den Papst als Glaubensartikel beschließt, die Diskussion.
Die Versammlung bildet nach den ihr zugewiesenen Gegenständen (Glaubenssachen, Kirchenfriede, Reform und Allgemeines) Deputationen, die nach Köpfen beschließen. Die aus jeder Nation (Italiener, Franzosen, Deutsche, Spanier) gleichmäßig besetzten Deputationen umfassen zahlreiche Universitätslehrer und Mitglieder des niederen Klerus, was dem Konzil einen stark »demokratischen« Charakter gibt. Es erlässt eine Reihe von Reformdekreten, u. a. zur Freiheit der Bischofswahlen, gegen Missstände im Klerus, bei Exkommunikation und Interdikt, zur Reduktion des päpstlichen Fiskalismus, zu Ordensreformen, und es verhandelt mit den Hussiten.

1437–1439 Im Zuge der angestrebten Unionsverhandlungen mit den Griechen verlegt EUGEN IV. das Konzil nach Ferrara (1437/38), später nach Florenz (1439), wo eine kurzlebige Union mit den Griechen geschlossen wird.
Den Widerstreit zwischen Konzil und Papst nutzen

Herrscher, Fürsten und Städte zum Ausbau ihrer Herrschaft über den Klerus durch Beschränkung des päpstlichen Besetzungsrechts – **Pragmatische Sanktion von Bourges** (1438) und **Fürstenkonkordate** – und für landesherrliche Kirchen- und Ordensreform.

1439 Die in Basel verbliebene Mehrheit der Konzilsväter setzt den Papst ab und wählt den ehemaligen Herzog Amadeus von Savoyen (*1383, †1451) als **Felix V.** zum Papst, dem bis heute **letzten Gegenpapst**. Nach der Erhebung des Gegenpapstes verliert das Konzil, in dem die Prälaten in der Minderzahl sind, immer schneller den Rückhalt in der Kirche und auch Teilnehmer, die sich dem römischen Papst anschließen, bis das »Rumpfkonzil« sich in Lausanne auflöst und sein Papst 1449 zurücktritt.

1447 Als Kompromisskandidat (Colonna gegen Orsini) wird der Kardinal von Bologna als **Nikolaus V.** (*1397) zum Papst gewählt (bis 1455).

Die Renaissancepäpste und der Ausbau der Stadt Rom

In der Folge können die Päpste, unter Verzicht auf eine wirkliche Kirchen- und Kurienreform, die päpstliche Herrschaft in der Kirche, im Kirchenstaat (wo schon Martin V. große Erfolge erzielt) sowie in Rom wiederherstellen und ausbauen und so die Voraussetzung für die Renaissance schaffen, die das Antlitz Roms seit Nikolaus V. entscheidend prägt.

Schon Eugen IV., mehr noch Nikolaus V. und seine Nachfolger, fördern die Humanisten: Flavio Biondo (*1388, †1463) schon unter Eugen IV., Platina (*1421, †1481) als Leiter der von Sixtus IV. (1471–1484) neu begründeten Bibliothek, die schon Nikolaus mit klassischen Werken bereichert, und die Künste (Fra Angelico [*um 1400, †1455], später Botticelli [*um 1445, †1510], Bramante [*1443/44, †1514] und Raffael [*1483, †1520]), deren Werke das Lob ihrer Gönner, auch im Kirchenstaat, verkünden. Bereits Nikolaus plant tief greifende Umgestaltungen des seither als Residenz bevorzugten Vatikans und Roms und seine Nachfolger setzten das Werk fort: Ausbau der Engelsburg, der Sixtinischen Kapelle, der Wohn- und Repräsentationsräume, auch von Kardinälen. Julius II. (1503–1513) beginnt den Abbruch der alten Peterskirche und deren Neubau wie auch den Neubau von Brücken und Strassen, auch für die Pilger der Heiligen Jahre 1475 und 1500. Die Eingriffe werden erleichtert durch die von Sixtus IV. erreichte Kontrolle der römischen Stadtverwaltung, die der Apostolischen Kammer unterstellt wird. Zeichen der in den folgenden Pontifikaten ausgebauten päpstlichen Macht über die Stadt sind der Neubau des Kapitols durch Michelangelo (*1475, †1564) und seine Ausstattung mit päpstlichen Statuen und einer Villa. Nicht zuletzt in Politik und Lebensstil (Mäzenatentum, Hofhaltung, Jagd, Frauen) erscheinen die Päpste der Zeit durchweg wie italienische Renaissancefürsten.

1451/52 Als Legat Nikolaus' V. betreibt Nikolaus von Kues (*1401, †1464) mehr als ein Jahr Kirchen- und Klosterreform im Reich, nicht selten vom Papst desavouiert.

1452 Nikolaus V. krönt Friedrich III. (*1415, †1493), die letzte Kaiserkrönung in Rom.

1453 Auch unter dem Schock des Falls von Konstantinopel gelingt keine Abwehrfront gegen die Türken, doch unterstützt der Papst finanziell die Abwehr der Ungarn und Albaner.

1455 Als *Protector et Custos* tritt Nikolaus dem Frieden von Lodi bei, den Mailand, Florenz und Venedig 1454 schließen, dem auch Alfons V. von Neapel (*1396, †1458) beitritt und der, trotz aller fortdauernden Unruhen auf der Halbinsel, eine als »vierzig glückliche Jahre« verklärte Epoche relativen Friedens im System der Pentarchie einleitet.

1455–1458 Auch Calixtus III. (Alonso de Borja [Borgia]), der Kardinal Carjaval zum Kreuzzugslegaten und Johannes Kapistran zum Kreuzzugsprediger bestellt, hat keinen Erfolg. Durch die Berufung zweier Neffen ins Kardinalskollegium schafft er die Grundlage für die Reihe der berüchtigten Borgiapäpste.

1458–1464 Weitgehend erfolglos bleiben auch die Bemühungen seines Nachfolgers Pius II. (Enea Silvio Piccolomini; *1405), der schon vor seiner Erhebung zum Kreuzzug aufgerufen hat. Der von ihm einberufene Fürstenkongress zu Mantua (1459) ist schlecht besucht, Venedig hat gerade einen Frieden mit den Türken geschlossen. Erst 1463 gewinnt er die wichtige Flottenmacht, stirbt aber ehe er den Kreuzzug selbst anführen kann. Bekannt ist Pius als herausragender Humanist durch seine historischen und literarischen Werke (u. a. Commentarii, Historia Friderici III.), seine Türkenreden vor dem Reichstag, aber auch durch seine bewegte Karriere. Sie führt ihn vom glühenden Verfechter des Basler Konzils und Sekretär des Gegenpapstes, zum Diplomaten im Dienste Friedrichs III., nach seiner Aussöhnung mit Rom zum Bischof und Kardinal und schließlich auf den Papstthron. Im Widerruf seiner früheren Haltung festigt er die Position des Papsttums (Bulle »Execrabilis« gegen den »Missbrauch« der Appellation an ein allgemeines Konzil), stabilisiert den Kirchenstaat, wendet sich gegen den Einfluss Frankreichs in Italien. Er bemüht sich auch um Reformen in Kirche und Orden, beruft eine Reformkommission und betraut Nikolaus von Kues mit der Reform in Rom, erlässt aber die Reformbulle »Pastor aeternus« nicht.

1464–1471 Paul II. (*1418), Neffe Eugens IV., fördert zwar den Ausbau Roms (Palazzo Venezia), zieht aber durch sein Vorgehen gegen die römische Akademie den Hass der Humanisten auf sich (Bartolomeo Platina [*1421, †1481], Pomponius Laetus [*1428, †1498]). Den Kreuzzug gegen die Osmanen betreibt er halbherzig. Gegen Georg Podiebrad (*1420, †1471), den von ihm und Pius II. wegen des Schwurs auf die Prager Kompaktaten (1433 zwischen gemäßigten Hussiten und Vertretern des Basler Konzils getroffene Vereinbarung) gebannten König von Böhmen ruft er zum Ketzerkreuzzug auf. Die Reformen bleiben liegen.

1471–1484 Sixtus IV. (*1414), aus dem Geschlecht der della Rovere, ehemaliger Generalminister der Fran-

Die Organisation der christlichen Kirche in Europa um 1500

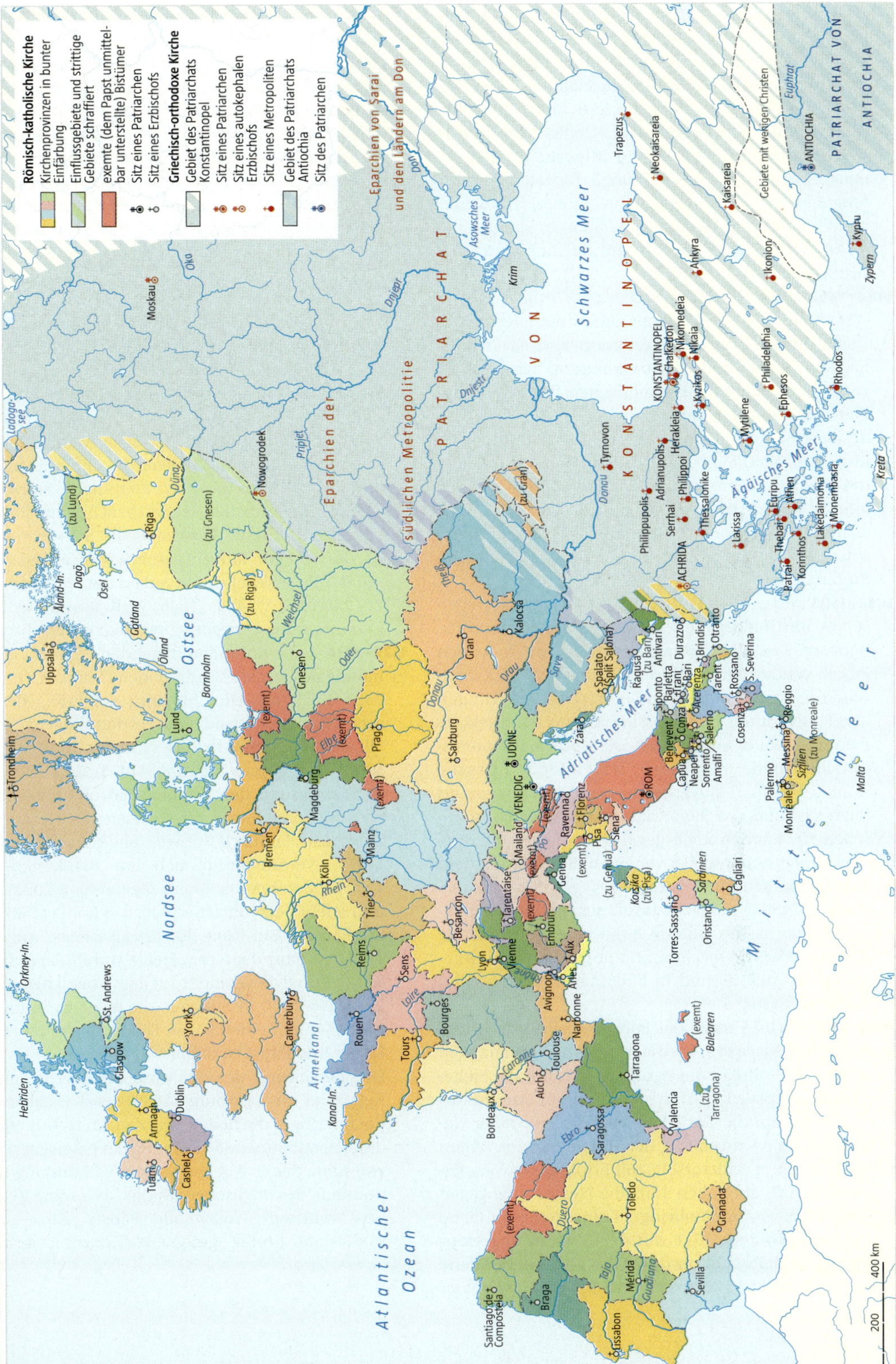

ziskaner, betreibt den Ausbau Roms (S. Maria della Pace, Sixtinische Kapelle etc.) und mit rücksichtsloser Bereicherung seiner Verwandten die Festigung des Kirchenstaates. Er bessert die klammen Finanzen durch Erhöhung der Steuern und Ausweitung des Ämter- und Ablasshandels auf (Heiliges Jahr 1475). Dem Bettelorden, v. a. seinen Minoriten (1464 Ordensgeneral), gewährt er reiche Privilegien (*Mare Magnum*). Er kann ein gegen ihn einberufenes Konzil verhindern und billigt die Inquisition in Spanien unter königlicher Kontrolle mit dem von ihm bestätigten Großinquisitor an der Spitze.

1484–1492 Das Urteil der Quellen über INNOZENZ VIII. (*1432), in dessen Wahlkapitulation ein allgemeines Konzil binnen zwei Jahren gefordert wird, ist einhellig negativ, allenfalls das Mäzenatentum wird gelobt, versagt er doch vor den politischen Problemen der Zeit (Aufstand der Barone in Neapel, Türken). Der desolaten Finanzlage soll eine Heiratsverbindung eines seiner Söhne mit den Medici und die Erhebung des 17jährigen Giovanni Medici zum Kardinal abhelfen. Er fördert den Hexenwahn durch seine Bulle »Summis desiderantibus affectibus« (1484) und verurteilt zwei Jahre später 900 Thesen des GIOVANNI PICO DELLA MIRANDOLA (*1463, †1494).

1492–1503 ALEXANDER VI. BORGIA (*1431) gehört wegen seines unsittlichen Lebenswandels zu den berüchtigtsten Gestalten auf dem Papstthron. In sehr jungen Jahren von seinem Onkel zum Vizekanzler der römischen Kirche gemacht und mit reichen Pfründen überhäuft, durch massive Simonie ins Amt gekommen, versteht er es als Papst, die Herrschaftsinteressen der Familie (mindestens sieben Kinder, CESARE BORGIA [*1475, †1507] als Herzog der Romagna erfolgreich) und des Papsttums in schwierigen politischen Umständen auch gegen Frankreich und Spanien zu wahren, wobei er vor einem Bündnis mit dem Sultan und scharfem Vorgehen gegen SAVONAROLA (*1452, †1498) 1498 nicht zurückscheut. Von bleibender Wirkung ist die von ihm vermittelte Grenzziehung zwischen den spanischen und portugiesischen Interessen im Atlantik und in Südamerika (Vertrag von Tordesillas 1494).

1503–1513 Nach 26 Tagen des Pontifikats PIUS' III. übernahm mit JULIUS II. (GIULIANO DELLA ROVERE) ein erfahrener Politiker das Amt, der sich um die Sicherung der päpstlichen Herrschaft in Rom und im Kirchenstaat, um die Zurückgewinnung verlorener Gebiete und die Vertreibung der »Fremden« aus Italien bemüht, die er andererseits mit Erfolg gegen Venedig zu Hilfe ruft, aber auch 1509 die Heilige Liga gegen Frankreich zusammenbringt. Franzosenfreundliche Kardinäle kontern 1511 mit der Einberufung eines Konzils nach Pisa, die er durch das von ihm berufene Laterankonzil (1512–1517) bekämpft. Er veranlasst den Neubau der Peterskirche, auf Kosten der alten Basilika aus konstantinischer Zeit, und die Ausmalung der Sixtinischen Kapelle durch MICHELANGELO und der Stanzen des Palastes durch RAFFAEL.

1513–1521 LEO X. (GIOVANNI MEDICI, *1475), Kardinal mit 17 Jahren, gebildet, politisch und militärisch erfahren, sucht in schnell sich wandelnden Verhältnissen mit raffinierter Diplomatie und ungeheurem finanziellen Einsatz v. a. die Macht des Papsttums und seiner Familie in Florenz und Italien zu sichern. Gegen Frankreich erleidet er eine schwere Niederlage, die zu Gebietsverlusten (Vertrag von Viterbo) und zum Konkordat von Bologna (1516) führt, das der Krone die nahezu unumschränkte Verfügung über die Kirche Frankreichs sichert. Die Kreuzzugspläne des Papstes nutzt der französische König, um den Kreuzzugszehnten für seine Aktionen in Italien zu verwenden. LEOS Nachfolger HADRIAN VI. droht er mit dem Schicksal BONIFATIUS' VIII. Bei der Wahl KARLS V. gelingt dem Papst ein gleichzeitiges Bündnis mit KARL und FRANZ I. Das päpstlich dominierte, schwach besuchte Laterankonzil leistet beachtliche Reformarbeit, die aber reine Theorie bleibt. Schwerwiegender ist, dass der von ihm ausgeschriebene Ablass zugunsten der Peterskirche zum Anlass der 95 Thesen MARTIN LUTHERS (*1483, †1546) wird, dessen Bedeutung LEO und seine Umgebung sträflich unterschätzen.

1522–1534 Auch unter den folgenden Päpsten, mit Ausnahme des nur kurz regierenden HADRIAN VI. (*1478; 1522–1523) aus Utrecht, führt der Erfolg der deutschen Reformation oder die Forderungen nach einem allgemeinen Konzil in Rom zu keiner Besinnung. CLEMENS VII. (GIULIO MEDICI) (*1478; 1523–1534), geht es v. a. darum, den Kirchenstaat aus der Umklammerung durch KARL V. zu befreien und seiner Familie zu nützen. Politisch weniger talentiert als sein Vetter LEO X., verbündet er sich mit Frankreich gegen KARL V., der ihm mit einem allgemeinen Konzil droht, und erlebt persönlich den Sacco di Roma (1527), »das Strafgericht am Rom der Renaissance«. Angesichts der Dominanz deutscher Heere verbündet er sich mit KARL, zumal dieser nicht auf dem Konzil besteht, und krönt ihn 1530 in Bologna, die letzte Krönung eines Kaisers durch einen Papst. Doch die alte Einheit von Kaiser und Papst ist dahin.

Die Bedeutung der Spaltung der Kirche auf dem Reichstag zu Augsburg (1530) wird nicht erkannt, noch weniger die Bedeutung ZWINGLIS, CALVINS und die sich anbahnende Trennung der englischen Kirche von Rom. Sechs Wochen vor der Verkündung der Suprematie des englischen Königs über seine Kirche ist »der wohl unheilvollste aller Päpste, die je auf dem römischen Stuhle gesessen« (RANKE), gestorben. | Forts. S. 1065 |

Reiche und andere Herrschaftsgebiete in Europa

Frankreich (843–1498): Westfrankenreich, Frankreich | Forts. v. S. 410 |

Das Westfrankenreich (843–987)

Karl II., der Kahle (*823, †877), dem im Vertrag von Verdun (843) das westliche Reichsgebiet zugesprochen wird, versteht es, diesen Herrschaftsanspruch durchzusetzen und im Vertrag von Coulaines (843) durch ein festes Übereinkommen mit dem Adel und der Geistlichkeit das westfränkische (Teil-)Reich zu konsolidieren. Klerus und Adel treten dem König hier korporativ in einem *foedus concordiae salubris* gegenüber, wodurch fortan das Westfrankenreich nicht nur auf dem Königtum Karls, sondern nur auch auf der Gesamtheit seiner *fideles*, die ihm als Partner gegenüberstehen, beruht. Auf diese Weise entsteht erstmals ein Verbundsystem des Westreiches, das zwar infolge der divergierenden Interessen von König, Adel und Klerus nur auf dem kleinsten gemeinsamen Nenner aufgebaut ist, sich aber dennoch in den schweren Belastungen der Folgezeit (Normannen, Kriege der Teilreiche untereinander, fortschreitende Feudalisierung der Lehen und des Kirchenbesitzes einschließlich der Bistümer) als zwar dünnes, aber elastisches Netz erweist. Seit dem Vertrag von Coulaines zeigt sich auch die führende politische Rolle der Geistlichkeit im Westfrankenreich, v.a. im korporativen Handeln der Prälaten.

Trotz mancher Rückschläge ist die erfolgreiche Herrschaft Karls des Kahlen ein Markstein in der Entwicklung zur Einheit der französischen Nation. Wenn allerdings schon seit Karl dem Kahlen und mehr noch unter dessen Nachfolgern in großem Maße Kirchengut, v.a. ertragreiche Abteien, an die großen westfränkischen Adelsfamilien (Welfen, Robertiner, Rorgoniden u.a.) vergeben wird (teilweise als Belohnung für Beistand im Kampf gegen die normannischen Invasionen), dann kündigt sich hier sehr deutlich der Verfall der Königsmacht und der karolingischen Kirchenherrschaft

Die Teilungen des Frankenreichs

an. Man kann von einer Re-Regionalisierung der bischöflichen Herrschaft sprechen. Was einst KARL MARTELL für etwa hundert Jahre erreicht und KARL DER GROSSE in festen Formen institutionalisiert hat, die Zentralisierung der fränkischen Kirche im Dienste der Königsherrschaft, wird mit der Vergabe von Abteien an eine sich regional und strukturell verfestigende Aristokratie rückgängig gemacht. Gleichzeitig geraten auch die Bistümer mehr und mehr in die Hände eines machtvollen Regionaladels, womit derselbe in seinem Bereich politische und Kirchenherrschaft erfolgreich verbinden kann. So entsteht das französische Fürstentum des 10. Jh.s.

843 Der von LUDWIG DEM FROMMEN (*778, †840) 826 zum Grafen der Bretonischen Mark eingesetzte NOMINOË (†851), selbst Bretone, empört sich gegen die Herrschaft KARLS in Neustrien.

10. Aug. Im Vertrag von Verdun wird KARL II., DEM KAHLEN das westliche Teilreich zugesprochen.

Nov. Vertrag von Coulaines (bei Le Mans): Interessenausgleich zwischen dem Königtum einerseits, Adel und Kirche andererseits.

845 NOMINOË schlägt KARL DEN KAHLEN bei Ballon, lässt sich zum König salben und trennt durch Gründung des Erzbistums Dol die bretonische Kirche von der Kirchenprovinz Tours. Seine Herrschaft ist nach fränkischem Vorbild organisiert. Er erobert die fränkischen Grafschaften Rennes, Vannes und Nantes sowie das Land Retz südlich der Loire.

848 KARL muss die Herrschaft PIPPINS II. VON AQUITANIEN (†864) anerkennen, wird aber zum König der Aquitanier gesalbt.

851 Nach dem Tod NOMINOËS bestätigt KARL DER KAHLE dem Sohn ERISPOE (†857) seinen Besitz und sendet ihm die königlichen Insignien gegen Anerkennung der Lehnshoheit. Die Bretagne bleibt nun als Grafschaft oder Herzogtum jahrhundertelang von Frankreich unabhängig.

855 Der Königssohn KARL DAS KIND (†866) wird Unterkönig in Aquitanien, sein Bruder, LUDWIG DER STAMMLER (*846, †879), 856 als König in Neustrien eingesetzt.

858 Kriegerischer Einfall LUDWIGS DES DEUTSCHEN (*um 805, †876) ins Westfrankenreich.

864 Beseitigung PIPPINS II. VON AQUITANIEN.

869 Königssalbung KARLS DES KAHLEN durch Erzbischof HINKMAR VON REIMS.

870, 8. Aug. KARL schließt mit seinem Bruder LUDWIG DEM DEUTSCHEN den **Vertrag von Meerssen**: Zweiteilung des Reichs nördlich der Alpen an der Maas-Saône-Grenze nach dem Tod LOTHARS II. (869) auf Kosten von LOTHARS I. (*795, †855) Sohn Kaiser LUDWIG II. (*um 825, †875).

875, 12. Aug. Nach dem Tode Kaiser LUDWIGS II. setzt sich KARL DER KAHLE gegen den heranrückenden ostfränkischen Karolinger KARLMANN (†880) durch und sichert sich die Kaiserkrone.

Am Weihnachtstag wird KARL durch Papst JOHANNES VIII. (872–882) gekrönt. Die päpstliche Krönung bleibt für Jahrhunderte konstitutiv für das westliche Kaisertum.

876 KARL DER KAHLE hält in Pavia eine Reichsversammlung ab, die ihn faktisch zum König von Italien erhebt. Sein *dux* und *missus*, d. h. bevollmächtigter Stellvertreter in Italien, wird BOSO VON VIENNE (*825/28, †887), König von Niederburgund, der sich mit LUDWIGS II. Tochter IRMINGARD (†896) vermählt.

8. Okt. Schlacht von Andernach: Niederlage des Kaisers gegen LUDWIGS DES DEUTSCHEN Sohn LUDWIG III., DEN JÜNGEREN (*um 835, †882).

877 Das Kapitular von Quierzy-sur-Oise setzt die aus Billigkeit übliche Erblichkeit der Lehen voraus, ordnet sie aber nicht als Rechtssatz an. KARLS Hauptberater ist Erzbischof (seit 845) HINKMAR VON REIMS (†882), Verfechter der Metropolitangewalt gegen die Suffragane, bedeutender Theologe und Kirchenrechtler.

Neuerlicher Italienzug KARLS DES KAHLEN, ausgelöst durch einen Hilferuf des Papstes gegen die Sarazenen. KARLMANN rückt mit einem bairischen Heer heran, die westfränkischen Großvasallen unter Führung BOSOS und HUGO ABBAS (†886) verweigern die Heereshilfe. KARL muss aus Italien fliehen und stirbt auf dem Rückzug. Nachfolger KARLS wird sein Sohn **LUDWIG II., DER STAMMLER.**

879 Beginn neuer, schwerer Verwüstungen durch die zum »Großen Heer« vereinigten Normannen.

880–882 LUDWIGS II. Söhne LUDWIG III. (*um 864, †882; 879–882) und KARLMANN (*866, †884; 879–884) herrschen zeitweilig nur im Süden (Burgund, Aquitanien) bzw. Norden (Francia, Neustrien).

880 Verlust des westlichen Lotharingien durch den Vertrag von Ribemont an das Ostreich.

881 LUDWIGS III. Sieg über die Normannen bei Saucourt kann weitere Einfälle nicht verhindern.

885–887 Kaiser KARL III. (*839, †888) wird auch in Westfranken als Herrscher anerkannt, womit das Reich KARLS DES GROSSEN für kurze Zeit noch einmal vereinigt ist.

888 ODO (*um 865, †898), Graf von Paris, wird nach Kaiser KARLS III. Absetzung zum König gewählt. Der erste nichtkarolingische König des Westfrankenreichs ist ein Sohn ROBERTS DES TAPFEREN (†866).

898 Der Karolinger **KARL III., DER EINFÄLTIGE** (*879, †929), letzter Sohn LUDWIGS DES STAMMLERS, 893 zum Gegenkönig gewählt und 896/97 von ODO als Nachfolger anerkannt, übernimmt die Herrschaft. Sie ist jedoch auf eine stark zusammengeschrumpfte Krondomäne (Eigenterritorium des Königs mit Laon als Mittelpunkt) beschränkt.

911 Nach einem entscheidendem Sieg über die Normannen schließt KARL DER EINFÄLTIGE in Saint-Clair-sur-Epte einen Vertrag mit einem von ROLLO (†932) geführten Teil von ihnen, wodurch diese im Besitz der Normandie (ursprünglich wohl nur der Haute-Normandie) anerkannt werden. Später dehnt sich der normannische Machtbereich nach Westen bis zur Bretagne aus und erreicht zeitweise die Lehnshoheit über diese. Die tatsächliche Ansiedlung in dem wüst liegenden Land hat bereits etwa 20 Jahre zuvor begonnen.

Nach dem Tod des letzten ostfränkischen Karolingers, LUDWIGS DES KINDES (*893), erobert KARL DER EINFÄLTIGE bis 923/25 Lothringen.

922 Der Bruder von König KARLS Vorgänger ODO, ROBERT VON FRANZIEN (König ROBERT I.; *866, †923), wird von den Großen zum König erhoben.

923, 15. Juni ROBERT fällt im Kampf. Daraufhin erheben die Großen ROBERTS Schwiegersohn RUDOLF VON BURGUND (†936) zum König.

KARL wird verraten und gefangen genommen.

929, 7. Okt. KARL endet im Kerker.

936, 15. Jan. König RUDOLF stirbt kinderlos.

936–954 König **LUDWIG IV.**, DER ÜBERSEEISCHE (TRANSMARINUS; *921, †954), Sohn KARLS DES EINFÄLTIGEN, ist in England aufgewachsen. Sein Gegenspieler wird der schon unter König RUDOLF sehr mächtige Sohn König ROBERTS I., HUGO (*um 895, †956), Herzog von Franzien, dessen Herrschaftsgebiet sich von der Loire bis zur Seine und von Paris bis Orléans erstreckt. Es entwickelt sich ein wechselvoller Konflikt, in den auch OTTO I. (*912, †973) eingreift.

954–986 LUDWIGS unmündiger Sohn LOTHAR (*941, †986) wird gegen bedeutende Zugeständnisse mit Unterstützung HUGOS zum König erhoben.

956, 16. Juni Herzog HUGO stirbt in Dourdan.

978 Ein Feldzug gegen OTTO II. scheitert und führt schließlich zum Verzicht auf Lothringen.

986/987 LOTHARS Sohn **LUDWIG V.** (*966 †987) ist der letzte karolingische König.

991 Nach der Gefangennahme von LOTHARS Bruder, Herzog KARL VON NIEDERLOTHRINGEN (†nach 991), und dem Tod von dessen Sohn OTTO (†1012), sterben die Karolinger aus.

Die großen Herzogtümer und Grafschaften

Die spätkarolingischen großen Adelsherrschaften und die »Territorien« der Kronvasallen der früheren Kapetingerzeit sind in ihrer Bedeutung mit dem geläufigen Begriff der »Adelsanarchie« nicht zu fassen. Vielmehr sind sie aufgrund ihrer modernen, effektiveren Verwaltungsorganisation Bausteine für den künftigen Königsstaat. Für den Aufstieg der Kapetinger ist es bedeutsam, dass sie wichtige Reste der karolingischen Kirchenherrschaft im gesamten Westfrankenreich (14 Bistümer zur Zeit HUGO CAPETS [987–996]) behalten und schrittweise vermehren, also auch im Herrschaftsbereich der Kronvasallen ausbaufähige Stützpunkte und königliche Rechte aus karolingischem Erbe besitzen. Durch die in Frankreich viel früher als in Deutschland einsetzende Feudalisierung werden die großen Territorien (Herzogtum Aquitanien, Herzogtum Gascogne, Grafschaft Toulouse, Herzogtum Burgund, Herzogtum Franzien, Grafschaft Flandern, Bretagne) jedoch geschwächt (wie sie vorher das Königtum ausgehöhlt haben), sodass die Grafen oder Herzöge in den Territorien nur einen Teil ihres Gebiets unmittelbar beherrschen, während im Rest *seigneurs, châtelains, vicomtes* oder *comtes* als ihre Vasallen das Heft in die Hand bekommen. Die feudale Landkarte Frankreichs ist schon im 10. Jh. so zersplittert wie die deutsche erst im 13. Jh. – eine Sonderrolle spielen Aquitanien und v. a. Burgund.

Aquitanien, von der Loire bis zu den Pyrenäen: Die romanische Sprache lebt ungebrochen von germanischem Einfluss fort. Altfranzösisch und Okzitanisch (auch »Provenzalisch«, da man seit etwa 1080 die Südfranzosen »Provinciales« nennt) stehen sich als zwei Sprachen gegenüber. Stärkstes Widerstreben gegen die fränkische Herrschaft zwingt die Karolinger von KARL DEM GROSSEN bis zu KARL DEM KAHLEN zur Einsetzung von Unterkönigen.

Burgund: In Niederburgund (meist Provence genannt) hat die Abtrennung bereits begonnen, als Boso, Schwager KARLS DES KAHLEN, 879 in Mantaille bei Vienne von den Bischöfen des Landes zum König gewählt wird. Es ist die erste Usurpation einer selbstständigen Königsherrschaft durch einen Nichtkarolinger. Nach dem Tod Bosos VON VIENNE wird zunächst Kaiser KARL III. auch in der Provence als Herrscher anerkannt. Bosos junger Sohn LUDWIG DER BLINDE (†928) wird erst 890 in Valence zum König gewählt, nachdem er dem ostfränkischen Karolinger ARNULF VON KÄRNTEN (†899) als Oberherrn gehuldigt hat. LUDWIG DER BLINDE wird König von Italien und Kaiser.

Hochburgund: In Saint-Maurice im Wallis wird 888 der Welfe RUDOLF I. (†912) von Bischöfen und weltlichen Großen zum König gewählt. Sein Reich umfasst die Schweiz von Basel bis zum Wallis, Waadt und Genf, ferner die Gebiete von Lyon, Besançon und Aosta. RUDOLF II. (†937) erhält von Herzog BURCHARD II. VON SCHWABEN (†926) als Mitgift seiner Tochter BERTHA den Aargau, sodass die Grenze 922 von der Aare zur Reuß verschoben wird, und ist 922–926 König von Italien.

In Niederburgund übt unter LUDWIG DEM BLINDEN Graf HUGO VON VIENNE (†947) die tatsächliche Herrschaft aus. Er wird 926 König von Italien, 945 aber wieder nach Niederburgund vertrieben. Das Land fällt 937 an KONRAD VON HOCHBURGUND (†993), der also die nördliche und südliche Reichshälfte vereinigt. Nach RUDOLFS III. (†1032) Tod fällt das Königreich Burgund an das römisch-deutsche Reich. Später tritt als Hauptstadt des burgundischen Königreichs Arles hervor (daher auch Arelatisches Reich). Seit dem 11. Jh. bildet sich links der Saône im Königreich Burgund, aber über den Fluss ins französische Herzogtum Burgund reichend, die Frei- oder Pfalzgrafschaft Burgund (Hauptorte Dôle und Vesoul). Das Erzbistum Besançon liegt innerhalb der Grafschaft, untersteht aber direkt dem römisch-deutschen König. Begründer der Freigrafschaft ist OTTO WILHELM (†1026), Sohn ADALBERTS VON IVREA, König von Italien, der als Flüchtling 972/75 in Autun gestorben ist. Er hatte GERBERGA, Nichte des letzten Grafen von Mâcon, geheiratet. Sie hinterließ ihrem Sohn diesen Komitat (Mâcon), mit der seitdem sog. »Grafschaft Burgund«, vier königlich-burgundischen Gauen zwischen Saône und Jura.

Frankreich (987–1270)

Zu Beginn der kapetingischen Monarchie beherrscht der König nur etwa 10 % des alten westfränkischen Reichsgebietes unmittelbar (Krondomäne). Die weitere Auflösung der königlichen Machtstellung kann aber binnen weniger Generationen aufgehalten werden. Neben der Krondomäne und strukturell mit ihr vergleichbar stehen bedeutende Fürstentümer, deren Inhaber sich im Kampf gegen mindermächtige Lokalgewalten schließlich ebenso durchsetzen wie der König im Kronland. Die älteren vasallischen Bindungen zwischen diesen Fürstentümern und der Monarchie lösen sich zwar mehr und mehr auf, eine prinzipielle Anerkennung des Königtums bleibt aber erhalten. Seit dem 12. Jh. übernimmt die Krone diese in sich gefestigten Herrschaften, deren wirtschaftlicher und kultureller Aufstieg sich seit Langem vollzogen hat. Dem entspricht eine personale Kontinuität der Führungsschicht, deren Vertreter oft aus Adelsfamilien der Karolingerzeit stammen. Die gesamte adlige Gesellschaft der Epoche ist durch Lehnsbeziehungen miteinander verknüpft, die ein herrschaftliches wie soziales Phänomen darstellen. Die Beziehung zwischen Herr und Vasall ist gegenseitig, daher auch ethisch aufzufassen und in hohem Maße kulturfähig.

Unter diesen politischen und sozialen, von der Kirchenreform beeinflussten Voraussetzungen entsteht das Rittertum, das sich ab etwa 1150 ständisch abschließt. Materiell basieren diese beiden Prozesse auf dem Bevölkerungszuwachs, der Verbesserung landwirtschaftlicher Techniken, dem Landesausbau und dem Aufschwung des Handels seit der 2. Hälfte des 11. Jh.s.

Damit einhergehend vollziehen sich die rasche Entwicklung des Städtewesens und die Ausbildung der Munizipalverfassung, wobei Flandern eine besondere, auf die französischen Nachbarregionen ausstrahlende Bedeutung zufällt. Seit LUDWIG VI. (1108–1137) nutzt das Königtum diese kommunale Bewegung für seine Zwecke. Gleichzeitig kommt es zu engen Beziehungen zwischen der französischen Monarchie und einer Kirche, die im Zuge der Gregorianischen Reform spiritualisiert, intellektualisiert und auf das Papsttum als universale Macht gerichtet ist. Die europäische Geltung, ja Autorität der französischen Schulen und des französischen Bildungswesens mit Paris als Zentrum sind teilweise aus diesen Zusammenhängen zu erklären und haben ihre Entsprechung in der neuen bürgerlichen Laienbildung wie in den älteren Traditionen höfischer Kultur. Auf diesem Boden gedeiht auch ein gelehrtes Recht mit Glossatoren und Kommentatoren; die Legisten in der Umgebung des Königs nutzen das römische Recht zur Stärkung der königlichen Prärogative, ohne damit aber das regional verschiedene, überkommene Gewohnheitsrecht (*coutumes*) zu beseitigen. Aus schwachen Anfängen ist bis 1270 eine Monarchie erwachsen, die mit langen Regierungszeiten der einzelnen Herrscher und nie unterbrochener Sohnesfolge Dynastiewechsel nicht kannte und deshalb, anders als in Deutschland, das Wahlprinzip bei der Königserhebung zugunsten des Erbrechtes immer weiter in den Hintergrund treten ließ.

Sieg des Lehnswesens und Zersplitterung Frankreichs (987–1108)

987 Da LUDWIG V. keinen Erben hinterlässt, werden Herzog **HUGO CAPET** von Franzien (*941, †996; Beiname abgeleitet von lateinisch *cappa* = Umhang, Mantel) und Erzbischof ADALBERO VON REIMS (†989) auf einer Wahlversammlung in Senlis zu Stimmführern einer nordfranzösischen Adelsgruppe. Der Anspruch Herzog KARLS VON NIEDERLOTHRINGEN, Onkel LUDWIGS V., wird abgewiesen, HUGO von den Großen der Francia unter Mitwirkung der Normandie und Burgunds zum König gewählt und anschließend in Noyon gekrönt. HUGO CAPET ist der erste König der **Kapetinger** (direkte Linie bis 1328) – Zur karolingischen Partei gehören v. a. der Erzbischof von Sens sowie die Grafen von Vermandois, Troyes und Blois. Gegen Angriffe von dieser Seite will König HUGO sein Haus noch im gleichen Jahr durch die Erhebung seines Sohnes ROBERT (*972, †1031) zum Mitkönig schützen. Im folgenden Jahr zieht er durch die Verheiratung ROBERTS mit der Witwe des Grafen ARNULF II. VON FLANDERN (†987) auch dessen Nachfolger BALDUIN IV. (†1035) auf die kapetingische Seite.

988 KARL VON NIEDERLOTHRINGEN erobert den alten karolingischen Stützpunkt Laon und weist ein königliches Belagerungsheer erfolgreich ab.

989 Durch Verrat seines Neffen, Erzbischof ARNULF VON REIMS (†1021), der von HUGO eingesetzt wurde, gewinnt KARL auch Reims. Diese Position kann er zwei Jahre lang behaupten, seine eigene Königswahl betreibt er jedoch nicht.

991 Schließlich wird KARL durch den bis dahin eidlich an die karolingische Partei gebundenen Bischof ADALBERO VON LAON (†1030) in dieser Stadt an König HUGO ausgeliefert. Dieser lässt die ganze karolingische Familie in Orléans einkerkern; sie kommt in der Gefangenschaft um, bis auf den in Lothringen gebliebenen ältesten Sohn KARLS, OTTO, der wohl 1012 erbenlos als Herzog von Niederlothringen stirbt. Mit ihm endet die direkte Nachkommenschaft KARLS DES GROSSEN im Mannesstamm. – Eine neue Auffassung vom Reich im Sinne einer entstehenden französischen Nation gegen die ältere karolingische Universalreichsidee hat der Dynastiewechsel nicht gebracht; er beendet aber die zerstörerische Rivalität zweier Familien mit wechselnden adligen Gefolgschaften um das Königtum und wirkt damit dem Aufstieg der Regionalgewalten entgegen. Den Rückstand gegenüber dem ostfränkisch-deutschen Königtum, das erheblich früher die politische Reichseinheit erreicht hat, kann die kapetingische Monarchie jedoch zunächst nicht aufholen und muss noch für Jahrzehnte mit dieser außenpolitischen Lage rechnen. Das zeigt sich sofort, als das von HUGO und ROBERT betriebene Verfahren gegen den verräterischen Bischof ARNULF zum **Reimser Bistumsstreit** (991–997) führt: Aufgrund der Bedenken gegenüber dem königlichen Eingreifen in die kirchliche Jurisdiktion reagieren Papst und deutscher Episkopat mit politischen

Die Kapetinger (direkte Linie)

- Robert der Starke †866
  - **Odo** †898, Gf. v. Paris, Kg. 888
  - **Robert** †923, Kg. 922
    - Emma †934 ∞ **Rudolf** †936, Hz. v. Burgund, Kg. 923
      - Otto v. Paris †965, Hz. v. Burgund
      - Odo-Heinrich †1002, Hz. v. Burgund
      - Emma † um 968
    - Hugo Magnus †956, Hz. der Franken ∞ 1. Judith, T. Gf. Rotgers v. Maine ∞ 2. Eadhild, T. Kg. Eduards I. ∞ 3. Hedwig, T. Kg. Heinrichs I.
      - **Hugo Capet** †996, Kg. 987 ∞ Adelheid v. Poitou
        - **Robert II.** †1031, Kg. 996, Mitkg. 987 ∞ 3. Constanze v. Arles
          - Hugo †1025, Mitkg. 1017
          - **Heinrich I.** †1060, Kg. 1031, Mitkg. 1027 ∞ 3. Anna, T. Gfst. Jaroslaws v. Kiew
            - Robert † jung
            - Hugo †1102, Gf. v. Vermandois
            - **Philipp I.** †1108, Kg. 1060, Mitkg. 1059 ∞ 1. Bertha v. Holland ∞ 2. Bertrada v. Montfort
              - **Ludwig VI.** †1137, Kg. 1108, Mitkg. um 1100 ∞ Adelheid v. Maurienne
                - Philipp †1131, Mitkg. 1129
                - **Ludwig VII.** †1180, Kg. 1137, Mitkg. 1131 ∞ 1. Eleonore v. Aquitanien ∞ 2. Constanze v. Kastilien ∞ 3. Adela v. Champagne
                  - **Philipp II. Augustus** †1223, Kg. 1180 ∞ 1. Elisabeth v. Hennegau ∞ 2. Ingeborg v. Dänemark ∞ 3. Agnes v. Meran
                    - **Ludwig VIII.** †1226, Kg. 1223 ∞ Blanca (Blanche) v. Kastilien
                      - **Ludwig IX., der Heilige** †1270, Kg. 1226 ∞ Margarethe v. d. Provence
                        - **Philipp III.** †1285, Kg. 1270 ∞ 1. Isabella v. Aragón ∞ 2. Maria v. Brabant
                          - **Philipp IV.** †1314, Kg. 1285 ∞ Johanna v. Navarra
                            - **Ludwig X.** †1316, Kg. 1314
                            - **Philipp V.** †1322, Kg. 1316
                            - **Karl IV.** †1328, Kg. 1322
                            - *keine männlichen Nachkommen*
                          - Ludwig †1276 (vergiftet?)
                          - Ludwig †1319, Gf. v. Évreux → *Kapetingische Grafen v. Évreux (bis 1425)*
                          - Karl †1325, Gf. v. Valois 1285, Gf. v. Anjou 1290 ∞ 1. Margarethe v. Neapel/Sizilien
                            - **Philipp VI.** (Valois) †1350, Kg. 1328 → *Haus Valois (mit Seitenlinien bis 1589)*
                        - Robert †1317, Gf. v. Clermont 1269 → *Kapetingische Grafen v. Clermont (bis 1327), dann Bourbon*
                      - Robert †1250, Gf. v. Artois 1226/37 → *Kapetingische Grafen v. Artois (bis 1329)*
                      - Alfons †1271, Gf. v. Poitou 1241, Gf. v. Toulouse 1249
                      - Karl †1285, Gf. v. Anjou/Maine/Provence 1246, Kg. v. Neapel/Sizilien 1266 → *Angevinische Könige v. Neapel/Sizilien (bis 1435)*
                - Robert †1188, Gf. v. Dreux 1132 → *Kapetingische Grafen v. Dreux (bis 1377)*
          - Robert †1076, Hz. v. Burgund 1032 → *Kapetingische Herzöge v. Burgund (bis 1361)*

Widerständen; dies bedroht die neue Dynastie, deren Königsherrschaft von der Oberhoheit über einen Teil der Bistümer abhängt: Nur wenige ehemals karolingische Ländereien haben die schwache kapetingische Hausmacht vermehrt, die Kronvasallen erwarten für ihre Unterstützung dauernde Förderung, nur das Kirchengut (etwa 20 von 77 Bistümern) kann als verlässliche Stütze gelten. Um seinen Durchsetzungswillen zu demonstrieren, lässt König Hugo auf der von ihm einberufenen Synode von St-Basle-de-Verzy bei Reims Arnulf als Hochverräter absetzen und den wissenschaftlich herausragend gebildeten Reimser Kathedralscholaster Gerbert von Aurillac (999–1003 Papst Silvester II.) zum Erzbischof erheben.

992 Gegen diese Entscheidung arbeitet v. a. Abt Abbo von Fleury (†1004) als einflussreicher Vertreter des auf Rom verpflichteten cluniazensischen Reformmönchtums. Der Kronepiskopat unter Führung des Bischofs Arnulf von Orléans setzt sich aber in so betont königstreuer Haltung durch, dass Papst Johannes XV. (985–996) mit Revisionsabsichten eine Synode nach Aachen einberuft, an der freilich kein französischer Bischof teilnimmt.

Die französische Krondomäne von ca. 1000 bis Anfang des 13. Jh.s

994 Noch die Synode von Chelles sieht den Kronepiskopat in seiner bekannten Position, aber mit dem wachsenden Einfluss Abbos von Fleury kommt es zu Veränderungen.

995 So wird Gerbert auf der Synode von Mouzon suspendiert.

996 Hugo Capet stirbt am 24. Oktober.

Mit König **Robert II., dem Frommen**, (*972, †1031) kommt ein entschiedener Förderer des Reformmönchtums auf den Thron, der nach einer Legation Abbos von Fleury an Papst Gregor V. (996–999) Arnulf wieder als Erzbischof von Reims amtieren lässt (997–1021). Gerbert folgt einem Ruf Ottos III. (996–1002) als politischer Berater des Kaisers (997).

Der Reimser Bistumsstreit führt zwar zum Einlenken der Könige Hugo und Robert gegenüber dem Papsttum, zeigt aber ein neues Autonomiebewusstsein der französischen Kirche gegenüber dem deutschen Reich: Kirchliche Angelegenheiten Frankreichs können nun nicht mehr auf deutschem Boden synodal geregelt werden. Die letzten Reste gesamtfränkischer Reichsvorstellungen verschwinden.

Robert II. gerät nachfolgend erneut in Konflikt mit dem Papsttum, weil seine zweite Ehe (996) mit Bertha von Burgund, Witwe des Grafen Odo I. von Blois-Chartres (†996) und Tochter König Konrads von Burgund (†993), wegen zu naher Verwandtschaft gegen geltendes Kirchenrecht verstößt. Die Spannungen überschatten einen großteil der Regierungszeit Roberts und führen zu gravierenden Wirren, obwohl er zunächst Erfolge aufweisen kann.

1002 Herzog Odo-Heinrich von Burgund, Onkel Roberts II., stirbt ohne Erben. Damit erscheint die Eingliederung dieser Region in die Krondomäne möglich.

Mit Unterstützung der Benediktinerabtei Cluny und v. a. des Bischofs Hugo von Auxerre übt der König auf den mächtigsten burgundischen Konkurrenten, den Grafen Odo-Wilhelm von Mâcon (†1026), hinreichend militärischen Druck aus, um diesen schon nach wenigen Jahren zum Verzicht auf die Herzogswürde zu bewegen.

1003/04 Kurz nach Beginn dieser Kämpfe beugt Robert II. sich dem zähen päpstlichen Widerstand und vollzieht die Trennung von Bertha von Burgund. Er heiratet nun Konstanze (†1034), die Tochter Graf Wilhelms I. von der Provence (†993). Das Schwanken des Königs zwischen den beiden Frauen und damit zwischen den Adelsgruppen um die Häuser Blois-Chartres und Anjou schwächt die Monarchie politisch.

1004/05–1016 Unter Führung Bischof Bruns von Langres (†1016) hält der Widerstand gegen die königliche Herrschaft in Burgund bis zu dessen Tod an, obwohl Robert seinen zweiten Sohn Heinrich (*1008, †1060) als Herzog einsetzt und damit dem Adel und der Region eine gewisse Autonomie zugesteht. Die tatsächliche Macht bleibt aber bei der Krone.

1017 Roberts II. Sohn Hugo (*1007, †1025) wird zum Mitkönig erhoben.

1019 Ein erneuter Versuch, beim erbenlosen Tod eines Vasallen dessen Gebiet einzuziehen, misslingt in Troyes/Meaux/Provins, wo Graf ODO II. VON BLOIS (†1037) seit 1023 als Inhaber sämtlicher Herrschaftsrechte bekannt ist.

1023 Das führt ROBERT II. an die Seite Kaiser HEINRICHS II.: Die französische Krondomäne ist durch Herrschaftsrechte ODOS II. eingeschnürt, die bis nach Lothringen reichen und hier deutsche Interessen berühren. Bei einem Treffen der Monarchen in Mouzon an der Maas und Yvois (heute Carignan) am Chiers erscheint der Kaiser noch einmal als Schiedsrichter zwischen westfränkischen Konfliktparteien, erreicht aber keinen Ausgleich zwischen ROBERT und ODO. Eine gemeinsame Synode der Könige und des Episkopats beider Reiche mit Beteiligung des Papstes wird für den Tagungsort Pavia vorbereitet, um die großen Probleme der Christenheit zu beraten, tritt aber wegen des überraschenden Todes HEINRICHS II. nicht zusammen.

1024/25 In klarer Einschätzung seiner politischen Möglichkeiten lehnt ROBERT II. für sich und seinen Sohn HUGO das Angebot einer starken italienischen Fürstenpartei ab, aus ihren Händen die Königskrone anzunehmen.

1027 ROBERT II. lässt als Nachfolger seines 1025 verstorbenen Sohnes HUGO dessen Bruder HEINRICH zum Mitkönig erheben, der sich aber gegen den Vater mit ODO II. verständigt und dadurch die Position der Krone massiv schwächt. Nur mithilfe der Erzbischöfe von Reims, Sens, Tours und Bourges kann sich der König bis zu seinem Tode mühsam gegen diese Koalition seiner Gegner behaupten.

Die Wende des beginnenden 11. Jahrhunderts

Die kapetingische Dynastie wird seit ROBERT II. grundsätzlich als Königshaus anerkannt. Verfassungsgeschichtlich bedeutsam ist die Tatsache, dass der Zusammenhalt des Reiches nicht auf der Lehnsverbindung zwischen dem König und vielen kleinen und größeren Kronvasallen beruht: Immer weniger Adlige huldigen persönlich dem König, sondern lassen sich durch Herzöge oder Markgrafen vertreten, die dann in ihrem Herrschaftsgebiet königliche Rechte wahrnehmen. Außer diesen Großvasallen leisten nur noch der Adel der Krondomäne und der Kronepiskopat die persönliche Huldigung. Die Oberhoheit des Königs wird aber formal auch von solchen großen Regionalgewalten anerkannt, die nicht gehuldigt haben. In diesen Gebieten können sich Grafen und Burgherren gegen die Inhaber der regionalen Vormacht (*principes*) nicht durchsetzen. So entstehen die französischen Fürstentümer: Eine Auflösung des Reiches in kleine und kleinste Einheiten wird vermieden. V. a. nördlich der Loire sind diese Fürstentümer neben Krondomäne und Königtum die wichtigsten Verfassungselemente. Dynastische Kontinuität der Monarchie und Unteilbarkeit des Reiches werden durch die Erhebung des jeweiligen Sohnes zum (Mit-)König noch während der Regierungszeit des Vaters gesichert.

Das besondere Verhältnis des Königs zur Kirche stärkt seine Stellung. Da meist der Erzbischof von Reims die sakramentalen Weihen spendet, beginnt den Aufstieg Reims zur Krönungsstadt. Bischöfe gehen (anders als in Deutschland) jetzt erstmals auch aus anderen Gruppen als dem Hochadel hervor. Entsprechend bildet sich um den König ein Rat, in dem der hohe Adel, die Grafen und Bischöfe allmählich durch niederadlige königliche Vasallen aus der Île-de-France ersetzt werden. Der Landesausbau erlebt in den Fürstentümern wie in der Krondomäne eine erste Aufschwungsphase. Über Flandern und die Normandie finden Handel und Gewerbe Frankreichs Anschluss an die großen wikingerzeitlichen Verkehrswege Europas.

Die von Cluny seit 910 ausgegangene monastische Reform breitet sich aus, überwindet mit päpstlicher und teilweise königlicher (ROBERT II.) Unterstützung allmählich den Widerstand der Bischöfe und kann sich deren weltlicher und geistlicher Gewalt entziehen (Exemtion). Besonders wichtige Abteien neben Cluny sind Fleury (St-Benoît-sur-Loire bei Orléans), St-Bénigne (Dijon) und St-Victor (Marseille).

1031 König **HEINRICH I.** tritt die Nachfolge seines Vaters zunächst problemfrei an und setzt in Burgund seinen Bruder ROBERT (*1011, †1076) als Herzog ein.

1032 Schon im Folgejahr aber erreicht ODO II. VON BLOIS in Sens die Wahl eines ihm ergebenen Kandidaten zum Erzbischof und besetzt die Stadt. Als die Königswitwe KONSTANZE wenig später selbst die Regentschaft begehrt, um anschließend die Erhebung ihres Lieblingssohnes ROBERT auf den Thron betreiben zu können, wird HEINRICH I. nur dadurch gerettet, dass ODO die Nachfolge des verstorbenen Königs RUDOLF III. VON BURGUND (*um 970, †1032) anstrebt und seinen bisherigen Kampfplatz verlässt. Kaiser KONRAD II. (*um 990, †1039) beansprucht indessen das Erbe des Königreichs Burgund aufgrund einer Zusage RUDOLFS an Kaiser HEINRICH II.

1033 KONRAD II. trifft sich in Deville an der Maas mit HEINRICH I. und verabredet ein Bündnis gegen ODO.

1034 KONRAD II. erobert das Königreich Burgund (zu unterscheiden vom Herzogtum und der Grafschaft Burgund!) und verbindet es mit dem Reich, wodurch für die französischen Herrscher der Zugang nach Italien unterbrochen wird.

1037 ODO II. setzt nach seinem burgundischen Misserfolg den Kampf gegen KONRAD II. fort und fällt bei Bar-le-Duc. Die Teilung des Erbes von Blois-Champagne entlastet den französischen König.

1044 Der königstreue Vasall Graf GOTTFRIED MARTELL VON ANJOU (†1060) erobert die Grafschaft Tours: Dies ist für mehrere Jahre die letzte gemeinsame Aktion, denn durch die Ehe (1043) des späteren Kaisers HEINRICH III. (1039/46–1056) mit GOTTFRIEDS Stieftochter AGNES VON POITOU (*um 1025, †1077) verbinden sich Anjous und Salier. Die mächtige Position GOTTFRIEDS im Westen Frankreichs (Anjou, Touraine, Aquitanien) wird zur Gefahr für den französischen König, sodass neue Bündnisse notwendig sind, die nunmehr europäische Ausmaße erreichen: Auf der Seite König HEINRICHS I. stehen Graf BALDUIN V. VON FLANDERN (†1067) und Herzog WILHELM II. (»der Eroberer«) von der Normandie (*um 1027, †1087) HEINRICH III. gegenüber, der seinerseits mit Graf GOTTFRIED, König SVEN ESTRIDSSON von Dänemark (1047–1074) und König EDUARD (»der Bekenner«; 1042–1066) von England rechnen kann.

1048 Ein Treffen HEINRICHS I. mit HEINRICH III. in Ivois am Chiers bleibt erfolglos.

1049 Auf Seiten des reformfreundlichen Kaisers greift Papst LEO IX. (1049–1054) in die Auseinandersetzung ein. Er verbietet auf einer Reformsynode in Reims die geplante Heirat zwischen Herzog WILHELM II. und MATHILDE (*um 1032, †1083), der Tochter BALDUINS V. VON FLANDERN. Zudem versucht er durch seinen Einfluss im Zusammenhang mit der Kirchenreform, den französischen Kronepiskopat vom König zu trennen, was aber mit einer Ausnahme (Langres) nicht gelingt.

1052 Zu einer diplomatischen Wende kommt es, als GOTTFRIED MARTELL VON ANJOU die kaiserliche Partei verlässt, sich mit HEINRICH I. aussöhnt und damit das gemeinsame Interesse bekundet, eine weitere Konsolidierung der normannischen Macht zu verhindern. Der Erfolg dieser Verbindung ist freilich gering; die Krone sieht sich dem normannischen Herzogtum gegenüber in der schwächeren Position. Im gleichen Jahr wird dem König aus seiner dritten Ehe (mit ANNA [*um 1030, †um 1075–1089], Tochter des Großfürsten JAROSLAW VON KIEW [†1054]) der Thronfolger PHILIPP (†1108) geboren, dessen Erhebung zum Mitkönig (1059) er noch sichert.

1060, 4. Aug. HEINRICH I. stirbt in Vitry-aux-Loges bei Orléans. Mit großer Beharrlichkeit und, im Gegensatz zu ROBERT II., persönlicher Stetigkeit ist es ihm gelungen, seinem Nachfolger eine gefestigte Krondomäne und das verlässliche Bündnis mit BALDUIN V. VON FLANDERN zu hinterlassen.

König **PHILIPP I.** übernimmt eine bewährte, zukunftsträchtige politische Konzeption: Festhalten am Kronepiskopat, Einsetzen militärischer Mittel nur im Notfall und gegen einzelne innere Gegner, außenpolitischer Spielraum. Bis 1067 führt BALDUIN V. die Regentschaft für den siebenjährigen König. Die Landung Herzog WILHELMS II. von der Normandie in England (1066) kann schon deshalb nicht verhindert werden, aber auch nach der Regierungsübernahme durch PHILIPP I. bleiben Erfolge der Krone aus.

1071 Die Niederlage PHILIPPS I. bei Cassel (nahe St-Omer) gegen ROBERT DEN FRIESEN (†1093) zeigt die machtpolitischen Grenzen. Dazu kommen Auseinandersetzungen mit dem Reformpapsttum, die GREGOR VII. (1073–1085) mit scharfen Simonie-Vorwürfen eröffnet.

1073 PHILIPP I. entzieht sich deshalb einem Hilferuf HEINRICHS IV. und strebt daneben einen Ausgleich mit König WILHELM I. von England an. Gleichwohl unterstützt er dessen Sohn ROBERT (»Kurzhose«, *1054, †1134; 1087–1106 Herzog der Normandie), da WILHELM die gesamte Grafschaft Vexin beansprucht.

1092 Als PHILIPP I. BERTRADA VON MONTFORT (*1070, †1117), Gemahlin des Grafen FULKO IV. VON ANJOU (*1043, †1109), entführt und Königin BERTHA (*1055, †1094) verstößt, belastet er das Land zusätzlich zur Investiturkontroverse.

1094 Trotz Einsegnung der neuen Verbindung durch den Bischof von Senlis versagt Papst URBAN II. (1088–1099) die Anerkennung und lässt den König durch den päpstlichen Legaten HUGO VON DIE (*um 1040, †1106) exkommunizieren.

1095 Auf dem Konzil von Clermont predigt URBAN II. nicht nur den Kreuzzug, sondern erneuert auch den Bannspruch. Schon im folgenden Jahr aber müssen die französischen Bischöfe zur Unterstützung der päpstlichen Politik aufgefordert werden, und PHILIPP erlangt die Absolution.

1098 Erst nach einem neu und diesmal über ganz Frankreich verhängten Interdikt sagt PHILIPP I. die Trennung von BERTRADA zu. Da er das Versprechen nicht einlöst, verfällt er zwei Jahre später wieder dem Bann.

1101 Der Thronfolger LUDWIG (VI.) (*1081, †1137) wird offiziell an der Reichsregierung beteiligt und führt die Kämpfe gegen den widerspenstigen Adel der Île-de-France.

1107 In St-Denis treffen PHILIPP I. und LUDWIG mit PASCHALIS II. (1099–1118) zusammen; dort wird die folgenreiche Verbindung Frankreichs mit dem Papsttum in feierlicher Form begründet und die Regelung der französischen Investiturfrage auf dem Konzil von Troyes im gleichen Jahr ermöglicht: Die königliche Bewilligung (*concessio*) der Temporalien gegen einen Treueid (nicht Lehnseid) nach kanonischer Bischofswahl ersetzt die bisherige Investitur mit Ring und Stab; als »kanonisch« gelten auch vom König bestätigte oder im Einvernehmen mit ihm durchgeführte Wahlhandlungen.

Die Ausbildung der großen Territorien

Flandern: Zur Grafschaft Flandern (Hauptort Brügge) gehören seit dem 10. Jh. in wechselnder Konstellation die (Burg-)Grafschaften Waesland, Gent, Courtrai, Mempisc, Carabant, Mélentois, Tournai, Ostrevant und Arras; Untergrafen befinden sich in Boulogne und Thérouanne. Lehnsherr ist der König von Frankreich (Kronflandern). 1006–1056 wird das Gebiet um die niederlothringischen Grafschaften Aalst und Hennegau, die Landschaften Overschelde und Vier Ambachten sowie die fünf seeländischen Inseln (darunter Walcheren) erweitert (Reichsflandern). 1180 geht durch die Ehe ISABELLAS VON HENNEGAU (*1170, †1190) mit PHILIPP II. AUGUSTUS (*1165, †1223) ganz Südflandern (ab 13. Jh.: »Artois«) an die Krone.

Normandie: Das Ausgangsgebiet der Normandie liegt seit dem 10. Jh. um Rouen, dazu kommen die westlichen Grafschaften Sées, Hiémois, Bayeux, Avranches, Cotentin. Die Personalunion mit England (seit 1066) ist umstritten, seit HEINRICH II. (1154–1189) aber gefestigt. Ungewöhnlich stark ist die Herzogsgewalt: Hochgerichtsbarkeit, unmittelbares Aufgebotsrecht, Besetzungsrecht für Bistümer und herzogliche Vormundschaft über alle minderjährigen Adligen. Sie ist Modell nicht lehnrechtlich begründeter Zentralverwaltung für die französische Monarchie nach der Eroberung 1204 durch PHILIPP II.

Bretagne: Die Bretagne hat eine ethnische Sonderstellung (keltische Flüchtlinge von den britischen Inseln, daher »Britannia«). ALAN (936–952) und CONAN I. (990–992) erneuern das Herzogtum, doch bleibt die Bretagne lehnrechtlich aufgesplittert. Normannischer Druck führt 1113 zum Verzicht LUDWIGS VI. auf die Lehnshoheit; seit der Verlobung GOTTFRIEDS (*1158, †1186; Sohn HEINRICHS II.) mit der Tochter Herzog CONANS IV. (†1171) wird die Bretagne englisch verwaltet. Beider Sohn ARTHUR (*1187) wird 1203 auf Veranlassung JOHANNS I. OHNELAND (1199–1216) ermordet, worauf PHILIPP II. die Vormundschaft über die »Regentin« ALIX VON THOUARS (*1201, †1221) übernimmt, die 1213 einen kapetingischen Prinzen heiratet.

Anjou: FULKO III. NERRA (†1040) agiert trotz anhaltender Königstreue als souveräner Fürst. Er begründet das angevinische Fürstentum und legt den Grundstein für eine weitere Expansion (1044 Touraine, 1110 Maine). Unter GOTTFRIED V. PLANTAGENET (*1113, †1151; seit 1144 auch Herzog der Normandie) wird eine straffe lehnsstaatliche Verwaltung aufgebaut. 1152 wird das Herzogtum Aquitanien erworben, 1154 die Personalunion zwischen Anjou, Normandie und England (HEINRICH II.) gebildet. 1214 unterliegt JOHANN I. OHNELAND bei Angers gegen LUDWIG (VIII.) von Frankreich. Mit dem Vertrag von Paris 1259 wird Anjou, Maine und Touraine Teil der Krondomäne.

Blois-Champagne: ODO II. VON BLOIS vereinigt Blois, Chartres und die Champagne, aber schon 1152 erfolgt die endgültige Teilung mit deutlichem Übergewicht der Champagne. Durch die Ehe LUDWIGS VII. mit ADELA VON CHAMPAGNE (*um 1145, †1206) kommt es 1160 zu einer engen Verbindung mit dem Königshaus. 1234 wird THEOBALD IV. VON CHAMPAGNE (*1201, †1253) König von Navarra; während seiner Abwesenheit besteht eine kapetingische Schutzherrschaft, aber erst die Ehe PHILIPPS IV. mit JOHANNA VON NAVARRA (*um 1270, †1305) bringt die Grafschaft an die Krondomäne (1285).

Burgund: Das Herzogtum (Hauptstadt Dijon) umfasst den Raum Autun, Auxerre, Langres und Troyes; es geht 956 durch Heirat an ODO VON PARIS (†965; Bruder HUGO CAPETS) und 1002 durch Erbfall an König ROBERT II. Seit 1032 (Herzog ist ROBERT, Bruder König HEINRICHS I.) sind die kapetingischen Herzöge in einer schwachen Position gegenüber dem König, ihren Vasallen und der reich ausgestatteten Kirche.

Aquitanien: Gegenüber der älteren Bedeutung (alles Land südlich der Loire) besteht eine auf das Poitou reduzierte Herzogsgewalt; Aquitanien behauptet die Lehnsherrschaft über Anjou, Angoulême, La Marche und Périgord. 1137 heiratet die Erbtochter ELEONORE (*um 1122, †1204) LUDWIG VII., 1152, nach der Scheidung, HEINRICH von Anjou und der Normandie (seit 1154 König HEINRICH II. von England). Nachdem 1224 LUDWIG VIII. das Poitou erobert, wird die Bezeichnung Guyenne für die südfranzösischen Besitzungen Englands (Gascogne, Agenais) geprägt.

Toulouse: Die Grafschaft bildet mit Albi und Cahors eine Einheit, die seit 1112 von der mittleren Garonne bis zur Rhônemündung erweitert wird. 1125 spricht ein Teilungsvertrag mit den Grafen von Barcelona die Markgrafschaft Provence dem Haus Toulouse zu. 1229 Vertrag von Meaux-Paris (Folge der Albigenserkriege): RAIMUND VII. (*1197, †1249) tritt das Herzogtum Narbonne, Albigeois zwischen Tarn und Agout und das südliche Quercy an die Krone ab. Durch die kinderlose Ehe (1241) der Erbtochter JOHANNA (*1220, †1271) mit ALFONS VON POITIERS (*1220, †1271; Sohn LUDWIGS VIII.) kommt es 1271 zum Erbfall für das restliche Gebiet.

Der König von Frankreich

987 bringt das Wahlrecht die Kapetinger auf den Thron, die Erhebung des jeweiligen Thronfolgers zum Mitkönig führt aber zur faktischen Anerkennung des Erbrechts (1137). Das Krönungsrecht fällt seit Beginn des 11. Jh.s. dem Erzbischof von Reims zu, dessen Kathedrale seit 1129 ständiger Krönungsort ist. 1131 wird erstmals das bei der Königsweihe verwendete Öl mit dem »Himmelsöl« des heiligen REMIGIUS gleichgesetzt, dessen Legende auf das 9. Jh. zurückgeht; 1223 erkennt das Krönungszeremoniell diese Legende an. Damit behauptet der König von Frankreich eine Sonderstellung unter den europäischen Monarchen, zumal er mit Chrisma an Kopf, Brust, Armgelenken, zwischen und auf den Schultern gesalbt wird (Hauptsalbung mit Chrisma seit 1204 sonst nur bei Priesterweihe). Die Kommunion in beiderlei Gestalt wird seit dem 13. Jh. zur Besonderheit, als der Laienkelch außer Brauch kommt. Die Skrofelheilung am Krönungstag ist seit PHILIPP I. Amtsmerkmal. Die karolingische Tradition als wichtiges Element des französischen Königsgedankens haftet besonders an der Abtei St-Denis bei Paris: Sie ist Grablege der Könige (Ausnahme PHILIPP I., LUDWIG VII., LUDWIG XI.), erhält häufig die Insignien als Weihegaben und verwahrt seit 1260 den Krönungsornat. Abt SUGER von St-Denis (*1081, †1151) sieht in LUDWIG VI. den Lehnsmann des heiligen DIONYSIUS VON PARIS und Träger seiner Fahne (»Oriflamme«), die seit dem Ende des 12. Jh.s. als Banner KARLS DES GROSSEN verstanden und 1214 bei Bouvines mitgeführt wird. Der Karlskult erinnert an das großfränkische Reich und behauptet als politisches Programm die Unabhängigkeit von jedem auswärtigen hegemonialen Anspruch. Der Krönungsordo von Reims (um 1230) fasst die bisherigen Stufen zusammen und legt den spezifisch französischen Krönungsbrauch für die Zukunft fest.

Die Erneuerung der Königsmacht (1108–1270)

1108–1137 König **LUDWIG VI.** (»der Dicke«) setzt die Kirchenpolitik seines Vaters fort und bekämpft weiterhin den Adel in der Krondomäne, wobei der Episkopat ihn vielfach unterstützt. Seine Erfolge bilden die wichtigste Voraussetzung für die Ausbildung einer starken französischen Monarchie ab der zweiten Hälfte des 12. Jh.s. Gleichzeitig behauptet er sich trotz gelegentlicher Rückschläge energisch gegen die anglo-normannische Macht und dehnt die königliche Gerichtsgewalt aus.

1111–1113 Krieg zwischen LUDWIG VI. und HEINRICH I. von England (1100–1135): Im Frieden von Gisors (Departement Eure) tritt LUDWIG die Lehnshoheit über die Grafschaft Maine und Bretagne an HEINRICH I. ab.

1116 Die Feindseligkeiten flammen drei Jahre später erneut auf; Schwerpunkt der Operationen ist das Vexin.

1119 Niederlage Ludwigs bei Brémule gegen HEINRICH I.

1120 Friedensschluss nach Vermittlung Papst CALIXTUS' II. (1119–1124). Für das Herzogtum Normandie empfängt LUDWIG VI. die Huldigung durch WILHELM ATHELING (*1103, †1120), den Sohn HEINRICHS I.

1122 LUDWIG VI. besteht auf seiner Kirchenhoheit und wahrt diese Rechte auch gegenüber dem ihm von Jugend an befreundeten SUGER, dessen Wahl zum Abt von St-Denis nur unter erheblichen Schwierigkeiten bestätigt wird, weil der König nicht zuvor konsultiert worden war.

1124 Im Aug. bereitet Kaiser HEINRICH V. (1111–1125) einen Vorstoß gegen Reims vor, um eine Bündnisabsprache mit seinem Schwiegervater HEINRICH I. von England zu erfüllen. Angesichts dieser doppelten Bedrohung eilt LUDWIG VI. nach St-Denis, lässt die Reliquien der Heiligen auf den Hauptaltar erheben, von dem er die »Fahne des heiligen Dionysius« nimmt (in Wahrheit die Lehnsfahne der Grafschaft Vexin, später als »Oriflamme« mit dem Banner KARLS DES GROSSEN gleichgesetzt) und geht an der Spitze des bislang größten Heeres unter einem kapetingischen König dem Angreifer entgegen. Der bedeutende Zuzug (Aufgebote der Kirchen von Reims, Châlons, Laon, Soissons, Orléans, Étampes, Paris, St-Denis, der Grafen von Blois, Champagne, Nevers, Vermandois und Flandern sowie des Herzogs von Burgund) veranlasst HEINRICH V. zu kampfloser Umkehr bei Metz.
In Frankreich führen diese Ereignisse zur ersten deutlich fassbaren Welle nationalen Bewusstseins, das vom auswärtigen Gegner erregt und durch Abt SUGER von St-Denis maßgeblich beeinflusst wird.

1126 Ein Vorstoß LUDWIGS VI. in die Auvergne zum Schutz des Bischofs von Clermont sieht den König wieder an der Spitze eines großen und vielfältig zusammengesetzten Heeres (Grafen von Flandern, Anjou, Bretagne sowie normannische, von HEINRICH I. abgeordnete Truppen und zahlreiche Kronvasallen). Nach militärischen Erfolgen des Königs vermittelt Herzog WILHELM IX. VON AQUITANIEN (*1071, †1126) den Waffenstillstand.

1130 Auf dem von LUDWIG VI. einberufenen Konzil von Étampes entscheidet sich die französische Kirche unter entscheidender Mitwirkung BERNHARDS VON CLAIRVAUX (*1090, †1153) im Schisma gegen ANAKLET (II.) (1130–1138) und für INNOZENZ II. (1130–1143). England und das deutsche Reich folgen.
LUDWIG VI. hat die Krondomäne vergrößert und durch zielstrebige Politik unter kalkuliertem Einsatz militärischer Kräfte das Ansehen des Königtums bedeutend erhöht.

Die frühesten gotischen Kathedralen in der Île de France

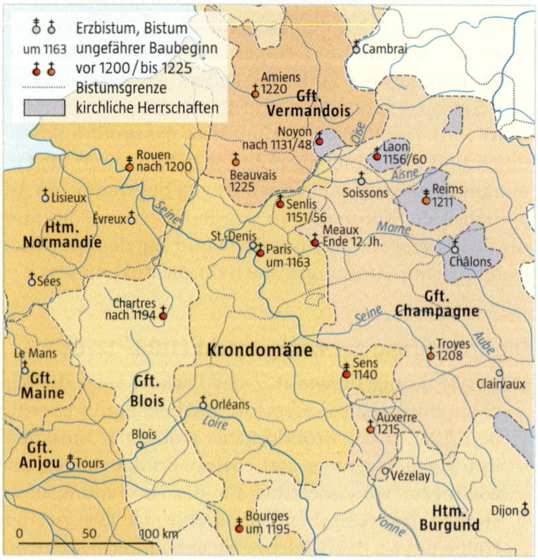

Die Gottesfriedensbewegung

Ende des 10. Jh.s beginnt der hohe Klerus in Südfrankreich den Friedensschutz zu organisieren und nutzt geistliche Strafen zu seiner Durchsetzung. Erste Friedensgelübde in der Diözese Le Puy (975) und der Erzdiözese Bordeaux (989) verbreiten sich später über ganz Frankreich. Ziel ist die Unterbindung von Adelsfehden, charakteristisch das Zusammenspiel von Klerus und Landbevölkerung mit dem Reliquienkult, theoretische Grundlage die Sorgepflicht des Bischofs für Arme, Kleriker und ungestörten Gottesdienst. Durchsetzungsmittel gegen Friedensbrecher wird das Interdikt (erstmals 1030 in Aquitanien). Die ältere Form des Friedensbundes schützt bestimmte Personengruppen (waffenlose Kleriker, Bauern) und Sachen (Kirchen, Häuser, Vieh, Feldfrüchte), die jüngere bringt eine allgemeine Waffenruhe für bestimmte Tage (*treuga Dei*; zuerst 1027 auf der Synode von Toulouges und 1033 in Vich). Um 1040 entsteht aus den Begriffen *pax et treva Domini* die verkürzte Prägung *pax Dei* (Gottesfrieden, seit 1080/90 verbreitet). Die Friedenstage erstrecken sich zunächst von Samstagnachmittag bis Montagmorgen, werden aber bald auf Mittwochabend bis Montagmorgen sowie um die Wochen vom 1. Advent bis Epiphanieoktav, Samstag vor Aschermittwoch bis Osteroktav, Rogationstage bis Pfingstoktav und zahlreiche Heiligenfeste erweitert. Die Abtei Cluny ist an den Anfängen nicht beteiligt. Seit dem Franzosen URBAN II. wird die Friedensbewegung vom Papsttum gefördert: Das Konzil von Clermont (1095) verkündet einen Sonderfrieden für Kreuzfahrer, der von späteren Konzilien bekräftigt wird. LUDWIG VI. beendet durch seinen eigenen Kampf gegen den Fehde führenden Adel in der Domäne die ältere Friedensbewegung, im 13. Jh. läuft sie allgemein aus.

1137 Zur Zeit des Regierungsantritts von König **Ludwig VII.** (*1120, †1180) haben auch die großen Fürstentümer Frankreichs an innerer Festigkeit gewonnen und trennen den König von Bevölkerung und Adel außerhalb der Krondomäne. Normandie, Anjou, Blois-Champagne, Flandern begrenzen nicht nur die königliche Territorialgewalt, sondern stehen mit ihr in Konkurrenz. Durch seine Ehe mit Eleonore von Aquitanien, der Erbtochter Wilhelms X. (*1099, †1137), ist Ludwig VII. aber in Personalunion Herzog von Aquitanien und hat damit südlich der Loire eine zweite Basis.
Bei Bischofserhebungen geht der König zunächst schroff gegen Domkapitel und Episkopat vor (Reims, Poitiers, Bourges), fördert die kommunale Bewegung gegen den örtlichen Klerus (Reims, Sens) und gerät dadurch in Gegensatz zum Papst.

1144 In der Normandie triumphiert Gottfried Plantagenet, Graf von Anjou, über den von Ludwig VII. gestützten Stephan von Blois (*1097, †1154). Ludwig wechselt die Fronten, erkennt die Herrschaft Gottfrieds über die Normandie an und erhält seinerseits die Lehnsoberhoheit bestätigt.

1145 Ohne Absprache mit dem Papst, aber wohl in Reaktion auf die Opposition kirchlicher Reformkreise, verkündet Ludwig VII. seine Absicht, einen bewaffneten Zug ins Heilige Land zu unternehmen.

1146 Erst der päpstliche Auftrag und die Kreuzzugspredigt Bernhards von Clairvaux in Vézelay bringen aber ein genügend großes Heer zusammen.

1147–1149 2. Kreuzzug: Das französische Kontingent geht auf dem Landweg über Konstantinopel und Nikaia, erleidet bei Laodikeia eine schwere Niederlage und beteiligt sich an der erfolglosen Belagerung von Damaskus. Während dieser Zeit ist Abt Suger von St-Denis Regent des Reiches.

1152 Scheidung des Königs von Eleonore, der Aquitanien zurückgegeben werden muss. Sie heiratet Heinrich Plantagenet (*1133, †1189), seit zwei Jahren Herzog der Normandie und Graf von Anjou, der 1154 als Heinrich II. König von England wird.
Sein kontinentaler Besitz reicht vom Kanal zu den Pyrenäen und droht bei weiterer Expansion, Ludwig VII. auf das Pariser Becken zu beschränken.

1156 Um sich die Neutralität des französischen Königs während des Konfliktes mit seinem eigenen Bruder Gottfried VI. von Anjou (*1134, †1158) zu sichern, huldigt Heinrich II. Ludwig VII. für die Normandie, Aquitanien, Anjou, Maine und die Touraine.

1159 **Ausbruch des Schismas**: Während sich Kaiser Friedrich I. (1152/55–1190) für Victor IV. (1159–1164) entscheidet, sind der englische und französische Klerus aufseiten Alexanders III. (1159–1181); Heinrich II. und Ludwig VII. ergreifen folglich seine Partei.

1162 Alexander III. flieht nach Frankreich. Ein Treffen Ludwigs VII. mit dem Kaiser bei St-Jean-de-Losne (Saône) kommt nicht zustande. Während seines dreieinhalbjährigen Aufenthaltes unterstützt der Papst den französischen König bei dessen Kirchenpolitik. Ludwig ist darauf angewiesen, weil er den seit zwei Jahren offen ausgebrochenen Konflikt mit Heinrich II. nicht militärisch gewinnen, sondern nur gestützt auf eine gefestigte Krondomäne überstehen kann. Rückhalt bietet dabei auch die Annäherung an Blois-Champagne, die er 1160 durch die Ehe mit Adela von Champagne festigt.

1164 Thomas Becket (*1118, †1170), Erzbischof von Canterbury, geht ins französische Exil.

1167–1172 Krieg zwischen Ludwig VII. und Heinrich II., Hauptschauplatz ist das Vexin.

1173 Graf Raimund V. von Toulouse (*1134, †1194) huldigt Richard (»Löwenherz«; 1189–1199), einem Sohn Heinrichs II., wodurch das Languedoc an Aquitanien fällt. Ludwig VII. unterstützt daraufhin den erfolglosen Aufstand Heinrichs des Jüngeren von England (*1155, †1183) gegen seinen Vater.

1177 Unter päpstlichem Druck bemüht sich Heinrich II. um Ausgleich mit Ludwig VII.
Dem Verlust Aquitaniens und der Unterlegenheit gegenüber Heinrich II. steht die gut verwaltete Domäne entgegen. Die Autorität des Königtums hat in Frankreich weiter zugenommen, der innere Zusammenhalt unter der kapetingischen Dynastie ist größer als 1137.

1180–1223 König **Philipp II. Augustus** hat in den Anfängen seiner Regierung mit drei Mächtegruppierungen zu rechnen: Heinrich II., Flandern und Champagne. Die Ehe (1180) mit Isabella von Hennegau, aus welcher der spätere Thronfolger hervorgeht, bringt das Artois an die Krone.

1185 Die militärisch und politisch glücklose Koalition von Flandern/Champagne muss im Vertrag von Boves (südöstlich von Amiens) 65 Burgen im Vermandois und die Stadt Amiens dem König ausliefern.
Philipp II. nutzt Spannungen im englischen Königshaus und sein Bündnis mit dem Kaiser zur Teilung der angevinischen Macht:

1188 Richard Löwenherz huldigt ihm für Normandie, Poitou, Anjou, Maine, Berry und Toulousain.

1191 3. Kreuzzug: Landung Philipps II. und Richards I. vor Akkon; die Stadt fällt nach kurzer Belagerung. Im gleichen Jahr kehrt der französische König in sein Reich zurück.

1194–1199 **Englisch-Französischer Krieg**, der für Philipp II. verlustreich endet: Außer Gisors gehen alle Positionen in der Normandie und im Vexin verloren; die Rechte im Erzbistum Tours fallen an Richard I. Löwenherz, der aber kurz nach Friedensschluss an den Folgen einer Verwundung stirbt.

1199 Die Nachfolge seines Bruders Johann I. Ohneland wird durch dessen von Philipp II. unterstützten Neffen Arthur I. von Bretagne bestritten.

1198–1201 Die Bewegungsfreiheit des französischen Königs wird aber durch das Interdikt (1199) von Papst Innozenz III. (1198–1216) eingeschränkt, das Philipp II. zwingt, seine 1196 verstoßene zweite Gemahlin Ingeborg von Dänemark (†1236) wieder aufzunehmen.

1202 Klage der mächtigen poitevinischen Familie der

Lusignan gegen JOHANN OHNELAND vor dem Hofgericht PHILIPPS II. als dem Oberlehnsherrn. Da JOHANN keiner Ladung folgt, werden ihm alle französischen Lehen aberkannt: Kriegserklärung in Form des Lehnsprozesses. Einen Vermittlungsversuch INNOZENZ' III. lehnt PHILIPP II. mit Hinweis auf die Grenzen päpstlicher Jurisdiktionsgewalt ab, die Lehnssachen nicht einschließe. Zum ersten Mal stützt ein französischer König seinen Widerstand gegen die Kurie auf das Lehnsrecht. Während der folgenden Kämpfe wird ARTHUR von JOHANN gefangen genommen und bald darauf ermordet.

1204 Mit der Eroberung des stark befestigten Château Gaillard (Les Andelys/Seine) stößt PHILIPP II. das Tor zur Normandie auf, während JOHANN OHNELAND in England bleibt. Im Juni kapituliert Rouen. Mit dem Einzug des Königs in Poitiers beginnt zwei Monate später die Eroberung des Poitou.
Seit der Doppelwahl im deutschen Reich (1198) tritt PHILIPP II. der englisch-welfischen Allianz durch eine Annäherung an die staufische Partei entgegen.

1208 Nach der Ermordung PHILIPPS VON SCHWABEN (*1179) fördert der französische König die deutsche Thronkandidatur HEINRICHS I. VON BRABANT (†1235), wobei erstmals eine Bestechung der Wähler versucht wird. Der Misserfolg drängt eine Wiederbelebung des staufisch-kapetingischen Bündnisses auf.

1213 PHILIPP II. bereitet eine Landung in England vor, um den Konflikt JOHANNS OHNELAND mit INNOZENZ III. wegen der Kirchenpolitik des englischen Königs zu nutzen, scheitert aber an JOHANNS Unterwerfung, die das päpstliche Verbot französischer Kriegshandlungen gegen England nach sich zieht, und am Widerstand des Grafen FERRAND VON FLANDERN-HENNEGAU (*1188, †1233). Der daraufhin unternommene Feldzug gegen Flandern ist militärisch erfolgreich, aber politisch ohne Ergebnis. Die französische Flotte wird in Damme (Hafen Brügges) von den Engländern vernichtet.

1214 JOHANN OHNELAND landet in La Rochelle und bereitet mit seinen militärischen Erfolgen den englisch-welfischen Feldzug vor. Beide Heere treffen sich in Valenciennes unter Führung von JOHANNS Halbbruder WILHELM VON SALISBURY (†1226) und des Kaisers, der die Herzöge von Brabant, Limburg und Oberlothringen sowie die Grafen von Flandern und von Holland als Verbündete hat, während sein eigenes Aufgebot nur westfälisch-niederrheinische Kontingente ohne geistliche Beteiligung umfasst. Kriegsziel ist die Auflösung der kapetingischen Monarchie.

27. Juli In der entscheidenden **Schlacht bei Bouvines** (nahe Lille) erringt PHILIPP II. einen glänzenden Sieg und trägt seither den Beinamen »Augustus«. Das angevinische Reich ist vernichtet, der deutsche Thronstreit entschieden, die europäischen Machtverhältnisse sind zugunsten Frankreichs gründlich verändert. JOHANN OHNELAND schließt in Chinon einen Frieden auf fünf Jahre und erkennt den Verlust aller englischen Besitzungen nördlich der Loire an.

Grundzüge der Herrschaftsorganisation seit Philipp II. Augustus

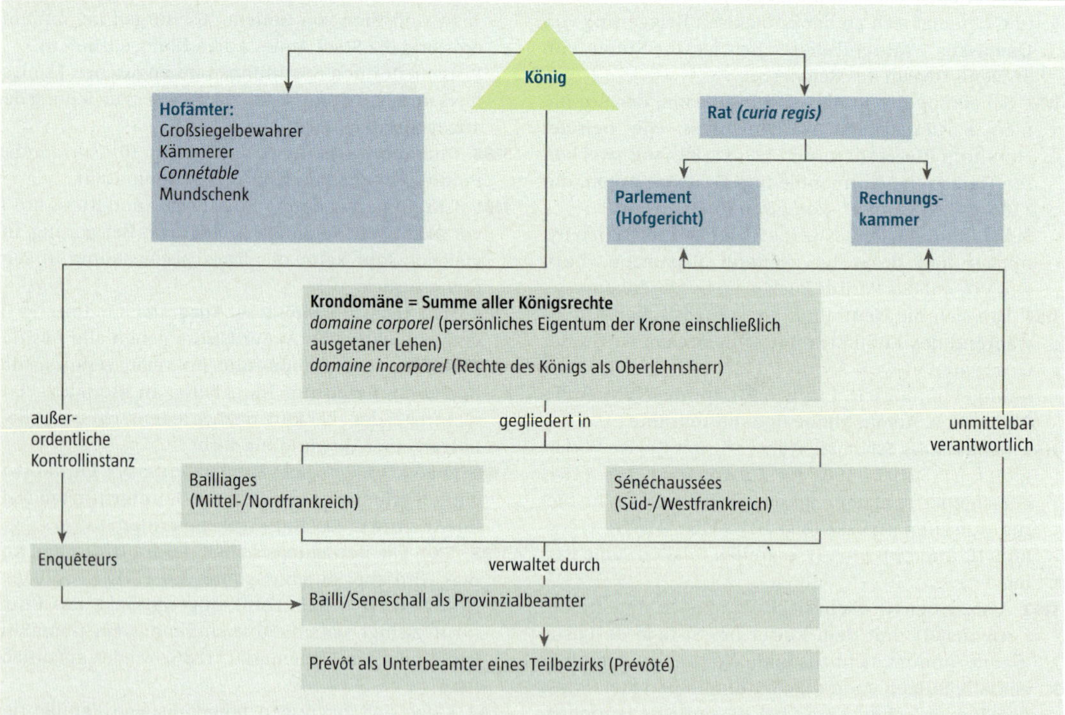

Ansehen und politische Möglichkeiten der Krone gegenüber den Regionalgewalten werden in Frankreich erheblich gestärkt und erlauben in den folgenden Jahren den Aufbau einer zentralisierten Verwaltung.

1216 Die gegen JOHANN OHNELAND rebellierenden Barone rufen den französischen Thronfolger LUDWIG (VIII.) (*1187, †1226) nach England, der trotz päpstlichen Verbots geht, um die Krone zu erlangen. Der Tod JOHANNS entzieht dem Aufstand die Grundlage und zwingt LUDWIG zum Verzicht (1217).

Albigenserkriege in Südfrankreich (1209–1229)

Seit dem 11. Jh. erscheinen in mehreren Regionen Europas manichäische Häresien; eine organisierte Sekte wird in den Rheinlanden 1143 erkennbar. Die Bewegung, deren Mitglieder von außen als **Katharer** (von griechisch *katharos* = rein; daraus wohl das deutsche Wort »Ketzer«) bezeichnet werden, breitet sich rasch aus. Sie kennt eine Priesterhierarchie (*electi, perfecti*) über einfachen *auditores* oder *credentes* und besondere Grundsätze: tägliches Brotbrechen statt Messe und Kommunion; Handauflegung statt Taufe; Ablehnung von Fleischgenuss, Eid und Ehe. Ursprungsgebiet der Sekte ist der Balkanraum, wo in der Mitte des 10. Jh.s der bulgarische Priester BOGUMIL (*um 913, †um 965) urchristliche Ideale predigt. Südfranzösische Gemeinden laden um 1170 den »perfectus« NIKETAS aus Konstantinopel ein, der auf einem Konzil in St-Félix-de-Caraman auf radikal dualistische Glaubenssätze hinwirkt: Die sichtbare Welt ist nicht von Gott erschaffen, sondern vom Teufel; das Alte Testament als böser Widerpart des Neuen verwerflich. Damit wird die Sekte zur Gegenkirche mit spekulativer Dogmatik. Am stärksten ist sie im Languedoc, wo es sechs Katharerbistümer gibt. Nach dem Hauptort Albi wird der Name Albigenser gebildet. Die Wirkung beruht auf apostelhafter Agitation und dem dualistischen Mythos, der mit klarer Scheidung von Gut und Böse dem weniger Gebildeten einleuchtende Erklärungsmodelle für irdische Missstände liefert. Städte sind ein günstiger Nährboden, da die Armut breiter Bevölkerungsteile und das schlechtes Gewissen vermögender Bürger gleichermaßen angesprochen werden. Deshalb wird das Languedoc zur wichtigsten katharischen Region: Von der Kirchenreform kaum berührt, steht spirituelle Leere neben großer Wirtschaftskraft. Die Amtskirche überzeugt im Vergleich zur katharischen Lebensführung nicht, sodass seit 1165 Toulouse, Albi, Agen, Pamiers und Carcassonne ihrer Kontrolle entgleiten.

Der päpstliche Legat PETER VON CASTELNAU (†1208) versucht eine Reform des Episkopats im Languedoc (1204). 1207 bannt INNOZENZ III. den unbeugsamen Grafen RAIMUND VI. VON TOULOUSE (*1156, †1222), wenig später wird der Legat auf dessen Gebiet getötet. Der französische König lehnt einen päpstlichen Hilferuf wegen des Kriegs mit England zwar ab, doch folgen zahlreiche Krieger aus Burgund, der Île-de-France und der Normandie dem Kreuzzugsaufruf. Im Juli 1209 wird Béziers erobert. Die Ermordung der gesamten Einwohnerschaft verbreitet solchen Schrecken, dass viele Städte und feste Plätze kampflos übergeben werden. SIMON IV. VON MONTFORT (*1160, †1218), ein Kleinadliger aus der Île, durch seine Mutter Graf von Leicester, will sich eine Eigenherrschaft im Süden aufbauen. Damit ist der erste Schritt vom Kreuzzug zum Krieg zwischen dem Norden und dem Süden Frankreichs getan. SIMON schlägt 1213 RAIMUND VI. und dessen Schwager PETER II. VON ARAGÓN (*1174, †1213) bei Muret. Toulouse wird genommen, SIMON fällt aber 1218 bei der Belagerung der von RAIMUND VI. im Handstreich zurückeroberten Stadt. RAIMUND VI. beherrscht wieder die gesamte Grafschaft. Im **Albigenserkreuzzug** 1226 erobert König LUDWIG VIII. das gesamte Languedoc außer Toulouse und das arelatische Avignon. Der Vertrag von Meaux-Paris beendet 1229 die Albigenserkriege: Die Macht der Albigenser ist gebrochen, aber auch die provenzalische Kultur zerstört.

1223 König **LUDWIG VIII.** tritt als erster kapetingischer König die Nachfolge seines Vaters ohne Wahl zu dessen Lebzeiten an: Das Erbrecht hat sich endgültig durchgesetzt. Die Politik PHILIPPS II. gegenüber dem englischen Festlandbesitz wird konsequent weitergeführt.

1224 LUDWIG VIII. erobert das Poitou und die Saintonge (zwischen Loire und Dordogne).

1226 Auf dem Rückweg vom Albigenserkreuzzug nach Paris stirbt der König unerwartet an den Folgen einer Ruhrerkrankung.
Nachfolger wird König **LUDWIG IX., DER HEILIGE** (*1214, †1270): Zunächst steht er unter der Regentschaft seiner energischen und politisch begabten Mutter BLANCA (BLANCHE) VON KASTILIEN (*1188, †1252), Tochter König ALFONS' VIII. (1158–1214), die zwischen 1227 und 1236 mehrere Versuche der Adelsopposition zur Schwächung der Krongewalt scheitern lässt.

1229 BLANCA schließt den Vertrag von Meaux-Paris mit Graf RAIMUND VII. VON TOULOUSE: Das Herzogtum Narbonne (im Gebiet der Departements Gard, Hérault, Aude), das Albigeois zwischen Tarn und Agout sowie das Landgebiet des Bistums Cahors mit der Lehnshoheit über den Adel dieser Gebiete gehen an die Krone, die Grafschaft Venaissin (östlich der Rhône) an den Papst.

1241 JOHANNA (*1220, †1271), die Erbtochter von RAIMUND VII., heiratet LUDWIGS IX. Bruder ALFONS VON POITIERS. Die Ehe bleibt kinderlos, sodass nach beider Tod auch der restliche Besitz an die Krone fällt (Toulousain, Albigeois nördlich des Tarn, Agenais, Grafschaft Rodez, südliches Quercy). Somit ist dem französischen Königtum nach militärischer Unterwerfung des Languedoc der Vorstoß zum Mittelmeer gelungen. Der damit verbundene Untergang einer blühenden provenzalischen Kultur belastet langfristig die Beziehungen zwischen Norden und Süden des Reiches.

1242 Im Bündnis mit einer aufständischen französischen Adelskoalition unter Führung des Grafen von Marche versucht HEINRICH III. (1216–1272) eine Rückeroberung der englischen Lehen, wird aber bei Saintes von LUDWIG IX. geschlagen.
In dem Konflikt zwischen Papst und Kaiser ist Frank-

reich eine von beiden Seiten umworbene Macht. LUDWIG IX. verhält sich neutral und vermittelnd, wodurch den Interessen Frankreichs am besten gedient ist, zumal die antikirchliche Publizistik FRIEDRICHS II. Resonanz im französischen Adel findet.

1248–1254 6. Kreuzzug: LUDWIG IX. nimmt das Kreuz und geht von Aigues-Mortes aus über Zypern nach Damiette (1249), wird nach vernichtender Niederlage (1250) gegen hohes Lösegeld freigelassen und wendet sich dann ins Heilige Land, wo er als unbestrittener Regent vier Jahre lang wirkt.

1258, 11. Mai Im Vertrag von Corbeil verzichtet Aragón auf die Lehnshoheit im Languedoc, LUDWIG IX. auf die seine über Katalonien.

28. Mai Wenig später schließen HEINRICH III. und LUDWIG IX. den **Frieden zu Paris** (ratifiziert 1259): HEINRICH gibt Normandie, Anjou, Touraine, Maine, Poitou auf und erkennt die französische Lehnshoheit über den geringfügigen Besitz im Raum Limoges, Cahors, Périgueux sowie über Reste der Guyenne an.
Damit ist Frankreich zur Großmacht geworden, die seit dem Zusammenbruch der staufischen Herrschaft keine ernsthaften Rivalen mehr hat. Persönlich von tiefer Frömmigkeit mit asketischen Zügen geprägt, ist LUDWIG IX. als Herrscher klug, beharrlich und gerechtigkeitsliebend; 27 Jahre nach seinem Tod wird er heilig gesprochen. Unter seinen Rechtsreformen sind besonders das Verbot des gerichtlichen Zweikampfes, die Appellationsmöglichkeit von freiherrlichen Gerichten an das Pariser Parlement (Hofgericht) und die Einschränkung des Fehderechts hervorzuheben. Die Krongewalt wird im Innern durch weitere Maßnahmen gestärkt: Ständiger Sitz des mit Juristen besetzten Hofgerichts in Paris, Aufzeichnung seiner Urteile, Einzug heimgefallener Lehen zugunsten des Königs, Ausnutzung der städtischen Finanzen. Die kommunale Bewegung wird in der Krondomäne unterdrückt, jedoch außerhalb gefördert, um die Regionalgewalten weiter zu schwächen.

1270 7. Kreuzzug: LUDWIG IX. zieht nach Tunis, wo er mit einem großen Teil des Heeres einer Seuche erliegt.

Literatur und bildende Künste

Literatur: Seit dem 9. Jh. entsteht in Frankreich eine nichtlateinische Literatur, deren Autoren gleichwohl Kleriker sind. Verloren sind mündlich überlieferte Stücke volkstümlicher Lieddichtung, die karolingerzeitliche Stoffe in die hochmittelalterliche Literatur bringen. Lateinische Oster- und Weihnachtsspiele (zuerst 10./11. Jh. in St-Martial und Fleury) als Beginn einer liturgisch bestimmten szenischen Kultur werden allmählich mit volkssprachlichen Partien durchsetzt. Das erste französische Spiel entsteht um die Mitte des 12. Jh.s (»Adamsspiel«).

Besonders in Aquitanien und der Normandie entstehen als volkssprachliche Texte Heiligenlieder und -viten, im Süden die Troubadour-Lyrik (von provenzalisch *trobar* = (er-)finden und lateinisch *tropus* = Melodie, Gesang, Lied), die seit dem späten 11. Jh. an aquitanischen Höfen gefördert wird. Binnen zwei Generationen wird das Provenzalische zur vorbildlichen lyrischen Dichtersprache mit dem Wirken von BERTRAN DE BORN (*um 1140, †vor 1215), GIRAUT DE BORNELH (†Anfang 13. Jh.) und ARNAUT DANIEL (†um 1210) als Höhepunkt.

Die weltliche Epik (*chanson de geste*) beginnt um 1100 mit der »Chanson de Roland« und verbindet ältere Stoffe mit aktuellen Umständen. Ritterliche Tugend und die Auseinandersetzung mit dem Islam sind beliebte Themen. Am kulturell führenden anglo-normannischen Hof ist das Französische seit Anfang des 12. Jh.s Gesellschaftssprache, in der auch Geschichte geschrieben wird (GEFFREI GAIMAR: »Estoire des Engleis«, 1135–38).

Seit der zweiten Hälfte des 12. Jh.s ist der Roman eine neue Literaturgattung, der detailfreudig und psychologisch erklärend inhaltliche Zusammenhänge stärker einsetzt als formale Bande. Antike Stoffe (Theben, Troja) werden rasch durch byzantinische ergänzt (»Floire et Blancheflor«) und ab etwa 1170 von den bretonisch-keltischen Themen (Tristan, Gral, Artus) verdrängt, die MARIE DE FRANCE (†um 1200) literarisch bekannt macht und CHRÉTIEN DE TROYES (*um 1140, †um 1190) zur großen Form bringt. Satirisch, belehrend oder komisch, von Erzählfreude getragen ist das Tierepos (»Roman de Renart«). Wenig später entwickelt sich das *fabliau*, eine überwiegend in Nordfrankreich verbreitete kurze, schwankhaft-parodistische Verserzählung.

Kunst: Um das Jahr 1000 entsteht die regional unterschiedlich ausgeprägte **Romanik**, die im Süden stärker durch antike Traditionen bestimmt wird. Wichtige Anregungen kommen aus Burgund (Abteikirche Cluny II, Weihe 981: Staffelchor, westliche Doppelturmfassade), Tours (Abteikirche St-Martin, nach 997, modifiziert nach 1096: Chorumgang) und Reims (Abteikirche St-Rémi, 1039–1049: Langhauswand mit Emporengeschoss), bevor die Normandie eine Spitzenstellung erreicht: Der Abteikirche Jumièges (1040–1067: linear gruppierte Arkaden, Emporen und Fenster; Betonung der Senkrechten durch halbrunde Pfeilervorlagen vom Boden zur Decke) folgen Mont-St-Michel (2. Hälfte 11. Jh.) und Caen (St-Étienne und Ste-Trinité, beide nach 1059). Charakteristisch für das Poitou sind dreischiffige Hallenkirchen mit Querhaus, tonnengewölbtem Mittelschiff, Chorumgang und Kapellenkranz (St-Savin-sur-Gartempe, spätes 11. Jh.; Notre-Dame-la-Grande in Poitiers, 2. Viertel 12. Jh.), während in Aquitanien einschiffige Kuppelkirchen entstehen (Kathedrale St-Front in Périgueux, ab 1120). Gewölbte Hallenkirchen mit Emporen und Vierungskuppel sind typisch für die Auvergne, einschiffige Saalkirchen und dreischiffige Basiliken für die Provence. Der Raumeindruck wird hier durch die geschlossene Wand bestimmt; antike Elemente zeigen v. a. St-Trophime/Arles und St-Gilles-du-Gard (beide Mitte 12. Jh.).

Ab 1100 ist Burgund in Frankreich wie in den Nachbarregionen führend. Die Abteikirche Cluny III (nach 1088), der größte mittelalterliche Kirchenbau, hatte einen hoch aufragenden Innenraum mit Triforien, Spitztonnengewölbe, Chorumgang und Kapellenkranz. Ein Nachfolgebau dieser nach 1789 größtenteils vernichteten Kirche ist die Kathedrale St-Lazare/Autun (ab 1120), andere Einflüsse zeigen Ancy-le-Duc (ab 1100), St-Lazare/Avallon (12. Jh.) und Vézelay (ab 1120).

Die romanische Plastik ist v. a. Bauplastik. Für die Malerei zeugen neben geringen Resten von Wandbemalung illuminierte Handschriften: v. a. Limoges (Bibel von St-Martial, Ende 11. Jh.), Burgund (Bibel von Cîteaux, 1109), St-Amand, Valenciennes.

Die **Gotik** breitet sich von der Île-de-France her aus und ist eine weitergeführte Synthese regionaler Bauelemente (Kreuzrippengewölbe: Normandie; Spitzbogen, Triforium: Burgund; Dreiportalfassade: Provence) zu einer in sich folgerichtig entwickelten Struktur: Auflösung der Wand, Raumerhellung durch große Glasfenster, einheitliches Raumgefüge statt Addition von Einzelräumen, sichtbare Funktion der Bauteile. Durch Umgang und Kapellenkranz wird der Chor breiter als das Mittelschiff und erreicht schließlich dessen Länge. Über den Arkaden befinden sich keine Emporen. Da die Maßwerkfenster im Obergaden gleiche Abmessungen wie die Arkadenöffnungen haben, kann sich die Glasmalerei in bisher ungeahnter Weise entfalten (Chartres, Bourges). Frankreich ist im 12./13. Jh. auf diesem Gebiet führend. Vom 13. Jh. an wird auch die Profanarchitektur bedeutender (Stadtbefestigung von Carcassonne).

Die Plastik bleibt weiterhin Teil der Baukunst, die Figuren lösen sich aber von der Wand und gewinnen an Selbstständigkeit; ausgehend von der Portalzone verteilen sie sich v. a. über den Außenbau. In der Malerei verlieren die Klöster ab 1150 ihre führende Stellung an städtische Zentren, v. a. Paris (Evangeliar der Ste-Chapelle, um 1260/67; Psalter König Ludwigs IX., 1253/70).

Frankreich (1270–1498)

Während der Regierungszeit Philipps IV. (1285–1314) erreicht die Königsmacht einen Höhepunkt. Von seinen Vorgängern gelegte Fundamente baut dieser Herrscher zielstrebig aus und verpflichtet seine Ratgeber auf die politischen Ziele der Krone als den höchsten Wert. Durch ihn berufene Juristen in der weiter differenzierten Verwaltung arbeiten erfolgreich an der Überwindung des Lehnrechts. Konstante der französischen Politik bleiben die Konflikte mit England. Während die Expansion gegen Deutschland nur geringfügig ist, spürt Italien die Hegemonie Frankreichs immer deutlicher. Philipp IV. überfordert aber die Kräfte seines Reiches, indem er sie auf zu viele Ziele gleichzeitig lenkt (Vergrößerung des Staatsgebietes, Eingliederung der Kronvasallen, Unterwerfung der französischen Kirche und damit verbundene Auseinandersetzung mit dem Papsttum), sodass häufig nur Teilerfolge möglich sind. Die hier schon angelegten Schwierigkeiten wachsen, als der englische König nach dem Übergang der Monarchie auf das Haus Valois (1328) seine Politik durch eigenen Anspruch auf die französische Krone wirksam legitimiert. Der Hundertjährige Krieg (1339–1453) wirft Frankreich politisch und wirtschaftlich zurück, einer reduzierten Zentralgewalt entspricht die Verelendung des ganzen Landes und seiner Bevölkerung. Die westlichen Grenzgebiete des deutschen Reiches werden damit vom Druck der französischen Expansionsbewegung entlastet, Italien bleibt unabhängig. Seit dem Aufstieg Burgunds in der ersten Hälfte des 15. Jh.s ist der Hundertjährige Krieg zugleich Bürgerkrieg und nimmt damit an Schärfe zu.

Der wirtschaftliche Niedergang, die finanziellen Schwierigkeiten der Krone und politisch-militärische Misserfolge führen seit der Mitte des 14. Jh.s zur Einberufung von Ständeversammlungen, die Finanzkontrolle ausüben wollen, aber auch um politische Mitsprache kämpfen. Trotz dieser Hindernisse kann das Königtum den Lehnsadel und die Nutznießer der großen Apanagen wieder zurückdrängen und am Ende des 15. Jh.s die territoriale Einheit des Reiches herstellen: Der König übt im gesamten Gebiet der Monarchie die uneingeschränkte Herrschaft aus, ohne aber regionales Eigenleben ganz zu nivellieren. Hier wie schon unter den direkten Kapetingern ist die dynastische Kontinuität von großer Bedeutung: Ohne sie hätte die Krongewalt nicht erreichen können, was ihr seit Ludwig XI. zu Gebote steht.

Während der für das europäische Spätmittelalter kennzeichnenden wirtschafts- und sozialgeschichtlich fassbaren Umbrüche verliert auch in Frankreich das Land im Vergleich zur Stadt an Bedeutung, das Bürgertum wird allmählich zur führenden sozialen Schicht. Produktion und Verbrauch sind nicht mehr so eng verbunden wie früher, auch auf dem Land wird das Gewinnstreben zum Wirtschaftsmotiv und fördert die Ausbreitung von Spezialkulturen (Wald, Gemüse, Obst, besondere Rebsorten). Die Geldwirtschaft erreicht alle Bevölkerungsschichten und führt durch ständige Münzverschlechterungen zur Verarmung derer, die feste Einkünfte beziehen (Arbeitslöhne; Grundzinse der ländlichen Aristokratie). Das damit verbundene Krisenbewusstsein nährt sich weiter durch Krieg und Gewalt, Seuchen und Hungersnöte. Die im Abendländischen Schisma (1378–1417) korrumpierte Kirche ist in Traditionen und Institutionen erstarrt, von ihr gehen kaum noch spirituelle Anregungen aus. Dagegen nehmen die Universitäten an Bedeutung zu, da sie dem Bedürfnis des Bürgertums und politischer Mächte nach gelehrten Ratgebern entsprechen. Das persönliche Interesse des unter vielfältiger Bedrohung wirtschaftenden Menschen weckt den Sinn für die Individualität, für die Besonderheit des Einzelschicksals. Soziale Spannungen gewinnen damit an Schärfe, weil statt älterer Vorstellungen vom unabänderlichen Geburtsstand die Möglichkeit zur Besserung der persönlichen Lage immer deutlicher in den Blick tritt. Durch Koordination partikularer und allgemeiner Interessen hat die Monarchie Voraussetzungen für den neuzeitlichen französischen Einheitsstaat geschaffen und erhalten.

Der Ausbau der Königsmacht (1270–1339)

1270 Nach dem Tod Ludwigs IX. tritt sein Sohn die Nachfolge als König **Philipp III.** (*1245, †1285) an.

1272–1273 Den starken Einfluss seiner Umgebung auf die königliche Regierung zeigt der Plan seiner deutschen Thronkandidatur, den Philipps III. Onkel Karl von Anjou (*1226, †1285) angeregt, der aber an Papst Gregor X. (1271–1276) scheitert.

Bemerkenswert groß ist auch das politische Gewicht seiner Mutter MARGARETE VON DER PROVENCE (*1221, †129), und seiner Gemahlin MARIA VON BRABANT (*1256, †1321), die sich nach der Eheschließung (1274) gegen den Günstling PIERRE DE LA BROCE (†1278) durchsetzen kann.

1282–1285 KARL VON ANJOU, dessen sizilianische Herrschaft scheitert (»Sizilianische Vesper«,1282), ist die treibende Kraft für PHILIPPS III. »Kreuzzug« gegen Aragón (1284/85): Nachdem Papst MARTIN IV. (†1285) PETER III. VON ARAGÓN (*1239, †1285) für abgesetzt erklärt hat, soll der König von Frankreich die päpstlichen Beschlüsse militärisch verwirklichen helfen und dafür seinem zweiten Sohn KARL VON VALOIS (*1270, †1325) die aragonesische Krone gewinnen. Auf dem Feldzug, der in einer Reihe katastrophaler Niederlagen endet, stirbt PHILIPP III.

1285–1314 König **PHILIPP IV., DER SCHÖNE** (*1268), hat schon als Thronfolger Bedenken gegen die väterliche Politik erhoben und betreibt zielstrebig den Ausbau einer zentralistischen, expansiven Königsmacht.

1294–1297 Krieg mit England, der das Herzogtum Guyenne an die Krone bringen soll. Nach großen Erfolgen wird das Kriegsziel ausgeweitet und eine Flotte zum Angriff auf die englischen Häfen gebaut. EDUARD I. (1272–1307) hat in seiner unmittelbaren Nachbarschaft die mit Frankreich verbündeten Schotten als Gegner und bemüht sich um Unterstützung: Das deutsche Reich hält zu England, die deutsche Grenzfürsten stehen in beiden Lagern. Der Graf von Flandern wendet sich gegen seinen Lehnsherrn PHILIPP IV., um größere Unabhängigkeit zu erreichen. Die militärischen Erfolge Frankreichs führen zum vorläufigen Waffenstillstand.

1296 Noch während des Krieges kommt es zum Konflikt zwischen PHILIPP IV. und Papst BONIFATIUS VIII. (1294–1303), der in seiner Bulle »Clericis laicos« jede Sonderbesteuerung des Klerus ohne Zustimmung des Papstes verbietet und damit in Frankreich eine erste Welle antikurialer Publizistik auslöst.

1298 BONIFATIUS VIII. gibt nach und vermittelt einen Frieden zwischen Frankreich und England: Flandern bleibt französisches Lehen, über Schottland und Guyenne wird nicht entschieden.

1299 PHILIPP IV. trifft König ALBRECHT I. (1298–1308) bei Quatrevaux nahe Toul: Der Heiratsvertrag von 1295 wird bestätigt, mit dem Pfalzgraf OTTO IV. VON BURGUND (†1303; Franche-Comté) das Land als Mitgift seiner Tochter für den französischen Prinzen PHILIPP (V.) (*1291, †1322) vergeben hat. Ein Jahr später unterwirft sich die Stadt Toul dem König.

1301 Der Graf von Bar nimmt sein Land links der Maas (»Barrois mouvant«) von der Krone Frankreich zu Lehen. KARL VON VALOIS, Bruder PHILIPPS IV. geht mit einem französischen Heer auf Wunsch des Papstes nach Italien, um das aragonesische Sizilien zu unterwerfen. Vorher wird Florenz für die päpstliche Partei genommen (Verbannung DANTE ALIGHIERIS, *1265, †1321). Gleichzeitig ist PHILIPP IV. durch die Konflikte mit Flandern und BONIFATIUS VIII. in Anspruch genommen. Für das 1295 neu geschaffene Bistum Pamiers hat der Papst den Südfranzosen BERNARD SAISSET (†1314) ernannt, der seine Abneigung gegen die zentrale Monarchie offen zeigt.
Diese Haltung führt zum Vorwurf des Hochverrats und zu seiner Absetzung. BONIFATIUS VIII. verlangt SAISSETS Überstellung nach Rom und formuliert gegen PHILIPPS IV. Absicht der Unterwerfung aller nichtmonarchischen Gewalten im Reich in der Bulle »Salvator mundi« das alleinige Entscheidungsrecht der Kurie in der französischen Kirche. Die Bulle »Ausculta fili« stellt den Papst über Könige und Reiche und beruft ein französisches Reformkonzil nach Rom.

1302 PHILIPP IV. antwortet mit einer Versammlung von Klerus, Adel und Bürgern in Notre-Dame (Paris), auf der sich Adel und Städtevertreter entschieden für die Unabhängigkeit der Monarchie aussprechen. Der Klerus steht dem wohlwollend zur Seite, sodass der Papst, bestärkt durch die Nachricht von der französischen Niederlage bei Kortrijk, vor dem römischen Konzil im November mit der **Bulle »Unam sanctam«** die schärfste mittelalterliche Formulierung des theokratischen Gedankens gegen PHILIPP IV. richtet. Zudem zwingt die Nachricht von der Niederlage bei Kortrijk KARL VON VALOIS zum Abbruch des Feldzuges gegen Sizilien; im Frieden von Caltabellotta wird Sizilien für die Lebenszeit FRIEDRICHS II. VON ARAGÓN (1296–1337) Aragón zugesprochen.

Der Kampf gegen Flandern

Flandern stört die bislang ungebrochene Aufstiegslinie der französischen Politik empfindlich. Die Wirtschaftskraft der Städte macht diese Landschaft zu einem mächtigen Faktor der europäischen Politik. Durch scharfe Abschließung der Kaufmannsgilden und des Schöffenkollegs führt die Herrschaft weniger Familien zu Spannungen, die sich um 1280 in den flandrischen Städten gewaltsam entladen. Der Graf von Flandern nimmt gegen die Geschlechter Partei und hat daher die übrige Bevölkerung auf seiner Seite, sodass die Oligarchie beim französischen König Rückhalt sucht (*leliaerts* = Anhänger des französischen Lilienwappens), ohne jedoch die Eingliederung in die Krondomäne zu erstreben. Die Herrschaft des Grafen ist damit bedroht, seine Verwaltung wird von französischen Beamten kontrolliert, die das Patriziat von Gent, Brügge und Douai bereitwillig aufnimmt. England stützt den Grafen, weil Flandern seit dem Verlust der Normandie Landeplatz der Flotte sein muss (Brügge), sperrt die Ausfuhr englischer Wolle, um die städtische Tuchindustrie lahm zu legen, und erzwingt dadurch das Bündnis. Im Jan. 1300 wird Flandern französisch besetzt und Graf GUY VON DAMPIERRE (*um 1226, †1305) gefangen genommen. Im folgenden Jahr bereist PHILIPP IV. mit dem ganzen Hof das Land, Burgen werden angelegt, eine königliche Verwaltung entsteht. Dagegen erheben sich die Zünfte: Bei der »Morgenfeier von Brügge« wird die französische Besatzung getötet (18. Mai 1302), wenig später (11. Juli) scheitert in der Schlacht bei Kortrijk der Versuch, die gefährdete Stellung zu sichern: Das französische Ritterheer unterliegt mit hohen Verlusten den zu Fuß kämpfenden Zunftaufgeboten. Damit bleibt Flandern unabhängig und kann als Brückenkopf Englands eine Schlüsselposition gegen den mächtigen Nachbarn zu behaupten.

1303 Durch die päpstliche Anerkennung ALBRECHTS I. wird Frankreich zum Bündnis mit England gezwungen, was nur gegen Rückgabe der Guyenne zu erlangen ist. PHILIPP IV. überträgt seinem Rat und späteren Siegelbewahrer (ab 1307), dem Juristen WILHELM VON NOGARET (†1313), Sondervollmachten zum Kampf gegen den Papst. Auf einer Ständeversammlung klagt NOGARET in Gegenwart des Königs BONIFATIUS VIII. der Simonie und Gotteslästerung an, verlangt seine Absetzung und ein allgemeines Konzil für den Urteilsspruch. Daraufhin wird das Interdikt über Frankreich verhängt; nicht nur das kirchliche, auch das Universitätsleben soll ruhen. NOGARET reist in die Toskana und sammelt die Gegner des Papstes und seiner Familie (Caetani).

7. Sept. WILHELM VON NOGARET überfällt mit einer kleinen Streitmacht BONIFATIUS VIII. in dessen Sommerresidenz in Anagni. Dieses Attentat soll der Verkündung päpstlicher Kirchenstrafen gegen PHILIPP IV. zuvorkommen, dem Gefangenen will man in Frankreich den Prozess machen.

11. Okt. Die Bürger von Anagni und eine römische Rittertruppe befreien den Papst, doch stirbt er als gebrochener Mann in Rom. Die öffentliche Meinung der Christenheit ist nun gegen Frankreich aufgebracht. Dennoch strebt BENEDIKT XI. (1303–1304) unter dem Druck römischer Parteiungen den Ausgleich an und löst PHILIPP IV. unaufgefordert vom Bann.

1305 BENEDIKTS XI. Nachfolger ist der Erzbischof von Bordeaux, BERTRAND DE GOT, als CLEMENS V. (1305–1314). Er hebt die Bulle »Clericis laicos« auf, sieht in der Bulle »Unam sanctam« keine Rechtsminderung für den König von Frankreich und geht selbst nicht nach Rom. Als er 1309 Avignon zur Residenz wählt, beginnt die bis 1377 währende »Babylonische Gefangenschaft der Kirche«.

1307 Gerüchte über Sittenverfall, Häresie und unerhörte Geheimrituale im Templerorden nimmt PHILIPP IV. zum Vorwand für eine groß angelegte Verfolgung. Der König strebt nach dem Ordensvermögen, WILHELM VON NOGARET möglicherweise nach persönlicher Rache, da sein Großvater, durch Templer als Ketzer denunziert, auf dem Scheiterhaufen gestorben sein soll.

13. Okt. An einem einzigen Tag werden in ganz Frankreich alle Templer festgenommen und der Besitz des Ordens beschlagnahmt. In einem genau vorbereiteten Untersuchungsverfahren, das die Kompetenzen der weltlichen Gewalt überschreitet, werden Geständnisse unter der Folter erpresst und Hinrichtungen vollzogen, ohne dass der Papst einzuschreiten wagt. Die Universität Paris erstattet der Krone ein wenig entschiedenes Gutachten; die Reichsstände billigen die königlichen Maßnahmen.

1311–1312 Das Konzil von Vienne (ein Drittel seiner Mitglieder sind Franzosen) kritisiert zunächst die Untersuchung und will die Angeklagten hören; nach persönlichen Drohungen PHILIPPS IV. stimmt die Versammlung einer sofortigen Aufhebung des Ordens durch den Papst zu. Das Vermögen wird den Johannitern zugesprochen, denen die Krone aber gewaltige Entschädigungen für angebliche Kosten bei der fiskalischen Verwaltung des Templerbesitzes abfordert.

1314 Der Großmeister JACQUES DE MOLAY und drei andere Ordenshäupter werden nach einem zwei Jahre verschleppten Prozess ohne entsprechendes Urteil in Paris öffentlich verbrannt.
Die große Judenvertreibung des Jahres 1306 dient ebenfalls der königlichen Kasse, der hinterlassene Güter zufallen. Auch norditalienische Bankiers in Frankreich, die Lombarden, sind von Enteignungen betroffen (1311). Beides sind kurzsichtige Maßnahmen, gleichermaßen schädlich für die Finanzverwaltung und die Wirtschaftskraft des Reiches.

Die Verwaltung und das Finanzwesen Frankreichs

Die königliche Verwaltung zieht bürgerliche Kenner des römischen Rechts (Legisten) immer häufiger in ihren Dienst, sodass diese seit PHILIPP IV. die Mehrheit im Rat haben. WILHELM VON NOGARET gehört zu jener dem Königtum ergebenen Gruppe, mit deren Hilfe gegen das Lehnrecht ein vorabsolutistischer Staatsgedanke zum Sieg geführt wird.

Unter den großen Ämtern bleibt der Großsiegelbewahrer faktisch Haupt der Kanzlei, seit 1320 heißt er wieder Kanzler mit Befugnissen auch im *Parlement* (Hofgericht) und als einflussreichster Berater des Königs. Für die Finanzverwaltung untersteht dem König direkt der *grand chambellan*, dessen Funktion im Laufe des 14. Jh.s vier der Rechnungskammer unterstellte *trésoriers* übernehmen. Als Kommandierender des Heeres fungiert der *connétable*, der im 14. Jh. alle anderen Zuständigkeiten abgibt und nächst dem Kanzler wichtigster Minister der Krone ist. Er wird im 15. Jh. vom Staatsrat gewählt.

Mit dem Anwachsen des Kronlandes wird die ältere Organisation der *bailliages* erweitert (23 zu Beginn des 14. Jh.s); Lehnsfürstentümer und Apanagen stehen unter der Kontrolle des ihnen benachbarten *bailli*, der seinerseits jederzeit abgesetzt werden kann und in seinen Aufgaben zunehmend beschränkt wird: *Lieutenants* (Gerichtsbarkeit), *receveurs* (Steuerverwaltung) und *maîtres des forêts* (Gewässer und Forsten) treten ihm zur Seite.

Nach Ausgliederung von *Parlement* und Rechnungskammer bleibt von der älteren *curia regis* (Königshof) der Staatsrat (*grand conseil*): In wechselnder Zusammensetzung unregelmäßig vom König an verschiedene Orte berufen, kann er zur Reichsversammlung erweitert werden oder, falls alle Lehnsfürsten, Kronvasallen und Städte vertreten sind, als Generalständetag (*états généraux*) auftreten (erstmals 1302, als Begriff 1468).

Die Finanzverwaltung unterscheidet zwischen ordentlichen Einnahmen des Königs aus dessen Grundherrschaften, Lehen und Gerichten einerseits und außerordentlichen Einnahmen aus Steuern andererseits. Naturalleistungen mit Verkauf der Überschussproduktion, Einziehung herrenlosen Gutes, Gebühr bei Beurkundungen und Bewilligung neuer Rechte (Gütererwerb durch die tote Hand, Erwerb adliger Lehen durch Nichtadlige, Erhebung in den Adel, Legitimierung unehelich Geborener), Ablösung des Herbergsrechts durch Geldzahlung gehören ebenso wie Zölle zu den ordentlichen Einnahmen. Zölle werden auf Waren und an den Grenzen erhoben, an Märkten, Brücken oder Wegen und entwickeln sich immer mehr zur Geldquelle bei akuter Bedürftigkeit des Fiskus. Damit rücken sie in die Nähe der Steuern, die, weil frühmittelalterlichem Rechtsdenken fremd, auch später noch als außerordentliche Einnahmen verstanden werden. Der Ursprung des Steuerwesens liegt in den Sonderbeihilfen (*aides*), die der Lehnsherr bei bestimmten Gelegenheiten fordern darf; sie werden zur allgemeinen Kriegsabgabe erweitert, die als Kopfsteuer ausgeschrieben jeden mit Ausnahme des Adels trifft und vom König direkt unter Umgehung seiner Vasallen erhoben wird. Direkte Steuer (*taille*), Zölle (*traites*) und Verbrauchssteuer auf Salz (*gabelle*) sind seit Anfang des 14. Jh.s die wichtigsten außerordentlichen Einnahmequellen der Krone.

Die Erträge werden nach normannischem Vorbild von der Rechnungskammer (*chambre des comptes*) in Paris verwaltet; sie entscheidet auch Steuerprozesse. 1320 regelt die Ordonnanz von Le Vivier-en-Brie die auch in Zukunft schwankende Zusammensetzung; im Kern treten zu vier geistlichen und drei (später vier) weltlichen Beamten weitere Helfer. Ab dem 15. Jh. sind zwei Präsidenten belegt, deren Amtsführung vom *contrôleur des finances* überwacht wird. Ursprünglich vom König ernannt, werden die Mitglieder der Rechnungskammer seit der zweiten Hälfte des 14. Jh.s gewählt.

Für die außerordentlichen Einnahmen sind seit dem 14. Jh. besondere Beamte (*généraux des finances*) zuständig, die seit KARL V. alle der König ernennt.

1314–1328 Frankreich gerät nach dem Tod PHILIPPS IV. in eine schwierige Lage, weil seine Söhne LUDWIG X. (*1289, †1316), PHILIPP V. (*1291, †1322) und KARL IV. (*1294, †1328) nach jeweils kurzer Regierungszeit ohne männliche Nachkommen sterben.

1317 PHILIPP V. lässt nach seiner Krönung durch einen erweiterten Staatsrat die weibliche Thronfolge für ausgeschlossen erklären, um sein eigenes Königtum zu legitimieren. Seit Mitte des 14. Jh.s wird als Grundlage dieser Entscheidung auf die »Lex Salica« verwiesen. Sie regelt aber nur Erbfragen bei Immobilien und gilt längst nicht mehr.

1328 Nach dem Tod KARLS IV. spitzt sich die Frage nach dem nächsten Verwandten zu. EDUARD III. von England (1327–1377) beansprucht die französische Krone, weil seine Mutter ISABELLA (*1292, †1357) als Tochter PHILIPPS IV. ihm ihre Rechte übertragen habe. Die französischen Kronjuristen antworten: Wer keine Rechte hat, kann sie nicht vergeben. Eine Versammlung der Großen Frankreichs wählt **PHILIPP VI.** (*1293 †1350), Sohn KARLS VON VALOIS und Neffe PHILIPPS IV. zum König: Beginn der **Herrschaft des Haus Valois**, eine kapetingische Nebenlinie, bis 1498.
Gräfin JOHANNA VON ÉVREUX (*1311, †1349), Tochter von LUDWIG X., erhält das Königreich Navarra, für das die weibliche Erbfolge anerkannt wird; die Champagne soll an die Krone fallen. EDUARD III. erkennt die französische Thronregelung nicht an und führt seit 1337 den Titel »König von Frankreich«. Daraus entsteht ein über 100 Jahre andauernder zerstörerischer Konflikt zwischen beiden Ländern, der militärisch auf französischem Boden ausgetragen wird.

Erneuter Kampf gegen Flandern

In Flandern herrscht seit 1322 Graf LUDWIG VON NEVERS (*um 1304, †1346), der am Pariser Hof erzogen und mit einer Prinzessin königlichen Geblüts verheiratet ist. Er stützt sich im Lande selbst auf Aristokratie und städtisches Patriziat, hat aber v. a. Zünfte und nicht an der Oligarchie beteiligte Kaufmannschaft gegen sich. 1323 kommt es im westflandrischen Landgebiet von Brügge zum Aufstand der selbstbewussten, wirtschaftlich starken Bauern mit dem Ziel der vollständigen Beseitigung von Adelsherrschaft und Bodenrenten. Die Unruhen erweitern sich zu einem von beiden Seiten mit besonderer Grausamkeit geführten Krieg, an dem die städtische Opposition mit Ausnahme Gents auf Seiten der Bauern teilnimmt. Da die Bewegung auch gegen die französische Krone gerichtet ist und der Bürgermeister von Brügge Anerkennung des englischen Thronanspruchs gegen militärische Leistungen in Aussicht stellt, muss König PHILIPP VI. eingreifen. 1328 siegt er bei Cassel (bei St-Omer) und wirft damit den Aufstand nieder, provoziert aber eine antifranzösische Tendenz der Volksbewegung. Die englische Bündnispolitik gewinnt in den folgenden Jahren an Boden: Außer den Grafen von Geldern, Looz, Jülich und Mark tritt Herzog JOHANN III. VON BRABANT (*1300, †1355) ins antifranzösische Lager, das durch Hennegau-Holland, Nassau, Österreich und den Erzbischof von Trier noch verstärkt wird. Der Bischof von Lüttich und LUDWIG VON NEVERS zögern, worauf EDUARD III. 1336 die eigene Wollausfuhr untersagt und den Import ausländischer Tuche nach England sperrt. Damit ist die flandrische Industrie gelähmt und wird durch Einwanderungsprivilegien für Handwerker nach England weiter geschwächt. In diesen Jahren bildet sich die Grundlage einer englischen Tuchmanufaktur, die fünf Jahrzehnte später als gefährliche Konkurrenz auftritt. LUDWIG VON NEVERS sperrt sich gegen die Forderung, eine Lockerung der Blockade durch eine Annäherung an England zu erreichen, sodass zuerst Gent seine Interessen den französischen geopfert sieht. Ende Dezember 1337 wird die Stadt Schauplatz eines Aufstandes, der unter Führung des reichen Tuchhändlers JAKOB VAN ARTEVELDE (*um 1290, †1345) die Herrschaft Brügges in Flandern beendet. Weber, Walker und kleine Gewerke sind unter dem Stadtoberhaupt ARTEVELDE an einer Regierung beteiligt, die sich der englischen Sache verschreibt und nach Aufhebung der Handelssperre ganz Flandern hinter sich weiß. Im Juli 1337 glaubt EDUARD III. außerdem, sich durch einen Beistandspakt und hohe Zahlungen der Hilfe Kaiser LUDWIGS IV. (*1281/82, †1347) versichern zu können, wird aber dann so schwach unterstützt, dass er 1339 einen Herbstfeld-

Kapetinger Valois–Orléans–Angoulême–Bourbon

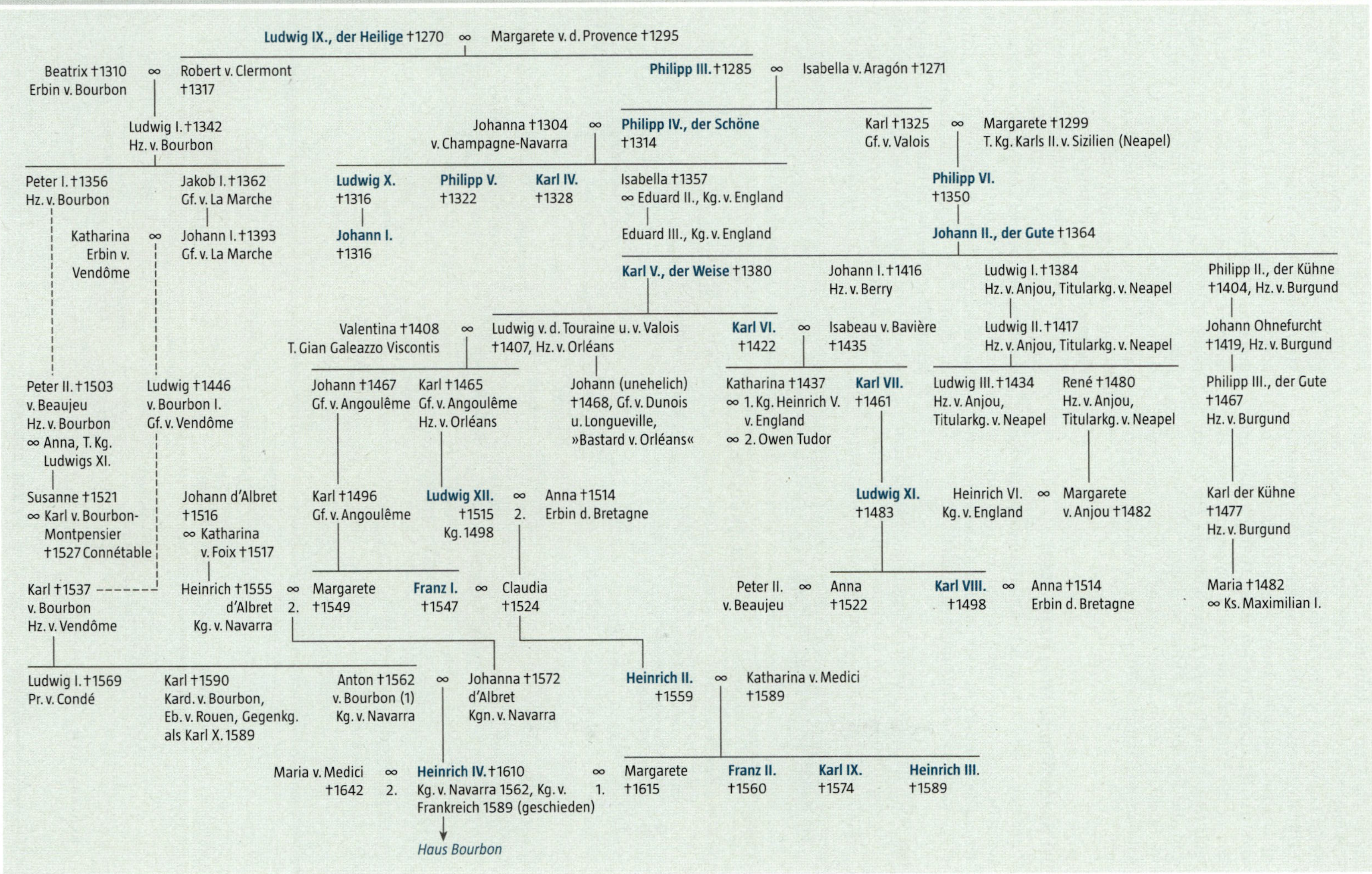

zug in die Picardie kampflos abbrechen muss. Unter Führung Arteveldes, der die Grafschaft nach der Flucht Ludwigs von Nevers an den französischen Hof (1338) allein regiert, schließt Flandern 1340 ein Bündnis mit England. Daraufhin kann Eduard III. als »Erbe Ludwigs des Heiligen« in Gent einen Hoftag halten, auf dem er die Huldigung der Städte entgegennimmt, erkauft freilich durch große Zugeständnisse. Am 24. Juni wird die französische Flotte im Hafen von Sluis (in der Bucht des Zwin, heute verlandet) von englischen Schiffen mit flämischer Unterstützung nahezu völlig zerstört.

Der Hundertjährige Krieg (1339–1453)

Materieller Anlass zum Krieg ist für England das ständige Ausgreifen der französischen Verwaltung nach Guyenne. Der englische Besitz ist dort auf den Küstenstrich zwischen Bordeaux und Bayonne beschränkt.

1341 Nach Rückkehr aus dem flandrischen Krieg stirbt Herzog Johann III. von der Bretagne (*1286) ohne legitimen Erben. Seine Nichte Johanna von Dreux (*1319, †1384) ist mit Karl von Blois (*um 1319, †1364) verheiratet, einem Neffen des französischen Königs. Sie erhebt Erbansprüche, die Johann von Montfort (*1295, †1345), Halbbruder des verstorbenen Herzogs, bestreitet. Der französische Teil der Bretagne (Diözesen Rennes, Nantes, Dol, St-Malo, teilweise St-Brieuc) hält zu Karl von Blois, der keltische (Diözesen Tréguier, Léon, Cornouaille-Quimper, Vannes) zu Johann von Montfort. Philipp VI. steht aufseiten seines Neffen Karl von Blois, Eduard III. unterstützt Johann von Montfort.

1343 Die darauf folgenden Kämpfe finden im **Vertrag von Malestroit** einen vorläufigen Abschluss: Karl von Blois beherrscht mit Rennes und Nantes die Hochbretagne, die Familie Montfort fast die gesamte Niederbretagne; Johann von Montfort muss ins Exil. In Flandern verstärkt sich die Opposition gegen die Vorherrschaft Gents, das die weniger mächtigen Orte zu dominieren beginnt. Die städtische Zunftherrschaft führt überdies zu blutigen Machtkämpfen zwischen Webern und Walkern; in Gent siegen die Weber, deren Zunftältester in Konkurrenz zu Jakob van Artevelde tritt. Das mühsam hergestellte Gleichge-

Der Hundertjährige Krieg im 14. Jh.

wicht zwischen den Bevölkerungsgruppen ist aufgehoben. EDUARD III. greift nicht ein.

1345 JAKOB VAN ARTEVELDE wird in Gent von den Webern erschlagen.

1346 EDUARD III. landet bei St-Vaast-la-Hougue (Departement Manche) und wendet sich zunächst gegen Caen, das nach kurzem Kampf genommen wird. In Eilmärschen sucht das englische Heer den flandrischen Bundesgenossen Hilfe zu bringen, muss sich aber bei Crécy (Departement Somme) vor den nachrückenden Franzosen verschanzen.

26. Aug. PHILIPP VI. trifft vor den englischen Feldbefestigungen ein und lässt sich zum Sturm verleiten. Die Bogenschützen EDUARDS III. haben entscheidenden Anteil an der vernichtenden **Niederlage des französischen Ritterheeres**, in dessen Reihen auch der blinde König JOHANN VON BÖHMEN, der Herzog von Lothringen, sowie die Grafen von Alençon und von Flandern den Tod finden. Wenige Tage später stehen die Engländer vor Calais und beginnen eine Belagerung, die sich bis in den Sommer des folgenden Jahres hinzieht.

1347, 4. Aug. Als PHILIPP VI. keinen Entsatz zu bringen wagt, kapituliert die Stadt zu harten Bedingungen (Gang der sechs »Bürger von Calais«): Vertreibung der Einwohner, Ansiedlung von Engländern. Calais, das durch seine geografische Lage immensen strategischen Wert besitzt, bleibt bis 1559 englisch. Der Papst vermittelt einen Waffenstillstand, der bis 1351 zweimal erneuert wird.

1349 PHILIPP VI. kauft die Stadt Montpellier von einer Seitenlinie des Hauses Aragón. Ebenso geht die Dauphiné vom letzten, kinderlosen Dauphin (aus dem lateinischen Beinamen »Delphinus«), HUMBERT II. (*1312, †1355), an den König, der das Land als Reichslehen dem jeweiligen französischen Thronfolger bestimmt: daher dessen Bezeichnung als »Dauphin«. Die letzten Regierungsjahre PHILIPPS VI. sind von der großen Pestepidemie überschattet, die im Laufe des Jahres 1347 ganz Frankreich ergreift.

1350–1364 König JOHANN II. DER GUTE (*1319, †1364) wird mit den Folgen der Pestepidemie (Bevölkerungsrückgang, Unterproduktion, Preis- und Lohnschere) in ihrem vollen Ausmaß konfrontiert. Er ist der Lage nicht gewachsen: unfähig zum persönlichen Regiment wie zur Auswahl geeigneter Berater, verschwenderisch im Aufwand für höfische Feste und Turniere, Gründer des Sternenordens zur Pflege eines versinkenden ritterlichen Ideals. Um trotz der Krise Geld für den wieder beginnenden Krieg gegen England aufzubringen, werden die Ständeversammlungen von Languedoc und Languedoïl sowie verschiedene Provinziallandtage um Hilfe gebeten; zugleich kommt es zur Münzverschlechterung. Die Stände bewilligen zwar neue Steuern, fordern aber Mitsprache und Finanzaufsicht, verbunden mit dem königlichen Versprechen zur Wiederberufung: Die erste große Einschränkung der monarchischen Gewalt im Innern, erwachsen aus dem berechtigten Misstrauen gegenüber der zentralen Finanzverwaltung.

1355 Trotz der Hilfe muss die Krone alle Zahlungen für sechs Monate einstellen und kann nur mittels einer Sonderbewilligung (*aide*) der Languedoïl wenigstens das Heer unterhalten. – Sprecher des Bürgertums ist der Vorsteher der Pariser Kaufmannschaft (*prévôt des marchands*) ÉTIENNE MARCEL (†1358), Tuchhändler aus einer der reichsten Familien dieser Stadt.

seit 1355 Der Süden Frankreichs wird vom Krieg besonders heimgesucht, nachdem EDUARD (*1330, †1376), der Schwarze Prinz (Beiname seit dem 16. Jh., wohl wegen der Farbe seiner Rüstung), Sohn König EDUARDS III., bei Bordeaux gelandet ist und als Vertreter seines Vaters amtet.

1356 Nach schweren Verwüstungen im französischen Languedoc tritt EDUARD III. von Bordeaux aus den Marsch durch Périgord, Limousin, Berry und Touraine nach Norden an. Bei Amboise erreicht er die Loire. Von JOHANN II. bedrängt, ziehen sich die Engländer südwärts zurück und besetzen einige Kilometer südöstlich von Poitiers eine günstige und stark befestigte Stellung bei Maupertuis.

19. Sept. Das zahlenmäßig weit überlegene französische Heer greift besonnener Warnung zum Trotz nach oberflächlicher Erkundung an und wird vollständig vernichtet. JOHANN II. ergibt sich und muss fast vier Jahre als Staatsgefangener in England verbringen.
Im Volk wird die Niederlage als Strafe für Übermut und Korruption des Adels verstanden. Der Dauphin KARL (V.) (*1338, †1380) hat als Vertreter seines Vaters mit dieser Missstimmung breiter Kreise zu rechnen und kann sich auch nicht auf die in sich gespaltene Bürgerschaft der Hauptstadt verlassen: Neben die Kritik an der königlichen Verwaltung tritt Bewunderung für das oppositionelle flandrische Bürgertum. ÉTIENNE MARCEL schwingt sich nach dem Vorbild JAKOBS VAN ARTEVELDE zum Führer dieser Bewegung auf und reißt nach der Schlacht bei Maupertuis (Schlacht von Poitiers) die Stadtregierung an sich. Eine weitere Gefahr droht von den alten Gegnern des Hauses Valois; an ihrer Spitze steht jetzt KARL DER BÖSE (*1332, †1387), König von Navarra und Sohn JOHANNAS II. VON NAVARRA (*1311, †1349), der Tochter LUDWIGS X. Er strebt im Einvernehmen mit England nach der Krone Frankreichs und ist für die Pariser Bürgerbewegung der natürliche Bundesgenosse.
Ständeversammlungen fordern vom Dauphin die Annahme dauernder Ratgeber aus Klerus, Adel und Bürgertum; dieser Kreis soll v. a. die Reichsbeamten auswählen und ernennen.

1358 Trotz englisch-navarresischer Truppenbewegungen in der Umgebung von Paris betritt KARL (V.) mit kleinem Gefolge die Stadt, aus der KARL DER BÖSE erst vor kurzem abgezogen ist. Der Thronfolger spricht mit großer Wirkung auf mehreren Bürgerversammlungen, aber während eines von ÉTIENNE MARCEL geführten Aufruhrs dringt eine wütende Menge in den Palast und ermordet vor den Augen KARLS (V.) zwei seiner Marschälle. Als KARL DER BÖSE auf Ersuchen MARCELS wenige Tage später in Paris erscheint, verlässt der Dauphin die Stadt und beruft die Stände nach Compiègne.

Das in der ersten Hälfte des 14. Jh.s noch blühende Land ist von Krieg und Seuche schwer getroffen. Die Bauern sind durch umherstreifende Banden in ihrer Existenz bedroht und richten ihren Zorn gegen den Adel, der weder sie noch das Reich schützen kann und in wichtigen Schlachten versagt hat. Weil der Dauphin den Bauern Selbstschutz empfohlen hat, bewaffnen sie sich.

Mai Im Beauvaisis bricht ein Aufstand los, der rasch ganz Nordfrankreich erfasst.
Die **Jacquerie** (nach dem Spottnamen »Jacques Bonhomme« für das niedere Volk) wird zentral von dem Bauern GUILLAUME CALE geführt, der, rhetorisch begabt und waffentüchtig, sein eigenes Siegel führt und mit dem Aufbau einer Kanzlei beginnt. Die erzählenden Quellen berichten dramatisch und durchweg voreingenommen von Mord und Plünderung bisher unbekannten Ausmaßes. ÉTIENNE MARCEL glaubt, die Jacquerie für seine Zwecke nutzen zu können, wahrt aber zugleich die Distanz. KARL DER BÖSE organisiert dagegen den Adel und lockt den Führer der Bauern in einen Hinterhalt; CALE wird in Clermont enthauptet. Während auf dem Lande Massenexekutionen der führerlosen »Jacques« stattfinden, beginnt der DAUPHIN die Belagerung von Paris. MARCEL fühlt, wie die nun von antienglischen Stimmungen geleitete Stadtbevölkerung seinem Einfluss entgleitet.

31. Juli ÉTIENNE MARCEL wird an der Bastille St-Antoine bei einem Volksauflauf erschlagen, da man ihn verdächtigt, Truppen KARLS DES BÖSEN in die Stadt lassen zu wollen. Zwei Tage später zieht der Dauphin als Sieger in Paris ein.

1360, 8. Mai **Englisch-Französischer Friede von Brétigny** bei Chartres: Außer Guyenne fallen Poitou, Gascogne, Guines und Calais an England zum gleichen Recht, das die Krone Frankreich bisher innehatte, das heißt ohne Lehnsverpflichtung. EDUARD III. verzichtet auf seinen französischen Thronanspruch und erhält ein hohes Lösegeld für König JOHANN II.

24. Okt. Nach der Freilassung JOHANNS II. wird der Friedensvertrag in Calais ratifiziert.

1363 Nach Aussterben der kapetingischen Seitenlinie in Burgund (1361) gibt JOHANN II. das Herzogtum an seinen Sohn PHILIPP DEN KÜHNEN (*1342, †1404). Damit ist der Grundstein einer Macht gelegt, die wenige Jahrzehnte später der Krone gefährlich wird.

1364 KARL (V.) zieht die Güter KARLS DES BÖSEN (von Navarra) ein, weil dieser die burgundische Nachfolge für sich gefordert hat.

16. Mai Held des daraus entstehenden Krieges ist der bretonische Ritter BERTRAND DU GUESCLIN (*um 1320, †1380), der in der **Schlacht bei Cocherel** (Departement Eure) das navarresische Heer besiegt.

19. Mai KARL V. wird zum König gekrönt.

Karl V., der Weise

KARL V. entspricht mit seiner schwachen, zeitlebens von Neuralgien heimgesuchten Konstitution nicht dem Ritterideal seiner Zeit. Er meidet weite Reisen und kommt in seiner Regierungszeit nicht über Rouen im Westen und Orléans im Süden hinaus. Gleichwohl neigt auch er zu prächtiger Hofhaltung, die im ausgebauten Louvre ihren angemessenen Ort findet. Der König liebt gelehrte Gespräche, konsultiert häufig die Universität von Paris und stellt eine bedeutende Büchersammlung zusammen, Grundstock der königlichen Bibliotheken späterer Zeit. Wichtige französische Übersetzungen (Institutionen JUSTINIANS; Digesten; Hauptschriften des ARISTOTELES, von denen ihm Ethik, Politik und Ökonomik am wertvollsten sind) regt er persönlich an und ist wegen seiner juristisch fundierten, mitunter spitzfindigen politischen Schachzüge gefürchtet. Die bedeutendsten Ratgeber kommen aus dem *Parlement* (JEAN und GUILLAUME DE DORMANS [†beide 1373], PIERRE D'ORGEMONT [†1389]) und aus der Reichsverwaltung (HUGUES AUBRIOT [†1382]); sein vertrauter Freund und an allen wichtigen Regierungshandlungen beteiligt ist BUREAU DE LA RIVIÈRE (†1400). Mit RAOUL DE PRESLES (†1382), PHILIPPE DE MÉZIÈRES (†1405) und NICOLE ORESME (†1382) hat er fähige Mitarbeiter am neuen Konzept der *bonne policie*: methodische Anstrengung zur umfassenden und gleichmäßigen Ordnung aller öffentlichen Angelegenheiten durch die monarchische Gewalt, die ihrerseits im aristotelischen Sinne gesetzmäßig sein will und der Ratgeber bedarf. ORESMES Traktat »De moneta« (um 1356/57) ist eine frühe geldtheoretische Abhandlung auf volkswirtschaftlicher Grundlage.

KARL V. zeigt sich in der Verteidigung königlicher Rechte gegenüber der Kirche unnachgiebig und bekämpft das adlige Fehdewesen mit dem Ziel seiner vollständigen Aufhebung. Die vorsichtige Erhebung stetig steigender Sondersteuern verbindet er mit Subventionen für Burgenbau in den großen Lehnsgebieten, leitet aber daraus ein regelmäßiges Inspektionsrecht der Krone ab, in dem Bestreben, den Adel ins königliche Heer einzugliedern. Den Städten gegenüber verhält er sich wohlwollend, fördert aber nicht kommunale Regungen, sondern das schrittweise Eindringen königlicher Beamter in die Stadtverwaltungen. Die seit dem Frieden von Brétigny (1360) verkleinerte Domäne wird konsolidiert, zugleich aber bestätigt und vergrößert der König die von seinem Vater gewährten großen Apanagen seiner Brüder PHILIPP DER KÜHNE (Burgund), LUDWIG (*1339, †1384) (Anjou-Touraine) und JOHANN (*1340, †1416) (Berry). Deren Eigeninteressen sind nicht nur eine Belastung für KARL V., sondern zusammen mit den übrigen Prinzen von Geblüt bilden die Brüder des Königs als *deuxième féodalité* (die erste hatte in den mittlerweile meist ausgestorbenen regionalen Dynastien bestanden) ein Hindernis auf dem Weg zum Einheitsstaat.

1364, 29. Sept. In der Bretagne kommt es zu keinem dauerhaften Ausgleich der Erbansprüche, sodass JOHANN (V.) VON MONTFORT (*1339, †1399) bei Auray die militärische Entscheidung gegen KARL VON BLOIS sucht. KARL unterliegt und fällt im Kampf. JOHANN wird Herzog der Bretagne und erkennt die königliche Lehnshoheit an, neigt aber der englischen Seite zu.
Nach dem Friedensschluss leidet Frankreich unter den Raubzügen beschäftigungsloser Söldnerbanden

(*compagnies*), mit denen BERTRAND DU GUESCLIN schließlich nach Spanien zieht und HEINRICH II. VON TRASTÁMARA (*1333, †1379) gegen dessen von England unterstützten Halbbruder PETER I. DEN GRAUSAMEN (*1334, †1369) zur Krone des Königreichs Kastilien verhilft. Seither gibt es für mehr als ein Jh. ein festes französisch-kastilisches Bündnis.

KARL V. sucht seit Beginn seiner Regierung eine Gelegenheit, den Vertrag von Brétigny aufzuheben und findet sie in einer Appellation von Adligen aus der Gascogne an das Pariser *Parlement* gegen außerordentliche Steuererhebungen EDUARDS, des Schwarzen Prinzen: Weil der König von Frankreich nicht ausdrücklich auf seine Lehnshoheit über den englischen Besitz verzichtet habe, könne er Beschwerden der Stände entgegennehmen. Zahlreiche Herren und Städte des Südens erkennen die Argumente KARLS an.

1369 England und Frankreich befinden sich wieder im Krieg. KARL V. verfolgt eine ausgreifende Bündnispolitik. Er erstattet LUDWIG VON MAELE (*1330, †1384), Graf von Flandern, Orchies, Douai und Lille zurück. In der Folge heiratet dessen Erbtochter MARGARETE (*1350, †1405) anstelle EDMUNDS VON LANGLEY, Graf von Cambridge (*1341, †1402; Sohn EDUARDS III.), PHILIPP II. (DEN KÜHNEN) von Burgund, den Bruder KARLS V. Die Ehe wird am 19. Juni geschlossen und bildet die Grundlage für die burgundische Herrschaft in den Niederlanden. Kastilien und Portugal stehen ebenfalls auf französischer Seite, die Neutralität des Kaisers gilt als sicher.

BERTRAND DU GUESCLIN ist *Connétable* der Krone und führt mit Soldtruppen einen systematischen Kleinkrieg, in dessen Verlauf er das Poitou erobert.

1372 Eine englische Flotte wird bei La Rochelle von kastilischen Galeeren vernichtet.

Herzog JOHANN V. VON DER BRETAGNE steht im offenen Bündnis mit England.

1375 Als bis auf Calais, Guines, Bayonne, Dax, St-Sever und das Bordelais alle englischen Besitzungen in französischer Hand sind, wird in Brügge ein Waffenstillstand vereinbart, der aber nur zwei Jahre besteht. Seit langem verhandelt KARL DER BÖSE mit England, sodass KARL V. die Ländereien des Hauses Evreux in der Normandie einzieht. Mit Cherbourg verkauft KARL DER BÖSE seinen letzten Besitz auf französischem Boden an die Engländer und zieht sich nach Navarra zurück, wo er 1387 stirbt.

1380 Im Kampf gegen die neu formierten *compagnies* fällt BERTRAND DU GUESCLIN und wird in der königlichen Grablege St-Denis beigesetzt.

Die militärischen Anstrengungen überfordern das Land und sind allein mit außerordentlichen Steuern zu finanzieren, deren Bewilligung den Ständen nur gegen Anteil am Ertrag abzuringen ist. Bretagne, Burgund und Flandern zahlen nicht. Mit dem Umzug GREGORS XI. (1370–1378) von Avignon nach Rom (1376/77) verliert Frankreich seinen direkten Einfluss auf das Papsttum; in Avignon residiert seit URBAN VI. (1378–1389) nur noch der eine von zwei Päpsten im Abendländischen Schisma.

König **KARL VI.** (*1368, †1422) tritt die Nachfolge an. Die von seinem Vater ausgesuchten Ratgebern müssen aber einer Regentschaftsregierung durch die Herzöge von Anjou, Berry und Burgund, den Brüdern des verstorbenen Königs, weichen.

1382 Zuerst regt sich in Paris Widerstand gegen neue Steuererhebungen; Aufstände in Rouen, Amiens, Orléans, Reims, Lyon und anderen wichtigen Städten folgen. Gegenmaßnahmen der wohlhabenden Bürger und geschickte Verhandlungen der königlichen Seite führen in Paris zur Beruhigung der Straße, vorübergehend gehorcht auch Rouen, aber die Aufstandsbewegung hat inzwischen den Süden erfasst, v. a. jedoch Flandern. Dort hat PHILIPP VAN ARTEVELDE (*1340, †1382), der Sohn JAKOBS VAN ARTEVELDE, die Herrschaft über Gent errungen, wendet sich nun gegen den Grafen, besiegt ihn auf dem Beverhoutsveld bei Brügge und nimmt auch diese Stadt ein. Graf LUDWIG VON MAELE ruft seinen Schwiegersohn PHILIPP DEN KÜHNEN, Herzog von Burgund, zu Hilfe und erhält damit den Beistand Frankreichs.

27. Nov. Bei Roosebeeke (Rozebeke, nördlich von Kortrijk) vernichtet das Heer KARLS VI. die Truppen PHILIPPS VAN ARTEVELDE, der im Kampf stirbt.

Brügge unterwirft sich der königlichen Verwaltung. Nun hat der Hof gegenüber Paris freie Hand: Nach dem Einzug von 12 000 Mann königlicher Truppen werden Hunderte, selbst königstreue Bürger, verhaftet und zahlreiche Hinrichtungen vollzogen. Kaufmannschaft und Zünfte verlieren die letzten Reste ihrer korporativen Selbstverwaltung. Entsprechend wird in Rouen und im Languedoc verfahren.

1384 LUDWIG VON MAELE stirbt, der erwartete Erbfall tritt ein: Flandern, Artois, Franche-Comté gehen an PHILIPP DEN KÜHNEN. Auf den flandrischen Adel und die Macht Frankreichs gestützt, kann er den Besitz gegenüber England sichern und auch mit den flandrischen Städten, v. a. mit Gent, Frieden schließen.

1385 Einer planvollen Bündnis- und Erwerbspolitik PHILIPPS DES KÜHNEN dienen die durch ihn vermittelten Heiraten seines Sohnes JOHANN (»Ohnefurcht«; *1371, †1419) mit MARGARETE VON HENNEGAU-HOLLAND (*1363, †1424), Tochter des Wittelsbachers ALBRECHT I. VON BAYERN (*1336, †1404; seit 1358/89 Graf von Holland und Hennegau), und König KARLS VI. mit ISABEAU DE BAVIÈRE (ELISABETH VON BAYERN-INGOLSTADT; *1370, †1435).

1388 PHILIPP DER KÜHNE lenkt das französische Heer gegen den Herzog von Geldern, mit dem seine Tante Herzogin JOHANNA VON BRABANT (*1322, †1406) Krieg führt, und erhält als Gegenleistung das brabantische Erbe für seinen zweiten Sohn ANTON (*1384, †1415) versprochen. Der Feldzug ist für KARL VI. Anlass, die Regierung selbst zu übernehmen.

Er ruft die alten Ratgeber seines Vaters zurück, die vorwiegend niederadliger oder bürgerlicher Herkunft sind und daher polemisch als *marmousets* (Affen, Narren, groteske Figuren) bezeichnet werden; sie beschließen, nur einstimmig zu entscheiden. LUDWIG (*1372, †1407), der energische jüngere Bruder des Königs, wird an der neuen Regierung beteiligt, während KARL VI. v.a. an höfischen Festen und der Inszenierung ritterlicher Ideale Gefallen findet.

1392 KARL VI. hat den ersten Anfall einer sich in Schüben wiederholenden Geisteskrankheit. Die Marmousets werden vom Hof verbannt, die alte Regentschaft tritt wieder an ihre Stelle.
LUDWIG wird Herzog von Orléans. Durch seine Ehe (1389) mit VALENTINA VISCONTI (†1408), der Tochter des Herzogs GIAN GALEAZZO von Mailand (*1351, †1402), besitzt LUDWIG die Grafschaft Asti. Da auch Florenz französische Unterstützung sucht und Gegenpapst CLEMENS VII. (1378–1394) LUDWIG II. VON ANJOU (*1377, †1417) zum König von Sizilien gekrönt hat (1389), ist die Politik Frankreichs teilweise durch die Lage in Italien bestimmt.

1396 ISABELLA (*1389, †1409), Tochter KARLS VI., heiratet König RICHARD II. von England (1377–1400).
Das Projekt wird durch PHILIPP DEN KÜHNEN, Herzog von Burgund, gefördert, der für seine flandrischen Gebiete Frieden braucht. Herzog LUDWIG VON ORLÉANS will einem Hilfegesuch des Genueser Stadtadels gegen die Bürgerschaft nachkommen, um den Aufbau seines »Königreichs Adria« mit der Annexion Genuas zu beginnen. Auf Betreiben PHILIPPS DES KÜHNEN unterstellt sich die Stadt aber der Krone Frankreich und bleibt bis zum Aufstand von 1409 unter deren Herrschaft. Der hier zum ersten Mal offene Gegensatz zwischen den Herzögen von Burgund und von Orléans ist grundsätzlicher Natur und von verschiedenen politischen Interessen dauerhaft geprägt.

1404 Das zeigt sich, als PHILIPP DER KÜHNE stirbt und sein Sohn JOHANN OHNEFURCHT seine Politik stark an den Interessen seines Herzogtums ausrichtet, weniger an jenen des Hauses Valois. – Flandern ist wirtschaftlich und politisch auf gute Beziehungen zu England angewiesen, im Schisma steht es zu Rom. Umgekehrt bestimmt der Herzog von Orléans im Bund mit der Königin ISABEAU zeitweise die Politik des Hofes.

1407, 23. Nov. Die wachsende Feindschaft zwischen den Herzögen führt zur **Ermordung LUDWIGS**, Herzog von Orléans, in Paris. JOHANN OHNEFURCHT bekennt sich bald als Auftraggeber des Anschlags, kann aber die Stadt unbehelligt verlassen, weil er infolge seiner Ablehnung königlicher Steuerforderungen die Sympathie der Bürgerschaft auf seiner Seite hat.

1408 Im folgenden Jahr zieht er wieder in Paris ein, wo der Universitätstheologe JEAN PETIT (JOHANNES PARVUS; *um 1360, †1411) vor dem Dauphin und Teilen des Hofes eine lange Verteidigungsschrift verliest, die das Attentat als Tyrannenmord rechtfertigt. Der Text wird zudem zu Propagandazwecken vervielfältigt und publiziert.
KARL VON ORLÉANS (*1394, †1465), der Sohn des Getöteten, gewinnt die Unterstützung der Herzöge von Berry, Bourbon, Bretagne, der Grafen von Clermont und Alençon; an der Spitze dieser Adelsfraktion steht sein Schwiegervater BERNHARD VII. VON ARMAGNAC (*um 1363, †1418), nach dem die Partei des Hauses Orléans ihren Namen »Armagnacs« führt. Die beiden Lager spalten das Land. Paris steht zunächst auf burgundischer Seite, die Armagnacs werden vertrieben und enteignet. KARL VI. ist zur Regelung der Verhältnisse nicht fähig.

1411 Im beginnenden Bürgerkrieg bemühen sich beide Parteien um englische Unterstützung. Der durch den Dauphin vermittelte Friede von Auxerre (Aug. 1412) untersagt solche Allianzen, hat aber nur kurzfristig Bestand.

1413 Die wohl organisierte Pariser Bürgerschaft nimmt wieder kommunale Rechte wahr und ist mit dem Einfluss der Armagnacs auf die königliche Verwaltung so unzufrieden, dass ein Zunftaufstand unter Führung des Abdeckers SIMON LE COUTELIER, genannt CABOCHE (daher »Cabochiens«), den König zum Erlass einer »Ordonnance« zwingt: Kontrolle der Behörden bei gleichzeitiger Erweiterung ihrer Kompetenzen, Wahl der Beamten durch die Verwaltungskörperschaften. Dennoch errichten die Cabochiens eine Terrorherrschaft, die zu ihrem Sturz führt, als der königliche Advokat JEAN JOUVENEL (*1360, †1431) Großbürgertum und Universität zum Widerstand vereinigen kann. JOHANN OHNEFURCHT muss Paris aufgeben, das sich den Armagnacs öffnet. Die »Ordonnance Cabochienne« wird sogleich aufgehoben.

1414 Der Herzog von Burgund schließt ein Bündnis mit König HEINRICH V. von England (1413–1422), der die französische Krone für sich fordert.

1415 HEINRICH V. landet mit ca. 12 000 Mann an der Seinemündung und besetzt den Hafen Harfleur.

25. Okt. Der englische Eilmarsch durch die Picardie und Artois soll bei **Azincourt** durch das mit vielleicht 50 000 Mann stark überlegene französische Heer aufgehalten werden. Das Gelände hindert aber die Entfaltung der Reiterei, sodass die englischen Bogenschützen den Sieg für ihren König erstreiten. Als vornehmste Gefangene nimmt HEINRICH V. die Herzöge von Orléans und von Bourbon mit nach England.
Die Regierung führt nun Graf BERNHARD VII. VON ARMAGNAC im Namen des jeweiligen Dauphins, ab 1417 ist dies KARL (VII.) (*1403, †1461). Er stützt sich auf gascognische Truppen und lässt alle Anhänger Burgunds (v.a. im *Parlement* und in der Universität) grausam verfolgen, zumal JOHANN OHNEFURCHT HEINRICH V. als König von Frankreich anerkennt.

1417 HEINRICH V. erobert die Normandie, während der Herzog von Burgund seine Truppen vor Paris konzentriert. Er verspricht Befreiung von den Armagnacs und zieht die mit ihrem Sohn verfeindete Königin ISABEAU auf seine Seite.

1418 In der Nacht zum 29. Mai gelingt den Burgundern mithilfe der Stadtmiliz die Rückeroberung von Paris. Die Armagnacs werden jetzt ihrerseits Opfer eines Massakers; prominentester Toter ist Graf BERNHARD VII. VON ARMAGNAC.
Führer der Partei wird nun der Dauphin; sein Regierungssitz ist Bourges, während ISABEAU mit dem kranken König von Troyes aus herrschen will.

1419 Die Engländer erobern nach langer Belagerung Rouen. JOHANN OHNEFURCHT sucht Frieden entweder mit dem Dauphin oder mit Heinrich V. Er verhandelt mit beiden Seiten und trifft sich mehrfach mit Karl (VII.).

10. Sept. Bei einer weiteren Begegnung auf der Brücke von Montereau wird Johann Ohnefurcht von Begleitern und wohl mit Wissen des Dauphins ermordet. Der Anschlag trägt wesentlich zur burgundischen Allianz mit England bei.

1420 Johanns Sohn Philipp der Gute (*1396, †1467) vereinbart im **Vertrag von Troyes** mit Zustimmung der Königin Isabeau die Heirat Heinrichs V. mit Katharina (*1401, †1437), Tochter Karls VI., die Nachfolge des englischen Königs auf den französischen Thron, den Ausschluss des Dauphins von der Thronfolge wegen des Mordes am Herzog von Burgund und die gemeinsame Regierung Heinrichs V. und Philipps des Guten in Frankreich. Die Generalstände versammeln sich in Paris, bereiten Heinrich V. einen feierlichen Empfang und erkennen ihn an.

Burgund

Im Schutze des Bündnisses mit England bemüht sich Philipp der Gute um die Vereinheitlichung der Administration seiner Herrschaften und kann v. a. im Raum der Niederlande territoriale Gewinne erreichen. Gebietserwerbungen ergeben sich durch Verwandtschaftsverbindungen, Erbfall und Kauf: 1420 verspricht Katharina (*1378, †1425), Tochter Philipps des Kühnen, ihr elsässisches Erbgut bei ihrem Tod an das Haus Burgund übergehen zu lassen; 1421 kauft der Herzog die Rechte an der Grafschaft Namur, die 1429 beim Tod Johanns III. von Namur (*um 1360) an ihn fällt. Als Jakobäa von Hennegau (*1401, †1436) ihren Gemahl Johann IV. von Brabant (*1403, †1427), Philipps des Guten Vetter, verlässt und den Bruder des Herzogs von Bedford heiratet (1422), erkämpft sich Philipp in einem mehrjährigen Krieg zunächst die Regentschaft (1428), später auch Grafentitel und -rechte über Holland, Seeland, Friesland und Hennegau (1433). Brabant und Limburg kommen 1430 beim Tod des Grafen Philipp von Saint-Pol (*1404) im Erbgang an Burgund. Damit verschiebt sich die Achse der burgundischen Politik nach Norden, vornehmstes Ziel wird die Festigung territorialer Eigenstaatlichkeit; aufkeimende Gegensätze zu England sind v. a. wirtschaftlich begründet (Konkurrenz der neuen englischen Tuchindustrie). Als Gegenleistung für seine Unterstützung der Päpste gegen das Konzil erhält Philipp ihm genehme Besetzungen der Bischofsstühle von Cambrai (1440), Lüttich und Utrecht (1456) durch nahe Verwandte und hat damit alle niederländischen Bistümer unter seiner Aufsicht. Das Herzogtum Luxemburg und die Vogtei über das Elsass besitzt Philipps Tante Elisabeth von Görlitz (*1390, †1451) als Pfand; sie setzt ihn 1442 zum Universalerben ein, Kaiser Friedrich III. (*1415, †1493) erhebt keine Einwände; Ludwig XI. (*1423, †1483) verzichtet 1462 auf eigene Ansprüche. Immer deutlicher erscheint hinter der burgundischen Expansion die ideelle Bezugnahme auf Lothringen, das alte Mittelreich der karolingischen Teilungen. Praktisches Endziel der Politik ist eine unabhän-

Das Haus Valois und die Herzöge von Burgund

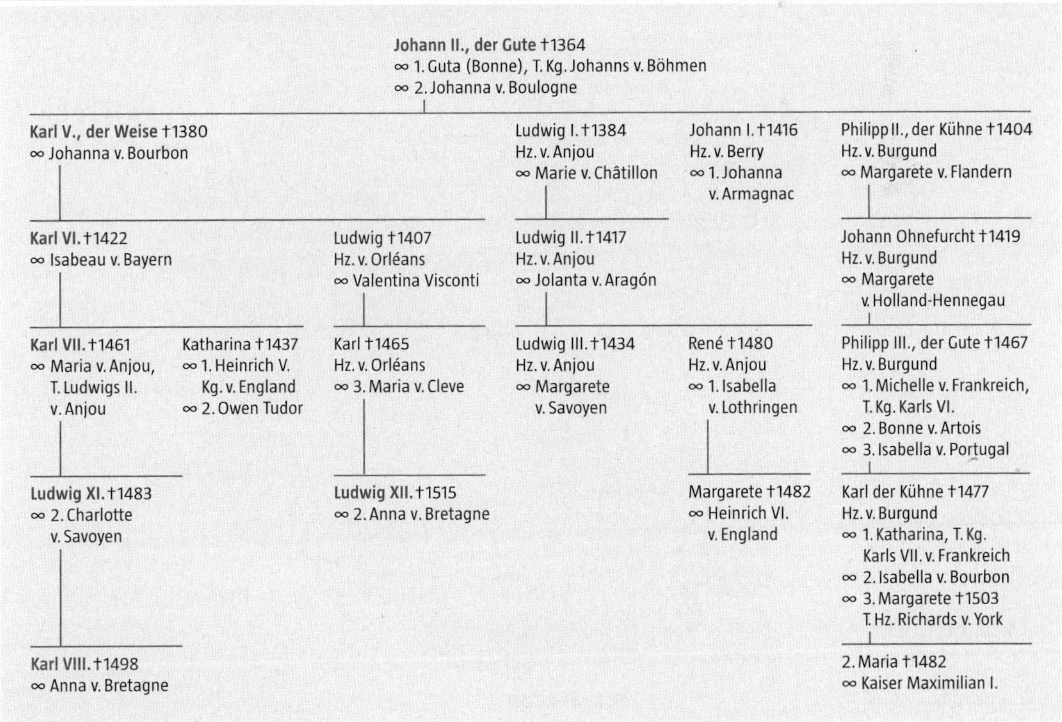

gige Monarchie zwischen dem Reich und Frankreich. Schon 1438 ist Lüttich unterworfen worden, 1453 siegt der Herzog bei Gavere über die Milizen des aufständischen Gent. PHILIPP DER GUTE erscheint damit aus moderner Warte als Begründer einer niederländischen Staatlichkeit, in deren Dienst seine Verwaltung mittelbar steht: Im Herzogtum Burgund sind die *Grands Jours* oberste Gerichtsinstanz, während der *Grand Conseil* zentraler Staatsrat, die *Chambre de Conseil* zentrale Verwaltungsbehörde ist. Untere Verwaltungsbezirke sind die *bailliages*, die es auch in der Freigrafschaft (Franche-Comté) gibt, wo das *Parlement* höchster Gerichtshof ist. Entsprechend löst in Flandern ein Rechnungshof (*Chambre des Comptes*) mit territorialer Zuständigkeit die lehnsstaatlichen (personalen) Einrichtungen ab, der *Conseil de Flandre* wird als Landesgericht begründet, das Land in *bailliages* eingeteilt unter einem direkt dem Herzog verantwortlichen *souverain bailli de Flandre*. Brabant hat seine *Cour de Brabant*, die ehemaligen Ländereien JAKOBÄAS unterstehen der *Cour de Hollande*; Hennegau erhält im *grand bailli* ein Verwaltungshaupt, Luxemburg im *lieutenant-gouverneur*. Die Lokalverwaltung bleibt den Einheimischen.

1422 Kurz nacheinander sterben HEINRICH V. und KARL VI. Für HEINRICH VI. (*1421, †1471), »König von Frankreich und England«, führt sein Onkel, Herzog JOHANN VON BEDFORD (*1389, †1435), die Regentschaft in Frankreich. Die französische Verwaltung bleibt bestehen, nur in der Normandie werden englische Beamte eingesetzt.

Der neue französische König **KARL VII.** (*1403, †1461) kann sich als »König von Bourges« auf Touraine, Berry, Poitou, Aunis, Saintonge und Dauphiné stützen, ferner auf Teile des Limousin, der Auvergne, der Guyenne und auf die Stadt Lyon. Zudem verfügt er seit der Schlacht bei Azincourt (1415) über viele Lehen von Gefangenen, erscheint zunächst aber psychisch angeschlagen, beinahe entscheidungsunfähig, abhängig vom Willen der führenden Armagnacs und als Objekt von Hofintrigen. Als ehemaliger oberster *maître des forêts* gewinnt GEORGES DE LA TRÉMOILLE (*um 1385, †1446) das Vertrauen KARLS VII., verfolgt weitgehend eigene Interessen und stürzt durch seine mit Brutalität gepaarte Unfähigkeit die Länder des Dauphins in schlimmste Anarchie.

1428 Eine Kette militärischer Erfolge des Herzogs von

Die »drei Frankreich« – England, Frankreich und Burgund um 1425

Bedford ermutigt die Engländer, mit der Belagerung von Orléans die völlige Unterwerfung KARLS VII. einzuleiten.

Seit dem Vertrag von Troyes regen sich im burgundischen Lager Zweifel an der so weitgehend englandfreundlichen Politik. Regionale Widerstände, nationalbewusste Schriftsteller (ALAIN CHARTIER; *um 1385, †1430) und die breite Unterstützung der in Orléans Belagerten aus vielen Landesteilen sind Anzeichen für eine veränderte Stimmung, die dem Auftreten der **JEANNE D'ARC** den Boden bereitet. JEANNE ist um 1412 als Tochter eines wohlhabenden Bauern in Domrémy an der Maas geboren. Frühe Visionen und Auditionen steigern sich unter dem persönlichen Eindruck des Krieges seit 1428 zu täglich empfangenen Anweisungen, die fortan ihr Handeln als gotterwählte Retterin Frankreichs bestimmen.

1429, März In Chinon steht JEANNE D'ARC das erste Mal vor dem Dauphin, der Gutachten anfordert und das Mädchen mehrere Wochen lang durch Theologen und Ärzte überprüfen lässt, bevor er sie mit militärischem Gefolge gegen Orléans sendet.

29. April Das kleine Heer dringt in die Stadt ein und JEANNE D'ARC erreicht in wenigen Tagen den Abzug der Engländer. Die Wirkung auf alle Bevölkerungsschichten Frankreichs ist gewaltig; nach JEANNES Sieg bei Patay ergreift Panik die englischen Truppen, sodass der Weg nach Reims frei wird.

17. Juli Hier empfängt der Dauphin die Königsweihe, sucht aber keine militärische Entscheidung, sondern strebt einen Frieden mit PHILIPP DEM GUTEN an.

1430 JEANNE handelt nun selbstständig, kommt in das von Burgundern belagerte Compiègne und gerät bei einem Ausfall in Gefangenschaft. Sechs Monate später wird sie den Engländern ausgeliefert und nach Rouen gebracht, wo unter Vorsitz des für Compiègne zuständigen Bischofs von Beauvais, PIERRE CAUCHON (*um 1371, †1442), ein Häresieprozess beginnt, der mit ihrer Verurteilung endet.

1431, 30. Mai JEANNE D'ARC wird in Rouen öffentlich verbrannt. 1449 veranlasst KARL VII. ein Rehabilitationsverfahren, das 1456 zum Widerruf des Urteils von Rouen führt (1909 Seligsprechung, 1920 Heiligsprechung). Noch im Jahr des Prozesses von Rouen wird HEINRICH VI. in Paris gekrönt.

Nach JEANNES Tod löst sich der Krieg wieder in eine Vielzahl örtlicher Kämpfe auf, ohne an zerstörender Kraft zu verlieren. Der Sturz GEORGES DE LA TRÉMOILLES (1433) führt nicht zur Stärkung der französischen Zentralgewalt, die einen Aufstand der Normandie gegen England (1434) ungenutzt scheitern lässt.

1435 Die Befriedung des Landes kann erst beginnen, als die seit Jahren angebahnten Verhandlungen mit Burgund zum Friedenskongress von Arras führen. Als JOHANN VON BEDFORD auf dem Thronverzicht KARLS VII. besteht und die englische Delegation jedem Kompromiss verschlossen abreist, stimmt PHILIPP DER GUTE einem Sonderfrieden zu: Neben Gebietsabtretungen sichert der Vertrag ihm persönliche Freiheit von allen Lehnsverpflichtungen gegenüber der französischen Krone zu. Durch den Tod JOHANNS VON BEDFORD im gleichen Jahr verliert England seinen bedeutendsten Staatsmann.

1436 Der Connétable ARTHUR III. DE RICHEMONT (*1393, †1458) nimmt Paris für KARL VII.

Die verheerenden Folgen des Krieges reichen bis in die Zeit nach dem Vertrag von Arras, weil die entlassenen burgundischen und englischen Söldner nur dadurch überleben können, dass sie als Banden von *écorcheurs* (Schinder) die Bevölkerung ausplündern und bis 1444 alle Regionen Frankreichs heimsuchen.

1438 Als Reaktion auf die seit 1435 gefassten Beschlüsse des Basler Konzils stellt KARL VII. die Verhandlungsergebnisse eines von ihm berufenen französischen Nationalkonzils in der »Pragmatischen Sanktion von Bourges« zusammen. Sie schützt die gallikanischen Freiheiten und regelt die Beziehungen der französischen Kirche zur Kurie: Unterordnung des Papstes unter das Konzil, freie kanonische Wahl durch Kapitel und Konvente unbeschadet königlicher Vorschlagsrechte, Verbot päpstlicher Pfründenreserven und Exspektanzen, Einschränkung des Appellationsrechts, Kürzung der nach Rom gezahlten Abgaben auf ein Fünftel des bisherigen Umfangs.

1439 *Parlement* und Basler Konzil billigen diese Ordonnanz. Einer weiteren großen Ordonnanz stimmen die Generalstände zu: Die Anwerbung von Söldnern obliegt künftig allein dem König, der faktisch die Möglichkeit einer dauernden direkten Steuer (*taille royale*) erhält. Adel und Klerus sind befreit.

1444 In Tours wird ein Waffenstillstand mit England geschlossen; die Versöhnung der Könige soll durch die Ehe HEINRICHS VI. mit MARGARETE VON ANJOU (*1430, †1482) befestigt werden.

1445 Das Abkommen verschafft KARL VII. eine Atempause, die er zu einer demonstrativen Militärkampagne in Lothringen und einer Heeresreform nutzt: Beseitigung der *écorcheurs* durch dauernde Soldverträge mit den Geeignetsten unter ihnen, Organisation der Kavallerie als Hauptwaffe in 15 Ordonnanzkompanien zu je 100 »Lanzen«, die aus einem adligen *homme d'armes* und fünf ihm unterstellten *archers à cheval* besteht; jede Kompanie wird von einem adligen Kapitän geführt, den der König ernennt. Zusammen mit den schottischen Reitern der königlichen Leibgarde und einem Kontingent im Kriegsfalle sogleich verfügbarer, von Steuern freier Fußkämpfer (*francs-archers*) bilden die Ordonnanzkompanien den Grundstock einer stehenden französischen Armee.

1449 Als der Waffenstillstand nicht zum dauernden Frieden wird, setzt KARL VII. sein neues Instrument zur Eroberung der Normandie ein und nimmt Rouen.

1453 Die mit England wirtschaftlich verbundene und gegen die französische Verwaltung aufgebrachte Guyenne wehrt sich auf Seiten des englischen Heerführers JOHN TALBOT, Earl of Shrewsbury (*1384), so lange, bis dieser in der Schlacht bei Castillon (Departement Gironde) unterliegt und fällt.

Die Guyenne verliert alle ständischen Rechte, gefolgt von der Abwanderung der Kaufleute und dem wirtschaftlichen Niedergang der Region. Mit der Eroberung des gesamten englischen Festlandbesitzes außer Calais endet der Hundertjährige Krieg.

Die Erneuerung Frankreichs (1453–1498)

Seit Mitte der dreißiger Jahre hat KARL VII. zunehmend die Kraft gewonnen, mithilfe tüchtiger Ratgeber (v.a. PIERRE DE BRÉZÉ [†1465]) die Krongewalt wieder zu stärken und des äußeren Feindes Herr zu werden. Hauptgegner im Innern sind die alten Dynastien mit ihrem Unabhängigkeitsstreben (Foix, Armagnac, Albret), v.a. aber die Prinzen von Geblüt (*deuxième féodalité*) aus den Seitenlinien des Königshauses (Orléans: Herzogtümer Orléans und Valois, Grafschaften Blois, Dunois, Soissons, Beaumont-sur-Pose, Angoulême, Herrschaft Coucy; Burgund: Herzogtum Burgund, Niederlande, Grafschaften Artois, Flandern, Franche-Comté, Nevers, Rethel, Etampes; Anjou: Herzogtümer Bar und Lothringen, Grafschaften Anjou, Maine und Provence; Bourbon: Herzogtümer Bourbonnais und Auvergne, Grafschaften Forez, Clermont-en-Beauvaisis, Marche, Castres, Vendôme, Herrschaft Beaujeu; Alençon: Herzogtum Alençon, Grafschaft Perche, Vizegrafschaft Beaumont-le-Vicomte; Bretagne/Dreux: Herzogtum Bretagne, Grafschaften Montfort-l'Amaury und Vertus/Champagne). Jedes dieser Häuser verfügt über eigene Hofhaltung und Verwaltungsbehörden, sucht Ausgleich seiner enormen Kriegsschäden durch Pensionen des Königs; gemeinsam sollen die Reichsfinanzen kontrolliert werden. Die Koalitionen von 1437, 1440 und 1442 kämpfen unter den Herzögen von Bourbon, Alençon und Bretagne für diese Ziele; am gefährlichsten ist die Praguerie von 1440 (benannt nach den Hussitenkriegen 1419–1434 im Zeichen der vier Prager Artikel), weil der Dauphin LUDWIG (XI.) (*1423, †1483) sie unterstützt und ihre militärische Stärke durch Söldnerbanden wächst, die mit der Ordonnanz von 1439 ihre Existenz bedroht sehen. ARTHUR III. VON RICHEMONT und KARL VII. erzwingen einen raschen Sieg der Krone; LUDWIG erhält die Dauphiné, der Herzog von Bourbon eine bedeutende Pension.

Die Landwirtschaft erholt sich nach Kriegsende nur langsam, ebenso haben Handwerk und Handel durch Unsicherheit der Verkehrswege, häufig gesteigerte Abgaben und Ausfall der Messen gelitten. Der bekannte Kaufmann JACQUES CŒUR (*um 1395, †1456) bildet sein Vermögen durch die Kombination von unternehmerischem Geschick, Gunsterweisen KARLS VII. und Bewährung in hohen Staatsämtern. Er stürzt 1451/53 durch einen politischen Prozess und ist nicht typisch für die zeitgenössische Kaufmannschaft, sondern für ein im Verwaltungsdienst aufsteigendes Bürgertum. Während die alten Familien am Ende des Krieges großenteils durch Ertragsschwund der Landwirtschaft und Lösegeldzahlungen ruiniert sind, erhebt sich der neue Briefadel, um alsbald in der Aristokratie aufzugehen.

KARL VII. hat sich in der Zeit politischen und sozialen Umbruchs bewährt, sodass er seinem Sohn LUDWIG XI. bei seinem Tode 1461 das Reich als Einheit übergeben kann. Dieser hat das Ende seines Vaters ungeduldig erwartet und, als Folge offen gezeigter Feindschaft mit Anschlägen auf das eigene Leben rechnend, seit 1456 in Flandern Zuflucht am burgundischen Hof gesucht. Der Politiker aus Leidenschaft sammelt mittels komplizierter Spionagenetze Informationen, die er mit Geschick und ohne Skrupel vor Intrigen als diplomatisches Mittel einsetzt, um Gegner ohne Krieg zu vernichten. Sein schlichtes Auftreten erweckt im Volk Hoffnung auf Reformen, die dann aber nicht zu wesentlichen Erleichterungen führen.

1465 Drastische Beschneidung von Adelsrechten zugunsten der monarchischen Gewalt und die bald durch persönlichen Hass zwischen LUDWIG XI. und KARL DEM KÜHNEN (*1433, †1477) verschärfte Wendung gegen Burgund führen zur *Guerre du bien public*. Der Sohn PHILIPPS DES GUTEN von Burgund vereinigt die Häuser Alençon, Bourbon, Bretagne, Anjou, Armagnac zu einer antiköniglichen Koalition, die dem Namen nach KARL VON FRANKREICH (*1446, †1472), LUDWIGS Bruder und Herzog des Berry, führt.

16. Juli Die Schlacht bei Montlhéry (südlich von Paris) bringt keine militärische Entscheidung; der König muss weitgehende Forderungen der Liga erfüllen, zieht aber Bourbon und Anjou durch Verleihung neuer Rechte auf seine Seite und erreicht die Spaltung der Opposition.

1467 **KARL DER KÜHNE wird Herzog von Burgund.**

1468 KARL DER KÜHNE heiratet in dritter Ehe MARGARETE VON YORK (*1446, †1503), die Schwester König EDUARDS IV. VON ENGLAND (*1442, †1483); damit droht ein neues burgundisch-englisches Bündnis, zumal LUDWIG XI. seiner Cousine MARGARETE VON ANJOU (*1430, †1482), Gemahlin des gestürzten HEINRICH VI. (*1421, †1471), Asyl gewährt. Ein Treffen des französischen Königs mit KARL DEM KÜHNEN in Péronne (Departement Somme) soll den Ausgleich bringen, wird aber durch unzeitigen Beginn des von LUDWIG XI. geschürten Aufstandes der Lütticher Bürgerschaft gestört: Faktisch in der Hand des Herzogs, muss der König Zugeständnisse machen und persönlich an der Strafexpedition gegen Lüttich teilnehmen.

1472 Während sich ein Bündnis Aragón/Burgund/Neapel formiert und den Beitritt Englands erhofft, nehmen KARL DER KÜHNE und Herzog FRANZ II. VON DER BRETAGNE (*1435, †1488) den Tod KARLS VON FRANKREICH zum Anlass für einen überstürzten Krieg gegen Frankreich. Noch im selben Jahr muss der Burgunder aufgrund der ungenügenden Truppenversorgung einen neuen Waffenstillstand akzeptieren.

1473 KARL DER KÜHNE bemüht sich bei einem Treffen mit Kaiser FRIEDRICH III. (*1415, †1493) in Trier erfolglos um eine Rangerhöhung seiner Territorien zum Königtum.

1474 LUDWIG XI. nähert sich diplomatisch den Eidgenossen und bereitet eine antiburgundische Koalition vor. Im Vertrag von London sagen sich EDUARD IV. und KARL DER KÜHNE militärischen Beistand gegen Frankreich zu.

1475 Als EDUARD IV. mit 12–20000 Soldaten in Calais

landet, ist das burgundische Heer nach der langwierigen Belagerung von Neuss noch gebunden und für den Feldzug nicht verfügbar. Er schließt daher mit Ludwig XI. den Vertrag von Picquigny: Gegen Erstattung seiner Kriegskosten und lebenslängliche Zahlung einer hohen Jahrespension verzichtet der englische König endgültig auf seine französischen Thronansprüche. Im Süden ist es Ludwig XI. schon früher gelungen, durch ein Bündnis mit Johann II. (*1397, †1479), König von Aragón, gegen die Katalanen die Grafschaften Roussillon und Cerdagne als Pfandbesitz zu erwerben (1462). Er muss diese Gebiete aber militärisch unterwerfen und macht sich damit schließlich Kastilien wie Aragón zu Gegnern. Eine umsichtige Italienpolitik weiß die französische Hegemonie dort auch gegenüber dem burgundischen Rivalen zu behaupten; gestützt auf Mailand und Florenz ist Ludwig XI. Schiedsrichter zwischen den politischen Kräften Italiens und gewinnt seit den Niederlagen Karls des Kühnen bei Grandson und Murten (1476) die Schutzherrschaft über Savoyen.

1477 Nach dem Tod Karls des Kühnen bei Nancy und dem folgenden Zerfall betracht Ludwig XI. Burgund als erledigtes Kronlehen; französische Truppen besetzt es.

1479 Ludwig XI. erreicht in Dijon die Huldigung des burgundischen Adels, hat aber durch seine Annexionspolitik Karls des Kühnen Erbtochter Maria (*1457, †1482) an die Seite des Hauses Habsburg getrieben. Ihre Vermählung (1477) mit dem späteren deutschen Kaiser Erzherzog Maximilian von Habsburg (*1459, †1519) bringt Franche-Comté, Flandern und die Niederlande in österreichische Hand.

29. Juli Ludwigs XI. Revisionsversuch scheitert durch Maximilians Sieg bei Guinegate (Departement Pas-de-Calais).

1480 Als René von Anjou (*1409) stirbt, fallen die Herzogtümer Anjou und Bar an die Krone, 1481 auch Maine und die Provence zusammen mit den Ansprüchen des Hauses Anjou auf Neapel.

Die Regierung Ludwigs XI.

Ludwigs XI. persönliche Regierung operiert stark mit erfahrenen Ratgebern, die als Favoriten des Herrschers z. T. rasante Karrieren durchlaufen. Er bedient sich neu geschaffener Gremien, duldet aber nur einmal die Versammlung der Generalstände (1468). Mit den *Parlements* kommt es zu zahlreichen Konflikten, weil der König wichtige Verfahren durch außerordentliche Kommissionen dem üblichen Rechtsgang entzieht und dem Kronrat überstellt. Mit erheblichen Kosten wird die Armee vergrößert (1483: über 3800 Lanzen bei den Ordonnanzkompanien, Verdoppelung der Zahl der *francs-archers*) und die Artillerie als wichtige neue Waffengattung ausgebaut. Das Geld bringen schärfere Steuererhebungen und Sonderlasten (neue Gebühren, Zölle, Zwangsanleihen), deren bedeutende Erträge dem König auch seine Subsidienpolitik erlauben. An loyale Adlige zahlt er Pensionen, belohnt mit Lehen und Ämtern; Widerstand bricht er gewaltsam. Neben der Krone verlieren die Prinzen von Geblüt ihre Bedeutung. Die Städte sehen deshalb im König ihren Verbündeten gegen die Bedrückung durch Regionalgewalten und tragen willig finanzielle Last und Einschränkung der kommunalen Freiheit; Handel und Gewerbe blühen im Schutz königlicher Privilegien (Lyon: Seidenindustrie, italienische Banken, Messeprivilegien). Gegenüber der Kirche nutzt Ludwig XI. die Pragmatische Sanktion von 1438 im Sinne der königlichen Gewalt, beherrscht den Klerus und verfügt über dessen Pfründe. 1479 gesundheitlich angeschlagen, zieht er sich zurück und regiert zumeist von seinem Schloss Plessis-du-Parc bei Tours aus.

1483–1498 Für den bei Amtsübernahme minderjährigen König **Karl VIII.** (*1470) werden die Regierungsgeschäfte von seiner Schwester Anna (*1461, †1522) und ihrem Gemahl Peter von Beaujeu (*1438, †1503; Haus Bourbon) geführt. Anna hat als Lieblingskind Ludwigs XI. politische Begabung und herrscherlichen Ehrgeiz, Peter von Beaujeu ist seit zehn Jahren Vertrauter des Königs und von ihm selbst zum Stellvertreter ernannt. Erste Regierungsmaßnahmen richten sich auf Versöhnung mit der nach wie vor bestehenden Adelsopposition und wecken bei den Prinzen von Geblüt Hoffnung auf Teilhabe am Kronrat.

1484 Um sich gegen Herzog Ludwig von Orléans (*1462, †1515; 1498 König Ludwig XII.) zu behaupten, ruft die Regentschaft eine Versammlung der Generalstände nach Tours: Außer der Bretagne sind alle Regionen vertreten; zum ersten Mal werden Bürger als Abgeordnete ihrer Städte im amtlichen Sprachgebrauch als »Dritter Stand« erfasst. Weil die Stände mit unterschiedlichen, teils gegensätzlichen Interessen nicht geschlossen auftreten, kann die Versammlung nach Anhörung ihrer Beschwerden und vollzogener Steuerbewilligung entlassen werden, ohne dass die monarchische Gewalt Zugeständnisse machen muss. Eine für 1486 vereinbarte Wiederberufung der Generalstände wird umgangen.
Drehpunkt einer neuen Adelskoalition gegen die zentrale Monarchie wird die Bretagne. Ihr Herzog Franz II. steht unter dem Einfluss höfischer Günstlinge, v. a. seines bürgerlichen Großkämmerers Pierre Landais (*1430, †1485), der mit dem Thronprätendenten Ludwig von Orléans konspiriert. Die bretonische Unabhängigkeit soll erhalten werden, obwohl im Lande selbst starke Kräfte für die Unterwerfung eintreten. Als Landais seine Politik mit Waffengewalt durchsetzen will, stürzt ihn der bretonische Adel (1485) und schließt im Namen des Herzogs Frieden mit den Beaujeu.

1488 Der Tod von Franz II. von der Bretagne erhöht die Spannungen, weil die bretonischen Stände nur seine beiden Töchter als Erbinnen anerkennen.

1490 Die 13-jährige Erbtochter Anna von der Bretagne (*1477, †1514) wird durch Ehevertrag mit Maximilian von Habsburg verheiratet, aber eine französische Belagerungsarmee vor Rennes erzwingt die Orientierung zur Krone.

1491 Anna von der Bretagne heiratet Karl VIII. und

verpflichtet sich, im Falle seines kinderlosen Todes eine zweite Ehe nur mit dem nächsten Thronerben einzugehen.

1494 KARL VIII. geht nach Italien, um die Ansprüche des Hauses Anjou auf Neapel für die französische Krone geltend zu machen.

1495 Die lange diplomatische Vorbereitungsphase des Zuges hat aber Gelegenheit zur Bildung der antifranzösischen Heiligen Liga gegeben, in der Papst ALEXANDER VI. (1492–1503), Kaiser MAXIMILIAN I., der Herzog von Mailand, LUDOVICO SFORZA (»IL MORO«; *1452, †1508), Venedig und Spanien verbunden sind. Die starke französische Armee kann das Königreich Neapel zwar erobern, muss aber dem Übergewicht der Verbündeten weichen und zieht sich nach Frankreich zurück.

Literatur und bildende Künste

Der Hundertjährige Krieg betrifft alle Lebensbereiche mehr oder minder stark, führt aber nicht zu einem Erlahmen des Kunstschaffens. Das Spektrum der literarischen Produktion ist thematisch und formal breit gestreut, neben dem französischen Königshof erscheinen der Hof der Herzöge von Burgund, das Umfeld RENÉS VON ANJOU und die Bretagne als weitere Zentren. Infolge militärischer Niederlagen leiden aber das Ansehen des Adels und die materielle Grundlage der kleineren Höfe, sodass das aufstrebende, reich gewordene Bürgertum an Bedeutung gewinnt: Die höfische Literatur macht in Teilen einer bürgerlichen, moralisch-didaktisch ausgerichteten Dichtung Platz.

Die **Lyrik** ist in ihren Hauptformen Ballade, Chant royal, Rondeau und Virelai rhetorisch-gelehrt und allegorisierend. Bedeutendster Dichter ist GUILLAUME DE MACHAUT (†1377), der als Kaplan und Sekretär König JOHANNS VON BÖHMEN (1310–1346) auch das östliche Mitteleuropa als Reisebegleiter des Königs kennenlernt. Seit 1340 lebt er als Kanoniker in Reims, wird aber auch von den Höfen Frankreichs und Navarras gefördert. Der Komponist vertont eigene Texte, schreibt aber auch eine Krönungsmesse, vielleicht für KARL V. Als poetisches Ziel des Dichters strebt er höchste Formvollendung an und wird damit schulbildend. CHRISTINE DE PISAN (*1365, †1429/30), Tochter des Hofastrologen KARLS V., verdient als Witwe seit 1390 ihren Lebensunterhalt mit literarischen Werken, die sie bedeutenden Persönlichkeiten widmet (u. a. LUDWIG VON ORLÉANS, PHILIPP DEM KÜHNEN, Königin ISABEAU). Entschieden verteidigt sie die Stellung der Frau gegen das im Rosenroman entworfene Bild und scheut sich nicht, frühzeitig für JEANNE D'ARC einzutreten (»Ditié a la Pucelle«, 1429). Ihre Lyrik, die Prosatexte (u. a. »Lamentacion«, 1410, über den Bürgerkrieg) und die didaktischen Arbeiten sind das umfangreichste literarische Werk eines Autors dieser Zeit. Als Lyriker steht Herzog KARL VON ORLÉANS stark unter dem Einfluss GUILLAUMES DE MACHAUT. 1415–1440 ist er in englischer Gefangenschaft; die Entfernung vom politischen Geschehen wirkt auch später nach und trägt zur dichterischen Betätigung bei. Er versammelt Poeten und schreibt selbst, v. a. kurze Formen, die sich ohne zeitgeschichtliche Bezüge mit dem adligen Leben und der Minne beschäftigen. Im Konflikt mit den anerkannten Dichtern schreibt FRANÇOIS VILLON (*1431, †nach 1463), dessen Balladen 1456 (»Le Lais«) und 1461 (»Le grand testament«) erscheinen. 1457 hat er am Dichterwettstreit vor KARL VON ORLÉANS teilgenommen.

Bürgerliche Korporationen richten szenische Darstellungen aus, die neben Mysterienspielen (ARNOUL GRÉBAN [*um 1420, †1471]: »Mystère de la Passion«, um 1450) auch profane Motive gestalten (JACQUES MILET [†1466]: »Istoire de la destruction de Troye la grant«). Die derbe Posse (»Farce de Maître Pierre Pathelin«, um 1465) wird Ende des 15. Jh.s zum Narrenspiel (Sottie), das alle Stände beißend charakterisiert. Die Pflege höfischer Form und das Bemühen um ein verblassendes Ritterideal bringen Anstandsbücher hervor, die teilweise schon Erziehungsromane sind (ANTOINE DE LA SALE [†um 1461]: »Le petit Jehan de Saintré«, 1456), während am burgundischen Hof die »Grands Rhétoriqueurs« um GEORGES CHASTELLAIN (*1405, †1475), OLIVIER DE LA MARCHE (*1425, †1502) und JEAN MOLINET (*1435, †1507) gleichermaßen dichterischen Anspruch und historiografische Tätigkeit pflegen.

Die **Geschichtsschreibung** ist ein wichtiger Teil der Prosaliteratur; der Seneschall der Champagne, JEAN DE JOINVILLE (*1225, †1317), markiert mit seiner »Histoire de Saint Louis« (1304–09) einen ersten Höhepunkt dieser Epoche. Als Kleriker hält sich JEAN FROISSART (*um 1337, †nach 1404) zwischen 1361 und 1369 zeitweise am Hof EDUARDS III. auf, bevor er in Namur, Luxemburg, Blois und Orthez wirkt. In der Nachfolge MACHAUTS schreibt er zunächst Rondeaus, dann auch Romane (»Meliador«, 1365/80). 1370 beginnt er die »Chroniques de France, d'Angleterre et des païs voisins«, die mit dem Wechsel der jeweiligen Gönner auch die politische Tendenz ändern (England, Frankreich, Burgund). PHILIPPE DE COMMYNES (*1447, †1511) steht zunächst im Dienst KARLS DES KÜHNEN, den er 1472 verlässt, um zu LUDWIG XI. überzugehen. Seine 1489–1498 verfassten, dem Erzbischof ANGELO CATO VON VIENNE (†1495) gewidmeten »Mémoires« fokussieren auf die großen Persönlichkeiten seiner Epoche (und ihre Schwächen). Traditionell in seiner Grundauffassung einer übergeordneten Vorsehung, betont er innovativ die psychologisch analysierbaren Absichten der Handelnden und deren Auswirkungen.

Zentren der bildenden Kunst sind im 14. Jh. Paris, Burgund und die burgundischen Niederlande, Avignon, sowie für kürzere Zeit der Hof des Herzogs von Berry. Sie behalten ihren Rang auch im 15. Jh. und stehen untereinander in enger Beziehung.

Die **Architektur** hält an den alten Formen fest, entwickelt aber durch Übernahme des englischen *style flamboyant* reiche Schmuckformen, die nicht nur an Kirchen (St Maclou in Rouen, seit 1434), sondern auch an profanen öffentlichen (Justizpalast Rouen, um 1500) und privaten Bauten als reiner Dekorationsstil verwendet werden. In den Städten der burgundischen Niederlande entstehen prächtige Tuch- und Fleischhallen (Ypern, 1260–1380; Mecheln, 1320), Rathäuser (Brügge, Ende

14. Jh.) und Türme (»Beffrois«: u. a. in Ypern, Gent, Brügge) als Zeichen bürgerlichen Selbstbewusstseins. Der gewaltigste Profanbau Frankreichs ist der Papstpalast in Avignon (1334–1352), dessen v. a. von Italienern geschaffene Fresken die französische Wandmalerei beeinflussen.

Malerei und Plastik wenden sich sowohl mit der Aufnahme von Landschaft und Architektur in die Miniatur- und Tafelmalerei als auch mit den individuellen Zügen des Porträts zum Realismus. Maler, Bildhauer und Goldschmiede arbeiten für die Höfe von Frankreich und Burgund wie die niederländischen Städte und Bürger; viele Künstler bekleiden Hofämter. Höhepunkt ist die Zeit KARLS V. (Entwicklung des »Schönen Stils« am Pariser Hof mit europäischer Wirkung bis ins 15. Jh.) und seiner Brüder PHILIPPS DES KÜHNEN und JOHANNS VON BERRY. In ihrem Umkreis wie auch in Avignon entsteht Großplastik mit veristisch-porträthaften Zügen (Skulpturen KARLS V. für das Portal der Cölestinerkirche in Paris und KARLS VI. für den Herzogspalast in Poitiers; Grabplastiken für Päpste und Kardinäle). Bekanntester Bildhauer ist der Niederländer CLAUS SLUTER (†1406; Grablege der Herzöge von Burgund, Mosesbrunnen in der Kartause von Champmol). In die zunächst als reine Hofkunst ausgeübte Buchmalerei dringen über Avignon italienische Einflüsse; Höhepunkt sind die Stundenbücher der Gebrüder Limburg für Herzog JOHANN VON BERRY (»Très riches heures«, 1413–1416). Veristischer Stil findet sich auch in der Tafelmalerei, so beim flämisch beeinflussten NICOLAS FROMENT (†1484; in Avignon und für RENÉ VON ANJOU tätig), beim Hofmaler KARLS VII., JEAN FOUQUET (*um 1420, †vor 1481), der außerdem zahlreiche Miniaturen schafft (»Münchner Boccaccio«, »Stundenbuch des Étienne Chevalier«) und im Werk JEAN HAYS (»Madonna mit den Engeln«, um 1498). HUBERT (†1426) und JAN VAN EYCK (*um 1390, †1441) sind die Schöpfer des Genter Altars; JANS Œuvre umfasst Altäre und zahlreiche Porträts von Adligen und Bürgern (Doppelbildnis Arnolfini, Madonna des Kanzlers Rolin). Er wird Hofmaler Herzog PHILIPPS DES GUTEN, während der aus Tournai stammende ROGIER VAN DER WEYDEN (*1399/1400, †1464; Bildnis KARLS DES KÜHNEN) im Dienst der Stadt Brüssel steht. Auch grafische Techniken finden in Frankreich, Burgund und den burgundischen Niederlanden rasch Eingang: Holzschneidekunst (v. a. in Dijon, Lyon) und Kupferstich wetteifern mit den deutschen Zentren. Die Tradition der Teppichweberei reißt in Frankreich nicht ab (Apokalypsenzyklus aus Angers, 1375/79) und hat ihre Schwerpunkte zunächst in Arras, vom 15. Jh. an in Tournai. | Forts. S. 997 |

Deutschland (843–1493): Ostfränkisches Reich, Deutsches Reich, Heiliges Römisches Reich | Forts. v. S. 410 |

Das Ostfrankenreich (843–911)

Im Osten bleibt die karolingische reichskirchliche Struktur im Wesentlichen erhalten. Der König behält v. a. das Recht der Bischofserhebung und nutzt das Kirchengut. LUDWIG DER DEUTSCHE, der im Vertrag von Verdun (843) das (Teil-)Reich der »Ostfranken« erhält, bringt sein Königtum durch Gericht, Hofkapelle und Kirchenregiment energisch zur Geltung, wobei die sich auch hier verstärkende Adelsherrschaft noch in die Königsherrschaft eingebunden bleibt. Nur in der jahrzehntelangen Auseinandersetzung des ostfränkischen Reichs mit der neuen östlichen Herrschaftsbildung des Großmährischen Reiches (um 830–906) beginnen die mit Sondervollmachten ausgestatteten Markgrafen bereits eine eigene, auch gegen den König gerichtete Politik.

Die Westgrenze kann 870 durch den Vertrag von Meerssen bis zur Maas-Mosel-Linie, durch die Verträge von Verdun (879) und Ribemont (880) bis zur Schelde-Maas-Saône-Linie vorgeschoben werden. Im Osten bilden im weitesten Sinne Elbe, Saale, Böhmerwald und Kärnten die Grenze, während im Norden die Küste und im Süden der Alpenhauptkamm den Herrschaftsbereich der *Francia orientalis* umschließen. Ursprünglich nur Teil einer karolingischen Gesamtherrschaft, entwickelt sich bereits unter LUDWIG DEM DEUTSCHEN ein eigenes ostfränkisches Zusammengehörigkeitsgefühl, das sich auch sprachlich in der Ausbildung einer althochdeutschen Literatur artikuliert und 911 politisch einen ersten Abschluss in der Wahl König KONRADS I. (†918) findet. Wenn auch das Westfrankenreich geistig-kulturell an der Spitze der Entwicklung bleibt, findet die karolingische Renaissance doch auch im Ostfrankenreich bedeutende Vertreter.

LUDWIG IV., DAS KIND (900–911) kann weder die Invasionen der Ungarn abwehren, noch das kirchlich bestimmte Reichsregiment unter ihm (Erzbischof HATTO VON MAINZ [†913]) den Aufstieg königsgleicher *Duces* (Hunfridinger, Konradiner, Liudolfinger, Arnulfinger) verhindern. Es spricht jedoch für die bereits wirksame Verfestigung des ostfränkischen Reiches, dass nach LUDWIGS Tod die ostfränkischen Großen mit dem Franken KONRAD einen eigenen König wählen und damit ihren Willen bekunden, die Einheit des Ostfrankenreiches zu bewahren. Nur Lothringen geht unter den Reginaren wieder ans Westreich.

843–876 König **LUDWIG II., DER DEUTSCHE** (*um 805, †876). Der Herrscher sucht am häufigsten seine Residenz in Regensburg auf.

845 In Regensburg lassen sich 45 *Duces* aus Böhmen taufen. – Die Normannen zerstören Hamburg. 848 wird das Erzbistum mit Bremen vereinigt und 864 durch Papst NIKOLAUS I. bestätigt.

846 LUDWIG setzt in Mähren Herzog RASTISLAV (†nach 870) ein, mit dem er später jahrelang Kriege führt.

858 Kriegszug LUDWIGS gegen seinen Bruder KARL II., DEN KAHLEN (*823, †877) im Westfrankenreich.

862 Erster Angriff der Ungarn auf das Ostfrankenreich.

863 RASTISLAV bittet den byzantinischen Kaiser MICHAEL III. (842–867) um Unterstützung bei der Christianisierung; dieser entsendet die Missionare KYRILLOS (*826/27, †869) und METHODIOS (*um 815, †885).

866 Der bulgarische Zar BORIS (852–889) sucht Kontakt mit LUDWIG zum Aufbau einer bulgarischen Kirchenorganisation.

869 Kriegszug LUDWIGS DES DEUTSCHEN gegen die Mährer; SVJATOPOLK (†894) wird deren neuer Fürst, RASTISLAV stirbt 870 in fränkischer Haft, METHODIOS ist bis 873 in Alemannien in Klosterhaft.

870, 8. Aug. **Vertrag von Meerssen** bei Maastricht (nur bis 880 von Bedeutung): Nach dem Tode LOTHARS II. (†869) wird dessen Gebiet zwischen KARL DEM KAHLEN und LUDWIG DEM DEUTSCHEN geteilt: LUDWIG erhält die Osthälfte Lothringens mit Aachen und Metz und zwei Drittel Frieslands sowie das Lyonnais und Viennois aus dem Erbe KARLS VON DER PROVENCE (†863).

876, 28. Aug. Nach dem Tode LUDWIGS DES DEUTSCHEN teilen die Söhne aufgrund von Bestimmungen des Vaters aus dem Jahr 865 das Reich: Bis zu ihrem Tod herrschen König KARLMANN (†880) über Baiern und die südöstlichen Marken und König LUDWIG III., DER JÜNGERE (†882) über Mainfranken, Thüringen und Sachsen. König KARL III., DER DICKE (*839, †888) herrscht bis 887 über Alemannien und Churrätien. Von Lothringen erhält jeder der Brüder einen Teil.

8. Okt. LUDWIG III. schlägt KARL DEN KAHLEN bei Andernach am Rhein.

877 KARLMANN zieht nach Italien, KARL DER KAHLE stirbt auf der Flucht über die Alpen. KARLMANN erkrankt und muss nach Baiern heimkehren.

879 KARL III. übernimmt auf Verfügung KARLMANNS die Regierung Italiens.

880 **Vertrag von Ribemont** bei Saint-Quentin: LUDWIG III., DER JÜNGERE erhält von den jungen Enkeln KARLS DES KAHLEN die in Meerssen beim Westreich verbleibende Westhälfte Lotharingiens.
Die Sachsen unter BRUN, der im Kampf fällt, werden von den Normannen vollständig geschlagen.

881, 12. Febr. KARL III. wird von Papst JOHANNES VIII. (872–882) zum Kaiser gekrönt.

882 Nach dem Tod seiner Brüder ist KARL III. alleiniger Herrscher im Ostreich. Er lässt die in Elsloo eingeschlossenen Normannen abziehen, bewilligt ihnen Tribute und Landverleihungen.

885 Nach dem Tode zweier Enkel KARLS DES KAHLEN übertragen die Westfranken die Herrschaft an KARL III., der somit noch einmal das Gesamtreich außer Niederburgund, wo BOSO VON VIENNE (*825/28, †887) seit 879 herrscht, vereinigt.
Nach dem Tod METHODIOS baut der Mährenfürst SVJATOPOLK seine Beziehung zum Papsttum aus.

886 Die Normannen belagern Paris: KARL III. bringt Entsatz, erkauft aber wieder den Abzug der Normannen mit Silber.

887 Auf dem Reichstag zu Tribur wird KARL III. zur Abdankung gezwungen.

887–899 König **ARNULF VON KÄRNTEN** (*um 850, †899), Sohn König KARLMANNS, übt eine äußerliche Oberhoheit über die anderen, nicht von Karolingern regierten Reichsteile aus.

891 ARNULF siegt bei Löwen an der Dyle über die Normannen, die das Ostfrankenreich endgültig verlassen.

892/893 Im Bund mit den Ungarn unternimmt ARNULF Feldzüge gegen das Großmährische Reich.

896 Papst FORMOSUS (891–896) krönt ARNULF in Rom zum Kaiser. – Krankheit und Machtzerfall setzen ein.

900–911 König **LUDWIG IV., DAS KIND** (*893, †911) regiert unter Leitung des Erzbischofs HATTO VON MAINZ und anderer Bischöfe. Es kommt zu zahlreichen inneren Fehden.

seit 900 Die Einfälle der Ungarn nehmen zu. Sie treffen das Reich nun fast alljährlich und verheeren das Land bis nach Alemannien und Sachsen.

um 905 Die Ungarn zerstören das Großmährische Reich.

907, 4. Juli LUITPOLD, Markgraf von Karantanien und Pannonien, sowie drei bairische Bischöfe fallen gegen die Ungarn in der Schlacht bei Pressburg. Die Ostmark ist verloren, die Enns wird wieder Reichsgrenze.

Regna und Herzogtümer

Infolge der mangelnden Fähigkeit des Königtums, die äußeren Feinde nachhaltig abzuwehren, kommen in den einzelnen Großregionen führende Familien der fränkischen Reichsaristokratie, die inzwischen in den karolingischen Teilherrschaften bodenständig geworden und mit dem autochthonen Adel verschmolzen sind, zur Herrschaft; es entstehen unter der politischen Führung einzelner großer Familien auf der Basis der karolingerzeitlichen *regna* königsgleiche Dukate.

Schwaben: Links des Rheins gehört zum schwäbischen oder alemannischen Gebiet das Elsass. Nach Norden gegen die Franken bildet der Hagenauer Forst die Grenze, die von dort östlich ungefähr zu den Altmühlquellen verläuft, und von dort nach Süden zur Mündung des Lech, der die Grenze gegen die Baiern bildet. Im Süden wird Churwalchen, das noch durchaus rätoromanisches Sprachgebiet ist, erst nach Entstehung des Herzogtums Schwaben mit diesem verbunden. Im Südwesten reicht schwäbisch-alemannische Siedlung in das Königreich Burgund hinüber, besonders nachdem 922 die (hoch-)burgundische Grenze von der Aare zur Reuß verschoben wird. Um die Herrschaft ringen die Hunfridinger oder Burchardinger, Grafen des Aargaus und Thurgaus, die auch die Markgrafschaft in Churwalchen (Hauptstadt Chur) innehaben, und die zwei Brüder Pfalzgraf ERCHANGER und BERTHOLD. Hauptgegner beider Geschlechter ist der mächtige SALOMO III. (†919), Bischof von Konstanz, Abt von St. Gallen und Kanzler König KONRADS I. Dem Konflikt fallen ERCHANGER und BERTHOLD 916 (Synode von Hohenaltheim bei Nördlingen) bzw. 917 (Hinrichtung) zum Opfer. BURCHARD II., DER JÜNGERE (†926), Sohn des Markgrafen BURCHARD DES

ÄLTEREN VON RÄTIEN (†911), schwingt sich zum Herzog auf.

Baiern: Links der Donau gehören ein Teil des Nordgaus (Oberpfalz) – der andere ist fränkisches Siedlungsland –, rechts des Flusses die Reste der Ostmark sowie die Marken Kärnten und Steiermark zum bairischen Gebiet. Gegen die Franken verläuft die Grenze streckenweise an der Regnitz bis nördlich von Nürnberg, von da nordöstlich zum Fichtelgebirge, gegen Böhmen und Mähren auf dem Böhmerwald und an der Thaya. Im Osten – im Nordgau am Obermain, in der Ostmark, besonders in Kärnten und Steiermark – leben Slawen. Unter ARNULF VON KÄRNTEN ist der mit ihm verwandte LUITPOLD Markgraf von Karantanien und Pannonien sowie Graf im Donaugau. Nach LUITPOLDS Tod 907 in der Schlacht gegen die Ungarn bei Pressburg folgt ihm sein Sohn ARNULF (†937), der sich Herzog der Baiern nennt. Um Krieger gegen die Ungarn zu gewinnen, wird eine umfangreiche Säkularisation des Kirchengutes, v. a. der (teilweise eingehenden) Klöster, zugunsten ritterlicher Vasallen durchgeführt. Im Konflikt mit König KONRAD I. behauptet ARNULF schließlich eine weitgehend unabhängige Stellung. 935 designiert er ohne königliche Mitwirkung seinen Sohn EBERHARD, der bis 938 herrscht, zum Nachfolger.

Thüringen: Die Grenze gegen die Franken verläuft im Westen und Süden jenseits der Werra und auf dem Kamm des Thüringer Waldes (Rennsteig), gegen die Slawen im Osten wird sie von einem Grenzsaum beiderseits der Saale bis zur Mündung der Unstrut gebildet, im Norden ist der Südrand des Harzes noch thüringisch. Unter den späten Karolingern haben Markgrafen aus verschiedenen Geschlechtern die Grenze gegen die Sorben zu sichern. Als der *dux* BURCHARD 908 gegen die Ungarn fällt, dehnt der Sachse OTTO DER ERLAUCHTE (†912), Vater König HEINRICHS I. (*876, †936), seine Herrschaft über diese Gebiete aus und verhindert so die Entstehung eines eigenen thüringischen Herzogtums.

Sachsen: Rechts der Elbe ist Ostholstein (Wagrien) slawisch, die Grenze verläuft vom Sachsenwald an der Schwentine zur Kieler Förde, gegen die Dänen an der Eider, gegen die Friesen von der Weser und Wapel zur Ems, jenseits südlich zum Rhein, ohne ihn zu erreichen. Die unterste Lippe, Sieg und Ruhr sind fränkisch. Im Süden zieht sich die Grenze gegen die Hessen zwischen Diemel und Eder und stößt an der Werra-Fulda-Mündung auf thüringisches Gebiet. Führendes Geschlecht in Sachsen sind die Liudolfinger, die durch Anschluss an die Politik KARLS DES GROSSEN aufsteigen. Der Edle LIUDOLF (†866) vermählt Mitte des 9. Jh.s seine Tochter LIUTGARD (†885) mit dem späteren König LUDWIG III., DEM JÜNGEREN, Sohn LUDWIGS DES DEUTSCHEN, und ist *dux* im östlichen Sachsenland. LIUDOLFS Sohn BRUN ist Feldherr gegen die Normannen. LIUDOLFS anderer Sohn OTTO DER ERLAUCHTE vererbt seine nun über das ganze Stammesgebiet ausgedehnte Herrschaft seinem Sohn, dem späteren König HEINRICH I. Die Liudolfinger vereinigen ihren Allodialbesitz mit der Inhaberschaft zahlreicher Grafschaften.

(Ost-)**Franken**: Das fränkische Gebiet, durch die karolingischen Teilungen politisch aufgesplittert, umfasst noch innerhalb des ostfränkischen Reichs so ausgedehnte Landschaften, dass es für ein Dukat zu groß ist. Lothringen macht ursprünglich ein Teilreich aus, zuweilen von Unterkönigen oder königlichen Statthaltern regiert. Den ersten Platz im Lande nehmen die Grafen REGINAR LANGHALS (†916) und sein Sohn GISELBERT (*um 890, †939) ein, deren Macht im Hennegau und den Ardennen wurzelt. Nach der endgültigen Angliederung des Landes ans Ostfrankenreich 925 entwickelt sich GISELBERTS Stellung zu der eines eigenständigen *princeps* (seit 928). In Franken, d. h. Ostfranken, dem Land beiderseits des Mains und in Rheinhessen, erliegen die Babenberger 906 den Konradinern, deren Haupt, der jüngere KONRAD, ab 911 König, nun eine herzogliche Stellung einnimmt. Nach dessen Tode regiert sein Bruder EBERHARD (†939), der aber anscheinend den Herzogtitel nicht geführt hat.

Nur in kaum fassbarer Weise haben bei der Entstehung der Dukate oder Herzogtümer ein »Stammesbewusstsein«, d. h. die Erinnerung der Großen an eine stärkere politische Selbstständigkeit ihrer Vorfahren in spätmerowingischer Zeit, und die Unterschiede der Rechtsgestaltung in den einzelnen Gebieten mitgespielt. Ausschlaggebend sind die persönlichen Machtkämpfe unter den führenden Familien der Reichsaristokratie. Die so entstandenen Dukate haben viel mehr auf die schärfere Ausprägung der Stämme eingewirkt, als umgekehrt die Stämme die Grundlage dieser räumlich-politischen Strukturen bilden. Der d*ux* bietet den Heerbann auf, treibt eine selbstständige Außenpolitik, versammelt die Großen auf Landtagen und bemüht sich, die Besetzung der Bistümer und Reichsklöster dem König zu entwinden und selbst auszuüben. Die Ausbildung der Dukate ist ein allmählicher Vorgang, der in der Regierung KARLS III. beginnt und beim Tode KONRADS I. einen gewissen Abschluss erreicht hat.

Deutschland (911–1254)

Im Hochmittelalter liegen Beginn und erste Entfaltung der deutschen Geschichte, des deutschen Volkes und des deutschen Staates. Das deutsche Volk ist keine vorgegebene, natürliche Einheit, sondern das Ergebnis des Zusammenschlusses der festländischen Westgermanenstämme der Alemannen, Bayern, Thüringer, Friesen und Sachsen mit den rechtsrheinischen Franken unter der Herrschaft KARLS DES GROSSEN und ihrer gemeinsamen Geschichte im östlichen Teil- und Nachfolgereich der Karolinger. Der zunächst tastend, dann deutlicher und überzeugt ausgedrückte Wille dieser Stämme zu vereintem politischem Handeln in Unabhängigkeit vom Westfrankenreich, dessen Ergebnis ein deutscher Staat (deutsches Reich) ist, dokumentiert sich in einem länger währenden Prozess, der im 9. Jh. einsetzt und dessen Endstadien erst im 11. Jh. erreicht werden. Mit der Erneuerung der Kaiserwürde durch OTTO I. im Jahre 962 übernimmt das werdende Sozial- und Staatsgebilde eine Aufgabe, die seine Festigung zunächst fördert, auf die Dauer gesehen aber die einheitliche Zusammenfassung seiner Kräfte zu einem geschlossenen Herrschaftsverband erschwert. Die Offenheit der imperialen Hoheit in den Mittelmeerraum hinein und die wechselseitige Abhängigkeit von Papst- und Kaisergewalt führen zu Konflikten, die die innere und äußere Entwicklung Deutschlands belasten, da die politischen Probleme Italiens und des Papsttums die Kräfte der Zentralgewalt immer aufs Neue beanspruchen und ihre Rückwirkungen auf das Reich das Verhältnis von Königs- und Fürstenmacht wiederholt negativ beeinflussen.

Im Hochmittelalter vollzieht sich in den Grundlinien die Formung des bis zur Katastrophe des Zweiten Weltkriegs konstanten Geschichtsraumes der Deutschen. Das anfangs im Südosten und Osten durch den Druck von Magyaren und Slawen gefährdete Gebiet des ostfränkisch-deutschen Reiches von 911/19 wird im 10. Jh. durch die Einbeziehung Lothringens nach Westen über die Rheinlinie in französisches Sprachgebiet hinein erweitert. Im Zuge einer expansiven Ausdehnung ordnet sich das Reich zwischen dem 10. und 12. Jh. in Konkurrenz zu Dänemark, Polen und Böhmen die kleineren westslawischen Stammes- und Herrschaftsbildungen zwischen südlicher Ostseeküste und Ostalpen unter, zunächst politisch und kirchlich, dann, v. a. seit dem Einsetzen des Landesausbaues mit deutschen Siedlern im 12. Jh., auch ethnisch und kulturell. Die damit eingeleitete deutsche Neustammbildung östlich von Saale und Elbe führt zur Aufnahme nicht unbeträchtlicher westslawischer, aber auch baltisch-pruzzischer Bevölkerungsbestandteile in den demografischen Zusammenhang Deutschlands.

Das soziale Gefüge des deutschen Volkes erhält in dieser Phase eine für lange Zeit gültige Form. Seit dem 11. Jh. wachsen aus der breiten grundherrlichen Unfreiheit die – später mit dem Niederadel verschmolzene – Ministerialität als laikale »Beamtenschaft« von Königtum, Kirche und Fürstenadel, das Stadtbürgertum und ein relativ gut gestellter Bauernstand hervor. Differenzierte Herrschaftsmaßnahmen, technische Neuerungen, Aufstieg von Handel und Produktion, Landesausbau und Ostbewegung führen zu einer starken Bevölkerungsvermehrung. Deutschland gewinnt in den Jahrzehnten vor und nach 1200 einen bis dahin nicht gekannten Zuwachs an demografischen, ökonomischen, politischen und kulturellen Energien.

Zugleich tritt die Verfassungsentwicklung, die in den vorausgehenden Jahrhunderten durch ein noch unentschiedenes Ringen des Königtums mit dem von den Anfangsbedingungen des Reiches her zur Eigenherrschaft berechtigten Hochadel bestimmt war, in ein abschließendes Stadium. Die staufischen Ansätze zur Bildung von Erbmonarchie und Reichsterritorien scheitern. Die Fürsten setzen ihre Mitregierung im Reich und die Bestellung des Königsamtes kraft Wahl endgültig durch und gewinnen für ihre Territorien königsgleiche Herrschaftsrechte. Die föderalistische Grundgestalt Deutschlands verfestigt sich. Doch wahrt das Königtum bis zum Ende des Mittelalters unangefochten seine Stellung als Recht setzende und legitimierende Gewalt im Reichsverband.

Obwohl die höhere geistige Bildung Deutschlands im Hochmittelalter lateinisch und universal ausgerichtet ist, spielen direkte antike Kulturtraditionen nur eine geringe Rolle – selbst auf ehemaligem römischem Reichsboden an Rhein und Donau. Sprache, Volkstum, Recht und heimische Dichtung Deutschlands entstammen im Wesentlichen germanischem Erbe, bilden dieses jedoch unter starkem Anteil christlicher und antiker Überlieferungen sowie vielgestaltiger gemeineuropäischer Einflüsse im Rahmen der abendländischen Zivilisation des Hochmittelalters um.

911 Während sich die Lothringer dem Westfrankenkönig KARL DEM EINFÄLTIGEN (*879, †929) unterstellen, ziehen die übrigen ostfränkischen Stämme nach dem Tod LUDWIGS IV., DES KINDES, eine Fortsetzung ihrer bisherigen Sondergemeinschaft der Wiederherstellung der karolingischen Reichseinheit vor und wählen in Forchheim den Konradiner **KONRAD DEN JÜNGEREN** zum König.

912 KONRAD versucht vergeblich, den Verlust Lothringens rückgängig zu machen.
Gegenüber den Ungarn, die während seiner Herrschaft wiederholt in Deutschland einfallen (912, 913, 915, 917), bleibt er untätig. Die Stammesherzöge übernehmen die außenpolitische Sicherung und stärken dadurch ihre Stellung. Obwohl durch sie auf den Thron gekommen und durch Heirat mit dem schwäbischen Großen ERCHANGER (*um 880, †917) und Herzog ARNULF VON BAYERN (†937) verwandt, versucht KONRAD, unterstützt durch die Kirche, die Traditionen des karolingischen Königtums zu bewahren.

914 KONRAD befreit seinen Kanzler, Bischof SALOMO III. VON KONSTANZ (*um 860, †919), aus der Haft ERCHANGERS und verweist diesen des Landes. ARNULF flieht zu den Ungarn.

915 Unentschiedene Kämpfe mit dem Sachsenherzog HEINRICH (*um 876, †936) führen vor Grone zu einem Ausgleich KONRADS mit den Liudolfingern. ERCHANGER kehrt zurück und wird in Schwaben zum Herzog ausgerufen.

916 KONRAD kann ARNULF aus Regensburg vertreiben.

20. Sept. Eine Synode, die in Hohenaltheim im Ries in Anwesenheit eines päpstlichen Legaten, aber ohne die sächsischen Bischöfe zusammentritt, versucht die Stellung von König und Episkopat mit kirchlichen Sanktionen zu stärken und verurteilt die schwäbischen Rebellen ERCHANGER und BERTHOLD (†917) zu lebenslänglicher Klosterhaft.

917 Als KONRAD sie in Verschärfung des Urteils hinrichten lässt, setzt sich in Schwaben ihr bisheriger Rivale, der Hunfridinger BURCHARD (II.) VON RÄTIEN (*883/84, †926), ungehindert als Herzog durch. Damit kommt auch hier die Ausbildung des jüngeren Stammesherzogtums zum Abschluss.

918, 23. Dez. KONRAD stirbt an einer auf einem neuerlichen Zug gegen ARNULF erhaltenen Verletzung.

Die Ottonen (919–1024)

919, Mai Der Tod Konrads I. stürzt das ostfränkische Reich in eine schwere Krise, da sich die Stämme zu keiner einhelligen Nachfolgeregelung zusammenfinden. Während Franken und Sachsen in Fritzlar den Liudolfinger Heinrich zum König wählen, schreiten die Bayern zur Königserhebung Herzog Arnulfs. Heinrichs überlegtes Handeln bannt die Gefahr eines Auseinanderbrechens des werdenden deutschen Reiches.

Heinrich lehnt im Unterschied zu seinem Vorgänger eine sakrale Überordnung über die Stammesgewalten ab (Verzicht auf die Königssalbung) und sucht den Ausgleich mit ihnen durch den Abschluss von Freundschaftsverträgen.

921 Durch das Zugeständnis selbstständiger Rechte in der Außenpolitik und Kirchenherrschaft kann Heinrich den Schwabenherzog Burchard II. und den Bayernherzog Arnulf, der seine Königsstellung aufgibt, an sich binden. Der deutsche König steht künftig als Lehnsherr über den Herzögen, die ein fester Bestandteil der Reichsorganisation bleiben.

7. Nov. Auf einem Schiff in der Mitte des Rheins bei Bonn schließt Heinrich mit dem Westfrankenkönig Karl dem Einfältigen als gleichberechtigter »König der Ostfranken« einen Friedens- und Freundschaftsvertrag.

925 Lothringen wird nach längeren Bemühungen in Ausnutzung der schwankenden Politik Herzog Giselberts (*um 890, †939) aus dem Westfrankenreich herausgelöst und als fünftes Stammesherzogtum in das deutsche Reich einbezogen.

926 Nach dem Tod des Schwabenherzogs Burchard II. stärkt Heinrich auch hier seine Stellung. Er nimmt enge Beziehungen zu König Rudolf II. von Burgund (†937) auf, der ihm gegen die Abtretung eines Teils von Schwaben (wahrscheinlich zu diesem Zeitpunkt oder 935) durch die Übergabe einer Lanze, in die ein Nagel vom Kreuz Christi eingefügt war, Ansprüche auf Italien überträgt. Die Heilige Lanze gehört künftig zu den Herrschaftszeichen der deutschen Könige.

Gegen die Ungarn zunächst machtlos, kann Heinrich gegen Auslieferung eines gefangenen Ungarnführers und hohe Tributzahlung einen neunjährigen Waffenstillstand einhandeln. Die Zwischenzeit wird zum Ausbau des Burgenwesens und zur Neuordnung des Heeresaufgebotes (Bauernkrieger und Panzerreiter) genutzt.

928/929 Gegenüber den Elbslawen betreibt Heinrich eine offensive Politik. Er unterwirft die Heveller mit deren Hauptort Brennabor (Brandenburg) sowie die Daleminzier, Redarier, Obodriten und Wilzen.

929 In Begleitung Arnulfs von Bayern bringt er die Hoheit des Reichs in Böhmen zur Geltung.

932 und 934 folgen Züge in die Lausitz und gegen die Ukrer. Im östlichen Vorfeld des Reichs entsteht damit ein Gürtel abhängiger Tributärverbände.

Sept. In der »Quedlinburger Hausordnung« verfügt Heinrich die alleinige Nachfolge seines zweitgeborenen Sohnes Otto (*912, †973) und setzt dadurch – in Abweichung von der karolingischen Praxis – die Unteilbarkeit der deutschen Königsherrschaft fest.

933, 15. März Nach vorzeitiger Aufkündigung des Waffenstillstands tritt Heinrich den erneut einfallenden Ungarn mit einem Heer aus allen deutschen Stämmen entgegen und besiegt sie bei Riade (wohl an der Unstrut).

934 Durch die gewaltsame Unterwerfung Knubas, des Beherrschers des wikingischen Handelsplatzes Haithabu, schiebt Heinrich die Reichsgrenze im Norden bis zur Schlei vor.

935 Ein in Yvois am Chiers südöstlich von Sedan mit dem Westfrankenkönig Rudolf (†936) und König Rudolf II. von Burgund geschlossenes Freundschaftsbündnis sichert Heinrichs Vorrang auch im

---

Die Begriffe »deutsch«, »Deutschland«, »deutsches Reich«

Das Wort »deutsch«, althochdeutsch *diutisc, theodisk,* mittellateinisch *theodiscus* sowie *teutonicus* (in gelehrter, aber irrtümlicher Angleichung an den germanischen Stamm der Teutonen) bedeutet im 8./9. Jh.: nichtlateinisch, volkssprachig. In Italien hat es allerdings schon im frühen 9. Jh. die Funktion einer gentilen Sammelbezeichnung für die nördlich benachbarten Stämme der Bayern, Alemannen und Franken, die von diesen selbst als politischer Begriff jedoch nicht vor dem 11. Jh. übernommen wird.

Deutschland als geografisch-kulturräumliche Bezeichnung kommt im Mittelalter überwiegend als zusammengesetzter Plural vor (*tiutschiu lant*) und wird erst im 15./16. Jh. zu einer Worteinheit.

Reich, mittelhochdeutsch *rîche*, meint ursprünglich Macht, Herrschaft, dann das dieser unterworfene Gebiet, den Herrschaftsraum, und entspricht lateinisch *regnum* und *imperium*. Die Wendung »deutsches Reich« (*regnum Teutonicorum, regnum Teutonicum*) beschränkt sich zunächst, abgesehen von dem zeitlich isolierten Beleg in den »Großen Salzburger Annalen« im Zusammenhang mit der Königserhebung Arnulfs von Bayern im Jahre 919, vorwiegend auf Italien. Breitere Anwendung in Deutschland findet sie seit den 70er Jahren des 11. Jh.s unter dem Einfluss des Sprachgebrauchs der Briefe und Manifeste Papst Gregors VII., der durch die betonte Verwendung der Begriffe *rex Teutonicorum* und *regnum Teutonicum* der Opposition gegen Heinrich IV. die Vorstellung eines für Italien und das Papsttum nicht zuständigen, national begrenzten Königtums nahezubringen versucht. Die Bezeichnung wird von der gregorianischen wie gegen Heinrich gerichteten Geschichtsschreibung aufgenommen und von Heinrich V. im Wormser Konkordat (1122) zur Kennzeichnung der kirchenrechtlichen und konstitutionellen Unterschiede innerhalb des Imperiums akzeptiert. Trotzdem tritt auch in der Folgezeit die deutsche Königs- und Reichsauffassung hinter der römisch-universalen Kaiseridee zurück. König der Römer, nicht König der Deutschen, lautet seit Heinrich V. im Vorgriff auf die Kaiserwürde der Königstitel. Der Reichstitel ist dementsprechend nicht *regnum Teutonicum*, sondern *imperium Romanum*. Seine imperial-römische Dimension wird von der Stauferkanzlei seit 1157 durch die Formel *sacrum imperium* nochmals hervorgehoben. Die dreiteilige Fassung (Heiliges Römisches Reich), vorgebildet in der Legitimationsformel der vom Kaiser autorisierten stadtrömischen Skriniare (Notare) seit 1180, wird erst nach der Mitte des 13. Jh.s zum Normtitel. Dessen Präzisierung durch den Zusatz »deutscher Nation« erfolgt erst im 15. Jh.

Westen. Pläne eines Italienzugs kommen nicht zur Verwirklichung.

936, 2. Juli Heinrich, dem nach innen und außen die Konsolidierung des Reichs gelungen ist, stirbt in Memleben an der Unstrut und wird in Quedlinburg beigesetzt.

7. Aug. **Otto I., der Grosse**, zum König gekrönt. Die Krönung und Thronsetzung im Aachener Dom sichern Ottos monarchische Stellung. Aachen wird damit bis ins 16. Jh. zum »rechten Ort« der Königserhebung im deutschen Reich.

Herbst Nach Unterwerfung der aufständischen Redarier sichert Otto die östlichen Vorlande des Reichs durch Errichtung von Marken, die dem deutschen Herrschaftsverband eingegliedert werden.
Als Markgrafen wird an der Niederelbe Hermann Billung (†973), an Mittelelbe und Saale Gero (†965) eingesetzt.

937 Mit der Gründung des Magdeburger Mauritiusklosters beginnt die missionarische Erfassung der mittelelbischen Slawenlande.
Ungeachtet des reibungslosen Herrschaftsantritts stoßen Ottos alleinige Thronfolge und sein monarchisches Selbstverständnis auf Widerstand in seiner Familie und bei den Stammesherzögen.

938 Nach einem Konflikt mit Arnulfs Sohn Eberhard von Bayern (†nach 938) empört sich Ottos älterer Bruder Thankmar, dem sich der Konradiner Eberhard von Franken (†939) anschließt. Thankmar wird in den Kämpfen getötet.
Otto beschränkt das Eigenrecht der Stammesherzöge durch königliche Einsetzung (Amtsherzogtum). Herzog von Bayern wird Arnulfs Bruder Berthold (†947), der dem König die Hoheit über die Bischöfe überlässt.

939 Eine Erhebung von Ottos jüngerem Bruder Heinrich (*919/22, †955) erhält Unterstützung durch Eberhard von Franken und Giselbert von Lothringen. Mit ihnen verbündet ist der Westfrankenkönig Ludwig IV. (*920/21, †954), während Otto Beziehungen zu dessen inneren Gegnern aufnimmt. Eberhard und Giselbert werden bei Andernach vom Schwabenherzog Hermann I. (†949) und den Konradinern Udo (†949) und Konrad Kurzbold (†948) geschlagen und finden den Tod.
Der konradinische Herrschaftsbereich am Mittelrhein und in den Mainlanden (Franken) wird wieder zu einem Zentralgebiet der Königsgewalt.

940 Otto empfängt in Frankreich die Huldigung Herzog Hugos von Franzien (*um 895, †956) und greift auch in Burgund ein, wo er als Lehensvormund König Konrads (†993) die Schutzherrschaft ausübt.

941 Otto gewährt seinem Bruder Heinrich nach einer letzten, erfolglosen Verschwörung Verzeihung. In den folgenden Jahren versucht er, die Herzogtümer an seine Familie zu binden.

944 Der Wormsgaugraf Konrad der Rote (†955) wird in Lothringen als Herzog eingesetzt und erhält 947 Ottos Tochter Liutgard (†953) zur Frau.
Bayern wird 947 nach Bertholds Tod an Ottos Bru-

Die Liudolfinger bzw. Ottonen

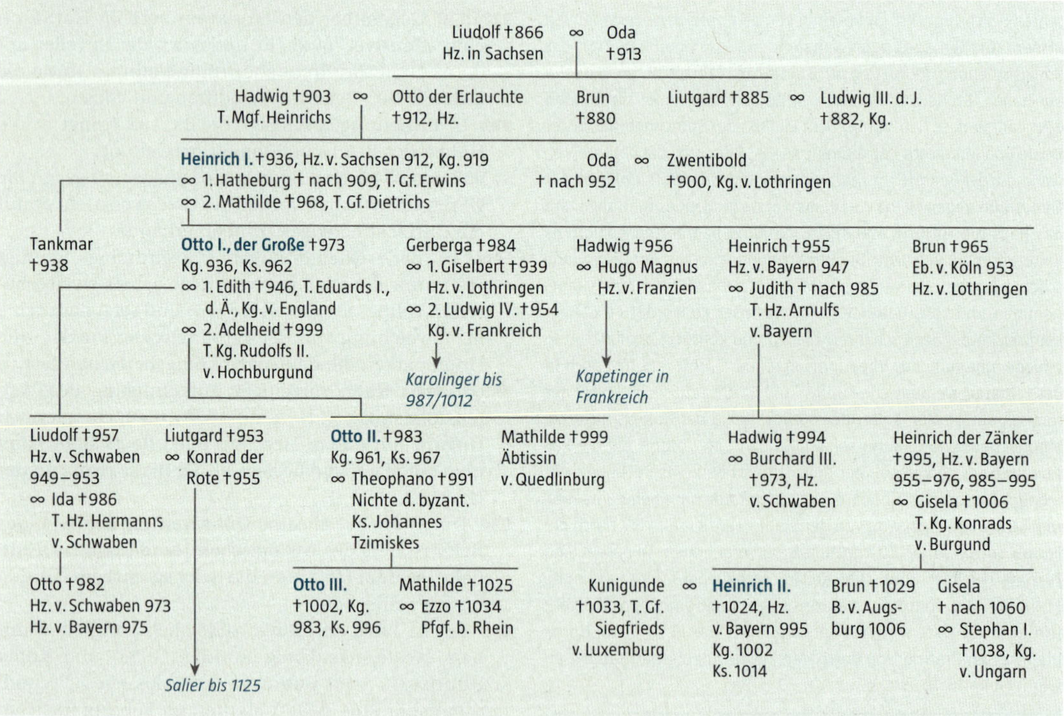

der HEINRICH und Schwaben 949 seinem Sohn LIUDOLF (*930, †957) übertragen.
Fränkisches Gemeinschaftsdenken und enge verwandtschaftliche Bindungen sichern OTTO auch im Westfrankenreich hohes Ansehen.

946 OTTO greift zugunsten LUDWIGS IV. von Frankreich gegen Herzog HUGO VON FRANZIEN ein.

948 Der Streit um die Besetzung des Reimser Erzbistums wird auf einer Synode in Ingelheim am Rhein in Anwesenheit OTTOS und LUDWIGS IV. unter Vorsitz eines päpstlichen Legaten entschieden. In Ingelheim erscheinen erstmals die kurz zuvor für Dänemark (Schleswig, Ripen [Ribe], Aarhus) eingesetzten Missionsbischöfe des Erzbistums Hamburg-Bremen. Im Havelgebiet errichtet OTTO die Slawenbistümer Havelberg und Brandenburg.

950 Ein Zug nach Böhmen sichert die Hoheit über Herzog BOLESLAV I.

951 **OTTOS erster Italienzug** (bis 952) wird veranlasst durch die 950 vollzogene Erhebung seines Vasallen BERENGAR II. VON IVREA (*um 900, †966) zum König von Italien, die Gefangensetzung ADELHEIDS (*um 931, †999), der Witwe seines Vorgängers LOTHAR II. (*um 928, †950), sowie die eigenmächtige Italienpolitik der Herzöge von Bayern und Schwaben.
OTTO nimmt nach Huldigung der italienischen Großen in Pavia den langobardischen Königstitel an und heiratet ADELHEID.

952 BERENGAR und sein Sohn ADALBERT (†972/75) behalten die Königswürde als Vasallen OTTOS. Die Marken Verona und Aquileia werden Bayern unterstellt.

953 Eine Erhebung LIUDOLFS, der sich durch die Italienpolitik und die zweite Heirat seines Vaters in seinen Rechten geschmälert sieht, findet Anhänger im Reich. Aufseiten OTTOS I. stehen v. a. seine Brüder HEINRICH und BRUN (*925, †965), dem der König das Erzbistum Köln und das Herzogtum Lothringen überträgt.

954 Als die Opposition Verbindung zu den erneut einbrechenden Ungarn aufnimmt, zerfällt ihr Anhang. LIUDOLF und KONRAD DER ROTE müssen auf ihre Herzogtümer verzichten. OTTO I. geht dazu über, königliche Befugnisse in steigendem Maße durch den Reichsepiskopat ausüben zu lassen, der damit zu einem Gegengewicht gegen die Herzogsgewalten wird.

Das ottonisch-salische Reichskirchensystem

Als Reichskirchensystem wird das besondere Verhältnis von Königsgewalt und Kirche im hochmittelalterlichen Reich bezeichnet, das OTTO I. auf karolingischen Vorstufen begründet und seine Nachfolger ausbauen. Kennzeichnend ist die enge Bindung der Hochkirche an den König, der Reichsbistümer und -abteien durch Übergabe von Stab und Ring verleiht (Investitur), sich aber die Nutzung des Kirchenbesitzes durch Anspruch auf die Beherbergung des reisenden Königshofes (Gastung), Heerfolge und wirtschaftliche Leistungen vorbehält (*servitium regis*). Die Reichsbistümer werden bevorzugt mit Angehörigen der Hofkapelle besetzt, die sich in der königlichen Verwaltung (Kanzlei) bewährt haben und später auch Reichsaufgaben übernehmen.

Die Hoheit des Königtums über die Reichskirche beruht auf dem sakralen Amtsverständnis des Königs als *vicarius Christi* und stützt sich auf die Ausübung des Königsschutzes über die geistlichen Sonderbezirke (Immunitäten), auf Schenkung von Reichsgut und Königsrechten (Münze, Markt, Zoll, Forstbann usw.) sowie die Verleihung von Gerichtshoheit und Grafschaften. Geschlossenheit kann das Reichskirchensystem nur durch Einbeziehung des Papsttums erlangen. Sie glückt trotz entsprechender Ansätze der Ottonen und Salier nicht wirklich. Das Reformpapsttum bekämpft das Reichskirchensystem, das mit dem Wormser Konkordat weitgehend, Anfang des 13. Jh.s endgültig abgebaut wird.

955, 10. Aug. OTTO I. stellt die Ungarn, die mit einem starken Heer Augsburg belagern, zum Kampf und erringt über sie in der **Schlacht auf dem Lechfeld** einen glänzenden Sieg.
Die Ungarn geben ihre Raubzüge auf und werden in der Donau-Theiß-Ebene sesshaft.

16. Okt. In der Schlacht an der Raxa (wohl die Recknitz in Mecklenburg) erneuert OTTO I. die Hoheit über die aufständischen Slawenstämme.

961 Den zweiten Italienzug OTTOS I. (bis 965) lösen Hilferufe Papst JOHANNES' XII. (955–963, †964) aus, der sich Übergriffen BERENGARS ausgesetzt sieht, gegen den bereits LIUDOLF 956 nach Italien geschickt worden war. – Vor dem Aufbruch sichert OTTO I. die Nachfolge seines Hauses durch die Königserhebung seines Sohnes OTTO II. (*955, †983).

962, 2. Febr. **OTTOS I. Krönung** durch Papst JOHANNES XII. in der Peterskirche **erneuert die römische Kaiserwürde**, nachdem spätestens seit dem Ungarnsieg Züge eines imperialen Königtums erkennbar sind.
Der (west-)römische Kaisertitel bleibt fortan dem deutschen König vorbehalten.

13. Febr. OTTO I. bestätigt dem Papsttum die Schenkungen der früheren Könige und Kaiser und erneuert die fränkischen Kaiserrechte gegenüber Papst und Kirchenstaat (*Privilegium Ottonianum*).

Die Wertungen des Kaisertums

Das Hochmittelalter kennt keine einheitliche Auffassung vom Kaisertum. Das Selbstverständnis des erneuerten Imperiums als römisches Reich erlaubt eine Anknüpfung an den universellen Hoheitsanspruch des altrömischen Imperiums und eine Deutung der deutschen Kaiserherrschaft als letztes Reich der Weltgeschichte; Gemeingut der europäischen Völker sind solche Vorstellungen jedoch nicht. Bestimmend ist eher die päpstliche Auffassung, dass die Kaiserwürde auf dem Schutz der römischen Kirche beruhe. Die Kämpfe der Salier und Staufer gegen das Papsttum mindern daher das kaiserliche Ansehen in Europa. Byzanz erkennt von seinem Eigenverständnis her weder den römischen noch den imperialen Charakter des deutschen Königtums wirklich an. Die Reiche außerhalb der deutsch-italienisch-burgundischen Großherrschaft, insbesondere der König von Frankreich, betrachten sich als unabhängig vom Kaiser. Selbst die Reichshoheit über Dänemark, Polen und Ungarn ist kein Ausfluss der Kaiserwürde als solcher. Eine wesentliche Stärkung erfährt der Kaisergedanke seit dem 12. Jh. durch die Wiederbelebung und Rezeption des römischen Rechts, dessen Theoretiker das Amt des Kaisers der gesetzgebenden Funktion der römischen Imperatoren der Spätantike gleichsetzen. Im Ganzen kommt dem Kaisertum im mittelalterlichen Europa somit keine rechtliche oder faktische Führungsstellung zu, sondern – abgesehen von dem politischen Gewicht der deutschen Königsmacht – lediglich der Ehrenvorrang einer höheren Würde.

963 Nach Abfall JOHANNES' XII. erweitert OTTO I. den Anteil des Kaisertums an der Papstwahl, kann die Verhältnisse in Rom und auf dem Stuhle Petri aber jeweils nur für kurze Zeit sichern.
Markgraf GERO verpflichtet den Herzog von Polen MIESZKO I. (ca. 960–992) zur Anerkennung der Reichshoheit und Tributzahlung für das Gebiet zwischen Oder und Warthe.

964 BERENGAR kapituliert und wird nach Bamberg in Verbannung gebracht.

965 Nach GEROS Tod wird dessen Mark aufgeteilt.

966–972 Während seines dritten Italienzugs gelingt es OTTO I., die Wirren in Rom beizulegen.
Seine Autorität erlaubt nun die Verwirklichung langjähriger Pläne für die kirchliche Organisation der Slawenlande.

967 Auf einer Synode in Ravenna stimmt Papst JOHANNES XIII. (965–972) der bereits 962 durch JOHANNES XII. verfügten Gründung des Erzbistums Magdeburg zu, welches nach Einwilligung Bischof HILDEWARDS (†996) von Halberstadt und Erzbischof HATTOS II. (†970) von Mainz errichtet wird.

25. Dez. OTTO II. wird zum Mitkaiser gekrönt.

968 Erster Erzbischof von Magdeburg wird der einstige Russlandmissionar ADALBERT (†981).
Suffraganbistümer des Erzbistums Magdeburg werden Brandenburg und Havelberg sowie die neu gegründeten Bistümer Merseburg, Meißen und Zeitz (später Naumburg). Das Obodritenbistum Oldenburg (Holstein) wird Hamburg-Bremen unterstellt.

972 Die Ausbreitung seiner Macht nach Süditalien (seit 967) bringt OTTO I. in Konflikte mit Byzanz, das seine territorialen und rechtlichen Ansprüche zu behaupten versucht. Das »Zweikaiserproblem«, verschärft durch die Krönung OTTOS II. zum Mitkaiser (Weihnachten 967), wird auf diplomatischem Wege gelöst: OTTO verzichtet auf Apulien, behält dagegen Capua und Benevent. OTTO II. wird am 14. April mit THEOPHANO (*um 955/60, †991), der Nichte des Kaisers JOHANNES I. TZIMISKES (969–976), vermählt.

973, Ostern Ein glänzender Hoftag in Quedlinburg sieht OTTO I. auf dem Höhepunkt politischer Geltung.

7. Mai Wenige Wochen später stirbt er in Memleben und wird im Magdeburger Dom beigesetzt. Sein Beiname »der Große« (lateinisch *magnus*) bedeutet ursprünglich nur »der Ältere«.
OTTO II. steht anfangs starken inneren und äußeren Schwierigkeiten gegenüber.

974 Ein Zug OTTOS II. über das Danewerk, den Grenzwall zwischen Schlei und Treene, weist Übergriffe des Dänenkönigs HARALD BLAUZAHN (etwa 940–987) zurück und sichert die Schlei als Reichsgrenze.

976 Die Neubesetzung des Herzogtums Schwaben mit OTTOS Neffen OTTO VON SCHWABEN (*954, †982), dem Sohn LIUDOLFS, führt zum Aufstand seines Vetters, des Bayernherzogs HEINRICH II., DES ZÄNKERS (*951, †995), der mit den Herzögen von Polen und Böhmen verbündet ist. Nach Haft und Flucht verliert HEINRICH II. vorübergehend sein Herzogtum. Der Südostraum wird neu gegliedert: Die bayerische Ostmark (996 bzw. 998 erstmals *Ostarrîchi*) wird LUITPOLD (†994), dem Stammvater der jüngeren Babenberger, übertragen, Kärnten (mit den Marken Verona und Aquileja) unter dem Luitpoldinger HEINRICH (†989) zu einem eigenen Herzogtum erhoben, das verkleinerte Bayern OTTO VON SCHWABEN unterstellt. Deutsche Besiedlung und Mission setzen ein.

978 Nach neuen Kämpfen mit HEINRICH DEM ZÄNKER, der bis zum Tod OTTOS II. in Haft gehalten wird, verleiht OTTO II. Kärnten an den Salier OTTO VON WORMS (*um 948, †1004), einen Sohn KONRADS DES ROTEN und der Kaisertochter LUITGARD.
BOLESLAV II. VON BÖHMEN (†999) erkennt die Kaiserhoheit wieder an.
Die Übertragung des Herzogtums Niederlothringen an den westfränkischen Karolinger KARL (977) bringt OTTO II. die Feindschaft von dessen Bruder LOTHAR (*941, †986), König des Westfrankenreichs, ein, der bei einem Überfall auf Aachen den Kaiser beinahe gefangen nimmt. Ein Vergeltungszug nach Paris bleibt ergebnislos.

980 Der Friedensschluss belässt Lothringen bei Deutschland.

980–983 Während seines Italienzuges regelt OTTO II. die römischen Verhältnisse und beginnt mit der Eroberung Süditaliens, das er seinem Selbstverständnis als *Romanorum imperator* (Kaiser der Römer) entsprechend als Teil des Reiches beansprucht.

982, 13. Juli Bei Kap Colonne südlich Cotrone (Kalabrien) erleidet OTTO II. eine vernichtende Niederlage durch die Sarazenen.

983, Mai/Juni Auf einem Hoftag in Verona wählen die Großen Deutschlands und Italiens seinen zweijährigen Sohn OTTO (III.) (*980, †1002) zum König. Die Besetzung der süddeutschen Herzogtümer wird neu geregelt: Der Konradiner KONRAD (†997) erhält Schwaben, der Luitpoldinger HEINRICH Bayern.

Juni/Juli Eine umfassende Erhebung der Elbslawen vernichtet weitgehend das politische und kirchliche Aufbauwerk OTTOS I. Die Liutizen zerstören Havelberg und Brandenburg, die Obodriten vernichten Oldenburg (Holstein) und plündern Hamburg. Die Reichshoheit wird auf die Elbe-Linie zurückgeschoben.

7. Dez. OTTO II. stirbt in Rom und wird in der Vorhalle von St. Peter bestattet.

25. Dez. **OTTO III.** wird in Aachen **zum König gekrönt**.

983/984 HEINRICH DER ZÄNKER versucht die Vormundschaft über OTTO III. an sich zu reißen, wird jedoch, als er selbst die Königsherrschaft anstrebt, unter Führung des sächsischen Adels und des seit 975 amtierenden Mainzer Erzbischofs WILLIGIS (*um 940, †1011) zur Auslieferung OTTOS III. an seine Mutter THEOPHANO genötigt. Unter deren Regentschaft festigt sich die Stellung des Reichs.

985 HEINRICH DER ZÄNKER erhält Bayern zurück.

986 Die Herzöge von Böhmen und Polen erkennen die Reichshoheit an.

989/990 THEOPHANO erneuert auch in Italien und Rom die Ansprüche des Kaisertums.

991 Nach THEOPHANOS Tod geht die Regentschaft an OTTOS III. Großmutter ADELHEID über, unter der die Königsgewalt Einbußen erleidet.

994 Als Vierzehnjähriger übernimmt OTTO III. selbstständig die Herrschaft.

995 OTTO besucht zur Sicherung des christlichen Obodritenfürsten MISTISLAW dessen Hauptsitz Mecklenburg. Sein Privileg über die Erweiterung der Diözesangrenzen des Bistums Meißen bis zur Oder, das den Schutz der vom Böhmenherzog BOLESLAV II. überfallenen tschechischen Hochadelsfamilie der Slavnikiden bezweckt, bleibt angesichts des Widerstands des Mainzer Erzbischofs WILLIGIS undurchführbar.

996 Auf seinem ersten Italienzug setzt **OTTO** seinen Vetter BRUN VON KÄRNTEN als ersten Deutschen auf den Stuhl Petri (GREGOR V., †999) und **empfängt** von ihm **die Kaiserkrone**.

997 Nach einem Zug gegen die Elbslawen beauftragt er seine Tante MATHILDE (*955, †999), Äbtissin von Quedlinburg, mit der Stellvertretung in Deutschland.

997–1000 OTTO unternimmt seinen zweiten Italienzug.

998 OTTO beseitigt in Rom die Herrschaft der Crescentier und macht – im Widerspruch zur Konstantinischen Schenkung, die er als Fälschung bezeichnet – Rom zum Zentrum seiner Herrschaft. Die kaiserliche Hofhaltung mit einem Palast auf dem Palatin wird nach byzantinischem Vorbild organisiert. In enger Gemeinschaft mit seinem 999 als SILVESTER II. zum Papst erhobenen einstigen Lehrer GERBERT VON AURILLAC (*um 950, †1003) versucht OTTO, unter der Devise *Renovatio imperii Romanorum* (Erneuerung des Römischen Reiches) Grundsätze einer Kirchen- und Reichsreform zu verwirklichen.

999 Von asketisch-reformerischen Strömungen tief beeindruckt, bricht OTTO von Rom nach Gnesen auf.

1000 In Gnesen errichtet OTTO III. am Grabe des ihm zu Lebzeiten eng verbundenen Prager Bischofs ADALBERT (*um 956), der 997 als Missionar der Prußen das Martyrium erlitt, ein polnisches Erzbistum mit den Suffraganbistümern Kolberg, Krakau und Breslau (Posen bleibt vorerst bei Magdeburg). Der polnische Herzog BOLESŁAW I., DER TAPFERE (992–1025), erhält eine Nachbildung der Heiligen Lanze, doch ist umstritten, ob er von OTTO zum König erhoben wurde.

OTTO zieht in Begleitung BOLESŁAWS nach Aachen, wo er das Grab KARLS DES GROSSEN öffnen lässt, und kehrt dann nach Rom zurück.

1001 Durch einen Aufstand aus Rom vertrieben, verfügen SILVESTER II. und OTTO in Ravenna die Gründung eines ungarischen Erzbistums in Gran. Die Übersendung einer Königskrone an STEPHAN I. VON UNGARN (†1038) bezieht Ungarn in ähnlicher Weise wie Polen in OTTOS Konzeption eines römisch-christlichen Universalreiches ein.

1002, 23./24. Jan. Bevor er Rom zurückerobern kann, stirbt OTTO auf der nördlich von Rom gelegenen Burg Paterno am Soracte und wird auf seinen Wunsch im Aachener Münster beigesetzt.

9. Juli Nachdem sich Herzog HEINRICH IV. VON BAYERN (*973, †1024), Sohn HEINRICHS DES ZÄNKERS und Urenkel König HEINRICHS I., gegen seine Mitbewerber um die deutsche Königskrone (u. a. Herzog HERMANN II. VON SCHWABEN [†1003] und Markgraf EKKEHARD I. VON MEISSEN [†1002]) durchgesetzt hat, wird er als **König HEINRICH II.** durch Erzbischof WILLIGIS von Mainz gesalbt und gekrönt. Anschließend empfängt er auf einem Umritt die Huldigung der anderen, nicht an seiner Wahl beteiligten Stämme. HEINRICH II. sieht unter der Devise: *Renovatio regni Francorum* (Erneuerung des fränkischen Reiches) den Schwerpunkt seines Wirkens zunächst in Deutschland. Er behauptet die Verfügung über die Herzogtümer, doch bilden die Bischöfe die eigentliche Stütze seiner Regierung.

Ende Juli BOLESŁAW I. wird bei der Huldigung in Merseburg mit dem Milzener Land und der Lausitz belehnt, verweigert aber nach der Eroberung Böhmens hierfür die Anerkennung der Lehnshoheit HEINRICHS II. Die Nichtberücksichtigung der BOLESŁAW I. durch OTTO III. zugedachten Vorrangstellung durch HEINRICH II. führt zu lang dauernden Konflikten mit Polen. BOLESŁAWS Kontakten mit dem Markgrafen des bayerischen Nordgaues, HEINRICH VON SCHWEINFURT (†1017), dem Babenberger ERNST (†1015) und HEINRICHS Bruder BRUN (†1029) setzt der König ein – von den Zeitgenossen kritisiertes – Bündnis mit den heidnischen Liutizen entgegen (1003) und vertreibt den Polenherzog mit tschechischer Hilfe aus Böhmen (1004). Bayern überträgt er seinem Schwager HEINRICH VON LUXEMBURG (†1026).

1004 **Auf seinem ersten Italienzug** gelingt es HEINRICH II., ARDUIN VON IVREA (1002–1014, †1015), der nach dem Tod OTTOS III. die Königswürde errungen hat, zurückzudrängen. HEINRICH II. wird in Pavia zum König der Lombarden gekrönt.

1006 Der kinderlose Burgunderkönig RUDOLF III. (†1032) setzt seinen Neffen und Lehnsherrn HEINRICH II. offiziell zum Reichserben ein und überträgt ihm Basel als Pfand. Das Rechtsverhältnis wird 1016 und 1018 in feierlichen Formen erneuert. HEINRICH II. unterstützt RUDOLF gegen die Großen Burgunds.

1007 Nach Wiedererrichtung des 981 aufgehobenen Bistums Merseburg (1004) gründet HEINRICH II. das reich dotierte Bistum Bamberg.

1008 Im Westen des Reichs gerät HEINRICH II. nach dem Tod Herzog OTTOS VON NIEDERLOTHRINGEN in Auseinandersetzungen mit den flandrischen Grafen sowie, wegen der Besetzung des Trierer Erzbistums, mit den Luxemburgern.

1012 Niederlothringen wird dem Ardennergrafen GOTTFRIED (†1023) übertragen.

1013 Die seit 1007 andauernden Kämpfe mit Polen werden durch den Frieden von Merseburg beendet. BOLESŁAW I. behält die Lausitz und das Milzener Land als deutsche Lehen, erkennt die Hoheit HEINRICHS II. an und verspricht Hilfe beim Romzug. Sein Sohn MIESZKO II. (1025–1034) wird mit RICHEZA (†1063) vermählt, der Tochter des lothringischen Pfalzgrafen EZZO (*um 955, †1034).

1013/1014 Zweiter Italienzug HEINRICHS II.

1014, 14. Febr. **HEINRICH II. erlangt in Rom die Kaiserkrone,** kann aber die Verhältnisse im Kirchenstaat nicht stabilisieren.

1015 HEINRICH II. wendet sich erneut gegen BOLESŁAW I., der seinem Versprechen, den Kaiser auf dessen Romzug zu unterstützen, nicht nachgekommen ist, obwohl ihm HEINRICH Hilfe gegen das Kiewer Reich gewährt hat. Die militärischen Unternehmungen der Deutschen bleiben insgesamt erfolglos.

1018 Der Friede von Bautzen erneuert die territorialen Abmachungen von 1013 und hat bis zum Tod HEINRICHS II. Bestand.

1020 Papst BENEDIKT VIII. (1012–1024) sucht den Kaiser in Bamberg auf und erbittet Hilfe gegen die Expansion der Byzantiner in Süditalien, wo seit 1017 die Normannen als neue politische Kraft spürbar werden.

1021/1022 Während seines dritten Italienzugs erneuert HEINRICH die Kaiserhoheit über die unteritalienischen Langobardenfürsten, ohne die politischen Verhältnisse wirksam verändern zu können.

1022/1023 Eine Synode, die Papst und Kaiser gemeinsam in Pavia abhalten, beschließt Dekrete für die Kirchenreform. Auch ein Zusammentreffen mit König ROBERT II. von Frankreich (996–1031) hat kirchliche Reformfragen zum Thema.

1024, 13. Juli HEINRICH II. stirbt in der Pfalz Grone (heute Stadtteil Göttingens) und wird in seiner Lieblingsstiftung, dem Bamberger Dom, beigesetzt. 1146 wird er von Papst EUGEN III. heiliggesprochen.

Das Heilige Römische Reich unter den Ottonen und Saliern

Kultur der Ottonenzeit

Nach dem kulturellen Abstieg der späten Karolingerzeit setzt im Ostfrankenreich um 950, ausgehend von den Klöstern, eine Neubelebung des Bildungswesens ein. Neben die älteren süd- und westdeutschen Zentren (St. Gallen, Reichenau, Trier-St. Maximin, Regensburg-St. Emmeram) treten sächsische Konvente (Corvey, Gandersheim). OTTO I. bemüht sich, italienische Gelehrte nach Deutschland zu holen. Starke Bildungsimpulse gehen auch von seinem Bruder BRUN von Köln aus. Unter OTTO III. übernimmt das Kaisertum für kurze Zeit selbst die Führung. GERBERT VON AURILLAC, seit 999 als SILVESTER II. Papst und der bedeutendste Gelehrte seiner Zeit, wirkt seit 996 als Lehrer und Berater an seiner Seite. HEINRICH II. schenkt die Bibliothek OTTOS III., vermehrt um eigene Erwerbungen aus Italien, dem Bamberger Dom.

Ansätze pädagogischer Breitenwirkung sind in den Domschulen erkennbar, von denen Magdeburg, Hildesheim, Lüttich, Würzburg, Worms und Bamberg zu nennen sind. Bestimmend für das Geistesleben der Zeit ist die formale Schulung im Bereich der *septem artes liberales* sowie eine rezeptive Klassik- und Patristikverarbeitung, ohne dass von einer ottonischen Renaissance gesprochen werden sollte. Selbstständige Leistungen liegen in der (lateinischen) Dichtung (HROTSVIT VON GANDERSHEIM [†nach 973], EKKEHARD I. VON ST. GALLEN [*910, †973], FROUMUND VON TEGERNSEE [†um 1006/1012]) sowie in der Geschichtsschreibung vor (WIDUKIND VON CORVEY [*um 925, †nach 973], LIUDPRAND VON CREMONA [*um 920, †um 972], THIETMAR VON MERSEBURG [*975, †1018]). BURCHARD VON WORMS (*um 965, †1025) legt mit seiner Kirchenrechtssammlung Grundlagen der künftigen Kanonistik. Das römisch-germanische Pontifikale, entstanden zwischen 950 und 961/963 im Kloster St. Alban zu Mainz, prägt nachdrücklich die liturgische Entwicklung der lateinischen Kirche.

Die Salier (1024–1125)

1024, 4. Sept. Nach dem Aussterben der Liudolfinger entscheidet sich die Mehrzahl der geistlichen und weltlichen Großen unter Führung des seit 1021 amtierenden Mainzer Erzbischofs ARIBO (*um 990, †1031) in Kamba (abgegangen, gegenüber von Oppenheim) für **KONRAD II.** (*um 990, †1039), den älteren der beiden gleichnamigen Vettern aus der Familie der Wormsgaugrafen (Salier), die durch die Ehe LIUTGARDS mit KONRAD DEM ROTEN Ururenkel OTTOS I. sind.

1025 KONRAD wird nach der Krönung in Mainz auf einem Umritt im gesamten Reich anerkannt.

1026/1027 KONRADS erster Italienzug wird durch die Versuche der oberitalienischen Großen veranlasst, erst den französischen König ROBERT II., dann WILHELM V. VON AQUITANIEN (995–1030) oder dessen Sohn zum König zu erheben.

1026 KONRAD wird vom Mailänder Erzbischof ARIBERT (†1045) zum König gekrönt und unterwirft die Lombardei mit Pavia.

1027, 26. März **KONRAD empfängt in Rom die Kaiserkrone** von Papst JOHANNES XIX. (1024–1032) in Gegenwart der Könige KNUT DES GROSSEN (*um 995, †1035) von England und Dänemark und RUDOLF III. von Burgund. – Die Kaiserhoheit über die süditalienischen Langobardenfürsten wird erneuert.

Aug. RUDOLF III. erkennt das Erbrecht KONRADS auf Burgund an.

1028, 14. April KONRADS Sohn **HEINRICH (III.)** (*1017, †1056), 1026 bereits zum Nachfolger designiert und 1027 mit dem Herzogtum Bayern ausgestattet, wird in Aachen vom Kölner Erzbischof PILGRIM (†1036) **zum König gekrönt**. Hierin liegen die Anfänge des Krönungsrechts der Kölner Erzbischöfe.

1030, 17. Aug. KONRADS Stiefsohn, Herzog ERNST II. VON SCHWABEN, findet nach mehrfachen Empörungen und Kämpfen gegen den Kaiser den Tod.

1031 Friedensschluss mit den Ungarn, denen das Gebiet zwischen Fischa und Leitha abgetreten wird.

1033, 2. Febr. Nach dem Tod König RUDOLFS III. (1032) empfängt KONRAD die Insignien des burgundischen Reiches und wird im Kloster Peterlingen zum burgundischen König erhoben. Das Kaisertum ruht jetzt auf der dreifachen Königswürde des deutschen Reichs, Italiens und Burgunds.

Die Salier

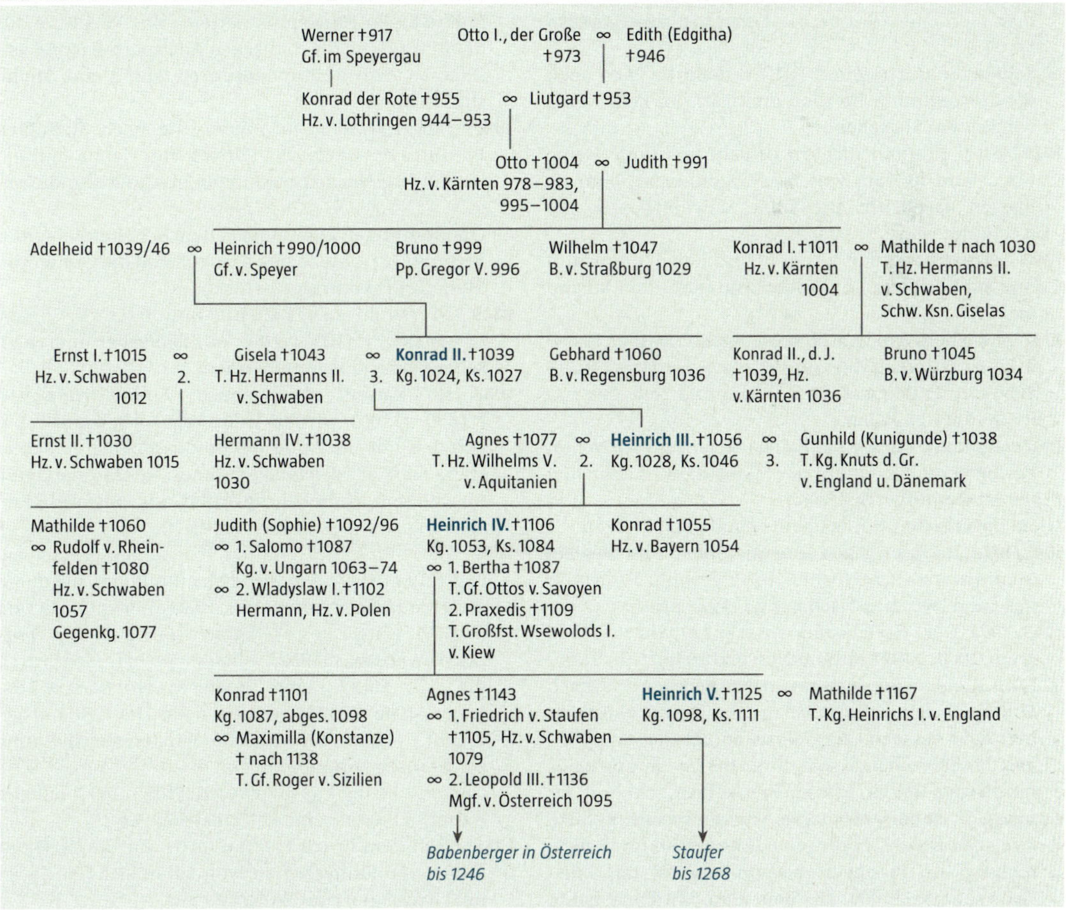

Gegen Graf ODO II. VON DER CHAMPAGNE (†1037), der mit Waffengewalt Erbansprüche in Burgund geltend macht, verbündet sich KONRAD mit dem französischen König HEINRICH I. (*1008, †1060).

Juli Nach mehrjährigen Kämpfen erkennt MIESZKO II. in Merseburg die Oberhoheit KONRADS an und legt seinen Königstitel ab. KONRAD teilt Polen unter drei konkurrierende Prätendenten auf.

1034 KONRAD setzt seine Hoheit auch im südlichen Burgund einschließlich der Provence durch. Der Kaiser verfügt damit über sämtliche Alpenpässe.

1035 Bei der Verlobung seines Sohnes HEINRICH (III.) mit GUNHILD (KUNIGUNDE) VON DÄNEMARK (†1038), der Tochter des englisch-dänischen Königs KNUT DES GROSSEN, tritt KONRAD die Mark Schleswig an Dänemark ab. Die Heirat findet 1036 statt.

1036–1038 Auf seinem zweiten Italienzug versucht KONRAD vergeblich, den aufsässigen Erzbischof von Mailand, ARIBERT, zu unterwerfen, gewinnt jedoch die Anhängerschaft der weltlichen Großen und mit der rechtlichen Sicherung ihres lehnsrechtlichen Status (durch den Erlass der *Constitutio de feudis* von 1037) auch die des niederen Adels (Valvassoren).

1038 KONRAD setzt in Unteritalien PANDULF IV. VON CAPUA (†1049) zugunsten WAIMARS IV. VON SALERNO (†1052) ab und legitimiert die Herrschaft des Normannenfürsten RAINULF I. DRENGOT VON AVERSA (†1045).
Seinem Sohn HEINRICH (III.) verleiht KONRAD auch das Herzogtum Schwaben und lässt ihn zum König von Burgund erheben.

1039, 4. Juni KONRAD stirbt in Utrecht und findet seine Ruhestätte in dem von ihm begonnenen Dom zu Speyer. **HEINRICH III.** tritt ohne Schwierigkeiten die Nachfolge seines Vaters an.

1040 HEINRICH wird in Burgund und Italien anerkannt und söhnt sich mit Erzbischof ARIBERT von Mailand aus.

1041 Mit einem großem Heeresaufgebot zwingt HEINRICH den Herzog BŘETISLAV I. VON BÖHMEN (1034–1055) zur Huldigung für Böhmen und Teile des von ihm eroberten Polen.

1042 HEINRICH stößt gegen Ungarn vor und verzichtet zur besseren Sicherung der Südostflanke zugunsten der Luxemburger auf Bayern.
Im bayerischen Nordgau entstehen neue Marken.

1043/1044 Im Krieg gegen Ungarn, gipfelnd im Sieg bei Menfö an der Raab (5. Juli 1044), gewinnt HEINRICH das Land zwischen Fischa und Leitha zurück.

1043–1072 Der Grafensohn ADALBERT VON GOSECK (*um 1000, †1072) nimmt als Erzbischof von Hamburg-Bremen die Mission in Nordeuropa bis nach Finnland, den Orkneyinseln, Island und Grönland auf. Sein Versuch, die Selbstständigkeitsbestrebungen der dänischen Kirche durch die Errichtung eines nordischen Patriarchats zu überwölben, scheitert. Erfolgreich ist der Ausbau des Kirchenwesens im Siedlungsgebiet der Obodriten in Ostholstein und Mecklenburg, wo in enger Zusammenarbeit mit Fürst GOTTSCHALK (†1066) aus dem alten Missionsbistum Oldenburg die Diözesen Oldenburg, Mecklenburg und Ratzeburg gebildet werden.

1044 Nach dem Tod Herzog GOZELOS I. wird Lothringen aufgeteilt. Sein auf Oberlothringen beschränkter Sohn GOTTFRIED DER BÄRTIGE (†1069) tritt in Opposition zu HEINRICH.

1045 In Stuhlweißenburg erkennt der ungarische König PETER ORSEOLO (†1046) die Lehnshoheit HEINRICHS an.

1046 Auf dem Merseburger Hoftag empfängt HEINRICH die Huldigung der Herzöge von Böhmen, Polen und Pommern.

Dez. Beeindruckt vom kirchlichen Reformethos schlichtet HEINRICH während seines ersten Italienzugs (bis 1047) die Papstwirren, indem er durch Synoden in Sutri und Rom die rivalisierenden Päpste BENEDIKT IX. (†1056), SILVESTER III. (†1063) und GREGOR VI. (†1047) absetzen und Bischof SUIDGER VON BAMBERG als CLEMENS II. (†1047) erheben lässt. Dieser nimmt am 1. Weihnachtstag an **HEINRICH** und seiner Gemahlin AGNES VON POITOU (*um 1025, †1077) die **Kaiserkrönung** vor.
Mit der Würde eines *patricius Romanorum* übertragen die Römer HEINRICH III. entscheidende Rechte bei der Papstwahl. Auch in der Folgezeit werden von ihm nur deutsche Bischöfe zu Päpsten erhoben. Die Maßnahmen HEINRICHS befreien das Papsttum aus der Bindung an die römischen Adelsparteien und verschaffen dem Reformdenken endgültig eine Heimstatt in Rom.

1047 HEINRICH setzt auf einem Zug nach Süditalien PANDULF IV. wieder als Fürsten von Capua ein und belehnt die Normannenfürsten in Apulien und Aversa.
Oberlothringen kommt nach dem Scheitern einer Erhebung GOTTFRIEDS DES BÄRTIGEN an die Grafen von Metz (Haus Lothringen-Habsburg).

1049 GOTTFRIED DER BÄRTIGE und BALDUIN V. VON FLANDERN (†1067) werden mit dänischer und englischer Flottenhilfe unterworfen.

1053 Des Kaisers gleichnamiger Sohn, **HEINRICH IV.** (*1050, †1106), wird in Tribur **zum König gewählt** und von den Fürsten unter der Voraussetzung gerechter Herrschaft als Nachfolger seines Vaters anerkannt. Aus diesem Vorbehalt spricht Kritik am autokratischen Regierungsstil HEINRICHS III.

1055 Während seines zweiten Italienzuges zerschlägt HEINRICH III. die feindliche Machtbildung, die durch die Heirat GOTTFRIEDS DES BÄRTIGEN mit BEATRIX (†1076), Witwe des Markgrafen BONIFAZ VON TUSZIEN-CANOSSA (†1052), entstanden ist. GOTTFRIED flieht, BEATRIX und ihre Tochter MATHILDE VON TUSZIEN (*1046, †1115) werden nach Deutschland gebracht. – Eine süddeutsche Fürstenverschwörung bricht rasch zusammen.
Gemeinsam mit Papst VICTOR II. (1055–1057) hält der Kaiser in Florenz eine Reformsynode ab.

1056 Nach dem Bruch HEINRICHS III. mit König HEINRICH I. von Frankreich in Ivois söhnt sich der Kaiser mit GOTTFRIED DEM BÄRTIGEN aus.

5. Okt. HEINRICH III. stirbt, erst 39-jährig, in der Pfalz Bodfeld im Harz in Gegenwart Papst VICTORS II., dessen Schutz er Sohn und Reich anvertraut.

1056–1065 Die lange Vormundschaftsregierung für den jungen König **HEINRICH IV.** wird zu einer Periode des Umbruchs, in der sich das Papsttum aus den Bindungen an die Kaisermacht befreit und die Reichsfürsten ihre Rechte gegenüber dem Königtum erweitern.

1057 Kaiserin AGNES von Poitou, Regentin von 1056–1062, überträgt Schwaben und die Verwaltung Burgunds RUDOLF VON RHEINFELDEN (†1080). 1061 gibt sie Bayern an Graf OTTO VON NORTHEIM (†1083) und Kärnten an BERTHOLD I. VON ZÄHRINGEN (†1078), ohne aber die politische Gefolgschaft der Fürsten gewinnen zu können.

1061 Nach dem Tod Papst NIKOLAUS' II., der durch den Erlass des Papstwahldekrets (1059) die Rechte des Königtums bei der Papstwahl eingeschränkt hat, verleihen die Römer HEINRICH IV. die Patriciuswürde. Unter dem Einfluss des Hofes wird Bischof CADALUS VON PARMA (†1072) als HONORIUS II. zum Gegenpapst gegen den ohne Beteiligung des Kaisertums gewählten Reformer ALEXANDER II. (†1073) erhoben.

1062 Der seit 1056 amtierende Erzbischof von Köln ANNO II. (*um 1010, †1075) entführt den elfjährigen König aus der Pfalz Kaiserswerth, muss die Regentschaft jedoch bald mit ADALBERT VON BREMEN teilen. AGNES zieht sich nach Italien zurück.

1064 Auf der Synode von Mantua erkennt das Reich endgültig ALEXANDER II. an.

1065 HEINRICH übernimmt persönlich die Regierung, muss aber auf Druck der Fürsten ADALBERT VON BREMEN vom Hof entfernen.

1066 ADALBERTS Sturz ist das Signal für eine umfassende Erhebung der nordwestlichen Slawen, die das kirchliche Aufbauwerk im Gebiet der Obodriten restlos vernichtet.

1070 OTTO VON NORTHEIM wird des Hochverrats angeklagt, geächtet und abgesetzt. Bayern wird WELF IV. (†1101), dem Gründer der jüngeren Welfenlinie aus dem Mannesstamm des Hauses Este, übertragen.

1073 HEINRICHS Versuche, im Harzbereich die territorialen Grundlagen des Königtums zu erneuern (Rückgewinnung des Königsgutes, Burgenbau, Einsatz stammesfremder Ministerialen), führen zur Erhebung der Sachsen unter der Führung OTTOS VON NORTHEIM und des Magdeburger Erzbischofs WERNER VON STEUSSLINGEN (†1078). Der König findet Zuflucht bei den Bürgern von Worms. Damit werden die Anfänge einer gezielten Städteförderung durch das Königtum erkennbar.

1074 Der Friede von Gerstungen zwingt HEINRICH zu weitgehender Anerkennung der Forderungen der Sachsen, die dann jedoch bei Homburg an der Unstrut (1075) besiegt werden. Die Führer der Opposition kommen in Haft, ihre Güter werden eingezogen, die Königsburgen wieder aufgebaut.

1075 Auf der römischen Fastensynode suspendiert Papst GREGOR VII. (1073–1085) einzelne nicht erschienene deutsche Bischöfe und lädt die fünf Räte HEINRICHS zur Verantwortung vor, die bereits 1073 wegen der Maßnahmen des Königs bei der Besetzung des Erzbistums Mailand exkommuniziert worden waren. Als HEINRICH entgegen seinen Zusicherungen das Mailänder Erzbistum erneut besetzt, sendet ihm GREGOR ein ernstes Protest- und Mahnschreiben, das (am Jahresanfang 1076) am Königshof mit Empörung aufgenommen wird.

1076 Die Mehrheit der deutschen Bischöfe kündigt auf einer Synode in Worms dem bisher von ihnen anerkannten Papst den Gehorsam auf. HEINRICH fordert GREGOR VII. in einem (auch propagandistisch verbreiteten) Manifest zur Abdankung auf. Auch die lombardischen Bischöfe sagen sich von ihm los. GREGOR verbietet HEINRICH auf der römischen Fastensynode die weitere Ausübung der Regierung, bannt ihn und entbindet seine Untertanen von den ihm geleisteten Eiden. Die Fürstenopposition zwingt HEINRICH in Tribur (gegenüber von Oppenheim) zur Entlassung der gebannten Räte und zum Versprechen des Gehorsams und der Genugtuung gegenüber dem Papst. HEINRICH soll die Königswürde verlieren, wenn er länger als ein Jahr im Bann bleibt, GREGOR an einer Reichsversammlung in Deutschland teilnehmen.

1077 HEINRICH kommt der drohenden Vereinigung von Fürstenopposition und Papstgewalt zuvor, indem er um die Jahreswende 1076/77 über den Mont Cenis dem nach Deutschland reisenden Papst entgegeneilt, der sich bei seinem Nahen in die tuszische Markgrafenburg **Canossa** am Nordabhang des Apennin zurückzieht. Hier kommt es zu einem von Vermittlern angebahnten Ausgleich: HEINRICH wird nach dreitägiger Bußleistung am 28. Jan. die Absolution erteilt und er gewinnt damit seine Herrschaftsfähigkeit zurück. Er verspricht die Annahme des päpstlichen Schiedsspruchs im Streit mit den Fürsten und Sicherheit für GREGORS Reise nach Deutschland.

Bei der Beurteilung von Canossa sind Ereignis, Wirkung und propagandistische Ausdeutung zu unterscheiden. Canossa ist unverkennbar ein politischer Erfolg HEINRICHS, beschleunigt jedoch den Prozess der Entsakralisierung der Königswürde. Parteiische Schilderungen der Geschehensabläufe durch die zeitgenössische Historiografie (LAMPERT VON HERSFELD) liefern der konfessionellen und politischen Polemik späterer Jahrhunderte wirkungsvoll ausgeschlachtete Materialien.

15. März Ungeachtet der Vereinbarungen von Canossa erklärt die Fürstenopposition in Forchheim HEINRICH für abgesetzt und wählt den Schwabenherzog RUDOLF VON RHEINFELDEN zum König (Einbruch des Prinzips der freien Fürstenwahl). RUDOLF verzichtet auf das Erbrecht und gestattet die kanonische Bischofswahl.

GREGOR VII. hält sich in der Folgezeit neutral. Aufseiten RUDOLFS stehen außer den sächsischen Großen die Mehrzahl der weltlichen Fürsten, aufseiten HEINRICHS neben Teilen des Episkopats der niedere Adel, Ministeriale, Bürger und Bauern.

Der Investiturstreit

Der schon dem Mittelalter geläufige Begriff dient als zusammenfassende Bezeichnung für die geistigen und machtpolitischen Konflikte im letzten Viertel des 11. und dem ersten des 12. Jh.s zwischen Papsttum (*sacerdotium*) und Königtum (*regnum*) um die Abgrenzung der beiderseitigen Einflussbereiche in der Kirche. Der gregorianischen Reform geht es allgemein um Befreiung der Kirche aus der Fremdbestimmung durch Laiengewalt (*libertas ecclesiae*), um Zurückdrängung der Traditionen des römischen Staatskirchentums und des germanischen Eigenkirchenrechts zugunsten einer neuen, durch den priesterlich-sakramentalen Vorrang bestimmten Weltordnung. Dabei wird die Investitur der Bischöfe und Äbte durch das Königtum – von den Reformern als unvereinbar mit dem Prinzip freier, kanonischer Wahl und dem Verbot der Simonie betrachtet – zum entscheidenden, wenngleich keineswegs einzigen Streitpunkt. Als Simonie gilt der strengen Reformrichtung seit HUMBERT VON SILVA CANDIDA (†1061) nicht nur die Gewährung geistlicher Ämter gegen Geldzahlung (nach Apg. 8,18–23), sondern jeglicher Empfang von Kirchen aus Laienhand. Angesichts der engen Verflechtung von Königsmacht und Reichskirche in Deutschland und Oberitalien kommt der dem Königtum abverlangte Verzicht auf Bestellung und rechtliche Leistungen der Bischöfe sowie auf Mitnutzung des Reichskirchengutes einer politischen Selbstaufgabe gleich. Ebenso aber widerstrebt der deutsche Episkopat einer Aufhebung seiner reichsrechtlichen Sonderstellung.

In sein grundsätzliches Stadium tritt der Investiturstreit im Reich erst durch den Konflikt um die Besetzung des Erzbistums Mailand (1075) und das päpstliche Investiturverbot für Laienfürsten (1078 und 1080). Die Forderungen und Begründungen der Reformer wie auch die dramatischen Auseinandersetzungen der beiden höchsten Gewalten erregen die Gemüter der damaligen Welt und lassen eine umfangreiche Streitschriftenliteratur entstehen. Schon vor der Empfehlung IVOS VON CHARTRES (†1116) von 1097 wird um RUDOLF VON RHEINFELDEN und im normannischen England mit der Unterscheidung von Kirchenamt und Kirchengut (*spiritualia* und *temporalia* bzw. *regalia*) und deren getrennter Verleihung durch Kirche und Königtum der Weg zu einem Kompromiss gezeigt. Die Beilegung des Streits zögert sich jedoch hinaus, da Kaiser und Papst den vollen Rechtsstandpunkt durchsetzen wollen. Auch das **Wormser Konkordat** von 1122, das teilweise auf vorherigen Regelungen in Frankreich und England beruht, wird von rigorosen Reformern nicht gebilligt, erweist sich aber in der Folge als brauchbarer Ausgleich, der beiden Seiten eine selbstständige Neubegründung ihrer Positionen ermöglicht.

1078–1080 Schlachtenbegegnungen beider Könige bringen keine Entscheidung.

1079 HEINRICH überträgt die schwäbische Herzogswürde dem Staufer FRIEDRICH (*um 1050, †1105) und verlobt ihn mit seiner Tochter AGNES (*1072, †1143). Die Heirat findet erst um 1086/87 statt.

1080 Als GREGOR VII. HEINRICH erneut bannt und seiner Herrschaft entsetzt, stellt sich die Mehrheit der deutschen und lombardischen Bischöfe auf HEINRICHS Seite. Eine Synode in Brixen erklärt GREGOR für abgesetzt und erhebt Erzbischof WIBERT VON RAVENNA (†1100) als CLEMENS III. zum Gegenpapst.
RUDOLF VON RHEINFELDEN stirbt an einer in der Schlacht an der Weißen Elster (bei Hohenmölsen) erlittenen Verwundung (Verlust der Schwurhand).

1081 Als HEINRICH im Frühjahr zu seinem ersten Italienzug (bis 1084) aufbricht, wählt die Opposition einen neuen Gegenkönig, den Grafen HERMANN VON SALM (†1088). – GREGOR VII. wird in Rom eingeschlossen.

1084 Erst nach drei Jahren treten die Römer auf die Seite des Kaisers und seines Papstes. **HEINRICH** wird von CLEMENS III. **zum Kaiser gekrönt**. Das Nahen der Normannen unter ROBERT GUISCARD (1059–1085) zwingt ihn zum Rückzug. Seine Macht in Deutschland und Italien ist nichtsdestoweniger gefestigt.

1087 HEINRICH erreicht die Königskrönung seines ältesten Sohnes KONRAD (*1074, †1101).

1088 Der glücklose Gegenkönig HERMANN VON SALM wird bei einer Privatfehde tödlich verwundet.

1090–1097 HEINRICHS zweiter Italienzug wird veranlasst durch die 1089 geschlossene Ehe von WELF V. (†1120) mit MATHILDE VON TUSZIEN, die zum Zusammenschluss der süddeutschen und oberitalienischen Königsgegner führt.

1093 Durch den Abfall seines Sohnes KONRAD, der nun auch die lombardische Königswürde empfängt, wird HEINRICHS Bewegungsraum auf Venetien eingeengt.

1097 Nach Auflösung der welfisch-tuszischen Ehe (1095) und Aussöhnung mit den Welfen (1096), der die Rückerstattung Bayerns an WELF IV. folgt, kann HEINRICH nach Deutschland zurückkehren.

1098 Anstelle des abgesetzten KONRAD wird HEINRICHS jüngerer Sohn, **HEINRICH V.** (*1086, †1125), unter Ausschluss jeglicher Mitherrschaft **zum Nachfolger gewählt und 1099 gekrönt**.

1103 Als Voraussetzung für einen geplanten Kreuzzug verkündet HEINRICH einen allgemeinen Reichsfrieden für vier Jahre.

1104 HEINRICH V. erhebt sich gegen seinen Vater, in dessen fürsten- und papstfeindlicher Politik er eine Gefahr für die Herrschaftskontinuität der salischen Dynastie erblickt.

1105, Dez. HEINRICH V. nimmt den Kaiser gefangen und zwingt ihn in Ingelheim zum Thronverzicht.

1106 HEINRICH IV. entkommt aus der Gefangenschaft und beginnt vom Niederrhein aus den Kampf um sein Reich, stirbt aber am 7. Aug. Erst 1111, nach Lösung des Banns, kann er im Dom zu Speyer, dessen Ausbau zu einem Denkmal salischen Herrschertums (Speyer II) er mit großem Einsatz vorangetrieben hat, kirchlich bestattet werden. – **HEINRICH V.** hält wie sein Vater am königlichen Investiturrecht fest und lenkt auch innenpolitisch bald in dessen Bahnen ein. Verhandlungen mit dem Papsttum in Guastalla bei Parma und Châlons-sur-Marne scheitern.
Nach dem Tod des letzten Sachsenherzogs aus dem

Geschlecht der Billunger, MAGNUS (*um 1045), übergeht HEINRICH dessen Schwiegersöhne, den Welfen HEINRICH DES SCHWARZEN (†1126) und den Askanier OTTO VON BALLENSTEDT (†1123), und überträgt die sächsische Herzogswürde Graf LOTHAR VON SUPPLINBURG bzw. Süpplingenburg (*1075, †1137), der durch seine Ehe mit RICHENZA (†1141), Enkelin OTTOS VON NORTHEIM, über ein reiches Eigengut verfügt und seine Macht im nordöstlichen Slawenland planmäßig erweitert. So setzt LOTHAR 1110 die Schauenburger als Grafen in Holstein ein.

1108 HEINRICHS Feldzüge gegen Ungarn und Polen (1109) bleiben ergebnislos. In Böhmen kann er die Reichshoheit erneut durchsetzen.

1110/1111 Während seines ersten Italienzugs findet HEINRICH in Oberitalien allgemein Anerkennung.

1111, 12. Febr. Ein zunächst geheimer Vertrag mit PASCHALIS II. (1099–1118), der eine radikale Trennung von Bischofsamt und Reichsgut vorsah und nach Verhandlungen in der römischen Kirche S. Maria in Turri in Sutri bereits ratifiziert wurde, scheitert bei der öffentlichen Verlesung im Krönungsgottesdienst am erregten Widerspruch der Bischöfe. Papst und zahlreiche Kardinäle werden gefangen gesetzt, bis PASCHALIS im Vertrag von Ponte Mammolo (11. April) Investitur und **Kaiserkrönung** (vollzogen am 13. April) zugesteht. Die Reformer führen den Kampf um das Investiturverbot fort.
Ein Abkommen mit Markgräfin MATHILDE VON TUSZIEN setzt HEINRICH als Erben ihrer Eigengüter ein.

1112 Unter Führung LOTHARS VON SUPPLINBURG und des Mainzer Erzbischofs (seit 1109) ADALBERT I. (†1137) sammelt sich erneut die Opposition der Fürsten, der HEINRICH in der Schlacht am Welfesholz bei Eisleben im Mansfelder Land unterliegt (1115).

1116–1118 HEINRICHS zweiter Italienzug.

1118 Nach dem Tod der Markgräfin MATHILDE VON TUSZIEN (1115) zieht HEINRICH deren Allode ein, während die Reichslehen neu vergeben werden.
Da Papst GELASIUS II. (†1119) Verhandlungen ablehnt, lässt HEINRICH den Erzbischof von Braga, MAURITIUS BURDINUS als Gegenpapst GREGOR VIII. (bis 1121, †1137) erheben.

1119 Unter Papst CALIXTUS II. (†1124) kommen die Investiturverhandlungen wieder in Gang.

1122, 23. Sept. Nach dem Scheitern eines Abkommens in Mouzon an der Maas (1119) führen neue Beratungen unter maßgeblichem Anteil der Fürsten zum **Wormser Konkordat**: HEINRICH verzichtet zugunsten des Papsttums auf das Investiturrecht. Der Papst gesteht ihm die Wahl der Bischöfe und Äbte des deutschen Reichs in seiner Gegenwart und die Mitentscheidung von Wahldissensen zu. Der Gewählte empfängt vom König die Regalien durch das Zepter, und zwar in Deutschland vor, in den übrigen Teilen des Reichs nach der Weihe. Damit bleibt die Investitur durch den König in entschärfter Form erhalten. Das Verhältnis von Königtum und Reichskirche wird künftig lehnsrechtlich interpretiert. Die Stellung der Bischöfe gleicht sich der der Fürsten an.

1124 HEINRICH tritt aufseiten seines Schwiegervaters, des englischen Königs HEINRICH I. (1100–1135), in den Krieg gegen Frankreich ein, muss jedoch vor dem französischen Aufgebot zurückweichen.

1124/1125 Mit Billigung des Kaisers unternimmt Bischof OTTO I. VON BAMBERG (†1139) im Auftrag von Papst CALIXTUS II. und des Polenherzogs BOLESŁAW III. (1102–1138) den ersten Missionszug zu den von Polen unterworfenen Pomoranen.

1125, 23. Mai HEINRICH stirbt 39-jährig als letzter Salier und wird im Dom zu Speyer beigesetzt. Das salische Hausgut fällt an seine staufischen Neffen, Herzog FRIEDRICH II. VON SCHWABEN (*1090, †1147) und dessen Bruder, den späteren deutschen König KONRAD III. (*1093, †1152).

Ende Aug. Unter Übergehung der Staufer wird in Mainz auf Betreiben Herzog HEINRICHS IX., DES SCHWARZEN, von Bayern, der Sachsenherzog LOTHAR VON SUPPLINBURG zum König gewählt. **LOTHAR III.** verpflichtet sich die Welfen, indem er seine Tochter GERTRUD (*1115, †1143) mit HEINRICHS DES SCHWARZEN Sohn HEINRICH DEM STOLZEN (*um 1108, †1139) vermählt und ihn (wahrscheinlich 1126) mit dem Herzogtum Sachsen belehnt.
Erzbischof ADALBERT I. von Mainz wahrt sich den Einfluss auf die Kanzlei LOTHARS, in der die salischen Traditionen abbrechen.

1126 Ein Zug nach Böhmen zugunsten OTTOS II. VON MÄHREN (†1126) endet mit einer Niederlage. LOTHAR muss seinen Gegner SOBĚSLAV (†1140) belehnen.

1127 Im Kampf gegen die Staufer, die LOTHARS Forderung nach Trennung von Reichsgut und salischem Hausgut nicht Folge leisten, belagert LOTHAR vergeblich den Stauferstützpunkt Nürnberg. Die Stauferpartei erhebt jetzt KONRAD, den Bruder Herzog FRIEDRICHS II. VON SCHWABEN, zum Gegenkönig.

1128 KONRAD III. zieht nach Italien und wird von Erzbischof ANSELM von Mailand (†1136) zum König von Italien gekrönt, kann die Mathildischen Güter aber nicht in seinen Besitz bringen.
LOTHAR überlässt die Verwaltung Burgunds dem Zähringer KONRAD (†1152).
Bischof OTTO I. VON BAMBERG missioniert mit Unterstützung LOTHARS und Markgraf ALBRECHTS DES BÄREN (*um 1100, †1170) ein zweites Mal bei den Pomoranen und nun auch westlich der Oder bei den Liutizen.
Im Norden und Osten knüpft LOTHAR an die ottonische Grenz- und Markenpolitik an.
Am Ostrand des Reiches entsteht ein System abhängiger Klientelfürstentümer (um 1129), denen der Dänenherzog KNUD LAWARD (*1096, †1131) als König der Obodriten und der Slawenfürst PRIBISLAW-HEINRICH (†1150) als König der Heveller vorstehen.

1130 Im Papstschisma zwischen INNOZENZ II. (†1143) und ANAKLET II. (†1138) entscheidet sich LOTHAR mit dem deutschen Episkopat auf einer Synode in Würzburg für INNOZENZ.

1131 LOTHAR sucht INNOZENZ II. in Lüttich auf, leistet ihm den Strator- und Marschalldienst und verspricht seine Rückführung nach Rom, lässt die Gegenforderung auf Wiederherstellung des alten Investiturrechts nach Vorstellungen BERNHARDS VON CLAIRVAUX (*um 1090, †1153) jedoch fallen.

1132/1133 LOTHAR unternimmt seinen ersten Italienzug.

1133, 4. Juni **LOTHAR** findet in Oberitalien nur teilweise Anerkennung. Da er in Rom die Peterskirche nicht den Anhängern des von ROGER II. VON SIZILIEN (1030–1154) gestützten ANAKLET II. zu entreißen vermag, wird er in der Lateranbasilika **zum Kaiser gekrönt**. Die Erzbischöfe von Magdeburg und Hamburg-Bremen erhalten von INNOZENZ II. die Hoheit über die verselbstständigten Kirchenprovinzen Gnesen (mit dem neu missionierten Pommern) und Lund »restituiert«, ohne ihre Ansprüche durchsetzen zu können. In Anerkennung älterer Rechte der römischen Kirche auf die Mathildischen Güter empfängt der Kaiser diese gegen eine Zinszahlung zur Nutzung und überlässt sie seinem Schwiegersohn HEINRICH DEM STOLZEN, der dafür dem Papst einen Lehnseid leistet.

1134 Der dänische Königssohn MAGNUS NILSSON (†1134) erkennt die Hoheit des Reichs an.
LOTHAR fördert die Missionsarbeit des Wagriermissionars VICELIN (†1154) durch Anlage von Burg und Kanonikerstift Segeberg. – ALBRECHT DER BÄR wird mit der Nordmark belehnt, die er in den fünfziger Jahren um das Erbe des Hevellerfürsten PRIBISLAW-HEINRICH (Havelland) erweitert. Aus diesem Gebiet entsteht die spätere Mark Brandenburg.

1135 FRIEDRICH II. VON SCHWABEN unterwirft sich in Bamberg dem Kaiser.
Auf einem Hoftag in Merseburg zahlt der Herzog von Polen BOLESŁAW III. Tribut für zwölf rückständige Jahre nach und erkennt die Lehnshoheit des Kaisers für Pommern und Rügen an. Auch der neue Dänenkönig ERICH II. EMUNE (†1137) huldigt LOTHAR.
KONRAD III. legt den Königstitel ab und gewinnt die Gnade des Kaisers zurück.

1136 LOTHAR zieht in Begleitung HEINRICHS DES STOLZEN und KONRADS mit beträchtlicher Streitmacht nach Italien und erlässt in Roncaglia ein Gesetz gegen die Veräußerung von Lehen.

1137 LOTHAR stößt, Rom umgehend, nach Süden vor und erobert Apulien und Kalabrien. ROGER II. weicht nach Sizilien zurück und macht vergebliche Friedensangebote. Weitere Eroberungen scheitern am mangelnden Kampfwillen des deutschen Heeres und an Zwistigkeiten mit INNOZENZ II., welcher an der seit 1059 in Süditalien aufgebauten päpstlichen Lehnshoheit festhält. Die Belehnung RAINULFS VON ALIFE (†1139) mit Apulien nehmen Papst und Kaiser gemeinsam vor. Nach dem Abzug LOTHARS fallen die kaiserlichen Positionen rasch wieder ROGER II. zu.
Auf dem Rückweg erkrankt LOTHAR und übergibt die Reichsinsignien HEINRICH DEM STOLZEN.

4. Dez. LOTHAR stirbt nach Überschreitung der Alpen in Breitenwang in Tirol und wird in seiner Klosterstiftung Königslutter beigesetzt.

Die Staufer (1138–1254)

1138 In Koblenz lässt der Erzbischof von Trier ALBERO VON MONTREUIL (*um 1080, †1152) in Anwesenheit eines päpstlichen Legaten den einstigen Gegenkönig **KONRAD** unter Übergehung von LOTHARS Schwiegersohn HEINRICH DEM STOLZEN von einer kleinen Fürstengruppe zum deutschen König wählen.
KONRAD knüpft in Kanzleiwesen und Herrschaftsauffassung an salische Traditionen an, ist jedoch durch fortdauernde Konflikte mit den Welfen beengt. HEINRICH DER STOLZE liefert die Reichsinsignien aus, verweigert aber die Huldigung, da KONRAD den Verzicht auf eines seiner Herzogtümer verlangt. Ein Hoftag in Würzburg ächtet ihn und spricht ihm beide Herzogtümer ab.

1139 Sachsen wird ALBRECHT DEM BÄREN, Bayern LEOPOLD IV. VON ÖSTERREICH (*um 1108, †1141) verliehen. – Nach dem Tod HEINRICHS DES STOLZEN wahrt in Sachsen die Kaiserinwitwe RICHENZA, in Süddeutschland WELF VI. (*1115, †1191) die Rechte seines unmündigen Sohnes HEINRICH (DES LÖWEN) (*um 1129, †1195).

1140 KONRAD schlägt WELF VI. vor der Burg Weinsberg.

1142 KONRAD erkennt HEINRICH DEN LÖWEN als Herzog von Sachsen an. Bayern kommt mit der Hand GERTRUDS, der Witwe HEINRICHS DES STOLZEN, an den Babenberger HEINRICH II. JASOMIRGOTT (†1177); WELF VI. bleibt in Opposition.

1146, Jan. Die seit 1139 bestehenden außenpolitischen Beziehungen zu Byzanz, bei denen KONRAD den Rang eines Imperator Romanorum beansprucht, führen zur Eheschließung von Kaiser MANUEL I. KOMNENOS (1143–1180) mit KONRADS Schwägerin BERTHA VON SULZBACH (†1158 oder 1160), die in Byzanz den Namen IRENE annimmt.

Ende Dez. KONRAD entschließt sich in Speyer unter dem Eindruck der Predigt BERNHARDS VON CLAIRVAUX zur Kreuznahme.

1147, März Als Voraussetzung für KONRADS längere Abwesenheit wird ein allgemeiner Reichsfriede verkündet, sein zehnjähriger Sohn HEINRICH (VI.) BERENGAR (†1150) zum König gewählt und die welfische Frage vertagt.

Juni Während KONRAD zum 2. Kreuzzug aufbricht (bis 1149), erfüllen die sächsischen Großen ihr Kreuzgelübde durch den sog. Wendenkreuzzug gegen die Slawenstämme an der südlichen Ostseeküste. HEINRICH DER LÖWE kämpft gegen die Obodriten, ALBRECHT DER BÄR, der Magdeburger Erzbischof FRIEDRICH I. VON WETTIN (†1152) und Bischof ANSELM VON HAVELBERG (†1158) ziehen vor das (bereits christliche!) Stettin. Beide Unternehmungen fördern mittelbar die kirchliche und herrschaftliche Durchdringung der Küstenländer zwischen Elbe und Oder.

1148 KONRAD schließt mit MANUEL I. KOMNENOS in Saloniki ein Bündnis gegen ROGER II. von Sizilien, der sich mit WELF VI., König LUDWIG VII. von Frankreich (*1120, †1180) und Ungarn verbündet.

1150 KONRAD besiegt WELF VI. bei Flochberg westlich von Nördlingen.

1151 Ein Zug gegen Heinrich den Löwen, der weiterhin Bayern fordert, schlägt fehl.

1152, 15. Febr. Konrad stirbt in Bamberg, ohne den vorbereiteten Romzug angetreten zu haben, zu dem ihn sowohl Papst Eugen III. (†1153) als auch der römische Senat aufgefordert hatten.

5. März Nach vorherigen Absprachen erreicht Konrads Neffe Friedrich III. von Schwaben, ein Vetter Heinrichs des Löwen, seine einhellige Wahl zum König. **Friedrich I. Barbarossa** (*1122/24, †1190) erstrebt für die Wahrung der »Ehre des Reiches« eine Erneuerung der Königsgewalt im Konsens mit den Fürsten. Konrads unmündigem Sohn Friedrich (*1144/45, †1167) gibt er zum fränkischen Stauferbesitz das Herzogtum Schwaben, Welf VI. Tuszien, Spoleto und Sardinien, Berthold IV. von Zähringen (†1186) das Rektorat von Burgund.

1153, 23. März Verhandlungen mit der römischen Kurie führen zum Konstanzer Vertrag. Friedrich verspricht Eugen III. Hilfe gegen Normannen und Römer, dieser die Kaiserkrönung und Unterstützung gegen innere Feinde.

1154, Juni Auf dem Hoftag zu Goslar wird Heinrich dem Löwen Bayern und das Königsrecht der Bischofsinvestitur im Slawenland zugesprochen.

1154–1155 Auf Friedrichs erstem Italienzug huldigt ihm die Mehrzahl der oberitalienischen Städte. Darüber hinaus nimmt er Beziehungen zur Bologneser Rechtsschule auf (»Scholarenprivileg«).

1155, 18. Juni Friedrich lehnt die Anerkennung des römischen Senats ab, die **Kaiserkrönung** findet daher unter Ausschluss der Römer in der militärisch gesicherten Peterskirche statt.
Da der Kaiser weder Rom unterwerfen noch die Fürsten zum Weitermarsch nach Süditalien bewegen kann, nähert sich Papst Hadrian IV. (1154–1159) nun den Normannen an. 1156 schließt Hadrian IV. mit König Wilhelm I. (1154–1166) von Sizilien den Vertrag von Benevent, mit dem Hadrian das Königreich Sizilien anerkennt.

1156, Mai Rainald von Dassel (*um 1120, †1167) wird zum Hofkanzler ernannt und bestimmt bis zu seinem Tod Friedrichs Politik der *Restauratio imperii* (Wiederherstellung der Reichsgewalt). 1159 wird Rainald zum Erzbischof von Köln erhoben.

Juni Durch Eheschließung mit Beatrix von Burgund

Die Staufer

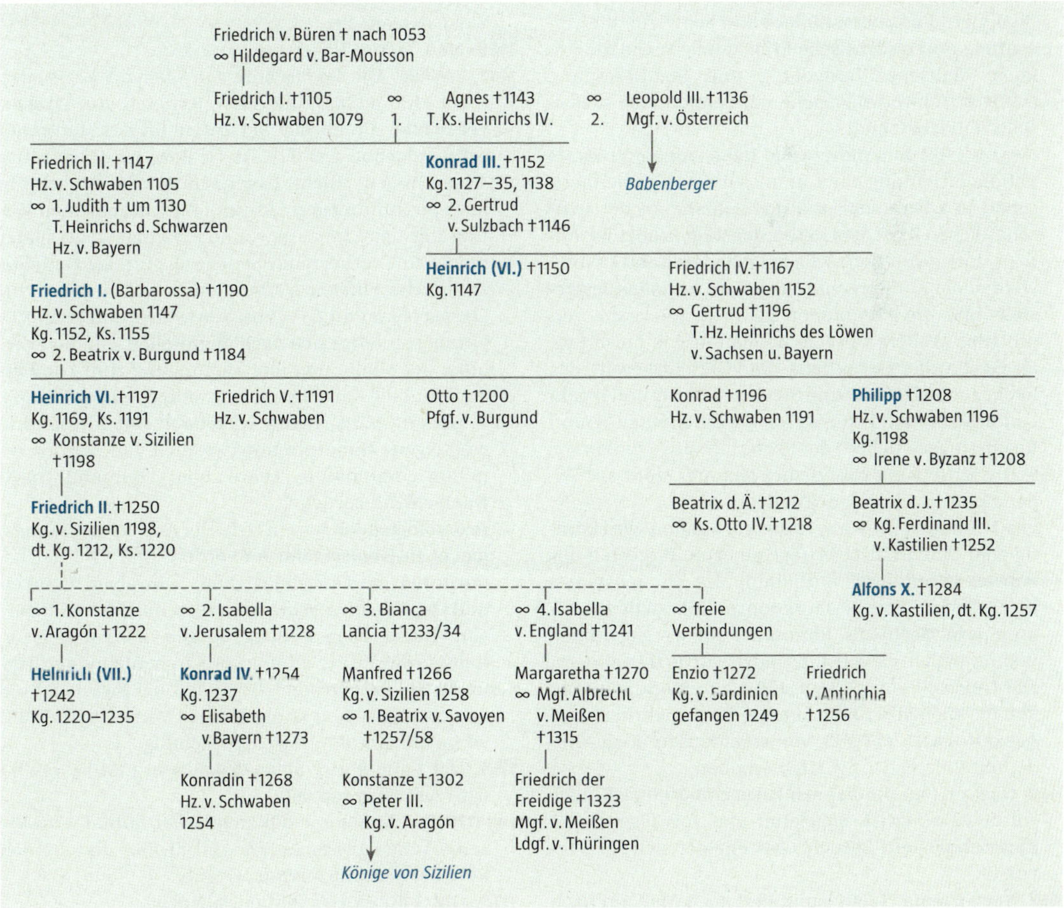

(†1184) gewinnt FRIEDRICH unmittelbare Herrschaftsrechte in Hochburgund und in der Provence.

17. Sept. Der Babenberger HEINRICH II. JASOMIRGOTT verzichtet in Regensburg endgültig auf Bayern und wird mit Österreich belehnt, das zum Herzogtum mit besonderen Vorrechten erhoben wird (*Privilegium minus*).

1157, Aug.–Sept. Der Kaiser greift zugunsten Herzog WŁADYSŁAWS II. (*1105, †1159) in Polen ein. WŁADYSŁAWS Söhne werden 1163 und 1172 auf Intervention FRIEDRICHS im Besitz Schlesiens bestätigt.

Okt. Ein Brief HADRIANS IV. mit der zweideutigen Bezeichnung der Kaiserwürde als päpstliches *beneficium* (Wohltat; Lehen) führt auf dem Hoftag zu Besançon zu einem Zusammenstoß mit den päpstlichen Legaten. Die deutschen Fürsten stehen geschlossen hinter dem Kaiser, der seine Würde als allein von Gott verliehen und durch Wahl der Fürsten vermittelt versteht.

1158 Der Papst lässt durch eine neue Legation eine ausgleichende Erklärung überbringen.

FRIEDRICH belohnt die Anhängerschaft VLADISLAVS II. VON BÖHMEN (†1174) mit dem Königstitel (11. Jan.).

HEINRICH DER LÖWE unterwirft endgültig die Slawenfürsten in Mecklenburg. Der kirchliche Ausbau in den Bistümern Ratzeburg, Lübeck und Schwerin, die Verwaltung durch sächsische Ministeriale sowie die Anfänge deutscher Besiedlung und Stadtgründung (Lübeck, Schwerin) beziehen das Land in die sächsische Herrschaft ein.

Der bis 1162 dauernde zweite Italienzug FRIEDRICHS hat die Errichtung einer unmittelbaren Flächenherrschaft in Oberitalien und die Teilhabe an der wirtschaftlichen Kraft der Lombardenstädte zum Ziel. Auf dem Hoftag von Roncaglia bei Piacenza (ab 11. Nov.) werden die Königsrechte (Regalien) in Italien festgestellt und die Kommunen zu ihrer Rückgabe verpflichtet. Weitere Gesetze definieren das Kaisertum als Quelle aller Herrschafts- und Gerichtsgewalt, das Recht auf Pfalzenbau und Steuererhebung und regeln Landfrieden und Lehnswesen. Regaliennutzung und Reichssteuern sichern der Krone gewaltige Einkünfte.

1159 Die Einsetzung kaiserlicher Beamter stößt auf Widerstände in Crema und Mailand.

Das Verhältnis von Kaisertum und Städten wird künftig eher durch Einzelverträge geregelt. Protesten des Papstes gegen die Einbeziehung des Kirchenstaates in die kaiserliche Restaurationspolitik stellt FRIEDRICH sein Recht als Römischer Kaiser gegenüber. Während sich die Krise zuspitzt, stirbt HADRIAN IV. Die Neuwahl vom 7. Sept. führt zu einem Schisma: Von der sizilienfreundlichen Kardinalsmehrheit wird ALEXANDER III. (†1181), von einer kaisernahen Minderheit VICTOR (IV.) (†1164) erhoben.

1160 Das von FRIEDRICH nach Pavia einberufene Konzil, von ALEXANDER III. abgelehnt und vorwiegend von Kaiseranhängern besucht, entscheidet sich für VICTOR IV.

1162 Nach Crema (1160) kapituliert auch Mailand nach einjähriger Belagerung. Die Stadt wird auf Verlangen der feindlichen Nachbarkommunen zerstört, die Bevölkerung in offenen Dörfern angesiedelt.

In Saint-Jean-de-Losne in Burgund versucht FRIEDRICH vergebens, König LUDWIG VII. zur Abkehr von ALEXANDER III. zu bewegen, der nach Frankreich ausgewichen ist. Der dänische König WALDEMAR I., DER GROSSE (1157–1182), huldigt hier dem Kaiser.

1163/1164 Dritter Italienzug FRIEDRICHS: Das geplante Unternehmen gegen die Normannen kommt nicht zustande. Die Städteopposition Oberitaliens sammelt sich im Veroneser Bund.

1164 HEINRICH DER LÖWE dehnt nach einem Aufstand in Mecklenburg seine Herrschaft bis zur Peene aus. Der Pommernherzog KASIMIR I. (†1180) erkennt seine Hoheit an.

1165 Der englische König HEINRICH II. (1154–1189) zeigt sich im Streit mit THOMAS BECKET (*1118, †1170) zum Zusammengehen mit FRIEDRICH bereit. Kaiser und Fürsten schwören in Würzburg, niemals ALEXANDER III. oder einen Papst seiner Richtung anzuerkennen und beschließen härtere Maßnahmen gegen die Alexandriner im Reich, vornehmlich in der Kirchenprovinz Salzburg.

29. Dez. Die Heiligsprechung KARLS DES GROSSEN in Aachen bezieht die Karlstradition in das staufische Staatsdenken ein.

1166–1168 Vierter Italienzug FRIEDRICHS.

1167, Juli/Aug. Die Erzbischöfe von Mainz, CHRISTIAN I. (*um 1130, †1183), und Köln, RAINALD VON DASSEL, vernichten am 29. Mai bei Tusculum das stadtrömische Aufgebot. Der 1165 nach Rom zurückgekehrte ALEXANDER III. flieht, PASCHALIS III. (†1168) wird in St. Peter inthronisiert (30. Juli), Rom durch einen Vertrag mit dem Senat gewonnen. Wenige Tage später macht eine verheerende Seuche alle Erfolge zunichte. Zahlreiche Fürsten sterben, darunter RAINALD VON DASSEL, FRIEDRICH IV. VON SCHWABEN und WELF VII. FRIEDRICH rettet sich nach Norditalien, wo die Erhebung der Städte und ihre Vereinigung zum Lombardenbund die Kaiserherrschaft weitgehend auflöst.

1168 Mailand wird wieder aufgebaut, mit Alessandria eine eigene Bundesfestung westlich von Tortona errichtet. FRIEDRICH kehrt über Burgund nach Deutschland zurück.

In den folgenden Jahren steht der Ausbau der Königsmacht in Deutschland im Vordergrund. Die Reichsterritorien im Oberrheingebiet, Schwaben, Franken und Ostmitteldeutschland werden durch den Einsatz von Ministerialen, Rodung, Burgen- und Städtegründung sowie die Erwerbung von Kirchenlehen verdichtet. In Sachsen erringt HEINRICH DER LÖWE, seit 1168 mit der englischen Königstochter MATHILDE (†1189) vermählt, eine königsgleiche Stellung.

1169, Juni FRIEDRICHS Sohn **HEINRICH VI.** (*1165, †1197) wird **zum König gewählt**.

seit 1170 Die Aufnahme diplomatischer Kontakte zu Byzanz, Venedig, Frankreich und Sizilien lockert den Ring der alexandrinischen Gegner.

1174–1178 FRIEDRICHS fünfter Italienzug.

1175, April Friedrich belagert vergebens Alessandria. Die Friedensverhandlungen mit dem Lombardenbund scheitern (Vertrag von Montebello).

1176, Okt./Nov. Heinrich der Löwe versagt (Ende Jan./Anfang Febr.) in Chiavenna die erbetene Waffenhilfe. Friedrich unterliegt am 29. Mai bei Legnano dem lombardischen Bundesheer. In radikalem Wechsel seiner Politik erkennt er im Vertrag von Anagni Alexander III. an und isoliert den Lombardenbund.

1177, Juli/Aug. Der Friede von Venedig bringt zusätzliche Verbesserungen der kaiserlichen Position. Friedrich erstattet Alexander III. die Hoheit über Rom und den Kirchenstaat zurück, behält die Mathildischen Güter auf 15 Jahre und schließt mit Sizilien einen Waffenstillstand auf 15, mit den Lombarden auf 6 Jahre.

1178, 30. Juli Auf dem Rückzug empfängt Friedrich in Arles die burgundische Königskrone.

1179–1180 Bei neuerlichen Klagen gegen Heinrich den Löwen unterlässt der Kaiser im Unterschied zu früheren Jahren Vermittlungsversuche. In zwei unterschiedlichen Verfahren wird Heinrich wegen Nichtbefolgen der Ladungsgebote nach Landrecht geächtet (Juni 1179), nach Lehenrecht seiner Reichslehen verlustig gesprochen (Jan. 1180), nach Jahresfrist in die Oberacht erklärt (Juni 1180). Sachsen wird aufgeteilt, der Westen als Herzogtum Westfalen dem Erzbischof von Köln, der Osten dem Askanier Bernhard (*1140, †1212) verliehen. Pfalzgraf Otto I. von Wittelsbach (†1183) erhält Bayern, die Steiermark wird selbstständiges Herzogtum. Friedrich sichert sich die Königshoheit über die Slawenbistümer. Der Prozess gegen Heinrich den Löwen offenbart angesichts der gewohnheitsrechtlichen Verpflichtung zur Wiederausgabe heimgefallener Reichslehen (sogenannter »Leihezwang«) Macht und Grenzen der lehnsherrlichen Stellung des deutschen Königs. Nicht das Königtum, sondern der sich damals abschließende Reichsfürstenstand ist Nutznießer der **Auflösung der Stammesherzogtümer**.

1181 Im Reichskrieg gegen Heinrich den Löwen gewinnt Friedrich Lübeck. Der Pommernherzog Bogislaw I. (*um 1130, †1187) wird Vasall des Kaisers. Heinrich erhält bei seiner Unterwerfung den Eigenbesitz (Braunschweig, Lüneburg) zurück und geht zu seinem Schwiegervater Heinrich II. (*1133, †1189) von England ins Exil. Das politische Erbe Heinrichs des Löwen im südlichen Ostseeraum tritt der Dänenkönig Knut VI. (1182–1202) an, der seit 1184 die slawischen Küstenländer unterwirft.

1183 Der endgültige Friedensschluss mit den Lombardenstädten in Piacenza und Konstanz verpflichtet den nun offiziell anerkannten Lombardenbund zur Wahrung der (finanziell reduzierten) Kaiserrechte.

1184, Mai In Mainz findet ein glanzvolles Hoffest zur Schwertleite der Kaisersöhne Heinrich VI. und Friedrich V. von Schwaben (*1167, †1191) statt. Letzterer hieß zunächst Konrad, erhielt aber nach dem Tod seines älteren Bruders Friedrich (*1164, †um 1170) mit dem Herzogtum Schwaben diesen Staufernamen.

Die Welfen

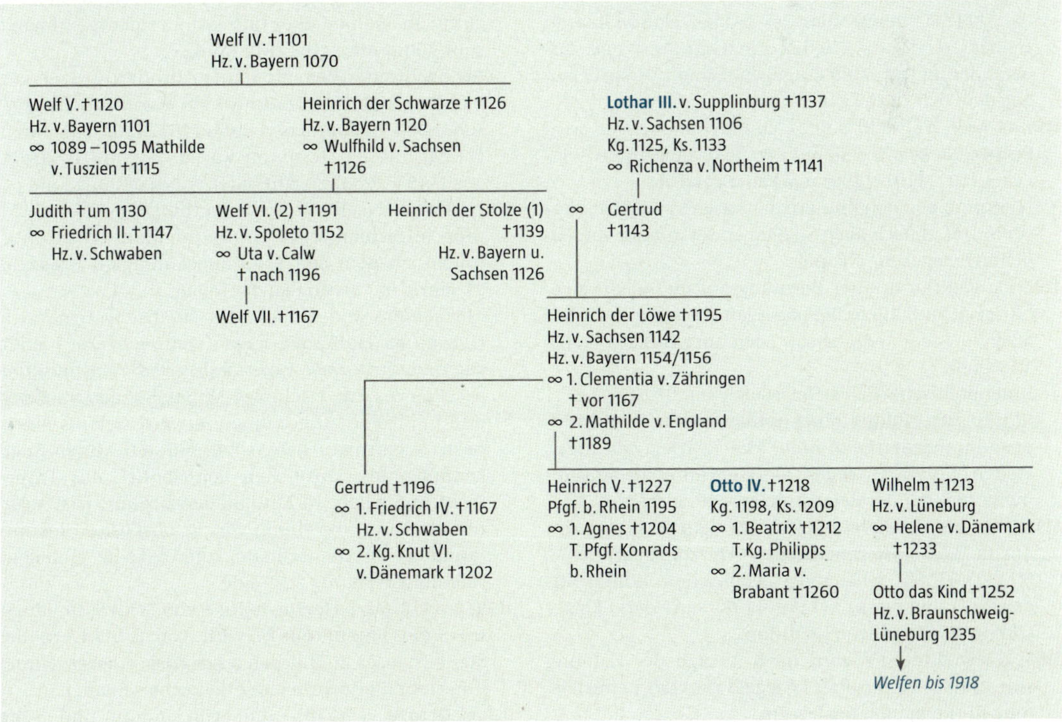

Herbst Während seines sechsten Italienzugs (bis 1186) trifft FRIEDRICH in Verona mit Papst LUCIUS III. (†1185) zusammen. Der Kaiser verpflichtet sich zum Kampf gegen die Häresie. Eine Einigung über die Mathildischen Güter bleibt aus. Der Papst verweigert die Kaiserkrönung HEINRICHS VI., der sich in Augsburg mit KONSTANZE (*1154, †1198), der erbberechtigten Tochter ROGERS II. von Sizilien, verlobt. Trauung und Krönung finden 1186 in Mailand statt.

1186 Als URBAN III. (1185–1187) im Trierer Schisma den kaiserfeindlichen Kandidaten weiht, besetzt HEINRICH VI. den Kirchenstaat. Die Mehrheit der deutschen Bischöfe unterstützt die Haltung des Kaisers.

1187 Die Fürstenopposition um den Kölner Erzbischof PHILIPP I. VON HEINSBERG (*um 1130, †1191) wird durch ein Bündnis FRIEDRICHS mit dem französischen König PHILIPP II. AUGUSTUS (1180–1223) isoliert. Nach dem Fall Jerusalems lenkt das Papsttum im Interesse eines neuen Kreuzzugs ein.

1188, 27. März Auf dem Mainzer »Hoftag Jesu Christi« nimmt FRIEDRICH das Kreuz (3. Kreuzzug 1189–1192).

1189 Papst CLEMENS III. (1187–1191) legt den Trierer Streit bei und verspricht die Kaiserkrönung HEINRICHS VI. Das Kaisertum erstattet den Kirchenstaat unter dem Vorbehalt der Reichshoheit zurück.

1190 FRIEDRICH bricht von Regensburg aus auf.

10. Juni **Der Kaiser ertrinkt** im kleinasiatischen Fluss Saleph, ohne Palästina erreicht zu haben.

Juli **HEINRICH VI.** führt bereits seit Abwesenheit seines Vaters die Regierung. Nach dem Eintreten des sizilischen Erbfalls durch den Tod König WILHELMS II. (†1189) und der Königserhebung TANKREDS VON LECCE (†1194) durch eine sizilische Nationalpartei schließt HEINRICH Frieden mit HEINRICH DEM LÖWEN, der im Okt. 1189 entgegen seinem Versprechen aus dem Exil zurückgekehrt war.

1191, 15. April Während seines ersten Italienzuges wird **HEINRICH in Rom** von dem kurz zuvor geweihten COELESTIN III. (1191–1198) **zum Kaiser gekrönt**.
HEINRICH gibt den Römern das kaisertreue Tusculum preis. Der Marsch nach Sizilien endet mit der vergeblichen Belagerung Neapels.

1192 Da HEINRICH unter Berufung auf die Reichszugehörigkeit Süditaliens die päpstliche Lehnshoheit über Sizilien nicht anerkennt, belehnt COELESTIN III. TANKRED.
Innenpolitische Fehlgriffe (Lütticher Bistumsstreit) führen zur Bildung einer umfassenden Fürstenopposition (Niederrhein, Köln, Mainz, Trier, Zähringer, Welfen, Böhmen), gegen die HEINRICH die Zusammenarbeit mit der Reichsministerialität stellt.

1193, März Die Auslieferung des auf dem Rückweg von Akkon vom österreichischen Herzog LEOPOLD V. (*1157, †1194) gefangenen englischen Königs RICHARD LÖWENHERZ (1189–1199) an den Kaiser sprengt die feindliche Koalition.

1194, 2. Febr. RICHARD wird nach Zusage der Zahlung von 150 000 Mark Silber Lösegeld und der Lehnsleistung für England freigelassen.
HEINRICHS DES LÖWEN ältester Sohn HEINRICH (†1227) wird als Gemahl der Erbtochter des staufischen Pfalzgrafen KONRAD BEI RHEIN (†1195) anerkannt; HEINRICH VI. und HEINRICH DER LÖWE söhnen sich in Tilleda am Kyffhäuser aus.

1194/1195 Zweiter Italienzug HEINRICHS. Nach TANKREDS Tod (20. Febr. 1194) wird das Normannenreich mühelos erobert.

1194, 25. Dez. **HEINRICH empfängt** in Palermo **die sizilische Königskrone**, wird in dieser Würde jedoch von der Kurie nicht anerkannt.
Der normannische Thronschatz wird nach Deutschland gebracht.

1195 HEINRICH ordnet die Verwaltung Reichsitaliens neu: Sein Bruder PHILIPP (*1177, †1208) wird Herzog von Tuszien, der Reichstruchsess MARKWARD VON ANNWEILER (†1202) wird Markgraf von Ancona und Herzog von Ravenna und der Romagna. Der Hoheitsanspruch des Imperiums wird auch auf andere Mittelmeerreiche ausgedehnt (Lehnsnahme der Könige von Kleinarmenien und Zypern).

1196 HEINRICH bemüht sich um die Zustimmung der Fürsten zur erblichen Herrschaft seines Hauses auch in Deutschland gegen das Angebot, ihnen die Erblichkeit der Reichslehen in männlicher und weiblicher Linie zu gewähren und auf das Spolienrecht, d. h. den Anspruch des Königs auf den persönlichen Nachlass der Bischöfe, zu verzichten. Nach dem Scheitern der Verhandlungen mit Papst COELESTIN III., dem HEINRICH für eine Beilegung der territorialen Streitfragen in Italien und die Krönung seines Sohnes FRIEDRICH (*1194, †1250) eine finanzielle Absicherung der Kurie anbietet, lehnen die Fürsten den Erbreichsplan endgültig ab, wählen aber den fast zweijährigen Kaisersohn FRIEDRICH (II.) zum König.
Als Sachwalter der mit seinem Bruder PHILIPP vermählten Tochter des entthronten byzantinischen Kaisers ISAAK II. ANGELOS (1185–1195, 1203/04), IRENE (†1208), nötigt HEINRICH Kaiser ALEXIOS III. ANGELOS (1195–1203) zu jährlicher Tributzahlung.

1197, 28. Sept. Nach der Niederwerfung einer Verschwörung in Sizilien stirbt HEINRICH während des Aufbruchs zu dem seit 1195 angekündigten Kreuzzug 31-jährig in Messina an der Malaria.
Mit seinem Tod zerfällt das staufische Großreich. HEINRICHS Hoffnung, gegen weitreichende rechtliche und territoriale Zugeständnisse die Zustimmung des Papstes zur Nachfolge seines Sohnes im Reich und in Sizilien zu gewinnen, erweist sich als illusorisch. KONSTANZE sichert FRIEDRICH II. durch Anerkennung der päpstlichen Lehnshoheit das Thronrecht in Sizilien. In Mittelitalien beginnt das Papsttum mit der Einziehung von Reichsbesitz (Rekuperationen). In Deutschland kommt keine einhellige Nachfolgeregelung zustande.

1198, 6. und 8. März Herzog **PHILIPP VON SCHWABEN**, jüngster Sohn FRIEDRICHS I., wird von Anhängern des Stauferhauses in Thüringen **zum König erhoben**. Hinter ihm steht die Mehrheit der deutschen Fürsten.

9. Juni **OTTO IV.** (†1218), Graf von Poitou und Sohn

Heinrichs des Löwen, wird auf Betreiben des Erzbischofs Adolf I. von Köln (*um 1157, †1220; 1193–1205, 1212–1216) mit englischer Hilfe von einer norddeutschen Fürstengruppe **zum König gewählt** und bittet den Papst um Unterstützung.

Der staufisch-welfische Thronstreit führt zur Entfremdung von Reichgut und Reichsrechten.

1200/1201, Jahreswende Papst Innozenz III. (1198–1216) entscheidet unter Berufung auf die kuriale Translationstheorie (Übertragung des Kaisertums von den Griechen auf die Franken durch die päpstliche Krönung Karls des Grossen) sowie das päpstliche Weiherecht unter Ausschluss der Rechte Friedrichs II. für Otto IV. Der päpstliche Anspruch auf Approbation der deutschen Königswahl und die Forderung der notwendigen Mitwirkung bestimmter Hauptwähler, der späteren Kurfürsten, werden Bestandteil des kirchlichen Rechts (Dekretale »Venerabilem«, 1202).

1201, 8. Juni Otto erkennt im Neusser Eid die Rekuperationen und die Hoheit des Papsttums über Sizilien an.

1202 Die staufertreuen Fürsten protestieren in Halle (Saale) gegen die päpstliche Einmischung in die deutsche Thronfrage.

1204 Nach Abfall Erzbischof Adolfs I. von Köln von Otto IV. zerfällt der welfische Anhang.

1205, 6. Jan. Philipp legt die Königswürde nieder, lässt sich neu wählen und wird in Aachen gekrönt.

1208, 21. Juni Die Kurie ist nach geheimen Verhandlungen zur Anerkennung Philipps bereit, als dieser in Bamberg einem privaten Racheakt des bayerischen Pfalzgrafen Otto VIII. von Wittelsbach (†1209) zum Opfer fällt.

1209 Otto IV. wird neu gewählt, verzichtet auf das Spolienrecht, gestattet freie kirchliche Wahlen und ungehinderte Appellation an die Kurie.

4. Okt. **Otto** zieht nach Italien (1209–1211) und wird in Rom von Papst Innozenz III. **zum Kaiser gekrönt**.

1210 Otto beginnt trotz gegenteiliger Versicherungen gegenüber dem Papst mit der Wiederherstellung der Reichshoheit in Mittelitalien und wird, als er zur Eroberung des Königreichs Sizilien schreitet, von Innozenz III. gebannt.

1211 Innozenz III. lässt mit französischer Hilfe Heinrichs VI. Sohn Friedrich II. als Gegenkönig in Deutschland aufstellen. Otto bricht daraufhin das Sizilienunternehmen ab.

1212, Dez. Nach Friedrichs II. Ankunft in Süddeutschland verlässt der Stauferanhang Otto IV.; Friedrich wird nochmals in Frankfurt gewählt und in Mainz gekrönt.

1213, 12. Juli In der **Goldbulle von Eger** verbrieft er mit Zustimmung der Reichsfürsten die kirchlichen Zugeständnisse Ottos IV.

1214, 27. Juli Otto IV. wird bei dem englisch-welfischen Zangenangriff auf Frankreich bei Bouvines östlich von Lille von Philipp II. Augustus geschlagen. Die restlichen deutschen Fürsten gehen zu Friedrich über. Otto stirbt 1218 verlassen auf der Harzburg.

1215, 25. Juli **Friedrich** nimmt bei seiner endgültigen Krönung in Aachen das Kreuz und legt am 27. Juli, dem Jahrestag der für seine Königsstellung entscheidenden Schlacht von Bouvines, bei der Verschließung des Karlsschreines persönlich mit Hand an.

1216 Friedrich verspricht dem Papst, nach der Kaiserkrönung seinem Sohn Heinrich (VII.) (*1211, †1242) Sizilien zu übertragen, lässt diesen jedoch nach Deutschland bringen und hier zum König wählen (1220). Sizilien soll trotzdem staatsrechtlich vom Imperium getrennt bleiben.

1220, 26. April In der »Confoederatio cum principibus ecclesiasticis« verzichtet Friedrich auf die Wahrnehmung wichtiger Königsrechte in den Territorien der geistlichen Fürsten.

Die Anfänge der Landesherrschaft

Als Landesherrschaft gilt die Machtausübung von Fürsten über Territorien (Länder) im mittelalterlichen Deutschland. Die Ausbildung der Landesherrschaft gründet sich auf den hohen Anteil der Adelsgewalt an der Wahrung öffentlicher Funktionen im frühen deutschen Reich, das von seinen Entstehungsbedingungen her keine alle Teile einheitlich erfassende Königsmacht kennt. Sie wird gefördert durch häufige Schwächungen des deutschen Königtums während der Minderjährigkeit von Throninhabern, durch Erhebungen von Fürsten und Bischöfen gegen das im Streit mit dem Papsttum gebundene Königtum, durch die Monopolisierung der Königswahl seitens der Fürsten und durch das Erblichwerden der Reichslehen, weniger durch die Kaiser- und Italienpolitik der Könige selbst. Landesherrschaft ist indes nicht mit widerrechtlicher Aneignung von Reichsrechten gleichzusetzen. Wurzeln und Entstehungsgeschichte der Landesherrschaft sind in den einzelnen Territorien verschieden. Wesentlich ist die Verfügung über Grafschaften, markgräfliche und herzogliche Rechte (Dukat) sowie die Immunität, d. h. Ausnahmestellung innerhalb der öffentlichen Verwaltungsbezirke. Eine wichtige Rolle spielt die Handhabung finanziell und politisch wichtiger Königsrechte (Regalien), wie Forstbann, Zoll, Münze, Marktrecht, Geleit und die Übernahme von Aufgaben, die das Königtum mangels eigener Organe nicht erfüllen kann (Wahrung von Recht und Frieden), sowie die selbstständige Durchführung von Landesausbau und Städtegründung. Spätestens seit dem Wormser Konkordat (1122) wandeln sich auch die bisher dem König verfügbaren geistlichen Großimmunitäten zu Fürstentümern. In ihr entscheidendes Stadium tritt die Entwicklung der Landesherrschaft in der Stauferzeit. Das Königtum fördert sie, um stammesherzogliche Konkurrenzgewalten zu schwächen, versucht aber gleichzeitig, durch Ausbau des Königsbesitzes in Schwaben, Franken und Mitteldeutschland eigene »Reichs«-Territorien zu schaffen. Die Fürstengesetze von 1220 und 1231/32 begründen die Landesherrschaft weder rechtlich noch programmatisch, aber sie kennzeichnen die Machtsituation, die das Königtum zum Verzicht auf eigene Hoheitspolitik in den Fürstenterritorien zwingt, und markieren daher die faktische und rechtliche Entwicklung, die ungeachtet des Kronrechtsvorbehalts des Mainzer Landfriedens von 1235 nicht mehr rückgängig zu machen ist. Der Prozess der Staatwerdung, der seit dem 13. Jh. in den westeuropäischen Monarchien zum Aufbau zentraler, einheitlicher Herrschaftsverbände führt, verwirklicht sich daher in Deutschland nicht im Reich als solchem, sondern in den Territorien. Der deutsche König nimmt an dieser Entwicklung nur insoweit teil, als er selbst Territorialfürst ist und, von seiner Hausmacht aus, auf Reich und Landesfürsten einwirkt.

1220, 22. Nov. FRIEDRICH erlässt bei seiner **Kaiserkrönung** eine Reihe von Gesetzen zugunsten der Kirche, u. a. über Ketzerbekämpfung und kirchliche Steuerfreiheit. – Der Schwerpunkt der Kaiserherrschaft verlagert sich nun nach Sizilien. In Deutschland führen bis

Das Heilige Römische Reich zur Zeit Friedrichs II.

zur Regierungsfähigkeit HEINRICHS (VII.) (1228) zunächst der Kölner Erzbischof ENGELBERT I. (†1225) und dann Herzog LUDWIG I. VON BAYERN (*1174, †1231) die Regentschaft.

1225 Nach Gefangennahme durch seinen Lehnsmann Graf HEINRICH I. VON SCHWERIN (†1228) im Jahre 1223 wird König WALDEMAR II. von Dänemark (1202–1241) zur Rückgabe des ihm 1202 bzw. 1214 abgetretenen Reichsgebietes nördlich von Elbe und Elde verpflichtet. Seine Niederlage gegen eine norddeutsche Fürsten- und Städtekoalition bei Bornhöved (22. Juli 1227) beendet die dänische Vorherrschaft in Norddeutschland.

1226 Die Erneuerung des Lombardenbundes verhindert das Zustandekommen der für 1226 in Cremona und für 1231 in Ravenna angesagten Reichstage.

März In der Goldenen Bulle von Rimini garantiert FRIEDRICH dem **Deutschen Orden** Besitz und Hoheit über das ihm von Herzog KONRAD VON MASOWIEN (†1247) angebotene Kulmer Land sowie über die künftig von den heidnischen Prußen zu erobernden Gebiete, die 1234 von Papst GREGOR IX. auch unter päpstlichen Schutz gestellt werden (Bulle von Rieti, 3. Aug. 1234).
Durch den Weitblick des 1209 gewählten Ordenshochmeisters HERMANN VON SALZA (†1239) beginnt nach dem Vertrag von Kruschwitz (16. Juni 1230) der Aufbau des preußischen Ordensstaates. Die Vereinigung mit dem 1202 gegründeten livländischen Schwertbrüderorden (1237) bezieht auch große Teile des Baltikums in den Herrschaftsbereich des Deutschen Ordens ein.

1228/1229 Kreuzzug des Kaisers nach Jerusalem, nachdem dieser 1227 wegen abermaliger Verschiebung des mehrfach verzögerten Unternehmens von Papst GREGOR IX. gebannt worden war.

1229, 18. Febr. FRIEDRICH, seit 1225 durch Heirat mit ISABELLA VON BRIENNE (*1212, †1228) auch König von Jerusalem, gewinnt durch Vertrag mit dem ägyptischen Sultan AL-KAMIL (†1238) Jerusalem mit Teilen seines ehemaligen Landgebietes.

1230, Juli Nach der Rückeroberung Apuliens aus der Hand des Papstes einigen sich FRIEDRICH und GREGOR IX. (1227–1241) im Frieden von San Germano (heute Cassino).

1231, 1. Mai HEINRICH (VII.) gesteht im »Statutum in favorem principum« auch den weltlichen Fürsten eine Beschränkung der königlichen Territorial- und Städtepolitik gegenüber ihren Herrschaftsbereichen zu.

1232 FRIEDRICH bestätigt das »Statutum in favorem principum«, zwingt HEINRICH aber zum Verzicht auf selbstständige Politik und bindet ihn an den Konsens mit Papst und Fürsten.

1234 HEINRICHS eigenständige Herrschaftsmaßnahmen führen zum Konflikt mit Papst und Kaiser.

1235 FRIEDRICH zieht im April nach Deutschland und schlägt die Empörung HEINRICHS nieder, der Anfang Juli entthront und in Süditalien gefangen gesetzt wird.

Mitte Aug. Auf dem Mainzer Hoftag verkündet FRIED-

RICH ein umfassendes Landfriedensgesetz, das die königliche Obergewalt auch für die von den Fürsten wahrgenommenen Hoheitsrechte betont. Zur Ausübung der königlichen Gerichtshoheit wird nach sizilischem Vorbild das Amt eines königlichen Hofrichters geschaffen. OTTO VON LÜNEBURG (*1204, †1252), Enkel HEINRICHS DES LÖWEN, wird unter Auftragung seiner Eigengüter zum Reichsfürsten erhoben (Herzogtum Braunschweig-Lüneburg).

1236, 1. Mai Bei der Erhebung der Gebeine der im Vorjahr von Papst GREGOR IX. kanonisierten Landgräfin ELISABETH VON THÜRINGEN (*1207, †1231) in Marburg erweist FRIEDRICH der neuen Heiligen ostentativ seine Verehrung.

Ende Juli FRIEDRICH zieht von Augsburg mit den deutschen Fürsten zum Reichskrieg gegen die feindlichen Lombardenstädte, deren Widerstand vom Papst gestärkt wird.

1237, Febr. In Wien wird FRIEDRICHS neunjähriger Sohn KONRAD (IV.) (*1228, †1254), König von Jerusalem, zum deutschen König gewählt. FRIEDRICH ist künftig durch die Städtekämpfe in Oberitalien gebunden.

1239, 20. März Die erneute und endgültige Bannung FRIEDRICHS durch GREGOR IX. leitet einen gnadenlosen Macht- und Propagandakampf zwischen Kurie und Kaisertum ein, der erst mit der politischen und physischen Vernichtung des Stauferhauses endet. FRIEDRICH macht die päpstlichen Rekuperationen rückgängig und rückt in den Kirchenstaat ein. Reichsitalien wird einer straffen Beamtenverwaltung unterstellt.

1241 Während Herzog HEINRICH II. VON SCHLESIEN auf der Wahlstatt bei Liegnitz dem Vorstoß der Mongolen erliegt (9. April), verhindert FRIEDRICH das Zustandekommen eines gegen ihn gerichteten Konzils durch Gefangennahme zahlreicher Prälaten in der Seeschlacht bei Montecristo südöstlich von Elba (3. Mai).

1243/44 Die Friedensverhandlungen mit INNOZENZ IV. (1243–1254) scheitern.

1245 INNOZENZ IV. flieht nach Lyon, erklärt auf einem von deutschen Prälaten nur schwach besuchten Konzil den Kaiser als Ketzer und Verfolger der Kirche aller Ehren und Würden entkleidet und fordert die dazu berechtigten Fürsten zur Neuwahl auf.

1246, 22. Mai Eine Gruppe von rheinischen Kirchenfürsten wählt in Veitshöchheim bei Würzburg den thüringischen Landgrafen **HEINRICH RASPE** (*um 1204, †1247) zum **Gegenkönig**.

15. Juni FRIEDRICH, der insbesondere in Süddeutschland über starken Anhang verfügt, behält nach dem Aussterben der Babenberger mit Herzog FRIEDRICH II., DEM STREITBAREN, Österreich und Steiermark als Reichslehen ein und baut hier eine straffe Reichsverwaltung auf.

1247, 3. Okt. Nach dem Tod HEINRICH RASPES erheben die rheinischen Erzbischöfe und ihr Anhang in Worringen bei Köln den Grafen **WILHELM VON HOLLAND** (*1228, †1256) zum neuen **Gegenkönig**.

1248, 1. Nov WILHELM wird in Aachen gekrönt, nachdem er es nach längerer Belagerung erobert hat.

1250, 13. Dez. FRIEDRICH stirbt, politisch unbesiegt, in Fiorentino bei Lucera (Apulien) und wird neben seinem Vater im Dom von Palermo beigesetzt.

Die Wertungen Friedrichs II.

FRIEDRICH II. versteht sich selbst als Abbild und Stellvertreter Gottes auf Erden, als Herr der Welt und der Elemente, als oberster Gesetzgeber, ja als das beseelte Gesetz (*lex animata*) selbst, als Nachfolger der römischen Cäsaren und neuen Konstantin, als Bringer des goldenen Friedensreiches und letzten Kaiser der Weltgeschichte. Seit dem Kreuzzug von 1228/29 wird ihm in seinen offiziellen Staatsbriefen durch Übertragung von Worten der Bibel und Liturgie eine christusähnliche, messianische Stellung zugeschrieben. Seine Gegner indes sehen in ihm den zynischen Ungläubigen und verwerflichen Häretiker (so noch DANTE ALIGHIERI), einen zweiten Pharao und NERO. Kuriale Manifeste und Schriften im Gefolge JOACHIMS VON FIORE schildern ihn als Untier der Apokalypse, als Antichrist oder dessen Vorläufer. Seine Anhänger zweifeln an seinem Tod, und mehrfach tauchen nach 1250 in Italien und Deutschland »falsche Friedriche« auf. Die kirchliche Legende versetzt ihn in den Ätna (Sitz des Teufels). In Deutschland wird diese Vorstellung aufgenommen und mit prophetischen Hoffnungen verknüpft in der – erst seit dem 16. Jh. auf FRIEDRICH I. bezogenen – Sage des im Kyffhäuser schlafenden Kaisers, der wiederkehrt, um die Kirche zu reinigen und das Reich zu erneuern.

1251 **KONRAD IV.** zieht nach Italien, um das sizilische Erbe anzutreten, für das der Papst einen nichtstaufischen Lehnsträger sucht. Ausgleichsverhandlungen mit INNOZENZ IV. scheitern.

1252 Eine Nachwahl in Braunschweig sichert WILHELM VON HOLLAND weitgehende Anerkennung in Norddeutschland.

1254, 21. Mai KONRAD stirbt nach vergeblichen Kämpfen in Lavello bei Melfi. Sein zweijähriger gleichnamiger Sohn KONRADIN (*1252, †1268) wird von den deutschen Fürsten nicht mehr als Thronbewerber betrachtet.

13. Juli Gründung des Rheinischen (Städte-)Bundes um die Kerngruppe Mainz, Worms, Oppenheim und Bingen mit dem wichtigsten Ziel, den Landfrieden zu sichern. Der Bund dehnt sich schnell auf weite Teile des westlichen Reichsgebietes aus und umfasst schließlich zahlreiche Städte und Fürsten vom Niederrhein bis Schwaben.

1255 WILHELM stärkt seine Stellung durch die Anerkennung des Rheinischen Bundes.

1256, 28. Jan. WILHELM wird im Kampf gegen die Friesen bei Alkmaar erschlagen.

Die Kultur der Salier- und Stauferzeit

Deutschlands Geistesleben in der Salier- und Stauferzeit ist bestimmt durch Leistungen der Domschulen und Klöster. Während jedoch im 12. Jh. in Frankreich und Italien aus einzelnen Kathedralschulen und durch den Zusammenschluss von Lehrern und Scholaren Universitäten entstehen (Bologna, Paris), bleibt Deutschland die neue Organisationsform der Wissensvermittlung fremd. Es nimmt daher an der Entwicklung von Philosophie, Theologie, Jurisprudenz und Naturwissenschaften nur mittelbar teil. Das deutsche Geistesleben hält im Gegensatz zur dialektisch-scholastischen Methode Frankreichs an einer konservativen, symbolisch-typologischen Ausdeutung von Bibel und Weltgeschehen fest, so Rupert von Deutz (†1129), Gerhoch von Reichersberg (*1093, †1169) und Hildegard von Bingen (*1098, †1179). Selbstständige Leistungen in den Naturwissenschaften bieten im 11. Jh. die Würzburger Domschule auf dem Gebiet der Zahlentheorie und das Kloster Reichenau mit Hermann von Reichenau (*1013, †1054) für die Astronomie und Komputistik.

Die Geschichtsschreibung der Salierzeit hat Vorzügliches geleistet, sowohl in der Behandlung der Zeitgeschichte (Wipo [†nach 1046], Lampert von Hersfeld [†nach 1081], Adam von Bremen [†vor 1085]; das »Leben Kaiser Heinrichs IV.«) als auch in der chronologisch interessierten Weltgeschichtsschreibung (Sigebert von Gembloux [*um 1030, †1112], Frutolf von Michelsberg [†1103]). Den Höhepunkt der heilsgeschichtlichen Deutung der Universalhistorie bildet die 1143–1146 entstandene »Chronica sive Historia de duabus civitatibus« Bischofs Otto von Freising (*um 1112, †1158). Um Friedrich I. und Heinrich VI. blüht hofnahe Geschichtsschreibung (Otto von Freising und Rahewin, [†vor 1177], Gesta Frederici, der »Ligurinus«, Gottfried von Viterbo [*1125, †um 1200]). Aus anderen Landschaften ragen die »Kölner Königschronik« und Helmold von Bosau (*um 1120, †nach 1177) hervor.

In der 2. Hälfte des 12. Jh.s entwickelt sich in Deutschland eine reiche adlige Laienkultur, die durch ritterlich-höfische Standesideale geprägt ist und ihr spezifisches Ethos im Minnesang und in der Epik der mittelhochdeutschen Klassik ausdrückt. Förderung findet die deutschsprachige höfische Dichtung sowohl durch das Kaisertum als auch durch einzelne Territorialfürsten, so die Landgrafen von Thüringen und die Babenberger. Politische Dichtung pflegen der bis heute nicht sicher identifizierte, wohl der Umgebung Rainalds von Dassel zugehörige Archipoeta (Erzpoet) und Walther von der Vogelweide (*um 1170, †um 1230). Gleichzeitige mittellateinische Lyrik überliefern die »Carmina Burana«, eine Sammlung von Gedichten des 12. und 13. Jh.s in einer Handschrift aus Benediktbeuern.

Obwohl das Kaisertum seit Heinrich IV. Kontakte zu den Lehrern des römischen Rechts in Italien pflegt und die Staufer dieses für die Neubegründung des Kaisergedankens heranziehen, hält das deutsche Rechtsleben an der heimischen Überlieferung fest (Eike von Repgow [*um 1180, †nach 1233]: »Sachsenspiegel«, um 1220/35). Ohne Einfluss auf Deutschland bleibt die Kulturblüte am sizilischen Hof Friedrichs II., der sich selbst mit exakter Naturbeobachtung beschäftigt und ein Buch über die Vogeljagd mit hervorragenden ornithologischen Einsichten verfasst.

Deutschland (1254–1493)

Die spätmittelalterliche Reichsgeschichte weist eine verwirrende Vielfalt von Aspekten auf, von denen hier nur zwei der wichtigsten angesprochen werden: Der äußere Rahmen des Heiligen Römischen Reiches wird in seinem engeren Gebiet (ohne Italien und Burgund) durch die Krise der Staufer kaum in Mitleidenschaft gezogen und bis ins 15. Jh. hinein durch fremde Eingriffe nicht sehr beeinträchtigt. Grenzveränderungen zuungunsten des Reiches wurzeln v. a. in der relativ geringer entwickelten zentralen Staatlichkeit in Deutschland im Vergleich zur strafferen, moderneren Staatlichkeit von Nachbarn wie Frankreich und Venedig. Neue Reichsglieder werden Schlesien (1250 Herzogtum Breslau Reichslehen, 1289–1368 alle Herzogtümer böhmische Lehen oder böhmischer Besitz), Savoyen (1361 vom Königreich Burgund) und Flandern mit Artois (1477/93 als französisches Lehen an Habsburg).

Ebenso wichtig für die frühneuzeitliche Zukunft sind Differenzierungen innerhalb des Reiches, dessen Verfassung man als ein Kräftespiel von König, großen Landesherren und einigen begünstigten kleinen Mächten auffassen kann: Allseits achtet man zwar prinzipiell überkommene Rechte, v. a. die Rechtsfigur des Königtums, aber dessen konkrete technisch-praktischen und politischen Möglichkeiten im Hinblick auf das Ganze sind im Vergleich zur Ausdehnung des Reiches gering. Die Zentralgewalt ist stets überfordert, weil dynastische Kontinuität fehlt und die Mittelpunkte wechseln. Zudem ist in diesem Zeitalter die Fähigkeit, Kräfte zu sammeln und sie konzentriert und langfristig einzusetzen, zu schwach entwickelt. Dagegen richtet sich eine Überfülle von regionalen und lokalen Kräften mit viel größerem Erfolg auf jeweils kleine Räume und schafft dort Neues und Fortwirkendes. Diese Entwicklungen werden vorerst kaum gestört. Die offene Verfassung der nachstaufischen Zeit entspricht einem Zeitalter geringer Herausforderungen. Entscheidenden Wandel bringt erst das 15. Jh. mit sich, als v. a. Hussiten und Osmanen, Feinde des katholischen Glaubens, die Deutschen aufs heftigste herausfordern. Mit dem König, aber auch neben ihm und ohne ihn wird jetzt in mühseligen, quälenden Anstrengungen gemeinsames Handeln eingeübt und auf neue Weise der Weg zu gemeinsamen Institutionen beschritten (Heer, Steuern). Es tritt wieder eine Verdichtung ein, die das Reich am Leben erhält und zugleich darüber entscheidet, dass fortan neben dem Königtum ein zweites Zentrum politischen Kräftespiels besteht: die sich im Reichstag zusammenfindenden Kurfürsten, Fürsten, Grafen, Herren, Reichs- und Freien Städte. Gleichwohl bleiben im Reich die Zonen ganz unterschiedlicher Integration erhalten: Während sich z. B. der äußere Niederrhein aufgrund seiner Wirtschaftsverfassung immer selbstständiger regt oder sich das livländische Ordensland kaum mehr als nominell zum Reich zählt, tragen die jeweilige königliche Hausmacht, die königsnahen Landschaften und königsnahe oder königsnah werdende Kurfürsten und Fürsten die Last der Selbstbehauptung des Reiches.

Gesellschaft

Um 1340 leben im Reich wohl 14–15 Mio. Menschen, nach den pestbedingten Seuchenzügen der zweiten Hälfte des 14. Jh.s nur noch etwa 10 Mio. Bald nach 1450 steigt die Bevölkerungszahl wieder deutlich an, sodass nach dem Ende des Mittelalters der alte Zustand wieder erreicht ist. In diesem Zusammenhang, aber auch aus anderen Gründen ist entgegen äußerem Anschein Mobilität ein Hauptkennzeichen spätmittelalterlichen sozialen Lebens, für welche ein kleiner Anstoß genügt. Neben den ortsfesten Bauern, deren Horizont kaum über ihr Kirchspiel hinausreicht, sieht man Landbewohner, die fast entvölkerte Städte in kurzer Zeit neu auffüllen oder scharenweise das Land durchziehen.

Bestehen bleiben allerdings die sprachlichen Großgruppen der Reichsbevölkerung: weit überwiegend Deutsche, die freilich zwischen Niederrhein und Steiermark sehr verschiedene Mundarten sprechen, aber auch Tschechen als Mehrheit in Böhmen und Mähren, »Reichsromanen« in einem breiten, französisch sprechenden Gürtel an der Westgrenze, Italiener und Slowenen am Alpensüdrand, Wenden in Mitteldeutschland, Polen in Teilen Schlesiens sowie Balten in Livland.

Auch die sozialen Großgruppen bestehen weiterhin: Bauern stellen mit 80–90 % den Hauptteil der Reichsbevölkerung, Städter sammeln sich mit 10–20 % – bei großen regionalen Unterschieden – in etwa 4000 Städten, von denen die meisten allerdings nur kleine »Ackerbürgersiedlungen« sind. Die größten Städte sind als Einzelkommune Köln und als Siedlungsgruppe die Prager Städte (wohl je 40 000 Einwohner), dann Lübeck, Danzig, Nürnberg und andere. Der Adel zerfällt in Großgruppen, einerseits in die des niederen Adels, der meist als »landsässig« den werdenden Landesherrschaften eingegliedert wird, während wenige als künftige Reichsritter ein Eigendasein behaupten, andererseits in die des hohen Adels (Fürsten, Grafen, [Freie] Herren). Grafen und Herren steigen nur unter günstigen Umständen zu Landesherren auf, viele werden in Fürstentümer eingefügt. Die (im 13. Jh.) 20–30 weltlichen und etwa 90 geistlichen Reichsfürsten, einschließlich der Kurfürsten, sind (samt ihren Räten, Juristen und Kanzleinotaren) neben dem König und den Königsnahen die eigentliche, überdauernde politische Gruppe des Reiches, die freilich oft erst im Laufe des Spätmittelalters Zusammenhalt und gemeinsame Interessen entwickelt. Gleichsam seitwärts der bisher Angeführten steht die Großgruppe der Kleriker und Ordensleute mit einer beträchtlichen sozialen Spannweite vom Reichsfürsten bis zum Vaganten. Unterhalb aller findet sich das zahlenmäßig nicht feststellbare Heer der Armen und Entwurzelten.

Die Landesherrschaft

Das politische Schicksal Deutschlands ist von seinen Anfängen an und von seinen Voraussetzungen her v. a. das Ergebnis des Kräftespiels zwischen Königtum und Adel. Fast alle Deutschen führen im Spätmittelalter ihr tägliches Leben als Angehörige adeliger oder entsprechender kirchlicher Herrschaft. Ihren Höhepunkt erfährt adelige Herrschaft im Spätmittelalter in der Landesherrschaft. Sie in erster Linie ist Ausdruck jener Verdichtung des sozialen Lebens in einem weiteren Sinn, die das alteuropäische Zeitalter deutscher Geschichte vom 12. bis zum 18. Jh. kennzeichnet. In dieser Zeit ist die Landesherrschaft neben der Ostsiedlung und der Herausbildung der Städte die wichtigste Neuerung.

Alte Adelsherrschaft wird v. a. im Kampf der Nachbarn untereinander, weniger durch das Eingreifen des Königs, in einem Ausleseprozess für die Minderheit der Erfolgreichen zur Landesherrschaft und in der frühen Neuzeit zur juristisch abgeklärten Landeshoheit. Die Unterlegenen werden (historisch gesehen zu Unrecht) allmählich als private Grundherren aufgefasst. Landesherrschaft wird beschränkt durch wechselnde Pflichten – variierend in Raum und Zeit – gegenüber dem König und (seit dem 15. Jh.) gegenüber dem Reich sowie durch die Freiheiten der vornehmeren Beherrschten, die sich gern in Ständen organisieren. Landesherrschaft ist Inbegriff der Rechte des Herrn über sein Land und seine Leute, die höchste Gewalt im Reich nach derjenigen des Königs. Auch der König ist in seinen Hausmachtländern Landesherr, oft ein sehr moderner und erfolgreicher, und findet hier wesentliche Kraftquellen für sein Amt. Man kann Landesherrschaft kaum definieren, nur beschreiben. Sie wird in jahrhundertelanger Entwicklung mit unterschiedlicher Schnelligkeit verwirklicht und ist am Ende des alten Reiches oft noch nicht vollendet. Die großen Landesherrschaften entwickeln sich in der Regel schneller als die kleinen.

Landesherrschaft ist aus verschiedenen Wurzeln entstanden; daher ist sie aufzufassen als ein Bündel von Einzelrechten, das in jedem konkreten Fall anders zusammengesetzt sein kann, aber stets mehrere der folgenden Bestandteile enthält: 1. Eigengüter, d. h. ererbten Adelsbesitz an Grund und Boden, auch an Wäldern, samt der Herrschaft über die das Land bebauenden und bewohnenden Leute; 2. Landesausbau, d. h. die Umwandlung unbesiedelten Landes in besiedeltes Land; 3. eine verfassungsmäßige Verbindung mit dem Königtum, die gern über die hochmittelalterliche Rechtsform der Grafschaft verläuft, d. h. vornehmlich über die mit dem Grafenamt verbundenen Gerichtsrechte, die jetzt als eigene Rechte aufgefasst werden; 4. die sog. Niedergerichtsbarkeit, d. h. v. a. die Sühne der mit Geldstrafen bedrohten Vergehen; 5. Regalien, d. h. alte wirkliche oder nur theoretische Königsrechte (Markt, Zoll, Bergbau, Münze, Geleit); 6. die Position eines Herzogs zugunsten des werdenden Landesherrn (Bayern) oder das Fehlen einer solchen Würde als Erleichterung des Aufstiegs für andere; 7. Vogteien, d. h. Schutzherrschaften insbesondere über alte Klöster und Stifte mit reichem Besitz an Land und Leuten.

Landesherrschaft ist jedoch bei weitem nicht nur ein juristisches Problem. Hinzu kommen das Durchsetzungsvermögen guter Verwaltung und politischer Erfolg, nicht zuletzt auch mit Gewalt. Im weiten Raum des Reiches kann Landesherrschaft ganz verschiedene Erscheinungsformen haben: Im Westen kann sie extrem kleinteilig sein, d. h. in einem einzigen Dorf kann es mehrere Landesherren geben; im Bereich der Ostsiedlung ist sie meist wegen der geringeren Konkurrenz großräumiger.

So sind Bildung des Gemeinwesens und Staatswerdung in Deutschland auf zwei Wegen, dualistisch, vor sich gegangen. Reich und Landesherrschaft bedingen sich gegenseitig, eines kann nicht ohne das andere bestehen. Das Reich ergänzt, was der Landesherrschaft an Staatlichkeit fehlt; die Landesherrschaft schafft das moderne Gefüge des Reiches. Die Entstehung der Landesherrschaft ist daher trotz aller Konflikte zwischen König und Landesherren nicht als Schwächung der Zentralgewalt aufzufassen – zumal es in den Anfängen des Reiches nie einen Einheitsstaat gegeben hat – sondern als Folge des Wachstums von Bevölkerung und von Aufgaben, kurz, von Verdichtung. Die Landesherrschaften übernehmen Funktionen, die die Reichsgewalt mangels einer Reichsverwaltung nicht übernehmen kann und die ihr auch – infolge der Ausdehnung des Reiches – unter den Bedingungen Alteuropas kaum zuwachsen können. Älterer Zeit ist das intensive und dauerhafte Handeln aus der Nähe angemessen; das Handeln des Königs, der meist aus der Ferne aktiv wird, kann kaum sehr intensiv und dauerhaft sein. So entsteht Landesherrschaft gleichsam in Freiräumen der Reichsverfassung. Ihre Entfaltung wird dann durch die Schwäche des spätmittelalterlichen Königtums weiter begünstigt.

Das sog. Interregnum (1254/56–1273)

Als Interregnum bezeichnet man die nach dem Scheitern der Staufer fortdauernde, sich noch stärker ausprägende Schwächeperiode der Zentralgewalt, die v. a. durch ein Doppelkönigtum gekennzeichnet ist. Folglich ist das Interregnum entgegen populärer Darstellung keine »königslose« Zeit.

1247–1256 **Wilhelm von Holland**: Ab 1254, dem Todesjahr des ungekrönt gebliebenen Stauferkönigs Konrad IV., ist er alleiniger Herrscher.

1256, 28. Jan. Wilhelm fällt in einem von seinen landesherrlichen Interessen bestimmten Feldzug gegen die Friesen.

1257 Über der dem Tod Wilhelms folgenden Thronkrise zerbricht der Rheinische Städtebund.

13. Jan. Es kommt zu einer Doppelwahl: Richard von Cornwall (*1209, †1272), Bruder des englischen Königs Heinrich III. (1216–1272) und Schwager Kaiser Friedrichs II., wird vor den Toren Frankfurts am Main gewählt (von Köln, Mainz, Pfalz, nachträglich von Böhmen). Einige Wochen später wird ebenda Alfons X., der Weise (1252–1284), König von Kastilien und Enkel Philipps von Schwaben, gewählt (von Trier, Sachsen, Brandenburg, nachträglich von Böhmen). In dieser Wahl zeigen sich die Polarisierung der europäischen Politik, deren Schwerpunkt im Mittelmeerraum liegt, die bedeutsame Rolle des Geldes, die weiter bestehende Uneinigkeit der politischen Kräfte im Reich, aber auch ein fortwirkendes Interesse am deutschem Königtum als Basis eines Kaisertums.

17. Mai König Richard wird gekrönt und verschafft sich im Rheingebiet einen ansehnlichen Anhang, vermag sich aber in nur kurzen Aufenthalten im Reich (knapp vier Jahre insgesamt) nicht allgemein durchzusetzen. König Alfons kommt nie ins Reich und bleibt ungekrönt. Beide Herrscher sind in Deutschland ohne Hausmacht und daher auf Bündnispolitik angewiesen. In ihrer jeweiligen Heimat können sie nicht genug Kräfte mobilisieren und ihre Ziele im Reich nicht plausibel machen. So schreiten in diesen Jahrzehnten die Emanzipation der großen Fürsten, aber auch die Verselbstständigung vieler kleiner und damit der Schwund des Reichsguts entscheidend fort.

Die letzten Staufer

Die letzten Staufer versuchen v. a. den sizilianisch-unteritalienischen Erbbesitz zu gewinnen oder zu behaupten: Manfred (*1232, †1266), Halbbruder Konrads IV., ist seit 1258 König von Sizilien. Er fällt in der Schlacht bei Benevent gegen Karl I. von Anjou (*1226, †1285), der im Jahr zuvor vom Papst mit Sizilien belehnt worden ist. Auf Bitten der Ghibellinen zieht daraufhin Konradin, der junge Sohn Konrads IV. und heftig umstrittener Herzog von Schwaben, im Herbst 1267 nach Italien. Bei Tagliacozzo, einem Ort in der mittelitalienischen Provinz Aquila, wird Konradin am 23. Aug. 1268 besiegt, gefangen genommen und am 29. Okt. in Neapel mit führenden Getreuen auf Befehl Karls von Anjou hingerichtet.

Es gibt sehr viele rechtmäßige und unrechtmäßige Erben des Stauferguts mit größeren und kleineren Anteilen. Zu Recht erben z. B. die Herzöge von Bayern aus dem Hause Wittelsbach, zu Unrecht die Grafen von Württemberg.

1272, 2. April Tod König Richards. Der Tod König Alfons' des Weisen 1284 hat keine verfassungsgeschichtliche Bedeutung.

Die Kurfürsten

Die Regelung der Herrschernachfolge ist die wichtigste Entscheidung in älteren Gemeinwesen. Deutschland ist stets ein Wahlreich, jedoch wird dieses Wählen sehr verschieden gehandhabt und hat unterschiedliche Bedeutung. Vom 10. Jh. an vermindert sich die Zahl der Wähler ständig und schließlich wird, v. a. unter Einfluss des kirchlichen Rechts, die Wahl zunehmend verrechtlicht und formalisiert. Die Frage nach den Wurzeln des Kurfürstentums ist nach wie vor unbeantwortet. Ein Zusammenhang mit den königlichen Erzämtern ist wahrscheinlich, mit dem Königtum gewiss. Weil sich im Mittelalter sehr rasch Traditionen bilden, denen dann hohes Alter und Ansehen zugeschrieben werden, kann unter »Formulierungshilfe« des Papsttums das Wahlrecht an wenigen hervorragenden Fürsten in einer Periode, als das Wählen wenig attraktiv gewesen ist, gleichsam hängen geblieben sein (ausgehende Stauferzeit). Kaum wohl könnten die sieben Kurfürsten (die Erzbischöfe von Köln, Mainz und Trier, der König von Böhmen, der Pfalzgraf bei Rhein, der Markgraf von Brandenburg und der Herzog von Sachsen-Wittenberg) eine größere Zahl anderer Fürsten an der Mitwirkung hindern, wenn diese ernsthaft erstrebt würde. Umstritten ist das Kurrecht v. a. innerhalb der Familien (Sachsen-Wittenberg gegen Sachsen-Lauenburg; Wittelsbach-Pfalz gegen Wittelsbach-Bayern), aber auch das Recht einer böhmischen Stimme. Die beträchtlichen Vorteile des Kurfürstenranges stellen sich erst nach und nach heraus: Finanzielle und politische Zusagen des Königskandidaten vor der Wahl, mehr oder weniger ständige Beteiligung an Reichsangelegenheiten, die Funktion des lange Zeit einzigen Kristallisationspunktes zentralen Handelns im Reich neben dem König. Als das spätmittelalterliche Königtum schwach ist oder am Rand des Reiches oder gar außerhalb von diesem weilt, leisten Kurfürsten Beträchtliches zum Nutzen des Reichsganzen und verbinden damit ihren eigenen Vorteil.

Könige der Häuser Habsburg, Nassau, Wittelsbach und Luxemburg (1273–1493)

1273, 1. Okt. Die Kurfürsten mit Ausnahme Böhmens, an dessen Stelle ausnahmsweise Niederbayern tritt, wählen nach Mahnung des Papstes in Frankfurt am Main einmütig den Grafen **Rudolf I. von Habsburg** (*1218, †1291). Graf Rudolf ist ein treuer Stauferanhänger, ohne deshalb mit der Kirche dauerhaft in Konflikt zu geraten. Als Landesherr ist er nach innen wie nach außen hin ehrgeizig und erfolgreich und verfügt über Hausbesitz im Aargau und im Zürichgau, im Elsass und im Breisgau. Als König ist er populär, v. a. bei den Städtern, obwohl er sich sehr von den Staufern unterscheidet und durchaus nicht nur populäre Maßnahmen trifft. Politisch handelt er jedoch immer wieder demonstrativ in der Nachfolge der Staufer. Folglich stützen ihn die königsnahen Grafen und Herren, die schon die staufische Herrschaft mitgetragen haben. Rudolf selbst gehört dieser Führungsgruppe an, und aus ihr stammt einer seiner wichtigsten Bundesgenossen, der Nürnberger Burggraf Friedrich III. (*um 1225, †1297) aus dem Hause Hohenzollern.

1273/74 Auf den Hoftagen in Speyer und Nürnberg wird die sog. Revindikation, die Rückforderung des seit 1245 (Absetzung Friedrichs II. durch den Papst) entfremdeten Reichsguts, verkündet. Praktisch ausgenommen sind jedoch die politischen Freunde König Rudolfs. Der Erfolg der Revindikation ist dort am größten, wo man wenig Widerstand leisten kann: bei den kleinen Herren. Schließlich gelingt sie aber auch gegenüber einem der ganz Grossen:
Der mächtigste Landesherr im Reich ist der böhmische König Ottokar II. Přemysl (1253–1278), der nach dem Aussterben der Babenberger in männlicher Linie (1246) und dem Scheitern eines staufischen Übernahmeversuchs das Herzogtum Österreich 1252 durch Eheschließung mit der Babenbergerin Margarete (*1204/05, †1266) in Besitz nimmt. 1260/61 erwirbt Ottokar das ebenfalls früher babenbergische Herzogtum Steiermark, 1269 gewinnt er aus der Hinterlassenschaft seines Verwandten Herzog Ulrich II. von Kärnten, desses Herzogtum und Krain auch noch hinzu. Damit ist der Böhmenkönig der größte »Stauferbe« und Hauptgewinner des Interregnums. Ottokars Großreich bildet in Ostmitteleuropa einen neuen Schwerpunkt mit politischen Wirkungen bis zur Ostsee. Aus dieser Machtfülle heraus

Die Habsburger 1273–1486

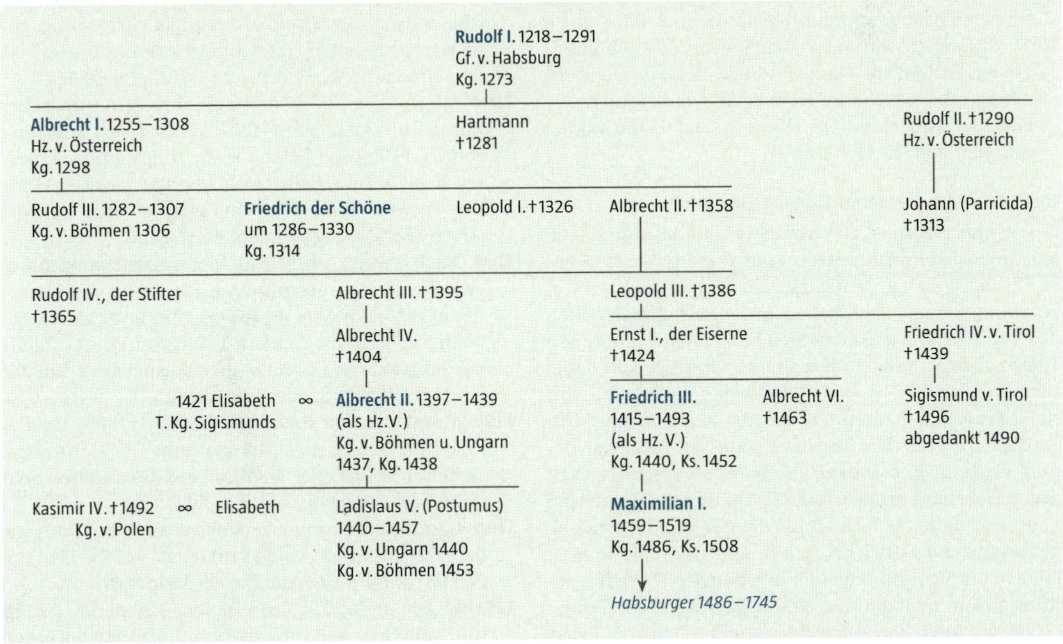

verweigert er König RUDOLF die Huldigung und sperrt sich gegen die rechtliche Klärung seines Besitzes.

1276 Erster Feldzug RUDOLFS gegen OTTOKAR, der seit 1275 geächtet und u. a. durch eine böhmische Adelsopposition geschwächt ist. Ohne Kampf findet er sich zur Huldigung für die böhmischen und zum Verzicht auf die österreichischen Länder bereit. Ein von OTTOKAR geschürter Aufstand in Österreich führt jedoch zur entscheidenden Kraftprobe.

1278, 26. Aug. Sieg RUDOLFS und der Ungarn über OTTOKAR auf dem Marchfeld bei Dürnkrut in Niederösterreich; OTTOKAR wird von böhmischen Gegnern erschlagen. Ausgleich mit dem Vormund des jungen WENZEL II. (*1271, †1305): Böhmen und Mähren bleiben přemyslidisch.

1282 Österreich und die Steiermark werden durch Belehnung der Königssöhne habsburgisch.

1286 Kärnten und Krain fallen an Graf MEINHARD II. VON GÖRZ-TIROL (*um 1238, †1295), der dafür die habsburgische Oberhoheit anerkennt.

RUDOLF kann zwar das staufische Herzogtum Schwaben nicht wiederherstellen, da der Widerstand v. a. des Grafen von Württemberg zu groß ist, aber er vermehrt seine schwäbische Hausmacht ansehnlich. Im Reich sorgt er für Frieden und zerstört Burgen von Landfriedensbrechern. Der frühe Tod der Päpste GREGOR X. (1271–1276) und NIKOLAUS III. (1277–1280) sowie kurzzeitige Schwierigkeiten im Reich verhindern den angestrebten Romzug. Des Königs Zugeständnisse an das Papsttum (Verzicht auf die Romagna) führen nicht zur Kaiserkrönung als Gegenleistung.

1289 RUDOLF zwingt mit einem Feldzug gegen Besançon den Pfalzgrafen der Freigrafschaft Burgund, OTTO IV. (†1303), zur Huldigung und kann so das Reichsgebiet im Südwesten gegenüber dem französischen Königtum stabilisieren. Burgund bleibt beim Reich.

1291 »Grabesritt« RUDOLFS nach Speyer, der sich damit ein letztes Mal zur Königstradition bekennt. Er stirbt am 15. Juli und wird im Dom zu Speyer beigesetzt.

Die drei Waldstätte Uri, Schwyz und Unterwalden gründen den »Ewigen Bund«.

Entstehung der Schweizer Eidgenossenschaft

Der »Ewige Bund« ist ein erneuerter Friedensbund – einer von vielen im Südwesten – um sich am Nordfuß des St. Gotthardpasses, dem kürzesten und wichtigsten Verkehrsweg von und nach Italien, in den unsicheren Zeiten der Thronvakanz gegen zahlreiche Fehdeherren in den Tälern abzusichern. Ob Habsburgs Landesgewalt dabei schon im Spiel ist, ist unklar. Zu Beginn des 14. Jh.s wird sie allerdings zupackender, was die Schlacht am Morgarten (1315) mit dem Sieg des Bundes zur Folge hat, der nun, erneuert und stärker als zuvor, als Gegengewicht gegen Habsburg in der lokalen Politik auftritt. Zu diesem Zeitpunkt deutet jedoch nichts auf den Beginn einer eigenstaatlichen Entwicklung hin. Die Überlieferung ist höchst dürftig und legendär überwuchert. Weder der Rütlischwur noch die Vertreibung der Vögte, die Gestalt GESSLERS oder die Apfelschussszene WILHELM TELLS sind historisch bezeugt. Der alles andere als ungewöhnliche Bund wird erst durch unvorhersehbare Entwicklungen der Folgezeit zum Ausgangspunkt eines wichtigen historischen Zusammenhangs, und erst in der nationalstaatlichen Ideologie des 19. Jh.s wird ein Gesamtbild komponiert. Die weiteren Entwicklungen werden begünstigt durch das erfolgreiche Zusammenspiel der »Urkantone« mit nichthabsburgischen Königen, die die rechtlichen Schwächen der Schweizer Position bereitwillig bessern (Unterwalden ist habsburgisch, in Schwyz bestehen habsburgische Rechte), um dem Thronrivalen zu schaden, nicht zuletzt auch durch die Gunst der Topografie und v. a. durch die fortgesetzten militärischen Erfolge der Schweizer gegenüber den Habsburgern dank neuartiger, »unritterlicher« Kriegsführung (1315 Morgarten, 1386 Sempach). Der Erfolg zieht dann neue Erfolge nach sich und die Niederlage Habsburgs wird, nachdem eine dauernde Verbindung dieses Hauses mit dem Königtum geschaffen ist, die Niederlage des Reiches einschließen. Am Ende des Mittelalters ist die inzwischen deutlich vergrößerte Eidgenossenschaft de facto, 1648 de jure selbstständig, ohne sich dessen überall in der Eidgenossenschaft wirklich bewusst zu sein.

1292–1298 **ADOLF VON NASSAU** (*1250, †1298) stammt aus einem mittelrheinischen Grafenhaus und wird gewählt, weil der Sohn RUDOLFS, der österreichische Herzog ALBRECHT (*1255, †1308), den Kurfürsten als zu mächtig erscheint. Aber auch ADOLF strebt nach einer neuen Hausmacht im Osten, um seine schmale heimische Basis aufzubessern. Bei dem Versuch, Schwierigkeiten des Hauses Wettin, das Sachsen und Thüringen beherrscht, auszunutzen, hat er zunächst Erfolg (Einziehung der Markgrafschaft Meißen, Ankauf der Nachfolge in Thüringen 1293), zieht sich dadurch jedoch die Gegnerschaft seiner Wähler und Böhmens zu. Im Konflikt des englischen Königs mit dem französischen Herrscher ist ADOLF VON NASSAU eine umworbene, jedoch sehr schwache Figur.

1294 Aufgrund eines Bündnisses mit dem englischen König EDUARD I. (1272–1307) lässt er sich Subsidien zahlen. Es kommt jedoch nicht zum Kampf, obwohl ein Konflikt mit Frankreich populär gewesen wäre. Der Vorwurf einer Bestechung durch den französischen König lässt sich nicht beweisen.

1298 Nach seiner (unrechtmäßigen) Absetzung durch eine Kurfürstenversammlung in Mainz, die Herzog ALBRECHT zum neuen König wählt, entscheiden die Waffen zwischen den beiden Königen: ADOLF fällt in der Schlacht von Göllheim (bei Worms) am 2. Juli und wird im Dom zu Speyer beigesetzt.

1298 **ALBRECHT I. VON HABSBURG** (*1255, †1308) wird in Frankfurt ein zweites Mal gewählt. Die Habsburger stehen in staufischer Tradition auf der anderen Seite des großen europäischen Konflikts:

1299 Bündniserneuerung in Quatrevaux (bei Toul) mit dem französischen König PHILIPP IV. (1285–1314) gegen territoriale Zugeständnisse ALBRECHTS.

1301/02 Die dadurch beunruhigten, ein starkes Königtum ablehnenden rheinischen Kurfürsten werden, ehe sie aktiv werden können, vom König nacheinander besiegt oder gebeugt.

1303 Papst Bonifatius VIII. (1294–1303), von Frankreich bedroht, erkennt nicht nur das rechtlich problematische Königtum Albrechts gegen verbale Zugeständnisse an, sondern sucht in der vergeblichen Hoffnung auf dessen Hilfe auch universale kaiserliche Rechtspositionen wieder aufzugreifen. Albrecht bemüht jedoch sich um den Erwerb Böhmens.

1306 Aussterben der Přemysliden in männlicher Linie. Albrecht setzt seinen Sohn Rudolf als böhmischen König durch, der jedoch 1307 stirbt.

1307 Ein königliches Heer wird von den Wettinern bei Lucka (Ostthüringen) geschlagen. Albrecht rüstet, um mit guten Aussichten beide Rückschläge auszugleichen und vielleicht eine große ostmitteleuropäische Hausmacht aufbauen zu können.

1308, 1. Mai Albrecht wird von seinem Neffen Johann (Parricida; *1290, †1313), dem er ein Erbanteil vorenthalten hat, bei Brugg an der Reuß ermordet.

27. Nov. Gegen einen französischen Anwärter wird auf Betreiben des Trierer Kurfürsten Balduin von Luxemburg (*um 1285, †1354) dessen Bruder Graf Heinrich als **Heinrich VII. von Luxemburg** (*um 1275, †1313) zum König gewählt. Balduin erkauft die Wahl mit der Rückgabe der Revindikationen Albrechts.

1310 Eine böhmische Partei bietet dem Haus Luxemburg die Krone an, nachdem Herzog Heinrich VI. von Kärnten (*um 1265, †1335) als Böhmenkönig gescheitert ist. Heinrich VII. nimmt an, vermählt seinen Sohn Johann von Luxemburg (der Blinde; *1296, †1346) mit der Přemyslidin Elisabeth (*1292, †1330) und belehnt ihn mit Böhmen.
Johann kann sich in der Folgezeit trotz vieler Schwierigkeiten in Böhmen behaupten und schafft so die Grundlage für die zweite (neben Habsburg) zukunftsreiche Großdynastie des deutschen Spätmittelalters.

1310–1313 Italienzug Heinrichs VII., von Dante Alighieri (*1265, †1321) und vielen Ghibellinen jubelnd begrüßt. Die Militärmacht Heinrichs ist jedoch bescheiden, sodass er sich durch Einzelabkommen und Einzelkämpfe nach Süden durcharbeiten muss.

1311, 6. Jan. In Mailand wird Heinrich zum König von Italien gekrönt.

1312, 29. Juni Die Kaiserkrönung Heinrichs in Rom wird von Straßenkämpfen überschattet.

1313, 24. Aug. Auf dem ebenso schwierigen Rückmarsch stirbt der Kaiser unweit von Siena und wird im Dom von Pisa begraben. Das Heer löst sich auf.

1314, 19./20. Okt. Doppelwahl einer habsburgischen Partei (Köln, Pfalz, Sachsen-Wittenberg, Böhmen, dessen Stimme der vertriebene König Heinrich von Kärnten erhält) und einer luxemburgischen Partei (Mainz, Trier, Böhmen, Brandenburg, Sachsen-Lauenburg): Friedrich der Schöne von Habsburg (*1289, †1330, Sohn König Albrechts und der Wittelsbacher Herzog von Oberbayern, Ludwig IV. der Bayer (*1281/82, †1347), der an die Stelle des zu jungen Johann von Luxemburg tritt. Damit ist die dritte große königsfähige Dynastie der Folgezeit erhoben.

Die Luxemburger

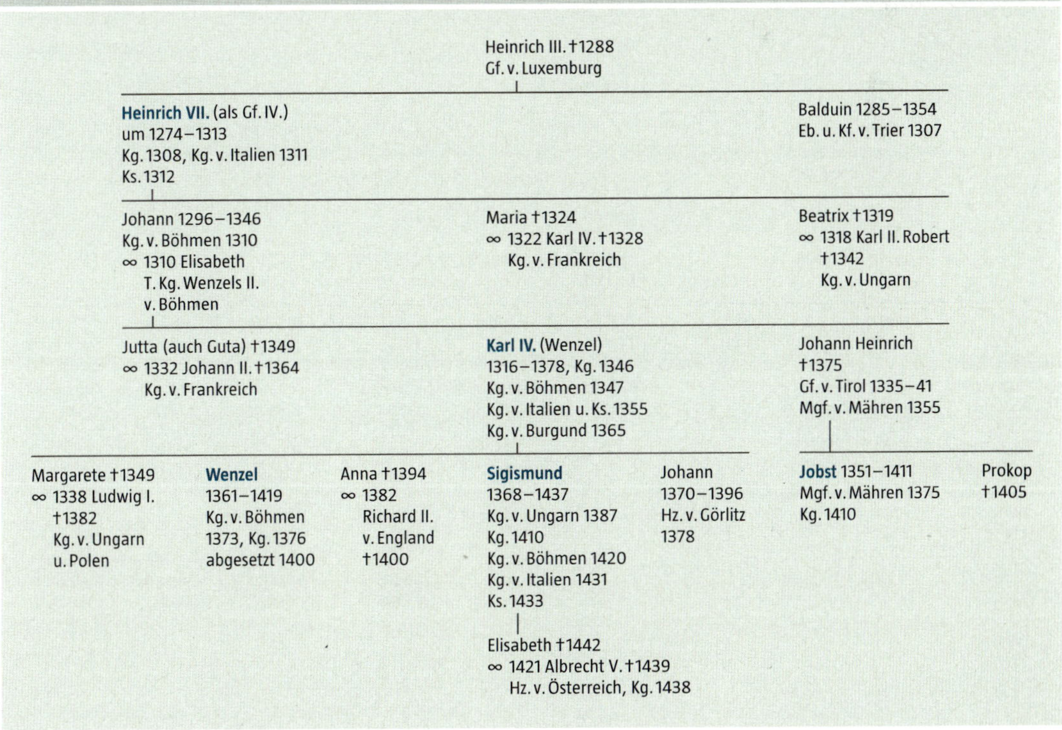

Beide Könige werben um Fürsten und Städte im Reich, jedoch fällt jahrelang keine Entscheidung.

1315, 15. Nov. Friedrichs Bruder Leopold (*um 1290, †1326) wird von den Eidgenossen, die von Ludwig gefördert werden, am Morgarten (am Aegerisee, heute Kanton Schwyz) geschlagen.

1322, 28. Sept. Bei Mühldorf am Inn siegt Ludwig unter Mithilfe Johanns von Böhmen.

Friedrich wird gefangen und 1325 gegen Thronverzicht freigelassen. Diesen lehnen Friedrichs Brüder ab. Man strebt eine gemeinsame Regierung an, die jedoch nicht zu praktischen Ergebnissen führt. Friedrich kehrt mit dem Königstitel, aber ohne Regierungstätigkeit nach Österreich zurück.

1323 Hoftag von Nürnberg: Ludwig belehnt seinen gleichnamigen Sohn mit der 1320 durch das Aussterben der Askanier erledigten Mark Brandenburg. Im gleichen Jahr sendet Ludwig einen Vikar nach Italien und stößt dabei auf den Widerstand des Papstes. Auf beiden Seiten ahnt man nicht, dass man in einen letzten, für beide Seiten verhängnisvollen Konflikt zwischen Papsttum und Kaisertum hineingerät. Papst Johannes XXII. (1316–1334) eröffnet einen Prozess (8. Okt.) gegen Ludwig wegen widerrechtlichen Königtums und Unterstützung von Ketzerei. Ziel ist es, den König zu stürzen. Ludwig appelliert dagegen in Nürnberg an ein künftiges allgemeines Konzil.

1324, 25. Febr. Ludwig heiratet in zweiter Ehe Margarete von Holland-Hennegau (*1311, †1356), die nach dem Tode ihres Bruders 1345 mit dessen Ländern belehnt wird und damit die wittelsbachische Hausmacht vermehrt.

23. März Der Papst bannt Ludwig wegen Ungehorsams, wogegen der König die Sachsenhausener Appellation (22. Mai) an ein kommendes Konzil einlegt, in unglücklicher Verbindung mit einer Anklage gegen Johannes XXII. wegen Ketzerei (weil dieser die Armutstheorien radikaler Franziskaner ablehnt). Ohne dies zur Kenntnis zu nehmen, setzt der Papst den König ab und verhängt Bann und Interdikt über alle seine Gefolgsleute.

1326 Die Gelehrten Marsilius von Padua (*um 1280, †1342/43) und Johann von Jandun (*um 1286, †1328) kommen als Emigranten aus Paris zu Ludwig.

1327–1330 Italienzug Ludwigs.

1327, 31. Mai In Mailand wird Ludwig zum König von Italien gekrönt.

In Rom hat, während der Papst in Avignon weilt, eine Volksbewegung unter Führung von Sciarra Colonna (†1329) die Macht ergriffen und sich vom Einfluss der französischen Anjou befreit.

1328, 17. Jan. Ludwig wird von städtischen »Beamten« Roms (*Syndici*) zum Kaiser gekrönt.

18. April Papst Johannes XXII. wird abgesetzt, ein Franziskaner, Nikolaus (V.) (1328–1330), am 12. Mai zum neuen (Gegen-)Papst gewählt. Weitere radikale Franziskaner wie Wilhelm von Ockham (*um 1285, †1349) fliehen zu Ludwig.

Die Wittelsbacher

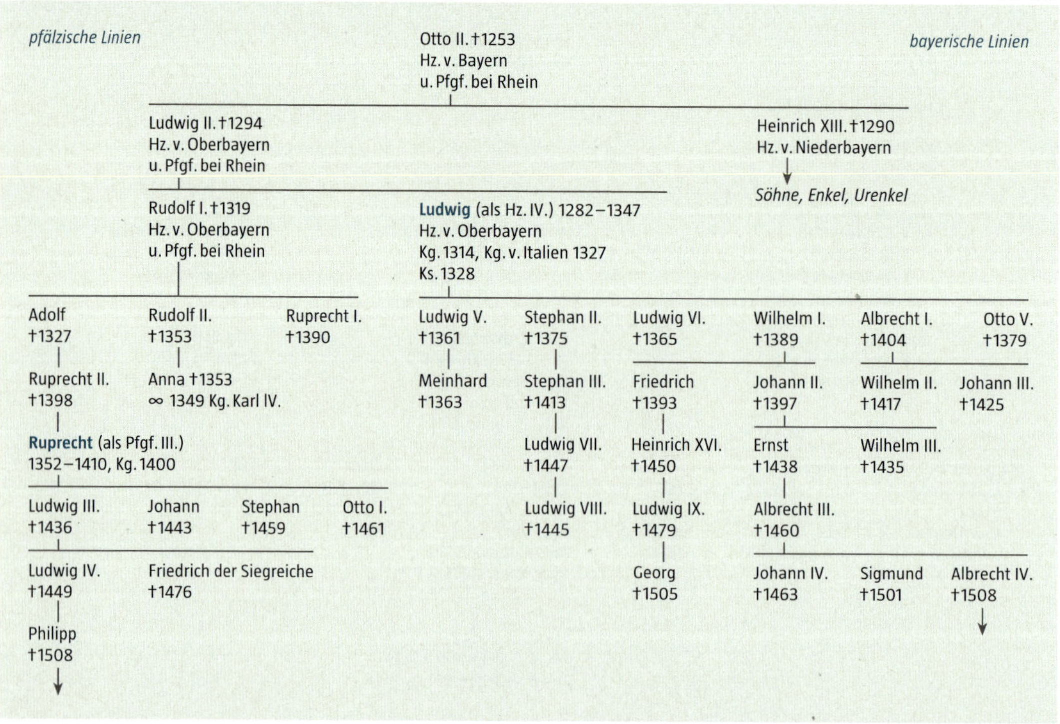

Konflikt zwischen Ludwig IV. und dem Papsttum

Der Konflikt mit dem Papst in Avignon, auf dessen Seite Frankreich steht und dessen Appelle an Gewissen und Rechtsgefühl der Gläubigen in Deutschland nicht ohne Wirkung sind, verschärft sich aufs äußerste. Bann und Interdikt und deren Durchbrechung, der Kampf von Gegenbischöfen und das Gegeneinander in Orden und beim Klerus hinterlassen tiefe Wunden, auch wenn infolge der langen Dauer des Konflikts allmählich ein Abstumpfen eintritt. Weder Papst noch Kaiser können das Ringen gewinnen, jedoch muss Ludwig immer dann einen Verlust an Unterstützung fürchten, wenn sich politische Vorteile mit der Gewissensbefreiung verbinden lassen. Dies gilt v.a. für die Rivalen Luxemburg und Habsburg sowie die Kurfürsten, während die Reichs- und Freien Städte zumeist fest zu Ludwig halten, der sie sehr begünstigt. Zudem fühlt sich Ludwig den juristischen und geistigen Waffen des Papstes auf Dauer nicht gewachsen. Die publizistische Hilfe der radikalen Franziskaner, die in Ludwigs territorialer Residenz München ein geistiges Zentrum bilden, belastet zugleich den Konflikt. Man versucht daher, ein Übereinkommen mit der Kurie zu finden, das jedoch gemäß den Normen des Kirchenrechts und nach dem Willen entschlossener Päpste (Benedikt XII. [1334–1342], Clemens VI. [1342–1352]) nur mit der Unterwerfung Ludwigs enden kann. Zugleich drohen bedenkliche Folgen für die Rechtsposition des Königtums im Allgemeinen. So bestimmt fortan die Suche nach Lösungen in der Papstfrage Ludwigs Politik.

1335–1337 Verhandlungen mit dem Papst scheitern.

1337 Ludwig schließt in der Hoffnung auf politische Entlastung ein Bündnis mit dem englischen König Eduard III. (1327–1377) gegen die französische Krone.

1338, 16. Juli **Kurverein von Rhens** (bei Koblenz): Auch die Kurfürsten fürchten nun um ihre Rechte und erklären unter Führung Balduins von Trier, dass der von ihnen oder ihrer Mehrheit gewählte König rechtmäßig und ohne päpstliche Bestätigung herrschen könne.

6. Aug. Auf dem Hoftag zu Frankfurt verkündet Ludwig den Kurfürstenspruch in zugespitzter Form als kaiserliches Gesetz »Licet iuris«: Die Königswahl allein begründe schon Rechte und Titel des Kaisers. Das Manifest »Fidem catholicam« verbietet die Beachtung des Interdikts und der päpstlichen Prozesse. Auf dem noch im selben Jahr stattfindenden Hoftag von Koblenz begegnen sich Ludwig und Eduard III., der zum Generalvikar im Reich erhoben und als König von Frankreich anerkannt wird.

1340/41 Politische Wende Ludwigs von England zu Frankreich in der Hoffnung auf dessen Vermittlung beim Papst. Weil dies nicht eintritt, macht sich Ludwig ohne politischen Nutzen unglaubwürdig.

1342, 10. Febr. Erwerb der Grafschaft Tirol durch die Ehe von Ludwigs gleichnamigem Sohn mit Margarete von Tirol-Görz (Maultasch; *1318, †1369). Diese ist allerdings schon mit Johann Heinrich (*1322, †1375), Sohn des böhmischen Königs Johann von Luxemburg, verheiratet. Johann Heinrich wird zwar vertrieben, aber diese dem allgemeinen Rechtsempfinden hohnsprechende Gewalttat richtet großen politischen Schaden an und treibt die Luxemburger auf die Seite der Feinde.
Kurfürst-Erzbischof Balduin von Trier versöhnt sich mit dem Papst. Die Luxemburger betreiben jetzt die Thronkandidatur Karls (*1316, †1378), des älteren Sohns König Johanns, mit päpstlicher Unterstützung.

1343/45 Die letzten Verhandlungsversuche Ludwigs mit dem Papst scheitern.

1346 Der Papst fordert die Kurfürsten zur Neuwahl auf. Johann und Karl machen in Avignon große Zugeständnisse an das Papsttum, die indessen durch die künftige Entwicklung überholt werden. Fünf Kurfürsten (Mainz, Köln, Trier, Böhmen, Sachsen-Wittenberg) wählen Karl in Rhens zum König (11. Juli). Nach päpstlicher Approbation wird er in Bonn gekrönt. Vater und Sohn lassen sich als Verbündete der Franzosen in den Hundertjährigen Krieg hineinziehen und erleben so die schwere Niederlage von Crécy (bei Calais): Johann fällt, Karl entflieht.

Karl IV. von Luxemburg

Karl IV. von Luxemburg ist der bedeutendste Herrscher des deutschen Spätmittelalters. Unter seiner Regierung wird ein Großteil der überkommenen Probleme der Zentralgewalt aufgefangen, sodass die Fortsetzung seines Systems, wäre sie gelungen, eine günstigere Verfassungsentwicklung in Deutschland ermöglicht hätte als tatsächlich eingetreten ist.

Karl wird am französischen Königshof erzogen (1323–1330) und erhält eine für Laienfürsten sehr ungewöhnliche Bildung. Nach einem Aufenthalt in Oberitalien weilt er 1333–1346 als Markgraf von Mähren v.a. in den böhmischen Ländern, wo er trotz adeligen Widerstandes und zeitweiliger Gegnerschaft seines Vaters zur strafferen Landesherrschaft přemyslidischen Vorbilds zurückzufinden sucht. 1342 übernimmt er die Regierung in Böhmen. Die neuluxemburgische Hausmacht mit Böhmen, Mähren, dem Egerland und den Lausitzen sowie einer wachsenden Zahl schlesischer Fürstentümer ist neben der habsburgischen die größte im Reich und überdies günstiger gelegen als diese.

1347, 11. Okt. Tod Kaiser Ludwigs; er wird in der Münchner Frauenkirche beigesetzt.

1348 Die Habsburger lassen sich von Karl belehnen und nehmen damit zu dessen Gunsten Partei. In Brandenburg spielt Karl einen angeblichen Askanier, den »falschen Woldemar«, gegen den Kaisersohn Ludwig (*1315, †1361) aus und belehnt ihn. Die gebannten Wittelsbacher versuchen vergeblich, den englischen König Eduard III. als Königskandidaten für ihre Partei vorzuschieben.
Errichtung der Universität Prag als der ersten im Reich nördlich der Alpen, Gründung der überaus großzügig geplanten Prager Neustadt.

1349 Nur Graf Günther von Schwarzburg (*1304,

†1349) lässt sich gegen KARL zum König wählen, verzichtet aber als Schwerkranker nach wenigen Monaten und stirbt. Durch ein Heiratsbündnis mit dem Pfalzgrafen bei Rhein spaltet KARL die Wittelsbacher Partei. Die Oberpfälzer Mitgift bietet den Kern für die Entwicklung »Neuböhmens«, die am Anfang der erfolgreichen Hausmachtpolitik KARLS steht. Auch bei den Reichsstädten setzt er sich durch. Gegen den Widerstand des Papstes findet 1350 eine äußerliche Aussöhnung mit den bayrischen Wittelsbachern statt.

Die Große Pest

Die Anfänge KARLS IV. sind überschattet vom Einbruch der wohl schwersten sozialen und wirtschaftlichen Krise des deutschen Spätmittelalters, der Großen Pest und ihren direkten und indirekten Begleitumständen und Folgen. Allerdings darf man nicht alle Veränderungen des 14. Jh.s auf dieses Ereignis zurückführen. Neben Stillstand und Rückschritt steht auch Wandel. Die Pest dringt aus dem Mittelmeerraum vor. Es ist kein Heilmittel bekannt. Bei großen regionalen Unterschieden wird etwa ein Drittel der Reichsbevölkerung dahingerafft; vom ersten Ansturm sind gerade die böhmischen Länder kaum betroffen. Die Pest wirkt sich auf die Mentalität der Menschen aus, Geißlerzüge und Judenverfolgungen dienen als »Krisenkulte«. Gravierender sind v. a. die längerfristigen sozialen und wirtschaftlichen Folgen. Dem ersten Seuchenzug folgen weitere, die erst in ihrer Summe das ganze Unheil hervorbringen. In manchen Regionen (v. a. Rheinland) ist die Bevölkerung schon vorher durch katastrophale Überschwemmungen und deren Folgen geschwächt. Der radikalen Verringerung der Siedlungen sind in vielen Gegenden bereits Hungersnöte vorausgegangen, sodass man die Aufgabe von Siedlungen und die Bevölkerungsmobilität z. T. auch als »rationalisierende« Konzentration auffassen kann.

Die Menschenverluste haben – wohl von einer wenig durchschaubaren Münzkrise begleitet – schwer wiegende Folgen für das Preis- und Lohngefüge: Wenn auch zögerlich sinken die Agrarpreise für lange Zeit, während die Preise für gewerbliche Güter und die Löhne stark ansteigen. Die **Agrarkrise** ist insbesondere eine Krise des Getreidebaus. So verschlechtert sich die Lage vieler Bauern und beträchtlicher Teile des kleinen grundbesitzenden Adels, während viele Städte trotz häufig hoher Todesraten noch immer über soviel wirtschaftliche Anziehungskraft verfügen, dass sie sich rasch wieder auffüllen und Zeichen von Blüte zeigen. Die Ostsiedlung kommt in ihrer Breite zum Erliegen.

Zu betonen ist, dass die Verhältnisse im Einzelnen sehr verschieden sind; schon der Begriff »Krise« ist vieldeutig. Gesamtwirtschaftliche Daten fehlen, sodass sich die Lage nicht in voll befriedigender Weise aufklären lässt. Dies gilt auch für die Frage, wie sich solche Verhältnisse auf das Königtum ausgewirkt haben.

1354/55 Erster Italienzug KARLS IV. mit sehr geringem militärischem Aufwand.

1355, 5. April Krönung zum König von Italien in Mailand und Kaiserkrönung in Rom durch einen päpstlichen Legaten. Weder vom Papst noch von FRANCESCO PETRARCA (*1304, †1374) oder COLA DI RIENZO (†1354) lässt sich KARL in inneritalienische Angelegenheiten verwickeln; vielmehr setzt er die verbliebenen Kaiserrechte in Einnahmen um.
In BÖHMEN zieht KARL seinen Landrechtsentwurf, die sog. »Maiestas Carolina«, zurück. Wenn er Böhmen über den engeren Königsbesitz (Krondomäne) hinaus zu durchdringen sucht, scheitert er zumeist am Widerstand des starken Adels, den er in seiner Mehrheit nicht gewinnen kann.

1356 Hoftage in Nürnberg und Metz: **Erlass der Goldenen Bulle**, des wichtigsten »Grundgesetzes« des alten Reiches, das die Nachfolge im Königtum für die Zukunft regelt. Die Goldene Bulle ist ein Kompromiss zwischen Kaiser und Kurfürsten; etwas anderes ist angesichts des Verfassungszustandes des Reiches kaum möglich. Als Kompromiss ist er indessen sehr erfolgreich. Die Rechte der sieben Kurfürsten werden letztgültig bestimmt. Einberufung und Leitung der Wahl obliegen dem Erzbischof von Mainz, der als Letzter seine vielleicht entscheidende Stimme abgibt. Mehrheitswahl ist einstimmiger Wahl gleichrangig, Selbstwahl eines Kurfürsten ist gestattet. Kurfürstentümer dürfen nicht geteilt werden, um Streit um Wahlstimmen zu vermeiden; sie erhalten Rechte, die ihnen Vorteile vor anderen Landesherrschaften sichern. Hervorgehoben wird insbesondere Böhmen, dessen König jetzt unter den weltlichen Kurfürsten als erster gilt. Keine Rede ist vom Papst und von den beiden großen rivalisierenden Dynastien.
Mehrere Fürsten, v. a. die Habsburger, bemühen sich, den Vorsprung der Kurfürsten einzuholen (1358/59 Fälschung des sog. »Privilegium maius« zugunsten Österreichs, 1363 Erwerb Tirols durch die Habsburger, 1365 Gründung der Universität Wien).

1364 Einlösung der Niederlausitz (Kauf 1367).

1365 Übernahme der Verwaltung der Mark Brandenburg (Kauf 1373). Reise nach Avignon, Krönung zum König von Burgund in Arles.

1368 Mit dem Tod Herzog BOLKOS II. VON SCHWEIDNITZ-JAUER wird der Erwerb Schlesiens durch die Luxemburger vollendet.

1368/69 Zweiter Italienzug zur Unterstützung des Papstes, der nach Rom zurückzukehren versucht. Wieder ist diplomatische Aktivität wichtiger als militärische.

1370, 24. Mai **Friede von Stralsund** nach der Niederlage des dänischen Königs gegen ein Bündnis von Hansestädten: Politischer Höhepunkt der Stellung der Hanse im niederdeutsch-nordeuropäischen Raum, den sie in ihrer Blütezeit zu einer Wirtschaftseinheit formt, nachdem sie lange Zeit konkurrenzlos diesen Raum in hohem Maße erst selbst geschaffen und damit viel zur »Europäisierung« des nördlichen und nordöstlichen Teils Europas beigetragen hat.

Die Hanse

Die Hanse, eines der bemerkenswertesten Phänomene des europäischen Mittelalters, erwächst aus verschiedenen Wurzeln parallel in West und Ost: Hansen sind lokale, v.a. niederländisch-niederrheinische Kaufmannsgruppen des 12., z.T. schon des 11. Jh.s, die in England wegen ihrer besonderen Privilegien zusammengefasst sind; die Hanse im späteren Sinn hat dann einen größeren Rahmen um diese Hansen gezogen. Einen anderen Anfang bildet die Genossenschaft der Kaufleute des Reiches auf der Ostseeinsel Gotland, die seit der 2. Hälfte des 12. Jh.s rechtsfähig ist. Eine dritte Wurzel ist Lübeck, das künftige Haupt der Hanse, mit dessen Gründung (endgültig 1158/59 durch Herzog Heinrich den Löwen) die erste voll ausgebildete Großstadt und zugleich größte Stadt des mittelalterlichen Nordeuropas Zentrum und Modell für zahlreiche weitere Städte wird. Von Lübeck aus erschließt die Hansekogge, ein lange Zeit technisch unübertroffenes Fahrzeug, die Ostsee. Basis der hansischen Vor- und Frühzeit ist die früh entwickelte Wirtschaftskraft des Rheinlandes und Westfalens. So hängt die Entfaltung der Hanse auch mit dem Aufstieg der Städte zusammen, ebenso wie mit der Entwicklung der deutschen Ostsiedlung seit etwa 1150. Eine weithin identische Sozial- und Wirtschaftsstruktur, d.h. ein Fernhandel treibendes Großbürgertum, ein oft verflochtener Personenkreis, ist und bleibt für die Hanse bezeichnend. Sie ist kein politisch-institutionelles Gebilde, sondern ein Personenverband mit gleichen oder ähnlichen Interessen.

Die Geschichte der Hanse vollzieht sich von der Mitte des 12. bis zur Mitte des 17. Jh.s. Um 1200 und kurz danach ist Nowgorod erreicht, ist der Transport des Herings aus Schonen, der wichtigsten Fastenspeise, in hansischer Hand, wird der Stockfisch aus dem norwegischen Bergen gegen Getreide getauscht, werden die ersten überseeischen deutschen Städte gegründet (u.a. Riga 1201, Reval 1230, Stockholm um 1251). Der Deutsche Orden (Gründung Elbings 1237) wird als einziges Fürstentum Hansemitglied. Bis 1270/80 ist das hansische Städtesystem um die Ostsee vollendet, das die Ausfuhrgüter des flachen Landes erschließt (Getreide, Holz, Erze). Um 1290/1300 löst Lübeck die Vorherrschaft Gotlands ab. Im Westen handelt man am intensivsten mit England (seit 1281 nur noch eine Hanse in London) und v.a. mit dem reichen Flandern (Mittelpunkt Brügge).

Um 1250 beginnt das Zeitalter des sesshaften Kaufmanns, um 1300 sind die Grundzüge der Hanse ausgebildet: ein eng verknüpftes System von etwa 30 größeren und mehr als 100 kleineren Städten mit einer West-Ost-Ausdehnung zwischen Köln und Reval von 1500 km und einer Nord-Süd-Ausdehnung von mehreren Hundert Kilometer, mit großen Kontoren in London, Brügge, Bergen und Nowgorod sowie vielen kleineren Niederlassungen. Das 14. Jh. ist die Blütezeit der Hanse. Anstelle der Person des Kaufmanns tritt allmählich, v.a. infolge wachsender auswärtiger Konkurrenz, die Heimatstadt in den Vordergrund: Aus der Kaufmannshanse wird schrittweise die Städtehanse. Der Begriff der Hansestadt bleibt aber vage, es gibt stets aktive und passive Städte. Man handelt in der Hanse, in Gestalt von Städtebünden auf Zeit, kaum als Gesamthanse, sie ist keine juristische Person. Die Interessen der einzelnen Mitgliedsstadt stehen so gut wie immer im Vordergrund. Der Hansetag als einzige »Institution« (ab 1356) kann abwesende Städte nicht wirklich binden, einziges inneres Sanktionsmittel ist die »Verhansung«, der Ausschluss eines Mitglieds auf bestimmte Zeit. Dennoch kann man »Verdichtungen« in Reaktion auf zunehmende Schwierigkeiten in der Umwelt erkennen. Die Städte sind allerdings politisch unterschiedlich eingeordnet, sind Reichsstädte, Freie und landesherrliche Städte, und die Landesherrschaft wird immer mächtiger. Andere Problemfelder sind die Sicherung der Auslandsprivilegien, Piraterie, fremde Konkurrenz, das Wachstum von Territorial- und Nationalwirtschaft. Gegenmittel sind Drohung mit Abzug, Blockade und Krieg. Die stets kurzfristigen Militärbündnisse führender Hansestädte sind gegenüber Flandern, Dänemark, England u.a. bis ins 16. Jh. sehr wirksam, etwa die erfolgreichen Blockaden Flanderns 1358–1360 und 1388–1392 sowie die Friedensschlüsse mit Dänemark 1435, England 1474 und Frankreich 1483.

Ein Umschwung zeigt sich am ehesten im Wachstum defensiven Denkens vom späten 14. Jh. an. Auch wenn die Konkurrenz von da an immer stärker wird, zumal in Gestalt der ebenfalls reichsangehörigen Holländer vom 15. bis zum 17. Jh., bleiben die Hansestädte mindestens gleichrangig, wenn nicht jedem Einzelkonkurrenten für sich genommen überlegen; der Abbau von Monopolen ist in einer Zeit kräftig wachsenden Handels nicht gleichbedeutend mit absolutem Rückgang. So ist das Handelsnetz der Hanse im 15. Jh. geografisch am umfangreichsten (bis Portugal und Island). Ökonomisch wichtiger als der Ostseebereich ist offenbar Flandern. Die Vielfalt der Handelsgüter ist außerordentlich groß und entzieht sich der Berechnung; dies gilt erst recht für den Nah- und Landhandel der Hanse, der anscheinend sehr ansehnlich ist. Im 16. Jh. schwinden allmählich die Voraussetzungen des hansischen Systems älteren Stils, Erfolge und Misserfolge halten sich die Waage, die stets schon bestehenden Interessengegensätze der Städte verschärfen sich beträchtlich. Von nun an geht es immer mehr um den Vorteil von Einzelstädten als um das Schicksal der ganzen Hanse. Der Friede von Stettin 1570 bezeichnet das Ende hansischer Einheit im alten Sinn in der Ostsee. Der Dreißigjährige Krieg führt den Untergang des Städtebundes herbei, 1669 findet der letzte Hansetag statt. Es gibt fortan nur mehr Wirtschafts- und politische Geschichte von Einzelstädten oder kleinen Städtegruppen an Nord- und Ostsee oder Territorialwirtschaft.

Städtebünde und Ritterbünde

Mit der Wirtschaftskraft der Städte wächst im 13. und 14. Jh. das Selbstbewusstsein und der Zusammenschluss vermehrt ihre Kraft. Die Freien Städte, jene Städte, die sich ihrer bischöflichen Stadtherren mit mehr oder weniger Gewalt entledigt haben (u.a. Köln, Mainz, Straßburg) beanspruchen, keinen Herrn zu haben. Aus den königlichen Städten der Staufer werden durch ähnliche Anspruchsprozesse gegenüber dem Herrscher Reichsstädte (u.a. Nürnberg, Frankfurt am Main, Lübeck). Auch landesherrliche Städte versuchen, ihre Herren loszuwerden, letzten Endes aber erfolglos, mit Ausnahme Hamburgs. Seit dem Rheinischen Städtebund von 1254 bilden sich überall in Deutschland Städtebünde verschiedener Art, Größe und Dauer. Am wichtigsten sind neben der Hanse die Bündnisse der süddeutschen Reichs- und Freistädte. Weil die Landesherren Gegner der Reichsstädte sind, bleiben diese auf den König angewiesen; ihre öffentliche Meinung ist dem Reich und seiner Spitze, dem König, zugeneigt.

Die wichtigste oberdeutsche Reichsstadt ist Nürnberg, das zwischen der Blütezeit Regensburgs und Augsburgs wirtschaftlich v. a. im 14. Jh. Erstaunliches leistet. In der Stadt sitzen hoch entwickelte Handelsgesellschaften, das Gewerbe ist produktiv (Erfindungen) und die Finanzkraft groß. Der Wirtschaftsraum von Nürnberg deckt sich mit einem ebenso ausgedehnten Migrationsraum für spezielle Berufsgruppen. Das oberdeutsche Wirtschaftsgebiet ist anders als das niederdeutsch-hansische strukturiert, ist ihm aber an Dynamik ebenbürtig oder sogar überlegen. Es reicht ebenfalls weit über die Grenzen des Reiches nach Osten und Südosten hinaus. Abweichend vom hansischen ist und bleibt es dem Königtum verbunden und dient ihm – zum eigenen Vorteil – mit Geld und Informationen. Viele Städte erleben Bürgerkämpfe, die häufig die politische Basis des Rates verbreitern (bis zu den Zünften), aber die äußeren Schwierigkeiten der Städte eher vermehren. LUDWIG IV. begünstigt die Städte, die Städtepolitik KARLS IV. und WENZELS wird jedoch in hohem Maße von fiskalischen Erwägungen geleitet. Der 1376 gegründete Schwäbische Städtebund unter Führung Ulms behauptet sich gegenüber hohen Geldforderungen KARLS IV. und zwingt ihn zum Nachgeben. Der Elsässische Städtebund (ab 1338/54/79) und der 1381 gegründete Rheinische Städtebund (1381) treten beide mit dem Schwäbischen Städtebund in Verbindung; 1382 gründet sich der Sächsische (d. h. Niedersächsische) Städtebund.

Im Ersten Städtekrieg (1388/89) verlieren die schwäbischen Städte bei Döffingen, die rheinischen Städte bei Worms und Frankfurt am Main bei Kronberg. Der Gegensatz von Fürsten und Städten entlädt sich unter einem geschwächten Königtum, ein Umschwung zuungunsten der Städte tritt ein. Der Zweite Städtekrieg (1449/50) ist der Höhepunkt des Konflikts (1448–1453) zwischen Nürnberg und Markgraf ALBRECHT III. ACHILLES VON BRANDENBURG (*1414, †1486). Nürnberg behauptet sich, aber das Zeitalter gemeinsamen Handelns der Städte ist zu Ende. Die Territorien überholen die Städte, nur noch die großen und finanzkräftigen können sich als selbstständige Einheiten behaupten, viele kleine werden abhängig und verkümmern.

Ähnlich wie die Städte schließt sich v. a. seit dem ausgehenden 14. Jh. in vielen Landschaften (u. a. Schwaben, Franken, Rheinische Gebiete) der Niederadel zu **Ritterbünden** zusammen, teils, um sich intern gegen den Landesherrn zu behaupten, teils, wie im königsnahen Raum, um von Landesherren politisch und von Städten wirtschaftlich unabhängig zu bleiben. Die bekanntesten Bünde sind die Gesellschaft vom Löwen, die Gesellschaften mit St. Jörgenschild, die Schlegler und die Sterner. Während einige Bünde 1381/82 gegen die Städte unterliegen, können andere, v. a. im Zeitalter SIGISMUNDS, eine politische Rolle spielen. Später werden sie ganz in die Defensive gedrängt, z. T. wirken sie am Schwäbischen Bund von 1488 mit.

1376 Die Kurfürsten wählen KARLS ältesten Sohn WENZEL (*1361, †1419) zum König, erstmals wieder seit der Stauferzeit zu Lebzeiten des Vaters. Dies ist ein großer Erfolg der Luxemburger, der gegen die Interessen des Papstes, der Kurfürsten und der rivalisierenden Dynastien verwirklicht wird.

1377/78 Frankreichreise KARLS, auf welcher wohl weit gespannte dynastische Pläne erörtert werden. Nach der Verlobung (schon 1372) der jüngeren Erbtochter des ungarischen und polnischen Königs LUDWIG I. (1343/70–1382) mit KARLS Sohn SIGISMUND (*1368, †1437) sollte Polen luxemburgisch werden und Ungarn an einen französischen Prinzen fallen. Dafür mag KARL burgundische Rechte preisgegeben haben, was in der Ernennung des französischen Thronfolgers zum Reichsvikar im Arelat möglicherweise erkennbar ist. Da die älteste Tochter aber früh stirbt, wird die politische Zukunft SIGISMUNDS und mit ihm die seiner späteren habsburgischen Erben (bis in LUDWIGSS 20. Jh.) nach Ungarn umgelenkt.

1378 KARL teilt testamentarisch seine Erblande: WENZEL erhält das Kerngebiet mit Böhmen, SIGISMUND Brandenburg und JOHANN (*1370, †1396) das kleine Herzogtum Görlitz.

Kurz vor KARLS Tod (29. Nov. in Prag) beginnt das Große Schisma der Kirche, das künftig die deutsche Politik überschatten wird. KARL entscheidet sich gegen Avignon und für den römischen Papst.

1378–1400 **WENZEL VON LUXEMBURG** übernimmt wegen der gespaltenen Kirche, des Gegeneinanders von Fürsten, Städten und Rittern im Reich und der vom Vater mühsam kontrollierte Situation in Böhmen ein schweres Erbe. Hier bricht die latente Krise zuerst auf.

1384/85 Zerfall des karolinischen Systems in Böhmen; WENZELS Königtum wird schrittweise auf die Krondomäne zurückgedrängt. Infolgedessen gerät WENZEL auch im Reich und darüber hinaus in immer größere Schwierigkeiten.

1384 Heidelberger Stallung: mühsamer Ausgleichsversuch zwischen König, Fürsten und Städten, der wenigstens Zeitgewinn bringt. WENZEL hat Mühe, das Reich auf seine Kirchenpolitik, v. a. auf die Unterstützung des römischen Papstes, festzulegen.

1386, 9. Juli **Schlacht bei Sempach**: Herzog LEOPOLD III. VON ÖSTERREICH (*1351) unterliegt und fällt gegen die Eidgenossen, die mit schwäbisch-rheinischen Städten verbündet sind. Am 9. April 1388 erleiden die Österreicher bei Näfels (heute Kanton Glarus) eine weitere Niederlage gegen die Schweizer.

1386–1394 Geheimverhandlungen WENZELS mit CLEMENS VII. (1378–1394), dem Papst von Avignon, bleiben ohne Ergebnis.

1388–1396 WENZEL bleibt dem Binnenreich fern.

1389, 5. Mai Landfriede von Eger: Als Folge ihrer Niederlage im Ersten Städtekrieg 1388/89 müssen die Städte vorerst auf ihre Bündnisse verzichten.

1394 Gefangenschaft WENZELS in Böhmen in der Hand königsfeindlichen Hochadels und des Markgrafen JOBST VON MÄHREN (*1351, †1411).

1395 WENZEL erhebt GIANGALEAZZO VISCONTI (*1351, †1402) zum Herzog von Mailand, um ihn für sich zu gewinnen und einen Romzug vorzubereiten.

1397–1400 WENZELS Machtverfall schreitet rasch fort. Die rheinische Kurfürstenopposition formiert sich unter Führung von Pfalz und Mainz und verschafft sich gegen WENZEL trotz offenkundig unrechtmäßigen Handelns wachsenden Anhang im Westen des Reiches.

1398 Erfolgloses Treffen WENZELS mit dem französischen König KARL VI. (1380–1422) in Reims zur Beseitigung des Schismas. Die kirchenpolitischen Ziele des Königs, der jetzt Avignon zugeneigt oder jedenfalls neutral ist, und die der romtreuen rheinischen Fürstengruppe treten immer weiter auseinander.

1400 Die vier rheinischen Kurfürsten setzen WENZEL in Oberlahnstein ab und wählen in Rhens den Pfalzgrafen RUPRECHT III. (*1352, †1410) zum neuen König.

WENZEL, der die Absetzung nicht anerkennt, aber zu militärischer Aktion im Binnenreich nicht fähig ist, wird abermals in Böhmen gefangen gesetzt und verstrickt sich in innerdynastische Kämpfe mit der mährischen Nebenlinie und mit seinem Halbbruder SIGISMUND, dem König von Ungarn (1402/03). Die religiös-politisch-sozialen Konflikte in Prag und Böhmen, nicht ohne Zusammenhang mit Gegensätzen zwischen Tschechen und Deutschen, erschweren seine Situation immer mehr. WENZEL stirbt am 16. Aug. 1419, nachdem er auch in seiner Landesherrschaft zum Schattenkönig geworden ist, und löst durch seinen Tod endgültig die hussitische Bewegung aus.

1400–1410 Die geistlichen Wähler streben zum Kurfürstenkönigtum alten Stils zurück, während sich der Pfalzgraf davon zu emanzipieren sucht. Doch reichen die Kräfte von **RUPRECHT VON WITTELSBACH** hierfür nicht aus. Allerdings erobert er Neuböhmen und wird schrittweise im Westen, Nordwesten und Süden des Reiches anerkannt.

1401/02 Der Italienzug RUPRECHTS scheitert schon in Oberitalien an den Visconti.

1403 Der römische BONIFATIUS IX. (1389–1404) approbiert RUPRECHTS Königtum erst, als Frankreich zu Avignon übergeht.

1405, 14. Sept. Marbacher Bund der innenpolitischen Gegner RUPRECHTS, die eine pfälzische Territorialpolitik unter der Königskrone fürchten.

1409 Das von Kardinälen berufene Konzil von Pisa setzt die Päpste von Rom und Avignon ab, die jedoch diesen Akt nicht anerkennen, und wählt einen dritten Papst. Hierüber spaltet sich der Anerkennungsbereich RUPRECHTS, der selbst dem römischen Papst treu bleibt, während viele unter Kurmainzer Führung zu Pisa übergehen.

1410, 18. Mai Tod RUPRECHTS.

15. Juli **Schlacht bei Tannenberg** (polnisch: Grunwald): schwere Niederlage des Deutschen Ordens gegen die Truppen des polnischen Königs WŁADYSŁAW II. JAGIEŁŁO (1386–1434) und des Großfürsten VYTAUTAS VON LITAUEN (1392–1430).

Der Deutsche Orden

Der Deutsche Orden, eigentlich Brüder vom Deutschen Haus St. Mariens zu Jerusalem, gegründet 1190/98 auf dem 3. Kreuzzug im Heiligen Land als jüngster der drei großen Ritterorden, ist in vielen Aspekten nicht preußisch oder deutsch, sondern gesamtkirchlich oder gar mittelmeerisch. Er breitet sich im Orient und in Europa schnell aus und besitzt um 1300 schon ca. 300 Kommenden. Sitz des Hochmeisters ist Akkon bzw. die Burg Montfort bis zum Verlust von 1291, dann Venedig. HERMANN VON SALZA (†1239), der 4. Hochmeister (1209–1239), ist eine der großen Gestalten des Zeitalters. Als Vermittler zwischen Papst und Kaiser erlangt er viele Privilegien und die Gleichstellung des Deutschen Ordens mit den internationalen Orden der Templer und Johanniter.

1225/26 bietet der Herzog von Masowien sein an die noch heidnischen Prußen verlorenes Kulmer Land als Schenkung an, wenn der Orden das Prußenland erobert. 1226 verbrieft FRIEDRICH II. in der Goldenen Bulle von Rimini dem Orden die volle Landeshoheit für die zu erwerbenden Gebiete, 1234 nimmt der Papst das Ordensland in den Besitz der Kirche. Eine Lehnsbindung bleibt jedoch verboten; so gehört das Ordensland Preußen politisch nicht zum Reich und wird immer mehr ein Fremdkörper in einer dynastisch bestimmten Umwelt werden, während der konsolidierte Teil des Ordensbesitzes im Binnenreich unter Leitung des Deutschmeisters schließlich ein Fürstentum wird (1494).

1230 beginnt die Eroberung Preußens, die1283 abgeschlossen ist. 1309 wird die Marienburg Sitz des Hochmeisters. Bis dahin sind schon Städte gegründet (Königsberg 1255), Bauern kommen seit etwa 1300 und siedeln in planmäßig angelegten Dörfern neben den Prußen. Aus Deutschen und Prußen werden allmählich Preußen, ein deutscher Neustamm wie in Pommern oder Schlesien, der im 15. Jh. durch litauische und polnische Einwanderer ergänzt wird und ein eigenes Bewusstsein auch gegen den Orden entwickelt.

1236 tritt der Orden in die Position der geschlagenen Schwertbrüder ein, die in Livland (Baltikum) wirken, wo ungefähr seit 1180, v. a. seit ALBERT VON BREMENS (*um 1165, †1229) Mission 1199, ein überseeisches Missionsland, jedoch kein Land für Bauernsiedlung, besteht. Von 1207 an ist Livland als Lehen für den Erzbischof von Riga ein Teil des Reiches (bis 1563), sodass der Deutsche Orden nur eine untergeordnete Position gewinnen kann. Problematisch sind nach der Kampfzeit äußere Lage und Selbstverständnis des Ordens auch in Preußen. Landesherrliches Verhalten nach innen und politische Notwendigkeiten nach außen diktieren hier künftig das Leben. Nachdem 1242 der Versuch scheitert, die als schismatisch geltenden Großfürstentümer Pleskau und Nowgorod zu erobern, wendet man sich dem heidnischen Litauen zu. Die fast zwei Jahrhunderte andauernden kriegerischen Bemühungen (1245–1422) erzielen indessen trotz jährlichen Zuzugs von Kreuzfahrern aus Mittel- und Westeuropa (»Preußenfahrten«) keine durchschlagenden Erfolge. V. a. aber steht der Orden dem christlichen Polen und auf dem Landweg ins Reich dem christlichen Pommerellen gegenüber. Dieses wird 1309 mit problematischem Recht erobert. Die polnischen Ansprüche sind nicht befriedigt. Der von 1327 bis 1343 andauernde Krieg erzwingt den polnischen Verzicht.

Obwohl Polen erstarkt, ist das 14. Jh. die Blütezeit des Ordenslandes; ein ungewöhnlich »modernes«, planvolles und effektives Staatswesen entfaltet sich. Doch gelingt das Zusammenwachsen von Orden und Ordensland nicht, im Gegenteil, beide entfremden sich mehr und mehr im entscheidenden 15. Jh., weil die Ordensbrüder – in Preußen vor 1410 eher weniger als 700 Personen – sozial gesehen zu eng an den west- und mitteldeutschen Niederadel gebunden sind, der in wirtschaftlicher Not hier Versorgung sucht. Angesichts der polnisch-litauischen Heirat von 1386 und dem Übertritt Litauens zum Christentum plant der Hochmeister einen militärischen Ausweg über Tannenberg (1410) und scheitert. Am Ersten Thorner Frieden (1411) ist v. a. die hohe Auslösesumme für die Gefangenen verderblich. Die daraus folgende Geldnot erzwingt den Weg zur Ständeverfassung, der dann doch nicht konsequent begangen wird. Große Städte und Adel aber sehen mehr Bewegungsfreiheit bei der Hanse und in Polen und schließen sich 1440 im Preußischen Bund zusammen. Als dessen gewaltsame Auflösung droht, kommt es in innerer Auseinandersetzung zum Dreizehnjährigen Krieg (1454–1466), der für den Orden katastrophal endet.

Der Staat des Deutschen Ordens

Im Zweiten Thorner Frieden (1466) verliert der Orden Pommerellen und etwa die Westhälfte Preußens mit Marienburg, Danzig, Elbing und Thorn an den König von Polen (künftig »Preußen königlichen Anteils«, Realunion erst 1569). Der Rest, ein agrarischer Kleinstaat, kann sich zwar vom direkten polnischen Einfluss freihalten, wandelt sich jedoch erst innerlich und dann äußerlich zu einem Landesfürstentum. 1525 wird es ein weltliches Herzogtum unter polnischer Lehnshoheit.

1410, 10. Sept. Doppelwahl: Gewählt werden **Sigismund von Luxemburg**, König von Ungarn und Markgraf von Brandenburg, mit den Kurstimmen von Pfalz, Trier und Brandenburg (diese wohl unberechtigt) sowie der Markgraf Jobst von Mähren (*1351, †1411) mit den Stimmen von Mainz, Köln, Böhmen und nachträglich Sachsen-Wittenberg.

1411 Tod Jobsts (18. Jan.) und Neuwahl Sigismunds (21. Juli) einschließlich aller Stimmen Jobsts.

1410–1414 Sigismund kommt für vier Jahre nicht ins Reich. Ihn vertreten Pfalzgraf Ludwig III. (*1378, †1438) und Burggraf Friedrich VI. von Nürnberg (*1371, †1440).

Sigismund ist durch innere und äußere Probleme Ungarns (1396 schwere Niederlage gegen die Osmanen bei Nikopolis, Konflikt mit Venedig, Sorgen mit Polen) festgehalten und hat nur in geringem Maße eine nutzbare Hausmacht im Reich (wegen der Hussitenkriege auch kaum als Erbe Wenzels nach 1419), sodass er sich v. a. auf Reichsstädte, königsnahen Adel und nacheinander auf verschiedene Fürsten stützen muss (Pfalzgraf, Burggraf von Nürnberg, Markgraf von Brandenburg, Herzog von Österreich). Infolge dieser wechselnden Basis und aufgrund außerordentlich weit gespannter Aufgaben wird sein politisches Verhalten von Unstetigkeit und Inkonsequenz bedroht. V. a. muss er versuchen, die unhaltbar gewordene Situation der Kirche zu bereinigen. Die Gedanken des Konziliarismus, beruhend auf alten Rechtsvorstellungen, haben sich in der intellektuellen Öffentlichkeit im Rahmen allgemeiner Kritik an der Kurie, an deren Stelle man auf den deutschen König als Vogt der Kirche blickt, trotz des Widerstandes der Päpste so weit durchgesetzt, dass sich alle Hoffnungen auf ein allgemeines Konzil richten. Reichs- und Kirchengeschichte erweisen sich auch im 15. Jh. als zusammengehörig, das Streben nach Reformen bezieht sich auf Kirche und Reich zugleich.

1414–1418 Das **Konzil von Konstanz** ist die bisher größte Kirchenversammlung des Mittelalters. Unter großem und erfolgreichem persönlichen Einsatz Sigismunds behandelt das Konzil drei Hauptfragen kirchlicher Existenz, das Papstproblem (*causa unionis*), das Reformproblem (*causa reformationis*) und die Hus-Frage (*causa fidei*).

1415 Absetzung Johannes' XXIII. (*um 1360, †1419), Rücktritt Gregors XII. (*um 1325, †1417), Verurteilung und Hinrichtung des Johannes Hus (*um 1370, †1415), Übertragung von Brandenburg an Burggraf Friedrich VI. von Nürnberg.

1415–1417 Reise Sigismunds nach Frankreich und England im Dienste des Konzils und zur Vermittlung im Hundertjährigen Krieg.

1417 Papst Benedikt XIII. (1394–1417) wird abgesetzt. Wahl des Papstes Martin V. (1417–1431), der sich allgemein durchsetzt. Das Deutsche Konkordat ist zeitlich begrenzt.

1419–1434 Hussitenkrise und Hussitenkämpfe. Die durch das Königtum Wenzels äußerlich in Schach gehaltenen, sich aber ständig vermehrenden religiösen Oppositionsgruppen mit unterschiedlichem sozialen und nationalen Engagement können angesichts der Stellung, die Böhmen im späteren 14. Jh. im Reich gewonnen hat, nicht mehr als innerterritoriale Angelegenheit gelten, erst recht nicht nach dem Scheitern Sigismunds, die Landesherrschaft in Böhmen als Erbe Wenzels anzutreten (1420). Auch als Ketzer sind die Opponenten ein reichspolitisches Problem ersten Ranges.

1422, 6. Jan. Sigismunds Heer wird bei Deutschbrod (Německý Brod, Böhmen) geschlagen und er als König von Böhmen abgesetzt.

Juli–Sept. Reichstag zu Nürnberg: Die militärischen Leistungen aller Reichsglieder werden erstmals festgelegt. Die Herausforderung des Glaubens, des Königtums und zunehmend des Reiches konkretisiert allmählich die Reichsverfassung, wenngleich die Versuche, Reichszugehörigkeit und Verpflichtungen für das Reich in allgemeiner Weise als zusammengehörig zu formulieren, noch generationenlang umstritten sind und oft missachtet werden.

Privileg Sigismunds für die deutsche Ritterschaft mit der Erlaubnis zum Zusammenschluss untereinander und mit Reichsstädten.

1423 Sigismund belehnt Friedrich den Streitbaren (*1370, †1428), Markgrafen von Meißen aus dem Haus Wettin, nach dem Aussterben der Askanier mit dem Kurfürstentum Sachsen-Wittenberg.

1424, 17. Jan. Kurverein von Bingen: Die sechs Kurfürsten vereinigen sich, auch gegen Sigismund, der jedoch diese Herrschaftskrise ohne abermaliges Gegenkönigtum überwindet.

1426–1430 Sigismund ist erneut vom Reich abwesend, das sich unter Führung von Kurfürsten und päpstlichen Legaten aus königslosen Tagen zu organisieren sucht.

1426, 16. Juni Niederlage eines Kreuzfahrerheeres bei Aussig (Ústí nad Labem, Nordböhmen) gegen die Hussiten.

1427, 4. Aug. Niederlage eines Kreuzfahrerheeres bei Mies (Stříbro, Westböhmen). Die Hussiten führen die militärische Offensive über Böhmen hinaus.

2. Dez. Der Reichstag von Frankfurt am Main verabschiedet eine Kriegssteuer, die erste allgemeine Steuer im deutschen Spätmittelalter. Sie soll in Köln, Nürnberg, Erfurt, Salzburg und Breslau gesammelt und von einem ständischen Kollegialorgan und den Kriegshauptleuten in Nürnberg verwaltet werden.

1431, 14. Aug. Niederlage eines Kreuzfahrerheeres bei Taus (Domažlice, Westböhmen). Die Hoffnung auf eine militärische Lösung der Hussitenfrage wird aufgegeben.

1431–1449 **Konzil von Basel**: Die konziliare Bewegung findet sich im Fortwirken der Gedanken und Beschlüsse von Konstanz neu zusammen, stößt aber auf die Ablehnung des neuen Papstes EUGEN IV. (1431–1447). Zunächst freilich, bis zum Höhepunkt 1434, unterstützen öffentliche Meinung und politische Gewalten Europas, v. a. SIGISMUND, die Konzilspartei, sodass EUGEN seinen Widerstand vorerst aufgeben muss (Rücknahme der Auflösungsbulle 1433). Das Konzil erlässt mehrere Reformdekrete, verfällt aber seit 1435 wachsender Radikalisierung. Bald bricht der Konflikt mit dem Papst neu auf. 1437 wird das Konzil von diesem nach Ferrara verlegt, die Mehrheit der Teilnehmer lehnt dies jedoch ab und eröffnet den Prozess gegen den Papst.

1431–1433 Italienzug SIGISMUNDS.

1431, 25. Nov. Krönung SIGISMUNDS zum König von Italien in Mailand im Bündnis mit den Visconti.

1433, 31. Mai Kaiserkrönung SIGISMUNDS durch EUGEN IV. Im gleichen Jahr wird nach langwierigen Verhandlungen mit den Hussiten auf dem Konzil mit den gemäßigten Gruppen (Kalixtinern) ein Übereinkommen getroffen (Prager Kompaktaten), wonach ihnen der Laienkelch als wichtigstes Symbol des hussitischen Utraquismus (Kommunion in beiderlei Gestalt) gewährt wird.

1434, 30. Mai Die radikalen Taboriten werden östlich von Prag bei Lipan (Lipany) geschlagen.

1435 Ausgleich SIGISMUNDS mit Venedig.

1436 SIGISMUND zieht als Landesherr in Böhmen ein, wo jedoch die Position der zentralen Gewalt sehr geschwächt und der Hochadel gestärkt ist. Die Rolle Böhmens als Zentrallandschaft des Heiligen Römischen Reiches im Sinne KARLS IV. kehrt nicht wieder.

Reichsidee und Reichsreform

Die Frage nach dem Zusammenhalt des Reiches ist neben der Kontinuitätsfrage angesichts des Dynastienwechsels das zweite Grundproblem deutscher Geschichte im späten Mittelalter. Denn die Zentralgewalt ist häufig geschwächt und das Reich ist im Vergleich zu den Nachrichten- und Verkehrsmitteln des Zeitalters sehr ausgedehnt; das Interesse der meisten politischen Kräfte richtet sich auf den inneren Ausbau regionaler Bereiche. Während die im Rahmen des Gesamten denkende und handelnde politische Gruppe im 14. Jh. noch klein ist (König, weltliche Kurfürsten, rivalisierende königsfähige Häuser und deren erste Diener, eine Anzahl führender Großbürger und Kleriker), erweitert sich dieser Kreis im 15. Jh. auf jeder Stufe beträchtlich. Zugleich beginnt sich das Denken vom Reich, das bisher stark an die Person des Herrschers gebunden ist, vom König zu lösen, ja gegen diesen zu wenden, sodass die Formel von »Kaiser und Reich« in der frühen Neuzeit geradezu einen Gegensatz beinhaltet. Die realen Schwierigkeiten, die einer einheitlichen Reichspolitik fast unüberwindbar im Wege stehen, werden in der Regel von den Zeitgenossen stark unterschätzt.

Dies gilt gerade für die Literatur über die Reichsreform (meist im Zusammenhang mit der Kirchenreform), deren gut gemeinte Vorschläge bestenfalls zum kleineren Teil Ende des 15. Jh.s verwirklicht werden können. Jedoch bieten diese Autoren – etwa NIKOLAUS VON KUES [*1401, †1464] mit seinem Werk »De concordantia catholica« von 1434 – gute Belege für ein wachsendes Zusammengehörigkeitsgefühl, gar Nationalgefühl im Reich. Dieses wird noch vor Ende des Jh.s zu einer politischen Kraft, Zeugnis und Teil auch der Verdichtung des Reiches. Parallel dazu wird deutlich, welche Randgebiete sich immer weniger zugehörig fühlen.

1438/39 Nach dem Tode des letzten Luxemburgers bleibt den Kurfürsten kaum eine andere Möglichkeit, als einmütig (ohne die ungeklärte Stimme Böhmens) den Schwiegersohn und »Erben«, **ALBRECHT II. VON HABSBURG** (*1397, †1439), Herzog von Österreich, zu wählen. Ihm ist es nicht beschieden, sich in seiner kurzen Regierungszeit von den Problemen seiner Erbansprüche auf Ungarn und Böhmen und von der Osmanengefahr zu lösen und ins Binnenreich zu kommen. Daher setzt sich unter ihm die Distanz von Königtum und Reichsentwicklung fort.

1438 Das Basler Konzil suspendiert den Papst. Die Kurfürsten erklären ihre Neutralität zwischen Papst und Konzil.

1439, 26. März Mainzer Akzeptation: König ALBRECHT und die Mehrheit der Kurfürsten erkennen eine Reihe von Basler Konzilsdekreten an, ohne sich endgültig festzulegen. Im Grunde streben sie nach einem Ausgleich. Das Basler Konzil setzt Papst EUGEN ab und wählt den Herzog von Savoyen als FELIX V. (1439–1449) zum (letzten) Gegenpapst. EUGEN IV. verlegt das papsttreue Konzil von Ferrara nach Florenz.

1440, 2. Febr. Nach dem Tod ALBRECHTS besteht abermals nur die Möglichkeit, einmütig einen Habsburger, wenngleich diesmal aus der innerösterreichischen Linie, zu wählen: **FRIEDRICH III. VON HABSBURG** (*1415, †1493), den Herzog von der Steiermark und Kärnten. Damit rückt der landesherrliche Mittelpunkt des Königtums in den äußersten Südosten, eine höchst gefährliche Situation, weil so die Ansprüche SIGISMUNDS und ALBRECHTS eher noch gesteigert werden; denn FRIEDRICHS Hausmacht ist schwach, von Ständeunruhen, innerfamiliären Sorgen sowie von Osmanen und später auch Ungarn bedroht.
FRIEDRICH wird Vormund des nachgeborenen Sohnes ALBRECHTS II., LADISLAUS (Postumus, *1440, †1457), für das Herzogtum Österreich.

1442, 17. Juni Erst zwei Jahre nach der Wahl kann FRIEDRICH zur Krönung ins Binnenreich kommen.

1444–1471 FRIEDRICH bleibt 27 Jahre hindurch dem Binnenreich fern. Die Verbindung der königsnahen Herren mit dem Herrscher, auf der ein großer Teil der Wirkung des Königtums und damit auch ein Stück Reichszusammenhalt beruht, verdünnt sich beträchtlich. Der Königshof wird »provinzialisiert«, verliert stark an Anziehungskraft und dient viel weniger als zuvor als Anknüpfungspunkt für Sozialbeziehungen. 1451 erlischt das Königliche Hofgericht, das auf festem Kontakt zum Binnenreich beruht, und wird ganz durch das seit 1415 bestehende Königliche Kammergericht ersetzt, das in höherem Maß herrscherbezogen ist. Das Reich wird abermals der Selbstorganisation überlassen, wobei die Kurfürsten zunehmend von einigen größeren Fürsten eingeholt werden, u. a. von Bayern, Hessen und Kleve, und ihnen Mitsprache einräumen. Konflikte zwischen den großen Fürsten und zahllose kleine Fehden können ohne äußere Hemmnisse stattfinden, da die Hussitengefahr beendet ist. Der König ist fernab mit Osmanen und Ungarn beschäftigt. Neue Drohungen aus dem Westen, v. a. die ausgreifende Politik des Herzogtums Burgund, scheinen noch fern zu sein.

1445 Österreichisches Konkordat FRIEDRICHS III. mit dem Papst, das das Ende der Neutralität des Königs und seine Unterstützung des Papsttums anzeigt.

1447 König, Kurfürsten und Fürsten entscheiden sich für den Papst und gegen das Konzil.

1448, 19. März Das Wiener Konkordat regelt die Beziehungen zwischen »Staat« und Kirche bis zum Ende des alten Reiches und teilt die Besetzungsrechte kirchlicher Ämter zwischen Papst und Kapiteln respektive Landesherren im Wesentlichen gleichmäßig auf. Der Papst hat einzelnen Landesherren, v. a. der Hausmacht FRIEDRICHS III., beträchtliche Zugeständnisse gemacht. Das Landeskirchentum der Reformationszeit kündigt sich an.

1452, 19. März Italienzug FRIEDRICHS III. mit Kaiserkrönung, der letzten eines deutschen Herrschers in Rom. Ein Aufstand beendet die Vormundschaft FRIEDRICHS über LADISLAUS in Österreich.

FRIEDRICH III. verliert seinen bescheidenen dynastischen Einfluss auf Böhmen, den er als Vormund LADISLAUS' (1453 König von Böhmen) besessen hat, an den aus dem Hochadel stammenden Landesverweser (seit 1452) GEORG VON PODIEBRAD (*1420, †1471). Dieser macht sich nach LADISLAUS' Tod selbst zum König von Böhmen (1458) und beginnt, eine große Rolle in der Reichspolitik zu spielen. 1459/61 wird sogar der Plan gefasst, ihn zum deutschen König im Sinne eines kaiserlichen Statthalters zu wählen, doch ist er durch seine innenpolitisch notwendigen Zugeständnisse an die Hussiten diskreditiert. Trotz des wechselvollen Geschicks Böhmens wird dessen Reichszugehörigkeit nicht angetastet, auch bleiben die habsburgischen Ansprüche bestehen; sie werden 1526 verwirklicht.

1454 Reichstag in Regensburg unter dem Eindruck der Eroberung Konstantinopels durch die Osmanen (1453).

1457, 23. Nov. Tod LADISLAUS', der seit 1440 auch König von Ungarn war. Seit 1446 amtiert freilich der Reichsverweser JOHANN HUNYÁDI (*1387, †1456). Gegenüber Ungarn bestehen ebenfalls Ansprüche FRIEDRICHS III., 1459 wird er dort Gegenkönig. Dies führt jedoch nach Anfangserfolgen zu schweren Rückschlägen; denn der Sohn des Reichsverwesers an LADISLAUS' statt, MATTHIAS CORVINUS (*1443, †1490; ab 1458 König), treibt bald eine aktive und erfolgreiche Politik gegen den Kaiser.

1458 FRIEDRICH III. erbt Niederösterreich und nach schweren Kämpfen mit seinem Bruder ALBRECHT VI. (†1463) nach dessen Tod auch Oberösterreich.

1460 Verlust des habsburgischen Thurgaus an die Eidgenossen (1418 schon der Aargau).

1460/62 Der pfälzische Kurfürst FRIEDRICH DER SIEGREICHE (*1425, †1476; 1449–1476) besiegt Kurmainz, Württemberg, Baden, den Bischof von Speyer und verschiedene Grafen und schafft sich einen bedeutenden Hegemonialraum.

Das hegemoniale Gefüge im Reich kann sich, vom Kaiser kaum beeinflusst, durch zahlreiche Kriege und Gewalttaten umschichten: Wenige Große machen viele Kleine von sich abhängig. Die Schwäche und Ferne des Kaisers, die in krassem Gegensatz zu seiner beharrlich festgehaltenen Verfassungsposition stehen, machen sowohl ein Übereinkommen über Reformen im Reich als auch den praktischen Erfolg der Landfriedensbemühungen unmöglich.

1466 Papst PAUL II. (1464–1471) setzt GEORG VON PODIEBRAD wegen Ketzerei ab, jedoch behauptet sich dieser bis zu seinem Tode 1471. Die böhmischen Nebenländer fallen an den ungarischen König MATTHIAS CORVINUS, sodass FRIEDRICH III. aufs höchste bedroht ist.

1467–1477 KARL DER KÜHNE (*1433, †1477), Herzog von Burgund, ist Besitzer zahlreicher Reichslehen (ab 1384 Freigrafschaft Burgund, 1421/29 Namur, 1426/33/36 Hennegau, Holland, Seeland, 1430 Brabant und Limburg, 1451 Luxemburg, 1440/56 auch Vogtei über die Hochstifte Lüttich, Utrecht, Cambrai beim Herzogtum Burgund). Nur nominell Vasall des deutschen und französischen Königs strebt er nach dem Besitz von Lothringen und dem Elsass. 1469 gewinnt er den habsburgischen Besitz (der Tiroler Linie) im Elsass und im Breisgau als Pfand und 1473 erobert er Geldern und Zutphen in den Niederlanden.

1471 Reichstag zu Regensburg mit Teilnahme FRIEDRICHS III. unter dem Druck der Türkennot.

seit 1471 Einfälle der Osmanen in die Steiermark.

1473–1475 FRIEDRICH III. reist wieder ins Binnenreich.

1473 In Trier verhandelt FRIEDRICH mit KARL DEM KÜHNEN wahrscheinlich über dessen Erhebung zum König sowie über ein Heiratsbündnis mit seiner Erbtochter MARIA VON BURGUND (*1457, †1482). Die Gespräche scheitern.

1474, 30. März Die »Ewige Richtung« von Konstanz vermittelt unter burgundischem Druck einen Ausgleich zwischen Habsburg-Tirol und den Eidgenossen unter Anerkennung des Status quo. Die oberrheinischen Pfandgebiete KARLS kehren nach einem Aufstand an Habsburg zurück.

1474/75 KARL DER KÜHNE mischt sich in ein kölnisches Kirchenschisma ein, scheitert aber bei der Belagerung von Neuß (1475), als das kaiserliche Heer heranrückt. Bei dieser Gelegenheit motivieren nationale Gefühle zur Hilfe für den Kaiser.

1475 KARL erobert das Herzogtum Lothringen. Beim Friedensschluss mit dem Kaiser sagt KARL die Hand seiner Erbtochter MARIA dem Kaisersohn MAXIMILIAN (*1459, †1519) zu.

1476, 2. März KARL wird bei Grandson (Kanton Waadt) und am 22. Juni bei Murten (Kanton Freiburg) von den Eidgenossen besiegt.

1477, 5. Jan. KARL fällt bei Nancy im Kampf gegen Eidgenossen, Lothringer und Elsässer.

19. Aug. MARIA VON BURGUND heiratet MAXIMILIAN, der so KARLS Lehen im Reich, die burgundischen Niederlande und die Freigrafschaft Burgund für sein Haus gewinnt und sie erfolgreich gegen Frankreich verteidigt (Sieg bei Guinegate, Département Pas-de-Calais, 1479). Auch nach dem frühen Tode MARIAS (1482) behauptet sich MAXIMILIAN (Sieg bei Salins 1493).

1477/81 Beginn der bedrohlichen Einfälle des Ungarnkönigs MATTHIAS CORVINUS in Österreich.

1485 Wien geht an MATTHIAS verloren, der Kaiser flüchtet über Tirol ins Binnenreich und kann erst 1489 wenigstens nach Linz zurückkehren.

1486, 16. Febr. MAXIMILIAN wird in Frankfurt am Main einmütig zum König gewählt. Der Reichstag von Frankfurt bringt die Diskussion um die Reichsreform wieder in Gang.

1488, 14. Febr. Gründung des Schwäbischen Bundes aus Adel, Städten und Fürsten gegen Bayern.

1489 Die französische Grafschaft Flandern, ebenfalls burgundisches Erbe, erkennt MAXIMILIAN als ihren Herrn an; dies wird im Frieden von Senlis 1493 von Frankreich hingenommen.
Der Reichstag festigt sich organisatorisch.

1490 Nach Abdankung des Tiroler Regenten SIGISMUND (*1427, †1496) fällt dessen Grafschaft an MAXIMILIAN, der damit für seine künftige Herrschaft eine binnenreichsnahe Hausmacht gewinnt und die Position seines Hauses im Reich und des daran künftig gebundenen Kaisertums wesentlich verbessert. Nach dem Tode von MATTHIAS CORVINUS (1490) erobert MAXIMILIAN die östlichen österreichischen Länder zurück und dringt in Ungarn ein.

1491, 7. Nov. Friede von Pressburg: MAXIMILIAN behauptet ein Nachfolgerecht in Böhmen und Ungarn, auch wenn sich dort zunächst die Jagiellonen festsetzen.

1493, 19. Aug. FRIEDRICH III. stirbt und wird im Stephansdom zu Wien beigesetzt.

Kunst und Literatur im Spätmittelalter

Kunst: Die Architektur wird durch den gotischen Stil in verschiedener Ausprägung beherrscht. Leider hat der profane Wohnbau, weniger der Repräsentativbau, im Vergleich zu den kirchlichen Sakralbauten im Laufe der Jahrhunderte sehr hohe Verluste erlitten. Große steinerne Bauten sind Burgen und in Städten v. a. Rathäuser, Kornhäuser, Kaufhallen, Hospitäler, Türme und Mauern der Stadtbefestigungen. Die bedeutendsten Backsteinburgen sind die Festungen des Deutschen Ordens in Preußen, v. a. die Marienburg (begonnen um 1280, v. a. das Mittelschloss des ausgehenden 14. Jh.s). Unter den Burgen aus Haustein stehen die Werke großer Herrscher voran, z. B. die Burg Karlstein unweit von Prag unter KARL IV., der Ladislaussaal der Prager Burg von 1502, alle mit umso reicheren Schmuckformen ausgestattet, je weiter die Zeit fortschreitet. Beispiele für Rathäuser sind die von Lübeck (13.–15. Jh.), Stralsund (13.–15. Jh.), Lüneburg (14.–15. Jh.), Köln (14.–16. Jh.) und Löwen (15. Jh.), an Sozialbauten etwa das Heiliggeistspital in Lübeck (seit 1260/70) und das in Nürnberg (seit 1339). Die größten Aufwendungen werden für die Stadtbefestigung erbracht (bestes Beispiel für eine Großstadt: Nürnberg, 14.–15. Jh.). Den schönsten Ausdruck gewinnt die spätmittelalterliche Architektur im **Kirchenbau**. Hier stehen der Typus der Basilika (in der Weise französischer Kathedralen) und der Hallenkirche nebeneinander. Als repräsentativste Form gilt die Basilika (Kölner Dom seit 1248, Langhausweihe des Straßburger Münsters 1276, Chorweihe der Lübecker Marienkirche 1291, Veitsdom in Prag seit 1341). Der häufigere Typ der Hallenkirche wurzelt v. a. im romanischen Westfalen und wird zum besonderen Ausdruck der deutschen Gotik. Als beispielhaft gelten die Elisabethkirche in Marburg seit 1235, der Dom zu Minden seit 1267, St. Stephan zu Wien seit 1304, der Parlerscher Hallenchor in Heiligkreuz in Schwäbisch Gmünd seit 1351, die Erstform des Ulmer Münsters seit 1377, die Frauenkirche in München seit 1468 oder St. Marien in Danzig als die größte, 1502 vollendete Halle. Im deutschen Norden und weit darüber hinaus entwickelt die Backsteingotik in beiden Typen aufgrund technischer Beschränkungen besondere Ausdrucksformen: Die Marienkirche in Lübeck wird das Vorbild des Kirchenbaus im Ostseeraum, weiter getragen von der Marienkirche in Danzig. Das Bürgertum gewinnt als Auftraggeber neben Klerus und Fürsten an Bedeutung, aus der Kirche der Geistlichen wird zunehmend die Kirche der Gemeinde, der Turm der Kirche kann Wahrzeichen der Stadt werden.

Neues in der Sozialgeschichte der Kunst zeigt sich daran, dass an die Stelle der anonymen Bauhütte die Künstlerfamilien und bald die Einzelpersönlichkeit treten; diese kann ein hohes Selbstbewusstsein entfalten. Bestes Beispiel ist die Baumeister- und Bildhauerfamilie Parler aus Köln und Schwäbisch Gmünd, die die oberdeutsche Kunst und die Kunst vieler Nachbarlandschaften in der 2. Hälfte des 14. Jh.s maßgeblich bestimmt (Büste PETER PARLERS [*1330/33, †1399] auf der Triforiumsgalerie im Chor des Prager Doms). In der gotischen **Plastik** konzentrieren sich die Aufgaben auf Fassaden- und Pfeilerschmuck sowie auf Grabmäler, in der Holzplastik auf Chorgestühl und Schnitzaltar. Erst allmählich löst sich der Verbund von Bau und Plastik. Noch im älteren Sinn für den Verbund stehen z. B. die Westfassade des Straßburger Münsters seit 1280 oder die Pfeilerfiguren des Kölner Doms um 1322. Gegenüber der stilvollen Eleganz dieser hohen Gotik setzt sich gegen Ende des 14. Jh.s durch die Arbeit v. a. der Parler und der Parlerschule ein Realismus durch. Unerhört reich und vielfältig ist die Plastik des 15. Jh.s, ein Höhepunkt deutscher Kunst überhaupt, die besonders vertreten wird durch NIKOLAUS GERHAERT VON LEYDEN (*um 1430, †1473) an

Rhein und Donau, sowie Jörg Syrlin dem Älteren (*um 1425, †1491) in Ulm und Erasmus Grasser (*um 1450, †1518) in München, außerdem Michael Pacher (*um 1435, †1498) in St. Wolfgang, Veit Stoss (*um 1445, †1533) in Nürnberg, Bernt Notke (*um 1440, †1509) in Lübeck, Adam Kraft (*um 1460, †1508/09) in Nürnberg und Tilman Riemenschneider (*um 1460, †1531) in Würzburg.

Während die Wandmalerei zurücktritt (Szenen oberhalb des Chorgestühls im Kölner Dom um 1330), wird das Tafelbild immer wichtiger. Im 14. Jh. zeigen sich hier international übergreifende Verbindungen, die im »Weichen Stil« als höfische Kunst um 1400 ihren Höhepunkt finden. Von hoher Bedeutung ist bereits die Malerei am Hofe Karls IV. und in dessen Umkreis, etwa die Prager Malerzeche, Meister Theoderich von Prag [†1381] oder der Meister von Hohenfurth und Wittingau, dann im Westen Bertram von Minden (*1345, †1415) und Konrad von Soest (*um 1370, †nach 1422), ferner auch Meister Francke (†nach 1430) aus Hamburg. In der Malerei des 15. Jh.s bis hin zum Realismus ragen ferner hervor der Kölner Meister der hl. Veronika (1. Hälfte des 15. Jh.s), Stefan Lochner (*um 1405, †1451), Konrad Witz (*um 1400, †um 1445), Martin Schongauer (*um 1450, †1491), Hans Multscher (*um 1400, †1467), Hans Holbein der Ältere (*um 1465, †1524) und Michael Wolgemut (*1434, †1519).

Das 15. Jh. bringt den ersten Höhepunkt der Druckgrafik (Holzschnitt und Kupferstich). Es sind Künste für viele, zumal in der Stadt, sie können privater Andacht und Liebhaberei dienen. Bücher mit holzgeschnittenen vollständigen Seiten (Blockbücher) werden vor und nach der Erfindung des Drucks mit beweglichen Lettern geschaffen, zuerst mit religiösen, seit dem späten 15. Jh. auch mit profanen, gern astrologisch-hausmedizinischen Motiven. Der Kupferstich bildet sich etwa seit Mitte des 15. Jh.s heraus und gewinnt nach anonymen Meistern ersten Glanz mit Martin Schongauer.

Literatur: Literatur in lateinischer und deutscher Sprache besteht weiterhin nebeneinander, jedoch erweitert sich der Begriff von Literatur beträchtlich. Die allgemeine Schriftlichkeit und die Menge des Schrifttums nehmen v. a. infolge zweier entscheidender Innovationen sehr stark zu: zum einen der Verbreitung des Papiers als billigem Schreibstoff, der seit dem ausgehenden 14. Jh. auch in Deutschland (zuerst in Nürnberg) hergestellt wird, zum anderen infolge der Erfindung des Buchdrucks vor 1455. Das neue Verfahren Johannes Gutenbergs (*um 1397, †1468), die Druckform aus beweglichen Metalltypen zusammenzusetzen, bringt eine enorme Umwälzung in der Buchherstellung mit sich. Versuche dazu werden bereits seit 1436 unternommen, und 1455 ist als erstes großes Druckwerk die zweiundvierzigzeilige lateinische Bibel vollendet. Dieses erste Massenmedium der Geschichte verändert vom späten 15. Jh. an die Rahmenbedingungen für den Ablauf des historischen Geschehens grundlegend.

Die **lateinische Literatur** spielt jetzt ihre größte Rolle in der »wissenschaftlichen« Welt im weitesten Sinne und so auch in den von der lateinischen Wissenschaftssprache geprägten deutschen Universitäten, deren erste 1348 in Prag entsteht. Große Theologen, Philosophen, Naturbeobachter, »Naturwissenschaftler«, Publizisten, Juristen, Mediziner, Autoren amtlich-politischer Texte und sog. Fachliteratur und Geschichtsschreiber äußern sich lateinisch (u. a. Albertus Magnus [*um 1200, †1280], Alexander von Roes [2. Hälfte 13. Jh.], Heinrich von Langenstein [*1323, †1397], Johann von Neumarkt [*um 1310, †1380], Konrad von Megenberg [*um 1309, †1374], Lupold von Bebenburg [†1363], Marsilius von Inghen [*um 1330, †1396], Matthäus von Krakau [*um 1335, †1410], Nikolaus von Kues [*1401, †1464] und Thomas Ebendorfer [*1388, †1464]). Der deutsche Humanismus bringt seit der 2. Hälfte des 15. Jh.s eine neulateinische, an der antiken Klassik geschulte Literatur und Dichtung hervor. Herausragende Vertreter sind etwa Konrad Celtis (*1459, †1508) und Jakob Wimpfeling (*1450, †1528).

Im 13. Jh. vollzieht die **deutsche Sprache** endgültig ihren Durchbruch zur »schönen« und zur sachbezogenen Literatur. Juristisches und medizinisches Schrifttum, Geschichtsschreibung und viele andere abstrakte oder konkrete Themen, dazu Übersetzungen aus dem Lateinischen (Werke der Scholastik seit dem 13. Jh., Bibeltexte seit dem 14. Jh.), v. a. jedoch »schöne« Literatur treten mit einer stark wachsenden Zahl von Autoren und Werken hervor. Es gibt keinen Höhepunkt, der mit der staufischen Klassik um 1200 vergleichbar wäre, jedoch eine Anzahl bemerkenswerter Texte, die unter neuartigen, sich immer weiter verändernden Rahmenbedingungen zu beurteilen sind, v. a. sind dies stärkere Regionalisierung und höhere soziale Differenziertheit. »Idealisierende« Traditionen stehen immer realer werdenden Auffassungen gegenüber, die der Welt mit all ihren Aspekten begegnen und ein starkes Interesse am Menschlichen entfalten. Infolgedessen ist der Inhalt oft wichtiger als die Form, stark lehrhafte Züge können in den Vordergrund treten und man findet jetzt häufiger Extremes, vom Feinsinnigen bis zum Derben.

Die Epik bleibt zunächst noch traditionsgebunden; höfische Darstellungsformen werden bis ins 14. Jh. weitergetragen, doch dringen Wirklichkeit und Geschichtlichkeit auch hier ein. Die wohl besten Leistungen bieten Konrad von Würzburg (†1287) und Albrecht von Scharfenberg (2. Hälfte des 13. Jh.s). Man liebt noch lange Zeit Heroisch-Abenteuerliches als Unterhaltungsliteratur bei stetiger stofflicher Erweiterung. Prosaauflösungen höfischer Epen bringt dann das 15. Jh., u. a. mit Elisabeth von Nassau-Saarbrücken (*1379, †1456). Die Prosa wird die Ausdrucksform der Geschichtsschreibung; sie tritt an die Stelle der älteren deutschsprachigen Reimchroniken wie noch der »Steirischen Reimchronik« Ottokars aus der Geul (*um 1265, †1319/21). Besondere Leistungen entstehen in der städtischen Geschichtsschreibung. Einen Eindruck davon kann man sich insbesondere in den »Deutschen Städtechroniken« vom 14. bis zum 16. Jh. (gesammelt in 36 Bänden) verschaffen. Gipfel dichterischer Prosa ist der vieldiskutierte »Ackermann« des Johannes von Tepl (von Saaz) (*um 1350, †um 1414).

Weitere Beispiele der neuartigen spätmittelalterlichen Sprachgewalt sind die Predigten und Werke der **Mystik.** BERTHOLD VON REGENSBURG (*um 1205, †1272) ist ein Hauptmeister der Predigt. Die Mystik beginnt mit MECHTHILD VON MAGDEBURG (*um 1212, †1282), gipfelt bei MEISTER ECKHART (*um 1260, †1327/28) und seinen Schülern JOHANNES TAULER (*um 1300, †1361) und HEINRICH SEUSE (*1295, †1366) und findet einen bemerkenswerten Ausklang beim Autor der »Theologia deutsch«, der vielleicht identisch ist mit dem Heidelberger Theologieprofessor JOHANNES LAGENATOR (JOHANNES DE FRANCFORDIA; †1440). Auch die Lehr- und Spruchdichtung ist eine für das Zeitalter bezeichnende Gattung von großer Vielfalt, vom Messen der Umwelt am Ideal des staufischen Ritters bis zu konkreter Zeitkritik, vom abstrakten Moralisieren bis zur derben Situationskomik. Meister sind WERNHER DER GARTENAERE (*vor 1250, †um 1280), »Meier Helmbrecht«, HUGO VON TRIMBERG (*um 1230, †um 1313) »Der Renner«, KONRAD VON AMMENHAUSEN, »Schachzabelbuch« (1337), oder HEINRICH WITTENWEILER (†nach 1436) mit seinem »Ring«. Die Lyrik erweitert ihre Thematik gegenüber der höfischen Zeit, ohne die großen Vorbilder aus dem Auge zu verlieren und kann sich als sehr originell und vielfältig erweisen: KONRAD VON WÜRZBURG (†1287), HEINRICH »FRAUENLOB« VON MEISSEN (*um 1250, †1318), OSWALD VON WOLKENSTEIN (*1377, †1445). Die Meistersinger nehmen die Formenwelt des späten Minnesangs auf und pflegen sie weiter. Das deutsche Volkslied erwächst in großer Zahl im 14. und 15. Jh. Seine Motive sind Liebe, Tanz, Historisches und Religiöses. Das Drama in deutscher Sprache entsteht zuerst in geistlicher Gestalt aus lateinischer Tradition seit dem 13. und 14. Jh. Die frühesten erhaltenen Fastnachtsspiele als profane Gattung entstammen der ersten Hälfte des 15. Jh.s. Sie blühen nach 1450 und im 16. Jh. (HANS ROSENPLÜT [*um 1400, †um 1460]; später HANS SACHS [*1494, †1576]).

Innerhalb des deutschen Humanismus entsteht auch eine deutsche Literatur, zumal als Übersetzungsliteratur (NIKLAS VON WYLE [*um 1415, †1479] und ALBRECHT VON EYB [*1420, †1475]). Die besten Dichtungen SEBASTIAN BRANTS (*1457, †1521) gehören noch dem Mittelalter an (»Das Narrenschiff«, 1494). | Forts. S. 872 |

Die Schweizer Eidgenossenschaft (1218–1515)

Nach den Abzug der römischen Truppen um 400 und z. T. parallel dazu kommt es auf dem heutigen Territorium der Schweiz zu Landnahmen durch Burgunder und Alemannen, auf der Alpensüdseite durch die Langobarden; die keltische Bevölkerung wird überlagert. Im 6./7. Jh. entfaltet sich die christliche Kultur. Seit dem 9. Jh. steigen im Rahmen des karolingischen Universalreichs Schwaben, Zähringer, Lenzburger, Kiburger, Savoyer und Habsburger zu Regionalherrschaften auf.

12. Jh. Bedeutende Stadtgründungen wie Freiburg im Üchtland und Bern.

1218 Mit dem Aussterben der Zähringer erfolgt im Gebiet der heutigen Schweiz eine territorial-politische Verschiebung; wichtige Städte wie Zürich, Bern und Solothurn werden reichsfrei.

1220 Die Öffnung des Gotthardpasses verleiht der Zentralschweiz eine beträchtliche strategische und handelspolitische Bedeutung.

1231 Uri erreicht im Freiheitsbrief von Hagenau durch König HEINRICH (VII.) (*1211, †1242) die Reichsunmittelbarkeit.

1240 Im Freiheitsbrief von Faenza durch Kaiser FRIEDRICH II. (*1194, †1250) erreicht Schwyz die Reichsunmittelbarkeit.

1291, Aug. Nördlich des Gotthards **schließen sich die drei Waldstätte Uri, Schwyz und Unterwalden** (Talgenossenschaften von Rodungsfreien) **enger zusammen** (erster datierbarer Bund). Damit beginnt ein Gegensatz zu den territorialstaatlichen Absichten der Savoyer und Habsburger (Herzöge von Österreich).

1315, 15. Nov. Die erste kurze Phase dieses Gegensatzes gipfelt in der Schlacht am Morgarten (südöstlich des Ägerisees) mit der Niederlage Herzog LEOPOLDS I. von Österreich (*um 1290, †1326). Der Bund von 1291 wird erneuert und zu einem Abwehrbund gegen Habsburg erweitert.

1332 Aus politischen und wirtschaftlichen Motiven verbündet der Bund sich mit der Stadt Luzern.

1351 Die Möglichkeit zur Erweiterung ins Mittelland führt zum Bündnis mit Zürich.

1353 Für Bern ist das Bündnis mit den Waldstätten eine Absicherung gegen unterwaldnerische Übergriffe ins Berner Oberland.

1386, 9. Juli Im Rahmen der Städtekriege im letzten Viertel des 14. Jh.s können die Eidgenossen (v. a. Luzern, Uri, Schwyz, Unterwalden) ihre Position gegen das Haus Österreich in der **Schlacht von Sempach** (am Ostufer des Sempacher Sees im Schweizer Mittelland) und am 9. April 1388 in der bei Näfels (Glarus) behaupten. Daraus gehen ein stärkerer Zusammenschluss und eine Ausweitung der Interessen- und Einflusssphäre hervor.

1401–1411 Parteinahme für Appenzell gegen Österreich.

1415 Eroberung des Aargaus, zu der die Eidgenossen von König SIGISMUND (*1368, †1437) (Luxemburger) gegen Herzog FRIEDRICH IV. von Österreich (*1382, †1439) aufgefordert werden.

1440–1450 Trotz gemeinsamer Erfolge ist der Zusammenhalt noch nicht gefestigt. Das zeigt sich u. a. im Alten Zürichkrieg (Toggenburger Erbschaftskrieg), der an den Differenzen in der Territorialpolitik verschiedener Orte entflammt und nicht innereidgenössisch geführt wird (Zürich sucht Hilfe bei Österreich). Erst nach relativ hart geführtem Kampf, gipfelnd in der Schlacht von Sankt Jakob an der Birs (26. Aug. 1444), kann er beigelegt werden.

1451–1466 Die Überwindung der Krise führt zum Erstarken der Eidgenossen, wobei sich aggressivere Tendenzen zeigen. Als zugewandte Orte gewinnen sie Positionen nördlich der Rheinlinie (Rottweil 1463, Mülhausen [Elsass] 1466/1515), durch Eroberung der österreichischen Landschaft Thurgau (1460) erreichen sie die Bodenseegrenze.

1474 Die zweite Hälfte des 15. Jh.s und der Beginn des 16. Jh.s sind gekennzeichnet durch außenpolitische Erfolge und internationales Ansehen. Nachdem der Gegensatz Eidgenossen–Habsburg durch Vermittlung Frankreichs in der »Ewigen Richtung« beigelegt ist, sieht sich die burgundische Macht einer großen Allianz gegenübergestellt:

1476 Der Angriff Herzog KARLS DES KÜHNEN (*1433, †1477) wird bei Grandson (am Südwestufer des Neuenburger Sees) und Murten (am Ostufer den Murtensees) abgewehrt.

1477, 5. Jan. KARL fällt in der Schlacht von Nancy.
Durch den Sieg gelangt der Bund zu internationaler Bedeutung. Die schon vorher als Krieger bekannten Schweizer stellen fortan noch mehr als bisher ihre überschüssige Jungmannschaft anderen Mächten als Söldner zur Verfügung.

1499 Der Schwabenkrieg (Schweizerkrieg) gegen den Schwäbischen Bund und das Haus Österreich, erwachsen aus dem Konflikt um die Ausdehnung der Reichsreform König MAXIMILIANS I. (*1459, †1519) auf die Eidgenossenschaft, führt nach Schweizer Siegen im Frieden von Basel (22. Sept.) zum **faktischen Ausscheiden aus dem Reich**.

1511–1515 Im großen Krieg um Italien zwischen den Valois und den Habsburgern greifen die Schweizer selbstständig ein.

1515, 13./14. Sept. Nach mehreren Erfolgen bringt die Niederlage der Schweizer gegen die Franzosen in der Schlacht von Marignano (südöstlich von Mailand) die Wende.
Resultat dieser vier Jahre Großmachtzeit ist die Sicherung der »Ennetbirgischen Vogteien« und der Eroberungen südlich der Alpen (Tessin, Veltin; die Eroberung der Waadt durch Bern 1536 bildet ein spätes westliches Gegenstück).

Die Eidgenossenschaft am Ende des Mittelalters

Die Eidgenossenschaft besteht zu dieser Zeit aus **dreizehn Orten**, den acht »alten« (Zürich, Bern, Luzern, Uri, Schwyz, Unterwalden, Zug, Glarus) und den fünf »neuen« (Freiburg, Solothurn, Basel, Schaffhausen, Appenzell), die 1481–1513 hinzukommen. Dieser Bund zwischen Stadt- und Landrepubliken unterhält Beziehungen zu »**Zugewandten Orten**« (z. B. St. Gallen, Mülhausen, Rottweil, Biel, Neuenburg), die durch verschiedenartige Verträge an die Orte gebunden sind. Die Orte verwalten gemeinsam die »Gemeinen Herrschaften« (nicht alle von allen). Diese Kondominien fördern die Zusammenarbeit der Orte. Seit 1400 bildet sich eine gemeinsame Oberbehörde heraus, die **Tagsatzung** (Zweierdelegation der Orte). Rechtliche Grundlage des Systems sind die einzelnen Bundesbriefe. Daneben stellen drei gemeinsame Konkordate (Pfaffenbrief 1370, Sempacherbrief 1393 und v. a. Stanser Verkommnis 1481) den Zusammenhalt her. Bedeutsam ist die Entwicklung eines speziellen Schiedsverfahrens bei Streitigkeiten, das sog. »Eidgenössische Recht«. Dieses System hat bis 1798 Bestand.

Im Spätmittelalter bilden sich in der Schweiz städtische Territorialwirtschaft und bäuerliche Genossenschaftsordnung heraus. Die Städte sind Handels- und Gewerbezentren und beherrschen durch Erwerb größeren Territoriums bald das Mittelland. Die Mittellandbauern (Dreifelderwirtschaft) werden so zu Untertanen. Die Talgenossenschaften freier Bauern verlegen sich auf Viehzucht und Käseproduktion, gleichzeitig ergeben sich Verdienste aus Transportorganisationen (Transit über die Pässe). Für beide Gruppen bildet der Solddienst eine weitere Einnahmequelle. – Die unterschiedliche Wirtschaftsstruktur führt zu Konflikten zwischen Städte- und Länderorten. Seit Mitte des 15. Jh.s geraten die Städte in eine Krise und versuchen deshalb durch Verbot des Handwerks auf dem Land die Konkurrenz einzudämmen. Den häufig daraus entstehenden Konflikten zwischen Stadt und Land begegnen die Stadtobrigkeiten erfolgreich, was deren Erstarken, bei Berücksichtigung lokaler Sonderrechte, zur Folge hat. | Forts. S. 992 |

Italien (568–1494) | Forts. v. S. 353 |

Italien (568–951)

Langobardenreich in Italien (568–774)

Die Langobarden, ein von der Unterelbe nach Pannonien eingewanderter, kleiner westgermanischer Stamm, entschließen sich vor dem wachsenden Druck der benachbarten Awaren nach Italien auszuweichen, das Ostrom eben erst den Ostgoten genommen hat. Die Landnahme der Langobarden ist die letzte Welle der Völkerwanderung.

Unter König ALBOIN dringen sie 568 durch Venetien in die Poebene ein und erobern in kurzer Zeit Oberitalien. Mailand fällt 569; Pavia (Ticinum), nach dreijähriger Belagerung 572 erobert, wird Hauptstadt. Andere langobardische Scharen stoßen tief in die Halbinsel vor und errichten (zwischen 570 und 580) die Herzogtümer Spoleto und Benevent. Kerngebiet des Langobardenreiches bleiben Venetien, die Poebene und die Toskana. – Die Herrschaft ALBOINS endet 572 durch Mord, ebenso die seines Nachfolgers KLEPH 574; bis 584 herrschen allein die (wohl 36) Herzöge. Doch führt die Bedrohung von außen (Franken im Bündnis mit Byzanz) 584 zur Wiederherstellung des Königtums. KLEPHS Sohn AUTHARI (584–590) und dessen Nachfolger AGILULF (590–615, vorher Herzog von Turin) gelingt es, das Bündnis von Franken und Byzantinern zu sprengen. Die Verständigung mit den Franken ist von Dauer. Byzanz bleibt der große Gegner, ist jedoch durch anderweitige Bedrohung gebunden.

Konsolidierung und Verfassung

Eine erste Konsolidierung der Verhältnisse geschieht unter AUTHARI und AGILULF. Die Langobarden waren nicht als Föderierte des Reiches gekommen, sondern als Eroberer. Nach den Gräueln der ersten Phase, denen v.a. die grundbesitzende Schicht zum Opfer gefallen war, beginnen mit AUTHARI Ansätze zu geregeltem Zusammenleben, doch bleibt die eingesessene Bevölkerung zunächst praktisch rechtlos. Der Gegensatz zwischen den halb barbarischen Eroberern und den unterworfenen Romanen, hier anfangs schärfer empfunden als in anderen germanischen Staaten der Völkerwanderungszeit, wird erst allmählich eingeebnet.

Die **Romanisierung** der langobardischen Herrenschicht schreitet im 7. Jh. rasch fort (zumal eine Heirat zwischen Langobarden und Romanen nicht verboten ist) und überlagert die rechtliche Trennung zwischen Siegern und Besiegten. Zu Ausgleich und Verschmelzung trägt auch der allmähliche Übertritt der Langobarden vom Arianismus zum Katholizismus bei: betrieben von AUTHARIS (dann AGILULFS) Gattin, der bairischen Prinzessin THEUDELINDE (†627/28), gefördert durch die Gründung des Klosters Bobbio (612 durch den Iroschotten COLUMBAN [†615]) und abgeschlossen noch vor Ende des 7. Jh.s.

Das langobardische Königtum, das eine eigentliche Dynastie mit festem Erbrecht nicht kennt, ist in seiner Macht stark eingeengt durch die zahlreichen – angeblich 36 – Herzöge (lateinisch *duces*, langobardischer Name unbekannt). Diese waren ursprünglich Führer von Heeres- und Siedlungsverbänden, die sich nun um die vorgefundenen Städte gruppieren (Herzogtum Turin, Brescia usw.) und, v. a. in den Grenzgebieten, ihre eigene Politik treiben. Dem 584 wiederhergestellten Königtum gelingt es nur allmählich und unvollkommen, seine Machtbasis zu verbreitern (von den Herzögen abgetretenes neues Krongut, verwaltet durch königliche Gastalden) und das Erbrecht der Herzöge durch Einsetzung zu verdrängen. Die großen Herzogtümer Spoleto und Benevent im Süden bleiben bis auf LIUTPRAND (712–744) vom Königreich weitgehend unabhängig und (durch den byzantinisch gebliebenen Korridor der Via Flaminia) auch räumlich getrennt. Abgesehen von der persönlichen Gefolgschaft (den Gasindi, aus denen die Träger der Hofämter und später die führenden Beamten hervorgehen) stützt sich das Königtum auf die Arimannen: gegen Kriegsdienst und Zins auf Fiskalland angesiedelte Freie, die unter Schultheißen (*sculdahis*, lateinisch *centenarius*) stehen und autonome Landgemeinden bilden.

Wiederaufnahme der Eroberungspolitik

593 AGILULF erscheint vor Rom und wird durch eigenmächtige Verhandlungen Papst GREGORS DES GROSSEN (590–604) zum Abzug bewogen.

610 Erfolgreiche Kämpfe gegen den byzantinischen Exarchen von Ravenna führen zu ersten direkten Verhandlungen mit dem byzantinischen Kaiser und zum Waffenstillstand. – Nach AGILULFS Tod kommt es zu arianischen Reaktionen gegen THEUDELINDES Sohn ADALWALD (616–626).

643 ROTHARI (†652, König seit 636) veranlasst die erste Aufzeichnung des langobardischen Rechts (*Edictus Rothari*). Er drängt die Macht der Herzöge zurück und erobert die ligurische Küste mit Genua. Er ist der letzte Arianer; seit ARIPERT I. (652–661, Neffe THEUDELINDES) sind die Könige Katholiken.

662–671 Mit GRIMOALD macht sich ein Herzog von Benevent mit Gewalt zum König und vereinigt zeitweilig die langobardischen Gebiete Nord- und Süditaliens in einer Hand.

663 Letzter, vergeblicher Versuch von Byzanz, das langobardische Italien zurückzugewinnen: Kaiser KONSTANS II. (641–668) landet in Süditalien, besucht Rom, weicht aber vor GRIMOALD nach Sizilien zurück, wo er bis zu seiner Ermordung 668 residiert.

um 680 Friede mit Byzanz, das die langobardische Herrschaft in Italien erstmals förmlich anerkennt.

Die byzantinische Präsenz und das Papsttum

Der Besitzstand, der sich in diesen andauernden Kämpfen zwischen Langobarden und Byzantinern herausgebildet hat, verfestigt sich und wird das politische Bild der Halbinsel auf lange Zeit bestimmen. Byzantinisch bleiben: an der adriatischen Küste Istrien, der Küstensaum Venetiens, die Romagna mit Ravenna als Sitz des byzantinischen Statthalters von Italien (des Exarchen, darum »Exarchat Ravenna«) und die Pentapolis (das »Fünfstädteland« von Rimini bis Ancona), durch einen schmalen, beidseitig von den Langobarden flankierten (sie aber auch trennenden) Korridor längs der Via Flaminia verbunden mit dem Dukat Rom. Im Süden der Dukat Neapel, die Spitzen der Halbinsel (Bruttium, heute Kalabrien, und Calabria, heute Apulien) sowie die Inseln Sizilien, Sardinien und Korsika.

Doch reicht die byzantinische Präsenz nicht aus, diese Territorien wirksam zu schützen und zu verwalten. Das zwingt zur Selbsthilfe und führt zunehmend zur **Verselbstständigung der lokalen Gewalten**, die nun ihrerseits öffentliche Aufgaben übernehmen und insbesondere, als *tribuni*, die territoriale Miliz organisieren. Die lokalen, auf Grundbesitz beruhenden Oberschichten schaffen, besetzen und vererben Ämter: Ein neuer Adel entsteht und tritt in der Wahrnehmung öffentlicher Funktionen neben die Kirche, die – als einzig bestehende Ordnung, inmitten des allgemeinen Zusammenbruchs – längst Funktionen von Organen des Staates und der städtischen Selbstverwaltung übernommen hat. Die **Bischöfe**, voran der Bischof von Rom, haben durch diplomatische Tätigkeit, Organisation der Getreideversorgung usw. ihre Autorität und ihr wirtschaftliches Gewicht (Großgrundbesitz durch Schenkungen) auch im weltlichen Bereich eingesetzt und gemehrt. Neue politische und dogmatische Differenzen (z. B. Steuerpolitik, Bilderstreit) bestärken das Papsttum in seiner Tendenz zur Verselbstständigung von Byzanz. Damit bereiten sich neue politische Konstellationen vor.

712–744 **König Liutprand** nimmt die Eroberungspolitik gegenüber Byzanz wieder auf. Vorstöße gegen Ravenna und Rom veranlassen 739 den Papst, der den (nominell vom Exarchen, faktisch aber vom Papst regierten) Dukat Rom bedroht sieht, zu einem ersten Hilfegesuch an die Franken; Karl Martell (Hausmeier 714–741) lehnt ab. Doch verzichtet Liutprand endlich, von Papst Zacharias (741–752) überredet, auf die Eroberung von Rom und Ravenna. Unterwerfung der Herzöge von Spoleto und Benevent, Höhepunkt des langobardischen Königtums.

749–756 König Aistulf nimmt die Expansionspolitik Liutprands erneut auf und erobert 751 das Exarchat (Fall von Ravenna). Damit endet die byzantinische Herrschaft in Mittelitalien.

751 Die Rangerhöhung der Karolinger (Pippin [†768], bisher Hausmeier, wird im Einverständnis mit dem Papst zum fränkischen König erhoben) schafft im gleichen Augenblick neue Voraussetzungen für ihr Eingreifen in Italien.

754 Vor der langobardischen Bedrohung wendet sich Papst Stephan II. (752–757) abermals an die Franken.

756 Pippin geht auf das Hilfegesuch des Papstes ein und macht ihm territoriale Versprechungen in Mittelitalien (**sog. Pippinische Schenkung**). Der langobardische König Aistulf wird in zwei Feldzügen zur Abtretung seiner byzantinischen Eroberungen an den Papst gezwungen.

Das sind die **Anfänge des »Kirchenstaates«**, gebildet aus den bisherigen byzantinischen Besitzungen in Mittelitalien (jedoch faktisch zunächst nur der Dukat Rom) und unter fränkischer Oberhoheit. Dieses Gebilde trägt jedoch, weder in seinen Grenzen noch im Ausmaß seiner Souveränität genau definiert (Patrimonium Petri ursprünglich nur Grundeigentum des Bischofs von Rom), in sich den Keim des Konflikts zwischen dem Papst und dem Kaiser (als *patricius Romanorum*, d.h. als Schutzherr von Rom in der Nachfolge des Exarchen), bis Innozenz III. als »zweiter Begründer des Kirchenstaates« das Papsttum auch vom westlichen Kaisertum befreien wird.

773–774 **Eroberung des Langobardenreiches** durch Karl den Grossen, der in Fortführung der Italienpolitik seines Vaters auf Ersuchen Papst Hadrians I. (772–795) interveniert. Nur das Herzogtum Benevent bleibt außerhalb (Arichis I., 758–787, Hauptstadt Salerno). Es versteht sich fortan als Rechtsnachfolger des langobardischen Königtums und sucht nun Einverständnis mit Byzanz. Der letzte langobardische König Desiderius (756–774) geht in Gefangenschaft, das langobardische Reich wird in Personalunion mit dem Frankenreich verbunden (Karl als *rex Francorum et Langobardorum*).

Damit ist für Jahrhunderte die weitere Entwicklung Italiens und die **Dreiteilung der Halbinsel** vorgezeichnet: Das langobardische, nun fränkische Oberitalien wird als das »Reichsitalien« der Kaiser eng mit dem nordalpinen Europa verbunden bleiben. Der Kirchenstaat, in Mittelitalien als breiter Gürtel von Meer zu Meer, wird der Umorientierung des Papsttums nach Westen, auf seine neue Schutzmacht, die Basis geben und später Gegenstand ihres unausweichlichen Konfliktes sein. Unteritalien bleibt außerhalb dieser Entwicklung und wird unter der Herrschaft der Byzantiner, dann der Normannen, Staufer, Franzosen und Spanier, seine eigenen Wege gehen. So ist die Gliederung Italiens weniger eine natürliche als eine historische.

Die karolingische Vorherrschaft (774–887)

Italien behält im karolingischen Großreich eine gewisse Autonomie, wird jedoch fränkisch durchsetzt: An die Stelle der langobardischen Herzöge treten fränkische Grafen. Die langobardische Führungsschicht wird durch Angehörige der fränkischen Reichsaristokratie ersetzt und aufgefüllt; viele fränkische, alemannische und bayrische Familien kommen ins Land, die später zu den mächtigsten italienischen Geschlechtern gehören (Supponiden in Parma, Widonen in Spoleto, Unruochinger im Friaul). Die Kirche wird von den fränkischen Herrschern nun auch hier zur Organisation der Herrschaft herangezogen und ausgestattet (Landschenkungen, Hoheitsrechte, Immunität); einige Bischöfe werden im 10. Jh. die volle gräfliche Amtsgewalt erreichen.

781 Pippin (*777, †810), Sohn Karls, wird Unterkönig in Italien.

800 Durch die **Kaiserkrönung Karls des Grossen** entsteht ein neues – westliches – Kaisertum, das seinen ideellen Mittelpunkt in Rom und seine reale Machtbasis nördlich der Alpen haben wird. Dadurch kommt es zum endgültigen Bruch mit Ostrom.

812 Karl sucht eine Verständigung mit Ostrom: Im Frieden von Aachen überlässt er Ostrom gegen die Anerkennung als Imperator Venedig und die dalmatinische Küste.

Die Seestädte

Von diesem Ausgleich profitiert das aufsteigende **Venedig**. Gegründet durch Flüchtlinge des Hunnen- oder eher Langobardeneinfalls, wählt es, wohl seit 726, selbst seinen *dux* (venezianisch Doge) aus den *tribuni*, dem lokalen Adel. Die Siedlung, zunächst am Rande der Lagune, wächst erst mit der Verlegung des Dogen-Sitzes nach dem Rialto 811 ins Zentrum der Lagune hinein und zum nachmaligen Venedig heran. Die fränkische Herrschaft nur kurz erwägend (805–807) und sonst stets die nominelle Oberhoheit von Byzanz anerkennend, versteht es Venedig, seine Grenzlage nutzend, sich beiden Seiten zugleich zu entziehen und unentbehrlich zu machen: Das *Pactum* mit Kaiser Lothar I. (823–855) 840 (erneuert 880 und später) sichert Venedigs Versorgungswege und zugleich seine Absatzwege in die Poebene. In Abwehr dalmatinischer Seeräuber und sarazenischer Vorstöße (seit etwa 830) greift die Stadt erstmals in die Adria aus. Unter dem Dogen Pietro Orseolo II. (991–1009) steigt **Venedig** zur **Vormacht in der Adria** auf; 992 werden günstige Verträge mit dem Ost- und Westreich abgeschlossen. – Nominell unter byzantinischer Oberhoheit, aber faktisch selbstständig unter selbst gewählten *duces*, sind auch Neapel sowie (seit dem 9. Jh. vom Dukat Neapel gelöst) Gaeta und Amalfi – reine Seestädte ohne Hinterland, die häufig in Konflikt mit dem benachbarten, langobardisch gebliebenen Herzogtum Benevent stehen, aus dem 849, nach Intervention Kaiser LOTHARS, das Fürstentum Salerno ausscheidet.

817 BERNHARD (†818), Enkel KARLS und Unterkönig von Italien seit 810, erhebt sich gegen Kaiser LUDWIG DEN FROMMEN (814–840), der ihn durch seinen Sohn und Mitregenten LOTHAR I. ersetzt; dieser wird 823 in Rom zum Kaiser gekrönt.

824 In der *Constitutio Romana* bekräftigt LOTHAR die kaiserlichen Aufsichtsrechte über Papstnachfolge und Kirchenstaat.

843 Bei der Reichsteilung im **Vertrag von Verdun** fällt Italien an LOTHAR, der seinen ältesten Sohn LUDWIG mit der Verwaltung dieses Unterkönigtums beauftragt: Er ist seit 844 König der Langobarden, seit 850 Mitkaiser, nach LOTHARS Tod 855 alleiniger Kaiser, jedoch praktisch nur in Italien.

855–875 Kaiser LUDWIG II. regiert über fast die gesamte Halbinsel, in Rom gegebenenfalls auch gegen Papst NIKOLAUS I. (858–867). Seine Hauptaufgabe wird die Abwehr der Sarazenen.

Einfälle der Araber

Die im 7. Jh. einsetzende Offensive der Araber, die nach der (allzu pointierten, aber fruchtbaren) These von HENRI PIRENNE die Einheit des Mittelmeerraums zerschneidet, Europa damit auf sich selbst verweist und so erst das Mittelalter heraufführt, gewinnt im frühen 9. Jh. eine neue Dynamik im Kampf mit Byzanz um die Hegemonie zur See. Die Sarazenen erobern seit 827 das byzantinische Sizilien (Palermo fällt 831, Syrakus 878, Taormina 902) und greifen, lokale Konflikte in wechselnden Bündnissen nutzend, aufs Festland über: Sie erobern 841 Bari und Tarent. Die Seestädte Neapel, Gaeta und Amalfi versuchen aus Ohnmacht und handelspolitischem Interesse, sich mit den Arabern zu arrangieren. 846 stoßen diese bis vor die Mauern von Rom vor; zum Schutz der damals geplünderten Peterskirche ummauert Papst LEO IV. (845–855) den vatikanischen Stadtteil (seither »Leostadt«). Der Gegenstoß Kaiser LUDWIGS II. scheitert nach anfänglichen Erfolgen (871 Eroberung von Bari mit oströmischer Flottenhilfe) am Misstrauen des Fürsten von Benevent, ADELCHIS, der LUDWIG zeitweilig gefangen hält und sich nach Byzanz orientiert.

Damit ist die gesamtitalische Politik des Karolingers LUDWIG II. gescheitert: Sizilien bleibt arabisch, Unteritalien wird wieder griechisch. Unter dem fähigen Feldherrn NIKEPHOROS PHOKAS baut **Byzanz** seit 885 seine Macht in Süditalien wieder auf. Bari wird für zwei Jahrhunderte wichtigste Basis. Durch die Rückeroberung der Südküste wächst der byzantinische Restbesitz hier wieder zusammen, fortan organisiert in den *Themen* (Militärprovinzen) Langobardia (Apulien, 891) und Calabria (das seither sog. Kalabrien, um 950), seit etwa 969 koordiniert durch den Katepan von Italien. Die ausgebildete byzantinische Militärverwaltung legt sich hier nun über die Großgrundbesitzerschicht meist langobardischer Herkunft. Kalabrien wird durch sizilische Flüchtlinge zusätzlich besiedelt; in Apulien leben griechischer und lateinischer Ritus nebeneinander. Die lateinischen Bistümer bleiben lateinisch, werden aber politisch zuverlässig besetzt. Doch misslingt ein weiteres Ausgreifen gegen Norden: Das Herzogtum Benevent, nach Zusammenbruch 899 restauriert und fortan leidlich stabil, widersteht weiterer Expansion. Die arabische Bedrohung hält an und rückt, im byzantinischen Süden eingedämmt, gegen Norden.

Sarazenische Stützpunkte bilden sich um 880 an der Gariglianomündung südlich Gaeta und in Agropoli südlich Salerno. Das bedeutet dauernde Bedrohung des Binnenlandes (883 Monte Cassino geplündert) und sämtlicher Küsten bis hinauf nach Grado (875) und an die Riviera (Stützpunkt Fraxinetum bei St.-Tropez, etwa 890–985), ja sogar der Poebene und der Alpenpässe. Papst JOHANNES VIII. (872–882) organisiert den Widerstand zur See, doch gelingt erst 915 einer Liga zwischen JOHANNES X., Byzanz, Neapel, Spoleto und Capua die Vernichtung des Stützpunkts bei Gaeta.

875 KARL II., DER KAHLE, versucht auf zwei Italienzügen (875 in Rom zum Kaiser gekrönt, 876 Reichsversammlung in Pavia) vergeblich, die karolingische Herrschaft in Italien zu restaurieren.

879–887 KARL III., DER DICKE, übernimmt die Regierung Italiens, wird 881 zum Kaiser gekrönt und 887 abgesetzt.

Ende der karolingischen Herrschaft und die Ungarneinfälle

Der **Einsturz der karolingischen Herrschaft in Italien** lässt Strukturen zu Tage treten, die aus der Feudalisierung erwachsen sind (doch werden sich feudale Elemente hier, wo städtisches Leben nie ganz erloschen war, nicht so geschlossen durchsetzen wie nördlich der Alpen). Gräfliche und markgräfliche Dynastien bauen inmitten der Anarchie eigene Herrschaftsräume auf, sei es mit königlicher Übertragung (doch geht der Amtscharakter weitgehend verloren), sei es de facto. In den Grenzgebieten verselbstständigen sich große Markgrafschaften unter mächtigen Familien (Friaul, Ivrea, Tuszien, Herzogtum Spoleto). Die Schwäche des Königtums erschwert auch die Abwehr äußerer Bedrohung, die ihrerseits die Regionalisierung der Herrschaft vorantreiben wird: Bevor die Arabergefahr nachlässt (neue Angriffe auf Reggio 918, Oria 925, Tarent 926; slawische auf Siponto 927), beginnen die Einfälle der Ungarn (erstmals 899, bis Pavia; dann 921, 924, 937, 947 bis Apulien). Sarazenen- und Ungarneinfälle, wohl auch grundherrliches Interesse, führen zu Siedlungskonzentration: Statt der bisherigen, von antiker Gutswirtschaft geprägten offenen Siedlungsweise, kommt es nun zur **Zusammensiedlung der ländlichen Bevölkerung** in neuen befestigten Plätzen bzw. zur Wiederbefestigung alter Siedlungen (sog. *incastellamento*), oft in Höhenlagen fern der Küste.

Die sog. italienischen Nationalkönige (888–951)

Die feudale Anarchie macht das Königtum zum bloßen Titel, das Kaisertum zur partikularen Gewalt und den großen Feudaladel zum wahren Herrn der Lage: Mehrere Könige und sogar Kaiser – »nationale« Prätendenten (jedoch meist Markgrafen fränkischer Herkunft) und auswärtige (burgundische und ostfränkische) – bekämpfen einander, ihre Ansprüche jeweils aus karolingischer Herkunft ableitend.

888 Berengar (I.) von Friaul (†924) aus der maasfränkischen Familie der Unruochinger wird König von Italien, jedoch in seiner Herrschaft bestritten und begrenzt zunächst durch Wido (†894), Herzog von Spoleto (König seit 889, Kaiser seit 891), und Sohn Lambert (†898; König und Mitkaiser seit 892, Kaiser seit 894), gegen die der Papst wiederum Arnulf von Kärnten ruft.

896–899 Arnulf wird 896 vom Papst zum Kaiser gekrönt. Durch den Tod seiner Gegner bleibt Berengar überlebender Sieger. 899 Niederlage gegen die eindringenden Ungarn an der Brenta.

905 Der neue Gegenprätendent Ludwig der Blinde (†928) von der Provence (887 König von Niederburgund, 900 von Italien, 901–905 Kaiser) wird besiegt.

915–923 Berengar wird 915 zum Kaiser gekrönt, doch bleibt seine Macht auf Oberitalien beschränkt und auch dort bestritten: Er unterliegt 923 gegen Rudolf II. von Hochburgund (†937; seit 922 als König in Pavia) und wird 924 ermordet. Gegen Rudolf ruft der Clan um die Markgrafen von Toskana Hugo von Vienne (†947; damals faktisch Herr von Niederburgund).

926–946 Hugo von Vienne wird 926 in Pavia zum König von Italien gekrönt; seit 931 ist sein Sohn Lothar (†950) Mitkönig. Hugo vermag sich durch harte Politik gegen innen und außen bis 946 zu halten. Er erreicht die Anerkennung durch Byzanz (weil potenzieller Verbündeter gegen die Langobarden in Unteritalien; seine Tochter heiratet Romanos II., *938, †963), nicht aber die Kaiserkrönung in Rom.

In Rom wird das **Papsttum**, ohne direkten kaiserlichen Schutz längst in der Gewalt des lokalen Adels, in zunehmender Ohnmacht und Verrohung (Prozess Stephans VI. gegen die exhumierte Leiche seines Vorgängers Formosus 897; mehrere Päpste ermordet) endlich zur Domäne einer römischen Adelsfamilie: Theophylakt († um 925; unter verschiedenen antiken Titeln faktisch Stadtherr), danach seine Frau Theodora (†nach 916) und beider Tochter, die *senatrix* Marozia (†nach 932; nacheinander vermählt mit dem Herzog Alberich I. von Spoleto, dem Markgrafen Wido von Toskana [†928/29] und 932 König Hugo) erheben zwischen 904 und 931 sieben Päpste ihrer Wahl. Dieses sog. »Weiberregiment« wird, weil die Stadt zuletzt dem Zugriff König Hugos öffnend, 932 durch Marozias Sohn Alberich II. (†954) beseitigt, der als neuer Stadtherr 932–954 die Papstwahlen weiterhin kontrolliert, in Rom aber auch die Reformbewegung zulässt.

945–951 Der an den ostfränkisch-sächsischen Königshof geflüchtete Markgraf Berengar II. von Ivrea (†966) kehrt 945 mit Billigung Ottos I. nach Italien zurück und vertreibt 946 König Hugo. Er belässt Hugos Sohn Lothar den Königstitel, lässt sich aber nach dessen Tod 950 mit seinem Sohn Adalbert (†972/75) in Pavia krönen. Diese Missachtung seines Lehnsverhältnisses zu Otto I. und der Hilferuf (951) von Lothars Witwe Adelheid (†999), geben Otto Anlass zu planvollem Eingreifen, das dann in die deutsch-italienische Kaisergeschichte des Hochmittelalters überleitet.

Kultur und Wirtschaft im Frühmittelalter

Kunst und Kultur: Das kulturelle Leben, in langobardischer Zeit ohnehin äußerst dürftig, wird wohl ganz von der romanischen Bevölkerung getragen: Die Geschichte der Langobarden schreibt erst der stark romanisierte Langobarde Paulus Diaconus (etwa 720–799). Neben den Klöstern geben offenkundig auch lokale Grammatikerschulen die Kenntnis antiker Autoren in anspruchsloser Form weiter. Unter den Schreibern und Notaren setzen sich mancherorts schon seit dem 8. Jh. langsam, dann zunehmend die Laien durch, die ihre Berufsausbildung wohl in der Familie (oder sonst außerhalb der Kathedralschulen) erworben haben. Da das (längst verwilderte) Latein in Italien verständlicher (d.h. als Literatursprache weiterhin verwendbar) bleibt, ist das Bedürfnis gering, die Volkssprache literarisch zu entwickeln. Auch in der Kunst tritt Italien im frühen Mittelalter noch vergleichsweise wenig hervor.

Die Architektur bleibt unter dem (abnehmenden) Einfluss der alten Zentren Ravenna und Rom: Massive, düstere Kirchenbauten mit regelloser Anhäufung von Spolien (wiederverwendete antike Baustücke). Als Baumeister werden früh und häufig die *magistri comacini* (aus Como) genannt. Byzantinischen (-ravennatischen) Einfluss zeigen etwa die Abteikirche Pomposa (9. Jh.) oder die herzogliche Palastkapelle S. Sofia im langobardischen Benevent (um 760); im Übrigen wird die Tradition des frühchristlichen Kirchenbaus weitergeführt. Eine starke byzantinische Überlagerung (im 8. Jh. verstärkt durch vor dem Bildersturm flüchtende Künstler) wird sichtbar v.a. in den Mosaiken der Kirchen Roms zwischen dem 7. und 9. Jh. (S. Agnese um 635, Zenon-Kapelle in S. Prassede um 820) oder den Fresken von Castelseprio bei Mailand (Datierung strittig). Weniger durchgängig ist die Überlagerung hingegen in Freskomalerei und Kunsthandwerk, wo neben byzantinischen auch karolingische Einflüsse und römische Tradition spürbar sind. Ausgeprägt langobardisch ist die Ornamentik in der Goldschmiedekunst.

Wirtschaft: Nach den durch Kriege und Epidemien verursachten Bevölkerungsverlusten des 6. und 7. Jh.s, die zur Verödung von Kulturland und zur Schrumpfung selbst der lokalen Märkte führten, beginnt seit dem späten 7. Jh. eine allmähliche Erholung. Die Stadt gewinnt langsam ihre (in Italien nie ganz verlorene) Bedeutung auch auf wirtschaftlichem Gebiet zurück. Noch herrscht drastischer Kapitalmangel, doch wächst die Rolle des

Mobilienbesitzes, wie späte langobardische Gesetzgebung und frühe venezianische Testamente erkennen lassen. Der Friede von 680 fördert den Handelsaustausch zwischen der langobardischen Poebene und der byzantinisch gebliebenen Adriaküste: Öl und Getreide aus der Lombardei gegen Salz aus den Lagunen von Comacchio und Venedig. Venedig überflügelt Comacchio und beerbt 751 Ravenna als Hafen im Verkehr zwischen Byzanz und dem Abendland. Auch der Fernhandel, zeitweilig geschrumpft auf Luxuswaren, lebt seit dem 8. Jh. auf: Das byzantinische Italien wird, neben Spanien, zur Drehscheibe im Handel mit dem Islam (Export von Sklaven, Metallen, Holz, Getreide gegen Gewürze und Seide). Dass Byzanz im frühen 9. Jh. seine Seeherrschaft an die Araber verliert und aus dem westlichen Mittelmeerraum verdrängt wird, stärkt Venedigs Position im Handel zwischen Ost und West, und zwingt auch Amalfi auf eigene Füße und zum Lavieren zwischen Byzantinern und Arabern (Kaufmannskolonien beider in Konstantinopel und Alexandrien; von dort Überführung der Markusreliquien 828 nach Venedig). Doch werden die Handelswege durch die Sarazenen- und Ungarneinfälle, der Landverkehr zusätzlich auch durch die seit karolingischer Zeit wachsende Feudalisierung mit ihrer Vernachlässigung der Fernverbindungen beeinträchtigt. Wie am Meer Venedig, Bari, Amalfi, Neapel, so ist im Innern Pavia (wo auch die zentrale Fiskalverwaltung des *regnum Italiae* rudimentär überlebt; wichtige Münzstätte) um 900 ein Zentrum internationalen Handels, wird aber bald von Mailand verdrängt. Daneben sind Piacenza und Lucca an der Via Francigena nach Rom und die Städte am Po (Flussschifffahrt) wichtige Zentren. In Oberitalien werden im 9. und 10. Jh. zahlreiche Marktrechte verliehen.

Im agrarischen Bereich bilden sich früh große kirchliche Grundherrschaften wie Bobbio, Nonantola und Farfa mit (jedenfalls in Oberitalien) Fronhofsystem, bewirtschaftet mit den dürftigen Ertragsquoten der Zeit (laut Güterverzeichnis von S. Tommaso in Reggio, 10. Jh., Verhältnis Aussaat zu Ernte nur 1:1,7–3,3). Die Klosterwirtschaft hat – die Arbeitsvorschriften der Benediktsregel in Unternehmen umsetzend – zunächst große Bedeutung im agrarischen (und vielleicht auch gewerblichen) Bereich. Doch gehen weite Teile des kirchlichen Großgrundbesitzes durch langfristige Großpacht zuletzt praktisch in Adelsbesitz über. Durch frühe Stückelung des Grundbesitzes in Italien kommt es zu einem relativ frühen Übergang zum Pachtsystem (mit Abgaben in Naturalien, seit 10. Jh. oft auch in Geld).

Italien (951–1266)

Die seit dem Tod Ludwigs II. (875) andauernden anarchischen Zustände auf der Halbinsel schaffen ein Machtvakuum, das endlich jene Macht zum Eingreifen herausfordert, die aus dem verfallenen karolingischen Großreich als die mächtigste hervorgegangen war: das Königtum der Ottonen. Sie übernehmen, auf Einladung lokaler Kräfte, die Königsherrschaft südlich der Alpen und beanspruchen, in der Nachfolge Karls des Großen, das Kaisertum. Das *regnum Italiae*, d. h. das ehemalige Langobardenreich im fränkischen Imperium, wird «Reichsitalien«, bleibt aber im Imperium der «deutschen« Kaiser, anders als im fränkischen, eine klar umschriebene Einheit.

951 Otto I., von König Lothars Witwe Adelheid gegen Berengar II. zu Hilfe gerufen, lässt sich in Pavia huldigen: »König der Franken und Langobarden« in karolingischer Tradition. Ehe mit Adelheid und Belehnung Berengars mit dem Königreich Italien.

962 Lokale Konflikte lassen auch Alberichs II. Sohn Papst Johannes XII. (955–963), die innerrömische Linie seiner Vorgänger verlassend, um Intervention bitten: Auf Verlangen Ottos und mit grundlegender Vereinbarung (*Privilegium Ottonianum*) kommt es zur **Kaiserkrönung in Rom.** Der Kaiser, *defensor* (»Verteidiger«) der Kirche, gewährt Schutz und beansprucht Herrschaft – von vielen als notwendige Ordnungsmacht, von einigen bereits als Fremdherrschaft empfunden.

963 Absetzung des aufrührerischen Papstes und Sieg über Berengar.

Auch im *regnum Italiae* stützen sich die Ottonen zunehmend auf die Bischöfe, seit Heinrich II. (1002–1024) oft Deutsche. Neue Territorialmächte steigen auf, zunächst in königlichem Dienst, wie der Markgraf von Turin und der Markgraf von Canossa. Seit dem 11. Jh. steigen die Grafen von Savoyen (Humbert I. Weisshand [†um 1048], Stammvater des italienischen Königshauses) von den Alpen in die westliche Poebene hinab.

Das durch die Kaiserkrönung wieder auflebende Zweikaiserproblem führt zur **Konfrontation mit Byzanz** und seiner gerade damals aktiven Italienpolitik.

967 Otto I. zwingt die Fürstentümer Benevent und Capua (nicht Salerno und die kampanischen Seestädte) zur Anerkennung seiner Oberhoheit, kann aber mangels Flotte das byzantinische Bari nicht nehmen.

972 Erst Johannes I. Tzimiskes (969–976) erkennt Ottos Kaisertum und seine Position in Unteritalien an: Heirat des Thronfolgers Otto II. (961/67–983) mit der byzantinischen Prinzessin Theophano (*um 955, †991).

982 Gegen die neue Offensive der Sarazenen (zu deren Abwehr bald auch Venedig und Pisa auftreten) greift Otto II. in Unteritalien ein, wird aber bei Cotrone am Kap Colonne vernichtend geschlagen. Zugleich zerfällt mit dem Tode von Pandulf Eisenkopf von Benevent und Capua (981) dessen dynastische Territorialmacht, wichtigste Stütze des westlichen Kaisers in Unteritalien.

Noch anspruchsvoller in den Zielen, noch erfolgloser im Ergebnis ist die Italienpolitik seines Sohnes Otto III. (983–1002): Sein Programm einer Erneuerung des Römischen Reiches (*Renovatio imperii Romanorum*) scheitert nicht zuletzt am Widerstand der Römer selbst, die ihn aus der zur kaiserlichen Residenz erklärten Stadt vertreiben. Die deutsche Herrschaft, die bei OTTOS frühem Tod auch in Reichsitalien zusammenbricht, wird durch HEINRICHS II. (1002–1024) Politik begrenzter Ziele wieder konsolidiert.

1002 Markgraf ARDUIN VON IVREA (*um 955, †1015) wird in Pavia zum König der Langobarden ausgerufen. Doch bleibt seine Herrschaft beschränkt, da Bischöfe und hoher Adel nicht auf seine Seite treten (dankt 1014 ab). – Es bleibt eine lombardische Opposition, die die Krone mehrmals vergeblich auswärtigen Fürsten anbietet. Aus den römischen Parteikämpfen, geführt zwischen den Familien der Creszentier und Tuskulaner um Stadt und Papsttum, erhebt sich der Tuskulaner Papst BENEDIKT VIII. (1012–1024). Er ermutigt Pisa und Genua zu Aktionen gegen die Sarazenen und Apulien zu einem Aufstand (unter MELES 1017, wie schon 1009) gegen Byzanz. Nach dessen Scheitern ruft er HEINRICH II. nach Unteritalien.

1021–1022 Dies führt zum dritten Italienzug HEINRICHS mit Angriff auf die vom Katepan BOIOANNES seit 1018 angelegte Festungskette der Capitanata um das neu gegründete Troia, jedoch ohne dauernden Erfolg. Venedigs wachsende Einflussnahme auf Dalmatien (1000 Flottenzug bis Ragusa) führt zur Vorherrschaft in der Adria (der Doge fortan *dux Venetiae et Dalmatiae*). Zugleich fördert die feindselige Politik KONRADS II. (1024/27–39), der die Ansprüche des Patriarchen POPPO VON AQUILEIA (†1048) auf Venedigs Patriarchat Grado unterstützt (erst 1044 vom Papst abgewiesen), die Abkehr Venedigs vom Festland.

1032 In Reaktion auf die Familienherrschaft der großen Dogendynastien Parteciaci, Candiani und Orseoli wird dem Dogen von Venedig die Wahl eines Mitregenten (meist der Sohn) untersagt: statt erblicher Dogenmonarchie wächst fortan der Einfluss der großen Familien.

Die Normannen in Süditalien

Während der Kämpfe gegen Byzantiner und Sarazenen treten in Unteritalien erstmals die Normannen auf: Ritter aus der französischen Normandie, die als Pilger aus Jerusalem heimkehren, helfen 1015/16 (vielleicht schon 999) dem von Sarazenen belagerten Salerno und ziehen weitere Normannen nach. Sie lassen sich im Zweiten Apulischen Aufstand gegen Byzanz (1017) und andernorts als Söldner einsetzen.

Die Grafschaft Aversa wird 1030 – zunächst als Lehen von Salerno, seit HEINRICH III. (1039–1056) unmittelbar vom Reich – erstes normannisches Territorium in Unteritalien. Ihre wachsende Verselbstständigung und Aggressivität (Ausgreifen gegen das byzantinische Apulien und das seit 1050/51 päpstliche Benevent) führen zur Reaktion der etablierten Mächte. Doch lässt sich diese junge Macht nicht mehr beseitigen.

1053 Bei Civitate besiegen die Normannen das Heer Papst LEOS IX. (1049–1054), der in Gefangenschaft gerät.

1059 Papst NIKOLAUS II. (1058–1061) akzeptiert das Lehnsangebot der Normannen: Auf der Synode von Melfi erhält RICHARD VON AVERSA Capua, ROBERT GUISCARD (*1016, †1085) Apulien, Kalabrien und (das noch sarazenische) **Sizilien als päpstliche Lehen**. Mit diesem eigenmächtigen Schritt schafft sich das Papsttum künftigen militärischen Rückhalt.

1071 Mit der normannischen Eroberung enden die byzantinische Herrschaft in Unteritalien (1071 Verlust von Bari), die arabische Herrschaft auf Sizilien (1061 Messina, 1072 Palermo, 1088 Syrakus erobert von GUISCARDS Bruder Graf ROGER I.) und das letzte langobardische Fürstentum (Salerno 1077). Amalfi wird 1131, Neapel 1139 erobert.

1101–1154 Unter ROGERS I. Sohn ROGER II. (*1095, †1154) von Sizilien wachsen die verschiedenen normannischen Herrschaftsbereiche durch Erbfall, Kauf und Eroberung zu einem **unteritalisch-sizilischen Reich** zusammen, das durch seine relative innere Geschlossenheit die normannische Dynastie um Jahrhunderte überdauern wird. Es folgt der Aufbau einer machtvollen Monarchie (Königstitel 1130 durch Gegenpapst ANAKLET II., 1130–1138), die mit zentralistischer Verwaltung und »Beamten« (*publici officiales*) das feudale Element auf Sizilien mehr, auf dem Festland weniger einzudämmen versteht, das Städtewesen niederhält und sogar die Kirche kontrolliert (der Herrscher hat seit 1098 Legatengewalt; kirchliche Sonderrechte der sog. *Monarchia Sicula*). Die arabischen Untertanen werden geschont und herangezogen in Verwaltung, Industrie (Seide) und Wissenschaft (Geograf EDRISI [AL-IDRISI]).

1140 Die »Assisen von Ariano« schaffen eine einheitliche Gesetzgebung (mit Elementen fränkisch-normannischer Herrschaft, byzantinischer Verwaltung und römischen Rechts); daneben ein relativ geordnetes Finanzwesen. Doch setzen sich die Barone (Aufstände 1132/35, 1137/39) unter WILHELM I., DEM BÖSEN, (1154–1166) und besonders WILHELM II., DEM GUTEN, (1166–1189) wieder durch. Restaurationsversuche von West- und Ostkaiser (1136/37 LOTHAR III., 1155/58 MANUEL I. gegen Unteritalien) werden erfolgreich abgewehrt; erfolglos bleibt das Ausgreifen gegen das byzantinische Griechenland (Korfu 1147–1149 wie schon 1085, Thessalonike 1185) und das arabische Nordafrika (1148–1156/60 Mahdia und Tripolis, 1174/76 Ägypten).

Wachsende soziale Spannungen in Oberitalien

In Oberitalien wachsen die sozialen Spannungen: Der hohe städtische (weltliche und geistliche, besonders bischöfliche) Adel gerät zunehmend in Konflikt einerseits mit der Masse der kleinen Lehnsleute (*valvassores*), die im Unterschied zur obersten Schicht der Lehnsträger (*capitanei*) die Erblichkeit ihrer Lehen noch nicht haben durchsetzen können und aus dieser existenzbedrohenden Abhängigkeit herausstreben; andererseits mit dem städtischen Element, das die Herrschaft der feudalen Stadtherren nicht mehr unwidersprochen hinnimmt.

Der gemeinsame Gegensatz der kleinen Lehnsträger

und des neuen städtischen Elements gegen die feudale Oberschicht entlädt sich früh, v. a. in Mailand.

1035–1037 Niederlage des Erzbischofs Aribert und des hohen Adels. Konrad II., von beiden Seiten zu Hilfe gerufen, entscheidet für die Valvassoren und erklärt 1037 in der *Constitutio de feudis* deren Lehen für erblich.
Die von Mailand ausgehende Volksbewegung der *Pataria* verbindet mit dem Kampf gegen Feudaladel und bischöfliche Stadtherren (und somit gegen das deutsche Königtum) in explosiver Mischung den Kampf der kirchlichen Reformbewegung gegen Priesterehe, Simonie und verweltlichten Episkopat und wird in beiden Zielsetzungen zum natürlichen Bundesgenossen des jungen Reformpapsttums.

1046 Heinrich III. (1039/46–1056) setzt auf der Synode von Sutri (1046) drei Päpste aus römischen Geschlechtern ab, denen mehrere deutsche Päpste folgen. Das **Papsttum**, durch kaiserliche Macht aus den römischen Adelsfehden herausgehoben, gewinnt durch die Reformbewegung neue Autorität. Es schafft sich durch die Belehnung der Normannen konkreten Rückhalt für eine selbstständige Politik ohne und notfalls gegen das Kaisertum (dessen Einfluss auf die Papstwahl zugleich durch das Papstwahldekret 1059 zurückgedrängt wird) und versteht nun auch in Oberitalien die Lage zu politischen, hierarchischen und reformerischen Zwecken zu nutzen und dort Fuß zu fassen.

1077 Über der Neubesetzung des Mailänder Bischofsstuhls (1071) kommt es zwischen **Kaiser und Papst zum Konflikt**, der zu gegenseitiger Absetzung und dann zur Demütigung des Kaisers in Canossa führt. Beide Seiten werden, auf der Suche nach Bundesgenossen, der kommunalen Bewegung entgegenkommen. Der damit anhebende Kampf um die universale Hegemonie wird konkret auf italienischem Boden als Machtkampf ausgetragen. Das Papsttum wird italienische Territorialmacht.

1084 Heinrich IV. (1056/84–1106) erobert Rom, muss aber vor den von Papst Gregor VII. (1073–1085) gerufenen Normannen weichen. Plünderung Roms durch Robert Guiscard (1085).

1093 Zu einer Minderung der kaiserlichen Macht kommt es auch in Oberitalien: Dort bildet sich ein erstes förmliches Bündnis oberitalienischer Städte gegen den Kaiser.

Die wichtigste Stütze des deutschen Herrschaftssystems, die Bischöfe, werden durch das Wormser Konkordat 1122 (in Italien Belehnung der Bischöfe erst nach ihrer Weihe) dem königlichen Einfluss weitgehend entzogen und in ihrer politischen Bedeutung als Stadtherren zunehmend durch die kommunale Bewegung ausgeschaltet. Der große Herrschaftskomplex der Markgrafen von Tuszien-Canossa zwischen Arno und Po (mit Zentrum Mantua-Modena-Reggio) kommt durch das Testament der Markgräfin Mathilde (†1115) an das Papsttum. Es wird jedoch (da es neben Allod, d. h. Eigengut, auch viel Reichsgut enthält) weiterhin auch vom Kaiser beansprucht. So haben Kaiser und Papst fortan im Norden mit den Kommunen, im Süden mit den Normannen zu rechnen.

Die normannische Eroberung Süditaliens bringt die Adria-Ausfahrt in neue Hände: Darum gibt **Venedig** seit 1081 mehrmals Flottenhilfe für Byzanz vor der östlichen Adriaküste und wird 1082 honoriert mit Handelsprivilegien (Abgabenfreiheit im ganzen Ostreich) und kroatischen Küstenstädten (der Doge seit 1094 auch *dux Croatiae*). Wendepunkt in der Geschichte Venedigs: Seine Stellung im Handel zwischen Byzanz und dem Westen wird einzigartig.

Das *Pactum* Heinrichs IV. (1095) gibt Venedig das Stapelrecht für alle Waren vom Festland (also das Monopol des Warenumschlags nun auch vom Westen her) und beendet zugleich die unfreundliche Politik der salischen Kaiser. Jedoch entsteht wachsende Konkurrenz durch die (stärker als Venedig in den Kreuzzügen engagierten) neuen Rivalinnen Pisa und Genua. Seit 1115 führt Venedig Krieg mit Ungarn um die dalmatinischen Küstenstädte. Die gemeinsame Furcht vor der Expansion Rogers II. lässt das Einverständnis Venedigs mit Byzanz andauern. Seit Manuel I. (1143–1180) jedoch wachsende Entfremdung: byzantinisches Ausgreifen in die Adria (Ancona 1151 und 1157 besetzt), Begünstigung der genuesischen Konkurrenz, Vertreibung der venezianischen Kolonie aus Konstantinopel 1171. Der Doge Enrico Dandolo (1192–1205) lenkt den 4. Kreuzzug gegen Konstantinopel um; 1204 **Eroberung und Aufteilung des Byzantinischen Reiches**: Gründung des lateinischen Kaiserreichs unter venezianischem Einfluss und Aufbau eines venezianischen Handelsimperiums im Osten.

Die Kommunen (Stadtrepubliken)

In der städtischen Einwohnerschaft, deren Mitspracherechte hier nie ganz erloschen waren, wächst im frühen 11. Jh. der Widerspruch gegen den feudalen Stadtherrn: in der Regel der Bischof, der – dem karolingischen, dann ottonischen System entsprechend – vom König übertragene oder de facto ausgeübte Hoheitsrechte innehat und in der Stadt mit Exponenten der grundbesitzenden Führungsschicht, der er meist selbst entstammt (häufig alte Richterfamilien), Herrschaft ausübt. Die kommunale Bewegung, häufig organisiert in **Schwurgenossenschaften** zu solidarischer Rechts- und Friedenswahrung und getragen von den (freien) Stadtbewohnern aller Schichten einschließlich des Adels (der in Italien immer schon auch in der Stadt sitzt), gewinnt durch den Investiturstreit Spielraum und schafft sich allmählich eigene Institutionen. Anstatt der ad hoc amtenden, nicht gewählten *boni homines* u. a. Notabeln meist aus dem Gefolge des Bischofs treten nun – meist aus denselben Kreisen – gewählte, ständige Organe der Stadtgemeinde zunächst neben den bischöflichen Stadtherrn und dann an seine Stelle: Konsuln (in Pisa erstmals 1085 genannt, in Asti 1095, Mailand 1097, Genua 1099, Lucca 1119, Bologna 1123, Siena 1125, Florenz 1138). Den Konsuln zur Seite steht (neben der zunehmend entmachteten Vollversammlung) in der Regel ein Großer und ein Innerer

Rat mit Majoritätsentscheidung und kunstvollem Wahlmechanismus.

Eigene Wege geht wieder einmal Venedig (oligarchische Adelsrepublik). Die verfasste Stadtgemeinde (*Comune*) zieht immer mehr öffentliche Rechte an sich und sucht Kontrolle auch über das Umland (sog. *Contado*, oft identisch mit der Diözese), aus dem sie Steuern, Getreide und Truppen zieht und wo sie, umliegende Feudalrechte mit Gewalt oder Geld erwerbend und den landsässigen Adel in die Stadt zwingend, am handgreiflichsten mit den alten Mächten in Konkurrenz tritt.

In einer Phase wirtschaftlicher Expansion und starker Bevölkerungsvermehrung entstehend, übt die Kommune große Sogkraft aus: Unter den vielen Zuwanderern aus dem Umland ist ein relativ hoher Anteil der ländlichen Oberschicht; starke Mobilität (DANTES *confusion delle persone*) und soziale Umschichtung. Wachsende Ausbildung der Institutionen: Es gibt nichts, was die Kommune zuletzt nicht geregelt und besteuert hätte. Seit mit der Autonomie auch die innere Parteiung wächst, tritt an die Stelle der Konsuln als Exekutivorgan und oberster Richter seit etwa 1175 ein von auswärts berufener (damit neutraler) Podestà mit kurzer Amtszeit (ursprünglich vom Kaiser eingesetzter Beamter). Die Kommune, Herrschaft ohne charismatischen Charakter durch freie Übereinkunft der (adeligen wie nichtadeligen) Bürger, vermag sich außerhalb von Ober- und nördlichem Mittelitalien nicht gegen die dort vorherrschenden feudalen Kräfte durchzusetzen. Einmal konsolidiert, greift sie hier jedoch ihrerseits in aggressiver Territorialpolitik gegen die Nachbarkommune aus – dauernde Gegnerschaft nach dem Schachbrettschema: der Nachbar der Feind, der Nachbar des Nachbarn der Freund (z. B. Pisa gegen Lucca gegen Pistoia gegen Florenz gegen Arezzo usw.); hier liegt die Chance des Kaisers, seine (nominell nicht bestrittene) Oberhoheit praktisch zur Geltung zu bringen. Doch muss FRIEDRICH I. im Frieden von Konstanz 1183 förmlich anerkennen, was die Kommunen de facto längst errungen haben.

1152–1190 **FRIEDRICH I. BARBAROSSA** sucht nach der Katastrophe des Investiturstreits in Italien neue zeitgemäße Ansätze, die kaiserliche Autorität zu restaurieren – die Kommunen anfangs verkennend und missachtend, die ihrerseits die kaiserliche Macht als (womöglich gegen den feindlichen Nachbarn abzuleitende) archaisch-fremde Gewalt empfinden (»bei Frost, Überschwemmung und Kriegszug des Kaisers« ist in Lucca Verminderung der Pachtabgabe vorgesehen).

1158 Auf dem **Reichstag von Roncaglia** fordert das Renovatio-Programm, römisch-rechtlich unterbaut durch die Rechtsschule von Bologna, die von den Kommunen usurpierten Regalien zurück und stellt somit den Versuch dar, die Rechte des Reiches in diesem wirtschaftlich fortgeschrittensten Reichsteil auch fiskalisch nutzbar zu machen (was dem Kaiser endlich ein Mehrfaches seiner deutschen Einkünfte einbringt). Trotz energischer, die Feindschaft zwischen den Kommunen (besonders gegen Mailand, zerstört 1162) nutzender Versuche gelingt es FRIEDRICH auf sechs Italienzügen von insgesamt rund 13 Jahren Dauer jedoch nicht, den in **Städtebünden** organisierten und vom Papsttum dauernd ermunterten Widerstand der Kommunen zu brechen.

1164 Veroneser Städtebund mit Verona, Vicenza, Padua und Treviso.

1167 Lombardischer Städtebund mit denselben Städten sowie Mailand, Cremona, Bologna und Venedig.

1177 In Venedig Friede mit dem Papst, Waffenstillstand mit Kommunen und Normannen.

1183 Im Frieden von Konstanz anerkennt FRIEDRICH (wie vorher schon in Sonderprivilegien für ihm verbündete Städte, z. B. Cremona, Pavia, Pisa, Genua) endlich allgemein die Errungenschaften der italienischen Kommune, bewahrt aber Oberhoheit und fiskalische Rechte.

1189 Nach Papst und Kommunen folgt auch mit den Normannen die Verständigung: Die Heirat des staufischen Thronfolgers HEINRICH VI. (1169/91–1197) mit ROGERS II. Tochter KONSTANZE (*1154, †1198) 1186 gibt das Normannenreich an die Staufer. Die **Vereinigung beider Reiche** in einer Hand wird die äußerste Konfrontation zwischen Kaisertum und Papsttum auf italienischem Boden unausweichlich machen.

1194–1197 Das unteritalische Reich, erst 1194 mit Flottenhilfe Pisas und Genuas von HEINRICH VI. in Besitz genommen und, wie auch Reichsitalien, bald mit deutschen Ministerialen durchsetzt, bricht mit HEINRICHS frühem Tod 1197 zusammen.

1198 Nach dem Tod der Königin übt INNOZENZ III. die Regentschaft aus (weil das Königreich päpstliches Lehen ist).
Zugleich baut der Papst, die augenblickliche Schwäche des Kaisertums nutzend, die päpstliche Position in Mittelitalien zielstrebig aus: Die territoriale Basis wird verbreitert (»Rekuperationen« in Tuszien, Herzogtum Spoleto, Mark Ancona, versuchsweise Romagna) und verdichtet; aus dem »Patrimonium« wird der Kirchenstaat (INNOZENZ III. [1198–1216] als »zweiter Begründer des Kirchenstaats«). Doch misslingt dem Papsttum die Trennung von Imperium und Südreich.

1198–1250 **FRIEDRICH II.**, Enkel BARBAROSSAS und ROGERS II., wird 1198 König von Sizilien (als FRIEDRICH I.) und seit 1212 Römischer König.

Neuordnung Unteritaliens durch Friedrich II.

Die Reorganisation des unteritalischen Reiches (kodifiziert in den Konstitutionen von Melfi 1231) schafft einen zentralistisch und bürokratisch organisierten Staat ohne feudale und kommunale Autonomien – insofern verschiedentlich (aber allzu verkürzt) als »erster moderner Staat« unter »aufgeklärtem Absolutismus« bezeichnet. Die normannischen Ansätze weiterführend, sorgt die Monarchie, gestützt auf besoldete Beamte und geschulte Juristen und zu rücksichtslosem Durchgreifen neigend, für rigorose Rechtsprechung, straffe Staatsfinanz und Einordnung auch der Kirche in den Staat: Eigene staatliche Wirtschaftspolitik (Monopole, zentrale Rechnungsprüfung, erste Goldprägung) und eigene Staatsuniversität Neapel. Aufständische Araber werden nach Unteritalien umgesiedelt (Militärkolonie Lucera seit 1223) und dort durch Duldung gewonnen. Das Land wird militärisch gesichert (Stauferkastelle).

1226 Mit Papst GREGOR IX. (1227–1241) tritt der Kampf zwischen Kaiser- und Papsttum in seine letzte Phase. Der Papst mobilisiert den Widerstand der oberitalienischen Städte (Lombardischer Bund von 1226) und das erwachende Nationalgefühl (*Libertas Italiae*) gegen die deutsche Herrschaft in Reichsitalien, wo FRIEDRICH indessen v. a. Italiener als Generalvikare und Podestà einsetzt (Generalvikariat Piemont an die Grafen von Savoyen: AMEDEO IV. 1233–1253, BONIFATIUS 1253–1263). Sieg FRIEDRICHS bei Cortenuova (1237), Niederlage FRIEDRICHS vor Parma (1248).

Guelfen und Ghibellinen

Der Kampf wird von beiden Seiten mit maßlosen Forderungen, apokalyptischer Propaganda und unerhörten Gräueln geführt, erfasst die ganze Halbinsel und wird in Oberitalien, alte Parteiungen zuspitzend und in neue Parteinamen fassend (**»Guelfen«** = »Welfen« als päpstliche, **»Ghibellinen«** = »Waiblinger«/Staufer als kaiserliche Partei, erstmals um 1215), die im Innern angelegten Entwicklungskräfte vorantreiben und die Kommune allmählich in die Signorie führen. Unter den Führern der kaiserlichen Partei machen sich EZZELINO DA ROMANO seit 1232 in Verona, Vicenza und Padua, OBERTO PALLAVICINI seit 1250 in Cremona, Piacenza, Pavia und Vercelli zu Stadtherrn. In der Toskana ist **Florenz** Zentrum des guelfischen Widerstands; doch werden die Guelfen seit 1246 von FRIEDRICH II. vertrieben. Gegen den ghibellinischen Adel (die *Grandi*) organisiert sich das Volk unter Capitano del popolo und Anziani (sog. Verfassung des *primo popolo*, 1250) und ruft die Guelfen 1251 zurück. Die verbannten Ghibellinen unter FARINATA DEGLI UBERTI, verbündet mit Siena und unterstützt von MANFRED VON SIZILIEN (*1232, †1266; König 1258), schlagen Guelfen und *popolo* 1260 vernichtend bei Montaperti. Doch werden die zurückgekehrten Ghibellinen nach dem Sieg KARLS I. VON ANJOU (1266–1285) 1267 abermals vertrieben. Fortan ist Florenz guelfisch, verliert Siena an Bedeutung.

1250 Dem noch unentschiedenen Konflikt gibt der Tod FRIEDRICHS II. die Wende.

1266/68 Nachfolger im Königreich Sizilien wird sein natürlicher Sohn MANFRED (zunächst als Regent, seit 1258 als König); gegen ihn ruft der Papst, bisher nur mit italienischen Kommunen im Bunde, den Bruder des französischen Königs LUDWIG IX., DES HEILIGEN, KARL VON ANJOU. KARL gewinnt das sizilische Reich durch Sieg über MANFRED (Benevent 1266, gefallen) und KONRADS IV. Sohn KONRADIN (Tagliacozzo 1268, hingerichtet). KARL greift nach Oberitalien aus und hat auch Absichten auf Konstantinopel. Statt Palermo wird Neapel Hauptstadt. So geht Unteritalien in eine neue Fremdherrschaft über.

Kultur und Wirtschaft im Hochmittelalter

Auf fast allen Gebieten zeigen sich im Hochmittelalter – jedoch erst vom 12./13. Jh. an zunehmend – Ansätze zu jenen eigenen, epochemachenden Leistungen, durch die Italien fortan hervortritt: Zuerst auf dem Gebiete des Rechts – auch als Antwort auf neue Bedürfnisse, wie sie die unerhörte (politische, geistige, demografische, gesellschaftliche, wirtschaftliche) Dynamik des Hochmittelalters seit dem 11. Jh. auslöste. Während bisher allenfalls lokale Schulen die für Richter und Notare unentbehrlichen Grundkenntnisse vermittelt hatten, beginnt im späten 11. Jh. die systematische Sammlung, Sichtung und Auslegung des wiederentdeckten **römischen Rechts** in der spätantiken Kodifikation Kaiser JUSTINIANS. Das römische Recht ist auch als Waffe in den politischen und ideologischen Auseinandersetzungen der Zeit wichtig: für den Kaiser gegen die Kommunen (da es nachrepublikanisch ist), für die Kommunen gegen das Feudalwesen (von dem das römische Recht nichts weiß). Gelehrt zunächst an der Rechtsschule von Bologna (IRNERIUS, †um 1125), dann auch in anderen konkurrierenden Rechtsschulen und Universitäten italienischer Städte, wird das römische Recht eine unerhörte **Wirkung auf ganz Europa** ausüben. Zugleich entwickelt sich das kanonische Recht (erste Bestandsaufnahme erfolgt durch GRATIAN in Bologna um 1140). In rascher Folge kommt es zu spontanen **Universitätsgründungen** (als Ableger von Bologna entsteht 1222 Padua, daraus wiederum 1228 Vercelli, usw.); nach Konsolidierung der frühen Universitätsverfassung folgt dann die Phase absichtsvoll gegründeter Universitäten.

Kunst: In der Architektur bleibt der frühchristliche basilikale Grundriss bis gegen 1100 die Regel. Romanisch sind erst (teilweise unter Einfluss der französischen und deutschen Romanik) die großen oberitalienischen Kirchen des 12. Jh.s (andeutungsweise bereits S. Abbondio in Como, geweiht 1095; S. Ambrogio in Mailand, Umbau um 1100, mit Kreuzrippengewölbe; dann die Dome von Modena, Piacenza, Parma, Ferrara begonnen 1099–1140). In der Toskana ist der 1063 begonnene Dom von Pisa, der byzantinische und orientalische Einflüsse eigenwillig verarbeitet, mit Baptisterium (begonnen 1153) und Campanile (»Schiefer Turm«, begonnen 1173) zu einer großartigen Szene vereinigt. In Florenz ist früh und eigenständig (stärker antiken Anregungen folgend) S. Miniato al Monte und das Baptisterium, beide 11./12. Jh. mit polychromer Marmorverkleidung. In Rom bleiben die zahlreichen Kirchenumbauten des 12. und 13. Jh. von romanischen Einflüssen unberührt, vielmehr im Grundriss der frühchristlichen Basilika, in der Ausstattung (neben eigenen Beiträgen: Marmorarbeiten der sog. Cosmaten) dem Byzantinischen verhaftet. Unter byzantinischem Einfluss bleibt mehr noch Venedig (S. Marco als Kreuzkuppelkirche, 1063–1094). In Unteritalien entwickelt sich eine rege Bautätigkeit seit der normannischen Eroberung (1070–1100 Baubeginn der Kirchen in Tarent, Acerenza, Bari, Canosa di Puglia, Troia, Trani): Hier vermengen sich lombardisch-romanische, normannische, byzantinische und auch sarazenische Einflüsse, v. a. auf Sizilien (La Martorana und die Cappella Palatina in Palermo begonnen 1143 bzw. 1140; die Dome von Cefalù und Monreale begonnen 1131 bzw. 1172). Byzantinisch ist auch die Ausstattung des – weithin als Vorbild wirkenden – Neubaus von Monte Cassino (1066–1071 unter Abt DESIDERIUS, dem späteren Papst VICTOR III.) und der Mosaikschmuck der normannischen Kirchen Siziliens: Der byzantinische Einfluss ist im 12. Jh. eher im Wachsen. Neben der Kirchenbaukunst ist bemerkenswert auch die Entwicklung der Profanarchitektur: Kommunale Bauten (Palazzi pubblici, Brunnen), kommunale Urbanistik (Gestaltung von Plätzen, Anlage von Siedlungen), Militärarchitektur (staufische Kastelle in Unteritalien). Neue Plastizität und Monumentalität zeigen die **Skulpturen** der ersten namentlich fassbaren Bildhauer: Meister WILHELM in Modena (seit 1099), Meister NIKOLAUS in Ferrara (1135) und, alle überragend, BENEDETTO ANTELAMI in Parma (seit 1178). In Mittel- und Süditalien werden neue Ansätze erst in der an antiken Vorbildern orientierten Bildhauerkunst im Umkreis FRIEDRICHS II. (Brückentor von Capua, um 1235) greifbar. Dieser Stil von erstaunlicher Nähe zur Antike wird von NICOLA PISANO (†nach 1278) weiterentwickelt in die Toskana getragen (Kanzel im Baptisterium von Pisa, 1260). In Florenz und Rom wirkt ARNOLFO DI CAMBIO (†1302). In der **Malerei** (und Mosaikkunst) bleibt der byzantinische Einfluss vorherrschend; die befreiende Überwindung der *maniera greca* gelingt erst am Ende des 13. Jh.s.

Die **Literatur**, deren Entwicklung in der Volkssprache durch die relative Verständlichkeit (und damit: literarische Verwendbarkeit) des Latein in Italien lange gehemmt wird, steht zunächst ganz unter fremden Vorbildern: Provençalische Troubadourlyrik und französische Ritterepen werden nachgeahmt und gerade auch von der bürgerlichen Schicht der Kommune gelesen, deren soziale Wertvorstellungen sie prägen (Namengebung und andere feudale Vorlieben des *bourgeois gentilhomme*). Erst im 13. Jh. entstehen Ansätze zu volkssprachlicher Dichtung (sizilische Dichterschule um FRIEDRICH II., religiöse Volksdichtung nach FRANZ VON ASSISI), die in der Liebeslyrik des *dolce stil nuovo* (GUIDO CAVALCANTI, DANTE u. a.) um 1300 ihre erste Blüte erlebt. Zugleich entwickelt sich die Prosa in volkssprachlichen *artes dictandi* (Briefmuster) und Übertragungen aus dem Lateinischen. Zunehmende Wirkung auf Lieddichtung und Malerei übt auch die franziskanische Bewegung aus, die (nicht zuletzt durch die Einrichtung des »Dritten Ordens«) den städtischen Alltag durchdringt, den Laien anzusprechen versteht und so der bürgerlich-städtischen Kultur viele Ausdrucksformen leiht.

Insgesamt tritt die bürgerlich-städtische Gesellschaft wie im politischen und wirtschaftlichen, so auch im kulturellen Bereich nun überall in den Vordergrund, verdrängt Adel und Klerus aus ihrer lange vorherrschenden Position und prägt die weitere Entwicklung. In der **höfischen Kultur** ist die sizilische Monarchie (ROGER II., FRIEDRICH II.) führend. Der Herrscher, von arabischen und jüdischen Gelehrten umgeben, zeigt persönliches Interesse an literarischen, naturwissenschaftlichen, medizinischen und philosophischen Themen: Unerhört ist für viele Zeitgenossen die Rationalität der Fragestellung und die empirisch-experimentelle Methode.

Wirtschaft: Im späten 10. Jh. beginnt in Italien – wie im 11. Jh. allgemein in Europa – eine **Phase wirtschaftlicher Expansion**, verursacht durch das Zusammentreffen mehrerer Faktoren in enger, kaum unterscheidbarer Wechselwirkung: Ein Faktor dabei ist die starke, durch das Nachlassen der Araber- und Ungarneinfälle noch begünstigte **Bevölkerungsvermehrung** (zwischen 1000 und 1300 vermutlich Verdoppelung von etwa fünf auf zehn Mio.; Indiz ist die Ausweitung der römischen Stadtmauerringe im 12. und 13. Jh. um ein Mehrfaches, z. B. Pisa von 30 auf 114 ha, Florenz 30–80–630 ha). Diese Bevölkerungsvermehrung zwingt zu Landgewinnung (z. B. Entsumpfungen in der Po-Ebene) und zu Steigerung des Bodenertrages (und umgekehrt: Ertragssteigerung ermöglicht Bevölkerungsvermehrung); zugleich setzt die Auflösung des Fronhofsystems Menschen und neue Produktivität frei. Es bildet sich ein Markt für agrarische und gewerbliche Produkte; wachsende Bedeutung hat der Fernhandel auch für Massenwaren.

Die wachsende Konkurrenz erzwingt, die wachsende Stadtbevölkerung ermöglicht stärkere Differenzierung, Spezialisierung und Arbeitsteilung im **Gewerbe**. Das kaufmännische Kapital besorgt die Rohstoffzufuhr und den Fernabsatz und schafft damit den Sog, der diese Entwicklung weiter vorantreibt (z. B. toskanische Tuchproduktion). Neben die alten Seestädte Venedig und Amalfi, die sich, zwischen Byzanz und Islam lavierend, notfalls mit den Arabern arrangiert hatten, treten neu Pisa und Genua, die eine aggressive Handelspolitik verfolgen und schon vor den Kreuzzügen zum Gegenangriff gegen die Araber übergehen: Angriffe gegen Reggio 1005, Sardinien 1015, Nordafrika 1034 und 1087, Palermo 1064, dann aktive Teilnahme am 1. Kreuzzug. Im östlichen Mittelmeerbecken behauptet Venedig seine (seit den byzantinischen Handelsprivilegien von 1082 einzigartige) Position. Amalfis Handel verfällt. Rasch ausgebaut wird ein dichtes Handelsnetz mit **Kaufmannskolonien** von Marokko bis Syrien und Ägypten, wo die Italiener Anschluss an den arabisch-indischen Gewürzhandel finden, dessen Produkte sie in ganz Europa absetzen (seit etwa 1175 auch auf den Champagne-Messen).

In den Städten **erste Anhäufung von Kapital** aus (reinvestierten) Handelsgewinnen. So vermag Pisa im 12. Jh. mehrere kostspielige Bauvorhaben gleichzeitig zu finanzieren: Weiterbau der Kathedrale, Neubau von Baptisterium, Schiefem Turm, Stadtmauer, Werft, Straßen, Kanälen und Grenzburgen. Die Expansion des Handels (an dem sich in Italien immer auch der Adel beteiligt) mehrt das politische Gewicht der Kaufleute in den Städten, doch beteiligen sich am Fernhandel nachweislich (Genua 12. Jh.) auch kleinste Vermögen. Die Bevölkerungsvermehrung lässt die Bodenpreise langfristig steigen: Das nach Anlage suchende städtische Kapital dringt aufs Land ein und treibt dort die Auflösung traditioneller Wirtschaftsformen voran. Die **Bodennutzung** v. a. auf stadtnahen Böden zeigt ein neues ökonomisches Denken: statt Besetzung von Hufen nun Verpachtung von Parzellen; Pachtverträge statt auf Dauer nun auf Zeit;

neben festen (oft nur symbolischen) Geldabgaben nun inflationssichere, vermarktbare Naturalabgaben; statt fester Pachtsätze nun auch Anteil am – wachsenden – Ernteertrag (*mezzadria*, d.h. Halbpacht, 12. bis 20. Jh.). Im Hochmittelalter tritt Italien wirtschaftlich an die Spitze Europas.

Italien (1266–1494)

Die Anfänge der Signorie

Den zunehmenden inneren Gegensätzen in den Städten ist die Kommunalverfassung auf die Dauer nicht gewachsen. Den Mächtigen der Kommune (adelige und nichtadelige *potentes*, »Magnaten«) tritt der zunehmend organisierte *Popolo* gegenüber, anfangs regional von Nachbarschaftsbezirken, dann korporativ von den angeseheneren Zünften getragen und zuletzt geführt vom *Capitano del popolo* (erstmals Parma 1244, Florenz 1250) und den *Anziani*; doch bleibt die eigentliche Unterschicht auch vom *popolo* ausgeschlossen. Diese wachsende **Konfrontation zwischen Comune** (Gesamtgemeinde) **und Popolo**, die sozialen Konflikte (deren Fronten aber nicht in Klassenschemata zu bringen sind: Es gibt handeltreibende Adelsfamilien wie grundbesitzende Popolanenfamilien) und politische Parteiung (unter den bald bedeutungslosen Parteinamen von Guelfen und Ghibellinen) entladen sich in dauernden Kämpfen. Darum der Ruf nach dem starken Mann, dem *Signore*: zunächst zu dem begrenzten Ziel, die Kommunalverfassung zu stabilisieren, dann als unverhülltes Parteiregiment. Der Aufstieg zum Stadtherrn führt meist über ein hohes städtisches Amt (*Podestarie* oder noch öfter Volkskapitanat) mit verlängerter, bald lebenslanger Amtsdauer und Ausnahmevollmachten, dann auch direkt unter neuem, sprechendem Titel (*dominus perpetuus* = immerwährender Herr). Der *Signore*, selbst meist feudaler Herkunft und Haupt einer Partei beliebiger aktueller Zielsetzung (hier für den *popolo* gegen die Magnaten, dort umgekehrt, meist jedoch gestützt auf den *popolo minuto*, der an der *Signorie* mehr gewinnt als andere), setzt sich gegen seinen nächsten Rivalen durch und erzwingt den inneren Frieden um den Preis der Freiheit. Dabei bleibt der äußere Anschein kommunaler Verfassung (mit plebiszitären Zügen) oft gewahrt, sofern man in der **Signorie** nur die krankhafte Verformung der Kommune und nicht etwas Neues sehen will. Während (und wegen) des Endkampfes FRIEDRICHS II., vor 1250 in Oberitalien beginnend, ist die *Signorie* dort gegen 1300 bereits die Regel, erfasst dann auch den nördlichen Kirchenstaat, jedoch kaum die Toskana, was Florenz (seinerseits oligarchisches Zunftregiment) in seiner politischen Propaganda stets hervorheben wird (»Freiheit« gegen »Tyrannei«). Unteritalien ist zu stark durch Monarchie und Baronaladel, zu wenig durch die Kommune geprägt, als dass sich die *Signorie* hier hätte ausbilden können. Insofern ist die *Signorie* eine charakteristisch (ober-)italienische Erscheinung, die in den Städten nördlich der Alpen verhindert werden wird.

Die *Signorie* ist illegitim (wie ursprünglich freilich auch die Kommune) und darum auf Erfolge angewiesen: Viele *Signori* (darunter gewalttätige, von der popularisierenden Renaissanceliteratur später unnötig verherrlichte Gestalten) versuchen, Nachbarstädte hinzuzuerobern und sich ein flächiges, womöglich schon zentral verwaltetes Territorium zu schaffen (am erfolgreichsten die Visconti von Mailand). In Oberitalien ist das Reich, in Mittelitalien der Papst nicht stark genug, diese Entwicklung einzudämmen. Wenn zur Beseitigung der *Signori* (versucht von ALBORNOZ [*1300, †1367; Legat im Kirchenstaat seit 1353] und Papst MARTIN V. [1417–1431], erfolgreich erst CESARE BORGIA) die Macht fehlt, werden sie durch Vergabe eines Titels (Reichsvikar bzw. apostolischer Vikar) wenigstens nominell in den Untertanenverband zurückgegliedert. Wo der *Signore* endlich, von Papst oder Kaiser, durch Anerkennung als Markgraf oder Herzog die Legitimierung erreicht, wird die **Signorie zum Prinzipat**, zum erblichen Fürstentum über Untertanen (die Este in Ferrara 1264 Signori, 1329 päpstliche Vikare, 1471 Herzöge, bis 1598; in Modena 1289 Signori, 1452 Herzöge, bis 1796; die Gonzaga in Mantua: 1327 Signori, 1433 Markgrafen, 1530 Herzöge, in Mantua bis 1627). Einige dieser Höfe werden zu Zentren der Renaissancekultur (Ferrara, Mantua, Urbino u.a.). Die italienischen *Signorien*, im 14. Jh. noch ein schwer durchschaubares Getümmel, werden im 15. Jh. durch die Konsolidierung weniger großer Territorialstaaten (Kirchenstaat, Venedig, Mailand, Florenz, Neapel) weitgehend beseitigt oder zugedeckt.

Die Herrschaft der Anjou, vom Papsttum gegen die letzten Staufer nach Unteritalien gerufen, droht auch nach Oberitalien auszugreifen.

1266–1285 KARL I., bald auch päpstlicher Reichsvikar in Tuszien, übernimmt die ihm angetragene *Signorie* in Rom und in vielen guelfischen Kommunen Oberitaliens. Das Papsttum schwankt angesichts dieser neuen Konstellation zwischen nationaler Reaktion (der Römer NIKOLAUS III., 1277– 1280) und Neigung (der Franzose MARTIN IV., 1281–1285). Doch wird die Anjou-Herrschaft von anderer Seite halbiert.

1282 Fiskalpolitik und Übergriffe der neuen Fremdherrschaft lösen die blutige Volkserhebung der **Sizilianischen Vesper** aus. Die Aufständischen vertreiben die Franzosen und bieten die Herrschaft über Sizilien MANFREDS Schwiegersohn PETER III. (*1239, †1285) an, König von Aragón seit 1276 und von Sizilien seit 1282.

1302 Der seither andauernde Krieg um Sizilien, zuletzt zwischen PETERS Sohn FRIEDRICH II. (*1272, †1337), König von Sizilien seit 1296, und dem Thronprätendenten des Papstes (Lehnsherr Siziliens) KARL VON VALOIS, Bruder PHILIPPS IV. (1285–1314) von Frankreich, wird im Frieden von Caltabelotta (1302) vorläufig zugunsten Aragóns unterbrochen: Sizilien wird aragonesisch, Unteritalien bleibt französisch (KARL II. VON ANJOU [*1254, †1309], König von Neapel seit 1285).

In **Mittelitalien** gerät das Papsttum, nun größte Territorialmacht Italiens, unter BONIFATIUS VIII. (1294–1303) als entschiedenstem Vertreter des päpstlichen Weltherrschaftsanspruchs mit der rücksichtslosen, die Macht des Königtums auch auf Kosten des Klerus verdichtenden Politik PHILIPPS IV. von Frankreich aneinander, dem der Kampf des Papstes mit den Colonna Gelegenheit zur Intervention gibt.

1303 BONIFATIUS VIII. wird in Anagni überfallen und festgesetzt und stirbt kurz darauf.

Oberitalien ist, als Reichsitalien, vom Zusammenbruch der Reichsgewalt in anderer Weise betroffen: Der nachlassende äußere Druck lässt die politischen Kräfte im Innern umso ungehemmter fortwuchern, die Spannungen in und zwischen den Kommunen noch offener zu Tage treten. Mörderische Kämpfe brechen aus unter den alten Parteinamen von Guelfen und Ghibellinen: Dabei meint »guelfisch« in der großen Politik das Bündnissystem Papst-Florenz-Anjou zur Aufrechterhaltung des Status quo nach dem Ende der Staufer, im Innern (nach guelfischem Selbstverständnis) die freie bürgerliche Kommune im Kampf gegen die alten feudalen Kräfte. Doch ist der Parteiname oft nur ideologische Etikettierung herkömmlicher Feindschaften lokalen oder regionalen Charakters. Anarchie und Parteihass, manchen schmerzlich bewusst (»Italien, Sklavin, Haus des Schmerzes...«, DANTE, Purgatorio VI), lassen viele endlich doch auf ein Eingreifen des Reiches hoffen; allein statt des von DANTE erwarteten Universalkaisers kommt ein spätmittelalterlicher Territorialkönig.

1310–1313 HEINRICH VII. (seit 1310 in Italien, 1311 Krönung in Mailand, 1312 in Rom) wird, mangels eigenen Gewichtes, trotz besserer Vorsätze bald in die oberitalienischen Parteiungen hineingezogen. Er stirbt 1313 (begraben im Dom von Pisa) vor der entscheidenden, aussichtslosen Konfrontation mit Florenz und ROBERT VON ANJOU (*1278, †1343), König von Neapel seit 1309.

Auf die kleinteilige Auseinandersetzung der Partikulargewalten wirkt sein Erscheinen nicht dämpfend, sondern polarisierend: Mächtige Signorien steigen auf und konsolidieren ihre Macht, z. B. die Familie der della Scala (Scaliger) von Verona, beginnend mit MASTINO DELLA SCALA (†1277), seit 1260 Herr von Verona (*Podestà del popolo*), gipfelnd in CANGRANDE (†1329), *Signore* seit 1311, Führer der Ghibellinen Oberitaliens und Gastgeber DANTES; er gewinnt auch Vicenza und Padua. Seine Nachfolger werden 1336–1339 durch eine oberitalienische Liga auf den Kernbesitz Verona und Vicenza zurückgedrängt und 1387 von den VISCONTI beseitigt. *Signori* in Padua sind die Carrara (1318–1329, 1337–1406), in Ferrara und Modena die Este und in Mantua die Gonzaga.

1311 In **Mailand** setzen sich gegen die anfangs mächtigen della Torre nach mehrfachen Anläufen die Visconti endgültig durch. Nach OTTONE VISCONTI (*1207, †1295), Erzbischof von Mailand seit 1277 und seit 1282 *Signore*, wird sein Großneffe MATTEO I. (*1255, †1322), 1287 Capitano del popolo, 1294 Reichsvikar, 1310 von HEINRICH VII. aus der Verbannung zurückgeführt, 1311 *Signore*.

MATTEO und seine Nachfolger, darunter AZZONE (*1302, †1339), *Signore* seit 1328, und GIOVANNI (*1290, †1354), Erzbischof von Mailand und *Signore* seit 1349, bauen die Visconti-Herrschaft, neuer Ausdruck von Mailands natürlichem Übergewicht in der Lombardei, zielstrebig bis Vercelli, Como, Alessandria, Cremona und Parma aus. Zeitweilig wird sogar Genua (1353–1356) und Bologna (1350–1360) mailändisch, was zur Konfrontation mit Venedig bzw. Florenz führt. Es folgt ein kräftiges, aber schreckliches Regiment der Brüder BERNABÒ (*1319, †1385), Signore von Mailand seit 1354, und GALEAZZO II. (*um 1320, †1378), seit 1354 Signore von Pavia: Sie bewahren im Wesentlichen den Bestand des Visconti-Staates gegen alarmierte Nachbarmächte (darunter besonders GIOVANNI II. VON MONTFERRAT 1338–1372, dann AMEDEO VI. [*um 1200, †1253], Graf von Maurienne und Savoyen 1343–1383), sowie gegen Florenz, Papst und Kaiser in mehreren Kriegen und Friedensschlüssen (1358,1364,1369,1370).

In der **Toskana** hingegen haben *Signorien* und ihre Territorialbildungen nur kurzen Bestand: in Pisa, das seit der Niederlage gegen Genua (Meloria 1284) absteigt und in Parteikämpfen vergeht, die *Signorie* der Gherardesca (1284–1320) und 1312–1316 von UGUCCIONE DELLA FAGGIOLA (†1319;); in Lucca (zeitweilig auch in Pistoia und Pisa) 1316–1328 CASTRUCCIO CASTRACANE (*1281, †1328), der als Führer der toskanischen Ghibellinen Florenz 1325 bei Altopascio schlägt.

In **Florenz** ist der *popolo grasso* (»fettes Volk«: besitzendes Bürgertum und integrierter Adel) führend, der sich gegen »Magnaten« (alte feudale Familien) und *popolo minuto* (kleines Handwerk soweit organisiert oberhalb der Plebs) absetzt, sich in den *arti maggiori* organisiert (höhere Zünfte wie Tuchfabrikanten, Kaufleute, Bankiers, Notare) und seine politische Exklusivität im Klub der *Parte Guelfa* manifestiert.

seit 1282 Alleinherrschaft der Zünfte (Zunftprioren bilden die *Signoria*), die in den *Ordinamenti della Giustizia* von 1293 den Adel vom politischen Leben ausschließen; seit 1295 kann er wenigstens durch Einschreibung in eine Zunft daran teilhaben. Innerhalb der Guelfen kommt es zur Fraktionsbildung zwischen gemäßigten Weißen (*Bianchi*) und Schwarzen (*Neri*) um die Familien der Cerchi und Donati; unter den 1302 verbannten Weißen ist DANTE.

1341–1348 Die 1340er-Jahre bringen eine kritische Phase: 1341–1346 Zusammenbruch zahlreicher Florentiner Firmen; 1342/43 Signorie des von Adel und *popolo minuto* berufenen WALTER VON BRIENNE (*1304, †1356), Herzogs von Athen; 1343/45 Konsolidierung der wachsenden Staatsschuld im *Monte Comune* mit 5%igen Anteilen; 1348 drastische Bevölkerungsverluste durch die **große Pest** (vor 1348 um 90–120 000 Einwohner, im 15. Jh. etwa 4 000).

Zunehmende Expansion in die Toskana (1351 Prato, 1361 Volterra, 1384 Arezzo, 1411 Cortona annektiert).

Das **Königreich Neapel** bleibt, im Einverständnis mit Frankreich und der Kurie, Vormacht des guelfischen Bündnissystems in Italien.

1309–1343 Seinen Höhepunkt erreicht es unter ROBERT VON ANJOU (Enkel KARLS I. und Sohn KARLS II.): realistisch, gelehrt, antikaiserlich in Politik und Programm (Denkschrift an den Papst zur Abschaffung des Kaisertums, das DANTE in seiner *Monarchia* gerade noch einmal gerechtfertigt hat). Als König von Neapel ist er zugleich päpstlicher Vikar für Reichsitalien, Generalkapitän der Truppen des Kirchenstaates, *Signore* zahlreicher guelfischer Städte (darunter zeitweilig Florenz, Rom, Genua). Die Gegnerschaft der Visconti und das Eigeninteresse von Florenz verhindern jedoch ein dauerndes Fußfassen der Anjou in Oberitalien.

1343–1382 Mit ROBERTS Enkelin JOHANNA I. (*um 1326, †1382) beginnt der Abstieg: 1347/48 verliert sie ihr Reich zeitweilig an König LUDWIG VON UNGARN (1342–1382), Bruder ihres ermordeten Gatten ANDREAS aus der ungarischen Anjou-Linie, die 1308–1382 in Ungarn herrscht (u. a. KARL I. ROBERT [*1288, †1342] und sein Sohn LUDWIG I., DER GROSSE). Unter wachsendem Einfluss des großen Feudaladels kommt es zum Bürgerkrieg zwischen Anhängern der ungarischen und der neapolitanischen Anjou unter den Parteinamen *Durazzo* und *Tarent*. JOHANNAS Entscheidung für den avignonesischen Papst bei Ausbruch des Schismas 1378 kostet sie Thron (1381) und Leben (1382).

Erfolglos bleibt der zähe Kampf der Anjou von Neapel um **Sizilien**: Hier behauptet sich, natürlicher Bundesgenosse von Kaiser und Ghibellinen, die aragonesische Nebenlinie (FRIEDRICH II., 1296–1337; PETER II. 1337–1342; LUDWIG I. 1342–1355). Nach verheerenden, den Baronadel emportragenden Kriegen kommt es erst 1372 zum Frieden mit Neapel und dem Papsttum. FRIEDRICHS III. (1355–1377) Erbtochter MARIA VON SIZILIEN (*1363, †1401), deren Rechte PETER IV. VON ARAGÓN (1336–1387) nicht anerkannt, heiratet dessen Enkel MARTIN DEN JÜNGEREN (*1376, †1409, König von Sizilien seit 1391). Nach dessen erbenlosem Tod erkennt Sizilien wie auch Aragón 1412 FERDINAND I. (1412–1416), Bruder HEINRICHS III. VON KASTILIEN (1390–1406), an: Damit entsteht eine abermalige und nun dauernde Bindung Siziliens an Aragón und somit zuletzt an Spanien.

Unter den Seerepubliken verdrängt **Genua** endlich die alte Rivalin Pisa (Seesieg bei Meloria 1284), hält Korsika, verliert aber allmählich Sardinien an Aragón (das 1297 vom Papst die Insel als Ersatz für Sizilien erhält und bis 1336 erobert), seinen neuen Gegner und natürlichen Bundesgenossen Venedigs. Im Osten steigt seit der Wiederherstellung des griechischen Kaisertums (1261) zeitweilig Genua auf Kosten Venedigs auf, das mit dem Sturz des lateinischen Kaisertums in Konstantinopel seine maßlosen Privilegien einbüßt. Genua dringt ins Schwarze Meer ein (Handelskolonie Caffa/Krim 1266–1475). So wächst die Konfrontation beider Seemächte im Osten (1293–1299 Krieg um die Meerengen, 1350–1355 um Chios). **Venedig** verliert 1358 die dalmatinische Küste an Ungarn, bewahrt aber im Wesentlichen seine Position im Mittelmeerraum und geht im Innern stetig seinen eigenen Weg fern von Zunftherrschaft und *Signorie*.

Die aristokratisch-oligarchische Verfassung ist von hoher Stabilität: Neben dem auf Lebenszeit gewählten Dogen steht als Träger der Souveränität der Große Rat, der 1297 erbrechtlich geschlossen wird (*Serrata del Gran Consiglio*); Neuzulassungen werden dessen oligarchischen Charakter nicht in Frage stellen. Gegenläufige Tendenzen werden streng unterdrückt, ebenso die Staatsstreichversuche 1310 von BAJAMONTE TIEPOLO (†um 1328) (seither Rat der Zehn zur Überwachung der Staatssicherheit mit geheimem Verfahren), und 1355 von MARINO FALIERO (*um 1285, †1355, hingerichtet).

1309 Das **Papsttum** übersiedelt nach Avignon unter den Schutz und Einfluss des französischen Königs.

Der Kirchenstaat, seit den »Rekuperationen« INNOZENZ' III. (1198–1216) ein äußerst heterogenes Gebilde, ist fortan sich selbst und seinen auseinanderstrebenden Entwicklungskräften überlassen: im Süden das alte *Patrimonium* (von Orvieto bis Terracina), von der kommunalen Bewegung fast unberührt und Domäne des alten Feudaladels (Colonna, Orsini, seit BONIFATIUS VIII. die Caetani); im Norden nun Romagna und Mark Ancona, deren selbstbewusste Stadtstaaten und *Signorien* (wie die Montefeltro seit 1234 in Urbino, die Polenta seit 1275 in Ravenna, die Malatesta seit 1295 in Rimini) sich die neue päpstliche Herrschaft nicht so leicht überstülpen lassen: nach Norden und auf neue Entwicklungen hin orientiert, wirtschaftlich stark, weit von Rom entfernt, sind sie praktisch unregierbar.

1316–1334 Doch greift schon unter JOHANNES XXII. das avignonesische Papsttum energisch und mit großem Aufwand an materiellen und geistlichen Mitteln in die italienischen Verhältnisse ein.

1320–1334 Der lang dauernde Feldzug des Kardinallegaten BERTRAND DU POUGET (†1364) gegen die Ghibellinen Oberitaliens (besonders die Visconti), geführt im Einverständnis mit ROBERT VON NEAPEL und zuletzt auch mit dem (von einigen Städten gerufenen) Sohn HEINRICHS VII., König JOHANN VON BÖHMEN (1310–1346, in Italien 1330–1333), scheitert nach anfänglichen Erfolgen.

1327–1330 Umgekehrt vermag auch die Reichsgewalt hier nicht mehr Fuß zu fassen: Der Italienzug LUDWIGS DES BAYERN (1314/28–1347) erfolgt gegen den Willen des Papstes, der (da Wahl ohne seine Approbation) in Italien weiterhin die Reichsverweserschaft *vacante imperio* beansprucht.

LUDWIG wird 1327 in Mailand zum König von Italien, dann in Rom 1328 von Vertretern des Volkes zum römischen Kaiser gekrönt. Die theoretische Grundlegung für dieses Vorgehen gab 1324 im *Defensor Pacis* der 1326 zu LUDWIG flüchtende MARSILIUS VON PADUA (†1342/43): Die Souveränität liegt beim Volke; Beschränkung des Klerus auf geistliche Aufgaben.

1354/55 LUDWIGS Nachfolger KARL IV. (1346/55–1378) holt sich nur noch hastig und unter Umgehung jeden Risikos die Kaiserkrone und legitimiert unterwegs die bestehenden Verhältnisse gegen teures Geld.

Die Abwesenheit der Päpste gibt auch in **Rom** selbst Raum zu Rückbesinnung auf eigenes Gewicht unabhängig vom (und gegebenenfalls auch gegen das) Papsttum. Die im 12. Jh. ausgebildete, jeder realen Grundlage entbehrende Rom-Ideologie (Erneuerung des Senats, »politische Archäologie«) wird nun inmitten totalen Ruins schwärmerisch übersteigert in dem aus antiken Reminiszenzen und mystischen Vorstellungen seltsam gemischten Programm des Notars **COLA DI RIENZO** (†1354). Er ergreift in zwei Anläufen (1347, beim zweiten 1354 getötet) als »Volkstribun« in Rom die Macht und ruft in lauten Manifesten das »ganze heilige Italien« zur Einigung unter der Führung Roms auf. Der große Adel mit Colonna und Orsini, deren Klientelen die ganze Gesellschaft durchdringen, wird zeitweilig aus der Stadt gedrängt. Fortan wortführend ist die aufsteigende Mittelschicht (viele Großviehzüchter, die Adels- und Kirchenbesitz aufkaufen).

1348 Die große Pest führt auch in Italien zu drastischer Verminderung der Bevölkerungszahlen. Eine dichte Folge weiterer Pestwellen (1361/63, 1374/75, 1383/84, 1390/91, 1399/1400 usw.) verhindert vorläufig jede Regenerierung und hat, durch die daraus folgenden Verschiebungen im Verhältnis zwischen Menschenzahl zu Besitz/Ressourcen/Arbeit, auch soziale und wirtschaftliche Auswirkungen.

1353–1360 Das avignonesische Papsttum, von der öffentlichen Meinung nach Italien zurückgefordert, versucht abermals, den durch Schwäche, Misswirtschaft und Entfremdung weitgehend verlorenen Kirchenstaat wieder in die Hand zu bekommen, was dem bedeutenden spanischen Kardinal **AEGIDIUS (GIL) ALBORNOZ** (†1367) mit Energie und Maß gelingt. Seine »Constitutiones Aegidianae« (1357) bleiben bis 1816 Gesetzbuch des Kirchenstaates.
Die sich abzeichnende Reinstallierung des Papsttums in Italien sehen die Visconti und sogar Florenz mit Argwohn.

1375–1378 Krieg der *Otto Santi* (»acht Heilige«, d. h. die Florentiner Kriegskommissare): **Florenz** schürt den Aufruhr im Kirchenstaat (*Libertà!*). Der Papst trennt sich (zu beider Schaden) zeitweilig von seinen Florentiner Bankiers und belegt Florenz mit dem Interdikt, was schwer wiegende Folgen für die Florentiner Marktposition hat. 1377 Massaker päpstlicher Söldner in Cesena.
In der Endphase des Krieges kommt es 1378 zum Aufruhr der *Ciompi* in Florenz: Wollschläger (und andere Lohnarbeiter in niederen Arbeitsgängen der Tuchproduktion), deren Wortführer oft als Unternehmer schon wirtschaftlich aufgestiegen waren, verlangen das Recht, sich in einer eigenen Zunft zu organisieren und so endlich auch am politischen Leben der Kommune teilnehmen zu dürfen. Wirtschaftlicher Misserfolg und die harte Reaktion der etablierten Zünfte lassen das *Ciompi-Regime* rasch zusammenbrechen.

1377 **Das Papsttum kehrt** mit GREGOR XI. (1370–1378) aus Avignon **nach Rom zurück** (wie 1367–1370 zeitweilig schon URBAN V. [1362–1370]). Erstes Problem ist die Wiederverwurzelung in Italien, notwendige Voraussetzung die Re-Italianisierung von Kurie und Kardinalskolleg. Nach der tumultuarischen Wahl des Italieners URBAN VI. (1378–1389) wird 1378 der Gegenpapst CLEMENS VII. (bis 1394) gewählt, der nach Avignon zurückgeht.

1378–1415 Mit dem **Großen Abendländischen Schisma** teilen sich fortan zwei Päpste (seit dem Pisaner Konzil 1409 sogar drei) die Gewissen und Abgaben der Christenheit. Die Verdoppelung der Zahl halbiert ihre Autorität und ihre Ressourcen. Diese Verluste werden erfindungsreich kompensiert mit Methoden, die das Papsttum freilich kompromittieren: Ämter- und Ablassverkauf, übermäßige Handhabung von Kreuzzug und Kirchenstrafen gegen politische Gegner, im Werben um Anhang gegenseitiges (von den politischen Mächten gern genutztes) Überbieten in Privilegien. Wachsende Bedeutung erhalten die Nepoten (Familienclan dreier neapolitanischer Päpste), weil sie die einzige verlässliche Stütze im Kampf aller um den Kirchenstaat sind, der zudem von französischem Einmarsch bedroht ist (*via facti* als gewaltsame Lösung des Schismas). Eine stetige, den Kirchenstaat notdürftig konsolidierende Politik gelingt erst BONIFATIUS IX. (1389–1404), in enger Anlehnung an Neapel.

1381 In Neapel setzt sich als Prätendent des römischen Papstes gegen JOHANNA I. KARL VON DURAZZO ([*um 1345, †1386] aus der ungarischen Linie der (älteren) Anjou durch. Er regiert seither als KARL III. (als KARL II. König von Ungarn seit 1385) und steht fortan in dauerndem Kampf mit dem 1380 von JOHANNA I. adoptierten LUDWIG II. VON ANJOU, Bruder KARLS V. von Frankreich, aus der (jüngeren) französischen Anjou-Linie. Der Dynastiewechsel mindert den französischen Einfluss in Italien. KARLS Sohn LADISLAUS (*1377, †1414), König von Neapel seit 1386, nutzt das Schisma virtuos für seine Zwecke: seit 1400 Herr des Königreichs, greift er seit 1404 in den Kirchenstaat aus, seit 1413 in die Toskana.

1378–1402 In Oberitalien entsteht eine unerhörte Machtkonzentration unter GALEAZZOS II. Sohn **GIAN GALEAZZO VISCONTI** von Mailand (*1351, †1402). Seit der Beseitigung BERNABÒS 1385 ist er alleiniger *Signore*, seit 1395 Herzog, also Reichsfürst. Er schafft einen straff organisierten, zentral verwalteten Staat, dessen Finanzen (mit Ansätzen eines Budgets) ein Mehrfaches der Einnahmen des deutschen Königs abwerfen. GIAN GALEAZZO fördert Kunst und Wissenschaft (Dom von Mailand seit 1386, Kartause von Pavia seit 1396; Universität und Bibliothek von Pavia). 1387 verheiratet er seine Tochter VALENTINA (*1366,

†1408) mit märchenhafter Mitgift (darunter Asti) an LUDWIG (*1372, †1407), Herzog von Orléans, daher die Ansprüche des Hauses ORLÉANS auf Mailand. Seine rasante Expansionspolitik (Verona, Padua, Pisa, Siena, Perugia, Assisi, Bologna) vereinigt und sprengt mehrere Koalitionen, drückt auf den Kirchenstaat und führt Florenz, zunehmend isoliert, nach der Schlacht von Casalecchio (1402) an den Rand des Abgrunds. GIAN GALEAZZO hatte angeblich den Plan eines italienischen Königtums. Seinen Söhnen GIOVANNI MARIA (*1388, †1412), Herzog von Mailand seit 1402, und FILIPPO MARIA (*1392, †1447), Regent von Pavia seit 1402 und Herzog von Mailand seit 1412, gelingt es mühsam, sich im Kern des Visconti-Staates zu behaupten und gegen wechselnde Bündnisse (1426–1447 meist Florenz und Venedig) endlich wieder aus der Defensive hervorzutreten.

Der Tod seiner großen Gegner GIAN GALEAZZO und LADISLAUS befreit **Florenz** im Augenblick ihres Anmarsches von tödlicher Gefahr (nach strittiger These tiefe Breitenwirkung dieser Bedrohung auf das politisch-geistige Bewusstsein in Florenz: »Bürgerhumanismus« mit antikrepublikanischer Gesinnung gegen die *Signorie* als Tyrannei). Die oligarchische Herrschaft der aus dem misslungenen *Ciompi*-Aufruhr gestärkt hervorgegangenen Albizzi-Fraktion dauert an. Ihre erfolgreiche, aber kostspielige Außenpolitik (Abwehr des Visconti, Zugang zum Meer durch Erwerbung von Pisa 1405 und Livorno 1421) belastet die Innenpolitik. Zu besserer Steuergerechtigkeit wird seit 1427 eine direkte Besteuerung der deklarierten Vermögen eingeführt (einschließlich Investitionen!), mit Steuerfreibeträgen, seit 1480 mit Steuerprogression (sog. *Catasto* 1427–1495, wichtige Quelle zur Sozial- und Bevölkerungsgeschichte).

Die Popularität der Albizzi schwindet (1426 ergebnisloser Krieg gegen Mailand) und führt zur Ablösung durch die MEDICI, die mit GIOVANNI DI BICCI DEI MEDICI (*1360, †1429) seit etwa 1385 in der Papstfinanz aufgestiegen sind (seine römische Filiale erzielt bis 1420 30 % Kapitalrendite und macht 50 % der Gewinne des Gesamtunternehmens) und vier Generationen später selbst zwei Päpste stellen werden.

seit 1434 Doch erst sein Sohn **COSIMO IL VECCHIO** (*1389, †1464) setzt Reichtum in politische Macht um. Seit 1434 lenkt er unter Wahrung der republikanischen Formen unauffällig die Geschicke der Stadt, v. a. durch Klientelbildung, Manipulation der Wahlverfahren sowie Sonderausschüsse und politische Besteuerungspraxis zum Ruin des Gegners.

Gleich bedeutend als Politiker, als Unternehmer und als Mäzen fördert und finanziert COSIMO IL VECCHIO – an die Stelle auftraggebender Zünfte tretend und mit der Auftragstätigkeit von Pazzi, Strozzi und Rucellai wetteifernd – großzügig Baukunst (bevorzugter Architekt: MICHELOZZO [*1396, †1472]), Skulptur (DONATELLO [*um 1386, †1466]) und humanistische Handschriftenjagd (POGGIO BRACCIOLINI [*1380, †1459]; NICCOLÒ NICCOLI [*um 1365, †1437]) und fördert die Gründung von Platonischer Akademie und Medici-Bibliothek. Für die Dynamik der Florentiner Gesellschaft kennzeichnend ist die rasche Umschichtung der Vermögen und die starke soziale Mobilität, v. a. durch aufsteigende Zuwanderer (*gente nuova*): 1427 sind 20 % der Einwohner, ja 60 % der Notare Zuwanderer, von den Florentiner Humanisten ist fast keiner in Florenz geboren.

Mit der **Rückkehr des Papsttums vom Konstanzer Konzil nach Rom** (1420) beginnt auf allen Gebieten die Restauration, ohne die das Renaissance-Papsttum nicht zu denken ist. Die zielstrebige Rückeroberung und Reorganisation des Kirchenstaates gelingt weitgehend unter MARTIN V. (1417–1431).

Rom, im 14. Jh. völlig heruntergekommen (ca. 25 000 Einwohner, etwa 3 % der antiken Bevölkerung), wird erst jetzt stabile Residenz der Päpste: Die Stadt ist wirtschaftlich ganz von der Kurie abhängig (bei Abwesenheit des Papstes sinken Warenimporte, Schiffsverkehr, Mieteinnahmen auf jeweils knapp zwei Drittel des Normalen), Familienkarrieren sind (bei zunächst noch starker sozialer Mobilität) dann nur noch im Umkreis des Hofes möglich. Die römische Kommune, bereits 1398 von BONIFATIUS IX. entmachtet, wird nun vollends domestiziert: 1434 kommt es zur letzten Papstflucht aus Rom bis 1848. – In Finanz, Kanzlei und Kunst erhalten die Florentiner wachsendes Gewicht: Das Rom der Renaissance ist das Rom nicht der Römer, sondern der Florentiner. Die päpstliche Kurie wird humanistisch: hier wirken POGGIO BRACCIOLINI (*1380, †1459) seit 1403, LEONARDO BRUNI (*um 1370, †1444) seit 1405, ANTONIO LOSCHI (*1368, †1450) seit 1407, FLAVIO BIONDO (*1388, †1463) und LEON BATTISTA ALBERTI (*1404, †1472) seit 1432. Mit NIKOLAUS V. (1447–1455) wird auch der Papst humanistisch.

Die Condottieri

Als politischer Faktor zwischen den Mächten wirken, unstet und schwer berechenbar, die *Condottieri* (von *condotta*, Soldvertrag). Die mit dem Abstieg der Kommune und ihrer Miliz wachsende Bedeutung des Soldwesens im 14. Jh. schafft einen eigenen Markt mit empfindlichen Soldnotierungen; falls ohne Soldvertrag, machen diese **Söldnerführer** (zunächst überwiegend Nichtitaliener: WERNER VON URSLINGEN [†1353], JOHN HAWKWOOD [†1394]) Krieg auf eigene Faust. Höhepunkt der *Condottieri* ist die erste Hälfte des 15. Jh.s: MUZIO ATTENDOLO (*1369, †1424) und sein Sohn FRANCESCO SFORZA (*1401, †1466), BRACCIO DA MONTONE (†1424), NICCOLÒ DA TOLENTINO (†1435), ERASMO DA NARNI, genannt GATTAMELATA (†1443), NICCOLO PICCININO (†1444) und BARTOLOMEO COLLEONI (†1475). Bedenkenlos die Seiten wechselnd und entsprechend beargwöhnt und umworben, führen sie Krieg unter größtmöglicher Schonung ihrer Truppensubstanz, jedoch in blutiger Rivalität um den Aufstieg zum Territorialfürsten, der freilich nur wenigen gelingt (FRANCESCO SFORZA, Enkel eines Bauern, wird 1450 Herzog von Mailand).

Die *Condottieri* bilden Schulen wie Künstler und Humanisten und suchen öffentliche Ehrung (gemalte Denkmäler im Dom von Florenz: 1436 JOHN HAWKWOOD von PAOLO UCCELLO [†1475], 1456 NICCOLÒ DA TOLENTINO von ANDREA DEL CASTAGNO [†1457]; Reiterstatuen für Venedigs *Condottieri*, jedoch auf eigene Kosten: 1447–1453 GATTAMELATA von DONATELLO, seit etwa 1480 COLLEONI von VEROCCHIO [*1436, †1488]). Im konsolidierten Italien der zweiten Jahrhunderthälfte haben die Condottieri keinen Platz mehr.

1435 Im **Königreich Neapel** beginnt nach dem erbenlosen Tod von LADISLAUS' Schwester JOHANNA II. (*1373, †1435; Königin seit 1414) der längst erwartete Kampf um die Thronfolge zwischen den (von der Königin 1421 bzw. 1423 nach- und gegeneinander adoptierten) Prätendenten ALFONS V. VON ARAGÓN-SIZILIEN (*1396, †1458) und LUDWIG III. VON ANJOU (*1403, †1434) bzw. seit 1434 dessen Bruder RENÉ I. VON BAR-LOTHRINGEN (*1409, †1480; »*le bon roi René*«).

1442 ALFONS, Sohn FERDINANDS I. von Aragón und Sizilien, erobert 1442 Neapel und erhält 1443 die päpstliche Belehnung als ALFONS I. VON NEAPEL-SIZILIEN (1443–1458). Seine Herrschaft beeindruckt durch glänzende Hofhaltung und Förderung von Kunst und Wissenschaft (LORENZO VALLA [*1407, †1457]; PISANELLO [*1395, †1455]; Triumphtor des Castel Nuovo). Nachfolger in Neapel wird sein Sohn FERRANTE (FERDINAND [*1423, †1494]). Baronenverschwörung 1485. So wird nach Sizilien nun auch **Unteritalien spanisch** und bleibt es: Sizilien in Personalunion mit Aragón, Unteritalien unter rasch italianisierter Dynastie bis 1501 (aussterbend), dann unter spanischen Vizekönigen bis 1713.

1450 Nach dem Tode des letzten Visconti, FILIPPO MARIA 1447 (1447–1450 ist Mailand »Ambrosianische Republik«), wird unerwartet sein Condottiere und Schwiegersohn FRANCESCO SFORZA (*1401) Herzog von Mailand (1450–1466). SFORZAS altes Einverständnis mit COSIMO MEDICI beendet die traditionelle Gegnerschaft zwischen Mailand und Florenz.

Genua und Venedig

Unter den verbliebenen Seerepubliken Genua und Venedig herrscht heftige Rivalität um den Vorrang auf den Meeren:

Genua setzt insgesamt mehr auf Massenfracht in großbäuchigen Schiffen (Venedig mehr auf Luxuswaren in kostspieliger Galeerenfracht), orientiert sich zunehmend nach Westen und nimmt aktiv an den frühen Entdeckungen teil. Im Innern ist Genua, in allem das Gegenbild Venedigs, noch unsteter und zerrissener als andere Städte: Zwiespalt zwischen republikanischen und *signorilen* Tendenzen, Kämpfe der guelfischen Fieschi und Grimaldi mit den ghibellinischen Spinola und Doria und dieser untereinander, fortwährender Ruf nach dem auswärtigen *Signore* (1396–1409 und 1458–1461 der französische König, 1409–1413 der Markgraf von Montferrat, 1421–1435 und 1464–1478 VISCONTI bzw. SFORZA). Der staatliche Rahmen ist schwach: Flotte, Kolonien und Staatsschuldentilgung (*Casa di San Giorgio* 1407, erste öffentliche Bank) sind weitgehend in privater Regie.

Venedig, im Chioggia-Krieg (1378–1381) von seiner großen Rivalin zeitweilig in die Enge getrieben, verdrängt Genua allmählich aus dem östlichen Mittelmeerbecken, wird dort aber seinerseits zunehmend von den Osmanen bedroht und steigt nun sicherheitshalber mit einem Bein aufs feste Land: Venedig schafft sich mit der anfangs umstrittenen *Terra-ferma*-Politik (nach ersten Ansätzen 1339 in der Mark Treviso) erstmals ein Festlandsterritorium als Glacis und (nach den Erfahrungen des Chioggia-Krieges) zur Sicherung seiner Versorgung und weitet es rasch bis gegen Mailand aus (1405 Verona, 1406 Padua, 1420 Friaul, 1428 Brescia und Bergamo).

Das **Vordringen der Osmanen** unter MEHMED II. (1451–1481) nach Konstantinopel 1453, Euböa (Negroponte) 1470 und Albanien 1479 (mit Vorstößen nach Friaul 1473 und 1477 und Apulien 1480) drängt Venedig, das sich an seine schwer befestigten Flottenstützpunkte klammert (jenseits der 1420 den Ungarn abgewonnenen dalmatinischen Küste v. a. Korfu, Modon, Kreta und seit 1489 Zypern), nach langjährigem Krieg (1463–1479) in Ägäis und Levante, zeitweilig sogar in der Adria, in die Defensive.

Der Friede von Lodi

Nach dem Dynastiewechsel in Neapel 1443 (fortan Aragón) und Mailand 1450 (fortan Sforza) konsolidiert sich die italienische Staatenwelt vorläufig mit dem **Frieden von Lodi** 1454: Venedig und Mailand verständigen sich endlich über die Abgrenzung ihrer Interessensphären (die Adda wird Westgrenze von Venedigs *Terra ferma*) und laden Florenz, Papst und Neapel ein, dem Vertrag zur Sicherung des Status quo beizutreten. Diese Erweiterung zu einer Entente der großen Mächte wird der sichtbarste Ausdruck der endlich erreichten Stabilisierung: labiles Gleichgewicht der (nicht saturierten, aber gleichmäßig schwachen) fünf größeren italienischen Mächte (Mailand, Venedig, Florenz, Papst, Neapel), umkreist von einer inzwischen geringeren Zahl kleinerer Mächte: die Republiken Genua, Siena und Lucca, die Fürstentümer der Gonzaga von Mantua und der Este von Ferrara sowie die Markgrafschaft Montferrato; Savoyen, seit 1416 Herzogtum, bleibt am Rande. Für die Erhaltung dieses prekären Gleichgewichts, dessen Grundlage das Einverständnis Mailand-Florenz-Neapel ist, wirkt v. a. COSIMOS Enkel **LORENZO DEI MEDICI** (*il Magnifico*, *1449, †1492), 1469–1492 Stadtherr von **Florenz**. Er gewinnt dadurch weithin politisches Ansehen, überdauert zugleich die Rivalität der anderen großen Florentiner Familien (Pazzi-Verschwörung 1478 im Bund mit Papst und Neapel) und fördert Künstler und Humanisten mit Kennerschaft, weniger mit Geld, da die Medici-Firma verfällt (schlechtes Management, Schwierigkeiten im Ausgleich der Handelsbilanz zwischen Nord und Süd).

Das Renaissancepapsttum

Das Renaissancepapsttum, politisch auf das Gewicht eines Territorialfürstentums reduziert, droht auf seine Weise den Kirchenstaat zu säkularisieren: Der Nepotismus, der zeitweilig durchaus politische Funktion hat (Verlässlichkeit der Amtsträger wichtiger als ihre Qualifikation), führt seit SIXTUS IV. (1471–1484), zentralem Pontifikat der Frührenaissance, zu versuchter Dynastiebildung in Form erblicher Kleinfürstentümer für die Familien Riario, della Rovere, Cibo und Borgia (und verunsichert dadurch auch die italienischen Mächte: Krieg von Ferrara 1482–1484). Die seit 1499 zu gleichem Zweck vorangetriebene Vernichtung der alten *Signorien* im Kirchenstaat durch CESARE BORGIA (*1475, †1507) führt zwar nicht zu dem erstrebten Fürstentum, wird aber der Konsolidierung päpstlicher Herrschaft im Kirchenstaat vorarbeiten. Die glanzvolle päpstliche Hofhaltung verbindet sich mit der Förderung von Kunst und Wissenschaft: 1475 Gründung der Vatikanischen Bibliothek; seit NIKOLAUS V. (1447–1455) erste große Bautätigkeit in Rom seit dem 13. Jh., auch jetzt noch oft auf Kosten der antiken Monumente (Entnahme von Steinen, Marmor gebrannt zu Kalk) obwohl die Humanisten diese antiken Reste gerade neu sehen lehren: nach den »Mirabilien« (»Wundern«) der Pilgerführer ist FLAVIO BIONDOS »Roma instaurata« (1444–1446) eine erste archäologisch-philologische Bestandsaufnahme. Neubauprojekte sind St. Peter (1452), erste große Kardinalspaläste (Palazzo Venezia seit 1455, Cancelleria seit 1483) und urbanistische Maßnahmen (erste Straßendurchbrüche); Ausmalung der Sixtinischen Kapelle (1481–1483) und der Borgia-Gemächer (1492–1495).

1496 MICHELANGELO betritt Rom.

Italien nach dem Frieden von Lodi 1454

Die neue Hofkultur

Traditionelle Formen ausgestaltend und in die voll ausgebildeten Formen der frühen Neuzeit überführend, konzentriert der **Hof** überall in Italien zunehmend die Kräfte des Territoriums auf den Fürsten. Der Hof saugt Mittel und Güter an, nutzt sie zu Herrschaft und Selbstdarstellung und verteilt sie zu seinen Zwecken um. Die gesellschaftliche Elite wird immer stärker auf die Person des Fürsten bezogen; *magnificentia* (zwischen Großzügigkeit, Fürsorglichkeit und Verschwendung) wird zur ersten Tugend und ist, wie die Förderung von Künstlern (nun «Hofkünstler«) und Humanisten, zugleich immer auch Mittel zum Zweck. Mit dem Hof kann der Fürst die Herrschaftsausübung kontrollieren, mächtige Familien einbinden und mit Exklusivität belohnen, Karrieremöglichkeiten monopolisieren, Selbstdarstellung inszenieren und Achtungsabstand sichtbar machen. Auch kleinere *Signori* fühlen sich nun verpflichtet, in Rivalität untereinander einen Hof zu bilden, eine Residenz zu bauen und Mäzenatentum zu demonstrieren.

Französische Intervention

Über dem scheinbar stabilen Gleichgewicht Italiens hängen jedoch drohend die **französischen Ansprüche** des Hauses Anjou auf Neapel (1380 und 1423; 1481 dem französischen König vererbt) und des Hauses Orléans auf Mailand (1387), die ihrerseits wieder Gegenansprüche (Spaniens und des Reiches) herausfordern. Das Ende des Einverständnisses Mailand-Florenz-Neapel führt zu immer verwegenerem Spiel mit der auswärtigen Intervention: Die Adelsopposition in Neapel, opponierende Kardinäle, v. a. aber LODOVICO IL MORO (*1452, †1508) in Mailand (der als Regent für seinen Neffen GIOVANNI GALEAZZO SFORZA [*1469; †1494] 1480 die Herrschaft usurpiert hat und zu ihrer Bewahrung den französischen König auf seine Gegner hetzt) lassen KARL VIII. (1483–1498) 1494–1495 in Italien einmarschieren. In Florenz kommt es zur Vertreibung der MEDICI (1494–1512); fanatische Bußpredigten des Dominikaners GIROLAMO SAVONAROLA (*1452, †1498; hingerichtet) versuchen der neuen Republik eine theokratische Verfassung zu geben. Der französische König erobert 1495 Neapel, wird aber durch eine »Heilige Liga« (Papst, Spanien, Kaiser, Venedig, Sforza), die bereits viele auswärtige Mächte gefährlich interessiert zeigt, zum Rückzug gezwungen.

Doch hat der französische Einmarsch, das kunstvolle Gebilde der *Italia bilanciata* (MACHIAVELLIS »ausbalanciertes Italien«) mit einem einzigen Stoß über den Haufen werfend, das (bei aller virtuosen Staatskunst und Diplomatie) geringe Eigengewicht der italienischen Mächte aufgedeckt: Für die große Mächtekonstellation der frühen Neuzeit ist **Italien fortan nur noch Schauplatz und Objekt** – der Kampf um die Hegemonie in Europa wird abermals auf dem Boden Italiens ausgetragen.

Kultur und Wirtschaft Italiens in Spätmittelalter und Renaissance

Italien übernimmt in Kunst und Wissenschaft die Führung in Europa. Im Spätmittelalter liegen die Anfänge der italienischen Renaissance: **»Wiedergeburt«** und das umliegende Wortfeld (*renovare, restituere, reformare, reverti, resurgere* usw., relativ spät auch *renasci*) meint das Erwachen der Musen, des Menschen, der Kunst, eines neuen Lebens (endlich auch: der Antike) nach dem Dunkel eines unseligen Mittel-Alters und umschreibt, als Lebensgefühl einiger wortführender Zeitgenossen, die Zuversicht, dass in der eigenen Gegenwart etwas Großartiges geschehen, durch eigene Leistung ein neues Zeitalter angebrochen sei – ist also Gegenwartsbewusstsein, mehr Kampfruf als Einsicht. Die Antike ist Ziel, aber mehr noch Mittel, jedenfalls immer Maßstab – ein Wert, den man anfangs zu erreichen, dann zu übertreffen wagt. Nach eigenem Selbstverständnis beginnt die Renaissance bereits mit DANTE (*1265, †1321) und GIOTTO (*um 1266, †1337), doch schwankt die heutige Forschung zwischen frühem und spätem Ansatz je nachdem, ob sie die mittelalterlichen oder modernen Elemente der Bewegung, ob sie Kontinuität oder Zäsur hervorheben will. Renaissance als Bezeichnung einer ganzen Epoche und die Anwendbarkeit des Begriffs auf alle Lebensbereiche der Zeit ist zwar weiterhin strittig, doch hat sich der Begriff (seit JULES MICHELET 1855, JACOB BURCKHARDT 1860) als brauchbare Verabredung erwiesen.

Die italienische **Kultur** ist inzwischen durchaus Laienkultur. Gegen die herkömmliche Systematisierung traditionellen Buchwissens wird jetzt die programmatische Betonung von Beobachtung, Erfahrung, Praxis gesetzt und daraus wiederum das Bedürfnis nach theoretischer Reflexion auf allen Gebieten: in Ökonomie und Kunst die theoretischen Schriften von LEON BATTISTA ALBERTI, in Politik und Staatskunst viele Abhandlungen (zumal im Staatsdienst viele Humanisten Karriere machen) bis hin zu MACHIAVELLI (*1469, †1527).

Neuer Sinn für die **praktische Anwendbarkeit theoretischer Erkenntnisse** gibt dem Denken frische Impulse: Entwicklung von Geografie (der Mathematiker und Astronom PAOLO DAL POZZO TOSCANELLI [*1397, †1482] postuliert den Westweg nach Asien) und Kartografie (statt Welt-Bildern mit Jerusalem als Mittelpunkt nun Portolankarten, früheste erhaltene um 1300), Messen von Raum und Zeit; der Mathematiker LUCA PACIOLI (*um 1447, †um 1510) lehrt auch kaufmännisches Rechnen und doppelte Buchführung; technische Traktate (z. B. über Hydraulik) von TACCOLA (†vor 1458) bis zu LEONARDO DA VINCI (*1452, †1519). **Neue methodische Ansätze** werden auch in den historischen Wissenschaften greifbar: FLAVIO BIONDO in der Archäologie, LORENZO VALLA (*1407, †1457) in der Philologie; systematisches Sammeln und textkritisches Sichten antiker (auch griechischer) Handschriften. In der Rechtswissenschaft baut Italien seinen Vorsprung aus (BARTOLO DA SASSOFERRATO [*um 1313, †1357]; BALDO DEGLI UBALDI [*1327, †1400]) und verringert den französischen Vorsprung auf philosophisch-theologischem Gebiet. Nächst dem überall führenden Florenz (daneben Mailand, seit den 1440er-Jahren auch Rom und Neapel, noch später Venedig) werden auch kleinere Höfe Brennpunkte von Kunst und Kultur wie die von LODOVICO GONZAGA (*1412, †1478) in Mantua, SIGISMONDO MALATESTA (*1417, †1468) in Rimini und FEDERICO DA MONTEFELTRO (*1422, †1482) in Urbino.

Die italienische **Literatur** entfaltet sich mit DANTE, PETRARCA (*1304, †1374) und BOCCACCIO (*1313, †1375). Kennzeichnend ist die breite Schriftlichkeit: Traktatliteratur von Notaren, Briefe der hl. KATHARINA VON SIENA (*1347, †1380), *Ricordi* (persönliche Aufzeichnungen von Florentiner Kaufleuten), Reiseberichte u. a. von MARCO POLO (*1254, †1324) und ALVISE CA' DA MOSTO [*um 1426, †1483).

Kunst: In der **Architektur** wird der gotische Kirchenbau, vermittelt zunächst durch die Zisterzienser, v. a. in den Kirchen der Bettelorden weiterentwickelt und angeeignet (S. Francesco in Assisi seit 1228, in Florenz S. Maria Novella seit 1245 und S. Croce seit 1294; daneben Dom von Siena um 1250, Domfassade Orvieto seit 1310). In der Profanarchitektur entstehen monumentale Amtsgebäude: Piacenza, Palazzo del Comune seit 1281; Florenz, Bargello seit 1254 und Palazzo Vecchio seit 1299; Perugia, Palazzo dei Priori seit 1279; Siena, Palazzo Pubblico seit 1289; Venedig, Dogenpalast seit etwa 1340. Bei der Weiterentwicklung zur Renaissance-Architektur ist Florenz mit FILIPPO BRUNELLESCHI (*1377, †1446) führend: Die Antike wird ihm Vorbild in Technik (Domkuppel Florenz, seit 1420) und Form (S. Lorenzo seit 1425, Pazzi-Kapelle 1428, S. Spirito seit 1433). LEON BATTISTA ALBERTI durchdringt das antike Vorbild theoretisch und setzt es praktisch um: Palazzo Rucellai in Florenz und Umbau von S. Francesco in Rimini seit 1446, S. Sebastiano und S. Andrea in Mantua Entwürfe 1460 bzw. 1470. Städtische Siedlung wird nun urbanistisch durchgeplant: Ausbau von PIUS' II. (1458–1464) Geburtsort Corsignano als »Pienza« seit 1460 (BERNARDO ROSSELLINO [*1409, †1464]), einheitlich konzipierte Idealstadt »Sforzinda« (Filarete, 1464), erste Straßendurchbrüche in Rom um 1480. In der Profanarchitektur entstehen große Palazzi, offene Villen, geräumige Spitäler.

In der **Malerei** macht nach CIMABUE (*um 1240, †1301 oder 1302) v. a. GIOTTO Epoche: Er überwindet die *maniera greca* (byzantinischen Stil) durch eine neue anschauliche, monumentale und plastische Auffassung. Führend ist zunächst Siena (DUCCIO [*um 1255, †1319], SIMONE MARTINI [*um 1284, †1344]), im 15. Jh. Florenz: Überwindung der Gotik durch MASACCIO (*1401, †1428); FRA ANGELICO (*um 1400, †1455); ANDREA DEL CASTAGNO (*um 1423, †1457); FRA FILIPPO LIPPI (*1406, †1469); DOMENICO GHIRLANDAIO (*1449, †1494); SANDRO BOTTICELLI (*1445, †1510). Das Studium der Malerei wird als Wissenschaft empfunden, die Perspektive entwickelt und zunehmend beherrscht: PAOLO UCCELLO (*1397, †1475), PIERO DELLA FRANCESCA (*um 1420, †1492), MELOZZO DA FORLI (*1438, †1494), ANDREA MANTEGNA (*1431, †1506). Damals bilden sich die für die Folgezeit wichtigsten Bildgattungen aus (Porträt, Selbstbildnis, Historienbild).

Die gotische **Plastik** (Höhepunkt GIOVANNI PISANO [*um 1250, †um 1320]) wird gegen 1400 in Florenz (*Porta della Mandorla* am Dom um 1395; NANNI DI BANCO [*um 1373, †1421]) allmählich überwunden, die unterschiedlichen Tendenzen noch einmal nebeneinander sichtbar in der Konkurrenz um die Baptisteriumstüren 1401. Weiterführend in der Entwicklung der Skulptur sind v. a. JACOPO DELLA QUERCIA (*um 1374, †1438), LORENZO GHIBERTI (*1378, †1455) und, alle überragend, DONATELLO. In den verschiedensten Techniken und Gattungen (von denen derselbe Künstler meist mehrere beherrscht) kommt es zu unerhörtem Fortschreiten: Neben dem Bronzeguss (DONATELLO, GHIBERTI, VERROCCHIO) Kleinplastik und Medaillen (PISANELLO, ANTONIO POLLAIUOLO [*1432, †1498]), glasierte Tonplastik (LUCA DELLA ROBBIA [*1400, †1481]), Bildnisbüsten (DESIDERIO DA SETTIGNANO [*um 1430, †1464]), Grabmäler (MINO DA FIESOLE, [*um 1430, †1484]). Entwicklung der Kunsttheorie (GHIBERTIS *Commentarii*, gegen 1455; ALBERTIS Schriften über Malerei, Plastik, Baukunst, seit 1436; Architekturtraktat des FILARETE, 1464).

Wirtschaft: Die Dynamik der wirtschaftlichen Entwicklung dauert an, Italien erreicht erst allmählich die Grenzen seines unerhörten wirtschaftlichen Wachstums. Der große Vorsprung gegenüber der aufholenden internationalen Konkurrenz verringert sich nur langsam. Die (nicht unbestrittene) These, wonach das europäische Spätmittelalter eine Phase wirtschaftlicher Depression gewesen sei, trifft für Italien so nicht zu: Jedenfalls zeigt das verstädterte Italien große Anpassungs- und Widerstandskraft und vermag Einbußen in einzelnen Sektoren oder Regionen anderweitig zu kompensieren.

Im **Fernhandel** behält das Geschäft mit indischen Gewürzen seinen Rang, v. a. auf der Route Alexandria–Venedig (Gewinnspanne 20–30 % netto). Der lebhafte Orienthandel (Syrien und Ägypten liefern Baumwolle und Gewürze gegen Tuche und Metalle, die nördliche Schwarzmeerküste Sklaven) weitet sich zeitweilig aus bis Fernost: Seit MARCO POLO (in China 1271–1295) bis zum Ende der weite Räume ordnenden *Pax Mongolica* 1368 (Sturz der mongolischen Dynastie in Peking) holen Venezianer und Genuesen auf neunmonatigem Landweg Seide aus China. Neben die traditionellen Orient- und Afrikarouten tritt seit etwa 1300 der regelmäßige Schiffsverkehr auch mit Nordwesteuropa (englische Wolle, flandrische Tuche); seither wächst der italienische Anteil auch an der iberischen Wirtschaft und den frühen Entdeckungen Portugals. Ohne Handelsschifffahrt, Bankwesen und andere italienische Dienstleistungen und Initiativen hätte die internationale Verflechtung des europäischen Marktes im Spätmittelalter solche Dimensionen nicht erreicht. Das Vordringen der Osmanen zwingt endlich zu kostspieligen Arrangements und Kriegen im Osten, schließt das Schwarze Meer und verweist v. a. Genua, von Venedig zunehmend aus dem östlichen Mittelmeerbecken abgedrängt, nach Westen: auf die Entdeckungen. Diese Entdeckungen werden den Mittelmeerraum schließlich (ganz jedoch erst im späten 16. Jh.) in den toten Winkel drängen.

Im **Gewerbe** steht nach Gewicht und Entwicklungsfähigkeit die Tuchproduktion an erster Stelle. In der Wolltuchindustrie ist Florenz führend: Neben der Veredelung und Imitation flandrischer Tuche produziert Florenz ein breites eigenes Sortiment zunächst mit englischer, dann viel spanischer Wolle; die Jahresproduktion beträgt im 14. Jh. 20 000–30 000 Tuche (nicht 70 000–80 000, wie GIOVANNI VILLANI [*ca. 1280, †1348] überliefert), im 15. Jh. 10 000–20 000. Die Einbußen werden, Quantität durch Qualität kompensierend, teilweise durch Luxusproduktion ausgeglichen, darunter Seidenweberei, in der jedoch Lucca seine Führung knapp behauptet. Leinen-, Baumwollstoffe und Mischgewebe produziert Oberitalien gegen wachsende oberdeutsche Konkurrenz. Wie zwischen den Zünften, so entwickelt sich auch zwischen den Städten eine ausgeprägte Spezialisierung: Waffen aus Mailand und Bergamo, Glas aus Venedig, aus Rom Vieh und antike Quadern von demontierten Tempeln (z. B. für den Dombau in Orvieto), aus Fabriano Papier. Rohstoffbeschaffung und Fernabsatz, oft auch die Koordinierung der Produktion (Verlagssystem) übernehmen große Handelsgesellschaften, die, gestützt auf ihr internationales Netz von Filialen und Agenten, in aller Welt mit Waren, Geld, Dienstleistungen und Nachrichten handeln. Im 14. Jh. überwiegen große, zentral gelenkte Firmen mit vielen Filialen und großem Gesellschaftskapital (wie die Florentiner Peruzzi mit 22 Gesellschaftern und 16 internationalen Kontoren), doch treten, nach der Erfahrung der großen Florentiner Bankrotte um 1345, an ihre Stelle kleinere Firmen mit relativ selbstständigen Unternehmen unter starkem Dach wie die Medici oder FRANCESCO DATINI von Prato (*um 1335, †1410; sein Firmenarchiv bewahrt 125 000 Geschäftsbriefe!). Seine Holding, mit zuletzt acht Einzelunternehmen zwischen Florenz und Barcelona, tätigt vom Wollankauf über die Tuchproduktion (im Verlagssystem: Heimarbeit auf rund 500 km^2) bis zum Vertrieb alles in eigener Regie (meist Tuchhandel; 40 Angestellte, mittlerer Kapitalertrag 15–20 %). Die reichen Erfahrungen werden in Handelshandbüchern (»*Pratica della mercatura*«) detailliert weitervermittelt: frühestes Pisa 1278, wichtigste Verfasser: FRANCESCO PEGOLOTTI um 1340 und GIOVANNI DA UZZANO 1442. Von der skizzierten Entwicklung bleibt Unteritalien weitgehend ausgeschlossen, dessen Handel in der Hand florentinischer und venezianischer Kaufleute liegt.

Wirtschaftliche Grundlage bleibt auch in Italien gleichwohl die **Landwirtschaft**, entsprechende Bedeutung behält die agrarische Konjunktur. Getreideüberschüsse produzieren Sizilien, Apulien und nördliches Latium. Daneben stehen Sonderkulturen wie Safran (um L'Aquila), Zitrusfrüchte (Unteritalien) und Maulbeerplantagen für Seidenraupen (jetzt auch in Oberitalien). Der kirchliche Grundbesitz, der im 14. Jh. auch in Italien in die Krise gerät, geht nun oft in die Hände von Unternehmern über, die zu Investitionen bereit und zu ökonomischer Nutzung des Bodens entschlossen sind: wachsende Produktivität v. a. in der Lombardei.

Seit etwa 1200 entwickelt sich das italienische **Bankwesen**. Die Wiederbelebung von Fernhandel und Geldwirtschaft führt zu praktischen Zahlungsproblemen, für die wiederum die italienischen Kaufleute erste Lösungen finden und weiterentwickeln. Erste Ansätze werden in Genueser Notarsprotokollen des 12. Jh.s sichtbar (Zahlungsanweisungen auf Depositen, Kontokorrentkredite, Auszahlungen an anderem Ort). Doch lassen erst die großen Champagne-Messen neue Formen des Zahlungsverkehrs und damit, seit etwa 1200, die Anfänge des internationalen Bankwesens richtig erkennen. Auf diesen Messen praktizieren italienische Kaufleute (viele Sienesen) zunehmend die bargeldlose Verrechnung von Schulden hier gegen Guthaben dort. Aus dieser Praxis, die fast immer zugleich Wechseln (von einer Währung in die andere) und Leihen (weil rückzahlbar an anderem Ort, mit Laufzeit) ist, erwächst der **Wechselbrief** als Kreditpapier. Der Gewinn des Kreditgebers wird dabei (zur Umgehung des kirchlichen Zinsverbots) im manipulierten Wechselkurs versteckt, d.h. die Schuldverschreibung lautet höher als die wirklich geliehene Summe. Rasch entwickelt sich das ganze Instrumentarium: Rechenhandbücher (mit Zinseszins und Amortisierung: Leonardo Fibonacci [†nach 1241], Pisa 1202), Buchführung (doppelte in Florenz gegen 1400) und zahlreiche Techniken (daher noch heute italienische Fachausdrücke wie Kontokorrent, Giro und Agio). Der Florentiner Goldgulden (*fiorino* nach der Florentiner Lilie), seit 1253 geprägt, wird vorbildlich. Im 14. Jh. entwickelt sich bereits die (See-)Versicherung.

Seit der reisende, seine Waren begleitende Kaufmann gegen 1300 durch den sesshaften, die Warenströme vom Büro aus dirigierenden Kaufmann abgelöst wird und die Champagne-Messen verkümmern, bauen italienische (meist toskanische) Gesellschaften ein **Netz von Kontoren und Agenten** über ganz Europa aus: von England bis Ägypten, von Marokko bis zur Krim (am wichtigsten Brügge). Bargeldloser Transfer in immer komplizierteren Verrechnungsfiguren ermöglicht ein regelrechtes Clearing über ganz Europa und damit den internationalen Ausgleich der Zahlungsbilanzen. Im **Kreditgeschäft** bieten die Kaufleute, gegen Verpfändung von Einnahmen, ihre guten Dienste dem Adel (der in seiner feudalen Mentalität meist schlecht zu wirtschaften versteht) und den Fürsten. Den hohen Gewinnen entspricht ein hohes Risiko. So lässt die Zahlungseinstellung durch König Eduard III. von England (1327–1377) die Gesellschaft Bardi & Peruzzi, dann viele andere Florentiner Firmen 1341–1346 in Konkurs gehen. Unentbehrlich v. a. für das Papsttum mit seinen Einkünften in aller Welt, bringen italienische Familienfirmen bald die **Papstfinanz** in ihre Hand: Anfangs Sienesen, dann meist Florentiner (wie die Alberti antichi, seit etwa 1400 die Medici), jedenfalls Toskaner, da meist nur sie zugleich Kaufleute und Bankiers sind. Die Entwicklung nötigt die Theologen zu differenzierterer Betrachtung des kanonischen Zinsverbotes (hl. Antoninus von Florenz; *1389, †1459). Zahlreiche volkswirtschaftliche Einsichten werden in toskanischen Traktaten (Leon Battista Alberti), in Predigten (hl. Bernhardin von Siena [*1380, †1444]) und persönlichen Aufzeichnungen (*Ricordi* von Florentiner Kaufleuten) des 15. Jh.s zum Ausdruck gebracht. **Zeit wird Geld.** | Forts. S. 1062 |

Die Iberische Halbinsel (507–1516) | Forts. v. S. 348 |

Die Iberische Halbinsel gliedert sich in schmale, mildfeuchte, mediterrane und atlantische Küstenstreifen und in die von Randgebirgen umschlossene und von Scheidegebirgen zerteilte, ausgesprochen kontinentale und trockene Hochebene, die Meseta. Diese geografische Zweiteilung in Meseta und Peripherie hat die historische Entwicklung auf der Halbinsel entscheidend geprägt. Die Expansion des Westgotenreichs auf der gesamten Halbinsel mit Hauptstadt im zentralen Toledo auf der Hochebene brachte eine einheitliche, die gesamte Halbinsel umfassende Herrschaft hervor, an die die christlichen Reiche des Hochmittelalters in Absetzung vom muslimisch beherrschten *al-Andalus* in unterschiedlich starkem Maße anknüpften.

Das Westgotenreich auf der Iberischen Halbinsel (507–711)

Vor und nach dem Zusammenbruch des Tolosanischen Reichs in der Schlacht von Vouillé (507) ziehen sich die Westgoten vor dem militärischen Druck der Franken allmählich über die Pyrenäen und seit 569 verstärkt auf die iberischen Hochebenen zurück.

511–526 **Ostgotenkönig Theoderich I.** (493–526) interveniert und gliedert das Westgotenreich als Regent zum Schutz des unmündigen Amalarich (*502, †531, 526–531), Sohn des in Vouillé gefallenen Königs Alarich II. (484–507), seinem eigenen Königreich ein.

531 Nach Theoderichs I. Tod wird das nun wieder unabhängig gewordene arianische Westgotenreich unter Amalarich bei Narbonne vom Frankenkönig Childebert I. (*um 496, †558) geschlagen.

Dez. Amalarich wird kurz darauf in Barcelona, wohin er flieht, ermordet. Er hat das Westgotenreich von den Tributzahlungen an die Ostgoten befreit, unterliegt aber dem militärischen Druck der Franken.

531–548 Nach seinem Tode schwingt sich der Ostgote Teudis, zuvor von Theoderich I. ernannter Heermeister in Hispania, zum neuen König der Westgoten mit Residenz in Barcelona auf. Teudis drängt die Franken erfolgreich hinter die Pyrenäengrenze zurück, kämpft jedoch ohne Erfolg gegen die Oströmer, die bereits das Vandalenreich in Afrika erobert haben.

548 Kurz nach seiner Niederlage gegen die oströmischen Land- und Seestreitkräfte bei Ceuta wird Teudis in seinem Palast in Sevilla ermordet.

548–549 Übergangsherrschaft von Teudegisel, der nur 18 Monate regiert.

549 Danach besteigt **Agila** (†555) als **erster wirklich unabhängiger Westgotenherrscher** den Thron.

555 Agila wird von seinen eigenen Leuten während eines Aufstands der hispanoromanischen, katholischen Opposition unter Führung des adligen Rebellen Athanagild (†567), der zur Unterstützung oströmische Truppen Kaiser Justinians (527–565) ins Land holt, getötet.

555–567 Athanagild, der den ehemaligen oströmischen Verbündeten die Provinz Baetica und einen großen Teil der Ostküste überlassen muss, ist unumstrittener westgotischer König mit Residenz in Toledo. Er vermählt seine Töchter Brunichilde (†613) und Galswintha (†ca. 567/70) mit den Frankenkönigen Sigibert I. von Austrien (561–575) und Chilperich I. von Neustrien (561–584).

Entstehung und Gliederung des toledanischen Westgotenreichs

Die Westgoten wandern z. T. schon vor, in ihrer Mehrzahl jedoch erst nach der Schlacht von Vouillé (507) über die Pyrenäen nach Süden. Sie lassen sich anfangs in der Provinz Tarraconensis (so in der Stadt Barcelona), dann auch in der Provinz Baetica nieder. Seit 569 verlagern sie den Schwerpunkt ihrer Herrschaft ins Innere der Halbinsel, v. a. auf die von den Hispanoromanen weniger besiedelten Hochebenen zwischen den Flüssen Ebro und Tajo, und hier insbesondere auf das Dreieck der Städte Palencia, Toledo und Calatayud. Die **Wanderbewegung der Westgoten** wird nicht nur vom königlichen Gefolge und von Gruppen des Adels, sondern auch, v. a. auf den Hochebenen zwischen Ebro und Tajo, von breiteren Volksschichten getragen. Im Verhältnis zur Gesamtbevölkerung bleiben aber die Westgoten auf den Hochebenen wie in an den Küsten eine zahlenmäßig schwache Minderheit. Die Hispanoromanen sind im Gegensatz zu den eingewanderten Westgoten überwiegend in den Küstenregionen, am dichtesten in der Provinz Baetica, ansässig. Den Nordwesten der Halbinsel beherrschen Sweben, den Norden Basken, Asturern und Kantabrern und die südöstlichen Küstenstriche seit Mitte des 6. Jh.s die Oströmer.

Als verbündeter germanischer Stamm siedeln die Westgoten auf der Iberischen Halbinsel ähnlich wie in Gallien im Rahmen der spätrömischen Form der Militäreinquartierung (*hospitalitas*). Dabei überlässt der hispanoromanische Grundeigentümer dem westgotischen Krieger und seiner Familie ein Drittel seines Hauses und einen großen Teil, in der Regel zwei Drittel, seiner Ländereien. Große westgotische Grundbesitzer lassen ihre Ländereien nach römischem Vorbild durch Agenten und Prokuratoren verwalten und durch schollengebundene Kolonen oder abhängige Pächter bearbeiten. Neben ihnen existieren zahlreiche kleine, aber immer weniger freie, wirtschaftlich unabhängige westgotische Landbesitzer. Die militärische Unsicherheit der westgotischen Überlagerung führt im Agrarbereich zu institutionellen **Frühformen des späteren Feudalismus**. Die spätrömische Stadtkultur geht zurück, doch existieren Handelsverbindungen sowohl im Landesinnern als auch zum Mittelmeerraum in abgeschwächter Form fort. Auch zum östlichen Mittelmeer und zu Konstantinopel bleiben Beziehungen bestehen.

Das Westgotenreich 507 – 711

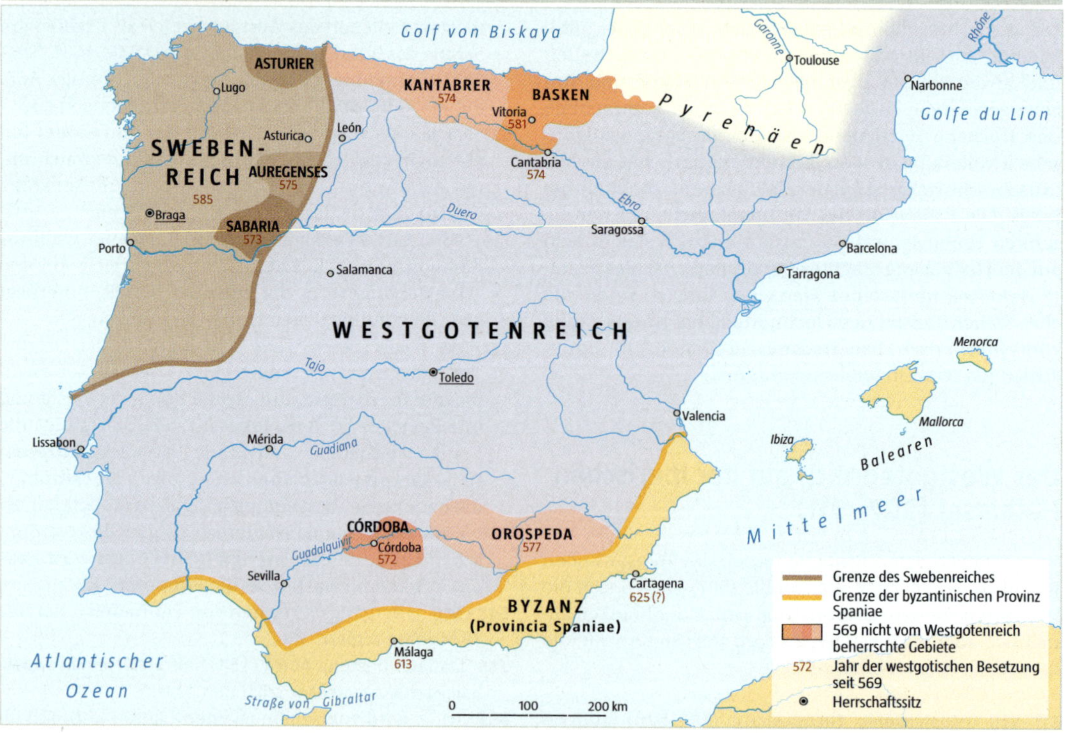

Die westgotische Minderheit hebt sich in sozialer Hinsicht deutlich von der hispanoromanischen Bevölkerungsmehrheit, die sie militärisch und politisch überlagert, ab. Die Westgoten sind bis 587 Arianer, die Hispanoromanen Katholiken. Im Unterschied zu den Hispanoromanen zahlen die Westgoten für ihre Landanteile keinen Grundzins. Sie unterscheiden sich von den Hispanoromanen durch ihre eigene Gerichtsbarkeit und durch ihr eigenes Recht. Seit Leowigild (568–586) geht jedoch die westgotische Minderheit allmählich in kirchlicher und religiöser Hinsicht und bei Rechtssprechung- und -ausübung in der hispanoromanischen Bevölkerungsmehrheit auf. Verbreitet und begleitet wird dieser Vorgang von bedeutenden einheimischen Gelehrten wie Martin von Braga (*um 515, †580), Leander von Sevilla (*549, †600/1) und Isidor von Sevilla (*um 560/70, †um 636). Auch der westgotische Adel verschwistert und verschwägert sich zunehmend mit dem hispanoromanischen Adel.

Das Königtum ruht auf der adligen westgotischen Militäroligarchie. Die westgotischen Magnaten verdrängen als Oberschicht seit Teudis auf allen Verwaltungsebenen die römischen Zivilbehörden und ziehen die gesamte politische, administrative und richterliche Gewalt an sich. Leowigild verbessert durch Kriegsbeute, Steuern und Konfiskationen die finanzielle Grundlage des Königtums mit Toledo als Reichszentrum. Er ersetzt die Einfachheit des germanischen Heerkönigtums durch ein pomphaftes Hofzeremoniell byzantinischen Stils (Imperialisierung des Westgotenreichs). Ursprünglich werden die westgotischen Könige von der Versammlung aller freien Krieger gewählt. Auf der Iberischen Halbinsel reduziert sich aber dann die Wahlberechtigung bei der Königswahl auf die Magnaten und die Prälaten des Reichs. Die Könige streben gegen die Interessen der Magnaten eine Erbmonarchie an, indem sie vor ihrem Tod ihre Söhne an der königlichen Macht beteiligen. Aber nur zwei Könige, Leowigild und Chindaswind (642–653), erreichen es, dass ihnen ihre Söhne als Thronerben nachfolgen. Bis 554 werden die westgotischen Könige meist von ihren Untertanen ermordet. Athanagild ist seit Eurich (466–84) der erste westgotische König, der in seinem Bett stirbt. Die Thronfolge bleibt bis zum Ende des Westgotenreichs auf der Iberischen Halbinsel ein ungelöstes Problem.

567–573 Kurze Herrschaft Leowas I.

568–586 Leowas Bruder Leowigild (†586) wird Mitregent und nach dessen Tod dann Alleinherrscher. Seine Herrschaft ist ein Wendepunkt in der Geschichte des Westgotenreichs: Er ist in der Lage, die **Westgotenherrschaft über die ganze Pyrenäenhalbinsel** auszudehnen. Es gelingt ihm, das swebische Königreich im Nordwesten zu unterwerfen und endgültig dem Westgotenreich einzugliedern, die Basken zu besiegen und über die Pyrenäengrenze nach Norden abzudrängen und die Oströmer an der Südostgrenze in die Defensive zu drängen.

579–585 Leowigild schlägt einen gefährlichen Aufstand der unzufriedenen katholischen Bevölkerungsmehrheit in der Provinz Baetica unter Führung seines zum Katholizismus übergetretenen Sohnes Hermenegild (†585) und dessen westgotischen katholischen Anhängern, denen sich der unterworfene Swebenkönig Miro (570–583) und der Präfekt der oströmischen Provinz anschließen, nieder.

587 Um die kirchliche und politische Einheit des Reichs wiederherzustellen, wird Leowigilds Nachfolger und Sohn Rekkared (586–601) katholisch.

589 Auf dem III. Konzil von Toledo wird der **Katholizismus als Reichsreligion** und die kirchliche Einheit des Reichs feierlich verkündet. Seit dieser Zeit werden die Juden Beschränkungen, Verfolgungen und Zwangsbekehrungen unterworfen. Von den Nachfolgern Rekkareds, Leowa II. (601–603) und Witterich (603–610), kann die kirchliche Einheit des Reichs nicht mehr rückgängig gemacht werden.

seit 610 Seit Gundemar (610–612) und Sisibut (612–621) regieren nur noch Katholiken das Westgotenreich. Sisibut beginnt damit, die oströmischen Besitzungen in Südspanien zurückzuerobern. Sein Mitregent und Nachfolger Swintila (621–631) bringt die Eroberung zum Abschluss.

633 Das IV. Konzil von Toledo setzt eindeutig das **Wahlkönigtum** fest. Dieser Grundsatz wird jedoch nicht streng beachtet.

642–653 König Chindaswind regiert. Er ist ein alter Magnat, der sich an vielen Verschwörungen gegen die Könige beteiligt hat und der selbst durch eine Revolte auf den Thron gelangt ist. Er soll nach Gewaltakten unterlegener Thronbewerber alle seine Gegner aus dem höheren und niederen Adel, insgesamt mehrere hundert Personen, getötet haben. Durch die Konfiszierung der betroffenen adligen Vermögen kann Chindaswind die Kronfinanzen aufbessern.

653 Chindaswinds Sohn Rekkeswind (653–672) beruft das VIII. Konzil von Toledo ein, auf dem für alle vom Vater verfolgten Personen eine Amnestie erlassen und die Königswahl bis ins Einzelne festgelegt wird.
Rekkeswind fördert die **Rechtseinheit zwischen Westgoten und Hispanoromanen** durch den Erlass eines Territorialrechts, des *Liber Iudiciorum*.

672/673 Gegen die Wahl König Wambas (672–680) bricht wieder ein Aufstand aus.
Das westgotische Königtum versinkt im verhängnisvollen Parteienstreit zwischen einflussreichen Magnatenfamilien, die rücksichtslos um die politische Macht kämpfen.

710 Die Wahl des letzten Westgotenkönigs Roderich ruft abermals die Opposition starker Gruppen von Magnaten hervor, die die Muslime um Hilfe bittend ins Land rufen.

711 Roderich fällt im Kampf gegen ein arabisch-berberisches Heer in der Schlacht am Guadalete. **Die Iberische Halbinsel kommt unter arabische Herrschaft.**

Staat und Kirche im Westgotenreich

Die Konzilien erlangen seit dem III. (589) und IV. Konzil von Toledo (633) eine reichsumfassende geistliche und politische Funktion, denn sie beschäftigen sich nicht nur mit kirchlichen Fragen, sondern legen auch Richtlinien für die Regierung des Staats fest. Sie urteilen als einzig zuständige Instanz über die Legalität der Staatsgewalt. Die Konzilien treffen deshalb Entscheidungen über die Thronfolge, den Schutz der königlichen Familie, die gerichtliche Sicherung von zivilen und geistlichen Amtsträgern, und entscheiden über Amnestien, den Einzug von Vermögen, die Rechtslage der Juden usw.

Erzbischof Isidor von Sevilla hat als überragende Autorität die Mitwirkung der Kirche an der Regierung des Staats entscheidend geprägt. Vor dem Untergang des Westgotenreichs ist auch die Kirche als Partei in die Konflikte zwischen Königen und Magnaten verwickelt. Der Bischofssitz von Toledo wird in diesem Zusammenhang 681 zum Primat über alle anderen Bischofsstühle des Reichs erhoben, deren Besetzung in Zukunft durch ihn im Einvernehmen mit dem König erfolgen soll.

Das muslimische Iberien (al-Andalus) (711–1492)

Die Iberische Halbinsel gerät in wenigen Jahren als al-Andalus (wohl »Land im Westen«) in den Herrschaftsbereich der Kalifen von Damaskus. Die muslimischen Berber und Araber dringen nicht als Okkupanten, sondern mit geringen Kräften als Verbündete einer Partei in das vom Bürgerkrieg zerrissene Westgotenreich ein. Die großen Städte, auch die Hauptstadt Toledo, kapitulieren mit Ausnahme Méridas, eines Machtzentrums des letzten Westgotenkönigs Roderich (710–711), ohne militärischen Widerstand. Bei der Übernahme der Städte garantieren die Muslime zu Anfang die geltende Rechtsordnung mit alter Obrigkeit, Eigentumsverhältnissen und Religionsfreiheit. Sie ersetzen lediglich die westgotische Zentralregierung und schöpfen mit der Verpflichtung zu Kopfsteuern und Naturallieferungen die wirtschaftlichen Überschüsse der Bevölkerung ab. In einer späteren Phase werden die muslimischen Krieger, insbesondere die Araber, zu stadtansässigen Großgrundbesitzern.

717 Kalif Omar II. Ibn Abdal Asis (*682/83, †720) von Damaskus steht der Unterwerfung der Iberischen Halbinsel, die vom Gouverneur von Afrika, Musa ibn Nusair (*640, †716/19), eigenmächtig begonnen worden ist, abwartend gegenüber.

719–721 As-Samh (†721), der als Statthalter das Vertrauen des Kalifen genießt, stärkt die Stabilität der moslemischen Herrschaft auf der Halbinsel, dehnt sie über die Pyrenäen aus und erobert Narbonne.

721–726 Sein Nachfolger ist Anbasa (†726); er unterwirft mit Carcassonne und Nîmes die Reste des alten toledanischen Westgotenreichs. Gegenüber dem militärischen Druck der Franken unter deren Hausmeier Karl Martell (714–741) bleibt die Expansion der Muslime auf das Gebiet des Westgotenreichs beschränkt.

756–788 Emir Abd ar-Rahman I. (*731, †788), der einzige überlebende Nachkomme der von den Abbasiden ausgerotteten Omajjadendynastie von Damaskus, errichtet im Gegensatz zu den früheren, nur für kurze Zeit ernannten Gouverneuren der Halbinsel seine **Herrschaft als eigenständiges Emirat** mit Zentrum in Córdoba. Er unterdrückt innenpolitische Gegner und Aufstände und legt die Grundlagen eines vom Vorderen Orient unabhängigen Herrschaftsgebildes.

788–796 Sein zweiter Sohn Hischam I. (*757, †796) folgt ihm als Erbe des Emirats nach.

796–822 Hischams Sohn und Nachfolger al-Hakam I. (*770, †822) hält trotz zahlreicher Aufstände als harter, grausamer Monarch die politische Einheit des Reichs aufrecht.

912–961 Emir Abd ar-Rahman III. (*891, †961) von Córdoba baut die muslimische Herrschaft zu einer innen- und außenpolitisch starken Einheitsherrschaft aus. Aufstände innerhalb des Reichs schlägt er nieder, 927 erobert er Ceuta und 951 Tanger.

929 Seine militärischen Erfolge und seine vornehme Abkunft erlauben es ihm, sich in Absetzung von den Abbasiden und v. a. von den Fatimiden selbst zum »Kalifen« und »Fürsten der Gläubigen« auszurufen. Gestützt auf schwer integrierbare Söldnertruppen, führt er die entwickelte maurische Kultur mit intensiver, gartenbauartiger Landwirtschaft, blühender Verbrauchsgüter- und Luxusgüterindustrie, mit städtischer Zivilisation, regem Binnen- und Fernhandel, straffer Verwaltung, mit bewundernswerten Moscheen und Palästen, insbesondere dem Kalifenpalast von Córdoba und der Residenz Medinat as-Sahra, mit Hofgeschichtsschreibung, Philosophie, Dichtung, Naturwissenschaften und großen Bibliotheken zu ihrem Höhepunkt.

976–1013 Unter Hischam II. (*966, †1013) gehen die afrikanischen Besitzungen wieder verloren. Sein erster Minister und Feldherr Mohammed ibn Abi Amir, genannt Almansor, der Siegreiche (†1002), wird mit seinen Feldzügen zum Schrecken der christlichen Königreiche im Norden.

1013–1031 Vom Ausgang der Regierungszeit Hischams II. bis zur Vertreibung des letzten Omajjadenkalifen, Hischam III. (*975, †1036, 1027–1031), versinkt die Monarchie in dynastischen Auseinandersetzungen. Das **Kalifat von Córdoba zerbricht** angesichts der überaus starken Zentralisierung der Macht v. a. am Widerstand des arabischen Adels. Aristokratische Gruppen übernehmen in den nachfolgenden Kleinstaaten die Regierungsgewalt.

seit 1031 Unter den zahlreichen sich befehdenden **Taifa-**(Teil-)**Königreichen** gewinnen die mächtigeren, wie Sevilla und Granada, überregionale Bedeutung. Die politische Schwäche der Teilkönigreiche wird von einer hohen Kulturblüte begleitet.

1080–1085 Alfons VI. von Kastilien (1072–1109) belagert und erobert Toledo.

1086 Die **Almoraviden**, eine berberische politisch-religiöse Reformbewegung, werden von dem Herrscher von Sevilla gegen die Christen ins Land gerufen. Am 23. Okt. besiegen sie in der Schlacht von Zallaqua Alfons VI.

bis 1092 Die Almoraviden erobern den größten Teil von al-Andalus sowie christlich beherrschte Territorien bis zum Tajo und machen diese Gebiete zu einer Provinz ihres nordafrikanischen Reichs. Zuletzt nehmen sie auch Valencia (1102) und Saragossa (1110) ein, das allerdings 1118 schon wieder verloren geht.

1146 Beginn der Herrschaftsübernahme in al-Andalus durch eine zweite berberische politisch-religiöse Reformbewegung, die Almohaden.

1130–1163 Unter ihrem Emir ABD AL-MUMIN BEN ALI (*1094, †1163) erobern sie zuerst Marokko und seit 1146/47 die meisten Städte im Süden der Iberischen Halbinsel.

1163–1184 ABU JAKUB JUSUF (†1184), der Nachfolger von ABD AL-MUMIN BEN ALI, erobert 1172 Murcia.
An seinem Hof lebt IBN RUSCHD (AVERROES; *1126, †1198), der Verfasser von Kommentaren zu Werken des ARISTOTELES.

1195, 19. Juli Die Almohaden schlagen König ALFONS VIII. (1158–1214) von Kastilien bei Alarcos (Provinz Ciudad Real).

1212, 16. Juli Bei Las Navas de Tolosa (nahe Jaén) **erleiden die Almohaden eine vernichtende Niederlage** durch die vereinigten kastilischen, navarresischen und aragonischen Heere.

bis 1235 Die Almohaden verlieren den größten Teil der ihnen verbliebenen Gebiete.

1235 Die Dynastie der Nasriden gründen im äußersten Süden der Iberischen Halbinsel um die Hauptstadt Granada ein neues muslimisches Königreich von hoher kultureller Blüte, das sich bis 1492 halten kann. Davon geben die königliche Palastanlage Alhambra und die Geschichtsschreibung, u. a. die Werke des IBN AL-HATIB (†1374/75) und des IBN CHALDUN (†1406), Zeugnis. Unter Emir MOHAMMED I. (1237–1273) nimmt das Nasridenreich Gestalt an.

1269–1465 Herrschaft der Meriniden in Marokko. Sie sind als zeitweilige Verbündete der Nasriden von Granada die mächtigsten muslimischen Gegner der christlichen Königreiche im Spätmittelalter.

1319 Baubeginn der Generalife, die Sommerresidenz der Nasriden, nahe der im 13. und 14. Jh. erbauten Alhambra, der Burg von Granada.

1340 Niederlage der Meriniden am Fluss Salado. Sie führt mittelbar zu einer Schwächung des Bündnisses zwischen den Nasriden und den Meriniden und zu einer verstärkten Tributpflichtigkeit des Nasridenreichs gegenüber dem Königreich Kastilien.

1419 Beginn innerer Machtkämpfe im Reich von Granada. Von 1419 bis 1450 herrschen neun Emire in Granada.

1481–1492 Krieg um Granada gegen die Heere der »Katholischen Könige«. Die Stadt wird am 2. Jan. 1492 gegen Zusicherung weitgehender Rechte der Muslime den Christen übergeben. Der letzte König ABDALLAH (BOABDIL, 1482–1492, †1533) zieht sich als Folge seiner Niederlage nach Afrika zurück. Die seit 1499 verstärkt einsetzenden Zwangsbekehrungen und -taufen führen zur Massenemigration.

Die Taifareiche um 1050

Die christlichen Reiche auf der Iberischen Halbinsel (711–1252/1328)

Gegen die muslimische Herrschaft auf der Iberischen Halbinsel bildet sich in den asturischen Bergen unter Pelagius (†737), der aus altem westgotischem Adel stammt, eine Widerstandsbewegung. 718 wird Pelagius von einer asturischen Versammlung zum Fürsten gewählt. 722 erlangt er bei Covadonga einen ersten militärischen Erfolg. Die junge asturische Monarchie, in die sich viele Priester aus dem muslimischen al-Andalus flüchten, versteht sich als Nachfolgerin und Erbin des alten Westgotenreichs. Um 750 werden die Muslime von den Asturern aus Galicien vertrieben. Auch die Basken behaupten im Westen der Pyrenäen um die Hauptstadt Pamplona erfolgreich ihre Unabhängigkeit gegen jede muslimische oder fränkische Oberhoheit. In den mittleren Pyrenäen, in den Bergen Aragóns, regiert ein Grafengeschlecht, das sich ebenfalls einer muslimischen oder fränkischen Vorherrschaft zu entziehen weiß. Im östlichen Pyrenäenraum schieben sich dagegen mit Unterstützung der fränkischen Könige verschiedene Grafschaften als Grenzprovinzen des Karolingerreichs nach Süden vor.

Die Reconquista

Die Reconquista (Rückeroberung des Landes von der muslimischen Herrschaft) ist bis zum 11. Jh. kaum durch religiöse Gegensätze gekennzeichnet. Seit der Wende zum 12. Jh. nehmen dagegen die Kriegszüge der christlichen Königreiche gegen die muslimischen Kleinstaaten der Halbinsel Kreuzzugcharakter an. Die Christen nehmen in Auseinandersetzung zuerst mit den Almoraviden, dann mit den Almohaden bis zur Mitte des 13. Jhs. die südliche Hälfte der Iberischen Halbinsel mit Ausnahme des Königreichs Granada ein. Alles zurückeroberte Land fällt in römischer und christlicher Rechtstradition an den Fiskus der jeweiligen Krone. Im Westen der Halbinsel verläuft die **Wiederbesiedlung der zurückgewonnenen Ländereien in drei Phasen**: Sie erfolgt in der ersten Phase bis zum Duero und Ebro überwiegend als Siedlung freier Bauern unter monastischer oder adliger Leitung oder in eigener Initiative im Namen der Krone. In der zweiten Phase südlich des Duero wird die Siedlung vorwiegend von zentralen königlichen Siedlungen und in deren Gerichtsbezirken von weiteren untergeordneten Städten geleitet und ebenfalls von freien Bauern durchgeführt. Zwischen Tajo und Guadiana erhalten in dieser Phase die Ritterorden von Calatrava, Santiago und Alcántara von der Krone zur Grenzsicherung umfangreiche Grundherrschaften. In der dritten Phase werden Südportugal, Andalusien und das Königreich Murcia erst nach der Schlacht bei Las Navas de Tolosa (1212) im Auftrag der Krone von Städten, Ritterorden und Magnaten zugleich als Kolonisationsträger bzw. Grundherren besiedelt. Die bäuerlichen Siedler kommen nicht nur aus dem kargen Norden der Halbinsel und von jenseits der Pyrenäen, sondern als sog. Mozaraber (Christen unter muslimischer Herrschaft) auch aus al-Andalus. Da im Süden der Halbinsel nur noch wenige neue Siedler zur Verfügung stehen, werden die weiten grundherrlichen Ländereien, die sich in späteren Jh.en zu Großgrundbesitzungen entwickeln, überwiegend durch extensive Viehzucht genutzt. Handel und Gewerbe treten in den christlichen Reichen hinter der Landwirtschaft zurück. Die Wiederbesiedlung im Osten der Iberischen Halbinsel (Krone Aragón) vollzieht sich ähnlich, jedoch spielen adlige und kirchliche Grundherren als Träger der Siedlung insgesamt eine größere Rolle gegenüber den Ritterorden als in León und Kastilien.

Die militärische und politische Expansionskraft der christlichen Königreiche, die wirtschaftlich und sozial auf die Reconquista ausgerichtet sind, greift von den Reichen der Krone Aragón seit dem 13. Jh. nach Italien und dem östlichen Mittelmeerraum, seit dem 14. Jh. von Portugal und von Kastilien nach Afrika aus. Durch die iberische Reconquista wird das westliche Mittelmeer im 13. Jh. zu einem »christlich« kontrollierten Meer. Nach der Eroberung des Königreichs Granada (1492) erfolgt eine weitere Expansion der iberischen Reiche nach Ostasien und Hispanoamerika.

Asturien, León und Kastilien

Das Königreich Asturien ist durch eine schwach besiedelte Pufferzone zum islamischen Herrschaftsgebiet hin geschützt.

791–842 König Alfons II., der Keusche, (*759, †842) baut die Hauptstadt Oviedo und das Verteidigungssystem südlich des Kantabrischen Gebirges aus. Für die östliche, vom Ebrotal her verwundbare Landschaft kommt allmählich, wohl aufgrund ihrer vielen Kastelle, der Name Kastilien auf. Die Kunde vom Jakobsgrab (Santiago de Compostela) stärkt nicht nur die Widerstandskraft der jungen Monarchie und deren Ausstrahlung nach Osten, sondern auch die Attraktivität dieser entlegenen Regionen für Pilger aus dem restlichen Europa.

850–866 Ordoño I. (*um 830, †866) setzt die Expansion des Reichs nach Süden fort.

866–910 König Alfons III. (*um 848, †910) erklärt die Wiederherstellung des untergegangenen Westgotenreichs zum Ziel (Neogotizismus), erreicht und befestigt die Duero-Linie, ist dadurch jedoch in größerem Maße den Angriffen des Emirats von Córdoba ausgesetzt. Er verlegt die Hauptstadt des Reichs von Oviedo in die alte Römerstadt León, nach der das Königreich in der Folge benannt wird. Besonderen Ausbau erfährt der westliche Landesteil um Porto (Portucale) am Duero. Der westliche Landesteil erlangt v. a. dadurch größere Selbstständigkeit, dass die Könige von León dieses Territorium häufig einem ihrer Söhne übertragen. Noch stärker als der Westen des Reichs expandiert die Grenzmark Kastilien im Osten.

931–970 Herrschaft des Grafen Ferdinand González in Kastilien. Er fasst mehrere kleine Grafschaften zur Großgrafschaft Kastilien zusammen.

943 Erfolglose Rebellion des Ferdinand González gegen den König von León.

1035–1065 Unter König FERDINAND I. von Kastilien (*um 1016, †1065), Sohn SANCHOS' III., DES GROSSEN von Navarra (1000–1035), wird **Kastilien** auf Kosten von León erweitert und zu einem **eigenständigen Königreich** erhoben.

1038 FERDINAND I. beerbt den letzten König von León. Danach verlagert sich das wirtschaftliche und politische Schwergewicht beider Reiche allmählich nach Kastilien. FERDINAND I. treibt die benachbarten muslimischen Teilkönigreiche militärisch in die Enge und erobert das Gebiet zwischen Duero und Coimbra.

1072 ALFONS VI. (*1040, †1109), zweiter Sohn FERDINANDS I., wird neuer König.

1085 ALFONS VI. erreicht mit der Eroberung Toledos, das Hauptstadt des Gesamtreichs wird, die Tajo-Linie. Er nennt sich, ähnlich wie andere leonesische Könige vor und nach ihm, die sich ohnehin als Nachfolger der westgotischen Monarchen sehen, *Imperator totius Hispaniae* (Herrscher ganz Spaniens), um symbolisch einen Hegemonialanspruch über alle übrigen christlichen und muslimischen Reiche auf der Iberischen Halbinsel auszudrücken.
In den Kriegen gegen die muslimischen Teilkönigreiche ist sein Feldherr RODERICH DÍAZ DE VIVAR (*um 1043, †1099) mit dem arabischen Beinamen EL CID (= Herr), der später in muslimische Dienste wechselt und in Valencia eine eigene Herrschaft begründet, die dominierende Persönlichkeit.

1086 Die Almoraviden schlagen ALFONS VI. bei Sagrajas und danach in mehreren Schlachten. Die leonesisch-kastilische Expansion im Süden des Tajo und in Richtung Mittelmeer wird von den Almoraviden und später den Almohaden zwischenzeitlich gestoppt.

1102 Nach dem Tod des CID erobern die Almoraviden Valencia zurück.

1126–1157 ALFONS VII. (*1105, †1157) sieht sich als König von León und Kastilien, der als letzter Monarch den spanischen Kaisertitel führt, von den Almohaden militärisch in die Defensive gedrängt.

1157 Seit der Erbteilung beider Reiche regieren FERDINAND II. (*1137, 1157–1188) als König von León sowie SANCHO III. (*1135, 1157–1158) und nach ihm ALFONS VIII. (*1155, 1158–1214) als König von Kastilien.

1195, 19. Juli Niederlage ALFONS' VIII. gegen die Almohaden bei Alarcos.

1212, 16. Juli Die erstmals erfolgreich vereinten Heere aus **Kastilien, Aragón und Navarra besiegen bei Las Navas de Tolosa** (nahe Jaén) **die Almohaden**.

1230 **FERDINAND III.** (*1201, †1252), König von Léon seit 1217, **vereinigt die Königreiche Kastilien und León** für alle Zukunft.

1248 Einnahme von Sevilla, nachdem zuvor schon die muslimischen Städte Córdoba (1236), Murcia (1243) und Jaén (1245) erobert wurden. Die Reconquista findet bis auf die Eroberung des Nasridenreichs Granada auf der Iberischen Halbinsel ihren Abschluss. Das Königreich León-Kastilien kann innerhalb von 50 Jahren sein Territorium verdoppeln. | Forts. S. 567 |

Könige von Kastilien

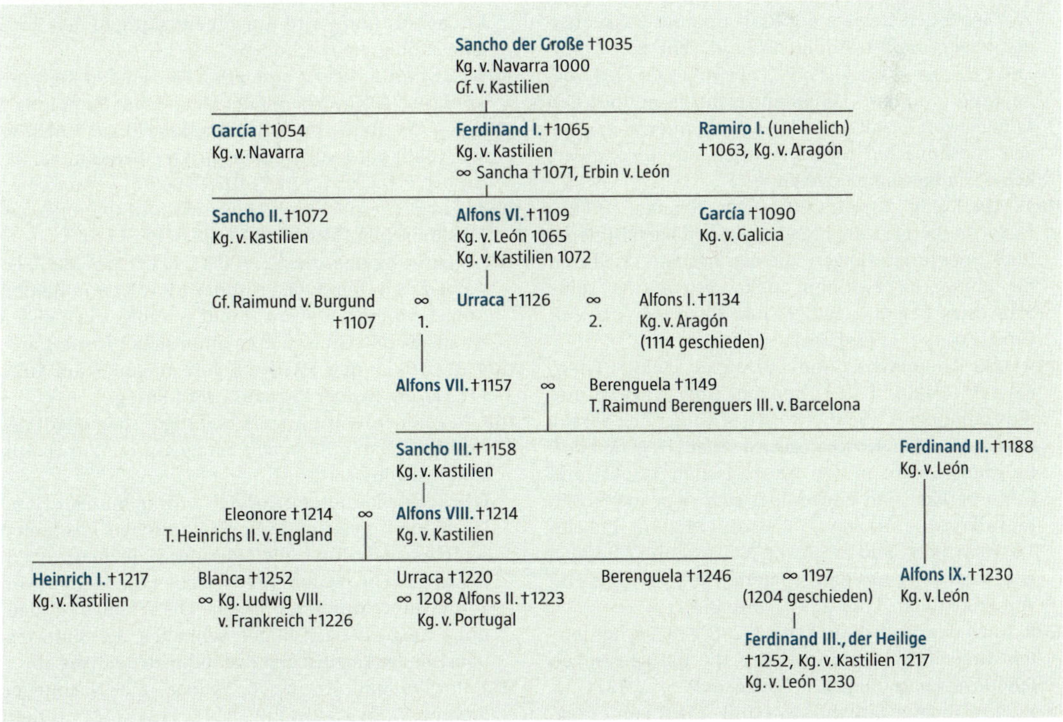

Navarra

9. Jh. Unter ihren Königen (seit der Mitte des Jhs.) aus dem Geschlecht der Iñíguez kann die einige Hochtäler bei Pamplona umfassende Herrschaft ihre Unabhängigkeit gegenüber dem karolingischen Aquitanien im Norden und dem muslimischen al-Andalus im Süden behaupten.

1000–1035 Unter König Sancho dem Grossen (*um 992, †1035) spielt das Königreich Pamplona (später Navarra genannt) eine zentrale Rolle unter den christlichen Reichen auf der Iberischen Halbinsel. Im Westen gehören zu Navarra die Gebiete von Sobrarbe und Ribagorza, und sein Einfluss reicht bis Barcelona. Sancho der Grosse regiert ferner die Grafschaft Kastilien und das Königreich León. Nach seinem Tode werden seine Reiche unter seinen Söhnen aufgeteilt.

1035 Sanchos ältester Sohn García III. (†1054) folgt ihm im Königreich Pamplona nach, das auf Kosten Kastiliens erweitert worden ist. Er verliert jedoch bald die Gebiete Sobrarbe und Ribagorza an das aufstrebende Königreich Aragón.

1054 Nach seinem Tod im Kampf gegen seinen Bruder Ferdinand I. von Kastilien gehen auch die Gebiete im Westen des Reichs wieder an Kastilien verloren.

1076 Alfons VI. von Kastilien okkupiert schließlich die Provinzen Álava, Vizcaya, und die Rioja, während König Sancho Ramírez von Aragón (*1043, †1094, 1063–1094) den Rest des Königreichs Navarra mit der Hauptstadt Pamplona besetzt.

1134 Nach dem Tode von Alfons I. von Aragón (1104–1134) wird Navarra unter dem zum König erhobenen García Ramírez (1134–1150) ungefähr in den Grenzen der heutigen Provinz Navarra ohne die kastilisch verbleibenden Gebiete der Rioja und des Baskenlandes wieder selbstständig. Er und sein Sohn Sancho VI., der Weise, (*1132, †1194, 1150–1194) behaupten zwar ihre Unabhängigkeit gegenüber den Königen von Kastilien und Aragón, können aber mangels muslimischer Grenzen durch die Reconquista keine Landgewinne erzielen.

1194–1234 König Sancho VII., der Starke, (*1154, †1234) verliert in seiner Regierungszeit nach früheren Rückeroberungserfolgen die baskischen Provinzen für immer an Kastilien. 1095 vermählt er seine Schwester Blanca (†1229) mit Theobald III. von Champagne (*1176, †1201).

1234–1253 Theobalds und Blancas Sohn Theobald IV. (*1201, †1253) herrscht über Navarra und die Champagne. – Seither wird das Königreich **Navarra von französischen Herrscherhäusern regiert**. Es gerät künftig immer enger in den französischen Macht- und Kulturbereich und entfremdet sich dem iberischen Kulturkreis. Johanna I. (*1270, †1305), Enkelin Theobalds IV. und Erbin von Navarra und Champagne, wird 1284 mit dem späteren König Philipp IV. von Frankreich (1285–1314) vermählt.

1328 Nach dem Tode Karls IV. (*1295, †1328), des letzten direkten Kapetingers, rufen die navarresischen Ständeversammlungen Johanna II. (*1311/12, †1349), Tochter Ludwigs X. (1314–1316) von Frankreich, zur Königin von Navarra aus, die durch ihre Heirat mit Philipp III. von Evreux (*1301, †1343; 1328–42/49) dieses nordfranzösische Haus für ein Jh. auf den Thron von Pamplona bringt. | Forts. S. 573 |

Aragón und Katalonien

801 Die Stadt Barcelona wird durch ein karolingisches Heer unter Ludwig dem Frommen (814–840) eingenommen.

878–897 Unter Graf Wilfred dem Behaarten erlangt Barcelona allmählich die Vorherrschaft unter den karolingischen Grafschaften des südlichen Pyrenäenraums. Er ist der letzte vom westfränkischen König ernannte Graf; nach ihm setzt sich das Erbprinzip durch.

1035 Ramiro I. (†1063), Sohn Sanchos des Grossen von Navarra, erhält von seinem Vater die Grafschaft Aragón in den mittleren Pyrenäen und weitere Gebiete. Nach dem Tode seines Vaters regiert Ramiro faktisch als unabhängiger König von Aragón. Als sein Bruder García von Navarra stirbt, gewinnt er die Territorien Sobrarbe und Ribagorza im Osten hinzu.

1035–1076 Graf Ramón Berenguer I. von Barcelona (*um 1023, †1076) veranlasst die erste Redaktion der *Usatges*, einer Sammlung der katalanischen Rechtsgebräuche, die in der Folge durch gelehrtes Recht ergänzt werden.

1063–1104 Sancho Ramírez von Aragon (*1043, †1094) und sein Sohn Peter I. (*1068/69, †1104) erreichen durch die Reconquista großen Gebiets- und Machtzuwachs.

1067 Aufgrund seiner Unterstellung unter die römische Kirchenordnung wird Aragón endgültig in den Rang eines Königreichs erhoben.

1076 Sancho Ramírez besetzt im Westen den Kern des Königreichs Navarra mit der Hauptstadt Pamplona.

1082 Ramón Berenguer II. von Barcelona (*1053/54, seit 1076) wird von seinem Bruder Berenguer Ramón II. (*1053/54, †1097; 1076–1096/97) ermordet.

1096 Peter I. erobert mit Huesca den Mittelpunkt der muslimischen Herrschaft nördlich des Ebro.

1112 Ramón Berenguer III. (*1082, †1131, seit 1097) erwirbt durch Heirat die Provence (dort Ramón Berenguer I. von der Provence) und vereinigt die meisten katalanischen Grafschaften unter seiner Herrschaft

1104 Alfons I., der Kämpfer von Aragon (*um 1073, †1134), ein Bruder Peters I., wird König.

1118 Alfons erobert die stark befestigte Hauptstadt des muslimischen Königreichs Saragossa, das zur Hauptstadt Aragóns wird.
Der Besitz des oberen Ebrotals in aragonischer Hand ist dadurch gesichert. Die aragonischen Positionen schieben sich durch die Täler der südlichen Nebenflüsse des Ebro voran und erreichen die Gegend von Teruel am Ostrand der Meseta. Die schnelle Ausdehnung Aragóns nach Süden schneidet der Südostexpansion der kastilischen Reconquista den Weg ab.

1134 Peters und Alfons' I. Bruder und Nachfolger, Ramiro II., der Mönch, (†1147, 1134–1137) verliert

Navarra, das wieder ein unabhängiges Königreich wird.

1137 Ramiro verlobt jedoch seine Tochter und Erbin Petronila (†1174) mit dem Grafen Ramón Berenguer IV. von Barcelona (*um 1113, †1162) und erreicht dadurch eine der zukunftsträchtigsten Länderverbindungen auf der Iberischen Halbinsel: **Die Krone Aragón**. Innerhalb dieses von den Nachfolgern Ramiros und Ramón Berenguers IV. in Personalunion regierten Herrschaftsverbands besitzt das Binnenreich Aragón nunmehr Zugang zum Mittelmeer und das Küstengebiet Katalonien ein breites Hinterland.
Seit der Abdankung Ramiros II. regiert Ramón Berenguer IV. als Verweser; ihm gelingt es, die katalanische Reconquista bis zum unteren Ebro vorzutragen und Tortosa (1148) und Lérida (1149) zu erobern.

1162 Alfons II. (*1152, †1196) wird neuer König.

1166 Der Sohn von Ramón Berenguer IV. und Petronila erwirbt die an eine Nebenlinie übergegangene Provence wieder zurück, die jedoch nur bis 1245 unter dem Hause der Grafen von Barcelona und Könige von Aragón verbleibt, um danach durch Heirat an das Haus Anjou zu fallen.

1171 Alfons II. setzt die Eroberung der Gegend von Teruel fort, betreibt jedoch erfolglos die Unterwerfung des Königreichs Valencia.

1174 Hochzeit mit Sancha (†1208), Tochter König Alfons VII. von Kastilien. Er pflegt das väterliche Bündnis mit Kastilien und England. Am Ende seiner Regierungszeit wendet er sich jedoch gegen die iberische Hegemonialmacht, eine Politik, die sein Sohn und Nachfolger Peter II. (*1176, †1213) wieder zugunsten Kastiliens korrigiert.

1212 Peter unterstützt Kastilien in der Schlacht bei Las Navas de Tolosa gegen die Almohaden.

1213 Er findet als Verbündeter der Grafen von Toulouse und anderer südfranzösischer Großer in der Niederlage bei Muret (südwestlich von Toulouse, an der Garonne) in den Albigenserkriegen den Tod; dadurch verliert die Krone Aragón weitgehend die seit Jahrzehnten aufgebauten Herrschaftspositionen in Südfrankreich.
Der neue König Jakob I., der Eroberer, (*1208, †1276) forciert die **Expansion seines Reichs im Zuge der Reconquista**, betreibt eine insgesamt erfolgreiche Außenpolitik europäischen Ausmaßes und erhebt damit die Krone Aragón zu einem Gegengewicht gegenüber dem hegemonialen Königreich Kastilien-León.

1229–1235 Jakob erobert die Balearen (Königreich Mallorca) und das Taifareich von Valencia (1238–1245), die künftig neben dem Königreich Aragón und der Grafschaft Barcelona weitere Bestandteile der Krone Aragón bilden.

1243–1244 Die Eroberung des Reichs Murcia aus der Hand der Muslime durch Kastilien gemäß dem kastilisch-aragonesischen Teilungsvertrag von Cazorla (1179) schneidet den Ländern der Krone Aragón für künftigen Landgewinn in al-Andalus den Weg ab.
Jakob I. richtet daher seine Expansion über die Balearen hinaus auf weitere mittelmeerische Territorien.

Könige von Aragón

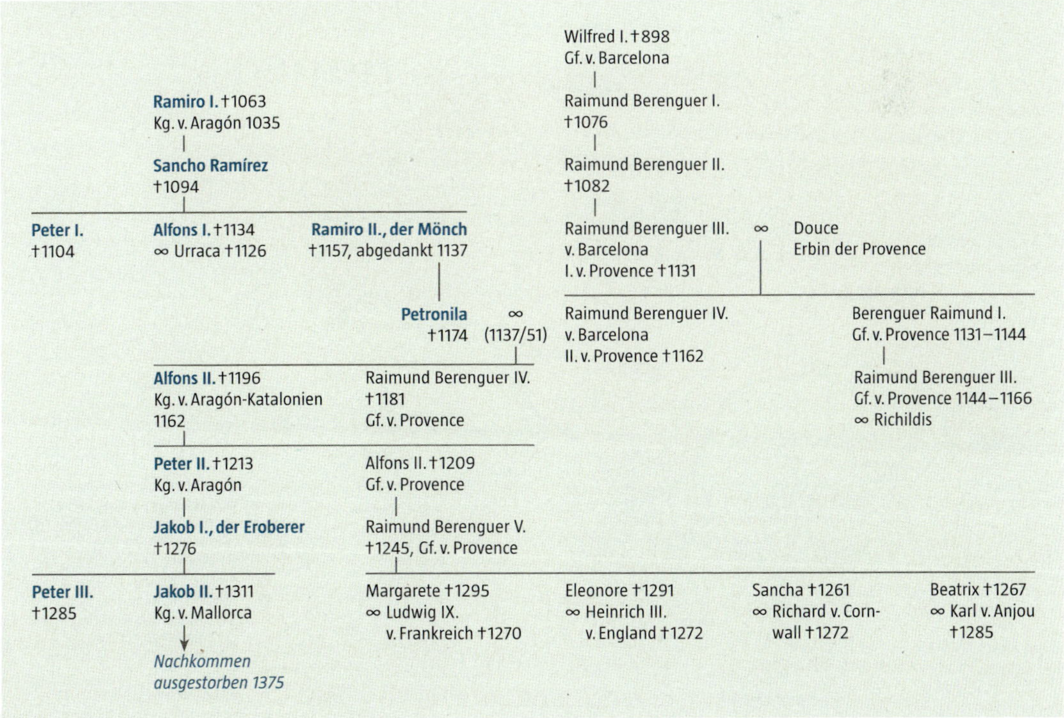

1262 Zielstrebig verheiratet er seinen Erben PETER III. (*1239, †1285) mit KONSTANZE (†1302), der Tochter des Staufers MANFRED von Sizilien (*1232, †1266). | Forts. S. 570 |

Portugal

1095/1096 König ALFONS VI. von León und Kastilien überträgt die Grafschaft Portucale zwischen den Flüssen Minho und Tajo als Entschädigung für militärische Dienste in der Reconquista seinem künftigen Schwiegersohn HEINRICH (*um 1070, †1112), dem Bruder des Herzogs von Burgund.

1109 Nach dem Tode ALFONS VI. lehnt HEINRICH die Lehnsoberhoheit der Könige von León über seine Grafschaft ab. Seit der Gründung des Erzbistums Braga (1104) wird Portugal auch in kirchlicher Hinsicht allmählich unabhängig.

1128 HEINRICHS Sohn ALFONS I. (*1107/11, †1185) besiegt seine Mutter, THERESA VON KASTILIEN (*1080, †1130), die für ihn seit 1116 die Herrschaft ausübt, und macht sich zum Prinz von Portugal.

1139, 26. Juli Nach dem glänzenden Sieg bei Ourique (südwestlich von Beja) über die Muslime lässt er sich von seinen Rittern und Fußsoldaten zum König ausrufen und begründet das **Königreich Portugal.**
In der Folgezeit errichtet er eine Primatialkirche (Braga) und expandiert territorial gegenüber den Muslimen. Allerdings bleiben seine Versuche, Galicien zu erobern, erfolglos.

1143 ALFONS VIII. von León und Kastilien erkennt durch die Vermittlung eines päpstlichen Legaten de jure die Unabhängigkeit des neuen Reichs an, ein Faktum, das Papst ALEXANDER III. (1159–1181) erst 1179 sanktioniert.

1147 ALFONS I. erobert mithilfe nordwesteuropäischer Kreuzfahrer Lissabon; 1166 wird Evora erobert, Gründung des gleichnamigen Ritterordens (seit 1211 von Avís).

1185–1211 ALFONS' Nachfolger SANCHO I. (*1154, †1211) erwirbt durch Reconquista und bäuerliche Siedlung den Beinamen »der Siedlungsunternehmer« (*o povoador*).

1212 König ALFONS II. (*1185, †1223) beteiligt sich an der Schlacht bei Las Navas de Tolosa.
Dieser Sieg eröffnet seinen Nachfolgern SANCHO II. (*1210, †1248) und nach ihm ALFONS III. (*1212, †1279) die Möglichkeit, bis um die Mitte des 13. Jh.s Südportugal bis zum portugiesisch-kastilischen Grenzfluss Guadiana zu erobern. | Forts. S. 572 |

Die Iberische Halbinsel (1252–1516)

Das späte Mittelalter ist sowohl für die iberischen Monarchien als auch für die meisten übrigen Reiche Westeuropas seit dem Bevölkerungsverlust durch die Pest eine Zeit der Mangelkrisen, der Preisrevolution, der sozialen Auflösung und allmählichen Neustrukturierung und Konsolidierung. Nach dem weitgehenden **Abschluss der**

Die Reconquista seit 1050

Reconquista (Rückeroberung des unter muslimischer Herrschaft stehenden Landes) wird das Königtum immer machtloser, der in seinen Einkünften geschmälerte hohe Adel rebelliert gegen das Königtum und die Ständeversammlungen, besonders in der Krone Aragón, gewinnen immer größere Privilegien. Die über ausgedehnte Küstengebiete verfügenden Mächte Portugal, Kastilien und Aragón sind als erste europäische Herrschaften in der Lage, die bereits vorhandenen, auf Eroberung angelegten sozialen Kräfte und Mechanismen in den Mittelmeerraum, nach Afrika, Asien und Amerika zu lenken. Gleichzeitig beginnt wie überall in Westeuropa ein neuer Aufstieg des Königtums. Die Vereinigung der Kronen von Kastilien und Aragón wird zur Voraussetzung für den **Aufstieg Spaniens zur europäischen Hegemonialmacht**.

Im Hoch- und Spätmittelalter ist die königliche, kirchliche oder adlige Grundherrschaft die beherrschende agrarische Produktionseinheit. In León und Altkastilien absorbiert und verdrängt sie seit dem 11. Jh. mit zunehmender Grundbesitzkonzentration das freie bäuerliche Eigentum. In den kastilisch beherrschten Gebieten Andalusien und Murcia sowie im südlichen Portugal vergibt die jeweilige Krone nach der Reconquista riesige Grundherrschaften an Adlige oder Ritterorden. Die Agrarwirtschaft der mittelalterlichen Reiche beruht ebenso wie im übrigen Europa v. a. auf dem Getreideanbau (Weizen, Roggen und Gerste). Daneben existiert Wein-, Gemüse-, Obst- und insbesondere im Süden, Olivenanbau. Mit dem Fortschritt der Reconquista gewinnt die Viehzucht, insbesondere die Wanderschäferei, immer größere Bedeutung. Die Mesta, die überregionale Genossenschaft der Viehbesitzer, entwickelt sich zum mächtigsten Interessenverband in Kastilien. Die kastilische Wolle findet in der nordeuropäischen und oberitalienischen Textilindustrie ihren Absatz.

In den aufstrebenden christlichen Städten Spaniens und Portugals beschleunigt sich gleichzeitig auch die zünftig organisierte handwerkliche Warenproduktion für regionale und z. T. auch überregionale und überseeische Märkte. Wichtige Absatzchancen eröffnen die Herbergen an der Pilgerstraße nach Santiago de Compostela (zum Grab des Apostels Jakobus der Ältere) und – noch bedeutender – die überregionalen und internationalen Messen, allen voran die Messen von Medina del Campo (südlich von Valladolid). Ein nennenswertes Exportgewerbe entwickelt sich in Kastilien hingegen kaum, nicht zuletzt wegen der ungünstigen Verkehrsverhältnisse. Das Binnenland Kastilien bleibt überwiegend ein agrarischer Rohstoffproduzent, bei dem Viehzucht und Wollexport nach Italien und Nordeuropa im Vordergrund stehen. Gleichzeitig muss Kastilien Luxusgüter und Fertigwaren, insbesondere für den Verbrauch der adligen und kirchlichen Eliten, aus Italien und dem nördlichen Europa importieren. In den Hafenstädten der Länder der Krone Aragón hingegen nehmen die Gewerbe, insbesondere die Textilindustrie und auch der Überseehandel, einen lebhafteren Aufschwung als in Kastilien. V. a. katalanische Kaufleute sind nicht nur im westlichen Mittelmeer, sondern auch im Levantehandel aktiv und erfüllen damit eine wichtige Mittlerfunktion zu islamisch beherrschten Wirtschaftszonen. Die Kaufleute organisieren sich in den Seehäfen in Kaufmannsvereinigungen und Handelstribunalen (*consulados*).

Um 1480 erreicht die Bevölkerung auf der Iberischen Halbinsel einschließlich der Bevölkerung Navarras etwa 5,4 Mio. Einwohner; davon allein in Kastilien rund 4,5 Mio. Menschen. Die größere Bevölkerungszahl auf der Meseta ist ein wichtiger Grund dafür, dass Kastilien-León zur iberischen Hegemonialmacht wird. In den christlichen Städten und Ortschaften leben neben der Masse der christlich-hispanischen Bevölkerung Minderheiten, die sich oftmals auf eigene Stadtviertel konzentrieren. Zu diesen Minderheiten gehören fränkische Einwanderer und deren Nachkommen, ferner die unterworfene muslimische Bevölkerung, die verschiedentlich eigenständige Gemeinden (*aljamas*) in getrennten Maurenvierteln (*morerías*) bildet, und schließlich die jüdische Bevölkerung, die bereits unter muslimischer Herrschaft größtenteils in Judenvierteln (*juderías*) abgesondert worden ist. Nach vereinzelten Pogromen (so im Jahre 1391) erfolgt 1492 die Ausweisung aller Juden und Muslime, die sich nicht taufen lassen wollten.

Die hispano-christliche Gesellschaft gliedert sich hierarchisch in Stände, wobei der niedere ritterliche Adel im Vergleich zum übrigen Europa durch die Militärdienstmöglichkeiten während der Reconquista weitaus zahlreicher vertreten ist.

Die christlichen Reconquista-Reiche sind im Spätmittelalter keine Wahlmonarchien mehr, sondern Erbmonarchien. Die in den Ständeversammlungen (*Cortes*) der einzelnen Reiche repräsentierten Stände (Adlige, Prälaten und Vertreter der Städte) leisten dem neuen König den Treueid, während dieser schwört, die Gesetze, Privilegien und Freiheiten des Landes zu achten und zu bewahren. Dem König steht die Hofversammlung (*curia regia*) beratend zur Seite, der die Magnaten des Reichs angehören. Aus der *curia regia* entwickelt sich in Kastilien der Königliche Rat (*Consejo Real*) als oberste administrative und jurisdiktionelle Kronbehörde. Neben der Hofversammlung oder dem Königlichen Rat entstehen im Spätmittelalter in den einzelnen Reichen weitere Ämter und Behörden der königlichen Zentralverwaltung, v. a. die der königlichen Finanzverwaltung. Träger der Territorialverwaltung auf der Iberischen Halbinsel sind neben den im Spätmittelalter aufblühenden Städten v. a. die königlichen, geistlichen und adligen Grundherrschaften. Daneben gibt es für Spezialaufgaben bestimmte königliche Territorial- und Distriktsbeamte.

Kastilien (1252–1516) | Forts. v. S. 563 |

1252–1284 Unter Alfons X., dem Weisen, (*1221, †1284) greift Kastilien nach dem vorläufigen Abschluss der Reconquista erstmals zur **Expansion in den Mittelmeerraum** aus.

1257 Um das Erbe der Staufer in Italien zu übernehmen, lässt sich Alfons, ein Enkel Philipps von Schwaben (*1179, †1208), zum deutschen König wählen. Er erlangt weder die faktische Herrschaft im römisch-deutschen Reich noch die Kaiserkrone, weil sich letztlich die Ständeversammlungen und die Großen Kastiliens dieser kostspieligen Außenpolitik widersetzen, aber auch, weil er als Herrscher zu unentschlossen ist. Aufstände der muslimischen Bevölkerung des Landes engen außerdem seinen Handlungsspielraum ein. Schließlich stößt der König mit seiner Italienpolitik auch auf den Widerstand der Kurie. ALFONS X. lässt zahlreiche literarische, wissenschaftliche und juristische Werke, darunter eine seit dem 14. Jh. als *Siete Partidas* allgemeine Gültigkeit erlangende Gesetzessammlung in kastilischer Sprache verfassen. Dank seiner Förderung entwickelt sich das Kastilische zur Nationalsprache.

1284–1295 SANCHO IV. (*1258, †1295) stärkt durch das Bündnis mit Frankreich, das er gegen Aragón nach dessen Eroberung Siziliens geschlossen hat, seine innenpolitische Anerkennung und gleichzeitig die hegemoniale Machtstellung Kastiliens auf der Iberischen Halbinsel.

1292 SANCHO erobert mithilfe Aragóns die Festung Tarifa (Straße von Gibraltar) und drängt den Einfluss der muslimischen Berber an der Meerenge von Gibraltar zurück.

1295 Seine politisch kluge Gemahlin MARÍA DE MOLINA (†1321) führt vormundschaftlich die Regentschaft für ihren Sohn FERDINAND IV. (*1285, †1312) und später auch für ihren Enkel ALFONS XI. (*1311, †1350; seit 1325 selbstständig).

1340 Die marokkanisch-granadiner Rückeroberungsversuche mit dem Ziel, die 1309 mit der Eroberung Gibraltars erlangte Kontrolle über die Meerenge zurückzugewinnen, werden durch den kastilisch-portugiesischen Sieg am Salado (entspringt im Distrikt Tarifa) vereitelt.

1350–1369 PETER I., DER GRAUSAME, (*1334, †1369) ist in einen Dauerkonflikt mit seinem unehelichen Halbbruder HEINRICH VON TRASTÁMARA (*1333, †1379) verwickelt, der oppositionelle, durch Pest und Mangelkrisen geschädigte Adlige hinter sich vereinigt. In diesem Kampf, der zwischenzeitlich durch einen Krieg gegen PETER IV. von Aragón (1336–1387) überlagert wird und zugleich ein Abschnitt des Hundertjährigen Kriegs zwischen England und Frankreich ist, wird PETER I. trotz englischer Hilfe (EDUARD, der Schwarze Prinz [*1330, †1376]) geschlagen und wahrscheinlich von seinem Halbbruder, der französische Unterstützung erhält, ermordet (1369). Die Trastámara setzen sich damit als Herrschergeschlecht in Kastilien und später in Aragón durch.

1368 Das von HEINRICH erneuerte Bündnis Kastiliens mit Frankreich bleibt über ein Jahrhundert bestehen.

1372 Als Verbündeter Frankreichs erringt HEINRICH VON TRASTÁMARA (1369–1379 König HEINRICH II.) über die englische Flotte bei La Rochelle einen Sieg (England sucht den kastilischen Wollexport nach Flandern zu unterbinden).

1373/1375 HEINRICH II. zwingt die englischen Verbündeten Portugal, Navarra und Aragón zum Frieden.

1385 HEINRICHS Sohn JOHANN I. (*1358, †1390; seit 1379) wird von Portugal, das mit England verbündet ist, bei Aljubarrota (im heutigen Distrikt von Leiria) vernichtend geschlagen.

1390–1406 Seit der Regierungszeit HEINRICHS III. (*1379, †1406) zieht sich Kastilien außenpolitisch aus dem Hundertjährigen Krieg zurück und greift in den Atlantikraum aus.

1402–1404 Im Auftrag der Krone nehmen zwei französische Adlige und Korsaren die kanarischen Inseln Lanzarote und Fuerteventura in Besitz. Die kastilische Kolonisation der gesamten Inselgruppe setzt in der zweiten Hälfte des 15. Jhs. ein.

1407–1454 Innenpolitisch wird unter JOHANN II. (*1405, †1454), aber auch schon unter seinem Vater HEINRICH III., die Macht der Krone durch wohlhabende adlige Oligarchien eingeschränkt. Aufgestiegene Günstlinge wie ÁLVARO DE LUNA (†1453) beeinflussen die königliche Macht und erlangen weitgehende Einflussmöglichkeiten. Der Außenhandel, das fernhändlerische Stadtbürgertum, die Handelsmessen und die Handelsmarine nehmen einen bescheidenen Aufschwung.

1464–1468 In der anarchischen zweiten Hälfte der Regierungszeit HEINRICHS IV. (*1425, †1474) erreicht der Bürgerkrieg zwischen schwacher Krone und oppositionellen Adelsgruppen seinen Höhepunkt. Diese werfen dem König u.a. nicht legitimiertes Herrschaftsgebaren und zu große Toleranz gegenüber Muslimen, Juden und Konvertiten vor. Die Krone wird nur von einigen Adelsherren sowie zwischenzeitlich von Städtebünden unterstützt.

1465 Absetzung HEINRICHS IV., der aber nicht zuletzt aufgrund militärischer Erfolge (Olmedo 1467) entgegen allen propagandistischen Verleumdungen an der Macht bleibt.

1474 Aus den bürgerkriegsähnlichen Kämpfen geht als Nachfolgerin HEINRICHS dessen Halbschwester ISABELLA (*1451, †1504) hervor, die seit 1469 mit FERDINAND (*1452, †1516), dem Erbprinzen von Aragón, vermählt ist. Mit politischem und militärischem Geschick verhilft v.a. FERDINAND seiner Gemahlin zur Anerkennung als Königin von Kastilien.

1475 Im Rahmen der Abgrenzung der gegenseitigen Herrschaftsbefugnisse regiert FERDINAND auch, obgleich mit minderem Recht, als König (FERDINAND V.) von Kastilien (Vertrag von Segovia).

1476 FERDINAND schlägt den portugiesischen König ALFONS V. (1438–1481), der die kastilische Thronfolge beansprucht, in der Schlacht bei Toro (am Duero oberhalb von Zamora).

1479 Als FERDINAND II. tritt er in allen aragonesischen Reichen die Thronfolge an. Die **Vereinigung der Kronen Kastilien und Aragón** unter den Eheleuten FERDINAND und ISABELLA ist das wichtigste Ereignis für die gesamte nachfolgende Geschichte Spaniens. Beide Länderkomplexe bleiben vorerst innerhalb ihrer Grenzen völlig getrennt. Mit Ausnahme der (1478) errichteten Inquisition gibt es zwischen ihnen keine gemeinsamen Behörden. Die Einheit besteht v.a. in der Heiratsverbindung zwischen FERDINAND und ISABELLA und in einer dadurch ermöglichten gemeinsamen

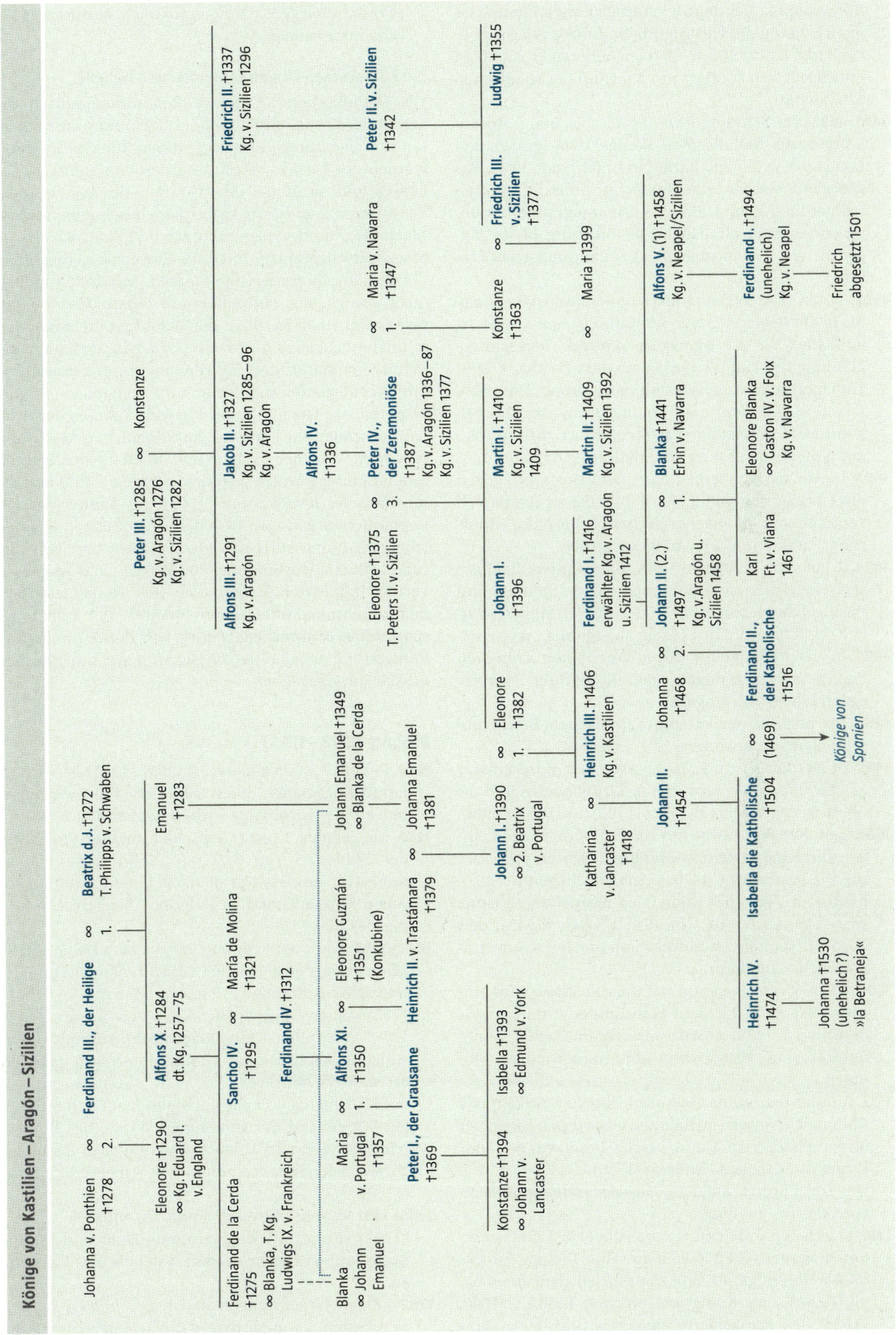
Könige von Kastilien – Aragón – Sizilien
Johanna v. Ponthien †1278
∞ 2.
Ferdinand III., der Heilige
∞ 1.
Beatrix d. J. †1272 T. Philipps v. Schwaben
Eleonore †1290 ∞ Kg. Eduard I. v. England
Alfons X. †1284 dt. Kg. 1257–75
Emanuel †1283
Ferdinand de la Cerda †1275 ∞ Blanka, T. Kg. Ludwigs IX. v. Frankreich
Sancho IV. †1295
∞
María de Molina †1321
Ferdinand IV. †1312
Blanka ∞ Johann Emanuel
Maria v. Portugal †1357
∞ 1.
Alfons XI. †1350
∞
Eleonore Guzmán †1351 (Konkubine)
Johann Emanuel †1349 ∞ Blanka de la Cerda
Peter I., der Grausame †1369
Heinrich II. v. Trastámara †1379
∞
Johanna Emanuel †1381
Konstanze †1394 ∞ Johann v. Lancaster
Isabella †1393 ∞ Edmund v. York
Johann I. †1390 ∞ 2. Beatrix v. Portugal
∞ 1.
Eleonore †1382
Katharina v. Lancaster †1418
∞
Heinrich III. †1406 Kg. v. Kastilien
Johanna †1468
∞ 2.
Johann II. †1454
Heinrich IV. †1474
Johanna †1530 (unehelich?) »la Betraneja«
Isabella die Katholische †1504
∞ (1469)
Ferdinand II., der Katholische †1516
Könige von Spanien
Peter III. †1285 Kg. v. Aragón 1276 Kg. v. Sizilien 1282
∞
Konstanze
Alfons III. †1291 Kg. v. Aragón
Jakob II. †1327 Kg. v. Sizilien 1285–96 Kg. v. Aragón
Friedrich II. †1337 Kg. v. Sizilien 1296
Alfons IV. †1336
Eleonore †1375 T. Peters II. v. Sizilien
∞ 3.
Peter IV., der Zeremoniöse †1387 Kg. v. Aragón 1336–87 Kg. v. Sizilien 1377
∞ 1.
Maria v. Navarra †1347
Peter II. v. Sizilien †1342
Johann I. †1396
Martin I. †1410 Kg. v. Sizilien 1409
Konstanze †1363
∞
Friedrich III. v. Sizilien †1377
Ludwig †1355
Ferdinand I. †1416 erwählter Kg. v. Aragón u. Sizilien 1412
Martin II. †1409 Kg. v. Sizilien 1392
∞
Maria †1399
Johann II. (2.) †1497 Kg. v. Aragón u. Sizilien 1458
∞ 1.
Blanka †1441 Erbin v. Navarra
Alfons V. (1) †1458 Kg. v. Neapel/Sizilien
Karl Ft. v. Viana 1461
Eleonore Blanka ∞ Gaston IV. v. Foix Kg. v. Navarra
Ferdinand I. †1494 (unehelich) Kg. v. Neapel
Friedrich abgesetzt 1501

Außenpolitik. Das neue territoriale Konglomerat wird jedoch räumlich, wirtschaftlich, demografisch, politisch und kulturell von Kastilien beherrscht. Kastilien entwickelt sich künftig zum Zentrum der spanischen Monarchie.

1481–1492 Zur Stärkung ihrer monarchischen Autorität erobern die Katholischen Könige (FERDINAND und ISABELLA) in einem harten zehnjährigen Krieg **das Königreich Granada**, die letzte muslimische Bastion auf der Iberischen Halbinsel. Die Integration der unterworfenen muslimischen Bevölkerung bleibt länger als ein Jh. ein ungelöstes innenpolitisches Problem.

1492, 12. Okt. Das bedeutendste außenpolitische Ereignis in der Regierungszeit der Katholischen Könige ist zweifellos die als **Entdeckung Amerikas** bezeichnete Landung des CHRISTOPH KOLUMBUS (*1451, †1506) auf einer Kuba vorgelagerten Inselgruppe. Die nachfolgende Eroberung und Kolonisierung des Doppelkontinents im Namen Kastiliens führt zum Aufbau des großen spanischen Kolonialreichs in Übersee.

1493 Im Vertrag von Barcelona erhält FERDINAND gegen die Zusicherung seiner Neutralität die an Frankreich verpfändeten Pyrenäengrafschaften Rosellón (Roussillon) und Cerdaña (Cerdagne) zurück.

1494, 7. Juni Im Vertrag von Tordesillas werden die überseeischen Interessensphären zwischen Spanien und Portugal durch eine Nord-Süd-Linie 370 Meilen westlich der Kapverdischen Inseln abgegrenzt.

1495 In der Außenpolitik gegenüber Italien sieht sich FERDINAND gezwungen, der Eroberung Neapels durch Frankreich entgegenzuwirken.

1496 Im Atlantik werden die Kanarischen Inseln abschließend unterworfen.

1497 In Nordafrika wird Melilla als erster Brückenkopf zur Sicherung der spanischen Mittelmeerrouten erobert; es folgen Mers el-Kebir (1505) und Oran (1509).

1504 Seit dem Tod ISABELLAS regiert FERDINAND Kastilien für seine regierungsunfähige Tochter, JOHANNA DIE WAHNSINNIGE (*1479, †1555), als Regent.
FERDINAND lässt das Königreich Neapel durch GONZALO FERNÁNDEZ DE CÓRDOBA (*1453, †1515), den »Großen Kapitän«, zurückerobern und der Krone Aragón wieder zuführen.

1506 FERDINANDS Regentschaft über Kastilien wird von JOHANNAS Gemahl, dem Habsburger PHILIPP DEM SCHÖNEN (*1478, †1506), als rechtmäßigem König unterbrochen; dieser stirbt aber nach wenigen Monaten.

1512 Auf der Iberischen Halbinsel lässt FERDINAND das Königreich Navarra im Rahmen eines diplomatischen und militärischen Handstreichs besetzen und der Krone von Kastilien einfügen (1515).
Das Ziel, Portugal auf dem Wege der Heiratspolitik zu annektieren, misslingt.

1516 Durch den Tod FERDINANDS fallen alle kastilischen und aragonesischen Reiche an seine Tochter JOHANNA und ihren Sohn KARL (als römisch-deutscher König KARL V., als König von Spanien KARL I.; *1500, †1558). Die **habsburgische Thronfolge** und der außenpolitische Gegensatz zu Frankreich bestimmen die Zukunft Spaniens.

Die Katholischen Könige Ferdinand und Isabella

Die Katholischen Könige stärken innenpolitisch die Macht der Krone durch die Rückgewinnung entfremdeten Kroneigentums. Es gelingt ihnen, die Großmeisterwürden der kastilischen Ritterorden von Santiago, Calatrava und Alcántara, eine Domäne des hohen Adels, der Krone anzugliedern. In Kastilien beschneiden sie die Macht der Ständeversammlungen und kontrollieren die Magistratsoligarchien durch die Einsetzung königlicher *Corregidores* in den großen Städten. Mit der Gründung einer königlichen Polizeibehörde (*Santa Hermandad*) verbessern sie in Kastilien die Sicherheit im Lande und schmälern zugleich die Macht des Adels. Sie bauen den Behördenapparat der königlichen Zentralverwaltung mit überwiegend bürgerlichen und kleinadligen Berufsbeamten aus. Die Kirche wird in ganz Spanien der straffen Kontrolle und Führung der königlichen Macht unterworfen. Um der Einheit und Reinheit des katholischen Glaubens willen werden die Juden (1492) und die muslimische Bevölkerung (1502) zur Taufe oder zur Emigration gezwungen. Von den ca. 200 000 in Spanien lebenden Juden verlassen etwa 150 000 und von den rund 1 000 000 Muslims etwa 300 000 das Land. Aus Angst vor der Inquisition fliehen auch viele Neuchristen aus dem zunehmend intoleranten Spanien. Der Aufbau des spanischen Nationalstaats wird von den Katholischen Königen mit sehr hohen wirtschaftlichen und sozialen Kosten vorangetrieben. | Forts. S. 1079 |

Aragón (1276–1516) | Forts. v. S. 566 |

1276 PETER III., DER GROSSE, (*1239, †1285) ist von seinem Vater JAKOB I. durch zahlreiche Führungsaufgaben auf die Thronfolge vorbereitet worden.

1282 Als Gemahl KONSTANZES, der Tochter und Erbin des MANFRED VON SIZILIEN (Sohn Kaiser FRIEDRICHS II.), erobert PETER nach einem antifranzösischen Volksaufstand in Palermo (Sizilianische Vesper) Sizilien.

1282–1285 Nach der Krönung PETERS zum König von Sizilien besiegt er gegen die Politik Frankreichs und des französischstämmigen Papstes MARTIN IV. (1281–1285) seinen Gegenspieler KARL VON ANJOU (*wohl 1226, †1285). Die Krone **Aragón beherrscht** mit Unterstützung katalanischer Handelsinteressen **zeitweilig das westliche Mittelmeer**. PETER III. stößt aber mit seiner kostspieligen Expansionspolitik auf den erbitterten Widerstand der vereinigten Stände des Binnenreichs Aragón und Valencias, denen er in Saragossa ein weitreichendes Generalprivileg zugestehen muss (1283).

1285–1291 PETERS ältester Sohn ALFONS III. (*1265, †1291) kämpft um den Zusammenhalt und um die Rechte seiner Reiche Aragón, Valencia und Katalonien.

1287 ALFONS ist gezwungen, den in der *Unión Aragonesa* vereinigten Ständen weitere Privilegien zu gewähren und die königlichen Machtbefugnisse noch stärker einzuschränken.

1291 Nachfolger ist Jakob II. (*1264, †1327), ebenfalls Peters Sohn und seit 1285 in Sizilien König.

1295 Jakob schließt mit Frankreich und der Kurie den Frieden von Anagni. Darin verzichtet er zugunsten des Hauses Anjou auf Sizilien und wird dafür vom Papst als oberstem Lehnsherrn mit Sardinien und Korsika belehnt.

1296 Die Sizilianer erheben jedoch Jakobs Bruder Friedrich II. (*1271, †1337) zum König, dessen Nachkommen die Insel bis zum Aussterben der Linie 1410 regieren.

1311/1319 Katalanische und aragonesische Söldner (Katalanische Kompanie), die im Dienst König Friedrichs II. von Sizilien und des byzantinischen Kaisers gestanden haben, erobern Teile von Griechenland (Herzogtümer Athen und Neopatras). Sie stellen die eroberten Gebiete unter Schutz und Souveränität Siziliens. Später werden diese Territorien direkt der Krone Aragón unterstellt (1379–1387). König Friedrichs II. Sohn Manfred (*1306, †1317) begründet die neue aragonesische Dynastie der Herzöge von Athen.

1323 Jakob II. kann nach langwierigen Kämpfen das bisher von Pisa beherrschte Sardinien erobern. Korsika bleibt jedoch im Besitz Genuas.
Der Gegensatz der Handelsinteressen im Mittelmeer führt zu einer erbitterten Feindschaft zwischen der Krone Aragón und der Stadtrepublik Genua. Im Königreich Valencia gelingt es Jakob, das Eigentum des von Papst Clemens V. (1305–1314) 1312 aufgelösten Templerordens dem 1317 neu gegründeten Ritterorden von Montesa zu erhalten. Die Beteiligung an der Reconquista tritt im Vergleich zur Expansionspolitik im Mittelmeerraum in den Hintergrund.

1336 Auf Jakobs schwachen, unpolitischen Sohn Alfons IV. (*1299, †1336) folgt dessen Sohn Peter IV., der Zeremoniöse (*1319, †1387).

1343–1349 Peter annektiert das von einer aragonesischen Nebenlinie regierte Königreich Mallorca mit den Pyrenäengrafschaften Rosellón und Cerdaña. Ihm gelingt es, den Widerstand des in der *Unión Aragonesa* vereinigten aragonesischen Adelsstands, der dabei vom valencianischen Adel unterstützt wird, militärisch (Sieg nahe Saragossa bei Epila: 1348) und allmählich auch politisch zu brechen.

1356–1365 Die Krone Aragón steht aus verschiedenen inneriberischen Gründen, aber auch im Rahmen des Hundertjährigen Kriegs, in militärischen Konflikten mit Kastilien (»Krieg der beiden Pedros«).

1377 Nach dem Tod Friedrichs III. von Sizilien (*1342, †1377) kann sich Peter, mit dessen Schwester vermählt, nicht als König von Sizilien durchsetzen. Doch überträgt er 1380 seine Rechtstitel auf seinen Sohn Martin (*1356, †1410) der 1392 im Namen seines eigenen Sohns und 1409 nach dessen frühen Tod als König Martin II. die Herrschaft auf Sizilien bis zu seinem Tod 1410 übernimmt.

1410 Nach dem Tode von Peters Söhnen Johann I. (*1350, †1396; 1387–1396) und Martin II. erlischt das Haus Barcelona.

1412 Durch den Schiedsspruch der in Caspe (östlich von Saragossa) zusammengetretenen je drei Vertreter der Ständeversammlungen von Aragón, Katalonien und Valencia geht unter den zahlreichen Thronbewerbern Ferdinand I. (*1379, †1416) aus dem Hause Trastámara, der Bruder König Heinrichs III. von Kastilien, als rechtmäßiger Erbe hervor. Seine Mutter Eleonore (†1382) ist die Tochter Peters IV. Ferdinand erbt auch den sizilianischen Thron.

1416–1458 Alfons V., der Grossmütige (*1396, †1458), folgt als König und Herrscher über Aragón, Katalonien, Valencia, Mallorca, Sardinien und Sizilien nach.

Die Expansion des Königreichs Aragón

Sein Hauptinteresse gilt der Eroberung des Königreichs Neapel.

1421–1423 Für die Geldbewilligungen der Neapelexpedition muss die Krone den katalanischen Ständeversammlungen (*Cortes*) weitreichende Zugeständnisse gewähren.

1431–1442 Nach einer zweiten, langwierigen Expedition gelingt es ALFONS mit militärischem und diplomatischem Geschick, sich als König von Neapel durchzusetzen. Er kehrt als Liebhaber Italiens und der italienischen Renaissance in 25 Regierungsjahren nicht mehr nach Spanien zurück. **Italien ist zum Zentrum des aragonesischen Mittelmeerreichs** geworden.

1458–1479 Die iberischen Länder der Krone Aragón verwaltet sein Bruder JOHANN, der ihm als JOHANN II. (*1397, †1479) nachfolgt. Der Thron von Neapel fällt jedoch nach ALFONS' Tod an seinen unehelichen Sohn FERDINAND (*1423, †1494). JOHANN ist durch seine Gemahlin BLANCA (†1441) seit 1425 zugleich auch König von Navarra.

1462 Trotz französischer Militärhilfe und der damit zusammenhängenden Verpfändung der Pyrenäengrafschaften Rosellón (Roussillon) und Cerdaña (Cerdagne) an Frankreich ist er nicht in der Lage, einen erbitterten katalanischen Aufstand gegen sich als autoritär herrschenden Kastilier niederzuschlagen.

1472 Die Katalanen erkennen ihn erst nach langem wirtschaftlichem Niedergang aufgrund der Kriegsjahre wieder als Herrscher an.

1479 FERDINAND II., verheiratet mit ISABELLA VON KASTILIEN, wird neuer König. | Forts. S. 1079 |

Portugal (1279–1495) | Forts. v. S. 566 |

1279–1325 ALFONS' III. Sohn DIONYSIUS (DINIS; *1261, †1325), mit dem Beinamen »der Landwirt« (*lavrador*), ist der erste portugiesische König, der sich vorwiegend dem inneren Landesausbau widmen kann. Auf ihn gehen auch die Anfänge der portugiesischen Kriegsmarine und zahlreiche Verteidigungsbauten zurück. DIONYSIUS legt die Grundlage zur sprachlichen Einheit des Landes, indem er den Dialekt von Porto zur Nationalsprache erhebt, die das Lateinische zunehmend verdrängt.

1288 DIONYSIUS gründet die Universität Lissabon, die später nach Coimbra verlegt wird.

1294 Mit England schließt DIONYSIUS einen Handelsvertrag und (1308) einen Militär- und Freundschaftspakt, der sich v. a. gegen Kastilien richtet.

1318 Das portugiesische Eigentum des von Papst CLEMENS V. (1312) aufgehobenen Templerordens weiß DIONYSIUS dem neu gegründeten Christusorden, einem nationalen Ritterorden, zu reservieren.

1340 ALFONS IV. (*1291, †1357) leistet seinem Schwiegersohn, König ALFONS XI. von Kastilien, in der Schlacht am Salado gegen die Meriniden und Nasriden entscheidende Hilfe.

1367–1383 Nach der kurzen, friedvollen, auf das Gemeinwohl bedachten Regierungszeit PETERS I. (*1320, †1367) verwickelt FERDINAND I. (*1345, †1383) mit Unterstützung des großgrundbesitzenden Adels das kleine Land in mehrere **Kriege gegen Kastilien**. Dabei droht die Unabhängigkeit Portugals verloren zu gehen, die letztlich nur noch mit englischer Unterstützung erhalten bleibt.

1373 Der 1308 geschlossene Freundschaftsvertrag mit England wird erneuert. Diese außenpolitische Bindung, die bis in die jüngste Geschichte bestehen bleibt, fördert die Handelsbeziehungen zwischen beiden Ländern. Mit FERDINANDS Tod endet die Herrschaft des Hauses Burgund in Portugal.

1385, 14. Aug. Aus den Nachfolgekämpfen geht mit Unterstützung des niederen Adels und des Stadtbürgertums als König JOHANN I. (*1357, †1433), unehelicher Halbbruder FERDINANDS I., hervor. Nahe Aljubarrota (heutiger Distrikt Leiria) fügt JOHANN mit englischer Hilfe den Kastiliern, die in die portugiesischen Thronfolgekonflikten eingreifen, eine vernichtende Niederlage zu. JOHANN, Großmeister des Avis-Ordens, wird Begründer der Dynastie Avis.

1386 JOHANN I. lässt in Windsor das Militärbündnis mit England erneuern und heiratet 1387 PHILIPPA (*1360, †1415), Tochter des Herzogs von Lancaster.

1411 Kastilien erkennt in einem Friedens- und Bündnisvertrag die Unabhängigkeit Portugals an.

1415 **Ceuta**, ein wichtiger, gegenüber Gibraltar in Nordafrika gelegener Handelsplatz für Gold, Sklaven, Getreide und andere afrikanische Waren, wird unter dem Kommando JOHANNS I. **erobert**.

1431 Der Bündnisvertrag mit Kastilien von 1411 wird durch den Vertrag von Medina del Campo bestätigt. Unter JOHANN I. leitet Portugal, der im Vergleich zur Entwicklung anderer westeuropäischer Länder besonders früh abgeschlossene Nationalstaat, die ökonomisch bedingte **überseeische Expansion** ein, aus der das kleine Königreich als erste Kolonialmacht Europas hervorgeht. – JOHANNS I. Sohn HEINRICH DER SEEFAHRER (*1394, †1460) ist der wichtigste organisatorische und finanzielle Förderer der portugiesischen Entdeckungsfahrten. Als Großmeister des Christusordens stehen ihm dafür beträchtliche Einkünfte zur Verfügung. Zur Verbesserung der wissenschaftlichen Nautik gründet er in Sagres in Südwestportugal eine Seefahrtsschule, an der v. a. Mathematik und Astronomie unterrichtet wird. HEINRICH treibt die Entdeckungsfahrten längs der afrikanischen Küste voran.

1433–1438 In der Regierungszeit von König EDUARD (DUARTE; *1391, †1438) wird ein portugiesisches Expeditionsheer bei der Belagerung von Tanger vernichtend geschlagen (1437). Dabei gerät FERDINAND (†1443), der Bruder des Königs, als Geisel in muslimische Gefangenschaft.

1438–1481 Unter ALFONS V., DEM AFRIKANER, (*1432, †1481) der 1446 volljährig wird, schreitet die **Entdeckung und Eroberung** westafrikanischer Küstenplätze und Inseln voran (Azoren, Kapverden). Der Sklaven-, Gold- und Pfefferhandel expandiert.

1458/1471 Portugiesische Expeditionsheere erobern in Nordwestafrika 1458 Alcácer Ceguer sowie 1471 Arcila und Tanger.

1474 Des Königs Ansprüche auf den kastilischen Thron, der nach dem Tode Heinrichs IV. vakant ist, bleiben ohne Erfolg.

1481–1495 Johann II. (*1455, †1495) gelingt es mit Unterstützung der Städte, die bisher eigenständige lokale und regionale Gerichtsbarkeit und Verwaltung des Adels und die Unabhängigkeit der Kirche der Kontrolle und Gewalt der Krone zu unterwerfen. Die Macht der Herzöge von Bragança, Viseu und anderer einflussreicher Adelsfamilien wird durch Hinrichtung, Verbannung und Konfiskation der Güter gebrochen. Johann II. ist ähnlich den Katholischen Königen in Spanien der Schöpfer einer frühabsolutistischen Staatsordnung. Nach der Vertreibung der Juden aus Spanien werden die zum großen Teil nach Portugal einwandernden jüdischen Familien zunehmend als ein soziales Problem angesehen. | Forts. S. 1090 |

Navarra (1328–1512) | Forts. v. S. 564 |

1328–1387 Unter Karl II. (*1332, †1387), Sohn von Philipp III. von Evreux, und Johanna II. wird Navarra in den Hundertjährigen Krieg hineingezogen.

1387–1425 Im Gegensatz zu seinem Vater widmet sich Karl III. (*1361, †1425) intensiv dem inneren Landesausbau. Der 1422 verabschiedete *Privilegio de la Unión* schafft einen Ausgleich zwischen französischen und navarresischen Elementen in der Königsstadt Pamplona.

1425–1479 Karls Tochter und Erbin Blanca (1425–1441) ist mit König Johann II. von Aragón vermählt. Die Eingliederung Navarras in die Krone Aragón führt zum Bürgerkrieg im Lande.

1479 Nach dem Tode Johanns II. fällt das Königreich Navarra durch Heirat nacheinander an die französischen Grafenhäuser Foix und Albret.

1512 Um eine stärkere Bindung Navarras an Frankreich zu verhindern, lässt Ferdinand von Aragón (der Katholische) das Land unter einem Vorwand kurzerhand militärisch besetzen.

1515 Durch die kastilischen *Cortes* von Burgos wird **Navarra der Krone von Kastilien unterstellt**. Das institutionell selbstständig verbleibende Königreich Navarra wird künftig durch einen in Pamplona regierenden Vizekönig verwaltet. | Forts. S. 1079 |

Könige von Portugal

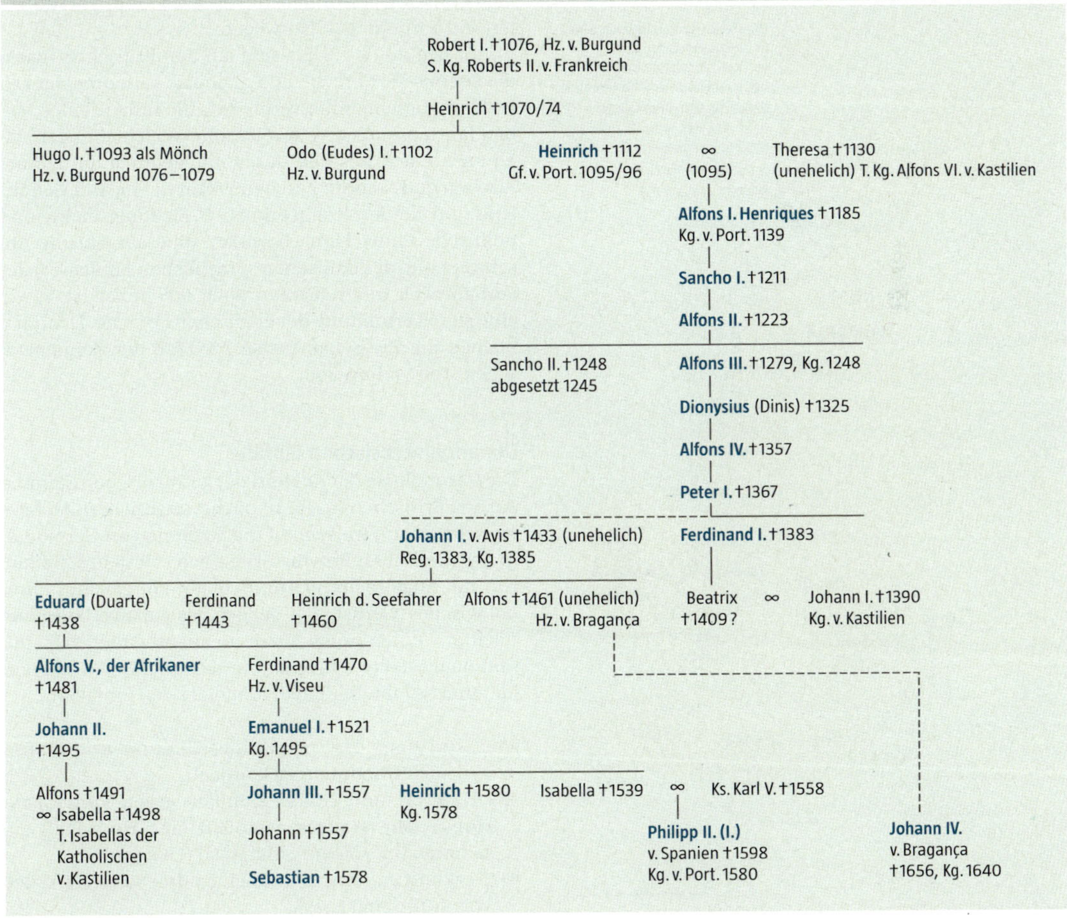

Die Britischen Inseln (5. Jh. bis 1485) | Forts. v. S. 365 |

Die Britischen Inseln bis 1066

Während der Völkerwanderung gestaltet sich die ethnische Gliederung der Britischen Inseln aus, die sich am deutlichsten in der sprachlichen Differenzierung der Völker abzeichnet. Die keltische Bevölkerung der ehemals römischen Provinz Britannien wird seit dem 5. Jh. durch einwandernde germanische Stämme nach Westen abgedrängt. Sie erhält sich im Südwesten der Insel (Devon und Cornwall), während ein Teil der Kelten von dort an die Nordwestspitze Galliens übersiedelt – nach Aremorica, das nach den neuen Bewohnern aus Britannien »Bretagne« genannt wird. Ferner hält sie sich auf der walisischen Halbinsel und im Nordwesten (Cumbria/Cumberland und Strathclyde). Diese Völker sprechen Varianten des brythonischen Zweiges der keltischen Sprachfamilie: Cornisch, Bretonisch, Walisisch/Cymrisch – Sprachen, die bis in die Neuzeit fortbestehen, während es für die Sprachen der Völker von Cumbria und Strathclyde keine schriftlichen Zeugnisse gibt. In Irland leben v. a. die keltischen Gälen (Goidelen), deren Sprache sich stark von der der britischen Kelten unterscheidet. Sie greifen im 5. Jh. nach Osten über und siedeln an der Südwestküste von Wales, hinterlassen dort aber kaum sprachliche Spuren. Die Skoten aus Nordirland siedeln um dieselbe Zeit nach Nordosten über und gründen das Reich Dalriada in Nordirland und im schottischen Argyll. Von dort dringt die irisch-gälische Sprache allmählich ostwärts in das schottische Hochland vor. Im Norden Schottlands leben die von den Römern so benannten Pikten (»die Bemalten«). Ihre brythonische Sprache verschwindet im 9. Jh. durch die Ausdehnung von Dalriada.

Germanische Stämme gründen im Süden seit dem 5. Jh., nachdem die Römer 407 abgezogen sind, kleine Reiche (Jüten in Kent, Sachsen entlang der Südküste, Angeln nördlich der Themse), deren Vereinigung zum englischen Reich sich in einem über 500 Jahre dauernden Prozess erstreckt. Die Wikinger prägen in Siedlung und Sprache die Insel v. a. entlang der Ostküste im mittleren Bereich (Dänen) und an der Nordküste Schottlands sowie auf den Inselgruppen des Nordens (Shetlands, Orkneys, Hebriden und bis nach Man); diese Siedler sind vornehmlich Norweger.

Am Beginn des 5. Jh.s sind auf den Britischen Inseln die lateinische Sprache und regionale Varianten der keltischen Sprachfamilie verbreitet. Im Verlauf eines halben Jahrtausends von Bevölkerungsverschiebungen differenziert sich das Bild durch die Siedlung der germanischen und skandinavischen Völker in England, Schottland und auf den Inseln erheblich. Siedlungsdichte und politische Entwicklung bewirken eine allmähliche Abschwächung des dänischen sprachlichen Einflusses, der vornehmlich in Ortsnamen noch erkennbar ist, sowie eine stete Verbreitung der englischen Sprache. Dennoch bleiben die Britischen Inseln bis 1066 der skandinavischen Welt verbunden.

England um 600

Die angelsächsischen Einfälle

Die Chronologie der Ankunft der germanischen Stämme auf den Britischen Inseln ist höchst ungesichert. Archäologische Funde weisen auf die Siedlung von Germanen in der römischen Provinz Britannien seit dem 4. Jh. hin. Nur die Angelsachsenchronik bietet ein genaues chronologisches Gerüst, das jedoch als unzuverlässig betrachtet werden muss. Diese im ausgehenden 9. Jh. zusammengestellte Chronik, die sicher z. T. auf älterem Material beruht, berichtet von folgenden Einfällen:

449 Vortigern lädt die Brüder Hengist und Horsa ein, nach Britannien zu kommen.

455 Hengist und Horsa kämpfen gegen Vortigern; Horsa fällt. Hengist etabliert eine Herrschaft zusammen mit seinem Sohn Aesc (Oeric).

477 Ankunft von Aelle und seinen drei Söhnen Cymen, Wlencing und Cissa.

495 Ankunft von CERDIC (†534) und seinem Sohn CYNRIC (†560), den ersten Königen von Wessex.

501 Ankunft von PORT und seinen zwei Söhnen BIEDA und MAEGLA in Portsmouth.

514 Ankunft der Westsachsen unter ihren Führern STUF und WIHTGAR (†544).

Die angelsächsischen Gebiete

Die Angelsachsen drängen die Briten immer weiter nach Westen zurück. Angelsächsische Siedlungsgebiete werden zunächst Essex, Middlesex und Sussex, später auch die Südküste bis Devon. Bis zum Ende des 7. Jh.s unterwerfen die Angelsachsen ganz England bis zum Firth of Forth. Britische Herrschaften können nur in Dumnonia im Südwesten der Insel, Wales und Strathclyde bzw. Cumbria im Nordwesten sowie Schottland ihre Unabhängigkeit behaupten. Seit dem 7. Jh. bilden sich sieben angelsächsische Königreiche: Kent, Essex, Sussex, Wessex, East Anglia, Mercia und Northumbria.

596 Die **Christianisierung** der Angelsachsen erfolgt von Rom aus: Der Mönch AUGUSTINUS (†wohl 604) erhält von Papst GREGOR DEM GROSSEN (590–604) den Auftrag zur Mission. 597 landet er im Südosten Kents mit Erlaubnis von ETHELBERT (†616/18), König von Kent und gleichzeitig Bretwalda, d. h. Oberherr der angelsächsischen Könige. Weitere Ausgangspunkte der Christianisierung sind Irland und Schottland mit dem Zentrum Iona (gegründet 563), von dem aus AIDAN (†651) um 635 das Kloster Lindisfarne gründet.

601 AUGUSTINUS wird Erzbischof des neu gegründeten Erzbistums von Canterbury.

um 604 ETHELFRITH, König von Bernicia (593–um 616), erringt die Vorherrschaft über das südlich gelegene Deira. Er vereinigt beide Herrschaften zu Northumbria.

bis 633 EDWIN (*584, †633), ETHELFRITHS Nachfolger als König von Northumbria, dehnt dessen Herrschaft weiter aus und erlangt die Oberherrschaft über alle angelsächsischen Gebiete bis auf Kent.

664 Die **Synode von Whitby** entscheidet sich für die römische Organisation.

Der politische und kulturelle Schwerpunkt liegt im 7. und frühen 8. Jh. in Northumbria. So wirkt im Kloster Jarrow BEDA VENERABILIS (*um 673, †735), der Theologe und Geschichtsschreiber der Angelsachsen.

685 Die Pikten besiegen Northumbria unter ECGFRITH (670–685) in der Schlacht bei Dunnichen Mere. Der Einfluss Northumbrias geht seither nicht über den Firth of Forth hinaus.

Mitte 8. Jh. Unter König OFFA (757–796) verlagert sich der politische Schwerpunkt auf das Königreich Mercia, das sich Mitte des 7. Jh.s unter König PENDA (†654) von Northumbria gelöst hat. 784 beginnt der Bau von *Offas's Dyke* als Abgrenzung zu Wales.

793 Mit der Plünderung von Lindisfarne beginnt die Wikingerzeit. Als Folge davon verlagert sich der politische Schwerpunkt auf den Südwesten in das Königreich Wessex.

825 Der König von Wessex EGBERT (802–839) schlägt den König von Mercia und unterwirft nachfolgend die angelsächsischen Königreiche Sussex, Essex, Kent und Surrey.

seit 850 Intensive Siedlung der Dänen im Osten Englands im später so benannten Danelaw. Ab 866 unterwerfen die Dänen alle angelsächsischen Reiche bis auf Wessex, das die Dänen 870 in der Schlacht von Ashdown besiegt.

871 **ALFRED DER GROSSE** (*848/49, †899) wird König von Wessex. Er organisiert den Widerstand gegen die Dänen und besiegt sie 878 bei Edington.

886 Nach der Einnahme von London schließt ALFRED einen Vertrag mit den Dänen, der das Herrschaftsgebiet der Westsachsen und der Dänen festlegt.
Unter ALFRED beginnt eine kulturelle Blüte (Gründung von Schulen, Anregung zu Übersetzungen von PAULUS OROSIUS, BEDA, BOËTHIUS, Beginn einer angelsächsischen Annalistik). Seinen Nachfolgern gelingt die allmähliche Unterwerfung des Danelaw. Die territoriale Organisation wird durch die Etablierung

England zur Zeit Alfred des Großen

eines Grafschaftssystems grundlegend verändert: Es entstehen *shires*, die jeweils von einem *shire reeve* (Sheriff) als Kronbeamten verwaltet werden. Mehrere *shires* unterstehen dem *ealdorman* oder *earl*, eine Institution, die die Zentralisierung erschwert.

937 Durch seinen Sieg in der Schlacht bei Brunanburh (unbekannte Lage, Hauptquelle ist ein angelsächsisches Gedicht) kann König Ethelstan (924–939) weiter nach Norden ausgreifen und das skandinavische Königreich von York erobern. Zudem gewinnt er Northumbria, während die Errichtung einer Oberhoheit über die keltisch-britischen Herrscher von Wales und Cornwall nicht dauerhaft gelingt. Er unterhält enge Beziehungen mit den Ottonen.

959–975 Unter König Edgar (*um 944, †975) setzt ein erneuter kultureller Aufschwung ein, der maßgeblich durch die monastisch geprägte Kirchenreform des Erzbischofs Dunstan von Canterbury (*um 909, †988) vorangetrieben wird. Außerdem erlebt die volkssprachliche angelsächsische Literatur eine Blütezeit, v.a. durch Aelfric (*um 955, †um 1020), Abt des Benediktinerklosters von Eynsham.

978–1016 König Ethelreds II. (*968, †1016) Herrschaft über England wird durch Däneneinfälle erschüttert (seit 994). Er erhebt im »Danegeld« die erste allgemeine Steuer eines mittelalterlichen Staates.

1013 Nach einem durch Ethelred befohlenen Massaker an Dänen (1012) erobert der dänische König Sven Gabelbart (†1014) England. Ethelred flieht in die Normandie und Sven Gabelbart wird als König von England anerkannt, stirbt jedoch vor der Krönung; Ethelred kehrt nach England zurück.

1016, 23. April Edmund II. (*um 980, †1016) wird nach dem Tod seines Vaters Ethelred zum König gewählt. Nach mehreren Schlachten gegen den dänischen Eroberer Knut den Grossen (*um 995, †1035), Sohn von Sven Gabelbart, teilen sich Edmund II. und Knut seit Okt. das Reich an der Themse.

30. Nov. Nach Edmunds Tod übernimmt **Knut der Grosse** die Alleinherrschaft (bis 1035). – Unter Knut erfolgt die endgültige Einigung des Königreichs England. Sie wird durch seine beiden Nachfolger Harald Hasenfuss (*um 1015, †1040) und Hardeknut (*1018, †1042) erhalten. Das englisch geprägte Lothian geht unter Knut an Schottland verloren.

1042–1066 Die angelsächsische Dynastie kommt mit **Eduard dem Bekenner** (*um 1005, †1066) wieder auf den Thron. Eduard hat während der Dänenherrschaft in der Normandie im Exil gelebt und dort enge Kontakte zu dem Herzogshaus geknüpft. Die Bindung Englands an die Normandie nach seinem Herrschaftsantritt stößt im Land auf erheblichen Widerstand. Um 1051 bestimmt Eduard Wilhelm (*1027/28, †1087), den Herzog der Normandie, zu seinem Nachfolger.

seit 1052 Eduard steht unter der Kontrolle der Nationalpartei des Earl Godwin (†1053).

1066, 5. Jan. Nach Eduards Tod wird Godwins Sohn Harald (*um 1022) König.

25. Sept. Er wehrt bei Stamfordbridge in der Nähe des Wash erfolgreich einen Einfall der Norweger unter Harald III. (*1015, †1066) ab, der Thronansprüche anmeldete.

14. Okt. Der Herzog der Normandie Wilhelm landet zur Durchsetzung seiner Thronansprüche mit Billigung des Papstes in England. Er schlägt und tötet Harald in der **Schlacht bei Hastings** (Darstellung des Feldzugs auf dem Teppich von Bayeux).

Die Überwindung der politischen Zersplitterung Englands hat ein halbes Jahrtausend gedauert. Durch den Herrschaftsantritt Wilhelms I., des Eroberers, erlebt England nach starken Bindungen an die skandinavische Welt eine historische Wende durch engen Kontakt mit Frankreich, der die englische Geschichte für die nächsten vier Jahrhunderte bestimmt. | Forts. S. 579 |

Die keltischen Gebiete

Die geografische Lage der keltischen Gebiete mit dem Meer als verbindenden Element gibt diesem Raum eine gewisse Geschlossenheit. Obwohl die Völker dieser Re-

Könige in England bis zur normannischen Eroberung

Westsächsische Herrscher	
Egbert	802–839
Ethelwulf	839–855
Ethelbald	855–860
Ethelbert	860–865/66
Ethelred	865/66–871
Alfred der Große	871–899
Eduard der Ältere	899–924
Ethelstan	924–939
Edmund	939–946
Edred	946–955
Edgar	959–975
Englische Herrscher	
Edwy	955–959
Eduard der Märtyrer	975–978
Ethelred II. (1013–1014 auf der Flucht)	978–1016
Dänische Herrscher	
Sven Gabelbart (König von Dänemark 986–1014)	1013–1014
Knut der Große	1016–1035
Harald Hasenfuß	1035–1040
Hardeknut	1040–1042
Englische Herrscher	
Eduard der Bekenner	1042–1066
Harald Godwinson	1066
Edgar Etheling (gewählt in London, nicht gekrönt, † nach 1125)	1066

gion verschiedene Zweige der keltischen Sprachfamilie benutzen, entwickelt sich gleichwohl kein Gefühl der Einheit; dennoch besteht ein reger Austausch materieller und geistiger Güter (Heilige, Pilger, Schrift, Miniatur, Skulptur), bei dem Irland dominierend ist. Diese intensiven Verbindungen sind möglich, da für etwa 300 Jahre wenige äußere Bedrohungen die Entwicklung stören. Die in den Sagen überlieferten blutigen Kämpfe der heroischen Zeit (Rinderraub wird bereits als Krieg bezeichnet) sind offenbar nicht tyisch für den politischen Alltag. Alle keltischen Gebiete sind in der Frühzeit in kleine Stammesreiche gegliedert, die einander das Gleichgewicht halten. Die soziale Struktur fördert die Entstehung klösterlich geprägter Kirchenordnungen, die aber nie zu einer keltischen Kirche zusammengefasst werden. Die Rivalität zwischen einzelnen »Heiligen« um das Primat im keltischen Bereich, die in der Hagiografie in Erscheinung tritt, scheint zu einer späteren Zeit zu gehören.

Der keltische Kulturkreis wird durch die Plünderungen und späteren Ansiedlungen der Wikinger seit Ende des 8. Jh.s gesprengt. Die Isolierung der keltischen Gebiete voneinander nimmt zu. Karolingische, angelsächsische und skandinavische Einflüsse führen zu differenzierten Entwicklungen in diesen Ländern. In Irland und in der Bretagne wird unter äußerem Druck die politische Zersplitterung teilweise überwunden. Für Sprache,Kultur und Wirtschaft bringen die neuen Kontakte wichtige Einflüsse, die jeder Region ein eigenes Gepräge geben. Am Ende des Frühmittelalters treten die inselkeltischen Völker in neuer Individualität in Erscheinung; die politische Zersplitterung bleibt jedoch bestehen. Aufgrund der nachlassenden Expansion der skandinavischen Völker sowie der Hinwendung Englands zum europäischen Festland sinken die keltischen Gebiete jetzt zu Randgebieten Europas ab. Ein Bewusstsein der Zusammengehörigkeit der keltischen Völker entsteht erstmalig. aber nur für kurze Zeit, unter dem Druck englischer Expansion im frühen 14. Jh.

Irland

Die Kelten (Goidelen) wandern wohl um 500 v. Chr. nach Irland ein und unterwerfen die stark gemischte Vorbevölkerung, der sie ihre Sprache geben. Sie nennen sich Gälen, ihr Land *Ériu* (lateinisch *Hibernia*). Die ungefähre Abgrenzung der vier traditionellen Provinzen Irlands – Ulaid (Ulster), Connachta (Connacht), Laigin (Leinster) und Cúige Mumhan (Munster) – stammt aus der Zeit der frühen keltischen Besiedlung. Die Christianisierung des Landes erfolgt im 5. Jh. (traditionelles Datum für den Beginn: 431), besonders durch die Tätigkeit des heiligen Patrick (*um 385, †461), eines römischen Bürgers Westbritanniens. Als Metropole des irischen Christentums gründet er Armagh; sein Einfluss scheint jedoch auf die Nordhälfte der Insel beschränkt gewesen zu sein. Statt der von ihm nach römischem Vorbild errichteten Bischofskirche entwickelt sich die irische Mönchskirche weiter, in welcher der Abt das einflussreichere Amt innehat als der Bischof, der im Kloster residiert. Bedeutung erlangt die Mission zunächst in den angelsächsischen Gebieten (Zentrum im schottischen Iona, daher iro-schottische Mission), dann auf dem Festland mit Klostergründungen, u. a. von Columban dem Jüngeren (*543, †615) in Burgund und Italien. Die Mönchskirche ist auch Träger der irischen Gelehrsamkeit zwischen etwa 500 und 800 (Kalligrafie, Miniaturen, Kenntnis des Griechischen)

Politisch gliedert sich das Land im Frühmittelalter in über 150 Stammesstaaten (*túath*, Plural *túatha*), die von Königen (*ri*) geleitet werden. Zeitweise schließen sich mehrere Könige einer Region unter einem Oberkönig zusammen, doch kommt es zu keiner politischen Einigung des Landes und einem Hochkönig (*ard ri*).

seit 795 Die Wikingereinfälle setzen der hohen kulturellen Blüte des Landes ein Ende.

9. Jh. Unter dem Eindruck der Einfälle wandeln sich die politischen Strukturen. Seitdem werden die mächtigeren Könige der Provinzen Ulster, Connacht, Meath, Leinster und Munster einflussreich, die um die Oberherrschaft über die Insel ringen.

841 Gründung von Dublin durch die Wikinger (v. a. aus Norwegen) als eine der ersten Siedlungen an den Küsten der Insel; sporadisch dringen sie ins Landesinnere vor.

980 In der Schlacht von Tara verlieren die Wikinger gegen ein irisches Heer.

1002 Brian Boru (†1014), seit 978 König von Munster, wird allgemein als Hochkönig Irlands anerkannt, nachdem zuvor die politische Einigung des Landes nur in Ansätzen gelang.

1014 Boru fällt in der für die Iren siegreichen Schlacht von Clontarf bei Dublin gegen die Wikinger.

In der Folgezeit zersplittert die irische Herrschaft wieder. Das politische Zentrum des Landes verlagert sich von Tara nach Dublin.

Irische Königreiche

Die irische Sprache und die frühe irische Literatur

Die ältesten schriftlichen Zeugnisse in irischer Sprache, etwa 300 Inschriften auf Gedenksteinen, die in Irland, Wales, Schottland und auf der Insel Man gefunden wurden, stammen aus dem 4. bis 6. Jh. Die Ogham-Schrift (15 Konsonanten durch Striche, 5 Vokale durch Punkte dargestellt) basiert wahrscheinlich auf dem lateinischen Alphabet; es besteht wohl keine Verbindung dieser Schrift mit den Runen.

Im 5. Jh. kommt mit dem Christentum die lateinische Sprache und Schrift nach Irland. Sie trifft dort auf eine hoch entwickelte Gesellschaft mit reicher mündlicher Kulturtradition, die in weltlichen Schulen in langer und strenger Ausbildung durch die privilegierten Dichter, Seher (*filidh*) und Rechtsgelehrte (*brehon*) gepflegt wird. Die *filidh* wirken auch nach der Christianisierung als Hüter der episch-historischen Volkstradition fort. Seit dem 6. Jh. wird neben der lateinischen auch die irische Sprache (*goidelic*, Altirisch bis etwa 800) zur Aufzeichnung geistlicher und weltlicher Werke benutzt; Texte zu Recht und Religion weisen italokeltisches Vokabular auf. Mit der Christianisierung gelangen neue lateinische Lehnwörter ins Irische – direkt (etwa für Lesen und Schreiben) und indirekt über das Brythonische; durch die Wikingerzeit kommen viele Ausdrücke aus der Seefahrt hinzu. Das Irische ist die bedeutendste Sprache der keltischen Sprachfamilie – nach langer Zurückdrängung durch das Englische erfährt sie seit Ende des 19. Jh.s. eine Wiederbelebung.

Die mittelalterliche irische Literatur ist außerordentlich reich und vielfältig. Die ältesten schriftlichen Zeugnisse sind eine Homilie über die Messe (7. Jh.), volkssprachliche Notizen im »Book of Armagh« (9. Jh.) und die »Vision Adomnans« (9. Jh.); in Bibliotheken auf dem europäischen Kontinent sind irischsprachige Glossen (8. Jh.) oder Gedichte (»Schulheft aus Reichenau«, 9. Jh) erhalten. Der Großteil der altirischen Literatur ist jedoch nur in Handschriften des Hoch- und Spätmittelalters erhalten und nur aufgrund philologischer Analyse ins Frühmittelalter zu datieren. Bedeutende Sammlungen finden sich im »Book of Leinster« (12. Jh.), im »Buch der Kuh von Dun«, in der Handschrift »Oxford Rawlinson B 502« und im »Gelben Buch von Lecan«. Die Sprache ist sehr einheitlich, was auf die Pflege durch eine kleine Oberschicht deutet. Die umfangreichen Rechtssammlungen, die alle die Gesellschaft vor der Ankunft des Christentums darstellen, wurden erstmals wohl um 700 abgefasst und zeigen in den spätmittelalterlichen Handschriften umfangreiche Glossierungen, da die archaische Sprache nicht mehr verstanden wird.

Bereits seit dem späten 6. Jh. wird die irische Sprache auch von Geistlichen für geistliche Werke verwendet (älteste Dichtung: »Amra Choluim Chille« von Dallan Forgaill [†598]); zudem entstehen eine reiche Annalistik sowie Sagen, Genealogien, Historien und Zyklen aus heroischer Zeit (»Ulster-Zyklus« mit der Geschichte vom Rinderraub »Tain Bo Cuailnge« mit dem Helden Cú Chulainn, Königszyklus, Fenian-Zyklus). In der vielfältigen heroischen und lyrischen Dichtung ist die Naturpoesie einzigartig im frühmittelalterlichen Europa; hinzu tritt die höfische Dichtung (Preisgedichte, Satiren, Elegien). Im 8. Jh. erfolgt, wohl unter Einfluss des Lateinischen, die Einführung des Endreims. | Forts. S. 591 |

Schottland

Schottland bewohnen die von den Römern sog. Pikten (»die Bemalten«), ein Volk brythonischer Sprache. Um 400 wird das Land durch den heiligen Ninian christianisiert.

um 550 Es existieren vier Königreiche: das Land der Pikten im Norden, das von irischen Skoten gegründete Reich Dalriada in Nordirland und im schottischen Argyll (Beginn der gälischen Durchdringung des Landes, das durch die Skoten den Namen »Schottland« erhält), das keltisch-britische Strathclyde und Bernicia, das Reich der Angeln im Südosten.

6. Jh. Von dem 563 durch Columban den Älteren (*521/22, †597) gegründeten Kloster Iona (gälisch Hy; auf der gleichnamigen Insel der Inneren Hebriden vor der Küste Dalriadas) geht eine verstärkte Christianisierung des Landes aus.

664/715 Konflikte zwischen irischen und römischen kirchlichen Gebräuchen werden schließlich zugunsten der Letzteren entschieden.

seit Ende 8. Jh. Einfälle der Wikinger.

843 Der König von Dalriada, Kenneth MacAlpin (†858), vereinigt sein Land mit dem der Pikten, deren Name verschwindet.

etwa Ende 9. Jh. Die Wikinger dehnen ihren Einfluss von den Orkneys und Shetlands sowie den Hebriden auch auf den Nordosten Schottlands aus.
Die Expansion des schottischen Reiches ist seitdem nach Süden gerichtet. Donald II. (†900) nennt sich als Erster »König von Alba«.

1018 Malcolm II. (†1034), König seit 1005, erobert Lothian (Nord-Bernicia).

Mitte 11. Jh. Die politische Einheit des Landes bleibt trotz mehrerer Thronwirren (Macbeth [*1005, †1057] ermordet Duncan I. [*1001, †1040], Malcolm III. Canmore [*1031, †1093] ermordet Macbeth) gewahrt.

Das Land ist als Ergebnis der bisherigen Entwicklung dreisprachig: Skandinavische Sprachen werden gesprochen auf den Inseln und im hohen Norden, Gälisch nördlich des Forth, Englisch in Lothian. | Forts. S. 593 |

Wales

Auf der walischen Halbinsel überleben die von den germanischen Stämmen nach Westen abgedrängten Briten, die sich selbst Cymry nennen; die Fremdbezeichnung Waliser kommt erst im 12. Jh. auf. Ihre keltische Sprache ist ein stark vom Lateinischen geprägter Zweig des Brythonischen. Volkssprachliche Dichtungen (Aneirin und Taliesin [†um 599]) sind seit dem 6. Jh. belegt. Das geografisch äußerst zerklüftete Land gliedert sich in viele kleine Stammesstaaten, die jede längerfristige politische Einigung verhindern. Christianisiert noch unter römischer Herrschaft in Britannien, ist die Kirche der Waliser wie die der Iren klösterlich organisiert, mit stark asketischer Prägung (5./6. Jh. als Zeitalter der Heiligen, am bedeutendsten DAVID VON MENEVIA [der »Wassertrinker«; †um 601]). Die Wikingerstürme gehen im Wesentlichen an Wales vorbei. Seit dem 10. Jh. bildet sich allmählich unter englischem Einfluss eine Bischofskirche nach römischem Muster heraus. Die Regionen Gwynedd, Powys und Dyfed werden vorübergehend von HYWEL DDA (»dem Guten«, †950) geeint, zerfallen aber nach seinem Tod wieder. HYWEL, der sich eng an das Königreich Wessex anlehnt, gilt als der Initiator der walisischen Rechtsbücher, die freilich erst seit dem späten 12. Jh. aufgezeichnet werden. | Forts. S. 592 |

Bretagne

An der Nordwestspitze Galliens ist kein Anzeichen einer gallokeltischen Kontinuität nachzuweisen. Die Inselkelten wandern in die nach ihnen benannte Bretagne (»Aremorica«, »Britannia minor«) seit ca. 450 ein. Aus volkssprachlichen Glossen des 8. und 9. Jh.s ist die Sprache der Einwanderer dem brythonischen Zweig des Keltischen zuzuordnen; sie ist dem Cornischen näher als dem Walisischen. Monastische Siedlungen inselkeltischer Prägung sind seit dem 6. Jh. bezeugt. Im Osten der Aremorica bestehen die Bischofssitze der gallorömischen Kirche fort (Rennes, Vannes, Nantes). Der kulturelle Einfluss des Karolingerreiches bewirkt die Übernahme der romanischen (später französischen) Sprache durch weltliche und geistliche Oberschichten. Die bretonische Mark der Karolinger wird erstmals 778 erwähnt (Tod des Präfekten ROLAND). Die in der Frühzeit entstandene Teilung des Landes in vier Fürstentümer wird unter dem Druck der karolingischen Bedrohung überwunden (Feldzüge 786, 799, 811); es entsteht ein Herzogtum. Der Versuch, mit dem Erzbistum Dol eine eigene Metropolitanverfassung durchzusetzen, um den kirchlichen Einfluss der Karolinger auszuschalten, scheitert schließlich 1199. Im 11. Jh. gewinnen die Normannen, dann die Grafen von Anjou, großen Einfluss auf die Geschicke des Herzogtums, das ein Lehen der Kapetinger ist. An der Eroberung Englands durch den Herzog der Normannen sind Bretonen maßgeblich beteiligt. Der kulturelle Austausch mit den inselkeltischen Völkern im Frühmittelalter ist schwach.

Die Britischen Inseln (1066–1485)

England nach der normannischen Eroberung

| Forts. v. S. 576 |

Die völlig romanisierten Normannen erobern das angelsächsische England, das nun eng in den Kreis der von der römischen Kirche geprägten abendländischen Völker einbezogen wird. Es entsteht ein starkes, finanziell ungewöhnlich leistungsfähiges Königtum, dessen Ritter die erprobtesten Krieger des damaligen Europa sind. Die Verbindung Englands mit der Normandie ist nur durch eine straff zentralisierte Verwaltung zu verwirklichen. Durch die Thronbesteigung HEINRICHS VON ANJOU 1154 wird aus dem anglonormannischen das angevinische Reich, das eine schwere Bedrohung für die französischen Kapetinger wird. Die Ausdehnung der königlichen Oberhoheit über die inselkeltischen Nachbarn wird von der Krone nicht systematisch betrieben. In Wales und Irland bleiben Freiräume für die Aktivität anglonormannischer Barone, die eine Mehrung ihrer persönlichen Macht anstreben und sich der königlichen Kontrolle nur widerwillig unterordnen. Die Verschmelzung des angelsächsischen und französischen Elements zum englischen Volk setzt bereits im 12. Jh. ein und wird durch den Verlust der Normandie (1204) beschleunigt. Die Systematisierung der Verwaltung im 13. Jh. schlägt sich in einem reichen Aktenmaterial nieder. Die extensive Machtausübung durch die angevinischen Könige führt unter JOHANN OHNELAND und HEINRICH III. zu schweren Verfassungskonflikten.

Die englischsprachige Literatur geht erheblich zurück, das Lateinische wird vorherrschend. Die lateinische Historiografie, u. a. WILHELM VON MALMESBURY (*1080/95, †um 1143), ORDERICUS VITALIS (*1075, †um 1143) und MATTHEW PARIS (*1200, †um 1259), erlebt bis ins 13. Jh. hinein eine Blüte. Unter Einfluss der französischen Sprache, die anfangs von der herrschenden Schicht gesprochen und später weiter gepflegt wird, wandelt sich das Altenglische zum Mittelenglischen.

Hastings und die Folgen

WILHELM DER EROBERER, Herzog der Normandie, der sich als designierter Nachfolger EDUARDS DES BEKENNERS betrachtet, gewinnt 1066 den englischen Thron durch seinen Sieg bei Hastings. Sein Heer umfasst nicht mehr als etwa 6000 Mann, aber die berittenen Normannen sind den zu Fuß kämpfenden Angelsachsen überlegen. Diejenigen angelsächsischen Adligen, die sich WILHELM nicht unterwerfen, verlieren ihren Besitz. Regionale Opposition gegen die neue Herrschaft ist 1071 gebrochen. Die neue Herrschaft wird durch die Anlage eines ausgedehnten Netzes von Burgen gesichert.

1066–1087 **König WILHELM I., DER EROBERER,** Sohn ROBERTS DES TEUFELS (†1035) und Herzog der Normandie, regiert gleichzeitig England und die Normandie. 1071 ist WILHELM Herr über ganz England. Die Regierungszentrale wird von Winchester nach Westminster (London) verlagert; drückende Fremdherrschaft der Normannen über die Engländer. Anstelle der englischen Grundherren treten fast durchweg normannische Barone. Bistümer und weltliche Ämter werden weitgehend mit Ausländern besetzt.

1070 LANFRANC (†1089), Italiener aus Pavia, Jurist, später Lehrer an der Klosterschule von Bec (Normandie) und Theologe, wird Erzbischof von Canterbury. Er verhindert eine allzu starke Einflussnahme des Papsttums auf das normannische England.

Das englische Kirchensystem

Das päpstliche Angebot an WILHELM DEN EROBERER, England von der Kurie zu Lehen zu nehmen (Übersendung eines Banners), lehnt dieser ab. Stattdessen gelingt es dem König in Zusammenarbeit mit LANFRANC, der 1070 zum Erzbischof von Canterbury ernannt wird, die

Kontrolle der Krone über die kirchlichen Ämter zu verschärfen. Bei der Ernennung von Bischöfen und Äbten werden Ausländer den Engländern vorgezogen. König und Erzbischof wehren Einmischungsversuche des Papstes in Angelegenheiten der englischen Kirche erfolgreich ab. LANFRANC führt ein ausgeprägtes Metropolitansystem ein, das der Erhöhung des Erzstuhls von Canterbury (Primat) dient. Häufige Synoden (1070, 1072, 1075, 1076) unter Beteiligung des Herrschers führen zur Zentralisierung der Kirchenherrschaft. Die hohen geistlichen Amtsträger (Bischöfe, Äbte) werden Kronvasallen. Klöster sind der bischöflichen Aufsicht unterstellt. 1072 Schaffung eigener Gerichtshöfe für Geistliche. – Unter Erzbischof ANSELM VON CANTERBURY (*1033, †1109) kommt es zu einem kurzen, heftigen Investiturstreit, der 1107 durch eine Vereinbarung mit Papst PASCHALIS II. (1099–1118) geschlichtet wird. Der König verzichtet auf die Investitur mit Ring und Stab, ernennt die Bischöfe und Äbte und empfängt Mannschaft für deren weltlichen Besitz. Dadurch sichert sich der König eine starke Kontrolle über die Kirche. Die Bindungen an das Papsttum sind schwächer als vor 1066. Erst 1172 gibt der König die Appellation nach Rom frei.

1086 Anlage des **Domesday Book**.

Das Domesday Book

Das »Domesday Book« (Buch des Jüngsten Gerichts, unter diesem Namen volkstümlich seit dem 12. Jh.) ist ein Verzeichnis, in dem Grafschaft für Grafschaft alles Land nach den einzelnen Herrenhöfen und kleineren Besitzungen mit Grundsteuerlast, Ackergröße, Gespannzahl, Bevölkerungsstand (ständisch gegliedert) und Wert verzeichnet ist. Die ärmeren nördlichen Grafschaften und einige der bedeutendsten Städte wie London und Winchester fehlen, die Untersuchung wird wahrscheinlich beim Tod WILHELMS I. abgebrochen. Diese Aufstellung ist eine bedeutende Quelle für die sozialen und wirtschaftlichen Umwälzungen in England in den zwei Jahrzehnten nach der normannischen Eroberung.

1087 Nach dem Tod WILHELMS I. folgt in England sein zweitgeborener Sohn WILHELM II., RUFUS (*1056, †1100), nach, während sein ältester Sohn ROBERT II., KURZHOSE (*1054, †1134), die Normandie erhält.

1100 **König HEINRICH I.** (Beauclerc; *1068, †1135), jüngster Sohn WILHELM I., übernimmt nach dem Tod WILHELMS II. die Herrschaft in England und der Normandie. Sein älterer Bruder ROBERT II. ist auf dem Ersten Kreuzzug.

1106 ROBERT II. wird nach seiner Rückkehr bei Tinchebrai von HEINRICH I. geschlagen und auf Lebenszeit gefangen gesetzt. HEINRICH I. ist ein bedeutender Verwalter. Ein Schatzamt (*exchequer*) als oberste Finanzbehörde erscheint während seiner Herrschaft in England (erster Beleg 1118) und in der Normandie (erster Beleg 1130) – die frühesten Beispiele für Schatzämter in Westeuropa. Vor dem *exchequer* rechnen die Verwalter der Grafschaften (*sheriffs*) jährlich zweimal ab. Ihre Rechnungslegung wird in den *Pipe Rolls* aufgezeichnet (ältestes Fragment für das Finanzjahr 1129/30 erhalten, seit 1158/59 durchgehend bis ins 19. Jh.).

ab 1111 Kriege mit Frankreich, in denen HEINRICH I. die Lehnshoheit über Maine und Bretagne gewinnt (1113) und 1119 bei Brémule siegt.

Könige von England im Hochmittelalter

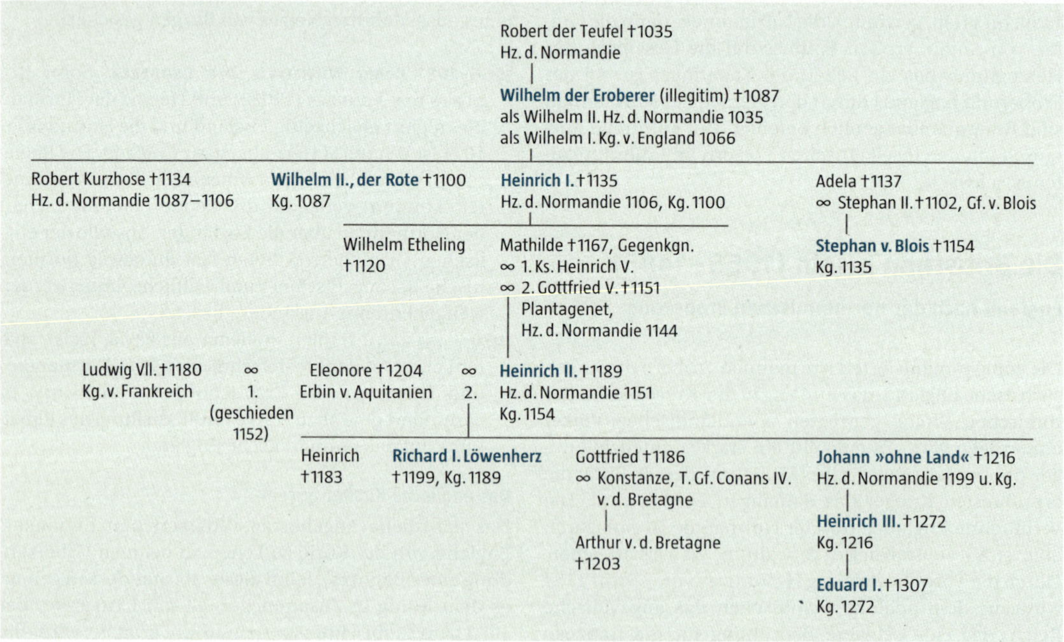

1120 HEINRICHS I. Sohn WILHELM (*1103) kommt bei einem Schiffsunglück ums Leben.

1127 Daher lässt HEINRICH I. seiner Tochter MATHILDE (*1102, †1167), Witwe Kaiser HEINRICHS V. (*1086, †1125), als seiner Nachfolgerin huldigen.

1128 HEINRICH I. vermählt MATHILDE ohne Rücksprache mit den Baronen mit GOTTFRIED PLANTAGENET (*1113, †1151), Sohn des Grafen FULKO V. VON ANJOU (*1092, †1143; 1131 König von Jerusalem). GOTTFRIEDS Dynastie heißt nach *planta genista*, Ginsterzweig, den er als Helmzier getragen hat.

1135 **STEPHAN VON BLOIS** (*1097, †1154), Sohn von ADELA (*um 1062, †1137), Schwester HEINRICHS I., und STEPHAN II. HEINRICH VON BLOIS (†1102) ist der mächtigste Adlige Englands und usurpiert den Thron. Die Kirche und viele Barone erkennen ihn als König an.

1139 Erst nach gravierenden innenpolitischen Fehlern STEPHANS kommt MATHILDE ins Land, um den Thron zu beanspruchen. In dem folgenden, mehrere Jahre dauernden Bürgerkrieg, der »Zeit der Anarchie«, kann sich STEPHAN gegen MATHILDE behaupten, doch gelingt es ihm nicht, eine eigene Dynastie zu gründen.

1153 STEPHAN erkennt schließlich HEINRICH (II.), MATHILDES und GOTTFRIEDS Sohn, als Nachfolger auf dem Thron an.

Das englische Lehnssystem

WILHELM I. gewinnt durch die Schlacht von Hastings die Herrschaft über ein für seine Zeit stark zentralisiertes Reich. Als Eroberer betrachtet er sich als der Oberherr des gesamten Grunds und Bodens. Die einheimische Adelsschicht verliert ihren sämtlichen Besitz, den der König an seine Gefolgsleute verteilen kann.

Die Normandie zählt zur Zeit der Eroberung Englands zu den am stärksten feudalisierten Regionen Europas. Hingegen kennt man in England weder unter den angelsächsischen noch den dänischen Herrschern die Grundelemente des Lehnssystems (Vasall, Kommendation, Lehen, Burg). WILHELM I. führt das Lehnssystem in England ein; da die Voraussetzungen sich von denen der Normandie unterscheiden, entwickelt sich ein System besonderer Ausprägung. Die anfänglich als Fremdherrschaft empfundene Regierung der neuen Dynastie verlangt einen aktiven Kriegsdienst der Vasallen. Diese Tendenz wird durch die bis etwa 1085 andauernde Bedrohung aus Skandinavien verstärkt.

Dem gestärkten normannischen Königtum in England gelingt es, die Etablierung von Regionalmächten in den Grafschaften zu verhindern. Die Verwalter der Grafschaften sind die *sheriffs*, absetzbare Kronbeamte. Die großen Barone (oberster Rangtitel *comes/earl* [Graf]) haben über viele Grafschaften verstreuten Besitz (*honor*); dadurch wird Territorialisierung und Landesherrschaft unterbunden. Die Adligen sind vergleichsweise stark vom König abhängig. Als oberster Rechtsherr kann der König die Machtbildung des Adels auf lokaler Ebene weiter begrenzen. Die Erblichkeit der Lehen verbreitet sich erst unter HEINRICH II. Diese wichtigsten Wesenszüge des Lehnssystems prägen die hochmittelalterliche Verfassungsgeschichte Englands und stärken die Zentralgewalt, v. a. im Vergleich mit der Entwicklung in Frankreich und Deutschland.

Anfänge der englischen Zentralverwaltung

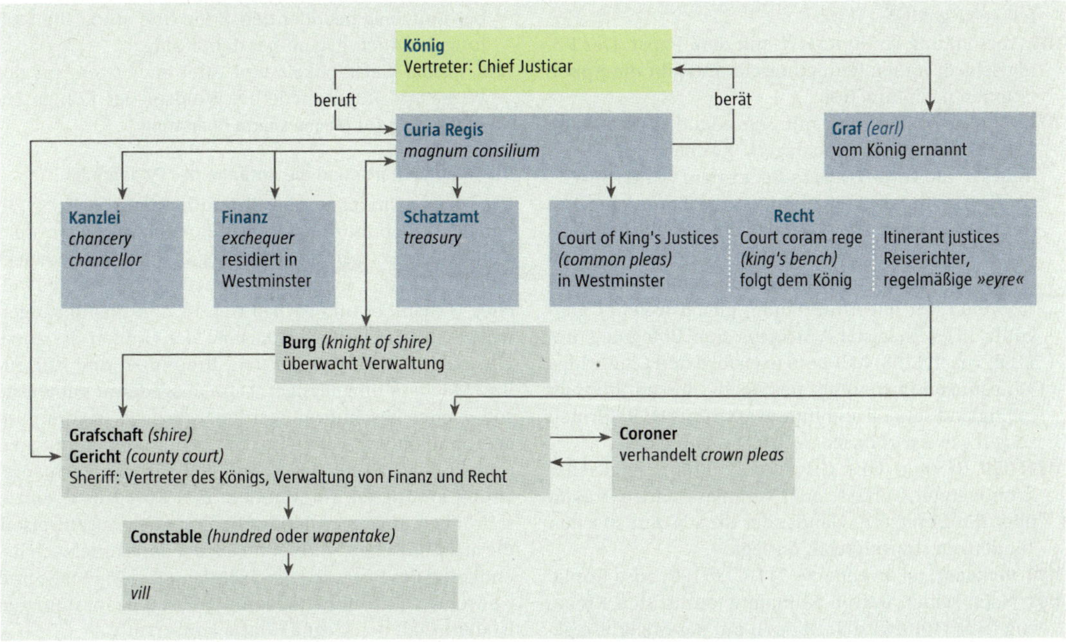

England unter der Dynastie Anjou-Plantagenet

1154–1189 **König Heinrich II.** (*1133, †1189), Begründer des Hauses **Anjou-Plantagenet** (bis 1399).

Heinrich II. ist ein bedeutender Staatsmann und Organisator sowie Reformer der Verwaltung. Unter ihm wird die Normandie erneut mit England verbunden; hinzu kommt der Anspruch auf die Oberhoheit über die Bretagne sowie der väterliche Besitz von Anjou, Maine und Touraine. Durch seine Ehe (1152) mit Eleonore von Aquitanien (*um 1122, †1204), der geschiedenen Gattin des französischen Königs Ludwig VII. (1137–1180), erhält er die Herrschaft über Poitou und Guyenne mit der Gascogne. Für die festländischen Besitzungen ist Heinrich II. Vasall des französischen Königs. Gleichwohl ist er sehr viel mächtiger als sein Lehnsherr, denn das **Angevinische Reich** (so benannt nach dem regierenden Haus Anjou) erstreckt sich von der schottischen Grenze bis zu den Pyrenäen. Neben dem Reich der Staufer ist es die ihm ebenbürtige andere Vormacht des Abendlandes.

1164 Über die **Konstitutionen von Clarendon** (Wiederherstellung gewisser Königsrechte) und die darin festgelegte Stellung der Kleriker vor weltlichen Gerichten kommt es zum Bruch mit Thomas Becket (*1118, †1170), dem Erzbischof von Canterbury und früheren Kanzler Heinrichs II. Becket verbringt sechs Jahre im Exil in Frankreich.

1170 Becket wird nach seiner Rückkehr und einer scheinbaren Aussöhnung mit dem König in der Kathedrale von Canterbury von königlichen Rittern ermordet. 1173 wird er von Papst Alexander III. (1159–1181) heilig gesprochen.

1171 Erster **Feldzug Heinrichs II. nach Irland**, um dort die seit zwei Jahren erfolgreich kämpfenden kambronormannischen Barone unter Kontrolle zu bringen, was nur teilweise gelingt.

1172 Versöhnung Heinrichs II. mit dem Papst. Der König schwört einen Reinigungseid und gibt die Appellationen nach Rom frei.

1173/74 Ein Aufstand der mit Schottland verbündeten Söhne wird niedergeschlagen. Kirchenbuße Heinrichs II. am Grab Thomas Beckets in Canterbury. Große Rechtsreformen drängen die baronialen Gerichte zugunsten der königlichen Gerichte zurück; Einführung der Geschworenengerichte. In den königlichen Gerichten bildet sich das **Common Law** aus (*common*: für alle Untertanen, gleich welcher Herkunft). Der Magister Vacarius aus Bologna (*um 1120, †nach 1198) hält 1149 in Oxford und Cambridge Vorlesungen über römisches Recht, dessen Studium in England schnell aufblüht. Heinrichs II. Reformen zeigen gewisse römisch-rechtliche Einflüsse.

1187/1189 Ranulf von Glanvill (†1190), englischer Kronbeamter, verfasst oder veranlasst einen Traktat über die Gesetze Englands, der die absolutistischen Tendenzen Heinrichs II. darlegt.

1189 **Richard I.** (»Löwenherz«; *1157, †1199) wird König.

1192 Nach seiner aktiven Teilnahme am dritten Kreuzzug (seit 1190) wird Richard I. auf der Rückreise gefangen genommen, an Kaiser Heinrich VI. (1169/91–1197) ausgeliefert und erst 1194 gegen ein hohes Lösegeld freigelassen.

1194 Aufgrund der Kriege mit dem französischen König Philipp II. Augustus (1180–1223), zu dem Richards I. Bruder Johann Ohneland (*1167, †1216) abfällt, weilt Richard I. erneut nicht im Land. Während Richards langer Abwesenheit entwickelt sich unter dem Justiziar und Erzbischof von Canterbury Hubert Walter (†1205) die differenzierte Verwaltungspraxis mit einer für diese Zeit vorbildlichen Archivierung der Regierungsdokumente (u. a. *Patent Rolls, Close Rolls*).

1199 **König Johann** (»Ohneland«, da er bei der Apanagierung seiner Brüder durch den Vater Heinrich II. leer ausging) folgt seinem Bruder Richard. Durch Erbansprüche von Arthur von der Bretagne (*1187, †1203), Sohn seines verstorbenen älteren Bruders Gottfried II. (*1158, †1186), ist seine Herrschaft bedroht.

1203 Johann veranlasst Arthurs Ermordung.

1204 Mit einer Niederlage gegen Philipp II. Augustus kommt es zum **Zusammenbruch des angevinischen Reiches**; die Normandie geht verloren.

1207–1209 Das tyrannische Regiment Johanns, der sich mit Papst Innozenz III. (1198–1216) wegen Stephan Langtons (*um 1150, †1228) Wahl zum Erzbischofs von Canterbury überwirft, führt zum Interdikt und zur Bannung des Königs.

1213 Der Bann wird erst gelöst, als sich Johann angesichts der drohenden Invasion der Insel durch Frankreich dem Papst voll unterwirft und England von der römischen Kirche zu Lehen nimmt. Innozenz III. verbietet daraufhin den französischen Angriff.

1214 Johann greift in der westfranzösischen Provinz Poitou ein, aber die Niederlage seiner Verbündeten bei Bouvines beendet den Krieg und stärkt die Stellung des Adels gegenüber dem König.

1215, 15. Juni Geistlichkeit und Adel erzwingen auf der Wiese von Runnymede bei Windsor des Königs Zustimmung zur **Magna Charta Libertatum**.

Die Magna Charta und die Anfänge des Parlaments

Die Magna Charta ist eine Urkunde König Johanns, in der das Ergebnis zäher Verhandlungen zwischen dem König, Geistlichkeit und Adel des Reiches niedergelegt ist. Das Ziel der Verhandlungen ist die Reform des Reiches (Präambel und Artikel 61). In den Ausführungen wird deutlich, dass nach Ansicht der Großen die angevinischen Könige Heinrich II., Richard I. und Johann ihre Macht in unzulässiger Weise ausgedehnt haben; sie soll wieder beschnitten werden. Spezielle Bestimmungen handeln u. a. von lehnsrechtlichen Verpflichtungen und von der Zusage des Königs, willkürliche Rechtsprechung künftig zu unterbinden, den Königsforst einzuschränken, seine ausländischen Berater auszuweisen, die ausländischen Söldner im Dienst der Krone nach Beendigung des Bürgerkriegs zu entlassen sowie Maße und Gewichte zu vereinheitlichen. In diesen Bestimmungen ist der Inhalt der Magna Charta konservativ.

Umfassende Ausführungsbestimmungen zur Verwirklichung der geplanten Reform (Artikel 61) lassen Ansätze erkennen, die später im englischen Parlament weitergeführt werden: Die Barone werden 25 Männer aus ihrem Kreis wählen, deren Aufgabe es ist, die Verwirklichung der Reformen zu überwachen. Falls es zum Missbrauch der Macht durch den König kommt, sollen mindestens vier der 25 Barone den König darauf hinweisen und ihn zur Abhilfe mahnen. Wenn der Missbrauch nach 40 Tagen nicht abgeschafft ist, sollen alle Barone und Untertanen den König zur Besserung zwingen (etwa durch Gehorsamsentzug und die Besetzung von Burgen), bis nach ihrer Ansicht die Reformen durchgeführt sind. Danach sollen sie dem König wieder gehorchen. Die Untertanen werden eidlich verpflichtet, den Baronen bei dieser Aufgabe zu helfen. Auch die Barone selbst schwören einen Eid, ihren Verpflichtungen nachzukommen. Kann unter den 25 Baronen keine Einmütigkeit erzielt werden, wird durch Mehrheitsbeschluss entschieden.

Der König verzeiht allen seinen Gegnern. Er verpflichtet sich, nichts zu unternehmen, um sich von diesen Versprechungen, die auch seine Nachfolger binden werden, befreien zu lassen. Die Urkunde ist vom König und den Baronen beeidigt.

Neu an der Magna Charta ist die Institutionalisierung einer Kontrolle königlichen Handelns. Die Mitglieder des Kontrollorgans werden nicht vom König ernannt. Es bleibt ihnen überlassen zu entscheiden, ob im Einzelfall die versprochenen Reformen verwirklicht sind. Damit wird die königliche Machtvollkommenheit (»König von Gottes Gnaden«) empfindlich eingeschränkt.

Da die Charta ohne Johanns Zustimmung erlassen worden ist, entbindet ihn der Papst als Lehnsherr von seiner Verpflichtung, sie zu befolgen.

1216, Mai Nach der Landung des französischen Kronprinzen Ludwig (VIII.) (1223–1226) in England kommt es zum Bürgerkrieg.

19. Okt. Nach dem Tod Johanns scharen sich die englischen Adligen um seinen legitimen Nachfolger **König Heinrich III.** (*1207, †1272).
Während seiner Minderjährigkeit, die eine Regentschaft notwendig macht (William Marshal [*1144, †1219], Hubert de Burgh [*um 1165, †1243]), werden wesentliche Grundsätze der Magna Charta vorübergehend verwirklicht.

1225 Die Charta wird in einer überarbeiteten Fassung (ohne Artikel 61: Widerstandspflicht) herausgegeben und bleibt nunmehr zentraler Bezugspunkt des Verhältnisses von Krone und Adel.
Die Päpste besteuern rücksichtslos die englische Kirche, um Geld zum Kampf gegen Kaiser Friedrich II. (*1194, †1250) zu sammeln, und verleihen viele Pfründen an Italiener und andere Ausländer. Der König seinerseits stützt sich auf ausländische Berater. Beides bewirkt eine stark fremdenfeindliche Stimmung in England.

1255 Die Annahme der sizilischen Krone für Heinrichs III. jüngeren Sohn Edmund Crouchback (*1245, †1296) verstärkt die Steuerforderungen des Königs und die wachsende Unzufriedenheit im Volk.

1258–1265 Aufstand der Barone (*the barons' war*), zunächst von oligarchischem Charakter.

1259 In den **Provisionen von Oxford** wird erstmalig die englische Sprache für königliche Verlautbarungen verwendet. Heinrich wird ganz von einem baronialen Ausschuss abhängig, alle wichtigen Staatsämter werden neu mit Parteigängern der Barone besetzt.
Spaltung unter den Baronen, indem Simon von Montfort (*1208, †1265) als Führer des aufsteigenden niederen Adels, der in der Verwaltung der Grafschaften tätigen Ritter, hervortritt.

1264, Jan. *Mise d'Amiens:* Der Schiedsspruch Ludwigs IX. (1226–1270) zwischen König und Baronen fällt einseitig zugunsten der königlichen Autorität aus und wird von den Baronen nicht anerkannt.

12.–14. Mai Simon schlägt den König, zu dessen Partei jetzt die meisten Barone gehören, bei Lewes im Südosten Englands vollständig und nimmt ihn gefangen. Die Regierung geht an Simon über. Er stützt sich auf die Mittelklasse in Stadt und Land.

1265, 4. Aug. Der Kronprinz Eduard (*1239, †1307) entkommt aus der Gefangenschaft und besiegt Simon bei Evesham. Simon fällt. Durch den Einfluss Eduards leben die Reformideen Simons von Montfort weiter.

Ausbildung des Parlaments und Entwicklung des Rechts

Der Aufstand der Barone ist wichtig für die Entwicklung des Parlaments (lat. *parlamentum*: Besprechung, Versammlung). Schon unter Heinrich III. ist 1254 die übliche »Große Ratsversammlung« (*magnum concilium*), bestehend aus den ersten Dienern des Königs und den Kronvasallen, durch vier gewählte Ritter als Vertreter jeder Grafschaft erweitert worden. Simon beruft 1265 zu seinem Parlament außer je zwei Grafschaftsrittern auch zwei Bürger aus jeder Stadt. Die Maßnahmen von 1254 und 1265, ursprünglich als Ausnahmen gedacht, werden allmählich zur Regel.

Henry de Bracton (†1268), der größte englische Jurist des Mittelalters und 20 Jahre lang Richter unter Heinrich III., schreibt in den Tagen Simons von Montfort sein umfangreiches Rechtsbuch »De legibus et consuetudinibus regni Angliae«. Sein Rechtsdenken ist vom »Corpus Iuris Civilis« stark beeinflusst, aber: »Der König steht unter Gott und dem Gesetz, das erst den König macht.« Nur in geringem Umfang wird materiell römisches Recht übernommen. So wird die Stellung der Hörigen nach dem Vorbild der römischen Sklaven geschwächt. Seit der umfangreichen Gesetzgebung Eduards I. studieren die englischen Juristen nicht mehr das römische Recht. Sie werden seit dem 14. Jh. nicht mehr an den Universitäten, sondern an besonderen Rechtsschulen (*Inns of Court*) ausgebildet und entwickeln das *Common Law* als *Caselaw* durch die Interpretation früherer Gerichtsurteile. Berichte über juristisch wichtige Gerichtsverhandlungen sind literarisch niedergelegt in den »Year Books«, die 1292 einsetzen und bis zu

HEINRICH VIII. reichen. So wird der Einbruch fremden materiellen Rechts in das *Common Law* (Gewohnheitsrecht) auf ein Minimum reduziert.

1272–1307 **König EDUARD I.** (*1239, †1307), HEINRICHS III. tatkräftiger Sohn, ist ein bedeutender Herrscher und Gesetzgeber (»Justinian Englands«). Seine Herrschaft ist Höhepunkt der königlichen Gewalt im Mittelalter, zerrüttet aber die Staatsfinanzen mit ihren kostspieligen Feldzügen in Wales, Schottland und Frankreich.

1277/1282–1284 Das seit 1267 von der Krone lehnsabhängige Fürstentum Wales wird in zwei Feldzügen erobert; der letzte Fürst LLYWELYN AP GRUFFYDD (*1246, †1282) fällt. Der König übernimmt die Herrschaft im Fürstentum, dessen Eigenständigkeit gewahrt wird. Es wird nach englischem Vorbild in Grafschaften eingeteilt. 1301 erhebt EDUARD I. seinen gleichnamigen, in Caernarvon geborenen Sohn zum Fürsten von Wales (*Prince of Wales*), ein Titel, der fortan fast jedem Thronerben verliehen wird.

1290 EDUARD I. vertreibt die Juden aus England, die mit den Normannen im 11. Jh. ins Land gekommen und der Krone zur Finanzierung ihrer Politik eine wichtige Stütze gewesen waren; erst unter OLIVER CROMWELL werden die Juden nach England zurückkehren.
Im Folgenden stützt sich EDUARD I. zur Finanzierung seiner Kriege auf italienische Bankhäuser (Bardi, Frescobaldi). Die **Vertreibung der Juden**, die auch dem Adel viel Geld geliehen hatten, trägt zur Popularität des Königs bei.

1294–1297 Krieg mit Frankreich um Guyenne, der mit einem Waffenstillstand endet.

1295 Die Steuerforderungen für den Krieg mit Frankreich begünstigen kurzfristig die Ausbildung des Parlaments (*Model Parliament*, das aber nicht wiederholt wird). Da die Last der neuen Besteuerung von beweglichem Vermögen v. a. den Adel und die Städte trifft, legt die Krone zur leichteren Eintreibung auf die vorherige Zustimmung der *Commons* wert.

1296 Unter Berufung auf die Bulle *Clericis laicos* verweigert der Klerus unter ROBERT WINCHELSEY (†1313), dem Erzbischof von Canterbury, jede Besteuerung von Kirchengut. Doch der König kann die Geistlichkeit zwingen, ihm unter Umgehung des päpstlichen Verbots Geldgeschenke zu machen.

1297 Bestätigung der Magna Charta, die über die Bewilligung HEINRICHS III. hinausgeht, indem der König darauf verzichtet, ohne Zustimmung des Parlaments nicht nur Steuern von seinen Vasallen, sondern auch neue Zölle zu erheben.

Das Parlament in der Zeit Eduards I.

Der König versammelt das Parlament von Zeit zu Zeit, um sich Bitten und Beschwerden anzuhören. Der Name *Commons* für die Abgeordneten erklärt sich daraus, dass sie die Gemeinden (*communities*) des Reiches vertreten (Grafschaften, Städte, Marktflecken). Sie sind kein dritter Stand im Sinn der Reichstage und Ständeversammlungen des Kontinents, denn außer Städten gehören auch die Grafschaftsritter zu ihnen. Daneben ist ein wichtiges Kennzeichen des englischen Parlaments, dass der Klerus keinen besonderen Stand bildet: Zwei Erzbischöfe, 18 Bischöfe und einige Äbte sitzen als Kronvasallen im Parlament. Die Steuern vom Kirchenbesitz werden seit dem 14. Jh. in den rein geistlichen Versammlungen (Konvokationen) bewilligt, die getrennt in den beiden Kirchenprovinzen Canterbury und York zusammengerufen werden.

1306 Das erstarkende Königtum strebt nach seiner Ausdehnung über Wales auch die Herrschaft über Schottland an. Das gelingt unter EDUARD I. zeitweilig, aber kurz vor seinem Tod erwächst ihm dort in ROBERT BRUCE (*1274, †1329) ein Gegner, der seinem Nachfolger EDUARD II. ein ebenbürtiger Gegner ist.

1307 **König EDUARD II.** (*1284, †1327) tritt ein schwieriges Erbe an, kommt aber als Staatsmann seinem Vater nicht gleich. Unter ihm kommt es zur Günstlingswirtschaft, die die Opposition des hohen Adels stärkt und zu schweren inneren Auseinandersetzungen führt. Das erste Opfer dieser Adelsopposition ist der Gascogner PIERS GAVESTON (†1312), Regent während der Abwesenheit des Königs in Frankreich. Der hohe Adel unter Führung von THOMAS VON LANCASTER (*1278, †1322), Sohn von EDMUND CROUCHBACK, will nach dem Vorbild der Provisionen von Oxford die Regierung selbst in die Hand bekommen.

1310 21 Barone werden als *Lords Ordainers* eingesetzt.

1312 Mit GAVESTONS Hinrichtung wird der König gedemütigt.

1314, 23./24. Juni **EDUARD II.** wird bei dem Versuch, die englische Garnison in Stirling in Schottland zu entsetzen, **bei Bannockburn von ROBERT BRUCE geschlagen**. England verliert seinen Einfluss in Schottland; die Position des Königs im eigenen Land wird grundlegend erschüttert.

1314–1322 THOMAS VON LANCASTER regiert im Namen EDUARDS, scheitert aber am Widerstand königstreuer Barone.

1322 Nach seinem Tod kommt es zu erneuter Günstlingswirtschaft, nun der DESPENSERS, Vater (HUGH DER ÄLTERE; *1262, †1326) und Sohn (HUGH DER JÜNGERE; *1286, †1326). Die Anordnungen der *Ordainers* werden abgeschafft. Die Herrschaft der DESPENSERS führt zu erneuten inneren Kämpfen.

1325 EDUARDS II. Gemahlin ISABELLA (*1292, †1358), Tochter des französischen Königs PHILIPP IV. (1285–1314), geht nach Frankreich zurück und konspiriert gegen ihren Gemahl.

1326 ISABELLA kehrt mit ihrem Geliebten ROGER DE MORTIMER (*1286, †1330) und französischen Truppen nach England zurück. Die DESPENSERS werden gehängt.

1327, 20. Jan. Mit Zustimmung des Parlaments wird EDUARD II. zur Abdankung gezwungen und einige Monate später im Gefängnis ermordet.

1. Febr. **EDUARD III.** (*1312, †1377) wird als neuer König gekrönt.

Die Regierung Eduards III.

EDUARD III., ein leidenschaftlicher Krieger, wird zum Leitbild des spätmittelalterlichen Rittertums höfischer Prägung. Er ist in der Lage, die Loyalität seiner Familie (Gemahlin PHILIPPA VON HAINAULT [*1311, †1369], Patronin des Chronisten JEAN FROISSART [*um 1337, †nach 1404]) und seines Volkes sowie die Zuneigung seines Adels zu gewinnen. Der gesellschaftliche Idealzustand, der unter EDUARD II. empfindlich gestört worden war (in der Zeit der nicht standesgemäßen Günstlinge des Königs, die den Adel erbittert hatten), wird wieder hergestellt. In Nachahmung des nun populären und legendären König ARTUS mit seiner Tafelrunde verspricht EDUARD III. 1344 die Gründung eines weltlichen Ritterordens. Er löst das Versprechen nach den Siegen von Calais und Crécy 1348 mit der Gründung des Hosenbandordens ein (Motto: *honi soit qui mal y pense*). Der Orden ist auf 26 Mitglieder begrenzt und bietet dem König damit Gelegenheit, seine engsten Vertrauten auszuzeichnen. Zur Überwachung des ritterlichen Niveaus wird ein Rittergericht (*curia militaris*) geschaffen.

Während der Regierungszeit EDUARDS III. kommt es zu einer Schichtung des Adels, indem eine kleine Schicht bevorzugt behandelt wird, deren wichtigste Gruppe seine Nachkommen, davon sieben Söhne, sind. Seit Schaffung der Herzogswürde 1337 erhalten die loyal mit ihrem Vater zusammenarbeitenden Königskinder eine Apanage. Ferner kann der König seine Gunst durch Heiratspolitik gezielt vergeben. Die kriegerischen Konflikte bewirken, dass der Hochadel ständig dezimiert wird. Im 14. Jh. sterben 13 Grafen (*earls*) ohne legitime Nachkommen. Die verbleibenden Adligen werden reicher als ihre Standesgenossen im 13. Jh. Ihr neuer Reichtum manifestiert sich in intensiver Bautätigkeit (Burgen, Kirchen, Colleges). Persönliche Tüchtigkeit führt unter besonderen Umständen zu sozialem Aufstieg, doch erhebt EDUARD III. nur wenige Männer außerhalb seiner Familie in hohen Rang. Es gibt keine geschlossene Adelsklasse; Versuche, eine solche zu schaffen (RICHARD II. 1387, HEINRICH V. 1415), bleiben erfolglos. Ein Gesetz von 1390 regelt die gesellschaftlichen Voraussetzungen zur Haltung eines Adelsgefolges (*retainers*).

1327 Das bisher nur sporadisch auftauchende Amt des Friedensrichters (*justice of the peace*) wird auf ganz England ausgedehnt. Die Friedensrichter werden vom König ernannt, vornehmlich aus dem Kreis der in den Grafschaften ansässigen kleinen Adligen (*gentry*). Sie üben Polizeigewalt aus, halten Gerichtssitzungen ab, die allmählich das alte Grafschaftsgericht (*county court*) ersetzen, und beaufsichtigen seit 1494 den *sheriff*. Ihr Ansehen und ihr Wirkungskreis vergrößern sich bis ins 18. Jh. immer mehr.

1330 MORTIMER, Regent während der Minderjährigkeit EDUARDS, wird nach dreijähriger Willkürherrschaft unter Zustimmung des Parlaments hingerichtet.

1333–1336 EDUARD III. versucht vergeblich, Schottland zu unterwerfen, das von Frankreich unterstützt wird.

1337 EDUARD III. beansprucht als Herzog von Aquitanien und Neffe des letzten Kapetingers KARL IV. (1322–1328) die französische Krone gegen PHILIPP VI. (1328–1350), KARLS Nachfolger aus dem Hause Valois. Diese Auseinandersetzung sowie die politische Unterstützung Schottlands durch Frankreich und wirtschaftliche Rivalitäten in Flandern führen zum **Ausbruch des Hundertjährigen Krieges mit Frankreich**. Auslöser ist die französische Konfiszierung des englischen Lehens Guyenne.

1338/39 Die englischen und französischen Flotten operieren im Ärmelkanal und brandschatzen Küstenorte ohne entscheidende Vorteile zu erlangen.

1340, 24. Juni Zerstörung der französischen Flotte im Hafen von Sluis. EDUARD III. kann zuvor die Unterstützung Flanderns gewinnen, dessen Städte mit ihrer Tuchindustrie auf die Einfuhr englischer Wolle angewiesen sind.

1346, 26. Aug. Englischer Sieg über das französische Ritterheer bei Crécy. Bei der Schlacht zeigt sich die überlegene Waffentechnik Englands (ebenso wie bei dem englischen Sieg über Frankreich bei Maupertuis am 19. Sept. 1356): Die walisischen Langbogenschützen werden durch die abgesessenen Reiter verstärkt.

Heer und Gesellschaft zu Beginn des Hundertjährigen Krieges

Der aktive Heerdienst als Teil der lehnsrechtlichen Verpflichtungen war im späten 11. Jh. bereits durch Geldablösung (*scutage*) ersetzt worden, die ihrerseits im späten 12. Jh. außer Gebrauch gekommen war. Die Feldzüge des Hundertjährigen Krieges werden durch von Adligen angeworbene Söldnerkompanien geführt, die durch schriftliche Dienstverträge (*indentures*) verpflichtet worden sind. Die sehr kostspieligen Söldner können nur finanziert werden, solange der Krieg reiche Beute abwirft. Plünderungen und Lösegelder, u. a. 500 000 Pfund Sterling für den französischen König JOHANN II. (1350–1364), erleichtern zunächst die Finanzierung. Als sie wegfallen, kommt es in England zur Krise: Das Parlament von 1376 (*Good Parliament*) fordert, der Krieg dürfe das Land finanziell nicht belasten. Häufiger aktiver Kriegsdienst macht den Schwerbewaffneten (*armiger*) zum Wappenträger (*arms*: Waffen, Wappen).

Der Hundertjährige Krieg ist von großer Bedeutung für die englische Gesellschaft. Da der Krieg außerhalb Englands geführt wird, bleibt die Zivilbevölkerung von negativen Begleiterscheinungen weitgehend verschont. Der Krieg bringt – zumal in seinem ersten Stadium bis etwa 1360 – der englischen Bevölkerung Beschäftigung und materiellen Gewinn. Die ritterlichen und bürgerlich-bäuerlichen Schichten arbeiten in England in der Lokalverwaltung und im Parlament eng zusammen.

1348–1350 Erstes Auftreten der Pest in England; sie dezimiert die Bevölkerung um ein Viertel bis ein Drittel. Weitere Pestepidemien bis ins frühe 15. Jh. führen dazu, dass die Bevölkerungszahl stagniert. Dies hat wirtschaftliche Auswirkungen: Landwirtschaftliche Erzeugnisse sinken aufgrund mangelnder Nachfrage im Wert, während die Arbeitskräfte erhebliche Lohnforderungen stellen.

1350 Das Parlament versucht vergeblich, die Löhne auf der Stufe vor dem Auftreten der Pest festzuschreiben und die Mobilität der Landarbeiter zu unterbinden (*Statute of Labourers*). Die bereits weitverbreitete Abgeltung der Dienstleistungen auf den Herrenhöfen durch feste Geldzahlungen kann nicht wieder rückgängig gemacht werden.

1351 *Statute of Provisors* gegen die päpstliche Ernennung (*provision*) von Geistlichen und gegen Pfründenvergabe unter Ausschluss freier Wahl und Umgehung des Patronatsinhabers.

1353 Verstärkung der antipäpstlichen Gesetzgebung im *Statute of Praemunire*, das die Anrufung des Papstes in Sachen, die dem König zustehen, unterbindet. Das Verhältnis zum Papsttum verschlechtert sich weiter durch die päpstliche Parteinahme für Frankreich.

1363 EDUARD, DER SCHWARZE PRINZ (*1330, †1376), der älteste Sohn EDUARDS III., wird als Verwalter Guyennes in Bordeaux eingesetzt. Von dort aus führt er Krieg in Spanien.

1369 Der wieder aufflammende Krieg mit Frankreich bringt die ersten spürbaren Niederlagen für England und führt zu Plünderungen an der englischen Südküste, die die Unzufriedenheit der Bevölkerung mit der Kriegsführung verstärken.
Die letzten Regierungsjahre EDUARDS III. sind von Krisen erschüttert. Sein volkstümlicher ältester Sohn, der SCHWARZE PRINZ, kommt von Krankheit gezeichnet nach England zurück. Der König zeigt deutliche Anzeichen von Senilität. Die beherrschende politische Gestalt ist JOHANN VON GENT (JOHN OF GAUNT; *1340, †1399), ein jüngerer Sohn EDUARDS III. und durch Heirat reicher Herzog von Lancaster. JOHANN führt die Partei der Barone und versucht, zugunsten des Adels Kirchengut einzuziehen.

1376 Dabei stößt JOHANN VON GENT auf den Widerstand des »Guten Parlaments«, das eine strengere Kontrolle der königlichen Finanzen fordert. Mitglieder des königlichen Rats werden von den *Commons* vor den Lords angeklagt und von diesen verurteilt – die ersten nachweisbaren Fälle des Impeachments. Nach dem Tod des SCHWARZEN PRINZEN gelangt JOHANN wieder an die Macht und beeinflusst die Zusammensetzung des neuen Parlaments.

Kultur im England des 14. Jh.s

Die erste Blüte der englischsprachigen Literatur ist stark sozialkritisch geprägt, etwa »Piers the Plowman« (1362) von WILLIAM LANGLAND (*um 1332, †um 1400). GEOFFREY CHAUCER (*um 1340, †1400), der bedeutendste Dichter des englischen Mittelalters, kommt aus dem Bürgertum und dichtet für den Hof in englischer Sprache. Sein Hauptwerk, die »Canterbury Tales« (1387–1400), ist eine Sozialstudie über die englische Gesellschaft. Die englische Sprache wird zudem von den englischen Mystikern des 14. Jh.s verwendet, u. a. RICHARD ROLLE (†1349) und JULIANA VON NORWICH (*um 1342, †nach 1413), die in ihren Schriften den unmittelbaren Zugang zu Gott ohne Vermittlung durch die kirchlichen Institutionen und gelehrte lateinische Sprache suchen.
In ähnlichem Geist, wenn auch in Werken lateinischer Sprache, wirkt der **Kirchenreformer und Theologe JOHN WYCLIFFE** (†1384). Er lehrt in Oxford und bekämpft in seinen zahlreichen Schriften die weltliche Herrschaft der Kirche. Anfangs findet er bei JOHANN VON GENT Unterstützung; es kommt jedoch zum Bruch zwischen ihnen, als er den Heilscharakter und die Transsubstantiationslehre des Abendmahls bestreitet, die Abschaffung des Papsttums und die Auflösung der Klöster fordert und die Priesterbeichte und Heiligenverehrung für unwirksam erklärt. Das Seelenheil ist für ihn allein von der Vorherbestimmung abhängig. WYCLIFFE vertritt das allgemeine Priestertum der Gläubigen. Er leistet entscheidende Anregungen zur Übersetzung der ganzen Bibel in die englische Volkssprache. Sein Hauptgegner ist WILLIAM COURTNEY (*um 1342, †1396), Bischof von London, dann Erzbischof von Canterbury. 1382 werden einige Lehrsätze WYCLIFFES für ketzerisch erklärt. Er stirbt zurückgezogen auf seiner Pfarre in Lutterworth (Leicestershire). Seine Anhänger heißen Lollarden (*mumblers*: diejenigen, die Gebete in der Volkssprache murmeln).

1377 **RICHARD II.** (*1367, †1400), Sohn des SCHWARZEN PRINZEN, **wird König** (bis 1399). Anstelle des Zehnjährigen herrscht eine Regentschaft unter Leitung JOHANNS VON GENT. Unter seinem Einfluss wird der Krieg in Frankreich durch die Erhebung von Kopfsteuern (*Poll Tax* 1377, 1379, 1380) finanziert, die v. a. die armen Schichten der Bevölkerung belasten.

1381 Während der Eintreibung der dritten Kopfsteuer kommt es zum großen **Bauernaufstand** – teils politisch begründet (gegen die Missherrschaft JOHANNS VON GENT und aus Empörung über die französischen Plünderzüge im Süden Englands), teils sozial motiviert (drückende Besteuerung). Die Hauptforderung ist die Abgeltung aller Dienste gegen vier Pence Pacht pro *acre*, die Abschaffung der persönlichen Unfreiheit und die Rücknahme der Kopfsteuer. Als Führer der Bewegung treten **WAT TYLER** (†1381) und der ehemalige Priester JOHN BALL (*1335, †1381) hervor, der die Abschaffung von Standesprivilegien fordert. Der Aufstand ist am heftigsten im Südosten Englands. Die Kronbeamten, die die Kopfsteuer einsammeln, werden verjagt oder umgebracht; unbeliebte Grundherren werden erschlagen, die Grundbücher mit den Verzeichnissen der Dienstleistungen vernichtet.

13. Juni Der Zug der Bauern nach London führt dort zur Beteiligung der städtischen Unterschichten an dem Aufstand. Die Menge zündet den Savoy-Palast des JOHANN VON GENT an, doch kommt es nicht zu allgemeinen Plünderungen. Der junge RICHARD II. rettet die Situation, indem er persönlich mit den Anführern der Aufständischen verhandelt, die ihm vertrauen. Er verspricht, ihre Forderung nach Befreiung der Hörigen zu erfüllen und die Rebellen zu begnadigen.

14. Juni Inzwischen haben andere Haufen den Tower gestürmt und einige führende Persönlichkeiten ermordet, u. a. SIMON SUDBURY, Erzbischof von Canterbury und Kanzler.
Bei einer weiteren persönlichen Begegnung zwischen

dem König und den Aufständischen wird WAT TYLER erschlagen, was zum Zusammenbruch des Aufstandes in London und bald auch auf dem Land führt. Der König widerruft alle Zugeständnisse, verhindert aber – gegen das Drängen seiner Berater – eine blutige Rache an den Aufständischen. Das Parlament bekennt, dass Missstände in der Regierung zu dem Aufstand geführt haben. Die Kopfsteuer wird im Folgenden nicht wieder erhoben. Der Aufstand hat einige positive Ergebnisse.

1382 RICHARD II. heiratet ANNA VON BÖHMEN (*1366, †1394), Tochter Kaiser KARLS IV. (1346/55–1378).
Die Kontakte zwischen Böhmen und England führen zu der Verbreitung der Ideen JOHN WYCLIFFES in Böhmen, die großen Einfluss auf JAN HUS (*um 1370, †1415) ausüben. Die teils sozialkritischen Schriften WYCLIFFES wirken auch in England nach. WYCLIFFE selbst leugnet vor seinem Tod jede persönliche Verantwortung für den Bauernaufstand; seine Anhänger sind in erster Linie in Adelskreisen zu finden.

1389 RICHARD II. ergreift die persönliche Herrschaft und regiert anfangs sehr maßvoll.

1394/95 RICHARD II. versucht eine Reform der Verwaltung der englischen Kolonie in Irland.

1396 Waffenstillstand mit Frankreich.

seit 1397 RICHARD II. entwickelt plötzlich ein willkürliches Regiment und lässt einige seiner vermeintlichen Gegner anklagen, verbannen oder hinrichten.

1398 Das Parlament von Shrewsbury bestätigt dem König, durch Gesetze nicht gebunden zu sein, und überträgt alle parlamentarische Gewalt einem Ausschuss von zwölf Lords und sechs *Commons*, die aus dem Freundeskreis des Königs gewählt sind.
HEINRICH BOLINBROKE (*1367, †1413), Herzog von Hereford, Sohn JOHANNS VON GENT und Enkel EDUARDS III., wird verbannt.

1399 Als BOLINBROKES Vater JOHANN VON GENT stirbt, zieht der König seinen gewaltigen Landbesitz ein. BOLINBROKE, der neue Herzog von Lancaster, nutzt den Aufenthalt RICHARDS II. in Irland zur Rückkehr nach England. RICHARD II., der in Wales beträchtlichen Rückhalt hat, wird überlistet und gefangen genommen. Ein Parlament setzt ihn wegen Missherrschaft ab und billigt die Thronfolge BOLINBROKES.
RICHARD II. stirbt 1400 unter mysteriösen Umständen im Gefängnis.

England im Spätmittelalter

Das spätmittelalterliche England ist gekennzeichnet durch politische und soziale Unruhen, die die Königsgewalt schwächen und zu langjährigen Kämpfen zwischen den Herrscherhäusern. Nach dem ebenso ehrgeizigen wie letztlich aussichtslosen Versuch, die französische Krone zu erwerben, schafft erst die Beschränkung auf die Insel die Voraussetzungen für die Großmachtpolitik der Tudors.

1399 HEINRICH BOLINBROKE begründet als **König HEINRICH IV.** das bis 1461 regierende **Haus Lancaster** (Nebenlinie des Hauses Plantagenet). Das legitimere Anrecht auf die Krone hat jedoch der junge EDMUND MORTIMER (*1391, †1425), Graf von March und Enkel einer Tochter LIONELS (*1338, †1368), des Herzogs von Clarence und zweiten Sohnes EDUARDS III. HEINRICH IV. hält daher den Knaben gefangen.
Er verdankt seine Krone dem Urteilsspruch des Parlaments – daher pflegt er während seiner Herrschaft sorgfältig die Beziehungen zu den beiden Häusern. Die Usurpation des Throns durch HEINRICH IV. trägt zur Schwächung der Krone bei, die durch scharfe Gesetzgebung reagiert und dadurch Aufstände im Land provoziert. Die inneren Unruhen halten im 15. Jh. an und gipfeln in den sog. Rosenkriegen.

1400–1410 **Aufstand in Wales** unter Führung von OWAIN GLYN DWR (OWEN GLENDOWER, †um 1416), der als nationaler Befreier gefeiert wird und den walisischen Fürstentitel annimmt. Bündnisse mit Schottland, Irland und Frankreich (1405) bedrohen den Bestand der neuen englischen Dynastie. Der Aufstand bricht 1410 zusammen, aber GLYN DWR wird nicht gefasst. Es folgt eine scharfe antiwalisische Gesetzgebung, die erst von den Stuarts aufgehoben wird.

1403 Ein Aufstand des Adels im Norden Englands wird niedergeschlagen; HENRY PERCY (*um 1365), genannt HARRY HOTSPUR, fällt.

1405 RICHARD LE SCROPE (*um 1350), Erzbischof von York, wird hingerichtet.
Verfolgung der Lollarden, die im Hochadel zahlreiche Anhänger haben. 1401 hatte HEINRICH IV. das Gesetz über die Ketzerverbrennung, die bis dahin in England kaum üblich war, erlassen. Das Lollardentum lebt seitdem v. a. in den niederen Volksschichten weiter und geht schließlich in der Reformation auf.

1407 Die in den Niederlanden tätigen englischen Kaufleute, die v. a. Tuchexport betreiben, werden in der Handelskompanie der *Merchant Adventurers* zusammengefasst und privilegiert.

1410 Zerwürfnis zwischen HEINRICH IV. und dem Thronfolger HEINRICH, dem Prinzen von Wales, der sich im Kampf gegen GLYN DWR ausgezeichnet hat.

1413–1422 **König HEINRICH V.** (*1387, †1422) ist als König sehr fromm, ein erbitterter Gegner der Lollarden und glänzender Feldherr in Frankreich. Er lebt jedoch nicht lange genug, um den Bestand des Erreichten dauerhaft zu festigen. Sir JOHN OLDCASTLE (*1377, †1417), eine wichtige Stütze der Lollarden, wird exkommuniziert und flieht. Eine Verschwörung seiner Anhänger gegen den König wird blutig bestraft. 1417 wird OLDCASTLE gefangen genommen und verbrannt. Um die starken inneren Spannungen nach außen abzulenken und durch kriegerische Erfolge den Thron der Lancasters zu stützen, erneuert HEINRICH V. den Krieg mit Frankreich. Erst jetzt ist die militärische Eroberung des Landes und die Vereinigung der Kronen von Frankreich und England ernsthaftes Kriegsziel.

1415 In Southampton wird eine Verschwörung aufgedeckt, deren Ziel es ist, EDMUND MORTIMER, den HEINRICH freigelassen hat, zum König zu machen.

EDMUNDS Schwager, RICHARD VON CAMBRIDGE (*1375, Haus York) und andere Große werden hingerichtet.

1420 Der Krieg mit dem König von Frankreich führt 1415 zum **Sieg bei Azincourt** und 1420 zum Vertrag von Troyes, wonach HEINRICH V. die Tochter des französischen Königs KARL VI. (1380–1422), KATHARINA (*1401, †1437), heiratet und nach KARLS Tod König von Frankreich werden soll. In England baut HEINRICH V. eine starke Flotte auf. Nach neuerlichen Siegen (Eroberung von Meaux) stirbt er jedoch 1422.

1422–1461 Da der neue König **HEINRICH VI.** (*1421, †1471) beim Regierungsantritt einjährig ist, werden getrennte Regentschaften eingerichtet: in Frankreich der Staatsmann Herzog JOHANN VON BEDFORD (*1389, †1435), ältester überlebender Bruder HEINRICHS V.; in England Herzog HUMPHREY VON GLOUCESTER (*1391, †1447), jüngster Bruder des verstorbenen Königs. Letzterer ist ein ehrgeiziger, aber politisch unfähiger Intrigant und zugleich Mäzen von Renaissancegelehrten (Duke-Humphrey-Bibliothek Oxford).

BEDFORD kann trotz widriger Umstände bis zu seinem Tod den festländischen Besitz im Wesentlichen halten. Die königliche Flotte wird verkauft; in England sinkt die Bereitschaft, sich in Frankreich militärisch zu engagieren. Der wichtigste Gegner Herzog HUMPHREYS in England ist der wohlhabende Kanzler HENRY BEAUFORT (*um 1375, †1447), Bischof von Winchester und Kardinal (Nebenlinie der Lancaster).

Das Parlament im Hundertjährigen Krieg

Der ständige Geldbedarf während des Hundertjährigen Kriegs führt zu einer häufigen Berufung von Parlamenten, die an Einfluss gewinnen, da der König auf ihre Mitarbeit angewiesen ist. Die Trennung des Parlaments in Oberhaus (*House of Lords*) und Unterhaus (*House of Commons*) ist jetzt nachweisbar, doch älter und hat ihre Ursprünge wohl in den nicht offiziellen Versammlungen der *Commons*, in denen sie ihre Haltung zu Forderungen der Krone oder zu Anträgen der Großen beraten. Im Parlament haben die einzelnen Mitglieder der *Commons* kein Recht auf Rede; nur der Sprecher (*Speaker*) antwortet im Namen aller. Im Unterhaus ist der Sprecher der Vorsitzende der Versammlung. Das *House of Lords* ist das oberste Reichsgericht. Das Steuerbewilligungsrecht des Parlaments ist voll ausgebildet; der König verzichtet auf sein Recht, von den Bewohnern seiner Krondomäne Steuer (*tallage*) zu erheben. Vom König bewilligte Petitionen der *Commons* werden Gesetz. Der Einfluss des Unterhauses schwindet aber unter schwachen Regierungen und während der Bürgerkriege. Der König ist zur Berufung des Parlaments nicht verpflichtet.

Der Einfluss des Unterhauses im Mittelalter erreicht wegen der Schwäche der königlichen Herrschaft unter HEINRICH VI. seinen Höhepunkt. Das Petitionsrecht ist zum Recht der Gesetzesinitiative fortgebildet, indem die Mitglieder des Unterhauses Gesetzesanträge (*bill*, von lat. *bulla*) bereits in Form fertiger Gesetze (*statutes*) einbringen. Bis dahin hatten alle *freeholders* (die zu einem freien Leiheverhältnis angesehenen Ritter und Bauern)

Könige von England im Spätmittelalter

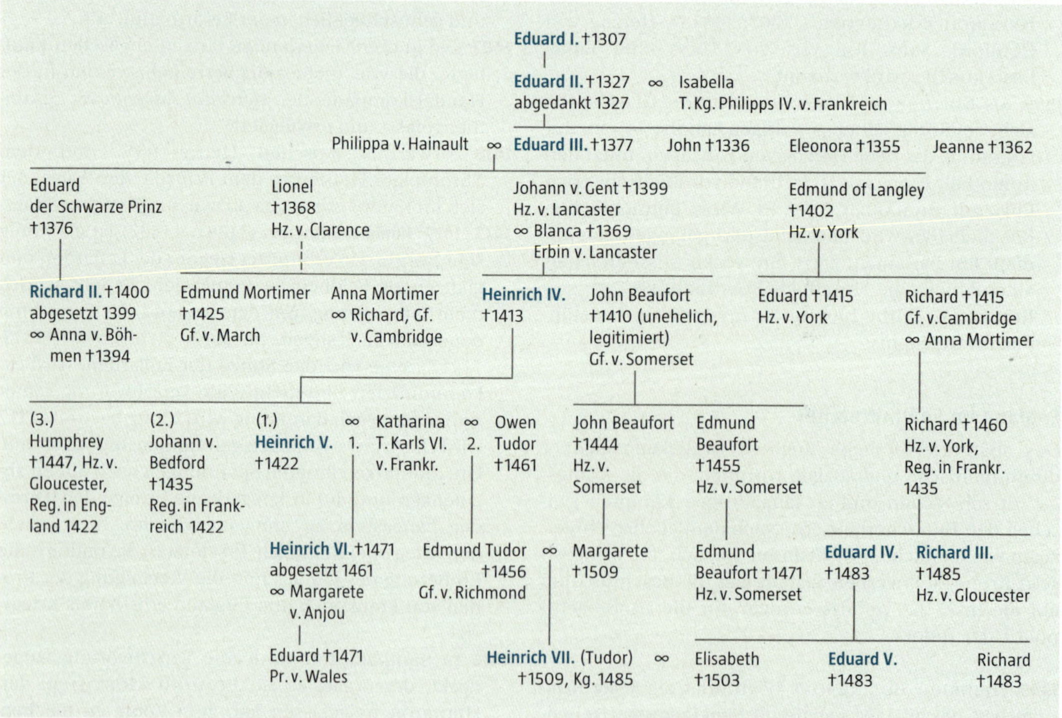

die Parlamentsmitglieder der Grafschaft gewählt. 1430 beschränkt ein Gesetz das aktive Wahlrecht auf lastenfreie Einkommen aus *freeholds* von mindestens 40 Schilling jährlich, einer damals beträchtlichen Summe. Dieser Satz bleibt bis zur Reform von 1832 in Kraft.

1439 Friedensverhandlungen in Calais scheitern an dem fortgesetzten Anspruch Englands auf den französischen Thron. HEINRICH VI. unterstützt BEAUFORTS Politik, ist aber zu schwach, um sich durchzusetzen.

1445 HEINRICHS VI. Ehe mit MARGARETE VON ANJOU (*1430, †1482) macht ihn in England unbeliebt.

1447 Herzog HUMPHREY und Kardinal BEAUFORT sterben; HEINRICHS Politik wird nun von WILLIAM DE LA POLE (*1396, †1450), dem Grafen von Suffolk, geleitet.

1450 Parlamentsanklage (Impeachment) aufgrund falscher Beschuldigungen gegen DE LA POLE, dem der Verlust der Normandie zur Last gelegt wird. Er wird von dem ihm wohlmeinenden König verbannt, aber unterwegs ermordet. Infolge derselben politischen Beschwerden kommt es unter Führung von JACK CADE zum Bauernaufstand in Kent und Sussex. Nach Niederlage und Tod des Anführers bricht der Aufstand zusammen. – Den Platz DE LA POLES nimmt EDMUND BEAUFORT (†1455) ein, Herzog von Somerset, ein königlicher Günstling und anerkannter Sprecher der großen Mehrheit des Hochadels.

1453 **Ende des Hundertjährigen Krieges.** England verliert außer Calais alle festländischen Besitzungen. Der Krieg hat die Ausbildung des englischen Nationalbewusstseins gefördert, das Ansehen der Unterschichten gehoben und die Abhängigkeit der englischen von der französischen Kultur gemindert.

1454 Der geisteskranke König HEINRICH VI. wird vorübergehend wahnsinnig. Herzog RICHARD VON YORK (*1411, †1460) wird Reichsprotektor.

1455–1485 **Rosenkriege**, so benannt, weil eine rote Rose das Abzeichen der Lancaster, eine weiße Rose das der York bildet.

Rosenkriege

Die Rosenkriege sind das blutigste und düsterste Kapitel des englischen Mittelalters. Sie berühren in erster Linie den Hochadel und den kleinen Landadel (*gentry*), während die Masse der Bevölkerung kaum betroffen ist und eigentlich nur unter dem Fehlen einer festen Regierung leidet. Als Folge dieser Kriege wird die Zahl des hohen Adels drastisch dezimiert, was die nachfolgende Dynastie der Tudors stärkt. Seit dem späten 14. Jh. umgeben sich die großen Barone mit niederen Gefolgsleuten, die z. T. aus dem Landadel ihrer Gegend kommen und sich bedingungslos für ihren Herrn einsetzen. Der Herr unterhält und bezahlt sie und gibt ihnen ein mit seinem Abzeichen versehenes Kleid (*livery*), eine Art Uniform. Zudem gewährt er ihnen Hilfe (*maintenance*) gegen jedermann, mit offener Gewalt oder durch Einschüchterung der Gerichte. Dieses System von *livery and maintenance*, das die innere Ordnung untergräbt, ist ein Anzeichen für die Schwäche der Königsherrschaft. Die auf dieser Grundlage versammelten Privatarmeen sind die wichtigsten Kampftruppen der Rosenkriege. Hinzu kommen die Soldaten, die nach der Beendigung des Hundertjährigen Krieges nach England zurückkommen und Betätigung suchen.

1455 RICHARD VON YORK schlägt und tötet EDMUND BEAUFORT bei St. Albans (Grafschaft Hertford). Er stützt sich gegen die starke Mehrheit des Hochadels auf die Handel treibenden Städte (v. a. London) die mit den französischen Kriegen unzufriedenen breiteren Volksschichten und die BEAUFORT feindlichen Adelsfamilien, v. a. die einflussreichen Nevilles.

1456 Der König gesundet vorübergehend und übernimmt wieder selbst die Regierung.

1460 Die Grafen von Salisbury, RICHARD NEVILLE WARWICK (*1428, †1471) und EDUARD (IV.) (*1442, †1483), Sohn RICHARDS VON YORK, besiegen die königliche Armee bei Northampton. HEINRICH VI. gerät in Gefangenschaft.
RICHARD VON YORK erhebt Anspruch auf den Thron als Erbe LIONELS VON CLARENCE, des Sohnes EDUARDS III. Damit wird der Kampf zum Krieg der Häuser von York und Lancaster um den Thron. Königin MARGARETE ruft zu ihrer Hilfe die Barone Nordenglands auf (Northumberland und Lancaster). Mit einem starken Heer erringt sie bei Wakefield (West Riding) einen überzeugenden Sieg. RICHARD VON YORK fällt. Die ausnahmsweise beteiligten Massen unter den Anhängern MARGARETES ziehen plündernd und brennend gegen London, sodass sich der Süden zur Abwehr erhebt.

1461 London öffnet EDUARD die Tore. Er wird zum König (EDUARD IV.) ausgerufen und siegt entscheidend bei Towton. HEINRICH VI. und MARGARETE fliehen nach Schottland.
König EDUARD IV. ist der Begründer des nur bis 1485 regierenden **Hauses York** (Nebenlinie des Hauses Plantagenet). Er ist ein vortrefflicher Krieger, energisch und schnell entschlossen bei Gefahr, aber auch ein grausamer Rächer. Er braucht Geld und pflegt den Umgang mit reichen Bürgern, die an politischem Einfluss gewinnen. Geistig interessiert, nimmt er WILLIAM CAXTON (*um 1421, †1491) unter seinen Schutz, der 1476 seine Druckerpresse in Westminster errichtet. Der König macht seine beiden Brüder GEORG (*1449, †1478) und RICHARD (*1452, †1485) zu Herzögen von Clarence und Gloucester.

1464 Königin MARGARETE wird bei Hexham (Nordengland) geschlagen.

1465 HEINRICH VI. wird in den Tower gesperrt.
EDUARD IV. heiratet nicht standesgemäß ELISABETH WOODVILLE (*1431, †1492) und erregt damit den Unwillen des Hochadels.

1470 Der »Königsmacher« WARWICK und sein Schwiegersohn GEORG, Herzog von Clarence, fliehen zu LUDWIG XI. von Frankreich (1461–1483). Beide werden dort mit Königin MARGARETE, dem Haupt der Lancaster-Partei, versöhnt. – LUDWIG XI. fürchtet Burgunds Bündnis mit EDUARD IV., der 1468 seine Schwester MARGARETE (*1446, †1503) mit KARL DEM

Kühnen (1467–1477) verheiratet und dadurch den englischen Handel mit den Niederlanden gesichert hat. Eduard IV. muss überrascht nach Holland fliehen, während Warwick den schwachsinnigen Heinrich VI. nochmals auf den Thron setzt.

1471 Eduard IV. kehrt nach England zurück und besiegt Warwick, der bei Barnet fällt. Die mit einem anderen Heer gelandete Königin Margarete wird von Eduard vernichtend bei Tewkesbury am Severn geschlagen. Eduard von Westminster (*1453), Prinz von Wales und Sohn Heinrichs VI., sowie Edmund Beaufort, Herzog von Somerset, werden hingerichtet, Heinrich VI. im Tower ermordet.

1475 Nach einem Einfall in Frankreich wir mit Ludwig XI. in Picquigny ein Friedensvertrag abgeschlossen: England verzichtet auf den Versuch, den Festlandbesitz wiederzugewinnen.

1478 Georg von Clarence ist seinem Bruder verdächtig geworden und wird von Eduard IV. vor dem Parlament des Hochverrats bezichtigt, verurteilt und im Tower umgebracht.

Der König verfügt über so große Einnahmen aus Enteignungen, Zurückfallen von Gütern in seinen Besitz sowie den Benevolenzen (»freiwilligen« Geldern, die von den reichen Bürgern erpresst werden), dass er weniger denn je auf die Zustimmung des Parlaments angewiesen ist: beginnender Absolutismus.

1483, 9. April Nach dem Tod Eduards IV. folgt sein zwölfjähriger Sohn Eduard V. (*1470, †1483) auf den Thron. Dessen Onkel Richard von Gloucester, im Schottenkrieg bewährt, lässt die Ehe Eduards IV. für ungültig und die daraus entsprossenen Kinder für illegitim erklären.

6. Juli Mit Zustimmung des Parlaments wird Richard von Gloucester zum **König Richard III.** gekrönt. Er lässt die meisten mütterlichen Verwandten hinrichten. Der Herzog von Buckingham, der Richards Thronbesteigung unterstützt hat, bereitet einen Aufstand zugunsten Heinrich Tudors (*1457, †1509) vor, wird aber verraten und hingerichtet. Richard III. läßt Eduard V. und seinen jüngeren Bruder Richard (*1473) im Tower umbringen. Der selbst für jene Zeit grausige Kindermord, der allmählich bekannt wird, zerstört die Popularität des Königs.

Heinrich Tudor, Graf von Richmond, ein Abkömmling südwalisischer Fürsten, weilt in der Bretagne in der Verbannung und ist durch seine Mutter Margarete Beaufort (*1443, †1509) der einzige lebende Spross des Hauses Lancaster. Er verspricht, Elisabeth (*1466, †1503), die Tochter Eduards IV., zu heiraten und so die Häuser Lancaster und York zu versöhnen.

1485, 22. Aug. **Schlacht bei Bosworth** (nördlich von Leicester), in der Richard III. fällt. Heinrich Tudor wird auf dem Schlachtfeld zum König gekrönt.

Die königliche Verwaltung des Reiches

Die königliche Verwaltung des Reiches im Spätmittelalter ist die Fortsetzung der im 12. Jh. ausgebildeten Institutionen, die weiterentwickelt werden, sie ist aber auch durch besondere Ereignisse und Umstände des 13. und 14. Jh.s geprägt. Die Verwaltung ist weiterhin in einem sehr engen Sinn die Verwaltung des Königs. Die wichtigsten Abteilungen sind aus seinem Haushalt hervorgegangen. Es sind dies:

1) **Kanzlei** (*chancery*), das Sekretariat des Königs. Der Vorsitzende ist der Kanzler (*chancellor*). Er verwahrt das große Siegel, mit dem die feierlichen Verlautbarungen des Königs bekräftigt werden. Kopien von Briefen und Urkunden werden dort angefertigt und aufbewahrt. Die wachsende Bürokratisierung bringt es mit sich, dass die Kanzlei an einem Ort bleibt: in Westminster. Dadurch büßt sie etwas an Bedeutung ein, da der persönliche Kontakt mit dem Herrscher schwächer wird.

2) **Finanzabteilung** (*exchequer*), der Vorsitzende ist der *treasurer*. Diese Abrechnungsabteilung des laufenden königlichen Einkommens aus dem Reich residiert gleichfalls in Westminster.

3) **Kleiderkammer** (*wardrobe*): Diese Abteilung hat den engsten ständigen Kontakt mit dem Herrscher, den sie überallhin begleitet. Sie ist am deutlichsten noch ein originaler Bestandteil des königlichen Haushalts. Eduard I. fördert ihre Bedeutung. Der Vorsteher (*keeper*) der Kleiderkammer ist in der Regel der engste Vertraute des Königs. Seine Arbeit wird beaufsichtigt durch den *controller*, der die *counter-roll* führt. Dieser beaufsichtigt das Sekretariat der Kleiderkammer. Er verwahrt das Privatsiegel des Königs (*privy seal*), das für die private königliche sowie für diplomatische Korrespondenz verwendet wird.

Während die Funktionen dieser drei Abteilungen niemals streng getrennt sind, ergibt sich doch bereits seit Eduard I. eine gewisse Sonderstellung der Kleiderkammer. Die dort einfließenden Gelder werden nicht von der Finanzabteilung abgerechnet, sondern stehen für besondere Zwecke zur Verfügung.

4) **Königlicher Rat** (*council*), die Versammlung des Königs mit der hohen Geistlichkeit und dem hohen Adel seines Reiches. In diesem Rat haben die Barone am ehesten die Möglichkeit, Entscheidungen des Königs zu beeinflussen. Sie sind zur Beratung verpflichtet, sofern aufgefordert, aber der König ist an ihren Rat nicht gebunden. Theoretisch ist er in der Auswahl seiner Berater völlig frei; in der Praxis kann es sich aber kein Herrscher leisten, die mächtigsten Barone von seinem Rat fernzuhalten.

5) **Parlament**, im Grunde eine Erweiterung des *councils*. Es wird nicht regelmäßig einberufen und ist keine repräsentative Versammlung des Volkes. Freilich werden seit der Mitte des 13. Jh.s neben dem Hochadel auch oft Vertreter jeder Grafschaft, einiger Städte und des niederen Klerus berufen, die sich als nützliches Gegengewicht zum Adel erweisen. 1322 wird bestimmt, dass Reformen des Reiches im Parlament beschlossen werden müssen. 1340 wird festgelegt, dass außerordentliche finanzielle Leistungen für den König der Zustimmung des Parlaments bedürfen.

Dennoch bleiben die Herrscher meist in der Wahl ihrer engsten Berater frei (Kurialisten, d. h. Höflinge), während sich die hohen Adligen als »natürliche Berater«

betrachten. Die Struktur der Verwaltung des Reiches ist stark auf die Person des Herrschers zugeschnitten.

Das Manor-System und die Entwicklung der Agrarwirtschaft

Unter *manor* (Lehnwort aus dem Französischen: *manoir* = Wohnstatt, Bauernhof) versteht man die kleinste wirtschaftliche Einheit im Lehnssystem. Der Herr des *manor* ist ein Vasall. Das Manor-System, die englische Form der Grundherrschaft, ist gekennzeichnet durch die Bewirtschaftung des Herrenhofes durch Hörige, die dem Herrn Abgaben und Dienstleistungen schulden. Der Herrenhof ist zugleich eine wichtige Zentrale der Lokalverwaltung, denn der Herr hat die Gerichtsbarkeit über die abhängigen Bauern. In den im Frühmittelalter von den Dänen besiedelten Ostteil Englands dringt das Manor-System kaum ein; dort bleiben freie Bauern vorherrschend.

Das Manor-System basiert in seiner Blütezeit auf der persönlichen Aufsicht des Grundherrn über seine Besitzungen. Die Zersplitterung des Besitzes (ein Merkmal des englischen Lehnssystems) macht solch eine persönliche Aufsicht selbst in Friedenszeiten problematisch, in Zeiten innerer Unruhe praktisch unmöglich. Das Spätmittelalter ist eine Zeit besonders starker politischer Unruhen in England. Die Zersplitterung des Besitzes mindert seinen Wert zudem durch hohe Transportkosten der landwirtschaftlichen Erzeugnisse.

Im späten 12. und frühen 13. Jh. tragen mehrere Faktoren zu einer Blüte des Manor-Systems bei: Bevölkerungswachstum verbilligt die Arbeitskräfte, während trotz erheblicher Inflation die große Nachfrage nach landwirtschaftlichen Erzeugnissen den Gewinn des Herrn des *manor* hebt. Dennoch setzt sich die Tendenz durch, die unter Aufsicht des Grundherrn oder seines Vertreters bewirtschafteten Teile des Herrenhofes (*demesne*) gegen eine feste, manchmal auf Lebzeiten, manchmal für mehrere Generationen fixierte Abgabe zu verpachten (hier vermutet man den Ursprung der Bezeichnung *farm* von lat. *firma*: feste Abgabe). Die Verkleinerung der *demesne* führt zu einem Rückgang der Dienstleistungen, die wesentlich zum Manor-System gehören. Seit dem 13. Jh. gehen die Erträge der landwirtschaftlich genutzten Flächen spürbar zurück – vielleicht weil das Ackerland ausgelaugt ist. Hinzu kommen die demografischen Einbrüche des 14. Jh.s (Missernten und Hungersnöte 1315–1317, Pestepidemien seit 1348). Die Arbeitskräfte werden teuer, mangelnde Nachfrage führt zum Absinken der Preise und damit zu einem erheblichen Rückgang des Gewinns für den Grundherrn. Daraus resultiert eine modifizierte Wirtschaftsweise: Es verstärkt sich die Neigung zur Aufteilung des Ackerlands in Farmen (das umso mehr, als die für die Bearbeitung der *demesne* unentbehrlichen Hörigen allmählich ihre Freilassung erlangen). Weiterhin kommt es zur Umstellung des Ackerlandes auf Parkland und zur verstärkten Weidewirtschaft (*enclosure*), die weniger arbeitsintensiv ist. Die große internationale Nachfrage nach englischer Wolle beschleunigt die Tendenz zur Schafzucht. Im 15. Jh. ist die *demesne* fast überall völlig verschwunden und das Manor-System damit beendet. | Forts. S. 1032 |

Irland im Hoch- und Spätmittelalter | Forts. v. S. 578 |

Die Wikinger, die im Lauf des 10. Jh.s christianisiert worden sind, haben sich bis zum 11. Jh. weitgehend mit der irischen Bevölkerung vermischt. Unter ihrem Einfluss werden die ersten territorialen Bistümer gegründet (Dublin, Waterford, Limerick), deren Bischöfe ihre Weihe in Canterbury erhalten.

seit Mitte 11. Jh. Reformbewegung in der irischen Kirche, die sich nicht an Canterbury anlehnt und im 12. Jh. die Oberhand gewinnt (Synoden von Cashel 1101 und Raith Bresail 1111).

1152 Sie findet in der Synode von Kells und Mellifont ihren Abschluss und ist gekennzeichnet durch Anerkennung der autonomen Organisation der irischen Kirche unter dem Primat von Armagh (Grafschaft im Norden des Landes).

1155 Der englische König HEINRICH II. erhält in der Bulle *Laudabiliter* die päpstliche Erlaubnis, die irische Kirche zu reformieren und in Irland einzugreifen.

1166 Die Initiative für das englische Eingreifen in Irland liegt jedoch bei DERMOT MACMURROUGH (*1110, †1171), König von Leinster seit 1134, der zu seiner Hilfe in seinem Kampf gegen die O'CONNORS von Connacht um die Vorherrschaft in Irland Kambro-Normannen (von Wales) ins Land ruft.

1169 Mit Ankunft der Kambronormannen beginnt unter GILBERT FITZ RICHARD (»Strongbow«; *1130, †1176) die Eroberung des Ostens der Insel.

1171 HEINRICH II. kommt selbst nach Irland und versucht, die Kambro-Normannen unter seine Kontrolle zu bringen.

1172 Auf der **Synode von Cashel** wird HEINRICH II. allgemein als Herrscher über Irland anerkannt.
Es kommt zu keiner systematischen Eroberung des Landes; vielmehr kennzeichnen Privatunternehmungen einzelner Adliger das Bild.

1175 Im Vertrag von Windsor versucht HEINRICH II., die Insel in ein anglonormannisches Gebiet unter seiner Oberhoheit und in ein irisches Gebiet unter der Oberhoheit der O'CONNOR von Connacht zu teilen, doch bleibt er nicht lange genug im Land, um diese Politik zu verwirklichen.

1177 HEINRICH II. bestellt seinen Sohn JOHANN OHNELAND zum Herrn (Lord) von Irland.

1185 JOHANN kommt persönlich nach Irland; seither wird englische Einfluss auf der Insel ausgebaut.

1198 RUAIDRÍ UA CONCHOBAIR (RORY O'CONNOR), der letzte gälische Hochkönig Irlands, stirbt.

1210 JOHANN ist erneut in Irland, doch lassen seine anderen Verpflichtungen ihm nicht die Zeit, sich der Unterwerfung Irlands zu widmen. Dennoch vergrößert sich der englische Einfluss in Irland in der ersten Hälfte des 13. Jh.s.

um 1250 Die Iren haben schließlich die Kontrolle über gut zwei Drittel des Landes verloren. Damit ist aber der **Höhepunkt der englischen Herrschaft** erreicht.

1254 Kronprinz EDUARD (I.) wird zum Lord von Irland ernannt, doch nimmt er seine Aufgabe nicht persönlich wahr. – Inzwischen sind einige der englischen

Adligen bereits weitgehend an die irische Oberschicht assimiliert; in der zweiten Hälfte des 13. Jh.s geht der Einfluss der englischen Herrschaft zurück.

In einem Jahrhundert intensiver englischer Herrschaft im Osten der Insel werden viele Städte nach englischem Recht gegründet (v. a. in Meath unter Hugh de Lacy [†1186]) und moderne landwirtschaftliche Methoden (Manor-System) systematisch angewendet. Ein erheblicher Teil des Gewinns wird nach England abgeführt, statt zum Ausbau der Landesherrschaft verwendet zu werden. Damit wird die Grundlage für die weitere Schwächung der englischen Kontrolle über Irland gelegt.

Die nicht unterworfenen Teile der Insel weisen die traditionelle politische Zersplitterung der frühen irischen Gesellschaft auf. Dennoch ist ein erheblicher geistiger Einfluss von außen zu verzeichnen, der sich v. a. in der Übersetzung zahlreicher philosophischer und medizinischer Texte ins Irische niederschlägt. Durch die Engländer hat Irland den Anschluss an die europäische Geistesentwicklung gefunden.

Das Spätmittelalter ist in Irland gekennzeichnet durch einen kontinuierlichen Niedergang des Gebiets der englischen Lordschaft im Osten, das Erstarken der irischen Sippenverbände (gälische Erneuerungsbewegung) sowie die Assimilierung der englischen Territorialherren außerhalb der Lordschaft an Sitten und Lebensweise ihrer irischen Standesgenossen. Diese Entwicklungen werden durch das mangelnde Interesse der englischen Krone an Irland ebenso gefördert wie durch die finanziellen Lasten, die der Lordschaft aufgebürdet werden.

Die gälische Erneuerungsbewegung beginnt im 13. Jh. mit der zunehmenden Anwerbung schottischer Söldner durch die Häuptlinge der irischen Sippenverbände, die allmählich wieder den Königstitel annehmen. Sie wird gefördert durch langjährige Abwesenheit englischer Territorialherren von ihren Besitzungen – eine Entwicklung, die die englische Regierung trotz wiederholter Gesetzgebung nicht rückgängig machen kann.

1315 **Invasion Irlands durch Eduard Bruce** (*um 1275, †1318), den Bruder des schottischen Königs Robert Bruce. Eduard strebt die Herrschaft über die Insel an und erobert bis zum folgenden Jahr Ulster und Connacht, scheitert aber bei dem Versuch der Unterwerfung von Leinster.

1316 Eduard Bruce wird als Hochkönig von Irland inauguriert und errichtet seinen Regierungssitz in Carrickfergus. Der Abfall der Provinz Leinster führt zum Eingreifen von Robert Bruce zugunsten seines Bruders, das aber keine entscheidende Wende bringt.

1317 Donal O'Neill (†1325), der Verbündete von Eduard Bruce, verfasst ein ausführliches Schreiben (*Irish Remonstrance*) an Papst Johannes XXII. (1316–1334), in dem er die Untaten der Engländer in Irland während der vergangenen eineinhalb Jahrhunderte in scharfer Form anprangert und das Eingreifen von Eduard Bruce rechtfertigt.

1318 Mit dem Tod von Eduard Bruce scheitert der Versuch, ganz Irland zu einen. Seine Invasion legt die Schwäche der englischen Lordschaft zum ersten Mal bloß. Die Bestrebungen, Engländer und Iren offiziell zu trennen, werden verstärkt, was aber nur insoweit gelingt, als den Iren niederen Standes englisches Recht verweigert wird. Es kann nicht verhindert werden, dass die englischen Territorialherren zunehmend irische Sitten und Gebräuche annehmen (Gälisierung der Angloiren)

1361–1366 Lionel, der Sohn Eduards III., weilt als dessen persönlicher Vertreter in Irland.

1366 In den unter Lionels Vorsitz verabschiedeten **Statuten von Kilkenny** ergehen strenge Anweisungen, die englische Lebensweise beizubehalten. Erst jetzt erkennt die englische Krone das Ausmaß und die Gefahr der Gälisierung der Anglo-Iren, doch fehlt es an praktischen Maßnahmen, diesen Gesetzen Geltung zu verschaffen.

1394/95 Mit Richard II. kommt erstmals nach knapp 200 Jahren wieder ein englischer König nach Irland. Ihm gelingt es, von den irischen Stammeskönigen als Lehnsherr anerkannt zu werden, doch er scheitert bei seinem Versuch, die angloirischen Territorialherren zu unterwerfen.

Die Unsicherheit der Verhältnisse in England nach der Usurpation der Krone durch das Haus Lancaster 1399 schwächt die Lordschaft weiter. Auf ein Gebiet von etwa 30 km im Umkreis von Dublin reduziert und gegen das Nachbarland durch Befestigungen getrennt, ist die Lordschaft seit 1446 als »Pale« bekannt. Außerhalb der Lordschaft ist die Angleichung der Anglo-Iren an die Iren vollzogen. Diese Entwicklung macht eine neuerliche systematische Unterwerfung des Landes notwendig, die jedoch erst unter den Tudors erfolgt. | Forts. S. 1049 |

Wales | Forts. v. S. 579 |

Durch seine geografische Lage bedingt, leidet Wales früher und intensiver als die anderen inselkeltischen Ländern an der Expansion der englischen Nachbarn. In der ersten Hälfte des 12. Jh.s wird die territorial neu gegliederte Kirche der Provinzialherrschaft von Canterbury unterstellt (1147 von Papst Eugen III. [1145–1153] bestätigt). Diese Eingliederung wirkt befruchtend auf das Geistesleben und bringt Schriften hervor, die die eigentümliche Mischung lateinischer und keltischer Kultur darstellen. Geoffrey von Monmouth (*um 1100, †um 1154) macht mit seiner »Historia Regum Britanniae« (um 1136), die angeblich auf volkssprachlichem walisischem Material aufbaut, den in seiner Historizität umstrittenen Artus zu einer Heldengestalt, die dem Geschmack des Lehnszeitalters entspricht und der europäischen Literatur entscheidende Anstöße liefert (Artus-Sagen). Gerald von Wales (*um 1147, †1223) schildert in zahlreichen Werken (u. a. Beschreibung von Wales, Eroberung von Irland) anschaulich die Vermischung des walisischen mit dem englischen Gesellschaftssystem.

Statt systematischer Eroberung erlebt Wales das Vordringen einzelner Adliger aus England auf eigene Faust, wenn auch in lehnsmäßiger Abhängigkeit von der Krone. Diese *Marcher Lords* setzen sich seit dem ausgehenden 11. Jh. v. a. an der Ostgrenze und an der Südküste fest. Sie betrachten sich als Rechtsnachfolger der walisischen Kleinkönige, in deren Familien sie nicht selten einheiraten (**Kambronormannen**) und errichten unabhängige territoriale Herrschaften. In ihrem Einflussbereich bleibt die politische Zersplitterung erhalten. In den unbesetzten Gebieten von Wales vollzieht sich unter dem Eindruck der vordringenden *Marcher Lords* ein gesellschaftlicher Wandel, indem die meisten Adligen zu Großbauern absinken, während einige wenige Herrscher ihre Macht erweitern können und den Fürstentitel annehmen. Gleichzeitig setzt sich die aus England stammende Bezeichnung »Waliser« auch im Land selbst durch. Von den Fürsten von Nordwales (Gwynedd) und Südwales (Deheubarth) gelingt es nur den Herrschern von Gwynedd, ihre Machterhöhung zu sichern.

1197 Das Fürstentum Südwales zerbricht wieder.

seit 1189 Die anhaltende Schwächung des englischen Reiches nach dem Tod Heinrichs II. ermöglicht den Aufstieg der Fürsten von Gwynedd zu unbestrittener Vorherrschaft im freien Wales; jetzt erfolgt die Aufzeichnung der walisischen Rechtsbücher in lateinischer und walisischer Sprache.
Llywelyn ab Iorwerth (*1173, †1240) dringt auf die alleinige Erbfolge seines Sohnes Dafydd (David) ap Llywelyn (*um 1208, †1246), während bis dahin in Wales die Aufteilung des Erbes unter allen männlichen Nachkommen üblich gewesen ist. Sein Enkel Llywelyn ap Gruffydd (*1246, †1282) vollendet die Konzentration der Macht über das freie Wales in seinen Händen.

1258 Llywelyn ap Gruffydd nimmt den Titel *princeps Wallie* (Fürst von Wales) an.

1267 Als solcher wird er im Vertrag von Montgomery von der englischen Krone (König Heinrich III.) anerkannt. Widerstände im eigenen Lager schwächen seine Stellung ebenso wie das energische Eingreifen König Eduards I. seit 1274.

1277 Im Vertrag von Conway verliert Llywelyn die Herrschaft über Südwales und den Osten.

1282 Aufstand gegen die tyrannische Herrschaft von Eduard I., der unter erheblichem finanziellem Aufwand das Fürstentum militärisch erobert. Llywelyn fällt.

seit 1284 König Eduard regiert das Fürstentum selbst (Statuten von Rhuddlan).

1301 Eduard I. ernennt seinen Sohn Eduard (II.) von Caernarvon zum Fürsten von Wales (*Prince of Wales*) – seither der Titel des englischen Thronerben.
Das Fürstentum wird nicht mit England vereinigt, ist aber starkem kulturellem und wirtschaftlichem Einfluss aus England ausgesetzt. | Forts. S. 1032 |

Schottland | Forts. v. S. 578 |

Die Herrscher, die sich seit dem 11. Jh. Könige der Schotten nennen, kontrollieren effektiv nur den anglisierten Südosten (Lothian) des Landes. Im Hochmittelalter können sie nur mit großer Mühe ihre Unabhängigkeit gegenüber dem stärkeren englischen Nachbarn bewahren.

1068 Die Anglisierung Schottlands wird in größerem Umfang durch die Ehe König Malcolms III. Canmore (Großkopf; *1031, †1093) mit der Angelsächsin Margareta (*um 1046, †1093) eingeleitet.
Die Königin erhält für ihre Pläne einer Kirchenreform des Landes nach römischem Muster Unterstützung durch Erzbischof von Canterbury Lanfranc.

Unter den drei Söhnen aus der Ehe Malcolms mit Margareta – Edgar (*1074, †1107; 1097–1107), Alexander I. (*1078, †1124; 1107–1124) und David I. (*1080, †1153; 1124–1153) – wird die Verflechtung mit der englischen Politik stärker. Die Schwächung Englands unter König Stephan ausnutzend, versucht David I., die Südgrenze seines Reiches zu verschieben und Cumberland, Westmoreland und Northumberland zu erwerben.

1138 David I. wird in der »Schlacht der Standarte« unter der Führung des Erzbischofs Thurstan von York (†1140) entscheidend geschlagen.
Der Einfluss aus England macht sich im 12. Jh. v. a. durch das Eindringen des Lehnswesens bemerkbar.

1174 Wilhelm I., der Löwe (*1143, †1214), muss den englischen König als Lehnsherr über Schottland anerkennen (Vertrag von Falaise), eine Bindung, die 1189 wieder gelöst wird.

1192 Anerkennung der Autonomie der schottischen Kirche (Bulle *Filia Specialis*), die allerdings für die nächsten drei Jahrhunderte ohne Erzbischof bleibt.

1237 Alexander II. (*1188, †1249) erkennt die Tweed-Solway-Linie als die Südgrenze Schottlands an, die aber weiterhin umkämpft bleibt.
Sein Nachfolger Alexander III. (*1241, †1286) verbündet sich mit Norwegen.

1281 Alexander III. verheiratet seine Tochter Margarete (*1260, †1283) mit dem norwegischen König Erik II. Magnusson (1280–1299). Aus dieser Verbindung geht Margarete (*1283, †1290), die »Jungfrau von Norwegen« (*Maid of Norway*), hervor.

1286 Margarete wird als Königin von Schottland anerkannt.

1290 Vier Jahre später gelingt es dem englischen König Eduard I., seinen Sohn Eduard von Caernarvon (*1284, †1327) mit Margarete zu verheiraten, wobei vertragsmäßig die Unabhängigkeit Schottlands von England zugesichert wird (Vertrag von Birgham).

seit 1290 Mit dem Tod Margaretes verstärken sich die Bemühungen des englischen Königs, Schottland in seine Gewalt zu bringen.

1290–1292 Erstes Interregnum.

1292 Eduard I. ernennt durch Schiedsspruch John Balliol (*um 1249, †1313) zum König, der ihm für Schottland den Lehnseid leistet.

1296 Bei seinem Versuch, dennoch eine selbstständige Politik zu betreiben, scheitert BALLIOL und dankt ab.

1296–1306 Zweites Interregnum.
EDUARD I. übernimmt persönlich die Herrschaft über Schottland. Schottische Allianz mit Frankreich.

1297 Aufstand gegen die Engländer unter Führung von Sir WILLIAM WALLACE (*um 1270, †1305). Die Rebellion wird 1298 niedergeschlagen.

1299 Papst BONIFATIUS VIII. (1294–1303) erklärt Schottland für unter besonderem päpstlichen Schutz stehend.

1306 ROBERT BRUCE ermordet seinen mächtigsten Rivalen, JOHN COMYN, im Kampf um den schottischen Thron und wird zum König gekrönt: **ROBERT I.** (bis 1329).

1307 Mit dem Tod EDUARDS I. lässt der englische Druck auf Schottland nach, und ROBERT BRUCE kann seine Herrschaft gegen erhebliche Widerstände im Land festigen.

1314, 23./24. Juni Die **Schlacht von Bannockburn** bei Stirling setzt dem englischen Eingreifen ein Ende und führt zur Anerkennung von ROBERT BRUCE als König im eigenen Land.
Er aktiviert den Lehnsdienst des Adels und organisiert 1315 den Plan für die Eroberung Irlands durch seinen Bruder EDUARD.

1320 Die auf englischen Druck verhängte Exkommunikation von ROBERT BRUCE führt zur Deklaration von Arbroath, in der die englischen Eingriffe in schottische Verhältnisse scharf zurückgewiesen werden.

1324 ROBERT BRUCE wird vom Papst als König anerkannt.

1328 ROBERT erfährt nun auch in England Anerkennung durch die Regenten ISABELLA VON FRANKREICH (*1292, †1358) und ROGER MORTIMER.

1329 Der Regierungsantritt des minderjährigen **DAVID II.** (*1324, †1371), der mit einer Schwester EDUARDS III. verheiratet ist, schwächt die Stellung der Krone.

1332 Die von ROBERT BRUCE unterdrückten Barone erheben sich und ernennen EDUARD BALLIOL zum Gegenkönig (bis 1356). DAVID II. flieht nach Frankreich, sein Schwager ROBERT STEWART (*1316, †1390) übernimmt die Regentschaft.

1333–1336 EDUARD III. versucht vergeblich, Schottland zu unterwerfen.

1346 Nach der Niederlage des Verbündeten Frankreich bei Crécy gerät König DAVID II. in englische Gefangenschaft. Die Stellung des Adels gegenüber der Krone wird dadurch weiter gestärkt.

1356 DAVID II. wird gegen ein hohes Lösegeld freigelassen, was eine intensive Besteuerung des Landes erfordert und zu einer Beteiligung der Stände an der Regierung führt.

1371–1406 Durch die Passivität der ersten Könige aus dem Haus Stewart/Stuart, ROBERT II. (1371–1390) und ROBERT III. (*um 1340, †1406), verliert die Krone an Einfluss. Lehnswesen und systematische Besteuerung verfallen.

1406 Der Thronfolger JAKOB (*1394, †1437) gerät in englische Gefangenschaft.

1406–1423 Regentschaften.

1423–1437 In den Jahren seiner persönlichen Herrschaft kann JAKOB I. vorübergehend die Initiative an die Krone zurückbringen. Lange Jahre fehlender Kontrolle haben aber das Unabhängigkeitsgefühl des Adels gestärkt.

1437 Als Tyrann geschmäht, wird der geschickte und energische König ermordet.
Der Widerstand des Adels gegen die Forderungen der Krone dauert an, wobei die Selbstständigkeitsbestrebungen im gälischen Hochland und auf den Inseln besonders ausgeprägt sind. | Forts. S. 1032 |

Skandinavien bis 1523

Skandinavien (bis 1035)

Die Entwicklung Skandinaviens im Frühmittelalter ist nur in Umrissen zu erkennen. Wesentliche Gemeinsamkeiten in Sprache und Kultur geben den nordischen Völkern in dieser Zeit eine gewisse Einheitlichkeit, doch gibt es auch erhebliche lokale und regionale Unterschiede. Die Bewohner Nordeuropas betreiben Fischfang, Rentierjagd, Viehzucht und in Süd- und Mittelskandinavien Ackerbau (typisch sind Einzelhöfe). Aufgrund der geografischen Lage betreiben sie seit jeher verhältnismäßig regen Außenhandel (Münzstätten seit dem 9. Jh., hier v. a. Haithabu). – Die **aristokratisch geprägte Gesellschaft** ist kleinräumig unter Häuptlingen (Goden) organisiert, deren Befugnisse besonders auf militärische und rituelle Funktionen beschränkt sind. Die kleinste soziale Einheit der Gesellschaft ist die Sippe. Die Häuptlinge werden aus dem Sippenverband gewählt, was blutige Streitigkeiten zwischen Rivalen fördert. In Skandinavien besteht das nordgermanische Thing (Volks- und Gerichtsversammlung) fort. Die wichtigsten frühstädtischen Siedlungen sind Haithabu, Kaupang und Birka.

Aus kleinen Stammesverbänden bilden sich drei skandinavische Reiche (Dänemark, Norwegen, Schweden). Eine Reichssammlung (*rikssamling*) beginnt zuerst in Dänemark. Eine frühe Einigung Dänemarks um 800 wird diskutiert; der eigentliche Reichssammlungsprozess ist spätestens in der ersten Hälfte des 10. Jh.s deutlich erkennbar. Die Dynastien der skandinavischen Länder sind eng miteinander verwandt und bekämpfen sich in verschiedenen Koalitionen, worüber zeitgenössische fränkische, ottonische und englische Quellen berichten. Besonders Dänemark ist durch seine Grenze zu den Sachsen im Frühmittelalter besser bekannt als die anderen Länder. Dieses Land ist auch am dichtesten besiedelt und entwickelt eine dynamische Politik, die zeitweilig zu einer über große Teile Skandinaviens hinausgreifenden Vormachtstellung führt.

Die seit dem 9. Jh. organisierte **christliche Mission**, gefördert v. a. vom Erzbischof ANSGAR (*801, †865), führt zu einer Abhängigkeit vom Erzbistum Hamburg-Bremen, aus dem sich Skandinavien erst 1104 (Erzbistum Lund) lösen kann. Mit dem Christentum gelangt auch das lateinische Alphabet in diese Länder. Die hoch entwickelte, bis dahin mündlich überlieferte Kultur wird allmählich schriftlich aufgezeichnet; wichtiges nordgermanisches Gut ist in volkssprachlichen Überlieferungen Skandinaviens erhalten.

Die Wikinger/Normannen

Als Wikinger, Normannen (Nordmänner) oder Waräger bezeichnen die Zeitgenossen die Menschen aus Dänemark, Norwegen und Schweden, die seit Ende des 8. Jh.s in Raub- und Plünderzügen die Küsten und Flussläufe Westeuropas heimsuchen (793 Überfall des Inselklosters Lindisfarne an der Nordostküste Englands). Als Gründe der Expansion werden Erbrechte, Bevölkerungswachstum (durch Rodungen bezeugt), Ansätze zur Überwindung der politischen Zersplitterung sowie klimatische Veränderungen diskutiert. Die Wikinger verfügen über eine hochentwickelte Seefahrtstechnik (Schiffsfunde u. a. von Gokstad, Oseberg, Skuldelev).

Den Raubzügen folgt seit der Mitte des 9. Jh.s die Siedlung an den Küsten Westeuropas, die zu einem allmählichen Zusammenleben und der Vermischung mit der dortigen einheimischen Bevölkerung führt. Die verkehrstechnische Überlegenheit der Wikinger kommt einem **ausgedehnten Handel** zugute, der sich in der Anlage von Handelsplätzen und Städten niederschlägt und auch auf die skandinavischen Länder rückwirkt.

Die Ausdehnung der schwedischen Wikinger (Waräger) nach Osten und Südosten führt zur Staatsbildung der Rurikiden durch RURIK (OLEG; †912), Großfürst von Kiew seit 879, und damit zur Begründung der Kiewer Rus. Entsprechend entsteht an der Nordküste Frankreichs durch die Normannen das Herzogtum der Normandie (Reich ROLLOS [†932] seit 911). Die Anregung zum Handel, sowohl zwischen dem skandinavischen und nordatlantischen Raum als auch zwischen Europa und dem Orient, und zur Staatengründung gehören zu den bleibenden historischen Leistungen der Wikinger.

Dänemark

Die Dänen sind um 550 in Schonen und auf den Inseln bezeugt. Sie breiten sich danach über Jütland aus, wo sie den nach Britannien abgezogenen Angeln folgen.

804–810 König GÖTTRICK (†810) führt schwere Kämpfe mit den Obodriten (Zerstörung von Reric 808), den Verbündeten KARLS DES GROSSEN. Er kann seine Eigenständigkeit bewahren und baut zum Schutz der Eidergrenze das Danewerk aus.

826 Einer seiner Nachfolger, HARALD KLAK (*um 800, †um 846), König von Dänemark 812–826, lässt sich in Mainz taufen.
Erste **Missionsversuche** durch ANSGAR, Bischof von Hamburg-Bremen und als Erzbischof von Skandinavien »Apostel des Nordens«. Das organisatorische Zentrum ist das 831 gegründete Erzbistum Hamburg. Dennoch hält sich die altnordische Religion weiter.

Mitte 9. Jh. Der Schwedenkönig OLAF bringt Haithabu kurzzeitig unter seine Kontrolle.

um 935 Dänemark wird unter GORM DEM ALTEN (*um 860, †um 940) und seiner Gemahlin THYRA (*um 870, †um 935) gesammelt.

um 970 GORMS Sohn HARALD BLAUZAHN (*um 910, †um 987), König seit etwa 935, regiert über ganz Dänemark (inklusive Südschweden) und kann das norwegische Ostland (Viken) seinem Reich angliedern.

983 Im Rahmen des großen Slawenaufstandes kommt es zu Auseinandersetzungen mit dem ottonischen Reich; Jütland wird zeitweilig besetzt. Während der Regierungszeit HARALD BLAUZAHNS setzt sich das Christentum durch (Runenstein von Jelling). Erste Bistümer werden 948 eingerichtet (Schleswig, Ribe, Århus und Odense). – Innere Machtkämpfe können nach seinem Tod den dänischen Aufstieg nur vorübergehend hemmen. Durch eine Allianz mit Schwedens OLAF SCHOSSKÖNIG (†um 1022) gegen den Norweger OLAF TRYGGVASSON (*um 963, †1000) wird die Oberhoheit über Norwegen gefestigt.

1013 SVEN GABELBART (*um 965, †1014) erobert mit einem dänisch-norwegischen Heer England.

1018–1035 Unter SVENS Sohn **KNUT DEM GROSSEN** (*um 995, †1035), König von England seit 1016, erreicht die dänische Herrschaft ihren Höhepunkt im Frühmittelalter. | Forts. S. 596 |

Norwegen

Zu Beginn der Wikingerzeit erfolgt die norwegische Besiedlung der nordatlantischen Inseln (Färöer, Orkneys, Shetlands). Ein weiteres Ausgreifen über die Hebriden bis zur Insel Man und Irland findet seit dem 9. Jh. statt.

um 872 HARALD I. SCHÖNHAAR (*ca. 852, †933), König von Norwegen seit 872, eint die Kleinstämme im südwestlichen Norwegen (Anstoß zur Besiedlung Islands).

Mitte 10. Jh. Sein Sohn ERIK I. BLUTAXT (*um 885, †954), König von Norwegen 930–935, kann sich nicht durchsetzen. Er wird von HÅKON I. (*um 920, †961) 935 vertrieben und 954 in Northumbria ermordet. Die inneren Kämpfe geben den Dänen Gelegenheit, ihre Oberhoheit über Südnorwegen (Viken) auszudehnen.

995 OLAF I. TRYGGVASSON wird König. Er versucht, seine Herrschaft über Mittelnorwegen (Trøndelagen) und England zu festigen. 1000 stirbt er in der Seeschlacht bei Svolder.

1015–1028 OLAF II. HARALDSSON (der Heilige) (*995, †1030), König bis 1028, christianisiert sein Reich. Er kann die Alleinherrschaft mit Zentrum in Südnorwegen gewinnen und sich vorübergehend von Dänemark lösen.

1028 KNUT DER GROSSE erobert Norwegen und ist damit König über England, Dänemark und Norwegen. | Forts. S. 598 |

Schweden

Die schwedische Geschichte des Frühmittelalters ist schwer zu entwirren. Das bedeutendste Stammesreich in Schweden zwischen dem 6. und 10. Jh. ist das der Svear im Mälargebiet (um Altuppsala) mit dem Haus der Ynglinge (Vendelzeit). Das Zentrum des Svear-Reiches ist der **Handelsplatz Birka** im Mälarsee, der später von Sigtuna abgelöst wird. Das angelsächsische Epos »Beowulf« berichtet von Kämpfen der Svear mit den konkurrierenden Götar in Mittelschweden (West- und Ostgötaland). Eine mögliche Beherrschung Haithabus im 9. Jh. ist von kurzer Dauer, stärker sind die Kontakte über die Ostsee mit den baltischen Ländern und der Kiewer Rus. 1008 wird OLAF SCHOSSKÖNIG, König von Schweden seit 995, getauft. | Forts. S. 599 |

Island

Die ältesten bezeugten Bewohner Islands sind keltische Mönche. Seit etwa 875 wird die Insel im Rahmen der Wikingerzüge innerhalb eines halbens Jh.s vornehmlich aus Norwegen besiedlet. Die Siedler sind meist Häuptlinge (Goden) mit ihrem Gefolge, die sich den Zentralisierungsplänen HARALD SCHÖNHAARS in Norwegen entziehen. Das verhältnismäßig milde Klima der Insel ermöglicht Viehzucht, jedoch kaum Getreidebau. Die Besiedlung erfolgt in Form von Einzelgehöften. Der Kontakt mit Norwegen (Handel) bleibt bestehen. Das in Skandinavien allgemein verbreitete Thing wird übernommen; seit 930 ist die als **Althing** bezeichnete Versammlung die höchste gesellschaftliche Instanz. Im 10. Jh. schließen sich allmählich die 39 Godenverbände (»Gode«) zusammen. Die Insel wird in vier rechtliche Bezirke geteilt; ein eigenes Königtum entsteht nicht.

Die **Christianisierung** der Isländer beginnt Ende des 10. Jh.s auf Initiative OLAF TRYGGVASSONS. 999/1000 wird das Christentum durch Thingbeschluss angenommen. Seit der Mitte des 10. Jh.s erfreut sich die Insel einer langen Friedenszeit. | Forts. S. 600 |

Skandinavien (1035–1319)

Im Rahmen einer gesamteuropäischen wirtschaftlichen Blüte nehmen die skandinavischen Länder verstärkt an dem Geschick ihrer Nachbarn teil. Das sich allmählich etablierende Königtum in den drei Ländern stützt sich bei der Selbstbehauptung auf die Kirche (Märtyrerkönige als Nationalheilige). Dänische und schwedische Kreuzzüge im Ostseeraum richten sich besonders gegen die nordwestlichen Slawen, die Finnen und baltischen Völker. Mit dem Ausbau der **christlichen Kirche** wird Skandinavien in die europäische Staatenwelt aufgenommen. Die jeweiligen Herrscher in den drei Ländern betreiben eine expansive Außenpolitik. Wirtschaftlicher Aufschwung und intensiver Landesaufbau führen zu vermehrten **Städtegründungen** und damit zur Entstehung neuer Bevölkerungsschichten.

Das Hochmittelalter bringt eine erste Blüte volkssprachlicher und lateinischer Literatur (Sagen, Skaldendichtung, erste Chroniken, SAXO GRAMMATICUS [*um 1140, †um 1220]). Die Gewohnheitsrechte werden kodifiziert, neue Gesetze werden erlassen. Trotz enger Zusammenarbeit mit der Kirche (Herrscherweihe) kann sich das nationale Königtum nicht dauerhaft etablieren. Kirche, Adel, Städte und Bauern kämpfen um eigenen Einfluss. Das hochmittelalterlich dänische Ostseeimperium bricht nach der Schlacht von Bornhöved 1227 zusammen. Dynastische Konflikte und Bürgerkriege finden in allen drei skandinavischen Staaten und in Island statt. Mehrere Pestwellen, v. a. 1348–1350 (der Schwarze Tod), suchen Skandinavien und Finnland heim. V. a. Norwegen wird stark getroffen. Die Etablierung des Königtums Mitte des 14. Jh.s v. a. in Dänemark führt zu zunehmenden Auseinandersetzungen mit der Hanse und den norddeutschen Fürsten (Holstein, Mecklenburg).

Dänemark | Forts. v. S. 595 |

Die große Bevölkerungsdichte sowie seine geografische Lage als Brücke zwischen Nord- und Ostsee machen Dänemark zum **führenden Land Skandinaviens** im Hochmittelalter. Seine Südgrenze markiert das Danewerk zwischen Eider und Schlei. Zu diesem Land gehören auch bis 1660 Teile des heutigen Südschwedens (Schonen, Halland und Blekinge).

1047–1074 König SVEN ESTRIDSSON (*um 1020, †1074) arbeitet eng mit der Kirche zusammen. Er unterhält eine Freundschaft mit Erzbischof ADALBERT VON GOSECK (*um 1000, †1072), der 1043 als Erzbischof von Hamburg-Bremen die Mission in Skandinavien aufnimmt.

1080–1086 Einer der Söhne SVENS, König KNUT IV. (*1043, †1086), wird zum Nationalheiligen Dänemarks.

1104 Lund wird zum Erzbistum erhoben und zunächst bis zur Gründung des Erzbistums in Nidaros 1152 und Uppsala 1164 Bistum für das gesamte Skandinavien. Es entwickelt sich eine rege Bautätigkeit während der nächsten 50 Jahre (Steinkirchen).
Neuer König wird NIELS (†1134).

1131–1134 Der gewaltsame Tod des ersten vom dänischen König abhängigen Herzogs von Schleswig, KNUD LAWARD (*1096, †1131), führt zu einem Feldzug Kaiser LOTHARS III. (1125/33–1137) gegen Dänemark und endet mit der Huldigung des Dänenkönigs NIELS.
Thronstreitigkeiten zwischen drei Thronprätendenten lösen einen Bürgerkrieg aus und stärken die Unabhängigkeit der Kirche von der Königsgewalt.

1157–1182 König WALDEMAR I., DER GROSSE (*1131, †1182), beendet den Bürgerkrieg und leitet ein halbes Jh. dänischer Großmachtpolitik ein. Er erhält wertvolle Unterstützung durch ABSALON (*1128, †1201), den Bischof von Roskilde und späteren Erzbischof von Lund (seit 1178).

1162 WALDEMAR leistet den Lehnseid für sein Reich an Kaiser FRIEDRICH I. (1152/55–1190).

1168–1169 Nachdem die Herrschaft im Lande gefestigt

ist, geht er gemeinsam mit Herzog Heinrich dem Löwen (*um 1129, †1195) gegen die Wenden vor. Waldemar erobert die Insel Rügen, lässt den heidnischen Tempel auf Arkona zerstören und leitet eine zwangsweise Bekehrung zum Christentum ein.

1181 Seine dynamische Kirchenpolitik (Einführung des Zehnten) führt zu Aufständen der Bauern von Schonen, doch schlägt er deren Erhebung blutig nieder.

1182–1202 Knut VI. (*1163, †1202) wird noch zu Lebzeiten seines Vaters Waldemar gekrönt (1170) und setzt dessen **Expansionspolitik in Norddeutschland** fort.

1184 Knut erringt einen großen Sieg bei der Insel Rügen über die Pommern.

1185 Darauf huldigt ihm Herzog Bogislaw von Pommern (*um 1130, †1187), der bis dahin vom Reich lehnsabhängig war. – Knut gelingt es im selben Jahr auch Teile Mecklenburgs zu unterwerfen; seit 1193 ist der Titel *König der Dänen und der Slawen* nachweisbar. Dem Kaiser Friedrich I. verweigert er nach dem Tod Waldemars (1182) den Lehnseid.

um 1200 Abfassung der *Gesta Danorum* des Saxo Grammaticus (*um 1140, †um 1220), die der herrschenden Dynastie gewidmete Geschichte der Dänen; Saxo schreibt im Dienste des Erzbischofs von Lund Absalon.

1201 Knuts Bruder Waldemar (*1170, †1241) erobert Holstein mit Lübeck und Hamburg; die weite Ausdehnung des dänischen Großreiches wird durch die deutschen Thronwirren ermöglicht, in denen der dänische König auf der Seite der Welfen steht.

1202 Waldemar besteigt als Waldemar II., der Sieger, den Thron. Er führt Dänemark auf den Höhepunkt seiner mittelalterlichen Macht und dehnt das Reich bis zur Elbe aus.

1214 Der Vertrag von Metz zwischen Kaiser Friedrich II. (1212/20–1250) und König Waldemar unterstellt Holstein mit Lübeck der dänischen Krone.

1219 **Eroberung Estlands** (Gründung von Reval) unter dem *Danebrog* – seither als dänische Flagge belegt.

1227, 22. Juli Die Schlacht von Bornhöved führt zum Zusammenbruch der dänischen Vorherrschaft in Norddeutschland. Rügen sowie einige Stützpunkte in Pommern und Estland bleiben erhalten. Dem militärischen Niedergang folgt die wirtschaftliche Schwächung durch die konkurrierende Expansionspolitik der deutschen Ostsiedler entlang der Ostsee.

um 1231 Abfassung eines dänischen Katasterbuchs (*Jordebog*) oder *Liber Census Daniae*, dass alle königlichen Güter und Einkünfte verzeichnet.

1241 Kodifizierung des **jütischen Rechts** (*Jyske Lov*) in der dänischen Volkssprache. Der königlichen Exekutive werden drei Gesetzesversammlungen zugeordnet, entwickelt aus den Landesthingen von Schonen, Seeland und Jütland.
Dem Zerfall des dänischen Großreiches folgt der allmähliche Niedergang der königlichen Herrschaft. Waldemar II. hinterlässt seinem jüngeren Sohn Abel (*1218, †1252) das Herzogtum Schleswig. Durch Abels Heirat (1237) mit Mechthild von Holstein (†1288) sichert dieser sich und seinen Nachfolgern

Herrscher Dänemarks im Mittelalter

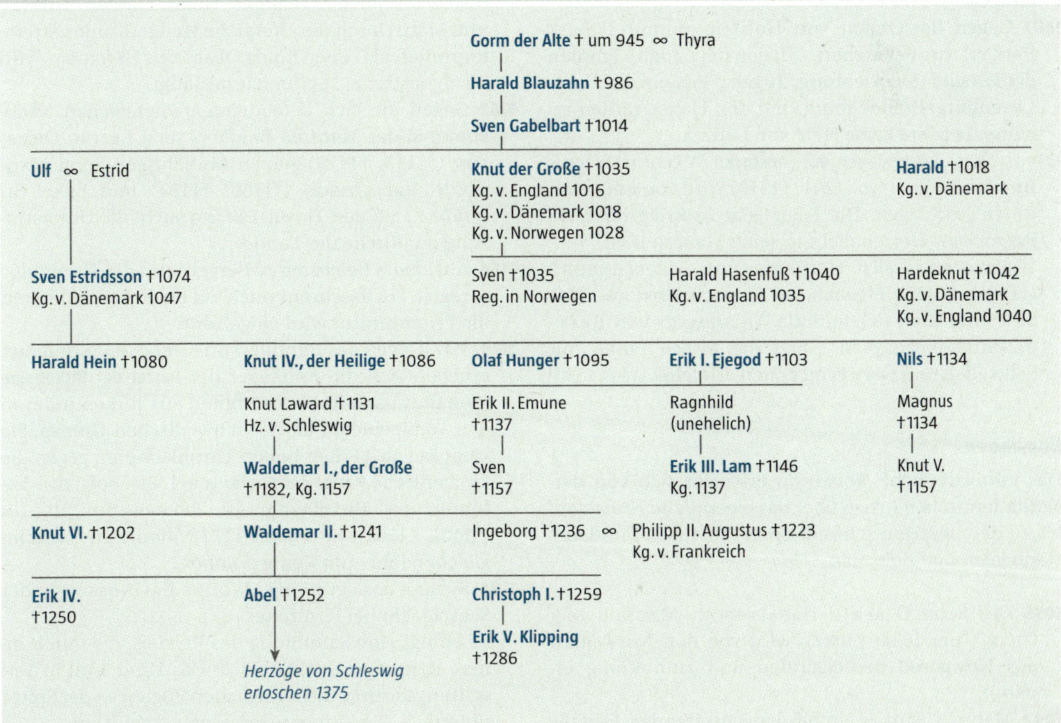

die Unterstützung des holsteinischen Adels gegen das dänische Königtum, was zum **Bürgerkrieg** mit seinem älteren Bruder, dem neue König ERIK IV. (*1216, †1250) führt.

1249 Zur Finanzierung eines Kreuzzuges gegen Estland erhebt ERIK IV. (seither Pflugpfennig genannt) neue Steuern.

1250–1252 Nach ERIKS IV. gewaltsamem Tod folgt ABEL selbst auf den Thron, wird aber seinerseits 1252 von den Friesen erschlagen. Weitere Thronwirren schwächen das Königtum.

1282 ERIK V. KLIPPING (*um 1249, †1286), König seit 1259, muss in einer Handfeste Vorrechte des Adels sowie Gewohnheitsrechte bestätigen. Er verspricht die jährliche Einberufung des Reichstages (Danehof) zur Gesetzgebung.

1286 ERIK V. wird in Finderup (bei Viborg in Jütland) ermordet.

Am Ende des 13. Jh.s weisen in Dänemark etwa 70 Kaufmannsstädte auf erhebliche soziale und wirtschaftliche Wandlungen hin, die sich bis dahin vollzogen haben.

1286–1319 König **ERIK VI. MENVED** (*1274, †1319) versucht trotz der inneren Schwäche des Königtums eine Rückkehr zur Großmachtpolitik, die nach Norddeutschland gerichtet ist.

1300 Fürst NIKOLAUS VON ROSTOCK (†1314), durch eine Fehde mit Brandenburg schwer bedrängt, stellt Stadt und Land unter den Schutz und die Lehnsherrschaft ERIKS VI.

1304 Der deutsche König ALBRECHT I. (1298–1308) bestätigt den Metzer Vertrag von 1214, jedoch ohne Lübeck.

1307 Gegen die Grafen von Holstein nimmt Lübeck ERIK VI. zum Schutzherrn. In den folgenden Kämpfen der Fürsten (Mecklenburg, Rügen, Holstein, Sachsen-Lauenburg, Brandenburg) mit den Hansestädten erhalten Letztere keine Hilfe von Lübeck.

1311 Großes **Fürstenlager vor Rostock:** WALDEMAR VON BRANDENBURG (*vor 1281, †1319) wird von ERIK zum Ritter geschlagen. Die Feier geht in Krieg über, da Rostock die Herren nicht in seine Mauern lässt.

Wismar muss sich HEINRICH VON MECKLENBURG (*1266, †1329) ergeben, 1312 auch Rostock. Nur Stralsund kann sich mithilfe WALDEMARS VON BRANDENBURG behaupten. Auch die Kriege ERIKS mit Schweden und Norwegen enden erfolglos. | Forts. S. 601 |

Norwegen | Forts. v. S. 595 |

Das mittelalterliche Norwegen erstreckt sich von den Nordatlantischen Inseln über das eigentliche Norwegen bis zu den heutigen schwedischen Provinzen Jämtland, Härjedalen und Bohuslän.

1035 Der Sohn OLAFS II. HARALDSSON, MAGNUS DER GUTE (*um 1024, †1047), wird von den Norwegern aus Nowgorod herbeigerufen und zum König ernannt.

1042 MAGNUS wird aufgrund des eintretenden Erbfalls auch König von Dänemark. Diese Bindung wird unter seinem Nachfolger wieder gelöst.

1047–1066 König HARALD III. HARDRÅDE, DER STRENGE (*1015, †1066): Er gilt als Gründer von Oslo; als Handelsstadt blüht Bergen auf.

1066 Nach HARDEKNUTS (*1018, †1042) Erbe erhebt HARALD III. Ansprüche auf den englischen Thron, wird aber bei Stamfordbridge vom englischen König HARALD GODWINSON (*um 1022, †1066) geschlagen.

1067–1093 Mit dem Sohn HARALDS, König OLAF III. KYRRE (*ca. 1050, †1093), beginnt ein halbes Jh. einer **ruhigen politischen Entwicklung** des Landes. Gründung der Bistümer Nidaros (Trondheim), Oslo und Bergen.

1093–1103 Während der Regierungszeit von König MAGNUS III. BARFUSS (*ca. 1073, †1103) wird die norwegische Besiedlung der Orkneys, der Hebriden und der Insel Man intensiviert. Ihm folgen gemeinsam seine Söhne OLAF (*1099, †1115), EYSTEIN I. (*um 1088, †1123) und SIGURD I. (*um 1090, †1130).

1107–1111 SIGURD I. unternimmt einen Kreuzzug, weshalb er den Beinamen *Jórsalafari* (»Jerusalemfahrer«) trägt. Er führt den Kirchenzehnten ein. EYSTEIN gewinnt Jämtland zurück.

1136–1161 Unter den Königen SIGURD II. (*ca 1132, †1155; seit 1136), EYSTEIN II. (*1125, †1157; seit 1142) und INGE I. (*1135, †1161; seit 1136) kommt es zu heftigen Thronkämpfen. Die Bürgerkriege dauern den Rest des Jh.s an. Die Entscheidung über den Thronfolger liegt beim Thing.

1152 **Nidaros wird zum Erzbistum** erhoben. Zur norwegischen Kirchenprovinz gehören jetzt die Bistümer Oslo, Bergen, Stavanger, Hamar sowie die atlantischen Inseln Kirkjubaer, Skalholt, Holar, Gardar, Kirkwall und Man. Durch die kirchliche Weihe (Krone wird interpretiert als Lehen König OLAFS DES HEILIGEN) wird die dynastische Legitimität bestätigt.

1162 Gegen die sich befehdenden unehelichen Nachkommen des MAGNUS BARFUSS setzt ERLING ORMSSON (*1115, †1179) seinen fünfjährigen Sohn MAGNUS V. ERLINGSSON (*1156, †1184) und Enkel SIGURDS I., auf den Thron. ERLING sucht die Unterstützung der Kirche des Landes.

1164 Auf einem Reichstag zu Bergen wird die Thronfolge geregelt. Sie beschränkt sich auf eheliche Kinder und die Primogenitur wird eingeführt.

1176–1177 Gegen das Bündnis von Kirche und Königtum erheben sich die Anhänger der **Partei der Birkebeine** (benannt nach ihren Strümpfen aus Birkenrinde) in den Waldgebieten an der schwedischen Grenze. Sie kämpfen ab 1176 in neuen Thronkämpfen gegen die kirchentreue **Partei der Bagler** (engl. Bischofstab). Anführer der Birkebeiner ist SVERRE SIGURDSSON (*1151, †1202). Er erobert 1177 Nidaros und wird im gleichen Jahr zum König erhoben.

1184 SVERRE besiegt König MAGNUS ERLINGSSON in der Seeschlacht bei Firmreite.

Es erfolgt eine Sammlung des Reiches, die durch innere Reformen gestärkt wird: Das Land wird in Verwaltungsbezirke mit königlichen Vögten an der Spitze unterteilt. Die Things werden neu organisiert.

1194 Nach langen Kämpfen gegen die norwegische Kirche wird SVERRE von den Bischöfen gekrönt.
Das von Papst INNOZENZ III. (1198–1216) 1198 über ihn verhängte Interdikt bleibt ohne konkrete Auswirkungen. Der Grundstein für ein starkes Erbkönigtum ist gelegt, das sich aber erst unter seinem zweiten Nachfolger **HÅKON IV. HÅKONSSON** (*1204, †1263) voll entfalten kann und Norwegen auf den Höhepunkt der mittelalterlichen Entwicklung führt.

1217–1263 HÅKON IV. dehnt die norwegische Herrschaft über Grönland (1261) und Island (1262/1264) aus. In seine Regierungszeit fällt die beginnende Einflussnahme deutscher Hansekaufleute in Bergen. Norwegen ist vom Getreideimport abhängig.

1263–1280 Unter HÅKONS Sohn, König MAGNUS VI. HÅKONSSON (*1238, †1280), wird das Recht vereinheitlicht.

1266 MAGNUS verzichtet zugunsten Schottlands auf die Hebriden und die Insel Man.

1277 MAGNUS regelt im Tønsberg-Konkordat Streitfragen mit der Kirche (freie Besetzung der Kirchenämter, eigene Gerichtsbarkeit).

1280–1299 In Norwegen vereitelt der Sohn MAGNUS' VI., ERIK II. MAGNUSSON (*1268, †1299) den Versuch des Erzbischofs, die Rechte der Kirche gegenüber dem Staat zu erweitern.

1284 **Konflikt mit der Hanse** infolge ihrer großen Privilegien von 1278. Norwegen ist von der Getreideeinfuhr aus den baltischen Provinzen abhängig, sodass eine Hungersnot ausbricht.

1285 Im Frieden von Kalmar erzwingt die Hanse durch die Vermittlung des schwedischen Königs die Bestätigung ihrer Privilegien. Sie beherrscht den norwegischen Handel.

1299–1319 ERIKS Bruder, König HÅKON V. MAGNUSSON (*1270, †1319), führt das Land zu einer Blüte. Er reformiert die Lokalverwaltung, die dem Königtum unterstellt wird. Er macht Oslo, das im reichsten und am dichtesten bevölkerten Teil des Reiches liegt, zur Hauptstadt und beendet damit die norwegische Interessenausrichtung nach England.

1312 HÅKONS Tochter INGEBORG (*1301, †1361) heiratet ERIK MAGNUSSON (*1282, †1318), den Bruder des Schwedenkönigs BIRGER (*1280, †1321).

1319 Ihr dreijähriger Sohn wird nach HÅKONS Tod als MAGNUS VII. ERIKSSON (*1316, †1374) König von Norwegen; Norwegen und Schweden werden in einer Personalunion vereinigt. | Forts. S. 601 |

Schweden | Forts. v. S. 596 |

Zu Beginn des Hochmittelalters ist Schweden von starken partikularen Kräften geprägt. Der König wird bei dem Umritt (*Eriksgata*) auf den Landesthingen anerkannt. Mehrere konkurrierende Geschlechter kämpfen um die Königswürde (Sverker, Stenkil und später Folkunger). Die einzelnen Thronprätendenten sind auf die Unterstützung des Adels angewiesen. Ein zunehmender Einfluss des Königtums auf die Gesetzgebung ist nachweisbar (BIRGER JARL [*um 1210, †1266], MAGNUS ERIKSSON [*1316, †1374]). Im Verlauf des 13. Jh.s wird Finnland an Schweden gebunden. Es bleibt bis 1809 ein Teil der schwedischen Krone.

um 1060 Das Königsgeschlecht der westgötischen Stenkil kommt auf den Thron. Das folgende Jh. wird geprägt durch die Auseinandersetzungen zwischen den Göten und den Svear Upplands. Unter den Stenkils wird das Christentum weitgehend eingeführt (Zerstörung des Uppsalatempels am Ende des 11. Jh.s).

1104 Kirchlich wird Schweden dem dänischen Erzbistum Lund unterstellt. Um 1120 bestehen sechs schwedische Bistümer.

um 1130–1156 Mit SVERKER DEM ÄLTEREN (†um 1156) gelangt das Geschlecht der Sverker zur Macht.

um 1156 Nach dem Mord an SVERKER kommt es zu schweren Thronkämpfen zwischen Sverkern und Eriksgeschlecht (ERIK DER HEILIGE [*um 1120, †1160], König von Schweden seit 1156).
ERIK unternimmt kurz nach seiner Krönung einen Kreuzzug nach Finnland.

1160 ERIK wird in Uppsala überfallen und ermordet. Schnell entwickelt sich ein Kult des Märtyrerkönigs, der zum Nationalheiligen Schwedens wird. Seine Gebeine ruhen heute im Dom zu Uppsala.

1164 Unter ERIKS Nachfolger KARL SVERKERSSON (†1167), König von Schweden seit 1160, wird Uppsala Erzbistum. Damit ist der Grundstein für eine eigene nationale Kirche gelegt.

1167 KARL fällt in der Schlacht bei Visingö gegen seinen Nachfolger, ERIKS Sohn KNUT ERIKSSON (†1196). Unter KNUT macht sich der deutsche Einfluss auch in Schweden bemerkbar. Gründung einiger Städte im Mälargebiet sowie von Kalmar.

1187 Seeräuber brennen die Handelsstadt Sigtuna am Mälarsee nieder.

1196–1208 SVERKER DER JÜNGERE KARLSSON (*um 1160, †1210) erlässt Privilegien zum Wohl der Kirche. Die Opposition der Söhne KNUTS führt letztendlich zum Sieg ERIK KNUTSSONS (*1180, †1216) über König SVERKER DEN JÜNGEREN und ein mächtiges dänisches Kontingent in der Schlacht bei Lena in Westgötland. SVERKER wird vertrieben.

1208 König ERIK KNUTSSON kann einen Rückeroberungsversuch SVERKERS abschlagen.

1216 Nach dem Tod ERIKS wird SVERKERS Sohn, JOHANN SVERKERSSON (*1201, †1222), zum König gewählt. Mit seinem Tod erlischt das Haus der Sverker.

1222–1250 ERIK ERIKSSON (*1216, †1250), König von Schweden 1222–1229 und 1234–1250, stützt sich gegen Aufstände auf die mächtige Familie der Folkunger.

1248 Auf der Reichsversammlung (die gegen den vornehmlich zur richterlichen Funktion abgesunkenen Thing an Bedeutung ständig zugenommen hat) von Skänninge ordnet der Kardinallegat WILHELM VON SABINA (*um 1184, †1251) das schwedische Kirchenwesen neu.

1249 Der Folkunger BIRGER JARL (*um 1210, †1266) unternimmt einen großen Kreuzzug gegen Finnland.

1250 Der unmündige Sohn BIRGER JARLS, WALDEMAR BIRGERSSON (*1243, †1302), ein Neffe ERIK ERIKSSONS, wird zum König gewählt (bis 1275). WALDEMAR ist der erste König aus dem **Geschlecht der Folkunger**, das bis 1363 regiert. Die Regierungsgeschäfte nimmt jedoch BIRGER JARL wahr, der die Beziehungen zu Norwegen und Dänemark pflegt. Schweden erlebt einen wirtschaftlichen Aufschwung: Stockholm wird als bedeutende Handelsstadt gegründet, während im Allgemeinen deutsche Hansekaufleute großen Einfluss gewinnen. Im Rahmen einer umfassenden Gesetzgebung kommt es zu Neuerungen des Privat- und Prozessrechts. Die Königsmacht wird gegen den Adel gefestigt, aber zugleich durch beginnende Erbteilungen unter den Söhnen geschwächt.

1275–1290 MAGNUS BIRGERSSON LADULÅS (»Scheunenschloss«) (*um 1245, †1290) führt tief greifende Neuerungen ein und stärkt das Königtum. In seiner Regierungszeit beginnen sich Reichsversammlungen und der Reichsrat zu institutionalisieren.

1279 oder 1280 Im **Statut von Alsnö** werden alle zu Pferd dienenden Krieger von der Steuer befreit. Gleichzeitig pflegt MAGNUS LADULÅS aber die Beziehungen zu den freien Bauern als Gegengewicht gegen den Adel.
Die Reichsämter des Drost (Truchsess und Stellvertreter des Königs), Marschall und Kanzler werden entwickelt; das dem zentralen Königtum gefährliche Jarlsamt wird nicht mehr besetzt. In diese Zeit fällt die Bindung der Insel Gotland an Schweden.

1290–1319 In Schweden folgt auf MAGNUS LADULÅS sein Sohn BIRGER MAGNUSSON. Bis zur seiner Mündigkeit 1302 übernimmt Reichsmarschall TORGILS KNUTSSON (hingerichtet 1306) die Vormundschaft. Der weltliche **Adel gewinnt die Oberhand** über Königtum und Kirche.
Die Einrichtung von Herzogtümern an BIRGER MAGNUSSONS Brüder ERIK und WALDEMAR (*um 1285, †1318) bedroht ernsthaft den Bestand des Reiches. Nach einem Bürgerkrieg, der zeitweiligen Gefangennahme BIRGERS durch seine Brüder (1306–1308) und einer Einigung über die Teilung des Landes (1310), nimmt BIRGER 1317 seine Brüder im Schloss Nyköping gefangen und lässt sie umbringen. Daraufhin vertreibt der Adel den König nach Dänemark, wo er stirbt.

1293 Kreuzzug nach Finnland gegen die Einflussversuche der griechisch-orthodoxen Kirche; Ausbau Wyborgs zur Grenzfestung. | Forts. S. 601 |

Island | Forts. v. S. 596 |

Der durch die Besiedlung der Insel begründete enge Kontakt mit Norwegen bleibt bestehen. Die Könige von Norwegen erheben seither Anspruch auf die Oberhoheit über Island, den sie aber erst 1262 verwirklichen können.

Der erste isländische Bischof (von Skalholt) wird Mitte des 11. Jh.s noch in Deutschland geweiht, aber seit dem frühen 12. Jh. untersteht die isländische Kirche dem Erzbischof von Lund, seit 1152 dem Erzbischof von Nidaros (Trondheim).

Im Lauf des politisch ruhigen 12. Jh.s verbreitet sich das europäische Mönchtum auf der Insel; dennoch bleiben viele heidnische Bräuche lebendig. Innere Bürgerkriege werden im 13. Jh. durch die ehrgeizige Familie der Sturlungar ausgelöst. Jetzt hat Norwegen die Möglichkeit, die Unterwerfung der Insel schrittweise durchzuführen.

1238 Norweger werden zu Bischöfen in Island.

1256 Norwegen erhebt zum ersten Mal Tribut.
Bergen wird das Handelsmonopol für Island zugesprochen (Stapelrechte).

1264 Die Abhängigkeit der Insel von Norwegen wird durch den sog. **alten Pakt** anerkannt.

1281 Der Althing verliert seine unabhängige Gesetzgebungsmacht.

Die Literatur Islands im Hochmittelalter

Islands besondere Bedeutung im Hochmittelalter liegt in der literarischen Blüte, die v. a. in volkssprachlich verfassten Werken in Erscheinung tritt. Die isländische Literatur ist eine der wichtigsten Quellen für die **altnordische Mythologie**. Zu der ältesten Literatur, die noch im 12. Jh. aufgezeichnet wird, zählt das Werk über die Besiedlung der Insel (*Landnamabok*, *Islendingabok* des ARI THORGILSSON [*um 1067, †1148]). Seit dem späten 12. Jh. werden die Götter- und Heldenlieder in der sog. Lieder-Edda gesammelt. Besonders bekannt ist das literarische Werk des Geistlichen und Historiografen SNORRI STURLUSON (*1179, †1241). Er entstammt einer führenden Familie Westislands, ist mehrmals Sprecher des Althing und pflegt engen Kontakt zu den norwegischen Herrschern, was zu seiner Ermordung führt. Seine wichtigsten Werke sind eine Prosabearbeitung der Edda und die sog. Heimskringla, die norwegische Königsgeschichte von den Anfängen bis ins 12. Jh. Mit ihrer selbstständigen Quellenkritik zählt die Heimskringla zu den bedeutendsten Geschichtswerken des Mittelalters.

Grönland

Nach der isländischen Sagaliteratur (Saga ERIKS DES ROTEN [*um 950, †um 1006]) erfolgt die Entdeckung und Besiedlung Grönlands von Island aus (985–986). Besiedelt werden zwei Gebiete an der südlichen Westküste, die sog. Ostsiedlung (Julianehåb) und die Westsiedlung (Godthåb). Eine erste Kirche wird vermutlich Anfang des 11. Jh.s auf dem Hof Brattahlid errichtet. 1124 erfolgt die Errichtung eines grönländischen Bistums auf dem Großhof Gardar von Norwegen aus. Für den alltäglichen Bedarf sind die Grönlandwikinger Selbstversorger. Eine im 14. und 15. Jh. auftretende Klimaverschlechterung bedroht die skandinavischen Siedlung auf Grönland. Fehlende Versorgung von Norwegen und Island sowie die im Gegensatz zu den Inuits schlechtere Anpassung der Skandinavier an die Witterungsverhältnisse führen zum Niedergang der Siedlungen. Für die Zeit um 1360 ist die Verödung der Westsiedlung bezeugt. Der Kontakt mit Island und Norwegen bleibt zunächst bestehen, bricht jedoch Anfang des 15. Jh.s endgültig ab. Die letzte schriftliche Nachricht über die Ostsiedlung stammt aus dem Jahr 1409. Spätestens Mitte des 15. Jh.s ist auch die Ostsiedlung eingegangen.

Von Grönland aus erfolgt um 1000 die **Entdeckung Nordamerikas** durch LEIF ERIKSSON (*um 970, †um 1020), wo Besiedlungsversuche aufgrund von Konflikten mit den Ureinwohnern scheitern (archäologischer Nachweis einer wikingischen Siedlung in L'Anse aux Meadows auf Neufundland).

Skandinavien (1319–1523)

Norwegen (mit Island) und Schweden (1319–1389)

| Forts. v. S. 599, 600 |

1319 Die Magnaten wählen in Schweden den Sohn Herzog ERIK MAGNUSSONS (*1282, †1318) und INGEBORGS (*1301, †1361), den unmündigen König von Norwegen MAGNUS VII. ERIKSSON (*1316, †1374). Damit kommt es zur Personalunion mit Norwegen. Anlässlich der Wahl werden großzügige Freiheiten verbrieft: Privilegien von Adel und Kirche, Stellung des Reichsrats, keine eigenmächtige königliche Steuererhebung, Wahlkönigtum. Zunächst regiert INGEBORG, unterstützt vom mächtigen dänischen Adligen KNUT PORSE (†1330), den sie 1327 heiratet. Seit 1331 regiert König MAGNUS VII. selbstständig.

1323 Der Nöteburger Friede zwischen Schweden und Nowgorod legt die Grenze in Finnland fest.

1343 Nach Aufständen in Norwegen einigt sich MAGNUS mit dem norwegischen Reichsrat, dass sein Sohn HÅKON VI. MAGNUSSON (*1339, †1380) Norwegen als Reich übernimmt. Ab 1355 regiert HÅKON als vollmündiger König.

um 1346 Die heilige BIRGITTA VON SCHWEDEN (*um 1303, †1373), mit 40 Jahren verwitwet, gründet das Kloster Vadstena mit eigener Regel, den Birgittenorden. Es ist der einzige bedeutende skandinavische Orden mit europäischer Ausstrahlung. Seit 1349 lebt sie in Rom. BIRGITTA setzt sich für die Rückkehr des Papstes aus Avignon ein und greift in die politischen Streitfragen der Zeit ein. Sie unternimmt eine Pilgerfahrt nach Jerusalem; 1391 wird sie kanonisiert.

um 1350 Einführung einer **einheitliche Rechtsordnung** (Allgemeines Landrecht ersetzt Landschaftsrechte). In das Landrecht werden die Privilegien von 1319 aufgenommen. Die Pest von 1349/50 hat verheerende Folgen.

1359 MAGNUS verlobt seinen Sohn HÅKON mit der Tochter des dänischen Königs WALDEMAR IV. ATTERDAG (*um 1320, †1375), MARGARETE (*1353, †1412). Die Hochzeit findet 1363 statt.

1363 Wegen des Verlustes von Schonen (1360), Öland und Gotland (1361) an Dänemark wird MAGNUS von den Schweden abgesetzt.

1364 Sein Neffe ALBRECHT III. VON MECKLENBURG (*1338/40, †1412) wird zum König von Schweden gewählt (bis 1389).

1365 ALBRECHT III. schlägt in der Schlacht bei Gata MAGNUS und HÅKON.

1371 MAGNUS verzichtet auf den schwedischen Thron. ALBRECHT stützt sich auf die Macht seines Vaters, Herzog ALBRECHT II. (*um 1318, †1379) von Mecklenburg, aber die tatsächliche Gewalt liegt beim Hochadel.

1380 MARGARETES Sohn OLAF (*1370, †1387), König von Dänemark seit 1376, wird König von Norwegen.

1386 Das **Herzogtum Schleswig**, dessen dänische Nebenlinie 1375 ausgestorben ist, wird von den Grafen von **Holstein** regiert. Um freie Hand gegen Schweden zu haben, belehnt MARGARETE den Enkel GERHARDS III., DES GROSSEN (*um 1293, †1340), GERHARD VI. VON HOLSTEIN (*um 1367, †1404), mit Schleswig, sodass fortan **beide Gebiete vereinigt** sind.

1389 ALBRECHT wird als König von Schweden gestürzt. MARGARETE, Königin von Dänemark und Norwegen seit 1387, wird auch als Regentin Schwedens anerkannt.

Dänemark (1319–1389) | Forts. v. S. 598 |

1320–1326 Als ERIK MENVED (*1274, †1319), König von Dänemark seit 1286, stirbt, wird anlässlich der Wahl CHRISTOPHS II. (*1276, †1332) eine **Wahlkapitulation** vereinbart, die die Mitregierung des Rates vorsieht. Allerdings fühlt sich CHRISTOPH an seine Versprechungen nicht gebunden. Seine Großmachtpolitik ist auf Norddeutschland gerichtet, die er nur durch strenge Besteuerung des Adels und des Klerus finanzieren kann. Dies führt zu inneren Unruhen und schließlich zu seiner Vertreibung nach Mecklenburg.

1326 Graf GERHARD III., DER GROSSE, VON HOLSTEIN wird zum Reichsverweser. Sein Mündel, Herzog (seit 1325) WALDEMAR V. VON SCHLESWIG (*1314, †1364), wird als WALDEMAR III. zum nominellen König gewählt (bis 1330).
GERHARD lässt sich von WALDEMAR Schleswig zum erblichen Besitz übertragen, mit der Bestimmung, Schleswig nie mit der Krone Dänemarks zu vereinen (**Constitutio Waldemariana**).

1330–1332 CHRISTOPH II. kehrt vorübergehend auf den Thron zurück, wird aber von GERHARD auf der Lohheide am Danewerk geschlagen. Ihm bleibt nur das kleine Lolland. WALDEMAR erhält Schleswig wieder, das übrige Reich ist in GERHARDS Hand. Schonen stellt sich unter den Schutz MAGNUS ERIKSSONS, König von Schweden (1319–1364) und Norwegen (1319–1355).

1332–1340 GERHARD regiert nach CHRISTOPHS Tod als Reichsverweser; die nun folgenden acht Jahre gelten als königslose Zeit (Interregnum). Der Widerstand gegen die gewalttätige Herrschaft des holsteinischen Adels und der Hansestädte wächst.

1340–1375 Dem Sohn CHRISTOPHS II., König WALDEMAR IV. ATTERDAG, gelingt in 20 Jahren die erneute staatliche **Einigung Dänemarks**. Die Finanzkraft der Krone wird durch die Rücknahme und Rückzahlung entfremdeten und verpfändeten Reichsgutes gesichert.

1346 WALDEMAR verkauft das Herzogtum Estland an den Deutschen Orden.

seit 1348 Die große Pestwelle in Europa (1347–1353) hat in Dänemark verheerende Auswirkungen.

1360 Waldemar gewinnt Schonen von Schweden zurück. Auf dem Danehof von Kalundborg kommt es zum Ausgleich zwischen Krone, Adel und Geistlichkeit (**großer Landfriede**), in dem alle Gruppen ihre gegenseitigen Verpflichtungen anerkennen.

1361 Waldemar überfällt Gotland und nimmt nach dem Sieg über die Bauern dort Wisby in Besitz. Dies führt zu einem ersten Krieg mit der Hanse, den Dänemark gewinnt.

1363 Versöhnung mit Magnus Eriksson und Hochzeit von Waldemars Tochter Margarete und dem König von Norwegen Håkon VI., dem Sohn des schwedischen Königs. Diese Verbindung führt zur Kalmarer Union von Dänemark, Norwegen und Schweden.

1367–1370 Zweiter Krieg mit der Hanse, der im Frieden von Stralsund beendet wird. **Die Hanse ist auf dem Höhepunkt ihrer Macht**.

1376–1387 Nach Waldemars Tod setzt Margarete beim dänischen Reichsrat in Slagelse die Wahl ihres unmündigen Sohnes Olaf zum König von Dänemark durch, der 1380 nach dem Tod seines Vaters Håkon VI. auch König von Norwegen wird. Die Union von Norwegen und Dänemark dauert bis 1814. 1387 stirbt Olaf als letzter vom Mannesstamm der Folkunger. Seine Mutter wird von den dänischen, dann von den norwegischen Ständen zur Regentin gewählt.

Skandinavien im Spätmittelalter

Die Unionszeit (1389–1523)

Voraussetzung für die Union der nordischen Länder sind neben sprachlichen und kulturellen Gemeinsamkeiten die Bereitschaft des Adels, sich mit einem gemeinsamen Königtum abzufinden (was tatsächlich zu ständigen Reibereien führt). Die Union leitet für die nächste Generation eine Friedensepoche, die *Pax Scandinavica*, ein. Zugleich bleibt aber die innere Spannung zwischen dem Streben der Herrscher nach absolutistischer Regierung und der Forderung des Adels nach Regierungsbeteiligung sowie nach der Teilnahme an der Wahl des Monarchen bestehen. Der Erfolg der Union wird durch die politischen Fähigkeiten der einzelnen Herrscher bestimmt.

1387–1412 **Margarete** regiert als **Regentin Dänemark und Norwegen**, seit 1389 auch **Schweden**.
In Schweden entsteht eine Opposition gegen König Albrecht III.

1388–1389 Margarete verschafft ihrem Großneffen und Enkel ihrer Schwester Ingeborg (*1347, †ca. 1370), Erich von Pommern (*1382, †1459), die Nachfolge in Norwegen, 1396 in Schweden und Dänemark.

1389 Albrecht wird von Margaretes Feldherrn, dem Mecklenburger Heinrich Parow, bei Aasle unweit von Falköping geschlagen und gefangen genommen und erst 1395 wieder freigelassen.
Ganz Schweden fällt Margarete zu bis auf die Burg Stockholms, die sich mithilfe der seeräuberischen Vitalienbrüder jahrelang verteidigt. Die Vitalienbrüder sind eine in Wismar und Rostock gebildete Genossenschaft von Kaperfahrern, welche die Hauptstadt mit Viktualien versorgten. 1398 kapituliert Stockholm. Margarete führt eine starke innere Regierung in den drei Reichen.

1397, 20. Juni Die Reichsräte und Magnaten der drei Länder werden nach Kalmar berufen, wo der vierzehnjährige Erich von Pommern zum gemeinsamen König der **Kalmarer Union** gekrönt wird. Im Krönungsbrief wird die Herrschaft des Königtums gestärkt. Der Unionsbrief strebt eine Gleichberechtigung der drei Reiche nach aristokratischen Prinzipien an, wird aber nicht vom Königtum als Regierungsprogramm angenommen. Durch eine geschickte Politik gelingt es Margarete, Konflikte mit dem Adel in den drei Reichen zu vermeiden. Sie und Erich von Pommern stützen sich dabei auf das Kloster Vadstena.

1404 Nach dem Tod Gerhard von Holsteins kann Margarete große Teile des Landes als Pfand erwerben.

1412–1439 **Erich von Pommern** (in Dänemark als Erik VII., in Norwegen als Erik III., in Schweden als Erik XIII.) regiert die nordeuropäischen Länder, einschließlich Finnland und Island, als Einheit mit dem Öresundgebiet als Mittelpunkt. Am Ende seiner Regierungszeit kommt es zu einem Interessengegensatz mit den Reichsräten, der zu seiner Absetzung in allen drei Reichen führt.

1417–1432 **Kopenhagen**, das bis dahin dem Bischof von

Roskilde gehört, entwickelt sich rasch zur **Hauptstadt**, nachdem es Erich unter die Krone bringt.

Im langjährigen Krieg seit 1410 mit den Grafen von Holstein um Schleswig, in den auch die Hanse verwickelt wird, versucht Erich, die deutschen Kaufleute im Norden zurückzudrängen. Er begünstigt das Eindringen der Holländer und Engländer in die Ostsee (Gründung der Stadt Landskrona) und erhebt seit 1429 den Sundzoll von allen fremden Schiffen. 1432 wird der Waffenstillstand zu Nyborg vereinbart.

1434–1436 Erichs Politik missachtet die rechtliche Stellung der einzelnen Länder (Bevorzugung dänischer und deutscher Vögte) und zielt so auf eine Verschmelzung der Reiche und eine absolute Herrschaft ab. Besonders in Schweden kommt es zu heftiger Opposition. **Die Bauern erheben sich** gegen die fremden Vögte. Ihr Führer wird 1434 Engelbrecht Engelbrechtsson (*um 1390, †1436) aus Dalarna, ein Bergmann, der sich bei seiner Erhebung auf das Bergbaugebiet um den Siljansee und den Dalälv sowie auf die Bauern stützt. Er bringt den größten Teil des Landes mit Ausnahme einiger Burgen in seine Gewalt und zwingt den Reichstag von Vadstena 1434 zur Absage an Erich. Der schwedische Adel schließt sich dem Aufruhr an, besonders um den eigenen Zugang zu den schwedischen Schlössern und Burgen zu wahren. Engelbrecht wird auf dem Reichstag von Arboga zum Reichshauptmann gewählt, aber bereits im April 1436 ermordet.

1435 Im **Friede von Vordingborg** (Seeland) erzwingt die Hanse den freien Handel. Erich muss das Herzogtum Schleswig dem Grafen Adolf VIII. von Schauenburg (*1401, †1459) auf Lebenszeit überlassen.

1438/1439 Der Adlige Karl Knutsson Bonde (*1408, †1470) wird zum schwedischen Reichsverweser gewählt. Der **dänische Reichsrat setzt Erich förmlich ab.** 1440 und 1441 erfolgt die Absetzung Erichs in Schweden bzw. Norwegen. Er hält sich bis 1449 auf Gotland und stirbt 1459 in Hinterpommern.

1440–1448 Der dänische Reichsrat wählt Erichs Neffen Christoph III. von Bayern (*1416, †1448) zum König; 1441 wird Christoph auch König von Schweden, 1442 König von Norwegen.

Christoph regiert jedes Land nach seinen eigenen Gesetzen und im Einverständnis mit den einheimischen Räten. Es kommt zu einer Neufassung des Landrechts in **»Christophs Landrecht«**.

1441 Karl Knutsson tritt zurück, der schwedische Reichsrat schließt sich der dänischen Wahl an.

1448 Nach dem Tod des kinderlosen Christoph III. folgt in Dänemark und Norwegen Christian I. von Oldenburg (*1426, †1481; König von Norwegen seit 1450, von Schweden 1457–1464), nachdem sein Onkel Adolf (*1401, †1459), Herzog von Schleswig und Graf von Holstein, die ihm vom dänischen Reichsrat angebotene Königswürde ablehnt. Christian heiratet die Witwe seines Vorgängers, Dorothea von Brandenburg (*um 1430, †1495).

In Schweden wird Karl Knutsson Bonde (*1408, †1470;) zum König gewählt. Er setzt sich nur zeitweise als König von Schweden durch (1448–1457, 1464–1465, 1467–1470; König von Norwegen 1449–1450).

1449 Karl Knutsson Bonde besetzt Gotland, das jedoch an König Christian I. ausgeliefert wird. Damit wird ein jahrzehntelanger Streit um die Insel beendet.

1450 Der **Unionsvertrag von Bergen** mit Norwegen verfügt eine ewige Vereinigung der Reiche Dänemark und Norwegen mit gemeinsamer Königswahl, erkennt aber Norwegens Selbstständigkeit an.

1457 Adel und Kirche in Schweden erklären sich nach einem Aufruhr für Christian, der in Uppsala zum König von Schweden gekrönt wird.

1460 Nach dem Tod Adolfs, des letzten Schauenburgers, wird, ohne Rücksicht auf die in ihrer lippischen Heimat und Südholstein begüterte Linie der Schauenburger, Christian I. von den Ständen zum Herzog von Schleswig und zum Grafen von Holstein gewählt, unter voller Wahrung der Selbstständigkeit der Lande. Die Stände halten so die Vereinigung der beiden Territorien aufrecht, da die Schauenburger der Pinneberger Linie kein Anrecht auf Schleswig besitzen. Seitdem besteht eine **Personalunion der Herzogtümer mit Dänemark**, aber keine Realunion der Herzogtümer untereinander (beides bis 1863). Sie sollen, wie es im königlichen Privileg heißt, *ewich tosamende ungedelt* bleiben. Die Stände sollen auch in Zukunft freies Wahlrecht unter den Kindern oder sonstigen Erben des Königs haben. 1474 wird Holstein mit Stormarn und Dithmarschen von Kaiser Friedrich III. (*1415, †1493) zum Herzogtum erhoben.

1463–1465 Nach einem **Aufstand in Schweden** endet Christians Herrschaft vorläufig. Karl Knutsson kehrt 1464 aus Danzig zurück, wird aber nach inneren Wirren und Parteikämpfen wieder vertrieben.

1467–1470 Karls dritte Regierungszeit kann nur noch den Schein einer Königsgewalt herstellen.

1468 Christian tritt die norwegischen Orkneys und Shetlandinseln als Mitgift seiner Tochter an Schottland ab.

1471 Karl Knutssons zum Reichsverweser gewählter Neffe **Sten Sture der Ältere** (*um 1440, †1503) bringt als Führer einer proto-nationalen Sammlungsbewegung König Christian am Brunkeberg bei Stockholm eine vernichtende Niederlage bei. Danach bleibt Schweden 25 Jahre lang von den Dänen unbehelligt. Ein Beschluss des schwedischen Reichsrates hebt die alte Bestimmung auf, dass die Hälfte der Bürgermeister und Räte in den Städten Deutsche sein sollen.

1477 In **Uppsala** wird die erste **Universität** Schwedens gegründet, zwei Jahre vor der Universität Kopenhagen (1479).

1481–1513 Christians Sohn Johann I. (Hans; *1455, †1513) regiert in Dänemark, Schleswig und Holstein seit 1481 und in Norwegen seit 1483 bis zu seinem Tod. Sein Bruder Friedrich (*1471, †1533) erhält Anteil an den Herzogtümern.

1483–1494 Auch Schweden ist zur Anerkennung Johanns bereit, nachdem er wie in Norwegen durch den **Rezess von Halmstad** 1483 die Rechte des Adels und des Reichsrates erweitert hat.

Der Reichsverweser STEN STURE verhindert aber die Durchführung der Handfeste und damit JOHANNS Thronbesteigung. Er stützt sich vornehmlich auf Dalarna und die Bauern und gerät mit dem Hochadel zunehmend in Konflikt. König JOHANN verbündet sich mit IWAN III. (1462–1505): erstes dänisch-russisches Bündnis gegen Schweden (1494).

1495 Die Russen belagern Wyborg.

1497 STEN STURE wird vom einmarschierenden Dänenheer in der Schlacht bei Retebro geschlagen, erkennt König JOHANN (*1455, †1513; 1497–1501 als JOHANN II.) an und erhält Finnland zu Lehen.

1500 In der Schlacht von Hemmingstedt (bei Meldorf) erleidet JOHANN und sein Bruder Herzog FRIEDRICH VON HOLSTEIN eine vollständige Niederlage gegen die Dithmarscher Bauern. In Dithmarschen, zwischen Eider und Elbe gelegen und früher zum Amtsbezirk der Grafen von Stade gehörig, bildet sich eine Bauernrepublik, bis 1526 unter dem Schutz des Erzstifts Bremen.

1501–1503 Neue Unruhen in Schweden. STEN STURE wird abermals zum Reichsverweser gewählt. Die Dänen werden aus dem Lande vertrieben.

1504–1512 Auf STEN STURE folgt sein Vetter SVANTE STURE (*um 1460, †1512) als Reichsverweser. Er wird von Bischof HEMMING GADH VON LINKÖPING (*1450, †1520) beraten.

1512–1520 Der Krieg mit Dänemark zieht sich hin bis SVANTE STURES Tod, dem sein Sohn STEN STURE DER JÜNGERE (*1493, †1520) folgt.

1513–1523 CHRISTIAN II. (*1481, †1559), Sohn JOHANNS und Schwager Kaiser KARLS V. (1519/30–1556), versucht, die dänische Vorherrschaft in Schweden wiederherzustellen, den lübischen Handel im Ostseeraum zurückzudrängen und die Macht des Adels und der Geistlichkeit zu beschränken.

1520 Nach dem **Sieg über die Anhänger STEN STURE DES JÜNGEREN** lässt sich CHRISTIAN II. in Stockholm als erblicher König krönen. Er liquidiert während der Krönungsfeierlichkeiten die schwedische Adelsopposition (**Stockholmer Blutbad**), die als Ketzer verurteilt werden.

1521–1523 Mit einer Aufstandsbewegung der Bauern und Bergarbeiter und letztendlich mit lübischer Hilfe vertreibt **GUSTAV I. ERIKSSON WASA** (*1496, †1560) die dänischen Vögte und Schlosshauptleute. Seine Wahl zum Reichsverweser 1521 bedeutet das Ende der Union mit Dänemark und Norwegen.

1523 GUSTAV I. ERIKSSON WASA wird zum schwedischen König gewählt. CHRISTIAN II. von Dänemark und Norwegen wird gestürzt und geht nach Lier (Belgien) ins Exil. FRIEDRICH VON HOLSTEIN wird als FRIEDRICH I. neuer König in Dänemark und Norwegen (1524). | Forts. S. 1093, 1098 |

Ost- und Südosteuropa (5. Jh.–1526) | Forts. v. S. 373, 376 |

In Ost- und Südosteuropa finden im Frühmittelalter vielfältige Wanderungsbewegungen statt. Asiatische Nomadenvölker (Hunnen, Awaren) gelangen in den Raum und drängen die Germanen in den Westen ab. Seit dem 6. Jh. erfolgt die Landnahme der Slawen bis zu Ostsee, Adria, Balkan und oberer Wolga. Im 9. Jh. liegen die Anfänge slawischer Staatenbildungen sowie die Angliederung der osteuropäischen Völker an die antik-christlich bestimmte Kulturwelt. Die Abwehr der Nomadenvölker durch Byzanz, die Verbindung der germanischen Waräger mit den ansässigen ostslawischen Stämmen und ihre Machtentfaltung seit dem 9. Jh. in der russischen Tiefebene (Stromgebiete des Dnjepr und der Wolga) verleihen zusammen mit der Annahme des Christentums und der Ordnungsformen der christlichen Imperien dem sich bildenden »Osteuropa« die »europäischen« Züge.

Rom und Byzanz konkurrieren bei der Christianisierung. Mit der Kirchenspaltung von 1054 verfestigt sich die Trennung in den ost- und den westkirchlichen Bereich. Die baltischen und die westslawischen Völker entwickeln sich wie die Ungarn innerhalb der lateinischen (römischen) Kirche mit lateinischer Schrift, ebenso die Slowenen und die Kroaten. Die Ostslawen sowie Bulgaren, Serben, Griechen und Rumänen entwickeln sich innerhalb der griechischen (orthodoxen) Kirche und benutzen das kyrillische Alphabet.

Im Hoch- und Spätmittelalter konsolidiert sich die osteuropäische Völker- und Staatenwelt durch den Ausbau der Herrschaft, die Einbindung der Kirche in die Herrschaftsorganisation, die Ausbreitung und Ausformung der Sozial- und Rechtsordnungen sowie die Intensivierung des Landesausbaus. Folge ist die fortschreitende Differenzierung des Sozialgefüges. Dass diese Prozesse in den verschiedenen Regionen nicht gleichzeitig ablaufen, ist in den besonderen ethnischen und historischen Voraussetzungen begründet.

Dort, wo die römisch-lateinische Kirche herrscht, wird im östlichen Europa der Weg für die in West- und Mitteleuropa entstandenen Rechts- und Wirtschaftsformen geebnet und die Kolonisation zu deutschem Recht eingeleitet. Unter den **Südslawen** festigt und vertieft sich als Ergebnis der Konkurrenz um den vorherrschenden Einfluss zwischen dem lateinischen Westen und der griechisch-ostkirchlichen Orthodoxie. Der byzantinische kirchliche und kulturelle Einfluss wirkt sich auf die sich heranbildenden Staaten Bulgarien und Serbien aus.

Das Schisma der Kirchen einerseits und der Misserfolg einer dauerhaften Sicherung und machtpolitischen Verklammerung der osteuropäischen Wald- und Steppenzone durch die Kiewer Rus sowie deren Abschirmung nach Westen durch die etwa 250 Jahre währende mongolische Oberherrschaft lockern gegen Ende dieser Epoche die russischen Bindungen an das westliche Europa; sie bewirken die **Spaltung Europas**, die sich nie mehr ganz geschlossen hat. Unter den russischen Fürstentümern und Teilfürstentümern kann sich Moskau im Zusammenwirken mit der mongolischen Oberherrschaft, später in der Auseinandersetzung mit ihr, gegen starke Konkurrenz als Zentrum erneuter und vereinheitlichender Staatsbildung durchsetzen.

Der Prozess der Eingliederung des östlichen Europa in den gesamteuropäischen Zusammenhang, der im nördlichen Baltikum durch die Herrschaft skandinavischer Mächte und des Deutschen Ordens vorangetrieben wird, kommt durch den Anschluss Litauens an die westliche Kultur zu einem gewissen Abschluss. Es folgen die nach Osten gerichtete Expansion Litauens und seine Vereinigung mit Polen im machtvollen Jagiellonenreich. Dessen allmählicher Niedergang wird durch den Ausbau der Adelsherrschaft auf Kosten der Krone und die sich als unüberbrückbar erweisenden nationalen und konfessionellen Gegensätze herbeigeführt und ermöglicht später das aktive Eingreifen Moskaus in die europäische Politik.

Zum Ende des Mittelalters weitet sich das Osmanische Reich über den Balkan und große Teile Südosteuropas aus. Diesen Prozess können das uneinige Europa und die zersplitterte Staatenwelt des Südostens nicht verhindern.

Hunnen, Awaren, Protobulgaren und Slawen in Südosteuropa (5. Jh.–7. Jh.)

Die **Hunnen** überschreiten um 350, angeblich unter Balamir (oder Balamber), die Wolga und vernichten um 374 das Reich der sarmatischen Alanen an Terek, Kuban und unterem Don. 375 greifen sie die zwischen Don und Dnjestr unter Ermanarich (†375/76) lebenden Ostgoten an. Um 400 dehnen sie ihre Herrschaft über die Karpaten bis in die Donau- und Theißebene (Unterwerfung der Gepiden) und das Oder-Weichsel-Gebiet aus. Zwischen 425/27 und 446 sind Hunnen, zusammen mit ihrer germanischen Klientel, römische Bundesgenossen (Föderaten) in den pannonischen Donauprovinzen.

nach 441 Eroberungen auf der Balkanhalbinsel unter **Attila** (*um 395, †453)

445 Attila wird Alleinherrscher der Hunnen.

451 Die Hunnen und von ihnen unterworfene germanische Stämme ziehen über den Rhein. In der **Schlacht auf den Katalaunischen Feldern** zwischen Troyes und Châlons-en-Champagne werden sie von Römern und germanischen Stämmen geschlagen.

nach 453 Nach Attilas Tod zerfällt das Hunnenreich rasch: Teile der Hunen ziehen sich nach Südrussland zurück, wo sich unter seinen Söhnen Dengizich (bis 469) und Ernakh eine Restherrschaft hält. Die Hunnen verschmelzen mit den von Osten nachdrängenden Turkvölkern (u. a. Saraguren, Oguren und Onoguren, die oft als Verbündete der Byzantiner gegen die Perser auftreten) zum Volk der Protobulgaren.

482 Das Turkvolk der **Protobulgaren** wird von Byzanz erstmals aus Südrussland gegen die Ostgoten aufgeboten. Teile der Hunnen verbleiben im Donauraum und gehen in den nachfolgenden Germanen und Steppenvölkern (Awaren) auf.

Ausbreitung und Landnahme der Slawen

Sowohl unter als auch jenseits der Kontrolle der Turkvölker vollzieht sich seit dem späten 5. Jh. die Ausbreitung und Landnahme der Slawen: nach Süden durch die Mährische Pforte und Pannonien bzw. östlich des Karpatenbogens, nach 500 in der Dobrudscha und im 6. Jh. mit Einfällen über die Donau nach Thrakien, Makedonien, Griechenland (Peloponnes), Serbien, Kroatien und Dalmatien mit anschließender Kolonisierung dieser Gebiete, in denen um 650 die **Slawisierung** beendet ist. Eine Ausnahme bilden die alten römischen Städte und die Inseln an der dalmatinischen Küste, die bis ins 12. Jh. die römische Stadtrechtsverfassung beibehalten. Nach Westen werden noch im 6. Jh. Elbe und Ostalpen (Berührung mit Germanen in Ostdeutschland), nach Nordosten zur gleichen Zeit die Gebiete um Ilmensee und obere Wolga erreicht.

Die Wanderungen lösen den Zusammenhang der Slawen, verstärkt durch das Vordringen der Magyaren Ende des 9. Jh.s; die Slawen trennen sich in die Südslawen (Slowenen, Kroaten, Serben, Bulgaren), Westslawen (Polen, Pomoranen, Nordwestslawen [zwischen Oder und Elbe], Sorben, Tschechen, Slowaken) und Ostslawen (Russen, Ukrainer, Weißrussen). Die **Aufspaltung der Slawen** beschleunigt sich durch die ständige Differenzierung der Dialekte (so ist die Übernahme des Namens Karls des Grossen zur Bezeichnung »König« eine der letzten gesamtslawischen Entlehnungen) und den fortgesetzten kulturelle Wandel. Dazu zählen der Übergang vom Sippenverband zu territorialen Gemeinschaften in durch ständige Rodung erweiterte Landschaften, die soziale Gliederung in Adel, Freie und Sklaven, teilweise demokratische Lebensformen (Volksversammlung), frühes Auftreten von regionalen Fürsten, Burgbezirksverfassung, Handel mit Frankenreich und Orient, Märkte mit Stadtcharakter angelehnt an Burgen sowie primitiver Naturkult und Ahnenverehrung, später z. B. bei Nordwestslawen Götterbilder, Tempel und Priesterkaste.

Nach ersten Herrschaftsbildungen der slawischen Wander- bzw. frühen Landnahmezeit (u. a. Verband der Anten in Südrussland, der Kroaten am Nordrand der Karpaten) und nach Zusammenbruch der Awaren bilden sich erste dauerhafte Reiche. Verstärkt wird diese Entwicklung durch den Sieg Karls des Grossen über die Awaren (791–796): Das Erste Bulgarische Reich gewinnt an Macht (gemeinsame Grenzen mit dem Frankenreich in der Theißebene) und das Großmährische Reich entsteht, dessen Lage umstritten ist. Beide Reiche geraten fortan ins Spannungsfeld der politisch-diplomatischen und missionarischen Bestrebungen der führenden Großmächte, des Frankenreichs und des Byzantinischen Reichs. Um 1000 nehmen fast alle Slawen und die Magyaren das Christentum an und werden in das diplomatische Spiel der Zeit eingebunden. Griechenland rehellenisiert sich bis Ende des 10. Jh.s infolge der geringen Einwanderung von Slawen von den Städten und mithilfe der orthodoxen Mission; ähnlich romanisiert sich in Transsilvanien und der Walachei die dünne Slawenschicht.

seit 514/518 Unter awarischer Führung werden die Einfälle hunnisch-bulgarischer (seit 514) und slawischer Scharen (seit 518) in die oströmischen Donauprovinzen für Byzanz höchst bedrohlich.

558 In der Reihe der türkisch-mongolischen Steppenvölker erscheinen nach Bildung des Volkes der Protobulgaren in Südrussland die **Awaren**, zunächst als Bundesgenossen der Byzantiner, bald als ihre gefährlichsten Feinde. Sie dringen von ihren Wohnsitzen im Kaukasus zur Donau vor. Ihr erster Vorstoß gegen das Frankenreich 562 scheitert am Widerstand König Sigiberts (†575) in Thüringen.

567 Im Bund mit den Langobarden, die sich darauf nach Italien wenden, vernichten die Awaren das Reich der Gepiden, deren Sitze in Dakien und Pannonien unter dem Khagan Bajan (565–602) zum Zentrum ihrer Herrschaft von der Wolga bis zu den Ostgrenzen des Frankenreiches werden.

Gegen die Persergefahr und die Barbaren aus dem Norden sowie zur Sicherung seines Handels mit Indien und China findet Byzanz vorübergehend Erleichterung in der Herbeirufung der Türken (567) gegen die Awaren ebenso wie im Bündnis mit dem Frankenreich.

582 Die Awaren erobern Sirmium.

586 Die Slawen stoßen bis Byzanz vor.

591 Die Awaren stoßen bis Byzanz vor.

601 Erst spät gelingt Byzanz der Gegenstoß zur Theiß. Der Angriff der Perser und innerbyzantinische Wirren ermöglichen neue Vorstöße der Awaren.

610 Die Awaren stoßen gegen Friaul vor.

626 Gemeinsam mit den Persern belagern die Awaren Konstantinopel, werden jedoch geschlagen.

um 630 Die Ansiedlung der Serben und Kroaten auf dem Balkan entlastet das Byzantinische Reich.

Nach ihrer militärischen Niederlage vor Konstantinopel schwächen Aufstände der Slawen im Westen unter Führung des fränkischen Kaufmanns Samo (†um 660) das Awarenreich im Donauraum. Es überlebt die kurze Herrschaft Samos und hält sich bis zur Vernichtung durch Karl den Grossen 791–796.

Die Protobulgaren in Südrussland

Aufständisch gegenüber den Awaren sind auch die Protobulgaren in Südrussland, wo sich unter Kuvrat (Kubrat; †642), seit etwa 619 byzantinischer Parteigänger, vor 635 ein **Protobulgarisches Reich** bildet. Dieses zerstören um 650 die von Ostrom gegen die Perser seit 626 eingesetzten turk-mongolischen Chasaren.

Die protobulgarischen Stämme wandern in verschiedene Regionen ab: An der mittleren Wolga entsteht das **Wolgabulgarische Reich** mit der wichtigen Handelsmetropole Bolgar als Hauptstadt nahe der Mündung der Kama in die Wolga. Nach 900 kommt es zur Annahme des Islam, dann zum Niedergang und im 13. Jh. zur Unterwerfung durch die Mongolen. Eine andere Gruppe unter Asparuch (Isperich; *um 641, †um 702), Sohn des Kuvrat, zieht in das Gebiet zwischen unterer Donau und dem Balkan, wo sie die eingewanderten Slawen unterwerfen und 680 das **Erste Bulgarische Reich** errichten.

In Pannonien vereinigen sich die übrigen Bulgaren unter awarischer Herrschaft; nach deren Ende gehen sie im Bulgarischen Reich auf. Andere Gruppen gelangen nach Makedonien, wo sie in den Balkanslawen aufgehen, und nach Benevent.

Das Reich der Chasaren

Das Chasarenreich bildet sich an der unteren Wolga und im Kaukasus; die Herrschaft der Chasaren breitet sich im 8. und 9. Jh. bis zum oberen Dnjepr aus. Hauptstadt ist zunächst Balanger, seit 730 Itil an der Wolgamündung. Die Chasaren stehen wiederholt in politisch-dynastischen Beziehungen zum byzantinischen Hof, es gibt griechisch-missionarische Einflüsse; den Chasaren kommt eine Vermittlerrolle im Handel zwischen Orient und Norden zu. Seit etwa 860 sind sie Anhänger der jüdischen Lehre. Ihr Niedergang nach 850 wird durch Konkurrenz der Waräger am Dnjepr, Durchzug der Magyaren und Einzug der Petschenegen ausgelöst.

Böhmen

Seit dem 6. Jh. wandern **Slawen** nach Böhmen ein. Um 650 gehört es zum »Reich« des Samo, einer losen Konföderation slawischer Stämme, die um 626 entstanden war und nach dessen Tod um 660 zerfiel.

Die Oberhoheit des karolingischen Imperiums nach den Siegen Karls des Grossen über die Awaren (791–796) wird 845 durch die Huldigung von 14 böhmischen Fürsten vor Ludwig dem Deutschen (843–875) gestärkt. Nach 870 wird Böhmen Teil des Großmährischen Reiches und sucht sich der fränkischen Oberherrschaft vorübergehend mit Erfolg zu entziehen.

In Böhmen vollzieht sich noch in der 2. Hälfte des 9. Jh.s die Überwindung des Stammespartikularismus durch das Geschlecht der Přemysliden (bis 1306; sagenhafter Stammvater Přemysl) aus einem tschechischen Stamm (um Vyšehrad und Prag an der Moldau).

um 874 Der erste historisch bezeugte tschechische Fürst Bořivoj (†894) wird unter mährischer Hoheit von dem »Slawenapostel« Methodios getauft.

895 Angesichts des Niedergangs des Großmährischen Reichs huldigen in Regensburg der přemyslidische Fürst Spytihněv (†um 915) sowie Witizla (vielleicht Vorfahre Slavniks?) dem fränkischen König Arnulf (887–899). Sie schließen sich unter dem Eindruck der Ungarngefahr dem Ostfrankenreich an.

Das Großmährische Reich

Das Großmährische Reich kontrolliert zunächst die Handelsstraßen über den Jablunkapass (zwischen Schlesien und der Slowakei). Die Dynastie der Mojmiriden (Mojmír ca. 830–846, wahrscheinlich schon Christ) steht unter Tributhoheit des Fränkischen Reiches und in freundschaftlicher Verbindung zur bairischen Kirche. Nach einem Aufstand gegen die fränkische Oberhoheit und nach der Einsetzung von MOJMÍRS Neffen RASTISLAVS (846–870) durch LUDWIG DEN DEUTSCHEN (846) wird das Großmährische Reich rasch selbstständig. Durch geschickte Ausnutzung innerfränkischer Gegensätze wird es zur **führenden Macht unter den Slawen** an der Ostgrenze des Frankenreiches; es dehnt seine Herrschaft zumindest über Böhmen und Nordungarn aus. Ständige Erhebungen slawischer Stämme zwischen Ostsee und Adria und erfolglose Kriegszüge LUDWIGS DES DEUTSCHEN gegen Mähren und Böhmen sind bestimmend.

Eindrucksvolle **Zeugnisse von Kulturhöhe und Reichtum** dieser Herrschaft bilden archäologische Entdeckungen zahlreicher ausgedehnter (teilweise mehr als 50 ha), dicht besiedelter Burgstädte im Gebiet der unteren March (Mikulčice, in Pohansko und Uherské Hradiště), wo Fundamente von Kirchen verschiedenen Typs (in Mikulčice bisher elf), teilweise noch aus der ersten Hälfte des 9. Jh.s, neben weltlichen Steinbauten, zahllose Gräber mit kostbaren Beigaben und reiche Zeugnisse für gewerbliche Tätigkeit der Bevölkerung gefunden worden sind.

Kyrillos und Methodios

Um sich der Macht des fränkischen Königtums und dem Einfluss der bairisch-ostfränkischen Kirche zu entziehen, sucht RASTISLAV (846–869) Anlehnung an Byzanz, was 864 zum Bündnis zwischen dem Ostfränkischen Reich und Bulgarien führt. Auf sein Ersuchen beruft Patriarch Photios für die Ausbreitung der christlichen Lehre in Mähren die Slawenapostel KYRILLOS (*826/27, †869) und METHODIOS (*um 815, †885), zwei griechische Brüder aus Saloniki. Sie begründen, mit Billigung Roms, eine von Ostfranken unabhängige Kirchenorganisation mit slawischer Liturgie: So entwickelt sich das Kirchenslawische als Liturgie- und Literatursprache auf Grundlage des südslawischen Dialekts aus der Umgebung von Saloniki mit neu erschaffenem Alphabet aus der griechischen Kursive (unter Benutzung einiger Buchstaben aus orientalischen Schriften). Bald entstehen zwei Varianten, das wahrscheinlich ältere **glagolitische** und das **kyrillische Alphabet**. Die slawische Liturgie verbreitet sich rasch unter dem Klerus des Großmährischen Reichs, die Evangelien werden ins Glagolitische (Kirchenslawische) übersetzt.

Das **slawische Christentum** wird im inzwischen weitgehend slawisierten Bulgarien, später in Russland und Serbien angenommen. In Mähren stellt vorübergehend SVATOPLUK, Neffe RASTISLAVS, den Einfluss des Fränkischen Reichs und seiner Kirche wiederher.

870–894 SVATOPLUK setzt die Expansion des Großmährischen Reichs fort: Böhmen und Schlesien, die Gebiete an der oberen Weichsel und Teile Ungarns gehören zu seiner Herrschaft.

895 Mit dem Tode SVATOPLUKS: Niedergang des Großmährischen Reiches. – Anschluss der böhmischen Fürsten (Huldigung vor König ARNULF in Regensburg) an das Ostfränkische Reich.

906 **Vernichtung des Großmährischen Reichs** durch die Ungarn (Schlacht bei Pressburg). Der ungarische Staat auf slawischem Siedlungsland (Slowaken, Slowenen) spaltet die Südslawen von den Ost- und Westslawen.

Böhmen (906–1526)

Nach dem Einfall der Magyaren ist Böhmen zunächst wieder politisch selbstständig. 929 wird es nach dem Eingreifen des ostfränkischen Königs HEINRICH I. (919–936) in Prag und der Ermordung des Fürsten **WENZEL** (VÁCLAV, *um 903; 921/22–935; Legenden um WENZEL bereits im 10. Jh., Landespatron im 11. Jh., Wenzelskrone 1228, Heiligsprechung 1729) durch seinen Bruder BOLESLAV I. (†967/73), endgültig durch OTTO DEN GROSSEN (939–973) 950 unter eigener Dynastie dem Reich locker angegliedert (935–967).

Zur přemyslidischen Herrschaft gehören im 10. Jh. neben Böhmen auch Schlesien und das Krakauer Land, die erst 990 dem piastischen Polen zufallen. Im Ostteil Böhmens besteht noch bis 995 die Dynastie der Slavnikiden. Zu ihr gehört der hl. ADALBERT VON PRAG (*um 956, †997), der für die Ausbreitung des Christentums in Böhmen, Ungarn und bei den Prußen wirkt.

967–999 Unter BOLESLAV II. dient Böhmen, in Verbindung und Rivalität mit Polen, den Missionsbestrebungen der Zeit.

973/976 **Prag** wird **Bistum** (Kult des WENZEL) und der Mainzer Kirchenprovinz angegliedert.

1003–1004 Böhmen gerät durch Polens Expansion unter BOLESŁAW I. (992–1025) bis Prag in Gefahr. Es wird aber von Kaiser HEINRICH II. (1002/14–1024) nach Kriegen gegen BOLESŁAWS I. restauriert.

1029 Endgültige **Angliederung Mährens**.

1039 Böhmen profitiert vom Ende der frühpiastischen Monarchie: BŘETISLAV I. (1037–1055) zieht nach Polen, annektiert Schlesien und lässt die Gebeine des hl. ADALBERT von Gnesen nach Prag überführen.

1041 Nach der militärischen Intervention von Kaiser HEINRICH III. (1039/46–1056) unterwirft sich BŘETISLAV.

1050 BŘETISLAV verliert seine Eroberungen an KASIMIR I. VON POLEN (1034–1058), der 1054 Schlesien durch Entscheid HEINRICHS III. gegen Zinszahlung an Böhmen behält (Konfliktstoff bis ins 14. Jh.).

1076 Böhmen erhält von Kaiser HEINRICH IV. (1056/84–1106) das Bautzener Land, die spätere Oberlausitz, als Lehen vom Reich.

1085 Herzog VRATISLAV II. (*um 1035, 1061–1092) wird als VRATISLAV I. König. Der Königstitel bekräftigt Böhmens Sonderstellung im Hl. Römischen Reich.

1158 Nach Krisen und Thronwirren in der ersten Hälfte des 12. Jh.s (seit 1055 Senioratsverfassung mit anfänglich zwei, später fünf Teilgebieten, die zu Beginn des 13. Jh.s verschwinden) und Stärkung des Adels sowie nach Einführung der Primogenitur (1138) erhält VLADISLAV II. (1140–1174) von Kaiser FRIEDRICH I. die Königskrone als VLADISLAV I., die faktisch seit 1198 erblich ist.

Politische Strukturen in Böhmen im 12./13. Jh.

Das Land ist in Burgbezirke gegliedert, die Vertraute des Herrschers verwalteten. Die alten führenden Adelsgeschlechter stellen seit Ausrottung der Slavnikiden (995) und der Vršovci (1108) keine Bedrohung mehr für die Přemysliden dar. Das Einsetzen der deutschen Kolonisation im 12. Jh. (um 1170 Sobieslavum-Privileg für deutsche Kaufleute) fördert die Einwanderung von Handwerkern und Bauern. Zu dem sich neu aus dem Ritterstand formierenden Adel und dem hohen Klerus tritt durch die Gründung von Städten nach deutschem Muster das Bürgertum als wichtiger Faktor im Staat. Neben die Hofämter treten die vom Adel beherrschten Landesämter. Der Adel organisiert sich in wachsendem Maße als Landstand und wird zum Gegenspieler des Königs.

1198–1230 OTTOKAR I. PŘEMYSL (*um 1165, †1230) verankert auf Grundlage der 1212 durch Kaiser FRIEDRICH II. als Dank für die Unterstützung bei der Wiedererlangung der staufischen Herrschaft gewährten Goldenen Bulle von Sizilien die Erbmonarchie der Přemysliden. Im »böhmischen Investiturstreit« gab er den kirchlichen Forderungen nach, sicherte aber seine alleinige Jurisdiktion in weltlichen Fragen.

1253–1278 Unter **OTTOKAR II. PŘEMYSL** (*1233, †1278), der vom sich entwickelnden Bergbau profitiert und sich zunehmend auf die königlichen Städte stützt, allerdings auf wachsenden Widerstand der Adelsopposition trifft, steigt Böhmen kurzfristig zu europäischer Geltung auf: Besitzergreifung des Babenberger Erbes in Österreich, 1254/55 Kandidat für die Kaiserkrone. OTTOKAR unterstützt den Deutschen Orden, der 1255 seine Gründung am Pregel (in [Ost-]Preußen) zu Ehren OTTOKARS Königsberg nennt. Er erringt die Herrschaft über Österreich (1251), die Steiermark (1254 teilweise, 1260 vollständig), Teile der Slowakei (1260) und des Egerlandes (1266), Krain und Kärnten (1269).

1273 OTTOKAR II. unterliegt in der deutschen Königswahl RUDOLF VON HABSBURG (König bis 1291), verweigert die Herausgabe der Reichslehen und wird geächtet. 1278 fällt er in der Schlacht auf dem Marchfeld (bei Dürnkrut in Niederösterreich), womit das Schicksal seiner Reichsgründung und die Erbansprüche der Habsburger auf Österreich und die Steiermark entschieden werden. Von den territorialen Erwerbungen verbleiben nur Eger (Cheb) und ein Teil des Egerlandes.

1278/1283–1305 OTTOKARS Sohn, König WENZEL II. (*1271, †1305), gewinnt Einfluss und Lehnshoheit über die Piastenfürsten Schlesiens und durch Eingreifen in Kämpfe der Teilfürsten Polens um Seniorat und Erneuerung des Königtums in Polen.

1300 Er wird nach Eroberung Klein- und Großpolens in Gnesen gekrönt und vermählt sich mit der Tochter des polnischen Königs PRZEMYSŁ II. (1295/96), ELISABETH RICHZA (*1286/88, †1335).

1301 Der Versuch WENZELS II., nach dem Aussterben der Arpaden auch die ungarische Krone mit der böhmischen zu vereinigen, bleibt wirkungslos.

1306 Mit der Ermordung WENZELS III. (*1289; König seit 1305) **endet die böhmische Herrschaft in Polen** und die Přemysliden sterben in der männlichen Linie aus. Der deutsche König ALBRECHT I. (1298–1308) zieht Böhmen als Reichsgut ein und überträgt es seinem Sohn RUDOLF, der WENZELS II. Witwe heiratet.

1307 Nach dessen Tod wird HEINRICH VON KÄRNTEN (†1335) als Gemahl der ältesten Tochter WENZELS II., ANNA (*1290, †1313), von den böhmischen Herren zum König gewählt, wird aber 1310 auf ihre Veranlassung durch Reichsfürstenurteil abgesetzt.

1310 Durch Vermittlung kirchlicher Kreise gelangt der Sohn Kaiser HEINRICHS VII., JOHANN VON LUXEMBURG (*1296, †1346), auf den böhmischen Thron und begründet die **Dynastie der Luxemburger**. Durch Eheverbindung mit WENZELS II. jüngerer Tochter ELISABETH (*1292, †1330) bleibt der Anspruch der Luxemburger auf die polnische Krone erhalten.

1335 Unter JOHANN VON LUXEMBURG bleibt die Herrschaft vorwiegend in den Händen des Adels. Im Bündnis mit dem Deutschen Orden setzt er die Politik WENZELS II. gegenüber Polen zunächst fort, verzichtet aber im Vertrag von Visegrád auf die Krone Polens, wofür seine Herrschaft über die schlesischen Fürstentümer durch König KASIMIR III., DEN GROSSEN (1333–1370) im Vertrag von Trencsín anerkannt wird.

1347–1378 JOHANNS Sohn, der spätere König und Kaiser KARL IV. (*1316, †1378), der 1334 mit der Verwaltung Böhmens und Mährens betraut wird, begründet **das Goldene Zeitalter** Böhmens: Erhebung des Bistums Prag zum Erzbistum (1344), Gründung der Universität Prag (1348), Ausbau von Prag (Dom, Hradschin), das zur Hauptstadt des Reiches wird; Reform des Finanz- und Gerichtswesens; Pflege von Handel und Industrie, Kunst und Wissenschaft.
KARL sichert den Frieden durch kluge Diplomatie und Selbstbeschränkung: Erweiterung Böhmens, die von JOHANN 1327 bereits angebahnt war, durch Vereinigung mit Schlesien und der Lausitz (teilweise bereits 1319), Erwerb der Mark Brandenburg (1373).

Das politische Hauptziel, die polnische und die ungarische Krone für sein Haus zu gewinnen, erreicht KARL jedoch nicht. Seine kirchlichen Reformbestrebungen bleiben ohne nachhaltige Erfolge beim Klerus. Darauf setzen die ersten revolutionären Bewegungen zur **Erneuerung der Frömmigkeit** und des asketischen Ideals durch KONRAD VON WALDHAUSEN (*um 1326, †1369) und JOHANN MILITSCH VON KREMSIER (JAN MILÍČ; *um 1325, †1374) ein. Unter TOMÁŠ ŠTÍTNÝ (*1331, †um 1401), neben JAN HUS der erste namentlich bekannte tschechisch schreibende Theologe und Philosoph, nehmen die Bewegungen bald auch nationale Färbungen an.

Nach KARLS Tod entwickelt sich Böhmen mehr und mehr zum **Ständestaat**, in dem sich das Wahlrecht der etwa 50 führenden Magnatenfamilien durchsetzt.

1378–1419 König WENZEL IV. von Böhmen und Schlesien (*1361, †1419; 1376–1400 deutscher König), der 1382 seine Schwester ANNA (*1366, †1394) mit König RICHARD II. von England verheiratet, eine Verbindung, die für die geistigen Beziehungen zwischen England und Böhmen folgenreich wird, gerät in Konflikt mit dem böhmischen Adel, der ihn mehrfach seiner Freiheit beraubt. Er verliert an Macht und Ansehen und muss 1400 auf die deutsche Königskrone verzichten.

Unter WENZEL wird **JOHANNES (JAN) HUS** (*um 1370, †1415), Professor der Theologie und Führer der nationalen Partei an der Universität Prag, zum Kopf der Reformbewegung (**Hussiten**). Die Hussiten vertreten die Lehre des Realisten JOHN WYCLIFFE (*1330, †1384), der 1382 sein Amt als Professor in Oxford verliert, während die Mehrheit der Deutschen sich zum Nominalismus WILHELMS VON OCKHAM (*1285, †1349) bekennt.

1409 Die Unterstützung der Tschechen durch WENZEL führt zum Auszug der deutschen Studenten und Professoren der Prager Universität nach Leipzig.

1412 In den wachsenden Spannungen wird HUS gebannt.

1419–1434 Seine Verurteilung und Verbrennung in Konstanz 1415 provoziert nationalreligiöse Unruhen der Tschechen, die 1419 in die **Hussitenkriege** münden. In den vier **Prager Artikeln** (1420) fordern die Hussiten: freie und ungehinderte Predigt der Heiligen Schrift, Abendmahl in beiden Formen für Laien und Geistliche, apostolische Einfachheit, Bestrafung der Unmoral. Den deutschen König SIGISMUND (1410–1437) erkennen die Hussiten als König von Böhmen (seit 1419) nicht an. Führender Feldherr der radikalen Hussiten (Taboriten) ist zunächst JAN ŽIŽKA (†1424). Die Hussiten gewinnen durch mehrere militärische Erfolge in Böhmen eine starke Position.

1433 Die Spaltung der Hussiten ermöglicht es, in den **Prager Kompaktaten** die gemäßigte Partei (**Kalixtiner** bzw. **Utraquisten**) für die Rückkehr in die alte Kirche zu gewinnen. Die radikalen Taboriten unter ANDREAS PROKOP (*um 1380, †1434) setzen den Kampf gegen Katholiken und Utraquisten bis zur vernichtenden Niederlage bei Lipan (Lipany nahe Česki Brod) fort. Der Prager Kompromiss wird von den Parteien nicht respektiert: Konflikte dauern an, in denen Böhmen sich zum konstitutionellen **Ständestaat** entwickelt.

1437/1439 Nach der kurzen Regierung ALBRECHTS VON ÖSTERREICH (*1397, †1439; seit 1438 als ALBRECHT II. deutscher König), des Schwiegersohnes SIGISMUNDS, entbrennen Parteikämpfe während der Unmündigkeit von ALBRECHTS Sohn LADISLAUS POSTUMUS V. (*1440, †1457; 1453 König von Böhmen), für den Kaiser FRIEDRICH III. (1440/52–1493) die Vormundschaft führt.

1452 **GEORG VON PODIEBRAD** (JIŘÍ Z PODĚBRAD; *1420, †1471), Führer der Utraquisten, wird Reichsverweser.

1458 Nach LADISLAUS' Tod wird er König von Böhmen.

1463 Unter PODIEBRAD entwickelt der Humanist ANTONIO MARINI den Plan eines christlichen Fürstenbundes gegen die Osmanen zur Erhaltung des Friedens, mit Schiedsgericht und Sanktionen gegen Friedensstörer.

1467 Die aus den Hussiten hervorgegangenen Böhmischen Brüder (*Unitas Fratrum Bohemorum*) trennen sich von der römischen Kirche. Beeinflusst von PETER (PETR) CHELČICKÝ (*um 1390, †1460) streben sie ein Christentum der wahren Friedensliebe und humanitären Gesinnung an.

Die Böhmischen Brüder lehnen sich im 16. Jh. an die deutsche Reformation an, sind aber bald von CALVIN beeinflusst. Die Sprache der Kralitzer Bibel (von Böhmischen Brüdern 1579–1593 herausgegeben) wird bis Anfang des 19. Jh.s – teilweise sogar später – als vorbildliches Tschechisch angesehen und nachgeahmt.

1468/69 PODIEBRAD erliegt, auch vom Papst bekämpft, dem Angriff des ungarischen Königs MATTHIAS CORVINUS (*1443, †1490). Er muss dessen Herrschaft über Mähren, Schlesien und die Lausitz und das Recht auf Nachfolge auch in Böhmen anerkennen.

1471 Nach PODIEBRADS Tod wählen die böhmischen Stände den Jagiellonen VLADISLAV II. (*1456, †1516; Sohn König KASIMIRS IV. von Polen) zum Herrscher. Nach seiner Einigung mit MATTHIAS von Ungarn im Frieden von Olmütz (1479) erhält er nach MATTHIAS' Tod vom ungarischen Adel auch die Stephanskrone.

1485 Ein Modus vivendi zwischen Katholiken und Utraquisten bringt eine gewisse religiöse Entspannung.

1500 Die Macht der böhmischen Stände wächst fortgesetzt durch die Landordnung: Leibeigenschaft der Bauern, gesetzgebende Gewalt durch die Stände und Kontrolle der königlichen Finanzen durch den Adel.

1526 Die im Frieden zu Pressburg 1491 dem Haus Habsburg von VLADISLAV zugesicherte und in Wien 1515 bestätigte Erbfolge tritt nach dem Tod LUDWIGS II. (*1506; König von Böhmen und Ungarn 1516–1526) auf dem Schlachtfeld von Mohács ein.

Kultur im Spätmittelalter

Das geistige und künstlerische Antlitz Böhmens unter KARL IV. trägt übernational-abendländische Züge und strahlt nach Nürnberg, Breslau, Krakau, Tangermünde sowie weiter nach Ost- und Südosteuropa aus und wirkt besonders durch den Frühhumanismus auf Polen und Ungarn ein. Baumeister sind MATTHIAS VON ARRAS und PETER PARLER neben anderen deutschen, italienischen, französischen und einheimischen Künstlern (Karlstein mit Reliquienschätzen, Karlsbrücke, St. Georg-Reiterbild). Der Philosoph PETRARCA beeinflusst KARL IV. und JOHANN VON NEUMARKT. Für das deutsche Geistesleben ist die Ausbildung der neuhochdeutschen Schriftsprache durch die Kanzlei (1400 »Ackermann aus Böhmen« von JOHANN VON TEPL; †1414) entscheidend. Tschechisch entfaltet sich zur entwickeltsten slawischen Schriftsprache (Alexandreis, Dalimilchronik; religiösphilosophisches Schrifttum).

Polen

Im 9. Jh. werden die **polnischen Stammesterritorien** (lat. *poloni*; Polonia von polnisch *pole* = Feld, seit Anfang des 11. Jh.s belegt) an Weichsel und Oder (zunächst Großpolen, Kujawien und Masowien) unter der **Fürstendynas-**

tie der Piasten zusammengefasst, die bis 1370 regieren, in Masowien und Schlesien bis ins 16. und 17. Jh. Sie sind benannt nach dem legendenhaften Stammvater, dem Bauern Piast, und haben Zentren in Kruschwitz (Kruszwica) und Gnesen (Gniezno).

Die gegen Ende des 10. Jh.s erblich werdende fürstliche Zentralmacht stützt sich auf eine Adelsschicht, ein v. a. militärisch wirksames Gefolgschaftssystem (*drużyna*) und kontinuierliche Abgaben und Dienstleistungen. Im Zuge ihrer Konsolidierung und Ausdehnung kommt sie 963 in Konflikte mit dem sächsischen Grafen Wichmann II. (†967) und dem Markgrafen der sächsischen Ostmark, Gero (†965), gerät so als »Land des Misaca« in das **Blickfeld des römisch-deutschen Reiches** und wird in diesem Zusammenhang erstmals sicher schriftlich bezeugt.

965/966 Mieszko I. (Misaca, *um 935, †992; Herzog von Polen seit etwa 960) heiratet Dobrawa (†977), die Tochter Boleslavs I. von Böhmen (*915, †967). Mit seiner Taufe wird das **römisch-lateinische** Christentum **Staatsreligion**.

968 Jordanes (†984) wird erster Bischof im neu errichteten, dem Papst direkt unterstellten Missionsbistum Posen (Poznań); die im gleichen Jahr gegründete Erzdiözese Magdeburg versucht es einzugliedern. In den sich rasch verdichtenden Beziehungen zwischen Polen und dem römisch-deutschen Reich kann Mieszko I. bei formaler Anerkennung der kaiserlichen Oberhoheit und einer zeitweiligen Tributpflicht für sein Land zwischen Oder und Warthe sowie durch Bundesgenossenschaft seine Selbstständigkeit wahren. Mit Ausweitung des polnischen Herrschaftsbereiches bis zur Ostsee und gemeinsamen deutsch-polnischen Kriegszügen gegen das 983 vom Reich abgefallene Slawenland (Liutizen und Obodriten zwischen Elbe, Oder und Ostsee) beginnen die **Konflikte um den vorrangigen Einfluss im östlichen Mitteleuropa**.

981 Verlust der Grenzgebiete an Bug und San an die Kiewer Rus.

986 Nach zeitweiliger Parteinahme für den Kaisergegner, den bayrischen Herzog Heinrich den Zänker (*951, †995), nimmt Mieszko I. am Hoftag zu Quedlinburg teil und **huldigt Kaiser Otto III.** (983/96–1002).

990 Der Konflikt mit Böhmen führt zur Eroberung Schlesiens und zur Angliederung der Landschaften an der oberen Weichsel (Krakau).

991 Mieszko I. unterstellt sein Land und seine Familie durch eine Schenkung dem **Schutz des Hl. Stuhls** (belegt durch das sog. »Dagome-iudex-Regest« von 1086/87), schafft damit die Grundlagen für eine eigene polnische Kirchenprovinz (seither Zahlung des »Peterspfennigs« an Rom) und sichert die politische Eigenständigkeit Polens.

992–1025 Mieszkos erfolgreiche Politik führt Bolesław I. der Tapfere (Chrobry, *um 966, †1025) in enger Freundschaft mit Kaiser Otto III. fort.

997 Der Prager Bischof Adalbert (tschechisch Vojtěch, polnisch Wojciech; *um 956, †997) aus dem Geschlecht der böhmischen Slavnikiden wird auf einer Missionsreise zu den Prußen erschlagen; mit seiner Beisetzung in **Gnesen** macht Bolesław die Stadt zum **politisch-religiösen Zentrum Polens und Wallfahrtsort**.

1000, März Wallfahrt Kaiser Ottos III. nach Gnesen zum Grab des hl. Adalbert, die zugleich Ausdruck seiner Renovatio-Politik ist. Bei seinem Zusammentreffen mit Bolesław Chrobry bekräftigt er die **Vorrangstellung Polens innerhalb der Sclavinia** als Glied des Imperium Romanum durch persönliche Auszeichnungen (Mauritiuslanze, Diadem) für Bolesław und die Verabredung einer dynastischen Verbindung zwischen Ottonen und Piasten (Heirat des polnischen Thronfolgers mit Richeza [†1063], einer Nichte des Kaisers), aber keine Krönung. Die Gründung der Kirchenprovinz Polonia mit der Metropole Gnesen (erster Bischof wird Adalberts Halbbruder Gaudentius, tschechisch Radim [*970, †nach 1006]) und den Bistümern Krakau, Breslau (Wrocław) und Kolberg (Kołobrzeg) bestätigt die Eigenständigkeit Polens (um 1000 erstmals als *Polonia* bezeichnet). Posen, dessen Bischof eine Unterstellung ablehnt, wird nach 1012 einbezogen.

nach 1002 Nach dem Tode Ottos III. führen Ansprüche Bolesławs auf das Erbe des 1002 ermordeten Markgrafen Ekkehard von Meissen zum Konflikt mit König Heinrich II. (1002/14–1024), dem er auf dem Hoftag zu Merseburg 1002 huldigt; die Lausitz und Teile der Mark Meißen erhält er zu Lehen.

1003 Bolesław greift in die Kämpfe um den Prager Thron ein und kann, durch seine Mutter mit den Přemysliden verwandt und gestützt auf eine Adelspartei, die Herrschaft über Böhmen und Mähren an sich bringen.

1003–1018 Bolesławs Weigerung, für die Machtübernahme in Böhmen Heinrich II. den Lehnseid zu leisten, löst **lang dauernde Kriege zwischen dem Reich und den Piasten** aus; dabei verbündet sich Heinrich mit den heidnischen Elb- und Ostseeslawen gegen den christ-

Polen unter Mieszko I. u. Bolesław I. Chobry um 1000

lichen Polenherzog. Auch die Bekräftigung des Friedens von Merseburg 1013 durch die in Gnesen beschlossene Heirat des Thronfolgers mit der Kaisernichte RICHEZA kann die Kämpfe nicht beenden. Im Frieden von Bautzen 1018 kann BOLESŁAW sich als unabhängiger Herrscher und Herr der Lausitzer Marken sowie Mährens durchsetzen. Er greift mehrfach zugunsten seines Schwiegersohnes SWJATOPOLK (†1019) in die Kämpfe um den Kiewer Thron ein (Besetzung Kiews 1018) und gewinnt die sog. tscherwenischen Burgen, das ständig umkämpfte Grenzgebiet zur Kiewer Rus.

1025 Nach dem Tod Kaiser HEINRICHS II. lässt sich **BOLESŁAW zum König** von Polen **krönen**.

1025–1034 Die Krönung MIESZKOS II. LAMBERT (*990, †1034) und RICHEZAS ohne Zustimmung des deutschen Königs KONRAD II. (1024/27–1039) zieht fortdauernde Machtkämpfe nach sich, in die der Kaiser und der Kiewer Großfürst JAROSLAW DER WEISE (*978, †1054) mit verschiedenen Verbündeten eingreifen.

1033 MIESZKO II. muss die Oberhoheit des Kaisers anerkennen, auf die Königswürde verzichten und die Teilung der Macht mit Verwandten sowie den Verlust Pommerns, Mährens, der Lausitzen und der Gebiete zwischen Bug und Weichsel hinnehmen.
Nach seinem Tod verschärft sich die Krise durch soziale und heidnische Aufstände, die RICHEZA und den Thronfolger ins deutsche Exil treiben.

1034–1058 KASIMIR I., DER ERNEUERER (KAZIMIERZ I. ODNOWICIEL, *1016, †1058), muss seine Herrschaft in den inneren Wirren und gegen die Böhmen durchsetzen, die 1038 in einem Feldzug unter Herzog BŘETISLAV I. (*um 1005, †1055) Schlesien erobern, Polen verwüsten und die Reliquien des Nationalheiligen ADALBERT nach Prag bringen. Mithilfe König HEINRICHS III. (*1017, †1056) und seiner deutschen Verwandten (Erzbischof HERMANN II. VON KÖLN [*um 995, †1056]) sowie des Großfürsten JAROSLAW VON KIEW kann KASIMIR I. den Fortbestand der piastischen Dynastie und des polnischen Reichs sichern; 1050 erobert er Schlesien zurück, wofür er ab 1054 an Böhmen Tribut zahlen muss. Mit dem Wiederaufbau der zerrütteten kirchlichen Strukturen (Klostergründungen, Wiederherstellung von Bistümern) und sozialen Reformen (Beginn ritterlicher Grundherrschaft) sowie einer engen politischen und kulturellen Anlehnung an das römisch-deutsche Reich der Salier schafft KASIMIR die Grundlagen für die Erneuerung Polens mit dem geschützteren kleinpolnischen Krakau als neuem Zentrum.

1058 BOLESŁAW II. DER KÜHNE (ŚMIAŁY, *um 1041, †1081) wird Herzog von Polen. Er setzt den **inneren Aufbau Polens (Handel, Förderung der Kirche)** fort. Seine Außenpolitik ist bestimmt durch Unterstützung seiner Verwandten (Ungarn, Kiew), zunehmende Feindseligkeiten mit Böhmen, Parteinahme gegen König HEINRICH IV. (*1050, †1106) im Investiturstreit und Orientierung an Papst GREGOR VII. (1073–1085). Im Feldzug gegen Kiew 1069 erobert er die Grenzgebiete an Bug und San.

1076 Krönung BOLESŁAWS II. zum König von Polen.

1078/79 Der König gerät in **Konflikt mit** einer mächtigen weltlichen und geistlichen **Adelsopposition**. 1079 lässt er den Krakauer Bischof STANISLAUS (STANISŁAW VON SZCZEPANÓW; *1030/36) ermorden (1253 Heiligsprechung). Daraufhin muss er vor einem Aufstand nach Ungarn fliehen. Sein jüngerer Bruder WŁADYSŁAW I. HERMAN (*um 1043, †1102) wird vom Adel zum Herrscher gemacht.
Mit JUDITH (*1054, †1092/96), Tochter Kaiser HEINRICHS III., seit 1088 in dritter Ehe vermählt, erreicht WŁADYSŁAW außenpolitisch eine Beruhigung. Er verzichtet auf die Königskrönung und zahlt Tribut für Schlesien. Im Innern verbindet sich die Auseinandersetzung mit dem regionalistisch gesinnten Adel mit einem Thronstreit unter seinen Söhnen, wobei der Älteste, ZBIGNIEW (*vor 1085, † 1112) vergeblich die Alleinherrschaft erstrebt.

1102 Im Thronstreit mit ZBIGNIEW kann sich BOLESŁAW III. SCHIEFMUND (KRZYWOUSTY; *1085, †1138), durch seine Ehen mit dem deutschen (SALOMEA VON BERG [*um 1099, †1144]), böhmischen, mährischen und russischen Adel verbunden, durchsetzen und zunächst eine Phase der Machtentfaltung einleiten. Mit seinen Eroberungszügen gewinnt er die Unterstützung des zur entscheidenden politischen und sozialen Schicht aufsteigenden polnischen Adels.

1109 Siegreicher Abschluss der Kämpfe mit dem von König HEINRICH V. (1099/1111–1125) unterstützten Böhmen, das auch auf den Tribut für Schlesien (1111) verzichten muss. Es gelingt die Unterwerfung Pommerellens (1113–1116), des Lebuser Landes zwischen Oder und Spree (1115–1119) und des zwischenzeitlich unabhängig gewordenen Pommern (1121).

1113–1116 Der sog. GALLUS ANONYMUS, ein namentlich nicht bekannter, aus Westeuropa stammender Mönch, verfasst im Auftrag BOLESŁAWS III. die **erste Chronik der polnischen Geschichte**.

1124/1125, 1128 Die Christianisierung der noch heidnischen Gebiete zwischen Oder und Elbe (Missionsreisen von Bischof OTTO VON BAMBERG, †1139) und der Ausbau der Kirchenorganisation werden vorangetrieben. Doch bleibt der Interessengegensatz zwischen Polen und Sachsen in den Gebieten westlich der Oder bestehen.

1135, Aug. Nach erfolgloser Einmischung in ungarische Thronwirren (1132) und daraus resultierender Auseinandersetzung mit Böhmen muss sich BOLESŁAW III. auf dem Merseburger Hoftag dem Schiedsspruch Kaiser LOTHARS III. (1125/33–1137) fügen, Westpommern und Rügen zu Lehen zu nehmen und Tribut zu zahlen.

1136 Papst INNOZENZ II. (1130–1143) **bestätigt die Kirchenprovinz Polen** mit der Metropole Gnesen und den Suffraganbistümern Krakau, Breslau, Płock, Włocławek und Lebus (Brandenburg, gegründet 1124). Für Pommern wird 1140 das exemte (direkt dem Papst unterstellte) Bistum Wollin (Wolin) eingerichtet, das um 1176 nach Kammin (Kamień Pomorski) verlegt wird.

1138–1320 Zeit der Teilfürstentümer und des Seniorates: Mit

Haus der Piasten

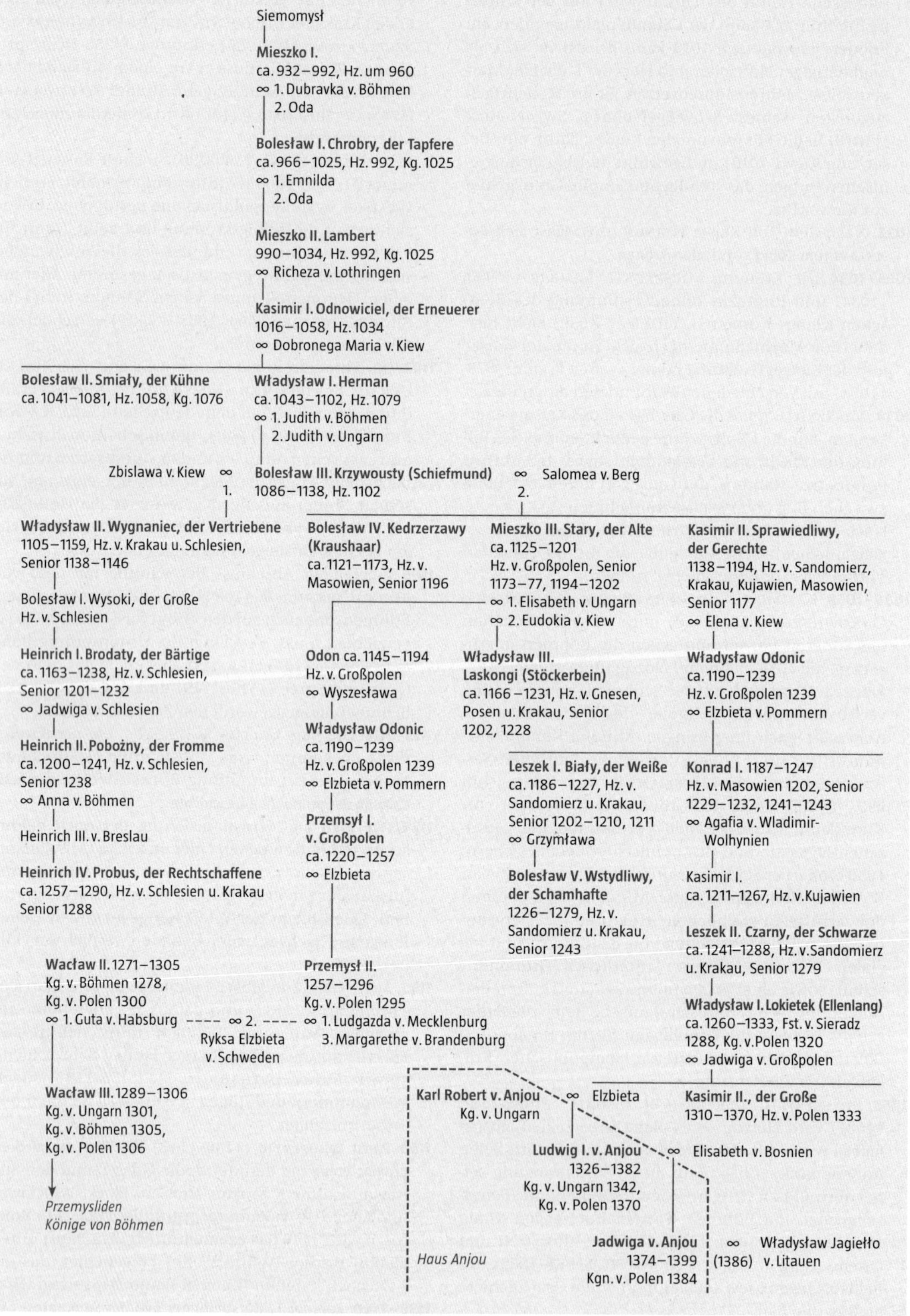

dem Tod BOLESŁAWS III. treten die in Absprache mit dem hohen Adel und Klerus in seinem Testament getroffenen Verfügungen in Kraft, die die Machtkämpfe im Innern durch eine Ordnung des Ausgleichs beenden und die Einheit Polens gewährleisten sollen: Das Land wird in die erblichen Teilfürstentümer Schlesien, Masowien mit Kujawien, Großpolen und östliches Kleinpolen mit Sandomir (Sandomierz an der oberen Weichsel) aufgeteilt. Der jeweils Älteste der Piasten erhält als Senior Krakau, das westliche Kleinpolen, die Länder Sieradz und Lentschütz (Łęczyca) sowie die Oberhoheit über Pommern; er soll durch seinen Vorrang und Koordination die Geschlossenheit in der Außenpolitik sowie in zentralen Bereichen wie Währung, Rechtsprechung und Kirchenpolitik wahren. Die Regelung erweist sich bald als Fehlschlag und **führt zu weiterer Zersplitterung** und ständigen Kriegen unter den Teilfürsten. Für mehr als 150 Jahre gelingt es nicht, die miteinander rivalisierenden Teilfürstentümer zu einigen. Die Kirche und ihre Organisation bleibt in dieser Zeit neben der Dynastie das wichtigste Bindeglied für die Idee der Einheit der polnischen Piastenländer und des Königtums.

1146 Der Senior WŁADYSŁAW II. DER VERTRIEBENE (WYGNANIEC, *1105, †1159), der die ungeteilte Zentralherrschaft wiederherstellen will, wird von seinen Brüdern und dem Adel vertrieben. Er findet bei seinem Schwager, Kaiser KONRAD III. (1138–1152), Zuflucht und stirbt im Exil.

1163 Der Nachfolger, BOLESŁAW IV. KRAUSHAAR (KĘDZIERZAWY, *um 1121, †1173) gibt auf Druck des Kaisers FRIEDRICH I. BARBAROSSA (1152/55–1190) Schlesien an die Söhne WŁADYSŁAWS II. heraus; diese nehmen die Ansiedlung deutscher Mönche (Gründung des Zisterzienserklosters Leubus [Lubiąż] 1163) und Bauern in Angriff.

1177 Der rechtmäßige Senior MIESZKO III., DER ALTE (STARY, *um 1125, †1202; 1173–1177, 1194/98/99–1202), wird vom unzufriedenen kleinpolnischen Adel durch seinen jüngeren Bruder KASIMIR II. DEN GERECHTEN (KAZIMIERZ SPRAWIEDLIWY, *1138, †1194) ersetzt. MIESZKO vertritt jedoch weiterhin die Einheit Polens und kann nach KASIMIRS Tod Krakau mehrfach zurückgewinnen.

1180 **KASIMIR II. gibt das Senioratsprinzip auf**, lässt sich von den polnischen Bischöfen und dem Adel Kleinpolens das Senioratsgebiet als erblichen Besitz übertragen und garantiert dem Klerus erhebliche Vorrechte.

Strukturen Polens im 13. Jh.

Polen bildet eine **Gemeinschaft piastischer Territorialherrschaften**, vermehrt um Ostpommern unter einer eigenen Dynastie, zusammengehalten durch die einheitliche Kirchenorganisation und die Interessen der über alle Teilgebiete verteilten Adelsgeschlechter. Weiterhin ist der Besitz Krakaus, der nur noch mit dem Einverständnis des kleinpolnischen Adels erreicht werden kann, Voraussetzung für die Wiederherstellung der Einheit des Staates und damit wichtigstes politisches Ziel. Trotz der Zersplitterung bleibt die Idee der Einheit Polens lebendig, getragen von der anwachsenden Bedeutung des Adels und des mit ihm verbundenen Episkopats, propagiert durch den Kult des 1253 heilig gesprochenen Krakauer Bischofs STANISLAUS (STANISŁAW).

Entscheidend für die weitere Entwicklung wird der im Wettbewerb um die Hebung der Landeskultur einsetzende Prozess der Verwestlichung und damit der Einfluss deutscher Siedlung und Kultur in den polnischen Teilfürstentümern. Führend dabei sind die schlesischen Fürsten HEINRICH I., DER BÄRTIGE (HENRYK I. BRODATY, *um 1165, †1238; 1201–1238), verheiratet mit der später heilig gesprochenen HEDWIG VON ANDECHS (*1174, †1243), und HEINRICH II., DER FROMME (HENRYK II. POBOŻNY, *um 1194/1200, †1241; 1238–1241), der durch seine Ehe die Verbindungen Schlesiens zu Böhmen stärkt. Die Landes- und Grundherren betreiben die Entwicklung ihrer Ländereien durch **Ansiedlung vorwiegend deutscher Bauern, Handwerker und Fachleute** und übernehmen so Einrichtungen und Normen des westlichen Europa. In Pommern, das seine Selbstständigkeit schon seit dem 12. Jh. wahren kann, Schlesien und den westlichen Randgebieten Polens werden große Teile des Adels, der Dörfer und Städte deutsch. Auch in Groß- und Kleinpolen sowie in Pommerellen und Masowien macht die deutsche städtische und ländliche Kolonisation dank der Förderung durch aufgeschlossene Piastenfürsten große Fortschritte. Die Vorzüge der durch die deutsche Siedlungsbewegung entstehenden neuen Sozial-, Rechts- und Wirtschaftsordnung (persönliche Freiheit der Bauern und Bürger bei festgelegten Abgaben, Selbstverwaltung, Konzentration auf Ackerbau, Ausbau des Handwerks und Handels in neu angelegten Rechtsstädten; gehobene Lebensführung der Magnaten und des Adels, der Szlachta) veranlassen ihre Übertragung auch auf die einheimische Bevölkerung (Siedlung zu deutschem Recht).

1225/1226 Der **Deutsche Orden** folgt der Aufforderung KONRADS VON MASOWIEN (*um 1187, †1247; 1199–1247) zur Bekämpfung der benachbarten heidnischen Prußen, nachdem er sich von Papst und Kaiser Bestätigungen hat ausstellen lassen. Der Orden, der 1230 vom Kulmerland (mit Thorn [Toruń], Kulm [Culm/Chełmno] und Graudenz [Grudziądz]; 1233 Kulmer Handfeste) aus, das ihm KONRAD VON MASOWIEN überlassen hat, die Unterwerfung der Prußen, ihre Christianisierung und Eindeutschung beginnt, entwickelt sich zu einem unabhängigen, deutsch geprägten Staatswesen, zu einer führenden Militärmacht Europas und zerstört nach Annektierung Ostpommerns mit Danzig (1308) schließlich die polnischen Hoffnungen auf eine Restaurierung der polnischen Grenzen bis zur Ostsee im Sinne der piastischen Idee BOLESŁAWS I. und BOLESŁAWS III.

1241, 9. April Katastrophale Niederlage des polnisch-deutschen Ritterheeres in der **Schlacht bei Liegnitz** (Legnica) gegen die Mongolen. HEINRICH II. DER FROMME, Senior und Herzog von Schlesien, fällt; danach zunehmende Zersplitterung Schlesiens.

1295 PRZEMYSŁ II. (*1257, †1296), Herzog von Großpolen und seit 1294 Erbe der pommerellischen Dynastie, verfolgt die **Wiederherstellung der Einheit Polens und der Königswürde** und lässt sich in Gnesen zum König krönen; er wird aber schon 1296 ermordet.

1300 Nach seiner Wahl durch Angehörige des Adels und des hohen Klerus wird Wenzel II. (Waclaw II., *1271, †1305; König von Böhmen seit 1278) in Gnesen zum König von Polen gekrönt. Seine Herrschaft, die er gegen den piastischen Herzog von Kujawien und Sieradz Władysław Łokietek (*um 1260, †1333) durchsetzt, sichert er durch seine Ehe mit Przemysłs II. Tochter Elisabeth Richza (*1286/88, †1335) und die Annahme Polens als Lehen vom deutschen König Albrecht I. (1298–1308) ab. Polen droht zum Nebenland der Přemysliden herabzusinken.

1305 Wenzel III. (Waclaw III., *1289, †1306; 1301 König von Ungarn, 1305 König von Böhmen) wird zum König von Polen gekrönt. Mit seiner Ermordung im folgenden Jahr endet die Přemyslidendynastie.

1306 Der Sieg des Piastenherzogs Władysław I. Łokietek über alle widerstreitenden Mächtegruppen ermöglicht die Konsolidierung der monarchischen Gewalt in einem verkleinerten Polen (ohne Schlesien, Masowien und das 1309 vom Deutschen Orden besetzte Pommerellen). Mit dem Deutschen Orden gerät er in erbitterte Kämpfe, woraufhin er und sein Sohn an der Kurie gegen den Orden prozessieren.

1320, 20. Jan. Mit seiner Krönung in Krakau, das bis 1734 Krönungsort bleibt, durch den Erzbischof von Gnesen erreicht Władysław Łokieteks Politik der **Wiederherstellung der Zentralgewalt unter den Piasten** ihren Höhepunkt. Er stützt sich auf Ungarn (dessen König Karl I. Robert [1308–1342] mit seiner Tochter Elisabeth [*1305, †1380] seit 1320 verheiratet ist) und findet Unterstützung bei Litauen, während er nacheinander mit seinen mächtigen Nachbarn in Konflikt gerät: Brandenburg 1326–1329, Böhmen 1329–1331 und dem Deutschen Orden 1326–1332, an den er Kujawien verliert.

Königreich Polen unter Władysław I. Łokietek

1327 Mit der Huldigung König Johanns von Böhmen (*1296, †1346) durch die schlesischen Herzöge geht Schlesien von Polen in die böhmische Lehnsherrschaft über.

1335 Władysławs I. Sohn und Nachfolger (seit 1333) **Kasimir III., der Grosse** (*1310, †1370), schließt unter Vermittlung König Karl Roberts von Ungarn Frieden mit Böhmen im Vertrag von Visegrád und nach erfolgreichem Prozess bei der Kurie auf Rückgabe Pommerellens, der aber politisch wirkungslos bleibt. Er akzeptiert den Übergang der schlesischen Herzogtümer an Böhmen, den er 1339 offiziell anerkennt. Johann von Böhmen verzichtet auf den Titel eines Königs von Polen.

1343 Im Friedensvertrag von Kalisch (Kalisz) mit dem Deutschen Orden verzichtet Kasimir III. auf Pommerellen, das Kulmer Land und Michelau und bekommt Kujawien und das Dobriner Land zurück. Kasimir III. bricht das Bündnis seines Vaters mit Großfürst (seit 1316) Gediminas (Gedymin) von Litauen (†1341) und beginnt den Kampf mit Litauen um die Nachfolge in den Fürstentümern Halitsch (Halytsch, Ukraine) und Wolhynien (Ukraine), deren letzter Fürst Bolesław Georg (*1308, †1340; 1323–1340) vor seinem Tode Kasimir zu seinem Erben eingesetzt hat. Bis 1349 setzt er sich in Rotreußen (Halitsch) und dann bis 1366 auch im westlichen Teil Wolhyniens durch. Beide werden in ihrer politischen und kulturellen Entwicklung westlich beeinflusst.

1351–1355 Masowien wird Lehen der Krone Polens (nach dem Aussterben der Piasten 1526 eingegliedert).

Kasimirs III. kluge und weitsichtige Politik der inneren Entwicklung des Landes, v. a. der Verwaltung (Kodifikation des polnischen Rechts; Oberhof für das deutsche Recht in Krakau; Grundlagen für eine Zentralregierung), Landeskultur (Förderung der Kolonisation zu deutschem Recht, Gründung neuer Städte und Dörfer, Hebung des Bauernstandes) sowie Wissenschaft und Bildung (Akademie Krakau 1364 als Grundlage der jagiellonischen Universität von 1400), und die Pflege der internationalen Beziehungen (Krakauer Kongress 1364 mit einem Plan für einen Kreuzzug) verschafft Polen eine geachtete Stellung und legt die Grundlagen für die Großmacht des Jagiellonenreiches.

1370 Mit Kasimir III. stirbt die Piasten-Dynastie auf dem polnischen Thron aus. Das Reich fällt, wie in den Verträgen mit dem Haus Anjou vorgesehen, an Kasimirs Neffen Ludwig I. (*1326, †1382; König von Ungarn seit 1342), der seine Mutter Elisabeth als Statthalterin für Polen und Herzog Władysław von

Oppeln (†1401) für Rotrussland zum Regenten einsetzt.

1374 Der Adel erhält im **Privileg von Kaschau** (Košice, Ostslowakei) erhebliche steuerliche Vorteile, Vorrechte bei der Besetzung von Landesämtern sowie Mitwirkungsrechte in der gesamtstaatlichen Politik, die den seither immer bedeutsamer werdenden Begriff »Krone Polen« (*corona regni Poloniae*) begründen; die ungeschmälerte Erhaltung des Staatsgebietes und das Bemühen um Rückgewinnung der verloren gegangenen Territorien muss von nun an jeder polnische König dem Adel versprechen. Der Gefahr, zum Nebenland Ungarns und zum Objekt der Hausmachtpolitik der Anjou herabzusinken, begegnet nach Ludwigs Tod der im Staat führende kleinpolnische Adel mit der Forderung, eine Tochter Ludwigs solle als Herrscherin im Lande selbst regieren. Damit ist die polnisch-ungarische Union aufgehoben.

1382 Die als Erbin Polens vorgesehene Maria (*1371, †1395) wird zur Königin von Ungarn gekrönt (bis 1385). Damit werden die Ansprüche des mit ihr verlobten Sigismund von Luxemburg (*1368, †1437), Sohn Kaiser Karls IV., Markgraf von Brandenburg und späterem Kaiser, übergangen.

1384 Marias jüngere Schwester Hedwig (Jadwiga, *1374 †1399) wird als Königin von Polen (*rex Poloniae*) in Krakau gekrönt; dadurch endet das zweijährige Interregnum. Hedwig muss ihr Verlöbnis mit Wilhelm von Österreich (*um 1370, †1406) aufgeben, um durch die Ehe mit Jagiełło (Jagailas; *um 1351, †1434), Großfürst von Litauen seit 1377, die Rivalität der beiden Mächte durch eine Personalunion zu beenden und für Polen gewaltige Entwicklungsmöglichkeiten zu eröffnen. Mit der Christianisierung Litauens, des letzten überwiegend heidnischen Volkes in Europa, soll die Aufgabe des Deutschen Ordens auf friedlichem Weg gelöst werden.

1385 Im Vertrag von Krewo sagt Jagiełło zu, mit seinem Volk das lateinische Christentum anzunehmen und seine litauischen und »reußischen« Länder für immer mit der Krone Polens zu verbinden.

1386 Wahl und Taufe Jagiełłos in Krakau, danach seine Heirat mit Hedwig und seine Krönung als Władysław II. Jagiełło. **Beginn der Jagiellonen-Dynastie** (bis 1572) und der **Union Polen-Litauen** (bis 1795).

1387 Mit der **Einführung des Christentums in Litauen** und der Privilegierung des litauischen Adels nach polnischem Muster beginnt dort über das Partnerland Polen die Anpassung des Landes an westliche Normen.

Grundzüge der Union

Die polnisch-litauische Union ist ein Markstein in der europäischen Geschichte: Sie ist weder eine Inkorporation des Großfürstentums Litauen in das Königreich Polen, noch ist sie ein nur loser Zusammenschluss unter einem gemeinsamen Herrscher. Die anfängliche Personalunion entwickelt sich zu einer Verbindung, in der der litauische Reichsverband unmittelbar dem Großfürsten untersteht und staatsrechtlich auch seine Selbstständigkeit behält, sich zugleich aber zur Krone Polens in Ab-

Die Jagiellonen

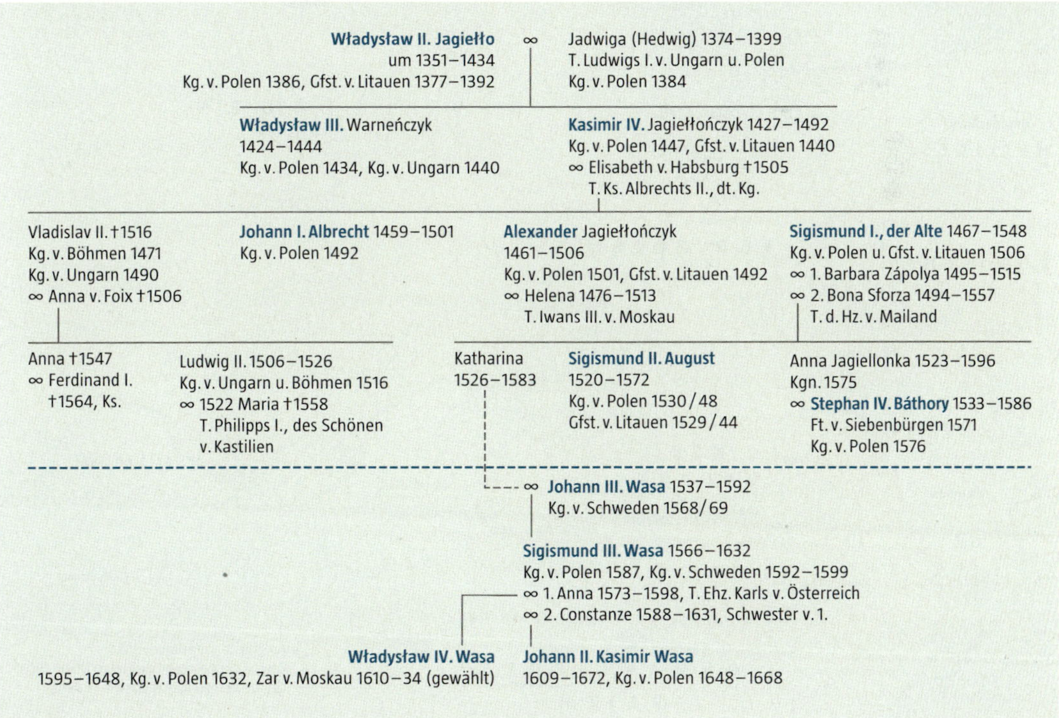

hängigkeit befindet. Dieses komplizierte Verhältnis der beiden Staatskörper wird trotz kurzer Unterbrechungen (1440, 1492) durch weitere Unionen (1401, 1413, 1432, 1447, 1499, 1501) politisch immer enger gestaltet und schließlich 1569 in eine Realunion (**Lubliner Union**) umgewandelt. Nach dem Ende der litauischen Ostexpansion (Niederlage 1399 an der Worskla, Ukraine) und der Beilegung der inneren Gegensätze zwischen Władysław und seinem Vetter Witold (Vytautas; *um 1350, †1430; 1392–1430), der 1401 als Großfürst von Litauen die Oberhoheit Władysławs anerkennt, erfolgt der gemeinsame **Angriff gegen den Deutschen Orden**, der durch die polnisch-litauische Verbindung seine Stellung im baltischen Raum bedroht sieht und seit 1382 die Landbrücke Samogitien (Žemaitija, Litauen) besetzt hält.

1410 **Schlacht bei Tannenberg** (Grunwald): Der Deutsche Orden erleidet durch ein polnisch-litauisches Heer unter Jagiełło eine schwere Niederlage.

1411 **Erster Thorner Frieden**: Der Deutsche Orden muss Samogitien an Litauen abtreten und 6 Mio. böhmische Groschen zahlen.

1413 Durch das Privileg von Horodło (am Bug) fördern Jagiełło und Witold die rechtliche Anpassung des litauischen Adels an den polnischen; 47 katholische litauische Adelsfamilien werden in polnische Wappenverbände aufgenommen und ihnen gleichgestellt. – Der Zusammenhalt beider Teile der Union wird nach dynastischen und territorialen Differenzen und nach einer vorübergehenden Vereinigung der Kronen Polens und Ungarns (1440–1444) unter Władysław III. (Warneńczyk; *1424, †1444; 1440 König von Ungarn, 1434 König von Polen, bei Warna gefallen) durch Kasimir IV. (den Jagiellonen, Kazimierz Jagiellończyk, *1427, †1492; 1447–1492) erneuert.

1422 Ein polnisch-litauischer Krieg gegen den Deutschen Orden wird durch den Frieden am Melno-See (Kulmer Land) beendet: Die Grenzziehung zwischen dem Ordensland und Litauen, das erneut Samogitien erhält, bleibt bis 1920 bestehen.

1430 Jagiełło sichert dem litauischen Adel das Recht der Königswahl zu.

1447 Wolhynien fällt an Litauen, Podolien an Polen (vermehrte und gleiche Privilegien in beiden Reichen: in Polen Erbrecht der Jagiellonen, in Litauen Wahlrecht des Adels).

Die von Jagiellonen regierten Länder um 1500

1454/1456 Auschwitz (Oświęcim, 1454) und Zator (1456) kommen an die Krone Polens.

1454 Die preußischen Stände (1440 Preußischer Bund) erheben sich gegen den Deutschen Orden, unterstellen sich KASIMIR IV. und unterstützen ihn maßgeblich im Dreizehnjährigen Krieg zwischen Polen und dem Deutschen Orden. Der Adel benutzt den Krieg zur Erweiterung seiner Privilegien (1454 Statut von Nessau [Nieszawa]). Die vom Deutschen Orden angeworbenen Söldner verkaufen 1456 die Marienburg (Malbork) an Polen; der Hochmeister siedelt 1457 nach Königsberg über.

1466 Im **Zweiten Thorner Frieden** erhält KASIMIR IV. vom Deutschen Orden Pommerellen mit Danzig und Marienburg sowie das Ermland bei Wahrung der Autonomie und der deutschen Sprache (erst 1569 durch die Lubliner Union mit Polen staatsrechtlich vereinigt); der **Hochmeister wird zu Heerfolge und Treueid** verpflichtet.

Die Jagiellonenherrschaft im Zenit

Nach dem Thorner Frieden existiert für kurze Zeit ein jagiellonisches Reich von der Ostsee bis zum Schwarzen Meer mit Einschluss des gesamten Dnjeprraums (die im Fürstentum Moldau gelegenen Schwarzmeerhäfen gehen 1484 an die Türken verloren). Durch die 1454 geschlossene Ehe KASIMIRS IV. mit der Tochter ALBRECHTS von Österreich (1438/39 als ALBRECHT II. deutscher König), ELISABETH (*1437, †1505), ergeben sich Möglichkeiten für eine weitreichende dynastische Expansionspolitik. Zusammen mit dem von VLADISLAV II. (*1456, †1516), ältester Sohn KASIMIRS, beherrschten Böhmen (seit 1471) und Ungarn (seit 1490) kontrolliert die jagiellonische Dynastie das östliche Mitteleuropa. Die Größe dieses Herrschaftsbereiches und der ständige Ausbau der Adelsmacht in allen ihren Ländern infolge der vielen Konflikte mit den aufkommenden Rivalen Moskau, Osmanisches Reich, Habsburg und Schweden wird zur entscheidenden Schwäche. Die Geschichte Polen-Litauens in den folgenden Jh.n ist durch die Auseinandersetzung mit diesen Mächten gekennzeichnet (1500 erstes Bündnis der Jagiellonen mit Frankreich und Venedig gegen Habsburg, das seinerseits mit IWAN III. von Moskau (1462–1505) und dem Deutschen Orden gegen die Jagiellonen zusammengeht). Unter KASIMIRS drittem Sohn, JOHANN ALBRECHT (JAN OLBRACHT; *1459, †1501; 1492–1501), erfolgt der Rückschlag im Fürstentum Moldau, 1492 beginnt die Expansion der Moskauer Großfürsten gegen Litauen, die der vierte Sohn KASIMIRS, Großfürst ALEXANDER von Litauen (*1461, †1506; seit 1492 Großfürst, 1501–1506 zugleich König von Polen) auf Dauer nicht verhindern kann.

Die **Vertretung der polnischen Szlachta** (vom deutschen »Geschlecht«) in Landtagen (*sejmiki*), seit 1493 in gemeinsamen Reichstagen (*sejm*), die sich in Senat (Magnaten und Geistliche) und Landbotenstube (*izba poselska*, niederer Adel) gliedern, erhält im 15. Jh. ihre endgültige Form. Auf den Reichstagen von 1493 und 1496 wird die abgehobene Stellung der Szlachta auf Kosten der Bauern (Leibeigenschaft) und der Städte befestigt (Privilegien von Petrikau [Piotrków] durch JOHANN ALBRECHT). Ab 1505 verfügt sie allein über die legislative Gewalt. Polen ist ein Ständestaat.

Architektur und Malerei der gotischen Periode sind Ausdruck des durch deutsche Vermittlung mitgeprägten Verwestlichungsprozesses, z. B. St. Marien in Krakau (1320–1446) als charakteristisches Beispiel der »Weichselgotik«. In der Wandmalerei des 14. Jh.s finden sich schon italienische Einflüsse (Gnesen, Thorn, Czchów). Mitte des 15. Jh.s begegnet der Realismus der »Kraukauer Schule«; daneben gibt es byzantinisch-ruthenische Einflüsse (Sandomir, Wiślica, Lublin: Buchmalerei). Seit Beginn des 16. Jh.s dringt die italienischen Renaissance ein, z. B. beim Krakauer Wawel (1502–1516) durch FRANCESCO FLORENTINO (†1516) und bei der dortigen Sigismundkapelle (1517–1533) durch BARTOLOMEO BERECCI (*um 1480, †1537). Auch der Einfluss deutscher und flämischer Künstler, z. B. VEIT STOSS (*um 1445, †1533), HANS DÜRER (*1490, †um 1538), MICHAEL LENZ und HANS SÜSS VON KULMBACH (*um 1480, †1522) ist spürbar.

Die Krakauer (später Jagiellonische) Universität (15. Jh.: 18 338 Studenten immatrikuliert) entwickelt sich zu einem Zentrum humanistischer Studien, v. a. der Mathematik, Astronomie und Philosophie, auch für auswärtige Lehrer und Studenten wie NIKOLAUS KOPERNIKUS (*1473, †1543), FILIPPO BUONACCORSI (PHILIPP CALLIMACHUS, *1437, †1497) und CONRAD CELTIS (*1459, †1508). Die geistige Bildung der polnischen Oberschicht repräsentieren im 15. Jh. der Jurist und Rektor der Krakauer Universität, PAUL WŁODKOWIZ (*um 1370, †1435), der Kanzler ZBIGNIEW OLEŚNICKI (*um 1430, †1493), der Historiker JAN DŁUGOSZ (*1415, †1480) und der Staatsrechtler der nationalpolnischen Renaissance-Bewegung, JAN OSTRORÓG (*um 1436, †1501).

| Forts. S. 1143 |

Die baltischen Länder

Von den zur **baltischen Sprachgruppe** gehörenden Völkern haben nur die Letten und Litauer überdauert und sich politisch organisieren können, während die Prußen und Kuren – neben einigen kleineren Völkerschaften – ethnisch untergegangen und nur noch in Territorialbezeichnungen (Preußen, Kurland) erkennbar geblieben sind. Ist ihr ursprünglich bis weit ins heutige Nordwest- und Weißrussland reichendes Siedlungsgebiet unter dem Druck slawischer (russischer, polnischer) und deutscher Siedlungs- und Herrschaftsausdehnung erheblich geschrumpft, so stimmt der ursprüngliche Siedlungsraum der Esten, die u. a. mit den Finnen, Kareliern, Ingern und Liven die ostseefinnische Sprachgruppe bilden, mit dem heutigen Estland im Wesentlichen überein. Im Mittelalter verhindern andauernde Kämpfe unter den zahlreichen Völkerschaften und Stämmen, mit Ausnahme der Litauer, eine stabile übergreifende Herrschaftsbildung, es bilden sich jedoch historische Landschaften heraus: **Kurland** bleibt seit der Eroberung und Christianisierung durch den Deutschen Orden im 13. Jh.

unter Ordensherrschaft, kommt 1561 als weltliches Herzogtum unter polnische, mit der Dritten Teilung Polens 1795 unter russische Oberhoheit. Danach gehört es zur Republik Lettland. **Livland**, zunächst vom Schwertbrüderorden erobert und christianisiert, ist Teil des Landes des Deutschen Ordens; die von dem dort ansässig gewordenen deutschbaltischen Adel gebildeten Livländischen Ritterschaften unterstellen sich 1561 der polnischen, 1629 der schwedischen und 1710 der russischen Oberherrschaft. 1919 wird Livland zwischen den Republiken Estland und Lettland aufgeteilt. Im Kampf um **Estland** setzen sich im frühen 13. Jh. Deutsche und Dänen gegen Schweden und Moskau durch, unterwerfen und christianisieren das Land; 1346 verkauft der Dänenkönig WALDEMAR IV. seinen Anteil an den Deutschen Orden. Nach schwedischer Herrschaft (ab 1561) kommt Estland 1721 an Russland.

Während **Litauen** unter dem sich polonisierenden Adel überwiegend katholisch wird, schließen sich die anderen Gebiete unter dem Einfluss der deutschbaltischen Oberschicht mit der Reformation dem Luthertum an.

Litauen

Die mittelalterliche Geschichte Litauens ist bestimmt von häufigen inneren Machtkämpfen, Konflikten mit dem Deutschen Orden und einer Politik im Spannungsfeld zwischen den russischen Fürstentümern, zu denen es sich v. a. in Konkurrenz zu Moskau um die Vorherrschaft in der Rus zählt, den Mongolen, mit denen es sich zeitweise verbündet, sowie dem immer bedeutsamer werdenden Verhältnis zu Polen. Entsprechend mischen sich die religiös-kulturellen Einflüsse von Seiten des lateinischen und des ostkirchlichen Christentums.

Im 13. Jh. gelingt dem Fürsten MINDAUGAS (MINDOWE; *um 1203, †1263) vorübergehend die Zusammenfassung der litauischen Stämme zu einer übergreifenden politischen Herrschaft, eine Verbindung mit DANIIL VON HALITSCH-WOLHYNIEN (*1201, †1264) und eine Verständigung mit dem Deutschen Orden; 1253 nimmt er in Verbindung mit seiner Taufe von Papst INNOZENZ IV. (1243–1254), der auch ein Bistum Wilna bestätigt, die Königskrone an. Seine Politik scheitert am Gegensatz zwischen dem Deutschen Orden und einem Teil der litauischen Fürsten (Niederlage des Ordens bei Durben, Kurland, 1260), denen er sich anschließt. Nach seinem Tod zerfällt das überwiegend heidnisch gebliebene Litauen erneut in viele kleine Burgherrschaften.

1315–1341 Unter GEDIMINAS (polnisch GEDYMIN; *um 1275, †1341), dem Stammvater der litauischen Herrscherdynastie (Gediminiden), steigt **Litauen** zum **Großfürstentum** (seit 1316) und zur politischen und **militärischen Großmacht** im östlichen Europa auf. Deren Entwicklung treibt er durch die Anlage von Burgen und Städten, unter denen Wilna 1320 ständige Residenz wird, Ausbau der Verwaltung mithilfe russischer Kanzlisten und deutscher Mönche, Förderung des Handels durch deutsche und russische Kaufleute sowie lateinischer und orthodoxer Mission (er selbst bleibt ungetauft) voran. GEDIMINAS gelingt es, zahlreiche russische Fürstentümer unter seine Herrschaft bzw. seinen Einfluss zu bringen: Polock, Witebsk, Pleskau (Pskow), Nowgorod, Kiew, Turow, Pinsk, Twer, Smolensk. Mit dem polnischen König WŁADYSŁAW ŁOKIETEK (1320–1333) schließt GEDIMINAS 1325 ein Bündnis, bekräftigt durch die Ehe seiner Tochter ALDONA (ANNA; †1339) mit dem polnischen Thronerben, dem späteren König KASIMIR III., u. a. zur Abwehr der häufigen Feldzüge des Deutschen Ordens zur Heidenbekämpfung gegen Litauen (»Litauenreisen«), womit er selbst zu einem starken **Gegner des Deutschen Ordens** wird. – Durch Ausbreitung des litauischen Einflusses nach Süden auf Wolhynien und Halitsch seit 1331 beginnt eine Rivalität mit Polen um die Erbschaft (1340), die mit der Teilung dieses Fürstentums 1366 (bzw. 1377) endet.

1345–1377 GEDIMINAS Sohn ALGIRDAS (polnisch OLGIERD; *1296, †1377) wird nach der Verdrängung seines Bruders JANUTIS (JAWNUT; *um 1300, †nach 1366) Großfürst zusammen mit seinem Bruder KYNSTUTE (KEJSTUT; *1297, †1382). Er führt die Politik seines Vaters fort. Um seine Ziele abzusichern, verhandelt er mit König LUDWIG I. von Ungarn und Kaiser KARL IV., jedoch bleiben seine Bemühungen erfolglos, den Deutschen Orden ins Grenzgebiet zum mongolischen Machtbereich (Tatarengrenze) zu versetzen, Teile der vom Orden besetzten prussischen Gebiete zurückzugewinnen, die gesamte Rus unter litauische Herrschaft zu bringen und – nach einer in Aussicht gestellten Taufe – eine eigene litauische Metropolie zu errichten. Die Brüder können jedoch die Eroberungsfeldzüge des auf der Höhe seiner Macht stehenden Deutschen Ordens unter WINRICH VON KNIPRODE (*um 1310, †1382; 1351–1382) abwehren (über 140 Kriegszüge zwischen 1345 und 1382) und ihren Machtbereich im Osten durch die Eroberung von Tschernigow, Nowgorod-Sewersk, Brjansk und Kiew (1362) sowie des größten Teils von Wolhynien und Smolensk erheblich ausdehnen. Ihre Versuche, im Bündnis mit Twer auch das Großfürstentum Moskau durch militärischen Druck in ihre eigene Politik der Sammlung, Einigung und Führung der russischen Fürstentümer einzubeziehen, schlagen fehl. – Litauen ist nun ein vorwiegend ostslawisches, an der Spitze noch heidnisches Staatswesen, in dem der orthodoxe Anteil an der Bevölkerung und Kultur vorherrscht.

1377–1434 JAGIEŁŁO (litauisch JOGAILA; *um 1351, †1434; Großfürst von Litauen 1377–1392, König von Polen 1386–1434), ALGIRDAS Sohn, kann seine Herrschaftsübernahme im Einvernehmen mit seinem Onkel KYNSTUTE gegen die älteren Stiefbrüder durchsetzen, gerät dann jedoch mit seinem Anspruch auf Alleinherrschaft und seiner Gegnerschaft zum Deutschen Orden, der sich in die litauische Innenpolitik einmischt, in scharfen Gegensatz zu KYNSTUTE (1382 ermordet), seinem jüngeren Bruder SKIRGAILA (SKIRGAL; *um 1354, †1396) und seinem Vetter VYTAUTAS (WITOLD, polnisch WITOWT; *um 1350, †1430; Großfürst von Litauen 1392–1430).

1385, 14. Aug. Jagiełło nimmt das Angebot der Krone Polens durch den polnischen Adel an und schließt mit ihm den Vertrag von Krewo (litauisch Kriava, bei Wilna), der zunächst eine **Personalunion mit Polen** aufgrund seiner Taufe, Eheschließung mit Jadwiga (Hedwig; *1374, †1399) und **Krönung** (1386; seither als Władysław II. Jagiełło König von Polen) begründet. Der damit vollzogene Anschluss Litauens an das Christentum lateinischer Prägung wird durch die Gründung des Bistums Wilna (1387) bekräftigt, führt aber zu Aufständen heidnischer Kräfte. Der Machtkampf mit Vytautas wird 1392 durch dessen Bestätigung als Großfürst von Litauen und die Anerkennung der polnischen Oberhoheit beigelegt.

1392/1401–1430 Unter Vytautas von Wilna aus geführter Herrschaft, die ihm Jagiełło 1401 (Vertrag von Wilna und Radom) auf Lebenszeit überträgt, wird Litauens innere Entwicklung intensiv vorangetrieben (Verwaltung, weitreichender Handel [Hanse], deutsches Stadtrecht).

1398, 12. Okt. Vytautas tritt im Vertrag von Sallinwerder das westliche Samogitien (Schamaiten) an den Deutschen Orden ab.

1399 Vytautas, der die Politik Algirdas im Osten fortsetzt, greift die Tataren an, erleidet aber eine schwere Niederlage an der Worskla (Ukraine).

1409–1411 Aus einem Aufstand in Samogitien gegen den Deutschen Orden entsteht ein Krieg, der nach dem **Sieg** Polens und Litauens über das Ordensheer **bei Tannenberg** (Grunwald, 1410) mit dem **1. Thorner Frieden** (1411) endet. Außer einer erheblichen Entschädigungszahlung muss der Orden Samogitien an Litauen zurückgeben.

1413 In Horodło (am Bug) nimmt der polnische Adel 47 litauische Adelsgeschlechter in seine Wappengemeinschaft auf; Jagiełło und Vytautas übertragen ihnen mehrere Rechte, u. a. die freie Wahl des Großfürsten. Seither wird der litauische Adel durch Privilegierungen in seiner Rechtsstellung dem polnischen Adel zunehmend angeglichen, dem er jedoch an politischem Einfluss im Doppelreich unterlegen bleibt.

1422, 27. Sept. Der Frieden von Melnosee (Kurland) beendet einen Krieg zwischen Litauen und dem Deutschen Orden; die Grenze zwischen dem Ordensland und Samogitien wird dauerhaft (bis 1920) festlegt.

1423 Vytautas lehnt die ihm von den Hussiten angetragene, nach der Zuweisung Samogitiens durch den deutschen König Sigismund an den Deutschen Orden 1421 zunächst angenommene böhmische Krone endgültig ab.

1425–1430 **Vytautas** befindet sich auf dem **Höhepunkt seiner Macht**: Er übt die Vormundschaft für den Großfürsten Wassilij II. von Moskau, seinen Enkel, aus und kann einen erheblichen Einfluss in der Goldenen Horde geltend machen; die ihm vom deutschen König Sigismund 1429 auf dem Fürstentag zu Luzk (Wolhynien, zu Litauen gehörig) zugebilligte Königskrönung wird aber vom polnischen Adel verhindert.
Der litauische Adel erhält die gleichen Rechte wie der polnische, wird weitgehend katholisch und gerät dadurch in steigenden Gegensatz zur russisch-orthodoxen Bevölkerung; der orthodox bleibende Teil des Adels wird von den Staatsämtern ausgeschlossen. Diese Konfliktstoffe bilden eine der wesentlichen Ursachen für die **Schwäche des Reichs** und für den Aufstieg Moskaus. Die Hoffnungen der litauischen Magnaten auf Wiederherstellung der vollen Selbstständigkeit Litauens schlagen fehl.

1432–1440 Sigismund (*um 1365, †1440), der vom litauischen Adel zum Großfürsten gewählte jüngere Bruder Vytautas', wird von Polen bestätigt. Er muss Podolien und Teile Wolhyniens an Polen abtreten und auf eine selbstständige Außenpolitik sowie Bemühungen um die Königskrone verzichten. Durch die Gleichstellung des orthodoxen Adels mit dem katholischen und weiteren Privilegierungen versucht er innere Widerstände zu überwinden und das Land zu einigen.

1440–1492 Unter Jagiełłos' Sohn Kasimir (*1427, †1492), 1440 zum Großfürsten gewählt, kommt es 1447 mit dessen Krönung zum polnischen König (Kasimir IV.) erneut zur **Personalunion mit Polen**, ohne dass das staatsrechtliche Verhältnis geklärt wird.

1471–1478 Nachdem der Grenzvertrag von 1449 zwischen Kasimir IV. und Wassilij II. noch den litauischen Einflussbereich bis Twer und an die Oka bestätigt hatte, gewinnt Moskau die Oberhand, als Iwan III. zur Offensive übergeht, Groß-Nowgorod unterwirft und dem Moskauer Staat eingliedert.

1494 Unter Alexander (*1461, †1506; 1492 Großfürst von Litauen, 1501 König von Polen) beginnt der **Rückzug Litauens aus dem innerrussischen Machtkampf**.

1514 Moskau erobert Smolensk und drängt die litauische Ostgrenze an Dnjepr und Sosch (linker Nebenfluss des oberen Dnjepr) zurück.

1569, 1. Juli Nach weiteren gleichstellenden Privilegierungen des litauischen und polnischen Adels durch Sigismund I. (*1467, †1548; 1506 Großfürst von Litauen, 1507 König von Polen) und Sigismund II. August (*1520, †1572; 1529 Großfürst von Litauen, 1530 Krönung zum König von Polen) kommt es zur staatsrechtlichen Vereinigung der Adelsrepubliken Polen und Litauen in der **Union von Lublin**. | Forts. S. 1143 |

Russland (9. Jh.–1505)

Das Kiewer Reich

Das Kiewer Reich entsteht aus der **Verbindung ansässiger ostslawischer Stämme mit den von Skandinavien her eindringenden Warägern**. Letztere sind Verbände von Kriegerkaufleuten mit dem Ziel der politisch-wirtschaftlichen Erschließung des Landes; der Begriff des räuberischen »Wiking« fehlt in Osteuropa gänzlich. Die Waräger suchen über das Netz der osteuropäischen Ströme seit Beginn des 9. Jh.s direkten Kontakt mit den Märkten des Orients (Zurücktreten des friesischen Handels in der Ostsee). Sie errichten von Stützpunkten (Burgen) aus Tributherrschaften über die Stämme der Ostslawen, Finnen und Balten. So verschaffen sie sich den Zugang und

Haus der Rurikiden

Rurik ?–879 (?)
Herrscher v. Nowgorod/Alt-Ladoga 862

Oleg (Verwandschaft unklar) ?–912/913
Fst. v. Nowgorod 979 (?), Gfst. v. Kiew 882

Olga ?–969
Regentin v. Kiew 945/6–962
∞
Igor (Sohn?) ?–945
Gfst. v. Kiew 912/913

Swjatoslaw Igorjewitsch ca. 942–972/973
Gfst. v. Kiew 945, mündig 962

Jaropolk Swjatoslawitsch
ca. 960er J.–980, Gfst. v. Kiew 972/973

Wladimir I. Swjatoslawitsch, der Heilige
962 (?)–1015, Gfst. v. Kiew 980
∞ Anna Porphyrogenneta

Swjatopolk Wladimirowitsch
ca. 980–1019, Gfst. v. Kiew 1015–16, 1018

Jaroslaw Wladimirowitsch »Mudryj«, der Weise 978–1054
Gfst. v. Kiew 1016–18, 1019/36

Isjaslaw I. Jaroslawitsch 1024–1078
Gfst. v. Kiew 1054–68, 1069–73, 1077

Swjatopolk II. Isjaslawitsch 1056–1093
Gfst. v. Kiew 1093

Wsewolod I. Jaroslawitsch
1030–1093, Gfst. v. Kiew 1077

Wladimir II. Wsewolodowitsch Monomach 1053–1125
Gfst. v. Kiew 1093

Swjatoslaw Jaroslawitsch 1027–1076
Fst. v. Tschernigow 1054, Gfst. v. Kiew 1073

Oleg Swjatoslawitsch v. Tschernigow
?–1115

Wsewolod II. Olgowitsch ?–1146
Fst. v. Tschernigow 1127–1131, Gfst. v. Kiew 1139

Isjaslaw III. Dawidowitsch v. Tschernigow
(Vetter) ?–1161
Gfst. v. Kiew 1154–1155, 1157–1159, 1160

Mstislaw I. Wladimirowitsch »Velikij«, der Große 1075–1132
Gfst. v. Kiew 1125

Jaropolk Wladimirowitsch
ca. 1082–1139, Gfst. v. Kiew 1132

Jurij Wsewolodowitsch Dolgoruki
ca. 1092–1157, Gfst. v. Kiew
1149–1151, 1153

Isjaslaw II. Mstislawitsch
ca. 1110–1154
Gfst. v. Kiew 1146–1149, 1151

Rostislaw Mstislawitsch
?–1167, Gfst. v. Kiew
1159–1160, 1161

Mstislaw II. Isjaslawitsch
?–1170, Gfst. v. Kiew 1167–1169

Roman Mstislawitsch ca. 1160–1205
Fst. v. Galizien-Wolhynien 1170

Daniil Romanowitsch 1201–1264
Fst. v. Galizien-Wolhynien 1221
Kg. 1254

Andrej Bogoljubskij
ca. 1111–1174
Fst. v. Wladimir-Susdal 1157
Gfst. v. Wladimir 1169

Wsewolod III. Jurjewitsch
»Bolschoe Gnesdo«, das Große Nest
1154–1212
Gfst. v. Wladimir 1176

Rostislaw Jurjewitsch
?–1151

Jaropolk Rostislawitsch
?–1196 (?), Gfst. v. Wladimir (nur) 1174

Michail Jurjewitsch 1151 (?)–1176
Gfst. v. Wladimir 1174

Jurij II. Wsewolodowitsch
1188–1238, Gfst. v. Wladimir
1212–1216, 1218

Konstantin Wsewolodowitsch
1186–1218
Gfst. v. Wladimir 1216

Jaroslaw Wsewolodowitsch
1191–1246
Gfst. v. Wladimir 1238

Swjatoslaw Wsewolodowitsch
1196–1252
Gfst. v. Wladimir 1246–1248

Michail Jaroslawitsch
?–1248, Fst. v. Moskau 1247
Gfst. v. Wladimir 1248

Andrej Jaroslawitsch
?–1264, Gfst. v. Wladimir
1248–1252

Alexander Jaroslawitsch Newskij
ca. 1220–1263
Fst. v. Nowgorod 1236–1251
Gfst. v. Wladimir 1252

Jaroslaw Jaroslawitsch
1230–1271, Fst. v. Twer 1247
Gfst. v. Wladimir 1264

Wassili Jaroslawitsch
1241–1276, Fst. v. Kostroma 1246,
Gfst. v. Wladimir 1272

Andrej Alexandrowitsch
ca. 1255–1304, Gfst. v. Wladimir
1281–1283, 1293

Dmitrij Michajlowitsch
ca. 1250–1294, Gfst. v. Wladimir
1276–1281, 1283–1293

Daniil Alexandrowitsch
1261–1303, Fst. v. Moskau 1276

Michail Jaroslawitsch
1271–1318, Fst. v. Twer 1285,
Gfst. v. Wladimir 1304–1317

Jurij Danilowitsch
ca. 1280–1325
Gfst. v. Wladimir 1317–1322

Iwan I. Danilowitsch »Kalita«
(Geldsack) ?–1341
Fst. v. Moskau 1325
Gfst. v. Wladimir 1328

Dmitrij Alexandrowitsch »Grosnye
Otschi« (mit den drohenden Augen)
1299–1326, Fst. v. Twer 1319
Gfst. v. Wladimir 1322

Alexander Michajlowitsch
1301–1339
Fst. v. Twer 1327–1328
Gfst. v. Wladimir 1325–1327

Simeon der Stolze
1316–1353, Fst. v. Moskau u.
Gfst. v. Wladimir 1341

Iwan II. Iwanowitsch Krasnyj, der Schöne
1326–1359, Fst. v. Moskau u.
Gfst. v. Wladimir 1353

Dmitrij Iwanowitsch Donskoj
1350–1389, Fst. v. Moskau 1359
Gfst. v. Wladimir 1353

(Nebenlinie)

Dmitrij Konstantinowitsch »Starschij«,
der Ältere
1323/24–1383, Fst. v. Susdal 1356
Gfst. v. Wladimir 1360–1363

Wassilij I. Dmitrijewitsch
1371–1425, Fst. v. Moskau 1359
Gfst. v. Wladimir 1353

Wassilij II. Wassilewitsch »Temnyj«,
der Geblendete 1415–1462
Gfst. v. Moskau 1425–1433, 1434–
1446, 1447–1462

Jurij Dmitrijewitsch
1374–1434
Fst. v. Galitsch 1425

Iwan III. Wassilewitsch
1440–1505, Gfst. v. Moskau 1462

Wassilij Jurjewitsch »Kosoj«,
der Schielende ?–1448
Fst. v. Swenigorod,
Gfst. v. Moskau (nur) 1434

Dmitrij Jurjewitsch Schemjaka
1420 (?)–1453
Fst. v. Galitsch u. Uglitsch
Gfst. v. Moskau 1446–1447

Wassilij III. Iwanowitsch
1479–1533, Gfst. v. Moskau 1505

Iwan IV. Wassiljewitsch
»Grosnyj«, der Schreckliche
1530–1584
Gfst. v. Moskau 1530, Zar 1547

Iwan Iwanowitsch
1554–1581

Fjodor Iwanowitsch
1557–1598, Zar 1584

Dimitrij Iwanowitsch v. Uglitsch
1582–1591

sehr bald das Monopol der Kontrolle über den Wolgaweg und den Dnjepr, »den Weg von den Warägern zu den Griechen« (unter Askold und Dir vor 860 **Eroberung Kiews**). Orientalische Münzen strömen nach Skandinavien ein und die Waräger erscheinen auf den südlichen Märkten. Für sie und das unter ihrer Oberherrschaft zusammengefasste Land setzt sich der **Name Rus** durch.

860 Erster Angriff der Russen (in griechischen Quellen bezeugt als *Rhôs*) auf Byzanz.

862–879 Wahrscheinlicher Zeitraum der Herrschaft des (historisch nur schwer fassbaren) **Warägerfürsten Rurik** (Rjurik), der Begründer der Rurikiden-Dynastie, die die Fürsten des Kiewer und des Moskauer Reiches (bis 1598 die Moskauer Großfürsten) stellt.

879–912 Oleg (†912) vereinigt die einzelnen Warägerherrschaften und schließt den Norden an Ladoga- und Ilmensee (Nowgorod) mit dem Dnjeprgebiet (Kernraum Kiew) zusammen und bahnt so die Befreiung aller ostslawischen Stämme von der chasarischen Tributherrschaft an.

907 Ein erfolgreicher Feldzug Olegs gegen Byzanz führt zu einem für Kiew günstigen Handelsvertrag (911).

912–945 Unter Igor (†945) Fortsetzung der Unterwerfung ostslawischer Stämme (Derevljanen), Abwehrkämpfe gegen das Steppenvolk der Petschenegen und nach zwei Feldzügen (941, 944) weiterer Ausbau des Handels mit Byzanz (Vertrag 944).

945–962 Olga (†969), Igors Witwe, treibt als Regentin durch Reform der Verwaltung und des Abgabensystems die Entwicklung zur kontinuierlichen Territorialherrschaft voran. Sie lässt sich vor 957 taufen. Der auf ihre Bitte von Otto I. (936/62–973) geschickte Missionsbischof Adalbert (†981; später Erzbischof von Magdeburg) aus dem Kloster St. Maximin bei Trier trifft erst nach Ende ihrer Regentschaft ein.

962–972 Swjatoslaw (*um 942, †972), der dem Christentum ablehnend gegenübersteht, übernimmt die Herrschaft. In seiner ganz nach außen gerichteten Politik weitet er seinen Machtbereich aus (Unterwerfung der Wjatitschen an der Oka), zerstört das Khanat der Chasaren an Wolga und Don und besiegt, teils mit ihm verbündet, teils im Kampf mit Byzanz, die Donaubulgaren und Wolgabulgaren. Seine Erfolge kennzeichnen den Aufstieg der auf Reichtum aus dem Handel beruhenden russischen Macht.

Die Vertreibung aus Bulgarien durch die Byzantiner (971) macht seinen Plänen, das Zentrum seiner Herrschaft an die Donau zu verlegen, ein Ende. Auf dem Rückzug aus Bulgarien wird Swjatoslaw von den Petschenegen erschlagen.

Für den Handel, der ständig von den Steppennomaden bedroht ist, ist der Großfürst der wichtigste Unternehmer. In seinem Machtbereich verbinden sich christliche Einflüsse von den Küstenstädten des Schwarzen Meeres sowie aus Byzanz und später aus Bulgarien. Im 10. Jh. setzt die rasche **Slawisierung der warägischen Oberschicht** ein. Erbteilung führt erstmals zu Kämpfen um die Vormacht in Kiew.

978–1015 Großfürst Wladimir I. (*um 962, †1015), Sohn Swjatoslaws und einer Slawin, wird ab 980 mit warägischer Hilfe Alleinherrscher.

988 Wladimirs Taufe und **Annahme des orthodoxen Christentums als Staatsreligion** ist von zentraler Bedeutung für die weitere Geschichte Russlands. Durch die der Taufe folgende Heirat mit der byzantinischen Prinzessin Anna (*963, †1011) führt er sein Reich in die Gemeinschaft der christlichen Völker: Übernahme der (süd-) slawischen Liturgie- und Kirchensprache. Die Kirche und ihre Organisation unterstehen dem Patriarchen von Konstantinopel und den von ihm eingesetzten Metropoliten (zunächst bis auf zwei Ausnahmen Griechen). Es folgt die **Ausweitung der byzantinischen Kultursphäre**: Übernahme des byzantinischen Kirchenrechts (*Nomokanon*), Bau von Kathedralen und Kirchen unter Heranziehung griechischer und armenischer Baumeister, Einrichtung von Schulen und Gründung von Städten. Verbindungen gibt es aber auch zum Westen und nach Rom.

1018–1054 Jaroslaw der Weise (*978, †1054), der Sohn Wladimirs, setzt sich nach langen Thronkämpfen gegen seine Brüder 1018 als Großfürst von Kiew, 1036 als Alleinherrscher durch. Unter ihm kommt es zu einer glanzvollen Entwicklung: Fortsetzung der Kulturarbeit (1037–1052 Errichtung der Sophienkirche in Kiew im byzantinischen Stil), Übersetzungen aus dem Griechischen, Anfänge einer russischen Geschichtsschreibung und Literatur, Kirchenordnung Jaroslaws und älteste Redaktion der Rechtssammlung »Russkaja Pravda«. Die deutschen Chronisten Thietmar von Merseburg (*975, †1018) und Adam von Bremen (†um 1080) rühmen Kiews Glanz.

Außenpolitik unter Jaroslaw dem Weisen

Zusammen mit Kaiser Konrad II. (1024/27–1039) und dem König von England und Dänemark Knut (1016/18–1035) greift Jaroslaw in Polen ein (Rückgewinnung der sog. Tscherwenischen Burgen 1030/31) und hilft nach 1039 gemeinsam mit König Heinrich III. (1039/46–1056) bei der Wiederherstellung der dortigen Piastenherrschaft: Ehe Kasimirs I. (1034–1058) mit Jaroslaws Schwester Dobronega (*um 1010, †1087) und politisches Zusammenwirken in Masowien. Jaroslaws Siege über Petschenegen und Tschuden, die Fortsetzung der Expansion im Ostbaltikum, 1030 die Gründung Dorpats (Tartu) und sein erfolgloser Krieg mit Byzanz (1043), der durch den letzten russisch-byzantinischen Handelsvertrag (1046) beendet wird, umreißen Richtung und Grenzen seiner Politik. Die engen Familienbeziehungen Jaroslaws zu den Herrscherhäusern in Polen, Skandinavien, Frankreich, Ungarn, Byzanz und zu den deutschen Fürstenhäusern zeigen ihn als eine zentrale Gestalt der dynastischen Einheit Europas.

1051 Um den griechischen Einfluss zurückzudrängen, Einsetzung des Russen Ilarion zum Metropoliten Kiews.

Politik und Verfassung im 11. Jh.

Das Kiewer Reich (Rus) repräsentiert während des 11. Jh.s in der Verbindung von autochthoner ostslawischer Bevölkerung und Kultur, politischen und wirtschaftlichen Einflüssen aus Skandinavien und byzantinischem Christentum ein aktives, politisch und wirtschaftlich starkes Glied des sich bildenden mittelalterlichen Europa. In den westlichen Burgstädten hält sich auch nach deren Aufgehen in den Teilfürstentümern des Rurikiden-Hauses ein demokratisches Element in den Volksversammlungen der Bürgerkaufleute (in Nowgorod und Pskow bis Ende des 15. Jh.s).

Die Erbfolge im Kiewer Reich

Nach Jaroslaws Tod (1054) beginnt der **Niedergang des Kiewer Reichs** durch seine zunehmende Zersplitterung, eine Folge der komplizierten Erbfolge nach dem **Senioratsprinzip** (Thronfolge des nächstältesten Bruders), deren Regeln – Herrschaft als Gemeinbesitz des ganzen Rurikiden-Geschlechts mit dem Großfürsten über Kiew und Nowgorod an der Spitze und mit fester Rangordnung der Teilfürstentümer für die jüngeren Mitglieder der Dynastie – häufig durch die Durchsetzungsfähigkeit des jeweils Stärksten außer Kraft gesetzt werden. Jaroslaws fünf Söhne nehmen ihrem Alter entsprechend die nach ihrem politisch-wirtschaftlichen Wert abgestuften Teilgebiete Kiew, Tschernigow, Perejaslawl, Smolensk und Wolhynien ein. Für die Erbfolge auf dem Kiewer Fürstenstuhl ist stets der Senior der Dynastie vorgesehen, sodass nach dem Tode des Kiewer Großfürsten ein Nachrücken der jüngeren Brüder erfolgen muss, was seit 1068 zu ständigen Bruderkriegen bzw. wenn ein Sohn des verstorbenen Fürsten Anspruch auf den Thron erhebt (Primogenitur), zu Onkel-Neffen-Konflikten führt. Durch sie wird die politische Rolle und Bedeutung der städtischen Bevölkerung gegenüber dem Fürsten gestärkt. Die Gefahren aus der Steppe (Petschenegen bis 1036, Polowzer [Kumanen] seit 1061; Bedrohung des Handels und Verwüstung des Südens) nehmen zu.

1097 Auf der Fürstenversammlung von Ljubetsch kommt es zur Neuordnung des Gesamtreichs: Die Teilgebiete werden den einzelnen Zweigen des Rurikiden-Hauses zu erblichem Besitz neu zugewiesen (Idee der *Wottschina* = Vatererbe). Jedoch wird dadurch die **Auflösung des Kiewer Reiches** (Rus) nur noch **beschleunigt**: Festlegung der einzelnen Linien, die ebenfalls nach Ältestenrecht Haupt- und Nebensitze ausgliedern, wobei Kiew nach wie vor als Besitz der gesamten Rurikiden-Dynastie gilt. Ständige Kriege zwischen den verschiedenen Linien der Rurikiden, in die auch die Nachbarn eingreifen, lassen die Städte allmählich zurück- und einen landbesitzenden Adel (Bojaren) hervortreten.

um 1113 Im Kiewer Höhlenkloster entsteht mit der »Erzählung von den vergangenen Jahren« (»Nestorchronik«) die älteste, nur in späteren Handschriften überlieferte Fassung der Chronik über die Anfänge und Geschichte der Kiewer Rus.

1113–1125 Unter Wladimir II. Monomach (*1053, †1125) nimmt Kiew zum letzten Mal eine Vormachtstellung ein: Dazu gehören eine weit gespannte Familienpolitik (Schweden, Ungarn, Osseten, Byzanz) und eine Innenpolitik der zusammenfassenden Ordnung und sozialen Befriedung. Bedeutend ist die schriftlich überlieferte »Belehrung« seiner Söhne über eine sittliche Lebensweise und angemessene Regierung. Er selbst ist in erster Ehe mit Gyda (†1098), einer Tochter König Haralds II. Godwinson von England (*um 1022, †1066), in dritter Ehe mit einer Tochter des Polowzerkhans verheiratet.

Nach Wladimirs Regierungszeit verlagert sich das politische Gewicht endgültig in die sich immer mehr verselbstständigenden Fürstentümer und zentralen Städte der verschiedenen Linien des Rurikiden-Hauses, unter denen der Kampf um Kiew, den Sitz des Großfürsten als des obersten Herrn der Rus und die begehrten Pfründe, noch andauert.

1149–1157 Mit Jurij Dolgorukij (*um 1092, †1157) erobert erstmals ein Fürst aus dem Nordosten (Susdal) mithilfe der Polowzer Kiew (1149, 1151) und wird dort Großfürst (1155–1157). Er gründet zahlreiche Städte, baut **Moskau** zur **Grenzfestung** seines Fürstentums Wladimir-Susdal aus (erste Erwähnung Moskaus in einer russischen Chronik 1147) und geht im Kampf um Kiew eine Verbindung mit Byzanz, indirekt auch mit Kaiser Konrad III. (1127/38–1152), ein.

1169 Andrej Bogoljubskij (*um 1111, †1174), Sohn Jurij Dolgorukijs, erobert und plündert Kiew, verlegt aber seine Residenz nicht an den Dnjepr, sondern nimmt den Großfürstentitel mit nach Wladimir. Seine Residenz Bogoljubowo stattet er mit Bauten aus, die sie als neues politisches Zentrum kennzeichnen (Goldenes Tor, Kathedralen).

Die Eroberung Kiews macht den völligen Zerfall der Kiewer Rus deutlich und gilt als **Beginn der Zeit der Teilfürstentümer**. Diese liegen im ständigen Streit untereinander und mit den Steppenvölkern, mit deren Adel es jedoch auch dynastische Verbindungen gibt.

Die Kiewer Rus vor dem Einbruch der Mongolen

Der Großfürst (weiterhin von Kiew) residiert in Wladimir, der Metropolit bleibt in Kiew und folgt ihm erst 1299. Die Stadt Kiew verfällt zunehmend, da ihre Einwohner wegen der Bedrohung durch die Polowzer v. a. nach Südwesten und Nordosten abwandern. Die **Fürstentümer** (später Teilfürstentümer [*udely*]) **werden souverän** (eigene Verwaltung, ab dem 14. Jh. z. T. eigenes Geld). Das gemeinsame Band bleiben die Kirche und die Dynastie. Drei Zentren bilden sich heraus: Im Südwesten **Halitsch-Wolhynien** (Kreuzung wichtiger Handelswege), von Roman (*nach 1160, †1205) 1199 vereinigt und von seinem Sohn Daniil (*1201, †1264; 1221–1264) intensiv ausgebaut (Aufnahme von Flüchtlingen, Berufung deutscher Handwerker, Städtegründungen, dort später Magdeburger Stadtrecht). Daniils aktive Westpolitik (letztlich erfolglose Abwehr der Mongolenherrschaft) trägt ihm lediglich die 1254 von Papst Innozenz IV. (1243–1254) verliehene Königskrone ein; danach Angliederung an Litauen (1340 Wolhynien) und Polen (1349 Halitsch).

Das zweite Zentrum ist im Nordwesten **Groß-Nowgorod**, ebenfalls mit starken Verbindungen nach Westen (Handel über die Ostsee bis England; Hansekontor, nicht Hansestadt!). Die Stadtrepublik mit ihrem ausgedehnten reichen Hinterland (Holz, Pelze) trifft auf der Volksversammlung (*wetsche*) alle wichtigen Entscheidungen, wählt den Fürsten als militärischen Führer, Bürgermeister, Erzbischof, tritt als »Herr Groß-Nowgorod« auf (Urkunden) und unterscheidet sich strukturell (Bürgertum, v. a. Kaufleute, Handwerker, Dominanz des Stadtadels) sowie als Einfallstor für westliche Einflüsse von den weiter östlich gelegenen zentralrussischen Fürstentümern.

Im nordostrussischen Zentrum **Wladimir-Susdal** mit seinen riesigen, allmählich kolonisierten Waldgebieten, ohne unmittelbare Kontakte nach Westen, gelingt es den Herrschern, ihre Macht gegen den Bojaren-Adel und die alten Städte als privatrechtliches Patrimonium durchzusetzen, den Adel an der Entwicklung eines auf Grund und Boden beruhenden ständischen Selbstverständnisses zu hindern und auf Grund von Dienstbeziehungen an den Fürsten zu binden. Damit entsteht hier die Autokratie in ihrer russischen Wurzel als später von Moskau

Russische Fürstentümer Ende des 12. bis Mitte des 13. Jh.s

ausgehende, charakteristische Herrschaftsform für ganz Russland. Feudalismus im Sinne des ausgebauten westlichen Systems gibt es nicht, trotz einiger scheinbarer Ähnlichkeiten (grundbesitzender Adel, Bauern in mehreren Stufen der Abhängigkeit, Dienstleistung).

In der **Kunst** finden sich neben einer einheimischen »Prämongolischen Schule« Fresken byzantinischen Stils in den Erlöserkirchen von Pskow (1156) und Nowgorod (1195), in der Kathedrale von Wladimir (1195, auch Reliefs von 1190) und der St.-Georgs-Kirche von Staraja Ladoga (Russland) sowie in Jurjew-Polski (Russland, nordwestlich von Wladimir; 1230/1240).

1223 **Mongolensturm**: Unter TSCHINGGIS KHAN (1206–1227) hat eine groß angelegte **Expansion des Mongolenreiches** begonnen, in deren Rahmen es zu einer ersten Konfrontation eines mongolischen Heeres mit den Polowzern kommt. Auf deren Hilferuf unterstützen die Fürsten von Kiew, Tschernigow, Wolhynien und Halitsch die Polowzer und erleiden in der Schlacht an der Kalka (nördlich des Asowschen Meeres) eine vernichtende Niederlage, die vorerst ohne politische Folgen bleibt.

1236 Nach dem Tode TSCHINGGIS KHANS beschließen die Mongolen einen Eroberungsfeldzug nach Westen, den BATU KHAN (*um 1204, †1256) mit dem Ziel der Unterwerfung Russlands, Polens, Ungarns und schließlich ganz Europas führt. Der Herrscher des Westreiches ist Enkel TSCHINGGIS KHANS und Neffe des neuen, in der mongolischen Hauptstadt Karakorum residierenden Großkhans ÖGEDEI (1219–1241).

1237 BATU vernichtet die Wolgabulgaren und eröffnet den **Kampf gegen die russischen Teilfürsten** (Rjasań, Moskau, Wladimir).

1238 BATU erobert das Oka- und obere Wolgagebiet nach dem Sieg am Sit, wo der Großfürst JURIJ fällt. Der Stoß auf Nowgorod und zur Ostsee wird durch Tauwetter verzögert und unterbleibt dann ganz. 1239–1240 wird der Angriff gegen die Rus fortgesetzt.

1240 Nach dem Fall Kiews (6. Dez.) und der Unterwerfung von Halitsch und Wolhynien stoßen die Mongolen BATUS nach Ungarn und in die Walachei sowie nach Polen und Schlesien vor.

1241 Das mongolische Heer besiegt bei Liegnitz (Legnica, Polen) ein polnisch-deutsches Ritterheer und bei Muhi (an der Mündung des Flusses Sajó) die Ungarn. Der plötzliche Tod ÖGEDEIS (11. Dez.) veranlasst BATU zum Rückzug (1242), die **Rus** wird allerdings in einem äußerst grausamen Eroberungsfeldzug **der mongolischen Oberherrschaft unterworfen.**

Die Mongolenherrschaft in der Rus

Nach der Unterwerfung Bulgariens und Transkaukasiens begründet BATU im Rahmen des mongolischen Gesamtreichs die **Herrschaft der** (Blauen, später) **Goldenen Horde** (Kiptschak) mit der Residenz Sarai an der unteren Wolga (ab 1243). Voraussetzungen hierfür bilden einerseits die wirtschaftliche Sicherung durch Ausbeutung der agrarischen und finanziellen Kräfte der Rus, andererseits die militärische Sicherung durch Angliederung der Kaukasusgebiete. Die Herrschaft der Mongolen in der Rus beschränkt sich auf Eintreibung von Tributen und Kontrolle durch tatarische »Zähler« (Baskaken), Bestätigung bei Thronwechsel (Ausstellung des *Jarlyk*), Treueversprechen und Gehorsam der Fürsten (1242–1430 mehr als 130 Huldigungsreisen russischer Fürsten in die »Horde« mit demütigenden Zeremonien, aber auch Ausnutzung der innermongolischen Gegensätze) sowie ihre Verpflichtung zur Stellung von Truppenkontingenten. Als Großfürst wird 1238 Jurijs Bruder Jaroslaw Wsewolodowitsch (*1190, †1246), der Senior der jüngeren Linie des Wladimir Monomach mit dem Fürstentum Wladimir-Susdal, von Batu anerkannt, 1246 nach Karakorum zitiert und hier ermordet.

Die **Folgen der Mongolenherrschaft** für Russland sind wirtschaftlicher Niedergang und kultureller Verfall (Stärke des mongolischen Einflusses umstritten; Dynastie, Herrschaftsgedanke und Erbfolgeansprüche der Rurikiden bleiben bestehen; Privilegien für die Kirche und jeweils für die Fürsten) sowie der fast völlige Abbruch der Verbindungen zum Westen (Ausnahme: Nowgorod), die im 15. und 16. Jh. wieder aufgebaut werden müssen. Vertieft wird diese Trennung durch das Vordringen der Schweden, Deutschen und Litauer im Baltikum, die mit ihrem Einfall in den russischen Nordwesten versuchen, die Schwächephase der Rus für Eroberungen auszunutzen. Sie werden jedoch von Nowgorod und Pskow unter Führung des Nowgoroder Fürsten Alexander Jaroslawitsch (*um 1220, †1263; 1252–1263), der 1252 selbst die Großfürstenwürde von Wladimir erhält, nacheinander geschlagen: 1240 (15. Juli) die Schweden unter Birger Jarl Magnusson (*um 1210, †1266) an der Newa (seither der Beiname Newskij), 1242 (5. April) der Deutsche Orden auf dem Peipussee (Estland/Russland), 1245 die Litauer vor Nowgorod. Die hoffnungslos überlegene Macht der Mongolen und ihre religiöse Toleranz (gegenüber der Forderung des Papstes, vor einer Hilfeleistung aus Westen sich der römisch-lateinischen Kirche anzuschließen) begründen Alexander Newskijs Entscheidung für eine Politik des Arrangements mit ihnen (mehrere Reisen nach Sarai und Karakorum), die er mit harter Hand gegenüber den russischen Fürsten durchsetzt; 1259 zwingt er auch das von der Eroberung verschonte Groß-Nowgorod zur Unterwerfung und Tributleistung. Er wird zum Nationalheiligen und Symbol der erfolgreichen Verteidigung Russlands gegen den Westen. Das Ergebnis dieser Entwicklung ist die **Wahrung der orthodoxen Identität der Russen** und ihre **Abgrenzung gegenüber dem lateinischen Abendland**.

1245–1247 Der Franziskanermönch Giovanni Piano del Carpini (*um 1182, †um 1252) reist als päpstlicher Gesandter nach Karakorum; sein Reisebericht ist eine wichtige Informationsquelle für die damaligen Verhältnisse in der Rus und bei den Mongolen.

1263 Nach Alexander Newskijs Tod (14. Nov.) sinkt die Macht des Großfürsten. Die Rus befindet sich im 14. Jh. im Zustand der Auflösung. Politisch beherrschen sie nach 1350 drei Mächte: die Goldene Horde im Wolgagebiet mit dem Nordosten des alten Kiewer Reiches; Litauen – seit der offensiven Ostpolitik der Großfürsten Gediminas (Gedymin, 1316–1340/41) und Algirdas (Olgierd, 1345–1377) mit den meisten alten Fürstentümern im Westen, im Süden und in der Mitte des Kiewer Russlands (Kiew, Tschernigow, Smolensk, Polock, Wladimir-Wolynsk u. a.); Polen – seit Kasimirs (1333–1370) Ostwendung mit Halitsch und dem westlichen Wolhynien. Daneben führt die Handelsrepublik Groß-Nowgorod im Nordwesten ihr politisches und kulturelles Eigendasein in enger wirtschaftlicher Verflechtung mit dem hansischen Wirtschaftsraum. Die Gemeinsamkeit der Kiewer Periode existiert nicht mehr und ist infolge der politischen, wirtschaftlichen und kulturellen Differenzierung der im Entstehen begriffenen Dreiheit der ostslawischen Völker gewichen: die **Großrussen** auf dem Kolonialboden zwischen Oka und Wolga mit Wladimir als Zentrum; die **Weißrussen** zwischen Pripjet, Düna und oberem Dnjepr unter litauischer Herrschaft; die **Ukrainer** im Süden und Südwesten mit Kiew als Zentrum unter litauischer und polnischer Oberhoheit. Die Erinnerung an die Zusammengehörigkeit der Städte und Territorien unter den Rurikiden beginnt zu verblassen, denn es fehlt ein Zentrum für die politische Zusammenfassung der russischen (Teil-)Fürstentümer, deren Verwirklichung zunächst dem Großfürstentum Litauen durch die Angliederung der meisten Fürstentümer im Kampf gegen die Goldene Horde zu gelingen scheint.

ab 1300 **Aufstieg Moskaus**: Am Rande des Großfürstentums Wladimir-Susdal beginnen die Herrscher des **Fürstentums Moskau**, zunächst unter Daniil (*1261, †1303; 1276–1303), dem jüngsten Sohn Alexander Newskijs und Begründer der »Danilowitschi«, der Moskauer Linie der Rurikiden, ihren **Kampf um die Vorherrschaft** unter den permanent rivalisierenden russischen Fürsten. Ihnen kommen dabei v. a. die verkehrsgünstige (Schnittpunkt von Wasser- und Landwegen) und durch Wald und Sümpfe geschützte Lage Moskaus, der Zustrom von Flüchtlingen aus dem Süden, geringe Nachkommenschaft (dadurch wenig Zersplitterung durch Erbteilung), geschickter Umgang mit den Mongolen und Vermeidung von Abenteuern zugute. Die Erweiterung ihres Besitzes durch Eroberung, Erbschaft und Kauf (»Sammlung der russischen Lande«) sichern sie durch Verträge ab.

1325 Daniils Sohn Jurij (*um 1280; 1317–1322 Großfürst von Wladimir), der mit Kontschaka (Agafija, †1317/18), Schwester des Khans Özbeg (1313–1341), verheiratet ist und erfolgreich die territoriale Expansion Moskaus betreibt, wird von Großfürst Dmitrij Michajlowitsch von Twer (*1299, †1326; 1319–1325) in der Horde erschlagen, der daraufhin 1326 dort hingerichtet wird.

1325–1341 Iwan I. (†1341; 1325 Fürst von Moskau, 1328 Großfürst von Wladimir) erreicht die Übersiedelung des Metropoliten von Wladimir nach Moskau (1326, zugleich Bau der Mariä-Himmelfahrts-Kathedrale), wodurch er der Moskauer Politik dauerhaft die **Unterstützung der Kirche** sichert. Mit Verleihung des Großfürstentitels durch den Khan, seit der sich die Moskauer Herrscher nach dem Vorbild des Metropoliten **»Großfürsten der ganzen Rus«** nennen, gewinnt er das Amt des obersten Tributeintreibers (bleibt bei Moskau, außer 1359–1362), wodurch er den bisher v. a. in Auseinandersetzungen mit Groß-Nowgorod gewonnenen Reichtum erheblich vermehren und politisch einsetzen kann (Beiname »Kalita« = Geldsack).

1337 Der einflussreiche Mönch SERGEJ VON RADONESCH (*1314, †1391) gründet das Dreifaltigkeitskloster (nördlich von Moskau), das zum geistlichen Zentrum der russischen orthodoxen Kirche wird.

1339 IWAN I. ringt mit dem Fürstentum Twer Moskaus größten Rivalen nieder.

1359–1389 DMITRIJ IWANOWITSCH (*1350, †1389; 1359 Fürst von Moskau, 1362 Großfürst von Wladimir) treibt die Moskauer Expansion bis zur Wolga. Sie erfasst u. a. vorübergehend die Fürstentümer Twer, das in der Rivalität mit Moskau die Verbindung zu Litauen sucht, und Rjasań. Infolge des **Zerfalls der Goldenen Horde** wagt DMITRIJ – nach seiner siegreichen Abwehr wiederholter Angriffe ALGIRDAS von Litauen auf Moskau, das 1368 und 1370 der Belagerung widersteht – den offenen **Bruch mit den Mongolen**. Er findet die aktive Unterstützung der Kirche, die – bislang von den Khanen privilegiert – nach deren Annahme des Islams in ihnen in besonderem Maße Feinde sieht.

1380 Auf dem »Schnepfenfeld« (Kulikowo Polje am Don, ca. 250 km südlich von Moskau) erringt DMITRIJ (Beiname »Donskoj«) den ersten russischen Sieg in offener Feldschlacht über die Mongolen (unter MAMAI, †1380), bevor diese sich mit dem Heer des litauischen Verbündeten vereinigen können. Die Mongolenherrschaft ist damit zwar nicht beseitigt (Verwüstung Moskaus als Racheakt 1382), aber schwer erschüttert; Moskaus Prestigegewinn ist gewaltig.

1393 Die Absplitterung der Khanate Kasan und Krim, die sich untereinander befehden, und die inneren Schwierigkeiten des Litauischen Reiches sowie seine Niederlage an der Worskla (1399) durch die Mongolen bringen Moskau eine Entlastung.

1425–1453 Dynastische Krise: Nach heftigen Kämpfen der Söhne und Enkel DMITRIJ DONSKOJS um die Großfürstenwürde und die Regelung der Erbfolge kann sich zu Beginn der 1450er-Jahre WASSILIJ II. (*1415, †1462; 1433–1462, 1446 geblendet), v. a. auch mithilfe des neu entstehenden, ihm ergebenen Dienstadels (mit Dienstgütern belohnter niederer Adel), endgültig durchsetzen und die Erbfolge nach dem Prinzip der Primogenitur (gegen das Senioratsprinzip = Thronfolge des nächstältesten Bruders) als Gewohnheitsrecht sichern. Er gliedert nahezu alle Moskauer Teilfürstentümer seinem Machtbereich ein und bringt zahlreiche tatarische Adelige zum Übertritt in seinen Dienst.

1439 Der Grieche ISIDOR (†1463), seit 1437 Metropolit von Kiew, unterzeichnet gegen den Willen WASSILIJS II. auf dem Konzil von Ferrara-Florenz die Union zwischen lateinischer und orthodoxer Kirche. 1441 als Kardinal und päpstlicher Legat für Litauen, Livland und Russland nach Moskau zurückgekehrt, lässt man ihn nach kurzer Haft nach Rom entfliehen.

1448 Der russische Bischof JONA (†1461) wird Metropolit der faktisch autokephalen russischen orthodoxen Kirche. Nach der Eroberung Konstantinopels 1453 durch die Osmanen sehen sich die **Moskauer Großfürsten als die Schutzherren der Orthodoxie**. Die Verbindung zwischen ihnen und der Kirche wird noch enger, sie steigert Moskaus Prestige und Anspruch gegenüber der gesamten Rus.

1462–1505 IWAN III. (»der Große«; *1440, †1505) setzt die Politik seines Vaters WASSILIJ II. fort: Er treibt die »Sammlung der russischen Lande« und die vereinheitlichende Zusammenfassung der gewonnenen Gebiete sowie die Förderung des Dienstadels energisch voran; im diplomatischen Verkehr nennt er sich als erster **»Zar von ganz Russland«** und setzt diesen Titel 1494 auch gegenüber Litauen durch. 1472 heiratet er die Nichte des letzten byzantinischen Kaisers, die nach Rom geflohene ZOE (SOFIJA) PALAIOLOGINA (*um 1448, †1503), stärkt dadurch seinen Anspruch auf das »Erbe« des byzantinischen Reiches und auf ebenbürtige Beziehungen nach Westen (diplomatische Kontakte, Übernahme des Doppeladlers nach westlichem Vorbild in das Moskauer Staatssiegel) und bereitet den Boden für die Entwicklung der Idee von **Moskau als dem »Dritten Rom«** (erstmals formuliert 1510 vom Pskower Mönch FILOFEJ; früher verstanden als Kernstück einer weitreichenden Staats- und Reichsideologie, inzwischen wird ihre Bedeutung in der Forschung kritisch diskutiert). IWAN erweitert das von ihm eigentlich gegründete Moskauer Reich um ein Vielfaches.

1463 Jaroslawl (an der Wolga) wird inkorporiert.

1478 **Groß-Nowgorod wird unterworfen**, das vergeblich auf die Hilfe KASIMIRS IV. (1447–1492) von Polen-Litauen hofft (Wetsche-Glocke als Symbol der Freiheit nach Moskau geschafft, Deportation zahlreicher Familien, Verwaltung durch vier Moskauer Statthalter, 1494 Schließung des Hansekontors); 1485 wird Twer, 1489 Wjatka gewonnen.

1480 **Moskau befreit sich**, ohne dass es bei einer Konfrontation der Heere zur Schlacht kommt (»Stehen an der Ugra«), **von der Tributherrschaft der Mongolen** (Zerstörung der Goldenen Horde durch die Krimtataren 1502), die nur noch in Raubzügen (1521 und 1571) von der Krim aus Moskau bedrohen.

1492 Moskaus Konflikte mit den westlichen Nachbarn (Livland, Litauen) führen zu einer langen Reihe von Kriegen mit Litauen.

1494 Errichtung der Festung Iwangorod (an der Narwa) gegen den Deutschen Orden.

Das Großfürstentum Moskau

Das Großfürstentum Moskau treibt seine Expansion im Laufe der nächsten Jh.e konsequent voran: Der Zusammenstoß mit dem Jagiellonenreich Polen-Litauen, der Kampf um die Vorherrschaft im Ostseeraum und der Konflikt mit dem Osmanischen Reich werden zu bestimmenden Faktoren der russischen Politik, die allmählich in das Spiel der europäischen Großmächte einzutreten beginnt. Das politische Schicksal spiegelt sich in der künstlerischen und literarischen Überlieferung: Abgesehen von Kirchen des 14. und 15. Jh.s in Nowgorod und der Heldendichtung (Leben ALEXANDER NEWSKIJS; Sieg über MAMAI) bringt erst der politische Aufstieg Moskaus eine Blüte der stark traditionell gebundenen Architektur (Entwicklung zum spezifisch russischen Kirchenbau: 1475–1479 Uspenski-Kathedrale in Moskau), Malerei (THEOPHAN DER GRIECHE [FEOFAN GREK], †um 1410) und Ikonenkunst (ANDREJ RUBLJOW [RUBLEV], *1360/70, †1427/30: »Dreifaltigkeit«); die Literatur wird weiterhin in kirchenslawischer Sprache geschrieben und behandelt v. a. religiöse Themen. | Forts. S. 1111 |

Ungarn

Die Gründung des Ungarischen Reichs gelingt auf den Trümmern des Großmährischen Reichs in der slawisch besiedelten Pannonischen Tiefebene im 10. Jh. Von ihren Wohnsitzen zwischen Don und Dnjepr, wahrscheinlich in Abhängigkeit von den Chasaren, nach 850 von den Petschenegen vertrieben, erreichen die **Magyaren**, ein ugro-finnisches Volk mit türkischer Oberschicht, nach frühem Vordringen einzelner Abteilungen nach Westen die untere Donau.

889 Die Magyaren greifen als Bundesgenossen von Byzanz nach unglücklichen Kämpfen mit Bulgaren und Petschenegen (895–896) unter ÁRPÁD (†907, Arpaden bis 1301) nach Pannonien hinüber.

896–907 Westorientierung durch Bündnisse mit Ostfranken (892) und Byzanz (895) leiten die Landnahme der sieben magyarischen Stämme und der chasarischen Kabaren an Theiß und mittlerer Donau ein.

899–955 Das Karpatenbecken wird zur Basis ständiger Angriffsfeldzüge der Steppennomaden gegen das ottonische Reich, Westeuropa und Byzanz:
Das ostfränkische Gebiet allein wird 32 mal heimgesucht, daneben Italien (924), Lothringen, Westfranken, Burgund und Spanien.

934 Die Reiternomaden stehen vor Konstantinopel.

955 Nach dem Verfall der Zentralgewalt fördert die **Niederlage auf dem Lechfeld** bei Augsburg die Sesshaftwerdung und Christianisierung: Erste ungarische Fürsten werden 948 von Byzanz getauft.

974 GÉZA (*um 943, †997), ÁRPÁDS Urenkel und Großfürst seit etwa 970, lässt sich katholisch taufen, nachdem auf seine Einladung schon 972 die bayrische Mission einsetzte.

995 Die von GÉZA eingeleitete enge Verbindung zum bayrischen Herzogshaus führt zur Ehe von GÉZAS Sohn, **STEPHAN I., DEM HEILIGEN** (*974, †1038; 1083 heilig gesprochen), mit GISELA, Tochter HEINRICHS II., DES ZÄNKERS (*951, †995), von Bayern.

1001 Die Gründung des Erzbistums Gran bindet Ungarn unter STEPHAN (König seit 997) fest an die westliche Christenheit. STEPHAN wird mit der vom Papst übersandten Krone zum König gekrönt (Ausdruck und Erfolg der Renovatio-Konzeption OTTOS III. [*980, †1002]).
Die Missionierung wird in den folgenden Jahren unter deutscher Beteiligung fortgesetzt. Zur Stärkung der Zentralgewalt und der Finanzkraft gegenüber den heidnischen und partikularen Feudalgewalten führt STEPHAN die Grafschaftsfassung ein.

Ungarn nach dem Tod Stephans I.

Thronwirren, heidnische Reaktionen (1046, 1061) sowie Einfälle der Petschenegen (1067–1068) und der Kumanen (1071–1072) schwächen Ungarn, das 1044 lehnsabhängig vom Römisch-deutschen Reich wird. 1058 wird die Unabhängigkeit definitiv anerkannt. Mit der Erneuerung der Königswürde unter ANDREAS I. (*um 1014; 1047–1061), BÉLA I. (*1016; 1061–1063) und GÉZA I. (*1044; 1074–1077), der sein Königsdiadem – der untere Teil der jetzigen Stephanskrone – von Byzanz erhält, entwickelt sich eine neue Periode der Machtentfaltung.

1091 Unter LADISLAUS I. (*1040, †1095), der mithilfe GREGORS VII. (1073–1085) Königsmacht und Kirchenzucht wieder herstellt, wird Slawonien angegliedert.

1102 Kroatien (der Raum südlich des damaligen Slawonien bis zur Adria mit Dalmatien und Teilen Bosniens) wird durch Vereinbarung mit einer Adelsversammlung über Privilegien, die seit dem 14. Jh. als Pacta conventa überliefert wird, in Personalunion Teil des Ungarischen Reichs. KOLOMAN I. (*um 1070, †1116) lässt sich in Biograd (Dalmatien) zum König der Kroaten krönen.

1105 Ungarn gewinnt auch den Venedig unterstehenden Teil der dalmatinischen Städte.

1128 König STEPHAN II. (*1101, †1131) verliert Dalmatien, das BÉLA II. (*1110, †1141) 1136 zurückerobert.

um 1150 Unter König GÉZA II. (*um 1130, †1162) beginnt die Ansiedlung der »Sachsen« (meist aus dem moselfränkischen Raum) in Südsiebenbürgen (Hermannstadt [Sibiu]) und der Zips (Spiš; im östlichen Vorland der Hohen Tatra), die die Bindung an die westliche Kultur verstärkt.

seit 1151 Unter Kaiser MANUEL I. (1143–1180) übt Byzanz nachhaltigen Einfluss auf Ungarn (Stärkung des Adels und orthodoxer Einflüsse, Krieg gegen Ungarn 1151–1153) aus. Dabei sucht das aufständische Serbien (STEPHAN NEMANJA; *1114, 1151–1196) Anlehnung an die neue Balkan- und Adriamacht, die sich nach dem 2. Kreuzzug der antibyzantinischen Koalition der europäischen Mächte unter Führung König ROGERS II. (1130–1154) von Sizilien anschließt.

1162 In Kämpfen der Thronprätendenten nach dem Tod König GÉZAS II. greift Kaiser MANUEL I. ein. 1167 annektiert er Dalmatien, Kroatien und Bosnien.

1172 MANUEL I. erhebt **BÉLA III.** (*1148, †1196), den er 1167 mit seiner Tochter vermählt und anfänglich zum Nachfolger ausersieht, auf den ungarischen Thron.

nach 1180 Unter BÉLA III. Verwaltungsreform nach byzantinischem Vorbild. Er organisiert die königliche

Kanzlei und festigt den weltlichen Großgrundbesitz, indem er ihn mit königlichen Ländereien und Burgkomitaten belehnt.

seit 1185 Nach dem Fehlschlag der byzantinischen politischen und kirchlichen Pläne und nach dem Tode MANUELS (1180), unterstützt BÉLA zunächst Serbien gegen das verfallende Byzanz, stellt die ungarische Herrschaft über Dalmatien, Kroatien und Bosnien wieder her, schützt seit 1185 Byzanz gegen die Übermacht seiner Feinde auf dem Balkan und greift zeitweise über die Karpaten nach Halitsch. Damals bildet sich neben dem Hochadel ein Dienstadel heraus.

1211 BÉLAS Sohn, König ANDREAS II. (*1176/77, †1235; König seit 1205, Vater der heiligen ELISABETH VON THÜRINGEN) ruft den Deutschen Orden zum Kampf gegen die Kumanen ins Burzenland (Ţara Bîrsei, im inneren Karpatenbogen, Zentrum Kronstadt). Als der Deutsche Orden 1225 versucht, ein selbstständiges Staatswesen zu errichten, muss er Ungarn verlassen: 1230 Gründung des Ordensstaates in Preußen.

1222 ANDREAS II. erlässt – vom Adel unter Führung des Thronfolgers gezwungen – die sog. **Goldene Bulle**: Steuerfreiheit und Begrenzung der Heerfolgepflicht für den Adel, Erb- und freies Verfügungsrecht über die Dienstgüter des niederen Adels, in dem die Krone eine Stütze gegen die Magnaten zu gewinnen sucht, Sicherheiten gegen Verhaftung, Besteuerung und Güterkonfiskation, jährliche Landesversammlung mit Beschwerderecht und Widerstandsrecht.
Förderung der **deutschen Einwanderung** (Gebiet um Kronstadt [Braşov] im südöstlichen Siebenbürgen).

1224 Die deutschen Siedler Siebenbürgens werden auf dem Königsboden als »sächsische Nation« mit Selbstverwaltung anerkannt (**Privilegium Andreanum**).
Mit den Kreuzzügen und v. a. der Ausbreitung der Zisterzienser und Prämonstratenser dringt französische Kultur nach Ungarn und fördert die durch deutsche und wallonische Siedler angebahnte Verwestlichung.

1241 Die Niederlage BÉLAS IV. (*1206, †1270) gegen die Mongolen hat die Entvölkerung und **Verwüstung des Landes** zur Folge, ermöglicht aber auch einen Neuanfang: Errichtung von durch Mauern geschützten Städten, weltlicher Grundbesitz mit steinernen Burgen als Herrensitzen.
BÉLAS Abwehrmaßnahmen (Ansiedlung der Kumanen 1239 und Burgenbau des Adels) führen zur Zersetzung der Grafschaftsverfassung, zur Machtsteigerung des Adels und zum **Verfall der Zentralgewalt**. Das aufblühende Städtewesen mit seinem privilegierten deutschsprachigem Bürgertum wird der Hauptträger des geistigen und wirtschaftlichen Lebens und zugleich wertvollste Stütze der Krone.

1290–1301 ANDREAS III. (*um 1265, †1301) behauptet sich erfolgreich gegen König RUDOLFS (1273–1291) Ansprüche auf Ungarn, kann sich aber gegen den Widerstand der Magnaten nicht behaupten.

1301–1308 Nach dem Aussterben der Arpaden folgen **Jahre innerer Wirren**, in denen die Magnaten faktisch die Herrschaft ausüben. Die Stephanskrone geht 1301 zunächst an WENZEL III. VON BÖHMEN (*1289, †1306), 1305 an OTTO III. VON NIEDERBAYERN (*1261, †1312) und schließlich 1308 an das französische Haus Anjou.

1308–1382 Die **Herrschaft der Anjou** bedeutet die Erneuerung der Zentralgewalt. KARL I. ROBERT (*1288, †1342) und sein bedeutender Sohn **LUDWIG I., DER GROSSE**, (*1326, †1382), festigen gegen die Magnaten die königliche Zentralgewalt. Sie schützen den niederen Adel gegen die Tyrannei der Magnaten und verleihen Privilegien an Bürgertum und Städte: Erneuerung des Bundes zwischen der Krone und den Städten.

1312 Sieg KARL ROBERTS über den Adel mithilfe der Zipser. Die Anjou führen die Regierung mit königlichen Beamten, vorwiegend Italienern.
Anfänglich erfolgreiche Außenpolitik: Siege über Serbien (1318/20), Unterwerfung Bosniens (1328).

1320 Die Ehe KARL ROBERTS mit WŁADYSŁAWS I. Tochter ELISABETH (*1305, †1380) begründet das Bündnis mit Polen, das dem Haus Anjou die Anwartschaft (1355) auf den polnischen Thron sichert, den LUDWIG I. 1370 nach KASIMIRS Tod gewinnt.

1323 Visegrád (an der Donau beim heutigen Budapest) wird Residenz und Zentrum italienischer Kultur. Seit Mitte des Jh.s wird auch Buda (1872 mit Pest zu Budapest zusammengeschlossen) als Residenz.

Bedrohung durch die Osmanen

Im Süden wird Ungarn seit ca. 1350, besonders nach dem Zusammenbruch des Serbenreichs nach dessen Herrscher STEPHAN DUŠANS Tod 1355, durch das **Vordringen der Osmanen** bedroht: Verselbstständigung der nichtmagyarischen Reichsteile, Unabhängigkeit der Walachei und der Moldau, Erneuerung des Königreichs Bosnien unter STEPHAN TVRTKO (1353–1391) und Entstehung eines Gürtels serbischer und bulgarischer Fürstentümer, die Ungarn von Byzanz trennen und eher bereit sind, Tribut an die Osmanen zu zahlen, als die Hegemonie Ungarns anzuerkennen. 1366 scheitert die Reise des byzantinischen Kaisers JOHANNES V. (1341–1391) an den ungarischen Hof: Hilfe für Byzanz bleibt aus.

2. Hälfte des 14. Jh.s Der Frühhumanismus breitet sich von Italien und Böhmen in Ungarn aus: 1367 wird in Fünfkirchen (Pécs), 1389 in Buda eine Universität gegründet. – Pestjahre: 1347–1360, 1380/81.

1382–1385 MARIA (*1371, †1395), Tochter König LUDWIGS, wird Königin (nochmals 1386–1387/95).

1387 Nach kurzem Zwischenspiel KARLS II. (*1345, †1386) 1385/86, kommt durch rasches Eingreifen der Gemahl MARIAS von Ungarn, der Luxemburger **SIGISMUND** (*1368, †1437; deutscher König seit 1410) auf den Thron (bis 1437). Die jüngere Tochter LUDWIGS, HEDWIG (*um 1374, †1399; seit 1386 verheiratet mit Großfürst JAGIEŁŁO von Litauen) wird 1384 Königin Polens.

1396, 25. Sept. Treulosigkeit der Feudalherren verursacht die Niederlage des von SIGISMUND geführten Kreuzheeres bei Nikopolis (zwischen Donau und Balkangebirge) gegen die Osmanen.

1401 Die Magnaten zwingen SIGISMUND zur Anerkennung ihrer Rechte, nachdem Vertreter der Städte 1397 zum ersten Mal auf einem Reichstag in Temesvár (im westlichen Rumänien) erschienen sind.

1403 Die Einsetzung des LADISLAUS VON DURAZZO (seit 1386 König von Neapel) aus dem Haus Anjou zum König von Ungarn nach Intrigen der Kurie, verhindert die Ausnutzung der vernichtenden Niederlage der Osmanen durch TIMUR LENG (*1336, †1405) 1402 bei Angora [heute Ankara], die Europa eine Atempause hätte geben können.

1405 Die Reichsstandschaft der Städte wird im *Decretum minus* SIGISMUNDS deutlich.

nach 1410 Nach SIGISMUNDS Wahl zum deutschen König liegt die Regierung Ungarns in Händen seiner zweiten Gemahlin (seit 1408) **BARBARA VON CILLI** (*um 1390, †1451). Defensivmaßnahmen SIGISMUNDS durch innere Reformen; Verlust Dalmatiens nach zwei Kriegen mit Venedig (um 1430). Ausbreitung des Feudalismus, Bedrohung durch Einfälle und Aufstände (1433, 1436) der Hussiten, Vordringen der Osmanen.

1421 Die Heirat der Tochter SIGISMUNDS und BARBARAS, ELISABETH (*1409, †1442), mit Herzog ALBRECHT (*1397, †1439; 1438 auch deutscher König) von Österreich macht das **Haus Habsburg** 1437 zum **Erben der ungarischen, böhmischen und deutschen Krone**.
Bauernaufstand in Siebenbürgen.

1440/44–1457 Schon unter ALBRECHT II., v. a. nach einer Erhebung durch WŁADISŁAW I. (*1424, †1444; als WŁADYSŁAW III. König von Polen seit 1434), der gegen die Osmanen bei Warna fällt, entflammen um die Nachfolge des unmündigen Sohnes ALBRECHTS, LADISLAUS V. POSTUMUS (*1440, †1457; König seit 1440/44) bürgerkriegsähnliche Konflikte unter den Magnaten auch gegen die »deutschen« Städte, in denen der Reichsverweser, JOHANN (JÁNOS) HUNYÁDI (*um 1408, †1456), eine führende Rolle spielt.

1446 Vom Reichstag gewählt, hat HUNYÁDI bis zu seinem Tode (1456) gegen Kaiser FRIEDRICH III. (1440/52–1493), der die westlichen Provinzen besetzt hält, und gegen die Osmanen zu kämpfen.

1456 Der Sieg über die Osmanen bei Belgrad sichert für einige Zeit den Frieden, doch fehlten HUNYÁDI die wirtschaftlichen und politischen Kräfte zum erfolgreich Widerstand.
Nach JOHANN HUNYÁDIS Tod herrscht sein Sohn **MATTHIAS I. CORVINUS** (*1443, †1490). Er macht durch ein Söldnerheer seine durch Kaiser FRIEDRICH III. (1459 Gegenkönig) bedrohte Regierung vom Lehnsaufgebot unabhängig.

1463 MATTHIAS erobert, unterstützt von Papst PIUS II. (1458–1464), Bosnien und drängt die Osmanen zurück.

1469 Er erringt die Herrschaft in **Böhmen** (Krönung) einschließlich Mährens, Schlesiens und der Lausitz gegen Böhmens König GEORG VON PODIEBRAD (*1420, †1471), muss sie aber gegen die Ansprüche König KASIMIRS IV. (1447–1492) von Polen, Gemahls der ELISABETH VON HABSBURG (†1505), Tochter König ALBRECHTS II., verteidigen.

1471 Auf Betreiben KASIMIRS wird sein Sohn als VLADISLAV II. (WLADISLAW; *1456, †1516) vom böhmischen Adel zum König von Böhmen erhoben.

1478 Im Vertrag von Brünn einigen sich beide: MATTHIAS überlässt die Herrschaft über Böhmen VLADISLAV, behält aber die Nebenländer sowie den Königstitel und damit die Anwartschaft auf Böhmen.

1485 Starke Abwehr gegen die Osmanen; Feindschaft mit Kaiser FRIEDRICH III.; **Eroberung Wiens** und Verlegung der Residenz dorthin.
Kultur- und Wirtschaftsblüte durch Reformen, Gesetzgebung, Förderung des Handels und Pflege des Humanismus: 1467 Akademie in Pressburg (Bratislava) gegründet, Universität Buda erneuert; erste magyarischsprachige Texte der ungarischen Literatur.

1490 Der Tod des MATTHIAS CORVINUS löst Krieg um die ungarische Krone in der Jagiellonendynastie aus: VLADISLAV II. setzt sich mithilfe der ungarischen Magnaten und seiner böhmischen Truppen gegen seinen jüngeren Bruder JOHANN ALBRECHT (*1459, †1501) durch, der von König KASIMIR IV. von Polen und dem Woiwoden STEPHAN II. BÁTHORY (†1493) von Siebenbürgen unterstützt wird; er vergleicht sich mit MATTHIAS CORVINUS' illegitimem Sohn JOHANN CORVIN und behauptet sich gegen die Ansprüche des habsburgischen Thronfolgers, des späteren Kaisers MAXIMILIAN I. (*1459, †1519). VLADISLAV II. wird vom ungarischen Reichstag rechtmäßig gewählt und gekrönt.

1491 Im Frieden von Kaschau verzichtet JOHANN ALBRECHT auf die ungarische Krone und erhält Teile des böhmischen Nebenlandes Schlesien als Kompensation; er folgt seinem Vater auf dem polnischen Thron. Die von MATTHIAS CORVINUS annektierten Länder, Mähren, Schlesien und die Lausitz, fallen an Böhmen zurück. Kroatien wird von MAXIMILIAN erobert.
Im Frieden von Pressburg erkennt VLADISLAV für den Fall des Aussterbens seiner Linie das habsburgische Nachfolgerecht an.

Unter dem schwachen Regiment des vom Adel beherrschten VLADISLAV **verfällt das machtvolle Donaureich** in den folgenden Jahren rasch: Auflösung des stehenden Heeres; Beschränkung der Privilegien der Städte. Kämpfe zwischen Adelsfamilien und Städten vernichten den Wohlstand des Landes.

1514 **Bauernaufstände** werden durch JOHANN ZÁPOLYA (*1487, †1540; König im Osten Ungarns seit 1526) unterdrückt und führen zur Schollenpflicht der Bauern.
Kodifikation des ungarischen Gewohnheitsrechts (*Tripartitum*) durch den Juristen ISTVÁN VERBÖCZY (Idee der Stephanskrone).

1515 VLADISLAV und MAXIMILIAN bestätigen nach Eheverträgen zwischen ihren Kindern bzw. Enkeln den Erbvertrag von 1491 (Friede in Pressburg), der die Rechtsbasis für den Übergang der Länder der Stephanskrone und der Wenzelskrone an das Haus Habsburg bildet, der aber den ungarischen Ständen nicht vorgelegt worden ist.

1516–1526 Die Abneigung der Magnaten unter VLADISLAVS Sohn **LUDWIG II.** (*1506, †1526; 1516–1526 auch König von Böhmen), der seit 1522 mit der Habsburgerin MARIA (*1505, †1558), Tochter König PHILIPPS I. von Kastilien verheiratet ist, lähmt Ungarns Kräfte völlig.

1526 **Niederlage und Tod LUDWIGS** im Kampf gegen die Osmanen bei Mohács (Südungarn), die Buda und Pest erobern und das Land verwüsten.

1527–1564 Gegen den Erben FERDINAND VON ÖSTERREICH (*1503, †1564; Kaiser seit 1556) erhebt sich ein nationales Königtum unter JOHANN ZÁPOLYA (1526–1540) mit Buda als Hauptstadt und dem Zentrum in Siebenbürgen unter osmanischer Oberhoheit.
Durch den Herrschaftsanspruch auf Ungarn und das anhaltende Expansionsstreben der Pforte wird das Haus Habsburg von nun an unlöslich in Konflikte mit dem Osmanischen Reich verstrickt. Ungarn bleibt, Oberungarn und das engere Kroatien mit dem Zentrum Zagreb (Agram) ausgenommen, für etwa 150 Jahre unter osmanischer Herrschaft. | s. S. 985 |

Kroatien

Bis ins 10. Jh. ist wenig über die Geschichte Kroatiens bekannt. Mit der von Rom und Byzanz aus betriebenen Christianisierung entwickelt sich die Stammesorganisation unter den Trpimeriden zu einer feudalen Herrschaftsorganisation. Die Quellen sagen zu ethnischen Merkmalen und den Siedlungsgrenzen wenig aus.

um 630 Kroaten, die Bedeutung des Namens ist umstritten, übernehmen unter byzantinischer Oberhoheit im heutigen Dalmatien und Kroatien die Herrschaft über die von den Awaren unterworfenen Slawenstämme.

ca. Mitte 7. Jh. Unter Einfluss der lateinischen Kultur in den Küstenstädten Dalmatiens **breitet sich das Christentum aus.**

um 800 Nach Zusammenbruch der awarischen Herrschaft im Zweifrontenkrieg gegen das Bulgarenreich des Khans KRUM (805) und das karolingische Imperium (Feldzüge 791, 793, 795/96), geraten Slawonien im Binnenraum und das dalmatinische Küstengebiet in die Abhängigkeit des Frankenreichs.
Die Markgrafen von Friaul und die Patriarchen von Aquileja üben die Aufsicht über das kroatische Fürstentum aus (VOJNIMIR erster namentlich bekannter Fürst um 795).

812 Nur die Küstenstädte bleiben unter der byzantinischen Oberhoheit.

9. Jh. Durch den Aufstand des LJUDEVIT (819–823) und das Eingreifen der Bulgaren (829–838) wird der fränkische Einfluss vorübergehend und nach der Mitte des 9. Jh.s endgültig zurückgedrängt.

845–864 Fürst **TRPIMIR**, Stammvater der kroatischen Dynastie der Trpimeriden (bis 1102).

864 **Bistum** in TRPIMIRS Residenz **Nin** gegründet und direkt Rom unterstellt.

um 880 Fürst BRANIMIR (879–892) löst sich aus der byzantinischen Oberhoheit und unterstellt sein Land dem Stuhl Petri.

910–928 Vom Westen christianisiert und stets in Verbindung zu Venedig stehend, schüttelt Kroatien unter **TOMISLAV** (*um 875; 910–928) die noch zeitweilig ausgeübte byzantinische Oberhoheit ab.

um 924 TOMISLAV nimmt den Königstitel an.
Zusammenfassung des slawonischen Hinterlandes und des dalmatinischen Küstengebietes, Anschluss der Byzanz unterstehenden Seestädte unter Wahrung ihrer Autonomie; die kroatische Seemacht behauptet sich gegen Venedig; Erbmonarchie; 15 Županien (Grafschaften, Komitate), entwickelte Hof- und Landesverwaltung.

Bis 971 vereint der jeweils aus Byzanz entsandte Stratege die militärische und die zivile Gewalt in Dalmatien. Im 10. und 11. Jh. werden die Bindungen zwischen den dalmatinischen Städten und Kroatien immer enger. Bedeutend ist die kirchliche Integration der dalmatinischen Städte und der Herrschaftsbildungen im Hinterland nach den Beschlüssen der Synoden von Split (Spalato) 925 und 928. Ein dichtes Netz von Klöstern bildet sich im 11. Jh. aus. Seit dem Jahr 1000 bindet Venedig einzelne Städte für kurze Zeit durch Treuversprechen.

1027 Das pannonische Kroatien (Slawonien) gerät unter ungarische Oberherrschaft, wird aber nach der Mitte des 11. Jh.s wieder mit dem küstenländischen Kroatien (Hauptstadt Nin) in Norddalmatien vereinigt.

1035–1074 Unter den Königen STJEPAN I. (1035–1058) und PETER KREŠIMIR IV. (1058–1074) entfaltet sich Kroatien zu einem kräftigen Staatswesen zwischen Drau und Adria, von der Narenta bis Istrien und wird zu einer Konkurrenz Venedigs zur See.

1075 DEMETRIUS ZVONIMIR (1074–1089) legt Papst GREGOR VII. (1073–1085) den Lehnseid ab und erhält vom päpstlichen Legaten die königlichen Insignien.
Der romanische Bevölkerungsteil wird begünstigt, die Reste der nur noch nominellen byzantinischen Hoheitsrechte im Küstengebiet verschwinden.

nach 1091 In **Thronfolgewirren** greift das verwandte Arpadenhaus **Ungarns** ein und gliedert sich unter KOLOMAN I. (*um 1070, †1116) das gesamte Kroatien (um 1200 durch Sirmium erweitert) nach einem Kompromiss mit dem Adel unter Gewährung von Privilegien (in der Tradition seit dem 14. Jh. als *Pacta conventa* überliefert) in Personalunion an: KOLOMAN wird 1102 in Biograd zum König der Kroaten gekrönt, die Verwaltung Kroatiens von der Drau bis zum Meer einem Ban (Vizekönig) unterstellt.

1115–1116 Venedigs Herrschaft über die norddalmatinischen Inseln und Zadar (Zara) wird anerkannt.

1202 Der 4. Kreuzzug erobert für Venedig das seit 1181 ungarisch-kroatische Zadar, 1205 gelangt Dubrovnik (Ragusa) unter venezianische Herrschaft.

1242 Ein Mongolenheer verwüstet Zagreb und zieht bis an die Küste. Die Goldene Bulle BELAS IV. (1235–1270) erhebt Zagreb zur königlichen Freistadt.

1358 Im Frieden von Zadar verliert Venedig die Besitzungen an der östlichen Adriaküste an Ungarn.

1403 Ladislaus von Neapel (*1376, †1414) wird in Zadar zum ungarisch-kroatischen König gekrönt. 1409 verkauft er seine Rechte auf Dalmatien an Venedig, das bis 1420 in den Besitz der gesamten Küste mit Ausnahme Dubrovniks (1400 erstmals als »Republik« bezeichnet) gelangt.

1483 Missale von Senj (Zeng), erstes gedruckte Buch auf Kroatisch (in glagolitischen Lettern) erscheint.

1493 Das osmanische Heer schlägt das kroatisch-slawonische Adelsheer in der Schlacht in der Ebene von Krbava.

Serbien

Serbische Stämme wandern im 7. Jh. zeitgleich mit den Kroaten nach Südosteuropa in das eigentliche, zwischen Bulgarien und Kroatien gelegene Serbien (Raszien) sowie in Gebiete an der dalmatinischen Küste ein. Der Gesamtverband der Serben zerfällt in Teilstämme.

Im 9. Jh. christianisiert, erkennen die Serben die byzantinische Oberhoheit an. Von den Söhnen des Herrschers Vlastimir (vor 850) setzt sich Mutimir (um 850–891) als Alleinherrscher durch. In die bulgarisch-byzantinischen Auseinandersetzungen verwickelt, gerät Serbien unter bulgarische Oberhoheit, aus der es erst Časlav (927– ca. 950) wieder lösen kann. Im 11. Jh. beginnen, nach dem Ende des einflussreichen westbulgarischen Reiches Samuels (972–1014), unter der dauernden Gefahr von Byzanz und Ungarn, die Fürsten von Zeta (Zetaebene in Montenegro) die Staatenbildung.

um 1040 Stephan Vojislav (um 1034–um 1050) glückt der Aufstand gegen Byzanz.

1077 Sein Sohn **Michael** (um 1050– um 1082) wird von einem päpstlichen Legaten **zum König gekrönt**. Das serbische Königreich umfasst die Zeta, Teile Bosniens und Rasziens (Raška, in Südserbien und Ostmontenegro); Zentrum ist Skadar (Shkodër).

1082–1106 Unter Konstantin Bodin (1082–1101) beginnt der Zerfall in kleine **territoriale Verbände**, unter denen Raszien das politische Übergewicht erlangt.

1089 Gründung des römisch-katholischen Erzbistums Bar (Montenegro).

Nach 1100 verlagert sich das Herrschaftszentrum nach Raszien, von wo aus die mittelalterliche Staatsgründung Serbiens unter der Dynastie der Nemanjiden in der zweiten Hälfte des 12. Jh.s ihren Abschluss findet.

1166 Großžupan (Großfürst) **Stephan Nemanja** (um 1168–1196) begründet die territoriale Einheit Serbiens und erlangt die Alleinherrschaft in Raszien.

1172 Stephan geht infolge einer Niederlage gegen Byzanz nach Konstantinopel.

1180 Nach dem Tod des byzantinischen Kaisers Manuel I. schüttelt Stephan die byzantinische Oberhoheit ab. Im Bündnis mit Ungarn und Kaiser Friedrich I. (1152/55–1190) erobert er das Moravagebiet und Küstenstädte und schließt die Zeta an.

Bosnien, das vorher zeitweise zu Serbien gehört hat, gerät unter ungarischen Einfluss, bis es im 14. Jh. zu einem unabhängigen Staatswesen wird. Der Staatsaufbau erfolgt nach bulgarischem und byzantinischem Muster, erbliche Županien (Verwaltungseinheiten, später mit Beamtencharakter), Ausrottung der Bogumilensekte.

1217 **Stephan II.** (1196–1228, Sohn Stephan Nemanjas) erhält von der römischen Kurie die Königskrone und wird der »Erstgekrönte« (*Prvovenčani*) genannt.

1219 Byzanz erkennt die kirchenorganisatorische Selbstständigkeit Serbiens an. Orthodoxer Erzbischof wird Stephan Nemanjas Sohn, der hl. Sava (†1235/36). Das Nationalgefühl erlebt einen ersten Aufschwung, das orthodoxe Christentum bleibt seitdem für die Serben die herrschende Glaubensform.

1243–1276 Unter Stephan Uroš I. (†1277) kommt auch die Organisation der katholischen Kirche auf serbischem Boden nach Abwehr von Ansprüchen des Erzbischofs von Dubrovnik zum Abschluss.

Während des 13. und 14. Jh.s, besonders unter Stephan Uroš II. Milutin (1282–1321), dehnt sich das Serbische Reich zur Morava, zum Vardar und zur Adria aus. Serbien erfährt die größte Ausdehnung seiner Macht unter **Stephan Uroš III.** (1322–1331) und dessen Sohn.

1330 Der Sieg bei Kjustendil (damals Velbužd; im Südwesten des heutigen Bulgarien) und die Annexion Bulgariens begründen die serbische Vorrangstellung auf dem Balkan und schwächen die byzantinische Macht in Makedonien.

1331 Nach Absetzung Stephans III. durch den serbischen Adel folgt ihm sein Sohn **Stephan Uroš IV. Dušan** (*um 1308, †1355): Nach Kriegen gegen Bosnien und Ungarn dehnt er, unter Ausnutzung der byzantinischen Wirren, sein Reich bis Thessalien aus.

1346 Stephan Dušan nimmt den Titel *Imperator Rasciae et Romaniae* an und wird **in Skopje gekrönt**. Er gründet das Patriarchat Serbien und kodifiziert das Recht (1349). – Abschaffung der bis dahin geltenden Senioratsverfassung: An die Stelle des Župane treten vom Herrscher abhängige Beamte. Der Schwerpunkt dieses slawisch-griechischen Reichs liegt im griechischen Süden, der Norden wird von Stephan Dušans Sohn Uroš verwaltet; der Aufbau folgt dem byzantinischen Muster.

1354 Eine Gesandtschaft an Papst Innozenz VI. (1352–1362) und Kaiser Karl IV. (*1316, †1378), um unter Ausnutzung des byzantinisch-westlichen Gegensatzes in einem von Stephan vorgeschlagenen gemeinsamen Türkenkrieg zum »Kapitän« ernannt zu werden, bleibt erfolglos.

1355 Stephan Dušan stirbt vor Erreichung seines Ziels, der Kaiserkrone von Byzanz. Sein Reich zerfällt in **Teilfürstentümer** (Raszien, Epeiros, Zeta, Prilep [Stadt in Makedonien], Rudnik [südlich Belgrad]).

1371 STEPHAN UROŠ V. (*1336), letzter nur noch die serbischen Kerngebiete beherrschende Nemanjide, stirbt. Danach stellt sich nur Fürst LAZAR I. Hrebeljanović (*um 1329, †1389), mit Bosnien, Bulgarien und Byzanz, dem Vormarsch der Osmanen entgegen.

Serbische Kunst

Das Goldene Zeitalter der Kunst spiegelt sich in vielen aus dem 13. und 14. Jh. erhaltenen Burgen und Kirchen (St. Lazar in Kruševac, Kreuzkirche in Gračanica bei Priština in Serbien (1321), Zeugnissen der Malerei (Ikonen und Fresken u. a. der Morava-Schule im Nordosten Serbiens) sowie in der Dichtung wider (Epen um die Schlacht auf dem Amselfeld und den legendären Nationalhelden MARKO KRALJEVIĆ [*um 1335, †1395], die v. a. im orthodoxen südslawischen Bereich Verbreitung finden). Der Freskenschmuck der Nemanja-Kirche in Studenica (Raška/Raszien) steht ganz in byzantinischer Tradition, dagegen der in Dečani (Südwestserbien; erbaut 1327–1335) in romanischer.

1389, 15. Juni Die Entscheidung über Serbiens Zukunft fällt – nach dem Sieg der Osmanen 1371 an der Maritza (heutige griechisch-türkische Grenze in Thrakien) – in der vernichtenden **Niederlage** des serbisch geführten christlichen Heeres **auf dem Amselfeld** (Kosovo polje, Becken im Dinarischen Gebirge), die das Ende des mittelalterlichen serbischen Staates einleitet. Seit dem 19. Jh. wird diese Niederlage als nationaler Mythos in den Konflikten mit Osmanen und Albanern als zentrales Element der Ideologie des serbischen Nationalismus instrumentalisiert.

Das Land zwischen Donau, Save, Drina (rechter Nebenfluss der Save), und Timok (unterhalb des Eisernen Tors einmündender, rechter Nebenfluss der Donau) wird dem Osmanischen Reich tributpflichtig.

1389–1456 Fürst STEFAN LAZAREVIĆ (*1377, †1427; Sohn LAZARS I. HREBELJANOVIĆ) und sein Neffe, ĐURAĐ BRANKOVIĆ (*um 1375, †1456), suchen Anlehnung an Byzanz, Ungarn und den Westen, ohne der osmanischen Macht auf Dauer widerstehen zu können.

1444, 10. Nov. Sieg der Osmanen bei Warna.

1459 Nachdem der Versuch scheitert, Serbien dem Papst zu unterstellen (1457), werden Serbien, Bosnien (1463) und die Herzegowina (1483) erobert. Nur die orthodoxe Kirche bewahrt serbische Traditionen.

Damit ist die **osmanische Vorherrschaft auf dem Balkan vollendet**. Nur Montenegro (bis 1528) und die Republik Dubrovnik bleiben von der osmanischen Herrschaft unberührt, das von 1205–1358 unter Venedig, danach bis 1526 unter Ungarns Oberhoheit steht (bei gleichzeitiger Tributzahlung an die Pforte seit 1458). Hier entwickelt sich unter dem Einfluss Venedigs und Italiens eine große Wirtschafts- und Kulturblüte bis zum 17. Jh. (»Südslawisches Athen«), etwa IVAN GUNDULIĆ (*1588, †1638), einer der großen dalmatinisch-kroatischen Dichter vor dem 18. Jh. | Forts. S. 1162 |

Mittelalterliche Reiche in Südosteuropa

Bosnien

Nach dem Zusammenbruch der byzantinischen Herrschaft auf dem Balkan Ende des 12. Jh.s wird Bosnien, nach vorübergehender Befreiung von der Oberherrschaft Ungarns unter dem Ban KULIN (1180–1204), im 13. Jh. das Ziel zweier vom Papst angeregter Kreuzzüge gegen die hier herrschende Bosnische Kirche, deren Verbindung zur religiösen Bewegung der Bogomilen jedoch heute bestritten wird. Die Bosnische Kirche verliert, als häretisch verdammt, trotz der eher formellen Oberhoheit Ungarns, bis zum Untergang des Königreichs dennoch nicht an Einfluss. Unter dem Ban MATEJ NINOSLAV (1232–1250) beginnt die Verselbstständigung Bosniens. Als Inquisitoren und Missionare setzt die römische Kirche Dominikaner ein, seit den 1330er-Jahren abgelöst von Franziskanern.

1322–1391 Ban STEPHAN II. KOTROMANIĆ (*1314; 1322–1353) und sein Nachfolger und Neffe **STEPHAN TVRTKO I. KOTROMANIĆ** (*1338; 1351–1391) dehnen die Herrschaft Bosniens auf Teile Dalmatiens und Kroatiens im Westen und Serbiens im Osten aus. U. a. wird 1326 das Herzogtum Hum, der zentrale Teil der Herzegowina, erobert. Durch die Ausdehnung gewinnen sie in der Zeit des Verfalls von Serbien, Bulgarien und des Byzantinischen Reichs eine Machtstellung auf dem Balkan, während im Inneren die Territorialherren das Land beherrschen.

1377 STEPHAN TVRTKO I. lässt sich zum »König von Serbien und Bosnien« krönen.

1386 Erster belegter Osmaneneinfall nach Bosnien. Die Eroberung wird 1592 mit dem Fall der damals zu Kroatien gehörenden Stadt Bihać abgeschlossen (»Türkisch Kroatien«).

1390 STEPHAN TVRTKO I. »König von Dalmatien und Kroatien«.

nach 1391 Nach seinem Tod zerfällt durch Adelskämpfe die schwache Zentralgewalt mangels einer gut organisierten Kirche. Kroatien und Dalmatien gehen an Ungarn verloren.
Der Franziskanermission gelingt es, die Angehörigen der Bosnischen Kirche vor der osmanischen Eroberung weitgehend zu rekatholisieren. Mit Kaufleuten aus Dubrovnik und »sächsischen« (deutschen) Bergleuten entwickeln sie eine Stadtkultur, die nach der osmanischen Eroberung untergeht.

1436 **Bosnien wird dem Osmanischen Reich tributpflichtig.**

1443–1461 STEPHAN TOMAŠ (†1461) verfolgt die mit den Osmanen sympathisierende Bosnische Kirche. Nach dem Tod JOHANN HUNYÁDIS VON UNGARN (1456) ist er der osmanischen Gefahr schutzlos ausgeliefert.

1461–1463 König STEPHAN TOMAŠEVIĆ (†1463) scheitert mit dem Versuch, das Erbe des serbischen Despoten ĐURAĐ BRANKOVIĆ (*um 1375, †1456) zu annektieren: Nach Serbiens Eroberung durch die Osmanen (1459) wird Bosnien 1463 von den Osmanen erobert, STEPHAN TOMAŠEVIĆ gefangen und enthauptet.

1463 **Zentralbosnien wird Teil des Osmanischen Reichs** (bis 1878) als Sandschak Bosnien. Die Angehörigen der Bosnischen Kirche sollen geschlossen zum Islam übergetreten sein. Die Franziskaner werden die wesentliche Stütze der katholischen Bevölkerung nach der osmanischen Eroberung.
Die Herzegowina hält sich unter STEPHAN VUKČIĆ (*1404, †1466) und seinen Söhnen bis 1483, das Banat Jajce im Nordwesten unter Ungarn bis 1528.

Bulgarien

Das Erste Bulgarische Reich südlich der Donau (680–1018)

679/681 Nach dem Frieden mit Byzanz, das sich durch jährliche Tribute den Frieden erkauft, gründen Protobulgaren unter ASPARUCH (*um 641, †um 702) das **Erste Bulgarische Reich**, zwischen Isker, Balkan und Schwarzem Meer bis zu den Grenzen der Awaren und Chasaren im Norden. Der Herrschaftsschwerpunkt liegt südlich der Donau, die Hauptstadt ist Pliska. Die Verwaltung liegt in den Händen der bulgarischen Herrscher- und Militärkaste, die bis zum Beginn des 9. Jh.s von den Slawen streng geschieden bleibt; die Nähe von Byzanz ist bedeutsam.

8. Jh. Die Khane TERVEL (702–718/19) und KORMISOS (740–756) sind durch Felsreliefs (von Madara) und (nach türkisch-iranischer Tradition) Chronikinschriften als protobulgarisch bekannt. Seit Mitte des 8. Jh.s Schwächeperiode durch Angriffe von Byzanz.

9. Jh. Konsolidierung unter den Khanen KRUM (802–814) und OMURTAG (814–831). Danach Reformen nach byzantinischem Muster zur Stärkung der Stellung des Herrschers und Beseitigung des Einflusses des konkurrierenden bulgarischen Adels. Einhergehen Slawisierung des Staates und, nach dem Untergang des Awarenreiches und dem Vorschieben der Grenzen über Siebenbürgen bis zur Theiß, Angriffe auf Byzanz (811 wird Kaiser NIKEPHOROS besiegt, er fällt in der Schlacht, 813 ist Konstantinopel gefährdet) und das Frankenreich. – Die Palastbauten der Hauptstadt Pliska zeigen den Übergang von hunnischen zu byzantinischen Formen, vom Holz- zum Steinbau. – Das bulgarische Prestige unter den Balkanslawen steigt. Erste Ansätze zur Staatsbildung bei den Serben der Raška mit allmählicher **Christianisierung durch Byzanz.** Die staatliche Selbstständigkeit wird hier jedoch erst im 11. Jh. erreicht.

852–889 Khan BORIS I. (†907) sucht Anschluss an die westliche Christenheit und geht 856 und 864 ein Bündnis mit LUDWIG DEM DEUTSCHEN (843–876) gegen das Großmährische Reich ein. Doch muss er sich der Übermacht des byzantinischen Kaisers beugen, dessen Namen MICHAEL er in der Taufe 864 annimmt.

870 Eingliederung Bulgariens in die byzantinische Kirchenorganisation (Erzbistum mit sieben Diözesen). Pflege der slawischen Liturgie und Missionsarbeit der Schüler der mährischen Slawenapostel KYRILLOS (*um 826, †869) und METHODIOS (*um 815, †885). Die Grundlagen zur slawischen Literaturblüte werden gelegt; **Bulgarien wird zu einem slawisch-christlichen Staat** mit der neuen Hauptstadt Preslaw, in deren prachtvollen Palästen und Kirchen der byzantinische Kunsteinfluss dominiert (ebenso in der Basilika von Pliska).

893–927 Unter dem griechisch gebildeten und erzogenen **SYMEON DEM GROSSEN** (*864) erreicht das Erste Bulgarische Reich seine größte Ausdehnung. Unter ihm entsteht in Ochrid ein weiteres Kulturzentrum. SYMEONS (vergebliches) Ziel in vier Kriegen (894–896, 913, 914–923, 926–927) ist es, das Byzantinische Reich zu erobern und zu erneuern. Handelsinteressen bilden den Anlass zur Eröffnung des Krieges mit Byzanz.

894–896 Byzanz ruft die Magyaren aus Südrussland gegen Bulgarien herbei, worauf sich SYMEON mit dem nomadischen Turkvolk der Petschenegen verbindet.

913 Belagerung von Konstantinopel und Triumph SYMEONS: In den Friedensverhandlungen wird ihm die in ihrer staats- und völkerrechtlichen Bedeutung umstrittene Kaiserkrone zugestanden (Titel Basileus von Bulgarien) und die Eheverbindung seiner Tochter mit Kaiser KONSTANTIN VII. (913–959) versprochen.
Tribute und territoriale Konzessionen der Byzantiner.

917–918 Da Byzanz die Zusagen bricht, kommt es erneut zum Krieg: SYMEON erobert die ganze Balkanhalbinsel, scheitert aber 920 am Widerstand des neuen byzantinischen Kaisers ROMANOS LAKAPENOS.
Proklamation eines bulgarischen Patriarchats auf einer Synode bulgarischer Bischöfe.

924 Friedensschluss mit byzantinischer Tributzahlung; Ausweitung der bulgarischen Macht auf dem Balkan durch Siege über die Serben.

Im Westen werden dem bulgarischen Vordringen, durch die Begründung eines selbstständigen kroatischen Königreichs unter TOMISLAV (910–928) zwischen Adria und Drau, Grenzen gesetzt.

927–969 Rascher **Verfall des** durch Kriege erschöpften **Ersten Bulgarischen Reichs** unter Khan PETER (†969): Der bulgarische Einfluss auf dem Balkan wird durch den byzantinischen ersetzt, dem Bulgarien selbst völlig erliegt (lange Friedensperiode; Höhepunkt der Christianisierung).

Durch Anwachsen des geistlichen und weltlichen Großgrundbesitzes entsteht die sozial-religiöse Bewegung der **Bogomilen** (nach dem Muster der armenischen Paulikianer), die eine dem manichäischen Dualismus ähnliche Lehre vertreten und nach streng lebensverneinend-asketischen Regeln leben. Sie werden von der Kirche bekämpft, gewinnen jedoch eine große Anhängerschaft.

Verwüstung des Landes durch Magyaren und Petschenegen, Aufstände und Heere des mit Byzanz verbündeten Großfürsten von Kiew SWJATOSLAW (962–972), der die Erneuerung des Bulgarischen Reiches zu seiner ureigenen Aufgabe macht.

972 Nach Vertreibung SWJATOSLAWS durch Byzanz ist Ostbulgarien byzantinische Provinz; Aufhebung des Patriarchats und Unterstellung unter Byzanz.

972–1014 Dagegen hält sich in **Westbulgarien** unter SAMUIL (†1014), gestützt auf die Bogumilen, eine bulgarische Herrschaft (Hauptstadt Prespa, später Ochrid; Patriarchat nach Ochrid verlegt).

Von hier aus beginnt der Kampf um die Wiederherstellung des Bulgarischen Reiches zunächst mit einer erfolgreichen Expansion bis Larissa, Durazzo (989) und zeitweise bis zum Schwarzen Meer. 997 lässt sich SAMUIL zum bulgarischen Zaren krönen.

Dagegen eröffnet der byzantinische Kaiser BASILEIOS II. (976–1025; der »Bulgarentöter«), einen Vernichtungskrieg. 1014 unterliegt SAMUIL dem byzantinischen Invasionsheer am Belasica-Pass.

Das Kernland des Reichs SAMUILS wird nach seiner **Unterwerfung durch Byzanz** 1018 zum Thema (später Dukat) Bulgarien, mit Skopje als Zentrum, zusammengefasst. Die Kirche (Erzbistum Ochrid [Ohrid im heutigen Makedonien]) wird zum von Griechen beherrschten Instrument der Ausbeutung und Beherrschung des Volkes.

Nach dem Vordringen der Petschenegen über die Donau (1048) leiden Bulgarien und die nachfolgenden Steppenvölker (Uzen, Kumanen) unter ihnen. Dagegen hilft auch die Verbindung mit Walachen und Rumänien auf dem Balkan nichts. Zwei Aufstände (1040–1041 unter PETER DELJAN, 1072–1073) bleiben erfolglos.

Das Zweite Bulgarische Reich (1185–1396)

1185 Erst in der Schwäche von Byzanz (Sezession Serbiens, ungarische und normannische Angriffe) erlangt Bulgarien unter den Brüdern IVAN ASEN (†1196) und PETER ASEN (†1197) seine staatliche Selbstständigkeit wieder: **Zweites Bulgarisches Reich**. Zar IVAN ASEN I. wird vom Erzbischof von Tarnowo (heute Weliko Tarnowo, nördliches Bulgarien) gekrönt. 1187 erkennt Byzanz die bulgarische Unabhängigkeit an.

1197–1241 Bulgarien dehnt mithilfe der Kumanen unter Ausnutzung der byzantinischen Ohnmacht seine Herrschaft unter ASENS Bruder KALOJAN (†1207; Krone aus Rom 1204) und dem gebildeten und bedeutendsten Herrscher dieser Dynastie, IVAN ASEN II. (*um 1190, †1241; Zar seit 1218) aus. Es erstreckt sich über Nordalbanien, Makedonien und das westliche Thrakien mit für Byzanz bedrohlicher Machtstellung. Das Ziel eines bulgarisch-byzantinischen Imperiums erreicht IVAN ASEN II. ebenso wenig wie einst SIMEON. Zwar führen ihn sein Sieg über das Kaisertum von Epeiros bei Klocotniza (nahe Chaskowo, im südlichen Bulgarien) 1230 und die Errichtung eines autokephalen bulgarischen Patriarchats (1235 anerkannt) in greifbare Nähe des Erfolges gegenüber dem Lateinischen Kaiserreich. Aber nach seinem Tod wird Bulgarien durch ungarische und mongolische Einfälle schwer heimgesucht (1242 Tributpflicht) und geht nach **Ausrottung der Asen-Dynastie** (1258) in Adelskämpfen weiterer Auflösung entgegen.

Blüte der Kultur im 13. Jh.: Die Fresken von 1259 (Herrscherporträts) von Bojana (bei Sofia), später die der Vierzig-Märtyrer-Kirche von Tarnowo zeigen den Anschluss an beste byzantinische Kunst.

Zerfall der Macht

Die verschiedenen Völkergruppen im Zweiten Bulgarischen Reich, Konflikte mit Byzanz unter Zar KONSTANTIN TICH (1258–1277) und den nachfolgenden Usurpatoren tragen zu seiner Schwächung bei; Bulgarien verliert gegenüber dem erstarkenden Serbien an Einfluss und Macht. Bulgarien bleibt nach Verfall der Zentralgewalt seit ca. 1250 politisch ohnmächtig. Die beiden kumanischen Dynastien der Terter (in Tarnowo 1280–1323) und Schischman (in Widin [am bulgarischen Donauufer], 1323–1396) versuchen vergeblich, politische Handlungsfreiheit auf dem Balkan zu gewinnen.

1330 Durch die Niederlage des Zaren MICHAEL SCHISCHMAN (ŠIŠMAN, 1324–1330) von Vidin bei Kjustendil (Westbulgarien) **verliert Bulgarien seine Selbstständigkeit an Serbien**, die führende Balkanmacht unter STEPHAN DUŠAN (*um 1308, †1355). Nach deren Ende nach 1355 setzt sich der Zerfall in kleine Herrschaften auf dem Balkan fort, die der osmanischen Invasion zum Opfer fallen: Bulgarien sucht Anlehnung an die Pforte und verfeindet sich mit Serbien und Byzanz.

1386 Der letzte bulgarische Zar, IVAN III. (1371–1393), wird **Vasall des Sultans MURAD I.** (*1326, †1389).

Der serbische Widerstand und anfängliche Erfolge gegen die Osmanen 1388 ermutigen IWAN III. zur Verweigerung der Heerfolge, worauf ihn der Sultan unterwirft; nach der Schlacht auf dem Amselfeld (1389) wird Bulgarien von den Osmanen angegriffen, Tarnowo 1393 vernichtet und Vidin erobert.

1396 **Bulgarien wird osmanische Provinz bis 1878.**

Die osmanische Herrschaft bringt Verwüstungen und Verödung des Landes durch Flucht der Bevölkerung in die Berge und über die Donau. Der Islam dringt vor, Osmanen werden zum strategischen Grenzschutz Konstantinopels angesiedelt, das Land in fünf Sandschaks untergliedert, die ein Generalgouverneur in Sofia verwaltet. Eine hohe Steuerlast liegt auf der christlichen Bevölkerung, deren Glaube toleriert wird. | Forts. S. 1161 |

Albanien und Griechenland | Forts. v. S. 301 |

Die Gebiete des heutigen Albaniens und Griechenlands erleben als Teil des Byzantinischen Reichs 539, 577 und 585 Slaweneinfälle. 591, 609, 678–680 und 688 wird Saloniki belagert. Im Gebirge südwärts wandernd, **siedeln sich Slawen** (sprachlich zu den Makedoslawen gehörend) in den Gebirgstälern, später am Rand der großen Ebenen an (an Ortsnamen ablesbar).

seit 710/732 Die Inseln vor der Küste Kleinasiens stellen einen Teil der byzantinischen Flotte (Thema Aigaion Pelagos); nur Rhodos und Kos sind 654 kurz von den Arabern besetzt.

um 750 Die Halbinsel Peloponnes ist mit Ausnahme der Städte im Wesentlichen slawisiert.

783 Die großen Stadtfestungen und abgelegene Küstengebiete (Tzakonia, Maina) halten sich. Von ihnen geht die Christianisierung und Gräzisierung der Slawen aus. Die verwaltungsmäßige Verbindung mit Konstantinopel wird durch die Einrichtung von Themata (byzantinische Heeres- bzw. Verwaltungseinheiten) für die Peloponnes wieder hergestellt. In Mittelgriechenland gibt es diese bereits seit 687/695.

799 **Slawenaufstand in Ostthessalien.**

805 Erhebung gegen Patras niedergeschlagen.
Thessalonike, Dyrrhachion und Kephallenia werden wohl unter Nikephoros I. (802–811) als Themata Ausgangspunkte byzantinischer Unternehmungen gegen Bulgarien und über die Adria.
Griechenlands Küsten sind arabischen Seeräubern preisgegeben.

826–961 Kreta ist in der Hand der Araber.

904 Thessalonike wird von Arabern geplündert.

Griechenland und Albanien um 1000

Das heutige Griechenland und Albanien ist im Hochmittelalter wieder gesicherter Besitz des Byzantinischen Reichs. Die dort lebenden Slawen werden erneut für das Christentum (Neuaufbau der kirchlichen Hierarchie, Missionstätigkeit) und die byzantinische Kultur und damit auch für die griechische Sprache gewonnen. Nur im Gebirge halten sich die slawischen Stämme noch geschlossen. In die Gebirgsgebiete wandern romanische Wlachen (Walachen oder Aromunen: Rumänen) zunächst als Hirtenbevölkerung ein; das Vorland des Pindosgebirges im Westen und Osten wird im 11. Jh. Großwlachien. Gleichzeitig geht vom selben, weiter nördlich (bei Niš) gelegenen Ausgangspunkt die Besiedlung Rumäniens durch das gleiche Volk (das in seinen alten Sitzen sprachlich slawische Elemente aufgenommen hat) vor sich bis zur Walachei.

In **Albanien** erscheinen um 1100 zum ersten Mal die Albaner, ebenfalls ein Restvolk (im Mati-Gau [heute im nördlichen Albanien] erhalten). Die erste Erwähnung erfolgt 1042; ihr Hauptort ist Kroja [heute Krujë]). Die Albaner haben ihre vorromanische, auf das Thrakische oder Illyrische zurückzuführende Sprache erhalten. Wie vorher gegen die Slawen, haben die Machthaber mittels Stadtfestungen nun die größeren Ebenen gegen die wlachische bzw. albanische Einwanderung zu verteidigen.

Die kaiserlichen Statthalter von Byzanz haben v. a. die Aufgabe des militärischen Küstenschutzes in den Themata Hellas (Hauptstadt Theben) und Peloponnes (ab 783, Hauptstadt Korinth mit der starken Festung Akrokorinth), die seit der ersten Hälfte des 11. Jh.s vereinigt sind. Zu verteidigen sind ferner die Dukaten Thessalonike (ebenso aus mehreren Themata gebildet) und Dyrrhachion (mit Durazzo) sowie die Themata Kephallenia (seit 880) und Nikopolis (mit Korfu und Ithaka, Hauptstadt Naupaktos). In seinem Hinterland in Makedonien besteht seit 1020 das Thema Bulgaria mit der Hauptstadt Ochrid [Ohrid] als Erbe des Zweiten Bulgarenreichs; die Grenzen des Erzbistums Ochrid 1020 bewahren mit dem Ausgreifen nach Epeiros die Ausdehnung dieses Reiches in der Erinnerung. **Einfälle der Bulgaren** 918, nach 924, 978 und v. a. 996 bis zum Sieg bei den Thermopylen (Kaiser Basileios II., 976–1025) führen zu starken Verwüstungen. Dazu kommen Überfälle der Normannen auf den Ionischen Inseln, in Epeiros und Larissa in Thessalien, etwa durch Robert Guiscard (*1016, †1085) und seinen Sohn Bohemund von Tarent (*1051/52, †1111), geschildert in der *Alexias* der Anna Komnena (byzantinische Geschichtsschreiberin), schließlich solche in Theben und Korinth durch König Roger II. (*1095, †1154) 1147. Den Zerstörungen und wirtschaftlichen Schäden (etwa für die Seidenweberei mit jüdischen Handwerkern) können nur große Grundherren begegnen. So kommt gegen 1200 ein byzantinisches Magnatentum auf (Sguros in Argos, Melissenos in Magnesia). Dasselbe gilt für Kreta, das 961 von Byzanz wiedergewonnen, um 1100 von Konstantinopel aus neu besiedelt und mit Burgen ausgestattet wird. Philippi kann sich nach der bulgarischen Besetzung 836 nicht wieder erholen; Kämpfe um Durazzo 1018, 1040.

Kaiser Basileios II. besucht 1018 die Parthenonkirche in Athen. Seine Zeit leitet eine **Blüte des Kirchenbaus** ein, v. a. in Athen; kleine Kirchen entstehen auch in der Peloponnes (Eigenkirchen). Stiftungen des Kaisers oder der Statthalter (wie schon 872 Skripu) sind wohl die mosaikgeschmückten Klosterkirchen von Hosios Lukas in Phokis (um 1030) und Daphni bei Athen (1080). Die Entwicklung der Athosklöster (Anachoreten-Niederlassungen um 850) beginnt mit dem Typikon von 971/72 und der Anlage von Lavra (Kreuzkuppelkirche nach 1000) unter Kaiser Nikephoros Phokas (963–969). 1045 gibt es 300 Mönche; im zweiten Typikon (1046) erscheint zuerst die Bezeichnung »Der heilige Berg«.

1204 Die Gründung des Lateinischen Kaiserreichs auf

byzantinischem Boden ist für Griechenland der Beginn einer selbstständigen Entwicklung unter der sog. **Frankenherrschaft**. Die byzantinische Tradition hält auf dem Balkan nur noch das Despotat von Epeiros nach 1204 aufrecht.

1224 Eine Seitenlinie des Kaiserhauses, unter MICHAEL I. ANGELOS (1204–1215) mit der Hauptstadt Arta (im südöstlichen Epeiros) gegründet, schaltet unter THEODOROS I. (1215–1230) das Kreuzfahrerkönigreich Thessalonike aus und betreibt seither v. a. eine makedonisch-thessalische Politik (1236 Trennung von Epeiros und Thessalien).

So können sich im Südosten und Süden dieser Staatsbildung die **Staaten der Kreuzfahrer** entwickeln: in Mittelgriechenland die Markgrafschaften Budonitsa (Mendenitsa), Salona (einst Amphissa), die Herrschaft Athen (Hauptstadt Theben), das Fürstentum Achaia oder Morea, durch WILHELM VON CHAMPLITTE (1246–1278) von Norden, GOTTFRIED I. VON VILLEHARDOUIN (seit 1210 Fürst von Achaia/Morea; †um 1228) von Südwesten her gegründet. Letzteres ist daher lockerer mit dem Königreich Thessalonike verbunden als die Besitzungen des OTTO DE LA ROCHE (†1234) in Athen und die Lehen dreier lombardischer Adliger (daher Tertien genannt, Dreiherren) aus Verona auf Euböa. Während Chios und Rhodos byzantinisch bleiben, kommen die Ägäisinseln als Herzogtum Archipelago (von Aigaion Pelagos, der byzantinischen Verwaltungsbezeichnung, Hauptort Naxos) an den Venezianer MARKUS I. (MARCO I. SANUDO, 1207–1227), den Neffen des Dogen DANDOLO.

Venedig selbst sichert sich außer Kreta als Stützpunkte für die Fahrt dorthin die Südwestspitze der Peloponnes (Modon, Koron) und Kythera (Lehen der Venieri), gibt dagegen Korfu 1214 an Epeiros preis. Kephallenia, Ithaka und Zante stehen schon seit 1194 unter den italienischen Pfalzgrafen aus dem Haus Orsini (bis 1323). Vom wichtigen Hafen Negroponte (Chalkis) aus gewinnt Venedig auch auf Euböa Einfluss (ab 1209). Kreta wird gegen den Widerstand des einheimischen Adels (Aufstände unter Führung der Kalerghi) zur Ansiedlung venezianischer Militärkolonisten verwandt (Anfang des 14. Jh.s durch Festungsbauten geschützt). Die Insel heißt fortan nach dem Sitz des Duca Candia.

Zwischen 1214 und 1259 entfaltet sich nach französischem Vorbild ein **fränkisches Lehnswesen** in den Hauptstädten Theben, Naxos, Andravida (Parlament der zwölf Barone von Morea nach *Assises de Romanie*). Doch kommt es bald zu Fehden.

1259 Ein Bündnis mit MICHAEL II. von Epeiros (*1205; †1266/68) gegen den Kaiser MICHAEL VIII. von Nikaia (*1224/25, †1282) führt zum Untergang der fränkischen Ritterschaft in der **Schlacht im Tal von Pelagonia**.

Während Epeiros sich unter MICHAEL II. (1231–1271) rasch erholt, muss es staufische Hilfe unter König MANFRED VON SIZILIEN (1258–1266) mit Verzicht auf Korfu und das albanische Küstenland um Durazzo erkaufen (schon 1254 als Königreich Albanien besetzt). Der seit Pelagonia gefangene Fürst WILHELM VON ACHAIA (1246–1278) aus dem Hause Villehardouin muss auf seine wichtigsten Peloponnesfestungen verzichten, um freizukommen. So entsteht als Kern neuer byzantinischer Machtbildung auf der Peloponnes die Herrschaft Mistra (mit Monemvasia).

1261 Seit dem Vertrag von Nymphaion wird auch Genua eine Levantemacht in der Ägäis. – Das wiedererstandene Kaiserreich Byzanz spielt schließlich alle Staaten gegeneinander aus.

1262–1278 Neuer Aufstieg der byzantinischen Macht in Griechenland.

1267 Der Übergang des staufischen Besitzes in Korfu und Albanien an den König von Sizilien, KARL VON ANJOU (1266–1285), leitet die **Einmischung der Anjou** in Griechenland ein; als Franzose wird er Lehnsherr des Fürsten von Achaia.

1278 Nach dem Aussterben der Villehardouin von Morea übernimmt KARL selbst die Regierung in Achaia-Morea, beansprucht auch die Lehnshoheit über Athen und Kephallenia (häufiger Wechsel der Vertreter des Königs).

seit 1279 Auch Epeiros sucht unter NIKEPHOROS I. (1271–1296) bei den Anjou Halt gegen Byzanz, erst recht beim Angriff des (aus Thessalien entstandenen) Herzogtums Neopatras (einst Hypata) auf Epeiros. Achaia wird 1301 Sekundogenitur der Anjou (PHILIPPS VON TARENT, JOHANNS VON GRAVINA, dann ROBERTS VON TARENT).

1295 Die Macht in Griechenland liegt nun in den Händen der Herzöge von Athen (GUIDO II. 1287–1309); gegen die Anjou wehrt sich nur das von allen Seiten umzingelte Despotat Epeiros unter THOMAS I. (1296–1318). Die Kirchen in und bei seiner Hauptstadt Arta (um 1280) schlagen die Brücke zwischen Neapel und Serbien (Parigoritissa 1283/1296).

Die Inseln vor Kleinasiens Westküste kommen erst nach 1300 in abendländischen Besitz.

1304 BENEDETTO ZACCARIA (†1307), schon seit 1275 Herr der Alaungruben von Foglia Vecchia (Phokaia), besetzt die 1261 Genua zugesprochene Insel Chios.

seit 1306 **Niedergang der Frankenherrschaften** auf dem Festland.

1309 Auf Rhodos und den Nachbarinseln (Dodekanes) richtet der Johanniterorden seine Herrschaft auf (befestigtes Ritterviertel in der Stadt Rhodos).

1311 Einfall der katalanischen Söldnerkompanie unter selbst gewählten Anführern. Von Byzanz 1303 gegen die Osmanen zu Hilfe gerufen, beginnt die Kompanie bald mit Raubzügen: Nach dem Sieg am Kephissos in Böotien 1311 werden Südthessalien und Mittelgriechenland (Neopatras, Athen) besetzt. Der abendländischen Restaurationspolitik KARLS VON VALOIS (*1270, †1325) und PHILIPPS VON TARENT (*1278, †1332) im Geiste KARLS VON ANJOU ist damit der Boden entzogen. Gleichzeitig dringen die Serben durch Albanien nach dem Despotat Epeiros (Besetzung von Durazzo 1319–1322) vor.

1333–1337 Der Angriff von Byzanz auf das Despotat Epeiros ist erfolgreich, beseitigt aber zugleich ein Bollwerk gegen die Serben.

Makedonien, Thessalien, seit 1349 auch Epeiros, werden serbisch und können auch gegen Einfälle des letzten Despoten NIKEPHOROS II. 1356–1359 gehalten werden. Mit der Verlagerung nach Jánnina im Norden entsteht das Despotat als serbische Sekundogenitur neu unter THOMAS II. (1366–1384).

Die **Gründung des Katalanenstaates** (mit zahlreichen Burgwarten, Hauptstadt Lebadeia mit großer Festung) zieht Griechenland in den Gegensatz von Anjou und Aragón hinein; die Katalanen unterstellen sich FRIEDRICH VON ARAGÓN (als FRIEDRICH II. 1296–1337 König von Sizilien). Andererseits zwingt die Nähe des Katalanenstaates Venedig zur Verstärkung seiner Stellung auf Euböa. Mithilfe der Griechen von Mistra schlägt LUDWIG VON BURGUND (†1316) als Fürst von Achaia 1316 den katalanischen Angriff auf sein Land zurück; Byzanz ist der eigentliche Gewinner. Nachdem schon um 1300 die fränkischen Herrensitze größtenteils gräzisiert worden sind (Gasmulen = Bastarde), ist nun auch außenpolitisch das Byzantinertum von Mistra als Despotat entscheidend, erst recht, als es Sekundogenitur des Kaiserhauses der Kantakuzenen wird.

seit 1348 Kephallenia löst unter LEONARDO TOCCO (1357 bis um 1375) die Verbindung mit Achaia (1324–1357). Auf den Inseln der Ägäis und in der Argolis bilden sich kleine Herrschaften.

1355 Die Insel Lesbos kommt von Byzanz an die genuesische Familie der Gattilusi (Ikaria 1362 an die der Arangio).

um 1370 Von Chios, Samos, den Alaungruben von Foglia Vecchia und Foglia Nuova nimmt 1346 eine genuesische Handelskompanie (*maona*) Besitz; als Inhaberin der Mastixpacht (seit 1357) erwirbt sie die Gesellschaft (nicht Familie) Giustiniani 1362 und behält sie bis 1566. **Krise der Frankenherrschaft** (1373–1381): Venezianisch-genuesischer Krieg in der Ägäis. Aufstand des kretischen Adels gegen Venedig im Zeichen der Gräzisierung der Kolonisten (1380).

1380 Einfall der navarresischen Söldnerkompanie in Mittelgriechenland; die Katalanen werden auf Attika beschränkt.

1383 Usurpation des Herzogtums Naxos durch FRANCESCO CRISPO VON MELOS (†1397).

1386 Übernahme der Insel Korfu durch Venedig.

1388 Im Kampf gegen Venedig bemächtigt sich der Florentiner NERIO ACCIAIUOLI, seit 1385 Herr von Korinth, der Stadt und Burg Athen (1388–1394 als NERIO I. Herzog von Athen).

Sein Verwandter ESAU (1385–1411) macht sich nach der Ermordung von THOMAS II. zum Herrn von Epeiros (*Despotes* seit 1387) und drängt die Albaner zurück, denen THOMAS die westlichen und südlichen Teile von Epeiros zur Landnahme (in ersteren bis 1945) hat preisgeben müssen. Die weiterwandernden Albaner bevölkern das verödete Argolis und Attika sowie Südeuböa (dort sprachlich z.T. noch heute erhalten). Begünstigung der Griechen durch die Florentiner, Entstehen einer **griechisch-italienischen Mischkultur in Attika-Korinth** und auf Kreta. Ausweitung des byzantinischen Besitzes auf der Peloponnes unter den Palaiologen-Despoten von Mistra seit 1383. **Einmischung Venedigs** auf dem Festland: Erwerb von Argos und Nauplia durch Kauf 1388, Übernahme Athens aus NERIOS Testament 1395, aber 1405 Einsetzung seines Sohnes ANTONIO (†1435). 1309 werden Tenos und Mykonos, 1401 Parga an der epeirotischen Küste und 1407 Lepanto (Naupaktos) venezianisch. Gegen neue albanische Besitznahme von Epeiros wenden sich die Pfalzgrafen von Kephallenia: CARLO I. TOCCO (1413–1429) erobert Epeiros, Venedig 1417 Navarino.

1390 Ganz Euböa wird venezianisch unter einem Bailo.

In **Albanien** schließen sich an das Königtum der Anjou 1366–1421 Staatsbildungen der Stammesfürsten um Kroja und im Norden an (Geschlecht der Balša in Skadar [albanisch Shkodër], stets im Kampf mit Serben und Bulgaren). Doch sind ihre Gegensätze zu stark, um einen wirklichen Staat zu schaffen. An der Küste wirkt der Einfluss der Anjou, dann von Byzanz und der dalmatinischen Küstenstädte (v.a. Dubrovnik). Im 14. Jh. beginnt die Wanderung der Albaner nach Nordosten und Süden.

1393 **Erster Einfall der Osmanen** unter EVRENOS BEY (*1288, †1417) in Griechenland, seither ist Thessalien osmanisch. Athen wird besetzt (1397), Argos erstürmt.

1402 Die Niederlage der Osmanen bei Angora gegen die Mongolen rettet auch Griechenland. So wird Thessalonike 1403 wieder frei und unterstellt sich 1423 Venedig. 1430 wird es jedoch von den Osmanen genommen. Kaiser MANUEL II. von Byzanz stellt 1415 die Isthmossperrfestung (Hexamilion) wieder her. Kulturelle Blüte des Despotats von Mistra (Humanist GEORGIOS GEMISTOS PLETHON [*um 1355, †1452], Vollendung des Despotenpalastes von Mistra).

1414 Die Osmanen erobern die Markgrafschaft Budonitsa.

In Familienstreitigkeiten verlieren die Tocchi 1430 Jánnina an die Osmanen; mit CARLO II. TOCCO (1429–1448) endet die Selbstständigkeit von Epeiros.

1415–1430 In der Peloponnes beenden nicht die Osmanen, sondern die Palaiologen von Mistra die Herrschaft der seit 1382 navarresischen »Statthalter« der Könige von Neapel.

1423 Nach dem Osmaneneinfall unter TURA KHAN bemächtigen sich die drei Palaiologenbrüder der ganzen Halbinsel und behaupten sie gegen albanische Erhebungen mit türkischer Hilfe.

1458 Mit dem Feldzug MEHMEDS II. (*1430, †1481) nach Griechenland endet die Selbstständigkeit christlicher Staaten auf dem griechischen Festland mit Ausnahme der venezianischen Küstenplätze: Argos wird 1463 osmanisch, Negroponte und Pteleon 1470, Lepanto 1499, Modon und Koron 1500, Nauplia und das erst 1464 erworbene Monemvasia 1540.

1479 Mit der Niederwerfung der Erhebung des SKANDERBEG (albanisch SKËNDERBEU, griechisch GEORG KASTRIOTIS; *um 1405, †1468) endet Albaniens Freiheit. SKANDERBEGS Anhänger werden von König ALFONS V. (1416–1458) von Neapel in Sizilien und Unteritalien angesiedelt. Antivari (Bar) bleibt bis 1571 der Hort der katholischen Nordalbaner (weiterhin in der Mirdita). Mehr als die Hälfte der Albaner nimmt unter türkischer Herrschaft (bis 1913) den islamischen Glauben an.

1480 Die **Johanniter halten Rhodos** trotz Belagerung und gewinnen 1481 Ikaria. Sie räumen nach erneuter Einschließung 1522 die Insel erst am 1. Jan. 1523. Die Genuesen behaupten Lesbos bis 1462, Samos bis 1475, Chios bis 1558 bzw. 1566. Die Inselbesitzungen der Venezianer werden noch länger gegen die Osmanen gehalten: Mykonos und die Nordsporaden bis 1537/38, Andros bis 1514, Paros 1518–1520, 1531–1536.

1494–1500 Das Herzogtum Naxos wird zeitweilig von Venedig kontrolliert und hält sich noch bis 1579. Kephallenia und Zante sind seit 1482 venezianisch und bleiben es, wie Korfu und Kythera, bis 1797; Tenos bis 1715, ebenso lang die kleinen Inseln vor der Nordküste von Kreta.

1538/1573 **Kreta** wird durch neue Festungsbauten (Candia 1538, Rethymno 1573) verstärkt und gewinnt mit der Entfaltung einer venezianisch-griechischen Mischkultur (auch Interesse für die Reste der Antike) Bedeutung für die Übermittlung byzantinischer Kunsttradition nach dem Westen (El Greco aus Fodele bei Candia); Aufnahme des europäischen Barock in Baukunst und Literatur (Klöster, Epos Erotokritos). Erst 1645 fällt Kreta in türkische Hand, 1669 die Hauptstadt Candia. | Forts. S. 1167 |

Walachei und Moldau

Walachei und Moldau mit romanischer bzw. reromanisierter Bevölkerung sind nach 1200 Außenposten des ungarischen Reichs und treten erst nach ihrer Befreiung von der Mongolenherrschaft (1241–1345) im Kampf gegen die osmanische Expansion hervor.

1330 Das Herrschaftsgebilde der Walachei am Südhang der Karpaten behauptet sich unter Basarab I. (1310–1352) in der Schlacht bei Posada gegen Ungarn.

1353 Die Moldau wird ungarische Grenzmark gegen die Goldene Horde. Erster Wojewode ist Dragoş (†1353?).

1365 Das **Fürstentum Moldau** kann die ungarische Herrschaft abschütteln, gerät aber gegen Ende des 14. Jh.s vorübergehend in den Verband Polen-Litauens

1369 Die **Walachei sichert ihre Selbstständigkeit** gegenüber Ungarn.

1389 Unter Fürst Mircea dem Grossen (*1386, †1418) wird die Walachei der Pforte tributpflichtig (endgültig 1417).

Mitte 15. Jh. Die Walachei erzielt in Aufständen vorübergehend Erfolge gegen die Osmanen, gerät aber unter dem grausamen Vlad Ţepes (Draculea; *1430/31, †1476/77; Fürst 1456–1462) in Konflikt mit Stephan dem Grossen (*um 1433, †1504), dem Fürsten der Moldau; das Land versinkt durch Adelskriege in Ohnmacht und Zersplitterung.

1457–1504 Unter Stephan dem Grossen gewinnt die Moldau unter Anerkennung der polnischen Oberhoheit ihre volle Unabhängigkeit von den Osmanen.

1475 Auf die zunächst erfolgreiche Abwehr der Osmanen (1475 bei Văslui) folgt 1476 die Niederlage bei Războieni). Stephan der Grosse schließt ein Bündnis mit dem Türkmenen Uzun Hasan (*1423, †1478) gegen die Osmanen, muss sich aber eines Teilungsplans Polens und Ungarns erwehren und wendet sich 1490–1498 militärisch gegen Polen. Darauf rät Stephan seinem Sohn Bogdan III., die **Tributherrschaft der Pforte** anzunehmen (Abkommen 1504).

nach 1538 Die Moldau und die Walachei sind trotz Aufstandsversuchen unter Ioan II. Vodă (*1521, †1574) 1572 bzw. Michael dem Tapferen (*1558, †1601; Fürst der Walachei seit 1593) Teil des Osmanischen Reichs. | Forts. S. 1157 |

Das Byzantinische Reich (641–1453) | Forts. v. S. 291 |

Das Byzantinische Reich (641–1204)

Ende des 7. Jh.s umfasst das Byzantinische Reich (*Basileia Rhomaion*) im Wesentlichen noch Kleinasien, die Balkanhalbinsel, die meisten Inseln des Mittelmeers, Sizilien und Unteritalien. Es ist zwar noch immer eine Großmacht im östlichen Mittelmeerraum, doch kein die gesamte *Oikumene* (»bewohnte Welt«) umfassendes Imperium mehr. Die verbliebenen Besitzungen sind weiterhin bedroht oder gehen partiell verloren: Kleinasien ist das Ziel beinahe jährlicher Plünderungszüge der Araber; 674–678 und 717–718 belagern sie die Hauptstadt Konstantinopel; 688/89 wird Zypern entmilitarisiert und die Steuereinnahmen zwischen Byzanz und dem Kalifat geteilt.

Diese Verluste und radikalen Veränderungen des Reichs in kurzer Zeit führen zu gewaltigen wirtschaftlichen, sozialen und kulturellen Verwerfungen, deren genaues Ausmaß nur schwer abzuschätzen ist. Mentalitätsgeschichtlich darf man wohl ein Gefühl tiefer Verunsicherung und eine eschatologische Endzeitstimmung annehmen. Die Rekonstruktion des Zeitabschnitts von der Mitte des 7. bis zum Beginn des 9. Jh.s erweist sich auch deshalb als schwierig, weil für diese Zeit weit weniger schriftliche Quellen vorliegen als für die Zeiten davor und danach (daher auch die Bezeichnung als »dunkle Jahrhunderte«). Erst mit der syrischen (oft fälschlich als »isaurische« bezeichnet) Dynastie (Leon III. 717–741, Konstantin V. 741–775, Leon IV. 775–780, Konstantin VI. 780–797 und Eirene 780–802) setzt eine Adaption an die neuen Gegebenheiten und eine gewisse Stabilisierung des Reiches ein. Bürgerkriege im Kalifat mildern vorübergehend den militärischen Druck der Araber, sodass die Kaiser sich dem Balkan zuwenden und den Bulgaren und Slawen wieder aktiv entgegentreten können. Im 8. Jh. erfolgt auch die schrittweise Loslösung des Papsttums vom byzantinischen Kaiser in Konstantinopel und die Hinwendung der Päpste zum Frankenreich als neuer Schutzmacht, die in der Kaiserkrönung KARLS DES GROSSEN am 25. Dez. 800 in Rom ihren bezeichnenden Ausdruck findet. Die Forschung sieht auch den Ikonoklasmus, die ideologische Auseinandersetzung um die Rechtmäßigkeit der Verehrung von Ikonen JESU CHRISTI, MARIA und der Heiligen in Byzanz (726–843), als eine späte Reaktion auf die Ausbreitung der Araber und des Islam bzw. auf den allgemeinen Niedergang und die Bedrohung des Reiches. Auch zu Beginn des 9. Jh.s (802–820 von NIKEPHOROS I. bis LEON V.) und unter der amorischen Dynastie (820–867 von MICHAEL II. bis MICHAEL III.) bleiben die Geschicke des Reiches wechselhaft: 811 fällt Kaiser NIKEPHOROS I. in einer Schlacht gegen die Bulgaren unter Khan KRUM (†814); 813 folgen eine weitere Niederlage gegen die Bulgaren und die Abdankung MICHAELS I.; ab 824 fällt Kreta an die Araber, die auch auf Sizilien landen und es sukzessive erobern (878 Syrakus, 904 Taormina); 838 wird mit Amorion die Heimatstadt der herrschenden Dynastie von den Arabern eingenommen und zerstört.

Erst unter den Kaisern der makedonischen Dynastie, beginnend 867 mit BASILEIOS I., kann Byzanz sich aus der Umklammerung lösen und langsam zu einer eigenen aktiven Rückeroberungspolitik übergehen. Durch das gesamte 10. Jh. ziehen sich Bemühungen der Kaiser um eine juristische Beschneidung der Macht der Großgrundbesitzer (*Dynatoi*). Diese Maßnahmen haben auch einen steuerrechtlichen und militärpolitischen Hintergrund. Die Ordnungsversuche gehen einher mit einer Besinnung auf alte Werte und Größe (Kontinuität, *synecheia*), die ihren Ausdruck auch in einer neuen kulturellen und wirtschaftlichen Blüte findet (daher auch als »makedonische Renaissance« bezeichnet). Um 950 ist Byzanz zu Wasser und zu Lande militärisch wieder stark genug, um in die Offensive gehen zu können: 961 wird Kreta zurückerobert, 965 Zypern, Tarsos und Mopsuestia, 969 schließlich Antiochia. Eine ebenfalls geplante Sizilienexpedition kommt nicht mehr zustande. Als Kaiser BASILEIOS II. nach langwierigen Kriegszügen v. a. gegen die Bulgaren unter Zar SAMUIL den Balkan großräumig zurückerobert und auch in Armenien, Mesopotamien und Nordsyrien die byzantinische Herrschaft ausgebaut und gefestigt hat, steht Byzanz auf dem Höhepunkt seiner mittelalterlichen Machtentfaltung.

BASILEIOS II. hat niemals geheiratet (bis heute ein Rätsel der Geschichtsforschung!) und daher auch keine leiblichen Thronerben hinterlassen. Das Reich fällt daher 1025 an seinen Bruder und Mitkaiser KONSTANTINOS VIII., der aber seinerseits auch nur drei unverheiratete Töchter hat. Als KONSTANTIN VIII. 1028 stirbt, entspinnt sich daher im Verlaufe des 11. Jh.s ein mit allen Mitteln (Heiratspolitik, Intrigen, Mord) geführter Machtkampf: Zwischen 1028 und 1081 herrschen zehn verschiedene Kaiser und zwei Kaiserinnen. Diese innenpolitische Labilität hat zur Folge, dass man an den Grenzen den heraufziehenden Bedrohungen nicht konsequent entgegentritt. Fast nebenher kommt es 1054 zum Schisma zwischen den Kirchen von Rom und Konstantinopel. Auf dem Balkan drängen die Petschenegen, in Italien die Normannen und im Osten die türkischen Seldschuken gegen das Reich. 1071 beenden die Normannen mit der Einnahme von Bari die byzantinische Herrschaft in Unteritalien; die byzantinische Niederlage in der Schlacht von Mantzikert im selben Jahr öffnet den Seldschuken die Tür nach Kleinasien.

Als 1081 ALEXIOS I. KOMNENOS Kaiser in Konstantinopel wird, übernimmt er ein Reich in großer Not: Die Normannen unter ROBERT GUISCARD haben inzwischen auf den Balkan übergesetzt und bedrohen dort die byzantinischen Kernlande; die Seldschuken haben fast ganz Kleinasien eingenommen und die Stadt Nikaia im Nordwesten Kleinasiens zu ihrer Hauptstadt gemacht. Mit großem militärischem und noch größerem diplomatischem Geschick gelingt es ALEXIOS I., diesen Trend zu stoppen und ihn umzukehren. Dabei nutzt er auch die für Byzanz nicht unproblematischen Rahmenbedingungen des 1. Kreuzzugs, um in dessen Gefolge ehemalige byzantinische Reichsgebiete zurückzugewinnen. Diese Politik setzt sein Sohn und Nachfolger JOHANNES II. KOMNENOS konsequent fort. Mehrfache byzantinische Initiativen zur Rückgewinnung Antiochias bleiben jedoch erfolglos. Unter MANUEL I. KOMNENOS rückt die byzantinische Italienpolitik eine Zeitlang wieder stärker in den Mittelpunkt, allerdings ebenfalls ohne greifbare Ergebnisse. Jedenfalls kann Byzanz unter den drei Komnenenkaisern ALEXIOS I., JOHANNES II. und MANUEL I. (1081–1180) seine Position als Großmacht im östlichen Mittelmeerraum im Wesentlichen halten.

Mit dem Tod MANUELS I. geht jedoch die innere Stabilität der kaiserlichen Herrschaft verloren: Der Thronerbe ALEXIOS II. ist erst zwölf Jahre alt, und die Kaiserinwitwe MARIA VON ANTIOCHIA gilt aufgrund ihrer lateinischen Herkunft als nicht regentschaftsfähig. Die Folge sind ein knappes Vierteljahrhundert dauernde interne Machtkämpfe, häufige Unruhen und Aufstände in den Provinzen sowie ein zunehmender Verfall der kaiserlichen Zentralmacht, der letztlich auch der Eroberung Konstantinopels durch die Teilnehmer des 4. Kreuzzugs im Jahre 1204 den Boden bereitet.

641 HERAKLONAS (*626, †641) wird nach wenigen Monaten gestürzt und verstümmelt (ihm wird die Nase abgeschnitten); er stirbt an den Verletzungen.

641–668 KONSTANS II. (*630, †668) steht zunächst unter Vormundschaft des Senates, ab 646 eigene Regierung.

642 Abschluss der arabischen Eroberung Ägyptens. Die arabische Expansion ist in vollem Gang. Ab 644 arabische Einfälle in das byzantinische Kleinasien.

648 Erlass des »Typos«: Verbot der Diskussion um die Anzahl der Naturen JESU (Monotheletismus/Dyotheletismus). Widerstand leistet v. a. der griechische Mönch MAXIMOS DER BEKENNER (*580, †662) zunächst im römischen Exil, später in Konstantinopel.

649 Eine Synode in Rom (Lateran) unter Papst MARTIN I. (649–653) lehnt Ekthesis und Typos ab.

Erster Angriff der Araber mit einer Flotte auf Zypern. Die Araber sind nun auch eine Seemacht.

653 MARTIN I. wird in Konstantinopel wegen Hochverrats verurteilt; er stirbt 655 in der Verbannung auf der Krim.

655 Die Araber siegen zur See über eine byzantinische Flotte am Phoenix-Vorgebirge vor Lykien.
Prozess und Verurteilung MAXIMOS DES BEKENNERS wegen Hochverrats, danach Verbannung.

656–661 Nach dem Tod des Kalifen OTHMAN (644–656) Bürgerkrieg im Kalifat. Die Byzantiner unternehmen auf dem Balkan Feldzüge gegen die Slawen.

661–750 Omajjadische Dynastie im Kalifat, erster omajjadischer Kalif ist MOAWIJA (661–680).

662 KONSTANS II. geht nach Italien und besucht als letzter byzantinischer Kaiser mit Heeresmacht Rom. Erneuter Prozess gegen MAXIMOS DEN BEKENNER, Verstümmelung und Verbannung nach Lazika, wo MAXIMOS noch im selben Jahr stirbt.

663 KONSTANS nimmt seine neue Residenz in Syrakus, wo er 668 ermordet wird.

668–685 Kaiser KONSTANTIN IV. (*648, †685).

674–678 Seeblockade Konstantinopels durch die Araber. Sie wird durch den erstmaligen Einsatz des »Griechischen Feuers« und einen umfassenden byzantinischen Sieg zur See gesprengt, die Araber zurückgeschlagen. Kalif MOAWIJA verpflichtet sich 679 zu Tributzahlungen.

Griechisches Feuer

Das Griechische Feuer, von den Byzantinern als »flüssiges Feuer« (*hygron pyr*) bezeichnet, ist die einzige unumstritten byzantinische waffentechnische Innovation, die der aus Heliopolis (Baalbek) stammende Architekt KALLINIKOS entwickelt. Es besteht aus einem durch Wasser nicht löschbaren Gemisch, dessen Bestandteile vermutlich Erdöl, Salpeter, Kalk und Schwefel sind. Die genaue Zusammensetzung wird von den Byzantinern als Staatsgeheimnis gehütet und ist bis heute unbekannt. Das Griechische Feuer kann im Land- und im Seekrieg verwendet werden. Es wird entweder in kleineren Tongefäßen, die mit einem brennenden Lappen oder Docht verschlossen sind, dann beim Aufprall zerspringen und den Inhalt entzünden, in Richtung des Feindes geworfen, oder in ähnlicher Weise in größeren Tongefäßen über größere Entfernungen mit Schleudern geschossen. Im Seekrieg wird es in erhitztem Zustand und unter großem Druck aus speziellen metallenen Abschussröhren (Siphonen) abgefeuert. Die Wirkung ist verheerend, da die hohen Temperaturen (über 1500°C) die Matrosen zur Aufgabe des Schiffes zwingen und die brennenden hölzernen Schiffe nicht gelöscht werden können.

679/680 Einwanderung der Bulgaren in den östlichen Balkanraum. Byzanz muss die bulgarische Landnahme akzeptieren.

680/681 Nach dem Verlust (642) der monophysitischen Provinzen verurteilt das 6. Ökumenische Konzil in Konstantinopel den Monotheletismus.

685–695, 705–711 Kaiser JUSTINIAN II. (*668/69, †711) kann nach dem Tod seines Vaters KONSTANTIN IV. als Sechzehnjähriger problemlos den Thron besteigen, macht sich aber durch verwaltungs- und steuerpolitische Reformen und großangelegte Umsiedlungsaktionen unbeliebt. Die Quellen unterstellen ihm auch psychopathisches Verhalten.

688/689 Zypern wird entmilitarisiert, die Steuereinnahmen vertraglich zwischen Byzanz und dem Kalifat geteilt.

691/692 Eine Synode im Trullos, einem Saal des Kaiserpalastes (daher *Concilium Trullanum*), erlässt zusammenfassend Kanones für das 5. und 6. Ökumenische Konzil (daher *Concilium Quinisextum*, deutsch »das Fünftsechste«), die keine Kanones verabschiedet hatten. Gestärkt werden die Standpunkte der östlichen Kirche (Priesterehe, Sabbatfasten), vom Papst nur bedingt anerkannt.

693 Schlacht bei Sebastopolis (Armenien) gegen die Araber, die nun wieder aktiver werden.

695 Sturz JUSTINIANS: Um ihn herrschaftsunfähig zu machen, schneidet man ihm die Nase ab (daher der Beiname Rhinotmetos) und verbannt ihn nach Cherson auf der Krim.

695–698 LEONTIOS (†706): Verlust des Exarchats von Karthago in Nordafrika an die Araber.

698–705 TIBERIOS II. APSIMAR (†706).

705–711 JUSTINIAN II. erkämpft sich trotz seiner Verstümmelung mit Unterstützung der Chasaren und Bulgaren die Rückkehr auf den Thron und lässt sich eine Nasenprothese aus Gold anfertigen.

705–717 Innerbyzantinische Bürgerkriege; zugleich Intensivierung der arabischen Angriffe auf Kleinasien.

711 Die Araber setzen nach Spanien über und erobern das Westgotenreich.
Sturz und Hinrichtung JUSTINIANS II. Es folgen PHILIPPIKOS (711–713), ANASTASIOS II. (713–715) und THEODOSIOS III. (715–717).

717–741 Kaiser LEON III. (*um 675, †741) begründet die – wegen seiner Herkunft aus Germanikeia in Syrien – sog., bis 802 dauernde »Syrische« Dynastie. Trotz der Kontroverse über die religiöse Verehrung von Ikonen (»Ikonoklasmus«) erreichte Byzanz unter der Herrschaft dieser Dynastie eine erste Stabilisierung nach dem Zusammenbruch des 7. Jh.s.

717/718 LEON, vor seiner Krönung Strategos des Themas Anatolikon, leitet die Verteidigung der Hauptstadt gegen die arabische Belagerung Konstantinopels zu Wasser und zu Land, die schließlich nach einem strengen Winter mithilfe der Bulgaren abgeschlagen werden kann. Der Höhepunkt der arabischen Expansion gegen Byzanz ist damit überschritten.

726 Ein heftiges Seebeben zwischen Thera (Santorin) und Therasia wird angeblich vom Kaiser als göttliches Zeichen verstanden, gegen die religiöse Verehrung von Ikonen vorzugehen. Auch einzelne Bischöfe im Reich sprechen sich gegen die Ikonenverehrung aus (Beginn des »Ikonoklasmus«).

Der »Ikonoklasmus« oder »byzantinische Bilderstreit«

Es entbrennt eine theologische Kontroverse über die Rechtmäßigkeit der religiösen Verehrung von Ikonen und bildlichen Darstellungen JESU, MARIAE und der Heiligen (in der Forschung in vielen Punkten umstritten). Wohl unter dem Eindruck der erfolgreichen Ausbreitung des Islam streben LEON III. und Teile des Klerus eine Rückkehr des Christentums zu ursprünglichen Formen an. Kernpunkt der Kontroverse ist die Ikonenverehrung, die als unzulässige Neuerung betrachtet wird. Da der amtierende Patriarch von Konstantinopel GERMANOS I. (715–730, †732) den Konflikt nicht lösen kann, tritt er zurück. Der Kaiser erlässt daraufhin ein Edikt (730), das die Ikonenverehrung verbietet. In der byzantinischen Kirche entsteht ein Schisma zwischen den Befürwortern (»Ikonoklasten«, dt. »Bilderzerstörern«) und Gegnern (»Ikonodulen«, dt. »Bilderdienern«) des Verbots der Ikonenverehrung. Dem Widerstand des Papstes in Rom begegnet der Kaiser (entweder schon LEON III. 730 oder erst KONSTANTIN V. ca. 750) mit der Unterstellung der Bistümer Siziliens, Unteritaliens und des Illyricums unter das Patriarchat von Konstantinopel. KONSTANTIN V. (*718, †775), Kaiser seit 741, lässt das Verbot 754 auf einem Konzil in Hiereia bei Konstantinopel kirchenrechtlich abstützen. Er geht auch gegen die Anhänger der Ikonenverehrung vor, jedoch ohne durchgreifenden Erfolg. Kaiserin IRENE und Patriarch TARASIOS (†806) lassen 787 auf dem zweiten Konzil von Nikaia (7. Ökumenisches Konzil) das Verbot der Ikonenverehrung aufheben. Dadurch wird zwar die Einheit mit Rom (wenn auch nicht in allen Punkten und nicht mit dem gesamten Westen) wiederhergestellt, das Schisma innerhalb der byzantinischen Kirche aber bleibt bestehen. Wohl unter dem Eindruck der militärischen Misserfolge der ikonodulen Kaiser erneuert Kaiser LEON V. 815 auf einer Synode in Konstantinopel das Verbot der Ikonenverehrung. 843 wird das Verbot von Kaiserin THEODORA endgültig aufgehoben und die Ikonenverehrung für rechtmäßig erklärt. Seither feiert die orthodoxe Kirche den Jahrestag des 11. März 843 als »Triumph der Orthodoxie«.

730 Patriarch GERMANOS I. tritt zurück. LEON III. verbietet die Ikonenverehrung per Edikt.

732 Sieg der Franken über die Araber bei Tours und Poitiers. Damit ist die arabische Expansion im Westen zum Stillstand gekommen.

740 Byzantinischer Sieg über die Araber bei Akroinon.

741 Promulgation der Ecloga/Ekloge, einer an der juristischen Praxis orientierten Gesetzessammlung in griechischer Sprache.

741–743 Usurpation des ARTABASDOS.

747/748 Die Pest wütet in Konstantinopel und im Reich. Dezimierung der Bevölkerung.

750 Ende der omajjadischen Dynastie im Kalifat. Unter den nachfolgenden Abbasiden Verlagerung des Machtzentrums von Syrien nach Mesopotamien und Nachlassen des arabischen Drucks auf Byzanz.

751 Endgültiger **Verlust des Exarchats Ravenna** an die Langobarden. Die byzantinische Herrschaft in Italien beschränkt sich fortan auf Unteritalien und Sizilien.

754 Das Konzil von Hiereia stützt das Verbot der Ikonenverehrung kirchenrechtlich ab (von Rom nicht anerkannt).

773/774 Unterwerfung des Langobardenreichs in Italien durch die Franken.

775–780 Kaiser LEON IV. (*750, †780).

780–791 Regentschaft IRENES (EIRENE; *um 752, †803), Witwe LEONS IV., für den noch minderjährigen KONSTANTIN VI. (*771, †797).

786 Ein Versuch, in Konstantinopel ein Ökumenisches Konzil abzuhalten, endet in Tumulten und wird vom Militär aufgelöst.

787 Das 7. Ökumenische **Konzil in Nikaia** hebt das Verbot der Ikonenverehrung auf.

791 Erzwungener Rücktritt IRENES als Regentin zugunsten ihres Sohnes KONSTANTIN VI.

791–797 Selbstständige Herrschaft von KONSTANTIN VI.

792 Schwere byzantinische Niederlage gegen die Bulgaren bei Markellai.

797 KONSTANTIN VI. wird gestürzt und geblendet, die Hintergründe bleiben unklar. IRENE regiert fortan als Alleinherrscherin.

797–802 Byzanz zahlt Tribute an den Kalifen HARUN AR-RASCHID (786–809).

800, 25. Dez. Der Frankenkönig **KARL DER GROSSE** (768–814) wird von Papst LEO III. in Rom zum Kaiser der Römer (*Imperator Romanorum*) gekrönt. Byzanz erkennt den Titel nicht an.

802 IRENE wird von NIKEPHOROS I. (*um 760, †811) gestürzt und verbannt. Er unternimmt umfassende Bemühungen zur Sanierung der Staatsfinanzen.

809 Nach dem Tod HARUN AR-RASCHIDS rüstet Byzanz gegen Bulgarien und mobilisiert alle Kräfte.

811 NIKEPHOROS führt das byzantinische Heer gegen die Bulgaren in eine desaströse Niederlage: Der Kaiser selbst wird im Kampf getötet, sein Leichnam fällt in die Hände der Feinde (Khan KRUM lässt angeblich aus seinem Schädel einen Trinkbecher fertigen). STAURAKIOS, Sohn und Mitkaiser NIKEPHOROS' I., wird in der Schlacht ebenfalls schwer verletzt und überlebt nur wenige Monate.

811–813 Kaiser MICHAEL I. RHANGABE (*782, †844).

813 MICHAEL erkennt einen modifizierten Kaisertitel (*Imperator Francorum*) KARLS DES GROSSEN an. Erneute byzantinische Niederlage gegen die Bulgaren, MICHAEL dankt ab.

813–820 Kaiser LEON V. (†820).

815 Ein Konzil in Konstantinopel erneuert das Verbot der Ikonenverehrung, wiederholt die Beschlüsse von Hiereia und lehnt das 7. Ökumenische Konzil ab.

820–867 »Amorische« Dynastie, wegen der Herkunft des Begründers MICHAEL II. (*770, †829) aus Amorion in Kleinasien (heute bei Hısarköy, Türkei).

820–829 MICHAEL II. gelangt durch einen Umsturz auf den Thron und sieht sich mit dem Thronprätendenten THOMAS DEM SLAWEN (†823) konfrontiert.

821–823 Mehrjähriger Bürgerkrieg gegen THOMAS DEN SLAWEN, der durch Kleinasien marschiert und Konstantinopel belagert, aber mithilfe der Bulgaren geschlagen werden kann und hingerichtet wird.

ab ca. 824 Arabische Eroberung Kretas.

ab ca. 827 Beginn der arabischen Eroberung Siziliens.

829–842 Kaiser Theophilos (*812/13, †842).

831 Palermo auf Sizilien fällt an die Araber.

838 Schwere byzantinische Niederlage bei Dazimon, Einnahme und Zerstörung Amorions (der Heimatstadt der herrschenden Dynastie) durch die Araber.

842–856 Regentschaft der Kaiserinwitwe Theodora (*um 810, †867) für ihren noch unmündigen Sohn Michael (III.) (*840, †867).

843 Theodora lässt auf einer Synode das Verbot der Bilderverehrung aufheben und den **Ikonoklasmus verurteilen**. Ende der theologischen Kontroverse.

855/856 Entmachtung seiner Mutter Theodora durch Michael III. mithilfe seines Onkels Bardas (†866), der dafür mit dem Kaisartitel (Caesar) geehrt wird. Bardas gründet in Konstantinopel die Hochschule im Magnaurapalast mit dem Mathematiker Leon von Thessalonike und dem gelehrten Photios (*um 820, †891); gleichzeitig wirkt die Dichterin Kassia.

856–867 Selbstständige Herrschaft von Michael III.

858 Absetzung des Patriarchen von Konstantinopel Ignatios (*797, †877) und Erhebung des Photios zum Patriarchen führt durch Apellation der Anhänger des Ignatios an den Papst zum **Konflikt mit Rom**.

860 Angriff der Waräger aus der Rus auf Konstantinopel wird abgeschlagen.

862 Der Fürst von Mähren Rastislav (†870) bittet Patriarch Photios um die Entsendung von Missionaren und leitet damit das Werk der **Slawenapostel Konstantin-Kyrill** (*826/27, †869) und **Methodios** (Michael; †885) ein, die das Glagolitische als Alphabet für die Schriftsprache des Slawischen zur Übersetzung der Evangelien entwickeln.

863 Byzantinischer Sieg über die Araber bei Porson. Papst Nikolaus I. (858–867) erkennt den Patriarchen Photios nicht an, lässt ihn auf einer Synode verurteilen und exkommunizieren.

864 Taufe des bulgarischen Herrschers Boris (†907; 852–889) auf den Namen Michael in Konstantinopel. Taufpate ist Kaiser Michael III., die Taufe vollzieht Patriarch Photios. Beginn der Christianisierung der Bulgaren.

865 Verschärfung der Konflikte zwischen Rom und Konstantinopel.

866 Der Günstling Kaiser Michaels III., Basileios (*um 812, †886), ermordet im April den Kaisar Bardas und wird zum Mitkaiser erhoben. Der bulgarische Herrscher Boris I. Michael wendet sich im Aug. an den Papst mit der Bitte um Entsendung von Klerikern.

866/867 Papst Nikolaus I. entsendet lateinische Kleriker nach Bulgarien und versucht damit, das Land der römischen Kirche zu unterstellen.

867 Patriarch Photios lässt seinerseits Papst Nikolaus I. im Aug./Sept. auf einer Synode für abgesetzt erklären und exkommunizieren und schickt Gesandte zu Ludwig II. (843–876) nach Italien mit der Bitte um Vollzug der Absetzung. Am 25. Sept. lässt der Mitkaiser Basileios I. den Kaiser Michael III. ermorden, im Anschluss den Patriarchen Photios absetzen und die Gesandten des Photios aus Italien zurückrufen. Patriarch Ignatios wird wieder eingesetzt.

867–1056 Die **»Makedonische« Dynastie** – nach der Herkunft ihres Begründers Basileios I. aus Makedonien – führt das Byzantinische Reich zunächst zu neuer Größe und kultureller Blüte, ehe am Ende durch fehlende und unklare Thronfolgeregelungen innere Machtkämpfe und ein erneuter Niedergang einsetzen.

Die Makedonische Renaissance (9.–11. Jh.)

Unter den Kaisern der »Makedonischen« Dynastie unternimmt Byzanz gewaltige Anstrengungen, die Kräfte des Reiches zu erneuern und effektiv einzusetzen. Steuerpolitische Erlasse zugunsten der Kleinbauern und gegen die zunehmende Macht der Großgrundbesitzer (*Dynatoi*) sollen diese Entwicklung unterstützen. Die mehrfache Wiederholung dieser Erlasse deuten jedoch darauf hin, dass sie nicht durchgreifend und flächendeckend Wirkung zeigten. Gesetzgebung (*Novellae*) und Ordnung des Römischen Rechts (*Procheiron, Epanagoge/Eisagoge*, Basilika) erfahren in dieser Zeit einen neuen Aufschwung. Militärisch geht das Reich trotz gelegentlicher Rückschläge wieder in die Offensive. Es gelingen beachtliche Erfolge zunächst gegen regional begrenzt operierende Gegner wie Paulikianer und armenische Fürsten, später auch gegen größere Mächte wie Araber und Bulgaren. In Italien haben die militärischen Anstrengungen zwar nur wenig Erfolg, aber diplomatisch kommt es zu einer Annäherung zwischen Byzanz und den sächsischen Kaisern, die in der Eheschließung Ottos II. mit Theophanu gipfelt. Die Rüstungspolitik verschlingt zwar große Summen, beschert dem Reich aber Stabilität, Sicherheit und ein neues Selbstbewusstsein, das sich u. a. auf eine Rückbesinnung auf alte Werte und die lange Kaisertradition gründet (daher »Renaissance«).

Wirtschaftlicher Aufschwung und Stabilität führen bald auch zu einer neuen kulturellen Blüte, die in Architektur (Kirche Nea Ekklesia in Konstantinopel), Kunst (Mosaiken: Hagia Sophia, Klöster Hosios Lukas und Nea Mone auf Chios) und Literatur (Autoren: Photios, Arethas von Kaisareia [*um 850, †nach 944], Konstantinos VII. Porphyrogennetos [*905, †959], Genesios, Leon Diakonos [*um 950, †nach 992], Symeon Metaphrastes, Symeon der neue Theologe [*um 949, †1022]) ihren Ausdruck findet. Zwar wird auf ältere Formen zurückgegriffen (Inschriften, Literatur), doch entsteht in dieser Zeit auch ein eigenständiger (hoch-)byzantinischer Stil (Ikonen, Mosaiken, Email), der sich deutlich von der spätantiken Kunst emanzipiert hat.

869/870 Ein Ökumenisches Konzil in Konstantinopel sanktioniert die Absetzung des Photios. Die bulgarische Kirche wird unter Zurückweisung römischer Ansprüche dem Patriarchen von Konstantinopel unterstellt.

870 Verlust Maltas an die Araber.

871 Rückgewinnung der 840 an die Araber verloren gegangenen Stadt Bari.

872 Einnahme von Tephrike und endgültiger Sieg BASILEIOS I. über die dualistische Sekte der Paulikianer.

873 Zeitweilige Besetzung von Benevent durch Byzanz.

876 Mit dem Tod Kaiser LUDWIGS II. beginnt in Italien eine Epoche ständiger Konflikte, die bis Mitte des 10. Jh.s andauert, ohne dass eine Macht sich durchsetzen kann.

878 Syrakus auf Sizilien fällt an die Araber.

879/880 Eine neue Synode (ebenfalls mit Anspruch auf Ökumenizität) hebt die Beschlüsse der Synode von 869/70 auf und rehabilitiert PHOTIOS mit päpstlicher Zustimmung.

886–912 LEON VI. (*866, †912): Er erhält aufgrund seiner Bildung und seinen literarischen Aktivitäten und Ambitionen den Beinamen »der Weise« bzw. »der Philosoph«.

893–927 Schwere Kämpfe gegen die Bulgaren unter dem Zaren SIMEON (893–927) um die Vorherrschaft auf dem Balkan. Es kommt zu wechselnden Bündnissen von Byzanz und Bulgarien mit Ungarn, Serben, Kroaten und Petschenegen.

896 Schwere Niederlage gegen die Bulgaren.

902 Auf Sizilien fällt die letzte byzantinische Hafenstadt, Taormina.

904 Eine arabische Flotte unter LEON VON TRIPOLIS erobert und plündert Thessalonike.

906–920 Tetragamiestreit: Politische und kirchenrechtliche Kontroverse um die Rechtmäßigkeit der vierten Ehe LEONS VI. mit ZOË KARBONOPSINA, der Mutter seines Sohnes und Thronfolgers KONSTANTIN VII. (*905, †959), spaltet den byzantinischen Klerus in zwei Lager. Hauptakteure sind neben dem Kaiser die Patriarchen NIKOLAOS I. MYSTIKOS (*852, †925) und EUTHYMIOS (*um 834, †917).

907 Absetzung des Patriarchen NIKOLAOS I. MYSTIKOS und Einsetzung des EUTHYMIOS. Die Rus greifen unter OLEG (882–912 Fürst von Kiew) zum zweiten Mal Konstantinopel an.

911 Vertrag zwischen Byzanz und dem Fürsten von Kiew.

912 Absetzung des Patriarchen EUTHYMIOS und Wiedereinsetzung NIKOLAOS' I. MYSTIKOS. – Nach dem Tod seines Bruders wird ALEXANDER (*870, †913) Kaiser.

913, 6. Juni Nach dem Tod ALEXANDERS erhebt sich KONSTANTINOS DUKAS, der Kommandeur der kaiserlichen Gardetruppen. Der Aufstand wird niedergeschlagen, KONSTANTINOS enthauptet.

KONSTANTIN VII. PORPHYROGENNETOS wird Kaiser, doch leitet aufgrund seines jugendlichen Alters zunächst bis 920 ein Regentschaftsrat unter Patriarch NIKOLAOS I. MYSTIKOS und seiner Mutter ZOË KARBONOPSINA die Amtsgeschäfte. Seine selbstständige Herrschaft beginnt erst 945.

SIMEON marschiert auf Konstantinopel und erzwingt seine Krönung zum Kaisar (Zar) der Bulgaren durch Patriarch NIKOLAOS I. MYSTIKOS.

914 Die Kaiserwitwe ZOË KARBONOPSINA übernimmt die Führung des Regentschaftsrates anstelle von NIKOLAOS I. MYSTIKOS.

920 Der Flottenkommandant ROMANOS LAKAPENOS (*um 870, †948) verheiratet KONSTANTIN mit seiner Tochter HELENA (†961), steigt rasch zum Magistros, Megas Hetaireiarches, Basileopator, Kaisar und schließlich zum Kaiser auf. Obwohl nach den Gepflogenheiten nur Mitkaiser, übernimmt er unter dem Vorwand der Jugend KONSTANTINS faktisch die Rolle des ersten Kaisers. Der Tetragamiestreit wird offiziell beendet.

921 ROMANOS I. LAKAPENOS ist von jetzt an auch im Protokoll der amtierende (Haupt-)Kaiser. Er erhebt seinen Sohn CHRISTOPHOROS LAKAPENOS (†931) zum Mitkaiser.

920–944 ROMANOS I. LAKAPENOS reorganisiert das Militär und die Verteidigung des Reiches, nutzt aber auch die Mittel der Diplomatie und erringt dabei erste, beachtliche Erfolge. Der in dieser Zeit im Hintergrund stehende KONSTANTIN VII. beschäftigt sich intensiv mit der byzantinischen Kaiserideologie und lässt relevante Exzerptensammlungen anlegen (Zeremonienbuch, Über die Themen, Über die Reichsverwaltung).

923 ROMANOS I. erhebt seine Söhne STEPHANOS (†963) und KONSTANTINOS LAKAPENOS (†945/48) zu weiteren Mitkaisern.

924 ROMANOS weist die Forderung des Zaren SIMEON nach dem Titel »Kaiser der Römer und Bulgaren« zurück.

927 SIMEONS Tod entspannt die Situation, denn sein Sohn PETER I. (927–969) heiratet eine byzantinische Prinzessin und schließt Frieden mit Byzanz. Dank der Befriedung des Balkans kann Byzanz seine Aufmerksamkeit der Ostgrenze zuwenden.

941 Die Rus erscheinen unter Großfürst IGOR (912–945) zum dritten Mal vor Konstantinopel und werden zurückgeschlagen, ihre Flotte weitgehend zerstört.

944 Feierliche Überführung des Mandylions (eines Tuchs mit dem Abdruck des Gesichts JESUS) von Edessa (heute Urfa) nach Konstantinopel.

ROMANOS (*939, †963), der Sohn KONSTANTINS VII., heiratet BERTA-EUDOKIA (†949), eine Tochter König HUGOS (926–946) von Italien.

Gegen Jahresende wird ROMANOS von seinen Söhnen STEPHANOS und KONSTANTINOS gestürzt, verbannt und zum Mönch geschoren.

945 KONSTANTIN VII. lässt STEPHANOS und KONSTANTINOS LAKAPENOS absetzen und verbannen.

946 (eventuell erst 957) Der Besuch der Kiewer Fürstin OLGA (†969) in Konstantinopel bereitet die Christianisierung Russlands vor.

949 Einnahme von Germanikeia in Nordsyrien.

951 OTTO I. (936/62–973) zieht nach Italien und heiratet die Witwe LOTHARS II. VON DER PROVENCE (†950), des letzten Königs von Italien. In Pavia wird OTTO zum König der Langobarden gekrönt.

959–963 Unter der Herrschaft von ROMANOS II. tritt NIKEPHOROS PHOKAS (*um 912, †969) als erfolgreicher Feldherr in Erscheinung.

961 Byzantinische Rückeroberung Kretas.

962 Byzantinische Rückeroberung von Aleppo (Haleb, Syrien), Anazarbos und weiterer befestigter Plätze des arabischen Festungsgürtels in Kilikien.

Krönung des deutschen Königs OTTO I. in Rom zum römischen Kaiser (*Imperator Romanorum*).

963 Gründung des Klosters Megale Laura auf der Athoshalbinsel (Chalkidike). 964 erstes Privileg des Kaisers NIKEPHOROS II. PHOKAS für das Kloster.

963–969 NIKEPHOROS II. PHOKAS heiratet THEOPHANO (*um 941, †nach 976), die Witwe ROMANOS' II. und gewinnt durch erfolgreiche militärische Operationen 965 Zypern und Tarsos, 969 Antiochia.

968 Der Großfürst von Kiew SWJATOSLAW (962–972) wird von Byzanz gegen die Bulgaren um militärische Hilfe gebeten. Er erobert das bulgarische Reich, übergibt allerdings die eroberten Gebiete nicht an Konstantinopel, sondern hält sie besetzt. Im Westen setzt ein zähes militärisches und diplomatisches Ringen mit OTTO DEM GROSSEN um Süditalien ein.

969 NIKEPHOROS II. wird auf Betreiben THEOPHANOS ermordet. Auf den Thron folgt der Militär JOHANNES TZIMISKES (*um 924, †976).

971 oder 972 Der Athos, wo in den vorangegangenen Jahrzehnten über 40 Klöster entstanden sind, erhält eine Verfassung (*Typikon des Johannes I. Tzimiskes: »Tragos«*). SWJATOSLAW muss auf byzantinischen militärischen Druck hin Bulgarien räumen und zieht nach Norden ab.

972 Durch die Ehe seiner Nichte THEOPHANO (*955/60, †991) mit OTTO II. (961/73–983) erreicht der Kaiser den **Ausgleich mit OTTO DEM GROSSEN**. Im Osten stoßen die Byzantiner bis nach Mesopotamien und vor die Tore Jerusalems vor.

976–1025 **BASILEIOS II.** (*um 955, †1025), zunächst unter der Regentschaft seines Großonkels, des Parakoimomenos BASILEIOS.

976–979 Revolte des BARDAS SKLEROS. Dieser wird mithilfe des BARDAS PHOKAS besiegt und flieht nach Syrien in das Kalifat.

985/986 Entmachtung und Verbannung des PARAKOIMOMENOS BASILEIOS und Beginn der selbstständigen Herrschaft BASILEIOS II.

986–989 Revolte des BARDAS PHOKAS, der eine zweite Revolte des BARDAS SKLEROS folgt. Die Aufstände werden mithilfe eines von WLADIMIR I. (980–1015 Großfürst von Kiew) entsandten russisch-warägischen Kontingents von 6000 Mann niedergeschlagen.

986–1018 Ständige Kriege mit Bulgarien um die Vorherrschaft auf dem Balkan.

988/989 WLADIMIR erhält zum Dank für seine Unterstützung die Kaiserschwester ANNA (*963, †1011) zur Gattin und tritt zum Christentum über, die **russische Kirche wird dem Patriarchen von Konstantinopel unterstellt**. Russland ist damit in den byzantinischen Kulturkreis einbezogen. Die russischen Waräger werden kaiserliche Gardetruppe und erhalten eine Garnison in Konstantinopel.

995–1000 Wiederholte Feldzüge und byzantinische Präsenz in Syrien (Aleppo, Antiocheia) unter persönlicher Beteiligung des Kaisers. Eroberung oder Unterwerfung zahlreicher Städte, Festungen und Regionen.

1000 Annexion des georgischen Fürstentums von Tao sowie von Teilen Armeniens.

1014 Entscheidender Sieg über die Bulgaren unter Zar SAMUIL (976–1014) bei Kleidion (Belasica nahe der Struma). Angeblich ließ BASILEIOS 14 000 bulgarische Gefangene blenden (daher der Beiname »Bulgaroktonos« = Bulgarentöter).

1018 Das Bulgarische Reich wird aufgelöst und in das Byzantinische Reich integriert. Die Donau ist wieder die Reichsgrenze auf dem Balkan.

1021 Annexion des armenischen Königreichs von Vaspurakan (am Vansee).
Ein geplanter Feldzug zur Rückeroberung von Sizilien kommt nicht mehr zur Ausführung.

1025 **Byzanz** steht zum Zeitpunkt des Todes BASILEIOS' II. auf dem **Höhepunkt seiner mittelalterlichen Macht**. Nachfolger wird KONSTANTIN VIII. (†1028).

1028–1056 Über die beim Tode KONSTANTINS VIII. unverheirateten, aber bereits älteren Töchter, ZOE (*978, †1050) und THEODORA (†1056), wird die dynastische Anknüpfung versucht, ohne dass dies nachhaltig gelingt. Innere Machtkämpfe zermürben das Reich.

1028 ROMANOS III. ARGYROS (†1034) heiratet ZOE.

1031 Eroberung von Edessa.

1034 MICHAEL IV. (*1010, †1041) heiratet ZOE.

1038 Kurzzeitige Rückeroberung von Teilen Siziliens.

1040 Aufstand des PETER DELJAN in Bulgarien, den die Warägergarde unter HARALD HADRÅDE (1047–1066 König von Norwegen) niederschlägt.

1041–1042 MICHAEL V. (†1042) besteigt den Thron und setzt ZOE ab; er wird in einem Aufstand gestürzt.

1042 THEODORA und ZOE sind für drei Monate gemeinsam Kaiser und werden dann von ZOES Ehemann KONSTANTIN IX. MONOMACHOS (†1055) abgelöst.

1054 **Schisma zwischen Rom und Konstantinopel.**

1055–1056 Zweite Amtszeit von THEODORA: Mit ihrem Tod stirbt die makedonische Dynastie aus.

1056–1071 Weitere innere Machtkämpfe führen zu häufigen Kaiserwechseln: 1056–57 MICHAEL VI. STRATIOTIKOS (†1059), 1057–59 ISAAK I. KOMNENOS (†1061), 1059–67 KONSTANTIN X. DUKAS (*1006, †1067), 1069–71 ROMANOS IV. DIOGENES (†1072).

1071 ROMANOS IV. erleidet eine vernichtende **Niederlage bei MANTZIKERT** (Malazgirt am Vansee, Osttürkei) gegen die türkischen Seldschuken und wird gefangen genommen, aber gegen Lösegeld und Zugeständnisse wieder freigelassen. Dies öffnet den Seldschuken den Weg in die anatolische Hochebene. In Unteritalien erobern die Normannen unter ROBERT GUISCARD (*1016, †1085) die letzte byzantinische Bastion Bari.

1071 Aufstand von MICHAELS VII. DUKAS (†1078) gegen ROMANOS; dieser ergibt sich, wird geblendet und stirbt kurz darauf. **Kleinasien fällt großenteils an die Seldschuken**, die schon 1080 an den Dardanellen stehen. Auf dem Balkan dringen die Petschenegen vor.

1078–1081 NIKEPHOROS III. BOTANEIATES (†1081).

1081–1185 Die »Komnenische« Dynastie – nach dem Beinamen der Familie »Komnenos« – rettet das Reich nach großen Gebietsverlusten aus höchster äußerer Bedrohung, meistert die Probleme der Kreuzzüge und stabilisiert im großen und ganzen die Lage.

1081–1118 ALEXIOS I. KOMNENOS (†1118): Sowohl auf dem Balkan, wo Ungarn aufsteigt, als auch im westlichen Kleinasien stellt er die byzantinische Herrschaft wieder her. Das innere Anatolien bleibt türkisch.

1081–1085 Der Angriff der Normannen auf die byzantinischen Balkanprovinzen wird mithilfe Venedigs abgewehrt. Nach dem Tode ROBERT GUISCARDS 1085 ziehen die Normannen ab.

1082 und 1084 Privilegien für Venedig.

1091 Eine Belagerung Konstantinopels durch Petschenegen und Seldschuken wird abgewehrt. Sieg über die Petschenegen bei Levunion.

Byzanz und die Kreuzzüge 1096–1204

1095 schickt ALEXIOS I. KOMNENOS eine Gesandtschaft an URBAN II. (1088–1099), die den Papst um Hilfe bei der Anwerbung von Söldnern im Abendland bittet. Die Söldner sollen den Kaiser im Kampf gegen die türkischen Seldschuken unterstützen. Der Papst ruft auf den Synoden von Piacenza im März 1095 und Clermont im Nov. 1095 dazu auf, den Christen des Ostens gegen die Muslime zu helfen. Der Kreuzzugsgedanke entwickelt jedoch eine Eigendynamik: Die »Befreiung Jerusalems und des Heiligen Landes« rückt in den Mittelpunkt der Rhetorik und drängt das Anliegen des byzantinischen Kaisers in den Hintergrund.

Als die Teilnehmer des 1. Kreuzzuges (1096–1099) vor Konstantinopel erscheinen, ist klar, dass sie nicht gekommen sind, um dem byzantinischen Kaiser als Söldner zu dienen, sondern um das Heilige Land und v. a. Jerusalem zu erobern. ALEXIOS I. empfängt sie freundlich und versucht, sie durch Eide auf die Rückgabe der eroberten Ländereien an Byzanz zu verpflichten. Die Mehrheit der Kreuzfahrer leistet diese Eide. Als am 19. Juni 1097 Kreuzfahrer und Byzantiner gemeinsam Nikaia in Bithynien von den Seldschuken zurückerobern, wird die Stadt an die Byzantiner übergeben. Die den Kreuzfahrern entgangene Beute kompensiert ALEXIOS I. durch Geschenke. Geführt durch die ortskundigen Byzantiner zieht das Kreuzfahrerheer anschließend durch Kleinasien in Richtung Antiochia in Syrien. Gedeckt durch die Kreuzfahrer, kann ALEXIOS I. größere Gebiete im westlichen Kleinasien zurückerobern und wieder ins Reich eingliedern. Im Mai 1098 kommt es anlässlich der Eroberung Antiochias jedoch zum Bruch zwischen Kreuzfahrern und Kaiser. ALEXIOS I. war nicht in Syrien präsent und daher auch nicht an der Eroberung der Stadt beteiligt, die den Kreuzfahrern nur mit viel Mühe und Glück gelingt. Daher regt sich Widerstand gegen die Rückgabeforderungen des Kaisers, die diesmal nicht erfüllt werden. Mit der Eroberung Jerusalems am 15. Juli 1099 hat Byzanz nichts mehr zu tun.

In der Folge entstehen in Nordsyrien und Palästina die lateinischen Kreuzfahrerstaaten: die Grafschaft von Edessa und Tripolis, das Fürstentum von Antiochia und das Königreich von Jerusalem. Von diesen bleibt Antiochia für die Byzantiner von großem Interesse, da die Stadt für die militärische Kontrolle von Syrien und Palästina wichtig ist. Der Kaiser versucht daher immer wieder, durch Diplomatie und militärische Präsenz Einfluss auf Antiochia auszuüben, ohne dass dies dauerhaft und durchgreifend gelingt.

Der 2. Kreuzzug (1147–1149) bleibt militärisch erfolglos und ändert an dieser Konstellation wenig. Kaiser MANUEL I. KOMNENOS bemüht sich, die durchziehenden Kreuzfahrer gut zu behandeln, ist aber gleichzeitig auf die Sicherheit der eigenen Truppen und Bevölkerung bedacht. Dennoch treten Spannungen auf und im Westen gibt man im Nachhinein den Byzantinern die Schuld für das Scheitern der Unternehmung. Der 3. Kreuzzug (1189–1192) erfolgt als Reaktion auf die Einnahme Jerusalems durch Sultan SALADIN am 2. Okt. 1187. Er wird u. a. angeführt von Kaiser FRIEDRICH I. BARBAROSSA; sein Heer maschiert auf dem Landweg durch das Byzantinische Reich. Dabei kommt es zu militärischen Zusammenstößen zwischen Kreuzfahrern und Truppen des byzantinischen Kaisers ISAAK II. ANGELOS, die auf Misstrauen und Missverständnissen zwischen beiden Herrschern und auf der problematischen Verproviantierung des deutschen Heeres beruhen. Schließlich sorgt Kaiser ISAAK dafür, dass die Deutschen bei den Dardanellen nach Kleinasien übergesetzt werden. So geht auch dieser Kreuzzug an Konstantinopel vorbei.

Über die Frage, ob der 4. Kreuzzug (1202–1204) von vornherein gegen Konstantinopel gerichtet ist oder erst durch die Eigendynamik der Ereignisse dorthin abgelenkt wird, ist in der Forschung viel diskutiert worden. Letzteres ist insgesamt wahrscheinlicher. Dass die Teilnehmer des Kreuzzuges unter BONIFAZ VON MONTFERRAT (*1155, †1207) jedoch wenig Scheu haben, eine christliche Stadt anzugreifen und zu plündern, hat bereits die Eroberung der dalmatinischen Stadt Zara, die zum Königreich Ungarn gehört, gleich zu Beginn des Kreuzzuges (Nov. 1202) gezeigt. Inmitten logistischer und finanzieller Probleme kommt es einigen maßgeblichen Kreuzfahrern ganz recht, als ALEXIOS ANGELOS, Sohn des gestürzten byzantinischen Kaisers ISAAK II. ANGELOS, in ihrem Lager auftaucht und Ansprüche auf den Thron von Konstantinopel erhebt, die der deutsche König PHILIPP VON SCHWABEN (*1177, †1208) unterstützt. Wenn schon nicht die Eroberung Konstantinopels ins Auge gefasst wird, so verspricht doch die Unterstützung der Thronansprüche des ALEXIOS eine angemessene Belohnung. Im April 1203 segelt man von Zara in Richtung Byzanz und trifft am 24. Juni vor Konstantinopel ein. Nach einiger Zeit der Belagerung flieht der amtierende Kaiser ALEXIOS III. nach Thrakien. Der abgesetzte und geblendete Kaiser ISAAK II. ANGELOS wird wieder eingesetzt und sein Sohn, ALEXIOS IV. ANGELOS, zum Mitkaiser gekrönt. Damit setzen die Kreuzfahrer den Thronanspruch des ALEXIOS ANGELOS durch und erheben Anspruch auf die versprochene Belohnung. Diese lässt jedoch auf sich warten; auch findet ALEXIOS IV. keine Akzeptanz in der Bevölkerung und wird im Jan. 1204 gestürzt. Sein Nachfolger, ALEXIOS V., verweigert jede Zahlung an die Kreuzfahrer. Diese entschließen sich daher zur Eroberung Konstantinopels und vereinbaren die Einrichtung einer lateinischen Herrschaft. Am 9. April 1204 erfolgt ein erster Angriff, am 12. April dringen die Kreuzfahrer in die Stadt ein. Als Kaiser ALEXIOS V. in der Nacht aus der Stadt flieht, bricht der geordnete Widerstand der Byzantiner zusammen.

1096–1101 **1. Kreuzzug**: Entstehung der Kreuzfahrerstaaten in Syrien und Palästina gegen den Willen von Byzanz und unter Bruch der Lehenseide, die die Kreuzfahrer dem Kaiser 1096/97 geleistet hatten.

1108 Nach erfolglosem Angriff auf Dyrrhachion (Durrës, Albanien) muss BOHEMUND VON TARENT (*1051/52, †1111) im Vertrag von Deabolis (Devol) die byzantinische Oberhoheit über Antiochia anerkennen.

1111 Wie Venedig erhält auch Pisa Handelsprivilegien.

1118–1143 JOHANNES II. KOMNENOS (*1088, †1143).

nach 1118 Erste Auseinandersetzungen mit Venedig.

1122 Sieg über die Petschenegen. Die Reichsgrenze rückt wieder an die Donau vor.

1135–1137 Deutsch-byzantinisches Bündnis gegen die Normannen in Unteritalien.

1138–1139 Erfolgloser byzantinischer Angriff auf das Kreuzfahrerfürstentum Antiochia, vorbereitet durch Bündnisse mit Venedig, Pisa und dem deutschen Kaiser LOTHAR III. (1125–1137).

1142–1143 Zweiter byzantinischer Angriff auf Antiochia, abgesichert durch ein Bündnis mit dem deutschen König KONRAD III. (1138–1152) und Verlobung des jüngsten byzantinischen Prinzen Manuel mit BERTHA VON SULZBACH, einer Schwägerin KONRADS. Bleibt ohne Erfolg, da JOHANNES II. in Kilikien stirbt.

1143–1180 MANUEL I. KOMNENOS (*1120, †1180): Byzanz öffnet sich westlichem Einfluss. Das Hofzeremoniell wird mit westlichen Gepflogenheiten angereichert (Turniere), die italienischen Handelsquartiere im Reich nehmen zu. MANUEL nimmt die universale Reichsidee mit Blick auf Italien wieder auf.

1146 Eheschließung zwischen MANUEL I. und BERTHA VON SULZBACH (die in Byzanz den Namen IRENE erhält). KONRAD stimmt den byzantinischen Gebietsforderungen in Unteritalien und einem gemeinsamen Feldzug gegen den normannischen König ROGER II. zu.

1147–1149 **2. Kreuzzug**: Infolge der byzantinischen Gebundenheit durch den Kreuzzug können die Normannen Theben und Korinth plündern.

1148 Der Vertrag von Thessalonike zwischen KONRAD III. und MANUEL I. bestätigt die 1146 getroffenen Vereinbarungen.

1153 Vertrag von Konstanz zwischen FRIEDRICH I. BARBAROSSA (1152/55–1190) und Papst EUGEN III. (1145–1153). Ablehnung aller territorialen Zugeständnisse an Byzanz in Italien.

1155–1156 Nach byzantinischer Offensive in Unteritalien gegen die Normannen löst FRIEDRICH I. das deutsch-byzantinische Bündnis.

1155 und 1157 Byzantinische Verhandlungen mit Genua.

1157 Eheschließung zwischen BALDUIN III. VON JERUSALEM (1143–1162) und THEODORA KOMNENE (*um 1145, †nach 1183), einer Nichte MANUELS.

1158–1159 Friedensschluss zwischen Byzanz und Normannen. Byzantinischer Vorstoß gegen Antiochia.

1160er-Jahre Byzanz unterstützt die italienischen Gegner der Deutschen, setzt sich auf dem Balkan gegen Serben und Ungarn durch und übt einen starken Einfluss auf die Kreuzfahrerstaaten aus.

1161 Eheschließung zwischen MANUEL I. KOMNENOS und MARIA VON ANTIOCHIA (*1145, †1182).

1164 Gründung des Veroneser Bundes, den Byzanz unterstützt und sich gegen FRIEDRICH I. richtet.

1167 Byzantinischer Sieg über die Ungarn. Eheschließung zwischen AMALRICH I. VON JERUSALEM (1163–1174) und MARIA KOMNENE (*vor 1144, †1190), einer Nichte MANUELS. Gründung des lombardischen Bundes, der von Byzanz unterstützt wird, gegen FRIEDRICH I. Die Pest zwingt das vor Rom stehende deutsche Heer zum Abzug.

1169 Erfolgloser fränkisch-byzantinischer Kriegszug gegen Damiette in Ägypten.

1169–1170 Bündnisverträge mit Genua und Pisa.

1170–1172 Byzantinische Verhandlungen mit Deutschen und Normannen. Vergeblicher Versuch von Byzanz, Deutsche und Normannen gegeneinander auszuspielen.

1171 Byzantinisches Vorgehen gegen die Venezianer im Reich; flächendeckende Verhaftungen von Venezianern und Konfiskationen des venezianischen Besitzes. AMALRICH I. VON JERUSALEM leistet in Konstantinopel den Lehnseid.

1171–1172 Verträge mit Genua und Pisa sollen den Verlust Venedigs kompensieren.

1176 Der Versuch, das Sultanat von Ikonion zu zerschlagen, führt zu einer schweren Niederlage gegen die Seldschuken bei Myriokephalon (nahe Denizli, Westtürkei). Das Innere **Kleinasiens ist damit endgültig verloren**.

1177 Friede von Venedig: Isolierung von Byzanz in Westeuropa.

1180–1182 ALEXIOS II. KOMNENOS (*1169, †1183) unter der Regentschaft seiner Mutter MARIA VON ANTIOCHIA. Der innere Widerstand gegen die Herrschaft der Lateinerin (die in Byzanz den diffamierenden Beinamen *Xene*, »die Fremde«, erhält) steigert sich zu einer antilateinischen Stimmung, die 1182 in einem Massaker an Lateinern (v. a. Genuesen und Pisanern) in Konstantinopel gipfelt: Bruch zwischen Byzanz, Genua und Pisa. Das Bündnissystem auf dem Balkan bricht ebenfalls zusammen, Ungarn und Serbien lösen sich.

1183–1185 ANDRONIKOS I. KOMNENOS (*um 1122, †1185) führt eine Schreckensherrschaft, der u. a. auch die Kaiserinwitwe und ALEXIOS II. KOMNENOS zum Opfer fallen. ANDRONIKOS verhandelt mit SALADIN (*1138, †1193), dem Sultan von Ägypten und Syrien, über ein Bündnis gegen die Kreuzritter.

1184 Aufstand des ISAAK KOMNENOS (*1155, †1204) auf Zypern, das sich von der Zentralregierung lossagt.

1185 Neuer **normannischer Angriff** mit Eroberung von Thessalonike. ANDRONIKOS wird in einem Volksaufstand gestürzt. Ein Zweig der Herrscherdynastie der Komnenen flieht nach Trapezunt und gründet dort etwas später ein unabhängiges Reich.

1185–1204 Die **Dynastie der Angeloi**, benannt nach dem Beinamen der Familie »Angelos«.

1185–1195 Erste Amtszeit von ISAAK II. ANGELOS.

ab 1186 Aufstand in Bulgarien und Entstehung des zweiten Bulgarischen Reiches.

1187 Niederlage der Kreuzritter gegen SALADIN bei Hattin, Verlust Jerusalems.

1187, 1189 und 1198 Neue Verträge mit Venedig.

1189–1192 **3. Kreuzzug**: Zypern wird durch RICHARD LÖWENHERZ (1189–1199) erobert.

1192 Neue Verträge mit Genua und Pisa.

1195–1203 ALEXIOS III. ANGELOS (*um 1153, †1210) stürzt seinen Bruder ISAAK II.

1196 Erhebung der »Deutschensteuer« (*Alamannikon*), um Forderungen des deutschen Kaisers HEINRICH VI. (1169/91–97) erfüllen zu können.

1202–1204 **4. Kreuzzug**: Die im Kreuzzugslager von Zara vorgetragenen Thronansprüche des ALEXIOS ANGELOS, Sohn des abgesetzten und geblendeten ISAAK II., erleichtern die Ablenkung des Kreuzzugs nach Konstantinopel.

1203 Die **Kreuzfahrer bedrohen Konstantinopel**, ALEXIOS III. flieht, ISAAK II. und dessen Sohn ALEXIOS (IV.) ANGELOS (*1183, †1204) werden eingesetzt. Die versprochene Belohnung der Kreuzfahrer für ihre Unterstützung lässt jedoch auf sich warten.

1204, 5. Febr. ALEXIOS V. MURTZUPHLOS (†1204) stürzt ISAAK und ALEXIOS und fühlt sich an die Zusagen seiner Vorgänger an die Kreuzfahrer nicht mehr gebunden. Diese beschließen daraufhin die Eroberung Konstantinopels und die Aufteilung des Reiches.

13. April **Eroberung Konstantinopels** durch die Kreuzfahrer. Plünderung der Stadt und Raub zahlreicher Kunstschätze und Wertgegenstände. Errichtung lateinischer Staaten im Kerngebiet des Byzantinischen Reiches. Entstehung byzantinischer »Exilreiche« in Epeiros, Nikaia und Trapezunt.

Das Lateinische Kaiserreich von Konstantinopel 1204–1261

Nach der Eroberung von Konstantinopel teilen die Teilnehmer des 4. Kreuzzugs wie zuvor vereinbart das Kerngebiet des Byzantinischen Reichs unter sich auf. Es entstehen das Lateinische Kaiserreich von Konstantinopel, das Lateinische Königreich von Thessalonike und mehrere lateinische Herzogtümer und Fürstentümer. Kreta (durch Tausch gegen Thessalonike), Euboia und einige Küsten- und Hafenstädte fallen an Venedig. Zum ersten lateinischen Kaiser in Konstantinopel wird auf Drängen Venedigs BALDUIN VON FLANDERN gewählt. Der Anführer des 4. Kreuzzugs, BONIFAZ VON MONTFERRAT, erhält zunächst Kreta, durch Tausch mit den Venezianern dann das Königreich von Thessalonike.

Die Byzantiner werden zwar in die Randgebiete des ehemaligen Reichs verdrängt, können sich dort aber behaupten. So entstehen die partikularen Teilreiche Nikaia in Kleinasien, der Despotat von Epeiros auf dem Balkan sowie Trapezunt im Pontosgebiet am Schwarzen Meer. Der Vormarsch der Lateiner auf dem Balkan wird bereits am 14. April 1205 vom bulgarischen Zaren KALOJAN (†1207) gestoppt, der die Lateiner in einer Schlacht bei Adrianopel besiegt. Bereits 1207 verliert BONIFAZ VON MONTFERRAT ebenfalls eine Schlacht gegen die Bulgaren, in der er selbst den Tod findet. 1224 fällt das Königreich von Thessalonike an den Despoten von Epeiros, THEODOROS ANGELOS, der daraufhin den Kaisertitel annimmt, jedoch Thessalonike bald wieder an die Bulgaren verliert. Auch auf der Peloponnes können die Byzantiner wieder Fuß fassen und um die Hauptstadt Mistra ein Despotat aufbauen, von dem aus sie nach und nach die Halbinsel zurückgewinnen. Zur stärksten Macht unter den byzantinischen Partikularreichen entwickelt sich das Kaiserreich von Nikaia, das 1261 in einem Handstreich die frühere Hauptstadt Konstantinopel zurückerobert.

1204–1205 Errichtung byzantinischer »Exilreiche«, des **Kaiserreichs von Nikaia**, des **Kaiserreichs von Trapezunt** und des **Despotats von Epeiros**, auf dem Gebiet des früheren Reichsgebiets. Alle sehen sich als Fortsetzer der Reichstradition und streben nach Konstantinopel. Trapezunt scheidet aus diesem Kampf schon 1214 politisch aus. Im Vordergrund steht Nikaia.

1204–1261 Dynastie der »Laskariden« – nach dem Beinamen der Familie Laskaris – in Nikaia.

1204–1222 Kaiser THEODOR I. LASKARIS (†1222), der Schwiegersohn ALEXIOS III.

1205, 14. April BALDUIN I. (*1171, †1206) erleidet bei Adrianopel eine vernichtende **Niederlage gegen die Bulgaren**, gerät in Gefangenschaft und stirbt. Auch der venezianische Doge ENRICO DANDOLO (*1107, †1205) wird so schwer verletzt, dass er kurz darauf stirbt.

1206–1216 BALDUINS Bruder HEINRICH I. (*1174, †1216) kann die Lage stabilisieren.

1211 Sieg Nikaias gegen den Seldschukensultan von Ikonion.

1214 Ein Friedensvertrag mit HEINRICH I. legt die Grenzen fest: Den Lateinern bleibt der Nordwesten bis Adramyttion (beim heutigen Edremit, Nordwesttürkei). Scharfe Rivalität Nikaias zu Epeiros unter den Brüdern MICHAEL I. ANGELOS (†1215; 1204–1215) und THEODOR (*1180, †1253; 1215–1230).

1219 Unabhängigkeit der serbischen Kirche.

1222–1254 Unter der Herrschaft JOHANNES' III. DUKAS VATATZES (*1193, †1254) erreicht Nikaia den Höhepunkt seiner inneren und äußeren Machtstellung.

1224 Nach der Eroberung von Thessalonike nimmt der Despotes von Epeiros, THEODOR, den Kaisertitel an.

1225 In einem neuen Friedensvertrag liegt die Grenze zu den Lateinern bei Nikomedeia (Izmit); die Inseln Lesbos, Chios und Samos fallen an Nikaia, ebenso Adrianopel, das aber zu THEODOR übergeht. Heiratsbündnis mit Kaiser FRIEDRICH II. gegen den lateinischen Kaiser von Konstantinopel und den Papst.

1228–1261 Nur dank der Konkurrenz seiner Gegner überlebt das **Lateinische Kaiserreich** trotz schwacher, vom Adel abhängiger Kaiser bis 1261. BALDUIN II. (*1217, †1273) zieht sich nach der byzantinischen

Rückeroberung 1261 mit dem Patriarchen nach Euboia zurück. Das Titularkaisertum wird politisches Handelsobjekt des Papsttums.

1230 Durch die Niederlage gegen die Bulgaren bei Klokotnica (Südbulgarien) in Thrakien scheidet Epeiros als Thronkonkurrent aus und verzichtet 1242 auf den Kaisertitel.

1235 Beginn des bulgarischen Patriarchats (in Tŭrnovo).

1240 Vernichtung des Großfürstentums Kiew durch die Mongolen.

1242–1243 Die **Mongolen** fallen in Kleinasien ein.

1244 JOHANNES III. heiratet KONSTANZE VON HOHENSTAUFEN (*1230/32, †1307), Tochter FRIEDRICHS II.

1246 JOHANNES III. erobert Thessalonike.

1254–1258 THEODOR II. LASKARIS (*1223, †1258) ist Kaiser in Nikaia.

1259–1282 MICHAEL VIII. PALAIOLOGOS (*1224, †1282) wird nach dem Tode THEODORS II. Mitkaiser neben dem unmündigen JOHANNES IV. LASKARIS (*1251, †nach 1290; 1258–1261). MICHAEL VIII. begründet die Dynastie der »Palaiologen« – nach dem Beinamen der Familie Palaiologos (bis 1453).

1259 MICHAELS Bruder, der General JOHANNES PALAIOLOGOS, erringt im Tal von Pelagonia einen entscheidenden Sieg über Epeiros, die verbündeten fränkischen Barone von Achaia und MANFRED VON SIZILIEN (*1232, †1266).

1261 Für die Rückeroberung Konstantinopels sucht MICHAEL VIII. im Vertrag von Nymphaion die **Hilfe Genuas** und seiner Flotte, das als Gegenleistung die bisherige Vorrangstellung Venedigs im Osten erhalten soll.

Das späte Byzantinische Reich 1261–1453 (»Palaiologenzeit«)

Nach der Rückeroberung Konstantinopels 1261 durch MICHAEL VIII. PALAIOLOGOS ist das Byzantinische Reich nicht mehr dasselbe wie vor der Eroberung durch die Teilnehmer des 4. Kreuzzugs 1204. Die Partikularreiche von Epeiros und Trapezunt beanspruchen weiterhin ihre einmal errungene Autonomie und der Kaiser in Konstantinopel besitzt nicht die Macht, seine Autorität in diesen Gebieten vollständig durchzusetzen. Die Zentralgewalt und die Autokratie, d. h. die alleinige und unbeschränkte Herrschaft des Kaisers in Konstantinopel, können nach 1261 niemals wieder in vollem Umfang durchgesetzt werden. Dennoch betreibt MICHAEL VIII. eine traditionelle, weit ausgreifende byzantinische Außenpolitik und unterhält diplomatische Beziehungen zu den Mongolen – zu den Ilkhanen im Osten Kleinasiens ebenso wie zur Goldenen Horde in Südrussland –, den Mameluken in Ägypten und zum Königreich Aragón in Spanien. Dies zahlt sich aus, als KARL VON ANJOU, der die Staufer als Herrscher in Sizilien und Unteritalien abgelöst hat, Ansprüche auf den Thron von Konstantinopel erkennen lässt. 1282 bricht auf Sizilien ein Aufstand aus (»Sizilianische Vesper«) und Truppen des Königs von Aragón beenden die Herrschaft KARLS VON ANJOU in Unteritalien. Die byzantinische Diplomatie wird bei diesen Ereignissen das letzte Mal in der Geschichte als europaweit agierend wahrgenommen.

Unter ANDRONIKOS II. PALAIOLOGOS steigt das Reich zu einem Kleinstaat im südlichen Balkan ab. Serben, Bulgaren, v. a. aber die Osmanen drängen gegen das Reich. Die Anwerbung lateinischer Söldner, der »Katalanischen Kompanie« unter ROGER DE FLOR, für den Kampf gegen die Osmanen hat verheerende Folgen. Nach anfänglichen Erfolgen revoltieren die Katalanen gegen den Kaiser, ziehen plündernd und brandschatzend durch das Reich und gründen schließlich 1311 in Athen ein eigenes Fürstentum, das rund 70 Jahre besteht. 1326 nehmen die Osmanen Prusa (heute Bursa), 1331 Nikaia und 1337 Nikomedeia ein und haben damit ganz Kleinasien in ihrer Hand. 1352 setzen sie über die Dardanellen und nehmen 1354 mit Kallipolis (heute Gallipoli) die erste Stadt in Europa ein. Bürgerkriege und wechselnde Bündnisse mit den Osmanen und anderen Nachbarn verschlimmern noch die Situation. Hilfegesuche der byzantinischen Kaiser im lateinischen Westen werden regelmäßig mit der Forderung nach der Kirchenunion, d. h. nach der Unterwerfung des Patriarchen von Konstantinopel unter die Autorität des Papstes in Rom, beantwortet. Selbst wenn der Kaiser zu diesem Kompromiss bereit ist, bleibt die versprochene Hilfe jedoch meist aus. Bereits nach 1350 beginnen die Osmanen mit der weiträumigen Eroberung des Balkans. Ihr Vormarsch wird nur aufgehalten durch einen Einfall der Mongolen unter TIMUR LENG in Kleinasien, der 1402 bei Ankara die Osmanen unter BAJEZID I. vernichtend schlägt und den Sultan gefangen nimmt. Die folgenden Thronstreitigkeiten unter den Osmanen verschaffen Byzanz eine Atempause. 1430 jedoch wird Thessalonike eingenommen. 1444 wird ein Kreuzzugsheer, bestehend v. a. aus Ungarn, Transsilvaniern und Serben, bei Warna vernichtend geschlagen. 1453 stehen die Osmanen vor dem völlig eingeschlossenen Konstantinopel: Am 29. Mai 1453 erobern sie die Stadt und der letzte byzantinische Kaiser, KONSTANTINOS XI. PALAIOLOGOS, fällt in der Verteidigungsschlacht. Einige periphere Teilgebiete des Reiches können sich etwas länger halten; 1460 fällt das Despotat von Morea und ein Jahr später Trapezunt an die Osmanen. Das unter venezianischer Herrschaft stehende Kreta erobern die Osmanen erst 1645. Mit dem Fall Konstantinopels im Jahre 1453 hat das Byzantinische Reich de facto aufgehört zu existieren.

1261, 25. Juli Konstantinopel fällt überraschend in einem Handstreich: Ende des Lateinischen Kaiserreichs. Das **Byzantinische Kaiserreich ist wiederhergestellt**. MICHAEL VIII. lässt sich in der Hagia Sophia erneut krönen, seinen Sohn ANDRONIKOS (*1260, †1332) zum Mitkaiser ausrufen und JOHANNES IV. blenden. Der 1259 gefangen genommene Fürst von Achaia, WILHELM II. VON VILLEHARDOUIN (†1278), tritt Mistra und Monemvasia an Byzanz ab. MICHAEL VIII. versucht, Byzanz wieder zu einer Großmacht zu machen.

1264 Epeiros erkennt MICHAELS Oberhoheit an. Unionsverhandlungen mit dem Papsttum hintertreiben erfolgreich die Angriffspläne Siziliens und einen Kreuzzug zur Wiederherstellung des Lateinischen Kaiserreichs.

1274, 6. Juli Kirchenunion auf dem Konzil von Lyon aufgrund eines persönlichen Glaubensbekenntnisses MICHAELS VIII. und seines Sohnes, die aber in Byzanz nicht durchgesetzt werden kann.

1282, 29. März »Sizilianische Vesper«: Vereitelung der Angriffspläne KARLS I. VON ANJOU (*1226, †1285; ab 1265 König von Sizilien) auf Byzanz durch europaweite byzantinische Diplomatie.

1282–1328 Kaiser ANDRONIKOS II. PALAIOLOGOS (*1259, †1332): Eminenter Machtrückgang in Byzanz und Verlust der meisten Gebiete Kleinasiens an die Seldschuken und später die Osmanen.

1299 Auf dem Balkan gewinnt das aufstrebende Serbien Makedonien und Thessalien, die als Mitgift einer byzantinischen Prinzessin abgetreten werden.

1303 Anwerbung der »Katalanischen Kompanie« unter ROGER DE FLOR (*1266, †1305) zur Bekämpfung der Osmanen.

1307 Friedensschluss mit dem Bulgarenreich: Bulgarien erhält Mesembria (heute Nessebar) an der Schwarzmeerküste und Gebiete südlich des Balkangebirges.

1318 Erfolge in Achaia auf Kosten der Lateiner.

1321–1328 Der Bürgerkrieg zwischen ANDRONIKOS II. und ANDRONIKOS III. (*1297, †1341) zwingt den Kaiser zur Abdankung zugunsten seines Enkels.

1326 Verlust von Prusa an die Osmanen.

1328–1341 ANDRONIKOS III. PALAIOLOGOS.

1329 Gewinn von Chios (bis 1346).

1331 Verlust von Nikaia an die Osmanen.

1333 Gewinn von Thessalien.

1337 Gewinn von Epeiros (bis 1349), wo die Dynastie der Angeloi erlischt. Verlust von Nikomedeia an die Osmanen.

1340er-Jahre Höhepunkt der serbischen Machtentfaltung auf dem Balkan unter STEPHAN DUŠAN, der sich 1346 zum Zaren der Serben krönen lässt. Bürgerkrieg in Byzanz.

1341–1391 Kaiser JOHANNES V. PALAIOLOGOS (*1332, †1391).

1347–1352 Schwere Pestepidemie in Byzanz, die auch auf das westliche Europa ausgreift.

1347–1354 JOHANNES VI. KANTAKUZENOS (*1296, †1383) usurpiert den Kaisertitel als Mitherrscher für JOHANNES V. PALAIOLOGOS.

ca. 1345 Rechtshandbuch des KONSTANTIN HARMENOPULOS (*Hexabiblos*), das sich auch im slawischen Bereich durchsetzt und nach 1453 teilweise im Osmanischen Reich, nach 1835 in Griechenland gültig bleibt.

1351 Synode in Konstantinopel. Anerkennung des Hesychasmus (mystisch-religiöse Denkrichtung) des GREGORIOS PALAMAS (*1296/97, †1359).

1354 Mit **Gallipoli** erobern die **Osmanen** die erste Stadt auf europäischem Boden und beginnen von dort aus ihre Expansion auf dem Balkan. Dies und der vergebliche Versuch einer Dynastiegründung zwingen JOHANNES VI. zur Abdankung.

1355–1391 Während der Alleinherrschaft JOHANNES' V. vollzieht sich der administrative Zerfall von Byzanz.

1366 Reise JOHANNES' V. nach Ungarn.

1369 Die Osmanen erobern Adrianopel. Byzanz ist praktisch eingeschlossen. Kaiser JOHANNES V. reist nach Italien, bittet um Hilfe gegen die Osmanen und tritt zum römisch-katholischen Glauben über. Dieser Übertritt ist in Konstantinopel nicht vermittelbar.

1371 Osmanischer Sieg über die Serben.

1376–1379 ANDRONIKOS IV. PALAIOLOGOS (*1348, †1385) rebelliert gegen seinen Vater JOHANNES V.

1379 JOHANNES V. erklärt sich den Osmanen gegenüber tributpflichtig: **Byzanz ist ein osmanischer Vasallenstaat**.

1387 Eroberung von Thessalonike durch die Osmanen.

1389 Osmanischer Sieg auf dem Amselfeld (Kosovo Polje) über die Serben.

1390 JOHANNES VII. PALAIOLOGOS (*um 1370, †1408).

1391–1425 MANUEL II. PALAIOLOGOS (*1350, †1425).

1393/1394 Die Osmanen unterwerfen die Hauptstadt einer Blockade.

1396 Osmanischer Sieg über ein Kreuzfahrerheer bei Nikopolis an der Donau. Flucht König SIGISMUNDS von Ungarn über Konstantinopel.

1397–1402 Die Osmanen unter Sultan BAYEZID I. (1389–1402) belagern Konstantinopel.

1399–1403 Reise MANUELS nach Westeuropa (Italien, Frankreich, England), wo er vergeblich um Hilfe gegen die Osmanen bittet.

1402 Osmanische Niederlage gegen den türkisch-mongolischen Eroberer TIMUR LENG (*1336, †1405) bei Ankara und Gefangennahme des Sultans BAYEZID.

1403 Friedensvertrag zwischen Byzanz und den Osmanen. Rückgabe von Thessalonike.

1422 Belagerung Konstantinopels durch die Osmanen.

1423 Übergabe von Thessalonike an die Venezianer. Reise des Thronfolgers JOHANNES (VIII.) nach Venedig und Ungarn.

1424 Sultan MURAD II. (1421–1451) zwingt MANUEL II. wieder zur Tributpflicht.

1425–1448 JOHANNES VIII. PALAIOLOGOS (*1392, †1448).

1430 Endgültiger Verlust Thessalonikes an die Osmanen.

1438–1439 Konzil von Ferrara-Florenz: Anerkennung des päpstlichen Primats durch Kaiser JOHANNES VIII. und Patriarch JOSEPH II. (†1439). Die Kirchenunion kann in Byzanz jedoch nicht durchgesetzt werden.

1444 Osmanischer Sieg über ein Kreuzfahrerheer bei Warna.

1449–1453 Kaiser KONSTANTIN XI. PALAIOLOGOS (*1404, †1453).

1453, 29. Mai **Osmanische Eroberung Konstantinopels**.

1460 Osmanische Eroberung von Mistra als letztem byzantinischen Teilreich auf europäischem Boden.

1461 Osmanische Eroberung von Trapezunt.

Die Bedeutung des Falls von Byzanz

Mit Konstantinopel fällt 1453 die letzte Bastion jenes römisch-christlichen Bollwerks des Byzantinischen Reiches, das den aus Osten andrängenden Völkerschaften – Persern, Arabern und Turkvölkern – über mehr als ein

Jahrtausend erfolgreich den Weg nach Zentraleuropa versperrt hat. In der Folge erobern die Osmanen den Balkan; 1529 und 1683 können sie bis Wien vorstoßen, das sie erfolglos belagern.

Das Osmanische Reich übernimmt auf dem Balkan, in Kleinasien, im Nahen Osten und in Ägypten die Rolle der Großmacht des östlichen Mittelmeerraums, die Byzanz in den Zeiten seiner größten Machtentfaltung inne hatte. Regiert wird das Reich von der alten Hauptstadt der Byzantiner aus. Der osmanische Sultan residiert in einem Palast am Bosporus, der sich nahe des alten byzantinischen Kaiserpalastes befindet. Die Vorherrschaft des Osmanischen Reiches im östlichen Mittelmeerraum währt über ein halbes Jahrtausend (Mitte 14. – Anfang 20. Jh.), ehe es von den nationalstaatlichen Tendenzen der Neuzeit überholt wird.

Schon im 14. Jh. und besonders nach 1453 wandern zahlreiche byzantinische Gelehrte und Intellektuelle v. a. nach Italien (Florenz, Venedig) aus. Diese Migranten bringen oftmals griechische Handschriften antiker und christlicher Autoren und andere Kulturgüter mit in den Westen, wo die **Begegnung mit der griechischen Tradition** entscheidende Impulse für die Entwicklung des Humanismus zu setzen vermag. So wird Byzanz zum wichtigsten Vermittler antiker und spätantiker Bildungstradition an das frühneuzeitliche Europa.

Unter osmanischer Herrschaft bleibt die byzantinische (orthodoxe) Kirche bestehen, grenzt sich aber nun endgültig vom Papst in Rom ab. Der Patriarch von Konstantinopel wird zum geistlichen Oberhaupt und politischen Vertreter **aller orthodoxen Untertanen des Sultans**. Die politische Führungsrolle innerhalb der orthodoxen Ökumene geht an das aufstrebende Großfürstentum von Moskau über, das sich als »Drittes Rom« dem Erbe von Byzanz verpflichtet fühlt.

Christliche Territorien im östlichen Mittelmeerraum und Kaukasus

Christliche Besitzungen im östlichen Mittelmeerraum

Die Kreuzfahrerstaaten

Als Ergebnis des 1. Kreuzzuges entstehen vier lehensrechtlich aufgebaute Kreuzfahrerstaaten: An der Spitze das **Königreich Jerusalem** mit später vier großen Baronien, z. T. von ihm abhängig das stets von Byzanz beanspruchte **Fürstentum Antiochia** sowie die **Grafschaften Edessa** und **Tripolis** (seit 1102/09). Eine lateinische Kirche mit Patriarchen in Jerusalem und Antiochia wird gegründet, der höhere griechisch-orthodoxe Klerus wird verdrängt (nicht jedoch das orthodoxe Mönchtum und der niedere Klerus). Dies vertieft die politischen und religiösen (Schisma) Gegensätze zu Byzanz. Die Kreuzfahrer werden durch Armenier und Maroniten (christliche Gemeinschaft im Libanongebirge seit dem 7. Jh.) teilweise unterstützt. Dennoch gelingt weder eine Ausdehnung ins zentralsyrische Hinterland noch nach Ägypten. Die Uneinigkeit der muslimischen Nachbarn gestattet Überleben und Ausbau. Bald zeigen sich politische, wirtschaftliche und kulturelle Symbiosephänomene (Bündnis Jerusalem-Damaskus).

Nach dem erfolgreichen Kreuzzug setzt eine Zuwanderung aus dem Westen ein, überwiegend aus Frankreich (daher Bezeichnung als Franken). Nicht nur nachgeborene Adelssöhne versuchen hier Karriere zu machen, auch Kaufleute, Handwerker und Bauern siedeln sich an. Dennoch bleiben die Franken stets in der Minderheit gegenüber einheimischen Christen – v. a. Griechisch-Orthodoxe (Melkiten), Syrisch-Orthodoxe (Jakobiten), Maroniten, Armenier und Nestorianer – sowie Muslimen und Juden (seit Beginn des 12. Jh.s Akzeptanz nicht christlicher Untertanen). Die Franken leben größtenteils in den Städten, doch existieren auch ländliche Siedlungen, meist in Nachbarschaft zu einheimischen Christen. Es entwickelt sich eine religiös und sozial vielgestaltige Gesellschaft, innerhalb derer auch die nichtfränkischen Gruppen trotz rechtlicher Benachteiligungen (v. a. der Nichtchristen) ihren Platz haben. Erfolgreiche Verwaltungspraktiken der Muslime (v. a. im fiskalischen Bereich) werden beibehalten. Die fränkische Herrschaftsschicht lebt von Landwirtschaft und Handelsvermittlung zwischen Osten und Westen (Tyrus, Akkon) sowie von den Wallfahrten.

Wegen der dauernden demografischen und damit militärischen Schwäche entwickeln sich die **geistlichen Ritterorden** (Templer, Johanniter, Deutscher Orden) mit gewaltigen Burgen zur eigentlichen Militärmacht. Das anfänglich starke Königtum wird durch dynastische Probleme zunehmend geschwächt gegenüber dem Adel und den italienischen Seestädten, deren Flotte zur Eroberung der Küstenstädte unentbehrlich ist (Akkon 1104, Tripolis 1109, Tyrus 1124, Askalon 1153). Pisa, Genua und Venedig erhalten große Handelsprivilegien und eigene Quartiere. Im 13. Jh. herrscht der hohe Adel (Barone) im Königreich Jerusalem fast uneingeschränkt, während die Könige meist außerhalb des Landes residieren. Kulturelle Leistungen: »Assises du royaume de Jerusalem« (Gesetzessammlungen des 13. Jh.s), Kirchen (u. a. Umbau der Grabeskirche) und Burgenbau (Krak des Chevaliers, Margat) sowie Geschichtsschreibung (WILHELM VON TYRUS; *um 1130, †1186).

1098 Gründung der Grafschaft Edessa und des Fürstentums Antiochia.

1099 Erster Herrscher in Jerusalem wird **GOTTFRIED VON BOUILLON** (*um 1060, †1100) als »Beschützer des Heiligen Grabes«. Er besiegt die Ägypter.

1100–1118 Sein Bruder **BALDUIN I.** (*1058, †1118) nimmt den Königstitel an.

1109 Mit der Eroberung von Tripolis und der Gründung

eines Fürstentums ist die Gründungsphase der Kreuzfahrerstaaten beendet. In der Folge Konsolidierung der fränkischen Herrschaft (1116 Eroberung von Aqaba am Roten Meer).

1118 Balduin I. stirbt während eines Vorstoßes nach Ägypten.

1118–1131 Balduin II. (†1131) erlässt in Nablus (1120) Gesetze.

1124 Während seiner Gefangenschaft wird mit venezianischer Hilfe Tyrus erobert.

1131–1143 Unter **Fulko von Anjou** (*1092, †1143) größte Ausdehnung, aber auch erste Adelsrevolte, während sich auf islamischer Seite der Widerstand organisiert, v.a. durch Emir Imad ad-Din Zengi von Mosul (*1082, †1146).

1144 Der **Fall von Edessa** (endgültig 1146) löst den erfolglosen 2. Kreuzzug aus.
Es herrscht ein relatives Gleichgewicht zwischen Muslimen und Franken, die sich zu einer gemeinsamen Ägyptenpolitik seit Balduin III. (*1130, †1162; König von Jerusalem seit 1143) entschlossen haben und sich v.a. unter Amalrich (*1136, †1174; König von Jerusalem seit 1163) dynastisch und politisch an Byzanz anlehnen, das 1137, 1142 und 1158 Kleinarmenien und Antiochia zu unterwerfen versucht.

1176–1184 Seit der Niederlage des byzantinischen Kaisers Manuel I. (1143–1180) bei Myriokephalon verschlechtert sich die Lage rasch, da der Ajjubide Saladin (*1138, †1193) nach dem Sturz der Fatimiden und dem Tod von Zengis Sohn Nur ad-Din (*1118, †1174) Ägypten und Syrien vereinigt sowie das Königreich unter dem leprakranken Balduin IV. (*1161, †1185; König von Jerusalem 1174–1183) einkreist.

1187, 4. Juli Fränkische Vorstöße unter Rainald von Châtillon (†1187), Herr des Ostjordanlandes, gegen die Verbindung Ägypten–Syrien und im Roten Meer bis Dschidda provozieren die vernichtende Niederlage König Guidos von Lusignan (*1129, †1194; König von Jerusalem 1186–1192) in der Schlacht bei Hattin (westlich von Tiberias).

2. Okt. **Jerusalem** fällt in die Hand Saladins. Die Franken verlassen gegen Lösegeldzahlung die Stadt. Nur Antiochia, Tripolis, Tortosa und Tyrus bleiben christlich.

1191 Der 3. Kreuzzug gewinnt Akkon zurück, das neue Hauptstadt des Königreichs Jerusalem wird.

1192 Waffenstillstand mit Saladin, 1198 zwischen König

Kreuzfahrerstaaten und Herrschaften nach dem 4. Kreuzzug

AIMERICH VON LUSIGNAN (†1205), der 1197 Zypern und Jerusalem vereinigt, und AL-MALIK AL-ADIL (*1145, †1218) von Ägypten.

1197–1203 Mit dem Gewinn von Beirut und Sidon im deutschen Kreuzzug ist die ganze Küste bis Antiochia wieder fränkisch.

Nach dem 3. Kreuzzug verstärkte Zusammenarbeit der Kreuzfahrer in Syrien und Zypern mit Kleinarmenien. Nach erneuter Trennung von Zypern geht die Führung im Königreich Jerusalem an die in der *Haute Cour* versammelten Barone mit dominierender Stellung der Ibelins über. – 1198 kirchliche Union mit den Armeniern, 1180/1203 mit den Maroniten, deren Patriarch am 4. Laterankonzil 1215 teilnimmt. Im Norden sind Antiochia und Tripolis seit 1201 vereinigt.

1229 Vier Jahre nach seiner Hochzeit mit der Thronerbin **ISABELLA VON BRIENNE** (*1212, †1228) gewinnt Kaiser FRIEDRICH II. (1212/20–1250) durch einen im Vertrag mit AL-MALIK AL-KAMIL (†1238) Jerusalem zurück. Trotz seiner Exkommunikation durch den Papst geht er in der Grabeskirche zu Jerusalem unter der Krone. Westliche Frontstellungen werden so nach Syrien übertragen. Nach dem kurzen Aufenthalt des Kaisers faktisch weiterhin Herrschaft der Barone.

ca. 1240–1244 Anonyme Abfassung des »Livre des Assises de la Cour des bourgeois«, eines der wichtigsten Rechtsbücher des lateinischen Orients.

1244 Die Chwarismier **erobern Jerusalem endgültig**. Anders als 1187 kommt es zum Massaker an der christlichen Bevölkerung.

1250–1254 König LUDWIG IX. von Frankreich (1226–1270) hält sich nach seiner Freilassung aus ägyptischer Gefangenschaft in den Kreuzfahrerstaaten auf und konsolidiert dort die Verteidigung.

1257 Die Franken lavieren zwischen Ägypten, Damaskus und den Mongolen, schließen Frieden mit Mamluken und Ajjubiden in Damaskus, doch schreitet die innere Anarchie und Entpolitisierung v. a. im Restgebiet des Königreichs Jerusalem, das nur noch aus einem schmalen Küstenstreifen besteht, fort. Wenig realistische Hoffnungen auf Hilfe der Mongolen bleiben vergeblich. 1256–1258 liefern sich Genua und Venedig einen Handelskrieg (»von St. Sabas«) in Akkon.

1260 Die Mamluken vereinigen Ägypten und Syrien nach Sieg unter QUTUZ (†1260) und BAIBARS I. (*um 1229, †1277) bei Ain Dschalut über die Mongolen dank fränkischer Neutralität.

BAIBARS wird der Hauptgegner der Kreuzfahrer.

1268–1289 Zuerst fallen 1268 Jaffa und Antiochia, dann 1289 Tripolis.

1291 Nach erbitterten Kämpfen fällt ohne wesentliche Hilfe des Westens die Hauptstadt Akkon. Die fränkische Bevölkerung wird, soweit sie sich nicht nach Zypern retten kann, getötet oder versklavt. Tyrus, Sidon und Beirut werden geräumt. Die Königswürde von Jerusalem wird zum reinen Titel, den die Lusignans zusammen mit dem realen Königstitel von Zypern führen. Die westchristlich-lateinische Präsenz im Heiligen Land kommt völlig zum Erliegen, bis die Franziskaner mit Erlaubnis der Mamlukensultane um 1333 in Jerusalem zum Zweck der Pilgerbetreuung erneut Fuß fassen können (*Custodia Terrae Sanctae*). Auch die Lage der einheimischen Christen im Vorderen Orient hat sich nach Ende der 200-jährigen Kreuzfahrerherrschaft insgesamt verschlechtert.

Kleinarmenien

Auswanderer aus Hocharmenien gründen Ende des 11. Jh. in Kilikien ein Fürstentum unter den Rupeniden im Gegensatz zu den byzanzfreundlichen Hethumiden. Trotz zahlreicher Konflikte spielen die Armenier eine wichtige Rolle für die Kreuzfahrerstaaten; es kommt zu Eheverbindungen zwischen dem fränkischen und armenischen Adel.

1137–1158 Byzanz unterwirft Kilikien mehrmals (1137, 1142, 1158), um eine Landverbindung mit den Kreuzfahrerstaaten herzustellen

1187 LEON II. (†1219) wird Herrscher von Kleinarmenien. Seine Regierungszeit ist eine Blütezeit der armenischen Literatur, u. a. NERSES VON LAMPRON (*1153, †1198), NERSES IV. PAHLAWUNI (SCHNORHALI; *1102, †1173), reiche Geschichtsschreibung. Übernahme des westlichen Lehensrechts und der Ritteridee.

1198 Nach Klärung liturgischer Fragen und vergeblichen Verhandlungen mit Konstantinopel wird eine **Kirchenunion mit Rom** geschlossen. Nachdem er die Lehnshoheit von KAISER HEINRICH VI. anerkannt hat, wird LEON II. durch KONRAD VON WITTELSBACH (†1200), Erzbischof von Mainz, zum König gekrönt.

1203 LEON II. verbündet sich mit Jerusalem und Zypern, der Gewinn von Antiochia scheitert.

1226–1269 Das Königreich Kleinarmenien kommt mit HETHUM I. (†1270) an die Dynastie der Hethumiden, die sich gegen die Seldschuken an die Mongolen anlehnt und so den Hafen Ajas (Lajazzo) in den Chinahandel einschaltet.

Der Niedergang der Kreuzfahrerstaaten steigert die Bedeutung als Handelsvermittler, Nachschubhafen und Ausgangspunkt für Kreuzzüge. Anerkennung der mongolischen Oberherrschaft; letzte kulturelle Blüte.

1270–1342 Allmählicher Niedergang aufgrund von Niederlagen gegen die Mamluken (1332 Zerstörung von Ajas), des Zusammenbruchs der Kreuzfahrerstaaten sowie der Konversion der vorderasiatischen Mongolenherrscher zum Islam. Innere Opposition gegen die Kirchenunion mit Rom.

1342 Der letzte Herrscher der Hethumiden stirbt; Erbe werden die Lusignans von Zypern.

1375 Die Mamluken erobern die Hauptstadt Sis; Ende des Königreichs Kleinarmenien.

Zypern

1184 Das bislang byzantinische Zypern wird unabhängiges Reich unter »Kaiser« ISAAK KOMNENOS (†1194 oder 1195).

1191–1192 RICHARD LÖWENHERZ (*1157, †1199) erobert die Insel während des 3. Kreuzzugs, gibt sie erst den

Templern, dann **Guido von Lusignan**, dessen Familie bis 1489 herrscht.

Die Kreuzzüge binden Zypern an den Westen. Im Innern entsteht ein Nebeneinander von byzantinischer und fränkischer Kultur, Kunst und Rechtsprechung, von griechischer und lateinischer Kirche; daneben armenische und arabisch-christliche Einflüsse. Guido wirbt Ritter aus Syrien zur Besiedlung an, die griechische Herrschaftsschicht wird weitgehend enteignet. Eigentlicher Staatsgründer wird Guidos Bruder **Aimerich** (†1205, Herrscher Zyperns seit 1194), der den Adel schwächt. Nikosia ist Hauptstadt und Sitz eines lateinischen Erzbischofs mit Diözesen Limassol, Famagusta und Paphos, doch auch griechische Bistümer existieren weiter. Es entstehen gotische Kathedralen in Nikosia und Famagusta sowie große Burgen in St. Hilarion, Buffavento und Kantara. Die Wirtschaft beruht neben der ertragreichen Landwirtschaft v. a. auf der Tuchproduktion. Die Insel entwickelt sich zur Handelsdrehscheibe zwischen östlichem und westlichem Mittelmeerraum.

1195 Aimerich erkennt die Lehenshoheit Kaiser Heinrichs VI. (1169/91–1197) an.

1197 Aimerich wird vom Bischof Konrad von Hildesheim (*um 1160, †1202) gekrönt und vereinigt im gleichen Jahr Jerusalem mit Zypern.

1205 Nach dem Todes Aimerichs trennen sich die Reiche wieder. Zypern schließt ein Bündnis mit Kleinarmenien und greift Adalia (Antalya) an (1206).

1217–1221 König Hugo I. (†1218), Sohn Aimerichs, wird neben dem ungarischen König Andreas II. (1205–1235) und Johann von Brienne (*um 1169/74, †1237; König von Jerusalem 1210–1225) ein Führer des 5. Kreuzzugs.

1228 Kaiser Friedrich II. versucht die **Reichslehnschaft** zu erneuern und verlangt die Regentschaft für den unmündigen König Heinrich I. (†1253) (sog. Langobardenkrieg 1229–1233).

1247 Innozenz IV. (1243–1254) löst König Heinrich I., der Ludwig IX. von Frankreich im Kreuzzug gegen Ägypten unterstützt, vom Lehenseid gegenüber dem Kaiser.

1266 Seinem Sohn Hugo II. (*1253, †1267; König seit 1253) widmet Thomas von Aquin (*1224/25, †1274) die Schrift »Über die Regierung der Fürsten«.

1268 Hugo III. (*um 1235, †1284; König seit 1267) vereinigt erneut die Kronen von Zypern und Jerusalem, zieht sich aber nach Intrigen des Thronprätendenten Karl von Anjou (*1226, †1285) und der Templer auf die Insel zurück.

1291 Heinrich II. (*1271, †1324; König seit 1285) nimmt vergeblich am letzten Kampf um Akkon teil.

bis 1311 Zypern ist der Zufluchtsort der Kreuzritter aus Syrien, zunächst auch Sitz der Johanniter und der Templer, dann Ausgangspunkt für Spätkreuzzüge. Mit dem wichtigen Hafen Famagusta vermittelt Zypern Waren des Orients (Gewürze, Teppiche, Porzellan) und liefert selber Olivenöl, Wein, Baumwolle, Zuckerrohr, Salz, Getreide und Stoffe nach Europa.

1324–1369 Im 14. Jh. steigt Zypern in der Reformzeit Hugos IV. (*1294, †1359), einem Gönner Boccaccios, und v. a. unter **Peter I.** (*1328, †1369) zur europäischen Macht auf. Konflikte mit dem Mamlukensultan von Ägypten (1365 vorübergehende Einnahme Alexandrias). Hohe Steuerforderungen Peters führen zur Feindschaft des Adels (Ermordung 1369).

1369–1382 Unter Peter II. (*um 1357, †1382) kämpfen Genua (mit Privilegien seit 1218) und Venedig (seit 1306) um die Herrschaft.

1382 Famagusta (mit genuesischer Besatzung seit 1374) wird formell an Genua abgetreten, das Zypern mit absolutem Handelsmonopol ausbeutet.
Der Aufstieg der Osmanen schwächt die Position der Insel zusätzlich. Seit 1342 bzw. 1393 führen die Lusignans auch die armenische Krone.

1398–1432 **König Janus** (*1375, †1432) fördert die Freibeuterei gegen Ägypten, muss aber nach seiner Gefangennahme (1426) die Oberhoheit des Sultans anerkennen; drückende Verschuldung gegenüber Venedig aufgrund hoher Lösegeldforderung.

1460–1473 Der letzte tatkräftige König Jakob II. (*um 1440, †1473) lässt sich vom Mamlukensultan zum König einsetzen, bricht die genuesische Vorherrschaft und sucht Ausgleich mit dem Griechentum.

1468 Die Heirat mit der venezianischen Patrizierin Caterina Cornaro (*1454, †1510; Königin von Zypern 1474–1489) bereitet den Übergang an Venedig vor.

1489–1571 Venezianische Herrschaft.

1571 Die ganze Insel wird vom osmanischen Sultan Selim II. (1566–1574) erobert. | Forts. S. 1610 |

Christlich-orientalische Reiche

Armenien | Forts. v. S. 309 |

Nach der arabischen Eroberung besteht zunächst eine lockere Oberherrschaft über die überwiegend christlich-monophysitischen Armenier. Doch führen seit Ende des 7. Jh.s häufige Kriege, hohe Tributforderungen, Aufstände, zeitweise Verfolgungen sowie die Verlegung der Handelswege zum Niedergang Armeniens. Der Katholikos, Oberhaupt der armenischen Kirche, vertritt die Interessen des tributpflichtigen Volkes gegenüber den Kalifen. Viele Armenier wandern nach Byzanz aus, wo ihnen teilweise der Aufstieg gelingt, bis zum Kaiserthron (Leon V. [†820], Basileios I. [*um 812, †886]). Der Niedergang des abbasidischen Kalifats und byzantinische Vorstöße führen im 9. Jh. zur Einsetzung der Bagratuni als nationale Lokalherrscher durch die Araber.

885 **Aschot I.** (†890) wird auch von Byzanz als König anerkannt (Königreich Schirak mit der Hauptstadt Ani). Die neue Dynastie steht in Rivalität zum Adel, v. a. das Geschlecht der Artsruni. Unter Aschot II. (†928) lehnt sich Armenien an Byzanz an.

908 Die Artsruni gründen das Königreich von Vaspurakan mit Zentrum am Vansee (Kirche von Aghtamar). Weitere Kleinkönigreiche entstehen; eine Klammer mit Vermittlungsfunktion ist nach wie vor das Amt des Katholikos. Tributzahlungen an den Kalifen werden eingestellt.

952–977 Die Regierungszeit von ASCHOT III. (†977) und GAGIK I. (†1020) ist Höhepunkt des Königreichs Schirak (viele Kirchenbauten seit 961).
Die durch Erbverträge und Eroberungen fortschreitende Annexion durch Byzanz mit Bildung von Themen 1021/22, 1045, 1065 führt zu Auswanderungen nach Kappadokien, Kilikien und Nordsyrien. Religiöse Konflikte mit den Byzantinern, welche die armenische Kirche in die orthodoxe Reichskirche einzugliedern versuchen.

seit 1048 Da die Byzantiner Armenien nicht verteidigen können, stoßen die **Seldschuken** vor, die 1065 Ani erobern. Weitere Wanderbewegung nach Kilikien folgen, die zur Bildung armenischer Fürstentümer und schließlich zur Gründung eines Königreichs Kleinarmenien führen. | s. S. 652 |
Nordostarmenien gerät Ende des 11. Jh.s unter georgische Herrschaft, die sich auf den Adel stützt.

1236 Armenien wird von den Mongolen besetzt und wie Georgien Vasall des Großkhans, profitiert aber wirtschaftlich vom Handelsaufschwung und religiöser Freiheit bis zum Übertritt der Mongolen zum Islam. | Forts. S. 1588 |

Georgien

Georgien (Sakartvelo) wird bereits in der Spätantike christianisiert. 337 lässt sich König MIRIAN von Kartli taufen; das **Christentum** wird durch ihn zur Staatsreligion. Die muslimischen Eroberungen des 7. Jh.s erfassen das Land nur teilweise; der Südwesten kommt unter byzantinischen Einfluss.

um 1000 BAGRAT III. (975–1014) aus dem Geschlecht der Bagratiden gelingt die Einigung des Landes.

ab 1089 Unter den Königen DAVID IV., DEM ERBAUER (*1073, †1125; seit 1089), GEORG III. (†1184; seit 1156) sowie dessen Tochter THAMAR (*1160, †1213; seit 1184, »Goldenes Zeitalter«) kulturelle Blüte und größte Ausdehnung.

ab 1236 Einfälle der Mongolen führen zu wirtschaftlichem Niedergang und Schwächung der Zentralgewalt. Am Ende des 15. Jh.s bestehen **drei Teilkönigreiche**: Imeretien, Kachetien und Kartli.

1555 Georgien wird unter den Osmanen und Persern aufgeteilt; tributpflichtige christliche Königreiche und Fürstentümer bleiben aber bestehen.
Georgien ist in der Folge häufiger Schauplatz kriegerischer Auseinandersetzungen zwischen den beiden islamischen Großmächten. | Forts S. 1586 |

Asien

Definition und Chronologie des Mittelalters sind in der Geschichte Asiens umstritten. Sie reichen v. a. in marxistisch beeinflusster Geschichtsschreibung von einer weitgehenden Übertragung europäischer Konzepte bis zur gänzlichen Ablehnung in all jenen Werken, die das Mittelalter einzig als genuine Periode der europäischen Geschichte verstehen. Eine vergleichende prozessuale und strukturale Sichtweise lässt jedoch trotz überwiegend autonomer Geschichtsprozesse in den eurasiatischen Großregionen auch deutliche Wirkungszusammenhänge und Übereinstimmungen erkennen, die es durchaus zweckmäßig erscheinen lassen, zumindest in Teilen Asiens auch von einer mittelalterlichen Perioden zu sprechen. Dies gilt v. a. für Süd- und Ostasien, wo den klassischen Großreichen der Maurya und Gupta bzw. der Han Jahrhunderte regionaler Reichsbildungen folgen. Indien und v. a. Japan weisen in dieser Periode deutliche strukturelle Übereinstimmungen mit dem europäischen Feudalismus auf.

Das frühe Mittelalter umfasst in der indischen Geschichtsschreibung die Zeit der hinduistischen Regionalreiche vom 7.–13. Jh., während *Medieval India* insbesondere das Zeitalter des Delhi-Sultanats und des Mogul-Reiches vom frühen 13. Jh. bis in die Mitte des 18. Jhs bezeichnet. Wegen seiner hoch entwickelten patrimonial-bürokratischen Verwaltung und beginnenden Integration in das Weltsystem der frühen europäischen Expansion wird das Mogul-Reich neuerdings vermehrt der Frühen Neuzeit zugerechnet. In China gilt als Mittelalter v. a. die Zeit regionaler aristokratischer Herrschaft vom Untergang des Han-Reiches im frühen 3. Jh. bis zum Wiederaufstieg zentraler kaiserlicher Herrschaft unter der Tang-Dynastie im späten 7. Jh.. Der Aufstieg Chinas zur asiatischen Großmacht unter der Song-Dynastie und die in ihrer Zeit einmalige rationale zentralstaatliche Verwaltung weist bereits deutliche Merkmale der Frühen Neuzeit auf, während die ihr folgende Yuan-Dynastie der Mongolen (1279–1368) im eurasiatischen Kontext noch dem Mittelalter zugerechnet wird. Koreas Geschichte ist im Mittelalter geprägt von starken Einflüssen und mehreren Invasionen Chinas und wechselvollen Erfolgen gesamtstaatlicher Institutionen gegen lokalen Landadel und Militäraristokratie. Trotz früher chinesischer Einflüsse geht Japan im Mittelalter eigene Wege. Höhepunkte stellt der vom Kriegerstand der Samurai geprägte Feudalismus in der Kamakura-Zeit (1185–1338) dar, aus der das Shōgunat der kaiserlichen Feldherren (Shōgun) als De-facto-Herrscher Japans bis in die Mitte des 19 Jh.s hervorgeht, mit dessen Edo-Zeit (ab 1600) und der strikten Beschränkung europäischer Einflüsse aber bereits die Frühe Neuzeit beginnt. Für Zentral- und Südostasien, die zwar auch seit frühgeschichtlicher Zeit mit den beiden asiatischen Epizentren Indien und China in Kontakt standen, jedoch keine eigenen frühen »klassischen« Großreiche hervorbrachten, hat die Bezeichnung Mittelalter für die Periode von ca. 500–1500 allenfalls die gleiche Berechtigung wie z. B. für die Gebiete Nord- und Osteuropas, die außerhalb direkter römischer Herrschaft lagen. Es ist dies jedoch die Zeit, in der ebenso wie in Indien auch in Südostasien bedeutende Königreiche entstehen, die weitgehend als Vorläufer der heutigen indischen Bundesstaaten und der unabhängigen Staaten Südostasiens angesehen werden können.

Wichtiger als Einzelheiten struktureller und chronologischer Übereinstimmungen sind für die Geschichte Asiens die transkulturellen Beziehungen und Wirkungszusammenhänge, die die Großregionen des eurasiatischen Kontinents seit dem Altertum verbinden und sich im Mittelalter deutlich verfestigen. Einflüsse indischer Kultur, v. a. des Buddhismus, sind zwar bereits in den ersten Jahrhunderten n. Chr. von Zentral- bis Ostasien und in Südostasien erkennbar, gewinnen dort aber seit der Mitte des 1. Jt.s. eine dominierende Stellung. In Zentralasien steigt der Buddhismus bis zur Ausbreitung des Islams zur vorherrschenden Religion auf. In China ist er zeitweise mächtiger als in Indien und breitet sich in dieser Zeit auch nach Japan aus. Seit dem 5. und vermehrt im 7. Jh. suchen zahlreiche chinesische Mönche über die zentralasiatische Seidenstraße und die »Seidenstraße des Meeres« in Indien die heiligen Stätten des Buddhismus und das Kloster Nalanda auf, die damals wohl bedeutendste Bildungsstätte der Welt. In Südostasien entstehen seit der 2. Hälfte des 1. Jt.s. die »indisierten« Königreiche, deren Meisterwerke wie der Borobudur auf Java und Angkor Wat in Kambodscha sogar Schöpfungen indischer Tempelarchitektur übertreffen. Seit dem späten 12. Jh. setzt sich in den Ländern Festländisch Südostasiens, Birma, Thailand, Laos und Kambodscha, der Theravada-Buddhismus Sri Lankas durch. Doch auch chinesische Kultur breitet sich im 1. Jt. vermehrt in Südostasien in der damaligen chinesischen Provinz Vietnam aus, wohin auch der nordindische Mahayana-Buddhismus chinesischer Provenienz gelangt. In Zentralasien stößt die chinesische Kultur auf Anhänger des Manichäismus und der nestorianischen Kirche und geht in Wandmalereien in Ostturkestan eine großartige Synthese mit indischer und persischer Kunst ein. In den Ruinen der Klöster der Turfan-Oase entdeckten deutsche Archäologen im frühen 20. Jh. als Zeichen mittelalterlich-zentralasiatischen Kosmopolitismus Manuskripte, die in 23 verschiedenen Schriften und 17 Sprachen abgefasst sind.

Die Ausbreitung des Islams kommt zwar in der 1. Hälfte des 8. Jhs. im westlichen Zentralasien- und in Nordwesten Indiens vorerst zum Stillstand. Sein Aufstieg zur mächtigsten Religionsgemeinschaft des Mittelalters verändert jedoch in den kommenden Jahrhunderten die politische und kulturelle Landschaft Asiens nachhaltig. Erstmals in der Geschichte des Indischen Ozeans erschaffen muslimische Händler einen Seehandel, der das Rote Meer (und damit indirekt auch die Handelsstädte Norditaliens) sowie den Persischen Golf über die Hafenstädte Süd- und Südostasiens direkt mit den Häfen Südchinas verbindet. 1206, im selben Jahr, in dem

Tschinggis Khan zum Großkhan der Mongolen aufsteigt, begründen zentralasiatische Türken unter Aibak das Delhi-Sultanat. Seit dessen vorübergehender Ausdehnung bis Südindien im frühen 13. Jh. breitet sich der Islam ausgehend von den indischen Hafenstädten entlang der Handelsstraßen im Indischen Ozean nach Südostasien aus, wo in Indonesien der bevölkerungsreichste muslimische Staat entsteht, in dem zusammen mit den Muslimen Südasiens heute nahezu die Hälfte aller muslimischen Gläubigen der Welt lebt.

In der Zeit des Mongolenreiches, das von Tschinggis Khan bis Möngkes Tod (1259) von Zentralasien aus den Großkontinent von Ostmitteleuropa, dem Zweistromland und Nordwestindien bis an den Pazifik beherrscht, und der aus ihm hervorgehenden vier mächtigen Khanaten, treten bis in die Mitte des 14. Jh.s. gesamteurasiatische Wirkungszusammenhänge des Mittelalters besonders deutlich hervor. Beispielhaft stehen hierfür Marco Polos Reise nach China und die zentralasiatische Seidenstraße, die durch das Postrelaissystem der Mongolen ihren Höhepunkt erlebt. Über sie suchen Botschafter der Päpste und europäischer Könige die Großkhane in Karakorum, der Hauptstadt der Mongolen, in der vergeblichen Hoffnung auf, die Mongolen zu missionieren und ihre Unterstützung gegen die muslimischen Gegner der Christenheit zu gewinnen. 1254 veranstaltet Möngke für den flämischen Franziskaner Wilhelm Rubruk in Karakorum eine Disputation mit buddhistischen und islamischen Gelehrten, und 1307 kommt es zur Errichtung eines Erzbistums in Peking.

Dem Zeitalter der Herrschaft der zentralasiatischen Mongolen über weite Teile des eurasiatischen Kontinents folgt im frühen 15. Jh. der Höhepunkt chinesischer Expansion im Indischen Ozean. Von 1405–1433 errichtet der kaiserliche Admiral Zheng He mit sieben Seeexpeditionen mit jeweils über 200 Schiffen und 20 000 Mann Besatzung eine maritime Hegemonie Chinas bis Ostafrika und in das Rote Meer. Fast gleichzeitig beginnt Portugal mithilfe des aus China nach Europa gelangten Kompasses und Pulvers seinen Vorstoß an der westafrikanischen Küste, um dann im frühen 16. Jh. sein maritimes Kolonialreich im Indischen Ozean (*Estado da India*) von Moçambique über Goa und Malakka bis nach Macau und Osttimor zu errichten. Damit schlägt das labile Gleichgewicht der kontinentalen Seidenstraße und der »Seidenstraße des Meeres«, das die asiatische Geschichte seit dem Altertum, v. a. aber im Mittelalter, mehrfach entscheidend beeinflusste, zugunsten des Indischen Ozeans um, eine Entwicklung, die bis in das heutige Zeitalter der Globalisierung anhält.

Die islamische Welt bis ca. 1500

Die Entstehung des Islam (um 570–661)

Die **Arabische Halbinsel**, Ausgangspunkt verschiedener Vorstöße semitischer Völker nach Norden und Westen und in ihren Randgebieten dauernd kulturellen Einflüssen aus überseeischen Nachbarstaaten ausgesetzt, wird im 7. Jh. kurzfristig einer der Mittelpunkte des Weltgeschehens und gleichzeitig Ursprungsland der zahlenstärksten und folgenreichsten, aber auch letzten semitischen Auswanderungswelle. Von einer **neuen Religion** und damit einer neuen Weltsicht ausgehend, gelingt es den Arabern, ihr Volkstum über bisher ungeahnte Weiten auszubreiten, ohne dadurch ihre Identität zu verlieren. Ihr Vorstoß spaltet die bisher durch die Trennung in östliches und westliches Christentum gegliederten Anrainer des Mittelmeers zusätzlich. Dem christlichen Norden und Westen tritt ein islamischer Süden und Osten gegenüber, wobei allerdings Spanien jahrhundertelang weithin der islamischen Oberhoheit untersteht. Der **islamische Vorstoß** bewirkt zwar eine teilweise Abwanderung der griechisch und lateinisch sprechenden Bevölkerung aus seinem Herrschaftsbereich, belässt aber im Übrigen der semitischen, koptischen, berberischen und persischen Bevölkerung ihren Lebensraum, weithin auch ihre religiöse Überzeugung und kulturelle Überlieferung. Das neue Reich vereinigt auch manche bisher (etwa zwischen dem Byzantinischen Reich und dem Sassanidenreich) voneinander getrennte Gebiete. Dadurch wachsen Kulturströme viel leichter als bisher zusammen und verschmelzen mit der neuen Religion des Islam zu einer ungewöhnlichen Kulturblüte.

um 570 **Mohammed** (Mohámmed = der Gepriesene), Sohn des Abd Allah, in Mekka geboren, aus einer verarmten Familie des arabischen Stammes Koraisch stammend und früh verwaist, wächst bei einem Onkel in bescheidenen Verhältnissen auf und wird Kaufmann.

595 Durch die Heirat mit einer reichen Witwe, Chadidscha (*um 555, †um 619), kommt er in gesicherte finanzielle Verhältnisse, lernt auf Handelsreisen Teile Arabiens und wohl auch Syriens kennen und kann möglicherweise auch lesen und (etwas) schreiben.

seit 610 Mit zunehmendem Alter mehr und mehr von Zweifeln am althergebrachten polytheistischen Glauben des alten Arabiens (v. a. Gestirnsdienst) ergriffen und in wachsender Angst vor dem Weltende und Gottesgericht, hat er Visionen, in denen ihm der Erzengel Gabriel die unmittelbaren Offenbarungen Gottes überbringt, die ihn zum Propheten für die Araber und zum Verkünder des wahren Glaubens an den einen Gott Allah (Allah = der Gott, d. h. der Gott schlechthin, der alleinige Gott) berufen. Doch findet er lange Zeit nur wenige, meist sozial niedrig stehende Anhänger, darunter freilich Chadidscha und sein Schwiegersohn und Vetter Ali (*um 600, †661) sowie einige Einflussreiche, z. B. Abu Bakr (*um 570, †634), Omar (*um 592, †644) und Othman (*um 574, †656), die zusammen mit Ali die ersten vier Kalifen stellen.

622, Ende Sept. Nach schweren Konflikten muss MOHAMMED seine Heimatstadt verlassen und in die Oasensiedlung Medina übersiedeln, deren arabische Bewohner ihn als Schlichter innerer Streitigkeiten berufen haben. Mit der Hedschra (Auswanderung) entsteht eine – auch politisch – unabhängige islamische Gemeinschaft, deren religiöser und weltlicher Leiter MOHAMMED ist, der dadurch mehr und mehr zum Staatsmann wird. Diese Gemeinschaft der Gläubigen (*umma*) ist ihrer Form nach eine Theokratie, deren oberster Herr Gott ist und die über den Stämmen und allen sonstigen sozialen Unterschieden steht. Waren die Inhalte der Offenbarungen MOHAMMEDS in Mekka v.a. auf Gott als den Schöpfer der Welt und Richter am Jüngsten Tag bezogen, fließen in Medina aufgrund der veränderten Situation auch Weisungen zur Regelung gesellschaftlicher und rechtlicher Fragen in die Offenbarungen ein. Sie bilden später eine der Grundlagen des islamischen Rechtssystems.

624 Im Kampf gegen die feindlichen Mekkaner siegt MOHAMMED bei Badr, unterliegt jedoch am Uhud-Berg (625).

627 Er übersteht eine Belagerung Medinas durch die Mekkaner und kann in den folgenden Jahren mehrere Beduinenstämme als Bundesgenossen gegen Mekka gewinnen. Die drei jüdischen Stämme in Medina, die es ablehnen, MOHAMMED als Sprecher auch ihres eigenen Gottes anzuerkennen, werden vertrieben oder ausgerottet.

630 MOHAMMED besetzt seine Heimatstadt Mekka fast ohne Gewalt und reinigt die Kaaba (*Ka'ba* = Würfel) von den in ihr aufgestellten heidnischen Götterbildern Die Kaaba, die schon in vorislamischer Zeit ein viel besuchtes Wallfahrtsziel war, wird jetzt zum höchsten islamischen Heiligtum und zur verpflichtenden Gebetsrichtung für alle Muslime.

632, 8. Juni Der Prophet MOHAMMED stirbt in Medina, wo er auch begraben liegt; er hinterlässt keine direkten männlichen Nachkommen.

Die Lehre Mohammeds

MOHAMMEDS Offenbarungen – von der Beschreibung des Endgerichtes über verschiedene Prophetengeschichten bis zu den kultischen Pflichten und den Verordnungen über politisch-soziale Fragen – werden zunächst nur mündlich weiter getragen und etwa 650 unter der Leitung seines Schreibers in 114 Suren (Abschnitten) fallender Länge mit insgesamt 6236 Versen (*ajat* = Wunderzeichen) gesammelt und aufgezeichnet (die Zählung und damit Gesamtzahl der Verse schwankt etwas). Diese Sammlung bildet seither als Koran (Koran = Rezitationsstück) das ewige, unveränderliche Wort Gottes an MOHAMMED und durch ihn an die gesamte Menschheit. Im mekkanischen Dialekt des Arabischen – MOHAMMEDS Muttersprache – und unter Anklängen an die arabische »Dichtersprache« der vorislamischen Zeit niedergelegt, gilt der Koran sprachlich und stilistisch als unübertrefflich und darf zu kultischen Zwecken nicht übersetzt werden. Er hat bis heute eine ungemein nachhaltige Wirkung auf die Muslime ausgeübt und dem Arabischen als Sprache der göttlichen Offenbarung seinen Vorrang vor den anderen Sprachen in der islamischen Welt verliehen. Der Islam lehrt einen sehr strengen Monotheismus mit Verwerfung der christlichen Dreifaltigkeit und Vergeltung der Taten des Menschen beim Jüngsten Gericht. Kernstück der islamischen Glaubenslehre gegenüber anderen Religionen ist die im Koran niedergelegte Geschichtstheorie, die sich auf ABRAHAM als Vertreter der ursprünglichen Offenbarung Gottes beruft. Nach dieser Konzeption hat Gott seine immer gleiche Offenbarung durch eine Reihe von Propheten (u. a. ABRAHAM, MOSES, JESUS) den Völkern der Welt verkündet, die aber im Laufe ihrer Geschichte von ihr abgewichen seien und sie verfälscht hätten. MOHAMMED stellt mit dem Koran die Uroffenbarung Gottes wieder her und schließt sie als der letzte zu erwartende Prophet (das sog. Siegel der Propheten) zugleich ab. Damit begründet der Islam seine Überlegenheit über die anderen, auch die monotheistischen Religionen, die nur eine unvollständige Form der Uroffenbarung Gottes bewahrt hätten. Der Koran regelt außerdem viele Lebensbereiche (Kultus, Ehe- und Erbrecht, wirtschaftliche Fragen) und legt die fünf religiösen Grundpflichten fest: Glaube an Allah und MOHAMMED als – rein menschlichen – Propheten; fünfmaliges tägliches Gebet; Almosensteuer; Fasten untertags im Monat Ramadan; Wallfahrt nach Mekka, wenn gesundheitlich und finanziell möglich.

Der Koran wird vom Bericht (*Hadith*) über das normative Reden und Handeln des Propheten (**Sunna**) ergänzt. Dieser *Hadith* wird während der ersten drei Jahrhunderte des Islam in umfangreichen Sammlungen kodifiziert (der »Korrekte« von AL-BUCHARI [*810, †870] und fünf Werke ähnlich großer Bedeutung) und seither ebenso wie der Koran häufig kommentiert. Später wird er, zusammen mit den gesetzlichen Regelungen im Koran, durch bestimmte Methoden wie Analogieschluss (*Kijas*) und Übereinstimmung der Gemeinde (in Wirklichkeit: der Gelehrten; *Idschma*) ergänzt und zur Grundlage weiterer juristischer Regelungen gemacht.

Der Glaubenskrieg (**Dschihad** = Bemühung) zur Ausbreitung des islamischen Gebietes (nicht zur gewaltsamen Durchsetzung des Islam bei »Ungläubigen«!) gilt als sog. Kollektivpflicht und kann, anders als die von jedem einzelnen auszuführenden kultischen Grundpflichten, nur von einem Teil der waffenfähigen Männer stellvertretend für die Gesamtgemeinde durchgeführt werden.

632–634 Nach MOHAMMEDS unerwartet frühem Tod wird sein Schwiegervater ABU BAKR, Vater seiner dritten Ehefrau AISCHA (†678), zum ersten Stellvertreter (= *Chalifa*; danach **Kalif**) des Propheten bestimmt. Ihm gelingt es, die Gemeinde trotz einer um sich greifenden inneren Abfallbewegung zusammenzuhalten und prophetische Nebenbuhler zu überwinden.

634–644 Unter dem zweiten Kalifen OMAR I., ebenfalls Schwiegervater MOHAMMEDS, vollzieht sich die weit ausgreifende Expansionsbewegung des Islams, die in zahlreichen Feldzügen das Gebiet der islamischen Herrschaft (das Kalifat) auf die gesamte Arabische Halbinsel, Palästina (638 Jerusalem) und Syrien

(636), Mesopotamien und Persien (642) sowie Ägypten (639) ausdehnt. Überall werden die Militärkommandanten gleichzeitig Statthalter. OMAR I. gilt deshalb, obgleich seine persönlichen militärischen Verdienste historisch umstritten sind, als Schöpfer des islamischen Reiches und trägt als erster den Titel Herrscher der Gläubigen (*Amir al-Muminin*).

644–656 Nachdem OMAR I. von einem christlichen Perser aus Privatrache ermordet worden ist, zeigen sich unter OTHMAN, einem Schwiegersohn MOHAMMEDS, ausgedehnte Zerfallserscheinungen. Die Statthalter der neuen Provinzen handeln weithin selbstständig, im Innern mischt sich der Hader einzelner Gruppen mit der beginnenden **Herausbildung der islamischen Konfessionen**. Der fromme Kalif, dem man die Redaktion des Korans (um 653) verdankt, wird von aufständischen arabischen Truppen in Medina ermordet.

656–661 ALI, Vetter und (durch die Prophetentochter FATIMA [*607, †632]) Schwiegersohn MOHAMMEDS, kann sich nicht allgemein durchsetzen. Sein Hauptgegner ist der Statthalter Syriens, MOAWIJA, ein Verwandter OTHMANS, der für Blutrache an dessen Mördern eintritt. Das politische Zentrum der islamischen Welt verlagert sich nunmehr von der Arabischen Halbinsel in die alten Kulturländer des Vorderen Orients, wo es künftig bleiben soll.

656, Dez. ALIS Truppen bleiben bei Basra im südlichen Irak in der Kamelschlacht (der AISCHA von einem Kamel aus zusieht) gegen die Opposition aus Mekka und Medina siegreich.

657, Juli Bei Siffin am mittleren Euphrat (südöstlich von Edessa) kann ALI der syrischen Truppen MOAWIJAS nicht Herr werden und stellt sich mit MOAWIJA einem Schiedsgericht, das über die Berechtigung beider auf das Kalifat nach dem Koran entscheiden soll. Dieses Schiedsgericht setzt beide ab. ALI wird auf das südliche Zweistromland beschränkt. Seine Anhänger spalten sich: Der Anhängerschaft ALIS (*Schiat 'Ali*, kurz Schia = »Partei«, d. h. Gruppierung, genannt) stehen die Sezessionisten (Charidschiten) gegenüber, die

Islamische Expansion seit 632

ALI sein Nachgeben bei Siffin vorhalten und blutig niedergeworfen werden müssen.

661 Ermordung ALIS durch einen Charidschiten.

Die Konfessionen des Islam

Mit dem Tod ALIS ist der Islam – 29 Jahre nach dem Tod seines Gründers – in drei Konfessionen gespalten, die sich bis zum heutigen Tag erhalten haben. Der Dissens ist entstanden aus der – nur vordergründig politischen – Frage nach der legitimen Person des Kalifen, der ja wie MOHAMMED der weltliche und zugleich religiöse Führer der islamischen Gemeinde (*umma*) ist und damit Garant ihrer Einheit und ihrer Führung gemäß dem Willen Gottes durch die diesseitige Welt sein soll. Die **Charidschiten**, fanatische Gegner aller übrigen Gruppen und Träger der Überzeugung, dass jeder Muslim Kalif werden könne, wenn er nur der Frömmste sei (aber gerade über diese Frage in zahlreiche Untergruppen zerspalten), bilden als beduinisch-arabisches Element etwa 200 Jahre lang im Osten des Kalifats und bei den Berbern eine sehr ernste Gefahr, verschwinden aber dann durch Niederlagen und inneren Zerfall fast völlig. Heute befinden sich Reste in Oman, auf einigen Inseln und in Oasen des Maghreb.

Die **Schiiten** vertreten dagegen das genealogische Prinzip der Verwandtschaft zum Propheten MOHAMMED, das sie sehr eng fassen und seine Nachfolge deshalb seinem Vetter und Schwiegersohn ALI und dessen Nachkommen vorbehalten, denen sie den Titel *Imam* (Führer, Oberhaupt) geben. Die größte Gruppe der Schiiten, die Zwölferschiiten, beschränken die Leitung der Gemeinde auf ALIS Nachkommen aus seiner Ehe mit der Prophetentochter FATIMA, die den Titel *Sajjid* (Herr) bzw. *Scherif* (Edler) führen. Bei den Schiiten machen sich in späteren Jahrhunderten manche nicht arabische, v. a. vorislamische persische religiöse Auffassungen geltend, besonders die Lehre von einem unverlierbaren göttlichen Charisma. Da ALIS Nachfahren sehr zahlreich sind, kommt es auch hier zu vielerlei Spaltungen, die bis zum heutigen Tag andauern und teilweise zu extremen Ausformungen (wie Vergöttlichung der Imame) weiterentwickelt worden sind.

In der Mitte stehen die sog. »Leute der prophetischen Überlieferung (*Sunna*) und der Gemeinschaft«, die **Sunniten**, die das Kalifat zwar den männlichen Verwandten des Propheten aus dem Stamm der Koraisch vorbehalten möchten – und damit auch das genealogische Prinzip der blutsmäßigen Nähe zum Propheten, jedoch weiter gefasst, vertreten –, aber innerhalb dieses Kreises wenigstens theoretisch auf einer Wahl durch einen Rat angesehener Männer bestehen. Die Kalifendynastien der Omajjaden und Abbasiden stammen aus diesem Personenkreis. Die Sunniten haben stets die überwiegende Mehrzahl der Muslime gestellt, heute mindestens 90 %. In ihrem Rahmen beginnt schon früh eine lebhafte theologische Auseinandersetzung, die um die Frage des freien Willens oder der Vorherbestimmung, das Verhältnis des ewigen Gottes zu seinen Attributen, insbesondere zum Koran, um eine menschenähnliche oder rein geistige Auffassung von Gottes Wesen kreist und z. T. in sehr subtile Spekulationen mündet.

um 651 Die **erste islamische Ausbreitungswelle endet**, nachdem sie bis in die Cyrenaika, an die ostiranischen Gebirge und an den Oxus vorgedrungen ist. Kleinasien bleibt in byzantinischer Hand.

Das Kalifenreich (661–1258)

Die Zeit der Omajjaden (661–750)

661–680 Der erste Kalif aus der neuen Dynastie der Omajjaden, MOAWIJA I. (*um 600, †680), mit der Residenz in Damaskus, versteht es, das Kalifat trotz starker oppositioneller Gruppen (Schiiten, Charidschiten) an seine Sippe (Banu Omajja) zu binden. Unter ihm herrscht eine kurze Periode der inneren Stabilisierung, die freilich unter seinen Nachfolgern rasch zu Ende geht. Zu inneren Krisen, die von den Omajjaden nur schwer bewältigt werden können, trägt besonders die althergebrachte Rivalität der arabischen Stämme bei, die ihre Autonomie gegenüber dem Kalifen zu wahren versuchen.

674/678 Die Muslime unternehmen fast jährlich Vorstöße nach Kleinasien hinein. Von Kyzikos aus wird Konstantinopel belagert.

679 Byzanz entschließt sich in einem Friedensschluss (erneuert 697) zur Tributzahlung.

680, 10. Okt. Den Schiiten gibt der **Schlachtentod von Alis Sohn HUSAIN**, der die Leitung der Gemeinde beansprucht, **bei Kerbela** im Irak (nach muslimischer Zeitrechnung am 10. Muharram = *Aschura*, »der zehnte Tag«) im Kampf gegen omajjadische Truppen ihr Märtyrer- und Passionsmotiv, das diese Konfession seither zusätzlich von den Sunniten abhebt. Dieses Ereignis wühlt weite Kreise – die jedoch HUSAIN in entscheidender Stunde meist im Stich gelassen haben – tief auf und untergräbt im Lauf der nächsten Jahrzehnte die Stellung der Omajjaden immer mehr.

bis 692 Die Herrschaft der Omajjaden wird durch innere Krisen (schiitische Unruhen im Gegenkalifat in Mek-

Die Omajjaden

661–680	Moawija I.
680–683	Jazid I.
683–684?	Moawija II.
684–685	Marwan I.
685–705	Abdalmalik ibn Marwan
705–715	Walid I.
715–717	Sulaiman ibn Abdalmalik
717–720	Omar II. ibn Abdal Aziz
720–724	Jazid II.
724–743	Hischam ibn Abdalmalik
743–744	Walid II.
744	Jazid III.
744–745	Ibrahim ibn al-Walid ibn Abdalmalik
745–750	Marwan ibn Mohammed ibn Marwan

ka 684–692) erschüttert. Darauf folgt eine neue Periode innerer Ruhe, in der die wichtige Provinz Irak mit dem davon administrativ abhängigen Persien durch den Statthalter AL-HADDSCHADSCH IBN JUSUF (†714) verwaltet wird. Die Militärkolonien in Kufa und Basra bilden sich bald auch zu kulturellen Mittelpunkten heraus (zwischen beiden liegt die von AL-HADDSCHADSCH erbaute Garnisonssiedlung Wasit = »Die Mittlere«).

seit 693 Armenien (bis 885) untersteht unmittelbar der islamischen Oberherrschaft.

seit 696 Allmähliche Einführung der **arabischen Verwaltungs- und Kanzleisprache** und ihre Verwendung in Urkunden und auf Münzen. Das Griechische im Westen und das Persische im Osten verschwinden binnen einer Generation aus der zentralen Verwaltung. Anders als das Griechische behauptet sich das Persische in den östlichen islamischen Gebieten weiterhin als Sprache der Kultur, Literatur und (ab dem 10. Jh.) zunehmend wieder als Verwaltungssprache. Im Münzwesen stehen sich (Gold-)Dinar im Westen, im ehemals byzantinischen Währungsgebiet, und (Silber-) Dirhem (von Drachme) im ehemals sassanidischen Osten noch Jahrhunderte hindurch gegenüber. Das Wertverhältnis der beiden Metalle pendelt jahrhundertelang etwa um 12:1.

705–715 Unter WALID I. (†715) kann die **zweite große Ausdehnungswelle des Islam** organisiert werden, die über Nordafrika hinweg – wo Karthago (697) aus byzantinischer in arabische Hand übergeht – 711 nach Spanien vorstößt (Vernichtung des Westgotenreichs) und im gleichen Jahr vom Südosten Irans aus das Industal um Multan erreicht.
In Syrien festigt sich die Stellung der Omajjaden, in deren Kanzlei häufig Christen arbeiten (so als junger Mann der spätere Kirchenvater JOHANNES DAMASCENUS [*um 650, †um 750]). Ein äußeres Zeichen der Konsolidierung ist die Umwandlung der Johanneskirche in Damaskus in eine Moschee. Feldherr KUTAIBA IBN MUSLIM unterwirft auch Transoxanien mit Buchara und Samarkand sowie Choresmien (südlich des Aralsees).

717/718 Eine **Belagerung Konstantinopels** scheitert trotz der Stärke der seit Jahrzehnten ausgebauten arabischen Flotte, die die Ägäis weithin beherrscht und Zypern, bald auch Kreta bedroht.

726/740 Kleinasien wird durch jährliche omajjadische Einfälle heimgesucht.

732 Die Eroberung des Frankenreichs misslingt (**Niederlage bei Tours und Poitiers gegen KARL MARTELL**), doch bleiben Teile der Provence sowie einzelne Festungen für Jahrzehnte in arabischer Hand.

seit 744 Die ungelöste Legitimitätsfrage um das Kalifat und die fortdauernden Rivalitäten der arabischen Stämme schwächen zusammen mit der Opposition der Frommen, denen die Omajjaden-Herrscher zu weltlich eingestellt sind, und v. a. der Gegnerschaft der Muslime nicht arabischer Herkunft, denen gegenüber die Muslime arabischer Herkunft eine sozial deutlich bevorzugtere Stellung genießen, die Dynastie. Die vielfältigen Strömungen anti-omajjadischer Opposition versteht die Familie der Abbasiden geschickt zusammenzuführen; ihre anti-omajjadische Propaganda wird von ABU MUSLIM (†755) von den östlichen islamischen Gebieten aus geführt und mündet in die Machtergreifung der Abbasiden in Kufa (749).

Die Zeit der Abbasiden (750–1258)

Reichsgeschichte bis zum 11. Jh.

749/750 Die Dynastie der Abbasiden gelangt an die Herrschaft. Die Abbasiden stammen von ABBAS (†653), einem Onkel des Propheten, ab und sind insofern im sunnitischen Sinn für das Kalifat legitimiert. Den Schiiten ist damit endgültig der Weg zur Macht versperrt.

756 Die Omajjaden werden blutig verfolgt, doch gelingt es Prinz ABD AR-RAHMAN I. (*731, †788) in Córdoba das erste vom Kalifat unabhängiges islamische Reich zu gründen, das sich bald blühend entwickelt und langfristig große Teile Spaniens über Jahrhunderte in den islamischen Kulturraum eingliedert. Zunächst Emirat (Emir = Befehlshaber), wird die Herrschaft der spanischen Omajjaden später (ab 929) nominell zum Kalifat, als sie angesichts der bedrohlichen Präsenz der Fatimiden den Kalifentitel annehmen.

762 Die Abbasiden erheben unter AL-MANSUR (*um 710, †775; 754–775) das Dörfchen Bagdad (persisch »Gottesgabe«) zu ihrer Residenz und damit Mesopotamien, ehemals Teil des sassanidischen Reiches, zum Mittelpunkt des Kalifenreiches. Hier entsteht nun, von persischen kulturellen Traditionen nachhaltig beeinflusst und auch von vielen hierher gekommenen Persern getragen, die **islamische Kultur** mit ihren bedeutsamen Leistungen in Philologie, Literatur, Geschichtsschreibung, Geografie, Naturwissenschaften, Medizin und Technik: In ihrer Prägung oft nicht arabisch, wird sie aber doch noch lange von der arabischen Sprache getragen, die sich gegenüber älteren semitischen Idiomen sowie dem Griechischen und Koptischen mehr und mehr als Umgangssprache durchsetzt. Nur das Persische kann sich neben dem Arabischen als die die östlichen islamischen Gebiete beherrschende Kultursprache behaupten.

775–785 Unter AL-MAHDI (*743/45, †785) wird das abbasidische Kalifat als Herrschaftsideologie fest etabliert und behauptet sich gegenüber allen religiösen Sonderbestrebungen, besonders gegen die Schiiten.

786–809 und 813–833 Unter der iranischen Wesirsfamilie der Barmakiden (bis 803) erreicht das Kalifat des **HARUN AR-RASCHID** (*763/66, †809) seinen politisch und kulturell höchsten Rang. Seine Regierungszeit wird in der Erzählungssammlung »Tausendundeine Nacht« in volkstümlich idealisierter Form widergespiegelt. Sein Sohn AL-MAMUN (*786, †833) kann diese Bedeutung noch bewahren.

9./10. Jh. Neben der **Ausgliederung Spaniens** (756) erfolgt die **Loslösung weiterer Gebiete von der Zentralgewalt**: im Westen die Aghlabiden (800–909) in Tunesien und

Tripolitanien, später im Niltal die Tuluniden (868–905) und Ichschididen (935–969). Im Osten beherrschen die Tahiriden (821–873) und die Samaniden (819–999) Nordostpersien und Transoxanien (mit den Residenzen Nischapur und Samarkand). Sie alle bilden unabhängige Staaten, die aber die Oberhoheit des Kalifen formell anerkennen und sich von ihm ihre Herrschaft legitimieren lassen.

Die Abbasiden

749– 754	Abul Abbas as-Saffah
754– 775	al-Mansur ibn Mohammed
775– 785	al-Mahdi ibn al-Mansur
785– 786	al-Hadi ibn al-Mahdi
786– 809	Harun ar-Raschid ibn al-Mahdi
809– 813	al-Amin ibn Harun ar-Raschid
813– 833	al-Mamun ibn Harun ar-Raschid
833– 842	al-Mutasim ibn Harun ar-Raschid
842– 847	al-Wathik ibn al-Mutasim
847– 861	al-Mutawakkil ibn al-Mutasim
861– 862	al-Mustansir ibn al-Mutawakkil
862– 866	al-Mustain ibn Mohammed ibn al-Mutasim
866– 869	al-Mutazz ibn al-Mutawakkil
869– 870	al-Muhtadi ibn al-Wathik
870– 892	al-Mutamid ibn al-Mutawakkil
892– 902	al-Mutadid ibn al-Muwaffak
902– 908	al-Muktafi ibn al-Mutadid
908– 932	al-Muktadir ibn al-Mutadid
932– 934	al-Kahir ibn al-Mutadid
934– 940	ar-Radi ibn al Muktadir
940– 944	al-Muttaki ibn al-Muktadir
944– 946	al-Mustakfi ibn al-Muktafi
946– 974	al-Muti ibn al-Muktadir
974– 991	at-Ta'i ibn al-Muti
991–1031	al-Kadir ibn Ishak ibn al Muktadir
1031–1075	al-Ka'im ibn al-Kadir
1075–1094	al-Muktadi ibn Mohammed ibn al-Kaim
1094–1118	al-Mustazhir ibn al-Muktadi
1118–1135	al-Mustarschid ibn al-Mustashir
1135–1136	ar-Raschid ibn al-Mustarschid
1136–1160	al-Muktafi ibn al-Mustashir
1160–1170	al-Mustandschid ibn al-Muktafi
1170–1180	al-Mustadi ibn al-Mustandschid
1180–1225	an-Nasir ibn al-Mustadi
1225–1226	az-Zahir ibn an-Nasir
1226–1242	al-Mustansir ibn az-Zahir
1242–1258	al-Mustasim ibn az-Zahir

Islamische Kunst und Kultur zur Kalifenzeit

Die spätantik-hellenistische Wissenschaft, durch meist christliche (oft nestorianische) Syrer aus dem Griechischen oder Syrischen ins Arabische übertragen, prägt sehr wesentlich die Entwicklung der Wissenschaften. Überdies strömen in Bagdad alle Reichtümer Asiens zusammen: Neben den einheimischen Erzeugnissen vermittelt der Fernhandel die Produkte Indiens und selbst Chinas (Porzellan, Seide). Von Nordpersien aus beherrschen die Muslime weithin den Handel zu den Normannen in Russland und Schweden sowie den Slawen Osteuropas. Ostislamische Silbermünzen gelangen in unübersehbarer Menge bis nach Schweden, Dänemark, Norddeutschland und in einzelnen Stücken bis nach England und Island (oft nach dem Gewicht bewertet: »Hacksilber«).

Durch AL-KINDI (†nach 870), AR-RAZI (†923 oder 932), AL-FARABI (†950), AVICENNA (*980, †1037) und viele andere (der Abstammung nach oft Perser) entsteht eine islamische Philosophie, die sich in mannigfacher Weise mit der Theologie auseinandersetzt. Die Theologie ihrerseits befasst sich intensiv mit den grundlegenden Fragen der Offenbarung, der Ewigkeit des Korans sowie dem Problem des freien Willens. Dies führt zu langen und heftigen Erörterungen zwischen der auf der Ratio und dem Instrumentarium der griechischen Logik gründenden Schule der Mutaziliten und der Orthodoxie. Für letztere ist nur der Wortlaut der Offenbarung maßgeblich. Daneben entwickelt sich in Mesopotamien und Persien eine immer stärker anschwellende mystische Bewegung, der **Sufismus** (von *suf* = Wollgewand, der üblichen Kleidung der Mystiker). Dieser trägt zur Verinnerlichung des bisher stark gesetzesbetonten Islam, zur Pflege des individuellen Gebetslebens, zur Hochachtung der Askese, auch zur Mission des Islam unter Andersgläubigen wesentlich bei und führt ihm beträchtliche Scharen bisheriger Christen, Manichäer und Zoroastrier – weniger Juden – zu.

Die Kunst, wenn auch durch das sakrale Bilderverbot eingeschränkt, bringt eine großartige Bautätigkeit und eine reiche Ornamentik (Arabesken) sowie eine bewundernswerte Schriftkunst hervor.

Regionale Entwicklungen bis zum 12. Jh.

Durch die allgemeine faktische Anerkennung der Oberhoheit der Kalifen wird die **islamische Ökumene** (*al-mamlaka al-islāmīja*) trotz der fortschreitenden politischen Zersplitterung des Kalifenreiches **nicht gesprengt**. Die Freizügigkeit für Kaufleute, Gelehrte und andere bleibt gewahrt. Die Gleichstellung der Muslime arabischer und nicht arabischer Herkunft trägt nachhaltig zur Herausbildung eines islamischen Gemeinschaftsgefühls bei, das seitdem zum Kern des islamischen Selbstgefühls wird. Erst 847 erweist sich die sunnitische Orthodoxie als siegreich im Kampf der Lehrmeinungen und wird von den Kalifen offiziell vertreten.

Außenpolitisch ändert sich die Lage wenig. Die Grenzen gegen Byzanz und Kaukasien, in Zentralasien gegen die Türken, in Nubien weiter in Nordafrika gegen die Berberstämme der Sahara bleiben trotz vieler einzelner

Vorstöße fast völlig stabil. Jedoch kommt es (v.a. von Kreta aus) öfter zu Seegefechten mit Byzanz: 910 um Zypern, 911 Sieg bei Samos, 932 Niederlage bei Lemnos.

Die religionspolitischen Konflikte sind fast nur auf Mesopotamien und Iran beschränkt. In Iran bilden sich dualistisch beeinflusste synkretistische Sekten (z.B. unter PAPAK, 817–837), die sich deutlich islamfeindlich gebärden. Soziale Unruhen, die im langwierigen Aufstand der Zandsch (ostafrikanische Sklaven im Sumpfgebiet des südlichen Iraks, 869–883) ihren Höhepunkt erreichen, und der Verfall der arabischen Militärorganisation zwingen die Kalifen seit der Mitte des 9. Jh.s. in immer stärkerem Maße, eine schlagkräftige Söldnerarmee aus in Zentralasien gekauften türkischen Waffensklaven zu bilden. Die Türken nehmen die sunnitische Form des Islam an, bereiten aber den Kalifen mannigfache Schwierigkeiten und entwickeln sich rasch zu einer unabhängig agierenden und schließlich von den Kalifen nicht mehr kontrollierbaren Truppe. Die Probleme mit den türkischen Söldnern zwingen die Kalifen 838–883 die Residenz von Bagdad in das neu erbaute Samarra (120 km nördlich von Bagdad) zu verlegen.

Die innere Instabilität eröffnet neuen **Lokaldynastien** (Saffariden in Fars und Nachbargebieten, 867–911, Samaniden in Khorasan und Transoxanien, 819–999, ferner vielen kleinen Dynastien im nördlichen Iran, in Aserbaidschan und im Maghreb) die Möglichkeit, vom Kalifat de facto unabhängige Herrschaften zu etablieren; allerdings erkennen sie nominell den Kalifen als Oberherrn weiterhin an.

Gleichzeitig verstärkt sich die extremschiitische Richtung der Ismailiten. Einer ihrer Zweige, die Karmaten, bringt seit etwa 890 nachhaltig Unruhe in den südlichen Irak, während eine andere, auch dogmatisch verschiedene Spielart, die **Fatimiden** (nach MOHAMMEDS Tochter FATIMA genannt), sich 909 im heutigen Algerien und Tunesien durchsetzt. Sie schaltet hier die charidschitische Richtung aus, bedrängt die Sunniten schwer und erobert 969 nach wiederholten Anläufen Ägypten. Dort entsteht bereits 973 Kairo (*al-Kahira* = die Siegreiche) als neue fatimidische Hauptstadt. Die hier gegründete Azhar-Hochschule ist ein Mittelpunkt ismailitischer Propaganda, wird aber nach dem Ende der Fatimiden 1171 zu einer der bedeutendsten sunnitischen Universitäten der islamischen Welt.

Die neue Dynastie (969–1171), deren Oberhaupt sich – nach dem Vorbild der Kalifen von Córdoba (seit 929) – ebenfalls Kalif nennt, ist vom Niltal aus eine schwere Bedrohung des abbasidischen Kalifats. Letzteres steht gleichzeitig unter der ebenfalls schiitischen, aber anderskonfessionellen (zaiditischen) Dominanz der Dynastie der Bujiden (945–1055). Die Bujiden besetzen weite Teile Persiens; ihr bedeutendster Repräsentant ist ADUD AD-DAULA (*936, †983). Unter ihm breitet sich dennoch die ismailitische Propaganda v.a. im persischen Raum immer stärker aus und unterhöhlt die Grundlagen des Kalifats. Die Kalifen, von den Bujiden in engen Schranken gehalten, sind nicht in der Lage einzugreifen. Der Grenzkampf gegen Byzanz wird v.a. von Lokaldynastien im Norden getragen, unter denen die Hamdaniden (905–1004) hervorragen.

Persien, Afghanistan, Belutschistan und Sind im 10./11. Jh.

Die Fatimiden (909/969–1171)

909–969 Als Verfechter der extremschiitischen, durch gnostische Vorstellungen beeinflussten **Geheimlehre der Ismailiya** setzen sich die Fatimiden gegen die Lokaldynastien in Nordafrika durch. Nach mehreren Anläufen können sie 969 Ägypten erobern.

953–996 Ihre ersten Herrscher (AL-MUIZZ [953–975] und sein Sohn AL-AZIZ [975–996]) etablieren die fatimidische Herrschaft in Ägypten und Syrien. Sie versuchen nicht, der sunnitischen Bevölkerung dieser Länder ihr heterodoxes ismailitisches Bekenntnis aufzuzwingen. Als Gegengewicht gegen die sunnitische Mehrheit stützen sie sich aber in der Verwaltung auf die nicht muslimischen Minderheiten (Kopten, Armenier, Juden). Ihnen werden weitreichende Freiheiten eingeräumt. Das Land steigt zu wirtschaftlicher Blüte auf, v.a. durch Transithandel und Textilexport. Die traditionellen islamischen wie auch die antiken Wissenschaften erfahren trotz der Sonderkonfession der Herrscher vielfache Förderung.

996–1021 Unter dem am Ende seines Lebens vermutlich wahnsinnigen Kalifen AL-HAKIM (*985, †1021) brechen innere Unruhen aus. Die bisher den religiösen Minderheiten gewährten Freiheiten werden v.a. für die Kopten drastisch eingeschränkt (den unter Zwang zum Islam konvertierten christlichen Beamten wird später die Rückkehr zum Christentum erlaubt). Eben dieser Kalif findet in ismailitischen Kreisen Syriens zahlreiche Verehrer, die in ihm eine Inkarnation Gottes sehen und ihn zum Mittelpunkt ihrer Religion machen: die Drusen, so genannt nach dem Propagandisten AD-DARZI (†1019), Schüler von HAMZA DEM FILZMACHER (†1018), dem eigentlichen Schöpfer der drusischen Lehre. Die Drusen haben sich im Libanongebirge – während des europäischen Mittelalters weithin unbeachtet – als besondere Gemeinden erhalten und bis in die Gegenwart behauptet.

1036–1094 Unter der langen Regierung des AL-MUSTANSIR (*1029, †1094) beginnt der allmähliche Niedergang des fatimidischen Reiches; Syrien und Palästina gehen an die Seldschuken verloren (Anlass zu den Kreuzzügen), auch der Maghreb muss aufgegeben werden. Die kulturelle Entwicklung (prächtige Moscheen, umfangreiche Bibliotheken) sowie Wirtschaft und Handel werden durch die territorialen Verluste jedoch nicht beeinträchtigt. Den Kampf gegen die **Kreuzfahrer** führen die Seldschuken. | s. S. 423 |

um 1100 Zwistigkeiten um die Thronfolge spalten die Ismailiten erneut (seit etwa 1100 bis auf den heutigen Tag); die daraus hervorgegangenen Assassinen, die bis ins 13. Jh. hinein prominente Vertreter des sunnitischen Islams ebenso wie die Kreuzfahrer durch politische Attentate bekämpfen, sind mit den Fatimiden verfeindet.

1171 Schließlich beseitigt der aus kurdischer Familie stammende **SALADIN** (*1138, †1193; Wesir seit 1169) das fatimidische Gegenkalifat, stellt die Vorherrschaft des sunnitischen Bekenntnisses und damit die Loyalität gegenüber dem Abbasidenkalifat wieder her und begründet die Dynastie der **Ajjubiden**.

1172–1187 Militärischer Siegeszug der Ajjubiden unter SALADIN in Syrien und Palästina: Tripolis (1172), Damaskus (1174), Aleppo (1183), Mosul (1185/86) und Jerusalem (1187) werden erobert.
Die letzten Herrscher der Ajjubiden müssen bereits Waffensklaven aus dem Schwarzmeergebiet als Söldner einsetzen: die **Mamluken**. | s. S. 668 |

Die Ghaznaviden (999–1040)

999 Das samanidische Staatswesen wird zwischen einem Turkvolk, den Karachaniden, unter der Dynastie der Ilekkhane (auch: Karachaniden) nördlich des Oxus (heute: Amudarja an der Nordgrenze Afghanistans) und der ebenfalls türkischen Dynastie der Ghaznaviden südlich dieses Stromes aufgeteilt.

998–1030 **MAHMUD VON GHAZNA** (südwestlich von Kabul; *970, †1030), der sich in der islamischen Welt einen Ruf als kompromissloser Verteidiger des sunnitischen Islams gegen jegliche schiitische Umtriebe erwirbt, unterwirft im Kampf mit den Bujiden das östliche und mittlere Persien. Zudem erobert er den Punjab, der seitdem fest dem islamischen Machtbereich eingegliedert ist. Dort setzt sich der sunnitische Islam gegen die Karmaten in Multan und gegen andere siegreich durch. – Nach dem Vorbild der Samaniden fördert MAHMUD persische Kultur und Literatur. Unter seiner Herrschaft vollendet der »Nationaldichter« der Perser, FIRDAUSI (*um 934, †1020), sein »Königsbuch« (*Schahnameh*). In Ghazna wirkt auch der Mathematiker, Naturforscher, Chronologe und Ethnograf AL-BIRUNI (*973, †1048). Er ist einer der vielseitigsten Gelehrten des islamischen Mittelalters, der als erster Muslim eine unparteiische, auf Quellenstudien beruhende Landeskunde Indiens schreibt, für deren Abfassung er eigens Sanskrit lernt.

1040 MAHMUDS Sohn MASUD I. (1030–1041) verliert die persischen Gebiete des von seinem Vater eroberten Reiches an die Seldschuken, denen er in der Entscheidungsschlacht bei Dandankan (bei Merw) unterliegt. Deren Streitmacht steht nun der Weg auf die iranische Hochfläche offen. Damit dringen erstmals türkische Stammesverbände in das Zentrum des Kalifenreiches vor. Die Ghaznaviden halten sich noch bis 1186 in Ostafghanistan und Nordindien.

Die Karachaniden (999–1211)

999 Nach dem Untergang der Samaniden dehnt sich das türkische Karachanidenreich (benannt nach dem Herrschertitel = schwarzer Khan, wahrscheinlich Karluken) bis an den Oxus aus und umfasst sowohl Gebiete alter iranischer Kultur wie Transoxanien als auch die östlich und nördlich davon gelegenen, von Nomadenstämmen bewohnten Steppengebiete. Die Karachaniden sind, wie die Seldschuken, Träger und Verteidiger des sunnitischen Islams und passen sich ebenso wie diese der persisch-islamischen Kultur an. Sie bewahren aber ihre türkischen Wurzeln und ihre Sprache, sodass das Türkische sich neben dem Persischen verbreitet und erstmals auch als islamische Literatursprache Verwendung findet.
So wird das von den Karachaniden beherrschte Gebiet zu (West- und Ost-)Turkestan (Land der Türken). In Transoxanien (West-Turkestan) hält sich bei den Kaufleuten, die oft Nachfahren des alten iranischen Volkes der Sogdier sind (in deren Sprache »Sarten«), das Iranische noch auf Jahrhunderte hinaus. Turkestan entwickelt sich langfristig zu einem neuen Zentrum islamischer Geisteskultur, dessen Denkmäler sich z. T. bis in die Gegenwart erhalten haben.

1041 Das Karachanidenreich hat eine wenig feste Struktur. Es wird von einer türkischen Stammeskonföderation getragen und bewahrt nach althergebrachter türkischer Sitte das System eines Doppelkönigtums. Die zweifach bestehende Regierungshierarchie führt unvermeidlich zur Spaltung in eine westliche (West-Turkestan) und eine östliche Hälfte (Ost-Turkestan), deren Mittelpunkt das Tarimbecken ist. Hier im Osten tritt **Türkisch** (nach Orchon-Inschriften) im Fürstenspiegel *Kutadghu Bilig* (»Glückbringendes Wissen«) – 1069/70 in Kaschgar verfasst – erstmals literarisch auf. Vier Jahre später, 1073, vollendet MAHMUD AL-KASCHGARI, Mitglied der Herrscherfamilie, ein türkisches Wörterbuch mit sachlichen Erläuterungen in arabischer Sprache. Damit will der Verfasser beweisen, dass das Türkische eine ebenso reiche Sprache ist wie das Arabische. Beide Werke sind noch heute die wichtigsten Dokumente für unsere Kenntnis des frühen Türkischen.

Die Seldschuken (10. Jh.–1195)

seit ca. 960–ca. 1030 Der sunnitische Islam, der in den Steppengebieten nördlich und östlich des islamischen Gebietes vorwiegend durch Händler und Wanderprediger (und nicht von ausgebildeten Theologen) verbreitet wurde, wird im 10. Jh. von der türkischen Stammeskonföderation der Seldschuken (genannt nach ihrem Ahnherrn SELDSCHUK) angenommen. Sie stoßen als erste bedeutende türkische Wanderungswelle seit etwa 1025 über den Oxus nach Westen in das Kalifenreich vor.

1039–1092 Die Sultane TOGRIL BEG (1039–1063), sein Neffe ALP ARSLAN (1063–1072) und dessen Sohn MALIKSCHAH (1072–1092) etablieren das **Großseldschukische Reich** in Iran und im Irak.

1040 Die Seldschuken besiegen bei Dandankan den Ghaznavidenherrscher MASUD I.; dadurch steht ihnen der Weg in das Zentrum des Kalifenreiches offen.

1041–1186 Unter einem Nebenzweig herrschen die Seldschuken in Kirman.

1055 TOGRIL BEG nimmt Bagdad ein und beendet mit dem Sturz der Bujiden die lange Dominanz der Schiiten über das sunnitische Kalifat.

1067 In Mesopotamien wird als Gegengewicht zur damals ismailitischen Azhar in Kairo die Nizamija eröffnet, eine der zahlreichen theologischen Hochschulen, die man im ganzen Seldschukenreich zur Festigung und Institutionalisierung der sunnitischen Lehre eingerichtet hat. An der Bagdader Nizamija (gegründet von NIZAM AL-MULK) lehrt **AL-GHAZZALI** (*um 1058, †1111). Er ist ein gebürtiger Perser und der bedeutendste sunnitische Theologe, der die gemäßigte Mystik (Sufismus) in den orthodoxen sunnitischen Islam eingliedert und diesem damit sein nach langen (seit dem 9. Jh.) Auseinandersetzungen bis heute gültiges Gepräge verleiht. In der Folgezeit erstarrt die islamisch-sunnitische Theologie allerdings zusehends im Traditionalismus. Die fortbestehende Pflege der Wissenschaften schlägt sich, wenn sie auch keinen neuen Aufschwung nehmen, in einem reichen, häufig enzyklopädischen Schrifttum nieder.

1071 Nach der **Schlacht bei Mantzikert** (Malazgirt, nördlich des Vansees) bricht die byzantinische Verteidigung in Kleinasien zusammen. Im selben Jahr erobern die Seldschuken Jerusalem, 1076 Damaskus.

um 1077 In Kleinasien entsteht der kulturell bedeutende Staat der **Rum-Seldschuken** (bis um 1307; Rum = Ostrom, Byzanz), dem anfänglich fast ganz Kleinasien zufällt (Residenz İznik), der aber bald durch die Kreuzfahrer auf das Innere Kleinasiens zurückgedrängt wird (Residenzen Kayseri und Konya). In Konya lebt und schreibt der mystische Dichter RUMI (*1207, †1273).

1072–1092 Die Großseldschuken besiegen die ismailitischen Netzwerke auf ihrem Territorium und bemühen sich erfolgreich um die erneute Vormachtstellung des sunnitischen Islams. Sie beseitigen den fatimidischen Einfluss in Syrien, weisen schiitische Sympathisanten wie die Ukailiden in Mosul (990–1096) in die Schranken und kontrollieren ihr Reich durch zuverlässige Statthalter. Die Seldschukensultane üben somit – wie schon zuvor die Bujiden – de facto die politisch-militärische Macht aus, während der Abbasidenkalif nur noch die oberste religiöse und moralische Instanz der muslimischen Gemeinschaft darstellt.

nach 1092 Das Seldschukenreich zerfällt in Mesopotamien, Syrien und großen Teilen Irans durch Nachfolgekämpfe in regionale Herrschaftslinien. Zu fortdauernder innerer Unruhe tragen die ismailitischen Assassinen bei, deren Oberhaupt sich Ende des 11. Jh.s im Bergland von Alamut (nordwestlich Teherans) festsetzt. Dort lässt er durch Attentäter, denen möglicherweise im Hanf-(Haschisch-)Rausch das Paradies vorgegaukelt wird, zahlreiche Mordtaten an hochrangigen sunnitischen Muslimen, aber auch an Kreuzfahrern ausführen. U. a. wird der Wesir NIZAM AL-MULK ihr Opfer. Der »Alte vom Berge« genannte ismailitische Führer in Syrien agiert in gleicher Weise.

1098–1157 Hingegen gelingt es dem Seldschukensultan SANDSCHAR (*1084/86, †1157) im Nordosten Persiens (Chorasan) für stabile innere Verhältnisse zu sorgen und die in Transoxanien lebenden Turkstämme an weiteren Einfällen in Iran zu hindern. Das sunnitische Bekenntnis und die iranische Kultur und Dichtung erlangen maßgebliche Geltung.

1099–1291 Durch das seldschukische Vordringen in das byzantinische Kleinasien und Gerüchte von sich häufenden Schwierigkeiten christlicher Jerusalempilger werden letztlich die **Kreuzzüge** ausgelöst. Sie führen zur Inbesitznahme einzelner Küstenstützpunkte (ferner Jerusalems bis 1187 und 1229–1244), sind aber nur für die nächsten Nachbarn bedrohlich. Das Kalifat selbst und die östlichen Provinzen, ebenso Ägypten und der Maghreb werden durch die Kreuzfahrerstaaten nicht erschüttert.

1194 Die seldschukische Herrschaft in Westiran und im Irak wird durch die Chorezmschahs beseitigt.

Die Seldschuken bewundern die iranische Kultur, der sie sich angleichen und die sie großzügig fördern. Das Persische wird Hofsprache der Seldschuken und erlebt eine neue Blüte als Sprache der Dichtung (OMAR CHAJJAM, *um 1048, †um 1122) und der Epik (NIZAMI,*um 1141, †1209; ATTAR, †zwischen 1220 und 1230), aber auch der didaktischen Prosa. Der Wesir NIZAM AL-MULK (*1018, †1092) hinterlässt mit seinem Fürstenspiegel »Buch der Staatskunst« eines der stilistisch hervorragendsten persischen Prosawerke. Das Persische gewinnt endgültig eine dem Arabischen ebenbürtige Bedeutung innerhalb der islamischen Welt; auch die türkische und die indisch-islamische Kultur werden bis in die jüngste Vergangenheit hinein aufs Nachhaltigste von Iran beeinflusst. Doch setzt sich in Kleinasien gegenüber dem Griechischen schließlich das Türkische als Umgangssprache, seit dem 14. Jh. auch als Schriftsprache durch, während in Zentralasien schon im 11. Jh. bedeutende türkische Literaturwerke existieren.

Entwicklungen bis zum Ende des Kalifenreichs (11. Jh.–1258)

1041 In Nordafrika (Tunesien und Ostalgerien) kehrt die Berberdynastie der Ziriden, bisher Vasallen der Fatimiden (seit 972), zum sunnitischen Islam zurück.

1049 Die von den Fatimiden als Strafmaßnahme gegen sie gesandten arabischen Beduinenstämme der Hilal und Sulaim richten schwere Verwüstungen im Maghreb an, ruinieren den Ackerbau in weiten Teilen dauerhaft und zerstören die Grundlagen der Macht der Ziriden und anderer dortiger Lokaldynastien.

seit 1056 Die Berberdynastie der Almoraviden, Vertreter einer puristisch-orthodoxen Richtung des Islam, kann den politisch zersplitterten Maghreb fast vollständig unter sich vereinen.

1086 Die Almoraviden greifen nach Spanien über, wo es seit dem Niedergang des Kalifats der Omajjaden zahlreiche Kleinstaaten (nach 1031) gibt. Zwar halten die Almoraviden den Vormarsch der Kastilier (Reconquista) auf, doch bleibt das 1085 von den Christen eroberte Toledo in deren Händen. | s. S. 560 |

seit 1145 Die Almoraviden werden von der religiös ebenso rigorosen, doch gegenüber dem Geistesleben aufgeschlosseneren Erneuerungsbewegung der Almohaden abgelöst. Bis 1269 vereinen sie den gesamten Maghreb unter ihrer Herrschaft, können sich aber in Spanien gegen die Reconquista auf Dauer nicht behaupten. Von den Christen immer weiter zurückgedrängt, überdauert schließlich nur noch das Königreich Granada als letzte muslimische Herrschaft in Spanien (bis 1492).

1169–1193 Saladin, der den Fruchtbaren Halbmond unter seiner Alleinherrschaft eint und die Dynastie der Ajjubiden begründet, beseitigt das Gegenkalifat der schiitischen Fatimiden in Ägypten (1171) und verschafft so dem Kalifat in Bagdad wieder größeren, wenn auch politisch auf Mesopotamien beschränkten Einfluss. Weiterhin drängt er die Kreuzfahrer auf einen schmalen Küstenstreifen in Palästina zurück (Eroberung Jerusalems 1187). Nach Saladins Tod zersplittert sich die Ajjubiden-Dynastie, ohne allerdings sofort jegliche Bedeutung zu verlieren.

1180–1225 Der abbasidische Kalif an-Nasir (*1158, †1225), vom schiitischen Druck befreit, versucht, die verschiedenen geistigen Strömungen des Islams um das Kalifat zu sammeln. Er stützt sich auf die seit dem 9. Jh. bestehende Bewegung der Futuwwa, in Männerbünden organisierte Gruppen, die den Idealen der Frömmigkeit, Freundschaft und sozialen Gerechtigkeit nachstreben. Diese kann an-Nasir disziplinieren und auf das Kalifat verpflichten; gleichzeitig arbeitet er auf eine Verständigung zwischen Sunniten und Schiiten hin. Sein stärkster Widersacher, der Chorezmschah Mohammed II. (1200–1220), der ganz Iran unter seine Herrschaft gebracht hat, sieht sich jedoch genötigt, gegen die Mongolen zu ziehen, die unter Tschinggis Khan seine Nordostgrenze überrennen und über den Jaxartes vordringen. Undiplomatisches Verhalten sowie die Neigung seiner türkischen Söldner zu den Mongolen überzulaufen, lassen seine Macht rasch zusammenbrechen. Transoxanien wird von den Mongolen verwüstet; Mohammed II. stirbt auf der Flucht. Damit wird die iranische Hochfläche – anders als zur Zeit der Seldschuken – von einem nicht islamischen innerasiatischen Volk überschwemmt. Die nördlichen und östlichen Gebiete Irans werden dem **Mongolischen Reich** einverleibt (bis 1224). Mohammeds II. Sohn Dschelal ad-Din Mängübirdi (1220–1231) kann das Vordringen der Mongolen nicht aufhalten.

um 1200–1231 Den durch fortgesetzte politische Zersplitterung herbeigeführten Zerfall der seldschukischen Herrschaft nutzen die Herrscher der Oase Chorezm (südlich des Aralsees), die sunnitischen Chorezmschahs, und errichten Anfang des 13. Jh.s ein gewaltiges, aber kurzlebiges Reich von den Grenzen Anatoliens bis nach Indien.

1218–1238 Während der Regierung von al-Malik al-Kamil (*1177/80, †1238) wird durch Vertrag Jerusalem an Kaiser Friedrich II. abgetreten (1229, jedoch 1244 erneut eingenommen). Al-Kamils Nachkommen bleiben noch bis 1250 im Besitz des Niltals. Andere Zweiglinien halten sich in Syrien bis zur mongolischen Eroberung 1260.

1255–1258 Tschinggis Khans Enkel Hülegü (*1218, †1265) überrennt das gesamte iranische Hochland, wo aber weiterhin fast souveräne Lokaldynastien erhalten bleiben, und rottet die Assassinen aus.

1258, 10. Febr. **Die Mongolen stürzen das abbasidische Kalifat.** Es entfällt seither als äußeres Symbol der Einheit des gesamten Islam, da ein abbasidisches Ersatzkalifat in Ägypten (1261–1517) keine allgemeine Anerkennung findet.

seit 1260 Die Mamluken Ägyptens treten den Mongolen als ebenbürtige militärische Kräfte entgegen. Durch ihren **Sieg bei Ain Dschalut** (Goliathsquelle, nördlich von Jerusalem) können sie den Vormarsch der Mongolen zum Stillstand bringen und ihre Selbstständigkeit behaupten.

Die türkischen Reiche Westasiens bis zum 15. Jh.

Die Rum-Seldschuken (um 1077–um 1307)

1071 besiegt Alp Arslan, Nachfolger von Togril Beg (†1063), in der Schlacht von Mantzikert (heute Malazgirt, nördlich des Vansees) den byzantinischen Kaiser Romanos IV. (1068–1072). Seine Nachkommen begründen das rum-seldschukische Sultanat (Übernahme der Eigenbezeichnung »Rom« von den byzantinischen Kaisern). Die rum-seldschukische Epoche zerfällt in einen vormongolischen und mongolischen Zeitabschnitt, mit der Niederlage gegen die Mongolen in der Schlacht vom Kösedağ (1243) als Wendepunkt.

seit 1098 In Anatolien erleiden die Rum-Seldschuken bedeutende Verluste, sodass fast alle Küstengebiete Kleinasiens wieder den Byzantinern gehören.

1156–1236 Im Landesinnern jedoch entwickelt sich um ihre Residenz Konya ihr Staat unter einer Reihe ausgezeichneter Herrscher (Kılıç Arslan II., 1156–1192; İzz ad-Dîn Kaykâvûs I., 1211–1220; Alâ ad-Dîn Kaykubâd I., 1220–1237) zu hoher Blüte. Mehr und mehr nehmen auch die bisher gräzisierten Alteinwohner des Landes den Islam und das Türkische als ihre Umgangssprache an, auch wenn das Persische als Kultursprache weiterhin bedeutsam bleibt. Der Mevlana genannte mystische Dichter Celâl ad-Dîn-i Rumi (*1207, †1273) aus Balkh in Chorasan bediente sich ihrer für seine noch heute hoch geschätzten Werke.

1243 Der rum-seldschukische Staat reibt sich schließlich in vielen Nachfolgestreitigkeiten und Bürgerkriegen auf und gerät nach der Schlacht vom Kösedağ unter die Oberherrschaft der mongolischen Ilkhane, die zu dieser Zeit noch Buddhisten sind.

1276/77 Aus der Mongolenherrschaft können sich die Rum-Seldschuken auch nicht durch das Eingreifen des Mamlukenherrschers Baibars I. lösen.

um 1307 Am Rande der rum-seldschukischen Herrschaft entsteht eine Reihe turkmenischer Fürstentümer, unter denen Karaman und die Osmanen herausragen.

Die Osmanen (1299–1453)

Die Osmanen sind ursprünglich ein oghusischer Stamm von wenigen hundert Zelten, der in der Bergwelt Bithyniens im Nordwesten Anatoliens Weidewirtschaft betreibt. Er nennt sich nach seinem erfolgreichen Anführer Osman (*1258, †1326), der bald den Titel *Gazi* (»Glaubenskrieger«) erwirbt. Osman siegt 1301 gegen ein rund 2000 Mann starkes byzantinisches Heer. Im Jahr seines Todes nimmt er die befestigte Stadt Bursa durch Aushungern ein und macht sie zu seiner Residenz. Seinem Sohn Orhan (*1281, †1359) gelingen weitere militärische Erfolge (Einnahme von Nikaia [İznik] 1331 und Tzympe auf der europäischen Seite der Dardanellen 1352). Orhans Münzprägungen beweisen ihren Anspruch auf souveräne Herrschaft. Er greift als Verbündeter und Schwiegersohn (seit 1346) von Johannes VI. Kantakuzenos (1347–1354) in die byzantinischen Thronkämpfe ein. Seine Truppen stoßen sowohl in Thrakien als auch in Anatolien vor. Die Städte Ankara und Adrianopel (Edirne) werden im selben Jahrzehnt (nach 1361) von den Osmanen besetzt. Das Haus Osman setzt auch unter Orhans Sohn Murad I. (*1326, †1389) seine Expansion in beide Kontinente fort. Die sich vom Schwarzmeerraum aus verbreitende Pest hat diese Feldzüge möglicherweise begünstigt. Erste Nachrichten von einer osmanischen Flotte und der Ausbau von Häfen (Gallipoli [Gelibolu]) fallen ins späte 14. Jh. Den Osmanen gelingt es, durch Allianzen, Geiselstellung, Tribut und Heeresfolge sowohl christliche als auch muslimische Unterstützung zu gewinnen.

1389 **Schlacht auf dem Amselfeld** (Kosovo polje): Bei Priština trifft Murad I. auf serbische Truppen des Fürsten Lazar Hrebeljanović (*um 1329, †1389) und seines Schwiegersohns Vuk Branković (†1397), verstärkt durch Truppen des bosnischen Königs Tvrtko (*1338, †1391). Nach dem für die Osmanen siegreichen Aufeinandertreffen wird Murad I. von einem serbischen Adligen ermordet.

1393 Die bulgarische Residenzstadt Tarnowo wird osmanisch.

1396 In der Schlacht von Nikopol an der Donau besiegt

Die Expansion des Osmanischen Reichs bis Ende des 15. Jh.s

BAYEZID I. (*1360, †1403) ein europäisches Ritterheer unter dem ungarischen König und späteren Kaiser SIGISMUND (*1368, †1437) und erreicht die Grenzen Ungarns. Von den vordringenden Mongolen TIMUR LENGS (*1336, †1405) bleibt er unbeeindruckt.

1402 Nach seinem Syrien- und Irak-Feldzug vernichtet TIMUR in der **Schlacht bei Angora** (Ankara) das osmanische Heer und nimmt BAYEZID I. gefangen. Der Mongolenherrscher setzt zahlreiche von den Osmanen entmachtete Herrscher wieder in ihren anatolischen Fürstentümer ein.

1413–1421 Der Osmanenstaat, bis 1402 auf dem Weg zu einer regionalen Großmacht, scheint in den Kämpfen zwischen den Söhnen BAYEZIDS I. zu zerfallen, bis es MEHMED I. (*1389, †1421) gelingt, sich in Kleinasien und Teilen der Balkanhalbinsel durchzusetzen. In Südosteuropa sind die Kupfer- und Silberminen Serbiens und Bosniens und die Kontrolle der Handelsstraßen wichtige Kriegsziele. Ab 1418 ist der größte Teil Albaniens unter osmanischer Herrschaft. In Anatolien wird das Fürstentum Karaman, der traditionelle Gegner, in einer erfolgreichen Kampagne bis 1420 neutralisiert.

1421–1451 MURAD II. (*1403, †1451) gehört zu den erfolgreichsten Herrschern der frühosmanischen Epoche. Seine Eroberung der westanatolischen Fürstentümer von Aydın und Menteşe schaltet potentielle Verbündete Venedigs aus. 1444 hat MURAD II. seinem Sohn MEHMED II. (*1430, †1481) bereits die Regentschaft anvertraut, ist 1446 aber gezwungen, die Regierungsgeschäfte wegen eines Janitscharenaufstands in Edirne wieder selbst zu übernehmen.

1444 Die Osmanen schlagen bei Warna am Schwarzen Meer ein polnisches Heer unter WŁADYSŁAW III. (*1424, †1444) und JOHANN HUNYADI (*1387, †1456).

1448 In einer zweiten Schlacht auf dem Amselfeld wird HUNYADI erneut besiegt. In Albanien leistet SKANDERBEG (*um 1405, †1468), von Venedig (1463–1479) unterstützt, Widerstand.

1453, 29. Mai **Fall des Byzantinischen Reiches**: MEHMED II. kann das vielleicht schon seit 1390 tributpflichtige Konstantinopel nach sorgfältigen Vorbereitungen und einer sechswöchigen Belagerung erobern. Die Stadt (erst seit 1930 offiziell Istanbul) löst Edirne als Haupt- und Residenzstadt der Osmanen ab.

MEHMED II., der fortan den Beinamen »der Eroberer« (*Fatih*) führt, bemüht sich um Neusiedler aus Anatolien und fördert die wirtschaftliche Entwicklung der Stadt durch zahlreiche Stiftungsbauten. Er setzt mit MOSES CAPSALI (*1420, †1495) einen Oberrabbiner ein und macht den freigekauften GENNADIOS II. SCHOLARIOS (*um 1405, †nach 1472) als Patriarch zum Oberhaupt der griechisch-orthodoxen Kirche (1454). | Forts. S. 1169 |

Die Turkmenen (1410–1515)

1410 Im Zweistromland setzt sich nach dem Zusammenbruch der Dynastie der Ilkhane eine türkische Dynastie durch, die schiitischen »Schwarzen Hammel« (*Kara Koyunlu*), welche seit 1390 von KARA YUSUF (†1420) geführt werden.

1412 Der Dynastie der »Schwarzen Hammel« fallen auch die Artukiden zum Opfer.

1420 Nach KARA YUSUFS Tod können sich die »Schwarzen Hammel«, unter seinen beiden Söhnen in viele Kämpfe verwickelt, im Zweistromland sowie im westlichen und südlichen Iran noch eine Generation lang behaupten.

1466 Das Zweistromland fällt UZUN HASAN (LANGER HASAN; *1423, †1478), dem Führer einer sunnitischen, türkmenischen Horde, der »Weißen Hammel«, zu. Er setzt sich gegen die Timuriden und die türkischen Fürsten in Anatolien sowie gegen die Mamluken in Syrien rasch durch, beherrscht neben dem Zweistromland weite Teile Persiens und knüpft Beziehungen bis nach Venedig, das damals mit den Osmanen in Krieg lag.

1478 UZUN HASAN, durch Niederlagen gegen die Osmanen geschwächt, stirbt vor einer erneuten Festigung seiner Macht. Seitdem politisch ohne überörtliche Bedeutung, erliegt der Staat der Turkmenen den in das Zweistromland vorrückenden osmanischen Türken (1509–1515).

Die Ilkhane und Timuriden in Persien, Mesopotamien und Zentralasien (1256–1507)

1256 Die mongolischen **Ilkhane** erobern unter HÜLEGÜ (*1218, †1265) Persien und Mesopotamien.

Die Grenzen des Territoriums der Ilkhane sind Anatolien im Westen, Schwarzes Meer und Kaukasus im Norden, die Region zwischen Kaspischen Meer und Aralsee nach Osten. Nach Südosten verläuft die Grenzlinie am Amudarja bis nördlich von Balkh im heutigen Afghanistan, um in einer Linie über Kabul und Karatschi den Indischen Ozean zu erreichen. Die Südgrenze zieht sich entlang der Küste etwa bis zum Schatt al-Arab, im Südwesten zählen die Gebiete zwischen Bagdad und Damaskus zum unmittelbaren mongolischen Einflussgebiet.

Als Buddhisten sind die Ilkhane zunächst Feinde der Muslime (besonders der Sunniten). Als deren Führungsmacht, die Mamluken, ihnen wiederholt entgegentritt, knüpfen sie lebhafte Beziehungen zu abendländischen Mächten – den Päpsten sowie den Königen von Frankreich und England. Diese sind für die Christen zur Unterstützung der letzten Kreuzfahrerburgen an der syrischen Küste von Bedeutung; gleichzeitig verschaffen sie ihnen durch die Berichte von Mönchen wie GIOVANNI DA PIAN DEL CARPINE (*1182, †1252) und WILHELM VON RUBRUK (RUYSBROECK; *um 1220, †1293) eine nachhaltige Kenntnis von Wesen und Auffassungen der Mongolen.

1295 Unter MAHMUD GHAZAN (*1271, †1304) werden die Ilkhane Muslime. GHAZAN lebt zu kurz, um die Beruhigung des Landes zu einer neuen Machtposition ausbauen zu können. Kämpfe mit mongolischen Paralleldynastien in Zentralasien und im Wolgabecken stören ebenso wie innere Unruhen die Stabilität des Landes.

seit 1335 Nach dem Tod des neunten Ilkhans ABU SA'ID (*1302, †1335) beginnen Bürgerkriege in Iran und im Zweistromland, die das Land in einzelne Provinzen mit eigenen Dynastien zerfallen lassen: die Ilkhaniden (auch Dschalairiden, 1336–1410) im Zweistromland, die schiitischen Sarbadaren (»Galgenvögel«) in Chorasan (bis 1387) und die Muzaffariden (1318–1393) in Yasd, Fars und angrenzenden Gebieten.
In der Rosenstadt Schiras lebt HAFIS (*um 1326, †um 1390), der bedeutendste lyrische Dichter der Perser.
Im heutigen Afghanistan behaupten die Kartiden von Herat aus ihre Herrschaft. Sie sind den Mongolen gegenüber von Anfang an fast unabhängig und können sich bis 1393 halten.

1360–1405 Während **TIMUR LENG** (*1336, †1405) nach Kleinasien (Schlacht bei Angora [Ankara] 1402), in die Goldene Horde (1391/95) und nach Indien (Eroberung Delhis 1398) nur kurze, aber blutige Vorstöße unternimmt, behauptet er sich in Transoxanien, in Iran und im Zweistromland dauerhaft. Schädelpyramiden, verbrannte Städte und zerstörte Kirchen zeichnen seinen Weg. Nur in seiner Hauptstadt Samarkand schafft er mit von weither deportierten Handwerkern und Künstlern wissenschaftliche Einrichtungen und Bauwerke bleibenden Werts. Die Anarchie in Persien, die er durch seine Kriegszüge beendet, bricht nach seinem Tod gemildert wieder aus, indem sich Söhne und Enkel um die Nachfolge streiten. Sein Erbe wird verhältnismäßig rasch aufgeteilt.

1405–1507 Die **Timuriden**, u. a. SCHAH ROCH (*1377, †1447), später HUSSAIN BAYKARA (*1438, †1506), sind eine im Gegensatz zu ihrem Ahnherrn wenig kriegerische Dynastie. Sie fördern Dichtung (DSCHAMI [*1414, †1492]), Geschichtsschreibung, Astronomie u. a. Wissenschaften nachhaltig, was ihr Andenken in der Bevölkerung bis heute bewahrt.
Der Hinwendung der Timuriden zur Sunna stellt sich jedoch die starke Agitation einer nun erst zu wirklicher Bedeutung gelangenden schiitischen Gruppe, den Zwölferschiiten (Imamiten), entgegen. Für die Zwölferschiiten ist ihr zwölfter Imam 873 in Samarra in die Verborgenheit eingegangen, von wo er am Ende der Zeiten wiederkehren und alle Menschen zur Schia bekehren wird. Von Ardabil aus betreiben sie nachhaltig Werbung, während die Timuriden von jenseits des Amudarjas durch vorrückende Özbeken unter der Dynastie der Schaibaniden bedroht werden (Vertreibung aus Transoxanien 1500). So kann sich der junge Leiter der Zwölferschiiten von Ardabil, der sog. »Roten Mützen« (türkisch *Kizilbasch*), ISMAIL I. (*1487, †1524), ohne große Schwierigkeiten durchsetzen.

1510 ISMAIL I. schaltet nach Zusammenbruch der Timuriden von Herat (1507) auch die dort eingebrochenen Schaibaniden aus: Der Iran ist nun unter der Dynastie der Safawiden geeint, die in ihrem Herrschaftsgebiet die Zwölferschia als Staatsreligion gewaltsam durchsetzen müssen, da Iran bislang mehrheitlich sunnitisch war. Der Wechsel zur Zwölferschia verleiht der Bevölkerung Irans auf lange Sicht eine neue geistige Einheit, die das Land von seinen Nachbarn abhebt und es zu einer fest gefügten Nation zusammenwachsen lässt, deren kultureller Einfluss auf die weiterhin sunnitischen Nachbarn jedoch bleibt. | Forts. S. 1192 |

1526 Der letzte Spross der Timuriden, BABUR (*1483, †1530), setzt sich von Kabul aus in Nordindien durch und begründet das **Reich der Großmoguln** (»Großen Mongolen«), vom sunnitischen Islam und von persischer Kultur geprägt. | Forts. S. 1197 |

Die Mamluken (1250–1534)

Die Mamluken (nach *Mamluk*, arabisch für »Besitztum«) sind Militärsklaven, die im 8. Jh. von den abbasidischen Kalifen als Hausmacht institutionalisiert werden und die unzuverlässigen arabischen Beduinenmilizen ablösen. Schon ab Mitte des 9. Jh.s spielen sie als Königsmacher eine wesentliche politische Rolle. Ursprünglich nur aus Kriegsgefangenen rekrutiert, importiert man später Knaben und junge Männer durch Sklavenhandel aus nicht islamischen Gebieten (Zentralasien, später Kaukasus) in das islamische Kernland, wo sie zum Islam bekehrt werden und eine militärische Ausbildung erhalten.

Auch die Herrschaft der Ajjubiden in Ägypten bedient sich der Militärsklaverei bzw. der Mamluken. Als in der Mitte des 13. Jh.s männliche Nachfolger der Ajjubiden ausbleiben und der in der islamischen Geschichte einmalige Versuch, eine Sultanin einzusetzen, fehlschlägt, erheben sich die Mamluken selbst – eher aus Mangel an Alternativen – zu Herrschern über Ägypten und Syrien.

Die politische Ordnung des Mamlukenstaates ist in einigen Aspekten höchst untypisch für die Zeit und die islamische Zivilisation. Die obersten Mamlukenamire, von denen jeder über ein Kontingent ihm persönlich ergebener Mamluken verfügt, herrschen als Kollektiv. Da aber weder der politische Entscheidungsprozess noch die Nachfolge rechtlich geregelt und gesichert sind, kommt es immer wieder zu schweren Krisen. Die Situation wird auch nicht durch den Konsens erleichtert, dass die Söhne und andere Verwandte eines Amirs nicht sein Erbe antreten können. Nur importierte Mamluken aus der Gefolgschaft des Amirs können seine politische Position, seinen Besitz und seine Frau erben. Der dynastische Gedanke bleibt verpönt, auch wenn immer wieder Versuche gemacht werden, diesen Konsens zu durchbrechen.

Das Mamlukenreich mit dem Zentrum Kairo ist ein Hort des sunnitischen Islam und spielt vor dem Aufkommen der Osmanen in Politik und Kultur die führende Rolle im Vorderen Orient. Die ägyptische Herrschaft der Mamluken unterteilt sich in die nach ihren Garnisonen benannten Dynastien Bahriten und Burdschiten.

1250–1382 Die bahritischen Mamluken bilden eine über mehrere Generationen hinaus z. T. auch erbliche Dynastie mit weiten Handelsbeziehungen. Sie reichen in den Mittelmeerraum, in den Sudan und über den Indischen Ozean hinweg. Die italienischen Republiken wissen sich in vielerlei Verhandlungen meist gut mit den Mamluken zu stellen und den indischen Handel von Kairo nach Europa weiterzuleiten.

1260–1277 Einige der Mamlukenamire, so z.B. **Baibars I.** (um 1229, †1277), erweisen sich als äußerst kraftvolle Herrscher. Die Mamluken, an die Reitertechnik der Mongolen gewöhnt, können sich diesen gegenüber in Syrien dauernd behaupten, was durch den Umstand wird, dass die Mongolen südlich von Aleppo kaum noch genügend Weideland für ihre riesigen Reiterheere finden. In jedem Fall aber bleibt der Islam von einer Unterjochung durch die ungläubigen Mongolen bewahrt.

1261 Nach dem Ende des Kalifats 1258 gelingt es den Mamluken, Abkömmlinge der Abbasiden nach Kairo zu bringen. Dieses »Schattenkalifat« erhöht die Legitimität und das Prestige der Mamluken.

1289/1291 Die letzten Kreuzfahrerburgen in Tripoli und Akkon erliegen den Mamluken. An der syrischen Küste schleifen die Mamluken die meisten Kreuzfahrerfestungen, zerstören Hafenanlagen und verlegen Städte von der Küste ins Inland (Ashqelon, Tripoli). Die Furcht vor einer Rückkehr der Kreuzfahrer und der Mangel an Festungstruppen motiviert diese Maßnahmen. Obwohl die Mamluken Syrien fest unter Kontrolle haben, bleibt ihr Zentrum immer in Kairo.

Zentren arabisch-islamischer Kultur

Das Zentrum der arabisch-islamischen Kultur verlagert sich seit 1258 nach Ägypten und in den Maghreb. Die al-Ashar Universität in Kairo, gegründet von den Fatimiden im 10. Jh. als schiitische Kaderschmiede, gewinnt als sunnitische theologische Hochschule (seit 1250) weites Ansehen; in diesen Ländern blühen nun neben der Theologie auch Geschichtsschreibung, Geografie, Rechtsprechung und Medizin. Auch Nordafrika und Spanien gewinnen an geistiger Bedeutung. Im Maghreb finden aus Spanien vertriebene Muslime Unterkunft. Der Weltreisende **Ibn Battuta** (*1304, †1369/77) aus Tanger kommt bis an die Wolga, nach Indien, Indonesien, China und in die Stadt Timbuktu am Niger. Der Geschichtsschreiber **Ibn Chaldun** (*1332, †1406) aus Tunis lehrt den Einfluss sozialer Faktoren auf die Entwicklung der Menschheit und stellt ein zyklisches Geschichtsmodell vor. Dieses geht – unabhängig von Religion – von der militärischen Tüchtigkeit der Nomaden, dank ihres *esprit de corps*, und von ihrem Wunsch aus, den Reichtum von Siedlungszentren zu erobern und zu beherrschen. Der Erfolg ihrer Eroberungen birgt den Kern ihres Niedergangs: mit zivilisatorischer Aufweichung tribaler Bezüge verlieren sie ihren Korpsgeist und werden Opfer der nächsten Welle nomadischer Angreifer.

1382–1517 Die burdschitischen Mamluken (nach ihrer Kaserne beim »Turm« – *burdsch*), eine Folge energischer, meist nicht miteinander verwandter Generäle, setzen sich nach dem Tod ihres jeweiligen Vorgängers rasch gegen die schwächeren Erben durch. Unter diesen oft gewalttätigen Sultanen ragen Barkuk (»Aprikose«, *1339; 1382–1399), Barsbay (*1369; 1422–1438) und Kait-Bay (*1416; 1468–1496) heraus. Ihre Bestätigung durch die von ihnen geduldeten abbasidischen (Schein-)Kalifen ist reine Formsache. Viele Baudenkmäler (Moscheen, Grabmäler, Festungsanlagen) sind in ihrem einprägsamen Stil erhalten. Die Versuche der Herrscher, den Fernhandel in ihren Händen zu monopolisieren und die Italiener möglichst auszuschließen, schließlich der Angriff der Portugiesen vom Indischen Ozean her (nach der Umsegelung des Kaps der Guten Hoffnung 1497), erschüttern die Stellung der Mamluken zunehmend.

1516/1517 Der osmanische Sultan Selim I. (1512–1520) unterwirft in einem raschen Siegeszug Syrien, Palästina und das Niltal.

1534–1811 Sein Nachfolger Süleyman I. (1520–1566) erobert auch Bagdad und verleibt die arabischen Gebiete dem osmanischen Staat für Jahrhunderte ein. Während die Mamluken als Institution in Syrien völlig verschwinden, können sie sich in Ägypten wieder zu lokalen Herrschern unter osmanischer Oberhoheit aufschwingen. Mit dem lukrativen Kaffeehandel von Jemen ins Osmanische Reich bauen sie im 17. Jh. ihre wirtschaftliche Stellung noch einmal aus. Erst 1798 werden sie von Napoleon im Zuge seines Ägypten-Feldzugs vernichtend geschlagen. Die letzten Überlebenden der mamlukischen Elite fallen 13 Jahre später einem von Muhammad Ali Pascha (*1769, †1848) veranlassten Massaker zum Opfer.

Südasien

Der Indische Subkontinent bis 1526/65

| Forts v. S. 150 |

Indien bis zum Einbruch des Islam

um 528 Den Hunnen gelingt eine kurzlebige Reichsgründung in Nordindien unter ihren Führern Toramana und Mihirakula (†um 540), bevor sie, wohl durch Yashodharman, etwa zwischen 525 und 535 endgültig zurückgedrängt werden. Die Hunnen zerstören einen bedeutenden Teil der Gandhara-Kunst.

606–647 Nach dem Hunnensturm kommt es vor der Islamisierung zu keiner dauerhaften, ganz Nordindien fest vereinigenden Großreichsbildung. Für kurze Zeit gelingt es Shiladitya (*590, †647) aus Sthaneshvar (heute: Thanesar) ein Reich etwa in den Grenzen des von den Guptas beherrschten Gebietes zu erobern, das jedoch nach seinem Tode schnell zerfällt. Hauptstadt und in den folgenden Jh. umkämpftes Zentrum der Macht wird Kanyakubja (heute: Kanauj). Harshas Versuch, nach Südindien vorzudringen, scheitert am Widerstand des Caulukya-Königs PULAKESHIN II. (609–642). Der buddhistische Pilger XUANZANG (HSÜAN-TSANG) aus China, der 629–645 Indien bereist, schildert HARSHA als letzten großen Förderer des Buddhismus, obwohl sich HARSHA selbst in seinen Inschriften als Anhänger Shivas bezeichnet.

712 Die Araber gewinnen die Provinzen Sind und Multan (heute Pakistan).

um 730 Etwa 100 Jahre nach HARSHA einigt YASHOVARMAN (um 700–740) von Kanauj aus große Teile Indiens, während die Macht Kaschmirs unter LALADITYA (724–760) für kurze Zeit nach Zentralindien ausgreift. Danach wird das Geschehen der nordindischen Politik durch die im Westen Indiens, im heutigen Rajasthan beheimateten Rajputen-Familien bestimmt.

8.–10. Jh. Unter ihnen üben die **Gurjara-Pratiharas** von Kanauj die Macht aus. Ihnen gelingt es, die Araber aus Indien abzudrängen. Auf die Gurjara-Pratiharas folgen zahlreiche Lokalfürsten, unter ihnen die Cauhans (Cahamanas) im Gebiet des heutigen Delhi.
Im Osten Indiens, in Bengalen, herrschen die buddhistischen Dynastien der Palas (8.–12. Jh.) und der Senas (12.–13. Jh.); im Westen, in Gujarat, entsteht unter den Maitrakas von Valabhi (5.–8. Jh.), die auch den Buddhismus durch Schenkungen fördern, und unter den Solankis (Caulukyas 10.–12. Jh.) ein jainistisch ausgerichteter Staat.

1001/1027 Nachdem das Vordringen des Islam über die gewonnenen Provinzen Sind und Multan hinaus am Widerstand des Gurjara-Pratihara-Reiches scheitert, kommt es zu zahlreichen Raubzügen des türkischen Herrschers aus der Dynastie der Ghaznaviden, MAHMUD VON GHAZNA (998–1030), die ihn bis tief nach Indien hineinführen. Obwohl sich noch kein islamisches Reich bildet, bereiten die Einfälle MAHMUDS die Herrschaft des Islam vor. Durch die Plünderungen der Schatzkammern von Tempeln und Palästen gehen in Indien gewaltige Reichtümer verloren; sie schwächen die Finanzkraft der nordindischen Fürsten entscheidend. Durch den Niedergang der Macht MAHMUDS bedingt, verzögert sich die Einrichtung einer dauerhaften islamischen Herrschaft in Indien.

Wissenschaft und Kultur im vorislamischen Indien

Aus dem vorislamischen Indien ist wenig über die reichen Kenntnisse in Wissenschaft und Technik, die sich z. B. aus erhaltenen Bauwerken ergeben, sicher überliefert. Eine einschlägige Spezialliteratur ist nur in den Gebieten Medizin, Mathematik, Astronomie/Astrologie und Sprachwissenschaft erhalten. Da die mündliche Überlieferung für die architekturtheoretischen Werke verloren ist, bleibt das vollständige Verständnis dieser Texte verschlossen. Da die meisten Texte, soweit sie sich überhaupt datieren lassen, aus nachchristlicher Zeit stammen, kann man den Zeitpunkt von Erfindungen nur selten ungefähr festlegen. Das gilt für das bereits im klassischen Altertum hoch geschätzte Eisen aus Indien ebenso wie für den indischen Stahl, der in Europa bis ca. 1800 hohes Ansehen genießt. Die »rostfreie« Säule aus dem 5.(?) Jh. n. Chr. in Delhi verdankt ihren Ruhm jedoch nicht einem besonderen Herstellungsverfahren, sondern Umwelteinflüssen: Die unter der Erdoberfläche liegenden Teile sind durchaus korrodiert.

Zu den früh belegbaren Fertigkeiten gehören die Zuckerraffination, die in Indien spätestens im 3. Jh. v. Chr. bekannt war, und die Erschaffung besonders polierter Säulen ASHOKAS im 3. Jh. v. Chr. (»Maurya-Politur«).

Bedeutend sind die Leistungen im Bereich der Arithmetik durch die Erfindung des Zahlzeichens für »Null« (spätestens um 600), das sich von Indien aus durch islamische Vermittlung zusammen mit den »arabischen« Zahlen nach Europa ausbreitet. Die Fähigkeit zur Lösung unbestimmter Gleichungen ersten und zweiten Grades ist seit ARYABHATA (*476) bzw. BRAHMAGUPTA (*598, †nach 665) bekannt. ARYABHATA, der wie alle Mathematiker zugleich als Astronom und Astrologe wirkt, lehrt die Drehung der Erde um ihre Achse, eine Erkenntnis, die wieder verloren geht.

Weit über Indien hinaus wirkt die einheimische Sprachwissenschaft bis in die Gegenwart. Die Sprachbeschreibung des PANINI (spätes 4. Jh.), in der er auf eine eigene Metasprache zurückgreifen kann, wird um 1800 in Europa bekannt und gibt wesentliche Anstöße bei der Gründung der vergleichenden Sprachwissenschaft durch FRANZ BOPP. Von der theoretischen Sprachbetrachtung in der Sprachphilosophie, die mit dem Gelehrten BHARTRIHARI (5./6. Jh.) einen Höhepunkt erreicht, gehen bis heute wichtige Anregungen aus.

Die islamische Vorherrschaft bis zur Gründung des Mogul-Reiches (1191/92–1526)

1191 Einer Konföderation nordindischer Könige unter PRITHVIRAJ III. CAUHAN (*vor 1166, †1192, König seit 1178) gelingt es, ein islamisches Heer unter dem Afghanen MOHAMMAD VON GHOR (*1162, †1206) bei Taraori (Tarain) zurückzuschlagen.

1192 Dem erneuten Ansturm der Muslime unter MOHAMMED unterliegen die Hindus in der zweiten Schlacht bei Taraori. MOHAMMED setzt QUTB-UD-DIN AIBAK (†1211) als Statthalter in Delhi ein; **Beginn der islamischen Vorherrschaft in Nordindien**.

Die kulturellen und religiösen Einflüsse des Islam

Mit dem Eindringen des Islam wird die indische Kultur um neue Elemente bereichert, obwohl sich im Gegensatz zu anderen vom Islam eroberten Regionen der **Islam in Indien nicht durchsetzen kann**. Der Islam, dem die sozialen Schranken des Kastensystems der Hindus fremd sind, gewinnt Anhänger v. a. aus den unteren Kasten.

In der Kunst entstehen auf indischem Boden neue Formen durch eine Vermischung islamischer und hinduistischer Elemente, was sich zunächst besonders an der Baukunst erkennen lässt. In der Literatur beginnen die neuindischen Sprachen das Sanskrit als Literatursprache zurückzudrängen, während Persisch Amtssprache des Sultanats wird. Mit dem Einbruch des Islam **beginnt in Indien eine Geschichtsschreibung**, die den Verlauf der Ereignisse jedoch einseitig aus muslimischer Sicht darstellt. Ein Gegengewicht bietet die hinduistische Geschichtsschreibung in der in Kaschmir entstandenen *Rajatarangini* (»Welle der Könige«) des KALHANA (12. Jh.) mit ihren Nachfolgern.

Ausbreitung der islamischen Herrschaft

Während QUTB-UD-DIN AIBAK die islamische Herrschaft im Gebiet von Delhi zu sichern sucht, stößt sein General MOHAMMED IBN BACHTIYAR nach Bihar und Bengalen vor, versetzt durch die **Zerstörung von Klöstern dem Buddhismus den Todesstoß** und stürzt den letzten Sena-König in den ersten Jahren des 13. Jh.s, bevor er bei einer erfolglosen Expedition gegen Nepal mit seinem Heer untergeht.

1206 Mit dem Tode MOHAMMADS VON GHOR erklärt sich QUTB-UD-DIN AIBAK für unabhängig und begründet so die erste Dynastie im Sultanat von Delhi, die Sklaven-Dynastie (1206–1290), deren Name besagt, dass stets ein Sklave des jeweils vorangegangenen Herrschers auf den Thron gelangt.
Die ersten Sultane sind bemüht, den immer wieder aufflammenden Widerstand der Hindus zu brechen. Von einzelnen Festungen aus beherrschen sie das Land, wobei sich ihre Verwaltung meist auf das Eintreiben möglichst hoher Steuern beschränkt. Dabei wird der Beamtenapparat der hinduistischen Herrscher zunächst übernommen.

1211–1240 AIBAKS Nachfolger ILTUTMISH (ILETMISH [1211–1236]) baut das Reich weiter aus, seine Tochter RASSIYA (1236–1240), die einzige Frau auf dem Thron von Delhi, wird von dem Generalskollegium der »Vierzig« abgesetzt.

1266–1287 Gegen die Macht der »Vierzig« kann sich erst BALBAN (†1287) durchsetzen und den Herrschaftsanspruch des Sultans wieder herstellen.

1290 Die Sklaven-Dynastie, der es bis dahin gelingt, sich mit einer zahlenmäßig den Hindus weit unterlegenen Militärmacht durch taktische Überlegenheit und straffe Führung in Indien zu behaupten, endet.

1290–1318 Unter der Khilji-Dynastie **festigt sich die islamische Herrschaft in Nordindien**, zugleich beginnen Militärexpeditionen der Muslime nach Südindien, die 1310 den General von ALA-UD-DIN KHILJI (1296–1316), MALIK KAFUR, bis in das Gebiet um die Stadt Madurai führen.

1320–1398 Unter der Tughluq-Dynastie beginnt der **Zerfall des Sultanats durch verfehlte innenpolitische Maßnahmen** des zweiten Herrschers, MOHAMMAD BIN TUGHLUQ (1325–1351). Eine fehlgeschlagene Steuerreform, der Versuch, durch ein kontrolliertes Preissystem die Gesetze des Marktes außer Kraft zu setzen, und Währungsmanipulationen zerrütten die Reichsfinanzen. Ausbrechende Unruhen und Aufstände werden blutig niedergehalten.

1351–1388 Unter FIROZ SHAH TUGHLUQ (†1388) erholt sich das Sultanat nochmal, das jedoch mit dem Verlust Bengalens und des Dekhans erhebliche Gebietseinbußen hinnehmen muss.

1398 Auf FIROZ folgen mehrere unbedeutende Herrscher, sodass das Sultanat keine Kraft mehr findet, den Mongolen unter TIMUR LENG (*1336, †1405) ernsthaften Widerstand entgegenzusetzen. So können die **Mongolen Delhi einnehmen und verwüsten.**

1451–1526 Nach einer Periode der Anarchie gelingt es den Lodi-Herrschern noch einmal, die Macht des Sultanats in bescheidenem Umfang wiederherzustellen und gegen die Sharqi-Sultane von Jaunpur (1394–1479) und das Reich von Malva (1401–1531) erfolgreich vorzugehen.
Als unter IBRAHIM LODI (1517–1526) innere Streitigkeiten aufbrechen, suchen seine Feinde Hilfe bei dem Timuriden BABUR (*1483, †1530) in Kabul.

1526 BABUR schlägt IBRAHIM LODI in der ersten Schlacht bei Panipat und **ebnet so den Weg für die Gründung des Mogul-Reiches.**

Damit findet die erste Phase der islamischen Beherrschung Indiens ihr Ende. Sie ist durch blutige Gegensätze zwischen Hindus und Muslimen gekennzeichnet. Die Zerstörung von Tempeln der Hindus, auf deren Trümmern die ersten Moscheen entstehen, und Zwangsbekehrungen zum Islam verhindern zunächst eine Durchdringung beider Kulturen und Religionen, um deren Versöhnung sich Reformer wie der Weber KABIR (*1440, †1518) oder der Gründer der Sikh-Religion, Guru NANAK (*1469, †1538), zu bemühen beginnen. Erst unter den Mogul-Kaisern wird die religiöse Toleranz zu einem wichtigen Instrument der Innenpolitik.

Südindien von den Pallavas bis zur islamischen Eroberung (6. Jh.–1565)

Im Westen des Dekhans und an der Südostküste entstehen im 6. Jh. die beiden in ständige Fehden miteinander verwickelten Dynastien der Caulukyas und Pallavas. Die Pallavas, deren Geschichte sich bis in das 3. Jh. zurückverfolgen lässt, beginnen um 550 von Kanci aus den Süden Indiens zu erobern und zeitweise auch gegenüber den Caulukyas eine Vormachtstellung einzunehmen. Bis Mitte des 8. Jh.s können sie ihre Macht behaupten. Unter den Pallavas **greift die indische Kultur nach Ceylon, Südostasien und Indonesien aus.** Wichtigster Handelshafen ist Kadal Mallai (Mamallapuram), in dem sich zugleich bedeutende Bauten als Zeugen der Pallava-Kunst erhalten haben.

566–597 PULAKESHIN I. verlässt die alte Caulukya-Hauptstadt Aihole und macht Vatapi (heute: Badami) zu seinem Regierungssitz.

608–642 Den Höhepunkt ihrer Macht erreichen die Caulukyas unter PULAKESHIN II., der einen Angriff HARSHAVARDHANAS von Kanauj zurückschlagen kann. Wenig erfolgreich ist er bei dem Versuch, die Pallavas niederzuringen.

642 NARASIMHAVARMAN I. MAHAMALLA PALLAVA (um 630–668) erobert Badami.

um 750–975 Für ein Jh. erholen sich die Caulukyas nach dem Rückschlag der Eroberung Badamis, bis sie die Macht im Dekhan an die Rashtrakutas abgeben müssen, die von Manyakheta (heute: Malkhet) aus regieren. Danach herrschen nochmals zwei Zweige der Caulukya-Familien im Dekhan: die westlichen Caulukyas von Kalyani (10.–12. Jh.) und die östlichen Caulukyas von Vengi (10./11. Jh.) aus.

Zur Zeit der ersten Caulukya-Dynastie **entstehen die ersten freistehenden Tempelbauten in Südindien** in Aihole, Badami und Pattadakal. In Ellora (Maharashtra) werden buddhistische, jainistische und hinduistische Bauwerke geschaffen.

985–1012 Der Fall der Pallavas ist mit dem Aufstieg der Colas von Uraiyur aus verbunden. Unter RAJARAJA I. besiegen die Colas die Pandyas von Madurai und die Ceras in Kerala, stoßen bis nach Orissa vor und gewinnen den Norden Ceylons.

1012–1042 Sein Nachfolger RAJENDRA I. gewinnt Bengalen und dringt nach Birma und Sumatra vor.

12. Jh. Die Macht der Colas erreicht ihren Zenit, zerfällt jedoch rasch unter weniger fähigen Herrschern. Zugleich werden die Pandyas allmählich zur führenden Macht des äußersten Südens, während im Nordabschnitt des westlichen Dekhans von Deogir (Daulatabad) aus die Yadava-Dynastie (1191–1318) und im Südabschnitt die Hoysalas (1173–1327) von Dorasamudra (heute: Halebid) aus herrschen.

1310 Die aus Nordindien kommende Militärexpedition MALIK KAFURS zerstört die Reiche der Yadavas, Hoysalas und Pandyas. Seit der Pallava-Dynastie und v. a. unter den Colas wird in Südindien der Shivaismus die vorherrschende Religion. Der Buddhismus wird geschwächt und der Jainismus zurückgedrängt. Da der äußerste Süden nie von der islamischen Herrschaft durchdrungen wird, erhält sich hier die hinduistische Kultur frei von fremden Einflüssen.

um 1350–1565 Auf den Trümmern der vernichteten hinduistischen Reiche im Dekhan und im Süden erbauen die Brüder BUKKA (1344–1377) und HARIHARA (1336–1347) das **letzte hinduistische Großreich in Indien**, das nach seiner Hauptstadt Vijayanagara (heute: Hampi) benannt ist. Schon bald gerät es in kriegerische Verwicklungen mit dem islamischen Reich der Bahmanis von Gulbarga (1347–1527), die schließlich zur Auflösung der Macht der Bahmanis führen.

seit 1490 Anstelle des Reiches der Bahmanis beginnen sich die **fünf Dekhan-Sultanate** von Ahmednagar, Berar, Bidar, Bijapur und Golconda herauszubilden.

1552–1565 Als sich der letzte König von Vijayanagara, SADASHIVARAYA, ungeschickt in die inneren Streitigkeiten der Dekhan-Sultanate einmischt, bilden diese eine Konföderation gegen die Hindus von Vijayanagar.

1565 Sie besiegen SADASHIVARAYA in der Schlacht bei Talikota vernichtend und zerstören seine Hauptstadt. Mit dem Untergang von Vijayanagara spielen hinduistische Herrscher in Indien für 200 Jahre keine entscheidende Rolle mehr. | Forts. S. 1197 |

Ceylon von den Anfängen bis zum Beginn der europäischen Kolonialherrschaft

Das Gerüst für die Darstellung der vorkolonialen Geschichte Ceylons bilden zwei aus dem Blickwinkel des Buddhismus verfasste Chroniken. Der ältere *Dipavamsa* (»Insel-Chronik«; nach 350 n. Chr.) beruht auf zwei alten überlieferungssträngen, einer weltlichen Königschronik und einer Chronik des Buddhismus. Beide enthalten in ihren ältesten Teilen Materialien aus Indien. Der etwa einhundert Jahre jüngere *Mahavamsa* (»Große Chronik«) verarbeitet den Inhalt des *Dipavamsa*, führt die Chronik bis König MAHASENA (274–301 oder 334–362) weiter und wird im Laufe der Zeit im *Culavamsa* (»Kleine Chronik«) bis zu den Ereignissen des Jahres 1815 weitergeschrieben, sodass der *Culavamsa* den *Mahavamsa* schließlich an Umfang übertrifft. Von den 58 im *Mahavamsa* und den 125 im *Culavamsa* mit Regierungsjahren aufgezählten Königen ist nur die Geschichtlichkeit der ersten sechs aus dem 5.–3. Jh. v. Chr. gänzlich unsicher; erst mit dem 1. Jh. v. Chr. werden die Angaben zuverlässiger. Die Chroniken können weitgehend als vertrauenswürdig gelten. Umstritten ist jedoch die genaue Datierung der Könige bis MAHASENA, die um 60 Jahre schwankt.

um 450 v. Chr. König VIJAYA (»Sieg«; 483–445?), der erste den Chroniken bekannte König, **erobert von Nordindien aus Ceylon und unterwirft die Urbevölkerung**, vermutlich Angehörige der spätsteinzeitlichen Balangoda-Kultur, als deren heutige Nachkommen die aus einer Vermischung mit den Einwanderern hervorgegangenen Vedda gelten.

Eine Einwanderung aus Nordindien spiegelt sich in der Sprache der Insel wider. Das Singhalesische ist im Gegensatz zum im Norden der Insel gesprochenen dravidischen Tamil eine indoarische Sprache, die Verbindungen zu vermutlich westlichen nordindischen Sprachen erkennen lässt.

um 400 v. Chr. Anuradhapura (im Norden) wird für 1500 Jahre Hauptstadt der Insel.

247–207 v. Chr. Unter DEVANAMPIYATISSA wird der **Buddhismus durch Mahinda**, einem Sohn oder Bruder des indischen Kaisers ASHOKA (†235), vermutlich von Vidisha (Zentralindien) aus **eingeführt**.

161–137/101–77 v. Chr. Der singhalesische Nationalheld DUTTHAGAMANI ABHAJA (»der Furchtlose«) vertreibt den tamilischen Usurpator ELARA (205–161 oder 145–101). Im folgenden Jt. kommt es nach langen Perioden friedlichen Zusammenlebens immer wieder zu kriegerischen Auseinandersetzungen mit südindischen Herrschern.

um 400 n. Chr. Vermutlich zwischen 370 und 450 wirkt der bedeutende buddhistische Gelehrte und Mönch BUDDHAGHOSA im Mahavihara (»Großes Kloster«) in Anuradhapura und legt mit seinem Buch *Visuddhimagga* (»Der Weg zur Reinheit«) die bis heute in Ceylon, Birma, Thailand, Laos und Kambodscha gültige Grundlage des orthodoxen Theravada-Buddhismus.

478–496 KASSAPA I. sieht sich wegen Thronstreitigkeiten gezwungen, von Anuradhapura nach Sigiriya (im Zentrum) auszuweichen, das er ausbauen und mit bis heute teilweise erhaltenen (1967 durch Vandalismus schwer beschädigte) Fresken ausmalen lässt. Seit dem 7. Jh. ist Sigiriya vergessen und wird erst 1831 wiederentdeckt.

1017 Die Cola-Herrscher erobern von Südindien aus Anuradhapura und setzen damit der Regierung von MAHINDA V. (981–1017) ein Ende. Die Colas verlegen die Hauptstadt nach Polonnaruwa (im Norden), das im Laufe des 13. Jh.s aufgegeben wird.

1059–1114 In langwierigen Kriegen gelingt VIJAYABAHU I. die **Rückeroberung der Insel**.

1153–1186 Unter dem bedeutenden Herrscher PARAKKAMABAHU I. blüht Polonnaruwa auf, die **singhalesische Kultur erreicht einen Höhepunkt**. PARAKKAMABAHU einigt durch eine bis heute weiterwirkende Reform des Buddhismus die verschiedenen Strömungen des Theravada auf der Insel und verhilft damit der Orthodoxie des Mahavihara endgültig zum Durchbruch. Nachdem der Buddhismus in Indien immer mehr an Bedeutung verliert und allmählich erlischt, wird Ceylon zum Hort dieser Religion und bewahrt den einzigen in einer indischen Sprache (Pali) erhaltenen buddhistischen Kanon (*Tipitaka* »Dreikorb«).

1410–1468 PARAKKAMABAHU VI. eint von seinem Regierungssitz Kotte (gegründet 1415; südlich von Colombo) aus noch einmal die gesamte Insel. Nach seinem Tod zerbricht die Reichseinheit in die singhalesischen Reiche von Kotte (bis 1592) und Kandy (seit 1492; im Zentrum), während der Norden von Tamilen beherrscht wird. | Forts. S. 1204 |

Nepal bis zur Malla-Zeit

Politischer und kultureller **Mittelpunkt Nepals ist seit den ältesten Zeiten das Kathmandu-Tal**. Quellen für seine Geschichte sind vergleichsweise junge, seit dem Ende des 14. Jh.s verfasste »Chroniken« (*Vanshavali*) von sehr unterschiedlichem Wert für die Geschichtsschreibung, da nicht selten historisches Geschehen in ein mythologisches Gewand gekleidet ist. Seit dem 5. Jh. treten Inschriften auf Stein und seltenen Kupferplatten, und seit dem 10. Jh., als wichtige Zeugen für die Wirtschafts- und Verwaltungsgeschichte, auf Palmblättern geschriebene Dokumente hinzu.

Nach dem Ende der beiden halbmythologischen, allein aus den *Vanshavalis* bekannten Gopala- und Kirati-Dynastien beginnt eine zuverlässiger überlieferte Geschichte um 300 n. Chr. mit den Licchavi-Herrschern, deren Dynastiename sie mit einer alten Adelsfamilie aus der Zeit des BUDDHA (*um 460, †um 380) in Nordindien verbindet, der auch die indischen Gupta-Könige durch Heirat verwandtschaftlich verbunden sind.

464–491 Als **erster herausragender Licchavi-König wird Manadeva**, dessen Herrschaft weit über das Kathmandu-Tal hinaus ausgreift, in einer Inschrift aus dem Jahre 464/5 genannt. Wirtschaftlich blüht das Land durch den Handel mit Indien und Tibet auf.

598–616 Unter AMSHUVARMAN gewinnt Nepal als Durchgangsland des Handels von Indien nach Tibet und weiter nach China zunehmend an Bedeutung.

643–690 **NARENDRADEVA leitet eine kulturelle Blüte** ein, die bis um 750 andauert. Unter den hinduistischen Königen entwickelt sich auch der Buddhismus. Kultursprache ist neben dem Sanskrit das den tibeto-birmanischen Sprachen zugehörige Newari.

um 800 Der Buddhismus wird nach einer kurzen Zeit gewaltsamer Unterdrückung von Tibet aus erneuert.

879–1182 Unter der Thakuri-Dynastie, einer indischen Rajputen-Familie, wird **Kantipur als Vorläuferin der heutigen Stadt Kathmandu gegründet**. Wichtige, bis heute gefeierte religiöse Feste werden eingeführt. 879 beginnt die bis heute verwendete traditionelle nepalesische Zeitrechnung.

1200–1768 Beginnend mit ARIMALLA (1200–1216) geht die Herrschaft für etwa ein halbes Jt. auf die Malla-Dynastie über.

1255 Bei einem heftigen Erdbeben kommt etwa ein Drittel der Bevölkerung des Kathmandu-Tales ums Leben. Es folgt ein Jahrhundert der Wirren und der Angriffe von außen mit einer kurzen muslimischen Eroberung des Kathmandu-Tals (1349/50).

1372–1395 JAYASTHITIMALLA, der bereits unter JAYARJUNAMALLA (1361–1382) die Macht an sich gerissen hat, **eint das politisch zerrissene Kathmandu-Tal**, gibt dem Lande neue, auf den indischen Rechtsschriften (Dharmashastra des Manu) beruhende Gesetze und schafft eine teilweise bis heute bestehende Sozialordnung.

1428–1482 Unter der langen Regierung von JAYAYAKSHAMALLA wird die Machtstellung der Dynastie gefestigt. Im Rahmen einer reichen Bautätigkeit werden auch die durch die Muslime zerstörten Tempel wiederhergestellt. JAYAYAKSHAMALLA teilt vor seinem Tode das Reich unter seine Söhne auf, wodurch die **drei Stadtstaaten** Kathmandu, Lalitpur/Patan und Bhadgaon/Bhaktapur **entstehen**. Newari wird offizielle Sprache des Hofs.
Unter der Malla-Herrschaft erleben die drei Städte in einem meist friedlichen Wettstreit eine hohe kulturelle Blüte. Bis heute bestehende Holzbauten zeugen von dem im Handel begründeten wirtschaftlichen Wohlstand der Zeit. | Forts. S. 1205 |

Zentralasien bis ins 16. Jh.

Der Waldgürtel der Taiga im Norden und die auf annähernd 6500 km fast ununterbrochenen Gebirgsketten von Elburs, Köpet Dagh, Hindukusch, Karakorum, Kunlun und Nanshan im Süden umschließen zwischen dem Kaspischen Meer und den Wäldern der Mandschurei sowie der Großen Chinesischen Mauer weite Räume ohne Abfluss zum Meer. Mit diesem zentralasiatischen Großraum in engem Zusammenhang stehen die Hochländer von Tibet und Iran. Das **westliche Zentralasien** – Westturkestan (Russisch-Turkestan), das nördliche Afghanistan und das nördliche Randgebiet von Iran – gliedert sich in die historischen Landschaften Chorasan (zwischen dem Hochland von Iran und dem Amudarja [antik: Oxus]), Choresmien (am Amudarja-Unterlauf südlich des Aralsees), Transoxanien (zwischen den Mittelläufen von Amudarja und Syrdarja [antik: Jaxartes]), Baktrien (am Oberlauf des Amudarja), Sogdiana (zwischen den Oberläufen von Amudarja und Syrdarja) sowie Fergana (etwa am Syrdarja-Oberlauf) und unterliegt seit dem (europäischen) Mittelalter dem Einfluss des Islam. Das hiervon durch die Gebirgszüge des Pamir und des westlichen Tianshan geschiedene **östliche Zentralasien** umfasst v. a. die Mongolei (heute der Staat Mongolei und die Innere Mongolei als autonomes Gebiet Chinas) und Ostturkestan (Chinesisch-Turkestan, heute Sinkiang), dem Tibet benachbart ist. Dieses wird von der chinesischen, später der tibetisch-buddhistischen Kultur beeinflusst.

In dem durch weite Steppen-, Wüsten- und Gebirgsräume sowie Binnenseen geprägten, niederschlagsarmen Land entwickeln sich die Lebensformen des Ackerbauern (an Flüssen, in Oasen) und des Hirtennomaden. Letztere sind beweglich und autark, aber vom Wohlergehen ihrer Viehherden abhängig. Zur Aneignung von Gütern treiben sie Handel mit benachbarten sesshaften Völkern und Kulturländern, entfalten aber auch kriegerische Aktivitäten. Der Handel umfasst nomadische Eigenerzeugnisse und den Zwischenhandel von Produkten, doch ist von besonderer Bedeutung der von Nomadenfürsten gegen Bezahlung ausgeübte Handelsschutz. Dieser kommt dem Fernhandel zugute, durch den Zentralasien als Vermittler zwischen Nord-, Ost-, Süd- und Westasien/Europa wirkt: Auf den **Seidenstraßen** werden Seide und Geld nach Westen, Glas, Silber, Luxuswaren nach Osten gebracht. Buddhistische, jüdische und islamische Einflüsse erreichen auf diesem Weg China. Die Langsamkeit der Transportmittel – Kamele bewegen sich beladen etwa mit Fußgängergeschwindigkeit vorwärts – führt jedoch zu enormer Reisedauer. Wichtigste Partner der Nomaden sind Chinesen und Iranier.

Die **Gesellschaftsordnung** der zentralasiatischen Hirtennomaden ist trotz häufigen Wandels stark differenziert mit Herausbildung von Führerschaft auf allen Ebenen (ständige Notwendigkeit der Gefahrenabwehr!), aristokratischen Institutionen bis hin zur Ausprägung einer Art »Steppenfeudalismus« (David Bivar). Da die Nomaden bestenfalls bruchstückhafte eigene Überlieferung hinterlassen haben, ist die Geschichtsschreibung meist auf die Berichte der benachbarten Hochkulturen (u. a. China, Indien, Iran) angewiesen, die von den Kriegszügen betroffen sind bzw. Handelskontakte aufrechterhalten. Die wechselnden Aufenthaltsorte der Nomaden und ihre leichte Angleichung an benachbarte Kulturen bzw. Stämme erschwert die Identifikation von Namen mit bestimmten Nomadengruppen. Aufgrund ihrer Lebens- und Kampfweise sowie ihrer Bewaffnung (Bogen und lange [Haken-] Lanze) den sesshaften Kriegern überlegen, können die Nomaden immer wieder in weit ausgreifenden Feldzügen ihre Nachbarn überrennen und großräumige, kaum aber langlebige Reiche gründen (Hunnen, Tschinggis Khan, Goldene Horde, Mongolendynastie in China, Timur Leng). Die Einführung der Artillerie, die in Zentralasien seit dem 16. Jh. verwendet wird, durch China und Russland, beendet die **militärische Überlegenheit der Nomadenvölker** – und damit auch der dynamischen Rolle dieses Raumes in der Geschichte Eurasiens. Etwa gleichzeitig verliert Zentralasien mit der Öffnung des Seewegs Europa–Indien–Ostasien auch seine Bedeutung für den Fernhandel.

Die Xiongnu und die Hunnen (3. Jh. v. Chr.–5. Jh. n. Chr.)

Die Xiongnu

Berittene Nomaden der nördlichen Steppe erscheinen erstmals im 3. Jh. v. Chr. in den chinesischen Geschichtsquellen unter der generischen Bezeichnung Hu. Wo genau die Wanderbewegung ihren Anfang genommen hat, ist nicht bekannt, desgleichen die ethnische Zuordnung (turkisch/mongolisch/tungusisch?). Zur bedeutendsten Stammesgruppe unter ihnen entwickeln sich die Xiongnu (Hsiung-nu), deren Siedlungsgebiet in der Ordos-Region liegt. Frühere Deutungen, die eine Beziehung zwischen den Xiongnu und den späteren Hunnen Attilas (*um 395, †453), im Sinne einer direkten Abstammung herzustellen suchten, wurden verworfen. Lebensformen, Sprache und ethnische Verhältnisse in den weiten Steppengebieten Eurasiens sind in einem dauernden Wechselverhältnis zu sehen. Die Wanderungen und Züge einzelner Gruppen mit ihren Auswirkungen halten den genannten Raum in Bewegung und führen immer wieder zu analogen Phänomenen.

209–174 v. Chr. Reichsbildung der Xiongnu unter Mao Tun. Dieses Reich ist – wie andere frühe Steppenreiche auch – autokratisch nach außen, föderal nach innen in eine dreigestaltige Verwaltungshierarchie gegliedert: Die imperiale, sippenorientierte Führung unter dem Shanyu (Herrschertitel) setzt Gouverneure zur Verwaltung der zur Konföderation gehörenden Stämme ein, denen einheimische Stammesführer vorstehen. Wesentliche Garantie dieser Struktur sind Ressourcen von außerhalb der Steppe (Beute aus Überfällen, Handel, Tributzahlungen). Zerbricht die gesamte Struktur und gewinnen die Stammesführer Autonomie, verfällt die Steppe in Anarchie.

2./1. Jh. v. Chr. Häufige Kämpfe gegen die Chinesen, die schließlich die Oberhand gewinnen und die stark geschwächten Xiongnu nach Norden abdrängen.

101 v. Chr. China dehnt sich vorübergehend bis zum Tarimbecken aus.

um 72/71 v. Chr. Zerfall der Xiongnu-Macht.

48 v. Chr.–155 n. Chr. Teilung der Xiongnu in eine südliche und nördliche Gruppe; beide werden nacheinander von China besiegt.

155–180 n. Chr. Aufstieg der Xianbi (Hsien-pi) aus dem mongolisch-mandschurischen Grenzgebiet in der Nachfolge des Xiongnu-Reiches.

304–431 Überlebende kleinere Xiongnu-Gruppen können kurzfristige Dynastien im nordchinesischen Grenzbereich bilden.

348–557 Rasche Folge kurzlebiger Xianbi-Dynastien in Nordchina.

ab 350 Angriffe der Hunnen aus dem Tiefland von Turan gegen das Sassanidenreich (Baktrien).

375 Ein mit den iranischen Alanen verbündeter Teil der Hunnen schlägt die Ostgoten (Selbstmord König Ermanarichs) in Südrussland. Das Hunnenreich dehnt sich in den folgenden Jahrzehnten weit über Ost- und Mitteleuropa aus (Zentrum an der mittleren Donau), erliegt aber schließlich dem vereinigten Widerstand von Germanen und Weströmischen Reich. | s. S. 385 |

Die Hunnen

Der Lebensraum der Hunnen (griech. Khounoi, lat. Hunni) vor Eindringen in die römische Welt wird östlich des Asowschen Meeres in der südrussischen Steppe angenommen. Eine Abstammung der europäischen Hunnen von den ostasiatischen Xiongnu kann die Forschung nicht überzeugend belegen. Die Ordnung des hunnischen Vielvölkerreiches beruht auf einer imperialen Konföderation, an deren Spitze ein oder mehrere Khane stehen; erst Attila steigt zum Alleinherrscher auf. Als Berater dienen dem Khan ausgewählte, durch Loyalität sich auszeichnende Vertraute. Der Khan gilt den Hunnen als ein vom Himmel eingesetzter Herrscher, dem vorherbestimmt ist, die Welt zu regieren. Ein solch stark auf eine charismatische Persönlichkeit wie Attila hin orientiertes Herrschertum riskiert den schnellen Zerfall des Reiches nach dessen Tod. Ihre kriegerische Überlegenheit verdanken die Hunnen u. a. dem Kompositbogen als neuartiger wirksamer Fernwaffe.

Zur Zeit seiner Hochblüte unter Attila umfasst das Hunnenreich nahezu alle »Barbaren«-Stämme zwischen Ural und Rhein; neben einem hunnischen Kern u. a. Sarmaten, Alanen, Ostgoten, Gepiden und Vandalen. Nach Attilas Tod zerfällt die heterogene Konföderation und wird endgültig vernichtet durch die einfallenden Awaren, ohne sich je wieder zu erheben.

451 Hunnische Niederlage unter König Attila auf den Katalaunischen Feldern.

453 **Tod Attilas.**

um 455 Zerfall der hunnischen Macht.

Zentralasien vom Ende des Hunnenreichs bis zum Aufstieg der Mongolen

380–555 Im östlichen Zentralasien, etwa dem Gebiet der Mongolei, spielen die Rouran eine bedeutende Rolle. Sie gründen ein ausgedehntes Nomadenreich, in dem chinesische Kultureinflüsse bedeutend sind.

Mitte 4. Jh.–Mitte 5. Jh. Die Hephthaliten (verschiedene Ethnonyme: Yeh-tai, Hayatheliten, Hyōen oder »Weiße Hunnen« bei Prokopios, 6. Jh.), möglicherweise Abkömmlinge der Tocharer (Yuezhi) des 2. Jh.s n. Chr., stoßen Mitte des 4. Jh.s aus dem Altai nach Süden vor und bedrängen nach 400 das Sassanidenreich. Mitte des 5. Jh.s nehmen sie die Gebiete Turkmenistans und der Sogdiana in Besitz. Aussehen und Lebensform als Ackerbauern lassen andere ethnische Vorraussetzungen vermuten, als die der Hunnen; eine Verwandtschaft mit ihnen ist nicht nachweisbar.

552 Bumin (Tumen) Khaghan (†553) gründet zusammen mit seinem Bruder Istämi (†576) das erste alttürkische Reich (bis 630). Nach dem Sieg über die Rouran beherrschen sie die Steppe von der Mandschurei bis zum Kaspischen Meer. Die Alttürken oder Kök-Türken (in der chinesischen Geschichtsschreibung der Tang-Zeit »Tujue«) stammen aus dem Gebiet des Altai und waren ursprünglich Untertanen der Rouran. Das Ethnonym *türk* als Eigenbezeichnung ist von der Wissenschaft heute weitgehend in der Bedeutung »stark, mächtig« akzeptiert. Der rekonstruierte Plural *türküt* ist allerdings hypothetisch und in keiner türkischen Inschrift belegt und daher ein missverstanden gebrauchtes Ethnonym.

um 560 Die Kök-Türken verbünden sich mit den Sassaniden in Persien und vernichten gemeinsam mit ihnen das Reich der Hephthaliten, die Persien etwa 150 Jahre vom Osten gefährlich bedroht haben. Reste der Hephthaliten halten sich bis ins 9./10. Jh. und gehen dann im ostiranischen Volkstum auf.

552–630/657 Das Kök-Türkische Reich beherrscht Zentralasien, in sich zweigespalten und durch Bürgerkriege erschüttert. Ansätze zu einer Zusammenarbeit mit Byzanz (568) weichen bald kriegerischen Konflikten. Byzanz umgeht die durch den türkischen Vorstoß unterbrochenen Handelswege durch Zentralasien (Seidenstraßen) mit verstärktem Handelsverkehr über Arabien und Indien.

630/657 Die Osthälfte des Kök-Türkischen Reichs erliegt dem Vordringen des unter der Dynastie Tang (seit 618) neu erstarkten China. Weite Kreise der Kök-Türken lehnen die städtisch verfeinerte Kultur der Chinesen ab.

683–734 Ein erheblicher Teil der Kök-Türken zieht sich aus den chinesischen Randgebieten nach Norden in den Raum des Changaigebirges (damals Ötükän) im Innern der heutigen Mongolei zurück und bildet unter dem »Weisen« Tonjukuk als leitendem Minister das bewusst nomadisch geprägte **Zweite Kök-Türkische Reich**, in dem aber die Chinesen, u. a. durch Ehen chinesischer Prinzessinnen mit einigen Khanen, kulturell und auch politisch Einfluss behalten. Dieses Reich dehnt seine Macht zeitweise bis an den Amudarja hin aus; doch erweisen sich einige seiner Gliedstämme immer wieder als unbotmäßig.

um 700 Felsinschriften beim Fluss Orchon (Mongolei) in der »türkischen Runenschrift«, die dem türkischen Lautbestand besser angepasst ist als alle seither für das Türkische verwendeten Alphabete einschließlich des Lateinischen, ermöglichen eine eingehende Kenntnis vom Leben dieses Reiches in seiner eigenen Sicht. Der höchste Gott der Kök-Türken ist der unterteilte Himmel Tängri. Er bezeichnet das Himmelsgewölbe und den Gott des Himmels. Neben oder unter ihm stehen eine Göttin der Fruchtbarkeit, Umay, und die Erde als Gottheit. Das alttürkische Reich ist als imperiale Konföderation organisiert, ähnlich dem der Xiongnu: An der Spitze steht der Khaghan und seine Berater, darunter die Beauftragten des Herrschers als Regenten der angeschlossenen Stämme, auf lokaler Ebene die einheimischen Stammesführer. Wichtigstes Bindeglied des Reiches ist der Seidenhandel.

705–715 Von Westen her erobern die muslimischen Araber Transoxanien und Choresmien (Chorezm).

745 Chinesen, damals an der Selenga wohnenden Uiguren und unbotmäßige Stämme, stürzen das Zweite Kök-Türkische Reich.

745–840 An seine Stelle tritt im Osten das **Großreich der Uiguren**.

Nach dem Fall des Zweiten Kök-Türkischen Reiches stoßen chinesische Truppen auch nach dem westlichen Zentralasien bis Samarkand und damit in den arabisch-islamischen Machtbereich vor.

751 Im Gebiet des Flusses Talas besiegen islamische die chinesischen Streitkräfte und bestimmen damit die künftige **Zugehörigkeit des westlichen Zentralasiens zum islamischen**, nicht zum chinesisch-buddhistischen **Kulturkreis**: Die Chinesen unter der Tang-Dynastie ziehen sich aus Zentralasien zurück.

762 Die führende Schicht des Uigurenreichs tritt zum Manichäismus über.

781 Errichtung einer nestorianischen Metropolitie.

Daneben gewinnt der Buddhismus steigenden Einfluss, da die Uiguren stets in enger Verbindung mit China stehen, wo sie wegen innerer Wirren zeitweise auch politischen Einfluss besitzen und ihre Produkte, auch Pferde, unter Zwangskurs gegen Seide und andere chinesische Waren eintauschen.

798 Der Kalif Harun al-Raschid (786–809) arbeitet zeitweilig mit Tibetern gegen China zusammen, geht aber schließlich auf die Seite Chinas über.

822 Zwischen China und Tibet kommt ein Erschöpfungsfriede zustande, der das Tarimbecken einstweilen bei Tibet belässt.

Das Uigurenreich zerbricht allmählich an inneren Intrigen, wohl auch religiösen Spannungen, doch halten sich zwei uigurische Reststaaten: einer um das Turfanbecken zwischen Hochaltai und Tianshan mit verfeinerter städtischer Kultur und dem Nebeneinander mehrerer Religionen, unter denen der Buddhismus an Gewicht gewinnt. Der andere Reststaat – die »Gelben Uiguren« – besteht in der chinesischen Provinz Gansu fort (wo er 1036 den Tanguten erliegt, denen die Uiguren ihren Buddhismus vererben).

840 An die Stelle des Uigurenreichs tritt im Osten Zentralasiens das **Reich der Kirgisen**, deren Zentrum im Norden (zwischen dem Changaigebirge und dem Hochaltai bzw. im Tianshan) von chinesischer Kultur nicht erreicht wird und auch militärisch keiner Bedrohung von Süden her ausgesetzt ist.

Die Kirgisen halten sich bis zur Mongolenzeit (13. Jh.). Die unter den Uiguren reiche kulturelle Entwicklung des östlichen Zentralasiens mit ihrem chinesischen Einfluss geht rasch zurück. Die Kirgisen hinterlassen keine schriftlichen Zeugnisse; sie sind weitgehend Nomaden. Der Manichäismus verliert seinen Halt an der bisherigen Dynastie und geht in den nächsten Jahrhunderten unter.

seit 916 Südlich der Kirgisen setzen sich im Osten Zentralasiens die Kitan durch, die nach dem Untergang der Dynastie Tang wesentliche Teile Nordchinas besetzen und dort die Dynastie Liao (907–1125) begründen. Die Kitan, Hirtennomaden aus der Mandschurei, sind vermutlich mongolisch-tungusischen Ursprungs. Sehr bald nach der Gründung der Dynastie nehmen sie den Buddhismus an und sind damit auch Motor für seine rasche Verbreitung im Osten Zentralasiens. Nach den Kitan wird China im Mittelalter in Europa *Cathay* genannt; im Russischen hat sich der Name *Khitai* bis heute erhalten.

seit 969/1016 Durch die Machtstellung der Seldschuken im islamischen Bereich nach Süden hin abgeschirmt, expandieren türkische Stämme nördlich des Aralsees und südlich des Urals bis Osteuropa und gründen dort, nach Zusammenbruch des Chasarenreichs, nomadisch bestimmte Staatswesen: Petschenegen 969, Oghusen (die Torki der Russen) 1054, Kumanen (westlicher Zweig der Kiptschak) 1067. Sie bedrängen die Kiewer Rus und bereiten so den mongolischen Vorstoß des 13. Jh.s vor.

1125 Das Reich der Kitan erliegt den von Norden nachdrängenden Jurchen, die ihre Erben in Nordchina werden (Dynastie der Altan-Khane, chinesisch Chin; beides »Gold«; danach unsere Bezeichnung »China«).

1133–1211 Nach dem Ende der Liao-Dynastie wandert ein Teil der Kitan nach Zentralasien ab und gründet das **Reich der Kara-Kitai**, das sich unter Führung Yelü Dashis (†1143) über die beiden karachanidischen Teilreiche ausbreitet und den Raum südlich des Balchaschsees (das Siebenstromland) sowie das Tschu-Tal für sich beansprucht (viele Bodenfunde).

1141 Der Seldschukensultan Sandschar (*1086, †1157), erleidet nördlich Samarkands eine entscheidende Niederlage gegen die Kara-Kitai: Das Reich der Kara-Kitai bleibt dauernd dem Buddhismus verhaftet und lässt (anders als der Islam) wiederholt auch Frauen als Herrscherinnen zu. Er wird wenig in kriegerische Verwicklungen hineingezogen (schwach organisiertes Heer) und gewährt weithin Religionsfreiheit.

1212 Als der den Kara-Kitai unterstellte Herrscher der westlichen Karachaniden den Mord an choresmischen Muslimen in Samarkand organisiert, wird dem Schah von Choresmien (Chorezm) Ala ad-Din Mohammed II. (†1220) das Zeichen zum Eingreifen gegeben. Gleichzeitig gelingt es dem ursprünglich wohl nestorianischen, dann buddhistischen Prinzen Kütschlüg, aus dem mongolischen Stamme Naiman (»Acht«, gemeint ist »Acht Clans«), den letzten Kara-Kitai-Herrscher zu entthronen und mit der Hilfe von dessen Tochter die Macht zu übernehmen.

Die Mongolenreiche (1206–1512/26)

1206–1209 Temüjin (Temudschin; *1162, †1227), der Spross einer jüngeren Linie des mongolischen Fürstenclans der Borjigid, setzt sich durch vielerlei Bündnisse und Kämpfe als oberster Herr der mongolischen Stämme an Onon und Kerulen (im Nordosten der heutigen Mongolei) durch und wird unter dem Titel **Tschinggis Khan** (Dschingis Khan; = starker, ungestümer Herrscher) auf der großen Reichsversammlung (Kuriltai) zum obersten Herrscher der Mongolen ausgerufen. Er schafft ein schlagkräftiges Heer, fasst bisheriges und eigengeprägtes sowie entlehntes Recht im Gesetzbuch der Jasa zusammen und unternimmt persönlich oder durch seine vier Söhne bzw. durch Unterfeldherren weite, planvolle Eroberungszüge in die Nachbarländer.

1209 Freiwillige Unterwerfung der Uiguren um Turfan. Andere Völkerschaften folgen Tschinggis Khans Heeren und stoßen an die Grenze des Machtbereichs des im östlichen Iran und in Choresmien (Chorezm; im islamisch gewordenen westlichen Zentralasien) herrschenden Schah von Choresmien Ala ad-Din Mohammed II. Der Versuch einer Abgrenzung der gegenseitigen Interessen misslingt.

1211–1216 Zunächst gelingt die Eroberung des Reiches der Jurchen in Nordchina, das Tschinggis Khan seinem Heerführer Muchali als Vizekönig anvertraut.

1219–1221 Tschinggis Khan dringt in das islamische Siedlungsgebiet ein und erobert erstaunlich schnell Transoxanien, wo in äußerst blutigen Kämpfen weite Teile der Bevölkerung und viele Denkmäler der islamischen Kultur zugrunde gehen.

1220 **Gründung der mongolischen Hauptstadt Karakorum** am

Mongolenreiche um 1300

oberen Orchon (im Norden der heutigen Mongolei) zunächst als Steppenresidenz bzw. Hoflager. Anschließend werden die Täler des Hindukusch und Nordirans besetzt.

1223 Die Russen erleiden mit kumanischen Verbündeten eine entscheidende Niederlage an der Kalka (Zufluss des Asowschen Meeres).

1227 Tschinggis Khan, der inzwischen nach Osten zurückgekehrt ist, stirbt bei der Belagerung der tangutischen Hauptstadt. Der Staat der Tanguten (etwa im Süden der heutigen Mongolei) nimmt nach über 200-jährigem Bestehen ein Ende.

1229–1241 **Ögedei** (*1186, †1241), der dritte Sohn Tschinggis Khans, beherrscht von Karakorum aus als Großkhan das Mongolische Reich: Aufbau einer zentralen Regierung und eines Postrelaissystems. Neben Ögedei waltet sein Bruder Tschagatai (†1242) als Wahrer der mongolischen Tradition (*Jasa*).

1236–1242 Die Mongolen erobern unter Ögedeis Neffen Batu Khan (*um 1204, †1256) fast ganz Russland.

1240–1505 **Reich der Goldenen Horde**: Vor den Eroberungen Ögedeis unterstanden bereit die Gebiete der südlichen Steppe Russlands um das Kaspische Meer und den Aralsee Tschinggis Khans ältestem Sohn Jotschi (*1183, †1227). Mit den Eroberungen der russischen Fürstentümern unter Tschinggis Khans Enkeln Orda (†um 1280), Batu und Schyban (†1266) bildet deren gesamtes Territorium (mit Westsibirien) das Reich der Goldenen Horde oder, nach der Mehrheit seiner ursprünglichen Bewohner, das Khanat Kiptschak. Die russischen Fürstentümer unter Souveränität der Mongolen werden so an einer Einmischung in Mitteleuropa und im Vorderen Orient gehindert und auf sich selbst beschränkt. So erscheint die Goldene Horde dem Islam und auch dem Papsttum teilweise als Partner möglicher Bündnisverhandlungen (Kontakte zwischen den in Persien und Mesopotamien herrschenden Ilkhanen und den Päpsten sowie den Königen von England und Frankreich).

1241 Die Mongolen stoßen nach Schlesien (**Schlacht auf der Walstatt bei Liegnitz**) und Ungarn vor, ziehen sich aber nach dem Tod des Großkhans Ögedei wieder nach Osten zurück.

1251–1259 **Großkhan Möngke** (*1208, †1259), Enkel Tschinggis Khans, ist letzter Gesamtherrscher des mongolischen Großreichs. Nach einem zehnjährigen Interregnum sammelt er die Kräfte des Reichs, empfängt mehrere Gesandtschaften aus Europa, u. a. von den Päpsten und König Ludwig IX. von Frankreich (1253/54 der Franziskaner Wilhelm von Rubruk; *um 1220, †1293) und wahrt religiöse Toleranz. Möngke beauftragt seinen Bruder Hülegü (*1218, †1265) mit der Eroberung Persiens und Vorderasiens.

1258 **Vernichtung des Abbasidenkalifats** durch Hülegü.

1259 Endgültige Eroberung Koreas, dass schon seit 1231 wiederholt angegriffen und geplündert wurde.

1259–1294 Der **Großkhan Khubilai** (**Kublai Khan**; *1215, †1294), ein jüngerer Bruder Möngkes, setzt sich als Kaiser Nordchinas (Residenz: das heutige Peking) und Vertreter eines an städtischer Kultur ausgerichteten Mongolentums gegenüber seinem jüngsten Bruder und Nebenbuhler, Arik Böke (†1266), dem nomadisch orientierten Gegenkhan, durch.

1271 Der Dynastiename Yuan (Yüan) wird durch Khubilai in China eingeführt.

1274/1281 Vergebliche Angriffsversuche auf Japan.

1279 Khubilai erobert auch Südchina, wo er die Dynastie der Südlichen Song beseitigt; bis zu seinem Tode ist er Kaiser von ganz China (*Shizu*).

1279–1368 **Yuan-Dynastie der Mongolen in China.** | s. S. 682 |
In Zentralasien geraten die Nachfahren Ögedeis und Tschagatais wiederholt in kriegerische Konflikte miteinander, in die auch die mongolischen Yuan-Kaiser, Ilkhane Persiens und Khane der Goldenen Horde eingreifen. Dabei spielt der Gegensatz zwischen bäuerlich-städtischer und nomadischer Kultur sowie traditionell mongolischer und islamischer Weltanschauung eine Rolle.

1293 Die Mongolen greifen nach Südostasien.

1309 Die Nachfahren Ögedeis werden endgültig ausgeschaltet. Nur die Linie Tschagatais behauptet sich.

1368 Togon Temür (*1320, †1370), der letzte mongolische Kaiser der Yuan-Dynastie, wird mit dem Großteil seiner Mongolen aus China vertrieben.

1370 Mit Ayuschiridara (*1338, †1378), Togon Temürs Sohn, wird Karakorum erneut Zentrum der sich im alten Stammland wieder sammelnden Mongolen.

14. Jh. Trennung zwischen dem (seit 1347) von Adelsfamilien beherrschten westlichen Teil des alten Khanats Tschagatai und dem von Khanen zentralistisch gelenkten Ostteil »Mogholistan«, Hauptstadt Almalyk am Ili (Zufluss des Balchaschsees): Der sunnitische Islam gewinnt zusehends an Bedeutung als städtisch-agrarische Wirtschaftsform.

1360–1405 **Timur Leng** (persisch Timur-i lang, Timur der Lahme, bei den Europäern Tamerlan; *1336, †1405), ein Türke, der sich seinen mongolischen Stammbaum nur aus Prestigegründen zugelegt hat, setzt sich gegenüber den Nachfahren Tschagatais durch, die nominell im Amt bleiben. Er wählt Samarkand in Transoxanien zur Hauptstadt, schmückt es unter Einsatz deportierter Handwerker und Künstler mit prächtigen Bauten aus, macht die Stadt zu einem Mittelpunkt islamischer Geisteskultur.

seit 1379 Von Samarkand aus greift Timur – anscheinend ohne konkrete machtpolitische Zielsetzung – in grausamen Zerstörungskriegen weit in den islamischen Raum aus, unterwirft aber nicht Mogholistan.

1383–1387 **Eroberung Irans.**

1389 Vorstöße Timurs nach Ostturkestan, in das Gebiet der Goldenen Horde (1391/95).

1393 Vorstöße Timurs nach Indien bis Delhi (1395/98) und Westasien: Einnahme von Bagdad.

1402 Sieg über die Osmanen bei Angora (Ankara).

1405–1507 Nach Timurs Tod bleibt seinen Nachfahren, den **Timuriden**, v. a. Persien und Transoxanien. Einer ihrer Wesire, Ali Schir Nawai (*1441, †1502), erweist sich bei allem Interesse an der persischen Kultur als Förderer der innerasiatisch-türkischen Schriftsprache (Tschagataisch) und verwendet diese in seinen

Werken. So und durch die »Denkwürdigkeiten« des Timuriden Babur wird Tschagataisch auf Jahrhunderte Schriftsprache Mittelasiens.
Um das westliche Mittelasien streiten sich während dieser Zeit die Tschagataiden Mogholistans mit dem neu formierten Stammesverband der Özbeken, der sich unter Leitung der Dynastie der Schaibaniden an das nördliche Ufer des Syrdarja vorschiebt und von dorther auch auf die Timuriden Druck ausübt.

1440 Esen (†1455), ein Stammesführer der Oiraten, gründet im mongolischen Stammland eine mächtige imperiale Konföderation, die nach seinem Tod wieder zerfällt.

1470 Batu Möngke Dayan Khan (*1460, †1543), Restaurator der Tschinggisiden-Macht und Einiger der mongolischen Stämme, wird neuer Großkhan im mongolischen Stammland.

1507 Die Timuriden fallen endgültig dem vereinten Druck der Dynastien der Schaibaniden und der persischen Safawiden zum Opfer.

1510 Die Schaibaniden werden durch den siegreichen Vorstoß der Safawiden aus Nordostpersien verdrängt und auf Transoxanien beschränkt, wo sie noch ein Jahrhundert lang Bedeutung haben.

1512 Der letzte Timuridenspross Babur (*1483, †1530) wird nach Kabul abgedrängt.

1526 Babur gründet von dort aus das **Reich der Großmoguln in Nordindien.** | Forts. S. 1197 |

Tibet von der ersten Reichsbildung bis zum Ende der mongolischen Herrschaft (um 600–1368)

um 600 Der erste König Gnam-ri slon-btsan, nach Sui-Quellen »Herr der 100 000 Krieger«, eint mehrere Quiang- Stämme an der chinesischen Grenze.

618–649 Sein Sohn Srong-btsan-sgam-po dehnt das Reich nach Nepal und Westtibet aus. Als erster »religiöser König« führt er in Tibet den **Buddhismus** ein, regt die Schaffung einer Schrift nach indischem Vorbild und des tibetanischen Kalenders an und gründet Lhasa. Srong-btsan-sgam-po unternimmt Vorstöße nach Nordindien und China (Kaiser Taizong gewährt ihm eine chinesische Prinzessin als Frau), bedroht ständig die chinesische Grenze und versucht, die Fernhandelsstraßen Zentralasiens zu kontrollieren.

710 Erneute Heiratsallianz mit China.

755–797 Unter dem zweiten »religiösen König« Khri-srong-lde-btsan **militärischer Höhepunkt und größte geografische Ausdehnung Tibets.**

763 Plünderung der chinesischen Hauptstadt Chang'an (heute Xi'an) und Tribute von China. Förderung des Buddhismus, der an politischem Einfluss gewinnt.

um 840 Verfall des Königtums nach einer Buddhistenverfolgung.

889 Generäle setzen sich als regionale Machthaber ein; vorübergehend Rückgang des Buddhismus, auch aufgrund der Gegnerschaft des Adels.

seit etwa 1000 Unter Einfluss missionierender Mönche aus Indien blüht der Buddhismus neu auf. Rege Gelehrsamkeit: Übersetzungen durch Rin-chen bzang-po (*958, †1055), religiöse Erneuerung durch den Einsiedler Mi-la ras-pa (Milarepa; *1040, †1123).

1073 Gründung des Klosters von Sa-skya. **Entstehung des Lamaismus** als Verbindung des Buddhismus mit bodenständigen Formen der Bon-Religion.
Die Tanguten gründen im Ordos-Bogen das sehr stark tibetisch beeinflusste Xixia-Reich (990–1227) und beherrschen den innerasiatischen Handel.

1227 Tschinggis Khan vernichtet die Xixia.

1247–1368 Unter Herrschaft der mongolischen Yuan-Dynastie werden die zahlreichen Kleinstaaten Tibets in 13 Verwaltungseinheiten reorganisiert. Der Kaiser setzt die Äbte des Sa-skya-Klosters als Vizekönige ein; zwischen ihnen besteht eine persönliche Patron-Priester-Beziehung (*yon-mchod*). | Forts. S. 1207 |

Ostasien bis ins 16. Jh.

China von der Sui-Dynastie bis zum Ende der Yuan-Dynastie | Forts v. S. 145 |

Der aus einer nordwestlichen Adelsfamilie stammende Militärführer Yang Jian (*541, †604; 581–604) eint den gesamten Norden Chinas und sichert durch politische Intrigen und den Ausbau der Großen Mauer die Grenze gegen das Turkvolk der Tujue.

581 Durch einen Staatsstreich gründet Yang Jian die **Sui-Dynastie** (bis 618).

589 **3. Reichseinigung** nach der raschen Eroberung des Südens. Institutionelle Reformen (Gesetzeskodex, staatliche Beamtenprüfungen, Zensorat) schwächen die Aristokratie, die seit dem Zusammenbruch der Han-Dynastie die kaiserliche Regierung und ihre Bürokratie zurückgedrängt hatte. Eine sparsame Regierung und die Errichtung von Militärkolonien an den Grenzen sowie ein reichsweites System von Getreidespeichern konsolidieren die Zentralmacht.

605–618 Unter Yang Jians Sohn Yangdi (*569, †618) wird der Kaiserkanal vollendet (610), der Hangzhou mit Peking verbindet und die Regierung sowie Militärstationen im Norden mit dem wachsenden Reichtum aus dem Yangzi-Tal versorgt. Gründung einer östlichen Hauptstadt in Luoyang und einer südlichen in Jiangdu (Yangzhou). Unter Mithilfe des Buddhismus findet eine kulturelle Reintegration des Reichs statt. Militärische Offensiven werden gegen Korea und die Turkvölker im Nordwesten durchgeführt. Die Belastungen durch Kriege und Zwangsarbeiten schüren Unruhen und Revolten einzelner Generäle.

Die Tang-Dynastie

618–906 Nach der Ermordung des Kaisers ruft LI YUAN (posthum Kaiser GAOZU, *566, †635, 618–626), ein ehemaliger Sui-Kommandant, die **Tang-Dynastie** aus.

626–649 Unter den Tang-Kaisern entwickelt sich China zu einem expansiven, dynamischen, kosmopolitischen Reich. Eine zentralisierte, bürokratisierte Monarchie wird auf den Grundlagen der nördlichen Dynastien errichtet. Die Hauptstadt Chang'an ist mit einer Mio. Einwohnern die größte Stadt der Welt. Der zweite Kaiser TAIZONG (*599, †649, 626–649) setzt die Expansion nach Zentralasien fort (Eroberung des Tarimbeckens 639/48), die die sozialen Spannungen im Innern neutralisieren hilft. Ausbau han-zeitlicher Verwaltungsformen, die die Macht des Kaisers stärken sollen: Aufsplitterung der Kompetenzen, Kontrolle der Behörden durch unabhängiges Zensorat. Träger der Verwaltung ist eine ideologisch zuverlässige und homogene Beamtenschaft (Mandarine), die seit 601 aus den konfuzianischen Staatsprüfungen rekrutiert wird. Staatliche Schulen werden errichtet und die **fünf Klassiker des Konfuzianismus herausgegeben**, die durch Kommentartexte ergänzt werden. Ein Netz von Verkehrswegen (Straßen, Kanäle, Poststationen) wird im ganzen Reich gebaut. Der Handel dehnt sich über die innerasiatische Seidenstraße und die Hafenstädte Kanton, Quanzhou und Fuzhou auf dem Seeweg bis nach Südostasien aus. Der im Süden angebaute Tee, ursprünglich nur eine rein medizinische Pflanze, entwickelt sich zur wichtigen Handelsware. Die Herrscher in Korea und Japan übernehmen einen Großteil der Tang-Kultur und -Institutionen.

653 Aus Elementen der nördlichen und südlichen Rechtstraditionen wird ein Gesetzeskodex aus über 500 Artikeln erstellt. Er ist der **älteste** erhalten gebliebene **Gesetzestext Chinas** und dient in allen späteren Dynastien als Kern des chinesischen Rechtswesens.

690–705 Kaiserin WU (*625 †705) setzt ihre schwächlichen Söhne ab und proklamiert sich zur Kaiserin einer neuen Dynastie, der Zhou. Sie ist die einzige Frau in der chinesischen Geschichte, die nicht nur als Regentin agiert, sondern persönlich den Kaisertitel annimmt. Erfolgreich schlägt sie die Revolten der Tang-Prinzen nieder und betreibt eine aggressive Außenpolitik.

712–756 Unter WUS Enkel, Kaiser XUANZONG (*685, †762), zivilisatorischer Höhepunkt der Tang: XUANZONG geht gegen den starken Einfluss kaiserlicher Verwandter und buddhistischer Klöster vor. Eine Volkszählung und Bodenreform werden als Gegenmaßnahmen zur bäuerlichen Landflucht durchgeführt. Als Schutzmaßnahme wird ein Ring von Mili-

Dynastienfolge in China

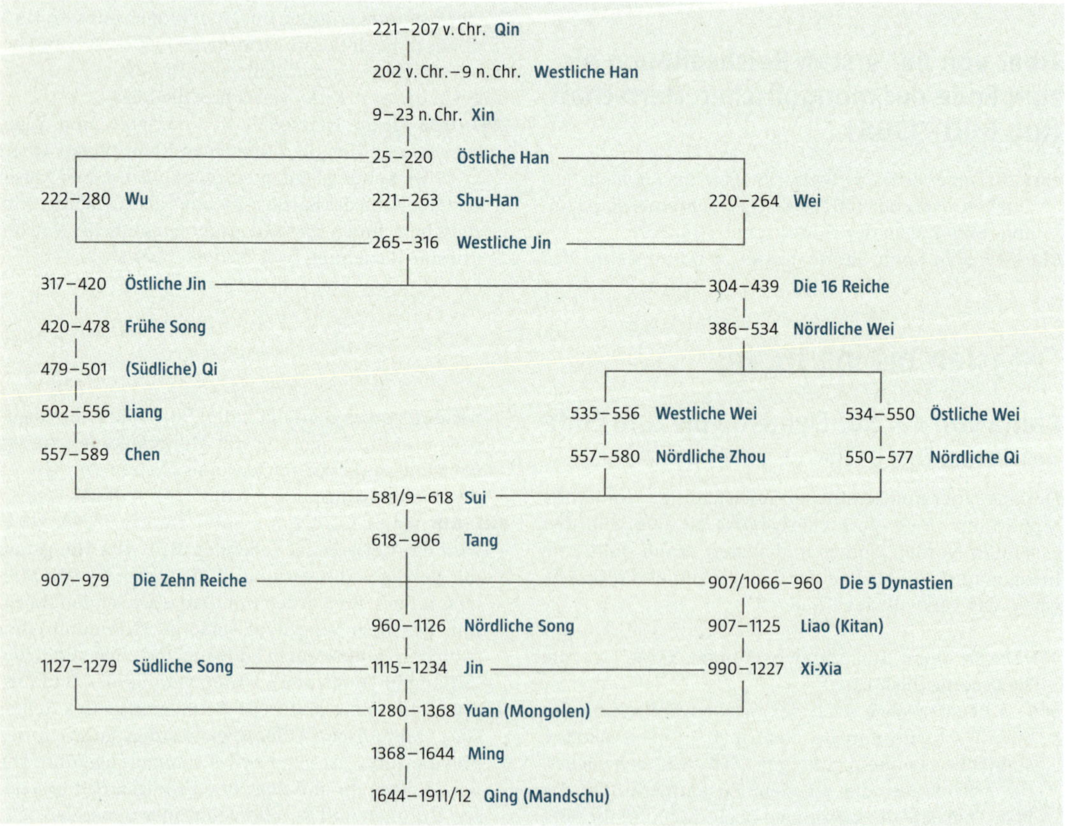

tärprovinzen entlang der zentralasiatischen Grenze errichtet. Über den Fernhandel kommt es zu fruchtbaren Kontakten mit fremdländischen Einflüssen (Indien, Persien, Arabien); religiöse Toleranz gegenüber Buddhismus, Islam und Nestorianismus; Blüte der Dichtkunst (mehr als 48 900 Gedichte von 2200 Tang-Dichtern), Schauspielschulen, Gelehrtenakademien.

755–757 Eine Revolte des türkischen Militärführers AN LUSHAN (*703, †757) erschüttert die Macht des Kaisers, die nur mit fremden Hilfstruppen wiederhergestellt werden kann: Überlagerung der zivilen durch militärische Verwaltung. Versuche gleichmäßiger Landverteilung enden in Korruption und lassen privilegierte Latifundien entstehen.

758–793 Wiedereinführung der Staatsmonopole auf Salz (758), Alkohol (782) und Tee (793). Grundbesteuerung und Säkularisierung der reichen buddhistischen Klöster treffen zwar den Adel und die »Kirche« empfindlich, doch sind die erblich gewordenen Militärbefehlshaber und nicht die schwache Zentralregierung Nutznießer der Entwicklung.

875–884 In den Wirren um den Volksaufstand unter HUANG CHAO (†884) bleibt General ZHU WEN (†912) siegreich. Dessen spätere Liang-Dynastie (907–922) leitet die Reihe der »fünf Dynastien« (907–960) im Norden ein. Der Verlust des Zugangs zu den zentralasiatischen Handelsrouten führt zu einer Orientierung nach innen. Der politische und wirtschaftliche Schwerpunkt Chinas verlagert sich nach Süden. Dort wechseln 902–979 in rascher Folge selbstständige Kleinstaaten (die »zehn Reiche«) einander ab: **3. Reichsteilung**.

Die Song-Dynastie

960 Auf einem Feldzug gegen die Kitan in der Südmandschurei proklamiert der General ZHAO KUANGYIN (Kaiser TAIZU, *927; 960–976) die **Song-Dynastie** (bis 1279; nördliche Song-Dynastie bis 1126); damit beginnt die **4. Reichseinigung** (bis 1126).

TAIZU beschneidet sofort die Macht der regionalen Militärmachthaber und unterstellt das Heer der Zivilverwaltung. Seitdem sind zivile und militärische Karrieren streng getrennt. Die besten Regionalarmeen werden in die dem Kaiser persönlich unterstellte Palastarmee integriert, die zu einem großen beweglichen Berufsheer ausgebaut wird und für den Schutz der Hauptstadt Kaifeng (Provinz Henan) verantwortlich ist. TAIZU konzentriert die Zentralverwaltung, mehrere Kanzler dienen ihm als Berater.

990–1227 Andauernde militärische **Konflikte mit den Tanguten**, einem tibetischen Stamm im Nordwesten (Gansu), der ein eigenes Reich errichtet (Xixia-Dynastie, 907–1125), sowie den Kitan (seit 1066 Liao-Dynastie genannt) und den Jurchen (seit 1115 Jin-Dynastie) im Nordosten. Das Nördliche Song-Reich ist im 11. Jh. Teil einer Staatenvielfalt auf chinesischem Territorium.

Festigung der Reichseinheit: Professionalisierung der

China zur Zeit der Tang-Dynastie

Zivilverwaltung, Herausbildung eines Beamtenethos; Orientierungsdebatten in Politik, Philosophie und Literatur (»Zeit aufklärerischen Denkens«, Rekonstruktion eigener Tradition verbunden mit Quellenkritik), wirtschaftliche Blütezeit (neue Märkte und Städte).

seit 1065 Regelmäßige Beamtenprüfungen alle drei Jahre in drei Stufen (Provinz, Hauptstadt, Palast). Fraktionierung der Beamten (»Parteien«).

1068–1076 Reformen durch WANG ANSHI (*1021, †1086) zur Wiederherstellung der Steuer- und Arbeitsgerechtigkeit (Kontrolle des Handels und der Landbesitzfluktuation, Funktionalisierung der Beamtenausbildung auf die Praxis), die konservative Konfuzianer um SIMA GUANG (*1019, †1086) zurücknehmen.

1127–1279 **Südliche Song-Zeit**: Nach der Zerstörung des Liao-Reichs (1125) erobern die Jurchen Kaifeng, und nehmen Kaiser HUIZONG (*1082, †1135; 1101–1125) gefangen. Chinesische Loyalisten im Süden rufen einen jüngeren Sohn HUIZONGS zum Kaiser aus, Hangzhou wird Hauptstadt. Versuche der Rückeroberung scheitern. Ab 1142 sind die Song dem Jin-Staat der Jurchen tributpflichtig. Der Jin-Staat mit seiner Hauptstadt Yanjing (Peking) sinisiert sich zunehmend (Bürokratie, Schrift).

Wirtschaftliche Entwicklung während der Song-Dynastie

Die **wirtschaftliche Entwicklung** der Song-Zeit ist dem damaligen europäischen Stand überlegen. Vom 8. bis zum 12. Jh. steigt die Bevölkerungszahl auf weit über 100 Mio. Bis Ende des 13. Jh.s. leben ca. 85 % der Chinesen im Süden (d. h. südlich des Huai-Flusses). Die Verdichtung der Bevölkerung erfordert eine Intensivierung und Mechanisierung der Landwirtschaft (Dreschmaschinen, wassergetriebene Mühlen). Neue Reissorten mit zwei Ernten im Jahr setzen sich ebenso durch wie technische Neuerungen in Navigation (Kompass) und Schiffsbau. Die Eisen- und Kupferverhüttung nimmt zu und das Kanalnetz zwischen Huanghe und Yangzi wird ausgebaut. Der Binnenhandel verstärkt sich und finanzkräftige Kaufleute sorgen für den regen Fernhandel (über Zentralasien und die südchinesischen Häfen) von Luxusgütern, die ein schnell wachsendes Stadtbürgertum und die reichen Landbesitzern konsumieren. Die Handelsabgaben bringen dem Staat mehr Einnahmen als die Bodensteuer. Die Geldwirtschaft nimmt durch die **Etablierung des Papiergeldes** und die Ausbildung des Bank- und Kreditwesens einen Aufschwung. Die Durchsetzung frühindustrieller Ansätze wird durch die finanzielle Belastung durch Kriege (Steuerflucht der Großgrundbesitzer, Geldentwertung) verhindert. Handwerklich-technische Neuerungen begünstigen die Entstehung einer vielfältigen Stadtkultur mit sozialer Fürsorge, Vergnügungsvierteln und Schulwesen.

Kanzler JIA SIDAO (*1213, †1275) enteignet die Großgrundbesitzer (gegen Steuergutscheine, Beamtenpatente und Geld) durch die Schaffung von Staatsdomänen (Truppenversorgung). Dies verschärft jedoch die Spannungen und schwächt die Zentralmacht.

Bevölkerungsentwicklung Chinas
(nach jeweiligem offiziellen Zensus)

Jahr	Zahl der Haushalte	Kopfzahl
2	12 233 062	59 594 978
140	9 698 630	49 150 220
742/755	8 958 334	51 035 543
1292	11 633 281	53 654 337
1393	10 652 789	60 545 812
1662	19 137 652	–
1711	24 621 324	–
1741	–	143 411 599
1775	–	264 561 355
1850	–	ca. 430 000 000

Die Yuan-Dynastie

TEMÜJIN (*1162, †1227), seit 1206 **TSCHINGGIS KHAN**, eint die Mongolen in einer Stammeskonföderation, beseitigt die Herrschaft der Jurchen in Nordchina (1211–1216) und erobert Peking (1215).

1227/1234 Vernichtung der Reiche Xixia und Jin.

1271 KHUBILAI KHAN (*1215, †1294; 1259–1294) proklamiert die Yuan-Dynastie (Yuan, »Uranfang«, der erste Dynastiename in China, der nicht auf einer geografischen Bezeichnung oder einem Sippennamen beruht).

1274/1281 Zwei Invasionen Japans schlagen fehl.

1276–1279 Eroberung des Reststaats der Südlichen Song.

Die Regierungszeit des Khubilai Khan

Ganz China gehört nun zur mongolischen Welt; Yuan-Hauptstadt ist Dadu (Peking). Die zahlenmäßig sehr schwachen Mongolen regieren China mit militärischer Gewalt und mithilfe ausländischer (meist muslimischer) Beamter. Die Gesellschaft teilt sich in vier Gruppen: Mongolen, Muslime, die in mongolischen Diensten stehen, Nordchinesen und an unterster Stelle die Südchinesen (als Nachfolger der Song). Die Spitzen der übernommenen chinesischen Verwaltung besetzen Mongolen und Nichtchinesen (Spannungen mit den chinesischen Beamten).

Das Steuer- und Abgabensystem wird neu geordnet und die Bauern vor aristokratischer Ausbeutung auf mongolischen Apanagen langfristig abgesichert. Mongolische Sonderbeauftragte (*darughachi*) werden als Überwachungsinstrument eingesetzt. 1291 entsteht ein neuer Gesetzeskodex. Die Erblichkeit der Ämter ersetzt das chinesische Beamtenprüfungssystem. Im Handwerk setzt eine Industrialisierung ein. Die Porzellanmanufakturen arbeiten zunehmend auch für den Export.

Der tibetische Buddhismus (Lamaismus) wird Staatsreligion, sein Oberhaupt übernimmt die Leitung aller religiösen Angelegenheiten im Yuan-Reich. Ansonsten ist das Yuan-Reich durch eine große religiöse und ethnische Toleranz gekennzeichnet.

Rege Kommunikation herrscht mit dem Ausland

(MARCO POLO *1254, †1324; in KHUBILAIS Diensten); in China entsteht Literatur erstmals in der Volkssprache.

In der Regierungszeit KHUBILAIS festigt sich die Spaltung des mongolischen Weltreichs in vier Reichskhanate: Yuan (China), Tschagatai (Zentralasien), Ilkhanat (Persien), Goldene Horde (Russland). Bruderkriege zwischen den Khanaten zehren militärische Energien auf.

um 1350 Die durchgängige Einführung von ungedecktem Papiergeld lässt den Handel zusammenbrechen, innere Zwiste der mongolischen Klane und Aufstände der unterdrückten Chinesen führen zum Erfolg des ehemaligen buddhistischen Novizen ZHU YUANZHANG (*1328, †1398), der mit Unterstützung der Bauern und der traditionellen Bildungselite die Mongolen von Süden her vertreibt. | Forts. S. 1208 |

Korea (Anfänge bis frühes 16. Jh.)

Durch ihre geografische Lage ist die Halbinsel Korea seit vorgeschichtlicher Zeit (Besiedlung Japans) Landbrücke zwischen dem Festland und den japanischen Inseln. Dadurch wird Korea zum Zustromgebiet und zugleich Vermittler verschiedener Kultureinflüsse, gelegentlich auch zum Schauplatz kriegerischer Konflikte zwischen kontinentalen und maritimen Mächten. In diesem Spannungsfeld entwickelt das Land seine eigenständige Kultur, die auf die benachbarten Reiche ausstrahlt. Die größtenteils gebirgige Halbinsel erlaubt nur in den Flussbeckenlandschaften und den Ebenen des mittleren und Südwestens Ackerbau (Reis, Hirse, Weizen) und an den Küsten Fischfang. Gesicherte paläolithische Fundstätten sind aus Kulp'o-ri (Provinz Hamgyŏng) und Ch'ung-ch'ŏng (Provinz Sŏkch'ang-ni) bekannt.

um 3000 v. Chr. An den Küsten und längs der Flüsse können neolithische Schichten mit charakteristischer Kammstrichkeramik nachgewiesen werden. Funde aus dem Spätneolithikum belegen Dorfsiedlungen (strohgedeckte Erdhöhlen mit zentraler Feuerstelle) und Ackerbau (Steinsicheln).

8. Jh. v. Chr. Mit dem Aufkommen von Bronze (landwirtschaftliche Geräte und Waffen) werden Siedlungen, deren Häuser sich leicht über das Bodenniveau erheben, an Berghängen angelegt. Lebensgrundlage ist der Reisanbau. Für die Vornehmen werden Dolmengrabstätten errichtet. Es bilden sich mehrere kleine Stammesstaaten heraus.

4. Jh. v. Chr. In den chinesischen Quellen taucht nun ein Reich Chosŏn auf (chinesisch Chaoxian, »Land der Frische«), vermutlich eine Stammeskonföderation zwischen den Flüssen Taedong und Liao im Nordwesten der koreanischen Halbinsel, das sich anhand der Tatsache, dass es mit dem nordostchinesischen Reich Yan in Konflikt gerät, als expandierendes Gemeinwesen darstellt. Die Träger dieser Kultur kennen Eisen, Pferde und Kriegswagen, ihre Holzhäuser sind mit einem Bodenheizungssystem (*ondol*) ausgestattet. Ende des 3. Jh. v. Chr. kommt es im Zuge der Etablierung des chinesischen Kaiserreiches zu Einwanderungswellen aus China.

um 194 v. Chr. WIMAN (chinesisch WEI MAN) aus Yan flüchtet nach Chosŏn und gründet dort eine neue Dynastie.

108 v. Chr. Unter WIMANS Enkel UGŎ (†108) erobert der chinesische Kaiser WUDI (*157, †87) das Reich und errichtet vier (seit 82) Präfekturen mit Lelang (koreanisch Nangnang) als kulturellem Zentrum (nahe P'yŏngyang).

1.–3. Jh. n. Chr. Im Norden der Halbinsel bildet sich das starke Königreich Koguryŏ mit Zentrum am Yalu heraus (der Überlieferung nach 37 v. Chr gegründet). Im Süden formieren sich Stammeskonföderationen: Mahan im Südwesten, Chinhan im Südosten und Pyŏnhan an der Südküste. Unter deren Druck erodieren die Han-Kommandanturen. 313 vernichtet Koguryŏ mit Lelang deren letzte.

313–668 Aus den Stammeskonföderationen bilden sich starke, unabhängige Staaten, Silla (der Überlieferung nach 57 v. Chr. gegründet) am Naktong im Südosten und Paekche (der Überlieferung nach 18 v. Chr. gegründet) am Kŭm und Sŏmjin im Südwesten, die zusammen mit Koguryŏ die **»Drei Reiche«** bilden. Ein viertes Reich, Kaya im Gebiet des ehemaligen Pyŏnhan, wird rasch zwischen Paekche und Silla aufgerieben. In allen drei Staaten herrschen gefestigte Monarchien (in Silla Wahlkönigtum) mit straffer militärischer Organisation und gestaffelter Aristokratie, die sich aus Nachfahren der früheren Stammeshäuptlinge zusammensetzt. Solche Männer von »wahrem Gebein« (*chin'gol*) stellen in Silla die Mitglieder des mächtigen Staatsrats *Hwabaek*. Die Staaten sind in Verwaltungseinheiten aufgeteilt, die von Burgen aus regiert werden. Gesandte der Hauptstädte treiben die Steuern ein und kontrollieren die Frondienste.
Unter dem Einfluss Chinas gelangt das Land zu kultureller Blüte. Die chinesische Schrift und der Konfuzianismus werden übernommen, Akademien gegründet, Reichsgeschichten verfasst. Der Buddhismus wird in Koguryŏ (372), Paekche (384) und Silla (524) offiziell eingeführt.
Während Koguryŏ mit China und Silla mit Japan immer wieder militärische Konflikte austragen, betreibt Paekche v. a. Handel, schickt koreanische Handwerker nach Japan und vermittelt auf diesem Weg die chinesische Schrift und den Buddhismus. In heftigen Fehden zwischen den drei Reichen werden die Grenzen oft signifikant verschoben. Koguryŏ, das mächtigste der drei Reiche, bildet zugleich ein Bollwerk gegen Expansionen vom chinesischen Festland.

612–614 Drei Feldzüge des Kaisers YANG (*569, †618) der Sui-Dynastie gegen Koguryŏ enden in Niederlagen und beschleunigen das Ende der Dynastie. Die nachfolgende Tang-Dynastie unternimmt 645 auf Bitten Paekches hin einen weiteren Feldzug gegen Koguryŏ, der abermals scheitert.

660–663 Mit Unterstützung Chinas unterwirft Silla zunächst Paekche.

668 Auch Koguryŏ wird mit chinesischer Unterstützung

unterworfen. Tang-China unternimmt einen Kolonisierungsversuch der Halbinsel, der 676 mit dem vollständigen Rückzug chinesischer Kräfte endet. Silla herrscht für über zwei 200 Jahre allein über den Südteil Koreas (etwa bis zum Taedong). Der Norden der Halbinsel sowie die einst Koguryŏ unterstehenden Gebiete der heutigen Mandschurei gehen in das Reich Parhae ein (chinesisch Bohai, 699–926), dessen Herrschaftsschicht vermutlich aus Resten des Koguryŏ-Adels besteht. Ein wesentlicher Bestandteil seiner multiethnischen Bevölkerung sind die tungusischen Malgal.

668–935 Obgleich in enger kultureller Verbindung mit China, bleibt Silla de facto unabhängig. Das vereinte Silla übernimmt viele chinesische Verwaltungspraktiken. Der Adel wird außer mit Amt und Rang auch mit umfangreichen Ländereien als Unterhaltslehen ausgestattet. Zu China besteht ein Tributverhältnis, die kulturellen Beziehungen sind eng. Der Buddhismus ist die vorherrschende Religion (753 Erbauung der Höhlentempel von Sŏkkuram).

692 Der Legende nach wird vom Spross eines buddhistischen Mönches und einer Prinzessin durch Vereinfachung chinesischer Zeichen die erste eigenständige koreanische Schrift *idu* geschaffen. Diese Schrift dürfte allerdings zumindest in Vorformen schon viel früher existiert haben. Die Legende illustriert den höfisch-religiösen Kontext der Gelehrsamkeit.

8./9. Jh. Nachfolgestreitigkeiten am Hof und häufige Überfälle japanischer und chinesischer Piraten schwächen die Zentralmacht und lassen regionale Magnaten an Einfluss gewinnen. Der Militärführer Chang Pogo (†846) kontrolliert von der vor der Südküste gelegenen Insel Wando aus ein weit gespanntes Handelsnetz.

892/901 Silla zerfällt in die »Späteren Drei Reiche«: das Spätere Paekche (seit 892), das Spätere Koguryŏ (seit 901), die beide von Provinzherren errichtet werden, und Silla.

918 Der aus dem bedeutenden Handelszentrum Kaesŏng stammende Wang Kŏn (*877, †943) schwingt sich zum Herrscher des Späteren Koguryŏ auf.

935 Er besiegt das Spätere Paekche, nimmt die Kapitulation des letzten Königs von Silla entgegen und begründet das **Königreich Koryŏ** (daher die Bezeichnung Korea).

seit Mitte 10. Jh. Bis zum Ende des 10. Jh.s baut Koryŏ ein funktionstüchtiges Staatsgefüge auf, das die Tradition der Erbaristokratie in Silla mit chinesischen Prinzipien des Amtsadels verbindet. Die herrschende Klasse Koryŏs besteht aus den ehemaligen Aristokraten Sillas und Provinzführern, aus deren Reihen die Mitglieder der »Drei Regierungsorgane« (*Samsŏng*) und des königlichen Sekretariats (*Chungch'uwŏn*) gewählt werden, die gemeinsam den Obersten Staatsrat bilden. Der Buddhismus bleibt die offiziell geförderte Religion, während der Konfuzianismus das Bildungs- und Prüfungswesen sowie das Verständnis von Regierung stark beeinflusst und die politisch-ethische Weltanschauung der Aristokraten prägt.

10.–11. Jh. Um 1000 wird das Königreich durch das im Norden Chinas erwachsene Liao-Reich der Kitan bedroht (mehrere Einfälle, v. a. 993, 1010, siegreich abgewehrt 1018/19), in der ersten Hälfte des 11. Jh.s durch die Jurchen. Koryŏ schützt sich durch einen gewaltigen Grenzwall, der von der Mündung des Yalu im Westen in leicht südlicher Richtung bis zur Ostküste verläuft. Nach innen zeigt das Königshaus bereits zu Beginn des 11. Jh.s Schwäche gegenüber den Machtansprüchen der Aristokratie: 1009 setzt ein Militärmachthaber den regierenden König zugunsten von dessen Onkel ab. Ab Mitte des 11. Jh. konsolidieren sich die Verhältnisse nach innen und nach außen. Es bestehen enge kulturelle und wirtschaftliche Beziehungen zur chinesischen Song-Dynastie.

1100–1400 Blüte der Literatur sowie der buddhistisch geprägten Architektur und Skulptur, technische Vollendung in der Keramik, die den Chinesen als unvergleichlich erscheint. Entwicklung des Buchdrucks mit beweglichen Lettern (1234).

1135 Nach einer Schwächephase des Königshauses durch die Dominanz einzelner Clans, kommt es zu einer vom buddhistischen Mönch Myoch'ŏng (†1135) angeführten Rebellion, die eine Verlegung der Hauptstadt von Kaesŏng nach P'yŏngyang (Pjöngjang) und ein selbstbewussteres Auftreten gegenüber der erstarkenden Jurchen-Dynastie Jin zum Ziel hat. Sie wird jedoch binnen eines Jahres niedergeschlagen.

1170 Die diskriminierende Unterordnung der militärischen unter die zivile Verwaltung führt zum Staatsstreich einer Militärclique. Es folgen rasch wechselnde militärische Regimes unter nomineller Oberhoheit des Königshauses, bis General Ch'oe Ch'ung-hŏn (*1149, †1219) 1196 für 60 Jahre ein Militärregime seiner Familie begründet. In dieser Zeit kommt es wiederholt zu Ein- und Absetzungen von Königen durch die Militärherrscher, Sklavenaufstände und Revolten von Mönchsarmeen werden unterdrückt.
Der Buddhismus formiert sich neu in Form der Chogye-Schule, die zur Hauptströmung des koreanischen Buddhismus wird.
Unter Ch'oes Sohn und Nachfolger Ch'oe U (†1249) wird das private Elitekorps Sambyŏlch'o etabliert.

1215 Die Jin-Dynastie verliert ihre Hauptstadt an die Mongolen und weicht nach Nordkorea aus, wo sie 1219 von einer koreanisch-mongolischen Allianz zerrieben wird.

seit 1231 Unter dem Vorwand unerfüllter Tributforderungen bedrohen die erstarkenden Mongolen Koryŏ (sechs Invasionen seit 1231). 1232 wird der Königshof auf die der Westküste vorgelagerte Insel Kanghwa verlegt. Trotz koreanischer Teilsiege erleidet Koryŏ unerhörte Verwüstungen, insbesondere bei der Invasion von 1254.

1258 Entmachtung des letzten Ch'oe-Herrschers.

1259 Friedenspakt mit den Mongolen. Widerstand wird nur noch von den Sambyŏlch'o geleistet (bis 1270). Die Hauptstadt kehrt zurück nach Kaesŏng. Der Nordosten Koreas kommt unter mongolische Direktverwaltung, der Rest des Landes untersteht innenpolitisch weiter dem Königshaus von Koryŏ, das allerdings enge (Heirats-)Bindungen zum Kaiserhaus der 1271 ausgerufenen mongolischen Yuan-Dynastie aufrechterhält.

1274/1281 Zwei Versuche von KHUBILAI KHAN (*1215, †1294), Japan mit einer von Koreanern erbauten Flotte zu erobern, scheitern. Angliederung der Insel Cheju an das koreanische Reich.

Ende 13. Jh.–Mitte 14. Jh. Begleitet von der zunehmenden Konzentration von Landbesitz in wenigen Händen bereichern sich die von den Mongolen geförderten Eliten. Es kommt zu Steuerausfällen. Durch die Konfrontation mit Kitan, Jurchen und Mongolen wird die Entstehung eines protonationalen Bewusstseins gefördert. Die Geschichtsschreibung erreicht eine erste Blüte. Weitgespannte Handelskontakte unter der *pax mongolica* bereichern das geistige und materielle Leben; Einführung der Baumwollpflanze und des Schießpulvers.

1351–1374 Unter König KONGMIN (*1330, †1374) kommt es zur Befreiung von der Oberherrschaft der Yuan, Rückholung der Nordostterritorien und zu politischen Reformen. Letztere scheitern am Widerstand der landbesitzenden Eliten.

1369 Koryŏ erkennt die neue chinesische Dynastie der Ming als legitime Macht über das chinesische Festland an.

14. Jh. Gegen Ende des Koryŏ-Reiches entsteht eine neue intellektuelle Elite von neokonfuzianisch beeinflussten Gelehrtenbeamten, deren Ansprüche auf Grundbesitz von den Aristokraten abgewiesen werden, die von den Einkünften ihrer Latifundien in der Hauptstadt leben. Mit Unterstützung des Generals YI SŎNG-GYE (*1335, †1408) setzen diese Gelehrten eine Landreform durch, wonach der Boden gemäß dem Beamtenrang zugeteilt wird.

1392 YI zwingt den schwachen letzten König von Koryŏ zur Abdankung und begründet die **Chosŏn-Dynastie** (bis 1910) mit der Hauptstadt Hanyang (das heutige Seoul). Der korrupt gewordene Buddhismus wird zurückgedrängt, und in Anlehnung an China wird der Neokonfuzianismus stark gefördert.

1434 Die ersten Könige der Chosŏn-Dynastie erweitern ihren Machtbereich bis zum Yalu und führen die koreanische Kultur zu außerordentlicher Blüte, die nach Übersee ausstrahlt (Japan, Ryūkyū).

1443–1446 Schaffung und Proklamation der eigenständigen koreanischen Buchstabenschrift Han'gŭl unter König SEJONG DEM GROSSEN (*1397, †1450; seit 1419). Das Schriftchinesische bleibt wesentliches Medium der oberen Schichten, aber die eigene Schrift fördert die Diffusion von Ethos und Wissen (Übersetzungen chinesischsprachiger Werke), das Entstehen einer koreanischsprachigen Literatur und damit die Entwicklung einer koreanischen kulturellen Identität. Weitere Projekte SEJONGS betreffen den Buchdruck, die Landwirtschaft und Medizin (Herstellung von Handbüchern, Einrichtung von Niederschlagsmessstationen) sowie Astronomie und Zeitmessung.

1455–1506 König SEJO (*1417, †1468; seit 1455) stärkt und zentralisiert die Ziviladministration, die von der Hauptstadt aus die Beamten der acht Verwaltungseinheiten des Reiches bestellt und kontrolliert. Unter König SŎNGJONG (*1457, †1494; seit 1469) entstehen groß angelegte Projekte zur Erfassung der Geografie des Landes. Die neokonfuzianische Bildungselite und der durch direkte Unterstützung des Königshauses in besondere Machtstellung geratene Meritenadel geraten zunehmend in Konflikt. Während der Regierungszeit des diktatorischen Königs YŎNSAN-GUN (*1476, †1506; seit 1494) kommt es mehrfach zu blutigen »Säuberungen« unter der Beamtenschaft, die aber die Stellung des Königshauses nicht dauerhaft stärken. YŎNSAN-GUN wird schließlich durch eine Koalition aus Meriten- und Bildungselite abgesetzt.
Blüte der neokonfuzianischen Philosophie, besonders durch YI HWANG (Ehrenname T'OEGYE; *1501, †1570) und YI I (YULGOK; *1536, †1584). | Forts. S. 1216 |

Japan (Anfänge bis 1600)

Vor- und Frühgeschichte

Die Besiedlung des japanischen Inselbogens erfolgte in mehreren Wellen von Zentralasien, Sibirien und dem südpazifischen Raum aus. Aus der paläolithischen Besiedlungsepoche, deren Datierung umstritten ist, sind in Japan Steinwerkzeuge, aber keine Gebrauchsgegenstände aus Knochen oder Horn, wie in anderen Teilen der Erde, gefunden worden. Die Funde deuten auf eine Jäger- und Sammlerkultur hin, die zwar den Gebrauch des Feuers, aber weder Agrikultur noch Töpferei kannte und deshalb als **präkeramische Kultur** bezeichnet wird.

ca. 7500 v. Chr. Die dem Mesolithikum zuzurechnende **Jōmon-Kultur** kennt bereits Töpferwaren, denen die Technik der Schnurkeramik eine reiche Formenfülle verleiht. Weitere Funde sind Schmuckgegenstände sowie Stein-, Muschel- und Knochenwerkzeuge.

ca. 250 v. Chr. Die – wahrscheinlich unter chinesischem Einfluss – in Kyūshū entstandene neolithische **Yayoi-Kultur** breitet sich allmählich nach Osten aus und verdrängt die ältere Jōmon-Kultur. Der Reisanbau, der die Yayoi-Kultur auszeichnet, wurde wahrscheinlich aus Südchina übernommen. Zu den Artefakten dieser Epoche gehören vereinzelt auch Eisengeräte, die allerdings eher als Ritualobjekte denn als Gegenstände des Alltagsgebrauchs dienen.

57 n. Chr. Die Chroniken der chinesischen späteren Han-Dynastie (25–220) berichten vom Besuch einer Gesandtschaft aus dem sonst nicht weiter bekannten Reich Nu, das in Japan liegt.

1. Jh. Erste japanische Expansion auf die koreanische Halbinsel, in deren Gefolge die Japaner einige kleinere Staaten im Südwesten Koreas unterwerfen. Der wichtigste Gegner der japanischen Eroberer ist das koreanische Reich Silla (japanisch: Shiragi). Der koreanische Staat Paekche (japanisch: Kudara) entsendet Handwerker nach Japan. Die koreanische Halbinsel dient der Vermittlung festländischer Kultur nach dem japanischen Kerngebiet Yamato.

250–552 Die Kofun-Ära, in der die Yayoi-Kultur allmählich an Einfluss verliert, ist durch die Konstruktion monumentaler Grabhügel (*kofun*) gekennzeichnet, die nach 552 keine Verwendung mehr finden. In dieser Zeit entwickelt sich eine Standes- und Klassengesellschaft, die Frühphase der Urbanisierung setzt ein und durch vom Festland stammende Missionare breitet sich der Buddhismus nach Japan aus.

In der Kofun-Ära beginnt auch der Yamato-Clan seine Vorherrschaft über das Gebiet anderer Sippenverbände auszubauen. Die staatliche Einheit Japans entwickelt sich mit der allmählichen Ausbreitung des Yamato-Reichs, dessen Herrscher als Nachkommen der Sonnengöttin Amaterasu die Kaiserwürde beanspruchen und den aus dem Chinesischen stammenden Titel Tennō (»himmlischer Erhabener«) annehmen. Die Sozialordnung der Frühzeit beruht auf den losen Geschlechterverbänden der *uji*, deren Sippenhäupter als Nachkommen von Gottheiten des Shintō-Kults gelten und priesterliche wie weltliche Herrschaftsfunktionen ausüben. Neben den Geschlechterverbänden existieren die aus Halbfreien bestehenden Bauern- und Handwerkerverbände der *be*, die der Gewalt der einzelnen Sippen unterstellt sind. Die Zahl der Haussklaven (*yatsuko*) dürfte 5 % der Bevölkerung nicht überstiegen haben.

ca. 270 Das *Weizhi*, eine Chronik der chinesischen Wei-Dynastie (220–265), enthält die ältesten ausführlichen Berichte über Japan, das zu dieser Zeit in mehr als 30 einzelne Königreiche zerfällt.

538 Der König des koreanischen Staates Paekche schickt dem japanischen Kaiserhof eine Buddha-Statue und buddhistische Schriften. Ein Teil des Hofadels tritt zum Buddhismus über. Die von den Yamato-Herrschern angestrebte Zentralisierung der Verwaltung wird durch das Einströmen chinesischer Kultur und Schrift über die koreanische Halbinsel gefördert. Als wichtigste Vermittler treten buddhistische Missionare auf.

594 Kronprinz Shōtoku (*574, †622), der seit 593 für seine Tante, Kaiserin Suiko (*554, †628), regiert, setzt sich energisch für die Errichtung eines zentralistischen Beamtenstaats nach chinesischem Muster ein und fördert die buddhistische Mission.

604 Die Proklamation der sog. 17-Artikel-Verfassung durch Kronprinz Shōtoku zielt auf die Umwandlung der altjapanischen Sippengesellschaft in einen monarchischen Vasallenstaat unter Führung der Herrscher des Yamato-Clans. Die Einführung vom Kaiser verliehener Beamtenränge und die Schaffung eines vom Kaiserhaus abhängigen Hofadels soll die erbliche Macht der Sippenoberhäupter brechen.

607 Kronprinz Shōtoku gründet den buddhistischen Tempel Hōryūji bei Nara, den ältesten erhaltenen Tempel Japans.

622 Nach dem Tode des Kronprinzen kommt der Prozess der Umwandlung der Clan-Gesellschaft in einen Zentralstaat zunächst zum Stillstand. Insbesondere die nach dem Kaiserhaus mächtigste Sippe, die **Soga**, die ihre Machtstellung bedroht sehen, leisten heftigen Widerstand gegen die Verwaltungsreformen.

646 Kaiser Kōtoku (645–654) leitet in der Taika-Reform einen weiteren Schritt der Modernisierung ein. Der Privatbesitz an Land und Hörigen wird aufgehoben und zugunsten des Kaisers eingezogen, der ihn als Lehen weitervergibt. An die Stelle der erblichen Posten der Geschlechteroberhäupter treten Beamtenstellen, die vom Kaiser besetzt und deren Inhaber durch Lehen besoldet werden. Zur Vorbereitung einer Neuordnung des Steuerwesens werden Register für regelmäßige Volkszählungen angelegt.

701 Mit dem **Taihō-Kodex** erhält Japan die erste kodifizierte Sammlung der Strafgesetze und des Verwaltungsrechts. Die Reformpläne werden allerdings in der Praxis nur unvollkommen umgesetzt. Da die höheren Beamtenposten mit Angehörigen der alten Oberschicht der *uji*-Verfassung besetzt und ein großer Teil der Beamtenlehen und einige Beamtenposten schnell erblich werden, ist der Keim zu einer späteren feudalistischen Entwicklung gelegt.

708 Unter Kaiserin Gemmei (*661, †722) findet die erste japanische Münzprägung statt.

Nara-Zeit (710–784)

710 Bis zu Beginn der Nara-Zeit hatte Japan keine feste Hauptstadt. Der Regierungssitz eines Tennōs wird jeweils in eine neu gegründete Stadt verlegt. Mit der Gründung der **ersten ständigen Hauptstadt Heijō** (heute Nara) beginnt eine Blütezeit der Literatur, Architektur, Plastik und Malerei, die Nara-Zeit. Das älteste japanische Geschichtswerk *Kojiki* (»Bericht über das Altertum«) versucht, durch eine Systematisierung überlieferter Mythen und Göttergenealogien des Shintō-Kults den Suprematsanspruch des Kaiserhauses zu legitimieren. Die Gründung des Yamato-Reichs durch einen Enkel der Sonnengöttin Amaterasu wird auf das Jahr 660 v. Chr. zurückdatiert.

720 Im *Nihongi* (»Bericht über Japan«), der ersten offiziellen »Reichsgeschichte«, die sich in Stil und Aufbau an chinesische Kaiserannalen anlehnt, wird die Vergangenheit des Kaiserhauses und der wichtigsten konkurrierenden Sippen neu interpretiert.

760 Das *Manyōshū* (»Sammlung von zehntausend Blättern«), die erste Anthologie japanischer Dichtung, enthält über 4000 Gedichte. Die Bautätigkeit in der Hauptstadt wird durch großzügige Stiftungen an buddhistische Klöster gefördert, die so zu beachtlichem Wohlstand und politischer Macht gelangen. Die größeren Klöster unterhalten eigene stehende Heere und geraten in Rivalität mit dem Kaiserhof.

781–806 In der Regierungszeit des Kaisers Kammu (*737, † 806) werden Schulen für den Hofadel gegründet, es gibt erste Ansätze zu einer Reform der Landwirtschaft und die Kolonisierung Nordjapans hält an. Zugleich steigen die Schulden der Bauern an Lokalaristokratie und buddhistische Klöster, deren Macht ständig zunimmt.

784 Kaiser Kammu beginnt, nachdem er, um dem politischen Einfluss der großen Klöster in Nara zu entgehen, die Hauptstadt zunächst nach Nagaoka verlegt hat, mit dem **Bau der neuen Hauptstadt Heian**, dem heutigen Kyōto.

Heian-Zeit (794–1185)

Die nach der neuen Hauptstadt benannte Heian-Zeit ist politisch gesehen die Zeit des Aufstiegs der Sippe der Fujiwara zu nahezu unumschränkter Macht. Grundlage der Fujiwara-Verwaltung ist der erbliche Anspruch des Sippenoberhaupts auf den Titel eines Regenten für den – meist unmündigen – Kaiser sowie das ausschließliche Recht der Sippe, die Hauptfrau des nur noch nominell herrschenden Tennōs zu stellen. Durch die Konzentration von steuerfreiem, also vom Kaiserhaus ökonomisch unabhängigem Landbesitz in den neu erschlossenen Gebieten der äußeren Provinzen sowie die Stärkung des Militärs in den Grenzmarken, bildet sich in Rivalität zum Hof- und Beamtenadel (*kuge*) ein neuer Kriegeradel *(buke)*. Die mächtigsten Clans dieses neuen Adels sind die Taira und die Minamoto, beide aus Seitenlinien des Kaiserhauses hervorgegangen.

Zugleich ist die Heian-Zeit die Blütezeit einer eigenständig japanischen, sich vom chinesischen Vorbild lösenden Kultur, die insbesondere in der Architektur, der Malerei und der Literatur wirksam wird. Durch die Verwendung einer neu entwickelten Silbenschrift neben der umständlichen und schwer zu erlernenden chinesischen Schrift werden der japanischen Literatur neue Kreise, v. a. unter den Hofdamen am kaiserlichen Hof, erschlossen. Herausragende literarische Werke sind etwa die in kaiserlichem Auftrag entstandene Gedichtsammlung *Kokinshū* (»Sammlung der Gedichte aus alter und neuer Zeit«), das *Tosa nikki* (»Tagebuch aus Tosa«) des Ki no Tsurayuki (†946), der Roman *Genji monogatari* (»Geschichte des Prinzen Genji«) von Murasaki Shikibu (*um 978, †um 1016), das *Kagerō nikki* (»Tagebuch einer Eintagsfliege«), dessen Verfasserin nur unter dem Namen Mutter des Fujiwara Michitsuna (†995) bekannt ist, und das *Makura no sōshi* (»Kopfkissenbuch«, 1001–1010) der Hofdame Sei Shōnagon.

794 Heian wird kaiserlicher Regierungssitz.

858 Nach dem Tode des Kaisers Montoku (*827) folgt diesem sein Sohn Seiwa (*850, †880; bis 876) auf den Thron. Dessen Großvater Fujiwara Yoshifusa (*807, †872) übernimmt die Regentschaft. Damit geht die Regentschaft für einen unmündigen Kaiser erstmalig an einen Angehörigen des Hochadels über, der selbst nicht Mitglied des kaiserlichen Clans ist.

864 Trotz der eingetretenen Mündigkeit des Kaisers behält Yoshifusa das Amt des Regenten bei.

872 Nach dem Tod Yoshifusas wird Fujiwara Mototsune (*836, †891) Oberhaupt der Sippe und übernimmt die Regentschaft für den unmündigen Kaiser Yōzei (*869, †949; 876–884).

880 Mototsune legt sich den Titel eines Regenten auf Lebenszeit (*kampaku*) zu.

995–1027 Den Gipfel ihrer Macht erreichen die Fujiwara unter **Fujiwara Michinaga** (*966, †1028), der nach über dreißigjähriger politischer Tätigkeit vier Kaiser unter seine Schwiegersöhne und drei Kaiser unter seine Enkel zählen kann. Eine Unterstützung gegen die Übermacht des Fujiwara-Clans und des Hofadels findet das Kaiserhaus in der Institution der Ex-Kaiser, die nach ihrer Abdankung und dem Eintritt in ein buddhistisches Kloster eine vom Amt des Kaisers abgelöste eigene Machtbasis aufbauen können.

1087 Als erster Kaiser dankt Kaiser Shirakawa (*1053, †1129;1073–1087) zugunsten seines Sohnes Horikawa (*1079, †1107) ab, um unabhängig vom Hofadel Familien- und Verwaltungsangelegenheiten des Kaiserhauses regeln zu können. In der späten Heian-Zeit gelingt es den Ex-Kaisern häufig, sich mit dem emporstrebenden Kriegeradel der Provinzen gegen den Hofadel der Hauptstadt zu verbünden.

1156 Als im **Hōgen-Aufstand** der Konflikt zwischen dem regierenden Kaiser Go-Shirakawa (*1127, †1192; 1155–1158) und dem Ex-Kaiser Sutoku (*1119, †1164; 1123–1142) mit Waffengewalt ausgetragen wird, erringt Taira Kiyomori (*1118, †1181) im Auftrag von Go-Shirakawa den Sieg über die mit Sutoku verbündeten Minamoto.

1160 Eine Verschwörung der verbliebenen Kräfte der Minamoto scheitert und Taira Kiyomori beginnt die Vormachtstellung seiner Sippe durch die Ansammlung von Lehen, die Übernahme hoher Regierungsämter und Einheirat in die kaiserliche Familie auszubauen. Damit wird er zum ersten Vertreter des Militäradels der Provinzen in der Zentralregierung, der bis dahin dem Hofadel vorbehaltene Positionen übernehmen kann.

1180 Als Taira Kiyomori seinen zweijährigen Enkel Antoku zum Kaiser krönen lässt, mündet ein erneuter Aufstand des Kriegeradels unter Führung eines kaiserlichen Prinzen und des Minamoto Yoritomo (*1147, †1199) in den fünf Jahre währenden **Gempei-Krieg** zwischen den Sippen Minamoto und Taira.

1185, 25. April In der Seeschlacht von Dannoura (nahe Shimonoseki) schlägt Minamoto Yoshitsune (*1159, †1189) das Heer der Taira vernichtend. Der Kaiser ertrinkt während der Schlacht, die Anführer der Taira-Sippe werden von den siegreichen Minamoto hingerichtet.

Minamoto Yoritomo, der Gründer des Kamakura-Shōgunats, durchbricht das Muster, nach dem die jeweils siegreichen Sippenoberhäupter ihre Siege durch die Übernahme hoher Hofämter legitimierten. Stattdessen errichtet er unter dem militärischen Titel eines Shōguns außerhalb der Hauptstadt in Kamakura die sog. Zeltlagerregierung *(bakufu)*, ein vom Verwaltungsapparat des Hofes getrenntes militärisches Hauptquartier, von dem aus er die tatsächliche Regierung über Japan ausübt, während dem kaiserlichen Hofadel in der Hauptstadt wie dem Kaiser selbst zwar ihre traditionellen Titel und Ehren, aber kaum eigentliche politische Macht verbleiben.

Kamakura-Zeit (1185–1338)

Im Laufe der Bürgerkriege des 11. Jh.s haben die Lehnsherren der äußeren Provinzen einen Teil der ihnen unterworfenen Bauern bewaffnet, sodass der neue erbliche **Kriegerstand der Samurai entsteht**, deren Loyalität ausschließlich ihrem Lehnsherrn und nicht dem Hof gehört. Mit dem Machtzuwachs der Sippe der Minamoto nach ihrem Sieg über die Taira stellen sich zahlreiche Mitglieder dieser neuen Kriegerschicht unter den Schutz der Sieger. Es entsteht ein kompliziertes System von Lehen und Afterlehen, dessen innerer Aufbau zugleich durch die weitgehende Unabhängigkeit des Kriegeradels in den Nord- und Ostmarken und von der Zentralregierung in den Kernprovinzen bestimmt ist. Mit dem Übergang der politischen Macht vom Hofadel zum Kriegeradel beginnt die **Feudalzeit Japans**.

1192 Minamoto Yoritomo nimmt den – früher der Sippe der Minamoto vorbehaltenen – Titel eines Kronfeldherren (**Shōgun**) an, unter dem er und seine Nachfolger von jetzt an als Stellvertreter des Kaisers die politische Macht ausüben.

1198 In einer Reihe von Feldzügen im Norden Japans gelingt es Minamoto Yoritomo, die Macht der Fujiwara zu brechen.

1199 Nach dem Tode Yoritomos wird sein Sohn Yoriie (*1182, †1204) Oberhaupt des Minamoto-Clans. Als er 1202 seinem Vater im Amt des Shōguns folgt, ernennt die Familie seiner Mutter Hōjō Masako (*1156, †1225) einen Staatsrat, an dessen Spitze ihr Vater, Hōjō Tokimasa (*1138, †1215), steht.

1203 Nach einem erfolglosen Aufstandsversuch Yoriies gegen die Vorherrschaft der Hōjō setzt Tokimasa ihn ab und lässt ihn später ermorden. Tokimasa lässt Yoriies elfjährigen jüngeren Bruder Sanetomo (*1192, †1219) zum Shōgun ernennen und nimmt selbst den Titel eines Regenten (*shikken*) an.

1219 Mit dem Tod Sanetomos stirbt die Familie Minamoto in der Hauptlinie aus. Das Amt des Regenten für den Shōgun wird in der Familie Hōjō erblich.
Es entsteht eine Regierung nach dem Prinzip der dreifachen Stellvertretung: Ein Regent aus dem Hause Hōjō übt die Macht für einen Schatten-Shōgun aus der Familie Fujiwara oder dem Kaiserhaus aus, der selbst als Stellvertreter des Kaisers gilt. Der Kaiser als Nachkomme und Hohepriester der Shintō-Gottheit Amaterasu ist über die Ausübung weltlicher Macht erhaben und greift nicht in die Staatsgeschäfte ein.

1232 Im **Jōei-Kodex** fixiert das Shōgunat die Rechte und Pflichten seiner Vasallen. Damit entsteht das erste schriftliche Dokument zum Feudalrecht des Kriegerstandes.

1268–1284 In der Amtszeit des achten Regenten (*shikken*) Hōjō Tokimune (*1138, †1215) wird Japan von den Expansionsplänen des mongolischen Weltreichs bedroht. Durch die Tätigkeit japanischer Seeräuber vor der koreanischen Küste herausgefordert, verlangt Khubilai Khan die Unterwerfung Japans, die Tokimune zurückweist. Dem von ihm mobilisierten Heer der Samurai von Kyūshū gelingt es, zwei Landungsversuche der mongolischen Flotte in den Jahren 1274 und 1281 zurückzuschlagen. In beiden Fällen kommt den Verteidigern ein plötzlich einsetzender Sturm, der »Götterwind« (*kamikaze*), zu Hilfe, der der Invasionsflotte schwere Schäden zufügt.

1318–1339 Die Spannungen zwischen Kaiserhof und Shōgunat verschärfen sich mit den Restaurationsversuchen des Kaisers Go-Daigo (*1288, †1339), der versucht, die unmittelbare kaiserliche Herrschaft wieder herzustellen.

1333 Ein ehemaliger Lehnsmann der Familie Hōjō, Ashikaga Takauji (*1305, †1358), der auf die kaiserliche Seite übergelaufen ist, erobert Kamakura und zwingt den letzten Hōjō-Regenten, Hōjō Takatoki (*1303, †1333), zum Selbstmord.

1334–1336 In der **Kemmu-Restauration** versucht Go-Daigo das Prinzip der unmittelbaren Herrschaft des Kaisers wieder einzuführen.

1338 Daraufhin lehnt sich sein bisheriger Unterstützer Ashikaga Takauji gegen den Kaiser auf, setzt ihn ab und lässt sich von dem neu eingesetzten Kaiser Kōmyō (*1322, †1380; 1336–1348) selbst zum Shōgun ernennen. Da aber Go-Daigo die Absetzung nicht anerkennt und unter Mitnahme der Kroninsignien nach Yoshino in der Provinz Yamato flieht, kommt es zur **Spaltung in eine nördliche, weiterhin in Kyōto residierende, und eine südliche, in Yoshino beheimatete kaiserliche Dynastie**, die erst nach über sechzig Jahren durch eine Kompromissformel aufgehoben werden kann.

Muromachi-Zeit (1338–1573)

In der nach dem Stammsitz der Familie Ashikaga in Kyōto benannten Muromachi-Zeit sind Kaiserhof und Regierungssitz des Shōgunats in einer Stadt vereint.

1392 Unter der energischen Herrschaft des dritten Ashikaga-Shōguns Yoshimitsu (*1358, †1408; 1368–1394) wird eine Kompromissformel für den Erbfolgestreit im Kaiserhaus ausgearbeitet, demzufolge der Vertreter des nördlichen Kaiserhauses Go-Komatsu (*1377, †1433; 1382–1412) von beiden Seiten als legitimer Herrscher anerkannt wird. Die Herrschaft soll in Zukunft, wie schon zur Zeit Kaiser Go-Daigos, zwischen beiden Linien wechseln. Dieses Versprechen wird ab nicht eingehalten, und die südliche Linie verschwindet aus der Geschichte.

1441 Nach dem Tode des sechsten Ashikaga-Shōguns Yoshinori (*1394; 1429–1441) lässt die Kontrolle des Shōgunats über seine Gefolgsleute und Militärgouverneure in den mittleren und westlichen Provinzen allmählich nach, bis sich die tatsächliche Machtsphäre des Shōgunats nur noch über die unmittelbare Umgebung der Hauptstadt Kyōto erstreckt.

1467–1477 Mit dem Ōnin-Krieg greifen die Streitigkeiten unter den Machthabern der Außenprovinzen auf die Hauptstadt über, die nahezu vollständig zerstört wird. Damit geht die Machtbalance zwischen dem Muromachi-Shōgunat und seinen militärischen Machthabern in den westlichen und mittleren Provinzen, wie sie gegen Ende des 14. Jh.s etabliert worden war, verloren. Der Ōnin-Krieg leitet eine nahezu hundertjährige Bürgerkriegszeit ein, die in der japanischen Geschichtsschreibung als **Sengoku-Periode** oder »Zeit der streitenden Reiche« bekannt ist und bis 1568 andauert.

1543 Mit der Landung portugiesischer Kaufleute im Süden des Landes kommt es zur Einführung von Feuerwaffen, die in den folgenden Bürgerkriegswirren sporadisch eingesetzt werden.

1549, 15. Aug. Landung des Jesuitenmissionars Francisco de Xavier (*1506, †1552) und **Beginn der christlichen Mission in Japan**, die v. a. bei den Feudalherren der Südprovinzen beachtliche Erfolge erzielen kann.

1568 Oda Nobunaga (*1534, †1582), Lehnsherr von Owari, der das Christentum fördert, um ein Gegengewicht gegen die Machtansprüche der buddhistischen Klöster zu schaffen, erobert die Hauptstadt Kyōto. Dort setzt er Ashikaga Yoshiaki (*1537, †1597), den letzten seines Geschlechts, als Shōgun ein. Doch bald kommt es zu Machtkämpfen zwischen Nobunaga und Yoshiaki.

1571 Nobunaga lässt die Klöster auf dem Berg Hiei zwischen Kyōto und Shiga niederbrennen und vernichtet die Mönchsarmeen.

1573 Die Streitigkeiten zwischen Nobunaga und Yoshiaki eskalieren. Nobunaga brennt größere Teile von Kyōto nieder, um Yoshiaki einzuschüchtern. Als sich der Shōgun in die Festung Makinoshima im Süden der Stadt zurückzieht, erobert Nobunaga auch diese und erzwingt die **Abdankung des letzten Ashikaga-Shōguns**. In der folgenden Zwischenzeit der Reichseinigung bleibt das Amt des Shōguns vakant.

Zwischenperiode der Reichseinigung (1573–1603)

1576–1579 Oda Nobunaga erbaut die Burg von Azuchi am Biwa-See, die erste japanische Burg, die gegen Feuerwaffen befestigt ist.

1582 Nach dem Tode Nobunagas setzt sein Feldherr Toyotomi Hideyoshi (*1536, †1598) die Versuche zur Wiedervereinigung des Kaiserreichs fort. Der Kaiser verleiht ihm 1584 die Titel eines kaiserlichen Regenten (*kampaku*) und Großministers (*daijō daijin*).

1585–1589 Die von Hideyoshi veranlasste Landvermessung und die mit ihr verbundene Bodenreform bringen eine landwirtschaftliche Ertragssteigerung mit sich und erhöhen das Steueraufkommen. Zugleich wird die Ständeordnung durch strenge Unterscheidung zwischen waffenfähigen Samurai und den nicht waffenfähigen Ständen der Bauern, Handwerker und Kaufleute neu kodifiziert.

1592/1593 Ein von Hideyoshi geplanter Feldzug gegen China scheitert am Widerstand Koreas, das den japanischen Truppen den Durchmarsch verweigert.

1593 Eine japanische Armee von 200 000 Mann Stärke besetzt Korea, wird aber von den Chinesen zum Rückzug an die Südküste gezwungen.
Mit der Ankunft spanischer Franziskanermissionare, die bald in Streit mit den portugiesischen Jesuiten geraten, verschlechtert sich die Lage der einheimischen Christen.

1596 Als der Kapitän eines gestrandeten spanischen Schiffes versucht, die japanischen Behörden mit dem Hinweis auf die Macht des Königs von Spanien einzuschüchtern und die Missionare als dessen Vortruppen bezeichnet, kommt es zu **ersten Christenverfolgungen**.

1598 Ein zweiter Feldzug gegen Korea wird beim Tode Hideyoshis ergebnislos abgebrochen.

1600 Als Nachfolger Toyotomi Hideyoshis vollendet dessen mächtigster Verbündeter Tokugawa Ieyasu (*1542, †1616) das Werk der **Einigung Japans**, als er seine letzten Rivalen in der Schlacht von Sekigahara am Biwa-See besiegt. | Forts. S. 1218 |

Südostasien

Südostasien, die heutigen Staaten Birma, Thailand, Laos, Vietnam, Kambodscha, Singapur, Malaysia, Indonesien, die Philippinen, Osttimor und das Sultanat Brunei, bildet einen ethnisch und kulturell, historisch und politisch vielgestaltigen Raum. Menschliche Überreste sind seit dem Mittelpleistozän fassbar: Das Altpaläolithikum ist durch den *Homo erectus* (Java) bzw. durch Steinwerkzeuge (*Chopping tools* und Faustkeile der Acheuléen-Art) vertreten. Im Jungpaläolithikum wird von Neuguinea über eine durch Absinken des Meeresspiegels entstandene Landbrücke Australien besiedelt. Schon in die Übergangszeit zum Neolithikum gehören menschliche Skelettreste (Wadjak, Mitteljava) und Kulturerzeugnisse aus Java sowie die Hoa-Binhian-Kultur (Abschlagbeile – der Namen gebende Fundort liegt westlich von Hanoi). Wohl erst im 3. Jt. wird Südostasien von der Neolithisierung (Ausbreitung von Landwirtschaft und voller Sesshaftigkeit) erfasst: Der frühneolithischen Bacson-Kultur folgt die Dong-khoi-Kultur (beide Nordvietnam), auf der Halbinsel Malakka entstehen neolithische Kulturen mit reich ausgebildeter Töpferei. Neolithische Kulturerscheinungen sind auch in Indonesien festzustellen, das in dieser Zeit von den weddiden und palämongoliden *Homo-sapiens*-Gruppen besiedelt wird, auf welche die heutige Bevölkerung Indonesiens in ihrer überwiegenden Mehrzahl zurückgeht.

Erst um 500 v. Chr. löst in Südostasien die Bronzezeit das Neolithikum ab (Fundplätze Samrongsen in Kambodscha, Sa-huynh [Urnengräber mit Körperbestattung] und Oc-eo in Südvietnam). Der Übergang von der Bronze- zur Eisenzeit erfasst die Dongson-Kultur (nach dem Fundort in Nordvietnam; 2. Hälfte 1. Jh. v. Chr. – 1. Jh.

n. Chr.; Bronzewaffen und Bronzetrommeln), die südchinesische und sogar europäische Einflüsse verarbeitet, weite Teile des östlichen Südostasiens und strahlt bis nach Indonesien aus, das aber bald unter wachsende kulturelle Einwirkungen aus Indien gerät.

In den Jahrhunderten nach der Zeitenwende verbreiten indische Händler, Mönche und Priester ihre Kultur über weite Gebiete Südostasiens. Das Königreich Funan im Mekong-Delta, dessen Macht bis an die Straße von Malakka reicht und das etwa von 150 v. Chr. bis zum 6. Jh. n. Chr. rege wirtschaftliche und politische Beziehungen mit Indien und China unterhält, entwickelt sich zum südostasiatischen Zentrum des Hinduismus und Buddhismus. Das Reich von Funan endet in der zweiten Hälfte des 6. Jh.s mit der Rebellion des Vasallen Bhavavarman von Chen-la, der das Khmer-Königtum begründet. Das Herrscherhaus von Funan existiert wahrscheinlich in der javanischen Shailendra-Dynastie weiter.

Der Untergang Funans begünstigt den Aufstieg des Reiches Srivijaya auf Sumatra, das nun die Kontrolle über den meistbefahrenen Seeweg der Region, die Malakkastraße, übernehmen kann. Zwischen Java, Sumatra, Chen-la und Champa, einem Königreich an der Küste nördlich des Mekong-Deltas, bestehen enge Verbindungen. Die Herrscher legitimieren ihre Macht durch den Bau von Tempelanlagen und Palästen nach indischen Vorbildern. Architektur und Bildhauerei überwinden dabei sehr bald das Stadium der bloßen Nachahmung und entfalten eine Fülle lokaler Stilarten. Während im Reich der Shailendra und in Srivijaya der Buddhismus dominiert, steht in Chen-la und Champa der Shiva-Kult im Mittelpunkt des religiösen Lebens. Überall aber vermischen sich die beiden Glaubensrichtungen und integrieren magische und animistische Vorstellungen ihres Einflussgebiets. Die Herrscher beschäftigen aus Indien eingewanderte Brahmanen als Ratgeber in Fragen der Staatsorganisation und des Zeremoniells. Der König wird als Inkarnation einer Gottheit oder als künftiger Buddha beschrieben, sein Reich als Mittelpunkt der Welt dargestellt. Zur Verherrlichung des Gottkönigtums entstehen gewaltige Bauwerke: sakrale Monumente wie der Borobudur und Städte wie Angkor. Der Borobudur, ein terrassenförmig angelegter Stupa (Reliquienhügel) mit Reliefs und Buddha-Statuen, entsteht im 9. Jh. im Auftrag der Shailendra in Zentraljava. Die Khmer-Könige, beginnend mit Jayavarman II. (802–849), schaffen in der Region Angkor Tempelkomplexe wie Angkor Wat (12. Jh.) und die Hauptstadt Angkor Thom (Ende 12. Jh.) mit dem Staatstempel Bayon von König Jayavarman VII. (†nach 1206) im Zentrum.

Eine Ausnahmestellung unter den südostasiatischen Staaten kommt Vietnam zu, das sich zwar auch zum Buddhismus bekennt, jedoch über Jahrhunderte unter chinesischer Herrschaft (111 v. Chr.–939 n. Chr.) steht und konfuzianische und taoistische Einflüsse aufnimmt. Die Ly-Dynastie (1009–1225) zentralisiert das Staatswesen nach chinesischem Muster und beginnt unter Ly-Thanh-Tong (*1023, †1072; 1054–1072), der sich Kaiser von Dai-Viet nennt, mit der schrittweisen Annexion des Nachbarstaates Champa.

Im 9. und 10. Jh. wandern die Birmanen aus den nordöstlichen Randgebieten von Tibet und die Thai aus Yunnan in ihre heutigen Siedlungsgebiete ein. Sie treffen hier auf das Volk der Mon, das sich im Laufe der Zeit weitgehend assimiliert. Das Vorbild der hochentwickelten, indisierten Mon-Gesellschaft prägt die Kultur der Birmanen und Thai dauerhaft.

1044–1077 König Anawrahta (†1077) gründet das erste birmesische Reich. Er unterwirft den Mon-König von Thaton (1057) und erobert das Irawaddy-Delta. Aus den besiegten Gebieten holt er sich Baumeister und Handwerker für die Errichtung der Hauptstadt Pagan.

1238 Sukhothai löst sich vom Khmer-Reich. Dieses Reich gilt als Ursprung des heutigen Thailand, v. a. weil König Ramkhamhaeng (*um 1239, †1317; 1277–1317) die Thai-Sprache initiiert haben soll und große territoriale Zugewinne macht. Auf seinem Höhepunkt erstreckt sich das Reich von Martaban in Birma und Luang Prabang in Laos bis zur malaiischen Halbinsel. Sukhothai besteht bis 1438.

1273 Die Könige von Pagan behaupten eine machtvolle Stellung, bis Narathihapate (†1287) sich weigert, an das von Mongolen beherrschte China Tribut zu entrichten und eine Gesandtschaft des Khans Khublai (1260–1294) hinrichten lässt.

1350 U Thong (*1314, †1369) gründet im Delta des Chao Phraya das Königreich Ayutthaya. Er nennt sich Ramathibodi, dringt nach Kambodscha vor, nimmt Angkor ein und bringt Sukhothai in seine Abhängigkeit. Ramathibodi führt den Theravada-Buddhismus als Staatsreligion und, nach Beispiel des indischen Dharmasastra, eine Rechtskodifizierung ein. Nach einer weiteren territorialen Expansion werden – mit Ausnahme des Nordens – die Grenzen des heutigen Thailands erreicht.

1353 Fa Ngoum (*1316, †1394) vereinigt die Laofürstentümer zum Königreich Lan Xang mit der Hauptstadt Luang Prabang (bis 1563, dann Viang Chan [Vientiane]) und wird bis 1373 dessen erster König.

1414 Arabische, persische und indische Händler bekehren die Malaien zum Islam. Auf der Malaiischen Halbinsel nimmt der Herrscher von Malakka unter dem Namen Megat Iskandar Shah (†1424) den Islam an. Malakka entwickelt sich zur ersten islamischen Großmacht des Malaiischen Archipels. Es tritt an die Stelle des Hindu-Königreich Majapahit auf Java, das im 15. Jh. zerfällt. Der Islam verbreitet sich in dieser Zeit über die ganze Inselwelt bis zu den südlichen Philippinen und überlagert den Buddhismus in Insel-Südostasien. Der Hinduismus kann sich nur auf den benachbarten Sundainseln Bali und Lombok halten.

1432 Nach wiederholten Plünderungen durch Thais wird Angkor Wat aufgegeben und 1434 Phnom Penh Hauptstadt der Khmer.

ca. 1527 Eroberung des hindu-buddhistischen Staates Majapahit durch Demak, den mächtigsten islamischen Staat an der Nordküste Javas. Damit wird die Dominanz der nördlichen Küste (Pasisir) auf Java gefestigt. | Forts. S. 1223 |

NEUZEIT ETWA 1500 BIS 1945

Als Neuzeit wird die Geschichte Europas seit etwa 1500 bezeichnet. Die Geschichtswissenschaft untergliedert diese Epoche in der Regel in zwei Phasen: in die Neuere Geschichte oder Frühe Neuzeit, die um 1500 beginnt und um 1800 endet, und in die Neueste Geschichte, die um 1800 beginnt, bis zum heutigen Tag währt und sich ihrerseits nochmals in mehrere Phasen einteilen lässt. Solche Periodisierungen stützen sich zwar auf das Geschichtsbild der Zeitgenossen und müssen wissenschaftlichen Erwägungen standhalten. Sie ergeben sich aber nicht zwingend aus der Geschichte selbst. Epocheneinteilungen sind immer Theorien, Konstruktionen, die bestimmte Vorstellungen transportieren, aber auch anders aussehen könnten, oft kontrovers diskutiert werden und sich im Lauf der Zeit auch ändern. Zu beachten ist überdies, dass Periodisierungen in der Regel nur für einen bestimmten geografischen Raum gelten.

Allgemein durchgesetzt hat sich die grundlegende Einteilung der Geschichte in Altertum, Mittelalter und Neuzeit und die damit verbundene Vorstellung vom Beginn der Neuzeit um 1500. Sie geht zurück auf die Humanisten, die zwischen der als Ideal verehrten Antike und deren Wiedergeburt in der Renaissance eine Zwischenphase sehen, in der die antiken Schriften zwar überliefert, aber oft auch verändert, »verdunkelt« wurden. Indem sie zu den reinen Texten der Antike zurückkehren, grenzen sie sich von diesem mittleren oder Mittelalter mit seinem verwässerten Latein ab: Mit dem Humanismus beginnt eine neue Zeit. Von dieser zunächst rein philologischen, auf die Entwicklung der Sprache bezogenen Einteilung ausgehend, setzt sich die Vorstellung, um 1500 habe eine neue Zeit begonnen, bald durch. Ende des 17. Jh.s etabliert sich die Aufteilung der Weltgeschichte in drei große Epochen auch im Schulbetrieb: Der damalige Gymnasialdirektor und spätere Geschichtsprofessor CHRISTOPH CELLARIUS (*1638, †1707) schreibt in einem Lehrbuch von 1685: »Historia universalis, in antiquam, medii aevi novam divisa« – »die Weltgeschichte gliedert sich in die alte, die mittlere und die neue Geschichte«.

CELLARIUS selbst sieht die Epochengrenze in der Eroberung von Konstantinopel durch die Osmanen 1453, die das Ende des auf spätantiker Grundlage aufbauenden Byzantinischen Reichs bedeutet, einen Meilenstein der osmanischen Expansion nach Westen darstellt und mit der Abwanderung christlicher Gelehrter einen Wissenstransfer auslöst, der dem Humanismus starke Impulse verleiht. Die Humanisten betonen neben ihrer eigenen Wiederentdeckung der antiken Schriftsteller die geografischen Entdeckungen mit dem Symboldatum 1492 – Entdeckung einer »Neuen Welt« durch CHRISTOPH KOLUMBUS – und die technischen Erfindungen, von denen die Entwicklung des Buchdrucks mit beweglichen Lettern um 1450 die folgenreichste ist. In der protestantischen Tradition stellt die Reformation zwar die Rückkehr zur wahren Kirche, aber doch eine einschneidende Zäsur im Geschichtsbild dar. Bis ins 19. Jh. sollte sich daraus die Vorstellung entwickeln, der Beginn der Neuzeit lasse sich auf das Jahr 1517 (Veröffentlichung von LUTHERS 95 Thesen als Beginn der Reformation) datieren.

Heute geht die historische Forschung von einer breiten Phase des Übergangs aus, in der sich die Phänomene und Prozesse, für die einzelnen Daten wie 1453, 1492 oder 1517 symbolisch stehen, überlagern und wechselseitig beeinflussen. Der Beginn der Neuzeit wird zwischen 1450 und 1550 gesehen, die Jahreszahl 1500 ist nicht als exakte Datierung, sondern als pragmatisches Kürzel für eine längere Phase der Epochenwende zu verstehen.

Dies gilt auch für die Epochengrenze zwischen Früher Neuzeit und Neuester Geschichte um 1800. Angesichts der massiven Neuerungen, die mit den politischen Revolutionen in Amerika und Frankreich und der zu dieser Zeit einsetzenden Industriellen Revolution einhergehen, verändern sich Geschichtsbild und Zeitbewusstsein der Zeitgenossen. Die Geschichte wird nicht mehr als Sammlung zeitloser Exempel begriffen, als Wiederkehr des stets Gleichen und Bekannten, sondern als ein in die Zukunft offener Prozess. Und weil in schneller Folge so vieles geschieht, entsteht der Eindruck einer beschleunigten Entwicklung. Da diese Entwicklung etwas Neues, anderes mit sich zu bringen scheint als das, was man bisher als Neuzeit kannte, kann auch dieser Begriff nicht mehr für die eigene Gegenwart passen. Spätestens mit der Französischen Revolution ist in der Sicht der Zeitgenossen eine neue Epoche angebrochen: die neueste Geschichte, die eigentliche Moderne. Zum Signum der Moderne werden industrielle Wirtschaftsweise, soziale Gliederung in Klassen und politische Partizipation der Massen. Und da man den Beginn dieser Entwicklungen in der Zeit um 1800 sieht, werden die Jahrhunderte vor dieser eigentlichen Modernisierungsschwelle immer fremder. Die Epochengrenze um 1500 gilt zwar noch immer als Beginn der Neuzeit. Aber erst um 1800 ist die Neuzeit wirklich neu geworden. Die drei Jahrhunderte zwischen 1500 und 1800 gelten seitdem als eine Art Vorphase der Neuzeit, als frühe Neuzeit. Einzelne Jahreszahlen wie 1789 für die Französische Revolution oder 1800 als runder Mittelwert dienen auch beim Übergang zur eigentlichen Moderne, zur Neuesten Geschichte, nur als Kürzel. Sie stehen für eine längere Phase der Epochenwende, die von 1750 bis 1850 datiert, auch als »Sattelzeit« (Reinhart Koselleck) bezeichnet wird und das Ende der alteuropäischen Ordnung bedeutet. Dass diese alteuropäische Ordnung schon im Mittelalter entsteht, lässt einige Historiker die Zeit von etwa 1200 bis 1800 zu einer Epoche zusammenfassen und von »Alteuropa« oder der Vormoderne sprechen.

Auch nach 1800 beschleunigt sich die Entwicklung weiter. Die damit verbundenen, immer schneller aufeinander folgenden Brüche führen dazu, dass innerhalb der Neuesten Geschichte wiederum verschiedene Phasen als eine Art inhaltlich durch die gleichen Problemlagen verbundenen Sinneinheiten unterschieden werden, so zunächst das »lange 19. Jh.« (1789–1914) und dann das »Zeitalter der Weltkriege« (1914–1945). Unter dem Eindruck einer erneuten Epochenwende um 1989 (Ende des Ost-West-Konflikts, ökologische Krise, elektronische Medienrevolution, Ende der Industriegesellschaft) erscheint aber die Zeit von 1914 bis 1989 zunehmend als Einheit, sodass die Jahre von 1914 bis 1989 mittlerweile als das »kurze 20. Jh.« oder auch als das »Zeitalter der Extreme« zusammengefasst werden. Gelegentlich ist auch die Rede von der Postmoderne als Ende des Fortschrittsglaubens, der die Moderne geprägt hat.

Diese Epocheneinteilung ist ein europäisches Phänomen: Sie entsteht in Europa und gilt zunächst nur für Europa. So wie einzelne europäische Länder bei den Epochengrenzen jeweils eigene Akzente setzen, so werden Periodisierungen in verschiedenen Regionen der Welt höchst unterschiedlich vorgenommen. Doch auch wenn die als eurozentrisch kritisierte Einteilung in Neuzeit, Frühe Neuzeit und Neueste Geschichte nur eingeschränkt auf einzelne Länder außerhalb Europas übertragbar ist, markiert sie doch auch globalhistorische Einschnitte. So bedeutet der Beginn der Neuzeit um 1500 mit den Entdeckungen und dem Aufbau der ersten Kolonialreiche in Übersee zugleich den Beginn der Globalisierung, d. h. der zunehmenden Verflechtung zwischen den Kontinenten.

Mit dem Beginn der Sattelzeit um etwa 1750 tritt auch die Globalisierung in eine neue Phase: Zum einen weiten sich die Konflikte zwischen den Mächten Europas zu weltweit geführten Auseinandersetzungen aus. Zum anderen verstärkt sich der Zugriff der europäischen Staaten in den Kolonien. V. a. in Asien beginnt jetzt die eigentliche koloniale Herrschaftsbildung. In der Neuen Welt führen die Globalisierung der Konflikte und die damit verbundenen erhöhten Herrschaftsansprüche der Mutterländer hingegen zu Spannungen mit den Kolonien. Mit den ersten Dekolonisationen um 1800 beginnt auch in globalhistorischer Hinsicht eine neue Phase.

Internationale Entwicklungen und Ereignisse

Frühe Neuzeit (1500–1800)

Die Frühe Neuzeit gilt als Phase zwischen zwei Modernitätsschwellen, zwischen dem Beginn der Neuzeit um 1500 und dem Eintritt in die eigentliche Moderne um 1800. Sie ist eine Zeit des Nicht-Mehr und Noch-Nicht: nicht mehr Mittelalter, aber noch nicht neueste Zeit. Charakterisiert wird die Frühe Neuzeit durch ein Nebeneinander von Statik und Dynamik. Ein bislang nicht gekanntes Maß an Dynamik verleihen der Frühen Neuzeit Faktoren, die z. T. den Beginn der Neuzeit markieren, v. a. aber längerfristige Prozesse und Umwälzungen auslösen. So bricht mit der Reformation nicht nur die Vorstellung einer einheitlichen Christenheit auseinander; mit der Ausbildung verschiedener Konfessionen (Luthertum, Katholizismus, Calvinismus) kommt auch ein Prozess in Gang, der als Konfessionalisierung bezeichnet wird und die Untertanen sowohl zu guten Christen ihrer jeweiligen Konfession als auch zu braven Untertanen erzogen haben soll. Dieser mit der Sozialdisziplinierung verwandte Prozess stellt auch eine treibende Kraft für das Wachstum der Staatsgewalt dar. Der frühmoderne Staat erlebt v. a. im 16. und 17. Jh. einen Entwicklungsschub, der sich besonders in einer Ausweitung von Gewaltmonopol, zunehmend professioneller Verwaltungstätigkeit und Finanzhoheit äußert. Damit verbunden ist eine Intensivierung der zwischenstaatlichen Kriege, die nicht nur zur Ausbildung stehender Heere, sondern langfristig auch zur Entwicklung des europäischen Staatensystems mit Gleichgewichtsgedanken und Völkerrecht führt. In ökonomischer Hinsicht äußert sich der Frühkapitalismus mit Kreditwirtschaft und Fernhandel, und auf dem Land kommt es zu einer auch als Protoindustrialisierung bezeichneten Entwicklung ganzer Gewerbelandschaften etwa in der Textilproduktion. Die Entdeckungen führen zur Europäisierung und Christianisierung der Welt. Die europäische Expansion hat aber auch Rückwirkungen auf die Lebensgrundlagen, Konsumgewohnheiten und Denkformen in Europa (z. B. die Einführung neuer Kulturpflanzen wie der Kartoffel). Das Weltbild ändert sich jedoch nicht nur durch die Glaubensspaltung und die Entdeckungen, sondern auch durch die Entwicklung der modernen Naturwissenschaften mit ihrem experimentellen Charakter. Der Durchbruch der kopernikanischen Lehre von der Drehung der Erde um die Sonne ist lediglich ein früher Schritt auf diesem Weg. Als Verbreitungsmedium der neuen Erkenntnisse von zentraler Bedeutung ist der Buchdruck. Seine Entwicklung im späteren 15. Jh. kommt einer Medienrevolution gleich, die in ihrer Tragweite nur mit der Entwicklung der Schrift zu vergleichen ist. Der Buchdruck verhilft nicht nur der Reformation zu ihrer Durchschlagskraft, er führt auch zur Zunahme der Alphabetisierung und ermöglicht schließlich das Entstehen einer neuen Form der Öffentlichkeit.

Neben diesen dynamischen Elementen finden sich ausgesprochen statische Felder, die erst an der zweiten Modernitätsschwelle um 1800 in Bewegung kommen. Zu den sich überlagernden Tendenzen und Entwicklungen, die den Epochenübergang zwischen 1750 und 1850 ausmachen, zählen die Industrielle Revolution als die langfristig wohl folgenreichste Veränderung auch im Blick auf das Konfliktpotenzial der Gesellschaft sowie die politischen Revolutionen, die mit dem Nationalstaat eine neue Bezugsgröße politischen Denkens mit Folgen für die politische Partizipation und Theorie, aber auch für die Art der Kriegführung mit sich bringen. Zu nennen sind überdies das um die Mitte des 18. Jh.s einsetzende rasante Bevölkerungswachstum, das der vergleichsweise statischen vorindustriellen Bevölkerungsweise ein Ende bereitet, sowie der Wandel von der ständischen Gesellschaft zur Klassengesellschaft, der in der Frühen Neuzeit zwar auf vielfältige Weise vorbereitet wird, sich aber erst jetzt voll durchsetzt, oder die fortschreitende Säkularisierung des Denkens, die nun endgültig die Religion zur Privatsache macht. Die Grundzüge der alten europäischen Ordnung, des *Ancien Régime*, lösen sich um 1800 auf.

Europa in der Frühen Neuzeit

Bevölkerungsentwicklung

Um 1500 lebten etwa 84 Mio. Menschen in Europa (einschließlich Russland und dem Balkan; nach Massimo Livi Bacci). Im 16. Jh. folgt eine Wachstumsphase, im kriegerischen 17. Jh. dagegen eine Stagnation, in einigen Regionen sogar ein Rückgang der Bevölkerungszahlen. Erst ab der Mitte des 18. Jh.s ist ein erneuter Wachstumsschub zu beobachten, der von grundlegender Bedeutung für die Sozialgeschichte Europas ist.

Wie sich die Zahl der Bevölkerung eines bestimmten Gebietes entwickelt, hängt ab von den Größen Geburtenrate, Sterberate und Wanderungsbewegungen. Migration spielt bereits in der Frühen Neuzeit eine Rolle. Entscheidend ist jedoch das Verhältnis zwischen Geburtenrate und Sterberate, das in der Frühen Neuzeit wie in (noch) nicht industrialisierten, traditionalen Gesellschaften in anderen Teilen der Welt relativ stabil ist. Diese »vorindustrielle Bevölkerungsweise« ist geprägt von zwei Grundelementen: einer hohen Geburtenrate und einer hohen Sterberate, v. a. einer hohen Kindersterblichkeit. Die Sterbe- oder Mortalitätsrate, d. h. die Zahl der Sterbefälle auf 1000 Einwohner in einem Jahr, liegt bei 25–30 Promille (Deutschland 1992: 11 Promille). Die durchschnittliche Lebenserwartung beträgt 25–35 Jahre (Deutschland 1992: Frauen 79 Jahre, Männer 73 Jahre). Zu berücksichtigen ist aber die enorm hohe Kindersterblichkeit, die erst im 19. Jh. überwunden wird: In der Frühen Neuzeit sterben etwa ein Viertel aller Neugeborenen noch im ersten Jahr, ein weiteres Viertel wird zwar älter, erreicht das Erwachsenenalter aber ebenfalls nicht. Wer seinen 25. Geburtstag erlebt, hat dagegen eine durchschnittliche Lebenserwartung von 55–70 Jahren. Zu differenzieren sind diese Zahlen in regionaler Hinsicht (erhöhte Kindersterblichkeit in Gebieten mit verbreitetem Ammenwesen), im Blick auf die soziale Ungleichheit und zwischen den Geschlechtern (geringere Lebenserwartung von Frauen durch Belastung und Risiko durch Schwangerschaft und Geburt). Die Geburtenrate, d.h. die Zahl der Geburten auf 1000 Einwohner pro Jahr, liegt wie in heutigen Entwicklungsländern bei 30–40 Promille (Deutschland heute: 10 Promille). Pro Ehe ist mit 7 bis 9 Kindern zu rechnen (Deutschland heute: 1,5), von denen nur der geringere Teil überlebt.

Die Entwicklung von Geburten- und Sterberate und damit der Bevölkerung hängt maßgeblich von dem auch Tragfähigkeit genannten Nahrungsspielraum ab, d.h. der Ernährungskapazität eines Raumes. Ein entsprechendes Modell formuliert erstmals Thomas Robert Malthus (*1766, †1834; 1798: »An Essay on the Principle of Population«) und wird in Grundzügen heute noch vertreten: Die Bevölkerungsentwicklung ist ein sich selbst regulierendes (homöostatisches, autoregulatives) System, das sich dem Nahrungsspielraum anpasst: Es reagiert durch soziale Regelungsmechanismen flexibel auf wirtschaftliche Expansionsmöglichkeiten (Heimindustrie, neue Kulturpflanzen, produktivere Anbausysteme) und auf von außen kommende Störungen (Kriege, Epidemien [Ruhr, Typhus, Masern, aber v.a. Pocken – gerade bei Kindern – und Pest], Missernten, Klimaschwankungen). Die soziale Regelgröße, die einen zunehmenden Nahrungsspielraum in eine erhöhte Geburtenrate umsetzt, ist nicht der Tod, der seiner Eigengesetzlichkeit folgt, sondern die Fruchtbarkeit. Diese wird gesteuert durch das »Westeuropäische Heiratsmuster«, das zwischen 1400 und 1600 entsteht und ab 1600 westlich einer Linie Sankt Petersburg–Triest generell nachzuweisen ist. Als Stellgrößen fungieren das Heiratsalter und die Quote derer, die niemals heiraten. Da die Fortpflanzung an die Eheschließung gebunden ist (mit einer Rate unehelich geborener Kinder von etwa 3 %), die Ehe aber nur denen offen steht, die über einen gesellschaftliche Vollerwerbsstelle (eigener Hof, Stelle als Meister einer Zunft) verfügen, sinkt die Zahl der Geburten, wenn solche Stellen schwerer und damit auch später zu erlangen sind: Die Zahl der dauerhaft Ehelosen sowie das durchschnittliche Heiratsalter steigen, die fruchtbare Phase der Frau innerhalb der Ehe wird kürzer, die Geburtenrate geht zurück. Umgekehrt sinken die Zahl der Ledigen und das durchschnittliche Heiratsalter ab, sobald hinreichend tragfähige Erwerbstellen leichter und schneller zu erlangen sind (meist durch Erbe oder Erwerb). Dass in solchen Situationen die Geburtenrate ansteigt, zeigt sich nach demografischen Krisen (Massensterben in Kriegen oder Hungersnöten), die die Chancen der Überlebenden auf eine solche Stelle und damit auf die Ehe erhöhen und durch anschnellende Geburtenraten nach wenigen Jahren wieder ausgeglichen sind. Dieses Modell erklärt auch den beschleunigten Anstieg der Bevölkerungsentwicklung seit etwa 1750. Eine Rolle spielt zwar auch die Verminderung der Sterblichkeit, v.a. der Kindersterblichkeit: Durch das Verschwinden der Pest, eine bessere Seuchenbekämpfung im 18. Jh., die Klimaverbesserung und die damit auch besseren Ernten bleiben Sterblichkeitskrisen aus, die bisher regelmäßig das Bevölkerungswachstum gedrosselt haben. V.a. aber steigt mit der Produktivität der Landwirtschaft (Agrarrevolution mit organisatorischen und technischen Innovationen, Einführung neuer Nutzpflanzen, v.a. der Kartoffel) der Nahrungsspielraum und damit auch die Geburtenrate.

Bevölkerungsentwicklung in Europa 1500–1900

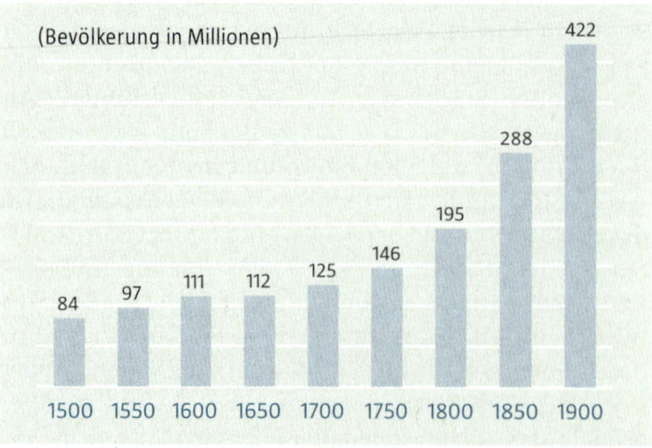

Damit beginnt die demografische Transition, d.h. der Übergang von der vorindustriellen, vormodernen, zur industriellen, modernen Bevölkerungsweise, die in Europa nach Ländern und Regionen unterschiedlich zwischen dem 18. und 20. Jh. erreicht ist. In der Übergangsphase sinkt die Sterblichkeit, die Geburtenrate bleibt aber hoch und die Bevölkerungszahl explodiert (z.B. England: 1721–1871 sinkt die Sterberate von 31,4 auf 21,9 Promille, die Geburtenrate pendelt zwischen 33 und 39,1 Promille, die Bevölkerungszahl steigt von 5,3 auf 21,5 Mio.). Mit dem Absinken der Geburtenrate ist die moderne Bevölkerungsweise erreicht: Einer niedrigen Sterberate steht eine niedrige Geburtenrate gegenüber. Da diese aber noch höher ist als die Sterberate, wächst die Bevölkerung, wenn auch langsam, weiter an. Erst in der in Deutschland im späten 20. Jh. erreichten postmodernen Bevölkerungsweise liegt die Geburtenrate unter der Sterberate, d.h. die Bevölkerungszahl geht zurück. Die um 1750 einsetzende demografische Revolution hat massive Folgen für Wirtschaft (Aufschwung des Gewerbes, Industrielle Revolution), Politik (Unruhen um 1800) und soziale Ordnung (Familie, Geschlechterverhältnisse, ständische Gliederung der Gesellschaft, Aufstieg des Bürgertums). Sie gehört damit zu den wesentlichen Elementen der Sattelzeit.

Landwirtschaft und Agrarkonjunktur

Die Frühe Neuzeit ist in ganz Europa eine agrarisch geprägte Epoche: Etwa 90 % der Menschen leben von der Landwirtschaft. Überall in Europa dominiert der Getreideanbau, finden sich Einsprengsel von Weidewirtschaft (Rind als Hauptfleischquelle, aber auch Zugtiere, Dung). Was darüber hinaus produziert wird, hängt von den geografischen Rahmenbedingungen ab: Im sommertrockenen Mittelmeerraum kommen Wein und Oliven hinzu, im winterkalten Kontinentaleuropa Waldwirtschaft, in England und Kastilien Wollschafzucht, in Nord- und Osteuropa die Zucht von Fleischvieh.

Finden sich in den Bergen und in Viehzuchtlandschaften auch Einzelhofsiedlungen, ist die dominierende Siedlungsform auf dem Land doch das Dorf, meist das Haufendorf: Die den Kern bildenden Höfe und Gärten sind umgeben von parzelliertem Ackerland sowie, in einem dritten Kreis, von der Allmende, d. h. dem gemeinschaftlichen Besitz an Weide und Wald. Die Gemengelage der Parzellen, die Dreifelderwirtschaft mit ihrem jährlichen Wechsel zwischen Winterfrucht, Sommerfrucht und Brache sowie die gemeinsame Nutzung der Allmende machen Absprachen und Verwaltung nötig. Hierzu entstehen Gemeinderäte oder andere Formen bäuerlicher Selbstverwaltung.

Autonom sind Dörfer und Bauern aber keineswegs: Wie im Mittelalter dominiert auch in der Frühen Neuzeit das Feudalsystem (*feudum* = Lehen) oder Lehenswesen. Freie Bauern, denen das Land selbst gehört, sind die Ausnahme; häufig sind es Bergbauern und Viehzüchtern (Alpen, Dithmarschen, Schweden). In der Regel gehört das Land einem Herrn, dem Grundherrn, der meist dem Adel oder Klerus angehört. Dieser Grundherr verfügt über das Obereigentum (*dominium directum*) am Land, überlässt dem Bauern aber das Untereigentum (*dominium utile*), d. h. das Nutzungsrecht am Land. Die Überlassung des Landes erfolgt nach verschiedenen Mustern. So dominiert im Mittelmeerraum die für einen bestimmten Zeitraum abgeschlossene *Mezzadria* oder Halbpacht, bei der der Pächter für Land und partiell auch Gerät und Vieh einen Teil des Ertrags abgeben muss.

Die klassische Form ist jedoch die Grundherrschaft. Sie dominiert in England, Frankreich, in Deutschland westlich der Elbe und in den Niederlanden. Hier ist das meiste Land in der Hand der Bauern und oft auch erblich. Dafür schuldet der Bauer dem Herrn aber Dienste (Frondienste, Herrendienste; von mittelhochdeutsch *vrôn*, Fron: der Herr) und Abgaben. Eine Sonderform der Grundherrschaft ist die Leibeigenschaft: Hier ist der Grundherr zugleich Leibherr, der neben zusätzlichen Abgaben (besonders belastend sind die nach dem Tod des Leibeigenen fälligen Pflichtteile; Todfall, Besthaupt: im Erbfall), auch Rechte an der und über die Person des Bauern beansprucht. So dürfen die Bauern die Scholle nicht verlassen (Schollenbindung), benötigen die Erlaubnis des Grundherrn zur Eheschließung, müssen dem Grundherrn ihre Kinder als Gesinde überlassen (Gesindezwang) und unterliegen z. T. auch dem Züchtigungsrecht des Herrn. Eine weitere, mit der Leibeigenschaft verwandte Sonderform der Grundherrschaft ist die östlich der Elbe (ostelbische Junker) verbreitete Gutsherrschaft: Der Grundherr betreibt Eigenwirtschaft, die rings um sein Gut lebenden Bauern leisten Fron- und Gesindedienste. Sie bestellen damit das Land des Herrn, nicht mehr das eigene. Durch das »Bauernlegen«, d. h. die Umwandlung der Bauernstellen in direkt bewirtschaftetes Gutsland, entsteht die neue, »zweite« Leibeigenschaft des Ostens. Der Abgabendruck auf die Bauern differiert regional und zeitlich. Im Durchschnitt sind die Abgaben aber auf ein Drittel der Roherträge zu beziffern.

Die Produktivität des Anbaus ist bei einem Verhältnis von Saatgut zu Ernte von etwa 1:5 beschränkt, was nur geringe Steigerungsquoten und meist nur Subsistenzwirtschaft, d. h. Anbau zur eigenen Versorgung, zulässt – mit der entsprechenden Krisenanfälligkeit bei nur geringen Rückgängen und der Angst davor als beherrschendem Lebensgefühl. Mögliche Überschüsse werden auf dem Markt verkauft, weswegen Abgaben an die Grundherren teilweise auch als Geldzahlungen geleistet werden. Wegen der ansonsten unverhältnismäßigen Transportkosten werden diese Geschäfte aber meist auf einem regionalen Markt, etwa in einer Stadt im Umkreis von einer Tagesreise, abgewickelt.

Längere Transportwege lohnen sich nur in Ausnahmefällen: beim Handel mit Fleischvieh, das in Nord- und Osteuropa gezüchtet, auf Viehtrieben nach Westeuropa gebracht und dort nachgemästet und verkauft wird, sowie beim Transport großer Getreidemengen auf dem Wasserweg. Die Anbaugebiete liegen auch hier in Osteuropa (Ostelbien, Weichselgebiet, Baltikum). In diesen dünner besiedelten Regionen entstehen riesige Latifundien in Gutsherrschaft, die für den Massenexport nach Westen produzieren. Das Getreide dient der Versorgung Nordwesteuropas, besonders der durch starke Verstädterung und höhere Nachfrage geprägten Niederlande.

Die Konjunkturen auf dem Agrarsektor als Leitsektor der gesamten Wirtschaft sind entscheidend für die Lebensbedingungen in der Frühen Neuzeit. Die Konjunkturentwicklung entspricht in etwa der Bevölkerungsentwicklung: Einem konjunkturellen Aufschwung bis zum frühen 17. Jh. folgt eine Phase der Stagnation und Krise. Erst im 18. Jh. ist wieder ein Aufschwung zu verzeichnen.

Die erste Phase, »das lange 16. Jh.«, ist eine Wachstumsphase vom späten 15. bis zum frühen 17. Jh., verursacht durch das Missverhältnis zwischen dem relativ schnellen Wachstum der Bevölkerung und dem Unvermögen, die Nahrungsmittelproduktion dem neuen Bedarf anzupassen. Da der Agrarertrag deutlich langsamer wächst als die Bevölkerung, kommt es zu einem Preisanstieg für Getreide. Wegen des zunehmenden Angebots an Arbeitskraft sinken gleichzeitig die Löhne: Die Schere zwischen Preisen und Löhnen öffnet sich immer weiter. Die auch als Preisrevolution bezeichnete Inflation des 16. Jh.s vollzieht sich schubweise, ist allgemein spürbar und wird in den Quellen als »Teuerung« vermerkt. Auch wenn die Inflationsrate im jährlichen Mittel aus heutiger Sicht bescheiden wirkt, ist das Ergebnis eine echte Preisrevolution: Um 1600 kann man vom gleichen Geld nur noch ein Viertel des Getreides von 1500 kaufen. Dass die Preise für billige Grundnahrungsmittel (v. a. Getreide) am meisten und deutlich stärker als diejenigen für gewerbliche Produkte steigen, erweist die Inflation als nachfragebedingt. Die Einfuhr von Silber aus Amerika bewirkt eine Zunahme der Geldmenge und erleichtert so den Preisanstieg, ist aber, anders als lange angenommen, nicht dessen treibende Kraft. Durch diesen Preisanstieg entsteht das Bild einer Agrarkonjunktur, von der allerdings nur eine kleine Minderheit profitiert. Gewinner der Agrarkonjunktur sind diejenigen, die Getreide verkaufen: selbstwirtschaftende Guts- und Grundherren aber auch größere Bauern. Die Masse der Mittel- und Kleinbauern, die ihr Getreide zur Eigenversorgung und für die Abgaben an den Grundherren benötigen, profitiert nicht davon. Im Gegenteil: Die enormen Gewinnchancen durch hohe Getreidepreise führen zu einem erhöhten Abgabendruck durch die Grundherren sowie, v.a. im Südwesten des Reiches, zu verschärfter Leibeigenschaft. Als eine erste Reaktion auf diese Entwicklung ist der auf diese Region konzentrierte Bauernkrieg von 1524/25 zu sehen.

Die Masse der Menschen spürt die Agrarkonjunktur nur in Form des Preisanstiegs. Der Lebensstandard sinkt; der um 1500 bei einfachen Leuten noch üppige Fleischkonsum sinkt im Laufe des Jh.s stark ab. Seit den 1560er-Jahren nehmen die Subsistenzkrisen zu. Die Grenze des Wachstums unter traditionellen Methoden ist erreicht, der Nahrungsspielraum ist ausgeschöpft. Die Zunahme der Armen, also jener, die sich nicht selbst ernähren können, geht einher mit Veränderungen im Fürsorgewesen. Die Obrigkeiten gehen verstärkt gegen Bettler vor, die soziale Kontrolle oder »Sozialdisziplinierung« wird verschärft. Ebenso steigen Zahl, Häufigkeit und Intensität von Unruhen auf dem Land.

Tief greifende Veränderungen auf dem Agrarsektor vollziehen sich erst wieder mit der Agrarrevolution, die in England schon im 17. Jh. beginnt, auf dem Kontinent aber erst im 18. Jh. zum Tragen kommt. Durch technische Verbesserungen (Fruchtwechsel, Dünger, Zuchtmethoden), die Erweiterung der Anbauflächen durch Privatisierung der Allmende (*enclosures* in England) oder Neulandgewinnung (v.a. durch Trockenlegung von Sümpfen) und durch Einführung neuer Nutzpflanzen wie der Kartoffel steigen die Erträge deutlich an. Die Landwirtschaft kann immer mehr Menschen ernähren, auch solche, die nicht selbst auf dem Agrarsektor tätig sind. In der Folge nimmt die Bevölkerung zu und beginnt die demografische Transition, steigt aber auch die Nachfrage nach gewerblichen Gütern. Beides schafft wichtige Voraussetzungen für die Industrielle Revolution.

Handel und Gewerbe

Während in der Landwirtschaft der Frühen Neuzeit die statischen Momente dominieren, weisen Handel und Gewerbe neben statischen wie der Zunftverfassung auch dynamischere Elemente auf: Frühkapitalismus, Protoindustrialisierung und schließlich die in der Sattelzeit beginnende Industrielle Revolution.

Städtisches Handwerk und Gewerbe ist organisiert in Zünften, d.h. in Korporationen von Handwerkern, die im Hochmittelalter entstehen und sich im Spätmittelalter ausbreiten. Die Zünfte haben zahlreiche Funktionen: eine religiös-kultische (eigene Kapellen und Altäre in den Kirchen, Teilnahme an Prozessionen), eine soziale (Geselligkeit in der Zunftstube, Witwenversorgung), eine politische (besonders in Städten mit Zunftverfassung, in denen die Zünfte ihre Vertreter in den Stadtrat wählen) und zuweilen auch eine militärische (jede Zunft ist für einen bestimmten Abschnitt der Stadtmauer zuständig). In wirtschaftlicher Hinsicht regeln die Zünfte die Angelegenheiten ihres Handwerks weitgehend autonom. Sie bestimmen Löhne und Arbeitszeiten, regeln die Ausbildung des Nachwuchses (Lehrlinge, Gesellen) und führen Qualitätskontrollen durch. Der Gedanke, durch freie Konkurrenz Wachstum zu erzeugen, ist dem Zunftwesen fremd. Ziel und Prinzip der zünftigen Ordnung ist vielmehr die relative soziale und ökonomische Gleichheit der Zunftangehörigen, die Versorgung aller mit »auskömmlicher Nahrung«. Diesem Ziel dient sowohl die Abgrenzung der Zunft nach außen (Begrenzung der Zahl und Größe der Betriebe) als auch die Hierarchie im Innern (Abstufung Meister – Gesellen – Lehrlinge, nur Meister dürfen heiraten).

Gewerbe außerhalb der Zünfte gibt es sowohl in der Stadt in Form des nichtzünftigen Gewerbes, in denen sich freie Lohnarbeiter verdingen, als auch auf dem von der Zunftverfassung generell nicht erfassten Land. Das ländliche Handwerk besteht meist aus einem Einmannbetrieb. Oft auch als Nebenerwerb betrieben werden v.a. die Grundhandwerke: Zu finden sind Schuhmacher, Schneider, Schmiede, Zimmermänner und Müller, weniger häufig Bäcker und Fleischer, deren Tätigkeit auf dem Land die einzelnen Haushalte selbst übernehmen. Überdies wird in der Stadt wie auf dem Land auch Heimarbeit betrieben, v.a. in der Textilproduktion. Dass die Menschen auf dem Land sowohl für den Eigenbedarf als auch für den Verkauf spinnen und weben, legen die Ruhephasen der Landwirtschaft im Winter nahe. In der Regel erfolgt die Heimarbeit als Nebenerwerb, der Heimarbeiter ist in diesem Fall sein eigener Herr und ökonomisch unabhängig. Heimarbeit kann aber auch als Hauptberuf betrieben werden: im System des Verlags. Der Heimarbeiter ist hierbei abhängig vom Verleger, einem Großhändler, der den in Heimarbeit produzierenden Handwerkern Geld und Rohstoffe zur Verarbeitung, manchmal auch Werkzeug »vorlegt«, also zur Verfügung stellt und überdies für den Vertrieb der Produkte sorgt. Der Verleger kontrolliert so die Produktion und kann mitunter die Preise diktieren. Gleichzeitig garantiert er aber auch die Abnahme der Produkte, die er dank Kapital und Handelsnetz besser vermarkten kann als die auf den regionalen Markt beschränkten Kleinbetriebe. Das System verbreitet sich v.a. auf dem Land, wo der Schutz der Produzenten durch die Zunft entfällt und die Löhne niedriger sind. In manchen Regionen Europas, etwa in Flandern, entstehen regelrechte Gewerbelandschaften: Es kommt zur Protoindustrialisierung, die allerdings an die Grenzen der technischen Entwicklung und der Ertragssteigerung stößt. Eine neue Dimension wird erst mit der Einführung der mechanischen Spinn- und Webmaschinen und der fabrikmäßigen Produktion in der Industriellen Revolution erreicht.

Verbunden mit Textilproduktion und Verlag ist auch der Frühkapitalismus, ein Phänomen, das in der ersten Hälfte des 16. Jh.s v.a. in oberdeutschen Städten wie Augsburg und Nürnberg begegnet und von den Familien Fugger, Welser und Paumgartner verkörpert wird. Diese Wirtschaftsform ruht auf mehreren Säulen: auf Handel und Verlag, auf Großbetrieben v. a. im Montangewerbe und auf dem Bankgeschäft (Vergabe von Krediten). Grundlage ist die Akkumulation von Kapital in bisher unbekanntem Ausmaß durch Handel und Verlag im Textilsektor. Dieses Kapital wird einerseits im Montangewerbe (Bergbau, Hüttenwesen, Metallverarbeitung), das auch dank der technologischen Entwicklung im frühen 16. Jh. boomt, andererseits im Kreditgeschäft investiert. Das klassische Beispiel sind die Fugger, die nach Augsburg einwandern, dort von Webern zu Tuchhändlern werden, Geldverleih betreiben, als Sicherheiten Bergwerke übernehmen und diese betreiben, zu Großbankiers aufsteigen, sich schließlich als Finanziers der Habsburger an der Kreditaufnahme des Staates (Staatskredit) beteiligen und dank dieser politischen Kontakte weitere Schürfrechte erhalten.

Der oberdeutsche Frühkapitalismus verhilft dem deutschen Gebiet zu einer führenden Rolle in der europäischen Wirtschaft, scheitert aber seit der zweiten Hälfte des 16. Jh.s an strukturellen Problemen und kann das traditionelle frühneuzeitliche Wirtschaftsdenken nicht maßgeblich verändern. Durch die massenhafte Zufuhr von Silber aus Südamerika seit Mitte des 16. Jh.s bricht das Montangewerbe zusammen: Die ohnehin erschöpften Gruben sind nicht mehr rentabel, bis 1618 fällt die Ausbeute auf den Stand von 1450 zurück. Das Kreditgeschäft erweist sich durch die Verbindung mit dem Staatskredit als verhängnisvoll: Staatsbankrotte, die besonders im habsburgischen Spanien immer häufiger werden, bescheren Handelshäusern wie den Fuggern enorme Verluste. Hinzu kommt die Verlagerung der europäischen Handelswege: Mit der Expansion des Osmanischen Reiches im Osten und der Entdeckung Amerikas im Westen verschiebt sich die Hauptachse des europäischen Handels aus der Süd-Nord-Richtung in die Ost-West-Richtung. Oberdeutschland und Oberitalien verlieren Brückenfunktion und Führungsrolle, die neuen Handels- und Finanzzentren finden sich seit dem 17. Jh. am Atlantiksaum: wichtigster Umschlagplatz für Waren im europäischen Handel ist erst Antwerpen, nach dessen Ruin im niederländischen Unabhängigkeitskrieg (von Spanien besetzt, Auswanderungswelle) Amsterdam, dann auch London.

Trotz des zunehmenden Handelsvolumens (Fernhandel) und dem Ausbau von Finanztechniken (Aktiengesellschaften) bleibt die europäische Wirtschaft der Frühen Neuzeit agrarisch dominiert. Der Übergang von der Agrar- zur Industriegesellschaft erfolgt in der Industriellen Revolution, die sich in England ab dem spätem 18. Jh., auf dem Kontinent im 19. Jh. vollzieht. Sie ist ein Prozess des Wandels, in dem sich technische und wirtschaftliche Entwicklungen mit gesellschaftlichen und sozialen Veränderungen verbinden. Ausgangspunkt ist überall der mit der Agrarrevolution verbundene Anstieg von Bevölkerungszahl und Nachfrage nach gewerblichen Gütern. Hinzu kommen technische Innovationen in den Leitsektoren Textil- und Eisenindustrie: der mechanische Webstuhl (»Spinning Jenny«) und die Spinnmaschine (1768), die Umstellung von Holzkohle auf Steinkohle bei der Verhüttung von Eisenerz, die verbesserte Verarbeitung des schmiedbaren und so universell verwendbaren Eisens sowie die Dampfmaschine als neue Energiequelle. Dies führt zur Geburt der modernen Fabrik um 1800, die geprägt ist vom Einsatz motorisierter, mit Dampf betriebener Maschinen, von ausgeprägter Arbeitsteilung, abnehmender Qualifikation der Arbeiter und Massenproduktion. Damit einher geht die Industrialisierung der Beschäftigungsstruktur (rascher Anstieg des Anteils der im produzierenden Gewerbe Tätigen), eine Verkehrsrevolution (Ausbau der Verkehrswege, v. a. Eisenbahn, Dampfschiffe), die Entstehung von Großstädten als markante Veränderung der Siedlungsordnung sowie, als kulturelle Anpassung an die ökonomische Entwicklung, die Durchsetzung eines neues Wirtschaftsdenkens. Aus der Nullwachstumsgesellschaft, die begrenzte Ressourcen verwaltet, wird die Wachstumsgesellschaft, in der Gewinnorientierung die Subsistenzwirtschaft und Akkumulation das Prinzip der »Nahrung« ersetzt. Dies äußert sich auch in der Aufhebung der Zunftverfassung und der Einführung von Handels- und Gewerbefreiheit nach 1750. In sozialer Hinsicht entspricht diesem der Übergang der ständischen Gesellschaft in die moderne Klassengesellschaft.

Gesellschaftsordnung

In keiner Gesellschaft ist der Zugang zu knappen Gütern, materiellen oder immateriellen, gleich verteilt, jede Gesellschaft beruht mithin auf sozialer Ungleichheit. In der bürgerlichen Gesellschaft der Moderne herrscht zwar Gleichheit in politischer Hinsicht: Im modernen Staat genießen alle Staatsbürger ein einheitliches Staatsbürgerrecht und damit die gleichen Rechte und Pflichten; alle hoheitliche Gewalt liegt beim Staat und kann nur von dessen Organen ausgeübt werden; kein einzelner verfügt über Herrschaftsrechte über andere. Ungleichheit entsteht hier durch ökonomische Kriterien: durch die Klassen- oder Schichtzugehörigkeit, die kein Rechtsstatus, sondern eine sozioökonomische Kategorie ist. Die moderne Gesellschaft ist eine Klassengesellschaft.

Die Gesellschaft der Vormoderne, d. h. des Mittelalters und auch der Frühen Neuzeit, ist eine ständische Gesellschaft: Die zentrale soziale Ordnungskategorie ist der Stand, die Standeszugehörigkeit. Nach klassischer, schon in der Antike vorhandener Vorstellung, die sich an den gesellschaftlichen Funktionen des Wehr-, Lehr- und Nährstandes orientiert, gibt es drei Stände: Adel, Klerus, dritter Stand (Bürger und Bauern). Diese Stände sind soziale Großgruppen mit jeweils eigenen Rechten und Pflichten, Privilegien, Zuständigkeiten und Werten. Die Standeszugehörigkeit ist ein Rechtsstatus, über sie entscheidet meist die Geburt bzw. beim Klerus geistliches Amt und Weihe. Sieht man von der Schlechterstellung der Frauen ab, die in allen Ständen weniger Rechte genießen als die Männer, herrscht innerhalb eines Standes mehr oder weniger rechtliche Gleichheit. Aber zwischen den einzelnen Ständen herrscht politische, soziale, ökonomische und rechtliche Ungleichheit. So verfügen manche Stände über Herrschaftsrechte: Der Adel, der mit regionalen Schwankungen etwa 3 % der Bevölkerung stellt, ist geradezu definiert durch Herrschaft über Land und Leute, und auch die Kirche übt als Grundherrin Herrschaft über Menschen aus. Adel und Klerus leben von Grundrenten oder Einnahmen aus Ämtern, der dritte Stand muss seine wirtschaftliche Subsistenz durch körperliche Arbeit sichern. Zum Tragen kommt die Ungleichheit, die Abstufung der Rechte und Privilegien aber auch vor Gericht, bei der Belastung mit Steuern oder beim Zugang zu Ämtern, die oft bestimmten Ständen vorbehalten sind. Im Alltag werden die ständischen Unterschiede bewusst zur Schau gestellt und verteidigt: in Sitz- oder Kleiderordnungen, in Präzedenzstreitigkeiten und im Titelwesen, in den spezifischen Normen der Lebensführung und in Lebensstilen der Stände, die sich durch geschlossene Heiratskreise sozial abgrenzen.

Soziale Mobilität ist in dieser auf Statik angelegten Gesellschaftsordnung theoretisch nicht gewünscht, in der Praxis aber möglich. Aufstiegskanäle sind eine Laufbahn in der Kirche, im Militär oder im Fürstendienst, oft verbunden mit akademischer Bildung, zuweilen gekrönt durch die Standeserhöhung durch Erwerb oder Verleihung eines Adelstitels. Überdies nimmt die ohnehin stark ausgeprägte Binnendifferenzierung innerhalb der drei Stände stetig zu. So differenziert z. B. eine bayerische Kleiderordnung von 1526 nicht nur zwischen den drei Hauptständen, sondern zwischen 17 verschiedenen sozialen Gruppen. Grundsätzlich zu unterscheiden sind hoher und niederer Adel bzw. hoher und niederer Klerus, wobei der hohe Klerus sozial meist dem Adel, der niedere Klerus dem dritten Stand entstammt. Im dritten Stand reicht die Spanne von freien Bauern und dem städtischen Patriziat, das sozial mit dem Adel konkurriert und maximal 10 % der Städter umfasst, bis hin zu den unterständischen Schichten. Diese umfassen die Menschen, die keine gesellschaftliche Vollerwerbsstelle und damit auch keine politischen Partizipationsrechte in Stadt oder Dorf haben: Stadtbewohner ohne Bürgerrecht, die meist über die Hälfte der städtischen Bevölkerung stellen, gelten als unterbürgerliche, Landbewohner ohne eigenen Hof als unterbäuerliche Schicht. Wer in die unterständische Schicht hineingeboren wird, hat kaum Chancen, aufzusteigen. Umgekehrt kann man aber in diese Lager abrutschen, etwa durch Alter, Krankheit, ökonomische Krisen; bei Frauen auch durch den Tod des Ehemanns.

Trotz ihrer prekären Lage sind die unterständischen Schichten in Selbst- wie Fremdwahrnehmung Teil der ständischen, gottgewollten Ordnung. Dies unterscheidet sie von den Randgruppen, die nicht als Teil der ständischen Gesellschaft betrachtet werden. Da ihre Lebensweise als nicht von Gott gewollt begriffen wird, gelten sie als unehrenhaft, als unehrlich: Ihnen mangelt es an ständischer Ehre. Auch Unehrlichkeit ist ein Rechtsstatus und damit unabhängig vom eigenen Verhalten. Dies gilt für religiös definierte Randgruppen wie die Juden, aber auch für fahrendes Volk und für diejenigen, die einen Beruf ausüben, der als unehrlich gilt. Betroffen hiervon sind unsaubere Tätigkeiten (Kloakenreinigung, Gassenkehrer, Bader), verwerfliche Tätigkeiten (Henker, v. a. Prostituierte, Hurenwirte) sowie einige Berufe, bei denen die Begründung unklar ist; einige gelten auch nur in bestimmten Regionen als unehrlich, etwa die Müller. Die Mobilität ist hier gering: Wer zu den Unehrlichen gehört, bleibt es meist. Abstieg ist hingegen möglich: Durch persönliches Fehlverhalten, das den Verlust der Ehre nach sich zieht, können auch Menschen, die nicht in eine solche Gruppe hineingeboren werden, dort landen. Der Ehrbegriff der Frühen Neuzeit ist mithin ein doppelter: Neben der Standesehre steht die persönliche Ehre, die bei Frauen stärker als bei Männern an das Sexualverhalten geknüpft ist, aber immer individuell beeinflusst werden kann. Dass der Ehrbegriff eine zentrale Rolle im sozialen Umgang spielte, zeigen u. a. Ehrenstrafen und die zahlreichen Ehrenhändel.

Der Übergang von der ständischen zur bürgerlichen Gesellschaft vollzieht sich zwischen 1750 und 1850. Nicht als abrupter Umbruch, sondern in einem Prozess des Wandels verändern sich Rahmenbedingungen, Denkweisen und Werte. Eine zentrale Rolle spielen die Bevölkerungszunahme seit Mitte des 18. Jh.s (in Mitteleuropa wächst die Bevölkerung 1750–1800 um ca. 30 %) und die mit ihr verbundenen ökonomischen Veränderungen. Agrarrevolution, Aufschwung des Gewerbes, Umbau der Wirtschaftsstrukturen und Industrialisierung schaffen neue Lebens- und Arbeitsbedingungen. Das Bevölkerungswachstum ist sozial ungleich verteilt: V. a. die unterständischen Schichten nehmen stark zu, verlieren durch neue Lebensformen den Bezug zur ständischen Ordnung und werden auch als Reaktion darauf zunehmend ausgegrenzt. Erscheint den ausgegrenzten Gruppen die ständische Ordnung als ungerecht, kritisiert sie eine andere soziale Gruppe als fortschritts- und wirtschaftsfeindlich: das Bürgertum. Dieses neue Bürgertum tritt an die Stelle des auf die Zunft als Inbegriff der ständischen Ordnung orientierten Zunftbürgertums. Es speist sich zunächst aus dem Beamtenstand, der im Zuge der Ausdifferenzierung der ständischen Gesellschaft entsteht und Träger der antiständischen Ideologie der Aufklärung wird. Hinzu kommen Vertreter freier Berufe und v. a. das Handelsbürgertum. Handel und Gewerbe gewinnen an ökonomischer Bedeutung, geografischer Reichweite und Selbstbewusstsein: Neue Aufstiegschancen führen zu neuen Karrieremustern und einer erhöhten sozialen Mobilität. Den neuen ökonomischen Aufgaben und Möglichkeiten entspricht das bürgerliche Leistungs- und Aufstiegsdenken, das um Fleiß, Nutzen und Tugend kreist und sich als Leitideologie durchsetzt. Damit verbunden sind weitere Ideale der bürgerlichen Gesellschaft. An die Stelle des »Ganzen Hauses«, einer Lebensform, die durch die Einheit von Betrieb und Haushalt, von Produktion und Konsum geprägt ist, Mann und Frau als Arbeitspaar im Zentrum sieht, aber auch Knechte und Mägde und alle anderen Hausbewohner umfasst, tritt die bürgerliche Kleinfamilie, die Liebe als Basis der Ehe begreift, den Mann für den Erwerb des Lebensunterhalts außerhalb des Hauses zuständig sieht und die Rolle der Frau auf Haushalt und die zunehmend emotional besetzte Kindererziehung beschränkt. Mit den bipolaren Geschlechterrollen setzen sich neue Werte durch: ein Freundschaftsideal, das die frei gewählte Freundschaft dem Zusammenhalt und der Geselligkeit unter Standesgenossen etwa in der Zunftstube vorzieht, eine Hochschätzung von Nüchternheit und Sparsamkeit, die Prunk und Zurschaustellung des Luxus wie in der ständischen Gesellschaft ablehnt, sowie die nun aufkommende Forderung nach einer allgemeinen Staatsbürgerschaft mit gleichen Rechten und Pflichten. Politisch flankiert werden diese gesellschaftlichen Veränderungen durch Reformen im Geist der Aufklärung (aufgeklärter Absolutismus) und Revolutionen, die zum Ende des Ancien Régime und mit Bauernbefreiung (Ende der Grundherrschaft) und Gewerbefreiheit (Ende des Zunftwesens) auch zum Ende der ständischen Ordnung führen.

Staatliche Entwicklung

Zu den prägenden Faktoren der frühneuzeitlichen Entwicklung gehört das Wachstum der Staatsgewalt. Der moderne Staat, wie wir ihn seit dem 19. Jh. kennen, ist nach der Definition des Völkerrechts des 19. Jh.s (Georg Jellinek) gekennzeichnet durch drei Merkmale: das einheitliche Staatsgebiet mit klaren Grenzlinien, innerhalb derer allein die Staatsgewalt herrscht und alle Städte und Länder die gleichen Rechte haben, das einheitliche Staatsvolk, dessen Angehörige alle die gleichen Rechte und Pflichten haben und das der Staatsgewalt direkt gegenübersteht, sowie die souveräne Staatsgewalt, die nach innen das Gewaltmonopol besitzt und nach außen unabhängig von jeder anderen Instanz ist.

Der frühneuzeitliche Staat erfüllt keines der drei Merkmale. So verfügen die Länder des frühneuzeitlichen Europa nicht über ein einheitliches Staatsgebiet, sie bestehen vielmehr aus ungleichartigen kleineren Einheiten mit jeweils unterschiedlichen Rechten und werden in der Forschung daher auch als »zusammengesetzte Monarchien« (Koenigsberger, Elliott) bezeichnet. Diese Teilgebiete, die nach und nach durch Ehe, Erbe oder Eroberung hinzukommen, behalten zunächst ihre eigenen Rechte, Gesetze und Institutionen, und so präsentieren sich die Staaten der Frühen Neuzeit als Konglomerate höchst unterschiedlich strukturierter Teilgebiete. Auch ein Staatsvolk mit den gleichen Rechten und Pflichten gegenüber der Zentrale gibt es nicht. Zum einen wirkt sich die unterschiedliche Rechtsstellung der einzelnen Regionen, Städte und Dörfer auch auf die Rechtsstellung ihrer Bewohner gegenüber der Zentralgewalt aus, zum anderen ist rechtliche Ungleichheit das Prinzip der ständischen Gesellschaftsordnung. Das Gewaltmonopol des Staates ist in der Frühen Neuzeit ebenfalls noch nicht voll entwickelt. Ansprüche von außen wie die des Papstes und des Kaisers auf Oberherrschaft verlieren zwar an Bedeutung. Aber im Innern ist der Staat, d. h. der Träger der Zentralgewalt und damit in der Regel die Monarchie, keineswegs im Besitz eines Gewaltmonopols. Die Untertanen stehen der Staatsgewalt nicht unmittelbar gegenüber, diese hat keinen direkten Zugriff auf ihre Untertanen. Zwischen Staat und Untertanen befinden sich Zwischengewalten, die Hoheitsrechte wie Gesetzgebung, Rechtsprechung und Polizeigewalt ausüben. Zum einen genießen verschiedene Gruppen Herrschaftsrechte, v. a. der Adel, dem das System der Grundherrschaft Macht über Land und Leute verleiht, aber auch die Kirche, soweit sie Grundherrin ist, sowie Gemeinden, die sich besondere Rechte gegenüber der Zentrale sichern konnten und ihr Umland in grundherrlicher Manier beherrschen. Adel, Kirche und Gemeinden sind daher das lokale Gegenüber der Zentralgewalt. Zum anderen haben sich einige dieser lokalen Herrschaftsträger gegen ihre Nachbarn durchgesetzt, die eigenen Rechte ausgebaut, die Rechte anderer an sich gezogen und so angefangen, staatliche Gewalt zu entwickeln. Für die Untertanen in ihrem Hoheitsbereich sind sie, nicht der Staat, die Obrigkeit. Genau das ändert sich im Prozess der Staatsbildung: Die Herrschaftsrechte dieser Lokalgewalten werden mehr und mehr beschnitten und (wenn auch endgültig erst nach Ende des Ancien Régime) von staatlichen Institutionen übernommen. Staatsbildung lässt sich daher auch als Übergang vom Personenverbandstaat des Mittelalters zum institutionalisierten Flächenstaat der Neuzeit beschreiben: Vom Lehnsverband mit dem König an der Spitze, in dem die Kronvasallen, die Großen des Landes in ihrem Gebiet nicht nur autonome Hoheitsrechte wie Rechtsprechung, Steuererhebung und Gesetzgebung genießen, sondern auch weitere Rechte vom König verliehen bekommen, um sie in dessen Auftrag auszuüben (Regalien, z. B. Münzprägung), führt der Weg hin zu einem politischen System, in dem die Krone diese Rechte in ihrer Hand konzentriert, d. h. sie zurückholt und durch ihre eigenen Institutionen und Amtsträger ausübt.

Dies gelingt in einem Gebiet nicht: im Heiligen Römischen Reich. Die reichsunmittelbaren Glieder des Reiches, d. h. diejenigen Adligen, kirchlichen Amtsträger und Städte, die keinen anderen Herren über sich haben als den Kaiser als ihren Lehnsherren, behaupten ihre Hoheitsrechte. Zwar beginnt auch das Reich um 1500 Institutionen auszubilden. Die Staatsbildung, der Aufbau eines institutionalisierten Flächenstaates, findet hier jedoch auf der Ebene der Teilgebiete, der Territorien und Reichsstädte statt.

Politisch organisiert sind die Lokalgewalten in den Ständeversammlungen, die im 12. und 13. Jh. überall in Europa (nicht aber in Russland und im Osmanischen Reich) entstehen: Weil nach römischem Rechtsdenken alle dem zustimmen müssen, was alle betrifft (»*quod omnes tangit, ab omnibus approbari debet*«), muss der Herrscher v. a. bei Steuerbewilligungen die Zustimmung der Stände einholen. Dies geschieht auf in Kurien oder Ständen gegliederten Versammlungen, in denen der Klerus meist den ersten Stand, der Adel den zweiten Stand und die Städte (in Ausnahmefällen Bauern) den dritten Stand stellen. Auch gegenüber diesen ständischen Vertretern muss sich die Zentralgewalt im Zuge der Staatsbildung durchsetzen. Zwar umfasst der Dualismus von Fürst und Ständen nicht nur Konfrontation, sondern auch Kooperation und wird daher im Bild einer Ellipse mit zwei Brennpunkten beschrieben (Werner Näf). Dennoch ist die Entwicklung vom Bemühen der Fürsten geprägt, die ständischen Mitspracherechte einzuschränken. Indem die Fürsten die Steuern als ein für alle Mal bewilligt betrachten und den Ständen so den Hebel des Steuerbewilligungsrechts entwinden, verlieren die Ständeversammlungen an Bedeutung. V. a. im 17. Jh. kommt es zu einem regelrechten Ständesterben: Die Stände werden entweder nicht mehr einberufen wie die Generalstände in Frankreich zwischen 1614 und 1789, in Skandinavien, Spanien, Portugal und zahlreichen deutschen Territorien, oder aber, wie in der Oberpfalz 1628, in Aragon 1707 und in Schlesien 1740, nach der Eroberung des Gebiets durch den neuen Herrscher abgeschafft. Wo dies gelingt, sprach die ältere Forschung von einem erst im19. Jh. geprägten Begriff des Absolutismus. Absolut, d. h. von den Gesetzen gelöst (*a legibus solutus*), gilt der Herrscher zwar schon den Theoretikern der souveränen Staatsgewalt. Der französische Kronjurist JEAN BODIN (*1530, †1596) stellt in seinem Werk »De la République« (1576) als erster den Begriff der Souveränität in den Mittelpunkt. Ihr Träger, der Monarch, besitzt die absolute und unteilbare Staatsgewalt, die an keinen Konsens anderer Herrschaftsträger gebunden ist. Den Untertanen steht er folglich als höchste, von den Gesetzen losgelöste (*a legibus solutus*, absolut), Gewalt gegenüber. Dennoch ist die absolute Souveränität des Herrschers keine Willkürherrschaft: Sie bleibt an das göttliche Recht und das Naturrecht gebunden. Der Engländer THOMAS HOBBES (*1588, †1679) geht vom Urzustand der Menschen als »*bellum omnium contra omnes*« aus, dem die Menschen selbst durch einen Gesellschaftsvertrag ein Ende bereiten. Durch diesen Vertrag rufen sie den »Leviathan«, nach HOBBES den Staat, ins Leben, an dessen Spitze der an keine andere Macht gebundene, mit unumschränkter Gewalt ausgerüstete Souverän steht. In seiner Hand liegen die gesetzgebende, die vollziehende und die rechtsprechende Gewalt; seine einzige Begrenzung findet er im Naturrecht, das seine Macht von Willkür trennt. Die Untertanen haben kein Widerstandsrecht gegen den Despoten, außer wenn der Souverän den Staatszweck, die Sicherung von Frieden nach innen wie außen, nicht mehr erfüllen kann.

Diese Vorstellung von absoluter Herrschaft wird sowohl im Selbstverständnis des Herrschers und seiner Legitimation im Gottesgnadentum als auch in der Herrschaftsrepräsentation in Kunst, Hofleben und Zeremoniell greifbar. Dennoch sollte der Begriff des Absolutismus eines nicht überdecken: Selbst im Musterland des Absolutismus, im Frankreich LUDWIGS XIV., stößt die Herrschaft der Krone auf eine ganze Reihe von Widerständen und Einschränkungen: Privilegien einzelner Personen und Korporationen, Sonderrechte von Städten und Regionen, die chronische Finanzschwäche des Staates, der selbst unter Ludwig XIV. auf Kompromisse mit den lokalen Eliten angewiesen war und blieb.

Außerdem war Frankreich zwar das Vorbild für viele andere Monarchien Europas, aber keineswegs ein Modell ohne Alternativen. Zum einen gibt es auch im monarchisch dominierten Europa der Frühen Neuzeit weiterhin Republiken: Stadtrepubliken wie Venedig oder Ragusa (Dubrovnik), die zuweilen in ein Fürstentum übergehen wie Florenz unter den Medici, aber auch Städtebünde, die wie die Eidgenossenschaft als Schwur- und Verteidigungsgemeinschaft von Städten und Kantonen entstehen und schließlich zu unabhängigen Staaten (endgültig 1648) werden. Zum anderen gibt es auch Monarchien, in denen sich die Stände gegen die Krone behaupten. Nicht überall ist der Widerstand der Stände, der von der entsprechenden politischen Theorie des Widerstandsrechts (Monarchomachen in Frankreich, JOHN LOCKE: »Two Treatises of Government«, 1690; MONTESQUIEU, JOHANNES ALTHUSIUS) gestützt wird und bis zum offenen Krieg führen kann, siegreich. In Böhmen etwa wird die ständische Opposition nach dem Zusammenbruch des Aufstands um den Prager Fenstersturz 1618 radikal ausgerottet und die bisherige Wahl- in eine Erbmonarchie der Habsburger überführt (1627). In Polen sichert sich die Adelsversammlung hingegen das Recht, den König zu wählen. In den Niederlanden führt der Kampf der Stände gegen die spanische Monarchie zur Unabhängigkeit (endgültig 1648): Die Generalstaaten werden selbst zur Zentralgewalt. In England kulminiert der ständische Widerstand in Königsmord und Revolution, führt aber langfristig zur Kompromisslösung einer ständisch eingebundenen, quasi-konstitutionellen Monarchie mit der rechtlichen Formel des *King in Parliament.*

Ob die Zentralgewalt in der Hand eines Monarchen oder eines republikanischen Rates, einer Ständeversammlung oder einer ständisch eingebundenen Krone liegt, eine Tendenz ist in allen Staaten Europas zu beobachten: der Ausbau der Staatsgewalt durch Institutionenbildung. Treibende Kraft dieser Entwicklung ist der stetig steigende Finanzbedarf: V. a. die Kriege, mit denen die internationale Konkurrenz zwischen den Staaten ausgetragen wird, aber auch Hofhaltung und Repräsentation und schließlich der Schuldendienst erfordern immer größere Summen. Um diese Kosten decken zu können, bedarf es eines Apparats, der die entsprechenden Einnahmen erzwingen kann, seinerseits aber wieder Geld kostet: Es kommt ein Kreislauf zwischen dem Einzug der Mittel und dem Ausbau des Erzwingungsapparats in Gang (SAMUEL FINER: *Extraction-Coercion-Cycle*). Dieses Wachstum des staatlichen Apparats und damit der Staatsgewalt vollzieht sich auf verschiedenen Ebenen. In der Zentrale kommt es zur Ausdifferenzierung von Institutionen aus dem Hof des Herrschers (*going out of court*): Hofgesellschaft und Verwaltungsapparat werden unterscheidbar. Damit verbunden ist eine funktionale Ausdifferenzierung: Aus dem für alle Belange zuständigen königlichen Rat entwickelt sich ein System aus Räten, das schließlich zum Ressortprinzip mit einer Frühform des Ministers als Ressortleiter übergeht.

Auf einer mittleren Verwaltungsebene wird der Staat spürbar ausgebaut. Gouverneure und Intendanten verwalten mit ihren Stäben die Provinzen, königliche Aufsichtsbeamte werden in die Städte entsandt, eine wachsende Zahl von Amtsträgern kümmert sich um die Steuereinnahmen, die teils von Steuerpächtern, teils von staatlichen Stellen verwaltet werden. Bis zur untersten Ebene kann die Staatsverwaltung vor Ort aber nicht durchgreifen; dort bleibt es bei Adelsherrschaft und kommunaler Selbstverwaltung. Informelle Kontrollmöglichkeiten eröffnen sich der Krone über personale Beziehungen zu den örtlichen Größen, regionale Institutionen der Zentrale spielen eine untergeordnete Rolle. Dennoch steigt die Zahl der Beamten stark an, in Frankreich etwa von ca. 1200 Amtsträgern um 1550 bis auf 45 000 gut 100 Jahre später (ERNST HINRICHS).

Der damit ebenfalls steigende Finanzbedarf wird durch die Erhöhung alter und die Einführung neuer Steuern, durch die Kreditaufnahme des Staates sowie, v. a. in Frankreich, durch die Einführung des Ämterhandels zu decken versucht. Aber auch der Kampf gegen die Steuerprivilegien von Adel und Klerus soll die Einnahmen der Zentrale steigern. Und schließlich dient diesem Zweck die Ausweitung der staatlichen Aktivitäten. Einen ersten Schub bringt bereits die Reformation, in deren Zuge Landeskirchen unter staatlicher Aufsicht entstehen. Damit setzt sich die weltliche Gewalt endgültig gegen die Kirche als potenzielle Konkurrentin um die Macht durch: Der Staat hat Zugriff auf die Ressourcen der Kirche, kontrolliert deren Amtsträger und gewinnt mit bislang kirchlich dominierten Feldern wie Bildung oder Armenwesen neue Tätigkeitsbereiche hinzu. Hand in Hand mit den Kirchen sorgen die weltlichen Gewalten v. a. im 16. und frühen 17. Jh. für die Verbreitung, Durchsetzung und Verinnerlichung der nun geltenden Konfession. Dieser Prozess der Ausbildung neuer geschlossener Konfessionsgruppen, kurz der Konfessionalisierung, zielt auch auf die Kontrolle der Lebensführung der Untertanen. Die Kirchen setzen ihren Apparat dafür ein, ebenso rechtgläubige wie disziplinierte Anhänger der eigenen Konfession zu formen. Dies nutzt auch der Staatsgewalt, die auf die Verinnerlichung der staatlichen Normen und Verhaltensvorschriften als religiöses Gebot sowie auf die Verstärkung der politischen Identität durch Abgrenzung von anderskonfessionellen Nachbarn hoffen darf.

Stellen Reformation und Konfessionalisierung mithin einen Schub im Prozess der Staatsbildung dar, führt die zunehmende Finanznot der Staaten zu einer weiteren Ausdehnung der staatlichen Aktivitäten: Mithilfe wirtschaftspolitischer Maßnahmen, die unter dem Begriff Merkantilismus (in Frankreich auch Colbertinismus, in Deutschland Kameralismus) gebündelt werden, versuchen die frühneuzeitlichen Staatsgewalten v. a. im 17. und 18. Jh., den Reichtum des eigenen Landes auf Kosten anderer Länder zu mehren. Zum Einsatz kommt ein ganzes Repertoire dirigistischer Maßnahmen: monopolartiger Besitz bzw. Erwerb von Rohstoffen, rigorose Abschottung gegen Konkurrenzimporte, Intensivierung des Exports und Aufhebung der Binnenzölle, Erschließung neuer Absatzmärkte, Ausbau von Handelswegen, Investitionen in Manufakturen und Handelskompanien, Einrichtung neuer Industriezweige, v. a. für Luxusgüter, u. a. m. Die wirtschaftlichen Auswirkungen des Merkantilismus sind allerdings eher negativ, so in Frankreich, wo das merkantilistische System wegen der wachsenden finanziellen Bedürfnisse der Krone die zunehmende Verschuldung des Staatshaushalts bis hin zum Staatsbankrott nicht aufhalten kann. Anderswo ist dem Merkantilismus mehr Erfolg für das Staatsbudget beschieden, so in Brandenburg-Preußen.

Verbunden mit dem Ausbau des sich fachlich ausdifferenzierenden Staatsapparats ist die wachsende Bedeutung universitärer Ausbildung der Amtsträger sowie eine soziale Verschiebung bei deren Rekrutierung: Statt aus dem Adel als traditionellem Herrschafts- oder dem Klerus als traditionellem Bildungsstand werden die Beamten zunehmend aus dem dritten Stand rekrutiert. Es entsteht ein neuer Amtsadel, der sich sozial aus niederem Adel und städtischem Bürgertum zusammensetzt, aber ein eigenes Standesbewusstsein entwickelt, so die *noblesse de robe* in Frankreich oder die *letrados* in Spanien.

Diese Gruppen erweisen sich als Träger von Reformideen, die mit der Aufklärung aufkommen und in vielen Ländern Europas (nicht aber in Frankreich) in der zweiten Hälfte des 18. Jh.s in die Reformprojekte des sog. »aufgeklärten Absolutismus« führen. In diesen Reformen zeigt sich zwar ein gewandeltes Herrschaftsverständnis des Monarchen, der sich, wie FRIEDRICH II. von Preußen, als »erster Diener des Staates« sieht. Ziel der Reformen bleibt aber die Stärkung der Staatsgewalt und die Lösung von Problemen wie die Staatsverschuldung, die hohe Steuerlast und die Privilegienwirtschaft, die die Monarchien belasten. Aufhalten können diese Reformen das Ende der alten Ordnung jedoch nicht: Ausgehend von den Revolutionen in Nordamerika und v. a. Frankreichs bricht das Ancien Régime, die alteuropäische Ordnung, um 1800 zusammen.

Das frühneuzeitliche Europa und die Welt

Entdeckungen und frühe Kolonialreiche

Die Zeit um 1500 gilt auch und gerade im Blick auf das Ausgreifen Europas in die Welt als Beginn der Neuzeit. Die Handelsbeziehungen von Europäern mit Asien und Nordafrika sind keineswegs neu: Schon im Mittelalter betreiben v. a. die oberitalienischen Seerepubliken Venedig und Genua Seefahrt und Handel mit asiatischen Gewürzen und Luxusartikeln. Seit dem 15. Jh. bezieht Portugal Sklaven und v. a. Gold aus Nordafrika. Abgewickelt wird der Handel von zahlreichen Zwischenhändlern, deren Anteil am Gewinn die Waren verteuert. Ein direkter Kontakt zu den Herstellern besteht nicht. Das ändert sich mit den Entdeckungen um 1500: Die Europäer nehmen direkten Kontakt mit den Erzeugerregionen auf. Sie sind selbst vor Ort präsent, Zwischenhändler werden ausgeschaltet, die Verflechtung zwischen den Regionen der Welt nimmt zu. Die **Globalisierung**, d. h. Aufbau, Verdichtung und zunehmende Bedeutung weltweiter Vernetzung, beginnt.

Die großen Entdeckungsfahrten um 1500, die am Beginn dieser Entwicklung stehen, werden ermöglicht und angetrieben von einem Bündel von Faktoren. Geografisch sind zwei Zentren auszumachen: Oberitalien liefert Know-how, Personal und Kapital, die iberischen Monarchien organisieren die planmäßige Erkundung der

Welt. Wichtig sind folgende Voraussetzungen und Triebkräfte:
1) Die **Suche nach dem Seeweg nach Indien**, die hinter den großen Entdeckungsreisen des 15. und 16. Jh.s steht, ist primär ökonomisch motiviert. Ein erster Anstoß zur Suche nach alternativen Seerouten geht von der wachsenden Bedrohung der Handelswege über Land aus. Da seit dem Zerfall des Mongolenreiches und den Eroberungszügen des TIMUR LENG 1370–1405 die Handelswege der Seidenstraße bedroht sind, beginnt China mit der Suche nach einer alternativen Südroute: Zwischen 1405 und 1433 kommt es unter Admiral ZHENG HE zu sieben chinesischen Flottenexpeditionen mit bis zu 30 000 Mann. Die Fahrten, die bis nach Ormuz, Aden und Ostafrika führen, werden aber als unrentabel erachtet und mit der Durchsetzung festländischer, agrarisch orientierter Interessen eingestellt.

Aus europäischer Sicht geht der entscheidende Anstoß von der Ausbreitung des Osmanischen Reiches aus (1453 Eroberung von Konstantinopel). Da die Osmanen den arabischen Zwischenhandel mit zusätzlichen Zöllen belegen, wird der traditionelle Handel mit asiatischen Waren (v. a. Gewürze aus Asien auf dem Landweg und ab Alexandria mit italienischen Handelsschiffen) weiter verteuert. Die Suche nach einem Seeweg nach Indien, der die in der Hand muslimischer Mächte befindlichen Meeresengen umgeht und den Direktkontakt mit den Erzeugerregionen ermöglicht, wird dringlicher.

Ein weiterer Faktor ist der durch Zunahme von Handelsvolumen und Staatsausgaben wachsende Bedarf an Edelmetallen (v. a. Gold). Da der Orienthandel in Gold- und Silberwährung abgewickelt wird, fließen diese Münzmetalle aus Europa ab. Spürbar wird dies v. a. in den iberischen Monarchien, die im Unterschied zum übrigen Europa eine reine Goldwährung besitzen. Münzverschlechterungen verschärfen den Abfluss guter Münzen, eine extreme Knappheit an Gold und Silber (Höhepunkt 1395–1415) lässt den Bedarf an Geld zu einem regelrechten Hunger nach Gold wachsen. Die Vorstellungen von sagenhaften Goldschätzen, die im fernen Indien, später auch im amerikanischen »Dorado« zu finden sein sollen, treiben die Entdecker und Eroberer mit an. V. a. Portugal, das Gold über den afrikanischen Zwischenhandel durch die Sahara bezieht, intensiviert die Suche nach direkten Kontakten zu den Goldquellen in Westafrika. Dies führt ab 1415 zur systematischen Erschließung der afrikanischen Westküste, bis mit der ersten Umschiffung Afrikas 1488 durch portugiesische Seefahrer der östliche Seeweg nach Indien gefunden ist. Spanien konzentriert sich hingegen auf die Westroute nach Asien, auf der KOLUMBUS 1492 Amerika entdecken wird. Italienische, v. a. genuesische Handelsinteressen bringen Kapital, aber auch Personal – KOLUMBUS stammt aus Genua – in diese Unternehmungen ein.
2) Das ökonomisch motivierte Interesse an einer Expansion der Handelswege äußert sich auch in **technischer Innovation**. Verbesserte Handels- und Finanztechniken entwickeln sich mit dem Aufstieg der italienischen Städte zur dominierenden Handelsmacht im Mittelmeer seit dem Hochmittelalter (neue Formen des bargeldlosen Zahlungsverkehrs, Kapitalgesellschaften, Bank-, Kredit- und Versicherungswesen). Innovationen in Schiffsbau und Navigation machen Schifffahrt auf hoher See und damit auch die Entdeckungsfahrten technisch möglich. Federführend sind portugiesische und italienische Seefahrer, die seit dem späten 13. Jh. durch die Meerenge von Gibraltar nach Flandern und England segeln und in Portugal Station machen oder in dessen Diensten stehen. Die bislang dominierende Küstenschifffahrt wird mit den portugiesischen Vorstößen an die afrikanische Westküste von der Hochseeschifffahrt abgelöst. Die schwierigen Strömungs- und Windverhältnisse vor der westafrikanischen Küste zwingen die Schiffe gerade auf der Rückreise zu einem weiten Ausholen nach Westen und setzen damit einen hochseetauglichen Schiffstyp voraus. Ältere Innovationen im Schiffsbau bündelnd (gerader statt gekrümmter Kiel, Hecksteuerung statt des bisherigen Seitensteuers rechts [»Steuerbord«], mehrere Masten, Kombination von Vierecksegeln [Rahsegel] und Dreiecksegel [Lateinsegel], die das Segeln am Wind und auch Kreuzen gegen den Wind erlaubt), entsteht im frühen 15. Jh. mit der Karavelle ein hochseetauglicher, sehr wendiger Schiffstyp, der ab etwa 1440 zur Erkundung der westafrikanischen Küste eingesetzt wird. Neben der Karavelle (20–25 m Länge, Tragfähigkeit unter 100t) wird die Karacke (bis 40 m Länge, bis 500t Tragfähigkeit), die ähnlich gebaut, aber erheblich größer und schwerer ist, das Hauptschiff der Entdeckungsfahrten.

In Reaktion auf die neuen Anforderungen entwickelt sich als weitere Voraussetzung der Hochseeschifffahrt die astronomische Navigation (Positionsbestimmung auf See durch Richtungs- und Höhenmessung von Gestirnen wie Polarstern oder Sonne). Instrumente, mit deren Hilfe die geografische Breite eines Ortes durch die Messung der Gestirnshöhe (Polarstern, Mittagshöhe der Sonne) bestimmt werden kann, sind seit der Antike bekannt. Diese Instrumente (Astrolabium, Quadrant, Jakobstab) sowie die Almanache und astronomischen Tafeln, die Daten zur Stellung der Gestirne sammeln und zur Auswertung der Messergebnisse unverzichtbar sind, werden von Arabern, Juden und Christen in Spanien überliefert und verbessert und bei den portugiesischen Afrika-Fahrten zunächst zur Vermessung der Breite an Land, seit etwa 1480 aber auch als nautische Hilfsmittel eingesetzt. Damit wird die zur Orientierung außer Sichtweite der Küste nötige astronomische Navigation möglich. Auch der Magnetkompass als wichtigstes Instrument zur Bestimmung der Himmelsrichtung ist bereits seit dem 12./13. Jh. in Europa bekannt, bürgert sich aber erst langsam ein und wird erst um die Mitte des 15. Jh.s zum allgemein üblichen nautischen Hilfsmittel.

Die **geografischen Vorstellungen** der Entdecker beruhen ebenfalls auf antikem Wissensgut, das – z. T. durch die Araber vermittelt – im Humanismus »wiederbelebt« und angewendet wird. Dies gilt v. a. für die Annahme der Kugelgestalt der Erde, die einerseits über die Araber, andererseits über die humanistische Beschäftigung mit PTOLEMAIOS (†nach 160) in Europa Geltung gewinnt und seit dem 15. Jh. nicht mehr strittig ist. Bei der für die Westpassage entscheidenden Berechnung des Erdum-

Entdeckungsfahrten im 15. und 16. Jh.

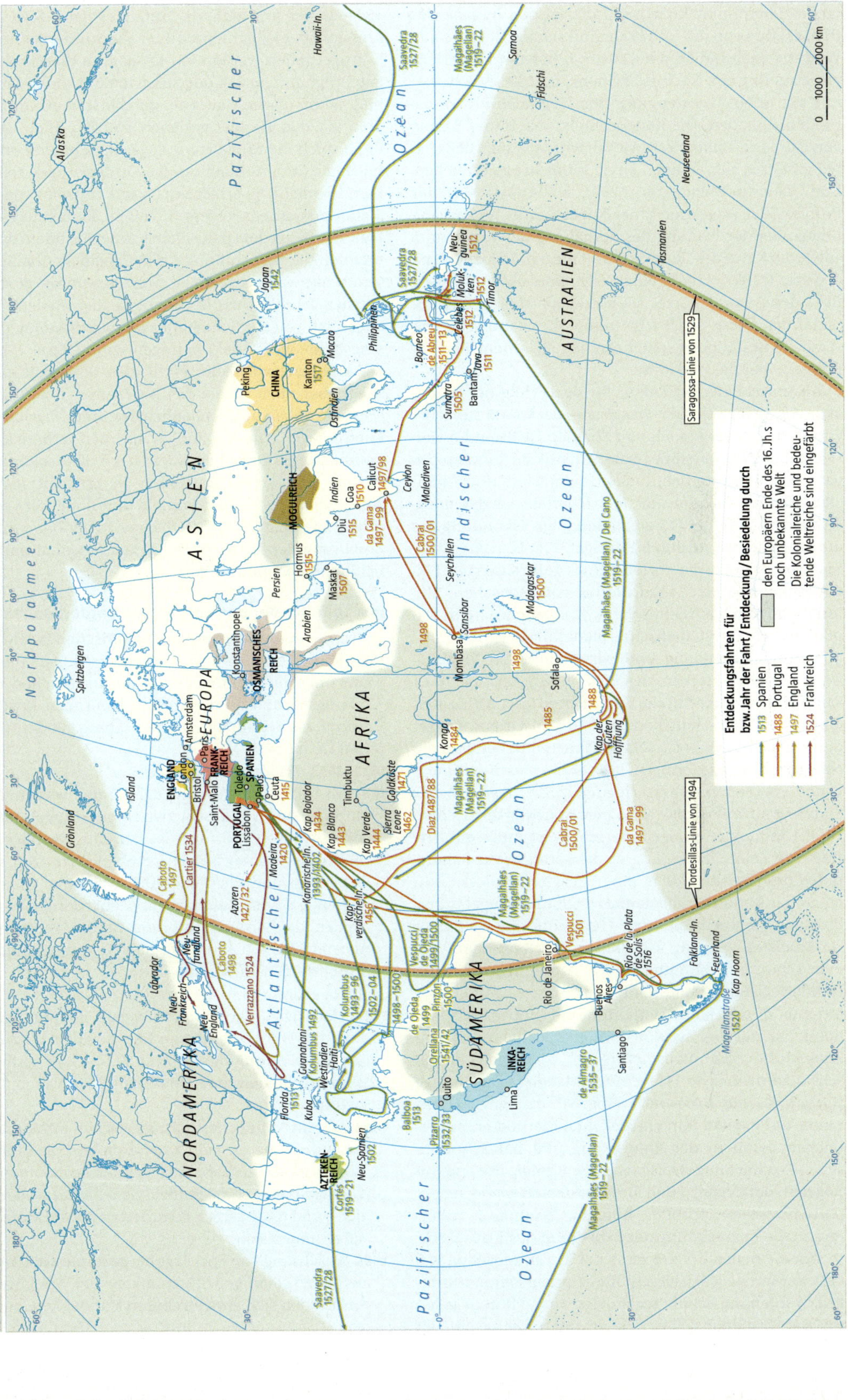

fanges übernimmt KOLUMBUS die falsche Angabe des PTOLEMAIOS von nur 28 350 km und schätzt deshalb den Westweg nach Indien mit 11 000 km (anstatt 21 000 km) viel zu gering ein. Noch bei seinem Tod 1506 ist KOLUMBUS der festen Überzeugung, den Weg nach Indien gefunden zu haben. Die Kartografie ist v. a. in der Schule von Palma de Mallorca entwickelt worden, doch ließ sich bei größeren Karten noch keine Winkeltreue erreichen. Erst GERHARD MERCATOR (*1512, †1594) löst 1567 das Problem der Projektion einer Kugeloberfläche auf eine Ebene. Bei der Planung des Vorhabens des KOLUMBUS spielt die Karte des Florentiners PAOLO DAL POZZO TOSCANELLI (*1397, †1482) eine Rolle, wonach der Seeweg über den Atlantik kürzer sei als der portugiesische um Südafrika. Diese Nachricht nimmt KOLUMBUS als zusätzliche Bestätigung seiner eigenen (falschen) Berechnungen über die Westroute.

3) Als entscheidender Faktor für den Erfolg der Entdeckungen erweist sich das **Engagement der Kronen** zunächst von Portugal, dann auch von Spanien. Während bisherige italienische Vorstöße in den Atlantik im Rahmen privater Handelsunternehmungen organisiert und finanziert werden, beginnt mit dem Überfall auf das nordafrikanische Ceuta 1415 die planmäßige Erkundung der afrikanischen Küste durch Portugal. V. a. HEINRICH DER SEEFAHRER nutzt die Vorteile eines zentralisierten Flächenstaates bei der Mobilisierung von Menschen, Material und (auch ausländischem, v. a. italienischem) Kapital für eine systematische, planmäßige Expansionspolitik zur Erkundung und wirtschaftlichen Erschließung der afrikanischen Westküste und ihrer Inseln. Er sammelt in großem Stil alle Nachrichten über Afrika, den arabischen Herrschaftsbereich und den Orient, wertet diese aus und macht sie seinen Plänen nutzbar. Um die Navigation voranzubringen, lässt er die Messinstrumente und -methoden verbessern. An Kap São Vicente an der Südwestspitze Portugals wird eine Sternwarte errichtet. Die Gründung einer Seefahrerschule ist indes ein Mythos. Für seine Pläne nutzt er die verfügbaren Finanzmittel des Christusordens, einer 1338 gegründeten Auffangorganisation für die damals auch in Portugal unterdrückten Tempelritter, der HEINRICH als weltlicher Großmeister vorsteht. Gestützt auf Erfahrungen, die man schon im Spätmittelalter im Mittelmeerraum mit Handelsexpansion und Koloniebildung gesammelt hat, errichtet er ein Handelsimperium mit innovativen Produktions- und Organisationsformen, z. B. der Anbau von Zuckerrohr und Rebstöcken in Plantagen durch schwarzafrikanische Sklaven auf Madeira. Die Könige JOHANN II. und EMANUEL I. übernehmen nach HEINRICHS Tod die von ihm entwickelten Methoden und erreichen damit in der Entdeckung und handelspolitischen Erschließung Ostasiens große Erfolge. Die Spanier folgen in der Organisation ihrer Entdeckungsreisen dem portugiesischen Vorbild. Königin ISABELLA I. übernimmt die Finanzierung der Expedition des KOLUMBUS.

Um die neuen Erkenntnisse der astronomischen Navigation in der Hochseeschifffahrt praktisch auszunutzen, werden die Schiffe regelmäßig von »Piloten« geleitet. Die Ausbildung dieser Navigatoren überwacht seit 1508 ein neu geschaffenes Amt, das *Piloto Mayor*. Erster Amtsinhaber ist der Florentiner AMERIGO VESPUCCI.

Angetrieben werden die Kronen zu diesen ehrgeizigen Programmen von der Aussicht auf Handelskontakte und ökonomische Gewinne, die meist über Kronmonopole auf den Handel gesichert werden. Eine wichtige Rolle spielt die Konkurrenz zwischen Spanien und Portugal, die dem Wettlauf um die Entdeckungen seine Dynamik verleiht. So erhält KOLUMBUS trotz des von vielen Seiten erkannten Fehlers in seinen Berechnungen die Unterstützung der spanischen Krone, nachdem den Portugiesen die Umschiffung Afrikas geglückt und Spanien unter Zugzwang geraten ist. Von Bedeutung ist schließlich der Abschluss der Reconquista, die von den Kronen, aber auch von der Schicht der *Reconquistatores*, den *Hidalgos* (niederer Adel), getragen wird. Dieses Personal, das Hunger nach Land, Privilegien und sozialem Aufstieg, aber auch Ideale des Rittertums, Abenteuerlust, Prestigestreben und schließlich das Kreuzzugsideal vom Kampf gegen Andersgläubige und der Verbreitung des Katholizismus antreiben, sucht nach der Eroberung der letzten maurischen Bastionen in Spanien (Granada 1492) ein neues Betätigungsfeld und findet dies seit der Eroberung Ceutas 1415 in Übersee. In der *Conquista*, der Eroberung der Neuen Welt, wirken Personal und Mentalität der Reconquista fort.

Das Zeitalter der portugiesischen Entdeckungen

14. Jh. Wiederentdeckung der Kanarischen Inseln.

1415–1460 HEINRICH DER SEEFAHRER (*1394, †1460) fördert besonders intensiv die portugiesischen Entdeckungsfahrten an der westafrikanischen Küste südwärts. Als Beginn dieser Entwicklung gilt der Überfall auf Ceuta 1415.

1427–1432 Erkundung der Azoren.

1431 Im Vertrag von Medina del Campo werden die Ansprüche auf Nordafrika zwischen Portugal und Kastilien geregelt. Portugal ist bemüht, Kastilien möglichst aus seinen afrikanischen Besitzungen auszuschließen und die Neuentdeckungen zu monopolisieren. Diesem Zweck dienen auch drei päpstliche Bullen, die Portugal zum Dank für die Unterstützung der päpstlichen Kreuzzugsaufrufe das Monopol auf Eroberungen außerhalb Europas verbriefen (1452, 1455, 1456).

1434 Nach wiederholten jahrelangen Bemühungen gelingt die Umschiffung von Kap Bojador. Dass dieses »Kap der Angst« damit seine Schrecken verliert, ist eine psychologische Erleichterung für weitere Unternehmen.

1444 Der im Auftrag des portugiesischen Königs fahrende DINIS DIAZ erreicht Kap Verde und die Mündung des Senegal. Im Maße wachsender Ausbeute intensiviert sich der Schiffshandel (etwa 25 Karavellen jährlich), und die staatlich geförderten Entdeckungen beschleunigen sich.

1445 Errichtung von Fort Arguin (portugiesisch Arguim) als ersten ständigen Stützpunkt an der Westküste Afrikas für den sich entwickelnden Handel, v. a. mit Sklaven.

1471/72 Der portugiesische Seefahrer FERNÃO DO PÓ entdeckt die vor der Küste Kameruns gelegene, später nach ihm benannte Insel (heute Bioko), bald danach wird der Äquator überschritten.
Die einem mitunter verpachteten Handelsmonopol der Krone unterworfenen afrikanischen Neuentdeckungen erweisen sich als wirtschaftlich außerordentlich lohnend. Mit welchen Waren gehandelt wird, spiegelt sich in der Benennung der erschlossenen Küsten wider: Pfeffer-, Elfenbein-, Gold- und Sklavenküste.

1479, 4. Sept. Frieden von Alcaçovas zur Beendigung des Kastilischen Erbfolgekriegs (1474–1479): Die Kanarischen Inseln gehen endgültig an Spanien, das sich damit gegen den portugiesischen Monopolanspruch ein Sprungbrett im Atlantik sichert. Dafür erkennt ISABELLA VON KASTILIEN das portugiesische Kronmonopol südlich der Kanarischen Inseln an. Ganz Westafrika wird damit Portugal zugesprochen.

1481 An der Goldküste entsteht die Festung Mina (Elmina) zum Schutz des portugiesischen Goldhandels.

1482–1484 Unter Führung des im Auftrag der portugiesischen Krone fahrenden DIOGO CÃO (†um 1486) wird die Kongomündung erreicht.

1485–1486 Auf einer zweiten Reise überwindet DIOGO CÃO Kap Cross und erreicht die große Walfischbai. An einer dieser Afrika-Fahrten nimmt der Nürnberger Patrizier und Kosmograf MARTIN BEHAIM (*1459, †1507) teil, der den ältesten erhaltenen Globus aus der Zeit vor der Fahrt des KOLUMBUS 1492 herstellt.

1487, Aug.–1488, Dez. Durch einen Sturm weit nach Süden abgetrieben, umschifft BARTOLOMEU DIAZ (*um 1450, †1500), der im Auftrag des portugiesischen Königs fährt, die Südspitze Afrikas. Er bemerkt dies erst angesichts des nun nördlichen Verlaufs der Küste. DIAZ erkundet einen Teil der östlichen Südspitze Afrikas, wird aber vermutlich auf Höhe des großen Fischflusses von der entkräfteten Mannschaft zur Umkehr gezwungen. Auf dem Rückweg entdeckt er das von ihm zunächst so benannte Kap der Stürme, das wohl König JOHANN II. in Kap der Guten Hoffnung (auf die nun freie Fahrt nach Indien) umbenennt.

1487/88 Im Rahmen seines »Indienplans« organisiert König JOHANN II. neben der Suche nach dem Seeweg und Vorstößen in das Innere Afrikas (1484–1494) auch Expeditionen einzelner Agenten, die auf arabischen Handelsrouten zu Lande und zur See Indien und Äthiopien erreichen sollen. Dies zielt sowohl auf die Erkundung des Gewürzhandels als auch auf ein Bündnis mit einem christlichen Herrscher im Orient, der in Äthiopien vermutet und mit dem legendären Priesterkönig JOHANNES gleichgesetzt wird.
Der Kundschafter PÊRO DA COVILHÃ (*um 1450, †um 1530) erreicht 1488 als erster Portugiese Indien und erforscht auf dem Rückweg als erster Europäer Teile der afrikanischen Ostküste bis zum südlichsten Handelsstützpunkt der Araber in Sofala. Seine Nachricht, Sofala werde auf dem Seeweg von Guinea aus angefahren, dürfte – wenn sie den König in Portugal denn erreicht hat – die Bemühungen Portugals um den damit belegten Seeweg nach Indien befeuert haben. COVILHÃ gelangt auch nach Äthiopien, wo er auf den Negus, einen christlichen Herrscher, trifft, aber bis zu seinem Tod festgehalten wird. Sein Reisebericht gelangt später dennoch nach Europa.

Von Kolumbus bis zur ersten Weltumseglung

Durch das Eindringen der Spanier in das portugiesische Entdeckungsmonopol bei der Suche nach der Indienroute entsteht jene einmalige Dynamik, welche in weniger als 30 Jahren zu den großen Entdeckungen der Neuen Welt und zur Weltumfahrung führt. Die Spanier verfolgen im Wesentlichen die gleichen Ziele wie die Portugiesen: Sie suchen in Indien das Land, wo sich das in vielen Jahrhunderten aus Europa abgeflossene Gold und die Rohstoffquellen der begehrten Orientwaren (Gewürze und viele Luxusgüter) befinden sollen. Neuartig ist am spanischen Vorgehen, dass die Spanier nicht mit den Portugiesen um die Afrikapassage konkurrieren, sondern – die Kugelgestalt der Erde voraussetzend – ihr Hauptaugenmerk auf die Westpassage richten, um die Reichtümer »Indiens« zu erreichen.

1492, 3. Aug.–1493, 15. März **Erste Reise des** Genuesen **CHRISTOPH KOLUMBUS** (*1451, †1506), die er im Auftrag und mit finanzieller Unterstützung der Königin ISABELLA VON KASTILIEN durchführt.

1492, 12. Okt. Nach 36-tägiger Westfahrt erreicht KOLUMBUS die Bahamas-Insel Guanahaní, die er San Salvador nennt. Danach entdeckt er u. a. Kuba und Haiti, welche er für Inseln Japans hält.

1493, 4. Mai Nach Protesten Portugals gegen die Verletzung seines bisherigen Monopols ergeht ein päpstlicher Schiedsspruch: Spanien und Portugal teilen sich das Monopol zur Erschließung der Welt, grenzen aber ihre Einflussbereiche durch eine von Norden nach Süden verlaufende Linie ab. Damit bestätigt der aus Spanien stammende Papst ALEXANDER VI. (1492–1503) Spanien das ausschließliche Entdeckungsrecht jenseits der hundert Seemeilen westlich der Azoren verlaufenden Linie.

1493, 25. Sept.–1496, 11. Juni Zweite Reise des KOLUMBUS, die er mit 17 Schiffen und 1200–1500 Mann antritt, um die Entdeckungen in spanischen Besitz zu nehmen und Siedlungen zu errichten. Er gründet die erste feste Niederlassung La Isabella auf Hispaniola, die später sein Bruder nach Santo Domingo verlegt. Weitere Erkundungen der Karibik, v. a. Kubas.

1494, 7. Juni Der **Vertrag von Tordesillas** trennt die spanischen und portugiesischen Interessengebiete abermals durch eine Nordsüdlinie, welche nun jedoch 370 Seemeilen westlich der Kapverdischen Inseln auf 46°37' westlicher Länge verläuft. Durch diese Korrektur der Bestimmungen von 1493 im Interesse Portugals gerät Brasilien stärker in den portugiesischen Bereich. Auch diesen Vertrag verkündet und besiegelt Papst ALEXANDER VI. Er fixiert die grundsätzliche Orientierung Spaniens nach Westen und Portugals nach Osten und dient der Einhegung der Rivalität zwischen den Mächten, die die Entdeckungen vorangetrieben hat und nun nicht kontraproduktiv werden soll.

1497 Erste Reise des Venezianers Giovanni Caboto (John Cabot; *um 1453, †um 1499) im Auftrag der englischen Krone von Bristol nach Neufundland (Cape Breton) auf der Suche nach der Insel Brasilia. Die Nichtrespektierung der spanisch-portugiesischen Demarkationslinie zeigt den begrenzten Wert einer Teilung der Neuen Welt in Interessensphären.

1498 Zweite Reise des Caboto mit seinem Sohn Sebastiano (†1557). Sie erkunden die nordamerikanische Ostküste zwischen Sankt-Lorenz-Strom und der Hudson-Mündung. Caboto nimmt zwar das entdeckte Land für die englische Krone in Besitz, doch da weder das gesuchte Zedernholz noch irgendwelche Edelmetalle gefunden werden, fehlt vorerst das weitere Interesse in England an den neuen Gebieten.

1497–1499 Dem Portugiesen **Vasco da Gama** (*1469, †1524) gelingt im Nov. 1497 erneut die Afrika-Umseglung. Er erkundet die ostafrikanische Küste nördlich bis Mombasa und Malindi und **erreicht** am 20. Mai 1498 mithilfe eines arabischen Lotsen Calicut, den wichtigsten Gewürzmarkt in **Indien**. Im Aug. 1498 tritt er die Rückfahrt über Malindi und das Kap der Guten Hoffnung an, welches er im März 1499 umschifft.

1498, 30. Mai–1500, 20. Nov. Dritte Reise des Kolumbus, bei der er erstmals das südamerikanische Festland (1. Aug.) nahe der Orinoco-Mündung erreicht. Nach einem gegen ihn gerichteten Aufstand der Siedler in Española (heute Haiti) wird er von einem aus Spanien herbeigerufenen königlichen Sonderbevollmächtigen gefangen nach Spanien zurückgebracht. Er wird zwar freigelassen, verliert aber seine Privilegien als Vizekönig. Die Verwaltung der Neuen Welt geht nun an die Krone und ihre Fachleute.

1499/1500 Erste Reise des in Diensten der Medici stehenden Amerigo Vespucci (*1451, †1512) zusammen mit dem spanischen Konquistador Alonso de Hojeda (*um 1473, †um 1516) zur Erkundung der nordöstlichen Küstengebiete Südamerikas, v.a. Venezuelas: Er entdeckt die Amazonas-Mündung.

1500/01 Dem portugiesische Admiral Pedro Álvares de Cabral (*um 1468, †um 1526) wird nach der Rückkehr da Gamas die Leitung der Indienflotte übertragen. Er segelt mit 13 Schiffen von den Kapverdischen Inseln vom Wind abgetrieben zuerst zur brasilianischen Küste, die er bei einem kurzen Aufenthalt (April 1500) offiziell für Portugal als Ilha da Vera Cruz oder (später Terra da Santa Cruiz) in Besitz nimmt. Dann fährt er um die Südspitze Afrikas nach Indien, wo er Pfeffer und andere Gewürze lädt, die der Rest seiner Flotte nach Lissabon bringt. Mit dieser gewaltsam durchgesetzten Eröffnung des regulären portugiesischen Indienhandels beginnt der rasche Aufstieg Lissabons zum Zentrum des Ostasienhandels.

1501/02 Zweite Reise des Amerigo Vespucci – nun in portugiesischem Dienst – zur Erkundung der brasilianischen Küste zwischen Pernambuco und dem Rio de la Plata. In seinem Reisebericht »Mundus novus« vertritt Vespucci die Ansicht, es handle sich hierbei um eine Neue Welt, was den Geografen Martin Waldseemüller (*um 1470, †um 1521) in Anlehnung an Vespuccis Vornamen »Amerigo« zu dem Namen **»America«** (1508) inspiriert, der dann – zuerst nur für Südamerika – gebräuchlich wird.

1502, Mai–1504, Nov. Vierte Reise des Kolumbus zur Entdeckung der mittelamerikanischen Ostküste von Honduras südwärts bis nach Panama.

1506, 20. Mai Kolumbus stirbt in Valladolid, fast vergessen, in der festen Überzeugung, Indien auf der Westroute entdeckt zu haben.

1519–1522 Mit fünf Schiffen unternimmt Fernão de Magalhães (Magallanes; *um 1480, †1521), ein Portugiese in spanischen Diensten, mit dem Auftrag, die Molukken auf der Westroute zu erreichen, die **erste Weltumseglung**. Er erkundet die brasilianische Küste von Pernambuco südwärts und durchfährt die nach ihm benannte Wasserstraße zwischen Feuerland und dem südamerikanischen Festland. Auf der Nordwestfahrt durch das wohl wegen der gefährlichen Windstillen von ihm sog. *Mare Pacificum* erreicht er die Philippinen. Dort wird er von Eingeborenen erschlagen. Eines der Schiffe, geführt von Juan Sebastián Del Cano (*um 1480, †1526), setzt die Fahrt westwärts fort, berührt Borneo, die Molukken und Timor, umfährt Afrika südlich und erreicht schließlich mit 18 Überlebenden am 6. Sept. 1522 den spanischen Ausgangshafen. Mit dieser ersten Weltumseglung ist die Kugelgestalt der Erde praktisch demonstriert.

1527/28 Expedition des Álvaro de Saavedra (†1529): Nachdem bereits mehrere Anläufe Spaniens gescheitert sind, die Fahrt zu den Gewürzinseln zu wiederholen, misslingt auch der Versuch, von Mexiko aus auf den Molukken Fuß zu fassen.

1529, 22. April Kaiser Karl V. verkauft daher seine Ansprüche auf die Molukken im Vertrag von Saragossa an Portugal. Damit ist auch im asiatischen Raum eine Abgrenzung der spanischen und portugiesischen Interessenssphären erreicht: Die Trennlinie verläuft zwischen den Philippinen und der Inselwelt des heutigen Indonesien 297,5 Leguas westlich der Molukken, wobei umstritten ist, wie viele Meter einer Legua entsprechen und der Verlauf der Linie daher nur ungefähr mit etwa 135° östlicher Länge anzugeben ist.

Die iberischen Kolonialreiche

Zeitlich verläuft der Aufbau der iberischen Kolonialreiche parallel, strukturell sind sie höchst unterschiedlich: Die Portugiesen errichten ein Stützpunktsystem entlang der Seeroute nach Asien und innerhalb des Indischen Ozeans, das zwar auch ihre militärische Präsenz sichert, aber v. a. dem Handel dient. Ziel ist die Herrschaft über Märkte, nicht über Land und Menschen. In Amerika etablieren die Spanier hingegen auf Ausbeutung und Unterwerfung ausgerichtete Herrschafts- und Siedlungskolonien. Diese Unterschiede sind weniger auf bewusste Entscheidungen der Kolonialmächte zurückzuführen als vielmehr auf die Gegebenheiten vor Ort. Mit der Kolonialisierung fallen der Beginn der Christianisierung und die Etablierung einer kirchlichen Hierarchie zusammen. Während die Mission speziell von Orden vorangetrieben wird, liegt das Patronat über die kirchliche Hierarchie in der Hand der Kronen. | s. S. 1303, 1311 |

Portugiesen in Asien

In Asien treffen die Portugiesen auf hochentwickelte Kulturen, ein traditionsreiches Handelssystem und Handelswaren (v. a. Gewürze), die hohe Profitraten versprechen. Es gelingt ihnen, sich in dieses bestehende Handelssystem einzuklinken. Bei der Eroberung einzelner Stützpunkte und insbesondere bei der Verdrängung der muslimischen Händlerkonkurrenz kommt es auch zum Einsatz von Waffengewalt. Grundsätzlich akzeptieren die Portugiesen jedoch die vor Ort gegebenen Rechts- und Machtverhältnisse sowie ihre eigene untergeordnete Rolle. Schrittweise wird das portugiesische Stützpunktsystem ausgebaut. Dabei entstehen entlang der Seeroute und der asiatischen Küsten neben Faktoreien (Handelsstützpunkte) immer auch Forts (Militärstützpunkte), die der Absicherung der Handelspositionen auch gegenüber europäischen Konkurrenten dienen. Während die Portugiesen in Vorderindien von der Vielfalt der Völker und Sprachen profitieren und die Konflikte vor Ort für ihre eigenen Interessen nutzen, können sie in den vergleichsweise geeinten, am Kontakt mit den als kulturell unterlegen wahrgenommenen Europäern kaum interessierten Reichen China und Japan nicht Fuß fassen. Eine Nische finden die Portugiesen aber auch hier: Da China und Japan zwar Interesse an wechselseitigen Handelsbeziehungen haben, jeden direkten Kontakt aber ablehnen, übernehmen die Portugiesen den äußerst lukrativen Zwischenhandel. Der auch *Country Trade* genannte Handel innerhalb des Indischen Ozeans v. a. mit indischer Baumwolle, chinesischer Seide und japanischen Edelmetallen übersteigt die Gewinne aus dem Warentransport nach Portugal um ein Vielfaches.

1505 Gründung des *Estado da India* als Verwaltungseinheit der portugiesischen Besitzungen von Westafrika bis Ostasien unter der Leitung eines Vizekönigs. Als Zentralbehörde ist die *Casa da India* für die politische wie ökonomische Verwaltung der Kolonie zuständig.

1509, 3. Febr. Mit der Vernichtung einer arabischen Flotte vor Diu erlangt Portugal die Seeherrschaft im Indischen Ozean.

1510, 27. Febr. **Eroberung von Goa** (Indien). Goa wird zum Zentrum der portugiesischen Asieninteressen.

1511, 24. Aug. Eroberung von Malakka, das als Handelsdrehscheibe zwischen Süd- und Ostasien auch der Schlüssel zum China-Handel ist.

1513 Auf Ternate, der Hauptinsel der als »Gewürzinseln« bezeichneten Molukken wird eine portugiesische Faktorei errichtet.

1515 Mit der Besetzung von Hormus am Eingang zum Persischen Golf wird die persische Handelskonkurrenz schwer getroffen.

1518 In Colombo auf der Zimtinsel Ceylon wird eine portugiesische Faktorei errichtet, von der aus das Land durchdrungen und missioniert wird.

1535 Diu wird portugiesisch.

1557 Nach einer Reihe von Erkundungsfahrten, die der Kontaktaufnahme zum chinesischen Reich dienen, darf Portugal auf der Halbinsel Macao an der südchinesischen Küste halboffiziell (offiziell genehmigt 1582) eine Siedlung errichten.

1571 Mit Nagasaki wird den Portugiesen auch in Japan ein Hafen geöffnet. Die Vermittlung von Handelskontakten mit Japan übernehmen die dort seit 1549 tätigen Jesuitenmissionare als Kenner des Landes und der Sprache. Als um 1600 mit der Verfolgung von Christen und der Vertreibung der Fremden die Abschließung des nunmehr geeinten Reiches beginnt, leidet der Handel mit Japan. 1639 schließt Japan alle Häfen für Europäer, 1641 wird den Niederländern als Handelsstützpunkt Deshima zugesprochen, eine künstliche Insel in der Bucht von Nagasaki. Seither bis 1855 ist Japans Kontakt mit der Außenwelt auf Nagasaki begrenzt. | s. S. 1218 |

Spanisch-Amerika

In Spanisch-Amerika erweist sich ein Stützpunktsystem nach portugiesischem Vorbild als nicht hilfreich. Da die Reichtümer der Neuen Welt nicht aus Gewürzen und anderen Handelswaren, sondern aus Silber- und Goldvorkommen unter der Erde bestehen, stellt sich für die im Auftrag der Krone, aber auf eigene Kosten nach Amerika gereisten Eroberer aus dem Milieu der *Conquista* die Herrschaft über Land und Leute als der schnellste Weg zum erhofften Gewinn dar. Zur Erschließung der Rohstoffe, an deren Ertrag die Krone mit 20 % beteiligt ist, wird das System der *encomienda* (Zuteilung von Land und Indios an Konquistadoren) und die Zwangsarbeit der Indios eingeführt. Das Kapital, das die Eroberer so anhäufen, nutzen sie für weitere Eroberungszüge. Bis etwa 1570 entsteht das in die Vizekönigtümer Neuspanien (1535) in Nord- und v. a. Mittelamerika (Mexiko) sowie Peru (1542) in Südamerika unterteilte Spanisch-Amerika. Altamerikanische Hochkulturen wie Azteken und Inka werden zerschlagen. Dass dies trotz zahlenmäßiger Unterlegenheit in kurzer Zeit gelingt, ist auf die überlegene Ausrüstung der Spanier (Feuerwaffen, Pferde, Bluthunde), aber auch auf politische Spannungen vor Ort (Bündnisbereitschaft unterworfener Stämme und Gruppen) zurückzuführen. Ob die Spanier tatsächlich für »weiße Götter« gehalten wurden, ist umstritten. Das spanische Kolonialreich, das politisch vom Indienrat (seit 1524), ökonomisch von der *Casa de la Contratación* (1503) geleitet wird, hat bis nach 1800 Bestand.

1519–1522 Hernán Cortés (*1485, †1547) erobert Mexiko.

1532/33 Francisco Pizarro (*1476/78, †1541) erobert Peru.

1534–1542 Gründung der Städte Quito (1534), Lima (1535) und Santiago de Chile (1542).

1542 Die Neuen Gesetze (*Leyes Nuevas*) versuchen die Ausbeutung der Indianer zu mildern, die Missionare wie der Dominikaner Bartolomé de Las Casas (*1484, †1566) kritisieren. Der Erfolg ist gering.

Entdeckungsfahrten im 17. und 18. Jh.

1545/46 Entdeckung der Silbervorkommen von Potosí (Bolivien) und Zacatecas (Mexiko). Insbesondere in den Silberminen wird die Ausbeutung der Indianer ungemindert fortgesetzt.

1565 Spanien beginnt von Mexiko aus mit der Kolonisierung der Philippinen (Gründung von Manila). Dies verstößt zwar gegen die Teilungsvereinbarung mit Portugal von 1494, eröffnet Spanien aber vor dem Hintergrund hoher Gewürzpreise eine Hintertür in den asiatischen Gewürzhandel.
Kann Spanien auf den 1521 von MAGELLAN für Spanien erhobenen Anspruch auf die Philippinen verweisen, erhebt Portugal gemäß dem Vertrag von Tordesillas 1494 Anspruch auf Brasilien. Den Gegebenheiten vor Ort entsprechend, errichten die Portugiesen anders als in Asien hier keine Stützpunktkolonie, sondern eine Herrschaftskolonie mit Zwangsarbeit: Mit dem Aufschwung der über Madeira und São Tomé nach Amerika gelangten Zuckerindustrie beginnt in Brasilien um 1570 der Anbau des Zuckerrohrs auf Plantagen und der massenhafte Import der dafür eingesetzten versklavten Afrikaner.

Entdeckungen und Kolonien nach der iberischen Expansion

Die Aufteilung der Welt zwischen Spanien und Portugal wird von den anderen europäischen Ländern nicht hingenommen. Insbesondere die Niederlande, Frankreich und England versuchen mit Spanien und Portugal gleichzuziehen bzw. in Räume vorzudringen, die von diesen noch nicht besetzt sind. Es kommt zu weiteren Entdeckungsfahrten und zur Bildung neuer Kolonien, aber auch zu Besitzverschiebungen zu Lasten der iberischen Reiche. Portugal muss sein asiatisches Handelsimperium an die Niederlande abgeben, die wiederum von England abgelöst werden. Spanien hat v. a. in der Karibik Verluste hinzunehmen. Die Entdeckungsreisen gelten zunächst entweder der Suche nach der Nordwestpassage von Europa nach Asien auf der nördlichen Westroute entlang der Nordküste Amerikas oder der Suche nach der Nordostpassage von Europa nach Asien entlang der Nordküste Sibiriens in Richtung Osten. Die Suche nach der Nordwestpassage führt zur Erschließung und Kolonisierung Nordamerikas, die Suche nach der Nordostpassage ist mit der Unterwerfung Sibiriens durch Russland verbunden. Im 17. und v. a. im 18. Jh. konzentrieren sich die Fahrten auf die Erkundung der Südsee. Bis zum Ende des 18. Jh. sind die Küstenlinien und Inseln der Welt kartografisch erfasst und erforscht.

Nordamerika

Der Spanier VASCO NÚÑEZ DE BALBOA (*um 1475, †1517) überquert 1513 die Landenge von Panama von Norden nach Süden und entdeckt die (aus seiner Sicht im Süden gelegene) »Südsee«, d. h. den Pazifik. Damit gilt der neue Kontinent nicht mehr als Teil Asiens, sondern als Barriere auf dem Weg zu den dortigen Reichtümern. Folglich konzentriert sich die Suche auf einen Wasserweg im Norden des amerikanischen Kontinents, die Nordwestpassage. Dies führt zur Erkundung und schließlich Kolonisierung Nordamerikas v. a. durch Frankreich und England.

Französische Entdeckungsfahrten und Kolonien

1524–1528 GIOVANNI DA VERRAZANO (*1485, †1528) aus Florenz erkundet im französischen Auftrag die Ostküste Nordamerikas vom heutigen South Carolina bis nach Neuschottland.

1534–1542 JACQUES CARTIER (*1491, †1557) erkundet bei drei Reisen den Sankt-Lorenz-Strom bis ins Gebiet des heutigen Quebec. Er nimmt die Region für Frankreich in Besitz. Erste Siedler treiben Pelzhandel mit den Indianern.

1603–1607 SAMUEL DE CHAMPLAIN (*um 1570, †1635) und JEAN NICOLET (*1598, †1642) reisen den Sankt-Lorenz-Strom aufwärts bis zu den Großen Seen.

1608 CHAMPLAIN gründet Quebec (Neu-Frankreich). In den nächsten Jahrzehnten führen Pelzhandel und Indianermission die französischen Siedler ins Hinterland.

1670er-Jahre Der Jesuitenmissionar JACQUES MARQUETTE (*1637, †1675) und der an ökonomischen Möglichkeiten interessierte »Waldläufer« LOUIS JOLLIET (*1645, †1700) erforschen das Gebiet von den Großen Seen bis zum Flusssystem Zentral-Nordamerikas. 1673 erreichen beide den Mississippi.

1682 RENÉ ROBERT CAVELIER DE LA SALLE (*1643, †1687) gelangt bis zur Mündung des Mississippi und nimmt das Land als Louisiana für LUDWIG XIV. in Besitz. Bis zum frühen 18. Jh. entsteht eine Kette französischer Forts und kleinen Siedlungen von Quebec bis zum Golf von Mexiko.

1718 Gründung von Nouvelle Orléans (New Orleans).

1763, 10. Febr. Im Frieden von Paris am Ende des Siebenjährigen Krieges 1756–1763 bzw. des French and Indian War, der bereits 1754 beginnt und die koloniale Dimension des europäischen Mächtekonflikts darstellt, verliert Frankreich alle seine Besitzungen in Nordamerika (außer New Orleans). Führende Kolonialmacht ist nun endgültig Großbritannien.

Englische Entdeckungsfahrten und Kolonien

1497/98 JOHN CABOT (GIOVANNI CABOTO) erkundet die Küste Neufundlands und begründet den Anspruch Englands auf Nordamerika. Seit 1563 Verstärkte englische Aktivitäten mit Beginn englischer Piratenüberfälle auf spanische Schiffe und amerikanische Häfen.

1577–1580 FRANCIS DRAKE (*um 1540, †1596) weitet eine Kaperfahrt gegen spanische Schiffe im Pazifik zu einer Weltumseglung aus. Er erkundet dabei Kalifornien (Landung nördlich der San Francisco Bay) und beansprucht es für England.

1576–1578 MARTIN FROBISHER (*1535, †1594) sucht auf drei Reisen in arktische Gebiete ausdrücklich, aber erfolglos nach der Nordwestpassage.

1609 Der zuweilen für die Niederlande fahrende englische Kapitän HENRY HUDSON (*um 1570, †1611) entdeckt die Bucht von New York mit der Insel Manhattan und erkundet den Fluss Hudson.

1610 Hudson erkundet die nach ihm benannte Hudson-Bay.

1616 William Baffin (*1584, †1622) setzt die Erkundung der Wasserwege im nördlichen Nordamerika fort. Da Baffin und andere die Suche nach der Nordwestpassage für aussichtslos halten, werden die Versuche vorerst eingestellt.
Auch hier folgen den Erkundungsreisen Koloniegründungen. Im Unterschied zu den meisten anderen Ansiedlungen entwickeln sich die englischen Gründungen jedoch schnell zu Siedlungskolonien. Treibende Kräfte sind hierbei zum einen das Gewinnstreben von Handelsgesellschaften oder Privatunternehmern, zum anderen aber die religiöse Verfolgung in England. So werden sowohl Unternehmer als auch religiös motivierte Gesellschaften mit einem Freibrief (*charter*) der Krone ausgestattet, der zur Gründung einer Kolonie berechtigt.

1607 **Die London Company gründet Jamestown** in der Chesapeake Bay. Im Unterschied zu vorherigen Anläufen kann sich die Siedlung als Keimzelle der nach Königin Elisabeth I. benannten Kolonie Virginia halten.

1620 **Die Pilgerväter** (*pilgrim fathers*), aus England zunächst in die Niederlande ausgewanderte Puritaner, landen am Cape Cod und **gründen Plymouth Plantation.**

1630 Die Massachusetts Bay Company errichtet im Gebiet um Boston Siedlungen für Puritaner, die in großer Zahl von England in die Kolonien Neuenglands einwandern.
In der Folgezeit entstehen an der Ostküste Nordamerikas weitere englische Kolonien. Teils als Abspaltungen von der religiös rigorosen Kolonie Massachusetts, teils als von England aus geplante Neugründungen. | s. S. 1274 |
Ansätze der Niederlande (1624–1664) und Schwedens (1638–1655) zur dauerhaften Koloniegründung können sich hingegen nicht durchsetzen.

Karibik

Zu Verschiebungen im Kolonialbesitz im Bereich der Neuen Welt kommt es v. a. in der Karibik. Hier expandieren die Niederlande, England und Frankreich auf Kosten Spaniens, das sich langfristig nur auf Kuba behaupten kann. Nach einer wilden Phase, in der das Freibeutertum dominiert, übernehmen ab etwa 1630 die Staaten die Kontrolle. Dies führt zur Errichtung von Kolonien und, als entscheidende Neuerung, zur Entstehung der karibischen Plantagenökonomie. Auf den Plantagen, deren Vorbild die Zuckerproduktion des portugiesischen Brasiliens ab 1570 ist, stellen aus Afrika importierte versklavte Arbeiter Produkte für den Export nach Europa her: zunächst Zucker, aber auch Baumwolle (wie auch in den südlich Virginia gelegenen Kolonien Nordamerikas), Kaffee und Kakao. Damit werden die kolonisierten Gebiete als Produzenten von Exportwaren und als Importeure afrikanischer Sklaven in interkontinentale Handelsstrukturen eingebunden. Der transatlantische Sklavenhandel, der mit dem Transport einiger gefangener Afrikaner nach Kuba 1505 beginnt, erlebt mit dem Ausbau der Plantagenwirtschaft einen enormen Aufschwung. Zunächst als Ersatz für die durch Gewalt und Krankheiten nahezu ausgerottete indigene Bevölkerung der karibischen Inseln, dann für die in den Plantagen umgekommenen Afrikaner werden immer mehr versklavte Afrikaner in die Karibik importiert. Dafür sichern sich die meisten der in der Karibik vertretenen Kolonialmächte auch Stützpunkte an der westafrikanischen Gold- und Sklavenküste, v. a. entlang der Küste des heutigen Ghana.

England

1627 Die Engländer beginnen mit der Besiedlung der von den Spaniern entvölkerten Insel Barbados.

1655 Das bislang spanische Jamaika wird von den Engländern eingenommen.

1664 An der westafrikanischen Küste erobern die Engländer den von den Niederländern 1637 gegründeten Stützpunkt Cape Coast Castle für den Sklavenhandel. Als weiteren Stützpunkt richten die Engländer 1672 James Fort bei Accra ein.

Frankreich

1635 Frankreich nimmt Guadeloupe, Martinique und die französischen Antillen in Besitz.

1638 Um den Sklavenhandel zu sichern, wird am Fluss Senegal ein französischer Handelsposten errichtet. 1659 erfolgt die Gründung von Saint-Louis.

1664 Frankreich gründet die Kolonie Saint-Domingue auf der westlichen Hälfte der spanischen Insel Hispaniola.

1697, 20. Sept. Im Frieden von Rijswijk erkennt Spanien die Teilung der Insel an: Santo Domingo (heute Dominikanische Republik) im Osten bleibt spanisch, die Westhälfte wird französisch (heute Haiti).

Niederlande

1637–1654 Die Niederländer besetzen das Gebiet um das Zuckerzentrum Pernambuco in Brasilien. Die Kolonie verlieren sie zwar wieder an Portugal, die Plantage als Betriebsform behalten sie aber bei.

1667 So entstehen auch in der zunächst von England beanspruchten, 1667 aber den Niederlanden überlassenen Kolonie Niederländisch-Guyana (heute Suriname) Zuckerrohrplantagen.

Asien

Auch in Asien steht die Erschließung neuer Gebiete neben dem Kampf um die alten Kolonien. Neu erschlossen werden Sibirien und die Südsee, im Indischen Ozean kommt es zum Niedergang der portugiesischen Vormachtstellung.

Handelsimperien im Indischen Ozean

In der Zeit der Personalunion zwischen Spanien und Portugal (1580–1640) beginnt der Niedergang der portugiesischen Vormachtstellung in Asien. Die im Aufstand gegen Spanien befindlichen Niederlande greifen in Übersee v. a. portugiesische Stützpunkte an. Seit den

1620er-Jahren gelingt den in der Vereinigten Ostindischen Kompanie (*Vereenigde Oostindische Compagnie* [VOC], gegründet 1602) zusammengeschlossenen Handelsinteressen der Niederländer die Ablösung der Portugiesen. An die Stelle des portugiesischen Kronkapitalismus tritt der niederländische Händlerkapitalismus. An den Strukturen des portugiesischen Kolonialreiches ändert sich jedoch nichts: Es bleibt bei einem auf dem System befestigter Stützpunkte basierenden Handelsimperium mit nur geringer territorialer Herrschaftsbildung. Vorstöße anderer, nach englischem und niederländischem Vorbild gegründeter Ostindien-Gesellschaften (Dänemark 1616, Portugal 1628, Frankreich 1664) führen nur zu geringen Erfolgen.

Ein tief greifender Wandel vollzieht sich erst am Ende der Frühen Neuzeit: Die seit etwa 1740 zur wichtigsten europäischen Handelsmacht in den asiatischen Meeren aufgestiegenen Briten beginnen nach dem Niedergang des Mogul-Reiches und in Auseinandersetzung mit den im Frieden von Paris 1763 endgültig abgewiesenen politisch-militärischen Vorstößen Frankreichs seit etwa 1760 mit dem Ausbau territorialer Herrschaft in Indien. An die Stelle der bislang zum wechselseitigen Nutzen betriebenen Kollaboration mit regionalen Fürsten v. a. in Bengalen, dem Kerngebiet der britischen Handelsinteressen, tritt eine Strategie der Unterwerfung. Verkörpert wird diese Wende von Robert Clive (*1725, †1774), dem Eroberer und Gouverneur von Bengalen, getragen wird sie von der britischen *East India Company* (gegründet 1600), die sowohl als Handelsgesellschaft agiert als auch die britische Staatsgewalt vor Ort vertritt. Anfang des 19. Jh.s hat sich Großbritannien als unumstrittene Vormacht auf dem indischen Subkontinent etabliert.

Auf der Suche nach der Nordostpassage

Als treibende Kräfte bei der Suche nach der Nordostpassage erweisen sich russische Handels- und Expansionsinteressen, das Ziel ist die Erschließung Sibiriens. Seit Mitte des 16. Jh.s dringen Kosaken und russische Kaufleute verstärkt in das riesige Gebiet vor. Sie gründen erste russische Siedlungen und treiben Handel (v. a. mit Pelzen). Die Konflikte mit den tatarischen Khanaten, in die die Goldene Horde, das westliche Khanat des einstigen mongolischen Weltreichs, inzwischen zerfallen ist, werden militärisch ausgetragen.

1552 Die Eroberung von Kasan am Wolgaknie öffnet den Weg nach Osten. Die Kaufleute der Familie Stroganow werden von Zar Iwan IV. 1558 mit dieser Aufgabe und mit Privilegien betraut.

1582 Kosaken im Dienst der Stroganow zerstören das tatarische Khanat Sibir in der Nähe des heutigen Tobolsk. Damit ist der Weg zur Besiedlung großer Teile Westsibiriens offen. Mit der Flucht des letzten Khans um 1600 bleibt Sibirien endgültig den Russen überlassen.

1596/97 Eine niederländische Expedition unter Willem Barents (*um 1550, †1597) entdeckt Spitzbergen.

1648 Eine russische Expedition erreicht die später Beringstraße genannte Meerenge zwischen Asien und Amerika – Im 17. Jh. erkunden russische Robben- und Pelzjäger Sibirien bis zur nördlichsten Spitze.

1728 Der Däne Vitus Bering (*1680, †1741), der zwischen 1728 und 1741 im Auftrag Peters des Grossen in zwei Expeditionen die Nord- und Ostseite Sibiriens erkundet, stellt die Trennung Asiens und Amerikas durch die nach ihm benannte Meerenge fest.

1741 Bering erreicht als erster Europäer Alaska.

Die Erkundung der Südsee

Entdeckt von Balboa 1513, der das den Europäern bislang unbekannte Weltmeer »Südsee« nennt, und erstmals durchquert von Magellan, der vom *Mare Pacificum* spricht, wird der Pazifik im 16. Jh. von kleineren iberischen Expeditionen weiter erforscht. Als die Niederländer im 17. Jh. die Handelsdominanz der Portugiesen in Asien erfolgreich herausfordern, übernehmen sie auch die Führung bei der Erkundung der Südsee. Wichtiger als ökonomische Interessen ist die Suche nach der *Terra Australis* (südliches Land), dem sagenhaften Südkontinent, den schon Ptolemaios als Gegengewicht zu den Landmassen im Norden in der südlichen Hemisphäre vermutete.

1606 Der Niederländer Willem Janszoon (*um 1570, †um 1630) landet an der Nordküste Australiens.

1642/43 Um zu klären, ob Australien die *Terra Australis* darstellt, unternimmt Abel Tasman (*um 1603, †1659) im Auftrag der Ostindienkompanie eine Entdeckungsreise. Er segelt von Jakarta über Mauritius, verfehlt Australien, erreicht aber das von ihm nach dem damaligen Generalgouverneur von Jakarta, später nach ihm selbst benannte Van Diemens Land (Tasmanien). 1642 erreicht Tasman als erster Europäer Neuseeland, 1643 entdeckt er die Tonga- und die Fidschi-Inseln.

1644 Auf einer zweiten Entdeckungsreise kartiert Tasman den ebenfalls nach ihm benannten nördlichen Küstenabschnitt Australiens Tasmanland. Das Festland erhält die Bezeichnung Neu-Holland, der Name »Australien« kommt erst am Beginn des 19. Jh.s auf. Mangelnde ökonomische Perspektiven führen danach zum Ende der niederländischen Expeditionen.

Systematisch erforscht wird die Südsee erst im 18. Jh. Dabei zeigt sich, dass Australien bei weitem nicht so groß ist wie die vermutete *Terra Australis.* Die Entdeckungsfahrten in diesem »zweiten Zeitalter der Entdeckungen« sind nun von einem zunehmenden wissenschaftlichen Interesse geprägt und werden für botanische, zoologische, anthropologische und andere Studien wie für die Vermessung von Meer und Land genutzt. Hinter diesem wissenschaftlichen Ehrgeiz stehen indes nationale Macht- und Prestigeinteressen. Insbesondere die Konkurrenz zwischen Frankreich und England wird nun im Pazifik ausgetragen.

Unmittelbar nach der französischen Niederlage gegen England im Siebenjährigen Krieg und dem Verlust fast aller Besitzungen in Nordamerika und Indien im Frieden von Paris 1763 beauftragt Ludwig XV. den Marineoffizier und Mathematiker LOUIS-ANTOINE DE BOUGAINVILLE (*1729, †1811) mit einer Weltumseglung (erste Reise: 1764, zweite Reise: 1766–1769). Ziel ist der noch nicht von den Europäern erschlossene, für koloniale Projekte verfügbare Pazifik. BOUGAINVILLE liefert mit seiner Beschreibung der »edlen Wilden« auf Tahiti einen Schlüsseltext für die Debatten der Aufklärung über den Wert der Zivilisation und die Vorzüge des »Naturzustands« (JEAN-JACQUES ROUSSEAU).

Zur Verkörperung des neuen Forscher- und Entdeckertyps wird jedoch Kapitän **JAMES COOK** (*1728, †1779). Auch als Antwort auf die französischen Expeditionen erkundet COOK im Auftrag der britischen Admiralität und in Begleitung von Wissenschaftlern der Royal Society auf drei Reisen die Südsee systematisch.

1768–1771 COOKS erste Reise führt nach Neuseeland, dessen Charakter als Doppelinsel COOK als erster erkennt. Die Südostküste Australiens nimmt er als Neusüdwales für die britische Krone in Besitz. Dort (in der Nähe des heutigen Sydney) entsteht 1788 die erste britische Strafkolonie in Australien.

1772–1775 Auf seiner zweiten Reise zeigt COOK durch systematisches Kreuzen, dass es keinen bewohnbaren Kontinent südlich von Australien gibt. Bei dieser Weltumseglung überquert er dreimal den südlichen Polarkreis.

1776–1779 COOK segelt auf seiner dritten Reise durch die Beringstraße an den Rand des Packeises. Damit gilt es als unmöglich, eine nördliche Durchfahrt vom Pazifik zum Atlantik zu finden. Bei Auseinandersetzungen mit Einheimischen auf Hawaii wird COOK 1779 erschlagen.

1789–1794 Wie eng die wissenschaftlichen mit politischen und ökonomischen Interessen verbunden sind, zeigt auch die spanische Expedition unter ALESSANDRO MALASPINA (*1754, †1810). Bevor er auf COOKS Spuren in den Westpazifik segelt, erkundet und kartiert MALASPINA die Westküste Nordamerikas. Diese wissenschaftliche Expedition wird zugleich zum Transport von Truppen an die Westküste genutzt, die England seit der Landung von FRANCIS DRAKE beansprucht, Spanien aber von Süden aus zu besiedeln beginnt.

1803 MATTHEW FLINDERS (*1774, †1814) umrundet Australien. Damit sind die Küstenlinien des fünften Kontinents nahezu gänzlich erfasst. Der Pazifik gilt als weitgehend erforscht.

Auch in der Südsee dienen die Entdeckungsreisen als Grundlage für spätere politische Ansprüche im Pazifik. Das koloniale Zeitalter beginnt in der Südsee jedoch erst im 19. Jh.

Bis zum Ende des 18. Jh. sind die Küstenlinien und Inseln des Atlantiks und weiter Teile des Pazifiks einschließlich der Südsee kartografisch erfasst und erforscht. Im 19. Jh. werden die Europäer sich dem Landesinnern v. a. Afrikas und Asiens zuwenden. Dorthin verlagern sich auch die bislang auf See ausgetragenen Konflikte zwischen den europäischen Nationen.

Folgen der Entdeckungen

Die **Folgen der europäischen Expansion für die indigenen Gesellschaften** sind sehr unterschiedlich. In **Asien** hat die Präsenz der Europäer kaum Auswirkungen: Einheimische Machthaber diktieren die Bedingungen für Kaufleute und Missionare; v. a. in China und Japan finden bis Mitte des 18. Jh.s von den europäischen Waren höchstens Edelmetalle Interesse; politische Dominanzversuche scheitern; die Christianisierung ist nur vorübergehend erfolgreich. In **Afrika** führt der transatlantische Sklavenhandel zu einem demografischen Einbruch, der zunächst die Küstenregionen des Westens, bald aber auch das Hinterland betrifft. Er zieht tief greifende Änderungen sozialer Strukturen wie etwa des Heiratsverhaltens und der Familie nach sich. In **Spanisch-Amerika** setzt mit der Ankunft der Europäer ein Massensterben ein: Aus Europa eingeschleppte Krankheiten, gegen die das Immunsystem der Indios wehrlos ist (v. a. Pocken, Pest, Typhus, Malaria, Gelbfieber, Grippe, Masern, Mumps), Gewalt, Versklavung und Ausbeutung in Bergwerken und Landwirtschaft sowie der Zusammenbruch sozialer und religiöser Strukturen führen im 16. Jh. zunächst in der Karibik und in Teilen Mittel- und Südamerikas, im 17. und 18. Jh. dann auch in Nordamerika zum Tod von Millionen von Menschen und zum Aussterben zahlreicher amerikanischer Ethnien. So sinkt auf dem Gebiet Spanisch-Amerikas die Zahl der Indianer zwischen 1492 und 1650 von 35–45 Mio. auf 4 Mio. Mit dem Import versklavter Afrikaner, der diesen Bevölkerungsverlust ausgleichen soll, aber auch mit der Migration von Europäern in die neuen Siedlungskolonien entstehen völlig neue Wirtschafts- und Gesellschaftssysteme. Neben der Bevölkerungsstruktur erleben auch Landschaften und Ökosysteme eine massive Umgestaltung.

Die europäische Expansion ist weltweit folgenreich: Es beginnt die **Globalisierung**, die zunehmende Verflechtung zwischen den Regionen der Welt. In ökonomischer Hinsicht entsteht die europäische Weltwirtschaft, die kulturellen Folgen betreffen Lebensgewohnheiten, Weltbild und Weltkirche, politisch-rechtlich führt die Expansion zur Entwicklung des Völkerrechts und zur Ausweitung militärischer Konflikte zu Weltkriegen.

Ökonomische Folgen: Entstehung der europäischen Weltwirtschaft

Neu in ökonomischer Hinsicht ist die Verbindung von bisher voneinander unabhängigen Wirtschaftsräumen. So kommt es zu Kontakten zwischen dem zwar mit Nordafrika und dem Osmanischen Reich handelnden, aber bislang auf das Mittelmeer konzentrierten europäischen System und dem traditionellen asiatischen System, das sich über den Indischen Ozean erstreckt und die Binnenmärkte Chinas und Indiens mitsamt der Beziehungen zur arabischen Halbinsel umfasst. Außerdem entsteht im Gefolge der Entdeckungen im atlantischen Raum ein Welthandelssystem, in dessen Zentrum sich Europa behaupten kann und das daher auch als europäisches Weltsystem oder als europäische Weltwirtschaft bezeichnet wird. Die zunehmende weltweite Verflechtung ist der Beginn der Globalisierung.

Im Indischen Ozean finden die Portugiesen schon im frühen 16. Jh. Zugang zum traditionellen asiatischen Weltsystem. Der Großteil des Handelsvolumens und der Gewinne der Portugiesen entfällt zwar auf den **Country Trade**, d. h. auf den Vertrieb auf dem Seeweg innerhalb von Asien: Gewürze wie Nelken und Muskat werden auf den Molukken mit indischen Textilien bezahlt und in China zum Kauf von Porzellan und Seide verwandt, die Seide kann in Japan gegen Edelmetalle, v. a. Silber, getauscht werden. Aber auch **zwischen den Kontinenten** wird Handel getrieben. Kommerzielle Verbindungen von großer Reichweite entstehen durch den Transport von Gewürzen, feinen Stoffen und Tee aus Asien nach Europa sowie durch den Handel mit Pelzen aus Kanada und Sibirien in Europa und China. Silber, Kakao, Vanille, Tabak, Tierhäute, Indigosträucher, Brasilholz u. a. Farbstoffe gelangen von der Neuen in die Alte Welt. Die erste den Globus umspannende Handelsvernetzung entsteht durch **Silber**. Es wird aus Spanisch-Amerika nach Spanien transportiert und fließt von dort an die Geschäftspartner der Spanier in Europa, aber auch nach Asien, wo der Großteil der Einkäufe in dieser Währung bezahlt wird. Allerdings gelangt Silber aus Mexiko und Peru auch direkt nach Asien, über den sog. **Galeonenhandel**, der in jährlichen Transporten seit 1565 bis 1815 im Durchschnitt 1–1,5 Mio. Silberpesos von Acapulco auf die Philippinen bringt und dafür mit chinesischer Seide, Porzellan und Gewürzen zurückkehrt. Das enorme Volumen dieses Handels und der entsprechende Silberabfluss nach China macht den mexikanischen Silberpeso zur faktischen Währung Chinas. Er wirkt zunächst als ökonomischer Impuls, führt aber auch zur Inflation und 1750 zur Abwertung des Silbers in China.

Im 17. und 18. Jh. verdichtet sich der Austausch von Menschen, Gütern und Informationen weiter, nun besonders zwischen Europa, Afrika und Amerika. Durch die koloniale Erschließung seiner Küsten wird der Atlantik zum europäischen Binnenmeer, zum Raum mit einer eigenen gemeinsamen, einer **atlantischen Geschichte**. Ausgangspunkt der Entwicklung ist die Ausbreitung der mit Sklaven betriebenen **Plantagenwirtschaft**, einer Form des landwirtschaftlichen Großbetriebs, bei der ein einziges Produkt in Monokultur unter Einsatz von Sklaven für den Markt produziert wird. Nach Anfängen in Europa (Sklavenhandel und Plantagenkolonien Genuas auf Zypern und im Schwarzmeergebiet) gelangt die Plantagenwirtschaft über den Atlantik (Madeira, São Tomé) und Brasilien (Zuckerplantagen ab 1570) in die Karibik und in den Südosten Nordamerikas. Ihren Durchbruch erlebt die Sklavenplantage um 1580, ihre volle Entfaltung im 17. und v. a. im 18. Jh. Der Niedergang beginnt mit dem Ende der Sklaverei im 19. Jh. (zunächst Verbot des Sklavenhandels, dann der Sklavenhaltung: England 1807/33, Brasilien 1851/88, Spanien für Kuba 1862/86, USA nach dem Bürgerkrieg 1865, Frankreich nach Anläufen 1794, Aufstand und 1804 Unabhängigkeit der Kolonie Saint Domingue als Haiti endgültig 1848). Auf den meist einzelnen Unternehmern oder Gesellschaften gehörenden Plantagen werden für den Export nach Europa bestimmte Produkte produziert: Zucker, Kaffee, Kakao, Tabak, in den ebenfalls Plantagenwirtschaft treibenden englischen Kolonien im Süden Nordamerikas (ab Virginia) auch Baumwolle. Der Bedarf an Arbeitskräften kann die indigene Bevölkerung nach deren ebenso raschem wie dramatischem Rückgang (Massensterben durch Seuchen, Gewalt und Zwangsarbeit) nicht decken. Daher erlebt der **transatlantische Sklavenhandel** mit der Plantagenwirtschaft einen massiven Aufschwung.

Transatlantischer Sklavenhandel

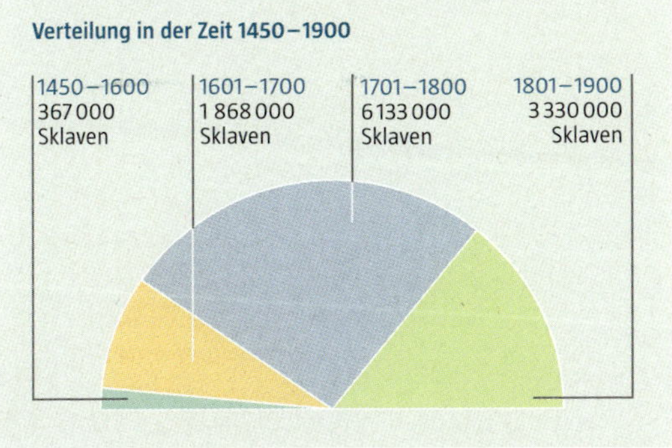

Zwischen 1450 und 1900 treffen ca. 11,7 Mio. Afrikaner lebend jenseits des Atlantik ein. Ziel der Transporte sind v. a. die karibischen Inseln mit ca. 48 % aller afrikanischen Sklaven (Jamaika, Saint Domingue und als letztes Zentrum im 19. Jh. Kuba) sowie Brasilien mit ca. 38 %. Ein kleiner Teil der Sklaven wird in die nordamerikanischen Plantagenkolonien gebracht, wo die Lebensbedingungen für Sklaven günstiger sind als in der Karibik. Betrieben wird der Sklavenhandel von afrikanischen Sklavenjägern, die gefangene Frauen und Kinder traditionell in die arabische Welt, versklavte Männer zunächst innerhalb Afrikas, dann an europäische Händler verkaufen. Um 1600 sind dies v. a. Portugiesen, die ihre eigene Plantagenkolonie Brasilien sowie Spanisch-Amerika beliefern. Parallel zum Ausbau ihrer Kolonien in der Karibik und dem zeitgleichen Aufbau von Handelsstützpunkten an der westafrikanischen Küste übernehmen Mitte des 17. Jh.s Niederländer die Führungsrolle, Ende des 17. Jh.s folgen ihnen Engländer über die Häfen London, Bristol und Liverpool sowie Franzosen über Nantes. Der zeitliche Höhepunkt des Sklavenhandels liegt im 18. Jh. Die Sterblichkeit bei der sog. *middle passage* von Afrika nach Amerika sinkt im 18. Jh. von 20 % über 10 % auf 5 %.

Der transatlantische Sklavenhandel ist Teil der vereinfachend als **Dreieckshandel** bezeichneten ökonomischen Vernetzung zwischen Amerika, Afrika und Europa: Von Europa nach Afrika werden Manufakturwaren wie Waffen und Tuche geliefert, von Afrika nach Amerika Sklaven und von Amerika nach Europa die Produkte der Sklavenplantagen, also besonders Zucker und darauf basierende Produkte wie Rum, Baumwolle, Kaffee. Betrieben wird dieser Handel v. a. von englischen, niederländischen und französischen Händlern und halbstaatlichen Gesellschaften mit einem Monopol auf den Handel ihres Landes, seine Blüte erlebt er im 18. Jh. Mit dem

Dreieckshandel (bei dem die tatsächlichen Handelsbeziehungen weit komplexer als im Modell gedacht und die Schiffe oft auf einen Teil der Route spezialisiert sind, anstatt das gesamt Dreieck abzufahren) etabliert sich ein **europäisches Weltsystem**: eine ökonomische Vernetzung von neuartiger Intensität und Reichweite sowie ein System ungleichen Tauschs, das auf Arbeitsteilung basiert und die Gewinne einseitig abschöpft. Europa ist das Zentrum, das dank starker Staatsgewalten und technischer Entwicklung komplexe Güter herstellt und den Mehrwert des Systems bezieht, Amerika ist die Peripherie, die für die Lieferung von Rohstoffen und landwirtschaftlichen Produkten sowie für billige Arbeitskraft zuständig ist.

Folgen für Europa hat zunächst der massenhafte Zustrom von Edelmetall, v.a. Silber, aus der Neuen Welt nach Spanien. Als zentrale Kontrollstelle für Spanien registriert die Casa de la Contratación in Sevilla zwischen 1521 und 1560 die Einfuhr von 574t Silber und 86t Gold – ein Vielfaches der europäischen Produktion. Die auch als **Preisrevolution** bezeichnete **Inflation des 16. Jh.s** ist zwar schon im Gang, als der Zustrom des Silbers einsetzt: Treibender Faktor für den Anstieg der Preise v.a. von Grundnahrungsmitteln ist die mit dem Bevölkerungswachstum steigende Nachfrage. Da dieser Preisanstieg jedoch eine Vermehrung des umlaufenden Geldes voraussetzt, wirkt sich der Import von Silber zur Münzprägung durchaus inflationssteigernd aus.

Die Entstehung dieses atlantischen Systems beschleunigt eine **Verschiebung innerhalb Europas**, die mit der osmanischen Expansion im Osten und der Entdeckung Amerikas im Westen einsetzt: Die europäische Hauptverkehrsachse dreht sich aus der Süd-Nord- in die Ost-West- Richtung. Der Schwerpunkt des europäischen Wirtschaftslebens verlagert sich vom Mittelmeer an den Atlantik, von Oberitalien nach Nordwesteuropa. Die neuen Wirtschaftszentren finden sich im 16. Jh. zunächst noch im iberischen Einflussbereich mit Sevilla als Handelszentrum und Genua als wichtigem Bankenort, dann am Atlantiksaum: in Amsterdam (17. Jh.) und schließlich in London (18. Jh.).

Als **wichtigste Handelswaren** werden die Luxusgüter aus dem Osten von Massengütern im atlantischen Dreieckshandel (Sklaven, Plantagenprodukte, Manufakturwaren) abgelöst. Überdies entwickeln sich einstige Luxuswaren wie Tee, Zucker, Kakao und Gewürze durch den Anstieg von Bevölkerungszahl, Wohlstand und Ansprüchen im 18. Jh. zu Massenkonsumgütern. Der koloniale Fernhandel wird die europäische Wirtschaft zwar zu keinem Zeitpunkt dominieren, deren Aufstieg aber begünstigen: Das ansteigende Handelsvolumen führt zur Ansammlung von Kapital und moderner Technik, die wiederum der Modernisierung von Produktion wie Infrastruktur Impulse verleihen und damit zu Agrarrevolution und Industriellen Revolution beitragen.

Folgen hat auch der **interkontinentale Pflanzenaustausch**. Er resultiert aus der Suche der europäischen Händler nach ökonomisch verwertbaren Nutzpflanzen und Anbaumöglichkeiten und trägt ebenfalls den Charakter kolonialer Ausbeutung. Zu den Pflanzen, die aus Amerika

Pflanzenaustausch in der Frühen Neuzeit

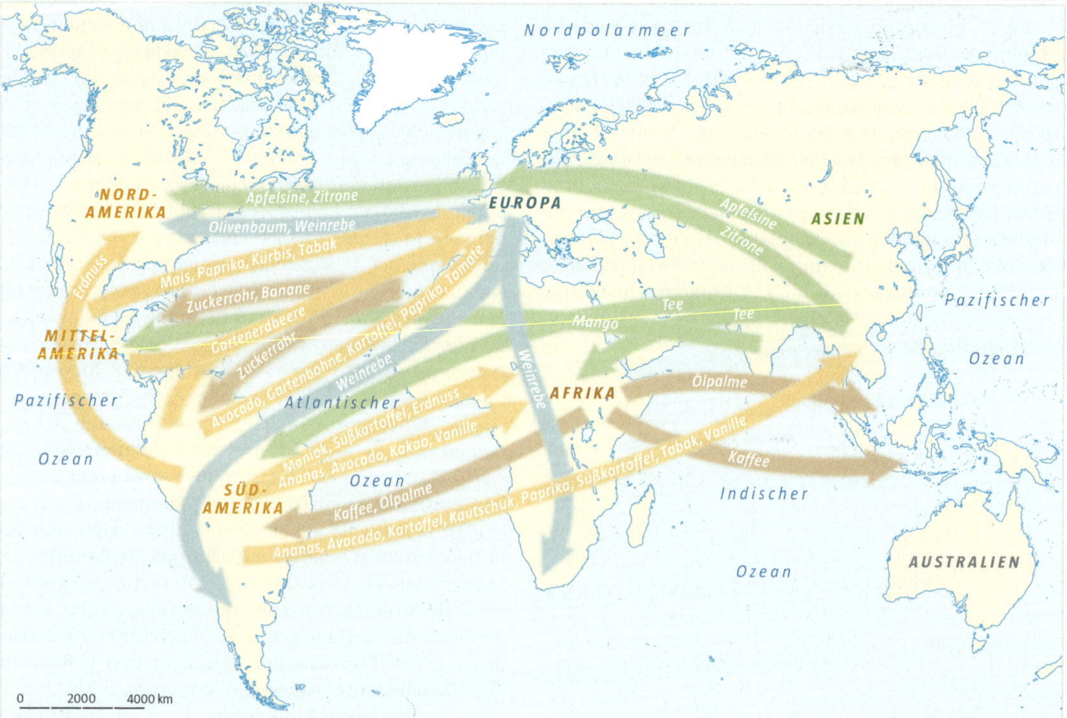

nach Europa gelangen und sich dort nach einer Anlaufphase als Zierpflanzen im 18. Jh. als Nutzpflanzen etablieren, gehören u. a. Mais, Paprika, Tomaten, Gartenbohnen, Kürbis, Erdbeeren und die Kartoffel. Besonders Kartoffeln und Mais sind wichtige Ernährungsmöglichkeiten für die wachsende Bevölkerung zu Beginn der Industrialisierung: Bevölkerungsanstieg, ökonomische Entwicklung und die Kultivierung der Kartoffel als Nutzpflanze im 18. Jh. greifen ineinander. Andere Nahrungs- und Genussmittel erlangen erst durch ihre Einführung und massenhafte Produktion in Amerika eine spezifische Bedeutung, so der von Europa und Westafrika in die Karibik gelangte Rohrzucker und der aus dem Jemen nach Asien und von dort nach Amerika gebrachte Kaffee.

Kulturelle Folgen

Der Import von Pflanzen und ihren Produkten verändert in Europa nicht nur Ernährungsweisen, sondern auch **Lebensgewohnheiten**: Der weltweit angebaute Tabak, Tee aus Asien sowie Zucker, Kaffee und Kakao von den karibischen Plantagen werden ab dem 17. Jh. zunehmend als Genussmittel angesehen und im 18. Jh. von breiteren Schichten konsumiert. Mit dem Kaffeehaus entstehen neue Formen der Öffentlichkeit und der Geselligkeit, es wird zum sozialen Ort der Aufklärung.

Die immer größere Zahl bekannter Tier- und Pflanzenarten führt zu Versuchen, **Flora und Fauna zu klassifizieren**, so in der noch heute gebräuchlichen biologischen Systematik Carl von Linnés (*1707, †1778). Der Kontakt zu den indigenen Völkern und die Entwicklung gemischter Kulturen in den kolonisierten Gebieten wird von den Europäern in **rassistischen Theorien** verarbeitet. Diese sollen die Sklaverei, aber auch Ehe- und andere auf die Trennung der Gruppen zielende Gesetze in den Kolonien legitimieren.

Durch den interkontinentalen Handel entstehen globale Wirkungsketten, die Westafrika, Amerika, Asien und Europa verbinden: So bauen Sklaven aus Westafrika in Brasilien und der Karibik Zucker an, den man in Europa gemeinsam mit Tee aus Asien konsumiert. Das Wissen um solche Zusammenhänge und ihre Auswirkungen ist zwar zu gering, um von einem globalen Bewusstsein und Verantwortungsgefühl sprechen zu können. Das **Weltbild** der Intellektuellen in Europa, deren Interesse an der Außenwelt allenfalls in Japan eine Entsprechung findet, wird dennoch globaler: Das Wissen um die Kugelgestalt der kartografisch zunehmend erschlossenen Erde entwickelt sich zum Allgemeingut, Berichte von Missionaren und Abenteurern liefern Informationen über fast alle Teile der Welt, v. a. Missionare verbreiten die Kenntnis außereuropäischer Sprachen, koloniale Mythen wie die Vorstellung vom »edlen Wilden« spielen in der europäischen Aufklärung eine Rolle, Philosophen wie Immanuel Kant (*1724, †1804) propagieren eine Weltfriedensordnung, Ökonomen beginnen die Welt als zusammenhängenden Wirtschaftsraum zu begreifen.

Die **Europäisierung der Welt** wird ihren Höhepunkt erst im 19. Jh. erleben, beginnt aber schon mit den Entdeckungen um 1500: Vorstellungen von Raum und Zeit, vom Menschen, der Gesellschaft und anderen zentralen Kategorien orientieren sich in vielen Teilen der Welt zunehmend an europäischen Denkformen. Einen Beitrag dazu leistet die von den Missionsorden getragene **Christianisierung**, die immer auch europäische Normen und Denkweisen transportiert. Die Mittel der Mission reichen von der Zerstörung nichtchristlicher religiöser Strukturen (z. B. in Mexiko) bis zur Anpassung der Botschaft an die Verstehensbedingungen vor Ort (z. B. bei den Jesuiten in Asien). Mit dem Ausbau ihres den Globus umspannenden Netzes an Bistümern wird die katholische Kirche institutionell zur **Weltkirche**.

Rechtliche und politische Folgen

Begründet wird der Anspruch auf koloniale Besitznahme zunächst in der Tradition der Kreuzzüge mit dem Missionsauftrag: In den päpstlich bestätigten Teilungsverträgen (Medina del Campo 1431, Alcaçovas 1479, Tordesillas 1494) erhalten Spanien und Portugal ihre jeweilige Hemisphäre als kirchliches Lehen und mit der Auflage, die dortige Bevölkerung zu missionieren. Auch die Verleihung eines Handels-, Navigations- und Herrschaftsmonopols für die jeweilige Zone rechtfertigt man mit dieser Aufgabe. Sowohl diese Legitimation der kolonialen Monopolansprüche als auch die Frage nach dem Umgang mit den zu Missionierenden lösen Diskussionen aus, die der Rechtsgeschichte Impulse verleihen. So führt die Debatte über die Rechtsstellung der Indios, die sich am Kampf von Missionaren wie dem Dominikaner Bartolomé de las Casas (*1484, †1566) um einen besseren Schutz der indigenen Bevölkerung entzündet und von spanischen Theologen wie Francisco de Vitoria (*um 1483, †1546) getragen wird, dazu, dass Papst Paul III. (1534–1549) in einer Bulle von 1537 die Indios als menschliche, vernunftbegabte Wesen anerkennt. Der Glaube an die Inferiorität der Indios, vertreten etwa von Juan Ginés de Sepúlveda (*1490, †1573), bleibt jedoch dominant und dient weiterhin als Legitimation ihrer Ausbeutung in dem von Reformversuchen nahezu unberührten System der *Encomienda* (Form der Zwangsarbeit der indigenen Bevölkerung). Die Diskussion über die Rechtsansprüche Spaniens und die Natur der amerikanischen Ureinwohner mündet überdies in die Grundlegung des modernen Völkerrechts durch die »Schule von Salamanca«, vertreten durch Francisco de Vitoria, Domingo de Soto (*1494, †1560) und Francisco Suárez (*1548, †1617). Hier entsteht ein naturrechtlich fundiertes Völkerrecht, das nicht wie bisher die Regeln innerhalb eines Gemeinwesens meint (*ius gentium*), sondern die Regeln für die Beziehungen zwischen den Völkern (*ius inter gentes*), und das die nichtchristlichen als von Natur aus gleiche und gleichberechtigte Mitglieder der Völkergemeinschaft einschließt.

Unbeeindruckt von den Bemühungen in Spanien, eine bessere Begründung für die eigenen Ansprüche zu finden, lehnen andere europäische Mächte den sie ausschließenden Monopolanspruch der iberischen Kronen ab: zuerst Frankreich, dann auch England und die Niederlande. Dies geschieht faktisch durch Handels- und Kaperfahrten v. a. von Engländern und Niederländern zu den Kolonien Spaniens und Portugals sowie ideologisch, indem die nachdrängenden Mächte das »Recht der tatsächlichen Besetzung« (gegenüber dem der bloßen Entdeckung) behaupten und gegenüber dem Herrschaftsanspruch über die Meere das **»freie Meer«** fordern. Klassisch formuliert dies der niederländische Jurist HUGO GROTIUS (*1583, †1645), der mit der Schrift »De iure belli ac pacis« (Über das Recht des Krieges und des Friedens, Paris 1625) das Völkerrecht weiter systematisiert, in einem 1609 unter dem Titel »Mare liberum« (Das freie Meer) im Auszug veröffentlichten Rechtsgutachten für die Niederländische Ostindische Kompanie. Doch nachdem die neuen Kolonialmächte in die begehrten »freien« Meere eingedrungen sind, suchen sie diese zu beherrschen und ihrerseits zu monopolisieren, so die Engländer im Atlantik und die Niederländer in den ostasiatischen Gewässern. Allgemein anerkannt werden das Recht der Besetzung und die Freiheit der Meere (bis auf die 1702 zunächst auf die Reichweite einer Kanone, 1780 endgültig festgelegte Dreimeilenzone) erst im 18. Jh. Dem langsamen Vordringen dieser Rechtsideen entspricht die nur schrittweise Ausdehnung völkerrechtlicher Verträge auf die Kolonien. Im 16. und 17. Jh. wird in Verträgen zwischen den Staaten zunächst der Grundsatz formuliert, dass Friedens- und andere Verträge zwar für Europa, nicht aber für Übersee gelten und feindselige Handlungen jenseits einer Freundschaftsgrenze entlang des Hierro-Meridians am Westende der Kanaren bzw. des Wendekreises des Krebses keine Auswirkungen auf den Frieden in Europa haben (FRANCIS DRAKE, *um 1483, †1546: »No peace beyond the line«). Dieser Grundsatz entschärft zwar die Folgen der Interessenkonflikte und Übergriffe in Übersee für Europa, entspricht aber v. a. dem Interesse Spaniens, seinen Monopolanspruch auf den atlantischen Raum zu behaupten und, anders als in Europa, Handelsaktivitäten Dritter als feindselige Handlung zu bekämpfen. Mit dem Niedergang der spanischen Hegemonie, dem Aufstieg neuer kolonialer Mächte und schließlich der Etablierung einer kolonialen Pentarchie (Spanien, Portugal, Niederlande, England, Frankreich) geht seit 1650 die Ausweitung von Verträgen und Völkerrecht auf den atlantischen Raum »jenseits der Linie« einher. Diese **zunehmende politische Verflechtung zwischen Europa und den Kolonien** entspricht zwar dem Ausbau der Staatsgewalt und deren wachsendem Anspruch auf herrschaftliche Durchdringung auch der überseeischen Territorien. Aber so wie vertragliche Regelungen zwischen den Staaten nun in Europa wie in den Kolonien gelten, so bedeutet Krieg in Europa jetzt ebenfalls Krieg in Übersee. Es kommt zur **Globalisierung der Kriege**: Die großen europäischen Kriege werden in Ansätzen schon im Dreißigjährigen Krieg (Niederlande gegen Spanien-Portugal), endgültig seit dem Spanischen Erbfolgekrieg stets auch in den Kolonien und um Kolonialbesitz geführt. Besonders England und Frankreich tragen, in der Regel mit indianischen Verbündeten, ihren Kampf um die Vorherrschaft in Nordamerika in einer Reihe von Kriegen aus:

1689–1697 **King William's War**: Während des Pfälzischen Erbfolgekriegs in Europa 1688–1697 kämpfen in Nordamerika Briten gegen Franzosen. Beide Konflikte enden mit dem Frieden von Rijswijk 1697, der u. a. die Übergabe von Saint-Domingue von Spanien an Frankreich formal bestätigt.

1702–1713 **Queen Anne's War**: Fast zeitgleich zum Spanischen Erbfolgekrieg 1701–1713/14 in Europa kämpfen Briten im Norden Amerikas gegen Franzosen, im Süden gegen Spanier. Der Frieden von Utrecht 1713 beendet die Kämpfe.

1744–1748 **King George's War** während des Österreichischen Erbfolgekriegs in Europa 1740–1748. Beide enden mit dem Frieden von Aachen 1748.

1754–1763 Der **French and Indian War** beginnt bereits vor seinem europäischen Pendant, dem **Siebenjährigen Krieg**. Der Frieden von Hubertusburg beendet die Kämpfe in Europa, der Frieden von Paris hält die Ergebnisse in den Kolonien fest: Großbritannien verdrängt Frankreich endgültig aus Nordamerika und baut seine Position in Indien aus. Da der Siebenjährige Krieg gleichzeitig in Amerika, Europa und Indien geführt wird, kann er als **erster Weltkrieg** gelten. Damit ist der gesamte Globus endgültig zum Austragungsort europäischer Rivalitäten geworden. Großbritannien beginnt mit dem Ausbau der Kriegsmarine und der Verlegung großer Infanterieverbände in die Kolonien.

In Übersee provoziert dieser Ausbau zentraler Macht, der mit steigenden finanziellen Ansprüchen an die Kolonien und zunehmender Kontrolle durch das Mutterland verbunden ist, aber auch Widerstand. Mit der Amerikanischen Revolution und Unabhängigkeit **1783** gelingt den zu Vereinigten Staaten von Amerika verbundenen 13 bisherigen britischen Kolonien die **erste Dekolonisation** überhaupt. Frankreich muss 1804 Saint Domingue als Haiti in die Unabhängigkeit entlassen, 1822 wird Brasilien zu einem von Portugal unabhängigen Kaiserreich, Spanien wird bis 1825 sämtliche Kolonien auf dem amerikanischen Kontinent verlieren. Der Atlantik ist damit nicht länger ein europäisches Binnenmeer. Auch im asiatischen Raum beginnt mit dem Ausbau der britischen Territorialherrschaft in Indien eine neue Phase in der Geschichte des Kolonialismus.

Internationale Beziehungen

Gegensatz zwischen Habsburg und Frankreich bis zur Abdankung Karls V.

Die internationalen Beziehungen im Europa der Frühen Neuzeit stehen zunächst im Zeichen des **Gegensatzes zwischen dem Haus Habsburg und Frankreich**. Ausgelöst wird dieser Konflikt durch den Aufstieg des Hauses Habsburg: Durch die burgundische Erbschaft der Habsburger, v. a. aber durch deren Verbindung mit Spanien, fühlt sich Frankreich von habsburgischen Besitzungen eingeschnürt. Die Wahrnehmung einer Bedrohung Frankreichs durch die Habsburger Umklammerung verstärkt sich mit der Wahl des spanischen Königs KARL I. zum römischen König und zukünftigen Kaiser KARL V. 1519. Zum einen beherrschen die **Habsburger** nun ein **Weltreich**, zu dem die kastilischen Kolonien in Übersee ebenso gehören wie die aragonesischen Besitzungen in Süditalien. Zum anderen greift KARL V. unter dem Einfluss seines Großkanzlers MERCURINO ARBORIO DI GATTINARA (*1465, †1530) die **Idee einer Universalmonarchie** (*monarchia universalis*) mit dem Kaiser als Oberhaupt der christlichen Welt und Italien als Zentrum der kaiserlichen, allen anderen Monarchen übergeordneten Macht auf.

Territorial wie ideologisch bedrängt, zielt die französische Politik bis Mitte des 16. Jh.s darauf ab, die Habsburger Klammer aufzubrechen. Ausgetragen wird der die europäische Geschichte beherrschende Gegensatz v. a. in drei Regionen: in den im deutsch-französischen Grenzgebiet liegenden Teilen des burgundischen Erbes, in Oberitalien und im spanisch-französischen Grenzgebiet (Navarra, Roussillon).

Zum Kampf mit Frankreich kommen aus Sicht der Habsburger weitere Herausforderungen hinzu. Während KARL V. die atlantische Dimension seines Reiches kaum als Möglichkeit realisiert, engagiert er sich stark in **Italien und im Mittelmeer**. Als Herrscher über Süditalien gerät der Kaiser in eine angespannte Nachbarschaft zum Papst als Lehnsherr Süditaliens und als Herr des Kirchenstaates. Mit dem Besitz von Österreich – v. a. mit der von Kaiser MAXIMILIAN I. 1515 geschaffenen ungarischen Anwartschaft – muss KARL überdies die Verteidigung der Südostflanke gegen die **vordringenden Osmanen** übernehmen. Mit der Kaiserkrone schließlich wachsen dem Habsburger zwei seiner schwierigsten Aufgaben zu: gegen die sich weitgehend verselbstständigenden deutschen **Reichsstände** und Territorien seine kaiserliche Autorität geltend zu machen und gegen die **Reformation** die Orthodoxie der katholischen Kirche aufrechtzuerhalten. Die Überlagerungen und Wechselwirkungen zwischen ständischem Konflikt im Reich, Konfessionsfrage und internationalen Aufgaben prägen die Regierungszeit KARLS V. Die Verbindung des ständischen Widerstands mit dem außenpolitischen Gegner Frankreich führt schließlich zu einem Kompromiss in der Konfessionsfrage und bewegt KARL V. zur Abdankung.

1494–1516 **Kampf um Italien**: Die habsburgische Bedrohung veranlasst Frankreich zum Angriff auf Italien. KARL VIII. von Frankreich (*1470, †1498) beansprucht das Königreich beider Sizilien als Erbe der Anjou, stößt damit aber direkt auf die Interessen Aragóns in Süditalien. Die französische Aktion ist diplomatisch gut vorbereitet und militärisch zunächst sehr erfolgreich. KARL fasst in Oberitalien Fuß und erobert Neapel, muss sich aber auf Druck einer im März 1495 gegründeten europäischen Liga (Liga von Venedig) aus Italien zurückziehen. Hauptkraft der antifranzösischen Liga unter päpstlicher Beteiligung ist Spanien-Aragón. Über den Kampf gegen das französische Vorgehen kommt es zu der folgenreichen Verbindung zwischen Österreich und Spanien. | s. S. 1062 |

1499, Aug. KARLS VIII. Nachfolger LUDWIG XII. (*1462, †1515) eröffnet die zweite Runde des französischen Versuchs, in Italien, nun v. a. in Mailand, Fuß zu fassen. Der Versuch, auch Neapel zu erobern, scheitert am massiven Widerstand Spaniens.

1505 Im Vertrag von Blois muss Frankreich die spanische Herrschaft in Süditalien (bis 1714) akzeptieren, erhält dafür gewissen Einfluss in Oberitalien (Mailand). Weiterhin kommt es zu einer Regelung um das umstrittene Navarra. Schließlich muss aber LUDWIG XIII. 1512/13 seine sämtlichen italienischen Aspirationen aufgeben.

1515, 13./14. Sept. FRANZ I. (*1494, †1547) nimmt sofort nach seiner Krönung zum französischen König die expansive Italienpolitik seiner Vorgänger auf und kann nach seinem Sieg über die Schweizer bei Marignano (südöstlich von Mailand, heute Melegnano) sich vorerst den Besitz von Mailand auch vertraglich gegenüber Spanien, Kaiser MAXIMILIAN und dem Papst sichern.

1519 Mit der Wahl KARLS V. zum römischen König und der damit geschaffenen Personalunion zwischen Spanien und dem Reich tritt der **Konflikt mit Frankreich in eine neue Phase**.

1521 Reichstag zu Worms: Auf dem ersten (am 27. Jan. eröffneten) Reichstag, an dem KARL teilnimmt, erhält er Reichshilfe für seinen bevorstehenden Krieg gegen Frankreich.

1521–1526 **Erster Krieg KARLS V. gegen FRANZ I.** Der Krieg wird an drei Fronten geführt: an der spanisch-französischen Grenze, in Italien und in den burgundischen Niederlanden. Die Entscheidung fällt in Italien. Insgesamt entwickelt sich die Auseinandersetzung für König FRANZ I. in jeder Beziehung unglücklich: Mailand geht verloren, ein Entsatzversuch scheitert verlustreich. Der Konnetabel (Kronfeldherr) KARL VON BOURBON (*1490, †1527), einer der Großvasallen der französischen Krone, wechselt zur kaiserlichen Seite über. In der Entscheidungsschlacht bei Pavia am 24. Febr. 1525 wird FRANZ vernichtend geschlagen und gefangen genommen.

1526, 14. Jan. Im **Frieden von Madrid** diktiert KARL seinem gefangenen Vertragspartner die Bedingungen: Aufgabe der italienischen Ansprüche, Übergabe von Burgund vor der Freilassung, Verzicht auf Lehnshoheit über Artois und Flandern. Kaum wieder in Freiheit, widerruft FRANZ im Mai dieses erzwungene Diktat. Es gelingt ihm, die »Heilige Liga« von Cognac (Papst CLEMENS VII., Florenz, Genua, Venedig, Mailand und England) gegen den übermächtigen Kaiser zusammenzubringen.

29. Aug. In der Schlacht bei Mohács gegen die Osmanen kommt der Ungarnkönig LUDWIG II. (*1506) um. Wie vertraglich vorgesehen, fallen über dessen Frau MARIA (*1505, †1558) Ungarn und Böhmen – samt Schlesien und den beiden Lausitzen – an Österreich. Von Ungarn kann Erzherzog FERDINAND (*1503, †1564; der spätere Kaiser FERDINAND I.) jedoch nur den westlichen Teil in Besitz nehmen. Zentralungarn ist im Besitz der Osmanen; Siebenbürgen wird osmanischer Vasallenstaat.

1526–1529 Der **zweite Krieg KARLS V. gegen FRANZ I. und die Heilige Liga von Cognac** verläuft für Frankreich nicht erfolgreicher als der erste Krieg. Der Einfluss Spaniens in Oberitalien wird nur noch mehr festigt.

1527 Im Verlaufe des Krieges plündern die kaiserlichen Landsknechte Rom (**Sacco di Roma**), was die Zeitgenossen in ungeheuren Schrecken versetzt.

1529, 3. Aug. Nachdem es mit dem Papst im Frieden von Barcelona (29. Juni 1529) zu einem Vergleich gekommen ist, wird mit Frankreich in **Cambrai** der sog. **»Damenfriede«** – ausgehandelt von KARLS Tante MARGARETE VON ÖSTERREICH (*1480, †1530), Statthalterin der Niederlande, und der Mutter FRANZ' I., LUISE VON SAVOYEN (*1476, †1531), – geschlossen, der für Frankreich eher ein »Waffenstillstand« ist. Wichtigster Punkt des Vertrages ist, dass die Bourgogne vorerst weiter in französischem Besitz bleiben soll, was die Teilung des burgundischen Erbes bestätigt. Frankreich verzichtet auf alle Ansprüche in Italien.

Herbst **Erste Belagerung Wiens** durch die Osmanen, die aber nach wenigen Wochen erfolglos, wohl wegen des frühen Wintereinbruchs, abgebrochen wird. – Seit 1523 hat die französische Krone mit den Osmanen Verbindungen wegen eines abgestimmten militärischen Vorgehens, um KARL V. in einen Mehrfrontenkrieg zu verwickeln. Die osmanischen Angriffe in Ungarn seit 1526 sind teilweise mit denen der Franzosen im Westen koordiniert.

1530, Juni–Nov. **Reichstag zu Augsburg**: Zum ersten Mal seit 1521 kann sich KARL den akuten Fragen im deutschen Reich zuwenden. Allerdings kommt es in der Konfessionsfrage zu keiner Annäherung. | s. S. 883 |

1531, Jan. Nach seiner Kaiserkrönung durch den Papst in Bologna im Febr. 1530 lässt KARL, obwohl sein Sohn PHILIPP bereits 1527 geboren ist, die Kurfürsten seinen Bruder **FERDINAND** zum **Römischen König** wählen und krönen. Diese Wahl *vivente imperatore* (zu Lebzeiten des Kaisers) gelingt gegen den Protest Kursachsens. Gegen die so ausgedrückte Anwartschaft FERDINANDS auf die Kaiserkrone als KARLS Nachfolger bildet sich eine überkonfessionelle Opposition, geführt durch die bayerischen Wittelsbacher, durch Kursachsen und Hessen. Diese findet internationale Unterstützung bei Frankreich und Dänemark.

6. Febr. Da die bewaffnete Klärung der Konfessionsfrage immer wahrscheinlicher wird, formieren sich die Protestanten im **Schmalkaldischen Bund**, der bald durch außenpolitische Beziehungen, v. a. zu Frankreich, Rückhalt und Unterstützung sucht.

1532 Der erneute Vormarsch der Osmanen auf Wien führt im Reich zum Nürnberger Anstand. Wegen eines Krieges mit den Persern muss Sultan SÜLEYMAN DER PRÄCHTIGE (*1495, †1566) jedoch seinen Angriff abbrechen.

1533 **Separates Friedensabkommen** zwischen SÜLEYMAN und FERDINAND, worin dem Sultan die von Österreich besetzten Teile Ungarns – gegen Zahlung eines Tributes – bestätigt werden. Der akute Schwerpunkt des Konflikts verlagert sich ins Mittelmeer, wo KARL V. aktiv sein kann, da er nicht Vertragspartner der Frieden schließenden Parteien ist. Im osmanischen Auftrag sucht 1534 HAYREDDIN BARBAROSSA (*um 1467, †1546), islamisierter Grieche aus Lesbos, osmanischer Admiral und seit 1518 Herrscher in Algier, der ab 1534 zusammen mit der französischen Flotte operiert, die süditalienischen und sizilianischen Küsten heim, um Spanien die Kontrolle über die Straße von Sizilien zu entreißen.

1535 KARL V. erobert mit einer Flottenexpedition unter Leitung des Genuesen ANDREA DORIA (*1466, †1560) Tunis und Biserta. Das Ziel, die afrikanische Küste zu kontrollieren, um das westliche Mittelmeer vom osmanischen Einfluss zu befreien, wird aber nur partiell erreicht. Da diese Politik des Kaisers – die Seewege zwischen Spanien und Italien zu sichern – mit den Interessen des sich durch neue Privilegien der Osmanen entwickelnden französischen Orienthandels direkt kollidiert, wird Frankreich 1536 erneut aktiv. Ob es im März 1536 zu einem formellen antihabsburgischen Bündnis zwischen FRANZ I. und SÜLEYMAN kommt, ist umstritten. Die auch in Abkommen geregelten Handelsbeziehungen zwischen den Mächten intensivieren sich aber weiter und führen zur direkten Zusammenarbeit im Mittelmeerraum. (1543 überwintert HAYREDDIN BARBAROSSA mit seiner Flotte im französischen Hafen Toulon).

1536–1538 Der **dritte Krieg zwischen Frankreich und Habsburg** entsteht wegen einer unklaren Nachfolge in Mailand nach dem Tode FRANCESCO SFORZAS (*1495, †1535). In diesem Krieg erreicht das Zusammenspiel von französischen und osmanischen Aktionen im Mittelmeer und Italien eine recht hohe Intensität. Nach einigen heftigen, aber nicht entscheidenden Kämpfen kann Papst PAUL III. (1534–1549) am 18. Juni 1538 in Nizza einen Waffenstillstand vermitteln.

1538, Sept. Im Mittelmeer bildet sich 1538 eine **Heilige Allianz** (Papst, KARL V., Venedig, Genua). Deren genuesisch-venezianische Flotte wird aber bei Prevesa vor der ionischen Küste von HAYREDDINS überlegener osmanischer Flotte zum Abdrehen gezwungen. Darauf scheidet Venedig aus der Allianz aus und schließt 1540 einen Separatfrieden. KARLS Expedition gegen Algier im Okt. 1541 endet unglücklich und mit hohen Verlusten. Insgesamt gelingt es KARL V. nicht, die **osmanische Vorherrschaft** über Nordafrika und das westliche Mittelmeer zu brechen.

1541 Nach dem Tode JOHANN ZÁPOLYAS (*1487, †1540), seit 1511 Fürst von Siebenbürgen, 1526–1538 König von Ungarn, scheitert FERDINANDS Versuch, seinen Anspruch auf ganz Ungarn durchzusetzen. Mit seinem Gegenfeldzug wirft SÜLEYMAN jeden Widerstand in Ungarn nieder. Die direkte osmanische Verwaltung Ungarns wird verstärkt und die Dreiteilung für 150 Jahre festgeschrieben. Österreich bleibt nur ein etwa 100 km breiter Streifen in Westungarn und die Slowakei; es muss der Teilung zustimmen und verspricht jährliche Tributzahlung.

1542–1544 **Vierter Krieg zwischen FRANZ I. und KARL V.**: Erneuter Anlass ist das Bemühen Frankreichs, den spanischen Einfluss in Oberitalien einzuschränken. Als KARL in Mailand 1540 seinen Erbsohn PHILIPP (*1527, †1598) zum Herzog einsetzt, nimmt FRANZ die Ermordung zweier französischer Agenten in Mailand zum Anlass, den Krieg zu eröffnen. Er greift mit geringem Erfolg im Roussillon und in den Niederlanden an, wo sich der Herzog von Kleve mit FRANZ verbündet hat. KARL nimmt WILHELM VON KLEVE (*1516, †1592) das Herzogtum Geldern ab, welches er den Niederlanden (Vertrag von Venlo, 7. Sept. 1543) eingliedert.

1544, 18. Sept. Der Kaiser dringt bis vor Paris vor und sucht im **Frieden von Crépy** eine **großzügige Friedensregelung** mit FRANZ I. zu finden, den er für seine universalen Ziele gewinnen will, v. a. für die Teilnahme am Konzil, den Kampf gegen die Osmanen und die Wiederherstellung der kirchlichen Einheit im Reich. KARL verzichtet auf die Bourgogne; Frankreich soll sich aus Savoyen zurückziehen (was aber nicht geschieht). Nach Heirat des Herzogs von Orléans mit der Infantin MARIA soll dieser Mailand erhalten (was nach dem baldigen Tod des Herzogs unterbleibt).
Das Ende dieses Krieges macht für den Kaiser wieder den Weg frei zur Verfolgung seiner grundsätzlichen Ziele, des allgemeinen Konzils und der Herstellung der Glaubenseinheit.

Das Konzil von Trient (Tridentinum) (1545–1563)

Mit dem Zusammentreten des Konzils – und zwar in Italien, aber noch auf dem Boden des Heiligen Römischen Reichs – wird ein lang verfolgtes Ziel kaiserlicher Politik verwirklicht. Es entspricht jedoch in zwei gravierenden Punkten nicht den Erwartungen des Kaisers: Die Protestanten lehnen die Teilnahme ab, und die Reformfragen werden nicht vorrangig vor den dogmatischen Definitionen behandelt. Damit hat sich die auf Abgrenzung von den Protestanten zielende Linie des Papstes durchgesetzt. Dessen ungeachtet besitzt das Konzil, das nach den dogmatischen auch eine Reihe von Reformbeschlüssen erreicht, für die Regeneration der katholischen Kirche eine überragende Bedeutung. Das Konzil tagt in drei Sitzungsperioden, die mit längeren, durch die europäische Politik bedingten Pausen stattfinden.

1545–1547 Erste Konzilsperiode: Im Vordergrund stehen wichtige dogmatische Lehrentscheidungen, darunter die Erklärung der Gleichrangigkeit von Tradition und Heiliger Schrift. Die Reformatoren sind in Trient nicht vertreten. Der französische Episkopat fehlt trotz der Zusagen im Frieden von Crépy. Der Papst lässt schließlich am 11. März 1547 das Konzil nach Bologna in den Kirchenstaat verlegen, wo es dem Einfluss des Kaisers entzogen, aber beschlussunfähig wird (1549 suspendiert PAUL III. das Konzil).

1547, 24. April Der **Schmalkaldische Krieg** endet mit dem Sieg des Kaisers in der Schlacht bei Mühlberg an der Elbe. | s. S. 887 |

1. Sept.–1548, 30. Juni Auf dem »Geharnischten Reichstag« zu Augsburg provoziert nicht nur das Vorgehen des Kaisers in der Konfessionsfrage, sondern auch der Plan eines Reichsbunds mit gestärkter monarchischer Spitze den **Widerstand der ständischen Opposition**. Überdies droht KARLS Plan einer spanischen Erbfolge, nach dem die Kaiserwürde abwechselnd an einen österreichischen und spanischen Habsburger fallen soll, das Reich in eine Erbmonarchie umzuformen und unter spanischen Einfluss zu stellen. Dieser »spanischen servitut« stellt die ständische Opposition die Forderung nach der »teutschen Libertät« entgegen.

1551–1552 Zweite Tagungsperiode des Trienter Konzils, an dem auf kaiserliches Drängen nun auch protestantische Vertreter teilnehmen. Das Konzil tagt entgegen französischem Protest. Im Febr. 1552 geht die Versammlung wegen der Fürstenrebellion in Deutschland fluchtartig auseinander.
Die immer stärker werdende **Fürstenopposition** im Reich unter der Führung von MORITZ VON SACHSEN (*1521, †1553) schließt mit König HEINRICH II. (*1519, †1559) von Frankreich die Verträge von Lochau (in Kursachsen nahe Halle; Okt. 1551) und Chambord (östlich von Blois; Jan. 1552). Dem französischen König wird darin das Reichsvikariat über die Bistümer Toul, Metz, Verdun und Cambrai zugestanden. Im März 1552 beginnt MORITZ, zeitlich abgestimmt mit dem französischen Vorgehen, gegen die vier eigenmächtig abgetretenen Städte, seine Operationen gegen den truppen- und wehrlosen Kaiser und erobert im Mai die kaiserliche Residenz Innsbruck. KARL ist bereits von Innsbruck nach Villach geflüchtet. Die Mehrheit der Reichsstände hält sich neutral zwischen den Kriegsfürsten und Habsburg. FERDINAND fällt die Aufgabe zu, im Reich die Verhältnisse zu regeln, während der Kaiser sich vergeblich darum bemüht, Frankreich die strategisch wichtigen Orte wieder abzuringen.

1552, 2. Aug. Vertrag zu Passau. | s. S. 888 |

1552–1556 Krieg KARLS V. gegen Frankreich um die besetzten Städte Toul, Metz und Verdun. KARL begibt sich in die Niederlande, sammelt Truppen und beginnt noch im Herbst 1552 mit der Belagerung von Metz, die er jedoch im Jan. 1553 aussichtslos abbrechen muss. Während HEINRICH II. die besetzten Städte halten kann, sind seine gleichzeitigen Unternehmungen in Italien wenig erfolgreich: Er kann zwar Siena besetzen und mithilfe einer osmanischen Flotte auf Korsika landen, doch im Frühjahr 1555 muss die französische Besatzung Sienas kapitulieren, und KARL kann mit Frankreich am 5. Febr. 1556 einen fünfjährigen Waffenstillstand in Vaucelles aushandeln, der den Status quo bestätigt.

1555, 25. Sept. Der Augsburger Reichsabschied wird zwar im Namen des Kaisers verkündet, von KARL V. jedoch nicht gebilligt. Die zwingende Konsequenz dieser Entwicklung im Reich ist die **Abdankung KARLS**, die er wegen der schwierigen politischen Lage in mehreren Schritten vollzieht.

25. Okt. Übertragung der Niederlande auf KARLS Sohn PHILIPP.

1556, 16. Jan. KARL verzichtet zugunsten von PHILIPP auf seine Herrschaft in Spanien sowie auf die italienischen Besitzungen und die überseeischen Kolonien.

12. Sept. KARL verzichtet auf das Kaisertum zugunsten seines Bruders, König FERDINAND.

Vormacht Spaniens und europäische Glaubenskämpfe (1556–1660)

Mit der **Aufteilung der habsburgischen Besitzungen** in eine österreichische und eine spanische Linie enden die von KARL V. letztmals betriebenen Pläne, eine Universalmonarchie zu errichten. Eine hegemoniale, die anderen Mächte de facto dominierende Rolle bleibt jedoch das Ziel v. a. der spanischen Politik. Die **spanische Vormachtstellung in Europa** wird in mehreren Kriegen durchgesetzt, v. a. gegenüber Frankreich, das im Chaos der Hugenottenkriege zu versinken droht. Mit dem Wiedererstarken Frankreichs geht ein **Machtverlust Spaniens** einher, der im Dreißigjährigen Krieg mit dem Verlust der niederländischen Provinzen offenbar wird. In den Kriegen dieser Epoche verbinden sich drei Konfliktebenen: Ständekonflikte innerhalb der Staaten und Reiche, konfessionelle Konflikte, die sich oft in die ständischen einlagern, sowie schließlich die internationale Konkurrenz der Mächte, die sich mit den ständischen und konfessionellen Spannungen vermischt.

Der **konfessionelle Konflikt** spielt noch im Dreißigjährigen Krieg eine wichtige Rolle, wird aber zunehmend von machtpolitischen Interessen überlagert. Die Phase der spanischen Hegemonie in Europa ist mit dem Pyrenäenfrieden 1659 endgültig vorüber.

Hegemonie Spaniens und der Niedergang seiner Vormacht (1556–1609)

Die Art, wie KARL V. sein habsburgisches Weltreich teilt, ist entscheidend für die Veränderungen in der Mächtekonstellation und für die relative Kontinuität der Konflikte. Das burgundische Erbe erweist sich weiterhin als kritisch. KARL übergibt die einträglichsten Provinzen in Italien und den Niederlanden seinem spanischen Erben und Sohn PHILIPP. Die Österreicher behalten im Westen nur Vorderösterreich mit dem Elsass. Der **französisch-habsburgische Gegensatz** wirkt in aller Schärfe weiter. Abgesehen von diesem Konflikt, erbt PHILIPP den Kampf mit den Osmanen im Mittelmeer und mit den italienischen Besitzungen auch die schwierige Nachbarschaft mit dem Papst. Nach der Verfestigung der konfessionellen Spaltung bis zur Mitte des 16. Jh.s rücken das Reich und seine Territorialherren vorerst in den Schatten der europäischen Politik. Nur Österreich mit dem Königreich Böhmen und Teilen Ungarns sowie seinen Interessen in Italien spielt als größtes Territorium im Südosten des Reiches im europäischen Zusammenhang eine Rolle. Das außenpolitisch passive **Reich** wird nach der Jahrhundertwende zunehmend zum **Operationsfeld europäischer Politik anderer Mächte**.

1556–1598 **Regierungszeit von PHILIPP II.**, König von Spanien. Seine Politik verfolgt drei Ziele: die Macht des Königreiches Spanien, die Größe der habsburgischen Dynastie und v. a. den Schutz der katholischen Kirche. PHILIPPS vier Ehen zeigen die Hauptrichtungen seiner **dynastischen Politik**: 1) MARIA VON PORTUGAL (†1545). Diese 1543 geschlossene Heirat, aus der DON CARLOS (*1545, †1568) hervorgeht, führt 1580 zur Union Portugals mit Spanien. 2) MARIA die Katholische, Königin von England (*1516, †1558; Ehe: 1554–1558). Nach ihrem Tod sucht PHILIPP die Verbindung mit England fortzusetzen; deshalb wirbt er – vergeblich – um deren Nachfolgerin, ELISABETH I. (*1533, †1603). 3) ELISABETH VON VALOIS (*1545, †1568; Ehe: 1560–1568). Diese Heirat mit der Tochter des französischen Königs soll zu einem dauerhaften Ausgleich mit Frankreich führen. 4) ANNA VON ÖSTERREICH (*1549, †1580; Ehe: 1570–1580), Tochter Kaiser MAXIMILIANS II.

1559 Erste Synode der calvinistischen Gemeinden Frankreichs in Paris.

3. April Friede von Cateau-Cambrésis (Le Cateau) zwischen Habsburg und Valois: PHILIPP lässt sich seine Herrschaft in Italien und den Besitz der burgundischen Territorien bestätigen. Damit ist die **spanische Vorherrschaft in Italien endgültig gesichert**, Frankreich scheidet bis zu den Kriegen im Gefolge der Französischen Revolution aus der italienischen Politik aus. Dieser Friede und die Ehe mit ELISABETH VON VALOIS bekräftigen die spanische Hegemonie in der zweiten Hälfte des 16. Jh.s, zumal durch den plötzlichen Tod HEINRICHS II., der nur unmündige Söhne hinterlässt, Frankreichs außenpolitischer Handlungsspielraum wesentlich eingeschränkt wird.

1562–1563 Dritte und **abschließende Sitzungsperiode des Tridentinums**: Wegen des Vordringens des Calvinismus in Frankreich nimmt nun auch der französische Episkopat aktiv teil. PIUS IV. (1559–1565) bestätigt im Jan. 1564 die Konzilsbeschlüsse insgesamt.

1562–1598 **Hugenottenkriege**: Die acht französischen Religionskriege des 16. Jh.s sind ebenso Glaubenskämpfe wie Momente der Krise der französischen Dynastie und des Hochadels. Dieser kämpft nicht, wie im klassischen Ständekonflikt, gemeinsam gegen die Krone, sondern gegeneinander um die Krone. Die katholische Partei schart sich um das katholische Haus Lothringen (Guise), die hugenottische um das Haus Bourbon. Zwischen beiden Parteien steht die Königinmutter KATHARINA VON MEDICI (*1519, †1589), die eine übergeordnete königliche Position aufzubauen sucht. Beide Religionsparteien finden Hilfe im Ausland: die Guise bei PHILIPP II. und dem Papst, die Hugenotten bei den calvinistischen Reichsständen, dann England und den Niederlanden. Die Hugenotten erreichen im Edikt von Saint-Germain (8. Aug. 1570) bedingte Religionsfreiheit und mehrere Sicherheitsplätze.

1564 Nach dem Herrscherwechsel von KARL V. zu dem Spanier PHILIPP II., der **Unterstellung der Niederlande** unter die spanische Zentralverwaltung und der Reorganisation der kirchlichen und politischen Verwaltung bildet sich eine Opposition gegen die spanische Fremdherrschaft. Die Abneigung richtet sich v. a. gegen Kardinal ANTOINE PERRENOT DE GRANVELLE (*1517, †1586), der als Primas der Kirche und Vertreter des spanischen Zentralismus verhasst ist. Der König muss ihn aus den Niederlanden abberufen.
Spanische Truppenstationierungen, Besteuerungen und v. a. die Missachtung der alten Privilegien fördern

die antispanische Stimmung und liefern der vom Hochadel getragenen Opposition Unterstützung, die sich um WILHELM I. VON ORANIEN (*1533, †1584), den Grafen LAMORAAL VON EGMOND (*1522, †1568) und PHILIPP GRAF VON HORNE (*1524, †1568) sammelt. Die Opposition weitet sich auf breitere Schichten des Adels und der Städte aus und verbindet sich mit der wachsenden calvinistischen Bewegung.

1566 Erste Bilderstürme: Bittsteller eines Adelsbundes bei MARGARETE II. VON PARMA (*1522, †1586), Generalstatthalterin der Niederlande, werden *Gueux* (= Bettler) genannt; diesen Titel übernehmen die Geusen als Parteinamen. PHILIPPS rigorose Antwort ist die Entsendung des Herzogs VON ALBA als Statthalter 1568 (bis 1573). ALBA (*1507, †1582) geht scharf vor. WILHELM VON ORANIEN flüchtet; EGMOND und HORNE werden hingerichtet. – Die nördlichen Inseln werden die Operationsbasis der Watergeusen (Wassergeusen). Sie bekommen die wichtige Provinz Holland, dann auch Seeland in die Hand.

1571, 7. Okt. **Seesieg bei Lepanto** (Naupaktos, im Golf von Korinth) über die Osmanen durch Don JUAN D'AUSTRIA (*1547, †1578) mit einer Flotte der Heiligen Allianz. Lepanto leitet den **Niedergang der osmanischen Vorherrschaft** im Mittelmeer ein.

1572, 23./24. Aug. **Bartholomäusnacht** (Pariser Bluthochzeit): Massaker an den Calvinisten in Paris und ganz Frankreich mit bis zu 10 000 Toten. Die Widerstandskraft der Hugenotten bricht jedoch nicht zusammen.

1576 Genter Pazifikation: Vertrag zwischen den niederländischen Provinzen zwecks Vertreibung der spanischen Truppen.

1578–1592 Der Statthalter ALEXANDER FARNESE, Herzog von Parma (*1545, †1592), kann die Südprovinzen durch Zusicherung der Wiederherstellung ihrer alten Rechte für Spanien zurückgewinnen und gegen die Nordprovinzen in der Union von Arras vereinen. Darauf schließen sich 1579 die sieben nördlichen Provinzen zur Union von Utrecht zusammen, die sich 1581 für unabhängig erklärt.

1580–1640 **Vereinigung Portugals mit Spanien**: Eine Folge der Vereinigung der iberischen Königreiche mit ihren großen Kolonien ist eine Gewichtsverlagerung der Politik PHILIPPS in den Atlantik und damit ein verstärkter Gegensatz zu England.

1584 WILHELM VON ORANIEN wird in Delft ermordet. Sein Sohn MORITZ VON NASSAU-ORANIEN (*1567, †1625) folgt ihm im Amt eines erblichen Statthalters. Er kann militärische Erfolge FARNESES wie die spektakuläre Eroberung Antwerpens im Aug. 1585 nicht verhindern. Auch ein von ELISABETH I. von England Ende 1585 entsandtes Expeditionsheer unter ROBERT DUDLEY Graf Leicester (*1532, †1588) richtet wenig gegen FARNESE aus. – Dass sich die abgefallenen Provinzen dann ohne direkte englische Hilfe gegen Spanien behaupten, liegt v. a. an Spaniens Engagement im Krieg mit England und PHILIPPS Eingreifen in die französischen Religionskriege.

1585–1590 Achter Hugenottenkrieg (**Krieg der drei Heinriche**) zwischen König HEINRICH III. (*1551, †1589), HEINRICH VON NAVARRA (IV.; *1553, †1610), Führer der Hugenotten, und HEINRICH GUISE (*1550, †1588), Führer der katholischen Partei. PHILIPP II. verbündet sich mit den Guise und zahlt hohe Subsidien; auf hugenottischer Seite kämpft ein deutsches Heer unter Pfalzgraf JOHANN KASIMIR (*1543, †1592), das mit englischen Hilfsgeldern finanziert ist. Für die Nachfolgefrage entscheidend wird die Ermordung von HEINRICH GUISE im Dez. 1588, den König HEINRICH III. in Blois umbringen lässt, um sich aus der Abhängigkeit der Lothringer zu befreien. Als HEINRICH im Aug. 1589 seinerseits von einem fanatischen Dominikaner niedergestochen wird, bestimmt er sterbend HEINRICH VON NAVARRA zu seinem Nachfolger. Um diese calvinistische Thronfolge zu verhindern, interveniert PHILIPP nun mit eigenem Heer. Aus dem Kampf um die Thronfolge wird so ein Krieg des spanischen Königs gegen alle seine Gegner in Europa.

1588, Juli/Aug. **Niederlage der spanischen Armada**: Die Gegensätze zwischen Spanien und der englischen Politik werden in den 1580er-Jahren so grundsätzlich, dass PHILIPP sich zu einer Invasion der englischen Insel entschließt. – Die »unbesiegbare Armada«, im Kanal von der englischen Flotte dreimal angegriffen, wobei sich die Artillerie der beweglicheren englischen Schiffe der Entertaktik der Spanier als überlegen erweist, und vor Calais durch einen Branderangriff (Angriff mit einer schwimmenden Brandbombe) aus der Formation geworfen, wird von englischen Schiffen im Juli in die Nordsee verfolgt. Geschlagen erleidet die spanische Flotte auf dem Rückweg um Schottland und Irland in Herbststürmen weitere schwere Verluste. Diese Niederlage bedeutet nicht die Ablösung der spanischen Seemacht durch die englische. Der Wiederaufbau einer modernisierten Armada und die Sicherung der Überseerouten werden verstärkt vorangetrieben. Doch der bleibende Verlust der Seeverbindung zu den Niederlanden und die psychologische Wirkung sind folgenschwer.

1590–1598 **Kampf um die französische Thronfolge**: PHILIPP von Spanien erhebt für seine Tochter aus der Ehe mit ELISABETH VON VALOIS Erbansprüche und marschiert mit seinen Truppen in Frankreich ein.

1593, Aug., 1594, Febr. HEINRICH IV. konvertiert in St-Denis zum katholischen Glauben. Da auch die Mehrheit der Katholiken die Kandidatur des spanischen Königs ablehnt, wird aus dem Bürgerkrieg ein Krieg der Franzosen gegen den ausländischen Zugriff auf die französische Krone.

1593–1606 Langer Türkenkrieg: Die österreichischen Habsburger, seit der Dreiteilung Ungarns 1540 nur noch im Besitz eines schmalen Streifens in Westungarn und für diesen dem Osmanischen Reich seit 1545 tributpflichtig, können ihre Ansprüche in einer Reihe von Kämpfen gegen die Truppen des Sultans behaupten: Der Frieden von Zsitvatorok (1606) beendet den Krieg in Ungarn ohne territoriale Veränderungen. Mit der Aufhebung der Tributpflicht gegenüber dem Osmanischen Reich erzielen die Habsburger einen Teilerfolg.

1595 HEINRICH IV. erklärt Spanien formell den Krieg.

1596 Bündnis zwischen HEINRICH IV. und ELISABETH I.: Der Erhalt der nördlichen Niederlande ist Ziel der Gegner Spaniens.

1598, 13. April **Edikt von Nantes**, mit dem HEINRICH IV. versucht, zwei Ziele miteinander in Einklang zu bringen: Frankreich bleibt eine katholische Monarchie, doch wird den 1,2 Mio. Hugenotten volle Gewissensfreiheit und in gewissen Grenzen Kultfreiheit gewährt. Ohne Einschränkungen werden die Hugenotten bürgerlich und rechtlich gleichgestellt. Sie erhalten in einem zusätzlichen Erlass zahlreiche Sicherheitsplätze mit hugenottischen Garnisonen.

2. Mai Friede von Vervins: Separatfrieden zwischen HEINRICH IV. und PHILIPP II.; England und die Niederlande bleiben weiter im Krieg. Spanien räumt Frankreich, die Grenzen entsprechen dem Vertrag von Cateau-Cambrésis (1559). PHILIPP verzichtet auf alle Thronansprüche in Frankreich. Im Ergebnis sind damit die spanischen Kriegsziele, die beabsichtigte Bindung Frankreichs an Spanien und die Ausrottung der Hugenotten, gescheitert.

1604 Spanien beendet den Krieg mit England und schließt 1609 einen zwölfjährigen Waffenstillstand mit den abgefallenen Niederlanden.

Das Zeitalter der europäischen Kriege (1608–1660)

Mit dem Erbfolgestreit um Jülich-Kleve beginnt die **Europäisierung der Konflikte**, in denen sich weiterhin Ständekämpfe, das Konfessionsproblem und internationale Auseinandersetzungen verbinden und überlagern. Der erwartete große Krieg entzündet sich am Aufstand der böhmischen Stände gegen die Versuche der Habsburger sowohl die monarchische Gewalt in der böhmischen Wahlmonarchie zu stärken als auch die Gegenreformation durchzuführen. Der geografischen Ausweitung folgt die Internationalisierung des Krieges. Schwerpunkt der Kampfhandlungen und Opfer liegt im Reich, für dessen innere Entwicklung der Krieg zentral ist. Aber auch in anderen Gebieten, so in Schweden, Dänemark, Italien und Frankreich kommt es zu Kampfhandlungen.

1609–1614 Im **Jülich-Kleveschen Erbfolgestreit** steht eine Erbmasse zur Disposition, auf die sich wegen ihrer Größe und strategischen Bedeutung und der Zugehörigkeit zu unterschiedlichen Konfessionen (Jülich und Berg katholisch, Mark und Ravensberg lutherisch, Kleve aufgrund erasmanischer Einflüsse gemischt konfessionell) ein lebhaftes Interesse richtet.

1609 Im **Vertrag von Dortmund** beschließen die Haupterben JOHANN SIGISMUND VON BRANDENBURG (*1572, †1619) und WOLFGANG WILHELM VON PFALZ-NEUBURG (*1578, †1653) eine Gemeinschaftsregierung, der die Landstände zustimmen. – Kaiser RUDOLF II. (*1552, †1612) lässt Erzherzog LEOPOLD (*1586, †1632) mit Truppen ins Land einmarschieren. JOHANN SIGISMUND und WOLFGANG WILHELM finden über die Union, der Brandenburg beitritt, Unterstützung bei Frankreich, England und den Generalstaaten. |s. S. 892|

1610 **Europa bewegt sich am Rande eines großen Krieges**, der jedoch durch die Ermordung des französischen Königs HEINRICHS IV. (14. Mai) verhindert wird.

1613 Die Fürsten wechseln die Konfession: der Brandenburger tritt zum Calvinismus über, der Neuburger zum Katholizismus. Jetzt unterstützen Spanien, der Kaiser und die Liga WOLFGANG WILHELM, während die Niederlande für JOHANN SIGISMUND eintreten.

1614, 12. Nov. Der Vertrag von Xanten bringt eine Teilung der Erbmasse, von der Brandenburg Kleve, Mark und Ravensberg, Pfalz-Neuburg Jülich und Berg erhält. Die Gefahr eines großen europäischen Krieges ist noch einmal für kurze Zeit gebannt.

1618, 23. Mai Der Krieg beginnt in Böhmen mit den Ereignissen, die im **Fenstersturz zu Prag** kumulieren. Für den kommenden **Böhmisch-Pfälzischen Krieg** (bis 1623) suchen beide Seiten Unterstützung.

1619 Die Internationalisierung des Konflikts ergibt sich bereits aus der Wahl des Kurfürsten FRIEDRICH V. VON DER PFALZ (*1596, †1632), Schwiegersohn König JAKOBS I. VON ENGLAND (*1566, †1625), zum böhmischen König. Da der von den Böhmen für abgesetzt erklärte König FERDINAND (später Kaiser FERDINAND II.; *1578, †1637) selbst kaum über Truppen verfügt, stellt MAXIMILIAN VON BAYERN (*1573, †1651) die Truppen der Liga, 30 000 Mann unter dem Befehl JOHANN VON TILLYS (*1559, †1632), zur Verfügung. Weitere Subsidien stammen vom Papst und von Spanien. Die Unterstützung für FRIEDRICH von Böhmen ist dagegen enttäuschend: JAKOB I. dringt auf Neutralität. Die Union ist auf englischen und französischen Druck zu keiner Hilfe bereit, und MORITZ VON ORANIEN (*1567, †1625) kann nur einige Regimenter schicken. Lediglich BETHLEN GÁBOR (*1580, †1629), seit 1613 Fürst von Siebenbürgen, unternimmt einen Entlastungsvorstoß gegen Wien, wird aber im Juni 1620 von FERDINAND abgefunden, woraufhin er sich zurückzieht.

1620, 8. Nov. TILLYS und kaiserliche Truppen schlagen die böhmische Armee unter CHRISTIAN VON ANHALT (*1568, †1630) vernichtend in der Schlacht am Weißen Berge bei Prag. Der »Winterkönig« FRIEDRICH flieht in die Niederlande, die Anführer des Aufruhrs werden hingerichtet, ihre Güter enteignet und neu ausgegeben. Hauptgewinner dieser Umverteilung ist der böhmische Adlige ALBRECHT VON WALLENSTEIN (*1583, †1634). Die Schlussphase des Krieges findet in der Pfalz statt: Der spanische General AMBROGIO SPINOLA (*1569, †1630) operiert gegen die mit niederländischen Geldern finanzierte Armee des Grafen ERNST VON MANSFELD (*1580, †1626), der 1621 bei Wiesloch (nahe Heidelberg) einen Erfolg erringt. TILLY besiegt 1622 das Heer des Markgrafen von Baden und eine neue, durch niederländische, englische und dänische Hilfsgelder zusammengebrachte Armee unter CHRISTIAN VON HALBERSTADT (*1599, †1626) bei Höchst und nimmt die Pfalz ein.

1621–1626 Kampf um den freien Landweg in Graubünden: Spaniens Kampf um den **Landweg in die Niederlande** (»Spanische Straße« für Truppentransporte von

Spanien über Mailand, Graubünden und das Rheintal) ist schon seit dem Verlust des freien Seeweges in der späteren Regierungszeit PHILIPPS II. ein Zentralproblem der spanischen Politik; dies jetzt umso mehr, als der Waffenstillstand mit den niederländischen Nordprovinzen 1621 ablaufen wird. Das eigentlich kritische Wegstück von Mailand ins Rheintal ist das die Alpenpässe kontrollierende Graubünden, speziell das Veltlintal, in dem konfessionelle Konflikte die Einmischung auswärtiger Mächte erleichtern. Hier bedrohen am ehesten französische, aber auch venezianische Sperren den Weg.

Im Diktat von Mailand wird das Veltlin unter spanische Militärverwaltung gestellt. Damit ist die Aufmarschroute fest in spanischer Hand. Dieser Erfolg kann gegen eine französische Intervention im Veltlin ab 1624 verteidigt und im Vertrag von Monzon 1626 festgeschrieben werden: Habsburg muss zwar die Zugehörigkeit des Veltlins zu Graubünden anerkennen, erhält jedoch freien Durchgang für seine Truppen.

1621–1628 **Spanischer Feldzug gegen die Niederlande**: Trotz des Todes des spanischen Königs PHILIPP III. (*1578, †1621) im Jahr des Auslaufens des Waffenstillstandes eröffnet Spanien den Angriff auf die Niederlande. Der Misserfolg des mit großem finanziellen Einsatz geführten Krieges ist mit dem ungebrochenen Widerstandswillen der Niederländer und dem Zusammenwirken aller Gegner Habsburgs zu erklären.

1624 Kardinal RICHELIEU (*1585, †1642) wird erster Minister des französischen Königs LUDWIGS XIII. (*1601, †1643). Sein Hauptziel ist die Stärkung der Krone Frankreichs im Innern und nach außen durch Erringung der **französischen Vorherrschaft** in Europa, v. a. durch Brechung der Macht des Hauses Habsburg. Seine Bündnisse mit den protestantischen Mächten hält er für von der Staatsräson gefordert. RICHELIEU sucht lange indirekt durch Subsidien den Kampf gegen Habsburg zu lenken, ehe er selbst direkt militärisch gegen den Kaiser eingreift. Die Maßnahmen zielen zunächst gegen Spanien: Schon 1624–1626 im Veltlin versucht Frankreich eine Sperrung der Alpenpässe für Spanien zu erreichen und sich selbst Interventionspunkte zu sichern, von denen aus Frankreich in Oberitalien eingreifen und den dortigen Einfluss Spaniens reduzieren kann.

Das Bündnis der Generalstaaten mit England und Frankreich sowie mit König CHRISTIAN IV. VON DÄNEMARK (*1577, †1648), um den Krieg im Reich weiterzuführen, führt zum **Dänisch-Niedersächsischen Krieg** (1625–1629).

1626, 27. Aug. Bei Lutter am Barenberge (Nordrand des Harzes) erleidet das Heer CHRISTIANS durch TILLY eine Niederlage.

bis 1628 WALLENSTEINS und TILLYS Armeen vertreiben die Dänen aus Niedersachsen und verfolgen sie nach Jütland. Holstein, Mecklenburg und Pommern werden erobert.

1628–1631 Auch hinter dem **Mantuanischen Erbfolgestreit** steht der Kampf um die Alpenpässe. Das Aussterben des Hauses Gonzaga (Ende 1627) bringt die Reichslehen Mantua und Montferrato an den Kaiser zurück, der den Nächstberechtigten, Herzog KARL VON NEVERS-GONZAGA (*1580, †1637), übergeht. Während spanische Truppen umgehend das strategisch wichtige Montferrato besetzen, bringt KARL VON NEVERS Mantua in seine Hand. RICHELIEU lässt französische Truppen eingreifen. Der Krieg endet mit dem Vertrag von Cherasco (6. April 1631): Frankreich setzt die Ansprüche des Herzogs von Nevers durch und erwirbt Pinerolo sowie weitere Alpenpässe in Savoyen.

1629, 22. Mai **Friede von Lübeck** zwischen Kaiser FERDINAND und König CHRISTIAN, der seine Gebiete zurückerhält und verspricht, sich künftig aus allen Reichsangelegenheiten herauszuhalten. Da auch England die antihabsburgische Allianz verlässt, wenden sich Frankreich und die Niederlande dem schwedischen König GUSTAV II. ADOLF (*1594, †1632) zu. Das kommt den Zielen GUSTAV ADOLFS entgegen, der Schweden zur Ostseevormacht erheben will. Auf den Besitz der östlichen Küsten hat er bereits erhebliche Mühen verwendet: Mit dem Frieden von Stolbowo (1617) bleibt Russland weiterhin von der Ostsee abgeschnitten, Schweden kontrolliert den russischen Seehandel.

25. Sept. Im Waffenstillstand von Altmark tritt Polen Livland und die Verwaltung der preußischen Seezölle an Schweden ab, welches nun auch Polens Küste beherrscht.

1630, 4. Juli König GUSTAV ADOLF landet in Pommern. Beginn des **Schwedischen Krieges** (bis 1635).

1631, 23. Jan. Im Vertrag von Bärwalde (bei Küstrin) sichert Frankreich den Schweden für den Feldzug gegen den Kaiser hohe Subsidien zu. Seine beiden »natürlichen« Verbündeten, die Kurfürsten von Sachsen und Brandenburg, die neutral bleiben wollen, zwingt GUSTAV ADOLF zu Bündnisverträgen.

17. Sept. Bei Breitenfeld in der Nähe von Leipzig siegen die Schweden über die Armee TILLYS; er zieht sich nach Ingolstadt zurück, um Bayern zu decken. Mitteldeutschland bleibt den Schweden überlassen.

1632, April Bei Rain am Lech vernichtet GUSTAV ADOLF die Armee TILLYS, der tödlich verwundet wird, fällt in Bayern ein und erobert Augsburg und München. Der von GUSTAV ADOLF konzipierte Entscheidungsfeldzug gegen Wien steht bevor. Kaiser FERDINAND beruft WALLENSTEIN in sein zweites Generalat, das mit ungewöhnlichen Vollmachten ausgestattet ist. WALLENSTEIN vertreibt die sächsische Armee aus Böhmen, bezieht ein befestigtes Lager bei Nürnberg und verweigert jede Entscheidungsschlacht. Erst als WALLENSTEIN sein Winterlager bei Magdeburg aufschlägt, kommt es zum Kampf.

16. Nov. Die Schlacht von Lützen verläuft unentschieden, doch der schwedische König fällt. Die politische Führung übernimmt sein Kanzler OXENSTJERNA (*1583, †1654), den Oberbefehl teilen sich Herzog BERNHARD VON WEIMAR (*1604, †1639) und GUSTAF GRAF HORN (*1592, †1657).

1635, 30. Mai Im Frieden zu Prag zwischen Kaiser und Kursachsen (in der Folge treten fast alle Reichsstände bei) werden die Bekenntnisse auf den Stand vor dem Restitutionsedikt (1629) fixiert. Der Kaiser erhält den Oberbefehl über eine Reichsarmee gegen Schweden.

1635 Das sich abzeichnende Kriegsende widerspricht den Zielen RICHELIEUS, der daher zur direkten, militärischen Kriegsteilnahme übergeht: **Schwedisch-Französischer Krieg** bis 1648.

19. Mai Die **französische Kriegserklärung an Spanien** wird mit einer Offensive beantwortet. MATTHIAS VON GALLAS (*1574, †1647) erobert Trier und rückt in Lothringen und die Franche-Comté ein.

18. Sept. Kriegserklärung Frankreichs an Kaiser FERDINAND.

Okt. BERNHARD VON WEIMAR stellt sein Heer in französische Dienste.

1636 Bei Wittstock (Prignitz) gelingt den Schweden ein Sieg gegen ein kaiserlich-sächsisches Heer.

1637 **Angriffe** Frankreichs und der Generalstaaten **gegen die spanischen Niederlande**: Die Franzosen dringen ins Artois ein, die Holländer erobern Breda und einen breiten Streifen der südlichen Niederlande.

März Ein Aufstand in Graubünden gegen die französische Besatzung zwingt diese zum Verlassen des Landes. Das Veltlin und die Alpenpässe geraten wieder unter spanische Kontrolle.

1640/41 Auf dem Reichstag zu Regensburg besteht unter den Reichsständen Einmütigkeit, mit den ausländischen Mächten über einen Frieden zu verhandeln.

1642, 2. Nov. Schwedischer Sieg in der zweiten Schlacht bei Breitenfeld.

1643 Sturz von GASPAR GUZMÁN OLIVARES (*1587, †1645) als leitendem spanischen Minister wegen der Erfolglosigkeit seiner Politik.

19. Mai Schlacht von Rocroi (Ardennen): Ein französisches Heer unter LOUIS II. VON BOURBON, Prinz von Condé (*1621, †1686), schlägt die spanische Armee.

1644 **Beginn der Friedensverhandlungen** in Osnabrück und Münster.

1643–1645 **Schwedisch-Dänischer Krieg** wegen des Versuchs der Dänen, Hamburg unter ihre Kontrolle zu bringen, und wegen der hohen Zölle im Sund zwischen Dänemark und Schweden.

1645, 6. März Schwedische Truppen vernichten in der Schlacht bei Jankau (südlich von Prag) die kaiserliche Armee.

3. Aug. Operationen der französischen Armeen unter HENRI DE LA TOUR D'AUVERGNE, Vicomte de Turenne (*1611, †1675), und LOUIS II. VON BOURBON führen zur Vernichtung des bayrischen Heeres bei Allerheim (nahe Ulm).

23. Aug. Im Frieden von Brömsebro muss Dänemark die Durchfahrtzölle herabsetzen. Schwedische Schiffe erhalten Zollfreiheit. Schweden hat seine Führungsrolle im Norden auch gegen Dänemark bestätigt.

1646–1648 Zangenangriffe der schwedischen und französischen Heere gegen Bayern.

1648, 17. Mai Vernichtung der letzten kaiserlichen und bayrischen Armeen bei Zusmarshausen (bei Ulm).

24. Okt. **Unterzeichnung des Westfälischen Friedens.**

Gesamteuropäische Aspekte des Westfälischen Friedens

Das Friedenswerk macht die europäische Bedeutung der verschiedenen Kriege deutlich, die schon die Zeitgenossen als zusammengehörig, als »Dreißigjährigen Krieg« wahrnehmen. Dauer, Intensität und Komplexität der Friedensverhandlungen erklären sich aus dem Bemühen, eine **umfassende Lösung aller Streitfragen** und Ansprüche der schwedisch-französischen Koalition mit den deutschen Reichsständen und dem Kaiser zu suchen. Gewinner der Regelungen sind Frankreich und Schweden, die beide neben dem Kaiser auch Garantiemächte des Friedens werden.

Schweden erhält fünf Mio. Reichstaler sowie Gebiete in Norddeutschland: die Herzogtümer Bremen und Verden, Vorpommern mit Stettin, der Odermündung, den Inseln Usedom, Wollin und Rügen sowie Wismar. Diese Gebiete werden als Lehen an Schweden abgetreten. Sie bleiben somit Teile des Reichs, Schweden wird Reichsstand. Mit diesen Gebietsgewinnen tritt Schweden als regionale Großmacht in Nordeuropa an die Stelle Dänemarks.

Frankreich erhält die Feste Breisach als rechtsrheinischen Brückenkopf sowie die Bistümer Metz, Toul, Verdun in Lothringen, die seit 1552 (Vertrag von Chambord) faktisch französisch sind und dies jetzt auch offiziell und endgültig werden. Hinzu kommen die habsburgischen Besitzungen im Elsass. Um Frankreich anders als Schweden nicht die Reichsstandschaft zu verschaffen, werden diese Gebiete aus dem Reich ausgegliedert. Der eigentliche Nutzen dieser territorial bescheidenen Gewinne besteht in den mit ihnen verbundenen Chancen auf Expansion und Arrondierung, die LUDWIG XIV. bald ergreift. Überdies ist mit diesen Regelungen die Habsburger Klammer aufgebrochen: territorial, weil die »Spanische Straße« unterbrochen ist, politisch, weil der Kaiser Frieden schließt, obwohl die spanischen Habsburger weiterhin im Krieg gegen Frankreich stehen. Von dieser Schwächung Spaniens profitieren auch die nördlichen Niederlande, die im Rahmen dieses internationalen Vertragswerkes die volle Souveränität garantiert bekommen (separat davon wurde bereits am 30. Jan. 1648 ihre Unabhängigkeit von der spanischen Krone bestätigt). Das nun auch formale Ausscheiden der Schweizer Eidgenossen aus dem Reich ändert nichts an den internationalen Kräfteverhältnissen.

Zu den Verlierern gehört neben **Spanien** auch der **Papst**, dessen Protest wirkungslos verhallt. Das Papsttum spielt fortan auf der internationalen Bühne kaum noch eine Rolle. Weitere Einflussmöglichkeiten für Frankreich eröffnen die Bestimmungen zur Reichsverfassung, die u. a. das Bündnisrecht der Reichsstände festschreiben. Insgesamt bedeutet der Westfälische Frieden eine immense Stärkung des französischen Einflusses auf Mitteleuropa. Die Durchsetzung von Schwedens Vormachtstellung in Nordeuropa ist dank der französischen Unterstützung möglich gewesen. Die Austragung des spanischen Konfliktes bleibt für Frankreich die dringendste europäische Frage: Der von RICHELIEU 1635 an Spanien erklärte Krieg setzt sich nach dem Westfälischen Frieden noch lange fort.

1655–1660 Der Schwedisch-Polnische oder erste **Nordische Krieg** um die **Vorherrschaft im Ostseeraum** zeigt die Grenzen der schwedischen Macht auf. Im Verlauf der beiden Nordischen Kriege verliert Schweden seine von Dänemark übernommene Vormachtstellung, die im 18. Jh. an Russland übergeht.

Nach der Abdankung Königin CHRISTINES (*1626, †1689) zugunsten ihres Vetters KARL GUSTAV VON PFALZ-ZWEIBRÜCKEN (*1622, †1660) 1654, regiert dieser als KARL X. GUSTAV WASA. Um Schwedens Stellung an der baltischen Küste auszubauen, greift er 1655 Polen an und siegt 1656 bei Warschau. Daraufhin wird der Krieg zum Kampf einer Koalition aus Russland, Österreich, den Generalstaaten und Dänemark zur Rettung Polens und Niederringung Schwedens. Die Schweden werden aus Polen verdrängt, Dänemark jedoch muss im Frieden von Roskilde (1658) auf seine südschwedischen Besitzungen verzichten.

1656 Als Antwort auf englische Flottenerfolge im Mittelmeer und in der Karibik erklärt Spanien England den Krieg.

1657 Frankreich schließt mit dem englischen Lord-Protektor OLIVER CROMWELL (*1599, †1658) einen Freundschaftsvertrag gegen Spanien.

Nach Kaiser FERDINANDS III. Tod kann RICHELIEUS Nachfolger, Kardinal JULES MAZARIN (*1602, †1661), eine Unterstützung Spaniens durch die deutschen Habsburger verhindern: Er drängt die Kurfürsten, sich in der Wahlkapitulation von LEOPOLD I. (*1640, †1705) versprechen zu lassen, Spanien keinen Beistand zu leisten.

1658 Unter Führung von Kurmainz schließen sich mehrere deutsche Fürsten mit Schweden und Frankreich zum (ersten) Rheinbund zusammen.

1659, 7. Nov. Der **Pyrenäenfrieden** beendet den seit 1635 geführten Krieg zwischen Spanien und Frankreich. Er bringt Frankreich Territorial- und Machtgewinne v. a. in den Pyrenäen (Roussillon), aber auch in den südlichen Niederlanden (Artois u. a.). Spanien muss überdies die Unabhängigkeit Portugals anerkennen. Der Frieden besiegelt das Ende der spanischen Vormachtstellung.

1659, 14. Nov. Schweden unterliegt bei Nyborg auf der dänischen Insel Fünen dem von der holländischen Flotte herbeigeschafften Heer der Verbündeten.

1660, 3. Mai Um Schwedens endgültige Niederlage zu verhindern, vermittelt Frankreich den Frieden von Oliva (bei Danzig): Schweden behält seine deutschen, Dänemark verliert seine südschwedischen Besitzungen. Polen entsagt allen Ansprüchen auf den schwedischen Thron, die polnische Lehnshoheit über das Herzogtum Preußen wird definitiv aufgehoben. Russland erreicht auch in diesem Waffengang nicht den Zugang zur Ostsee. Es muss im Frieden von Kardis (1661) seine Eroberungen in Estland und Livland herausgeben. Als Ergebnis dieser Kriege ist Schweden zu einer mittleren Macht herabgesunken. Der Einfluss Frankreichs im Ostseeraum wächst hingegen.

Die französische Hegemonie und die Entstehung des europäischen Mächtegleichgewichts (1661–1720)

Nach dem Tode MAZARINS übernimmt 1661 LUDWIG XIV. (*1638, †1715) die Leitung der französischen Politik. Mit seiner höfischen Kultur und der an Stärke gewinnenden Staatsgewalt werden Frankreich und seine absolute Monarchie vorbildlich für das kontinentale Europa. Ziel der französischen Außenpolitik bleibt die **Hegemonie Frankreichs**, doch bringt LUDWIG XIV. die französischen Ansprüche viel entschiedener zur Geltung. Der unverblümte Einsatz seiner Machtmittel führt zu einer ausgeprägten hegemonialen Phase Frankreichs (1661–1685), wobei die ungehemmte Eroberungspolitik die Gegenwehr Europas rasch anwachsen lässt (1685–1720). Frankreich kann zwar auf dem Kontinent Spanien als Vormacht ablösen, doch auf den ehemals von Spanien-Portugal beherrschten Meeren und in den Kolonialreichen übernehmen die Seemächte England und Niederlande die Führung.

Im freien Meer konkurrieren mehrere Mächte, seit 1650 v. a. England und die Niederlande. CROMWELLS Navigationsakte von 1651 erweist sich als vorzügliches Instrument, die **Niederlande** als bisher **größte Handelsmacht** vom englischen Seehandel weitgehend auszuschließen. Die durch diese Politik ausgelösten englisch-niederländischen Kriege gehen zugunsten Englands aus. Als es im Gefolge der *Glorious Revolution* (1688/89) zur Beruhigung in England und zur Personalunion mit den Niederlanden kommt, stärkt dies die Allianz gegen das französische Hegemoniestreben. Als Leitgedanke der internationalen Beziehungen setzt sich nun die Vorstellung vom Gleichgewicht der Kräfte (*Balance of Power*) durch. Ziel der Gleichgewichtspolitik ist ein spannungsreiches, doch kontrollierbares **Gleichgewicht der europäischen Mächte**, das auch den Sorgen und Bedürfnissen der durch Frankreich sich bedroht fühlenden mittleren und kleineren Mächte entgegenkommt. Während sich in der Folge das europäische Staatensystem nach diesem Prinzip organisiert, begründet England im Weltmaßstab die Hegemonie Europas über die anderen Kontinente.

In der Praxis äußert sich die Idee des Gleichgewichts in der Europäisierung der Kriege: Vormachtansprüche einer Macht stoßen auf den Widerstand der anderen Mächte, die sich zur Abwehr solcher Ansprüche je nach Bedarf zu Allianzen zusammenschließen. Europäisiert wird auch die Suche nach dem Frieden: Die mit dem Westfälischen Frieden begonnene **Kongressdiplomatie** setzt sich als Instrument der Suche nach Frieden fort. Das Europa umspannende Netz der diplomatischen Beziehungen wird ausgebaut, das Völkerrecht weiter entwickelt.

1652–1654 Der **erste englisch-niederländische Seekrieg** wird, wie auch die beiden späteren Kriege der Seemächte, in erster Linie aufgrund handelspolitischer Rivalitäten geführt. Diese Handelskriege gehören zu den letzten bilateralen Konflikten. Folgen haben sie eher in den Kolonien als für die Entwicklung in Europa.

1665–1667 **Zweiter englisch-niederländischer Seekrieg**: Die Niederlande stimmen im Frieden von Breda 1667 der

Abtretung der Neu-Niederlande mit Neu-Amsterdam (New York) zu, um dagegen von England Suriname, seitdem Niederländisch-Guyana, zurückzuerhalten. Hintergrund dieses Einlenkens der militärisch erfolgreichen Niederländer ist der Angriff LUDWIGS XIV. auf die benachbarten Spanischen Niederlande.

1667–1668 Mit dem **Devolutionskrieg** beginnt die Reihe der französischen Expansionskriege LUDWIGS XIV. Gestützt auf Erbansprüche auf Flandern und Brabant (nach dem flandrischen Erbbrauch des *droit de dévolution*) greift Frankreich nach dem Tode des spanischen Königs PHILIPP IV. (*1605, †1665) die Spanischen Niederlande an. Die französischen Truppen überrennen dieses Gebiet.

1668, 2. Mai Die Drohung der Tripelallianz der Niederlande, Englands und Schwedens mit einer Kriegserklärung gegen Frankreich hält die französischen Heere auf und zwingt LUDWIG XIV. zum Frieden von Aachen: Frankreich behält Lille und darf etliche Festungen in den spanischen Niederlanden besetzen.

1672–1679 **Holländischer Krieg**: Nachdem sich England im Geheimvertrag von Dover 1670 mit Frankreich gegen seinen Handelskonkurrenten Niederlande verbündet hat, greift Frankreich 1672 die Niederlande an. Der daraus resultierende Holländische Krieg enthält neben dem dritten englisch-niederländischen Seekrieg (1672–1674) weitere Teilkonflikte: den Schwedisch-Brandenburgischen Krieg (1674–1679) und den Schonischen Krieg (1675–1679) zwischen Dänemark und dem mit Frankreich verbündeten Schweden.

1672 WILHELM III. VON ORANIEN (*1650, †1702) kommt in den Niederlanden an die Macht. Durch Öffnung der Schleusen kann der Kern Hollands um die Stadt Amsterdam verteidigt werden. Gegen diesen Angriff formiert sich auch eine europäische Allianz.

1673 Koalition mit dem Kaiser und Spanien gegen Frankreich.

1674 England schließt auf Druck des Parlamentes den Zweiten Frieden von Westminster mit den Niederlanden und scheidet aus dem Krieg aus.
Erklärung des Reichskrieges (außer Bayern und Hannover) gegen Frankreich.

1675 Im Verlauf des Krieges zwischen dem mit Frankreich verbündeten Schweden und dem gegen Frankreich kämpfenden Brandenburg-Preußen schlägt Kurfürst FRIEDRICH WILHELM I. (*1620, †1688) die Schweden bei Fehrbellin (bei Berlin).

1676 Die französische Flotte unterstützt den antispanischen Aufstand in Sizilien. Die nur kurzfristig verdeckten Gegensätze zwischen den Koalitionspartnern geben Frankreich die Möglichkeit, mit den einzelnen Gegnern gesondert Frieden zu schließen.

1678/79 In den Friedensverträgen von Nimwegen mit den Niederlanden, Spanien, dem Kaiser, Schweden und Dänemark werden die **Niederlande wieder hergestellt**, Spanien verliert die Franche-Comté sowie Teile Westflanderns und erhält einige der von Frankreich besetzten Festungen zurück. Der Kaiser überlässt Frankreich Freiburg i. Br.; dafür verzichtet LUDWIG auf Philippsburg.

1679 Der Separatvertrag von Saint-Germain-en-Laye zwischen Frankreich, Schweden und Brandenburg beendet den Schwedisch-Brandenburgischen Krieg. Der Kurfürst muss praktisch alle Eroberungen in Pommern an Schweden zurückgeben. Enttäuscht von den bisherigen Verbündeten, schließt er daraufhin einen Subsidienvertrag mit LUDWIG XIV.

ab 1679 Die **Reunionspolitik** LUDWIGS XIV. erweitert das französische Territorium besonders im Elsass und in Lothringen.

1681 Straßburg wird im Handstreich besetzt.

1685 **Aufhebung des Edikts von Nantes** von 1598, wodurch die Hugenotten ihre Kultfreiheit verlieren. Das entsetzt die protestantischen Staaten, mit denen Frankreich Bündnisse unterhält.

1688/89 **Glorious Revolution**: WILHELM VON ORANIEN, Erbstatthalter der Niederlande, wird die englische Krone angetragen. Mit der Verbindung von England und den Niederlanden erhält die Allianz gegen LUDWIGS Hegemoniepolitik eine entscheidende Stärkung: Im Namen der *Balance of Power* stellen sich die Seemächte gemeinsam mit Österreich gegen Frankreich.

1688–1697 **Pfälzischer Erbfolgekrieg** (Orléansscher Krieg): Gegen Frankreichs Einfall in die Pfalz bildet sich rasch eine große europäische Koalition aus England, dem Kaiser, den Niederlanden, Spanien und zahlreichen Reichsfürsten.

1692, Mai Die Seeschlacht von La Hogue vernichtet die französische Flotte. Die Seeüberlegenheit geht an England über.

1697, 20. Sept. Trotz militärischer Rückschläge können französische Diplomaten auf dem Friedenskongress von Rijswijk größere Verluste vermeiden. Die Regelungen sind wegen der von Frankreich durchgesetzten Rijswijker Klausel auch von Bedeutung für die Reichsgeschichte. | s. S. 905 |

Die Türkenkriege und der Aufstieg Österreichs zur europäischen Großmacht

Die **Kriege gegen das Osmanische Reich** verändern die Lage im Südosten grundlegend. Eine letzte Expansionsphase seit den 1680er-Jahren führt die Osmanen bis vor Wien, wo sie einem europäischen Entsatzheer unter dem König von Polen, JOHANN III. SOBIESKI (*1629, †1696), unterliegen. Das Osmanische Reich wird nun Opfer der österreichischen, ab den 1730er-Jahren der russischen Expansion. Österreich wächst so territorial aus dem Reichsverband heraus und steigt dank dieser Expansion zur europäischen Großmacht auf.

1663–1664 **Vierter Türkenkrieg**: Die Osmanen stoßen erneut auf Wien vor, werden aber am 1. Aug. 1664 vom kaiserlichen Oberbefehlshaber RAIMONDO DI MONTECUCCOLI (*1609, †1680) in der Schlacht bei Mogersdorf an der Raab aufgehalten. Am 10. Aug. 1664 wird der Friede von Eisenburg (Vasvár) mit einer Gültigkeitsdauer von 20 Jahren unterzeichnet.

1683 Ein Jahr vor Ablauf der Frist setzt sich Großwesir KARA MUSTAFA (*1634/35, †1683) mit einem 150 000

Mann starken Heer Richtung Wien in Marsch: **Fünfter oder Großer Türkenkrieg**.

12. Sept. In der Schlacht am Kahlenberg bei Wien kann das Entsatzheer unter dem Kommando des polnischen Königs JOHANN III. SOBIESKI die osmanischen Truppen, die Wien seit dem 15. Juli belagern, vernichtend schlagen. In den folgenden Jahren erobern KARL VON LOTHRINGEN (*1643, †1690), MAX II. EMANUEL VON BAYERN (*1662, †1726), LUDWIG WILHELM I. VON BADEN (*1655, †1707) und Prinz EUGEN VON SAVOYEN (*1663, †1736) Ungarn schrittweise zurück. | s. S. 908 |

1699 Im Frieden von Karlowitz sichert sich Habsburg fast ganz Ungarn. Mit dieser Expansion des habsburgischen Territoriums nach Südosten steigt Österreich zur Großmacht auf.

1716–1718 Erneuter Türkenkrieg mit weiteren Erfolgen von Prinz EUGEN für Österreich.

1718 Frieden von Passarowitz: Das Banat, Belgrad und weitere Gebiete in Nordserbien sowie die Kleine Walachei fallen an Österreich

1736–1739 Gemeinsamer russisch-österreichischer Türkenkrieg mit Gebietsgewinnen des Osmanischen Reiches.

1739 Im Belgrader Frieden erhält das Osmanische Reich die österreichische Walachei und Nordserbien mit Belgrad. Die aktive Phase der österreichischen Türkenpolitik ist damit beendet, Russland übernimmt die Initiative an dieser Front.

Der Aufstieg Russlands und das Ende der schwedischen Vormachtstellung im Ostseeraum

Im **Zweiten (oder Großen) Nordischen Krieg** (1700–1721) führt Schweden Krieg gegen eine Koalition aus Dänemark, Brandenburg-Preußen, Sachsen-Polen und Russland und erleidet eine schwere Niederlage. Die **Vormachtstellung Schwedens im Ostseeraum** ist damit **beendet**. An seine Stelle tritt Russland, das sich zunehmend Europa zuwendet und zur Großmacht aufsteigt.

1700 König KARL XII. WASA VON SCHWEDEN (*1682, †1718) sieht sich einer Koalition aus Dänemark, Polen, Sachsen und Russland gegenüber, reagiert mit einem Blitzfeldzug gegen Dänemark und erzwingt den Frieden von Travendal (Traventhal). Dann schlägt er das die Stadt Narva in Estland belagernde russische Heer und operiert in den folgenden Jahren gegen AUGUST DEN STARKEN (*1670, †1733) in Polen und Sachsen.

1706 KARL rückt in Sachsen ein, schlägt AUGUST und zwingt ihn im Frieden von Altranstädt (bei Leipzig) zum Verzicht auf Polens Krone.

1709 KARL wendet sich gegen den russischen Zaren PETER I. (*1672, †1725), der in der Zwischenzeit sein Heer reorganisiert hat. Nach Süden abgedrängt, wird KARLS Heer bei Poltawa vernichtend geschlagen.
PETER I. erobert Livland, Estland, Ingermanland, Karelien und Finnland, die Dänen Schleswig, Bremen und Verden; Brandenburg-Preußen besetzt Stettin.

bis 1716 Alle schwedischen Besitzungen außerhalb des Stammlandes gehen verloren.

1719/20 Die Friedensschlüsse von Stockholm und Frederiksborg (bei Kopenhagen) entsprechen den Interessen Großbritanniens und dem Prinzip des Gleichgewichts: Hannover (dessen Kurfürst seit 1714 König GEORG I. von Großbritannien ist) erhält die Herzogtümer Verden und Bremen, Dänemark die Zollhoheit im Sund und Teile Schleswigs, Brandenburg-Preußen Vorpommern, aber ohne Wismar und Rügen. Der französische Einfluss ist durch den britischen ersetzt worden. Im Osten des baltischen Raumes ist **Russland** endgültig die **neue Großmacht**.

1721 Im Frieden von Nystad mit Schweden gewinnt Russland mit Ingermanland, Estland und Livland fast das gesamte Baltikum sowie Teile Kareliens. Damit ist **Russlands Zugang zur Ostsee** auf Dauer gesichert. Die Ostsee wird künftig beherrscht durch den britisch-russischen Gegensatz. Russland ist zur Großmacht aufgestiegen und nun durch Diplomatie und Heiratspolitik zunehmend präsent an den Höfen Europas.

Spanischer Erbfolgekrieg 1701–1714

In Mitteleuropa wird ein Problem aktuell, das sich seit Jahren abzeichnet: die **spanische Erbfolge**, auf die sowohl Habsburg als auch Frankreich Anspruch erheben. Versuche, eine diplomatische Lösung herbeizuführen, scheitern im Vorfeld. So kommt es zum Krieg, dessen wechselnde Bündnisse dem Prinzip des Gleichgewichts der Kräfte folgen. Im Zuge dieses Konflikts steigt Großbritannien zur Großmacht auf.

1700, 1. Nov. Tod des letzten spanischen Habsburgers KARL II. (*1661). Da der vorgesehene Kandidat, der bayrische Kurprinz JOSEPH FERDINAND, gestorben ist (1699), verbleiben als berechtigte Erben der Sohn des Kaisers, Erzherzog KARL (der spätere Kaiser KARL VI.; *1685, †1740), und der Enkel LUDWIGS XIV., Herzog PHILIPP VON ANJOU (*1683, †1746), der 1701 in Madrid einzieht.

1701, 7. Sept. Gegen die drohende Übermacht Frankreichs bildet sich die **Große Haager Allianz** aus Großbritannien, dem Kaiser und den Generalstaaten, der sich Preußen, das Reich und Savoyen anschließen.

1703, 3. Sept. Der Kaiser proklamiert Erzherzog KARL als KARL III. von Spanien, nachdem dieser in Spanien gelandet ist.

20. Sept. Erste Schlacht bei Höchstädt an der Donau: Bayern und Franzosen siegen über die Kaiserlichen.

1704, 4. Aug. England erobert Gibraltar.

13. Aug. Zweite Schlacht bei Höchstädt an der Donau: JOHN CHURCHILL HERZOG VON MARLBOROUGH (*1650, †1722) und Prinz EUGEN siegen über Franzosen und Bayern.

1706 Nach dem Sieg Herzog MARLBOROUGHS über das französische Heer bei Ramillies (in Brabant) Rückeroberung der spanischen Niederlande.

7. Sept. Schlacht bei Turin: Prinz EUGEN erobert Norditalien zurück.

1708 MARLBOROUGH und Prinz EUGEN vernichten bei Oudenaarde (Ostflandern) eine französische Armee. England erobert Menorca.

1709 Bei Malplaquet (nordwestlich Maubeuge) siegen Prinz Eugen und der Herzog von Marlborough über die französische Armee.

1710 In den britischen Unterhauswahlen stürzt das Whig-Ministerium; die Tories, welche die hochbesteuerte, kriegsmüde Landaristokratie repräsentieren, machen Frankreich ein Friedensangebot.

1711 Tod Kaiser Josephs I. (*1678); Erzherzog Karl wird zum Kaiser gewählt. Die Vereinigung Spaniens mit den kaiserlichen Erblanden ist nicht im Interesse der Allianz. Im Sinne der Gleichgewichtsdoktrin stellen die Seemächte ihre Unterstützung für den Kaiser ein.

1713, 11. April **Friede von Utrecht** zwischen Frankreich, Großbritannien, den Generalstaaten, Savoyen, Preußen und Portugal: Der Bourbone Philipp V. (von Anjou) bleibt spanischer König; Spanien behält alle Kolonien. Strenges Verbot jeder Personal- oder Realunion mit Frankreich. Die spanischen Besitzungen in Italien (Neapel, Sardinien, Mailand) und in den Niederlanden werden österreichisch, womit die spanische Dominanz in Italien endet. Sizilien geht an Savoyen. Die Generalstaaten erhalten sieben Grenzfestungen gegen Frankreich in den südlichen Niederlanden. Großbritannien behält Gibraltar und Menorca; von Frankreich bekommt es in Nordamerika Neufundland, Neuschottland und die Hudsonbai, Spanien überlässt ihm einen Teil des Sklavenhandels. Großbritannien ist damit ebenfalls zur Großmacht aufgestiegen.

1714 Der Friede von Rastatt mit dem Kaiser und von Baden (Schweiz) mit dem Reich bestätigen den Frieden von Utrecht.

1715 Tod Ludwigs XIV.

Europäische Gleichgewichtspolitik und Kampf um die Weltmacht (1720–1783)

Die Mächtekonstellation hat sich zuungunsten Frankreichs verändert. Die **Gruppe der europäischen Großmächte** besteht aus Frankreich, Großbritannien, dem Hause Österreich und Russland, wobei Großbritannien (keineswegs unumstritten) führt. In den folgenden Kriegen baut Russland seine Stellung aus, Preußen kämpft sich als fünfter Staat in den Rang einer Großmacht. Diese Pentarchie (Herrschaft der Fünf) wird die internationale Politik in Europa bis zum Ende des Ancien Régime bestimmen. Parallel dazu spielt sich zwischen Großbritannien und Frankreich der Kampf um die Führungsrolle auf den **Weltmeeren** und um den Besitz der **Kolonialreiche** ab.

Prinzipien der europäischen Politik bleiben **Gleichgewichtsdenken** und *Convenance* (Übereinkunft). Die Bewahrung des Gleichgewichts ist nicht auf die Zementierung des Status quo angewiesen. Vielmehr sollen nach dem zeitgenössischen Konzept der *Convenance* die jeweils anderen Großmächte bei jedem Gewinn einer Großmacht mit entsprechenden Zugewinnen entschädigt werden. Kleinere Mächte drohen in diesem Konzept zur Verfügungsmasse der großen zu werden.

Mittel der Politik sind Kongresse zur Wahrung des Friedens, auf denen solche Übereinkünfte erzielt werden sollen. Inhaltlich steht bis 1748 der Konflikt um die österreichische Erbfolge im Mittelpunkt.

1713 In der **Pragmatischen Sanktion** verkündet Kaiser Karl VI. eine Erbfolgeregelung, die für alle habsburgischen Besitzungen gelten und auch seinen Töchtern die Erbfolge ermöglichen soll. Diese Regelung erkennen zwar in den folgenden Jahren sowohl die ständischen Gremien in den habsburgischen Gebieten als auch fast alle europäischen Mächte an, sie führt aber dennoch zum Krieg.

1722–1725 Der von Frankreich angeregte Kongress von Cambrai ist ein Versuch, Konflikte zwischen den Mächten unter Beteiligung aller Großmächte diplomatisch zu lösen. Auch wegen der Feindschaft zwischen Spanien und Österreich bleibt dieser Versuch folgenlos.
Auf dem v.a. 1728 tagenden Kongress von Soissons sagt Karl VI. gegen Anerkennung der Pragmatischen Sanktion zu, seine Erbtochter Maria Theresia (*1717, †1780) nur mit einem Prinzen zu verheiraten, der das europäische Gleichgewicht nicht stört.

1733–1735 **Polnischer Thronfolgekrieg**: Frankreich favorisiert Stanislaus Leszczyński (*1677, †1766), Russland und Österreich setzen den Sohn von August dem Starken, Friedrich August von Sachsen (*1696, †1763), durch. Hinter der polnischen Nachfolgefrage steht die geplante Heirat Maria Theresias mit dem lothringischen Herzog Franz Stephan (*1708, †1765).

1735 Wiener Vorfriede (endgültig 1738): Friedrich August II. von Sachsen wird auf dem polnischen Thron als August III. bestätigt, Stanislaus Leszczyński mit Lothringen abgefunden. Der Herzog von Lothringen wird mit der Toskana entschädigt und darf somit Maria Theresia heiraten. Das bisher österreichische Neapel-Sizilien geht erneut an Spanien; dafür erhält Österreich Parma-Piacenza.

1740–1748 Der **Österreichische Erbfolgekrieg** ist von größter Bedeutung für die Reichspolitik, hat aber auch eine internationale Dimension.

1740–1742 Da Bayern und Preußen, unterstützt von Frankreich, die Pragmatische Sanktion nicht anerkennen, führt der Erbfall nach dem Tod Karls VI. und die Regierungsübernahme durch Maria Theresia zum Krieg. Preußen zielt in diesem Krieg auf die Eroberung Schlesiens. Die erste Phase des Krieges (**Erster Schlesischer Krieg**) beginnt mit dem Angriff Friedrichs II. von Preussen (*1712, †1786) gegen Österreich.

1741 Frankreich, Bayern, Spanien, dann auch Sachsen und Preußen, schließen sich zu der antiösterreichische Geheimallianz von Nymphenburg zusammen.

1742 Der bayrische Kurfürst Karl Albrecht (*1697, †1745) lässt sich als Karl VII. zum Kaiser wählen. Maria Theresia schließt den Sonderfrieden von Breslau und Berlin mit Friedrich II., der Schlesien behält und die antiösterreichische Allianz verlässt.

1743 Sieg der »Pragmatischen Armee« bei Dettingen am Main.

1744–1745 Friedrich befürchtet ein österreichisches Übergewicht und eröffnet, nach erneutem Bündnis mit Bayern (Kaiser Karl VII.) und Frankreich, den **Zweiten Schlesischen Krieg**. Frankreich zieht sich später zurück, Österreich kann mit Sachsen, Großbritannien und den Generalstaaten eine Allianz gegen Preußen schließen.

1745 Karl VII. stirbt, Maria Theresias Gatte wird als Franz I. zum Kaiser gewählt. Das veranlasst Preußen, sich mit Österreich und Sachsen im Frieden von Dresden zu arrangieren. Bei Fontenoy (Hennegau) schlägt der in französischen Diensten stehende Hermann Moritz von Sachsen (*1696, †1750), Sohn Augusts des Starken, die Seemächte, erobert die österreichischen Niederlande und dringt in Holland ein.

1748, 18. Okt. Mit dem **Aachener Frieden** endet der Österreichische Erbfolgekrieg. Die in Übersee eroberten Plätze werden gegenseitig zurückgegeben. Preußen wird der Besitz Schlesiens bestätigt. Die Pragmatische Sanktion wird anerkannt. Parma-Piacenza geht von Österreich an Spanien. Mit den Ergebnissen des Friedens von Dresden und Aachen kann sich Maria Theresia nicht abfinden, sie versucht eine große Allianz zur »Teilung Preußens« zu schaffen.

1754–1763 Seit 1749 geraten Frankreich und Großbritannien in Nordamerika in direkten Konflikt. Der **French and Indian War** wird das amerikanische Pendant zum Siebenjährigen Krieg in Europa. Auch in Indien kommt es zu militärischen Auseinandersetzungen zwischen Frankreich und Großbritannien.

1756, 16. Jan. Mit der Westminster-Konvention beginnt die **Umkehrung der Bündnisse**. Im Interesse des in Personalunion regierten Hannover schließt England ein Militärbündnis mit Preußen. Dies führt zum Bruch zwischen Großbritannien und Russland und zwischen Frankreich und Preußen. Frankreich sucht nun ein Bündnis mit Österreich, das im Mai 1756 im Versailler Vertrag zustande kommt. Die diplomatische Revolution dieses *Renversement des alliances* beendet den die internationalen Beziehungen in Europa seit etwa 1500 prägenden Gegensatz zwischen Habsburg und Frankreich.

1756–1763 Im **Siebenjährigen Krieg** kommt das neue Bündnissystem zum Tragen. Er ist ein Doppelkrieg, der als **Dritter Schlesischer Krieg** (Schauplatz Deutschland) in Europa und als See- und Kolonialkrieg auf allen Meeren in Amerika und Indien geführt wird. Während Preußens einziger starker Verbündeter, Großbritannien, ihm nur Subsidien zahlt, engagiert sich Frankreich zeitweise in hohem Maße im preußisch-österreichischen Konflikt und bewirkt so seine eigene Niederlage im Kolonialkrieg mit.

1756 Die Annäherung Russlands an Frankreich und die drohende Gefahr eines **Mehrfrontenkrieges** bewegen Friedrich II. zu einem Präventivschlag: Der Krieg beginnt mit dem preußischen Einfall in Sachsen.

1757 Bereits im ersten Kriegsjahr gerät Preußen in eine strategisch kritische Lage (Niederlage bei Kolin). Die Russen siegen bei Großjägerndorf (östlich Königsberg), die französische Armee besetzt Hannover. Friedrich gelingen zwei Entlastungserfolge (Roßbach bei Merseburg, Leuthen).

1757–1758 Erfolgreiche Konzentration der britischen Kräfte auf den Seekrieg und den **nordamerikanischen Kolonialkrieg**: Die französischen Atlantikhäfen werden durch die britische Flotte blockiert. Mit der Eroberung des Ohiogebiets verlagert sich der Kampf nach Kanada. – In Indien hat Frankreich seit den 1740er-Jahren expandiert. Bei Plassey (Palashi; 1757) nördlich von Kalkutta werden die französischen Truppen aber geschlagen.

1758 Preußen muss die Last des kontinentalen Krieges allein weitertragen (Sieg von Zorndorf; Niederlage bei Hochkirch).

1759, 12. Aug. Die britische Flotte vernichtet in zwei Seeschlachten die für die Invasion der britischen Insel zusammengezogene französische Flotte. Damit ist Frankreich außerstande, neue Kräfte in Übersee einzusetzen: britische Eroberung von Québec (1760 ergeben sich die französischen Truppen in Nordamerika endgültig). Herzog Ferdinand von Braunschweig (*1721, †1792) kann den französischen Vormarsch bei Minden aufhalten, Frankreich zieht sich weitgehend aus dem deutschen Krieg zurück.
Friedrich II. erleidet seine schwerste Niederlage bei Kunersdorf. Nur die Erschöpfung der Gegner bewahrt Preußen vor der endgültigen Eroberung.

1761 Die Streichung der britischen Subsidien nach den großen Erfolgen in Nordamerika hinterlässt Preußen völlig isoliert. In Indien führt der britische Feldzug zur Ausschaltung der französischen Truppen.

1762 Der Tod der russischen Zarin Elisabeth (*1709, †1761) bringt Preußen Entlastung, da ihr Nachfolger Peter III. (*1728, †1762) im Sonderfrieden zu Petersburg alle Eroberungen aufgibt.

1763, 10. Febr. Nach dem Vorfrieden von Fontainebleau (1762) schließen Großbritannien und Portugal mit Frankreich und Spanien den **Frieden von Paris**: Frankreich überlässt Großbritannien seine nordamerikanischen Besitzungen (Neuschottland, Kanada, Louisiana östlich des Mississippi). Spanien erhält von Frankreich Louisiana westlich des Mississippi als Kompensation für Florida, welches an Großbritannien abzutreten ist. Die indischen Besitzungen Frankreichs bleiben (außer fünf Handelsplätzen) bei Großbritannien, das auch die afrikanischen Eroberungen (Senegal, Gambia) behält. **Großbritannien** ist nun die unbestritten **führende See- und Kolonialmacht** der Welt und wird den von Frankreich nach 1763 angestrengten Wettlauf um die Erkundung der Südsee ebenfalls für sich entscheiden. Für Frankreich sind der Krieg und sein Ausgang ein Desaster. | s. S. 1278 |

15. Febr. **Der Friede von Hubertusburg** bestätigt Preußen als Großmacht und schreibt den preußisch-österreichischen Dualismus fest.

Russlands Aufstieg zur Führungsmacht Europas (1721–1795)

Russland, seit 1721 auch in Europa eine Macht, setzt seinen Aufstieg fort. Im Westen kann es Polen als geografisches Vorfeld kontrollieren und im Bayerischen Erbfolgekrieg seinen Einfluss auf die europäische Politik demonstrieren. Im Südosten führen die Türkenkriege, deren Hauptträger Russland seit dem Erlahmen der österreichischen Initiativen nach 1739 ist, zu territorialen Gewinnen auf Kosten des Osmanischen Reiches.

1741–1743 **Schwedisch-russischer Krieg.**

1764 Polnische Frage: Der von Russland und Preußen favorisierte STANISLAUS PONIATOWSKI (*1732, †1798) wird zum letzten polnischen König gewählt.

1768–1772 Der russische Einfluss zeigt sich, als PONIATOWSKI mit Reformen beginnt. Die Nachbarmächte sind einer Modernisierung Polens abgeneigt. Es kommt zum Bürgerkrieg, woraufhin Russland eingreift und den polnischen Widerstand niederwirft.
Im **Russisch-Türkischen Krieg** erringt Russland auf dem Balkan so große Erfolge, dass sich 1769/70 Preußen und Österreich annähern sowie Österreich und das Osmanische Reich einen Vertrag abschließen. 1770 vernichtet eine russische Flotte im östlichen Mittelmeer bei Çeşme (gegenüber Chios) die osmanische.

1772 Um Polen nicht völlig unter russische Dominanz fallen zu lassen, beschließen die drei benachbarten Großmächte unter Mißachtung aller Völkerrechtsprinzipien die **Erste Teilung Polens**: Polen verliert 225 000 km^2 Land mit 4,5 Mio. Einwohnern. Russland erhält Gebiete östlich von Düna und Dnjepr und verzichtet auf seine Eroberungen auf dem Balkan. Österreich annektiert Ostgalizien und Lodomerien. Preußen gewinnt die wichtige Landverbindung Westpreußen.
Als innere Reformen das verbliebene Polen zu stärken und aus der Rolle eines Spielballs auswärtiger Mächte zu befreien drohen, teilen die drei Nachbarstaaten Polen in zwei Schritten 1792 und 1795 vollständig unter sich auf.

1774, Juli Russland gewinnt im Frieden von Küçük Kaynarca den Zugang zum Schwarzen Meer, Große und Kleine Kabardei, Asow, freie Schifffahrt auf dem Schwarzen Meer und der Donau sowie die Durchfahrt durch die Meerengen. Gegenüber den Christen in den Donaufürstentümern bekräftigt Russland seine Rolle als Schutzmacht. Das Krimkhanat wird zunächst unabhängig, 1783 aber dem russischen Reich förmlich eingegliedert.

1779 Den Frieden von Teschen, der den Bayerischen Erbfolgekrieg beendet, vermittelt Russland. **Russland** wird in diesem Frieden Garantiemacht der Reichsverfassung und bestätigt damit seine Stellung als **europäische Führungsmacht**.

1792 Russland übernimmt im Frieden von Jassy vom Osmanischen Reich das Mündungsgebiet von Dnjestr und Bug und wird damit zur beherrschenden Macht am Schwarzen Meer.

Die Globalisierung der europäischen Kriege

Gegen Ende der Frühen Neuzeit nehmen die Kriege zwischen den europäischen Mächten eine **globale Dimension** an. Die großen europäischen Kriege werden in Ansätzen schon im Dreißigjährigen Krieg (Niederlande gegen Spanien-Portugal), endgültig seit dem Spanischen Erbfolgekrieg, stets auch in den Kolonien und um Kolonialbesitz geführt. Als **erster Weltkrieg**, der neben Europa auch die Kolonien in Amerika und Indien erfasst, kann der Siebenjährige Krieg gelten. Auch der Amerikanische Unabhängigkeitskrieg weitet sich zu einem Krieg der europäischen Mächte aus. | s. S. 1283 |

1775–1783 **Amerikanischer Unabhängigkeitskrieg**: Auch um die Kosten des Siebenjährigen Krieges aufzubringen, verstärkt sich der Zugriff des britischen Mutterlandes auf die Kolonien in Nordamerika. Nach deren Unabhängigkeitserklärung 1776 kommt es zum Krieg.

1778 Frankreich, das die Aufständischen seit 1776 heimlich mit Waffen unterstützt, greift gemäß dem vom amerikanischen Gesandten BENJAMIN FRANKLIN (*1706, †1790) ausgehandelten Bündnisvertrag vom 6. Febr. 1778 aktiv zugunsten der Kolonien in den nordamerikanischen Krieg ein.

1779/80 Spanien und die Niederlande treten in den Krieg gegen Großbritannien ein.

1779–1782 Erfolglose französische Invasionsversuche gegen Großbritannien.

1780 **Bündnis der bewaffneten Seeneutralität** (Russland, Frankreich, Spanien, Portugal, Niederlande, Schweden, Dänemark, Österreich und Preußen). Ihr Grundsatz, eine neutrale Flagge schützt feindliches Gut außer Bannware (= Kriegsgut), wird Seerecht.

1781 Eine französische Flotte riegelt die in Yorktown zu Lande eingekreisten britischen Truppen von See her ab und zwingt sie zur Kapitulation.

1783, 3. Sept. Friede von Paris zwischen Großbritannien und den USA: Großbritannien erkennt die **Unabhängigkeit der Vereinigten Staaten** an. Frankreich schließt in Versailles Friedensverträge mit Großbritannien und Spanien: Frankreich erhält die Insel Tobago (Antillen) und in Westafrika Senegal und Gambia, Spanien bekommt Florida zurück und behält Menorca. Indem Großbritannien sich auf die Loslösung der nordamerikanischen Kolonien einstellt, kann es seine erschütterte Stellung im Atlantik wieder herstellen und den Handel mit den USA sichern. Als eigentlicher Verlierer geht Frankreich aus dem Krieg hervor. Es hat in Nordamerika keinerlei Gewinn aus seinem Einsatz ziehen können, die Staatsfinanzen mit diesem Krieg aber extrem belastet. Auch dies führt 1789 zum Ausbruch der **Französischen Revolution**.

Religiöse, kulturelle und wissenschaftliche Entwicklungen

Religiöser Wandel

Europäisches Christentum

Der Wandel, der in der frühen Neuzeit Glaubenslehren und Institutionen der christlichen Kirchen ganz Europas erfasst, wird durch interne wie externe Faktoren ausgelöst: das Ende des Byzantinischen Reichs (1453), die Reformation(en) und die Gegenreformation sowie die mit der europäischen Expansion Hand in Hand gehende und v.a. auf dem amerikanischen, aber auch dem asiatischen Kontinent erfolgreiche christliche Mission.

Die Begriffe **Reformation** und **Gegenreformation**, die sich als Bezeichnungen für den v.a. in Mittel-, Nord- und Westeuropa zu beobachtenden religiösen und kirchlichen **Wandlungsprozess** eingebürgert haben, drücken nur undeutlich, ja, verzerrend die Vielfalt und Komplexität der Ereignisse aus, die seit dem frühen 16. Jh. sowohl das religiöse und kirchliche als auch das gesamte gesellschaftliche Leben und politische Machtgefüge in Europa verändern. Der Wandel ist so mannigfaltig, dass ihm jede andere Begriffsbildung ebenso nicht gerecht würde. Dies gilt zunächst für die unterschiedlichen Phasen der einzelnen **Reform(ations)bestrebungen** von Martin Luther in Deutschland (seit 1517), Ulrich Zwingli in der Schweiz (seit 1522), Johann Calvin in Genf und Westeuropa (seit 1541), der Entstehung der anglikanischen Kirche (seit 1534) und des Puritanismus in England, dem Reformkonzil von Trient (1545–1563) der katholischen Kirche oder der Gründung neuer Orden, v.a. dem der Jesuiten (seit 1540).

Alle diese Vorgänge sind gekennzeichnet durch ihren Doppelcharakter: Sie beziehen sich nicht nur auf eine Erneuerung des christlichen Glaubens und seiner religiösen Formen, sondern betreffen in gleicher Weise die Kirche als institutionelles Gefüge und politischen Machtfaktor. Insofern müssen auch die weitreichenden gesellschaftlichen und politischen Begleit- und Folgeerscheinungen berücksichtigt werden: Die Frühe Neuzeit ist auch eine Epoche der **Glaubens- und Religionskriege** in Frankreich (1562–1598), Deutschland (1618–1648) und England (1642–1649). Dies lässt rückblickend die universale Bedeutung und umfassende Funktion von Religion und Kirche erkennen, wie sie sich bis ins späte Mittelalter und den Beginn der Frühen Neuzeit hinein entwickelt hat: **Religion und Kirche** waren die entscheidende kulturelle, gesellschaftliche und politische Klammer Europas – eine Bedeutung, die sich nur langsam und all-

Religionszugehörigkeit in Europa um 1600

mählich abschwächt, bis sie sich im späten 18. Jh. verliert; ihre Entwicklung ist mit den Stichworten der Konfessionalisierung, Nationalisierung und Regionalisierung zu umreißen.

Diese Prozesse sind jedoch schon seit dem 14. Jh. in Gang gekommen. Der Wille zu Reformen und die Einsicht in ihre Notwendigkeit sind keine plötzlichen Erscheinungen des 16. Jh.s; auch in der Epoche davor werden immer wieder Versuche unternommen, die **Institution der Kirche** einschließlich ihrer Glaubensinhalte **zu reformieren**, doch scheitern sie alle. Auch die Tendenz der Nationalisierung lässt sich schon lange Zeit beobachten: so in England, Frankreich und v. a. in Spanien – dem Land, dem als besonders gefestigtem in dem innerkatholischen Regenerations- und Restaurationsprozess der Frühen Neuzeit eine dominierende Rolle zukommt. Alle diese Strömungen, die sich seit der Zeit des Abendländischen Schismas (1378–1415) verstärken, bleiben aber bis ins 16. Jh. ohne weiter reichende Konsequenzen. Denn ihnen steht ein immer stärker werdender **Konzentrations- und Zentralisationsprozess des Papsttums** – auch und gerade als weltlich-politischer Macht – und der päpstlichen Kurie entgegen; dies umso mehr, als das Heilige Römische Reich Deutscher Nation nur noch einen zerfallenden Torso darstellt. Die Zeit der Konzilien von Pisa (1409), Konstanz (1414–1418) und Basel (1431–1449) hat diese beginnende Divergenz klar aufscheinen lassen, und in der folgenden konzillosen Zeit verstärken sich diese Unterschiede noch. Die zunehmende **Italienisierung von Papsttum und Kurie** (d. h. die Ausbildung als italienische Nationalkirche) beschleunigt dieses Auseinanderstreben. So stellt die Gesamtkirche am Vorabend des Reformationszeitalters zwar immer noch ein in sich geschlossenes und quasi weltumfassendes System und Herrschaftsinstrument dar, zusammengehalten von einer hoch entwickelten, streng hierarchischen Bürokratie, betraut mit vorwiegend fiskalischen Aufgaben und ausgestattet mit einer autoritären Macht gerade auch in Hinblick auf Glaubensfragen; doch sind – dies zeigen die Entwicklungen und Ereignisse des 15. Jh.s – die nationalen und religiösen Risse v. a. die sich durchsetzende Spaltung des mittelmeerischen Katholizismus italienischer Prägung und des nord- bzw. westeuropäischen Christentums nicht mehr zu übersehen. Von England durch JOHN WYCLIFFE bis nach Böhmen durch JAN HUS sind reformerische Forderungen laut geworden; hier hat sich die neue Individualisierung und Verinnerlichung des Glaubens in Formen des Mystizismus und der Volksfrömmigkeit gegen die kultische Veräußerlichungsbewegung des Südens lange vorbereitet.

Dies alles erklärt zwar nicht, warum gerade dem Thesenanschlag (1517) MARTIN LUTHERS eine derart signalhafte Bedeutung zukommt, macht aber andere Momente der Gesamtentwicklung verständlich: v. a., warum die verschiedenen Bewegungen des Protestantismus sich nur im Norden bzw. im Zentrum Europas auf Dauer durchgesetzt haben. Gerade weil sich hier – wenn man von der Sonderstellung Englands absieht – keine gesamtstaatliche Zentralgewalt ausgebildet hat und so eine katholische Nationalkirche zum integralen Bestandteil absolutistischer Königsmacht geworden ist, die diese aber wiederum vor einem allzu starken Zugriff Roms geschützt hat, können sich die Reformationen durchsetzen: nicht nur im religiösen, sondern auch und v. a. im konfessionell-politischen und regional-absolutistischen Sinne. Spätestens seit dem **Augsburger Religionsfrieden** von 1555 wird die Frage der Konfession zu einem entschieden politischen und wichtigen Moment des sich ausbildenden und konsolidierenden Absolutismus.

In Deutschland beginnt der Konflikt mit dem Auftreten LUTHERS. Seine Kritik an den Missständen der Kirche, als deren sichtbarstes Zeichen er zunächst den Ablasshandel geißelt, führt innerhalb kurzer Zeit zu einer nationalen und volkstümlichen Bewegung. Vorbereitet durch den wachsenden Hang zur Volksfrömmigkeit und Mystik, gestützt auf eine ausgeprägte nationale Aversion gegen Rom und begünstigt durch die Schwäche des Reiches – verstärkt durch das Interregnum nach dem Tod MAXIMILIANS I. (1519) und die Auseinandersetzungen um die Kaiserwahl KARLS V. – entsteht eine breite Erhebung, die durch LUTHERS drei Reformationsschriften von 1520 (»An den christlichen Adel deutscher Nation, von des christlichen Standes Besserung«, »Von der babylonischen Gefangenschaft der Kirche«, »Von der Freiheit eines Christenmenschen«) einen ersten Höhepunkt findet. Die in diesen Programmschriften zum Ausdruck kommenden **Lehren LUTHERS** – allgemeine Priestertum der Gläubigen, Ablehnung der Sakramentenlehre (v. a. der Transsubstantiation, d. h. der durch die Konsekration in der Messe geschehenen Verwandlung der Substanz des Brotes und Weines in die des Leibes und Blutes Christi beim Abendmahl), alleinige Autorität der Heiligen Schrift und zentrale Bedeutung der Predigt innerhalb des Gottesdienstes – lassen erkennen, dass es nicht mehr nur um eine Reform der alten Kirche gehen kann. Dies zeigen auch die Ereignisse des Reichstages von Worms (1521) deutlich auf. Damit sind mehrere Einzelerhebungen und Einzelinteressen verbunden, die sich, ermutigt durch LUTHERS Auftreten und meist seinen Namen benutzend, in der Folgezeit durchsetzen: vom Reichsritteraufstand (1523) bis zum **Bauernkrieg** (1524–1525), von den Wittenberger Wirren (1522) bis zu den radikalen Täufergemeinden der Hutterischen Brüder in Mähren und der Wiedertäufer in Münster (1534–1535). Gerade die letztgenannten Bewegungen lassen jedoch deutlich erkennen, dass durch die zunehmende Rückbindung des Luthertums an das deutsche Landesfürstentum und LUTHERS entschiedene Absage an eine politische Umwälzung dieses neu entstandene Luthertum ein stabilisierender Faktor des Territorialfürstentums wird. Das zeigen auch die Ereignisse des Reichtages von Speyer (1529). Innerhalb weniger Jahre breitet sich das Luthertum v. a. im Norden, Osten und Süden Deutschlands, in Livland (1522), Schweden (1527), Finnland, Dänemark und Norwegen aus. Parallel zu den Ereignissen in Deutschland vollzieht sich die Reformation von **ULRICH ZWINGLI** in der Schweiz, die sich schon seit Mitte des 15. Jh.s vom Reich zu lösen begonnen hat.

Die zweite Reformationphase ist verbunden mit dem Leben und Wirken des Genfer Reformators **JOHANNES CAL-**

VIN. Der ausgebildete Jurist, als Anhänger der Reformation in die Schweiz geflohen, veröffentlicht in Basel die erste Systematik einer evangelischen Glaubenslehre (»Institutio religionis Christianae«, 1536), deren wichtigster Bestandteil die Lehre von der doppelten Prädestination ist – der Vorausbestimmung des Menschen durch Gott zur ewigen Seligkeit oder zur ewigen Verdammnis.

Seit 1541 verwirklicht CALVIN in Genf sein Modell einer christlichen Gemeinde: gegründet auf einen systematischen Glauben und eine strenge Kirchenzucht, gleichzeitig aber in engem Kontakt und theoretischer wie praktischer Verquickung mit der politischen Stadtführung. Das hier geschaffene Modell, getragen von der wechselseitigen **Durchdringung von Religion und Politik** (der christlichen Grundlegung der Politik und der Politisierung aller Kirchenfragen, was im Gegensatz zum Luthertum auch das Widerstandsrecht gegen die Obrigkeit aus Glaubensgründen vorsieht), erweist sich als durchsetzungsfähig und durchsetzungskräftig. In einer zweiten Reformationswelle breitet es sich im Westen Deutschlands, in Frankreich (1559), Schottland (1560) und den nördlichen Niederlanden (1566) aus.

In England dringen, nachdem sich HEINRICH VIII. 1534 von Rom losgesagt und zum Oberhaupt einer englischen Kirche gemacht hat, die unterschiedlichsten reformatorischen – v.a. calvinistischen – Gedanken ein. Sie setzen sich sowohl in der **anglikanischen Staatskirche** (39 Artikel, 1563) als auch im Puritanismus und in der Bewegung der Independenten, wenn auch in unterschiedlicher und konkurrierender Weise, durch – ein Gegensatz, der aber auch, wie sich im Bürgerkrieg Mitte des 17. Jh.s zeigt, wiederum im engen Zusammenhang mit dem politischen Machtkampf steht.

Der Begriff der **Gegenreformation**, der im 18. Jh. in der Pluralform der Gegenreformationen in die protestantisch-deutsche Geschichtsschreibung Eingang findet und zunächst nur die gewaltsame Rekatholisierung protestantisch gewordener Gebiete bezeichnet, erscheint in der zweiten Hälfte des 19. Jh.s als allgemeiner Epochen-

Religionszugehörigkeit in Europa um 1680

begriff für die Zeit nach 1550. V. a. von LEOPOLD VON RANKE (*1795, †1886) und seinen Schülern, die duale Geschichtsmodelle bevorzugen, wird damit schon in der Begriffsbildung der gesamte Wandlungs- und Wiederherstellungsprozess der katholischen Kirche als Reaktion auf die Reformation, und zwar, wie die zeitliche Abfolge zeigt, eindeutig auf die Reformation MARTIN LUTHERS bezogen und somit in ihrer Bedeutung reduziert. Der Begriff der Gegenreformation unterdrückt nicht nur die weiter zurückreichenden Reformbestrebungen innerhalb der katholischen Kirche, sondern auch die Bedeutung des Calvinismus. Sicherlich verstärken sich die katholischen Restaurations- und Regenerationsbestrebungen seit Beginn des 16. Jh.s und haben sie von den Reformationen entscheidende Impulse empfangen; alle Prozesse jedoch entspringen und sind Ausdruck der gleichen historischen Wurzel und Bewegung.

Sichtbar wird der katholische Erneuerungsprozess v. a. durch die Ergebnisse des Reformkonzils von Trient (1545–1563), das Entstehen neuer Kongregationen und Orden (Oratorium der Göttlichen Liebe in Rom, 1517–1527; Theatiner 1524; Kapuziner 1528; Ursulinen 1544; Oratorianer 1575 u. a.); besondere Bedeutung kommt hier der 1534 von IGNATIUS VON LOYOLA (*1491, †1556) gegründeten und 1540 vom Papst bestätigten »Gesellschaft Jesu«, dem Jesuitenorden, zu. Geprägt ist dieser Prozess aber auch durch die bewusste Unterordnung des Katholizismus unter die Autorität des Papstes und die Rückbindung der katholischen Kirche an die absolutistischen Staatsmächte.

Diese ist nicht nur nötig, um die Ausbreitung des Protestantismus zu hemmen; vielmehr gilt es, die weitere **Expansion des Osmanischen Reichs** zu verhindern, das nach dem **Fall Konstantinopels** (1453) das römisch-katholische Europa unmittelbar bedroht. Zwar sieht die römische Kirche im Untergang des Byzantinischen Reichs eine gerechte Strafe für das Schisma, doch versucht Papst PIUS II. (1458–1464) den Kreuzzugsgedanken wieder zu beleben und den bedrängten Christen zu Hilfe zu eilen. Nach wechselhaftem Erfolg beschränken sich die Anstrengungen der römisch-katholischen Mächte jedoch ab Anfang des 16. Jh.s darauf, das weitere Vordringen der Türken zu verhindern; allein die türkische Belagerung Wiens (1529) scheitert. Dennoch bleibt die »türkische Gefahr« bis ins 17. Jh. (1683 Sieg eines europäischen Heers bei der Schlacht am Kahlenberg) nicht nur eine realpolitische Bedrohung v. a. der Habsburger Monarchie, sondern sie trägt, nachdem sie in zahllosen Flug- und Druckschriften genährt wird, entscheidend zur Schaffung einer transnationalen europäischen Öffentlichkeit bei, wodurch sie zum Katalysator einer frühneuzeitlich abendländisch-europäischen Identität wird. Die bereits im 15. Jh. erkennbare Trennung der Einflusssphären von Ost- und Westkirche verstärkt sich in den folgenden Jahrhunderten immer mehr. Jedoch entwickelt sich nicht nur die quer durch Südosteuropa verlaufende, zur Militärgrenze ausgebaute Trennlinie zwischen römisch-katholischem Europa und türkisch-islamischem Reich; auch die **Trennlinie zwischen römisch-katholischer und slawisch-orthodoxer Christenheit**, schon angelegt seit der Teilung des Römischen Reichs und dem Schisma von 1054, vertieft sich weiter – wie der Jugoslawienkonflikt der 1990er-Jahre gezeigt hat – zur bis heute nachwirkenden **Kulturscheide**. Nach dem Ende des Byzantinischen Reichs, dessen Kultur am längsten auf der Insel Kreta fortlebt (bis 1669), gewinnt der Metropolit von Kiew nach und nach eine ähnlich hervorgehobene Stellung wie zuvor der Patriarch von Konstantinopel. Verstärkt wird die Entwicklung durch die Hochzeit von **IWAN III.** (1462–1505), Herrscher des Großfürstentums Moskaus und selbst erklärten Beschützer der Kirche, mit ZOE PALAIOLOGINA, Nichte des letzten byzantinischen Kaisers, und die Übernahme des byzantinischen Doppeladlers als Wappentier. Sein Enkel, IWAN IV. »DER SCHRECKLICHE« (1547–1584), wird als erster Moskowiter Herrscher schließlich zum »Zar« gekrönt. 1589 rückt das neu geschaffene **Moskauer Patriarchat** an die fünfte Stelle, unmittelbar hinter die vier altkirchlichen Patriarchate, aber noch vor die beiden altslawischen von Sofia und Belgrad: Der Moskauer Patriarch übernimmt damit die Führung nicht allein der slawischen orthodoxen Christen.

Nach einer Reform des russischen Patriarchen NIKON (*1605, †1681) spalten sich 1652 die bis in die Gegenwart diskriminierten und teilweise blutig verfolgten **Altorthodoxen** ab. Der von den aufgeklärten Ideen des Westens beeinflusste Zar PETER DER GROSSE ersetzt 1721 den Patriarchen durch einen Heiligen Synod, der nach dem Vorbild lutherischer Kirchen weltlicher Kontrolle unterstand. Dies führt zu einer zunehmenden Verflechtung von kirchlichem und politischem Regiment, auch um die **panslawische Hegemonialpolitik Russlands** durch tradierte römisch-byzantinische Vorstellungen eines universalen Kaiserreichs zu legitimieren, in dem **Moskau, das »dritte Rom«**, das politische und geistige Zentrum ist.

Außereuropäische Entwicklungen

Im Zeitalter der **Expansion** der **europäischen Kolonialmächte** trägt die **transkontinentale Ausbreitung** des **römisch-katholischen Glaubens** entscheidend zur Europäisierung Amerikas und teilweise Asiens bei. Die weltweiten Erfolge katholischer Missionare erscheinen manchen Apologeten bis heute als Ausgleich für die Schwächung der römischen Kirche durch die reformatorischen Kirchen, die zunächst auf eine eigene Missionstätigkeit verzichten, und als Gegenschlag des Christentums gegen das Vordringen des Islams im Südosten Europas und anderen Erdteilen. Protagonisten der kolonialen Expansion und der katholischen Mission sind die **Königreiche Spanien** und **Portugal**, die nach dem Ende der islamischen Herrschaft auf der iberischen Halbinsel ihre Entdeckungsreisen und Eroberungszüge intensivieren. Der Katholizismus, den iberische Missionare in Übersee verkünden, ist geprägt vom gegenreformatorischen Geist des Trienter Konzils, der immer weniger Raum lässt für vorurteilsfreie Begegnungen und offene Auseinandersetzungen mit dem Fremden oder gar für autochthone Varianten des Christentums. Zudem leidet die von Portugal ausgehende Mission in Afrika – etwa im Königreich am Kongo (ab 1491) – unter dem wachsenden Widerspruch von christlicher Botschaft und profitablem Sklavenhandel ebenso wie unter den Glaubensdogmen der Jesuiten (ab 1548). Deren Versuche, den **Monophysitismus** (der Christus nur eine, göttliche Natur zuschreibt) der koptischen Kirche **Äthiopiens** durch den römisch-katholischen Ritus zu ersetzen, beendete auch die im ausgehenden 15. Jh. wieder aufgenommenen Kontakte zwischen Europa und dem seit dem 4. Jh. christianisierten, aber nach dem Vordringen des Islams von der westlichen Christenheit abgeschnittenen Königreich Äthiopien. 1634 werden die Jesuiten des Landes verwiesen und Fremden der Aufenthalt im äthiopischen Hochland verboten.

Zum Konflikt zwischen römisch-katholischen Dogmen und seit Jahrhundert ansässigen christlichen Gemeinden kommt es zudem in **Indien**, wo die Missionare auf sog. **Thomaschristen** (nach der Legende im 1. Jh. vom Apostel THOMAS gegründete Gemeinden, quellenmäßig spätestens seit dem 4. Jh. belegt) treffen und von ihrem Zentrum Goa aus teilweise gewaltsam katholisieren. Die Missachtung ihrer Traditionen führt 1653 zum Bruch mit Rom und zur bis heute wirksamen Zersplitterung der kleinen indischen Gemeinden.

Dagegen scheitert die seit Mitte des 16. Jh.s erfolgreiche **Christianisierung Japans** (FRANCISCO XAVIER; *1506, †1552) am wachsenden Widerstand der einheimischen Herrscher, zumal die Jesuiten, die vorzugsweise die japanische Oberschicht missionieren, um 1600 mit den von den Philippinen gekommenen Missionaren spanischer Bettelorden, die auch die Unterschichten evangelisieren wollen, in Konflikt geraten. Zur Durchsetzung absoluter Herrschaft und religiöser Einheit werden 1637/38 unter der Tokugawa-Dynastie alle Missionare ausgewiesen und nach 1620 alle getauften Japaner hingerichtet. Mit der Erneuerung des **Shintō** schließt sich Japan für Jahrhunderte hermetisch von der Außenwelt ab. So rigoros muss sich **China** nicht abschotten, da hier die Missionsversuche nicht nur in der Frühen Neuzeit ebenso bescheidene Erfolge zeitigten wie auf dem islamisch geprägten malaiischen Archipel. Größer ist freilich die Resonanz der Missionare in Vietnam und v. a. in Korea, dessen Kirche sich 1784 ohne das Mitwirken europäischer Missionare konstituierte.

All diese mehr oder minder erfolgreichen Missionsversuche stehen im Schatten der **»Missionserfolge« Spaniens** und **Portugals** in der **Neuen Welt**. Bis zu Beginn des 19. Jh.s machen sich mehr als 15 000 Ordensleute, allen voran Franziskaner, auf die beschwerliche Reise über den Ozean, um das Wort Gottes zu verbreiten und die Herzen der Untertanen ihrer apostolischen Majestäten zu gewinnen. In immer neuen Missionszyklen wird zwischen 1500 bis 1620 die indigene Bevölkerung der Karibik, Mexikos, der spanischen Besitzungen Nordamerikas, Perus, Chiles und des La-Plata-Gebiets (Argentinien, Paraguay, Uruguay) evangelisiert, wenn es sein muss mit Gewalt. Nur die »Reduktionen« (mehr oder minder autochthone christliche Indianergemeinden unter der Leitung eines Missionars), Venezuelas, Guatemalas oder Paraguays kommen dem Missionsideal nahe. Zum Inbegriff des Widerstands gegen die Versklavung und gewaltsame Missionierung wird der Dominikaner BARTOLOMÉ DE LAS CASAS (*1484, †1566). Grausame Kriegszüge, Ausbeutung und aus Europa eingeschleppte Infektionskrankheiten (Pocken, Masern, Grippe) dezimieren die amerikanischen Ureinwohner in kaum vorstellbarer Weise. Um 1500 wird die indigene Bevölkerung Amerikas auf 57 Mio. geschätzt, 1570 leben in dem von den Spaniern beherrschten Teil nur noch acht bis neun Mio. Indios. Den zunehmenden Mangel an Arbeitskräften gleicht man deshalb seit 1518 durch den Import afrikanischer Sklaven aus. Bis zum Ausgang des 18. Jh.s werden rund neun Mio. Afrikaner in alle Teile Amerikas verschleppt, hinzu kommen rund drei Mio. Verschleppte, die den Strapazen der Fußmärsche in die Küstenorte oder den Entbehrungen der Schiffspassagen erliegen.

Weitaus bescheidener als die umfassende Christianisierung Mittel- und Südamerikas durch spanische und portugiesische Missionare sind die Erfolge französischer Jesuiten in Neu-Frankreich, der am Sankt-Lorenz-Strom um das Zentrum Québec errichteten Kolonie der französischen Krone. Ihre katholischen Gemeinden werden später von den in die englischen und holländischen Besitzungen strömenden **europäischen Glaubensflüchtlingen** (v. a. calvinistische Dissenters, Hugenotten, Puritaner, Quäker oder Mennoniten) toleriert. Diese verzichten weitgehend auf eine Missionierung der indigenen Bevölkerung, mit Ausnahme der in der zweiten Hälfte des 17. Jh.s von OLIVER CROMWELL (*1599, †1658) und dem englischen Parlament geförderten, v. a. in Massachusetts aktiven Missionsgesellschaft JOHN ELIOTS (*1604, †1690). Im Vergleich mit den spanischen und portugiesischen **Konquistadoren** bringen die nordamerikanischen Siedler den Kontinent mit weitaus weniger kriegerischer Gewalt in ihren Besitz. Aber die Zurückdrängung und Ausrottung der indigenen Bevölkerung erweisen sich als effektiver als jene in Mittel- und Südamerika.

In den vom europäischen Expansions-, Kolonisations- und Missionsstreben nicht tangierten Regionen der Welt sind während der Frühen Neuzeit gleichfalls religiöse Reformbewegungen zu beobachten. Zwar wird die islamische Welt durch die Expansion des sunnitischen Osmanischen Reichs, das neben der Türkei und Südosteuropa den gesamten Vorderen Orient mit Teilen der Arabischen Halbinsel (mit den Heiligen Stätten Mekka und Medina) sowie Ägypten umfasst, und des schiitischen Safawidenreichs, das von Aserbaidschan und Südostanatolien über Mesopotamien und den Iran bis zum Kaspischen Meer reicht, beherrscht. Unter Einfluss der mystischen Lehre des Sufismus gelingt es jedoch in anderen Regionen (z. B. Westafrika, Indien, Sumatra) auch vorislamische Traditionen zu bewahren und in den neuen Glauben zu integrieren. Abgelehnt wird diese eher tolerante Spielart des Islams von MUHAMMAD IBN ABD AL-WAHHAB (*1703, †1792), dessen fundamentalistisch-dogmatische Reform des sunnitischen Islams v. a. im arabischen Raum viele Anhänger gewinnt und noch heute in Saudi-Arabien Staatsreligion ist.

Der Hinduismus entwickelt sich gerade auch in der Auseinandersetzung mit dem vordringenden Islam bis ins 18. Jh. in verschiedene Richtungen. Eine Antwort ist die von Guru NANAK DEV (*1469, †1539) entwickelte,

Elemente des Hinduismus und des Islam verbindende Sikh-Religion, die seit dem 16. Jh. v. a. im Norden Indiens (Punjab) zahlreiche Anhänger gewinnt. Während der Ming- und Qing-Zeit bleibt in China der Neokonfuzianismus, in dem sich Elemente des traditionellen Konfuzianismus mit Einflüssen des Buddhismus und Daoismus mischen, die beherrschende Staatsideologie Chinas. Einflussreich sind v. a. die Schriften des Gelehrten und Politikers Wang Yangming (*1472, †1529,), dessen idealistische Richtung zahlreiche Nachfolger findet.

Ideen- und kunstgeschichtlicher Wandel in Europa

Renaissance und Humanismus

Die kulturelle Situation im Europa des ausgehenden 15. Jh.s wird zunehmend geprägt durch die Strömungen von Renaissance und Humanismus. Diese stehen für einen **Wandlungsprozess**, in dem das Individuum im Zusammenspiel von Wiederentdeckung der klassischen Antike und neuerer, künstlerischer wie wissenschaftlicher Naturerfahrung sich aus der Gebundenheit des hierarchisch-christlichen Denkens des Mittelalters zu lösen beginnt, seinen Eigenwert als irdische und historische Persönlichkeit erkennt und ihm Ausdruck verleiht. **Ausgangspunkt dieser Entwicklung ist Italien**; hier lässt sich seit dem 14. Jh. eine Bewegung beobachten, die sich im 15. Jh. verstärkt ausbildet, allmählich alle künstlerischen und kulturellen Bereiche durchdringt und sich nach und nach, wenn auch in unterschiedlicher Weise, in ganz Europa ausbreitet. Maßgebliche Impulse erhält diese von den nach dem Fall Konstantinopels (1453) in die oberitalienischen Städte geflohenen, hellenistisch geprägten Gelehrten des Byzantinischen Reichs.

Die geistesgeschichtlich und ästhetisch ausgerichtete Geschichtsforschung des 19. Jh.s hat für diese für sie so vorbildhafte Entwicklung, die sie fast ausschließlich am italienischen Vorbild festmacht, den Begriff der **Renaissance** (= Wiedergeburt) geprägt. Gemeint ist seither nicht mehr nur die Wiederentdeckung der klassischen, römisch-griechischen Kultur, die allgemeine Wiederbelebung des antiken Erbes und die Befreiung des Menschen aus der dunklen Enge der mittelalterlichen Glaubenswelt, sondern die Grundlegung des modernen Welt- und Menschenbildes schlechthin. Die Renaissance ist so zum Ausdruck einer von der eigenen Gegenwart her nur als positiv zu beurteilenden Epoche des geschichtlichen Fortschritts, zur positiv besetzten **Umbruchsperiode**, zur **Wiege der Moderne**, geworden. Das aber macht die Weiterverwendung des Renaissancebegriffs so schwierig. Aus heutiger Sicht ist es wichtiger, die Einzigartigkeit und Außergewöhnlichkeit dieses Vorgangs infrage zu stellen, den kulturellen Wandel der Frühneuzeit in seiner historischen Entwicklung zu begreifen und ihn vor dem Hintergrund der gesellschaftlichen, wirtschaftlichen und politischen Veränderungen des 13.–18. Jh.s zu bestimmen. Gerade die Rezeption verschiedener Renaissancen als **gesamteuropäische Erscheinung** erschweren eine typologische Bestimmung und eindeutige Festlegung nationaler Eigenheiten. Darüber hinaus muss die Entwicklung des Renaissancedenkens aus dem Mittelalter heraus berücksichtigt, die Kontinuität mittelalterlichen Gedankenguts betont und die wiederkehrenden Renaissanceansätze seit dem 13. Jh. beachtet werden.

Auch der Begriff des **Humanismus**, der fast immer in enger Verbindung zur Renaissance genannt wird, sodass eine Unterscheidung beider sich nur schwer treffen lässt, stammt aus dem 19. Jh. (Friedrich Immanuel Niethammer, *1766, †1848; 1808). Er wird zunächst als Bezeichnung für das Bildungsprogramm des klassizistisch ausgerichteten Bürgertums verstanden und setzt sich erst allmählich als Begriff für die vorbildhafte wissenschaftliche Bewegung des 14. bis 16. Jh.s durch. Hier meint er die philologisch-kritische Pflege und Auseinandersetzung mit den antiken Schriften, zuerst der römisch-lateinischen, später der griechischen, aber auch der hebräischen (Johannes Reuchlin [*1455, †1522]), die das gesamte wissenschaftliche und universitäre Leben Europas bestimmen. Diese neue **Ausrichtung an der Antike**, die in ungezählten Editionen klassischer Texte ihren Ausdruck findet, ist gekennzeichnet durch ein doppeltes Moment: Zum einen bewirkt und fördert sie die Abkehr von der mittelalterlichen Scholastik; v. a. nördlich der Alpen wird das Studium der *bonae literae* zum Kampfbegriff gegen die kirchlich bestimmte Universität und ihre institutionalisierten Studiengänge von Theologie, Jurisprudenz und Medizin. Dies zeigen sowohl die Gründungen humanistischer Universitäten, die nach florentinischem Vorbild geschaffenen Akademien (v. a. durch Conrad Celtis [*1459, †1508]) als auch die von Universität zu Universität ziehenden und ihr Programm lehrenden »vagierenden Poeten«. Zum anderen aber schützt und stützt das antike Vorbild kraft historischer Autorität die neue Bewegung als eine gemeinsame Forderung nach einem direkteren, irdischeren und menschlicheren Wissen und Ausdruck. Ergänzt und begleitet wird diese Aufarbeitung der Antike von einem neuen Verhältnis des Menschen zur Natur, wie dies schon in Petrarcas (*1304, †1374) Bergbesteigung des Mont Ventoux (nordöstlich von Avignon) angelegt ist. Bei ihm verschmelzen Gipfelerlebnis und Lektüre der »Confessiones« des Augustinus (*354, †430) zu einer neuen Selbsterfahrung: Der Mensch erscheint als vollkommenster Teil der Natur als Schöpfung Gottes, ist aber auch Ausdruck einer neuen Religiosität.

Dieses Bewusstsein prägt die künstlerischen Vorstellungen des **Renaissancehumanismus**. Das Zusammenspiel von technischen, mathematischen und naturwissenschaftlichen Erkenntnissen, von Nachahmung der Natur und Vorbildlichkeit der Antike, findet seinen Ausdruck in Architektur, Plastik und Malerei: so in der neuen Klassizität der Bauwerke, den von riesigen Kuppeln überwölbten antiken Zentralbauten, wie sie von den Florentinern Filippo Brunelleschi (*1377, †1446) und Leon Battista Alberti (*1404, †1472) entwickelt worden sind und die in der Peterskirche mit der Kuppel Michelangelos (*1475, †1564) einen Höhepunkt finden; in der den irdischen Raum betonenden Horizontalen entgegen der zum Himmel weisenden Vertikalen der Gotik und in der genauen Perspektivierung des Raumes und der Landschaft; in dem strengen Naturalismus der Plastik, dem Ergebnis genauer Anatomiestudien und der vollkommenen Schönheit der Menschendarstellung TIZIANS (*um 1488, †1576) oder RAFFAELS (*1483, †1520). Den Kulminationspunkt des neuen Zusammenspiels verkörpert **LEONARDO DA VINCI** (*1452, †1519), der als universaler bildender Künstler, Naturforscher und Dichter alle Tendenzen dieses Zeitalters in sich vereinigt.

Diese Tendenz lässt sich, wenn auch mit zeitlicher Verzögerung, ebenfalls in der Entwicklung der Musik des 16. Jh.s verfolgen. Neben der Spätblüte der Polyphonie durch ORLANDO DI LASSO (*um 1532, †1594) oder GIOVANNI PIERLUIGI PALESTRINA (*um 1525, †1594) ist die Hauptströmung auf ein neues Verhältnis von **Musik und Sprache** gerichtet. In den Mittelpunkt rückt nicht nur die Frage nach der Verständlichkeit des Textes, der in der mehrstimmigen polyphonen Stimmführung völlig verdeckt wurde, sondern zunehmend die Hervorhebung des solistischen und affektiven Moments. Dies gilt in gleicher Weise für die Behandlung der menschlichen (Solo-)Stimme, die Entwicklung der verschiedenen Rezitativarten, welche die Entstehung der Oper vorbereiten als auch für die Instrumentalmusik. Der Charakter dieser Renaissancekunstwerke, ihre Betonung von perspektivisch-proportional-technischer Stimmigkeit und schöner Vollkommenheit, ist zugleich irdisch wie göttlich motiviert, ihre Tendenz ebenso christlich wie säkular. Denn die neue irdische Vollkommenheit, die danach strebt, sich in dieser Harmonie auszudrücken, sucht zugleich die Identifikation von Göttlichem und Schönem. Aber sie versteht sich auch da, wo sie sich zweckhaft christlich rückbindet, als Ausdruck eigenständiger Ästhetik. Das Ästhetische gewinnt im Verlauf der Renaissance gerade in seiner natürlichen und historischen Legitimierung erstmals selbstständigen Wert, was den Doppelcharakter auch der christlich-religiösen Kunstwerke ausmacht. Der ästhetische Eigenwert des Kunstwerks, das nicht nur nachgebildet, sondern besser gebildet ist, erhebt dieses über die Natur.

Die solchermaßen im Schnittpunkt von Antike, Natur und Wissenschaft entspringende und sich legitimierende Bestimmung des **Individualismus**, die Neubestimmung des Selbstwertgefühls des Menschen als eines irdischen, natürlichen und historischen Wesens, vollzieht sich aber nicht als unmittelbarer, losgelöster künstlerischer Akt. Sie kann nur verstanden werden vor dem Hintergrund einer sich verändernden Gesellschaft und neuen, sich allmählich durchsetzenden Eliten.

So ist der Renaissancehumanismus Italiens im 15. Jh. zugleich **Ausdruck und Programm der politischen Macht** der italienischen Städte. Die politischen Machtzentren und die sie Regierenden finden darin ihren künstlerischen wie ideologischen Ausdruck. Denn Renaissance und Humanismus sind auch, v. a. für Italien, nationale Bewegungen und historisch-ideologische Legitimation. Der philologisch-kritischen und der künstlerischen Befreiung entspricht die ethische und politisch-programmatische. Dies wird schon in den mächtigen Reiterstandbildern der oberitalienischen Städte deutlich; noch mehr in der Entlarvung der Konstantinischen Schenkung durch LORENZO VALLA (*1407, †1447) und v. a. im Werk **NICCOLÒ MACHIAVELLIS** (*1469, †1527), das gleichsam die neu gewonnene Selbstständigkeit und Rationalität des historischen Individuums auf den Staat und seinen Repräsentanten überträgt. Nicht mehr Verantwortung vor Gott oder dem eigenen Gewissen, sondern die Verantwortung vor dem Staat, als dessen Schöpfer und Wahrer er erscheint, wird zum Maßstab des politischen Handelns des »Fürsten«.

Diese Leitlinien sind überdies für den außeritalienischen Renaissancehumanismus kennzeichnend, wenngleich er sich nördlich der Alpen modifiziert ausbildet und einen eigenen Charakter gewinnt. Über die frühen Vermittlungsstationen der Konzile von Konstanz und Basel und durch einen regen künstlerischen wie wissenschaftlichen Austausch – so durch das Wirken von Italienern im Ausland (v. a. ENEA SILVIO DE PICCOLOMINI, seit 1458 Papst PIUS II.) und Studienaufenthalte von Humanisten und Künstlern in Italien, z. B. ALBRECHT DÜRER (*1471, †1528), setzen sich die Bewegungen von Renaissance und Humanismus in ganz Europa durch. Dort treffen sie nicht nur auf andere politische und gesellschaftliche Verhältnisse als in Italien, sondern auch auf eigenständige, aber z. T. vergleichbare künstlerische Strömungen, etwa die der niederländischen und französischen Malerei oder der deutschen spätgotischen Plastik. Überstrahlt wird der außeritalienische Humanismus von dem aus den Niederlanden stammenden Humanisten **ERASMUS VON ROTTERDAM** (*1466/69, †1536) und dem englischen Politiker und Humanisten **THOMAS MORUS** (*1478, †1535).

Daneben ist der politische Charakter des Humanismus v. a. in **Deutschland** sehr viel stärker: Hier hat er einen deutlichen antirömischen, antipäpstlichen und nationalen Akzent. Gerade die Schwäche des deutschen Kaisers macht die Humanisten zu entschiedenen Propagandisten der Kaiser, allen voran MAXIMILIANS I. Das gilt sowohl für die humanistisch gesinnten kaiserlichen Räte (z. B. CONRAD CELTIS, *1459, †1508) als auch für die städtischen Patrizier, die in Deutschland zur wichtigsten Trägerschicht werden, wie die Humanistenzentren Nürnberg, Augsburg, Erfurt und Straßburg zeigen. Da die Reichsstädte zwar insgesamt einen wirtschaftlichen Machtfaktor darstellen, aber politisch oft auf die Person und Funktion des Kaisers angewiesen sind, um der entstehenden fürstlichen Territorialmacht entgegentreten zu können, richtet sich ihre Hoffnung und Tätigkeit auf die Stärkung der kaiserlichen Position. Der aufkommenden Reformation stehen die meisten Humanisten fern, mit Ausnahme ULRICHS VON HUTTEN (*1488, †1523), der schon zuvor die schärfste antirömische, nationale und kaiserliche Propaganda betrieb.

Die höfisch-absolutistische Kultur

In der kulturellen Entwicklung des 17. und 18. Jh.s finden die sich in ganz Europa durchsetzenden gesellschaftlichen und politischen Tendenzen, die Ausbildung der absolutistischen Staatsmächte und die Konfessionalisierung der Territorien, einen bestimmenden und eigenständigen Ausdruck. Dies gilt zunächst für die alle kulturellen Bereiche erfassende Zentralisierung, sowohl der

Organisation von Wissenschaft und Ausbildung als auch der gesamten künstlerischen Produktion. Die weltlichen und kirchlichen Höfe, ob königlich, fürstlich oder bischöflich, werden ebenso zu dominierenden Trägern kultureller Aktivitäten wie das von MELANCHTHON (*1497, †1560) bzw. dem Jesuitenorden geschaffene konfessionelle Unterrichtswesen. Daneben bestimmen diese Tendenzen aber auch den ästhetischen Charakter dieser Kultur: Sie schlagen sich nieder in einem monumentalen, aus dem Renaissancehumanismus weiterentwickelten Formbewusstsein, das auf der einen Seite die notwendige Repräsentationsfunktion dieser Kultur verbürgt, andererseits aber den immer weiter fortschreitenden technischen und wissenschaftlichen Erkenntnissen Ausdruck verleiht. Sie ist in gleicher Weise Ausdruck des absoluten Herrschaftsanspruchs der weltlichen und kirchlichen Mächte als auch des sich seiner welt- und naturbeherrschenden Rationalität immer bewusster werdenden Individuums.

Diese mit dem Begriff **Barock** bezeichnete Epoche, eine ursprünglich abwertend gemeinte Stilbezeichnung (*barock* = schiefrund) für die Baukunst dieser Zeit, wird wiederum am Ende des 19. Jh.s generalisiert und zum allgemeinen, nun positiven Epochenbegriff. Vorbereitet wird der Barock durch die Spätformen der italienischen Renaissance (v. a. durch den Manierismus), die sich in monumentalen Architekturkonzeptionen im Anschluss an MICHELANGELO am deutlichsten zeigen. Diese Architektur, die auch die Malerei und die Plastik in ein gigantisches Gesamtkunstwerk einbezieht, wird zum ästhetischen Ausgangspunkt des neuen Stils, der aber in seiner ästhetischen Programmatik dem Renaissancehumanismus verhaftet bleibt, d. h. dessen Tendenzen verstärkt und weiterentwickelt. Das gilt in verschiedener Weise für alle Bereiche der Kultur. Insgesamt bleibt auch der Barock geprägt von dem Zusammenspiel von Klassizität, ja strengem **Klassizismus** (der sich v. a. in Frankreich und den von ihm beeinflussten Territorien durchsetzt), einem immer komplexer werdenden Formbewusstsein bis hin zum **geometrischen Formalismus** (der besonders den oberitalienischen und süddeutschen Barock prägt) und einem wissenschaftlichen und ästhetisch ausgerichteten **Naturalismus**, letzterer besonders in der flämisch-niederländischen Malerei eines RUBENS (*1577, †1640) oder REMBRANDTS (*1606, †1669).

Der ästhetische Eigenwert künstlerischer Erzeugnisse, der sich in der Renaissance in der natürlichen und historischen Legitimierung von Schönheit und Harmonie ausgebildet hat, wird nun verstärkt: Die Kunst dieser Epoche ist immer, auch da wo sie sich als Ausdruck der Religion oder Religiosität versteht, geprägt von ihrer starken Diesseitigkeit, die sich in allen Kunstgattungen in einer das künstlerische Material selbst reflektierenden und an dieser rückgebundenen Stofflichkeit sowie in ihrem materiellen Formbewusstsein ausdrückt. Darüber hinaus gründet der säkulare Charakter in der repräsentativen, die universalen Machtansprüche von Staat und Kirche verbürgenden Funktion dieser Kunstwerke. All dies findet seinen Höhepunkt in der Umkehrung des Verhältnisses von Natur und Kunst, wie es die riesigen Parkanlagen und architektonischen Landschaftsentwürfe dieser Epoche beispielhaft zeigen: Das Ästhetische – das vom Menschen Geschaffene – erhebt sich damit über das Vorbild der Natur, denn diese soll nun künstlerisch gekonnt vollendet werden. Diese Tendenz, die sich auch in anderen Kunstgattungen aufzeigen lässt, ist gleichsam die ästhetische Entsprechung eines sich alles unterwerfenden und zu Eigen machenden Herrschafts- und Machtanspruchs des Individuums. Ihren Endpunkt findet diese Naturauffassung schließlich im Ästhetizismus des **Rokoko**, in dem die Natur zur ornamentalen Kulisse eines Schäferidylls herabsinkt.

Der neue Stil breitet sich nach und nach, wenn auch in verschiedenen nationalen bzw. regionalen Ausprägungen, über ganz Europa mit der sich überall konsolidierenden zentralistischen Staatsmacht und der eng damit verbundenen Konfessionalisierung aus. Schon im ausgehenden 16. Jh. hat dieser neue Typ zu nationalen Kulturblüten in England ELISABETHS I. (WILLIAM SHAKESPEARE, *1564, †1616) und im Spanien PHILIPPS II. (EL GRECO, *1541, †1614; LOPE DE VEGA, *1562, †1635; CERVANTES, *1547, †1616) geführt, wenn sie auch dort dem Renaissancehumanismus deutlicher verhaftet bleiben. Generell setzt sich der »eigentliche« Barock nur in Italien und dem Gebiet des deutschen Reiches durch (über Österreich, Bayern und Süddeutschland bis nach Sachsen), wohingegen der Norden und Westen Deutschlands wie Europas stärker klassizistisch geprägt sind. Überall entwickelt sich der Typ der **Residenzkultur**, deren Kennzeichen die rege Bautätigkeit ist. V. a. weil die alten Residenzen für den nun ständig wachsenden Verwaltungsapparat und die zunehmende höfische Repräsentation zu klein werden, entstehen überall neue Residenzen nach dem Vorbild von Versailles; diese Entwicklung wird in Deutschland durch den nach den Zerstörungen des Dreißigjährigen Krieges notwendigen Wiederaufbau noch verstärkt. Hier, meist außerhalb der alten Städte, entstehen die monumentalen und architektonischen Gesamtentwürfe. Zugleich aber ist die Residenz Mittelpunkt aller künstlerischen und wissenschaftlichen Tätigkeiten. Hier finden die seit dem Humanismus entstandenen und neu entstehenden Akademien, gelehrten Gesellschaften, die groß angelegten Bibliotheken und Kabinette aller Art ebenso ihre Heimstatt wie die Theater, Orchester und Opernensembles.

Seine neuen wie alten Paläste schmückt der europäische Adel seit dem 17. Jh. vorzugsweise mit exotischen Kostbarkeiten aus dem Orient, besonders mit dem aus China importierten »weißen Gold«; Porzellankabinette zählen seitdem in ganz Europa zu den Attraktivitäten von Schlössern, ohne dass man sich des Symbolgehalts von Formen und Ornamenten bewusst ist. Diese rein dekorative Asienmode findet ihre Entsprechung in der Bevorzugung eines neuen Modegetränks, des Tees, der seit dem 17. Jh. v. a. in England, Holland oder Friesland den seit den Türkenkriegen in Europa verbreiteten und beliebten Kaffee als Genussmittel ablöst.

Doch dieser Doppelcharakter von formaler Repräsentation und repräsentativem Formalismus des Barock ist auch innerhalb der einzelnen Kunstentwicklungen selbst festzustellen. So ist die **musikalische Entwicklung** dieser Epoche zum einen geprägt vom umfassenden Regelungs-, Formalisierungs- und Standardisierungsprozess der musikalischen Grundvoraussetzungen: Die modale Harmonik der Kirchentonarten wird ersetzt durch eine moderne Funktionsharmonik des Dur-Moll-Systemes, Dreiklang- und Kadenzmodelle werden entwickelt (Generalbass) und v. a. wird die Stimmung festgelegt, um 1700 die Wohltemperierung der Tasteninstrumente. Diese Entwicklungen entsprechen sowohl den fortschreitenden Erkenntnissen und den grundlegenden Formalisierungsbestrebungen der Zeit als auch einem aus der humanistischen Tradition weiterentwickelten Verständnis vom menschlichen Individuum. Die erwähnten Neuerungen zeigen zum anderen die Entwicklungen neuer repräsentativer Gattungen (Konzert, Passion, Oratorium, Oper), die auch das gleichberechtigte Nebeneinander von geistlichem und weltlichem Barock unterstreichen. Entspringen sie zunächst dem gleichen Formbestreben der Zeit, was v. a. die kunstvolle Geometrie der Fuge zeigt, so führen sie aber die Dramatisierungstendenz, die Affektisierung und das hohe Darstellungsbewusstsein dieser Zeit weiter. Ob weltlicher oder geistlicher Inhalt, er wird aus dem gleichen Verständnis heraus musikalisch dramatisiert: Die technische Formalisierung entspricht einer Standardisierung dramatischer Affekte, zunächst mit Schwerpunkten in einzelnen Ländern. So erlebt das Oratorium seine höchste Ausbildung in England durch Georg Friedrich Händel (*1685, †1759), die Passion in Deutschland durch Heinrich Schütz (*1585, †1672) und durch **Johann Sebastian Bach** (*1685, †1750), der zum universalen Komponisten des Barock avanciert. Die Oper bildet sich v. a. in Italien aus (Florenz, Venedig, Neapel). In ihr verbinden sich alle auf das Individuum bezogenen musikalischen und dramatischen Vorstellungen ebenso wie der Repräsentationswille der Zeit; prägend sind Claudio Monteverdi (*1567, †1643) und Alessandro Scarlatti (*1660, †1725). Von Italien aus beginnt die Oper ihren Siegeszug durch ganz Europa; die italienische Oper wird zur standardisierten Institution aller Höfe, etwa die Tätigkeit des Italieners Jean-Baptiste Lully (*1632, †1687) am Hofe Ludwigs XIV. von Frankreich.

Entsprechende Entwicklungen lassen sich auch im Bereich der **Literatur** feststellen, obwohl hier die nationalen Unterschiede und die gattungsbezogene Aufspaltung eine generelle Darstellung der Entwicklungen erschweren. Zu beachten sind sowohl die eigenständigen Traditionen Englands (**William Shakespeare** und dessen Nachfolger) und Spaniens (**Cervantes** und Calderón [*1600, †1681]), die Unterschiede weltlicher und geistlicher Literatur (das Jesuitendrama), wie die differenzierte Ausbildung von Lyrik, Dramatik und Prosa. Dennoch lässt sich überall die Tendenz zur Formalisierung und Standardisierung der literarischen Formen feststellen, wie die allgemein gebräuchlichen Formen des Sonetts oder des Versepos zeigen. Eine **Ausnahme bildet die Entwicklung in Frankreich.** Hier erreichen unter Ludwig XIV. literarische Theorie und Praxis ihren klassischen Höhepunkt, gerade in der Geschlossenheit klassizistischer Strenge, wie die Tätigkeit von Nicolas Boileau (*1636, †1711) sowie die Werke von Pierre Corneille (*1606, †1684) und Jean Racine (*1639, †1699) zeigen. Sie sind geprägt von der regelhaften Standardisierung aller dramatischen Mittel (etwa der Einheit von Ort, Zeit und Handlung); auf der anderen Seite findet in den Komödien von Molière (*1622, †1673) das Individuum mit all seinen Schwächen und Unzulänglichkeiten dramatische Gestalt. Diese Entwicklung führt dazu, dass die französische Theatertruppe zu einer ähnlichen Standardinstitution der Höfe (v. a. in Deutschland) wird wie die italienische Oper. Sie beeinflusst aber auch in starkem Maße die Entwicklung der deutschen Regelpoetik (Martin Opitz; *1597, †1639) und Dramen.

Rationalismus und Aufklärung

Die im 18. Jh. in ganz **Europa** zum dominierenden kulturellen Faktor werdende Aufklärung ist Ergebnis und Höhepunkt eines Jahrhunderte langen **Säkularisierungs- und Rationalisierungsprozesses.** Dieser Wandel, der seit dem 16. Jh. in allen kulturellen Entwicklungen und Tendenzen seinen mehr oder minder deutlichen Niederschlag findet, erfasst alle Menschen-, Welt- und **Gottesvorstellungen.** An seinem Ende steht das Programm der allumfassenden »Befreiung des Menschen aus seiner selbstverschuldeten Unmündigkeit« (**Immanuel Kant**, *1724, †1804). Der Mensch wird bestimmt als natürliches und vernunftbegabtes Wesen, das seiner selbst bewusst ist und auf die grundsätzliche Erkenntnismöglichkeit wie Entwicklungsfähigkeit seiner Verhältnisse vertraut. Das Individuum, die Gesellschaft und die Geschichte sind Gegenstand eines in pragmatischer Absicht unternommenen Räsonnements, das neben strenger Reflexion innerhalb der Philosophie Bedeutung erlangt. Im Hinblick auf die Pädagogik ist Kant von dem französischen Kulturphilosophen **Jean-Jacques Rousseau** (*1712, †1778) inspiriert. Das neue überlegene Gegenwarts- und Selbstbewusstsein, das Vertrauen auf den eigenen wie allgemeinen Fortschritt lassen den gesamten Geschichtsprozess als vernünftig fortschreitenden und fortschreitend vernünftigen erscheinen, an dessen Ende »Glückseligkeit« sich in dieser Welt verwirklichen lasse. Damit wird der auf Offenbarung angelegten christlichen Religion der Boden entzogen.

Gleichzeitig aber zielt dieses Programm auf die **Legitimation des Staates** und dessen Repräsentation. Auch sie sollen auf die Grundlage des weiterentwickelten Naturrechts (begründet u. a. durch Hugo Grotius [*1583, †164]5) gestellt und der allgemeinen Vernunfts- und Fortschrittsprogrammatik verpflichtet werden. Der Angriff, v. a. des wirtschaftlich immer einflussreicher werdenden Dritten Stands, richtet sich im ausgehenden 18. Jh. gegen die Verschwendung des Hofes, die nur auf Geburt gegründete Vorherrschaft des Adels in allen gesellschaftlichen Bereichen und gegen die wirtschaftliche Verkrustung des Merkantilismus.

Dies findet seinen Ausdruck in den Vorstellungen der **Souveränität des Volkes** (John Milton [*1608, †1674], in der Weiterentwicklung der Staatssouveränität von Jean Bodin [*1530, †1596]), in den Forderungen nach liberalem Freihandel und nach einer Verfassung des Staates: zum einen nach der konstitutionellen Monarchie und der Teilung der staatlichen Gewalten nach englischem Vorbild (**Montesquieu**, *1689, †1755), zum anderen nach dem demokratischen **Gesellschaftsvertrag**, der allein die Verbindung des Allgemeinwillens und des Wohles aller garantiere (Jean-Jacques Rousseau). Politische Realität werden diese Forderungen in der Amerikanischen Unabhängigkeitserklärung (4. Juli 1776) und in den verschiedenen Phasen der Französischen Revolution. In Deutschland gehen die Forderungen nicht so weit; sie bleiben im Wesentlichen beschränkt auf den »guten Monarchen«, der nach dem Modell eines aufgeklärten Absolutismus, aufgrund seiner patriarchalischen Verantwortung und vernünftigen Einsicht, das Wohl des Staates und seiner Bürger garantiere.

Im 18. Jh. setzen sich in den west- und mitteleuropäischen Staaten die verschiedensten Ausprägungen von Rationalismus, Aufklärung, Empirismus und Materialismus durch: in **England** in der Nachfolge John Lockes (*1632, †1704) die Vertreter des Idealismus (George Berkeley, *1685, †1753), des Skeptizismus (David Hume, *1711, †1776) und des moralphilosophischen Sensualismus (Étienne-Bonnot de Condillac, *1715, †1780; Anthony Shaftesbury, *1671, †1713); in **Frankreich** die Enzyklopädisten (v. a. Denis Diderot, *1713, †1784), die in ihrem monumentalen Werk das gesamte Weltwissen zusammentragen wollen. Daneben steht die Ausnahmepersönlichkeit **Voltaire** (*1694, †1778), der in seinen literarischen, philosophischen und geschichtlichen Werken sowohl als radikaler Aufklärer und Kritiker der Kirche als auch als skeptischer Humanist und Aristokrat dem mechanistischen Fortschrittsglauben vieler seiner Zeitgenossen entgegentritt. Darüber hinaus erreicht Jean-Jacques Rousseau große Bedeutung. Neben seinen politischen Schriften begründen seine pädagogischen Romane, in denen er sein Programm der natürlichen Erziehung, der Erziehung zur Natur, darlegt, seinen Ruhm. In Deutschland wird die Aufklärung geprägt zum einen durch **Gotthold Ephraim Lessing** (*1729, †1781), der in seinen Dichtungen alle Tendenzen der Zeit zum Ausdruck bringt: In ihnen verbinden sich die Ideale religiöser wie gesellschaftlicher Toleranz und Humanität, die sich aber gleichzeitig gegen die Autorität eines dogmatischen Christentums richten, mit einem neuen bürgerlichen Selbstbewusstsein, das gerade in der höherwertigen Moralität des Bürgertums den moralischen Verfall des Adels anklagt. Zum anderen entwickelt Immanuel Kant, der bedeutendste Philosoph der Spätaufklärung, die Grundlage der neueren Philosophie. Sein Schaffen, das neben naturwissenschaftlichen Abhandlungen aufschlussreiche politische und geschichtsphilosophische Schriften umfasst, wird überragt von drei Hauptwerken: »Kritik der reinen Vernunft«, 1781; »Kritik der praktischen Vernunft«, 1788; »Kritik der Urteilskraft«, 1790. Kant versteht seine Philosophie als Transzendentalphilosophie. Diese fragt nach den Bedingungen der Möglichkeit menschlicher Erkenntnis.

Die säkulare Bedeutung der Aufklärung und des neuen bürgerlichen Selbstbewusstseins findet ihren Niederschlag in allen kulturellen Erscheinungen. Im 18. Jh. werden Kunst, Musik und Literatur zum Sprachrohr der verschiedenen Aufklärungsprogramme wie auch der gesellschaftspolitischen Forderungen des dritten Standes. Zugleich wird dadurch die ihnen zugrunde liegende Ästhetik als funktionale, auf Wirkung hin angelegte, rückgebunden. So bringt die europäische **Literatur** einerseits die pädagogischen und didaktischen Vorstellungen dieser Zeit durch utopische und gesellschaftliche Erziehungsromane sowie Lehrgedichten und Fabeln zum Ausdruck, andererseits vermitteln die bürgerlichen Trauerspiele in England (George Lillo, *1693, †1739), Frankreich (Denis Diderot) und Deutschland (Gotthold Ephraim Lessing) die gesellschaftliche Kritik des Bürgertums. In ihnen setzen sie dem politischen und moralischen Verfall des Adels ihre eigene Moralität gegenüber, die sowohl der Privatheit der bürgerlichen Familie als auch ihrem Arbeitsethos entspringt. Sie machen aber auch deutlich, dass die Kultur sich aus der absolutistischen Fesselung, ihrer zentralistischen Rückbindung an den Hof und den Adel gelöst hat und sich an ein anderes Publikum wendet. Dies zeigt in gleicher Weise die Entwicklung der **Musik** des 18. Jh.s.: Von Joseph Haydn (*1732, †1809) über Wolfgang Amadeus Mozart (*1756, †1791) bis zu Ludwig van Beethoven (*1770, †1827) vollzieht sich ein Wandel, der sowohl die Ablösung des höfischen Musikers und Komponisten wie die Entstehung der Symphonie als der musikalischen Gattung des Bürgertums bedeutet.

Wissenschaftlicher und technischer Wandel

Die das neue Zeitalter einleitende technische Revolution ist auf das Konto von **Johannes Gensfleisch**, genannt Johannes Gutenberg (*um 1397, †1468), zu buchen, der den seit dem 11. Jh. in China, seit dem 13. Jh. in Korea und seit dem frühen 15. Jh. in Europa bekannten **Buchdruck** weiterentwickelt. Ohne seine beweglichen, zur Druckform zusammensetzbaren Metalllettern und seine Druckerpressen wären weder die Reformation Martin Luthers noch die (Volks-)Aufklärung des 18. Jh.s denkbar. Erst die von Gutenberg geschaffene Voraussetzung, Druckerzeugnisse mechanisch und damit in großer Zahl reproduzieren zu können, legt die Grundlage für jenen über drei Jahrhunderte sich erstreckenden Strukturwandel der Öffentlichkeit, dem maßgeblichen Geburtshelfer der europäischen Moderne.

Hinzu kommen seit dem 16. Jh. die revolutionären Erkenntnisse der **Naturwissenschaften**, v. a. der Physik. Die Forschungen von Nikolaus Kopernikus (*1473, †1543), Johannes Kepler (*1571, †1630) und Galileo Galilei (*1564, †1642), ihre Entdeckung des **heliozentrischen Weltbilds**, dass die Erde sich ebenso wie die anderen Planeten in elliptischen Bahnen um die Sonne dreht, ihr Aufzeigen der Naturgesetze und damit ihre Begründung der Erforschbarkeit der Natur, setzen einen Prozess in Gang, der auf alle Gebiete ausstrahlt.

Dieser Prozess enthebt – gegen den erbitterten Widerstand der Kirche – die Welt und damit auch den Menschen seiner religiös bestimmten Ausnahmestellung als

Ebenbild Gottes und weist ihn in seine Natürlichkeit zurück. Gleichzeitig ist der Mensch aber unter den neuen Bedingungen in die Lage versetzt, sich rational über die Natur zu erheben und sich mithilfe seiner Fähigkeiten diese verfügbar zu machen. Die grundsätzliche Begründung der naturwissenschaftlichen, rationalen und empirischen Erkenntnis als auch ihrer induktiven Methode (FRANCIS BACON, *1561, †1626; JOHN LOCKE) entzieht zwar der Kirche die offenbarende, auslegende Autorität, belässt aber den Menschen in seiner nun rational begründeten Ausnahmestellung. Diese Dialektik der natürlichen und rationalen Begründung des Menschen und seiner Fähigkeiten sowie seine gleichzeitige Überhebung über die Natur bleibt für die gesamte Entwicklung des modernen Denkens kennzeichnend.

Der schwedische Botaniker CARL VON LINNÉ (*1707, †1778) widmet sich der Kategorisierung der Pflanzen- und Tierwelt sowie den Mineralien. Er entwickelt eine umfassenden Taxonomie, die er in seinem 1735 erstmals erschienenen Hauptwerk »Systema naturae« veröffentlicht. Die von ihm entwickelte binäre Nomenklatur für Tiere und Pflanzen (eine Kombination von zwei Benennungen zur Bestimmung von Gattung und Art) hat bis heute Bestand, auch wenn seine Bezeichnungen sich im einzelnen nicht erhalten haben.

Die Erkenntnisse der modernen Medizin fördern die Entstehung des individuellen Menschenbildes: im 16. Jh. die Erforschung der menschlichen Anatomie und der Pathologie (u. a. ANDREAS VESALIUS, *1514, †1564) und im 17. Jh. des Blutkreislaufs (WILLIAM HARVEY, *1578, †1657). Parallel laufen die immer weiter fortschreitenden Erkenntnisse der Naturgesetze, v. a. durch ISAAC NEWTON (*1643, †1727), der sowohl das Gravitationsgesetz, die Natur des Lichts und der Elektrizität entdeckt und gleichzeitig mit GOTTFRIED WILHELM LEIBNIZ (*1646, †1716) die Differenzialrechnung begründet. NEWTONS Schrift »Philosophia Naturalis Principia Mathematica« zählt zu den einflussreichsten Büchern der frühen Neuzeit.

Diese neuen Erkenntnisse finden ihren Niederschlag in einem neuen mechanischen **Weltbild** und der rationalen Selbstbegründung der menschlichen Existenz. Der französische Philosoph und Naturwissenschaftler RENÉ DESCARTES (*1596, †1650) formuliert im Sinne einer philosophischen Wissenschaftstheorie dieses Welt- und Menschenbild. Unbezweifelbare Wahrheit liegt allein in der Selbstgewissheit des denkenden Ich – zusammengefasst in dem Leitsatz »Cogito, ergo sum = ich denke, also bin ich« (Resultat eines methodisch durchgeführten Zweifels). In der Weiterentwicklung dieser Vorstellungen durch BARUCH SPINOZA (*1632, †1677) wird Gott nicht mehr als über der Schöpfung thronende Persönlichkeit, sondern als das dieser Schöpfung immanente logische Gesetz bestimmt. Gott ist, wie LEIBNIZ es ausdrückt, allgegenwärtig in dem vollendeten und konfliktfreien System seiner Schöpfung, einem System der »prästabilierten Harmonie«.

Mit den wissenschaftlichen Fortschritten Hand in Hand gehen viele, diese oft erst ermöglichenden **technischen Erfindungen**. Beispiele sind die Entwicklung des Mikroskops um 1600 und die Erfindung des Fernrohrs 1608. In den 1750er-Jahren entwickelt BENJAMIN FRANKLIN (*1706, †1790) den Blitzableiter. Die Herstellung weißen Hartporzellans (1708) durch JOHANN FRIEDRICH BÖTTGER (*1682, †1719) und die Gründung der Meißener Porzellanmanufaktur (1710) bleiben nicht ohne Folgen. Zahlreiche absolutistische Fürsten ahmen – zur Steigerung ihres Ruhms – im Zuge ihrer merkantilistischen Wirtschaftpolitik das sächsische Beispiel nach; doch die aus dem Boden sprießenden Porzellanmanufakturen bleiben Zuschussbetriebe und können nur mit Subventionen aus der Staatskasse überleben.

Ökonomisch weitaus größere Bedeutung gewinnt dagegen die Entwicklung der **Dampfmaschine** und der von ihr getriebenen Wagen, Schiffe und Fabriken sowie die Erfindung des **Schnellschützen-Webstuhls** und der ersten **Spinnmaschine** in England. Sie leiten die **Industrielle Revolution** ein, fördern Englands Aufstieg zur führenden Wirtschaftsmacht des 18. und 19. Jh.s und markieren zusammen mit der politischen Revolution in Frankreich den Durchbruch zur modernen Gesellschaft. | s. S. 854 |

Von der Französischen Revolution bis zum Ersten Weltkrieg (1789–1914)

Im 19. Jh., genauer der Zeitabschnitt von der Französischen Revolution bis zum Ende des Ersten Weltkriegs, kommt es in allen europäischen Staaten, wenn auch stark phasenverschoben, zur Ablösung des Ancien Régime und einem tief greifenden Wandel der alteuropäischen Agrar- und Adelsgesellschaft. Am Ausgang der traditionellen und an der Schwelle der bis heute sich fortbildenden modernen Welt steht die **politisch-industrielle Doppelrevolution**, die in England bereits im 17. Jh. einsetzt (Parlamentarisierung des politischen Systems mit der Glorreichen Revolution 1688/89, Industrialisierung seit der Mitte des 18. Jh.s) und sich in der Folgezeit bis ins 20. Jh. hinein in ganz Europa fortsetzt. Die »Modernisierung« der Staaten verläuft in recht unterschiedlichen Bahnen und wird entweder auf revolutionärem Weg (Frankreich) oder durch Reformen – seien sie liberaler (Großbritannien) oder konservativer (Preußen/Deutschland) Art – erreicht. Am Ende der skizzierten Entwicklung bildet sich – in manchen Fällen erst im 20. Jh. – **der bürokratisierte Massenstaat** heraus, in dem die Reste feudaler Strukturen abgebaut sind.

Grundzüge europäischer Sozial- und Wirtschaftsgeschichte im 19. Jh.

Wirtschaftliche Entwicklungen

Die wirtschaftliche Entwicklung Europas und Nordamerikas im 19. Jh. steht im Zeichen des **Siegeszugs der industriellen Revolution**, eines in mehreren Etappen verlaufenden wirtschaftlichen Wachstumsvorgangs, der zu einer bis dahin nicht gekannten Umwälzung der Lebens- und Produktionsbedingungen führt. Von Großbritannien in der zweiten Hälfte des 18. Jh.s ausgehend, erfasst die Industrialisierung im ersten Drittel des 19. Jh.s Belgien, die Niederlande, Frankreich und die Schweiz, Mitte des Jh.s Deutschland und seit dem letzten Drittel des Jh.s Schweden, Italien, Russland und das übrige Europa. Außerhalb Europas beginnt die Industrialisierung im ersten Drittel des 19. Jh.s in den USA, Ende des 19. Jh.s in Japan. Industrialisierung heißt Umbruch in Produktionsverfahren, Techniken, Energiequellen und Märkten, im Transportwesen, der Bevölkerungszahl und den Gesellschaftsstrukturen. »Die industrielle Revolution verwandelt die Menschen von Bauern und Schafhirten in Betätiger von Maschinen, welche mit lebloser Energie angetrieben werden« (Carlo M. Cipolla).

Eine ausreichende Rohstoff- und Grundstoffbasis sowie aufnahmebereite Märkte sind Voraussetzung für die Nutzung technischer Erfindungen, damit es zur industriellen Massenproduktion kommen kann. Zu Beginn der Industrialisierung ist das die Mechanisierung der Textilproduktion und die Nutzung der Kohle zur Erzeugung von Dampfkraft. Die alten Produktions- und Verteilungsmethoden (Handwerk, Manufaktur, Verlagssystem) sind der maschinellen Fertigung und dem Fabriksystem unterlegen und verschwinden bzw. werden sekundär. Motor der wirtschaftlichen Entwicklung und Quelle wirtschaftlichen Wachstums wird die Industrieproduktion.

Die Industrialisierung geht Hand in Hand mit einer **Liberalisierung der Wirtschaftspolitik**. Zunächst bleiben zwar die seit dem Merkantilismus üblichen Schutzzölle bestehen. In der Mitte des 19. Jh.s fallen die wachstumshemmenden Handelsbeschränkungen jedoch fort, sodass sich der Warenstrom in wirtschaftlichen Großräumen national und international in einer **arbeitsteiligen Weltwirtschaft** frei entfalten kann (Deutscher Zollverein 1834, Abschaffung der Kornzölle und Durchsetzung des Freihandelsprinzips in Großbritannien 1846, britisch-französischer und preußisch-französischer Handelsvertrag 1860 bzw. 1862). Nach 1850 wird der freie Weltmarkt zur Realität. Nur Österreich-Ungarn und Russland bleiben abseits. Eine weitere Bedingung für die industriewirtschaftliche Entwicklung ist die seit Beginn des 19. Jh.s einsetzende **Einführung der Gewerbefreiheit**.

Roheisenproduktion (in 1000 t)

	1800	1850	1880	1900	1913
Großbritannien	190	2 249	7 900	9 100	7 500
Frankreich	60	406	1 500	2 700	5 000
Deutschland	40	212	2 700	8 500	17 000

Die Industrialisierung tritt in der Mitte des Jh.s in ein neues Stadium ein, in dem die industrielle Technik, die sich vorher meist auf empirischer Grundlage entwickelt hat, verwissenschaftlicht wird. Dies betrifft zunächst v. a. die Stahlherstellung, die zur Schlüsselindustrie in der zweiten Phase der Industrialisierung wird. Das **Zeitalter von Eisen und Stahl** manifestiert sich im Bau der Eisenbahnen, die das Transportwesen wegen der schnellen Beförderung zu günstigen Preisen revolutionieren. Der Zugang zu Rohmaterialien wie auch Märkten wird zwar auch durch Verbesserungen im Straßenbau und durch die nach wie vor wichtigen Wasserstraßen (Kanalbauten; freie Schifffahrt auf Rhein, Elbe und Weser bis 1831, auf der Donau 1856; Entwicklung der Dampfschifffahrt seit 1807) erleichtert, doch ist die Eisenbahn ein Durchbruch im Verkehrswesen. Darüber hinaus steigert der Eisenbahnbau in Europa die Nachfrage nach Grundstoffen (Eisen, Holz) und kurbelt die Metall- und Maschinenbauindustrie entscheidend an.

Begünstigt wird die Industrialisierung durch einen

Dampfmaschinenkapazitäten (in 1000 PS)

	1840	1850	1860	1870	1880	1888	1896
Großbritannien	620	1290	2450	4040	7600	9200	13 700
Deutschland	40	260	850	2480	5120	6200	8080
Frankreich	90	270	1120	1850	3070	4520	5920
Österreich bzw. Österreich-Ungarn	20	100	330	800	1560	2150	2520
Belgien	40	70	160	350	610	810	1180
Russland	20	70	200	920	1740	2240	3100
Italien	10	40	50	330	500	830	1520
Spanien	10	20	100	210	470	740	1180
Schweden	–	–	20	100	220	300	510
Niederlande	–	10	30	130	250	340	600
Europa	**860**	**2240**	**5540**	**11 570**	**22 000**	**28 630**	**40 300**

Das europäische Eisenbahnnetz 1850–1914

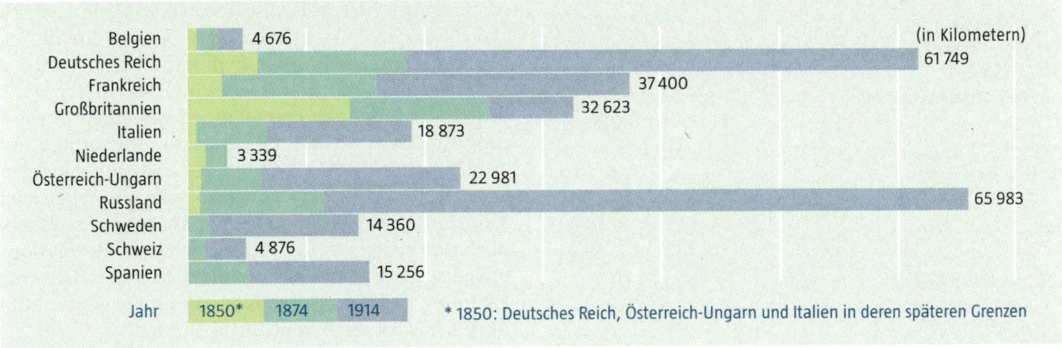

weiteren Faktor, der v. a. in Großbritannien von Anfang an gegeben ist: Wie immer die in der Forschung umstrittene Bedeutung des **Faktors Kapital** für die Industrialisierung im Einzelnen anzusetzen ist, ist es zweifellos wichtig, dass **Kredit-, Investitions- und Hypothekenbanken**, die erstmals in Belgien in den 1820er-Jahren, in Frankreich und Deutschland in den 1850er-Jahren neu gegründet werden, Investitionskapital bereitstellen.

Die Periode industriellen Wachstums und die Epoche des Freihandels gehen in den 70er-Jahren zu Ende, als mit dem 1873 einsetzenden Konjunktureinbruch die **»Große Depression«** beginnt. Das Wirtschaftswachstum verlangsamt sich, stagniert auch, doch bleiben größere Rückschläge aus. In den 1890er-Jahren setzt eine bis zum Ersten Weltkrieg dauernde Erholung ein. Einschneidend für den Welthandel erweist sich der Entschluss der Industrieländer (Ausnahme Großbritannien, Niederlande, Dänemark), Schutzzölle einzuführen, um die eigenen Volkswirtschaften durch staatliche Interventionen und protektionistische Maßnahmen im Konkurrenzsystem der Weltwirtschaft zu schützen. Diese Entwicklung setzt zuerst 1878 in Deutschland ein und prägt die folgenden Jahre der internationalen Handelsrivalität im Zeitalter des Imperialismus. Der freie Kapitalismus des liberalen Zeitalters wandelt sich zum »organisierten Kapitalismus« (RUDOLF HILFERDING). **Wirtschaftliche Konzentrationserscheinungen** wie Aktiengesellschaften, Konzerne, Trusts oder Kartelle führen v. a. in Deutschland und den USA zu Einschränkungen im Wettbewerb.

Die verschärfte Konkurrenz, in der sich die Großmächte in der **Phase der Hochindustrialisierung** im letzten Drittel des 19. Jh.s befinden, ist zusätzlich dadurch geprägt, dass Deutschland und die USA zunächst Großbritannien als wirtschaftliche Führungsmacht einholen und dann überholen. Mit Abstand folgen in Europa Frankreich und Italien; im Fernen Osten etabliert sich Japan als Industriemacht. Als neue und billigere Energiequellen werden Elektrizität und Erdöl genutzt. Mit der Elektro- und der chemischen Industrie entwickeln sich neue Industriezweige (synthetische Farbstoffe, elektrische Geräte und Maschinen, Leitungssysteme), in denen Deutschland große Anteile am Weltmarkt erringt. Die Entwicklung des Verbrennungsmotors und die Anfänge des Kraftfahrzeug- und Flugzeugbaus dynamisieren den Industrialisierungsprozess um 1900 erneut.

Die **Landwirtschaft** verliert im 19. Jh. an relativer Bedeutung. Vor dem Ersten Weltkrieg arbeiten in Industrie und Bergbau die meisten Erwerbstätigen in Europa. Auf das ganze Jh. und den unterschiedlich stark industrialisierten Kontinent insgesamt bezogen, hat der Agrarsektor jedoch nach wie vor ein erhebliches Gewicht. Entgegen den pessimistischen Prognosen des englischen Nationalökonomen THOMAS ROBERT MALTHUS (*1766, †1834), der unter dem Eindruck der Bevölkerungsexplosion in Großbritannien eine unausweichliche Ver-

Anteile der Großmächte an der Weltproduktion 1860–1900

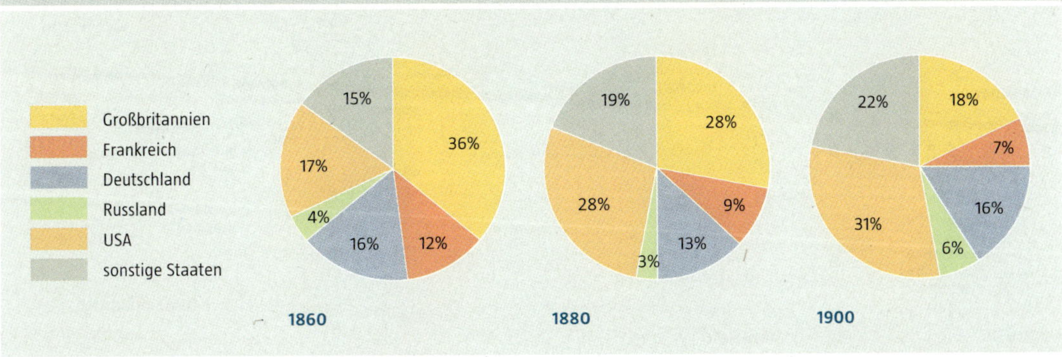

Anteil Europas an der Weltbevölkerung

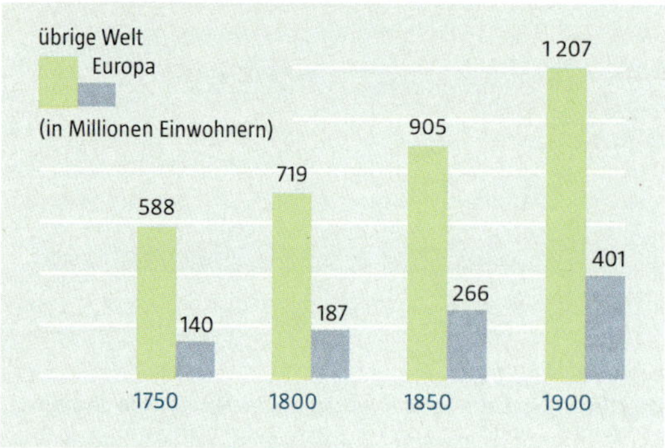

elendung der Massen voraussagt, weil die Bevölkerung in geometrischer Progression, der Bodenertrag aber nur arithmetisch zunehme (Essay on the Principle of Population, 1798), gelingt es der Landwirtschaft, ihre Erträge durch verbesserte Anbaumethoden erheblich zu steigern. Unter Vernachlässigung der Viehhaltung und damit Rückgang der Fleischproduktion kommt es zu vermehrtem Anbau von Getreide, zur Überwindung der Dreifelderwirtschaft und zur Einführung der Fruchtwechselwirtschaft mit Anbau von Kartoffeln und Zuckerrüben, im letzten Drittel des Jh.s zur Einführung landwirtschaftlicher Maschinen und des Kunstdüngers. Die steigende Agrarproduktion wird in der ersten Hälfte des Jh.s von der zahlenmäßig zunehmenden Bevölkerung sogleich wieder aufgebraucht. Missernten wie 1816/17 oder 1846/47 führen zu katastrophalen Einbrüchen, die steigende Lebensmittelpreise, aber auch Krankheit und Tod für Millionen Menschen in Europa nach sich ziehen. In der Vorgeschichte der Revolutionsereignisse von 1848 sind dies nicht zu unterschätzende Faktoren. »Armut oder Industrialisierung« lautet Mitte des 19. Jh.s die unausweichliche Alternative.

Bevölkerungsentwicklung und gesellschaftliche Kräfte

Die europäische Bevölkerung nimmt seit der Mitte des 18. Jh.s explosionsartig zu, in der ersten Hälfte des 19. Jh.s um 40 %. Ansteigende Lebensmittelproduktion, bessere medizinische Versorgung und Hygiene sowie frühere Eheschließungen führen zu steigenden Geburtenraten, v.a. aber zu einem Rückgang der Mortalität.

Bevölkerungsdichte in Europa 1914

Die Bevölkerungszahl steigt auch noch in der zweiten Hälfte des Jh.s, als die Geburten wieder zurückgehen. Die größten Zuwachsraten sind in ländlichen Gebieten zu verzeichnen. Als Ventil für den Bevölkerungsdruck erweisen sich die expandierenden Industriegebiete und die Möglichkeit der Auswanderung. Jahrzehntelang steigt die **Verstädterung**, die in Großbritannien am stärksten ist, wo 1870 nur noch 35 % der Bevölkerung auf dem Land leben (Frankreich 67,5 %, Deutschland 64 %). Es bilden sich Ballungsräume und Industrielandschaften.

Die **Bevölkerungsexplosion**, die in England ihren Anfang nimmt, geht der industriellen Revolution teils voraus, teils ist sie mit ihr verknüpft. Hand in Hand mit der Industrialisierung geht ein **tief greifender sozialer Wandel**, der die vorrevolutionäre, agrarisch bestimmte Adelsgesellschaft in eine **Industriegesellschaft** verwandelt. In den Ländern Mittel- und Osteuropas verteidigt der Adel jedoch weiterhin die politische Führungsposition, während in Westeuropa das Bürgertum erfolgreich auf Teilnahme am politischen System drängt. Der Übergang von der ständischen zur bürgerlichen Gesellschaft verläuft in den Ländern Europas ebenso wie die Industrialisierung selbst phasenverschoben. Auf dem flachen Land wird die wirtschaftliche Position des adligen Großgrundbesitzes nach der Bauernbefreiung in vielen Fällen gestärkt: Bei Unrentabilität kleiner Bauernstellen entsteht eine sozial schwache Landarbeiterschaft.

Bürgertum und Arbeiterschaft werden zu den gesamtgesellschaftlich ausschlaggebenden Schichten des Industriezeitalters. Wesentlicher Träger der Industrialisierung wird das Bürgertum, das in Industrie, Handel und Finanzwesen eine bürgerliche Oberschicht bildet, die entweder in das politische System integriert wird (Großbritannien), es dominiert (Frankreich) oder von ihm weitgehend ausgeschlossen bleibt und sich oft auf adlige Lebensformen und Wertvorstellungen fixiert (Preußen/Deutschland). Die bürgerlichen Mittelschichten untergliedern sich in den **»alten Mittelstand«** (selbstständige Kleinunternehmer, Kaufleute, Handwerker, Gewerbetreibende) und den seit dem letzten Drittel des Jh.s an Bedeutung zunehmenden **»neuen Mittelstand«** (Angestellte und Beamte in Verwaltung, Behörden und Unternehmen, technische Intelligenz und v. a. Dienstleistungen). Während bürgerliche Schichten in der Frühphase der Industrialisierung oft mit den sozialen Unterschichten politisch zusammengehen und soziale Forderungen gegenüber dem Machtmonopol des Adels erheben, grenzen sie sich spätestens 1848 von den Zielen des **»vierten Standes«**, der Arbeiterschaft, ab. Die Lage der Lohnarbeiterschaft wird für die gesamte Epoche zur sozialen Frage. Zum Proletariat zählen nicht nur die seit jeher lohnabhängigen Arbeiter auf dem Land und in den Städten, sondern auch vorher unabhängige Handwerker, deren Existenz durch das arbeitsteilige Fabriksystem vernichtet wird. Die Situation der Arbeiterschaft, deren Anteil an der Gesamtbevölkerung ständig wächst, während der der Selbstständigen sinkt, ist zunächst von **Massenarmut** (Pauperismus), schlechten Wohnverhältnissen, niedrigen Löhnen, langer Arbeitszeit und sozialer Unsicherheit bestimmt. Kinder- und Frauenarbeit sind die Regel, werden aber in den einzelnen Industrieländern zu verschiedenen Zeitpunkten gesetzlich eingeschränkt. Andererseits bedeutet die Industrialisierung einen Ausweg aus dem Problem der Überbevölkerung durch wachsendes Arbeitsplatzangebot. Seit Mitte des Jh.s beginnen die Löhne zu steigen; seit seinem Ende kommt es – zuerst in Deutschland – zu staatlicher Sozialgesetzgebung. Der von der Arbeiterbewegung geforderte Achtstundentag wird aber erst nach dem Ersten Weltkrieg realisiert.

Grundzüge europäischer Geistes- und Politikgeschichte im 19. Jh.

Politische Theorien und Strömungen

Die Widersprüche des 19. Jh.s schlagen sich im politischen Denken nieder, das die politischen, sozialen und ökonomischen Problemstellungen der Zeit von unterschiedlichen politischen Standorten und Interessenlagen her deutet und zu voneinander abweichenden Lösungsvorschlägen kommt.

Am vorrevolutionären Europa orientiert ist der **Konservatismus**, der im Zuge der Restauration nach dem Wiener Kongress 1815 zur prägenden politischen Kraft wird. Von Revolutionsfurcht bestimmt, sucht der Konservatismus an historisch und organisch gewachsenen, als »gottgewollt« verstandenen Ordnungen festzuhalten,

Verteilung der Gesamtbevölkerung zwischen Stadt und Land

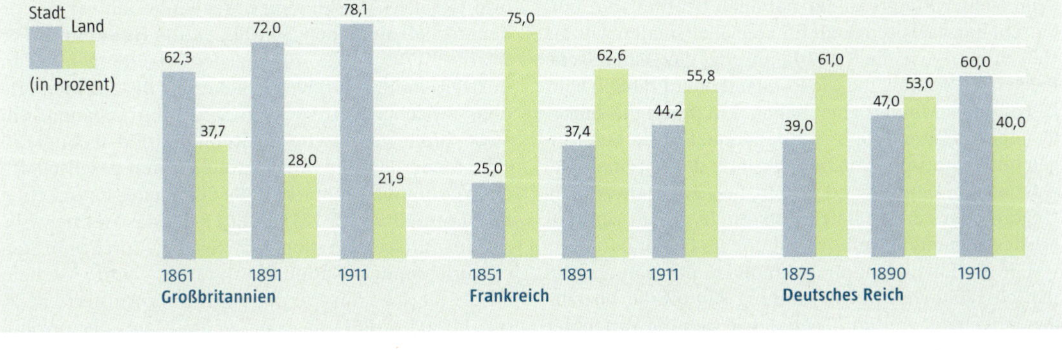

die zwar historisch wandelbar, aber an konstant bleibenden Grundvorstellungen und Grundwerten (monarchische Staatsform, Autorität, gestufte Gesellschaft, Familie, Besitz, antirationalistischer Affekt) ausgerichtet sind. In der Auseinandersetzung mit den Kräften der Veränderung gerät der Konservatismus in die Gefahr, zur Reaktion und zur Reformunfähigkeit zu erstarren. Dass dies nicht so sein muss, wird am Beispiel der englischen Entwicklung und des Konservatismus von EDMUND BURKE (*1729, †1797) deutlich, der die Wechselbeziehung von »Erhaltungs- und Verbesserungsprinzip« betont. Sein deutscher Übersetzer FRIEDRICH VON GENTZ (*1764, †1832), der einflussreiche Berater Fürst VON METTERNICHS, des Vorkämpfers der Restauration, wirkt dagegen unbeweglich und plädiert 1815 für »die Wiederherstellung dessen, was zwanzig Jahre voller Wirren zerstört hatten«, für »die Wiedererrichtung des politischen Gebäudes aus den ungeheueren Trümmermassen, die ein schrecklicher Umsturz auf dem Boden Europas zurückgelassen hatte«. Theoretiker einer autoritär-erstarrten Gesellschaft ist der Schweizer Staatstheoretiker KARL LUDWIG VON HALLER (*1768, †1854), der mit seinem Hauptwerk »Die Restauration der Staatswissenschaften« (1816–1834) der auf den Wiener Kongress folgenden Epoche ihren Namen gibt. Revolutionen stellen sich ihm als verabscheuungswürdiges Werk einer Verschwörerclique dar, nicht als Konsequenz wirtschaftlichen und gesellschaftlichen Wandels. Der zweite bedeutende Systematiker des gegenrevolutionären Ideensystems ist der deutsche Staatsrechtler FRIEDRICH JULIUS STAHL (*1802, †1861; u. a. »Philosophie des Rechts nach geschichtlicher Ansicht«, 1830–1837; »Das monarchische Prinzip«, 1845; »Der christliche Staat«, 1847; »Die Revolution und die konstitutionelle Monarchie«, 1848). Er entwickelt eine Rechts- und Staatslehre »auf der Grundlage christlicher Weltanschauung« und will das **Prinzip der Legitimität** gegen das revolutionäre **Prinzip der Volkssouveränität** behaupten, um die in seinen Augen 1848 erfolgte »Umwälzung der ewigen Gesetze menschlicher Ordnung« rückgängig machen zu können.

Der Konservatismus sieht sich zunächst zwei Strömungen gegenüber, die vorrevolutionäre Strukturen zu beseitigen suchen, dem Nationalismus und dem Liberalismus. Beide gehen oft Hand in Hand und verbinden sich bis 1848 auch gelegentlich mit sozialistischem Gedankengut. Der **Nationalismus** wirkt mit seiner Forderung nach Selbstbestimmung bzw. nationaler Einigung nach dem Wiener Kongress, der nationale Hoffnungen enttäuscht hat, als Sprengkraft für Vielvölkerstaaten wie das Habsburgerreich, die Niederlande oder das Osmanische Reich bzw. Staaten, die wie Russland oder Preußen starke nationale Minderheiten haben. Ein durch die **Romantik** angekurbeltes Interesse für nationale Überlieferungen und historische Wurzeln verstärkt das nationale Bewusstsein in Deutschland, Italien, Belgien, Irland, Polen, Ungarn oder bei den Balkanvölkern. In diesen Ländern erhält der Nationalismus revolutionäre Qualität.

Für die Emanzipation des Individuums von absolutistisch-staatlicher Bevormundung kämpft der **Liberalismus**, abgeleitet von *los liberales*, wie sich die Verfechter der spanischen Verfassung von 1812 nennen. Politisch drängt der Liberalismus auf die Konstitutionalisierung der politischen Systeme. Die Staatsgewalt wird verfassungsrechtlich beschränkt und ist in erster Linie auf den Schutz der persönlichen Freiheitsrechte abgestellt. Wirtschaftlich fordert der Liberalismus von ADAM SMITH (*1723, †1790) ausgehend den Abbau merkantilistischer Beschränkungen auf dem Binnenmarkt wie im Außenhandel (Gewerbe-, Handels-, Unternehmer-, Koalitions-, Wettbewerbsfreiheit) und ganz allgemein den Rückzug des Staates aus dem gesellschaftlichen und wirtschaftlichen Bereich (*Laissez-faire*). Zum Träger liberaler Ideen wird das **Besitz- und Bildungsbürgertum**, das das Machtmonopol des Adels erfolgreich in Frage stellt (Julirevolution 1830 in Frankreich, Wahlrechtsreform 1832 in Großbritannien). Zugleich entwickelt sich diese Verengung auf das gehobene Bürgertum, das zur Abgrenzung gegenüber der Arbeiterschaft tendiert und die zerstörerische Eigendynamik der Revolution fürchtet, zum zentralen Problem des Liberalismus, der das Ziel der Demokratisierung nur bedingt weiterverfolgt. Nur in Großbritannien, wo JOHN STUART MILL (*1806, †1873) das allgemeine Wahlrecht fordert, kommt es zu einem Zusammengehen von Liberaler Partei und Arbeiterbewegung, während die Liberalen auf dem Kontinent zumeist in eine Defensivposition gegenüber den Fragen des »vierten Stands« geraten.

Die Bedürfnisse und Interessen der Arbeiterschaft geraten seit der Mitte des Jh.s in einen immer stärker werdenden Gegensatz zum Bürgertum: Sie beginnt sich von der anfänglichen politischen Führung durch bürgerliche Mittelschichten zu lösen. Der Gedanke der Revolution geht vom liberalen Bürgertum auf die sozialistische Arbeiterschaft über. Aus dieser Gegenbewegung zum bourgeoisen Liberalismus entwickelt sich die die zweite Hälfte des 19. Jh.s ganz wesentlich bestimmende Strömung des **Sozialismus**. Zwar gibt es auch innerhalb der Kirchen Tendenzen eines christlichen Sozialismus, doch ist dieser mit der historischen Bedeutung der sozialistischen Arbeiterbewegung und ihren Theorien nicht zu vergleichen.

Innerhalb des Sozialismus bestehen unterschiedlichste Denkansätze und Strategieüberlegungen, die zwischen der Möglichkeit gradueller Reformen und revolutionärer Aktion schwanken. Dies gilt schon für die sog. »Frühsozialisten«, die ganz allgemein soziale Missstände beseitigen wollen und eine gerechte Eigentums- und Gesellschaftsordnung unter Einbeziehung der Arbeiterschaft anstreben. So will CLAUDE HENRI DE SAINT-SIMON (*1760, †1825) die sozialen Spannungen des Industriezeitalters durch eine Sicherung des sozialen Friedens zwischen den sozialen Schichten abbauen, und zwar durch moralische Anstrengung und technokratische Steuerung der wirtschaftlichen und gesellschaftlichen Ordnung. Die starke Rolle des Staates betont ebenfalls LOUIS BLANC (*1811, †1882), der das Wettbewerbssystem durch eine nationale Wirtschaft, durch vom Staat einzurichtende Nationalwerkstätten und Gemeinschaftsfabriken überwinden will. LOUIS-AUGUSTE BLANQUI (*1805, †1881) dagegen ist ein Mann der revolutionären Aktion, der keine Gemeinsamkeiten zwischen den sozialen Schichten gelten lassen will (»tödliches Duell zwischen Dividenden und Löhnen«) und die revolutionäre Auseinandersetzung mit der Bourgeoisie sucht. Gegen Gewaltanwendung spricht sich PIERRE-JOSEPH PROUDHON (*1809, †1865) aus, der den kapitalistischen Geld- und Warenumlauf durch direkten, auf dem Prinzip der Gegenseitigkeit und Gleichwertigkeit (Mutualismus) beruhenden Austausch überwinden will. Ohne Arbeitsleistung oder durch Ausbeutung gewonnenes »Eigentum ist Diebstahl«. PROUDHON wendet sich entschieden gegen staatliche wie kirchliche Autoritäten. Er verkörpert die anarchistische Richtung des Sozialismus und prägt den modernen Begriff des **Anarchismus**.

An die gedankliche Dichte und Vielfalt der Theorien der französischen Frühsozialisten reichen englische und deutsche Frühsozialisten nicht heran. Zu ihnen zählen ROBERT OWEN (*1771, †1858), der Gütergemeinschaften mit gemeinsamer Lebensführung, demokratischer Selbstverwaltung und sozialer Gleichheit fordert, WILHELM WEITLING (*1808, †1871), der als Ziel die »Gemeinschaft aller Erdengüter« angibt, und MOSES HESS (*1812, †1875), erster Theoretiker des deutschen **Kommunismus**, der das Privateigentum abschaffen will und Anarchie als herrschaftslose Ordnung eines kommunistischen Gemeinwesens anstrebt.

Gegenüber dem frühen oder **»utopischen« Sozialismus** versuchen KARL MARX (*1818, †1883) und FRIEDRICH ENGELS (*1820, †1895) den **»wissenschaftlichen« Sozialismus** zu entwickeln. Während LORENZ VON STEIN (*1815, †1890; Der Sozialismus und Kommunismus des heutigen Frankreich, 1842) als bürgerlicher Theoretiker eine wissenschaftliche Analyse des Klassenkampfes (Gegensatz von Kapital und Arbeit) liefert und zum Schutz der bürgerlichen Gesellschaft staatliche Sozialreformen empfiehlt, stellen sich MARX und ENGELS, ebenfalls bürgerlicher Herkunft, auf die Seite der Lohnarbeiterschaft und sagen die Revolution und Diktatur des Proletariats voraus. Ihr prägender Einfluss auf die sich langsam formierende Arbeiterbewegung beginnt mit dem im Febr. 1848 in London publizierten **»Kommunistischen Manifest«**. KARL MARX veröffentlicht u. a. 1859 seine »Kritik der politischen Ökonomie« und 1867 den ersten Band seines Hauptwerks **»Das Kapital«**, dessen zweiten und dritten Band 1885 und 1894 FRIEDRICH ENGELS herausgibt. ENGELS, der wesentlich zur Ausbildung des **Marxismus** beiträgt, verfasst u. a. 1845 »Die Lage der arbeitenden Klassen in England«, 1880 »Die Entwicklung des Sozialismus von der Utopie zur Wissenschaft« und 1884 »Der Ursprung der Familie, des Privateigentums und des Staates«. Hervorstechend an der marxschen Lehre ist der Anspruch einer wissenschaftlichen Welterklärung. Der Geschichtsablauf vollziehe sich nach Gesetzen, die man wissenschaftlich erkennen könne. Seine reale Triebfeder seien ökonomische Strukturen, das Sein der sozialen und ökonomischen Verhältnisse (»Unterbau«). Davon hängen das Bewusstsein, die Ideenwelt und politisch-staatliche Organisationsformen (»ideologischer Überbau«) ab. Der gegenwärtige Kampf des Proletariats gegen die Bourgeoisie sei der letzte in der Geschichte der Klassenkämpfe. In ihm werde das Proletariat mit dem Ziel der klassenlosen Gesellschaft im kommunistischen Endzustand die »Selbstentfremdung« des Menschen überwinden. Auf Grundlage des historischen Materialismus werden als Entwicklungsphasen des Kapitalismus unterschieden bzw. vorhergesagt: Akkumulation des Kapitals, Kapitalkonzentration, Verelendung der Arbeiterschaft, Überproduktionskrisen, sich verschärfende innere Widersprüche des kapitalistischen Systems und sein unvermeidlicher Zusammenbruch, schließlich **Revolution und Diktatur des Proletariats**. Die Revolution erscheint sowohl als objektives Phänomen, zu dem es aufgrund der Strukturgesetze des Kapitalismus zwangsläufig kommt, wie auch als Aktion, die handelnd ins Werk gesetzt werden muss.

Als Organisationsformen der lohnabhängigen Arbeiterschaft bilden sich seit der Mitte des Jh.s Gewerkschaften und politische Parteien auf nationaler Ebene. Die wichtigsten Formen der **Gewerkschaftsbewegung** sind die freien (sozialistischen), die liberalen und die christlichen Gewerkschaften. 1901 beginnt die internationale gewerkschaftliche Zusammenarbeit, die sich in der Gründung des Internationalen christlichen Gewerkschaftsbunds (1908) und des Internationalen Gewerkschaftsbunds (1913), einer losen Vereinigung der freien Gewerkschaften, manifestiert.

Ebenfalls seit der Jahrhundertmitte bilden sich mit dem Ziel, die soziale Lage der Arbeiterschaft zu verbessern und politische Rechte zu erkämpfen, sozialistische Parteien sowie politische Arbeiterorganisationen, die eher christlich-konfessionell oder am liberalen Prinzip der Selbsthilfe orientiert sind. In der sozialistischen **Arbeiterbewegung** Europas sind deutlich der britische und der kontinentaleuropäische Typ zu unterscheiden. Der in Großbritannien vorherrschende Pragmatismus lässt wenig Raum für die Beschäftigung mit theoretisch-ideologischen Fragen. Man ist bereit, das gegebene politische System des Parlamentarismus zu akzeptieren und Veränderungen durch evolutionäre Reform anzustreben. Die kontinentale Arbeiterbewegung dagegen, die sich mit weniger liberalen Regierungsformen konfrontiert sieht, hebt auf die revolutionäre Umgestaltung von Staat und Gesellschaft ab. Sie bildet allerdings keine einheitliche Bewegung, sondern zerfällt, stark vereinfacht, in zwei Hauptflügel: in einen größeren, von KARL MARX wesentlich beeinflussten sozialistischen Flügel, der unter zunächst taktisch verstandener Anerkennung des Parlamentarismus auf Gewinnung der Staatsmacht abzielt, und in einen syndikalistisch-anarchistischen, der primär die bürgerliche Gesellschaft und ihren Staat zersetzen will, sich für die direkte Aktion entscheidet und daher den parlamentarischen Weg ablehnt (MICHAIL BAKUNIN, *1814, †1876; GEORGES SOREL, *1847, †1922).

Seit der Jahrhundertwende kommt es innerhalb der europäischen, besonders aber der deutschen Sozialdemokratie zur Revisionismusdebatte: Im Anschluss an Überlegungen EDUARD BERNSTEINS (*1850, †1932; »Revisionismus heißt Weiterbildung von Theorie und Praxis der Sozialdemokratie im evolutionistischen Sinn«) gewinnt eine Richtung an Boden, die zentrale Punkte des orthodoxen Marxismus kritisiert, indem sie am zwangsläufigen Zusammenbruch des Kapitalismus und an der unvermeidlichen Polarisierung der kapitalistischen Gesellschaft zweifelt, schließlich Veränderungen nicht auf revolutionärem, sondern evolutionärem Weg im Rahmen von nationalen parlamentarischen Demokratien anstrebt. Zwar werden Resolutionen gegen die Revisionisten verabschiedet (Dresdner Parteikongress der SPD 1903, Kongress der Zweiten Internationalen 1904 in Amsterdam), doch ist der wachsende Einfluss des Revisionismus nicht aufzuhalten.

Im internationalen Rahmen gründen am 28. Sept. 1864 in London britische Gewerkschaftler, eine französische Arbeiterdelegation sowie deutsche und polnische Emigranten, darunter KARL MARX, der wesentlichen Anteil an der Programmformulierung hat, die **Internationalen Arbeiterassoziation**, kurz **Erste Internationale** genannt. Die Parole des Kommunistischen Manifests »Proletarier aller Länder, vereinigt Euch!« wird ins Programm aufgenommen. Wesentlich stärker als der bürgerliche Liberalismus ist der Sozialismus eine internationale Bewegung. Vom europäischen Bürgertum wird die Internationale zum Schreckgespenst stilisiert, um die Ziele der Arbeiterbewegung propagandistisch wirkungsvoll bekämpfen zu können. Es handelt sich bei der Internationale jedoch keineswegs um den gut organisierten Versuch einer Verschwörung mit dem Ziel der sozialistischen Umwälzung, sondern zunächst um eine lose Verbindung nationaler Gruppen der Arbeiterschaft, die um 1868 in den meisten europäischen Ländern und den USA Fuß fasst. Nach Artikel I der Statuten dient die Internationale »zur Herstellung eines Mittelpunkts der Verbindung und des planmäßigen Zusammenwirkens zwischen den in verschiedenen Ländern bestehenden Arbeitergesellschaften, welche dasselbe Ziel verfolgen, nämlich: den Schutz, den Fortschritt und die vollständige Emanzipation der Arbeiterklasse«. Man geht davon aus, »dass die Emanzipation der Arbeiterklasse durch die Arbeiterklasse selbst erobert werden muss«. Nach dem Scheitern des Aufstands der **Pariser Kommune** 1871 kommt es auf der **Konferenz der Internationale** von Den Haag 1872 zu einer Auseinandersetzung zwischen dem unter KARL MARX stehenden Flügel und seinem persönlichen Gegner MICHAIL BAKUNIN, der aus der Internationale ausgeschlossen wird. Während BAKUNIN eine prinzipiell gegen staatliche Autoritäten gerichtete Position einnimmt, plädiert MARX für die Umwandlung der Internationale in eine politische Partei zur Eroberung der Staatsmacht und Errichtung eines revolutionären Staats: »Diese Konstituierung des Proletariats als politische Partei ist unerlässlich, um den Triumph der sozialen Revolution und ihres höchsten Zieles, die Aufhebung der Klassen, zu sichern.« Infolge der inneren Auseinandersetzungen zerfällt die Internationale, deren Generalrat von London nach New York verlegt wird, und löst sich 1876 auf.

Mit der Gründung der **Zweiten Internationalen** im Juli 1889 in Paris wird die Internationale wiederbelebt. Sie verfügt wiederum nur über eine lose Organisation und tastet die Autonomie der nationalen Parteien nicht an. Vorrangig erscheint eine Koordination der sozialpolitischen Ziele in den großen Industrieländern. Gefordert wird der Achtstundentag; der 1. Mai soll mit Massendemonstrationen als Arbeiterfeiertag begangen werden. Die internationale Arbeit spielt sich auf regelmäßigen Kongressen ab: Der Kongress von Brüssel (1891) beschließt, grundsätzliche Fragen nach Nationen zu entscheiden, der Kongress von London (1896) schließt die Anarchisten aus, der Kongress von Paris (1900) schafft das Internationale Sozialistische Büro als Exekutivorgan mit Sitz in Brüssel, und auf dem Kongress von Amsterdam (1904) erleiden die Revisionisten eine Niederlage. Das mehrheitlich vertretene Prinzip des Klassenkampfes führt jedoch nicht zur Planung revolutionärer Aktionen, da man an den automatischen Zusammenbruch des Kapitalismus glaubt (**Zusammenbruchstheorie**). Die Interparlamentarische Sozialistische Kommission wird zur Koordinierung der Arbeit in den nationalen Parlamenten gegründet. Die Zweite Internationale krankt am Gegensatz zwischen orthodoxen Marxisten, revolutionären Sozialisten und Revisionisten. Auch in der seit 1900 debattierten Kriegsfrage (Kampf gegen Militarismus und Krieg) offenbaren sich nationale Gegensätze. Über der Polarisierung »Sozialreform oder Revolution« (ROSA LUXEMBURG; *1870, †1919) verliert die Internationale ihre integrative Kraft, die 1914 mit Kriegsausbruch (Bewilligung der Kriegskredite durch deutsche und französische Sozialisten) endgültig verschwindet.

Regierungssysteme in Europa

Die politischen Systeme des 19. Jh.s sind das Produkt der Auseinandersetzung mit den Umwälzungen, die in Gestalt der **politischen Revolutionen** (Amerikanische Revolution, Französische Revolution) und der **industriellen Revolution** seit Ende des 18. Jh.s die allgemeine Entwicklung in Europa bestimmen. Die politischen Ordnungen der vorrevolutionären Adelsgesellschaft werden mit Tendenzen konfrontiert, die auf Veränderung drängen. Die politisch-sozialen Führungsschichten in den europäischen Nationalstaaten reagieren darauf entweder durch Reformbereitschaft oder durch Festhalten an bestehenden Herrschaftsformen. Die Geschichte Europas im 19. Jh. steht im Spannungsfeld von Beharrung und Wandel, Legitimität und Revolution, Restauration und Reform, monarchischer Autorität und Volkssouveränität.

In Großbritannien gelingt es, das politische System für alle sozialen Schichten schrittweise zu öffnen (Wahlrechtsreformen 1832, 1867 und 1884/85). Durch die Anpassung des politischen Systems an die Bedingungen des Industriezeitalters und durch die immer wieder gezeigte Fähigkeit zur Reform werden revolutionäre Erschütterungen vermieden, obwohl die Konfliktlagen mit denen anderer Länder übereinstimmen. Der europäische Kontinent dagegen wird von diversen Revolutionswellen heimgesucht, die verschiedene Aspekte der Französischen Revolution wieder aufnehmen und fortsetzen.

Nach dem Wiener Kongress scheint sich zunächst im **Zeitalter der Restauration** die »Solidarität der Throne« zu behaupten und das Prinzip der Legitimität gegenüber dem der Revolution durchzusetzen, doch darf das Restaurationszeitalter nicht als einfache Wiederherstellung vorrevolutionärer Zustände missverstanden werden. So werden die preußischen Reformen, u. a. Bauernbefreiung und Gewerbefreiheit, nicht zurückgenommen. Aber auch die politischen Verfassungen in Europa wandeln sich. Nach dem Vorbild der französischen *Charte constitutionelle* vom 4. Juni 1814 beginnt sich auf dem Kontinent die **konstitutionelle Monarchie** durchzusetzen. Zwar wird das monarchische Prinzip aufrechterhalten und liegt die Souveränität weiterhin beim Monarchen, doch teilt dieser gemäß einer Verfassung die Macht mit anderen Staatsorganen, insbesondere mit einer meist aus zwei Kammern bestehenden Repräsentativversammlung, die das Steuerbewilligungsrecht hat und bei der Gesetzgebung mitwirkt, jedoch in der Regel zunächst kein förmliches Budgetrecht und keine Gesetzesinitiative besitzt. Ferner kennt die konstitutionelle Monarchie die Verankerung von Grundrechten und die prinzipielle staatsbürgerliche Gleichheit.

In Deutschland werden Verfassungen nach diesem Muster eingeführt, in Nassau (1814), Sachsen-Weimar-Eisenach (1816), Bayern und Baden (1818), Württemberg (1819) sowie Hessen-Darmstadt (1820). Bis 1841 folgen fast alle deutschen Staaten mit Ausnahme Österreichs, Preußens, Oldenburgs und Hessen-Homburgs. Hervorzuheben ist v. a. die Ablösung des Polizeistaats durch den Rechtsstaat, der die Freiheit des Individuums und sein Eigentum schützt. Diese Sicherung der bürgerlichen Rechtssphäre, die in Großbritannien schon seit der Glorreichen Revolution (*Glorious Revolution*, 1688/89) ein Element der staatlichen Ordnung darstellt, wird auch von den Verfechtern der Restauration nicht angezweifelt. Die Staatsverwaltung wird an das Gesetz gebunden. Der Philosoph Georg Wilhelm Friedrich Hegel (*1770, †1831; »Grundlinien der Philosophie des Rechts«, 1821) fordert als Idealstaat den monarchischen Rechtsstaat, in dem die Rechte und Pflichten von Bürgern wie Staat gesetzlich geregelt sind, was nichts über Regierungsform und Herrschaftssystem aussagt. Rechtsschutz zieht nicht notwendigerweise politische Freiheit nach sich, weswegen bei Hegel die Omnipotenz des Staates dem Individuum übergeordnet bleibt.

Im europäischen Rahmen hat die »Solidarität der Throne«, die in der Praxis Interventionsbereitschaft gegen national und liberal motivierte Aufstände bedeutet, nach 1815 nicht lange Bestand. Großbritannien schert schon bald aus der Einheitsfront der Großmächte aus und bildet zusammen mit Frankreich das **Lager der liberalen Westmächte**, während Österreich, Preußen und Russland **die konservativen Ostmächte** darstellen, denen als weitere Großmacht noch das Osmanische Reich zuzurechnen ist. Bis 1848 kommt es gegen die Riege der konservativen Ostmächte häufig zu Protestbewegungen, Aufständen und Revolutionen.

Für kurze Zeit verschmelzen in den **Revolutionen von 1848** verschiedene Strömungen (konstitutionell-liberale, radikal-demokratische, sozial-revolutionäre, national-idealistische), die sich aber bald wieder trennen und dadurch die Stoßkraft der Revolutionen zunichtemachen. Das Ende der revolutionären Bewegungen kommt 1849

Europa zwischen Restauration und Revolution bis 1847

mit der Wiederherstellung der vorrevolutionären Ordnung in Österreich, Ungarn und Preußen. Sowohl die Forderungen nach Einheit wie nach Freiheit bleiben unerfüllt. Bis auf Frankreich bringen die Revolutionen keinen Wandel in der Regierungsstruktur.

Protestbewegungen, Aufstände und Revolutionen 1815–1848

1815–1817 Serbischer Aufstand gegen die osmanische Herrschaft.

1820 Revolution in Spanien, die 1823 niedergeschlagen wird. Revolution in Portugal. Aufstände in Italien, die in Neapel beginnen und 1821 auch Piemont ergreifen.

1821 Beginn des griechischen Unabhängigkeitskriegs (bis 1829).

1830, 28. Juli Julirevolution in Frankreich, die als Initialzündung liberaler Bewegungen wirkt und sich als Triebkraft für die Bildung weiterer konstitutioneller Regierungssysteme erweist.

25. Aug. Aufstand in Brüssel und Beginn des Abfalls Belgiens von den Niederlanden.

29. Nov. Beginn des Novemberaufstands in Polen (bis Sep. 1831).

1830–1831 Unruhen in Braunschweig, Göttingen, Kurhessen und Sachsen. Unruhen in Mittelitalien (1830) greifen 1831 auf Modena, Parma, Bologna und die Emilia-Romagna über.

1832, 27.–30. Mai Hambacher Fest.

1834 Gründung des »Jungen Europa« in Bern, einer gegen das monarchische Prinzip gerichteten internationalen Bewegung (Italien, Deutschland, Polen), die Aufstände vorbereitet, aber rasch scheitert.

1834–1839 Bürgerkrieg in Spanien, wo die europäischen Gegensätze zwischen konservativen und liberalen Mächten ausgetragen werden.

1846 Aufstand in Krakau.

1847 Anwachsen der liberal-konstitutionellen Bewegung in Italien: Gründung der Zeitschrift »Il Risorgimento« (wonach die Nationalbewegung ihren Namen erhielt) durch CESARE BALBO (*1789, †1835) und CAMILLO CAVOUR (*1810, †1861) in Piemont-Sardinien; Erhebung in Messina (1847) und Palermo (1848). Danach Einführung einer konstitutionellen Verfassung im Königreich Neapel-Sizilien. Sonderbundkrieg in der Schweiz zwischen liberalen und konservativ-katholischen Kantonen.

1848, 21. Febr. Februarrevolution in Paris. Von Baden ausgehend Unruhen in verschiedenen deutschen Staaten.

13.–15. März Aufstand in Wien, der Erhebungen in Italien, Böhmen und Ungarn nach sich zieht.

18. März Aufstand in Berlin (Märzrevolution).

Die zweite Hälfte des Jh.s verläuft mit Ausnahme des polnischen Aufstands 1863 und des Aufstands der Pariser Kommune 1871 ohne revolutionäre Erschütterungen. Die politischen Systeme sind von der Verfestigung der Bürokratien sowie von der Debatte um Liberalisierung der Regierungsformen und Demokratisierung des Wahlrechts bestimmt. Die **Weiterentwicklung konstitutioneller zu parlamentarischen Systemen** verläuft ohne einheitliches Muster. Insgesamt ist das Europa des ausgehenden 19. Jh.s, von Frankreich und der Schweiz abgesehen, immer noch eine monarchisch geprägte Welt mit nach wie vor bedeutsamer Rolle der Krone, insbesondere in der Außenpolitik, aber auch in der Innenpolitik. Unübersehbar aber ist die Durchdringung von Staat und Gesellschaft. Politik ist nicht mehr Angelegenheit weni-

Europa zwischen Revolution und Reaktion 1848–51

ger Privilegierter, sondern wird mehr und mehr zum Objekt der sich ausbildenden **Massengesellschaft**. Der Staat hat nicht mehr das Monopol der politischen Artikulation und Aktion. Staatliche Entscheidungsträger haben sich mit der **politischen Öffentlichkeit** auseinanderzusetzen, die sich im Zeichen der technisierten Nachrichtenübermittlung und der expandierenden Presse als kontrollierende Öffentlichkeit ausbildet. Alle Bereiche der Gesellschaft werden durch Beseitigung spätfeudaler Zwischengewalten ins politisch-staatliche Leben integriert (Bauernbefreiung seit Anfang, Judenemanzipation seit Mitte des Jh.s). Die Herstellung einer politischen Öffentlichkeit und allgemeinen Staatsbürgerschaft zieht **neue politische Organisationsformen** nach sich (politische Parteien, Gewerkschaften, Verbände).

Neben den positiven Aspekten der Demokratisierung stellen sich die spezifischen Probleme der Massengesellschaft und der mit ihr einhergehenden Erscheinungen der emotionsgeprägten Agitation und politischen Propaganda. Politische Denker wie John Stuart Mill erkennen schon Mitte des 19. Jh.s die in ihren Augen gefährlichen Tendenzen, nämlich an die Stelle des staatlichen Absolutismus die **Herrschaft der Gesellschaft**, eine »mittelmäßige Herrschaft« (Mill), setzen zu wollen.

Das internationale System der Mächte 1789–1914

Revolutionskriege und französisches Hegemonialstreben (1791–1815)

Das Zeitalter der Französischen Revolution und Napoleons bedeutet eine doppelte Herausforderung der internationalen Gesellschaft. Einmal wird ihre Homogenität durch den Sieg der Revolution in Frankreich gestört. Die Kräfte der Gegenrevolution, die ein Interventionsrecht zugunsten der Monarchie proklamieren, beschleunigen die Ausweitung der Revolution über die Grenzen Frankreichs hinaus. Außenpolitik und weltanschaulich-ideologische Fragen verquicken sich. Zum anderen stellt die französische Außenpolitik, die zudem eine Umwälzung der Kriegsführung (*levée en masse*) mit sich bringt, das seit dem Frieden von Utrecht (1713) ins europäische Staatensystem eingeführte Ordnungsprinzip des «Gleichgewichts der Kräfte« in Frage. Der **doppelten Revolutionierung** treten als Gegenkräfte die Großmächte Österreich, Preußen, Russland und Großbritannien entgegen, die ihre spezifischen Interessenlagen (monarchischer Konservatismus, Handelsinteresse) zur Geltung bringen wollen.

1791, 27. Aug. **Pillnitzer Deklaration**: von Kaiser Leopold II. von Österreich und König Friedrich Wilhelm II. von Preußen unter Mitwirkung der emigrierten Brüder des französischen Königs formulierte Erklärung, die eine Intervention in Frankreich zugunsten einer »den Rechten des Souveräns und den Interessen der Nation gleichmäßig angemessenen monarchischen Regierung« für den Fall einer Zustimmung durch die europäischen Souveräne in Aussicht stellt.

1792, 20. April Französische Kriegserklärung an Österreich. Krieg wird zum Mittel, die Revolution zu sichern. Ideologische und militärstrategische Elemente überlagern sich bei der Formulierung der Kriegsziele: Durchsetzung der Errungenschaften der Revolution auch in anderen Ländern und Sicherung der »natürlichen Grenzen« Frankreichs im Alpen- und Rheingebiet. Beides führt zu Gegenaktionen der europäischen Mächte, die den Status quo erhalten wollen: **Erster Koalitionskrieg** (bis 1797), zunächst mit Erfolgen der Koalition (Österreich, Preußen).

20. Sept. Die Kanonade von Valmy (Dorf zwischen Reims und Verdun) bringt eine Wende zugunsten der französischen Truppen, die an den Rhein vordringen und Speyer, Worms und Mainz sowie ganz Belgien besetzen. Im Alpengebiet wird Savoyen annektiert.

1793, 23. Jan. Zweite Teilung Polens zwischen Russland und Preußen. | s. S. 1146 |

Febr. Stärkung der Koalition durch den Beitritt Großbritanniens, der Niederlande, Spaniens, Sardiniens, Neapels, Portugals und des Römisch-deutschen Reichs.

März Französische Niederlage bei Neerwinden (Provinz Lüttich). Rückeroberung der österreichischen Niederlande. Störung des Außenhandels und der Getreideversorgung Frankreichs durch die britische Flotte.

1794–1795 Nach der **levée en masse** vom Aug. 1793 gelingt dem französischen Revolutionsheer abermals ein Umschwung des Krieges.

1795, 3. Jan. Dritte Teilung Polens; die Staatlichkeit Polens wird erst 1918 wieder hergestellt.

26. Jan. Nach Besetzung der Niederlande **Gründung der Batavischen Republik** durch Frankreich (bis 1806).

5. April Sonderfriede von Basel zwischen Frankreich und Preußen. Frankreich bleibt im Besitz des linken Rheinufers. Preußen zieht sich aus dem Krieg zurück, um freie Hand gegen Polen zu haben, sodass Österreich die Hauptlast im Krieg gegen Frankreich trägt.

1796 Während die französischen Truppen in Süddeutschland geschlagen werden, muss Österreich in Italien gegen die von Napoleon (*1769, †1821) befehligte Revolutionsarmee Niederlagen hinnehmen.

1797 Die **militärischen Erfolge Napoleons** führen zur Bildung französischer Satellitenstaaten: **Zisalpinische Republik** (Mailand, Modena, Ferrara, Bologna, Emilia-Romagna) und **Ligurische Republik** (Genua).

17. Okt. **Friede von Campo Formio** (Dorf bei Udine): Österreich tritt alle linksrheinischen Besitzungen (darunter Belgien) ab und erhält dafür Venedig.

1798 Weitere militärische Erfolge Frankreichs führen in der Schweiz zur **Bildung der Helvetischen Republik** (bis 1803), in Italien zur Gefangenschaft von Papst Pius VI. und der Umwandlung des Kirchenstaats in die unter französischer Führung stehende **Römische Republik** (bis 1799).

1798–1799 Mit Spitze gegen Großbritannien trägt Napoleon den Krieg in den Mittelmeerraum. Nach der Besetzung Maltas und der Einnahme Kairos folgt aber der britische Seesieg bei Abukir (nordöstlich von Alexandria; 1. Aug. 1798), sodass das französische

Heer von der Heimat abgeschnitten wird. Auch in Syrien bleibt Frankreich ohne militärischen Erfolg.

1799–1802 **Zweiter Koalitionskrieg**: Unter Führung Großbritanniens sind Russland, Österreich, Portugal, Neapel und das Osmanische Reich gegen Frankreich verbündet; Preußen bleibt neutral.

1799, 23. Jan. Frankreich erobert Neapel und gründet die **Parthenopeische Republik**. Es folgen wiederholte militärische Erfolge der Koalition, sodass es zur Auflösung der italienischen Tochterrepubliken kommt.

23. April Ende des Rastatter Kongresses (seit 9. Dez. 1797): Das westliche Rheinufer wird vom Heiligen Römischen Reich an Frankreich abgetreten, deutsche Fürsten sollen mit geistlichen Gebieten östlich des Rheins entschädigt werden.

Okt. Russland verlässt nach einem Sieg der Franzosen in der Schweiz (Schlacht bei Zürich 26./27. Sept.) und unterschiedlichen politischen Zielsetzungen der Verbündeten die Koalition.

1800, 14. Juni Französischer Sieg bei Marengo (südöstlich von Turin).

5. Sept. Britische Besetzung Maltas.

3. Dez. Französischer Sieg bei Hohenlinden (östlich von München).

1801, 9. Febr. **Friede von Lunéville**: Bestätigung des Friedens von Campo Formio.

April Nach dem 1800 erneuerten »bewaffneten Neutralitätsbündnis« von 1780 zwischen Dänemark, Schweden, Russland und Preußen zum Schutz des neutralen Handels kommt es zum militärischen Eingreifen Großbritanniens in der Ostsee.

1802, 27. März **Friede von Amiens** zwischen Großbritannien und Frankreich. Großbritannien gibt bis auf Trinidad und Ceylon überseeische Eroberungen zurück. Frankreich verzichtet auf Ägypten. Der Friedensschluss konsolidiert die französische Außenpolitik auf dem Kontinent, wo es 1802 zur Neuordnung Italiens und 1803 in Deutschland zum Reichsdeputationshauptschluss kommt.

1803 Nach der Wiederaufnahme des Krieges durch Großbritannien besetzt Frankreich das Kurfürstentum Hannover und blockiert Elbe und Weser.

1804 NAPOLEON trifft Vorbereitungen zur Invasion in England, die jedoch an der britischen Seeüberlegenheit scheitern.

1805 Großbritannien organisiert eine neue Koalition (Großbritannien, Russland, Österreich, Schweden, Neapel) gegen Frankreich. Spanien und die süddeutschen Staaten sind mit Frankreich verbündet, Preußen bleibt wiederum neutral: **Dritter Koalitionskrieg**.

17. Okt. Österreichische Niederlage bei Ulm; daraufhin Besetzung Wiens.

21. Okt. Britischer Seesieg bei Trafalgar (Kap südlich von Cádiz) über die französisch-spanische Flotte.

2. Dez. Sieg NAPOLEONS gegen österreichische (Kaiser FRANZ I.) und russische (Zar ALEXANDER I.) Truppen in der **Dreikaiserschlacht bei Austerlitz**.

15. Dez. Französisch-Preußisches Bündnis im Vertrag zu Schönbrunn. Preußen soll das Kurfürstentum Hannover erhalten.

26. Dez. Friede von Pressburg: Österreich tritt Venetien an das Königreich Italien ab und Tirol, Vorarlberg, Eichstätt, Passau, Burgau, Brixen und Trient an Bayern, das außerdem die Freie Stadt Augsburg erhält. Bayern und Württemberg werden Königreiche. Österreich wird als Entschädigung Salzburg zugesprochen.

1806, 12. Juli NAPOLEON schafft sich mit dem **Rheinbund** ein Glacis ihm ergebener süddeutscher Staaten. 16 süddeutsche Fürsten verlassen den Verband des Heiligen Römischen Reiches Deutscher Nation. Bis 1811 werden weitere 20 deutsche Territorien Mitglieder des Rheinbunds.

6. Aug. Kaiser FRANZ II. (*1768, †1835) legt die Kaiserwürde nieder und erklärt das Heilige Römische Reich für aufgelöst; er bleibt als FRANZ I. Kaiser von Österreich. | s. S. 924 |

26. Sept. Preußen, mit Sachsen und Russland verbündet, fordert ultimativ den Abzug französischer Truppen rechts des Rheins und die Auflösung des Rheinbunds. Diese Konfrontation führt zum **Vierten Koalitionskrieg**.

14. Okt. Preußische Niederlage in der Doppelschlacht bei Jena und Auerstedt.

21. Nov. Von Berlin aus verfügt NAPOLEON die **Kontinentalsperre** gegen Großbritannien. In allen Häfen des Kontinents soll die Einfuhr britischer Waren verhindert werden, um sowohl den Absatz britischer Fertigprodukte auf dem Kontinent als auch die Einfuhr von Getreide nach den britischen Inseln zu unterbinden und so die ökonomische Basis der britischen Großmachtstellung zu treffen. Tatsächlich kommt es in Frankreich und Deutschland zur Ausbildung eigenständiger Industriezweige.

11. Dez. Bündnis NAPOLEONS mit Kurfürst FRIEDRICH AUGUST III. von Sachsen (*1750, †1827), der als König FRIEDRICH AUGUST I. dem Rheinbund beitritt.

1807, 7./8. Febr. In der Schlacht bei Preußisch-Eylau (südlich von Königsberg) kann NAPOLEON gegen russisch-preußische Truppen keine Entscheidung erzwingen.

14. Juni NAPOLEON siegt in der Schlacht von Friedland (südöstlich von Königsberg) über die Russen; Frankreich besetzt Königsberg.

7.–9. Juli **Friede von Tilsit**: Russland erhält einen Teil von Neuostpreußen, erkennt NAPOLEONS Brüder als Könige an und tritt der Kontinentalsperre bei. Preußen tritt seine Besitzungen westlich der Elbe ab und verliert die meisten nach 1772 von Polen gewonnenen Gebiete an das neu geschaffene Herzogtum Warschau unter König FRIEDRICH AUGUST I. Danzig wird Freie Stadt. NAPOLEON strebt eine enge Zusammenarbeit mit Zar ALEXANDER I. (*1777, †1825) an. Europa soll in Interessensphären aufgeteilt und neu geordnet werden. Allerdings verhindert NAPOLEON die Festsetzung Russlands in Konstantinopel.

Sept. Im Kampf gegen die Kontinentalsperre erzwingt Großbritannien nach viertägiger Beschießung Kopenhagens die Auslieferung der dänischen Flotte und verhindert dadurch die Schließung der Ostsee. Dänemark verbündet sich mit Frankreich und Russland und erklärt Großbritannien den Krieg.

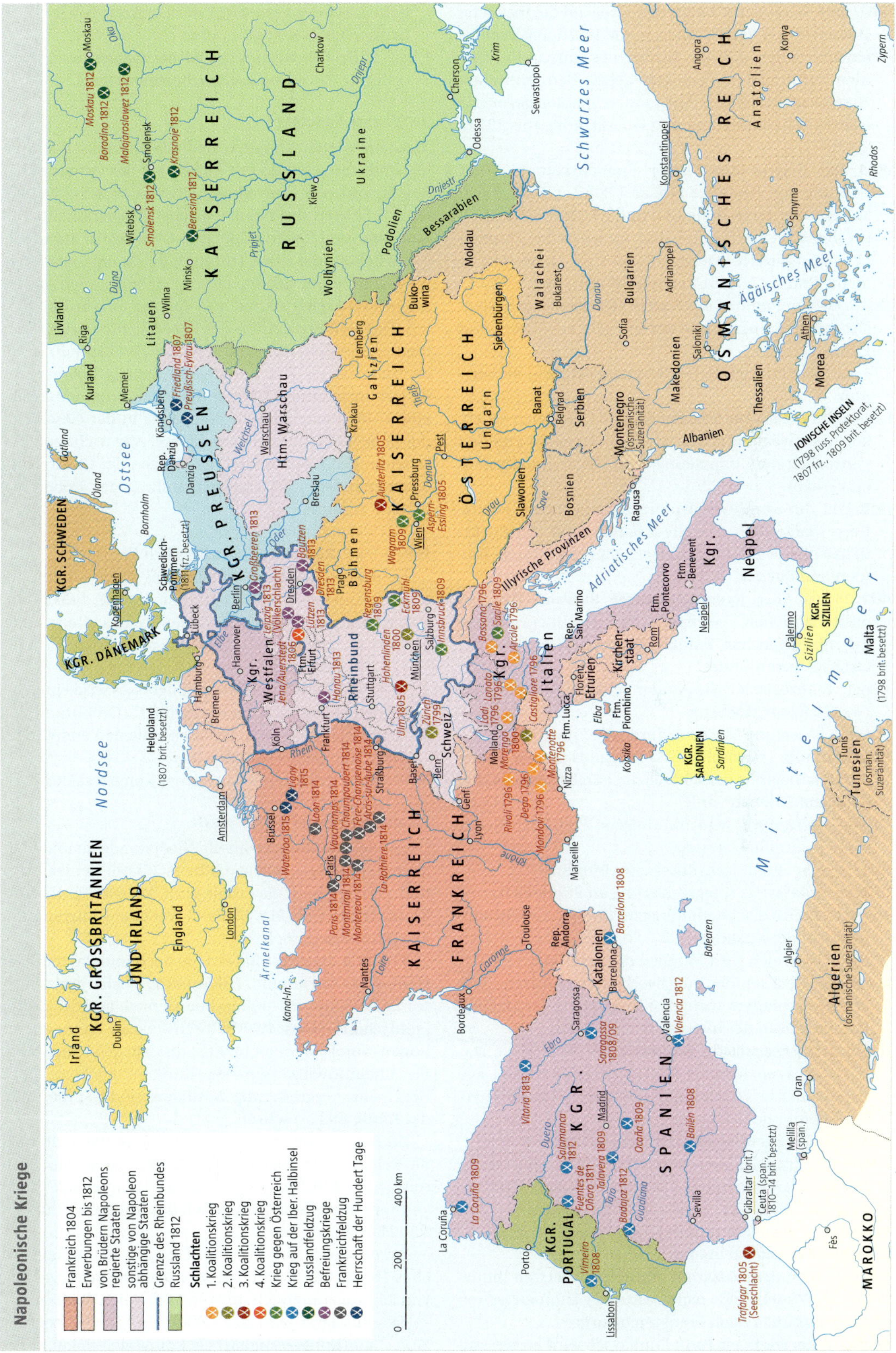
Napoleonische Kriege
Frankreich 1804
Erwerbungen bis 1812
von Brüdern Napoleons regierte Staaten
sonstige von Napoleon abhängige Staaten
Grenze des Rheinbundes
Russland 1812
Schlachten
1. Koalitionskrieg
2. Koalitionskrieg
3. Koalitionskrieg
4. Koalitionskrieg
Krieg gegen Österreich
Krieg auf der Iber. Halbinsel
Russlandfeldzug
Befreiungskriege
Frankreichfeldzug
Herrschaft der Hundert Tage
0 200 400 km
KGR. GROSSBRITANNIEN UND IRLAND
KAISERREICH FRANKREICH
KAISERREICH RUSSLAND
KAISERREICH ÖSTERREICH
KGR. PREUSSEN
OSMANISCHES REICH
KGR. SPANIEN
KGR. PORTUGAL
KGR. DÄNEMARK
KGR. SCHWEDEN
Kgr. Italien
Kgr. Neapel
KGR. SIZILIEN
KGR. SARDINIEN
Kgr. Westfalen
Rheinbund
Htm. Warschau
Schweiz
Illyrische Provinzen
IONISCHE INSELN (1798 russ. Protektorat, 1807 frz., 1809 brit. besetzt)
Nordsee
Ostsee
Schwarzes Meer
Adriatisches Meer
Ägäisches Meer
Mittelmeer
MAROKKO
Algerien (osmanische Suzeränität)
Tunesien (osman. Suzeränität)
Waterloo 1815
Ligny 1815
Austerlitz 1805
Wagram 1809
Aspern-Essling 1805
Leipzig 1813 (Völkerschlacht)
Jena/Auerstedt 1806
Friedland 1807
Preußisch-Eylau 1807
Borodino 1812
Moskau 1812
Beresina 1812
Smolensk 1812
Trafalgar 1805 (Seeschlacht)
Marengo 1800
Hohenlinden 1800
Ulm 1805
Baylen 1808
Vitoria 1813
Salamanca 1812
Talavera 1809
Saragossa 1808/09

1807/1808 NAPOLEON weitet den Krieg auf die Iberische Halbinsel aus, um Spanien in die Kontinentalsperre einzubeziehen und die Küsten des mit Großbritannien verbündeten Portugals gegen den britischen Handel abzuschotten. Aufstand in Spanien gegen die französische Besetzung und Guerillakrieg (bis 1813). | s. S. 1084 |

1809, April Beginn des Tiroler Freiheitskampfs unter Führung von ANDREAS HOFER (*1767, †1810). Nach Siegen über bayerische (25. und 29. Mai), sächsisch-thüringische (4./5. Aug.) und französische Truppen (13. Aug.) wird HOFER Regent von Tirol. Später wird er an die Franzosen verraten und hingerichtet.

21./22. Mai Im Rahmen des **Fünften Koalitionskriegs** besiegt Österreich Frankreich in der Schlacht bei Aspern und Eßling.

5./6. Juli Niederlage Österreichs in der Schlacht bei Wagram.

14. Okt. Im **Frieden von Schönbrunn** wird Österreich erheblich geschwächt und danach zusammen mit Preußen vertraglich dem napoleonischen Hegemonialsystem einverleibt.

1810 Um die Kontinentalsperre zu erzwingen, annektiert Frankreich die Niederlande und Nordwestdeutschland mit den Hansestädten Hamburg, Bremen und Lübeck.

1812, 24. Juni **Krieg NAPOLEONS gegen Russland**, das aus wirtschaftlichen Gründen die Kontinentalsperre durchbrochen hat. Frankreich ist mit Preußen und Österreich verbündet.

7. Sept. Französischer Sieg in der Schlacht bei Borodino (westlich von Moskau).

14. Sept. Besetzung Moskaus durch die Franzosen.

19. Okt. Infolge russischen Widerstands gegen einen Frieden, beginnt der **Rückzug der »Großen Armee«**, die völlig aufgerieben wird.

30. Dez. Konvention von Tauroggen: Preußisch-Russischer Neutralitätsvertrag.

1813, 28. Febr. Preußisch-Russisches Bündnis.

16. März Preußische Kriegserklärung an Frankreich.

Mai/Juni Französische militärische Erfolge; Großbritannien tritt der Koalition bei.

12. Aug. Österreich wird Mitglied der Koalition.

Aug./Sept. Wechselnder Kriegsverlauf; französische Teilerfolge verhindern nicht den Niedergang der Stellung Frankreichs in der internationalen Politik.

16.–19. Okt. **Völkerschlacht bei Leipzig** mit Niederlage NAPOLEONS. Französischer Rückzug über den Rhein. Die napoleonische Hegemonialpolitik bricht zusammen, der Rheinbund löst sich auf.

1814 Der Krieg geht auf französischem Boden weiter.

1. März Quadrupelallianz von Chaumont, ein gegen Frankreich gerichtetes Bündnis zwischen Großbritannien, Österreich, Russland und Preußen.

31. März Einzug der Verbündeten in Paris.

6. April **Abdankung NAPOLEONS**: Exil auf Elba.

10. April Nach dem Zusammenbruch des letzten militärischen Widerstands napoleontreuer Truppen kehren die Bourbonen nach Frankreich zurück.

30. Mai **Erster Friede von Paris**: Frankreich wird im Wesentlichen auf der Grundlage der Grenzen von 1792 als Großmacht bestätigt.

1. Nov. Offizieller Beginn des **Wiener Kongresses** zur Neuordnung des europäischen Staatensystems.

Der Wiener Kongress

Auf dem Wiener Kongress sind alle europäischen Staaten und Herrschaften mit Ausnahme des Osmanischen Reichs vertreten. Ihm fällt zunächst die Aufgabe zu, nach dem Scheitern der napoleonischen Hegemonialpolitik eine Ordnung des multipolaren Gleichgewichts wieder herzustellen und diese Ordnung durch eine gemeinsame Garantie der Großmächte zu sichern. Auch das besiegte Frankreich nimmt von Anfang an am Kongress teil. Das Fünfergremium der Großmächte (Großbritannien, Österreich, Russland, Preußen, Frankreich) ist die zentrale Instanz des Kongresses. Detailprobleme werden in insgesamt 13 Sonderkommissionen vorgeklärt, eine konferenztechnische Neuerung in der Geschichte der neuzeitlichen Friedensschlüsse. Alle wichtigen Entscheidungen fallen in den Beratungen der Großmächte untereinander. Eine Vollversammlung des Kongresses tritt nie zusammen.

1815, 1. März **Rückkehr NAPOLEONS** nach Frankreich. In Belgien wird ein preußisches Heer unter Fürst GEBHARD LEBERECHT BLÜCHER (*1742, †1819) und ein deutsch-britisch-niederländisches Heer unter ARTHUR WELLESLEY, Herzog von Wellington (*1769, †1852), zusammengezogen.

25. März Während des Wiener Kongresses wird eine Viermächtekonvention unterzeichnet (Großbritannien, Österreich, Russland, Preußen), die den endgültigen Sturz Napoleons zum Ziel hat.

8. Juni Unterzeichnung der Wiener Kongressakte.

Inhalte der Wiener Kongressakte

Österreich tritt Belgien an die Niederlande ab und überlässt den Breisgau sowie das benachbarte Gebiet Baden und Württemberg. Es erhält Tirol, Vorarlberg, Kärnten, Krain, Triest, Galizien, Mailand, Venetien, Salzburg und das Innviertel zurück.

Preußen überlässt Bayern Ansbach und Bayreuth, an Hannover Ostfriesland, Hildesheim, Goslar und Lingen sowie Russland die polnischen Gebiete aus der dritten polnischen Teilung. Es erhält Schwedisch-Pommern mit Rügen (von Dänemark im Austausch gegen Lauenburg), die Rheinprovinz (Kurtrier, Kurköln, Aachen, Jülich, Berg), eine Vergrößerung Westfalens und fast die Hälfte des Königreichs Sachsen.

An Bayern gehen außer Ansbach und Bayreuth noch die Reichsstädte Augsburg und Nürnberg. Bayern, Sachsen und Württemberg bleiben Königreiche; hinzu kommt ebenfalls als Königreich das frühere Kurfürstentum Hannover.

An die Stelle des früheren Heiligen Römischen Reiches Deutscher Nation tritt der **Deutsche Bund**, gebildet von 35 souveränen Fürsten und vier freien Städten.

Mit Russland wird der größte Teil des Herzogtums Warschau (Kongresspolen) als Königreich Polen in Per-

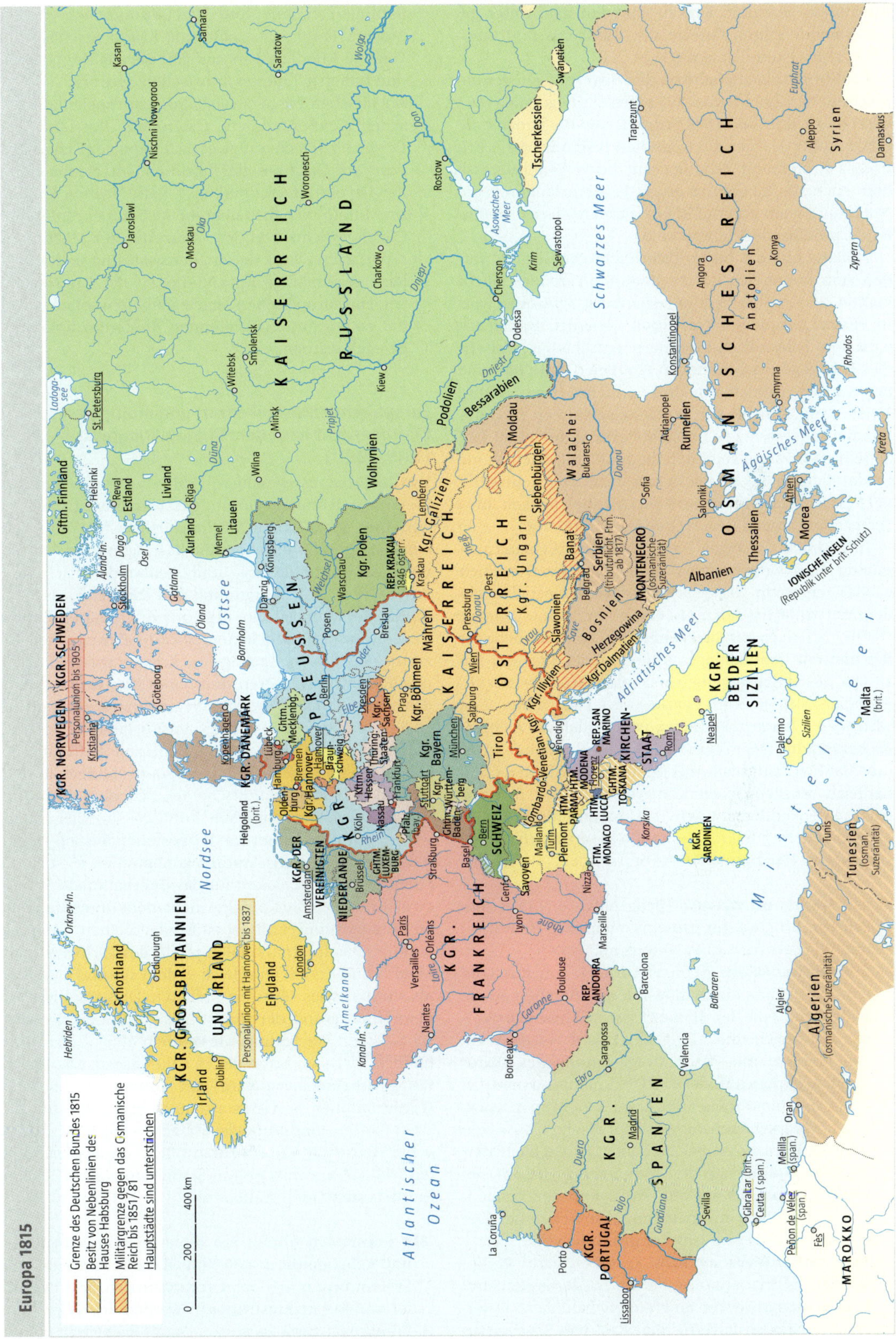
Europa 1815
Grenze des Deutschen Bundes 1815
Besitz von Nebenlinien des Hauses Habsburg
Militärgrenze gegen das Osmanische Reich bis 1851/81
Hauptstädte sind unterstrichen
0 200 400 km
KGR. GROSSBRITANNIEN UND IRLAND
Personalunion mit Hannover bis 1837
Irland
Dublin
Schottland
Edinburgh
England
London
Hebriden
Orkney-In.
Kanal-In.
Ärmelkanal
Nordsee
Atlantischer Ozean
KGR. NORWEGEN
KGR. SCHWEDEN
Personalunion bis 1905
Kristiania
Stockholm
Göteborg
KGR. DÄNEMARK
Kopenhagen
Helgoland (brit.)
Gftm. Finnland
Helsinki
Åland-In.
Dagö
Ösel
Gotland
Öland
Bornholm
Ostsee
KGR. DER VEREINIGTEN NIEDERLANDE
Amsterdam
Brüssel
GHTM. LUXEMBURG
KGR. PREUSSEN
Köln
Rhein
Berlin
Danzig
Königsberg
Memel
Posen
Breslau
Oder
Elbe
Weichsel
Oldenburg
Bremen
Hamburg
Lübeck
Ghtm. Mecklenbg.
Kgr. Hannover
Hannover
Braunschweig
Kftm. Hessen
Thüring. Staaten
Kgr. Sachsen
Dresden
Nassau
Frankfurt
Ghtm. Hessen
Pfalz (bay.)
Ghtm. Baden
Kgr. Württemberg
Stuttgart
Kgr. Bayern
München
Straßburg
Basel
Bern
SCHWEIZ
Genf
KGR. FRANKREICH
Paris
Versailles
Orléans
Loire
Nantes
Bordeaux
Garonne
Toulouse
Lyon
Rhône
Marseille
Nizza
REP. ANDORRA
FTM. MONACO
Savoyen
Turin
Piemont
Mailand
Lombardo-Venetian. Kgr.
Venedig
Po
HTM. PARMA
HTM. MODENA
HTM. LUCCA
GHTM. TOSKANA
Florenz
REP. SAN MARINO
KIRCHENSTAAT
Rom
KGR. BEIDER SIZILIEN
Neapel
Palermo
Sizilien
Malta (brit.)
Korsika
KGR. SARDINIEN
KGR. SPANIEN
Madrid
La Coruña
Saragossa
Barcelona
Valencia
Sevilla
Ebro
Duero
Tajo
Guadiana
Balearen
Gibraltar (brit.)
Ceuta (span.)
Melilla (span.)
Peñon de Vélez (span.)
Fes
MAROKKO
Oran
Algier
Algerien (osmanische Suzeränität)
Tunis
Tunesien (osman. Suzeränität)
KGR. PORTUGAL
Lissabon
Porto
KAISERREICH ÖSTERREICH
Kgr. Böhmen
Prag
Mähren
Wien
Donau
Pressburg
Salzburg
Tirol
Kgr. Illyrien
Kgr. Dalmatien
Kgr. Galizien
Lemberg
Krakau
REP. KRAKAU 1846 österr.
Kgr. Ungarn
Pest
Theiß
Siebenbürgen
Banat
Slawonien
Drau
Save
Kgr. Polen
Warschau
KAISERREICH RUSSLAND
St. Petersburg
Ladogasee
Reval
Estland
Livland
Riga
Kurland
Litauen
Wilna
Düna
Minsk
Witebsk
Smolensk
Moskau
Oka
Jaroslawl
Nischni Nowgorod
Kasan
Samara
Saratow
Wolga
Woronesch
Don
Rostow
Charkow
Kiew
Dnjepr
Pripjet
Wolhynien
Podolien
Dnjestr
Bessarabien
Odessa
Cherson
Krim
Sewastopol
Asowsches Meer
Tscherkessien
Swanetien
Schwarzes Meer
Moldau
Walachei
Bukarest
Serbien (tributpflicht. Ftm. ab 1817)
Belgrad
Bosnien
Herzegowina
MONTENEGRO (osmanische Suzeränität)
Sofia
Rumelien
Adrianopel
Konstantinopel
Saloniki
Albanien
Thessalien
Athen
Morea
IONISCHE INSELN (Republik unter brit. Schutz)
Adriatisches Meer
Ägäisches Meer
Kreta
Rhodos
Smyrna
OSMANISCHES REICH
Anatolien
Angora
Konya
Trapezunt
Euphrat
Zypern
Aleppo
Syrien
Damaskus
Mittelmeer

sonalunion vereinigt. Krakau wird Freistaat unter gemeinsamem Schutz Österreichs, Russlands und Preußens (1846 Österreich einverleibt).

Großbritannien behält von den Erwerbungen der napoleonischen Zeit Malta (1800 besetzt), Helgoland (1807 besetzt), Ceylon (seit 1802 britisch) und die Kapkolonie (1806 erobert). Über die Ionischen Inseln wird ein britisches Protektorat errichtet. Im britischen Interesse liegt auch die Sicherung gegen Frankreich durch die Neuordnung am unteren Rhein (Königreich der Niederlande, preußische Rheinprovinz).

Holland und das bisher österreichische Belgien werden zum Königreich der Niederlande vereinigt, hinzu kommt das Großherzogtum Luxemburg. Schweden wird in Personalunion mit Norwegen vereinigt. Dänemark wird mit Schwedisch-Pommern entschädigt, tauscht dies aber gegen Lauenburg an Preußen. Die 19 Kantone der Schweiz werden um drei vermehrt (Genf, Wallis, Neuenburg). Das bis zur napoleonischen Zeit zu Graubünden gehörende Veltlin bleibt bei der Lombardei. Am 20. Nov. 1815 unterzeichnen die fünf Großmächte eine Deklaration, in der sie die immer währende Neutralität der Schweiz anerkennen und die Unverletzlichkeit ihres Territoriums in den neuen Grenzen garantieren.

In Spanien, Portugal, Sardinien (durch Genua vergrößert) und in der Toskana werden die alten Dynastien wieder hergestellt; dies geschieht auch in Neapel, nachdem der zunächst noch als König anerkannte MURAT (*1767) sich nach der Rückkehr NAPOLEONS von Elba für ihn und ein unabhängiges Italien erklärt hat und am 13. Okt. 1815 kriegsrechtlich erschossen worden ist. »König beider Sizilien« wird FERDINAND I. Der Kirchenstaat wird wieder hergestellt. Italien ist lediglich ein »geografischer Begriff« (METTERNICH). Den bestimmenden Einfluss hat hier Österreich, das im neu geschaffenen Lombardisch-Venezianischen Königreich, in den österreichischen Sekundogenituren Toskana und Modena und auch in dem NAPOLEONS Gemahlin MARIE LOUISE zugesprochenen Herzogtum Parma herrscht.

18. Juni **Schlacht bei Waterloo** (Belle-Alliance; 15 km südlich von Brüssel) mit gemeinsamem Sieg BLÜCHERS und WELLINGTONS über NAPOLEON.

26. Sept. **Heilige Allianz**: Zar ALEXANDER I. von Russland entwirft in Paris ein Manifest der Monarchen an die Völker und teilt den Entwurf zuerst Kaiser FRANZ I. von Österreich und König FRIEDRICH WILHELM III. von Preußen mit. Nach Umgestaltung des Textes durch METTERNICH, der das Dokument in konservativem Sinn überarbeitet und anstelle der von ALEXANDER I. vorgesehenen religiös-moralischen Aussagen restaurativ-konservative Ziele setzt, erfolgt die Unterzeichnung durch die drei Monarchen. Diesem Dokument treten bis auf den Papst und den osmanischen Sultan alle europäischen Monarchen bei. Der britische Prinzregent tritt nur persönlich bei.

20. Nov. **Zweiter Friede von Paris**: Frankreich tritt Philippeville und Marienbourg an die Niederlande, Saarlouis und Saarbrücken an Preußen, Landau an Österreich (weiter an Bayern), den Rest von Savoyen an Sardinien ab. Teile Nord- und Ostfrankreichs bleiben besetzt. Frankreich zahlt eine Kriegsentschädigung von 700 Mio. Franken und gibt die aus Deutschland und Italien geraubten Kunstschätze zurück.
Am gleichen Tag bildet sich die Quadrupelallianz zwischen Großbritannien, Österreich, Russland und Preußen zur Sicherung der nachnapoleonischen Ordnung vor Gefahren, die ihr durch eine Neubelebung der Revolution in Frankreich hätte drohen können. Im Mittelpunkt aber steht die Idee des europäischen Gleichgewichts und des »Konzerts« der Mächte Europas. Zum Zweck der Friedenswahrung sieht die Allianz regelmäßige Konsultationen der Großmächte vor. Die europäischen Angelegenheiten sollen von einer zu institutionalisierenden Konferenzdiplomatie geregelt werden.

Europäisches Mächtekonzert und multipolares Gleichgewicht nach dem Wiener Kongress (1815–1890)

Von der Friedensregelung von 1815 sind drei wesentliche Merkmale der neuen Ordnung festzuhalten: 1. das Prinzip eines spezifischen Mächtegleichgewichts auf dem europäischen Kontinent, 2. die Bestätigung Großbritanniens als führende See- und Welthandelsmacht und 3. der Gedanke der Legitimität und das Gefühl der Solidarität der alten Mächte des vorrevolutionären Europa in der Abwehr nationaler und liberaler Bewegungen. Bis zum Ende des Jh.s gelingt es, Kriege zwischen Großmächten zu lokalisieren und damit die Grundstruktur des internationalen Systems zu erhalten. Die Kriege des 19. Jh.s resultieren aus der Expansionspolitik der Großmächte, aus verschiedenen nationalen Befreiungsbewegungen und aus den Einigungsbestrebungen in Italien und Deutschland. Entscheidend ist, dass die auftretenden zwischenstaatlichen Konflikte letztlich immer wieder auf der Grundlage der bestehenden internationalen Ordnung gelöst werden können. Erst 1914 ist die Grenze der Belastbarkeit für das internationale System erreicht, sodass die Konflikte nicht mehr unter Kontrolle zu bringen sind und es zum allgemeinen Weltkrieg kommt. Das internationale System des 19. Jh.s ist zum Macht- und Konfliktausgleich in der Lage und kann sich als europäisches »Konzert« erhalten. Dies geschieht vor dem Hintergrund der Industrialisierung und des wirtschaftlichen Wachstums im Rahmen eines freien Welthandels, der sich Mitte des Jh.s durchsetzt. Die **liberale Weltwirtschaftsordnung** wird von London aus gelenkt. Großbritannien – »Werkstatt« und Finanzzentrum der Welt, Flotten- und Handelsvormacht – spielt als einzige echte Weltmacht die Führungsrolle in der internationalen Politik. Es erweist sich als Stabilisator der im Zeichen Europas stehenden Weltpolitik.

1818 Frankreich nimmt am Kongress von Aachen teil und kehrt damit in den Kreis der das internationale System bestimmenden Großmächte zurück. Die alliierten Besatzungstruppen werden vorzeitig aus Frankreich zurückgezogen. Damit hat sich in der europäischen Politik die Vorherrschaft der fünf Großmächte, die Pentarchie, etabliert.

15. Nov. Deklaration von Aachen, mit der die europäische Solidaritätspolitik im »Konzert« der Mächte einen Höhepunkt erreicht und mit der die »Ruhe der Welt« (*le repos du monde*) als Frieden stiftendes Ziel der Zusammenarbeit der fünf Großmächte anvisiert wird.

1820 Angesichts liberaler Bewegungen und revolutionärer Erschütterungen in Spanien, Portugal, Neapel-Sizilien und Piemont-Sardinien zerfällt die Solidarität der Mächte in einen **liberalen Westblock** (Großbritannien, Frankreich) und die **konservativen Ostmächte** (Österreich, Preußen, Russland), wobei die Grenze vorläufig durchlässig bleibt.

Okt./Nov. Auf dem Mächtekongress von Troppau (heute: Opava [Tschechien]; 1849–1918 Hauptstadt des Kronlandes Österreich-Schlesien) erklären sich die Ostmächte für das **Interventionsprinzip**.

19. Nov. Gegen den Widerstand Frankreichs und Großbritanniens Unterzeichnung eines Protokolls, in dem die Ostmächte ihre Entschlossenheit erklären, Staaten, »welche eine durch Aufruhr bewirkte Regierungsveränderung erlitten haben«, nötigenfalls mit Waffengewalt »in den Schoß der großen Allianz zurückzuführen«.

1821, Jan.–Mai Ebenfalls gegen den Protest der Westmächte beschließt der Kongress von Laibach (heute Ljubljana) die bewaffnete Intervention in Italien.

25. März Beginn des Unabhängigkeitskriegs in Griechenland. | s. S. 1167 |

1822, Okt.–Dez. Kongress von Verona, wo ein Eingreifen zugunsten der Bourbonen in Spanien beschlossen wird und Frankreich noch einmal in den Kreis der Interventionsmächte zurückkehrt. Großbritannien spricht sich dagegen aus.

1823, 2. Dez. Der amerikanische Präsident James Monroe (*1758, †1831) formuliert in der **Monroedoktrin** das Prinzip der Nichteinmischung der USA in Europa bei gleichzeitiger Warnung vor Interventionen europäischer Staaten in Amerika. Diese Erklärung richtet sich v. a. gegen Interventionsabsichten der Heiligen Allianz in den gerade unabhängig gewordenen Staaten Lateinamerikas. | s. S. 1287 |

1827, 20. Okt. Großbritannien, Frankreich und Russland greifen in den Krieg zwischen dem Osmanischen Reich und den griechischen Unabhängigkeitskämpfern ein. Ihre gemeinsame Flotte vernichtet bei Navarino die osmanisch-ägyptischen Seestreitkräfte; ein französisches Expeditionskorps interveniert auf dem Peloponnes.

1828/1829 Russisch-Türkischer Krieg, nachdem Russland die griechische Unabhängigkeitsbewegung gegen die osmanische Herrschaft unterstützt hat.

1829 Im **Frieden von Adrianopel** (heute: Edirne) wird die Unabhängigkeit des südlichen Griechenlands bestätigt und erhält Russland die Donaumündung. Damit wird die russische Expansionspolitik auf dem Balkan manifest, die vom Niedergang des Osmanischen Reiches profitiert. Die dadurch aufgeworfene **»orientalische Frage«** führt in den folgenden Jahrzehnten immer wieder zu Interventionen der europäischen Großmächte in diesem Raum, der einer der gefährlichen Krisenherde der internationalen Politik wird.

1830, 3. Febr. Das Londoner Protokoll legt die volle Souveränität Griechenlands fest.

5. Juli Beginn der französischen Invasion in Algerien. | s. S. 1339 |

27.–29. Juli Die **französische Julirevolution** zerstört definitiv das Prinzip der Legitimität als Grundlage der internationalen Politik. Auf der Basis liberaler Grundsätze bahnt sich eine britisch-französische Interessengemeinschaft (*Entente cordiale*) an.

1831, 20. Jan. Die in London nach den Unruhen in Brüssel im Aug. 1830 und der Verkündigung der belgischen Unabhängigkeit (4. Okt.) seit Nov. tagende Konferenz der fünf Großmächte erkennt die **Unabhängigkeit Belgiens** an und verbürgt seine Neutralität.

1839–1841 **Orientkrise**: Im Krieg zwischen dem Osmanischen Reich und dem die Unabhängigkeit anstrebenden Statthalter von Ägypten Mehmed Ali (*1769, †1849) tritt Frankreich für Ägypten ein, Großbritannien und Russland stehen aufseiten des Osmanischen Reichs.

1840, 15. Juli Erste Londoner Konvention zwischen Großbritannien, Russland, Österreich und Preußen, die sich gegen Frankreich richtet und die in Frankreich Kriegsstimmung auslöst.

1841, 13. Juli Dardanellenvertrag (Zweite Londoner Konvention): Durch ein Übereinkommen des Sultans mit den fünf Großmächten werden die Dardanellen und der Bosporus für nichttürkische Kriegsschiffe in Friedenszeiten geschlossen.

1842, 2. Nov. Der Vertrag von Nanking beendet den Opiumkrieg zwischen China und Großbritannien: Erzwungene Öffnung von Häfen für ausländische Niederlassungen und ausländischen Handel (erster der **»ungleichen Verträge«**). | s. S. 1211 |

1848 Revolutionen in Frankreich (ab 24. Febr.), Deutschland (ab 1. März), Österreich (ab 13. März), Italien (ab 17. März) und Ungarn (ab 12. Sept.); Wahl zu einer Nationalversammlung in Frankreich (4. Mai) und im Deutschen Bund (Anfang Mai). Bis zum Sommer 1849 werden alle revolutionären Bewegungen niedergeschlagen.

1853, 1. Nov. Ausbruch des Russisch-Türkischen Krieges, der sich zum **Krimkrieg** ausweitet, in den verschiedene europäische Mächte verwickelt sind und der erneut die Gefährdung der europäischen Friedensordnung durch die orientalische Frage verdeutlicht.

1854, 28. März Britisch-Französische Kriegserklärung an Russland. Großbritannien will aus handelspolitischen und strategischen Gründen ein russisches Vordringen im Donauraum und an den Meerengen verhindern. In Frankreich braucht Kaiser Napoleon III. einen außenpolitischen Prestigeerfolg.

31. März Mit dem Vertrag von Kanagawa erzwingen die USA die Öffnung japanischer Häfen. | s. S. 1219 |

14. Juni Bündnis des im Krieg neutralen Österreichs mit dem Osmanischen Reich.

Juli Russland räumt die Donaufürstentümer (Moldau und Walachei), die von Österreich und dem Osmanischen Reich besetzt werden.

14. Sept. Landung französischer und britischer Truppen auf der Krim.

17. Okt. Beginn der **Belagerung von Sewastopol** (Hauptstützpunkt der russischen Schwarzmeerflotte); hohe Verluste der Koalition. Begründung der modernen Kriegskrankenpflege (Großfürstin HELENE PAVLOVNA und FLORENCE NIGHTINGALE; *1820, †1910).

2. Dez. Bündnis Österreichs mit den Westmächten. Ohne in den Krieg einzutreten, bindet Österreich durch seine Haltung starke russische Kräfte. Preußen verhält sich neutral.

1855, 26. Jan. Sardinien schließt ein Bündnis mit den Westmächten und tritt in den Krieg gegen Russland ein, um beim Friedensschluss die italienische Frage erörtern zu können.

8. Sept. Fall Sewastopols.

28. Nov. Kars (auf einem Plateau im armenischen Hochland), dem in Kleinasien eine Schlüsselstellung zukommt, wird von russischen Truppen erobert.

1856, 30. März **Friede von Paris**: 1) Russland tritt die Donaumündungen mit einem kleinen, am linken Ufer der unteren Donau gelegenen Teil von Bessarabien an das Fürstentum Moldau ab und verliert dadurch die Kontrolle über die Donauschifffahrt, die für frei erklärt wird. 2) Russland verzichtet auf den Anspruch besonderer Schutzherrschaft über die Christen im Osmanischen Reich, die unter den Schutz der Großmächte gestellt werden und deren Gleichstellung mit der islamischen Bevölkerung zugesichert wird. Ebenso verzichtet Russland auf Schutzherrschaft über die Donaufürstentümer. 3) Das Schwarze Meer wird neutralisiert; Russland darf dort keine Kriegsschiffe unterhalten und keine Waffenplätze anlegen. 4) Die Westmächte geben Sewastopol nach der Zerstörung der Hafenbauten und Befestigungen an Russland zurück. Russland gibt Kars zurück. 5) Russland darf auf den Ålandinseln (am Eingang zum Bottnischen Meerbusen) keine Befestigungen anlegen.

Mit dem Friedensschluss kommt die russische Expansion vorerst zum Stehen. Weiterhin wird das Osmanische Reich als Mitglied des europäischen »Konzerts« der Mächte anerkannt und die orientalische Frage internationalisiert. Frankreich erreicht eine Stärkung seiner Position im europäischen Staatensystem.

1858 Unterstellung Indiens unter die britische Krone. | s. S. 1201 |

1859 Italienischer Einigungskrieg: Krieg Sardiniens und Frankreichs gegen Österreich.

10. Nov. **Friede von Zürich**: Österreich tritt die Lombardei mit Ausnahme von Mantua und Peschiera del Garda an Frankreich ab; NAPOLEON III. übergibt sie Sardinien. Die während des Krieges vertriebenen Herrscher von Toskana und Modena sollen wieder eingesetzt, die abgefallenen päpstlichen Besitzungen wieder hergestellt werden, was aber durch die nationale Bewegung verhindert wird.

1860 Volksabstimmungen führen zum Anschluss von Toskana, Parma, Modena und der Emilia-Romagna an Sardinien. Savoyen und Nizza, wo ebenfalls Volksabstimmungen stattfinden, werden an Frankreich abgetreten.

1861, 17. März Proklamation des Königreichs Italien. | s. S. 1072 |

8. Dez. Beginn der spanisch-französisch-britischen Intervention in Mexiko, nachdem die mexikanische Regierung die Zinszahlungen für Auslandsschulden eingestellt hat. | s. S. 1318 |

1866, April Preußisch-Italienisches Bündnis gegen Österreich.

15. Juni Beginn des **Deutschen Krieges** zwischen Österreich

Europäische Bündnissysteme 1873–1912

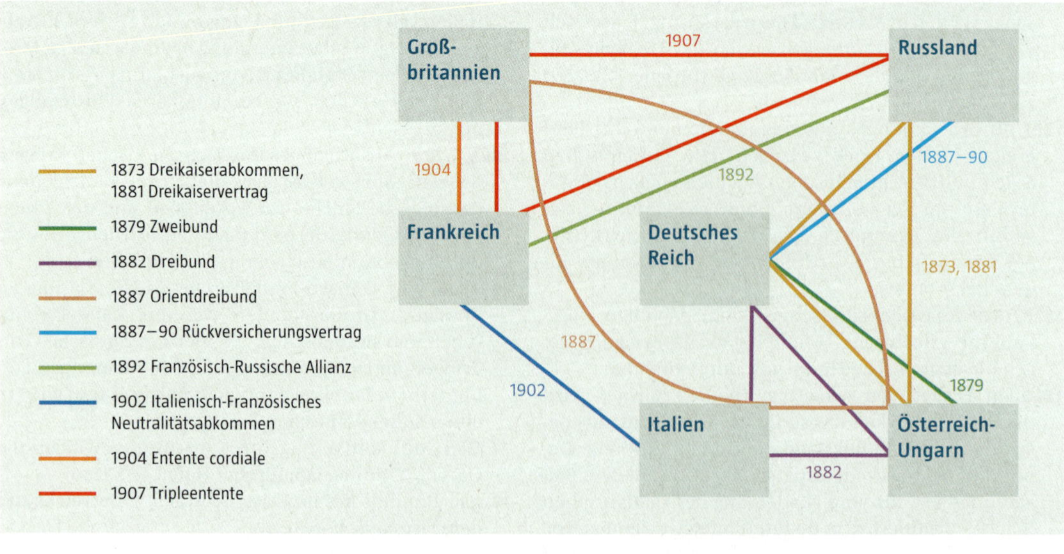

einerseits und Preußen und Italien andererseits (bis 26. Juli).

3. Juli Schlacht von Königgrätz (heute: Hradec Králové, Tschechien) in der Nähe des Dorfes Sadowa bringt die militärische Entscheidung zugunsten Preußens, das damit den deutschen Dualismus für sich entscheidet und Führungsmacht in Deutschland wird.

23. Aug. Friede von Prag zwischen Preußen und Österreich, in dem Österreich der **Auflösung des Deutschen Bundes** zustimmt.

3. Okt. **Friede von Wien** zwischen Österreich und Italien: Österreich tritt Venetien ab.

1867 Vereinbarung zwischen Österreich und Ungarn zur Umwandlung des Kaiserreichs Österreich in die **Doppelmonarchie Österreich-Ungarn** (Ausgleich). | s. S. 985 |

1869, 17. Nov. Eröffnung des Sueskanals zwischen Mittelmeer und Rotem Meer.

1870, 19. Juli Nach der »Emser Depesche« (Telegramm des Vortragenden Rats ABEKEN vom 13. Juli 1870 an den preußischen Ministerpräsidenten BISMARCK) erfolgt die französische Kriegserklärung an Preußen: Beginn des **Deutsch-Französischen Kriegs**; die übrigen europäischen Großmächte bleiben neutral.

1871, 13. März Die Pontuskonferenz in London hebt die Neutralität und Entmilitarisierung des Schwarzen Meeres auf. Die Durchfahrt durch die Meerengen bleibt jedoch weiterhin von der osmanischen Zustimmung abhängig. Russland baut ab 1881 eine neue Schwarzmeerflotte.

10. Mai **Friede von Frankfurt a. M.**: Elsass-Lothringen fällt an das neu gegründete Deutsche Reich; Frankreich zahlt 5 Mrd. Francs.

Nach Italien gibt es jetzt mit dem Deutschen Reich einen weiteren Faktor im internationalen System. Österreich-Ungarn und Frankreich müssen eine deutliche Schwächung ihrer Position hinnehmen. Dem Deutschen Reich fällt eine Schlüsselrolle im europäischen Kräftefeld zu. BISMARCKS Außenpolitik zielt auf Isolierung Frankreichs bei gleichzeitiger deutscher Annäherung an Österreich-Ungarn und Russland.

1873, Juni/Okt. **Dreikaiserabkommen** (Konsultativpakt) zwischen Österreich-Ungarn, Russland und dem Deutschen Reich.

1875, April/Mai **Krieg-in-Sicht-Krise**: Beunruhigt durch französische Rüstungen, lässt BISMARCK durch die Presse warnen. In der »Post« vom 8. April erscheint ein vom Publizisten KONSTANTIN RÖSSLER (*1820, †1896) verfasster und von BISMARCK gebilligter Artikel »Ist der Krieg in Sicht?« Aufgrund von Nachrichten über deutsche Präventivkriegspläne veranlasst die französische Diplomatie Russland und Großbritannien zu einem Friedensschritt in Berlin.

1875–1878 **Große Orientkrise**: Nach Aufständen in Herzegowina, Bosnien (1875), Makedonien und Bulgarien (1876) und deren Niederschlagung durch das Osmanische Reich erklären Serbien und Montenegro dem Osmanischen Reich den Krieg.

1877 Zur Entlastung von Serbien und Montenegro greift Russland das Osmanische Reich an: **Russisch-Türkischer Krieg**: Nach wechselndem Kriegsverlauf russisches Vordringen bis in die Nähe von Konstantinopel, das nur mit Rücksicht auf die europäischen Großmächte nicht besetzt wird.

1878, 3. März **Vorfriede von San Stefano** (türkisch: Yesilköy; südwestlich von Istanbul): Serbien, Montenegro und Rumänien sollen unabhängige Staaten werden; Bulgarien, mit Ostrumelien und Mazedonien bis ans Ägäische Meer ausgedehnt, soll zwei Jahre unter russischer Besetzung bleiben, dann autonomes und dem Osmanischen Reich tributpflichtiges Fürstentum werden. Russland erhält in Asien Teile Armeniens mit Kars, Ardahan und Batum, in Europa den 1856 verlorenen Teil von Bessarabien, für den Rumänien mit der Dobrudscha (Gebiet zwischen der unteren Donau und dem Schwarzen Meer) entschädigt wird.

Österreich-Ungarn erklärt Russland für vertragsbrüchig und verständigt sich mit Großbritannien, das dem Osmanischen Reich gegen Abtretung Zyperns Beistand verspricht. Die Kriegsgefahr wird gebannt durch die Einberufung eines Kongresses, zu dem sich BISMARCK unter der Bedingung einer Einigung zwischen Großbritannien und Russland bereit erklärt.

13. Juni–13. Juli **Berliner Kongress**, der den Frieden von San Stefano revidiert. Russland behält den 1856 verlorenen Teil Bessarabiens bis zum Donaudelta sowie Kars, Ardahan und Batum als Freihafen. Völlig verändert wird Bulgarien, das als autonomes tributpflichtiges Fürstentum statt 164 000 nur 64 000 km^2, statt 4,5 Mio. nur 1,85 Mio. Einwohner umfassen soll. Ostrumelien wird eine vom Osmanischen Reich abhängige Provinz mit Verwaltungsautonomie, Makedonien wird an das Osmanische Reich zurückgegeben. Die russische Besetzung Bulgariens wird auf neun Monate befristet. Montenegro, Serbien (mit geringen Gebietsgewinnen) und Rumänien werden unabhängig. Griechenland soll einen Teil von Epirus und Thessalien erhalten. Österreich-Ungarn besetzt Bosnien und die Herzegowina. In Russland herrscht Enttäuschung über das Kongressergebnis und Missstimmung gegen BISMARCK, der zwar alle russischen Forderungen unterstützt hat, zugleich aber entschlossen war, sich »nicht von Österreich abtreiben« zu lassen.

1879, 7. Okt. Als sich nach dem Berliner Kongress die deutsch-russischen Beziehungen abkühlen, strebt BISMARCK nach einer engeren Verbindung mit Österreich-Ungarn und legt mit dem **Zweibund** (Beistandspakt) die Grundlage für die bis zum Ersten Weltkrieg dauernde Mächtekonstellation in Mitteleuropa.

1881, 18. Juni Erneuerung des Dreikaiser- und des Neutralitätsabkommens zwischen dem Deutschen Reich, Österreich-Ungarn und Russland: Im Falle des Angriffs einer vierten Macht auf einen der Vertragspartner sind die beiden anderen zu wohlwollender Neutralität verpflichtet.

1882, 20. Mai **Dreibund** zwischen dem Deutschen Reich, Österreich-Ungarn und Italien: Defensivabkommen mit dem Ziel, Frankreich zu isolieren.

1887, 18. Juni Als das Dreikaiserbündnis wegen russisch-österreichischer Spannungen auf dem Balkan nicht verlängert wird, findet BISMARCKS Bündnispolitik ihren Abschluss mit dem **Rückversicherungsvertrag**, einem drei Jahre geltenden (danach vom Deutschen Reich nicht mehr erneuerten) Neutralitätsabkommen zwischen dem Deutschen Reich und Russland: Anerkennung der historischen Rechte Russlands auf dem Balkan, insbesondere des maßgebenden Einflusses in Bulgarien. In einem Zusatzprotokoll verpflichtet sich Deutschland zu moralischem und diplomatischem Beistand, falls Russland den Zugang zum Schwarzen Meer selbst zu verteidigen hat und den »Schlüssel seines Reiches in der Hand zu behalten« für notwendig halten sollte.

12. Dez. **Orientdreibund** zwischen Österreich-Ungarn, Italien und Großbritannien, durch den der Besitzstand der Türkei gegen einen russischen Angriff gesichert werden soll.

Die Krise des internationalen Systems im Zeitalter des Imperialismus (1890–1914)

Seit den 1880er-Jahren beginnt eine Entwicklung, die die internationale Ordnung zusammenbrechen lässt. Das ohnehin schon auf Wettbewerb angelegte Staatensystem zerfällt im Zeitalter des Imperialismus unter den **Gegensätzen seiner Großmächte**. Der überseeisch-koloniale Spielraum, in den die Energien Europas abgeleitet werden konnten, ist zu Beginn des 20. Jh.s erschöpft. Afrika und Asien sind weitgehend aufgeteilt. Die westliche Hemisphäre bleibt den USA vorbehalten, die in der Karibik und in Mittelamerika expandieren und in Südamerika ihre wirtschaftliche Überlegenheit zur Geltung bringen. In Konkurrenz zu Europa und Japan dringen sie ferner im pazifischen Raum und in Südostasien vor.

Die Gründe für diese beispiellose Expansionsbewegung Europas und der USA sind im Einzelnen umstritten. Man hat zwischen politischen, wirtschaftlichen und innenpolitisch-gesellschaftlichen Antriebskräften unterschieden, die durch eine missionarisch wirkende imperialistische Gesinnung verbrämt werden. Vieles spricht dafür, dass der Imperialismus Ende des 19. und Anfang des 20. Jh.s eine äußerste Zuspitzung des schon immer zwischen den souveränen Nationalstaaten bestehenden Konkurrenzverhältnisses ist. So gesehen ist Imperialismus eine letzte Möglichkeit, Annexionen in Europa vorerst zu vermeiden, wie sie beispielsweise am Ende des Deutsch-Französischen Krieges 1871 oder nach dem Russisch-Türkischen Krieg 1878 durchgesetzt werden. Imperialismus ist eine Extremform nationaler Gegensätze, die eine Verschärfung traditioneller zwischenstaatlicher Konflikte mit sich bringt. V. a. drei Faktoren tragen dazu bei und lassen eine kriegerische Konfliktaustragung beinahe unausweichlich werden: Einmal beginnen sich die Industriestaaten wirtschaftlich voneinander abzukapseln. Die Weltwirtschaft muss mit protektionistischen Maßnahmen in allen Ländern fertig werden. Zum zweiten schlägt sich der Stand der Technik im **Wettrüsten der Großmächte** nieder, deren militärische Apparate wiederum auf die Politik zurückwirken. Und schließlich sind die innenpolitisch-gesellschaftlichen Spannungen v. a. in Deutschland, Österreich-Ungarn und Russland in Rechnung zu stellen, wo starke Kräfte der alten Führungsschichten Reformen der politisch-sozialen Verfassung ihrer Länder verhindern und die inneren Gegensätze durch die Flucht ins außenpolitische Abenteuer zu überdecken versuchen.

Die internationale Politik wird stärker als zuvor von **Bündnisabsprachen** bestimmt. Während BISMARCKS Bündnispolitik noch eine prinzipielle Offenheit nach fast allen Seiten angestrebt hat, verfestigt sich das internationale System seit der Jahrhundertwende zunehmend durch **Allianzverflechtungen und Blockbildungen**. Symptomatisch sind die Abkommen, die Großbritannien schließt und die seine traditionelle Politik der Bündnisfreiheit been-

Die großen europäischen Kolonialreiche

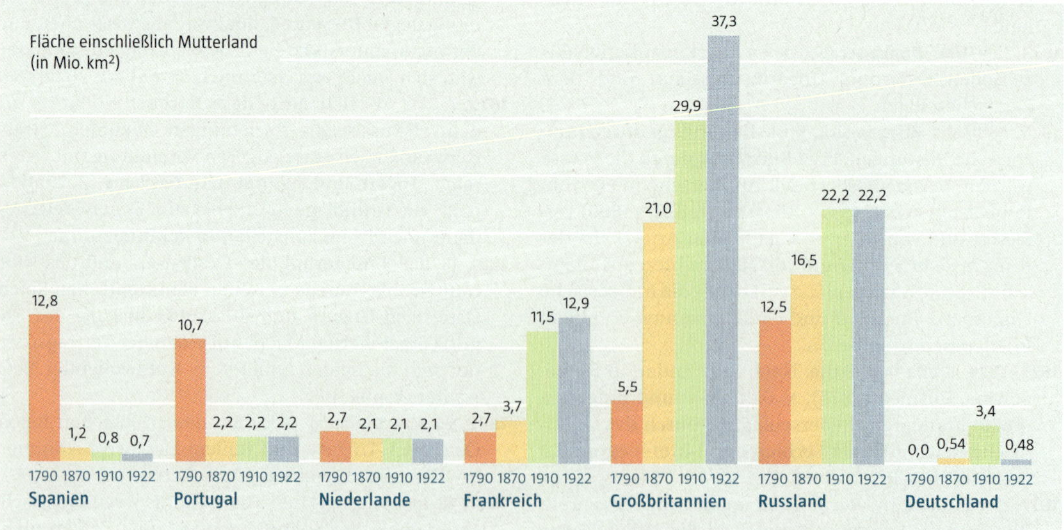

den. Diese Entwicklung hätte möglicherweise stabilisierend für das Staatensystem wirken können, wenn es zu einer definitiven Ausbildung von Blöcken gekommen wäre. Dies ist aber nicht der Fall, weil Italien aus dem Dreibund herausstrebt, besonders aber weil Großbritannien nur zögernd seine Politik der »freien Hand« aufgibt und es letztlich unsicher bleibt, wie London auf Veränderungen im internationalen Gefüge reagiert. Solche Veränderungen drohen in erster Linie vom Deutschen Reich, dessen wirtschaftliches und militärisches Potenzial an sich schon einen Wandel im internationalen Kräftefeld bewirkt. Als die deutsche Politik unter BERNHARD VON BÜLOW und ALFRED VON TIRPITZ seit 1897 zur weltpolitischen Offensive ansetzt und die deutsche Flottenrüstung eine Verhärtung im deutsch-britischen Verhältnis zur Folge hat, droht eine Revolutionierung der bestehenden internationalen Ordnung.

1882, 11. Juli Beginn der **britischen Okkupation Ägyptens**.

1883 Nachdem Frankreich schon 1862 Südvietnam (Cochinchina) besetzt hat, errichtet es ein Protektorat über Nordvietnam (Tongking und Annam), was einen Krieg mit China (bis 1884) auslöst. 1887 gründet Frankreich die Kambodscha einschließende Union von Indochina (1893 um Laos erweitert).

1884, Jan. Gründung des Kongo-Freistaats durch den belgischen König LEOPOLD II.
Mit der Einrichtung von Schutzgebieten in Afrika (Deutsch-Südwestafrika, Deutsch-Ostafrika, Kamerun und Togo) beginnt die deutsche Kolonialpolitik.

1885, 26. Febr. **Kongoakte** als Ergebnis der seit dem 15. Nov. 1884 in Berlin tagenden Afrikakonferenz: Neutralität des Kongobeckens, freie Schifffahrt auf Kongo und Niger, freier Handel im Kongogebiet. Die Okkupationen an der afrikanischen Küste werden

Koloniale Expansion europäischer Staaten

Jahr	Großbritannien	Frankreich	Deutsches Reich	andere Staaten
1881		Tunesien		
1882	Ägypten	Guinea, unteres Kongo-Gebiet		
1883		Annam, Bamako (Niger) als Beginn der Durchdringung Westafrikas		
1884	Südost-Neuguinea	Tonking	Togo, Kamerun, Deutsch-Südwestafrika (Namibia), Nordost-Neuguinea, Bismarckarchipel	Kongo-Freistaat (Belgien); Merw (Russland)
1885	Oberbirma, Niger-Gebiet	Madagskar Protektorat	Deutsch-Ostafrika	Massau/Eritrea (Italien); Westsahara (Spanien)
1887	Kenia, Britisch-Somaliland	Kambodscha		
1889	Rhodesien (Simbabwe)			Italienisch-Somaliland
1890	Sansibar			Eritrea Kolonie (Italien)
1891	Britisch-Zentralafrika Njassaland, Malawi			
1892		Dahomey (Benin)		
1893		Elfenbeinküste, Laos		
1894	Uganda			
1895		Verwaltungseinheit Französisch-Westafrika		Pamir (Russland)
1896		Französisch Somaliland (Djibouti), Madasgaskar Kolonie		
1898	Weihai			Port Arthur (Russland)
1899	Sudan		Kiautschou	
1900	Nord- und Südnigeria Protektorat		Marianen, Karolinen, Palau, Nauru, Salomonen	Mandschurei (Russland)
1902	Burenrepubliken (Südafrika)			
1908				Belgisch-Kongo
1910		Verwaltungseinheit Französisch-Äquatorialafrika		Tripolitanien und Cyrenaika, Dodekanes (Italien)
1912		Marokko Protektorat		

festgelegt und abgegrenzt. Ferner wird bestimmt, dass nur derjenige Staat Anspruch auf ein Gebiet erheben kann, der es auch tatsächlich in Besitz nimmt. Die Kongoakte wird richtungweisend für den nun einsetzenden **kolonialen Imperialismus**. Kolonialbesitz wird für die nächsten Jahre zum diplomatischen Faustpfand, das in der Politik des europäischen Mächteausgleichs eingesetzt werden kann. Es kommt zu einer Reihe von Verträgen über Grenzen und Einflusssphären. Doch innerhalb weniger Jahre ist dieser Spielraum erschöpft, da ganz Afrika unter den europäischen Staaten aufgeteilt ist.

1890, 1. Juli **Helgoland-Sansibar-Vertrag**: Deutsch-Britische Interessenabgrenzung in Afrika. Deutschland gibt die Schutzherrschaft über das Sultanat Sansibar auf und erhält das bisher britische Helgoland.

1892, 17. Aug. Französisch-Russische Militärkonvention: Wenn einer der beiden Vertragspartner von einer der Dreibundmächte angegriffen wird und Deutschland daran teilnimmt, ist der andere mit allen Kräften zum Kampf gegen Deutschland verpflichtet.

1894 Französisch-Russischer Zweiverband auf der Grundlage der inzwischen ratifizierten Militärkonvention von 1892.

1895, 17. April Der 1. Chinesisch-Japanische Krieg (seit 1894) wird mit dem Friedensvertrag von Shimonoseki beendet: Korea wird unabhängig, Japan erhält Taiwan und die Pescadores, die Halbinsel Liaodong bleibt bei China. | s. S. 1212 |

1896, 3. Jan. Verschlechterung der Deutsch-Britischen Beziehungen infolge der Krügerdepesche Kaiser WILHELMS II., in der er dem Präsidenten von Transvaal, PAULUS KRÜGER (*1825, †1904), nach der Abwehr eines britischen Einfalls gratuliert.

1897 Das Deutsche Reich beginnt mit dem Bau einer Schlachtflotte.

1898, April Beginn des **Spanisch-Amerikanischen Kriegs** nach einer Explosion auf dem US-Schlachtschiff »Maine« in Havanna. Nach dem Frieden von Paris (10. Dez.) annektieren die USA die Philippinen, Guam und Puerto Rico; Kuba wird amerikanisches Protektorat.

Juli **Faschoda-Krise**: Britisch-Französische Truppenberührung am Weißen Nil. Der Konflikt wird durch einen Kompromiss bereinigt. Großbritannien erhält das obere Niltal, Frankreich den westlichen Sudan. Britisch-Deutsche Bündnissondierungen, die bis 1901 andauern, aber ohne Ergebnis bleiben.

30. Aug. Angolavertrag zwischen Großbritannien und Deutschland: Einigung über die portugiesischen Kolonien in Afrika und auf den Sundainseln.

1899, 21. März Sudanvertrag: Abgrenzung britischer und französischer Interessensphären in Zentralafrika.

18. Mai–29. Juli **Erste Haager Friedenskonferenz** mit 26 Teilnehmerstaaten, die auf Anregung Russlands mit dem Ziel einer allgemeinen Abrüstung stattfindet, ohne dass es zu konkreten Vereinbarungen kommt. Verabschiedet werden Konventionen und Deklarationen über die Beilegung internationaler Streitigkeiten (Gründung des Haager Schiedshofs) und über die Humanisierung der Kriegsführung.

1900 Internationale Streitkräfte werfen den Boxeraufstand in China nieder; Russland erobert die Mandschurei.

1902, 30. Jan. Britisch-Japanisches Bündnis gegen die Ausdehnungsbestrebungen Russlands in Ostasien und zur Aufrechterhaltung des status quo in China und Korea.

1. Nov. Italienisch-Französisches Neutralitätsabkommen, mit dem zugleich der vorherrschende Einfluss Italiens in Tripolis und Frankreichs in Marokko anerkannt wird.

1904–1905 **Russisch-Japanischer Krieg** infolge von Interessengegensätzen in der Mandschurei.

1904, 8. April **Entente cordiale** zwischen Großbritannien und Frankreich, die kein formelles Bündnis, aber kolonialer Interessenausgleich ist. In Ägypten wird die britische, in Marokko die französische Vorherrschaft anerkannt.

1905, 31. März Der Besuch des deutschen Kaisers im marokkanischen Tanger, um gegen die französische Durchdringung Marokkos Stellung zu beziehen, führt in der Folge zur Ersten Marokkokrise.

5. Sept. **Friede von Portsmouth** (New Hampshire, USA): Russland erkennt Japans vorherrschende Interessen in Korea an, tritt Port Arthur und den südlichen Teil Sachalins an Japan ab und verpflichtet sich, die Mandschurei zu räumen. Die wichtigsten Auswirkungen auf die internationale Politik: Russland wendet sich vom Fernen Osten ab, um auf dem Balkan wieder stärker aktiv zu werden. Japan wird Vormacht im Fernen Osten und tritt endgültig in den Kreis der Großmächte ein.

1906, Jan.–April **Konferenz von Algeciras**, die für Marokko zwar das Prinzip einer Politik der offenen Tür bestätigt, gleichzeitig aber angesichts einer britisch-französisch-russisch-italienischen Front zur Isolierung Deutschlands führt (Algeciras-Akte; 7. April).

1907, 15. Juni–18. Okt. **Zweite Haager Friedenskonferenz** mit 44 Teilnehmerstaaten, bei der infolge der deutschen und österreichischen Widerstände das Abrüstungsproblem ausgeklammert bleibt. Haager Landkriegsordnung mit völkerrechtlich verbindlichen Bestimmungen über die Regeln der Landkriegsführung.

31. Aug. Britisch-Russisches Abkommen über Persien (Teilung in eine nördliche russische, eine südliche britische Einflusssphäre und in eine mittlere neutrale Zone), Afghanistan (Russland verzichtet auf Einflussnahme) und Tibet (besonderes Interesse Großbritanniens, im Übrigen aber beiderseitige Zurückhaltung). Großbritannien erreicht damit die Sicherung der indischen Grenzen, Russland erhofft sich Unterstützung in der Meerengenfrage. Das Abkommen baut das Verhältnis zwischen Großbritannien, Frankreich und Russland nach dem Zweiverband und der Entente cordiale zur Tripelentente aus.

1908, 5. Okt. Österreichisch-Russische Übereinkunft, die die Meerengen für russische Kriegsschiffe öffnen soll und die Annexion von Bosnien und der Herzegowina durch Österreich-Ungarn vorsieht. Beides soll auf Kosten des Osmanischen Reichs geschehen, das

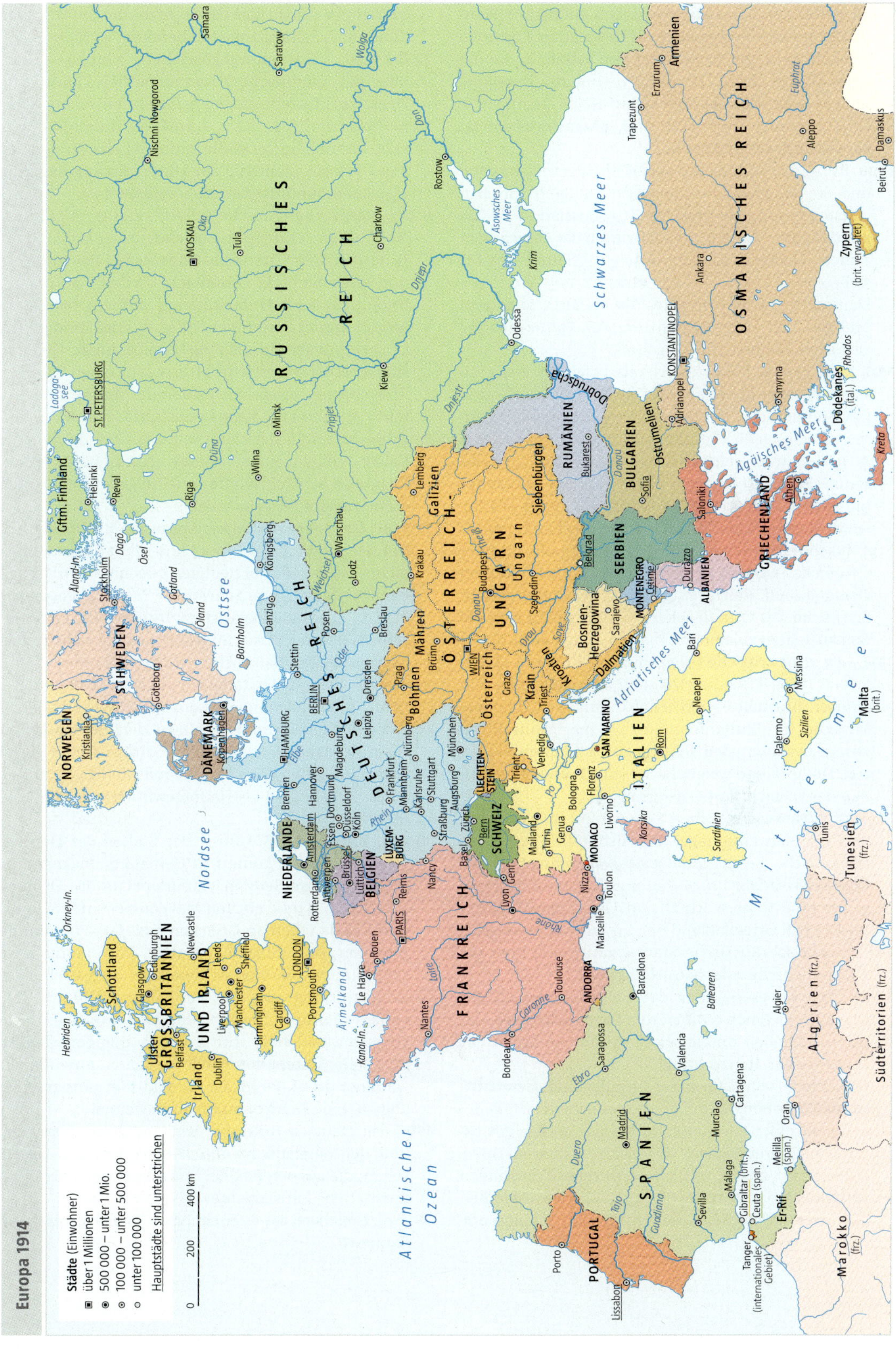
Europa 1914
Städte (Einwohner)
über 1 Millionen
500 000 – unter 1 Mio.
100 000 – unter 500 000
unter 100 000
Hauptstädte sind unterstrichen
0 200 400 km
RUSSISCHES REICH
DEUTSCHES REICH
ÖSTERREICH-UNGARN
OSMANISCHES REICH
FRANKREICH
SPANIEN
PORTUGAL
ITALIEN
GROSSBRITANNIEN UND IRLAND
NORWEGEN
SCHWEDEN
DÄNEMARK
NIEDERLANDE
BELGIEN
LUXEMBURG
SCHWEIZ
LIECHTENSTEIN
MONACO
ANDORRA
SAN MARINO
RUMÄNIEN
BULGARIEN
SERBIEN
MONTENEGRO
ALBANIEN
GRIECHENLAND
Gftm. Finnland
Schottland
Irland
Ulster
Böhmen
Mähren
Galizien
Siebenbürgen
Bosnien-Herzegowina
Dalmatien
Kroatien
Krain
Österreich
Ungarn
Ostrumelien
Dobrudscha
Armenien
Zypern (brit. verwaltet)
Kreta
Dodekanes (ital.)
Rhodos
Malta (brit.)
Sizilien
Sardinien
Korsika
Balearen
Tunesien (frz.)
Algerien (frz.)
Südterritorien (frz.)
Marokko (frz.)
Er-Rif
Tanger (internationales Gebiet)
Ceuta (span.)
Gibraltar (brit.)
Melilla (span.)
Atlantischer Ozean
Nordsee
Ostsee
Mittelmeer
Schwarzes Meer
Asowsches Meer
Adriatisches Meer
Ägäisches Meer
Armelkanal
Kanal-In.
Hebriden
Orkney-In.
Åland-In.
Dagö
Ösel
Gotland
Öland
Bornholm
Ladogasee
Krim
Wolga
Don
Dnjepr
Dnjestr
Düna
Pripjet
Weichsel
Oder
Elbe
Rhein
Donau
Theiß
Save
Drau
Po
Rhône
Loire
Garonne
Ebro
Duero
Tajo
Guadiana
Oka
Euphrat
ST. PETERSBURG
MOSKAU
Helsinki
Reval
Riga
Wilna
Minsk
Warschau
Lodz
Kiew
Odessa
Charkow
Tula
Nischni Nowgorod
Saratow
Samara
Rostow
Stockholm
Kristiania
Göteborg
Kopenhagen
Königsberg
Danzig
Stettin
Posen
Breslau
BERLIN
HAMBURG
Bremen
Hannover
Magdeburg
Leipzig
Dresden
Dortmund
Essen
Düsseldorf
Köln
Frankfurt
Mannheim
Karlsruhe
Stuttgart
Nürnberg
München
Augsburg
Straßburg
Amsterdam
Rotterdam
Antwerpen
Brüssel
Lüttich
Prag
Brünn
Krakau
Lemberg
WIEN
Budapest
Szegedin
Graz
Triest
Trient
Bukarest
Belgrad
Sofia
Sarajevo
Cetinje
Durazzo
Saloniki
Athen
Adrianopel
KONSTANTINOPEL
Smyrna
Ankara
Trapezunt
Erzurum
Aleppo
Beirut
Damaskus
Bern
Zürich
Basel
Genf
Lyon
PARIS
Reims
Nancy
Rouen
Le Havre
Nantes
Bordeaux
Toulouse
Marseille
Toulon
Nizza
Mailand
Turin
Genua
Venedig
Bologna
Florenz
Livorno
Rom
Neapel
Bari
Palermo
Messina
Tunis
Algier
Oran
Madrid
Barcelona
Saragossa
Valencia
Murcia
Cartagena
Sevilla
Málaga
Lissabon
Porto
LONDON
Portsmouth
Cardiff
Birmingham
Liverpool
Manchester
Leeds
Sheffield
Newcastle
Edinburgh
Glasgow
Belfast
Dublin

die Selbstständigkeitsbestrebungen auf dem Balkan infolge innerer Probleme nicht mehr unter Kontrolle bringen kann. **Die Konflikte auf dem Balkan**, in die die Großmächte direkt (Österreich-Ungarn, Russland, Italien) oder indirekt (Deutsches Reich, Frankreich, Großbritannien) verwickelt sind, **spitzen sich infolge der Bosnischen Annexionskrise zu.**

1909 Britischer Widerstand gegen die Meerengenpläne und die Annexion Bosniens; Deutschland wird zugunsten Österreich-Ungarns tätig, Russland tritt daraufhin hinter Serbien, das sich durch die Annexion in seinen eigenen außenpolitischen Plänen gestört sieht.

Deutsch-britische Kontakte, die bis 1912 andauern und das Ziel einer Begrenzung der Flottenrüstung verfolgen, bleiben ohne Ergebnis.

1911, 1. Juli Zweite Marokkokrise als Folge der französischen Besetzung von Fès und der daraufhin erfolgten Entsendung des deutschen Kanonenbootes »Panther« nach Agadir (Panthersprung nach Agadir). Ein Ausgleich wird gefunden, indem Deutschland das französische Protektorat über Marokko anerkennt und selbst in Zentralafrika entschädigt wird. Als Resultat: Festigung der britisch-französischen Entente.

Sept. Nach italienischer Annexion von Tripolis und der Cyrenaika (Libyen) Krieg zwischen Italien und dem Osmanischen Reich. Angesichts der militärischen Schwäche des Osmanischen Reiches sehen sich die Balkanstaaten zu einer offensiven Politik ermutigt.

1912, Febr. Der britische Kriegsminister RICHARD HALDANE (*1856, †1928) verhandelt erfolglos über ein deutsch-britisches Flottenabkommen (Haldane-Mission). Großbritannien ist zu keiner Neutralitätszusage bei einem deutsch-französischen Konflikt bereit, Deutschland weigert sich, sein Tempo beim Aufbau der Schlachtflotte zu verringern.

12. März **Balkanbund** zwischen Serbien und Bulgarien unter russischer Patronage: Angriffsbündnis gegen das Osmanische Reich und Defensivabkommen gegen Österreich-Ungarn zur Erhaltung des status quo und gegen eine weitere Expansion Österreich-Ungarns. Im Mai tritt Griechenland bei, im Aug. Montenegro.

Juli Französisch-Russische Marinekonvention über die Zusammenarbeit der Seestreitkräfte.

17. Okt. Die Kriegserklärung des Balkanbundes an das Osmanische Reich eröffnet den **Ersten Balkankrieg**, der einen schnellen militärischen Zusammenbruch des Osmanischen Reichs bringt.

18. Okt. Friede von Lausanne: Tripolis und Cyrenaika werden autonom, kommen de facto aber an Italien.

Nov. Gefahr eines europäischen Krieges infolge des österreichisch-russischen Gegensatzes über Serbien. Österreich-Ungarn will ein serbisches Vordringen verhindern und tritt für ein unabhängiges Albanien ein. Der deutschen und britischen Diplomatie gelingt ein Abbau der Gegensätze, die auf der Londoner Botschafterkonferenz bereinigt werden.

22./23. Nov. Britisch-französischer Notenaustausch über die militärische Zusammenarbeit (Flotte und Heer) zur Abwehr eines etwaigen deutschen Hegemonialanspruchs: Kein formeller Bündnisvertrag, aber klare Bindung Großbritanniens, das für den Fall eines Krieges eindeutig zur Unterstützung des französischen Bündnispartners verpflichtet ist.

8. Dez. Besprechung von Kaiser WILHELM II. mit führenden Militärs (»Kriegsrat«), nachdem Deutschland die Unterstützung Österreich-Ungarns bei der Intervention einer anderen Großmacht (2. Dez.) und Großbritannien seine Unterstützung Serbiens bei einem Angriff durch Österreich-Ungarn angekündigt hat (3. Dez.): Während sich die Armee unter Generalstabschef HELMUTH VON MOLTKE für einen baldigen Kriegsbeginn ausspricht, fordert die Marine unter Admiral ALFRED VON TIRPITZ ein zurückhaltendes Vorgehen bis mindestens zum Sommer 1914, da dann der Kaiser-Wilhelm-Kanal (heute Nord-Ostsee-Kanal) für große Schlachtschiffe und Helgoland als Unterseeboothafen ausgebaut sei.

1913, 30. Mai **Friede von London**: Abtretung aller türkischen Gebiete westlich der Linie Enos-Midia (heute: Enez, an der Ägäis nahe der heutigen griechisch-türkischen Grenze; Midia, am Schwarzen Meer, europäische Türkei) und aller ägäischen Inseln. Der Friedensschluss überdeckt nur mühsam die nationalistischen Gegensätze der Balkanstaaten untereinander.

26. Juni In den Auseinandersetzungen um die Kriegsbeute (v. a. Makedonien) greift Bulgarien Serbien und Griechenland an und entfesselt den **Zweiten Balkankrieg**. Rumänien und auch die Türkei treten gegen Bulgarien in den Krieg ein, das vollständig geschlagen wird. Serbien geht als Hauptgewinner aus dem Konflikt hervor.

10. Aug. Friede von Bukarest: Der Südteil der Dobrudscha mit Silistria kommt an Rumänien, Makedonien größtenteils an Serbien, Adrianopel an das Osmanische Reich, Kreta, ein Teil Makedoniens mit Saloniki und Kavala fallen an Griechenland. Das Fürstentum Albanien (mit Shkodër, Durrës und Vlorë) wird selbstständig. Serbien ist damit der angestrebte Zugang zur Adria versperrt. Der Balkan bleibt das »Pulverfass« Europas. Sowohl Russland wie Österreich-Ungarn versuchen, ihre Position auf dem Balkan durch ein System von Satellitenstaaten auszubauen. Dadurch droht der lokale Konflikt sich stets zu einer allgemeinen Konfrontation auszuweiten.

1914, Juni Deutsch-Britische Verständigung über den Bau der Bagdadbahn durch eine deutsche Gesellschaft, die auf den Bau der Endstrecke von Basra zum Persischen Golf verzichtet.

28. Juni **Ermordung des österreichischen Thronfolgerpaares** in Sarajewo.

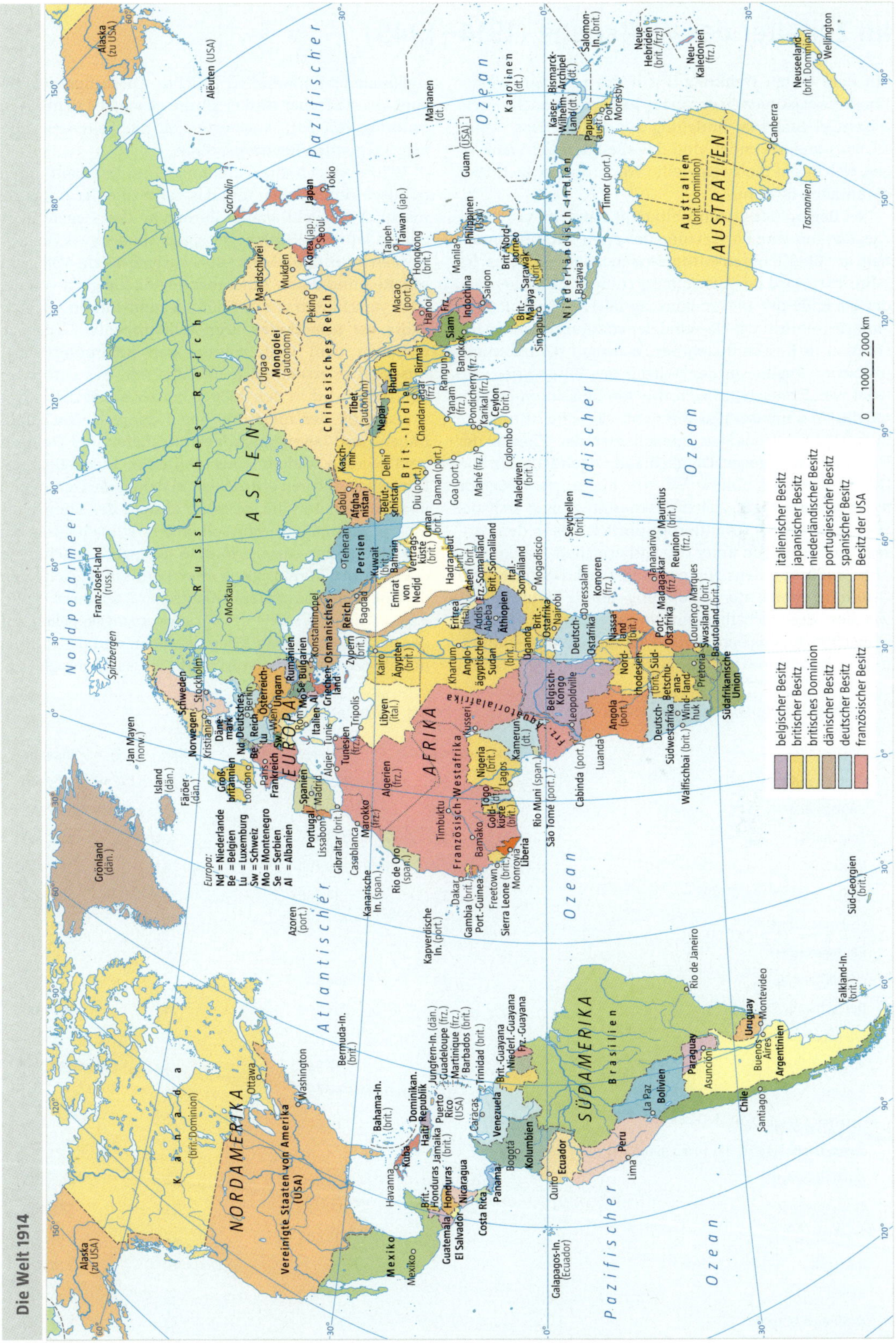
Die Welt 1914
belgischer Besitz
britischer Besitz
britisches Dominion
dänischer Besitz
deutscher Besitz
französischer Besitz
italienischer Besitz
japanischer Besitz
niederländischer Besitz
portugiesischer Besitz
spanischer Besitz
Besitz der USA
NORDAMERIKA
SÜDAMERIKA
EUROPA
AFRIKA
ASIEN
AUSTRALIEN
Nordpolarmeer
Atlantischer Ozean
Pazifischer Ozean
Indischer Ozean
Kanada (brit. Dominion)
Vereinigte Staaten von Amerika (USA)
Mexiko
Brasilien
Argentinien
Russisches Reich
Chinesisches Reich
Osmanisches Reich
Persien
Brit.-Indien
Französisch-Westafrika
Frz.-Äquatorialafrika
Belgisch-Kongo
Deutsch-Ostafrika
Deutsch-Südwestafrika
Südafrikanische Union
Australien (brit. Dominion)
Niederländisch-Indien
Grönland (dän.)
Alaska (zu USA)
0 1000 2000 km

Im Zeitalter der Weltkriege (1914–1945)

Mit dem Ersten Weltkrieg bricht das seit dem Wiener Kongress existierende europäische Gleichgewicht wechselseitiger Stabilität endgültig zusammen. Das »lange 19. Jahrhundert« endet, und das »Zeitalter der Weltkriege«, welches in die zweigeteilte Weltordnung nach 1945 einmündet, beginnt.

Bei Beginn des Ersten Weltkriegs handelt es sich vorwiegend um eine Fortsetzung des alten Kampfes innerhalb des überlieferten europäischen Staatensystems. Im Jahre 1917 wird die Ausweitung zu dem Weltgegensatz, der bis Ende der 1980er-Jahre anhält, in den Anfängen am Kriegseintritt der USA und der kommunistischen Revolution in Russland sichtbar. Während dem kommunistischen Regime in den Wirren des Bürgerkriegs sowohl vom Deutschen Reich wie von den Ententemächten die »Atempause« gewährt wird, die seine stürmische Entwicklung ermöglicht, entscheidet der Einsatz der USA den Krieg gegen Deutschland. Nachdem der von US-Präsident Woodrow Wilson angestrebte **»Gerechtigkeitsfrieden«** nicht zustande kommt, ziehen sich die USA jedoch wieder von Europa zurück, das in den Pariser Vorortverträgen unter der Vorherrschaft Frankreichs und Großbritanniens neu geordnet wird. Doch ist diese Ordnung infolge der Ablehnung durch Deutschland, welches das Selbstbestimmungsrecht nicht im gewünschten Ausmaß erhält, und der Aufteilung Ostmittel- und Südosteuropas in labile Nationalstaaten mit starken nationalen Minderheiten brüchig. Diese Sprengkräfte sind auf die Dauer stärker als die gleichfalls in der Neuordnung von 1919 angelegten Möglichkeiten zu einer ausgleichenden Revisionspolitik.

Während sich die Kommunisten in Russland innenpolitisch durchsetzen und das Land zu einer Industriemacht entwickeln, krankt Europa an den Gegensätzen, die im Jahre 1919 nicht beseitigt, sondern vervielfacht werden. Die Probleme der europäischen Volkswirtschaften und deren zunehmende Abhängigkeit von den USA verschärfen diese Konflikte und führen zu einer **»Krise der Demokratie«**. Der aufkommende Gegensatz zwischen dem weltrevolutionären kommunistischen Russland einerseits sowie den USA und Westeuropa andererseits wird in den 1930er-Jahren durch die Expansionspolitik der diktatorischen Regime Deutschlands, Italiens und Japans überdeckt. In Italien und Deutschland werden zudem neue politische Ideologien und Herrschaftsformen entwickelt, in denen die Demokratie überwunden und die militante Abwehr des Kommunismus ausgedrückt werden soll. Ihre Politik scheint in den Dreißigerjahren zum Erfolg zu gelangen, scheitert jedoch an der Maßlosigkeit ihrer politischen Ziele, dem destruktiven Ausschließlichkeitscharakter ihrer »politischen Religion« sowie der Verantwortungslosigkeit, mit der das Spiel mit dem Krieg betrieben und das internationale Vertrauen zerstört wird. Rassenideologie und

Flottenrüstung europäischer Mächte am Vorabend des Ersten Weltkriegs

Linienschiffe	fertig (nur neuere)	Tonnage	im Bau	Tonnage
Großbritannien	59	1 013 840	16	433 840
Deutschland	33	537 050	7	180 600
Frankreich	21	345 730	12	314 800
Russland	8	110 200	8	184 920
Italien	12	184 660	6	165 400
Österreich-Ungarn	15	181 110	5	119 370
Panzerkreuzer				
Großbritannien	43	604 540	1	28 960
Deutschland	13	185 990	4	106 400
Frankreich	19	200 610	–	–
Russland	6	64 940	4	130 000
Italien	9	76 540	–	–
Österreich-Ungarn	2	13 600	–	–
davon Großkampfschiffe (Dreadnoughts)				
Großbritannien	29	621 360	17	462 800
Deutschland	17	380 700	11	287 000
Frankreich	10	203 800	12	314 800
Russland	–	–	12	314 920
Italien	4	87 000	6	165 400
Österreich-Ungarn	3	64 110	5	119 370

Völkermord prägen ihren Kriegskurs und zwingen die Mächte der Anti-Hitler-Koalition zu einem bedingungslosen Kampf. Von dieser politischen Entwicklung profitiert die Sowjetunion, deren machtpolitisches Potenzial sich bereits vor 1939 deutlich abzeichnet. Sie kann sich nun in den Mittelpunkt der Weltpolitik schieben.

Der Zweite Weltkrieg verändert die Landkarten Europas, Afrikas und Asiens grundlegend. Innerhalb dieser umgestalteten Welt sind auch die Machtverhältnisse neu geordnet. Als dominierende Weltmacht gehen die USA, das »Arsenal der Demokratie«, aus der Auseinandersetzung mit den Achsenmächten hervor, während die bereits gesunkene weltpolitische Bedeutung Europas in der künftig bipolaren Welt zunächst weiter schwindet.

Der Erste Weltkrieg (1914–1918)

In den zwei Jahrzehnten vor 1914 entwickelt sich das alte europäische Staatensystem mit seinen Hauptmächten Großbritannien, Frankreich, Deutsches Reich, Russisches Reich und Österreich-Ungarn sowie daneben Italien und Osmanisches Reich durch den Aufstieg der Vereinigten Staaten von Amerika und Japan zum Weltstaatensystem. In dieser Zeit hat sich die traditionelle, stets den Krieg als letztes Mittel einkalkulierende Politik der großen Mächte im weltpolitischen Zusammenhang zum Imperialismus gesteigert, der sich in fortgesetzten wirtschafts- und militärpolitischen Konflikten ausdrückt und im ersten »Kalten Krieg« des Jahrhunderts gipfelt. Die wechselseitig wahrgenommene Bedrohung der eigenen Macht führt zu einem beschleunigten Rüstungswettlauf zur See, zu Lande und in Ansätzen auch in der Luft. Der wachsende Gegensatz der europäischen Mächte manifestiert sich in der deutsch-britischen Flottenrivalität, Frankreichs Ziel, Elsass-Lothringen zurückzugewinnen, der Annexion von Bosnien und Herzegowina durch Österreich-Ungarn und Russlands Drang nach den Meerengen. Nationalistische Propaganda ergreift in allen Staaten, besonders heftig in Deutschland, weite, vorwiegend mittelständische Gesellschaftsschichten. Zündstoff enthalten besonders die nationalen Bewegungen der kleinen Völker in Ostmittel- und Südosteuropa. Die Verbindung dieser meist slawischen Nationalismen mit dem russisch geführten Panslawismus und (seit 1905) Neoslawismus wirkt sprengend gegenüber den bestehenden monarchischen übernationalen Reichen. Sie werden gesteigert durch das nur durch einen Krieg zu erreichende Ziel der Zerstörung Österreich-Ungarns. Als der Krieg in der Julikrise 1914 droht, wirken der Automatismus der starren europäischen Bündnissysteme und der militärischen Operationspläne teils lähmend, teils Krieg treibend auf die politischen Führungen.

Der Ausbruch des Ersten Weltkriegs ist als Zusammentreffen struktureller Faktoren und der bewussten Bereitschaft zum kriegerischen Risiko zu erklären. Innenpolitische Spannungen, wirtschaftliche Gegensätze und militärisches Wettrüsten allein hätten nicht ausgereicht, wenn nicht in den politischen Führungen die Bereitschaft zum Krieg vorhanden gewesen wäre. Dies heißt nicht, dass sie im Sommer 1914 planmäßig den allgemeinen Krieg herbeiführen wollen. Die europäischen Großmächte nehmen jedoch das Risiko einer kriegerischen Entwicklung in Kauf, deren Eigendynamik zum allgemeinen Krieg führt.

Zu Kriegsbeginn im Aug. 1914 rechnen alle kriegführende Staaten, Deutschland und Österreich-Ungarn (Mittelmächte) auf der einen, Großbritannien, Frankreich, Russland, Serbien, Belgien, Japan, Italien (1915) und Rumänien (1916) auf der anderen Seite, mit einem kurzen Krieg. Diese Erwartung erweist sich jedoch als Illusion. Im Westen misslingt die französische Offensive in Lothringen; der deutsche Vormarsch wird trotz großer Anfangserfolge an der Marne gestoppt. Im Osten scheitern die russischen Offensiven in Ostpreußen und in den Karpaten. Die österreichisch-ungarischen Angriffe in Galizien und gegen Serbien münden in Niederlagen. Die Fronten erstarren in den Schützengräben. In den folgenden Jahren scheitern an der Westfront alle Versuche, die Stellungssysteme zu durchbrechen. Im Osten drängen die Mittelmächte dagegen die russische Armee weit nach Russland zurück, erobern mithilfe Bulgariens Serbien und verteidigen die Dardanellen. Die italienischen Offensiven bleiben im Alpengebiet erfolglos.

Von Anfang an wird der Erste Weltkrieg als globaler Krieg geführt. So erobert die Entente in den ersten Kriegsjahren alle deutschen Kolonien mit Ausnahme Deutsch-Ostafrikas, während die Mittelmächte mit dem Kriegseintritt des Osmanischen Reiches die Hauptschlagader des britischen Handels, den Sueskanal, bedrohen. Die britische Seeherrschaft schneidet die Mittelmächte vom internationalen Seehandel mit einer Wirtschaftsblockade ab, die die deutsche Hochseeflotte nicht durchbrechen kann. Der Versuch, Großbritannien durch den uneingeschränkten U-Boot-Krieg zum Frieden zu zwingen, scheitert und führt 1917 zum Kriegseintritt der USA.

Die verschiedenen Friedensbemühungen bleiben erfolglos, da keine der kriegführenden Mächte friedensbereit ist. Die anfängliche Kriegsbegeisterung in großen Teilen der europäischen Bevölkerung weicht im Laufe des Krieges einer wachsenden Kriegsmüdigkeit. Die 1917 in Russland an die Macht gekommenen Bolschewisten treten im März 1918 mit dem Friedensvertrag von Brest-Litowsk aus dem Krieg aus. Im Frühjahr 1918 scheitert die letzte große deutsche Offensive an der Westfront. Mit Unterstützung amerikanischer Truppen werden in den folgenden Monaten die Mittelmächte auf allen Kriegschauplätzen in die Defensive gedrängt. In Teilen von revolutionären Unruhen erschüttert, bitten die Mittelmächte im Nov. 1918 um Waffenstillstand.

Kriegserklärungen und Mobilmachungen

1914, 28. Juni Ermordung des österreichisch-ungarischen Thronfolgers FRANZ FERDINAND (*1863, †1914) und seiner Frau in Sarajevo.

6. Juli Das Deutsche Reich sichert Österreich-Ungarn unbedingte Bündnistreue zu.

20.–23. Juli Besuch der französischen Staatsführung in

St. Petersburg. Zusicherung der französischen Bündnistreue.

23. Juli Österreich-Ungarn überreicht Serbien ein auf 48 Stunden befristetes Ultimatum. Gefordert wird die Unterdrückung jeder Propaganda und aller Aktionen, die auf österreichisch-ungarisches Staatsgebiet zielen, sowie die gerichtliche Untersuchung gegen die Teilnehmer am Mordanschlag, soweit sie sich in Serbien befinden, unter Mitwirkung österreichischer Beamter.

25. Juli Der russische Kronrat entscheidet, »Serbien zu unterstützen, auch wenn man dazu die Mobilmachung erklären und Kriegshandlungen beginnen müsse«, falls österreichische Truppen die serbische Grenze überschreiten sollten. Die serbische Regierung sendet daraufhin eine nur halb entgegenkommende Antwort nach Wien. Abends Abbruch der diplomatischen Beziehungen zwischen Österreich-Ungarn und Serbien. Beide machen mobil.

Kriegserklärungen wichtiger Staaten im Ersten Weltkrieg

1914	
28. Juli	Österreich-Ungarn → Serbien
3. Aug.	Deutsches Reich → Russland
3. Aug.	Deutsches Reich → Frankreich
4. Aug.	Kriegszustand: Deutsches Reich – Belgien
4. Aug.	Großbritannien → Deutsches Reich
6. Aug.	Österreich-Ungarn → Russland
6. Aug.	Serbien → Deutsches Reich
7. Aug.	Montenegro → Österreich-Ungarn
11. Aug.	Montenegro → Deutsches Reich
11. Aug.	Frankreich → Österreich-Ungarn
12. Aug.	Großbritannien → Österreich-Ungarn
23. Aug.	Japan → Deutsches Reich
2.–5. Nov.	Russland, Großbritannien, Frankreich → Türkei
1915	
23. Mai	Italien → Österreich-Ungarn
14. Okt.	Bulgarien → Serbien
15.–20. Okt.	Alliierte → Bulgarien
1916	
9. März	Deutsches Reich → Portugal
27. Aug.	Rumänien → Österreich-Ungarn
28. Aug.	Deutsches Reich → Rumänien*
28. Aug.	Italien → Deutsches Reich
25. Nov.	Griechenland → Deutsches Reich
1917	
6. April	USA → Deutsches Reich
14. Aug.	China → Deutsches Reich
7. Dez.	USA → Österreich-Ungarn

* kurz darauf Kriegserklärungen der Türkei und Bulgariens an Rumänien

26.–31. Juli Britische und deutsche Vermittlungsversuche (Vorschlag einer Botschafterkonferenz und direkter Verhandlungen zwischen Russland und Österreich-Ungarn) scheitern.

28. Juli **Österreich-Ungarn erklärt Serbien den Krieg.**

29. Juli Teilmobilmachung in Russland.

30. Juli Allgemeine Mobilmachung in Russland.

31. Juli Generalmobilmachung in Österreich-Ungarn, Belgien, der Schweiz und den Niederlanden. Die deutsche Regierung erklärt den »Zustand drohender Kriegsgefahr« und fordert Russland ultimativ (12 Stunden) auf, die Mobilmachung zurückzunehmen, sowie Frankreich (18 Stunden), im Fall eines deutsch-russischen Krieges neutral zu bleiben.

1. Aug. Nach Ausbleiben einer russischen Antwort erfolgt in Deutschland die allgemeine Mobilmachung und die **Kriegserklärung an Russland**. Die französische Regierung ordnet die Mobilmachung an und erklärt, dass Frankreich »gemäß seinem Interesse« handeln werde. Bulgarien und Italien erklären ihre Neutralität.

2. Aug. Im Zuge der deutschen Mobilmachung besetzen deutsche Truppen Luxemburg, um die luxemburgischen Eisenbahnen zu sichern.

Abends wird in Brüssel ein deutsches Ultimatum überreicht, in dem die belgische Regierung aufgefordert wird, als neutrale Macht den Durchmarsch der deutschen Truppen zuzulassen. Am gleichen Tag erfolgt der Abschluss des deutsch-türkischen Bündnisvertrages und die allgemeine Mobilmachung der britischen Flotte; Teilmobilmachung in Schweden.

3. Aug. Ablehnende belgische Antwort, worauf am folgenden Tag der deutsche Einmarsch in Belgien beginnt.

Nachmittags Kriegserklärung des Deutschen Reiches an Frankreich; Mobilmachung in Großbritannien.

4. Aug. Die Verletzung der belgischen Neutralität durch das Deutsche Reich ist für Großbritannien Anlass zum Kriegseintritt. Britisches Ultimatum; der Abbruch der diplomatischen Beziehungen ist gleichbedeutend mit der Kriegserklärung an Deutschland. Abbruch der diplomatischen Beziehungen zwischen Belgien und dem Deutschen Reich; Kriegszustand. Damit befinden sich alle europäischen Großmächte im Krieg. Italien bleibt vorerst neutral, das Osmanische Reich erklärt seine bewaffnete Neutralität.

Der Bewegungskrieg im Westen 1914

Für den Fall eines Zweifrontenkrieges gegen Frankreich und Russland sieht der deutsche Aufmarschplan mit der Masse der deutschen Landstreitkräfte (sieben Armeen) die sofortige Offensive gegen Frankreich und eine beweglich geführte Defensive im Osten (Ostpreußen) vor. Im Westen plant der deutsche Generalstabschef (Chef der Obersten Heeresleitung – OHL), Generaloberst HELMUTH VON MOLTKE (*1848, †1916), das französische Festungssystem mit einem starken rechten Flügel (fünf Armeen) durch Luxemburg und Belgien zu umgehen, um in der Folge die französische Armee in einer weiträumigen Bewegung zu umfassen und innerhalb von etwa sechs Wochen in einer großen Vernichtungsschlacht zu schlagen. Anschließend soll die Masse des Heeres an die Ostfront verlegt werden. Im Gegensatz zu seinem Vorgänger, dem Generalfeldmarschall ALFRED GRAF VON SCHLIEFFEN (*1833, †1913), der in einer Denkschrift von 1905 (»Schlieffen-Plan«) die operativen Grundgedanken eines Angriffs gegen Frankreich niedergelegt hat, verzichtet VON MOLTKE jedoch auf den Durchmarsch durch niederländisches Territorium und verstärkt den deutschen linken Flügel gegen einen erwarteten französischen Angriff in Lothringen. Auch der französische Generalstab plant unter Führung General JOSEPH JACQUES-CÉSAIRE JOFFRES (*1852, †1931) die sofortige Offensive (»Operationsplan XVII«). Zwei Armeen sollen im Elsass und in Lothringen angreifen, zwei weitere Armeen durch die Ardennen gegen das deutsche Zentrum vorgehen. Ferner soll die 5. Armee mit Unterstützung des britischen Expeditionskorps (etwa 100 000 Mann) die linke französische Flanke gegen einen deutschen Angriff aus Belgien decken.

1914, 4.–16. Aug. Eroberung der Festung Lüttich durch deutsche Truppen. Erstmals wird bewegliche schwere Artillerie (42 cm Mörser »Dicke Bertha«) eingesetzt.

19.–22. Aug. Abwehr der französischen Offensiven im Elsass, den mittleren Vogesen und Lothringen; schwere französische Verluste.

20. Aug. Einmarsch deutscher Truppen in Brüssel. Der schnelle Vormarsch der 1., 2. und 3. deutschen Armee auf dem rechten Flügel in südlicher Richtung folgt.

22.–28. Aug. Die deutschen Siege in den Grenzschlachten bei Neufchâteau (Belgien, 22./23. Aug.) sowie Namur und Mons (Belgien, 23./24. Aug.) bringen keine operative Entscheidung, da sich die französischen und britischen Truppen einer Umfassung entziehen.

30. Aug.–5. Sept. Die deutschen Truppen nehmen die Verfolgung in südlicher Richtung auf. Es gelingt ihnen aber nicht, die sich zurückziehenden französischen und britischen Verbände zu umfassen, da die Angriffskraft der drei deutschen Armeen des rechten Flügels durch die Anstrengungen des Vormarschs und die Abgabe von vier Korps (eines zur Beobachtung Antwerpens, eines zur Belagerung von Maubeuge und zwei zum Abtransport nach Ostpreußen, wo sie zur Schlachtendscheidung bei Tannenberg zu spät kamen) geschwächt ist. General JOFFRE ordnet den Rückzug der französischen Streitkräfte hinter die Marne an und bildet um Paris eilig eine sechste Armee, die in die nur schwach gedeckte rechte Flanke der südöstlich an Paris vorbeistoßenden deutschen 1. Armee aufmarschiert. Die französische Regierung flüchtet nach Bordeaux.

5.–12. Sept. **Schlacht an der Marne**: General JOFFRE gibt den Befehl zum großen Gegenangriff auf der ganzen Front zwischen Verdun und Paris. Der deutsche Vormarsch wird zum Stehen gebracht. Besonders kritisch wird die Lage am rechten deutschen Flügel (1. Armee unter Generaloberst ALEXANDER HEINRICH RUDOLPH VON KLUCK [*1846, †1934], 2. Armee unter Generalfeldmarschall KARL VON BÜLOW [*1846, †1921]). Zwar gelingt es der 1. Armee, den französischen Gegenangriff aus Paris abzuwehren, doch entsteht im Verlauf der Kämpfe eine große Lücke zwischen der 1. und 2. Armee, in die das britische Expeditionskorps vorstößt. Der deutsche Generalstabschef VON MOLTKE, ohne ausreichenden Kontakt mit der Front, beurteilt die Lage pessimistisch. Er befürchtet eine drohende Umfassung der 1. Armee und gibt den Rückzugsbefehl (»Wunder an der Marne«). Zeitgleich scheitert der deutsche Versuch, die französische Front in Lothringen zu durchbrechen.

10.–12. Sept. Rückzug der deutschen Truppen hinter die Aisne. Die Ententemächte, vom deutschen Rückzug überrascht, folgen zunächst zögernd und drängen dann heftig nach, ohne operativen Erfolg zu erlangen.

14. Sept. Generaloberst VON MOLTKE wird durch den preußischen Kriegsminister, Generalleutnant ERICH VON FALKENHAYN (*1861, †1922), als Chef der Obersten Heeresleitung abgelöst.

Sept.–Nov. Wechselnde verlustreiche Kämpfe. Ganz Belgien bis zum Yser-Kanal befindet sich in deutscher Hand. Im Ringen um die offene Heeresflanke (»Wettlauf zum Meer«) gelingt es den Deutschen nicht, die Kanalhäfen zu gewinnen und damit die wichtigen Nachschubhäfen der britischen Expeditionsarmee, Dünkirchen und Boulogne-sur-Mer, zu erobern.

Die Front erstarrt auf der ganzen Linie, der Krieg wird zum **Stellungskrieg**. Der deutsche Operationsplan ist gescheitert. Damit entsteht auf beiden Seiten die bis 1918 nicht mehr gelöste Aufgabe, aus der festen Front wieder zum schlachtenentscheidenden Bewegungskrieg zu kommen. Die großen Einbruchs- und Materialschlachten geben von da an dem Krieg im Westen das Gesicht. Die Frontlinie verläuft von der Kanalküste bei Nieuport (britisch) westlich an Péronne an der Somme (deutsch) vorbei, nördlich von Soissons an der Aisne und Reims durch den Argonnerwald und

Truppenstärken im Ersten Weltkrieg (in Mio.)

Mittelmächte	**gesamte Truppenstärke**	**Feldheere bei Kriegsbeginn**
Deutschland	11,0	2,3
Österreich-Ungarn	7,8	1,4
Türkei	2,8	–
Bulgarien	1,2	–
Gesamt	**22,8**	**3,7**
Ententemächte		
Frankreich	8,5	1,8
Russland	12,0	3,4
Großbritannien	9,0	0,4
Italien	5,5	–
USA	4,8	–
Rumänien	0,75	–
Serbien	0,7	0,2
Gesamt	**41,25**	**5,8**

bricht bei Verdun um, das französisch bleibt, um dann durch die Vogesen und den Sundgau die Schweizer Grenze zu erreichen. Das besetzte Belgien wird unter deutsche Militärverwaltung gestellt.

Die Kampfhandlungen im Osten 1914–1915

Aus der strategischen Lage im Osten und den Aufmarschplänen resultieren zwei Schwerpunkte: die Hauptfront Galizien und die Nebenfront Ostpreußen. Die Tiefe zwischen diesen beiden Flanken ist nur schwach besetzt und spielt zunächst militärisch keine Rolle. Auf deutscher Seite steht im Osten nur die 8. Armee, deren Aufmarsch, mit Schwerpunkt in Ostpreußen, am 10. Aug. beendet ist. Mit stärkeren Kräften (vier Armeen) marschieren die österreichisch-ungarischen Truppen unter ihrem Generalstabschef Franz Freiherr Conrad von Hötzendorf (*1852, †1925) in Galizien auf, um ihre Offensive vorzubereiten.

Die russischen Truppen treten, schneller als von der OHL erwartet, unter Führung von Großfürst Nikolaj Nikolajewitsch (*1856, †1929) mit zwei Armeen (Ost- und Südflügel, vom Njemen her unter General Paul von Rennenkampf [*1854, †1918] und vom Narew her unter General Alexander Wassiljewitsch Samsonow [*1859, †1914]) gegen Ostpreußen und mit fünf Armeen gegen Galizien zum Angriff an. Damit ist – entgegen den Wünschen der Franzosen – der Schwerpunkt an die Front gegen Österreich-Ungarn gelegt. Die russischen Streitkräfte sind den Streitkräften der Mittelmächte zahlenmäßig etwa um das Doppelte überlegen.

1914, 19.–22. Aug. Nach der Schlacht von Gumbinnen weicht die 8. Armee in Ostpreußen nach Westen aus (ein großer Teil der Provinz fällt in russische Hand). Der Oberbefehlshaber der 8. Armee, Generaloberst Maximilian von Prittwitz und Gaffron (*1848, †1917), wird von General Paul von Beneckendorff und von Hindenburg (*1847, †1934) abgelöst. Chef des Generalstabs der 8. Armee wird Generalmajor Erich Ludendorff (*1865, †1937).

26.–30. Aug. **Schlacht bei Tannenberg** (Masurengebiet). Die russische Narew-Armee wird im Raum Hohenstein-Gilgenburg-Ortelsburg von zahlenmäßig unterlegenen deutschen Truppen umfasst, eingeschlossen und größtenteils vernichtet (93 000 Gefangene).

Der Erste Weltkrieg in Europa 1914–16

6.–15. Sept. Schlacht an den Masurischen Seen: Die russische Njemen-Armee muss unter schweren Verlusten Ostpreußen räumen. Durch rechtzeitigen Rückzug entgeht sie der Vernichtung.

26. Aug.–12. Sept. Schlachten bei Lemberg (ukrainisch Lviv, russisch Lwow): Der russische Sieg erzwingt den Rückzug der österreichisch-ungarischen Truppen aus Ostgalizien. Die österreichisch-ungarische Festung Przemysl wird eingeschlossen.

28. Sept.–Okt./Dez. Beginn des Vormarsches deutscher und österreichisch-ungarischer Truppen in Südpolen. Nach wechselvollen Kämpfen vor Warschau, Iwangorod und Lodz kommt es zur Festigung einer Stellungsfront in Polen.

1915, Febr. Winterschlacht in Masuren: Die russische 10. Armee wird vernichtend geschlagen (über 100 000 Gefangene).

Jan.–April Kämpfe in den Karpaten. Die österreichisch-ungarische Gegenoffensive scheitert unter verheerenden Verlusten. Von diesen kann sich die österreichisch-ungarische Armee bis zum Kriegsende nicht mehr erholen. Die eingeschlossene Festung Przemysl kapituliert am 22. März.

Der Stellungskrieg im Westen 1915–1916

Trotz mehrfacher großer Durchbruchsversuche der Franzosen und Briten (Champagne, Arras) im Frühjahr und Herbst 1915 wird die deutsche Stellungsfront im Wesentlichen nicht erschüttert.

Sowohl der französische Oberbefehlshaber JOSEPH JOFFRE wie der deutsche Generalstabschef (Chef der Obersten Heeresleitung) ERICH VON FALKENHAYN planen 1916 die Kriegsentscheidung im Westen: JOFFRE bereitet eine große Offensive an der Somme vor, FALKENHAYN lehnt die Pläne der Generäle HINDENBURG und LUDENDORFF, im Osten mit starken Kräften den entscheidenden Sieg und damit den Frieden zu erzwingen, ab. FALKENHAYN sucht die Entscheidung auf dem französischen Kriegsschauplatz, wobei er den U-Boot-Krieg in seine Überlegungen mit einbezieht. Er will durch einen massiven Angriff auf die Festung Verdun, den Eckpfeiler der französischen Front, der Sommeroffensive der Franzosen zuvorkommen und durch eine lang andauernde »Materialschlacht« den Gegner »ausbluten« lassen.

1915, 22. April.–25. Mai 2. Flandernschlacht bei Ypern: Deutsche Truppen setzen am 22. April erstmals Giftgas ein.

1916, 21. Febr.–Juli »Verdun-Offensive«: Ein Teil der Festungswerke wird eingenommen (Erstürmung des Forts Douaumont am 25. Febr.), Verdun selbst bleibt aber in französischer Hand. General HENRI PHILIPPE PÉTAIN (*1856, †1951) übernimmt den Oberbefehl über die französischen Verbände bei Verdun. Sowohl die französischen als auch die deutschen Verluste sind verheerend (mit über 360 000 Gefallenen liegen die französischen Verlustziffern etwas höher als die deutschen). Infolge der Schlacht um Verdun können die Franzosen mit wesentlich geringeren Kräften als geplant in die Somme-Offensive eintreten, die daher v. a. die Briten tragen. Am 12. Juli bricht FALKENHAYN die Schlacht wegen der beginnenden Somme-Offensive und der Anfang Juni begonnen russischen Brussilow-Offensive ab.

1. Juli–26. Nov. Schlacht an der Somme: Das Ergebnis der mit großer Überlegenheit an Material und Truppen (104 Divisionen) vorgetragenen britischen Offensive ist lediglich ein Eindrücken der deutschen Front in 40 km Breite und etwa 12 km Tiefe, ohne das der Durchbruch gelingt. Beim Abschluss der monatelangen Materialschlacht betragen die Verluste der Deutschen über 400 000, die der Franzosen fast 200 000, die der Briten über 400 000 Mann.

Die Schlacht um Verdun 1916

	21. Febr.	Beginn des deutschen Angriffs
	24. Febr.	Deutscher Angriff erreicht nordöstliche Festungswerke
	25. Febr.	Fort Douaumont und Zwischenwerk Hardaumont in dt. Hand
	2. März	Dorf Douaumont in deutscher Hand
	7. März	Höhe 304 größtenteils in deutscher Hand
französische Truppen auf dem Fort Douaumont	22. Mai	
	23. Mai	Angriff auf Fort Douaumont abgeschlagen
	2. Juni	Fort Vaux in deutscher Hand
	23. Juni	Erstürmung der Festungen Thiaumont und Fleury
	12. Juli	*Falkenhagen* bricht die deutsche Offensive ab
Franzosen erobern Thiaumont und Douaumont zurück	24. Okt.	
	2. Nov.	Deutsche räumen und sprengen das Fort Vaux
erfolgreiche franz. Offensive auf dem Ostufer der Marne	15./16. Dez.	
360 000 Franzosen	**Verluste**	**335 000 Deutsche**

29. Aug. Im Zusammenhang mit der Lage an der Ostfront und der Kriegserklärung Rumäniens wird Generalfeldmarschall Hindenburg zum Chef des Generalstabes des Feldheeres und Generalleutnant Ludendorff zum ersten Generalquartiermeister ernannt (3. Oberste Heeresleitung); der Rücktritt von General Falkenhayn, der die 9. Armee an der rumänischen Front übernimmt, ist auf den Misserfolg bei Verdun und auf die Somme-Krise zurückzuführen.

24. Okt.–16. Dez. Erfolgreiche französische Angriffe bei Verdun führen zur Rückeroberung der verlorenen Festungswerke. Die großen Materialschlachten bleiben ohne operative Entscheidung, führen aber zu beiderseitiger Erschöpfung.

26. Dez. Infolge des Scheiterns der Somme-Offensive wird General Joseph Joffre durch General Georges Robert Nivelle (*1856, †1924) als Oberbefehlshaber der französischen Streitkräfte ersetzt.

Der Krieg im Osten Frühjahr 1915 – Frühjahr 1917

1915, 1.–3. Mai Durchbruchsschlacht von Gorlice-Tarnow (Galizien): Die westgalizische Front der Russen wird unter Führung des Generalobersten August von Mackensen (*1849, †1945) durchstoßen.

3.–5. Mai Eiliger Rückzug der Russen und Übergang der verbündeten deutschen und österreichisch-ungarischen Truppen über den Dunajec. Der überraschende Durchbruchserfolg kann operativ ausgenutzt werden und leitet mehrere aufeinanderfolgende erfolgreiche Angriffe der Mittelmächte an der Ostfront ein.

Mai–Okt. Die Offensive der Mittelmächte bringt großen Raumgewinn (Litauen, Kurland, Polen erobert; Galizien mit Lemberg und Przemsyl zurückerobert). Aufgrund des Kräftemangels und teilweise erheblicher russischer Gegenwehr können die Mittelmächte den großen operativen nicht zu einem weitreichenden strategischen Erfolg ausbauen. Die Ostfront erstarrt wie die Westfront im Stellungskrieg. Die neue Stellungsfront verläuft in südnördlicher Richtung von der Bukowina (Czernowitz österreichisch) durch Ostgalizien und Wolhynien (Tarnopol russisch, Dubno österreichisch) über Pinsk (deutsch), Baranowitschi (deutsch), Smorgon (russisch), Dünaburg (Daugavpils russisch) und die Düna abwärts zum Rigaer Meerbusen (Riga mit Brückenkopf russisch).

Die Westfront im Ersten Weltkrieg

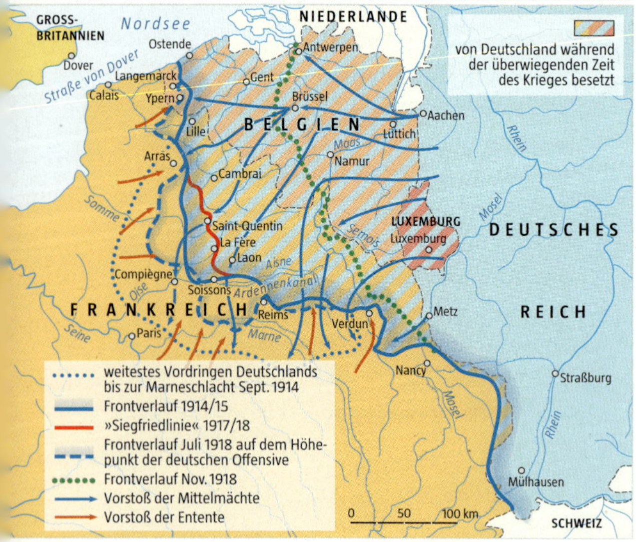

25. Aug. General Hans Hartwig von Beseler (*1850, †1921) wird Generalgouverneur des unter deutscher Verwaltung stehenden nördlichen »Kongresspolen«; Statthalter im südlichen Polen wird der österreichische Feldzeugmeister Karl von Kuk (*1853, †1935). Litauen und Kurland stehen unter der deutschen Militärverwaltung des Oberbefehlshabers Ost.

1916, Sommer Russische Truppen unter General Alexeij Brussilow (*1853, †1926) erringen nach einer groß angelegten Offensive (»Brussilow-Offensive«) gegen die Ostfront der Mittelmächte einen bedeutenden Sieg über die Verbände der k. u. k. Armee in der Bukowina (Desertionen sowie über 200 000 Gefangene). Die Front kann erst durch Zuführung deutscher Reserven stabilisiert werden.

1917, März Bis zur russischen Februarrevolution und der Abdankung des Zaren bleibt die Front im Osten im Wesentlichen unverändert.

Die Nebenkriegsschauplätze bis August 1916

1914, Okt. Das Osmanische Reich tritt an der Seite der Mittelmächte in den Krieg ein.

2.–5. Nov. Nach türkisch-russischen Seekämpfen auf dem Schwarzen Meer folgen Kriegserklärungen Russlands, Frankreichs und Großbritanniens an die Türkei. Annexion Zyperns durch Großbritannien.

1915, 19. Febr.–1916, 6. Jan. See- und Landkämpfe um die Dardanellen: Britische und französische Streitkräfte versuchen vergeblich, nach strategischen Plänen des britischen Marineministers Winston Churchill (*1874, †1965), die Meerengen bei Gallipoli (türkisch Gelibolu) zu nehmen, werden aber unter großen Verlusten von türkischen und deutschen Verbänden, die nach deutschen Generalstabsplänen operieren, zur Räumung gezwungen. Damit bleibt Russland eine direkte Verbindung mit seinen westlichen Verbündeten versperrt, zumal die Ostseeausgänge von der deutschen Flotte kontrolliert werden.

1916, Jan.–Juli Beginn des russischen Vordringens im Kaukasus und in Armenien: Ganz Armenien gerät in russische Hand.

29. April Eine britische Offensive in Mesopotamien wird durch türkische Gegenwehr vereitelt: Kapitulation der britisch-indischen Truppen bei Kut el Amara.

Seit Kriegsbeginn finden wechselvolle Kämpfe am Sueskanal statt, bis die Briten endgültig das Ostufer besetzen können.

Der Krieg auf dem Balkan

1915, 6. Okt. Um die Verbindung zur Türkei herzustellen, beginnen die Mittelmächte die Offensive gegen Serbien.

9. Okt. Eroberung Belgrads.

14. Okt. Bulgarien, das Makedonien gewinnen will und am 6. Sept. einen Bündnisvertrag mit Deutschland abgeschlossen hat, erklärt Serbien den Krieg.

Okt./Dez. Ganz Serbien wird von deutschen, österreichisch-ungarischen und bulgarischen Truppen erobert; Montenegro kapituliert (25. Jan. 1916). Die italienischen Truppen werden aus Albanien vertrieben. Französischen und britischen Verbänden gelingt es nach verlustreichem Rückzug an der griechisch-makedonischen Grenze nördlich von Saloniki eine Stellungsfront zu halten. Griechenland protestiert gegen die Verletzung seiner Neutralität (Landung der Ententetruppen Anfang Okt. in Saloniki und Einbeziehung griechischen Staatsgebiets in das Operationsgebiet). Es befindet sich faktisch in der Hand der Ententemächte, die Griechenland zum Kriegseintritt drängen.

1916, 6.–22. Juni »Pacific blockade« Griechenlands durch die Entente, deren Ultimatum vom 21. Juni die Demobilisierung der griechischen Armee sowie Verfassungs- und Regierungsumbildung fordert.

Der Krieg in Italien

Italiens Bündnisverpflichtungen bestehen seit dem Dreibundvertrag von 1882 gegenüber den Mittelmächten und durch den italienisch-französischen Geheimvertrag von 1902 auch zu den Ententemächten. In den innenpolitischen Auseinandersetzungen um ein Für und Wider der Neutralität Italiens können sich die Befürworter einer Intervention gegenüber Österreich-Ungarn (weitgehende Gebietsversprechungen durch die Ententemächte) durchsetzen. Auf die Bemühungen des deutschen Reichskanzlers Theobald von Bethmann Hollweg (*1856, †1921), durch österreichische Zugeständnisse im Trentino-Gebiet Italien von einem Kriegseintritt abzuhalten, reagiert Wien zu spät.

1915, 23. Mai Kriegserklärung Italiens an Österreich-Ungarn. Die Kriegserklärung an das Deutsche Reich erfolgt erst am 28. Aug. 1916.
Die kriegerischen Auseinandersetzungen werden in drei Gebieten ausgetragen: Am Isonzo im italienisch-jugoslawischen Grenzgebiet, an der Grenze zu Kärnten und an der Grenze zu Tirol.

1915, Juni–1916, März In fünf Schlachten am Isonzo versuchen die Italiener vergeblich die Einnahme des Brückenkopfes von Görz am Eintritt des Isonzo in die friaulische Ebene sowie den Durchbruch durch die österreichisch-ungarische Front.

Der Krieg zur See

Der Seekrieg ist von ausschlaggebender Bedeutung für den Ausgang des Krieges. Die trotz der deutschen U-Boot-Kriegsführung durchgehaltene britische Blockade gegen Deutschland ist mit kriegsentscheidend.

Nordsee

Bei Kriegsausbruch liegt der Schwerpunkt des kommenden Seekriegs in der Nordsee (deutsch-britisches Kräfteverhältnis in der Nordsee 1:1,8). Großbritannien hat sich unter dem Einfluss des Marineministers Winston Churchill seit 1911 zur Fernblockade entschlossen (zwischen den Shetland-Inseln und Norwegen) und ist nicht genötigt, die Entscheidung durch eine Schlacht zu suchen. Auf deutscher Seite erwartet man eine enge Blockade. Entgegen der Auffassung des Großadmirals Alfred von Tirpitz (*1849, †1930), Staatssekretär des Reichsmarineamts, entschließt man sich nicht zum Schlachteinsatz der Hochseeflotte, stattdessen erfolgt der Befehl zum »Kleinkrieg« durch Minen- und U-Booteinsatz mit dem Ziel, ein für Deutschland besseres Kräfteverhältnis zu erreichen, um dann die Entscheidungsschlacht mit der Hochseeflotte zu suchen.

1914, 28. Aug., 1915, 24. Jan. Seegefechte bei Helgoland und an der Doggerbank, jeweils mit deutschen Verlusten.

1916, 31. Mai–1. Juni **Seeschlacht vor dem Skagerrak**. Die britische »Grand Fleet« (37 Großkampfschiffen) unter Admiral John Rushworth Jellicoe (*1859, †1935) trifft mit der deutschen Hochseeflotte (21 Großkampfschiffe) unter Vizeadmiral Reinhard Scheer (*1863, †1928) zusammen. Obwohl die Deutschen den Briten mit unterlegenen Kräften höhere Verluste (115 000 t gegenüber 61 000 t) zufügen, erringt die britische Flotte einen strategischen Sieg, da der von deutscher Seite gewünschte Kräfteausgleich ausbleibt und die britische Fernblockade weiter fortbesteht. Daher setzt die deutsche Marineführung nun auf die Einführung des uneingeschränkten U-Boot-Krieges.

Ostsee

1917, 14.–20. Okt. Die deutsche Hochseeflotte unterstützt die Einnahme der baltischen Inseln Ösel, Moon und Dagö.

1918, Anfang März Als vorbereitende Unternehmung für eine Landung in Finnland unterstützt die deutsche Flotte die Einnahme der Ålandinseln am Eingang zum Bottnischen Meerbusen.

3./4. April Deutsches Landungsunternehmen mit Unterstützung starker Flotteneinheiten in Hangö.

11./12. April Einnahme von Helsinki.

Überseeische Gewässer

1914, 4.–16. Aug. Die deutschen Kreuzer »Goeben« und »Breslau« brechen nach Konstantinopel durch. Die Türkei kauft die Schiffe und benennt sie um (»Goeben« in »Jawus Sultan Selim« und »Breslau« in »Midilli«); sie behalten aber ihre deutsche Besatzung.

28. Okt. Beginn des Seekriegs im Schwarzen Meer zwischen der Türkei und Russland.

1. Nov. **Seeschlacht bei Coronel** (Chile): Das deutsche ostasiatische Kreuzergeschwader unter Vizeadmiral MAXIMILIAN GRAF VON SPEE (*1861, †1914) vernichtet ein britisches Geschwader.

9. Nov. Der Kreuzer »Emden« wird nach Erfolgen im Handelskrieg (Aufbringung bzw. Versenkung von 23 Handelsschiffen) im Indischen Ozean bei Sumatra durch den australischen Kreuzer »Sydney« versenkt.

8. Dez. **Seeschlacht bei den Falklandinseln** (Südatlantik): Vernichtung des deutschen Ostasiengeschwaders unter Graf SPEE (Kreuzer »Scharnhorst«, »Gneisenau«, »Leipzig« und »Nürnberg«; der Kreuzer »Dresden« kann entkommen, wird aber im März 1915 versenkt) durch einen britischen Verband moderner Großkampfschiffe.

Unterseebootkrieg

1914, 22. Sept. Die Bedeutung der U-Boot-Waffe wird allgemein sichtbar, als das Unterseeboot »U 9« vor der niederländischen Küste drei (alte) britische Kreuzer versenkt. Die Steigerung des deutschen U-Boot-Krieges gegen Handelsschiffe des Kriegsgegners ist eine Antwort auf die britische Fernblockade (Sperrung des Ärmelkanals und der Nordsee zwischen Norwegen und Schottland für deutsche Schiffe) und der Versuch, das vom Seetransport abhängige Großbritannien seinerseits empfindlich zu treffen.

2. Nov. Mitteilung Großbritanniens an alle nicht Krieg führenden Staaten, dass die Nordsee als Kriegsgebiet zu betrachten sei (Verminung).

1915, 4. Febr. Die deutsche Reichsleitung bezeichnet die Gewässer rings um Großbritannien als Kriegsgebiet.

22. Febr. Die OHL befiehlt den **uneingeschränkte U-Boot-Krieg**, d. h. die vorwarnungslose Torpedierung von Handelsschiffen Krieg führender und neutraler Staaten innerhalb der erklärten Seekriegsgewässer.

7. Mai Das deutsche U-Boot »U 20« versenkt den britischen Passagierdampfer »Lusitania«, der auch Kriegsmaterial und Munition geladen hat (Warnung des deutschen Botschafters vor dem Auslaufen in New York). Unter den 1198 Toten sind auch 139 US-Bürger, was eine scharfe Protestnote der USA zur Folge hat.

18. Sept. Nach scharfem Notenwechsel (die USA erheben auch in London gegen die britische Praxis einer Hungerblockade Einspruch) erfolgt, aufgrund der amerikanischen Kriegsdrohung, eine Einschränkung des deutschen U-Boot-Kriegs durch den Befehl, neutrale Schiffe und feindliche Passagierdampfer zu schonen.

1916, Jan.–April Erneuter Beginn des verschärften deutschen U-Boot-Kriegs (eigenmächtiges Vorgehen der Admiralität entgegen der politischen Führung von Reichskanzler BETHMANN HOLLWEG) gegen bewaffnete Handelsschiffe: Mit Geschützen bestückte Handelsschiffe sollen wie Kriegsschiffe behandelt werden.

6. März Kaiser WILHELM II. schließt sich der Meinung BETHMANN HOLLWEGS an und lehnt gegen das Votum von General FALKENHAYN und Admiral TIRPITZ den uneingeschränkten U-Boot-Krieg (gegen neutrale Schiffe und ohne vorherige Warnung) ab. Daraufhin reicht TIRPITZ seinen Rücktritt ein, den der Kaiser am 16. März annimmt. Am 24. April wird der uneingeschränkte U-Boot-Krieg bis auf Weiteres ausgesetzt.

4. Mai Deutsche Note an die USA, in der eine Rückkehr zu den völkerrechtlichen Regeln des Kreuzerkrieges zugesagt wird, falls auch Großbritannien sich zur Einhaltung des Völkerrechts verpflichte, da man sich sonst »die volle Freiheit der Entschließung vorbehalten müsse« (bis zum Beginn des Jahres 1917 hat der U-Boot-Krieg infolge dieser Einschränkung nur geringe Bedeutung).

1917, 1. Febr. Rückkehr zum uneingeschränkten U-Boot-Krieg. Gegen die politische Führung ist die Admiralität der Ansicht, dadurch Großbritannien innerhalb von sechs Monaten in die Knie zwingen zu können.

1. Febr.–31. Dez. 6 141 000 BRT Schiffsraum der Alliierten werden versenkt (dazu 1 127 000 BRT der Neutralen). Die Folge des uneingeschränkten U-Boot-Kriegs ist der Kriegseintritt der USA, ein Umstand, vor dem Reichskanzler BETHMANN HOLLWEG mehrmals öffentlich gewarnt hat.

1918 Trotz anhaltender Versenkungsziffern von monatlich über 600 000 BRT tritt der durchschlagende Erfolg des U-Boot-Kriegs nicht ein; keine ernsthafte Störung des Nachschubs aus den USA nach Europa.

Der Luftkrieg

Zum ersten Mal werden in einem Krieg Luftstreitkräfte (Aufklärer, Artillerieflieger, Bomber und Schlachtflugzeuge) eingesetzt. Neben der Aufklärung, insbesondere für die Artillerie, werden sie zum Kampf gegen gegnerische Luftstreitkräfte sowie zur Bekämpfung von Bodentruppen verwendet. Im Verlauf des Krieges gewinnt auch der strategische Luftkrieg, der durch Bombardierung der feindlichen Infrastruktur und Rüstungspotenziale die gegnerische Fähigkeit zur Kriegsführung mindern will, an Bedeutung. Auch wenn der Luftkrieg im Ersten Weltkrieg noch keine kriegsentscheidende Bedeutung gewinnt, eröffnet seine Entwicklung bis zum Kriegsende die Aussicht auf grundlegende Wandlungen in der gesamten zukünftigen Kriegsführung.

1914, Herbst Mit dem Übergang zum Stellungskrieg tritt die Nahaufklärung (Lichtbild und Artillerieerkundung) in den Vordergrund, wozu sich fliegendes Material hervorragend einsetzen lässt.

Dez. Erste Funkanlage in einem deutschen Flugzeug.

1915/1916 Ab Aug. 1915 besitzen die deutschen Luftstreitkräfte aufgrund ihrer technischen Überlegenheit für acht Monate die Luftherrschaft an der Westfront. Gegen militärische Ziele in Paris, London, Südengland und im Osten werden nächtliche Angriffsfahrten mit Zeppelin-Luftschiffen geflogen.

1916 Kampfgeschwadereinsätze bei Verdun und an der Somme auf beiden Seiten.

1918, März Nach erheblichen Anstrengungen der deut-

schen Rüstungsindustrie, die alliierte Überlegenheit auszugleichen, wird das Maximum der Stärke der deutschen Luftstreitkräfte erreicht: Zur Erringung der Luftüberlegenheit für die deutsche Westoffensive »Unternehmen Michael« werden 1338 Flugzeuge, etwa ein Drittel sämtlicher Fliegerverbände und die Hälfte der Jagd- und Bomberkräfte, zusammengezogen. Dieses Volumen kann nicht mehr gesteigert werden, die Deutschen geraten ab dem Sommer zunehmend ins Hintertreffen.
Bombenangriffe der Alliierten auf Front- und Grenzgebiete Westdeutschlands.

Der Krieg in den deutschen Kolonien

Afrika

Die schwachen deutschen Streitkräfte in den deutschen Kolonien sind auf einen Krieg nicht vorbereitet, sodass die Besitzungen nach kurzer Zeit mit Ausnahme Deutsch-Ostafrikas, dessen Schutztruppe sich unter dem Kommando von Generalmajor Paul von Lettow-Vorbeck (*1870, †1964) bis zum Waffenstillstand 1918 behaupten kann, verloren gehen (Togo 1914, Deutsch-Südwestafrika 1915 und Kamerun 1916).

1914, 2.–5. Nov. Sieg der deutschen Afrika-Truppe unter Lettow-Vorbeck bei Tanga (heute in Tansania) über ein britisch-indisches Expeditionskorps.

1916 Konzentrischer Aufmarsch überlegener britischer Truppen, u. a. mit indischen, südafrikanischen und portugiesischen Kontingenten, gegen Deutsch-Ostafrika.

4. Sept. Daressalam fällt in britische Hand. Der deutschen Streitmacht gelingt die Lösung von den britischen Truppen. In strapazenreichen Märschen kann die operative Handlungsfreiheit erhalten werden.

1917, 15.–18. Okt. Sieg der Deutschen unter Lettow-Vorbeck bei Mahiwa und Einmarsch in den portugiesischen Teil Ostafrikas (Moçambique) unter erfolgreichen Operationen bis in die Nähe des Sambesi.

1918, 14. Nov. Waffenstillstand: Der deutschen Schutztruppe mit knapp 4500 Mann (Deutsche, Askaris, Träger) ist es gelungen, 120 000 Mann alliierter Truppen im Kampf zu binden.

Der Kampf um Tsingtau

1914, 23. Aug. Nach Ablauf des japanischen Ultimatums zur Übergabe der Festung Tsingtau (chinesische Provinz Shantung) erfolgt die Kriegserklärung Japans an das Deutsche Reich. Japan landet in der Folge Bodentruppen in der Provinz Shantung und beginnt mit der Belagerung Tsingtaus.

28. Sept.–Okt. Beschießung von Tsingtau durch japanische Großkampfschiffe und Artillerie.

7. Nov. Kapitulation der deutschen Besatzung.

Ozeanien

1914, Aug.–Okt. Australische Truppen besetzen Deutsch-Neuguinea, neuseeländische Truppen die Samoainseln.

Sept.–Okt. Japan nimmt die Marshallinseln, Marianen, Palauinseln und Karolinen ein.

Politische Geschichte des Krieges bis Sommer 1916

Die wichtigsten politischen Probleme der ersten Kriegsjahre sind die Lösung der Frage des Verhältnisses von Kriegsführung und Politik im Koalitionskrieg, die innenpolitischen Auseinandersetzungen in den einzelnen Staaten und die Bemühungen um den Frieden und die Kriegsziele.

Die Frage einer koordinierten politischen und militärischen Führung ist bei beiden Koalitionen unvollkommen gelöst. Aufseiten der Entente ist die Verbindung zwischen dem Westen und Russland aus äußeren und inneren Gründen schwierig. Im Vertrag zu London vom 5. Sept. 1914 verpflichten sich Großbritannien, Frankreich und Russland, keine Sonderfrieden zu schließen. Japan tritt dem Vertrag am 19. Okt. 1915 bei. Die notwendige militärische Kooperation wird zwischen Herbst 1915 und Sommer 1917 durch interalliierte Konferenzen hergestellt: Hervorzuheben ist die Konferenz von Chantilly (nördlich von Paris; 6.–8. Dez. 1915), auf der der Beschluss korrespondierender Offensiven und der der Räumung der Dardanellen gefasst wird.

Aufseiten der Mittelmächte ist die Einheitlichkeit durch verschiedene Faktoren belastet: Die beiden Monarchen fallen als »oberste Kriegsherren« de facto aus; damit fehlt den auseinanderfallenden Ressorts der politi-

Staatsverschuldung und Inflation im Ersten Weltkrieg (Staatshaushalte 1914–1918)

		1914	1915	1916	1917	1918	1914–1918
Deutsches Reich	Ausgaben	8,8	25,8	27,8	52,2	44,4	159,0
(Mrd. Mark)	Einnahmen	2,5	1,8	2,1	8,0	7,4	21,8
	Defizit	6,3	24,0	25,7	44,2	37,0	137,2
Frankreich	Ausgaben	10,4	22,1	36,8	44,7	56,6	170,6
(Mrd. Francs)	Einnahmen	4,2	4,1	4,9	6,2	6,8	26,2
	Defizit	6,7	18,0	31,9	38,5	49,9	144,4
Großbritannien	Ausgaben	560	1560	2200	2700	2580	9500
(Mio. Pfund)	Einnahmen	230	340	570	710	890	2730
	Defizit	330	1220	1630	1990	1690	6860

schen und militärischen Leitung die verbindende Spitze, die Generalstabschefs beider Monarchien geraten zunehmend in Gegensatz zueinander, Außenpolitik und Kriegsziele widersprechen sich vielfach.

Eine Reise des amerikanischen Diplomaten Edward M. House (*1858, †1938) im Auftrag von Präsident Woodrow Wilson (*1856, †1924) von Febr.–März 1915 nach London, Berlin und Paris bleibt erfolglos; seine unzulängliche Friedensvermittlung scheitert. Weitere Friedensversuche bis Ende 1916 schlagen fehl.

Die Ereignisse von Frühjahr 1916 – Ende 1917

1916, 15. Mai Beginn der österreichisch-ungarischen Offensive in Südtirol gegen Italien. Trotz einiger Anfangserfolge – die Festungen Asiago und Arsiero werden erobert – läuft sich die Offensive schnell fest.

16. Mai Das **Sykes-Picot-Abkommen** legt die »Einflusszonen und Territorialerwerbungen« der Entente in der Türkei fest (de facto ein Aufteilungsplan).

16. Juni Wegen der einsetzenden Brussilow-Offensive im Osten muss der österreichisch-ungarische Angriff am italienischen Kriegsschauplatz abgebrochen werden. Die besetzten italienischen Festungen werden wieder geräumt.

6.–9. Aug. In der 6. Isonzoschlacht erobern italienische Truppen Görz und die Hochebene von Doberdò. In den nächsten Monaten versuchen italienische Truppen vergeblich, die österreichische Front zu durchbrechen (7.–9. Isonzoschlacht).

Im Hochsommer 1916 ist den Mittelmächten an allen Fronten das Gesetz des Handelns verloren gegangen. Es bleibt nur ein »System von Aushilfen« (Falkenhayn). Diese Lage ist der Hintergrund für den Kriegseintritt Rumäniens, das von der Entente seit geraumer Zeit zu diesem Schritt gedrängt und durch hohe Versprechungen (Siebenbürgen, Bukowina, Banat) gelockt wird.

27. Aug. König Ferdinand I. (*1865, †1927) erklärt Österreich-Ungarn den Krieg. In den folgenden Tagen übergeben Deutschland, die Türkei und Bulgarien ihre Kriegserklärungen an Rumänien.

28. Aug.–9. Dez. Siegreicher Feldzug deutscher, bulgarischer und türkischer Truppen unter Generalfeldmarschall von Mackensen durch die Dobrudscha (zwischen der unteren Donau und dem Schwarzen Meer).

26.–29. Sept. General von Falkenhayn, mit der Führung der 9. Armee beauftragt, rückt in Siebenbürgen ein. Bei Hermannstadt (rumänisch Sibiu) werden die Rumänen entscheidend geschlagen.

5. Nov. Der polnische Staat wird durch eine gemeinsame Erklärung Kaiser Wilhelms II. und Kaiser Franz Josephs I. (*1830, †1916) proklamiert. Kurz darauf bildet sich ein polnischer Staatsrat in Warschau. Die Exekutive bleibt jedoch in Händen des deutschen Generalgouverneurs in Warschau und des österreichisch-ungarischen in Lublin im Südosten Polens.

23.–27. Nov. Deutsche und bulgarische Truppen unter Generalfeldmarschall von Mackensen überschreiten die Donau und vereinigen sich mit der Armee von Falkenhayn.

1.–5. Dez. Entscheidungsschlacht am Arges: Der letzte rumänische Widerstand wird durch rasche Verfolgung gebrochen.

6. Dez. Einzug der Sieger in Bukarest. Der größte Teil Rumäniens – damit auch die wichtigen Erdölfelder – ist in der Hand der Mittelmächte; die Moldau bleibt allerdings rumänisch.

1917, 11. März Erneuter Vormarsch britischer Verbände vom Persischen Golf gegen Bagdad, das eingenommen wird. Die Verbindung zwischen der britischen und der russischen Front wird hergestellt. Nach Abzug der Russen infolge der Februarrevolution besetzen die Briten Teheran und ganz Persien.

April–Mai Eine französisch-britische Durchbruchsoffensive gegen die deutsche Westfront, die bei Arras über die Aisne bis zur Champagne verläuft, scheitert. Im französischen Heer kommt es zu ausgedehnten Meutereien am Chemin des Dames (29. April bis Anfang Juni).

15. Mai General Pétain, der neue französische Oberbefehlshaber, stellt die Ordnung wieder her; Verhaftungen sozialistischer und pazifistischer Agitatoren.

Mai/Dez. Wiederholte erfolglose britische Offensiven in Flandern.

12. Juni Abdankung König Konstantins II. von Griechenland (*1868, †1923) aufgrund französisch-britischen Drucks (Ultimatum und militärisches Vorgehen in Thessalien und auf dem Isthmus von Korinth).

27. Juni Griechenland tritt nach Bildung einer neuen Regierung unter Eleutherios Venizelos (*1864, †1936) dem Bund der Entente bei. Ein Einsatz griechischer Truppen erfolgt erst 1918.

24.–27. Okt. Durchbruch der Truppen der Mittelmächte zwischen Flitsch und Tolmein am oberen Isonzo: Zusammenbruch der italienischen Front, Vordringen der Verbündeten auf der ganzen Linie, 300 000 italienische Gefangene, Massendesertionen und Demoralisierung im italienischen Heer. Mithilfe britisch-französischer Hilfstruppen kann Anfang Dez. eine Front am Piave (Piave-Linie) behauptet werden.

Ende Okt. Erfolgreiche britische Offensive von der Sueskanalfront nach Palästina.

8. Dez. Jerusalem wird von den Türken geräumt.

Friedensbemühungen und Kriegseintritt der USA

Der Wille des amerikanischen Präsidenten Woodrow Wilson, einen allgemeinen Frieden zu vermitteln, trifft mit Friedensabsichten des deutschen Reichskanzlers Bethmann Hollweg während der zweiten Hälfte des Jahres 1916 zusammen. Wilsons Aktion wird durch die Präsidentenwahl in den USA vorübergehend gehemmt. Nach der Wiederwahl Wilsons im Nov. 1916 ist der Weg dazu wieder frei. Allerdings gehen die deutsche und amerikanische Initiative nun nebeneinander her und hemmen sich in ihrer Wirkung.

1916, 21. Nov. Tod Kaiser Franz Josephs I.; Nachfolger

wird sein Großneffe KARL I. (*1887, †1922). Zusammen mit seiner Gemahlin ZITA VON BOURBON-PARMA (*1892, †1989) erwägt er eine Sonderfriedenspolitik der Doppelmonarchie; OTTOKAR GRAF CZERNIN (*1872, †1932) vertritt als Außenminister diese neue Linie.

12. Dez. Friedensdeklaration der deutschen Reichsleitung: Die USA werden aufgefordert, die Ententemächte zu informieren, dass Deutschland zu Friedensverhandlungen bereit sei. Bestimmte Vorschläge zur Friedenslösung werden in Aussicht gestellt, aber noch nicht ausgesprochen. Die Entente lehnt ab. Premierminister DAVID LLOYD GEORGE (*1863, †1945) kann sich mit seiner im Sept. 1916 ausgegebenen »Knock-out-Parole« im Kabinett durchsetzen; aber auch ein zur Verständigung mit dem Gegner bereiter Politiker wie Sir EDWARD GREY (*1862, †1933) erklärt, der Krieg könne nicht eher aufhören, bis der preußische Militarismus ausgemerzt sei. Der französische Ministerpräsident ARISTIDE BRIAND (*1862, †1932) schließlich hält allein das Wort »Frieden« schon für frevelhaft angesichts der Bedrohung der Freiheit.

21. Dez. Note WILSONS an die Krieg führenden Mächte und an die Neutralen, um »einen Meinungsaustausch über ihre Friedensbedingungen und Forderungen anzuregen«.

26. Dez. Die Antwort der Mittelmächte ist zustimmend und enthält den Vorschlag, eine Friedenskonferenz einzuberufen.

1917, 9. Jan. Im deutschen Hauptquartier zu Pleß (südlich von Kattowitz) wird der uneingeschränkte U-Boot-Krieg beschlossen. Der Kaiser schließt sich der Obersten Heeres- und Marineleitung gegen den Willen des Reichskanzlers BETHMANN HOLLWEG, der auf den sicheren Kriegseintritt der USA hinweist, an (die Militärs wollen dies in Kauf nehmen, da sie durch den uneingeschränkten U-Boot-Einsatz mit der Niederlage Großbritanniens innerhalb von sechs Monaten rechnen. Eine andere Möglichkeit zum Sieg wird nicht mehr gesehen als die »letzte Karte«).

10. Jan. Die Antwort der Entente auf den Vorschlag einer Friedenskonferenz ist nach diplomatischer Intervention der USA unter bestimmten Bedingungen zustimmend. Damit geben die Ententemächte zum ersten Mal offiziell und im Zusammenhang ihre Kriegsziele bekannt: Wiederherstellung der Eigenständigkeit Belgiens, Serbiens und Montenegros; Räumung aller besetzten Gebiete mit »Reparationen«; Neuordnung Europas nach dem Nationalitätenprinzip; Befreiung der Italiener, Südslawen, Rumänen und Tschechoslowaken von fremder Oberherrschaft; Verdrängung der osmanisch-türkischen Herrschaft aus Europa; Autonomie Polens innerhalb des Russischen Reiches; Sicherung des künftigen Friedens innerhalb dieser neuen Ordnung. WILSON sucht diese weitgehenden Bedingungen abzuschwächen und die Mittelmächte zur Veröffentlichung ihrer Bedingungen zu veranlassen.

22. Jan. Rede von Präsident WILSON vor dem Senat in Washington: »Frieden ohne Sieg« und das »Selbstbestimmungsrecht der Völker«.

31. Jan. Deutsche Note an die USA kündigt den uneingeschränkten U-Boot-Krieg zum 1. Febr. an mit dem Hinweis auf Großbritanniens völkerrechtswidrige Blockade.

3. Febr. Abbruch der diplomatischen Beziehungen zwischen den USA und dem Deutschen Reich. Nach einem Appell der USA folgen diesem Schritt die Mehrzahl der lateinamerikanischen Staaten sowie China.

16. Febr. Geheimvertrag zwischen Großbritannien und Japan, das die deutschen Südseeinseln nördlich des Äquators, Tsingtau und die Halbinsel Shantung zugesichert bekommt.

Febr.–Mai Diplomatische Friedensversuche des k. u. k. Außenministers OTTOKAR GRAF CZERNIN bleiben ohne Erfolg. CZERNIN erklärt Deutschland gegenüber, dass Österreich-Ungarn nicht länger als bis zum Herbst durchhalten könne, erkennt den Anspruch Frankreichs auf Elsass-Lothringen an, will Italien Welschtirol zugestehen, Polen an Deutschland freigeben und Rumänien der Doppelmonarchie angliedern.

11. März Abschluss eines russisch-französischen Notenaustausches: Russland erhält freie Hand für seine Grenzziehung im Westen, Frankreich für seine Ostpolitik, d. h. die Besetzung Elsass-Lothringens und des Saargebiets sowie die Bildung eines Pufferstaates.

2. April Nachdem die öffentliche Meinung in den USA immer stärker zum Krieg tendiert und der britische Geheimdienst eine deutsche Note, die sog. »Zimmermann-Depesche«, dechiffriert hat, in der Deutschland unter großzügigen territorialen Versprechungen (Texas, New Mexico, Arizona) Mexiko ein Bündnis anbietet, spricht sich Präsident WILSON vor dem Kongress für eine Kriegserklärung an das Deutsche Reich aus.

6. April **Kriegserklärung der USA** an das Deutsche Reich (an Österreich-Ungarn erst am 7. Dez.).

19.–21. April Britisch-französisch-italienische Konferenz in Saint-Jean-de-Maurienne (östlich von Grenoble). Die Italiener verweigern jede Kürzung ihrer ihnen 1915 garantierten Territorialansprüche, die genau fixiert werden (mit dabei die Brennergrenze).

19. Juli Friedensresolution des Deutschen Reichstags (Mehrheit aus SPD, Zentrum, Fortschrittliche Volkspartei) fordert erfolglos einen Frieden der Verständigung und Versöhnung.

1. Aug. Erfolglose Friedensnote Papst BENEDIKTS XV. (1914–1922) an die Krieg führenden Mächte.

Die russische Revolution und die Friedensschlüsse von Brest-Litowsk und Bukarest

1917, 8. März Ausbruch der russischen **Februarrevolution** nach Streiks und Unruhen in Petrograd (St. Petersburg) infolge großer Lebensmittelknappheit; Bildung einer Provisorischen Regierung.

15. März Zar NIKOLAUS II. (*1868) dankt ab, wird gefangen gesetzt und am 17. Juli 1918 mit seiner Familie erschossen.

16. April Ankunft WLADIMIR ILJITSCH LENINS (*1870,

†1924) und anderer Führer der Bolschewisten in Petrograd. Die Rückkehr aus dem Schweizer Exil erfolgt unter tätiger Mithilfe der deutschen Behörden.

30. Juni–11. Juli Russische Offensive unter General BRUSSILOW, die nach Anfangserfolgen in Galizien scheitert. Kriegsminister ALEXANDER KERENSKIJ (*1881, †1970) hält trotz der Formel eines Friedens ohne Annexionen und Kontributionen konsequent an der Kriegsteilnahme fest.

1.–5. Sept. Deutsche Offensive in Livland (heute Lettland), Riga wird von den deutschen Truppen am 3. Sept. eingenommen

12.–20. Okt. Im Zusammenwirken von deutschen Marine- und Landstreitkräften werden die baltischen Inseln Ösel, Dagö und Moon erobert.

6./7. Nov. Erfolgreicher Putsch der Bolschewisten in Petrograd, da das Militär auf der Seite der Aufständischen steht (**»Oktoberrevolution«**).

8. Nov. Bildung einer bolschewistischen Regierung der Volkskommissare. Das Regierungsdekret über den Frieden fordert, verbunden mit der Idee der proletarischen Weltrevolution, alle Kriegführenden zu Waffenstillstand und Friedensschluss auf.

Zur gleichen Zeit greift die bolschewistische Revolution auf andere Städte und dann auch das Land über.

28. Nov. LEO TROTZKIJ (*1879, †1940), Volkskommissar des Äußeren, unterbreitet allen Kriegführenden ein Waffenstillstandsangebot. Während die Entente ablehnt, erklären sich die Mittelmächte dazu bereit.

3. Dez. Beginn der Waffenstillstandsverhandlungen.

15. Dez. Abschluss des Waffenstillstandes zwischen dem Deutschen Reich und Russland.

22. Dez. Beginn der Friedensverhandlungen in Brest-Litowsk. Die Mittelmächte sind ohne einheitlich vorbereitetes Programm angereist. Die neue bolschewistische Regierung unterbreitet den Verzicht auf Annexionen und Kriegsentschädigungen, die baldige Räumung der besetzten Gebiete und die Anerkennung des Selbstbestimmungsrechts der Völker.

1918, 9. Febr. Separatfrieden des Deutschen Reichs, Österreich-Ungarns und der Türkei mit der Ukraine. Ein ukrainischer Staat wird anerkannt, der als Gegenleistung für eine günstige Grenzziehung im Westen (Cholmer Land) und die Zusage ukrainischer Autonomie in Ostgalizien umfangreiche Getreidelieferungen an die Mittelmächte verspricht (»Brotfriede«).

Der Erste Weltkrieg in Europa 1917–18

10. Febr. Erklärung Trotzkis, Russland sehe den Kriegszustand als beendet an und werde demobilisieren, ohne Annahme der deutschen Friedensbedingungen. Abbruch der Friedensverhandlungen durch Trotzki.

18. Febr. Wiederbeginn des Krieges. Deutsche und österreichisch-ungarische Verbände stoßen, ohne auf entscheidenden russischen Widerstand zu treffen, rasch nach Osten vor (»Eisenbahnvormarsch«). Die Sowjetregierung kapituliert.

3. März Abschluss des **Friedens von Brest-Litowsk** zwischen Deutschland, Österreich-Ungarn, der Türkei, Bulgarien und Sowjetrussland. Sowjetrussland verzichtet auf seine Hoheitsrechte in Polen, Litauen und Kurland, deren künftige Verhältnisse das Deutsche Reich im Einvernehmen mit den dortigen Völkern nach dem Selbstbestimmungsrecht lösen soll. Estland und Livland bleiben vorläufig von einer deutschen Polizeimacht besetzt. Sie werden durch einen Ergänzungsvertrag vom 27. Aug. 1918 vollständig aus dem russischen Staatsverband gelöst. Die Ukraine und Finnland werden von den Sowjets als selbstständige Staaten anerkannt. Sowjetrussland soll demobilisieren; die Mittelmächte verpflichten sich zur Räumung der besetzten Gebiete nach einem allgemeinen Friedensschluss. Weißrussland bleibt unter sowjetischer Herrschaft. Reparationen werden von den Mittelmächten nicht gefordert. Lenin, ein Gegner der Trotzki-Initiative vom 10. Febr., setzt die Annahme des Friedensvertrages durch (»Atempause«).

7. März Finnland schließt mit dem Deutschen Reich einen Sonderfrieden.

7. Mai Friedensvertrag von Bukarest zwischen den Mittelmächten und Rumänien, das die Dobrudscha an Bulgarien abtreten muss und den Deutschen Rechte in der Ausnutzung der Ölquellen einräumt.

Mai–Okt. Vormarsch der Mittelmächte im Kaukasus. Es kommt zu einem deutsch-türkischen Wettlauf nach Baku, der die beiderseitigen Beziehungen erheblich belastet. Im Juni besetzen deutsche Truppen Tiflis. Am 15. Sept. erobern türkische Verbände Baku. Zeitgleich versuchen auch britische Truppen, über Persien in die Region vorzustoßen.

Der Entscheidungskampf im Westen 1918

Gestärkt durch den Sieg an der Ostfront entschließt sich die deutsche OHL, mit einer Großoffensive im Westen den Krieg zugunsten der Mittelmächte zu entscheiden. Sie zieht alle verfügbaren Kräfte, insgesamt 195 der vorhandenen 240 Divisionen des deutschen Heeres, an der Westfront zusammen. Mit etwa 3,5 Mio. Mann besitzen die deutschen Verbände erstmals eine leichte personelle Überlegenheit. Materiell dagegen sind die Alliierten deutlich besser ausgestattet. Zudem steht die deutsche Offensive, ebenso wie 1914, unter ungeheurem Zeitdruck, denn die Entscheidung an der Westfront muss errungen werden, bevor amerikanische Truppen in nennenswertem Umfang in die Kämpfe eingreifen können.

1918, 21. März–6. April Die erste deutsche Offensive (»Unternehmen Michael«) soll die gegnerischen Stellungen in der Picardie zwischen Arras und La Fère durchbrechen, die Briten von den Franzosen trennen sowie erstere ans Meer drängen und vernichten. Nach großen Anfangserfolgen der durchbrechenden deutschen Truppen sind zwei der drei angreifenden Armeen bald erschöpft. Die Briten können nach starken Verlusten (90 000 Gefangene) die Front wieder schließen. Auch weitere Offensiven in Flandern, am Chemin-des-Dames und an der Marne bringen zwar Anfangserfolge, jedoch nicht den erhofften Entscheidungssieg. Anfang Juli sind die deutschen Verbände materiell wie personell total erschöpft und zu keinen weiteren Offensiven mehr fähig. Bei den deutschen Soldaten greift verstärkt Kriegsmüdigkeit um sich.

18. Juli Beginn der alliierten Gegenoffensive unter dem gemeinsamen Oberbefehlshaber General Ferdinand Foch (*1851, †1929). Entscheidend für die Erfolge der Alliierten von diesem Wendepunkt des Jahres 1918 an sind neben der zunehmenden deutschen Erschöpfung das schnell wachsende Übergewicht an Truppen und Material infolge des Eintreffens der US-Amerikaner und der Masseneinsatz von (zunächst nur britischen) Tanks (Panzer).

8.–11. Aug. **Schlacht bei Amiens** an der Somme. Der tiefe Einbruch der Briten mit 450 Tanks beiderseits der Straße Amiens–Saint-Quentin am 8. Aug. wird von General Ludendorff als der »schwarze Tag des deutschen Heeres« bezeichnet. Seitdem sieht sich die deutsche Front zwischen Aisne und Flandern pausenlosen Angriffen der Alliierten ausgesetzt.

Sept. Rückverlegung der deutschen Front in die »Siegfriedstellung« (Kampflinie von Arras über Saint-Quentin bis Reims).

Sept.–Nov. In Abwehrschlachten muss die deutsche Verteidigungsfront immer weiter zurückgenommen und verkürzt werden, wird aber insgesamt gehalten.

Wilsons Friedenspolitik

Präsident Wilson nimmt im Laufe des Jahres 1918 mehrfach zu den Bedingungen und Grundsätzen eines allgemeinen Friedens programmatisch Stellung, die Grundlage der Friedensverhandlungen sein sollen.

Am 8. Jan. 1918 hält Wilson im Zusammenhang mit der in Brest-Litowsk erörterten Friedensfrage eine Rede. Darin gibt er 14 Punkte bekannt, die als Richtlinien für den Weltfrieden dienen sollen: 1. Öffentlichkeit aller internationalen Vereinbarungen; 2. Freiheit der Meere; 3. Freiheit des Welthandels; 4. Rüstungsbeschränkung; 5. Internationale Regelung der Kolonialfragen; 6. Räumung und Freiheit Russlands; 7. Räumung und Wiederherstellung Belgiens; 8. Räumung allen französischen Gebiets und Abtretung Elsass-Lothringens an Frankreich; 9. Berichtigung der italienischen Grenzen nach dem nationalen Prinzip; 10. Freiheit zu autonomer Entwicklung der Völker Österreich-Ungarns (nicht identisch mit Zerschlagung Österreich-Ungarns); 11. Räumung Rumäniens, Serbiens und Montenegros, internationale Garantien für die Balkanstaaten; 12. nationale

Autonomie der nicht türkischen Völker des Osmanischen Reiches, Öffnung und internationale Garantie der Meerengen (Bosporus und Dardanellen); 13. Bildung eines unabhängigen polnischen Staates mit Zusicherung eines freien und sicheren Zugangs zum Meer auf einem Gebiet, das von unbestreitbar polnischer Bevölkerung bewohnt ist; 14. Gründung eines Völkerbundes.

In weiteren Reden entwickelt WILSON diese Grundsätze weiter (zuletzt am 27. Sept. 1918); sie gipfeln in den Begriffen einer »Herrschaft des Rechts« und einer »unparteiischen Gerechtigkeit« im Völkerleben, wofür eine »Friedensorganisation« in der *general and common family of the League of Nations* mit demokratischen Verfassungen geschaffen werden soll.

Zusammenbruch der Mittelmächte

Bulgarien

1918, 15.–24. Sept. Erfolgreiche Durchbruchsoffensive der Briten, Franzosen, Griechen, Serben und Italiener in Makedonien. Auflösung und Zusammenbruch der bulgarischen Armee; dadurch wird Bulgarien alliiertes Operationsgebiet.

30. Sept. Abschluss eines Waffenstillstands mit der Entente: Bulgarien muss demobilisieren und alle ehemals serbischen und griechischen Gebiete räumen.

3. Okt. Zar FERDINAND I. (*1861, †1948) von Bulgarien dankt zugunsten von Kronprinz BORIS (*1894, †1943) ab.

Türkei

1918, 18./19. Sept. Beginn der Palästinaschlacht: Die von türkischen und deutschen Einheiten gehaltene Front wird bei Jaffa von britischen Truppen durchbrochen.

Sept./Okt. Vorrücken der britischen Truppen unter General EDMUND ALLENBY (*1861, †1936) mit Unterstützung arabischer Einheiten (Oberst THOMAS EDWARD LAWRENCE [*1888, †1935]) bis nach Aleppo (Haleb), Damaskus und Beirut. Das deutsche Asienkorps kann sich bis nach Anatolien durchkämpfen.

14./15. Okt. Das türkische Kabinett sendet eine Waffenstillstandsnote an Präsident WILSON.

30. Okt. Waffenstillstand zu Mudros auf der Insel Lemnos: Die Türkei muss die Meerengen öffnen, alle Kriegsschiffe ausliefern, ihr Staatsgebiet für alliierte Operationen freigeben und sich von den Mittelmächten lösen.

Österreich-Ungarn

1918, 15.–24. Juni Eine Offensive der Österreicher auf dem Plateau der Sieben Gemeinden und am unteren Piave scheitert: Rückzug der Österreicher aus dem Mündungsgebiet des Piave. Seitdem steigt die Demoralisation der Truppe, besonders der nicht deutschsprachigen Teile der Armee.

14. Aug. Kaiser KARL I. und der neue Außenminister (seit 16. April) STEFAN GRAF BURIÁN VON RAJECZ (*1851, †1922) erzielen im deutschen Hauptquartier in Spa keine Einigung über das taktische Vorgehen in der Friedensfrage. Österreich-Ungarn drängt auf rasche Friedensinitiative und geht immer mehr einen eigenen Weg.

14. Sept. Eine Note Österreich-Ungarns, die eine allgemeine Friedenskonferenz anregt, wird von Präsident WILSON abgelehnt.

4. Okt. Österreich-Ungarn tritt dem deutschen Waffenstillstandsangebot bei.

17. Okt. Manifest Kaiser KARLS an die Völker der Monarchie mit dem Versprechen, die österreichische Reichshälfte föderativ umzugestalten. Diese Verlautbarung kommt zu spät und treibt die Ungarn zur Abspaltung, deren Parlament die Selbstständigkeit Ungarns, das nur noch durch Personalunion mit Österreich verbunden sei, erklärt.

20. Okt. Antwort Präsident WILSONS auf das österreichisch-ungarische Waffenstillstandsangebot vom 4. Okt.: Die Selbstständigkeitswünsche der Völker der Monarchie müssten anerkannt werden. Damit erklären die USA die Auflösung Österreich-Ungarns zur Bedingung einer Waffenruhe.

21. Okt. Eröffnung der deutsch-österreichischen Nationalversammlung in Wien. Revolution in Wien.

24. Okt. Beginn von Angriffen der Italiener und der Alliierten: Durchbruch der alliierten Truppen am unteren Piave, nachdem die dort stehenden österreichisch-ungarischen Verbände in der Auflösung begriffen sind. Die Italiener besetzen Triest (3. Nov.) und Fiume (5. Nov.).

27. Okt. Österreichisches Waffenstillstandsangebot unter den geforderten Bedingungen.

28. Okt. Proklamation der unabhängigen Tschechoslowakei in Prag.

29. Okt. Die Jugoslawen erklären in Zagreb das staatsrechtliche Verhältnis der jugoslawischen Gebiete der Monarchie mit Österreich-Ungarn für gelöst.

1. Nov. Bildung einer selbstständigen ungarischen Regierung unter Graf MIHÁLY KÁROLYI (*1875, †1955).

3. Nov. Abschluss des Waffenstillstandes zwischen Österreich-Ungarn und den Alliierten; Bedingungen: Demobilisierung; Räumung des Gebiets von Südtirol, Tarvis (Tarvisio) und Idria (westlich von Ljubljana). Die reichsdeutschen Truppen müssen innerhalb von

Gesamtverluste im Ersten Weltkrieg

	Gefallene	Verwundete	Gefangene
Deutschland	1 808 000	4 247 000	618 000
Frankreich	1 385 000	3 044 000*	446 000
Großbritannien	947 000	2 122 000	192 000
Italien	460 000	947 000	530 000
Österreich-Ungarn	1 200 000	3 620 000	2 200 000
Russland	1 700 000	4 950 000	2 500 000
Türkei	325 000	400 000	
USA	115 000	206 000	4500

* 1,1 Mio. anerkannte Kriegsinvaliden

15 Tagen Österreich-Ungarn verlassen haben. Der Kriegshafen Pola wird an die Alliierten übergeben.

3.–4. Nov. Nach dem Waffenstillstand kommt es zu einer Massengefangennahme der bis zuletzt die Front haltenden österreichischen Truppen, die vorwiegend deutscher Nationalität sind, durch die Italiener.

11. Nov. Kaiser KARL »verzichtet auf jeden Anteil an den Regierungsgeschäften«.

Deutsches Reich

1918, 14. Aug. Konferenz im deutschen Hauptquartier in Spa: Die Oberste Heeresleitung erklärt die Fortführung des Krieges als aussichtslos; eine Friedensvermittlung durch die Königin der Niederlande wird vorgesehen.

29. Sept. Die Generäle HINDENBURG und LUDENDORFF fordern ein sofortiges Waffenstillstandsangebot.

30. Sept. Entlassung von Reichskanzler GEORG GRAF VON HERTLING (*1843, †1919).

3. Okt. Prinz MAX VON BADEN (*1867, †1929) wird zum Reichskanzler ernannt. Er bildet eine Regierung, in der die Mehrheitsparteien (Sozialdemokraten, Links- und Nationalliberale, Zentrum) durch Staatssekretäre ohne Geschäftsbereich vertreten sind.

3.–4. Okt. Waffenstillstandsangebot der deutschen Regierung an Präsident WILSON auf der Grundlage seines 14-Punkte-Programms. Beim folgenden Notenwechsel wird deutlich, dass nur eine widerspruchslose Annahme der Bedingungen erfolgen kann. Dazu wird die von WILSON nur indirekt ausgesprochene Forderung einer Abdankung Kaiser WILHELMS II. lanciert. Daraufhin versucht die Oberste Heeresleitung trotz hoffnungsloser militärischer Lage die Fortführung des militärischen Widerstandes zu erreichen.

26. Okt. Nach der Entlassung General LUDENDORFFS und dem österreichischen Waffenstillstandsgesuch (27. Okt.) scheidet diese Möglichkeit endgültig aus.

29. Okt. Die deutsche Seekriegsleitung unter Admiral REINHARD SCHEER (*1863, †1928) befiehlt zur Ehrenrettung und Zukunftssicherung der kaiserlichen Marine für den 30. Okt. einen Flottenvorstoß in die Nordsee. Als Folge dieses Befehles kommt es zur Meuterei auf der Hochseeflotte. Daraufhin bricht der Flottenchef Admiral FRANZ RITTER VON HIPPER (*1863, †1932) die Vorbereitung für den Flottenvorstoß ab. Die Geschwader der Flotte werden in ihre Heimathäfen (z. B. Kiel) zurückbeordert.

3. Nov. Ein Aufstand der Matrosen in Kiel greift auf andere Städte über. In den folgenden Tagen breitet sich die Revolution über viele große Städte des Reichs aus, in denen sich Arbeiter- und Soldatenräte bilden.

5. Nov. Letzte Note Präsident WILSONS: Die deutsche Waffenstillstandskommission wird von General FERDINAND FOCH empfangen werden.

7. Nov. Revolution in München.

9. Nov. **Revolution in Berlin**: Prinz MAX VON BADEN gibt »de facto« die Thronentsagung Kaiser WILHELMS II. (unterzeichnet erst am 28. Nov. 1918) sowie des Kronprinzen bekannt und tritt zurück. PHILIPP SCHEIDEMANN (*1865, †1939; SPD) ruft die Republik aus. Übertragung der Regierungsgeschäfte an den Vorsitzenden der SPD, FRIEDRICH EBERT (*1871, †1925).

8.–11. Nov. Waffenstillstandsverhandlungen von General FOCH mit der deutschen Waffenstillstandskommission unter MATTHIAS ERZBERGER (*1875, †1921). Die deutschen Unterhändler können nur unwichtige Änderungen an den harten Bedingungen erreichen.

11. Nov. Im Wald von Compiègne (nördlich von Paris) wird der **Waffenstillstand unterzeichnet**.
Hauptbedingungen: Räumung Elsass-Lothringens sowie des besetzten Gebiets in Frankreich, Belgien und Luxemburg innerhalb von 15 Tagen; Abgabe großer Mengen von Kriegsmaterial und von Verkehrsmitteln; Räumung des linken Rheinufers, das von den Alliierten besetzt werden soll einschließlich dreier Brückenköpfe um Mainz, Koblenz und Köln; Bildung einer neutralen Zone von 10 km Breite rechts des Rheins; unverzügliche Rückbeförderung der Kriegsgefangenen ohne Recht auf Gegenseitigkeit; Verzicht auf die Friedensverträge von Brest-Litowsk und Bukarest; Zurückführung aller deutschen Truppen im Osten und Südosten hinter die Grenzen von 1914 (wegen der Oktoberrevolution sollen die deutschen Truppen jedoch noch auf ehemals russischem Staatsgebiet stehen bleiben, bis die Abberufung günstig erscheint); Ablieferung aller U-Boote, Abrüstung und Kontrolle der deutschen Hochseeflotte; Ablieferung von 2000 Jagd- und Bombenflugzeugen. Die Dauer des Waffenstillstandes beträgt zunächst 36 Tage.

Zwischen den Weltkriegen (1918/19–1939)

Die Zeit zwischen 1919 und 1939 ist sowohl als Nachgeschichte des Ersten wie auch als Vorgeschichte des Zweiten Weltkrieges anzusehen. Geteilt wird dieser Zeitabschnitt von der Weltwirtschaftskrise (1929–1933), eine der entscheidenden Ursachen für die auf den Zweiten Weltkrieg hintreibende Entwicklung.

Folgende Tendenzen bestimmen die Zeit:

1) Die Staaten versuchen Garantien gegen die Gefährdung der Sicherheit und der neu gesetzten Nachkriegsordnung zu gewinnen. Im Zusammenhang damit stehen die außenpolitischen Bestrebungen, durch Konferenzen und Bündnissysteme die Pariser Vorortverträge aufrechtzuerhalten, auszubauen oder durch neue Verträge zu revidieren. In der Innenpolitik sind die Staaten bemüht, die Abwehr gegen revolutionäre Bewegungen aufzunehmen oder nach revolutionären Erschütterungen neue Sicherungen in die Verfassungen zu integrieren. Dem entspricht als geistige Haltung das Streben, nach Entbehrungen und Verlusten möglichst schnell die Sicherheit des bürgerlichen Lebens wiederzugewinnen.

2) Die technische Entwicklung und Fortsetzung der Industrialisierung bestimmt stärker als vor dem Krieg den Lebensstil der Menschen und ergreift große Gebiete, die vor 1914 noch kaum industrialisiert sind (v. a. Russland). Die veränderte Lebensweise durch den verstärkten Ein-

satz technischer Mittel bewirkt zugleich eine neue Stufe der Rationalisierung auf fast allen Gebieten (z. B. Landwirtschaft, Industrie, Handel; »neue Sachlichkeit« in der Kunst; persönliche Lebensgestaltung und Verhaltensweisen; deutlicher Geburtenrückgang). Auf politisch-gesellschaftlichem Gebiet entsprechen dem eine erhöhte Notwendigkeit und Fähigkeit zur Organisation sowie zu zentralisierter Führung von Massen – in Propaganda, Wahlkämpfen, Wirtschaftskämpfen der demokratischen USA ebenso sichtbar wie in der Organisation ganzer Völker durch eine zur Totalität strebende Integration von Staaten des faschistisch-nationalsozialistischen oder kommunistischen Herrschaftstyps.

3) Die revolutionären Ereignisse am Ende des Ersten Weltkrieges wirken in vielerlei Gestalt nicht nur auf die Völker Europas, sondern auch Asiens, Afrikas und Lateinamerikas. Revolutionen und Umstürze haben die politisch-gesellschaftliche Ordnung der jahrhundertealten Monarchien (Deutschland, Österreich-Ungarn, Russland, Osmanisches Reich, China) beseitigt und gefährden nicht minder die bürgerlich-liberale Demokratie, besonders dort, wo sie sich, selbst anfällig und gefährdet, in der Krise befindet, so in Frankreich, Italien, Spanien und Deutschland sowie in den ostmitteleuropäischen Staaten, in denen die soziale Basis für eine Demokratie nach westlichem Vorbild nur unvollkommen vorhanden ist.

4) Die im Politischen sichtbare Krise wird in Wissenschaft und Kunst der Zeit, v. a. in der Theologie und Philosophie, deutlich. Hier wird die Überlieferung geistiger Selbstsicherheit und Fortschrittsgläubigkeit revidiert, so etwa in der Existenzphilosophie oder in der dialektischen Theologie. Während der Säkularisierungsprozess der Massen fortschreitet und durch die totalitären politischen Systeme beschleunigt wird, ist die Erneuerung der Religion, insbesondere aber ein neues Verständnis für die Bewährung christlichen Glaubens, Kennzeichen der Jahre zwischen den Weltkriegen.

Die internationalen Beziehungen sind durch mehrere Faktoren gekennzeichnet: 1) Kampf um Stabilisierung oder Revision der Pariser Vorortverträge; 2) Abkehr der Politik der USA, der Dominions des British Commonwealth of Nations und Japans von den europäischen Fragen; 3) Festigung und Ausbau der kommunistischen Herrschaft in der Sowjetunion und das Prinzip der Weltrevolution als ständig drohender politischer Faktor (Komintern); 4) Japans Expansion in Ostasien; 5) Bildung des faschistischen Italien und nationalsozialistischen Deutschland und deren expansive Außenpolitik; 6) viele Konflike, die sich aus den Grenzziehungen und nationalen Gegensätzen v. a. in Ostmitteleuropa und in den mit ihrer Emanzipation beginnenden kolonialen oder halbkolonialen Ländern Asiens und Afrikas ergeben.

Die Pariser Vorortverträge von 1919/1920

Nach Abschluss und Inkrafttreten der Waffenstillstandsvereinbarungen von 1918 beginnen die Vorbereitungen zu einer allgemeinen Friedenskonferenz. Sie wird nicht zur Weltfriedenskonferenz, weil Sowjetrussland ausgeschlossen ist. Auch die Besiegten sind nicht als Teilnehmer und Verhandlungspartner zugelassen.

1918, 2.–3. Dez. Geheimkonferenz zwischen dem britischen Premierminister David Lloyd George und französischen Ministerpräsidenten Georges Clemenceau (*1841, †1929). Der Plan für die Friedenskonferenz wird festgelegt, die Interessen abgesteckt.

1919, 18. Jan. Eröffnung der Friedenskonferenz im Spiegelsaal des Schlosses zu Versailles mit 70 Delegierten aus 27 Siegerstaaten.

Bei den nachfolgenden monatelangen Verhandlungen sind die Sitzungen des Obersten Rats der »großen Zehn«, der Vertreter der fünf Hauptmächte (USA, Großbritannien, Frankreich, Italien, Japan), von größerer Bedeutung als die Vollversammlungen. Der Oberste Rat wird bald ersetzt durch den Viererrat, die »großen Vier« (US-Präsident Woodrow Wilson, britischer Premierminister David Lloyd George, französischer Ministerpräsident Georges Clemenceau, italienischer Ministerpräsident Vittorio Emanuele Orlando [*1860, †1952]), schließlich (ohne Orlando) die »großen Drei«.

2.–6. März Gründungskongress der III. Internationale (Komintern) in Moskau. Ihre Gründung bezeichnet Lenin als die »Vorstufe der internationalen Republik der Sowjets, des Weltsieges des Kommunismus«.

29. April Die Verfassung des Völkerbundes wird in der Vollversammlung der Pariser Friedenskonferenz angenommen (Teil I mit 26 Artikeln in allen Friedensverträgen).

Der Völkerbund, dem die USA später nicht beitreten, soll eine Organisation des Friedens und der Sicherheit für das neue, in den Friedensverträgen festgesetzte politische System sein. Die Mitglieder werden zu gegenseitiger Hilfe bei Friedensverletzungen verpflichtet. Sie erkennen bei Streitigkeiten den Schiedsspruch des Ständigen Internationalen Gerichtshofes in Den Haag an. Sanktionen kann mit Zweidrittelmehrheit auch die Völkerbundversammlung oder der Völkerbundrat verhängen. Arbeitsgesetzgebung (Internationales Arbeitsamt), Gesundheitswesen und internationale Verwaltung (ehemals deutsche Kolonien, Saargebiet für 15 Jahre, Freie Stadt Danzig) fallen in die Zuständigkeit eines ständigen Sekretariats. Dieses registriert alle Verträge, die zwischen Mitgliedern geschlossen werden. Erster Generalsekretär ist der Brite Sir James Eric Drummond (*1876, †1951). Der Völkerbundrat besteht aus den Vertretern der Großmächte und aus vier jeweils von der Vollversammlung gewählten Mächtevertretern. Der Völkerbund beginnt seine Tätigkeit Anfang 1920 in Genf.

Das Völkerrecht nach dem Ersten Weltkrieg

Durch den Ersten Weltkrieg wird der alte Gedanke eines allgemeinen Weltfriedens, in dem der Krieg ausgeschlossen sein soll, politisch wirksam, besonders im Friedensprogramm des US-Präsidenten Wilson, der damit den Kriegseintritt der USA rechtfertigt. Der Völkerbund wird mit dem Hauptziel eines allgemeinen Friedens und internationaler Sicherheit gegründet. Die Gründung des Völkerbundes ist trotz seiner nur begrenzten Wirkungskraft und schließlich seines Scheiterns ein Markstein in der Geschichte des Völkerrechts. Bis 1914 sind die Staaten – in der Tradition des europäischen Staatensystems – Völkerrechtssubjekte der Völkerrechtsgemeinschaft, insoweit bestimmte Regeln ihrer Beziehungen, v. a. Abschluss und Einhaltung von internationalen Verträgen, von ihnen anerkannt werden. Sie sind aber voll souveräne Staaten, die bei inneren Angelegenheiten nicht durch internationale oder gar übernationale Bindungen in ihrer Souveränität eingeschränkt werden, abgesehen von Verpflichtungen, die sie durch freiwillig geschlossene Verträge mit anderen Staaten (z. B. Handelsbestimmungen oder Bündnisverpflichtungen) eingehen. Der Krieg ist als letztes Mittel der Politik anerkannt. Er ist völkerrechtlich nicht geächtet, jedoch in seinen Mitteln eingeschränkt (z. B. Rechtsschutz der Zivilbevölkerung; Haager Friedenskonferenzen von 1899 und 1907).

Aus den relativen Kriegsverboten in der Völkerbundsatzung (Artikel 10, 12, 13, 15) wird das allgemeine Verbot des Angriffskrieges als Mittel der Politik im Briand-Kellogg-Pakt von 1928. Die neu begriffene »kollektive Sicherheit« soll durch »Sanktionen« (Artikel 16), zu der die Mitglieder des Völkerbundes verpflichtet sind, erzwungen werden können. Dieser Artikel wird nur einmal, 1935 gegen Italien, erfolglos angewandt.

Wenn auch die Ansätze der 1920er-Jahre zu einer Weltfriedensordnung auf internationaler Ebene und damit zu einem neuen Völkerrecht durch die Angriffs- und Expansionskriege der 1930er-Jahre zunichte gemacht werden, so geben sie doch mit begrenztem Erfolg dem Völkerrecht und den internationalen Beziehungen bis zur Gegenwart, besonders seit Gründung der Organisation der Vereinten Nationen (UNO), neue Impulse.

Nationale Minderheiten und Minderheitenrecht nach 1919

Die modernen Nationalbewegungen seit dem 19. Jh. führen früher oder später in der Regel zu der Forderung, dass eine Nation ihren Staat (Nationalstaat) ausbauen und gewinnen müsse (italienische und deutsche Nationalstaatsbildung). Im Maße wie Nation und Staat identifiziert werden und der Nationalismus wächst, entstehen Nationalitätenfragen, die im Grundproblem gipfeln,

Der Völkerbund

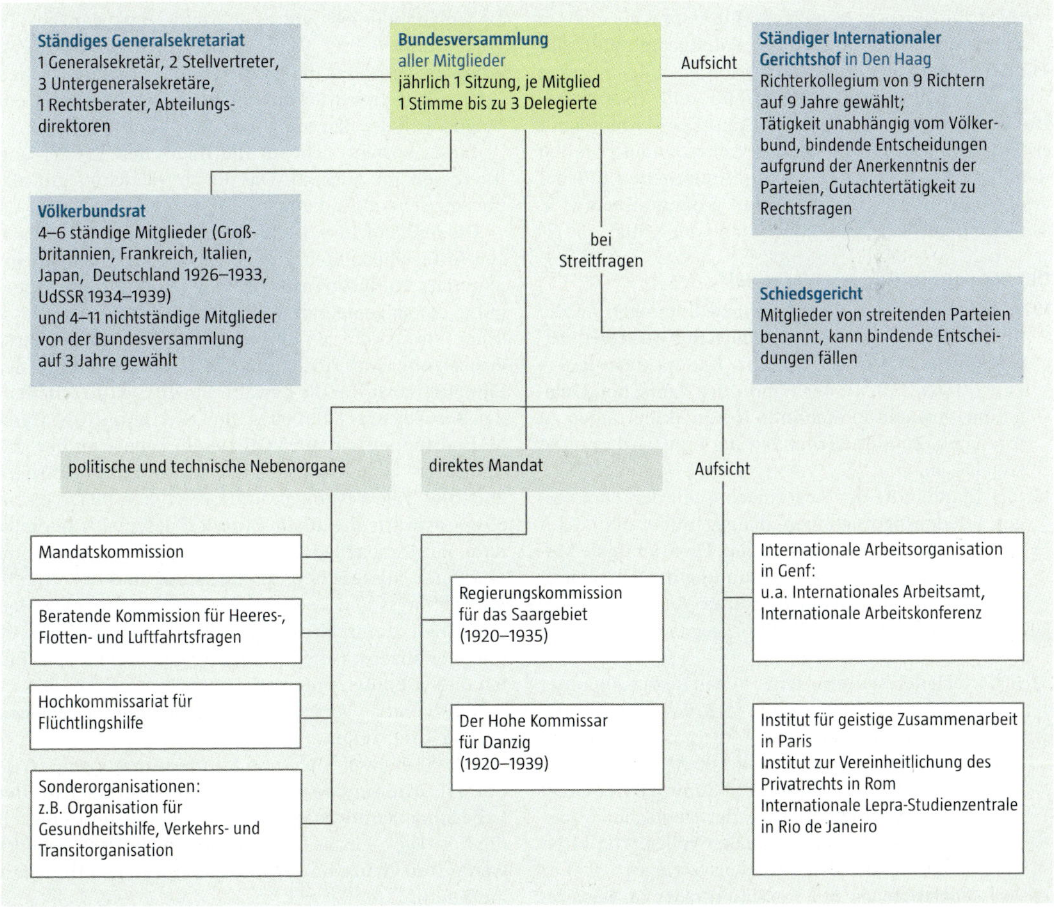

ob Volksgruppen, die nicht der Mehrheitsnation angehören (z. B. Polen im Deutschen Reich von 1871), national assimiliert oder in ihrer nationalen Eigenart anerkannt und rechtlich geschützt werden sollen. Nach dem Ende der übernationalen Reiche (Österreich-Ungarn, Russisches Reich, Osmanisches Reich) vervielfältigen sich die Nationalitätenfragen, da nun viele neue Nationalstaaten entstehen, die in Wirklichkeit Nationalitätenstaaten sind, bei denen innere Spannungen durch die Konflikte zwischen der jeweiligen ethnischen Mehrheit und den nationalen Minderheiten angelegt sind. Da das Prinzip des von US-Präsident WILSON besonders geforderten Selbstbestimmungsrechts der Völker angesichts der nationalen Vielfältigkeit in Ostmitteleuropa nicht für alle Nationalitäten gleichmäßig gerecht durchgesetzt werden kann oder soll, wird die Notlösung eines rechtlichen Minderheitenschutzes unabweisbar. Zwar wird ein allgemeiner Rechtsgrundsatz dieser Art nicht in die Völkerbundsatzung einbezogen, doch wird der Minderheitenschutz z. T. in die Friedensverträge aufgenommen und durch besondere Minderheitenschutzverträge rechtskräftig, z. B. das deutsch-polnische Oberschlesienabkommen von 1922. In diesen Verträgen geht es um die Garantie staatsbürgerlicher Gleichstellung sowie um die Freiheit der Sprache, der Religionsausübung und der kulturellen Einrichtungen, besonders die der Schulen mit Unterricht in der jeweiligen Muttersprache.

Zuständig für die Behandlung von Klagen nationaler Minderheiten gegen ihre Staaten aufgrund der Verträge wird der Völkerbundrat. Kontrolle und (begrenzte) Durchsetzung des Minderheitenschutzes werden damit zu einer wichtigen Aufgabe des Völkerbundes. Die Behandlung der Beschwerden von Minderheiten in Genf erfolgt allerdings schleppend und großenteils unwirksam. Sie unterliegt daher zunehmend der Kritik.

Der Friedensvertrag von Versailles

1919, 7. Mai Übergabe der Friedensbedingungen an die am 29. April eingetroffenen deutschen Vertreter. Außenminister ULRICH GRAF VON BROCKDORFF-RANTZAU (*1869, †1928), der Führer der deutschen Delegation, versucht in mehreren Noten Milderungen zu erreichen. Zu mündlicher Verhandlung wird er nicht zugelassen.

16. Juni Mantelnote der Siegermächte mit den endgültigen Friedensbedingungen, die gegenüber der ersten Fassung nur wenig geändert sind. Die wichtigste Milderung betrifft die Volksabstimmung in Oberschlesien anstelle dessen bedingungsloser Abtretung.

20. Juni Rücktritt der Koalitionsregierung PHILIPP SCHEIDEMANN.

23. Juni Nach der Berufung einer neuen Regierung unter Reichskanzler GUSTAV BAUER (*1870, †1944), in der nur Sozialdemokraten und Zentrumspolitiker vertreten sind, entschließt sich die deutsche Nationalversammlung mit 237 gegen 138 Stimmen der Deutschen Demokratischen Partei, der Deutschen Volkspartei und der Deutschnationalen Volkspartei unter Protest zur Annahme des Friedensvertrages.

28. Juni **Unterzeichnung des Friedensvertrages in Versailles** durch den neuen deutschen Außenminister HERMANN MÜLLER (*1876, †1931) und Verkehrsminister JOHANNES BELL (*1868, †1949).

Die Bestimmungen des Versailler Friedensvertrages

Der »Clemenceau-Frieden« wird weitgehend von den Franzosen durchgesetzt, wenn er auch in wesentlichen Bestimmungen infolge des Widerstands von US-Präsident WILSON und Premierminister LLOYD GEORGE abgeschwächt werden kann (v. a. in der Forderung der Abtretung von deutschen Gebieten westlich des Rheins).

Teil I enthält – wie bei allen anderen Friedensverträgen – die Völkerbundsatzung.

Teil II und III betreffen die neuen Grenzen, die politischen Klauseln (Ausbeutung der Gruben), das Saargebiet und die Volksabstimmungen. Ohne Abstimmung werden abgetreten: Elsass-Lothringen, fast ganz Posen und Westpreußen (Polen und Freie Stadt Danzig), Memelgebiet, Hultschiner Ländchen (Tschechoslowakei). Abstimmungen sollen stattfinden in: Nordschleswig, Regierungsbezirk Marienwerder und Allenstein, Eupen-Malmédy und Oberschlesien. Im Saarbecken verzichtet Deutschland zugunsten Frankreichs auf die Kohlengruben und behält nur ein Rückkaufsrecht. Nach 15 Jahren soll eine Abstimmung im Saargebiet stattfinden. Deutschland erkennt die Unabhängigkeit Österreichs als »unabänderlich« an, es sei denn, dass der Rat des Völkerbundes einer Abänderung zustimmt. Das Deutsche Reich gewährt die Besetzung des linksrheinischen Gebiets mit drei Brückenköpfen in drei Zonen mit der Möglichkeit der Räumung nach 5, 10 und 15 Jahren.

Teil IV bezieht sich auf die deutschen Rechte und Interessen im Ausland. Das Reich verzichtet auf alle überseeischen Besitzungen.

Die militärischen Bestimmungen in Teil IV und V setzen fest: nahezu vollständige Auslieferung des Kriegsmaterials, Auflösung des Großen Generalstabs, Aufhebung der allgemeinen Wehrpflicht, Aufbau der deutschen Streitkräfte als Berufsheer auf Freiwilligenbasis, Festsetzung einer Höchstgrenze für Zahl und Stärke der Einheiten sowie für die Bewaffnung des neu zu schaffenden Berufsheeres (100 000 Mann Land- und 15 000 Mann Marinetruppen mit 4000 Offizieren; Dienstzeit der Unteroffiziere und Mannschaften 12 Jahre, der Offiziere 25 Jahre). Alle Festungen und befestigten Plätze bis zu 50 km ostwärts des Rheins werden geschleift. Interalliierte, auf Deutschlands Kosten zu unterhaltende Kommissionen überwachen die Abrüstung und den erlaubten Rüstungsstand Deutschlands. Den neu zu bildenden deutschen Streitkräften ist der Besitz von schwerer Artillerie, Panzern, Giftgas, Flugzeugen, Großkampfschiffen und U-Booten untersagt.

Teil VI enthält Vorschriften über die Kriegsgefangenen und die Grabstätten.

Teil VII befasst sich mit Strafbestimmungen: WILHELM II. wird unter Anklage gestellt »wegen schwerster Verletzung der internationalen Moral und der Heiligkeit der Verträge«. Ein besonderer Gerichtshof soll gebildet werden, die deutsche Regierung alle »Kriegsverbrecher« ausliefern.

Teil VIII behandelt die Wiedergutmachungen (Reparationen). Der einleitende Artikel 231 erklärt, »dass Deutschland und seine Verbündeten als Urheber aller Verluste und aller Schäden verantwortlich sind, welche die alliierten und assoziierten Regierungen und ihre Angehörigen infolge des ihnen durch den Angriff Deutschlands und seiner Verbündeten aufgezwungenen Krieges erlitten haben« (Kriegsschuldparagraf). Mit dieser einseitigen Feststellung der Kriegsschuld der Mittelmächte, insbesondere Deutschlands, werden alle Reparationen begründet. Die Gesamtschuld des Deutschen Reichs soll von einer besonderen Reparationskommission festgelegt und innerhalb von 30 Jahren, beginnend mit dem 1. Mai 1921, abgelöst werden. Alle Handelsschiffe über 1600 BRT und die Hälfte aller Handelsschiffe zwischen 1000 und 1600 BRT sowie z. T. Fischereifahrzeuge und die Flussschifffahrtsflotte sollen abgeliefert werden, ebenso große Mengen von Maschinen, Fabrikeinrichtungen, Baumaterialien und Ähnliches. Das Reich wird für zehn Jahre zu jährlichen Kohlelieferungen sowie zu Lieferungen von Benzol, Steinkohlenteer und schwefelsaurem Ammoniak für drei Jahre verpflichtet. Farbstoffe, Lokomotiven, Eisenbahnwagen, Lastkraftwagen und landwirtschaftliche Maschinen müssen abgegeben werden, auch die deutschen Unterseekabel.

Teil IX enthält finanzielle Bestimmungen.

Teil X regelt wirtschaftliche Bestimmungen: Die Signatarstaaten erhalten im Handelsverkehr die volle Meistbegünstigung auf fünf Jahre. Die Zollordnung der besetzten Gebiete wird von den Alliierten bestimmt. Alle Handelsverträge werden aufgehoben. Ferner muss Deutschland eine Reihe von Verträgen anerkennen, die von den Alliierten in Zukunft ohne Mitwirkung Deutschlands geschlossen werden, auch die Kriegsentschädigung (Wiederherstellung, Wiedergutmachung), die die Alliierten später der Sowjetunion zusprechen.

Teil XI garantiert den Luftschiffen der Alliierten Überflugs- und Landerecht auf deutschem Hoheitsgebiet.

Teil XII behandelt Häfen, Wasserstraßen und Eisenbahnen, erklärt Elbe, Memel, Oder, Donau und Rhein zu internationalen Gewässern, gewährt allen Nationen freie Fahrt durch den Nord-Ostsee-Kanal und richtet Freihäfen für die Tschechoslowakei in Hamburg und Stettin ein.

Teil XIII befasst sich mit der Organisation der Arbeitsbedingungen im Sinne des Völkerbunds.

Teil XIV behandelt die Sicherheiten für die Ausführung des Vertrages und enthält Bestimmungen über die Räumungsfristen des besetzten Gebiets, die bis zu 15 Jahre betragen.

Teil XV enthält Verschiedenes: Deutschland verpflichtet sich u. a., mit allen Bestimmungen einverstanden zu sein, die bezüglich der Gebiete der ehemaligen österreichisch-ungarischen Monarchie, Bulgariens und der Türkei getroffen werden.

Der Friedensvertrag von Saint-Germain-en-Laye

Österreich und Ungarn werden von den Siegermächten als Rechtsnachfolger der Donaumonarchie und damit als Anstifter des Krieges angesehen, die Tschechen, Jugoslawen und siebenbürgischen Rumänen dagegen zu den Siegern gerechnet.

1919, 2. Juni Überreichung der Friedensbedingungen für Deutschösterreich an die österreichische Delegation unter Staatskanzler Karl Renner (*1870, †1950).

2. Sept. Der endgültige Wortlaut der Friedensbedingungen wird der Delegation in Saint-Germain-en-Laye (bei Paris) übergeben. Als wichtige Milderung soll in Kärnten eine Abstimmung stattfinden. Die Siegermächte fordern die Abänderung des Artikels 61 der deutschen Reichsverfassung, der den Anschluss Deutschösterreichs an das Deutsche Reich vorsieht.

10. Sept. Unterzeichnung des Friedensvertrages zwischen Deutschösterreich und den Siegerstaaten in Saint-Germain-en-Laye.

Die Hauptbedingungen des Friedensvertrages

1) Die Trennung Ungarns von Österreich wird aufrechterhalten. 2) Südtirol bis zum Brenner mit knapp 0,25 Mio. deutschsprachigen Einwohnern fällt an Italien, das außerdem durch das Küstenland mit Triest, Istrien, Teile von Kärnten und Krain, Dalmatien und den dalmatinische Inseln vergrößert wird (außer Fiume). 3) Anerkennung der selbstständigen Staaten Tschechoslowakei, Polen, Ungarn und Jugoslawien durch Österreich mit den sich daraus ergebenden Abtretungen. 4) Dem neuen Bundesstaat »Österreich« wird der Name »Deutschösterreich« sowie der durch die Wiener Nationalversammlung beschlossene Anschluss an das Deutsche Reich untersagt. 5) Die Artikel über den Völkerbund, Vertretung der Interessen im Ausland, Wiedergutmachung, Kriegsverbrecher, Abrüstung, Luftschifffahrt, Häfen, Wasserstraßen usw. entsprechen (ebenso wie im Vertrag mit Ungarn) der Friedensurkunde von Versailles. Das Heer wird auf 30 000 Mann beschränkt.

Bei Abschluss der Verträge von Versailles (Artikel 245, 246) und Saint-Germain-en-Laye (Artikel 193, 196) erfolgen nicht mehr die zum letzten Mal in den Napoleonischen Kriegen üblichen Konfiskationen wertvollen Kunstgutes als Beute, sondern nur beschränkte und mit anderen Motiven begründete Auslieferungen (z. B. die in Berlin befindlichen Flügel des Genter Altars als Entschädigung für die verbrannte Bibliothek in Löwen).

Der Friedensvertrag von Sèvres

1919, 15. Mai Griechenland besetzt im Einvernehmen mit den Siegermächten Smyrna (Izmir).

23. Juli Zusammentreten des Türkischen Nationalkongresses unter Führung Mustafa Kemals (»Atatürk«, *1881, †1938), der die Unverletzlichkeit des türkischen Anatolien fordert und zur nationalen Verteidigung aufruft.

1920, 23. April Mustafa Kemal eröffnet die Nationalversammlung in Ankara.

10. Aug. Unterzeichnung des Friedensvertrages von Sèvres (südwestlich von Paris) durch die türkische Regierung. Der Friedensvertrag wird von den Nationalisten unter Mustafa Kemal nicht anerkannt.

1921/22 Griechisch-türkischer Krieg um Kleinasien.

Die Hauptbedingungen des Friedensvertrags

1) Internationale Kontrolle und Verwaltung der Meerengen. 2) Wiederherstellung der Rechtsvorschriften zur Rechtssicherheit der Ausländer in der Türkei. 3) Finanz- und Militärkontrolle, Heeresbeschränkung auf 50 000 Mann, internationale Kontrolle über Häfen, Flussschifffahrt und Eisenbahnen; Reparationen. 4) Abtretungen an Griechenland: Thrakien mit Gallipoli, die Ägäischen Inseln und Smyrna (nach fünf Jahren Plebiszit); an Frankreich: Syrien und Kilikien; an Großbritannien: Irak und Palästina sowie die Schutzherrschaft über Arabien (Königreich Hedschas); an Italien: den Dodekanes und Rhodos. 5) Türkisch-Armenien wird selbstständiger Staat. 6) Zypern und Ägypten bleiben unter britischer, Tripolitanien unter italienischer Herrschaft. Der Türkei bleibt Konstantinopel (Istanbul) mit Hinterland bis zur Catalcalinie und Anatolien (etwa 10 Mio. Einwohner).

Grenzkonflikte nach und während der Friedensregelung

Die Pariser Friedensverträge haben nicht den »Gerechtigkeitsfrieden« im Sinne Wilsons gebracht. Vom Tage ihrer Unterzeichnung an sind daher als notwendige Ziele der Politik vorgezeichnet: für die Sieger, v. a. für das daran am meisten interessierte Frankreich, Stabilisierung und Sicherung, für die Besiegten, in erster Linie das Deutsche Reich, Revision.

In einem Defensivvertrag (28. Juni 1919) zwischen Frankreich, Großbritannien und den USA wird gegenseitige Bündnispflicht im Falle eines deutschen Angriffs auf Frankreich vereinbart. Die USA ratifizieren diesen Vertrag ebenso wenig wie den Vertrag von Versailles und entziehen sich damit weiterer Verantwortung für das politische System von Versailles.

Folgende Grenzfragen führen unmittelbar nach oder schon während der Friedensregelung zu Konflikten: **Fiume (Rijeka)**: Auf der Friedenskonferenz werden italienische Ansprüche auf Fiume nicht berücksichtigt. Nach Schaffung eines Freistaates Fiume versucht der italienische Freischarenführer Gabriele D'Annunzio (*1863, †1938) vergeblich, die Frage durch einen Putsch im italienischen Sinne zu lösen. Im Vertrag von Rapallo vom 12. Nov. 1920 wird Fiume freie Stadt. Im Vertrag von Rom vom 27. Jan. 1924 verzichtet Jugoslawien jedoch endgültig auf die Stadt zugunsten Italiens.

Kärnten: Nach dem Einmarsch jugoslawischer, v. a. serbischer Truppen in die Steiermark und nach Kärnten kommt es zu erbitterten Kämpfen mit Heimatwehren. Nach dem Abschluss eines Waffenstillstands (13. Jan. 1919) befindet sich eine US-Kommission in Kärnten. Ende April gehen die Jugoslawen erneut militärisch vor. Die Friedensregelung sieht eine Abstimmung im strittigen Gebiet Kärntens vor, das bis zur Abstimmung unter jugoslawischer Besatzung bleibt. Durch das Votum vom 10. Okt. 1920 bleibt das Gebiet bei Österreich.

Das **Burgenland** mit vorwiegend deutschsprachiger Bevölkerung auf ungarischem Staatsgebiet wird im Friedensvertrag von Saint-Germain-en-Laye Österreich zugesprochen. Im Aug. 1921 putschen ungarische Freischärler, die das Land besetzt halten. Durch italienische Vermittlung nimmt die österreichische Regierung den Vorschlag einer Volksabstimmung für das Gebiet um Ödenburg (Sopron) und Umgebung an. Die Abstimmung am 14. Dez. 1921 ergibt einen knappen Sieg für Ungarn, sodass, entgegen den Friedensbestimmungen, Ödenburg an Ungarn zurückgegeben werden muss.

Oberschlesien: Eine Volksabstimmung soll über die Zugehörigkeit des Landes entscheiden. Das zur Abstimmung bestimmte Gebiet ist seit Ende Febr. 1920 von alliierten Truppen besetzt; wachsende Unruhe. Die Abstimmung vom 20. März 1921 ergibt eine Mehrheit von 60 % für ein Verbleiben im Deutschen Reich. Trotzdem spricht im Okt. 1921 der Oberste Rat der Alliierten diesen Teil des Industriereviers mit Pleß, Myslowitz, Kattowitz, Königshütte, Tarnowitz, Rybnik und Lublinitz Polen zu. Kämpfe polnischer Freischaren mit deutschen Freikorps sind keine Seltenheit.

Teschen (Cieszyn) an der Olsa: Das Industriegebiet wird im Jan. 1919 von der Tschechoslowakei besetzt. Zusammenstöße zwischen Polen und Tschechoslowaken sind die Folge. Nachdem der Plan einer Volksabstimmung aufgegeben wird, fügt sich die Tschechoslowakei auf Druck Frankreichs einem Spruch des Botschafterrats, durch den die Stadt Teschen geteilt wird und der kleinere, wirtschaftlich wertvollere Teil an Polen fällt.

Memel (Klaipėda): Das Memelgebiet (Ostpreußen nördlich der Memel) erhält am 4. Okt. 1920 einen eigenen Staatsrat mit einem französischen Präfekten. Am 10. Jan. 1923 fallen litauische Freischaren in das Memelgebiet ein und besetzen es. Die Botschafterkonferenz fügt sich dem vollzogenen Gewaltakt. 1924 übertragen die vier Hauptmächte im Memelabkommen des Völkerbundes alle ihre Rechte aus dem Versailler Vertrag an Litauen. Dem Memelland wird durch das Memelstatut Autonomie unter litauischer Staatshoheit zugesichert.

Wilna (Vilnius): Die Stadt wird von den Litauern als historische Hauptstadt beansprucht, obwohl sie überwiegend polnisch besiedelt ist. Am 9. Okt. 1920 wird Wilna von polnischen Freischaren besetzt. Eine Volksabstimmung vom 8. Jan. 1922 entscheidet für Polen. Am 8. April wird die Stadt Wilna mit umliegendem Gebiet Polen einverleibt. Litauen protestiert und erkennt diesen Akt nie an.

Die Friedensverträge von Neuilly-sur-Seine und Trianon

1919, 27. Nov. Unterzeichnung des Friedensvertrag von Neuilly-sur-Seine (nordwestlich von Paris) durch Bulgarien aufgrund der am 18. Sept. übergebenen Bedingungen. Bulgarien behält im Norden die Grenzen von 1913 (Silistria bleibt bei Rumänien), muss aber thrakische Gebiete abtreten. Strumitza (Makedonien) fällt an Jugoslawien, das Küstengebiet am Ägäischen Meer bis zur Maritza an Griechenland, die Bulgaren erhalten aber Zugang zum Hafen Dedeağaç (Alexandroupolis). Darüber hinaus umfasst der Vertrag eine Heeresbeschränkung auf 20 000 Mann, Kriegsentschädigungen und Kohlelieferungen.

1920, 4. Juni Unterzeichnung des Friedensvertrags von Trianon (zwei Lustschlösser im Park von Versailles). Ungarn muss die Slowakei an die Tschechoslowakei,

Westungarn (Burgenland) an Österreich, Kroatien-Slawonien an Jugoslawien, das Banat an Jugoslawien und Rumänien sowie Siebenbürgen an Rumänien abtreten. Das Heer wird auf 35 000 Mann begrenzt.

Die internationalen Ereignisse bis zur Weltwirtschaftskrise (1920–1929)

1920 Mehrere Konferenzen der europäischen Siegermächte zur Friedensregelung behandeln v. a. die Frage der deutschen Reparationen: San Remo: 18.–26. April; Hythe und Boulogne-sur-Mer: 20.–22. Juli; Spa (erstmals deutsche Vertreter zugelassen): 5.–16. Juli.

19. Juli–7. Aug. Zweiter Weltkongress der Komintern, die hier ihre Statuten erhält. Ziel ist der Aufbau von kommunistischen Parteien nach sowjetischem Vorbild und Lenkung dieser Parteien durch Moskau.

14. Aug. Ein Vertrag zwischen der Tschechoslowakei und Jugoslawien leitet die »Kleine Entente« ein, die gegen die ungarische Revisionspolitik und gegen Versuche habsburgischer Restauration gerichtet ist. Im April und Juni 1921 folgen die Verträge zwischen der Tschechoslowakei und Rumänien sowie zwischen Rumänien und Jugoslawien.

Aug.–Sept. Konferenz zur Reparationsfrage zwischen dem britischen Premierminister David Lloyd George, dem französischen Ministerpräsidenten Alexandre Millerand (*1859, †1943) und dem italienischen Ministerpräsidenten Giovanni Giolitti (*1842, †1928).

24. Sept.–8. Okt. Finanzkonferenz des Völkerbundes in Brüssel.

15. Nov.–18. Dez. Erster Zusammentritt der Völkerbundsversammlung in Genf. Die USA haben den Eintritt abgelehnt. Argentinien scheidet wieder aus. Österreich und Bulgarien werden als Mitglieder aufgenommen. Die Vollversammlung beschließt die Einrichtung des Internationalen Gerichtshofes und bestätigt die Mandate über die deutschen Kolonien.

Dez. Sachverständigenkonferenz zur Reparationsfrage in Brüssel.

1921, 24.–29. Jan. Konferenz in Paris. Ohne Hinzuziehung Deutschlands wird die Höhe der Entschädigungssumme festgesetzt: das Deutsche Reich soll 269 Mrd. Goldmark, zahlbar in 42 Jahresraten (eine unveränderliche feste Hauptsumme von 226 Mrd. und eine veränderliche Nebensumme von 43 Mrd. Goldmark), an Reparationen leisten. Ferner eine 42-jährige Abgabe von der deutschen Ausfuhr in Höhe von je 12 % des Wertes (jährlich etwa 1–2 Mrd. Goldmark).

19. Febr./3. März Das Bündnis- und Vertragssystem der Entente wird nach Ostmitteleuropa durch den Abschluss von Bündnissen zwischen Polen und Frankreich bzw. Polen und Rumänien ausgedehnt (Abschluss eines ähnlichen Vertrages zwischen Frankreich und der Tschechoslowakei am 25. Jan. 1924).

21. Febr.–14. März Konferenz in London: Deutsche Gegenvorschläge in der Reparationsfrage werden als indiskutabel abgelehnt. Der britische Premierminister Lloyd George betont die Kriegsschuld Deutschlands als Grundlage der Vertragsbedingungen. Nach ergebnisloser Sonderkonferenz des deutschen Außenministers Walter Simons (*1861, †1937) mit den Vertretern der Entente werden die Verhandlungen mit Deutschland am 7. März abgebrochen.

8. März Als Strafmaßnahme werden »Sanktionen« im Ruhrgebiet eingeleitet: Besetzung von Düsseldorf, Duisburg, später auch Mülheim und Oberhausen; Verlegung der Zolllinie an die Grenze des besetzten Gebiets.

27. April Festsetzung der deutschen Reparationssumme von insgesamt 132 Mrd. Goldmark durch die Reparationskommission (nicht gerechnet die Zurückerstattungen gemäß Artikel 238 und 232, Absatz 3).

5. Mai Londoner Ultimatum der Alliierten: 1) schnelle Entwaffnung; 2) Einzelheiten zu den Zahlungsmodalitäten der 132 Mrd. Goldmark in 37 Jahren, Festlegung von jährlichen Zahlungen für den Zinsen- und Amortisationsdienst auf 2 Mrd. Goldmark sowie einer Ausfuhrabgabe von 26 %, sofortige (innerhalb von 25 Tagen) Zahlung einer Milliarde Goldmark; 3) unverzügliche Aburteilung der »Kriegsverbrecher«; 4) im Falle der Nichterfüllung wird die Besetzung des Ruhrgebiets für den 12. Mai angedroht.

11. Mai Das Deutsche Reich nimmt nach einer Abstimmung im Reichstagsplenum das Ultimatum an. Trotzdem werden die Sanktionen (Zollgrenze und zusätzliche Besetzungen) nicht aufgehoben.

24./25. Aug. Friedensverträge der USA mit dem Deutschen Reich und Österreich.

6.–7. Okt. Wiesbadener Abkommen der Minister für Wiederaufbau Frankreichs, Louis Loucheur (*1872, †1931), und Deutschlands, Walther Rathenau (*1877, †1922), über die Realisierung der Reparationszahlungen und die Herabsetzung der Kohlelieferungen.

12. Nov. Die Washingtoner Konferenz (bis 6. Febr. 1922) bringt folgende Ergebnisse: 1) Ein Flottenabkommen der fünf Mächte USA, Großbritannien, Japan, Frankreich und Italien untersagt den Neubau großer Kriegsschiffe, setzt deren Stärkeverhältnis auf 5 : 5 : 3 : 1,75 : 1,75 fest und führt weitere Beschränkungen der Rüstung und Seebefestigungen ein. 2) Ein Viermächteabkommen zwischen USA, Großbritannien, Japan und Frankreich garantiert den Besitzstand im Pazifik und hebt das Bündnis zwischen Großbritannien und Japan (1902) auf. 3) Ein Neunmächteabkommen verpflichtet die Unterzeichnenden zur Wahrung der Unabhängigkeit Chinas und regelt den Grundsatz der »offenen Tür« in China. 4) Im Shandong-Vertrag gibt Japan die Provinz Shantung und den darin gelegenen Flottenstützpunkt Kiautschou an China zurück.

1922, 6.–13. Jan. Konferenz von Cannes: Die Teilnehmer beschließen die Einberufung einer Weltwirtschaftskonferenz nach Genua.

28. Febr. Ägypten wird zum unabhängigen Königreich erklärt.

10. April–19. Mai Auf der Konferenz von Genua soll eine Regelung internationaler Wirtschafts- und Reparationsprobleme erfolgen. Anwesend sind Vertreter von 28 europäischen Staaten, von Japan und den englischen Dominions. Die USA und die Türkei fehlen. Der Versuch des sowjetischen Außenministers GEORGIJ WASSILJEWITSCH TSCHITSCHERIN (*1872, †1936), die internationale Anerkennung Sowjetrusslands und die Erörterung der Abrüstung in das Programm der Konferenz zu bringen, stößt auf schroffe Ablehnung durch den ehemaligen französischen Ministerpräsidenten und Vorsitzenden der Reparationskommission JEAN LOUIS BARTHOU (*1862, †1934). Die Hauptarbeiten der Konferenz werden in die Ausschüsse verlegt, um Deutschland und Sowjetrussland möglichst weitgehend auszuschließen. Die Konferenz wird ergebnislos abgebrochen, da die Sowjetunion sich weigert, russische Vorkriegsschulden anzuerkennen.

16. April Abschluss und Veröffentlichung des deutsch-sowjetischen Sondervertrags von Rapallo auf der Grundlage gegenseitiger Gleichberechtigung. Die Aufnahme diplomatischer Beziehungen wird vereinbart, alle Ansprüche aus der Zeit des Krieges zwischen Deutschland und dem früheren Russland gelten als erledigt. Damit hat Sowjetrussland auf die Ansprüche aus Artikel 116 des Versailler Vertrages, mit dessen Hilfe Frankreich die russischen Vorkriegsschulden auf das Deutsche Reich hatte abwälzen wollen, verzichtet.

15. Juni–20. Juli Die Haager Konferenz bringt kein Ergebnis.

Inzwischen macht die fortlaufende Entwertung der Reichsmark einen Transfer der deutschen Reparationsschulden in der geforderten Höhe vollends unmöglich. Die deutsche Regierung ersucht daher mehrfach um ein Moratorium, wogegen Frankreich mit der Forderung auf Finanzkontrolle und mit »Retorsionen« antwortet. Die Verknüpfung der Reparationen mit der allgemeinen internationalen Verschuldung, bei der v. a. die USA der große Gläubiger der Ententestaaten sind, wird in einer britischen Note ARTHUR JAMES BALFOURS (*1848, †1930) versucht, aber von den USA abgelehnt.

7.–14. Aug. Konferenz in London: Der französische Ministerpräsident und Außenminister RAYMOND POINCARÉ (*1860, †1934) fordert von Deutschland als Gegenleistung für ein Moratorium »produktive Pfänder«, darunter eine Gewinnbeteiligung an der deutschen chemischen Industrie. Großbritannien widersetzt sich den französischen Forderungen. Das Moratorium kommt daraufhin nicht zustande.

10. Okt. Waffenstillstand und Vorkonferenz von Mudanya (Türkei). Der Ausgang des griechisch-türkischen Krieges bedeutet für LLOYD GEORGE den Zusammenbruch seiner Orientpolitik.

28. Okt. **»Marsch auf Rom«**: Beginn der faschistischen Machtergreifung in Italien. Über Italien hinausgehend, werden »Faschismus« und »Antifaschismus« zu internationalen Tendenzen.

Faschismus

In der Französischen Revolution und im italienischen Risorgimento ist das Rutenbündel (italienisch *fascismo*, von lateinisch *fasces)* ein Symbol revolutionärer Bewegungen verschiedener Richtungen. BENITO MUSSOLINI (*1883, †1945) nimmt es 1919 für seine Kampfbünde (*fasci di combattimento*) auf. »Faschismus« wird damit zur Bezeichnung dieser politischen Bewegung und des Herrschaftssystems in Italien von 1922 bis 1945. Bald wird der Faschismus über Italien hinaus zum idealtypischen Begriff eines politischen Systems, das beansprucht, die Schwächen oder Gefahren der parlamentarischen Liberal- oder Sozialdemokratie einerseits und des Kommunismus andererseits zu überwinden. MUSSOLINI hat den Faschismus selbst als eine *democrazia totalitaria* bezeichnet: Das durchorganisierte Volk soll total durch ein den Staat und die (Einheits-)Partei zusammenfassendes Herrschaftssystem in Form einer Pyramide erfasst werden, an deren Spitze der Führer des Faschismus und der Staatschef in einer Person stehen soll (»Führerprinzip«). Der Lenkung von oben sollen aktive Dienstbereitschaft und Zustimmung von unten entsprechen. Der Faschismus ist betont nationalistisch, antiliberal, antisozialistisch, antipluralistisch-parlamentarisch sowie rücksichtslos gegen individuelle Grundrechte, wenn »politische Notwendigkeit« besteht, und expansionistisch völkerrechtsverletzend, wenn der nationale Egoismus (*sacro egoismo*) es erfordern. Das idealtypische Bild des faschistischen Herrschaftssystems wird in der Wirklichkeit nirgends voll erreicht. Die Disziplin der Führerpyramide wird de facto durch fortgesetzte Machtkämpfe von Amtsträgern, Kompetenzwirrwarr und Grenzen der Integration des Staates durch die Partei beeinträchtigt. Auch die Kirchen können in den faschistischen Regimes nicht »gleichgeschaltet« werden.

Ähnliche antidemokratische und antikommunistische Bewegungen wie in Italien werden in anderen Nationen schon in den 30er-Jahren oft als »faschistisch« bezeichnet, so v. a. der deutsche Nationalsozialismus, die spanische Falange, die ungarischen Pfeilkreuzler, die Eiserne Garde in Rumänien, die kroatische Ustascha, aber auch erfolglose faschistische Bewegungen in Großbritannien und Frankreich. Obwohl viele »faschistische« Gemeinsamkeiten und personell-organisatorische Verbindungen vorhanden sind, kommt es zu keiner »faschistischen Internationale«. – Theorien über Entstehungsbedingungen, Trägerschaft und Strukturtypologie des Faschismus bzw. der über Italien hinausgehenden Faschismen werden seit 1922 vielfältig entwickelt, besonders von marxistischer Seite, die den Faschismus als Folge des kapitalistischen Systems begreift. Dass besonders mittelständisch-kleinbürgerlich-bäuerliche Massen anfällig für »Faschismus« sind, wird oft bemerkt.

1922, 5. Nov.–5. Dez. Der IV. Weltkongress der Komintern bestätigt eine Änderung der weltrevolutionären Strategie im Sinne der »Einheitsfront«: Ein Zusammengehen (auch Regierungskoalitionen) mit sozialistischen bzw. sozialdemokratischen Parteien und Gewerkschaften ist akzeptabel.

20. Nov. **Friedenskonferenz in Lausanne** (bis 24. Juli 1923): Sie wird zunächst abgebrochen (4.–23. April) wegen der Differenzen in der Mosulfrage (das Gebiet um die Stadt am Tigris ist nach dem Ersten Weltkrieg von Großbritannien besetzt worden, wird danach zum Streitobjekt zwischen dem Irak und der Türkei; 1925 vom Völkerbund dem Irak zugesprochen). Erst nach einem erneuten Zusammentreten kommt es zu einem Ergebnis: 1) Die Unabhängigkeit der Türkei wird anerkannt. 2) Die Meerengen werden entfestigt, bleiben aber unter türkischer Hoheit. Alle Handelsschiffe haben freie Durchfahrt, für fremde Kriegsschiffe bleibt die Durchfahrt aber auch im Frieden geschlossen. 3) Die territorialen Grenzziehungen in Europa und in Asien werden endgültig festgelegt. 4) Bildung eines Balkanblocks aus Rumänien, Jugoslawien, Griechenland und Bulgarien, das bisher zur Türkei gehalten hat. 5) Abschluss des Orientfriedens zwischen Großbritannien, Frankreich, Türkei, Griechenland, Bulgarien, Sowjetunion und Italien. Der Frieden von Sèvres vom 10. Aug. 1920 ist damit revidiert. Großbritannien erneuert seine alten freundschaftlichen Beziehungen zur Türkei.

9.–11. Dez. Zweite Londoner Konferenz: Neue deutsche Vorschläge, u. a. die Bewilligung eines internationalen Bankkredits, bleiben unberücksichtigt. Die Konferenz ist erfolglos. Die Briten und Amerikaner widersetzen sich der französischen Rheinpolitik. Ministerpräsident Poincaré drängt auf eine Verschärfung, um einen Vorwand zur Besetzung des Ruhrgebiets zu gewinnen. Italien schließt sich Frankreich an.

1923, 9. Jan. In der Sitzung der Reparationskommission wird festgestellt (gegen die Stimme Großbritanniens), dass Deutschland vorsätzlich seine Kohlelieferungen vernachlässigt habe. Damit hat Frankreich freie Hand.

10. Jan. Französisch-belgische Note an das Deutsche Reich: Infolge des deutschen Versäumnisses müsse eine Ingenieurskommission zur Kontrolle des Kohlensyndikats ins Ruhrgebiet geschickt werden, zu deren Schutz Besatzungstruppen notwendig seien.

11. Jan. Stattdessen marschieren die Franzosen (fünf Divisionen mit zwei Generalkommandos und zahlreichen schweren Waffen) in Essen ein. Nach und nach folgt die Besetzung des ganzen Ruhrgebiets. **Beginn des Ruhrkampfes**; Großbritannien verhält sich abwartend. Die USA ziehen ihre Besatzungstruppen aus dem Rheingebiet zurück.

13. Jan. Reichskanzler Wilhelm Cuno (*1876, †1933) verkündet im Reichstag den »passiven Widerstand«: Die Kohlelieferungen werden eingestellt, Eisenbahnbeamte verweigern die Arbeit auf den von Franzosen besetzten Bahnstrecken, Zechen liegen still. Es kommt zu blutigen Zusammenstößen zwischen der Bevölkerung und den Besatzungstruppen; im Reich beginnen Hilfsaktionen für die Ruhrbevölkerung. Frankreich reagiert mit einer Verhaftungswelle im Ruhrgebiet. Deutsche Versuche, im Mai und Juni mit Frankreich zu Verhandlungen zu kommen, werden von Großbritannien unterstützt, scheitern aber.

26. Sept. Während Inflation und Wirtschaftskrise in Deutschland weiter fortschreiten, ist der passive Widerstand nicht durchzuhalten. Nach dem Rücktritt Cunos (12. Aug.) erklärt sich der neue Reichskanzler Gustav Stresemann (*1878, †1929) zum Einlenken bereit: Aufruf der Reichsregierung »An das deutsche Volk«. Der passive Widerstand muss aus innenpolitischen und finanziellen Gründen abgebrochen werden, mit Frankreich soll eine Verständigung erreicht werden. Zunächst jedoch ändert sich die französische Rhein-Ruhr-Politik nicht, die endgültige Räumung des Ruhrgebiets erfolgt erst Ende Aug. 1925.

21. Okt. Die Franzosen lassen in Aachen durch deutsche Separatisten die »Rheinische Republik« ausrufen. Der Versuch scheitert schnell am Widerstand der Bevölkerung sowie an der Ablehnung Großbritanniens.

24. Okt. Die Inflation in Deutschland (verbunden mit neuen inneren Unruhen) erreicht ihren Höhepunkt; auch der Franc fällt.

30. Nov. Die vom britischen Premierminister Stanley Baldwin (*1867, †1947) angeregte Konferenz der Reparationskommission zur Regelung der Reparationsfrage mit Beteiligung der USA beschließt die Bildung von zwei Sachverständigenausschüssen zur Untersuchung der deutschen Währungsstabilisierung und zur Rückleitung des ins Ausland geflüchteten deutschen Kapitals.

6. Dez. Die USA sind daran interessiert, die europäischen Gegensätze zu mildern und zur Regelung der internationalen Zahlungsprobleme, v. a. der deutschen Reparationen, zu kommen. In diesem Sinne richtet der neue Präsident Calvin Coolidge (*1872, †1933) seine Botschaft an den Kongress.

1924, 14. Jan. Zusammentritt des Internationalen Sachverständigenausschusses zur deutschen Finanzsicherung, Währungsstabilisierung und Ordnung des Staatshaushaltes unter Vorsitz des amerikanischen Finanzfachmanns Charles Gates Dawes (*1865, †1951) in Paris.

22. Jan. Der Regierungswechsel in Großbritannien von der konservativen Regierung Baldwin zum Kabinett des Führers der Labourparty, James Ramsay MacDonald (*1866, †1937), führt zu einer gewissen Entspannung gegenüber Deutschland.

9. April Die Berichte der Finanzausschüsse werden dem Vorsitzenden der Reparationskommission, dem französischen Justizminister Barthou, zugestellt. Das Ergebnis der Arbeiten des ersten Ausschusses ist der Dawesplan, der unter dem Schlagwort »Business, not politics« die Rückzahlung der europäischen Schulden an die USA durch gesicherte Grundlage der deutschen Zahlungsfähigkeit für die Reparationsschulden sicherstellen will. Die Wiedergesundung der deutschen Volkswirtschaft wird also anerkannt. Strafmaßnahmen wie die Ruhrbesetzung werden abgelehnt. Um die deutsche Mark bei Rückkehr zur Goldwährung zu stabilisieren, schlägt der Reparationsausschuss vor, Deutschland eine Anleihe von 800 Mio. Goldmark zu gewähren.

Die Bestimmungen des Dawesplans

1) Reparationsquellen: Die Industrie übernimmt 5 Mrd. Goldmark Obligationen, die als erste Hypothek eingetragen werden. Die Reparationszahlungen bestehen in deren jährlicher Verzinsung (5 %) und Tilgung (1 %). Hierfür wird die Bank für deutsche Industrieobligationen AG geschaffen.

Die deutschen Eisenbahnen werden in eine Aktiengesellschaft mit einem Kapital von 15 Mrd. Goldmark umgewandelt; als erste Hypothek werden 11 Mrd. Goldmark Reparationsschuldverschreibungen auf die deutschen Eisenbahnen eingetragen, die mit 5 % zu verzinsen und 1 % jährlich zu tilgen sind; Überwachung der Gesellschaft durch einen ausländischen Eisenbahnkommissar.

Die Einnahmen des Reiches aus bestimmten Zöllen und indirekten Steuern werden als Sicherheit für die Reparationszahlungen an die Internationale Reparationskommission verpfändet.

Umgestaltung der Reichsbank zu der von der Regierung unabhängigen deutschen Notenbank in Berlin.

2) Deutsche Belastung: bis 1927/28 sind jährlich 1–1,75 Mrd. Mark zu zahlen; am 1. Sept. 1928 beginnt das Normaljahr mit 2,5 Mrd. Mark. Über die endgültige Höhe und Dauer der deutschen Kriegsentschädigung gibt es keine Angaben; nur die Verzinsung und Tilgung der Reichsbahnobligationen mit 660 Mio. Mark und der Industrieobligationen mit 300 Mio. Mark werden auf 37 Jahre begrenzt.

3) Festlegung von Sanktionen bei Nichterfüllung.

16. April Die deutsche Regierung nimmt den Dawesplan an.

16. Juli–16. Aug. Die Londoner Konferenz nimmt den Dawesplan im Ganzen an und lädt anschließend die deutsche Regierung ein. Reichskanzler WILHELM MARX (*1863, †1946), Außenminister GUSTAV STRESEMANN und Finanzminister HANS LUTHER (*1879, †1962) kommen nach London. Das Londoner Abkommen wird gemäß dem Dawesplan abgeschlossen.

29. Aug. Der deutsche Reichstag stimmt nach langem Widerstreben zu.

1. Sept. Der Dawesplan wird in Kraft gesetzt.

2. Okt. Das »Genfer Protokoll für die friedliche Regelung internationaler Streitigkeiten« ist das Ergebnis langer Beratungen über Abrüstung und Sicherheitspolitik auf der Tagung des Völkerbundes in Genf. Die britischen Dominions widersetzen sich dem Protokoll, weil sie von ihrer günstigen geografischen Lage her nicht geneigt sind, sich in internationale Streitigkeiten verwickeln zu lassen. Die neue konservative Regierung BALDWIN in England unterzeichnet daher das Protokoll nicht. Es bleibt wirkungslos.

1925, 6. Jan. Deutsche Protestnote wegen Nichträumung der Kölner Zone durch die französischen Besatzungstruppen.

9. Febr. Die Reichsregierung schlägt einen Sicherheitsvertrag über die Westgrenze vor. Diese deutsche »Friedensoffensive« wird v. a. von Großbritannien aufgenommen, während Frankreich zögert.

4. Juni Die Entwaffnungsnote der Botschafterkonferenz an das Deutsche Reich wird in Berlin überreicht: Verletzungen der Friedensvertragsbestimmungen werden aufgezählt, weiter gehende Entwaffnung wird gefordert; die Kölner Zone werde geräumt werden, wenn Deutschland den noch nicht erfüllten Verpflichtungen nachkommt.

16. Juni Französische Antwortnote auf den deutschen Sicherheitsvorschlag vom 9. Febr.: Darin wird ein deutsch-polnischer Schiedsvertrag vorgeschlagen; Polen soll in ein Sicherheitspaktsystem mit einbezogen werden.

Juli Beginn der Räumung des Ruhrgebiets.

24. Aug. Antwort des französischen Ministerpräsidenten ARISTIDE BRIAND (*1862, †1932) auf die deutsche Antwortnote vom 20. Juli: In ihr wird die Unverletzlichkeit der bestehenden Verträge, der Eintritt Deutschlands in den Völkerbund ohne Vorbehalte und Vorrechte und der Abschluss des Garantiepakts ohne Preisgabe französischer Rechte bei der Besetzung des linken Rheinufers gefordert.

5.–16. Okt. **Konferenz von Locarno**, an der das Deutsche Reich, Großbritannien, Frankreich, Belgien, Italien, Polen und die Tschechoslowakei teilnehmen.

Bestimmungen des Vertrages von Locarno

1) Der Sicherheits-, Rhein- oder Westpakt zwischen Deutschland, Belgien, Frankreich, Großbritannien und Italien. Die Unverletzlichkeit der Grenzen zwischen Deutschland und Belgien bzw. Frankreich wird garantiert; Deutschland verzichtet also endgültig auf Elsass-Lothringen. Die Rheingrenze wird entmilitarisiert.

2) Das Schiedsabkommen zwischen Deutschland und Belgien sowie zwischen Deutschland und Frankreich.

3) Der Schiedsvertrag zwischen Deutschland und Polen sowie zwischen Deutschland und der Tschechoslowakei. Deutschland verpflichtet sich, keine Änderungen der polnischen Grenzen mit Gewalt zu versuchen, und erkennt Frankreichs Defensivverträge mit Polen und der Tschechoslowakei an.

Der Eintritt Deutschlands in den Völkerbund wird für März 1926 geplant. Für das Rheingebiet sollen sich Erleichterungen aus dem Vertrag von Locarno ergeben, besonders die Zusage der Räumung der Kölner Zone.

Der Vertrag von Locarno bedeutet einen wichtigen Schritt auf dem Wege europäischer Friedenssicherung und ist geeignet, eine politische Verständigung zwischen Frankreich und Deutschland einzuleiten. Der »Geist von Locarno« gibt zu großen Hoffnungen Anlass und wird gleichzeitig von nationalistischer Seite scharf kritisiert.

1926, 13. Jan. Der Irak wird von Großbritannien als unabhängiger Staat anerkannt, das britische Mandat bleibt jedoch in Kraft. Im Irak werden neue britische Luftbasen eingerichtet.

März Tagung des Völkerbundsrates in Genf. Deutschlands Eintritt wird bis zum Herbst verschoben infolge französischer Verschleppungstaktik und Rangstreitigkeiten, wie dem Anspruch Brasiliens auf einen ständigen Sitz. Auch die Einberufung der vorbereitenden Kommission für die Abrüstungskonferenz wird vertagt.

18.–26. Mai Erste Tagung der vorbereitenden Kommission für die Abrüstungskonferenz, die in den folgenden Jahren vielfach tagt, ohne wesentliche Ergebnisse zu bringen.

5. Juni Der Mosulvertrag beendet den seit der Friedenskonferenz von Lausanne währenden Streit Großbritanniens mit der Türkei um das irakische Mosul und seine Ölquellen zugunsten Großbritanniens. Das Erdölgebiet wird an das britische Mandatsgebiet Irak abgetreten.

8. Sept. Das Deutsche Reich wird einstimmig in den Völkerbund aufgenommen und erhält einen ständigen Ratssitz.

12. Dez. In Genf wird vereinbart, dass die Interalliierte Militärkommission am 31. Jan. 1927 aus Deutschland zurückgezogen werden soll. Die Kontrolle der deutschen Rüstungen geht auf den Investigationsausschuss des Völkerbundes über.

1927, 4.–23. Mai Weltwirtschaftskonferenz in Genf.

Juni–Juli Die Dreimächtekonferenz zur Seeabrüstung in Genf zwischen Großbritannien, den USA und Japan verläuft ergebnislos.

1928, 13. April Der US-Staatssekretär FRANK BILLINGS KELLOGG (*1856, †1937) unterbreitet den Signaturmächten des Locarnovertrags vom Okt. 1925 einen Plan zur Ächtung des Krieges, der von ARISTIDE BRIAND aufgenommen und weitergeführt wird.

17. Juli–1. Sept. VI. Weltkongress der Komintern ohne oppositionelle Gruppen. Das neue »Programm der Kommunistischen Internationale« umreißt die neue Generallinie der ultralinken Taktik: Bekämpft werden in erster Linie die »sozialfaschistischen« Sozialdemokraten, was nicht ohne Folgen u. a. für die Verhinderung der Machtergreifung ADOLF HITLERS in Deutschland bleibt.

27. Aug. Der Kelloggpakt, der eine Verpflichtung zum Verzicht auf Krieg als Werkzeug internationaler Politik zum Inhalt hat, wird von Vertretern von 15 Nationen (darunter GUSTAV STRESEMANN für Deutschland) unterzeichnet. Bis Ende 1929 ratifizieren 54 Staaten den »Kriegsächtungspakt«.

Sept. Auf der Tagung des Völkerbundrats wird eine Einigung über folgende Punkte erzielt: 1) Verhandlungen über die Frage einer vorzeitigen Räumung des französisch besetzten Rheinlandes sollen angesetzt werden. 2) Es wird als notwendig anerkannt, das Reparationsproblem neu und endgültig zu regeln. 3) Eine Feststellungs- und Vergleichskommission soll hierfür gebildet werden.

1929, 9. Febr. Litwinow-Protokoll (benannt nach dem sowjetischen Außenpolitiker MAKSIM MAKSIMOWITSCH LITWINOW [*1876, †1951]): ein Nichtangriffspaktsystem zwischen der Sowjetunion, Rumänien, Polen, Lettland und Estland.

11. Febr.–7. Juni Konferenz in Paris zur Revision des Dawesabkommens über die deutschen Reparationsverpflichtungen: Unter Vorsitz des amerikanischen Wirtschaftsfachmanns OWEN D. YOUNG (*1874, †1962) treffen Belgien, Deutschland, Großbritannien, Frankreich, Italien und Japan zusammen.

März Auf der Tagung des Völkerbundrats findet die Rede STRESEMANNS über die Frage des Schutzes der Minderheiten Beachtung.

Die Bestimmungen des Youngplans

Das Ergebnis der Pariser Verhandlungen, in denen wiederum die Gegensätze zwischen den Alliierten selbst überbrückt werden müssen, ist der Youngplan. Die Höhe und Zahl der Annuitäten (Jahresleistungen) und der Modus der Transferierung werden festgesetzt. Gegenüber dem Dawesplan werden die deutschen Zahlungsverpflichtungen herabgesetzt. Höhe und Fristen der Zahlungen werden mitbestimmt von der 22,8 Mrd. Mark betragenden Schuld der Alliierten an die USA. Die deutsche Reparationsschuld wird für die ersten 37 Jahre auf 30,95 Mrd., für die Gesamtzeit des Youngplans von 59 Jahren, also bis 1988, auf 34,5 Mrd. Mark festgesetzt. Die Annuitäten sollen in den ersten 37 Jahren allmählich von 1,7 auf 2,1 Mrd. Mark steigen. Für die letzten 22 Jahre werden Beträge angesetzt, die den jeweils fälligen Kriegsschuldenzahlungen der Alliierten an die USA entsprechen sollen. Von den Annuitäten sind 600 Mio. Mark im Durchschnitt bedingungslos und ohne Schutz für den deutschen Handel unter allen Umständen von Deutschland zu bezahlen. Sie sind transferungeschützt und unaufschiebbar. In dieser Transferverpflichtung unter eigener Verantwortung ohne die Transferklausel des Dawesplans liegt ein gefährliches Risiko für Deutschland. Bei außergewöhnlichem Notstand soll die Möglichkeit bestehen, die Übertragung des geschützten und aufschiebbaren Teils der Jahresrate (gut zwei Drittel der Leistung) bis zu zwei Jahre aufzuschieben. Da das Deutsche Reich die volle Verantwortung für den Transfer übernehmen soll, fallen die Reparationskommission und das fremde Kontrollsystem in Zukunft fort. Deutschland erlangt damit seine wirtschaftliche und finanzielle Souveränität wieder. Zur Verwaltung der deutschen Leistungen als Treuhänderin wird die Bank für Internationalen Zahlungsausgleich (BIZ) mit Sitz in Basel geschaffen. Die Zahlung der festgesetzten Annuitäten gilt als eine endgültige Erfüllung aller noch als unbeglichen gebliebenen Verpflichtungen des Deutschen Reiches. Der Youngplan soll also im Gegensatz zum Dawesplan die endgültige Lösung der Reparationsfrage bringen. Nur für den Fall eines Schuldennachlasses der USA gegenüber seinen europäischen Schuldnern soll eine Ermäßigung der deutschen Schuldenlast möglich sein.

1929, 6.–31. Aug. Erste Haager Konferenz: Die Beratungen über den Youngplan offenbaren erhebliche Differenzen, auch wieder zwischen Großbritannien und Frankreich. Deutschland erreicht für die Annahme des Youngplans die Räumung des ganzen Rheinlands vor der Versailler Frist (2. und 3. Zone bis spätestens 30. Juni 1930).

5. Sept. Auf der Völkerbundsversammlung legt ARISTIDE BRIAND den Plan der **»Vereinigten Staaten von Europa«** vor (Zoll- und Wirtschaftsunion). Dieses ist der Höhepunkt der Bestrebungen zu einem europäischen Zusammenschluss, der propagandistisch durch die »Paneuropa-Bewegung« des Grafen RICHARD VON COUDENHOVE-KALERGI (*1894, †1972) verbreitet und politisch v.a. von ARISTIDE BRIAND und GUSTAV STRESEMANN, freilich in unterschiedlicher Zielrichtung, vertreten wird.

25. Okt. Der Schwarze Freitag leitet nach dem Börsenkrach vom Vortag in New York die große Weltwirtschaftskrise ein.

Die Weltwirtschaftskrise (1929–1933)

Die Weltwirtschaftskrise der Jahre 1929 bis 1933 – z.T. darüber hinaus – hat eine weit größere Epochenbedeutung als die großen Konjunkturkrisen des 19. Jh.s, weil mit ihr das Weltwirtschaftssystem der europäisch-amerikanischen Mächte mit seinem wenig eingeschränkten Freihandel und dem Automatismus der Goldwährung endgültig zu Ende geht. Ihre Ursachen sind vielfältig und im Einzelnen in ihrer Bedeutung umstritten. Die Weltwirtschaftskrise ist sowohl eine (übliche, wenn auch besonders starke) Konjunkturkrise als auch eine Strukturkrise der durch den Ersten Weltkrieg verzerrten oder gestörten Weltwirtschaft.

Nachdem um 1925, u.a. durch Währungsstabilisierungen, besonders des britischen Pfundes mit Rückkehr zur Goldwährung, und die Reparationsregelung durch den Dawesplan, die Kriegsfolgen für die Nationalwirtschaften und den Welthandel größtenteils überwunden zu sein scheinen, kommt es zwischen 1925 und 1929 zu einem Konjunkturaufschwung, der von einer weltweiten, in den USA und in Deutschland besonders stark auftretenden Agrarkrise begleitet wird. Der Index der Weltagrarpreise (1923/25 = 100) fällt bis Ende 1929 auf rund 70, bis 1932 auf 24,4, während die Lagerbestände zur gleichen Zeit auf 260 stiegen. Der »Schwarze Freitag« (25. Okt. 1929) an der New Yorker Börse leitet eine nur vorübergehend aufgehaltene Kette von Kurseinbrüchen ein. Die vorangegangene starke monetäre Expansion in den USA führt im Zusammenhang mit dem Reparations- und Kriegsschuldenkapitalzufluss nach den USA zu erheblichem Kapitalrückfluss von den USA nach Deutschland mit starker Zinsdifferenz (hohe Zinsen in Deutschland, niedrige in den USA). So wird nach dem Okt. 1929 die US-Finanzkrise nach Deutschland und Europa übertragen. Von 1930 an wirkt sich eine, z.T. finanzpolitisch bewusst verstärkte Deflationsspirale katastrophal aus: Preis- und Lohnabfall, Kreditverknappungen, Produktionsrückgang, sprunghafte Erhöhung der Arbeitslosigkeit, Rückgang des Welthandels, nationale Maßnahmen der Wirtschaftspolitik ohne ausreichende internationale Zusammenarbeit, Devisenbewirtschaftung und Autarkiebestrebungen. Der im 19. Jh. im Allgemeinen selbstständig funktionierende weltwirtschaftliche Ausgleich wird durch viele Bestrebungen nationalstaatlicher Konjunkturpolitik zerrissen, z.B. die britische Pfundabwertung mit dem Abgehen vom Goldstandard (Sept. 1931) oder der zyklisch konformen, die Krise verstärkenden Deflationspolitik der deutschen Regierung unter Reichskanzler HEINRICH BRÜNING (*1885, †1970).

Die politischen Wirkungen der Weltwirtschaftskrise sind erheblich. Mit ihr sind u.a. der Aufstieg des Nationalsozialismus in Deutschland, der Sieg FRANKLIN D. ROOSEVELTS (*1882, †1945) bei den Präsidentschaftswahlen 1932 und die Ablösung der innenpolitischen Herrschaft der Republikanischen Partei in den USA sowie die Bildung des nationalen Konzentrationskabinetts durch JAMES RAMSAY MACDONALD (*1866, †1937) in Großbritannien verbunden. 1932/33 beginnt die Konjunkturkrise zu Ende zu gehen, doch die weltwirtschaftliche Strukturkrise bleibt bestehen.

1930, 3.–20. Jan. Zweite Haager Konferenz zur endgültigen Regelung der Reparationsfrage (»Haager Schlussakte«). Der Youngplan (der »Neue Plan«) wird angenommen.

21. Jan.–22. April Die **Flottenkonferenz in London** zwischen den USA, Großbritannien, Japan, Frankreich und Italien wird durch neue französische und italienische Ansprüche erschwert. Im Fünfmächtevertrag verzichten die Teilnehmer auf den Bau neuer Panzerschiffe bis 1936 und legen Beschränkungen für U-Boote fest. Das Abkommen enthält allerdings Klauseln, die jedes beteiligte Land berechtigen, zusätzliche Rüstungsmaßnahmen zu ergreifen, wenn eine außerhalb des Paktes stehende Macht durch übermäßige Rüstung das Gleichgewicht zur See stört. Ein

Weltwirtschaftskrise

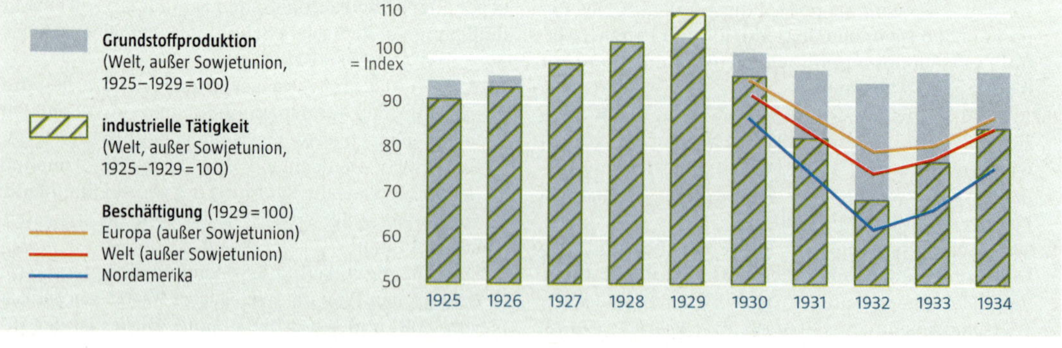

Dreimächtevertrag zwischen Großbritannien, den USA und Japan über Kreuzer, Zerstörer und U-Boote legt darüber hinaus Tonnageziffern für die einzelnen Schiffstypen und die Gesamttonnage fest.

Febr.–März Die Zollfriedenskonferenz in Genf soll das 1927 begonnene Werk der Weltwirtschaftskonferenz fortführen. Nach dem abzuschließenden Abkommen sollen Handelsverträge bis zu einer bestimmten Zeit nicht gekündigt und Schutzzölle zunächst weder erhöht noch neu eingeführt werden. Das Abkommen wird auf der Konferenz in Genf im März 1931 fallen gelassen.

17. Mai Der französische Außenminister BRIAND lässt den Völkerbundsstaaten ein »Memorandum über die Organisation eines Systems eines europäischen Staatenbundes« überreichen. »Paneuropa« scheitert v. a. am Widerspruch Großbritanniens und ist seit Ausbruch der Weltwirtschaftskrise und ihren politischen Folgen (Nationalsozialismus) nicht mehr zu verwirklichen.

1931, 11. Mai Der Zusammenbruch der Österreichischen Credit-Anstalt wirkt alarmierend auf Wirtschaft und Politik in ganz Europa; es folgen die Darmstädter Bank und die Nationalbank in Deutschland (13. Juli). Dort wird der allgemeine Bankenkrach durch eine zeitweilige Auszahlungssperre und andere Maßnahmen (Bankfeiertage) verhindert. Die Finanzkrise breitet sich aus.

20. Juni Der amerikanische Präsident HERBERT HOOVER (*1874, †1964) schlägt angesichts dieser Lage ein einjähriges Moratorium für alle internationalen Zahlungsverpflichtungen vor, das am 6. Juli als **Hoover-Moratorium** verkündet wird. Das Angebot findet bei allen beteiligten Staaten breite Zustimmung, nur Frankreich hat Vorbehalte.

19. Aug. Der Sachverständigenausschuss stellt fest, dass Deutschland nicht in der Lage sein werde, nach Ablauf des Hoover-Moratoriums die Reparationszahlungen wieder aufzunehmen.

18. Sept. Japan besetzt Mukden und andere Plätze in der Mandschurei. Der langjährige Kriegszustand zwischen Japan und China beginnt.

21. Sept. Die Bank von England sieht sich gezwungen, vom Goldstandard abzugehen: Das bedeutet die Aufgabe der liberalen Währungspolitik. Den stabilen Wechselkursen bei schwankendem Preisniveau folgen nun schwankende Wechselkurse und ein autonom bestimmtes Preisniveau. Dem Beispiel Großbritanniens folgen die Länder mit Pfundwährung (Indien, Ägypten, Palästina, Irland, Australien, Neuseeland, Südafrika) sowie die skandinavischen Staaten, Portugal, Estland, später Japan und die Tschechoslowakei; so entsteht der »Sterlingblock«.

10. Dez. Der Völkerbundrat beschließt, eine Kommission aus Vertretern der USA, Großbritanniens, Deutschlands, Frankreichs und Italiens unter Vorsitz des Briten VICTOR BULWER-LYTTON (*1876, †1947) zur Untersuchung des japanisch-chinesischen Konflikts zu bilden.

1932, 2. Febr. Eröffnung der mit Unterbrechungen bis zum 11. Juni 1934 tagenden, letztlich erfolglosen internationalen Abrüstungskonferenz in Genf. Dem Appell des Deutschen Reiches, dem zu Beginn der Konferenz noch kein militärisch gleichberechtigter Status zuerkannt wurde, »nach der eigenen Entwaffnung die allgemeine Abrüstung« durchzuführen, tritt Frankreich mit der Forderung nach Sicherheitsgarantien entgegen. Konkrete Abrüstungsvorschläge der USA kommen nicht zum Tragen.

18. Febr. Die besetzte Mandschurei wird von Japan zum selbstständigen, aber unter japanischem Protektorat stehenden, Staat erklärt (Mandschukuo).

6.–8. April Auf der Konferenz über Donaufragen in London lehnen Großbritannien, Italien und Deutschland einen französischen Plan ab, der eine Zusammenfassung des Donauraums ohne Deutschland und Italien vorsieht.

16. Juni–9. Juli Die Konferenz in Lausanne unter Vorsitz des britischen Premierministers MACDONALD beendet das Reparationsproblem: Die deutsche Reparationsschuld soll durch eine einmalige Abfindungssumme von 3 Mrd. Goldmark abgelöst werden. Daneben verbleiben noch Restzahlungen sowie die Verpflichtungen aus der Dawes- und der Younganleihe. Das Abkommen wird nicht ratifiziert, da es von einem befriedigenden Abkommen der verschuldeten Mächte mit dem Gläubigerland USA abhängig gemacht wird. Doch tritt es de facto in Kraft, sodass das Ende der Reparationen gekommen ist. Im Jan. 1932 hatte die deutsche Regierung zur Vorbereitung der Lausanner Konferenz eine Aufstellung veröffentlicht, wonach insgesamt 53,155 Mrd. Goldmark bzw. Reichsmark bezahlt worden sind (einschließlich aller Sachleistungen). Der Vorschlag eines deutsch-französischen Konsultativpakts wird von Großbritannien vereitelt.

4. Sept. Der Lytton-Bericht der durch Beschluss des Völkerbundrates vom 10. Dez. 1932 gebildeten Lytton-Kommission über den japanisch-chinesischen Konflikt stellt die Unrechtmäßigkeit des japanischen Vorgehens fest und schlägt gleichwohl vor, die Mandschurei in ein autonomes Gebiet unter chinesischer Staatshoheit, aber unter japanischer Kontrolle zu verwandeln. Die »besonderen Rechte und Interessen Japans« werden anerkannt.

11. Dez. Konferenz der Großmächte in Lausanne, bei der Deutschlands Rüstungsgleichberechtigung grundsätzlich anerkannt wird.

Vorgeschichte des Zweiten Weltkrieges

Die Weltwirtschaftskrise hat die nach dem Ersten Weltkrieg 1919/20 errichtete globale Ordnung tief greifend erschüttert. Die daraus resultierende Einschränkung der internationalen Handlungsfähigkeit der diese Ordnung garantierenden Mächte USA, Großbritannien und Frankreich bietet den 1918 besiegten oder im Siege zu kurz gekommenen Mächten Deutschland, Italien und Japan die Chance, eine Neuverteilung der Hauptrohstoffzentren und -absatzgebiete anzustreben Der im Kern machtpolitisch, ökonomisch und militärstrategisch fundierte Konflikt zwischen den etablierten Mächten und den *have-nots* wird überlagert von gesellschaftspolitisch-ideologischen Kampffronten (Ringen zwischen liberal-demokratischen, faschistisch-nationalsozialistischen und sozialistisch-kommunistischen Kräften), in deren Rahmen auch die isolierte Sowjetunion von 1934 an (Aufnahme in den Völkerbund) eine zunehmend bedeutende Rolle spielt. Durch die stalinistischen »Säuberungen« ist die östliche Großmacht aber zunächst geschwächt und sucht die eigene Absicherung durch kollektive Systeme. Der wichtigste Impuls zur Zerstörung des internationalen Systems geht von Deutschland aus, das nach der Machtübernahme Adolf Hitlers konsequent auf einen neuen Krieg zusteuert und einen zweiten Anlauf zur Weltmacht unternehmen will.

Die Erfolge der jeweils anderen nutzend, entwickelt sich die Expansion der drei *have-nots* zu einer Gefährdung der globalen Positionen Großbritanniens und Frankreichs sowie – in längerfristiger Perspektive – auch der USA, die ihr globales Engagement der zwanziger Jahre seit der Weltwirtschaftskrise beträchtlich eingeschränkt haben. Versuche Hitlers, mit Großbritannien, seinem »Programm« entsprechend, zu einem Arrangement zu gelangen, das ihm »freie Hand« zur Eroberung des europäischen Kontinents böte, scheitern an der Haltung der britischen Regierung (Neville Chamberlain), die wohl im Rahmen eines »General Settlement« in Mitteleuropa zu Revisionen zu deutschen Gunsten, nicht aber zu einer Aufgabe des ganzen Kontinents bereit ist.

Nach Beginn des Japanisch-Chinesischen Kriegs (Juli 1937), in dessen Verlauf (bis zum Frühjahr 1939) ganz Nord- und Mittelchina sowie der größte Teil der Küstenprovinzen Südchinas von Japan erobert werden, ohne dass die Westmächte militärisch eingreifen, beschleunigt Hitler die Abwicklung seines Expansions-»Programms«. Zwar gelingt der »Anschluss« Österreichs (März 1938) und die Einbeziehung der Tschechoslowakei in das »Großdeutsche Reich« (Sept. 1938: Gewinnung der sudetendeutschen Gebiete mittels des Münchener Abkommens, März 1939: Errichtung des Protektorats Böhmen und Mähren), doch scheitert das Bemühen, Polen durch begrenzt scheinende Forderungen (Danzig, exterritoriale Bahn- und Straßenverbindung durch den »Korridor« nach Ostpreußen) in ein Satellitenverhältnis zum Deutschen Reich zu bringen. Nachdem Großbritannien und Frankreich am 31. März 1939 die »Unabhängigkeit« Polens garantieren, lässt Hitler militärische Vorbereitungen für eine Eroberung Polens einleiten.

Die Anstrengungen Großbritanniens und Frankreichs, die Sowjetunion für eine Militärallianz gegen Deutschland zu gewinnen, scheitern an der Forderung Stalins, die baltischen Staaten in das angestrebte Sicherheitssystem, d.h. de facto in den sowjetischen Machtbereich, einzubeziehen sowie Polen zu einer Zustimmung für sowjetische »Hilfe« bei einem deutschen Angriff zu veranlassen. Der Abschluss des »Stahlpakts« Deutschland – Italien bleibt ohne Bedeutung für die internationale Konstellation, weil Mussolini Italien erst nach 1942 als kriegsfähig erklärt. Eine deutsche Allianz mit Japan kommt nicht zustande, da die japanische Führung nur ein Bündnis mit antisowjetischer, nicht aber antibritischer Stoßrichtung akzeptiert. Somit wird das von deutscher Seite seit Ende 1937 anvisierte »weltpolitische Dreieck Berlin-Rom-Tokio« als Militärbündnis nicht erreicht. Dagegen gelingt unter Aufteilung Ostmitteleuropas in eine deutsche und eine sowjetische Interessensphäre am 23. Aug. 1939 der Abschluss eines Nichtangriffspaktes zwischen dem Deutschen Reich und der Sowjetunion und damit die Abwendung eines Zweifrontenkrieges wie 1914. Die Erwartung Hitlers, dass jetzt auch Großbritannien und Frankreich die Eroberung Polens hinnehmen werden, erweist sich jedoch als trügerisch.

1933, 30. Jan. **Adolf Hitler** (*1889, †1945) **wird deutscher Reichskanzler** (»Machtergreifung«). Nach rascher Durchsetzung der nationalsozialistischen Herrschaft im Deutschen Reich beeinflusst die rücksichtslose Revisions- und Expansionspolitik Deutschlands die Geschichte Europas.

2. Febr.–14. Okt. Fortführung der internationalen Abrüstungskonferenz in Genf. Der Vorschlag des britischen Premierministers MacDonald, die Landheerstärken allgemein einzuschränken und Deutschland ein 200 000 Mann starkes Heer zuzugestehen, trifft auf vornehmlich französische Ablehnung, sodass die Konferenz im Juni unterbrochen wird. Erst im Okt. treten die Teilnehmer wieder zusammen.

25. Febr. Annahme des Lytton-Berichts durch den Völkerbund. Japan lehnt die darin empfohlenen Regelungen ab.

27. März Japan erklärt seinen Austritt aus dem Völkerbund. Dieses Ergebnis einer erfolglosen Völkerbundspolitik gegen einen »Aggressor« ist ein ernster Schlag gegen die politische Weltordnung von 1919.

März Als Reaktion auf die ergebnislosen Versuche der Abrüstungskonferenz schlägt der italienische Staatsführer Benito Mussolini einen Viererpakt zwischen Großbritannien, Frankreich, Deutschland und Italien vor, in dem eine Politik der Zusammenarbeit und des Friedens (mit Möglichkeit von Revisionen der Friedensverträge) auf der Basis der Gleichberechtigung (Rüstungsgleichberechtigung Deutschlands) vorgesehen ist.

2. Juni–27. Juni Die Internationale Wirtschaftskonferenz in London und damit das Vorhaben eines internationalen Währungsabkommens scheitern v. a. am Widerstand von US-Präsident Franklin D. Roosevelt.

15. Juli In abgeschwächter Form wird der Viererpakt abgeschlossen. Bei ausdrücklicher Anerkennung des Völkerbundes, des Locarno- und des Kellogg-Paktes wird damit der Versuch unternommen, die Politik Europas auf eine neue Grundlage zu stellen.

2. Sept. Nichtangriffspakt und Freundschaftsvertrag zwischen Italien und der Sowjetunion. Die Abkommen sind das Ergebnis der Initiative Mussolinis, der hierdurch größere Freiheit gegenüber dem Westen zu gewinnen sucht.

14. Okt. **Deutschland verlässt die Genfer Abrüstungskonferenz**, da in einem neuen Plan des britischen Außenministers JOHN SIMON (*1853, †1954) der vorgesehene Rüstungsausgleich auf vier Jahre verschoben werden soll. Am gleichen Tag **erklärt das Deutsche Reich seinen Austritt aus dem Völkerbund**. Trotzdem gehen die Verhandlungen über die Rüstung weiter. Nach Anerkennung der deutschen Gleichberechtigung halten Großbritannien und Italien eine begrenzte deutsche Aufrüstung für konsequent, wogegen Frankreich sich dieser Auffassung nicht anschließen kann.

16. Nov. Aufnahme diplomatischer Beziehungen zwischen den USA und der Sowjetunion.

18. Dez. Ein deutsches Memorandum fordert die Gleichberechtigung in Rüstungsfragen und schlägt die Umwandlung der Reichswehr in ein kurz dienendes Heer von 300000 Mann sowie Einzelheiten zur allgemeinen Rüstungsbeschränkung vor.

1934, 26. Jan. Nichtangriffspakt und Freundschaftsvertrag zwischen dem Deutschen Reich und Polen.

9. Febr. Abschluss des Balkanpakts zwischen der Türkei, Griechenland, Rumänien und Jugoslawien (ohne Bulgarien). Das Abkommen verpflichtet zu gegenseitigem Beistand und empfiehlt eine übereinstimmende Außenpolitik.

17. März In den Römischen Wirtschaftsprotokollen zwischen Italien, Österreich und Ungarn wird eine engere politische und wirtschaftliche Zusammenarbeit der drei Länder vereinbart.

17. April In einer Note an Großbritannien beschuldigt Frankreich das Deutsche Reich, durch Erhöhung des Militärbudgets den Versailler Vertrag gebrochen zu haben. Die Verhandlungsgrundlage sei nun nicht mehr gegeben.
Die sich aus dem deutschen Austritt aus dem Völkerbund und der französischen Ablehnung deutscher Gleichberechtigung ergebende Spannung führt zu neuen politischen Gruppierungen. So gewinnt die Sowjetunion, die vom Zerfall des europäischen Staatensystems profitiert, an Bedeutung. Eine Annäherung Frankreichs an die Sowjetunion zeichnet sich schon seit 1932 ab.

27. Juni Der französische Außenminister LOUIS BARTHOU (*1862, †1934) veröffentlicht den Vorschlag eines Ostpaktes, der einen kollektiven Nichtangriffspakt für die Oststaaten mit französischer Garantie und Anlehnung an den Völkerbund vorsieht (»Ost-Locarno«). Die deutsche Regierung lehnt einen Beitritt ab.

18. Sept. Die **Sowjetunion tritt dem Völkerbund bei**. Die gemeinsame Position gegen die Außenpolitik HITLERS beschleunigt die Herstellung guter Beziehungen zwischen der Sowjetunion und den westlichen Mächten.

9. Okt. Außenminister BARTHOU, die treibende Kraft zu einem französischen Ostpaktsystem sowie einem Zusammengehen mit der Sowjetunion, und der jugoslawische König ALEXANDER I. (*1888) werden in Marseille ermordet; verantwortlich ist die kroatische Ustascha-Bewegung.

1935, 7. Jan. Die Aussprache PIERRE LAVALS (*1883, †1945), des Nachfolgers BARTHOUS, mit Staatschef MUSSOLINI in Rom führt zu einem teilweise geheimen Abkommen über die kolonialen Ansprüche beider Länder in Nordafrika (Tunesien, Äthiopien) und zum Plan einer Garantie der österreichisch-italienischen Grenzen. Italien reiht sich damit in die Antirevisionsfront Frankreichs ein.

6. März Die französische Regierung kündigt die Wiedereinführung der zweijährigen Militärdienstzeit an.

7. März Erneuerung des französisch-belgischen Militärabkommens von 1921.

16. März **Deutschland** sagt sich von den Rüstungsbeschränkungen des Versailler Vertrags los und **führt die allgemeine Wehrpflicht ein**.

11./14. April Im italienischen Stresa am Lago Maggiore treffen Großbritannien, Frankreich und Italien zu einer Konferenz zusammen und kommen überein, »sich mit allen geeigneten Mitteln jeder einseitigen Aufkündigung von Verträgen zu widersetzen«, doch bleibt die »Stresafront« ohne politische Wirkung.

17. April Verurteilung des deutschen Vertragsbruchs durch den Völkerbund.

2. Mai Französisch-sowjetischer Beistandspakt auf fünf Jahre für solche Fälle, in denen einer der Vertragspartner »einer Drohung oder Angriffsgefahr durch einen europäischen Staat ausgesetzt ist«.

16. Mai Beistandspakt zwischen der Sowjetunion und der Tschechoslowakei mit der bedeutsamen Klausel, dass Hilfeleistung nur im Falle eines militärischen Beistandes durch Frankreich erfolgen solle.

21. Mai Reichstagsrede ADOLF HITLERS, in der er ein »Friedensprogramm« von 13 Punkten vorstellt. V.a. der im Gegensatz zum französischen Paktsystem kollektiver Sicherheit stehende Vorschlag des Abschlusses zweiseitiger Nichtangriffsverträge soll Spielräume für die deutsche Revisionspolitik schaffen.

18. Juni **Deutsch-britisches Flottenabkommen**: Großbritannien erklärt sich im Gegensatz zur »Stresafront« mit der deutschen Seeaufrüstung bis zu 35% der Stärke der britischen Kriegsflotte einverstanden. Das Abkommen sorgt für Empörung in Frankreich und ist ein Erfolg der deutschen Revisionspolitik, die hier eindeutig von Großbritannien gestützt wird.

25. Juli–20. Aug. VII. Weltkongress der Komintern, die nun den Wechsel von der ultralinken zur antifaschistischen »Volksfront«-Taktik vollzieht. Die sowjetische Außenpolitik soll durch die neue Linie der Komintern gestützt werden.

3. Okt. **Italienische Truppen fallen in Äthiopien ein.**

11. Okt. Der Völkerbund beschließt Sanktionen gegen Italien, doch wird das Waffen- und Rohstoffembargo sowie die Kreditsperre nicht von allen Ländern strikt befolgt. V.a. Frankreich, aber auch Großbritannien lassen Italien de facto freie Hand. Deutschland unterstützt Italien mit Rohstofflieferungen. Der italienisch-äthiopische Krieg wird nicht unterbrochen und endet mit der Eroberung Addis Abebas am 6. Mai 1936 und der Annexion Äthiopiens durch Italien.

1936, 15. Jan. Auf der Londoner Flottenkonferenz fordert Japan erfolglos die gleiche Flottenstärke wie Großbritannien und die USA und verlässt die Konferenz. Damit ist der Weg für das Wettrüsten zur See frei.

7. März **Deutsche Truppen besetzen das entmilitarisierte Rheinland.** Vorwand ist die Ratifizierung des französisch-sowjetischen Bündnisses im Widerspruch zum Locarnovertrag, der durch den Überraschungsschlag HITLERS gleichfalls verletzt wird. Auch diesmal ist der Widerstand der Ententemächte gering.

25. März Flottenabkommen zwischen Großbritannien, den USA und Frankreich. Die Staaten verpflichten sich zur gegenseitigen Unterrichtung über ihren Flottenneubau.

10. April Note der Türkei an die beteiligten Mächte mit dem Vorschlag einer Revision der Lausanner Meerengenkonvention.

22. Juni–20. Juli Nach Zustimmung der Mächte finden sich die betreffenden Länder zur Erörterung der Meerengenfrage in Montreux ein. Auf der Konferenz agiert die Türkei im diplomatischen Zusammenspiel mit Großbritannien gegen die Sowjetunion. Die neue Meerengenkonvention sieht schließlich die Wiederherstellung der vollständigen Souveränität der Türkei über die Meerengen einschließlich des Befestigungsrechts vor. Sie garantiert die freie Durchfahrt für Handelsschiffe, die Durchfahrt für Kriegsschiffe anderer Mächte jedoch nur unter erschwerten Bedingungen.

4. Juli Nachdem Italien die Eroberung Äthiopiens abgeschlossen hat, billigt der Völkerbund die Einstellung der Sanktionen. Wie in der mandschurischen Frage scheitert die Völkerbundspolitik auch hier.

18. Juli Der **Bürgerkrieg in Spanien** beginnt mit Offiziersputschen gegen die »Volksfront«-Regierung in Spanisch-Marokko und mehreren Orten Spaniens. Der Aufstand der Armee unter Führung des Generals FRANCISCO FRANCO BAHAMONDE (*1892, †1975) wird durch eine schnell einsetzende militärische Hilfe von Deutschland (»Legion Condor«) und Italien unterstützt, während die Sowjetunion hinter der Volksfront-Regierung steht. Großbritannien verfolgt eine Politik der *non-intervention.*

25. Okt. Ein deutsch-italienisches Abkommen begründet die »Achse Berlin-Rom«. Das Deutsche Reich billigt die Annexion Äthiopiens durch Italien. Darüber hinaus vereinbaren beide Staaten ein einheitliches Vorgehen im spanischen Bürgerkrieg, erkennen die Regierung FRANCO an und grenzen ihre wirtschaftlichen Interessensphären in Südosteuropa ab.

14. Nov. Das Deutsche Reich kündigt die Versailler Bestimmungen über die deutschen Wasserstraßen auf.

25. Nov. **Antikominternpakt zwischen Deutschland und Japan.** Beide Nationen vereinbaren eine beiderseitige Unterrichtung über die Tätigkeit der Kommunistischen Internationale und sehen ein aktives Einschreiten gegen die Tätigkeit der Komintern vor. Das Abkommen entfaltet v. a. eine große Propagandawirkung.

1937, 25. März Der auf fünf Jahre geschlossene Nichtangriffspakt zwischen Italien und Jugoslawien beseitigt die seit den Friedensverträgen gespannte Lage zwischen den beiden Staaten und soll einen Keil in die Kleine Entente treiben.

7. Juli Mit dem Zwischenfall an der südwestlich von Peking gelegenen Marco-Polo-Brücke entflammt der **Japanisch-Chinesische Krieg** erneut (ohne Kriegserklärung). Der Widerstand der Chinesen unter der Nanking-Regierung CHIANG KAISHEKS (*1887, †1975) ist hartnäckig und wird von der japanischen Armee mit brutalsten Mitteln bekämpft. Im Herbst bildet sich eine Einheitsfront aus der Nanking-Regierung und der Kommunistischen Partei Chinas (KPCh).

21. Aug. Nichtangriffspakt zwischen der Sowjetunion und China.

10.–14. Sept. Auf der Konferenz von Nyon kommen Mittel- und Schwarzmeerstaaten (außer Italien) zusammen und beschließen Maßnahmen zur Bekämpfung des »Piratentums« im Mittelmeer, d. h. v. a. des Kampfes italienischer U-Boote gegen sowjetische Schiffe, welche die spanische Volksfront-Regierung mit Nachschub beliefern.

5. Okt. Rede des US-Präsidenten ROOSEVELT mit scharfer Absage an die Fortsetzung der Neutralitätspolitik. Der Aggressor Japan müsse einer Quarantäne unterworfen werden (»Quarantäne-Rede«).

3. Nov. Eine Konferenz in Brüssel stellt fest, dass Japan das Neunmächteabkommen von 1922 verletzt habe.

6. Nov. Beitritt Italiens zum Antikominternpakt.

19. Nov. Lord HALIFAX (EDWARD FREDERICK LINDLEY WOOD, *1881, †1959), Lordsiegelbewahrer und Mitglied des britischen Kabinetts, trifft HITLER auf dem Obersalzberg, um die deutschen Forderungen und die Möglichkeiten deutsch-britischer Politik zu sondieren. Das Ergebnis ist gegenseitige Verstimmung.

1.–17. Dez. Eine Reise des französischen Außenministers YVON DELBOS (*1885, †1956) zu den französischen Alliierten in Ostmitteleuropa endet ohne ein befriedigendes Ergebnis. Das französische Paktsystem im Osten ist entwertet. Besonders Polen und Jugoslawien haben sich durch die mit Deutschland und Italien 1934 und 1937 geschlossenen Verträge der »Achse« angenähert.

11. Dez. Italien tritt aus dem Völkerbund aus.

1938, 12. März **Einmarsch deutscher Truppen in Österreich** nach vorausgegangenem Ultimatum und Rücktritt des österreichischen Bundeskanzlers KURT SCHUSCHNIGG (*1897, †1977). Die Regierung übernimmt ARTHUR SEYSS-INQUART (*1892, †1946).

13. März Der **»Anschluss« Österreichs an das Deutsche Reich** wird durch eine Volksabstimmung am 10. April nachträglich bestätigt. Da die Mächte anderweitig festgelegt sind und insbesondere die britische Politik unter Premierminister ARTHUR ANNEVILLE CHAMBERLAIN (*1869, †1940) an einem Ausgleich mit Deutschland interessiert ist, wird der Anschluss allgemein als vollendete Tatsache hingenommen.

16.–19. März Polnisch-litauischer Konflikt: Polen nutzt die durch die Österreichfrage günstige Situation aus und stellt ein Ultimatum an Litauen, binnen kürzester Frist diplomatische Beziehungen zu Polen aufzunehmen und die Wilna-Grenze anzuerkennen. Litauen, das keine Unterstützung durch die Westmächte erhält, sieht sich zur Annahme der Bedingungen gezwungen.

16. April Britisch-italienisches Abkommen: Großbritannien ist an einer Entspannung im Mittelmeer interessiert, Italien an einer Annäherung an Großbritannien als Gegengewicht zur seit dem Anschluss Österreichs vermehrten Macht Hitlers. Während Großbritannien die italienische Herrschaft in Äthiopien anerkennt, verpflichtet sich Italien im Gegenzug, die italienischen Freiwilligen aus Spanien nach dem Ende des Bürgerkrieges, das unmittelbar bevorsteht, zurückzuziehen. Darüber hinaus regelt das Abkommen alle strittigen Fragen im Nahen Osten.

24. April Die Sudetendeutsche Partei Konrad Henleins (*1898, †1945) fordert die autonome Selbstverwaltung der sudetendeutschen Gebiete in der Tschechoslowakei. In der sudetendeutschen Frage verbinden sich, ähnlich wie beim Anschluss Österreichs, alte Forderungen aus dem Selbstbestimmungsrecht der Völker, die 1918/19 erhoben, aber nicht verwirklicht worden sind, mit der rücksichtslosen nationalsozialistischen Außenpolitik.

28. April Der französische Ministerpräsident Édouard Daladier (*1884, †1970) und der britische Premierminister Chamberlain kommen in London überein, dass in Prag und Berlin auf ein Einlenken hingewirkt werden soll: Der tschechoslowakische Staatspräsident Edvard Beneš (*1884, †1948) soll Henleins Forderung nach Autonomie annehmen.

3.–9. Mai »Führer und Reichskanzler« Adolf Hitler besucht mit großem Gefolge Rom. Demonstrativ wird in Feiern und Paraden die Einheit der »Achse« zur Schau gestellt. Doch weicht Staatschef Mussolini dem Abschluss eines Bündnisses aus. Hitler spricht feierlich den Verzicht auf Südtirol aus. Papst Pius XI. (1922–1939) verlässt während des Besuchs Rom.

20. Mai Mobilmachung in der Tschechoslowakei wegen einer angeblichen Konzentration deutscher Truppen an der tschechischen Grenze.

30. Mai Hitlers Weisung an die Wehrmacht enthüllt sein Ziel: »Es ist mein unabänderlicher Entschluss, die Tschechoslowakei in absehbarer Zeit durch eine militärische Aktion zu zerschlagen«.

19.–21. Juli Der Besuch des britischen Königspaares in Paris unterstreicht demonstrativ die britisch-französische Freundschaft.

21.–23. Aug. Auf der Konferenz der Kleinen Entente wird Ungarns Recht zur Wiederaufrüstung anerkannt; Nichtangriffspakte sind vorgesehen.

Sept. Die sudetendeutsche Krise spitzt sich zu. Hitler veranlasst Henlein zur Verschärfung seiner Politik, um durch diese Provokation eine Eskalation des Konflikts zu erreichen. Hitler glaubt: »England blufft«.

16. Sept. Besprechung des britischen Premierministers Chamberlain mit Hitler in Berchtesgaden. Chamberlain ist bereit, der Tschechoslowakei die Abtretung der sudetendeutschen Gebiete nahe zu legen.

19. Sept. Der französische Ministerpräsident Daladier und Außenminister Georges Bonnet (*1889, †1973) reisen nach London. Großbritannien und Frankreich wünschen die friedliche Beilegung des Konflikts durch die Annahme des Prinzips der Selbstbestimmung für die Sudetendeutschen.

22.–24. Sept. Besprechungen Chamberlains mit Hitler in Godesberg. Hitler verlangt mehr als das Zugeständnis des Selbstbestimmungsrechts für die Sudetendeutschen und bezieht polnische und ungarische Territorialforderungen mit ein. Chamberlain will nicht über die Grundlage der Berchtesgadener Besprechung hinausgehen. Hitler fordert die Übergabe der sudetendeutschen Gebiete an das Deutsche Reich für den 26. Sept., dann für den 1. Okt.

24. Sept. Die deutschen Forderungen werden abends in London dem tschechoslowakischen Gesandten überreicht.

25. Sept. Die Tschechoslowakei lehnt die deutschen Forderungen ab.

26. Sept. Sir Horace Wilson (*1882, †1972), außenpolitische Berater Chamberlains, fährt nach Berlin und unterbreitet einen Vorschlag, der direkte Verhandlungen zwischen Deutschland und der Tschechoslowakei unter britischer Vermittlung vorsieht.
In einer Rede im Berliner Sportpalast verkündet Hitler am Abend, dass die Abtrennung des Sudetenlandes die letzte Revisionsforderung sei. Hitler ist zum Einmarsch ins Sudetenland entschlossen.

28. Sept. Die britische Regierung bittet den italienischen Staatschef Mussolini um Vermittlung. Hitler nimmt Mussolinis Vermittlungsvorschlag an, die nicht unerheblichen Differenzpunkte auf einer Viererkonferenz in München zur Lösung zu bringen.

29. Sept. An der Konferenz nehmen die Staats- und Regierungschefs des Deutschen Reichs, Italiens, Frankreichs und Großbritanniens, jedoch nicht die Tschechoslowakei teil.

30. Sept. Laut dem **Münchener Abkommen** soll die Tschechoslowakei die deutsch besiedelten Randgebiete Böhmens, Mährens und Schlesiens vom 1.–10. Okt. räumen und an das Deutsche Reich abtreten. Die ungarischen und polnischen Ansprüche sollen später

Expansion Deutschlands 1938/39

geregelt werden. Der Rest der Tschechoslowakei soll die Garantie der Großmächte gegen unprovozierte Angriffe erhalten. Anschließend unterzeichnen Hitler und Chamberlain eine deutsch-britische Nichtangriffserklärung.
Mit dem Abkommen haben Großbritannien und Frankreich den deutschen Forderungen nachgegeben. Die Rettung des Friedens wird in allen europäischen Staaten als Erleichterung empfunden. Die Erwartung einer neuen Stabilisierung der europäischen Ordnung, da das Deutsche Reich gemäß den Beteuerungen Hitlers territorial befriedigt sei, erweist sich jedoch als falsch.

1. Okt. Beginn des Einmarsches deutscher Truppen in die sudetendeutschen Gebiete.

2. Okt. Polnische Truppen besetzen das Olsa-Gebiet im tschechoslowakisch-polnischen Grenzbereich mit der zuvor geteilten Stadt Teschen (polnisch: Cieszyn, tschechisch: Český Těšín).

21. Okt. Hitler erteilt eine interne Weisung, die »Erledigung der Resttschechei« militärisch vorzubereiten.

2. Nov. Das nach Beendigung der Sudetenkrise erheblich gewachsene deutsche und italienische Übergewicht bei den kleinen Staaten des Ostens findet seinen Ausdruck im Ersten Wiener Schiedsspruch der Achsenmächte, dem sich die Tschechoslowakei und Ungarn unterwerfen. Er befriedigt die ungarischen Revisionswünsche gegenüber der Slowakei nicht vollständig. Ungarische Truppen besetzen kurz darauf die von der Tschechoslowakei abgetretenen Gebiete.

9. Nov. Die nationalsozialistischen Ausschreitungen gegen Juden in Deutschland, von Reichspropagandaminister Josef Goebbels (*1897, †1945) inszeniert (»Reichskristallnacht«) als angebliche Reaktion auf die Ermordung eines Mitgliedes der Deutschen Botschaft in Paris, Ernst vom Rath (*1909), durch den Juden Herschel Grynszpan (*1921, †1943?), wirken aufs Neue international alarmierend, v. a. in den USA.

26. Nov. Bekräftigung des Nichtangriffspakts zwischen Polen und der Sowjetunion. Polen, das in der tschechoslowakischen Frage mit Deutschland zusammen agiert hat, versucht, sich gegen Deutschland eine Rückendeckung im Osten zu verschaffen, nachdem es die deutschen Anfragen (24. Okt. und 19. Nov.) betreffs einer Rückkehr Danzigs zum Reich und einer exterritorialen Verbindung durch den »Korridor« abgelehnt hat.

30. Nov. Die antifranzösische Propaganda in der italienischen Kammer und Presse (Forderung nach Abtretung von Korsika und Tunis) führt zu ernsten italienisch-französischen Spannungen.

6. Dez. Deutsch-französische Nichtangriffserklärung in Paris. – Entgegen diesen Ausläufern der Politik des Münchener Abkommens bahnen sich jedoch neue Konflikte an. Mehrere Länder treffen Maßnahmen zur Kriegsvorbereitung, obwohl die offizielle Diplomatie noch den Anschein erweckt, an der Ausgleichspolitik festhalten zu wollen.

22. Dez. Italien kündigt das Laval-Mussolini-Abkommen vom 7. Jan. 1935.

1939, 27. Febr. Großbritannien und Frankreich erkennen die Regierung Francos in Spanien an.

12. März Hitler entschließt sich zur Zerschlagung der Tschechoslowakei, wozu der Ausbruch eines Konflikts zwischen der Prager Regierung und den Slowaken den Vorwand liefert.

13. März Die Führer der Slowaken, Jozef Tiso (*1887, †1947) und Ferdinand Ďurčanský (*1906, †1974), reisen nach Berlin und wollen die Unabhängigkeit der Slowakei proklamieren.

14. März Unabhängigkeitserklärungen der Slowakei und der Karpato-Ukraine. Ungarn beginnt mit der Besetzung der Karpato-Ukraine.

15. März Der tschechoslowakische Staatspräsident Emil Hácha (*1872, †1945), der um eine Unterredung mit Hitler gebeten hat, und der Außenminister František Chvalkovský (*1885, †1945) unterzeichnen unter Druck den Vertrag über die Schaffung des »Reichsprotektorats Böhmen und Mähren«. **Deutsche Truppen marschieren in die Tschechoslowakei ein**; die tschechischen Truppen werden ohne Widerstand entwaffnet.

16. März Hitler lässt in Prag einen »Erlass über das Protektorat Böhmen und Mähren« verkünden. Die beiden Länder werden dem Deutschen Reich eingegliedert und erhalten als Staat beschränkter Souveränität mit eigenem Staatsoberhaupt Autonomie in Verwaltung, Rechtsprechung und Kultur. In Prag soll als Vertreter des Reichs ein Reichsprotektor residieren (Konstantin Freiherr von Neurath [*1873, †1956]), während das Protektorat in Berlin durch einen Gesandten vertreten sein soll.
Die Slowakei stellt sich unter den Schutz des Reichs, worauf ein Vertrag in Berlin geschlossen wird (23. März), in dem dieser Schutz durch militärische und außenpolitische Einbeziehung der Slowakei realisiert wird. Die Slowakei führt alsbald ein Volksgruppenrecht ein. Auch diesmal ist die überraschende Aktion Hitlers geglückt, ohne dass außer diplomatischen Protesten ernsthafter Widerstand erfolgt. Ist jedoch die Angliederung des Sudetenlandes nach der Logik des Selbstbestimmungsrechts der Völker und im Einvernehmen mit den europäischen Großmächten vollzogen, so gilt dies für die Gewaltaktion vom März 1939 nicht mehr. Diese widerspricht zudem Hitlers Versprechungen vom Sept. 1938. Das internationale Vertrauen ist damit endgültig zerstört. Die Gefahr für den Ausbruch eines europäischen Krieges ist in bedrohliche Nähe gerückt. Premierminister Chamberlain kündigt in seiner Birmingham-Rede das Ende der Appeasement-Politik an.

21. März Ein deutsches Angebot an Polen wiederholt die schon am 24. Okt. und 19. Nov. 1938 sowie 5./6. Jan. 1939 übergebenen Vorschläge: Rückgabe Danzigs, exterritoriale Auto- und Eisenbahnwege durch den Korridor, langfristige Garantie der deutsch-polnischen Grenze. Das Angebot erfolgt in dem psychologisch ungünstigen Moment der Vertrauenskrise. Am 23. März erfolgt eine polnische Teilmobilmachung im Korridor. Am 26. März lehnt Polen das Angebot ab.

23. März **Einmarsch deutscher Truppen ins Memelgebiet** aufgrund eines Abkommens mit Litauen. Die Wiedervereinigung des Memelgebiets mit dem Deutschen Reich wird durch Reichsgesetz verkündet. Das am gleichen Tag geschlossene deutsch-rumänische Handelsabkommen führt zu einer weitgehenden Einfügung Rumäniens in ein deutsch geführtes mitteleuropäisches Wirtschaftssystem, wobei die rumänischen Erdölvorräte von großer Bedeutung sind.

28. März Kurz nach Beendigung des Bürgerkriegs tritt Spanien dem Antikominternpakt bei.

31. März Premierminister CHAMBERLAIN gibt die britisch-französische Garantieerklärung für Polen ab.

7. April **Italien besetzt Albanien** als Kompensation für die neuen deutschen Erwerbungen. König AHMET ZOGU (*1895, †1961) flieht nach Griechenland.

12. April Die albanische Nationalversammlung bietet in Tirana König VIKTOR EMANUEL III. (*1869, †1947) die Krone Albaniens an.

13. April Ausdehnung der britisch-französischen Garantie auf Rumänien und Griechenland.

15. April US-Präsident ROOSEVELT fordert HITLER und MUSSOLINI auf, sich weiterer Überfälle zu enthalten, gleichzeitig unterbreitet er den Vorschlag zu einer internationalen Konferenz. MUSSOLINI und HITLER (Reichstagsrede vom 28. April) antworten ablehnend. In seiner Reichstagsrede kündigt HITLER zudem das deutsch-britische Flottenabkommen und den deutsch-polnischen Nichtangriffspakt und ruft die Nachbarstaaten zum Abschluss von Nichtangriffspakten auf.

17. April Die Sowjetunion leitet durch ihren Botschafter in Berlin die Annäherung an Deutschland ein. Sie setzt das Doppelspiel monatelang fort. Die Bedeutung der Sowjetunion steigt angesichts des drohenden Krieges.

18. April Die Sowjetunion bietet in Verhandlungen mit Großbritannien in Moskau einen britisch-französisch-sowjetischen Dreibund, unter Umständen mit Einschluss Polens, an. Das Bündnis kommt jedoch trotz langwieriger Verhandlungen nicht zustande.

26. April Großbritannien führt die allgemeine Wehrpflicht ein.

3. Mai Die Entlassung MAXIM LITWINOWS (*1876, †1951) als Außenminister der Sowjetunion deutet auf das Scheitern sowjetischer Bündnisverhandlungen mit den Westmächten hin. LITWINOWS Nachfolger, WJATSCHESLAW M. MOLOTOW (*1890, †1986), schwenkt auf eine politische Linie mit Deutschland ein.

12. Mai Britisch-türkische Beistandserklärung, der sich auch Frankreich anschließt.

22. Mai Abschluss eines Militärbündnisses zwischen Italien und dem Deutschen Reich (»Stahlpakt«).

31. Mai–7. Juni Deutschland schließt Nichtangriffspakte mit Estland, Lettland und Dänemark; Schweden, Norwegen und Finnland haben vorher abgelehnt.

Ende Juli Die deutsch-sowjetischen Wirtschaftsverhandlungen kommen in Gang. Von nun an gelingt es HITLER allmählich, die Briten zu überspielen, da die sowjetische Führung glaubt, ihre Interessen im Zusammengehen mit Deutschland besser als an der Seite der Westmächte verwirklichen zu können.

24. Juli Beistandsvertrag zwischen Frankreich, Großbritannien und der Sowjetunion. Er tritt jedoch nicht in Kraft, weil die sich anschließenden Verhandlungen über eine Militärkonvention nicht zur Einigung führen, v. a. wegen der Frage des Durchmarschrechts der Sowjetunion durch Polen und Rumänien.

23. Aug. Reichsaußenminister JOACHIM VON RIBBENTROP (*1893, †1946) schließt in Moskau den **deutsch-sowjetischen Nichtangriffspakt** ab. Darin ist ein geheimes Zusatzprotokoll enthalten: Deutschland erklärt, dass Estland, Lettland, Finnland, Bessarabien und Polen östlich der Flüsse Pissa, Narew, Weichsel und San außerhalb seiner Interessensphäre liegen. Die Sowjetunion erklärt ihrerseits ihr Desinteresse an dem polnischen Gebiet westlich dieser Linie sowie an Litauen. Alle Balkanfragen sollen nur nach gemeinsamer Verständigung geregelt werden.

Der japanische Botschafter in Berlin, HIROSHI OSHIMA (*1886, †1975), legt im Namen seiner Regierung Protest gegen den Vertrag unter Berufung auf den Antikominternpakt ein.

CHAMBERLAIN warnt HITLER vor einem Krieg und erklärt, dass Großbritannien seiner Bündnispflicht gegenüber Polen nachkommen werde. In Großbritannien beginnt die Mobilmachung.

25. Aug. Zum Zweck der gegenseitigen Beistandsleistung wird ein britisch-polnischer Bündnisvertrag unterzeichnet.

HITLER fordert vom britischen Botschafter in Berlin, NEVILLE HENDERSON (*1882, †1942), freie Hand gegenüber Polen, erklärt die deutsche Westgrenze als endgültig und bietet Garantien für Großbritannien. MUSSOLINI teilt HITLER mit, dass Italien nicht kriegsbereit sei und daher nicht in einen Krieg eintreten könne. Aufgrund dieser Mitteilung und der Meldung vom Abschluss des britisch-polnischen Bündnisses widerruft Hitler den für den 26. Aug. gegebenen Vormarschbefehl gegen Polen.

26. Aug. In einem Brief an HITLER betont der französische Ministerpräsident DALADIER die französische Verständigungsbereitschaft, weist aber gleichzeitig darauf hin, dass Frankreich seine Verpflichtung gemäß dem Bündnis mit Polen einhalten werde.

28. Aug. Der britische Botschafter HENDERSON übermittelt HITLER das Angebot einer Vermittlung direkter deutsch-polnischer Verhandlungen durch Großbritannien. Während die unmittelbaren Kriegsvorbereitungen in allen beteiligten Staaten vorangehen, entspannt sich die Lage vorübergehend infolge des britischen Schritts.

29. Aug. In seiner Antwort hält HITLER die Forderungen in Bezug auf Danzig, den Korridor und die Sicherheit für die deutsche Minderheit in Polen aufrecht, erklärt sich zu direkten Verhandlungen bereit und bittet HENDERSON zu vermitteln, dass ein bevollmächtigter Vertreter Polens am 30. Aug. in Berlin erscheinen soll. Diese Fristsetzung bezeichnet HENDERSON als ultimativ.

30. Aug. Als bis Mitternacht kein polnischer Unterhändler eingetroffen ist, bezeichnet Außenminister Ribbentrop Botschafter Henderson gegenüber die deutschen Vorschläge, die er vorliest, ohne den Text Henderson zu überlassen, als erledigt.
Mobilmachung in Polen.

31. Aug. Reichsminister Hermann Göring (*1893, †1946), tags zuvor zum Vorsitzenden des Reichsverteidigungsrates ernannt, schaltet sich ein und lässt durch seinen schwedischen Kontaktmann Birger Dahlerus (*1891, †1957), entgegen Hitlers Befehl, den Wortlaut der deutschen Vorschläge Botschafter Henderson zukommen. Dieser veranlasst Dahlerus, die Vorschläge sofort dem polnischen Botschafter in Berlin, Józef Lipski (*1894, †1958), mitzuteilen. Lipski erklärt jedoch, »nicht daran interessiert zu sein, mit Deutschland auf dieser Basis zu verhandeln«, teilt aber Außenminister Ribbentrop mit, dass die polnische Regierung dem Vorschlag zu direkten Verhandlungen nachkommen werde. Ribbentrop übergibt jedoch die deutschen Vorschläge nicht, Lipski bittet auch nicht, sie ihm zu überlassen.
Mittags gibt Hitler erneut den Befehl zum militärischen Angriff.
Der Vermittlungsvorschlag Mussolinis, eine internationale Konferenz einzuberufen, wird nicht mehr berücksichtigt.
Die als überholt erklärten 16 deutschen Vorschläge über die Regelung der Danzig- und Korridorfragen werden über Rundfunk bekannt gegeben.

1. Sept. **Deutscher Angriff auf Polen** (erste Kampfhandlungen bei Dirschau ab 4.30 Uhr, Beschießung der Westerplatte bei Danzig ab 4.45 Uhr). Großbritannien und Frankreich stellen aufgrund ihrer Bündnisverpflichtungen die Kriegserklärung an das Deutsche Reich in Aussicht, falls die deutschen Truppen nicht sofort zurückgezogen werden.

2. Sept. Ein italienischer Konferenzvorschlag bleibt ohne Erfolg.

3. Sept. Großbritannien und Frankreich erklären dem Deutschen Reich den Krieg.

Der Zweite Weltkrieg (1939–1945)

Noch unter dem Schock der blutigen Massenverluste in den Stellungsfronten von 1914–18 reagieren die Westmächte auf den deutschen Angriff auf Polen militärisch defensiv. Sie vertrauen darauf, in einem lang andauernden Blockadekrieg gegen Deutschland erneut ihre wirtschaftliche und personelle Überlegenheit zur Geltung bringen zu können. In den ersten zwei Kriegsjahren bleiben die Kampfhandlungen im Wesentlichen auf Europa beschränkt. In diesem europäischen Krieg bilden Briten und Franzosen zunächst allein einen militärischen Sperrriegel und müssen Polen seinem Schicksal überlassen. Aus innenpolitischen Rücksichten kann US-Präsident Roosevelt lediglich wirtschaftliche und finanzielle Unterstützung zusichern, die langfristig von den Briten mit dem Verlust ihres Empires bezahlt werden muss. Stalin leistet ähnliche Unterstützung für Hitler, wird von diesem aber nach der Niederwerfung Frankreichs sowie der neutralen Staaten im Norden, Westen und Südosten Europas selbst angegriffen (1941). Die unerwartet raschen militärischen Erfolge der Deutschen werden durch eine neue Taktik (»Blitzkrieg«) ermöglicht. Diese scheitert jedoch bei dem Versuch, Großbritannien ebenfalls in die Knie zu zwingen. Fast ein Jahr lang leisten die Briten allein den Deutschen verzweifelten Widerstand. Ihre Luftwaffe schützt sie ebenso wirkungsvoll wie die überlegene Royal Navy. Trotz einzelner Vorstöße in Nordafrika sowie im U-Bootkrieg gelingt es der deutschen Wehrmacht nicht, die britische Umklammerung zu zerbrechen und deren überseeische Machtbasen zu zerstören. Selbst im Mittelmeer und nach dem Kriegseintritt Italiens (1940) gelingt es der »Achse« nicht, die Briten von der Peripherie Europas zu vertreiben.

Bestärkt durch die Wiederwahl Roosevelts (1940) betreiben die USA ihre Eindämmungspolitik gegenüber dem aggressiven Japan im asiatischen Raum. Gleichzeitig stützen sie Großbritannien und – nach dem deutschen Überfall – auch die Sowjetunion mit Wirtschafts- und Rüstungslieferungen. Hitlers Kalkül, mit einem schnellen Feldzug auch die Sowjetunion niederwerfen und zum Fundament seines Weltmachtstrebens machen zu können, scheitert trotz großer Anfangserfolge. An der Ostfront entwickelt sich der Kampf schnell zu einem Vernichtungskrieg, der von beiden Seiten mit größter Härte geführt wird. Die deutsche Besatzungspolitik in Ost- und Südosteuropa ist geprägt von radikalen Ausbeutungszielen und einer Rassenideologie, in deren Zentrum Hitlers Absicht steht, den Völkermord an den europäischen Juden zu vollziehen. Mit dem japanischen Angriff auf die amerikanische Flotte in Pearl Harbor und Hitlers Kriegserklärung an die USA verbindet sich der europäische Krieg mit dem asiatischen Kriegsschauplatz und weitet sich zum Weltkrieg aus. Der deutsche Vormarsch in Richtung der kaukasischen Ölquellen scheitert 1942 in der Katastrophe von Stalingrad. Damit ist die Offensivfähigkeit der Wehrmacht erlahmt. Im Rüstungswettlauf mit den angelsächsischen Weltmächten vergrößert sich für die Achsenmächte der Rückstand, was sie zur Defensive zwingt. Mit steigernder Intensität führen die anglo-amerikanischen Bomberflotten Schläge gegen das feindliche Hinterland und die Zivilbevölkerung. Während Italien 1943 zusammenbricht, steigern Deutschland und Japan ihren Widerstand im totalen Krieg. Die Anti-Hitler-Koalition ist entschlossen, zunächst Deutschland niederzuwerfen. Gleichzeitig drängen aber die Amerikaner im Pazifik die Japaner schrittweise auf deren Heimatgebiet zurück.

Die Alliierten setzen sich 1942 in Nordafrika und im Mittelmeerraum durch, um die Voraussetzungen für eine groß angelegte Invasion in Europa zu schaffen. Durch sie kommt 1944 die Überlegenheit des amerikanischen Kriegspotenzials voll zur Geltung und zerbricht Hitlers »Festung Europa«. Im Osten muss sich die Rote Armee Stalins in zahllosen Schlachten den Weg nach Mitteleuropa bahnen. Ihr gelingt erst nach der alliierten Invasion der entscheidende Schlag gegen die geschwächte Wehrmacht, die bis Ende 1944 auf die Reichsgrenzen zurückgeworfen wird. Mit der Befreiung der besetzten Gebiete beginnt die Stalinisierung Ostmitteleuropas, die den späteren »Kalten Krieg« mit den Westmächten einleitet. Die Bemühungen um eine künftige Friedensordnung basieren auf der Teilung Deutschlands, der Aufteilung Europas und der Hoffnung der Westmächte, STALIN durch die Gründung der UNO in ein Regelwerk der internationalen Politik einzubinden.

Durch drakonische Maßnahmen gelingt es HITLER, seiner Bevölkerung einen sinnlosen »Endkampf« um das Reich aufzuzwingen. Dabei sterben mehr Deutsche als in den Kriegsjahren zuvor. Der Einmarsch der Roten Armee in Ostdeutschland löst eine Welle an Gewalttätigkeiten gegen die Zivilbevölkerung aus. Nach der bedingungslosen Kapitulation des Deutschen Reiches und der Klärung der alliierten Interessen auf der Konferenz von Potsdam beginnen die Westmächte den Angriff auf das japanische Mutterland; auch die Sowjetunion greift nun in den pazifischen Krieg ein. Der Widerstand Japans wird durch den Einsatz von zwei amerikanischen Atombomben endgültig gebrochen. Damit beginnt zugleich ein neues Zeitalter.

Der Europäische Krieg (September 1939–Juni 1941)

Die Eroberung Polens

1939, 1. Sept., 4.45 Uhr Der deutsche Angriff auf Polen, dem sich der »Schutzstaat« Slowakei am 5. Sept. anschließt, beginnt. Zwei Heeresgruppen mit starken Panzerkräften, massiv unterstützt durch die Luftwaffe, stoßen zangenartig von Ostpreußen und Schlesien aus mit dem Ziel vor, die Masse des polnischen Heeres im großen Weichselbogen einzuschließen.

Kriegserklärungen an Deutschland im Zweiten Weltkrieg

1939	
1. Sept.	Polen
3. Sept.	Großbritannien
3. Sept.	Australien
3. Sept.	Indien
3. Sept.	Neuseeland
3. Sept.	Frankreich
6. Sept.	Südafrikanische Union
10. Sept.	Kanada
1940	
9. April	Norwegen
9. April	Dänemark[1]
10. Mai	Niederlande
10. Mai	Belgien
10. Mai	Luxemburg
1941	
6. April	Jugoslawien
6. April	Griechenland
22. Juni	Sowjetunion
9. Dez.	China (GMD-Regierung)
9. Dez.	Frankreich (De Gaulle-Komitee)
11. Dez.	USA[2]
11. Dez.	Kuba
11. Dez.	Dominikanische Republik
11. Dez.	Guatemala
11. Dez.	Nicaragua
11. Dez.	Haiti
12. Dez.	Honduras
12. Dez.	El Salvador
17. Dez.	Tschechoslowakei[3]
1942	
19. Jan.	Panama
22. Mai	Mexiko
25. Aug.	Brasilien
1. Dez.	Äthiopien[4]
1943	
16. Jan	Irak
7. April	Bolivien
9. Sept.	Iran
13. Okt.	Italien (Badoglio-Regierung)
27. Nov.	Kolumbien
1944	
27. Jan	Liberia
21. Aug.	San Marino
25. Aug.	Rumänien[5]
8. Sept.	Bulgarien
31. Dez.	Ungarn (Gegenregierung)
1945	
2. Febr.	Ecuador
8. Feb	Paraguay
12. Febr.	Peru
15. Febr.	Uruguay
16. Febr.	Venezuela
26. Febr.	Ägypten
26. Febr.	Syrien
27. Febr.	Libanon
28. Febr.	Saudi-Arabien
1. März	Türkei
3. März	Finnland[6]
27. März	Argentinien

[1] einen Tag lang – [2] durch deutsche Kriegserklärung – [3] Exilregierung; rückwirkend ab 15. März 1939 – [4] durch die seit Mai 1941 wieder im Lande befindliche Regierung
[5] nach Sturz Antonescus – [6] rückwirkend ab 15. Sept. 1944

1. Sept., 10 Uhr HITLER rechtfertigt den Angriff in einer Reichstagserklärung mit angeblichen polnischen Übergriffen auf das Reichsgebiet, u.a. einen – von Deutschen inszenierten – Überfall auf den Rundfunksender Gleiwitz (Oberschlesien). Er erklärt die »Freie Stadt Danzig« als in das Deutsche Reich eingegliedert.

2. Sept. MUSSOLINI strebt vergeblich eine Vermittlung mit dem Ziel eines zweiten Münchener Abkommens an und erklärt Italien als »nicht Krieg führend«.

3. Sept. Nach Ablauf eines Ultimatums, die deutschen Truppen aus Polen zurückzuziehen, erklären Großbritannien (11 Uhr) und Frankreich (17 Uhr) dem Deutschen Reich den Krieg.

Da die Franzosen trotz der Zusage an Polen, am 15. Kriegstage gegen Deutschland offensiv vorgehen zu wollen, aus innenpolitischen Gründen passiv bleiben und Großbritannien sich auf den See- und Luftkrieg beschränkt, erschöpft sich der Westkrieg während des deutschen Feldzuges gegen Polen in Spähtruppunternehmen vor dem Westwall (Beginn des »Komischen Krieges« – *drôle de guerre*, auch »Sitzkrieg« genannt), obwohl das deutsche Heer zu diesem Zeitpunkt für einen Zweifrontenkrieg und die Abwehr einer Großoffensive im Westen nicht ausreichend gerüstet ist. HITLERS Rüstungspropaganda und seine unverhüllten Drohungen zeigen Wirkung. Großbritannien erklärt wie 1914 eine Blockade gegen Deutschland, die jedoch infolge der sich intensivierenden Wirtschaftsbeziehungen zur Sowjetunion und der über ihr Territorium weiter möglichen Verbindung mit Ostasien keine vergleichbare Wirkung hat. US-Präsident ROOSEVELT fordert die Krieg führenden Mächte zur Schonung der Zivilbevölkerung und zur Einhaltung des Kriegsrechts auf.

17. Sept. Nachdem die polnische Regierung auf rumänisches Territorium übergetreten ist – wo sie interniert wird – lässt die sowjetische Regierung die Rote Armee nach Ostpolen einrücken. Die deutschen Truppen ziehen sich auf die am 23. Aug. vereinbarte Linie (Narew–Weichsel–San) zurück.

18. Sept. Die Schlacht im großen Weichselbogen (an der Bzura) endet mit der Kapitulation der stärksten polnischen Armee (170 000 Gefangene).

27. Sept. Die seit zehn Tagen eingeschlossene polnische Hauptstadt Warschau kapituliert nach schweren deutschen Luftangriffen.

Stärke der militärischen Streitkräfte (in Mio. Mann)

	Deutschland	Großbritannien	USA	Sowjetunion	Japan
1939	3,1	0,5	0,6	1,6	1,6
1940	6,1	2,3	0,7	4,2	1,7
1941	7,2	3,4	1,9	4,2	2,4
1942	8,3	4,1	4,8	10,9	2,8
1943	9,5	4,8	11,1	11,0	3,8
1944	9,4	5,0	14,8	11,2	5,3

28. Sept. In Moskau unterzeichnen die beiden Außenminister WJATSCHESLAW M. MOLOTOW und JOACHIM VON RIBBENTROP einen deutsch-sowjetischen Grenz- und Freundschaftsvertrag, der in einem geheimen Zusatzabkommen die Demarkationslinie zwischen der deutschen und sowjetischen Interessensphäre von der Weichsel an den Bug verlegt und dafür ganz Litauen, außer einem südwestlichen Zipfel, als Teil der sowjetischen Sphäre anerkennt.

6. Okt. Der letzte polnische Widerstand erlischt; damit ist die Eroberung Polens abgeschlossen. In deutscher Hand befinden sich 694 000, in sowjetischer 217 000 polnische Kriegsgefangene. Die polnischen Verluste betragen etwa 66 300, die deutschen 10 572, die sowjetischen 737 Gefallene. In einer Reichstagsrede richtet HITLER ein »Friedensangebot« an die Westmächte auf der Basis der Anerkennung der vollzogenen Eroberung und Teilung Polens. Es wird von Frankreich und Großbritannien (12. Okt.) abgelehnt.

8. Okt. In einem Erlass gliedert HITLER über Westpreußen und Posen hinaus polnische Gebiete, u. a. Lodz, Ciechanow und Suwałki, in das »Großdeutsche Reich« ein.

25. Okt. Im zwischen den »eingegliederten Ostgebieten« und der sowjetischen Interessensphäre liegenden Rest Polens wird als administrativ-politisches Gebilde das »Generalgouvernement für die besetzten polnischen Gebiete« eingerichtet. Unter HANS FRANK (*1900, †1946) als »Generalgouverneur« mit Sitz in Krakau wird das Generalgouvernement zu einer Art »Nebenland« des Reiches. Während die »eingegliederten Ostgebiete« durch Vertreibung der Polen und Ansiedlung von Deutschen, u.a. aus den baltischen Staaten, Wolhynien und Bessarabien, »germanisiert« werden, beginnt im Winter 1939/40 die physische Vernichtung der polnischen Führungsschicht im Generalgouvernement. Diese Maßnahmen werden mit der von der deutschen Propaganda um mehr als das Zehnfache erhöhten Zahl der durch polnische Ausschreitungen im Aug. und Sept. 1939 (3. Sept. »Bromberger Blutsonntag«) angeblich zu Tode gekommenen Volksdeutschen (tatsächlich etwa 5000) zu rechtfertigen gesucht. Die Juden werden in Groß-Ghettos in den größten Städten des Generalgouvernements sowie in Lodz konzentriert.

1. Nov. Nach Pseudo-Plebisziten werden die westukrainischen Gebiete Polens der Ukrainischen Sowjetrepublik, am 2. Nov. das nordostpolnische Territorium mit Ausnahme des an Litauen abgetretenen Bereichs um Wilna der Weißrussischen Sowjetrepublik eingegliedert. Auf Enteignungen folgen vom Winter 1939/40 Deportationen der zu »Volksfeinden« deklarierten Polen. Die Ermordung eines Teils von ihnen sowie des Großteils der in sowjetische Gefangenschaft geratenen polnischen Offiziere schließt sich an. Im April 1943 entdecken deutsche Soldaten über 4100 Leichen im Wald bei Katyn.

Politik und Kriegsführung während der »drôle de guerre«

1939, 28. Sept. Estland wird genötigt, der Sowjetunion militärische Stützpunkte auf seinem Territorium einzuräumen. Lettland und Litauen folgen am 5. bzw. 10. Okt.

9. Okt. Hitler begründet in einer Denkschrift seinen Entschluss, zum frühestmöglichen Zeitpunkt gegen Frankreich offensiv zu werden, damit, dass die Zeit gegen Deutschland arbeite. Der auf den 12. Nov. 1939 festgelegte Angriff wird vom 7. Nov. an insgesamt 29-mal bis zum 10. Mai 1940 verschoben.

11. Okt. Beginn von (ergebnislosen) Verhandlungen zwischen der Sowjetunion und Finnland über eine Rückverlegung der Grenze auf der Karelischen Landenge und Einräumung von Stützpunkten für die Rote Armee und Flotte in Finnland.

14. Okt. Die Versenkung des britischen Schlachtschiffes »Royal Oak« durch das U-Boot »U 47« in der Bucht von Scapa Flow ist der erste spektakuläre Erfolg des deutschen Seekrieges gegen Großbritannien.

19. Okt. Die Türkei schließt mit Großbritannien und Frankreich einen Beistandspakt.

3. Nov. Der amerikanische Kongress ändert das rigorose Neutralitätsgesetz durch die Wiedereinführung der *cash-and-carry*-Klausel faktisch zugunsten der europäischen Westmächte ab, nachdem am 2. Okt. auf einer panamerikanischen Konferenz in Panama in einem 300 Seemeilen umspannenden Sicherheitsgürtel östlich des amerikanischen Doppelkontinents alle Kriegshandlungen untersagt worden sind.

7. Nov. Die Königin der Niederlande Wilhelmina (*1880, †1962) und der König von Belgien Leopold III. (*1901, †1983) bemühen sich vergeblich um eine Friedensvermittlung, desgleichen am 13. Nov. König Carol II. (*1893, †1953) von Rumänien.

8. Nov. Ein Attentat auf Hitler in München durch den Einzelgänger Georg Elser (*1903, †1945) schlägt fehl, ein von der Widerstandsbewegung geplantes Attentat durch Erich Kordt (*1903, †1969) wird daher unausführbar. Die im Laufe des Winters 1939/40 von der Widerstandsgruppe um Generaloberst Ludwig Beck (*1880, †1944) und den ehemaligen Oberbürgermeister von Leipzig Carl Friedrich Goerdeler (*1884, †1945) angestrengten Bemühungen, Großbritannien zum Stillhalten während eines angestrebten Umsturzes zu bewegen, führen, da der Versuch unterbleibt, zu verstärktem Misstrauen der Briten.

30. Nov. Sowjetische Streitkräfte des Leningrader Militärbezirks greifen Finnland auf breiter Front vom Eismeer bis zur Karelischen Landenge an: **Beginn des sowjetisch-finnischen Winterkriegs**.

2. Dez. Die Sowjetunion schließt mit der von ihr in der eroberten finnischen Grenzstadt Terijoki installierten kommunistischen Gegenregierung Finnlands unter dem Komintern-Funktionär Otto Kuusinen (*1881, †1964) einen »Beistandspakt«. Da die sowjetische Offensive ins Stocken gerät und in Helsinki unter Risto Ryti (*1889, †1956) eine alle politischen Kräfte des Landes zusammenfassende Koalitionsregierung gebildet werden kann, bleibt dies ohne weitreichende Bedeutung.

13. Dez. Seegefecht am Río de la Plata, dem gemeinsamen Mündungstrichter der Flüsse Paraná und Uruguay, bei dem das deutsche Panzerschiff »Graf Spee« beschädigt wird. Es muss sich am 17. Dez. vor Montevideo selbst versenken.

14. Dez. Hitler empfängt in Berlin den Führer der norwegischen Partei *Nasjonal Samling*, Vidkun Quisling (*1887, †1945), der ihn auf die Gefährdung der norwegischen Neutralität durch Großbritannien hinweist. Hitler befiehlt daraufhin die Ausarbeitung einer »Studie Nord«.
Der Völkerbund erklärt die Sowjetunion zum Aggressor im Kriege gegen Finnland und schließt sie aus der Liga der Nationen aus.

16. Dez. Der britische Marineminister Winston Churchill (*1874, †1965), der schon am 19. Sept. eine Denkschrift über die Unterbindung deutscher Erztransporte aus Nordschweden ausgearbeitet hat, legt dem Kabinett ein weiteres Memorandum hierzu vor.

1940, 10. Jan. Notlandung eines deutschen Flugzeuges bei Mechelen (Belgien), bei der Fragmente deutscher Unterlagen in belgische Hand fallen, aus denen hervorgeht, dass die vorbereitete deutsche Westoffensive über niederländisches und belgisches Gebiet geführt werden soll. Hitler erlässt daraufhin den »Grundsätzlichen Befehl Nr. 1« über Geheimhaltung, der auch den höchsten militärischen Führern die Möglichkeit zu umfassender Urteilsbildung nehmen soll.

15. Jan. Die belgische Regierung lehnt die Forderung der Alliierten ab, ihnen bei einem deutschen Angriff eine Durchmarscherlaubnis über belgisches Territorium zu erteilen.

5. Febr. Der alliierte Kriegsrat beschließt, zur Unterstützung Finnlands und zur Unterbrechung der deutschen Erzzufuhr aus Nordschweden ein Expeditionskorps nach Narvik zu entsenden.

11. Febr. Ein deutsch-sowjetisches Wirtschaftsabkommen sichert dem Reich umfangreiche Erdöl-, Edelmetall- und Getreidelieferungen.

1. März Hitler unterzeichnet die Weisung zur Vorbereitung einer deutschen Besetzung Dänemarks und Norwegens.

2. März Hitler empfängt den auf einer Rundreise durch die europäischen Hauptstädte befindlichen US-Unterstaatssekretär Sumner Welles (*1892, †1961), der im Auftrag Präsident Roosevelts die Chancen für eine Friedensregelung erkunden soll.

10. März Mussolini erklärt dem deutschen Außenminister Ribbentrop bei dessen Besuch in Rom seine Bereitschaft, Italien in absehbarer Zeit an der Seite Deutschlands in den Krieg zu führen.

12. März Nachdem der finnische Feldmarschall Karl Gustav Emil Mannerheim (*1867, †1951) am 7. März für eine Beendigung des Krieges plädiert und die Rote Armee am 11. März Wyborg erobert hat, unterzeichnet – für die Alliierten überraschend – in Moskau eine finnische Regierungsdelegation einen Waffenstillstands- und Friedensvertrag: Finnland tritt die Karelische Landenge mit Wyborg, einige karelische Gebietsstreifen in Mittel- und Nordfinnland sowie den finnischen Teil der Fischerhalbinsel am Eismeer an die Sowjetunion ab. Hanko wird an die Sowjetunion »verpachtet«. Die finnischen Streitkräfte haben im Winterkrieg etwa 25 000, die sowjetischen (nach eigenen Angaben) fast 70 000 Gefallene zu beklagen.

18. März Ein Treffen HITLERS mit MUSSOLINI am Brenner beendet die infolge der italienischen »Nichtkriegführung« eingetretenen Spannungen zwischen den »Achsen«-Partnern.

20. März Nach dem Rücktritt DALADIERS bildet PAUL REYNAUD (*1878, †1966) eine neue französische Regierung, die die Kriegsführung intensivieren will.

28. März Der alliierte Kriegsrat beschließt, Anfang April die norwegischen Gewässer zu verminen und Stützpunkte in Norwegen zu besetzen. Außerdem sollen zwecks Unterbrechung der Öllieferungen aus Rumänien und der Sowjetunion an Deutschland Maßnahmen vorbereitet werden: Störung der Donauschifffahrt, Luftangriffe von Syrien aus auf Baku, Vorstoß der französischen »Orient-Armee« von Syrien aus ins sowjetische Kaukasusgebiet. Die bis Ende April vorangetriebenen Vorbereitungen werden nach Beginn der deutschen Westoffensive (10. Mai) aufgegeben.

Besetzung Dänemarks und Norwegens durch deutsche Truppen

1940, 5. April Die Alliierten verschieben ihre Aktion gegen Norwegen auf den 8. April.

7. April Gemäß der von HITLER am 2. April festgelegten Terminplanung laufen die ersten deutschen Flottenverbände mit Heerestruppen an Bord nach Dänemark und Norwegen aus. Das britisch-französische Expeditionskorps wird eingeschifft.

8. April Britische Kriegsschiffe verminen die norwegischen Gewässer.

9. April, 5.00 Uhr **Beginn des Unternehmens »Weserübung«** zur Besetzung Dänemarks und Norwegens durch deutsche Truppen. Dänemark fügt sich unter Protest der Aktion. König CHRISTIAN X. (*1870, †1947) und die dänische Regierung amtieren unter der deutschen Besatzungsmacht weiter.

In Norwegen sind in allen größeren Häfen von Oslo über Bergen und Trondheim bis Narvik etwa gleichzeitig deutsche Truppen an Land gesetzt worden. Die norwegischen Streitkräfte leisten Widerstand. Verhandlungen zwischen dem deutschen Gesandten in Oslo und der norwegischen Regierung scheitern an HITLERS Forderung, VIDKUN QUISLING zum neuen Ministerpräsidenten einzusetzen. König und Regierung rufen zum Widerstand auf. Die deutsche Flotte erleidet schwere Verluste: einen Schweren, zwei Leichte Kreuzer und zehn Zerstörer, darunter acht vor Narvik (9./10. April). Die deutschen Landbrückenköpfe können jedoch gehalten und in den folgenden Wochen ausgeweitet werden.

14. April Die alliierten Landungen setzen – verspätet – ein, zunächst bei Narvik, am 15. April bei Namsos, am 18. April bei Åndalsnes. Durch diese wird Trondheim von beiden Seiten bedroht.

16. April Britische Truppen besetzen mit Zustimmung des dänischen Gouverneurs die Färöer-Inseln.

24. April HITLER ernennt Gauleiter JOSEF TERBOVEN (*1898, †1945) zum »Reichskommissar für Norwegen« und errichtet eine deutsche Zivilverwaltung.

2. Mai Nachdem deutsche Truppen, von Oslo und Trondheim vorstoßend, sich vereinigt haben, räumen die Briten Namsos und Åndalsnes.

28. Mai Die alliierten Streitkräfte dringen nach 14-tägigen Kämpfen in Narvik ein, doch kann sich die deutsche Kampfgruppe unter General EDUARD DIETL (*1890, †1944) an der Erzbahn mühsam halten.

7. Juni Die norwegische Regierung lässt sich als Exilregierung in London nieder.

10. Juni Nachdem sich die alliierten Truppen im Raum Narvik wieder eingeschifft haben und Narvik am 8. Juni wieder von der »Gruppe Dietl« besetzt ist, kapituliert auf Weisung König HÅKONS VII. (*1872, †1957) der Befehlshaber der norwegischen Streitkräfte in Nordnorwegen. Nordnorwegen wird bis zum Nordkap und zur finnischen Grenze bei Kirkenes von deutschen Truppen besetzt. Die deutschen Verluste bei dem damit abgeschlossenen Unternehmen »Weserübung« betragen über 1300 Tote und 2300 Vermisste. Die Verluste der deutschen Kriegsmarine wirken sich auf die Erwägungen über die Invasion der britischen Inseln aus.

Der deutsche Westfeldzug 1940

Die über ein halbes Jahr andauernde Pause für das aus Polen an die deutsche Westgrenze verlegte Gros des deutschen Heeres hat eine weitaus bessere Ausstattung und Ausrüstung erlaubt, als es bei einem Angriffsbeginn im Herbst 1939 – gegen den sich daher auch eine Opposition unter den Befehlshabern gestellt hat – der Fall gewesen wäre. Der Operationsplan ist im Winter 1939/40 unter dem Einfluss der Vorschläge des Generals ERICH VON MANSTEIN (*1887, †1973) von der ursprünglichen vagen Anlehnung an den Schlieffen-Plan weg derart umgestaltet worden, dass nunmehr der Hauptstoß aus der Mitte der Front über die Ardennen und die Maas hinweg bis zur Somme-Mündung vorgesehen ist, durch den die starke französisch-britische Nordgruppe in Flandern eingeschlossen werden soll. Erst danach soll über einen Vorstoß auf Paris und hinter die Maginot-Linie die Entscheidung in Frankreich gesucht werden.

1940, 10. Mai, 5.35 Uhr Von der Nordsee bis zur Südgrenze Luxemburgs beginnen zwei deutsche Heeresgruppen, mit Schwerpunkt bei der südlicheren Heeresgruppe, unter Verletzung der Neutralität der Niederlande, Belgiens und Luxemburgs die lang erwartete, von HITLER immer wieder hinausgeschobene **Westoffensive**. Ziel ist es, Frankreich zur Waffenniederstreckung zu zwingen, ein Arrangement mit Großbritannien zu erreichen und danach die Wendung nach Osten, gegen die Sowjetunion, zu vollziehen.

Auf die Nachricht vom Beginn der deutschen Offensive rücken Teile der französisch-britischen Nordgruppe nach Belgien ein und gehen damit in die deutsche Falle.

Die durch das gescheiterte Norwegen-Unternehmen in eine Krise geratene britische Regierung CHAMBERLAIN tritt zurück. Unter dem bisherigen Marineminister WINSTON CHURCHILL wird ein Kriegskoalitionskabinett gebildet, in dem der Führer der *Labour Party*, CLEMENT RICHARD ATTLEE (*1883, †1967), stellvertretender Premierminister wird. Es beschließt am 11. Mai die Eröffnung eines (in seinen Wirkungen zunächst begrenzt bleibenden) strategischen Bombenkrieges gegen das deutsche Hinterland. Die niederländischen Inseln Curaçao und Aruba werden von britischen Truppen besetzt, um ein Übergreifen der deutschen Okkupation auf die westliche Hemisphäre auszuschließen, ebenso Island, was der Sicherung der lebenswichtigen Atlantikrouten dienen soll.

14. Mai, 21.30 Uhr Nach deutschen Luftlandungen im Zentrum der Niederlande und einer, während laufender Kapitulationsverhandlungen nicht mehr gänzlich zu verhindernder, Bombardierung Rotterdams (über 900 Tote) wird der Kampf in den Niederlanden eingestellt.

15. Mai, 11.45 Uhr Unterzeichnung der militärischen Kapitulation der Niederlande. Königin WILHELMINA und die niederländische Regierung haben sich bereits am 13. Mai nach London ins Exil begeben. Am 18. Mai wird ARTHUR SEYSS-INQUART (*1892, †1946) »Reichskommissar für die Niederlande«. Eine deutsche Zivilverwaltung wird eingerichtet.

Der Zweite Weltkrieg in Westeuropa 1940

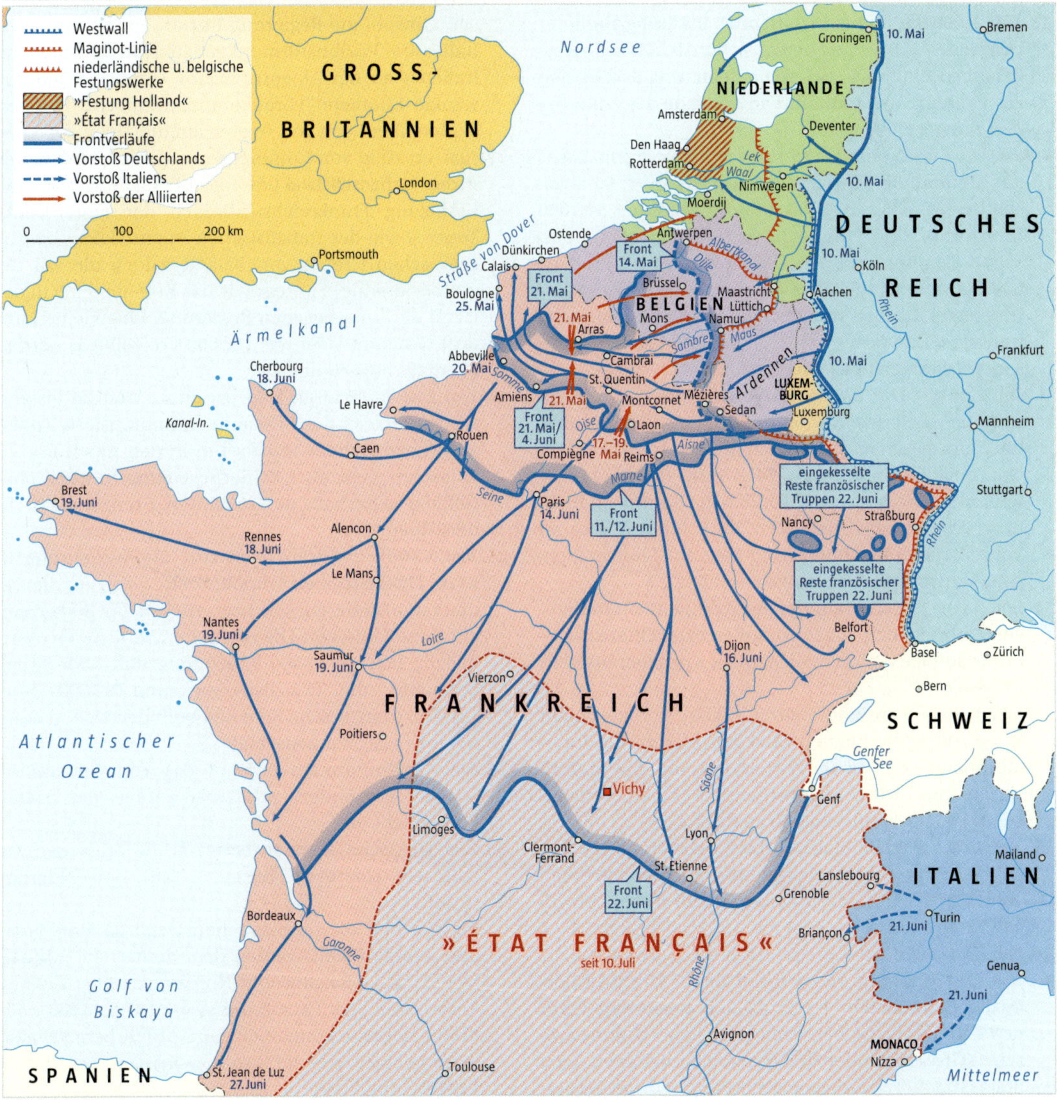

17. Mai Deutsche Truppen besetzen Brüssel kampflos.

19. Mai Eine über die Maas bei Sedan gesetzte deutsche Panzergruppe unter General EWALD VON KLEIST (*1881, †1954) erreicht Abbéville und die Somme-Mündung. Damit sind sämtliche nördlich dieses »Sichelschnittes« (CHURCHILL) befindlichen alliierten Kräfte von den Landverbindungen abgeschnitten. Die »Panzergruppe Kleist« setzt ihren Vormarsch an der Kanalküste nach Norden fort.

24. Mai HITLER und das Oberkommando des Heeres (OKH) halten VON KLEIST am La-Bassée-Kanal an, um die Panzer für die zweite Etappe des Frankreich-Feldzuges zu schonen.

26. Mai Auf Weisung des britischen Kriegsministers ANTHONY EDEN (*1897, †1977) löst sich das britische Expeditionskorps aus der alliierten Front und zieht sich nach Dünkirchen zurück, wo am 27. Mai die Einschiffung beginnt, die zwar durch deutsche Luftangriffe gestört, aber nicht unterbunden werden kann.

28. Mai, 10.00 Uhr König LEOPOLD III. kapituliert mit der belgischen Armee und begibt sich in deutsche Kriegsgefangenschaft. Die belgische Regierung erklärt sich zur Exilregierung und führt an der Seite der Alliierten den Krieg weiter.

4. Juni Die Evakuierung des britischen Expeditionskorps aus Dünkirchen (Unternehmen »Dynamo«) ist abgeschlossen: Über 338 000 Mann, darunter 123 000 Franzosen, sind abtransportiert worden. Die deutschen Truppen nehmen Dünkirchen ein. Damit ist der »Kessel« nördlich der Somme-Linie aufgehoben: Insgesamt 1,2 Mio. französische, britische, belgische und niederländische Soldaten befinden sich in deutscher Kriegsgefangenschaft.

5. Juni, 5.00 Uhr Die zweite Phase des deutschen Westfeldzuges beginnt mit dem deutschen Vorstoß über die improvisierte, nach dem neuen französischen Oberbefehlshaber MAXIME WEYGAND (*1867, †1965) benannte Weygand-Linie südlich der Somme in Richtung untere Seine, dem sich am 9. Juni ein zweiter Vorstoß hinter den Rücken der Maginot-Linie in Richtung schweizerische Grenze anschließt.

10. Juni MUSSOLINI verkündet den Kriegseintritt Italiens, verzichtet jedoch zunächst auf jegliche Offensivoperation infolge der unzureichenden Kriegsbereitschaft Italiens.

12. Juni Spanien, bislang neutral, erklärt sich als »nicht Krieg führend«. FRANCO lässt am 14. Juni die internationale Zone von Tanger besetzen und übermittelt HITLER am 16. Juni außerordentlich hohe Bedingungen für einen spanischen Kriegseintritt.

13. Juni Präsident ROOSEVELT erklärt sich zur materiellen Unterstützung Frankreichs bereit, lehnt jedoch einen von Ministerpräsident REYNAUD geforderten sofortigen Kriegseintritt der USA ab.

14. Juni Deutsche Truppen besetzten Paris kampflos.

16. Juni Die Mehrheit der sich seit dem 14. Juni in Bordeaux befindlichen französischen Regierung lehnt den Plan der britischen Regierung, eine »Union« zwischen Großbritannien und Frankreich zu bilden (eine Staatsangehörigkeit, eine Regierung, ein gemeinsames Heer), ab und spricht sich für ein Waffenstillstandsersuchen aus. REYNAUD tritt zurück. Marschall PHILIPPE PÉTAIN (*1856, †1951) bildet eine neue Regierung und lässt in der Nacht vom 16./17. Juni ein Waffenstillstandsgesuch an HITLER ergehen.
Die über Verdun vorstoßende »Panzergruppe Guderian« unter Generaloberst HEINZ GUDERIAN (*1888, †1954) erreicht die schweizerische Grenze. Damit ist die Masse des französischen Heeres in Lothringen und in der Maginot-Linie eingeschlossen.

18. Juni HITLER und MUSSOLINI treffen sich in München zu einer Aussprache über die Waffenstillstandsbedingungen gegenüber Frankreich.
General CHARLES DE GAULLE (*1890, †1970), Unterstaatssekretär im französischen Kriegsministerium, erklärt sich in London zum »Führer der Freien Franzosen« und fordert – zunächst mit geringem Echo – zur Fortsetzung des militärischen Widerstandes an der Seite Großbritanniens auf.

21. Juni Obwohl die Regierung PÉTAIN am 20. Juni auch Italien um Waffenstillstand gebeten hat, eröffnen die Italiener an der Alpenfront eine Offensive, die nur wenige Kilometer vorankommt. Deutsche Truppen stoßen über Lyon von Westen auf die Alpen zu.

22. Juni Im Wald von Compiègne wird ein **deutsch-französischer Waffenstillstand** unterzeichnet. Dieser sieht die Besetzung Frankreichs nördlich der Linie Genf–Tours sowie der französischen Atlantikküste bis zur spanischen Grenze vor, belässt jedoch die (zu demobilisierende) Flotte sowie das Kolonialreich in der Hand der französischen Regierung. Eine kleine Luftwaffe und ein Heer aus 100 000 Freiwilligen werden ebenfalls zugestanden.

24. Juni Ein italienisch-französischer Waffenstillstand wird unterzeichnet. Er schafft entmilitarisierte Zonen auf französischem Territorium in den Alpen und in Tunesien, sieht aber keine Besetzung französischer Gebiete außerhalb des eroberten Grenzstreifens in den Alpen vor.

25. Juni, 1.35 Uhr In Frankreich tritt die Waffenruhe in Kraft. Die deutschen Truppen ziehen sich auf die Demarkationslinie zurück bzw. rücken im Südwesten auf diese Linie vor. Die deutschen Verluste im Westfeldzug betragen rund 27 000 Tote und über 18 000 Vermisste, die französischen rund 92 000 Tote; 1,9 Mio. französische Soldaten befinden sich in deutscher Kriegsgefangenschaft.

28. Juni Großbritannien erkennt das von General DE GAULLE gegründete »Nationalkomitee des Freien Frankreich« an.

30. Juni Deutsche Truppen besetzen die britischen Kanalinseln Guernsey, Jersey (1. Juli) und Alderney (2. Juli).
Belgien und die französischen Departements Nord und Pas-de-Calais werden dem deutschen »Militärbefehlshaber Belgien und Nordfrankreich«, General ALEXANDER VON FALKENHAUSEN (*1878, †1966), das übrige besetzte Frankreich dem »Militärbefehlshaber Frankreich«, General OTTO VON STÜLPNAGEL (*1878, †1948), unterstellt.

1. Juli Die französische Regierung PÉTAIN errichtet in Vichy ihren Sitz.

3. Juli CHURCHILL lässt das vor Oran liegende französische Flottengeschwader durch einen Überfall des britischen Gibraltar-Geschwaders vernichten (über 1100 Tote), um einen befürchteten deutschen Zugriff zu verhindern und gegenüber den USA die Entschlossenheit seiner Regierung zu demonstrieren, den Kampf auch ohne kontinentalen Verbündeten fortzusetzen.

4. Juli Die Regierung PÉTAIN bricht die diplomatischen Beziehungen zu Großbritannien ab.

Die Verlagerung des europäischen Krieges von West nach Ost (Juni–Dezember 1940)

1940, 15. Juni Nach einem sowjetischen Ultimatum besetzt die Rote Armee Litauen einschließlich des als deutsches Interessengebiet eingeräumten Südwestzipfels und löscht dessen Souveränität aus.

17. Juni Besetzung Lettlands und Estlands durch sowjetische Truppen. Am 6. Aug. sind alle drei baltischen Staaten zu Sowjetrepubliken innerhalb der Sowjetunion geworden.

26. Juni Die Sowjetunion fordert von Rumänien ultimativ die Abtretung Bessarabiens und der Nordbukowina und beginnt am 28. Juni mit deren Besetzung.

1. Juli JOSEF STALIN (*1878, †1953) empfängt in Moskau den neuen britischen Botschafter RICHARD STAFFORD CRIPPS (*1889, †1952), der ihm eine Botschaft CHURCHILLS übermittelt, in der die Sowjetunion zur Abwendung gegen Deutschland aufgefordert wird. STALIN lehnt die Forderung ab.

2. Juli König KARL II. von Rumänien bittet um die Garantie der rumänischen Grenzen durch Deutschland und um die Entsendung einer deutschen Militärmission nach Rumänien.

16. Juli HITLER erlässt eine Weisung zur Vorbereitung einer Landung auf der britischen Insel, »wenn nötig« (Unternehmen »Seelöwe«).

19. Juli In einer Reichstagsrede richtet HITLER einen letzten »Friedensappell« an Großbritannien, den CHURCHILL am 22. Juli ablehnt.
Präsident ROOSEVELT unterzeichnet die *Two Ocean Navy Expansion Act*, die den Bau einer amerikanischen Zwei-Ozean-Großflotte bis 1945 vorsieht. Gegenwärtig ist die US-Flotte im Pazifik konzentriert, während der Schutz des Atlantiks der britischen Flotte obliegt.

31. Juli HITLER teilt den Spitzen des Oberkommandos der Wehrmacht (OKW) und des Oberkommandos des Heeres (OKH) seinen Entschluss mit, im Frühjahr 1941 einen etwa fünfmonatigen Feldzug gegen die Sowjetunion zur Eroberung des ökonomisch bedeutendsten Teils des europäischen Russlands zu führen. Die Heeresstärke soll dafür auf 180 Divisionen erhöht werden (Schwerpunkt: Panzerproduktion).

Deutsche Bombenabwürfe auf Großbritannien

Jahr	Tonnen	Jahr	Tonnen
1940	36 800 t	1943	2 298 t
1941	21 860 t	1944	9 151 t*
1942	3 260 t	1945	761 t*

* einschließlich V-Waffen

13. Aug. Ein verschärfter deutscher Luftkrieg gegen Großbritannien wird mit dem Ziel eingeleitet, die Luftherrschaft als Voraussetzung für eine erfolgreiche Invasion zu erringen.

17. Aug. Das Gebiet um die britischen Inseln wird vom OKW zum »Operationsgebiet« für die »totale Blockade« Großbritanniens erklärt. Die Möglichkeiten eines Erfolgs des U-Boot-Krieges bleiben wegen der geringen Zahl der einsatzbereiten deutschen U-Boote vorerst weiter sehr beschränkt. – Ein deutsch-finnisches Transitabkommen erlaubt, den Nachschub für die deutschen Streitkräfte in Nordnorwegen über finnisches Territorium zu leiten. Es ist Ausdruck der Wende im deutsch-finnischen Verhältnis.

30. Aug. Im **Zweiten Wiener Schiedsspruch** wird von Deutschland und Italien die Abtretung Nordsiebenbürgens und des Szeklerlands von Rumänien an Ungarn erzwungen. Deutschland und Italien garantieren jedoch – ohne Konsultation der sowjetischen Regierung, die die Entscheidung als gegen ihre Interessen gerichtet betrachtet – die rumänischen Grenzen, nachdem auch die südliche Dobrudscha im Vertrag von Craiova (7. Sept. 1940) Bulgarien überlassen wird. Am 2. Sept. entschließt sich HITLER zur Entsendung einer deutschen Militärmission nach Rumänien.

2. Sept. Zwischen Großbritannien und den USA wird ein Tauschvertrag (*Destroyer-Base-Deal*) abgeschlossen. Die Briten erhalten 50 ältere amerikanische Zerstörer und gewähren den Amerikanern im Gegenzug Stützpunkte auf den Bahamas, Jamaika, Antigua, Saint Lucia und Trinidad sowie in Britisch-Guayana.

4. Sept. König CAROL II. ernennt General ION ANTONESCU (*1882, †1946) zum Ministerpräsidenten (Staatsführer) Rumäniens und dankt am 6. Sept. zugunsten seines Sohnes MICHAEL ab. ANTONESCU sucht engste Anlehnung an Deutschland.

7. Sept. Im Zuge eines verschärften Luftkrieges gegen Großbritannien – propagandistisch als »Antwort« auf die relativ schwachen britischen Luftangriffe auf Berlin seit der Nacht vom 25./26. Aug. bezeichnet – werden schwere deutsche Luftangriffe gegen London geführt. 65 Tage fliegt die Luftwaffe ununterbrochen Nachtangriffe gegen London.

15. Sept. Der **»Battle-of-Britain«-Tag**, an dem es zu ausgedehnten Luftschlachten über Südostengland kommt, zeigt, dass die britische Abwehr ungebrochen ist: 56 deutsche und 26 britische Flugzeuge werden an diesem Tag abgeschossen.

17. Sept. HITLER verschiebt das für den 21. Sept. vorgesehene Unternehmen »Seelöwe« »bis auf Weiteres«; die Vorbereitungen sollen als Täuschungsmanöver fortgesetzt werden.

25. Sept. Ein Landungsversuch gaullistischer Streitkräfte bei Dakar mit Unterstützung der britischen Flotte wird abgewehrt. Damit ist der Versuch, einen besonders wichtigen Teil des französischen Kolonialreichs (Westafrika) zum Abfall von der Vichy-Regierung zu veranlassen, gescheitert.

27. Sept. Unterzeichnung des Dreimächtepakts zwischen Deutschland, Italien und Japan: Durch die Drohung mit einem Zwei-Ozean-Krieg soll ein Eingreifen der USA in den europäischen oder in den ostasiatischen Krieg verhindert werden. Die Beziehungen zur Sowjetunion sollen unberührt bleiben; in der Zielvorstellung Japans und Deutschlands soll diese bei der Neuaufteilung der Erde in »Großräume« (Europa/Afrika, Ostasien, westliche Hemisphäre) durch Eröffnung einer Expansionsmöglichkeit in Richtung Indischer Ozean gewonnen werden.

4. Okt. HITLER und MUSSOLINI treffen sich am Brenner, um die Möglichkeiten eines Interessenausgleichs mit Spanien und Vichy-Frankreich zu erörtern und diese in einen »Kontinentalblock« von »Madrid bis Yokohama« einzufügen.

12. Okt. Die ersten Teile der deutschen Wehrmachtmission treffen in Rumänien ein.

22. Okt. HITLER trifft in Montoire-sur-le-Loir (nahe Tours) den stellvertretenden französischen Ministerpräsidenten PIERRE LAVAL (*1883, †1945), den Exponenten einer Kollaboration mit Deutschland innerhalb der Vichy-Regierung.

23. Okt. Während eines Treffens mit General FRANCO in Hendaye scheitert HITLER, Spanien zu einem Eintritt in den Krieg zu bewegen.

24. Okt. Ein Treffen HITLERS mit Marschall PÉTAIN in Montoire-sur-le-Loir gibt der Kollaborationspolitik LAVALS vorübergehend Auftrieb, bis die am 11. Nov. beginnende Ausweisung von 100 000 Lothringern ins unbesetzte Frankreich diesen Ansatz zerstört.

28. Okt., 5.30 Uhr **Beginn eines italienischen Angriffs auf Griechenland**, mit dem MUSSOLINI endlich Kriegserfolge erringen will. HITLERS Besuch in Florenz kommt zu spät, um ihn davon zurückzuhalten.

3. Nov. Beginn der griechischen Gegenoffensive gegen die von Albanien aus vorgedrungenen Italiener, die bis Anfang Dez. 1940 fortgeführt und in deren Verlauf etwa ein Drittel Albaniens von den Griechen erobert wird. Erste britische Einheiten landen in der Nähe von Athen, nachdem schon am 29. Okt. Kreta von britischen Kräften besetzt worden ist.

4. Nov. HITLER, der britische Luftangriffe von Griechenland aus auf das rumänische Erdölgebiet befürchtet, beschließt, im Frühjahr 1941 einen Entlastungsangriff von Rumänien über Bulgarien nach Griechenland zu führen.

5. Nov. ROOSEVELT wird zum dritten Mal zum Präsidenten der USA gewählt.

10. Nov. Nach der Einnahme von Libreville (Gabun) ist ganz Französisch-Äquatorialafrika in der Hand der »freifranzösischen« Kräfte DE GAULLES.

11. Nov. Die italienische Flotte in Tarent wird von britischen Torpedoflugzeugen angegriffen: Drei Schlachtschiffe fallen langfristig aus.

12./13. Nov. Der Besuch des sowjetischen Außenministers MOLOTOW in Berlin (Unterredungen mit HITLER und RIBBENTROP) endet ergebnislos: MOLOTOW fordert die Überlassung Finnlands und Bulgariens in die sowjetische Einflusssphäre, die Aufhebung der deutschen Garantie für Rumänien und Stützpunkte an den türkischen Meerengen als Preis für einen Beitritt der Sowjetunion zum Dreimächtepakt. HITLERS Versuch scheitert, den sowjetischen Expansionsdrang in Richtung Indischen Ozean zu lenken und damit den geplanten deutschen Angriff gegen die Sowjetunion zu erleichtern.

14./15. Nov. Ein schwerer deutscher Luftangriff zerstört das industrielle Zentrum von Coventry (554 Tote).

20. Nov. Ungarn tritt dem Dreimächtepakt bei; am 23. Nov. folgt Rumänien, am 24. Nov. die Slowakei.

5. Dez. Die britische und die Vichy-Regierung einigen sich in einem Geheimabkommen darauf, den Status quo im französischen Kolonialreich nicht weiter zu verändern.

7. Dez. General FRANCO lehnt einen Kriegseintritt Spaniens endgültig ab: HITLER verzichtet daraufhin auf die bereits vorbereitete Eroberung Gibraltars.

13. Dez. PÉTAIN entlässt LAVAL; damit endet die erste Phase der Kollaboration. Wichtigster Minister in Vichy ist nunmehr Admiral FRANÇOIS DARLAN (*1881, †1942), der im Febr. 1941 stellvertretender Ministerpräsident und Außenminister wird.

18. Dez. HITLER unterzeichnet die »Weisung Nr. 21 (Fall Barbarossa)«, die die deutsche Wehrmacht darauf vorbereitet, »auch vor Beendigung des Krieges gegen England die UdSSR in einem schnellen Feldzug niederzuwerfen«. Als Abschluss der Vorbereitungen ist der 15. Mai 1941 angegeben.

29. Dez. Nachdem CHURCHILL Präsident ROOSEVELT am 8. Dez. die katastrophale finanzielle Situation Großbritanniens, das bald nicht mehr in der Lage sei, die Lieferungen aus den USA zu bezahlen, dargelegt hat, fordert ROOSEVELT vom amerikanischen Kongress Konsequenzen aus der Tatsache, dass die USA das »Arsenal der Demokratie« sein müssten.

Der Krieg auf dem Balkan, in Afrika und im Nahen Osten (September 1940–Juli 1941)

1940, 13. Sept. Von Libyen aus eröffnet Italien eine Offensive, die jedoch schon am 16. Sept. nach der Einnahme des Küstenortes Sidi Barrani, 90 km hinter der libysch-ägyptischen Grenze, endet.

28. Okt. Beginn des italienischen Angriffs auf Griechenland.

21. Nov. Die griechische Gegenoffensive erreicht mit der Einnahme von Koritza einen ersten Höhepunkt.

9. Dez. Der britische General ARCHIBALD WAVELL (*1883, †1950) beginnt mit seiner Nilarmee eine Gegenoffensive in Nordafrika. Im ersten Anlauf überrennen die Briten die italienischen Kräfte in Ägypten und nehmen 38 000 Mann gefangen. Nach der Einnahme von Sollum (17. Dez.) dringen sie nach Libyen vor.

1941, 19. Jan. Beginn einer britischen Offensive gegen Eritrea, die am 3. Febr. vor Keren vorerst zum Stehen gebracht werden kann.

19./20. Jan. Beim Treffen HITLER–MUSSOLINI auf dem Berghof oberhalb von Berchtesgaden wird das Ende des im Juni 1940 von MUSSOLINI verkündeten »Parallelkrieges« Italiens besiegelt. Italien muss sich nunmehr der deutschen Strategie unterordnen.

21. Jan. Die Festung Tobruk in Italienisch-Nordafrika wird von den Briten erobert.

6. Febr. Bengasi, die Hauptstadt der Cyrenaika, fällt. Die britische Nilarmee dringt bis zum 8. Febr. bis El Agheila an der Großen Syrte vor. Seit dem 9. Dez. 1940 sind 140 000 Italiener in britische Gefangenschaft geraten.

10. Febr. Von Kenia aus beginnt eine britische Offensive gegen Italienisch-Somaliland. Am 25. Febr. fällt die Hauptstadt Mogadischu. Die britisch-südafrikanischen Kräfte stoßen daraufhin auf die Bahnlinie Djibouti–Addis Abeba vor.

11. Febr. Die ersten Teile des »Deutschen Afrika-Korps« unter General ERWIN ROMMEL (*1891, †1944) treffen in Tripolis ein. Als »Sperrverband« soll er lediglich die Verteidigung der Italiener unterstützen, doch ROMMEL geht unverzüglich zum Angriff über.

1. März Bulgarien tritt dem Dreimächtepakt bei und lässt am 2. März deutsche Truppen einmarschieren.

4. März Stärkere britische Kräfte landen in Griechenland, bis zum 24. April insgesamt 58 000 Mann.

16. März Britische Truppen landen von Aden aus in Berbera und erobern das im Aug. 1940 von den Italienern besetzte Britisch-Somaliland zurück.

24. März Das »Deutsche Afrika-Korps« erobert die libysche Stadt El Agheila am Golf von Sidr.

25. März Jugoslawien tritt dem Dreimächtepakt bei.

27. März In einem Staatsstreich in Belgrad wird die Regierung des Prinzen PAUL (*1893, †1976), die den Paktbeitritt zu verantworten hat, gestürzt: Der 17-jährige König PETER II. (*1923, †1970) wird für volljährig erklärt und beruft eine neue Regierung unter dem Luftwaffengeneral DUSCHAN SIMOVIĆ (*1882, †1962). HITLER beschließt, Jugoslawien »militärisch und als Staatsgebilde zu zerschlagen«.
Die Briten erobern Keren in Eritrea und setzen ihren Vormarsch zur Eroberung Italienisch-Ostafrikas fort. Am 1. April nehmen sie Asmara ein.

30. März General ROMMEL setzt in der Cyrenaika zur Gegenoffensive an und erobert bis zum 13. April mit Ausnahme der Festung Tobruk, die eingeschlossen wird, die gesamte Cyrenaika einschließlich der ägyptischen Grenzstadt Sollum zurück.

1. April Durch einen Staatsstreich in Bagdad kommt die antibritische und »achsen«-freundliche Regierung RASCHID ALI AL-GAILANI (*1892, †1965) ans Ruder.

3. April Der ungarische Ministerpräsident PÁL TELEKI VON SZÈK (*1879) verübt aus Protest gegen den deutschen Druck, der Ungarn zur Teilnahme am Krieg gegen Jugoslawien veranlassen will, Selbstmord.

5./6. April In Moskau wird ein sowjetisch-jugoslawischer Freundschaftsvertrag unterzeichnet.

6. April, 5.15 Uhr **Beginn des deutschen Angriffs auf Jugoslawien und Griechenland** von »Österreich«, Ungarn, Rumänien und Bulgarien aus. Italien und – am 11. April – Ungarn schließen sich an. Belgrad wird fünfmal heftig bombardiert.
Britische Truppen erobern Addis Abeba, die Hauptstadt Italienisch-Ostafrikas.

9. April Saloniki fällt in deutsche Hand. Die griechische Ostmazedonien-Armee kapituliert.

10. April Mit deutscher Unterstützung wird in dem gerade eroberten Zagreb ein »Unabhängiger Staat Kroatien« proklamiert, dessen Führung der aus dem italienischen Exil zurückkehrende Führer der rechtsradikalen Ustascha-Bewegung ANTE PAVELIĆ (*1889, †1959) übernimmt. Kroatien muss an Italien den größten Teil der dalmatischen Küste abtreten, erhält jedoch Bosnien und die Herzegowina.

12. April Deutsche Truppen nehmen Belgrad ein.

17. April Die jugoslawische Armee kapituliert: 344 000 jugoslawische Soldaten geraten in deutsche Gefangenschaft. König PETER II. und die Regierung SIMOVIĆ begeben sich nach London ins Exil. – Jugoslawien wird von Deutschland und Italien in Besatzungszonen aufgeteilt. Ungarn und Bulgarien erhalten größere Teile zur Besetzung zugewiesen, Bulgarien bekommt auch griechische Territorien.

21. April Die griechische Heeresführung kapituliert vor der deutschen Wehrmacht, dieser Akt wird unter Teilnahme italienischer Vertreter am 23. April wiederholt.

27. April Deutsche Truppen besetzten Athen. Die Briten räumen Griechenland und ziehen sich nach Kreta zurück. In Athen bildet General GEORGIOS TSOLAKOGLU (*1886, †1946) eine griechische Regierung unter deutscher Besatzungsmacht. 223 000 griechische und 22 000 britische Kriegsgefangene sind in deutsche Hand geraten. Die deutschen Verluste des Balkanfeldzuges betragen 2600 Tote und 3100 Vermisste.

2. Mai Mit einem Luftangriff britischer Kräfte gegen die um den britischen Stützpunkt am Habbaniya-See zusammengezogene irakische Armee beginnt ein militärischer Konflikt zwischen Großbritannien und dem Irak, in den HITLER wegen des Vorrangs seines Ostkriegsplanes nur mit schwachen, über Syrien einfliegenden Luftwaffenverbänden eingreift.

10. Mai Der jugoslawische Generalstabsoberst DRAŽA MIHAJLOVIĆ (*1893, †1946) beginnt mit seinen serbisch-nationalistischen königstreuen Tschetniks in Südwestserbien einen Aufstand gegen die deutsche Besatzungsmacht.

18. Mai Die italienischen Hauptkräfte unter Herzog AMADEUS III. VON AOSTA (*1898, †1942) kapitulieren am Amba Alagi in Äthiopien. Damit ist der größte Teil Italienisch-Ostafrikas in britischer Hand. Nur Gondar hält sich noch bis zum 28. Nov. 1941.

20. Mai Deutsche Luftlandung auf der Insel Kreta, die in zwölftägigen verlustreichen Kämpfen erobert wird (6580 Tote und Vermisste).

24. Mai Der griechische König GEORG II. (*1890, †1947) und seine Regierung begeben sich ins Exil.

30. Mai Nach der Eroberung Bagdads durch die Briten begibt sich die irakische Regierung AL-GAILANI in den Iran ins Exil.

8. Juni Britische und gaullistische Truppen rücken von

Palästina und vom Irak aus nach Syrien ein. Die Truppen der Vichy-Regierung unter General Henri F. Dentz (*1881, †1945) leisten hartnäckigen Widerstand.

18. Juni In Ankara wird ein deutsch-türkischer Freundschaftsvertrag abgeschlossen.

4. Juli Die Kommunistische Partei Jugoslawiens mit ihrem Generalsekretär Josip Broz Tito (*1892, †1980) beschließt den »bewaffneten Aufstand« gegen die »faschistische« Besetzung Jugoslawiens. Damit stehen den Besatzungsmächten, die am 9. Juli das staatsrechtliche Ende Jugoslawiens proklamieren, zwei konkurrierende Widerstandsbewegungen gegenüber, die sich nach anfänglicher Kooperation vom 2. Nov. an auch untereinander bekämpfen.

14. Juli General Dentz muss einem Waffenstillstand zustimmen, der Syrien den Briten und Gaullisten überlässt, jedoch den Vichy-Soldaten die Rückkehr ins unbesetzte Frankreich gestattet. Damit ist die vorübergehend bedrohte Nahostposition wieder fest in britischer Hand.

Die weltpolitische Entwicklung: Japan, die USA und die Sowjetunion (Juni 1940–Juni 1941)

1940, 20. Juni Frankreich überlässt Japan die Kontrolle der Grenze zwischen Indochina und China und schneidet damit Chiang Kaishek eine wichtige Nachschublinie ab.

18. Juli Großbritannien schließt die Birmastraße für drei Monate und erschwert damit die Situation der nationalchinesischen Regierung in Chongqing weiter.

22. Juli Nach dem Rücktritt der neutralistisch orientierten Regierung Mitsumasa Yonai (*1880, †1948), die angesichts der deutschen Erfolge in Europa in den vorausgehenden Wochen das Verhältnis zu Deutschland zu verbessern trachtete, übernimmt Fürst Fumimaro Konoe (*1891, †1945) erneut die Regierung Japans. Yōsuke Matsuoka (*1880, †1946) wird Außenminister. Die neue Regierung strebt eine Wiederaufnahme der im Aug. 1939 abgebrochenen Bündnisverhandlungen mit Deutschland an und ist jetzt auch zu einer antiwestlichen Stoßrichtung des Bündnisses bereit.

22. Sept. Vichy-Frankreich räumt Japan Militärstützpunkte im Norden Indochinas ein.

27. Sept. Unterzeichnung des Dreimächtepaktes. Die USA reagieren darauf mit einer Einschränkung ihrer Handelsbeziehungen mit Japan.

18. Okt. Großbritannien öffnet die Birmastraße für den chinesischen Nachschub.

1941, 6. Jan. In seiner Rede vor dem Kongress verkündet Präsident Roosevelt die »vier Freiheiten« (Meinungs- und Religionsfreiheit, Freiheit von wirtschaftlicher Not und von Furcht vor militärischer Gewalt). Sie sollen Leitmotiv der amerikanischen Politik werden.

29. Jan. In Washington beginnen geheime amerikanisch-britische Generalstabsbesprechungen über eine gemeinsame Kriegsführung im Falle eines Kriegseintritts der USA.

11. März Das amerikanische »Leih- und Pachtgesetz« (*Lend-Lease-Act*), das Präsident Roosevelt ermächtigt, alle Staaten mit Waffen und Ausrüstung zu unterstützen, deren Verteidigung im Interesse der USA liegt, tritt in Kraft. Es kommt zunächst überwiegend Großbritannien und – in eingeschränktem Maße – China zugute, nach Nov. 1941 auch der Sowjetunion.

27. März Als Ergebnis der zweimonatigen amerikanisch-britischen Stabsbesprechungen in Washington wird die Konzeption *Germany first* in einem Zwei-Ozean-Krieg gegen Deutschland und Japan fixiert.

27. März–5. April Der japanische Außenminister Yosuke Matsuoka besucht im Zuge einer Europareise Hitler und Ribbentrop. Mit ihm wird ein japanischer Vorstoß gegen Singapur erörtert, nicht jedoch der inzwischen von Mitte Mai auf Mitte Juni verschobene Angriff Deutschlands auf die Sowjetunion.

13. April Matsuoka schließt mit Molotow in Moskau einen Neutralitätsvertrag Japan–Sowjetunion.

16. April Es beginnen amerikanisch-japanische Geheimverhandlungen mit dem Ziel eines Modus Vivendi in Ostasien und im Pazifik, die die japanische Regierung dem deutschen Bundesgenossen in ihrem substanziellen Kern geheim hält.

26. April Die USA dehnen ihre Großbritannien begünstigenden Neutralitätspatrouillen im Atlantik bis auf die Linien 26°West und 20°Süd aus.

6. Mai Stalin, bisher »nur« Generalsekretär der KPdSU, übernimmt anstelle Molotows den Vorsitz im Rat der Volkskommissare und wird damit Regierungschef. Molotow bleibt Außenkommissar.

3. Juni Hitler deutet dem japanischen Botschafter Hiroshi Oshima (*1886, †1975) gegenüber den bevor-

Kriegsmateriallieferungen Großbritanniens und der USA an die Sowjetunion (in Tonnen)

	Persischer Golf	Pazifik	Nordatlantik	Schwarzes Meer	sowjetische Arktis	Gesamt
1941	13 502	193 299	153 977	–	–	360 778
1942	705 259	734 020	949 711	–	64 107	2 453 097
1943	1 606 979	2 388 577	681 043	–	117 946	4 794 545
1944	1 788 864	2 848 181	1 452 775	–	127 802	6 217 622
1945	44 513	2 079 320	726 725	680 723	142 538	3 673 819
Summe	**4 159 117**	**8 243 397**	**3 964 231**	**680 723**	**452 393**	**17 499 861**
Prozent	23,8 %	47,1 %	22,7 %	3,9 %	2,5 %	100 %

stehenden Krieg mit der Sowjetunion an und stellt Japan die Beteiligung daran frei.

14. Juni ROOSEVELT erlässt eine Verordnung, die das »Einfrieren« deutscher Guthaben in den USA ermöglicht, und fordert am 16. Juni die Schließung aller deutschen Konsulate in den USA.

21. Juni In den Geheimverhandlungen mit Japan fordert US-Außenminister CORDELL HULL (*1871, †1955) die Wiederherstellung der »Offenen Tür« in China und eine Aufgabe der »Automatik« des Dreimächtepakts. Die Japaner lehnen die Bedingungen als unannehmbar ab.

Vorbereitungen des deutschen Angriffs auf die Sowjetunion

1940, 25. Juni Im Generalstab des Heeres beginnen erste Operationsplanungen für einen Kampf gegen die Rote Armee.

18. Dez. HITLER erlässt die »Weisung Nr. 21 (Fall Barbarossa)«.

1941, 31. Jan. Das OKH schließt die Aufmarschanweisung für »Barbarossa« ab.

17. Febr. Für die Zeit nach »Barbarossa« soll ein deutscher Aufmarsch in Afghanistan zur Bedrohung Britisch-Indiens vorbereitet werden.

30. März In einer Rede vor rund 100 höheren Offizieren der Wehrmacht kündigt HITLER eine radikale Kriegsführung ohne Beispiel (rassenideologischer Vernichtungskrieg) und ohne Bindung an die kriegsrechtlichen Normen an.

10. Mai Der »Stellvertreter des Führers« RUDOLF HESS (*1894, †1987) fliegt – ob auf eigene Initiative oder im Einvernehmen mit HITLER ist nicht geklärt – nach Großbritannien mit dem Ziel, vor Beginn des deutschen Angriffs auf die Sowjetunion ein Arrangement mit der britischen Regierung zustande zu bringen, um die erstrebte Rückenfreiheit Deutschlands im Westen zu erreichen. Er wird nach Verhören durch britische Regierungsmitglieder zum Kriegsgefangenen erklärt. – Nachfolger von HESS, den HITLER als geisteskrank bezeichnet, wird MARTIN BORMANN (*1900, †1945) »Leiter der Parteikanzlei«.

13. Mai Ein Erlass HITLERS über die Kriegsgerichtsbarkeit im Gebiet »Barbarossa« hebt den Verfolgungszwang für brutale Vergehen deutscher Soldaten gegen die sowjetische Zivilbevölkerung auf.

6. Juni Das OKW erlässt »Richtlinien für die Behandlung politischer Kommissare« (Kommissarbefehl), die eine »Liquidierung« der Kommissare nach der Gefangennahme vorsehen.

12. Juni Aus einigen prodeutschen Gesten der sowjetischen Regierung zieht die britische Regierung den Schluss, dass ein neues deutsch-sowjetisches Arrangement bevorsteht. Sie lässt Vorbereitungen für Luftangriffe auf das Erdölzentrum Baku von Flugplätzen bei Mosul im Nordirak aus treffen.
HITLER empfängt den rumänischen Staatsführer ANTONESCU in München und vereinbart das Mitwirken Rumäniens am Ostkrieg vom ersten Tage an.

21. Juni Hinter den drei an der Ostgrenze aufmarschierten Heeresgruppen sind vier Einsatzgruppen der Sicherheitspolizei und des Sicherheitsdienstes (SD) mit insgesamt rund 3000 Mann zusammengezogen. Diese sollen auf dem eroberten sowjetischen Territorium »Sonderaufgaben« erfüllen, deren wichtigste die Ermordung der Juden – das »Ostjudentum« ist in HITLERS Ideologie das »Reservoir des Bolschewismus« – ist. Militärischer Sieg im Osten und rassenideologischer Krieg sollen am gleichen Tage beginnen.

Situation im Westkrieg (Mai/Juni 1941)

1941, 10./11. Mai Nach einem letzten schweren Luftangriff auf London mit über 500 deutschen Flugzeugen (rund 2000 Brände; über 1200 Tote) wird das Gros der deutschen Luftwaffe (61 %) nach Osten verlegt.

24. Mai Bei einem Unternehmen im Atlantik vernichtet das deutsche Schlachtschiff »Bismarck« das größte britische Kriegsschiff, den Schlachtkreuzer »Hood«, wird aber selbst am 27. Mai von überlegenen britischen Streitkräften versenkt. Damit kommt der Einsatz deutscher Überwasserschiffe im Atlantik faktisch zum Erliegen; nur noch Vorstöße ins Nordmeer und ins Eismeer zur Störung der Verbindungswege zu den sowjetischen Polarhäfen werden in der Folgezeit unternommen. Der Erfolg im U-Boot-Krieg hält sich, von der relativ geringen Zahl von durchschnittlich 30 Booten auf See abgesehen, auch wegen der Einschränkungen in Grenzen, die HITLER in Blickrichtung auf die USA erlässt, deren Kriegseintritt er unbedingt bis zum Abschluss des Unternehmens »Barbarossa« hinauszögern möchte.

28. Mai In Paris wird ein deutsch-französisches Protokoll unterzeichnet, das eine Unterstützung der deutschen Kriegsführung in Libyen und Einrichtung von Stützpunkten an der nordwestafrikanischen Küste bis Dakar vorsieht. Die Vichy-Regierung zieht sich davon am 14. Juli wieder zurück, da HITLER nicht zu einem Präliminarfrieden mit Frankreich bereit ist.

11. Juni Der Entwurf einer »Weisung Nr. 32« plant für die deutsche Strategie nach dem Sieg über die Sowjetunion weit ausgreifende Operationen von Bulgarien und der Türkei, von Libyen und eventuell Transkaukasien aus gegen die britische Nahoststellung. Darüber hinaus soll nach der Eroberung Gibraltars der Aufbau einer Bastion in Nordwestafrika sowie die Besetzung der portugiesischen und spanischen Atlantikinseln erfolgen.

17. Juni Nach Abwehr eines britischen Angriffs an der libysch-ägyptischen Grenze herrscht auf dem nordafrikanischen Kriegsschauplatz bis zum 18. Nov. 1941 Kampfpause.

Ausweitung zum Weltkrieg (Juni–Dez. 1941)

Der Ostkrieg bis zur Wende vor Moskau (22. Juni–5. Dez. 1941)

1941, 22. Juni, 3.15 Uhr Auf Befehl HITLERS tritt das deutsche Ostheer von der Ostsee bis zu den Karpaten, unterstützt durch Luftwaffe und Kriegsmarine, zum Überraschungsangriff auf die Sowjetunion an: insgesamt 152 Divisionen, 3 050 000 Mann, d. h. drei Viertel des Feldheeres. Ziel ist es, möglichst in Kesselschlachten westlich von Düna und Dnjepr die Rote Armee zu zerschlagen und danach den größten Teil des europäischen Russlands bis zur Linie Archangelsk–Wolga–Astrachan in Besitz zu nehmen. Nach Abzug der deutschen Kampftruppen – im Aug./Sept. – sollen 54 Divisionen als Besatzungskräfte im Osten bleiben, die in Vorstößen über den Ural Verbindung mit der evtl. von Osten anrückenden japanischen Armee aufnehmen sollen. Das eroberte Gebiet soll in vier »Reichskommissariaten« (Ostland, Ukraine, Moskowien, Kaukasien; faktisch wurden dann nur die beiden ersten eingerichtet) deutscher Zivilverwaltung unterstellt werden. Die Rote Armee, die mit 2,5 Mio. Mann an der Westgrenze sowie 2,2 Mio. Mann im Fernen Osten und im Kaukasus gegen die potenziellen Gegner Japan und Großbritannien aufmarschiert ist, wird vom deutschen Angriff weitgehend überrascht, da STALIN alle britischen und amerikanischen Warnungen vor einem deutschen Angriff als Provokation betrachtet und auch die Informationen seines Spions in Tokio, RICHARD SORGE (*1895, †1944), nicht ernst genommen hat bzw. bis zuletzt bemüht bleibt, sich mit HITLER auf einer neuen Basis zu arrangieren. Die deutsche Luftwaffe fliegt massive Einsätze gegen sowjetische Flugplätze und zerstört bereits am ersten Tag über 1200 sowjetische Flugzeuge. Die Rote Luftwaffe fällt in den ersten zwei Monaten des Ostkrieges weitgehend aus. STALIN befiehlt das Halten aller Stellungen, auch an vorgeschobenen Frontbögen, und schickt im Laufe der nächsten Wochen einen großen Teil der nun erst mobilisierten Reserven (über 10 Mio. Mann) in die Schlachten an der sowjetischen Westfront. Die meisten Industrieanlagen in den bedrohten Gebieten können improvisiert nach Osten verlagert werden, da der deutschen Luftwaffe eine strategische Bomberflotte fehlt.

22. Juni Rumänien und Italien schließen sich dem Ostkrieg an, Rumänien mit dem Gros seiner Armee; Italien entsendet ein Expeditionskorps.

CHURCHILL begrüßt trotz seiner antikommunistischen Haltung die Sowjetunion als Verbündeten.

23. Juni Die Slowakei schließt sich dem deutschen Angriff an: Ungarn bricht die diplomatischen Beziehungen zur Sowjetunion ab.

Der Zweite Weltkrieg in Osteuropa 1941/42

26. Juni Finnland tritt als »Waffengefährte«, nicht Bundesgenosse an der Seite Deutschlands in den »Parallelkrieg« ein mit der Begründung, die Sowjetunion habe mit Luftangriffen den Krieg faktisch schon eröffnet. Ziel ist die Wiedergewinnung der im Moskauer Frieden vom 12. März 1940 abgetretenen Gebiete. Im Norden Finnlands marschieren derweil deutsche Truppen auf, die nach Murmansk vorstoßen sollen. Der Versuch scheitert im Sept. 1941 am Fluss Liza.

27. Juni Auch Ungarn tritt nach angeblichen sowjetischen Luftangriffen in den Krieg gegen die Sowjetunion ein.

29. Juni Das Zentralkomitee der KPdSU erklärt den Abwehrkampf gegen die deutsche Invasion zum »Großen Vaterländischen Krieg der Sowjetunion«.

3. Juli STALIN, der am 1. Juli den Vorsitz über das Verteidigungskomitee der Sowjetunion übernommen hat, ruft die Bevölkerung zum Partisanenkampf hinter der Front auf.
Der Chef des Generalstabes des deutschen Heeres, Generaloberst FRANZ HALDER (*1884, †1972), ist der Überzeugung, dass der Feldzug gegen die Sowjetunion bereits innerhalb der ersten 14 Tage gewonnen worden ist.

8. Juli HITLER verkündet seinen Entschluss, Moskau und Leningrad dem Erdboden gleichmachen zu wollen.

9. Juli Die erste große Kesselschlacht (bei Białystok und Minsk) ist abgeschlossen: fast 330 000 sowjetische Kriegsgefangene.

12. Juli Die Sowjetunion und Großbritannien schließen ein Abkommen über gegenseitige Hilfeleistung und gegen den Separatfrieden eines Partners.

16. Juli HITLER bezeichnet vor Spitzenvertretern von Partei, Staat und Wehrmacht die Aufteilung und Ausbeutung des eroberten Russlands als deutsches Kriegsziel im Osten. ALFRED ROSENBERG (*1893, †1946) wird Reichsminister für die besetzten Ostgebiete. Nach der Besetzung von Smolensk verharrt die Mitte der deutschen Front, während der Vormarsch im Norden, in den baltischen Ländern und in der Ukraine bis Anfang Aug. 1941 zügig weitergeht.

5. Aug. In der dreiwöchigen Kesselschlacht von Smolensk geraten wiederum 310 000 sowjetische Soldaten in deutsche Kriegsgefangenschaft.

25. Aug. Sowjetische und britische Truppen marschieren in den neutralen Iran ein, dessen Streitkräfte am 28. Aug. den Kampf einstellen müssen. RESA SCHAH PAHLAVI (*1878, †1944) dankt unter Druck der Alliierten am 16. Sept. zugunsten seines Sohnes MOHAMMAD RESA (*1919, †1980) ab. Der Iran wird neben dem Pazifik und der Route Murmansk-Archangelsk im hohen Norden zur Hauptverbindungsroute der alliierten Hilfslieferungen für die Sowjetunion. Das Land wird in eine südliche, britische und eine nördliche, sowjetische Zone aufgeteilt. Die Landesmitte bleibt »neutral«.

8. Sept. Mit der Einnahme von Schlüsselburg am Ladogasee ist Leningrad von allen Landverbindungen abgeschnitten. HITLER zieht die Panzerkräfte der Heeresgruppe Nord ab und befiehlt die Aushungerung der Millionenstadt, die nur über den Ladogasee notdürftig versorgt werden kann.

19. Sept. Kiew wird von deutschen Truppen erobert.

26. Sept. Die große Kesselschlacht östlich von Kiew, die HITLER vor Fortsetzung des Vormarsches in Richtung Moskau den Heeresgruppen Süd und Mitte befohlen hat, endet mit der Gefangennahme von 665 000 sowjetischen Soldaten.

2. Okt. Die Heeresgruppe Mitte tritt aus dem Raum östlich von Smolensk bis Orel wieder zum Angriff auf Moskau an (Unternehmen »Taifun«).

3. Okt. HITLER erklärt bei der Eröffnung des Winterhilfswerks, dass die Sowjetunion geschlagen sei und »sich nie mehr erheben« werde. Er verbietet am 7. Okt. die Annahme einer möglichen Kapitulation Moskaus.

16. Okt. Die sowjetische Regierung – außer STALIN selbst – und das diplomatische Korps verlassen Moskau und begeben sich nach Kujbyschew (Samara) an der Wolga.

19. Okt. STALIN lässt in Moskau den Belagerungszustand ausrufen.

20. Okt. Die Doppelschlacht bei Wjasma und Brjansk endet mit der Gefangennahme von 673 000 sowjetischen Soldaten.

16. Nov. Nach der Einnahme von Kertsch ist die ganze Halbinsel Krim mit Ausnahme der Festung Sewastopol in deutscher Hand.

21. Nov. Die Heeresgruppe Süd erobert Rostow am Don, muss es jedoch am 28. Nov. 1941 wieder aufgeben und sich über den Fluss Mius zurückziehen.

23. Nov. Die nach dem Ende der Schlammperiode am 15. Nov. wieder aufgenommene deutsche Offensive auf Moskau erreicht Klin (nordwestlich von Moskau) und am 28. Nov. den Wolga-Moskwa-Kanal.

30. Nov. STALIN billigt den Entwurf seines Generalstabschefs BORIS M. SCHAPOSCHNIKOW (*1882, †1945) für eine sowjetische Gegenoffensive im Raum Moskau.

1. Dez. Der Oberbefehlshaber der Heeresgruppe Mitte, Feldmarschall FEDOR VON BOCK (*1880, †1945), meldet den Zeitpunkt als »sehr nahe gerückt, an dem die Kraft der Truppe völlig erschöpft ist«. Die deutschen Angriffshandlungen werden eingestellt.

5. Dez. Die sowjetische Gegenoffensive beginnt bei der »Kalininfront«. Ihr schließt sich am 6. Dez. die »Westfront« unter Armeegeneral GEORGIJ K. SCHUKOW (*1896, †1974) an. Damit ist das Unternehmen »Barbarossa« als gescheitert anzusehen. Das auf einen Winterkrieg unzureichend vorbereitete deutsche Ostheer ist in eine schwere Krise geraten.

Bilanz des Ostkrieges 1941

Insgesamt sind 3,35 Mio. sowjetische Soldaten in deutsche Kriegsgefangenschaft geraten, im weiteren Verlauf des Krieges kommen 2,4 Mio. hinzu. Von ihnen haben, als Folge des rassenideologischen Vernichtungskrieges, aber auch wegen organisatorischer Unzulänglichkeiten, mehr als 60 % die deutsche Gefangenschaft nicht überlebt. Von den »Einsatzgruppen« der Sicherheitspolizei und des SD wurden 1941 hinter der deutschen Front über eine halbe Mio. Menschen getötet.

Die zahlenmäßige Überlegenheit der Roten Armee konnte trotz aller Erfolge in den Kesselschlachten von 1941 nicht gebrochen werden. Im Dez. 1941 schätzt der deutsche Heeresgeneralstab die personelle Stärke der Roten Armee höher ein als bei Beginn des Angriffs am 22. Juni 1941, obwohl die ursprüngliche Kriegsstärke von rund 5 Mio. Mann als vernichtet gelten konnte. Dennoch bleibt man von der deutschen Überlegenheit überzeugt.

Die deutsche Wehrmacht hat im Ostkrieg bis zum 1. Dez. 1941 insgesamt über 162 000 Tote und über 33 000 Vermisste zu verzeichnen.

Der europäisch-atlantische Westkrieg (Juni–Dez. 1941)

1941, 7. Juli Amerikanische Truppen landen auf Island, das seit dem 25. März 1941 in das erweiterte Operationsgebiet deutscher U-Boote um die Britischen Inseln einbezogen worden ist.

11. Sept. Präsident ROOSEVELT verkündet nach einem Zwischenfall im Atlantik den sog. »Schießbefehl« (*shoot on sight order*) gegen deutsche Schiffe, die sich in Gebiete wagen, deren Schutz für die Verteidigung der USA als notwendig betrachtet wird.

13. Nov. Der amerikanische Kongress ändert das Neutralitätsgesetz. Amerikanische Handelsschiffe dürfen jetzt die Kriegszone befahren und werden bewaffnet.

18. Nov. Nach monatelanger Kampfpause eröffnen die Briten eine Offensive gegen die deutsch-italienischen Truppen in Nordafrika. Die seit April 1941 eingeschlossene Festung Tobruk, gegen die für den 23. Nov. ein deutscher Angriff geplant worden ist, wird entsetzt. Die Panzergruppe Afrika unter Generaloberst ROMMEL zieht sich aus der Cyrenaika bis zur Marsa el Brega-Stellung zurück, aus der heraus sie am 21. Jan. 1942 wieder zum Gegenangriff antritt.

Die weltpolitische Entwicklung (Juni–Dez. 1941)

1941, 2. Juli Die seit Beginn des deutsch-sowjetischen Krieges permanent tagenden japanischen Führungsgremien, die von RIBBENTROP zur Teilnahme am Krieg gegen die Sowjetunion gedrängt werden, beschließen gegen den isolierten Außenminister MATSUOKA, der die Wendung gegen die Sowjetunion befürwortet, die japanische Expansion nach Süden fortzusetzen und zunächst den Süden Indochinas zu besetzen. Der Krieg gegen die USA und Großbritannien wird dabei »notfalls« in Kauf genommen. Ein Angriff von der Mandschurei aus gegen den fernöstlichen Teil der Sowjetunion soll nur bei einem sich abzeichnenden Zusammenbruch des sowjetischen Staates stattfinden.

14. Juli HITLER, der durch eine Weisung die deutsche Rüstung schwerpunktmäßig auf Luftwaffe und Marine im Blick auf den kommenden Westkrieg umstellt, macht dem japanischen Botschafter OSHIMA das Angebot eines umfassenden Offensivbündnisses zur »Vernichtung« der Sowjetunion und der USA.

15. Juli Im Zuge einer Neubildung des japanischen Kabinetts unter KONOYE wird Außenminister MATSUOKA »ausgebootet«; Nachfolger wird der ehemalige Admiral TEIJIRŌ TOYODA (*1885, †1961). Die Verhandlungen mit den USA über einen Modus Vivendi sollen fortgesetzt werden.

18. Juli STALIN fordert von Großbritannien die Errichtung einer »zweiten Front« im Westen oder im Norden Europas.

25. Juli Die Japaner rücken in den Süden Indochinas ein, am 29. Juli kommt ein Abkommen mit dem französischen Generalgouverneur über die Einräumung von Stützpunkten für die Japaner zustande.

30./31. Juli Der Vertraute ROOSEVELTS, HARRY HOPKINS (*1890, †1946), verhandelt in Moskau mit STALIN über die Möglichkeiten materieller Hilfe für die Sowjetunion.

1. Aug. Als Reaktion auf die Besetzung des südlichen Indochinas verkünden die USA ein Öl-Embargo gegen alle Aggressoren. Damit wird Japan an einem Lebensnerv getroffen. Vorausgegangen war am 26. Juli die Sperrung der japanischen Guthaben in den USA. Großbritannien und die Niederlande schließen sich diesen Maßnahmen an.

14. Aug. ROOSEVELT und CHURCHILL, die sich vom 9.–12. Aug. auf Kriegsschiffen in der Argentia-Bucht (Neufundland) getroffen haben, verkünden die **Atlantik-Charta**. Hierin werden alle territorialen Veränderungen ohne freie Zustimmung der betroffenen Völker abgelehnt und das Recht aller Völker, »sich diejenige Regierungsform zu wählen, unter der sie leben wollen« betont. Sie richtet sich gegen Hitler-Deutschland und Japan, aber – wie es scheint – auch gegen die Annexionen der Sowjetunion.
Die polnische Exilregierung in London, mit der die Sowjetunion am 30. Juli diplomatische Beziehungen aufgenommen hat, schließt mit dieser ein Abkommen über die Freilassung polnischer Kriegsgefangener von 1939 und die Bildung einer polnischen Armee in der Sowjetunion unter General WŁADYSŁAW ANDERS (*1892, †1970), die später auf westlichen Kriegsschauplätzen gegen Deutschland kämpfen soll.

6. Sept. Der japanische Kronrat beschließt die Eröffnung des Krieges gegen die USA und Großbritannien, wenn die Geheimverhandlungen mit den USA nicht bis zum 10. Okt. zu einem befriedigenden Abschluss gebracht werden können.

18. Okt. Nach dem Rücktritt des Kabinetts KONOE bildet der bisherige Kriegsminister, General TŌJŌ HIDEKI (*1884, †1948), eine neue japanische Regierung, in der der frühere Botschafter in Berlin und Moskau SHIGENORI TŌGŌ (*1882, †1950) Außenminister wird. Kaiser HIROHITO (*1901, †1989) hebt den Beschluss vom 6. Sept. vorerst auf und lässt die Geheimverhandlungen mit den USA fortführen.

20. Okt. In die Kriegsvorbereitungen Japans wird ein Überraschungsangriff auf die amerikanische Flotte in Pearl Harbor für den Fall eines Scheiterns der Verhandlungen mit den USA eingefügt.

25. Nov. Präsident ROOSEVELT entschließt sich zum Abbruch der Verhandlungen mit Japan und lässt am 26. Nov. durch Außenminister CORDELL HULL eine für Japan unannehmbare »10-Punkte-Note« übergeben.

28. Nov. In Unkenntnis des Standes der amerikanisch-japanischen Verhandlungen sagt Außenminister Ribbentrop dem japanischen Botschafter Oshima auf eine Sondierung hin deutsche militärische Unterstützung im Falle eines Krieges Japans gegen die USA zu.

1. Dez. Der japanische Kronrat entscheidet sich endgültig für einen Krieg gegen die USA, Großbritannien und die Niederlande.

5. Dez. Hitler sagt den Japanern Hilfe im Kriegsfalle zu und billigt den Abschluss eines von Japan vorgeschlagenen militärischen Beistandspaktes, der einen Separatfrieden eines Partners ausschließt.

6. Dez. Auf Druck der Sowjetunion erklärt Großbritannien Finnland, Ungarn und Rumänien den Krieg.

7. Dez. Japan eröffnet den Pazifik-Krieg mit einem **Überfall auf die amerikanische Flotte in Pearl Harbor**, bei dem 19 größere US-Kriegsschiffe außer Gefecht gesetzt werden, darunter fünf Schlachtschiffe (die US-Flugzeugträger befanden sich auf See) und einer Offensive gegen die südostasiatischen Besitzungen der USA, Großbritanniens und der Niederlande. Thailand wird von Indochina aus besetzt und als Satellit zur Kriegserklärung an die USA gezwungen.

Der japanische Kriegsplan vom 5. Nov. 1941 sieht in einer ersten Etappe die Eroberung von Britisch-Malaya, den Philippinen, Hongkong, Guam und den Wake Islands vor, in einer zweiten sollen Birma und Niederländisch-Indien besetzt werden, um danach in die strategische Defensive überzugehen und in einem Ermattungs- und Abnutzungskrieg am Rande des eroberten Riesenraums die USA und Großbritannien zur Anerkennung des japanisch beherrschten ost- und südostasiatischen »Großraums« zu bewegen.

9. Dez. Die chinesische Regierung unter Chiang Kai-shek erklärt Deutschland den Krieg.

11. Dez. Hitler erklärt den USA den Krieg, ohne dazu vertragsrechtlich verpflichtet zu sein, da der Dreimächtepakt nur eine militärische Beistandspflicht für den Fall eines Angriffs der USA auf einen Paktpartner vorgesehen hat. Auch Mussolini erklärt den USA den Krieg. Deutschland, Italien und Japan schließen ein Abkommen über eine gemeinsame Kriegsführung und verpflichten sich, keinen Sonderfrieden mit den USA oder Großbritannien abzuschließen.

Organisation der deutschen Wehrmacht

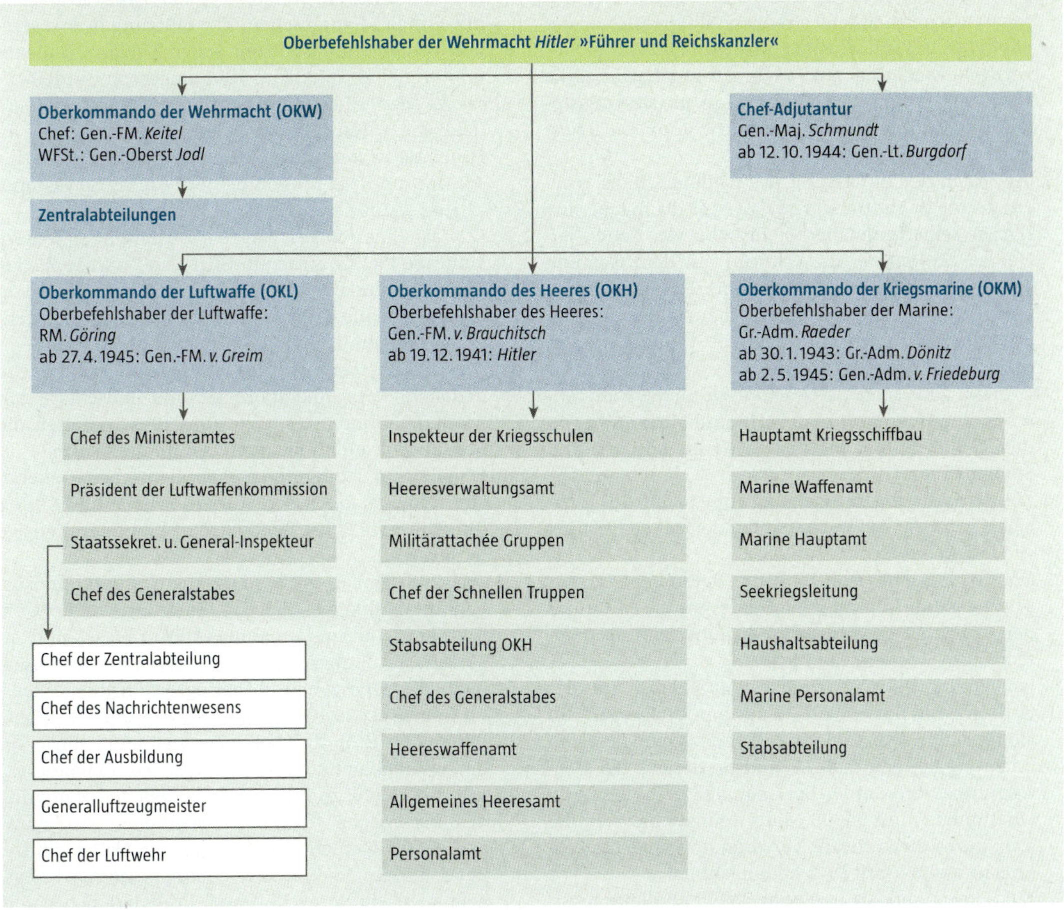

Der Übergang zum Weltkrieg

Da die Sowjetunion die Fortdauer der Gültigkeit des sowjetisch-japanischen Neutralitätsvertrages vom 13. April 1941 bestätigt, hat der nun aus dem Zusammenwachsen von europäischem und japanisch-chinesischem Krieg entstandene Weltkrieg zwar einen globalen Charakter, doch stehen sich nicht zwei Mächtegruppen geschlossen gegenüber. Die letztlich zustande gekommene »Anti-Hitler-Koalition« Großbritannien–USA–Sowjetunion bezieht sich nur auf den europäischen Krieg; im Pazifik kämpfen die USA und Großbritannien ohne die Sowjetunion gegen Japan. Sie führen demnach einen Zwei-Ozean-Krieg gewaltigen räumlichen Ausmaßes, während die Sowjetunion nur an einer großen Landfront – allerdings um ihre Existenz – kämpft.

Übergang der Initiative auf die Mächte der »Anti-Hitler-Koalition« (Dez. 1941–Herbst 1942)

Der Ostkrieg (Dez. 1941–Nov. 1942)

1941, 16. Dez. Hitler fordert die Soldaten der deutschen Ostfront zum »fanatischen Widerstand« auf und verbietet angesichts der massiv vorgetragenen sowjetischen Offensive, v. a. in der Mitte der Front, im Raum um Moskau, jede operative Rückzugsbewegung. Auch wegen der äußerst strengen Winterkälte, auf die das deutsche Ostheer völlig unzureichend vorbereitet ist, droht wiederholt ein Zusammenbruch. Die starke sowjetische Offensive zielt darauf ab, die Heeresgruppe Mitte zwischen Smolensk und Wjasma einzukesseln und zu vernichten.

19. Dez. Nach der Entlassung des Feldmarschalls Walther von Brauchitsch (*1881, †1948) macht sich Hitler selbst zum Oberbefehlshaber des deutschen Heeres. So lenkt er die Ostfront mit dem Generalstabschef des Heeres, Generaloberst Halder, während er die westlichen Kriegsschauplätze mit dem Chef des Wehrmachtführungsstabs, General Alfred Jodl (*1890, †1946), steuert.

1942, 9. Jan. Eine sowjetische Offensive an der Naht zwischen den Heeresgruppen Nord und Mitte stößt von den Waldai-Höhen bis in den Raum nördlich von Smolensk vor.

10. Jan. In Änderung der Weisung vom 14. Juli 1941 verlegt Hitler den Schwerpunkt der deutschen Rüstung wieder auf das Heer.

15. Jan. Hitler gibt nach langem Zögern sein Einverständnis zum Rückzug der Heeresgruppe Mitte aus den unhaltbar gewordenen Positionen auf die Winterstellung westlich von Moskau.

18. Jan. Eine sowjetische Offensive im Südabschnitt der Ostfront durchbricht die deutschen Stellungen am Donez südlich von Charkow und erzielt eine tiefe Einbuchtung der deutschen Front. Im Bereich der Heeresgruppe Nord werden bei Demjansk sechs deutsche Divisionen (rund 95 000 Mann) eingeschlossen, die sich, durch die Luftwaffe versorgt, im Kessel bis zum Entsatz am 28. April 1942 halten können.

23. Febr. Stalin erklärt in einem Befehl an die Rote Armee: »Die Hitler kommen und gehen, das deutsche Volk, der deutsche Staat bleibt«.

2. März Die sowjetische Offensive in der Mitte der Front erreicht mit der Eroberung von Juchnow faktisch ihren Abschluss. Es ist nicht gelungen, die Heeresgruppe Mitte vollständig einzuschließen und eine Entscheidung im Großen zu erzwingen. Doch ist das deutsche Ostheer durch Ausfälle (auch Erfrierungen) so geschwächt, dass eine Wiederaufnahme der Offensive an der gesamten Front vom Ladogasee bis zur Halbinsel Krim nach Abklingen der Frühjahrsschlammperiode, die mehrere Wochen lang alle Operationen ausschließt, nicht möglich ist. Der Partisanenkrieg hinter der deutschen Front, der im Herbst 1941 im größeren Stil eingesetzt hat, weitet sich als Folge der brutalen deutschen Besatzungspolitik und der Praktiken von Sicherheitspolizei und SD immer mehr aus und bindet starke deutsche Kräfte.

5. April Hitler legt in der »Weisung Nr. 41« die Ziele und Operationsphasen für die deutsche Sommeroffensive 1942 fest: Zunächst soll die Südfront bis zum Don vorgeschoben und die Landbrücke zur Wolga bei Stalingrad besetzt, anschließend dann der Kaukasusraum bis zur türkischen und iranischen Grenze (Erdölzentren) erobert werden. Außerdem ist die Einnahme Leningrads und die Herstellung der Landverbindung mit Finnland vorgesehen. Zur Stützung der wesentlich verlängerten Südfront sollen Ungarn, Italiener und Rumänen stärker als 1941 eingesetzt werden.

8. Mai An der südlichen Ostfront beginnen kleinere deutsche Offensiven zur Wiedergewinnung der im Dez. 1941 verloren gegangenen Halbinsel Kertsch (bis 18. Mai) und zur Eroberung der Festung Sewastopol (7. Juni–4. Juli).

12.–28. Mai Eine fehlgeschlagene sowjetische Offensive kann die Wehrmacht zum Gegenstoß nutzen. Es gelingt ihr, starke sowjetische Verbände südlich von Charkow zu umschließen und in einer Kesselschlacht zu bezwingen. 239 000 Rotarmisten geraten in deutsche Gefangenschaft. Dies ist die letzte erfolgreiche deutsche Kesseloperation; sie und Teilschläge am mittleren Donez (bis Mitte Juni 1942) schaffen die Ausgangsbasen für die große Sommeroffensive.

19. Juni Bei der Notlandung eines deutschen Generalstabsoffiziers fallen den Sowjets Befehle und Karten über die erste Phase der deutschen Sommeroffensive in die Hand.

28. Juni, 2.15 Uhr Die große deutsche Sommeroffensive beginnt im Raum östlich von Kursk und Charkow. Sie führt am 3. Juli zur Einnahme von Woronesch und am 23. Juli zur Eroberung von Rostow am Don, doch bleibt die Gefangenenzahl gering, da die Rote Armee – im Gegensatz zu 1941 – einen strategischen Rückzug hinter den Don, die Wolga bei Stalingrad sowie auf den westlichen und mittleren Kaukasus einleitet.

12. Juli Die Heeresgruppe Nord schließt die Räumung des im Winter 1941/42 entstandenen »Wolchow-Kessels« südöstlich von Leningrad ab. Dabei fällt General Andrej A. Wlassow (*1901, †1946) als Kriegsgefangener in deutsche Hand. Er erklärt sich bereit, an der Seite der deutschen Wehrmacht mit aus sowjetischen Kriegsgefangenen und Überläufern zu bildenden Verbänden für eine Befreiung Russlands von der Herrschaft STALINS zu kämpfen. HITLER lehnt das Angebot ab (bis Sept. 1944) und gestattet nur den Einsatz ehemaliger sowjetischer Soldaten in kleinen Freiwilligenverbänden und als »Hilfswillige« im Rahmen deutscher Einheiten. Trotzdem erreicht die Stärke der Osttruppen und Hilfswilligen bis Mitte 1943 die Zahl von über einer halben Mio.

23. Juli HITLER ändert den Operationsplan der Offensive dahingehend ab, dass statt des vorgesehenen Nacheinanders der Vorstoß gegen das Wolga-Knie bei Stalingrad und ins Kaukasusgebiet sowie die Eroberung Leningrads nunmehr gleichzeitig vorgesehen sind.

30. Juli Die Rote Armee beginnt eine Entlastungsoffensive an der mittleren Front, die – mit wechselnden Schwerpunkten geführt – keinen operativen Erfolg bringt, aber deutsche Kräfte bindet.

6. Aug. Deutsche Verbände erobern das am Nordwestrand des Kaukasus gelegene Ölgebiet von Maikop, dessen Anlagen unbrauchbar gemacht worden sind.

19. Aug. Der Oberbefehlshaber der 6. deutschen Armee, General FRIEDRICH PAULUS (*1890, †1957), gibt den Befehl zum Angriff auf Stalingrad, das durch deutsche Vorstöße bis zur Wolga nördlich und südlich der Stadt umklammert wird. Am 25. Aug. wird vom sowjetischen Oberkommando der Belagerungszustand für die Stadt erklärt.

27. Aug. Eine sowjetische Offensive südlich von Schlüsselburg bindet die für die Eroberung Leningrads (der Angriffsbeginn ist für den 14. Sept. vorgesehen) bereitgestellten deutschen Kräfte, sodass die Absicht, die Stadt einzunehmen und zu zerstören, aufgegeben werden muss.

9. Sept. Führungskrise im deutschen Oberkommando: HITLER entlässt den Oberbefehlshaber der in den Kaukasus vorgedrungenen (21. Aug.: Hissung der deutschen Flagge auf dem Elbrus), aber vor Erreichen der westlich von Grosny gelegenen wichtigen Erdölzentren liegen gebliebenen Heeresgruppe A, Feldmarschall WILHELM LIST (*1880, †1971), und übernimmt (bis 22. Nov.) selbst deren Führung, ohne den Vormarsch in Richtung Grosny und Baku wieder in Gang bringen zu können. Die ins Auge gefasste Ent-

Rüstungsproduktion im Zweiten Weltkrieg

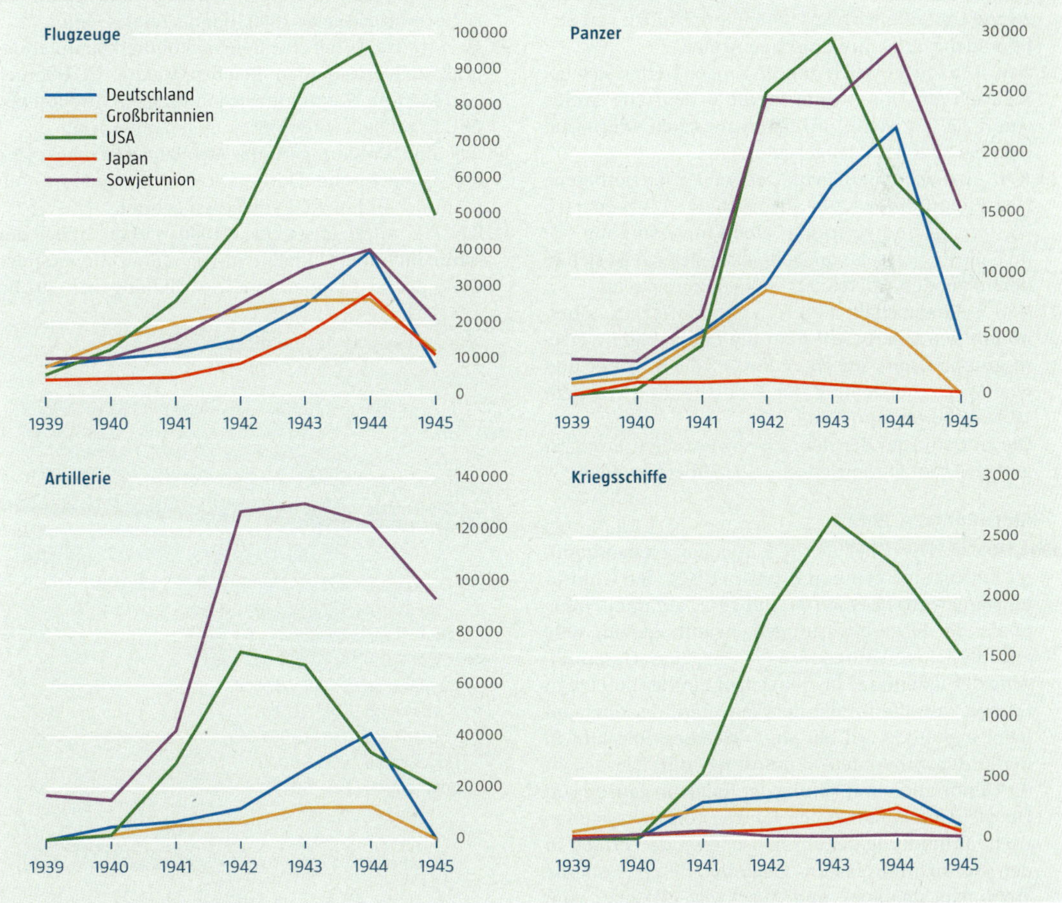

lassung von Wilhelm Keitel (*1882, †1946), Chef des OKW, und Alfred Jodl, Chef des Wehrmachtführungsstabes, unterbleibt schließlich, doch wird der Chef des Generalstabes des Heeres, Franz Halder, am 24. Sept. durch General Kurt Zeitzler (*1895, †1963) ersetzt.

4. Okt. Die Vertreter des sowjetischen Oberkommandos, Georgij K. Schukow und Alexander M. Wassilewskij (*1895, †1977), besprechen mit den Befehlshabern der im Raum Stalingrad gehaltenen »Fronten« die Anlage der geplanten Umfassungsoperation, durch welche die 6. deutsche Armee im Gebiet zwischen Wolga und Don eingeschlossen und vernichtet werden soll.

10. Nov. Die 6. deutsche Armee greift einige gegnerische Schlüsselstellungen in Stalingrad, u. a. das Hüttenwerk »Roter Oktober«, an. Sie hat neun Zehntel des Stadtgebiets in wochenlangen harten Kämpfen erobert, doch ist es ihr nicht gelungen, der 62. sowjetischen Armee von General Wassilij I. Tschuikow (*1900, †1982) die von dieser gehaltenen Positionen am Westufer der Wolga zu entreißen.

19. Nov., 5.00 Uhr Aus den Don-Brückenköpfen nordwestlich von **Stalingrad** beginnt eine **sowjetische Großoffensive,** die die Front der dortigen 3. rumänischen Armee ebenso zerreißt wie am 20. Nov. die folgende zweite Großoffensive aus dem Raum südlich von Stalingrad die der 4. rumänischen Armee.

22. Nov. Die sowjetischen Angriffszangen treffen sich bei Kalatsch am Don. Damit ist die 6. deutsche Armee (rund 250 000 Mann) im Raum zwischen Wolga und Don bei Stalingrad eingeschlossen.

23. Nov. Hitler lehnt die von General Paulus erbetene Handlungsfreiheit (zum Ausbruch der 6. Armee nach Westen) ab und verspricht eine Luftversorgung wie im Falle des Kessels von Demjansk; sie erweist sich in den folgenden Wochen als völlig unzureichend.

27. Nov. Feldmarschall Erich von Manstein übernimmt den Oberbefehl über die neu gebildete Heeresgruppe »Don«, die einen Entsatz der 6. Armee und eine Wiederherstellung der Frontsituation vor dem 19. Nov. herbeiführen soll.
Die Initiative an der deutsch-sowjetischen Front ist endgültig auf die sowjetische Seite übergegangen.

»Hitlers Europa« 1942

1942, 20. Jan. Der Chef des Reichssicherheitshauptamtes Reinhard Heydrich (*1904, †1942), den Göring im Namen Hitlers am 31. Juli 1941, auf dem Höhepunkt der Siegeserwartungen, beauftragt hat, »alle erforderlichen Vorbereitungen für eine Gesamtlösung der Judenfrage im deutschen Einflussbereich in Europa zu treffen«, teilt den Vertretern der obersten Reichsbehörden auf der sog. **»Wannseekonferenz«** in Berlin die vorbereitete »Endlösung« mit. Diese sieht die Deportation und Tötung der Juden im ganzen von Deutschland beherrschten Europa vor. Die systematische Ermordung der europäischen Juden erfolgt in den »Vernichtungslagern« Chełmno, Belzec, Sobibor, Treblinka, Majdanek und Auschwitz-Birkenau vom Frühjahr 1942 an (bis Oktober 1944). Dem Holocaust fallen etwa sechs Mio. Juden zum Opfer.

1. Febr. Reichskommissar Josef Terboven setzt in Oslo eine norwegische Regierung unter dem Führer der *Nasjonal Samling* Vidkun Quisling ein.

8. Febr. Nach dem Tod des Reichsministers für Bewaffnung und Munition Fritz Todt (*1891) wird Albert Speer (*1905, †1981) sein Nachfolger. Unter seiner Leitung (ab dem 2. Sept. 1943 ist Speer Reichsminister für Rüstung und Kriegsproduktion) kann die deutsche Rüstungsproduktion enorm gesteigert werden, ohne dass ihr relativer Abfall gegenüber der Rüstungsproduktion der Gegenmächte zu verhindern ist.

21. März Hitler ernennt den Gauleiter von Thüringen Fritz Sauckel (*1894, †1946) zum »Generalbevollmächtigten für den Arbeitseinsatz«. Im Verlauf des Krieges werden aus den von Deutschland besetzten Gebieten teils durch Werbung, v. a. aber unter Zwang insgesamt 7,6 Mio. Menschen als sog. »Fremdarbeiter« – zusätzlich zu den rund 30 Mio. deutschen zivilen Arbeitskräften – in der deutschen Kriegswirtschaft »eingesetzt«.

26. April Hitler lässt sich vom Reichstag (in dessen letzter Sitzung überhaupt) Vollmachten als »Oberster Gerichtsherr« erteilen.

12. Mai **Erste genaue datierbare Massenvernichtung durch Gas in Auschwitz-Birkenau**: 1500 Juden sind das Opfer.

27. Mai Auf den Chef des Reichssicherheitshauptamtes und stellvertretenden Reichsprotektor in Böhmen und Mähren Heydrich wird in Prag ein Attentat verübt. Er erliegt seinen Verletzungen am 4. Juni.

10. Juni Zur Vergeltung für das **Attentat auf Heydrich** wird das tschechische Dorf Lidice völlig zerstört. Alle männlichen Einwohner werden getötet.

12. Juni Heinrich Himmler (*1900, †1945) billigt den schon im Juli 1941 im Entwurf erstellten »Generalplan Ost«, der in Etappen eine Aussiedlung von 30 Mio.

Die Ermordung der Juden Europas

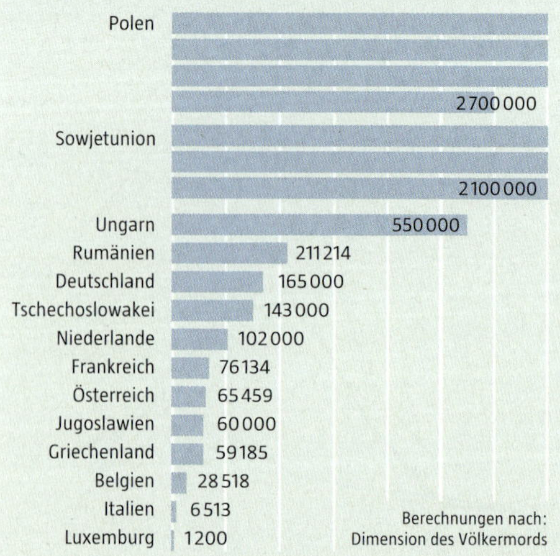

Berechnungen nach: Dimension des Völkermords

Tschechen, Polen, Ukrainern und Weißrussen nach Sibirien vorsieht, um eine »Germanisierung« in die Wege zu leiten. Wegen des Kriegsverlaufs unterbleibt – von Ansätzen in Galizien und in der Ostukraine abgesehen – eine Realisierung dieses Vorhabens.

22. Juli Der Abtransport der insgesamt rund 350 000 Juden aus dem Warschauer Getto ins Vernichtungslager Treblinka beginnt.

18. Okt. HITLER erlässt den »Kommandobefehl«: Bei »Kommando«-Unternehmen gestellte Gegner in Uniform oder Zivil sind »bis auf den letzten Mann niederzumachen«.

27. Dez. Das »Smolensker Komitee« unter General WLASSOW wird gegründet, doch erhält WLASSOW keine größeren Wirkungsmöglichkeiten.

Widerstandsbewegungen

Im Laufe des Jahres 1942 nehmen die Aktivitäten der Widerstandsbewegungen im von Deutschland besetzten Europa erheblich zu, besonders in dem seit dem 11. Nov. gänzlich besetzten Frankreich sowie in Polen (Bildung der Armia Karjow [Heimatarmee] am 14. Febr.), Jugoslawien, Griechenland und den besetzten sowjetischen Gebieten. Versuche der deutschen Besatzungsmacht, durch sich verschärfende Vergeltungsaktionen die Partisanen und ihren Rückhalt in der Bevölkerung zu treffen, steigern nur die Härte des Untergrundkampfes.

Der europäisch-atlantische Westkrieg (Jan.–Dez. 1942)

1942, 11. Jan. Nachdem mit dem Kriegseintritt der USA die auf HITLERS Weisungen zurückgehenden Hemm-

Europa 1942

nisse für die U-Boot-Kriegsführung im Atlantik entfallen sind, wird der U-Boot-Krieg sprunghaft intensiviert und räumlich ausgedehnt. Beim ersten Auftreten vor der amerikanischen Ostküste erringen die U-Boote besonders große Erfolge. Die »Schlacht im Atlantik« nähert sich seit Aug. 1942, mit den Gruppenoperationen gegen die von den USA nach Großbritannien laufenden Konvois, ihrem Höhepunkt. Durch die Rekonstruktion der deutschen Chiffriermaschine Enigma gelingt es den Briten jedoch, ab Dez. 1942 den Funkverkehr der U-Boote zu entschlüsseln und damit die »Rudeltaktik« des Befehlshabers KARL DÖNITZ (*1891, †1980) zu durchkreuzen.

21. Jan. Der Abzug eines großen Teils der britischen Mittelmeerflotte in den Indischen Ozean, die dort für den Aufbau einer Verteidigungsposition gegen die in Südostasien vordringenden Japaner benötigt wird, erleichtert die Situation der deutsch-italienischen Kräfte in Nordafrika. Die Gegenoffensive der Panzergruppe Afrika unter Generaloberst ERWIN ROMMEL gewinnt daher rasch an Boden. Sie erreicht am 7. Febr. den Raum von El-Gazala westlich von Tobruk.

26. Jan. Die ersten US-Streitkräfte für Europa treffen in Nordirland ein.

12. Febr. Die seit Monaten in Brest festliegenden deutschen Seestreitkräfte, u. a. die Schlachtschiffe »Scharnhorst«, »Gneisenau« sowie der Kreuzer »Prinz Eugen«, brechen durch den Ärmelkanal in die Nordsee durch. HITLER verlegt das Gros der deutschen Überwasserflotte nach Nordnorwegen.

28./29. März Das britische »Royal Air Force (RAF) Bomber Command« unter General ARTHUR HARRIS (*1892, †1984) führt das erste Flächenbombardement auf eine deutsche Großstadt durch: Die Zerstörung der Innenstadt von Lübeck fordert 320 Tote.

18. April Marschall PÉTAIN ernennt PIERRE LAVAL, der als Exponent der Kollaboration gilt, zum Ministerpräsidenten der Vichy-Regierung. Admiral FRANÇOIS DARLAN wird Oberbefehlshaber der französischen Streitkräfte. Die USA, die noch diplomatische Beziehungen zur Regierung PÉTAIN unterhalten, berufen ihren Botschafter aus Vichy ab.

24.–27. April Durch vier britische Angriffe auf Rostock wird die Altstadt zerstört, 204 Tote sind zu beklagen. Die deutsche Luftwaffe im Westen fliegt Vergeltungsangriffe, u. a. gegen Bath, Exeter und Canterbury. Die sog. »Baedecker«-Angriffe wirken wegen der geringen Zahl verfügbarer deutscher Flugzeuge nur wie Nadelstiche und können die britischen Flächenbombardements (»Terrorangriffe«) nicht unterbinden.

29./30. April HITLER und MUSSOLINI vereinbaren, Ende Mai in Nordafrika zur Offensive überzugehen, nach der Einnahme von Tobruk zunächst Malta durch Luftlandetruppen zu erobern und dann weiter nach Ägypten vorzustoßen.

26. Mai Die deutsch-italienische Offensive aus der El-Gazala-Stellung in Nordafrika beginnt. Sie bleibt zunächst vor dem Wüstenfort Bir Hacheim liegen.

30./31. Mai Der erste 1000-Bomber-Angriff der Briten auf Köln fordert 474 Tote und über 5000 Verletzte.

10. Juni Nach der Einnahme von Bir Hacheim kommt die deutsch-italienische Offensive in Nordafrika in Fluss.

21. Juni Im Überraschungsangriff wird Tobruk eingenommen.

30. Juni Ohne Rücksicht auf die ursprüngliche Planung stößt ROMMEL mit seinen Kräften nach Ägypten vor und erreicht das 100 km westlich von Alexandria liegende El-Alamein. Mangels Nachschub und aufgrund der Erschöpfung der Truppe ist ein weiterer sofortiger Vorstoß bis Kairo, wie von ROMMEL beabsichtigt, nicht möglich. Alle Versuche in der Folgezeit wieder zum Bewegungskrieg überzugehen, scheitern. Ein letzter Versuch wird am 2. Sept. abgebrochen.

13. Aug. General BERNARD LAW MONTGOMERY (*1887, †1976) wird Oberbefehlshaber der 8. britischen Armee in Ägypten.

19. Aug. Britisch-kanadische Verbände unternehmen einen bewaffneten Überfall gegen Dieppe. Das als »Test« für die Stärke der deutschen Westverteidigung angesehene Unternehmen endet verlustreich für die Angreifer. HITLER befiehlt einen verstärkten, schwerpunktmäßig um die Häfen gelegten Aufbau der Verteidigung (»Atlantikwall«) zur Abwehr einer Invasion.

22. Sept. Das zwischen ROOSEVELT und CHURCHILL vereinbarte Großunternehmen einer Landung in Französisch-Nordwestafrika wird von dem zum Oberbefehlshaber für diese Operation ernannten amerikanischen General DWIGHT D. EISENHOWER (*1890, †1969) auf den 7. Nov. festgelegt.

23. Okt., 21.40 Uhr Unter General MONTGOMERY eröffnet die britische 8. Armee mit weit überlegenen Kräften eine **Großoffensive gegen die deutsch-italienische Panzerarmee in der El-Alamein-Stellung**. Sie setzt am 2. Nov. zum Durchbruch an. Gegen HITLERS Befehl »Halten um jeden Preis« leitet ROMMEL am 4. Nov. einen weiträumigen Rückzug ein, der erst in der Marsa-el-Brega-Stellung am 22. Nov. vorübergehend zum Stillstand kommt.

7./8. Nov. Für die deutsche Führung überraschend landen amerikanisch-britische Invasionsstreitkräfte in Marokko und Algerien. Marschall PÉTAIN, der die diplomatischen Beziehungen zu den USA abbrechen lässt, protestiert gegen diese alliierte Landung und befiehlt den französischen Truppen, Widerstand zu leisten. An der marokkanischen Küste und bei Oran setzt sich die französische Marine auch zur Wehr. Dagegen gibt Admiral DARLAN, der sich zufällig in Algier aufhält, am Abend des 8. Nov. den Befehl, in der Stadt den Widerstand einzustellen.

9. Nov. Erste deutsche Alarmeinheiten werden auf dem Luftwege nach Tunesien überführt. Die französische Regierung beugt sich dem deutschen Druck und stimmt der Errichtung eines deutsch-italienischen Brückenkopfes in Tunesien zu.

10. Nov. Aufgrund einer Geheimverbindung zwischen PÉTAIN und DARLAN, der öffentlich von PÉTAIN desavouiert wird, stimmt dieser einem allgemeinen Waffenstillstand in Nordwestafrika zu. Am 13. Nov. wird DARLAN von EISENHOWER als De-facto-Oberhaupt des französischen Staates in Nordafrika anerkannt.

Ihm unterstellt sich auch Westafrika, sodass die Vichy-Regierung ihren afrikanischen Kolonialbesitz verloren hat. DE GAULLE, über die alliierte Invasion nicht informiert, protestiert bei CHURCHILL gegen seine Ausschaltung.

11. Nov., 7.00 Uhr Die **deutsche Wehrmacht besetzt** das bisher unbesetzte **Frankreich**. Italien besetzt Korsika und die Provence bis zur Rhône mit Ausnahme des Kriegshafens Toulon, in dem sich die französische Kriegsflotte befindet. PÉTAIN protestiert gegen den Bruch des deutsch-französischen Waffenstillstandes vom 22. Juni 1940.

17. Nov. Erste Kampfberührung zwischen den von Algerien aus nach Tunesien vordringenden alliierten und den deutschen Truppen 50 km westlich von Bizerta. Am 27. Nov. besetzen britische Vorausabteilungen den Flugplatz Djedeida zwischen Bizerta und Tunis. Mit der Rückeroberung dieses Platzes durch die Deutschen am 1. Dez. ist der alliierte Versuch gescheitert, vor dem Aufbau einer stärkeren deutschen Stellung auch Tunesien in ihre Hand zu bekommen. Am 9. Dez. übernimmt Generaloberst HANS-JÜRGEN VON ARNIM (*1889, †1962) die in Tunesien neu gebildete 5. Panzerarmee. Es entsteht eine Front zwischen Kap Serrat und Gafsa.

27. Nov. Um einen befürchteten Übergang der französischen Flotte zu den Alliierten zu verhindern, lässt HITLER Toulon in einer Überraschungsaktion besetzen, woraufhin der französische Befehlshaber die Flotte sich selbst versenken lässt (61 Schiffe mit 225 000 BRT). Die französische Luftwaffe und das Waffenstillstandsheer werden aufgelöst.

12. Dez. ROMMELS Armee zieht sich nach einem Angriff der 8. britischen Armee von der Marsa-el-Brega-Stellung zur Buerat-Stellung an der Großen Syrte zurück.

24. Dez. Admiral DARLAN wird in Algier von einem fanatischen Parteigänger DE GAULLES ermordet. Sein Nachfolger als De-facto-Staatschef wird General HENRI GIRAUD (*1879, †1949), der im April 1942 aus deutscher Kriegsgefangenschaft geflohen ist und seit Beginn der Invasion Nordwestafrikas nominell als Oberbefehlshaber der französischen Streitkräfte in Nordwestafrika fungiert hat.

Der ostasiatische und pazifische Krieg (Dez. 1941–Dez. 1942)

1941, 8. Dez. Japanische Truppen landen im Norden von Britisch-Malaya und marschieren nach Süden auf Singapur zu. Ein dagegen eingesetzter britischer Flottenverband wird von der japanischen Marine-Luftwaffe erfasst; sie versenkt am 10. Dez. die Schlachtschiffe »Prince of Wales« und »Repulse«, den Kern der britischen Ostasienflotte. Andere japanische Kräfte landen auf Luzon, der nördlichsten Philippinen-Insel, sowie auf den Gilbertinseln.

10. Dez. Die amerikanische Insel Guam wird von den Japanern erobert; nach längeren Kämpfen folgt am 23. Dez. Wake Island.

22. Dez. Japanische Streitkräfte landen auf der südlichsten Philippinen-Insel Mindanao.

27. Dez. Hongkong kapituliert vor den Japanern.

1942, 2. Jan. **Die Japaner erobern Manila**. Die amerikanischen Verteidiger von Luzon ziehen sich auf die Halbinsel Bataan und die Felseninsel Corregidor in der Manila-Bucht zurück.

11. Jan. Der japanische Angriff mit dem Ziel der Eroberung von Niederländisch-Indien beginnt mit Landungen auf der Ölinsel Tarakan und auf Celebes.

16. Jan. Von Thailand aus beginnen die Japaner eine Offensive zur Eroberung Birmas.

25. Jan. Die japanischen Landungen auf Neuguinea bedrohen Australien, das eine totale Mobilmachung anordnet.

7. Febr. Der Kampf um die Festung Singapur beginnt. Die japanische 25. Armee von General TOMOYUKI YAMASHITA (*1888, †1946) drängt die Briten bis auf die Stadt selbst zurück.

15. Febr. Der britische General ARTHUR E. PERCIVAL (*1887, †1966) kapituliert mit rund 70 000 Mann.

20. Febr. Die Japaner landen auf Timor und erobern auch den portugiesischen Teil der Insel, den die Alliierten am 18. Dez. 1941 besetzt haben.

7. März Rangun, die Hauptstadt Birmas, wird von den Japanern eingenommen.

8. März Die niederländischen Streitkräfte kapitulieren auf Java. Damit ist ganz Indonesien in japanischer Hand.

23. März Die Andamanen im Indischen Ozean werden von japanischen Truppen besetzt.

23. März–12. April Der britische Lordsiegelbewahrer STAFFORD CRIPPS bemüht sich in Delhi in Verhandlungen mit MAHATMA GANDHI (*1869, †1948) und JAWAHARLAL NEHRU (*1889, †1964) vergeblich um eine Lösung des Indien-Problems, damit die Gefahr eines Aufstandes in Indien bei weiterem Vordringen der Japaner abgewendet wird.

1.–9. April Eine japanische Flottenoperation im Seegebiet um Ceylon führt zu starken Luftangriffen auf britische Stützpunkte, doch entgeht die britische Eastern Fleet knapp der Vernichtung. Der Schwerpunkt der japanischen Operationen verlagert sich danach in den Pazifik.

9. April Die amerikanischen Verteidiger der Halbinsel Bataan ziehen sich auf die Insel Corregidor zurück.

18. April 16 von einem Flugzeugträger aus gestartete amerikanische Bomber führen einen überraschenden Luftangriff auf Tokio aus. Obwohl der Angriff nur geringen Schaden verursacht, veranlasst er die japanische Führung, über den ursprünglichen Operationsplan hinaus die Eroberung der Midway Inseln im Zentralpazifik anzustreben, um einen weiträumigeren Schutz der japanischen Hauptinseln zu gewinnen.

29. April Im Zuge ihres Vormarsches in Birma durchschneiden die Japaner die Birmastraße, die bisherige Hauptnachschublinie für CHIANG KAI-SHEK. Eine alliierte Luftbrücke von Assam nach Chongqing wird als notdürftiger Ersatz eingerichtet.

4.–8. Mai Die **»Seeschlacht im Korallenmeer«** ist zwar ein taktischer Erfolg der Japaner, doch geben diese ihre

Absicht auf, bei Port Moresby im Süden von Neuguinea zu landen. Somit kann ein Vorfeld nördlich von Australien von den Alliierten gehalten werden.

5.–8. Mai Um einen zusätzlichen Stützpunkt im Indischen Ozean zu gewinnen, landen britische Streitkräfte im Norden Madagaskars und besetzen den Hafen von Antsiranana gegen französischen Widerstand. Von Sept. bis Nov. 1942 erfolgt, ebenfalls gegen den Widerstand Frankreichs, die vollständige Besetzung der Insel.

6. Mai Die Felseninsel Corregidor wird von den Japanern erobert. Damit sind die Philippinen ganz in japanischer Hand. General Douglas MacArthur (*1880, †1964), der seit dem 17. März amtierende alliierte Oberbefehlshaber im Südwestpazifik, ist bestrebt, von Australien aus eine frühestmögliche Rückeroberung vorzubereiten.

3.–7. Juni See- und Luftschlacht um die Midway-Inseln: Die japanische Marine verliert vier ihrer besten Flugzeugträger, die amerikanische nur einen. Japan muss die Absicht, auf den Midway-Inseln zu landen, aufgeben.

Die Überlegenheit der Japaner im See-Luft-Krieg ist gebrochen, die Wende im Pazifischen Krieg eingetreten. Die fundamentale Bedeutung dieser Schlacht wird der japanischen Nation ebenso wie den Dreimächtepakt-Partnern gegenüber geheim gehalten.

7. Juni Die Japaner besetzen die zu den Aleuten gehörenden Inseln Attu und Kiska.

24. Juni Eine am 7. Juni begonnene japanische Offensive in China, die die Eroberung von Flugplätzen die von amerikanischen Bombern für Flüge gegen das japanische Mutterland genutzt werden können zum Ziel hat, ist abgeschlossen.

7. Aug. Die Amerikaner landen auf der von Japan besetzten Salomonen-Insel Guadalcanal. Damit beginnt ein viermonatiges Ringen mit einer Kette von See-Luft-Schlachten, bei dem die Amerikaner schwere Verluste erleiden. Da die Kräfte der Verteidiger schließlich zusammenschmelzen, beschließt die japanische Führung am 31. Dez., die Insel zu räumen.

8. Aug. Der »Allindische Kongress« in Delhi fordert die Briten zum sofortigen Verlassen des Landes auf. Gandhi und Nehru werden daraufhin verhaftet, was zum Ausbruch schwerer Unruhen führt, die erst im Nov. 1942 abklingen. Infolge der verlorenen Midway-Schlacht sind die Japaner nicht in der Lage, die Krise der britischen Herrschaft in Indien auszunutzen.

17. Dez. Die Briten versuchen, von Indien aus nach Birma vorzustoßen, scheitern aber bei der Einnahme der Insel Akyab. Die Offensive bleibt stecken.

29. Dez. Das von britischen Truppen seit Juli 1940 blockierte Französisch-Somaliland (Djibouti) schließt sich de Gaulle an. Damit ist der Zugang zum Roten Meer in alliierter Hand.

Probleme der Staaten des Dreimächtepakts 1942

1942, 18. Jan. In einem deutsch-italienisch-japanischen Militärabkommen werden die Operationszonen abgesteckt. Trennungslinie ist der 70. Längengrad Ost,

Der Zweite Weltkrieg im Pazifik

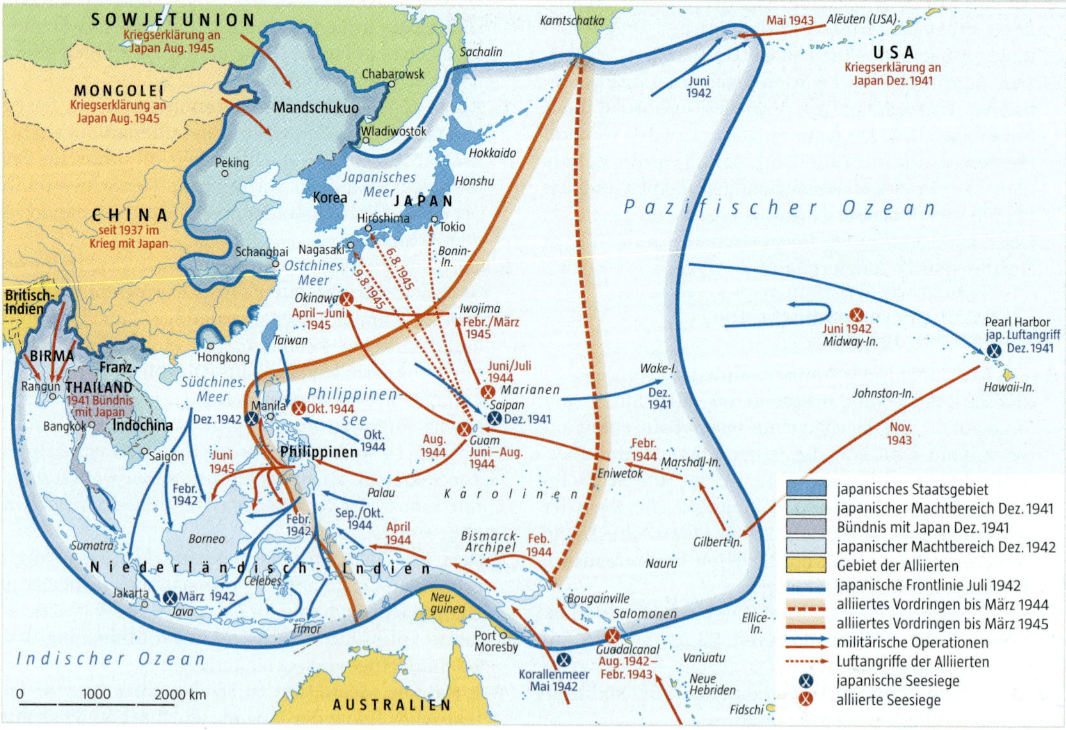

der Madagaskar in den deutschen, den größten Teil Indiens in den japanischen Operationsbereich verweist. Dessen ungeachtet sind Madagaskar, Indien und Portugiesisch-Timor Streitobjekte zwischen Deutschland und Japan.

29./30. April Bei einem Treffen HITLERS mit MUSSOLINI in Schloss Kleßheim bei Salzburg wird das Problem einer Indien- und Arabien-Erklärung der Dreimächtepakt-Staaten erörtert, doch das Misstrauen gegenüber den japanischen Absichten lässt das Projekt nicht Realität werden.

29. Mai HITLER empfängt den indischen Nationalistenführer SUBHASH CHANDRA BOSE (*1897, †1945), der kurz vor Beginn des deutschen Angriffs auf die Sowjetunion über Afghanistan und Moskau nach Deutschland gelangt ist und von Berlin aus eine antibritische Propagandakampagne leitet. BOSE möchte, seitdem die Japaner Birma erobert haben, in den japanischen Machtbereich gelangen, doch zögert HITLER die Abreise hinaus. Erst im Juni 1943 gelangt BOSE mit einem U-Boot in das japanisch besetzte Singapur.

3. Juli Die deutsche und die italienische Regierung veröffentlichen eine Ägypten-Erklärung, die die Basis für das Verhältnis zu dem als »unabhängig« und »souverän« bezeichneten Land nach der in Kürze erwarteten Besetzung Kairos darstellen soll.

15. Juli HITLER empfängt den ehemaligen irakischen Ministerpräsidenten RASCHID ALI AL-GAILANI, der sich nach seiner Flucht aus dem Irak über Iran in den deutschen Machtbereich begeben hat. In Konkurrenz zu dem ebenfalls nach Europa ausgewichenen »Großmufti« von Jerusalem MOHAMMED AMIN AL-HUSSEINI (*1893, †1974) versucht AL-GAILANI propagandistisch im Sinne der »Achse« im arabischen Raum zu wirken.

2. Sept. Nachdem Außenminister RIBBENTROP im Frühjahr 1942 erneut vergeblich versucht hat, Japan zu einem Angriff auf die Sowjetunion zu bewegen, schlägt der japanische Botschafter OSHIMA im Namen seiner Regierung einen deutsch-sowjetischen Separatfrieden vor, den Japan vermitteln würde. Diesem ersten Vorstoß folgen bis zum Herbst 1944 weitere, die alle auf Ablehnung von deutscher Seite stoßen.

1. Dez. MUSSOLINI rät HITLER, den Ostkrieg »auf die eine oder andere Weise abzuschließen«.

14. Dez. Bei Kontakten in Stockholm erreicht den deutschen Gesprächspartner über einen Mittelsmann das Angebot STALINS an HITLER, einen Separatfrieden auf der Basis der Grenze von 1939 abzuschließen. Im April, Juni und Sept. 1943 folgen weitere Offerten mit wechselnder Basis, die alle von vornherein von HITLER abgelehnt werden.

18. Dez. HITLER lehnt die ihm von Graf GALEAZZO CIANO (*1903, †1944) überbrachte Anregung MUSSOLINIS ab, einen Frieden mit STALIN ähnlich dem Brest-Litowsk-Frieden abzuschließen.

Die »Anti-Hitler-Koalition« (Dez. 1941–Dez. 1942)

1941, 16.–20. Dez. Nachdem STALIN am 8. Nov. bereits in einem Brief an CHURCHILL festgestellt hat, dass keine Vereinbarung über Kriegsziele und Pläne für die Friedensregelung zwischen der Sowjetunion und Großbritannien bestehe, legt er während eines Besuches von Außenminister EDEN die sowjetischen Ziele dar: Anerkennung der sowjetischen Grenzen vom 22. Juni 1941; Zustimmung zur Annexion von Petsamo und der Einrichtung sowjetischer Stützpunkte in Rumänien; Abtretung Ostpreußens an Polen und von Tilsit an die Sowjetunion; Aufteilung Deutschlands.

1942, 1. Jan. Die Vertreter von 26 Nationen, darunter auch der Sowjetunion, unterzeichnen in Washington den Pakt der »Vereinten Nationen«. Sie bekennen sich zu den Prinzipien der »Atlantikcharta« und verpflichten sich, keinen Separatfrieden mit Deutschland oder Japan abzuschließen.

14. Jan. Das am 22. Dez. 1941 begonnene Treffen ROOSEVELTS und CHURCHILLS (»Arcadia«-Konferenz) wird mit der Vereinbarung abgeschlossen, an der am 27. März 1941 beschlossenen Konzeption *Germany first* festzuhalten und zunächst alle Anstrengungen auf den europäischen Kriegsschauplatz zu konzentrieren. Im Pazifik soll vorerst strategisch defensiv operiert werden. Ein amerikanisch-britischer militärischer Führungsstab (*Combined Chiefs of Staff* [CCS]) mit Sitz in Washington wird gebildet, der bis zu seiner Auflösung 1945 die Grundzüge der westalliierten Strategie festlegt.

26. Mai Obwohl CHURCHILL bereit wäre, die sowjetischen Annexionsforderungen zu akzeptieren, lehnt die britische Regierung diese wegen der Weigerung ROOSEVELTS schließlich doch ab. Außenkommissar MOLOTOW unterzeichnet daher, weil ein sowjetisches Interesse am Bündnis besteht, einen auf 20 Jahre angelegten britisch-sowjetischen Bündnisvertrag, der ausdrücklich Annexionen und Einmischung in die inneren Angelegenheiten anderer Staaten verwirft.

29. Mai–1. Juni Bei einem Besuch in Washington gewinnt MOLOTOW aus Äußerungen ROOSEVELTS den Eindruck, als stehe eine amerikanische Landung in Frankreich im Jahre 1942 bevor. Da sie nicht erfolgt, verschlechtert sich das Verhältnis zwischen der Sowjetunion und den Westalliierten in der Folgezeit beträchtlich.

18.–26. Juni ROOSEVELT und CHURCHILL konferieren in Washington über Probleme einer zweiten Front und die in den USA begonnene Nuklearforschung.

25. Juli Großbritannien und die USA entscheiden sich endgültig, im Spätherbst 1942 nicht in Frankreich, sondern in Französisch-Nordwestafrika zu landen.

12.–16. Aug. CHURCHILL teilt STALIN während eines Besuchs in Moskau die Entscheidung über die Invasionsabsichten der Westalliierten in Nordwestafrika mit.

19. Okt. Ein in der »Prawda« erscheinender Artikel, der aus der Tatsache, dass Großbritannien RUDOLF HESS noch nicht vor ein ordentliches Gericht gestellt hat, schwerwiegende Rückschlüsse zieht, ist Symptom für das Misstrauen zwischen den Partnern der »Anti-Hitler-Koalition«.

14. Dez. Während der Schlacht um Stalingrad streckt STALIN einen ersten Friedensfühler zu HITLER aus.

Ansturm der »Anti-Hitler-Koalition« auf die »Festungen« Europa und Ostasien (Winter 1942/43–Sommer 1944)

Die »Anti-Hitler-Koalition« (Januar 1943–Juli 1944)

1943, 24. Jan. Im Rahmen der vom 14.–26. Jan. in Casablanca tagenden Konferenz zwischen ROOSEVELT und CHURCHILL (mit ihren militärischen Stäben) verkünden diese die Formel von der »bedingungslosen Kapitulation« (*Unconditional Surrender*), zu der Deutschland, Italien und Japan gezwungen werden sollen. Sie schließen damit einen Waffenstillstand auch mit einer Nach-Hitler-Regierung in Deutschland aus. Gefordert wird nicht nur eine militärische, sondern auch eine staatlich-politische Kapitulation. Darüber hinaus wird die Fortsetzung der Mittelmeerstrategie mit den Etappen Eroberung Tunesiens und Landung auf Sizilien festgelegt. Der Kampf gegen die U-Boot-Gefahr und der Bombenkrieg gegen Deutschland sollen erheblich intensiviert werden.
Der Versuch, eine Aussöhnung zwischen den Generälen DE GAULLE und GIRAUD zu erreichen, führt nur zu einer oberflächlichen, schnell wieder von DE GAULLE gelösten Vereinbarung zwischen den rivalisierenden Repräsentanten Frankreichs im alliierten Lager.

30./31. Jan. CHURCHILL und der türkische Staatspräsident İSMET İNÖNÜ (*1884, †1973) treffen sich in Adana. Es gelingt nicht, die Türkei zu einem Bruch mit Deutschland zu bewegen. Vielmehr sucht diese angesichts des sowjetischen Vormarsches nach Westen einen Block der Neutralen mit den Donau- und Balkanstaaten zu formieren, gegen den sich die deutsche Führung nach Festigung der deutschen Position im Süden der Ostfront im März 1943 erfolgreich wendet.

1. März In Moskau wird ein »Bund polnischer Patrioten« als Kern einer künftigen kommunistischen Regierung Polens gegründet (am 8. Mai 1943 bekannt gegeben).

13. April Im Wald von Katyn bei Smolensk entdecken deutsche Soldaten in Massengräbern die Leichen von über 4100 polnischen Offizieren, die im Frühjahr 1940 einer Mordaktion des sowjetischen NKWD zum Opfer gefallen sind.

26. April Nachdem die exilpolnische Regierung für eine internationale Untersuchung der Gräber bei Katyn plädiert und damit zu erkennen gegeben hat, dass sie die sowjetische Version nicht glaubt, wonach die Toten Opfer der Deutschen seien, bricht die Sowjetunion die diplomatischen Beziehungen zu ihr ab.

8. Mai–3. Juni Auf einer Konferenz in Hotsprings (Virginia) bereiten die USA eine Organisation für Lebensmittel und Landwirtschaft vor, die später von den »Vereinten Nationen« als eines ihrer Organe (die spätere FAO) anerkannt wird.

15. Mai Die »Kommunistische Internationale« (Komintern) in Moskau wird aufgelöst. Diese Entscheidung STALINS steht im Zusammenhang mit außen- (Blick auf die westlichen Alliierten) wie innenpolitischen (Appelle an den russischen Patriotismus im »Großen Vaterländischen Krieg«) Gesichtspunkten.

4. Juli Der Ministerpräsident der polnischen Exilregierung General WŁADYSŁAW SIKORSKI (*1881) stürzt unter mysteriösen Umständen bei Gibraltar tödlich ab. Sein Nachfolger wird der Führer der Bauernpartei, STANISŁAW MIKOŁAJCZYK (*1901, †1966).

12./13. Juli In Krasnograd bei Moskau wird von deutschen kommunistischen Emigranten und bei Stalingrad gefangen genommenen Offizieren das »Nationalkomitee Freies Deutschland« gegründet. Es soll, auch im Bewusstsein der Verträge von Tauroggen (30. Dez. 1812) und Rapallo (16. April 1922), an der Front und in der Heimat eine nationaldeutsche Anti-Hitler-Bewegung entfachen und ein künftiges deutsch-russisches Bündnis als Ziel propagieren. Der am 11./12. Sept. gegründete »Bund Deutscher Offiziere« unterstützt diese Aktivitäten, die insgesamt keine größere Bedeutung gewinnen, da sie an der deutschen Front ohne Resonanz bleiben.

30. Juli DE GAULLE, der sich in der innerfranzösischen Auseinandersetzung in Algier durchgesetzt hat, bildet ein regierungsähnliches Komitee.

3. Aug. Alliierte Vertreter nehmen in Lissabon zu Emissären der am 25. Juli in Italien etablierten Regierung PIETRO BADOGLIO (*1871, †1956) ersten Kontakt auf.

14.–24. Aug. Auf ihrer Konferenz in Quebec beschließen ROOSEVELT und CHURCHILL, angesichts des zu erwartenden Ausfalls Italiens, auf die weitere Intensivierung des Krieges im Mittelmeerraum zu verzichten und im Mai 1944 von der britischen Insel aus zur Invasion Frankreichs zu schreiten. Dies wird STALIN am 26. Aug. mitgeteilt.

3. Sept. In Cassibile (Sizilien) wird ein zunächst geheim gehaltener Waffenstillstand zwischen den USA, Großbritannien und Italien abgeschlossen, der am 8. Sept. von General EISENHOWER bekannt gegeben wird.

19.–30. Okt. Die Konferenz der Außenminister MOLOTOW, EDEN und HULL in Moskau führt zu einer engeren Kooperation zwischen den Hauptmächten der »Anti-Hitler-Koalition«: Gründung einer »Europäischen Beratenden Kommission« (*European Advisory Commission*) mit Sitz in London, die den drei Regierungen Vorschläge für die mit der Beendigung des Krieges in Europa im Zusammenhang stehenden Probleme vorlegen soll, v. a. eine Regelung der Nachkriegsverhältnisse in Deutschland. Vereinbart werden die Wiederherstellung Österreichs in den Grenzen von 1937, die Verurteilung deutscher Kriegsverbrecher und eine Viermächtevereinbarung (mit China) über die Zusammenarbeit der Alliierten nach dem Krieg.

9. Nov. In Washington wird von Vertretern von 44 alliierten Nationen die *United Nations Relief and Rehabilitation Administration* (UNRRA) geschaffen, die in den »befreiten« Gebieten die Wirtschaft wieder in Gang bringen soll.

22.–26. Nov. Konferenz in Kairo zwischen ROOSEVELT, CHURCHILL und CHIANG KAISHEK: Neben militärischen Operationen wird die Rückgabe Taiwans und der Pescadores von Japan an China vereinbart; Korea soll ein unabhängiger Staat werden.

28. Nov.–1. Dez. **Konferenz von Teheran** der »Großen Drei« (Roosevelt, Stalin, Churchill): Die Westalliierten bestätigen, dass ihre Invasion in Frankreich im Mai 1944 stattfinden soll. Darüber hinaus vereinbaren die Verbündeten die Festlegung der sowjetisch-polnischen Grenze auf der Curzon-Linie. Das Gebiet Białystok soll an Polen zurückfallen, die Sowjetunion erhält dafür das nördliche Ostpreußen mit Königsberg. Churchill und Stalin betrachten die Oder als neue polnische Westgrenze. Einig ist man sich auch über eine künftige Teilung Deutschlands, wobei Churchill eine Zweiteilung in einen Nord- und einen mit Österreich und Ungarn zu einer »Donaukonföderation« zusammengeschlossenen Südstaat anregt, während Roosevelt die Bildung von fünf »autonomen« Staaten bevorzugt. Stalin stimmt der Zerstückelung zu, ohne sich im Einzelnen festzulegen. Übereinkommen erzielt man auch in der Anerkennung Titos als selbstständigen alliierten Befehlshaber in Jugoslawien, d. h. die Westalliierten lassen Mihajlović fallen. Roosevelt und Churchill beharren auf der Freiheit Finnlands, Stalin lehnt eine Wiederholung von Wahlen in den baltischen Ländern ab. Eine »Deklaration der drei Mächte über Iran« wiederholt die Zusicherung, dessen Unabhängigkeit, Integrität und Souveränität zu wahren.

2.–6. Dez. Roosevelt und Churchill treffen mit dem türkischen Staatspräsidenten İsmet İnönü in Kairo zusammen. Dieser lehnt einen Kriegseintritt der Türkei gegen militärische Unterstützung ab.

12. Dez. Der im Exil lebende Präsident der Tschechoslowakei, Edvard Beneš, schließt in Moskau mit der Sowjetunion einen Freundschafts- und Beistandspakt und manifestiert damit die Ostorientierung der Tschechoslowakei in der Nachkriegszeit.

1944, 15. Jan. In der »Europäischen Beratenden Kommission« in London legt der Vertreter Großbritanniens den Entwurf einer Aufteilung Deutschlands in Besatzungszonen vor, in dem die Ost-West-Demarkationslinie auf der Höhe Lübeck–Helmstedt–Eisenach–Hof vorgesehen ist. Die Sowjetunion stimmt am 18. Febr. zu, nachdem statt der von den Briten vorgeschlagenen gemischten Besatzungsverbände in allen Zonen (bei Federführung jeweils einer Macht in einer Zone) integrale Zonen vorgesehen werden. Roosevelt, der ursprünglich eine andere, für die Westmächte günstigere Zonenaufteilung anvisiert hat, billigt den Plan im April 1944.

13. März Die Sowjetunion erkennt die Regierung Badoglio in Italien an, dem die westlichen Alliierten den Status einer »mit Krieg führenden« Macht zugestanden haben, nachdem es am 13. Okt. 1943 Deutschland den Krieg erklärt hat.

5. Mai Die britische Regierung schlägt der sowjetischen eine Aufteilung Südosteuropas in »Operationszonen« vor: Rumänien soll sowjetische, Griechenland britische »Operationszone« werden. In den Verhandlungen wird die Absprache auf Jugoslawien, das zur britischen, und Bulgarien, das zur sowjetischen »Operationszone« gehören soll, ausgeweitet. Roosevelt stimmt der Absprache am 12. Juni zu.

8. Mai Die tschechoslowakische Regierung im Exil schließt mit der Sowjetunion ein Abkommen über die »Befreiung« ihres Landes durch die Rote Armee.

1.–22. Juli Bei der Konferenz von Bretton Woods treffen Vertreter von 44 Regierungen der »Vereinten Nationen« zusammen, um über Währungs-, Zahlungs- und Handelsfragen der Nachkriegszeit zu beratschlagen. Ein internationaler Geldfonds von 10 Mrd. US-Dollar wird eingerichtet.

25. Juli Die »Europäische Beratende Kommission« in London hat den Entwurf einer Urkunde für die »politische Kapitulation« Deutschlands fertiggestellt.
Das am 22. Juli in der soeben von der Roten Armee eroberten Stadt Chełm westlich des Bug gegründete »Polnische Komitee der Nationalen Befreiung« (aus Kommunisten und prosowjetischen Vertretern) siedelt nach Lublin über (»Lubliner Komitee«). Am 26. Juli wird dieses »Komitee« von der Sowjetunion als einzige Repräsentation Polens anerkannt.

Der Ostkrieg (Dez. 1942–Juni 1944)

1942, 12. Dez. Aus der improvisierten neuen Front südlich des Don nordöstlich von Rostow beginnt ein deutscher Vorstoß mit dem Ziel, die Verbindung mit der eingekesselten deutschen 6. Armee im Raum Stalingrad wiederherzustellen. Die Angriffsgruppe kämpft sich bis zum 21. Dez. bis auf 48 km an den Einschließungsring heran, kommt dann aber infolge der Erschöpfung der Kräfte nicht mehr weiter. Hitler erteilt nicht den Befehl zum Ausbruch aus dem Kessel. Damit ist das Schicksal der 6. Armee besiegelt.

16. Dez. Am mittleren Don beginnt eine neue sowjetische Offensive gegen die italienische 8. Armee, die zerschlagen wird. Der deutsche Vorstoß in Richtung Stalingrad wird durch diesen auf Rostow zielenden Angriff in der Flanke bedroht.

1943, 12. Jan. Eine dritte sowjetische Offensive am oberen Don zertrümmert die 2. ungarische Armee. Damit ist die gesamte südliche Ostfront auf das Schwerste bedroht. Die Heeresgruppe A zieht sich aus dem Kaukasus auf Rostow und in den sog. Kubanbrückenkopf zurück.

18. Jan. Nach der Rückeroberung von Schlüsselburg besteht eine schmale Landverbindung der Roten Armee zum eingeschlossenen Leningrad.

23. Jan. Hitler verbietet der 6. Armee die Kapitulation, obwohl deren Kräfte seit der am 10. Jan. begonnenen systematischen Zerschlagung des Kessels durch konzentrische Angriffe von sechs sowjetischen Armeen dahinschmelzen.

31. Jan. Der soeben zum Feldmarschall ernannte Generaloberst Paulus kapituliert mit der Südgruppe in Stalingrad.

2. Febr. Mit der Kapitulation des Nordkessels ist die **Schlacht um Stalingrad beendet**. Von den rund 250 000 Mann, die sich anfangs im Kessel befanden, sind 34 000 Mann ausgeflogen worden. 90 000 geraten in sowjetische Gefangenschaft. Nach 1945 kehren etwa

6000 von ihnen zurück. STALIN gibt am 7. Nov. 1943 an, dass 146 000 Gefallene gesammelt und verbrannt worden seien.

6. März Nachdem die Rote Armee im Vorstoß nach Westen Rostow, Charkow und Kursk genommen hat und auf den Dnjepr vorrückt, beginnt westlich von Charkow ein deutscher Gegenstoß, der die sowjetische Offensive zum Stehen bringt. Charkow wird am 14. März zurückerobert, doch gelingt es nicht, einen breiten sowjetischen Frontbogen mit Kursk als Mittelpunkt zum Einsturz zu bringen, sodass die in der eintretenden Schlammperiode wieder verfestigte Front diese Ausbuchtung behält.

5. Juli Um die Initiative im Osten wenigstens an einer Stelle zurückzugewinnen, beginnt auf Befehl HITLERS die **Operation »Zitadelle«** von Orel und Charkow aus mit dem Ziel, die sowjetischen Kräfte **im Kursker Bogen** einzuschließen und zu vernichten. In der größten Panzerschlacht der Weltgeschichte bei Prochochowka erleidet die Rote Armee enorme Verluste, kann aber nördlich von Orel zum Gegenstoß ansetzen. Da insgesamt das Unternehmen »Zitadelle« als gescheitert anzusehen ist (im Süden konnten nur 18, im Norden 10 km Gelände gewonnen werden), bricht HITLER am 13. Juli – auch im Hinblick auf die am 10. Juli geglückte alliierte Landung in Sizilien, die eine Verlegung von Kräften nach Italien erforderlich macht – die Operation ab.

17. Juli Am Donez beginnend, weitet sich die nun einsetzende sowjetische Generaloffensive Zug um Zug auf den gesamten Raum zwischen dem Asowschen Meer und dem oberen Dnjepr aus. Der von HITLER am 12. Aug. improvisiert befohlene »Ostwall« (»Pantherstellung«: Narwa – Pleskau – Witebsk – Dnjepr – Asowsches Meer) wird im Bereich des Dnjepr bereits im Herbst 1943 überwunden. Am 6. Nov. fällt Kiew, am 4. Jan. 1944 überschreitet die Rote Armee in Wolhynien die polnische Grenze vom 1. Sept. 1939.

1944, 14. Jan. Eine sowjetische Großoffensive drängt die deutsche Heeresgruppe Nord von Leningrad bis zum Peipus-See zurück. Die neue Front von Narva über Pskow (Pleskau) und Witebsk bis zu den Pripjetsümpfen hält dann bis zur Pause der Frühjahrsschlammperiode.

4. März Die Rote Armee setzt im Süden zu einer weiteren großen Offensive an und kann in deren Verlauf die

Der Zweite Weltkrieg in Osteuropa 1943/44

deutschen Armeen aus der Ukraine vertreiben und Mitte April die Linie Dnjestr–nördlich Jassy–Karpaten, also bereits einen Teil Rumäniens, erreichen. Nördlich der Karpaten kommt der Vorstoß in Ostgalizien zum Stehen. Ab Mitte April 1944 herrscht »Ruhe« an der gesamten Ostfront – bis auf die Halbinsel Krim, die die Rote Armee vom 9. April bis 12. Mai zurückerobert, wobei ein relativ großer Teil der deutschen und rumänischen Truppen noch über See nach Rumänien zurückgeführt werden kann.

9. Juni Drei Tage nach Eröffnung der westalliierten Invasion in Frankreich, während an der Ostfront von Narva bis zur Dnjestr-Mündung noch »Ruhe« herrscht, beginnt die Rote Armee auf der Karelischen Landenge eine Offensive gegen Finnland. Sie erobert am 20. Juni Wyborg, kommt dann jedoch infolge deutscher Waffenhilfe für die Finnen etwa auf der Höhe der Grenze vom 12. März 1940 zum Stillstand. Die deutsche Unterstützung wird Finnland erst gewährt, nachdem Staatspräsident Ryti am 22. Juni Außenminister Ribbentrop gegenüber die Verpflichtung abgegeben hat, keinen Sonderfrieden mit der Sowjetunion abzuschließen (über den bereits im Frühjahr 1944 mehrere Wochen lang vergeblich verhandelt worden ist).

»Hitlers Europa« (Januar 1943–Juni 1944)

1943, 10. Jan. Marschall Antonescu wird von Hitler im Hauptquartier »Wolfsschanze« empfangen. Die seit der Katastrophe der beiden rumänischen Armeen im Raum Stalingrad schwelende Vertrauenskrise wird oberflächlich bereinigt, doch sucht Antonescu in Kontaktaufnahme mit den Westmächten – vergeblich – nach einem Ausweg für Rumänien, der dem Land eine Kapitulation vor der Sowjetunion erspart. Gleiches versucht im Auftrage des Reichsverwesers Miklós Horthy (*1868, †1957) Ministerpräsident Miklós Kállay (*1887, †1967) für Ungarn.

3. Febr. Marschall Karl Gustav Mannerheim erklärt die Notwendigkeit für Finnland, bei der ersten möglichen Gelegenheit aus dem Krieg auszuscheiden.

18. Febr. Reichspropagandaminister Joseph Goebbels (*1897, †1945) ruft in einer Rede im Berliner Sportpalast zum »totalen Krieg« auf.
In München werden die Geschwister Hans (*1918) und Sophie Scholl (*1921) bei der Verbreitung eines Flugblatts (»Wiederherstellung der Ehre – Kampf gegen die Partei«) verhaftet und am 22. Febr. hingerichtet.

13. März Eine in Hitlers Flugzeug gelegte Zeitbombe und versagt, ein für den 21. März im Berliner Zeughaus geplantes Attentat gegen ihn erweist sich als unausführbar.

19. April–19. Mai **Aufstand im Warschauer Getto**: Nachdem bereits über 300 000 Juden des Gettos in Vernichtungslager (Treblinka, Majdanek) transportiert wurden, kommt es beim Versuch der Deutschen, das Getto völlig aufzulösen zum Aufstand der Verzweifelten unter Führung Mordechaij Anielewicz' (*1919, †1943). SS- und Polizeiverbänden gelingt es erst in einem einmonatigen Kampf, den Widerstand zu brechen. Die überlebenden Juden werden an Ort und Stelle erschossen oder in Vernichtungslager verschleppt. Die Zahl der jüdischen Opfer liegt bei über 56 000.

11. Juni Himmler befiehlt die »Liquidierung« sämtlicher polnischer, am 21. Juni auch sämtlicher Gettos in den besetzten sowjetischen Gebieten.

19. Juli Ein Zusammentreffen Hitlers mit Mussolini in Feltre bei Belluno bleibt im Blick auf die krisenhafte Entwicklung in Italien nach der alliierten Landung in Sizilien (10. Juli) ohne Ergebnis.

25. Juli Nachdem der »Große Faschistische Rat« Mussolini aufgefordert hat, König Viktor Emanuel III. den ihm am 10. Juni 1940 übertragenen Oberbefehl über die italienischen Streitkräfte zurückzugeben, bietet Mussolini dem König seinen Rücktritt an. Dieser lässt ihn verhaften und ernennt Marschall Pietro Badoglio zum neuen Ministerpräsidenten, der erklärt, den Krieg an der Seite Deutschlands fortsetzen zu wollen. Das faschistische System in ganz Italien bricht ohne großen Widerstand seiner Funktionsträger in sich zusammen. Hitler wittert Verrat und leitet Vorbereitungen ein, um einen »Abfall« Italiens vom »Achsen«-Bündnis aufzufangen.

28. Aug. Der plötzliche Tod des Zaren Boris III. (*1894) schwächt die deutsche Position in Bulgarien, das sich im Krieg gegen die Sowjetunion neutral verhält, jedoch aufgrund der Dreimächtepakt-Verpflichtungen am 13. Dez. 1941 Großbritannien und den USA den Krieg erklärt hat.

29. Aug. Der deutsche Militärbefehlshaber ruft in Dänemark den Ausnahmezustand aus. Die dänische Regierung tritt zurück, das Heer wird entwaffnet, die dänische Kriegsflotte versenkt sich selbst. Streiks und Sabotageaktionen breiten sich aus. Die dänische Widerstandsbewegung bildet einen »Freiheitsrat«.

8. Sept. Nach bekannt werden des am 3. Sept. abgeschlossenen Waffenstillstands der Regierung Badoglio mit den Alliierten setzen in Italien und in den italienisch besetzten Gebieten in Frankreich und in Südosteuropa deutsche Gegenmaßnahmen ein.

9. Sept. Im deutschen Machtbereich wird eine italienisch-faschistische Gegenregierung gebildet. Der »Unabhängige Staat Kroatien« annektiert die im Mai 1941 an Italien abgetretenen dalmatinischen Gebiete. Ungarn und Großbritannien treffen geheime Absprachen, die einen Waffenstillstand vorsehen, sobald alliierte Truppen die Grenzen Ungarns erreichen.

12. Sept. Eine deutsche Fallschirmjägereinheit befreit den auf dem Gran-Sasso-Massiv in den Abruzzen gefangen gehaltenen Mussolini.

15. Sept. Mussolini tritt an die Spitze der faschistischen Gegenregierung, die unter deutscher Oberaufsicht die Verwaltung Nord- und Mittelitaliens übernimmt. Sitz der »republikanisch-faschistischen Regierung« wird Salò am Gardasee.

8. Okt. Franco fordert die Rückkehr der im Juni 1941 zur Teilnahme am Kampf gegen die Sowjetunion an die deutsche Ostfront entsandten »Blauen Division«. Sie wird einige Wochen später vom OKW freigegeben.

16.–25. Okt. Unter deutschem »Schutz« tagt in Tirana eine albanische Nationalversammlung, die die Unabhängigkeit des Landes von Italien beschließt.

9. Dez. HIMMLER versucht über Schweden einen Geheimkontakt zu den USA herzustellen. Die Verbindung kommt jedoch nicht zustande.

1944, 26.–28. Febr. Marschall ANTONESCU versichert HITLER in Kleßheim bei Salzburg seine Bündnistreue. Daraufhin werden die Planungen für eine deutsche Besetzung Rumäniens eingestellt.

17. März In Kairo beginnen geheime Waffenstillstandsverhandlungen von Vertretern der rumänischen Oppositionsparteien mit Vertretern der drei alliierten Hauptmächte.

19. März Nachdem Reichsverweser HORTHY am 18. März in Kleßheim bei Salzburg unter Druck der Besetzung Ungarns durch deutsche Truppen zugestimmt hat, beginnt deren Einmarsch. Ministerpräsident KÁLLAY, der die Kontakte zu Großbritannien unterhalten hat, begibt sich in die türkische Gesandtschaft in Budapest. Neuer Ministerpräsident wird am 23. Aug. der bisherige Gesandte in Berlin DÖME SZTÓJAY (*1883, †1946).

24./25. März HITLER lässt 50 britische Offiziere aus dem Kriegsgefangenenlager »Stalag Luft III« bei Sagan, die geflohen und wieder gefasst sind, zur Abschreckung vor weiteren Fluchtversuchen erschießen.

15. Mai–27. Juni Durch das »Sonderkommando Eichmann« (OTTO ADOLF EICHMANN [*1906, †1962]) werden aus dem besetzten Ungarn 380 000 ungarische Juden deportiert, zum größten Teil nach Auschwitz, wo mindestens 250 000 vergast werden.

10. Juni Als Vergeltung für Überfälle der französischen Résistance wird von Einheiten der SS-Division »Das Reich« das französische Dorf Oradour-sur-Glane zerstört. Die gesamte Einwohnerschaft wird getötet.

Der europäisch-atlantische Westkrieg (Jan. 1943–Juni 1944)

1943, 21. Jan. Der Sieg über die deutschen U-Boote wird auf der Konferenz von Casablanca an die Spitze der Prioritätenliste der alliierten Kriegsführung gesetzt.

27. Jan. Die 8. United States Army Air Forces (USAAF) führen von Großbritannien aus ihren ersten Tagesfliegerangriff auf Reichsgebiet aus. Ziel ist Wilhelmshaven. Von nun an gibt es eine »Arbeitsteilung« der Luftoffensive: Die Tagesangriffe werden von den amerikanischen, die Nachtangriffe von den britischen Bomberverbänden geflogen. Hinzu kommen Tagesangriffe durch schnelle britische »Moskitos«.

31. Jan. Der Befehlshaber der deutschen U-Boote, Admiral DÖNITZ, wird als Nachfolger ERICH RAEDERS (*1876, †1960) Oberbefehlshaber der Kriegsmarine.

1.–28. Febr. Deutsche U-Boote versenken im Atlantik, im Nordmeer, im Mittelmeer und im Indischen Ozean insgesamt 380 000 BRT alliierten Handelsschiffsraums, im Jan. 1943 waren es 218 000 BRT. Im März 1943 steigt die Ziffer auf 590 234 BRT, im April 1943 liegt sie bei 276 000 BRT und im Mai 1943 bei 225 000 BRT, dann sinkt sie rapide ab.

11. Febr. Schüler deutscher höherer Schulen (ab 15 Jahren) werden als Luftwaffenhelfer zum Dienst bei der Flugabwehr einberufen.

14. Febr. In Tunesien beginnt eine deutsche Angriffsoperation mit dem Ziel, durch einen Vorstoß über den Kasserine-Pass nach Ostalgerien den Aufmarsch der Alliierten durcheinander zu bringen. Generalfeldmarschall ROMMEL bricht am 24. Febr. das Unternehmen nach Anfangserfolgen ab.

23. Febr. Nachdem die »Panzerarmee Afrika« am 23. Jan. Tripolis und damit Italienisch-Nordafrika aufgegeben hat, werden die nunmehr in Tunesien konzentrierten deutsch-italienischen Kräfte in der »Heeresgruppe Afrika« organisatorisch zusammengefasst. ROMMEL, der das längerfristige Halten des »Brückenkopfs Tunesien« bezweifelt, wird am 9. März von HITLER abberufen. Sein Nachfolger wird Generaloberst HANS-JÜRGEN VON ARNIM.

19. März Angesichts einer Großoffensive der britischen 8. Armee zieht sich die italienische 1. Armee aus der Mareth-Linie in Südtunesien nach Norden zurück.

7. April Die britische 8. Armee und die amerikanischen Truppen schließen einen engen Ring um die »Heeresgruppe Afrika« im Nordteil Tunesiens.

5. Mai Der Endkampf um den »Brückenkopf Tunesien« beginnt. Bizerta und Tunis fallen.

Schiffsraumbilanz des Handelskrieges

	Verlust an deutschen U-Booten	versenkte alliierte Tonnage in BRT	britische und amerikanische Neubauten	Bilanz
1939	9	810 000 BRT	332 000 BRT	– 478 000 BRT
1940	21	4 407 000 BRT	1 219 000 BRT	– 3 188 000 BRT
1941	34	4 398 000 BRT	1 984 000 BRT	– 2 414 000 BRT
1942	88	8 245 000 BRT	7 182 000 BRT	– 1 063 000 BRT
1943	225	3 611 000 BRT	14 585 000 BRT	+ 1 097 4000 BRT
1944	247	1 422 000 BRT	13 349 000 BRT	+ 1 192 7000 BRT
1945	132	458 000 BRT	3 834 000 BRT	+ 3 376 000 BRT
Gesamt	**782**	**23 351 000 BRT**	**424 850 000 BRT**	**+ 19 134 000 BRT**

13. Mai Die **Reste der »Heeresgruppe Afrika« kapitulieren**; der Kampf in Nordafrika ist beendet. 130 000 deutsche und fast 120 000 italienische Soldaten geraten in britische und amerikanische Kriegsgefangenschaft.

24. Mai Großadmiral DÖNITZ bricht nach mehreren schweren Misserfolgen – im Mai verlor die deutsche Kriegsmarine 43 U-Boote, davon 21 bei der Bekämpfung von Geleitzügen im Nordatlantik – die »Schlacht im Atlantik« ab. Damit ist die entscheidende Wende im U-Boot-Krieg eingetreten. Sie ist wesentlich durch die britische Funkaufklärung und die gelungene Entschlüsselung des deutschen Funkverkehrs (»Ultra«) herbeigeführt worden.

11. Juni Die Insel Pantelleria zwischen Tunesien und Sizilien kapituliert, ohne dass die italienische Besatzung die Widerstandsmöglichkeiten ausgenutzt hat. Am 12. Juni folgt Lampedusa.

10. Juli Unter dem Oberbefehl General EISENHOWERS **landen britische und amerikanische Streitkräfte im Südosten Siziliens**. Die italienische Verteidigung bricht schnell zusammen. Augusta und Syrakus kapitulieren. Am 16. Juli werden die sich auf der Insel befindenden deutschen Truppen unter einheitlicher Führung zusammengefasst und im Nordostteil der Insel gegenüber der Straße von Messina konzentriert.

19. Juli Ein erster alliierter Luftangriff auf die Stadt Rom fordert 166 Tote unter der Zivilbevölkerung.

24.–30. Juli Im Zuge der in Casablanca beschlossenen und am 10. Juni systematisch eingeleiteten alliierten Luftgroßoffensive gegen die deutschen Städte wird in der Operation »Gomorrha« Hamburg schwer getroffen: 35 000 Tote sind zu beklagen, 277 000 Wohngebäude, 24 Krankenhäuser, 277 Schulen und 58 Kirchen zerstört. Im Hafen sind 180 000 BRT Handels- und Hafenfahrzeuge versenkt worden.

1. Aug. Von Nordafrika aus greifen amerikanische Bomber das rumänische Erdölgebiet von Ploieşti an. Der Angriff ist relativ wirkungslos und wird erst am 5. April 1944 wiederholt.
Deutsche Truppen marschieren über den Brenner nach Norditalien ein und beziehen Positionen, von denen aus sie rasch gegen die italienischen Kräfte vorgehen können.

17. Aug. Die letzten deutschen Truppen verlassen im Rahmen eines planmäßigen Rückzuges über die Straße von Messina Sizilien.

3. Sept. Zwei britische Divisionen landen in Kalabrien und folgen den sich nach Norden zurückziehenden deutschen Kräften.

8. Sept. Mit bekannt werden des am 3. Sept. abgeschlossenen Waffenstillstandes zwischen der Regierung BADOGLIO und den Westalliierten laufen die deutschen Gegenmaßnahmen (Fall »Achse«) an: Besetzung Roms durch deutsche Truppen (10. Sept.); Entwaffnung und Gefangennahme oder Entlassung der Soldaten der italienischen Armeen im Mutterland, in Südostfrankreich, Jugoslawien, Albanien und Griechenland. In Jugoslawien und Griechenland können die Widerstands- und Partisanenbewegungen große Mengen an Waffen und Munition erbeuten und sich in Räumen festsetzen, die bisher von den Italienern gehalten worden sind.
Die Regierung BADOGLIO kann in das von den Alliierten in den folgenden Tagen von Tarent aus eroberte Gebiet ausweichen. Regierungssitz wird Bari.

9. Sept. Die amerikanische 5. Armee landet in Salerno. Den daraufhin in diesen Raum verlegten deutschen Kräften gelingt es zwar nicht, die Amerikaner wieder ins Meer zu drängen, doch verzögern sie die Entfaltung der alliierten Invasionsarmeen und ermöglichen den Aufbau einer deutschen Verteidigung nördlich von Neapel – viel weiter südlich als der ursprünglich für den Fall einer kühn ausgreifenden alliierten Strategie in Italien vorgesehene Rückzug auf die Linie Pisa–Florenz–Rimini.
Die italienische Schlachtflotte, die den Bestimmungen des Waffenstillstandes gemäß von La Spezia nach Malta ausgelaufen ist, wird von der deutschen Luftwaffe angegriffen, die das Schlachtschiff »Roma« versenkt. Am 10. Sept. erreicht der italienische Verband Malta.

14.–16. Sept. Britische Truppen nehmen die bisher italienisch besetzten Inseln Leros und Samos in der Ägäis.

20. Sept. Die letzten deutschen Truppen haben Sardinien geräumt.

22. Sept. Britische Klein-U-Boote beschädigen das im Altafjord in Nordnorwegen liegende Schlachtschiff »Tirpitz« schwer. Die Reparaturen dauern bis Mai 1944.

5. Okt. Die Deutschen geben Korsika auf, nachdem dort gaullistische Verbände gelandet sind.

12. Okt. Portugal räumt den westlichen Alliierten Stützpunkte auf den Azoren ein, bleibt jedoch neutral.

14. Okt. Bei einem Luftangriff auf Schweinfurt erleiden die Amerikaner hohe Verluste (Herbstkrise der amerikanischen Tagesangriffe).

22. Okt. In Süditalien wird die 15. USAAF zur Führung des strategischen Luftkrieges gegen Deutschland von Süden sowie gegen Ziele in Südosteuropa gebildet.

3. Nov. HITLERS »Weisung Nr. 51«, die letzte strategische Weisung, die er erteilt, sieht eine Verstärkung der deutschen Kräfte im Westen zur Abwehr einer alliierten Invasion in Frankreich vor.

12. Nov. Mit einer Landung auf Leros wird die deutsche Rückeroberung der von den Briten besetzten Ägäischen Inseln eingeleitet. Sie ist am 22. Nov. mit der Kapitulation von Samos abgeschlossen.

18. Nov. Beginn einer Serie von fünf Großangriffen britischer Bomber auf Berlin, die bis zum 3. Dez. über 8600 t Bomben abwerfen, 2700 Zivilisten töten und 250 000 Menschen obdachlos machen.

24. Dez. General EISENHOWER, bisher Oberbefehlshaber der alliierten Streitkräfte im westlichen Mittelmeer und in Italien, wird zum Oberbefehlshaber der in Vorbereitung befindlichen alliierten Invasion in Frankreich ernannt.

26. Dez. Das deutsche Schlachtschiff »Scharnhorst« wird bei einem Angriffsversuch auf einen alliierten Geleitzug im Nordmeer von britischen Kräften versenkt.

1944, 1. Jan. Generalfeldmarschall ROMMEL übernimmt

als Oberbefehlshaber der Heeresgruppe B, die dem Oberbefehlshaber West, Feldmarschall GERD VON RUNDSTEDT (*1875, †1953) untersteht, das Kommando über die deutschen Streitkräfte nördlich der Loire und damit im voraussichtlichen Invasionsraum.

21./22. Jan. Erstmalig seit Mai 1941 greifen starke deutsche Luftwaffenverbände London an. Die Angriffsserie (»Little Blitz«) hält bis zum 27. April 1944 an.

22. Jan. Ein amerikanisches Korps landet überraschend in Anzio und Nettuno südlich von Rom, nutzt jedoch die Chance eines schnellen Zugriffs auf Rom nicht. Die in den folgenden Wochen um den Landekopf zusammengezogenen deutschen Kräfte können diesen in mehreren Versuchen wohl etwas eindrücken, aber nicht beseitigen. So bleibt neben der inzwischen bis auf die Linie Montecassino – Ortona nach Norden zurückgedrängten deutschen Hauptfront eine zweite Front in Italien bestehen.

15. Febr. Das nicht in die deutsche Verteidigungsstellung einbezogene Kloster Montecassino wird durch alliierte Bomber und Artillerie vernichtet.

11. März Die irische Regierung lehnt die Forderung der Alliierten ab, die diplomatischen Vertreter der Achsenmächte auszuweisen.

17. März Die 15. USAAF greift Wien an.

5. April Nach einem vorausgegangenen Luftangriff auf Bukarest (4. April) beginnt eine alliierte Luftoffensive gegen das rumänische Erdölgebiet von Ploieşti sowie gegen Ölraffinerien und Hydrierwerke bei Wien, Budapest und in Oberschlesien.

21. April Unter alliiertem Druck stellt die Türkei die Chromerz-Lieferungen nach Deutschland ein.

5. Mai Spanien schließt auf Druck der Alliierten das deutsche Generalkonsulat in Tanger und schränkt die Wolfram-Lieferungen nach Deutschland ein.

12. Mai Beginn einer alliierten Luftoffensive zur systematischen Zerschlagung deutscher Werke für die synthetische Treibstoffherstellung, v. a. gegen Merseburg, Tröglitz, Böhlen, Police (Pölitz) und Most (Brüx). Die deutsche Treibstofferzeugung wird entscheidend getroffen. In fünf zwischen dem 30. Juni 1944 und dem 19. Jan. 1945 entstehenden »Hydrier-Denkschriften« macht SPEER HITLER auf die katastrophalen Konsequenzen für die Kriegsführung Deutschlands aufmerksam.
An der italienischen Hauptfront beginnt eine alliierte Großoffensive.

23. Mai Auch aus dem Landekopf bei Anzio und Nettuno gehen die Amerikaner zum Angriff über. Nachdem am 25. Mai zwischen beiden alliierten Fronten die Verbindung hergestellt ist, beginnt ein allgemeiner deutscher Rückzug von der Adria bis zum Tyrrhenischen Meer.

1.–5. Juni Unter Verzicht auf größere Angriffe auf das Reichsgebiet konzentriert sich die alliierte Luftwaffe auf die systematische Zerschlagung der Verkehrsverbindungen und der Küstenanlagen in Frankreich und Belgien.

2. Juni Die neue bulgarische Regierung IVAN I. BAGRIANOW (*1891, †1945) beginnt in Istanbul geheime Waffenstillstandsverhandlungen mit den Westalliierten.

4. Juni Die Alliierten ziehen in das zur »Freien Stadt« erklärte Rom ein.

6. Juni, 6.30 Uhr Nachdem bereits in den Nachtstunden Luftlandetruppen abgesetzt worden sind, beginnt von See aus die **alliierte Invasion in der Normandie** zwischen der Orne-Mündung bei Caen und Cherbourg. Schon am ersten Tag werden acht alliierte Divisionen gelandet. Da die deutschen Reserven wegen der absoluten alliierten Luftherrschaft sowie der massiven Wirkung der Schiffsartillerie der Invasionsflotte nur verstreut herangeführt werden und nicht geschlossen zum Angriff auf die Landeköpfe antreten können, ist die von Feldmarschall ROMMEL entwickelte Konzeption, den Gegner am ersten entscheidenden Tage ins Meer zurückzuwerfen, nicht zu verwirklichen. Schon am Abend des ersten Tages steht fest, dass die Invasion gelungen ist. In den nächsten Tagen vereinigen sich die einzelnen Landeköpfe. Es bildet sich eine geschlossene Front. Die Alliierten besitzen zunächst noch keinen größeren Hafen, sondern sind auf künstliche Häfen und Pipelines als Rückhalt angewiesen.

Der ostasiatisch-pazifische Krieg (Januar 1943–Juli 1944)

1943, 9. Jan. Die von Japan in Nanking als Gegenregierung zur Regierung CHIANG KAISHEKS in Chongqing am 20. März 1940 ins Leben gerufene chinesische »Nationalregierung« unter WANG JINGWEI (*1883, †1944) erklärt den USA und Großbritannien den Krieg.

20. Jan. Japan schließt mit Deutschland ein Wirtschaftsabkommen, das – mangels Landverbindung – nur durch die Lieferung von Kautschuk und anderen Rohstoffen aus Südostasien über Handels-U-Boote und Blockade-Brecher eine gewisse Bedeutung erhält.

8. Febr. Die letzten Japaner räumen die seit dem 7. Aug. 1942 umkämpfte Salomoneninsel Guadalcanal.

18. April Der Oberbefehlshaber der japanischen Flotte, Admiral ISORUKU YAMAMOTO (*1884), wird über dem Südpazifik abgeschossen.

21. April MAMORU SHIGEMITSU (*1887, †1957) wird neuer japanischer Außenminister im Kabinett TŌJŌ. Er intensiviert den Kontakt zur Sowjetunion und verstärkt die Anstrengungen, einen deutsch-sowjetischen Separatfrieden zu vermitteln. V. a. bereitet er eine Wendung in der japanischen Politik gegenüber den besetzten Gebieten vor. Statt einer brutalen Besatzungspolitik wirbt er um die asiatischen Nationen im Rahmen einer von Japan geführten »Großostasiatischen Wohlstandssphäre«, u. a. mit der Parole: »Asien den Asiaten«.

30. Juni Mit Landungen amerikanischer Streitkräfte auf Neuguinea und Rendova (Salomonen) beginnt eine alliierte Großoffensive im südlichen Pazifik, die durch zähes Festhalten der Japaner an ihren Stellungen, äußerst verlustreiche Landkämpfe auf den jeweiligen Inseln, die im Zuge des sog. »Inselspringens« angegriffen werden, und See-Luft-Schlachten im Raum dieser Inseln gekennzeichnet ist.

28. Juli Die Japaner räumen die Aleuten-Insel Kiska, sodass die amerikanische Invasion ins Leere stößt.

1. Aug. Das von den Japanern besetzte Birma verkündet seine Unabhängigkeit. Unter Regierungschef Ba Maw (*1893, †1977) erklärt Birma den USA und Großbritannien den Krieg.

30. Sept. Die japanische Hauptverteidigungslinie wird auf die Marianen und Westkarolinen zurückverlegt.

14. Okt. Die Philippinen erklären ihre Unabhängigkeit. Präsident wird José Laurel (*1891, †1959).

21. Okt. In Singapur wird von Subhash Chandra Bose, der den deutschen Machtbereich mit einem U-Boot am 7. Febr. 1943 verlassen und über Singapur Mitte Juni Tokio erreicht hat, eine »Regierung Freies Indien« proklamiert. Ihr wird von Japan die Verwaltung der besetzten Andamanen und Nikobaren übertragen, die völkerrechtlich zu Britisch-Indien gehören.

28. Okt. Ein Versuch der Amerikaner, durch einen Handstreich auf Choiseul (Salomonen) das **»Inselspringen«** zu beschleunigen, scheitert. So kehren sie zum systematischen, langsamen Vorantasten zurück.

30. Okt. Japan schließt mit der »Nanking-Regierung« einen Freundschaftsvertrag, in dem es auf alle aus dem Boxer-Protokoll hervorgehenden Sonderrechte in China verzichtet.

1.–3. Nov. In Tokio findet eine Großostasienkonferenz statt, auf der Tōjō und Shigemitsu den Regierungschefs Mandschukuos, »Nanking-Chinas«, Birmas, der Philippinen, Thailands und des »Freien Indien« gegenüber ihre Politik »Asien den Asiaten« zu demonstrieren bemüht sind.

20.–25. Nov. Amerikanische Truppen landen auf den Gilbertinseln Tarawa und Makin, die von den Japanern hartnäckig verteidigt werden.

1944, 31. Jan. Zwei amerikanische Divisionen landen auf der Insel Kwajalein (Marshallinseln). Beide Seiten erleiden sehr hohe Verluste.

4. Febr. Vom westlichen Birma aus beginnt eine japanische Offensive nach Westen mit dem Ziel, in den östlichen Teil Indiens vorzustoßen. Geplant sind die Einnahme des Hafens von Chittagong und die Eroberung von Imphal und Dimapur in Assam. Die Mitwirkung der indischen »Nationalarmee« Subhash Chandra Boses soll eine Erhebung der Inder gegen die britische Herrschaft einleiten. Am 8. März kann zwar Imphal eingeschlossen werden, doch kommt danach der Vormarsch ins Stocken. Am 6. April setzt ein britischer Gegenstoß von Arakan aus der japanischen Offensive, die ohne politische Auswirkung in Indien geblieben ist, ein definitives Ende.

17. April Mit einer groß angelegten Offensive in Südchina wollen die Japaner die dort inzwischen errichteten amerikanischen Flugbasen erobern und eine Landverbindung von Hankow über Kanton nach Indochina herstellen.

17. Mai Amerikanische Truppen landen auf Wakde und auf Biak (Neuguinea).

12.–15. Juni Ein US-Korps landet auf der Marianeninsel Saipan, von der aus nach Fertigstellung von Flugbasen Luftangriffe auf das japanische Mutterland möglich sind.

18. Juni Von Flugplätzen in China aus greifen erstmals amerikanische Geschwader mit Bombern vom Typ B-29 Superfortress die japanischen Hauptinseln an.

18. Juli Die japanische Regierung Tōjō tritt zurück. Neuer Regierungschef wird der ehemalige General Kuniaki Koiso (*1880, †1950), stellvertretender Ministerpräsident Admiral Mitsumasa Yonai, der Vorgänger Konoes 1940. Außenminister bleibt Momoru Shigemitsu.

21. Juli US-Truppen landen auf Guam (Marianeninseln).

24. Juli Die kaiserliche Konferenz in Tokio legt als neue Verteidigungszone Japans die Linie Philippinen–Taiwan–Ryūkyūinseln–Mutterland–Kurilen fest.

Endkampf und Kapitulation Deutschlands und Japans (Sommer 1944–Sept. 1945)

Die »Anti-Hitler-Koalition« (Aug. 1944–April 1945)

1944, 1. Aug. Der Aufstand der national-polnischen Armia Krajowa (Heimatarmee) unter General Tadeusz »Bór« Komorowski (*1895, †1966) in Warschau versetzt die »Anti-Hitler-Koalition« in eine kritische Situation. Die – wie es scheint – sich im stürmischen Vormarsch auf Warschau befindliche, tatsächlich bereits durch einen deutschen Gegenstoß aufgehaltene Rote Armee unternimmt keinen Versuch, den Polen zu helfen, die von der deutschen Wehrmacht hart bedrängt und am 2. Okt. zur Kapitulation gezwungen werden. Stalin verbietet den Nachschub heranfliegenden westalliierten Flugzeugen die Landung auf sowjetischen Flugplätzen östlich von Warschau.

2. Aug. Die Türkei bricht die diplomatischen Beziehungen zu Deutschland ab.

21. Aug.–7. Okt. Die Konferenz von Dumbarton Oaks in der amerikanischen Hauptstadt Washington mit Vertretern aus den USA, Großbritannien, der Sowjetunion und China empfiehlt, den Völkerbund durch eine neue internationale Organisation, die »Vereinten Nationen«, zu ersetzen, und arbeitet Vorschläge für die Organisation derselben aus.

11.–16. Sept. Auf ihrer Konferenz in Quebec nehmen Roosevelt und Churchill den revidierten Morgenthau-Plan an. Dieser geht auf einen Entwurf des US-Finanzministers Henry Morgenthau jr. (*1891, †1967) zurück und sieht vor, das um die Ostgebiete verkleinerte Deutschland zu einem Agrarland zurückzuverwandeln und aufzuteilen. Doch Roosevelt zieht nach Protesten von Außenminister Hull und Kriegsminister Henry L. Stimson (*1867, †1950) sowie Kritik aus der amerikanischen Öffentlichkeit seine Unterschrift am 22. Sept. wieder zurück.

12. Sept. Die »Europäische Beratende Kommission« in London stellt das sog. erste »Zonenprotokoll« fertig. Es sieht die Aufteilung Deutschlands in drei Besatzungszonen und ein besonderes Gebiet Groß-Berlin – in den Grenzen von 1920 – vor.

In Moskau wird das Waffenstillstandsabkommen mit

Rumänien von den Repräsentanten der Sowjetunion, der USA und Großbritanniens unterzeichnet: Rumänien nimmt mit seiner Armee am Kampf gegen Deutschland teil.

19. Sept. Bei der Unterzeichnung des Waffenstillstandsabkommens mit Finnland in Moskau treten nur die Sowjetunion und Großbritannien als Vertragspartner auf, da die USA nicht Krieg gegen Finnland geführt haben. Die finnische Regierung muss sich verpflichten, militärisch an der Vertreibung der deutschen Lappland-Armee mitzuwirken, weil die Deutschen Finnland nicht bis zum 15. Sept. geräumt haben. In Vorwegnahme des Friedensvertrages wird die Abtretung des Gebietes von Petsamo und die Verpachtung des Territoriums von Porkkala bei Helsinki an die Sowjetunion erzwungen sowie die Zahlung von 300 Mio. US-Dollar Reparationen vereinbart. Als Ausgleich erhält Finnland Hanko zurück.

9.–18. Okt. Auf der Konferenz zwischen STALIN und CHURCHILL sowie dem amerikanischen Botschafter WILLIAM AVERELL HARRIMAN (*1891, †1986) als Beobachter in Moskau, werden statt der im Mai/Juni 1944 vereinbarten Operationszonen »Einflusssphären« in Südosteuropa abgesteckt. Danach soll der sowjetische »Einfluss« in Rumänien 90 % und in Bulgarien 80 % betragen, während Griechenland zu 90 % britischem »Einfluss« unterliegen soll. Für Ungarn und Jugoslawien einigt man sich auf je 50 %, was im Falle Ungarns kurze Zeit später jedoch auf 80 % zugunsten des sowjetischen »Einflusses« modifiziert wird. Der zu den Verhandlungen hinzugezogene Ministerpräsident der polnischen Exilregierung MIKOŁAJCZYK lehnt die von STALIN geforderte, von CHURCHILL schon akzeptierte Curzon-Linie als künftige polnisch-sowjetische Grenze ebenso ab wie die von dem ebenfalls anwesenden Vorsitzenden des »Lublin-Komitees«, EDWARD OSÓBKA-MORAWSKI (*1909, †1997), verlangte Bildung einer gemeinsamen Regierung mit einem Übergewicht der prokommunistischen Minister.

15. Okt. Nachdem in Moskau ein geheimer Präliminarwaffenstillstand zwischen der Sowjetunion und Ungarn unterzeichnet ist, proklamiert Reichsverweser HORTHY über den Budapester Rundfunk den Waffenstillstand, wird jedoch durch einen von deutscher Seite unterstützten Staatsstreich der Pfeilkreuzler unter FERENCZ SZÁLASI (*1897, †1946) zur Zurücknahme des Feuereinstellungsbefehls gezwungen. Er wird in Deutschland interniert, während das am 16. Okt. installierte Regime SZÁLASIS den Krieg an der deutschen Seite weiterführt.

23. Okt. Die Regierung DE GAULLES, die der General nach der »Befreiung« von Paris (25. Aug.) gebildet hat, wird von den USA, Großbritannien und der Sowjetunion als »Provisorische französische Regierung« anerkannt.

28. Okt. In Moskau unterzeichnen Vertreter der Sowjetunion, der USA und Großbritanniens den Waffenstillstand mit Bulgarien, nachdem STALIN dem von CHURCHILL geforderten Rückzug der bulgarischen Truppen aus dem besetzten griechischen Teil Thrakiens zugestimmt hat, das nach einer Vereinbarung zwischen dem sowjetischen Oberkommando und der prosowjetischen Regierung KIMON GEORGIEW (*1882, †1969) zunächst von bulgarischen und sowjetischen Truppen gemeinsam besetzt bleiben soll. Bulgarien verpflichtet sich, an der Seite der Roten Armee am Krieg gegen Deutschland weiter teilzunehmen.

7. Nov. ROOSEVELT wird zum vierten Mal zum Präsidenten der USA gewählt.

10. Nov. Die Sowjetunion, die USA und Großbritannien erkennen das von ENVER HOXHA (*1908, †1985) installierte kommunistische Regime als Regierung Albaniens an.

14. Nov. In der »Europäischen Beratenden Kommission« in London wird das zweite Zonenprotokoll unterzeichnet. Es sieht die Zuweisung Nordwestdeutschlands an Großbritannien und Süddeutschlands einschließlich Hessens sowie Bremens an die USA vor und enthält das »Kontrollabkommen« für Deutschland, das einen »Alliierten Kontrollrat«, bestehend aus den Militärbefehlshabern der Besatzungszonen, als oberste Instanz der Besatzungsmächte in Deutschland in seinen Funktionen umschreibt.

3. Dez. In Athen erhebt sich die kommunistisch beherrschte Widerstandsorganisation E.L.A.S. gegen die Regierung. Ihr Versuch, am 6. Dez. die Regierungsgebäude zu besetzen, wird mit Unterstützung der britischen Truppen unter General RONALD SCOBIE (*1893, †1969) abgewehrt. Obwohl die USA und die »linke« Öffentlichkeit im Westen das Vorgehen kritisieren, drängen die britischen Truppen auf Befehl CHURCHILLS die Aufständischen in den Norden des Landes zurück. Die Sowjetunion verhält sich, die Absprache über die »Einflusssphären« respektierend, passiv. Am 11. Jan. 1945 wird ein Waffenstillstand zwischen der griechischen Regierung und der E.L.A.S. abgeschlossen, der jedoch nur eine Zwischenetappe im griechischen Bürgerkrieg einleitet.

7. Dez. Im von der Roten Armee besetzten Debrecen wird eine ungarische Gegenregierung unter General BÉLA MIKLÓS VON DÁLNOKI (*1890, †1948), die im Wesentlichen aus Linksliberalen und wenigen Kommunisten besteht, eingesetzt.

10. Dez. General DE GAULLE und sein Außenminister GEORGES BIDAULT (*1899, †1983) unterzeichnen in Moskau einen gegen Deutschland gerichteten sowjetisch-französischen Bündnisvertrag mit 20 Jahren Geltungsdauer. STALIN lehnt die von DE GAULLE geforderte Anerkennung der Rhein-Linie als deutsch-französische Grenze ab, DE GAULLE wiederum die von STALIN geforderte Anerkennung des Lubliner Komitees. Er stimmt aber der Oder-Neiße-Linie als polnische Westgrenze zu.

15. Dez. CHURCHILL bekennt sich in einer Unterhausrede zur Westverschiebung der polnischen Grenzen auf Kosten Deutschlands und zur vollständigen Vertreibung der Deutschen aus den betreffenden Gebieten.

17. Dez. Der Nachfolger MIKOŁAJCZYKS als Chef der polnischen Exilregierung in London, der Sozialist To-

MASZ ARCISZEWSKI (*1877, †1955), erklärt sich für eine Ausdehnung Polens nach Westen, doch ohne Einbeziehung von Breslau und Stettin in die an Polen abzutretenden Gebiete.

1945, 3. Jan. Die Bemühungen der Sowjetunion, von den USA einen Kredit über 6 Mrd. US-Dollar zu günstigen Bedingungen (30 Jahre Laufzeit, 2,5 % Zinsen) zum Wiederaufbau der zerstörten Industriegebiete des Landes zu erhalten, zerschlagen sich endgültig. Damit wird deutlich, dass die Kooperationspolitik ROOSEVELTS in den USA an ihre Grenzen gestoßen ist.

5. Jan. Das zur »Provisorischen Regierung« Polens umgebildete Lubliner Komitee wird von der Sowjetunion als einzige Repräsentanz Polens anerkannt. Es siedelt nach der Einnahme Warschaus durch die Rote Armee (17. Jan.) in die polnische Hauptstadt über.

20. Jan. In Moskau wird ein Waffenstillstand mit der ungarischen Gegenregierung in Debrecen vereinbart.

4.–11. Febr. **Konferenz der „Großen Drei"** (STALIN, ROOSEVELT, CHURCHILL) **in Jalta** (Krimkonferenz). Sie finden einen Kompromiss über die zu gründenden »Vereinten Nationen« (UN): Die Großmächte erhalten ein absolutes Vetorecht und die Ukrainische und die Weißrussische Sowjetrepublik werden zu ordentlichen Mitgliedern der UN, sodass die Sowjetunion mit drei Stimmen vertreten ist, alle übrigen Staaten nur mit einer. In der Polenfrage wird die Curzon-Linie mit kleineren Abweichungen zugunsten Polens endgültig als polnische Ostgrenze anerkannt, eine weitere Verschiebung Polens nach Westen, ein »beachtlicher territorialer Zuwachs«, in Aussicht genommen. Nach Aufnahme einiger »demokratischer Führer« aus dem Ausland soll die Provisorische Regierung Polens allgemein anerkannt werden, die Exilregierung wird dann von den Westmächten fallen gelassen.
In der Deutschlandfrage wird die Hinzuziehung Frankreichs als vierte Besatzungsmacht mit einer eigenen, auf Kosten des amerikanischen und britischen Territoriums einzurichtenden Zone vereinbart. Die Reparationsfrage bleibt ungelöst, die von STALIN geforderte Gesamthöhe (20 Mrd. US-Dollar, davon die Hälfte für die Sowjetunion) soll als eine von mehreren Möglichkeiten von der in Moskau geplanten Reparationskommission diskutiert werden.
Für Jugoslawien wird die von TITO und dem jugoslawischen Ministerpräsidenten im Exil IVAN ŠUBAŠIĆ (*1892, †1955) schon vereinbarte Verschmelzung beider Regierungen begrüßt.
In einer »Erklärung über das befreite Europa« wird allen Völkern das Recht zugestanden, »demokratische Einrichtungen nach freier Wahl zu schaffen«. Sobald wie möglich sollen »frei gewählte und dem Willen des Volkes entsprechende Regierungen« eingesetzt werden. Für Ostasien gibt STALIN die Zusicherung, zwei oder drei Monate nach der deutschen Kapitulation in den Krieg gegen Japan einzutreten. In einem Geheimabkommen vom 11. Febr. erkennen die Westmächte die Wiederherstellung der Rechte Russlands gegenüber China aus der Zeit vor dem Russisch-Japanischen Krieg von 1904/1905 (Häfen und Eisenbahnen in der Mandschurei) an. ROOSEVELT verpflichtet sich, die Zustimmung CHIANG KAI-SHEKS zu dieser die Souveränität Chinas empfindlich einschränkenden Vereinbarung einzuholen. Danach soll ein Freundschafts- und Bündnisvertrag zwischen der Sowjetunion und China geschlossen werden.

1. März Die Türkei erklärt dem Deutschen Reich im letztmöglichen Moment den Krieg, um noch in die »Vereinten Nationen« aufgenommen zu werden.

6. März In Rumänien erzwingt die Sowjetunion von König MICHAEL ultimativ die Entlassung der Regierung und die Berufung eines kommunistisch beherrschten Kabinetts.

14. März Die Provisorische Regierung Polens errichtet in den deutschen Ostgebieten vier Woiwodschaften und nimmt damit die Entscheidung eines Friedensvertrages vorweg.

19. März Die Sowjetunion kündigt den sowjetisch-türkischen Freundschafts- und Neutralitätspakt von 1925. Am 7. Juni fordert Außenminister MOLOTOW für den Abschluss eines neuen Freundschaftsvertrages die Abtretung von Stützpunkten an den Dardanellen sowie von Kars und Ardahan in Armenien.

27. März 16 führende Mitglieder der national-polnischen Untergrundbewegung werden von den Sowjets verhaftet und am 21. Juni wegen »zersetzender Tätigkeit im Rücken der Roten Armee« zu hohen Freiheitsstrafen verurteilt.

11. April Freundschaftspakt der Sowjetunion mit Jugoslawien unter TITO.

12. April Nach dem plötzlichen Tod ROOSEVELTS wird HARRY S. TRUMAN (*1884, †1972) Präsident der USA.

21. April Freundschafts- und Beistandspakt zwischen der Sowjetunion und der Provisorischen Regierung Polens.

25. April In San Francisco beginnt die Gründungskonferenz der »Vereinten Nationen«.

26. Juni Unterzeichnung der Gründungsurkunde der »United Nations Organization« (UNO) durch die Vertreter von 51 Nationen. Die Unterschrift Polens, dessen Provisorische Regierung zur Zeit der Konferenz von den Westmächten nicht anerkannt ist, wird am 15. Okt. 1945 nachgeholt.

Der europäisch-atlantische Westkrieg (Juni 1944–Mai 1945)

Der westliche Kriegsschauplatz (Juni 1944–Mai 1945)

1944, 12. Juni Bereits 326 000 Mann alliierter Truppen sind in der Normandie gelandet, bis zum 29. Juli werden es insgesamt 1,566 Mio. Mann sein.
Deutschland beginnt den Abschuss von unbemannten Flugkörpern, propagandistisch als »Vergeltungswaffe« V 1 bezeichnet, gegen den Großraum London. Eine größere Wirkung geht von diesem in wechselnder Stärke bis zum Verlust der Abschussrampen in Nordfrankreich (1. Sept.) geführten Einsatz nicht aus. Bis zu diesem Zeitpunkt werden 8000 V 1 abgeschossen, danach von der Nordsee aus noch weitere 1200 sowie auf Antwerpen und andere Städte im Westen im Winter 1944/45 nochmals 8000.

30. Juni Cherbourg wird von den Alliierten erobert. Die Front verläuft nun vom Fuße der Halbinsel Cotentin bis in den Raum östlich von Caen. Die materielle Übermacht der alliierten Truppen drückt die Verteidiger systematisch weiter zurück.

17. Juli Generalfeldmarschall ROMMEL wird durch einen Fliegerangriff schwer verletzt. Sein Nachfolger als Oberbefehlshaber der Heeresgruppe B wird GÜNTHER VON KLUGE (*1882, †1944), der seit dem 3. Juli bereits als Nachfolger RUNDSTEDTS als Oberbefehlshaber West die Verantwortung für den ganzen westlichen Kriegsschauplatz trägt.

31. Juli Der Durchbruch amerikanischer Truppen durch den Westteil der deutschen Front bei Avranches leitet den Bewegungskrieg ein. HITLER befiehlt das Halten von »Festungen« an der Küste und einen Gegenangriff auf Avranches. Dieser scheitert jedoch und führt infolge des Vorstoßes der Amerikaner in den Rücken der bisherigen Front zum Kessel von Falaise. Aus diesem kann ein Teil der deutschen Truppen noch ausbrechen, doch ist Frankreich verloren. Feldmarschall WALTER MODEL (*1891, †1945), Nachfolger VON KLUGES, der am 18. Aug. Selbstmord verübt, bleibt nur, den Rückzug der Trümmer des Westheeres auf eine improvisierte neue Front (belgisch-niederländische Grenze – Westwall bis Trier – westlich Elsass-Lothringens) nicht zur Katastrophe werden zu lassen.

15. Aug. Amerikanisch-französische Landung an der Südküste Frankreichs zwischen Cannes und Toulon. Die Invasoren stoßen bei nur hinhaltendem deutschen Widerstand schnell zur französisch-italienischen Alpengrenze und die Rhône aufwärts in Richtung Lyon – Dijon vor. Die Landung in Südfrankreich erweist sich als strategisch überflüssig. CHURCHILL hat sich mit seinem Alternativplan nicht durchsetzen können, mit starken Kräften von der italienischen Front aus über Ljubljana nach Wien vorzustoßen.

17. Aug. HITLER zwingt PÉTAIN und LAVAL, letzterer hat in Paris seine Demission erklärt, von Vichy aus zunächst nach Belfort, später nach Sigmaringen überzusiedeln, um die »legale« französische Regierung im deutschen Machtbereich zu halten.

25. Aug. Die Amerikaner und Truppen DE GAULLES rücken in Paris ein, dessen Zerstörung HITLER vergeblich befohlen hat, da sich Stadtkommandant DIETRICH VON CHOLTITZ (*1894, †1966) weigert, diesen Befehl auszuführen.

3. Sept. Die Briten besetzen Brüssel. Der König der Belgier, LEOPOLD III., ist schon bei Invasionsbeginn nach Deutschland gebracht worden.

4. Sept. Mit der Einnahme von Antwerpen, des ersten unzerstörten Hafens, scheint der Rest des deutschen Westheeres, der sich noch zwischen der Seine- und der Somme-Mündung im Rückzug befindet, von der Verbindung nach Deutschland abgeschnitten. Doch stoßen die Alliierten nicht über Antwerpen hinaus nach Norden vor, sodass der Rückzug über Walcheren und die Maas-Mündung überraschend doch gelingt. Die Folge ist, dass der Zugang zu Antwerpen für die Alliierten bis Nov. 1944 versperrt bleibt.

8. Sept. Von beweglichen Abschussrampen beginnt der Einsatz von Raketengeschossen (»V 2«) gegen London und Antwerpen. Anders als bei der »V 1« besteht keine Abwehrmöglichkeit, sodass die psychische Belastung der Zivilbevölkerung durch den Einsatz dieser neuen Waffe beträchtlich ist, ohne dass es gelingt, die britische Widerstandskraft zu zermürben. Bis zum 27. März 1945 werden insgesamt 1115 »V 2« gegen London abgeschossen, bis 2. April 1945 weitere 2050 gegen Antwerpen, Brüssel und Lüttich.

17. Sept. Um das Verlangsamen und Ausrinnen der alliierten Offensive zu verhindern und nach Möglichkeit doch noch 1944 die Entscheidung herbeizuführen, lässt der britische Oberbefehlshaber, Feldmarschall MONTGOMERY, starke Luftlandetruppen im Raum von Arnheim und Nimwegen hinter der deutschen Front absetzen. Diese haben das Ziel, die Rheinbrücken in Besitz zu nehmen und über sie hinweg einen Vorstoß in die Norddeutsche Tiefebene zu ermöglichen. Das Unternehmen schlägt bei Arnheim fehl; die Luftlandetruppen werden aufgerieben. Lediglich ein schmaler »Schlauch« von der niederländisch-belgischen Grenze bis Nimwegen kann gehalten werden, sodass sich die Front an der deutschen Westgrenze bis zum Reichswald verlängert.

21. Okt. Nach schweren Kämpfen geht Aachen als erste deutsche Großstadt verloren. In äußerst verlustreichen Gefechten dringen die Amerikaner bis zur Rur, einem Nebenfluss der Maas, bei Düren vor, bleiben dort aber im Nov. stecken. Der mehrfach versuchte Durchbruch der deutschen Front gelingt nicht. Auch im Süden, in Lothringen und im Elsass, bleibt es bei Teilerfolgen der Alliierten.

22./23. Nov. Metz und Straßburg fallen in alliierte Hand, doch vor der deutsch-französischen Grenze und in einem größeren Brückenkopf im Oberelsass halten sich die deutschen Kräfte, sodass die improvisierte Westfront mit einigen »Einbuchtungen« bei Beginn des Winters als stabil betrachtet werden kann.

16. Dez., 5.30 Uhr **Beginn der deutschen Ardennenoffensive** im Raum zwischen Monschau und Echternach, für die unter Entblößung aller anderen Fronten, auch der Ostfront, die letzten deutschen Reserven zusammengezogen sind. Bereits seit Ende Juli verfolgt HITLER den Gedanken, durch einen starken Gegenschlag die Westalliierten militärisch durcheinander zu bringen und nach Möglichkeit Großbritannien friedensreif zu machen. Der Überraschungsangriff gelingt, doch HITLERS weit gestecktes Ziel, Antwerpen zu besetzen und die Heeresgruppe MONTGOMERY in den südlichen Niederlanden und im nördlichen Belgien einzuschließen, ist unerreichbar. Nicht einmal die erste Etappe, die Gewinnung von Übergängen über die Maas, wird erreicht. Die deutschen Kräfte bleiben vor Malmedy, im Raum von Bastogne, das nicht genommen werden kann, und im nördlichen Luxemburg stecken, nachdem bei Aufklaren des Wetters die alliierte Luftüberlegenheit voll zur Geltung kommt.

22. Dez. Das Scheitern des Unternehmens ist nicht mehr zu übersehen.

31. Dez. HITLER befiehlt einen zweiten Offensivstoß im Westen: Straßburg soll von Norden und Süden angegriffen werden. Infolge einer Intervention DE GAULLES bei General EISENHOWER wird die Stadt nicht, wie schon erwogen, von den Amerikanern geräumt. Die Krise aufseiten der Westalliierten ist beim Jahreswechsel bereits überwunden. Allerdings sind sie bei Beginn der sowjetischen Großoffensive am 12. Jan. 1945 nicht in der Lage, ihrerseits sofort zur Offensive im Westen überzugehen.

1945, 8. Febr. Eine britisch-kanadische Offensive beginnt südöstlich von Nimwegen. Sie kommt gegen hartnäckigen deutschen Widerstand, im Reichswald und südlich davon, nur schrittweise voran.

23. Febr. Nachdem durch Überfluten der Rur die alliierte Großoffensive hinausgezögert, aber nicht verhindert werden kann, setzt sie nun mit voller Wucht ein und führt rasch zum Einsturz der deutschen Verteidigungspositionen links des Rheins.

7. März Den amerikanischen Truppen fällt die unzerstörte Rheinbrücke bei Remagen in die Hand. Sie errichten einen – bald ausgeweiteten – Brückenkopf auf der rechtsrheinischen Seite. Von hier aus und von einem am 24. März bei Wesel gewonnenen weiteren großen Brückenkopf stoßen sie zangenartig um das Ruhrgebiet und das Bergische Land herum vor.

1. April Bei Lippstadt treffen die amerikanischen Truppenteile wieder aufeinander und schließen damit die stärkste deutsche Kräftegruppe im Westen, die Heeresgruppe B unter Feldmarschall MODEL, ein (»Ruhrkessel«).

18. April Die Heeresgruppe B kapituliert. An diesem Tage haben die US-Truppen, die in der Mitte Deutschlands nach Osten vorstoßen, Elbe und Mulde erreicht und dort Brückenköpfe gebildet. Magdeburg ist seit dem 18. April, Leipzig seit dem 19. April in ihrer Hand.

25. April Die Amerikaner treffen mit der Roten Armee bei Torgau an der Elbe zusammen. Damit ist das noch von den Deutschen gehaltene Gebiet in zwei Teile zerschnitten, den Nord- und den Südraum.

26. April Die Briten, die ins Emsland und in die Lüneburger Heide vorgedrungen sind, nehmen Bremen.

30. April München wird von den Amerikanern besetzt, die einen hartnäckigen deutschen Widerstand in der sog. »Alpenfestung« befürchten und daher im Südraum mit stärkeren Kräften operieren als in Mitteldeutschland.

2. Mai Die über die untere Elbe nach Osten vorstoßenden Briten nehmen Lübeck, die Amerikaner Schwerin und Wismar und versperren damit der Roten Armee den Weg nach Schleswig-Holstein. Am 3. Mai rücken die Briten in das zur »Offenen Stadt« erklärte Hamburg ein.

3. Mai Die über Nordtirol in die Alpen hinein vorstoßenden Amerikaner treffen am Brenner auf die von Oberitalien herankommenden eigenen Kräfte. Im Osten haben sie die Linie Karlsbad – Budweis – Linz erreicht, verzichten jedoch auf den von der tschechischen Aufstandsbewegung in Prag erwarteten Stoß auf die Hauptstadt.
Französische Truppen, die am 22. April Stuttgart erobert haben und bis zum Bodensee vorgedrungen sind, stoßen weiter nach Vorarlberg hinein.

5. Mai Die seit dem 19. April durch den britischen Vorstoß von Arnheim bis Groningen und zum Ijsselmeer von ihren Verbindungen abgeschnittene »Festung Holland« unter Generaloberst JOHANNES BLASKOWITZ (*1883, †1948) kapituliert im Zuge der am 4. Mai im Hauptquartier MONTGOMERYS in der Lüneburger Heide unterzeichneten Teilkapitulation.
Im Augenblick der allgemeinen Kapitulation sind noch die »Festungen« Dünkirchen, Kanalinseln (Jersey, Guernsey, Alderney), Lorient, Saint-Nazaire und La Rochelle in deutscher Hand. Ihre Übergabe erfolgt am 10. Mai.

See- und Luftkrieg in Europa und im Atlantik (Juni 1944–Mai 1945)

Bei der Invasion in der Normandie ist die alliierte Überlegenheit zur Luft und auf See so überwältigend, dass der opferreiche Einsatz der schwachen deutschen Kräfte dagegen nichts Wesentliches auszurichten vermag. Die U-Boot-Stützpunkte am Atlantik gehen verloren; der U-Boot-Krieg wird von Norwegen aus fortgesetzt.

1944, 8. Sept. Mit der Kriegserklärung Bulgariens an Deutschland verlieren die seit jeher schwachen, aber insgesamt, zuletzt im April/Mai 1944 bei der Rückführung deutscher Truppen von der Krim, erfolgreichen leichten deutschen Seestreitkräfte im Schwarzen Meer ihre letzten Basen. Die Schiffe versenken sich selbst.

12. Nov. Schwere britische Bomber versenken im Tromsøfjord das deutsche Schlachtschiff »Tirpitz«.

23. Nov. Nachdem deutsche Seestreitkräfte schon bei der Räumung Süd-Finnlands und Estlands im Sept. mitgewirkt haben, gelingt es ihnen, von der lange gehaltenen Halbinsel Sworbe auf der Insel Saaremaa (Ösel) fast 20 000 Soldaten und Flüchtlinge zu evakuieren.

1945 Im großen Stil wird die deutsche Kriegsmarine bei den Räumungstransporten aus den Ostseebrückenköpfen eingesetzt, die nach der Einnahme des größten Teils der deutschen Ostgebiete durch die Rote Armee im Zuge der sowjetischen Großoffensive vom 12. Jan. 1945 infolge der Feuerunterstützung durch die noch verbliebenen deutschen Seestreitkräfte (Schwere Kreuzer »Prinz Eugen«, »Scheer«, »Lützow«) mehrere Wochen lang gehalten werden können.

23. Jan.–9. Mai Von der deutschen Kriegsmarine werden von Kolberg (Kołobrzeg), Pillau (Baltisk) bei Königsberg, Gdingen (Gdynia) und Hela (Hel) sowie den von der Heeresgruppe Kurland gehaltenen Häfen Libau (Liepāja) und Windau (Ventspils) insgesamt 2 002 602 Flüchtlinge, Verwundete und Soldaten nach Schleswig-Holstein und Dänemark evakuiert. Auf dem Seetransport sterben etwa 14 000 Menschen, davon die meisten durch die Torpedierung der großen Schiffe »Wilhelm Gustloff«, »Steuben« und »Goya« durch sowjetische U-Boote.

9. April Durch einen britischen Luftangriff auf Kiel werden die Schweren Kreuzer »Scheer« und »Hipper« vernichtet, am 16. April bei Swinemünde der Schwere Kreuzer »Lützow«.

5.–9. Mai Bei der letzten Evakuierungsfahrt von Hela nach Dänemark werden noch 43 000 Menschen nach Westen transportiert.

Der Luftkrieg über Deutschland in der Schlussphase des Krieges (Juli 1944-Mai 1945)

1944, 24.–29. Juli In drei Nächten greifen über 600 Bomber der britischen »Royal Air Force« (RAF) Stuttgart an und verwüsten große Teile der Innenstadt. Unter der Zivilbevölkerung gibt es über 100 000 Obdachlose und fast 900 Tote.

Aug. Zwei schwere britische Luftangriffe auf Königsberg am 26./27. und 29./30. Aug. vernichten weitgehend die Innenstadt.

18./19. Dez. Bei einem britischen Luftangriff auf Gdingen werden zahlreiche Kriegs- und Handelsschiffe versenkt.

24. Dez. Die alliierte Luftwaffe fliegt 6000 Einsätze gegen die deutschen Kräfte im Raum der Ardennenoffensive. Von ihrem Beginn am 16. Dez. an sind bereits 1088 deutsche Flugzeuge vernichtet worden.

1945, 1. Jan. In einem Überraschungsschlag greifen über 1000 deutsche Flugzeuge alliierte Flugplätze in den südlichen Niederlanden, Belgien und Nordfrankreich an. 479 alliierte und 277 deutsche Flugzeuge werden zerstört oder abgeschossen, bei den deutschen zwei Drittel durch die eigene Flak, die keine Kenntnis von dem Unternehmen hatte. Damit sind die letzten Fliegerreserven verbraucht und die deutsche Luftwaffe ist zu keiner größeren Aktion mehr fähig.

3. Febr. Bei einem besonders schweren amerikanischen Luftangriff auf Berlin werden 2264 Tonnen Bomben abgeworfen und 22 000 Zivilisten getötet.

13./14. Febr. Zwei schwere britische und ein amerikanischer **Luftangriff auf Dresden** verwüsten die Innenstadt. Die Zahl der Opfer beträgt mehr als 25 000.

14./15. April Nachdem Hildesheim, Halberstadt und Würzburg bereits in ihren historischen Stadtkernen zerstört sind, trifft ein schwerer britischer Angriff Potsdam. Rund 5000 Zivilisten finden den Tod.

18./19. April Letzter westalliierter Luftangriff auf Berlin.

2./3. Mai Mit einem Angriff auf den Kieler Hafen schließt das britische Bomberkommando den strategischen Luftkrieg gegen Deutschland ab.

Der italienische Kriegsschauplatz (Juli 1944–Mai 1945)

1944, 4. Aug. Nachdem die Alliierten Rom besetzt haben (4. Juni), ziehen sich die deutschen Kräfte in Etappen auf die »Grüne Linie« (südöstlich La Spezia – Apennin – nördlich Rimini) zurück. Die Räumung von Florenz schließt den Rückzug ab.
Im Bereich des unter der deutschen Militärmacht etablierten »republikanisch-faschistischen« Regimes MUSSOLINIS in Norditalien entwickelt sich eine umfangreiche Partisanenaktivität der italienischen »Resistenza«, die allerdings keine strategische Bedeutung gewinnt. Die deutsche Front kann im Zuge der alliierten Offensiven nur an der Adria ein größeres Stück zurückgedrängt werden; so wird Ravenna am 5. Dez. von den Deutschen preisgegeben.

1945, 9. April Die alliierte Großoffensive von Meer zu Meer beginnt. Sie erzielt am 19. April den Durchbruch auf Bologna.

27. April Amerikanische Truppen erobern Genua. **Am 28. April wird MUSSOLINI** bei Dongo von italienischen Partisanen gefangen genommen und **erschossen**.

29. April Im alliierten Hauptquartier in Caserta wird die – schon seit Anfang März in Verhandlungen in der Schweiz vorbereitete – Kapitulation der deutschen Streitkräfte in Italien unterzeichnet. Sie tritt am 2. Mai um 14 Uhr in Kraft.

2. Mai Teile der britischen 8. Armee dringen in Triest ein und nehmen die Übergabe der deutschen Besatzung entgegen. Da jugoslawische Partisanen schon am 30. April Vororte von Triest erreicht haben, entwickelt sich ein Konflikt zwischen TITO und den Westalliierten, der erst mit dem Rückzug der jugoslawischen Partisanen aus Südkärnten (25. Mai), das zur britischen Besatzungszone in Österreich gehört, und nach der Festlegung einer Demarkationslinie in Julisch Venezien und Istrien (21. Juni), der zufolge Triest und Pula von den Briten zu besetzen sind, abklingt.

Alliierte Bombenabwürfe

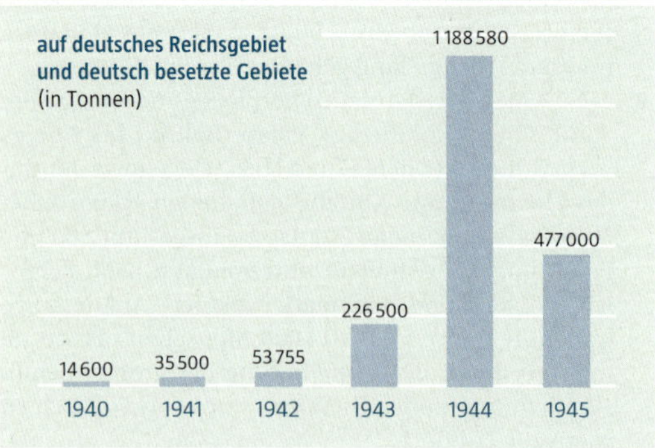

Deutsche Flugzeugverluste im Zweiten Weltkrieg

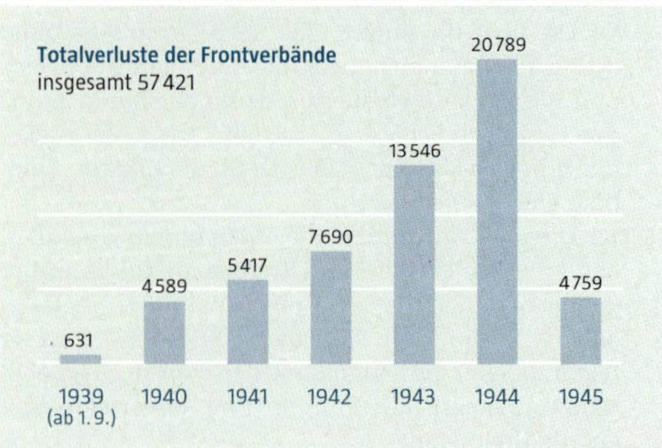

Griechenland und Jugoslawien (August 1944–Mai 1945)

1944, 25. Aug. Nach dem Frontwechsel Rumäniens befiehlt HITLER eine »Auflockerung« der Besetzung Südosteuropas und eine Verlegung des Schwerpunkts der deutschen Verteidigung an die Drina in Mitteljugoslawien. Die ägäischen Inseln sollen geräumt werden. Das Tempo der sowjetischen Offensive in Rumänien und Bulgarien führt zur Beschleunigung des Rückzuges aus Griechenland.

21. Sept. Die Peloponnes ist von den deutschen Truppen geräumt. Die Aufgabe der Inseln verläuft reibungslos, bis die Briten, die sich zunächst passiv verhalten, die Flugplätze in Griechenland angreifen. So bleiben schließlich deutsche Besatzungen u. a. auf Leros, Kos, Rhodos und im Westen Kretas zurück und halten sich dort bis zur allgemeinen Kapitulation.

13. Okt. Britische Truppen rücken in das von den Deutschen geräumte und zur »Freien Stadt« erklärte Athen ein.

2. Nov. Nachdem am 31. Okt. Saloniki aufgegeben wird, haben sich die deutschen Truppen hinter die Nordgrenze Griechenlands zurückgezogen. Die Heeresgruppe E unter Generaloberst ALEXANDER LÖHR (*1885, †1947) schlägt sich durch das von den Partisanen TITOS durchsetzte Gebiet in Mazedonien und Montenegro zur Drina durch. An ihrer Flanke werden dabei die deutschen Verbände in Bulgarien und Nordostjugoslawien – am 20. Okt. ist Belgrad von sowjetischen und TITO ergebenen jugoslawischen Truppen eingenommen worden – von der Roten Armee bedroht. Die aus Albanien abgezogenen deutschen Truppen finden am 18. Dez. Anschluss an die Heeresgruppe E.

1945, 13. Jan. Der über 1500 km geführte deutsche Rückzug findet an der Drina sein vorläufiges Ende.

6. April Nach der Aufgabe von Sarajevo zieht sich die Heeresgruppe E langsam aus Kroatien auf die Südgrenze Österreichs zurück. Im Augenblick der allgemeinen Kapitulation steht das Gros der Kampfverbände noch auf jugoslawischem Boden und fällt in jugoslawische Kriegsgefangenschaft.

8. Mai Die Partisanen TITOS besetzen Zagreb.

15. Mai Die Masse des kroatischen Heeres, das sich der britischen 8. Armee ergeben hat, wird von dieser an die Partisanenarmee TITOS ausgeliefert. Auf dem Marsch von Bleiburg nach Maribor an der Drau werden 30 000, in der Umgebung Maribors weitere 50 000 kroatische Soldaten, ferner 30 000 Zivilisten umgebracht. Auch die auf deutscher Seite kämpfenden serbischen und slowenischen Hilfskräfte werden ausgeliefert und von Partisanen getötet.

25. Mai Klagenfurt und Südkärnten werden von den Partisanen TITOS geräumt. Die Briten besetzen ganz Kärnten.

Der nördliche Kriegsschauplatz (Oktober 1944–Mai 1945)

1944, 7. Okt. Die Rote Armee beginnt ihre Offensive gegen die deutsche Lappland-Armee und erobert nach dem finnischen Petsamo (15. Okt.) die norwegische Grenzstadt Kirkenes (26. Okt.). Sie folgt der sich zurückziehenden deutschen Armee bis zum Tanafjord. Die deutschen Truppen weichen in Etappen weiter bis zum Lyngenfjord zurück, wo sie bis zur allgemeinen Kapitulation stehen bleiben.

1945, 25. April Am norwegisch-schwedisch-finnischen Dreiländereck räumen deutsche Truppen den letzten Zipfel finnischen Territoriums. Der deutsch-finnische Krieg, der von Finnland am 3. März rückwirkend zum 15. Sept. 1944 erklärt worden ist, ist beendet.

4. Mai Die im Hauptquartier MONTGOMERYS in der Lüneburger Heide abgeschlossene Teilkapitulation schließt Dänemark mit ein. Hier – wie in Norwegen nach der allgemeinen Kapitulation – werden die deutschen Truppen in britische Gefangenschaft überführt.

11. Mai Sowjetische Truppen besetzen Bornholm.

Der Ostkrieg (Juni 1944–Mai 1945)

1944, 22. Juni Am Jahrestag des deutschen Angriffs auf die Sowjetunion 1941 beginnt eine sowjetische Großoffensive gegen die deutsche Heeresgruppe Mitte, die einen nach Osten vorspringenden großen Frontbogen zwischen Witebsk und Bobruisk hält. Sie führt in wenigen Tagen zu einer Katastrophe, die Stalingrad weit in den Schatten stellt.

8. Juli Nach der Einnahme von Minsk (3. Juli) haben die sowjetischen Truppen die Reste der deutschen 4. Armee in einem Kessel südöstlich der Stadt zur Aufgabe des Kampfes gezwungen. Damit sind seit Beginn der Offensive 28 deutsche Divisionen zerschlagen und rund 350 000 Mann gefallen oder in sowjetische Kriegsgefangenschaft geraten. Ein Riesenloch ist in die deutsche Front geschlagen, durch das die Rote Armee in Richtung Ostpreußen und den Weichselbogen bei Warschau vordringt.

13. Juli Eine zweite sowjetische Großoffensive in Galizien gegen die deutsche Heeresgruppe Nordukraine dringt über Lemberg auf die obere Weichsel vor.

20. Juli Im Führerhauptquartier »Wolfsschanze« bei Rastenburg (Ostpreußen) **scheitert das Attentat des Obersten CLAUS SCHENK GRAF VON STAUFFENBERG** (*1907, †1944) **auf HITLER.**

29. Juli Vordringende sowjetische Truppen erreichen die Rigaer Bucht bei Tuckum. Damit ist die Heeresgruppe Nord in Estland und im nördlichen Lettland von den Landverbindungen abgeschnitten.
Die in Galizien vordringenden sowjetischen Kräfte überschreiten bei Baranów Sandomierski die Weichsel und errichten auf dem westlichen Ufer einen Brückenkopf, den sie in den nächsten Wochen zu einer Absprungbasis für künftige Operationen ausbauen.

3. Aug. Südöstlich von Warschau, in dem sich am 1. Aug. die polnische Armia Krajowa gegen die deutsche Besatzung erhoben hat, wird die sowjetische Offensive durch einen deutschen Gegenstoß aufgehalten. Auch an der ostpreußischen Grenze kommt die sowjetische Offensive vorläufig zum Halten.

20. Aug. Beginn einer sowjetischen Großoffensive an der rumänisch-deutschen Front in der Moldau und in Bessarabien. Die neue deutsche 6. Armee wird südwestlich von Chişinău eingeschlossen und aufgerieben. Durch das in die Front geschlagene Loch dringt die Rote Armee ins Zentrum Rumäniens vor.

23. Aug. Der rumänische König MICHAEL I. lässt den Staatsführer Marschall ANTONESCU verhaften, proklamiert die Einstellung des Kampfes gegen die Sowjetunion und erklärt am 25. Aug., in der Folge eines deutschen Luftangriffs auf Bukarest, Deutschland den Krieg.

31. Aug. Nachdem sie am Vortage das Erdölgebiet von Ploieşti besetzt haben, ziehen sowjetische Truppen in Bukarest ein. Am 6. Sept. erreichen sie das Eiserne Tor. Um das ungarische Nordsiebenbürgen entwickeln sich mehrere Wochen dauernde Kämpfe.

5. Sept. Die Sowjetunion erklärt Bulgarien den Krieg: Die Rote Armee marschiert über die Donau und von der Dobrudscha aus in Bulgarien ein. In der Nacht zum 9. Sept. schiebt ein kommunistisch gesteuerter Staatsstreich in Sofia die am 2. Sept. gebildete prowestliche Regierung KONSTANTIN W. MURAWJEW (*1893, †1965) beiseite, die am 8. Sept. durch eine Kriegserklärung an Deutschland dem Dilemma für Bulgarien, vollkommen isoliert zu werden, zu entgehen gehofft hat. Am 19. Sept. ist Sofia in sowjetischer Hand.

19. Sept. Finnland, das bereits am 4. Sept. den Kampf gegen die Sowjetunion eingestellt hat, verpflichtet sich zur Teilnahme an der Vertreibung der deutschen Lappland-Armee aus Nordfinnland. Diese zieht sich unter Zerstörung der Städte und Unterkünfte auf die norwegische Grenze zurück.

13. Okt. Die Heeresgruppe Nord räumt Riga und zieht sich über Tuckum, das am 21. Aug. von deutschen Truppen zurückerobert worden ist, nach Kurland zurück. Dort ist die Heeresgruppe weiter von der Landverbindung mit Ostpreußen abgeschnitten, die durch einen sowjetischen Vorstoß zur Memel-Mündung und nach Polangen am 10. Okt. wieder, dieses Mal aber endgültig, abgerissen ist. In sechs Kurland-Schlachten im Winter 1944/45 gelingt es der Roten Armee nicht, die Kurland-Armeen zu zerschlagen.

15. Okt. Ein am 29. Aug. in der Zentralslowakei begonnener Aufstand wird von der deutschen Wehrmacht niedergekämpft, nachdem die Rote Armee nicht über den Dukla-Pass in die Slowakei eindringen kann.
Die Waffenstillstands-Proklamation des ungarischen

Der Zweite Weltkrieg in Europa 1944/45

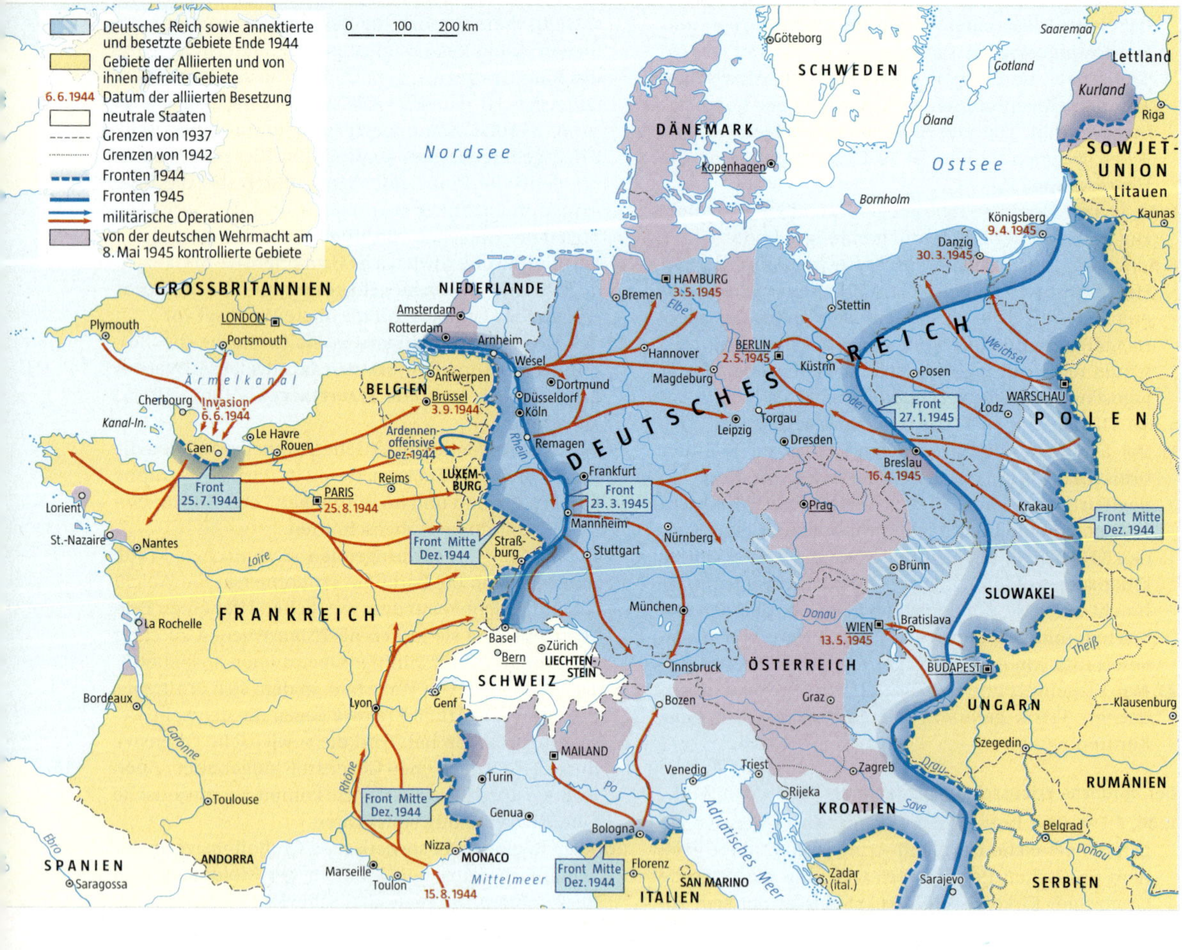

Reichsverwesers HORTHY bleibt militärisch folgenlos, da die ungarische Armee weiter an der Seite der deutschen Wehrmacht an den sich in die ungarische Tiefebene verlagernden Kämpfen teilnimmt.

16. Okt. Die Rote Armee greift Ostpreußen an, wird nach Anfangserfolgen jedoch zurückgeworfen. In Nemmersdorf südlich Gumbinnen werden bei der Rückgewinnung Gräueltaten der sowjetischen Eroberer an der deutschen Zivilbevölkerung entdeckt. Die Front verläuft nach dem Abklingen der Kämpfe – am 5. Nov. können die Deutschen Gołdap wiedergewinnen – aber bereits auf deutschem Boden.

8. Dez. Sowjetische Truppen beginnen eine Großoffensive in Ungarn, um Budapest einzuschließen. Die am 24. Dez. eingeschlossene Stadt kann sich aber noch bis zum 11. Febr. 1945 halten.

1945, 12. Jan. Vom Brückenkopf bei Baranów Sandomierski aus beginnt eine **Großoffensive gegen die** – wegen der Ardennenschlacht im Westen – von allen Reserven entblößte **deutsche Ostfront**, die sich in wenigen Tagen auf den gesamten Raum zwischen der Memel und den Karpaten ausdehnt. Sie wird für die Bewohner der deutschen Ostgebiete zur Katastrophe. Sie versuchen sich in Trecks nach Westen durchzuschlagen oder die Ostseebrückenköpfe zu erreichen, von denen aus die deutsche Kriegsmarine eine groß angelegte Rettungsaktion durchführt. Für diejenigen, die von der Roten Armee eingeholt oder überrollt werden, bedeutet dies in den meisten Fällen Verschleppung, Vergewaltigung oder Tod.

Durch den Vorstoß der Roten Armee aus dem Raum nördlich von Warschau zum Frischen Haff bei Elbing (Elbląg) wird Ostpreußen abgeschnürt. Die 4. Armee wird im Raum Heiligenbeil zusammengedrängt und bis zum 29. März aufgerieben. Königsberg, das seit dem 30. Jan. vom Samland abgeschnitten ist, Mitte Febr. aber noch einmal entsetzt werden kann, kapituliert am 9. April. Im Samland wird Pillau bis zum 25. April gehalten. Im Augenblick der allgemeinen Kapitulation hält sich die »Armee Ostpreußen« noch an der Weichselmündung, auf der Frischen Nehrung sowie auf der Halbinsel Hela. Danzig ist bereits am 30. März von der Roten Armee erobert worden.

Am schnellsten hat sich die sowjetische Großoffensive in der Mitte der Front entfaltet. Warschau wird am 17. Jan. erobert. Am 30. Jan. hat die Rote Armee schon bei Küstrin (Kostrzyn) einen Brückenkopf über die Oder gewonnen und bedroht unmittelbar Berlin.

Das oberschlesische Industriegebiet ist Ende Jan. unzerstört in sowjetische Hand gefallen. Am 15. Febr. ist Breslau von allen Seiten umzingelt, es kann bis zum 6. Mai gehalten werden. Die Front kommt erst am Rande der Sudeten und im Bereich der Lausitzer Neiße und der Oder vorübergehend zum Stehen. In Hinterpommern hat der bis zum 18. März dauernde Kampf um Kolberg die Sowjets kurz aufgehalten.

6. März Mit der aus der Ardennenschlacht abgezogenen 6. Panzerarmee führt HITLER die letzte Offensive in Ungarn. Ziel ist die Sicherung des ungarischen Erdölgebiets und die Wiedergewinnung der Donaulinie. Der Angriff scheitert nach wenigen Tagen.

16. März Die Rote Armee tritt in Ungarn zum Gegenangriff an und durchbricht die deutsche Front am 25. März. Am 4. April ist ganz Ungarn in ihrer Hand.

13. April Die Rote Armee erobert Wien und dringt danach bis Sankt Pölten vor. Sie besetzt das Burgenland und in den Tagen der allgemeinen Kapitulation die Steiermark, u. a. am 8. Mai Graz. Die am 27. April vom ehemaligen Bundeskanzler KARL RENNER (*1870, †1950) im sowjetisch besetzten Wien gebildete österreichische Regierung wird bis zum 7. Juli nicht von den Westmächten anerkannt.

16. April Die Rote Armee beginnt an der Lausitzer Neiße und an der mittleren Oder den Großangriff auf Berlin.

22. April HITLER entscheidet sich, in Berlin zu bleiben.

25. April Bei Ketzin westlich von Berlin treffen die Zangenarme der beiden sowjetischen Offensivkeile um Berlin zusammen. Damit ist die von schwachen Wehrmachtseinheiten, »Volkssturm« und Hitlerjungen verteidigte Reichshauptstadt von allen Landverbindungen abgeschnitten.

28. April Die deutsche 12. Armee unter General WALTHER WENCK (*1900, †1982) stößt von Belzig aus zum Entsatz auf Berlin vor, muss aber nach der Gewinnung von Ferch den Angriff abbrechen. Zu ihr können sich Teile der südlich von Frankfurt an der Oder eingeschlossenen deutschen 9. Armee durchschlagen. Danach tritt die 12. Armee den Rückzug auf die Elbe in Richtung des amerikanischen Machtbereichs an.

30. April **HITLER begeht im Bunker der Reichskanzlei in Berlin um etwa 15.30 Uhr Selbstmord.**

2. Mai Die Verteidiger von Berlin kapitulieren vor der Roten Armee. Die aus kommunistischen Funktionären bestehende sog. »Gruppe Ulbricht« kehrt aus der Moskauer Emigration zurück und beginnt mit dem Aufbau eines kommunistisch beherrschten Verwaltungsapparats in Berlin.

Die Rote Armee besetzt Rostock.

5.–9. Mai In Prag erheben sich tschechische Nationalisten gegen die deutsche Besatzungsmacht, die von SS-Verbänden und einer Division der im Okt. 1944 ge-

Deutsche militärische Verluste im Zweiten Weltkrieg

Kriegsjahr	Tote	Vermisste/ Kriegsgefangene
1939	19 000	5 420
1940	83 000	14 228
1941	357 000	65 844
1942	572 000	389 967
1943	812 000	974 249
1944	1 802 000	(bis 30. Nov.) 264 346
1945	1 540 000	ca. 10 Millionen
Summe	**5 185 000**	**Vermisste 1 306 186**
		Kriegsgefangene 11 094 000
		Verwundete 5 240 000

gründeten »Wlassow-Armee« zunächst niedergeschlagen werden. Doch gehen die Truppen WLASSOWS schließlich zu den Tschechen über.

7. Mai Die Rote Armee erreicht die Linie Wismar-Schwerin-Wittenberge und trifft dort auf die Amerikaner.

8. Mai Die Rote Armee rückt in Dresden ein.

10. Mai Prag wird von der Roten Armee besetzt.

Das Ende des Krieges in Europa (Mai–August 1945)

1945, 1. Mai Großadmiral DÖNITZ erhält in Plön die Nachricht vom Tode HITLERS und übernimmt die Nachfolge als Staatsoberhaupt (Reichspräsident). Er verlegt am 2. Mai sein Hauptquartier nach Flensburg und beruft eine geschäftsführende Reichsregierung mit dem bisherigen Reichsfinanzminister LUTZ GRAF SCHWERIN VON KROSIGK (*1887, †1977) als »Leitenden Minister« und Außenminister. Er entlässt RIBBENTROP und HIMMLER, die sich im März/April vergeblich um einen Waffenstillstand mit den Westmächten bemüht haben. Ziel DÖNITZ' ist es, durch Teilkapitulationen Zeit zu gewinnen, um einem möglichst großen Teil des deutschen Ostheeres und der Flüchtlinge den Weg in den britisch-amerikanischen Machtbereich offen zu halten. Er billigt nachträglich die am 29. April abgeschlossene und am 2. Mai bekannt gegebene deutsche Kapitulation in Italien.

4. Mai In seinem Auftrag unterzeichnet Admiral HANS-GEORG VON FRIEDEBURG (*1895, †1945) im Hauptquartier des britischen Oberbefehlshabers Feldmarschall MONTGOMERY die Kapitulation aller deutschen Streitkräfte in den Niederlanden, in Nordwestdeutschland (einschließlich der Inseln) und in Dänemark. MONTGOMERY erklärt sich mündlich mit dem Übertritt der in Mecklenburg gegen die Rote Armee kämpfenden deutschen Truppen in britische Kriegsgefangenschaft einverstanden. In Haar bei München kapituliert die Heeresgruppe G.

7. Mai, 2.41 Uhr Generaloberst JODL unterzeichnet im Hauptquartier des westalliierten Oberbefehlshabers General EISENHOWER in Reims die **deutsche Gesamtkapitulation**. Es wird nur eine zweitägige Frist zum Rückzug der Truppen der deutschen Ostfront in den westlichen Machtbereich zugestanden.

9. Mai, 0.16 Uhr Im sowjetischen Hauptquartier in Berlin-Karlshorst wird von Generalfeldmarschall KEITEL (Chef des Oberkommandos der Wehrmacht), Admiral VON FRIEDEBURG (Oberbefehlshaber der Kriegsmarine) und Generaloberst HANS-JÜRGEN STUMPFF (*1889, †1968, stellvertretender Oberbefehlshaber der Luftwaffe; Nachfolger des am 23. April von HITLER aller Ämter entkleideten GÖRING ist ROBERT RITTER VON GREIM [*1892, †1945]) die **Unterzeichnung der Kapitulation wiederholt**. Seit 0.01 Uhr schweigen die Waffen, jede Truppenbewegung ist untersagt. In den letzten Tagen sind noch 1,85 Mio. Mann, d. h. über die Hälfte des deutschen Ostheeres, in den westlichen Machtbereich gelangt.

Im Bereich Böhmen und Mähren wird ein Teil von ihnen, auch die »Wlassow-Division«, nachträglich von den Amerikanern der Roten Armee übergeben. STALIN wendet sich in einer Rundfunkansprache anlässlich des Sieges gegen eine Zerstückelung Deutschlands, die zwar auf der Konferenz von Jalta beschlossen worden ist, von der sich jedoch Ende März schon die Sowjets und die britische Regierung distanziert haben.

23. Mai Die Regierung DÖNITZ, der eine Enklave in Flensburg-Mürwick überlassen worden ist und die bisher mit einer alliierten Kontrollkommission zusammengearbeitet hat, wird auf Weisung General EISENHOWERS verhaftet und in die Kriegsgefangenschaft geführt. Damit ist de facto die de jure noch bestehende und bis dahin als solche von den Alliierten anerkannte deutsche Zentralregierung beseitigt.

5. Juni Die vier Hauptsiegermächte übernehmen mit der »Berliner Deklaration« die oberste Regierungsgewalt in Deutschland und setzen das am 14. Nov. 1944 vereinbarte Kontrollabkommen in Kraft.

29. Juni Die nach Prag zurückgekehrte Regierung unter EDVARD BENEŠ tritt die Karpato-Ukraine an die Sowjetunion ab, mit der die Tschechoslowakei damit eine gemeinsame Grenze gewinnt.

1.–4. Juli Briten und Amerikaner ziehen sich von der erreichten Linie Wismar–Wittenberge–Leipzig–Mulde auf die im ersten Zonenabkommen vom 12. Sept. 1944 vereinbarte Demarkationslinie zwischen Ost und West (Lübeck–Helmstedt–Eisenach–Hof) zurück. Die Westalliierten rücken in die von der Roten Armee geräumten Berliner Westsektoren ein.

5. Juli Die USA und Großbritannien erkennen die um einige Exilpolitiker, u. a. STANISŁAW MIKOŁAJCZYK als stellvertretender Ministerpräsident, erweiterte Warschauer Regierung als »Regierung der nationalen Einheit« Polens völkerrechtlich an und lassen damit die Exilregierung von THOMAS ARCISZEWSKI fallen.

17. Juli–2. Aug. **Potsdamer Konferenz** der »Großen Drei« (TRUMAN für die USA, CHURCHILL – ab dem 29. Juli infolge des Wahlsieges der Labour Party CLEMENT ATTLEE – für Großbritannien und STALIN für die Sowjetunion).

26. Juli Die »Großen Drei« senden einen ultimativen Appell an die japanische Regierung zur bedingungslosen Kapitulation. Die unbefriedigende Antwort löst die Forderung nach einem baldigen Kriegseintritt der Sowjetunion aus, wie er in Jalta vereinbart wurde.

Die Ergebnisse der Potsdamer Konferenz

Der Inhalt der Gespräche ist in einem Protokoll zusammengefasst, von dem ein größerer Teil am 2. Aug. im Kommuniqué – unzutreffend oft als »Potsdamer Abkommen« bezeichnet – veröffentlicht wird. Im Mittelpunkt steht das Deutschland-Problem, bei dem vielfach Formelkompromisse angeboten werden. Das Scheitern der Konferenz kann durch die von STALIN am 30. Juli angenommenen Vorschläge des seit dem 1. Juli amtierenden neuen amerikanischen Außenministers JAMES F. BYRNES (*1879, †1972) verhindert werden.

Das Kommuniqué verknüpft die Anerkennung der Regierungen der sowjetischen Satellitenstaaten – unter bestimmten Bedingungen – mit der deutsch-polnischen Grenzfrage und dem Reparationsproblem. Deutschland soll während der Besatzungszeit als wirtschaftliche Einheit betrachtet werden, doch bringt die Regelung der Reparationsfrage faktisch die Teilung in zwei unterschiedliche Wirtschaftsgebiete mit sich. Da die USA und Großbritannien die Festlegung auf Gesamtziffern ablehnen, wird vereinbart, die Reparationen aus der laufenden Produktion der jeweiligen Besatzungszonen zu entnehmen, außerdem aus den deutschen Auslandsguthaben im jeweiligen Machtbereich. Jedoch sollen auch 15 % der Industrieausrüstungen der Westzonen gegen Lebensmittel aus der sowjetischen Zone und 10 % der für die Friedenswirtschaft »unnötigen« industriellen Ausrüstung ohne Gegenleistung aus den Westzonen der Sowjetunion übergeben werden.

Das Gebiet Nordostpreußen mit Königsberg soll bei der »bevorstehenden Friedensreglung« der Sowjetunion abgetreten werden. Die übrigen deutschen Ostgebiete bis zur Oder und Lausitzer Neiße werden der Verwaltung des polnischen Staates unterstellt und aus der sowjetischen Besatzungszone ausgegliedert. Dies soll »bis zur endgültigen Festlegung der Westgrenze Polens« im Friedensvertrag mit Deutschland gelten. Artikel XIII sieht die »Überführung der deutschen Bevölkerung oder von Bestandteilen derselben, die in Polen, der Tschechoslowakei und Ungarn zurückgeblieben sind«, »in ordnungsgemäßer und humaner Weise« in deutsche Gebiete vor. Mit »Polen« sind, wie aus den Verhandlungen hervorgeht, auch die deutschen Ostgebiete gemeint.

Eine deutsche Zentralregierung ist vorerst nicht vorgesehen, wohl aber die Einrichtung von »Staatssekretariaten« für »Finanzwesen, Transportwesen, Verkehrswesen, Außenhandel und Industrie« unterhalb des Alliierten Kontrollrats.

Dem Friedensvertrag mit Deutschland soll der Abschluss von Friedensverträgen mit den früheren europäischen Verbündeten Deutschlands vorausgehen, die auf der für Sept. 1945 vorgesehenen Fünfmächte-Außenministerkonferenz in London beraten werden sollen.

Der ostasiatisch-pazifische Krieg (Juli 1944–Sept. 1945)

1944, 24. Juli Die Amerikaner landen auf Tinian (Marianen). Sie bauen die eroberten Inseln dieser Gruppe als Flugbasen für Angriffe auf das japanische Mutterland aus.

3. Aug. Nationalchinesische Truppen unter Führung des CHIANG KAISHEK als Generalstabschef zur Verfügung gestellten amerikanischen Generals JOSEPH W. STILLWELL (*1883, †1946) erobern die Stadt Myitkyina in Nordbirma. Ziel ist die Öffnung einer Landverbindung zu China über Nordbirma-Assam.

8. Aug. Im Zuge ihrer großen Offensive im Süden Chinas erobern die Japaner die Flugbasis Henyang, die die Amerikaner zu Angriffen auf die japanischen Hauptinseln benutzt haben.

18. Okt. Präsident ROOSEVELT beruft General STILLWELL aus China zurück.

19. Okt. General MACARTHUR leitet mit einer Landung amerikanischer Truppen auf der Insel Leyte die Rückeroberung der Philippinen ein.

22.–25. Okt. Unter Einsatz ihrer gesamten Flotte versuchen die Japaner, die amerikanische Landungsflotte vor Leyte zu vernichten. Der Ausgang dieser Seeschlacht, in der die Japaner drei Schlachtschiffe und vier Flugzeugträger, die USA jedoch nur einen Flugzeugträger verlieren, markiert das Ende Japans als Seemacht. Die Rückeroberung der Philippinen ist zwar noch zu verzögern, aber nicht mehr zu verhindern. Damit aber wird die Verbindung zu den japanischen Positionen in Indonesien und in der Inselwelt des Südpazifik langfristig unhaltbar.

11. Nov. Japanische Truppen haben die letzten großen Flugbasen der Amerikaner in Südchina erobert und eine Landverbindung mit Indochina hergestellt.

24. Nov. Die amerikanische Luftoffensive gegen das japanische Mutterland von Saipan aus beginnt. Tokio wird an diesem Tage und am 26. Nov. angegriffen.

1945, 3. Jan. Die Rückeroberung Birmas durch die Briten wird mit der Besetzung von Akyab eingeleitet.

28. Jan. Ein erster alliierter Transport erreicht über die neue Birmastraße »Nationalchina«.

4. Febr. Amerikanische Streitkräfte besetzten Manila.

17. Febr. Nach der Besetzung der Bataan-Halbinsel und der Felseninsel Corregidor durch amerikanische Fallschirmjäger haben die Amerikaner die gesamte Manila-Bucht in ihrer Hand.

19. Febr. Die Amerikaner landen auf Iwojima (Boninseln) und erobern die Insel bis zum 16. März unter schweren Opfern.

25. Febr. Von Saipan aus fliegen US-Geschwader einen Brandbombenangriff auf Tokio, bei dem 28 000 Gebäude zerstört werden.

9. März Nach einem Ultimatum entwaffnen die Japaner die französischen Truppen in Indochina. Am 11. März hebt die japanische Regierung die französischen Protektorate und Kolonialstatuten für Indochina auf. Dem früheren Kaiser von Annam (mittleres Vietnam) BAO DAI (*1913, †1997) wird die Pseudo-Herrschaft über Vietnam übertragen.

9./10. März 280 US-Bomber fliegen von den Marianen aus einen Großangriff auf Tokio: Ein Viertel aller Gebäude wird zerstört, fast 84 000 Tote und 40 000 Verwundete sind die Opfer.

1. April Die Amerikaner landen auf Okinawa, unterstützt von einer gewaltigen Armada. Der Versuch der Japaner, durch einen Selbstopferungsangriff ihrer verbliebenen Flottenteile die Landung zu zerschlagen, endet am 7. April mit der Versenkung der letzten großen Kriegsschiffe Japans, darunter des Superschlachtschiffes »Yamato«. Der Widerstand der Japaner auf Okinawa bricht am 21. Juni zusammen. Die USA haben mit Okinawa eine Flugbasis nur 500 km von der südlichen Hauptinsel Kyūshu entfernt gewonnen.

5. April Die Sowjetunion kündigt den sowjetisch-japanischen Neutralitätsvertrag vom 13. April 1941 (völkerrechtlich wirksam erst am 13. April 1946!). Die japanische Regierung KOISO tritt zurück. Der ehemalige

Admiral KANTARŌ SUZUKI (*1867, †1948) bildet ein neues Kabinett, in dem erneut SHIGENORI TŌGŌ Außenminister wird.

3. Mai Die Briten erobern Rangun, die Hauptstadt Birmas.

6. Mai Japan betrachtet alle mit Deutschland abgeschlossenen Verträge aufgrund der Kapitulationsbereitschaft der Regierung DÖNITZ als von dieser gebrochen und bekundet seine Entschlossenheit, allein weiter zu kämpfen.

16. Juli In New Mexico (USA) gelingt die Erprobung der Atomwaffe.

21. Juli Außenminister TŌGŌ bekundet in einer Botschaft an die Sowjetregierung die Bereitschaft Japans zur Kapitulation unter der Bedingung des Fortbestandes der Monarchie.

26. Juli TRUMAN richtet einen ultimativen Appell an die japanische Regierung, bedingungslos zu kapitulieren (»Potsdamer Erklärung«). Premierminister SUZUKI weist die Forderung zurück.

6. Aug. **Abwurf der ersten amerikanischen Atombombe auf Hiroshima**: 80 % der Stadt werden vernichtet, über 90 000 Menschen getötet (langfristig bis 200 000).

8. Aug. Die Sowjetunion erklärt Japan den Krieg und beginnt eine Offensive zur Eroberung der Mandschurei, Koreas und der Kurilen.

9. Aug. Abwurf einer zweiten amerikanischen Atombombe auf Nagasaki: Über 40 000 Tote und 60 000 Verwundete.

10. Aug. Kaiser HIROHITO veranlasst die Absendung eines Kapitulationsangebots an die Alliierten, mit Vorbehalten hinsichtlich der Rechte des Kaisers.

11. Aug. Die chinesischen Kommunisten unter MAO ZEDONG (*1893, †1976) schließen sich in Nordchina mit zwei Armeen der sowjetischen Offensive an. Sie nähern sich Nanking und Shanghai.

14. Aug. Die japanische Regierung akzeptiert die alliierte Antwort, in der die Einsetzung einer alliierten Militärregierung in Japan angekündigt wird: Für die Durchführung der Potsdamer Beschlüsse soll der japanische Kaiser verantwortlich sein. Nach dem Rücktritt des Kabinetts SUZUKI beruft Kaiser HIROHITO eine neue Regierung unter dem Prinzen NARUHIKO HIGASHIKUNI (*1887, †1990) mit MAMORU SHIGEMITSU als Außenminister.
In Moskau wird ein Freundschafts- und Bündnisvertrag zwischen der Sowjetunion und der chinesischen Regierung CHIANG KAISHEK unterzeichnet, in dem China die in der Geheimabsprache zwischen den »Großen Drei« getroffenen Zwangsauflagen (»gemeinsame Benutzung« der Häfen Port Arthur und Dailan, Beteiligung der Sowjetunion an den Eisenbahnen in der Mandschurei) akzeptieren muss.
Siegestag der Alliierten über Japan (»VJ-Day«).

18. Aug. STALIN lehnt eine Forderung TRUMANS ab, den USA eine zentral gelegene Kurilen-Insel zu überlassen.
SUBHASH CHANDRA BOSE, der indische Nationalistenführer, stirbt bei einem Flugzeugabsturz in der Nähe Taipehs (Taiwan).

20. Aug. Der Führer des Viet Minh in Indochina, HO CHI MINH (*1890, †1969), verkündet in Hanoi die Machtübernahme der Kommunisten.

21. Aug. Die Japaner kapitulieren in der Mandschurei vor der Roten Armee.

25. Aug. Truppen CHIANG KAISHEKS rücken in Nanking ein, der Hauptstadt der Chinesischen Republik; drei Tage später in Shanghai.

2. Sept., 10.30 Uhr Die Vertreter Japans, Außenminister SHIGEMITSU und Generalstabschef General YOSHIJIRŌ UMEZU (*1882, †1949), unterzeichnen auf dem amerikanischen Schlachtschiff »Missouri« in der Bucht von Tokio die **»bedingungslose Kapitulation« Japans**. Die Gegenzeichnung erfolgt durch General MACARTHUR. Die japanischen Hauptinseln sollen von den USA besetzt werden. Die japanische Kapitulation in Korea südlich des 38. Breitengrades soll von den USA, nördlich davon von der Sowjetunion entgegengenommen werden. In Indonesien, Singapur und in Indochina südlich des 16. Breitengrades soll die Übergabe an die Briten, im nördlichen Indochina an CHIANG KAISHEK erfolgen.

2. Sept. HO CHI MINH proklamiert die Unabhängigkeit der »Demokratischen Republik Vietnam«.

8. Sept. Offizieller Einzug der Amerikaner mit General MACARTHUR an der Spitze in Tokio.

9. Sept. Die rund eine Mio. Mann zählende japanische China-Armee kapituliert in Nanking vor CHIANG KAISHEK.

10. Okt. CHIANG KAISHEK und MAO ZEDONG, die sich am 28. Aug. in Chongqing, dem provisorischen Sitz der Regierung CHIANG KAISHEK, getroffen haben, vereinbaren ein Stillhalteabkommen.

24. Okt. Die Entwaffnung der Japaner wird offiziell als abgeschlossen erklärt.

Bilanz des Zweiten Weltkrieges

Die größte und blutigste kriegerische Auseinandersetzung der Menschheitsgeschichte ist im Spätsommer 1945 beendet; rund 55 Mio. Menschen haben ihr Leben verloren. Mit dem Kriegsende neigt sich eine Epoche dem Ende zu, eine neue hat mit dem Abwurf der ersten Atombombe begonnen. Das Kriegsende von 1918 war ein erster großer Einschnitt in der Geschichte Europas im 20. Jh.; das Kriegsende von 1945 hingegen bedeutet einen globalen Einschnitt, der die Weltgeschichte bis zum Ausgang des 20. Jh.s bestimmt.

Der Zweite Weltkrieg hat Unermessliches zerstört, nicht nur Millionen von Menschenleben und riesige Ressourcen. Die tiefgreifenden politischen und moralischen Folgen werden erst nach und nach sichtbar. Dazu gehört der Verlust des Vertrauens in die inneren Kontroll- und Regelmechanismen einer zivilisierten Gesellschaft – ein Schock, der die Einstellung zum Staat und das Sozialverhalten entscheidend verändert. Besonders in Europa beeinflusst der Krieg die Ausdruckformen von Kunst und Literatur nachhaltig. Die Schreckensjahre von 1933 bis 1945 werden auf Jahrzehnte hinaus immer wieder thematisiert.

Krieg, Zerstörung und Neuaufbau beschleunigen zugleich die Entwicklung der europäischen Zivilisation und die Modernisierung der Gesellschaft, auch wenn 1945 überall in Europa noch Trostlosigkeit vorherrscht, Zivilisation und Lebenswille daniederliegen. Nicht nur zahlreiche Gebäude sind zerstört, sondern auch alte Strukturen und Privilegien. Die »Neue Welt« Amerikas und die »alte« Welt Europas rücken näher zusammen. Europa befreit sich stärker als zuvor von feudalistischen Relikten, Kleinstaaterei und inneren Gegensätzen. Auch die USA verändern sich in Richtung »Sozialstaat«, wenngleich das Maß an sozialer Ungleichheit und Härte jenseits des Atlantiks höher bleibt als diesseits.

1945 steht zunächst die Abrechnung mit Faschismus und Kollaboration im Vordergrund. »Wilde« Säuberungen in Frankreich, Norditalien und auf dem Balkan kosten zahllosen Menschen das Leben. Am schlimmsten wütet dieser Terror in Jugoslawien: Bei der Abrechnung mit der kroatischen Ustascha finden allein hier mehr als 60 000 Menschen den Tod. Die Befreiung von der deutschen Besatzungsmacht setzt einen klassenkämpferischen Umsturzwillen frei. Der Zweite Weltkrieg geht in manchen Ländern in einen Bürgerkrieg über.

Ungewiss ist auch das weitere Schicksal der Besiegten. Sicher ist für sie nur eines: Es gibt keine Rückkehr mehr zur »Normalität«, zu dem politischen und sozialen Frieden, in dem sie vor dem Krieg gelebt haben. Das Deutsche Reich hat praktisch aufgehört zu existieren. Die Deutschen haben sich den Weg zur Weltmacht erkämpfen wollen, und die ganze übrige Welt musste sich unter Aufbietung aller Kräfte gegen diesen Amoklauf zur Wehr setzen. Die anderen Völker zeigen sich nun entschlossen, das Deutsche Reich in seiner bisherigen Gestalt auszulöschen und so die Gefahr eines erneuten Weltenbrandes für immer zu beseitigen. Noch verdecken oft Hass und Rachedurst die Einsicht, dass es keine »Kollektivschuld« der Deutschen gibt und auch die Deutschen einen Anspruch darauf haben, als gleichberechtigtes Mitglied in die Völkerfamilie zurückzukehren.

Hitler hat keinen traditionellen Expansionskrieg geführt. Sein rassenideologisches Vernichtungsprogramm richtete sich nicht nur gegen politische Gegner, einzelne Bevölkerungsgruppen und Staaten; ganze Völker sollten versklavt oder ausgelöscht und ganze Regionen entvölkert werden, um Platz zu schaffen für die Ausbreitung der »germanischen Herrenrasse«. Damit hatte er sich von älteren Zielvorstellungen des deutschen Imperialismus gelöst, die bereits im Ersten Weltkrieg scheiterten. Die von ihm ausgelöste Lawine an Gewaltexzessen und machtpolitischen Veränderungen riss zwangsläufig mehr mit sich, als es bei früheren Niederlagen europäischer Staaten der Fall gewesen war.

Verloren ist für Deutschland die von Bismarck errichtete Großmachtstellung des Nationalreiches. Verloren sind 1945 auch mehr als ein Viertel des alten Reichsgebietes, die territoriale Integrität und innere politische Selbstbestimmung. Der schwerwiegende moralische Zusammenbruch nach dem Bekanntwerden der von Deutschen verübten einzigartigen Verbrechen, verschafft dem Handeln und den Entscheidungen der Siegermächte weltweit anerkannte Berechtigung. Jeder Versuch der Überlebenden, einen nationalstaatlichen Zusammenhang zu wahren und den deutschen »Sonderweg« in Europa fortzusetzen, scheint daher aussichtslos zu sein. Deutschland hat die nationale Einheit verloren, die es erst vor 75 Jahren erreicht hatte. Damit stellt das Jahr 1945 für Deutschland einen stärkeren Bruch mit der Vergangenheit dar als für Japan oder Italien, den beiden Bundesgenossen des Dritten Reiches.

Das Wort von der »Stunde Null« ist oft missbraucht oder missverstanden worden. Zweifellos haben viele Menschen in Deutschland das Jahr 1945, den tiefen Fall nach dem Untergang des Dritten Reiches, aber so empfunden. Darin drücken sich immerhin die Absage an die

Menschenverluste im Zweiten Weltkrieg
(unmittelbar oder mittelbar durch Kriegshandlungen umgekommen)

Staat	Verluste	davon Zivilisten
Australien	30 000	–
Belgien	60 000	50 000
Bulgarien	32 000	–
China	ca. 13,5 Mio.	10 Mio.
Dänemark	2 000	(Seeleute) 1 500
Deutschland	6,35 Mio.	1,17 Mio.
Finnland	91 700	2 700
Frankreich	360 000	150 000
Griechenland	160 000	140 000
Großbritannien	325 038	60 595
Indien	3 024 338	3 Mio.
Italien	300 000	60 000
Japan	2,06 Mio.	360 000
Jugoslawien	1,69 Mio.	1,28 Mio.*
Kanada	43 190	(Seeleute) 1 148
Neuseeland	10 000	–
Niederlande	220 000	198 000
Norwegen	10 000	2 500
Österreich	230 000	130 000
Philippinen	–	100 000
Polen	6 Mio.	5,7 Mio.**
Rumänien	378 000	230 000
Sowjetunion	27 Mio.	mehr als 14 Mio.
Spanien	4 500	–
Südafrika	9 000	–
Ungarn	950 000	590 000
USA	407 316	–
Tschechoslowakei	90 000	70 000
Insgesamt	**rund 60 Mio.**	**–**

* offizielle Angaben von 1946
** einschließlich 1,5 Mio. in den von der Sowjetunion 1939 annektierten ostpolnischen Gebieten

Vergangenheit und die Hoffnung auf eine bessere Zukunft aus. Nicht wenige dagegen begreifen die Ereignisse des Kriegsendes als »Katastrophe«, als tragisch empfundenen »Untergang« einer vertrauten, vergangenen Welt, von der die Trennung schmerzlich ist. Nur wenige dürften das Gefühl der »Befreiung« von der nationalsozialistischen Gewaltherrschaft haben – Hunderttausende aber wohl doch, solche, die das Naziregime abgelehnt oder sogar bekämpft haben. Die Befreiung wird also nicht im politischen Sinne verstanden, sondern als Befreiung von der unerträglich gewordenen Last eines sinnlosen Krieges.

Nachdem der erste Schock überwunden ist, muss das Überleben organisiert werden, zunächst individuell, schließlich auch kollektiv. In den meisten Bereichen des privaten und öffentlichen Lebens gibt es keinen radikalen Wandel, sondern den verständlichen Rückgriff auf alte Verhaltens- und Denkmuster. »Neues Denken« entwickelt sich erst im Laufe von Jahrzehnten, in der Auseinandersetzung der Generationen um die »Bewältigung« der Vergangenheit und in der intensiven Kommunikation mit der westlichen Welt, als deren Teil sich die Deutschen nun endlich vorbehaltlos verstehen.

Der Versuch der Siegermächte, durch die Aburteilung der NS-Kriegsverbrecher diesen Prozess zu beschleunigen, ist nur wenig erfolgreich. Schon bald nach dem Ende der Kampfhandlungen ist man bemüht, die Hauptschuldigen des Dritten Reiches zu fassen, um sie vor Gericht zu stellen. Eine Verhaftungswelle läuft daher im Sommer 1945 durch das besetzte Deutschland. Auch wenn sich die Hauptverantwortlichen wie HITLER, GOEBBELS und HIMMLER bereits durch Selbstmord der Sühne entzogen haben, andere wie BORMANN und EICHMANN nicht auffindbar sind, so bleiben doch viele Mitverantwortliche aus der NSDAP, der SS, der Reichsregierung, der Industrie und der Wehrmacht übrig.

Den Haupttätern wird in Nürnberg seit dem 20. Nov. 1945 der Prozess gemacht. Zehntausende von »kleinen« Funktionären werden derweil in Internierungslagern festgehalten, bevor sie nach der »Entnazifizierung« eine Chance zur Eingliederung erhalten. Die Haupttäter werden im Herbst 1946 verurteilt, andere Kriegsverbrecher in den Nachfolgeprozessen. In der ganzen Welt finden die Verfahren große Beachtung, geht es bei diesen doch nicht nur um die Abrechnung mit den Tätern und die politische Neubesinnung in Deutschland, sondern auch um die Schaffung eines neuen, universal gültigen Rechts. Die Prinzipien von Nürnberg finden jedoch bei den zahllosen Kriegen in der zweiten Hälfte des 20. Jh.s keine weitere Anwendung.

Der »Wiederaufbau«, in der Ambivalenz der Wortbedeutung, ist 1945 das Gebot der Stunde, und die Deutschen machen sich mit dem gleichen Eifer daran, wie sie ihn zuvor bei der Führung des Krieges gezeigt haben. Noch rauchen die Trümmer, ziehen Millionen Vertriebener, Entwurzelter – Opfer des Krieges und seiner Folgen – durch die Lande. Die Täter hingegen suchen sich zu verbergen oder tarnen – sie scheinen eine vollständige Metamorphose hinter sich zu haben. Es gibt plötzlich in Deutschland keine »Nazis« mehr. Auch die Millionen »Mitläufer« sehen sich nur noch als Opfer, verfluchen die Politik und kümmern sich fortan allein um das eigene Wohlergehen. Die Last des Nationalsozialismus haben alle noch lange zu tragen, besonders jene, die in den Sog der östlichen Siegermacht geraten und nun den Stalinismus und seine Epigonen weitere 40 Jahre erdulden müssen.

Für Japan bedeutet das Jahr 1945 zwar ebenfalls eine schwere Niederlage, aber die Zäsur ist weniger einschneidend als für Deutschland. Seit 1868 hat das Land einen ununterbrochenen Aufstieg genommen. Die Kapitulation bringt keinen Bruch dieser Entwicklung, sondern nur eine erzwungene Richtungsänderung. Die Symbole eines mittelalterlichen Feudalismus gehen verloren, der »entgöttlichte« Kaiser aber bleibt als Verkörperung der nationalen Einheit auf seinem Thron. Japan verliert seinen Status als militärische Großmacht und gewinnt damit die Chance, sich als erster nicht-weißer Staat wirtschaftlich und politisch im Kreis der okzidentalen Großmächte zu behaupten. In einem geschmeidigen Anpassungsprozess lehnt sich Japan an die dominierende Siegermacht, die USA, an und schwört seinen militaristischen Traditionen ab. So beginnt 1945 eine neue Epoche der japanischen Geschichte, die trotz aller Veränderungen sehr viel mehr Traditionen bewahrt, als in der tiefen Erschütterung und Demütigung durch die Kapitulation zunächst zu erwarten ist.

Ähnlich wie in Japan profitiert auch Italien davon, dass es nur einer Siegerseite ausgeliefert ist. So bleibt trotz des Verlustes aller Großmachtattribute die nationale Einheit und Selbstbestimmung gewahrt. Der Abschied von einem defizitären Kolonialismus fällt angesichts der enormen innenpolitischen und sozialen Probleme, die das faschistische Regime lediglich verschleppt hat, nicht schwer. Die Hegemonie im Mittelmeerraum fällt an die USA, für die Italien keine mit Deutschland oder Japan vergleichbare zentrale politische Rolle spielt. Das Land bleibt auf seine eigenen unzureichenden Kräfte angewiesen und findet sich mit Erfolg in seine Rolle als europäische Mittelmacht, als Südflanke des späteren Nordatlantikpaktes.

Die bereits brüchige Anti-Hitler-Koalition überlebt ihren eigentlichen Kriegszweck nur für kurze Zeit. Nun wird auch nach außen sichtbar, wie unterschiedlich die Interessen der ungleichen Partner in den wesentlichen Fragen der Zukunftsgestaltung waren. Die alten europäischen Großmächte Frankreich und Großbritannien haben sich 1939 allein dem weltbedrohenden Nationalsozialismus und Faschismus entgegengestellt und fast zwei Jahre lang seinen Attacken standgehalten.

Frankreich hat seinen Ruf als überragende Militärmacht unwiederbringlich verloren. Der Weg zurück in den Kreis der Großmächte und auf die Tribüne der Sieger erweist sich als äußerst mühselig. Das Jahr 1945 bedeutet in dieser Hinsicht nur eine Etappe. Die tiefgreifende innere Schwäche – durch den Krieg noch verstärkt – weckt immer wieder die Sehnsucht nach nationaler Größe. Frankreich macht sich 1945 auf den Weg, verlorenen Ruhm und verlorene Territorien in Übersee zurückzugewinnen, um nach mehr als einem Jahrzehnt mühevollen Ringens und weiterer Niederlagen zu erkennen, dass der formale Status einer Weltmacht aus eigener Kraft nicht mehr auszufüllen ist und nur der Weg europäischer Gemeinsamkeit Zukunft verheißt.

Für Großbritannien sieht die Perspektive 1945 kaum anders aus. Seine Militärmacht ist zwar unbeschädigt und siegreich, kann aber neben den neuen Supermächten USA und Sowjetunion nicht als ebenbürtig gelten. Das Empire als wirtschaftliche Kraftquelle lässt sich kaum mehr reaktivieren. Den stärker gewordenen Tendenzen zur Verselbstständigung der großen Dominions und Kolonialvölker leistet London nur noch schwachen Widerstand. Überhaupt keine Chancen besitzen die Briten, ein neues europäische Gleichgewicht unter ihrer Führung – traditionelle Voraussetzung für eine aktive Weltmachtpolitik Großbritanniens – zu schaffen. Ostmitteleuropa als Einflusszone ist in russische Hände gefallen. Westeuropa gerät in den politischen und v. a. wirtschaftlichen Sog der Amerikaner, die anders als 1918 nicht an einen Rückzug über den Atlantik denken. Die Briten finden sich in nüchterner Einschätzung ihrer schwerwiegenden inneren Probleme relativ rasch mit der Rolle als Juniorpartner der USA ab, im Vertrauen darauf, dass ihnen die *special relationship* mit den USA doch noch einen herausgehobenen Platz in der Weltpolitik sichern würde.

Eindeutiger Sieger des Zweiten Weltkrieges sind die USA. Sie haben schon während des Krieges die Führung in der Allianz übernommen und geben auch 1945 – bei allen Zugeständnissen gegenüber Stalin – in den wesentlichsten Fragen den Ton an. Als ökonomisch überlegene Macht mit strategischer Dominanz und ideologischer Attraktivität scheinen die USA prädestiniert zu sein, den Weltfrieden im Rahmen der neu gegründeten Vereinten Nationen zu bewahren oder gegebenenfalls nach ihren Prinzipien zu diktieren. Zur langfristigen »Weltherrschaft« sind die USA allerdings ihrer inneren Struktur nach nicht gerüstet, wenngleich der Sieg von 1945 das übersteigerte nationale Selbstbewusstsein und das unbefangene Verhältnis zur militärischen Konfliktlösung verstärkt – was sich erst 25 Jahre später auf dem Tiefpunkt des Vietnamkrieges wieder relativiert. Eine Rückkehr zum Isolationismus wie nach dem Ende des Ersten Weltkrieges kommt für die amerikanische Politik aber auch nicht mehr in Betracht. In dem Schwanken zwischen dem Ziel einer weltweiten »Pax Americana« und der Beschränkung auf die Rolle der transatlantischen Hegemonialmacht zeichnet sich bereits 1945 die Entscheidung für die Blockbildung ab.

Die Völker der Sowjetunion haben für den Sieg über den Nationalsozialismus den größten Preis bezahlt. Die Ausdehnung des eigenen Machtbereichs verdeckt 1945 die Einsicht, dass der bevorstehende mühevolle ökonomische Wiederaufbau des eigenen Landes mit diesen »Gewinnen« nicht entscheidend erleichtert werden würde. Russland steckt sich 1945 ein neues Imperium ab, das es in Konkurrenz zum überlegenen Westen auf Dauer nicht halten kann. Der im Kampf gegen Hitler errungene Status einer militärischen Weltmacht ist Verlockung und Last zugleich. Den Preis für die Fortsetzung des kommunistischen Experiments zahlen nun auch jene Völker, die 1945 ihre Freiheit endgültig verloren haben bzw. nicht wiedererringen konnten.

Die westlichen Demokratien sind 1945 nicht stark genug, beide totalitäre Diktaturen unter Hitler und Stalin gleichzeitig zu beseitigen und damit die Grundlage für die »eine Welt« zu schaffen. Ideologische Ausgeburten des Ersten Weltkrieges waren sie beide, der Nationalsozialismus und der Bolschewismus, und sie haben sich im Kampf gegen die Demokratie fast zwei Jahrzehnte, bis zum Juni 1941, gegenseitig gestützt und ergänzt. Die »unnatürliche« Allianz der Anti-Hitler-Koalition hat dennoch im Westen die Illusion genährt, die stalinistische Sowjetunion nach dem gemeinsamen Sieg in eine neue demokratische Weltordnung einbinden zu können. Dafür ist man zu Konzessionen bereit, die einer Transfusion für das kommunistische System gleichkommen. Die politischen Lösungen, zu denen die Siegermächte im Sommer 1945 gelangen, erweisen sich jedoch weder als dauerhaft noch als zukunftsweisend.

Kulturelle Entwicklungen 1789–1945

Von der Französischen Revolution bis zum Ersten Weltkrieg

Seit der Wende zum 19. Jh. beschleunigt sich die kulturelle Entwicklung in Mittel- und Westeuropa sowie in den USA. Mit der atlantischen Doppelrevolution und der sich durchsetzenden Industrialisierung sind tief greifende politische, wirtschaftliche und sozioökonomische Veränderungen verbunden, die zu einer vom modernen Nationalstaat getragenen Verbürgerlichung der Kultur führen. Zudem kommt es in der Auseinandersetzung mit dem technologisch-zivilisatorischen Fortschritt zu einer fundamentalen Dynamisierung und Pluralisierung der Weltbilder, was sich nicht zuletzt in einer grundlegenden Historisierung äußert. Der rückläufigen Bindungskraft der Religion entspricht der Aufstieg des modernen Nationalismus als kollektiver Integrationsfaktor. Gleichzeitig gewinnen unterschiedliche gesellschaftspolitische Ideologien in Konkurrenz zueinander immer größere Bedeutung. Parallel zum Aufstieg der modernen Massenkultur entfalten sich in immer schnellerer Abfolge zahlreiche avantgardistische Kulturströmungen. Und im Zuge des kolonialen Expansionsschubs der führenden Industrienationen zeichnet sich im Zeitalter des Imperialismus einerseits die Verwestlichung der Kultur im globalen Maßstab ab. Andererseits führt die Erweiterung der europäischen Erfahrungshorizonte bereits zu ersten Ansätzen einer Kritik westlicher Kulturnormen, die allerdings erst mit dem weltpolitischen Bedeutungsverlust Europas im 20. Jh. größere Relevanz gewinnt.

Klassik und Romantik

Zu Beginn des 19. Jh.s sucht zunächst die europäische Klassik im Anschluss an die Aufklärungsbewegung die politischen wie zivilisatorischen Umbrüche des Revolutionszeitalters aufzufangen. Im Rückgriff auf einen an der Antike orientierten Neuhumanismus propagiert sie ein universalistisches Bildungsideal, das die vermeintlich überzeitliche Norm bürgerlichen Selbstbewusstseins abbildet. In der Kunst, die als Medium der Bildung zentrale Bedeutung gewinnt, stellt es sich in der Ästhetik ausgewogener Form-Inhalt-Beziehungen dar. Dies äußert sich sowohl im in den literarischen Gattungen des Dramas und des Bildungsromans etwa der Weimarer Klassik (JOHANN WOLFGANG VON GOETHE [*1749, †1832], FRIEDRICH SCHILLER [*1759, †1805], CHRISTOPH MARTIN WIELAND [*1733, †1813]) wie auch in der Architektur mit weit verbreiteten Rückgriffen auf griechisch-römische Baustile. Sie prägen etwa den Neoklassizismus der Regierungsgebäude in den jungen USA mit dem Bau des Weißen Hauses (1793–1801) und des Capitols (1793–1807) oder die Baupolitik des Napoleonischen Empire. Analoge Darstellungsformen bestimmen auch den heroischen Revolutionsklassizismus in der französischen Malerei, z. B. JACQUES-LOUIS DAVID (*1748, †1825) oder JEAN AUGUSTE INGRES (*1780, †1867).

In der Philosophie entstehen nach 1800 unterschiedliche Gedankensysteme mit weitreichender Wirkung. Als Wegbereiter der modernen Soziologie generalisiert AUGUSTE COMTE (*1798, †1857) die naturwissenschaftlichen Erkenntnisfortschritte und überträgt sie, gestützt auf den Vorrang der empirischen Wissenschaften und ihrer Fakten vor der theoretischen Spekulation, auf die Prognose und Gestaltung der gesellschaftlichen Entwicklung. Der Einfluss dieses Positivismus auf den Utilitarismus eines JEREMY BENTHAM (*1748, †1832) und JOHN STUART MILL (*1806, †1873), der als Gesellschaftsvision das größtmögliche Glück für die größtmögliche Anzahl von Menschen anstrebt, ist kennzeichnend für einen epochalen Fortschrittsoptimismus, der sich auf die vielen naturwissenschaftlich-technischen Errungenschaften stützt. Er ist v. a. bezeichnend für den französischen und angelsächsischen Kulturraum mit seiner weitgehend ungebrochenen Aufklärungstradition und führt in Nordamerika zur Denkströmung des Pragmatismus, der die anwendungsorientierte Nützlichkeit zum zentralen Maßstab des Denkens und Handelns erhebt. Zugleich bildet dieser Fortschrittsoptimismus den Hintergrund für ein geradezu missionarisches Verständnis für die vermeintliche Legitimität und Notwendigkeit einer weltweiten Verbreitung der westlichen Zivilisation.

Daneben vollzieht im deutschen Kulturraum JOHANN GOTTLIEB FICHTE (*1762, †1814) mit seiner »Wissenschaftslehre« (1794) den Übergang von IMMANUEL KANTS (*1724, †1804) Transzendentalphilosophie zum Idealismus. In der Auseinandersetzung mit der Französischen Revolution und ihren Folgen sucht er die Autonomie bürgerlichen Handelns durch die Einführung des Prinzips der Dialektik sicherzustellen. Dynamik und Ambivalenz des zeitgenössischen Lebensgefühls kommen v. a. in der idealistischen Systemphilosophie FRIEDRICH GEORG WILHELM HEGELS (*1770, †1831) und in seiner Bestimmung der bürgerlichen Gesellschaft zum Ausdruck. In seinem epochalen Werk »Phänomenologie des Bewusstseins« (1807) geht HEGEL aus von der grundlegenden dialektischen Bewegung des Geistes, der sich in seinen Produkten entäußert und seiner selbst bewusst wird, indem er sich diese ihm fremd gewordenen Hervorbringungen wiederum aneignet. Damit bringt HEGEL zugleich die Einheit in den entgegengesetzten Entwicklungstendenzen der Menschheitsgeschichte auf einen entwicklungslogischen Begriff. Der notwendigerweise widersprüchliche Verlauf der Geschichte, deren Fortgang bestimmt wird durch die wechselseitige Abhängigkeit von Herrschaft und Knechtschaft, kulminiert demnach im bürgerlichen Rechtsstaat, in dem die Vernunft wirklich und das Bestehende vernünftig werden soll.

Bereits seit Beginn des 19. Jh.s nimmt dagegen die europäische Romantik die aufklärungskritischen Unterströmungen des 18. Jh.s auf und betont die eigendynamische Totalität der Natur als grundlegendes Bestimmungsmoment des Menschen und seiner Entwicklung. Sie wendet sich damit gegen einen einseitig mechanistischen Vernunftglauben und einen in ihren Augen erstarrten klassizistischen Formalismus. Von einer Unterordnung der materiellen Welt unter den Geist geht, christliche Traditionselemente aufgreifend, FRIEDRICH WILHELM JOSEPH SCHELLING (*1775, †1854) mit seiner idealistisch-pantheistischen Naturphilosophie aus. Darüber hinausgehend begreift ARTHUR SCHOPENHAUER (*1788, †1860) »Die Welt als Wille und Vorstellung« und betont damit die unbewussten, gefühls- und triebgesteuerten Kräfte des Bewusstseins. Ebenso in Opposition zu HEGEL stellt SÖREN KIERKEGAARD (*1813, †1855) die konkrete menschliche Existenz in den Mittelpunkt seiner philosophischen, psychologischen und theologischen Analysen. In ihnen skizziert er die Notwendigkeit, die subjektive Vereinzelung bürgerlichen Daseins durch den frei gewählten religiösen Glauben zu überwinden. Darin kommt ein Wiedererstarken des christlichen Denkens und v. a. des Katholizismus zum Ausdruck, das für das Zeitalter der Restauration kennzeichnend ist. Damit einher geht die Wiederentdeckung und Idealisierung des europäischen Mittelalters, seiner mystischen Glaubenseinheit und vermeintlich harmonischen Ständegesellschaft. Dies kommt sowohl in philosophisch-literarischen Werken (FRIEDRICH VON HARDENBERG, genannt NOVALIS [*1772, †1801]; »Die Christenheit oder Europa«, 1799), in der Malerei mit der Schule der Nazarener wie auch in der Architektur mit der Hinwendung zur Gotik und der Entstehung des Gedankens der Denkmalspflege zum Ausdruck. Dem entspricht ein auch kulturpolitisch wirksames Verständnis der Völker als organisch gewachsene Gemeinschaften. Es führt nicht zuletzt zur artifiziellen Wiederbelebung mittelalterlicher Märchen- und Sagenschätze sowie zu Sammlungen von Volksliedern etwa durch ACHIM VON ARNIM (*1781, †1831) und CLEMENS BRENTANO (*1778, †1842), die »Des Knaben Wunderhorn« herausgeben (1805–1808). Weiterhin werden die historischen Romane eines WALTER SCOTT (*1771, †1832; »Waverly-Novels«, 1814) und VIKTOR HUGOS (*1802, †1885; »Notre-Dames de Paris«, 1831/33) populär. Letztendlich sucht das (spät-)romantische Denken damit den durch das Revolutionszeitalter bedingten Zusammenbruch vertrauter Lebensformen und Traditionen zu kompensieren. Zusätzliche Impulse dafür liefert die Kritik an den Schattenseiten der industriellen Entwicklung und den psychologischen Kosten der modernen Individualisierung. Sie hat den Einzelnen zwar vom Druck der Tradition und Fremdbestimmung befreit, ihn zugleich aber des Schutzes traditioneller Normen beraubt, die Identität und Verhalten stabilisieren. Insbesondere in der romantischen Malerei werden die Isolation und die durch die Erfahrungen der Revolutionskriege bewusst gewordene Verwundbarkeit des Individuums mit den Gemälden von FRANCISCO GOYA (*1746, †1828; »Die Erschießung der Aufständischen vom 3. Mai 1808«, 1814) und EUGÈNE DELACROIX (*1798, †1863; »Das Massaker von Chios«, 1824) zum Thema. In der idyllisierten Darstellung häuslich-privater Geselligkeit etwa bei MORITZ VON SCHWIND (*1804, †1871) wird hingegen ein Rückzug ins Private dargestellt, der für die entpolitisierte Kultur des Biedermeiers charakteristisch ist, in den Milieustudien eines FRANZ CARL SPITZWEG (*1808, †1885) allerdings bereits ironisch gebrochen wird (»Der arme Poet«, 1839). Zudem erhält die Landschaftsmalerei durch die prä-impressionistisch subjektivierten Werke WILLIAM TURNERS (*1775, †1851) und die Symbollandschaften CASPAR DAVID FRIEDRICHS (*1774, †1840; »Das Eismeer«, 1824) völlig neue Impulse. Ihre Darstellung der Landschaft als Spiegel der Individualität ihres Betrachters erfährt in den Bildern der amerikanischen Hudson River School eine realistische Wendung, die das Spannungsverhältnis zwischen einer vermeintlich noch intakten Natur und der expansiven modernen Zivilisation in den Vordergrund rückt.

In der romantischen Literatur findet verstärkt die Darstellung der dämonisch-irrationalen Dimension der menschlichen Psyche Eingang. Neben dem populären englischen Schauerroman, für den MARY WOLLSTONECRAFT SHELLEY (*1797, †1851) mit ihrem »Frankenstein« (1818) beispielgebend ist, prägt sie die Erzählprosa E.T.A. HOFFMANNS (*1776, †1822; »Die Elixiere des Teufels«, 1815/16), der wiederum u. a. GÉRARD DE NERVAL (*1808, †1855; »Die Chimären«, 1854) beeinflusst. Insbesondere in der Lyrik kommt eine ichbezogene Welterfahrung zum Ausdruck, so in den »Lyrical Ballads« von SAMUEL COLERIDGE (*1772, †1834) und WILLIAM WORDSWORTH (*1770, †1850) oder in den Gedichten JOSEPH EICHENDORFFS (*1788, †1857) und EDUARD MÖRIKES (*1804, †1875).

Auch in der romantischen Musik vollzieht sich mit dem zunehmenden Bezug zu bürgerlichen Erfahrungswelten der Übergang zur gefühlsbetonten Individualisierung. Ausgehend vom Problem der Behauptung des Individuums in den Stürmen des Revolutionszeitalters bei LUDWIG VAN BEETHOVEN (*1770, †1827) in seiner »Sinfonia Eroica« (1803) sowie im »Fidelio« (1805) und der Macht des Irrationalen, wie sie CARL MARIA VON WEBER (*1786, †1826) im »Freischütz« (1821) darstellt, kulminiert diese thematische Verschiebung in der fantasievollen harmonischen Ausgestaltung der »Symphonie fantastique« (1830) von HEKTOR BERLIOZ (*1803, †1869), den Klavierstücken FRÉDÉRIC CHOPINS (*1810, †1849) oder FRANZ LISZT' (*1811, †1886) und v. a. den Kunstliedern, die in den Liederzyklen »Die schöne Müllerin« (1823) FRANZ SCHUBERTS (*1797, †1828) und im »Liederkreis op. 39« (1840) ROBERT SCHUMANNS (*1810, †1856) die Verschränkung der Welt der Natur und der Emotion zum Ausdruck bringen. Mit RICHARD WAGNER (*1813, †1883), der mit seinen als spätromantisches Gesamtkunstwerk konzipierten Opern (»Der Ring des Nibelungen«, 1876) durch die Technik des Leitmotivs die emotional-dramatische Akzentuierung der Musik noch weiter steigert, beginnt die Lösung von der traditionellen Tonalität. Das Zurücktreten formaler Strukturen hinter eine assoziative Melodik und stimmungsvoll differenzierte Klangfarben charakterisiert Orchesterwerke wie den »Prélude à l'après-midi d'un faune« (1894) CLAUDE DEBUSSYS (*1862, †1918) wie auch die Kompositionen EDVARD GRIEGS (*1843, †1907), die volksmusikalische Elemente aufnehmen (»Peer Gynt«, 1875), oder die Sinfonien GUSTAV MAHLERS (*1860, †1911).

Nationalismus und gesellschaftspolitische Ideologien

Die den Fortschrittsoptimismus spannungsreich kontrastierende Rückwendung zur Identität verbürgenden Vergangenheit führt auch zu Ausbildung und Blüte der modernen Geschichtsschreibung. In seiner Orientierung an wissenschaftlicher Quellenkritik einerseits dem Positivismus verpflichtet, betont der geschichtswissenschaftliche Historismus jedoch den prinzipiellen Eigenwert und die individuelle Einzigartigkeit jeder Epoche, wobei die Vergangenheit insbesondere unter dem Aspekt nationalkultureller Differenzbildungen betrachtet wird. Die auf die politische Geschichte konzentrierten Werke LEOPOLD VON RANKES (*1795, †1886; »Geschichte der romanischen und germanischen Völker«, 1824) und v. a. HEINRICH TREITSCHKES (*1834, †1896; »Deutsche Geschichte im 19. Jh.«, 1879–1894) tragen dadurch zur (Ver-)Festigung eines rein nationalstaatlichen Selbstverständnisses bei, während HENRY T. BUCKLE (*1821, †1862; »Geschichte der Civilisation in England«, 1857) und JACOB BURCKHARDT (*1818, †1897; »Die Cultur der Renaissance in Italien«, 1860) die historischen Rahmenbedingungen der kulturellen Entwicklung im westeuropäischen Kontext analysieren.

Einen wesentlichen Rückhalt gewinnen die geschilderten Entwicklungen durch ihre Anschlussfähigkeit an den modernen Nationalismus, der gerade auch kultur- und mentalitätsgeschichtlich bedeutsam wird. Im Verlauf des 19. Jh.s entwickelt er sich von einem liberal-emanzipatorischen Elitenphänomen zu einer auch breitenwirksamen, mittelständisch-kleinbürgerlichen Abgrenzungs- und Integrationsideologie im Dienste (obrigkeits-)staatlicher Machtpolitik. Denn seit der Französischen Revolution tritt das Prinzip der Nation als höchster Loyalitätsinstanz neben die in dieser Hinsicht an Bedeutung verlierende Religion und füllt die Identifikations- und Orientierungsdefizite, die die Auflösung traditionaler Sozialformen bei immer größeren Teilen der Bevölkerung hinterlässt. Vor diesem Hintergrund werden Sprache, Kultur und historische Tradition zu zentralen, Gemeinschaft stiftenden Faktoren erhoben. Zunächst von bürgerlichen Vereinen getragen wird Kulturpolitik bald von offiziöser Seite aufgenommen, um die Integration schon bestehender Nationalstaaten voranzutreiben, oder von oppositionellen Gruppierungen proklamiert, um (wie im Falle der polnischen und griechischen Freiheitskämpfe, der deutschen und italienischen Einigungsbewegung oder des Panslawismus) im Namen des Selbstbestimmungsrechts der Völker die Etablierung neuer Staaten auf Basis einer historisch, kulturell und ethnisch homogenen Bevölkerung zu fordern. Deren Vereinheitlichung ist v. a. das Ergebnis einer intensiven nationalisierten Sprach-, Bildungs- und Kulturpolitik, die auch die Zwangsassimilation oder Ausgrenzung entsprechender Minderheiten beinhaltet.

Der Nationalgedanke ist auch geeignet, die innenpolitischen Fraktionierungen zu überbrücken, da sich die meisten gesellschaftspolitischen Ideologien mit ihm verbinden lassen. Dies gilt einerseits für den Liberalismus, der die Erweiterung politischer Mitbestimmungsrechte und die selbstbestimmte wirtschaftliche Aktivität der zu Staatsbürgern werdenden Untertanen im Rahmen verfassungsrechtlicher Normierungen und egalisierter Wirtschaftsräume über die innere Einheit der Nation zu verwirklichen sucht, wobei der liberale »Nachtwächterstaat« neben der Garantie individueller, vorstaatlich konzipierter Freiheitsrechte v. a. die Deregulierung altständischer Barrieren in Politik, Wirtschaft und Gesellschaft betreiben soll (John Stuart Mill [*1806, †1873], »Grundsätze der politischen Ökonomie«, 1848; Friedrich List [*1789, †1846], »Das nationale System der politischen Ökonomie«, 1841). Aber auch der moderne Konservativismus, der sich in Auseinandersetzung mit den Ideen der Französischen Revolution entwickelt (u. a. Edmund Burke [*1729, †1797], »Betrachtungen über die Revolution in Frankreich«, 1793) und das monarchische Prinzip sowie die innergesellschaftliche Ungleichheit gegen die Volkssouveränität verteidigt, vermag seit 1850 das mit dem Nationalismus nun verbundene Potenzial der Massenmobilisierung und -identifikation zur Stabilisierung bestehender Herrschaftssysteme zu nutzen. Denn eine traditionsorientierte Festigung der inneren Einheit und die Betonung der spezifischen Eigenarten vermeintlich wesenhafter Nationalcharaktere kann nicht nur der Ausgrenzung innerer Minderheiten und der Abgrenzung nach außen zu dienen. Im Zuge einer für das Zeitalter des europäischen Imperialismus kennzeichnenden übersteigerten Wertschätzung der eigenen Nation wird damit ebenso ein mit missionarischem Sendungsbewusstsein verbundenes Überlegenheitsgefühl gegenüber anderen Völkern vermittelt, das geeignet ist, innere Konflikte nach außen abzulenken und die Kolonialexpansion zu legitimieren.

Lediglich der internationalistisch ausgerichtete Sozialismus und Marxismus bilden hierzu bis zum Ersten Weltkrieg ein gewisses Gegengewicht. Vor dem Hintergrund der im Zuge der industriellen Revolution entstehenden Lohnarbeiterschaft und ihrer Verelendung im aufblühenden privatwirtschaftlichen Kapitalismus propagieren im Anschluss an die sozialrevolutionären Ideen Claude-Henri de Saint-Simons (*1760, †1825) die Frühsozialisten Louis Blanc (*1811, †1882) und Charles Fourier (*1772, †1837) die produktionsgenossenschaftliche Selbstorganisation der Arbeiter, um die als wesentlich erachtete ökonomische (Chancen-)Gleichheit als Grundlage einer freiheitlichen Gesellschaft voranzutreiben. Im Gegensatz zu diesen pragmatischen Sozialreformen, die Robert Owen (*1771, †1858) in Großbritannien und den USA umzusetzen sucht, entwickeln Karl Marx (*1818, †1883) und Friedrich Engels (*1820, †1895) einen sich als exakte Wissenschaft verstehenden, revolutionären Sozialismus. Ganz im Gegensatz zur idealistischen Konzeption seines Vorbilds Hegel geht Marx vom Ansatz eines deterministischen Materialismus aus und sieht in der ökonomischen Struktur der Produktions- und Eigentumsverhältnisse, die auch Macht und Herrschaft begründen, das den Menschen und seine Geschichte wesentlich prägende Element. Indem diese immer wieder in Widerspruch zu den als Produktionsmittel fungierenden Fähigkeiten und Bedürfnissen der eigentlich produktiven Klassen geraten, entsteht ein Konfliktpotenzial, das sich notwendigerweise immer wieder in gewaltsamen Revolutionen entlädt und die historische Entwicklung dialektisch vorantreibt. So prognostiziert Marx, der sich v. a. mit der Analyse der Bewegungsgesetze der kapitalistischen Gesellschaft beschäftigt (»Das Kapital«, 1867), gemeinsam mit Engels bereits im »Kommunistischen Manifest« (1848), dass der generelle Widerspruch zwischen Kapital und Arbeit in den entwickelten Industriegesellschaften notwendigerweise zur proletarischen Revolution und zur klassenlosen (Überfluss-)Gesellschaft des Kommunismus führen wird, in der eine ausgeglichene Güterverteilung die freie Entfaltung der natürlichen Anlagen aller Menschen ermöglicht. Allerdings tritt diese Prognose nicht ein. Gerade in den sich rasch entwickelnden Industriegesellschaften entstehen, wie in den USA, keine bzw. erst mit starker Verzögerung, politisch relevante Arbeiterbewegungen, da vielfältige kulturelle und mentale Faktoren die Ausbildung eines rein ökonomisch bestimmten Klassenbewusstseins unterlaufen. Zudem schlagen die späteren Theoretiker des sozialdemokratischen Revisionismus, wie die Mitglieder der *Fabian Society* in Großbritannien (v. a. George Bernard Shaw [*1856, †1950]; »Fabian Essays in Socialism«, 1889), in Deutschland Eduard Bernstein ([*1850, †1932]; »Die Voraussetzungen des Sozialismus«, 1899) oder in Frankreich Jean Jaurès (*1859, †1914), einen reformorientierten Kurs innerhalb der parlamentarisierten Staaten ein, während der von Marx beeinflusste revolutionäre Anarchismus Michail Bakunins (*1814, †1876) durch Attentatsbewegungen den autokratischen Zarismus Russlands vergeblich destabilisieren will.

Dennoch entfalten der historische und der dialektische Materialismus eine beträchtliche Breitenwirkung. Denn in Entsprechung zum unübersehbaren technologischen Wandel befördern sie im zeitgenössischen Bewusstsein dessen konsequente Historisierung, Verwissenschaftlichung und Säkularisierung. Dies artikuliert sich bereits in der linkshegelianischen Religionskritik eines Ludwig Feuerbach (*1804, †1872) mit seiner Auffassung der Gottesvorstellung als anthropologischer Projektion (»Das Wesen des Christentums«, 1841) und im radikal materialistischen Werk »Kraft und Stoff«

(1855) LUDWIG BÜCHNERS (*1824, †1899). Darüber hinaus wird die Vorstellung einer statischen, gottgegebenen Ordnung der Natur durch die von den Kirchen scharf bekämpfte Evolutionstheorie nachhaltig erschüttert, als es CHARLES DARWIN (*1809, †1882) gelingt, die bislang spekulative Vorstellung einer sich wandelnden Natur empirisch nachzuweisen. In seinem Werk »Die Entstehung der Arten« (1859) führt er die Entwicklung der Lebewesen auf einen Prozess der natürlichen Auslese unter umweltbedingtem Selektions- und Konkurrenzdruck zurück. Mit HERBERT SPENCER (*1820, †1903), der in »A System of Synthetic Philosophy« (1860) das gesamte Wissen seiner Zeit unter evolutionstheoretischem Aspekt als Wechselbeziehung von Differenzierung und Integration zusammenfasst, hat sich die grundlegende Dynamisierung des Weltbildes endgültig durchgesetzt. In politischer Hinsicht zeitigen die evolutionstheoretischen Ansätze indessen widersprüchliche Folgen. Sie können ebenso zur Rechtfertigung des Leistungs- und Erfolgsdenkens und zum Nachweis der Unhaltbarkeit starrer Sozialordnungen herangezogen werden wie zur Legitimation gesellschaftlicher Hierarchien oder zur Behauptung der natürlichen Überlegenheit und Durchsetzungsfähigkeit bestimmter menschlicher Rassen im unausweichlichen »Kampf ums Dasein«, den JOSEPH DE GOBINEAU (*1816, †1882) in seinem »Essai sur l'inégalité des races humaines« (1853/55) und HOUSTON STEWART CHAMBERLAIN (*1855, †1927) in seinen »Grundlagen des 19. Jahrhunderts« (1899) zu einem antisemitischen, rassistischen und imperialistischen Programm aufladen.

Künstlerische Avantgarden

Die zunehmende Auseinandersetzung mit einer komplexer werdenden und in stetem Wandel befindlichen Wirklichkeit führt in der Literatur zu einem gesteigerten Realismus, der sich insbesondere mit dem populär werdenden Genre des Romans an ein erweitertes Lesepublikum richtet. Er analysiert die Welt der bürgerlichen Gesellschaft nicht nur mit dem ungeschönten Blick alltäglicher Wahrnehmung, sondern hält ihr auch einen kritischen und keineswegs unpolitischen Spiegel vor. Bereits die zensurverfolgte und oft aus dem Exil publizierende Schriftstellergruppe des Jungen Deutschland um HEINRICH HEINE (*1797, †1856) und LUDWIG BÖRNE (*1786, †1837) übt im Anschluss an die Pariser Juli-Revolution in ihren Reiseberichten und Feuilletonbeiträgen der 1830er- und 1840er-Jahre ebenso Kritik an den gegenwärtigen politischen Verhältnissen wie die intellektuellen Nationalbewegungen des Jungen Irland oder des Jungen Italien, die um GIUSEPPE MAZZINI (*1805, †1872) entsteht. Größere Resonanz findet der sozialkritische Realismus von CHARLES DICKENS (*1812, †1870), der sich in den Romanen »Pickwick-Papers« (1836/37) und »Oliver Twist« (1837/39) mit den sozialen Folgen der englischen Industrialisierung auseinandersetzt. Desgleichen werden epochenrepräsentative Gesellschaftsromane wie der monumentale Romanzyklus der »Comédie humaine« von HONORÉ BALZAC (*1799, †1850) und »Krieg und Frieden« (1868/69) sowie »Anna Karenina« (1875/77) von LEW NIKOLAJEWITSCH TOLSTOJ (*1828, †1910) als geradezu soziologische Bestandsaufnahmen ihrer Zeit zu viel gelesenen Bestsellern. Wie GUSTAVE FLAUBERTS (*1821, †1880) nüchtern-distanzierte Schilderung des tristen Ehelebens und bürgerlichen Frauenschicksals in »Madame Bovary« (1857) werden sie nicht selten als Skandal empfunden. Weiter radikalisiert wird dieser sozialkritische Realismus im Naturalismus durch die semidokumentarischen Milieustudien der Romane EMILE ZOLAS (*1840, †1902) oder der Dramen GERHART HAUPTMANNS (*1862, †1946), dessen Schauspiel »Die Weber« (1892) einen politischen Skandal entfacht. Die detailgetreue Abbildung der Wirklichkeit unter Einbeziehung ihrer subjektiven Brechungen führt zu einer grundlegenden Psychologisierung, wie sie das dramatische Werk HENRIK IBSENS (*1828, †1906) kennzeichnet. Ebenso ist die Problematik menschlicher Grenzsituationen in den Romanen »Schuld und Sühne« und »Die Brüder Karamasow« FJODOR MICHAJLOWITSCH DOSTOJEWSKIJS (*1821, †1881) kulturkritisch auf die gesamtgesellschaftlich zunehmende Individualisierung ausgerichtet. Dagegen wird die zunehmende Pluralisierung einer immer uneinheitlicher werdenden Zeiterfahrung bei HENRI JAMES (*1843, †1916) vor dem Hintergrund der Konfrontation amerikanischer Denkweisen mit der europäischen Kultur zum Thema (»The American«, 1877), während die Auseinandersetzung mit dem westlichen Realismus in Japan FUTABATEI SHIMEI (*1864, †1909) in Abkehr von der traditionsorientierten Hochkultur den ersten literarisch ambitionierten und umgangssprachlichen Prosaroman verfassen lässt (»Ukigumo«, 1887).

Die Literatur findet im 19. Jh. im Zuge der Anhebung des Bildungsniveaus, der Ausweitung des Buchmarkts wie der Massenpresse und damit der Massenlektüre ein immer größeres Publikum, sodass die traditionellen Kulturträger Hof und Kirche immer weniger die kulturellen Inhalte bestimmen. Zusätzlich verändert sich die Malerei durch die Verbreitung der Fotografie. Diese übernimmt zunehmend eine zentrale, die Realität abbildende Funktion. Sie eröffnet unterschiedlichen Künstlergruppen und Strömungen in dem Maße neue Freiräume für die Einübung innovativer Wahrnehmungsformen, in dem sie sich von der mittlerweile institutionell etablierten akademischen Malerei absetzen, die im Dienste einer bürgerlichen oder auch politisch-öffentlichen Repräsentationskultur steht, wie sie etwa in der Salon- und Historienmalerei zum Ausdruck kommt. Im von Frankreich ausgehenden Impressionismus treten gegenständliche Formen hinter die skizzenhafte Gestaltung subjektivierter Licht- und Farbeindrücke zurück. Sie bestimmen bei CLAUDE MONET (*1840, †1926) die Landschaftsdarstellungen und jenseits der traditionellen Ateliermalerei die nicht selten bewusst Tabu verletzende Gestaltung alltäglicher Szenen, so bei EDUARD MANET (*1832, †1883). Während EDGAR DEGAS (*1834, †1917) gerade auch Szenen aus der Alltagskultur der westlichen Metropolen zum Sujet erhebt und VINCENT VAN GOGH (*1853, †1890) in spätimpressionistischem Stil dem traditionellen Porträt wie dem Stillleben neue, irritierende Sichtweisen abgewinnt (»Sonnenblumen«, 1888), orientieren sich die kühnen Farbexperimente bei PAUL GAUGUIN (*1848, †1903) an Motiven der polynesischen Alltagskultur, wohingegen die Lithografien von HENRI TOULOUSE-LAUTREC (*1864, †1901) u. a. durch die japanischen Farbholzschnitte beeinflusst werden, die KATSUSHIKA HOKUSAI (*1760, †1849) perfektioniert hat (»Die große Woge«, 1823/29).

Die westliche Architektur wird im 19. Jh. v. a. durch öffentliche und private Repräsentationsbauten geprägt. Desgleichen ist auch die Bildhauerei bestimmt durch ein weitverbreitetes Bedürfnis nach kollektiver Identitätsvergewisserung, das in der Errichtung zahlreicher Denkmäler zum Ausdruck kommt. Dabei wird der zu Beginn dominierende Neoklassizismus bald abgelöst durch die Neugotik und die eklektizistische Nachahmung unterschiedlichster historischer Stilformen. Bei Bauten, die wie der 1851 für die erste Weltausstellung in London erstellte Crystal Palace den Bedürfnissen des Industriezeitalters entsprechen, finden funktionale Glas- und Eisenkonstruktionen Verwendung. Bei der modernisierenden Umgestaltung des Pariser Stadtbilds wie auch bei der Anlage der Wiener Ringstraße ist eine Mischung aus stadtplanerischer Funktionalität und bürgerlicher Monumentalität bestimmendes Gestaltungsmoment. Die Intention, in Baukunst und Innenarchitektur die Trennung zwischen Kunst und Leben aufzuheben, liegt dem Jugendstil zugrunde. Die organische Formen imitierende Ornamentik dieser *Art nouveau* bezieht wesentliche Anregungen aus der alltagspraktischen Wiederbelebung des Kunsthandwerks. In den USA als *Modern Style* bezeichnet, prägt das damit verbundene und verbreitete Formbewusstsein nicht nur die Werbegrafik sowie das Schmuck- und Modedesign, sondern löst auch die historistischen Stile ab, die bislang die Außendarstellung der europäischen Kolonialmächte in ihren überseeischen Besitzungen prägen. Andererseits entwickelt sich daraus auch eine ästhetizistische *L'Art pour l'art*, die die Kunst um der Kunst willen betreibt. Nachdem bereits der literarische Symbolismus insbesondere in der Lyrik mit PAUL VERLAINE (*1844, †1896) und seinen »Romances sans Paroles« (1874) oder mit den Gedichten RAINER MARIA RILKES (*1875, †1926) eine von der äußerlichen Wirklichkeitsdarstellung entbundene, eigenwertige neue Formensprache zum Programm erhoben hat, stellt z. B. OSCAR WILDE (*1854, †1900) die moralische und gesellschaftliche Funktion der Kunst in Frage, wohingegen STEFAN GEORGE (*1868, †1933) dem Künstler einen elitär-aristokratischen, nur sich selbst verpflichteten Status zuweist. Darin manifestiert sich auch ein zivilisationskritischer Impetus, der sich im ausgehenden Jh. v. a. in Mitteleuropa zu einem gegen den allgemeinen Fortschrittsoptimismus gerichteten Kulturpessimismus steigert, wie er in der universalhistorischen Kulturphilosophie OSWALD SPENGLERS (*1880, †1936) zum Ausdruck kommt (»Der Untergang des Abendlandes«, 1918). Den spektakulären Kontrapunkt dazu bildet der italienische und russische Futurismus. Er feiert die Technisierung und Dynamisierung des modernen Lebens im Zuge einer maschinellen Ästhetik, wobei die bewusste Zerstörung sprachlicher und bildlicher Grundstrukturen von FILIPPO TOMMASO MARINETTI (*1876, †1944) zum Programm erhoben wird (»Manifeste di Futurisme«, 1909).

Philosophische Theorien im ausgehenden 19. Jh.

Während in der angelsächsischen Philosophie der Pragmatismus eines CHARLES SANDERS PEIRCE (*1839, †1914) und JOHN DEWEYS (*1859, †1952) bestimmend wird, der v. a. die Bewährung praktischer Erfahrung zum Entscheidungs- und Planungskriterium in Politik, Pädagogik und Wissenschaft erhebt, unternehmen es GUSTAV THEODOR FECHNER (*1801, †1887; »Elemente der Psychophysik«, 1860) und RUDOLF HERMANN LOTZE (*1817, †1881; »Mikrokosmos«, 1856/64), im Rückgriff auf die modernen naturwissenschaftlichen Erkenntnisse eine neue Metaphysik aufzubauen. Dagegen entwirft der Neukantianismus eine auf Logik und Wertphilosophie beruhende Fundierung der Erkenntnistheorie. Auf der einen Seite führt HERMANN COHEN (*1842, †1918) die reine Erkenntnis primär auf logische Strukturen zurück. Diesen Ansatz greift EDMUND HUSSERL (*1859, †1938) auf (»Logische Untersuchungen«, 1900/01) und entwickelt ihn in seinen »Ideen zu einer reinen Phänomenologie« (1913) zu der Vorstellung weiter, dass die reine Erkenntnis über die Beschreibung der intentionalen Bewusstseinsinhalte führt. Auf der anderen Seite nimmt WILHELM WINDELBAND (*1848, †1915) eine grundsätzliche Trennung zwischen den Naturwissenschaften, die allgemeine Gesetzesmäßigkeiten analysieren, und den Geisteswissenschaften vor, die die besondere Komplexität individueller Phänomene sinnstiftend beschreiben. Die systematische Reflexion wissenschaftslogischer Strukturen ist bei HEINRICH RICKERT (*1863, †1936) eng verbunden mit dem Entwurf einer Wertphilosophie. Gegen entsprechende Versuche, durch Erkenntnistheorie, Religion, Moral und Kultur stabile Werthierarchien aufzurichten, wendet sich FRIEDRICH NIETZSCHE (*1844, †1900). Angesichts ihrer unhintergehbaren soziokulturellen Bedingtheit fordert er in seinen kulturkritischen Essays und Aphorismen eine nihilistische »Umwertung aller Werte« sowie die Herausbildung eines »Übermenschen«, der sich durch die Anerkennung seines interessengeleiteten »Willens zur Macht« auszeichnet und nur so zu einer kritischen Auseinandersetzung mit seinen lebensweltlichen Bedürfnissen und Prägungen imstande ist (»Also sprach Zarathustra«, 1883/85). Darin manifestiert sich zugleich ein Wandel im Bild des modernen (Massen-) Menschen. Dessen Autonomie, Handlungsrationalität und kulturschöpferische Leistung wird zunehmend infrage gestellt, seit GUSTAVE LE BON (*1841, †1931) die Irrationalität kollektiver Verhaltensweisen (»Psychologie der Massen«, 1895) und SIGMUND FREUD (*1856, †1939) das menschliche Unterbewusstsein (»Traumdeutung«, 1900) zum Gegenstand ihrer Analysen machen. Indem FREUD mit dem Strukturmodell der Psychoanalyse die menschliche Psyche in die drei Instanzen Es, Ich und Über-Ich unterteilt, wird zugleich die Brüchigkeit der triebdisziplinierenden Kultur der Moderne deutlich. Aufbauend auf den Erkenntnissen der jungen Wissenschaftsdisziplinen Psychologie und Soziologie sucht schließlich die Lebensphilosophie, repräsentiert durch HENRI BERGSON (*1859, †1941), GEORG SIMMEL (*1858, †1918) und WILHELM DILTHEY (*1833, †1911), die Dynamik und Eigenwertigkeit menschlicher Existenz unter den Bedingungen der westlichen Moderne zu bestimmen und kulturkritisch gegen deren dekadenzträchtige Komplexität zu behaupten.

Der Aufstieg der Massenkultur

Die sich in den westlichen Industriestaaten gegen Ende des 19. Jh.s intensivierende Kulturkritik und der sich beschleunigende Wechsel unterschiedlicher Avantgardismen reagieren v. a. auf den Aufstieg der modernen Massenkultur. Von deren egalisierender Ausrichtung setzen sie sich als Gegenpole immer weiter ab und entwerfen angesichts der konventionellen Traditionalität eines immer größer werdenden Durchschnittspublikums intellektuelle Gegenwelten, die dessen eingefahrene Orientierungsmuster durch zunehmend provokantere Irritationen durchbrechen sollen. Denn im Zuge der rapiden Urbanisierung und der räumlichen und zeitlichen Trennung von industriell-gewerblicher Arbeit sowie schrittweise wachsender Freizeit entsteht zunächst in den westlichen Metropolen und industriellen Ballungsräumen eine neue populäre Kultur. Sie wird von den Avantgardisten, die als »freie Künstler« ebenso den Marktgesetzen ausgesetzt sind, nicht selten zu Lebzeiten aber keinen Erfolg erringen, als trivial betrachtet. Von den gesellschaftlichen Mittelschichten und der rasch wachsenden Lohnarbeiterschaft getragen, tritt diese Massenkultur zunehmend neben die traditionelle ländliche Volkskultur und überlagert sie durch ihre massenmediale Verbreitung. So finden popularisierbare Kulturmuster vor dem Hintergrund einer allmählichen Anhebung des Lebensstandards breiter Gesellschaftsschichten, zunächst gestützt auf Bildungsvereine, Volksbüchereien und dann auf die Massenpresse, ein immer größeres Publikum. Steht dabei die Aufnahme und massenwirksame Adaption bürgerlicher Wertvorstellungen und Schönheitsideale zunächst im Vordergrund, so dominieren jedoch bald die kurzweilige Entspannung vom Arbeitsalltag und die harmonisierende Bestätigung der psychischen Orientierungsbedürfnisse einer breiten Öffentlichkeit. Diese sucht bei der Lektüre von Zeitschriften und Unterhaltungsromanen, beim Besuch kommerzieller großstädtischer Vaudeville-Theater, Varietés und Music-Halls sowie bei sportlichen Massenveranstaltungen in erster Linie Vergnügen und Ablenkung.

So gewinnen die schablonenhaften Frauenromane etwa von HEDWIG COURTHS-MAHLER (*1867, †1950) oder die Abenteuergeschichten von KARL MAY (*1842, †1912) rasch an Popularität. Dies gilt ebenso für die Lieder, die aus beliebten Operetten herausgelöst und als Gassenhauer kolportiert werden, sowie für die Popularisierung von Chansons, die ebenso zunächst für eine mit eher harmlos-zeitkritischen Untertönen versehene Unterhaltung des aufstrebenden Wirtschaftsbürgertums gedacht sind. Diese Entwicklung hängt, wie die Verbreitung und die Inhalte der neuen Medien Schallplatte und Film seit den 1890er-Jahren zeigen, eng zusammen mit der Entstehung einer konsumorientierten Unterhaltungsindustrie, die zunehmend zum eigenständigen Dienstleistungsbereich wird.

Die Verbreitung und Kommerzialisierung des Massensports hingegen spiegeln nicht nur die Entstehung einer neuen Körperkultur in der modernen Leistungsgesellschaft. Wie der seit den 1850er-Jahren in den USA verbreitete Baseball und die seit den 1870er-Jahren in Europa gegründeten nationalen Fußballverbände und -ligen zeigen, beginnt der ehemals als luxuriöser Zeitvertreib betriebene Sport seinen schichtenspezifischen Abgrenzungscharakter zu verlieren. Darüber hinaus wird er staatlicherseits als bevölkerungs- und militärpolitisch relevantes Mittel der Volksertüchtigung begriffen. Sein gesellschaftlicher Stellenwert erhöht sich in dem Maße, in dem er auch als Mittel nationaler Selbstdarstellung dienen kann. Dafür bieten seit 1894 die auf Anregung von PIERRE DE COUBERTIN (*1863, †1937) für den friedlichen Wettstreit der Völker wieder begründeten Olympischen Spiele ein geeignetes Forum.

Die Zeit der Weltkriege

Der Erste Weltkrieg beeinträchtigt nachhaltig die materiellen und existenziellen Bedingungen des kulturellen Schaffens. Die Kriegserfahrung führt bei der Zivilbevölkerung zu einer radikalen Bewusstseinsveränderung, die durch das Kriegsgeschehen und die Folgen neuer Kampfmittel (z. B. Luftbombe und Kampfgas) ausgelöst wird. Diese Erfahrungen fließen in die Werke von Künstlern und Intellektuellen unmittelbar ein und sind auch in den Zwischenkriegsjahren noch präsent. Die Zwischenkriegszeit ist in Deutschland von dem Experiment der ersten parlamentarischen Demokratie, weltweit von der Etablierung des Staatsozialismus in der Sowjetunion, von der 1929 einsetzenden Weltwirtschaftskrise, vom Beginn des New Deal in den Vereinigten Staaten und schließlich vom Aufstieg des Stalinismus und Nationalsozialismus geprägt.

Zudem steht die Kultur der ersten Hälfte des 20. Jh.s noch deutlich im Zeichen des Kolonialismus, der mit dem *scramble for Africa*, wie JOSEPH CONRAD (*1857, †1924) ihn in seinen literarischen Werken bezeichnet, seinen Höhepunkt erreicht und der erst nach dem Zweiten Weltkrieg mit der Entlassung der Kolonien in die Unabhängigkeit ein Ende findet. Reisen nach Übersee bzw. Aufenthalte in den asiatischen und afrikanischen Kolonien hinterlassen Spuren in den Werken vieler Maler, Schriftsteller und Architekten.

Der Zweite Weltkrieg bringt den westlichen Industriestaaten erneut Erfahrungen von materieller Knappheit, Gewalt und Tod: Er fordert etwa 50 Mio. Menschenleben und spitzt die ideologische Konfrontation zwischen der totalitären sozialistischen Sowjetunion und dem totalitären nationalsozialistischen Deutschland zu – eine Konfrontation, die von den kulturellen Entwicklungen teilweise reflektiert, zuweilen aber auch unterlaufen wird; so sind die Parallelen zwischen sozialistischem und nationalsozialistischem Realismus unübersehbar, während beide zumindest offiziell abstrakte Kunst und moderne Musik als dekadent ablehnen.

Expressionismus und Existenzialismus

Ausgehend von der Erfahrung zunehmender Gewalt und Kontingenz bei gleichzeitig abnehmender sozialer Sicherheit und schwächer werdenden traditionellen Bindungen entsteht zu Beginn des 20. Jh.s die künstlerische Bewegung des Expressionismus, die im Unterschied zu den Impressionisten des 19. Jh.s nicht mehr den sinnlichen Eindruck, sondern den künstlerischen Ausdruck ins Zentrum des Schaffens stellt. Maler wie ERICH HECKEL (*1883, †1970), FRANZ MARC (*1880, †1916) und EMIL NOLDE (*1867, †1956) fordern eine Abkehr von klassizistischen Idealen und entwickeln eine neue künstlerische Praxis, die ästhetisch von kräftigen Farben und ausdrucksstarken Formen, thematisch von den Erfahrungen des modernen Lebens in den Metropolen geprägt ist. Einen Handlungsrahmen schaffen sich diese Künstler u. a. in der Dresdener Gruppe »Die Brücke« und in der Münchener Gruppe »Der blaue Reiter«. In der Literatur sind es Schriftsteller wie RAINER MARIA RILKE (*1875, †1926), und GOTTFRIED BENN (*1886, †1956), die einen neuen expressionistischen Stil entwickeln und teilweise (z. B. in der Zeitschrift »Der Sturm«) eng mit den bildenden Künstlern zusammenarbeiten.

Parallel dazu entsteht die abstrakte Kunst, die mit dem Verzicht auf gegenständliche Darstellungen die Frage nach Formen und Konstruktion bzw. nach dem Wesen der Kunst selbst in den Vordergrund rückt. Zu den Pionieren der abstrakten Kunst gehören u. a. WASSILIJ KANDINSKIJ (*1866, †1944), PIET MONDRIAN (*1872, †1944) und KASIMIR MALEWITSCH (*1878, †1935); abstrakte Phasen haben auch Maler wie PABLO PICASSO (*1881, †1973) oder GEORGES BRAQUE (*1882, †1963).

Etwa zeitgleich und unter ähnlichen Eindrücken wie der Expressionismus entsteht die Existenzphilosophie (in Frankreich: Existenzialismus) als philosophische Bewegung, die zunächst damit hadert, dass an philosophischen Lehrstühlen v. a. Philosophiegeschichte verwaltet statt Philosophie gelehrt wird. Führende Vertreter wie EDMUND HUSSERL, MARTIN HEIDEGGER (*1889, †1976), KARL JASPERS (*1883, †1969) und später JEAN-PAUL SARTRE (*1905, †1980) fordern eine Rückkehr »zu den Dingen selbst«, also eine verstärkte Beschäftigung mit den Grundfragen der Philosophie: Fragen nach dem Sinn des Seins, des Daseins (als Sein des Menschen), der Erfahrung und des In-der-Welt-Seins. Als Vorläufer der Existenzphilosophie gilt der dänische Philosoph SÖREN KIERKEGAARD; wichtigster literarischer Vertreter des Existenzialismus ist ALBERT CAMUS (*1913, †1960).

In den 20er-Jahren entsteht mit dem Stil der Neuen Sachlichkeit eine Gegenbewegung zum Expressionismus. Maler wie CONRAD FELIXMÜLLER (*1897, †1977) und FELIX NUSSBAUM (*1904, †1944) entwickeln einen realistischen Stil, der indes nicht nur nüchtern-sachliche, sondern auch klassizistische und magische Elemente enthält und dem sich auch einige Künstler anschließen, die davor eher expressionistisch arbeiteten, wie OTTO DIX (*1891, †1969) und GEORGE GROSZ (*1893, †1959). Die Neue Sachlichkeit entfaltet sich, außer in der bildenden Kunst, v. a. in den Bereichen Design und Architektur; beide gehen im Bauhaus, einer von 1919 bis 1933 bestehenden Kunsthochschule, eine enge Verbindung ein. Eine Reduktion auf klare Farben und zumeist rechtwinklige oder kreisförmige Objekte sowie der Verzicht auf alles Ornamentale zeichnen die Bauten von LUDWIG MIES VAN DER ROHE (*1886, †1969), WALTER GROPIUS (*1883, †1969), LE CORBUSIER (*1887, †1965) und BRUNO TAUT (*1880, †1938) aus; diese Architekten bewirken zudem nachhaltige Veränderungen im Bereich der Stadtplanung (LE CORBUSIER: Charta von Athen, 1933) und des Siedlungsbaus (GROPIUS, TAUT).

Literarische Entsprechungen gibt es in den Werken von FRANZ KAFKA (*1883, †1924), BERTOLT BRECHT (*1898, †1956), LION FEUCHTWANGER (*1884, †1958) oder ALFRED DÖBLIN (*1878, †1957), die – ebenfalls in Abgrenzung zu Romantik und Expressionismus – einen sachlichen Stil entwickeln, auf dessen Grundlage sie jedoch scharfe Kritik an gesellschaftlichen Missständen und an der bürokratischen Entfremdung des Menschen in der Moderne üben. Ähnliches gilt für den Film der Neuen Sachlichkeit (SAMUEL »BILLY« WILDER [*1906, †2002]), der seine Blütezeit Ende der 20er-Jahre erlebt und ebenfalls sozialkritisch ausgerichtet ist.

Antibürgerliche Reflexe

Während im frühen 20. Jh. eine starke Verbürgerlichung der Kultur einsetzt, da Bildung und viele Kulturgüter den breiteren Schichten zugänglich werden, entwickeln sich auch radikal antibürgerliche Tendenzen, die nur z. T. marxistisch begründet sind; vielmehr handelt es sich um eine Art Reflex, der durch die Erfahrungen von Gewalt und Krieg ausgelöst und durch die kulturelle Liberalisierung der 20er-Jahre noch verstärkt wird. Auf dem Gebiet der Kunst zählt dazu die Dada-Bewegung, die 1916 in Zürich u. a. von HUGO BALL (*1886, †1927) und HANS ARP (*1886, †1966) gegründet wird und sich als radikale Anti-Kunst-Bewegung versteht.

Zu den antibürgerlichen Kunstbewegungen gehört weiterhin der Surrealismus, vertreten durch die Maler ANDRÉ BRETON (*1896, †1966), MAX ERNST (*1891, †1976) und SALVADOR DALÍ (*1904, †1989), den Fotografen MAN RAY (*1890, †1976), den Dichter LOUIS ARAGON (*1897, †1982) und den Filmemacher LUIS BUÑUEL (*1900, †1983). Allerdings werden zahlreiche Künstler später aus der Gruppe der Surrealisten offiziell wieder ausgeschlossen, v. a. ARAGON und ERNST. Der Surrealismus knüpft – insofern er sich als antibürgerliche Bewegung versteht – an die Positionen des Dada an. Rauscherfahrungen und Träume werden zum Gegenstand einer Kunst, die sich der Welt des Unter- und Unbewussten annähert – allerdings nicht auf dem Weg der von SIGMUND FREUD entwickelten Psychoanalyse, sondern mit visueller Vorstellungskraft.

Der Futurismus, gleichzeitig eine politische Bewegung, zählt ebenfalls zu den antibürgerlichen Kunstströmungen, steht aber nicht – wie Dada und Teile der surrealistischen Bewegung – der politischen Linken nah, sondern entwickelt eindeutig faschistische Tendenzen.

Begründer dieser Bewegung in Italien ist FILIPPO TOMMASO MARINETTI (*1876, †1944), der 1909 das erste Futuristische Manifest veröffentlicht. Politisch vereint der Futurismus Elemente anarchistischen, dezisionistischen, kulturpessimistischen und fortschrittsgläubigen Denkens zu einer Ideologie der Tat: Die Futuristen fordern den sofortigen Kriegseintritt Italiens und organisieren Veranstaltungen, zu denen der spätere Staatschef BENITO MUSSOLINI, Begründer der faschistischen Partei Italiens, als Redner eingeladen wird. Die futuristische Kunst erlebte ihren Höhepunkt in den 20er-Jahren mit der Entstehung der Aeropittura: einer Kunstform, die das Fliegen, die Geschwindigkeit sowie die Themen Dynamik und Beschleunigung zum ästhetischen Gegenstand macht.

Die atonale Musik richtet sich ebenfalls gegen die bürgerlichen Traditionen des 19. Jh.s und wird dementsprechend von bürgerlichen Kreisen mit großer Skepsis aufgenommen, teilweise auch offen abgelehnt. Zu deren Vertretern gehören neben ARNOLD SCHÖNBERG (*1874, †1951) v. a. ALBAN BERG (1885 *, †1935) und ANTON WEBERN (*1883, †1945) sowie der um diese drei sich bildende Kreis der Zweiten Wiener Schule.

Neue akustische und visuelle Medien

In der zweiten Hälfte des 19. Jh.s wird mit der Erfindung der Fotografie, der Schallplatte und des Films der Grundstein für eine mediale Umwälzung gelegt, die sich im Laufe des 20. Jh.s voll entfaltet. Ist in der Fotografie zunächst nur die Herstellung von Abzügen im Format des Negativs möglich, so erlaubt die 1913 eingeführte Kleinbildkamera die serielle Herstellung von Negativen auf 35 mm-Filmen. Mit der Mobilität der Fotografen steigert sich sehr schnell auch die Menge der hergestellten Bilder. Zu den führenden Vertretern der Fotografie gehören in den 1920er-Jahren EDWARD WESTON (*1886, †1958), IMOGEN CUNNINGHAM (*1883, †1976) und HENRI CARTIER-BRESSON (*1908, †2004), der 1947 in Paris u. a. mit ROBERT CAPA (*1913, †1954) die Fotoagentur »Magnum« gründet. Fotografen wie ALFRED STIEGLITZ (*1864, †1946), MAN RAY und ANSEL ADAMS (*1902, †1984), der 1932 gemeinsam mit anderen Fotografen die Gruppe f/64 gründet, gelingt es, die Fotografie in den Kanon der Bildenden Kunst einzureihen und ihr zu ästhetischer Eigenständigkeit zu verhelfen.

Der Film entwickelt sich in den 20er-Jahren mit der Entstehung großer Kinopaläste zu einem zentralen Medium der Unterhaltungskultur. Gezeigt werden zunächst ausschließlich mit Klaviermusik untermalte Stummfilme. Zu den wichtigsten Filmen dieser Zeit zählen »Birth of a Nation« (1915) von DAVID WARK GRIFFITH (*1875, †1948) und »Metropolis« (1927) von FRITZ LANG (*1890, †1976). Ende der 20er-Jahre wird es möglich, mithilfe einer auf den Film gelegten Tonspur auch Tonfilme zu produzieren. Außerdem wird mit dem Technicolor-Verfahren der Farbfilm eingeführt, der zunächst im 2-Farben-Verfahren, ab 1932 im 3-Farben-Verfahren produziert wird. Große Filmstudios, die anfangs in New York ansässig sind, ziehen noch vor Beginn des Ersten Weltkriegs nach Hollywood um, das deutlich bessere Produktionsbedingungen bietet. Mit Paramount Pictures (1914), Warner Bros. (1918), Metro-Goldwyn-Mayer (1924) und 20th Century Fox (1935) sind dort noch heute einige der größten Produktionsgesellschaften ansässig. Bald differenzieren sich die verschiedenen Genres aus, u. a. Dokumentarfilm, Komödie, Thriller, Science Fiction-, Abenteuer-, Action-, Liebes- und Horrorfilm sowie Zeichentrickfilm, der erst im Zeitalter des Computers durch digitale Animationen ersetzt wird.

Ebenfalls bereits im 19. Jh. erfunden, wird zu Beginn des 20. Jh.s das Radio eingeführt, das erstmals 1906 in Massachusetts auf Sendung geht und sich in den folgenden Jahren auch in Europa etabliert. So wird in Deutschland im Ersten Weltkrieg bereits Musik für Frontsoldaten gesendet und 1919 die erste reguläre Radiosendung in Den Haag ausgestrahlt. Im Verlauf der 20er-Jahre nehmen erste kommerzielle und gebührenpflichtige Radiostationen den Betrieb auf und senden Unterhaltungsprogramme, Nachrichten und auch die ersten Live-Übertragungen (US-Präsidentschaftswahl 1920). 1925 wird der Berliner Funkturm in Betrieb genommen und von dort nur zehn Jahre später das erste reguläre Fernsehprogramm gesendet.

Grundsätzlich hat das Radio durchaus demokratisierende Effekte: Infolge sinkender Anschaffungskosten überschreitet die Zahl der Hörer in Deutschland bereits 1925 die halbe Million. Allerdings löst das Radio mit der Ausstrahlung des Hörspiels »Krieg der Welten« von ORSON WELLES (*1915, †1985) auch eine erste in medialer Echtzeit produzierte Massenhysterie aus, wobei heute umstritten ist, ob es tatsächlich dazu kam. In Deutschland avanciert das Radio nach der Machtergreifung der Nationalsozialisten zudem schnell zum Propagandainstrument, sodass die demokratisierende sehr schnell durch eine propagandistische Wirkung ersetzt wird.

Neben dem Radio ist auch die Schallplatte ein akustisches Medium, das kurz vor der Jahrhundertwende in Serie geht, aber erst im 20. Jh. massenhaft produziert wird. Nach einem kurzen Boom gerät die Schallplatte im Ersten Weltkrieg in die Krise, profitiert in den 20er-Jahren aber nachhaltig von der Einführung elektrisch betriebener Plattenspieler und ist fortan neben dem Radio die wichtigste Quelle von Musik im Alltag.

Zusammenfassend lässt sich feststellen, dass mit der Einführung neuer Medien auch eine grundsätzlich veränderte Wahrnehmung einhergeht: Ist das Erleben von Kultur (mit Ausnahme des Lesens) bis ins 19. Jh. hinein stark an die Präsenz des Zuschauers bei der Aufführung (Oper, Konzert, Theater) gebunden, so gewährleisten audiovisuelle Medien wie Radio, Schallplatte, Fotografie, Film und Fernsehen die räumliche und zeitliche Unabhängigkeit vom Ereignis.

Moderne Lebensstile

Unabhängig von den künstlerischen, musikalischen und literarischen Bewegungen, den Entwicklungen in Medien, Architektur und Städtebau entwickelt sich nach dem Ersten Weltkrieg – den sog. »Golden Twenties« – ein moderner Lebensstil, der von neuen Kleidungs- und Frisurmoden, von einer anderen Freizeitgestaltung (Tanz,

Sport, Kino), von der Zunahme der Konsumgüter und der entsprechenden Werbung, von einer Liberalisierung des Nachtlebens und insgesamt von einer zunehmenden Mobilität geprägt ist. Diese Veränderung ist durch das Anwachsen der Metropolen und die damit einhergehende allmähliche Auflösung bürgerlicher Familienstrukturen bzw. durch eine verstärkte Tendenz zur Individualisierung bedingt, die sich ihrerseits im Konsum von Markenprodukten, in gesteigerter Mobilität, sportlichen Betätigungen, Reisen etc. ausdrückt.

Eng verbunden mit diesem Teilaspekt der Modernisierung ist eine radikale Veränderung der Freizeit. Der Achtstunden-Arbeitstag, seit 1918/19 in vielen Industriestaaten eingeführt, ermöglicht es breiten Bevölkerungsschichten, nach Feierabend sozialen, kulturellen oder sportlichen Aktivitäten nachzugehen, die dann ihrerseits zu großen Ereignissen von öffentlichem Interesse avancieren (z. B. seit 1900 die modernen Olympischen Spiele) und zunehmend auch medial vermittelt werden (Radio, Kino etc.). Seither sind im Bereich von Kultur und Medien deutliche Tendenzen der Trans- bzw. Entnationalisierung zu verzeichnen, die jedoch von den totalitären Bewegungen in Deutschland und Russland teilweise wieder zurückgenommen werden.

Eine Steigerung der individuellen Mobilität bewirkt v. a. die Entwicklung des Autos, das um die Jahrhundertwende zunächst in den USA und ab 1924 mit dem Opel Laubfrosch auch in Deutschland seriell produziert wird. Zwar ist die Anschaffung eines PKW anfangs sehr kostspielig, doch bald beginnen die Autos, das Stadtbild zu verändern. Der Ausbau der zivilen Luftfahrt hat einen weiteren Mobilisierungsschub zur Folge. In den frühen 20er-Jahren werden erste Passagierflugzeuge wie die Junkers F 13, ab den späten 20er-Jahren auch Großflugzeuge für den zivilen Markt produziert.

Kulturpolitik in Nationalsozialismus und Stalinismus

Grundsätzlich ist Kultur im Nationalsozialismus ebenso wie alle anderen Bereiche des privaten und öffentlichen Lebens von der Gleichschaltung, also von der erzwungenen Anpassung an die NS-Ideologie, betroffen. Zu den bekanntesten Maßnahmen der NS-Kulturpolitik zählt die Bücherverbrennung vom Mai 1933, in deren Rahmen Bücher u. a. von HEINRICH MANN (*1871, †1950), KURT TUCHOLSKY (*1890, †1935) und ERICH MARIA REMARQUE (*1898, †1970) vernichtet werden. Nur wenige Monate später (Sept. 1933) wird mit der Gründung der Reichskulturkammer die institutionelle Grundlage für eine nationalsozialistische Kulturpolitik geschaffen. Zu deren Programm gehört u. a. die Diffamierung der »entarteten Kunst«. Ihr folgt im Mai 1938 die Diffamierung der »entarteten Musik«, von der neben Vertretern des Jazz auch deutsche Komponisten wie ARNOLD SCHÖNBERG, HANNS EISLER (*1898, †1962) und PAUL HINDEMITH (*1895, †1963) betroffen sind.

Auch in der Sowjetunion unter STALIN zeichnet sich eine Kulturpolitik ab, die die russische Avantgarde – vertreten durch Maler wie KASIMIR MALEWITSCH oder EL LISSITZKY (*1890, †1941) – mit Ausstellungsverboten belegt bzw. ins westeuropäische oder amerikanische Exil treibt. Anstelle der abstrakten Kunst entwickelt sich in der Sowjetunion nun der Sozialistische Realismus, der eindeutige Parallelen zu dem vom Nationalsozialismus favorisierten realistischen Stil, z. B. eines ARNO BREKER (*1900, †1991), aufweist. Beide Stile verlieren erst mit dem Ende des Zweiten Weltkriegs bzw. dem Tod STALINS (1953) ihre Vorherrschaft in den jeweiligen Ländern. Parallel dazu haben sich v. a. in Westeuropa und den USA die vor dem Krieg maßgeblichen kulturellen Strömungen weiter entwickelt bzw. neue Wege eingeschlagen, die auch viele Künstlern im Exil mitgestalten.

Wissenschafts- und Technikgeschichte (18. Jh.–1945)

Technische Innovationen als Grundlage der industriellen Revolution

Das 18. Jh. ist der Beginn eines menschheitsgeschichtlichen Umbruches, in dem technische Entwicklungen eine maßgebliche Rolle spielen (Spinnmaschine, Dampfmaschine, Werkzeugmaschine). Die **»industrielle Revolution«** in England von den 1760er- bis in die 1840er-Jahre ist der Auftakt einer Folge von Technologieschüben, die im 19. Jh. den europäischen Kontinent und die USA erfassen (Kohle, Stahl, Eisenbahn). Zentrales Moment ist der Übergang von der Epoche der »Hand-Werkzeug-Technik« zur Epoche der »Maschinen-Werkzeug-Technik«. Der Industriekapitalismus setzt ein bis dahin unbekanntes ökonomisches Wachstum frei und führt zur Umwälzung der sozialen und politischen Strukturen.

Die Industrialisierung des europäischen Kontinents und der USA ist nicht nur ein zeitlich verzögerter Technologietransfer aus England, der *first industrial nation*, sondern wird von national unterschiedlichen Traditionen und Ressourcen determiniert. Nur Belgien, Vorreiter der kontinentalen Industrialisierung, adaptiert das englische Vorbild wegen vergleichbarer Standortfaktoren. Die Industrialisierung Frankreichs und Italiens bleibt zunächst wenig technologieintensiv; die deutsche Entwicklung wird durch den kapitalintensiven Eisenbahnbau bestimmt. In den USA beschleunigt der Arbeitskräftemangel den Trend zur Mechanisierung. Auf Basis reicher natürlicher Ressourcen in den USA entfaltet sich eine ressourcenintensive Produktionsweise. Die an der Sparsamkeit orientierte deutsche Technik wandelt sich nach einer Transferphase von Schlüsseltechnologien und ihrer Nachahmung zur Eigenständigkeit.

Leitsektor der »industriellen Revolution« in England ist die **Textilindustrie**. Dort gelingt es, mithilfe neuer Maschinen und Verfahren die Engpässe in der Spinnerei und Weberei zu beseitigen. Die Maschinenspinnereien von RICHARD ARKWRIGHT (*1732, †1792) nehmen die moderne Fabrik des Industriezeitalters vorweg. 1830 verfügt England über ca. 100 000 Webstühle. Bis ca. 1840 sind alle Produktionsschritte vom Faserballen bis zum Baumwollstoff mechanisch ausführbar. Den mechanischen Antrieb für Gewerbe und Industrie liefert bis in die 1820er-Jahre die Wasserkraft, auch nach der Innovation der Dampfmaschine. Letztere besitzt den Vorteil, vom

Standort und den Jahreszeiten unabhängig zu sein. Die Nachfrage nach Dampfmaschinen, die wegen ihres hohen Energieverbrauchs im 18. Jh. zuerst im Steinkohlenbergbau zur Anwendung kommen, wird durch die Maschinenspinnerei angeheizt. Die doppelt wirkende Dampfmaschine (Patent 1782) von JAMES WATT (*1736, †1819) senkt den Kohleverbrauch um rund 60 % und macht ihren Einsatz profitabel. In den 1830er-Jahren hält die englische Textilindustrie mit rund 40 % die Spitze in der Nutzung der Dampfmaschine.

Bis ins 18. Jh. wird die Roheisenherstellung von der Holzkohle dominiert. Die Umstellung auf Koks erfolgt durch ABRAHAM DARBY (*1667, †1717) 1709. Von 1750 bis 1791 steigt der Anteil der Kokshochöfen in England von 4 auf 79 %. Weitere Neuerungen sind die Verbesserung der Gebläse, die Winderhitzung und die Dampfmaschine. Bis 1830 erreicht die britische **Eisenindustrie** mit 45 % der Weltproduktion die Spitzenstellung. Die Nachfrage nach Stahl steigt infolge der Industrialisierung zusätzlich an. Die Umstellung auf Steinkohle gelingt HENRY CORT (*1740, †1800) 1784 mit dem Puddelverfahren, das sich ab den 1820er-Jahren auf breiter Front durchsetzt. In der Umformung erweist sich das Walzen als erheblich effektiver als die bis Anfang des 19. Jh.s dominierenden wasserkraftgetriebenen Hammerwerke. Das Schmieden bleibt – ab den 1840er-Jahren mit dem Dampfhammer – bei der Herstellung von Halbzeugen oder Schiffskurbelwellen unverzichtbar.

Der Transportbedarf wird bis Ende des 18. Jh.s zunächst durch die Kommerzialisierung des Landverkehrs (*Turnpike Acts*) und den Bau befestigter Straßen nach JOHN MCADAM (*1756, †1836) befriedigt. Den Ferntransport garantieren Flussregulierungen und eine leistungsfähige Küstenschifffahrt. Der Kohlebergbau löst einen Boom im Kanalbau aus, der zwischen 1791 und 1794 seinen Höhepunkt erreicht (*canal mania*): Bis 1830 verfügt England über rund 6400 km Wasserstraßen. Im 18. Jh. beginnt der Schienentransport von Kohle mit pferdegezogenen Waggons. Diese Schienenwege der Kohlenreviere entwickeln sich zu Versuchsstecken für den Einsatz der Eisenbahn. Bis 1829 entwickelt GEORGE STEPHENSON (*1781, †1848) die moderne Dampflokomotive. 1830 geht die Dampfeisenbahnstrecke von Liverpool nach Manchester in Betrieb. Bis 1850 etabliert sich die Eisenbahn in England mit bereits 10 000 km Streckenlänge.

Der Bau von Maschinenteilen obliegt bis ins 18. Jh. dem Handwerk. Durch die von der Textilindustrie und dem Dampfmaschinenbau angeheizte Nachfrage bildet sich eine eigenständige **Maschinenbauindustrie**. Sie produziert die erforderlichen Maschinenelemente und bewältigt die Umstellung auf metallische Werkstoffe: Erst die präzise Herstellung von Gewinden und planen Flächen erlaubt die Anwendung anspruchsvollerer Konstruktionen. Die Arbeit im Maschinenbau bleibt handwerklich geprägt.

Während das mitteleuropäische Gewerbe und Handwerk noch bis Mitte des 19. Jh.s überwiegend Holz und Holzkohle als Brennstoff einsetzt, wird die Steinkohle in England bereits seit dem 16. Jh. in wachsendem Maße genutzt. Im 19. Jh. wird Kohle Grundlage der Eisenerzeugung, der Leuchtgaserzeugung, der chemischen Großindustrie und der Befeuerung der Dampfmaschine in Produktion und Verkehrswesen. Abgesehen von der dampfgetriebenen Wasserhaltung bleibt der Kohlebergbau von der Handarbeit dominiert. Infolge mangelnder Belüftung der Schächte kommt es häufig zu Schlagwetterexplosionen. Dazu führt ein mangelhafter Grubenausbau (Deckeneinbrüche) häufig zu Unfällen, sodass der Kohlenbergbau eine bis zu fünffach höhere Todesunfallrate aufweist. In englischen Kohlenzechen sind 1840 41 % der unter Tage Beschäftigten Kinder und Jugendliche.

1765–1769 JAMES HARGREAVES (*1720, †1778) entwickelt die »Spinning Jenny«. – JAMES WATT baut das Modell einer Dampfmaschine mit Luftpumpe, getrenntem Kondensator und Zylinder mit Dampfmantel.

1769 RICHARD ARKWRIGHT entwickelt die Spinnmaschine »Waterframe«.

1769–1785 Die Watt-Einzweck-Dampfmaschine wird zum Universalmotor weiter entwickelt.

1776 Für Watt-Dampfmaschinen stellt JOHN WILKINSON (*1728, †1808) eine Zylinderbohrmaschine her.

1779 SAMUEL CROMPTON (*1753, †1827) erfindet die Universal-Spinnmaschine »Mulemaschine« für alle Garnarten.

1785 Erster Einsatz einer Watt-Dampfmaschine in einer Baumwollfabrik. – EDMOND CARTWRIGHT (*1743, †1823) erfindet den ersten mechanischen Webstuhl.

1789 ANTOINE LAURENT DE LAVOISIER (*1743, †1794) veröffentlicht seinen »Traité Elémentaire de Chimie«, der als erstes Lehrbuch der modernen Chemie gilt. LAVOISIER legt Wert auf quantitative Untersuchungsmethoden und formuliert das Prinzip der Erhaltung der Materie. Im Verlauf einer chemischen Reaktion geht nichts verloren und kommt nichts hinzu, das Gesamtgewicht der reagierenden Substanzen bleibt gleich, auch wenn sie chemisch umgewandelt werden. LAVOISIER prägt den chemischen Begriff der Oxidation, gibt eine Definition eines chemischen Elements als eines durch chemische Analyse nicht weiter zerlegbaren Stoffs und führt eine Liste von 23 ihm bekannten chemischen Elementen an. Durch neue Analyseverfahren wie die Elektrolyse wächst die Zahl der bekannten chemischen Elemente in den folgenden Jahren rasch an.

1791 Patentierung des Verfahrens zur Sodaherstellung von NICOLAS LEBLANC (*1742, †1806).

1792 Erster Einsatz einer Dampfmaschine in einem Walzwerk durch JOHN WILKINSON. 1800 arbeiten in England rund 2200 Dampfmaschinen.

Disziplinbildung und Professionalisierung der Ausbildung

Die Einteilung des Wissens über die Natur ändert sich im Übergang vom 18. zum 19. Jh. grundlegend. War dieses Wissen zuvor in zwei große Felder – mathematische Wissenschaften und Naturgeschichte – gegliedert, so setzt sich nun die organisatorische Einteilung in die modernen Disziplinen wie Mathematik, Physik, Chemie, Biologie und Geologie durch. Die sich zeitlich parallel bildenden europäischen Nationalstaaten und ihre Regierungen unterstützen den Institutionalisierungsprozess in den Naturwissenschaften. Die erwartete oder tatsächliche Nützlichkeit der Wissenschaften für den Staat ist dabei ein zentraler Aspekt. Im Gegenzug erfahren die Wissenschaften staatliche Beachtung und Unterstützung. Waren im 18. Jh. königliche Akademien wie die *Académie Royale des Sciences* in Frankreich und Gesellschaften wie die *Royal Society of London for the Improvement of Natural Knowledge* in Großbritannien Rückgrat der wissenschaftlichen Entwicklung, so treten im 19. Jh. zunehmend nationale und disziplinorientierte wissenschaftliche Gesellschaften hinzu. Die Diskussionen um das sich wandelnde naturwissenschaftliche Weltbild erreichen im Übergang zum 19. Jh. auch neue Bevölkerungsgruppen: In den wissenschaftlichen Gesellschaften Englands, Frankreichs und der deutschen Länder treffen sich nun deutlich mehr Angehörige bürgerlicher Schichten.

Von exemplarischer Bedeutung für die Neuaufstellung der naturwissenschaftlichen Disziplinen sind die Veränderungen während der Französischen Revolution. Mit der Überwindung des Ancien Régime und seiner Repräsentanten entsteht die Aufgabe, eine neue Beamtenschaft für die Republik zu gewinnen. Naturwissenschaftliche Bildung spielt in diesem Übergang eine zentrale Rolle. Führende Naturwissenschaftler sind selbst wichtige Akteure der Revolution: Der Mathematiker und Jakobiner GASPARD MONGE (*1746, †1818) wird Marineminister (1792/93), der Mathematiker und Ingenieur LAZARE CARNOT (*1753, †1823) wird Abgeordneter der Nationalversammlung und ist ab 1793 als Mitglied des Wohlfahrtsausschusses für Militärangelegenheiten verantwortlich, später wird er NAPOLEONS Kriegsminister. Eine wichtige Rolle während der Revolution spielt auch PIERRE-SIMON LAPLACE (*1749, †1827), der führende Naturwissenschaftler Frankreichs zu dieser Zeit. Er ist Mathematiker und Astronom und seit 1792 Mitglied des Komitees für Maße und Gewichte. LAPLACE ist Gründungsmitglied und später Vizepräsident des *Institut de France*, der neuen Dachorganisation der wissenschaftlichen Akademien nach der Auflösung der *Académie Royale*. Unter NAPOLEON, mit diesem eng vertraut, wird er kurzzeitig Innenminister. CLAUDE-LOUIS BERTHOLLET (*1748, †1822) ist als Chemiker zu Beginn der Revolution Leiter einer Kommission, die sich um die Versorgung Frankreichs mit Salpeter zur Schießpulverherstellung kümmert. MONGE und CARNOT sind maßgeblich an der Gründung der *École Polytechnique* beteiligt. Eng verbunden mit dieser und dem Zentrum der politischen Macht ist der wissenschaftliche Zirkel von Arcueil, der sich am Wohnsitz BERTHOLLETS in Arcueil bei Paris informell zusammenfindet, um neue Forschungsergebnisse auszutauschen und zugleich die Verbindung zwischen Wissenschaft und Staat herzustellen. Die meisten der oben Genannten sind Mitglieder des Zirkels, auch ALEXANDER VON HUMBOLDT (*1769, †1859) ist regelmäßiger Gast.

Durch die napoleonischen Feldzüge werden die neuen wissenschaftlichen Konzepte und z. T. die französische Struktur wissenschaftlicher Institutionen in Europa verbreitet. Auch in den deutschen Staaten finden an den Universitäten oft große Veränderungen in Forschung und Lehre statt. Neue Lehrformen halten Einzug, die zuvor an der *École Polytechnique* Anwendung fanden. 1809 wird in Berlin die neue Universität gegründet. Auch hier sollen talentierte Studenten durch eine erstklassige wissenschaftliche Ausbildung auf den Staatsdienst vorbereitet werden. Die preußische Bildungsreform betont zwar ihre Opposition gegen das napoleonische Frankreich, bezieht aber viele ihrer Ideen genau aus dieser Quelle. Neben der klassischen Vorlesung finden auch erste naturwissenschaftliche Seminare und Übungen mit aktiver Beteiligung der Studenten statt. Lehrbücher und Bibliotheken werden reformiert und den neuen Bedürfnissen der wissenschaftlichen Ausbildung angepasst.

In Großbritannien führt v. a. die Industrielle Revolution zur Umstrukturierung der Wissenschaften. Die Erfahrung, dass Praxis und Lehre in den Naturwissenschaften nicht zu der Bedeutung passen, die diesen im ökonomisch-technischen Bereich zukommt, führt dazu, dass hier v. a. eine Verbindung zwischen Theorie und praktischer Anwendung gesucht wird. CHARLES BABBAGE (*1791, †1871) gründet dazu 1831 die *British Association for the Advancement of Science.* Zu den klassischen britischen Universitäten treten nun auch Universitäten in den industriellen Zentren des Königreichs.

Die Gründung der *École Polytechnique* ist auch Auftakt zur Verwissenschaftlichung der Technik sowie die Professionalisierung und Akademisierung des Technikerstandes innerhalb und außerhalb des Militär-Ingenieurwesens. Die infolge der Industrialisierung angekurbelte Nachfrage nach »zivilen« Ingenieuren, zudem ihre Schlüsselfunktion beim Eisenbahn- und Maschinenbau, im Berg- und Hüttenwesen und danach in der Elektrotechnik, bewirkt die Herausbildung neuer Karrierewege und soziale Aufstiegsmöglichkeiten und damit auch deren Zusammenschluss in Vereinigungen zur Wahrung ihrer berufsständischen Interessen. In England und den USA bleibt die technische Bildung im Unterschied zu Frankreich und Deutschland, die eine aktive staatliche Bildungspolitik betreiben, eher nachfrageorientiert.

Naturwissenschaftliches Weltbild

Die tief greifende Umstrukturierung der Wissenschaften im Übergang zum 19. Jh. geht einher mit der Formulierung eines bewussten Anspruchs der Naturwissenschaften, das Ganze der Natur zu erfassen. Dabei werden auch Fragen allgemein naturphilosophischen Charakters neu gestellt. Das Augenmerk richtet sich Anfang des 19. Jh.s v. a. auf das Phänomen der natürlichen »Kräfte« (neben den mechanischen Kräften und der Schwere v. a. Wärme, Elektrizität, Magnetismus und Licht). Nach einer Reihe Aufsehen erregender Experimente wird die Frage nach der Einheit und Umwandlungsfähigkeit von Naturkräften gestellt. Dabei setzt sich die Vorstellung durch, dass Kraft in natürlichen Prozessen nicht zerstört werden kann (LAZARE CARNOT, JULIUS ROBERT VON MAYER, JAMES PRESCOTT JOULE, HERMANN VON HELMHOLTZ). In der englischen Literatur wird das heute übliche Konzept der Energie eingeführt; der »Energieerhaltungssatz« wird (neben dem Gravitationsgesetz ISAAC NEWTONS [*1643, †1727]) zum Inbegriff eines universellen Naturgesetzes. Auch die von PIERRE-SIMON LAPLACE formulierte Vorstellung, dass mit der vollständigen Kenntnis eines bestimmten Augenblickszustands des Universums sowohl dessen Vergangenheit als auch dessen Zukunft für eine umfassende Intelligenz berechenbar wäre, gewinnt großen Einfluss.

Viele der weltanschaulich-naturwissenschaftlichen Konzepte des frühen 19. Jh.s werden gestützt durch eine romantische Naturphilosophie, welche die Einheit des Naturganzen (einschließlich des Menschen) betont. Während in den ersten Jahrzehnten des 19. Jh.s bedeutende Naturwissenschaftler (u. a. HANS CHRISTIAN ØRSTED [*1777, †1851], MICHAEL FARADAY [*1891, †1867]) den romantischen Ideen nahe stehen, ruft der Anspruch, durch philosophische Spekulation die Triebkräfte der Natur in einem einheitlichen Ganzen zu erkennen, ab den 1830er-Jahren deutliche Widerstände hervor.

Neben physikalisch-mathematischen Konzepten erhalten die Geschichte der Erde und des Lebens große Aufmerksamkeit. Trotz theologischer Bindungen gibt es im Europa des 18. Jh. darüber unterschiedliche Auffassungen. Im ausgehenden 18. Jh. wird die Möglichkeit diskutiert, dass die Erde allmählich aufgrund vulkanischer Aktivitäten (Plutonismus) entstand. Eine andere These besagte, dass sich die Oberfläche der Erde durch katastrophale Überschwemmungen (u. a. durch die Sintflut) ausgeformt habe (Neptunismus). Der Streit über eine langsame und stetige oder einer auf Katastrophen basierenden Entwicklung der Erde rückt die Fossilien in den Untersuchungsmittelpunkt und der Gedanke, dass es sich hierbei um ausgestorbene Tiere handeln könne, gewinnt, v. a. bei GEORGES CUVIER (*1769, †1832), an Bedeutung. Mithilfe der Fossilien gelingt eine erste Altersbestimmung der Erdschichten. Ein Erfolg, der die Herausbildung der Disziplin Geologie befördert. Die Vorstellung einer allmählichen Entwicklung der Erde und die untersuchten Fossilien fördern auch die Vermutung, dass auch die biologischen Arten einen natürlichen Entwicklungsprozess durchlaufen.

1793 In Frankreich wird das Generalkomitee für Maße und Gewichte gegründet. Es ist beabsichtigt, den zehnmillionsten Teil des Erdquadranten auf dem Meridian von Paris als Meter zu definieren und durch geodätische Messung zu bestimmen. Schließlich wird jedoch 1799 das aus einer Platin-Iridium-Legierung bestehende sog. Urmeter gegossen und dadurch das metrische System in Frankreich gesetzlich festgelegt.

1794 Eröffnung der *École Polytechnique* mit rund 400 Schülern in Paris.

École Polytechnique

Die **École Polytechnique** wird 1794 gegründet, um die Ausbildung einer neuen technischen und militärischen Beamtenschaft für die französische Republik zu sichern. Zunächst trägt die Schule noch den Namen *École Centrale des Travaux Publics*, bevor sie ein Jahr später umbenannt wird. Wie die anderen *Grandes Écoles* (*École Normale Supérieure*, *École de Médicine*), die während der Revolution gegründet werden, steht auch die *École Polytechnique* begabten Studenten aller Klassen kostenlos offen. Allerdings sind die Auswahlkriterien an diesen neuen Elitehochschulen sehr streng. Ihr Ziel ist es, die begabtesten jungen Männer Frankreichs in den Wissenschaften (v. a. Mathematik, Chemie, Physik) auszubilden und auf den Staatsdienst vorzubereiten. Der neue französische Staat benötigt dringend junge gut ausgebildete Spezialisten: Ärzte, Richter, Ökonomen und höhere Beamte und v. a. Ingenieure und Naturwissenschaftler. Letztere erhalten an der *École Polytechnique* ihre Grundausbildung, bevor sie an eine der spezialisierten *Écoles d'application* wechseln. NAPOLEON wandelt die Hochschule in eine Militärhochschule um. Die Studenten erhalten den Rang von Offizieren und sind verpflichtet, in der französischen Armee Dienst zu tun. NAPOLEON sichert sich so den höchsten wissenschaftlichen Stand für seine Armee und seine Feldzüge. Die *École Polytechnique* erhält im 19. Jh. Vorbildcharakter für viele europäische Hochschulen, v. a. im technischen Bereich.

1795 GEORGES CUVIER wird auf den Lehrstuhl für vergleichende Anatomie am *Muséum National d'Histoire Naturelle* in Paris berufen. CUVIER beschäftigt sich v. a. mit Fossilien und gilt als Verfechter des Katastrophismus, wonach die natürliche Entwicklung der biologischen Arten durch wiederkehrende katastrophale Ereignisse der Erdgeschichte, die zum Aussterben vieler Arten und zur darauf folgenden Neuentwicklung anderer Arten führen, beeinflusst wird.

1798 THOMAS ROBERT MALTHUS (*1766, †1834) veröffentlicht «An essay on the principle of population».

1799 ALESSANDRO VOLTA (*1745, †1827) erkennt, dass zwischen zwei in verdünnte Säure getauchten ungleichartigen Metallplatten ein elektrischer Strom erheblicher Stärke fließt. Damit werden chemische Kräfte und Elektrizität in Verbindung gebracht.

ALEXANDER VON HUMBOLDT bricht zu seiner Forschungsreise nach Amerika auf. Bis 1804 bereist er große Teile der Karibik und Südamerikas.

Beginn der modernen Klinischen Medizin um 1800

Die Wandlung der alten Medizin am Krankenbett zur modernen Krankenhausmedizin und zum klinischen Massenbetrieb vollzieht sich Ende des 18. Jh.s. Dieser Prozess ist in erster Linie ein medizinwissenschaftlicher und -praktischer Vorgang; Voraussetzungen sind aber auch die sich schnell wandelnden Wirtschafts- und Lebensbedingungen der Epoche. Die neuen arbeitskraftintensiven Produktionsprozesse locken das Landproletariat in die Metropolen der industriellen Produktion. Die Städte werden zu Ballungszentren mit schnellem Bevölkerungswachstum, die zwangsläufig eine Expansion der klinischen Versorgungsmöglichkeiten erfordern, nicht zuletzt auch weil die alten ländlichen Versorgungsstrukturen für Kranke und Gebrechliche in den Städten kaum erhalten bleiben können.

Wissenschaftsimmanente Grundbedingung für das Entstehen der modernen Klinik ist die stetig wachsende Physikalisierung der Untersuchungsmethoden vor dem Hintergrund der neu entstehenden Experimentalwissenschaften. Der Patient wird im Dienste von Diagnostik und Therapie mit physikalischen und chemischen Methoden untersucht und durchdrungen. Er ist zum messbaren Patienten geworden: Krankheitssymptome sind besser zu erkennen, zu beschreiben und zu erklären; Körpergeräusche werden in der Auskultation differenzierter beobachtet, Schalldämpfungsphänomene bei der Perkussion, Temperaturveränderungen in der klinischen Thermometrie. Die Ergebnisse sind naturwissenschaftliche Messungen, die reproduzierbar und statistisch auswertbar sind. Nach seinem Tod überprüft der Pathologe den Krankheits- und Therapieverlauf in der Autopsie. Physikalische Diagnostik und anatomisch-pathologische Nachbeurteilung sind dominierenden Charakteristika der neuen klinischen Medizin Anfang des 19. Jh.s. Die alte verlaufsbeobachtende, neohippokratische Schuldiagnostik des 17. und 18. Jh.s ist nun wesentlich erweitert; die Medizin befindet sich auf dem Weg von der Spekulation zur klinischen Beobachtung.

Wissenschaftspolitisch sind die Auswirkungen der Französischen Revolution auf die Organisation der Hochschulmedizin und die medizinische Ausbildung von grundlegender Bedeutung. Ausgehend von einem »Nouveau plan de constitution de la médecine en France«, den Felix Vicq D'Azyr (*1748, †1794) im Namen der *Société Royale de médecine* dem *Comité de Santé* im Nov. 1790 vorlegt, erfolgt noch im gleichen Jahr eine Vereinigung von Medizin und Chirurgie, v. a. aber die Auflösung der alten Medizinischen Fakultäten Frankreichs zugunsten von vier *Écoles de médecine* in Paris, Montpellier, Bordeaux und Straßburg. Jede der Schulen soll mit zwölf Lehrstühlen ausgestattet sein; der klinische Unterricht wird nun bindend. Damit ist mustergültig ein neuer Typus nicht nur der Medizinischen Fakultät, sondern auch der ärztlichen Ausbildung konzipiert, dem sich mühelos das Primat der klinischen Medizin und der Einzug der naturwissenschaftlichen Methode in die ärztliche Ausbildung integrieren ließ.

Die Pariser Krankenhausmedizin, die sich um die 1794 eröffnete *École de Santé* konzentriert, ist beispielgebend für die gesamteuropäische Entwicklung. Die Diagnostik ist nun nicht mehr philosophisch (im Sinne der alten Semiotik), sondern nur noch sensualistisch-symptomatologisch orientiert und fußt v. a. auf vier Fundamenten: exakte, empirisch-sensualistischen Beobachtung des Patienten, seine physikalische Untersuchung v. a. durch Perkussion und Auskultation, den Ergebnissen der postmortalen Sektion und der statistischen Auswertung klinisch-pathologischer Ergebnisse.

Entscheidend für die weitere Entwicklung der klinischen Medizin sind die Versuche dieser Schule, aufgrund von Symptomen und pathologischen Befunden zu einer strengen Klassifizierung der Krankheiten zu kommen. Zu den führenden Köpfen der Pariser klinischen Medizin zählen Philippe Pinel (*1745, †1826) und dessen Schüler Marie François Xavier Bichat (*1771, †1802), die beide die Grundlagen des neuen Konzeptes schaffen. Pinel betont in seinen Werken, dass die Medizin als Teil der Naturwissenschaften aufzufassen sei und dass der Arzt daher auch mit naturwissenschaftlichen Methoden arbeiten müsse. Er wendet sich heftig gegen autoritäre medizinische Doktrinen, die nur auf theoretischen Überlegungen fußen, und fördert in seinem praxisbezogenen Unterricht die klinisch-physikalische Untersuchung ebenso wie die stetige Konsultation persönlicher ärztlicher Erfahrung. Pinels Schaffen ist auch für die Psychiatrie bedeutsam: Bereits früh hat er sich mit Geisteskrankheiten beschäftigt und bald die kriminalisierende Behandlung der »Irren« heftig kritisiert. Zu seiner Zeit werden geisteskranke Patienten häufig mit Gewalttätern zusammengesperrt, in Ketten gelegt und so bis zu ihrem Tode verwahrt. Pinel bekämpft diese inhumanen Methoden unter erheblichen persönlichen Schwierigkeiten und empfiehlt stattdessen eine ärztliche Behandlung geisteskranker Patienten. Pinels Reformen sind Ausgangspunkt für eine Reihe ähnlich motivierter Bemühungen in England und Deutschland.

François Xavier Bichat wirkt v. a. in der Pathologie und steht für die neuen, unverzichtbar gewordenen Beziehungen zwischen klinischer Medizin und Pathologie. Er weißt den unterschiedlichen Gewebetypen der einzelnen Organe nicht nur bestimmte Vitalitätsgrade zu, sondern verlegt in sie auch den eigentlichen Sitz der Krankheiten. Mit Bichat und Pinel setzt sich das Prinzip des Lokalismus in der Theorie der Krankheitsentstehung durch. Der Arzt und Anatom Jean Nicolas Corvisart des Marest (*1755, †1821) wird v. a. durch die Einführung der von Leopold von Auenbrugger (*1722, †1809) erfundenen Perkussionsmethode bekannt. Die Kombination dieser mit pathologischer Anatomie nutzt Corvisart v. a. zur Untersuchung von Herzkrankheiten. Hyacinthe Laënnec (*1781, †1826) entwickelt 1819 das Stethoskop zur Auskultation und begründet mit Auenbrugger und Corvisart die exakte physikalische Diagnostik der Krankheiten der Brustorgane. Auch Gabriel Andral (*1797, †1876) gehört zu den führenden Köpfen der jungen Pariser klinischen Medizin. Seine zwischen 1829 und 1833 edierte *Clinique médicale* repräsentiert in ihren Fallbeschreibungen den Höhepunkt der neuen Entwicklung. Andral gehört daneben zu den heftigsten Gegnern der exzessiv betriebenen Methoden des Aderlasses.

Die naturwissenschaftliche Physiologie

Die Überwindung des naturphilosophischen Einflusses auf die Physiologie des frühen 19. Jh.s gelingt Johannes Müller (*1801, †1858). Mit ihm verbindet sich der Beginn einer empirischen, stark von den naturwissenschaftlichen Disziplinen beeinflussten Physiologie. Die Physiologie könne laut Müller nicht beim »Begriff des Lebens stehen« bleiben. Sowohl der »Begriff als die Erfahrung«, gegründet auf die »genauesten empirischen Erkenntnisse«, seien ihre »Elemente«. Erst auf dieser »Spitze« greife das »philosophische Denken die Erfahrung auf, um sie zu begreifen« (1824). Müllers Arbeiten erstrecken sich auf die gesamte physiologische Forschung. Seine Kenntnisse sind universell, seine Methoden modern. Sie basieren v. a. auf der Anwendung einer vorurteilsfreien Beobachtung und auf dem Einsatz qualitativer Experimente. Internationale Verbreitung findet sein enzyklopädisches »Handbuch der Physiologie des Menschen« (1833/34–1837/40). Um Müller bildet sich ein Schülerkreis, dem die bedeutendsten Physiologen des 19. Jh.s angehören, u. a. CARL LUDWIG (*1816, †1895), HERMANN VON HELMHOLTZ (*1821, †1894), EMILE DU BOIS-REYMOND (*1818, †1896) und ERNST WILHELM BRÜCKE (*1819, †1892). Zu MÜLLERS Schülerkreis gehören auch der Anatom JAKOB HENLE (*1809, †1885), der Begründer der Zelltheorie THEODOR SCHWANN (*1810, †1882) und der Pathologe RUDOLF VIRCHOW (*1821, †1902). MÜLLER gelingt der Durchbruch zu einer naturwissenschaftlichen Physiologie, die jedoch erst Physiologen nach MÜLLER, v. a. LUDWIG, VON HELMHOLTZ, DU BOIS-REYMOND und BRÜCKE in Deutschland und CLAUDE BERNARD (*1813, †1878) in Frankreich, konsolidieren.

Hauptziel CARL LUDWIGS ist eine reine, naturwissenschaftlich geprägte Physiologie. Dieses Vorhaben lässt ihn zum Kristallisationspunkt der jungen Physiologengeneration, v. a. DU BOIS-REYMOND, HELMHOLTZ und BRÜCKE, werden. LUDWIG bemüht sich im methodischen Bereich v. a. um die grafische Aufzeichnung physiologischer Vorgänge: So konstruiert er 1846 den ersten Kymografen. Mit diesem Wellenschreibgerät ist es erstmals möglich, Organbewegungen, v. a. Herztätigkeit und Gefäßpulsationen, aufzuzeichnen und zu analysieren. Wie MÜLLER zieht auch LUDWIG einen Kreis in- und ausländischer Schüler an wie den russischen Physiologen IWAN PETROWITSCH PAWLOW (*1849, †1936), der 1885–1886 mit ihm zusammenarbeitet. PAWLOW führt Ende des Jh.s seine wichtigen Forschungen zum bedingten Reflex durch. Die Ergebnisse PAWLOWS begründen die Einsicht, dass das Gesamtgeschehen jeder höheren Nerventätigkeit als Resultat kontinuierlicher Wechselbeziehungen zwischen Organismus und äußerer Lebenswelt (Milieu) interpretiert werden müsse. Diese Aussage wird v. a. durch die berühmten Hundeversuche (»pawlowsche Versuche«) gestützt, die noch den Behavioristen des 20. Jh.s wichtige Anstöße zur Ausformung ihrer Theorien liefern.

EMIL DU BOIS-REYMONDS besonderes Interesse gilt der Elektrophysiologie. In dem Vorwort zu seinen »Untersuchungen über thierische Elektricität« (1848) formuliert er als »Credo« der neuen naturwissenschaftlichen Physiologie, »dass dereinst die Physiologie ganz aufgeht in die große Staatseinheit der theoretischen Naturwissenschaften«. Zu seinen Leistungen gehören auch zahlreiche neue Untersuchungsmethoden und physiologische Apparaturen. DU BOIS-REYMOND tritt für die gesellschaftliche und wissenschaftspolitische Stellung der neuen Naturwissenschaften und naturwissenschaftlichen Medizin ein. ERNST WILHELM BRÜCKE gehört mit LUDWIG, HELMHOLTZ und DU BOIS-REYMOND zu den entschiedenen Verfechtern der Schule der organischen Physik, die Physiologie nur auf dem Boden der exakten Naturwissenschaften betreiben will. BRÜCKES physiologisch-anatomische Arbeiten erstrecken sich u. a. auf die Erforschung der Augenmuskulatur, der Verdauungsphysiologie und der Blutgerinnung.

In Frankreich verhilft v. a. CLAUDE BERNARD der neuen Physiologie zum Durchbruch. Er stellt jedoch die klinische Tätigkeit des Arztes über das wissenschaftliche Arbeiten. Das Hospital sei lediglich die Vorhalle der wissenschaftlichen Medizin, das erste Feld des ärztlichen Beobachtens. Das Laboratorium dagegen sei der Tempel der medizinischen Wissenschaft. Diese Aussage verdeutlicht die neue Bewertung der naturwissenschaftlichen Forschung innerhalb der Medizin und die neue Rolle des wissenschaftlichen Laboratoriums als Ort zielgerichteter Experimentaltätigkeit. BERNARDS Forschungen erstrecken sich v. a. auf die Verdauungsphysiologie; auf ihn geht die erste Beschreibung des »Zuckerstichs« zurück. Er gehört zu den wichtigsten Wegbereitern der klinischen Laboratoriumsmedizin des 19. Jh.s. Weitere Protagonisten dieser Neuorientierung kommen v. a. aus der jungen organischen Chemie und tragen wichtige Detailergebnisse zur physiologischen Chemie bei, etwa JUSTUS VON LIEBIG mit seinen Forschungen zur Nahrungsmittelchemie und Ernährungsphysiologie, JAKOB BERZELIUS (*1779, †1848) und FRIEDRICH WÖHLER mit ihren Forschungen zur Gärung, Harnstoffsynthese und Stoffwechselchemie oder FELIX HOPPE-SEYLER (*1825, †1895) mit seinen Forschungen zur Blutfarbstoff- und Proteinchemie.

1801 RICHARD TREVETHICK (*1771, †1833) baut einen Dampfwagen für den Straßenverkehr.

1803 JOHN DALTON (*1766, †1844) führt die Atomtheorie in die Chemie ein und legt seine Abhandlungen der *Manchester Literary and Philosophical Society* vor. 1808 veröffentlicht er sie in seiner Schrift »A New System of Chemical Philosophy«. DALTON führt an, dass die Atome jedes chemischen Elements unterschiedlich seien. So sei das relative Atomgewicht eine charakteristische Eigenschaft jedes Elements. – Die erste öffentliche Pferdeeisenbahn fährt auf gusseisernen Winkelschienen in London

1805 THOMAS TELFORD (*1757, †1834) vollendet das Aquädukt für den Ellesmere-Kanal (Wales). – JOSEPH-MARIE JACQUARD (*1752, †1834) erfindet eine lochkartengesteuerte Webmaschine.

seit 1806 In Mitteleuropa werden nach französischem Vorbild polytechnische Schulen errichtet (1806 Prag, 1815 Wien, 1825 Karlsruhe, 1827 München).

1809, 16. Aug. Auf Betreiben WILHELM VON HUMBOLDTS (*1767, †1835) wird die Universität zu Berlin gegründet. Diese versteht sich als Bildungseinrichtung, an der die Einheit von Lehre und Forschung im Vordergrund steht. Studenten sollen hier im Sinne der Preußischen Reformen ihre Ausbildung erhalten. Viele der neuen Konzepte in der Lehre sind auch in Anlehnung an die Methoden der *École Polytechnique* entstanden. Von 1828 bis 1949 trägt die Universität den Namen Friedrich-Wilhelm-Universität nach ihrem Gründer, dem preußischen König FRIEDRICH WILHELM III.

13. Nov. Gründung der *Geological Society* in London zur Erforschung der geologischen Struktur der Erde.

1809 In seinem Buch »Philosophie Zoologique« stellt JEAN-BAPTISTE LAMARCK (*1744, †1829) eine Theorie der Entwicklung der Tier- und Pflanzenarten vor. Zugleich formuliert er das Programm einer allgemeinen Lebenswissenschaft.

1811 AMEDEO AVOGADRO (*1776, †1856) stellt die Hypothese auf, wonach gleiche Volumina verschiedener Gase bei gleicher Temperatur und gleichem Druck die gleiche Anzahl kleinster Teilchen enthalten.

1814 Pierre-Simon Laplace beschreibt in seinem Buch »Essai philosophique sur les probabilités« die Vorstellung eines vollständig mathematisch determinierten Weltverlaufs. Da jedoch dieser höchstens einem rechnenden Gott bekannt sein könnte, bedarf alle menschliche Wissenschaft einer wahrscheinlichkeitstheoretischen Fundierung.

1818 Gründung des *Institution of Civil Engineers* in England.

1819 Erste Atlantiküberquerung durch den Schaufelrad-Dampfer »Savannah«.

1819–1829 George Stephenson entwickelt die moderne Dampflokomotive.

1820 Hans Christian Ørsted entdeckt den Zusammenhang von Elektrizität und Magnetismus, als er beobachtet, wie eine Magnetnadel von einem stromdurchflossenen Leiter abgelenkt wird. – Patent zum Walzen von Eisenbahnschienen.

1822 Gründung der Gesellschaft Deutscher Naturforscher und Ärzte auf Betreiben von Lorenz Oken (*1779, †1851). Sie will den regelmäßigen Austausch der Wissenschaftler untereinander fördern.

Verwissenschaftlichung der Industrieproduktion

Um 1800 ergeben sich, zunächst v. a. im Bereich der Chemie, erste Berührungen zwischen wissenschaftlicher Forschung und industrieller Produktion. So betreibt Benjamin Thompson (*1753, †1814) 1800 in London die Gründung der *Royal Institution of Great Britain.* Humphry Davy (*1778, †1829) wird 1801 als Dozent für Chemie dorthin berufen. Hier führt er zwischen 1802 und 1812 ein agrikulturchemisches Forschungsprogramm durch, um einer Lebensmittelknappheit zu begegnen. Mit dieser Gründung beginnt eine vom Staat unabhängige Forschungskultur, die sich selbst über Forschungsaufträge finanzieren muss. Auch in Frankreich sind in der für die napoleonischen Kriege erforderlichen Produktion z. B. von Schießpulver und Stahl Chemiker unverzichtbar.

Ab Mitte des 19. Jh.s werden erste Firmenlaboratorien gegründet und zunehmend Hochschulabsolventen mit naturwissenschaftlicher Ausbildung eingestellt. Die Labore haben zunächst die Aufgabe der Qualitätskontrolle und bestehen manchmal nur aus einer Testbank in der Fertigungshalle. In Zusammenarbeit mit Universitätsinstituten werden aber erste wissenschaftlich erforschte Produktionsprozesse entwickelt (Düngemittel, Stahlerzeugung). In den 1870er-Jahren entstehen dann erste Industrieforschungslabore mit der Aufgabe, neue Produktionstechnologien zu untersuchen. Die sich seither entwickelnden Branchen der chemischen Industrie (Färbestoffe) und elektrotechnischen Industrie (Telegrafie, Unterwasserkabel, elektrisches Licht) übernehmen v. a. in den USA und im Deutschen Reich die Vorreiterrolle.

Zusammen mit der Entwicklung in der Industrie kommt es auch zum Ausbau der wissenschaftlich-technischen Ausbildung. Durch neu entstehende polytechnische Schulen und Technische Hochschulen können mehr Absolventen ausgebildet werden. Zudem entwickelt sich in der Elektrotechnik eine neue Ingenieurswissenschaft. Kooperationen zwischen einzelnen Professoren oder Instituten und Firmen sowie die Möglichkeit des beidseitigen personellen Austauschs zwischen Hochschulen und Industrie stärken die Verbindungen.

Im Deutschen Reich entwickelt sich eine gemischte Förderung von Wissenschaft. Mit der Physikalisch-Technischen Reichsanstalt (gegründet 1887) oder der Kaiser-Wilhelm-Gesellschaft (gegründet 1911, seit 1948 Max-Planck-Gesellschaft) werden Forschungseinrichtungen gegründet, die Staat und Wirtschaft finanzieren. Nichtuniversitäre Forschungseinrichtungen fördert der Staat in Großbritannien dagegen zunächst nicht, während in Frankreich vergleichbare Institutionen im 19. Jh. noch fast ausschließlich staatlich finanziert sind.

1824 Justus von Liebig (*1803, †1873) nimmt seine Lehrtätigkeit an der Universität Gießen auf. Er gründet ein Unterrichts- und Lehrlabor, in dem Studenten selbstständig arbeiten und experimentieren können. Liebig entwickelt eine systematische Ausbildung für Chemiker, bei dem das Experimentieren im Mittelpunkt steht. Später wird das Labor zu einem Institut erweitert, das neben einer Bibliothek und Seminarräumen auch Wohnmöglichkeiten hat. Auch Liebig hat zeitweise in Frankreich studiert und ist dort mit neuen Lehrmethoden in Kontakt gekommen.
Gründung des *Franklin Institute* für die Materialprüfung in Philadelphia.

1828 Friedrich Wöhler (*1800, †1882) stellt erstmals Harnstoff, eine organische Verbindung, im Labor her. Mit dieser Entdeckung reift die Einsicht, dass organische Verbindungen nicht nur im lebenden Körper entstehen, sondern auch künstlich hergestellt werden können.

1829 Mit den Arbeiten des russischen Mathematikers Nikolaij Lobatschewskij (*1792, †1856) und des ungarischen Mathematikers János Bolyai (*1802, †1860) wird die nichteuklidische Geometrie begründet. – Gründung der privaten *École Centrale des Arts et Manufactures.*

1830 In der Pariser Akademie stellt Etienne Geoffroy Saint-Hilaire (*1772, †1844) Arbeiten vor, die zeigen sollen, dass sich eine Tierart mit der Zeit aus einer anderen entwickeln könne und lehnt damit den Katastrophismus seines Lehrers Cuvier ab. Es folgen heftige Auseinandersetzungen zwischen den Anhängern der Katastrophentheorie und jenen, die die stetige Weiterentwicklung der Tierarten propagieren. – Eröffnung der Dampfeisenbahnstrecke von Liverpool nach Manchester.

1830–1833 Charles Lyell (*1797, †1875) veröffentlicht »The Principles of Geology« und formuliert sein Hauptargument, wonach nur die heute tätigen geologischen Kräfte, wie Wasserkraft und Vulkanismus, zur Erklärung der Erdgeschichte herangezogen werden sollten.

1830–1840 Durchsetzung der »integrierten Textilfabrik«

(Maschinenspinnerei und -weberei mit Antrieb durch Wasserkraft bzw. Dampfmaschine). – Das Heißluftblasen nach JAMES BEAUMONT NEILSON (*1792, †1865) senkt den Koksverbrauch bei der Roheisenherstellung.

1835 Patentierung des Revolvers von SAMUEL COLT (*1814, †1862).

1835–1837 SAMUEL MORSE (*1791, †1872) entwickelt ein elektromechanisches Übertragungssystem für Nachrichten mit Aufzeichnungsapparat.

1836 JOHN STEPHEN WOOLRICH (*ca. 1790, †1843) baut in England Gleichstrom-Generatoren für die Galvanisierung.

1838 MATHIAS JACOB SCHLEIDEN (*1804, †1881) stellt die Theorie auf, wonach sich jede Pflanze aus einer Zelle entwickelt habe und aus Zellen zusammengesetzt sei. THEODOR SCHWANN überträgt ein Jahr später diese Theorie auf das Tierreich. – In der englischen Textilindustrie werden über 3000 Dampfmaschinen mit mehr als 74 000 PS eingesetzt.

1840 Mit einer verbesserten Technik der Daguerreotypie gelingt JOHN WILLIAM DRAPER (*1811, †1882) erstmals eine Fotografie des Mondes und er begründet damit die Astrofotografie.

1840er-Jahre WILLIAM F. COOKE (*1806, †1879) und CHARLES WHEATSTONE (*1802, †1875) führen in England den Zeigertelegrafen ein. – 2400 km Eisenbahnstrecken verlaufen 1840 in England; 1850 sind es 10 500 km.

1842 JULIUS ROBERT MAYER (*1814, †1878) veröffentlicht eine erste Formulierung des Energieerhaltungssatzes. HERMANN VON HELMHOLTZ bringt diese Formulierung 1847 als Ersten Satz der Thermodynamik in ihre endgültige Form. Unabhängig von ihnen beschäftigt sich JAMES PRESCOTT JOULE (*1818, †1889) experimentell mit diesem Thema. – Generelles Verbot der Untertagearbeit von Frauen und Kindern unter 10 Jahren in England.

1843 Mit einem aufwendigen Präzisionsexperiment, das die Erwärmung von gerührtem Wasser misst, kann JOULE die Äquivalenz von Wärme und mechanischer Arbeit quantitativ bestimmen, deren Einheit nach ihm benannt ist.

Industrialisierung des Westens bis zum Ersten Weltkrieg

Seit Mitte des 19. Jh.s führen neue Verfahren bei der Kohleförderung und der Stahlherstellung zur Verbilligung und Expansion. Während der 1880er-Jahre überholen zuerst die USA und Mitte der 1890er-Jahre Deutschland Großbritannien bei der Stahlproduktion. Die Kohle avanciert zum unverzichtbaren Energieträger und Reduktionsmittel in der Eisen- und Stahlproduktion, zum Rohstofflieferanten für die chemische Industrie und zum Treibstoff des Verkehrssektors. Als Antrieb wird die Dampfmaschine optimiert (»Präzisionsdampfmaschinenbau«). In den 1850er-Jahren verdrängen deutsche Lokomotivbauer ihre englische Konkurrenz vom heimischen Markt. Die Suche nach kleinen Motoren löst die Entwicklung neuer Maschinentypen aus. Der US-Maschinenbau übernimmt die führende Stellung bei der Herstellung von Nähmaschinen und Handfeuerwaffen und den zugehörigen Werkzeugmaschinen. Das »American System of Manufacturing« – Serienfertigung, Normierung, Typisierung, Präzisionsfertigung, Austauschbau – wird Ausgangspunkt der Massenproduktion.

Im 19. Jh. wandelt sich die Produktion von Chemikalien grundlegend, die bis dahin in chemisch-technischen Gewerbebetrieben hergestellt worden sind. Die Industrialisierung löst die Suche nach neuen Verfahren für die massenhafte Herstellung von Säuren und Alkalien aus, die von der Textil- und Metallindustrie nachgefragt werden. Die Herausbildung einer chemischen Großindustrie gelingt durch Einführung kontinuierlicher Produktionsverfahren sowie die lukrative Verwertung von Nebenprodukten. Die Synthetisierung von Farbstoffen aus bis dahin wertlosem Steinkohlenteer markiert den Durchbruch der chemischen Wissenschaften. Seit den 1880er-Jahren kann die Landwirtschaft durch die großindustrielle Düngemittelproduktion ihre Erträge erheblich steigern. Bis zum Ersten Weltkrieg setzen sich die ersten Kunststoffe massenhaft durch.

Die Anfänge der elektrotechnischen Industrie liegen in der Nachrichtenübermittlung für staatliche Zwecke und im Eisenbahnwesen. Seit Mitte des 19. Jh.s vollzieht sich die Globalisierung der kabelgebundenen Telegrafie. Bis zum Ersten Weltkrieg erlauben Großfunkstationen die weltweite Nachrichtenübermittlung. Die Nutzung der Elektrizität für Antrieb und Beleuchtung im industriellen Maßstab setzt in der Hochphase der Industrialisierung seit den 1880er-Jahren ein. Die Herausbildung der wissenschaftlichen Elektrotechnik folgt der Entstehung der elektrotechnischen Industrie nach, sodass hier der Fall einer *industry-based science* vorliegt. Die Elektrotechnik symbolisiert die Entfaltung des technischen Fortschritts jenseits von Kohle und Dampfkraft, die sie durch ihre glanzvollen und sauberen Anwendungen zu überwinden scheint. Die flächendeckende Stromversorgung vollzieht sich nach der Einführung des Wechselstroms, der im Unterschied zum Gleichstrom eine Energieübertragung über weite Entfernungen erlaubt.

1846 ELIAS HOWE (*1819, †1867) erhält das Nähmaschinenpatent.

1846–50 STEPHENSON baut die Britannia-Brücke (England) aus genietetem Puddeleisen nach dem Kastenprinzip.

1848 Gründung der *Institution of Mechanical Engineers* in England und der *Societé des Ingénieurs Civils* in Frankreich.

seit Mitte des 19. Jh.s Versorgung der elektrischen Bogenlampen in Leuchttürmen durch dampfmaschinengetriebene Generatoren.
Einführung der Wasserrohr-Dampfkessel nach ERNST ALBAN (*1791, †1856) und die Schiebersteuerung für Dampfmaschinen durch den Amerikaner GEORGE HENRY CORLISS (*1817, †1888).

1850 JACOB MAYER (*1813, †1875) entwickelt in Bochum den Stahlformguss mit Gussstahl.

1851 Auf der Londoner Weltausstellung präsentiert der Krupp-Konzern eine Gußstahlkanone, die sich gegenüber der Bronzekanone als militärisch überlegen erweist (Deutsch-Französischer Krieg 1870/71). – Unabhängig voneinander und fast gleichzeitig stellen RUDOLPH CLAUSIUS (*1822, †1888) und WILLIAM THOMSON (*1824, †1907) den zweiten Hauptsatz der Thermodynamik auf, nach dem die Entropie abgeschlossener Systeme in physikalischen Prozessen niemals verringert werden kann.

1852 Gründung der *American Society of Civil Engineers.*

1853 JOSEPH ARTHUR COMTE DE GOBINEAU (*1816, †1882) veröffentlicht sein »Essai sur l'inégalité des races humaines«.

1853–56 Im Krimkrieg verwenden die Engländer elektrische Bogenlampen zur Gefechtsfeldbeleuchtung.

1854 Stapellauf der »Great Britain« von ISAMBARD KINGDOM BRUNEL (*1806, †1859) als »Schiff der Zukunft« (Schraubenpropeller, Eisenrumpf aus Puddeleisen).

1856 Bei dem Versuch, Chinin künstlich herzustellen, entdeckt der britische Chemiker WILLIAM HERNRY PERKIN (*1838, †1907) eine violette Substanz (Mauvein), die sich zum Färben eignet. Damit ist die erste Farbe aus Anilinderivaten entdeckt und die künstliche Farbenproduktion in der Chemie begründet. – HENRY BESSEMER (*1813, †1898) entkohlt die Roheisenschmelze durch Einblasen von Luft und erhält gießbaren Stahl (»Bessemer-Verfahren«). – Gründung des »Vereins Deutscher Ingenieure« durch Absolventen des Berliner Gewerbeinstituts. – Die weite Verbreitung der Dampfmaschine und häufige Kesselexplosionen veranlassen Unternehmer und Regierungen, die Kessel der Kontrolle zu unterwerfen: Einführung einer ständigen Überwachung von Dampfkesseln in Preußen.

1859 CHARLES DARWIN (*1809, †1882) veröffentlicht »On the Origin of the Species by Means of Natural Selection, or the Preservation of Favoured Races in the Struggle for Life«. – Der Chemiker ROBERT BUNSEN (*1811, †1899) und der Physiker GUSTAV ROBERT KIRCHHOFF (*1824, †1887) entwickeln gemeinsam die chemische Spektralanalyse. Durch Erhitzen chemischer Substanzen in einer Flamme können Spektrallinien beobachtet und so geringste Spuren eines Elementes entdeckt werden. Damit wird eine neue Periode der Chemie eingeleitet. Mithilfe des Spektroskops, eine der wichtigsten Experimentaltechniken des späten 19. Jh.s, werden viele neue Elemente entdeckt.

Sozialbiologische Bevölkerungs- und Vererbungslehren

Um 1800 führen Industrialisierung, Urbanisierung und die Wahrnehmung eines stärkeren Bevölkerungswachstums zu neuen Theorien der Bevölkerungsentwicklung. So fürchtet der britische Nationalökonomen und Sozialphilosoph THOMAS ROBERT MALTHUS, dass die Bevölkerung stärker wachse als die Wirtschaft, die durch das »Gesetz vom abnehmenden Bodenertrag« gebremst werde. Um der Verelendung vorzubeugen, fordert er eine Beschränkung der Geburtenzahl. Kern seiner sozial(biologisch)-ökonomischen Theorie (»An essay on the principle of population«, 1798) ist die Annahme, dass das exponenzielle Wachstum einer Bevölkerung bei nur linearem Anstieg der Lebensmittelproduktion zwangsläufig eine Krise der Überpopulation zur Folge haben werde, die durch Heiratsverbote vermieden werden könne, sich ansonsten aber durch Hungersnöte, Krankheiten und Kriege selbst reguliere.

Neben dieser beherrschenden sozialökonomischen Theorie stehen die Vererbungslehren der Biologen des frühen 19. Jh.s, die zwar zunächst nur auf die Tier- und Pflanzenwelt gerichtet sind, sich aber leicht auf den Menschen anwenden ließen. Der Lamarckismus von JEAN-BAPTISTE LAMARCK besagt, dass Lebewesen ihren Nachkommen jene positiven und überlebensnotwendigen Eigenschaften vererben, die sie lebenszeitlich neu erworben haben. Die Evolution werde also zielgerichtet vorangetrieben. Fast zeitgleich und unabhängig voneinander entwickeln CHARLES DARWIN und ALFRED RUSSEL WALLACE (*1823, †1913) 50 Jahre später eine Theorie der Entstehung der Arten. Beide entwickeln ihre Theorien aufgrund der Eindrücke, die sie auf mehrjährigen Forschungsreisen im pazifischen Raum erwarben. Die Ergebnisse beider werden auf einer Sitzung im Juli 1858 der *Linnean Society* in London vorgestellt und im selben Jahr in deren Zeitschrift publiziert. DARWINS Selektionstheorie (Darwinismus) basiert zunächst – wie bei MALTHUS – auf der Annahme einer Überproduktion an Nachkommen und – wie bei LAMARCK – auf der Annahme einer lebenszeitlichen Veränderlichkeit (Variabilität) der Merkmale aller Lebewesen. Daneben postuliert DARWIN den permanenten Kampf der besser gegen die weniger angepassten Nachkommen ums Überleben. Von den Nachkommen einer biologischen Gruppe überleben im Konkurrenzkampf (*struggle for life,* »Kampf ums Dasein«) im statistischen Durchschnitt diejenigen am ehesten, die ihrer Umwelt am besten angepasst sind (*survival of the fittest,* Auslese/Selektion). Unter Kampf in diesem Sinne ist – stärker als der tatsächliche Kampf – das statistisch positive Nachkommenverhältnis zu verstehen. Dieses biologische Prinzip (*natural selection;* biologische Zuchtwahl) ist für DARWIN der entscheidende Kausalfaktor der Evolution und damit – bei DARWIN noch sehr vorsichtig – auch auf die Entwicklungsgeschichte des Menschen anwendbar.

Die Theorie begründenden Hauptwerke »On the Origin of Species by Means of Natural Selection« (1859) und »The Descent of Man« (1871) erfreuen sich in der zweiten Hälfte des 19. Jh.s größter Beliebtheit und werden (populär-)wissenschaftlich breit rezipiert. Die Theorie stößt in dieser Zeit auf Kritik, weil sie sich gegen die Einzigartigkeit des Menschen wie gegen die biblische Schöpfungsgeschichte zu stellen scheint. Erst um 1950 werden die darwinschen Prinzipien der Variation und Selektion in der Biologie allgemein anerkannt.

Auf Grundlage des biologischen Darwinismus entwickelt sich bereits wenige Jahre nach dem Erscheinen des darwinschen Schlüsselwerks eine sozialwissenschaftliche Theorie, nach der DARWINS Lehre von der natürlichen Auslese auf Gesellschaften übertragen werden kann. Es handelt sich hierbei politologisch um einen sog. Biologismus, d. h. die Übertragung biologischer Gesetzmäßigkeiten auf die Entwicklung und Existenzbedingungen von Gesellschaften: Staat und Gesellschaft werden in Analogie zum Organismus gesetzt. Die deutlichste Ausprägung des Biologismus ist im 19. Jh. der Sozialdarwinismus. Seine Grundthese ist zusammenfassend: Alle Menschen sind prinzipiell ungleich; daher kommt es zum »Kampf ums Dasein«, in dem die Tauglichsten obsiegen. In Deutschland greift den Sozialdarwinismus v. a. der Zoologe und Philosoph Ernst Haeckel (*1834, †1919) auf und propagiert ihn radikal. Schon bald wird der populäre Sozialdarwinismus auch für die in der zweiten Hälfte des 19. Jh. entstehende Rassenanthropologie fruchtbar gemacht. Grundlegend ist hierbei neben den Schriften Darwins v. a. das Essay von Gobineau über die Ungleichheit der menschlichen Rassen, typisch auch die 1903 publizierte Preisschrift von Wilhelm Schallmeyer (*1857, †1919) über »Vererbung und Auslese im Lebenslauf der Völker«. Otto Ammon (*1842, †1915) entwirft 1900 ein typisches Spektrum möglicher sozialdarwinistischer Auslesefaktoren: Erziehung, Klima, Erbfaktormischung sowie natürliche, militärische, politische, religiöse, moralische, gesetzliche und ökonomische Auslese. Auslesefaktoren in der Entwicklung erörtert wissenschaftlich v. a. der britische Naturforscher und Schriftsteller Francis Galton (*1822, †1911) im Rahmen seiner »Eugenik«. Im Kernbereich der Eugenik steht die Vision einer Menschenzüchtung im Sinne der Herausbildung biologischer Eliten (Zuchtrassen). Als negative Eugenik soll sie der Verschlechterung der Erbanlagen vorbeugen (Ehe- und Sexualberatung, eugenische Kontrazeption, Abtreibung und Sterilisation, Zwangsasylierung), als positive Eugenik deren Verbesserung fördern (Ehestiftung, Züchtung). Alfred Ploetz popularisiert die Eugenik als »Rassenhygiene« im deutschsprachigen Raum. Die Rassenhygiene, so Ploetz, richte sich auf die »Erhaltung und Fortpflanzung der biologischen Rasse unter den günstigsten Bedingungen«, wobei es ihr als quantitative Rassenhygiene um die »Mehrung«, als qualitative Rassenhygiene um die »Verbesserung« oder »Hebung« des Volksbestandes gehe. Als positive bzw. negative Rassenhygiene stünden ihr dafür die Mittel der »Auslese« bzw. der »Ausmerze« zur Verfügung. Die Institutionalisierung der Rassenhygiene vollzieht sich in Deutschland bald nach 1900. Im Nationalsozialismus erfährt das in der negativen Eugenik enthaltene auf »Ausmerzung« von »Minderwertigen« zielende Potenzial durch systematische Zwangssterilisationen (Sterilisationsgesetz, 1933) und Ermordung von hunderttausenden Kranken und Menschen mit Behinderung seine grausame Realisation. Gesetze zur Sterilisation (auch unter Zwang) wurden u. a. in den USA, der Schweiz, Skandinavien, Island und Lettland verabschiedet und teilweise erst in den 1970er- und 1980er-Jahren wieder zurückgenommen.

1860 Der Schwede John Ericsson (*1803, †1889) fertigt einen Heißluftmotor und Étienne Lenoir (*1822, †1900) einen Zweitakt-Gasmoter (Explosionsmotor). – Friedrich August Kekulé von Stradonitz (*1829, †1896) entwirft eine Strukturtheorie der organischen Verbindungen. – Die gepanzerten Kriegsschiffe »Gloire« (Frankreich) und »Warrior« (England) fahren mit Dampfantrieb.

1861 Der Amerikaner Jordan Gatling (*1818, †1903) entwickelt das Maschinengewehr. – Ernest Solvay (*1838, †1922) entwickelt das Ammoniak-Verfahren zur Sodaherstellung, das sich industriell in den 1870er-Jahren durchsetzt.

1862 Henry Bessemer präsentiert auf der Weltausstellung in London Gussstahlkanonen. – Einrichtung der Probieranstalt bei Krupp (Essen).

1864 Pierre Martin (*1824, †1915), Friedrich Siemens (*1826, †1904) und Carl Wilhelm Siemens (*1823, †1883) erarbeiten ein Verfahren zur Aufbereitung von Stahlschrott (Siemens-Martin-Verfahren).

1865 Eröffnung des vier Jahre zuvor durch William Barton Rogers (*1804, †1882) gegründeten *Massachusetts Institute of Technology (MIT)* in Cambridge, im 20. Jh. eines der bedeutendsten physikalischen Großforschungseinrichtungen der USA.

1866 Zwischen London und New York wird eine telegrafische Verbindung geschaffen. – Werner Siemens (*1816, †1892) entdeckt das dynamoelektrische Prinzip (Selbsterregung des Generators) und konstruiert magnetelektrische Minenzünder. – Gregor Mendels (*1822, †1884) Studien über die Vererbung von Pflanzeneigenschaften erscheinen, bleiben jedoch zunächst unbeachtet.

bis 1867 Nicolaus Otto (*1832, †1891) und Eugen Langen (*1833, †1895) entwerfen die atmosphärische Gasmaschine. – Das Patent auf die Drahtbewehrung von Blumenkübeln von Joseph Monier (*1823, †1906) löst die Entwicklung des Stahlbetonbaus aus.

1868 Kurz nacheinander erscheinen drei Texte von Bernhard Riemann (*1826, †1866; sein bereits 1854 gehaltener Habilitationsvortrag), Hermann von Helmholtz und Eugenio Beltrami (*1835, †1900), die das Verständnis der Geometrie grundlegend verändern; die klassische euklidische Geometrie verliert ihren Status als einzige denkbare mathematische Beschreibungsmöglichkeit des Raumes.

1869 Fertigstellung der transkontinentalen Eisenbahn in den USA. – Eröffnung des von Ferdinand de Lesseps (*1804, †1894) erbauten Sueskanals. – Siemens schafft eine telegrafische Verbindung von London nach Indien über 18 000 km. – Errichtung einer Normaleichungskommission in Deutschland zur Umstellung auf Meter und Kilogramm. Ingenieure, Staatsbeamte und Unternehmer legen seit Beginn der 1860er-Jahren verbindliche Regeln (»Normalien«) für konkurrierende Produkte fest. – Nachdem die Thesen Amedeo Avogadros sich durchsetzen konnten, entwickeln Dimitrij Mendelejew (*1834, †1907) und Lothar Meyer (*1830, †1895) unabhängig voneinander die Einteilung der Elemente in der Periodentafel.

1870er-Jahre Elisha G. Otis (*1811, †1861) erfindet Sicherheitsaufzüge, die später in den »Elevator Buildings« eingesetzt werden. – Zwischen 1870 und 1872 entwickelt John W. Hyatt (*1837, †1920) das Verfahren zur Herstellung von Zelluloid aus Nitrozellulose.

seit 1870er-Jahre Amerikanische Ingenieurcolleges bilden praxisnah in Maschinenlaboratorien aus.

1871 Charles Darwin veröffentlicht »The Descent of Man«, in dem er seine Theorien der natürlichen Selektion auf die Evolution des Menschen erweitert.

1872 Henry Draper (*1837, †1882) nimmt erstmals fotografisch die Spektrallinien eines Sternes auf und kann so dessen chemische Zusammensetzung bestimmen.

1873 James Clerk Maxwells (*1831, †1879) »Treatise on Electricity and Magnetism« liefert eine umfassende mathematische Beschreibung der elektrischen und magnetischen Phänomene und formuliert eine elektromagnetische Lichttheorie; diese bleibt zunächst umstritten.

1874, April Das Reichsimpfgesetz kodifiziert die Pockenschutzimpfung mit Kälberlymphe.

1875 Clemens Winkler (*1838, †1904) entwickelt die katalytische Oxidation von Schwefeldioxid zur Schwefelsäureherstellung.

1876 Nicolaus Otto entwickelt den Viertakt-Explosionsmotor mit Kompression. – Thomas Alva Edison (*1847, †1931) errichtet sein elektrotechnisches Entwicklungslabor Menlo Park. – Alexander Graham Bell (*1847, †1922) präsentiert sein Telefon auf der Weltausstellung in Philadelphia.

1879 Siemens stellt eine Elektrolokomotive her. – Sidney G. Thomas (*1850, †1885) und Percy C. Gilchrist (*1851, †1935) entwickeln ein Verfahren zur Verhüttung phosphorhaltiger Erze durch Auskleiden des Konverters mit kalkhaltigem Dolomit (»Thomasverfahren«). – Gründung der königlichen Mechanisch-Technischen Versuchsanstalt in Berlin. Sie überwacht bald in Deutschland 60 000 Dampfkessel.

seit 1880er-Jahre Errichtung von Laboratorien mit studierten Chemikern und Ingenieuren in der deutschen chemischen Industrie (Farbstofflabors).

1880 Edison erfindet die Glühlampe mit Kohlefaden (Bambusfaser).

1881 Siemens & Halske baut in Berlin eine elektrische Versuchsstraßenbahn.

Infektionskrankheiten, Seuchenbekämpfung und demografischer Wandel

War die Pest die im Mittelalter am meisten gefürchtete Seuche, so gilt dies im 19. und noch Anfang des 20. Jh.s für die Cholera. Sie zieht in verschiedenen Wellen seit den 1830er-Jahren als neue Krankheit aus dem Osten mit verheerender Wirkung durch die europäischen Städte; noch 1892 sterben in Hamburg in kurzer Zeit mehr als 8000 Menschen an dieser Infektionskrankheit. Insbesondere das entkräftete und wenig widerstandsfähige Stadt- und Landproletariat fällt der Krankheit schnell zum Opfer. Aber auch andere Krankheiten wie Tuberkulose, Malaria, Diphtherie, Grippe, Ruhr und Typhus fordern, vorwiegend unter der mittellosen Bevölkerung, dauernd ihren hohen Tribut. Die Zusammenhänge zwischen der hygienischen Situation großer Teile der Stadt- und Landbevölkerung und den immer wieder in Erscheinung tretenden Seuchen werden v. a. nach den ersten großen Choleraepidemien der 1830er-Jahre deutlich erkennbar. Nicht zuletzt als Reaktion darauf entwickelt sich zunächst in England, später auch in Deutschland, eine Hygienebewegung, deren erklärtes Ziel eine Verbesserung der sanitären Lebenssituation v. a. in den industriellen Ballungszentren ist.

An der Spitze der englischen Hygienebewegung (*sanitary movement*) stehen der Rechtsanwalt Edwin Chadwick (*1800, †1890) und der Arzt Thomas Southwood Smith (*1788, †1861), die sich der Arbeits- und Lebenssituation der unteren Klasse in den englischen Großstädten widmen und als Vorkämpfer aller sozialen Verbesserungen gelten. Chadwick verfasst 1842 einen Bericht über die »Sanitary Condition of the Labouring Classes of Great Britain«, der in England zu ersten praktischen Maßnahmen der öffentlichen Hygiene (Kanalisationsnetze, *water closets*, Frischwasserzuleitungen) führt. Diese Maßnahmen setzen sich bald zumindest in den größeren Städten durch und beseitigen die gröbsten Missstände. Bedeutendster Vertreter der wissenschaftlichen Hygiene auf dem europäischen Kontinent ist der Arzt und Hygieniker Max von Pettenkofer (*1818, †1901). Gesundheit ist für ihn nicht nur ein individuelles Gut, sondern auch ein wirtschaftlicher Wert, nämlich wichtigste Voraussetzung für eine prosperierende Nationalökonomie und damit zentrale Aufgabe staatlicher Aufsichtspflicht. Das Mühen um die Schaffung gesunder Wohn- und Ernährungsverhältnisse, die Verbesserung der Lebens- und Arbeitsbedingungen, die Entwicklung einer wissenschaftlich begründeten Kommunalhygiene und wissenschaftliche Untersuchungen zur Epidemiologie der wichtigsten Seuchen, v. a. Cholera und Typhus, gehen auf ihn zurück.

Mitte des Jh.s werden moderne Ideen zur Seuchenentstehung entwickelt. Bereits 1840 bringt Jakob Henle den Begriff des *contagium vivum* von Girolamo Fracastoro (*1478, †1553) wieder in die Diskussion, kann diese Vorstellung aber gegen übermächtige miasmatische Auffassungen nicht durchsetzen. Der neuen hygienischen Disziplin auf Grundlage der Parasiten- und Bakterienlehre stehen noch drei allgemein verbreitete und in der Ärzteschaft weitgehend akzeptierte Hypothesen über den Charakter niederer Organismen entgegen: die Theorie ihrer Entstehung durch Urzeugung (*Generatio spontanea*), ihre Allgegenwart (Ubiquität) und Vielgestaltigkeit (Pleomorphie). V. a. die Beseitigung dieser Erkenntnishindernisse durch Louis Pasteur (*1822, †1895) und Robert Koch (*1843, †1910) und nicht in erster Linie die frühen Erregernachweise ermöglicht die Durchsetzung kontagionistischer Vorstellungen und die damit verbundene Entstehung der Bakteriologie als wissenschaftliche Disziplin.

In Frankreich erforscht Pasteur seit etwa 1850 die Milchsäure- und alkoholischen Gärung und beschreibt diese biochemischen Prozesse als Ergebnisse mikroorganischer Tätigkeit. Weiterhin kann Pasteur mehrere Weinkrankheiten als erregerbedingte Veränderungen erklären und 1857 zeigen, dass man diese Erreger durch Erhitzen auf eine bestimmten Temperatur abtöten kann (Pasteurisieren), ohne die Qualität des Weines nachhaltig zu mindern. Pasteurs Forschungen zur Entstehung, Vermehrung und zum Lebenszyklus der Mikroben, seine Untersuchungen zur Ursache-Wirkungsbeziehung zwischen Mikroorganismus, Infektion und Krankheitssymptom liefern der jungen Bakteriologie ein wichtiges Fundament. Pasteur wendet sich nun den menschlichen Infektionskrankheiten zu. Seine Aufmerksamkeit gilt v. a. der von Edward Jenner (*1749, †1823) beschriebenen Methode der Vakzination. 1881 gelingt es zum ersten Mal, einen wirksamen Impfstoff gegen den Milzbrand zu entwickeln, dem 1885 ein Impfstoff gegen die gefürchtete Tollwutkrankheit folgt.

In Deutschland ist Robert Koch der bedeutsamste Begründer der wissenschaftlichen Bakteriologie. Dies gilt sowohl für seine Pionierleistung in der bakteriologischen Forschung als auch die methodische Grundlegung der Bakteriologie. Kochs wichtigste Entdeckung ist die des Erregers der Tuberkulose (*Mycobacterium tuberculosis*) 1882. Damit verbinden sich gewaltige Hoffnungen, die Geißel der Volkskrankheit Tuberkulose besiegen zu können. Die Entdeckung des vermeintlich wachstumshemmend auf die Tuberkelbazillen wirkenden »Tuberkulin« (1891) entpuppt sich zwar als Fehleinschätzung, doch ist die Grundlage für die diagnostische Tuberkulin-Probe geschaffen. Bereits 1883 gelingt Koch die Entdeckung des *Vibrio cholerae*, des Choleraerregers. Entscheidender noch als die Erregernachweise Kochs sind seine prinzipiellen Überlegungen zur wissenschaftlichen Bakteriologie. Sein Schüler Friedrich Loeffler (*1852, †1915) fasst sie als sog. kochsche Erregerpostulate zusammen: Die Erreger von Infektionskrankheiten müssen mikroskopisch nachweisbar und eindeutig identifizierbar sein, man muss sie isolieren und in Reinkultur züchten können, eine Überimpfung mit diesen Kulturen muss zu Krankheitszeichen führen, die mit denen der Grundkrankheit prinzipiell identisch sind, nach der Überimpfung muss es möglich sein, die Erreger im überimpften Organismus erneut nachzuweisen.

In den 1880er-Jahren wächst das Interesse der bakteriologischen Forschung an spezifischen Bakteriengiften, den Toxinen. Erste Ergebnisse legt Knud Faber (*1862, †1956) zur Wirkungsweise der Tetanustoxine (1890) vor. Immunisierungsversuche an Tieren durch Emil von Behring (*1854, †1917) belegen im gleichen Jahr die Bildung von Antitoxinen und markieren den Beginn der Serumtherapie. Bereits in den 1890er-Jahren sind diese Versuche auf dem Gebiet der Diphtherieimpfung von Erfolg gekrönt. Die erste dauerhaft wirksame Diphtherieschutzimpfung durch eine aktive Immunisierung erfolgt 1913 (»Retter der Kinder«). Nach 1900 entwickelt Behring auch einen Impfstoff gegen den Wundstarrkrampf (Tetanus), das während des Ersten Weltkrieges erstmals breit eingesetzt wird (»Retter der Soldaten«). Auch in der Gesetzgebung findet die Bakteriologie ihren Niederschlag. Das 1900 verabschiedete Reichsseuchengesetz und seine Erweiterungen ist in seinen generellen Aussagen noch heute Grundlage der Seuchengesetzgebung. Im 20. Jh. sind große Erfolge auf dem Gebiet der Therapie der Infektionskrankheiten zu verzeichnen, vor 1914 eingeleitet durch die Entdeckung eines Chemotherapeutikums gegen die Syphilis (Paul Ehrlich; *1854, †1915) und fortgesetzt in der Entwicklung der Sulfonamide in den 1930er-Jahren (Gerhard Domagk; *1895, †1964) und der Antibiotika seit den 1940er-Jahren (Alexander Fleming; *1881, †1955). Eine medikamentöse Therapie der Volkskrankheit Tuberkulose ist seit den frühen 1950er-Jahren möglich. Sowohl die Grippe-Pandemie von 1918 als auch das Aufkommen der Immunschwächekrankheit HIV/AIDS seit den frühen 1980er-Jahren oder die zunehmenden Resistenzen einstmals erfolgreich medikamentös bekämpfter Erreger zeigen jedoch, dass von einem nachhaltigen Erfolg der antiinfektiösen Therapie keine Rede sein kann.

Obwohl trotz all dieser Erfolge zu Beginn des 20. Jh.s gegenüber den meisten Infektionskrankheiten, v. a. der Tuberkulose, noch keine wirksamen prophylaktischen oder therapeutischen Maßnahmen zur Verfügung stehen, ist bereits um 1900 ein deutlicher Rückgang der Infektionsmortalität zu registrieren. Man spricht daher von einer Phase der epidemiologischen Transition. Dieser Vorgang bezeichnet allgemein Veränderungen der Häufigkeit von Krankheiten und Todesursachen in einer bestimmten Gesellschaft als Folgen gesellschaftlicher Entwicklung. Ein solcher Wandel ist etwa seit Ende des 18. Jh.s bis zum Beginn des 20. Jh.s in den entwickelten Industriegesellschaften zu beobachten. Charakteristisch für diesen Wandel der Morbiditätsstruktur ist die Ablösung der Infektionskrankheiten als häufigste Todesursache durch chronisch-degenerativen Krankheiten (z. B. Krebs). Grob werden drei Phasen der epidemiologischen Transition unterschieden: das Zeitalter der Seuchen und Hungersnöte (18. Jh.–Mitte 19. Jh.), geprägt durch Infektionskrankheiten (Epidemien, Pandemien) als häufigste Todesursachen, das Zeitalter der zurückgehenden Epidemien und Pandemien (Mitte 19. Jh.–Anfang 20. Jh.) mit einer deutlichen Abnahme der Infektionskrankheiten als häufigste Todesursachen und das Zeitalter der degenerativen und gesellschaftlich verursachten Krankheiten (20. Jh. bis heute). Eng verknüpft ist die epidemiologische Transition mit einem Wandel der Altersstruktur der Bevölkerung (demografischer Wandel). Diese Entwicklung äußert sich v. a. in der Zunahme der mittleren Lebenserwartung, die sich stets nach tief greifenden soziologischen und ökonomischen Veränderungen abzeichnen, etwa nach und während der Industrialisierung. So ist es nicht untypisch, dass sich bedingt durch den Ersten Weltkrieg epidemiologische Transition und demografischer Wandel verlangsamen, wozu nicht zuletzt die Grippe-Pandemie von 1918 beigetragen hat.

1882 Robert Koch entdeckt den Tuberkoluse-Erreger. – Edison errichtet das erste öffentliche Elektrizitätswerk (Gleichstrom) in New York.

1883 Georg Cantor (*1845, †1918) fasst seine Forschungen über Punktmengen in der Schrift »Grundlagen der allgemeinen Mannigfaltigkeitslehre« zusammen. Cantors Theorie wird in den folgenden

Jahrzehnten zur modernen Mengenlehre und zu einer neuen Grundlage der modernen Mathematik weiterentwickelt. – Joseph Wilson Swan (*1828, †1914) entwickelt die erste Kunstfaser. Da diese sog. Chardonnet-Seide aus Zellulosenitrat (Schießbaumwolle) hergestellt wird, ist sie wegen ihrer Feuergefährlichkeit nicht lange genutzt worden.

1884–1885 Die Firma Ganz (Budapest) entwickelt den Wechselstromtransformator.

1885 Patentierung des Maschinengewehrs des Amerikaners Hiram Maxim (*1840, †1916). – Emil Rathenau (*1838, †1915) lässt in Berlin ein Elektrizitätswerk nach dem Edison-System errichten.

1886 Gottlieb Daimler (*1834, †1900) und Wilhelm Maybach (*1846, †1929) bauen eine motorisierte Kutsche mit Viertaktmotor.

1887 Heinrich Hertz (*1857, †1894) entdeckt die elektromagnetischen Wellen und weist nach, dass diese sich wie Lichtwellen ausbreiten. Er bestätigt damit experimentell die elektromagnetische Theorie des Lichts von James Clerk Maxwell. – Paul-Louis Héroult (*1863, †1914) und Charles Martin Hall (*1863, †1914) entdecken die Schmelzflusselektrolyse zur Herstellung von Aluminium. – Gründung der Physikalisch-Technischen Reichsanstalt. Aufgaben sind u. a. die Vereinheitlichung des Maß-, Gewichts- und Zeitwesens in Deutschland.

1887–1888 Frank J. Sprague (*1857, †1934) baut eine elektrische Straßenbahn, die auf einer Strecke über 20 km in Richmond, Virginia (USA), fährt.

1888 John Boyd Dunlop (*1840, †1921) entwickelt Luftreifen für Fahrräder.

1889 Anlässlich der Weltausstellung vollendet Gustave Eiffel (*1832, †1922) den Eiffelturm (300 m Höhe). – Patentierung der automatischen Tabelliermaschine mit Lochkartensteuerung von Hermann Hollerith (*1860, †1929). – David W. Taylor (*1864, †1940) sucht im Auftrag der US-Kriegsmarine systematisch nach optimalen Rumpfformen (»Wulstbug«).

seit 1890er-Jahre Stahlbeton wird für Befestigungsanlagen eingesetzt.

1890er-Jahre Henri Poincaré (*1854, †1912) formuliert angesichts der Debatten um die nichteuklidische Geometrie eine konventionalistische Wissenschaftsphilosophie: Wissenschaftliche Theorien wie die Geometrie beruhen stets auch auf konventionellen Festsetzungen.

1892 Henri Moissan (*1852, †1907) erzeugt Calciumcarbid im Lichtbogenofen: Beginn der Acetylenchemie, die viele organisch-synthetische Produkte ermöglicht.

1893 Patentierung des hoch verdichtenden Motors nach Rudolf Diesel (*1842, †1934).

Die wissenschaftliche Moderne

Zwischen etwa 1870 und 1930 kommt es in zentralen Gebieten der Naturwissenschaften zu einem bedeutenden theoretischen und experimentellen Wandel, der fundamentale Revisionen von lange Zeit als sicher angesehenen Vorstellungen über den Aufbau und die Funktionsweise der Natur erforderlich macht. In der Physik wird nach der Entdeckung neuer Strahlungsformen (Kathodenstrahlen, Röntgenstrahlen, Radioaktivität) sowie der Entstehung der Quantenphysik und Relativitätstheorie das in der Frühen Neuzeit geformte mechanische Weltbild preisgegeben. Die Chemie gibt ihr lange von der Physik getrenntes Materieverständnis zugunsten einer gemeinsam mit der Physik untersuchten Atom- und Molekülvorstellung auf. Die verknüpft mit neuen biologischen Experimentaltechniken sich ausbildende Mikrobiologie und Genetik erlaubt es, lange nur religiös bzw. spekulativ gedeutete Lebensfunktionen rein naturwissenschaftlich zu erklären. Die Mathematik wandelt sich in einem vom Auftreten neuer Forschungsgebiete bis zur Neubegründung der mathematischen Methoden reichenden Prozess von einer quantitativen Theorie der realen Welt zu einer formalen Wissenschaft abstrakter Strukturen.

In der philosophischen Reflexion der Naturwissenschaften, welche diese Umbrüche begleitet, setzt sich mehr und mehr die Ansicht durch, dass wissenschaftliche Erkenntnisse kein unmittelbar wahres Abbild der Wirklichkeit liefern, sondern pragmatisch und empirisch erfolgreiche Beschreibungsmodelle derselben. Diese Tendenzen einer wissenschaftlichen Moderne berühren sich vielfältig mit den gleichzeitigen Tendenzen der kulturellen Moderne.

Großforschung

Beschleunigtes Wachstum wissenschaftlicher Forschung in personeller, finanzieller und apparativer Hinsicht führt im Laufe des 20. Jh.s, analog zur Herausbildung der Großindustrie, zur Entstehung von Großforschung. Neben wirtschaftlichen Verwertungsinteressen konkurrierender Großunternehmen und Staaten wächst die strategische Bedeutung des Einsatzes auf Forschung basierender Technologien in der modernen Kriegführung. Zu den Forschungsfeldern, die bereits im Ersten Weltkrieg eine hohe Relevanz für das Militär erlangen, zählen zunächst die Luftfahrt, Nachrichtentechnologien (Telegrafie, Funk) und die chemische Kriegführung, im Zweiten Weltkrieg dann zusätzlich die Raketentechnik, weitere Informationstechnologien (Radar, Kryptologie, Großrechner) und die Entwicklung von chemischen, biologischen und nuklearen Massenvernichtungswaffen. Mit der Verschränkung wirtschaftlicher, militärischer, staatlicher und wissenschaftlicher Institutionen in den wichtigsten Industriestaaten Westeuropas, den USA und der Sowjetunion wird die kriegsrelevante Forschung – im Verbund mit der sich entwickelnden Raumfahrt – zu einem prägenden Faktor der Wissenschaftsentwicklung im 20. Jh. insgesamt.

Die ersten Tendenzen zur Großforschung knüpfen an die Verwissenschaftlichung der Industrieproduktion an. Das in Berlin von dem Nobelpreisträger Fritz Haber geleitete Kaiser-Wilhelm-Institut für physikalische Chemie und Elektrochemie wird im Ersten Weltkrieg dem Heer unterstellt und widmet sich der Entwicklung und Optimierung von chemischen Massenvernichtungswaffen und Gasschutzmitteln. Bis 1916 wächst dort die Belegschaft infolge der Umstellung auf Kriegsforschung auf rund 150 Wissenschaftler von insgesamt 1500 Beschäftigen, die allerdings größtenteils in den Laboren und der angegliederten Gasmaskenproduktion v. a. Hilfs- und Prüfarbeiten ausführen.

Am »Manhattan-Projekt« zur Entwicklung der Atombombe lassen sich charakteristische Merkmale von Großforschung ablesen: Großforschung erfordert die Mobilisierung erheblicher personeller und finanzieller Ressourcen unter starker staatlicher Beteiligung. Sie ist durch Zielvorgaben bestimmt, die politisch, wirtschaftlich oder militärisch als besonders relevant eingeschätzt werden, und durch eine mittel- bis langfristige Ausrichtung auf konkret definierte Projekte charakterisiert. Die Forschungsarbeit ist durch einen Dualismus von Zielvorgaben einerseits und weitgehender Autonomie der Forschungspraxis andererseits geprägt. Grundlagenforschung und angewandte Forschung werden miteinander verbunden. Im Zentrum stehen oftmals Großgeräte (Zyklotrone, Teilchenbeschleuniger, Windkanäle, Forschungsreaktoren, Teleskope, Großrechner), die eine enge Zusammenarbeit unterschiedlicher Berufsgruppen und Experten verschiedener wissenschaftlich-technischer Disziplinen erfordern. Damit ändern sich die Rollenmuster von Wissenschaftlern, von denen ein Teil Managementfunktionen übernimmt.

1895 Wilhelm Conrad Röntgen (*1845, †1923) entdeckt bei seinen Forschungen an einer Kathodenstrahlröhre eine neue Strahlungsart, die später zu seinen Ehren in Deutschland Röntgenstrahlung genannt wird. – Der erste Band der »Vorlesungen über Gastheorie« von Ludwig Boltzmann (*1844, †1906) erscheint. In diesem fasst er seine Forschungen zur statistischen Physik zusammen. Vorausgegangen waren 30 Jahre produktiver Arbeit und des wissenschaftlichen Austauschs mit anderen Wissenschaftlern, insbesondere James Clerk Maxwell, um der Thermodynamik eine mikroskopische Grundlage zu geben. – Alfred Ploetz (*1860, †1940) veröffentlicht seine Abhandlung über »Die Tüchtigkeit unserer Rasse und der Schutz der Schwachen: ein Versuch über Rassenhygiene und ihr Verhältnis zu den humanen Idealen, besonders zum Socialismus«.

1896 Henri Becquerel (*1852, †1908) bemerkt, dass Uransalze Fotoplatten schwärzen können und entdeckt damit die radioaktive Strahlung. – Gründung der *Tabulating Machine Company* durch Hollerith, aus der 1924 die *International Business Company* (IBM) hervorgeht.

1896–1897 Entwicklung der Chlor-Alkali-Elektrolyse (Natriumamalgam-Verfahren).

1897 Joseph John Thomson (*1856, †1940) etabliert experimentell die Existenz des bereits früher vermuteten Elektrons. – Die Dampfturbine von Charles A. Parsons (*1854, †1931) wird erstmals im Schiffbau eingesetzt. – Erste drahtlose Nachrichtenübermittlung (Funk) durch Gugliemo Marconi (*1874, †1937) über 5 km.

seit 1899 Ferdinand Graf Zeppelin (*1838, †1917) entwickelt und baut starre Luftschiffe aus Aluminium und mit Benzinmotor.

1899 David Hilberts (*1862, †1943) »Grundlagen der Geometrie« präsentieren, ähnlich wie Arbeiten italienischer Mathematiker um Giuseppe Peano (*1858, †1932), die Geometrie als ein rein formales, axiomatisches System. Hilberts Schrift wird zum Vorbild eines modernen axiomatischen Stils der Mathematik. – Gründung des *National Physical Laboratory* in Teddington (London), das zu einer der wichtigsten physikalischen Großforschungseinrichtung Großbritanniens wird. – Die erste elektrische Volleisenbahn fährt in der Schweiz.

1899–1900 Erster Einsatz der drahtlosen Nachrichtenübermittlung bei Marine und Heer in England.

um 1900 In Forschungen von Hugo de Vries (*1848, †1935), Carl Correns (*1864, †1933) und anderen wird Gregor Mendels Vererbungstheorie wieder aufgegriffen. Zur gleichen Zeit konsolidiert sich ein chemischer Zugang zu Fragen der Physiologie und Mikrobiologie unter dem Namen »Biochemie«.

1900 Bei Forschungen am sog. Schwarzen Körper (Hohlraumstrahlung) formuliert Max Planck (*1858, †1947) die Quantentheorie.

14. April–12. Nov. Die internationale Weltausstellung in Paris, in deren Rahmen mehrere internationale Wissenschaftskongresse die wachsende Internationalität der Forschung demonstrieren, führt die moderne Verknüpfung von urbaner Technologie, u. a. Eröffnung der ersten Métro-Linie, und wissenschaftlicher Forschung vor.

30. Juni Das Reichsseuchengesetz regelt umfassend alle Präventiv- und Bekämpfungsmaßnahmen auf dem Gebiet des allgemeinen Seuchenschutzes.

seit 1900 Der Elektrostahlofen nach Wilhelm Siemens und Paul-Louis Toussaint Héroult (*1863, †1914) wird bei der Herstellung legierter Stähle eingesetzt.

1901 Eröffnung des elektrotechnischen Zentrallabors von *General Electric*, USA (1916: 160 Mitarbeiter).

1902 Robert Bosch (*1861, †1942) entwickelt die Hochspannungs-Unterbrecherzündung für Automobile.

1903 Gründung der Militärtechnischen Akademie in Berlin mit ballistischem und chemischem Laboratorium. – Wilbur (*1867, †1912) und Orville Wright (*1871, †1948) unternehmen in North Carolina (USA) den ersten Motorflug.

1904–1905 Funkanlagen von Telefunken werden bei der Niederschlagung des Herero-Aufstandes in Deutsch-Südwestafrika und im russisch-japanischen Krieg eingesetzt.

1905 Albert Einstein (*1879, †1955) veröffentlicht drei bahnbrechende Arbeiten über die brownsche Bewegung, den Fotoeffekt und die spezielle Relativitätstheorie. Alle drei brechen mit zentralen Vorstellungen der Physik des 19. Jh.s. – Die künstliche Herstellung von Stickstoffdünger gelingt nach dem Frank-Caro-Prozess. – Gründung der Gesellschaft für Rassenhygiene.

1906 Indienststellung des Panzerschiffs »Dreadnought«

mit Turbinenantrieb durch die *Royal Navy*. Auf Untersee-Booten werden Dieselmotoren eingesetzt. – Die Glühlampe mit Wolframfaden setzt sich durch.

bis 1907 Überseeschiffe werden mit Funkstationen ausgerüstet (Marconi-Gesellschaft).

1907 Gründung der »Aerodynamischen Versuchsanstalt« in Göttingen. – ALFRED WILM (*1896, †1937) entwickelt die hochfeste Leichtmetalllegierung Duralmumin in einem Gemeinschaftsinstitut mehrerer Rüstungsunternehmen. – LEE DE FOREST (*1873, †1961) erfindet die Drei-Elektroden-Verstärkerröhre bei der *Western Electric Company* (USA).

1907–1909 Der Chemiker LEO HENDRIK BAEKELAND (*1863, †1944) entwickelt das Verfahren zur Herstellung eines Kunststoffes aus Phenol-Formaldehyd-Harzen (»Bakelit«), der in großen Mengen industriell hergestellt werden kann.

1908 Bau des erstens Hochhaus (Singer-Building) über 200 m in New York. – HENRY FORD (*1863, †1947) beschränkt aus Rationalisierungsgründen die Automobilproduktion auf ein einziges Modell (»Model T«). – Einführung des Kreiselkompasses für die Schiffsnavigation nach HERMANN ANSCHÜTZ-KAEMPFE (*1872, †1931).

1909 FRITZ HABER (*1868, †1934) gelingt die Ammoniak-Synthese aus Luftstickstoff, die bis 1913 durch CARL BOSCH (*1874, †1940) zur Anwendungsreife gebracht wird (Haber-Bosch-Verfahrens). Ammoniak wird in dieser Zeit für die Herstellung künstlicher Düngemittel und Sprengstoff gebraucht. – In dem von GUSTAVE EIFFEL (*1832, †1923) in Paris errichteten Windkanal und in dem unter Leitung von LUDWIG PRANDTL (*1875, †1953) in Göttingen gebauten Windkanal mit geschlossener Luftrückführung werden Messungen aufgenommen. Damit setzt die moderne experimentelle aerodynamische Forschung ein. – JEAN PERRINS (*1870, †1942) Experimente über die brownsche Molekularbewegung überzeugen Physiker und Chemiker von der physikalischen Realität von Atomen. Die in der Folge vorgeschlagenen Atommodelle von ERNEST RUTHERFORD (*1871, †1937; 1911), NIELS BOHR (*1885, †1962; 1913) u. a. müssen nicht mehr mit fundamentaler Ablehnung des Atomismus kämpfen.

1910 THOMAS HUNT MORGAN (*1866, †1945) und seine Mitarbeiter weisen in einer Analyse der Vererbung der Fruchtfliege nach, dass die Chromosomen die Träger der merkmalsprägenden Elemente der Vererbung (Gene) sind.

1911 Gründung der Kaiser-Wilhelm-Gesellschaft zur Förderung der Wissenschaften als größte außeruniversitäre Forschungseinrichtung in Deutschland. – FREDERICK W. TAYLOR (*1856, †1915) schreibt sein Hauptwerk »The Principles of Scientific Management« (»Taylorismus«). – Internationale Hygieneausstellung unter Regie der Hygieniker MAX VON GRUBER (*1853, †1927) und ERNST RÜDIN (*1874, †1952).

1912 Die Firma Krupp entwickelt korrosionsfeste Stähle (V2A-Stahl). – Erste Drehstromübertragung mit 100 kV über 50 km von Lauchhammer nach Riesa. – Gründung der »Deutschen Versuchsanstalt für Luftfahrt« in Berlin-Adlershof.

1913 Herstellung von PVC (Polyvinylchlorid) durch die Chemische Fabrik Griesheim-Elektron. – Einführung des thermischen Krackens des Rohöls nach WILLIAM M. BURTON (*1865, †1954) bei der *Standard Oil Company* (USA). – Weltweit werden insgesamt 135 000 t synthetische Farbstoffe hergestellt (deutscher Anteil 1900–1914 gleichbleibend bei 80–90 %).

1913–1914 Die Fließfertigung durch Bänder, Kettenzüge und Rutschen bei Ford (USA) wird mechanisiert.

Technik und Krieg

Die technische Überlegenheit der Waffen zählt zu den entscheidenden Faktoren der Epoche der europäischen Expansion seit dem Spätmittelalter. Das Militär der Industrienationen unternimmt systematische Anstrengungen, neue Explosiv- und Werkstoffe, Verkehrs- und Nachrichtenmittel für einen rüstungstechnischen Vorsprung zu nutzen. Umso mehr hat die Industrialisierung gravierende Auswirkungen auf das Kriegsbild, das mit dem Einsatz von Massenvernichtungsmitteln im Ersten Weltkrieg einen schrecklichen Höhepunkt erreicht. Analog zum Übergang von der handwerklich-gewerblichen Produktion zur Massenproduktion (Maschinisierung) wandelt sich Krieg zu einem industrialisierten Massentöten (Maschinenwaffen). Kristallisationskeim einer wissenschaftlich begründeten Kriegstechnik wird die *École Polytechnique*, die durch ihre militärische Ausrichtung den hybriden Charakter der modernen Technik – zugleich der friedlichen Nutzung wie der Vernichtung dienstbar – institutionell verkörpert. Noch während der Hochindustrialisierung eröffnen die Militärbehörden der Industrienationen eigene Forschungslabors für die Entwicklung innovativer Schieß- und Sprengmittel. Während des Ersten Weltkrieges werden neue Forschungsorganisationen geschaffen, um zielgerichtet Rüstungsforschung zu initiieren und koordinieren.

Die Technisierung des Krieges bis 1918 legen die militärstrategischen Grundlagen für das gesamte 20. Jh. Die 1920er-Jahre sind von der Erwartung eines chemischen Luftkrieges dominiert (»aerochemische Waffe«). Im Bereich der Heeresrüstung wird der Krieg mit motorisierten Verbänden vorbereitet. Ab Ende der 1930er-Jahre fördern militärische Stellen massiv die Erforschung der Kernspaltung. Die USA errichten mit dem »Manhattan-Projekt« einen ingenieurtechnischen Großforschungskomplex zum Bau der Atombombe. Ein in seinen Dimensionen vergleichbarer Komplex entsteht auf deutscher Seite mit dem Ziel der Fernraketenentwicklung in Peenemünde. Der Einsatz strategischer Bomberflotten gegen die deutsche und die japanische Industrie und Städte gewinnt kriegsentscheidenden Charakter, verfehlt jedoch sein Ziel, die Moral der Zivilbevölkerung zu brechen. Das Militär fördert die Entwicklung von elektromechanischen und elektronischen Rechnern.

1914–1918 Zu Beginn des Ersten Weltkrieges besitzen Deutschland 230, Frankreich 150, Italien 150, England 90, Österreich-Ungarn 40 und Russland 155 Flugzeuge. Bis 1918 werden weltweit ca. 200 000 Kriegsflugzeuge gebaut

1915 Hugo Junkers baut das erste Metallflugzeug. – Auf Betreiben des Chemikers Fritz Haber beginnt der Einsatz chemischer Kampfstoffe (Chlorgas) bei Ypern. – Gründung des *Naval Consulting Board* zur Beratung der US-Marine durch zivile Naturwissenschaftler und Ingenieure und des *National Committee for Aeronautics* (Luftfahrtforschung). – Gründung des *National Advisory Committee for Aeronautics* (NACA), das 1958 in Reaktion auf den erfolgreichen Start des sowjetischen Sateliten »Sputnik« als nationale Raumfahrtbehörde in *National Air and Space Administration* (NASA) umbenannt wird.

1915–1918 Die Stickstoffversorgung (Sprengstoff, Dünger) des Deutschen Reiches wird auf das Haber-Bosch-Verfahren (Ammoniaksynthese) umgestellt.

1916 Gründung der Kaiser-Wilhelm-Stiftung für kriegstechnische Wissenschaft, des Department of *Scientific and Industrial Research* (England), des National Research Council (USA) zur Förderung der nationalen Sicherheit und Wohlfahrt. – Erster Einsatz von Tanks an der Somme durch die Alliierten. – Albert Einsteins »Allgemeine Relativitätstheorie« schlägt eine Vereinheitlichung von Physik und Geometrie vor, die eine neue Theorie der Gravitation und eine neue Kosmologie ermöglicht.

1917 Gründung des Normenausschusses der deutschen Industrie zur Rationalisierung und Massenfertigung von Rüstungsgütern. – Serienfertigung des »Liberty«-Flugzeugmotor (USA).

1918 Beschuss von Paris durch deutsche Langrohrgeschütze der Firma Krupp (120 km maximale Schussweite). – Alliierte Streitkräfte verfügen über ca. 125 000 Automobile von Ford (»Modell T«). – Viktor Kaplan (*1870, †1934) baut eine Turbine für Niederdruckwasserkräfte. – Grippe-Pandemie (weltweit mehr als 30 Mio. Tote).

Großtechnische Systeme, Beschleunigung und Synthetisierung

Beschleunigung und Hochgeschwindigkeit werden zu Symbolen des technischen Fortschritts ab den 1920er-Jahren. Auf Grundlage der Erfahrungen aus dem Ersten Weltkrieg kommt es zur Synthetisierung und Nutzung neuer Werkstoffe, die gemeinsam mit einer Beschleunigung des industriellen Wachstums die Voraussetzungen für den Massenkonsum ab den 1950er-Jahren schaffen. Die Errichtung flächendeckender Hochspannungsnetze seit den 1920er-Jahren erlaubt den Ferntransport der Elektroenergie und löst einen Boom beim Bau von Wasserkraftwerken aus. Die existierenden Verkehrssysteme profitieren von sparsameren antriebstechnischen Innovationen (Schiffsdiesel) und werden seit den 1920er-Jahren v. a. durch die Automobilisierung und vereinzelt durch den Luftverkehr ergänzt. Die Verbreitung des Automobils induziert zahllose konstruktions- und produktionstechnische Innovationen, die ab den 1920er-Jahren unter dem Einsatz wissenschaftlicher Methoden vorangetrieben werden (Aerodynamik). Zugleich bildet die Massenproduktion von Automobilen einen wachsenden Absatzmarkt für Roh- und Werkstoffe (Mineralöl, Metalle, Gummi, Farben, Glas). Zuerst in den USA der 1920er-Jahre wiederholt sich – wie zuvor durch die Eisenbahn – die wachstumsfördernde Wirkung (vor- und nachgelagerte Kopplungseffekte) der Errichtung des neuen Verkehrssystems. Alte und neue Kommunikationssysteme – Telefon, Radio, Film, Fernsehen – setzten sich mit unterschiedlicher Geschwindigkeit durch.

seit 1920 Der Rundfunk für die private Nutzung durch die Firma *Westinghouse* breitet sich aus; bis Ende der 1930er-Jahre haben in den USA 80 % der Haushalte ein Rundfunkgerät. – Im Flugzeugbau setzt sich das Konstruktionsprinzip von Hugo Junkers (*1859, †1935) mit dicken Tragflächen, Ganzmetallbau und hochfesten Leichtmetallen (Duralumin) durch.

1920 Gründung der Notgemeinschaft der Deutschen Wissenschaft (Vorläuferin der Deutschen Forschungsgemeinschaft), die geistes-, naturwissenschaftlicher und medizinische Forschung finanziell und durch die Bereitstellung von Apparaten fördert.

1921 Thomas Midgley (*1889, †1944) entwickelt Bleitetraetyl als Antiklopfmittel für Benzinmotoren. – Bau des »Tropfenautos« (Stromlinie) durch den Flugzeugkonstrukteur Edmund Rumpler (*1872, †1940). Anfang der 20er-Jahre startet Paul Jaray (*1889, †1974) die aerodynamische Entwicklung von Automobilen.

1921–1926 Der Aufstand der Rifkabylen in Marokko wird mithilfe von Lost-Kampfstoffbomben aus der Luft niedergeschlagen: erstmals Kriegführung mit chemischen Kampfstoffen gegen die Zivilbevölkerung.

1924/25 Die Quantenmechanik entsteht in einer raschen Folge von physikalischen Arbeiten von Werner Heisenberg (*1901, †1976), Max Born (*1882, †1970), Pascual Jordan (*1902, †1980) und Erwin Schrödinger (*1887, †1961). Wenig später gelingen erste Übertragungen der Quantenphysik auf die Quantenchemie (Erich Hückel [*1896, †1980], Linus Pauling [*1901, †1994]).

1925 *Du Pont* (USA) entwickelt das Neopren. – Reorganisation der Russischen Akademie der Wissenschaften zur Akademie der UdSSR als höchste Wissenschaftsorganisation der Sowjetunion.

1926 Entwicklung des synthetischen Kautschuks aus polymerisiertem Butadien durch die IG Farben (Buna). – Gründung des Vereins zur Vorbereitung der Autostraße Hansestädte-Frankfurt-Basel (HAFRABA).

1927 Charles Lindbergh (*1902, †1974) gelingt die Flugzeugüberquerung des Atlantiks. – Gründung des »Kaiser-Wilhelm-Instituts für Anthropologie, menschliche Erblehre und Eugenik«.

1928 Die Autobahn von Köln nach Bonn wird eingeweiht. Bis 1945 verlaufen im Deutschen Reich 2000 km Autobahnen.

1929 In Wien erscheint das Manifest »Wissenschaftliche Weltauffassung« des Wissenschaftler- und Philosophenzirkels (Wiener Kreis) um den Philosophen Moritz Schlick (*1882, †1936) und den Mathematiker

Hans Hahn (*1879, †1934), demgemäß alle wissenschaftliche Erkenntnis lediglich empirische Tatsachen in einen geeigneten logisch-formalen Rahmen zusammenfasst.

1930 Inbetriebnahme einer 600 km langen Leitung mit 220 KV Übertragungsspannung zwischen Vorarlberg und dem Rheinland. Fertigstellung der Pumpspeicherwerke in Herdecke und Niederwartha mit ca. 60 % Wirkungsgrad.

1931 Kurt Gödel (*1906, †1978) beweist Sätze über formallogische Kalküle, die u. a. zeigen, dass die Widerspruchsfreiheit von (genügend komplexen) formalen Systemen nicht im Rahmen dieser Systeme selbst nachgewiesen werden kann; zusammen mit der 1936 erschienenen Arbeit von Alan Turing (*1912, †1954) »On Computable Numbers«, die u. a. ein allgemeines Konzept maschineller Rechenprozesse enthält, geben Gödels Resultate den Anstoß zur Entwicklung der modernen mathematischen Logik und Beweistheorie.

1932 Betrieb von 35 Fernsehversuchsstationen in den USA.

ab 1933 Einführung von Hochdruck-Dampfturbinen in den Kriegsschiffbau.

1933 Andrej Nikolajewitsch Kolmogorows (*1903, †1987) »Grundbegriffe der Wahrscheinlichkeitsrechnung« geben dieser Theorie eine formale axiomatische Begründung und ermöglichen damit die moderne mathematische Wahrscheinlichkeitstheorie. – Die *Imperial Chemical Industries* (England) errichten die erste großtechnische Hydrieranlage auf Steinkohlenbasis und entwickeln das Polyethylen.

14. Juli In Deutschland wird das »Gesetz zur Verhütung erbkranken Nachwuchses« erlassen.

1934 Wallace H. Carothers (*1896, †1937) entwickelt bei *Du Pont* (USA) das Nylon. – Ferdinand Porsche (*1875, †1951) erhält den Auftrag zur Entwicklung eines »Volkswagens« in Deutschland.

1935 Erste Großanlage zur Treibstoffgewinnung nach dem Verfahren von Franz Fischer (*1877, †1947) und Hans Tropsch (*1889, †1935). – Beginn des regelmäßigen Fernsehprogramms in Berlin.

15. Sept. Das »Gesetz zum Schutze des deutschen Blutes und der deutschen Ehre« wird als Teil der Nürnberger Gesetze veröffentlicht.

1936 Der deutsche Chemiker Gerhard Schrader (*1903, †1990) entdeckt das Nervengas »Tabun«; 1938 synthetisiert er das Nervengift »Sarin« als weiteren chemischen Kampfstoff. – Aufnahme der Entwicklung einer ballistischen Fernrakete in der Heeresversuchsanstalt Peenemünde unter Wernher von Braun (*1912, †1977); 1942 erste erfolgreiche Erprobung der Fernrakete A4 (»Aggregat 4«), der späteren V2 (»Vergeltungswaffe 2«). – Inbetriebnahme eines Wasserkraftswerks am Colorado-River mit 1350 MW (»Boulder-Dam«).

1937 Konrad Zuse (*1910, †1995) entwickelt die mechanische, programmgesteuerte Rechenmaschine »Z 1« mit dualer Zahlendarstellung. – Zwangssterilisation aller farbigen deutschen Kinder, der sog. »Rheinlandbastarde«. – Gründung des Reichsforschungsrates zur Koordination und Förderung der Autarkie- und Rüstungsforschung.

1938 Die IG Farben gewinnen Perlon durch das Verfahren von Paul Schlack (*1897, †1987). – Roy Plunkett (*1910, †1994) entdeckt bei *Du Pont* den Kunststoff »Teflon« (Tetrafluorethylen).

17. Dez. Entdeckung der Kernspaltung durch Neutronenbeschuss von Uran (U-235) durch Otto Hahn (*1879, †1968) und Fritz Strassmann (*1902, †1980) – veröffentlicht am 6. Jan. 1939 – nach gemeinsamen Vorarbeiten mit der Chemikerin Lise Meitner (*1878, †1968).

1939 Der regelmäßige Flugdienst zwischen Washington und Lissabon durch die *Pan American Airways* mit Flugbooten vom Typ Boeing »Clipper« beginnt. – Inbetriebnahme von 20 Radarstationen an der englischen Küste (»Home Chain«). – Erstflug der Heinkel He 178 mit Strahltriebwerk (600 km/h) mit einer Turbine von Hans-Joachim Pabst von Ohain (*1911, †1998).

11. Febr. Im schwedischen Exil liefern Lise Meitner und ihr Neffe, der Physiker Otto Robert Frisch (*1904, †1979), aufgrund der Informationen Hahns über seine Experimente die theoretisch-physikalische Erklärung für die Kernspaltung.

1940 Glenn T. Seaborg (*1912, †1999) und seinen Mitarbeitern gelingt die Darstellung des spaltbaren Plutoniums (Pu-239).

Okt. Gründung des *National Defense Research Committee*, aus dem 1941 das *Office of Scientific Research and Development* (OSRD) hervorgeht, das bis 1947 die kriegsrelevante Forschung an Universitäten und in der Industrie in den USA systematisch koordiniert.

1940–1941 Entwicklung von Polyester-Fasern bei ICI (Großbritannien), die nach dem Krieg als »Trevira«, »Diolen« und »Dracon« auf den Markt kommen.

1940–1945 Bau von ca. 65 000 Kübelwagen (militärische Version des Volkswagens) im VW-Werk Wolfsburg und über 600 000 »Jeeps« (*General Purpose Vehicle*) in den USA.

1941 Das englische Düsenflugzeug E.28/39 (500 km/h) startet mit einer Turbine von Frank Whittle (*1907, †1996) zu seinem Erstflug. – Die Serienproduktion des sowjetischen Panzers »T 34« beginnt (ca. 40 000 Stück werden gebaut). – Zuse entwickelt den programmierbaren Rechenautomat mit Telefonschaltrelais »Z 3« für die Grundrechenarten und das Ziehen der Quadratwurzel.

1942 Die Messerschmitt Me 262 startet mit zwei BMW-Strahltriebwerken zu ihrem Erstflug; spätere Versionen erreichen ca. 800 km/h. – In einem Brutreaktor mit Natururan kann Enrico Fermi (*1901, †1954) in Chicago eine kontrollierte Kettenreaktion auslösen. – Die 80-cm-Kanone »Dora« der Firma Krupp kommt bei der Belagerung von Sewastopol zum Einsatz. – Das Kernforschungszentrums Oak Rigde wird im Rahmen des »Manhattan-Projects« zur Herstellung der Atombombe errichtet.

Das Manhattan-Projekt

Als prominentes historisches Beispiel für die Großforschung im 20. Jh. gilt das 1942 in den USA initiierte Manhattan-Projekt, das bis 1945 den Bau der Atombombe realisiert. Mit zeitweise rund 250 000 Mitarbeitern manifestiert sich in diesem militärischen Forschungsprojekt eine bis dahin unbekannte Dimension der Wissenschaftsorganisation. Um den komplexen wissenschaftlichen und technologischen Anforderungen beim Bau der Atombombe gerecht zu werden, wird dazu eine umfangreiche Infrastruktur etabliert, die ein stark zentralisiertes Wissenschaftsmanagement steuert. Mit der Zuweisung beträchtlicher staatlicher Ressourcen müssen Projektziele zahlreicher parallel forschenden Arbeitsgruppen definiert und ihre Entwicklungsaufgaben in zeitlicher Abfolge innerhalb des Gesamtvorhabens aufeinander abgestimmt werden. Neben der zentralen Einrichtung in Los Alamos wirken viele universitäre Forschungsgruppen mit. Eine industrielle Produktion der erforderlichen nuklearen Stoffe und Geräte, die Basis der späteren Nuklearindustrie, wird verteilt über die USA aufgebaut. Die militärische Geheimhaltung erfordert es, den Zugang zu Forschungsergebnissen hierarchisch strikt zu reglementieren und zugleich so zu koordinieren, dass keine Entwicklungsverzögerungen auftreten.

Am 16. Juli 1945 findet in der Nähe von Alamogordo in New Mexico der erste erfolgreiche Kernwaffentest statt. Unter dem Projektnamen »Trinity« wird dort im Rahmen des Manhattan-Projekts eine Plutoniumbombe gezündet, die eine Sprengkraft von 21 kT TNT besitzt. Schon kurz danach, am 6. und 9. Aug. 1945, lässt die US-Regierung die ersten Atombomben auf die japanischen Städte Hiroshima und Nagasaki abwerfen. Bereits innerhalb weniger Wochen sterben über 250 000 Menschen.

1943–1945 Einsatz von viermotoriger US-Langstreckenbomber vom Typ Boeing B-17 (»Flying Fortress«); über 12 000 Stück werden gebaut.

ca. 1944 Die Firma Henschel setzt den Relaisrechner von Konrad Zuse zur Kontrolle aerodynamischer Eigenschaften ferngesteuerter Flugbomben ein.

1944 Richard Kuhn (*1900, †1967) und Konrad Henkel (*1915, †1999) synthetisieren den Nervenkampfstoff Soman. – Einführung des »Sturmgewehrs 44« (Deutschland), das in der UdSSR zur »Kalaschnikow« weiterentwickelt wird. – Howard H. Aiken (*1900, †1973) stellt den IBM-Relais-Rechner »Harvard Mark I« fertig, finanziert von der US-Navy und bis 1959 für ballistische Berechnungen eingesetzt.

1945 An der University of Pennsylvania (USA) stellen John W. Mauchly (*1907, †1980) und John Presper Eckert (*1919, †1995) den »Electronic Numerical Integrator and Computer« (ENIAC) mit 18 000 Röhren zur Berechnung militärischer Zieltabellen fertig.

Europa etwa 1500 bis 1945

Deutschland 1493–1790/92: Heiliges Römisches Reich | Forts. v. S. 536 |

Nicht nur die Landkarte, sondern auch die vollständige Titulatur des Reiches, wie sie sich seit Ende des 15. Jh.s allmählich einbürgert und bis ins 18. Jh. hinein Bestand hat, – **Heiliges Römisches Reich Deutscher Nation** (*Sacrum Imperium Romano-germanicum*) – zeigen, dass die Gleichsetzung des Reiches mit »Deutschland« problematisch ist. Wie alle anderen europäischen Länder zu Beginn der Neuzeit ist das Reich kein Staat in dem Sinn, wie ihn die Juristen des 19. Jh.s definieren (eindeutig abgrenzbares Staatsgebiet mit einem zugehörigen Staatsvolk sowie innerer und äußerer Souveränität), sondern »ein über die Jahrhunderte des Mittelalters allmählich gewachsenes Gebilde, ein lose integrierter politischer Verbund sehr unterschiedlicher Glieder, die unter einem gemeinsamen Oberhaupt, dem Kaiser, stehen, dem sie in einem persönlichen Treueverhältnis verpflichtet sind« (Barbara Stollberg-Rilinger). Diese lehnsrechtlichen Treueverhältnisse umspannen räumlich weite Teile Mitteleuropas und reichen bis nach Norditalien.

Gegenüber den anderen europäischen Gemeinwesen beansprucht das Reich seit dem Mittelalter eine herausragende Position. Indem die Kaiser sich in die Kontinuität des antiken römischen Kaisertums stellen (*translatio imperii* = Übertragung des Reiches) – daher »Römisches« Reich – gewährleisten sie den, ex post betrachtet, fiktiven Fortbestand des antiken Imperium Romanum. Im Geschichtsverständnis der Zeitgenossen des 16. und 17. Jh.s erfüllte das durch die kaiserliche Herrschaftsgewalt (Imperium) integrierte Gemeinwesen so eine heilsgeschichtliche Aufgabe. Denn, so bereits die spätantike Auslegung des biblischen Buches Daniel, nur so lange das Römische Reich, das letzte der vier Weltreiche, existiert, existiert die irdische Geschichte. Sein Untergang ging Hand in Hand mit dem in der Apokalypse beschriebenen Anbruch der Endzeit – und insofern ist es »heilig«.

Der dritte Namensbestandteil schließlich, die »deutsche Nation«, findet sich erstmals in einer kaiserlichen Urkunde des Jahres 1486. Auch wenn der Begriff »Nation« um 1500 (und noch lange danach) sehr viel vielschichtiger ist als heute und mit Vorstellungen eines »deutschen Nationalstaates« nichts gemeinsam hat, kündet doch der begriffliche Wandel von Entwicklungen, die für die neuzeitliche Reichsgeschichte bestimmend werden sollen. In einem langen Prozess, der in der Mitte des 17. Jh.s zu einem gewissen Abschluss kommt, bildet sich allmählich aus dem räumlich weit gespannten Reichslehensverband eine kleinere Gruppe von Lehnsleuten heraus, die Angehörigen der »deutschen Nation«, mit denen sich die Kaiser aus dem Haus Österreich regelmäßiger austauschen, um die seit dem ausgehenden 15. Jh. gewachsenen politischen Herausforderungen (u. a. die »Türkengefahr«) in einem spannungsvollen Miteinander gemeinsam zu bewältigen. In diesen seit der Zeit um 1500 zunehmend institutionell verdichteten Handlungszusammenhang aber lassen sich, was im Verlauf des 16. Jh.s immer deutlicher wird, die burgundischen, lothringischen und norditalienischen Lehnsleute des Kaisers nicht einbinden, auch wenn ihr rechtliches Verhältnis zum Reich (oftmals bis zu dessen Untergang 1806) nicht eindeutig geklärt ist. Gleiches gilt für die Schweizer Eidgenossenschaft.

Die »deutsche Nation« ist also ein – äußerst komplexer – politischer Handlungszusammenhang ganz verschiedenartiger, v. a. adeliger Akteure. Neben dem Kaiser gehören ihm die sog. Reichsstände an, allen voran die in ihrem politischen Gewicht sehr unterschiedlichen, ständisch geschichteten Herrschaftsträger des Hochadels – die Kurfürsten sowie die geistlichen und weltlichen Fürsten. Seit der Mitte des 16. Jh.s gelingt es einem kleinen, vorrangig im Süden des Reiches anzutreffenden Teil des niederen Adels, sich den Herrschaftsansprüchen ihrer hochadeligen Standesgenossen zu entziehen und sich unmittelbar der kaiserlichen Herrschaft zu unterstellen (Reichsritterschaft). Im Gegensatz zu den Magistraten der freien Städte und Reichsstädte sind sie jedoch nicht in die institutionelle Ordnung des Reiches einbezogen, wobei auch das Ausmaß der politischen Mitspracherechte der Städte bis 1648 umstritten bleibt. In den von ihnen beherrschten Landen herrschen die Reichsstände auf der Grundlage sehr vielgestaltiger Herrschaftsrechte weitgehend eigenständig über ihre Untertanen. Auch die Kaiser selbst, mit Ausnahme der Jahre 1742–1745, seit 1438 immer Angehörige des Hauses Österreich, sind in einer Doppelrolle im Reich präsent: einerseits als von den Kurfürsten gewählte Reichsoberhäupter, andererseits als Herrscher über die sog. Erblande, d. h. der Länder, die sie als Mitglied der mächtigsten Dynastie des Reiches erben und regieren. »Deutsch« meint demnach nicht eine durch eine gemeinsame Kultur, wie etwa Sprache, geschaffene Ethnie, auch wenn sich bei den gesellschaftlichen Eliten durch die humanistische Wiederentdeckung antiker Texte, allen voran der »Germania« des Tacitus, erste Ansätze finden, die »deutsche Nation« auch als Kulturnation zu definieren und zu verstehen. Die gesellschaftliche Reichweite dieser Vorstellungswelten in der Frühen Neuzeit ist jedoch in der Forschung umstritten.

Der Aufstieg des Hauses Österreich (1477–1526)

Das Gebiet des heutigen Österreich, das – mit Ausnahmen von Salzburg und dem Burgenland – im Laufe des Spätmittelalters habsburgisch wird (1282 Übernahme des babenbergischen Erbes Niederösterreich, Oberösterreich und Steiermark, 1335 Erwerbung von Kärnten und Krain, 1363 von Tirol und Teilen Vorarlbergs, 1500 der sog. Zwischengrafschaft, das heutige Osttirol, später noch kleinere Abrundungen), ist stets ein Teil des Reiches. Schon seit der Zeit der Babenberger, die 1246 ausgestorben sind, ist jedoch ein »Herauswachsen aus dem Reich« zu beobachten. Durch die Rolle der Habsburger, die seit 1438, nur von 1740 bis 1745 unterbrochen, die Herrscher des Heiligen Römischen Reiches stellen, ist eine unentwirrbare Verflechtung der Geschicke des Reiches mit denen der von den Habsburgern unmittelbar beherrschten Länder gegeben.

Bis zur Zeit MAXIMILIANS I. beherrschen die Habsburger ein relativ kleines Territorium, die sog. »Erblande«. Versuche, Böhmen und Ungarn zu erwerben, schlagen fehl oder sind von kurzer Dauer. Mit den dynastischen Verbindungen, Heiraten und realisierten Erbschaften, in deren Zentrum das burgundische Erbe und die Verbindung Österreichs mit Spanien stehen, steigen die Habsburger zu einer »Großmacht« auf.

Die Herzöge von Burgund, aus einer Nebenlinie der Valois, bauen seit dem 14. Jh. ein eigenes Reich auf, welches sich sogar aus dem französischen Lehensverband löst (1455). Es umfasst schließlich neben dem Herzogtum Burgund und der Freigrafschaft Burgund (Franche-Comté) große Teile der Niederlande und die Picardie sowie Luxemburg. Mit Flandern und Brabant besitzen die Burgunderherzöge die reichsten Provinzen nördlich der Alpen. Ihre ehrgeizige Politik zielt auf die Verbindung dieser beiden Landkomplexe durch die Gewinnung von Lothringen und der drei strategisch wichtigen Bistümer Toul, Metz und Verdun. Im Süden suchen sie Savoyen an sich zu bringen, womit das Zwischenreich der Bedeutung des alten karolingischen Lotharingien nahe kommen würde. Diese Politik der Herzöge PHILIPP III., DER GUTE (1419–1467), und KARL DER KÜHNE (1467–1477) scheitert schließlich v. a. am Widerstand der schweizerischen Eidgenossen, von deren im geschlossenen Truppenkörper operierenden Fußvolk Herzog KARL in den Schlachten bei Grandson am Südwestufer des Neuenburger Sees (2. März 1476) und Murten, westlich von Bern (22. April 1477), mit seinem Ritterheer militärisch geschlagen wird.

1477, 5. Jan. KARL DER KÜHNE fällt in der Schlacht bei Nancy, womit das burgundische Erbe an die mit dem österreichischen Erzherzog MAXIMILIAN (*1459, †1519) verlobte Erbtochter MARIA VON BURGUND (*1457, †1482) übergeht.

21. April Heirat MAXIMILIANS mit MARIA VON BURGUND. Habsburg kann gegen die Ansprüche der französischen Krone das burgundische Erbe sichern, indem Burgund nach MARIAS Tod (1482) MAXIMILLIANS minderjährigem Sohn PHILIPP, DEM SCHÖNEN (*1478, †1506), übertragen wird (Vertrag von Arras, 23. Dez. 1482). Doch der Kampf um das burgundische Erbe bleibt einer der zentralen Konfliktstoffe im französisch-habsburgischen Gegensatz.

1493, 23. Mai Vertrag von Senlis: Im Verlaufe des Kampfes um Burgund muss MAXIMILIAN der Abtretung der Herzogtum Burgund und Picardie an Frankreich zustimmen. Die übrigen Territorien des burgundischen Erbes bleiben jedoch habsburgisch.

1493–1519 Kaiser MAXIMILIAN kann zwar im Reich kaum bessere Machtpositionen gewinnen, besitzt aber neben seinen Erblanden (Österreich, Kärnten, Steiermark, Tirol, Vorderösterreich) in den reichen burgundischen Landen eine viel gefestigtere Machtbasis.

1496/97 Die im Kampf gegen Frankreich entstandene Allianz Habsburg-Spanien wird durch eine doppelte

Österreich im Spätmittelalter

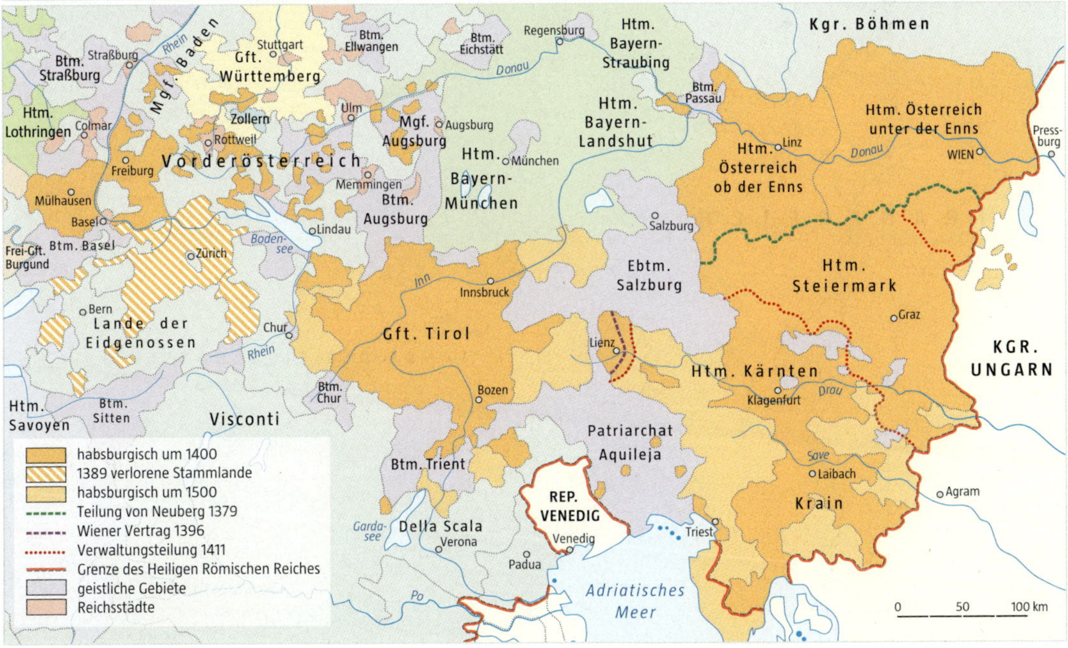

Mitteleuropa um 1555

Ostpreußen
gleicher Maßstab
GFTM. LITAUEN
Memel
Tilsit
Samland
Königsberg
Pillau
Hela
Frauenburg
Danzig
Elbing
Hst. Ermland
Heilsberg
Preußen
Lyck
Marienburg
Htm.
Marienwerder
Löbau
Neidenburg
Graudenz
Kulm
Thorn
Htm. Masowien
Bornholm
Ostsee
Rügen
1460–1657 pomm.
Hela
Danzig
Hst. Cammin Sekundogenitur Pommerns seit 1556
Stettin
Htm. Wolgast
Usedom
Wollin
Wolgast
Htm. Pommern
1532–1625 geteilt
Kgl. Preußen 1569 mit Polen vereint
Weichsel
Brahe
Kulm
Thorn
Stettin
Ukermark
Ruppin
Neumark
Netze
Kujawien
Brandenburg
Mittelmark
Berlin
Hst. Lebus
Frankfurt
Spree
Warthe
Gnesen
Posen
Groß-Polen
Prosna
seit 1556 brand. Lehen
Beeskow
Oder
Jüterbog zu Magdeburg
Mgft. Niederlausitz
Cottbus
Kursachsen 1547 albertin.
Htm. Sagan seit 1547 österr.
Glogau
Ftm.
Ftm. Wohlau
Ftm. Liegnitz
Ftm. Öls
Breslau
Ftm. Breslau
Warta
KGR. POLEN
Mgft. Oberlausitz
Meißen
Sachsen
Hst. Meißen
Dresden
Ftm. Jauer
Ftm. Schweidnitz
Ftm. Brieg
Htm. Schlesien
Htm. Oppeln
Ftm. Münsterbg.
Gft. Glatz
Ftm. Neiße
Hst. Breslau
H. Beuthen
Klein-Polen
Weichsel
San
Krakau
Ftm. Ratibor
H. Pless
Ftm.
Jägerndorf
Ftm. Troppau
H. Oderberg
Htm. Teschen
Iser
Moldau
Prag
Elbe
KGR. BÖHMEN
Beraun
Sazawa
Olmütz
Mgft. Mähren
Zips
Schwarzawa
Brünn
Thaya
Hst. Passau
Passau
Erzhtm. Österreich
Bayern
Inn
March
Waag
Neutra
Gran
Hernad
Sajo
Theiß
UNGARN
Pressburg
Wien
ob d. Enns
unter der Enns
Leitha
Gran
seit 1526 österr.
Salzburg
zu Freising
Traun
Enns
Ofen
Pest
Propstei Berchtesgaden
zu Salzburg
Htm. Steiermark
Erzst. Salzburg
Graz
Mur
Raab
Plattensee
Köros
Hst. Gurk
zu Salzburg
zu Salzburg
Htm. Kärnten
Drau
ÖSTERREICHISCH-UNGARN
TÜRKISCH-UNGARN
Szegedin
Maros
zu Brixen
zu Freising
Save
Fünfkirchen
Friaul
Tagliamento
Gft. Görz
Htm. Krain
Agram
Drau
Theiß
Triest
zu Venedig
Kulpa
Donau
Adriatisches Meer
Save
Belgrad
Donau

Eheverbindung gefestigt: MAXIMILIANS Kinder MARGARETE (*1480, †1530) und PHILIPP heiraten JOHANN VON ARAGÓN UND KASTILIEN (*1478, †1497) und JOHANNA, DIE WAHNSINNIGE *1479, †1555), Kinder der spanischen Könige FERDINAND VON ARAGÓN (*1452, †1516) und ISABELLA VON KASTILIEN (*1451, †1504).

1515, 22. Juli Auf dem Wiener Fürstentag schließt MAXIMILIAN einen Heirats- und Erbvertrag mit dem Jagiellonenkönig VLADISLAV (*1456, †1516) von Böhmen (seit 1471) und Ungarn (seit 1490) ab. Es findet eine doppelte eheliche Absprache statt: MAXIMILIAN heiratet *per procuratorem* die Tochter VLADISLAVS, ANNA (*1503, †1547). In diesen Ehevertrag steigt 1521 sein Enkel FERDINAND (I.) (*1503, †1564) ein. Der junge Jagiellone LUDWIG II. (*1506), König von Ungarn und Böhmen (1516–1526), heiratet FERDINANDS Schwester MARIA VON ÖSTERREICH (*1505, †1558).

1519, 12. Jan. Tod Kaiser MAXIMILIANS I.: Da keiner seiner beiden Enkel (KARL [V.] und FERDINAND [I.]) im Lande ist, übernehmen die Stände zunehmend Herrschaftsrechte.

1521/22 In den Teilungsverträgen von Worms und Brüssel gibt Kaiser KARL V. (*1500, †1558) schrittweise die Herrschaft in den Erblanden an seinen jüngeren Bruder FERDINAND I. ab.

1522 Im Wiener Neustädter Blutgericht lässt Ferdinand die wichtigsten Führer der ständischen Opposition – Adelige und Wiener Bürger – hinrichten.

1525/26 Der Bauernkrieg, der im gesamten Reich von der Unzufriedenheit der ausgebeuteten Bevölkerung zeugt, tobt auch in Tirol, wo er mit MICHAEL GAISMAIR (*1490, †1532) einen inspirierenden Führer gefunden hat, in der Steiermark und im außerhalb des habsburgischen Machtbereiches liegenden Salzburg. Bei Schladming in der Steiermark erleiden die Bauern am 2. Juli 1526 eine entscheidende Niederlage, womit die bäuerliche Erhebung ihr Ende findet.

1526, 29. Aug. In der **Schlacht bei Mohács** gegen die Osmanen kommt der junge Ungarnkönig LUDWIG II. ums Leben. Aufgrund der Erbverträge beanspruchen die Habsburger Böhmen und Ungarn.

Das Reich 1493–1519

1493, 19. Aug. **MAXIMILIAN I.**, seit dem 9. April 1486 Erwählter Römischer König, d. h. designierter Nachfolger seines Vaters Kaiser FRIEDRICHS III. (*1415), **übernimmt** nach dessen Tod **die Regierung im Reich**. Nach dem frühen Tod seiner Ehefrau MARIA VON BURGUND gelingt es ihm, wesentliche Teile des burgundischen Erbes für das Haus Österreich zu behaupten. Schon unmittelbar nach seiner Wahl zum Römischen König versteht er es, mit der Gründung des Schwäbischen Bundes (1488) die reichsständischen Reformbestrebungen aufzugreifen und in spannungsvollem Zusammenspiel mit BERTHOLD VON HENNEBERG (*1441/42, †1504), dem Erzbischof und Kurfürsten von Mainz (1484–1504), sowie führenden Kopf der Bemühungen um eine Reform der Reichsverfassung, für die Zukunft des Reichsverbandes folgenschwere Veränderungsprozesse in Gang zu setzen.

1495 Auf dem **ersten** von Kaiser MAXIMILIAN nach Worms einberufenen **Reichstag** kommt es zur Verabschiedung eines politischen Kompromisses zwischen Kaiser und Reichsständen, der, wiewohl nicht bewusst beabsichtigt, das politische Miteinander im Reich dauerhaft verändern soll.

Die Wormser Reformbeschlüsse von 1495

Um die Umsetzung des vom Kaiser verkündeten »Ewigen Landfriedens« zu gewährleisten, bestimmt die »Handhabung Friedens und Rechts«:

1) Der **Reichstag** soll künftig einmal jährlich vom Kaiser einberufen werden und mindestens einen Monat dauern. Indem ihm die Aufgabe zugewiesen wird, künftig alles, was »zu Handthabung Frids, Rechtens und gemainen Nutz dienen mag, zu ratschlagen und Fürsehung zu thun« (§ 1), wird er als Ort reichspolitischer Entscheidungsfindung gestärkt. Sein Verfahren wird ebenso wenig explizit geregelt wie die Zusammensetzung des Personenkreises, der den Reichstag beschicken kann bzw. muss. Verfahren wie Teilnehmerkreis bleiben noch lange offen; während sich Letzterer in der zweiten Hälfte des 17. Jh.s endgültig formiert, formalisiert sich Ersteres rascher, ohne jedoch jemals schriftlich fixiert zu werden: Einberufungs- und »Propositions«-Recht des Kaisers (stärkster Einfluss auf die Tagesordnung); Beratungen in drei Kurien (Kurfürstenrat, Reichsfürstenrat, Reichsstädterat) und in sich mehr und mehr bildenden Ausschüssen verschiedener Art; Reichstagsdirektorium beim Kurfürsten von Mainz als Erzkanzler des Reiches; vom Kaiser verkündete »Reichsabschiede« seit 1497, die in Form von Verträgen zwischen ihm und den Reichstagsberechtigten die Beschlüsse zusammenfassen. Daneben aber ist und bleibt der Reichstag Zeit seines Bestehens ein *theatrum maiestatis* – ein »Schauplatz«, im wörtlichen wie übertragenen Sinn, von Rang und Herrschaft (STOLLBERG-RILINGER).

2) Das **Königliche Kammergericht** wird räumlich vom Hof des Reichsoberhauptes gelöst. Zunächst erhält es in Frankfurt am Main seinen festen Sitz, später u. a. in Nürnberg, Regensburg, Speyer und Esslingen, zuletzt ab 1693 in Wetzlar. Die Besetzung des damit vom kaiserlichen zum »kaiserlichen und des Reiches Kammergericht« (Reichskammergericht) gewordenen Gerichts, wird in der vom Kaiser erlassenen Reichskammergerichtsordnung geregelt. An der Spitze steht der vom Kaiser ernannte Kammerrichter (später Präsident), der Fürst, Graf oder Freiherr sein soll. Daneben besteht das Gericht aus 16 Beisitzern (Assessoren), von denen sechs von den Kurfürsten, zwei von den Erblanden Österreich und Burgund und acht von den übrigen Reichsständen vorgeschlagen werden. Überdies werden Gerichtsverfahren und Zuständigkeit geregelt, das Verhältnis der kammergerichtlichen zur kaiserlichen Judikative jedoch wird in der Schwebe gelassen.

Mit Reichstag und Kammergericht sind erstmals Institutionen vorhanden, die ihrem Anspruch nach auf das gesamte Reich deutscher Nation zielen und, v. a. was den

Reichstag anbelangt, diesem Anspruch allmählich zunehmend gerechter werden. Ihr ex post ganz offenkundiger Erfolg unterscheidet die »politische« Reform von der des Reichsfinanzwesens. Der verabredete **»Gemeine Pfennig«**, eine kombinierte Kopf- und Vermögenssteuer aller Reichsangehörigen, der von den Reichsständen gegen MAXIMILIANS Plan einer Besteuerung nach Matrikularbeiträgen, wonach jeder Reichsstand für Aufteilung und Einzug eines Fixums zuständig sein sollte, beschlossen wurde, kann nicht realisiert werden: Die Territorien mit ihren Verwaltungsapparaten verweigern sich, und auch der Versuch eines Einzugs über die lokalen Kirchenorganisationen (Pfarreien) ist erfolglos.

1496/97 Mit der spanischen Doppelhochzeit, den Eheschließungen von MAXIMILIANS Kindern PHILIPP (der Schöne) und MARGARETE VON ÖSTERREICH mit dem spanischen Thronfolger JOHANN VON ARAGÓN UND KASTILLIEN (Don Juan) und dessen Schwester JOHANNA (die Wahnsinnige), und dem Anfall der Kronen Kastiliens und Aragons an seinen Enkel KARL (V.), der allerdings zum Zeitpunkt der Eheschließungen nur eine Option, keine Gewissheit darstellt, ist das Haus Österreich endgültig die mächtigste Dynastie Europas geworden.

1498 Mit der Erneuerung von Hofrat und Hofkanzlei will MAXIMILIAN die Reichsgeschäfte stärker an sich ziehen und den Einfluss des Kurfürsten von Mainz als Leiter der Reichshofkanzlei zurückdrängen. Er kann sich mit der Forderung nach einem königlichen Regiment nicht durchsetzen. Nach militärischen Niederlagen in Italien – die Italien-Politik und der Kampf um das »Gleichgewicht« europäischer Mächte bleiben ohne Rückendeckung des Reiches – muss er den Reichsständen auf dem Augsburger Reichstag (1500) das Erste Reichsregiment mit Sitz in Nürnberg zugestehen, das u.a. seine Außenpolitik beaufsichtigen soll. Der sich schnell als zu schwach erweisende ständische Einigungsgedanke, verbreitetes Desinteresse an einer Beteiligung an der Reichsregierung und zwei Jahre erfolgloser Tätigkeit auf allen Gebieten führen schon 1502 zur Auflösung des ständischen Reichsregiments. Das Reichsregiment besteht, so sieht es die Regimentsordnung vom 2. Juli 1500 vor, aus 20 Räten, wobei die sechs ritterlichen und gelehrten Räte von den zu diesem Zweck formierten sechs Reichskreisen gewählt werden. Die Reichskreise als regionale Substrukturen und weiteres Element der sich allmählich ausformenden Verfassungsordnung des Reiches werden nicht, wie später, namentlich benannt, sondern deren Mitglieder werden einzeln aufgezählt.

1499 Nach der Niederlage gegen die Schweizer Eidgenossen im Schweizerkrieg (auch Schwabenkrieg) muss MAXIMILIAN ihnen im Frieden von Basel zugestehen, dass sie der 1495 etablierten Friedensordnung nicht unterworfen sind und sich nicht an den finanziellen Lasten des Reiches beteiligen müssen.

1508, 6. Febr. **MAXIMILIAN nimmt** mit päpstlicher Zustimmung im Dom von Trient **den Titel eines Erwählten Römischen Kaisers an**, ohne je vom Papst zum Kaiser gekrönt zu werden. Seine Nachfolger nehmen direkt nach der Aachener Königskrönung den Kaisertitel an.

1512 Reichstag zu Köln: Aus den analog zu den alten Hauptlanden des Reiches gebildeten sechs geografischen Wahlbezirken (Kreisen), aus denen 1500 ein Teil der Regimentsräte, ab 1507 Beisitzer des Reichskammergerichts gewählt werden, entsteht in Kontinuität der mittelalterlichen Landfriedensbezirke und unter Einbeziehung der kurfürstlichen Lande und habsburgischen Erblande (aber unter Ausschluss von Böhmen und der Eidgenossenschaft) die Einteilung des Reiches in zehn Reichskreise: Österreichischer, Burgundischer, Kurrheinischer (v.a. die vier Kurfürsten am Rhein), Fränkischer, Bayerischer, Schwäbischer, Oberrheinischer, Obersächsischer (u.a. Kursachsen und Kurbrandenburg), Niederrheinisch-Westfälischer und Niedersächsischer Kreis. Diesen neben und über die Territorien sich erstreckenden, halb ständischen, halb aus der Reichsgewalt abgeleiteten genossenschaftlichen Korporationen wird die Wahrung des Landfriedens und die Verteidigung nach außen übertragen. Die Wahrnehmung ständiger Geschäfte gibt ihnen als Selbstverwaltungskörpern die Möglichkeit einer festen Entwicklung.

1515 Die böhmisch-ungarische Doppelhochzeit von MAXIMILIANS Enkelkindern MARIA VON ÖSTERREICH und FERDINAND (I.) mit König LUDWIG II. von Böhmen und Ungarn bzw. dessen Schwester ANNA legt den Grundstein, der 1526, nach dem Schlachtentod Ludwigs, zum Anfall der böhmischen und ungarischen Länder an das Haus Österreich führt.

1517 Mit der Auseinandersetzung **MARTIN LUTHERS** (*1483, †1546; 1505 Eintritt in das Kloster der Augustinereremiten in Erfurt, 1512 Doktor der Theologie und Professor für Bibelauslegung in Wittenberg) mit dem Ablasswesen, beginnt der Prozess der **Reformation**. Zwischen 1511 und 1517 gelangt LUTHER, der selbst in den Traditionen der Scholastik und des Ockhamismus ausgebildet ist, zu einer neuen Theologie, indem er die als Strafgerechtigkeit Gottes gedeutete »Gerechtigkeit Gottes« (Röm. 1,17) als Gnadengerechtigkeit (*sola gratia* – allein durch Gnade) versteht. Von diesem Ansatz aus kommt LUTHER zur Erkenntnis, dass die Rechtfertigung des Menschen vor Gott durch den Glauben allein (*sola fide*) geschieht und der Glaube wiederum allein in der Heiligen Schrift (*sola scriptura*) entgegentritt und nicht in den Auslegungen der Bibel durch die Kirche. Mit diesen Ideen wird die kirchliche Heilsvermittlung und damit die Institution der Papstkirche selbst in Frage gestellt, ohne dass LUTHER dies zunächst bewusst beabsichtigt.

Mit dem **Versand 95 lateinischer Thesen** gegen den Missbrauch des Ablasses – u.a. durch den Dominikaner und Ablassprediger JOHANN TETZEL (*1465, †1519) – an den Erzbischof von Magdeburg, ALBRECHT II. VON BRANDENBURG (*1490, †1545; zugleich Erzbischof und Kurfürst von Mainz und Bischof von Halberstadt), und andere hohe kirchliche Würdenträger betritt LUTHER zwar den Bereich der kirchlichen Öffentlichkeit, verlässt aber nicht den Boden der innertheologischen Diskussion, vielmehr lädt er zu einer akademischen Disputation seiner Thesen ein, die indessen nicht in der von ihm gewünschten Form zustande kommt. Mit dem – mutmaßlichen – Thesenanschlag (31. Okt.) wendet sich LUTHER an die akademische Öffentlichkeit Wittenbergs. – Anfang 1518 gibt er eine ausführliche lateinische und eine kürzere deutsche Erläuterung (»Sermon von Ablass und Gnade«) seiner Thesen in den Druck. Er nutzt damit erstmals gezielt die dem neuen Medium Druck innewohnenden Möglichkeiten – Vermittlung und Speicherung von Informationen unabhängig von Zeit und Raum –, um eine weitere Öffentlichkeit anzusprechen. Damit ist ihm Erfolg beschieden: Bis Jahresende 1519 erlebt der »Sermon« 22 Auflagen. Zum ersten Mal wird damit die wirklichkeitsverändernde Macht der gutenbergschen Erfindung offenkundig. Der weitere Verlauf der Reformation im Reich wie in Europa ist nicht zu verstehen, wenn man die neuen Formen öffentlicher Kommunikation außer Acht lässt.

1518 Reichstag zu Augsburg: Als der Dominikanerorden in Rom Anklage gegen LUTHER wegen Ketzerei erhebt, kommt ein Ketzerprozess gegen ihn in Gang (Mai/Juni). In Augsburg verweigert LUTHER vor dem Kardinallegaten CAJETAN (*1469, †1534) den Widerruf seiner Lehre, da er sich nicht widerlegt sieht, und festigt seine negative Auffassung vom Papsttum.

Beginn der Reformation in der Schweiz: In Zürich folgt ULRICH (HULDRYCH) ZWINGLI (*1484, †1531), reformerischer Humanist und Schüler des ERASMUS VON ROTTERDAM (*1466/69, †1536), den Anregungen LUTHERS, führt aber die Trennung von der alten Kirche

Die Reichskreise des Heiligen Römischen Reiches nach 1512

und eine reformatorische Neuordnung selbstständig durch, für die er 1523 die Stadt Zürich gewinnt.

1519, 12. Jan. Nach dem Tod MAXIMILIANS I. erbt sein Enkel **KARL V.** (seit 1516 König des vereinigten Spanien) die habsburgischen Erblande (Österreich, Steiermark, Kärnten, Krain, Tirol, Vorderösterreich am Oberrhein und die burgundischen Besitzungen).

28. Juni Bei der **Wahl zum Römischen König und Kaiser** in Frankfurt am Main siegt KARL über seinen von Papst LEO X. (1513–1521) unterstützten französischen Rivalen, FRANZ I. (1515–1547), wobei weniger die vom augsburgischen Bankhaus Fugger verbürgten hohen Bestechungsgelder für die Kurfürsten als vielmehr deren Misstrauen gegen Papst und französischen König ausschlaggebend sind. Eine von der römischen Kurie unterstützte Kandidatur des sächsischen Kurfürsten FRIEDRICH III. (DER WEISE; *1463, †1525) scheitert an dessen Weigerung, sodass der Habsburger schließlich einstimmig (mit geheimem Vorbehalt des Kurfürsten von Brandenburg) gewählt wird. Der Wahl geht die Annahme einer **Wahlkapitulation** voraus. In der Wahlkapitulation macht der zu Wählende den Wählern für den Fall seiner Wahl bestimmte Versprechungen und Zugeständnisse. KARL wird auf die von den Kurfürsten vertretenen Interessen des Reiches (auch gegen die gewaltige Hausmacht des Habsburgers) verpflichtet und muss u. a. ein ständisches Reichsregiment zugestehen. Diese erste Wahlkapitulation eines Römischen Königs und Kaisers dient allen späteren bis zum Ende des Reiches als Vorbild. Im 17. und 18. Jh. erlangen die Wahlkapitulationen den Charakter von sog. Reichsgrundgesetzen. 1711 erfolgt der Versuch, mit der »Capitulatio perpetua« eine dauerhafte Lösung herbeizuführen.

Die Regierungszeit Karls V. (1519–1556)

Mit dem Regierungsantritt KARLS V., der im Verlauf seiner Regierungszeit über ein immer weiter ausgedehntes Imperium herrscht, beginnt eine neue Phase der Reichsgeschichte. Das bekannte Diktum von KARL V. als dem Kaiser, in dessen Reich die Sonne nie untergeht, spielt darauf an, dass sich sein Herrschaftsbereich nicht nur über weite Teile Europas erstreckt, sondern dass in die erste Hälfte des 16. Jh.s auch die spanische Eroberung weiter Teile Lateinamerikas sowie des südlichen Nordamerikas fällt. Während KARL seinen überseeischen Besitzungen kaum Beachtung schenkt, gelingt es ihm in seinen Erblanden und im Reich mittels eines Systems von Regentschaften, mit denen er seine engsten Familienangehörigen beauftragt, sein Imperium zu regieren. Seine Tante MARGARETE VON ÖSTERREICH und Schwester MARIA VON ÖSTERREICH wahren seine Interessen in den Niederlanden, sein Bruder FERDINAND in den deutschen und (seit 1526) ungarisch-böhmischen Erblanden sowie im Reich selbst. In Zeiten, in denen er nicht in Spanien weilt, beauftragt er seine Gemahlin ISABELLA VON PORTUGAL (*1503, †1539) an seiner statt zu regieren.

V. a. die kriegerischen Auseinandersetzungen, allen voran diejenigen mit dem französischen König FRANZ I., nötigen ihn zu langen Abwesenheiten vom Reich. In den Jahren 1521 bis 1530 betritt er den Boden der »deutschen Nation« nicht und auch nach dem Augsburger Reichstag von 1530 verlässt er, mit Ausnahme einer kurzen Anwesenheit im Jahr 1532, das Reich wiederum für mehr als zehn Jahre. Kontinuierlich ist er nur in den Jahren zwischen 1541 und 1548 im Reich präsent.

Diese Tatsache hat weitreichende Konsequenzen: Seine – trotz einer intensiven Korrespondenz mit seinen Familienangehörigen – mangelnde Vertrautheit mit der Entwicklung der politischen und religiösen Verhältnisse in der »deutschen Nation« führt auf kaiserlicher Seite zu folgenreichen Fehleinschätzungen der Lage, insbesondere in Hinblick auf die religiös-kirchliche Entwicklung. Zudem vermögen die Familienmitglieder, v. a. FERDINAND, das Imperium des Hauses Österreich zwar aufrechtzuerhalten und auch gegen die vorrückenden Osmanen zu verteidigen, verfügen jedoch nicht über die Autorität, die KARL als Herrscher zugeschrieben wird. Dass KARL sich insbesondere gegenüber seinem Bruder wichtige Vorrechte vorbehält als er ihm die Regentschaft überträgt, verschärft das Problem und führt am Ende seiner Regierungszeit zu einer Entfremdung der Brüder, ohne dass jedoch die innerdynastische Loyalität gefährdet wird. Auf das im Entstehen begriffene politische System der deutschen Nation wirkt sich die kaiserliche Abwesenheit ambivalent aus: Einerseits führt die Notwendigkeit, mit der »Türkengefahr« und der Reformation als wichtigsten reichspolitischen Problemfeldern einen Umgang zu finden, zu einer Verfestigung der institutionellen Ordnung des Reiches, die – wie im weiteren Verlauf der Reichsgeschichte immer deutlicher werden soll – durchaus mit den kaiserlichen Herrschaftsinteressen übereinkommt. Andererseits deuten die zahlreichen und sehr unterschiedlich gearteten Bündnisse, die die Obrigkeiten des Reiches miteinander eingehen, daraufhin, dass den zeitgenössischen Politikern der Kompromiss von 1495 nur als eine Möglichkeit unter anderen erscheint, das politische Miteinander im Reich zu organisieren, das sich im Spannungsfeld zwischen kaiserlichem Herrschafts- und reichsständischem Autonomieanspruch bewegt. Letzterer wird zeitgenössisch mit dem Schlagwort von der »teutschen Libertät« (deutsche Freiheit) erfasst. »Teutsche Libertät« meint nicht, danach zu streben, sich der kaiserlichen Oberherrschaft zu entledigen. Dieser Gedanke, der zu den Zeiten KARLS V. noch gar nicht denkbar ist, kommt erst in der zweiten Hälfte des 18. Jh.s bei einer numerisch verschwindend kleinen, politisch allerdings gewichtigen Minderheit auf. Allein die Fragen, wer in welchem Umfang über politische Gestaltungsmöglichkeiten verfügt und der Anspruch der Reichsstände auf ein hohes Ausmaß an politischer Mitsprache, werden damit zum Ausdruck gebracht.

1519–1556 Als **Kaiser KARL V.** vereinigt der Nachfolger MAXIMILIANS Gebiete unter seiner Macht, die an Umfang, Bevölkerung und Reichtum alles übertreffen, was jemals seit dem Reich der Karolinger von einer Hand regiert wurde. KARL fühlt sich weder als Spanier noch als Deutscher, sondern als Niederländer und Burgunder. Er steht noch in der Tradition des universalen mittelalterlichen Kaisertums, verstanden als weltliches und geistliches Amt. Sein bedeutendster Berater ist der Großkanzler (1518–1530) MERCURINO DE GATTINARA (*1465, †1530) aus Piemont.

1520 Nachdem **LUTHER** 1519 in einer akademischen Disputation mit dem Ingolstädter Theologen JOHANNES ECK (*1486, †1543), einem der theologischen Hauptgegner der Reformation, in Leipzig neben dem Papst auch allgemeine Konzile für irrtumsfähig erklärt hat, **veröffentlicht er drei reformatorische Programmschriften** von weitreichender Wirkung im Reich: 1. »An den christlichen Adel deutscher Nation von des christlichen Standes Besserung«, 2. »De captivitate Babylonica ecclesiae« (»Von der Babylonischen Gefangenschaft der Kirche«), 3. »Von der Freiheit eines Christenmenschen«. Trotz unterschiedlicher Thematik durchzieht sie die gleiche Forderung nach der wahren Kirche als Gemeinschaft der Gleichgestellten und Freien, nicht als der Gefangenen in einem perfekten Herrschaftssystem, in dem die kirchliche Hierarchie alle Wahrheit und alles Heil vermittelt.

10. Dez. Nach Ablauf der Widerrufsfrist für 41 von Rom als ketzerisch betrachtete Sätze **verbrennt LUTHER die Bannandrohungsbulle »Exsurge Domine«** (»Erhebe dich, Herr!«) vom 15. Juni, das kanonische Recht, auf dem maßgeblich die innerweltliche Macht der päpstlichen Kirche ruht, sowie etliche Buß- und Lehrbücher vor dem Elstertor in Wittenberg. Damit vollzieht er von seiner Seite den offenen Bruch mit der Papstkirche.

1521, Jan.–Mai Reichstag zu Worms.

Der Wormser Reichstag von 1521 und seine Folgen

Die *causa Lutheri* (der »Fall Luther«) ist aus heutiger Sicht, weniger in der Wahrnehmung der Zeitgenossen, das beherrschende Thema auf dem ersten von KARL V. abgehaltenen Reichstag. Durch seine Funktion als *advocatus ecclesiae* (Schutzherr der Kirche), sieht sich KARL verpflichtet, dem kirchlichen Bann, der seit dem 5. Jan. rechtswirksam ist, die weltliche Acht (Recht- und Friedloserklärung) folgen zu lassen. Aus politischer Rücksichtnahme auf die Reichsstände, v. a. auf den Landesherrn LUTHERS, Kurfürst FRIEDRICH DEN WEISEN, verzichtet der Kaiser darauf, die Acht ohne Anhörung des »Ketzers« zu verhängen. LUTHER wird auf den Reichstag geladen, auf dem er aber am 17. und 18. April in lateinischer Rede den Widerruf seiner Lehre verweigert. Seine Schriften dürften zu dieser Zeit in weit über einer halben Mio. Exemplaren verbreitet sein, eine außerordentlich große Zahl angesichts eines nur geringen Anteils Lesekundiger an der Gesamtbevölkerung. Obwohl das ihm zugesagte kaiserliche Geleit eingehalten wird, **lässt Kurfürst FRIEDRICH DER WEISE LUTHER** auf seiner Rückreise von Worms **auf die Wartburg** in Sicherheit **bringen**. Hier überträgt LUTHER 1521/22 das Neue Testament aus der Vulgata und der griechisch-lateinischen Erasmusausgabe von 1519 ins Deutsche. Seine Bibelübersetzung wird Grundlage der neuhochdeutschen Schriftsprache.

Das auf dem Reichstag am 8. Mai erlassene **Wormser Edikt verhängt über LUTHER die Reichsacht** (wer seiner habhaft wird, soll ihn dem Kaiser ausliefern) und ordnet die Vernichtung seiner Schriften an (wer sie liest, kauft, behält oder druckt, soll ebenfalls geächtet werden).

KARL muss den Reichsständen das in der Wahlkapitulation zugesagte ständische Zweite (Nürnberger) Reichsregiment gewähren, erreicht aber gegenüber jenem von 1500, dass es nur während seiner Abwesenheit vom Reich in Aktion treten darf. – In Worms liegen erstmals die von verschiedenen Reichsständen zusammengestellten Beschwerden der deutschen Nation gegen den Heiligen Stuhl in Rom (*gravamina*) vor, die auf den folgenden Reichstagen wiederholt zu umfangreichen Beschwerdekatalogen zusammengefasst werden.

Die in Worms verabschiedete Matrikel (Reichsmatrikel) entwickelt sich allmählich zum wichtigsten Schlüssel für die Verteilung der Reichssteuern zwischen den einzelnen Reichsständen, auch wenn die Art und Weise wie die finanziellen Lasten umgelegt werden, im Detail bis Ende des Reiches umstritten bleibt. Die namentliche Nennung der Steuerpflichtigen in der Matrikel als diejenige Gruppe der kaiserlichen Vasallen, die ihrem Lehnsherrn direkt Steuern bezahlen und diese wiederum auf ihre Untertanen verteilen, gibt zugleich ein Kriterium an die Hand, welche der Obrigkeiten des Reiches über die Reichsstandschaft verfügen und welche nicht.

1521/1522 In Erbverträgen von Worms und Brüssel über-

Chronologische Verteilung deutschsprachiger und lateinischer Flugschriften 1515–1530

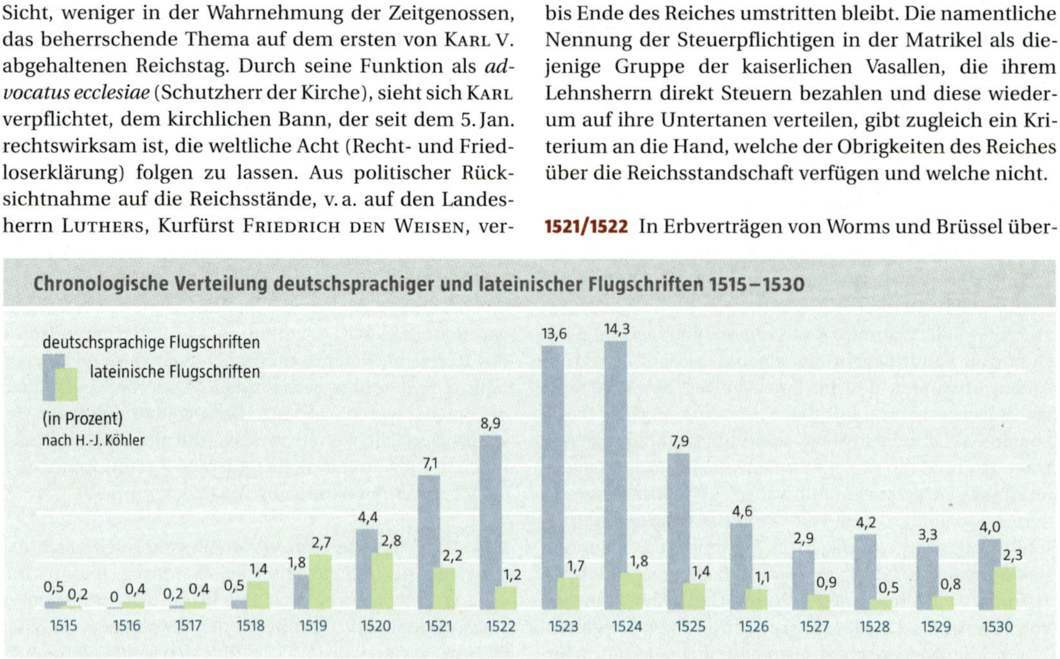

lässt KARL V. die habsburgischen Erblande seinem Bruder FERDINAND, Erzherzog von Österreich, den er auch während seiner Abwesenheit vom Reich als Statthalter dem Reichsregiment zuordnet.

1521/22–1530 Zweites Reichsregiment: Nach einem äußerst komplexen System, das der ständischen und regionalen Zusammensetzung des Reiches Rechnung trägt, werden die 22 Räte (sog. »Reichsregenten«) von den Obrigkeiten zum Regiment abgeordnet. Mit oft ernsthaften Reformversuchen (Exekutionsordnung zur Durchführung des Landfriedens auf Grundlage der Reichskreise, Reichsmünzordnung, Reichssteuerordnung, Grundlegung einer Reichswirtschaftspolitik, Reichskriegsverfassung) scheitert das Zweite Reichsregiment am Widerstand der Territorialgewalten. Nach neueren Untersuchungen haben religiöse Gegensätze der Reichsregenten keine für die Arbeit des Regiments entscheidende Rolle gespielt. Steht hinter der Etablierung des Regiments der Anspruch auf umfassende politische Teilhabe der (mächtigen) Reichsstände, so erfüllt es mit zunehmender Dauer v.a. für das Haus Österreich eine wesentliche Funktion: Als Statthalter und damit höchster Würdenträger des Regiments kann Erzherzog FERDINAND seinen abwesenden älteren Bruder nicht ersetzen, wohl aber verfügt er über eine Handlungsplattform, die ihn im Reich verankert und sein Römisches Königtum vorbereitet. Mit der Rückkehr KARLS 1530 ins Reich hört das Regiment auch juristisch auf zu bestehen.

Außenpolitische Unternehmungen Karls V.

1521–1526 Erster Krieg gegen FRANZ I. von Frankreich.
1525 Schlacht und Sieg bei Pavia.
1526 Friede von Madrid; Heilige Liga von Cognac.
1526–1529 Zweiter Krieg gegen FRANZ I.
1527 Plünderung Roms:Sacco die Roma.
1529 »Damenfriede« von Cambrai.
1535 Feldzug in Nordafrika und Eroberung von Tunis.
1536–1538 Dritter Krieg gegen FRANZ I.
1538 Waffenstillstand von Nizza.
1541 Expedition gegen Algier.
1542–1544 Vierter Krieg gegen FRANZ I.
1544 Friede von Crépy.

1522/23 **Ritterkrieg**: Weniger aufgrund wirtschaftlichen Niedergangs als vielmehr wegen des Verlustes und letztlichen Fehlens sozialer Funktionen im Reich gerät die Ritterschaft seit Beginn des Jh.s in eine kritische Lage. Trotz sehr unterschiedlicher sozialer Stellung werden im niederen Adel zuerst standesspezifische Ausprägungen der reformatorischen Bewegung sichtbar. Unter Berufung auf sie sucht FRANZ VON SICKINGEN (*1481) einen Ausweg aus der Situation der Ritter in Überfällen auf Städte (Worms, Metz) und städtische Kaufleute sowie im landfriedensbrecherischen Krieg gegen das Kurfürstentum Trier. Mangels Zuzugs der Standesgenossen und gegen die Kraft des vereinigten Heeres von Kurtrier, Kurpfalz und der Landgrafschaft Hessen kann sich SICKINGEN mit seinen Leuten nicht behaupten; tödlich verwundet stirbt er auf seiner Feste Landstuhl bei Kaiserslautern (7. Mai 1523). Wichtigster Propagandist der Ritter und humanistischer Ratgeber SICKINGENS ist ULRICH VON HUTTEN (*1488, †1523), der – LUTHERS Anregung folgend – seine ätzende Kritik an den kirchlichen Missständen teilweise in deutscher Sprache verbreitet und aufgrund der Niederlage nach Zürich flieht. Er stirbt auf der Insel Ufenau (Zürichsee). Die schon früher einsetzende Trennung der Ritterschaft in landständischen Adel und Reichsritterschaft wird seit etwa 1540 zunehmend deutlicher.

1524/25 **Bauernkrieg** in Süd- und Mitteldeutschland; er ist der größte soziale Konflikt der Reichsgeschichte.

Verlauf, Ursachen und Folgen des Bauernkrieges

Verlauf: Die Erhebung der Bauern, der sich vereinzelt auch Teile des städtischen Bürgertums anschließen, beginnt im Sommer 1524 im Südwesten des Reiches. Im Laufe des Jahres 1525 breiten sich die Unruhen immer weiter aus – vom Südwesten des Reiches über Mitteldeutschland bis hinein in Teile des heutigen Österreich – und gewinnen eine neue Qualität. 1525 formulieren die Bauern gegenüber ihren Herren nicht mehr nur ihre Forderungen, sondern finden auch zu Organisationsformen, die es ihnen im regionalen Rahmen erlauben, ihren Forderungen Nachdruck zu verleihen. Die Bauern vereinigen sich in Schwurgemeinschaften, die nicht eher auseinanderzugehen bereit sind, ehe sie ihre Forderungen gegenüber ihren Herren durchgesetzt haben. Die Bewegung gewinnt nun an Dynamik. Insbesondere in Schwaben und Franken beginnen im Frühsommer 1525 die Bauern ihren Forderungen handelnd Ausdruck zu verleihen. Sie plündern die Schlösser des Adels, nehmen Klöster ein und stecken sie z.T. in Brand.

Charismatische Führungspersönlichkeiten – einzelne Theologen wie THOMAS MÜNTZER (*um 1489, †1525) in Thüringen, Angehörige des Bürgertums wie MICHAEL GAISMAIR in Tirol, einzelne Adelige, am bekanntesten GÖTZ VON BERLICHINGEN (*um 1480, †1562), – werden nun für den Gang des Geschehens von zunehmender Bedeutung. Auch ihnen gelingt es jedoch nicht, die Aktivitäten der Aufständischen über größere Räume hinweg zu koordinieren. So besteht der Bauernkrieg von seinen Anfängen bis zu seiner endgültigen Niederschlagung im Frühjahr 1526 aus vielen regionalen Aufstandsherden, die zwar voneinander Kenntnis haben und sich z.T. auch um koordinierte Aktionen bemühen, aber niemals zu gemeinsamen Vorgehen finden.

Diesem Umstand und dem militärisch wie finanziell überlegenen Know-how der Obrigkeiten kann man zuschreiben, dass die Aufständischen den anrückenden Heeren der Fürsten nichts entgegenzusetzen haben. Kommt es zur militärischen Konfrontation, so v.a. in Böblingen (Schwaben, 12. Mai 1525) und Frankenhausen (Thüringen, 15. Mai 1525), flüchten die Bauern rasch panikartig und werden von den berittenen Truppenteilen gnadenlos verfolgt. Tausende von Toten (nach Schätzungen zwischen 70 000 und 100 000) sind zu beklagen. Diejenigen Bauern aber, die überleben und von den Obrigkeiten nicht angeklagt werden, als Rädelsführer gewirkt zu haben, kommen mit glimpflichen Strafen, meist Geldstrafen davon. Denn auf der Arbeitsleistung der Bauern beruht die gesamte Ökonomie. Rigorose Strafmaßnahmen über den engeren Kreis der Anführer der Bauernbewegung hinaus hätten die wirtschaftlichen Grundlagen der Existenz der Obrigkeiten gefährdet.

Ursachen: Dem Aufstandsgeschehen der Jahre 1524 bis 1526 liegt – wie die regionalen Beschwerdeschriften der Bauern zu erkennen geben – ein ganzes Bündel von Ursachen zugrunde. Bis heute herrscht über die Gewichtung der einzelnen Faktoren, die für den Ausbruch der Revolte ausschlaggebend sind, keine Einigkeit, zu vielfältig präsentieren sich die gesellschaftlichen, ökonomischen, politischen und religiös-kulturellen Verhältnisse, in denen die Bauern im Vorfeld des Aufstandes leben. Trotz dieser Vielgestaltigkeit der Ursachen ist wohl der allerorten, sich seit der Zeit um 1500 intensivierende politische wie ökonomische Zugriff der Herrschaftsträger auf die ländliche (und auch städtische) Bevölkerung ein Umstand, der zu erklären vermag, warum die Konflikte gerade in der Mitte der 1520er-Jahre eskalieren. Dörfliche wie städtische Selbstverwaltungsstrukturen werden zugunsten einer stärkeren herrschaftlichen Erfassung der Untertanen zurückgedrängt, die wirtschaftlichen Grundlagen bäuerlicher und unterbäuerlicher Schichten gefährdet.

Das daraus resultierende Bewusstsein, in »unruhigen Läuften« (Zeiten) zu leben, verleiht den neuen theologischen Ideen ihre starke Wirkung. Daher sah man lange Zeit in der bäuerlichen Forderung nach religiöser Reform im Sinne der neuen evangelischen Lehren den wichtigsten Beweggrund der Unruhen. Diese Sicht der Dinge wird heute differenzierter betrachtet: Die Bedeutung der Reformation ist nicht darin zu suchen, dass sie den Bauernkrieg verursacht hat, sondern darin, dass sie »neue« Möglichkeiten schuf, die eigenen politischen und ökonomischen Forderungen zu rechtfertigen. Aus dieser neuen Begründungsmöglichkeit des eigenen Handelns, die auf der von den reformatorischen Theologen propagierten »Freiheit eines Christenmenschen« (Luther) beruht, erklärt sich, dass der Bauernkrieg – im Gegensatz zu allen vorhergehenden Unruhen – zu einer Massenbewegung wird.

Im Zentrum der bäuerlichen Forderungen aber stehen, wie v. a. die für den Bauernkrieg wichtigste, da am weitesten verbreitete Beschwerdeschrift, die »Zwölf Artikel der Bauernschaft« (März 1525), zeigt, ökonomische und politische Forderungen. Von Region zu Region mit unterschiedlichem Gewicht kann das Bestreben, die wirtschaftlichen Handlungsspielräume und politischen Gestaltungsmöglichkeiten auf lokaler Ebene zu behaupten, als das zentrale Anliegen der Aufständischen gelten. Aus der Perspektive des Historikers stellen sich die bäuerlichen Ziele als eine rückwärtsgewandte Utopie dar, da der Fluchtpunkt der Forderungen die überkommenen, nunmehr durch neue gesellschaftliche, politische wie ökonomische Entwicklungen »gefährdeten« Zustände der spätmittelalterlichen Vergangenheit sind.

Folgen: Bis in die Mitte der 1970er-Jahre hinein besteht in der Forschung Einigkeit, welche Folgen der Bauernkrieg für die ländliche Bevölkerung hat: jahrhundertelange Unterdrückung und Ausschluss von allen Möglichkeiten politischer Teilhabe. Diese Vorstellungen haben sich grundlegend verändert. Denn so zutreffend es ist, dass insbesondere die Anführer der Bewegung grausam hingerichtet wurden, wobei die drakonischen Strafen abschreckend wirken sollten, so offenkundig ist, dass nicht nur Strafe und Unterdrückung obrigkeitliche Reaktionen auf das Geschehen darstellten. Schon unmittelbar nach dem Ende der Aufstände, im Jahre 1526 auf der Versammlung der Obrigkeiten des Reiches und des kaiserlichen Reichsoberhauptes auf dem Reichstag in Speyer, werden Beschlüsse verabschiedet, die nicht nur den weiteren Umgang mit den Aufrührern der vorigen Jahre bestimmen, sondern auch die Weichen stellen, um die Möglichkeiten der Bauern zu verbessern, ihre Anliegen auf gerichtlichem Weg zur Geltung zu bringen. Der Bauernkrieg, der sich tief ins kollektive Gedächtnis der Menschen eingräbt und an den noch in der Revolution von 1848/49 angeknüpft wird, steht am Anfang eines Prozesses, der für die Geschichte des Reiches entscheidend wird – der sog. Verrechtlichung sozialer Konflikte (Winfried Schulze). Darunter versteht man die kontinuierlich verbesserten Möglichkeiten der Untertanen, gegen ihre Obrigkeiten vor den höchsten Gerichten des Reiches zu klagen – zuerst vor dem kaiserlichen Reichskammergericht, dann, v. a. seit der zweiten Hälfte des 17. Jh.s, auch vor dem Reichshofrat –, um ihren Begehren Gehör zu verschaffen.

1525 In der Auseinandersetzung mit Erasmus von Rotterdam antwortet Luther, der in dessen Schrift »De libero arbitrio diatribe« (»Vom freien Willen«, 1524) angegriffen wird, mit einer seiner wichtigsten theologischen Schriften: »De servo arbitrio« (»Vom unfreien Willen«). Diese führt zu einem **Bruch mit dem Humanismus**.

8. April Ein erster wichtiger Erfolg der Reformation ist die Schaffung eines geschlossenen evangelischen Territoriums: Hochmeister Albrecht von Brandenburg-Ansbach (*1490, †1568) säkularisiert den Deutschordensstaat in Preußen und wandelt ihn in ein erbliches Lehen um. Durch den Vertrag von Krakau wird er weltlicher Herzog von Preußen unter Lehnshoheit des Königs von Polen-Litauen.

Mai Der Zusammenschluss Landgraf Philipps des Grossmütigen von Hessen (*1504, †1567) und Kurfürst Johanns des Beständigen von Sachsen (*1468, †1532) im Torgau-Gothaer Bündnis ist Auftakt ihrer v. a. religionspolitisch in den folgenden 20 Jahren immer bedeutsamer werdenden Kooperation.

Juli Nach Einberufung des Regensburger Konvents im Juni 1524 durch den päpstlichen Legaten und Erzherzog Ferdinand schließen sich die aus dem Hause Hohenzollern stammenden Kurfürsten Joachim von Brandenburg (*1484, †1535) und Albrecht von Mainz (*1490, †1545), Herzog Georg von Sachsen (*1471, †1539) sowie die Herzöge Erich (*1470, †1540) und Heinrich II. (*1489, †1568) zu Braunschweig-Lüneburg in der Vereinigung von Dessau zusammen.

1526 **Erster Reichstag zu Speyer**: Während der Nürnberger Reichstag von 1523 vieldeutig beschlossen hat, in Zukunft allein das Evangelium nach der Auslegung der Schriften zu lehren, 1524 ebendort den Reichsständen die Befolgung des Wormser Edikts »sovil inen muglich« anheim gestellt wurde, heißt es auf dem Speyerer Reichstag, jeder Stand solle sich bis zum bald erwarteten Konzil gegenüber seinen Untertanen so verhalten, »wie ein jeder solches gegen Gott und Kayserl. Majestät hoffet und vertraut zu verantworten«. Das Wormser Edikt wird damit weitgehend außer Kraft gesetzt.

1527 Der Kurfürst (1525–1532) von Sachsen, JOHANN DER BESTÄNDIGE, führt in seinem Territorium eine Kirchen- und Schulvisitation durch (alte kirchenrechtliche Institution mit neuer Zielgebung: umfassende Überprüfung der kirchlichen Gegebenheiten an jedem Ort, des Wissensstandes von Pfarrern, Lehrern und Gläubigen, der sittlichen Zustände und der Besitzverhältnisse). Daraus erwächst in einem Prozess, der sich bis in die zweite Hälfte des 16. Jh.s erstreckt, **das deutsche evangelische Landeskirchentum**. Das von PHILIPP MELANCHTHON (*1497, †1560), ein Professorenkollege LUTHERS, in Wittenberg reorganisierte Universitätswesen sowie das von ihm geschaffene evangelische Schulwesen, die landesfürstliche Gewalt, die mit der Einziehung von Kloster- und Kirchengut beginnt, und die Pfarrgeistlichkeit werden Grundpfeiler des evangelischen Kirchenwesens. Der hessische Landgraf PHILIPP DER GROSSMÜTIGE folgt in der Organisation der Kirche dem sächsischen Beispiel und gründet mit der Universität Marburg die erste evangelische Hochschule ohne päpstliches Privileg (ein kaiserliches Privileg folgt erst 1541). Die Entwicklung der Reformation zu einer »Bildungsbewegung« liegt im Interesse des sich formierenden »frühmodernen Staates« (Beamtenschaft).

1529 **Zweiter Reichstag zu Speyer**: Nachdem das Konzil nicht zusammengetreten ist, will FERDINAND als kaiserlicher Statthalter im Reich das Wormser Edikt durch Aufhebung der die Religionsfrage betreffenden Partien des Speyerer Reichsabschieds von 1526 wieder voll in Kraft setzen. Dies löst im April die Protestation und Appellation evangelischer Reichsstände aus (Kurfürst JOHANN DER BESTÄNDIGE, die Reichsfürsten GEORG DER FROMME VON BRANDENBURG-ANSBACH [*1484, †1543], ERNST VON BRAUNSCHWEIG-LÜNEBURG [*1497, †1546], PHILIPP DER GROSSMÜTIGE, WOLFGANG VON ANHALT [*1492, †1566] sowie 14 Reichsstädte, unter ihnen Straßburg, Nürnberg, Ulm und Konstanz). Die Entscheidung über die strittige Religionsfrage wird Kaiser, Konzil oder einem »Nationalzusammenkommen« überantwortet. Dass die *protestatio* ein juristischer Akt ist, der die Schaffung eines Präjudizes verhindern soll, und kein Akt politischer Opposition, zeigt sich darin, dass die protestierenden und appellierenden Obrigkeiten betonen, dass sie sich selbst und »unser furstentumb, herschaften, land und leute, leib und gut, auch alle itzige und kunftige dieser unser appellacion anhanger in der ksl. m. und eins christlichen concilii schutz und schirm...« »unterwerfen«. Die Bezeichnung **»Protestanten«** leitet sich von diesem Rechtsakt ab.

Okt. PHILIPP DER GROSSMÜTIGE organisiert in Marburg ein **Religionsgespräch zwischen LUTHER und ZWINGLI** und ihren engsten Beratern, in dem die theologischen Meinungsverschiedenheiten ausgeräumt werden sollen. Das gelingt zwar in 14 der sog. »Marburger Artikel«, in denen das Gespräch zusammengefasst wird, scheitert aber am Artikel 15 über die Abendmahlsfrage, weil LUTHER auf einer Realpräsenz Christi im Abendmahl besteht, die ZWINGLI und seine Anhänger ablehnen. Die Differenz zwischen den reformerischen Theologien Wittenberger und Züricher Prägung ist nun endgültig nicht mehr zu leugnen.

1530, 24. Febr. KARL V. empfängt als letzter Römischer König gemäß mittelalterlicher Tradition vom Papst in Bologna, nicht mehr in Rom, die Kaiserkrone.

16. Juni Gleich nach KARLS Rückkehr ins Reich findet der **Reichstag zu Augsburg** statt. Um die Beratungen über die Religionsfrage, die auf dem Reichstag wiederum nur eine Agenda unter anderen ist, effizient zu gestalten, ergeht im Vorfeld des Reichstags an die Reichsstände die Aufforderung, ihre Glaubensgrundsätze schriftlich darzulegen. **Das »Augsburgische Bekenntnis« (Confessio Augustana)** wird ohne Beteiligung LUTHERS (er hält sich als Gebannter zu seinem Schutz auf der Feste Coburg auf) von MELANCHTHON in lateinischer und deutscher Sprache verfasst, von protestantischen Reichsfürsten und -städten unterzeichnet und nach einer lateinischen Einführungsrede des alten kursächsischen Kanzlers (1521–1529) GREGOR BRÜCK (*1483, †1557) am 25. Juni dem Kaiser in deutscher Fassung vom kursächsischen Kanzler CHRISTIAN BEYER (*1482, †1535) vorgetragen. Unter Betonung der Gemeinsamkeiten mit der alten Kirche und der Gegnerschaft zum Schwärmertum werden die Differenzen oberflächlich zugedeckt, aber in den entscheidenden Punkten des neuen Glaubens (Rechtfertigungslehre, Predigtamt, Kirchenauffassung) doch klar zum Ausdruck gebracht. Eine katholische Gegenerklärung, v. a. von JOHANNES ECK (*1486, †1543) und JOHANNES COCHLÄUS (*1479, †1552) bearbeitet, die *Confutatio*, führt nicht zu der von KARL V. angestrebten Unterwerfung der Protestanten. Eine besondere Konfessionsschrift der südwestdeutschen Städte Straßburg, Konstanz, Lindau und Memmingen, die *Confessio Tetrapolitana*, und ein eigenes Bekenntnis ZWINGLIS (*Ratio Fidei*) verdeutlichen die Zersplitterung des Protestantismus, aber auch die altgläubige Seite bietet kein geschlossenes Bild (aktive katholische Reichsstände, konziliánter päpstlicher Legat LORENZO CAMPEGGIO [*um 1472, †1539], devot-religiöser Kaiser in erasmisch-orientierter Umgebung). Der Reichsabschied ergeht in Abwesenheit der Protestanten, deren Apologie der Augustana (durch MELANCHTHON) als Widerlegung der *Confutatio* vom Kaiser nicht anerkannt wird. Der Reichsabschied sieht vor, dass die Ahndung von Verstößen gegen Bestimmungen, welche die Frömmigkeitspraxis regeln – genannt werden christliche Gebräuche, Zeremonien, Gottesdienst –, »jeder Obrigkeit« überantwortet wird (§ 57). Eine Klage des Fiskals, des kaiserlichen Vertreters am Reichskammergericht, droht solchen Obrigkeiten, welche gegen die proreformatorische Druckschriftenproduktion nicht einschreiten oder kirchliche Abgaben nicht wie bislang entrichten (§§ 58, 62). Der Eingriff in kirchliche Eigentumsrechte wird als Verstoß gegen den »kaiserlichen Landfrieden« deklariert und von vornherein unter Achtandrohung gestellt (§ 59). Der Reichstag erreicht das Gegenteil dessen, was der Kaiser beabsichtigt hat: Die »Spaltung« der Religion ist offenkundiger als je zuvor.

1531, Jan. Die Wahl des Erzherzogs Ferdinand von Österreich (seit 1526 König von Ungarn und seit 1527 König von Böhmen) zum Römischen König (5. Jan. in Köln, Krönung in Aachen am 11. Jan.) zu Lebzeiten des Kaisers (*vivente imperatore*), seit Karls V. Kaiserkrönung möglich, gemäß der Goldenen Bulle problematisch, ist auf dem Augsburger Reichstag vorbereitet worden und soll dessen Anwartschaft auf das Erbe im Kaisertum unterstreichen. Gegner einer Erblichkeit der habsburgischen Dynastie im Reich sind v. a. Bayern (alte Rivalität der Wittelsbacher gegen die erfolgreichen Habsburger), aber auch der Kurfürst von Sachsen, der an der Wahl nicht beteiligt ist, obwohl ein Ausschluss des »Ketzers« durch Karl V. am Widerstand der übrigen Kurfürsten scheitert.

23. Febr. Inkrafttreten des in Schmalkalden am Südhang des Thüringer Waldes von etlichen protestantischen Reichsständen am 31. Dez. 1530 beschlossenen Vertrags einer »christlichen Einung«, so die zeitgenössische Bezeichnung des **Schmalkaldischen Bundes**. Im sog. Bundesvertrag sagen sich die hochadeligen und städtischen Teilnehmer im Falle eines (drohenden) Angriffs gegenseitig militärische Unterstützung zu. Den Bündnisfall fassen sie weit und begründen ihr Bündnis mit ihrer Sorge für das Seelenheil ihrer Untertanen. Zu dem gemeinsamen militärischen Handeln sehen sie sich berechtigt, da es nur der »Gegengewehr« dient. Gegenwehr freilich ist mehr als Verteidigung. Gegenwehr bedeutet den Einsatz militärischer Gewalt erst als letzte Handlungsoption ins Auge zu fassen. V. a. die Interessengegensätze der beiden mächtigsten Bündnismitglieder, des Kurfürsten von Sachsen und des Landgrafen von Hessen, stehen bis in den Dez. 1535 hinein einer machtpolitisch wirksamen Organisation des Bündnisses entgegen.

Okt. Die evangelischen Eidgenossen erleiden eine schwere Niederlage. Zwingli, der als Feldprediger an den Feldzügen teilgenommen hat, stirbt in der Schlacht bei Kappel westlich des Zürichsees. – Im überkonfessionellen Bund von Saalfeld (am Nordostfuß des Thüringer Waldes) finden sich Kursachsen, Bayern und Hessen zum Boykott des Römischen Königtums Ferdinands I. zusammen, dem bald Dänemark und Frankreich beitreten.

1532, April–Juli Reichstag zu Regensburg, Religionsvergleichsverhandlungen in Schweinfurt und Nürnberg: Nachdem sich die Kurfürsten von der Pfalz und Mainz als vom Kaiser beauftragte Vermittler mit dem sächsischen Kurfürsten darauf verständigt haben, die Religions- von den eigentlichen Reichstagsverhandlungen räumlich zu trennen, wird zeitgleich in Schweinfurt bzw. Nürnberg über die Religionsangelegenheiten und in Regensburg v. a. über die Türkenhilfe verhandelt. Während der Kaiser, um die Situation im Reich zu entschärfen, bestrebt ist, den religiösen Status quo des Jahres 1532 verbindlich zu machen, streben die Protestanten nach dem »freien Lauf« von Gottes Wort. In einem rechtlich sehr komplexen Vertragswerk, dem **»Nürnberger Anstand«** (23. Juli), wird weniger eine inhaltliche Lösung denn ein Formelkompromiss gefunden. Zwar setzt der Kaiser die vor dem Reichskammergericht geführten Prozesse aus, doch welche Stände in den Genuss dieser Zusage kommen, wird der Interpretation der Rede von »Kursachsen und seinen Zugewandten« überlassen. Die Protestanten leisten im Gegenzug Hilfe gegen die Osmanen. Auf dem nächsten Reichstag sollen weitere Beratungen über diese Fragen stattfinden. Diese Bestimmung hat zur Folge, dass Karl und Ferdinand sich des Reichstags als politische Handlungsplattform künftig nur dann bedienen können, wenn sie auch bereit sind, erneut über die religiös-konfessionelle Situation im Reich zu verhandeln. Nicht nur, aber doch ganz maßgeblich aus diesem Grund werden die 1530er-Jahre zu einem Jahrzehnt, in dem andere reichsständische Versammlungsformen dominieren. Bis 1537, als es über die verschiedenen Deutungen der Regelungen von 1532 durch den Kaiser und die Protestanten offen zum Konflik kommt, erfüllt der Formelkompromiss die beabsichtigte pazifizierende Wirkung.

Juni Auf dem Regensburger Reichstag schließen sich die Kurfürsten von Mainz, Trier und Pfalz sowie der hessische Landgraf in der »Rheinischen Einung« zusammen, die es sich v. a. zum Ziel setzt, zu verhindern, dass der Schwäbische Bund nochmals erneuert wird.

27. Juli Im Regensburger Reichsabschied wird die **»Constitutio Criminalis Carolina«** (»Kaiser Karls V. und des Heiligen Römischen Reiches Peinliche Gerichtsordnung«) verkündet, die in der Reichsgesetzgebung die Bereiche des Strafverfahrens und materiellen Strafrechts abdeckt und das erste deutsche Reichsstrafgesetzbuch darstellt.

1534 Am 2. Febr. hört der 1488 gegründete Schwäbische Bund auf zu bestehen, im Mai erhält Herzog Ulrich von Württemberg (*1487, †1550) sein Territorium v. a. dank der Unterstützung Philipps des Großmütigen zurück (Vertrag von Kaaden an der Eger, 29. Juni), nachdem es 1519 nach einem Feldzug Ulrichs gegen die Reichsstadt Reutlingen habsburgischer Verwaltung unterstellt worden war. Die Auflösung des Schwäbischen Bundes und der Verlust des Herzogtums Württemberg schwächen die habsburgische Machtposition in einer der Regionen, die traditionell dem Kaiser besonders eng verbunden ist.

Bayern erkennt nunmehr das Römische Königtum Ferdinands I. an. Erst 1544 entschließt sich auch der sächsische Kurfürst zu diesem Schritt im Linzer Vertrag (Sept.). Der Saalfelder Bund der Königswahlgegner wird damit politisch bedeutungslos. Zeitgleich mit dem militärischen Konflikt um Württemberg eskaliert auch der seit dem Tod des dänischen Königs Friedrich I., Herzog von Schleswig und Holstein (und als solcher kaiserlicher Lehnsmann), im April 1533 schwelende Konflikt um die dänische Thronfolge kriegerisch (»Grafenfehde«). Der Konflikt endet 1536 mit dem Sieg des evangelischen Sohnes Friedrichs I., Christian III. (1534–1559), der noch 1536 eine von Johannes Bugenhagen (*1485, †1558) erarbeitete lutherische Kirchenordnung erlässt. Der Ausgleich mit der niederländischen Regierung in Brüssel gelingt erst im Mai 1537 (Brüsseler Anstand).

Das Täuferreich von Münster 1534/35

Als religiöse Gruppe besonderer Art innerhalb der reformatorischen Bewegung formieren sich die **Täufer** (Kennzeichen: Erwachsenentaufe, die irdische Ordnung ist nach der biblischen Weissagung zu gestalten, Wiederbelebung von Lebensformen aus der älteren Kirchengeschichte), die sich nach 1525, v.a. im Verbreitungsgebiet des Bauernkriegs, in vielfältiger Weise ausbreitet und erst verhältnismäßig spät auch den niederdeutschen Raum erreicht.

Ins westfälische Münster bringt 1531 der einheimische Kaplan Bernhard Rothmann (*um 1495, †nach 1535) die reformatorische Lehre von einer Reise nach Straßburg mit. 1533 ergibt die Ratswahl eine lutherische Mehrheit. Während das Täufertum um 1534/35 in weiten Teilen des Reiches bereits unterdrückt oder ausgerottet ist (Täuferexekutionen auf der Grundlage eines alten Wiedertaufeverbots und detaillierter Bestimmungen der Reichsgesetzgebung von 1529/30), zeigen sich weite Kreise in Münster empfänglich für ein spezifisch niederländisches Täufertum, das sich in einem isolierten Gebiet des Reiches entwickelt hat und dessen Prophet der fränkische Kürschner **Melchior Hoffmann** (*um 1500, †1543/44; seit 1523 Wanderprediger in Norddeutschland, Livland und Schweden, zuletzt in Straßburg, wo er eingekerkert wurde) aus Schwäbisch Hall ist. Seine von holländischen Anhängern, den Melchioriten, verbreitete Lehre (spekulative Bibeldeutung, Ankündigung des baldigen Weltendes – Hoffmanns quietistische Endreichsvorstellungen werden jedoch nicht geteilt) wird von der Stadt wie in einem Rausch übernommen, nachdem der die Kindertaufe verwerfende und mit dem lutherischen Rat streitende Rothmann sich hat taufen lassen. Die Folge ist die Errichtung eines apokalyptischen »Gottesreiches« (Vision der Heiligen Stadt) und eine weitere Radikalisierung der Bewegung unter dem Bäcker Jan Matthijsz (*um 1495, †1534) und dem Schneider Jan Bockelson (*um 1509, †1536) aus Leiden (Beseitigung des Privateigentums an Geld; Nahrungsmittel und Grundbesitz werden zum Eigentum der Gemeinschaft erklärt; Aufhebung aller Schulden; Vielweiberei und Zwangsehe). Bevölkerungsverluste infolge von blutigem Glaubensterror (es gibt nur noch Wiedergetaufte in der Stadt) und Abwanderungen werden durch Zuzug von Täufern aus Holland, Friesland und vom Niederrhein ersetzt. Nach dem eindeutigen Erfolg der Täufer bei der Ratswahl im Febr. 1534 lässt sich Bockelson im Sept. 1534 zum »König von Zion« ausrufen. Reichs- und Kreisexekution gegen das landfriedensbrecherische Münster kommen nur zögernd zustande (Koblenzer und Wormser Versammlungen im Dez. 1534 und April 1535). Belagerungen Münsters durch Kriegstruppen katholischer und evangelischer Reichsstände unter Führung seines Bischofs Franz von Waldeck (*1491, †1553; 1532–1553), sind erst im Juni 1535 erfolgreich, als die Stadt durch Verrat fällt. Es folgen Hinrichtungen der Aufrührer und Bestrafung der Bürgerschaft. Gegen den schwachen Widerstand evangelischer Reichsfürsten kommt es zur Wiederherstellung des Katholizismus, ein beträchtlicher Erfolg der Altkirchlichen, weil sie erstmals eine verlorene Bastion zurückgewinnen. Das Täufertum, dessen Sozialstruktur keineswegs im Gegensatz zu derjenigen der Gesamtbevölkerung steht und nicht etwa ausschließlich von den untersten Schichten geprägt ist, tritt nach der Katastrophe von Münster nirgends mehr sozialrevolutionär in Erscheinung.

Seit 1536 sammelt sich um Menno Simons (*1496, †1561) eine Gruppe, die nach ihm benannten Mennoniten, die in schärfstem Gegensatz zu den himmlischen Propheten von Münster stehen.

1535, Dez. Den Vertragspartnern des Schmalkaldischen Bundes gelingt es, das Bündnis zu verlängern (bis Febr. 1547) und sich auf eine »Verfassung zur Gegenwehr« zu verständigen. Die beiden mächtigsten Bundesmitglieder, Kurfürst Johann Friedrich von Sachsen (*1502, †1554) und Landgraf Philipp von Hessen, werden nun »Hauptleute« des Bundes. In dieser Eigenschaft sind sie für die Militärorganisation des Bündnisses zuständig. Sie beginnen das bündische Militärpotenzial, das durch die Zahlungen der Bündnismitglieder finanziert wird, auf- und in der Folgezeit kontinuierlich auszubauen. Um diese Aufgabe zu bewerkstelligen, werden ihnen zudem verfahrensrechtliche Prärogativen zuerkannt, die es ihnen – v.a. dem sächsischen Kurfürsten – erlauben, das Bündnis wirksamer in ihre Reichs- und Reichsreligionspolitik einzufügen. Das Bündnis wird nun zu einem zunehmend wirksamen Faktor der Reichspolitik, was sich nicht zuletzt darin niederschlägt, dass die beiden Vormächte des Schmalkaldischen Bundes ihre Rolle in der »christlichen Einung« »nutzen«, um mit den Königen von England und Frankreich politische Kontakte zu knüpfen. Ein förmliches Bündnis kommt allerdings nur mit dem dänischen König Christian III., Herzog von Schleswig und Holstein, im April 1538 zustande. Zugleich gelingt es, die Zahl der Bündnismitglieder zu erhöhen. Mit Ausnahme der Stadt Hildesheim, die erst 1543 dem Bündnis beitritt, gehören ihm seit 1538 folgende Stände an: der Kurfürst von Sachsen, der Landgraf von Hessen, die Herzöge von Pommern, Braunschweig-Lüneburg-Celle bzw. Grubenhagen, Sachsen (1537/39) und Württemberg, der Markgraf von Brandenburg-Küstrin, die Fürsten von Anhalt-Bernburg und Anhalt-Dessau, die Grafen von Mansfeld, Nassau-Saarbrücken, Schwarzburg, Tecklenburg sowie die Fürstin ELISABETH VON ROCHLITZ (*1502, †1557), Schwester Landgraf PHILIPPS; die Hansestädte Lübeck (bis Dez. 1536), Magdeburg, Bremen, Braunschweig, Goslar (zugleich Reichsstadt), Hamburg, Einbeck, Hannover, Göttingen und Minden; die Freien und Reichsstädte Straßburg, Augsburg, Ulm, Frankfurt, Konstanz, Memmingen, Biberach, Lindau, Reutlingen, Esslingen, Kempten, Isny, Schwäbisch Hall und Heilbronn.

1537, Febr./März Die päpstliche Konzilsankündigung führt zur Einberufung einer Versammlung nach Schmalkalden, den nicht nur die Mitglieder des Schmalkaldischen Bundes, sondern auch protestantische Obrigkeiten beschicken, die sich nicht zum Bündnisbeitritt entschließen konnten, wie der Markgraf von Brandenburg-Ansbach und die Reichsstadt Nürnberg. Reichsvizekanzler MATTHIAS HELD (*um 1490, †1563) wirbt als kaiserlicher Gesandter für das Konzil und überbringt den Protestanten die von ihnen erbetene kaiserliche Deutung des umstrittenen Nürnberger Anstandes. Wie schon 1530 enden die Verhandlungen nicht im erhofften Kompromiss, vielmehr ist die Unvereinbarkeit der Deutungen des Nürnberger Anstandes durch Kaiser und Protestanten nun endgültig evident. Erstmals definieren die protestantischen Stände den konfessionell homogenen Herrschaftsbereich als Ziel ihrer religionspolitischen Bemühungen. Die in Schmalkalden anwesenden Theologen verständigen sich auf die **»Schmalkaldischen Artikel«**, die ihr Ziel, die verschiedenen Spielarten protestantischen Bekennens im Sinne der *Confessio Augustana* zu vereinheitlichen, allerdings nur bedingt erreichen. In dem von MELANCHTHON verfassten »Tractatus de potestate et primatu papae« (»Traktat von der Gewalt und Obrigkeit des Papstes«) wird die in der *Confessio Augustana* wenig prononcierte Frontstellung zum Papsttum jetzt theologisch präzise begründet. Der theologische wie politische Dissens ist damit klarer konturiert als je zuvor.

1538 Bildung eines Bundes katholischer Reichsstände (Herzöge von Sachsen, Bayern, Braunschweig-Wolfenbüttel, Erzbischöfe von Magdeburg und Salzburg) in Nürnberg als Gegengewicht zum Schmalkaldischen Bund auf Initiative des Reichsvizekanzlers MATTHIAS HELD ohne Unterstützung des Kaisers.

30. Juni Mit dem Tod des geldrischen Herzogs KARL VON EGMOND (*1467) spitzt sich der Konflikt zwischen den Herzögen von Jülich-Kleve-Berg als Landesherrn des mächtigsten Territoriums im Nordwesten des Reiches und den Niederlanden zu, da beide Seiten Ansprüche auf das Herzogtum erheben. Nach kriegerischen Auseinandersetzungen gelingt es KARL V. im Frieden von Venlo (7. Sept. 1543) Geldern und Zutphen dem niederländischen Herrschaftsbereich seiner Dynastie einzuverleiben.

Okt. Die Achterklärung des Reichskammergerichts gegen Minden ist die erste in einem Verfahren, das in protestantischem Verständnis der eigenen Bekenntnisoption geschuldet ist.

1539, Febr.–April Vom Bestreben geleitet, Türkenhilfsgelder zu erlangen und die seit 1537 immer mehr in den Vordergrund der Reichspolitik tretenden religionspolitischen Konflikte beizulegen, entsendet KARL V. NICOLAS PERRENOT DE GRANVELLE (*1484, †1550) nach Frankfurt zu Verhandlungen. Seine Ausgleichsbemühungen fallen mit denjenigen der Kurfürsten von der Pfalz und von Brandenburg zusammen. Die Religionsvergleichsverhandlungen in Frankfurt, die von einer ersten Demonstration der militärischen Stärke des Schmalkaldischen Bundes begleitet werden, münden in den »Frankfurter Anstand«, den KARL V. jedoch nicht ratifiziert.

1540/41 Angesichts eines neuen Türkenkrieges drängt KARL V. auf einen friedlichen Ausgleich im Glaubensstreit. Er fördert die bereits im Frankfurter Anstand in Aussicht genommenen und in Hagenau (Juni/Juli) und Worms (Okt. 1540–Jan. 1541) dann realisierten Ausgleichsgespräche der Theologen, die während des Regensburger Reichstages (April–Juli), den KARL persönlich besucht, fortgesetzt werden. Trotz größter Verständigungsbereitschaft auf beiden Seiten – u. a. beteiligen sich MELANCHTHON und MARTIN BUCER (*1491, †1551) aus Straßburg sowie JOHANN GROPPER (*1503, †1559) als kurkölnischer Rat und Kardinal GASPARO CONTARINI (*1483, †1542) als päpstlicher Legat an den Gesprächen – und obwohl man einer Einigung in der zentralen Frage der Rechtfertigung sehr nahe kommt, können die Meinungsunterschiede in der Sakramentenfrage nicht überbrückt werden. Schließlich lehnen die Reichsstände beider Konfessionen, die römische Kurie und LUTHER, der die wenig kompromissbereite Haltung seines Landesherrn teilt, die Gesprächsergebnisse insgesamt ab und besiegeln damit das vorläufige Ende theologischer Einigungsbemühungen. Wegen der Türkengefahr gewährt der Kaiser nochmals die Verlängerung des Nürnberger Anstandes bis zum Ende eines Generalkonzils, einer Nationalversammlung oder eines Reichstages und verspricht den Protestanten, nachdem er bereits im Vorfeld des Reichstags die reichskammergerichtliche Zuständigkeit in Religionsprozessen ausgesetzt hat, u. a. eine Umbesetzung des Reichskammergerichts. Im Geheimvertrag mit PHILIPP DEM GROSSMÜTIGEN (13. Juni) wegen dessen Doppelehe (Straflosigkeit bei Unterordnung unter habsburgische Interessen; Versprechen des Kaisers, den Landgrafen der Religion wegen nicht mit Krieg zu überziehen) klingt erstmals der Krieg als Mittel kaiserlicher Politik gegen die Protestanten an.

1541 In Genf entsteht ein neues Zentrum des Protestantismus mit der Reformation durch den aus dem nordfranzösischen Noyon stammenden **JOHANNES CALVIN** (eigentlich JEAN CAUVIN, *1509, †1564), die zweite überragende Gestalt der Reformationsgeschichte neben LUTHER. CALVIN wendet sich unter Einfluss des Luthertums Anfang der 30er-Jahre dem neuen Glauben zu (er selbst spricht später von einer »plötzlichen Bekehrung«) und publiziert 1536 in Basel seine Glaubenslehre (»Institutio religionis Christianae«), die nichts anderes als ein Schlüssel zum rechten Verständnis der Bibel sein will. Er wirkt in Genf und Straßburg und organisiert seit 1541 in Genf (gegen heftigen Widerstand bis 1555) das Kirchenwesen auf der Grundlage des Gemeindeprinzips. V. a. in der Prädestinationslehre unterscheidet sich CALVIN grundlegend von LUTHER.

1542, Febr.–April Der Reichstag zu Speyer bewilligt noch einmal einen »Gemeinen Pfennig« zur Finanzierung der Türkenhilfe durch das Reich. Der Modus seiner Erhebung gibt den Reichskreisen neue Impulse und verstärkt ihre innere Konsolidierung, zugleich fördert er das Entstehen einer reichsritterschaftlichen Organisation.

Juli/Aug. Mit dem Feldzug des Schmalkaldischen Bundes gegen Herzog HEINRICH II. VON BRAUNSCHWEIG-WOLFENBÜTTEL (*1489, †1568), der zeitgleich mit dem in Nürnberg tagenden Reichstag durchgeführt wird, wird offenkundig, dass die 1495 gefundenen Lösungen zur dauerhaften Befriedung des Reiches definitiv nicht ausreichen, um die im Vorzeichen des Glaubenszwiespalts weiter gewachsenen gesellschaftlich-politischen Ordnungsprobleme zu bewältigen. Seit dieser Zeit ist das Reichsfriedensproblem endgültig virulent. Der Angriff endet mit der Eroberung und Besetzung des Herzogtums, in dem die Reformation eingeführt wird.
Die lehnsrechtliche Bindung Lothringens an das Reich wird durch den Nürnberger Vertrag gelockert.
Der kursächsische Zugriff auf die Bistümer Naumburg und Merseburg stellt den Auftakt einer Entwicklung dar, die in der zweiten Hälfte des 16. Jh.s im mittel- und nordostdeutschen Raum dazu führt, dass die dortigen Bistümer de facto in den Herrschaftsbereich der weltlichen Reichsfürsten eingegliedert werden.

seit 1542 Reformationsversuche im Bistum Münster und Erzbistum Köln. Der Kölner Erzbischof und Kurfürst HERMANN VON WIED (*1477, †1552; 1515–1547) holt BUCER, zeitweise auch MELANCHTHON, an den Bonner Hof.

1545–1563 Konzil von Trient.

1546 Geschickte Vertragspolitik KARLS V. mit dem bayerischen Herzog WILHELM IV. (*1493, †1550) und dem protestantischen Herzog MORITZ VON SACHSEN (*1521, †1553; 1547 Kurfürst): Gegen Neutralitätszusagen im bevorstehenden Krieg mit den Protestanten eröffnet der Kaiser den Wittelsbachern Aussichten auf eine Heiratsverbindung mit den Habsburgern und territoriale Erwerbungen, den Wettinern solche auf die reichen Stifte Magdeburg und Halberstadt, beiden ferner eine vage Hoffnung auf eine Kurwürde (pfälzische bzw. ernestinisch-sächsische).

18. Febr. **Tod LUTHERS** in Eisleben.

1546/47 Nach einem Reichstag zu Regensburg, auf dem ein neuerliches Religionsgespräch scheitert, bricht der **Schmalkaldische Krieg** aus. KARL V. führt den Krieg, den er als Exekution einer Reichsacht versteht, seit Juni 1546 v. a. gegen PHILIPP VON HESSEN und Kurfürst JOHANN FRIEDRICH VON SACHSEN, Schwiegervater PHILIPPS und Vetter MORITZ' VON SACHSEN, der ab Okt. 1546 offen ins kaiserliche Lager wechselt, um die sächsische Kurwürde tatsächlich zu erwerben. Der Krieg verlagert sich von Süddeutschland, das die Schmalkaldener dem Kaiser samt den protestantischen Ständen und Städten überlassen, nach Sachsen, wo JOHANN FRIEDRICH in der Schlacht bei Mühlberg an der Elbe (24. April 1547) besiegt und gefangen genommen wird. Dasselbe Schicksal erleidet der sich ergebende Hesse in Halle (19. Juni). In der Wittenberger Kapitulation (19. Mai) muss der zum Tode verurteilte Sachse auf seine Kurwürde und einen großen Teil seiner Länder, darunter die Kurlande um Torgau und Wittenberg, die an MORITZ von der albertinischen Linie fallen, verzichten, lässt sich aber nicht zwingen, die bisher ergangenen Konzilsbeschlüsse zu akzeptieren; das Todesurteil wird nicht vollstreckt. Beide Häupter der Schmalkaldener treten lange Haftstrafen an, ihr Bund verliert jegliche Macht. Konstanz, Bremen und Magdeburg werden erst zwischen 1548 und 1551 unterworfen.

1547/48 Auf dem **Reichstag zu Augsburg** (Sept. 1547–Mai 1548) fallen die wichtigsten Entscheidungen durch den Sieger des Schmalkaldischen Krieges. Mit seinem Hauptanliegen jedoch, der Schaffung eines Bundes aller Reichsstände, dazu die Reichsritterschaft und möglicherweise der landständische Adel, unter habsburgischer Teilnahme und kaiserlicher Führung, kann sich KARL V. nicht durchsetzen, denn das hätte die Reichsverfassung von Grund auf verändert. Hauptverantwortlicher für diesen Misserfolg ist der Herzog von Bayern in seinem Einsatz für fürstliche Libertät und gegen den dynastischen Rivalen. Immerhin erreicht KARL V. eine Reorganisation des Reichskammergerichts mit Stärkung des kaiserlichen Einflusses und die Bildung eines finanziellen »Vorrats« für künftige Türkenkriege. Die Reichskammergerichtsordnung bleibt bis 1806 in Kraft.

1548, 15. Mai Das **»Augsburger Interim«** ist die Konsequenz aus der kompromisslosen Ablehnung eines Ausgleichs mit den Protestanten seitens des Trienter Konzils und des Papstes, das den Kaiser mit seinen Bemühungen stark enttäuscht. Das von gemäßigten Theologen beider Konfessionen erarbeitete, in konzilianter Form den katholischen Standpunkt beinhaltende Schriftstück soll wieder eine Lösung der Religionsfrage auf Reichsebene vorbereiten. Es gesteht den Protestanten bis zur endgültigen Entscheidung des Konzils Priesterehe und Laienkelch zu. Die darin entworfene Ordnung, die für das Reich verbindlich sein und beruhigend wirken soll, löst aber auf beiden Seiten heftigsten Widerstand aus und bleibt weithin wirkungslos. Die Magdeburger Theologen und der Rat entfalten umfassende publizistische Aktivitäten, die sog. »Magdeburger Herrgotts Kanzlei«, um ihre kompromisslose Haltung zu begründen. Wie schon in dem während des Schmalkaldischen Krieges publizierten Schrifttum finden sich auch in der Magdeburger Publizistik politiktheoretische Argumentationen, die nicht nur im Reich rezipiert werden, sondern auch in die westeuropäischen Diskussionen um die Grenzen der monarchischen Gewalt einfließen (sog. Widerstandsdiskussion).

26. Juni Im »Burgundischen Vertrag« werden die niederländischen Besitzungen des Hauses Österreich mit Zustimmung der Reichsstände für immer von den Beschlüssen des Reichstags und der Rechtsprechung des Reichskammergerichts ausgenommen. Obwohl die Niederlande weiterhin unter dem Schutz des Reiches stehen, markiert dieser Vertrag eine wichtige Etappe in deren allmählicher Ablösung von der »deutschen Nation«.

1550/51 Am Rande eines neuen Reichstages zu Augsburg, des letzten, an dem KARL V. persönlich teilnimmt, kommt es zum Vertragsabschluss über die »spanische Sukzession« (Regelung der Herrschaftsordnung in den Besitzungen des Hauses Habsburg vom 9. März 1551). FERDINANDS I. mit seiner Wahl zum Römischen König entstandener Anspruch auf die Kaisernachfolge bleibt bestehen, aber ihm soll in Spanien nicht sein Sohn MAXIMILIAN (*1527, †1576), sondern KARLS Sohn PHILIPP (*1527, †1598) folgen. FERDINAND wird dadurch noch mehr an die Seite der Reichsstände gedrängt.

1552, 15. Jan. Nach der Errichtung eines vielschichtigen Bündnissystems mit protestantischen Fürsten (seit 1550), u. a. im Zusammenhang mit der Belagerung Magdeburgs, schließt MORITZ VON SACHSEN mit dem französischen König HEINRICH II. (1547–1559) den Vertrag von Chambord (Schloss im Loiretal) und schafft damit eine überkonfessionelle internationale Allianz gegen KARL V. Als Exponent der deutschen Fürstenopposition gegen absolutistische Neigungen des Kaisers führt MORITZ ab März den **Fürstenkrieg**, in dem sich nicht protestantische Reichsstände wie Bayern und die geistlichen Kurfürsten am Rhein neutral verhalten. Er zwingt den lange Zeit passiven KARL V. zur Flucht von Innsbruck nach Villach (Kärnten) und erreicht eine Suspension des Trienter Konzils.

2. Aug. Im **Passauer Vertrag** einigen sich König FERDINAND (angesichts einer neuen Türkenbedrohung), die »Kriegsfürsten« und die Neutralen z. T. gegen den Kaiser auf die Entlassung PHILIPPS VON HESSEN und JOHANN FRIEDRICHS VON SACHSEN aus der Haft, auf die Aufhebung des Interims und die Verabschiedung eines dauernden Religionsfriedens zwischen beiden Konfessionen auf einem innerhalb eines halben Jahres zu veranstaltenden Reichstag für den Fall, dass es zu keinem theologischen Religionsausgleich kommt, sowie auf die Gewährung freier Religionsausübung der Protestanten bis zu diesem Reichstag.

1552/53 Vergebliche Belagerung der Reichsstadt Metz durch KARL V., die der französische König gemäß dem Vertrag von Chambord eingenommen hat, um den Kaiser an Truppenbewegungen aus den Niederlanden zu hindern. HEINRICH II. behält die Städte Cambrai, Metz, Toul und Verdun als »Reichsvikar«.

1553, 9. Juli Tod des Kurfürsten MORITZ VON SACHSEN in der Schlacht bei Sievershausen (Niedersachsen) gegen den Landfriedensbrecher Markgraf ALBRECHT ALCIBIADES VON BRANDENBURG-KULMBACH (*1522, †1557) im **Markgrafenkrieg**.

1555, Febr.–Sept. **Reichstag zu Augsburg** unter der Leitung FERDINANDS I. – KARL V. lebt seit Febr. 1553 in Brüssel. Er kehrt nicht mehr ins Reich zurück.

Das Augsburger Friedenswerk von 1555

Ohne Durchführung des im Passauer Vertrag vorgesehenen erneuten Religionsgespräches ergeht am 25. Sept. 1955 der Augsburger Reichsabschied, der neben konfessionellen Regelungen (**Augsburger Religionsfriede**) auch die Instrumentarien der Friedenswahrung im Reich, deren Unzulänglichkeit seit 1542 endgültig offenkundig ist, verbessert (Landfrieden).

1) **Religionsfrieden** (§§ 7–30): Der Religionsfriede regelt auf Dauer das Nebeneinander von Katholiken und Anhängern der *Confessio Augustana* (bei ausdrücklichem Ausschluss anderer Bekenntnisse, v. a. der Reformierten) reichsrechtlich, wobei man die Hoffnung auf einen von Theologen herbeigeführten Religionsausgleich nicht aufgibt. Dennoch handelt es sich um einen genuin politischen Frieden in dem Sinn, dass die religiöse Wahrheitsfrage dem Bemühen nachgeordnet wird, den innerweltlichen Frieden zu gewährleisten. Der Religionsfriede von 1555 passt die politische Ordnung des Reiches an die weitreichenden Veränderungen an, die sich im Vorzeichen der reformatorischen Umgestaltung von kirchlicher und weltlicher Ordnung in den vergangenen 30 Jahren vollzogen haben. Eine Wahlfreiheit zwischen beiden zugelassenen Konfessionen wird aber nur den Reichsständen, nicht aber dem einzelnen Untertanen zugestanden, der die Religion seiner Obrigkeit annehmen muss (*Ius reformandi*), wenn er nicht von dem ihm eingeräumten Recht der Auswanderung Gebrauch machen will (*Ius emigrandi*). Voraussetzung für eine Auswanderungserlaubnis ist, dass der Untertan Zahlungen entrichtet – einen angemessenen »Abtrag der Leibeigenschaft« und eine »Nachsteuer« (§ 24). Die formelhafte Wendung **»cuius regio, eius religio«** (»Wem das Land gehört, der bestimmt auch die Religion«) findet sich allerdings nicht im Religionsfrieden, sondern ist ein interpretierender Rechtssatz, in den einige Jahrzehnte später der staatskirchenrechtliche Grundsatz der Neuzeit gekleidet wird. Ein Nebeneinander beider Konfessionen wird nur in den Reichsstädten zugelassen, in denen »unsere alte Religion und der Augspurg. Confession-Verwandten Religion (...) zeithero im Gang und Gebrauch gewesen« (§ 27). Die Forderung nach Freiheit bei der Wahl des Bekenntnisses auch für die Untertanen wirft theologische, reichsrechtliche und machtpolitische Fragen von größter Tragweite auf, greift an die Wurzeln der Reichsverfassung und scheitert deshalb am Widerstand FERDINANDS und der katholischen Reichsstände. Hinsichtlich des Besitzes von Kirchengütern wird für protestantische Fürsten das Jahr 1552 maßgeblich, für Reichsstädte und geistliche Fürstentümer ergehen komplizierte Sonderregelungen. Eingeschränkt wird das landesherrliche *Ius reformandi* durch den sog. »Geistlichen

Vorbehalt« (*Reservatum ecclesiasticum*): Danach verliert ein geistlicher Reichsfürst Rechte und Einkünfte, Land und Herrschaft, wenn er zum Protestantismus übertritt. Eine Neuwahl durch Dom- bzw. Stiftskapitel muss einen katholischen Kandidaten zum Nachfolger bestimmen. Da dieser Vorbehalt die Säkularisation geistlicher Fürstentümer verhindern und ihren gegenwärtigen Besitzstand sichern soll, wird er von den protestantischen Reichsständen nicht akzeptiert. Gleichwohl fügt FERDINAND sie kraft königlicher Machtvollkommenheit in den Religionsfrieden ein und gesteht andererseits dem protestantischen landsässigen Adel, Ritterschaften, Städten und Gemeinden geistlicher Territorien, die schon lange der *Confessio Augustana* anhängen, in einem königlichen Erlass (*Declaratio Ferdinandea*, 24. Sept.) als Kompensation die Freiheit der Religionsausübung zu. Die übrigen Landstände unterliegen dem *Ius reformandi*; die Reichsritter werden in der Wahl ihres Bekenntnisses den Reichsständen gleichgestellt.

»Geistlicher Vorbehalt« und *Declaratio Ferdinandea* machen in besonderer Weise den Kompromisscharakter des Religionsfriedens deutlich. An der Einschätzung ihrer reichsrechtlichen Verbindlichkeit entzünden sich in Zukunft schwere Auseinandersetzungen: Zum einen wird der »Geistliche Vorbehalt«, obwohl im Reichsabschied verankert, von den Protestanten nie anerkannt, zum anderen wird vonseiten der Katholiken der *Declaratio Ferdinandea* eine reichsrechtliche Wirksamkeit abgesprochen, weil sie dem Abschied nicht einverleibt wurde. Daneben bergen wenig präzise Formulierungen genügend Konfliktstoff und sind Ursache vielfältiger Auslegungsstreitigkeiten.

2) **Landfrieden**: Wie der Religionsfriede, so dient auch die **Reichsexekutionsordnung** (§§ 31–103) der Errichtung und Sicherung eines allgemeinen Landfriedens auf Dauer. Indem den **zehn Reichskreisen** mit der Vollstreckung der reichskammergerichtlichen Urteile und der Aufstellung des Heeres die Sicherung des Landfriedens anvertraut wird, werden sie zu Exekutivorganen für das Reich und können für das gesamte Reichsgebiet integrierende Funktionen ausüben. Dabei tritt die Tendenz deutlicher hervor, die Stände unter Ausschluss des Kaisers, aber bei Einbindung in überterritoriale Institutionen, zu Trägern der Reichsexekutive zu machen. Jeder Reichskreis für sich entwickelt seit den 30er-Jahren verstärkt ein Eigenleben mit einem selbstständigen Wirkungskreis, ohne die reichsständische Libertät zu gefährden. Weil die Kreisobersten (früher Kreishauptleute) keine Hoheitsrechte über die Kreisstände besitzen, wird diesen bei der Ausgestaltung der inneren Verfassung der Kreise Rechnung getragen. Das Amt des Kreisobersten, der unmittelbar über Truppen zur Sicherung des Landfriedens verfügen kann, hat der vornehmste weltliche Reichsstand inne. Die wichtigste politische Stellung nehmen die kreisausschreibenden Fürsten (Kreisdirektoren) ein, je ein weltlicher und ein geistlicher Fürst in den sechs alten Kreisen, nur je ein Fürst in den vier seit 1512 bestehenden (Kurrheinischer, Obersächsischer, Burgundischer, Österreichischer Kreis). Zu ihren Aufgaben gehören Einberufung und Durchführung von Kreistagen (weitgehend nach dem Vorbild des Reichstages organisiert), die Verkündung von Reichsgesetzen und kaiserlichen Edikten durch Patente, die dann über die Kreisstände in den Territorien weiter publiziert werden, und die Vollstreckung von Reichskammergerichtsurteilen. Jeder zu einem Kreis gehörende Reichsstand besitzt die Kreisstandschaft und damit das Recht zur Teilnahme am Kreistag, wo er eine Stimme hat; entschieden wird nach einfacher Mehrheit. Der Kreistag behandelt aus seiner Mitte kommende Angelegenheiten (Gesetzgebung, Polizei, Verkehrswesen, Kreismilitär, Wirtschaft und Handel) und Aufgaben, die ihm vom Reich zugewiesen werden (Einziehung von Reichssteuern, Moderation von Reichsanschlägen, Besetzung von Beisitzerstellen am Reichskammergericht, Zollfragen, Aufsicht über das Münzwesen, Abstellung von Kreistruppen an das Reich). Für mehrere oder alle Kreise betreffende Angelegenheiten gibt es die Möglichkeit der Einberufung allgemeiner Kreistage mehrerer oder aller Kreise. Auf einem solchen **Reichskreistag** ist 1554 in Frankfurt am Main ein wichtiger Schritt zur Ausarbeitung dieser Reichsexekutionsordnung getan worden. Für die Beseitigung von Landfriedensbruch wird ein nach Dringlichkeit abgestuftes Verfahren vorgesehen, in dem der Kaiser keinen bestimmenden Einfluss ausüben kann. Ist ein betroffener Kreis allein nicht in der Lage, eine Gefahr abzuwenden, sollen bis zu fünf benachbarte Kreise bei der Hilfestellung zusammenwirken. Wenn auch sie keinen Erfolg haben, hat der Kurfürst von Mainz einen **Reichsdeputationstag** für alle Kreise auszuschreiben, an dem auch der Kaiser beteiligt werden soll. Damit wird in einem Ausschuss von Reichs- und Kreisständen eine Basis für den Zusammenschluss mehrerer Kreise zur Lösung gemeinsamer Aufgaben geschaffen, auf der später die Kreisassoziationen aufbauen. Böhmen mit seinen Nebenländern (v. a. Mähren und Schlesien), Herrschaften wie Jever und Knyphausen, einzelne Reichsgrafen und die gesamte Reichsritterschaft werden den Kreisen nicht zugeordnet. Andererseits sind die Kreise keine in sich geschlossenen Gebilde (Teile des Österreichischen liegen innerhalb des Schwäbischen Kreises) und gehören manche Reichsstände mehreren Kreisen an (z. B. Brandenburg, Braunschweig, Mainz), was ebenso erhebliche Probleme in sich birgt wie die unterschiedliche Zahl von Ständen in einzelnen Kreisen (fünf im Österreichischen, 95 im Schwäbischen) und ihr sehr verschiedenes politisches Gewicht (Brandenburg und Österreich einerseits, kleine Reichsgrafen und Reichsstädte andererseits). Insgesamt bilden die Reichskreise eine mittlere Instanz zwischen dem Reich und den Reichsständen, in der reichs-, kreis- und landständische Ebene eng miteinander verwoben sind, und stellen ein bedeutsames föderatives Element dar. Durch ihre Funktion als Friedenssicherer spielt sich in ihnen ein wesentliches Stück Reichsgeschichte ab.

1556, 12. Sept. KARL V. verzichtet auf die Kaiserwürde und zieht sich in die Nähe des Klosters San Jerónimo de Yuste zurück, wo er am 21. Sept. 1558 stirbt.

Von der Konsolidierung zur Krise: Das Reich 1555–1618

Trotz der sich bereits rasch nach 1555 abzeichnenden Interpretationsdifferenzen der Augsburger Regelungen erfüllt der Religions- und Landfrieden bis in die ausgehenden 1570er-Jahre seinen Zweck – die kriegerische Eskalation von Interessengegensätzen, die nie nur konfessionell motiviert sind, kann vermieden bzw. rasch beigelegt werden. Dem Zugewinn der Reichsstände an Handlungsautonomie, gerade im Hinblick auf die kirchlichen Verhältnisse in ihren jeweiligen Herrschaftsgebieten, korrespondiert ihre Bereitschaft, in einem Umfang wie nie zuvor durch finanzielle Leistungen den Kaisern aus dem Hause Österreich bei den Anstrengungen beizustehen, ihre Lande gegen die – zwischen 1568 und 1593 allerdings wenig offensiven – Osmanen zu sichern. Viele Entwicklungen sind anzuführen, wenn man den seit den 1580er-Jahren beschleunigt zu beobachtenden Erosionsprozess der Ordnung von 1555 verstehen will. Kontinuierliches Bevölkerungswachstum während des 16. Jh.s und eine dramatische Klimaverschlechterung (»Kleine Eiszeit«) seit den 1560er-Jahren verringern die Nahrungsmittelressourcen und erzeugen ein gesellschaftliches Krisenbewusstsein, das sich nicht nur in einer apokalyptischen Weltsicht, sondern auch in den Hexenverfolgungen, die ihren Höhepunkt in den Jahren zwischen 1560 und 1630 haben, niederschlägt. Der gesellschaftlichen entspricht die politische Krise. Sie ist ebenso auf der Ebene der Zentralgewalt, der Herrschaftsausübung Kaiser RUDOLFS II. (*1552, †1612) und den Konflikten innerhalb der österreichischen Dynastie (»Bruderzwist«) anzusiedeln wie auf derjenigen der Obrigkeiten des Reiches. Weitgehend unabhängig von persönlichen Überzeugungen, sehen sich die Obrigkeiten einem »Zwang zur Konfessionalisierung« (WOLFGANG REINHARD) ausgesetzt. »Zwang zur Konfessionalisierung« meint, dass in einer Gesellschaft, die ihren Zusammenhalt religiös definiert (*religio est vinculum societatis* – die Religion ist das Band der Gesellschaft) und in deren politischem Kosmos das Innerweltliche und Religiös-Kirchliche unauflöslich miteinander verschränkt sind, nur diejenigen Obrigkeiten die Chance haben, sich in der Machtkonkurrenz erfolgreich zu behaupten, welche die ihnen zugewachsenen religionspolitischen Handlungsmöglichkeiten gezielt nutzen. Aus Sorge um das Seelenheil ihrer Untertanen und als christliche Obrigkeiten, so die Begründung ihres Tuns, verfolgen sie daher eine Politik, welche bestrebt ist, die religiöse Wahrheit der eigenen Konfession mit einer Fülle von Maßnahmen nach innen durchzusetzen und nach außen, oftmals aggressiv und polemisch, zu »verteidigen« (**Konfessionalisierung**). Auch wenn sich der Konfessionalisierungsprozess als sehr komplex und in der zweiten Hälfte des 16. Jh.s nur von eingeschränkter gesellschaftlicher Prägewirkung erweist, erschwert er doch den politischen Dialog und die Fähigkeit der Obrigkeiten des Reiches zum Kompromiss erheblich – nicht nur mit dem Kaiser, sondern auch untereinander. Die ebenfalls konfessionell gefärbten Auseinandersetzungen in Frankreich (Religionskriege 1562–1598) und den Niederlanden (1566–1609, 1621–1648), die im Reich ein reges mediales Echo finden, verstärken zudem auf allen Seiten die Wahrnehmung der Gefährdung der eigenen Konfession – gleichgültig, welcher man angehört.

Der Konflikt artikuliert sich als Streit um die richtige Auslegung des Augsburger Religionsfriedens. Besonders umstritten sind: 1. der Umfang des obrigkeitlichen Rechtes, das Bekenntnis der Untertanen zu bestimmen, und der Umgang mit den geistlichen Gütern, die in hochadeligen Herrschaftsbereichen liegen (sog. landsässige geistliche Güter); 2. das Reformationsrecht der Reichsstädte; 3. die Verbindlichkeit der *Declaratio Ferdinandea* für geistliche katholische bzw. 4. des »Geistlichen Vorbehalts« für protestantische Reichsstände; 5. der Umgang mit den Calvinisten, allen voran mit der Kurpfalz.

1556–1564 Kaiser FERDINAND I.: Seine Proklamierung zum Erwählten Römischen Kaiser verzögert sich bis zum März 1558, da die Kurfürsten erst jetzt den bis dahin in der deutschen Geschichte einmaligen Vorgang des Thronverzichts durch einen amtierenden Kaiser akzeptieren und damit rechtskräftig werden lassen.

1556/57 Reichstag zu Regensburg, auf dem noch einmal der Versuch eines religiösen Vergleichs zwischen den Konfessionen beschlossen wird, der aber im Wormser Religionsgespräch 1557 scheitert. – Auf den Reichstagen der Folgezeit sind die Reichsfürsten beider Konfessionen stets besonders auf die Bewahrung ihrer »Libertät« bedacht.

1559 Reichsmünzordnung, deren Durchführung den Reichskreisen übertragen wird. Die Zentralbehörden des Reiches am Sitz des Kaisers (Reichshofkanzlei, Reichshofrat) werden neu organisiert. In der Reichskanzlei erhält der Mainzer Kurerzkanzler des Reiches das Ernennungsrecht eines Reichsvizekanzlers für den Wiener bzw. Prager Behördensitz. Der Reichshofrat (Reichshofratsordnung) bekommt durch eine neue Ordnung die Möglichkeit, sich zu einer Konkurrenzinstitution zum Reichskammergericht zu entwickeln. Im Gegensatz zum Reichskammergericht übt er jedoch nicht nur judikative Funktionen aus, sondern ist (und bleibt bis 1806) eine kaiserliche Regierungsbehörde für das Reich. Hieraus und aufgrund seiner größeren Nähe zum Kaiser, die sich darin äußert, dass seine Besetzung nur durch den Kaiser erfolgt, resultiert sein allmählicher Bedeutungszuwachs im politischen System des Reiches, der nach der Mitte des 17. Jh.s unabänderlich ist.

1563/64 Nachdem der bayerische Herzog ALBRECHT V. (*1528, †1579) die von ihm als Adelsverschwörung gedeutete, auf ihre konfessionelle Freiheit zielende Bewegung eines Teils des bayerischen Adels gewaltsam niedergeschlagen hat, beginnt der Prozess der katholischen Konfessionalisierung im Herzogtum, das damit eine Vorreiterrolle einnimmt. Sie wird maßgeblich vom Jesuitenorden getragen. In rascher Folge werden Jesuitenkollegien gegründet: 1552 Wien; 1556 Köln, Ingolstadt und Prag; 1559 München sowie zu Beginn der 1560er-Jahre Trier, Innsbruck und Dillingen. Der führende Kopf im Reich ist der holländische Jesuit Petrus Canisius (*1521, †1597), der »zweite Apostel Deutschlands«. Seit der Jahrhundertmitte und bis zu seinem Lebensende entfaltet er als Prediger, Seelsorger, Organisator, Kirchenpolitiker und Publizist rege Aktivitäten. Er ist der Verfasser von drei bekannten Katechismen, darunter der »Große Katechismus« (»Summa Doctrinae christianae«, 1554), der in ein rundes Dutzend europäische und außereuropäische Sprachen übersetzt wird.

Mit dem von Kaspar Olevian (*1536, †1587) und Zacharias Ursinus (*1534, †1583) verfassten »Heidelberger Katechismus« (1563) bekommt die an den theologischen Lehren Calvins ausgerichtete kurpfälzische Kirchenpolitik, die 1571 in der Presbyterial- und Synodalordnung einmündet, klarere Konturen (**reformierte Konfessionalisierung**) (Problemfeld: Calvinismus). Wie auch die unmittelbar nach Ende des Schmalkaldischen Krieges (1548) ausgebrochenen theologischen Streitigkeiten v. a. herzoglich und kurfürstlich sächsischer Theologen um die richtige Auslegung der lutherschen Theologie, verdeutlicht die kurpfälzische Religionspolitik die inhaltliche Offenheit, die sich mit der 1555er-Formel von den »Augsburgischen Konfessionsverwandten« verbindet.

1564–1576 **Kaiser Maximilian II.** (*1527, †1576) ist seit dem 24. Nov. 1562 bereits Römischer König. Er lehnt die Verkündung der Beschlüsse des Konzils von Trient zu einem Zeitpunkt ab, da das Reich einen Höhepunkt der Ausbreitung des Protestantismus erfährt (nach dem Urteil eines venezianischen Gesandten sind sieben Zehntel des Reiches lutherisch).

1566, März–Mai Reichstag zu Augsburg: Kaiser und katholische Reichsstände nehmen die Trienter Konzilsdekrete offiziell an. Die Jesuiten werden in der Folgezeit verstärkt mit Seelsorge, Schul- und Hochschulunterricht betraut, in rascher Folge erfolgt die Gründung weiterer Kollegien, u. a. in Mainz (1561/68), Würzburg und Speyer (1567), Olmütz (1569) sowie Landsberg am Lech (1574). – Der Versuch des Kaisers, den Reichstag zur Verurteilung der calvinistischen »Sekte« zu bewegen, deren wichtigster Vertreter im Reich seit 1561 der pfälzische Kurfürst Friedrich III. (*1515, †1576) ist, scheitert. – Der Kaiser erklärt die Reichsritterschaft zu einer festen Korporation zwar ohne Zulassung zu den Reichstagen, aber mit engen Verbindungen zum Kaiserhaus.

1567 **Grumbachsche Händel**: Nachdem sich der nahezu 20 Jahre währende Konflikt des fränkischen Reichsritters Wilhelm von Grumbach (*1503, †1567) mit den Würzburger Bischöfen nach der – mutmaßlich nicht von Grumbach veranlassten – Ermordung des Würzburger Bischofs 1558 zugespitzt hatte und über Grumbach, der seit 1553 in Diensten Herzog Johann Friedrichs II. von Sachsen (*1529, †1595), Sohn Kurfürst Johann Friedrichs, stand, wegen seiner Fehde, die ganz Franken in Mitleidenschaft zog, 1563 die Reichsacht verhängt worden war, richtet dieser einen Appell an seine niederadeligen Standesgenossen, seinen Kampf gegen die landesfürstliche Macht zu unterstützen. Sein Aufruf bleibt ohne Erfolg. 1566 bestätigt der Augsburger Reichstag die Acht gegen Grumbach und im Dez. 1566 verfällt ihr auch der sächsische Herzog. Im April 1567 fällt das belagerte Gotha. Grumbach und Johann Friedrich II. geraten in Gefangenschaft. Grumbach wird bei lebendigem Leib gevierteilt, die Gothaer Burg Grimmenstein geschleift. Die Grumbachschen Händel sind die letzte gewaltsame Erhebung des niederen Adels gegen das sich konsolidierende Landesfürstentum.

1570 **Reichstag zu Speyer**: An den starken territorialen Interessen der Reichsstände scheitert ein Plan des Kaisers, das Reichskriegswesen zu reformieren, sich zu unterstellen und Reichsangehörigen den Eintritt in fremde Kriegsdienste zu verbieten. Neben diesen Vorstellungen entwickelt der kaiserliche Feldoberst Lazarus von Schwendi (*1522, †1584), dessen Gedanken den Reichstag beherrschen, in seinem »Diskurs und Bedenken über den Zustand des Heiligen Reiches« (1570) Pläne für eine gemäßigt-zentralistische Umgestaltung des Reiches.

1575, Okt. Gegen den Willen der Kurpfalz wird Rudolf, Sohn Kaiser Maximilians, nachdem er bereits 1572 zum ungarischen und im Sept. zum böhmischen König bestimmt worden ist, *vivente imperatore* (zu Lebzeiten des Kaisers) zum Römischen König gewählt.

1576 Reichstag zu Regensburg: Religionsbeschwerden der evangelischen Stände über die Gegenreformation in Fulda und auf dem Eichsfeld, die nicht mit der *Declaratio Ferdinandea* zu vereinbaren ist. Eine forciertere protestantische Politik (keine Bewilligung der Türkensteuern ohne vorherige Beilegung der Religionsbeschwerden) scheitert, v. a. an der auf Ausgleich bedachten Haltung des sächsischen Kurfürsten August (*1526, †1586).

1576–1612 **Kaiser Rudolf II.**: Seine Regierungszeit wird beherrscht vom permanenten Streit um die Auslegung des Augsburger Religionsfriedens, was auch zu lokalen militärischen Auseinandersetzungen führt. Die Tatsache, dass der Religionsfriede nicht in allen Punkten eindeutig formuliert ist, wirkt sich mehr und mehr in den Territorien aus, in denen weniger ausgleichsbereite Fürsten als um 1550 regieren.

1577 Die **Konkordienformel**, deren Hauptautor Jakob Andreae (*1528, †1590) Kanzler der Universität Tübingen ist, schafft ein einheitliches Lehrbekenntnis der lutherischen Orthodoxie, dem sich die meisten lutherischen Territorien anschließen. Ausnahmen sind die Fürstenhäuser Pommerns, Holsteins, Anhalts, Hessen-Kassels und Pfalz-Zweibrückens, die Grafen der Wetterau, die meisten großen süddeutschen Reichsstädte sowie Bremen. Damit ist die lutherische Konfessionsbildung, unabdingbarer Bestandteil der lutherischen Konfessionalisierung, 1580 im Konkordienbuch festgehalten, abgeschlossen.

Auf einem Frankfurter Reichsdeputationstag wird eine bis zum Ende des Alten Reiches gültige Reichspolizeiordnung verabschiedet.

1582 Reichstag zu Augsburg, auf dem wie auf seinen Nachfolgern zu Regensburg 1594, 1597/98, 1603 und

1608 die Stände das Geschehen beherrschen und der Kaiser nur dann politisch an Einfluss gewinnt, wenn er sich für eine der vertretenen Richtungen entscheidet. Der evangelische Administrator des Erzstiftes Magdeburg kann Sitz und Stimme auf dem Reichstag nicht erringen (Magdeburger Sessionsstreit) (Problemfeld: Geistlicher Vorbehalt).

1583 Der Versuch des Kölner Erzbischofs und Kurfürsten Gebhard Truchsess von Waldburg (*1547, †1601; 1577–1583), sein Kurfürstentum evangelisch zu machen, was erhebliche verfassungsrechtliche Konsequenzen für die Mehrheit im Kurfürstenrat gehabt hätte, löst den **Kölner Krieg** seitens des Domkapitels und Landtages aus und wird mit Absetzung durch Papst und Kaiser verfolgt. Unter weitgehender Zurückhaltung der Protestanten wird ein Nachfolger aus dem bayerischen Hause Wittelsbach, das bis 1761 mit Köln verbunden bleibt, gewählt und durchgesetzt (Problemfeld: Geistlicher Vorbehalt).

1583–1604 Straßburger Kapitelstreit: Neben Kämpfen u.a. um Paderborn und Osnabrück gewinnen die Straßburger Auseinandersetzungen um den Pfründenentzug bei vier exkommunizierten Kölner Prälaten (zugleich Straßburger Domherren) symptomatische Bedeutung für die konsequente Durchsetzung des »Geistlichen Vorbehalts«.

1588 Die reichsständische Visitationskommission für das Reichskammergericht, die sich zu einer Art Revisionsinstanz entwickelt hatte, hört auf zu bestehen, da die katholischen Reichsstände den magdeburgischen Administrator bei einem periodischen Wechsel der Mitglieder nicht als Vertreter akzeptieren.

1590–1592 In Torgau schlagen Pfalzgraf Johann Kasimir (*1543, †1592) und Kurfürst Christian von Sachsen (*1560, †1591) den dort anwesenden protestantischen Reichsständen ein Bündnis der Protestanten vor, auch um den (damals noch protestantischen) französischen König Heinrich IV. (1589–1610) militärisch zu unterstützen. Der Tod der Protagonisten und die Rückkehr der kursächsischen Politik zu ihrer anticalvinistischen Ausrichtung, was auch eine Absage an einen außenpolitischen Stil bedeutet, der wie derjenige der Kurpfalz die reichsinternen und europäischen Konfliktlagen zum eigenen Nutzen zu verknüpfen trachtet, vereitelt die Torgauer Bundespläne. Den Protestanten gelingt es – auch in der Folgezeit – nicht, zu einer geschlossen agierenden politischen Gruppierung zu werden.

1593–1609 Türkenkrieg, in dessen Verlauf sich die Lage der Stände in den habsburgischen Landen auf Kosten des Landesfürstentums verbessert (1608: Pressburger Konföderation der habsburgischen und ungarischen Stände).

1598 Seit 1580, als die Zünfte an den Rat die Forderung herantrugen, den lutherischen und reformierten Gottesdienst in Aachen öffentlich zuzulassen, ist das reichsstädtische Reformationsrecht Gegenstand politischer Kontroversen. 1598 erfolgt die Achtexekution durch den Erzbischof von Köln Ernst von Bayern (*1554, †1612), Aachen wird rekatholisiert.

1600 Zusammenbruch der Reichsjustiz: Der 1594 vom Reichstag mit der Visitation des Reichskammergerichts beauftragte und 1597/98 von ihm zur Revisionsinstanz für Entscheidungen des Reichskammergerichts erhobene Reichsdeputationstag wird von Kurpfalz für unzuständig erklärt (nur Reichstage können über die verbindliche Auslegung des Religionsfriedens befinden) und von ihr, Kurbrandenburg und Braunschweig-Wolfenbüttel lahmgelegt; er tritt nicht mehr zusammen. Auslöser für diese Entwicklung ist der sog. Vierklösterstreit: Die Säkularisierung von vier landsässigen Klöstern durch protestantische Reichsstände, die das Reichskammergericht aufhebt, wird von den Protestanten angefochten (Problemfeld: landsässige geistliche Güter).

1603 Reichstag zu Regensburg: Nachdem der Reichstag 1594 eine Türkenhilfe gebilligt hatte, opponiert die Kurpfalz jetzt dagegen und erhebt die Forderung, kein Reichsstand brauche mehr Steuern zu zahlen, als er für sich bewilligt habe. Dies führt dazu, dass das Majoritätsprinzip in Reichsfinanzbeschlüssen aufgehoben und ein neues Verfassungsprinzip aufgestellt wird. Die Handlungsunfähigkeit des Reichstages nimmt zu.

1606 Der älteste lebende Bruder des Kaisers, Erzherzog Matthias (*1557, †1619), wird zum Oberhaupt des Hauses Habsburg erhoben und erhält von Rudolf II. auch die Vollmacht über Krieg und Frieden in den Erblanden.

1608 Reichstag zu Regensburg, auf dem die Reichsacht gegen die Reichsstadt Donauwörth (1607) und ihre Vollstreckung (1608) durch Bayern für Zündstoff sorgen (Unterstützung einer dortigen katholischen Minderheit gegen die Protestanten [Problemfeld: reichsstädtisches Reformationsrecht], Entscheidung des Reichshofrates in einer Religionssache, Umgehung des Schwäbischen Reichskreises bei der Exekution). Die protestantischen Reichsstände fordern eine erneute Bestätigung des Augsburger Religionsfriedens und drohen die Verweigerung der beantragten Türkenhilfe an. Die katholischen Reichsstände fordern die Herausgabe der sich seit 1555 vertragswidrig angeeigneten Besitzungen, u.a. die von den Protestanten besetzten norddeutschen Bistümer. Über diese Gegensätze kommt es zum Bruch: Die Protestanten verlassen unter Führung von Kurpfalz den Reichstag, der sich ohne Reichsabschied auflöst.
Kurpfalz gründet mit anderen süddeutschen protestantischen Ständen (Württemberg, Baden-Durlach, Ansbach-Bayreuth) die zunächst auf zehn Jahre befristete Union, der sich bald Hessen-Kassel, Brandenburg, Pfalz-Zweibrücken und 17 oberdeutsche Reichsstädte anschließen, nicht aber Kursachsen.

1609 Die Reichsstadt Donauwörth kommt an Bayern.
Der Vormarsch des Protestantismus in Österreich wird gestoppt (Resolutionskapitulation).
Unter bayrischer Führung vereinigen sich mit Ausnahme von Österreich und Salzburg katholische Reichsstände zur **Liga**, die den defensiven Zweck hat, Landfrieden und katholische Religion zu verteidigen.

1609–1614 **Erbfolgestreit um die Vereinigten Herzogtümer Cleve-Jülich-Berg**, an dem neben Pfalz-Neuburg, Brandenburg und dem Kaiser auch das benachbarte Ausland interessiert ist und in dem sich erstmals die beiden konfessionellen Schutzbünde gegenüberstehen, nachdem fast gleichzeitig der Brandenburger zum Calvinismus und der Pfälzer zum Katholizismus überwechseln.

1609, 9. Juli RUDOLF II. erteilt den böhmischen Ständen durch seinen »Majestätsbrief« volle Religionsfreiheit und ständische Privilegien, um seine Herrschaft in Böhmen zu retten, die er 1611 aber doch an seinen Bruder MATTHIAS verliert.

1611 Erstmals fordern die Kurfürsten einen Kaiser angesichts seines Alters und seiner Krankheiten auf, einen Römischen König zu seinen Lebzeiten wählen zu lassen, und legen kraft eigener Autorität einen Wahltermin für Anfang Mai 1612 fest. RUDOLF II. stirbt aber bereits am 20. Jan. 1612.

1612–1619 **Kaiser MATTHIAS**: Seinem streng katholischen Vetter Erzherzog FERDINAND (*1578, †1637) sichert er gegen den Widerstand der protestantischen Stände die Nachfolge in Böhmen, Ungarn und dem Reich. Einflussreichster politischer Berater des Kaisers ist der Wiener Kardinal MELCHIOR KLESL (*1552, †1630), ein glänzender Organisator und auf Ausgleich unter den Konfessionsparteien bedachter Politiker. Sein Versuch, 1613 den Reichstag wieder funktionsfähig zu machen, scheitert jedoch.

1614, 12. Nov. Im **Vertrag von Xanten** kommen Jülich und Berg an Pfalz-Neuburg, Cleve und die Grafschaften Mark und Ravensberg sowie die Herrschaft Ravenstein an Brandenburg. Das seit 1613 calvinistische Herrscherhaus der Hohenzollern, das gegenüber seinen alten lutherischen Territorien eine tolerante Religionspolitik entwickelte, verfolgt diese auch gegenüber den Neuerwerbungen.

1615 DOMINICUS ARUMAEUS (*1579, †1637), Professor an der Universität Jena und Berater der Herzöge von Sachsen-Weimar, publiziert den ersten Band seines fünfbändigen Werkes »*Discursus academici de jure publico*« (»Akademische Reden über das öffentliche Recht«, 1615–1623). Er und sein Schülerkreis begründen die **Reichsstaatsrechtswissenschaft**, die Lehre des *Ius publicum Imperii Romano-Germanici*. Nicht zuletzt die Kontroversen um die Auslegung der Augsburger Friedensordnung führen zum Entstehen der neuen Wissenschaftsdisziplin. Ihre Vertreter entwickeln entlang der von ihnen als Reichsgrundgesetze charakterisierten Abreden von Kaiser und Reichsständen (u. a. Wahlkapitulationen und Reichstagsabschiede) eine gelehrte, d. h. systematische Begründung von der rechten Art der Machtverteilung im Reich. Die Reichsstaatsrechtswissenschaft ist von Anbeginn (und bis in die Mitte des 18. Jh.s) dominant protestantisch geprägt und propagiert vorrangig eine Lesart der Verfassungsordnung des Reiches, die die fürstlichen Libertätsansprüche stützt.

1617, 6. Juni/29. Juli Oñate-Vertrag: Erzherzog FERDINAND sagt dem spanischen König PHILIPP III. (*1578, †1621), der als Enkel Kaiser MAXIMILIANS II. Ansprüche auf die Kaiserkrone geltend macht, in einem Geheimabkommen mit dem spanischen Gesandten in Prag, Graf OÑATE (*1566, †1644), die Erfüllung spanischer Forderungen im Reich (habsburgische Lande im Elsass und in der Ortenau) und in Italien zu.

1618, 27. Aug. Das **Herzogtum Preußen** fällt nach dem Tode Herzog ALBRECHT FRIEDRICHS (*1553) durch Erbschaft an die brandenburgische Hauptlinie des Hauses Hohenzollern.

Die Habsburgermonarchie 1526–1620

1526 Der Vertrag anlässlich der Doppelhochzeit von 1515 sieht vor, dass über die Schwester des jungen Königs LUDWIG II., Erzherzogin ANNA, das böhmische und ungarische Erbe an die Habsburger fallen soll. In Böhmen und Mähren, samt Schlesien und den beiden Lausitzen können die Stände zu einer Annahme der Habsburger gebracht werden. Doch in Ungarn kommt es zur Doppelwahl: Im Nov. 1526 wird FERDINAND, aber auch der ungarische Magnat JOHANN ZÁPOLYA (*1487, †1540) zum König gewählt. In diesen Konflikt mischen sich auch die Osmanen ein. Erst Ende des 17. Jh.s ist ganz Ungarn habsburgisch, dennoch kann das Jahr 1526 als Beginn der Habsburgermonarchie (auch Donaumonarchie) gelten.

1527 Mit der Hofstaatsordnung regelt FERDINAND die Verwaltung seiner Länder, die entstehenden Behörden (Hofrat, geheimer Rat, Hofkanzlei und Hofkammer, später noch Hofkriegsrat) spielen auch für die Verwaltung des Reiches eine Rolle.

1529, Herbst **Erste Belagerung der Stadt Wien durch die Osmanen** unter Sultan SÜLEYMAN DEM PRÄCHTIGEN (1520–1566), die aber nach wenigen Wochen, wohl wegen des frühen Wintereinbruchs, erfolglos abgebrochen wird. – Die französische Krone verfügt seit 1523 über Verbindungen zu den Osmanen, um den Kaiser durch ein abgestimmtes militärisches Vorgehen in einen Mehrfrontenkrieg zu verwickeln. Die osmanischen Angriffe in Ungarn seit 1526 sind teilweise mit denen der Franzosen im Westen koordiniert.

1532 Das osmanische Heer unter Befehl des Sultans marschiert in Richtung Wien. Aufgehalten werden die Osmanen durch den heldenhaften Widerstand der kleinen westungarischen Stadt Güns (Köszeg). Da KARL und FERDINAND unbedingt auf Hilfsmittel und Truppen aus dem Reich angewiesen sind, schließen sie am 23. Juli den Nürnberger Religionsfrieden (Nürnberger Anstand). Zwar befinden sich Reichstruppen bei Wien, doch es kommt nicht zum entscheidenden Treffen, da SÜLEYMAN wegen eines Krieges mit den Persern seinen Angriff abbrechen muss.

1541 Nach dem Tod des JOHANN ZÁPOLYA, seit 1511 Fürst von Siebenbürgen, 1526–1538 König von Ungarn, scheitert FERDINANDS Versuch, seinen Anspruch auf ganz Ungarn durchzusetzen. Ofen (ein Teil Budapests) wird von den Osmanen erobert. Dadurch entsteht eine Dreiteilung des Landes, die für anderthalb

Jahrhunderte festgeschrieben wird. Österreich verbleibt nur ein etwa 100 km breiter Streifen in Westungarn und die Slowakei. Es muss dieser Teilung zustimmen und verspricht jährliche Tributzahlung.

1546/47 Die Habsburger können einen Aufstand der böhmischen Stände, der politische und religiöse Gründe hat, niederschlagen.

1551 FERDINAND beruft die Jesuiten nach Wien, die ein Kolleg gründen. Das ist der Beginn der Gegenreformation. Es folgen Kollegien in anderen Städten (Prag 1554/56, Innsbruck 1562, Graz 1572).

1564 FERDINAND teilt seine Länder unter seinen Söhnen auf. MAXIMILIAN II. bekommt Nieder- und Oberösterreich, er wird Kaiser im Reich sowie König von Böhmen und Ungarn. KARL VON INNERÖSTERREICH (*1540, †1590) erhält Steiermark, Kärnten und Krain, und FERDINAND VON TIROL (*1529, †1595) Tirol und Vorderösterreich (den Streubesitz der Habsburger in Süddeutschland).

1566 Sultan SÜLEYMAN führt seinen letzten Krieg gegen die Habsburger; er stirbt vor der südungarischen Festung Sigetvár.

1568 MAXIMILIAN II., der Sympathien für den Protestantismus hegt, gewährt den adeligen Ständen in Nieder- und Oberösterreich in der Religionskonzession eine Reihe von Rechten. 1571 wird in der Religionspazifikation den niederösterreichischen Adeligen die Religionskonzession nochmals bestätigt.

1572 Auch Erzherzog KARL VON INNERÖSTERREICH muss seinen adeligen Landständen in der Religionspazifikation weitgehende Rechte zusichern, sie werden 1578 im »Brucker Libell« nochmals bestätigt.

1583 Kaiser RUDOLF II. verlegt seine Residenz auf Dauer nach Prag. Wien verliert damit für längere Zeit seine politische und kulturelle Bedeutung.

1593–1606 Der lange Türkenkrieg RUDOLFS II. unterscheidet sich trotz einiger großer Schlachten (z. B. Sisak 1593) und Eroberungen von Festungen (z. B. Raab [Györ] 1594 an die Osmanen, 1598 Rückeroberung) wenig vom üblichen Grenzkrieg.

1596 Der Regierungsantritt des von Jesuiten erzogenen Sohnes KARLS VON INNERÖSTERREICH, FERDINAND (II.) (König von Böhmen 1617 und Ungarn 1618, Kaiser 1619), verschärft die Gegenreformation in Innerösterreich. Erstes Opfer sind dabei die Städte und Märkte, die brutal rekatholisiert werden.

Die Habsburger 1486–1745

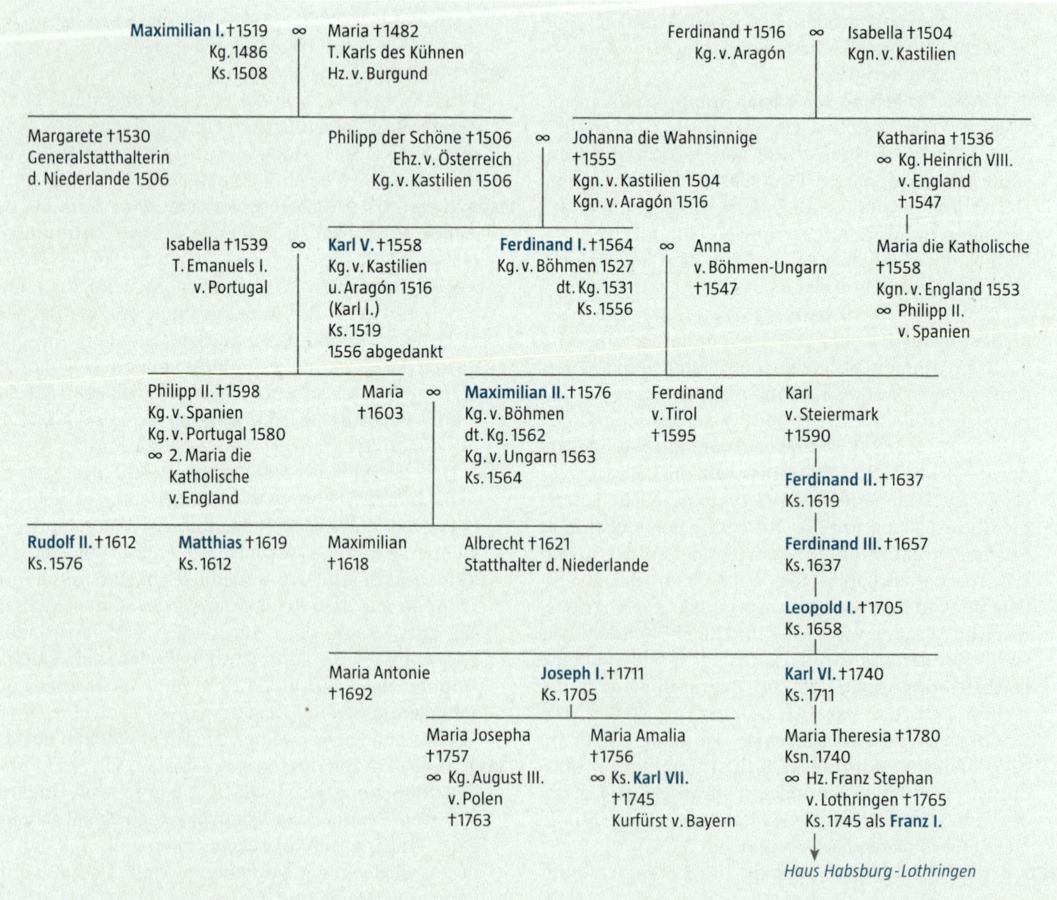

1604–1606 In der Endphase des langen Türkenkrieges erheben sich, auch aus religiösen Gründen, die Ungarn unter STEPHAN BOCSKAI (*1557, †1606).

1606 Erzherzog MATTHIAS, der älteste lebende Bruder des Kaisers, schließt mit den Osmanen den Frieden von Zsitvatorok, in dem der Kaiser als gleichwertig anerkannt wird und die Tribute durch eine einmalige Zahlung abgelöst werden.
Der Wiener Frieden mit BOCSKAI gewährt dem Adel sowie Städten im habsburgischen Ungarn freie Religionsausübung und sichert die ständische Selbstverwaltung. Kaiser RUDOLF II. ist damit nicht einverstanden, der »Bruderzwist in Habsburg« beginnt. Die übrigen Erzherzöge machen MATTHIAS zum Haupt des Hauses. Um seine Macht zu sichern, nähert er sich den Landständen an und macht ihnen konfessionelle Zugeständnisse.

1608 MATTHIAS marschiert gegen Prag, RUDOLF II. muss im Vertrag von Lieben (Stará Libeň) Ungarn, Mähren, Nieder- und Oberösterreich an seinen jüngeren Bruder abtreten. Doch der Bruderzwist geht weiter.

1609 RUDOLF versucht im »Majestätsbrief« die böhmischen und später die schlesischen Stände durch konfessionelle Zugeständnisse für sich zu gewinnen.

1611 Dennoch gelingt es MATTHIAS, seinen Bruder zu entmachten, der bald darauf stirbt.

1617, 29. Juni FERDINAND VON INNERÖSTERREICH (Kaiser FERDINAND II.) wird in Böhmen zum König und Nachfolger von MATTHIAS gewählt.

1618, 23. Mai Streitigkeiten über eine Bestimmung des »Majestätsbriefes« von 1609 führen zu einem Protestmarsch der böhmischen Stände zur Prager Burg und zum (zweiten) Prager Fenstersturz. Das ist der Auftakt des Dreißigjährigen Krieges.

1619, 27. Aug. Die böhmischen Stände wählen den reformierten Kurfürsten der Pfalz, FRIEDRICH V. (»Winterkönig«; *1596, †1632), zum König.

1620, 8. Nov. In der Schlacht auf dem Weißen Berg besiegt der Kaiser, unterstützt durch die Katholische Liga, die protestantischen böhmischen Stände und den »Winterkönig«. In den habsburgischen Ländern (Böhmische Länder und Erbländer) kann danach die Gegenreformation durchgesetzt werden, die Regierung FERDINANDS II. nimmt absolutistische Züge an.

1621, 21. Juni In Prag werden 27 Menschen, die an der Ständeerhebung beteiligt waren, am Altstädter Ring öffentlich hingerichtet.

1626 In Oberösterreich, das an Bayern verpfändet ist, kommt es zu einem Bauernkrieg, der brutal niedergeschlagen wird.

1627, 10. Mai In der »Verneuerten Landesordnung« für Böhmen (1628 ähnlich für Mähren) wird der Katholizismus als alleinige Religion festgelegt, die Verwaltung stärker vom Kaiser beeinflusst. In der Folge der Schlacht auf dem Weißen Berg (1620) setzen sich Rekatholisierung und Absolutismus in den Kernländern der Habsburgermonarchie (außer Ungarn) durch.

Das Reich während des Dreißigjährigen Krieges 1618–1648

Was als lokale Revolte der mehrheitlich protestantischen Stände gegen die Herrschaft des Hauses Österreich in Böhmen beginnt, endet als großer Krieg, in den fast alle europäischen Völker involviert sind. Hauptkriegsschauplatz ist das Reich. Die Bezeichnung »Dreißigjähriger Krieg«, die schon bei den Zeitgenossen nachzuweisen ist, trägt diesem Umstand Rechnung, währte doch gerade der Krieg, der im Reich ausgefochten wurde, wenn auch zu unterschiedlichen Zeiten in ganz unterschiedlichen Räumen und mit ganz unterschiedlicher Intensität, dreißig Jahre. Im Hinblick auf andere Konfliktparteien, wie etwa die spanische Krone, beginnen die Auseinandersetzungen früher. So zieht sich die Konfrontation mit den aufständischen niederländischen Provinzen 80 Jahre hin, und dauert, so der Spanisch-Französische Krieg, länger (bis 1659). Die lange Dauer des Krieges speist sich aus vielen verschiedenen Ursachen: aus der Vermengung der politischen und konfessionellen Konflikte des Reiches mit europäischen Konfliktkonstellationen; aus der Eigendynamik und Komplexität des Kriegsgeschehens, die bis zu Beginn der 1640er-Jahre alle Bestrebungen, den Konflikt zu befrieden, ins Leere laufen lassen; aus der Unzulänglichkeit der Mittel, sowohl im Reich als auch auf der Ebene der europäischen Politik, die es erlaubt hätten, den kriegerischen Konflikt durch friedfertigen Interessenausgleich beizulegen. Im Reich ist seit einer Generation offenkundig, dass die politische Kapazität der 1555 etablierten Instrumentarien der Friedenswahrung erschöpft ist. Die Diplomatie als Mittel friedlicher Konfliktbewältigung steckt hingegen immer noch in den Kinderschuhen. Die Zeche für diese Schwächen zahlen die Menschen: In einzelnen Regionen des Reiches, v. a. in solchen, die entlang der Durchzugswege der großen Heere liegen, wie z. B. im Nordosten des Reiches das Herzogtum Pommern oder im Südwesten das Herzogtum Württemberg, wird mehr als die Hälfte der Bevölkerung v. a. infolge von Krankheiten hinweggerafft. Der Grundsatz, dass der Krieg den Krieg zu ernähren habe, der zu umfänglichen, oftmals gewaltsamen Requirierungen von Nahrungsmitteln, Tieren u. a. durch die Landsknechtsheere führt, verschlimmert die Situation weiter. Nur ein Beispiel dafür, wie lange die Grauen des Krieges im kollektiven Gedächtnis präsent geblieben sind, ist das bis zum heutigen Tag bekannte Kinderlied »Maikäfer flieg. Dein Vater ist im Krieg. Die Mutter ist im Pommerland, Pommerland ist abgebrannt. Maikäfer flieg.«

Phasen des Dreißigjährigen Krieges

1618–1623 Böhmisch-Pfälzischer Krieg
1625–1629 Dänisch-Niederländischer Krieg
1630–1635 Schwedischer Krieg
1635–1648 Schwedisch-Französischer Krieg

1618, 23. Mai In Prag kommt es wegen der Verletzung des »Majestätsbriefes« von 1609 zu einem ständischen Aufstand: Die kaiserlichen Statthalter JAROSLAW VON

MARTINITZ (*1582, †1649) und WILHELM VON SLAVATA (*1572, †1652) werden aus einem Fenster im Hradschin gestürzt, aber nicht getötet (**»Prager Fenstersturz«**). Konstituierung eines Landtages, der eine Regierung aus 30 Direktoren einsetzt und eine Armee aufstellt. Nach dem Tod von Kaiser MATTHIAS (20. März 1619) bezeichnet GEORG ERASMUS VON TSCHERNEMBL (*1567, †1626), Calvinist und Anhänger der politischen Theorie der »Monarchomachen« sowie oberösterreichischer Ständeführer, den Landtag als Organ der Volkssouveränität und billigt den Ständen eigenmächtiges Handeln zu. Die erbländischen Stände verweigern dem Nachfolger von MATTHIAS die Huldigung.

1619, 31. Juli Konföderationsakte (*Confoederatio bohemica*): Die Landstände der Länder der böhmischen Krone (Böhmen, Mähren, Schlesien, Lausitz) schließen eine Schwureinigung, der sich die ober- und niederösterreichischen Stände anschließen (16. Aug.). Eine ständische Staatsbildung, vergleichbar derjenigen der Vereinten Niederlande, taucht am Horizont als Möglichkeit auf.

22. Aug. Absetzung des seit 29. Juni 1617 regierenden böhmischen Königs FERDINAND.

26./27. Aug. Wahl des Führers der Union, des Kurfürsten **FRIEDRICH V. VON DER PFALZ**, zum König von Böhmen. Indem er im Herbst in Prag gekrönt wird und dort seine Residenz nimmt, wird der innerhabsburgische Konflikt zu einer Reichsangelegenheit.

1619–1637 **Kaiser FERDINAND II.:** Der am 28. Aug. 1619 gewählte FERDINAND verbündet sich gegen FRIEDRICH V. von der Pfalz mit Herzog MAXIMILIAN I. VON BAYERN (*1573, †1651), dem Haupt der **Liga**. Bedingungen des Bayern: Erstattung der Kriegskosten und evt. Landverlusts, Übertragung der pfälzischen Kur auf die bayrische Linie des Hauses Wittelsbach.

1620, 8. Nov. In der **Schlacht auf dem Weißen Berg** bei Prag wird das böhmische Heer unter CHRISTIAN VON ANHALT (*1568, †1630) geschlagen. FRIEDRICH V., der »Winterkönig«, flüchtet in die Niederlande, über ihn wird die Reichsacht verhängt, und er verliert die Kurwürde. Mit diesem kompromisslosen Vorgehen gegen den pfälzischen Kurfürsten entsteht die sog. Pfalzfrage, d. h. die Frage, wie mit dem vertriebenen Kurfürsten und seinen Ansprüchen respektive denjenigen seiner Deszendenz umgegangen werden soll. Dieses Problem »war in den 1620er-Jahren der Motor des Kriegsgeschehens schlechthin« (AXEL GOTTHARD) und stellt noch bei den westfälischen Friedensverhandlungen ein zentrales Problem dar. 1648 wird es so gelöst, dass Bayern seine ihm 1623 förmlich übertragene Würde und die oberpfälzischen Besitzungen behalten darf und für die territorial reduzierte Pfalz eine neue Kurwürde geschaffen wird.

1621 Die politischen, religiösen und sozialen Folgen für Böhmen und Mähren sind weitreichend: Die Anführer des Aufruhrs werden hingerichtet, die beteiligten Deutschen und Tschechen müssen das Land verlassen; etwa die Hälfte des adligen Grundbesitzes wird enteignet und größtenteils an landfremde Geschlechter verteilt. Mit der Ausweisung der protestantischen Pfarrer setzt die teilweise gewaltsame Rückführung Böhmens zum Katholizismus ein, was 150 000 Protestanten zur Auswanderung veranlasst. Die alte Ständeverfassung wird 1627 durch die »Verneuerte Landesordnung« im absolutistischen Sinne umgestaltet: Zwar bleiben Landtag und Steuerbewilligungsrecht bestehen, aber Justiz, Verwaltung und Gesetzgebung gehen an den König über, dessen Wahl nur formal fortbesteht; die böhmische Hofkanzlei wird nach Wien verlegt. Böhmen und seine Nebenländer werden den habsburgischen Erblanden einverleibt, in denen der absolutistische Staatsbildungsprozess voranschreitet (unteilbare erbliche Gesamtmonarchie mit Primogenitur in der Erbfolge laut Testament FERDINANDS II. vom 10. Mai 1621). Im Reich löst sich die Union auf. Nur einige evangelische Söldnerführer wie Graf ERNST VON MANSFELD (*1580, †1626), Bischof CHRISTIAN VON HALBERSTADT (*1599, †1626) und Markgraf GEORG FRIEDRICH VON BADEN-DURLACH (*1573, †1638) setzen den Kampf zur Verteidigung von Ober- und Kurpfalz fort, werden aber von spanisch-niederländischen Truppen und einem Heer der Liga unter **JOHANN VON TILLY** (*1559, †1632) vertrieben.

1623 Herzog MAXIMILIAN I. von Bayern erhält die pfälzische Kurwürde und die Oberpfalz als Pfandbesitz.

1625 Der große Organisator und wohl hervorragendste Militär seiner Zeit, **ALBRECHT VON WALLENSTEIN** (Waldstein; *1583, †1634) stellt dem Kaiser ein eigenes Söldnerheer zur Verfügung, das nach neuen Grundsätzen unterhalten wird. WALLENSTEIN stammt aus einer protestantischen tschechisch-böhmischen Adelsfamilie, ist seit 1606 katholisch und gelangt in kaiserlichen Diensten sowie durch die Heirat einer begüterten Frau zu großem Vermögen und ausgedehntem Landbesitz. Er erhält den Oberbefehl über alle kaiserlichen Truppen im Reich und wird zum Dank für mehrfache tatkräftige Parteinahme – schon 1619 rettete er mährisches Kriegsvolk und die Kriegskasse nach Wien – zum Herzog von Friedland erhoben. Sein Angebot und die Verstärkung der Ligatruppen erfolgen angesichts der Aufstellung einer beachtlichen Streitmacht unter dem Obersten des Niedersächsischen Reichskreises, dem dänischen König CHRISTIAN IV. (1588–1648), in seiner Funktion als Herzog von Holstein. Die Niederlande und England schließen mit dem dänischen König ein Bündnis (Haager Allianz). Die Haager Allianz verfolgt das Ziel, Böhmen für FRIEDRICH V., den Schwiegersohn des englischen Königs, zurückzugewinnen.

1626 Sieg der Liga unter TILLY bei Lutter am Barenberge bei Salzgitter über CHRISTIAN IV. und Sieg WALLENSTEINS über ERNST VON MANSFELD an der Elbbrücke bei Dessau, woraufhin die vereinigten Heere TILLYS und WALLENSTEINS Norddeutschland unterwerfen.

1628 WALLENSTEIN wird vom Kaiser zum »General des Baltischen und Ozeanischen Meeres« und zum Herzog von Sagan ernannt. Seine Belagerung Stralsunds, das Unterstützung von Dänemark und Schweden erfährt, bleibt erfolglos.

1629, 6. März Kaiser FERDINAND II. ist auf dem Höhe- und Wendepunkt seiner Macht (Ausdehnung der Machtsphäre des Hauses Österreich bis an die Ostsee) angelangt: Mit dem **Restitutionsedikt** wird die Rückgabe aller seit dem Passauer Vertrag (1552) von den Protestanten eingezogenen geistlichen Güter verfügt und die *Declaratio Ferdinandea* für ungültig erklärt. Dieses als einseitiger kaiserlicher Akt reichsrechtlich umstrittene Edikt macht die kaiserliche Absicht offenkundig, die konfessionelle Situation im Reich entscheidend zugunsten des Katholizismus zu verschieben. Die protestantische Deutung des Augsburger Religionsfriedens (samt allen in den vergangenen 75 Jahren daraus abgeleiteten Konsequenzen) wird für unzulässig erklärt. Die Ausdehnung der kaiserlichen Macht und die Machtprätentionen, die das Restitutionsedikt zu erkennen gibt, ziehen 1630 den von der französischen Krone finanzierten Kriegseintritt Schwedens nach sich und internationalisieren den bis dahin vorrangig im Reich ausgetragenen Konflikt endgültig.

22. Mai Im Frieden von Lübeck verpflichtet sich Dänemark bei Rückerhalt seiner besetzten Gebiete zur Nichteinmischung in die deutschen Streitigkeiten. WALLENSTEIN wird mit dem Herzogtum Mecklenburg belehnt.

Anzahl und Verteilung der im Dreißigjährigen Kriege zerstörten Ortschaften

	Schlösser	Städte	Dörfer
Pommern, Mecklenburg und Holstein	203	307	2041
Mark Brandenburg	48	60	5000
Meißen	96	155	1386
Schlesien	118	36	1025
Mähren	63	22	333
Böhmen	215	80	813
Österreich	51	23	313
Pfalz	109	106	807
Franken	44	26	313
Vogtland und Thüringen	68	41	409
Stift Merseburg, Halle, Magdeburg, Halberstadt, Hildesheim	217	103	1105
Braunschweig, Lüneburg und Stift Bremen	50	38	406
Stift Osnabrück, Minden, Paderborn, Fulda	213	304	1027
Westfalen	119	97	1019
Stift Köln, Metz, Trier	327	2055	2033
Stift Würzburg	15	10	80
Limburg	20	16	200
Summe	**1976**	**1629**	**18 310**

1630 Auf dem **Kurfürstentag zu Regensburg**, auf dem der Kaiser seinen gleichnamigen Sohn zum Römischen König wählen lassen will, erzwingt MAXIMILIAN I. VON BAYERN, der im kaiserlichen Machtanstieg eine Gefahr für den Reichsfürstenstand sieht, die Entlassung WALLENSTEINS. FERDINAND II. soll ferner Kriegsführung und Außenpolitik der reichsständischen Kontrolle unterwerfen.

1631, 23. Jan. Schwedisch-französischer Bündnisvertrag von Bärwalde: Schweden erhält von Frankreich jährlich ein Mio. Livres und verpflichtet sich im Gegenzug, ein Heer von 30 000 Mann zu Fuß und 6000 zu Pferd im Reich zu unterhalten.

20. Mai TILLYS Truppen erobern Magdeburg: Die Stadt wird vollständig zerstört, 20 000 Menschen sterben. Seine Armee wird aber bei Breitenfeld (17. Sept.) in der Nähe Leipzigs von schwedischen Truppen besiegt, Nord- und Mitteldeutschland befinden sich damit in schwedischer Hand.

1632 WALLENSTEIN tritt sein zweites Generalat *in absolutissima forma* an, nachdem der protestantische König von Schweden, **GUSTAV II. ADOLF**, bis Süddeutschland vorgedrungen und TILLY in der Schlacht bei Rain am Lech ums Leben gekommen ist (30. April).

6. Nov. Auf dem Marsch nach Norden kommt es bei Lützen unweit von Breitenfeld zur unentschiedenen Schlacht zwischen WALLENSTEIN und den Interventionsarmeen, in der GUSTAV II. ADOLF fällt.

1633, 23. April Zusammenschluss der protestantischen Reichsstände der fränkischen, schwäbischen und rheinischen Reichskreise im **Heilbronner Bund** unter Führung des schwedischen Reichskanzlers AXEL OXENSTJERNA (*1583, †1654).

1634 Absetzung und Ächtung WALLENSTEINS, der sich mit weitreichenden Macht- und Friedensplänen hinter dem Rücken des Kaisers trägt. Seine Ermordung in Eger (25. Febr.) erfolgt in Ausführung kaiserlicher Befehle. Nach der Niederlage der protestantischen Truppen (unter Beteiligung schwedischer Kontingente) bei Nördlingen in Bayern (Sept.) löst sich der Heilbronner Bund auf.

1635, 19. Mai Französische Kriegserklärung an Spanien, offener Kriegseintritt Frankreichs.

30. Mai **Friede zu Prag** zwischen Kaiser und Kursachsen. Konfessionspolitische Bestimmungen: Ausschluss des Calvinismus, Fixierung des katholischen und evangelischen Besitzstandes auf 40 Jahre nach dem (für die katholische Seite günstigen) Stand vom 12. Nov. 1627, kaiserlicher Verzicht auf Durchführung des Restitutionsediktes von 1629, paritätische Besetzung des Reichskammergerichts. Territorialpolitische Bestimmungen: pfälzische Eroberungen bleiben bei Bayern, die Lausitzen und Magdeburg fallen an Kursachsen. Verfassungsrechtliche Bestimmungen: Die pfälzische Kurwürde bleibt bei Bayern, der Kaiser erhält den Oberbefehl über eine Reichsarmee zum gemeinsamen Kampf gegen die Schweden, wobei die Reichsstände auf ihr *Ius armorum* und *Ius foederis* (Bewaffnungs- und Bündnisrecht) verzichten. Fast alle Reichsstände schließen sich dem Frieden in der

Mitteleuropa nach dem Westfälischen Frieden 1648

Bornholm
1658–60 schwed.
Ostsee
Rügen
Hela
Danzig
1658 brand.
Vorpommern
schwed.
Wolgast
Usedom
Wollin
Hst. Cammin
seit 1650 brand.
Hinterpommern
1658 brand.
Pommerellen
seit 1569 durch Lubliner Union vereinigt
Weichsel
Kulm
Thorn
Stettin
1679 brand.
Müritzsee
strow
Rhin
Havel
Netze
Brandenburg
Berlin
Warthe
Gnesen
Posen
Spree
Frankfurt
1686–95 brand.
Groß-Polen
Beeskow
zu Magdeburg
Jüterbog
Nieder-Lausitz
Cottbus
1635 sächs.
Oder
Htm. Schlesien
Ftm. Wohlau
1675 österr.
Prosna
Elbe
Neiße
Oberlausitz
Ftm. Liegnitz
1675 österr.
Breslau
zu Brieg
Sachsen
Görlitz
Dresden
Chemnitz
Ftm. Brieg
1675 österr.
Neiße
Gft. Glatz
Eger
Ftm. Jägerndorf
Elbe
Prag
KGR. BÖHMEN
Pilsen
Olmütz
Moldau
Mgft. Mähren
Brünn
March
Thaya
Hst. Passau
Passau
Erzhtm. Österreich
Inn
zu Freising
Wien
Pressburg
ob d. Enns
Donau
unter der Enns
zu Freising
Traun
Enns
Salzburg
Salzach
Propstei Berchtesgaden
Erzst. Salzburg
Htm.
zu Freising
Steiermark
Graz
Raab
Mur
Drau
Htm. Kärnten
zu Brixen
zu Freising
Friaul
Save
Gft. Görz
Htm. Krain
Triest
Istrien
zu Venedig
Adriatisches Meer
KGR. POLEN
Warthe
San
Krakau
Weichsel
Zips
Hernad
Waag
Gran
Theiß
1645–87 zu Siebenbürgen
Eipel
Gran
Ofen
Pest
Leitha
Neusiedler See
Raab
KGR. UNGARN
Körös
Plattensee
Kapos
Szegedin
Maros
Theiß
Fünfkirchen (Pécs)
TÜRKISCH-UNGARN
Drau
Agram
Temes
Kulpa
Donau
Save
Belgrad
Donau
Ostpreußen
gleicher Maßstab
Memel
Gftm. Litauen
Memel
Ostsee
Kurisches Haff
Tilsit
Samland
Königsberg
Pregel
Pillau
Preußen
brandenburgische Souveränität
Hela
Danzig (autonom unter polnischer Schutzhoheit)
Frisches Haff
Frauenburg
Alle
Fürstbtm. Ermland
Elbing (autonom unter polnischer Schutzhoheit)
Heilsberg
Lyck
Marienburg
Htm. seit 1660
Marienwerder
Löbau
Neidenburg
Narew
Weichsel
Graudenz
Kulm
Kulmerland
Drewenz
KGR. POLEN
Thorn (autonom unter polnischer Schutzhoheit)
Bug

Folgezeit an. Die gestärkte Position des Kaisers zeigt sich bei der Römischen Königswahl (22. Dez. 1636) seines Sohnes FERDINAND Die weitere internationale Ausdehnung der kriegerischen Handlungen verfolgt das Ziel der Schwächung des Hauses Habsburg.

1637–1657 Regierungszeit Kaiser FERDINANDS III. (*1608, †1657; 1625 ungarischer, 1627 böhmischer König).

1637 Ein von Papst URBAN VIII. (1623–1644) nach Köln einberufener Friedenskongress scheitert. Dennoch ist damit zum einen die Idee, durch einen alle maßgeblichen Konfliktparteien zusammenführenden Kongress den Weg zum Frieden zu ebnen, geboren, zum anderen intensivieren sich seit dieser Zeit die Friedensbestrebungen.

1638 Frankreich und Schweden verständigen sich auf einen Kongress als Friedensmittel und auf Münster und Osnabrück als Kongressorte (Wismarer Allianz).

1641, Dez. Unter dem Eindruck militärischer Niederlagen lässt sich auch der Kaiser für einen solchen Plan gewinnen. Seine Realisierung erstreckt sich allerdings noch bis ins Frühjahr 1644, nicht zuletzt deswegen, weil die Kampfhandlungen trotz der intensivierten Friedensbemühungen fortgesetzt werden.

1645 Nachdem es den in Münster und Osnabrück anwesenden Gesandten im Laufe des Jahres 1644 gelungen ist, auch dank venezianischer und päpstlicher Vermittler, sich auf die formale Ausgestaltung des Verhandlungsprozesses zu verständigen, steht das Jahr 1645 im Zeichen der sog. **Admissionsfrage**. Diskutiert wird, ob – dies fordern Schweden und Frankreich – die Reichsstände eigenständig den Kongress beschicken dürfen oder durch die kaiserlichen Diplomaten vertreten werden. In diesem Zwist wird im scheinbar Nebensächlichen das Entscheidende verhandelt: Gerungen wird um eine eher monarchisch-kaiserliche oder eher aristokratisch-reichsständische Deutung der politischen Ordnung des Reiches. Gelöst wird der Streit im Herbst 1645 auf bezeichnende Art. Die Reichsstände werden zugelassen, der Teilhabemodus aber wird so konstruiert, dass er dem Reichstagsverfahren ähnelt, in dem sich die herausgehobene Position des Kaisers im politischen Kosmos des Reiches widerspiegelt. Rasch – in Anbetracht der Komplexität der zu regelnden Materien – und mit großer diplomatischer Versiertheit, die insbesondere der kaiserliche Chefunterhändler Graf MAXIMILIAN VON UND ZU TRAUTTMANSDORFF (*1584, †1650) an den Tag legt, werden in den Jahren 1646/47 die wichtigsten Verhandlungsgegenstände ausgeglichen.

1648, 24. Okt. Friede von Münster und Osnabrück.

Der Westfälische Friede von 1648

Mit der Unterzeichnung der in Münster und Osnabrück mit Frankreich bzw. Schweden ausgehandelten Friedensurkunden (*Instrumentum Pacis Monasteriense* bzw. *Osnabrugense* – »Münsteraner« bzw. »Osnabrücker Friedensinstrument«) durch die kaiserlichen, französischen und schwedischen Vertreter sind die Verhandlungen endgültig beendet, nachdem bereits im Mai in Münster die feierliche Unterzeichnung des spanisch-niederländischen Friedens stattgefunden hat. Die Ratifikationsurkunden freilich werden erst im Febr. 1649 ausgetauscht. Der Abschluss der *pax christiana, universalis, perpetua* (christlicher, allgemeiner und immerwährender Friede), mit dem ewiges Vergessen (des Geschehenen) und Amnestie (*perpetua oblivio et amnestia*) einhergehen, wird im Reich an zahlreichen Orten gefeiert. Seine Regelungen sind nicht nur für die künftige Ausgestaltung der Beziehungen der europäischen Mächte von Bedeutung, sondern auch und v. a. für das Reich. Der Westfälische Frieden ist eines der wichtigsten Dokumente der frühneuzeitlichen Reichsverfassung.

Territoriale Bestimmungen: 1) Schweden gewinnt Vorpommern mit Stettin und der Odermündung, Rügen, Wismar, das Erzstift Bremen (ohne die Stadt) und das Stift Verden (Elbe- und Wesermündung) sowie die mit den deutschen Besitzungen verbundene Reichsstandschaft. 2) Frankreich erhält die habsburgischen Besitztitel im Elsass (ohne Reichsstand zu werden), die Besitzbestätigung der lothringischen Bistümer Metz, Toul und Verdun, das Besatzungsrecht im rechtsrheinischen Philippsburg sowie die Stadt Breisach. 3) Schweden und Frankreich werden zudem Garantiemächte des Friedens. Wie die verfassungsrechtlichen Bestimmungen soll auch dieser Vertragspassus die »Sekurität« (Sicherheit) der beiden Mächte auf Dauer herstellen. 4) Die Schweiz erlangt »völlige Freiheit und Exemtion vom Reich« und ist in keiner Weise mehr der Reichsgerichtsbarkeit unterworfen. 5) Restitutionen und Entschädigungen einzelner Reichsstände, u. a.: Als Entschädigung für Verluste an Schweden werden die Bistümer Schwerin und Ratzeburg säkularisiert und fallen an Mecklenburg. Minden, Kammin, Halberstadt und das Erzbistum Magdeburg (realisiert: 1680) gehen an Brandenburg. Bayern behält die Oberpfalz und Kursachsen die Lausitzen, die es seit 1635 besitzt. Die Kurpfalz wird wieder hergestellt und erneut mit der Kurwürde versehen.

Verfassungsrechtliche Bestimmungen: 1) Die auf dem Reichstag versammelten Reichsstände erhalten »Stimmrecht bei allen Beratungen über Reichsgeschäfte«. Das strittige Stimmrecht der Reichsstädte wird bestätigt. Im Einzelnen werden aufgezählt: das Recht, Gesetze zu erlassen oder auszulegen, Beschlüsse über Krieg und Frieden zu fassen, Bündnisse zu schließen »oder ander derartige Geschäfte«. Der Kaiser verliert damit die Möglichkeit der einseitigen Interpretation des Reichsrechts, wie von FERDINAND II. 1629 praktiziert. Für die Reichsstände verbindliche Beschlüsse können nur noch auf dem Reichstag verabredet werden. Seine oberstrichterliche Gewalt behauptet der Kaiser. 2) Das Bündnisrecht der Reichsstände wird bestätigt. Es dürfen jedoch nur solche Bündnisse geschlossen werden, die sich nicht gegen den Kaiser, das Reich, den Landfrieden und den Westfälischen Friedensvertrag richten. 3) Etliche Problemfelder, darunter u. a. die Erarbeitung einer »beständigen« kaiserlichen Wahlkapitulation und die Reform des Justizwesens, werden zur Behandlung auf den nächsten Reichstag verwiesen (*negotia remissa*).

Kirchenrechtliche Bestimmungen: 1) Zwischen der evangelischen und katholischen Konfession herrscht »vollständige und gegenseitige Gleichheit« (*aequalitas exacta mutuaque*). Um diese zu gewährleisten, werden das Reichskammergericht und die Ausschüsse des Reichstags paritätisch (gleiche Zahl an Personen beider Konfessionen) besetzt. Das Reichstagsverfahren wird angepasst: Treten die katholischen und die Stände der Augsburgischen Konfession bei Beratungen in zwei Gruppen auseinander (*itio in partes*), können Entscheidungen nicht mit Mehrheitsbeschluss, sondern nur durch gütlichen Ausgleich (*amicabilis compositio*) herbeigeführt werden (Verfahrensparität). Erst wenn der Ausgleich gelungen ist, kann der Reichstag seine Beratungen fortsetzen. 2) Als Stichtag für den kirchlichen Besitz- und Bekenntnisstand wird der 1. Jan. 1624 definiert, womit die Streitigkeiten über die Verbindlichkeit von »Geistlichem Vorbehalt« und *Declaratio Ferdinandea* beendet werden. Für die bikonfessionellen Reichsstädte Augsburg, Biberach, Dinkelsbühl und Ravensburg werden detaillierte Regelungen getroffen, die konfessionell alternierende Besetzung des Bistums Osnabrück bestimmt. 3) Alle evangelischen Untertanen eines katholischen Landesherrn (und umgekehrt), die zu irgendeinem Zeitpunkt des Jahres 1624 die öffentliche oder private Religionsausübung innehatten, dürfen diese beibehalten (Normaljahr). Religionswechsel der Obrigkeit müssen in Zukunft nicht mehr von den Untertanen nachvollzogen werden; der Bekenntnisstand der Bevölkerung der einzelnen Territorien ist mit dem Jahr 1624 festgelegt. Diese Regelung gilt nicht für die kaiserlichen Erblande und die oberpfälzischen Untertanen Bayerns. Wie sich der Schutz des Konfessionsbekenntnisses andersgläubiger Untertanen nach Maßgabe des Normaljahres zu dem allen geistlichen und weltlichen Reichsständen und auch der Reichsritterschaft »nach allgemeinem Reichsherkommen« zustehenden Reformationsrecht verhält, wird nicht geklärt. Die Anhänger des reformierten Bekenntnisses werden in den Frieden einbezogen.

Die Bewertung des Westfälischen Friedens

Lange Zeit wurde der Westfälische Friede als nationale Katastrophe gedeutet, die dem Kaiser jegliche Handlungsmöglichkeit genommen und eine lange Phase der Agonie des Reiches eingeleitet habe. Das Reich schien endgültig seiner Entwicklungsmöglichkeiten zu einem nationalen Macht- und Einheitsstaat westeuropäischer Prägung beraubt und Spielball der europäischen Mächte zu sein. Inzwischen ist diese Deutung jedoch im Allgemeinen wie im Besonderen widerlegt. So wurden weder die Reichsstände nach 1648 souverän noch das Reich zur politischen Manövriermasse auswärtiger Mächte. Misst man den Friedensschluss an den Problemstellungen der Zeit, so erscheint er als gelungene Anpassung des Reichsverbandes an die Veränderungen, die sich seit der Mitte des 16. Jh.s vollzogen haben. Eine Anpassung allerdings, die sich in dem Rahmen bewegte, was unter den gegebenen Bedingungen politisch möglich war: 1. Er spiegelt in seinen verfassungsrechtlichen Bestimmungen den Machtzuwachs, den die größeren Landesherrschaften erlebt haben, exakt wider, da er deren politische Teilhaberechte stärkte. Indem er jedoch den Reichstag zum Zentrum des politischen Systems des Reiches machte und diesbezüglich einen stark verfassungskonservativen Grundzug aufweist, beförderte er zugleich die überkommene, durchaus mit den kaiserlichen Machtansprüchen kompatible Vorstellung vom Reich als einem politischen Organismus, in dem das kaiserliche Haupt zusammen mit den Gliedern des Reiches dessen Geschicke bestimmt (*caput et membra*-Metapher). Vor wie noch lange nach 1648 ließ sich politisches Handeln ohne Bezug auf den Kaiser als legitimatorischer Bezugspunkt der politischen Ordnung des Reiches nicht begründen. Und so ist es auch kein Zufall, dass nur der Kaiser und nicht auch die Reichsstände die Friedensverträge unterzeichnete. Auf einem anderen Blatt steht, dass der Friede mit seiner Formel von der *aequalitas* der Konfessionsparteien und den politischen Implikationen der *negotia remissa*, ein Programm enthielt, das sich seit der Zeit um 1700 allmählich Bahn brach und es ermöglichte, grundsätzlich divergierende Deutungen über die rechte Art der Machtverteilung im Reich zwischen Kaiser und Reichsständen zu entwickeln. 2. Gleiches gilt für die kirchenrechtlichen Regelungen. Zwar beseitigten auch sie zahllose Problemstellungen der Vorkriegszeit – vom »Geistlichen Vorbehalt« bis zur Ausgrenzung der Anhänger der reformierten Konfession –, doch lassen auch sie bei genauerer Betrachtung vieles in der Schwebe. Denn so präzise die Regelungen auf den ersten Blick erscheinen, so viele, der Deutung bedürftige Leerstellen weisen sie auf den zweiten auf. Wie schon 1555 hat man sich auch 1648 nur vergleichen können, weil man Kontroverses in sprachliche Formeln fasste, die der weiteren Auslegung offen standen, und die sich je nach Zeitumständen den eigenen Interessenlagen entsprechend interpretieren ließen. 3. Im Gegensatz zu den mittelbar wie unmittelbar die kaiserliche Stellung im Reich betreffenden Regelungen ist die Ungültigkeit der Normaljahrsregelung in den »Reichen und Ländern der Kaiserlichen Majestät und des österreichischen Hauses«, so die Bestimmung des Geltungsbereiches, eindeutig festgeschrieben. Dadurch wird zwar nicht deren Zugehörigkeit zum Reich in Frage gestellt, wohl aber ihre Sonderrolle herausgestrichen und der Machtzuwachs, den der Dreißigjährige Krieg für den Kaiser in seinen Erblanden mit sich gebracht hat, ebenso zum Ausdruck gebracht wie auf Dauer herausgestellt.

Das Reich 1648–1740: Kaiserlicher Wiederaufstieg und machtpolitische Polarisierung der Reichsstände

Die Behauptung der kaiserlichen Position in der durch den Westfälischen Frieden geprägten Verfassungsordnung des Reiches stellt sich nicht automatisch ein. Sie kommt vielmehr durch eine geschickte kaiserliche Politik und für diese günstige äußere Umstände zustande, was der Blick auf die Reichspolitik bis in die Mitte der 1660er-Jahre lehrt. Die Pläne der sog. fürstlichen Aktionspartei auf dem Westfälischen Friedenskongress, die auf die Umgestaltung der um den Kaiser zentrierten, hierarchisch strukturierten und von den katholischen Reichsständen dominierten – die Mehrheit des Kurfürstenkollegiums ist katholisch – Reichsverfassungsordnung zielen, sind nur sehr bedingt erfolgreich. Sie wirken aber, wie die Reichsgeschichte der 1650er-Jahre zeigt, nach, nicht zuletzt deswegen, weil sie auch publizistisch flankiert werden (PHILIPP BOGISLAW VON CHEMNITZ [Pseudonym HIPPOLITHUS À LAPIDE; *1605, †1678]: »Dissertatio de ratione status in Imperio nostro Romano-germanico«, 1647 – »Abhandlung über die Staatsräson im Römisch-deutschen Reich«). Doch alle Bemühungen einer reichsständisch-föderativ-(dominant)-protestantischen Lesart der Verfassungsordnung scheitern an den zahllosen Interessengegensätzen der Reichsstände. Die absolutistisch aggressive Außenpolitik LUDWIGS XIV. zwischen 1667 und 1697, die das Reich massiv tangiert, die sich seit 1663 wieder intensivierende Auseinandersetzung mit den Osmanen und der schwedisch-brandenburgische Konflikt seit 1656 tun das ihre, die Schutzfunktion des Reiches für seine Glieder in »Erinnerung« zu rufen.

Eine geschickte kaiserliche Politik LEOPOLDS I. begründet den **Wiederaufstieg des Kaisertums**. LEOPOLD stellt sich sehr bewusst auf den Boden der in Westfalen geschaffenen politischen Verhältnisse, d. h. er nutzt gezielt die neuen Kommunikationsmöglichkeiten, die sich ihm bieten, seit der Reichstag kontinuierlich tagt (1663). Er setzt seine oberstrichterliche Funktion in Gestalt des neu geordneten Reichshofrates effizient ein und vergisst auch die überlieferten Möglichkeiten nicht, Reichsmitgliedern ihre guten Dienste für das Haus Österreich u. a. durch Rangerhöhungen zu entgelten. Der Konflikt um das spanische Erbe zwischen dem Haus Österreich und Frankreich (1701–1713/14) und das Ringen um die Pragmatische Sanktion (1713) erschwert es seinen Nachfolgern, die – im Verständnis der Wiener Hofburg – positive Entwicklung der politischen Ordnung des Reiches fortzusetzen. Die umfassende kaiserliche Präsenz im Reich zu Zeiten LEOPOLDS, die sowohl den monarchischen Zuschnitt der Reichsordnung wie deren Katholizität unterstreicht – man denke an die zahlreichen Konversionen zum Katholizismus in dieser Zeit, deren bedeutendste diejenige des sächsischen Kurfürsten AUGUST DES STARKEN im Jahr 1697 ist –, zeigen Reaktionen, die sich bezeichnenderweise 1697 an den nicht definierten Punkten der Religionsverfassung des Reiches entzünden. Getragen wird diese Reaktion von den mächtigen »armierten«, d. h. über ein stehendes Heer verfügenden Reichsständen, allen voran den protestantischen Kurfürsten von Brandenburg und Hannover (seit 1692/1708).

Hinter dem Begriff der **»armierten« Reichsstände** verbirgt sich zugleich eine für die Geschichte des Reiches folgenreiche Entwicklung auf der Ebene der Territorien. Der politiktheoretische und juristische Diskurs der Zeit erlaubt ein neues Verständnis von Landesherrschaft. Sie erscheint nicht mehr (nur) als ein Konglomerat einzelner Herrschaftsrechte, sondern wird in Anlehnung an die von JEAN BODIN (*1530, †1596) entwickelte Souveränitätslehre als abstrakt umschriebene Herrschaftsbefugnis gefasst und auf den Begriff der **Landeshoheit** (*superioritas territorialis*) gebracht. Diese Neukonzeption stößt deswegen auf so große Resonanz, weil die Lage zahlloser Territorien des Reiches nach dem Dreißigjährigen Krieg desolat ist und die Landesherren sich demzufolge mit sehr schwierigen Aufgaben konfrontiert sehen. Ihre Herrschaft entsprechend diesen neuen Denkmodellen umzugestalten, vermögen aber nur wenige Fürsten des Reiches. Denn der absolutistischen Umgestaltung der Herrschaftsrechte stehen sowohl die fortdauernde Macht der (meist adeligen) territorialen Eliten wie auch der kaiserliche Wille, die Machtfülle der Landesherren nicht allzu sehr anwachsen zu lassen, entgegen. Bezeichnenderweise gelingt dem Reichsstand die absolutistische Umgestaltung der Herrschaftsverhältnisse in einem besonders hohen Maß, der die Weichen sehr früh, d. h. in den 1650er-Jahren, den Jahren der fragilen kaiserlichen Macht, durch den Aufbau eines stehenden Heeres in diese Richtung stellt – dem brandenburgischen Kurfürsten FRIEDRICH WILHELM (*1620, †1688). Dieser wird getrieben von der desolaten Nachkriegslage seines Gemeinwesens, von den kriegerischen Auseinandersetzungen mit Schweden und von der Notwendigkeit, die neu hinzugewonnenen Herrschaftsgebiete zu integrieren. In der Folgezeit entwickelt sich die Armierung, die nur einer Minderheit der Reichsstände gelingt, nämlich den größeren weltlichen Reichsfürsten, zu einem Merkmal, das nicht nur das machtpolitische Gefälle zwischen den Reichsständen de facto wachsen lässt, sondern auch wahrnehmbar macht. Die Zuschreibung von Macht gehorcht zunehmend dem »Gesetz von Fläche und Zahl« (HEINZ SCHILLING), ohne dass die politischen Handlungsmöglichkeiten im Reich diesem »Gesetz« angepasst worden wären oder angepasst werden konnten. Denn nicht Macht, sondern das überlieferte, zuletzt 1648 den veränderten Zeitumständen angepasste und in sich widersprüchliche Recht ist für die politischen Handlungsmöglichkeiten im Reich ausschlaggebend. Über Macht im Reich verfügt, wer das Recht interpretieren kann – genau deshalb wird dem Kaiser 1648 dieses Recht aberkannt und genau aus diesem Grund verteidigt er so entschlossen seine oberstrichterliche Prärogative, die es ihm erlaubt, seine Rechtsauslegung auf dem Wege des Faktischen zu realisieren. Politik vollzieht sich in der Sprache des Rechts und neues Recht kann, das ist die entscheidende Neuerung 1648, nur im Konsens der politischen Akteure gefunden werden.

1649–1651 Auf dem Nürnberger Exekutionstag wird über die Ausführung der Bestimmungen des Friedensvertrages von 1648, insbesondere die Restitutionsangelegenheiten und die Räumung besetzter Reichsgebiete von schwedischen Truppen gerungen. Letzteres wird teilweise erreicht. Die Ausbreitungstendenzen Brandenburgs in Jülich-Cleve-Berg und seine Auseinandersetzungen mit Schweden um Hinterpommern sorgen für weitere Unruhe im Reich.

1653 Erst nach der **Wahl FERDINANDS IV.** (*1633, †1654; seit 1646 böhmischer, seit 1647 ungarischer König) **zum**

Römischen König, mit der FERDINAND III. den Habsburgern die Kaiserkrone weiterhin sichern will, kommt es zum Regensburger Reichstag zur Durchführung der Reichsverfassungsbestimmungen von 1648. Angesichts der Auseinandersetzungen um das schlesische Herzogtum Jägerndorf zwischen Brandenburg und dem Wiener Hof beendet FERDINAND III. aus Furcht vor einer Niederlage seiner Seite den Reichstag.

1654, 17. Mai **»Jüngster Reichsabschied«** (JRA), der letzte Abschied eines Reichstages, dem danach nur noch Reichsschlüsse (*Conclusa Imperii*) des ab 1663 ständig tagenden, sog. »Immerwährenden Reichstages« folgen. Der Reichsabschied erlangt Bedeutung für die Reichsverfassungsgeschichte, auch wenn er die ihm 1648 – um ihre Lösung dem Einfluss Frankreichs und Schwedens zu entziehen – zugewiesenen Grundfragen, etwa Kaiser- und Königswahl, Reichskreisverfassung, Reichssteuerwesen, Reichsgerichte, kaum beantwortet. Während sich eine Neuorganisation des Reichskammergerichts nicht durchsetzt (Überlastung, unregelmäßige Finanzierung, ungenügende personelle Ausstattung), ordnet der Kaiser seinen Reichshofrat ohne Beteiligung der Reichsstände aus eigener Macht neu (**Reichshofratsordnung** vom 16. März). Entscheidend für die Zukunft wird Artikel 180 JRA, der Untertanen und Landstände in den reichsständischen Territorien auf ihren Beitrag zur militärischen Organisation des Reiches (Kreishilfen) und Unterhaltung der Garnisonen und Festungen der Reichsstände verpflichtet. Damit wird die **Errichtung stehender Heere** in den Territorien ermöglicht, und zwar ohne besondere Bewilligung der dazu notwendigen Mittel. Auf seinen Antrag, Mehrheitsbeschlüsse bei Bewilligungen von Reichssteuern für alle Reichsglieder verbindlich zu machen, muss der Kaiser verzichten, womit sich die reichsfürstliche Libertät erneut durchsetzt. 1670 begrenzt der Kaiser die sich auf diesen Artikel berufenden landesherrlichen Geldforderungen auf solche Ausgaben, die für die Reichskriegsverfassung notwendig sind. In der Folgezeit legt der Reichshofrat den Paragraphen bei Klagen der Landstände entsprechend dem kaiserlichen Verständnis aus und stabilisiert damit die landständische Mitsprache im Reich. Die 1648 in Aussicht gestellte Reintegration der Reichskreise (Reform der Kreisverfassung des Reiches zwecks Verbesserung von Wehrverfassung, Verwaltung und Polizeiwesen) beginnt mit unterschiedlicher Intensität, wobei die politische Geografie eine sehr wesentliche Rolle spielt. Über die Grenzen der einzelnen Reichskreise hinaus gehen verschiedene Bündnisse (Assoziationen). Während der Plan des Grafen GEORG FRIEDRICH VON WALDECK (*1620, †1692) einer reichsfürstlichen Opposition unter Führung Brandenburgs gegen den Kaiser (»großes Dessein«) letztlich scheitert (15. Dez.), gewinnt die Rheinische Allianz, der nach Kurköln, Kurtrier, Pfalz-Neuburg und dem Bistum Münster 1655 Kurmainz beitritt, größere Bedeutung.

1655 Durch den frühen Tod FERDINANDS IV. (9. Juli 1654) müssen sich die Reichsstände auf einem Frankfurter Reichsdeputationstag mit der Frage der Kaiserwahl beschäftigen, die im Spannungsfeld reichsständischer Gegensätze und ausländischer Interessen (besonders Frankreichs) steht. Noch vor einer Klärung stirbt Kaiser FERDINAND III. (2. April 1657), dessen Tod ein eineinvierteljähriges **Interregnum** einleitet, das die Zerrissenheit und Ohnmacht des Reiches in aller Deutlichkeit offenbart.

1656 VEIT LUDWIG VON SECKENDORFF (*1626, †1692) publiziert sein breit rezipiertes Werk »Teutscher Fürstenstaat« und liefert damit eine Handlungsanleitung, wie die nunmehr sich als Landeshoheit, d. h. als einheitliche Herrschaftsgewalt, verstehende territorialstaatliche politische Ordnung durch fürstliches Verwaltungshandeln effizient ausgestaltet werden kann. Er ist einer der wichtigsten Vertreter der sich seit den 1720er-Jahren als akademische Disziplin etablierenden Polizeiwissenschaft.

1658–1705 **Kaiser LEOPOLD I.** (*1640, †1705): Seine Wahl erfolgt auf einem Kurfürstentag (1. Aug. 1658) während eines neuen Krieges in Nordosteuropa (1655–1660), der auch die Interessen des Reiches berührt. In seiner Wahlkapitulation muss LEOPOLD auf Drängen Kurbrandenburgs den Territorialfürsten erhebliche Zugeständnisse machen. Der Artikel 180 JRA wird in die Wahlkapitulation integriert: Der Kaiser darf nur mit kurfürstlicher Zustimmung Bündnisse eingehen, die Kurfürsten müssen der Verhängung der Reichsacht zustimmen, Reichshofrat und Geheimer Rat sollen nur mit Reichsangehörigen besetzt werden.

1658 Die Unionsbestrebungen der in der Rheinischen Allianz zusammengeschlossenen Reichsfürsten, deren führendes Haupt der Mainzer Kurfürst JOHANN PHILIPP VON SCHÖNBORN (*1605, †1673) ist, werden von Frankreich unterstützt und führen zur **Bildung eines** gegen die Habsburger gerichteten (ersten) **Rheinbundes** (Kurmainz, Kurköln, Pfalz-Neuburg, Hessen-Kassel, Braunschweig-Lüneburg, Schweden für Bremen-Verden, Bistum Münster [ab 1660],Kurtrier [ab 1662], Brandenburg [ab 1665]), der zugleich Instrument der französischen Politik im Reich sein soll.

1660, 3. Mai Im Frieden von Oliva wird die polnische Lehnshoheit über das Herzogtum Preußen definitiv aufgehoben.

1663/64 Die antihabsburgische Opposition im Reich, verstärkt durch den Beitritt Sachsens und Bayerns, die neuerliche Bedrohung Österreichs durch die Türken sowie die immer noch unerledigten Agenden des Westfälischen Friedens (Restitutionen, *negotia remissa*, v. a. die Frage einer beständigen Wahlkapitulation) zwingen LEOPOLD zur Einberufung eines neuen Reichstages nach Regensburg, der sich zum **Immerwährenden Reichstag** entwickelt, auf dem die Reichsstände nicht mehr persönlich erscheinen, sondern durch Gesandte vertreten sind.
Erst sehr spät erreicht LEOPOLD die Aufstellung einer Reichsarmee, von der sich aber die Kontingente der Rheinbundfürsten unter eigenem Kommando absondern. Als Mitglied des Rheinbundes entsendet LUD-

WIG XIV. 6000 Franzosen zum Kampf gegen die Türken, ohne sein Bündnis mit der Pforte zu brechen.

1667 Nach der Mitwirkung französischer Truppen bei der kurmainzischen Unterwerfung der Stadt Erfurt und der Schiedsrichterrolle LUDWIGS XIV. im Streit zwischen Kurpfalz und seinen von Mainz geführten Nachbarn verstärkt sich Frankreichs Einfluss auf das Reich mit dem Einmarsch in die zum Burgundischen Reichskreis gehörenden Niederlande weiter, mit dem der **Devolutionskrieg** eröffnet wird. Die rheinischen Fürsten sichern den Franzosen zu, Truppen Dritter nicht durch ihre Territorien ziehen zu lassen, Brandenburg und Österreich bleiben neutral. Der Reichstag übt sich unter maßgeblicher Einflussnahme des Kurfürstenrates in Zurückhaltung. Innerhalb des Rheinbundes verschärfen sich die Gegensätze zwischen rheinischen Fürsten und seinen in einer Braunschweiger Defensivallianz zusammengeschlossenen nordwestdeutschen Mitgliedern.

1668 Der Rheinbund wird angesichts des Devolutionskrieges nicht mehr verlängert. Frankreich verliert im Reich an Einfluss.

1672–1678 Eroberungskrieg des französischen Königs LUDWIG XIV. gegen die nördlichen Niederlande. Als er diese angreift, hat er zuvor in einer umfassenden diplomatischen Aktion bis auf Kurbrandenburg alle Staaten und Reichsstände zumindest für eine neutrale Haltung gewinnen können, um die Republik zu isolieren. – Die Verletzung der Reichsneutralität am Niederrhein führt zu Bündnissen Habsburgs mit Brandenburg und den nördlichen Niederlanden, aber nicht zum vollständigen Bruch zwischen Wien und Paris. Immerhin werden durch militärische Aktionen im Reich französische Truppen aus den Niederlanden abgezogen, die LUDWIG XIV. schließlich ohne Entscheidung verlässt.

1674–1677 Das Interesse des französischen Königs gilt von nun an Lothringen, dem Elsass, Trier und der Pfalz und führt auf Drängen des Kaisers, aber gegen den Willen Bayerns und Hannovers zur Kriegserklärung des Regensburger Reichstages an Frankreich. Trotz der Wiederherstellung der 1672 von den Franzosen zerstörten Straßburger Rheinbrücke, einem Sieg an der Conzer Brücke bei Trier (1675) und der Eroberung von Philippsburg (1676), Frankreichs rechtsrheinischem Vorposten seit 1648, gelingt den Reichstruppen kein durchschlagender Erfolg. Freiburg, die Hauptstadt des österreichischen Breisgaus, fällt 1677 an die Franzosen. Allgemeine Kriegsmüdigkeit der Reichsstände und deren z. T. gegenüber Frankreich geäußerte Sonderinteressen führen schließlich zum Frieden.

1679 **Friede von Nimwegen** zwischen Frankreich und Kaiser und Reich (1678 schon zwischen Frankreich und Spanien sowie Frankreich und den Generalstaaten), in dem die französische Vormachtstellung bestätigt wird: Frankreich hat keine territorialen Verluste und tauscht nur das Besatzungsrecht in Philippsburg (südlich von Speyer) mit dem in Freiburg im Breisgau.

1679–1684 Die **französische Reunionspolitik** verfolgt das Ziel, die angestrebte Grenze mit dem Reich lückenlos zu schließen und Frankreich unangreifbar zu machen. Die sich auf mittelalterliches Lehnsrecht stützenden Reunionen (Aneignung von Gebieten, die von den seit 1648 vom Reich an Frankreich abgetretenen Territorien früher einmal abhängig waren) erweisen sich als Annexionen auf dem Rechtsweg, von denen u. a. Mömpelgard (westlich von Basel), Salm (südwestlich von Straßburg), Leiningen (Rheinpfalz), Saarbrücken, Zweibrücken, Sponheim (Hunsrück), Veldentz (nordöstlich von Trier), Prüm (Eifel), Aremberg (Eifel), Teile der Bistümer Trier und Speyer und das gesamte Elsass erfasst werden.

1681 **Das Reich verliert die Reichsstadt Straßburg**, die die französische Oberhoheit anerkennt. Von der Kanalküste bis nach Freiburg im Breisgau entsteht ein neu angelegtes Fortifikationssystem durch den Festungsbauer SÉBASTIEN DE VAUBAN (*1633, †1707).
Im Reich wächst die Einsicht in die Notwendigkeit einer grundlegenden Militärreform. Der Regensburger Reichstag beschließt eine neue Reichskriegsverfassung, nach der auch in Friedenszeiten ein Heer von 40 000 Mann bestehen bleiben soll, dessen Aufstellung Sache der Reichskreise ist. Der in Hannover 1692 als Kurfürst an die Macht gekommene Herzog ERNST AUGUST VON BRAUNSCHWEIG-LÜNEBURG-CALENBERG (*1629, †1698) tritt für ein Bündnis deutscher Fürsten mit dem Kaiser zur Abwehr französischer Übergriffe auf das Reich ein. Die Kurfürsten von Sachsen und Bayern, JOHANN GEORG III. (*1647, †1691) und MAX II. EMANUEL (*1662, †1726), ändern ihre franzosenfreundliche Politik. Die gegen Frankreich gerichteten Bestrebungen des Grafen GEORG FRIEDRICH VON WALDECK zielen auf eine Zusammenfassung der Kräfte im Reich und führen zur Frankfurter Assoziation des Oberrheinischen und des Fränkischen Reichskreises.

1682 In der **Laxenburger Allianz** verbindet sich die Frankfurter Assoziation mit dem Kaiser. Für eine Verständigung mit den Franzosen treten die vier rheinischen Kurfürsten, Münster und v. a. Brandenburg ein. Ausgleichsbemühungen zwischen Frankreich und einer Reichsdeputation mit dem Ziel einer Begrenzung der Reunionen scheitern in Frankfurt am Main an den Forderungen LUDWIGS XIV.

1683 Zweite Belagerung Wiens durch die Osmanen. Der Sieg der vereinigten kaiserlichen, bayrischen, sächsischen, polnischen und der Reichskreistruppen am Kahlenberg (12. Sept.) unter dem polnischen König **JOHANN III. SOBIESKI** (1674–1696) eröffnet den Krieg gegen die Osmanen.

1684 Die Wiener Entscheidung für die Fortsetzung des neuen Türkenkrieges und die Erneuerung des Französisch-Brandenburgischen Bündnisses führen zum **Regensburger Stillstand**, in dem das Reich und Spanien (durch den Kaiser vertreten) den französischen Besitz aller seit dem 1. Aug. 1681 reunierten Gebiete und der Stadt Straßburg sowie Luxemburgs vorläufig auf 20 Jahre anerkennt.

1686 Während sich im Norden Brandenburg mit Schweden verständigt und damit den französischen Einfluss zurückdrängt, kommt es im Süden des Reiches in der sich schnell wieder auflösenden Augsburger Allianz zu einem gegen Frankreich gerichteten Zusammenschluss des Kaisers mit Bayern, fränkischen und oberrheinischen Kreisständen, an dem sich auch Schweden, Spanien und später Kurmainz beteiligen. Er bringt aber kaum mehr als eine antifranzösische Stimmung im Reich zum Ausdruck, denn zu verschieden sind die politischen Interessen seiner Mitglieder. Über das Kurfürstentum Köln sucht Ludwig XIV. seine Position im Westen des Reiches zu stabilisieren.

1688–1697 Infolge des pfälzischen Erbstreites nach dem Aussterben des Hauses Pfalz-Simmern im Mannesstamm (Kurfürst Karl II. [*1651, †1685]) und dem Herrschaftsantritt des schon in Jülich und Berg regierenden habsburgfreundlichen, katholischen Pfalz-Neuburgers Philipp Wilhelm (*1615, †1690) kommt es zum **Pfälzischen Erbfolgekrieg**. Ludwig XIV. beansprucht für seine Schwägerin Liselotte von Orléans (Elisabeth Charlotte von der Pfalz; *1652, †1722) u. a. die Grafschaft Simmern und Teile der Grafschaft Sponheim. Eigentlicher Gegner Frankreichs wird der englische König Wilhelm III. von Oranien (1689–1702) in einer Auseinandersetzung von europäischem Ausmaß.

1688 Zusammenschluss Brandenburgs, Sachsens, Hannovers, Hessen-Kassels im sog. Magdeburger Konzert nach der französischen Besetzung Kurkölns und der Eroberung Philippsburgs. Der Kaiser entschließt sich zum Kampf im Westen trotz des gleichzeitigen Türkenkrieges (Zweifrontenkrieg). Kriegserklärung des Regensburger Reichstages an Frankreich.

1689/90 Die antifranzösische Stimmung im Reich verstärkt sich angesichts der Gewalttaten und großen Zerstörungen an Rhein und Mosel (besonders betroffen: Worms, Speyer, Mannheim, Heidelberg). Diese Entwicklung begünstigt die **Wahl Josephs I.**, Sohn Leopolds I. und seit 1687 König von Ungarn, **zum Römischen König**, bewirkt aber keine Überwindung der Interessengegensätze und der Uneinigkeit der am Krieg beteiligten Reichsstände.

1692, März Ein Kurtraktat führt zur **Einrichtung einer neunten Kurwürde**. Herzog Ernst August von Braunschweig-Lüneburg-Calenberg vergrößert sein Territorium, weist auf die Schwächung der Protestanten im Kurkolleg – seit sieben Jahren wird die kurpfälzische Stimme von einem katholischen Fürsten geführt – hin, und fordert für sich und sein Haus eine neue Kur. Erst nachdem der Welfe nach Ablehnung seines Wunsches durch den Kaiser ein Bündnis mit Frankreich eingeht, stimmt Leopold I. der neunten Kur zu und verpflichtet Hannover zur Unterstützung in allen Reichsangelegenheiten (19. Dez.). Erst 1708 erfolgt jedoch die Aufnahme in das Kurkolleg, nachdem die Widerstände etlicher Reichsstände, v. a. der Kurfürsten, gegen das einseitige kaiserliche Vorgehen überwunden sind. – Diese Entwicklung und die Bemühungen Kursachsens um die Bildung einer dritten Partei zwischen Frankreich und eindeutig habsburgisch orientierten Reichsständen lähmen die Kriegsführung am Rhein.

1697 Im Frankfurter Assoziationsrezess der sog. Vorderen Reichskreise wirkt sich die Wiederbelebung des Assoziationsgedankens nicht mehr aus. Der **Friede von Rijswijk** vom 30. Okt. beendet jahrelange Friedensbemühungen zwischen den Kriegsparteien. Zwar verzichtet Frankreich u. a. auf Freiburg, die Reunionen und die rechtsrheinischen Brückenköpfe, erwirkt aber die endgültige Anerkennung seines Besitzes des Elsasses mit Straßburg. Die Aufhebung des Normaljahrsgrundsatzes für die Kurpfalz in der sog. Rijswijker Klausel, führt zum ersten gemeinsamen Protest aller protestantischen Reichsstände nach 1529.

Expansion Brandenburgs bis 1701

27. Juni Der sächsische Kurfürst FRIEDRICH AUGUST I. (*1670, †1733) wird als AUGUST II. (»der Starke«) zum König von Polen (1697–1706; 1709–1733) gewählt, nachdem er zum katholischen Glauben übergetreten ist.

1698/99 Ausgreifende Pläne des bayrischen Kurfürsten MAX II. EMANUEL (*1662, †1726), das spanische Erbe des Habsburgers KARLS II. (*1661, †1700) seinem Sohn JOSEPH FERDINAND (*1692, †1699) zu sichern, scheitern am frühen Tod des Kurprinzen.

1701–1713 **FRIEDRICH I.** (*1657, †1713) ist **König in Preußen** (nicht *von* Preußen mit Rücksicht auf den polnischen Besitz Westpreußens). Der Krontraktat vom 16. Nov. 1700 verpflichtet ihn zur politischen und militärischen Unterstützung des Kaisers, dessen Zustimmung man in Berlin sucht, obwohl das Königtum auf dem nicht zum Reich gehörenden Preußen gründet.

1701–1714 Kampf der um Österreich und England gruppierten Haager Allianz (7. Nov. 1701) gegen Frankreich im **Spanischen Erbfolgekrieg**. Von den Reichsständen kann LUDWIG XIV. nur Bayern und Kurköln auf seine Seite ziehen. Eine erneute Assoziation der Vorderen Reichskreise strebt zwar eine neutrale Haltung an, entscheidet sich im Nördlinger Traktat aber doch für den Anschluss an die Haager Allianz. Im Herbst erfolgt die Reichskriegserklärung an Frankreich (6. Okt.). Eine einheitliche Kriegsführung des Reiches kommt nicht zustande.
Die Neutralität Brandenburg-Preußens im gleichzeitig stattfindenden **Nordischen Krieg** (1700–1721) verhindert eine Verknüpfung der Kriege im Westen und Osten Europas.

1704 Prinz EUGEN (*1663, †1736) und JOHN CHURCHILL HERZOG VON MARLBOROUGH (*1650, †1722) siegen bei Höchstädt an der Donau über Franzosen und Bayern, die seit 1702 für Frankreich Partei ergriffen hatten. Bayern wird von kaiserlichen Truppen besetzt.

1705 **JOSEPH I.** (*1678, †1711) wird Kaiser.

1706, 29. April Mit Zustimmung der Kurfürsten, aber ohne Einbeziehung des Reichstages, erklärt der Kaiser die wittelsbachischen Kurfürsten von Bayern und Köln in die Acht. Kurköln wird unter die Verwaltung des Domkapitels gestellt, Kurbayern als Reichslehen eingezogen.

1707–1713 Die Reichskammergerichtsvisitation ändert nichts am Bedeutungsverlust der Rechtsprechung des Reichskammergerichts gegenüber derjenigen des Reichshofrates, die jedoch – auch und gerade von den Protestanten – in dem Maß kritischer wahrgenommen wird, wie sich der Reichshofrat als immer mächtigeres Instrument der kaiserlichen Reichspolitik erweist. In sog. Rekursen an den Reichstag, die die kaiserliche Gerichtsbarkeit durch diejenige des Reichstags ersetzen wollen, konkretisiert sich die oppositionelle Haltung gegen die kaiserliche oberstrichterliche Prärogative, allerdings ohne diese grundsätzlich infrage stellen zu können.

1708, Juni–Aug. Um auch nach der Aufnahme Kurhannovers in das Kurfürstenkollegium das katholische Übergewicht aufrechtzuerhalten, werden in einem *Conclusum Imperii* komplexe Vorkehrungen getroffen, v. a. aber führt das Haus Österreich nunmehr die bis dahin ruhende Kurstimme Böhmens auf (Reintegration der böhmischen Kur).

1711, 12. Okt. Die Wahl von **KARL VI.** (*1685, †1740), Bruder JOSEPHS I., zum Kaiser kann LUDWIG XIV. wegen des Ausschlusses der wittelsbachischen Kurfürsten nicht verhindern.

1713, 19. April KARL VI. verkündet im Augenblick des Friedens von Utrecht (April 1713), an dem Kaiser und Reich nicht beteiligt sind, die **Pragmatische Sanktion** (habsburgisches Erbfolgegesetz): Seine künftigen Kinder (auch Töchter) sollen den Vorrang vor den Töchtern seines verstorbenen Bruders JOSEPH haben. Das vom Haus Österreich beherrschte Länderkonglomerat wird als »unteilbar und untrennbar« (*indivisibiliter et inseparabiliter*) definiert und so stabilisiert. Da KARL nach dem frühen Tode eines Sohnes nur Töchter hat, gilt deren älteste, MARIA THERESIA (*1717, †1780), als Erbin. Der Kaiser erreicht die Zustimmung der Erbländer, Ungarns und, nach mühevollen Verhandlungen, auch die der europäischen Großmächte und des Reiches. Als Gegenleistung für die britische Garantie (1731) muss er den gesamten, 1722 mit der Gründung der Handelsgesellschaft in Ostende begonnenen Ostindienhandel einstellen.

1713, 25. Febr. **FRIEDRICH WILHELM I.** (*1688, †1740), Kurfürst von Brandenburg und König in Preußen, wird Nachfolger seines Vaters König FRIEDRICHS I. Mit seinem umfassenden reformerischen Programm legt er die Grundlagen, die dazu führen, dass Brandenburg-Preußen unter seinem Sohn FRIEDRICH II. (*1712, †1786) von den mächtigeren Reichsständen immer mehr als Modellstaat wahrgenommen wird. Er fördert neue Wissenschaftsdisziplinen – 1727 werden an den Universitäten Halle und Frankfurt an der Oder zwei Lehrstühle für Kameralistik eingerichtet – und ist bestrebt, die neuen ordnungs- und wirtschaftspolitischen Ideen in die Praxis umzusetzen. Weitreichende administrative Reformen flankieren seine Bemühungen. V. a. aber setzt er, der »Soldatenkönig«, auf den weiteren Auf- und Ausbau seines Heeres, um seine Macht zu repräsentieren und nicht mehr, wie noch (wenig erfolgreich) sein Vater, auf prachtvolle höfische Statusrepräsentation wie sie im Europa seiner Zeit, basierend auf dem französischen Vorbild, noch gang und gäbe war.

1714, 7. März Der **Friede von Rastatt** zwischen dem Kaiser und Frankreich beendet die letzten Kampfhandlungen des Spanischen Erbfolgekrieges am Oberrhein. Im Wesentlichen werden die Bestimmungen des Utrechter Friedens übernommen: Zu den italienischen Erwerbungen aus der spanischen Erbmasse, v. a. Mailand, Mantua, Neapel und Sardinien, die auch Reichsitalien wieder verstärkt in den Fokus der kaiserlichen Politik rücken lassen, kommen die spanischen Niederlande hinzu. Die wittelsbachischen Kurfürsten werden restituiert. Der Friede von Baden (Schweiz) mit dem Reich (7. Sept.) bringt keine wesentlichen Veränderungen.

1716–1718 Türkenkrieg, der mit dem Frieden von Passarowitz (21. Juli 1718) endet (Gewinn des Banats, Nordserbiens und der Kleinen Walachei).

1718, 2. Aug. Bildung der gegen Spanien gerichteten Quadrupelallianz zwischen dem Kaiser, Frankreich und Großbritannien. Die nördlichen Niederlande sollen das vierte Bundesmitglied sein, treten aber nie bei.

1719, 9. Nov. Hannover erhält im Zuge der Beendigung des Nordischen Krieges im 1. Frieden von Stockholm die schwedischen Herzogtümer Bremen und Verden.

1720, 21. Jan. Brandenburg-Preußen erhält im 2. Stockholmer Frieden das lang angestrebte Vorpommern bis zur Peene und so die Odermündung mit Stettin.
Österreich erhält Sizilien, der Herzog von Savoyen wird durch Sardinien (mit Königstitel) entschädigt.
Im Schlagabtausch mit dem Kaiser, der sich an dem seit 1697 schwelenden Konflikt um die konfessionelle Lage in der Kurpfalz und an der Rekurspraxis entzündet, entwickeln die Protestanten seit 1716 eine juristisch präzise, mit den Regelungen des Westfälischen Friedens begründete Verfassungsdeutung (*Principia Evangelicorum*), die den Interessen der größeren weltlichen Reichsstände Rechnung trägt. Die dominant protestantische Reichsstaatsrechtslehre untermauert diese Verfassungsdeutung. Reichstag und Reichshofrat, der rechte und linke Arm des Reichsoberhauptes, so der Reichsstaatsrechtler JOHANN JACOB MOSER (*1701, †1785), werden dem Kaiser als Handlungsplattformen entzogen. Erstmals definieren sich die Protestanten als *corpus politicum* (politische Korporation) der protestantischen Reichsstände (**Corpus Evangelicorum**). Kaiser und katholische Reichstagsmehrheit erkennen die protestantische Verfassungsdeutung samt allen daraus von den Protestanten abgeleiteten Konsequenzen nicht an. Die *Principia Evangelicorum* sind für die Ausgestaltung protestantischer Entscheidungsfindungsprozesse auf dem Reichstag (Verbindlichkeit von Mehrheitsbeschlüssen für alle Mitglieder), für das Reichstagsverfahren (verfahrensparitätische statt kurialer Beratschlagungen in allen Angelegenheiten, die die Protestanten als Religionsangelegenheiten definieren) und für die kaiserliche oberstrichterliche Gewalt (eigene Konfliktregulierungskompetenz bei allen territorialen Konflikten, bei denen in protestantischem Ver-

Verfassungsstruktur des Reiches seit 1648

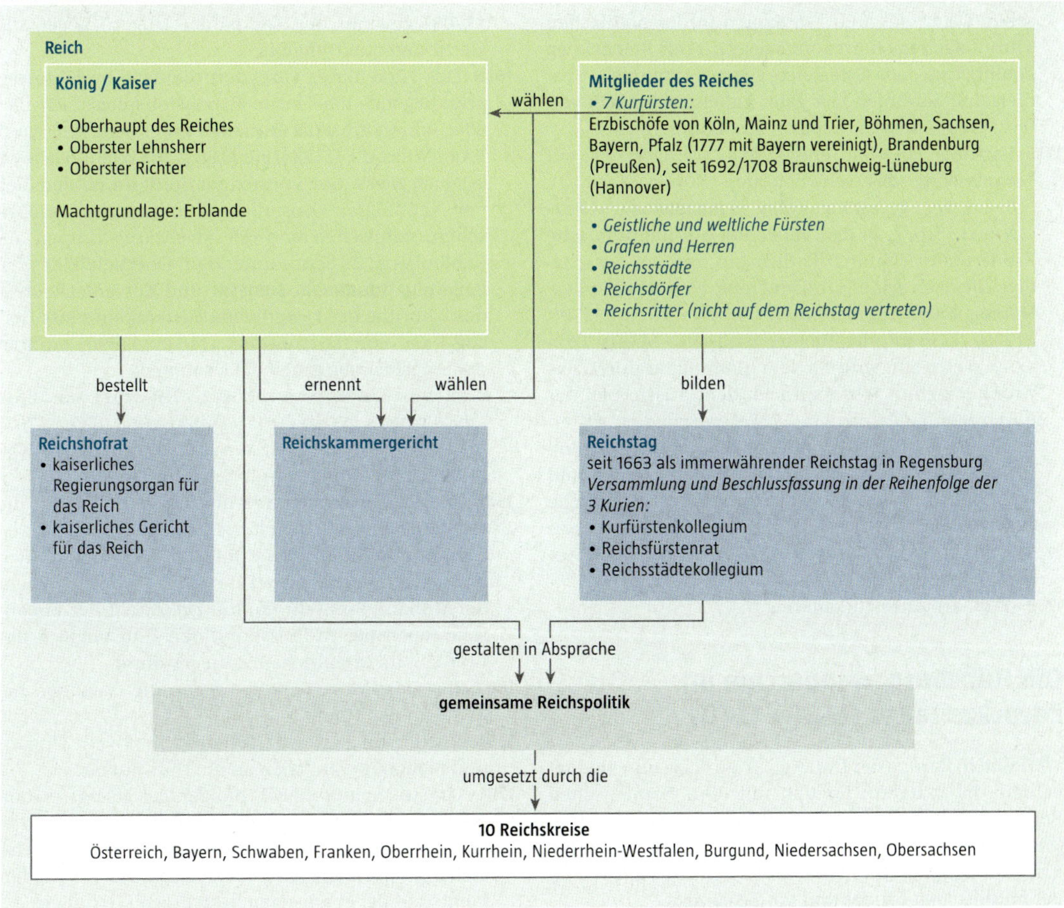

ständnis die Religion berührt wird) relevant. Da der Kaiser 1648 auf das Recht auf einseitige Verfassungsauslegung verzichten musste, kann er zwar die Prämissen der protestantischen Verfassungsdeutung infrage stellen und durch geschicktes politisches Agieren verhindern, dass sie handelnd realisiert werden, verwerfen aber kann er sie nicht.

1727 Nachdem es 1712 und 1717 zu *itiones in partes* im Reichsfürstenrat gekommen war, spaltet sich nun erstmals auch der Reichstag in zwei Teile. Die Interessengegensätze der um die Führung des *Corpus Evangelicorum* ringenden protestantischen Vormächte, der Kurfürsten von Sachsen, Brandenburg und Hannover, nutzend, kann die kaiserliche Politik rasch die *amicabilis compositio* und damit den Fortgang der Reichstagsberatungen erreichen.

1731/32 Das Reich als Ganzes tritt politisch so gut wie gar nicht in Erscheinung und findet auf dem Regensburger Reichstag kaum zu Gemeinsamkeiten. Es kommt lediglich zum Erlass einer Zunftordnung für das ganze Reich. Der Kaiser kann eine Reichsgarantie für seine Pragmatische Sanktion (Febr. 1732) erlangen, der aber Kurbayern und Kursachsen nicht zustimmen, da sie ihre dynastisch begründeten Ansprüche auf das Erbe Karls VI. aufrechterhalten wollen.

1733–1735 **Polnischer Thronfolgekrieg**: Der Gegensatz zwischen Österreich und Frankreich in der polnischen Thronfolgefrage führt zum Krieg (z. T. als Reichskrieg geführt), in dem Österreich gegen Frankreich, Spanien und Sardinien fast ganz Italien militärisch verliert; die Franzosen besetzen u. a. Lothringen.

1735 Vorfriede zu Wien (endgültig 1738): Der 1702 auf Veranlassung des schwedischen Königs Karl XII. (1697–1718) gewählte König Stanislaus I. Leszczyński (*1677, †1766) verzichtet auf die polnische Krone und wird durch Lothringen und Bar entschädigt, die nach seinem Tod an Frankreich fallen sollen. Herzog Franz Stephan von Lothringen (*1708, †1765), 1736 mit der Tochter Karls VI., Maria Theresia, vermählt, wird für sein Stammland durch das Großherzogtum Toskana (nach dem Aussterben der dort regierenden Medici 1737) entschädigt. Österreich überlässt Neapel und Sizilien als Sekundogenitur den spanischen Bourbonen, die dafür Parma und Piacenza an Österreich abtreten. – Der eigentliche Gewinner ist Russland, dessen Kandidat Friedrich August II. von Sachsen (*1696, †1763) als August III. König von Polen wird.

1736–1739 Erneuter Türkenkrieg.

Die Habsburgermonarchie im Barockzeitalter (1620–1740)

Während in Europa der Dreißigjährige Krieg tobt, gelingt es den Habsburgern, Frieden mit dem Osmanischen Reich zu halten und einen gefährlichen Zweifrontenkrieg zu vermeiden. Zeitgleich mit dem Dreißigjährigen Krieg erfolgt eine durchgreifende Konfessionalisierung der böhmischen Länder und der Erbländer.

1663/64 Nach langer Pause kommt es über einen Streit mit den Osmanen in Siebenbürgen wieder zu einem Türkenkrieg. Die habsburgische Armee siegt zwar in der Schlacht bei Mogersdorf (1. Aug. 1664), allerdings wird in Anbetracht der Konflikte mit Frankreich der sehr ungünstige »Schand«-Friede von Eisenburg (Vásvár, Westungarn) geschlossen.

1665 Kaiser Leopold I. beerbt die Tiroler Linie und vereint damit wieder alle Erblande in einer Hand. In der Folge der Teilung von 1564 kam Tirol zunächst an Erzherzog Ferdinand von Tirol, der aber keine legitimen männlichen Nachkommen hatte, nach einer kurzen Zwischenregierung durch Erzherzog Maximilian III., den Deutschmeister (*1558, †1618), gründete Erzherzog Leopold (*1586, †1632) die »jüngere« Tiroler Linie, die 1665 ausstirbt.

1670/71 Als Reaktion auf den Frieden von Eisenburg kommt es zur Magnatenverschwörung, in der ungarische Adelige gegen die habsburgische Herrschaft konspirieren. Die Verschwörung wird aufgedeckt, einige Führer des geplanten Aufstandes werden hingerichtet, viele enteignet.

1671–1685 Die Lage in Ungarn bleibt unruhig. Die Kuruzzen (ungarische Freiheitskämpfer) kämpfen gegen die Habsburger.

1678 Unter dem Anführer Emmerich Thököly (*1657, †1705) gewinnt der Kampf der Ungarn gegen die Habsburger an Dynamik.

1683 Der Türkenkrieg verändert die Lage im Südosten grundlegend. Eine letzte Expansionsphase seit den 60er-Jahren führt die Osmanen unter dem Großwesir Kara Mustafa (*1634/35, †1683) vor Wien: **Zweite Belagerung Wiens**. Der Entsatz der Stadt durch den Sieg der vereinigten kaiserlichen, bayrischen, sächsischen, polnischen und der Reichskreistruppen am Kahlenberg (12. Sept.) unter dem Oberbefehl des Polenkönigs **Johann III. Sobieski** und der entscheidenden Führung des kaiserlichen Generalleutnants Herzog Karl von Lothringen (*1643, †1690) eröffnet den Angriffskrieg gegen die Osmanen.
Karl von Lothringen, Max II. Emanuel von Bayern, Ludwig Wilhelm I. von Baden (*1655, †1707) und Prinz Eugen von Savoyen verdrängen die Osmanen in der Folge schrittweise aus Ungarn.

1686 Die Eroberung der Festung Ofen und damit die Wiedergewinnung der alten Hauptstadt Budapest ist ein großer symbolischer Erfolg der Habsburger. Nach dem kaiserlichen Sieg bei Harsany (»Zweite Schlacht bei Mohács«) im Jahr darauf, beschließt der ungarische Reichstag zu Pressburg, den Habsburgern das Erbrecht im Mannesstamm zu gewähren.

1697 Sieg des Prinzen Eugen gegen die Osmanen bei Zenta an der Theiß.

1699 Friede von Karlowitz (Sremski Karlovci): Ungarn und Siebenbürgen fallen an die Habsburger.

1701–1714 Im Spanischen Erbfolgekrieg gelingt es den Habsburgern zwar nicht, das gesamte spanische Erbe an sich zu ziehen, sie können aber ihre Großmachtstellung ausbauen (Gewinn der spanischen Niederlande und der spanischen Besitzungen in Italien).

1703 Parallel zum Spanischen Erbfolgekrieg kommt es in Ungarn erneut zu Kämpfen gegen die habsburgische Herrschaft unter der Führung von FRANZ RÁKÓCZI (*1676, †1735).

1711 Der Widerstand in Ungarn endet mit dem Frieden von Szathmár, in dem die Habsburger auf die Gegenreformation verzichten müssen.

1713, 19. April »Pragmatische Sanktion« Kaiser KARLS VI. zur Regelung der Erbfolge des damals noch kinderlosen Kaisers. Im Falle, dass er »nur« Töchter haben sollte, sollen seine Töchter vor denen seines Bruders und seines Vaters erben. KARL erklärt – als Reaktion auf die Teilung des spanischen Erbes – seine Länder als »unteilbar und untrennbar«. Die Regelung sucht er durch die Stände seiner Länder (zuletzt Ungarn 1723) und die europäischen Mächte anerkennen zu lassen.

1716–1718 Neuerlicher Türkenkrieg: Prinz EUGEN siegt bei Peterwardein (Petrovaradin) 1716 und erobert die Schlüsselfestung Belgrad 1717.

1718, 21. Juli Im **Frieden von Passarowitz** (Požarevac) bei Belgrad gewinnen die Habsburger das Banat (Beginn der teilweisen deutschen Besiedlung), die Kleine Walachei und weitere Gebiete in Nordserbien.

1737–1739 In den von Russland begonnenen Krieg gegen das Osmanische Reich greift auch das mit ihm verbündete Österreich ein. Während der russische Oberkommandierende BURKHARD CHRISTOPH GRAF VON MÜNNICH (*1683, †1767) große Erfolge erzielt, die Moldau gewinnt und den Einzug der Zarin in Konstantinopel plant, werden die Österreicher geschlagen und unter französischer Vermittlung zum Frieden von Belgrad (18. Sept. 1739) genötigt, dem auch Russland beitritt: Österreich verliert Belgrad, Serbien, die Kleine Walachei und die Festung Orşova am Eisernen Tor an die Osmanen. Das zerstörte Azow (im Mündungsgebiet des Don) und die Kabardeien (Kaukasus) sollen eine Barriere zwischen Russland und dem Osmanischen Reich bilden. Das Prestige Österreichs ist schwer getroffen; Russland wird seitdem sein Rivale auf dem Balkan.

1740, 20. Okt. Tod KARLS VI. Der Mannesstamm der Habsburger ist erloschen.

Das Reich im Zeichen des deutschen Dualismus (1740–1790/92)

In den letzten ca. 50 Jahren bevor das Reich durch die Konflikte mit dem revolutionären und napoleonischen Frankreich grundlegend transformiert und schließlich 1806 aufgelöst wird, reduziert sich seine politische Handlungsfähigkeit dramatisch. Viele Gründe sind dafür verantwortlich: von der machtpolitischen Polarisierung, die mit dem seit 1763 außer Frage stehenden Aufstieg Brandenburg-Preußens zur europäischen Großmacht einhergeht und als österreichisch-preußischer Machtgegensatz (sog. deutscher Dualismus) die Reichsgeschichte prägt, bis hin zum Denken der Aufklärung, das auch die politische Ordnung am Maßstab der Vernunft misst und neue Formen der Legitimation politischer

Österreich und Ungarn nach 1683

Herrschaft bereitstellt. Nicht mehr das Altüberkommene stellt den gedanklichen Bezugspunkt dar, der es erlaubt, politische Herrschaft und Teilhabe zu rechtfertigen, sondern die Vernunft und die Zweckmäßigkeit einer gegebenenfalls nach diesen Grundsätzen zu verändernden Wirklichkeit. Dieses Gedankengut machen sich die Landesherren zu eigen, die durch ihre umfassenden reformerischen Aktivitäten (**Reformabsolutismus**) dem Geist der Zeit Rechnung zu tragen versuchen. Ihre umfassende ordnungspolitische Tätigkeit, die, so die neue Begründung, das »Glück« ihrer Untertanen (wie sie es definieren) zum Gegenstand hat, untergräbt zunehmend die in den Landständen institutionell verankerten, auf der altüberkommenen Privilegienordnung ruhenden politischen Mitspracherechte der territorialen Eliten. Die Tatsache, dass es den Landesherren jedoch nur möglich ist, dem handelnd Rechnung zu tragen, was sie als vernünftig erkannt zu haben meinen, nicht aber die altüberkommene gesellschaftliche und unauflöslich damit verbundene politische Ordnung umzugestalten, da diese durch die Rechtsordnung des Reiches wirksam geschützt ist, beschreibt die Bruchlinie, entlang derer das Reich in die Krise gerät.

Einer Minderheit der Reichsstände, den großen (überwiegend protestantischen) weltlichen Reichsfürsten, erscheint die politische Ordnung des Reiches immer unvereinbarer mit den Erfordernissen der Zeit und der eigenen Selbstbehauptung in einer sich zunehmend verschärfenden europäischen Machtkonkurrenz. Ihr gegenüber steht die Mehrheit derjenigen (überwiegend katholischen) Reichsstände, die, durchaus denselben politischen Ideen und Zielvorstellungen verpflichtet, aufgrund ihrer Schwäche, die sich immer deutlicher als ökonomische Schwäche manifestiert, allein im Erhalt der bestehenden Reichsverfassungsordnung – wie sich endgültig 1803 herausstellen sollte zu Recht – ihr politisches Überleben gewährleistet sieht. Im Zusammenspiel mit dem Kaiser, der die Strukturschwäche seiner Klientel – von den geistlichen Fürsten bis zu den Reichsrittern – erkennt und eine gezielte Stabilisierungspolitik betreibt, gewährleisten sie die Aufrechterhaltung der ihnen wie dem Kaiser gleichermaßen nützlich wie zweckmäßig erscheinenden Verfassungsordnung des Reiches. Die mächtigen Reichsstände, denen Brandenburg-Preußen immer mehr als glänzendes Vorbild erscheint, können ihre politische Macht gegenüber dem Kaiser und dem Reichstag nur zur Geltung bringen, indem sie sich des 1720 formulierten Verfassungsverständnisses entsinnen und dieses handelnd realisieren. Immer mehr, wenn auch nie vollständig, geht die politische Wirklichkeit in einer dualistischen Struktur auf: auf der einen Seite die an Preußen orientierten, in ihrer überwältigenden Mehrheit der evangelischen Konfession anhängenden bzw. evangelische Territorien regierenden, eine Minderheit darstellenden politisch Mächtigen (aber verfassungspolitisch Ohnmächtigen), auf der anderen Seite die auf den Kaiser ausgerichteten, meist katholischen, die Mehrheit bildenden politisch Ohnmächtigen, aber verfassungspolitisch Mächtigen. Politisch handelnd hätte die daraus resultierende Krise des Reichsverbandes nur aufgefangen werden können, wenn eine gemeinsame Verständigung auf neues Recht zustande gekommen wäre. Da dies undenkbarer denn je ist, hätte doch der Kaiser freiwillig auf die politischen Handlungsvorteile verzichten müssen, die ihm seine Rolle als Reichsoberhaupt im Konzert der europäischen Mächte einbrachte, und zugleich die machtpolitischen Ansprüche seines preußischen Rivalen anerkennen müssen, gerät das Reich in eine ausweglose Krise. In endlosen Streitigkeiten um die »richtige« Auslegung der Rechtsordnung, der sich konfessionell als Streit um die Religionsverfassung des Reiches artikuliert und nur so artikulieren kann, wird das Reich von den diametralen Interessen der beiden deutschen Großmächte zerrieben.

Alle Bemühungen, die politische Auswegslosigkeit des Reiches zu überwinden, verlaufen im Sand – zuerst diejenigen des kaiserlichen Hofes. Insbesondere in den ersten beiden Jahrzehnten seiner Regierung als Kaiser entfaltet Joseph II. umfassende Aktivitäten. Sie reichen von Initiativen auf dem Reichstag bis hin zur Initiierung einer publizistischen Offensive, die der konfessionalisierten Sprache der Politik die säkulare Idee einer auf ihren bürgerlichen Freiheiten ruhenden deutschen Nation entgegensetzt, die sich die Verbesserung der bestehenden Ordnung als patriotische Pflicht angelegen sein lässt. Joseph zieht aus seinen negativen Erfahrungen die Konsequenzen; wie kein Kaiser vor ihm, ordnet er seit Ende der 1770er-Jahren die erbländischen seinen reichischen Interessen vor. Die machtpolitische Fokussierung des Reiches durch Joseph, die die Aufteilung des Reiches zwischen Österreich und Preußen denkbar macht, zeitigt Bestrebungen des sog. Dritten Deutschland, der kleineren Reichsfürsten, sich dem österreichisch-preußischen Machtgegensatz zu entziehen und sich in Form eines Bundes zu organisieren – so die dem Fürstenbund von 1785 ursprünglich von seinen Initiatoren zugrunde liegende Absicht. Doch auch sie verkehren sich rasch ins Gegenteil, wie eine Äußerung des Publizisten Wilhelm Ludwig Wekherlin (*1739, †1792) aus dem Jahr 1786 trefflich illustriert: »Für Katholik und Protestant ist itzt die Losung: Österreicher oder Preuß!« So markiert das Jahr 1792 den Auftakt einer Entwicklung, an deren Ende 1815, wiederum, wie schon im 17. Jh., nach einem langen Krieg eine von außen beförderte politische Anpassung an die veränderten Zeitumstände steht. Sie realisiert, was im Reich nicht zu realisieren gewesen war, und sie ist nicht zu verstehen, weiß man nicht um die Ausweglosigkeiten des Reichsverbandes seit Mitte des 18. Jh.s, aber auch um die aus diesen erwachsenden Lernprozesse der politischen Akteure.

1740, 31. Mai **Friedrich II., der Grosse**, wird nach dem Tod seines Vaters Friedrich Wilhelm I. preußischer König. In seinem Selbstverständnis als Feldherr und Staatsmann bekennt er sich als *premier serviteur de l'Etat* (erster Diener des Staates). Als »Philosoph« im Sinne des 18. Jh.s und der französischen Bildung, die ihm auch die antiken Vorbilder (Stoa) vermittelt, pflegt er die Verbindung mit Voltaire (*1694, †1778), der 1750–1753 in Sanssouci Friedrichs Gast ist.

Prinz Friedrich

FRIEDRICH erhält eine strenge Erziehung und entwickelt eine Vorliebe für französische Literatur und Musik sowie eine Abneigung gegen militärische Übungen, Jagden und das Tabakskollegium; der Vater hält ihn deshalb für untüchtig. Nachdem der Plan einer Vermählung FRIEDRICHS mit einer Tochter des englischen Königs GEORG II. gescheitert ist, unternimmt der Kronprinz 1730 einen erfolglosen Fluchtversuch. FRIEDRICH kommt als Gefangener nach Küstrin, sein Freund und Fluchtgefährte HANS HERMANN VON KATTE (*1704, †1730) wird hingerichtet. In Küstrin arbeitet FRIEDRICH in der Kriegs- und Domänenkammer. 1732 söhnt er sich mit dem Vater aus, erhält die Führung eines in Neuruppin stehenden Regiments und heiratet 1733 gezwungenermaßen ELISABETH CHRISTINE VON BRAUNSCHWEIG-BEVERN (*1715, †1797). Die Ehe existiert nur auf dem Papier.

20. Okt. In Österreich folgt **MARIA THERESIA** ihrem Vater KARL VI. Die Königin von Ungarn (1741) und Böhmen (1743) sowie Erzherzogin von Österreich ist vermählt mit FRANZ STEPHAN VON LOTHRINGEN, seit 1737 Großherzog der Toskana und Mitregent der österreichischen Erblande. MARIA THERESIA gelangt in einer innen- wie außenpolitisch schwierigen Situation an die Macht: Die Geltung der Pragmatischen Sanktion von 1713, d. h. die Rechtmäßigkeit des Übergangs der habsburgischen Länder auf MARIA THERESIA, erkennt u. a. Kurfürst KARL ALBRECHT VON BAYERN (*1697, †1745) nicht an, der Erbansprüche erhebt. Diese Schwäche versucht FRIEDRICH II. auszunutzen und beginnt am 16. Dez. seine militärische Offensive gegen Schlesien. MARIA THERESIA reagiert auf die Infragestellung ihres Herrschaftsanspruchs tatkräftig und geschickt und leitet seit dem Ende der Kriege um Schlesien ein umfassendes Reformprogramm ein.

Königin Maria Theresia

MARIA THERESIA hegt nicht nur aufgrund der Erfahrung in den Schlesischen Kriegen, sondern auch als fromme Katholikin und Repräsentantin des österreichischen Barockkatholizismus eine tiefe Abneigung gegen den Agnostiker FRIEDRICH II. Trotzdem hält sie ihn für eine der wenigen Fürsten seiner Zeit, die über Geist verfügen.1737–1756 gebärt sie 16 Kinder, von denen 10 das Erwachsenenalter erreichen. Ihr Ehemann gewinnt weder als Mitregent noch als Kaiser politische Kontur. Im Gegensatz zu ihrer eigenen unzulänglichen Bildung, trotz derer sie vier Sprachen beherrscht (Latein, Spanisch, Französisch, Italienisch), legt sie auf eine fundierte Ausbildung ihrer Kinder, v. a. ihres ältesten Sohnes, großen Wert. Nach 1765 gestaltet sich ihr Verhältnis zu ihm, der in den Erblanden nur als Mitregent regiert, sehr schwierig.

16. Dez. Beginn des **Ersten Schlesischen Kriegs** (bis 1742) als Teil des **Österreichischen Erbfolgekriegs** (bis 1748): FRIEDRICH II. marschiert in Schlesien ein und besetzt es. Die Besetzung Schlesiens, diplomatisch nicht vorbereitet und mit Rechtsgründen nicht zu stützen, bindet die preußische Politik auf Jahrzehnte hinaus, lässt neue Gegensätze entstehen und führt in weltweite Auseinandersetzungen hinein.

1741, 6. April Nach weiteren preußischen Erfolgen schließt FRIEDRICH II. ein Bündnis mit Frankreich, das zusammen mit Bayern und Sachsen in den Krieg eingreift.

1742, 25. Jan. Kurfürst KARL ALBRECHT VON BAYERN, nach der Erstürmung Prags mithilfe französischer und sächsischer Truppen (1741) König von Böhmen (8. Dez.), wird nach 15-monatiger Thronvakanz als **KARL VII. zum Römischen Kaiser gewählt**. Zum ersten Mal seit über 300 Jahren sitzt kein Habsburger auf dem Kaiserthron. Das schwache Kaisertum aus preußisch-französischen Gnaden schwächt die kaiserliche Stellung im Reich nachhaltig.

28. Juli Im Frieden von Berlin tritt Österreich den größten Teil Schlesiens und die Grafschaft Glatz an Preußen ab, das mit Preußen verbündete Sachsen geht leer aus. Österreich gewinnt durch den Friedensschluss Kräfte für den Kampf gegen Bayern und Franzosen. Prag wird besetzt, der Kurfürst und Kaiser KARL aus Bayern vertrieben. Großbritannien greift an der Seite Österreichs in den Krieg ein.

1743, 27. Juni Die sog. Pragmatische Armee, aus Österreichern, Niederländern, Briten und deutschen Söldnern gebildet, besiegt die Franzosen bei Dettingen (auf dem rechten Mainufer zwischen Aschaffenburg und Hanau).

1744 Neues Bündnis FRIEDRICHS II. mit Frankreich. Nachdem die Österreicher über den Rhein marschiert sind, rückt FRIEDRICH in Böhmen ein (das er bald wieder räumen muss) und löst den **Zweiten Schlesischen Krieg** aus.

1745, 20. Jan. Tod Kaiser KARLS VII. Sein Nachfolger in Bayern, MAXIMILIAN III. JOSEPH (*1727, †1777), verzichtet, nachdem das Kaisertum KARLS VII. Bayern an den Rand des finanziellen Ruins getrieben hat, freiwillig auf die Kaiserkrone und schließt mit Österreich den Frieden zu Füssen (22. April). Er erhält seine Lande gegen Anerkennung der Pragmatischen Sanktion zurück und verspricht dem Gemahl MARIA THERESIAS seine Wahlstimme.

4. Juni FRIEDRICH II. schlägt die Österreicher in Niederschlesien bei Hohenfriedberg und in Nordböhmen bei Soor (30. Sept.).

Sept./Okt. Nachdem seine Wahl 1740/41 gescheitert war, wird FRANZ STEPHAN VON LOTHRINGEN – auch, weil es keine Alternative zu seiner Kandidatur gibt – außer von Brandenburg und der Pfalz rasch gewählt und als **FRANZ I. STEPHAN Kaiser** (bis 1765). Selbst weniger auf dem Feld der Politik denn dem der Ökonomie aktiv, überlässt er die Reichspolitik v. a. dem Reichsvizekanzler RUDOLPH JOSEPH FÜRST COLLOREDO (*1706, †1788), der jedoch immer mehr vom vertrautesten Ratgeber MARIA THERESIAS, dem österreichischen Staatskanzler WENZEL ANTON GRAF VON KAUNITZ (*1711, †1794), verdrängt wird.

25. Dez. Im Frieden von Dresden wird FRIEDRICH der Besitz von Schlesien bestätigt; dafür erkennt er den Gemahl MARIA THERESIAS als Kaiser an.

1746 Österreichisch-Russisches Bündnis.
Die Bemühungen des Kaisers um eine Stellungnahme

des Reiches gegen Frankreich scheitern am Widerstand Preußens. Der Österreichische Erbfolgekrieg hat durch den kolonialpolitischen Gegensatz zwischen Frankreich und Großbritannien einen neuen Schwerpunkt erhalten.

1748, 18. Okt. **Friede von Aachen** zwischen Frankreich und den Seemächten, dem Österreich beitreten muss: Die Rückgabe der gegenseitigen Eroberungen in den Kolonien führt dort zu keiner Entscheidung. Österreich erhält die von den Franzosen eroberten Niederlande zurück, muss aber Parma und Piacenza für eine zweite Sekundogenitur der spanischen Bourbonen in Italien hergeben und einen Teil des Herzogtums Mailand an Sardinien abtreten. Die Pragmatische Sanktion von 1713 wird anerkannt, der preußische Besitz von Schlesien und Glatz bestätigt.

1750–1753 Erstmals realisiert das *Corpus Evangelicorum* seinen Anspruch, sich seiner unterdrückten Glaubensgenossen, im konkreten Fall der evangelischen Untertanen des katholischen Grafen von Hohenlohe, anzunehmen und interveniert militärisch. Die auf diesen, wie es die Protestanten nennen, Selbsthilfeakt konfrontativ reagierende Wiener Politik trägt maßgeblich dazu bei, dass das *Corpus Evangelicorum* an Geschlossenheit gewinnt und von Preußen weitgehend für seine antikaiserliche Blockadepolitik instrumentalisiert werden kann.

1753 Wenzel Anton Graf von Kaunitz, 1748 österreichischer Bevollmächtigter auf dem Aachener Friedenskongress, 1750–1753 Botschafter in Paris mit dem Ziel, ein Bündnis mit Frankreich zustande zu bringen, wird österreichischer Staatskanzler und damit bedeutendster Politiker Wiens für mehr als drei Jahrzehnte.

1756, 1. Mai Kaunitz erreicht trotz traditioneller Widerstände ein Defensiv-, dann ein Offensivbündnis (1. Mai 1757) zwischen Frankreich und Österreich, damit ist der mehr als 250-jährige habsburgisch-französische Machtgegensatz erstmals, wenn auch nur vorläufig, überwunden (*Renversement des alliances* – »Umkehrung der Allianzen«). Das Bündnis verfolgt das Ziel der Rückgewinnung Schlesiens (gegen Abgabe der österreichischen Niederlande an Frankreich) und ist die Antwort auf die Westminsterkonvention (16. Jan. 1756) zwischen Preußen und Großbritannien (Verpflichtung zu gemeinsamer Abwehr jedes Angriffs einer fremden Macht im Reich). Die Umkehrung der Allianzen, mit der zwei katholische und zwei protestantische Mächte zusammenfinden, ist eine der wesentlichen Voraussetzungen, dass eine konfessionelle Lesart des Siebenjährigen Krieges, wie sie die zeitgenössische Publizistik großenteils vertritt, vielen Zeitgenossen plausibel erscheint. Das Zusammengehen von Preußen und Großbritannien drängt die Konkurrenz der beiden Mächte des *Corpus Evangelicorum* in den Hintergrund und erlaubt damit zugleich eine effizientere preußische Machtpolitik.

29. Aug. Russland, das Preußen durch einen Angriff schwächen will und mit Österreich seit 1746 verbündet ist, einigt sich mit diesem über die geplante Offensive. Friedrich II. kommt, wie er verlauten lässt, dem Angriff seiner Gegner zuvor, indem er überraschend und ohne Kriegserklärung in Sachsen einrückt: Beginn des **Siebenjährigen Krieges** (bis 1763).
Der Krieg hat zwei Schwerpunkte: 1. Kampf Preußens um Schlesien (Dritter Schlesischer Krieg) und um seine Existenz gegen Österreich, Russland, Frankreich, Schweden und die Mehrzahl der Reichsfürsten – im Jan. 1757 beschließt eine Reichstagsmehrheit auf Drängen Österreichs und Frankreichs eine Reichsbewaffnung und Exekution gegen Preußen, die aufgrund des eklatanten Bruchs des Reichs- und Völkerrechtes durch Friedrich II. auch Unterstützung bei protestantischen Reichsständen findet. Beistand erhält Preußen von Großbritannien (Preußisch-Britisches Subsidienbündnis 1758). 2. Kampf zwischen Großbritannien und Frankreich um die Kolonien.

1757 Sieg Friedrichs II. bei Prag über das Heer Karls von Lothringen (6. Mai). Der Niederlage bei Kolin an der Elbe (Mittelböhmen) am 18. Juni durch den österreichischen Feldmarschall Leopold Graf Daun (*1705, †1766) folgen Siege bei Roßbach über Franzosen und Reichsarmee (5. Nov.) und bei Leuthen (Niederschlesien) über die Österreicher (5. Dez.).

1758 Auf den preußischen Sieg bei Zorndorf (nördlich von Küstrin) über die Russen (25. Aug.), ein Verdienst des auch am Sieg bei Roßbach wesentlich beteiligten Kavalleriegenerals Friedrich Wilhelm von Seydlitz (*1721, †1773), folgt die Niederlage bei Hochkirch im Lausitzer Bergland gegen die Österreicher unter Daun (14. Okt.). Die Russen besetzen Ostpreußen, das der Zarin Elisabeth (1741–1761) huldigt.
Auf die Erweiterung des reichshofrätlichen Achtverfahrens, das nun nicht mehr nur gegen Kurbrandenburg, sondern auch gegen seine Verbündeten (Kurhannover, Sachsen-Gotha, Hessen-Kassel, Braunschweig-Wolfenbüttel, Lippe-Bückeburg) geführt wird (Aug./Sept.), reagiert das *Corpus Evangelicorum* mit einer *itio in partes* (Nov.).

1759, 12. Aug. Schwerste Niederlage Friedrichs II. bei Kunersdorf (östlich von Frankfurt an der Oder) gegen die Österreicher unter dem aus Livland stammenden General Ernst Gideon Freiherr von Laudon (*1717, †1790) und die Russen unter Graf Peter Saltykow (*1700, †1772).

1760 Nach der Eroberung Dresdens durch eine Reichsarmee (Gefecht von Maxen, 20. Nov. 1759) befindet sich der Preußenkönig nur noch in der Verteidigung, siegt aber bei Liegnitz (15. Aug.) und Torgau (3. Nov.), verliert die britischen Subsidien und kämpft mit letzten Kräften. Er verzichtet aber nicht auf Schlesien.

1761 Eine für Preußen günstige Wendung, das von Friedrich II. sog. »Mirakel« des Hauses Brandenburg, bringt der Thronwechsel in Russland: Nach dem Tod der Zarin Elisabeth (25. Dez. nach julianischem Kalender) schließt ihr Nachfolger Peter III. Frieden mit Preußen (5. Mai 1762) unter Verzicht auf jeden Gewinn und geht dann sogar ein Bündnis mit diesem ein (19. Juni 1762), das freilich aufgrund des Sturzes von Peter III. (9. Juli) nicht von langer Dauer ist. Strukturelle Unzulänglichkeiten der Kriegsführung der Koalitionsarmee und die friderizianische Strategie des »Alles-oder-Nichts« ermöglichen die preußische Selbstbehauptung.

Wien überzieht erneut seine politischen Handlungsmöglichkeiten als es beim Ansinnen auf dem Reichstag, für die Friedensverhandlungen bevollmächtigt zu werden, zugleich ein Programm lanciert, das den ökonomischen Ruin Brandenburg-Preußens zur Folge gehabt hätte. Es folgt eine weitere *itio in partes.*

1763, 15. Febr. **Friede von Hubertusburg** zwischen Österreich, Preußen und Sachsen, nachdem seit Nov. 1762 bereits ein Waffenstillstand herrscht. Friedrich II. kann nach den Entwicklungen des Jahres 1762 eine Beteiligung Großbritanniens, Frankreichs und Russlands verhindern. Preußen behält Schlesien und Glatz und begründet damit endgültig seine Stellung als Großmacht. 10 % der preußischen Bevölkerung und über 500 000 Kriegsteilnehmer bezahlen den Krieg in Europa mit dem Leben. Die ökonomische Lage Preußens ist danach noch desaströser als diejenige Österreichs. Friedrich II. gibt die Zusage, Erzherzog Joseph zum Römischen König zu wählen (März/April 1764). Obwohl Preußen militärisch nicht mehr handlungsfähig ist, hält es an seiner Rolle als Schutzmacht der deutschen Protestanten fest und greift, europaweit beachtet, neben Kurhannover und Dänemark in den Konflikt zwischen dem katholischen Herzog von Württemberg und seinen protestantischen Landständen aktiv ein.

Der Trierer Weihbischof Johann Nikolaus von Hontheim (*1701, †1790; Pseudonym Justinus Febronius, daher auch Febronianismus) stellt in einer Schrift u. a. die (später widerrufene) Forderung nach Zurückdrängung des päpstlichen Primates zugunsten einer größeren Selbstständigkeit der Bischöfe jedes Landes auf.

1764 Russisch-preußisches Verteidigungsbündnis und Einigung über die Nachfolge auf dem polnischen Thron: Stanislaus Poniatowski (*1732, †1798) wird als Stanislaus II. August König von Polen (1764–1795).

1765, 18. Aug. **Kaiser Joseph II.** (*1741, †1790) folgt seinem verstorbenen Vater Franz I. Stephan. In den österreichischen Ländern bis 1780 nur Mitregent seiner Mutter Maria Theresia, dann auch König von Böhmen und Ungarn, ist Joseph ein hochbegabter, die Lage im Reich wie in den Erblanden präzise analysierender, den neuen Ideen politischer Herrschaftsausübung verpflichteter und sehr aktiver, allerdings, v. a. in den Erblanden, sehr radikal seine Vorstellungen umsetzender Herrscher. Er sucht der kaiserlichen Politik im Reich neue Impulse zu geben, u. a. durch die Wiederherstellung alter kaiserlicher Rechte und die Reaktivierung der Reichsgerichte, scheitert aber am Widerstand eines Teils der Reichsstände.

1767–1776 Beginn einer maßgeblich von Joseph II. initiierten Reichskammergerichtsvisitation, die erst 1776 weitgehend ergebnislos endet, ein Versuch, der oberstrichterlichen Gewalt im Reich, die durch die Instrumentalisierung des Reichshofrates für die kaiserliche Politik während des Siebenjährigen Krieges desavouiert worden ist, wieder aufzuhelfen. Erneut färben sich aber die Verhandlungen des Reichstags über die Visitation des Reichskammergerichts konfessionell und scheitern.

1769, Aug. Im Zuge des Abwägens der Mächtekonstellation zwischen Russland, Preußen und Österreich treffen sich Joseph II. (unter dem Decknamen »Graf von Falckenstein«) und Friedrich II. in Neisse, um Zarin Katharina (1762–1796) unter Druck zu setzen.

1770, Sept. Zweites Treffen zwischen Joseph II., begleitet von Staatskanzler Kaunitz, und Friedrich II. in Mährisch-Neustadt nach den großen Erfolgen der Russen über die Türken.

1772, 5. Aug. Vertrag zwischen Preußen, Österreich und Russland auf Kosten Polens. **Erste Teilung Polens**: Preußen erwirbt Ermland und Westpreußen ohne Danzig und Thorn, Österreich erhält Galizien, Russland das Gebiet östlich der Düna und des Dnjepr.

1775 Österreich erwirbt die Bukowina im Zuge der Bereinigung der Orientfrage.

Nachdem sich die österreichisch-preußische Kooperation der Jahre 1769–1773 als episodisch erwiesen hat, gelingt es Preußen im Zusammenspiel mit Hannover erneut, das *Corpus Evangelicorum* zu einer *itio in partes* zu bewegen. Die Reichstagsberatungen kommen bis 1780 zum Erliegen.

1778/79 Bayerischer Erbfolgekrieg, wegen der ausbleibenden militärischen Kampfhandlungen auch »Kartoffelkrieg« oder »Zwetschgenrummel« genannt. Infolge des Aussterbens der wilhelminischen Linie der Wittelsbacher (Tod des Kurfürsten Maximilian III. Joseph am 30. Dez. 1777) vereint der pfälzische Kurfürst Karl Theodor (*1724, †1799) die bayrische und pfälzische Kur.

Der Versuch Josephs II., die österreichische Stellung im Reich durch den Erwerb Niederbayerns und der Oberpfalz zu stärken und Karl Theodor die (seit 1714) österreichischen Niederlande zu überlassen, wird von Friedrich II. mit diplomatischer Unterstützung Russlands vereitelt, nachdem sich zuvor bereits Maria Theresia den Plänen ihres Sohnes versagt hatte. Der Friede von Teschen (13. Mai 1779), der Österreich das Innviertel zuspricht und Preußens Ansprüche auf Ansbach-Bayreuth anerkennt, wird von Russland garantiert. Josephs Ansehen im Reich wird durch die sich in seinen Tauschplänen manifestierende Bereitschaft, sich über den von der Rechtsordnung des Reichs garantierten Status quo, der das Überleben der kaiserlichen Klientel garantiert, im Interesse seines Hauses hinwegzusetzen, massiv beeinträchtigt. Friedrich II. schreibt an seinen Bruder, sein Engagement begründend: »Wir gewinnen den großen Vorteil, dass man uns im Reich als nützliches Gegengewicht gegen den österreichischen Despotismus betrachten wird«.

1780, 29. Nov. Mit dem Tod Maria Theresias kommt Kaiser Joseph II. in Österreich zur Alleinregierung und sucht durch aktive Politik Österreichs Machtstel-

Mitteleuropa vor der Französischen Revolution 1789

Ostpreußen
gleicher Maßstab
KSR. RUSSLAND
1691–1793 preuß.
Memel
Ostsee
Kurisches Haff
Tilsit
Königsberg
Pregel
Pillau
Ostpreußen
Hela
Danzig 1793 preuß.
Frischesʼ Haff
Frauenburg
KGR.
Ermland 1772 preuß.
Elbing
Heilsberg
1703 preuß. besetzt
Marienburg
Lyck
Westpreußen 1772 preuß.
PREUSSEN
Marienwerder
Löbau
Neidenburg
Graudenz
Kulm
Thorn
Drewenz
Südpreußen 1793 preuß.
Neu-Ostpreußen 1795 preuß.
Narew
Bug
Bornholm
Ostsee
Rügen
Vorpommern schwed.
Wolgast
Usedom
Wollin
Peene
Hinterpommern
Persante
Hela
Danzig
Westpreußen 1772 preuß.
Brahe
KGR. PREUSSEN
Htm. Mecklenburg-Strelitz
Stettin
Weichsel
Kulm
Netzedistrikt
Netze
Thorn
Havel
Finow-Kanal
Oder
Brandenburg
Warthe
Gnesen
Berlin
Posen
Frankfurt
Warthe
Beeskow
Oder
Südpreußen 1793 preuß.
Jüterbog
Nieder-Lausitz
Cottbus
Elbe
Spree
Bober
Neiße
Prosna
Ober-Lausitz
Schlesien
KGR. POLEN
Warthe
Breslau
Oder
Sachsen
Görlitz
Dresden
Mulde
Westgalizien 1795 österr.
Neu-Schlesien 1795 preuß.
San
Weichsel
Neiße
Krakau
Eger
Elbe
Iser
Elbe
Österr. Schlesien
Weichsel
Prag
KGR. BÖHMEN
KGR. GALIZIEN 1772 österr.
March
Oder
Olmütz
Pilsen
Zips 1772 ungar.
Moldau
Mgft. Mähren
Waag
Brünn
Hernad
Gran
Thaya
Hst. Passau
Passau
Donau
Waag
Neutra
Theiß
March
Erzhtm. Österreich
Inn
Innviertel 1779 österr.
Pressburg
Wien
zu Freising
Gran
Eipel
Traun
unter der Enns
ob der Enns
Salzach
Leitha
Donau
Neusiedler See
Gran
Salzburg
Enns
Ofen
Pest
Propstei Berchtesgaden
Raab
Erzst. Salzburg
Mürz
KGR.
Donau
Körös
Htm. Steiermark
Mur
Mur
Graz
Plattensee
Drau
UNGARN
Htm. Kärnten
Mur
Szegedin
Maros
Drau
Save
Fünfkirchen
Friaul
Gft. Görz
Drau
Theiß
Agram
Htm. Krain
Save
Triest
Donau
Kulpa
zu Venedig
Save
Kroatien
Belgrad
Donau
Adriatisches Meer

lung zu festigen und auszudehnen. Er ordnet nun endgültig seine kaiserliche Rolle der landesherrlichen nach, wie seine Kirchenpolitik in den 1780er-Jahren eindrücklich belegt. Die Diözesanreform, welche die weltliche und geistliche Macht in den Erblanden zur Deckung bringen soll, nimmt keine Rücksicht auf die überkommenen Rechte der geistlichen Reichsfürsten und damit eines wichtigen Teils der kaiserlichen Klientel. Die erneute Infragestellung der Verfassungsordnung des Reiches durch den Kaiser macht FRIEDRICH II. in dem Sinn zum »Gegenkaiser«, dass er sich in der traditionell kaiserlichen Rolle als Wahrer der Reichsverfassung zu präsentieren vermag.

1785 JOSEPH II., der KATHARINAS weit ausgreifende Türkenpolitik unterstützt, findet den Beistand der Zarin für seinen Tauschplan: Erwerb Bayerns gegen Abtretung der österreichischen Niederlande an den bayerischen Thronerben. FRIEDRICH II. durchkreuzt, primär nicht um des Reiches willen, sondern um seine politische Isolation zu überwinden, die österreichische Reichspolitik durch die Gründung des deutschen Fürstenbundes als eines schon seit 1782 in Erwägung gezogenen Zusammenschlusses von Reichsständen zur Erneuerung und Stärkung von Ansehen und Kraft des Reiches – besonders aktiv sind die Fürsten von Anhalt-Dessau, Baden, Zweibrücken und Herzog KARL AUGUST VON SACHSEN-WEIMAR (*1757, †1828). Keimzelle ist ein Drei-Kurfürsten-Bund zwischen Brandenburg-Preußen, Hannover und Sachsen zur Aufrechterhaltung des bestehenden Reichssystems, dem sich Kurmainz, Zweibrücken, Hessen-Kassel, Braunschweig, Sachsen-Gotha, Sachsen-Weimar, Anhalt-Dessau, Baden, Mecklenburg und Osnabrück anschließen. Während die kleineren Reichsfürsten in ihm durchaus einen Ansatzpunkt für die allfällige und immer intensiver diskutierte Reichsreform sehen und einschlägige, unter den gegebenen politischen Konstellationen allerdings unrealistische Pläne ventilieren, offenbaren die (teils geheimen) Zusatzbestimmungen, dass der Bund in der politischen Konzeption Preußens vorrangig dazu dient, den Ausbau der mitteleuropäischen Machtposition des Hauses Österreich zu hintertreiben. Nach dem Tod FRIEDRICHS II. verliert die preußische Politik rasch das Interesse am Fürstenbund.

1786, 17. Aug. Nach dem Tod FRIEDRICHS II. tritt sein Neffe FRIEDRICH WILHELM II. (*1744, †1797) die Nachfolge an. Minister EWALD FRIEDRICH GRAF VON HERTZBERG (*1725, †1795) ist bis 1791 Leiter der preußischen Politik.

1787–1792 Letzter Türkenkrieg Österreichs im Bund mit Russland.

1790, 9. Jan. Preußens Haltung zur Proklamation der Unabhängigkeit der Vereinigten Belgischen Staaten im Berliner Vertrag, die Verhinderung der Wiedereinsetzung des vertriebenen Fürstbischofs von Lüttich durch preußische Truppen, die mit Kontingenten des Westfälischen Reichskreises gemäß eines Reichskammergerichtsbeschlusses das Gegenteil bewirken sollten, und die Niederlage der Kreistruppen (ohne preußische Beteiligung) gegen die Aufständischen in Lüttich führen zu einer Reichskrise.

20. Febr. Nach dem Tod des kinderlosen JOSEPH II. übernimmt dessen Bruder, Großherzog LEOPOLD I. VON TOSKANA (*1747, †1792; 1765–1790), als **Kaiser LEOPOLD II.** die Nachfolge. In der kurzen Zeit seiner Regierung kann er eine Reihe wichtiger innen- und außenpolitischer Fragen lösen. Noch vor seiner einstimmigen Wahl zum Römischen Kaiser (30. Sept. 1790) trägt er durch seine Zustimmung zur Konvention von Reichenbach (Niederschlesien) zum Ausgleich zwischen Österreich und Preußen bei (27. Juli): Österreich verzichtet auf Gebietserwerbungen von der Türkei, Preußen auf Vergrößerungspläne zulasten Polens.

Geschichtsmächtiger Sonderfall der territorialstaatlichen Entwicklung: Brandenburg-Preußen

Die Forschung hat herausgearbeitet, dass das »Wachstum der Staatsgewalt« (WOLFGANG REINHARD), das den modernen Staat europäischer Prägung entstehen ließ, im Reich keinesfalls allein auf der Ebene der Territorialstaatlichkeit anzusiedeln ist, sondern die Entwicklung des Reichsverbandes ebenso wie diejenige der Territorien bestimmte. Nur wenigen Territorien – mit Einschränkungen diejenigen, die ihre Eigenständigkeit auch nach den Umwälzungen der Jahre 1792 bis 1815 behaupten können – gelingt es, die eigene Staatlichkeit in einem solchen Ausmaß zu verdichten, dass ihnen die Zugehörigkeit zum Reichsverband seit der Mitte des 18. Jh.s zunehmend unvereinbarer mit ihrer landesfürstlichen Stellung erscheint. Der Aufstieg Brandenburg-Preußens in den Kreis der europäischen Großmächte, auch wenn es noch bis weit ins 19. Jh. hinein die schwächste Macht war, erscheint den machtpolitisch zweit- und drittrangigen Fürsten und ihren Beratern als Probe aufs Exempel, welche politischen Optionen ihnen offen stehen, insofern sie nur die »richtige« Politik betreiben und v. a. an deren Umsetzung durch den Kaiser und die strukturkonservative Verfassungsordnung des Reiches nicht gehindert werden. Dass Preußen zum »Modell« nicht taugt, hat die Forschung inzwischen gezeigt und der dramatische Zusammenbruch seiner Machtposition 1806 verdeutlichte dies schon den Zeitgenossen. Dies ändert aber nichts daran, dass Preußen im ausgehenden 18. Jh. von etlichen Fürsten als nachahmenswertes Leitbild wahrgenommen wird. Denn in Brandenburg-Preußen erscheint eine Regierungsform realisiert, die den Erfordernissen der Zeit Rechnung trägt: Ein Herrscher bestimmt, nachdem er die landständischen Mitspracherechte zu guten Teilen beseitigt hat, die Geschicke seines Gemeinwesens weitgehend selbst. Er verfügt zudem über hinlängliche und – noch wichtiger – nach seinem eigenen Gutdünken einzusetzende finanzielle Mittel. Sie in den Auf- und kontinuierlichen Ausbau von Bürokratie und Militär zu investieren, erscheint unter den Bedingungen einer sich verschärfenden Machtkonkurrenz ebenso zwingend erforderlich wie zweckmäßig und nützlich. Über den Umstand, dass es auch, aber nicht nur, die Rechts- und Verfassungsordnung des Reiches ist, die der erfolgreichen Nachahmung

Haus Hohenzollern

brandenburgische Linie

Johann Georg †1598, Kft. 1571
∞ 1. Sophie v. Liegnitz †1546
∞ 3. Elisabeth v. Anhalt †1607

Joachim Friedrich †1608, Kft. 1598
∞ Katharina v. Brandenburg-Küstrin †1602

Christian †1655, Mgf. v. Kulmbach-Bayreuth 1603
∞ Marie v. Preußen †1649

Joachim Ernst †1625, Mgf. v. Ansbach 1603
∞ Sophie v. Solms-Laubach †1651

Johann Sigismund †1619, Kft. 1608
∞ Anna v. Preußen †1625

Johann Georg †1624
Hz. v. Jägerndorf 1607–1621

Friedrich †1634
Mgf. 1625

Albrecht †1667, Mgf. 1634
∞ Sophie v. Öttingen †1664

Georg Wilhelm †1640, Kft. 1619
∞ Elisabeth Charlotte v. d. Pfalz †1660

Marie Eleonore †1655
∞ Gustav II. Adolf v. Schweden †1632

Johann Friedrich †1686, Mgf. 1667
∞ 1. Johanna v. Baden-Durlach †1680
∞ 2. Eleonore v. Sachsen-Eisenach †1696

Christian Albrecht †1692, Mgf. 1686

Georg Friedrich †1703, Mgf. 1692

Wilhelm Friedrich †1723, Mgf. 1703
∞ Christiane Charlotte v. Württemberg †1729

Karl †1757, Mgf. 1723
∞ Friederike Luise v. Preußen †1784

Karl Alexander †1806
Mgf. v. Ansbach u. Bayreuth
1757 bzw. 1769–1791

Friedrich Wilhelm †1688, Kft. 1640
∞ Luise Henriette v. Oranien †1667

Friedrich I. (III.) †1713, Kft. 1688, Kg. in Preußen 1701
∞ Sophie Charlotte v. Hannover †1705

Friedrich Wilhelm I. †1740, Kg. 1713
∞ Sophie Dorothea v. Hannover †1757

Friedrich II. †1786, Kg. 1740
∞ Elisabeth Christine v. Braunschweig-Bevern †1797

Friederike Luise †1784
∞ Karl v. Ansbach †1757

August Wilhelm †1758
∞ Luise v. Braunschweig-Wolfenbüttel †1780

Ferdinand †1813
∞ Luise v. Brandenburg-Schwedt †1820

Wilhelmine †1758
∞ Friedrich v. Bayreuth †1763

Friedrich Wilhelm II. †1797, Kg. 1786
∞ Friederike v. Hessen-Darmstadt †1805

Friedrich Wilhelm III. †1840, Kg. 1797
∞ Luise v. Mecklenburg-Strelitz †1810

Wilhelm I. †1888, Reg. 1858, Kg. 1861, Dt. Ks. 1871
∞ Augusta v. Sachsen-Weimar †1890

Friedrich Wilhelm IV. †1861
Kg. 1840

Charlotte †1860
∞ Nikolaus I. v. Rußland †1855

Friedrich (III.) †1888, Dt. Ks. 1888
∞ Viktoria v. Großbrit. †1901

Wilhelm II. †1941, Dt. Ks. 1888–1918
∞ 1. Auguste Viktoria v. Schleswig-Holstein †1921

Sophie †1932
∞ 1889 Konstantin I. v. Griechenland †1923

Wilhelm †1951, Kronprinz

Eitel Friedrich †1942

Louis Ferdinand †1994

schwäbische Linie

Karl I. †1576, Gf. v. Hohenzollern 1558
∞ Anna v. Baden-Durlach † nach 1579

Eitel Friedrich IV. †1605
→ *Hohenzollern-Hechingen erloschen 1869*

Christoph †1592
→ *Hohenzollern-Haigerloch erloschen 1634*

Karl II. †1606
→ *Hohenzollern-Sigmaringen*

Karl Anton †1885
Ft. 1848–49
∞ Josephine v. Baden †1900

Leopold †1905
∞ Antonia v. Port. †1913

Stefanie †1859
∞ Peter V. v. Port. †1861

Karl I. †1914
Ft. 1866
Kg. v. Rumänien 1881

Ferdinand I. †1927, Kg. v. Rumänien 1914
∞ Maria v. Sachsen-Coburg-Gotha †1938

Karl II. †1953, Kg. 1930–1940

Michael I., Kg. 1927–1930, 1940–1947

halbfett: Könige in (von) Preußen, dann Deutsche Kaiser

des preußischen Weges entgegensteht, zudem die eigene Machtausübung auf gänzlich anders gearteten Voraussetzungen beruht, legen sich die Preußen nacheifernden Reichsfürsten keine Rechenschaft ab.

Viele Faktoren spielen zusammen, dass die Entwicklung Brandenburg-Preußens so anders verläuft als diejenige anderer Länder des Reiches. Nur zwei seien beispielhaft angeführt: 1. Seine Lage an der Peripherie des Reiches und 2. der Umstand, dass es sich um ein Land handelt, das so rasch wie kein anderes, vom Dreißigjährigen Krieg verwüstetes Gebiet, in eine kriegerische Auseinandersetzung involviert wird. Preußen kann in der Ausnahmesituation des Krieges durchsetzen, was später nicht mehr durchzusetzen ist – die Reduktion der politischen Teilhaberechte der territorialen Eliten. Sicherlich auch einen Anteil am preußischen »Sonderweg«, aber einen wesentlich kleineren als es im allgemeinen Geschichtsbewusstsein noch präsent ist, haben die vier hohenzollerischen Herrscher, die zwischen 1648 und 1786 Brandenburg-Preußens Geschicke lenken. Eine Geschichtsschreibung jedoch, die die Reichsgründung von 1870/71 historisch legitimiert und die »deutsche Mission« Preußens schon mit Kurfürst FRIEDRICH WILHELM beginnen sieht, heroisiert die brandenburgischen Könige. Sie übersieht die – nach 1945 mitunter überzeichneten – negativen Folgekosten des brandenburgisch-preußischen Modells der Staatsbildung ebenso wie den Umstand, dass erst das friderizianische Preußen relativ kontinuierlich gegen die Machtstellung des Hauses Österreich opponiert, und zwar nicht um seiner »deutschen Mission« gerecht zu werden, sondern getrieben von der Logik seiner europäischen Großmachtstellung.

Die Staatsverwaltung in Brandenburg-Preußen im 17./18. Jh.

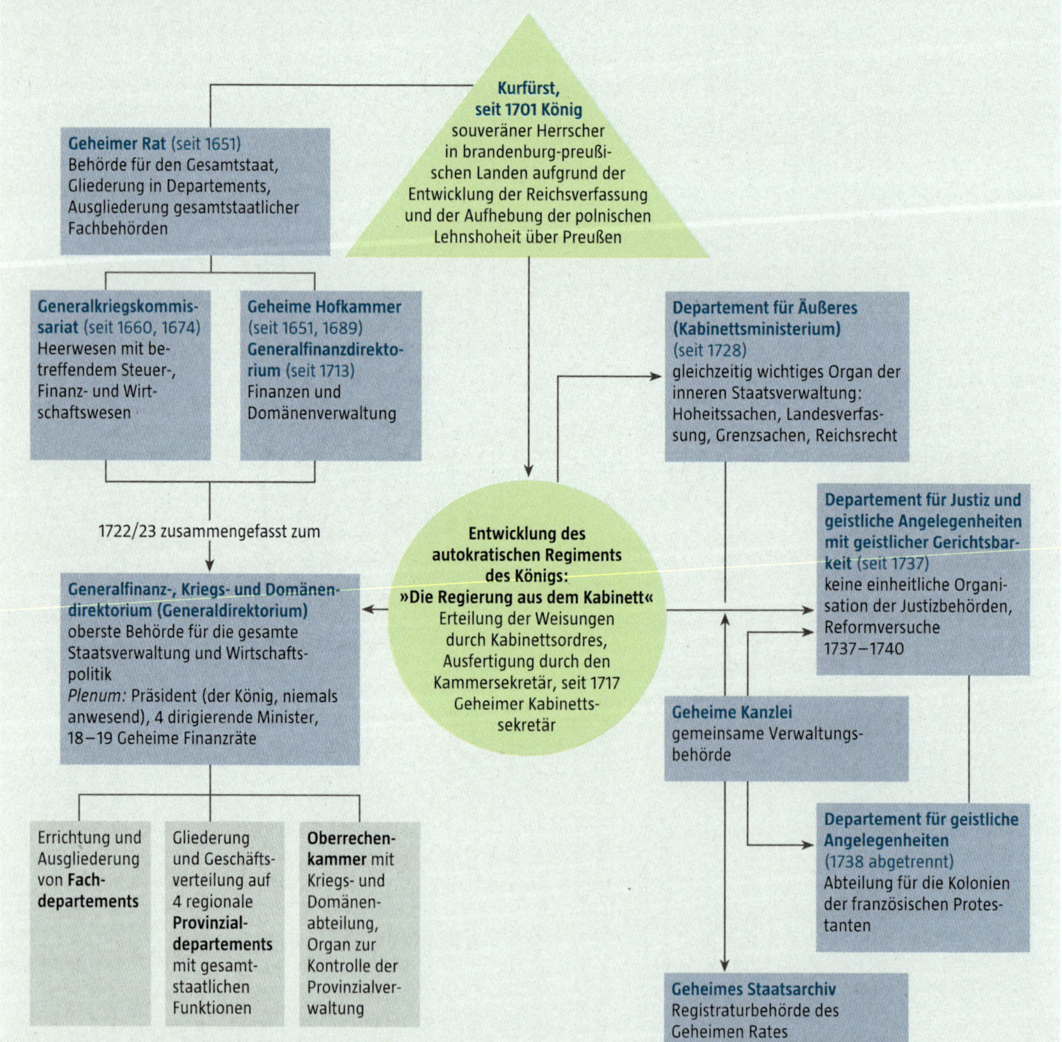

nach: Propyläen Geschichte Europas Bd. 3, 1976

Vor 1740 aber gilt für Brandenburg-Preußen wie auch für alle anderen Reichsstände: Der Reichsverband wird weit mehr als Schutz denn als Hemmschuh der territorialstaatlichen Entwicklung erfahren.

Kurfürst Friedrich Wilhelm (der Große Kurfürst) legt das Fundament für die brandenburgisch-preußische Staatsbildung, indem er die Stände durch die Beschneidung ihres Steuerbewilligungsrechtes (1653) weitgehend aus der obersten politischen Handlungsebene verdrängt und sehr früh notgedrungen ein stehendes Heer aufbaut. Während sein Nachfolger Friedrich I. den brandenburgischen Kurfürsten den Königstitel »einbringt« und dieses neue politische Kapital, ganz zeitgemäß am großen Vorbild Versailles orientiert, kulturell repräsentiert, was ihm bei den vom preußischen Machtstaat faszinierten Historikern des 19. und 20. Jh.s wenig Meriten einbringt, legt König Friedrich Wilhelm I. die Grundlagen des Aufstiegs zur Großmacht.

In dem Bestreben, die Grundsätze der Sparsamkeit, Einfachheit und Ordnung zu den obersten Maximen der Staatsverwaltung zu erheben, schafft König Friedrich Wilhelm I. 1722/23 das Generalfinanz-, Kriegs- und Domänendirektorium (Generaldirektorium) durch die Zusammenlegung des Generalkriegskommissariats (seit 1660), das sich von einer Armeebehörde zum Träger merkantilistischer Wirtschaftspolitik entwickelt, und des Generalfinanzdirektoriums (seit 1713), entstanden aus der Geheimen Hofkammer. Das Generaldirektorium wird oberste Behörde für die gesamte innere Staatsverwaltung und Wirtschaftspolitik, dem die Kriegs- und Domänenkammern in den Provinzen untergeordnet sind. An seiner Spitze stehen in den vier Provinzialdepartements, die die frühere Selbstständigkeit der verschiedenen Landesteile noch erkennen lassen, Dirigierende Minister und 18 bis 19 Geheime Finanzräte. Das Territorialprinzip bleibt mit dieser Einteilung in Provinzialdepartements zwar erhalten, aber jedes dieser Departements hat zugleich einen alle Provinzen umfassenden Aufgabenbereich (Fachressorts für den Gesamtstaat).

Die Hauptsäule des brandenburgisch-preußischen Staates ist das Heer, in dessen Diensten auch Verwaltung und Wirtschaft stehen (durch Schutzzölle begünstigte Manufakturen für militärische Rüstung, strenge Steuerverwaltung, Anlage eines Staatsschatzes, Einrichtung einer Oberrechenkammer nach französischem Vorbild). Die Zusammensetzung des Heeres beruht auf Werbung und Rekrutierung (Kantonreglement von 1733), nicht auf allgemeiner Wehrpflicht, und erreicht in Friedenszeiten eine Truppenstärke von 80 000 Mann (Verdoppelung unter Friedrich Wilhelm I.). Das preußische Offizierskorps wird vornehmlich aus dem einheimischen Adel rekrutiert, der, seiner politischen Mitspracherechte auf zentralstaatlicher Ebene beraubt, über Militär und Verwaltung in das Gemeinwesen integriert wird. Im Staatshaushalt beansprucht der Militäretat in der Regel das Drei- bis Vierfache des Budgets der Zivilverwaltung. Die neue Form der Repräsentation von militärischer Macht in Brandenburg-Preußen, findet ihren augenfälligen Niederschlag in der Tatsache, dass der König selbst seit 1725 ständig Uniform trägt.

Expansion Preußens bis 1803

Wozu die von FRIEDRICH WILHELM I. ausgeformte Regierungsweise und Verwaltungsorganisation fähig ist, zeigt das »Retablissement Litauens«, jener systematische Wiederaufbau des durch die Pest entvölkerten Landes (1709/10) durch Bodenverbesserungen und Neubesiedlung. Bevölkerungspolitische wie religiöse Gründe (Anhänger des Hallenser Pietismus) veranlassen den König 1732 zur Aufnahme von über 15 000 Salzburger Protestanten, Vertriebene aus dem Land des Erzbischofs LEOPOLD ANTON GRAF VON FIRMIAN (*1679, †1744; seit 1727 Fürsterzbischof von Salzburg).

Mit dem Regierungsantritt FRIEDRICHS II. setzt sich die Tendenz zur Schaffung von Fachdepartements fort. Als für die außenpolitischen Angelegenheiten mit dem Kabinettsministerium eine selbstständige Institution entsteht, bleiben für den ursprünglich umfassend zuständigen Geheimen Rat nur noch die Zuständigkeitsbereiche Justizwesen und geistliche Angelegenheiten; er wird damit selbst zu einem Fachdepartement. Seine politischen Entscheidungen fällt der König alleine »aus dem Kabinett«, von wo aus er die Departements überwacht. Durch sein strenges persönliches Regiment mittels schriftlicher Weisungen an die Minister und Betonung von Über-/Unterordnungen hält er die obersten Behörden des brandenburgisch-preußischen Staates zusammen und verwirklicht über sie den Zentralismus als staatliche Organisationsform. Die Heterogenität und die weite Ausdehnung seines Herrschaftsgebietes haben zur Folge, dass »Zentralismus« mehr das angestrebte Ideal, denn die Wirklichkeit beschreibt und FRIEDRICHS (zeittypischer) Hang zu autokratischem Handeln ist den Zentralisierungsbestrebungen auch eher ab-, denn zuträglich. FRIEDRICH ist der stark auf das Nützliche gerichteten deutschen Aufklärung verpflichtet und ist bestrebt, die Ideen der Zeit zum Nutzen seines Staates anzuwenden, ohne jedoch die alten Sozialstrukturen anzutasten: Gutsuntertänigkeit der Bauern (aber Bauernschutzpolitik gegen die Einziehung bäuerlicher Stellen durch die Gutsherren und Milderung der Frondienste), bevorzugte Stellung des Adels als Träger der Staatsgesinnung in Heer und Verwaltung, Einsatz ehemaliger Unteroffiziere in unteren Verwaltungspositionen und in Volksschulen, Benachteiligung des Bürgertums infolge der Staatsaufsicht über die Städte. Zur größten Leistung FRIEDRICHS gehört die innere Kolonisation, bei der im ganzen preußischen Staatsgebiet etwa 900 Dörfer neu errichtet und fast 60 000 Siedlerstellen neu angelegt, insgesamt etwa 300 000 Menschen angesiedelt werden; zur inneren Kolonisation gehören auch die Urbarmachung des Warthe-, des Oder- und des Netzebruchs sowie der Bau von Straßen und Kanälen. Im Sinne des Merkantilismus werden die Industrialisierung des Landes vorangetrieben (Seidenindustrie, Leinweberei, Tuchherstellung, Montanindustrie [eigenes Departement für Berg- und Hüttenwesen im Generaldirektorium] Porzellan-, Glas- u. a. Manufakturen), Handel und Gewerbe gefördert (besondere Abteilungen innerhalb des Generaldirektoriums seit 1740, ostasiatische Handelskompanie in Emden, Ausbau von Binnen- und Außenhandel, ab 1785 Handelsvertrag mit den Vereinigten Staaten), das Bankwesen durch die nach dem Erwerb Westpreußens entstandene Seehandelsgesellschaft, aus der sich später die Preußische Staatsbank entwickelt, belebt und der verbrauchte Staatsschatz durch eine konsequente Steuerpolitik (Erhebung der Verbrauchssteuer, Akzise, durch Steuerpächter) sowie die Einrichtung von Monopolen (Tabak- und Kaffeemonopol) wieder aufgefüllt. Mit der Fortsetzung der von Justizminister SAMUEL VON COCCEJI (*1679, †1755) eingeleiteten Rechtspflegereform verzichtet der König in Preußen nicht nur auf die Kabinettsjustiz und regt die Errichtung einer Gerichtsverfassung mit dreifachem Instanzenweg an, sondern schafft mit dem Akt der Kodifikation eines einheitlichen Rechts für den brandenburgisch-preußischen Staat v. a. die Voraussetzung für die Entwicklung dieses Staates zu einem Rechtsstaat mit grundsätzlicher Anerkennung unabhängiger Rechtsprechung. Aufgrund der entscheidenden Vorarbeiten in der Regierungszeit FRIEDRICHS II. wird 1794 das »Allgemeine Landrecht für die preußischen Staaten« publiziert. Im Sinne des Toleranzgedankens setzt der König die traditionelle preußische Religions- und Kirchenpolitik fort (1747 Baugenehmigung für die katholische Hedwigskirche in Berlin, Aufnahme der in Süd- und Westeuropa ausgewiesenen Jesuiten nach dem päpstlichen Verbot des Ordens). – Die Bildungspolitik dagegen gelangt über Anfänge nicht hinaus.

Die Habsburgermonarchie im Zeitalter des aufgeklärten Absolutismus (1740–1792)

1740–1780 Regentschaft MARIA THERESIAS (1740 Erzherzogin von Österreich, 1741 Königin von Ungarn und 1743 von Böhmen).

1740–1748 Trotz der Pragmatischen Sanktion kommt es zum bewaffneten Konflikt um den Herrschaftsantritt MARIA THERESIAS. Der Raub Schlesiens durch FRIEDRICH II. ermutigt die anderen Mächte zum Österreichischen Erbfolgekrieg.

1740–1742 Erster Schlesischer Krieg. Angriff des preußischen Königs FRIEDRICH II. gegen Österreich.

1741 Antiösterreichische Geheimallianz von Nymphenburg (heute zu München), bestehend aus Frankreich, Bayern, Spanien, dann auch Sachsen und Preußen.

1742 Der bayrische Kurfürst KARL ALBRECHT lässt sich als KARL VII. zum Kaiser wählen. MARIA THERESIA schließt den Sonderfrieden von Breslau und Berlin mit FRIEDRICH II., der Schlesien behält und die antiösterreichische Allianz verlässt.

1743 Sieg der »Pragmatischen Armee« bei Dettingen am Main.

1744/45 FRIEDRICH II. befürchtet ein österreichisches Übergewicht und eröffnet, nach erneutem Bündnis mit Bayern (Kaiser KARL VII.) und Frankreich, den Zweiten Schlesischen Krieg. Frankreich zieht sich hingegen zurück, Österreich kann mit Sachsen, Großbritannien und den Generalstaaten eine Allianz gegen Preußen bilden.

1745 Kaiser KARL VII. stirbt, MARIA THERESIAS Mann,

Franz Stephan von Lothringen, wird als Franz I. zum Kaiser gewählt.

1748, 18. Okt. **Aachener Friede**: Preußen wird der Besitz Schlesiens bestätigt. Die Pragmatische Sanktion wird anerkannt. Parma-Piacenza geht von Österreich an Spanien.
Mit den Ergebnissen des Friedens von Dresden und Aachen kann sich Maria Theresia nicht abfinden; sie versucht eine große Allianz zur »Teilung Preußens« zu schaffen.

1749 Beginn der großen Staatsreform unter Graf Friedrich Wilhelm von Haugwitz (*1702, †1765), der bis 1760 als Präsident des *Directorium in publicis et cameralibus* die Reformen durchführt und auch die österreichische Außenpolitik leitet.

1756–1763 Siebenjähriger Krieg: Präventivschlag Friedrichs II. durch Einfall in Sachsen.

1757 Stiftung der heute noch bestehenden »Maria Theresianischen Militärakademie« in Wiener Neustadt.

1759, 15. Febr. Friede von Hubertusburg auf Grundlage des Status quo. Schlesien bleibt verloren, Preußen ist weiterhin eine Großmacht; der deutsche Dualismus beherrscht die Folgezeit.

1769 Im Rahmen der Staatsreformen unter Haugwitz wird mit der *Constitutio Criminalis Theresiana* die Grundlage für ein Strafprozessrecht geschaffen.

Änderungen der Verwaltungsstrukturen in Österreich

Aus dem Geheimen Rat des 16. Jh.s entwickelt sich hier die Geheime Konferenz als eine engere Behörde, ab 1709 die Ständige Konferenz. Für Außenpolitik, Justizwesen und Verwaltung ist die seit 1655 kollegial organisierte österreichische Hofkanzlei zuständig, für das Finanzwesen die Hofkammer, für das Militärwesen der Hofkriegsrat. Alle diese Behörden bestehen separat für Österreich, Böhmen und Ungarn, später auch für die italienischen und niederländischen Gebiete. Erst zu Beginn des 18. Jh.s wachsen die Länder unter der Krone Habsburgs enger zusammen. Beim Kampf um die internationale Anerkennung der Pragmatischen Sanktion geht es für die Monarchie in Österreich um die Sicherung ihrer Einheit mithilfe eines Staatsgrundgesetzes.

Maria Theresia folgt bei der Umgestaltung und Modernisierung ihrer Länder ab 1746 den Grundlinien einer Verwaltungsreform (Zentralverwaltung; sog. »Gubernien«, Repräsentationen und Kammern für die Bereiche Militär, Finanzen und Wirtschaft der Länder und Verpflichtung der Beamten auf die Königin, nicht mehr auf die Stände; Kreisämter über den grundherrlichen Lokalverwaltungen mit Zuständigkeit staatlicher Behörden über Land und Stadt), die v. a. von dem aus der schlesischen Verwaltung kommenden Grafen von Haugwitz z. T. am Beispiel Preußens, aber auch aus den Lehren der österreichischen Kameralisten entwickelt wird. Sie formt aus den bis dahin getrennten Landesteilen ihrer Monarchie (ohne Ungarn und die südlichen Niederlande) einen vereinheitlichten Beamtenstaat. Als oberste Behörde für die politische und die Finanzverwaltung der österreichischen Länder (einschließlich Böhmens) wird 1749 das *Directorium in publicis et cameralibus* (Vereinigung von österreichischer und böhmischer Hofkanzlei) geschaffen, und analog zur preußischen Entwicklung werden Generalkriegskommissariat und Kommerzienhofkommission in das Directorium einbezogen (unter Kaunitz wird die Finanzverwaltung allerdings wieder ausgegliedert). Die Rechtspflege wird durch Schaffung einer »Obersten Justizstelle« von der Verwaltung völlig getrennt (Ministerium und oberster Gerichtshof). Durch die Schaffung des Staatsrates im Jahre 1760 wird eine allen Hofstellen (Vereinigte Hofkanzlei, Staatskanzlei, Oberste Justizstelle, Hofkammer, Hofrechenkammer und Hofkriegsrat) übergeordnete beratende Körperschaft eingerichtet, die für die Koordinierung der Staatsverwaltung sorgen soll (1765 erneut reformiert). Im Zuge einer Heeresreform geht man zu einem dem preußischen Kantonalsystem vergleichbaren Rekrutierungssystem über, bei dem v. a. die Bauern geschützt werden (entscheidende Schritte in Richtung Bauernbefreiung; Ablösung der Fronen auf den Staatsgütern). Im Dienste dieser Reform stehen die Militärakademie in Wiener Neustadt und das Theresianum in Wien. Mit dem sog. Theresianischen Kataster wird die Grundlage für eine, auch Adel und Geistlichkeit einbeziehende, allgemeine direkte Besteuerung geschaffen. Wie in Brandenburg-Preußen gehört die innere Kolonisation (Besiedlung des Banats und der Nachbarlandschaften mit Kolonisten verschiedenen Volkstums, unter ihnen viele südwestdeutsche Bauern; »Schwabenzüge«) zu den größten Leistungen Österreichs. Das Volksschulwesen wird aufgebaut und erfährt Ergänzungen durch die Errichtung einer Normalschule zur Ausbildung von Lehrern in Wien (1770) und die Ausarbeitung einer allgemeinen Schulordnung (1774). Der bedeutendste Wegbereiter des »Josephinismus«, einer an den Namen Josephs II. geknüpften, aufgeklärt katholischen, ganz auf den rationalen Nutzen gerichteten Staatsauffassung, ist der 1745 nach Wien berufene holländische Arzt Gerard van Swieten (*1700, †1772), der Begründer der ersten Klinik in Wien und der »älteren Wiener medizinischen Schule«.

Schematischer als seine Mutter strebt Joseph II. mit seinen Reformen die Schaffung des Einheitsstaates auch unter Einbeziehung von Ungarn und den südlichen Niederlanden an. Mit unzähligen Verordnungen greift der Kaiser sehr weit in alle Lebensverhältnisse ein und erzielt z. T. beachtliche Fortschritte. 1781 wird die Leibeigenschaft aufgehoben und ein Toleranzpatent (scharfer Gegensatz zu Maria Theresia seit 1777) erlassen. Joseph II. gründet viele Wohlfahrtseinrichtungen, reformiert die Justiz (klarer Instanzenweg von Orts- und Landgerichten über Appellationsgerichte zur Obersten Justizstelle, 1786 erster Teil eines Allgemeinen Gesetzbuches, 1787 gegenüber der *Constitutio Criminalis Theresiana* von 1769 gemildertes Allgemeines Strafgesetzbuch, 1788 Kriminalgerichtsordnung), verringert die Zensur und verbessert die Rechtsstellung der Juden. Im Zuge schroffer Säkularisationsmaßnahmen werden etwa 700 Klöster aufgehoben (1781/82). Ein Beispiel für die von Joseph II. oft übereilt, rücksichtslos und wenig durchdacht durchgeführten Reformen, die eine wachsende Unzufriedenheit in der Bevölkerung erregen, ist die bedingungslose Zentralisierungspolitik, in deren Zug 1784 Deutsch als alleinige Amtssprache auch in den südlichen Niederlanden und Ungarn eingeführt werden soll, wogegen sich erbitterter Widerstand erhebt. Gleich nach dem Tode Josephs II. (1790) muss sein Nachfolger Leopold II. viele Maßnahmen wieder rückgängig machen und in die Bahnen einer gemäßigteren Reformpolitik einlenken; die frühere ungarische Verfassung wird wiederhergestellt.

1772 Erste Polnische Teilung zwischen Russland, Preußen und der Habsburgermonarchie. Maria Theresia gewinnt das Königreich Galizien und Lodomerien.

1773 Maria Theresia muss die päpstliche Aufhebung des Jesuitenordens in der Habsburgermonarchie vollziehen.

1774 Der schlesische Abt Johann Ignaz Felbiger (*1724, †1788) beginnt mit der Schulreform, die eine Unterrichtspflicht für alle vorsieht.

1774, Juli Im Frieden von Küçük Kaynarca gewinnt die Habsburgermonarchie die Bukowina.

1776 Aufhebung der Folter durch Maria Theresia unter dem Einfluss ihres Sohnes und Mitregenten Joseph II. (seit 1765 Kaiser) und ihres Beraters Joseph von Sonnenfels (*1732, †1817).

1778 Der Bayerische Erbfolgekrieg endet 1779 im Frieden von Teschen, ehe er noch wirklich begonnen hat. Die Habsburgermonarchie erhält das Innviertel.

1781, 8. Juni Der 1780 zur Alleinherrschaft gelangte Joseph II. hebt die Zensur weitgehend auf.

13. Okt. Toleranzpatent Josephs II. für Griechisch-Orthodoxe und Protestanten.

1. Nov. Im Untertanenpatent wird die Leibeigenschaft aufgehoben.

1782 Alarmiert durch die Reformen Josephs II., die tief in die Stellung der katholischen Kirche im Staate eingreifen, reist Papst Pius VI. (1775–1799) nach Wien. Joseph II. bleibt allerdings hart und die Reformen des Josephinismus gehen weiter.

2. Nov. Toleranzpatent Josephs II. für die Juden.

1783 Beginn des »Klostersturmes«: Fast 700 Klöster werden von der Habsburgermonarchie aufgehoben, dafür aber Tausende neuer Pfarreien gegründet.

1788–1794 Österreich führt im Bund mit Russland seinen letzten Türkenkrieg: Der greise General Ernst Gideon Freiherr von Laudon (*1717, †1790) er-

Haus Habsburg-Lothringen

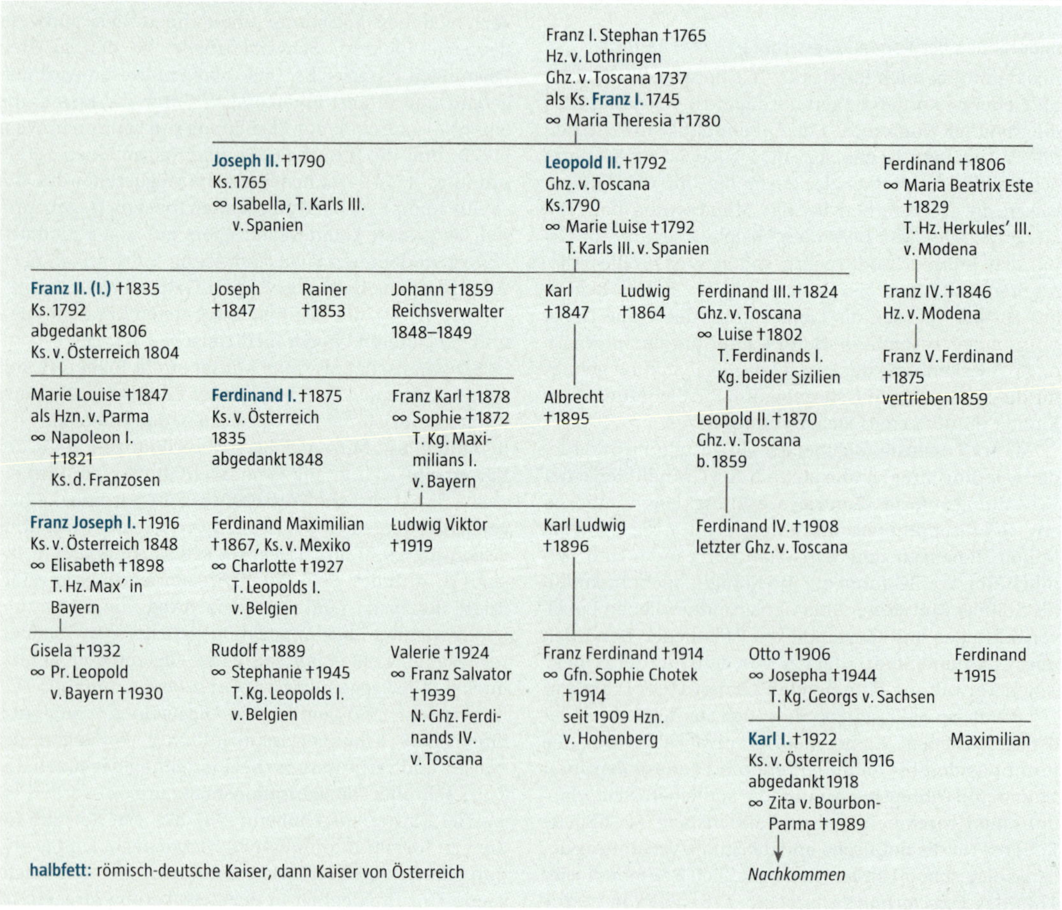

obert 1789 Belgrad. Preußen schließt 1790 ein Bündnis mit der Türkei. Im Frieden von Sistowa (heute Swischtow, Bulgarien, an der unteren Donau) vom 4. Aug. 1791 mit den Osmanen gewinnt Österreich den Pass des Eisernen Tores (Orşova an der Donau).

1790–1792 Leopold II., der jüngere Bruder Josephs, kann die Aufstände gegen die josephinischen Reformen in den österreichischen Niederlanden und in Ungarn beenden. Seine pragmatische Politik behält die meisten der Reformen des Josephinismus bei.

Deutschland 1792–1945: Heiliges Römisches Reich, Deutscher Bund, Deutsches Reich

Im Zeitalter der Französischen Revolution und Napoleons (1789/92–1815)

Die **Französische Revolution** von 1789 übt auf Deutschland eine starke Wirkung aus. Von der deutschen Intelligenz, z. B. den Dichtern Klopstock (*1724, †1803), Wieland (*1733, †1813) und Schiller (*1759, †1805) sowie den Philosophen Kant (*1724, †1804) und Fichte (*1762, †1814), wird sie in ihren freiheitlichen Prinzipien begrüßt, in ihrer Radikalisierung, wie sie etwa mit der Hinrichtung Ludwigs XVI. 1793 und dem *terreur* zum Ausdruck kommt, jedoch abgelehnt. Die zahlreichen Unruhen, die in Deutschland ausbrechen, aber meist lokal begründet sind, gewinnen keinen Zusammenhang, die – politisch sehr heterogenen – »**deutschen Jakobiner**« bleiben ohne breite Resonanz. So endet die unter führender Beteiligung des Naturforschers Georg Forster (*1754, †1794) während der französischen Besetzung 1793 gegründete **Mainzer Republik** bereits nach wenigen Wochen.

Ein Übergreifen der Revolution von Frankreich auf Deutschland wird u. a. durch Unterschiede in der Sozialstruktur verhindert, etwa durch die vergleichsweise geringere Zahl und schwächere Position des deutschen Bürgertums und dem weniger gravierenden adlig-bäuerlichen Gegensatz. Zudem sind durch die Reformbereitschaft des aufgeklärten Absolutismus die Missstände gemildert, der staatliche Einfluss auf die Intelligenz – häufig Beamte – ist stärker. Schließlich fehlt die Hauptstadt, die den Brennpunkt einer revolutionären Entwicklung hätte abgeben können.

1792–1797 Im **Ersten Koalitionskrieg** (Frankreich gegen – u. a. Österreich und – bis 1795 – Preußen) vermengt sich die Ausbreitung revolutionärer Ideen und Reformen durch Frankreich mit den militärischen Entscheidungsfragen der Krieg führenden Mächte.

1792, 14. Juli Franz II. (*1768, †1835) wird in Frankfurt am Main zum letzten erwählten Römischen Kaiser proklamiert.

21. Okt. Einmarsch französischer Truppen in Mainz nach einem Eroberungszug durch die Pfalz.

1793, 23. Jan. Preußen erzwingt mit Russland die zweite Teilung Polens.

18. März Der **Rheinisch-Deutsche Nationalkonvent**, das erste demokratisch gewählte Parlament in Deutschland, ruft einen **Rheinisch-Deutschen Freistaat** zwischen Landau und Bingen am Rhein mit Zentrum in Mainz (**Mainzer Republik**) aus und erklärt die Loslösung vom Reich.

22./23. Juli Nachdem preußische Truppen das Gebiet um Mainz schon Ende März und im April besetzt haben, endet mit der Eroberung der Stadt durch Preußen die Mainzer Republik.

1794, 1. Juni Inkrafttreten des **Allgemeinen Landrechts für die preußischen Staaten** (Gesamtrechtskodifikation), geschaffen u. a. von Johann Heinrich Casimir von Carmer (*1721, †1801) und Karl Gottlieb Svarez (*1746, †1798). Bestimmt vom Geist der Aufklärung (naturrechtlich begründete Zweckbestimmung von Staat und Gesellschaft), hat es die Errichtung von Rechtsstaat und Staatsbürgergesellschaft zum Ziel, bestätigt aber die altständische Gesellschaftsordnung.

1795, 3. Jan. Österreich und Preußen führen im Bund mit Russland die dritte Teilung Polens durch. Beide vergrößern sich außerhalb des Reichsgebiets 1793/95 um 115 000 bzw. 200 000 km^2 mit v. a. polnischen Einwohnern.

5. April Im **Frieden von Basel** scheidet das im Osten festgelegte Preußen aus dem Krieg gegen Frankreich aus, Norddeutschland wird neutralisiert und erhält so eine kulturell bedeutsame zehnjährige Atempause.

1797, 17. Okt. Der Friede von Campo Formio (bei Udine) zwischen Frankreich und Österreich bestätigt die faktische Annexion des linksrheinischen Reichsgebiets durch Frankreich ohne die Grundlage eines Friedensvertrages mit dem Heiligen Römischen Reich.

16. Nov. Friedrich Wilhelm III. (*1770, †1840) wird König von Preußen.

1797–1799 Der Rastatter Gesandtenkongress, auf dem eine Reichsdeputation prinzipiell der Abtretung des linken Rheinufers an Frankreich und der Entschädigung der hiervon betroffenen deutschen Fürsten und Säkularisation der geistlichen Herrschaften zustimmt, bleibt aufgrund des Ausbruchs des Zweiten Koalitionskrieges ergebnislos.

1799–1801/02 **Zweiter Koalitionskrieg** unter Teilnahme Österreichs gegen Frankreich; Preußen bleibt neutral.

1801, 9. Febr. Der **Friede von Lunéville** zwischen Frankreich und Österreich gilt auch für das Reich: **de-jure-Abtretung des linken Rheinufers**. Die dort »depossedierten« Fürsten sollen im rechtsrheinischen Reichsgebiet für ihre Gebietsverluste entschädigt werden.

1803, 25. Febr. Vom Reichstag wird ein entsprechender Plan eines Reichstagsausschusses angenommen: der **Reichsdeputationshauptschluss**.

Der Reichsdeputationshauptschluss

Durch den Ausschuss werden die **politischen und rechtlichen Grundlagen des alten Reichs zerstört**. Zahlreiche Kleinstaaten (zusammen 112 Reichsstände rechts des Rheins) werden aufgehoben, indem fast sämtliche geistlichen Herrschaften säkularisiert (rechtsrheinisch allein rund 10 000 km² mit über drei Mio. Untertanen) und kleinere Territorien mediatisiert (statt reichsunmittelbar zu bleiben, werden sie einer Landeshoheit unterworfen) werden. Die geistlichen Gebiete, außer Kurmainz und den beiden geistlichen Ritterorden (Deutscher Orden, Malteserorden), sowie die Reichsstädte, außer Hamburg, Lübeck, Bremen, Frankfurt am Main, Nürnberg und Augsburg, dienen zur Ausführung der versprochenen Entschädigungen, wobei die Betroffenen z. T. das Mehrfache ihrer Verluste erhalten. Es kommt zur Bildung von vier neuen Kurfürstentümern: Baden, Hessen-Kassel, Salzburg (bis 1805) und Württemberg. Säkularisation und Mediatisierung zerstören die letzten Grundlagen kaiserlicher Macht im Reich (außerhalb des Hauses Österreich), geistliche Herrschaften, Reichsstädte sowie – de facto, nicht de jure – die Reichsritterschaft und stärken u. a. die mit Frankreich verbündeten deutschen Mittelstaaten.

1804, 11. Aug. Als (vorweggenommene) Antwort auf die (bevorstehende) Kaiserkrönung NAPOLEONS nimmt Kaiser FRANZ II. den **Titel eines erblichen Kaisers von Österreich** an.

1805 **Dritter Koalitionskrieg** unter Beteiligung Österreichs gegen Frankreich (Preußen bleibt erneut neutral). Nach der Niederlage in der Dreikaiserschlacht von Austerlitz (Slavkov u Brna, Tschechische Republik; 2. Dez.) ist Österreich zum **Frieden von Pressburg** (26. Dez.) gezwungen und tritt Venetien an das Königreich Italien sowie Tirol, Vorarlberg, Eichstätt, Passau, Burgau, Brixen und Trient an Bayern ab, welches außerdem die Freie Stadt Augsburg erhält. Bayern und Württemberg werden Königreiche. Österreich erhält Salzburg als Entschädigung.

1806, 1. Jan. Bayern und Württemberg werden zu Königreichen erhoben.

12. Juli **Errichtung des Rheinbundes**: 16 süd- und westdeutsche Fürsten (u. a. Bayern und Württemberg, die neu erhobenen Großherzogtümer Baden, Hessen-Darmstadt, Kleve und Berg sowie das neue Herzogtum Nassau) treten aus dem Reich aus und gründen in Paris unter NAPOLEONS Protektorat den Rheinbund. Bis 1808 kommen weitere 23 Staaten hinzu, u. a. Ende 1806 Sachsen und 1807 Westfalen. Fürstprimas ist bis 1810 der bisherige Kurerzkanzler und Erzbischof von Mainz, KARL THEODOR VON DALBERG (*1744, †1817). Österreich, Preußen, Braunschweig und Kurhessen halten sich fern.

6. Aug. Kaiser FRANZ II. legt auf ein Ultimatum NAPOLEONS hin die Römisch-deutsche Kaiserwürde nieder und regiert weiter als FRANZ I. von Österreich.
Das bedeutet auch das formale **Ende des Heiligen Römischen Reichs Deutscher Nation**.

1806/1807 **Vierter Koalitionskrieg**: Das fast völlig isoliert gegen Frankreich kämpfende Preußen erleidet nach der militärischen Katastrophe von Jena und Auerstedt (14. Okt.) den staatlichen Zusammenbruch und wird zur Mittelmacht herabgedrückt.

1806, 21. Okt. Französische Truppen ziehen in Berlin ein.

11. Dez. Sachsen, ursprünglich Verbündeter Preußens, tritt mit dem Frieden von Posen dem Rheinbund bei und wird dafür zum Königreich erhoben: Krönung FRIEDRICH AUGUSTS I. (*1750, †1827) am 21. Dez.

1807, 7.–9. Juli **Friede von Tilsit**: Preußen wird auf Ost- und Westpreußen (ohne Danzig), Brandenburg (östlich der Elbe), Pommern und Schlesien beschränkt.

Wichtigste Gebietsverluste und -entschädigungen im Reichsdeputationshauptschluss
(in Tausend Einwohnern)

	linksrheinische Verluste	rechtsrheinische Gewinne
Baden	25	237
Bayern	730	880
Preußen	127	558*
Württemberg	14	110

*Bistümer (Hochstifte) Hildesheim, Münster, Paderborn; Erfurt und das Eichsfeld (von Kurmainz); Abteien (Reichsstifte) Elten, Essen, Herford, Quedlinburg, Werden; Reichsstädte Goslar, Mühlhausen (Thüringen), Nordhausen.

Deutschland unter napoleonischer Herrschaft

Bis 1812 ergibt sich eine **Vierteilung Deutschlands**: 1. An Frankreich abgetretene Gebiete links des Rheins, 1811 vergrößert durch die französische Annexion der deutschen Küstengebiete mit Bremen, Hamburg und Lübeck sowie Teile von Berg und Westfalen; 2. Rheinbundstaaten; 3. Preußen; 4. Österreich – beide im napoleonischen Machtbereich.

Neben wachsender Gegnerschaft gibt es zunächst Bewunderung für Kaiser NAPOLEON, in dem man den Gestalter des Fortschritts in Gesellschaft und Politik sieht. Die unmittelbare französische Einwirkung führt zur Vereinheitlichung des Rechts und zur Einführung rechtsstaatlicher Prinzipien (**Code Napoléon**), was die **Emanzipation des Bürgertums** vorantreibt und bis weit ins 19. Jh. im Sinne einer Verstärkung reformorientierter Kräfte fortwirkt. Letzteres gilt auch für die Rheinbundstaaten, obwohl es dort nur z. T. zur dauerhaften Rezeption des Code Napoléon kommt (Badisches Landrecht von 1809, in Kraft bis 1900). Doch werden die Adelsprivilegien großenteils beseitigt, und die Ersetzung der Auslese nach Geburt durch Qualifikationskriterien lässt den modernen Beamtentypus entstehen. Die Einführung von Verfassungen führt freilich nur zu einem Scheinkonstitutionalismus mit betont obrigkeitsstaatlichen Reformen. Die territoriale Arrondierung und bürokratische Zentralisierung des rheinbündischen Spätabsolutismus lassen mit einem Schlag zahlreiche territoriale Eigentümlichkeiten enden. Mächtigster Rheinbundstaat ist Bayern mit seinem Minister MAXIMILIAN VON MONTGELAS (*1759, †1838; Minister 1799–1817). Bedeutend sind außerdem König Friedrich von Württemberg (*1754, †1816; 1805–1816) und der badische Minister Sigismund von Reitzenstein (*1766, †1847; Minister 1809/10, 1813–1818, 1832–1842). Zwischen 1807 und 1881 werden in den Rheinbundstaaten Staats- und Verwaltungsreformen durchgeführt, die z.T. neu gebildet (Königreich Westfalen, Großherzogtum Berg), z.T. erheblich vergrößert werden (Bayern, Württemberg, Baden).

Die durch das Allgemeine Landrecht von 1794 vorbereiteten **preußischen Reformen** werden als **»Revolution von oben«** seit April 1807 durch den leitenden Minister, Reichsfreiherr Karl vom und zum Stein (*1757, †1831; seit 1780 im preußischen Staatsdienst, 1804 Minister), in Gang gesetzt und auch nach der auf Verlangen Napoleons erfolgten Entlassung Steins (24. Nov. 1808) fortgeführt, ab 4. Juni 1810 durch Karl August Freiherr (1814 Fürst) von Hardenberg (*1750, †1822; 1790–1803 leitender Minister für Ansbach-Bayreuth, 1804–1806 preußischer Außenminister). Die Heeresreform führen Gerhard Johann David von Scharnhorst (*1755, †1813; ab 1807 Vorsitzender der Militärreorganisationskommission), August Neithardt von Gneisenau (*1760, †1831; in den Befreiungskriegen Generalquartiermeister Blüchers [*1742, †1819]) und Hermann von Boyen (*1771, †1848; 1814–1819 und 1841–1847 Kriegsminister) durch. Carl von Clausewitz (*1780, †1831) – Hauptwerk »Vom Kriege« (1832–1834) – wird gleichzeitig zum Begründer der modernen Kriegslehre.

Mit der **Bildungsreform** unter Wilhelm von Humboldt (*1767, †1835; 1809/10 Sektionschef für Kultus

Regierung und Verwaltung in Preußen seit 1807/1815

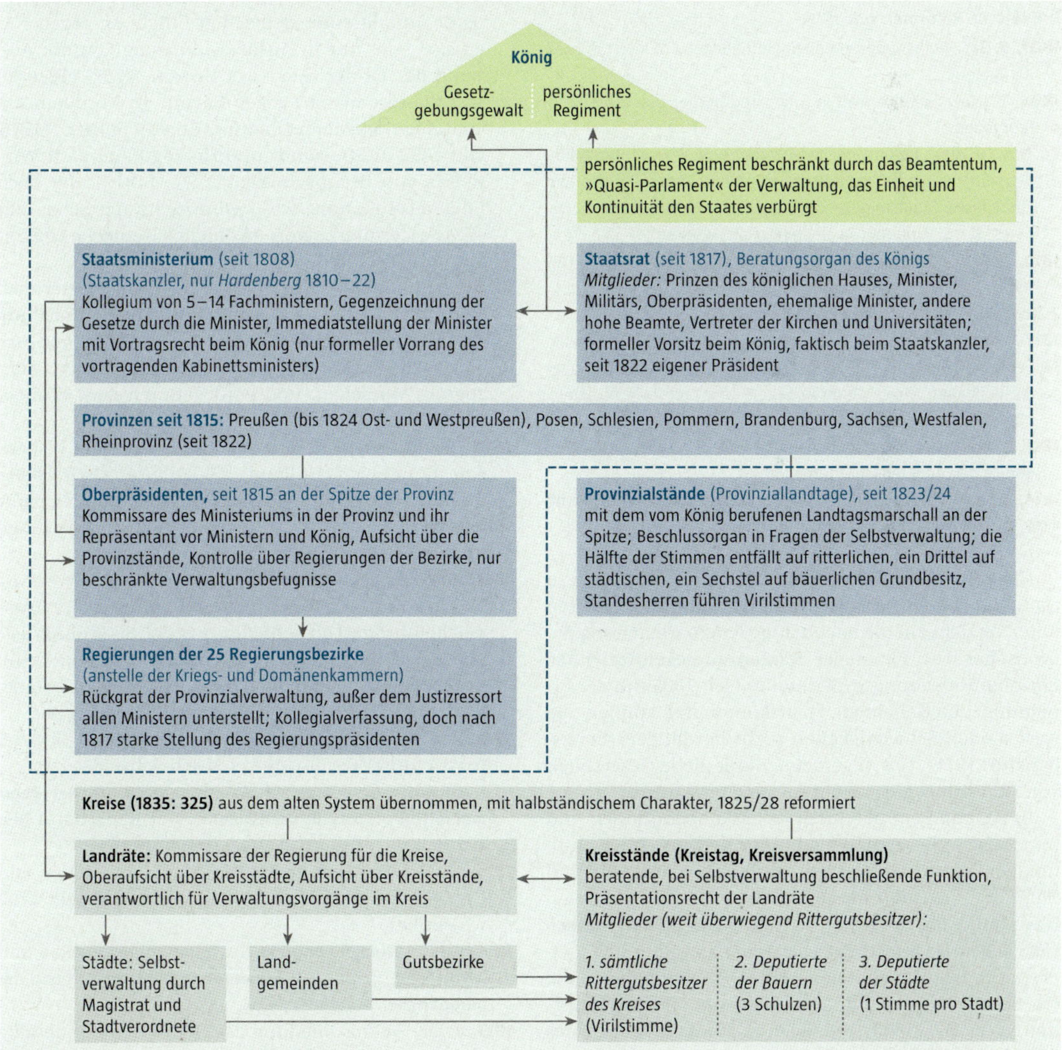

nach: Propyläen Geschichte Europas Bd. 4, 1978

und Unterricht im Innenministerium) werden Volksschulen, Lehrerbildung und Gymnasien ausgebaut und Universitäten reformiert. Die 1810 eröffnete Universität Berlin wird geprägt durch den Philosophen JOHANN GOTTLIEB FICHTE, den Historiker BARTHOLD GEORG NIEBUHR (*1776, †1831), den Juristen FRIEDRICH KARL VON SAVIGNY (*1779, †1861), den Theologen FRIEDRICH DANIEL SCHLEIERMACHER (*1768, †1834), den Altphilologen FRIEDRICH AUGUST WOLF (*1759, †1824) und den Agronomen ALBRECHT DANIEL THAER (*1752, †1828).

Insgesamt legen die preußischen Reformen den Grundstein für den Wandel von absolutistisch regierten, vereinigten Ländern mit adligen Ständen zum **staatsbürgerlichen Rechtsstaat**. Sie bleiben jedoch in wesentlichen Bestandteilen (Scheitern der preußischen »Nationalrepräsentation« als Schlussstein des Verfassungswerks) angesichts des Widerstands des ostelbischen Landadels (Regulierungsedikt von 1816) unvollendet.

Preußische Reformen seit 1807

1807, 9. Okt. Aufhebung der persongebundenen Erbuntertänigkeit der Bauern.

1808, 19. Nov. Selbstverwaltung der Stadtbürger durch die Städteordnung.

24. Nov./16. Dez. Reform der Ministerien und Verwaltungsbehörden, durch die statt Kabinettsregierung und Generaldirektorium einheitliche Staatsministerien (fünf Fachminister: Äußeres, Inneres, Krieg, Finanzen, Justiz) eingeführt werden.

1810, 27 Nov. Finanzedikt als Auftakt zu einer Steuerreform (bis 1812).

2. Nov. Einführung der Gewerbefreiheit.

1811, 7. Sept. Aufhebung des Zunftzwangs.

14. Sept. Aufhebung der bodengebundenen Grundherrschaft über die Vollbauern sowie deren Abgaben- und Dienstpflicht gegenüber dem Grundherrn.

1812, 11. März Das Emanzipationsedikt stellt die Juden staatsbürgerlich den anderen Untertanen gleich.

1814, 3. Sept. Generelle Einführung der **allgemeinen Wehrpflicht**.

1815, 21. Nov. Erlass einer Landwehrordnung.

Dagegen ist die **Politik Österreichs** durch Verharren in traditionellen Regierungs- und Verwaltungsstrukturen unter Verzicht auf die nachhaltige Nutzbarmachung patriotischer bzw. nationaler Tendenzen gekennzeichnet. Einzelne Verwaltungsexperimente (seit 1809 mit der Errichtung der Geheimen Staatskonferenz) können die wachsenden Schwierigkeiten nicht bewältigen (Staatsbankrott 1811). Das Allgemeine Bürgerliche Gesetzbuch von 1811 bringt gleichwohl soziale Fortschritte.

In Reaktion auf die durch Kriegskontributionen und französische Besetzung als immer bedrückender empfundene wirtschaftliche und politische Situation und unter dem Eindruck der Reformen in Preußen und den Rheinbundstaaten kommt es zum **allmählichen Erwachen eines nationalen deutschen Bewusstseins**, das über den Landespatriotismus weit hinausgeht. Die Nationalidee, die v. a. Schriftsteller und Intellektuelle, u. a. ERNST MORITZ ARNDT (*1769, †1860), propagieren, findet in Kreisen des Bürgertums und des aufgeklärten Adels weithin Aufnahme. Neben Wien ist v. a. Berlin Zentrum der jungen Nationalbewegung (u. a. JOHANN GOTTLIEB FICHTE: »Reden an die deutsche Nation«, 1807/08). Bildung von **nationalpolitisch motivierten Tischgesellschaften und Studentenbünden** (FRIEDRICH LUDWIG JAHN [*1778, †1852]: »Deutscher Bund« 1810, Turngesellschaft 1811). Zwar sind Versuche, aus regional begrenzten Aufständen eine nationale Erhebung in die Wege zu leiten, zum Scheitern verurteilt. Auf den Gedanken der deutschen Nationalbewegung üben sie aber großen Einfluss aus.

1807, 18. Juli Durch ein Dekret NAPOLEONS wird das Königreich Westfalen (Westphalen) mit der Hauptstadt Kassel gebildet. König wird NAPOLEONS Bruder JÉRÔME BONAPARTE (*1784, †1860).

Nov. Nach französischem Vorbild entsteht die Verfassung des Königreichs Westfalen.

1808, 1. Mai Französisch beeinflusste Verfassung für das Königreich Bayern.

1809 Krieg Österreichs gegen Frankreich als beabsichtigter Auftakt einer deutschen Erhebung gegen NAPOLEON, die nur in Ansätzen in Gang kommt: Aufstand der Tiroler (ANDREAS HOFER, *1767, †1810, in Mantua erschossen) gegen Bayern. In Norddeutschland Züge des Majors FERDINAND VON SCHILL (*1776, fällt 1809 in Stralsund) und Herzog FRIEDRICH WILHELMS von Braunschweig (*1771, †1815), der nach England entkommt, wo er seine »Schwarze Schar« zur »King's German Legion« (Königlich Deutsche Legion) zusammenschließt, die in Spanien kämpft.

14. Okt. Friede von Schönbrunn (in Wien): Österreich tritt ein Gebiet von ca. 110 000 km^2 ab, u. a. Salzburg und das Innviertel an Bayern, die sog. Illyrischen Provinzen an Frankreich und Westgalizien an das Herzogtum Warschau, und wird dadurch zum Binnenstaat unter Verlust der Großmachtrolle.

1810 NAPOLEON verleibt (zusammen mit dem bisherigen Königreich Holland) Oldenburg, Ostfriesland und die Hansestädte dem Kaiserreich Frankreich ein.

1812/1813 Denkschriften des Freiherrn VOM STEIN für eine bundesstaatliche Verfassung Deutschlands.

1813/1814 Die **deutschen Befreiungskriege** (Niederwerfung NAPOLEONS), im Wesentlichen durch reguläre Truppen geführt und entschieden, werden als »Volkskrieg« (so der Dichter KARL THEODOR KÖRNER; *1791, †1813) begriffen und üben in der Folgezeit eine starke Wirkung auf die deutsche Nationalbewegung aus.

1813, 16.–19. Okt. **Völkerschlacht bei Leipzig**: Der Sieg der russisch-preußisch-österreichisch-schwedischen Koalitionsheere führt zum **Zusammenbruch der Hegemonie NAPOLEONS in Deutschland**. Der Rheinbund löst sich auf.

1814, 30. Mai Der **Erste Pariser Friede** stellt im Großen und Ganzen die deutsch-französische Grenze von 1792 wieder her.

1814/1815 **Wiener Kongress** der Staatsoberhäupter und Minister Europas zur **Neuordnung Deutschlands und des europäischen Staatensystems.**

1815, 8. Juni Verabschiedung der Deutschen Bundesakte als Grundgesetz des Deutschen Bundes.

Wiener Kongress und Deutscher Bund

Nach den Hauptbestimmungen der **Wiener Kongressakte** vom 9. Juni 1815 überlässt Österreich Belgien den Niederlanden und tritt den Breisgau sowie das benachbarte Gebiet an Baden und Württemberg ab; dagegen erhält es seine alten Gebiete zurück: Tirol, Vorarlberg, Kärnten, Krain (Kranjska), Triest, Galizien, Mailand, Venetien, Salzburg und das Innviertel. – Preußen überlässt an Bayern Ansbach und Bayreuth, an Hannover Ostfriesland, Hildesheim, Goslar und Lingen und an Russland die polnischen Gebiete aus der dritten Teilung Polens. Es erhält dafür Schwedisch-Pommern mit Rügen (von Dänemark im Austausch gegen Lauenburg), die Rheinprovinz (Kurtrier, Kurköln, Aachen, Jülich und Berg), eine Vergrößerung Westfalens und fast die Hälfte des Königreichs Sachsen. An Bayern kommen außer Ansbach und Bayreuth noch die Reichsstädte Augsburg und Nürnberg. – Bayern, Sachsen und Württemberg bleiben Königreiche; hinzu kommt das frühere Kurfürstentum Hannover ebenfalls als Königreich. Die Römisch-deutsche Kaiserwürde wird trotz Steins Bemühungen nicht wiederhergestellt.

An die Stelle des früheren Heiligen Römischen Reichs Deutscher Nation tritt der **Deutsche Bund** unter Österreichs Leitung, gebildet von 37 souveränen Fürsten und vier freien Städten (Hamburg, Bremen, Lübeck, Frankfurt am Main). Grundgesetz ist die Bundesakte vom 8. Juni 1815 (ergänzt durch die Wiener Schlussakte vom 8. Juli 1820). Die ersten elf Artikel der Bundesakte werden in die Kongressakte aufgenommen und dadurch unter den Schutz bzw. die Garantie der Signatarmächte gestellt. Nach Metternichs Auffassung wird damit kein Interventionsrecht der Mächte begründet, doch nehmen verschiedene Mächte es in der Folgezeit in Anspruch, z. T. auf Betreiben einzelner Bundesglieder. Zweck des Bundes nach Artikel 2 ist die »Erhaltung der äußeren und inneren Sicherheit Deutschlands und der Unabhängigkeit und Unverletzbarkeit der einzelnen deutschen Staaten«. **Oberste Behörde ist die Bundesversammlung**, auch Bundestag genannt, in Frankfurt am Main, eine Versammlung von Gesandten der Bundesstaaten unter österreichischem Vorsitz. Das Bundesheer wird aus den Kontingenten der Einzelstaaten gebildet. Bundesfestungen sind Mainz, Luxemburg, Landau, Ulm und Rastatt. Die Gliedstaaten sind voll souverän nur gegenüber ihren Untertanen, nicht gegenüber dem Bund, aus dem sie nicht austreten dürfen und dessen Mehrheitsbeschlüsse für sie bindend sind. Rechtskraft erhalten allgemeine Rechtsordnungen nur durch einzelstaatliche Gesetzgebung. Artikel 13 der Bundesakte verspricht Verfassungseinrichtungen: »In allen Bundesstaaten wird eine landständische Verfassung stattfinden.« **Österreich und Preußen** gehören nicht mit ihrem ganzen Gebiet dem Bund an: Österreich nicht mit seinen polnischen, ungarischen und italienischen Gebietsteilen (wohl aber mit Böhmen, Mähren, Krain, Triest, Tirol bis südlich von Trient, mithin mit sechs Mio. Slawen und fast einer halben Mio. Italienern), Preußen nicht mit den Provinzen Preußen (Ost- und Westpreußen) und Posen. Weitere Mitglieder des Deutschen Bundes sind durch Personalunion u. a. der König von Großbritannien als König von Hannover, der König von Dänemark als Herzog von Holstein und Lauenburg und der König der Niederlande als Großherzog von Luxemburg.

Der deutsche Vormärz (1815–1847)

Der durch die europäischen Mächte völker- und staatsrechtlich begründete **Deutsche Bund** fügt sich in das Gleichgewicht des europäischen Staatensystems ein und bewirkt – allein schon wegen der Verminderung seiner Staaten auf 41 – eine **Modernisierung Deutschlands** gegenüber dem alten Reich; doch steht er im Gegensatz zur

Der Deutsche Bund von 1815

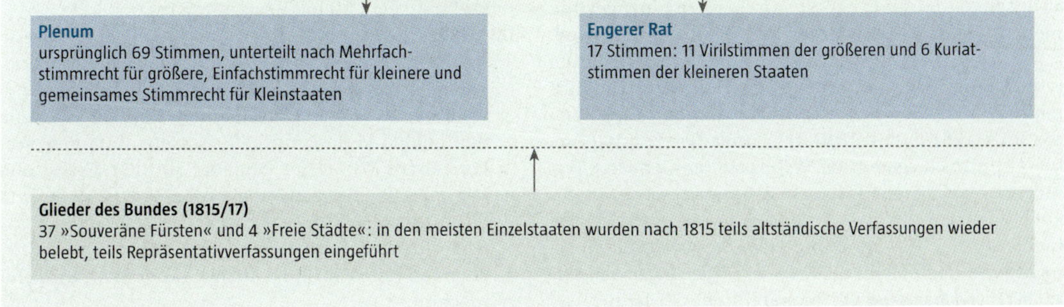

allmählich stärker werdenden nationalen und liberal-konstitutionellen Bewegung. Daraus erwächst die **Spannung der deutschen Frage** der folgenden Jahrzehnte. Leitender Minister in Österreich, der Führungsmacht des Bundes, ist Fürst CLEMENS VON METTERNICH (*1773, †1859, seit 1809 Minister des Auswärtigen, seit 1821 Staatskanzler, seit 1826 Vorsitzender der Ministerkonferenz für die inneren Angelegenheiten), der in seiner Innen- und Außenpolitik für die Erhaltung der 1815 für Europa und Deutschland gesetzten Ordnung wirkt. Er steht daher in unversöhnlichem Gegensatz zum Liberalismus und zu allen revolutionären Bewegungen (**metternichsches System**). Bürgerlich-liberale Forderungen nach Verfassungs-, Rechts- (Schwurgerichte, Pressefreiheit) und Sozialreformen (Bauernbefreiung) werden kaum erfüllt. Stattdessen wird der Deutsche Bund konsequent zur Unterdrückung nationaler und liberaler Bewegungen eingesetzt. So erhält das Bürgertum nur sehr begrenzten politischen Einfluss, kann sich aber wirtschaftlich v.a. in Preußen (Gewerbefreiheit seit 1810) stark entfalten. Die **Industrialisierung** setzt nur zögernd, v.a. in Sachsen und dem Rheinland, ein. Es gibt Hungerkrisen und, v.a. ab etwa 1830, Massenelend (Pauperismus). Formen modernen politischen Lebens (Wahlen, Parteien, Parlamentarismus) können sich nur ansatzweise in den Verfassungsstaaten im Rahmen des Frühkonstitutionalismus herausbilden. Die Entstehung eines Spannungsfeldes zwischen Staat und Gesellschaft ist die lang wirkende Folge.

Der Frühkonstitutionalismus

Die Einführung von **Verfassungen** (schriftlichen Grundgesetzen) lässt konstitutionelle Monarchien, z.T. nach dem Muster der französischen *Charte* (vom Monarchen eingesetzte Verfassung) von 1814, entstehen: Nassau 1814, Schwarzburg-Rudolstadt, Schaumburg-Lippe, Waldeck, Sachsen-Weimar-Eisenach, Sachsen-Hildburghausen 1816, Bayern, Baden (am ehesten den konstitutionellen Ideen entsprechend), Liechtenstein 1818, Württemberg 1819, Braunschweig, Hessen-Darmstadt 1820, Sachsen-Coburg 1821. Weitere Verfassungen folgen. Österreich widersteht bis 1848. In Preußen werden entgegen dem Verfassungsversprechen 1823 nur Provinzialstände eingeführt.

Die Verfassungen **beschränken die monarchische Gewalt nur teilweise** und dienen den Fürsten bzw. den (z.T. schon bürgerlich geprägten) Bürokratien v.a. der ehemaligen Rheinbundstaaten zur **politischen und rechtlichen Integration** der alten und der in napoleonischer Zeit hinzugekommenen Untertanen sowie zur Verbreiterung der gesellschaftlichen Basis des Staates. Die meist oktroyierten (vom Landesherrn erlassenen) Konstitutionen (in Württemberg 1819 Verfassungsvertrag zwischen König WILHELM I. [*1781, †1864; 1816–1864] und dem Landtag) sehen Grundrechtsgarantien, Wahlrecht (an Geburts-, Vermögens- bzw. Steuerkriterien gebunden) und Mitwirkung des (meist in zwei Kammern gegliederten) Parlaments an der Gesetzgebung (v.a. Steuerbewilligungsrecht) vor, doch bleibt die **Krone alleiniger Träger von Souveränität und Staatsgewalt** (»monarchisches Prinzip«).

1815, 12. Juni Gründung der Jenaischen Burschenschaft (**Urburschenschaft**; Farben Schwarz-Rot-Gold), die alle deutschen Studenten als Vorbild für die angestrebte liberal-nationale politische Einigung Deutschlands zusammenfassen will.
In rascher Folge entstehen danach entsprechende Burschenschaften an fast allen Hochschulen. Radikale Gruppierungen sind die Gießener »Schwarzen« und der von einem Mitglied dieser Vereinigung, KARL FOLLEN (*1796, †1840), in Jena gegründete »Verein burschenschaftlicher Unbedingter«.

1816, 5. Nov. **Eröffnung der Bundesversammlung** in Frankfurt am Main.

1817, 20. März Schaffung des preußischen Staatsrats, in dem u.a. die Spitzen der Behörden vertreten sind (»Beamtenparlament«), als oberste Behörde Preußens.

27. Sept. König FRIEDRICH WILHELM III. dekretiert die Preußische Union zwischen Lutheranern und Reformierten.

18. Okt. **Wartburgfest** der deutschen Burschenschaften zum Andenken an die Reformation und die Völkerschlacht bei Leipzig.

1818, 26. Mai Das Zollgesetz schließt Preußen zum einheitlichen Wirtschaftsgebiet zusammen.

1819, 23. März Der unter dem Einfluss des radikalen Privatdozenten KARL FOLLEN stehende Student KARL LUDWIG SAND (*1795, †1820) ermordet in Mannheim den Theaterdichter AUGUST VON KOTZEBUE (*1761), der als russischer Generalkonsul regelmäßig über deutsche Verhältnisse an den Zaren berichtet hat.

Juli Missglücktes Attentat eines Burschenschaftlers auf den nassauischen Staatsrat KARL VON IBELL (*1780, †1834).

6.–31. Aug. Auf Veranlassung METTERNICHS fasst eine deutsche Ministerkonferenz die am 20. Sept. vom Bundestag bestätigten **Karlsbader Beschlüsse** des Deutschen Bundes (Karlsbad in der Nähe von Eger; heute Karlovy Vary, Tschechische Republik): Vorzensur für Zeitungen und alle Schriften unter 20 Druckbogen; Verbot der Burschenschaften; Entlassung »revolutionär« gesinnter Lehrkräfte; Überwachung der Universitäten. In Mainz wird eine Zentraluntersuchungskommission des Deutschen Bundes eingesetzt.
In Preußen wird FRIEDRICH LUDWIG JAHN verhaftet, ERNST MORITZ ARNDT 1820 vom Amt als Professor in Bonn suspendiert. Im Bundesgebiet werden daraufhin alle auf Erhaltung der Ruhe und überlieferten Ordnung gerichteten Bestrebungen verstärkt.

1819/1820 Rücktritt (21. Dez.) des preußischen Kriegsministers BOYEN nach der Revidierung des Landwehrgesetzes von 1815 (Selbstständigkeit der Landwehr eingeschränkt). Nach einem Konflikt zwischen den beiden Verfassungsbefürwortern WILHELM VON HUMBOLDT (Sturz als Minister für ständische und kommunale Angelegenheiten am 31. Dez.) und Staatskanzler HARDENBERG wendet sich Preußen faktisch von der Realisierung des Verfassungsversprechens ab (formell 1821). Auch HARDENBERG wird entmachtet.

1820, 8. Juli Die Wiener Schlussakte des Deutschen Bundes bestätigt die Souveränität auch der Klein- und Mittelstaaten und proklamiert das monarchische Prinzip des Frühkonstitutionalismus.

1828 Die Aufsehen erregende Schrift des Schriftstellers CHARLES SEALSFIELD (eigentlich KARL ANTON POSTL; *1793, †1864) »Austria as it is« schildert Schwächen und Zerfall des österreichischen Kaiserstaates.

18. Jan. Bayern und Württemberg schließen einen Vertrag zur Gründung des Bayerisch-Württembergischen Zollvereins (Süddeutscher Zollverein) mit Wirkung vom 1. Juli 1828. In den Vertrag sind auch die jeweiligen Zoll-Anschlussgebiete der beiden Vertragspartner (mit Ausnahme der Pfalz) integriert.

14. Febr. **Zollvertrag** zwischen Preußen und Hessen-Darmstadt (Kern des späteren Deutschen Zollvereins) unter Führung der preußischen Finanzminister FRIEDRICH VON MOTZ (*1775, †1830; 1825–1830) und KARL GEORG MAASSEN (*1769, †1834; 1830–1834).

24. Sept. Gründung des **gegen Preußen gerichteten Mitteldeutschen Handelsvereins** (Sachsen, Hannover, Kurhessen, thüringische Kleinstaaten).

1830/1831 Nach der französischen Julirevolution kommt es zu **Unruhen in mehreren deutschen Bundesstaaten** (Braunschweig, Hannover, Sachsen, Kurhessen), die auch vom polnischen Freiheitskampf beeinflusst sind.

1831, 17. März Die Revision der Städteordnung von 1808 stärkt die Aufsicht der staatlichen Behörden zu Ungunsten städtisch-kommunaler Selbstverwaltung.

25. Aug. Der Anschluss Kurhessens an das preußisch-hessische Zollsystem sprengt faktisch den Mitteldeutschen Handelsverein.
Die deutschen Einigungshoffnungen beginnen sich auf Preußen zu richten, dessen Verwaltung als Vorbild wirkt (auch in Süddeutschland: PAUL ACHATIUS PFIZER [*1801, †1867], »Briefwechsel zweier Deutscher«, Stuttgart 1831).

1832, 27. Mai **Hambacher Fest**: Massenkundgebung des **süddeutschen radikalen Liberalismus** mit Teilnahme polnischer Flüchtlinge. Der Redakteur JOHANN GEORG AUGUST WIRTH (*1798, †1848) fordert die »vereinigten Freistaaten Deutschlands« und das »konföderierte republikanische Europa«. – Die Regierungen reagieren mit sechs Artikeln als Abwehrmaßnahme: Der Bundestag legt die deutschen Staaten auf das monarchische Prinzip fest, überwacht die Landtage und verbietet politische Vereine, Volksversammlungen und öffentliche Kundgebungen.

1833, 3. April Der Frankfurter Wachensturm von Studenten und Handwerkern, gedacht als Signal für eine allgemeine Erhebung, wird Anlass zur Verschärfung des Repressionssystems.

1834, 1. Jan. Der **Deutsche Zollverein** schließt unter Führung Preußens die meisten deutschen Staaten unter Ausschluss Österreichs (und vorläufig des von Hannover geführten Steuervereins) wirtschaftlich zusammen.

1835, 7. Dez. **Die erste deutsche Eisenbahnlinie** verbindet Nürnberg mit Fürth.

Deutscher Zollverein

1835–1848 Kaiser FERDINAND I. von Österreich (*1793, †1875), der geistig behinderte Sohn von FRANZ I., überlässt die Regierung METTERNICH.

1836–1841 **Kölner Kirchenstreit** (Kölner Wirren) wegen der verschiedenen Grundsätze des Staates und der Kirche in Bezug auf die Erziehung der Kinder aus konfessionellen Mischehen. Erzbischof KLEMENS AUGUST FREIHERR VON DROSTE ZU VISCHERING (*1773, †1845) wird 1837, 1839 auch Erzbischof MARTIN VON DUNIN (*1774, †1842) von Gnesen-Posen, zu Festungshaft verurteilt. Das führt zur Beunruhigung im deutschen Katholizismus, dessen Politisierung gefördert wird. FRIEDRICH WILHELM IV. (*1795, †1860), König von Preußen seit 1840, legt den Streit schließlich bei.

1837, 20. Juni Die Personalunion zwischen Hannover und Großbritannien löst sich infolge des verschiedenen Erbrechts: In Hannover kommt König ERNST AUGUST (*1771, †1851) auf den Thron.

1. Nov. ERNST AUGUST hebt die 1833 gewährte Verfassung auf und ordnet Wahlen zur Ständeversammlung nach der Verfassung von 1819 an. Die **Göttinger Sieben**, die Göttinger Professoren JAKOB (*1785, †1863) und WILHELM GRIMM (*1786, †1859), GEORG GOTTFRIED GERVINUS (*1805, †1871), FRIEDRICH CHRISTOPH DAHLMANN (*1785, †1860), HEINRICH EWALD (*1803, †1875), WILHELM ALBRECHT (*1800, †1876) und WILHELM EDUARD WEBER (*1804, †1891), verweigern die Teilnahme an der Wahl, protestieren (18. Nov.) und werden abgesetzt (14. Dez.). JAKOB GRIMM, DAHLMANN und GERVINUS werden des Landes verwiesen, was zu starkem Protest in ganz Deutschland führt.

1839, 9. März In Preußen wird die Arbeitszeit für Jugendliche in den Fabriken auf zehn Stunden beschränkt, Kinderarbeit verboten: **Beginn der preußischen Arbeitsschutzpolitik**.

1840–1861 König FRIEDRICH WILHELM IV. von Preußen: Er wird mit großen Erwartungen begrüßt, ist anfangs politisch entgegenkommend (Freilassung der Erzbischöfe, Rehabilitierung ARNDTS und JAHNS) und erweist sich als hochbegabter christlich-deutscher Romantiker.

1840 **Kriegsstimmung** im Zusammenhang mit der 1839 ausgebrochenen **Orientkrise**, in der Frankreich im Krieg zwischen dem Osmanischen Reich und Ägypten den ägyptischen Pascha unterstützt. Die französische Forderung nach dem Rhein als Grenze stärkt das deutsche Nationalgefühl (»Die Wacht am Rhein« und NIKOLAUS BECKERS [*1809, †1845] Rheinlied »Sie sollen ihn nicht haben ...« entstehen), das sich auch in den folgenden Jahren, gefördert durch ein romantisches Geschichtsbewusstsein, äußert.

1842, 4. Sept. Kölner Dombaufest zur Bekundung christlicher Glaubenseinheit.

1843 Feier des »Tausendjährigen Bestehens des Deutschen Reiches«, die auf den Vertrag von Verdun 843 Bezug nimmt.

1844, 4.–6. Juni **Weberaufstand in Schlesien** als extremes Anzeichen der durch die Anfänge der Industrialisierung verursachten gesellschaftlich-sozialen Übergangskrise.

Die **Auswanderung** steigt an: 1834–1845 auf jährlich fast 20 000, 1846–1855 auf jährlich 110 000 Menschen im Durchschnitt (im Gebiet des späteren Deutschen Reiches). Die mechanisierte Industrialisierung beginnt, besonders wirksam im Maschinenbau. Von den 40er-Jahren an taucht der Begriff **Pauperismus** als Bezeichnung der vorindustriellen Massenarmut auf, die durch starkes Bevölkerungswachstum (1816–1850 um etwa 50 %) besonders in der unterbäuerlichen Schicht und Mangel an Arbeitsplätzen entsteht. – Parallel zu diesen Entwicklungen erfolgt der rasche Ausbau des Eisenbahnnetzes.

1845–1847 Infolge von Missernten entsteht eine **Wirtschafts- und Versorgungskrise**, örtlich kommt es zu sozialen Unruhen. Folge sind z. B. zwischen Juli 1847 und März 1848 anhaltende Epidemien (v. a. Typhus) unter den Landarbeitern in Oberschlesien. Steigende politische Unzufriedenheit; nationale, konstitutionelle und soziale Forderungen werden laut.

1846/1847 Germanistentage von Professoren in Frankfurt am Main und Lübeck.

1847, 3. Febr. **Berufung des preußischen Vereinigten Landtags**, dessen Zusammensetzung aus den Mitgliedern der Provinziallandtage und geringe Befugnisse im liberalen Bürgertum Enttäuschung verursachen und der bald (26. Juni) wieder aufgelöst wird.

Juni Allgemeines deutsches Sängerfest in Lübeck (gesamtdeutsch-nationaler Enthusiasmus).

12. Sept./10. Okt. Versammlung demokratischer Politiker in Offenburg (Baden) und liberaler Parlamentarier in Heppenheim an der Bergstraße.

15. Okt. Mit Fertigstellung der Köln-Mindener Bahn gibt es eine direkte Eisenbahnverbindung von Berlin bis Antwerpen. Der Eisenbahnbau wird einer der wichtigsten Faktoren des industriebestimmten Wirtschaftswachstums, das sich aber erst nach der Mitte des Jh.s allgemein entlastend gegenüber der ländlichen Übervölkerung, dem Preisverfall für Produkte des Heimgewerbes und der verbreiteten Stagnation der gewerblichen Wirtschaft auswirkt.

Nov./Dez. In London entsteht als Nachfolgeorganisation des Bundes der Gerechten (seit 1836) der **Bund der Kommunisten** unter KARL MARX (*1818, †1883) und FRIEDRICH ENGELS (*1820, †1895) durch den Zusammenschluss der deutschen Handwerkergesellen-Auslandsorganisationen (Auslandsvereine).

Nationalitätenbewegungen im Vormärz

In Österreich entsteht eine wachsende Spannung durch die Entwicklung der **Nationalitätenbewegung**, v. a. des magyarischen und tschechischen Nationalismus. Unter den Polen Posens kann die – nach Eindeutschungsversuchen in den 1830er-Jahren (Oberpräsident EDUARD HEINRICH VON FLOTTWELL; *1786, †1865) – den Polen entgegenkommde Verwaltungspolitik FRIEDRICH WILHELMS IV. die Entstehung und Ausbreitung eines bürgerlich-demokratischen Nationalbewusstseins nicht aufhalten. Führend sind der Posener Arzt KAROL MARCINKOWSKI (*1800, †1846) und der nach ihm benannte Bildungsverein.

Die Revolution von 1848/1849

Die Revolution 1848/49 in Deutschland wird oft **als »bürgerliche« Revolution bezeichnet**. Das trifft insofern zu, als die politische Programmatik des bürgerlichen Liberalismus vorherrschend ist. Doch handelt es sich tatsächlich um eine Revolution aller Schichten des Volkes, allerdings ohne einheitliche Führung und aufgesplittert in widersprüchliche Zielsetzungen. Träger der revolutionären Kämpfe sind oft die von der sozialen Frage des Vormärz in erster Linie betroffenen Gesellen und Facharbeiter. Das im Febr. 1848 erscheinende Kommunistische Manifest von Karl Marx bleibt fast ganz unbekannt. Die Führer der liberalen Opposition in den Abgeordnetenhäusern stellen sich an die Spitze der durch die Februarrevolution in Frankreich angestoßenen Bewegung, die in vielen deutschen Staaten auf eine sich bereits verschärfende politische Krise trifft.

1848, Febr./März **Märzrevolution**: Eine badische Volksversammlung in Mannheim (27. Febr.) fordert Pressefreiheit, Schwurgerichte, Vereinsfreiheit, Volksbewaffnung und ein deutsches Parlament.
Ähnliche Versammlungen finden in Württemberg, Hessen-Darmstadt, Nassau und anderen Staaten statt. An mehreren Orten kommt es zu Zusammenstößen der Aufständischen mit Regierungstruppen. Die Regierungen zeigen sich nachgiebig; der Bundestag in Frankfurt am Main hebt die Zensur für Druckschriften auf, erklärt den alten deutschen Reichsadler zum Bundeswappen und Schwarz-Rot-Gold zu den deutschen Bundesfarben. **Berufung von Märzministerien mit liberalem Einschlag** in Bayern, Württemberg, Baden, Hessen-Darmstadt, Sachsen, Hannover und mehreren kleineren Staaten. Revolutionäre Aktionszentren werden Wien, Berlin und Frankfurt am Main mit teils eigener, teils wechselseitig wirkender Entwicklung.

13.–15. März **Aufstand in Wien: Metternich tritt zurück** und flieht nach England. Bürgerwehr und Studenten beginnen die Stadt zu beherrschen.

18.–19. März **Unruhen und Straßenkämpfe in Berlin**: Die Truppen verlassen auf Befehl von König Friedrich Wilhelm IV., dem sein Bruder Prinz Wilhelm, der spätere König und Kaiser Wilhelm I. (*1797, †1888; 1861–1888), und der Kommandierende General Friedrich Heinrich Ernst (seit 1864 Graf) von Wrangel (*1784, †1877) nicht zustimmen, ihre Stellungen und marschieren aus der Stadt. Bildung einer Bürgerwehr, die den Schutz des Schlosses und die Aufrechterhaltung der Ordnung in der Stadt übernimmt. Amnestie für alle politischen Vergehen.

20. März Infolge wiederholter Unruhen in München **dankt**, auch persönlich diskreditiert, **König Ludwig I.** (*1786, †1868; seit 1825) zugunsten seines Sohnes Maximilian II. (*1811, †1864) **ab.**

21. März Proklamation Friedrich Wilhelms IV. von Preußen »An mein Volk und an die deutsche Nation«, worin er betont, dass er sich zur Rettung Deutschlands an die Spitze des Vaterlandes stelle.

24. März Rebellion in Schleswig und Holstein gegen die dänische Herrschaft, nachdem der neue König von Dänemark, Friedrich VII. (1848–1863), ein neues Ministerium berufen hat, in dem die Eiderdänen maßgebend sind, sodass – entgegen dem alten Recht der Herzogtümer – die völlige Inkorporation Schleswigs in den dänischen Staatsverband droht; Bildung einer provisorischen Regierung von Schleswig-Holstein in Kiel.

29. März Liberales Ministerium Ludolf Camphausen (*1803, †1890) in Preußen. Berufung einer preußischen Nationalversammlung nach Berlin (am 22. Mai eröffnet).

31. März Mit Zustimmung des Bundestags **tritt in Frankfurt am Main** ein aus 574 Mitgliedern von Landtagen gebildetes **Vorparlament zusammen** (bis 3. April) und beschließt die Berufung einer Nationalversammlung zur Feststellung der deutschen Reichsverfassung.
Der vom Vorparlament gewählte Fünfzigerausschuss amtiert als gesamtdeutsche Übergangsinstitution (bis zum 18. Mai) und beschließt die Wahl einer deutschen Nationalversammlung. Diese soll nach einem (z. T. eingeschränkten) allgemeinen, gleichen Wahlrecht im Bundesgebiet, Schleswig und den nicht zum Deutschen Bund gehörenden preußischen Provinzen durchgeführt werden.

April Eine v. a. durch die Auflehnung der Bauern gegen großgrundbesitzende Standesherrn getragene **republikanische Erhebung in Baden** unter Führung von Friedrich Hecker (*1811, †1881), Gustav von Struve (*1805, †1870) und Georg Herwegh (*1817, †1875) wird von Bundestruppen unter General Friedrich von Gagern (*1794, †1848) schnell unterdrückt.

3. April–8. Mai Der dem Bundestag beigeordnete Siebzehnerausschuss (17 von den Einzelstaaten entsandte Politiker) arbeitet eine **erbkaiserlich-föderativ-konstitutionelle Verfassung** mit Zweikammersystem, Grundrechtskatalog und Verfassungsgewähr aus, deren Grundmuster für die weitere deutsche Verfassungsgeschichte beispielgebend ist, obgleich die Verfassung nicht Realität wird.

12. April Der Bundestag beschließt, die Räumung Schleswigs von dänischen Truppen gewaltsam zu erzwingen, um Dänemark an der Annexion des Herzogtums zu hindern, und erkennt die provisorische schleswig-holsteinische Landesregierung in Kiel an. – Führung des Krieges gegen Dänemark v. a. durch preußische Truppen.

25. April In der Verfassungsurkunde des Innenministers Franz Freiherr von Pillersdorf (*1786, †1862) für alle österreichischen Provinzen (also außer Ungarn) wird festgesetzt (§ 4): »Allen Volksstämmen ist die Unverletzlichkeit ihrer Nationalität und Sprache gewährleistet.«

15. Mai Zweiter Aufstand in Wien, der die **Einberufung eines (gesamt-)österreichischen Reichstags** erzwingt.

17. Mai Der regierungsunfähige Kaiser Ferdinand I. verlässt Wien und geht in das der Monarchie ergebene Innsbruck.

18. Mai **Eröffnung der Deutschen Nationalversammlung** (Parlament) in der **Paulskirche** in Frankfurt am Main.

Die Frankfurter Nationalversammlung

Von den für Österreich bestimmten Abgeordneten werden nur zwei Drittel gewählt, weil die tschechischen Wahlkreise Böhmens nicht mitwählen: Der tschechische Historiker František Palacký (*1798, †1876) lehnt die deutsche Einladung am 11. April in erster Linie mit dem Hinweis darauf ab, dass er kein Deutscher sei. Die Nationalversammlung von rund 585 Abgeordneten besteht überwiegend aus wirtschaftlich gesicherten Männern (meist Juristen, Verwaltungsbeamte, Professoren), die bereits herausgehobene Positionen im öffentlichen Leben bekleiden (**Honoratiorenparlament**) und keiner bestimmten politischen Richtung rückhaltlos verpflichtet sind. Gleichwohl bildet sich eine parteimäßige Struktur von fortwirkender Bedeutung aus; die Fraktionen benennen sich noch nach Tagungslokalen, stellen aber eine Aufgliederung politischer Richtungen und Flügel dar. Den geistigen Schwerpunkt der Verfassungsarbeit bildet das rechte Zentrum. Zum Präsidenten wird der liberale hessen-darmstädtische Minister Heinrich Freiherr von Gagern (*1799, †1880) gewählt, der die **Souveränität der Nation zur Grundlage des Verfassungswerks der Nationalversammlung** erklärt. Zu den Abgeordneten gehören auch einzelne Tschechen aus Mähren, Italiener aus Südtirol (Trentino) und ein Pole aus Posen. Ein Großteil der Arbeit wird in den Ausschüssen geleistet, deren wichtigster der Verfassungsausschuss ist.

31. Mai Die Nationalversammlung beschließt auf Antrag der österreichischen Abgeordneten **eine Schutzerklärung für die nichtdeutschen Minderheiten**, laut der »den nicht deutsch redenden Volksstämmen Deutschlands [...] ihre volkstümliche Entwicklung« und die Gleichberechtigung ihrer Sprache in Kirche, Schule, innerer Verwaltung und Rechtspflege gewährleistet wird (später § 188 der Reichsverfassung von 1849).

1. Juni In Köln beginnt unter Leitung von Karl Marx und unter Mitarbeit von Friedrich Engels die radikalrepublikanische »Neue Rheinische Zeitung« zu erscheinen (bis 19. Mai 1849).

2.–12. Juni Der **Slawenkongress in Prag**, beschickt von den österreichischen Slawen und den Posener Polen (der einzige Russe ist der Anarchist Michail Alexandrowitsch Bakunin; *1814, †1876), beschließt unter Leitung Palackýs ein Manifest, das die Umformung des österreichischen Kaiserstaats »in einen Bund von gleichberechtigten Völkern« wünscht. Das Programm plädiert für die Erhaltung der Donaumonarchie, in der Palacký ein Gegengewicht sowohl gegen die Gefahr einer russischen Universalmonarchie als auch gegen die Vereinigung der Deutsch-Österreicher mit Deutschland sieht.

13. Juni Der erste Demokratenkongress in Frankfurt am Main beschließt die Zentralisierung der demokratischen Vereine (Zentrale Berlin) und verabschiedet ein Parteiprogramm mit dem Ziel einer demokratisch-unitarischen deutschen Republik.

16. Juni **Pfingstaufstand** der tschechischen Radikalen **in Prag**, niedergeworfen von Alfred Fürst zu Windischgrätz (*1787, †1862).

29. Juni Auf Vorschlag ihres Präsidenten von Gagern wählt die deutsche Nationalversammlung Erzherzog Johann von Österreich (*1782, †1859) zum Reichsverweser; der Bundestag überträgt ihm seine Vollmachten.

1. Juli Gründung der »Neuen Preußischen Zeitung« (»Kreuzzeitung«; bis 1939) als Organ der konservativ-junkerlichen Gegenbewegung gegen die Revolution.

15. Juli Erzherzog Johann ernennt ein **deutsches Reichsministerium** (Ministerpräsident bis Sept. 1848 Karl Fürst von Leiningen; *1804, †1856), doch zeigt sich bald, dass die neu geschaffene Zentralgewalt weder den Einzelstaaten noch dem Ausland gegenüber wirkliche Macht besitzt.

22. Juli Ein konstituierender österreichischer Reichstag wird eröffnet.

12. Aug. Kaiser Ferdinand kehrt auf Wunsch des Reichstags nach Wien zurück.

18./19. Aug. Das Junkerparlament, die Vereinigung der

Berufe der Abgeordneten der Frankfurter Nationalversammlung

Akademiker	357
Staatsdiener	312
Berufe der gewerblichen Wirtschaft	96
ohne Berufsangabe	44
Gesamt	**809**
Akademiker	
Professoren	94
Lehrer	30
Geistliche	39
Advokaten	106
Ärzte	23
Verleger, Buchhändler, Bibliothekare	10
Schriftsteller	20
sonstige Akademiker	35
	357
Staatsdiener	
Offiziere	18
Diplomaten	11
Richter, Staatsanwälte	110
höhere Verwaltungsbeamte	115
Bürgermeister	21
mittlere Beamte	37
	312
Berufe der gewerblichen Wirtschaft	
Landwirte	46
Kaufleute	35
Fabrikanten	11
Handwerker	4
	96

agrarisch-konservativen Opposition Preußens gegen die preußische Nationalversammlung, ist Ausgangspunkt der Bildung einer konservativen Partei.

23. Aug.–3. Sept. **Erster Allgemeiner Deutscher Arbeiterkongress** in Berlin unter Leitung von STEPHAN BORN (*1824, †1898, Setzergeselle, Mitglied des Bundes der Kommunisten) nach vorangegangener lebhafter Organisationstätigkeit (Arbeitervereine). Beschlossen werden Organisations- und Selbsthilfemaßnahmen sowie soziale und politische Forderungen (u. a. gewerkschaftliche Organisation von Lokalkomitees der Arbeiter mit Assoziationskassen, Gewährung des Wahlrechts an alle männlichen Bürger über 21 Jahre, Abschaffung der indirekten Steuern, Zehnstundentag, unentgeltlicher Volksschulunterricht ohne konfessionellen Religionsunterricht). BORN wird Vorsitzender des Zentralkomitees der »Allgemeinen deutschen Arbeiter-Verbrüderung« mit Sitz in Leipzig und Redakteur des Korrespondenzblatts »Die Verbrüderung«. Die Arbeiterorganisationen werden 1854 durch Beschluss der Bundesversammlung aufgehoben.

26. Aug. Unter britisch-russischem Druck schließt Preußen den Waffenstillstand von Malmö mit Dänemark (Räumung von Schleswig und Holstein, Absetzung der provisorischen deutschen schleswig-holsteinischen Regierung).

5. Sept. Die Frankfurter Nationalversammlung verwirft unter Führung des liberalkonstitutionellen FRIEDRICH CHRISTOPH DAHLMANN mit einer linken Mehrheit den preußisch-dänischen Waffenstillstand; daraufhin tritt Reichsminister LEININGEN zurück.

7. Sept. Der **österreichische Reichstag** beschließt aufgrund eines am 25. Juli vom Bauernsohn HANS KUDLICH (*1823, †1917) gestellten Antrags die **Aufhebung aller bäuerlichen Untertänigkeitsverhältnisse**.

16. Sept. Die deutsche Nationalversammlung billigt den Waffenstillstand von Malmö, nachdem DAHLMANNS Versuch einer Reichsregierungsbildung gescheitert ist. Neuer Reichsministerpräsident wird der bisherige Innenminister ANTON VON SCHMERLING (*1805, †1893).

18. Sept. Während einer gewaltsamen Demonstration gegen den Waffenstillstand von Malmö werden die Abgeordneten FELIX FÜRST LICHNOWSKY (*1814) und General HANS VON AUERSWALD (*1792) in Frankfurt am Main ermordet. Preußische und österreichische Truppen stellen die Ruhe wieder her.
Die **Autorität der deutschen Nationalversammlung** ist durch ihre augenfällig gewordene Schwäche gegenüber der revolutionären Linken und den Staatsregierungen **schwer erschüttert**.

21.–25. Sept. **Der zweite badische Aufstand** mit Ausrufung der »Deutschen Republik« durch STRUVE in Lörrach wird von badischen Truppen bei Staufen (nahe Freiburg i. Br.) niedergeschlagen.

6. Okt. **Dritter Aufstand in Wien** mit Barrikadenkämpfen. Kriegsminister THEODOR GRAF BAILLET VON LATOUR (*1780) wird ermordet, das Zeughaus geplündert. Kaiser FERDINAND begibt sich nach Olmütz (Nordmähren, heute Olomouc, Tschechische Republik).

27. Okt. Die Frankfurter Nationalversammlung nimmt in erster Lesung einen Entwurf zu den §§ 2 und 3 der Reichsverfassung an, denen zufolge (§ 2) kein Teil des Deutschen Reiches mit nichtdeutschen Ländern zu einem Staat vereinigt sein und (§ 3) zwischen einem deutschen und einem nichtdeutschen Land, die dasselbe Staatsoberhaupt haben, nur eine Personalunion bestehen darf. Damit ist Österreich vor die Wahl gestellt, entweder einer Auflösung seines Staatsverbandes in eine Personalunion zuzustimmen oder dem neuen Deutschen Reich fernzubleiben.

Okt. Zweiter deutscher Demokratenkongress in Berlin bleibt ohne Ergebnis.

31. Okt. Einnahme Wiens nach achttägigen heftigen Kämpfen durch kaiserliche Truppen unter Führung von WINDISCHGRÄTZ und JOSEF JELAČIĆ (*1801, †1859), dem Statthalter (Ban) von Kroatien.

2. Nov. **Konservatives Ministerium** unter FRIEDRICH WILHELM GRAF VON BRANDENBURG (*1792, †1850) **in Preußen.**

9. Nov. ROBERT BLUM (*1807), Mitglied des Frankfurter Parlaments, wird mit vielen anderen Aufständischen durch kaiserliche Truppen nach der Einnahme Wiens standrechtlich erschossen. – Die preußische Nationalversammlung in Berlin wird auf Befehl des Königs vertagt und zum 27. Nov. in die Stadt Brandenburg berufen.

10. Nov. General FRIEDRICH VON WRANGEL rückt, ohne auf Widerstand zu stoßen, in Berlin ein.

21. Nov. FELIX FÜRST ZU SCHWARZENBERG (*1800, †1852) übernimmt das kaiserliche Ministerium in Wien.

22. Nov. Der **österreichische Reichstag**, nach Kremsier (heute Kroměříž, Tschechische Republik) in Mähren verlegt, wird wieder eröffnet.

27. Nov. SCHWARZENBERGS Programm ist die Absage an den Frankfurter Verfassungsentwurf: »Österreichs Fortbestand in staatlicher Einheit ist ein deutsches wie ein europäisches Bedürfnis.«

2. Dez. Kaiser FERDINAND I. dankt ab; ihm folgt sein Neffe FRANZ JOSEPH I. (*1830, †1916).
Wiedererstarken der Donaumonarchie durch das Zusammenwirken von Dynastie, Armee und Bürokratie.

5. Dez. Da die preußische Nationalversammlung in Brandenburg nicht in beschlussfähiger Zahl zu Stande kommt, befiehlt der König ihre Auflösung und die **Oktroyierung** (Verkündigung) **einer preußischen Verfassung** (31. Jan. 1850 in Kraft).

15. Dez. Das Scheitern seines großdeutsch-österreichischen Programms zwingt Reichsministerpräsident SCHMERLING zum Rücktritt. Nachfolger wird am 18. Dez. (bis März/Mai 1849) der bisherige Präsident der Nationalversammlung, HEINRICH VON GAGERN, der eine kleindeutsch-erbkaiserliche Lösung anstrebt. Der **Konflikt um die großdeutsche oder kleindeutsche Lösung** hat die bisherige Fraktionsgliederung des Paulskirchenparlaments weitgehend umgewandelt: Nun stehen die gemäßigt-konstitutionellen Fraktionen als Erbkaiserliche Partei, die als vorläufige Konzeption einen Bundesstaat ohne Österreich mit dem König von Preußen als Kaiser vertritt, gegen »groß-

Die Fraktionen der Frankfurter Nationalversammlung

Hauptrichtung	Demokratische Linke				Liberale Mitte					Konservative Rechte
Flügel der Hauptrichtung	extreme Linke	gemäßigte Linke			linkes Zentrum			rechtes Zentrum		Protestanten, Konservative
Fraktion (»Partei«)	*Donnersberg*	*Deutscher Hof*	*Nürnberger Hof* (Abspaltung vom *Deutschen Hof* im Okt. 1848)	*Westendhall* (Abspaltung vom *Deutschen* und *Württemberger Hof* im Sept. 1848)	*Württemberger Hof*	*Augsburger Hof* (Abspaltung vom *Württemberger Hof* im Dez. 1848)	*Landsberg* (Abspaltung von *Kasino* und *Württemberger Hof*)	*Kasino*	*Pariser Hof* (Abspaltung vom *Kasino*)	*Café Milani*
politische Ziele	großdeutsch-nationale Demokratie durch revolutionäre Aktion	kleindeutsches Erbkaisertum parlamentarisch-demokratische Republik			mehrheitlich für großdeutsche Lösung parlamentarische Monarchie	erbkaiserlich-kleindeutsche Lösung	demokratische Monarchie, preußische Machtposition	mehrheitlich für preußische Führung starke Zentralgewalt mit auf die Legislative beschränkter Volksvertretung	großdeutsche Lösung	einzelstaatlich-monarchische Integrität im föderalistischen Rahmen
bedeutende Mitglieder (in Auswahl; nicht repräsentativ für die Fraktionsstärke)	Arnold Ruge (*1802, †1880)	Robert Blum (*1807, †1848) Johann von Itzstein (*1775, †1855)	Wilhelm Löwe (»Calbe«) (*1814, †1886)	Jakob Venedey (*1805, †1871) *vom Deutschen Hof* Franz Raveaux (*1810, †1851) *vom Württemberger Hof*	Friedrich Theodor Vischer (*1807, †1887) Karl Mittermaier (*1787, †1867) Heinrich Simon (*1805, †1860) Arnold Duckwitz (*1802, †1881)	Robert von Mohl (*1799, †1875) Gustav Rümelin (*1815, †1889)	Sylvester Jordan (*1792, †1861) *vom Württemberger Hof* Wilhelm Jordan (*1819, †1904) vom *Deutschen Hof*	Ernst Moritz Arndt (*1769, †1860) Friedrich Christoph Dahlmann (*1785, †1860) Johann Gustav Droysen (*1808, †1884) Max Duncker (*1811, †1886) Jakob Grimm (*1785, †1863) Georg Waitz (*1813, †1886) Eduard Simson (*1810, †1899) Hermann von Beckerath (*1801, †1870) Friedrich Daniel Bassermann (*1811, †1855) Karl Mathy (*1806, †1868)	Anton von Schmerling (*1805, †1893) Johann Heckscher (*1797, †1865) Karl Theodor Welker (*1790, †1869)	Max Grävell (*1781, †1860) Ernst Merck (*1811, †1863) Karl Ludwig von Bruck (*1798, †1860) Joseph Maria von Radowitz (*1797, †1853) Franz Joseph Buß (*1803, †1878)

deutsche« Österreicher, Süddeutsche und Republikaner, die Österreich an der Spitze Deutschlands erhalten wollen.

1849, 4. März Der Reichstag von Kremsier wird aufgelöst und eine **Verfassung für Österreich oktroyiert**, welche die Erhaltung des österreichischen Gesamtstaates voraussetzt (§ 5: »Alle Volksstämme sind gleichberechtigt, und jeder Volksstamm hat ein unverletzliches Recht auf Wahrung und Pflege seiner Nationalität und Sprache«). Die Verfassung wird 1851 wieder aufgehoben, ohne tatsächlich in Kraft getreten zu sein.

28. März In **Frankfurt** wird die **deutsche Reichsverfassung** nach langen Auseinandersetzungen **vollendet**. Die aus der Verbindung von unitarischen und föderativen, demokratischen und monarchischen Elementen entstandene Kompromissverfassung kann, obwohl sie nicht in Kraft tritt, die deutsche Verfassungsentwicklung (nicht zuletzt durch ausführliche und fortschrittliche Grundgesetzkodifikation) maßgeblich mit gestalten und ist nicht ohne Einfluss auf die Reichsverfassungen von 1867/1871 und 1919. – Kaiserwahl: Friedrich Wilhelm IV. von Preußen wird mit 290 Stimmen (bei 248 Enthaltungen) gewählt.

3. April Der König von Preußen erklärt einer Abordnung des Frankfurter Parlaments (Eduard Simson; *1810; †1899; 1867–1873 Reichstagspräsident), die ihm angetragene Würde eines Kaisers der Deutschen nur mit Zustimmung aller deutschen Regierungen, d. h. der Fürsten, annehmen zu können.

14. April Bedingungslose **Anerkennung der Reichsverfassung** durch 28 Regierungen (alle deutschen Staaten außer Österreich, den Königreichen und einzelnen Kleinstaaten; am 24. April folgt Württemberg, Anfang Mai die provisorischen Regierungen Sachsens und der Rheinpfalz).

28. April **Endgültige Ablehnung der Kaiserwahl** durch Friedrich Wilhelm IV.

April/Mai In zahlreichen deutschen Staaten gibt es für die Annahme der Reichsverfassung eine breite parlamentarische und außerparlamentarische Bewegung, die sich an mehreren Brennpunkten zur **Mairevolution 1849** verdichtet.

1.–17. Mai Die linksrheinische Pfalz erhebt sich gegen Bayern, das sich besonders energisch gegen die Frankfurter Reichspolitik wendet (konservative Regierung Ludwig von der Pfordten [*1811, †1880], 1849–1859 und 1864–1866), und bildet eine provisorische Regierung, die sich von Bayern lossagt.

3.–9. Mai Ein **Aufstand in Dresden**, unterstützt durch andere sächsische Städte, führt nach der Flucht des Königs zur Bildung einer provisorischen Regierung mit den linken Frankfurter Abgeordneten Otto Heubner (*1812, †1893; »Deutscher Hof«) und Samuel Erdmann Tzschirner (*1812, †1870; »Donnersberg«) sowie dem gemäßigteren Karl Gotthelf Todt (*1803, †1852) an der Spitze. Die militärische Führung übernimmt der Arbeiterführer Stephan Born. Mit den Aufständischen solidarisieren sich u. a. der Hofbaumeister Gottfried Semper (*1803, †1879; Barrikadenbau) und der Hofkapellmeister Richard Wagner

Die Reichsverfassung der Frankfurter Nationalversammlung von 1849

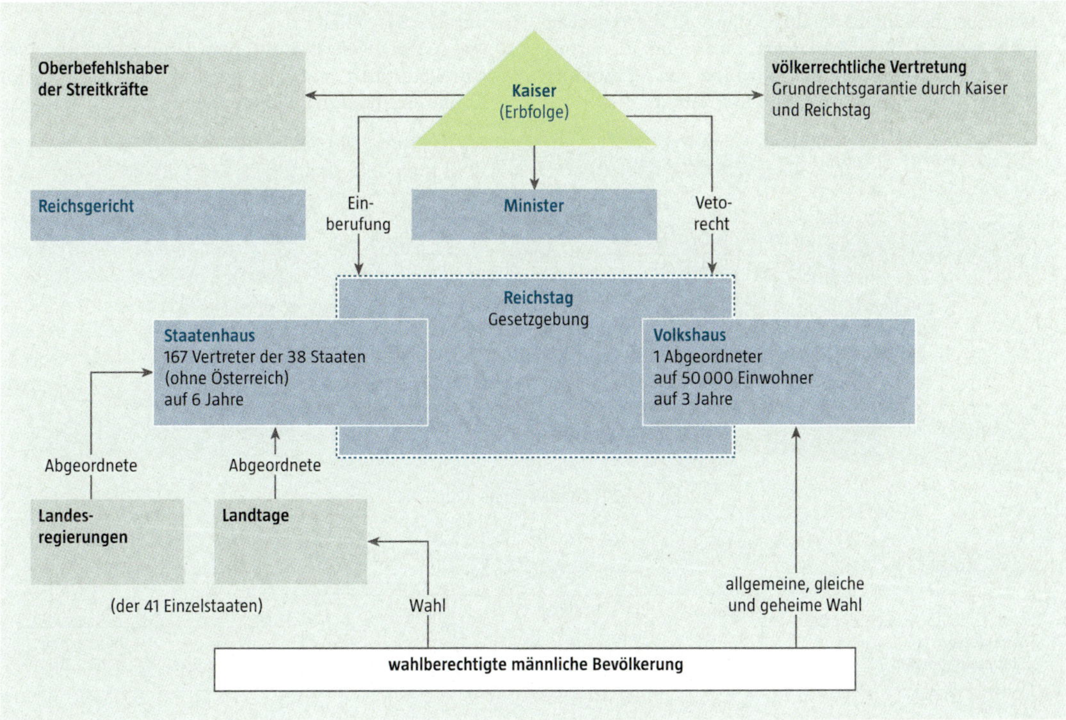

(*1813, †1883), die beide nach dem Scheitern des Aufstands emigrieren.

5.–9. Mai In blutigem Barrikadenkampf wird der Aufstand mit preußischer Hilfe niedergeworfen: zahlreiche Erschießungen und Zuchthausstrafen.

9.–15. Mai **Einsetzen der preußischen Unionspolitik**: Maßgeblich beraten von JOSEPH MARIA VON RADOWITZ (*1797, †1853; Sept.–Nov. 1850 Außenminister), will FRIEDRICH WILHELM IV. einen kleindeutschen, preußisch geführten, auf dynastischem Wege vereinbarten Bundesstaat verwirklichen, dem Österreich durch einen weiteren Bund angeschlossen werden soll.

10. Mai Rücktrittserklärung des Reichsministerpräsidenten VON GAGERN.

12.–16. Mai **Republikanischer Aufstand in Baden** unter Beteiligung des Heeres und mit Bildung einer provisorischen Regierung unter LORENZ BRENTANO (*1813, †1891); militärischer Oberbefehlshaber ist zeitweilig der polnische Revolutionsgeneral LUDWIK MIEROSŁAWSKI (*1814, †1878). Großherzog LEOPOLD (*1790, †1852; 1830–1852) flieht. Neuwahlen in Baden mit durchgängigem Sieg der Linken.

16. Mai Bildung eines großdeutsch-konservativen Reichsministeriums mit Ministerpräsident MAX GRÄVELL (*1781, †1860), später Fürst AUGUST SAYN-WITTGENSTEIN-BERLEBURG (*1788, †1874; bis Dez. 1849).

26./28. Mai Preußen, Sachsen und Hannover schließen das Dreikönigsbündnis und verabschieden die sog. **Erfurter Reichsverfassung** auf der Basis der preußischen Unionspolitik.

30. Mai Nach Abberufung der österreichischen (5. April), der preußischen (14. Mai) und anderer Abgeordneter durch die Regierungen aus der **Frankfurter Nationalversammlung**, beschließt die linke Mehrheit die **Verlegung nach Stuttgart** (**Rumpfparlament**), während die großdeutsch-gouvernementale Gruppe in Frankfurt bleibt. – Dreiklassenwahlrecht in Preußen.

6. Juni/18. Juni Das Rumpfparlament in Stuttgart (etwa 100 Abgeordnete) wählt eine provisorische Reichsregentschaft, wird aber von der württembergischen Regierung gewaltsam aufgelöst.

Juni/Juli Preußische und andere deutsche Bundestruppen (Oberbefehlshaber Prinz WILHELM von Preußen [»Kartätschenprinz«], der spätere König und Kaiser WILHELM I.) besiegen die Aufständischen in der Pfalz und in Baden und stellen die alte Ordnung wieder her; zahlreiche Todesurteile und Erschießungen. Etwa 80 000 Badener (über 5 % der Bevölkerung), darunter viele Teilnehmer am Aufstand wie STRUVE und CARL SCHURZ (*1829, †1906), emigrieren.

25.–27. Juni Eine Versammlung von 150 Mitgliedern der früheren Erbkaiserlichen Partei in Gotha stimmt mehrheitlich dem preußischen Unionsplan zu.
Nach und nach Beitritt von 25 kleineren Staaten (Österreich und die Königreiche opponieren bzw. fallen ab) zur Union.

Aug. Die endgültige Niederwerfung der Revolutionen in Ungarn und Italien befähigt Österreich zum Vorgehen gegen die preußische Unionspolitik.

Dez. Erzherzog JOHANN legt die Würde des Reichsverwesers nieder.

1850, 31. Jan. Inkrafttreten der (am 5. Dez. 1848) oktroyierten preußischen Verfassung.

20. März–29. April Das **Erfurter Unionsparlament** (Abgeordnete fast zur Hälfte aus Preußen, darunter OTTO VON BISMARCK; *1815, †1898) führt die Beratung und Beschließung der Verfassung der Deutschen Union nach den Wünschen des preußischen Königs durch.

Anfang Mai Fürstenkongress der Union in Berlin, der aber keine Einigung über das Inkraftsetzen des Unionsvertrags erzielt.

10. Mai–1. Sept. Den preußischen Unionsbestrebungen tritt Österreich (unter SCHWARZENBERG) durch eine Konferenz der ihm anhängenden Staaten in Frankfurt

Die Verfassung Preußens von 1849/50

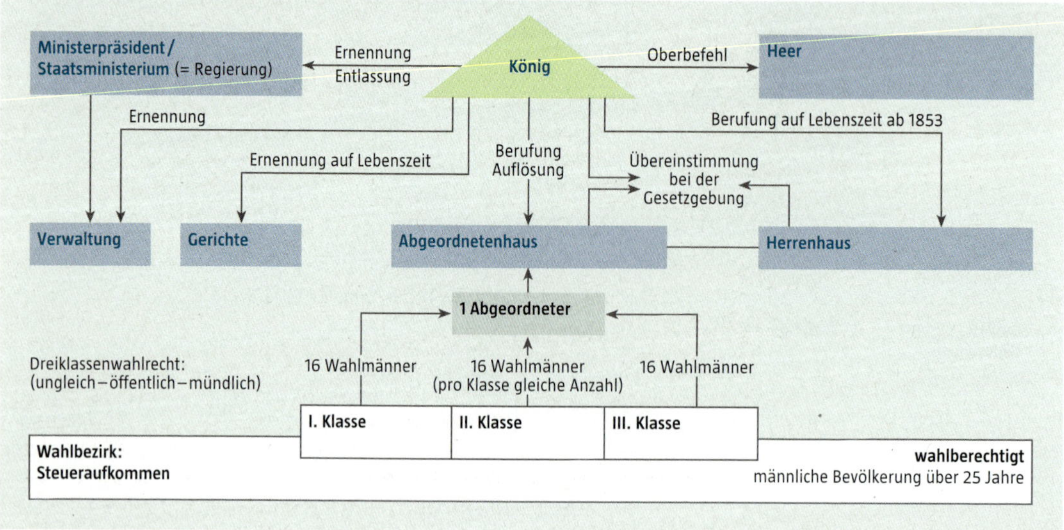

am Main und die **Wiedereröffnung des Frankfurter Bundestags** (ohne die jetzt nur noch 22 Unionsstaaten) entschlossen entgegen.

21. Sept.–25. Okt. Eingreifen des Rumpf-Bundestags im Verfassungsstreit von Kurhessen sowie im erneuten Konflikt zwischen Dänemark und dem von Preußen unterstützten Holstein. Die Kriegsgefahr zwischen Österreich und Preußen wird auf russischen Druck durch preußisches Nachgeben abgewendet.

2. Nov. Rücktritt des preußischen Außenministers RADOWITZ.

29. Nov. **Olmützer Punktation** zwischen Österreich und Preußen, das auf das Eingreifen in Hessen verzichtet und seine deutsche Unionspolitik aufgibt.

1851 Nach der preußischen Unionspolitik scheitert auch der SCHWARZENBERGSCHE Plan eines »Siebzigmillionenreichs« (Einbeziehung des gesamten Staatsgebiets der Donaumonarchie in einen reformierten Deutschen Bund).

Mai Wiedereintritt der ehemaligen Unionsstaaten in den Bundestag. Damit ist der **Deutsche Bund wiederhergestellt**.

Zur Bewertung der deutschen Revolution von 1848/1849

Die **bürgerlich-liberale Revolution scheitert an der Doppelaufgabe einer Staats- und Verfassungsschöpfung**, weil sie sich einer zweifachen Frontstellung gegenübersieht: dem Drängen demokratisch-sozialrevolutionärer Kräfte einerseits und dem Beharrungsvermögen der auf Dynastien, Bürokratien, Armeen und partikulare Tendenzen gestützten Einzelstaaten andererseits. Im Ergebnis kommt es aber nicht nur zur Resignation des Bürgertums, das sich auf die Vereinbarung mit den herrschenden Gewalten verwiesen sieht, sondern z.B. auch zur Klärung zentraler Fragen der Nation und der Verfassung (Rechtsstaat, Grundrechte, großdeutsch-kleindeutsch, Bundesstaatsprobleme) sowie – trotz des Rückschlages durch die Gegenrevolution – zur **Förderung des gesellschaftlichen Emanzipationsprozesses**. Österreich und Preußen, das nun unwiderruflich zum Verfassungsstaat geworden ist, befinden sich in deutlicher Konkurrenz um die Führung. Ein Parteiensystem mit dem in zwei Hauptrichtungen gespaltenen Liberalismus, den Anfängen einer konservativen und einer katholischen Partei sowie der politischen Organisationen der Arbeiterbewegung ist auf gesamtdeutscher Ebene hervorgetreten. In keiner wesentlichen Frage kann die folgende Ära der »Reaktion« tatsächlich hinter den März 1848 zurück.

Reaktion und preußisch-österreichischer Dualismus (1851–1866)

Im wiederhergestellten Deutschen Bund wird das anfängliche österreichisch-preußische Einvernehmen alsbald durch den sich steigernden Gegensatz der beiden deutschen Großmächte abgelöst, in dessen Wirkungsfeld auch die Zollvereinsfrage gerät: Während Österreich eine großräumige, mitteleuropäische Zoll- und Wirtschaftsunion anstrebt (1849/50 Denkschriften des Handelsministers KARL LUDWIG VON BRUCK; *1798, †1860; 1848–1851), sucht Preußen den Deutschen Zollverein auf Hannover und Süddeutschland auszudehnen. Preußischer Gesandter beim Bundestag wird OTTO GRAF VON BISMARCK (1851–1859), der die Gleichberechtigung mit Österreich erstrebt. – Die meisten Staaten betreiben eine bürokratisch-konservative Innenpolitik, welche die Errungenschaften von 1848/49, z.T. auch die des Vormärz, weitgehend revidiert, so Ministerpräsident OTTO VON MANTEUFFEL (*1805, †1882; 1850–1858) in Preußen und LUDWIG VON DER PFORDTEN (*1811, †1880) in Bayern. In Österreich erneuert Ministerpräsident FELIX FÜRST ZU SCHWARZENBERG (1848–1852) den österreichischen Großmachtanspruch. Innenminister ALEXANDER FREIHERR VON BACH (*1813, †1893; 1849–1859) führt die Regierung absolutistisch-zentralistisch, auch in Ungarn, wo der deutschsprachige Beamtenzentralismus mit Polizei und Zensur auf passiven Widerstand stößt. Dies schließt bedeutende innere Reformen nicht aus (Verwaltung, Finanzen, Durchführung der Bauernbefreiung, Schul- und Universitätsreform).

Die deutschen Einigungsbestrebungen, deren Träger v.a. das Bürgertum ist, finden seit Ende der 1850er-Jahre in zahlreichen Massenveranstaltungen (Schützen-, Turner-, Sängerfesten) Ausdruck. Protektor der Feste ist Herzog ERNST II. VON SACHSEN-COBURG-GOTHA (*1818, †1893). Der 1859 gegründete »Deutsche Nationalverein« stellt sich die Aufgabe, Ziele und Mittel der deutschen Einigungsbewegung »immer klarer im Volksbewusstsein hervortreten zu lassen«. Zu seinem engeren Ausschuss gehören u.a. RUDOLF VON BENNIGSEN (*1824, †1902) und JOHANNES MIQUEL (*1828, †1901). Der Verein, der rund 25000 Mitglieder gewinnt, hält an der Reichsverfassung von 1849 und dem Wunsch der Zugehörigkeit der deutschen Provinzen Österreichs fest.

1851, 23. Aug. Die Bundesversammlung des Deutschen Bundes hebt die in der Paulskirche beschlossenen Grundrechte auf.

1852, 13. April In Kurhessen wird mit Unterstützung des Deutschen Bundes eine neue, reaktionäre Verfassung oktroyiert.

8. Mai Preußen und Österreich vereinbaren mit den drei anderen Großmächten sowie Schweden und Dänemark das Zweite Londoner Protokoll, welches die weibliche Erbfolge für Dänemark, Schleswig und Holstein anerkennt. Dänemark sichert die Sonderstellung der beiden Herzogtümer zu.

1854 Im Zuge des Krimkrieges kommt es zu einer österreichisch-russischen Verstimmung sowie zu einer russisch-preußischen Annäherung.

1. Jan. Hannover und die anderen Mitglieder des (norddeutschen) Steuervereins schließen sich dem Deutschen Zollverein an.

12. Okt. Die preußische Erste Kammer wird durch königliche Verordnung in das vom Adel dominierte Herrenhaus umgewandelt.

1854/59 Im Zusammenhang mit den Bemühungen mittelstaatlicher Regierungen, eine dritte Kraft zwischen Österreich und Preußen zu bilden (Triaspolitik), treffen deren Vertreter in Bamberg und Würzburg zu Konferenzen zusammen.

1857, 23. Okt. In Preußen übernimmt Prinz WILHELM die Stellvertretung (1858 Regentschaft), nachdem sein Bruder, König FRIEDRICH WILHELM IV., durch eine schwere geistige Erkrankung regierungsunfähig geworden ist. Die Berufung liberaler Minister leitet einen innenpolitischen Kurswechsel ein (»Neue Ära«).

1859 Der 100. Geburtstag FRIEDRICH SCHILLERS (†1805) veranlasst in ganz Deutschland national-patriotische Gedenkfeiern. – Der von HERMANN SCHULZE-DELITZSCH (*1808, †1883) nach Weimar einberufene erste Genossenschaftstag gründet den »Allgemeinen Verband der auf Selbsthilfe beruhenden deutschen Erwerbs- und Wirtschaftsgenossenschaften«.

15./16. Sept. Gründung des »Deutschen Nationalvereins« in Frankfurt am Main.

10. Nov. Im Frieden von Zürich muss Österreich seine Niederlage im Krieg gegen Frankreich und Sardinien (Sardinischer Krieg) eingestehen und auf die Lombardei verzichten.

1860 WILHELM I. und Kriegsminister ALBRECHT VON ROON (*1803, †1879; 1859–1873) streben eine Heeresverstärkung an, die mit einem Abdrängen der Landwehr in die Reserve und der Wahrung des extrakonstitutionellen Charakters der Armee als Machtfaktor der Krone verbunden ist. Als Machtausgleich verlangt das preußische Abgeordnetenhaus, das mit liberaler Mehrheit die von der Regierung vorgesehenen Ausgaben ablehnt, eine Verstärkung seines Budgetrechts und den Verzicht auf die dreijährige Dienstzeit.

20. Okt. Oktoberdiplom: Nach der militärischen Niederlage Österreichs wird das von SCHWARZENBERG und BACH geprägte zentralistisch-spätabsolutistische System zugunsten einer Konstitutionalisierung und eines Entgegenkommens gegenüber den Nationalitäten aufgegeben.

1861, 26. Febr. Mit dem Februarpatent wird die Politik des Oktoberdiploms durch ein deutsch-liberal gefärbtes Verfassungsexperiment (Zweikammerparlament [Reichsrat], dessen Abgeordnetenhaus aus indirekten Wahlen der Landtage gebildet wird) des Regierungschefs ANTON VON SCHMERLING (1861–1865) abgelöst. Damit wird die Entwicklung Österreichs zur konstitutionellen Monarchie eingeleitet.

6. Juni Die liberale Opposition in Preußen schließt sich zur »Deutschen Fortschrittspartei« zusammen, die bei Neuwahlen die relative Mehrheit erhält.

18. Okt. Nach dem Tod FRIEDRICH WILHELMS IV. (2. Jan.) krönt sich Prinzregent WILHELM I. auf der Krönungsversammlung zum König von Preußen (ab 1871 zugleich Deutscher Kaiser). Er ist vermählt mit Prinzessin AUGUSTA VON SACHSEN-WEIMAR (*1811, †1890), die politisch nicht ohne Einfluss ist.

1862–1866 Verfassungskonflikt in Preußen.

1862, März Nach dem Ausscheiden der liberalen Minister aus der preußischen Regierung wird der Landtag aufgelöst und mit verstärkter liberaler Mehrheit neu gewählt. Kompromissvorschläge scheitern am Festhalten WILHELMS I. an der dreijährigen Dienstzeit.

24. Sept. Die Abdankung des Königs wird durch die **Ernennung OTTO VON BISMARCKS zum Ministerpräsidenten** verhindert, der die Regierung auch gegen die parlamentarische Mehrheit führt und nun vier Jahre lang ohne verfassungsmäßig bewilligtes Budget regiert.

28. Okt. In Frankfurt am Main konstituiert sich der »Deutsche Reformverein«, der u.a. durch den Publizisten JULIUS FRÖBEL (*1805, †1893) unterstützt wird. Im Gegensatz zum »Deutschen Nationalverein« vertritt der Reformverein eine großdeutsche Lösung in der Frage der deutschen Einigung.

1863 In Österreich verfolgt Ministerpräsident SCHMERLING eine aktive Deutschlandpolitik und legt hierzu einen großdeutschen Bundesreformplan vor, der u.a. ein deutsches Parlament aus Delegierten der einzelstaatlichen Kammern vorsieht. Auf dem von Kaiser FRANZ JOSEPH I. geleiteten Frankfurter Fürstentag (18. Aug.–1. Sept.) kann die Mehrzahl der Fürsten für den Entwurf gewonnen werden. Doch der Plan scheitert, da König WILHELM I. den Fürstentag auf BISMARCKS Drängen nicht besucht und die Mittelstaaten nicht ohne Preußen abschließen wollen.

8. Febr. Preußen schließt mit Russland die »Alvenslebensche Konvention« zu gegenseitiger Unterstützung bei der Niederwerfung des polnischen Aufstandes. Das preußische Abgeordnetenhaus fordert dagegen absolute Neutralität.

23. Mai Die Gründung des »Allgemeinen Deutschen Arbeitervereins« durch FERDINAND LASSALLE (*1825, †1864) stärkt die Arbeiterbewegung.

7./8. Juni In der Tradition der 1848 gegründeten, aber seit 1850 verbotenen »Allgemeinen Deutschen Arbeiterverbrüderung« findet – beeinflusst durch den linksliberalen Genossenschaftspolitiker HERMANN SCHULZE-DELITZSCH – in Frankfurt am Main der »Vereinstag Deutscher Arbeitervereine« statt.

1864 Krieg Österreichs und Preußens gegen Dänemark (**Deutsch-Dänischer Krieg**): CHRISTIAN IX. (1863–1906), seit 1863 König von Dänemark, bestätigt eine Verfassung, die im Widerspruch zu den Vereinbarungen mit Preußen und Österreich (u.a. im Londoner Protokoll von 1852) die Aufnahme Schleswigs in den dänischen Staatsverband vorsieht. Österreich und Preußen fordern die Aufhebung dieser Verfassung und marschieren, als Dänemark ablehnt, in Schleswig ein. In Deutschland entsteht eine nationalbetonte Bewegung zugunsten des seit dem Verzicht von Herzog CHRISTIAN AUGUST (*1798, †1869) umstrittenen Erbrechts der Linie Schleswig-Holstein-Sonderburg-Augustenburg (Herzog FRIEDRICH [VIII.]; *1829, †1880). Im Laufe des Krieges erringen die deutschen Truppen mehrere Siege.

18. April Preußische Truppen erstürmen die Düppeler Schanzen.

29. Juni Nach mehrwöchigem Waffenstillstand landen preußische Truppen auf der Insel Alsen.

30. Okt. Friede von Wien: Dänemark tritt die Herzogtümer Schleswig, Holstein und Lauenburg an Österreich und Preußen ab.

1865, 14. Aug. BISMARCK, der auf eine Angliederung der

Herzogtümer an Preußen hinarbeitet, bekämpft die Bewegung zugunsten des Augustenburgers in Schleswig-Holstein. Im **Vertrag von Gastein** gelingt ihm ein Ausgleich mit Österreich (Außenminister JOHANN BERNHARD GRAF RECHBERG; *1806, †1899; 1859–1864): Die Ausübung der gemeinsamen Rechte in den Herzogtümern soll in Holstein Österreich, in Schleswig Preußen zustehen. Lauenburg kommt gegen Geldentschädigung an Preußen, Kiel soll Bundeshafen unter preußischem Oberbefehl werden. Die Verlängerung des Zollvereinsvertrags und der Handelsvertrag zwischen Österreich und dem Deutschen Zollverein bedeuten faktisch das Scheitern der österreichischen Zollunionspolitik von 1849/50.

16. Okt. Etwa gleichzeitig mit der 1863 neu einsetzenden Arbeiterbewegung vollzieht sich mit der Eröffnung der ersten deutschen Frauenkonferenz in Leipzig der öffentlich sichtbare Beginn der sich seit den 1840er-Jahren vorbereitenden deutschen Frauenbewegung. Auf der Versammlung kommt es zur Gründung des »Allgemeinen Deutschen Frauenvereins« (18. Okt.). Danach bilden sich zahlreiche Frauenorganisationen. 1913 umfasst der »Bund deutscher Frauenvereine« rund eine halbe Mio. Mitglieder.

1866 Die Spannungen in der schleswig-holsteinischen Frage werden von BISMARCK benutzt, um Preußen die Vormachtstellung in Deutschland mit kriegerischen Mitteln zu verschaffen.

8. April Preußen schließt mit Italien ein befristetes geheimes Angriffsbündnis gegen Österreich und stellt am folgenden Tag beim Bundestag in Frankfurt einen Antrag auf Bundesreform durch ein deutsches Parlament aufgrund des allgemeinen Wahlrechts.

Juni Nachdem Österreich erklärt hat, die Erbfolge in Holstein dem Bundesurteil zu unterwerfen (Verletzung des Gasteiner Vertrags), rücken preußische Truppen in Holstein ein. Außerdem beantragt Preußen eine Bundesreform mit Ausschluss Österreichs.

12. Juni Österreich schließt einen Geheimvertrag mit Frankreich, das für die künftige Abtretung Venetiens an Frankreich und die Bildung eines »unabhängigen« Rheinstaates auf Kosten Preußens Neutralität verspricht.

14. Juni Der Bundestag beschließt auf österreichisch-bayrischen Antrag die Mobilmachung eines Teils der Bundesarmee. Preußen erklärt die Bundesakte für gebrochen und tritt aus dem Bund aus. Sachsen, Kurhessen und Hannover lehnen Preußens Aufforderung, sich dem preußischen Reformvorschlag anzuschließen, ab.

20. Juni–26. Juli **Deutscher Krieg**: Im Ringen um die Vorherrschaft in Deutschland kämpft Preußen im Bund mit 17 kleineren norddeutschen Staaten gegen Österreich, Bayern, Württemberg, Sachsen, Hannover, Baden, Kurhessen, Hessen-Darmstadt, Nassau und weitere vier Staaten. Verbunden mit dem Kriegsgeschehen ist der Italienisch-Österreichische Krieg.

29. Juni Die hannoversche Armee wird bei Langensalza (Thüringen) zur Kapitulation gezwungen.

3. Juli Die militärische Entscheidung fällt in der Schlacht

Expansion Preußens bis 1866

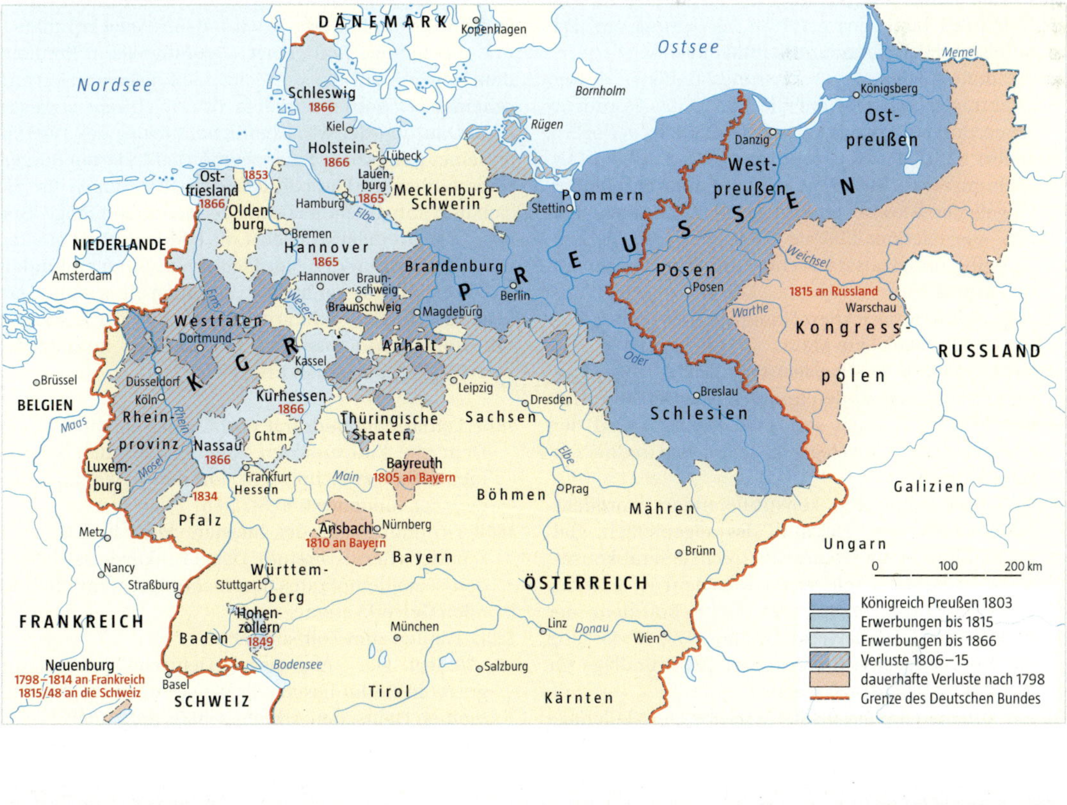

bei Königgrätz (Nordböhmen, heute Hradec Králové). Entgegen den französischen Erwartungen siegen die vereinigten preußischen Armeen (Chef des Generalstabs 1857–1888 HELMUTH VON MOLTKE [*1800, †1891]) über das österreichische Hauptheer unter LUDWIG AUGUST VON BENEDEK (*1804, †1881).

26. Juli Gegen den Willen des Königs, aber mit Unterstützung des Kronprinzen, des späteren Kaisers FRIEDRICH III. (*1831, †1888), setzt BISMARCK den Vorfrieden von Nikolsburg (Südmähren, heute Mikulov) durch, der Österreich entgegenkommt, um Kompensationsforderungen des von Österreich zur Vermittlung angerufenen Kaisers NAPOLEON III. (1852–1870) sowie die Einmischung Russlands auszuschließen und Österreich künftig als Bundesgenossen zu gewinnen. Die französischen Forderungen nach deutschen Gebieten lehnt BISMARCK ab.

Aug. Friedensschlüsse und (zunächst geheime) Schutz- und Trutzbündnisse Preußens mit den süddeutschen Staaten.

23. Aug. **Friede von Prag** zwischen Preußen und Österreich. Österreich stimmt der Auflösung des Deutschen Bundes, den von Preußen beabsichtigten Annexionen - mit Ausnahme von Sachsen, dessen Integrität anerkannt wird - und der geplanten Neugestaltung Deutschlands ohne Österreich zu. Österreichs Rechte in Schleswig-Holstein gehen auf Preußen über. Gebietsabtretungen Österreichs an Preußen sind nicht vorgesehen. Die Kriegsentschädigung beläuft sich auf 20 Mio. Taler.

3. Sept. Das preußische Abgeordnetenhaus nimmt mit 230 gegen 75 Stimmen die Indemnitätsvorlage, die staatsrechtliche Entlastung der Regierung für die 1862–1865 budgetlos geführte Verwaltung, an. Dadurch wird der Verfassungskonflikt beendet.

Zu den Folgen des Verfassungskonflikts, dessen Streitfragen sich z. T. auf die Ebene des Norddeutschen Bundes bzw. des Deutschen Reichs verlagern, gehört außer der Neugruppierung der Parteien (Abspaltung des rechten, für die Indemnität stimmenden Flügels der »Deutschen Fortschrittspartei«, aus dem 1867 die »Nationalliberale Partei« hervorgeht) eine Stärkung obrigkeitsstaatlicher und sozialkonservativer Tendenzen.

20. Sept. Preußen annektiert Hannover, Kurhessen, Nassau und Frankfurt am Main.

1866/67 **Gründung des Norddeutschen Bundes** unter Führung Preußens (mit den annektierten Gebieten) mit den Bundesgenossen von 1866, Sachsen und den nördlich des Mains gelegenen Teilen des Großherzogtums Hessen.

1867, 12. Febr. Wahl des konstituierenden norddeutschen Reichstages aufgrund des allgemeinen, gleichen und direkten Wahlrechts (rechtsliberal-konservative Mehrheit). Sein erster Präsident ist EDUARD SIMSON (*1810, †1899), der letzte Präsident der Frankfurter Nationalversammlung. Die Verfassung des Norddeutschen Bundes wird die Grundlage für die spätere Reichsverfassung.

12. Juni **Österreichisch-ungarischer Ausgleich**: Die Niederlage von 1866 und der Verlust Venetiens haben zur Folge, dass Wien, federführend Ministerpräsident FRIEDRICH FERDINAND GRAF VON BEUST (*1809, †1886), durch die Zustimmung zum staatlichen Dualismus die Forderungen der Magyaren befriedigen muss. Das Königreich Ungarn mit seinen Nebenländern erhält einen eigenen Reichstag sowie ein eigenes Ministerium und schließt mit Österreich ein Zoll- und Handelsbündnis, das alle zehn Jahre erneuert werden soll. Zur Beschlussfassung über die gemeinsamen Angelegenheiten treten jährlich abwechselnd in Wien und Budapest getrennt tagende Delegationen aus beiden Reichsparlamenten (je 60 Abgeordnete) zusammen. Gemeinsam bleiben der »österreichisch-ungarischen Monarchie« das Heer (mit deutscher Kommandosprache), die auswärtige Politik (Außenminister bis 1871 BEUST, 1871–1879 JULIUS GRAF ANDRÁSSY [*1823, †1890]) und die Finanzen. | s. S. 984 |

14. Juli BISMARCK wird Kanzler des Norddeutschen Bundes.

Das Deutsche Reich im Zeitalter Bismarcks (1867/71–1890)

Die Reichsgründung (1867–1871)

Nach dem Sieg von 1866 und der Gründung des Norddeutschen Bundes ist die Schaffung des Deutschen Reichs unter preußischen Vorzeichen nur noch eine Frage der Zeit. Im Ringen um die Führung in Deutschland besitzt Preußen keineswegs nur ein militärisches Übergewicht. Auch die Tatsache, dass Mitteleuropa nach der Jahrhundertmitte in wachsendem Maße von der Industriellen Revolution erfasst wird, deren Schwerpunkte – u. a. das heutige Ruhrgebiet – größtenteils in Preußen, dem Hegemonialstaat des Zollvereins, liegen, ist ein entscheidender Vorteil vor dem österreichischen Kaisertum. Dies und der wirtschaftliche Aufstieg des 1849/50 an seiner politischen Emanzipation gehinderten Bürgertums bilden wesentliche Rahmenbedingungen für die sich nun anbahnende Lösung der deutschen Frage. BISMARCK sucht dabei zunächst die süddeutschen Staaten möglichst eng an den Norddeutschen Bund zu binden. In diesem Zusammenhang stehen auch die Militärbündnisse und die Neubildung des Zollvereins. Die kleindeutsche Reichsgründung gelingt schließlich mithilfe des Deutsch-Französischen Krieges.

1867 Durch Zollbundesrat und Zollparlament wird der Deutsche Zollverein zu einem politischen Zusammenschluss zwischen dem Norddeutschen Bund und den vier süddeutschen Staaten.

1868 Gründungsjahr der meisten deutschen Gewerkschaften (Berufsvereine). Dabei konkurrieren die beiden sozialdemokratischen Richtungen und die liberalen Gewerkvereine.

Febr. Wahlen zum Zollparlament.

26.–29. Sept. Der »Allgemeine Deutsche Arbeiterkongress« in Berlin beschließt die Gründung des »Allgemeinen Deutschen Arbeiterschaftsverbands«.

1869, 21. Juni Die Gewerbeordnung des Norddeutschen Bundes, die 1871 auf das Deutsche Reich ausgedehnt wird, schafft eine einheitliche Gewerbefreiheit.

18. Mai Zusammenschluss der »Hirsch-Dunckerschen Gewerkvereine« zum »Verband der Deutschen Gewerkvereine«.

8. Aug. Gründung der marxistischen »Sozialdemokratischen Arbeiterpartei« in Eisenach unter Führung von AUGUST BEBEL (*1840, †1913) und WILHELM LIEBKNECHT (*1826, †1900).

1870, 6. Juli Die von BISMARCK geförderte Kandidatur des Erbprinzen LEOPOLD VON HOHENZOLLERN-SIGMARINGEN (*1835, †1905) für den spanischen Thron veranlasst die französische Regierung zu einer drohenden Kammererklärung.

12. Juli Infolge der französischen Erregung verzichtet der Vater des Prinzen, Fürst KARL ANTON VON HOHENZOLLERN-SIGMARINGEN (*1811, †1885), im Namen seines Sohnes auf die Kandidatur.

13. Juli Die Regierung NAPOLEONS III. lässt von König WILHELM I. im ehemals nassauischen Bad Ems die Erklärung fordern, dass er einer solchen Kandidatur niemals wieder seine Zustimmung geben werde, was dieser zurückweist. BISMARCK gibt die telegrafische Mitteilung der Vorgänge mit verschärfender Kürzung bekannt (»Emser Depesche«). Die beiderseitigen Provokationen führen schließlich zum Krieg.

19. Juli Kriegserklärung Frankreichs an Preußen: **Deutsch-Französischer Krieg**. Die süddeutschen Staaten stellen sich – entgegen französischen Erwartungen – sofort an die Seite des Norddeutschen Bundes. Alle Nachbarn Deutschlands bleiben neutral. Die deutsche Heeresleitung unter Generalstabschef HELMUTH VON MOLTKE ergreift mit drei Armeen die Offensive.

4./6. Aug. Deutsche Erfolge in den Grenzschlachten bei Weißenburg (Wissembourg), Wörth (südwestlich von Weißenburg) und Spichern (Spickeren).

16./18. Aug. Erfolgreiche Kämpfe gegen die Armee des Marschalls FRANÇOIS ACHILLE BAZAINE (*1811, †1888) bei Vionville/Mars-la-Tour und Gravelotte/Saint-Privat. BAZAINE muss sich in die Festung Metz zurückziehen und kapituliert dort am 27. Okt.

2. Sept. Kapitulation der Armee des Marschalls MARIE EDME GRAF VON MACMAHON (*1808, †1893) bei Sedan an der Meuse. Kaiser NAPOLEON III. wird gefangen genommen.

4. Sept. Sturz des französischen Kaisertums; Frankreich wird Republik. | s. S. 1022 |

19. Sept. Beginn der Belagerung von Paris durch deutsche Truppen.

Okt./Nov. In Verhandlungen – besonders mit Bayern – erreicht BISMARCK den Zusammenschluss der süddeutschen Staaten, die eine Stärkung des föderalen Elements und Reservatrechte durchsetzen, mit dem Norddeutschen Bund zum Deutschen Reich.

Nov.–Febr. Erfolgreiche deutsche Operationen gegen französische republikanische Entsatzheere werden mit der Übergabe von Belfort (16. Febr. 1871) abgeschlossen.

1871, 18. Jan. Im Spiegelsaal des Schlosses von Versailles wird **König WILHELM I. von Preußen zum Deutschen Kaiser ausgerufen**.

26. Febr. Vorfriede von Versailles: Frankreich tritt Lothringen mit Metz und das Elsass ohne Belfort an Deutschland ab und zahlt als Kriegsentschädigung in drei Jahren fünf Mrd. Francs an das Deutsche Reich.

10. Mai Der Frieden von Frankfurt am Main bestätigt den Vorfrieden.

Das Bismarckreich

Durch die Entstehung des Deutschen Reiches (1870: 40,8 Mio. Einwohner) werden die europäischen Machtverhältnisse verändert. Der deutsche Nationalstaat entspricht in seiner »kleindeutschen« Gestalt zwar den Wünschen BISMARCKS, der die politischen Möglichkeiten der Zeit kunstvoll genutzt hat und Deutschland nun für »saturiert« erklärt. Doch die politischen Gewichte in Europa haben sich dadurch nachhaltig verschoben. In Frankreich sind die Niederlage im Krieg, das Erlebnis des Kampfes auf eigenem Boden, der Aufstieg Deutschlands sowie der Verlust von Elsass und Lothringen Gründe für schwerwiegende Ressentiments. Das Revanchebedürfnis einerseits, das Sicherheitsverlangen andererseits belasten seitdem die deutsch-französischen Beziehungen und die ganze europäische Politik. Hinzu kommt, dass Großbritannien zunehmend Bedenken hegt, ob das Deutsche Reich mit dem europäischen Gleichgewicht vereinbar ist. Russland, das die deutsche Einigung unterstützt hat, geht ebenfalls bald auf Distanz, als es sich in seinen Ambitionen auf dem Balkan von BISMARCK nicht hinreichend unterstützt glaubt. In Deutschland selbst erwachsen aus der Reichsgründung Ansprüche, die weit über die Grenzen des Reiches hinauszielen und schon unter BISMARCK zum Erwerb von Kolonien und zu deutscher Präsenz in Übersee führen. Das Prinzip der Saturiertheit wird dadurch allmählich ausgehöhlt.

Das Deutsche Reich ist ein Bundesstaat. Träger der Souveränität ist die Gesamtheit der Fürsten und Freien Städte, vertreten im Bundesrat, in dem Preußen nur 17 von 58 Stimmen stellt. Der König von Preußen ist erblicher **Deutscher Kaiser**, der u. a. den Oberbefehl über die deutschen Land- und Seestreitkräfte führt (über die bayrische Armee nur im Kriegsfall), den Reichstag beruft, eröffnet und schließt (aufgrund eines Bundesratsbeschlusses auch auflösen kann) sowie den Reichskanzler ernennt. Der **Reichskanzler**, der in der Regel zugleich preußischer Ministerpräsident ist, führt den Vorsitz im Bundesrat. Er ist allein verantwortlich, jedoch nicht im Sinne parlamentarischer Verantwortung vor dem Reichstag, und der Vorgesetzte der Staatssekretäre (geschäftsführende Leiter der Reichsämter).

BISMARCK, seit 1865 Graf, seit 1871 Fürst, ist 1871–1890 Reichskanzler. Mit Rücksicht auf die Regierungen der Bundesstaaten und aufgrund der von ihm angestrebten Verflechtung von preußischer und deutscher Politik gibt es keine Reichsregierung im formal-institutionellen Sinne, sondern lediglich eine Reichsleitung. Die Reichsämter werden nicht von Ministern geleitet, sondern von Staatssekretären, die dem Reichskanzler gegenüber weisungsgebunden sind. Elsass-Lothringen wird ein besonderes Reichsland, das (seit 1879) von einem Statthalter regiert wird und (seit 1911) im Bundesrat vertreten ist. Die hegemoniale Stellung Preußens, das 62 % der Bevölkerung und 65 % der Fläche des Reiches (1910) umfasst, ist in der Reichsverfassung mehrfach verankert und mit föderativen Regelungen verbunden. Der Zollverein und preußische Militärkonventionen mit den übrigen Staaten (außer Bayern) vervollständigen das Gefüge nach der wirtschafts- und militärpolitischen Seite.

Es besteht eine allgemeine Wehrpflicht. Der Bereich der militärischen Kommandogewalt des Monarchen ist nach wie vor der ministeriellen Verantwortlichkeit und dem parlamentarischen Einfluss entzogen. Krone, Adel, Heer und die nach 1879 (ROBERT VON PUTTKAMER [*1828, †1900], Vizepräsident des Staatsministeriums und Innenminister 1881–1888, Kultusminister 1879–1881) besonders konservativ geprägte Bürokratie dominieren den Staat. Das Reich braucht das preußische Staatsministerium und die preußische Verwaltung als Ergänzung und Unterbau seiner Exekutive, folgt jedoch z. T. anderen Entwicklungstendenzen. Die Spannung zwischen der parlamentarisch unabhängigen, monarchisch bestimmten Amtsaristokratie einerseits und der Dynamik der aufkommenden Industriegesellschaft mit ihren Interessenverbänden und der nicht integrierten Arbeiterschaft andererseits bleibt außerdem nicht nur erhalten, sondern verschärft sich. Noch belastender ist anfangs, dass nationale Minderheiten, linksliberales Bürgertum und der Katholizismus sich ablehnend verhalten oder mit dem Staat in Konflikt geraten.

Der **Reichstag** (397 Abgeordnete) geht aus allgemeinen, gleichen, direkten und geheimen Wahlen hervor, ist aber nur zusammen mit dem Bundesrat Träger der Reichsgesetzgebung. Zwischen allgemeinem Wahlrecht und begrenzten Befugnissen des Parlaments, das z. B. in der Außenpolitik faktisch einflusslos ist, besteht eine Spannung, die in Auseinandersetzungen um den Heeresetat (in Kontinuität zum preußischen Heereskonflikt) und um parlamentarische Einflussnahme auf die Reichspolitik sichtbar wird. Das Mehrheitswahlrecht, mit seiner trotz Bevölkerungsverschiebungen (Verstädterung) seit 1867/71 stets gleich bleibenden Wahlkreiseinteilung, begünstigt regional konzentrierte Parteien (Konservative, Zentrum) und wirkt sich u. a. gegen die Sozialdemokratie aus. In Preußen wird das Abgeordnetenhaus weiter nach dem Dreiklassenwahlrecht gewählt.

Deutschland 1871–1918

Stärkste Reichstagspartei ist in den ersten Jahren nach der Reichsgründung die **»Nationalliberale Partei«** des national gesinnten Industrie- und Bildungsbürgertums. Ihre Führer sind RUDOLF VON BENNIGSEN, Fraktionsvorsitzender bis 1883 und 1887–1898, und JOHANNES MIQUEL. Die Nationalliberalen treten für den liberalen Rechtsstaat und BISMARCKS Außenpolitik ein. Gouvernemental ist die liberal-konservative (freikonservative), agrarisch-industrielle **»Deutsche Reichspartei«** eingestellt, während die stärkeren, meist preußischen Altkonservativen dem Reich kritisch gegenüberstehen. Die auf altkonservativer Basis 1876 entstandene **»Deutschkonservative Partei«** entwickelt sich zur agrarischen Interessenvertretung. Im Gegensatz zur Regierung tritt mehr und mehr die linksliberale **»Deutsche Fortschrittspartei«** (später »Deutsche Freisinnige Partei«) unter Führung des streng parlamentarischen Altliberalen EUGEN RICHTER (*1838, †1906). Oppositionell sind die Polen und einige kleinere Gruppen (Welfen, Dänen), die 1874 durch die elsässischen Autonomisten verstärkt werden, sowie die langsam zunehmende Zahl der sozialdemokratischen Abgeordneten, seit dem Kulturkampf auch das **Zentrum**, die von LUDWIG WINDTHORST (*1812, †1891) geführte politische Partei des Katholizismus. – Das konstitutionelle System, das die Übernahme der Regierungsverantwortung durch eine Parlamentsmehrheit und das Aufrücken der Parteiführer in Regierungsämter nicht vorsieht, dagegen dem von der Krone ernannten Leiter der Exekutive das Regieren mit wechselnden Mehrheiten ermöglicht, lässt die Parteien nicht in eine staatstragende Rolle hineinwachsen und verhindert das parlamentarische Einüben von pragmatischen Kompromissen und dauerhaften Koalitionen. – Besonders kennzeichnend für die politisch-gesellschaftliche Struktur sind die Interessenverbände, von denen einige (»Centralverband Deutscher Industrieller«, »Vereinigung der Steuer- und Wirtschaftsreformer«, beide 1876 gegründet) bereits im Kampf um den Schutzzoll Einfluss ausüben.

Bismarcks Zusammenarbeit mit den Liberalen (1871–1878)

Im Zeichen der liberalen Reichstagsmehrheit 1871–1877 wird das von BISMARCK 1867 eingegangene Bündnis mit dem bürgerlich-nationalen Liberalismus fortgesetzt. Zahlreiche Gesetze dienen der Rechtsvereinheitlichung. Gleichzeitig führt der Gegensatz zwischen den vom Zentrum und katholischen Kirchenführern vertretenen kirchenpolitischen Auffassungen und dem von BISMARCK erhobenen Anspruch auf Vorrang des Staates gegenüber der Kirche im Zusammenhang mit der durch das Unfehlbarkeitsdogma (Erstes Vatikanisches Konzil, 1870) entstandenen Lage zum Konflikt – der Begriff Kulturkampf stammt aus einer Rede des liberalen Abgeordneten RUDOLF VIRCHOW (*1821, †1902) vom 17. Jan. 1873. BISMARCKS Abneigung gegenüber dem Zentrum wird dadurch verstärkt, dass die katholischen Kräfte sich mit Welfen, Polen und Elsässern verbünden. Verfassungspolitische Motive sowie soziale Gegensätze zwischen Katholiken und Protestanten treten hinzu. Der Liberalis-

Die Staatsorgane des Deutschen Reichs von 1871

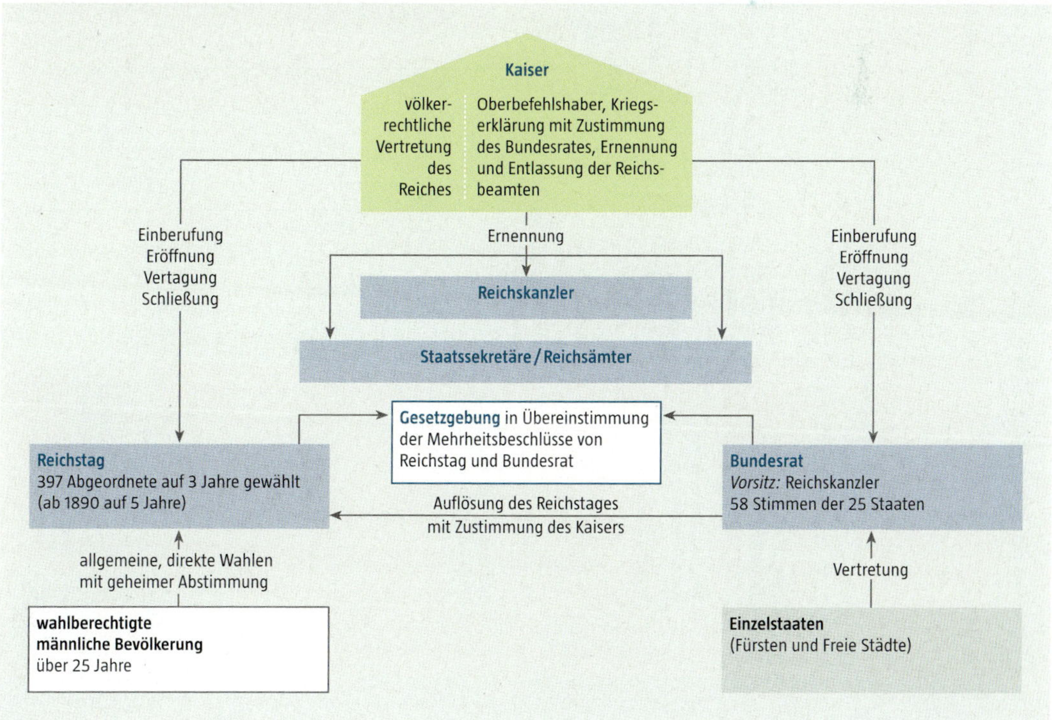

Deutsche Parteien von ca. 1860–1919

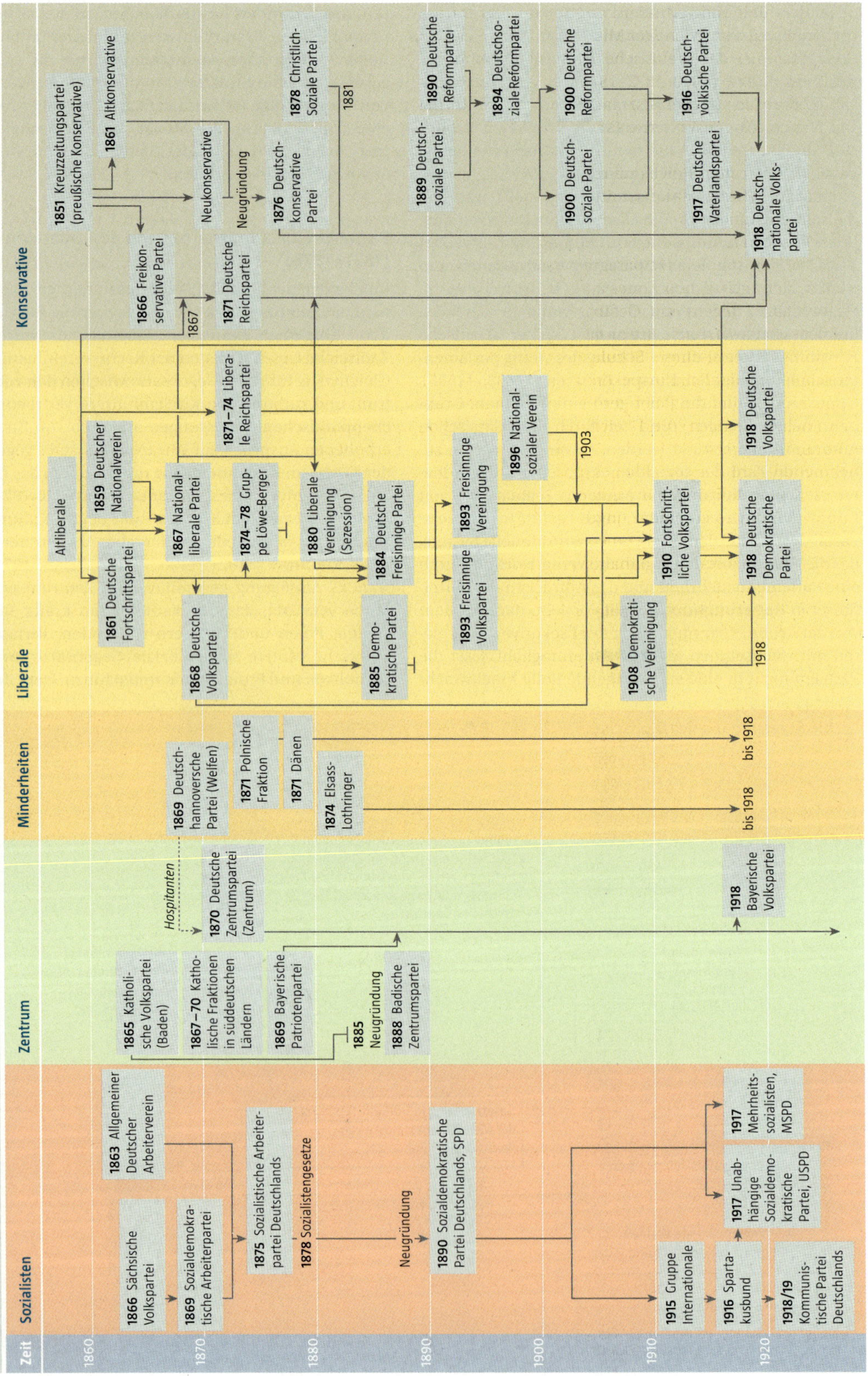

mus unterstützt und verbreitert den Kampf z. T. bis zur Kirchenfeindschaft. Wichtiger Mitarbeiter BISMARCKS in dieser Frage ist der preußische Kultusminister ADALBERT FALK (*1827, †1900; 1872–1879). Der bedeutendste parlamentarische Gegner BISMARCKS im Kulturkampf ist der Zentrumsführer WINDTHORST.

1871, 4. Dez. Mit dem Reichsmünzgesetz wird die Mark zum allgemeinen Zahlungsmittel im Reich bestimmt.

10. Dez. Der Aufhebung der katholischen Abteilung im preußischen Kultusministerium (8. Juli) folgt die Aufnahme des sog. »Kanzelparagrafen«, der den Missbrauch des geistlichen Amtes zur Gefährdung des öffentlichen Friedens mit Gefängnis bedroht, in das Reichsstrafgesetzbuch. **Beginn des Kulturkampfes**.

1872, 11. März Preußisches Schulaufsichtsgesetz (Verstaatlichung der Schulinspektion und Ausschluss katholischer Ordensangehöriger vom Lehrberuf an öffentlichen Schulen) und reichsgesetzliches Verbot des Jesuitenordens (4. Juli).

1873 In den »Gründerjahren« nach dem Einströmen der Kriegsentschädigungen in Milliardenhöhe aus Frankreich kommt es zu einem ungesunden Aufschwung der Wirtschaft, dem Zusammenbrüche und eine bis Ende der 1870er-Jahre anhaltende Wirtschaftskrise folgen. Wachsender Gegensatz zwischen den Vertretern des Schutzzolls und des Freihandels mit Auswirkungen auf die Parteipolitik.

Mai Mit den nach Änderung der preußischen Verfassung verabschiedeten, für beide Konfessionen geltenden preußischen Maigesetzen wird der Versuch unternommen, eine staatliche Kirchenaufsicht zu etablieren. Die ersten Gesetze betreffen Vorbildung und Anstellung der Geistlichen sowie die kirchliche Disziplinargewalt. Während das Zentrum bei der Reichstagswahl 1874 seine Wählerzahl (etwa 28 %) verdoppelt (1873 schon bei der preußischen Landtagswahl), folgen am 4. Mai 1874 das Reichsverbannungsgesetz (Expatriierungsgesetz) gegen den sich versteifenden passiven Widerstand des katholischen Klerus und am 1. Okt. 1874 das Gesetz über die obligatorische Zivilehe (1875 auf das ganze Reich ausgedehnt).

16. Sept. Das Reichseisenbahnamt wird als erste zentrale Behörde der inneren Verwaltung nach dem Reichskanzleramt gebildet.

22. Okt. **Dreikaiserabkommen** zwischen Österreich-Ungarn, Russland und dem Deutschen Reich. Es sieht für den Fall eines Angriffs von anderer Seite wechselseitige Verständigung vor.

Ergebnisse der Reichstagswahlen von 1871 – 1912

	1. Reichstag 1871		2. Reichstag 1874		3. Reichstag 1877		4. Reichstag 1878		5. Reichstag 1881		6. Reichstag 1884	
Wahlbeteiligung	50,7%		60,8%		60,3%		63,1%		56,1%		60,3%	
	Mandate	Stimmenanteil in %	Mandate	Stimmenanteil in %	Mandate	Stimmenanteil in %	Mandate	Stimmenanteil in %	Mandate	Stimmenanteil in %	Mandate	Stimmenanteil in %
Konservative	57	14,1	22	6,9	40	9,7	59	13	50	16,3	78	15,2
Deutsche Reichspartei	37	8,9	33	7,2	38	7,9	57	13,6	28	7,4	28	6,9
Nationalliberale	125	30,1	155	29,7	128	27,2	99	23,1	47	14,7	51	17,6
Liberale	30	7,2	3	1	13	2,5	10	2,7	–	–	–	–
Liberale Vereinigung[1]	–	–	–	–	–	–	–	–	46	8,4		
Deutsche Fortschrittspartei[2]	46	8,8	49	8,6	35	7,7	26	6,7	60	12,7	67	17,6
Deutsche Volkspartei	1	0,5	1	0,4	4	0,8	3	1,1	9	2	7	1,7
Zentrum	63	18,6	91	27,9	93	24,8	94	23,1	100	23,2	99	22,6
Welfen	7	1,6	4	1,8	4	1,6	10	1,7	10	1,7	11	1,7
Sozialdemokraten	2	3,2	9	6,8	12	9,1	9	7,6	12	6,1	24	9,7
Polen	13	4,5	14	3,8	14	4	14	3,6	18	3,8	16	3,6
Dänen	1	0,5	1	0,4	1	0,3	1	0,3	2	0,3	1	0,3
Elsass-Lothringer	–	–	15	4,5	15	3,7	15	3,1	15	3	15	2,9
Antisemiten, Wirtschaftliche Vereinigung[3]	–	–	–	–	–	–	–	–	–	–	–	–
Sonstige	–	2	–	0,9	–	0,5	–	0,3	–	0,3	–	0,2
Gesamt	**382**	**–**	**397**	**–**	**397**	**–**	**397**	**–**	**397**	**–**	**397**	**–**

[1] Ab 1893 Freisinnige Vereinigung.
[2] Ab 1884 nach der Fusion mit der Liberalen Vereinigung Deutsch-Freisinnige Partei, ab 1893, nach der Abspaltung der Freisinnigen Vereinigung, Freisinnige Volkspartei, ab 1910 nach dem Zusammenschluss der linksliberalen Gruppen Fortschrittliche Volkspartei.

1874, 7. Mai Reichsgesetz über die Presse.

1875, April/Mai In den deutsch-französischen Beziehungen kommt es zu der auch auf Russland und Großbritannien ausgeweiteten **Krieg-in-Sicht-Krise**. Beunruhigt durch französische Rüstungsmaßnahmen, erscheint am 8. April in der »Post« ein von Konstantin Rössler (*1820, †1896) verfasster, vermutlich von Bismarck gewünschter Artikel unter dem Titel »Ist der Krieg in Sicht?«. (Irrtümliche) Nachrichten über deutsche Präventivkriegsabsichten veranlassen die französische Diplomatie, Russland und Großbritannien zu einem Friedensschritt in Berlin zu bewegen.

22. April Mit dem sog. Brotkorbgesetz werden auch die Staatsmittel für die katholischen Bistümer und ihre Geistlichen eingestellt.

22.–27. Mai Auf dem Kongress in Gotha vereinigen sich der 1863 gebildete »Allgemeine Deutsche Arbeiterverein« (Lassalleaner) und die 1869 gegründete »Sozialdemokratische Arbeiterpartei« zur »Sozialistischen Arbeiterpartei Deutschlands« (seit 1890 »Sozialdemokratische Partei Deutschlands«). Das »Gothaer Programm« fordert – unter Betonung des internationalen Charakters der Arbeiterbewegung – u. a. wirksame Arbeiterschutzgesetze und die sozialistische Umgestaltung von Staat und Gesellschaft (»erstrebt [...] mit allen gesetzlichen Mitteln den freien Staat und die sozialistische Gesellschaft«).

1876 Alle preußischen Bischöfe sind verhaftet oder ausgewiesen, nahezu ein Viertel der katholischen Pfarrstellen vakant.

1. Jan Durch Umwandlung der Preußischen Bank in die Reichsbank wird eine Zentralnotenbank geschaffen.

7. Juli Gründung der preußisch-agrarisch orientierten »Deutschkonservativen Partei«, welche die Altkonservativen reorganisiert und ein Bündnis von landwirtschaftlichen mit schwerindustriellen Interessen anstrebt. In den gleichen Zeitraum fällt der Beginn der Agitation des »Centralverbands Deutscher Industrieller« für den Schutzzoll.

1877, 10. Jan. Bei der Reichstagswahl entfallen etwa 9 % der Stimmen auf die Sozialdemokraten.

Schutzzoll, Konservatismus und Kampfpolitik Bismarcks (1878–1890)

Bismarck leitet 1878 einen innenpolitischen Kurswechsel ein und schwenkt vom wirtschafts- und allgemeinpolitischen Liberalismus zu Schutzzoll, Konservatismus und staatlicher Sozialpolitik. Verbunden ist diese Wendung mit dem Kampf gegen die Sozialdemokratie und nicht zuletzt einer Verbesserung der Finanzsituation des Reichs trotz des (bis 1887) gespannten Verhältnisses Bismarcks zu dem ihm wiederholt mehrheitlich widerstrebenden Reichstag.

1878, 5. Jan. Der Berliner Hof- und Domprediger (1874–1890) Adolf Stoecker (*1835, †1909) gründet die evangelisch-konservative »Christlich-soziale Arbeiterpartei«, die eine staatliche Sozialpolitik fordert, aber kaum Anhang in der Arbeiterschaft findet.

24. Mai Um die Sozialisten, in denen Bismarck mit vielen Zeitgenossen eine Revolutionsgefahr sieht, zu bekämpfen, legt er – ein fehlgeschlagenes Attentat auf Wilhelm I. argumentativ nutzend – dem Reichstag ein Sondergesetz gegen die Sozialdemokratie vor, das zunächst an rechtsstaatlichen Bedenken der Reichstagsmehrheit scheitert. Nach einem zweiten Attentat und der Neuwahl (30. Juni) des inzwischen aufgelösten Reichstags erfolgt, trotz fehlender Verbindung zwischen Attentätern und Sozialdemokraten, am 18. Okt. die **Annahme des Sozialistengesetzes**, das u. a. ein Verbot sozialistischer Vereine, Versammlungen und Druckschriften und die Ausweisung von sozialdemokratischen Führern und Agenten vorsieht.

13. Juni–13. Juli Der unter Bismarcks Vorsitz tagende **Berliner Kongress** soll zur Schlichtung des durch den russisch-türkischen Vorfrieden von San Stefano entstandenen Gegensatzes zwischen Großbritannien und Österreich-Ungarn gegenüber Russland beitragen.

17. Juli Mit einer Novelle zur Reichsgewerbeordnung wird die Arbeiterschutzpolitik fortgesetzt.

1879 Nachdem sich im Kulturkampf die Begrenztheit staatlicher Machtmittel und der Zusammenhalt des katholischen Kirchenvolks gezeigt haben, strebt Bismarck im Zeichen der konservativen Wende seiner Politik – ohne Zentrum keine Reichstagsmehrheit gegen die Liberalen – einen Ausgleich an, der durch die flexible Haltung Papst Leos XIII. (1878–1903) erleichtert wird.

Der Kanzler bricht öffentlich mit den Nationalliberalen. Die neue konservativ-katholische, agrarisch-industrielle (»Bündnis zwischen Roggen und Eisen«) Reichstagsmehrheit beschließt im Juli Schutzzoll und Tabaksteuererhöhung, deren Einnahmen dem Reich bis zu einer bestimmten Höhe (Franckensteinsche Klausel) zugute kommen, die Lebenshaltung der sozial Schwachen verteuern (Stärkung der Sozialdemokratie) und die Nationalliberale Partei langfristig schwächen. Ausschlaggebende Partei im Reichstag wird das Zentrum, die stärkste und stabilste Fraktion.

1. Okt. Eröffnung des Reichsgerichts in Leipzig.

7. Okt. Das Deutsche Reich und Österreich-Ungarn schließen ein geheimes Verteidigungsbündnis, den sog. **Zweibund**. Bismarck reagiert damit auf die Verschlechterung der deutsch-russischen Beziehungen nach dem Berliner Kongress, auf dem Russland seine Interessen durch Bismarck nicht genügend berücksichtigt fand.

24. Dez. Das Reichskanzleramt wird nach Ausgliederung verschiedener Ressorts (als neue Reichsämter) in »Reichsamt des Innern« umbenannt.

1880, 14. Juli Erstes Milderungsgesetz zur Beilegung des Kulturkampfs.

1881, 18. Juni Das Deutsche Reich, Österreich-Ungarn und Russland einigen sich auf ein drei Jahre gültiges geheimes Neutralitätsabkommen (**Dreikaiservertrag**). Im Fall des Angriffs einer vierten Macht auf einen der Vertragspartner sind die beiden anderen zu wohlwollender Neutralität verpflichtet.

27. Okt. Bei Reichstagswahlen erleiden die konservativnationalliberalen Parteien eine Niederlage. Bismarck wird damit seiner Hoffnung auf eine gouvernementale Mehrheit beraubt.

17. Nov. Mit der zur Eröffnung des neuen Reichstags von Bismarck verlesenen »Kaiserlichen Botschaft« wird der Versuch unternommen, durch die Ankündigung einer auf Versicherungsschutz zielenden Sozialgesetzgebung die Arbeiterschaft für den monarchischen Staat zu gewinnen.

1882 Unter dem Einfluss von Adolf Stoecker beginnen sich »Evangelische Arbeitervereine« zu gründen.

20. Mai Das Deutsche Reich, Österreich-Ungarn und Italien schließen ein geheimes Verteidigungsbündnis. Aus dem Zweibund wird ein **Dreibund**.

31. Mai Zweites Milderungsgesetz zur Beilegung des Kulturkampfs.

1883, 15. Juni Krankenversicherungsgesetz.

11. Juli Drittes Milderungsgesetz zur Beilegung des Kulturkampfs.

1884, 5. März Vereinigung der »Deutschen Fortschrittspartei« mit der »Liberalen Vereinigung«, einer auch als »Sezession« bezeichneten linksliberalen Abspaltung (1880) der Nationalliberalen, zur »Deutschen Freisinnigen Partei«. Führender Mann der neuen Partei ist Eugen Richter.

27. Juni Unfallversicherungsgesetz.

1884/1885 Gründung deutscher »Schutzgebiete« (Kolonien) in Südwestafrika, Kamerun, Togo und Ostafrika sowie im Pazifik (Neuguinea, Bismarckarchipel, Marshallinseln).

1885, 22. Mai Erhöhung der Landwirtschaftszölle.

1886, 26. April Ansiedlungsgesetz für die Provinzen Posen und Westpreußen zur Stärkung des Deutschtums durch Siedlung auf angekauften Großgütern polnischer Besitzer. Das Gesetz hat nicht die erhofften Auswirkungen.

21. Mai Erstes Friedensgesetz zur Beendigung des Kulturkampfes.

1887, 11. März Der im Zeichen einer Heeresvorlage der Regierung und einer von Regierungsseite propagandistisch genutzten Kriegsgefahr mit konservativ-nationalliberaler Mehrheit neu gewählte »Kartell-Reichstag« stimmt dem Septennat, der Festlegung der Heeresstärke auf sieben Jahre, zu.

29. April Das Zweite Friedensgesetz beendet abschließend den Kulturkampf, aus dem im Wesentlichen das Jesuitengesetz (bis 1917), der Kanzelparagraf (bis 1953) und die staatliche Schulaufsicht sowie die Zivilehe Bestand haben.

18. Juni Abschluss des **Rückversicherungsvertrages**, eines geheimen Neutralitätsabkommens zwischen Russland und dem Deutschen Reich auf drei Jahre als Ersatz für den infolge russisch-österreichischer Spannungen nicht mehr erneuerten Dreikaiservertrag. Deutschland erkennt die historischen Rechte des Zarenreiches auf dem Balkan an und verpflichtet sich in einem geheimen Zusatzprotokoll zu moralischem und diplomatischem Beistand, falls der russische Zar es für notwendig halten sollte, den Zugang zum Schwarzen Meer selbst zu verteidigen und »den Schlüssel seines Reichs in der Hand zu behalten«.

Ende der 1880er-Jahre nehmen die deutsch-französischen Spannungen zu. Auch die deutsch-russischen Beziehungen verschlechtern sich. Die Reichsbank schließt auf Bismarcks Veranlassung die russischen Wertpapiere von der Beleihung aus. Die Folgen sind der Abfluss russischer Werte nach Amsterdam und Paris sowie die Verlagerung der russischen Staatsschuld auf den französischen Kapitalmarkt.

19. Dez. Durch den Zusammenschluss der »Gesellschaft für deutsche Kolonisation« und des »Deutschen Kolonialvereins« erfolgt die Gründung der »Deutschen Kolonialgesellschaft«, die die koloniale Ausbreitung Deutschlands vorantreibt (1914: 40 000 Mitglieder).

1888, 6. Febr. Mit der Annahme des Landwehrgesetzes beschließt der Reichstag eine weitere Heeresverstärkung.

9. März Nach dem Tod Kaiser Wilhelms I. besteigt sein schwer kranker, den Liberalen zuneigender Sohn als Kaiser Friedrich III. den Thron. Friedrich III. ist vermählt mit Viktoria (*1840, †1901), einer Gegnerin Bismarcks. Sie ist die älteste Tochter der britischen Königin Viktoria (*1819, †1901) und Alberts von Sachsen-Coburg und Gotha (*1819, †1861).

15. Juni Friedrich III. stirbt; ihm folgt sein Sohn Wilhelm als Kaiser Wilhelm II. (*1859, †1941).

1889, 3. Mai–6. Juni Bergarbeiterstreik im Ruhrgebiet.

24. Mai Gesetz zur Alters- und Invaliditätsversicherung verabschiedet.

1890, 25. Jan. Der Reichstag lehnt die Verlängerung des Sozialistengesetzes ab.

20. Febr. Im neu gewählten Reichstag verfügen die Gegner Bismarcks über die Mehrheit. Die Sozialdemokratie ist mit 1,5 Mio. Wählern (knapp 20 %) erstmals stimmstärkste Partei.

20. März **Entlassung Bismarcks** wegen des persönlichen Gegensatzes zwischen dem alten Kanzler, der seine Machtstellung behaupten will, und dem jungen Kaiser, der nach einem »persönlichen Regiment« strebt. Politische Probleme (Sozialpolitik, Sozialistengesetz, Bismarcks bis zu Staatsstreichüberlegungen gehendes Kampfprogramm gegen Reichstag und Sozialdemokratie) treten demgegenüber zurück.

Das Zeitalter Kaiser Wilhelms II. (1890–1914)

In der Phase der Hochindustrialisierung im letzten Drittel des 19. Jh.s vollzieht sich der Übergang Deutschlands vom Agrar- zum Industriestaat. 1895 ist der industrielle Anteil der Erwerbstätigen genauso hoch wie der Anteil der in der Land- und Forstwirtschaft Beschäftigten. Die Zunahme des Pro-Kopf-Einkommens (Verdreifachung 1851–1913) ist in den beiden Jahrzehnten um die Jahrhundertwende am stärksten und wird zwischen Reichsgründung und Erstem Weltkrieg von einer Vervierfachung der Ausfuhr sowie einer Versechsfachung der Industrieproduktion begleitet. Damit ist der Aufstieg

Deutschlands in die Gruppe der drei größten Industrienationen (neben USA und Großbritannien) gegeben, der primär auf dem Verbund von Kohle und Eisen – die deutsche Roheisen- und Stahlherstellung erreicht je etwa ein Viertel der Weltproduktion –, bald aber auch auf der raschen Expansion von Elektrizität und Chemie als den »jungen« Industrien beruht. Die Zahl der Aktiengesellschaften, 1886 bereits 2143, steigt bis 1913 auf 5340 an. Noch rascher wächst das Nationalkapital von 4,9 Mrd. (1886) auf 16,1 Mrd. Mark. Die wachsende Tendenz zur Betriebsvergrößerung (Steigerung der durchschnittlichen Beschäftigtenzahl je Betrieb 1871–1914 in Industrie und Handwerk um über 100 %) verändert soziale Strukturen – augenfällig u. a. im Vordringen von Großunternehmen (einschließlich Versandhäusern), Filialbetrieben und Konsumgenossenschaften gegen die kleinen Einzelhandelsgeschäfte, also gegen den »alten« Mittelstand. Großbetriebe, entstehend aus der Vereinigung gleichartiger Werke (horizontale Konzentration) bzw. aus der Zusammenlegung verschiedener Produktionsstufen (vertikale Konzentration), bedeuten außerdem eine Machtballung, die auch politisch relevant wird. Dem Ausbau des Verkehrswesens (im Innern die Verdichtung des Eisenbahnnetzes) entspricht die – nach 1900 besonders starke – Expansion des Außenhandels von 7,3 (1891) auf 17,8 (1911) Mrd. Mark. Überseeische Auslandsmärkte werden v. a. in den angelsächsisch beherrschten Gebieten Asiens, Afrikas und Amerikas gesucht, kaum in den für die deutsche Volkswirtschaft bedeutungslosen Kolonien (Schutzgebieten) des Reiches.

Industrieller Aufstieg und wirtschaftliche Konzentration vollziehen sich vor dem Hintergrund eines stürmischen Bevölkerungswachstums (1871–1910 um 58 % auf 65 Mio.) und einer raschen Verstädterung: Der Anteil der Stadtbevölkerung steigt von 36 % (1870) auf 60 % (1910), die Zahl der Großstädte auf 48 (Berlins Einwohnerzahl steigt auf 2 Mio., mit Vororten 3,7 Mio.). Neben den Lohnarbeitern wächst die Zahl der Angestellten. Die Arbeiterfrage (organisierter Klassenkampf), das Mittelstandsproblem (»alter«, d. h. gewerblicher, und »neuer«, d. h. Angestellten-Mittelstand) und die Besorgnisse der Landwirtschaft (Landflucht, Preisstützung, Betriebsgrößenstruktur) wirken sich in vielfältigen innenpolitischen Spannungen und Organisationsbildungen aus. Die unbestreitbaren Vorteile des industriellen Aufstiegs auch für breitere Schichten (das Volksvermögen wird 1913 bei einem jährlichem Zuwachs von 3–4 Mrd. auf etwa 270–310 Mrd. Mark geschätzt, die Sparkasseneinlagen verzehnfachen sich zwischen 1880 und 1913 auf 16,8 Mrd., der Bevölkerungsanteil unterhalb des steuerpflichtigen Mindesteinkommens sinkt von 70 % [um 1890] auf 40 % [1913]) können die sozialen Gegensätze jedoch nur mildern, die sich u. a. in der Kluft zwischen Arbeiterschaft und Bürgertum zeigen. Zwar wird die im Vergleich zu den Verhältnissen vor der Hochindustrialisierung relative Verbesserung der Lebensbedingungen in der Industriearbeiterschaft begleitet von einer Hinwendung der SPD, insbesondere aber der Gewerkschaften, zum pragmatischen Durchsetzen realisierbarer Forderungen, doch kann die staatliche Sozialpolitik – in dieser Zeit ein Vorbild für alle Industrienationen – keinen Ausgleich zwischen Arbeiterschaft und monarchischem Obrigkeitsstaat herbeiführen. Das Festhalten an oft als arbeiterfeindlich empfundenen Regelungen, wie der Einschränkung des Koalitionsrechts und dem preußischen Dreiklassenwahlsystem, trägt vielmehr zur Entfremdung bei, obgleich die Integrationsmittel des Kaiserreichs, wie der Einfluss des Militärischen und das Nationalgefühl, nicht nur auf Adel, Bauern- und Bürgertum wirken, sondern auch die Arbeiterschaft beeinflussen. Versuche, diese innenpolitisch-gesellschaftlichen Spannungen nach außen abzuleiten oder doch außenpolitisch zu überspielen, gehören zu den wesentlichen Merkmalen des Zeitalters des Imperialismus.

Der Wandel in Wirtschaft und Gesellschaft bewirkt den fast ununterbrochenen Anstieg der sozialdemokratischen Wählerstimmen auf schließlich über ein Drittel. Die SPD stellt damit schließlich, trotz Benachteiligung der großstädtischen Wähler aufgrund der Wahlkreiseinteilung, die stärkste Reichstagsfraktion. Diese Verschiebung wird v. a. durch den Rückgang der Nichtwähler von 49 % (1871) auf 16 % (1912) der Wahlberechtigten möglich. Parallel dazu steigen die Mitgliederzahlen der sozialistisch orientierten Freien Gewerkschaften (1890: 100 000, 1900: 690 000, 1910: 2 Mio.), neben denen die linksliberalen »Hirsch-Dunckerschen Gewerkvereine« und die christliche Gewerkschaftsbewegung keine vergleichbare Bedeutung gewinnen können. Unter den für das wilhelminische Zeitalter typischen, politisch wirksamen Interessenverbänden ist der mit der »Deutschkonservativen Partei« verflochtene »Bund der Landwirte« (162 000 Mitglieder im Gründungsjahr 1893, 330 000 Mitglieder 1913) der einflussreichste, daneben u. a. der schon 1876 gegründete »Centralverband Deutscher Industrieller«, der »Deutschnationale Handlungsgehilfenverband« (Gründung 1893) und der 1909 gegründete »Hansabund«. Daneben stehen Agitationsvereine wie der »Alldeutsche Verband« (Gründung 1894), die 1887 entstandene »Deutsche Kolonialgesellschaft« und der 1898 ins Leben gerufene »Deutsche Flottenverein«.

Die Berufsgruppen nach Wirtschaftssektoren im Deutschen Reich 1882–1907

	1882		1895		1907	
	in Mio.	in %	in Mio.	in %	in Mio.	in %
Land- und Forstwirtschaft	19,2	42,5	18,5	35,6	17,7	28,7
Industrie und Bergbau	16,1	35,6	20,3	39,1	26,4	42,7
Handel und Verkehr	4,5	10,0	6,0	11,6	8,3	13,4
Dienstleistungen	5,4	11,9	7,1	13,7	9,4	15,2
Summe	**45,2**		**51,9**		**61,8**	

Der tief greifende Wandel von Wirtschaft und Gesellschaft schafft wachsende Probleme für eine Politik, die auch unter WILHELM II. von den Machteliten des Hofes, der Armee und der Bürokratie, den agrarischen Führungsschichten v.a. Preußens mit seiner verfassungsmäßigen Sonderstellung und durch das oft getrübte Bündnis des Agrariertums mit der Schwerindustrie bestimmt wird. Schwierigkeiten entstehen nicht nur aus Interessengegensätzen zwischen Industrie und Landwirtschaft sowie der Heterogenität jeder Mehrheitsbildung im Reichstag, sondern auch aus der Verfassungslage, z.B. der fehlenden Finanzhoheit des Reiches und seinen unzureichenden Einnahmequellen im Vergleich zu den wachsenden Aufgaben und der Rüstung. Als besonders problematisch erweist sich, dass im Zentrum der Exekutive nicht mehr BISMARCK – der in vielen Fragen kompetente, einflussreiche Reichsgründer – die Fäden in der Hand hält, sondern dass sich z.T. widerstreitende Einflüsse und Zielsetzungen (Kaiser, Kanzler, Staatssekretäre, preußische Minister, militärische Stellen, Höflinge, außerhalb der Verantwortung stehende Ratgeber und Interessenverbände) überkreuzen und das – zumal in den auswärtigen Beziehungen – verhängnisvolle Schwanken der deutschen Politik dieser Zeit verursachen, das durch die persönlichen Eingriffe des Monarchen noch verstärkt wird. In der Tat wird das »persönliche Regiment« WILHELMS II. bald zu einem Charakteristikum der Epoche.

1890, 20. März **LEO GRAF CAPRIVI** (*1831, †1899) **wird Reichskanzler** (bis 1894) und preußischer Ministerpräsident (bis 1892). Daneben prägen der nationalliberale Politiker JOHANNES VON MIQUEL als preußischer Finanzminister (1890–1901), HANS FREIHERR VON BERLEPSCH (*1843, †1926) als preußischer Handelsminister (1890–1896) und ADOLF FREIHERR MARSCHALL VON BIEBERSTEIN (*1842, †1912) als Staatssekretär im Auswärtigen Amt (1890–1897) die Politik des Kaiserreichs. Außenpolitisch maßgebend ist bis 1906 der vortragende Rat FRIEDRICH VON HOLSTEIN (*1837, †1909). Innenpolitisch verfolgt CAPRIVI einen »Neuen Kurs« mit dem Versuch einer Heranziehung von Zentrum und Linksliberalen, eines sozialpolitischen Ausgleichs sowie einer den nationalen Wünschen der Polen in Posen entgegenkommenden Politik.

27. März Kaiser und Reichskanzler einigen sich darauf, den Rückversicherungsvertrag mit Russland nicht zu erneuern. Er läuft am 18. Juni aus.

1. Juli Mit dem Helgoland-Sansibar-Vertrag, der die Abtretung Helgolands an das Deutsche Reich im Tausch gegen die ostafrikanische Insel Sansibar vorsieht, kommt es zu einer vorübergehenden deutsch-britischen Annäherung.

18. Nov. Im Anschluss an die Erste Internationale Arbeiterschutzkonferenz in Berlin (März) und dem Auslaufen des Sozialistengesetzes (30. Sept.) kommt es zur Gründung der »Generalkommission der Gewerkschaften Deutschlands« als Dachorganisation der sozialistisch orientierten Gewerkschaften. Ihr Vorsitzender bis 1919 ist CARL LEGIEN (*1861, †1920).

1890/91 Die Arbeiterschutzgesetzgebung sieht u.a. die Einsetzung von Gewerbegerichten, das Verbot der Kinderarbeit bis zur Vollendung der Schulpflicht, die Begrenzung der Arbeitszeit von Jugendlichen unter 16 Jahren auf zehn und von Frauen auf elf Stunden täglich sowie Vorschriften zum Schutz von Leben und Gesundheit der Arbeiter vor. Arbeitsordnungen werden obligatorisch.

1891, 24. Juni Das Einkommensteuergesetz (progressive Einkommensteuer) zugunsten der niederen Einkommen und höherer Staatseinnahmen als Kernstück der preußischen Steuerreform tritt in Kraft.

14.–20. Okt. Auf ihrem Parteitag in Erfurt verabschiedet die SPD ein neues Parteiprogramm, das sich streng an marxistischen Grundsätzen orientiert.

1891–1893 Das Deutsche Reich schließt Handelsverträge mit Österreich-Ungarn, der Schweiz, Italien, Belgien und Rumänien. Die zur vereinbarte Senkung der Getreidezölle führt zu einer Ermäßigung des Brotpreises, die Senkung der Einfuhrzölle für deutsche Industrieerzeugnisse fördert die Exportindustrie.

1892, 22. März Nach dem Scheitern eines Schulgesetzentwurfs tritt CAPRIVI als preußischer Ministerpräsident zurück. Sein Nachfolger, BOTHO GRAF ZU EULENBURG (*1831, †1912), stützt sich ganz auf die Konservativen.

1893 Die Mehrbeschäftigung von Arbeitskräften aufgrund der Handelsverträge lässt die Auswanderung schlagartig auf 25–30% des bisherigen Umfangs zurückgehen. Seit 1896 übertrifft die Zahl der Einwanderer sogar diejenige der deutschen Auswanderer.

18. Febr. Als Reaktion der Agrarinteressen auf die Handelsverträge, die auch den Bruch zwischen den Konservativen und CAPRIVI zur Folge haben, wird der »Bund der Landwirte« gegründet. Der Bund wird zu einer der mächtigsten politischen Massenorganisationen in Deutschland.

6. Mai Wegen seiner Ablehnung einer Heeresverstärkung wird der Reichstag aufgelöst.

29. Juni Teilreform des Dreiklassenwahlrechts in Preußen.

15. Juli Der neu gewählte (15. Juni) Reichstag stimmt der neuen Militärvorlage zu, die eine weitere Verstärkung des Heeres vorsieht.

1894, März Gegen den Widerstand deutscher Agrarkreise und der Konservativen wird der deutsch-russische Handelsvertrag geschlossen und vom Reichstag angenommen.

1. Juli Gründung des »Alldeutschen Verbands«, der aus dem »Allgemeinen Deutschen Verband« (1891) hervorgeht. Der Alldeutsche Verband verbindet Nationalismus mit völkischen und imperialistischen Zielsetzungen; er hat bis zu 40000 Mitglieder und wird erst 1939 aufgelöst.

26. Okt. Nach Widerstand CAPRIVIS gegen einen von EULENBURG befürworteten, vom Kaiser gegen die SPD ins Auge gefassten Staatsstreichplan werden beide von WILHELM II. entlassen.

29. Okt. **Neuer Reichskanzler** und preußischer Ministerpräsident **wird CHLODWIG FÜRST ZU HOHENLOHE-SCHIL-**

LINGSFÜRST (*1819, †1901). Seine Politik wird vom Versuch WILHELMS II., sein persönliches Regiment auszuüben, beeinflusst. Innenpolitisch maßgebend ist Finanzminister MIQUEL.

3. Nov. Gründung des »Deutschen Ostmarkenvereins«. Die nach den Gründern FERDINAND VON HANSEMANN (*1861, †1900), HERMANN KENNEMANN (*1815, †1910) und CHRISTOF VON TIEDEMANN (*1843, †1922) auch »Hakatisten« genannten Mitglieder treten für eine Germanisierung der polnisch besiedelten Gebiete an der Ostgrenze ein.

1895 Die »Generalkommission der Gewerkschaften Deutschlands« erlangt ihre Selbstständigkeit gegenüber der SPD, die 1906 die Unabhängigkeit der Gewerkschaftsarbeit anerkennt.

11. Mai Die gegen kritische, v. a. sozialdemokratische Äußerungen gerichtete sog. »Umsturzvorlage« wird vom Reichstag abgelehnt.

21. Juni Eröffnung des Kaiser-Wilhelm-Kanals (heute Nord-Ostsee-Kanal).

1896, 3. Jan. WILHELM II. beglückwünscht den Präsidenten der Südafrikanischen Republik (Transvaal), PAULUS »OHM« KRÜGER (*1825, †1904), zur erfolgreichen Abwehr des Jameson Raid (»Krüger-Depesche«). Die Depesche führt in Großbritannien zu einer starken Verstimmung gegenüber Deutschland.

18. Jan. Zum 25. Jahrestag der Reichsgründung proklamiert WILHELM II. eine »Weltpolitik«, gestützt auf eine Schlachtflotte.

1898, 6. März Deutschland besetzt und erwirbt durch Pachtvertrag mit China auf 99 Jahre Kiautschou (Provinz Shandong).

28. März Mit der Annahme des Ersten Flottengesetzes durch den Reichstag beginnt der auf den Kaiser zurückgehende, vom Staatssekretär im Reichsmarineamt (1897–1916) ALFRED VON TIRPITZ (*1849, †1930) geplante langfristige Ausbau der Kriegsflotte (zunächst 19 Linienschiffe). Der am 30. April mit Unterstützung des Reichsmarineamtes gegründete »Deutsche Flottenverein«, der 1913 über 1 Mio. Mitglieder zählt, wirbt für Flottenverstärkung und imperialistische Politik. Neben ihrer (militär-)politischen Zielsetzung wird die Marinerüstung wichtiges nationales Integrationsmittel und gewinnt auch wirtschaftliche Bedeutung.

März–Mai Sondierungsgespräche für ein britisch-deutsches Bündnis scheitern letztendlich.

1899–1902 Während des Burenkrieges in Südafrika ist die deutsche Politik streng neutral.

1899, 12. Febr. Das Deutsche Reich erweitert seinen Kolonialbesitz im Pazifik und erwirbt von Spanien die Karolinen, Marianen und Palauinseln (Deutsch-Spanischer Vertrag). Die Samoainseln werden zwischen Deutschland und den USA geteilt, nachdem Großbritannien auf seinen Anteil verzichtet hat.

1. Juli ARTUR GRAF VON POSADOWSKY-WEHNER (*1845, †1932) wird Staatssekretär im Reichsamt des Innern. Während seiner Amtszeit bis 1907 gibt der Staat die repressive Politik gegen die Sozialdemokratie auf.

20. Nov. Eine Einschränkung des Koalitionsrechts, die ein Sonderstrafrecht für Arbeiter schaffen soll (sog. »Zuchthausvorlage«), kommt im Reichstag zu Fall.

1900, 1. Jan. Das »Bürgerliches Gesetzbuch« (BGB), 1896 verabschiedet, tritt in Kraft.

12. Juni Der Reichstag stimmt dem Zweiten Flottengesetz zu, das den Bau von 36 Linienschiffen einschließlich Reserven und damit einen Gleichstand mit der britischen Heimatflotte anstrebt.

27. Juli Sog. »Hunnenrede« von WILHELM II. anlässlich der Verabschiedung deutscher Truppen zur Niederschlagung des Boxeraufstandes in China. Das Bekanntwerden des Originalwortlauts hat international eine verheerende Wirkung und führt auch im Reichstag zu heftiger Kritik v. a. von Liberalen und Sozialdemokraten am Kaiser.

18. Okt. Graf (1905 Fürst) **BERNHARD VON BÜLOW** (*1849, †1929; 1897–1900 Staatssekretär im Auswärtigen Amt) **wird Reichskanzler.** Er überlässt die Innenpolitik weitgehend POSADOWSKY.

1900–1903 Ausbau der Sozialgesetzgebung mit Zustimmung der SPD.

1901 Gegen den seit 1900 von der Regierung vorgeschriebenen deutschsprachigen Religionsunterricht in den Volksschulen der Provinz Posen erhebt sich eine polnische Protestbewegung.

März–Dez. Erneute deutsch-britische Bündnissondierungen scheitern an den Forderungen Berlins (Absicherung durch das britische Parlament, vertragliche Einbeziehung Großbritanniens in den Dreibund).

14. Dez. Erhöhung der Getreidezölle auf den Stand vor 1892.

1903, 13.–20. Sept. Der Dresdner SPD-Parteitag lehnt den von EDUARD BERNSTEIN (*1850, †1932) verfochtenen Revisionismus (Reformpolitik auf Basis des Bestehenden) trotz z. T. reformistischer Praxis ab.

1904, 22. Febr. Aufhebung der »Franckensteinschen Klausel« von 1879 für Zölle (1906 auch für Reichsstempelabgaben) zur Verbesserung der Finanzlage des Reiches.

1905, 29. März Der Ausbau des Mittellandkanals zum Binnenschifffahrtsweg vom Rhein über die Elbe zu den preußischen Ostprovinzen (an dem die Industrie interessiert ist) wird vom Reichstag unter Verzicht auf die Verbindung zwischen der Elbe und Hannover beschlossen. Mit dem Verzicht kommt der Reichstag den agrarischen Konservativen entgegen, die das Projekt zuvor zweimal (1899, 1901) aus Furcht vor billigen Getreideimporten hatten scheitern lassen.

24. Juli Kaiser WILHELM II. schließt persönlich mit Zar NIKOLAUS II. (*1868, †1918) bei Björkö (finnische Insel im Bottnischen Meerbusen) ein Verteidigungsbündnis, von dem sich der Zar jedoch zurückzieht.

1905/06 Erste Marokkokrise: Die deutsche Regierung stellt sich der französischen Marokkopolitik in den Weg, um eigene Handelsinteressen und ihren Prestigeanspruch zu schützen. Zuspitzung der deutsch-britischen Flottenrivalität.

1906, Sommer/Herbst Polnischer Schulstreik gegen den deutschsprachigen Religionsunterricht in Posen und Westpreußen.

3. Juni Als erste direkte Reichssteuer wird die Erbschaftssteuer bewilligt, die aber – ebenso wie die Maßnahme von 1904 – das Defizit im Reichsetat nicht ausgleichen kann.

5. Juni Die Flottengesetznovelle bereitet den Übergang zum Bau von Großkampfschiffen vor, der 1905/06 mit der britischen »Dreadnought« begonnenen wurde, und geht damit zum offenen Wettrüsten mit Großbritannien über.

1907, 25. Jan. Aus den Reichstagswahlen (sog. »Hottentottenwahlen« nach dem Herero-Aufstand in Südwestafrika) geht der »Bülow-Block«, ein Bündnis aus konservativen und liberalen Parteien unter Ausschluss von Zentrum und SPD, als Sieger hervor. Auf diese Mehrheit kann sich BÜLOW bis 1909 stützen.

24. Juni Der 1906 nach Meinungsverschiedenheiten in der Kolonialpolitik erfolgte Bruch BÜLOWS mit dem Zentrum führt auch zum Ende der Ära POSADOWSKY. Sein Nachfolger als Staatssekretär im Reichsamt des Innern und Vizekanzler (1907–1909) wird THEOBALD VON BETHMANN HOLLWEG (*1856, †1921).

1908, 3. März Die preußische Regierung lässt sich durch ein Gesetz ermächtigen, notfalls bis zu 70 000 ha polnischen Landbesitz zu enteignen (gegen angemessene Entschädigung, mit Ausschluss geerbten Besitzes) und an deutsche Siedler zu verkaufen. Dieses Enteignungsgesetz, von dem nur wenig Gebrauch gemacht wird (lediglich 1635 ha werden enteignet), löst, weil es nationales Ausnahmerecht schafft, scharfe Gegenreaktionen aus.

6. April Die zweite Flottengesetznovelle beschleunigt das Rüstungstempo.

8. April Mit dem Reichsvereinsgesetz wird das Vereins- und Versammlungsrecht liberalisiert.

28. Okt. Beginn der **Daily-Telegraph-Affäre**: Ein in der englischen Tageszeitung »Daily Telegraph« erschienenes Interview WILHELMS II. gibt Veranlassung, im Reichstag und in der Presse erstmals direkte Kritik am »persönlichen Regiment« des Kaisers zu üben. Reichskanzler BÜLOW, der an der Veröffentlichung des Interviews wesentlich mitschuldig ist, verliert das Vertrauen des Kaisers. Das Ansehen der Monarchie wird schwer erschüttert, die Parlamentarisierungstendenzen werden gestärkt.

1909, 10. Juli Die **Reichsfinanzreform** wird durch eine Reichstagsmehrheit von Konservativen und Zentrum angenommen. Diese sieht eine Besteuerung des mobilen Kapitals sowie neue – bzw. höhere – indirekte Steuern vor. Dagegen setzt sich der am 12. Juni gegründete »Hansabund für Gewerbe, Handel und Industrie« für eine liberale, antimonopolistische Wirtschafts- und Finanzpolitik ein.

14. Juli Die preußische Wahlrechtsfrage und BÜLOWS Vorlage zur Reichsfinanzreform führen zu seinem Sturz und zum Ende des Blocks. Sein Nachfolger wird **THEOBALD VON BETHMANN HOLLWEG** (bis 1917).

1910, 6. März Die linksliberalen Parteien schließen sich in der »Fortschrittlichen Volkspartei« zusammen, die für Zusammenarbeit mit der SPD und allmähliche Parlamentarisierung eintritt.

1911, 26. Mai Verfassungs- und Wahlgesetz für Elsass-Lothringen, das den deutschen Bundesstaaten verfassungsrechtlich gleichgestellt wird und für seine zweite Kammer das für den Reichstag geltende Wahlrecht erhält.

Juli–Nov. Zweite Marokkokrise nach der Entsendung des deutschen Kanonenbootes »Panther« am 1. Juli. Diplomatische Niederlage Deutschlands im Konflikt mit Frankreich und Großbritannien.

1912, 12. Jan. Bei den Reichstagswahlen können die Sozialdemokraten ihre Abgeordnetenzahl mehr als verdoppeln und sind nun mandatsstärkste Partei (110 von 397).

21. Mai Eine dritte Flottengesetznovelle sieht den weiteren Ausbau der Kriegsflotte bis 1920 vor (25 Großkampfschiffe aktiv, 16 in Reserve).

1913, 30. Juni Der Reichstag beschließt eine Heeresverstärkung (zwei neue Armeekorps).

20. Sept. Zu Nachfolgern des verstorbenen SPD-Vorsitzenden AUGUST BEBEL (*1840, †1913) wählt der Jenaer Parteitag HUGO HAASE (*1863, †1919) und FRIEDRICH EBERT (*1871, †1925).

Deutsche Kolonien (Stand 1913)

Kolonie	Fläche in 1000 km²	Einwohner in 1000 Einheimische	Einwohner in 1000 Weiße	Eisenbahnen in km
in Afrika				
Togo	87,2	1 003,0	0,3	330,0
Kamerun	495,0	2 540,0	1,4	310,0
Deutsch-Südwestafrika	835,0	86,0	12,0	2 104,0
Deutsch-Ostafrika	995,0	7 511,0	3,6	1 435,0
in Asien und im Pazifischen Ozean				
Palau, Karolinen, Marianen, Marshallinseln	27,8	15,0	0,5	
Samoa	25,7	38,0	0,5	
Deutsch-Neuguinea und Bismarckarchipel	230,0	719,0	0,5	
Kiautschou	0,52	192,0	2,1	435,0

Nov./Dez. **Zabern-Affäre**: Die rechtswidrige, durch ein Kriegsgerichtsurteil gedeckte Verhaftung von zivilen Demonstranten durch Militär in der unterelsässischen Garnisonstadt Zabern (französisch Saverne), die zur Schädigung der Bemühungen um ein besseres Verhältnis zu den Elsässern beiträgt, zeigt den Machtanspruch des Militärs und führt zu einem Missbilligungsbeschluss des Reichstags.

1914, 15. Juni Deutsch-britisches Bagdadbahn-Abkommen.

Juli/Aug. Auf die Julikrise folgt Anfang Aug. der **Ausbruch des Ersten Weltkrieges.** | s. S. 768 |

Deutschland im Ersten Weltkrieg (1914–1918)

Der Krieg, in dem zuletzt etwa die Hälfte der 16,7 Mio. männlichen Deutschen zwischen 15 und 60 Jahren im Dienst der Streitkräfte stehen und in dem insgesamt etwa 1,8 Mio. deutsche Soldaten gefallen sind, greift tief in die Entwicklung Deutschlands ein. Die Politik wird von den Alternativen »Verständigungsfrieden« (von der Linken gefordert) und »Siegfrieden« (Ziel der Rechten und lange Zeit auch der Mitte) sowie schließlich von der Zusammenarbeit der überwiegenden Reichstagsmehrheit (ohne Konservative) im »Interfraktionellen Ausschuss« bestimmt. Gegenüber der Kooperation der Reichstagsmehrheit und der Annäherung der SPD an den Staat bilden sich radikale Parteien auf der Linken (USPD) und der Rechten (Deutsche Vaterlandspartei). Die deutsche Monarchie zeigt sich den außerordentlichen Belastungen weniger gewachsen als die großen Demokratien des Westens. So unsicher die Parlamentarisierung des Reiches am Vorabend des Kriegs noch scheint, so unausweichlich wird sie in seinem Verlauf. Am Ende wird Kaiser Wilhelm II. zur Abdankung gezwungen.

Wirtschaftlich ergibt sich eine Stärkung kriegswichtiger Industriezweige (Metall-, Maschinen-, Elektro-, chemische Industrie). Im Arbeitsleben werden vermehrt Frauen und Jugendlichen herangezogen, was Emanzipationstendenzen stärkt. Die Mobilisierung und Organisation aller Kräfte im Dienste der Kriegsführung steigert den staatlichen Einfluss auf die Wirtschaft (Kriegssozialismus) und führt zur Gründung von Reichswirtschaftsamt und Reichsarbeitsamt. Zur Deckung der Kriegskosten ist das Reich wegen der Schwächen seiner Finanzverfassung mehr noch als andere Krieg führende Staaten auf das Mittel der Anleihe verwiesen (insgesamt neun Kriegsanleihen mit 96,93 Mrd. Mark, die aber nur etwa 60 % der Kriegskosten erbringen); erst 1916 wird der Weg der Einführung neuer Steuern beschritten.

Die Verflechtung von Betrieben besetzter Gebiete, die in die Kriegswirtschaft einbezogen sind, mit deutschen Firmen wird zum neuen Verbindungselement von Wirtschaftsinteresse und Kriegszielpolitik. Die Anspannung der Arbeitskräfte lässt die Bedeutung der Arbeiterbewegung wachsen, mit der sich die Arbeitgeber zu arrangieren beginnen. Soziale Veränderungen sind noch stärker bei den mittelständischen Gruppen sichtbar, wo – auch im Vergleich zu anderen Teilen der Gesellschaft – eine erhebliche Verarmung festzustellen ist.

1914, Juli/Aug. Auf die Julikrise nach der Ermordung des österreichischen Thronfolgers Erzherzog Franz Ferdinand und seiner Gattin am 28. Juni in Sarajevo folgt Anfang Aug. der **Ausbruch des Ersten Weltkrieges**.

4. Aug. Im Reichstag werden die Kriegskredite von allen Parteien einschließlich der SPD bewilligt.

Aug.–Nov. Nach anfänglichen militärischen Erfolgen der deutschen Truppen, die schließlich sogar Paris bedrohen, kommt der deutsche Vormarsch im Westen nach der **Schlacht an der Marne** (5.–12. Sept.) zum Stehen. Alle Durchbruchsversuche der Franzosen und Engländer scheitern ebenso wie deutsche Bemühungen, den Bewegungskrieg fortzusetzen (22.–25. Sept. **Kämpfe bei Verdun**; 10. Okt.–10. Nov. »Wettlauf zum Meer« und **Schlacht bei Ypern**). Die Front erstarrt auf der ganzen Linie von der Kanalküste bis zur Schweizer Grenze; der Bewegungskrieg wird zum Stellungskrieg. Im Osten wird der russische Einmarsch in Ostpreußen bei **Tannenberg** (26.–30. Aug.) und an den **Masurischen Seen** (6.–15. Sept.) zurückgeschlagen.

1915 Der innenpolitische Burgfriede wird gehalten, wenngleich die linke Opposition in der SPD wächst und die Diskussion um eine verfassungspolitische »Neuorientierung« beginnt. Im März gründet sich die Gruppe Internationale um Rosa Luxemburg (*1870, †1919) und Karl Liebknecht (*1871, †1919), die ab 1916 die »Spartakusbriefe« heraus gibt und sich als »Spartakusgruppe« bezeichnet.
Die Gewinnung von Stickstoff aus Luft durch das Haber-Bosch-Verfahren (zunächst bei der BASF in Ludwigshafen, seit 1917 aufgrund der Bedrohung durch Luftangriffe v. a. im Leunawerk in Leuna an der Saale) macht die deutsche Kriegswirtschaft in der Schießpulver- und Sprengstoffproduktion von der Salpetereinfuhr unabhängig.

1916, 24. März Die Reichstagsabgeordneten des linken SPD-Flügels um Hugo Haase, die sich gegen die Bewilligung neuer Kriegskredite stellen, werden aus der Reichstagsfraktion der Sozialdemokraten ausgeschlossen.

29. Aug. Die Übernahme der Obersten Heeresleitung (OHL) durch Generalfeldmarschall Paul von Hindenburg (*1847, †1934) und General Erich Ludendorff (*1865, †1937) (**3. OHL**) leitet die Zeit des maßgebenden Einflusses Ludendorffs in den entscheidenden Fragen der Politik ein. Die OHL legt das sog. »Hindenburg-Programm« vor, das Maßnahmen zur Zusammenfassung aller Kräfte des Wirtschafts- und Arbeitspotenzials enthält. Das Kriegsamt unter General Wilhelm Groener (*1867, †1939) übernimmt die zentrale Leitung der Kriegswirtschaft.

5. Dez. Der Reichstag nimmt das »Gesetz über den vaterländischen Hilfsdienst« (Hilfsdienstgesetz) an. Es verpflichtet die nicht eingezogenen Männer vom 17.–60. Lebensjahr zum Dienst in der Rüstungsindustrie und in kriegswichtigen Einrichtungen.
Mit der Begründung obligatorischer Arbeiter- und

Angestelltenausschüsse in den Betrieben sowie paritätischer Schlichtungsausschüsse wird der Weg zur Mitbestimmung der Arbeitnehmer und zur Erweiterung des gewerkschaftlichen Einflusses beschritten.

1917 In der ersten Jahreshälfte verschärfen sich die innenpolitischen Spannungen. Der harte Winter, die knapp werdenden Nahrungsmittel (»Kohlrübenwinter«), die russische Februarrevolution und die Kriegserklärung der USA wirken lähmend, zumal die versprochene Neuorientierung unterbleibt.

7. April In der Osterbotschaft kündigt WILHELM II. die Aufhebung des Dreiklassenwahlrechts in Preußen an.

9.–11. April Mit der Gründung der »Unabhängigen Sozialdemokratischen Partei Deutschlands« (USPD) auf der Gothaer Konferenz spaltet sich die SPD. Unter ihrem Vorsitzenden HUGO HAASE nimmt die USPD offen den Kampf gegen die Fortführung des Krieges auf. Mitte April kommt es zu großen Streiks in Berlin und Leipzig sowie anderen Städten.

6. Juli Der Zentrumsabgeordnete MATTHIAS ERZBERGER (*1875, †1921) fordert im Hauptausschuss des Reichstags eine Friedensresolution mit dem Programm des annexionslosen Friedens, da keine Aussicht auf den Sieg bestehe und dieser auch durch den U-Boot-Krieg nicht erzwungen werden könne.
Seither treffen sich führende Abgeordnete der SPD, des Zentrums, der Fortschrittspartei und zeitweise auch der Nationalliberalen zu informellen politischen Koordinationsbesprechungen im sog. »Interfraktionellen Ausschuss«. Damit wird die Parlamentarisierung der Reichsverfassung vorbereitet.

14. Juli Entlasssung von Reichskanzler BETHMANN HOLLWEG nach einer Rücktrittsdrohung von HINDENBURG und LUDENDORFF, die seine gescheiterten innen- und außenpolitischen Verständigungsversuche ablehnen. Sein Nachfolger GEORG MICHAELIS (*1857, †1936), zugleich preußischer Ministerpräsident, kann weder eine konstruktive Zusammenarbeit mit der Reichstagsmehrheit noch eine eigenständige Politik gegenüber der Heeresleitung betreiben.

19. Juli **Friedensresolution** der Reichstagsmehrheit im Sinne der Rede ERZBERGERS vom 6. Juli.
Die innere Entwicklung wird zunehmend durch den Gegensatz zwischen einer fortschreitenden Parlamentarisierung und dem beherrschenden politischen Einfluss der OHL (LUDENDORFF) bestimmt.

2. Sept. WOLFGANG KAPP (*1858, †1922) gründet die rechtsradikale Deutsche Vaterlandspartei zur Förderung des Strebens nach einem »Siegfrieden«. Sie wird unterstützt durch die Alldeutschen, Konservative und Liberale – am 10. Dez. 1918 löst sie sich auf.

1. Nov. Der bisherige bayrische Ministerpräsident GEORG GRAF VON HERTLING (*1843, †1919) vom rechten Flügel des Zentrums wird Reichskanzler und preußischer Ministerpräsident, vermag aber trotz Einbeziehung führender Parlamentarier (u. a. FRIEDRICH VON PAYER [*1847, †1931; Fortschrittspartei] als Vizekanzler) in Staatssekretärs- und Ministerstellen keinen eigenen Kurs gegen LUDENDORFF durchzusetzen.

1918, 8. Jan. US-Präsident WOODROW WILSON erklärt die **Vierzehn Punkte** zu Richtlinien für einen künftigen Weltfrieden.

28. Jan. Beginn eines mehrtägigen, erfolglosen Massenstreiks in Berlin und anderen großen Städten.

14. Aug. Auf einer Konferenz im Kaiserlichen Hauptquartier erklärt die OHL erstmals offen die Fortführung des Krieges für aussichtslos.

29. Sept. HINDENBURG und LUDENDORFF fordern ultimativ die Erneuerung der politischen Leitung mit parteipolitischer Anbindung und ein sofortiges Waffenstillstandsangebot.

30. Sept. Entlassung von Reichskanzler HERTLING.

3. Okt. Prinz MAX VON BADEN (*1867, †1929), der das Ersuchen der OHL um sofortigen Waffenstillstand unterzeichnet, wird zum Reichskanzler und preußischen Ministerpräsidenten ernannt. Die Mehrheitsparteien treten durch Staatssekretäre ohne Geschäftsbereich in die Regierungsverantwortung ein.

24.–28. Okt. Verfassungsreform von Reichstag, Bundesrat und Kaiser angenommen: Der Reichskanzler bedarf jetzt des Vertrauens des Reichstags. Kriegserklärung und Friedensschluss können nur noch mit Zustimmung von Reichstag und Bundesrat erfolgen.

26. Okt. Entlassung LUDENDORFFS. Als Nachfolger wird GROENER in die OHL berufen

28. Okt. Beginn der Meuterei auf der deutschen Hochseeflotte, die so an einem letzten, in der Zielsetzung umstrittenen Auslaufen gehindert werden soll.

3./4. Nov. **Matrosenaufstand in Kiel.**

6. Nov. Übergreifen der Bewegung auf Hamburg, Bremen und Lübeck.

7./8. Nov. **Revolution in München**. Die Revolte führt zum Sturz der Wittelsbacher, zur Proklamation des Freistaats Bayern und Bildung einer Regierung der Arbeiter-, Bauern- und Soldatenräte unter KURT EISNER (*1867, †1919; USPD).

9. Nov. Reichskanzler Prinz MAX VON BADEN verkündet eigenmächtig unter Druck der Massen die Abdankung des Kaisers. PHILIPP SCHEIDEMANN (*1865, †1939; SPD) ruft die **Deutsche Republik** aus, um der radikalen Linken zuvorzukommen. MAX VON BADEN überträgt dem SPD-Vorsitzenden FRIEDRICH EBERT die Wahrnehmung der Geschäfte des Reichskanzlers. Bildung eines Rates der Volksbeauftragten, den der Großberliner Arbeiter- und Soldatenrat legitimiert. Er besteht aus je drei Mitgliedern der SPD (u. a. EBERT und SCHEIDEMANN) und USPD (u. a. HAASE).

10. Nov. WILHELM II. flieht in die neutralen Niederlande.

11. Nov. Nach Verhandlungen unter Führung ERZBERGERS Abschluss des **Waffenstillstands von Compiègne**.

12. Nov. Im »Aufruf des Rats der Volksbeauftragten an das deutsche Volk« stellt dieser sich als »die aus der Revolution hervorgegangene Regierung« vor. Sie werde »das sozialistische Programm verwirklichen«. Dagegen betrachtet sich der ebenfalls auf der Versammlung der Berliner Arbeiter- und Soldatenräte gewählte »Vollzugsrat« dieser Räte als das übergeordnete revolutionäre Organ. Dahinter steht die Absicht einer Räteverfassung für Deutschland, während EBERT das Ziel einer parlamentarischen Demokratie verfolgt.

Die Provisorische Nationalversammlung von Deutschösterreich erklärt den Anschluss an Deutschland.

14. Nov. Ernennung der Fachminister beim Rat der Volksbeauftragten (auch mehrere Nichtsozialisten). Als Gegengewichte zu einer weiter treibenden sozialistischen Revolution wirken die enge Verbindung zwischen EBERT und der OHL (HINDENBURG und GROENER) zur geordneten Auflösung des Heeres und Aufrechterhaltung von Ruhe und Ordnung sowie das sog. »Stinnes-Legien-Abkommen«.

15. Nov. Gründung der »Zentralarbeitsgemeinschaft« zwischen Arbeitgebern und Arbeitnehmern (Gewerkschaften) im Sinne einer Tarifpartnerschaft auf neuen sozialpolitischen Grundlagen (z. B. kollektiver Arbeitsvertrag, Achtstundentag).

25. Nov. Konferenzen von Regierungsvertretern der Bundesstaaten, in denen sich überall der revolutionäre Umschwung (Ende der Monarchien) zeigt. Sie sprechen sich für die Aufrechterhaltung der Reichseinheit und Wahlen zur Nationalversammlung aus.

28. Nov. Abdankung Kaiser WILHELMS II.

29. Nov. Auf Basis der Regierungskonferenzen vom 25. Nov. beschließt der Rat der Volksbeauftragten Wahlen zur Nationalversammlung durchzuführen.

16.–20. Dez. Deutscher Rätekongress in Berlin. Die auf Basis von Betrieben und einzelnen Truppenteilen mehr oder minder spontan entstandenen, insgesamt sehr heterogenen, gleichwohl zu Trägern der Revolution gewordenen Arbeiter- und Soldatenräte sind mehrheitlich SPD-orientiert. Alle beanspruchen exekutive, legislative und judikative Befugnisse, beschränken sich aber allenfalls auf die Leitung und Kontrolle der vorhandenen Institutionen. Der Kongress lehnt das Rätesystem als politische Organisationsform des Reiches ab und legt die Wahlen zur Nationalversammlung auf den 19. Jan. 1919 fest.

24. Dez. Unruhen und Kämpfe um das Berliner Schloss.

29. Dez. Die USPD tritt aus dem Rat der Volksbeauftragten aus.

30. Dez.–1919, 1. Jan. Gründungsparteitag der Revolutionären Kommunistischen Arbeiterpartei (später KPD) in Berlin. Vorsitzende sind u. a. KARL LIEBKNECHT und ROSA LUXEMBURG.

Die Weimarer Republik (1919–1933)

In der **Novemberrevolution** 1918, die im Febr. 1919 verebbt, verhindern die Mehrheitssozialisten (SPD) unter Führung FRIEDRICH EBERTS im Zusammengehen mit der Heeresleitung (WILHELM GROENER) und den Spitzen der Verwaltung die gesellschaftliche Umwälzung. Sie setzen die Errichtung des liberaldemokratischen Verfassungsstaats durch, in dem die Wirtschafts- und Agrarverfassung (Großgrundbesitz) unangetastet bleiben. Infolge der Parlamentarisierung werden die alten, im Kern weiterhin adligen Führungseliten verdrängt, die sich aber im Heer und im diplomatischen Dienst großenteils noch halten können. Das abschreckende Beispiel der bolschewistischen Oktoberrevolution, ein weit verbreitetes Bedürfnis nach Ruhe und Ordnung, die relative Stabilität wichtiger Stützen der alten Ordnung und die Notwendigkeit, überwältigende aktuelle Probleme (v. a. der Ernährung) zu lösen, verfehlen ihre Wirkung nicht, zumal sich die vorrangige Frage nach einem vertretbaren Friedensschluss rasch als unlösbar erweist.

Der **Versailler Vertrag** wird nicht nur wegen seiner teilweise rigiden Bestimmungen zur Hypothek der jungen Republik, sondern auch aufgrund der damit verbundenen Anerkennung der Kriegsschuld und der Verweigerung der internationalen Gleichberechtigung. Die mangelnde Bereitschaft der Rechten und des Militärs, die von der Koalitionsregierung aus SPD und Zentrum mangels jeder Alternative eingegangene Annahme des Vertrages zu respektieren und die militärische Niederlage als unkorrigierbar anzuerkennen, trägt maßgeblich dazu bei, die Republik zu diskreditieren. Die u. a. von HINDENBURG und LUDENDORFF wider besseren Wissens verbreitete Dolchstoßlegende, wonach die Revolution der unbesiegten Frontarmee in den Rücken gefallen sei, findet angesichts der Diskrepanz zwischen Nationalstolz, Kriegspropaganda und militärischen Erfolgen einerseits und dem raschen Zusammenbrechen der Front andererseits weithin Glauben und vergiftet die Atmosphäre nachhaltig.

Unter den finanziellen Kriegsfolgen sind die von den Siegern auferlegten Reparationen weniger wirksam als die von der Kriegsfinanzierung durch Anleihen verursachte Entwertung des Geldes, die sich nach Kriegsende durch das Vordringen lange zurückgestauter Kaufkraft bei noch zu geringer Güterproduktion erheblich beschleunigt. Kriegsfolgelasten aller Art, wie die Versorgung von Kriegsopfern, Hinterbliebenen und entlassenen Berufssoldaten, überlasten den Etat, der in die weitere Kreditierung, in diesem Falle also in die Beschleunigung der Inflation, ausweicht, um den Staatsbankrott zu vermeiden. V. a. mittelständische Gruppen (u. a. kleine Selbstständige) werden stark geschädigt und wenden sich – in erster Linie auf Kosten der Parteien der bürgerlichen Mitte – bald von der Republik ab. Dagegen können sich sowohl die unteren Lohnstufen der Arbeitnehmer als auch das wirtschaftende Unternehmertum verbessern. Allerdings werden die Arbeitnehmer hart von der bei Kriegsende erstmals im deutschen Industriestaat auftretenden Massenarbeitslosigkeit getroffen (Anfang 1919 noch über 1 Mio.).

Diese außenpolitischen, finanziellen, wirtschaftlichen und sozialen Kriegsfolgen haben mit der Entstehung des demokratischen Staates nichts zu tun, werden ihm jedoch nicht nur von ehemaligen politisch-gesellschaftlichen Machtträgern des Kaiserreichs, sondern auch von weiten Bevölkerungskreisen angelastet. Auch der kaiserliche Autoritätsverlust, nur zeitweilig ausgeglichen durch das Ansehen der Heeresleitung, hinterlässt ein Defizit, das den demokratischen Neuansatz auf Dauer belastet. Diese und andere Kriegsfolgen erweisen sich als Dauerprobleme, deren Folgen die Republik bis zu ihrem Ende begleiten.

Verfassung und Strukturen der Weimarer Republik

Nach der **Weimarer Verfassung** von 1919 ist das Deutsche Reich eine demokratische Republik mit starker Stellung des Reichspräsidenten. Die Verfassung geht auf einen Entwurf des linksliberalen Staatsrechtlers und Reichsinnenministers (1918/19) HUGO PREUSS (*1860, †1925) zurück, der auf eine starke Zentralgewalt abzielt. Angesichts der normativen Kraft der Länder, die ohne verfassungspolitisch einschneidende territoriale Veränderungen fortbestehen, wird der Entwurf nur in erheblich veränderter Fassung verwirklicht. Mängel bestehen im Reich-Länder-Verhältnis (Problem der Reichs- und Finanzreform, Fortbestehen der meisten Kleinstaaten, Sonderrolle Bayerns) sowie in der mangelhaften Klärung der Verantwortung zwischen Reichspräsident, Reichsregierung und Reichstag, die es den Parteien erschwert, eine dauerhafte Regierungsverantwortung zu übernehmen. Das Rollenverständnis der Parteien wird ebenso wie die Grundstruktur des Parteiensystems in gewandelter Form aus dem Konstitutionalismus des Kaiserreichs übernommen. Es bleibt daher bei kurzfristigen Einigungsformeln und prekären Mehrheiten. Der Übergang vom Mehrheitswahlrecht zum eingeschränkten Verhältniswahlrecht (16 Großwahlkreise) schwächt die regionale Bindung der Parteien ab und erleichtert kleinen und kleinsten Gruppen die parlamentarische Repräsentation. Die Ausnahmegewalt des Reichspräsidenten erweist sich als zweischneidig (Notverordnungsrecht nach Artikel 48, wenn »die öffentliche Sicherheit und Ordnung erheblich gestört oder gefährdet wird«).

Stärkste Partei der Weimarer Republik ist die **SPD** (1929 1,02 Mio. Mitglieder, vorwiegend Arbeiter). Sie stellt maßgebliche Repräsentanten der Republik, u. a. Reichspräsident EBERT, Reichskanzler PHILIPP SCHEIDEMANN (1919), GUSTAV BAUER (*1870, †1944; 1919/20) und HERMANN MÜLLER (*1876, †1931; 1920, 1928–1930), Wehrminister GUSTAV NOSKE (*1868, †1946; 1919/20), Justizminister GUSTAV RADBRUCH (*1878, †1949; 1921/22, 1923) und Finanzminister RUDOLF HILFERDING (*1877, †1941; 1923, 1928/29). Dennoch gelingt es den Sozialdemokraten im Laufe der Zeit immer weniger, das Reich durch Beteiligung an der Exekutive mitzugestalten. Fünf Jahre lang bleibt die SPD in der Opposition, versucht jedoch, durch den modellhaften Ausbau Preußens ein Zeichen zu setzen, wo sie sich von 1919 bis 1932 fast ununterbrochen in einer Koalition mit dem Zentrum befindet und sich die Republikfeinde von rechts lange Zeit auf eine Außenseiterrolle beschränkt sehen. Mit fast fünf Achteln der Bevölkerung und mehr als drei Fünfteln der Fläche stellt Preußens als größtes Land im Reich einen bemerkenswerten Stabilitätsfaktor dar. Die preußische Sozialdemokratie wird durch Politiker wie Ministerpräsident OTTO BRAUN (*1875, †1952; 1920/21, 1921–1925, 1925–1932) und Innenminister CARL SEVERING (*1875, †1952; 1920/21, 1921–1926, 1930–1932; 1928–1930 Reichsinnenminister) repräsentiert.

Das **Zentrum** ist die eigentliche Regierungspartei der Weimarer Zeit. Bis 1932 an allen Kabinetten des Reichs wie auch Preußens beteiligt, stellt die katholische Partei

Aufbau und Institutionen der Weimarer Republik

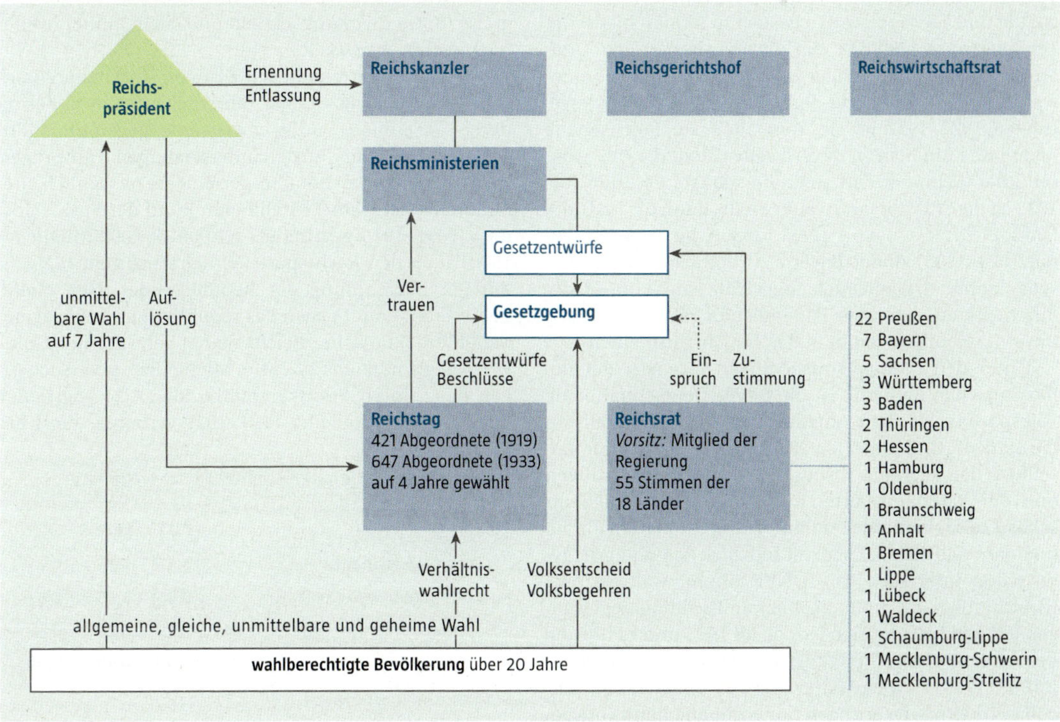

neben dem bereits 1921 ermordeten Minister MATTHIAS ERZBERGER (*1875, †1921) die Reichskanzler KONSTANTIN FEHRENBACH (*1852, †1926; 1920/21), JOSEPH WIRTH (*1879, †1956; 1921/22), WILHELM MARX (*1863, †1946; 1923/24, 1926–1928) und HEINRICH BRÜNING (*1885, †1970; 1930–1932) in den verschiedensten politischen Kombinationen. Die schichtenübergreifende soziale Integrationspartei, die sich gegen Ende der Republik stark nach rechts öffnet, kann mithilfe ihrer unangefochtenen Position im katholischen Kirchenvolk taktische Beweglichkeit mit innerer Stabilität verbinden.

Demgegenüber vollzieht sich bei den liberalen Parteien im Zusammenhang mit dem schwindenden Einfluss der bürgerlichen Honoratiorenschichten und der politischen Enttäuschung im gewerblichen und neuen Mittelstand ein allmählicher Niedergang. Zunächst trifft dies die liberaldemokratische **DDP** (Deutsche Demokratische Partei). Hervorgegangen aus dem Zusammenschluss von Fortschrittspartei und dem linkem Flügel der Nationalliberalen (16. Nov. 1918), hat sie großen Anteil am Zustandekommen der Verfassung (PREUSS) und ist bis 1932, zuletzt als Deutsche Staatspartei, an fast allen Reichsregierungen beteiligt, so WALTER RATHENAU (*1867, †1922; 1922 Reichsaußenminister) und OTTO GESSLER (*1875, †1955; 1920–1928 Reichswehrminister). Etwas länger hält sich die von Banken, Schwer- und Exportindustrie unterstützte, von Nationalliberalen im Dez. 1918 gegründete **DVP** (Deutsche Volkspartei), die mit GUSTAV STRESEMANN (*1878, †1929) bis Okt. 1929 über einen herausragenden Parteivorsitzenden verfügt, sich aber nicht geschlossen und vorbehaltlos zur Republik bekennt. Ähnliches gilt auch für die **BVP** (Bayerische Volkspartei), die sich im Nov. 1918 vom Zentrum abspaltet und als konservative Partei mit monarchistischer Tendenz ausschließlich auf Bayern beschränkt. Aufgrund ihrer stabilen Wählerschaft (Reichspräsidentenwahl 1925) und durch die Teilnahme an Koalitionsregierungen 1922–1932 ist sie aber auch auf Reichsebene nicht ohne Einfluss. In Bayern selbst stellt die BVP während der Weimarer Zeit stets die stärkste Fraktion (bis 1932 ist die SPD dort an zweiter Stelle, dann die NSDAP). Unter HEINRICH HELD (*1868, †1938; Ministerpräsidenten 1924–1933) findet Bayern zu beträchtlicher politischer Stabilität, wenn auch angesichts eines konservativ durchwirkten, extremen Föderalismus (»Ordnungszelle Bayern«) Konflikte mit dem Reich nicht ausbleiben.

Unter den nationalkonservativen Gegnern der demokratischen Republik ist die **DNVP** (Deutschnationale Volkspartei) vor dem Aufstieg der Nationalsozialisten die Stärkste. Gegründet am 22. Nov. 1918 als Zusammenschluss der Rechten, insbesondere der Konservativen und der Vaterlandspartei mit Unterstützung alldeutscher Kreise, verbindet sie autoritäre, monarchistische und nationalistische Ziele mit industriellen und großagrarischen Interessen. Die DNVP nimmt während der wirtschaftlichen Erholungsphase an Koalitionsregierungen teil, radikalisiert sich jedoch ab 1928 unter Führung des alldeutschen Großverlegers ALFRED HUGENBERG (*1865, †1951). Noch weiter rechts stehende, deutschvölkische Gruppen erringen nur vorübergehend eine begrenzte Bedeutung, bis im Gefolge der Weltwirtschaftskrise der Aufstieg der NSDAP einsetzt.

Hauptträger der Linksopposition gegen die liberaldemokratische Republik ist die **USPD** (Unabhängige Sozialdemokratische Partei Deutschlands). Im April 1917 als linksradikale Absplitterung der SPD gegründet, spaltet sie sich im Okt. 1920 (zuletzt 893 000 Mitglieder) und geht teils in der SPD, teils in der Ende 1918 gegründeten **KPD** (Kommunistische Partei Deutschlands) auf. Letztere wird erst durch diesen Zusammenschluss zur Massenpartei (360 000 Mitglieder im Okt. 1932). Unter Führung ERNST THÄLMANNS (*1886, †1944; 1925–1933) auf stalinistischem Kurs, sieht die KPD während der Republik den Hauptfeind in der SPD, die sich somit nach links und rechts zu verteidigen hat.

Angesichts der Schwächen in der Parteienstruktur und der mangelnden Stetigkeit der Reichspolitik kommt den Massenorganisationen besondere Bedeutung zu. Von den **Gewerkschaften** orientieren sich die Freien (sozialistischen) Gewerkschaften, die 1933 65,9 % der gewerkschaftlich organisierten Arbeiter, Angestellten und Beamten stellen (Christliche Gewerkschaften 18,5 %, liberale Hirsch-Dunckersche Gewerkvereine 8,3 %), an der SPD. Das Zentrum stützt sich dagegen außer auf die Christlichen Gewerkschaften, deren Vorsitzender 1919–1929 der Zentrumspolitiker ADAM STEGERWALD (*1874, †1945) ist, auch auf katholische Organisationen wie den »Volksverein für das katholische Deutschland« (bereits 1890 unter Beteiligung LUDWIG WINDTHORSTS gegründet und 1928 in die »Katholische Aktion« eingegliedert). Wesentlich für die Deutschnationalen ist der »Reichslandbund« (1921 unter Einschluss des »Bundes der Landwirte« gegründet), der mit über 5 Mio. Mitgliedern große Breitenwirkung erzielt und sich immer weiter nach rechts entwickelt.

Gleichfalls parteipolitisch wirksam sind halbmilitärische **Wehrverbände**, die das öffentliche Leben in besonderer Weise durch häufig gewaltsame, gegen Ende bürgerkriegsähnliche Auseinandersetzungen mitprägen. Der vom Anspruch her überparteiliche, tatsächlich aber nationalkonservative »Stahlhelm, Bund der Frontsoldaten« (Nov. 1918 gegründet, 400 000–500 000 Mitglieder 1930) steht den Rechtsparteien nahe und geht 1929 zur offenen Bekämpfung der Republik über. Der »Stahlhelm« steht damit gegen das republiktreue, vorwiegend sozialdemokratische »Reichsbanner Schwarz-Rot-Gold« (1924 gegründet, bis zu 3 Mio. Mitglieder), aber auch gegen den »Roten Frontkämpferbund« (1924 gegründet, über 110 000 Mitglieder 1927, 1929 verboten) der KPD.

Mitgliederzahlen der Arbeitergewerkschaften*

	1919	1922	1929
Freie Gewerkschaften	5,48	7,89	4,91
Christliche Gewerkschaften	0,86	1,05	0,67
Hirsch-Dunckersche Gewerkvereine	0,19	0,23	0,17
	6,53	**9,17**	**5,75**

* in Mio. jeweils am Jahresende

Währenddessen lässt die Bedeutung der in der Mehrheit antirepublikanisch orientierten Freikorps nach, die seit Ende 1918 nach Auflösung der kaiserlichen Armee aus Freiwilligen gebildet und von Jan. 1919 an vorwiegend zur Bekämpfung linksgerichteter Aufstandsbewegungen eingesetzt wurden. Die Freikorps gehen großenteils in der Reichswehr auf, die gemäß dem Versailler Vertrag auf ein 100 000-Mann-Heer (Marine 15 000) von lang dienenden Berufssoldaten begrenzt ist, eine starke personelle Kontinuität zur Kaiserzeit aufweist und sich in Distanz zum demokratisch verfassten Staat als potenzieller Schiedsrichter in der Staatskrise versteht.

Die Krisenjahre (1919–1923)

In den ersten Jahren nach dem Sturz des Kaiserreiches gilt es, der Republik eine Verfassung zu geben und diese mit Leben zu erfüllen, Reichseinheit und Republik gegen Extremismus, Separatismus und außenpolitische Gefahren zu verteidigen sowie nicht zuletzt die schweren wirtschaftlichen, sozialen und finanziellen Probleme – v. a. die Inflation – zu bewältigen.

1919, 6.–15. Jan. Während des von Kommunisten, der USPD und revolutionären Obleuten der Metallarbeiter in Gang gesetzten **Spartakusaufstandes** kommt es in Berlin zum Generalstreik, zu Unruhen und Straßenkämpfen. Unter dem Oberbefehl des Volksbeauftragten Gustav Noske (SPD) stellen Truppen die Ordnung wieder her. Die gefangen genommenen Führer des Spartakusbundes, Karl Liebknecht und Rosa Luxemburg, werden von Freikorpsoffizieren am 15. Jan. ermordet.

19. Jan. Die Wahlen zur Nationalversammlung ergeben eine Dreiviertelmehrheit für die Parteien, die die parlamentarisch-demokratische Republik anstreben (SPD, DDP, Zentrum).

11. Febr. Zusammentritt der Nationalversammlung in Weimar. Friedrich Ebert wird zum vorläufigen Reichspräsidenten gewählt.

13. Febr. Bildung einer Koalitionsregierung aus SPD, DDP und Zentrum unter Ministerpräsident Philipp Scheidemann (SPD).

März/April Besonders im Ruhrgebiet und in Bayern kommt es wiederholt zu Unruhen.

6./7. April Ausrufung der Räterepublik Bayern in München durch Arbeiter-, Bauern- und Soldatenräte.

28. April Annahme der Völkerbundsatzung durch die Vollversammlung der Friedenskonferenz von Versailles. Darin finden sich u. a. folgende Bestimmungen:
Bis zu einer Volksabstimmung soll das Saargebiet durch eine Kommission verwaltet werden, die dem Völkerbundsrat verantwortlich ist. Die Kohlenfelder sind zu vollem Eigentum an Frankreich abzutreten und von Frankreich zurückzukaufen, falls die Volksabstimmung für Deutschland entscheidet.
Ohne vorherige Volksabstimmung soll der Freistaat Danzig gebildet werden. Dieser wird polnisches Zollgebiet und von Polen nach außen vertreten, untersteht aber der Kontrolle und Verfassungsaufsicht des Völkerbundsrats. Das führt oft zu Streitigkeiten mit Polen, so 1925 um die Grenzlinie für den Postverkehr im Danziger Hafen oder um die Westerplatte (vor der Hafeneinfahrt), die von Polen für die Anlage eines Munitionsdepots beschlagnahmt worden ist.
Auch im Memelgebiet kommt es immer wieder zu Spannungen. Obwohl die deutsche Mehrheit bei allen Wahlen zum Landtag und die Rechtsstellung des Memelstatus eindeutig sind, gehören litauische Übergriffe und Konflikte zwischen dem litauischen Gouverneur und dem Landtag, v. a. um die Personalbesetzung des memelländischen Direktoriums und um die Schulfrage, zur Tagesordnung.

ab 1. Mai Die Münchner Räterepublik wird durch Freikorps blutig niedergeworfen.

20. Juni Rücktritt der Regierung Scheidemann, die sich nicht über die Haltung zu den endgültigen Friedensbedingungen der Siegermächte (Mantelnote vom 16. Juni) einigen kann.

21. Juni Bildung einer neuen Koalitionsregierung aus SPD und Zentrum unter Gustav Bauer (SPD). Die DDP scheidet aus der Regierung aus, weil sie auf der Ablehnung des Friedensvertrags besteht.

23. Juni Die Nationalversammlung ermächtigt die Reichsregierung mit der Mehrheit von USPD, SPD und Zentrum zur Unterzeichnung des Friedensvertrags.

28. Juni **Unterzeichnung des Versailler Vertrags** durch Außenminister Hermann Müller.

11. Aug. Die von der Nationalversammlung in Weimar beschlossene **Reichsverfassung** wird vom Reichspräsidenten unterzeichnet.
Im Vordergrund stehende Probleme sind zunächst die von den Siegermächten geforderte Auslieferung der »Kriegsverbrecher« (die Angelegenheit verläuft

Reichstagswahl 19. Jan. 1919

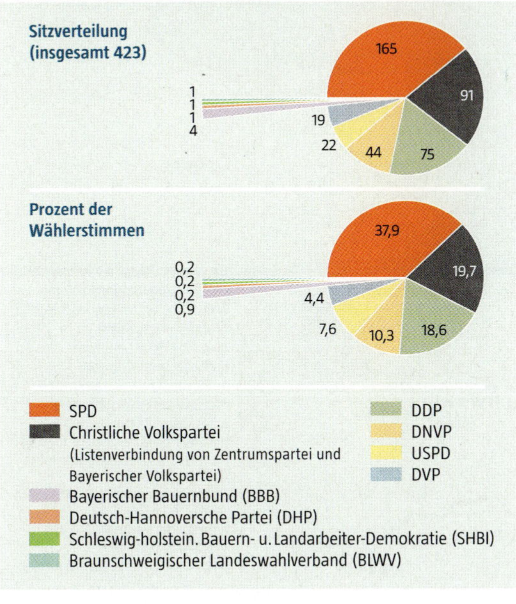

praktisch im Sande), die Entwaffnung von Heer, Freikorps und Baltikumtruppen infolge des Friedensvertrags sowie Auseinandersetzungen um Sozialisierungsmaßnahmen, Streiks, Geldentwertung und die anhaltend schlechte Ernährungslage.

Aug. Deutsche Truppen schlagen einen von außen unterstützten polnischen Aufstand in Oberschlesien nieder.

Sept. Das Reichsgesetz über die Reichsfinanzverwaltung (Grundlage für den Aufbau einheitlicher Finanzämter) ist der Beginn der Reichsfinanzreform von Vizekanzler und Finanzminister MATTHIAS ERZBERGER.

8. Okt. Attentat auf den USPD-Vorsitzenden HUGO HAASE. Er erliegt seinen Verletzungen am 17. Nov.

13. Dez. Die Finanzreform wird durch die Reichsabgabenordnung und das am 30. März 1920 verabschiedete Landessteuergesetz (1923 ersetzt durch das Finanzausgleichsgesetz) fortgesetzt: Die Finanzhoheit liegt zentral beim Reich, dem jetzt auch alle direkten Steuern (v. a. Einkommen- und Vermögenssteuer) zugewiesen sind, zuungunsten der Länder- und Gemeinde-Steuerhoheit. Die angestrebte Konsolidierung der Reichsfinanzen macht jedoch die sich beschleunigende Inflation (vorerst) zunichte.

1920, 10. Jan. **Inkrafttreten des Versailler Vertrags.** Das Reich räumt die abzutretenden Gebiete, Abwanderungen und Ausweisungen folgen. Die Kriegsgefangenen werden repatriiert, Deutsche kehren aus den ehemaligen Kolonien zurück.

13. Jan. Eine große Demonstration von USPD und KPD gegen das Betriebsrätegesetz wird vor dem Reichstag durch Maschinengewehrfeuer auseinandergetrieben (42 Tote).

19. Jan. Beginn des von ERZBERGER angestrengten Beleidigungsprozesses gegen den deutschnationalen ehemaligen Bankier und Staatssekretär (1915/16 im Reichsschatzamt, 1916/17 im Reichsamt des Innern) KARL HELFFERICH (*1872, †1924), in dem die Agitation der Rechten gegen ERZBERGER als »Erfüllungspolitiker« und als Architekt der Finanzreform gipfelt, welche die großen Vermögen stärker belasten soll.

4. Febr. Das Betriebsrätegesetz tritt in Kraft: Aufbauend auf den seit 1891 bestehenden Arbeiterausschüssen und dem Hilfsdienstgesetz von 1916 wird die Wahl von Betriebsräten durch alle Betriebsangehörigen mit Zuständigkeit für soziale Fragen festgelegt.

10. Febr. Die Abstimmung in der ersten Zone in Nordschleswig ergibt 75 % Stimmenmehrheit für Dänemark. Der südliche, deutsch besiedelte Teil dieser Zone, in dem sich eine Mehrheit für Deutschland ausspricht (Apenrade, Tondern), wird damit majorisiert.

12. März ERZBERGER verliert den Beleidigungsprozess gegen HELFFERICH und tritt als Finanzminister zurück.

13.–17. März **Kapp-Lüttwitz-Putsch**: Der Alldeutsche WOLFGANG KAPP (*1858, †1922) und General WALTHER VON LÜTTWITZ (*1859, †1942) versuchen, mithilfe der von LÜTTWITZ befehligten »Marinebrigade Ehrhardt«, eines 1919 gegen die Räterepublik in München eingesetzten Freikorps, die Regierungsgewalt in die Hand zu bekommen. Es gelingt ihnen, die Regierungsge-

Deutschland nach dem Vertrag von Versailles

bäude in Berlin zu besetzen, während die Regierung nach Stuttgart flieht. Der Putsch scheitert aber am passiven Widerstand der Ministerialbürokratie und am Generalstreik der Gewerkschaften. Zur gleichen Zeit flackert die Revolution in Sachsen erneut auf. Der Konflikt zwischen EBERT, NOSKE, General WALTHER REINHARDT (*1872, †1930), Chef der Heeresleitung, und General HANS VON SEECKT (*1866, †1936), Chef des Truppenamts, um das von REINHARDT befürwortete, von SEECKT mit Erfolg abgelehnte Eingreifen der Reichswehr gegen die Putschisten endet damit, dass EBERT SEECKT an REINHARDTS Stelle beruft, der mit NOSKE am 22. März zurücktritt: Die Reichswehr verharrt gegenüber den Republikfeinden von rechts in einer neutralen Stellung und verweigert die Identifikation mit dem demokratischen Staat.

14. März Die Abstimmung in Südschleswig ergibt eine 80 % Stimmenmehrheit für Deutschland.

15. März–10. Mai Kommunistische Aufruhrbewegung im Ruhrgebiet. Die Freikorps werden fast überall von der »Roten Armee« zurückgedrängt.

27. März Der neue Reichskanzler HERMANN MÜLLER (SPD) bildet die Reichsregierung um: Wehrminister NOSKE wird durch den Liberalen OTTO GESSLER ersetzt. Die »Weimarer Koalition« von SPD, DDP und Zentrum besteht weiter.

2. April Nach einem Ultimatum marschiert die Reichswehr ins Ruhrgebiet ein und stellt nach schweren Kämpfen die Ruhe wieder her.

6. April Frankreich besetzt als Reaktion auf die Kämpfe im Ruhrgebiet Frankfurt am Main, Darmstadt und kleinere Städte.

30. April Das Land Thüringen wird durch Reichsgesetz geschaffen.

1. Mai EUGENIO PACELLI (*1876, †1958), der spätere Papst PIUS XII., wird zum (ersten) Nuntius beim Deutschen Reich ernannt (bis 1929).

6. Juni Bei den Reichstagswahlen entscheiden sich die Wähler gegen die »Weimarer Koalition«, die statt ihrer Dreiviertelmehrheit nur noch knapp die Hälfte der Mandate erhält und die Mehrheit nie wieder erringt, während sich die Mandate der USPD vervierfachen und diejenigen der Rechtsparteien DNVP und DVP verdoppeln.

25. Juni Reichskanzler KONSTANTIN FEHRENBACH (Zentrum) bildet eine Regierung ohne SPD, aber mit DVP und DDP. Langfristig wird die Instabilität der Regierungsbildung festgeschrieben, da weder eine tragfähige Mehrheit der Opposition noch eine von den gemäßigten Parteien ausgehende homogene Majorität möglich ist.

11. Juli Volksabstimmung in den Bezirken Allenstein (Ostpreußen; 98 % für Deutschland) und Marienwerder (Westpreußen; 92 % für Deutschland), die beim Deutschen Reich verbleiben.

Aug. Von außen unterstützter polnischer Putsch gegen die deutsche Sicherheitspolizei in Oberschlesien.

20. Sept. Abtretung von Eupen und Malmedy an Belgien durch Entscheid des Völkerbunds, nachdem statt einer Volksabstimmung die öffentliche Eintragung in Listen keine Mehrheit für Deutschland ergeben hat (trotz 82,5 % deutscher Einwohnerschaft).

16. Okt. Spaltung der USPD auf dem Parteitag in Halle: Die Mehrheit ist für die III. (kommunistische) Internationale, die Minderheit für die parlamentarische Demokratie.

Dez. Zusammenschluss des linken Flügels der USPD mit der KPD.

1921, 8. März Alliierte Besetzung von Düsseldorf und Duisburg als Sanktionsmaßnahme gegen die deutsche Ablehnung eines ultimativ geforderten Zahlungsmodus für die Reparationen.

Ende März Der auf Weisung der III. Internationale entfachte kommunistische Aufruhr in Mitteldeutschland und Hamburg wird vorwiegend von Schutzpolizei niedergeworfen.

20. März Die Abstimmung in Oberschlesien ergibt eine Mehrheit von 60 % für Deutschland.

23. März Die Verabschiedung des Wehrgesetzes bildet die gesetzliche Grundlage der Reichswehr.

27. April Die Alliierten fordern erneut ultimativ die Zahlung der Reparationen.

2. Mai Der polnische Politiker und ehemalige polnische Autonomist im Deutschen Reich WOYCIECH KORFANTY (*1873, †1939) beginnt mit einem von der französischen Besatzungsmacht tolerierten Freikorpseinfall in Oberschlesien den dritten polnischen Aufstand. Er trifft auf den erfolgreichen Widerstand des mit Duldung der britischen Besatzungsmacht aufgebauten deutschen Selbstschutzes.

4. Mai Rücktritt der Regierung FEHRENBACH, die die Verantwortung für die Erfüllung der alliierten Zahlungsforderung vom 27. April nicht übernehmen will.

10. Mai Bildung eines neuen Reichskabinetts der »Weimarer Koalition« unter JOSEPH WIRTH.

Reichstagswahl 6. Juni 1920*

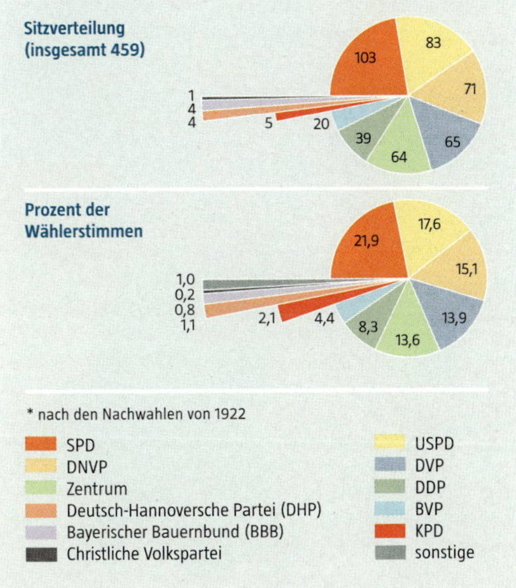

* nach den Nachwahlen von 1922

11. Mai Die neue Regierung nimmt das alliierte Zahlungsultimatum unter Druck an.

25. Aug. Unterzeichnung des Friedensvertrags zwischen den USA und dem Deutschen Reich.

26. Aug. **Ermordung Erzbergers** durch Angehörige der rechtsradikalen »Organisation Consul«.

29. Aug. Verhängung des Ausnahmezustandes durch den Reichspräsidenten. Dadurch kommt es zu einem Konflikt zwischen Bayern und Reich. Die starke, extrem nationalistische Agitation in München wird u. a. durch die NSDAP getragen, deren Vorsitzender seit dem 29. Juli Adolf Hitler (*1889, †1945) ist.

Sept. Das Görlitzer Programm der SPD steht in der Tradition des (noch 1903 abgelehnten) Revisionismus.

12. Okt. Der Genfer Schiedsspruch des Völkerbundsrats spricht einen mehrheitlich polnisch besiedelten Teil des oberschlesischen Industriereviers, das spätere Ostoberschlesien, Polen zu.

1922, 16. April Der **Vertrag von Rapallo** mit der Sowjetunion sieht die Wiederaufnahme der diplomatischen Beziehungen sowie den Verzicht auf Ansprüche aus der Zeit des Krieges vor.

24. Juni Tödliches **Attentat auf** Reichsaußenminister **Walter Rathenau** (DDP), durch die rechtsradikale »Organisation Consul«, die den Republikaner, Juden und »Erfüllungspolitiker« treffen will. Am gleichen Tag ergeht eine Verordnung des Reichspräsidenten zum Schutz der Republik, zudem erfolgt die Einsetzung eines außerordentlichen Staatsgerichtshofs.

18. Juli Der Reichstag nimmt das Reichsgesetz zum Schutz der Republik an (Republikschutzgesetz). Es wird am 21. Juli erlassen, 1927 verlängert, 1930 durch das Zweite Republikschutzgesetz ersetzt und gerät 1932 außer Kraft. Bayern sieht darin einen Eingriff in die Hoheitsrechte der Länder und erlässt eine eigene Notverordnung zum Schutz der Verfassung. Der Konflikt wird erst nach langen Verhandlungen und Angliederung eines süddeutschen Senats an den Staatsgerichtshof beigelegt.

Aug. Beginn des schnellen Verfalls der Reichswährung (**Inflation**).

14. Nov. Im Zusammenhang mit den Reparationsverhandlungen tritt die Regierung Wirth zurück.

22. Nov. Der parteilose Wilhelm Cuno (*1876, †1933), Generaldirektor der Hamburg-Amerika-Linie, bildet die »Regierung der Wirtschaft«, ein bürgerliches Min-

Deutschland 1920 – 37 politische Gliederung

derheitskabinett (DDP, Zentrum, DVP, BVP) unter Einschluss parteiloser Fachminister. Die Hoffnung, dass Männer »mit diskontfähiger Unterschrift« Erfolg in der Reparationsfrage haben und die drohende Ruhrbesetzung abwenden könnten, wird jedoch enttäuscht.

1923, 10. Jan. Einfall litauischer Freischaren ins Memelland.

11. Jan. Mit der Besetzung des Ruhrgebiets durch französische Truppen beginnt der **Ruhrkampf**.

13. Jan. Verkündung des passiven Widerstands durch den Reichskanzler: Der Arbeitsverweigerung mit gewerkschaftlicher Unterstützung begegnen die Franzosen mit hartem Durchgreifen. Während Inflation und Wirtschaftskrise in Deutschland fortschreiten, ist der passive Widerstand nicht durchzuhalten, weil die hierdurch hochgetriebenen finanziellen Verpflichtungen des Reichs dessen Leistungsfähigkeit übersteigen und dieses daher zu vermehrter Banknotenemission übergeht, sodass der Geldumlauf sich rasch vermehrt und der Markwert ins Bodenlose sinkt. Die durch die Geldentwertung bewirkte Beseitigung von Geldschulden, der Verlust an Werten und die Vernichtung sozialer Existenzen bedeuten eine Umverteilung, die die sozialen Auswirkungen der Novemberrevolution weit überragt und schwere Schädigungen verursacht, ohne jedoch ausschließlich negativ zu wirken (etwa im Mittelstand).

12. Aug. Der Ruhrkampf ist nicht länger durchzuhalten. Die Regierung Cuno tritt zurück.

13. Aug. Gustav Stresemann (DVP) bildet ein erstes Kabinett der großen Koalition (DVP, Zentrum, DDP, SPD). Die neue Regierung muss den Ruhrkampf abbrechen, die Währung stabilisieren und die Verfassung des Reichs gegen die Bedrohungen von rechts und links schützen. Die Krise in Wirtschaft und Politik treibt ihrem Höhepunkt zu.

26. Sept. Die nationalistische Welle während des Ruhrkampfs und separatistische Erscheinungen in der bayrischen Pfalz lassen die Regierung in München auf die Beendigung des passiven Widerstandes im Ruhrgebiet mit der Verhängung des Ausnahmezustandes in Bayern reagieren. Der Regierungskommissar von Oberbayern, Gustav von Kahr (*1862, †1934), wird zur Aufrechterhaltung der öffentlichen Ordnung zum Generalstaatskommissar bestellt. Ihm wird die gesamte vollziehende Gewalt übertragen, wobei er auch die Befugnis erhält, die Hilfe der Reichswehr in Anspruch zu nehmen.

27. Sept. Der Reichspräsident verhängt als Gegenmaßnahme den Ausnahmezustand für das Reichsgebiet. Die vollziehende Gewalt liegt beim Reichswehrminister Otto Gessler, d.h. faktisch bei General Hans von Seeckt, dem Chef der Heeresleitung.

13. Okt. Der Reichstag nimmt das Ermächtigungsgesetz (befristet bis zum 31. März 1924) an: Die Reichsregierung kann auf dem Verordnungsweg wirtschaftliche, finanzielle und soziale Maßnahmen treffen, wobei sogar von Grundrechten abgewichen werden darf.

16. Okt. Beschlusses über die Errichtung der Deutschen Rentenbank, mit der die Inflation beseitigt werden soll.

22. Okt. Im Zuge der Inflation wird ein Dollarstand von 40 Mrd. Mark erreicht, im Jan. 1923 waren es um 18 000 Mark.

Mitte bis Ende Okt. Unruhen im Freistaat Sachsen: SPD und KPD bilden eine Regierung der »republikanisch-proletarischen Verteidigung« zur Abwehr der »großkapitalistischen Militärdiktatur«. Anlass ist das Verbot der kommunistischen Presse durch den örtlichen Militärbefehlshaber aufgrund des Ausnahmezustandes. Die offene Auflehnung der sächsischen Regierung gegen das Reich wird am 29. Okt. durch eine Reichsexekution beendet, in deren Zuge die Reichswehr in die größeren Orte Sachsens einmarschiert und die Einsetzung eines Reichskommissars erfolgt.

Okt./Nov. In Thüringen wird ein ähnlicher Konflikt wie in Sachsen am 6. Nov. ebenfalls durch eine Reichsexekution abgeschlossen.

19. Okt. Beginn eines sich bis zum 18. Febr. 1924 hinziehenden Konflikts zwischen Bayern und Reich: Generalstaatskommissar von Kahr weigert sich, die NSDAP-Zeitung »Völkischer Beobachter« zu verbieten, die den Chef der Heeresleitung scharf angegriffen hat. Also wird das Blatt von Reichs wegen verboten. Der bayrische Wehrkreiskommandeur, General Otto von Lossow (*1868, †1938), führt das Zeitungsverbot nicht durch, wird daraufhin seines Postens enthoben, aber von Kahr wieder eingesetzt. Der bayrische Teil der Reichswehr wird von der bayrischen Staatsregierung »bis zur Wiederherstellung des Einvernehmens zwischen Bayern und dem Reich« feierlich in die Pflicht genommen. Damit bestehen in Deutschland de facto zwei Regierungen, die sich gegenseitig nicht anerkennen. Die Reichseinheit ist gefährdet, das künftige Verhalten der Reichswehr fraglich.

21. Okt. Mit französischer Unterstützung wird in Aachen die Rheinische Republik ausgerufen. Das Unternehmen bricht angesichts des Widerstandes der Bevölkerung zusammen.

22.–24. Okt. Blutige Straßenkämpfe zwischen Kommunisten und der Polizei in Hamburg verschärfen die Krisenstimmung.

3. Nov. Wegen der Ereignisse in Bayern und Sachsen treten die SPD-Minister aus der Reichsregierung aus. Die allgemeine Verwirrung erreicht ihren Höhepunkt. Gerüchte über eine bevorstehende Rechtsdiktatur verbreiten sich. Kahr schwankt, ob er gegen Berlin marschieren soll; völkische Kräfte und Nationalsozialisten drängen ihn dazu.

8./9. Nov. **Hitler-Putsch** in München: In der Nacht zum 9. Nov. erklärt Hitler die Regierungen des Reichs und Bayerns für abgesetzt und sich selbst zum Reichskanzler. Trotz Ludendorffs Teilnahme erfüllt sich die Hoffnung auf Polizei und Reichswehr nicht. Kahr und Lossow ersticken den Putsch im Keim. Der Demonstrationszug der Putschisten wird vor der Feldherrnhalle durch Maschinengewehrfeuer der Polizei zerstreut. Hitler wird verhaftet und später zu Festungshaft verurteilt. Auf die Nachricht vom Münchener Putsch hin wird die vollziehende Gewalt im Reich dem Chef der Heeresleitung, General von Seeckt, formell übertragen (bis Ende Febr. 1924).

15. Nov. Neue Währungsordnung und **Ende der Inflation**. Durch eine z. T. fiktive Deckung aus Schulden der Landwirtschaft und Industrie an das Reich wird die »Deutsche Rentenbank« mit 3,2 Mrd. Rentenmark gegründet. Eine Rentenmark entspricht einer Billion Papiermark. Es gelingt in den folgenden Monaten, wieder zu einem ausgeglichenen Reichshaushalt zu kommen. An der Vorbereitung der Stabilisierung sind maßgeblich Helfferich (DNVP) und Rudolf Hilferding (SPD) beteiligt. Die praktische Durchsetzung ist neben Hjalmar Schacht (*1877, †1970; seit 12. Nov. Reichswährungskommissar, 1923–1930 Reichsbankpräsident) v. a. dem Reichsfinanzminister (1923/24) und späteren Reichskanzler (1925/26) Hans Luther (*1879, †1962) zu verdanken.

23. Nov. Seeckt verbietet die NSDAP und KPD.
Das Kabinett Stresemann tritt zurück: die SPD scheidet aus der Reichsregierung aus (für vier Jahre).

30. Nov. Der Zentrumsführer Wilhelm Marx bildet eine bürgerliche Minderheitsregierung (Zentrum, DDP, DVP, BVP), in der Stresemann Außenminister wird (bis 1929 ohne Unterbrechung).

Die Konsolidierung (1924–1928)

Die Regierung Stresemann hat während ihres kurzen Bestehens die gefährliche Krise gemeistert. Es folgt eine Zeit des ruhigeren Aufbaus und der Stabilisierung der Republik, innen- wie außenpolitisch, doch werden die innenpolitischen Belastungen aus den Anfangsjahren der Republik übernommen und können nicht voll überwunden werden. Die Inflation hat zur Verarmung v. a. der Mittelschichten (Vernichtung von Sparkapital) und zur Stärkung von Radikalisierungstendenzen geführt. Kehrseite der Exportsteigerung, von der die Großbanken und die einschlägigen Industrien profitieren, sind die nur geringe Erhöhung der Reallöhne, der anhaltende Kapitalmangel und die wachsende Abhängigkeit vom internationalen Kapitalverkehr. Die Kredite des Auslands übertreffen die Reparationsleistung des Reiches (1924–1931: 20,5 zu 10,8 Mrd. RM), die Zinslast wächst. Zu einer breit angelegten, erheblichen Verbesserung des Lebensstandards kommt es nicht; die Arbeitslosenzahl bleibt recht hoch (bis zwei Mio. 1925/26). Die wirtschaftliche Konzentration verschärft sich, es entstehen weitere Großkonzerne (1925 I.G. Farbenindustrie AG, 1926 Vereinigte Stahlwerke). Bis 1925 folgt noch eine Anpassungskrise mit zahlreichen Firmenzusammenbrüchen, am bekanntesten die Auflösung des 2888 Firmen umfassenden Stinnes-Konzerns nach dem Tod des Gründers Hugo Stinnes (*1870, †1924). Die wirtschaftliche Beruhigung reicht jedoch aus, um den radikalen Flügelparteien einen Teil ihrer Anhängerschaft zu entziehen.

Die Reichsregierungen der Weimarer Republik

Regierungsbildung am	Regierungszeit (in Tagen)	*Reichskanzler*, Partei
13. 2. **1919**	130	*Philipp Scheidemann*, SPD
21. 6.	277	*Gustav Bauer*, SPD
27. 3. **1920**	76	*Hermann Müller*, SPD
25. 6.	313	*Konstantin Fehrenbach*, Zentrum
10. 5. **1921**	165	*Joseph Wirth*, Zentrum
26. 10.	384	*Joseph Wirth*, Zentrum
22. 11. **1922**	263	*Wilhelm Cuno*, parteilos
13. 8. **1923**	51	*Gustav Stresemann*, DVP
6. 10.	48	*Gustav Stresemann*, DVP
30. 11.	177	*Wilhelm Marx*, Zentrum
3. 6. **1924**	195	*Wilhelm Marx*, Zentrum
15. 1. **1925**	223	*Hans Luther*, parteilos
20. 1. **1926**	111	*Hans Luther*, parteilos
16. 5.	215	*Wilhelm Marx*, Zentrum
29. 1. **1927**	498	*Wilhelm Marx*, Zentrum
28. 6. **1928**	637	*Hermann Müller*, SPD
30. 3. **1930**	556	*Heinrich Brüning*, Zentrum
9. 10. **1931**	233	*Heinrich Brüning*, Zentrum
1. 6. **1932**	170	*Franz von Papen*, bis 3. 6. Zentrum
3. 12.	55	*Kurt von Schleicher*, parteilos
30. 1. **1933**	Ernennung *Adolf Hitlers*	

1924, 18. Febr. Der im Okt. 1923 begonnene Konflikt zwischen München und Berlin wird nach dem Rücktritt KAHRS und LOSSOWS beigelegt.

9. April Der **Dawesplan** zur Regelung des Reparationsproblems soll helfen, die deutsche Zahlungsfähigkeit wiederherzustellen. Er legt die finanziellen Grundlagen für die Reparationen fest und regelt die Zahlungsweise in festen Raten sowie die Sanktionen für Nichteinhaltung der Termine, jedoch nicht die endgültige Höhe und Dauer der Zahlungen. Die Auseinandersetzungen hierüber beeinflussen die deutsche Innenpolitik wesentlich.

4. Mai Reichstagswahlen: Gewinne von KPD, Deutsch-Völkischer Freiheitspartei und Deutschnationalen auf Kosten von SPD, DDP und DVP.

11. Okt. Einführung der Reichsmark.

7. Dez. Erneute Wahlen, nachdem der Reichstag vorzeitig aufgelöst wurde: Starke Verluste der Kommunisten und Völkischen, v. a. zugunsten der SPD und anderer gemäßigter Parteien, als Erfolg der Überwindung der Staatskrise.

15. Dez. Rücktritt der Regierung MARX.

1925, 10. Jan. Das Saargebiet wird in Zollunion mit Frankreich vereinigt. Bei den Wahlen zum saarländischen Landesrat und den Kommunen siegen stets die deutschen Parteien. Der Versuch der Franzosen, eine separatistische Bewegung für den Status quo zu schaffen, scheitert.

15. Jan. Der parteilose HANS LUTHER bildet eine Koalitionsregierung vom Zentrum bis zu den Deutschnationalen, die zum ersten Mal Regierungspartei werden.

28. Febr. Tod des Reichspräsidenten EBERT.

29. März Reichspräsidentenwahl: KARL JARRES (*1874, †1951; DVP), der gemeinsame Kandidat von DVP und DNVP, erhält vor dem Sozialdemokraten OTTO BRAUN und fünf weiteren Kandidaten die relative, jedoch nicht die notwendige absolute Mehrheit.

26. April Generalfeldmarschall PAUL VON HINDENBURG (*1847, †1934) wird mit 14,7 Mio. Stimmen als Kandidat der Rechtsparteien, zu denen sich hier auch die BVP gesellt, zum Reichspräsidenten gewählt – vor MARX mit 13,8 Mio. als Kandidat der »Weimarer Koalition« und ERNST THÄLMANN (KPD) mit 1,9 Mio.

14. Juli–1. Aug. Alliierte **Räumung des Ruhrgebiets**.

Juli/Aug. Die polnische Regierung weist die deutschen Optanten, die sich nach den Gebietsabtretungen 1921 für die Beibehaltung der deutschen Staatsangehörigkeit entschieden haben, aus (rund 20 000 Vertriebene). Die Reichsregierung antwortet mit einem Ausweisungsbefehl für die polnischen Optanten. Insgesamt wandern bis 1925 über eine halbe Mio. Deutsche aus den an Polen abgetretenen Teilen der preußischen Provinzen Schlesien, Posen und Westpreußen aus oder werden vertrieben.

25. Aug. Räumung der »Sanktionsstädte« Düsseldorf und Duisburg durch die Franzosen.

12. Okt. Abschluss eines deutsch-sowjetischen Handelsvertrags.

Die **Konferenz von Locarno** endet mit der Unterzeichnung eines Vertrags zwischen Deutschland, Belgien, Großbritannien, Frankreich, Italien, Polen und der Tschechoslowakei, der die Unverletzlichkeit der deutschen Westgrenze, die Entmilitarisierung des Rheinlandes und einen deutsch-polnischen Gewaltverzicht enthält.

15./16. Okt. Meinungsverschiedenheiten um den Vertrag von Locarno führen zur Regierungskrise, da die Deutschnationalen unter dem zunehmenden Ein-

Reichstagswahl 4. Mai 1924

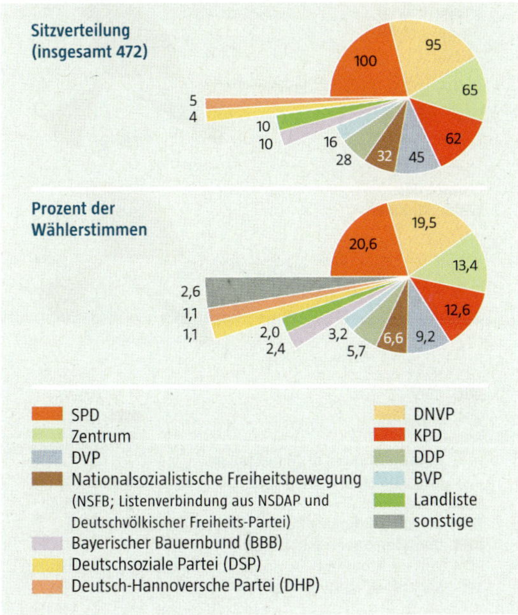

Reichstagswahl 7. Dez. 1924

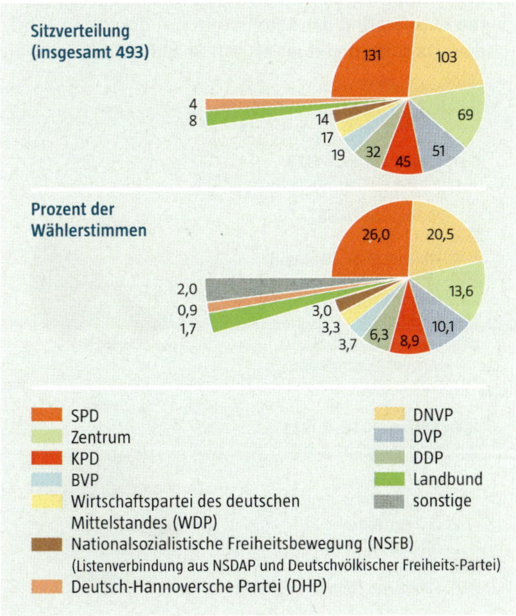

fluss ALFRED HUGENBERGS gegen die Annahme des Vertrags stimmen.

25. Okt. Die deutschnationalen Minister treten aufgrund der Meinungsverschiedenheiten um den Vertrag von Locarno aus dem Reichskabinett aus.

1. Dez. Unterzeichnung des Vertrags von Locarno. Räumung der Kölner Zone von britischen Truppen (bis 31. Jan. 1926).

5. Dez. Rücktritt des Reichskanzlers LUTHER und des Rumpfkabinetts.

1926, 20. Jan. Die zweite Regierungsbildung des parteilosen HANS LUTHER ist ein Minderheitskabinett der Mitte (DDP, Zentrum, DVP, BVP).

24. April Freundschafts- und Neutralitätsvertrag mit der Sowjetunion.

5. Mai Flaggenverordnung des Reichspräsidenten: Die deutschen Gesandtschaften und Konsulate im Ausland sollen neben der Reichsflagge (Schwarz-Rot-Gold) auch die Handelsflagge (Schwarz-Weiß-Rot) zeigen. Hierauf folgen scharfe Angriffe in der Presse und im Reichstag, der die Haltung des Reichskanzlers missbilligt.

12. Mai Rücktritt LUTHERS.

16. Mai WILHELM MARX wird erneut Kanzler. Die Minister bleiben im Amt. Die Flaggenverordnung wird nicht außer Kraft gesetzt.

20. Juni Volksentscheid aufgrund eines von den Sozialdemokraten und Kommunisten durchgebrachten Volksbegehrens auf entschädigungslose Enteignung der Fürsten. Der Entscheid erreicht 14,5 Mio. Stimmen, verfehlt aber die nötige Mehrheit von ca. 20 Mio.

8. Sept. Aufnahme Deutschlands in den Völkerbund.

6. Okt. SEECKT, Chef der Heeresleitung, tritt wegen der Teilnahme eines von ihm eingeladenen Hohenzollernprinzen am Reichswehrmanöver zurück. Nachfolger wird WILHELM HEYE (*1869, †1946; bis 1930).

16. Dez. SCHEIDEMANN spricht sich im Reichstag gegen die Kooperation der Reichswehr mit der Roten Armee aus. Daraufhin gelingt es den Sozialdemokraten, am folgenden Tag ein erfolgreiches Misstrauensvotum durchzubringen.

1927, 29. Jan. WILHELM MARX bildet eine neue Regierung ohne die DDP mit Einschluss der Deutschnationalen. Damit endet die »stille Koalition der Mitte« mit einer diese tolerierenden SPD.

7. Juli Der Reichstag verabschiedet das »Gesetz über Arbeitsvermittlung und Arbeitslosenversicherung«.

Sept. Deutschland tritt dem Ständigen Internationalen Schiedsgerichtshof in Den Haag bei.

1928, Jan. Konferenz der Länderminister zum Zweck der Vereinheitlichung der Verwaltung. Die Pläne zur Reichsreform sind jedoch gegen die partikularen Länderinteressen nicht zu verwirklichen.

14. Jan. Reichswehrminister GESSLER reicht seinen Abschied ein.

19. Jan. GESSLERS Nachfolger wird HINDENBURGS Generalquartiermeister von 1918, General WILHELM GROENER (bis 1932).

20. Mai Bei den Reichstagswahlen erleiden die Regierungsparteien eine Niederlage, während SPD und KPD, auf die zusammen 42 % aller Mandate entfallen, Gewinne erzielen.

28. Juni Entsprechend dem Wahlergebnis bildet HERMANN MÜLLER (SPD) eine neue Regierung mit großer Koalition (SPD, DDP, Zentrum, DVP, BVP).

22. Okt. HUGENBERG wird als Vertreter einer scharfen, nationalistischen Oppositionspolitik, die sich v. a. gegen STRESEMANNS Außenpolitik richtet, zum Parteivorsitzenden der Deutschnationalen gewählt.

Reichspräsidentenwahl 1925

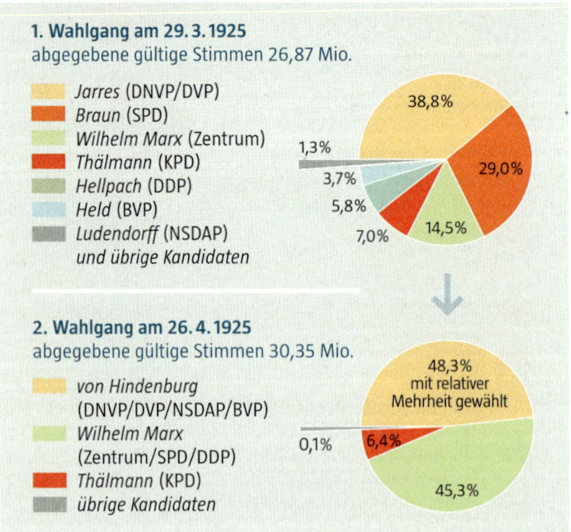

Reichstagswahl 20. Mai 1928

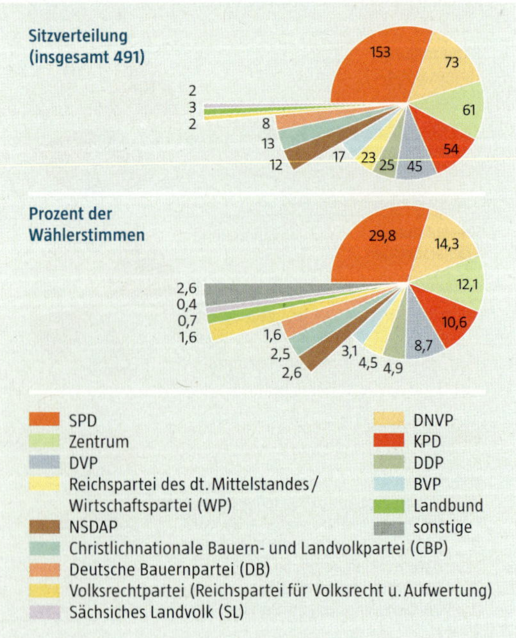

Wirtschaftskrise und Zerfall der Republik (1929–1933)

Die Jahre der Wirtschaftskonjunktur gehen zu Ende. Sie sind für Deutschland infolge hoher Kapitalzufuhr, v. a. aus den USA, möglich gewesen. 1929 beträgt die deutsche Auslandsverschuldung 25 Mrd. RM (davon 12 Mrd. kurzfristig) gegen rund 10 Mrd. deutsche Auslandsguthaben. Im Winter 1928/29 mehren sich Anzeichen einer neuen Krise. Die Erwerbslosenziffer steigt auf über 2 Mio.; im Reichshaushalt machen sich empfindliche Fehlbeträge bemerkbar. Im Zusammenhang mit der beginnenden Krise, die sich durch die Weltwirtschaftskrise nach dem »Schwarzen Freitag« an der Börse in New York am 25. Okt. 1929 noch verschärft, steht der neue Aufschwung der bisher bedeutungslosen Nationalsozialisten. Die Deutschnationalen und der Stahlhelm gehen zum offenen Kampf gegen die Republik über. Das Zentrum, seit 1928/29 unter dem Fraktions- und Parteivorsitzenden Ludwig Kaas (*1881, †1952), öffnet sich nach rechts.

Das System der Präsidialkabinette (ab 1930)

Als die Regierung Müller am 27. März 1930 über die Frage einer Beitragserhöhung der Arbeitslosenversicherung stürzt, gelingt vor dem Hintergrund der zunehmenden Wirtschaftskrise die übliche parlamentarische Regierungsbildung nicht mehr. Heinrich Brüning (Zentrum) bildet vielmehr eine Minderheitsregierung, die sich auf eine Koalition vom Zentrum bis zu den Volkskonservativen stützt, aber von vornherein auf die verfassungsmäßigen Möglichkeiten des Reichspräsidenten setzt, um eine parlamentarische Gefährdung seiner Regierung auszuschließen. Damit vollzieht sich der Übergang zur Phase der Präsidialkabinette (bis 1933), einer »parlamentarisch tolerierten Präsidialregierung«, die sich auf die Autorität des Reichspräsidenten stützt und von der nicht an der Regierung beteiligten SPD parlamentarisch geduldet sowie von der Reichswehr unterstützt wird (General Kurt von Schleicher [*1882, †1934], seit 1929 Chef des neu errichteten Ministeramts im Reichswehrministerium, 1932 Reichswehrminister, 1932/33 Reichskanzler). Dies führt zu wachsender Abhängigkeit des Reichskanzlers vom Reichspräsidenten, der seit dem Sommer 1931 eine Annäherung an die Deutschnationalen fordert, die mit den Nationalsozialisten verbündet sind. Brüning hingegen verfolgt das Ziel einer Verfassungsrevision, um einen funktionsfähigen Parlamentarismus mit einer Monarchie nach britischem Vorbild zu errichten. Er nutzt die Wirtschaftskrise, um die Streichung der Reparationen zu erreichen, und meint, sie mit Spar- und Deflationspolitik bis zum erwarteten Aufschwung der Wirtschaft durchstehen zu können. Doch seine Maßnahmen verstärken noch den aufgrund der Wirtschaftskrise ohnehin vorhandenen Konjunkturrückgang und führen zu verstärkter Massenarbeitslosigkeit. Dies wirkt sich politisch verhängnisvoll aus. Nutznießer der Entwicklung ist Hitler, der – nicht zuletzt durch geschickte Propaganda – immer größeren Zulauf aus dem Bürgertum und dem Heer der Arbeitslosen gewinnt.

1929 Der Danziger Hafen beginnt unter der Konkurrenz des nahen, von Polen neu ausgebauten Hafens Gdingen (Gdynia) zu leiden. Um diese Frage entstehen in der Folge scharfe Differenzen. Die Entscheidung des Haager Gerichtshofs fällt 1931 zugunsten Danzigs: Polen ist verpflichtet, den Danziger Hafen zu nutzen.

1. Mai In Berlin fordern kommunistische Unruhen mehrere Todesopfer.

Juni Der **Youngplan** zur endgültigen Regelung der Reparationsfrage beendet die internationale Finanzkontrolle, legt Zahlungsraten und Laufzeit fest.

Daten zur wirtschaftlichen Entwicklung in Deutschland 1928/1929–1937

	1928	1929	1932	1933	1934	1935	1936	1937
Bruttosozialprodukt (Mrd. RM)	–	89,0	58,0	59,0	67,0	74,0	83,0	93,0
davon Rüstungsausgaben (%)	–	1,0	1,0	3,0	6,0	8,0	13,0	13,0
davon Konsum (%)	–	72,0	81,0	78,0	75,0	72,0	65,0	64,0
Beschäftigung (Mio.; Jahresdurchschnitt)	–	18,4	12,9	13,4	15,5	16,4	17,6	18,9
Durchschnittliche Arbeitszeit in der Industrie (wöchentlich)	–	46,04	41,47	42,94	44,56	44,44	45,56	46,06
Löhne und Gehälter (Mrd. RM)	44,9	–	27,4	27,7	31,2	35,4	37,7	41,5
Vermögens- u. Unternehmereinkommen, unverteilte Gewinne (Mrd. RM)	25,6	–	15,6	16,7	19,4	22,1	25,2	28,6
Stundenverdienste in der Industrie (Arbeiter, Durchschnitt) Index 1932 = 100	–	132,7	100,0	96,9	99,3	100,8	102,5	104,6
Wochenverdienste (Arbeiter) Index 1932 = 100	–	149,4	100,0	102,2	109,7	112,3	116,6	120,6
Lebenshaltungsindex 1932 = 100	–	127,7	100,0	97,8	100,4	102,0	103,2	103,7
Gewerbliche Gütererzeugung Index 1928 = 100	–	100,9	58,7	65,5	83,3	95,8	106,7	116,7
Produktionsgüter Index 1928 = 100	–	103,2	45,7	53,7	–	99,4	112,9	126,0
Verbrauchsgüter Index 1928 = 100	–	98,5	78,1	82,9	–	91,0	97,5	102,8

3. Okt. Reichsaußenminister Stresemann stirbt; er hat bis zu seinem Tod wesentlichen Anteil an der konstruktiven Haltung der DVP zur Republik.
Das Volksbegehren der »nationalen Einheitsfront« Hugenbergs und Hitlers gegen den Youngplan – die Volkskonservativen spalten sich von den Deutschnationalen ab – erreicht mit 4,1 Mio. Eintragungen gerade die erforderliche Mindestziffer.

21. Dez. Auf Drängen des Reichsbankpräsidenten Schacht tritt Finanzminister Hilferding (SPD) zurück.

22. Dez. Der Volksentscheid über den Youngplan bringt nur 5,8 Mio. Stimmen und bleibt damit erfolglos. Die Kampagne kommt jedoch der nationalsozialistischen Parteipropaganda zugute.

Ende Dez. Das Kassendefizit des Reiches beträgt 1,7 Mrd. RM. Die schwierige Finanzlage führt zu einem scharfen Memorandum des Reichsbankpräsidenten gegen den von Schacht zuvor befürworteten Youngplan.

1930, 7. März Rücktritt Schachts; sein Nachfolger Luther ist bis März 1933 im Amt. Die bereits brüchige Regierungskoalition wird weiter schwer belastet.

27. März Sturz der Regierung Müller über die Frage einer Beitragserhöhung der Arbeitslosenversicherung. SPD und DVP sind unter dem Druck der Freien Gewerkschaften sowie der Arbeitgeberverbände angesichts der zunehmenden Wirtschaftskrise nicht mehr in einer Koalition zusammenzuhalten.

30. März Heinrich Brüning bildet sein Minderheitskabinett mit einer Koalition vom Zentrum bis zu den Volkskonservativen ohne Beteiligung der Sozialdemokraten. Von vornherein ist es klarer Wille Brünings, die Regierung nicht parlamentarisch zu gefährden, sondern die verfassungsmäßigen Möglichkeiten des Reichspräsidenten (Kombination von Notverordnungs- und Auflösungsrecht) zu nutzen, um mithilfe einer starken Exekutive durchgreifende wirtschafts- und finanzpolitische Maßnahmen zu treffen.

Reichstagswahl 14. Sept. 1930

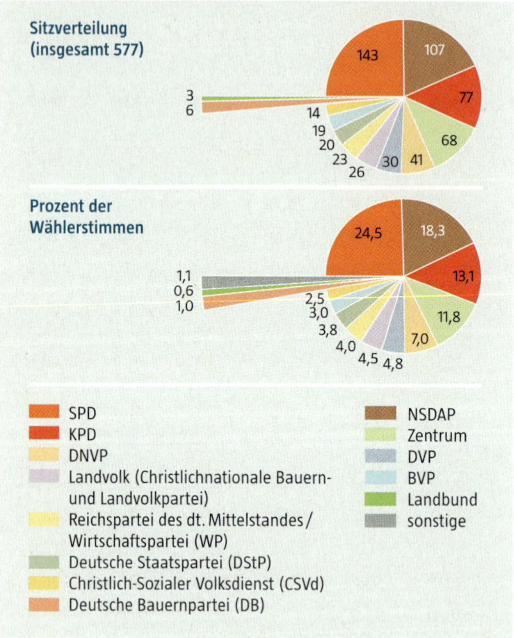

30. Juni Die Alliierten räumen das Rheinland.

16. Juli Erste große Notverordnung des Reichspräsidenten aufgrund von Artikel 48 der Reichsverfassung zur »Sicherung von Wirtschaft und Finanzen«. Als der Reichstag einen sozialdemokratischen Antrag auf Aufhebung der Notverordnung annimmt, wird er am 18. Juli aufgelöst.

14. Sept. Reichstagswahlen: Während die Deutschnationalen und die bürgerlichen Mittelparteien Verluste erleiden, können die Kommunisten Gewinne erzielen. Aufsehenerregend ist der sensationelle **Anstieg der NSDAP-Mandate von 12 auf 107**.

1. Dez. Eine Notverordnung Brünings setzt die deflationistische Wirtschaftspolitik fort: Die Beamtengehälter werden gekürzt, die Beiträge zur Arbeitslosenversicherung erhöht. Der Haushalt kann jedoch nicht ausgeglichen werden.

Ende Dez. 4,4 Mio. Arbeitslose.

1931, 9. Febr. Auszug der »nationalen Opposition« (NSDAP, DNVP) aus dem Reichstag. Während des ganzen Jahres radikalisiert sich der innenpolitische Kampf zunehmend, v. a. durch die Nationalsozialisten.

20. März Die Regierung veröffentlicht den deutsch-österreichischen Zollunionsplan, der auf Proteste und wirtschaftliche Druckmaßnahmen Frankreichs und der Kleinen Entente stößt.

11. Mai Zusammenbruch der »Österreichischen Credit-Anstalt« mit schweren Auswirkungen auf die »Darmstädter und Nationalbank« (»Danat-Bank«), die zu den vier deutschen Großbanken gehört.

13. Juli Die Zahlungsunfähigkeit der »Danat-Bank« verursacht einen Bankenkrach.

14. Juli Schließung der Banken, Sparkassen und Börsen.

Aug. Notverordnung mit Vollmachten an die Länder, auch unabhängig von der jeweiligen Landtagsmehrheit für den Haushaltsausgleich zu sorgen. Die Funktionsfähigkeit der parlamentarischen Demokratie unter den Bedingungen der Staats- und Wirtschaftskrise wird damit sichtbar in Frage gestellt. Viele Länderregierungen amtieren nur noch geschäftsführend.

9. Aug. Ein Volksentscheid in Preußen über die Auflösung des Landtags scheitert.
Wiederaufnahme und Erleichterungen des Geld- und Zahlungsverkehrs. Senkung des (zuvor schrittweise auf 15 % erhöhten) Diskontsatzes auf 10 %.

3. Sept. Infolge französischen Drucks auf Österreich muss auf den Zollzusammenschluss zwischen Deutschland und Österreich verzichtet werden.

5. Sept. Der Haager Gerichtshof verkündet die Unzulässigkeit des Zollunionsplans.

6. Okt. Notverordnung zur Sicherung von Wirtschaft und Finanzen.

11. Okt. Auf einer Tagung der Nationalsozialisten, der

Deutschnationalen und des Stahlhelms in Bad Harzburg wird die **»Harzburger Front«** zur Neuformierung der nationalistischen Opposition gebildet.

16. Dez. Mit der Bildung der **»Eisernen Front«** (SPD, Gewerkschaften, Arbeitersportverbände, »Reichsbanner Schwarz-Rot-Gold«) versucht die Sozialdemokratie, Anschluss an die üblich werdenden Gewaltmethoden des inneren Kampfes zu gewinnen, um die Republik zu verteidigen.

8. Dez. Erneute Notverordnung zur Sicherung von Wirtschaft und Finanzen.

10. Dez. Der Reichskommissar für Preisüberwachung, der Leipziger Oberbürgermeister Carl Friedrich Goerdeler (*1884, †1945), beginnt seine Tätigkeit; Lohn- und Gehaltskürzungen.

Ende Dez. 5,66 Mio. Arbeitslose.
Die Konkursziffer erreicht 1931 ihren Höhepunkt. Die Landwirtschaft befindet sich trotz agrarpolitischer Stützungsmaßnahmen in einer schweren Krise.

1932 Die Krise setzt sich fort. Die Arbeitslosenziffer übersteigt die Sechs-Millionen-Grenze und fällt auch in den konjunkturell günstigeren Monaten nicht mehr unter fünf Mio.

23. Jan. Durch das Kreditabkommen werden die kurzfristigen Auslandsschulden um ein Jahr verlängert, z. T. mit Aussicht auf langfristige Umwandlungen.

13. März Erster Wahlgang der Reichspräsidentenwahl: Hindenburg, diesmal unterstützt durch die demokratisch-republikanischen Parteien, erhält 18,7 Mio. Stimmen, Hitler (NSDAP) 11,3 Mio., Thälmann (KPD) 5,0 Mio., Theodor Duesterberg (*1875, †1950), der zweite Bundesführer des Stahlhelm, der von der DNVP unterstützt wird, 2,6 Mio.

10. April Im zweiten Wahlgang der Reichspräsidentenwahl stimmen für Hindenburg, jetzt auch von Duesterberg unterstützt, 19,4 Mio., für Hitler 13,4 Mio. und Thälmann 3,7 Mio. Damit ist Hindenburg wiedergewählt. Die Wahl ist eine klare Entscheidung des Volkes für die Republik und gegen Hitler, jedoch ist der Reichspräsident über Brüning verärgert, der ihn zur Kandidatur mit Unterstützung der Sozialdemokraten gegen die Rechte veranlasst hat.

Reichspräsidentenwahl 1932

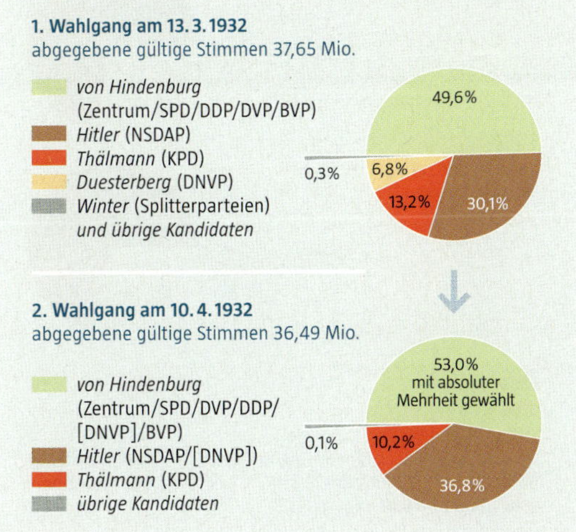

13. April Die Notverordnung »zur Sicherung der Staatsautorität« verbietet die Wehrorganisationen der NSDAP (SA und SS).

24. April Die Landtagswahlen in Preußen, Bayern, Württemberg, Anhalt und Hamburg bringen ein starkes Anwachsen der NSDAP.
Innenpolitische Krise in Preußen: Nicht die seit 1925 ununterbrochen bestehende Weimarer Koalition des Ministerpräsidenten Otto Braun (SPD) hat von jetzt an die Mehrheit, sondern NSDAP und KPD, die aber keine Regierung bilden können, sodass das Kabinett Braun geschäftsführend im Amt bleibt.

9.–12. Mai Auf einer von Tumulten begleiteten Reichstagssitzung hält Brüning am 11. Mai seine letzte Rede als Reichskanzler (»100 Meter vor dem Ziel«).

12. Mai Reichswehrminister Groener tritt von seinem Amt zurück, bleibt aber Innenminister. Die Reichstagsmehrheit toleriert Brüning weiterhin.

30. Mai Brüning tritt zurück, nicht weil seine Regierung nicht mehr durchzuhalten ist, sondern als Opfer von (zuletzt großagrarischen) Intrigen und v. a. von Kurt von Schleichers entschiedenem Willen, die Wendung nach rechts zu vollziehen, möglichst unter Einbeziehung der NSDAP.

1. Juni Gemäß der These, nicht einen »Damm gegen die Naziflut« zu halten, sondern diese Flut zu »kanalisieren«, bildet der von Schleicher vorgeschobene Franz von Papen (*1879, †1969), der am 3. Juni aus der Zentrumspartei austritt, ein schnell zusammengestelltes »Kabinett der nationalen Konzentration« ohne parlamentarische Mehrheit. Schleicher selbst wird Wehrminister. Papens Wirtschaftspolitik wird begünstigt durch das Ende der Reparationen, das Ergebnis der Anstrengungen Brünings.

4. Juni Papen löst den Reichstag auf.

14. Juni Aufhebung des Verbots von SA und SS. Als Gegenleistung toleriert Hitler die Regierung.
Notverordnung mit einschneidenden Vorschriften über Sozialversicherung, Einführung der Salzsteuer, Kürzung der Arbeitslosen-, Krisen- und Wohlfahrtsunterstützung.

17. Juli Der Altonaer Blutsonntag ist der erste Höhepunkt bürgerkriegsähnlicher Auseinandersetzungen nach Wiederzulassung der SA, die zielstrebig Straßenkämpfe mit Kommunisten provoziert.

20. Juli **Preußenputsch** (**Preußenschlag**): Durch Notverordnung und mithilfe des militärischen Ausnahmezustandes wird die geschäftsführende Regierung Braun ihres Amtes enthoben und der sozialdemokratische Einfluss beseitigt. Papen wird Reichskommissar für Preußen. Die preußische Regierungsgewalt geht in die Hände des Essener Oberbürgermeisters Franz Bracht (*1877, †1933) als Stellvertreter Papens über.

31. Juli Reichstagswahlen: KPD, SPD, Zentrum, DNVP und BVP können sich – z. T. mit Verlusten – behaupten. Die liberalen und kleineren bürgerlichen Parteien verlieren zugunsten der NSDAP, die mithilfe einer Wahlbeteiligung von 83 % und der neu hinzugekommenen Jungwähler 230 von 608 Mandaten (37,8 %) erreichen und die stärkste Fraktion stellen. Reichstagspräsident wird Hermann Göring (*1893, †1946).

13. Aug. Hitler und Papen erscheinen bei Hindenburg. Hitler lehnt den Vizekanzlerposten ab.

28. Aug. Papen veröffentlicht seinen wirtschaftspolitischen Zwölfmonatsplan: Freiwilliger Arbeitsdienst, Betonung der Privatinitiative in der Wirtschaft, Steuergutscheine für Unternehmer bei Neueinstellung von Arbeitnehmern.

30. Aug. Zusammentritt des neuen Reichstags.

4. Sept. Notverordnung auf der Basis des Programms vom 28. Aug. mit Bestimmungen gegen das Tarifrecht.

12. Sept. Auflösung des Reichstags, der die Aufhebung der Notverordnung vom 4. Sept. verlangt.

3.–7. Nov. Der Streik bei den Berliner Verkehrsbetrieben zeigt ein faktisches Zusammengehen von Nationalsozialisten und Kommunisten.

6. Nov. Reichstagswahlen: Rückgang der NSDAP auf 196 Mandate (von insgesamt 584; 33,5 %), Gewinne der Deutschnationalen und der Kommunisten.

17. Nov. Rücktritt des Kabinetts Papen.
Vom Reichspräsidenten initiierte Verhandlungen mit Hitler und Prälat Ludwig Kaas (Zentrum) um die Regierungsbildung bleiben ergebnislos.

3. Dez. General Kurt von Schleicher wird Reichskanzler. Er plant, durch Verbindung mit Gregor Strasser (*1892, †1934), dem Reichsorganisationsleiter der NSDAP, die Nationalsozialisten zu spalten und nach Neuwahlen eine Regierung auf breiter Basis einschließlich Strassers zustande zu bringen. Sein Versuch, eine »Front der Gewerkschaften« zu seiner Stütze zu machen, bleibt erfolglos. Die NSDAP, die tatsächlich vor der Gefahr der Spaltung steht, gerät in eine schwere Krise. Doch gelingt es Hitler mithilfe von Joseph Goebbels (*1897, †1945), Strasser zu isolieren. Schleichers Plan ist damit gescheitert.

11. Dez. Anerkennung der deutschen Rüstungsgleichberechtigung in einem System allgemeiner Sicherheitsgarantien.

1933, 4. Jan. Papen und Hitler treffen sich im Haus des Bankiers Kurt von Schroeder (*1889, †1966) in Köln. Beginn des offenen Zerwürfnisses zwischen Papen und Schleicher.

15. Jan. Durch die Konzentration ihres gesamten Propagandaapparats erzielen die Nationalsozialisten einen Wahlerfolg in Lippe.

28. Jan. Schleicher tritt als Reichskanzler zurück, nachdem Hindenburg seinen Vorschlag einer befristeten Diktatur als letzte Möglichkeit ablehnt, die Ernennung Hitlers als Reichskanzler zu vermeiden.

Die nationalsozialistische Herrschaft (1933–1945)

Zentrale Strukturen des Herrschaftssystems

Die »Nationalsozialistische Deutsche Arbeiterpartei« (NSDAP) geht auf die am 5. Jan. 1919 von Anton Drexler (*1884, †1942) und Karl Harrer (*1890, †1926) in München gegründete »Deutsche Arbeiterpartei« (DAP) zurück, deren bestimmende Figur 1919/20 Adolf Hitler wird (Mitverfasser des 25-Punkte-Programms vom 24. Febr. 1920). Der vom Glauben an die »arische Herrenrasse« und »jüdische Weltgefahr« maßgeblich beeinflusste Propagandaredner, seit Juli 1921 Parteivorsitzender mit diktatorischen Vollmachten, nutzt die in der Niederlage 1918 entstandenen Enttäuschungen und Ängste (»Novemberverbrecher«, »Erfüllungspolitik«) zielstrebig aus. Nach dem Scheitern seines Putsches am 9. Nov. 1923 (Parteiverbot) zu fünf Jahren Festungshaft verurteilt, verfasst er die 1925/26 erstmals erscheinende Re-

Reichstagswahl 31. Juli 1932

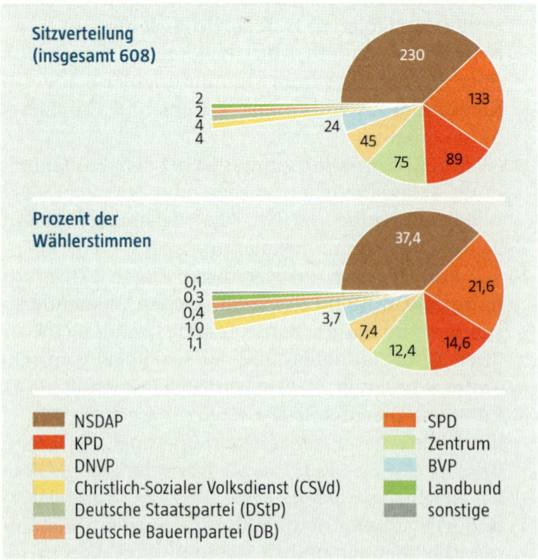

Reichstagswahl 6. Nov. 1932

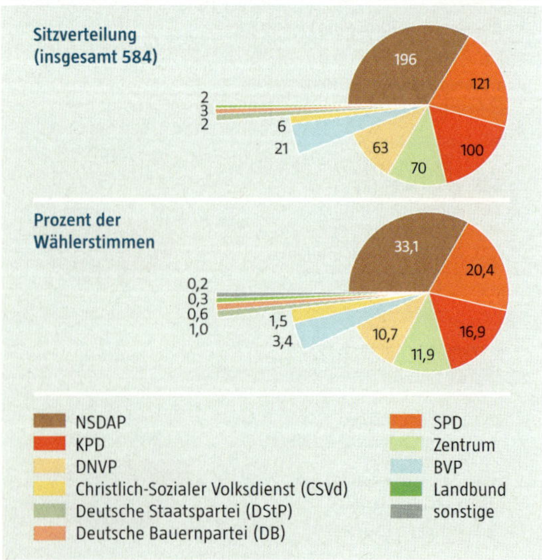

chenschafts- und Programmschrift »Mein Kampf« (Auflage bis Jan. 1933 ca. 300 000, 1943: 9,8 Mio.), die als politische Ziele den »rassereinen Führerstaat« und die Eroberung von »Lebensraum« im Osten proklamiert. Die am 27. Febr. 1925 neu gegründete NSDAP steigt als militante, straff gegliederte Organisation mit (1928) 100 000 Mitgliedern (Anfang 1933: 1,4 Mio., 1935: 2,5 Mio., 1945: 8,5 Mio.) zum Bundesgenossen (Kampagne gegen Youngplan 1929), dann Koalitionspartner (1933) der antirepublikanischen Rechten auf.

Erklärungen für den nationalsozialistischen Aufstieg sind neben straffer Führung und dem Aufbau des Führermythos – 1923/24 wird der Gruß »Heil Hitler« eingeführt – in einer oft als orientierungslos empfundenen Krisenzeit eine angesichts tief greifender sozialer und parteipolitischer Konflikte besonders wirksame Volksgemeinschaftsideologie, eine perfekte Propaganda (Reichspropagandaleiter seit 1929 Joseph Goebbels, Parteiorgan seit 1920 »Völkischer Beobachter«), ein militärisches, mitreißendes Auftreten (Anklang an das »Fronterlebnis« und die Tradition des Kaiserreichs), ein demonstrativ gewaltsames Durchsetzen (Terror durch die SA) gegen innenpolitische Gegner und nicht zuletzt der wirkungsvolle Appell an antimarxistische und antikapitalistische Einstellungen im sozial bedrohten, großenteils wirtschaftlich geschädigten (Klein-)Bürgertum (vor 1933 das Hauptreservoir der Partei, die Arbeiter bleiben trotz des Parteinamens relativ schwach vertreten). Entscheidend werden schließlich das erfolgreiche Ausnutzen der Weltwirtschaftskrise, die die Regierungen der Republik schwach und uneinig erscheinen lässt und für welche die NS-Propaganda leicht fassliche Erklärungsmuster (in Gestalt von Feindbildern wie Siegermächten, Juden, Marxismus) bereit hält, sowie breite antidemokratische Grundstimmungen, die Bündnisbereitschaft der konservativen Kräfte – z. T. einschließlich der Reichswehr – und die publizistische Unterstützung durch den Medienkonzern Alfred Hugenbergs. Demgegenüber ist die ab 1930 durchaus erhebliche finanzielle Förderung aus der Großindustrie nur als ein zusätzlicher Faktor von geringerer Bedeutung zu beurteilen.

Die Sozialstruktur der NSDAP-Mitgliedschaft im Vergleich mit der deutschen Bevölkerung[1]

	Bevölkerung 1933		
soziale Stellung	**männliche Erwerbspersonen in %**	**Erwerbspersonen insgesamt[3] in %**	**NSDAP-Mitglieder 1935[2] in %**
Arbeiter	55,1	46,3	32,1
Angestellte	11,9	12,5	20,6
Selbstständige außerhalb der Landwirtschaft	11,9	9,7	20,2
Beamte	6,5	4,6	13,0
Bauern (Selbstständige und Mithelfende in der Landwirtschaft)	14,0	20,7	10,7
Sonstige (Hausangestellte und Mithelfende außerhalb der Landwirtschaft)	0,6	6,2	3,4
Insgesamt	**100,0**	**100,0**	**100,0**

1) Berechnet nach: Stat. Jahrbuch 55 (1936), S. 26 und 53 (1934), S. 16, Tabelle 16c.
2) NSDAP-Parteistatistik, Bd. II, S. 157.
3) Die Prozentangaben für die Bevölkerung weichen in der NSDAP-Parteistatistik (Bd. II, S. 157) geringfügig von den hier berechneten Werten ab: Der Anteil der Angestellten wird dort mit 12,4 %, der Selbstständigen mit 9,6 % und der Beamten mit 4,8 % angegeben.

Im Zuge der »Machtergreifung« vollzieht sich 1933/34 durch Umbesetzungen und Personalunionen von der kommunalen bis hin zur Reichsebene eine wechselseitige Durchdringung von Partei- und Staatsapparat: Der »Stellvertreter des Führers«, Rudolf Hess (*1894, †1987), wird Reichsminister. Er wirkt ab 1934 in der Tätigkeit aller Ministerien mit. Nach Hess' Ausscheiden 1941 erhält Martin Bormann (*1900, †1945), der Leiter der Parteikanzlei, einen vergleichbaren Einfluss. Generell bleibt aber ein Nebeneinander von Partei und Staat erhalten, das durch vielfache Kompetenzüberschneidungen und persönliche Rivalitäten Hitler die Rolle des obersten Schiedsrichters sichert und zugleich die Partei weitgehend auf propagierende, ideologisierende und den einzelnen »Volksgenossen« kontrollierende Funktionen begrenzt. Später, v. a. im Krieg, werden dadurch aber die Effektivität der Herrschaft und sogar der totalitäre Charakter des Regimes eingeschränkt.

Einen starken Bedeutungsverlust muss die 1920 gegründete SA (Sturmabteilung, »Braunhemden«) als mitgliederstärkste Parteigliederung (1931: 77 000 Mitglieder, 1933 zunächst etwa 700 000, dann rasch zunehmend) hinnehmen, die seit 1930 Hitler als Oberstem SA-Führer direkt unterstellt ist. In der Krisenzeit der Weimarer Republik sowie 1933 Hauptträgerin des Straßenterrors, wird die SA danach weitgehend funktionslos und 1934 mit der Ermordung ihres Stabschefs (seit 1931) Ernst Röhm (*1887, †1934) entmachtet.

Dafür wird die schwarz uniformierte SS, 1925 in der SA zum persönlichen Schutz der leitenden Funktionäre gebildet, von ihrem Reichsführer (seit 1929) Heinrich Himmler (*1900, †1945) zur Parteipolizei mit (Anfang 1933) 50 000 Mitgliedern ausgebaut. Durch wechselseitige Verflechtung mit den staatlichen Sicherheitsorganen, die in wachsendem Maße von der SS kontrolliert werden (Himmler wird 1933 kommissarischer Polizeipräsident von München und Politischer Polizeikommandeur für Bayern, 1936 Staatssekretär im Reichsinnenministerium sowie »Reichsführer SS und Chef der Deutschen Polizei«, 1943 Reichsinnenminister und Generalbevollmächtigter für die Reichsverwaltung), wird die SS zum wichtigsten Unterdrückungsinstrument, das den Rechtsstaat in weiten Bereichen aufhebt. Zu diesem Unterdrückungsapparat gehört, neben den SS-Totenkopfverbänden (Ende 1938: 8500 Mann) zur Bewachung der schon im März 1933 schnell improvisierten, seit 1938/39 in großem Maßstab ausgebauten Konzentrationslager, auch der 1931 gegründete SD (Sicherheitsdienst des Reichsführers SS) unter Reinhard Heydrich (*1904, †1942), der zunächst als parteiinterner Nachrichtendienst, ab 1936 als offizieller Nachrichtendienst des Reiches fungiert und Spionage- und Bespitzelungsaktivitäten im In- und Ausland betreibt. 1939 wird der SD mit der Sicherheitspolizei (Sipo), eine 1936 als Teil der SS gebildete Verbindung der Kriminalpolizei und der Politischen Polizei (Geheime Staatspolizei [Gestapo]), im Reichssicherheitshauptamt (RSHA) zusammengeschlossen. SS- und Polizei-Einsatzgruppen ermorden v.a. während des Zweiten Weltkriegs Millionen von Juden, Partisanen und Oppositionellen. Das Heydrich, ab 1943 Ernst Kaltenbrunner (*1903, †1946) unterstehende RSHA gibt die Leitung der Konzentrationslager 1942 an das Wirtschafts- und Verwaltungshauptamt der SS unter Oswald Pohl (*1892, †1951) ab. Himmler leitet seit Okt. 1939 als Reichskommissar für die Festigung deutschen Volkstums die rücksichtslosen Umsiedlungs- und Germanisierungsmaßnahmen in Ost- und Südosteuropa und wird oberster Organisator des Völkermords an den Juden Europas. Durch Ausbeutung der KZ-Häftlinge und eigene Betriebe erlangt die SS auch wirtschaftliche Bedeutung. Militärische Relevanz bekommt die SS durch den Ausbau der SS-Verfügungstruppe (1939: 18000 Mann) zur Waffen-SS (1940: 100000, 1944: etwa 900000 Mann, einschließlich Totenkopfverbände), die mit eigenen Einheiten an der Front im Heeresverband kämpft. Himmler wird zudem 1944 Oberbefehlshaber des Ersatzheeres und Leiter der Heeresrüstung.

Organisation und Lenkung der Wirtschaft

In wirtschaftlicher Hinsicht wird dem NS-Regime durch die noch von Brüning eingeleitete Lösung des Reparationsproblems, die gleichfalls vor 1933 geschaffenen Ansätze zur Kreditausweitung des Staats und die weltweite Erholung von der Wirtschaftskrise (New Deal in den USA ab 1933) eine expansive Politik erleichtert, die durch eine zunehmende öffentliche Verschuldung und eine wachsende staatliche Verfügung über die gesamte Wirtschaft gekennzeichnet ist. Die hierzu erforderliche Zusammenfassung exekutiver Zuständigkeiten beginnt schon 1933 mit der zeitweiligen gemeinsamen Leitung der preußischen Ministerien für Landwirtschaft, Wirtschaft und Arbeit durch Reichswirtschaftsminister Hugenberg und setzt sich 1934 bis 1937 durch die Machtkonzentration unter Reichsbankpräsident Hjalmar Schacht fort, der nicht nur Wirtschaftsminister des Reichs und Preußens, sondern auch Generalbevollmächtigter für die Wirtschaft ist. Sein kurzzeitiger Nachfolger (1937/38) in beiden Ämtern wird Hermann Göring als Beauftragter für den Vierjahresplan (seit 1936). Auch unter Walther Funk (*1890, †1960; 1938–1945) bleiben beide Ministerien in einer Hand. Daneben werden aber schon 1933 Reichskommissare für einzelne Aufgabenbereiche ernannt.

Die vollständige Lenkung der Wirtschaft wird jedoch erst in der zweiten Hälfte des Kriegs unter Minister Albert Speer (*1905, †1981) durchgesetzt, während der 1936 zur Erreichung der Autarkie des Reiches, der Kriegsfähigkeit der Wirtschaft und der »Einsatzfähigkeit«

Der Aufbau des »Führerstaates«

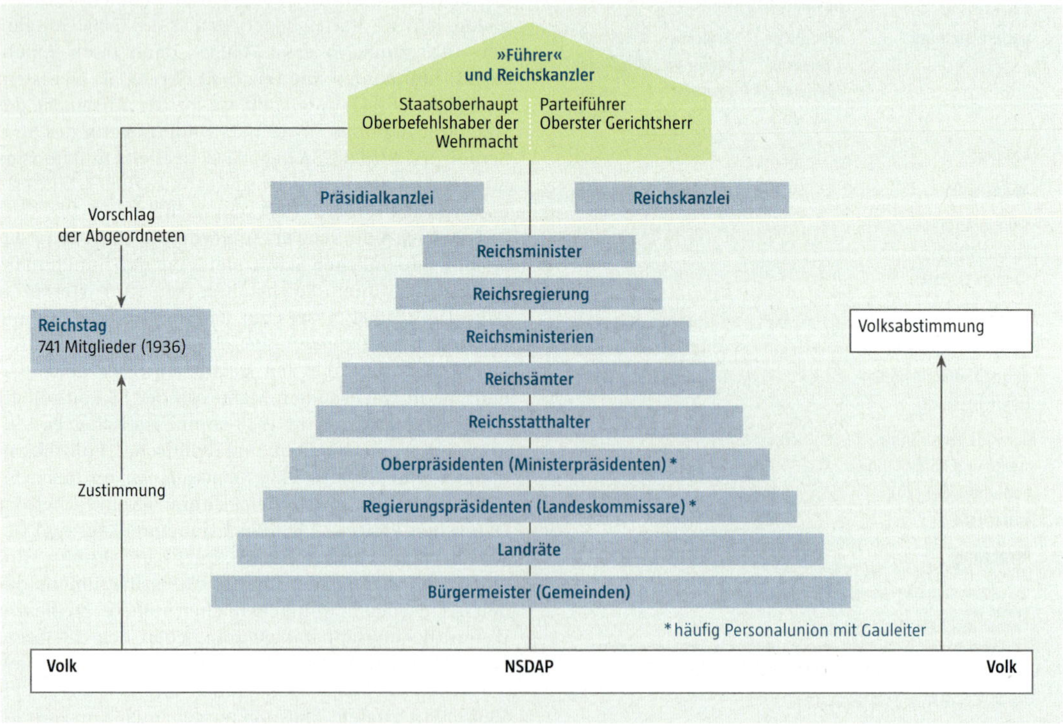

der Wehrmacht binnen vier Jahren proklamierte, aber schon im Sommer 1938 durch wirtschaftspolitische Schwerpunktbildung durchlöcherte Vierjahresplan (Verlängerung 1940) jede Bedeutung verliert. Die gesamte Wirtschaft wird seit 1934 durch die Reichswirtschaftskammer (mit fachlicher und regionaler Untergliederung) organisatorisch zusammengefasst. Die staatliche Rohstoff- und Devisenzuweisung an die Firmen innerhalb des Vierjahresplans führt zu einer Wirtschaftslenkung, die im Krieg durch Ausgabe von Lebensmittelkarten und Warenbezugsscheinen sowie durch die Steuerung des Arbeitsmarktes und der Arbeitskräfte noch erheblich verstärkt wird.

Eigentumsrecht und privatwirtschaftliches Unternehmertum bleiben im Prinzip trotzdem erhalten, doch vollziehen sich im Zuge der »Arisierung« jüdischen Besitzes (ab 1938) wirtschaftliche Konzentrationen, die dem Großbesitz zugute kommen. Nach anfänglichen Maßnahmen zur Behebung der Arbeitslosigkeit und dem Beginn des Autobahnbaus im Sept. 1933 (bis 1939: 2100 km) wird 1934 die infolge von Staatsaufträgen in Gang gesetzte Aufrüstung zunehmend Motor des wirtschaftlichen Wiederaufstiegs, der sich in erster Linie in den Produktions- und Investitionsgüterindustrien einschließlich der Baubranche (Monumentalbauten) auswirkt. Schon 1936 übersteigt der Index der Industrieproduktion den vor der Weltwirtschaftskrise erreichten Stand, die Rohstahlproduktion übertrifft sogar den vor dem Ersten Weltkrieg und beläuft sich auf 22 % der Weltproduktion. Mit der Vervierfachung der metallverarbeitenden Produktion 1932–1939, aber einem geringeren Zuwachs in anderen Industrien, z. B. bei der Konsumgüterproduktion (Textilindustrie 1938 unter dem Stand von 1928), zeigen sich zielbedingte Ungleichgewichte. Da jedoch in fast allen Industriezweigen die Beschäftigtenzahl in den Friedensjahren steigt (1932–1939 von knapp 8 auf mehr als 16 Mio.), wird noch vor Kriegsausbruch die Vollbeschäftigung erreicht. Die Verbesserung der materiellen Situation des Einzelnen hält sich gleichwohl in engen Grenzen: Noch 1936 verfügt nur 11 % der Bevölkerung über ein Jahreseinkommen von über 3000 RM, die unterste Einkommensgruppe (bis 1200 RM im Jahr) umfasst 54 % der Deutschen (einschließlich Rentner, ohne Arbeitslose). Der Lohnindex wird auf real 107,5 (1938) geschätzt (1933 = 92,5; 1936 = 100).

Der Krieg selbst bringt neben dem Anwachsen der Rüstungsgüter von 7 % (1939) über 22 % (1942) auf 40 % (1944) der industriellen Nettoproduktion (Konsumgüter parallel 31–25–22) einen Rüstungsanteil von über 50 % in mehreren Branchen (Eisen, Stahl, Blech- und Metallwaren, Fahrzeug- und Schiffbau; im Bereich Feinmechanik und Optik beträgt der Anteil sogar 70 %, in der Luftfahrt 100 %). Die Produktionssteigerungen sind jedoch nicht zuletzt (v. a. bei Steinkohle, Eisenerz, Nichteisenmetallen, Erdöl) auf Gebietsausweitungen bzw. Eroberungen ab 1938 zurückzuführen. Mit dem raschen Zurückweichen der Front 1944/45 beschleunigt sich daher – in Verbindung mit den Schäden des Luftkriegs – die schnelle Abwärtsentwicklung bis zum wirtschaftlichen Zusammenbruch.

Die hierin deutlich werdende Rolle des Staates bei der Ankurbelung und Lenkung des wirtschaftlichen Wiederaufstiegs bedingt eine Ausweitung der Reichsausgaben ab 1933/34 bis 1935/36 um mehr als die Hälfte, bis 1938/39 auf das Vierfache (31,8 Mrd. RM), wovon 1933–38 durchschnittlich mehr als die Hälfte auf Rüstungsausgaben entfällt. Die dafür nötigen Mittel sind nur durch eine Zunahme der öffentlichen Verschuldung aufzubringen, die mit wachsenden staatlichen Eingriffen in das Kreditwesen (1934 Kreditwesengesetz: öffentliche Kontrolle der Kreditinstitute) und den Geldverkehr (Verschärfung der 1931 eingerichteten Devisenbewirtschaftung) Hand in Hand geht und schon bis 1939 den Anteil der kreditfinanzierten Staatsausgaben auf ein Fünftel

Aufbau und Funktionen der SS

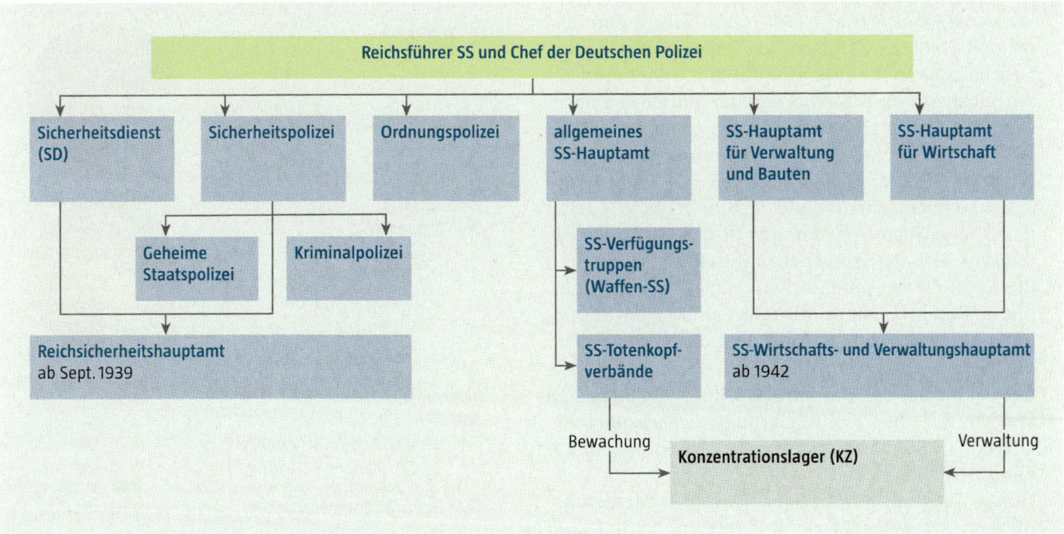

hochtreibt. Da die traditionellen Mittel der Kreditschöpfung nicht ausreichen, betreibt SCHACHT die Gründung der »Metallurgischen Forschungsgesellschaft m. b. H.« durch die Rüstungsfirmen Krupp, Siemens, Deutsche Werke und Rheinmetall mit Engagement von Reichswehrministerium und Reichsbank. Die Wechsel, die von dieser »Mefo« ausgestellt, vom Reich garantiert, von der Reichsbank diskontiert und jahrelang prolongiert werden, dienen dem Staat als Zahlungsmittel für Rüstungszwecke in großem Umfang: 1935 sind es 2,4 Mrd., 1936 schon 4,9 und 1938 sogar 12 Mrd. RM. Danach werden statt der Wechsel Schatzanweisungen ausgegeben.

Die überragende Rolle des Staates in der Wirtschaft erlaubt den Firmen keine Alternative, doch lässt die nun überbordende Staatsverschuldung aus finanzwirtschaftlicher Sicht bereits vor 1939 nur noch die – freilich schon immer geplante – kriegerische Expansion als Ausweg, um den Staatsbankrott oder die weitgehende Verminderung der Einkommen zu vermeiden. Nach dem Kriegsausbruch kommt es zu einem »Kriegsbeitrag« der Länder und Gemeinden sowie zu Steuererhöhungen. Die Einnahmen des Reiches steigen dadurch auf 96,2 Mrd. RM (1943/44), während die unmittelbaren Kriegsausgaben noch schneller wachsen: von 32,3 (1939/40) über 75,6 (1941/42) auf 128,4 Mrd. (1944/45). Insgesamt beträgt die Verschuldung des Deutschen Reiches am Ende des Krieges etwa 390 Mrd. RM (einschließlich »Mefo-Wechsel«); die reinen Kriegsausgaben summieren sich auf etwa 510 Mrd. RM. Die schon nach dem Ersten Weltkrieg eingetretene Währungskatastrophe zu Lasten der Geldvermögen steht damit erneut bevor.

1933, 30. Jan. **PAUL VON HINDENBURG beruft ADOLF HITLER zum Reichskanzler.** FRANZ VON PAPEN wird Vizekanzler und Reichskommissar in Preußen (bis 10. April 1933), der DNVP-Vorsitzende ALFRED HUGENBERG Reichswirtschaftsminister, General WERNER VON BLOMBERG (*1878, †1946) Reichswehrminister und FRANZ SELDTE (*1882, †1947; Stahlhelm) Reichsarbeitsminister. Dem Kabinett gehören ferner die Nationalsozialisten WILHELM FRICK (*1877, †1946) als Reichsinnenminister und HERMANN GÖRING als Reichsminister ohne Geschäftsbereich sowie preußischer Innenminister an. Sachkenntnis und Ansehen der parteilosen Fachminister sind für HITLER v. a. in den ersten Jahren seines Regimes wichtig. Die Zusammensetzung des Kabinetts, in dem die konservativen Kräfte und Organisationen (Deutschnationale, Stahlhelm, Reichswehr) das Übergewicht besitzen, gibt diesen die Hoffnung, HITLERS Alleinherrschaft zu verhindern. Doch durch die Kontrolle der preußischen Polizei über das preußische Innenministerium ist die Schlüsselposition in nationalsozialistischer Hand und durch BLOMBERG die tolerierende Haltung der Reichswehr gesichert

1. Febr. Auflösung des Reichstags. Dieser Akt stellt den Versuch dar, aus dem Regierungswechsel eine »Revolution« zu machen und die deutschnationalen Koalitionspartner zu überspielen.
GÖRING beginnt in Preußen mit seinen Amtsenthebungen. Die skrupellose Ausnutzung legaler und scheinlegaler Mittel sowie deren ständige Ausdehnung und die Schaffung neuer Instrumente verbinden sich mit Gewaltaktionen der SA zur Eroberung vieler staatlicher Positionen und zur Unterdrückung und Einschüchterung von Gegnern, die z. T. beginnen zu emigrieren.

11. Febr. Der preußischen Polizei wird eine sog. »Hilfspolizei«, die v. a. aus Mitgliedern der SA und SS besteht, an die Seite gestellt.

17. Febr. GÖRINGS »Schießerlass« ermuntert die Polizei zum Schusswaffengebrauch.

27. Febr. **Reichstagsbrand in Berlin**; die Brandlegung ist umstritten. Der Brand wird jedoch sofort politisch genutzt und den Kommunisten zur Last gelegt. Die Folgen sind ein Verbot der kommunistischen, in Preußen auch fast der ganzen sozialdemokratischen Presse und eine Verhaftungswelle, v. a. gegen kommunistische Funktionäre.

28. Febr. Die Verordnung des Reichspräsidenten zum Schutz von Volk und Staat setzt wichtige Grundrechte außer Kraft und leitet damit den Abbau der rechtsstaatlichen Grundlagen ein. Außerdem bietet es eine Handhabe zur Beseitigung nicht genehmer Länderregierungen. Die Verordnung ist bis zum Ende der NS-Herrschaft gültig.
Zahlreiche, z. T. nur angebliche politische Gegner werden in »Schutzhaft« genommen, die ersten (»wilden«) Konzentrationslager (KZ) eingerichtet.
Nicht nur wegen des faktischen Verbots der KPD finden die anberaumten Reichstagswahlen somit nicht mehr unter den Bedingungen freier Wahlen statt.

5. März Reichstagswahlen: SPD, Zentrum, Bayerische Volkspartei und DNVP, Letztere zusammen mit dem Stahlhelm in der »Kampffront Schwarz-Weiß-Rot«, können sich absolut, nicht aber relativ behaupten. Die NSDAP verzeichnen einen Anstieg auf 288 von 648 Sitzen (44 %) auf Kosten der Reste der kleinen

Reichstagswahl 5. März 1933

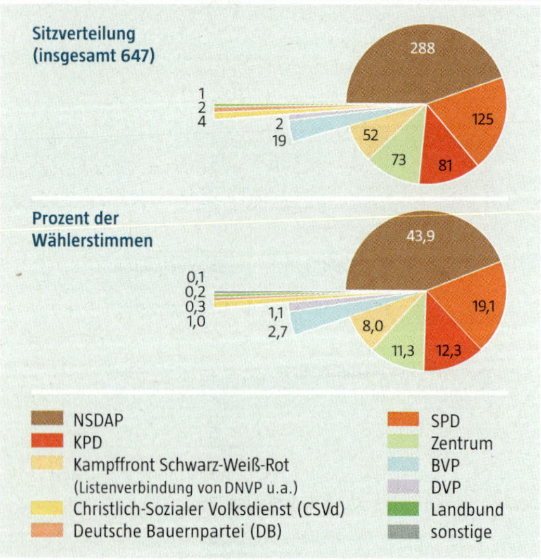

Mitglieder der Reichsregierung 1933–1945

Amt	Amtszeit	Name	Partei
Reichskanzler	30. Jan. 1933–30. April 1945	Adolf Hitler	NSDAP
Vizekanzler	30. Jan. 1933–7. Aug. 1934	Franz von Papen	parteilos
	seit 7. Aug. 1934	unbesetzt	
Auswärtiges	30. Jan. 1933–5. Febr. 1938	Konstantin Freiherr von Neurath	parteilos
	5. Febr. 1938–30. April 1945	Joachim von Ribbentrop	NSDAP
Inneres	30. Jan. 1933–24. Aug. 1943	Wilhelm Frick	NSDAP
	24. Aug. 1943–30. April 1945	Heinrich Himmler	NSDAP
Finanzen	30. Jan. 1933–30. April 1945	Johann Ludwig Graf Schwerin von Krosigk	parteilos
Wirtschaft	30. Jan.–29. Juni 1933	Alfred Hugenberg	DNVP
	29. Juni 1933–3. Aug. 1934, bis 30. Jan. 1935 beurlaubt	Kurt Schmitt	parteilos
	3. Aug. 1934–26. Nov. 1937	Hjalmar Schacht	parteilos
	26. Nov. 1937–15. Jan. 1938	Hermann Göring	NSDAP
	5. Febr. 1938–3. April 1945	Walther Funk	NSDAP
Arbeit	30. Jan. 1933–30. April 1945	Franz Seldte	Stahlhelm; seit 27. April 1933 NSDAP
Justiz	7. Febr. 1933–29. Jan. 1941	Franz Gürtner	DNVP
	Febr. 1941–24. Aug. 1942 (beauftragt)	Franz Schlegelberger	parteilos
	24. Aug. 1942–30. April 1945	Otto Georg Thierack	NSDAP
Wehr (seit 21. Mai 1935: Krieg)	30. Jan. 1933–5. Febr. 1938:	Werner von Blomberg	parteilos
	seit 5. Febr. 1938	aufgehoben	
Chef des Oberkommandos der Wehrmacht	5. Febr. 1938–30. April 1945	Wilhelm Keitel	parteilos
Post	30. Jan. 1933–2. Febr. 1937	Paul Freiherr Eltz von Rübenach	parteilos
	2. Febr. 1937–30. April 1945	Wilhelm Ohnesorge	NSDAP
Verkehr	30. Jan. 1933–2. Febr. 1937	Paul Freiherr Eltz von Rübenach	parteilos
	2. Febr. 1937–30. April 1945	Julius Dorpmüller	NSDAP
Ernährung	30. Jan.–29. Juni 1933	Alfred Hugenberg	DNVP
	29. Juni 1933–23. Mai 1942	Richard Walter Darré	NSDAP
	23. Mai 1942–30.April 1945, bis 6. April 1944 beauftragt	Herbert Backe	NSDAP
Volksaufklärung und Propaganda (seit 13. März 1933)	13. März 1933–30. April 1945	Joseph Goebbels	NSDAP
Luftfahrt (seit 28. April 1933)	28. April 1933–23. April 1945	Hermann Göring	NSDAP
Wissenschaft, Erziehung und Volksbildung (seit 1. Mai 1934	1. Mai 1934–30. April 1945	Bernhard Rust	NSDAP
Forsten (seit 3. Juli 1934)	3. Juli 1934–23. April 1945	Hermann Göring	NSDAP
Kirchen (seit 18. Juli 1935)	18. Juli 1935–13. Dez. 1941	Hanns Kerrl	NSDAP
	seit 14. Dez. 1941	unbesetzt	
Oberbefehlshaber des Heeres (mit Kabinettsrang)	20. April 1936–5. Febr. 1938	Werner Freiherr von Fritsch	parteilos
	5. Febr. 1938–19. Dez. 1941	Walther von Brauchitsch	parteilos
	19. Dez. 1941–30. April 1945	Adolf Hitler	NSDAP
Oberbefehlshaber der Kriegsmarine	20. April 1936–30. Jan. 1943	Erich Raede	parteilos
	30. Jan. 1943–30. April 1945	Karl Dönitz	parteilos

Mitglieder der Reichsregierung 1933 – 1945			
Oberbefehlshaber der Luftwaffe	7. März 1935 – 23. April 1945	Hermann Göring	NSDAP
	23. – 30. April 1945	Robert Ritter von Greim	parteilos
Ohne Geschäftsbereich (die Bezeichnung „ohne Geschäftsbereich" entfällt ab 5. Febr. 1938)	30. Jan. – 28. April 1933	Hermann Göring	NSDAP
	1. Dez. 1933 – 30. Juni 1934	Ernst Röhm	NSDAP
	1. Dez. 1933 – 10. Mai 1941	Rudolf Heß	NSDAP
	16.Juni 1934 – 18.Juli 1935	Hanns Kerrl	NSDAP
	19. Dez. 1934 – 30. April 1945	Hans Frank	NSDAP
	26. Nov. 1937 – 23. Juli 1944 (vorläufig amtsenthoben 22. Jan. 1943)	Hjalmar Schacht	parteilos
	5. Febr. 1938 – 30. April 1945 (Vorsitzender des Geheimen Kabinettrats)	Konstantin Freiherr von Neurath	parteilos
	1. Mai 1939 – 30. April 1945	Arthur Seyß-Inquart	NSDAP
Staatsminister und Chef der Präsidialkanzlei des Führers und Reichskanzlers	1. Dez. 1937 – 30. April 1945	Otto Meißner	NSDAP
Bewaffnung und Munition (ab 2. Sept. 1943: Rüstung und Kriegsproduktion)	17. März 1940 – 8. Febr. 1942	Fritz Todt	NSDAP
	8. Febr. 1942 – 30. April 1945	Albert Speer	NSDAP
Besetzte Ostgebiete	17. Juli 1941 – 30. April 1945	Alfred Rosenberg	NSDAP
Böhmen und Mähren (seit 20. Aug. 1943; Sitz Prag)	20. Aug. 1943 – 30. April 1945	Karl Hermann Frank	NSDAP

bürgerlichen Parteien und der KPD sowie v. a. mithilfe bisheriger Nichtwähler und Jungwähler (Wahlbeteiligung 89 %). Zusammen mit der »Kampffront Schwarz-Weiß-Rot« erreichen die Nationalsozialisten eine knappe absolute Mehrheit von 52 %.

5.–10. März Absetzung aller noch nicht nationalsozialistisch geführten Länderregierungen und Einsetzung von »Reichskommissaren«. Diese sog. Gleichschaltung gelingt durch das Zusammenwirken von verdeckter Lenkung aus Berlin und organisiertem Terror einer manipulierten »Revolution von unten«.

6. März Landung polnischer Truppen auf der Danziger Westerplatte, die auf außenpolitischen Druck hin wieder zurückgenommen werden.

13. März Joseph Goebbels wird zum Reichsminister für Volksaufklärung und Propaganda.

21. März »Tag von Potsdam«: In der Feier in der Potsdamer Garnisonkirche soll die Verbindung zwischen Preußen und dem Nationalsozialismus, personifiziert durch Hindenburg und Hitler, symbolisch vollzogen werden.

24. März Verkündung des »Gesetzes zur Behebung der Not von Volk und Reich« (**Ermächtigungsgesetz**): Gesetze können von der Reichsregierung außerhalb des in der Verfassung vorgesehenen Verfahrens und abweichend von der Verfassung erlassen werden. Das auf vier Jahre befristete Gesetz wurde am Tag zuvor von NSDAP, DNVP, Zentrum und den kleineren Parteien (bei Ausschluss der KPD) gegen die Stimmen der SPD angenommen.

31. März Erstes »Gesetz zur Gleichstellung der Länder mit dem Reich«: Die Länderparlamente werden ohne Wahl nach dem Verhältnis der Reichstagswahl neu gebildet. Die Länderregierungen können Gesetze in Abweichung von den Verfassungen erlassen.

1. April Der von Joseph Goebbels und Robert Ley (*1890, †1945) organisierte Boykott jüdischer Geschäfte markiert den Beginn der Verdrängung der Juden aus Wirkungsbereichen und Berufen aller Art.

7. April Das zweite Gesetz zur Gleichschaltung der Länder verfügt die Einsetzung von Reichsstatthaltern. Das »Gesetz zur Wiederherstellung des Berufsbeamtentums« schließt alle »nichtarischen« sowie politisch missliebige Beamten vom Dienst aus und leitet so Umbesetzungen aus politischen Gründen ein.

2. Mai Am Tage nach der ersten nationalsozialistischen Maifeier besetzen SA-Trupps die Gewerkschaftshäuser. Die Gewerkschaften werden aufgelöst.

10. Mai Bildung der »Deutschen Arbeitsfront« als faktische Zwangsvereinigung von Arbeitern, Angestellten und Unternehmern (1936 etwa 20 Mio. Mitglieder). Der Verband wird der NSDAP angeschlossen und Robert Ley unterstellt.

28. Mai Wahlen zum Volkstag in der Freien Stadt Danzig mit absoluter Mehrheit für die NSDAP (39 von 72 Abgeordneten). Bildung einer nationalsozialistischen

Regierung unter dem Senatspräsident HERMANN RAUSCHNING (*1887, †1982).

1. Juni Erstes Gesetz zur Verminderung der Arbeitslosigkeit (Erstes Reinhardt-Programm).

Juni/Juli Unter nationalsozialistischem Druck lösen sich alle noch bestehenden bürgerlichen Parteien auf.

22. Juni Verbot der SPD, deren Parteiführer teils verhaftet werden, teils emigrieren. Die Exil-SPD [»SoPaDe«] befindet sich 1933–1937 in Prag, 1938–1940 in Paris, 1941–1945 in London.

27. Juni Selbstauflösung der DNVP.

29. Juni Austritt HUGENBERGS aus dem Kabinett.

14. Juli Gesetz gegen die Neubildung von Parteien. Die NSDAP ist von nun an die einzige Partei im Deutschen Reich.

20. Juli Der Abschluss des Konkordats zwischen dem Deutschen Reich und der Kurie in Rom übt eine große Wirkung auf den Katholizismus in Deutschland und der Welt aus. Hoffnungen werden erweckt, die später im Kirchenkampf zerstört werden.

13. Sept. Die Zusammenfassung aller in der Landwirtschaft Tätigen im »Reichsnährstand« wird eingeleitet. Reichsbauernführer ist bis 1942 der Reichsminister für Ernährung und Landwirtschaft WALTER DARRÉ (*1895, †1953).

21. Sept. Zweites Gesetz zur Verminderung der Arbeitslosigkeit (Zweites Reinhardt-Programm). Die »Arbeitsschlacht« wird eröffnet.

22. Sept. Das Reichskulturkammergesetz setzt die Zusammenfassung aller im kulturellen Raum Tätigen in der Reichskulturkammer, deren Präsident Reichsminister GOEBBELS ist, fest.

23. Sept. Baubeginn für die Reichsautobahnen, denen eine große militärstrategische Bedeutung beigemessen wird.

27. Sept. Wehrkreispfarrer LUDWIG MÜLLER (*1883, †1945), Landesleiter der nationalsozialistischen evangelischen Bewegung »Deutsche Christen« in Ostpreußen, wird auf der Nationalsynode in Wittenberg gegen den am 26. Mai bereits von den Vertretern der Landeskirchen in Loccum gewählten Pastor FRIEDRICH VON BODELSCHWINGH (*1877, †1946; Bethel) zum Reichsbischof der »Deutschen Evangelischen Kirche« gewählt. Dagegen richtet sich Protest des neuen »Pfarrernotbunds« (etwa 2000 Pastoren), in dem MARTIN NIEMÖLLER (*1892, †1984) eine leitende Funktion zukommt. Damit beginnt der Kirchenkampf in der evangelischen Kirche zwischen den offiziell geförderten »Deutschen Christen« und der im Entstehen begriffenen »Bekennenden Kirche«.

29. Sept. Das Reichserbhofgesetz setzt für alle Bauernhöfe von etwa 7,5–125 ha die Eigenschaft als »Erbhof« fest, der ungeteilt auf den ältesten Sohn im Erbfall übergeht, unveräußerlich und unbelastbar ist. Die nationalsozialistische Agrarpolitik geht auf Erzeugungssteigerung und Sicherung des Bauerntums (»Blut und Boden«) aus, schont den Großgrundbesitz und fördert in bescheidenem Maße die innere Kolonisation.

4. Okt. Das Schriftleitergesetz setzt – zusammen mit dem Reichskulturkammergesetz vom 22. Sept. – die kulturelle und geistige »Gleichschaltung« fort.

14. Okt. Austritt des Deutschen Reichs aus dem Völkerbund.

12. Nov. (Manipulierte) Reichstagswahlen, verbunden mit der Frage, ob die Politik, die zum Austritt aus dem Völkerbund geführt hat, gebilligt werde. 92 % der abgegebenen Stimmen fallen auf die Einheitsliste der NSDAP.

Die Stabilisierung der NS-Herrschaft

Der Reichstag besitzt fortan nur noch dekorative Bedeutung als Hintergrund für Führerreden zu wichtigen Anlässen. Mit der Reichstagswahl vom 12. Nov. 1933 ist ein gewisser Abschluss der Entwicklung zum Führerstaat mit totalitärem Anspruch erreicht. Die Weimarer Verfassung ist nicht formell aufgehoben, jedoch faktisch überwunden. So wird z. B. das Ermächtigungsgesetz in der Folge mehrfach erneuert. In der NSDAP und ihren Gliederungen ist der »Führerwille« scheinbar absolut organisiert, zwischen »Führer« und »Masse« eine cäsaristische Verbindung hergestellt. Die durch geschickte Finanzierung (Reichsbankpräsident SCHACHT 1933–1939) und öffentliche Arbeitsbeschaffung bei beginnendem allgemeinem Konjunkturaufschwung festzustellende Verbesserung der Wirtschaftslage lässt 1933 die Arbeitslosenziffer von sechs auf vier Mio. (noch ohne Auswirkung der Aufrüstung) sinken und trägt, propagandistisch ausgewertet, zur Stabilisierung des Regimes bei.

Dez. Benzinvertrag zwischen dem Reich und der I.G. Farben: Beginn des Aufbaus einer deutschen Mineralölindustrie für wehrwirtschaftliche Zwecke.

1934, 20. Jan. Das »Gesetz zur Ordnung der nationalen Arbeit« schafft mit der »Betriebsgemeinschaft« und dem »Treuhänder der Arbeit« die Grundlagen des nationalsozialistischen Arbeitsrechts: Sozialpolitische und weltanschauliche Überwachung der Betriebe

Produktion wichtiger Grundstoffe 1928–1939 (in 1000 Tonnen)

	1928	1935[1]	1938[2]	1939[2]
Steinkohlenförderung	150 871	151 908	186 186	187 956
Braunkohlenförderung	165 185	147 005	194 985	212 109
Erdölförderung	92	427	609	885
Eisenerzförderung	6 475	6 044	12 351	14 710
Benzine aller Art (aus Mineralöl)	241	877,8 (1936)	1 494	
Treibstofferzeugung der Hydriersynthesewerke	–	–	766	1049,6
Kunstkautschukerzeugung	–	–	5,2	22,4

[1] einschließlich Saargebiet [2] einschließlich Österreich

durch die »Deutsche Arbeitsfront« bei Wahrung unternehmerischer Freiheit in betrieblichen Fragen.

26. Jan. Nichtangriffspakt mit Polen. Die Streitpunkte über Danzig werden durch direkte Verhandlungen ausgeglichen.

30. Jan. »Gesetz über den Neuaufbau des Reiches«: Aufhebung der Volksvertretungen der Länder, die Hoheitsrechte der Länder gehen auf das Reich über.

14. Febr. Aufhebung des Reichsrats.

20. April Ernennung HEINRICH HIMMLERS zum Chef des »Geheimen Staatspolizeiamts« in Preußen (Entstehung der Gestapo seit Frühjahr 1933).

30./31. Mai Auf der Reichsbekenntnissynode der »Bekennenden Kirche« in Barmen-Gemarke wird die »Barmer Theologische Erklärung« gegen die Lehren der »Deutschen Christen« verabschiedet.

14./15. Juni Erstes Treffen HITLERS mit dem italienischen Diktator BENITO MUSSOLINI in Venedig.

17. Juni Der ehemalige Reichskanzler FRANZ VON PAPEN hält in Marburg eine vom jungkonservativen Schriftsteller EDGAR JUNG (*1894, †1934) verfasste Rede mit scharfer offener Kritik an der nationalsozialistischen Politik.

Die Röhm-Affäre (30. Juni–2. Juli 1934)

Das Drängen des SA-Stabschefs (seit Jan. 1931) ERNST RÖHM auf eine »zweite Revolution«, durch die das Millionenheer der SA staatliche Befugnisse erhalten und sich auf längere lange Sicht die Reichswehr integrieren soll, und konservativ-oppositionelle Regungen werden von HITLER mit Unterstützung der Reichswehrführung beantwortet: Unter dem Vorwand einer angeblichen Verschwörung werden RÖHM sowie zahlreiche hohe SA-Führer und konservative Politiker, u. a. GREGOR STRASSER (*1892), KURT VON SCHLEICHER (*1882), EDGAR JUNG und GUSTAV VON KAHR (insgesamt etwa 85 Opfer), in einer schlagartig durchgeführten Mordaktion mithilfe der Gestapo und der SS ohne gerichtliche Urteile umgebracht. Bei der Aktion wirken HITLER, GÖRING, HIMMLER und die Reichswehr (Generäle VON BLOMBERG und WALTER VON REICHENAU [*1884, †1942], 1933–1935 Chef des Ministeramts im Reichswehrministerium) zusammen.

3. Juli Durch ein Gesetz über Maßnahmen der Staatsnotwehr werden die Morde im Zusammenhang mit der Röhm-Affäre nachträglich legalisiert.

20. Juli Die SS wird aus der Unterordnung unter die SA gelöst und unmittelbar HITLER unterstellt.

2. Aug. **Tod HINDENBURGS.** Mit dem »Gesetz über das Oberhaupt des Deutschen Reiches« wird das Amt des Reichspräsidenten mit dem des Reichskanzlers vereinigt. Die Befugnisse des Reichspräsidenten gehen auf den »Führer und Reichskanzler« ADOLF HITLER über. Der Titel »Reichspräsident« soll nach HITLERS Willen entfallen. Vereidigung der Reichswehr auf HITLER.

19. Aug. Im Rahmen einer »Volksbefragung« erhält das Gesetz vom 2. Aug. eine Zustimmung von 84 %.

24. Okt. Verordnung über die »Deutsche Arbeitsfront«.

28. Nov. Rücktritt von Senatspräsident RAUSCHNING in Danzig, der als Gegner HITLERS emigriert.

5. Dez. Gesetz über das Kreditwesen: Die Großbanken unterstehen dem Reichsbankpräsidenten.

1935 Zollkrieg mit Polen wegen Danzig.

13. Jan. In der Volksabstimmung im Saargebiet stimmen 91 % für Rückgliederung an das Deutsche Reich, 9 % für Aufrechterhaltung des gegebenen Zustandes und 0,4 % für die Angliederung an Frankreich.

17. Jan. Der Völkerbundsrat beschließt die Rückgabe des Saargebiets an Deutschland.

16. März Das »Gesetz über den Aufbau der Wehrmacht« führt die allgemeine Wehrpflicht wieder ein.

April Betriebsratswahlen mit vielen Misserfolgen der NS-Einheitsliste. Das Ergebnis wird deshalb nicht bekannt gemacht.

18. Juni Das Flottenabkommen mit Großbritannien, das sich mit einer Stärke der deutschen Kriegsmarine von bis zu 35 % der britischen einverstanden erklärt, stellt einen Erfolg der Politik HITLERS zur Revision der Ergebnisse des Ersten Weltkrieges dar.

Sept. Auf dem Reichsparteitag der NSDAP in Nürnberg werden die antisemitischen »Nürnberger Gesetze« verabschiedet:

15. Sept. Im »Gesetz zum Schutz des deutschen Blutes und der deutschen Ehre« werden Ehen mit Juden verboten. Der Nachweis »arischer« Abstammung ist seither Vorbedingung für jede öffentliche Anstellung. Fortschreitende Ausschaltung und Ausnahmerechtsstellung der Juden. Bis zum Herbst 1938 wandern rund 170 000 Juden – 1/3 ihrer Gesamtzahl – aus Deutschland aus.

Okt. Das Reich unterstützt Italien in seinem am 3. Okt. begonnenen Feldzug gegen Äthiopien.

1936 Wegen der fortschreitenden verfassungswidrigen nationalsozialistischen Gleichschaltungspolitik in Danzig kommt es zu Auseinandersetzung mit dem Völkerbundsrat.

7. März Das Deutsche Reich kündigt den Locarnovertrag und stellt durch vertragswidrige Besetzung der entmilitarisierten Zone des Rheinlandes die militärische Souveränität wieder her.

29. März Manipulierte Billigung der Politik HITLERS mit 99 % Ja-Stimmen.

11. Juli Abkommen mit Österreich: Die Wiederherstellung freundschaftlicher Beziehungen ist eine Voraussetzung zur Bildung der »Achse Berlin-Rom«.

1. Aug. Eröffnung der XI. Olympischen Sommerspiele in Berlin.

24. Aug. Einführung der zweijährigen Militärdienstzeit.

8.–14. Sept. Reichsparteitag der NSDAP in Nürnberg mit antibolschewistischer Tendenz. Verkündung des Vierjahresplans im Zusammenhang mit der Aufrüstung.

18. Okt. GÖRING wird mit der Durchführung des Vierjahresplans betraut.

25. Okt. Im deutsch-italienischen Vertrag (»Achse«) wird u. a. ein einheitliches Vorgehen in der spanischen Frage vereinbart.

18. Nov. Anerkennung der Regierung von General FRANCISCO FRANCO in Spanien.

25. Nov. Antikominternpakt mit Japan.

1937, 30. Jan. Verlängerung des Ermächtigungsgesetzes um vier Jahre.

14. März Papst PIUS XI. nimmt durch die Enzyklika »Mit brennender Sorge« scharf gegen die nationalsozialistische Kirchenpolitik Stellung.

25.–28. Sept. »Triumphaler« Besuch MUSSOLINIS in Deutschland.

26. Nov. SCHACHT wird auf eigenes Drängen als Reichswirtschaftsminister entlassen. Er wird zunächst durch GÖRING, dann durch FUNK ersetzt.

5. Nov. HITLER gibt Außenminister KONSTANTIN VON NEURATH (*1873, †1956), Kriegsminister VON BLOMBERG und den Oberbefehlshabern der Streitkräfte den Entschluss bekannt, die angeblichen Raumprobleme mit Gewalt zu lösen. Nahziele sind Österreich und die Tschechoslowakei (festgehalten in der sog. »Hoßbach-Niederschrift«).

Die Fritsch-Krise vom Februar 1938

Nach der Besprechung vom 5. Nov. 1937, in der KONSTANTIN VON NEURATH, WERNER VON BLOMBERG und WERNER VON FRITSCH (*1880, †1939) Bedenken vorbringen, reicht NEURATH zunächst ein Rücktrittsgesuch ein, dem am 4. Febr. 1938 entsprochen wird. Am 5. Febr. folgen die Entlassungen des Reichskriegsministers BLOMBERG unter dem vorgeschobenen Anlass seiner unstandesgemäßen Eheschließung und des Oberbefehlshabers des Heeres, Generaloberst FRITSCH, der einer Intrige HIMMLERS und GÖRINGS, die FRITSCH durch gedungene Belastungszeugen fälschlich der Homosexualität beschuldigen, zum Opfer fällt. Die Ernennung eines neuen Reichskriegsministers bleibt aus, FRITSCH wird durch Generaloberst WALTHER VON BRAUCHITSCH (*1881, †1948) ersetzt. Zudem erfolgt die Einrichtung eines »Oberkommandos der Wehrmacht« (OKW) unter General WILHELM KEITEL (*1882, †1946), der sich HITLER vollständig fügt. An die Stelle NEURATHS tritt der HITLER ergebene JOACHIM VON RIBBENTROP (*1893, †1946). Damit wird ein stärkerer Einfluss der Partei auch auf das Auswärtige Amt angestrebt.

1938, 12. März Nach einem vorausgegangenen Ultimatum und dem erzwungenen Rücktritt des österreichischen Bundeskanzlers KURT SCHUSCHNIGG (*1897, †1977) marschieren deutsche Truppen in Österreich ein. Der Nationalsozialist ARTHUR SEYSS-INQUART (*1892, †1946) übernimmt die Regierung.

13. März **Anschluss Österreichs an das Deutsche Reich.**

3.–9. Mai HITLER besucht mit großem Gefolge Rom.

30. Mai HITLERS Weisung an die Wehrmacht kündigt die Zerschlagung der Tschechoslowakei an.

27. Aug. Rücktritt des Chefs des Generalstabs des Heeres, Generaloberst LUDWIG BECK (*1880, †1944), der nach der Entlassung FRITSCHS und angesichts der Entwicklung, die zum Krieg treibt, sein Bleiben nicht mehr verantworten kann. Nachfolger (bis 1942) wird General FRANZ HALDER (*1884, †1972).

Sept. Sudetenkrise: HITLER veranlasst den sudetendeutschen Führer KONRAD HENLEIN (*1898, †1945), seine Politik der überhöhten Forderungen gegenüber der Regierung in Prag zu verschärfen, und fordert die Abtretung der sudetendeutschen Gebiete an das Deutsche Reich.

In der zweiten Septemberhälfte wird eine Erhebung maßgebender hoher Offiziere des Heeres (HALDER) vorbereitet, aber wegen der außenpolitischen Erfolge HITLERS nicht ausgeführt: Nach Besprechungen HITLERS mit dem britischen Premierminister NEVILLE CHAMBERLAIN in Berchtesgaden (16. Sept.) und Godesberg (22.–24. Sept.) bittet dieser (28. Sept.) MUSSOLINI um Vermittlung.

29. Sept. Die **Münchner Konferenz** zwischen HITLER, MUSSOLINI, CHAMBERLAIN und dem französischen Ministerpräsidenten ÉDOUARD DALADIER beschließt die Abtretung der sudetendeutschen Gebiete an das Deutsche Reich.

1. Okt. Beginn des deutschen Einmarsches in das Sudetenland.

9./10. Nov. **Novemberpogrome** (**Reichskristallnacht**, Reichspogromnacht): GOEBBELS organisiert »spontane« Ausschreitungen gegen die Juden. Das Ergebnis sind 91 Morde und die Zerstörung bzw. schwere Beschädigung von jüdischen Wohnungen und über 7000 Geschäften sowie fast allen Synagogen im Reich, insbesondere durch SA und aufgehetzte Jugendliche.

Kurz darauf erfolgen die Beschlagnahmung allen jüdischen Eigentums, der Erlass einer Sondersteuer (1 Mrd. RM) für die deutschen Juden und etwa 30 000 Verhaftungen. Die Juden werden vom deutschen Wirtschaftsleben endgültig ausgeschlossen.

1939, 20. Jan. Entlassung von Reichsbankpräsident SCHACHT, der gegen die Finanzpolitik Einspruch erhoben hat.

15. März Staatspräsident EMIL HÁCHA und Außenminister FRANTIŠEK CHVALKOVSKÝ der Tschechoslowakei stimmen in Berlin unter Druck der Schaffung des Reichsprotektorats Böhmen-Mähren zu. Deutsche Truppen marschieren in die Rest-Tschechoslowakei ein.

16. März Der Bruch von HITLERS Versprechungen, die 1938 vereinbarten Grenzen zu respektieren, führt zum Ende der britischen *appeasement policy* und bedeutet unmittelbare Kriegsgefahr bei einer Fortsetzung der Revisionsforderungen.

Bildung des Reichsprotektorats Böhmen-Mähren.

21. März Die Reichsregierung fordert von Polen u. a. die Rückgabe Danzigs.

23. März Aufgrund eines Abkommens mit Litauen marschieren deutsche Truppen ins Memelgebiet ein.

31. März Britisch-französische Garantieerklärung für Polen.

28. April In einer Reichstagsrede lehnt HITLER die Aufforderung des amerikanischen Präsidenten FRANKLIN D. ROOSEVELT, sich weiterer Gewaltaktionen zu enthalten, ab und kündigt das deutsch-britische Flottenabkommen sowie den deutsch-polnischen Nichtangriffspakt.

23. Aug. Im deutsch-sowjetischer Nichtangriffspakt (**Hitler-Stalin-Pakt**) verständigen sich beide Länder über die Zukunft Ostmitteleuropas, das in Interessensphären – zur deutschen gehört der größte Teil Polens – eingeteilt wird.

26. Aug. Die Rationierung der Lebensmittel tritt in Kraft. Lebensmittelkarten werden ausgegeben.

29. Aug. In seiner Antwort auf einen britischen Vermittlungsversuch hält HITLER an seinen Forderungen im Hinblick auf Danzig, einer Landverbindung zu Ostpreußen und Garantien für die deutsche Minderheit in Polen ultimativ fest.

30. Aug. Bildung eines Ministerrats für die Reichsverteidigung, dem GÖRING, HESS, FRICK, FUNK, HANS HEINRICH LAMMERS (*1879, †1962) und der Chef des OKW, Generaloberst KEITEL, angehören. Der Ministerrat gewinnt bei der Führung der Geschäfte ebenso wenig Bedeutung wie die von FRICK bekleidete Stellung eines Generalbevollmächtigten für die Reichsverwaltung (GBV).

1. Sept. Der deutsche Angriff auf Polen markiert den **Beginn des Zweiten Weltkrieges**. Der Völkerbundskommissar für Danzig, CARL JACOB BURCKHARDT (*1891, †1974), verlässt die Stadt.

3. Sept. Britisch-französische Kriegserklärung. | s. S. 802 |

Die oberste Führung im Kriege

HITLER, seit 30. Jan. 1933 Reichskanzler, seit 2. Aug. 1934 auch Staatsoberhaupt, übernimmt am 4. Febr. 1938 den persönlichen Oberbefehl über die Wehrmacht. Er bestimmt am 1. Sept. 1939 für den Fall seines Todes als

Reichstatthalter im Deutschen Reich und in annektierten Gebieten

Reichsgau	Amtszeit	Reichsstatthalter
Anhalt und Braunschweig	5. Mai 1933 – 23. Okt. 1935	Wilhelm Friedrich Loeper
	29. Nov. 1935 – 19. April 1937	Fritz Sauckel (beauftragt)
	19. April 1937 – April 1945	Rudolf Jordan
Baden	5. Mai 1933 – April 1945	Robert Wagner
Bayern	10. April 1933 – 29. April 1945	Franz Ritter von Epp
Hamburg	16. Mai 1933 – 3. Mai 1945	Karl Kaufmann
Hessen	5. Mai 1933 – Ende März 1945	Jakob Sprenger
Lippe und Schaumburg-Lippe	16. Mai 1933 – 4. April 1945	Alfred Meyer
Mecklenburg und Lübeck	26. Mai 1933 – 1. Mai 1945	Friedrich Hildebrandt
Oldenburg und Bremen	5. Mai 1933 – 15. Mai 1942	Karl Röver
	27. Mai 1942 – April 1945	Paul Wegener
Preußen	April 1933 – 30. April 1945	Adolf Hitler
	30. Jan. 1935 – 24. April 1945	Hermann Göring (mit der Ausübung der Geschäfte beauftragt)
Sachsen	6. Mai 1933 – 7. Mai 1945	Martin Mutschmann
Thüringen	6. Mai 1933 – 12. April 1945	Fritz Sauckel
Württemberg	6. Mai 1933 – 19. April 1945	Wilhelm Murr
Westmark	11. März 1941 – 28. Sept. 1944	Josef Bürckel
	29. Sept. 1944 – 21. März 1945	Willi Stöhr
Österreich	13. März 1938 – 30. April 1939	Arthur Seyß-Inquart
Kärnten	1 April 1940 – 27 Nov. 1941	Wladimir von Pawlowski
	27. Nov. 1941 – 7. Mai 1945	Friedrich Rainer
Niederdonau	1. April 1940 – 8. Mai 1945	Hugo Jury
Oberdonau	1. April 1940 – Mai 1945	August Eigruber
Salzburg	1. April 1940 – 29. Nov. 1941	Friedrich Rainer
	29. Nov. 1941 – 4. Mai 1945	Gustav Adolf Scheel
Steiermark	1. April 1940 – 8. Mai 1945	Siegfried Uiberreither
Tirol	1. April 1940 – 3. Mai 1945	Franz Hofer
Wien	1. April 1940 – 7. Aug. 1940	Josef Bürckel
	7. Aug. 1940 – 13. April 1945	Baldur von Schirach
Sudetenland	1. Mai 1939 – Mai 1945	Konrad Henlein
Danzig-Westpreußen	26. Okt. 1939 – 2. April 1945	Albert Forster
Wartheland	26. Okt. 1939 – 23. Febr. 1945	Artur Greiser

Nachfolger GÖRING, dann HESS. Falls keiner von ihnen mehr am Leben ist, soll der Nachfolger von einem »Senat« gewählt werden. Doch wird das als Grundlage erforderliche Gesetz nicht erlassen. Das Reichskabinett kommt seit 1937 nicht mehr zu einer Sitzung zusammen. Im Gegensatz zu den militärischen Stellen, bei denen im Laufe des Krieges ein immer schnellerer Wechsel eintritt, hält HITLER im zivilen Sektor an den einmal ernannten Funktionsträgern möglichst lange fest. Für dringende Aufgaben ernennt er immer mehr Sonderbeauftragte, unter denen der im März 1942 für den Arbeitseinsatz ernannte Generalbevollmächtigte, Gauleiter FRITZ SAUCKEL (*1894, †1946), der wichtigste wird. So entstehen viele HITLER unmittelbar unterstellte und untereinander nicht ausreichend abgegrenzte Behörden, die zu einem Verwaltungswirrwarr führen. Auch werden die Verantwortlichen immer seltener zum Vortrag zugelassen, da sich HITLER vom Sommer 1941 an fast ausschließlich der Kriegführung widmet.

6. Okt. In einer Rede vor dem Reichstag entwickelt HITLER seine Gedanken über eine Beendigung des Krieges und eine europäische Neuordnung, die auf der Auslöschung Polens beruht und Ostmitteleuropa ausschließlich zur deutschen und sowjetischen Interessensphäre machen soll. Der britische Premier CHAMBERLAIN lehnt die Pläne am 12. Okt. ab.

8. Okt. Rückgliederung der 1920 Polen zugesprochenen Gebiete, bei der über die vorherige Grenze hinausgegriffen wird.

12. Okt. HANS FRANK (*1900, †1946) wird Generalgouverneur der besetzten polnischen Gebiete.

Okt. Mithilfe einer auf den 1. Sept. 1939 zurückdatierten Euthanasie-Verordnung wird die Vernichtung der unheilbar Geisteskranken eingeleitet. Die Aktion wird vor der Öffentlichkeit weitgehend verschleiert.
Verträge mit den baltischen Staaten, Italien (Südtirol) und der Sowjetunion (3. Nov.) über die Rücksiedlung der Volksdeutschen.

7. Nov. Ergebnisloser niederländisch-belgischer Friedensschritt.

8. Nov. Scheitern eines vom Einzelgänger GEORG ELSER (*1903, †1945) unternommenen Attentats gegen HITLER mittels einer Bombe mit Zeitzünder im Münchener Bürgerbräukeller.

13. Nov. Rumänischer Friedensschritt.

1940, 24. April JOSEF TERBOVEN (*1898, †1945) wird zum Reichskommissar für Norwegen ernannt.

18. Mai Rückgliederung der 1920 aufgrund eines Völkerbundsbeschlusses an Belgien abgetretenen Gebiete von Eupen-Malmedy und Moresnet.

19. Mai SEYSS-INQUART wird zum Reichskommissar für die Niederlande ernannt.

19. Juli HITLERS dritte Kriegsrede vor dem Reichstag, die sich mit einem vagen Friedensappell an Großbritannien wendet.

22. Juli Der britische Außenminister LORD HALIFAX (EDWARD WOOD) äußert sich über den Rundfunk ablehnend gegenüber dem deutschen Friedensappell.

2. Aug. Die militärische Verwaltung in den westlichen Grenzgebieten geht an Zivilbehörden über, die HITLER unmittelbar unterstellt sind: Elsass (Gauleiter ROBERT WAGNER [*1895, †1946]), Lothringen (Gauleiter JOSEF BÜRCKEL [*1895, †1944]) und Luxemburg (Gauleiter GUSTAV SIMON [*1900, †1945]). Das »Generalgouvernement für die besetzten polnischen Gebiete« (fortan nur Generalgouvernement) wird dem Reich angegliedert.

Flucht und Vertreibung aus den deutschen Ostgebieten und den von Volksdeutschen bewohnten Gebieten (Zahlen in Tausend)

	deutsche Staatsangehörige bzw. Volksdeutsche Vertriebene		Gesamtanzahl der Vertriebenen
Region/Staat	**1939**	**1944/45**	**bis 1950**
nördliches Ostpreußen	1 154	1 209	725
südliches Ostpreußen	1 314	1 370	1 234
Ostpommern	1 884	1 956	1 430
östliches Brandenburg	642	657	395
Schlesien	4 577	4 751	3 197
Deutsches Reich in den Grenzen von 1937	*9 571*	*9 943*	*6 981*
Danzig	380	395	291
Polen (ohne östliche Teile Polens bis 1939)	1 236	1 263	618
Polen in den Grenzen von 1945	*10 033*	*10 392*	*7 165*
Estland	23	24	
Lettland	64	75	
Litauen (in den Grenzen von April 1939)	52	54	
Memelgebiet (bis März 1939 zu Litauen)	118	129	78
polnische Ostgebiete	135	138	70
Transkarpatien (bis 1944 zu Ungarn)	13	13	3
nördliche Bukowina (bis 1944 zu Rumänien)	44	45	37
Bessarabien (bis 1944 zu Rumänien)	93	95	79
Sowjetunion in den Grenzen von 1938	1 427	1 500	62
Sowjetunion in den Grenzen von 1945	*3 123*	*3 282*	*1 054*
Tschechoslowakei	3 464	3 620	2 997
Ungarn	623	633	213
ehemaliges Jugoslawien	537	550	297
Rumänien	660	689	137
übrige Balkanstaaten	6	6	3
Gesamt	**18 446**	**19 172**	**11 866**

5. Sept. Abkommen mit der Sowjetunion über die Rücksiedlung der Volksdeutschen aus Bessarabien und der Nordbukowina.

22. Okt. Entsprechende Abkommen mit Rumänien über die Südbukowina und die Norddobrudscha.

Die volksdeutschen Umsiedler

Bis 1944 werden 770 000 Volksdeutsche umgesiedelt. Davon aus Estland und Lettland 77 000, aus Litauen 51 000, aus dem östlichen Warthegau sowie aus Galizien und dem Narewgebiet 136 000, aus dem östlichen Generalgouvernement 33 000, aus Bessarabien 93 000, aus der Nordbukowina 44 000, aus der Südbukowina 52 000, aus der Dobrudscha 15 000, aus dem rumänischen Staatsgebiet vor dem Ersten Weltkrieg 10 000, aus Gottschee (Kočevje), dem deutsch besiedeltes Gebiet in Slowenien, und Ljubljana 15 000, aus Bosnien 18 000 und schließlich aus Russland rund 220 000. Von diesen werden 450 000 wieder angesiedelt, und zwar im Wartheland 245 000, in Danzig-Westpreußen 57 000, in den zusätzlich annektierten Teilen Ostpreußens 8000 und in den entsprechenden Gebieten Oberschlesiens 38 000.

1941, 16. Juli Hitler legt in seinem Hauptquartier bei Rastenburg (Ostpreußen) mit Göring, Keitel, Lammers, Alfred Rosenberg (*1893, †1946) und dem Leiter der Parteikanzlei Martin Bormann die deutschen Ziele im Osten fest: Aufteilung der Sowjetunion in vier Reichskommissariate und Eingliederung größerer Teile (u. a. der Krim) in das »Großdeutsche Reich«.

17. Juli Rosenberg wird an die Spitze eines neuen Reichsministeriums für die besetzten Ostgebiete gestellt.

3. Okt. Hitler kündigt eine neue Offensive an der Ostfront an, die am 2. Okt. gegen Moskau begonnen hat, aber nicht das Ende des Unternehmens »Barbarossa« bringt, obwohl Reichspressechef Otto Dietrich (*1897, †1952) am 9. Okt. verkündet, dass der Feldzug im Osten entschieden sei.
Daher sinkt die allgemeine Stimmung, die durch die Nachrichten über die unzureichende Winterbekleidung des Ostheeres und die von Goebbels überstürzt eingeleitete Sammlung von wärmenden Kleidungsstücken noch verschlechtert wird. Zuversicht stellt sich erst wieder ein, als im Frühjahr 1942 an der Ostfront abermals Erfolge erzielt werden.

25. Nov. Die Universität Straßburg wird als Reichsuniversität wieder ins Leben gerufen – die französische nach Clermont-Ferrand evakuiert.

19. Dez. Hitler übernimmt anstelle von Generalfeldmarschall Walther von Brauchitsch den Oberbefehl über das Heer.

Gewaltsame Unterdrückungsmaßnahmen und Ausrottung der Juden (»Endlösung«)

Die Konzentrationslager (KZ), die 1933 zunächst »wild«, ab 1935 dann systematisch entstehen und der ordentlichen Gerichtsbarkeit entzogen sind, nehmen im Laufe des Krieges an Zahl (insgesamt 394 Männer- und 17 Frauenlager; Haupt- und Nebenlager zusammengezählt) und Umfang gewaltig zu: Dachau nordwestlich von München, Oranienburg (»Sachsenhausen«) nördlich von Berlin, Buchenwald bei Weimar, Auschwitz westlich von Krakau (1940 eingerichtet), Flossenbürg in der Oberpfalz und andere. Sie unterstehen zunächst dem Reichssicherheitshauptamt (RSHA) unter Reinhard Heydrich, ab 1942 dem Wirtschafts- und Verwaltungshauptamt (WVHA) der SS unter Oswald Pohl. 1939 befinden sich in den KZ 20 000 Häftlinge, davon über die Hälfte Kriminelle, am 1. Aug. 1944 sind es 524 277. In die Lager werden politische Gegner, Kriminelle und »Asoziale« überführt. Es wird üblich, politisch Unliebsame nach Freisprüchen durch die ordentlichen Gerichte oder nach Abbüßung kürzerer Gefängnisstrafen in den KZ festzuhalten. Dies trifft ebenfalls Geistliche beider Konfessionen, Angehörige religiöser Sekten, Homosexuelle und andere.

Ab Febr. 1942 werden die KZ auch in den Dienst der Wehrwirtschaft gestellt (Aufbau von Fabriken in und bei den KZ). Um die Produktionsleistung zu heben, werden Fremdarbeiter eingeliefert, ebenso Gefängnisinsassen der besetzten Länder. Da auch politisch Verdächtige nichtdeutscher Länder (u. a. norwegische Pastoren und Studenten) dort gefangen gehalten werden, sind schließlich in den KZ alle Nationen und sozialen Gruppen vertreten. – Um die Wirkung des Terrors zu erhöhen und jegliche Kritik zu unterbinden, wird um die KZ ein Gürtel des Schweigens gezogen, durch den nur unklare Nachrichten nach außen dringen und der auch vielen amtlichen Stellen den Einblick verwehrt.

Die Geschichte der KZ ist eine einzige Geschichte menschlichen Leidens. U. a. werden die Insassen von Ärzten für medizinische Experimente missbraucht und kommen dabei zu Tode. Später führt die aufgrund des Herannahens der Front veranlasste Evakuierung einzelner KZ zur Überbelegung der anderen Lager und damit zu Verhältnissen, in denen Unzählige zugrunde gehen. Als die Alliierten die Lager erreichen, finden sie dort Zustände vor, die noch schlimmer sind, als selbst die schärfsten Gegner des NS-Regimes sie erwartet haben.

Vernichtungslager dienen dazu, die vor Beginn des Krieges eingeleitete Verfolgung und Ausrottung der Juden zu Ende zu führen. Sie werden vom Sonderreferat des SS-Obersturmbannführers Adolf Eichmann (*1906, †1962) geleitet, der Himmler untersteht, aber im Rahmen der von Hitler erteilten Weisungen handelt. Im Okt. 1939 beginnt eine Aussiedlung in den durch den Polenfeldzug eroberten Raum von Lublin (Ostpolen). Mit Beginn des Russlandfeldzuges (22. Juni 1941) wird durch die Einsatzgruppen des SS-Sicherheitsdienstes (SD) die Ausrottung der Juden in den eroberten sowjetischen Gebieten eingeleitet (etwa 1,4 Mio. Opfer). Ende Juli 1941 wird die »Endlösung« auf alle im deutschen Macht- und Einflussbereich liegenden Gebiete West-, Mittel-, Süd- und Südosteuropas ausgedehnt.

Bis zum 31. Okt. 1941 werden allein 537 000 Juden aus dem Reich und 30 000 aus dem »Protektorat« in die Lager im Osten abtransportiert. Dieser Aktion widersetzen sich nur Italien, ab Ende 1942 Rumänien und bis März

1944 auch Ungarn erfolgreich. Ein Teil der Juden wird zur Zwangsarbeit gebracht, eine »Auslese« bleibt im Lager Theresienstadt (Terezín) in Böhmen. Die große Mehrheit wird in den Lagern von Auschwitz-Birkenau, Majdanek (Ostpolen), Treblinka (Mittelpolen), Sobibór (Ostpolen) und Chełmno (Kulm, Ostpolen) in Gaskammern umgebracht. Der Vernichtungsaktion fallen zwischen 4,2 und 5,7 Mio. Juden zum Opfer, unter ihnen mindestens 190 000 deutsche Juden.

Vernichtungsaktionen richten sich gegen Roma und Sinti sowie seit 1940 – begonnen mit der Kindereuthanasie, die bereits 1939 durch Verordnung, aber noch nicht gesetzlich eingeleitet wurde – gegen Geisteskranke, die mit der Begründung, es handle sich um »unwertes Leben«, umgebracht werden. Die Tötungen geistig Behinderter werden nach öffentlichen Protesten der hohen Geistlichkeit ab Aug. 1941 wesentlich eingeschränkt.

1942, 20. Jan. In der **»Wannseekonferenz«** teilt Heydrich den Staatssekretären der wichtigsten Reichsministerien mit, die »Endlösung der Judenfrage« solle durch Aussiedlung in den Osten und andere Maßnahmen durchgeführt werden.

8. Febr. Anstelle des tödlich verunglückten Fritz Todt (*1891, Minister seit 1940) wird Albert Speer Reichsminister für Munitionsbeschaffung.

21. März Um Arbeitskräfte aus den besetzten Gebieten zu gewinnen, erhält Gauleiter Fritz Sauckel als Generalbevollmächtigter für den Arbeitseinsatz (GBA) weitgehende Vollmachten, mit deren Hilfe er 7,5 Mio. Fremdarbeiter in die deutsche Wehrwirtschaft eingliedert.

22. April Um die immer größer werdenden Spannungen in der Wirtschaft zu beheben, setzt Göring im Rahmen des Vierjahresplans von 1936 eine »Zentrale Planung« in Kraft.

26. April Hitler verlangt vom Reichstag Vollmacht, dass er nach eigenem Gutdünken als Oberster Gerichtsherr entscheiden und strafen kann, wenn das »Wohl des Volkes« es verlange.

20. Aug. Nachfolger des am 29. Jan. 1941 verstorbenen Reichsjustizministers Franz Gürtner (*1881) wird der Vorsitzende des Volksgerichtshofs Otto Georg Thierack (*1889, †1946), der das Justizwesen vollends der Parteiwillkür ausliefert. Dessen Nachfolge beim Volksgerichtshof übernimmt der ehemalige Rechtsanwalt Roland Freisler (*1893, †1945).

Kohleförderung unter deutscher Herrschaft im Kohlewirtschaftsjahr 1943/1944
(in Steinkohleneinheiten)

Deutschland in den Grenzen von 1937	249,1 Mio. t	=	57,3 %
angegliederte Gebiete	98,5 Mio. t	=	22,6 %
besetzte Gebiete	84,7 Mio. t	=	19,5 %
Einfuhr	2,4 Mio. t	=	0,6 %
Summe	**434,7 Mio. t**	**=**	**100,0 %**

30. Aug. Gauleiter Gustav Simon (Koblenz-Trier), dem die Verwaltung Luxemburgs übertragen worden ist, verkündet die Einverleibung Luxemburgs in das Reich und den Beginn von Einziehungen. – Ein Generalstreik wird mit Gewalt gebrochen.

1. Okt. Das nördliche, bisher zu Jugoslawien gehörige Slowenien, im April 1941 besetzt und seit dem 17. April 1941 unter deutscher Zivilverwaltung, wird dem Reich einverleibt.

1943 Nach der am 2. Febr. zu Ende gehenden Katastrophe von Stalingrad, für die eine dreitägige Staatstrauer angeordnet wird, sinkt die Stimmung noch tiefer als im Vorwinter und führt in militärischen Kreisen zur Vorbereitung eines Attentats. Die Pläne scheitern jedoch alle, z. T. schon in der Vorbereitung. Zudem macht die auf der Konferenz von Casablanca (14.–26. Jan.) von US-Präsident Roosevelt erhobene Forderung der bedingungslosen Kapitulation (*unconditional surrender*) die Hoffnung zunichte, dass ein ohne Hitler abgeschlossener Waffenstillstand zu besseren Bedingungen führen könne.

19. April–16. Mai »Polizeiaktion« im Warschauer Ghetto. Da sich die verbliebenen 60 000 Bewohner nach dem Abtransport von 300 000 Juden in das Vernichtungslager Treblinka dem Räumungsbefehl Himmlers widersetzen, wird die Räumung in heftigen Häuserkämpfen erzwungen.

12./13. Juli Angeleitet und gefördert von der Sowjetunion bilden in Stalingrad gefangene deutsche Soldaten in Krasnogorsk bei Moskau ein »Nationalkomitee Freies Deutschland«, das die Kampfkraft des deutschen Ostheeres auszuhöhlen sucht und unter den Kriegsgefangenen wirbt.

24. Juli–3. Aug. Zerstörung großer Teile Hamburgs durch alliierte Fliegerangriffe. Berlin, das seit langem, aber bisher noch nicht empfindlich angegriffen worden ist, droht nun das gleiche Schicksal.

6. Aug. Goebbels verkündet, dass die Berliner Bevölkerung soweit wie möglich evakuiert werden soll. Alle Maßnahmen gegen den sich verschärfenden Bombenkrieg erweisen sich jedoch als unzulänglich.

Der 20. Juli 1944 und seine Folgen

Ziel der – ihrer politischen Herkunft nach sehr heterogenen – Verschwörer des 20. Juli 1944 ist es, dem nationalsozialistischen Terrorregime ein Ende zu bereiten, den Rechtsstaat in Deutschland wiederherzustellen und eine Regierung mit Generaloberst Ludwig Beck als Staatsoberhaupt zu bilden, um Verhandlungen mit den Kriegsgegnern zu ermöglichen. Diese gehen auf die dem 20. Juli vorhergehenden Sondierungen nicht ein.

Eine von Oberst Claus Schenk Graf von Stauffenberg (*1907, †1944) am 20. Juli in das Führerhauptquartier gebrachte Bombe tötet mehrere Anwesende, verletzt Hitler, der gleich anschließend den zu Besuch eintreffenden Mussolini empfängt, jedoch nur leicht. Stauffenberg kann noch nach Berlin zurückfliegen, wo die dem Befehlshaber des Ersatzheeres, Generaloberst Fritz Fromm (*1888, †1945), unterstehenden Verbände nur teilweise in Marsch gesetzt worden sind, um die

Übernahme der Regierung zu sichern. Goebbels bewirkt jedoch, dass der mit der Besetzung der Wilhelmstraße beauftragte Major Ernst Remer (*1912, †1997) sich gegen die Widerstandsbewegung entscheidet. Die militärischen Dienststellen in Berlin (Bendlerstraße) werden von Anhängern Hitlers besetzt. Fromm lässt daraufhin General Friedrich Olbricht (*1888), Stauffenberg, Albrecht Mertz von Quirnheim (*1905) und Werner von Haeften (*1908) standrechtlich erschießen. Keitel verhindert telefonisch das Übergreifen der Bewegung auf die Generalkommandos und die besetzten Gebiete (nur in Paris unter General Carl Heinrich von Stülpnagel [*1886, †1944] und in Wien werden vorübergehend Angehörige der SS-Dienststellen verhaftet). Hitler beendet das Gerücht, er sei getötet worden, durch eine Ansprache über den Rundfunk. Um Mitternacht ist der Aufstand niedergeschlagen.

Himmler, der jetzt Oberbefehlshaber des Ersatzheeres ist – Fromm wird anschließend verhaftet und später erschossen –, lässt alle Verdächtigen und deren Angehörige festsetzen. Die Zahl der im Zusammenhang mit dem 20. Juli Verhafteten beträgt rund 7000, die Zahl der Hingerichteten etwa 200. Es zeigt sich, dass der Kreis der unmittelbaren und mittelbaren Mitwisser viel größer ist als zunächst erwartet und selbst leitende Parteimänner (Polizeipräsident Wolf Heinrich Graf von Helldorf [*1896, †1944], SS-Obergruppenführer Arthur Nebe [*1894, †1945]) umfasst; auch ein Regierungsprogramm war vorbereitet. In die vorausgehenden Attentatsversuche wird jedoch nur teilweise hineingeleuchtet.

Der Volksgerichtshof unter Roland Freisler verhängt in einer Reihe von Schau- und Nebenprozessen zahlreiche Todesurteile, die durch Strang und Beil vollzogen werden, u. a. Generalfeldmarschall Erwin von Witzleben (*1881, †1944), die Generale Paul von Hase (*1885, †1944) und Hellmuth Stieff (*1901, †1944) sowie viele andere Offiziere, Beamte wie der ehemalige Staatssekretär Erwin Planck (*1893, †1945), die Botschafter Ulrich von Hassell (*1881, †1944) und Friedrich Werner Graf von der Schulenburg (*1875, †1944), Gesandter Otto Kiep (*1886, †1944) und Legationsrat Adam von Trott zu Solz (*1909, †1944), Politiker wie der als Regierungschef vorgesehene frühere Preiskommissar unter Hitler, Carl Friedrich Goerdeler (*1884, †1945), der frühere preußische Finanzminister Johannes Popitz (*1884, †1945), die Sozialdemokraten Wilhelm Leuschner (*1890, †1945) und Julius Leber (*1891, †1945), eine Reihe Gewerkschaftsführer, Geistliche beider Konfessionen, z. B. Pater Alfred Delp (*1907, †1945) und Dietrich Bonhoeffer (*1906, †1945), sowie mehrere Mitglieder des christlich-konservativen, von Graf Helmuth James von Moltke (*1907, †1945) geleiteten »Kreisauer Kreises«. Durch Selbstmord entziehen sich dem Gericht u. a. die Generalfeldmarschälle Günther von Kluge (18. Aug. 1944; *1882) und Erwin Rommel (14. Okt. 1944; *1891), die vor die Wahl »Gift oder Anklage« gestellt wurden, sowie Generaloberst Ludwig Beck, die Generäle Eduard Wagner (*1894, †1944), Hans Henning von Tresckow (*1901, †1944) und Erich Fellgiebel (*1886, †1944).

Die Aburteilungen ziehen sich vom 7. Aug. 1944 bis April 1945 hin. Noch in den letzten Wochen werden Gefangene umgebracht, u. a. Admiral Wilhelm Canaris (*1887) und General Hans Oster (*1888). Andere entgehen dem Tod, weil ihre Prozesse noch nicht abgeschlossen sind, u. a. die ehemaligen Minister Andreas Hermes (*1878, †1964; Zentrum) und Hjalmar Schacht, Generaloberst Franz Halder sowie der General der Infanterie Alexander von Falkenhausen (*1878, †1966). Freisler wird am 3. Febr. 1945 durch Fliegerbomben getötet. Durch Diffamierung der Verschwörer als »reaktionäre Clique« (Reden von Goebbels, Himmler [3. Aug.] und Ley) wird die Öffentlichkeit über Wesen und Ausmaß des Widerstandes getäuscht.

1944, 25. Sept. Alle waffenfähigen Männer zwischen 16 und 60 Jahren werden zum »Deutschen Volkssturm« aufgerufen, dessen Aufbau und Leitung den Gauleitern übertragen wird. Er wird militärisch Himmler als dem Oberbefehlshaber des Ersatzheeres, im Übrigen Bormann unterstellt. Ohne ausreichende Ausbildung und Ausrüstung werden diese Truppen in den Kampf geworfen, nachdem die deutschen Vorkriegsgrenzen im Osten und Westen vom Gegner erreicht sind. Daran schließen sich weitere Versuche an, die letzten Kräfte und Mittel zu mobilisieren.

1945, Jan. Ein »Volksopfer« für Wehrmacht und Volkssturm bringt noch beträchtliche Bestände an Kleidung zusammen.

30. Jan. Letzte Rundfunkrede Hitlers.

12. Febr. Die deutschen Frauen und Mädchen werden zum Hilfsdienst für den Volkssturm aufgerufen, nachdem schon (seit Jan. 1943) Jungen (in der Endphase auch Mädchen) in den Luftwaffenhelfereinheiten Flakgeschütze bedienen.

5. März Der Jahrgang 1929 wird eingezogen.

19. März Hitler befiehlt, alle für die Alliierten nutzbaren Industrie- und Versorgungsanlagen beim Rückzug zu zerstören. Der »Nero-Befehl« hat aufgrund des Eingreifens von Speer und Feldmarschall Albert Kesselring (*1885, †1960) keine größeren Auswirkungen und wird Anfang April durch den Erlass von Ausführungsbestimmungen unwirksam gemacht.

2. April Bekanntgabe des Bestehens einer den Widerstand hinter den feindlichen Linien fortsetzenden Organisation »Werwolf«, die sich praktisch nicht auswirkt, jedoch die Gegner zu harten Abwehrmaßnahmen veranlasst.

30. April Selbstmord Hitlers in Berlin. Großadmiral Karl Dönitz (*1891, †1980) wird testamentarisch zum Nachfolger bestimmt.

7./9. Mai **Gesamtkapitulation der Wehrmacht.**

23. Mai Die Alliierten lösen die von Dönitz ernannte letzte, geschäftsführende Reichsregierung unter Ludwig Graf Schwerin von Krosigk (*1887, †1977) auf.

| Forts. S. 1451 |

Österreich bzw. Österreich-Ungarn (1804–1945)

Kaiserreich Österreich (1804–1867)

1804, 11. Aug. FRANZ II. (*1768, †1835), seit 1792 Herrscher in Österreich und Römisch-deutscher Kaiser, bildet die Länder der Habsburgermonarchie zu einem Erbkaisertum Österreich um und nimmt den Titel »Kaiser von Österreich« an (als solcher FRANZ I.).

1805 Österreich beteiligt sich am Dritten Koalitionskrieg gegen Kaiser NAPOLEON, muss aber nach dessen Sieg im Frieden von Pressburg (26. Dez.) Venetien, Tirol, Dalmatien und Vorderösterreich abtreten. Als Ausgleich erhält es Salzburg.

1806, 6. Aug. Als Konsequenz aus dem Zusammenbruch des Heiligen Römischen Reichs Deutscher Nation **legt FRANZ I. die römisch-deutsche Kaiserkrone nieder**.

1809 Kriegserklärung Österreichs an Frankreich und Erhebung der Tiroler unter ANDREAS HOFER (*1767, †1810). Er siegt mehrmals am Berg Isel bei Innsbruck, gerät nach dem Friedensschluss in französische Hände und wird 1810 auf Befehl NAPOLEONS in Mantua standrechtlich erschossen.

21. Mai–22. Mai Erzherzog KARL (*1771, †1847) schlägt NAPOLEON bei Aspern und Eßling (zwei Dörfer bei Wien) und besiegt ihn damit zum ersten Mal. Er wird aber vom französischen Kaiser bei Wagram (5./6. Juli) nordöstlich von Wien entscheidend geschlagen.

14. Okt. Im **Frieden von Schönbrunn** tritt Österreich das Innviertel, Salzburg, Westgalizien und die Illyrischen Provinzen (u. a. Slowenien, Istrien, Dalmatien) ab und wird damit zum Binnenstaat.
Wenige Tage vor dem Friedensschluss wird **KLEMENS VON METTERNICH** (*1773, †1859) Außenminister. Fast 40 Jahre lang bestimmt er maßgebend die Geschicke Österreichs und dann Europas.

1810 Die Heirat der ältesten Kaisertochter MARIE LOUISE (*1791, †1847) mit NAPOLEON dient der von METTERNICH betriebenen Aussöhnung mit Frankreich.

1811 Verkündung des Staatsbankrotts, finanzieller Kriegslasten und Kriegsfolgen.

1813 In den Befreiungskriegen schließt sich Österreich nach anfänglicher Zurückhaltung den Verbündeten gegen NAPOLEON an. Der österreichische Oberkommandierende Fürst KARL PHILIPP ZU SCHWARZENBERG (*1771, †1820) wird Oberkommandierender aller verbündeten Truppen.

1814–1815 Nach dem Sieg über NAPOLEON verzichtet Österreich auf dem **Wiener Kongress** (auf dem METTERNICH als Präsident eine führende Rolle spielt) endgültig auf die südlichen Niederlande (das heutige Belgien) und Vorderösterreich (Breisgau etc.; außer Vorarlberg), erhält aber den übrigen verlorenen Besitz einschließlich der Lombardei und Venetien zurück. Damit wird die Habsburgermonarchie ein territorial in sich abgeschlossener Staat. Er ist weniger als bisher mit Deutschland verklammert und stärker nach Südosten orientiert (»Donaumonarchie«). Der auf dem Kongress geschaffene Deutsche Bund steht aber unter österreichischer Leitung.
In der Folgezeit wirkt METTERNICH (seit 1821 Staatskanzler) in seiner Außen- und Innenpolitik für die Erhaltung der Grenzen sowie der monarchischen Ordnung in Europa. Er bekämpft deshalb alle liberalen, nationalen und sozialen Bewegungen.

ab 1830 Durch den **industriellen Aufschwung** wachsen Arbeiterschaft und Unternehmertum. Es entstehen soziale Probleme (Pauperismus) und Spannungen, zunehmend verschärft durch die Nationalitätenfrage.

1833 Wirtschaftlicher Zusammenschluss der meisten deutschen Staaten ohne Österreich im Deutschen Zollverein unter preußischer Führung.

1835 Nach dem Tod von Kaiser FRANZ I. folgt FERDINAND I. (*1793, †1875), der wegen Kränklichkeit und Geistesschwäche die Herrschaft ganz der Geheimen Staatskonferenz überlässt. Sie kann aufgrund innerer Gegensätze nicht angemessen auf die politisch-gesellschaftlichen Probleme reagieren.

1846 Nach einem nationalpolnischen Aufstand verleibt sich Österreich den Freistaat Krakau ein.

1848 Die große Teile Europas erfassende **Revolution** erschüttert den österreichischen Staat.

13.–15. März Aufstand in Wien. METTERNICH tritt zurück und verlässt Österreich.

16. März In Ungarn, wo v. a. der magyarische Kleinadel Träger des erwachenden Nationalbewusstseins ist, fordert LAJOS KOSSUTH (*1802, †1894) eine eigene ungarische Regierung.

18. März Beginn der Erhebung der Italiener Österreichs gegen Wien, denen sich das Königreich Sardinien anschließt.

22. März **Bildung eines ungarischen Kabinetts** unter LAJOS GRAF VON BATTHYÁNJ (*1806, †1849), dem neben dem revolutionär-demokratischen Finanzminister KOSSUTH (eigentliches Haupt der Regierung) auch konservative Politiker angehören.
Der Widerstand der slawischen Bevölkerung und der Nebenländer der Krone Ungarns (Kroatien, Siebenbürgen) gegen die magyarischen Ansprüche, ihre Forderung nach politischer Gleichberechtigung, werden vom Wiener Hof unterstützt.

25. April Pillersdorfsche Verfassung, benannt nach dem Innenminister FRANZ FREIHERR VON PILLERSDORF (*1786, †1862).

15. Mai Erneuter Aufstand in Wien, der die Einberufung eines österreichischen Reichstags erzwingt (am 22. Juli eröffnet).

15./16. Mai Sturmpetition der Arbeiter und Studenten gegen die pillersdorfsche Verfassung.

17. Mai Kaiser FERDINAND I. geht nach Innsbruck.

2.–12. Juni Der **Prager Slawenkongress** beschließt unter Leitung von FRANTIŠEK PALACKÝ (*1798, †1876) ein Manifest, das die Umformung der Habsburgermonarchie »in einen Bund von gleichberechtigten Völkern« wünscht.

16. Juni Den Pfingstaufstand der tschechischen Radikalen schlägt ALFRED FÜRST ZU WINDISCHGRÄTZ (*1787, †1862) nieder.

25. Juli Der österreichische Oberbefehlshaber in Oberitalien JOSEF WENZEL GRAF RADETZKY (*1766, †1858) schlägt die Italiener bei Custozza (südöstlich vom Gardasee).

Aug. Nach gewonnener Schlacht schließt Österreich einen Waffenstillstand mit Sardinien.

12. Aug. Kaiser FERDINAND I. kehrt auf Wunsch des Reichstags nach Wien zurück.

21.–23. Aug. Praterschlacht der Wiener Bürger gegen Arbeiter, die gegen Lohnkürzungen protestieren.

6. Okt. Dritter allgemeiner Aufstand in Wien mit Barrikadenkämpfen. Kaiser FERDINAND I. begibt sich nach Olmütz (Nordmähren). Ein Wiener Bataillon weigert sich nach Ungarn zu ziehen; in den Tumulten wird der Kriegsminister gelyncht.

31. Okt. Nach achttägigen heftigen Kämpfen nehmen kaiserliche Truppen unter WINDISCHGRÄTZ und dem Ban JOSEPH GRAF JELAČIĆ (*1801, †1859) Wien ein; WINDISCHGRÄTZ verhängt das Standrecht.

9. Nov. Die gefangenen Führer des Aufstandes, darunter ROBERT BLUM (*1804), Mitglied der Frankfurter Nationalversammlung, werden erschossen.

21. Nov. FELIX FÜRST ZU SCHWARZENBERG (*1800, †1852) wird Ministerpräsident. Sein Programm (27. Nov.) ist eine Absage an den Frankfurter Verfassungsentwurf.

22. Nov. Der nach Kremsier in Mähren verlegte Reichstag wird wieder eröffnet.

2. Dez. Kaiser FERDINAND I. dankt ab. Ihm folgt sein Neffe FRANZ JOSEPH I. (*1830, †1916).
Der von FERDINAND I. aufgelöste ungarische Reichstag, der sich aber für unauflösbar erklärt hat, erkennt den Thronwechsel nicht an. Das führt zum **Ungarischen Freiheitskrieg**, in dem mit wechselnden Erfolgen gekämpft wird.

1849, 4. März Der Reichstag von Kremsier wird aufgelöst und eine Verfassung oktroyiert, die die Erhaltung des österreichischen Gesamtstaats voraussetzt. Sie wird 1851 wieder aufgehoben.

21./23. März Das Königreich Sardinien wird nach Kündigung des Waffenstillstands bei Mortara (südwestlich von Pavia) und Novara (westlich von Mailand) von RADETZKY vernichtend geschlagen.

14. April Als Antwort auf die oktroyierte Verfassung erklärt der ungarische Reichstag das Haus Habsburg-Lothringen in Ungarn für abgesetzt und ruft die Republik aus.

Juni/Juli KOSSUTH, seit Sept. 1848 Ministerpräsident, wird zum Reichsverweser gewählt. Mit russischer Hilfe gelingt den Österreichern die Niederschlagung des ungarischen Aufstands.

13. Aug. Die ungarische Armee kapituliert bei Világos vor den Russen (bewusst nicht vor den Österreichern). KOSSUTH kann fliehen. Die Österreicher verhängen über die Aufständischen ein blutiges Strafgericht (Blutgericht von Arad).

1850, 29. Nov. Nach der Niederwerfung der Revolution stellt FELIX FÜRST ZU SCHWARZENBERG die Vormacht Österreichs im Deutschen Bund wieder her und zwingt Preußen im Vertrag von Olmütz zur Aufgabe seiner deutschen Unionspolitik.

1851/52 Mit dem Silvesterpatent wird eine **neoabsolutistische Regierungsweise** eingerichtet.

Die reaktionäre Regierungspolitik der folgenden Jahre bestimmt nach dem Tod SCHWARZENBERGS (1852) Kaiser FRANZ JOSEPH I. selbst. Innenminister ist 1849–59 ALEXANDER FREIHERR VON BACH (*1813, †1893), Verfechter einer absolutistischen und zentralistischen Politik. Die meisten Errungenschaften von 1848/49 werden revidiert, was bleibt, ist die Bauernbefreiung. Reformen sind nur im Sinne obrigkeitsstaatlicher Modernisierung und zur Wirtschaftsförderung. Ziel ist die Wiedergewinnung der Großmachtposition, wodurch sich das Nationalitätenproblem jedoch verschärft.

1853–56 Die österreichische Politik im **Krimkrieg** zerstört die Freundschaft mit Russland und isoliert das Land außenpolitisch.

1855, 18. Aug. Abschluss eines Konkordats mit dem Heiligen Stuhl, in dem das »Bündnis von Thron und Altar« bekräftigt wird.

1859/60 Nach der Niederlage im **Italienischen Einigungskrieg** (Schlachten bei Magenta und Solferino, Juni 1859) verliert Österreich die Lombardei (Friede von Zürich, Nov. 1859) und muss das absolutistisch-zentralistische Herrschaftssystem aufgeben.

1860, 21. Okt. Im Zuge dessen wird das Oktoberdiplom, eine der Autonomie der Kronländer Rechnung tragende Verfassung, erlassen.

1861, 21. Febr. Das Oktoberdiplom wird bald durch das Februarpatent ersetzt, eine zentralistisch-liberale Verfassung mit starker Betonung der Gemeindeautonomie. Auch dieses Verfassungsexperiment stößt in Ungarn auf Ablehnung. Exponent des neuen Kurses ist Ministerpräsident (1860–1865) ANTON RITTER VON SCHMERLING (*1805, †1893; 1848 Reichsministerpräsident in Frankfurt a. M.).

1863 Der letzte Versuch, Österreichs Führung in Deutschland zu erhalten, scheitert auf dem zum Zweck einer Bundesreform von Kaiser FRANZ JOSEPH einberufenen Fürstentag in Frankfurt a. M. am Widerstand Preußens.

1866 Im Krieg der Habsburgermonarchie gegen Preußen und Italien bleibt Frankreich neutral und erhält dafür Venetien, das es an Italien weitergibt. Durch die Niederlage gegen Preußen in Königgrätz (Hradec Kralové, Tschechische Republik) wird Österreich aus der deutschen Einigung ausgeschlossen.

1867 Die Niederlage führt auch zur Umgestaltung des Reiches in die **Doppelmonarchie Österreich-Ungarn** durch den sog. Ausgleich, dem im Febr. 1867 die Bildung eines konstitutionellen ungarischen Ministeriums vorausgeht.

Der österreichisch-ungarische Ausgleich

Die in Personalunion verbundenen beiden selbstständigen, konstitutionellen Monarchien Österreich (Zisleithanien: »Die im Reichsrat vertretenen Königreiche und Länder«) und Ungarn (Transleithanien: »Die Länder der ungarischen Krone«) mit je einem eigenen Reichsrat bzw. Reichstag haben nur das Heer, die auswärtige Politik und die Finanzen gemeinsam, die drei gemeinsamen »kaiserliche und königliche« (k. u. k.) Ministerien. Zur Beschlussfassung über die gemeinsamen Angelegenheiten treten jährlich abwechselnd in Wien und Budapest getrennt tagende Delegationen aus den beiden Reichsparlamenten zusammen (österreichischer Reichsrat, ungarischer Reichstag). Die Kosten der gemeinsamen Angelegenheiten werden auf beide Reichshälften verteilt nach einer (für Ungarn günstigen) Quote (70:30, dann 63,6:36,4), über die alle zehn Jahre neue Ausgleichsverhandlungen stattfinden. Jede der beiden Reichshälften hat für ihre eigenen Angelegenheiten (»kaiserlich königlich« [k. k.] bzw. »königlich« [k.]) eine eigene Regierung mit Ressortministern. Der Ausgleich festigt zwar die Verfassungslage der Donaumonarchie, bewirkt aber bei Deutschen, Ungarn und Slawen eine zunehmende Unzufriedenheit und in der österreichischen Reichshälfte wachsende Instabilität.

Österreich-Ungarn (1867–1918)

Auf der 1867 geschaffenen Grundlage besteht die Verfassung der Habsburgermonarchie bis zu ihrem Ende. Dabei wird es immer dringender, die vielfältigen Nationalitätenprobleme und die politisch-sozialen Fragen im Zusammenhang mit der Industrialisierung zumindest der westlichen Reichshälfte mit der Verfassung in Einklang zu bringen. Der Zusammenhalt der vielgestaltigen Doppelmonarchie beruht mehr und mehr vornehmlich auf der Person des Kaisers und Königs. FRANZ JOSEPH I., der mit eisernem Pflichtbewusstsein herrscht, wird zwar einerseits zu einer Symbolgestalt der Einheit des Staates, andererseits verhindern seine zunehmende bürokratische Versteinerung, seine reaktionäre Haltung und die Ablehnung weiterer Zugeständnisse an andere Nationalitäten der Habsburgermonarchie eine föderalistische Entwicklung.

Entwicklung der beiden Reichshälften

Der österreichisch-ungarische Ausgleich von 1867 führt zu einem umwälzenden Strukturwandel der Habsburgermonarchie. Dabei vollzieht sich die Entwicklung in beiden Reichshälften in beinahe entgegen gesetzten Bahnen. Die Richtung wird durch die unterschiedliche staatspolitische Vergangenheit bestimmt.

Der österreichischen Reichshälfte bringt die **Dezemberverfassung** (1867) die endgültige Einführung des konstitutionellen Regierungssystems, verbunden mit liberalen Grundrechten. Zu dem Toleranz versprechenden

Die Nationalitäten in Österreich-Ungarn

Nationalitätengesetz in Ungarn (1868) im Widerspruch steht eine scharfe **Magyarisierungspolitik**. Der Ungarisch-Kroatische Ausgleich von 1868 mit dem autonomen Kroatien sichert im ungarischen Reichsteil die magyarische Vorherrschaft bei Verstärkung ungarisch-slawischer Spannungen.

Für Ungarn bedeutet der Ausgleich den Sieg der Idee des Einheitsstaates. Die ungarische Führungsschicht verbindet diese in einer langen historischen Tradition stehende Idee mit dem Ideal des Nationalstaates westeuropäisch-französischer Prägung und mit einem doktrinären Liberalismus. Das staatsrechtliche Verhältnis zu Österreich gilt als die Lebensfrage der Nation. Im Budapester Parlament wird 50 Jahre hindurch in der Hauptsache um die Auslegung oder Weiterentwicklung des Ausgleichs gerungen. Anhänger und Gegner des Ausgleichs stehen sich in beständiger Polarität gegenüber. Die von den Parteien des Ausgleichs gestellten Regierungen besitzen fast 40 Jahre hindurch eine sichere Mehrheit. Sie müssen stets nach zwei Seiten agieren: Auf der einen Seite gilt es, den Ausgleich gegen die »nationale« Opposition zu verteidigen, und auf der anderen Seite müssen unter dem Druck der öffentlichen Meinung bei den alle zehn Jahre anstehenden Ausgleichsverhandlungen immer wieder »nationale Forderungen« gestellt werden. Die Oppositionsparteien wenden als schärfste Waffe die Obstruktion an, da sie keine Alternative zur Regierungspraktik bieten können.

Die Nationalitätenprobleme

Die wichtigsten Nationalitätenprobleme sind in der ungarischen Reichshälfte:

1) Rumänische Frage in Siebenbürgen: Vornehmlich bei den ca. 3,5 Mio. unter dem Magyarisierungsdruck stehenden Rumänen in Ungarn entwickelt sich das rumänische Nationalbewusstsein. 2) Kroatischer Widerstand gegen die Magyarisierungspolitik: An die Stelle des kroatisch-serbischen Gegensatzes tritt nach 1900 mehr und mehr eine südslawische Gemeinsamkeit gegen Ungarn. 3) Widerstand der langsam zu einem nationalen Solidaritätsbewusstsein zusammenwachsenden verschiedenen Gruppen von eingesessenen Deutschen (in der ungarischen Reichshälfte rund zwei Mio.) gegen die Entnationalisierungsbestrebungen.

In der österreichischen Reichshälfte am wichtigsten: 4) Böhmische Frage: Der deutsch-tschechische Nationalitätenkampf erhält seine besondere Schärfe durch die Umprägung der Idee des »böhmischen Staatsrechts« ins Nationalstaatliche, durch das wirtschaftliche Empordrängen des tschechischen Bürgertums und durch das Festhalten der Wiener Regierung am Zentralismus. 1871 scheitert das tschechische Verlangen nach einem Ausgleich, der dem ungarischen entspricht. In den 80er-Jahren geht die böhmische Landtagsmehrheit an die Tschechen über. 1869 wird die Technische Hochschule, 1882 die Universität Prag, in eine deutsche und eine tschechische Abteilung geteilt. 5) Die italienischen Autonomiebestrebungen und die auf die Vereinigung Südtirols und Triests mit Italien gerichtete Irredenta-Losung. 6) Der polnisch-ruthenische Gegensatz in Galizien.

1867–1870 Das Bürgerministerium unter Carlos Auersperg (*1814, †1890) der österreichischen Reichshälfte ist deutsch-zentralistisch orientiert und kämpft gegen das Konkordat von 1855 (Kulturkampf).
Außenpolitisch versucht Österreich-Ungarn unter seinem Außenminister Friedrich Ferdinand (Graf) von Beust (*1809, †1886, 1867–1871) mehrmals durch Annäherung an Frankreich und Italien, die deutsche Reichsgründung zu verhindern, scheitert aber am ungarischen Widerstand (Außenminister 1871–1879 Julius Graf Andrássy; *1823, †1890) und russischen Drohungen. Nach dem Fehlschlagen der Revanchepolitik gegen Preußen wird für Österreich-Ungarn das Verhältnis zu Russland am wichtigsten, mit dem sich seine Balkaninteressen kreuzen.

1868 Mithilfe der deutsch-liberalen Mehrheit im Reichsrat werden die österreichischen Maigesetze über Ehe, Schule und interkonfessionelle Fragen erlassen. Papst Pius IX. sieht diese Gesetze im Widerspruch zum Konkordat von 1855.
In Ungarn Gründung des Allgemeinen Arbeitervereins und Bildung der oppositionellen, an 1848 anknüpfenden Unabhängigkeitspartei.
Um den nationalen Souveränitätsanspruch Ungarns zu befriedigen, wird eine kleine Heimatarmee, die Honvéd, aufgestellt.

1869 Die Situation verschärft sich durch das Reichsvolksschulgesetz (interkonfessionelle, achtjährige staatliche Schule).

1870 In Zisleithanien scheitert das föderalistisch-konservative Kabinett des Grafen Karl von Hohenwar (*1824, †1899).
Das Konkordat wird als Reaktion auf das Unfehlbarkeitsdogma des Papstes gekündigt.

1871 Demonstration in Pest für die Pariser Kommune.

1871–1879 Das liberale Kabinett des Fürsten Adolf Auersperg (*1821, †1885) beendet den Kulturkampf und führt eine rechtsstaatliche Justizreform durch.

1873 Einführung der Direktwahl des Reichsrats unter hohem Zensus (nur 6 % der Bevölkerung wahlberechtigt).
Eröffnung der Wiener Weltausstellung (1. Mai). Sie demonstriert den wirtschaftlichen Aufschwung Österreich-Ungarns seit 1867, der mit dem Wiener Börsenkrach (9. Mai) endet und durch den das Ansehen der »Parteien von 1867« schwer erschüttert wird.

1875 Zur Meisterung der sich in der Folgezeit entwickelnden gefährlichen Situation vereinigt Graf Kálmán Tisza (*1830, †1902), Hauptführer der gemäßigteren nationalen Opposition, seine Anhänger mit dem Rest der liberalen Reformpartei von Ferencz Deák (*1803, †1876) zur Liberalen Partei, die den Ausgleich bejaht.
Sie bleibt anschließend über 30 Jahre an der Regierung, zunächst (bis 1890) mit Tisza als Ministerpräsident. Dieser kann sich durchsetzen, wendet dabei aber oft fragwürdige Mittel an (Einschränkung des Stimmrechts, gelenkte Wahlen, ungleichmäßige Festsetzung der Wahlkreise). Gleichzeitig betreibt er eine energische Magyarisierungspolitik.

1877/1878 Auf die Dreikaiserpolitik (seit 1873) folgt im Zusammenhang mit dem Russisch-Türkischen Vorfrieden von San Stefano eine schwere Krise der Beziehungen zu Russland, die durch den Berliner Kongress insofern ihre Schärfe verliert, als sich die russische Missstimmung seitdem vornehmlich gegen Deutschland richtet.

1878 Die bisher osmanischen Provinzen **Bosnien und Herzegowina** werden gemäß Art. 25 des Berliner Kongressvertrags von Österreich-Ungarn **besetzt** und in Verwaltung genommen. Die Monarchie strebt danach, die Okkupation in eine Annexion zu verwandeln.

1879, 15. Febr. Als Folge der Okkupation tritt die Regierung von Fürst Adolf Auersperg zurück, da die Deutsch-Liberalen die Annexion ablehnen. Ende der deutsch-liberalen Ära.

12. Aug. Die österreichische Regierung (bis 1893) des Grafen Eduard Taaffe (*1833, †1895) stützt sich auf den »Eisernen Ring« einer antiliberalen, polnisch-tschechischen Reichsratsmehrheit.

7. Okt. Verteidigungsbündnis mit dem Deutschen Reich (Zweibund) gegen Russland. Auf österreichisch-ungarischer Seite ist Graf Andrássy führend.

1881 Das Neutralitätsabkommen mit Deutschland und Russland von 1873 (Dreikaiservertrag) wird 1881 in erweiterter Form erneuert und 1884 noch einmal für drei Jahre verlängert. Es verliert jedoch seine Grundlage, als sich der Gegensatz zu Russland 1885 in der bulgarischen Krise, ausgelöst durch die Konflikte um die Vorherrschaft auf dem Balkan, wieder offen zeigt.

1882 Ausgehend von Linzer Programm der Liberalen entwickeln sich in den 1880er-Jahren drei Massenparteien in der westlichen Reichshälfte. Die Sozialdemokraten als marxistische Arbeiterpartei, die unter Viktor Adler (*1852, †1918) am Hainfelder Parteitag 1888/89 geeint werden, die antiliberale Christlichsoziale Partei des Kleinbürgertums und der Bauern unter Karl Lueger (*1844, †1910) sowie die Deutschnationalen unter Georg Ritter von Schönerer (*1842, †1921). Die beiden bürgerlichen Parteien sind stark antisemitisch orientiert.

Die Regierung Taaffe erweitert das Wahlrecht auf den gewerblichen Mittelstand. In Wien wird der Dreibund zwischen Österreich-Ungarn, dem Deutschen Reich und Italien unterzeichnet.

1883 Österreich-Ungarn schließt ein geheimes Verteidigungsbündnis mit Rumänien, dem das Deutsche Reich beitritt. In Zisleithanien wird die Gewerbeordnung zur Milderung sozialer Spannungen novelliert.

1887 Österreich-Ungarn verbürgt im **Orient-Dreibund** mit Großbritannien und Italien den Besitzstand des Osmanischen Reiches gegen einen russischen Angriff. Der Dreibundvertrag wird mit dem Zugeständnis verlängert, dass Österreich-Ungarn seinen Machtbereich auf dem Balkan nicht ohne vorherige Verständigung mit Italien ausdehnen wird.

1889 Der einzige Sohn des Kaisers, Kronprinz Erzherzog Rudolf (*1858), verübt Selbstmord. Neuer Thronfolger ist der Bruder des Kaisers, Erzherzog Karl Ludwig (*1833, †1896).

1890 Deutsch-tschechische Ausgleichsverhandlungen scheitern an den Jungtschechen.

1893 Sturz des Kabinetts des Grafen Taaffe beim Versuch, zum allgemeinen Wahlrecht überzugehen.

1895 Kongress der ungarländischen Nationalitäten.

1896 Nach dem Tod Karl Ludwigs folgt ihm dessen Sohn Franz Ferdinand (*1863, †1914) als Thronfolger, der infolge unebenbürtiger Heirat mit Gräfin Sophie Chotek (*1868, †1914) 1900 zum Verzicht auf die Thronfolge etwaiger Kinder aus dieser Ehe gezwungen wird. Ungarn setzt bei dieser Gelegenheit die einseitige Kündbarkeit des österreichisch-ungarischen Rechtsverbandes durch.

Franz Ferdinand sammelt einen Kreis von Politikern verschiedener Nationalitäten um sich und entwickelt mit den Jahren ein politisches Programm, das die Sprengung des Dualismus und die Brechung der ungarischen Vorherrschaft durch den **Trialismus** vorsieht (Errichtung eines großkroatischen Staates, um die südslawische Frage im Gegensatz zu großserbischen Plänen im Rahmen der Donaumonarchie zu lösen).

1897 **Badeni-Krise**: Die Regierung des polnischen Grafen Kasimir Felix Badeni (*1846, †1909; Ministerpräsident Zisleithaniens seit 1895) erlässt am 5. April 1897 Sprachverordnungen für das Königreich Böhmen (Gleichberechtigung der tschechischen mit der deutschen Landessprache), die die Mehrheit des Wiener Reichsrats tragen. Dagegen obstruieren die deutschen Abgeordneten im Reichsrat; es kommt zu Demonstrationen und Ausschreitungen, v. a. in Wien und Graz. Rücktritt Badenis.

Die Krise belastet das Verhältnis zwischen Deutschen und Tschechen schwer. Der auf alle gesellschaftlichen Bereiche übergreifende Nationalitätenkonflikt verhärtet sich dauerhaft. Das Regieren mit dem Notstandsparagrafen durch die Spitzen der Bürokratie kennzeichnen von nun an die Situation im österreichischen Reichsteil.

Jahrtausendfeier der ungarischen Landnahme.

1897–1910 Kommunale Reformen des Wiener Bürgermeisters Karl Lueger.

1898, 10. Sept. Kaiserin Elisabeth (Sisi) (*1837) wird in Genf von einem italienischen Anarchisten ermordet.

1899 Aufhebung der Sprachverordnungen Badenis. **Nationalitätenprogramm** der (1888/89 gegründeten) Sozialdemokratischen Partei auf dem Gesamtparteitag in Brünn mit der Forderung, Österreich in einen »demokratischen Nationalitätenstaat« umzuwandeln. Den Zusammenhang von Reichserhaltung und demokratisch-nationaler Reformpolitik propagieren die Parteiführer Viktor Adler und Karl Renner (*1870, †1950).

1900–1904 Das österreichische Kabinett Ernst von Koerber (*1850, †1919) versucht vergeblich, die Nationalitäten Zisleithaniens durch ein weit gespanntes Wirtschaftsprogramm zu integrieren.

ab 1903 Graf István Tisza (*1861, †1918; ungarischer Ministerpräsident 1903–1905 und 1913–1917, Sohn Kálmán Tiszas) will die nationalungarische Machtstellung gegen die trialistischen Bestrebungen sichern. In wachsendem Maße werden die ungarische Magyarisierungspolitik und der Budapester Einfluss auf die österreichisch-ungarische Politik zum gesamtstaatlichen Desintegrationsfaktor und zur außenpolitischen Gefährdung der Donaumonarchie.

1905 Die darauf folgenden Spannungen veranlassen Ministerpräsident Graf István Tisza das Parlament aufzulösen und Neuwahlen abzuhalten. Die Niederlage der bisher regierenden Liberalen Partei führt zu einer Staatskrise.

Mährischer Ausgleich mit einer vorbildlichen Regelung der Sprachen- und Nationalitätenfrage in Mähren: Deutsche und Tschechen wählen in den Landtag eine feststehende Zahl von Abgeordneten ihrer Nationalität in national getrennten Kurien. Die Gemeindevertretungen bestimmen selbst über ihre Amtssprache, müssen aber auch Eingaben, die in anderen Landessprachen abgefasst sind, annehmen und unter bestimmten Voraussetzungen (wenn die Minderheit mindestens ein Fünftel der Einwohnerzahl ausmacht) in dieser Sprache erledigen. Die Schulverwaltung wird durchgehend national getrennt.

1906 In der österreichischen Reichshälfte wird nach mehreren vorangegangenen Wahlrechtsreformen für die Reichsratswahlen das allgemeine, gleiche, direkte und geheime Wahlrecht eingeführt. In Ungarn gilt dagegen weiterhin das Zensuswahlrecht, das die Herrschaft der magyarischen Herrenschicht sichert.

Das österreichische Kabinett des Freiherrn Max Wladimir von Beck (*1854, †1943) beabsichtigt, durch eine Demokratisierung die neuen Massenparteien an den Staat heranzuführen und diesen so auf eine breitere Grundlage zu stellen.

In Ungarn bildet sich eine Koalition der Unabhängigkeitspartei und der ihr nahe stehenden politischen Gruppen. Kaiser Franz Joseph I. lehnt jedoch den größten Teil des Regierungsprogramms ab und zwingt die Koalition, auf der Grundlage des Ausgleichs von 1867 zu regieren.

1907 Erste Wahlen zum österreichischen Reichsrat nach dem neuen Wahlrecht verändern das parlamentarische Kräfteverhältnis zugunsten der Massenparteien: 96 Abgeordnete für die Christlichsoziale Partei, 87 Sozialdemokraten (davon 50 deutscher Nationalität), 90 Deutschnational bzw. Deutschliberale.

1908 Nach Vereinbarung mit dem russischen Außenminister, dem der österreichisch-ungarische Außenminister Alois Freiherr von Aehrenthal (*1854, †1912) dafür eine Zustimmung zur Öffnung der Dardanellen für russische Kriegsschiffe verspricht, erklärt Österreich-Ungarn die **Annexion von Bosnien und der Herzegowina**, die ein Schritt zur Verwirklichung des Trialismus – d. h. der Einigung der Südslawen unter der Herrschaft der Donaumonarchie – sein soll.

1909 Da Russland seine Meerengenpläne wegen britischen Einspruchs nicht durchsetzen kann, macht die rechtliche Anerkennung der Annexion durch die anderen Staaten Schwierigkeiten und wird in der **Annexionskrise** nur dank deutscher Unterstützung erreicht.

Österreich-Ungarn 1867–1918

1908–1914 Sprachen- und Machtkampf zwischen Tschechen und Deutschen in Böhmen und im Wiener Reichsrat. Führer der Jungtschechen ist Karl Kramář (*1860, †1937). Sein Ziel ist die Föderalisierung des Reiches zugunsten der tschechischen Dominanz in Böhmen und Mähren und deren Vereinigung mit der Slowakei, die Teil der ungarischen Reichshälfte ist.

1910 Sprachlicher Ausgleich in der Bukowina nach dem Muster Mährens.

Die Koalition erleidet bei den Wahlen in Ungarn eine schwere Niederlage. István Tisza, der die Liberale Partei aufgelöst hat, reorganisiert seine Anhänger in der Nationalen Arbeiterpartei, die die Regierung übernimmt.

Die ungarischen Industriearbeiter, deren Zahl durch die Industrialisierung schnell zugenommen hat, demonstrieren mehrfach für das allgemeine Wahlrecht.

1912 In Ungarn rufen die Industriearbeiter den Generalstreik aus.

1913 Scheitern des Deutsch-Tschechischen Ausgleichs. István Tisza erneut Ministerpräsident (bis 1917).

1914 Wegen dieses Scheiterns erneute tschechische Obstruktion im Reichsrat, der vertagt wird; Notstandsregierung in Zisleithanien.

In Galizien sichert ein Wahlgesetzt die Vertretung der ruthenischen Minderheit im Landtag.

28. Juni Der **Thronfolger Erzherzog Franz Ferdinand**, Träger des trialistischen Reformprogramms, wird zusammen mit seiner Gemahlin in Sarajevo (Bosnien) von großserbischen Nationalisten **ermordet**.

23. Juli Ultimatum an Serbien, fünf Tage später gefolgt von der Kriegserklärung.

Österreich-Ungarn im Ersten Weltkrieg (1914–1918)

Die Kriegsführung Österreich-Ungarns wird durch die dualistische Verfassung (magyarische Sonderwünsche), die geringere Ausschöpfung der Wehrkraft als bei den übrigen Großmächten und die Vielsprachigkeit im Heer (25 % deutsch, 17 % magyarisch, 58 % andere, darunter 17 % tschechisch) gehemmt. Umso höher ist die militärische Leistung des k. u. k.-Heeres im Weltkrieg zu beurteilen. Innenpolitisch herrscht eine streng obrigkeitliche Regierung mithilfe des § 14 (Notverordnungsparagraf) und des Ausnahmezustandes. In Ungarn besteht die parlamentarische Regierungsform unter tatsächlicher Herrschaft von Ministerpräsident Graf István Tisza fort. Dieser lehnt nach der Ermordung des Thronfolgers Franz Ferdinand den Krieg gegen Serbien ab, muss sich aber der Entscheidung des Kronrats beugen.

1916, 21. Okt. Der österreichische Ministerpräsident Karl Reichsgraf von Stürgkh (*1859) wird ermordet. Nachfolger ist Ernst von Koerber (*1850, †1919).

21. Nov. Kaiser **Franz Joseph I. stirbt**. Nachfolger wird sein Großneffe Karl I. (*1887, †1922).

14. Dez. Rücktritt des Ministeriums Koerber. Heinrich Graf von Clam-Martinic (*1863, †1962) bildet am 20. Dez. ein neues Kabinett, Graf Ottokar von Czernin (*1872, †1932) wird Außenminister.

Zerfall von Österreich-Ungarn nach dem Ersten Weltkrieg

1917 Einberufung des Abgeordnetenhauses in Wien nach dreijähriger Pause.

24. März Kaiser Karl I. macht über seinen Schwager Sixtus von Bourbon-Parma (*1886, †1934) ein Angebot für einen Separatfrieden. Als das Dokument von den Franzosen veröffentlich wird, kommt es zu Konflikten mit dem Deutschen Reich (Sixtus-Affäre).

30. April Karl I. versucht ein Sonderfrieden mit der gegnerischen Entente zu erreichen. Er hofft, die Monarchie vor dem Zerfall retten zu können und plant eine Föderation mit nationalen Autonomien.

23. Mai Der ungarische Ministerpräsident Graf Tisza tritt zurück. Sein Nachfolger wird Moritz Graf Esterházy (*1881, †1960).

23. Juni Ministerpräsident Graf von Clam-Martinic in Österreich tritt zurück. Das Nachfolgekabinett unter Ernst von Seidler (*1862, †1931) ist bis Juli 1918 im Amt.

21. Aug. Erneuter Regierungswechsel in Ungarn: Neuer Ministerpräsident bis Okt. 1918 wird Sándor Wekerle (*1848, †1921). | Fort. S. 1155 |

1918, April Der österreichische Außenminister Graf Ottokar von Czernin wird ersetzt durch Graf Stefan Burián (*1851, †1922), der bis 25. Okt. 1918 im Amt bleibt.

10. April Nationalitätenkongress von Völkern der Doppelmonarchie in Rom. Tschechen, Südslawen, Rumänen und Polen fordern das Selbstbestimmungsrecht.

30. Juni Italien und Frankreich erkennen die Selbstständigkeit der Tschechoslowakei an. Großbritannien folgt diesem Schritt am 13. Aug., die USA am 3. Sept. | Fort. S. 1152 |

Republik Österreich (1918–1938/45)

1918, 30. Okt. Zweite Sitzung der deutsch-österreichischen provisorischen Nationalversammlung. Note an Präsident Wilson, in der die **Gründung Deutschösterreichs** aufgrund des Selbstbestimmungsrechts mitgeteilt wird.

12. Nov. Kaiser Karl verzichtet zwar am 11. Nov. auf die Regierungsgeschäfte, ohne aber formell abzudanken. Die deutschen Abgeordneten der Monarchie rufen in Wien die Republik »Deutschösterreich« aus, die einen **Bestandteil der Deutschen Republik** bilden soll.

13. Nov. Die Deutschen in Böhmen und Mähren erklären gleichfalls den Anschluss.

22. Nov. Gesetz über Umfang, Grenzen und Beziehungen des Staatsgebietes von Deutschösterreich: Danach umfasst Deutschösterreich (als Teil des Deutschen Reiches) aufgrund des Selbstbestimmungsrechts »das geschlossene Siedlungsgebiet der Deutschen innerhalb der bisher im Reichsrat vertretenen Königreiche und Länder«, d. h. die Alpenländer, Österreich und die deutschbesiedelten Gebiete von Böhmen, Mähren und Schlesien.

1919, 16. Febr. Bei den Wahlen zum konstituierenden Parlament erhalten die Sozialdemokraten 72, die Christlichsozialen 61 und die Großdeutschen 26 Sitze.

14. März Das Parlament nimmt eine Verfassung an und erklärt Deutschösterreich als Bestandteil des Deutschen Reiches. – Der Sozialdemokrat **Karl Renner**, Staatskanzler seit Okt. 1918, führt eine Regierungskoalition von Sozialdemokraten und Christlichsozialen. Nach den Wahlen werden die seit 1918 bestehenden Arbeiterräte politisch aktiv.

1. März Konferenz der Arbeiterräte. Die revolutionäre Bewegung wächst nach Ausrufen der Räterepubliken in Budapest (21. März) und München (5. April).

17. April Ein kommunistischer Putsch in Wien scheitert. Bis zum Sommer anhaltende Unruhen.

10. Sept. Unterzeichnung des Friedensvertrags von Saint-Germain-en-Laye: Österreich, dem durch den Friedensvertrag das Selbstbestimmungsrecht verweigert und die Führung des Namens Deutschösterreich verboten wird, ist auch aus wirtschaftlichen Gründen eine besonders problematische Schöpfung der Friedensverträge, die durch mehrfache hohe Auslandskredite gestützt werden muss.

1920, 10. Okt. Nach dem »Abwehrkampf« in Kärnten gegen jugoslawische Truppen kommt es zur Volksabstimmung; Kärnten bleibt bei Österreich.

10. Nov. Die neue Verfassung von Hans Kelsen (*1881, †1973) findet einen Ausgleich zwischen Zentralismus (Nationalrat und Bundesregierung) und Föderalismus (Bundesrat und Landesregierungen).

Dez. Michael Hainisch (*1858, †1940) wird zum Bundespräsidenten gewählt. Koalitionsregierung mit Bundeskanzler Michael Mayr (*1864, †1922).

1921, 24. April Inoffizielle Abstimmung in Tirol: 98,8 % sind für den Anschluss an das Deutsche Reich.

29. Mai Inoffizielle Abstimmung in Salzburg: 99,3 % votieren für den Anschluss an das Deutsche Reich. Weitere Abstimmungen werden durch Proteste der alliierten Garantiemächte des Friedensvertrags, v. a. Frankreichs, verhindert. Frankreich droht mit Einstellung der eingeleiteten Hilfsaktion; Lebensmittelnot.

21. Juni Johannes Schober (*1874, †1932) bildet eine Regierung aus Christlichsozialen und Großdeutschen.

Deutschösterreich 1918/19

Dez. Eine Volksabstimmung in Ödenburg (Sopron) geht zugunsten Ungarns aus. Das Burgenland wird Österreich zuerkannt, verliert aber mit Ödenburg seinen zentralen Ort.

1922, 31. Mai Neue Regierung des christlichsozialen Prälaten **Ignaz Seipel** (*1876, †1932).

4. Okt. Die Genfer Protokolle ermöglichen internationale Kredite an Österreich unter Garantie des Völkerbunds (Finanzkontrollkommission). Die Unabhängigkeit Österreichs wird garantiert. Die Sozialdemokraten opponieren scharf gegen die Annahme des Vertrags. Der Sozialdemokrat Karl Renner erklärt den Anschluss an das Deutsche Reich, den Staat, »zu dem wir der Natur der Dinge nach gehören«, als einzige Lösung.

1923 Durch Mehreinnahmen und Ausgabensenkung (von 250 000 Beamten werden 100 000 entlassen) beginnen sich die öffentlichen Finanzen zu verbessern. Die Auslandskreditpolitik und die inneren flankierenden Maßnahmen werden als »Seipel-Sanierung« bezeichnet.

20. Okt. Wahlsieg der Christlichsozialen Partei.

1924 Der Völkerbund lehnt den Antrag ab, die Finanzkontrolle zu beenden.

Nov. Rücktritt des Kabinetts Seipel. Die neue Regierung bildet Rudolf Ramek (*1881, †1941) mit den bisherigen Parteien (Christlichsoziale und Großdeutsche).

Dez. Wiederwahl des Bundespräsidenten Hainisch.

1926 Aufhebung der Finanzkontrolle. Erneute Regierung unter Seipel (bis 1929).

1927, Jan. Mitglieder der christlichsozialen Partei (Heimwehr) schießen im burgenländischen Schattendorf in eine Gruppe des sozialdemokratischen Schutzbundes; ein Kind und ein Invalide sterben.

15. Juli Der Freispruch der Mörder führt zu einer sozialdemokratischen Demonstration in Wien, bei der der Justizpalast in Flammen aufgeht. Bundeskanzler Ignaz Seipel und der Polizeipräsident Johannes Schober (*1874, †1932) lassen auf die unbewaffneten Demonstranten schießen.

Die Bundesregierung stellt zwar die Ordnung wieder her, doch kommt die innerpolitische Spannung immer offener zum Ausdruck. In den folgenden Jahren bestimmen zunehmend Wehrverbände die Innenpolitik. Die Heimwehren erwachsen aus teils christlichsozialer, teils faschistischer Ideologie; sozialistisches Pendant ist der Republikanische Schutzbund. Beide sind schon 1923 gegründet worden.

1928, 5. Dez. **Wilhelm Miklas** (*1872, †1956) wird zum Bundespräsidenten gewählt.

1929 Verschärfung der innenpolitischen Krise: Mehrfach Unruhen und drohender Ausbruch eines Bürgerkriegs. Trotzdem gelingt es nach Seipels Rücktritt, die Verfassungsreform durchzubringen. Dadurch ist die Parlamentsrepublik in eine **Präsidentschaftsrepublik** umgewandelt. Die Stellung des Präsidenten ist nun ähnlich stark wie in der Weimarer Verfassung.

1930, Jan. Bundeskanzler Johannes Schober setzt mithilfe Italiens auf der Haager Konferenz durch, dass die österreichischen Reparationsverpflichtungen fast völlig aufgehoben werden.

6. Febr. Abschluss des Freundschaftsvertrags mit Italien. Die faschistischen Einflüsse verstärken sich auch innenpolitisch.

9. Nov. Nach den Wahlen stehen 72 Sozialisten gegen 66 Christlichsoziale, die weiterhin mit der bürgerlichen Koalition die Regierung führen.

1931, 26. Jan. Freundschaftsvertrag mit Ungarn.

19. März Plan einer Zollunion mit Deutschland.

11. Mai Der **Bankenkrach** bei der Österreichischen Credit-Anstalt offenbart die hoffnungslose Finanzlage. Erste Hilfe kommt durch einen englischen Kredit; weitere Auslandskredite folgen. Die neue Regierung Karl Buresch (*1878, †1936) soll mit drastischen Einschränkungsmaßnahmen ein Sanierungsprogramm versuchen.

13. Sept. Ein Heimwehrputsch in der Steiermark scheitert.

9. Okt. Wiederwahl von Miklas zum Bundespräsidenten.

Französische Pläne unter Federführung von André Tardieu (*1876, †1945) zur Einbeziehung Österreichs in einen wirtschaftlich und politisch neu geordneten Donauraum unter französischer Führung im Herbst 1931 und Frühjahr 1932 sind erfolglos.

1932, 24. April Landtagswahlen in Salzburg, Kärnten, Niederösterreich, Steiermark und Wien bringen erstmals starke Erfolge für die Nationalsozialisten.

20. Mai Neues Kabinett unter dem christlichsozialen Engelbert Dollfuss (*1892, †1934) auf unsicherer parlamentarischer Basis.

15. Juli Lausanner Protokoll: Völkerbundsanleihe von 300 Mio. Schilling, verbunden mit der Verpflichtung für Österreich, bis 1952 keine wirtschaftliche oder politische Union mit dem Deutschen Reich einzugehen. – Trotz der nationalen Erregung in Österreich Annahme der Anleihe.

1933 Bei einer Abstimmung im Parlament treten alle drei Nationalratspräsidenten zurück. Dollfuss verhindert den erneuten Zusammentritt und Neuwahlen (Druck auf den Bundespräsidenten, Auflösung des Verfassungsgerichtshofes). Seit dem 7. März regiert Dollfuss mithilfe des »Kriegswirtschaftlichen Ermächtigungsgesetzes« vom 24. Juli 1917: Beginn der **austrofaschistischen Diktatur**.

30. März Auflösung des Republikanischen Schutzbundes.

20. Mai Dollfuss gründet die »Vaterländische Front« als ständestaatlich orientierte, die politischen Parteien ersetzende »Sammelbewegung«.

26. Mai Betätigungsverbot für die Kommunistische Partei. Unruhen der Nationalsozialisten in den nächsten Monaten.

19. Juni Verbot der Nationalsozialistischen Partei. Dollfuss führt seine Politik in Anlehnung an Italien durch.

1934, Febr. Nach dem Widerstand von sozialistischen Schutzbündlern in Linz gegen ein von der Heimwehr durchgeführtes Waffensuchen, kommt es zu einem kurzen Bürgerkrieg in Österreich. Kämpfe in Wien (Gemeindebauten) und in den Industriegebieten Österreichs zwischen Heimwehr, Armee und Polizei auf der einen und Republikanischen Schutzbund auf der anderen Seite. Hinrichtung, Flucht und Internierung (Anhaltelager Wöllersdorf) von Sozialdemokraten; Verbot der Sozialdemokratischen Partei und aller anderen Parteien außer der »Vaterländischen Front«.

17. März Abschluss der »Römischen Protokolle«: politische und wirtschaftliche Zusammenarbeit zwischen Italien, Österreich und Ungarn.

1. Mai Unterzeichnung des Konkordats (vom 5. Juni 1933) und Verkündigung einer faschistischen Verfassung.

25. Juli **Nationalsozialistischer Putsch**: DOLLFUSS wird ermordet. Aufstand in Steiermark und Kärnten. Das Eingreifen des Deutschen Reichs zugunsten der Nationalsozialisten wird verhindert, da Italien an der Grenze Truppen zusammenzieht. Die Aufstände werden niedergeschlagen.

30. Juli Der bisherige Unterrichtsminister KURT SCHUSCHNIGG (*1897, †1977) wird Bundeskanzler. Er setzt die Linie seines Vorgängers DOLLFUSS fort.

1936, 1. April Einführung der allgemeinen Wehrpflicht.

14. Mai Rücktritt ERNST RÜDIGER STARHEMBERGS (*1899, †1956) als Vizekanzler und Führer der »Vaterländischen Front«, die SCHUSCHNIGG selbst übernimmt.

11. Juli Ein Abkommen mit dem Deutschen Reich beendet vorübergehend die Spannungen.

10. Okt. Auflösung der Heimwehr und politische Ausschaltung ihrer Anhänger.

1937 Steigerung der Habsburger Restaurationsbestrebungen, denen SCHUSCHNIGG geneigt ist. Dies führt zu neuen Spannungen mit den Nationalsozialisten und dem Deutschen Reich. Bei einem Treffen mit MUSSOLINI in Venedig zeigt sich für SCHUSCHNIGG, dass Österreich von Italien keine Hilfe gegen den Nationalsozialismus zu erwarten hat. Infolgedessen sucht SCHUSCHNIGG Anschluss bei der Kleinen Entente (Tschechoslowakei, Jugoslawien, Rumänien).

1938, 12. Febr. SCHUSCHNIGG bei HITLER in Berchtesgaden: Unter Druck verspricht er eine Amnestie für die Nationalsozialisten in Österreich und die Einbeziehung der Nationalsozialisten in die Regierung.

18. Febr. Deshalb wird der Nationalsozialist ARTHUR SEYSS-INQUART (*1892, †1946) Innenminister.

1. März Beginn **nationalsozialistischer Unruhen**, u. a. in Graz. Die Lage spitzt sich zu.

9. März In letzter Stunde will SCHUSCHNIGG eine Volksabstimmung »für ein freies und deutsches, unabhängiges und soziales, für ein christliches und einiges Österreich« organisieren.

11. März Ultimatum des Deutschen Reichs.

12. März Einmarsch der reichsdeutschen Truppen.

13. März Der **Anschluss Österreichs** an das Deutsche Reich wird proklamiert.

1945 Nach Besetzung durch die russische Rote Armee wird Österreich vorläufig in Besatzungszonen geteilt.
| Forts. S. 1485 |

Schweiz (1523–1945)

Die Eidgenossenschaft bis 1798

| Forts. v. S. 537 |

1523 Kirchliche Erneuerungsansätze und humanistische Tendenzen bereiten die Kirchenreformation vor, wobei ULRICH (HULDRYCH) ZWINGLI (*1484, †1531) in Zürich eine führende Rolle übernimmt (Züricher Disputation). Theologisch und politisch ist ZWINGLI konsequenter als Luther.

1528/29 **Durchbruch der Reformation** in Bern, St. Gallen, Basel, Schaffhausen und Glarus; Bündnis des »Christlichen Burgrechts« (Bern, St. Gallen, Biel, Basel, Mülhausen und Schaffhausen). Die fünf Orte der Innerschweiz (Luzern, Uri, Schwyz, Unterwalden und Zug) schließen als katholisches Gegenbündnis mit Österreich die »Christliche Vereinigung«.

1531, 11. Okt. Die **Schlacht bei Kappel** (Tod ZWINGLIS) führt zum konfessionellen Landfrieden: Er überlässt die Glaubensentscheidung jedem Kanton, sichert aber eine katholische Hegemonie (wichtige Positionen in den »Gemeinen Herrschaften«).

1541–1564 Unter bernischem Schutz kann JOHANNES CALVIN (*1509, †1564) in Genf seine Kirche aufbauen.

1566 Zwinglianer und Calvinisten schließen sich in der *Confessio Helvetica posterior* zu einer **theologisch-kirchlichen Einheit** zusammen. Die reformierte Schweiz bildet fortan einen Rückhalt für den Weltcalvinismus.

1586 Die katholische Reform, getragen u. a. vom Mailänder Erzbischof CARLO BORROMEO (*1538, †1584), gipfelt äußerlich im konfessionellen **Bündnis der katholischen Orte**, dem **»Goldenen Bund«** (später auch »Borromäischer Bund« genannt).
Die konfessionelle Grenzziehung sollte bis ins 19. Jh. Bestand haben (katholische Schweiz: 2/5 der Gesamtbevölkerung, ländlich-alpines Gebiet; protestantische Schweiz: reichere landwirtschaftliche Regionen, Mehrzahl der Städte). Trotz der konfessionellen Blockbildung ist der Wille zur gemeinsamen eidgenössischen Zusammenarbeit stärker; man verhält sich in den konfessionell-politischen Konflikten Europas neutral, was sich im *Defensionale* (einheitliche Heeresordnung) manifestiert.

1618–1639/49 Bei den Bündner Wirren verbinden sich innere konfessionelle und machtpolitische Kämpfe mit äußeren Engagements gegenüber den an den Passverbindungen interessierten Hauptmächten des Dreißigjährigen Kriegs (v. a. Spanien und Österreich auf der einen, Frankreich mit Herzog HENRI II. von Rohan [*1579, †1638] auf der anderen Seite). Bündner Hauptfigur ist JÜRG JENATSCH (*1596, †1639).

1648, 24. Okt. Im Westfälischen Frieden erreicht der schweizerische Staatsmann Johann Rudolf Wettstein (*1594, †1666) die völkerrechtliche Verankerung der faktisch längst erlangten **Souveränität der Eidgenossenschaft**.

1656/1712 Innenpolitisch kommt es noch zweimal zu kriegerischen Auseinandersetzungen aufgrund konfessioneller Fragen: Der Sieg der Katholiken im **Ersten Villmerger Krieg** (1656) bestätigt ihre Stellung; der protestantische Sieg im **Zweiten Villmerger Krieg** (1710–1712) bringt im Vierten Landfrieden von Aargau eine **gleichmäßigere konfessionelle Ordnung** (Parität) in den umstrittenen gemeinsamen Untertanengebieten.

Gesellschaft und Kultur im 18. Jh.

Die sozialen Auseinandersetzungen zwischen Regierenden und Untertanen dauern an: Der Schweizerische Bauernkrieg 1653 und im 18. Jh. verschiedene Unruhen in einzelnen Kantonen, führen meist zu einer Stärkung der Obrigkeit.

Im späten 18. Jh. setzt die Industrialisierung ein, die Textilindustrie entwickelt sich in den alten Zentren St. Gallen, Zürich und Basel; Neuenburg und Genf verlegen sich zudem auf das Schmuckwarengeschäft und die Uhrenfabrikation. Dies verschiebt das Sozialgefüge: Neben der führenden Unternehmerschicht entsteht der Heimarbeiterstand, der sich meist aus der untersten ländlichen Stufe herausbildet. Die alten erstarrenden Gruppen des Patriziats und Zunftgewerbes stoßen mit der neuen Schicht zusammen. In den Städten kommt es zu Spannungen, die sich durch das ganze 18. Jh. ziehen und v. a. in Genf scharfe Formen annehmen.

Verhältnismäßig spät erfolgt die aufklärerische Neuausrichtung – in reformierten Gebieten schon zu Beginn des 18. Jh.s, in katholischen erst nach 1750. Eine Neuorientierung in der Theologie erfolgt durch Jean-Frédéric Ostervald (*1663, †1747) und Samuel Werenfels (*1657, †1740). Mit Moralphilosophie und Pädagogik befassen sich die Juristen Jean-Jacques Burlamaqui (*1694, †1748) und Emer de Vattel (*1714, †1767), der Literaturkritiker und Schriftsteller Johann Jakob Bodmer (*1698, †1783), der Philanthrop und Publizist Isaak Iselin (*1728, †1782), Jean-Jacques Rousseau (*1712, †1778) und der Pädagoge Johann Heinrich Pestalozzi (*1746, †1827). Der Aufbruch der mathematischen und naturwissenschaftlichen Forschung erfolgt mit der Gelehrtenfamilie Bernoulli, darunter Christoph (*1782, †1863), Daniel (*1700, †1782), Johann (*1667, †1748) und Nikolaus (*1687, †1759) sowie dem Mathematiker Leonhard Euler (*1707, †1783), dem Naturforscher Johann Jakob Scheuchzer (*1672, †1733), dem Hochgebirgsforscher Horace Bénédict de Saussure (*1740, †1799) und dem Arzt, Naturforscher und Dichter Albrecht von Haller (*1708, †1777).

Mit der **Gründung der »Helvetischen Gesellschaft«** (1761) geht die Bewegung der Aufklärung in die Praxis über, Gedanken der Toleranz und der Gemeinnützigkeit zeigen erste konkrete Auswirkungen. Eine **Erneuerung des schweizerischen Nationalbewusstseins** setzt sich durch.

Schweiz bis 1798

Schweiz (1798–1945)

Staatskrise (1798–1848)

Die Französische Revolution bleibt nicht ohne Auswirkungen auf das eng mit Frankreich verbundene Land. Seit 1792 hält es eine strikte Neutralitätspolitik ein, welche es bis 1798 durchführen kann. In diesem Jahr wird die Schweiz besetzt – eine innere Revolution der Patrioten wird durch eine äußere Hilfsaktion unterstützt.

1798, 5. März Mit dem Einmarsch der Franzosen in Bern bricht der Widerstand zusammen. Bereits zuvor ist an verschiedenen Orten die neue Freiheit proklamiert worden. Die **Eidgenossenschaft wird als Helvetische Republik** in das französische System eingegliedert.

12. April Die von Peter Ochs (*1752, †1821) entworfene Verfassung bringt eine völlige Zentralisation: Die Kantone (territoriale Veränderungen) sind reine Verwaltungsbezirke, unterteilt in Distrikte, diese wiederum in Gemeinden. Strenge Gewaltenteilung (Legislative mit zwei Kammern: Großer Rat, Senat; Exekutive: fünf Direktoren; Judikative: Oberster Gerichtshof) und repräsentative Demokratie kennzeichnen das System. Persönlichkeitsrechte sind gewährleistet. Die helvetische Regierung versucht Neuerungen durchzuführen, scheitert aber (2. Koalitionskrieg, wachsende Opposition).

1800, 19. Febr. Die 1800 beginnende **Reihe von Staatsstreichen** (Unitarier gegen Föderalisten) beendet Napoleon durch die **Mediationsverfassung**.

1803–1813 Die alte Schweiz wird z. T. restauriert, doch werden die alten 13 Kantone und Graubünden zu Konzessionen an ehemalige Untertanengebiete verpflichtet; es entstehen die neuen Kantone St. Gallen, Aargau, Thurgau, Tessin und Waadt, die sich moderne Verfassungen geben. Die **Schweizerische Eidgenossenschaft**, die nach wie vor stark an Frankreich gebunden ist (Soldtruppen), wird föderalistisch organisiert und durch die Tagsatzung geleitet. Innenpolitisch ist die Epoche trotz der wachsenden Wirtschaftskrise, die durch die Kriegswirtschaft Frankreichs hervorgerufen worden ist, ruhig.

1813, Nov. Nach dem Rückzug der Franzosen erklärt die Tagsatzung die bewaffnete Neutralität, die sie gegen die Alliierten zunächst nicht durchsetzen kann.

1815, 9. Juni Beim **Wiener Kongress** garantieren die Mächte die **immerwährende Neutralität der Schweiz** und die Unverletzlichkeit des Gebietes. Genf, Wallis und Neuenburg kehren nach ihrer Zugehörigkeit zu Frankreich in den Bund zurück; der größte Teil des Bistums Basel wird Bern als Entschädigung für den Verlust der Waadt und des Aargaus eingegliedert (Juraproblem). Das Veltlin (1512–1797 bei Graubünden) und Mülhausen (1466–1798 schweizerisch) bleiben abgetrennt.

7. Aug. Die neue Verfassung, der Bundesvertrag, betont die kantonale Eigenständigkeit und Restauration. Nach dem Bundesvertrag wird auch das preußische Fürstentum Neuenburg als 21. Kanton in den Bund der Eidgenossenschaft aufgenommen; es behält diesen Doppelstatus bis 1848.

Sonderbundkrieg 1847 in der Schweiz

1817 Außenpolitisch befindet sich die Schweiz im System METTERNICHS (*1773, †1859): Sie tritt der Heiligen Allianz bei und wird zu einer repressiven Flüchtlingspolitik gezwungen.

1830/31 In der Mehrheit der Kantone kommt die liberale Bewegung an die Macht (»Regeneration« 1830–1848), die Freiheit in Verfassung und Wirtschaft postuliert. Dazu tritt die Forderung nach Überwindung des Föderalismus, der die Schweiz wirtschaftlich konkurrenzunfähig macht. Stärkere Industrialisierung (neu: Maschinenindustrie) und veränderte Landwirtschaft (Ablösung der Feudallasten) führen zu sozialem Umbruch (Pauperismus) und zur Radikalisierung der politischen Gegensätze. Zum wirtschaftlich-politischen tritt der konfessionelle Konflikt (Jesuitenfrage).

1845, 11. Dez. Sieben katholisch-konservative Kantone schließen eine Schutzvereinigung (»Sonderbund«) zur Wahrung ihrer Souveränitäts- und Religionsrechte.

1847, 4. Mai–29. Nov. **Sonderbundskrieg**: Die Mehrheit der Kantone (liberal-antiklerikal, industriell) beschließt die Auflösung des Sonderbundes, die schließlich nur militärisch (Nov.) unter Leitung von General GUILLAUME-HENRI DUFOUR (*1787, †1875) erfolgen.

1848, 12. Sept. Der Sieg dieser Mehrheit ermöglicht die Ausarbeitung einer **neuen Bundesverfassung**, die in ihren Grundzügen noch heute Gültigkeit hat.

Bundesstaat (seit 1848)

Das wichtigste Element der neuen Verfassung ist die Gewichtsverlegung der Entscheidungsgewalt auf den Bund. Die Kantone sind noch souverän, doch nur im Rahmen der übergeordneten Bundeskompetenzen (Außenpolitik, Post- und Telegrafenwesen, Maße und Gewichte, Möglichkeit allgemeiner Gesetzgebung). Als Exekutive fungiert eine Kollegialbehörde von sieben Mitgliedern, der Bundesrat. Die Legislative ist ein Parlament mit zwei Kammern, die Bundesversammlung (Nationalrat als prozentuale Vertretung der Bevölkerung, Ständerat als Zweierdelegation der Kantone). Das nicht ständige Bundesgericht als oberste richterliche Instanz wird wie der Bundesrat von der Legislative gewählt. Bestimmte Grundrechte werden verpflichtend. Das demokratische Element liegt in der Möglichkeit der Bürger, den Nationalrat zu wählen und in der Initiative (mindestens 50 000 Bürger können eine Verfassungsrevision verlangen) sowie im obligatorischen Referendum (jede einzelne Verfassungsänderung unterliegt der Volksabstimmung).

1856/57 Die Sonderbundskantone fügen sich mit Mühe in den Bund ein.
Eine nationale Begeisterung im ganzen Land lässt der Neuenburgerhandel aufkommen. Dieser ist das Ergebnis eines Konflikts über den Status des Kantons Neuenburg. Nachdem eine revolutionär-republikanische Bewegung 1848 die Umwandlung des Fürstentums Neuenburg in eine Republik durchgesetzt und sich Preußen zunächst mit einem Protest begnügt hat, verzichtet der preußische König erst am 20. April 1857 in aller Form auf diesen Besitz, nachdem es über dieser Frage beinahe zum Krieg gekommen wäre.

1860 Der Erfolg kann im Savoyenhandel nicht wiederholt werden (Versuch, Nord savoyen für die Schweiz zu gewinnen).

1861 Beginn der »Demokratische Bewegung«, die in den 1860er-Jahren in verschiedenen Kantonen eine stärkere direkte Mitsprache durchsetzt, was zu einem entsprechenden Ausbau der repräsentativen zur direkten Demokratie führt. Analoge Änderungen werden auch auf Bundesebene angestrebt.

1864, Aug. **Gründung des Roten Kreuzes** in Genf. Später siedeln sich andere internationale Organisationen in der Schweiz an. Die Internierung von 90 000 Mann der Bourbaki-Armee im Febr. 1871 am Ende des Deutsch-Französischen Kriegs stärkt die Idee der humanitären Mission der Schweiz.

1874, 19. April Die vollständig **revidierte Bundesverfassung** wird nach einem gescheiterten Anlauf (1872) angenommen (neu: Ausdehnung der Bundeskompetenzen, ständiges Bundesgericht, fakultatives Referendum; 1891 Initiative für Teilrevisionen der Verfassung). Die Divergenzen zwischen Zentralisten und Föderalisten bleiben bestehen.

1882 Politisch dominiert seit 1848 die freisinnige (liberal-demokratische) Partei, die Konservativen finden sich in ihrer Oppositionsrolle nur mühsam zurecht (v. a. ehemalige Sonderbundskantone). Zur Zeit des Kulturkampfes treten sie stärker hervor (katholische Presse, eigene Universität, Vereinsgründungen) und es gelingt ihnen, allzu weitgehende Vereinheitlichungen mithilfe der Minorität der französischen Schweiz zu verhindern (z. B. im Erziehungswesen).

1888 Mit der **fortschreitenden Industrialisierung** (neu: Chemie und Nahrungsmittel) in größeren Teilen des Mittellandes steigt die soziale Problematik. Die erste Arbeiterbewegung, der »Grütliverein« (seit 1838), wird durch die international ausgerichtete Sozialdemokratie, die sich schließlich als Partei formieren kann, überholt. Immer mehr wirtschaftliche Gruppierungen schließen sich (ab 1870) in Verbänden zusammen und gewinnen größeren politischen Einfluss.

1891 Unter diesen Bedingungen öffnet sich der Freisinn. Einerseits kommt ein fortschrittliches eidgenössisches Fabrikgesetz zustande (1877), andererseits überlässt er den Katholisch-Konservativen einen Bundesratssitz (freiwilliger Proporz).

ab 1898 Zentralisation und Vereinheitlichung werden in limitiertem Rahmen vorangetrieben: Schaffung eines **eidgenössischen Zivil- und Strafrechts** (Einführung erst 1907 bzw. 1938/42).

1901 Gesetz über den Rückkauf der großen Privatbahnen und Gründung der staatlichen Schweizerischen Bundesbahnen.

1907 Gesetz über die Militärorganisation.

Schweiz (1914–1945)

1914, Aug. Mobilisierung der Armee und der Verteidigungsbereitschaft zur Wahrung der Neutralität. Diese wird im Ersten Weltkrieg durchgehalten, doch kommt jedoch es anfangs zu Spannungen zwischen der deutschen und romanischen Schweiz (»Graben«).

1915/1916 Konferenzen von Angehörigen der Sozialistischen Internationalen (europäische Linkssozialisten) in Zimmerwald (5.–8. Sept. 1915) und in Kiental (24.–30. April 1916) (beide im Kanton Bern).

1918 Ende des Krieges wachsen soziale Spannungen (Teuerung, ausländische Revolutionsvorbilder).

11.–14. Nov. Den von der Sozialdemokratie geführten Landesstreik beantwortet der Bundesrat mit einem Truppenaufgebot (Angst vor sozialistischer Revolution). Einzelne soziale Forderungen des »Oltener Aktionskomitees«, der Streikleitung, können in den folgenden Jahren verwirklicht werden.

12. Nov. Ausweisung der sowjetischen Mission und Abbruch der De-facto-Beziehungen mit der UdSSR.

1919, April **Genf wird zum Sitz des Völkerbundes** bestimmt.

Okt. Obwohl die Freisinnig-Demokratische Partei bei den Nationalratswahlen nach der Einführung des Proporzes die Mehrheit verliert, verstärkt sich die bürgerliche Position durch die Zusammenarbeit der Freisinnigen mit den Katholisch-Konservativen (zwei Bundesräte) in ihrer Frontstellung gegen die Sozialisten. Die Bürgerlichen werden 1929 mit Einbezug der Bürger- und Bauernpartei (heute SVP, ein Bundesrat) gestärkt. Diese Konstellation hält bis 1943 an.
Außenpolitisch ist die Zwischenkriegszeit geprägt durch Bundesrat Giuseppe Motta (*1871, †1940; 1920–1940 Leiter des Politischen Departements, d. h. des Departments für Auswärtiges).

1920, 13. Febr. In der Londoner Erklärung bekräftigt der Völkerbundsrat die Neutralität der Schweiz als Vorbedingung für ihren Beitritt zum Völkerbund. Damit wird die Beteiligung der Schweiz an militärischen, nicht jedoch wirtschaftlichen Sanktionen des Völkerbundes ausgeschlossen: »differenzielle Neutralität«.

16. Mai Die Schweiz stimmt nach einem emotional geführten Abstimmungskampf knapp für den **Beitritt zum Völkerbund**. Neben der Volksmehrheit von 56,3 % gibt es eine hauchdünne Ständemehrheit von 11 1/2 zu 10 1/2 Kantonen. Hätten in Appenzell-Außerrhoden nur 94 Bürger anders gestimmt, hätte die Schweiz dem Völkerbund nicht beitreten können.

1932–1933 Infolge der **Wirtschaftskrise** kommt es zu Einschränkungen der Arbeitszeit, Lohnkürzungen, gelegentlichen Unruhen und Bankenzusammenbrüchen. Die nationale Erneuerungsbewegung, die Persönlichkeit und Autorität ins Zentrum rückt, manifestiert sich.

1935, 8. Sept. Eine von Frontisten (helvetischen Faschisten) und Konservativen befürwortete Initiative zur vollständigen Revision der Bundesverfassung wird bei einem Referendum von 72,3 % der Stimmen abgelehnt.

1936, 4. Febr. Ermordung des Leiters der Reichsdeutschen Wilhelm Gustloff (*1895) durch den Juden David Frankfurter (*1909, †1982). Daraufhin verstärken sich die ohnehin erheblichen **Spannungen zwischen der Schweiz und dem Deutschen Reich** in Diplomatie und Öffentlichkeit.

Sept. Die Abwertung des Franken um 30 % im Anschluss an die französischen Währungsmaßnahmen wirkt sich wirtschaftlich günstig aus.
Unter dem Eindruck der faschistischen Bedrohung (Frontistenbewegung in der Schweiz) schließen sich die meisten Gruppierungen in der »geistigen Landesverteidigung« zusammen; die Frontstellung zwischen Bürgerblock und Sozialdemokratie, die während der Wirtschaftskrise in Genf 1932 blutige Ausmaße angenommen hat, baut sich ab.

1937, 19. Juli Arbeitgeber und Arbeitnehmer der Metallindustrie schließen ein Abkommen zur Sicherung des Arbeitsfriedens (Abbau des Streikrisikos, Schiedsgerichtsbarkeit); andere Wirtschaftszweige folgen.

1938, 20. Febr. Eine Volksabstimmung votiert mit großer Mehrheit für das Rätoromanische als vierte Nationalsprache.

April/Mai Mit der Preisgabe der »differenziellen« und Rückkehr zur »integralen« Neutralität erfüllt die Schweiz Erwartungen der Achsenmächte, die nicht mehr dem Völkerbund angehören. Die Schweiz wird damit von allen Sanktionsverpflichtungen entbunden, bleibt aber Mitglied des Völkerbundes.

4. Okt. Einführung der Visumspflicht für die aufgrund ihres J-Stempels erkennbaren deutschen »Nichtarier«.

1939 Mit der allgemeinen Mobilmachung wird der Zustand der **bewaffneten Neutralität** im Zweiten Weltkrieg erreicht.

1940, 25. Juli Verteidigungsappelle mit dem sog. Rütli-Rapport durch General Henri Guisan (*1874, †1960): Die Armee wird nach dem Fall Frankreichs ins Alpenréduit konzentriert.
Die wirtschaftlich prekäre Lage versucht man mit vermehrtem Anbau von Getreide zu meistern. Mehrere Wirtschaftsabkommen sichern die nötigen Zufuhren sowie Vollbeschäftigung. Intensivierung des Eisenbahn-Transitverkehrs zwischen Deutschland und Italien.
Die Schweizerische Nationalbank kauft Raubgold und zu einem kleinen Teil auch Totengold von der Reichsbank für insgesamt 1,7 Mrd. Franken und gewährt Kredite für Exporte nach Deutschland in Höhe von rund 1 Mrd. Franken.

1942, Aug. Vorübergehend vollständige **Grenzschließung für Flüchtlinge** als Höhepunkt einer allgemein sehr restriktiven Zulassung von jüdischen Flüchtlingen in die Schweiz. 1939–1945 werden insgesamt rund 300 000 Menschen aufgenommen (davon etwa ein Drittel internierte Soldaten) und rund 20 000 Menschen an der Grenze zurück- oder ausgewiesen. | Forts. S. 1490 |

Königreich Frankreich (1494–1789) | Forts. v. S. 495 |

Renaissancekönige und die Hugenottenkriege

Auffälligstes Kennzeichen des frühneuzeitlichen Frankreich ist die zunehmende Stärke seines Königtums. Ende des 15. Jh.s sind bereits etwa zwei Drittel des Staatsgebietes im unmittelbaren Besitz der Krone. Durch zielstrebige Familienpolitik der Valois und Orléans kommen bis Mitte des 16. Jh.s das Herzogtum Bretagne sowie eine Reihe von »Apanagen«, d. h. die Ausstattung nachgeborener, meist männlicher Mitglieder regierender Fürstenhäuser mit Territorialbesitz und, um einen standesgemäßen Unterhalt zu ermöglichen, finanziellen Einkünften, mit dem Königshaus verwandter Feudalherren hinzu. Feudaladel und Stände sind weitgehend entmachtet; die Zentralgewalt dehnt ihren Geltungsbereich mehr und mehr aus; v. a. setzt sie ein funktionierendes Steuersystem durch. Die katholische Kirche wird stärker denn je von der monarchischen Gewalt beherrscht: Die Bischöfe werden faktisch von der Krone ernannt, die Kirche wird besteuert, die kirchliche Gerichtsbarkeit eingeschränkt. Diese sog. »gallikanischen Freiheiten« werden 1516 im Konkordat von Bologna bestätigt.

Die Staatsfinanzen sind zunächst gesund. Die wirtschaftlich aufsteigenden bürgerlichen Kräfte sehen im Königtum einen Verbündeten gegen die Feudalherren.

Der gewaltige Machtzuwachs befähigt die französischen Renaissancekönige zu einer kraftvollen Außenpolitik, die vor kriegerischen Aktionen nicht zurückschreckt. Zunächst noch ohne fest umrissene nationalstaatlich-territoriale Zielsetzung führt diese neue Außenpolitik zur Begründung des habsburgisch-französischen Gegensatzes und damit zur Herausbildung des internationalen Gleichgewichtssystems in Europa.

1483–1498 **Karl VIII.** (*1470, †1498) aus dem Hause Valois.

1494/95 Mit dem Feldzug gegen die italienischen Stadtstaaten, der den Anspruch des Hauses Anjou auf Neapel geltend machen soll, beginnen die Auseinandersetzungen zwischen den französischen Königen und Habsburg. Nachdem Karl Neapel erobert hat, unterstützen Spanien und Habsburg die Koalition italienischer Staaten nachdrücklich, sodass sich die französischen Truppen überstürzt zurückziehen müssen.

1498–1515 **Ludwig XII.** (*1462, †1515) aus dem Hause Valois-Orléans.

1503 Der König erobert Mailand und Neapel, verliert Letzteres aber nach der Schlacht am Garigliano an Ferdinand II. von Aragón (1479–1516). Mailand muss nach der Schlacht bei Novara an die Schweiz abgetreten werden (1513).

1515 Der neue König **Franz I.** (*1494, †1547) aus dem Hause Valois-Angoulême erobert mit einem Sieg über die Eidgenossen bei Marignano Mailand zurück.

1516 Abschluss eines Konkordats mit Papst Leo X. (1513–1521) in Bologna.

1519 Bei seinen Bemühungen, die Nachfolge Kaiser Maximilians I. (1486/1508–1519) im Reich anzutreten, unterliegt Franz seinem Gegenkandidaten, dem spanischen König Karl V. (*1500, †1558), dessen habsburgisch-spanisches Weltreich Frankreich von allen Seiten zu umklammern droht.

1544, 18. Sept. Die vier im Bündnis mit einigen deutschen protestantischen Landesherren, den Päpsten und den Osmanen um Italien geführten Kriege der französischen Krone mit Karl V. werden im Frieden von Crépy-en-Laonnais (Departement Aisne) mit einem vorläufigen Kompromiss abgeschlossen. Territorial wird der Status quo aufgrund der Friedensschlüsse von Madrid (1526) und Cambrai (1529) im Wesentlichen bestätigt. Franz' Sohn, Herzog Karl von Angoulême (*1522, †1545), soll eine Tochter Karls V. heiraten und dann Mailand erhalten. Die Verabredung kommt jedoch nicht zustande, weil der Herzog vor der Eheschließung stirbt.

1547 **Heinrich II.** (*1519, †1559) tritt die Nachfolge seines Vaters an; er ist seit 1533 mit Katharina von Medici (*1519, †1589) verheiratet.

1552, 15. Febr. Der Kampf gegen Karl V. bricht erneut aus, da die deutsche Fürstenopposition im Vertrag von Chambord das Reichsvikariat über die Bistümer Toul, Metz und Verdun Heinrich überlässt.

1556 Nach dem Thronverzicht Karls V. und der Reichsteilung wird aus dem deutsch-französischen ein spanisch-französischer Krieg.

1559, 3. April Im südöstlich von Cambrai gelegenen Cateau-Cambrésis schließt Heinrich Frieden mit dem spanischen König Philipp II. (1566–1598). Frankreich muss außer auf das Artois, Flandern und die Franche-Comté auch auf Savoyen und Piemont, d. h. die Alpenpässe, verzichten, kann aber die 1552 erworbenen Bistümer behalten und Calais gegen eine Zahlung definitiv für die Krone sichern.

Staat und Kultur der Renaissance

In den wechselvollen Kämpfen bestätigen sich die innere Stärke des Königtums und die wachsende »nationale« Interessenbindung der Feudalherren. Der Connétable Karl III. von Bourbon (*1490, †1527) findet keine Nachahmer, als er 1523 in das Lager Karls V. überwechselt. Die Feldzüge nach Italien beschleunigen das Vordringen der italienischen Renaissance nach Frankreich und führen zur Ausbildung einer erstmals national akzentuierten Kultur, die den Humanismus und Rationalismus des antiken Erbes mit Diesseitsfrömmigkeit, praktischem Moralismus und Interesse an der Staatseinheit verbindet. Den Höhepunkt des literarischen Patriotismus bilden die »Essais« des Schriftstellers, Philosophen und Moralisten Michel Eyquem de Montaigne (*1533, †1592). Daneben kennzeichnen die humanistische Dichtung von François Rabelais (*um 1494, †1553), Clémerit Marot Pierre de Ronsard (*1524/25, †1585) und Joachim Du Bellay (*um 1522,

†1560) sowie die Architektur der Königsschlösser an der Loire und in Paris (Louvre, Fontainebleau) die Epoche. Mäzenatentum und Prachtentfaltung unter FRANZ I. fördern diese Renaissancekultur beträchtlich, führen aber auch – zusammen mit den immer kostspieliger werdenden italienischen Unternehmungen – zu einem Defizit im Staatshaushalt. Zur Deckung der Finanzlücken lässt FRANZ die Unsitte der Ämterkäuflichkeit zur Regel werden und leitet damit die Zersetzung der königlichen Bürokratie durch Korruption ein. Seit den 1540er-Jahren wird das Reich zudem durch blutige Protestantenverfolgungen erschüttert.

Frankreich im Zeichen konfessioneller Auseinandersetzungen

Auf König HEINRICH II. folgen seine drei Söhne: 1559/60 FRANZ II. (*1544), 1560–1574 KARL IX. (*1550) und 1574–1589 HEINRICH III. (*1551). Während ihrer Regierungszeit spitzen sich die Gegensätze zwischen katholischem und hugenottischem (= eidgenössischem) Volksteil, die französischen Calvinisten werden seit etwa 1560 Hugenotten genannt, zu erbitterten Glaubenskriegen zu. Dabei verbinden die Familien des Hochadels die religiösen Kontroversen mit ihrem Kampf um Machtausweitung auf Kosten der Krone, während der durch die Silberinflation, Folge der überseeischen Entdeckungen, verarmte Landadel die Gelegenheit zu Raubzügen nutzt. Die städtischen Massen kämpfen unter der Fahne des traditionellen Katholizismus gegen die Lasten des Renaissancekönigtums, die bürgerlichen Hugenotten versuchen sich gegen die Feudalherren zu behaupten.

Das in Lothringen beheimatete Geschlecht der Guise führt die katholische, das der Bourbonen unter dem Prinzen LOUIS I. VON CONDÉ (*1530, †1569) die protestantische Partei an. Spanien unter PHILIPP II. favorisiert die Katholiken, England die Protestanten. Das französische Königshaus steht zwischen den Parteien und versucht unter Leitung der einflussreichen Königsmutter KATHARINA VON MEDICI zu vermitteln, verliert jedoch zunehmend an Einfluss. An außenpolitische Ambitionen ist nicht mehr zu denken; Westeuropa wird jetzt von Spanien dominiert.

1562, 1. März Mit dem Überfall des Herzogs FRANZ VON GUISE (*1519, †1563) auf eine gottesdienstliche Versammlung der Calvinisten in Vassy (»Blutbad von Vassy«) beginnen die Hugenottenkriege.

1570, 8. Aug. Edikt von Saint-Germain-en-Laye: Die Krone muss den Hugenotten eine bedingte Religionsfreiheit und als Faustpfand für die getroffenen Abmachungen und Zufluchtsstätte vier Städte, die bedeutendste ist La Rochelle, auf zwei Jahre zur Selbstverwaltung zugestehen.

1572, 23./24. Aug. Unter dem Eindruck zunehmender Einflussnahme des Hugenottenführers Admiral GASPARD DE COLIGNY (*1519, †1572) auf KARL IX. und seiner Ambitionen, ein protestantisches Königtum zu etablieren, entschließt sich KATHARINA VON MEDICI zu einem Schlag gegen die Hugenotten. Als protestantische Heerführer und Politiker zur Hochzeit ihrer Tochter MARGARETE VON VALOIS (*1553, †1615) mit König HEINRICH VON NAVARRA (HEINRICH IV., *1553, †1610) nach Paris kommen, gibt sie das Signal zu deren Ermordung. Dem Blutbad der sog. **Bartholomäusnacht** fallen über 3000 Hugenotten zum Opfer, unter ihnen COLIGNY; in den Provinzen werden weitere 10 000 getötet. Nach dieser »Pariser Bluthochzeit« werden die Kämpfe noch heftiger geführt. Im Vierten Hugenottenkrieg (1572/73) werden den Protestanten alle Sicherheitsplätze genommen, nach dem Fünften (1574–1576) können sie ihre Rechte jedoch entscheidend erweitern.

1576, 6. Mai Durch das Edikt von Beaulieu-sur-Mer erhalten die Hugenotten neben einigen anderen Zugeständnissen acht Sicherheitsplätze, diesmal ohne eine zeitliche Befristung.

1576 Die radikalen Katholiken formieren sich in der »Heiligen Liga« zum Vernichtungskampf gegen den Protestantismus und gewinnen König HEINRICH III. für sich.

1584, 10. Juni Der letzte zur Erbfolge berechtigte Königsbruder, FRANZ VON ALENÇON-ANJOU (*1555), stirbt. Aus dem Bürgerkrieg wird damit zunehmend auch ein Kampf um die Krone: Die meisten Rechtstitel auf die Nachfolge des kinderlosen HEINRICH III. besitzt HEINRICH VON NAVARRA, der neue Führer der protestantischen Partei. Die Katholiken betreiben nun die Absetzung HEINRICHS III. zugunsten eines Guise.

1585, 7. Juli Das Edikt von Nemours hebt alle Rechte der Hugenotten wieder auf.

1588, 12. Mai Ein Aufstand der Pariser Massen (»Tag der Barrikaden«) treibt HEINRICH III. in die Flucht und in ein Bündnis mit den Protestanten unter HEINRICH VON NAVARRA. Im Jahr darauf belagern sie Paris.

1589, 1. Aug. Während der Belagerung von Paris durch das Heer HEINRICHS VON NAVARRA wird HEINRICH III. von einem fanatischen Dominikaner niedergestochen. Er erliegt seinen Verletzungen am folgenden Tag. Auf seinem Sterbebett bestätigt er HEINRICH VON NAVARRA als Nachfolger, fordert aber gleichzeitig dessen Konversion zum Katholizismus.

1589–1792 Das **Haus Bourbon** stellt die Könige von Frankreich.

1589–1610 **HEINRICH IV.**: Der König von Navarra kann seine Rechte anfangs nur sehr schwer geltend machen, zumal sich die »Heilige Liga« mit dem spanischen König PHILIPP II. verbündet hat und der Hugenottenkrieg so mehr und mehr mit der Auseinandersetzung Spaniens mit England und den Niederlanden verschmilzt. Gegen den Hegemonieanspruch Spaniens wendet sich jedoch eine wachsende Zahl gemäßigter Katholiken, die das nationale Interesse Frankreichs über den religiösen Integralismus stellen. Zu ihnen gehören Bürgerliche und der Amtsadel, die sog. »Dritte Partei« der »Politiker«, unter ihnen JEAN BODIN (*1530, †1596), der die epochemachende Lehre vom Monarchen als Verkörperung der staatlichen Souveränität entwickelt. Mit ihrer Hilfe gelingt HEINRICH IV. schließlich der Ausgleich.

1593, 25. Juli HEINRICH konvertiert unter dem Einfluss seines (calvinistisch bleibenden) Ministers MAXIMILIAN DE BÉTHUNE, HERZOG VON SULLY (*1560, †1641) zum Katholizismus.

1594, 27. Febr. HEINRICH wird in Chartres zum König gekrönt und zieht am 22. März in Paris, das ihm freiwillig die Tore öffnet, ein.
Der Widerstand der »Heiligen Liga« in den Provinzen wird durch finanzielle Zuwendungen schrittweise gebrochen.

1598, 13. April Nach dem Ende der Kämpfe (1597) bestätigt das Edikt von Nantes die erkämpften Rechte der Protestanten: Eingeschränkte, aber gesicherte Kultfreiheit; Zulassung zu allen Würden und Ämtern; konfessionell gemischte Kammern in den Parlamenten für Streitsachen zwischen Katholiken und Protestanten. In einem zusätzlichen Erlass erhalten sie etwa 150 Sicherheitsplätze, die von 1,2 Mio. Hugenotten, einem guten Zwölftel der Gesamtbevölkerung Frankreichs, bewohnt werden.

2. Mai Von England und den Niederlanden unterstützt, schließt HEINRICH 1598 den Krieg gegen Spanien erfolgreich ab: Im Frieden von Vervins muss Spanien französische Gebietsgewinne in der Provence und im Rhonetal anerkennen und auf jede Einmischung in innerfranzösische Angelegenheiten verzichten.

Die Rekonstruktionspolitik Heinrichs IV.

Die Verluste der insgesamt acht Kriege sind groß, allein in der letzten Phase seit 1585 sind etwa eine Mio. Todesopfer zu beklagen. Dazu kommen Hunger, Pest, eine Wolfsplage und die für Frankreich schmerzliche Emigration von 16000 wirtschaftlich leistungsfähigen Hugenotten. Unter Leitung SULLYS setzt eine Phase nüchterner Rekonstruktionspolitik ein: Die zerrüttete Finanzverwaltung wird durch eiserne Spardisziplin und Einführung regelmäßiger Rechenschaftsberichte der Beamten neu geordnet, die Einnahmequellen des Staates werden durch eine Systematisierung des Systems der Ämterkäuflichkeit wieder gesteigert; seit 1604 sind die Ämter faktisch erblich. Die Erschließung von Ödland fördert die Landwirtschaft, neue Straßen entstehen, Kanäle werden projektiert, erste Ansätze zu einer merkantilistischen Schutzzollpolitik gemacht. Das den Handel dominierende und auch in der Kolonisierung der überseeischen Gebiete (v. a. Kanada) führende Bürgertum drängt, von der Krone als politisch ungefährlich bewusst gefördert, angesichts der finanziellen Krise des Grundadels in die hohen (und teuren) Beamtenstellen. Als *noblesse de robe* vermischt es sich mit den alten Führungsschichten, nimmt aber deren Bewusstseinshaltung an und konserviert so die ständische Struktur Frankreichs über den wirtschaftlichen Niedergang der Feudalherren hinweg. Durch die Verschmelzung der Güter der Bourbonen mit dem Krongut wird die Zentralisierung des Landes entscheidend vorangetrieben. In der Außenpolitik entschließt sich HEINRICH 1609, die deutschen protestantischen Fürsten im Jülich-Clevischen Erbfolgestreit zu unterstützen. Das Haus Habsburg soll von der französischen Ostgrenze ferngehalten werden.

1610, 14. Mai Kurz vor Kriegsbeginn wird HEINRICH vom katholischen Fanatiker FRANÇOIS RAVAILLAC (*1578, †1610) ermordet.
Der Konflikt mit Habsburg, den SULLY jetzt zum Kampf für eine *république chrétienne* unter französischer Führung stilisiert, ist noch einmal verschoben. Zugleich wird den führenden Kräften des Landes deutlich, wie labil der die Konfessionsspaltung überwindende nationale Konsens noch ist. Das in den Schriften des Staatslehrers und Philosophen JEAN BODIN theoretisch vorbereitete und von HEINRICH in ersten Ansätzen praktizierte Führungsmodell des königlichen Absolutismus zur Herstellung des inneren Friedens gewinnt so immer mehr Anhänger.

Die großen Kardinäle

Unter der politischen Führung der Kardinäle ARMAND-JEAN DU PLESSIS, HERZOG VON RICHELIEU (*1585, †1642) und JULES MAZARIN (*1602, †1661) wird Frankreich zwischen den 1620er- und 1670er-Jahren endgültig zur absolutistisch regierten Großmacht: Das Land, dessen Territorium nun fast ganz der Krone gehört, wird nach letzten heftigen Widerstandsversuchen der Gegenkräfte vom König und seinem Beamtenapparat beherrscht; die Gefahr der habsburgischen Umklammerung wird beseitigt und so trotz verbleibender innerer Schwächen die Grundlage für eine Führungsrolle Frankreichs auf dem Kontinent gelegt.

1610–1643 LUDWIG XIII. (*1601, †1643): Als Regentin für den anfangs noch unmündigen Sohn entlässt HEINRICHS IV. zweite Ehefrau MARIA VON MEDICI (*1573, †1642) SULLY und orientiert sich wieder an der spanischen Vormacht. Die Partei- und Religionsgegensätze brechen zunächst wieder auf.

1619, 30. April Nach ihrer Verbannung vom Hof (1617) und einer erfolglosen Revolte gegen LUDWIG söhnt sich MARIA im Vertrag von Angoulême mit ihrem Sohn aus.

1624–1642 Der Architekt der Vermittlung, MARIAS Protegé RICHELIEU, ein machtbesessener Monarchist, seit 1622 Kardinal, intrigiert gegen das Kabinett LUDWIGS, tritt auf Betreiben MARIAS selbst in das Kabinett ein und reißt bald die faktische Leitung der Regierungsgeschäfte an sich. Ohne große persönliche Sympathie vertraut sich LUDWIG nun der Führung RICHELIEUS an, dessen Politik auf eine konsequente Verwirklichung des absolutistischen Staatsgedankens zielt.

Richelieus Innenpolitik

1628 Die ersten Anstrengungen der absolutistischen Politik RICHELIEUS sind auf die Beseitigung des hugenottischen »Staats im Staate« gerichtet. Nach langer, vom König und seinem Minister geleiteter Belagerung kapituliert La Rochelle, dem wichtigsten der protestantischen Sicherheitsplätze.

1629 In den Gnadenedikten von Alès und von Nîmes werden den Hugenotten alle Sicherheitsplätze genommen, ihre religiösen, bürgerlichen und sozialen Rechte jedoch von der Krone bestätigt. Damit bleibt das Hugenottentum als religiöse Sondergruppe erhalten, hört aber auf, eine politisch eigenständige Gegenkraft im Staate zu sein.

1630, 11. Nov. *Journée des dupes*: RICHELIEU gelingt es, sich einer Verschwörung der infolge der Kämpfe in der Königsfamilie wieder mächtigen Adelsopposition mit MARIA zu entziehen und das Gewaltmonopol des modernen Staates gegen die überkommenen Feudalrechte durchzusetzen: Das Duell wird verboten, die Befestigungen der Adelsburgen werden, soweit sie nicht in Grenznähe liegen, geschleift.

1632 GASTON VON ORLÉANS (*1608, †1660), Bruder des Königs, und HEINRICH HERZOG VON MONTMORENCY (*1595, †1632), Gouverneur der Languedoc, organisieren einen Aufstand gegen die Krone, werden aber geschlagen.

30. Okt. Seit der spektakulären Hinrichtung MONTMORENCYS in Toulouse wagt die schwer getroffene Adelsopposition keinen offenen Aufstand mehr, obwohl es auch weiterhin nicht an Versuchen fehlt, RICHELIEU zu beseitigen.

1635, 2. Jan. In Paris wird die Académie Française zu einer staatlichen Einrichtung erhoben. Die Gründung ist auch auf die von RICHELIEU zur Stärkung der Königsmacht betriebene systematische Kulturpolitik zurückzuführen. Das Pariser Parlement billigt die Satzung der Académie erst 1637 nach hinhaltendem Widerstand.

1641 Die adligen Provinzgouverneure, deren Ämter inzwischen erblich geworden sind, werden in ihren Machtbefugnissen durch königliche Gesandte, die sog. »Intendanten«, abgelöst. Titel und Einkünfte bleiben den Gouverneuren erhalten. Die Generalstände werden nicht mehr einberufen (letztmalig 1614). Das Parlement wird zunehmend bedrängt und verliert das Recht auf Einspruch gegen königliche Edikte – nur in Finanzangelegenheiten darf es noch in die Regierungsentscheidungen eingreifen.

Die Wirtschaftskrise des 17. Jh.s

Der Kampf RICHELIEUS gegen die antizentralistischen Kräfte wird durch die wirtschaftliche Dauerkrise, die Frankreich trotz der Anstrengungen SULLYS nicht überwindet, erschwert. Missernten, Seuchen, durch wirtschaftliche Pressionen erpresste Rekrutierungen und die vielen inneren und äußeren Fehden lassen die Rezession bis in die Mitte des 17. Jh.s andauern. Seit den 1630er-Jahren stagniert das Preisniveau, in den 1640er-Jahren fällt es sogar; die Überproduktionskrise vernichtet die Existenz vieler Bauern, Handwerker und Fabrikanten. Obwohl RICHELIEU die Steuerschraube im Interesse einer ehrgeizigen Außenpolitik bis aufs Äußerste anspannt, sinken die Einnahmequellen des Staates: Frankreichs fiskalische Leistungsfähigkeit geht zurück.

Die partielle Verelendung der Bauern und Handwerker und die brutalen Steuererhebungsmethoden lösen ab 1630 zahlreiche Revolten aus, die sich mit den regionalen und feudalen Sonderinteressen gegen die königliche Zentralgewalt verbinden.

Außenpolitik 1626–1648

1626, 5. März Infolge der inneren Schwäche des Landes und dementsprechender Unzulänglichkeit seiner Armee beginnt RICHELIEUS antihabsburgische Außenpolitik mit diplomatischen, nur sekundär militärisch abgesicherten Aktionen. Die von ihm entfesselte »Veltlin-Affäre« endet im Vertrag von Monzon mit einem Erfolg Spaniens, das sein Durchzugsrecht durch dieses strategisch wichtige Graubündner Tal sichert.

1628–1631 Im Mantuanischen Erbfolgestreit operiert das französische Heer im savoyischen Westalpengebiet. Zugleich sichert RICHELIEU in Geheimverhandlungen mit dem päpstlichen Vermittler, JULES MAZARIN, dem Herzog von Nevers gegen die Forderungen des Hauses Habsburg den Besitzanspruch auf Mantua und das piemontische Monferrato. Zudem erwirbt er durch den Vertrag von Turin (1632) von Savoyen die Alpenpässe Pinerolo und Perosa. Die spanischen Nebenlande in Italien können fortan von Frankreich überwacht werden.

In den Dreißigjährigen Krieg greift Frankreich zunächst nur indirekt auf antihabsburgischer Seite ein.

1631 RICHELIEU gewährt dem schwedischen König GUSTAV II. ADOLF (1611–1632) im Vertrag von Bärwalde finanzielle Unterstützung (die er wieder einstellt, als ihm der Schwedenkönig im deutschen Südwesten zu mächtig zu werden droht).

1633–1635 RICHELIEU stationiert Truppen in dem zum Reich gehörigen Herzogtum Lothringen.

1635, 19. Mai Frankreich erklärt Spanien den Krieg. Nachdem die Schweden nach der Schlacht bei Nördlingen (1634) bis fast an die Ostsee zurückweichen und mit den Kaiserlichen verbündete spanische Truppen Mittelrhein und Moseltal besetzen – dabei nehmen sie den Trierer Kurfürsten gefangen, der sich unter französischen Schutz gestellt hat – glaubt sich RICHELIEU zum offenen Kriegseintritt gezwungen, obwohl die französische Heeresorganisation noch keineswegs für eine Auseinandersetzung mit den spanischen Elitetruppen gerüstet ist.

1636, 15. Aug. Die spanischen und kaiserlichen Verbände dringen bis nach Corbie vor und lösen in Paris eine Revolte gegen den Kardinal aus. Dieser denkt für einen Moment an Resignation, weiß dann aber durch kaltblütiges, energisches Auftreten die Pariser Massen für sich zu gewinnen und schlägt die Habsburger an der Spitze einer von ihm und dem König persönlich geführten Armee ins Rheintal zurück.

1642 Die Idee des »nationalen« französischen Zentralstaats erfährt durch diesen dramatischen Erfolg beträchtlichen Auftrieb. RICHELIEU erweitert das französische Heer, unter HEINRICH IV. 10 000 Mann, von 60 000 auf 150 000 und beginnt nun mit einer Offensive gegen Spanien und Österreich, die bei seinem Tode noch andauert.

1643–1661 Jules Mazarin tritt die Nachfolge Richelieus an. Mazarin, der 1632 in päpstlichen Diensten mit dem Kardinal verhandelt hat, war aus Bewunderung für Richelieu als Nuntius nach Paris gekommen und dessen vertrauter Schüler geworden, seit 1639 steht er in französischen Diensten, seit 1641 ist er Kardinal, ohne je geistliche Weihen empfangen zu haben. In seiner Amtszeit erringen die französischen Truppen die entscheidenden Erfolge:

1643, 19. Mai In den Ardennen siegt die französische Reiterei bei Rocroi über das spanische Fußvolk.

1645, 3. Aug. Nach mehreren eher erfolglosen Feldzügen des Marschalls Henri de la Tour d'Auvergne, Vicomte von Turenne (*1611, †1675) in das Reichsgebiet können die französischen Truppen die Schlacht bei Alerheim nahe Nördlingen für sich entscheiden.

1647/48 Im Verbund mit den Schweden rücken die Franzosen zangenartig gegen Bayern vor.

1648, 24. Okt. Die militärischen Erfolge und eine geschickte Diplomatie ermöglichen Mazarin im Westfälischen Frieden von Münster und Osnabrück den Triumph über Österreich.

Frankreich erzielt nicht nur beträchtliche Territorialgewinne (die österreichische Landgrafschaft Ober- und Niederelsass, den Sundgau, die Landgrafschaft über zehn elsässische Reichsstädte, Breisach rechts des Rheins, die definitive Bestätigung der Bistümer Metz, Toul, Verdun), sondern auch eine Schwächung der Stellung des Kaisers im Reich und damit des Heiligen Römischen Reiches insgesamt, in dessen Verhältnisse es sich als Bürge der Reichsverfassung nun jederzeit formal einmischen kann.

Mazarin und der Aufstand der Fronde

Die Opfer der absolutistischen Zentralisierung sehen nach dem Tode Richelieus und Ludwigs XIII. den Zeitpunkt gekommen, ihre frühere Macht zurückzuerobern. Trotz der außenpolitischen Erfolge ist die Situation dafür günstig: Für den bei Herrschaftsantritt 1643 fünfjährigen Thronfolger Ludwig XIV. (*1638, †1715) führt die politisch isolierte Königsmutter Anna Maria von Österreich (*1601, †1666) aus habsburgisch-spanischem Hause die Regentschaft. Ihr regierender Minister Mazarin verfügt als Diplomat italienischer Herkunft ebenso wenig über eine politische Hausmacht.

1648 Das Parlement erobert seine Kompetenzen zurück, verweigert die Registrierung besonders unpopulärer Sondersteuern für die Bevölkerung der Hauptstadt und erreicht im Juli, dass die Regentin den »Intendanten« als wichtigsten Trägern der absolutistischen Gewalt die Ausübung ihrer Funktionen untersagt.

27. Aug. Als Mazarin den volkstümlichen Parlamentsrat Pierre Broussel (*1575, †1654) verhaften lässt, kommt es zum offenen Aufstand der Pariser Massen gegen die Regierung, dem »Tag der Barrikaden«.

1649, Jan. Die Königsfamilie flüchtet nach Saint-Germain, wo sie sich bis zum Sept. aufhält. Ein großer Teil des Hochadels, an ihrer Spitze die königlichen Feldherren Louis II. von Bourbon, Prinz von Condé (*1621, †1686) und Turenne, schließt sich dem Volksaufstand an und gibt ihm eine feudalistische Ausrichtung. Nach wechselvollen Kämpfen in den Provinzen muss Mazarin zum Kölner Erzbischof ins Exil gehen.

1651 Nach Ludwigs XIV. Regierungsantritt im Sept. und infolge der Unfähigkeit Condés, Paris zu regieren, zerfällt die Fronde jedoch zusehends.

1652, Jan. Ludwig ruft Mazarin aus dem Exil zurück.

1653, Jan. Mazarin kann nach erbitterten Kämpfen in Paris als Sieger einziehen, obwohl Condé mit Spanien, das immer noch mit Frankreich Krieg führt, ein förmliches Bündnis abgeschlossen hat. Dem Parlement wird über die 1641 entzogenen Rechte hinaus auch das unter Richelieu noch verbliebene Bestätigungsrecht in Finanzangelegenheiten genommen, die »Intendanten« schrittweise wieder in ihre Rechte eingesetzt. Die Machtstellung des absoluten Königtums ist nun stärker als je zuvor. Der Krieg mit Spanien kann jetzt offensiv fortgesetzt werden.

1657 Mazarin schließt ein Bündnis mit England unter Oliver Cromwell (*1599, †1658).

1658 Der Kardinal vereinbart nach der vergeblichen Kandidatur Ludwigs XIV. für die deutsche Kaiserwürde mit mehreren deutschen Fürsten einen ersten, gegen habsburgische Machtansprüche gerichteten, auf drei Jahre befristeten Rheinbund.

1659, 7. Nov. Der mit Spanien auf einer Insel des Grenz-

Frankreich vom 17. bis 19. Jh.

flusses Bidassoa in den Pyrenäen geschlossene **Pyrenäenfriede** bringt Frankreich weitere Territorial- und Machtgewinne. Teile von Flandern, die Grafschaft Hennegau, Städte im Luxemburgischen, die Grafschaften des Artois und Besitztitel in Lothringen erweitern das französische Territorium im Nordosten, die Grafschaften Roussillon, Conflans und die nördliche Cerdagne das im Südwesten auf Kosten Spaniens. Darüber hinaus vereinbart man die Heirat zwischen LUDWIG XIV. und MARIA THERESIA (*1638, †1683), der ältesten Tochter des spanischen Königs PHILIPP IV. (1621–1665). Die Infantin muss, unter der Bedingung, dass eine hohe Mitgift gezahlt wird, auf alle Erbansprüche verzichten. Die beiden heiraten 1660, ohne dass eine solche Zahlung erfolgt. Damit ist die habsburgische Gefahr auch von der spanischen Seite her eingedämmt, fortan ist es ein Ziel französischer Politik, sich das spanische Erbe oder zumindest Teile davon anzueignen.

Das Zeitalter Ludwigs XIV.

Seit der Niederwerfung der antimonarchischen Opposition und dem doppelten Triumph über Habsburg im Westfälischen und im Pyrenäenfrieden ist Frankreich die stärkste Macht Europas. Unter LUDWIG XIV., der nach dem Tode MAZARINS 1661 die Regierung selbst in die Hand nimmt und dem bisher abstrakten **Absolutismus** das Gepräge seiner zugleich herrschaftsbewussten und oberflächlichen Persönlichkeit gibt, wird der entmachtete Adel in ein weit verzweigtes System gut dotierter Hofämter eingefügt und so über seine politische Einflusslosigkeit hinweggetäuscht.

Die Parlements verlieren auch noch das Remonstrationsrecht (Einspruchsrecht), sind nur noch für die Rechtsprechung zuständig und können nicht mehr verhindern, dass der König aus eigener Machtvollkommenheit neue Steuern erhebt. Religiöses, kulturelles und wirtschaftliches Leben unterstehen mehr und mehr dem Einfluss des Staates; trotz politischer Entmachtung bleibt der Adel jedoch gesellschaftlich tonangebend. Gesellschaftliches und politisches Leben konzentrieren sich auf den Hofstaat des Königs, der an die 4000 Menschen umfasst. Prachtentfaltung, hierarchische Ordnung und eine rigoros durchgeformte Etikette an den königlichen Residenzen (zunächst vornehmlich die Schlösser von Marly, 10 km von Versailles, und Trianon im Park von Versailles, ab 1682 dann das neue Schloss von Versailles) demonstrieren die herrscherliche Machtstellung, als deren Symbol überall das Sonnenemblem erscheint (»Sonnenkönig«).

LUDWIG verfügt über die bestorganisierte und zahlenstärkste Armee Europas (Kriegsminister FRANÇOIS MICHEL LE TELLIER DE LOUVOIS [*1641, †1691]), starke, von SÉBASTIEN LE PRESTRE DE VAUBAN (*1633, †1707) erbaute Befestigungsanlagen und zunächst auch über die größte Flotte der Welt. Die königliche Intendantur in den Provinzen und die königlichen Magistrate in den Städten werden ausgebaut; auf dem Lande üben die adligen Grundherren (*seigneurs*) weiterhin Verwaltungs- und Polizeirechte aus. Insgesamt ist die Position der Krone dominierend, jedoch nicht tatsächlich »absolut«: Der Herrscher bleibt trotz umfassender Machtansprüche an die Mitwirkung der vielfältigen regionalen Zwischengewalten und an Grundwerte eines säkularisierten Katholizismus gebunden, aus dem er die Legitimation für seine Herrschaft ableitet.

Wirtschaftliche Entwicklung

LUDWIGS bedeutendster Mitarbeiter JEAN BAPTISTE COLBERT (*1619, †1683), vom persönlichen Verwalter MAZARINS zum Generalkontrolleur der Finanzen aufgestiegen, versucht die zerrütteten Staatsfinanzen durch eine Vereinheitlichung der unübersichtlichen, teilweise widersprüchlichen und ungerechten Steuerbestimmungen neu zu ordnen, scheitert aber trotz einschneidender Maßnahmen und anfänglicher Erfolge am Widerstand zahlreicher Interessengruppen und regionaler Gegenkräfte sowie am Entschluss des Königs, das Land erneut in kriegerische Aktionen zu verwickeln. Erfolgreicher sind COLBERTS Bemühungen um eine Vereinheitlichung der Zölle. 1664 werden die nördlichen und mittleren Regionen des Landes zu einer Zolleinheit ohne Binnenzölle zusammengefasst, während im übrigen Frankreich die Binnenzölle erhalten bleiben. Am meisten erreicht der Finanzkontrolleur mit einer planmäßigen Wirtschaftsförderung: Durch einen Schutzzoll, der das ganze Reich umgibt, Übernahme auswärtiger Produktionsmethoden und Reglementierung der Herstellungsprozesse sucht er den Export auf Kosten des Imports zu steigern, um dem Staat Geldmittel für seine Großmachtpolitik zu verschaffen (System des **Merkantilismus**). Im Zuge dieser Maßnahmen wird das Schifffahrtsvolumen vervielfacht und eine Verbindung zwischen Atlantik und Mittelmeer, der Canal du Midi, hergestellt. Darüber hinaus werden die Grundlagen für die französischen Großmanufakturen geschaffen, die die erste ihrer Art in Europa sind; in ihren Schwerpunkten Textilproduktion sowie Erzeugung von Luxusartikeln bleiben sie bis ins 20. Jh. hinein führend. Die Landwirtschaft wird dagegen vernachlässigt, was später die Kritik der »Physiokraten« hervorruft.

Aufbau eines Kolonialreichs

Ergänzt werden die Maßnahmen zur Wirtschaftsförderung durch eine systematisch betriebene Überseepolitik, die das französische Kolonialreich zum zweitgrößten der Welt – nach dem spanischen – werden lässt. Träger der kolonialen Expansion sind zur Zeit der Renaissancekönige zunächst von der Krone geförderte bürgerliche Unternehmer: 1541 erfolgt die Gründung der ersten Kolonie *Nouvelle France* (Neufrankreich), bestehend aus Neufundland, Teilen von Labrador und der St. Lorenzbucht, 1560 die einer französischen Handelsniederlassung an der nordafrikanischen Küste. Unter HEINRICH IV. beginnt die systematische Kolonisierung Kanadas. Seit RICHELIEU treiben große, mit besonderen Privilegien ausgestattete und daher vom Staat abhängige Kolonialgesellschaften die Ausdehnung der Kolonialgebiete mit politischer Zielrichtung gegen das spanische

Weltreich voran (zahlreiche Antilleninseln, Stützpunkte am Senegal und auf Madagaskar).

Colbert erlässt strenge Bestimmungen zur Steigerung der wirtschaftlichen Erträge aus den Kolonien. Diese dürfen nicht mit dem Mutterland konkurrieren oder Produkte an Drittländer liefern, zudem muss der Handel von französischen Staatsbürgern wahrgenommen werden. Zur wichtigsten Aufgabe der kolonialen Unternehmungen wird die Belieferung des Mutterlandes mit dort nicht erhältlichen Agrarprodukten und Rohstoffen (*pacte colonial*). Mehr und mehr wird auch das Hinterland der Handelsniederlassungen erschlossen, Kolonisten werden systematisch angesiedelt. Im Zusammenhang mit den europäischen Kriegen Ludwigs ergibt sich daraus die Notwendigkeit, die neuen Territorien auch gegen militärische Eroberung abzusichern, und so entsteht die Idee eines auch politischen *empire d'outre-mer*. 1682 wird Louisiana, ein Gebiet weit größer als der spätere amerikanische Bundesstaat, für die französische Krone in Besitz genommen, die vorhandenen Kolonien werden erweitert, zusätzlich eine Reihe von Niederlassungen in Ostindien gegründet. Colberts Kolonialreichspläne reichen noch bedeutend weiter, stoßen aber ebenfalls an die Grenze der inneren Leistungsfähigkeit des Landes und der Entscheidung Ludwigs für eine offensive und kostspielige Europapolitik.

Kunst und Wissenschaft

Kunst und Wissenschaft lassen das Zeitalter Ludwigs XIV. zum *grand siècle* der französischen Geschichte werden. Von der Krone bewusst gefördert, tragen sie oft zur Verherrlichung des absolutistischen Herrschergedankens bei und begründen Frankreichs Rang als führende Kulturnation Europas, gelangen in ihrem universalistischen Moralismus aber oft auch darüber hinaus zu einer Kritik der bestehenden gesellschaftlichen Zustände. Wegbereiter der neuklassischen Literatur Frankreichs sind der seit 1629 in den Niederlanden lebende Philosoph und Mathematiker René Descartes (*1596, †1650), dessen »Discours de la méthode« 1637 die Grundlagen für rationalistisches und aufklärerisches Denken legt, sowie Blaise Pascal (*1623, †1662), wie Descartes ein hervorragender Mathematiker, daneben ein von verinnerlichter christlicher Frömmigkeit (Jansenismus) geprägter Existenzphilosoph. Am antiken Vorbild, v.a. an Horaz' »Ars poetica« orientierte ästhetische Regeln kodifiziert der Schriftsteller und Kunsttheoretiker Nicolas Boileau-Despréaux (*1636, †1711) in seiner »Art poétique« (1674). »Gebändigter« Stil und moralistische Weltsicht spiegeln sich in den klassischen Tragödien von Pierre Corneille (*1606, †1684) und Jean Racine (*1639, †1699), den Charakterkomödien von Molière (eigentlich Jean-Baptiste Poquelin, *1622, †1673), den eleganten »Contes« und satirischen Tierfabeln von Jean de La Fontaine (*1621, †1695), den aphoristischen »Maximen und Reflexionen« (»Réflexions ou sentences et maximes morales«, 1665) des Fronde-Führers François de La Rochefoucauld (*1613, †1680) und den »Charakteren« (1688) des artverwandten Jean de La Bruyère (*1645, †1696) wider. Jacques-Bénigne Bossuet (*1627, †1704), führender katholischer Theologe und Kanzelredner der Zeit, definiert das kirchenpolitische Selbstverständnis des absolutistischen Staates in den vier Artikeln der »Gallikanischen Freiheiten« (1690 von Papst Alexander VIII. verworfen). Erzbischof François Fénelon (*1651, †1715) übt in einem Fürstenspiegel Kritik am Absolutismus.

In der Malerei dominiert das antikmythologische Vorbild (Nicolas Poussin [*1593/94, †1665]), in der Architektur große Staatsbauten (Jules Hardouin Mansart [*1646, †1708], Louis Le Vau [*1612, †1670] erbauen 1661–1684 das Schloss Versailles) und in der Musik die klassische Oper (Jean-Baptiste Lully [*1632, †1687], Jean-Philippe Rameau [*1683, †1764]).

Außenpolitik

Auf Grundlage der inneren und äußeren Erfolge der Krone sucht Ludwig sein Reich an der Ostgrenze, vom Ärmelkanal bis zum Mittelmeer, territorial zu erweitern. Bis 1688 kann er die Vormachtstellung Frankreichs auf dem Kontinent fortlaufend steigern, danach wird er in das europäische Gleichgewichtssystem zurückverwiesen. Die übersteigerte Expansionspolitik schädigt die innere Substanz des Staates.

1667 Unter Berufung auf umstrittene Erbansprüche (Devolution [Heimfall]; daher **»Devolutionskrieg«**) auf die spanischen Niederlande greift Ludwig Spanien in Flandern und Burgund an. Er trifft zunächst nur auf geringen Widerstand.

1668, 23. Jan. England und Holland geben den See- und Handelskrieg auf und schließen sich mit dem bisher mit Frankreich verbündeten Schweden zur Tripelallianz gegen das französische Vordringen zusammen.

2. Mai Im Frieden von Aachen muss sich Frankreich mit dem Gewinn niederländischer Grenzfestungen, darunter Lille, zufriedengeben.

1670 Ludwig fällt in Lothringen ein, vertreibt dessen Herzog Karl IV. (*1604, †1675) und hält das Land bis 1697 militärisch besetzt.

1672 Beginn des **Holländischen Krieges**: Durch Bündnisse und Subsidienverträge mit England, Schweden und deutschen Fürsten abgesichert, greift Ludwig die niederländischen Generalstaaten an. Diese geraten im ersten Kriegsjahr an den Rand der militärischen Niederlage. Ein Volksaufstand bringt Wilhelm III. von Oranien (*1650, †1702) an die Macht, der zur Verteidigung des Landes 1673 die Deiche der Kernprovinz Holland öffnen lässt und eine Koalition mit dem Reich, Brandenburg, Österreich und Spanien zustande bringt.

1678/79 Nachdem Ludwig Schweden und Polen als Bundesgenossen gewonnen hat, kommt es in Nimwegen zum Friedensschluss: Die Niederlande werden restituiert, müssen sich aber zu fortwährender Neutralität verpflichten. Spanien muss weitere Teile Westflanderns, u.a. Cambrai, und die Franche-Comté an Frankreich abgeben, Lothringen bleibt faktisch unter französischer Herrschaft.

1679 Aus Enttäuschung über den Frieden von Saint-

Germain-en-Laye, der Schweden die preußischen Eroberungen in Pommern größtenteils zurückgibt, schließt der brandenburgische Kurfürst FRIEDRICH WILHELM I. (der »Große Kurfürst«; 1640–1688) einen Subsidienvertrag mit Frankreich.

seit 1679 LUDWIG XIV. eignet sich Städte und Dörfer im Elsass und in Lothringen gewaltsam an, die von französischen Sondergerichtshöfen, den Réunionskammern, aufgrund zweifelhafter historischer Ansprüche der Krone zugesprochen werden (insgesamt etwa 600). 1681 wird Straßburg annektiert, 1684 Luxemburg und Trier besetzt. Durch den von Frankreich begünstigten Vorstoß der Türken gebunden, erkennen Kaiser und Reich im Regensburger Stillstand (1684) die Réunionen auf 20 Jahre an.

1685, 18. Okt. Etwa zur gleichen Zeit intensiviert der französische König die seit seinem Regierungsantritt geübte Drangsalierung der Hugenotten und hebt das Edikt von Nantes durch das Revokationsedikt von Fontainebleau auf. Die Kultfreiheit, protestantische Erziehung und die Auswanderung von Protestanten werden verboten. Nahezu der Hälfte der einen Million französischer Protestanten gelingt es dennoch zu fliehen, besonders in die nördlichen Niederlande, England und Brandenburg. Frankreich verliert beträchtliche wirtschaftliche und intellektuell-moralische Kräfte. Hugenottenverfolgungen, Réunionspolitik und Begünstigung der Türken nehmen die öffentliche Meinung in Europa gegen Frankreich ein.

1688–1697 **Pfälzischer Erbfolgekrieg**: Als LUDWIG rechtlich unhaltbare Erbansprüche seiner Schwägerin ELISABETH CHARLOTTE (LISELOTTE) VON DER PFALZ (*1652, †1722) auf die Pfalz gewaltsam durchsetzen will und in Süddeutschland einmarschiert, verbünden sich die Generalstaaten und England, die jetzt beide von WILHELM III. VON ORANIEN regiert werden, sowie Österreich, Spanien, deutsche Reichsfürsten, Schweden und Savoyen, um die französische Expansion zurückzuwerfen, der wegen der bevorstehenden Nachfolgeregelung für den kinderlosen, schwächlichen spanischen König KARL II. (1665–1700) besondere Gefährlichkeit zugemessen wird.

1689 Bei ihrem Rückzug aus dem Rheingebiet unternehmen die französischen Truppen eine »Zerstörung der Pfalz«, der u. a. das Heidelberger Schloss und der Speyerer Dom zum Opfer fallen. Ein jahrelanger Stellungs- und Belagerungskrieg schließt sich an.

1692, Mai/Juni England wehrt einen französischen Invasionsversuch ab und bringt der französischen Flotte in der Seeschlacht bei La Hogue eine vernichtende Niederlage bei.

1697, 20. Sept. Der Friede von Rijswijk beendet den Pfälzischen Krieg: Frankreich muss auf alle Réunionen außerhalb des Elsass, auf die rechtsrheinischen Städte und auf seine pfälzischen Erbansprüche verzichten. Lothringen wird endgültig restituiert, allerdings behält Frankreich ein Durchmarschrecht. Der Zenit der französischen Expansion ist überschritten.

1701–1713/14 **Spanischer Erbfolgekrieg**: LUDWIG nimmt nach dem Tod (1700) des letzten spanischen Habsburgers, KARL II., das spanische Erbe für seinen Enkel PHILIPP VON ANJOU (*1683, †1746) an und provoziert damit eine neue antifranzösische Koalition unter Führung WILHELMS III. VON ORANIEN. Für den Ausgang des Krieges wird die englische Gleichgewichtspolitik entscheidend: England will eine Vereinigung Spaniens mit Österreich ebenso verhindern wie die Vereinigung mit Frankreich.

Die Häuser Bourbon jüngere Linie und Orléans

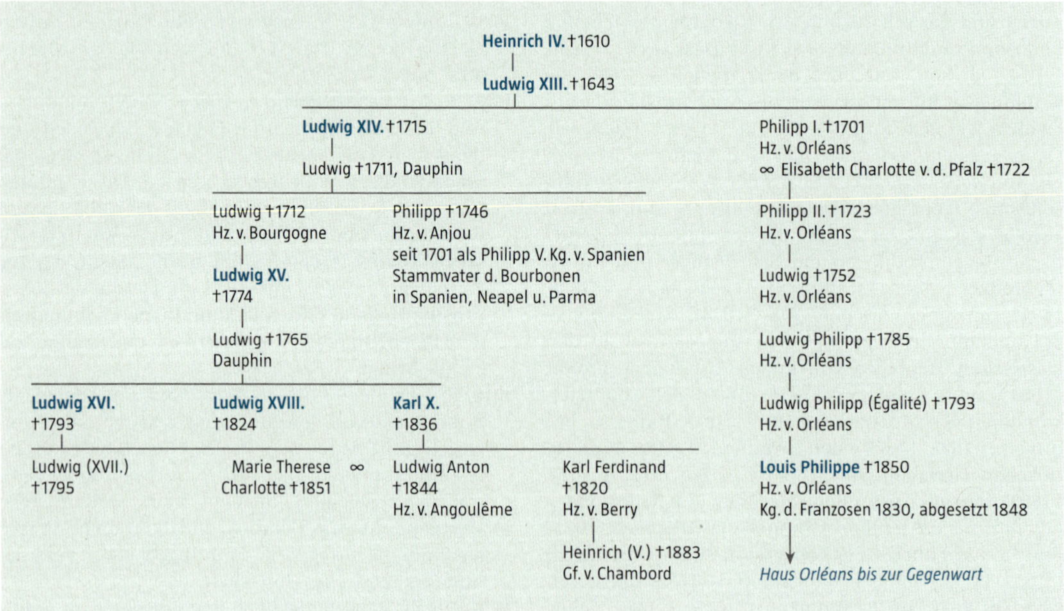

1713 Im **Frieden von Utrecht** kann Philipp von Anjou die spanischen Hauptlande und Kolonien behalten, muss aber die Nebenlande abgeben und auf eine Vereinigung mit Frankreich verzichten. Frankreich bleibt eine Großmacht unter anderen, während England zum Schiedsrichter des Kontinents und zur führenden Macht in Übersee aufsteigt.

1715, 1. Sept. Bei seinem Tod hinterlässt Ludwig ein erschöpftes Land: Die Einwohnerzahl ist von 21 Mio. im Jahre 1700 auf 18 Mio. gesunken; der Staatshaushalt ist um 18 Jahresbudgets überzogen.

Frankreich vor der Revolution

1715–1723 Für den bei Herrschaftsantritt fünfjährigen **Ludwig XV.** (*1710, †1774), ein Urenkel Ludwigs XIV., führt der Herzog von Orléans, Philipp II. (*1674, †1723), die Regentschaft, unterstützt von Kardinal Guillaume Dubois (*1656, †1723). Als Gegenleistung für die Ausschaltung eines von Ludwig XIV. verfügten Regentschaftsrats erhält das Pariser Parlement einige seit Richelieu verlorene Rechte zurück, insbesondere das Remonstrationsrecht vor der Registrierung königlicher Edikte.

1716–1720 Mit den Erträgen einer Bank zur Erschließung der Kolonialgebiete (Spekulation auf Silberfunde in Louisiana) sucht John Law (*1671, †1729), schottisch-französischer Finanzmann und Wirtschaftstheoretiker, die zerrütteten Staatsfinanzen zu sanieren. Als sich die von Laws Gegnern angeheizte Spekulation als überhöht erweist, bricht die Staatsbank zusammen. Eine gewaltige Inflation setzt ein. Die Staatsschulden haben sich auf Kosten der Gläubiger um die Hälfte verringert, die unteren Bevölkerungsschichten leiden unter der Preissteigerung. Handel und Gewerbe, in geringem Maße auch die Landwirtschaft, erleben jedoch einen neuen Aufschwung.

1726–1743 Unter dem greisen Kardinal André Hercule de Fleury (*1653, †1743) als leitendem Minister des nunmehr mündigen Königs setzen sich wirtschaftlicher Aufschwung und zunehmendes Auseinanderdriften der Einkommen fort.

1733–1735 In der Außenpolitik werden zunächst Erfolge erzielt: Im Polnischen Thronfolgekrieg versucht Fleury zwar vergeblich, Ludwigs Schwiegervater Stanislaus Leszczyński (*1677, †1766) auf den polnischen Thron zurückzubringen, erreicht aber im Vorfrieden von Wien (endgültig 1738), dass das Herzogtum Lothringen dem Gatten der österreichischen Thronerbin Maria Theresia (*1740–1780) genommen und Leszczyński sowie als dessen Erben Ludwig übertragen wird.

1740–1748 Im Österreichischen Erbfolgekrieg kämpft Ludwig XV. mit Preußen und mehreren Reichsständen gegen das Thronfolgerecht Maria Theresias, die von England unterstützt wird. Seine Bemühungen bleiben jedoch ohne dauerhaften Erfolg, wie der Frieden von Aachen (1748) zeigt. Der britisch-französische Gegensatz in Übersee dauert an, wird sogar verstärkt, da die französischen Besitzungen in Nordamerika und Indien beträchtlich anwachsen und die englischen Siedler sich bedroht fühlen.

1744–1748 Unter Joseph-François Dupleix (*1697, †1763), Generalgouverneur (1742–1754) für die französischen Niederlassungen in Indien, kommt es zur militärischen Auseinandersetzung auf indischem Territorium (Erster Karnataka-Krieg).

ab 1754 Kämpfe an der Grenze zwischen französischem und britischem Gebiet in Nordamerika.

1756–1763 **Siebenjähriger Krieg.**

1756, 1. Mai Als sich Preußen und England über die Neutralität Norddeutschlands verständigen, geht Ludwig auf das Bündniswerben des österreichischen Kanzlers Wenzel Anton Graf Kaunitz (*1711, †1794) ein. Der Vertrag von Versailles sieht die Unterstützung der österreichischen Pläne auf Rückgewinnung Schlesiens gegen die Zusage vor, die österreichischen Niederlande an Frankreich abtreten zu wollen.

Während die durch Preußen ausgelösten Kämpfe in Mitteleuropa starke französische Kräfte binden, ohne dass sich der Status quo auf Dauer verändern lässt, erweisen sich die britischen Streitkräfte in Indien und Nordamerika als den französischen überlegen.

1759 Vor der Küste der Bretagne vernichten die Briten den größten Teil der französischen Flotte; britische Truppen erobern Kanada.

1763, 10. Febr. Im Frieden von Paris muss Frankreich auf den größten Teil seines Kolonialreichs verzichten, lediglich einige Inseln und Handelsplätze sowie die Westhälfte von Santo Domingo bleiben erhalten. Frankreich ist außenpolitisch so geschwächt, dass es 1772 die Erste Teilung Polens ohne Gegenwehr hinnehmen muss.

Auch innenpolitisch verliert die Krone an Ansehen: Ludwig XV. diskreditiert sich unter dem Einfluss seiner Mätressen, insbesondere Jeanne-Antoinette Poisson, Marquise de Pompadour 1745–1764 (*1721, †1764) und Marie-Jeanne Bécu, Comtesse du Barry (Dubarry) 1769–1774 (*1743, †1793), durch frivolen Lebensstil und nachlässige Handhabung der Regierungsgeschäfte.

1774–1792 **Ludwig XVI.** (*1754, †1793), der Enkel Ludwigs XV., besitzt nicht die nötige Energie, die unterdessen gewaltig angewachsenen Probleme in den Griff zu bekommen.

Die Krise der absolutistischen Herrschaft

Die Unfähigkeit der Monarchen zu einem Zeitpunkt, da eine Fülle unerledigter und neuer Probleme zusammentreffen, führt das bisher gerade wegen der Leistungsfähigkeit der Krone erfolgreiche absolutistische Regime in eine Krise, von der es sich nicht mehr erholt.

In der Durchdringung des Staates durch die einheitliche königliche Gewalt werden seit Ludwig XIV. keine Fortschritte mehr erzielt. Was an archaischem Wirrwarr unterschiedlicher Rechtsgebiete, feudaler und moderner Kompetenzen, Privilegien und gegensätzlicher Verordnungen geblieben ist, bleibt erhalten, ferner nehmen die ständischen Parlements den Kampf um die politische Macht wieder auf. Weil der Staatsapparat nicht modernisiert wird, wachsen die Missstände im Steuersystem ins Unermessliche: Trotz der Maßnahmen LAWS zur Senkung der Staatsschuld gelingt es nicht, zu einem ausgeglichenen Budget zu kommen. Infolge der Kriege nach dem Ende der Ära FLEURY nimmt das Defizit wieder beträchtlich zu, ohne dass die Krone in der Lage ist, sich einen verlässlichen Überblick über ihre Einnahmen und Ausgaben zu verschaffen. Adel und Klerus, deren Spitzen immer noch zu den einkommensstärksten Gruppen des Landes zählen, sind von der wichtigsten direkten Steuer, der *Taille* (Einkommen- und Grundsteuer), befreit, während die wichtigste indirekte Steuer, die *Gabelle* (Salzsteuer), an Generalpächter mit hohen Gewinnen verpachtet ist und zudem in den einzelnen Territorien ganz unterschiedlich gehandhabt wird.

Beträchtlich verschärft wird die Steuerungerechtigkeit durch das Auseinanderdriften der Einkommen infolge des anhaltenden wirtschaftlichen Aufschwungs, den Frankreich unter den beiden Nachfolgern LUDWIGS XIV. erlebt, so vervierfacht sich z. B. das Volumen des Außenhandels zwischen 1715 und 1789. Zu den Ursachen dieses Aufschwungs zählen, sich z. T. wechselseitig bedingend, erstens ein beträchtliches Bevölkerungswachstum (von etwa 18 Mio. Einwohnern im Jahre 1715 auf etwa 26 Mio. 1789), zweitens ein Agrarboom, drittens eine moderne liberalkapitalistische Wirtschaftspolitik in Gestalt extensiver Kapitalnutzung (LAW), weiterer Vereinheitlichung des französischen Wirtschaftsgebietes durch neue Verkehrswege und Binnenzollabbau (FLEURY), der Aufhebung merkantilistischer Regulierungen, einer schrittweisen Einführung der Gewerbefreiheit und der Freigabe des interregionalen Getreidehandels (JACQUES NECKER [*1732, †1804]), viertens eine zunehmende Marktorientierung der Agrarproduktion und fünftens – zunächst ganz am Rande – die sich seit den 1760er-Jahren zeigenden ersten Ansätze der Industrialisierung der Textilindustrie und des Bergbaus.

Der Aufschwung stärkt die großbürgerlichen Kräfte (Großhändler, Großkaufleute, Reeder, Verleger, v. a. Pächter und andere Inhaber der großen landwirtschaftlichen Betriebe) finanziell und quantitativ beträchtlich: Die Perspektive auf einen Aufstieg in die adlige Herrenschicht mittels Ämterkauf – jetzt nicht seltener realisierbar als im 17. Jh. – genügt ihnen nicht mehr, zumal sich die wohlhabenden Adligen ihrer Erwerbsweise anpassen und objektiv gesehen die gleichen Agrar- und Handelskapitalistenfunktionen wahrnehmen. Sie fordern, z. T. unterstützt von den bürgerlichen »Zwischenschichten« städtischer Honoratioren, eine Aufhebung der politischen und gesellschaftlichen Privilegierung des Adels. Innerhalb der alten Herrenschicht behalten jedoch diejenigen Kräfte die Oberhand, die sich entweder nicht auf die neuen Produktionsbedingungen einzustellen wissen und darum um ihren Abstieg fürchten oder bereits für eine kapitalistische Existenz zu arm und umso mehr auf ihre Privilegien angewiesen sind oder alte Vorrechte und neuen Reichtum monopolisieren möchten.

Die arbeitenden Schichten partizipieren nur in sehr geringem Maße an dem Aufschwung. Ihre Einkünfte können mit den steigenden Preisen kaum Schritt halten. Statt der nur noch wenig belastenden Frondienste, die ohnehin im Laufe des Jh.s schrittweise aufgehoben werden, empfindet die Masse der am Rande des Existenzminimums laborierenden bäuerlichen Kleinpächter die Einkommensunterschiede zur Agrarkapitalistenschicht als gravierend; das gleiche gilt für die landwirtschaftlichen Kleinproduzenten in den Städten. Während des ganzen Jh.s hält die Landflucht an. In den Städten entsteht ein Proletariat aus deklassierten Handwerksmeistern, Gesellen ohne Aufstiegsmöglichkeiten und Manufakturarbeitern. Kaufkraftschwund und Getreidepreisverfall seit den 1770er-Jahren sowie Arbeitskräfteüberschuss seit den 1780er-Jahren verschärfen das Protestpotenzial, das sich gegen die »Herren« richtet, zunächst aber auch in Fortsetzung der Koalitionen früherer Jahrhunderte von den ständischen Parlements gegen die Krone mobilisiert werden kann.

Die vielfältige, in ihrer Zielsetzung oft gegensätzliche Oppositionsstimmung artikuliert sich in der Staatskritik der Aufklärung und wird von dieser mit geformt. CHARLES DE SECONDAT, BARON DE LA BRÈDE DE MONTESQUIEU (*1689, †1755), Senatspräsident in Bordeaux, fordert die Gewaltenteilung als Voraussetzung für politische Freiheit. VOLTAIRE (eigentlich FRANÇOIS-MARIE AROUET, *1694, †1778) kämpft gegen Vorurteile, kirchliche Unterdrückung und irrationalistische Traditionen. DENIS DIDEROT (*1713, †1784) und JEAN-BAPTISTE LE ROND D'ALEMBERT (*1717, †1783) bieten in der seit 1751 unter ihrer Leitung entstehenden, insgesamt dann 35 Bände umfassenden »Enzyklopädie« nicht nur eine Summe der aufklärerischen Kritik an Staat und Kirche, sondern auch umfassende Begründungen für die Prinzipien der Rechtsstaatlichkeit, des Naturrechts, der Freiheit und der Gleichberechtigung. JEAN-JACQUES ROUSSEAU (*1712, †1778) weitet die Staatskritik zu einer generellen Zivilisationskritik aus und entwickelt mit der Idee des **Gesellschaftsvertrags** als alleiniger Grundlage des Staats ein radikales, verabsolutiertes Demokratiemodell. Physiokratische Wirtschaftstheoretiker, v. a. FRANÇOIS QUESNAY (*1694, †1774) und VICTOR RIQUETI, MARQUIS DE MIRABEAU (*1715, †1789), kritisieren den Merkantilismus und fordern neben der Freiheit der Wirtschaft Agrarreformen zur Steigerung der landwirtschaftlichen Produktion, in der sie die Quelle allen Reichtums sehen. Träger der immer intensiver werdenden Reformdiskussion werden die bürgerlichen Zwischenschichten, die entsprechenden mittleren und unteren Ränge des Klerus und den aufklärerischen Idealen verpflichtete Adlige, denen eine Liberalisierung des Systems nach englischem Muster vorschwebt. Die erfolgreiche Beteiligung eines französischen Freiwilligenkorps unter MARIE-JOSEPH DU MOTIER, MARQUIS DE LA FAYETTE (*1757, †1834) am Amerikanischen Unabhängigkeitskrieg (1775–1783) verschafft der Idee der politischen Demokratie zusätzliche Breitenwirkung.

1770 LUDWIG XV. versucht auf Anraten seines Kanzlers RENÉ-NICOLAS DE MAUPEOU (*1714, †1792) die Adelsopposition einzudämmen, indem er die Rechte des Pariser Parlements auf rein beratende Funktionen beschränkt. Als dessen Mitglieder daraufhin geschlossen zurücktreten, setzt LUDWIG, ohne ihnen den zustehenden Kaufpreis ihrer Ämter zu erstatten, neue königliche Gerichtshöfe ein.

1774, Nov. Der Versuch scheitert, als sein Nachfolger LUDWIG XVI. die Parlements, wenn auch mit eingeschränkten Rechten, restituiert.

1774–1776 LUDWIGS XVI. erster Finanzminister ANNE-ROBERT-JACQUES TURGOT (*1727, †1781) unternimmt weitreichende Schritte zur Liberalisierung von Handel und Gewerbe. TURGOTS Versuch, durch Schaffung einer gestuften Landschaftsvertretung die Steuerlast nach Gesichtspunkten der Leistungsfähigkeit umzuverteilen, scheitert am Widerstand der Parlements, die seine Entlassung erzwingen.

1777–1781 TURGOTS zweiter Nachfolger, der Bankier JACQUES NECKER, wagt nur noch Reformen, die das Sozialgefüge unangetastet lassen und flüchtet sich zu weiterer Staatsverschuldung.

1781, Febr. NECKER veröffentlicht den ersten öffentlichen Rechenschaftsbericht (*Compte rendu*), der erhebliche Beunruhigung über die Ausgaben des Hofes auslöst, obwohl er das tatsächliche Ausmaß der Verschuldung noch verschleiert. Die um die Königin MARIE ANTOINETTE (*1755, †1793), einer Tochter der Kaiserin MARIA THERESIA, organisierten reformfeindlichen Hofkreise bewerkstelligen auch seinen Sturz.
Ein Erlass des Kriegsministers PHILIPPE-HENRI DE SÉGUR (*1724, †1801) macht den Eintritt in die Offizierslaufbahn vom Nachweis von vier Generationen adliger Vorfahren abhängig.

1783–1787 Nach NECKER macht CHARLES-ALEXANDRE DE CALONNE (*1734, †1802) wieder hemmungslos neue Ausgaben, in der Hoffnung, eine umfassende Steuerreform im Sinne TURGOTS doch noch durchbringen zu können.

1787 Um die Opposition der Parlements zu umgehen, lässt CALONNE LUDWIG XVI. eine Notabelnversammlung einberufen, die er über das ganze Ausmaß der Finanzkrise informiert. Diese entscheidet jedoch nicht anders als die Parlements: Sie erzwingt CALONNES Entlassung.

1787–1788 ÉTIENNE-CHARLES DE LOMÉNIE DE BRIENNE (*1727, †1794) versucht nun als Generalkontrolleur der Finanzen, die Krise zu bewältigen, ohne die Interessen der Privilegierten anzutasten, natürlich vergeblich. Gegen dennoch ausgeschriebene neue Steuern rufen die Parlements zum Steuerboykott auf. Gerichts- und Verwaltungsbehörden, Aristokraten, Kleriker und Stadtbürgerschaften schließen sich dem Aufruhr an.

1788, 8. Aug. LUDWIG XVI. gibt dem Drängen der Parlements auf eine Bekanntmachung zur **Einberufung der Generalstände** (zum Mai 1789) nach.

16. Aug. Die Staatskasse erklärt den Bankrott. Beide Seiten, ständische Opposition und Krone, hoffen den Machtkonflikt durch Einbeziehung des »Dritten Standes« für sich entscheiden zu können.

Frankreich: Revolution, Republik, Kaiserreich (1789–1944)

Die Französische Revolution (1789–1799)

Nachdem sich das Königtum als unfähig erwiesen hat, den modernen Einheitsstaat auf Dauer gegen die feudale Vielfalt durchzusetzen und die aus der sozialen Umschichtung des 18. Jh.s entstandenen Probleme zu bewältigen, verliert es ab 1788 die Initiative. Träger des nun einsetzenden revolutionären Umbruchs sind erstens die liberalen Reformkräfte aus Adel, Groß- und Bildungsbürgertum, zweitens das Kleinbürgertum und unterbürgerliche Schichten in den Städten, besonders in Paris, und drittens die Masse der bäuerlichen Kleinpächter auf dem Land. Jede dieser drei Gruppen verfolgt durchaus eigenständige Zielsetzungen. Ihr – im Einzelnen bis heute umstrittenes – Ineinanderwirken bestimmt die Dynamik des Revolutionsverlaufs.

Den liberalen Reformern, die mit dem Bürgertum schlechthin keineswegs identisch sind, vielmehr die aufgeklärten Eliten aller drei Stände darstellen, geht es um eine umfassende Erneuerung des Landes auf allen innenpolitischen Gebieten, insbesondere in den Bereichen der Regierungsorganisation, der Administration, der Justiz, der Steuer- und Finanzpolitik sowie der Wirtschaftspolitik, mit dem Ziel, einen leistungsfähigen staatlichen Rahmen für die vornehmlich agrarkapitalistische Produktionsweise zu schaffen und den Zugang zur staatlichen Macht entsprechend der wirtschaftlichen Leistungsfähigkeit zu regeln. Am englischen Vorbild orientiert, hoffen sie zunächst, diese Reformen mit dem Königtum durchsetzen zu können; erst als die Krone mehr und mehr zum Gefangenen der Reformgegner wird, ringen sie sich – nicht ohne Fraktionskämpfe – zur republikanischen Lösung durch.

Der Bauernbewegung, die durch den Konflikt zwischen traditionellen und reformbereiten Eliten zwar ausgelöst, aber nicht von ihr bestimmt wird, geht es in Fortsetzung früherer Revolten um die Befreiung von den Domanial-, Seigneurial- und Feudallasten. Ihr Ideal ist die selbstständige landwirtschaftliche Kleinproduzentenexistenz. Als dies erreicht ist, scheiden die Bauern aus dem revolutionären Prozess aus und bilden fortan die konservativste Grundschicht des Landes.

Noch stärker als die Bauernbewegung ist der Aufstand der kleinbürgerlichen Handwerker, Gesellen und städtischen Unterschichten der Tradition der Massenrevolten früherer Jahrhunderte verhaftet: Motor dieser Bewegung sind zunächst akute Probleme der Versorgungslage, die die arbeitenden Schichten für demagogische Manipulationen anfällig machen – und zunächst durch die adlige Reaktion, dann durch konkurrierende Gruppen der um die Macht kämpfenden bürgerlichen Zwischenschichten genutzt werden. Im Kern richtet sie sich gegen die Dynamisierung des Wirtschaftslebens, nicht zuletzt gegen die beginnende industriekapitalistische Produktion. Ihr – objektiv nicht mehr erreichbares – Ideal ist eine Gesellschaft selbstständiger Ein- oder Zweimann-Betriebe. Sie kämpfen daher für einen Staat, der dieses sozioökonomische Ideal garantiert und jeden Bürger entsprechend seiner sozialen Nützlichkeit unmittelbar am politischen Entscheidungsprozess partizipieren lässt.

Die liberale Revolution (1788/89–1792)

1788, Aug.–1789, April In Erwartung der für Mai 1789 einberufenen Generalstände, die die Finanzkrise des Staates lösen sollen, artikulieren die Gruppen ihre Ziele, während die Krone in Entscheidungslosigkeit verharrt. Eine Fülle von Reformbroschüren überflutet das Land, darunter die des von Abbé Emmanuel-Joseph Sieyès (*1748, †1836): »Was ist der Dritte Stand?« (»Qu'est-ce que le Tiers État?«).

1788, 25. Sept. Das Parlement von Paris fordert die Zusammensetzung der Generalstände nach dem Muster von 1614.

27. Dez. Der wieder berufene Finanzminister und nun auch als Premierminister amtierende Jacques Necker verfügt die Verdoppelung der Abgeordnetenzahlen des Dritten Standes, lässt jedoch offen, ob korporativ nach Ständen oder nach Köpfen abgestimmt werden soll. In nahezu 40 000 Denkschriften (*cahiers de doléances*), nach Ständen getrennt abgefasst, trägt die Bevölkerung ihre Forderungen vor.

1789, 5. Mai **Zusammentritt der Generalstände** in Versailles. Ludwig XVI. überlässt den Abstimmungsmodus der Entscheidung der Abgeordneten.

17. Juni Als nach sechs Wochen immer noch keine Einigung erzielt ist, erklärt sich der Dritte Stand unter dem Einfluss Sieyès' und des Honoré Gabriel de Riqueti Graf Mirabeau (*1749, †1791) zur **Nationalversammlung**. Eine Reihe von Vertretern der privilegierten Stände, besonders aus dem niederen Klerus, schließen sich an.

20. Juni Als der König das Zusammentreten der selbsternannten Nationalversammlung verhindern will, versammeln sich die Abgeordneten des Dritten Standes und die Mandatsüberträger in einem Saal des Versailler Schlosses und verpflichten sich, erst nach Verabschiedung einer Verfassung auseinanderzugehen (»Ballhausschwur«).

23. Juni Der König stellt sich offen auf die Seite der alten ständischen Ordnung.

11. Juli Steigende Lebensmittelknappheit, Gerüchte über die bevorstehende Auflösung der Nationalversammlung und die Entlassung des populären Necker führen zum Aufruhr in Paris. Die Wahlmänner der Stadtbezirke nehmen als »Kommune« die Verwaltung der Stadt in die Hand; Volksmilizen (Nationalgarden) werden gebildet.

14. Juli **Volksmassen erstürmen die Bastille**, das zu diesem Zeitpunkt kaum belegte alte Stadtgefängnis.
Gleichartige Aufstände in den Städten und Ortschaften des Landes schließen sich an. Als der König das Geschehen nach außen hin billigt, beginnt der Adel zu emigrieren. Die »Große Furcht« vor einem Aristokratenkomplott versetzt die bäuerliche Bevölkerung in der letzten Juli-Woche in Panik; es kommt zu einer Kette von Gewalttätigkeiten: Herrensitze werden geplündert oder zerstört, Archive, die die Feudallasten verzeichnen, vernichtet. Um den bürgerlichen Besitz zu retten, entschließen sich die Honoratioren der Nationalversammlung, über die beabsichtigte Steuergleichheit hinaus den Großgrundbesitz zu opfern.

4./5. Aug. Das Feudalsystem wird aufgehoben, der Kirchenzehnt abgeschafft, die Abgeordneten der ersten beiden Stände verzichten auf alle Privilegien. In den folgenden Tagen beschließt die Versammlung die entschädigungslose Aufhebung der Frondienste, die Ablösbarkeit der übrigen Grundherrenrechte und der richterlichen Ämter durch Geldentschädigung, die Einführung des Gleichheitsgrundsatzes für die Steuerpflicht, die Zulassung zu den Ämtern und die Stellung vor Gericht.

26. Aug. Eine nach dem amerikanischen Vorbild vom Amerikakämpfer Marquis de La Fayette unter Mitwirkung des amerikanischen Gesandten Thomas Jefferson (*1743, †1826) verfasste Erklärung der Menschen- und Bürgerrechte wird verabschiedet.

5./6. Okt. Als sich Ludwig XVI. weigert, die Erlasse des 4. Aug. zu unterzeichnen, gelingt es radikalen Agitatoren, unter ihnen Georges Danton (*1759, †1794), Camille Desmoulins (*1760, †1794) und Jean Paul Marat (*1743, †1793), die politisierten Pariser Massen unter dem Eindruck fortdauernder Brotknappheit und Arbeitslosigkeit zum Zug nach Versailles zu mobilisieren. Der König kapituliert vor der Forderung, nach Paris überzusiedeln, die Nationalversammlung schließt sich an. In Paris steht die Nationalversammlung nun unter dem Druck des städtischen Aufstands. Der König ist – in den Tuilerien – de facto ein Gefangener der Revolution. Den Ereignissen folgt eine zweite Emigrationswelle des Adels.

Die Notabelnmonarchie

Die neue Verfassung geht von den Prinzipien der Volkssouveränität und Gewaltenteilung aus, politische Mitwirkung wird jedoch durch ein Zensuswahlrecht an Vermögen und Bildung gebunden: 4 Mio. durch Steueraufkommen, Beruf oder Gesinnung qualifizierte männliche Aktivbürger mit aktivem Wahlrecht, darüber bei höherem Steueraufkommen die Klasse der Wahlmänner und schließlich die Klasse der Wählbaren. Die Reste feudaler Administration werden beseitigt, die Provinzen und Intendanturen durch 83 einheitlich strukturierte *départements* ersetzt und eine unabhängige Gerichtsbarkeit sowie eine neue Armee, die Nationalgarde, geschaffen. Darüber hinaus kommt es zur Abschaffung von wirtschaftlichen Vorrechten, Monopolen, Gewerbeordnungen, Binnenzöllen, Zünften und Korporationen sowie einem, auch von den kleinbürgerlich-städtischen Delegierten nicht verhinderten Verbot der Berufsassoziationen (*Loi Le Chapelier*, 14. Juni 1791). Für die Landwirtschaft setzen die Großbauern die freie Preisbildung und die Freiheit der Bewirtschaftung durch. Im Interesse der Masse der Kleinbauern bleiben jedoch Gemeinschaftsweide und Gemeindegüter für die Armen erhalten. Zur Deckung der Staatsschuld und zur Bekräftigung des Bündnisses zwischen Bauern und liberalen Eliten wird der Kirchenbesitz zum Nationaleigentum erklärt und in kleinen Parzellen verkauft (Dekret vom 2. Nov. 1789), zugleich dient er als Pfand für eine massenhaft verbreitete staatliche Schatzanweisung, die Assignaten, die ab dem 19. Dez. 1789 ausgegeben werden. Damit wächst der Kreis der unmittelbar materiell am Gelingen der Revolution Interessierten beträchtlich.

Zwei Entwicklungen beeinträchtigen den Erfolg der liberalen Revolution und führen zur Eskalation der Situation: Erstens schafft die staatliche Neuorganisation des Kirchenwesens einen Konflikt mit der katholischen Tradition, der den bereits entmachteten Kräften der alten Ordnung neuen Zulauf aus den strenggläubigen bäuerlichen Gebieten verschafft. Die religiösen Orden werden aufgehoben, Mönchsgelübde für ungültig erklärt (Dekret vom 13. April 1790), neue Bistümer entsprechend den Departementsgrenzen geschaffen, die Geistlichen in den Status von wählbaren Staatsbeamten überführt (*Constitution civile du clergé* vom 12. Juli 1790) und bei Strafe zum Eid auf die neue Kirchenverfassung verpflichtet (27. Nov. 1790). Die meisten Bischöfe und mehr als die Hälfte des niederen Klerus verweigern den Eid, zumal Papst Pius VI. (1775–1799) im Frühjahr 1791 die Zivilkonstitution für ungültig erklärt. Zweitens leistet der König insgeheim erbitterten Widerstand gegen die Rolle des obersten Exekutivbeamten der Nation, die ihm die neue Verfassungsordnung diktiert; er nimmt damit dem Konzept der konstitutionellen Monarchie die notwendige Glaubwürdigkeit, schürt die Furcht vor der Konterrevolution und stärkt den Einfluss der radikalen Kräfte, die das Gleichheitsideal über die liberale Meritokratie hinaus verwirklicht sehen wollen. Vermittlungsversuche Mirabeaus und La Fayettes scheitern.

1791, 20.–25. Juni Ludwig XVI. versucht außer Landes zu fliehen, um einen Stimmungsumschwung zugunsten des Ancien Régime zu provozieren, wird aber in Varennes erkannt und nach Paris zurückgeführt.

15. Juli Nach heftigen Debatten über die endgültige Absetzung des Königs beschließt die Nationalversammlung, Ludwig im Amt zu belassen.

16. Juli Aufgrund ihrer Differenzen mit den radikalen Demokraten verlässt die Mehrheit der Abgeordneten den Jakobinerklub und trifft sich fortan in einem Zisterzienserkloster. Nach diesem Versammlungsort wird diese gemäßigte politische Gruppierung, die eine konstitutionelle Monarchie anstrebt, *Feuillants* genannt.

17. Juli Eine von den radikalen Cordeliers initiierte Petitionskampagne, die die Bestrafung und Absetzung des Königs fordert, endet mit einer zentralen Kundgebung auf dem Marsfeld. Als es in deren Verlauf zu Unruhen kommt, sieht sich die Nationalgarde unter La Fayette zum Eingreifen gezwungen. Der Tumult wird durch eine Schießerei, der hunderte Bürger zum Opfer fallen, beendet. In den Augen der Radikalen sind damit die Liberalen das erste Mal gegen die städtischen Massen auf die Seite der Ordnung getreten.

3. Sept. Die Verfassung wird von der Nationalversammlung angenommen. Während so die neue Ordnung definitiv etabliert wird, sind die Träger der Revolution bereits gespalten. In der Nationalversammlung steht der großen Mehrheit der liberalen Abgeordneten, die nunmehr bürgerlicher als adliger Herkunft sind, eine kleine um **Maximilien de Robespierre** (*1758, †1794), Danton und Marat versammelte Gruppe radikaldemokratischer Advokaten und Journalisten mit Verbindungen zu den städtischen Massen gegenüber. Innerhalb der Liberalen vertreten die Girondisten um Jacques Pierre Brissot (*1754, †1793), Pierre Victurnien Vergniaud (*1753, †1793) und Jean Marie Roland de la Platière (*1734, †1793), die über Verbindungen zur Provinz und zum besitzbürgerlichen Mittelstand verfügen, eine weitestgehend republikanische Position. Sie entstammen, wie die Gruppe um Robespierre, dem Jakobinerklub.

1792–1797 Erster Koalitionskrieg: Unter dem Eindruck des Krieges mit Österreich und Preußen gewinnen die radikalisierten Massen entscheidenden Einfluss. Obwohl Kaiser Leopold II. (1790–1792), Bruder der französischen Königin, als aufgeklärter Absolutist die Maßnahmen des monarchistischen Auslands zugunsten des französischen Königtums auf diplomatische Aktionen beschränken will und in der Pillnitzer Deklaration (27. Aug. 1791) mit dem preußischen König Friedrich Wilhelm II. (1786–1797) jede Intervention von der Zustimmung der europäischen Herrscher abhängig macht, verbreitet sich in der Bevölkerung die Furcht vor einer Verschwörung des Königs mit den auswärtigen Mächten zur Konterrevolution. Die Girondisten predigen den Krieg als Mittel zur Revolutionierung ganz Europas, die Feuillants erhoffen sich von einem kurzen, siegreichen Feldzug eine Stabilisierung im Innern, und auch der König arbeitet auf den Krieg hin – in der Hoffnung auf eine rasche Niederlage und anschließende Restituierung der alten Ordnung.

1792, 20. April Auf Vorschlag Ludwigs XVI. beschließt die Nationalversammlung die Kriegserklärung an Österreich. Die Nachricht von der Niederlage der französischen Truppen in den ersten Kämpfen bei Lille steigert die Furcht vor der konterrevolutionären Verschwörung. Zusammen mit einer neuen Teuerung führt sie zum Aufstand der Massen gegen den König.

20. Juni Ein erster Marsch auf die Tuilerien bleibt ergebnislos.

11. Juli Preußen tritt in den Krieg ein. Die Nationalversammlung erklärt daraufhin »das Vaterland in Gefahr«. Als der Oberbefehlshaber der Verbündeten, Herzog Karl Wilhelm Ferdinand von Braunschweig (*1735, †1806), die bedingungslose Unterwerfung des Volks unter die Autorität König Ludwigs XVI. fordert, erstürmen die Pariser Massen am 25. Juli die Tuilerien.

10. Aug. Die Pariser Bürger erzwingen, unterstützt von gleichartigen Aufständen in den Provinzstädten, die Suspendierung des Königs durch die Nationalversammlung. Ludwig wird mit seiner Familie von der Pariser Kommune im Temple gefangen gesetzt; die Kommune terrorisiert die Stadt. Unter dem Druck der Straße schreibt die Nationalversammlung Neuwahlen zu einem Nationalkonvent nach allgemeinem Wahlrecht (mit Ausnahme der Dienstboten) aus.

2.–5. Sept. Die erregten kleinbürgerlichen Massen greifen zur Volksjustiz, gipfelnd in den »Septembermorden«, in denen 1000–1500 Pariser Gefängnisinsassen getötet werden.
Eine neue Emigrationswelle, der sich jetzt bereits Anhänger der konstitutionellen Monarchie wie La Fayette anschließen, setzt ein. Die radikalen bürgerlichen Intellektuellen, die das Bündnis mit den Volksmassen weit weniger scheuen als die Notabelnelite, werden zu Schlüsselfiguren des revolutionären Prozesses.

Die Konventsherrschaft (1792–1794)

1792, 20. Sept. Die Kanonade von Valmy leitet den Rückzug der preußischen und den Vormarsch der Revolutionstruppen ein, in dessen Verlauf bald Speyer, Worms, Mainz und ganz Belgien besetzt werden.

21. Sept. Der Nationalkonvent (*Convention nationale*) schafft das Königtum ab. Dem König wird wegen landesverräterischer Beziehungen der Prozess gemacht. Infolge des vorangegangenen Terrors fehlen im Konvent die gemäßigten Kräfte. Die mittlerweile aus dem Jakobinerklub ausgetretenen Girondisten, die nach den unteren Rängen des Konvents fortan die »Ebene« genannt werden, dominieren, geraten aber verstärkt unter den Druck der radikalen Jakobiner, genannt der »Berg«, welche etwa 110 von 749 Abgeordneten stellen. Jene wollen eine föderalistische Republik, diese die zentralistische Herrschaft der *volonté générale*.

24. Okt. Der Konvent führt einen republikanischen Kalender ein, dessen Jahr I mit dem ersten Tag der Republik (22. Sept. 1792) beginnt.

1793, 17. Jan. Ludwig XVI. wird vom Konvent zum Tode verurteilt und am 21. Jan. mit der Guillotine hingerichtet. Daraufhin treten England, die Niederlande, Spanien, Sardinien, Neapel, Portugal, der Papst und das römisch-deutsche Reich dem Bündnis gegen Frankreich bei.

1. Febr. Frankreich erklärt England und den Niederlanden den Krieg. Militärische Niederlagen (Verlust Belgiens), das Überlaufen des von den Girondisten favorisierten Oberbefehlshabers Charles François Dumouriez (*1739, †1823) zu den Österreichern, eine Inflation, die infolge der englischen Blockade drohende Hungersnot und v. a. ein durch den Versuch des Konvents, massiv neue Truppen anzuwerben, ausgelöster royalistischer Aufstand in der Vendée führen im Frühjahr 1793 zu einer neuen Krisenstimmung unter der Pariser Bevölkerung, die von der Bergpartei zur Schaffung von Ausnahmegesetzen genutzt wird.

10. März Der Nationalkonvent errichtet ein Revolutionstribunal, dessen Urteile nicht angefochten werden können, verstaatlicht die Güter der Emigranten und setzt einen Zwangskurs für die Assignaten sowie einen Höchstpreis für Getreide fest. Am 6. April wird der Wohlfahrtsausschuss (*Comité du salut public*) als Exekutivorgan des Nationalkonvents geschaffen. Erster Vorsitzender ist Danton.

2. Juni Als die Girondisten die Provinz gegen die Hauptstadt mobilisieren, zwingt ein von Führern der Pariser Stadtbezirke, den *Enragés*, vorbereiteter bewaffneter Aufstand den Konvent zur Verhaftung von 29 Girondisten-Führern.

Die Terrorherrschaft des »Jahres II«

Nach der Beseitigung der Girondisten-Führer kann sich die »Bergpartei« als provisorischer Schiedsrichter zwischen bürgerlichem Konvent und städtischen Revolutionären, nun Sansculotten genannt, etablieren. Die innere und äußere Bedrohung der Revolution führt sie zur Errichtung eines diktatorischen Kriegsregimes. Im Sommer 1793 ist das Elsass in preußischer, Toulon in englischer Hand; Lyon und die Städte des Südwestens werden von Royalisten gehalten, die Departements der Bretagne und der Normandie von Girondisten, das Gebiet zwischen Sèvres und Loire von den Konterrevolutionären des Vendée-Aufstands. Danton, der auf einen Friedensschluss hinarbeitet, wird im Wohlfahrtsausschuss durch Robespierre abgelöst. Der Ausschuss übernimmt, unterstützt durch einen allgemeinen Sicherheitsausschuss (*Comité de sûreté générale*), nach und nach die Funktionen einer provisorischen Revolutionsregierung (offiziell am 10. Okt.), die das Land weniger einheitlich als gewalttätig beherrscht. Von den *Enragés* und ihren Anhängern erneut belagert, stimmt der Konvent am 5. Sept. systematischen Terrormaßnahmen zu, die sich allerdings zunächst gegen die Führer der *Enragés* selbst wenden. Fortan können »Revolutionsausschüsse« »Verdächtige« aufgrund vager Indizien verhaften, zudem wird das Revolutionstribunal erweitert und die Verfahren radikal vereinfacht, die Zahl der Todesurteile steigt rapide (auf insgesamt etwa 17 000 bis Juli 1794).

Gegen die liberalen Prinzipien der Bergpartei erzwingen die Sansculotten mit dem häufig umgangenen »Maximum-Gesetz« (27. Sept. 1793) einen Lohn- und Preisstopp, darüber hinaus eine Zwangsanleihe von den »Reichen«, Requirierungen, Produktionskontrollen und die Gründung staatlicher Unternehmen. Den Bauern wird die Abschaffung der verbliebenen grundherrlichen Rechte und der Erwerb verstaatlichter Emigrantengüter zugestanden. Bankwesen und Großhandel können jedoch im Wesentlichen vor dem Zugriff des kleinbürgerlichen Zorns gerettet werden; die Ventôse-Dekrete (26. Febr., 3. und 13. März 1794) zur kostenlosen Verteilung des Grundbesitzes von 300 000 noch festzustellenden »Verdächtigen« werden nicht ausgeführt.

Antiklerikale Gruppen unter Führung der Hébertisten um Jacques-René Hébert (*1757, †1794), dem linken Flügel der Bergpartei, organisieren antireligiöse Maskenzüge, schließen Kirchen und führen republikanische Vernunftkulte ein. Ein ebenso demokratisches wie totalitäres Nationalbewusstsein entsteht, gefördert durch die Erfolge der Revolutionsarmee, die Lazare Nicolas Carnot (*1753, †1823) nach der Einführung der allgemeinen militärischen Dienstpflicht (*Levée en masse*, 23. Aug.) neu organisiert.

Diktatorischer Zwang, die Qualität des Revolutionsheeres und die Zerrissenheit der Gegenkräfte tragen dazu bei, dass sich das Regime behaupten kann. Vor Beginn des Winters hat sich die militärische Lage an der Nord- und Ostgrenze gefestigt. Die Aufstände sind unter Kontrolle gebracht und wandeln sich zu Guerillakämpfen (*chouannerie*). Im Frühjahr beginnen die Siegeszüge der Armee. Mit den Erfolgen schwindet allerdings auch die Legitimation des diktatorischen Regimes, nur geschickte Taktik und Verschärfung des Terrors können seinen Untergang hinauszögern.

1793, Nov.–Dez. Um den Machtanspruch der radikalen Hébertisten einzudämmen, lässt Robespierre eine Kampagne Dantons und Desmoulins' gegen Entchristianisierung und Terror zu. Robespierre seinerseits inszeniert (Jan. 1794) eine Kampagne gegen Hébertisten und Dantonisten.

1794, 13. März Mit Unterstützung Dantons erreicht Robespierre die Verhaftung Héberts und seiner Anhänger. Sie werden am 24. März hingerichtet. Danach lässt Robespierre jedoch Danton, der einen baldigen Kompromissfrieden mit den europäischen Mächten anstrebt, vor dem Sicherheitsausschuss im Stich.

30. März **Danton wird mit seinen Anhängern verhaftet** und am 5. April (16. Germinal) guillotiniert. Mit diesen beiden »Germinalprozessen« beginnt die eigentliche Diktatur Robespierres. Der organisierte Terror nimmt zu, die Volksbewegung geht zurück und lässt Robespierre von der Gnade des Konvents abhängig werden. Zur Rettung seiner Macht führt der Diktator den am 8. Juni erstmals gefeierten Kult des »Höchsten Wesens« ein.

10. Juni Robespierre lässt ein neues Terrorgesetz beschließen, das jeden Rechtsbeistand ausschließt und auch Konventsmitglieder ohne Zustimmung der Konventsmehrheit dem Revolutionstribunal ausliefert. In den folgenden sechs Wochen werden 1285 Todesurteile gefällt.

26. Juni Die Revolutionstruppen besiegen die Österreicher bei Fleurus und gewinnen so Belgien zurück. Die Expansion der Revolution beginnt.

27. Juli (9. Thermidor) **Sturz Robespierres**: Mitglieder beider Ausschüsse schmieden aus Furcht vor der eigenen Verhaftung ein Komplott gegen den Diktator, der am folgenden Tag mit 21 seiner Anhänger guillotiniert wird. Für eine Fortsetzung des Terrors findet sich, nachdem die Revolution nicht mehr bedroht ist, keine Basis mehr.

Die Thermidorianer und das Direktorium (1794–1799)

Die Macht übernimmt die bürgerliche Mehrheit des Konvents, ehemalige Anhänger und Mitläufer des Terrors ebenso wie die Girondisten, mehr er- als getragen von jener Schicht aus Besitz und Bildung, deren Interessen an die Revolution gebunden sind: Die Träger der liberalen Umwälzung von 1789 und mehr noch das Heer von kleinen Eignern, Bürgern, Bauern, Militärs und Beamten, die durch die Revolution zu Besitz oder Amt gelangt sind. Statt auf die Koalition mit der schwindenden städtischen Revolutionsbewegung stützt sich das Regime nun mehr und mehr auf die Armee und ihre Siege. Die Expansion der Revolution wird so zu einer innenpolitischen Notwendigkeit. In Reaktion auf den Dirigismus und Puritanismus der Terrorherrschaft entfalten sich ein wirtschaftlicher Liberalismus und ein bürgerlich-mondäner, am aristokratischen Vorbild orientierter Lebensstil. Egalitäre Kräfte, die sich dieser Entwicklung entgegenstellen, werden vernichtet; die royalistische Reaktion dagegen nimmt immer bedrohlichere Formen an. Als Ausgleich zwischen bürgerlicher Republik – die nicht gelingt – und Royalismus – für den es keine hinreichende soziale Basis mehr gibt – bietet sich die Rückkehr zum Modell der konstitutionellen Monarchie von 1791 an. Für das Amt des revolutionären Monarchen, an dem es der liberalen Revolution gefehlt hat, liefert die siegreiche Armee einen Ersatzkandidaten: **Napoléon Bonaparte** (*1769, †1821; als Kaiser Napoleon I.).

1794, Sommer Nach dem Sturz Robespierres kommt es zu Gewaltmaßnahmen gegen die militanten Jakobiner (»weißer Terror«).

8. Dez. Die im Juni 1793 ausgeschlossenen Girondisten werden wieder in den Konvent aufgenommen, das »Maximum-Gesetz« am 24. Dez. abgeschafft.

1795, 1. April Die Zurückdrängung des radikalen Jakobinertums und neues Elend infolge der schlechten Ernte von 1794 führen zu einem Aufstand der Sansculotten gegen den Konvent (erneut im Mai).

20.–23. Mai Nach der Niederschlagung des zweiten Ansturms der Sansculotten lässt der Konvent die Pariser Vorstädte systematisch entwaffnen.

22. Aug. Der Nationalkonvent verabschiedet die Direktorialverfassung. Sie entspricht dem Ideal der liberalbürgerlichen Republik – Gewaltenteilung, Zweikammersystem, Zensuswahlrecht nach Alter, Vermögen und Zivilstand, an der Spitze der Exekutive ein Präsidium von fünf Direktoren mit fünfjähriger Amtszeit, unter denen die Fachminister arbeiten – wird aber von den Thermidorianern selbst umgangen, als sie ihre Macht in Gefahr sehen: Ein sog. »Zweidritteldekret« bestimmt, dass zwei Drittel der Konventsmitglieder in die neu zu wählenden beiden Kammern aufgenommen werden müssen.

5. Okt. (13. Vendémiaire) Gegen das »Zweidritteldekret« richtet sich, allerdings ohne Erfolg, ein royalistischer Aufstand in Paris.

31. Okt. Fünf frühere Angehörige des Terrorregimes werden Direktoren: Paul François Graf von Barras

(*1755, †1828), Jean François Reubell (*1747, †1807), Étienne-François Letourneur (*1751, †1817), Carnot und Louis-Marie Larévellière-Lépeaux (*1753, †1824). Die Wirtschafts- und Finanzkrise des Winters 1795/96 ermöglicht es François Noël Babeuf (*1760, †1797), die letzten verbliebenen Vertreter des Hébertismus und Robespierrismus zu einer Verschwörung zu versammeln, die im Sinne des alten agrarischen Gleichheitsdenkens das Privateigentum an Land abschaffen will.

1796, 10. Mai Die Bewegung Babeufs wird jedoch von Carnot mühelos niedergeschlagen, Babeuf wird verhaftet und am 27. Mai 1797 hingerichtet.

1797, 4. Sept. (18. Fructidor) Gegen die royalistisch gesonnene Parlamentsmehrheit, die die ersten regulären Wahlen vom Frühjahr 1797 erbracht haben, organisieren die Direktoren Barras, Reubell und Larévellière-Lépeaux mit Unterstützung republikanischer Generäle, v. a. Napoléon Bonapartes, einen Staatsstreich gegen die übrigen Regierungsmitglieder und das Parlament. Durch neuen Terror isolieren sich die Thermidorianer vom Bürgertum, ohne die Sansculotten zurückzugewinnen.

17. Okt. Nach der Eroberung großer Teile Ober- und Mittelitaliens zwingt Bonaparte Österreich zum Frieden von Campo Formio. Kaiser Franz II. (*1768, †1835) muss Belgien und die Lombardei abtreten und Frankreich die Annexion des linken Rheinufers zugestehen. Nach der Batavischen Republik in den Niederlanden (16. Mai 1795) werden mit der Ligurischen Republik in Genua (6. Juni 1797), der Helvetischen Republik in der Schweiz (9. Febr. 1798), der Römischen Republik auf dem Territorium des Kirchenstaates (15. Febr. 1798) und schließlich der Parthenopäischen Republik um Neapel (23. Jan. 1799) mehrere Satellitenstaaten errichtet, in denen den Idealen der Revolution verpflichtete Jakobiner mit den Besatzern zusammenarbeiten. Die Mehrheit der Bevölkerung rückt jedoch unter dem Eindruck wachsender wirtschaftlicher Ausbeutung mit der Zeit von den »Befreiern« ab.

1798, 11. Mai Die Ausnahmemaßnahmen des Direktoriums und die Manipulation der Teilwahlen vom Frühjahr 1798 (Gesetz vom 22. Floréal) reichen nicht aus, um die royalistische Reaktion einzudämmen. Deshalb arbeiten Generäle und traditionelle Liberale (Sieyès) auf ein strafferes und populäreres Regime hin.

1799, 18. Juni (30. Prairial) Nachdem Sieyès im Frühjahr in das Direktorium gewählt worden ist, wird fast das gesamte bisherige Regierungspersonal ausgewechselt. Der Zusammenbruch der italienischen Tochterrepubliken im Sommer stärkt die Royalisten und Jakobiner weiter. Um Erstere auszuschalten, präsentiert Sieyès den populären Kriegshelden Bonaparte als »starken Mann« gegen die Letzteren.

9. Nov. (18. Brumaire) Bonaparte, der seit über einem Jahr mit wechselndem Erfolg gegen England in Ägypten und Syrien gekämpft hat und am 8. Okt. zurückgekehrt ist, organisiert mit Sieyès, gedeckt von Polizeiminister Joseph Fouché (*1759, †1820) und Außenminister Charles Maurice de Talleyrand (*1754, †1838), einem der wenigen eidwilligen Bischöfe von 1790, den **Staatsstreich vom 18. Brumaire**: Das Direktorium wird aufgelöst, eine Neuordnung der Verfassung beschlossen; Bonaparte tritt als Erster von drei Konsuln an die Spitze einer provisorischen Regierung, ohne sich auf die von Sieyès vorgelegte Verfassung festlegen zu lassen.

15. Dez. Bonaparte erklärt die Revolution als auf ihre Grundsätze zurückgeführt und damit »beendet«.

Das Zeitalter Napoleons (1799–1815)

In dem Korsen Napoléon Bonaparte findet die liberalbürgerliche, an Besitz und Bildung orientierte französische Führungsschicht die nationale Führungsgestalt, die es ermöglicht, die tiefen Spaltungen, die die Revolution im Lande hinterlassen hat und den Bestand ihrer Errungenschaften bedroht, wenn nicht zu überwinden, so

Die obersten Staatsorgane nach der französischen Verfassung von 1799

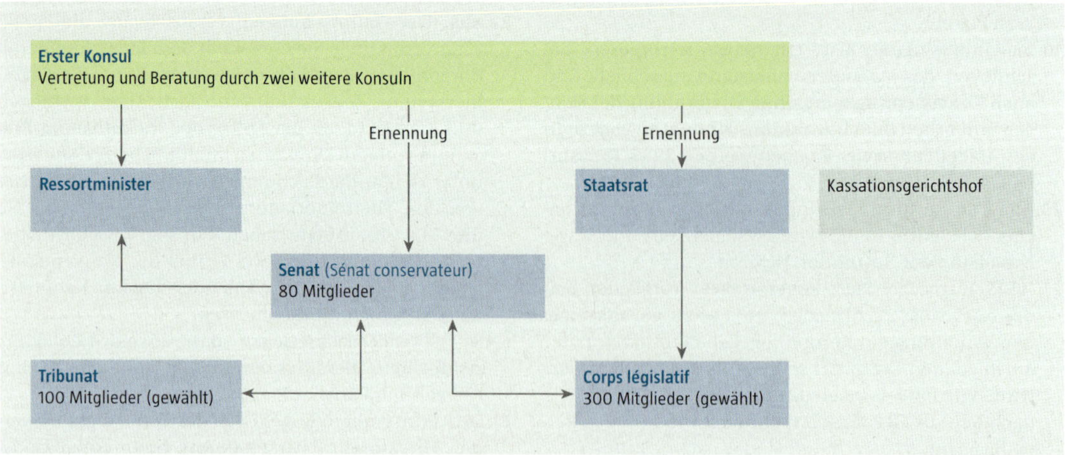

doch abzumildern und zu überdecken. Sein Regime entspricht zwar keineswegs dem Ideal der Notabelnrepublik mit monarchischer Spitze, das seine Förderer im Auge haben, und stößt darum auch bald auf eine liberale Opposition, doch dämmt es die Gegenkräfte ein und sichert wesentliche Interessen des Kartells aus großen und kleinen Besitzern. NAPOLEONS Herrschaft basiert auf der Autorität, die er in der Armee und durch die Armee genießt, sowie auf plebiszitärer Zustimmung großer Bevölkerungsmassen und wird über einen modernen Nationalismus vermittelt, der sich als Erbe der Revolution präsentiert, jedoch die Frontstellung gegen die traditionellen, insbesondere religiösen Werte des Ancien Régime aufgibt. Solange NAPOLEON politische und wirtschaftliche Stabilisierung garantiert, erträgt das Bürgertum den von ihm erzwungenen Verzicht auf politische Mitwirkungsrechte.

Die napoleonische Synthese

1799, 24. Dez. Die Konsulatsverfassung tritt in Kraft. Sie schafft den formal-demokratischen Rahmen für NAPOLEONS cäsaristisches Regime: Dem allgemeinen Wahlrecht steht ein mehrfach filterndes indirektes Wahlverfahren gegenüber. Neben den zwei gewählten Kammern, von denen die erste (Tribunat) nur beraten, die zweite nur ohne Debatte abstimmen darf, existieren Staatsrat und Senat, deren Mitglieder die Regierung ernennt. An der Spitze der Exekutive steht ein auf zehn Jahre ernannter Erster Konsul, der neben allgemeinen Exekutivbefugnissen auch das Recht hat, seine beiden Mitkonsuln zu berufen, Gesetze zu erlassen und Staatsverträge abzuschließen. Eine Volksabstimmung billigt im folgenden Jahr die Konsulatsverfassung mit großer Mehrheit.

NAPOLEON beruft JEAN JACQUES RÉGIS DE CAMBACÉRÈS (*1753, †1824) und CHARLES FRANÇOIS LEBRUN (*1739, †1824) zu seinen Mitkonsuln, nachdem EMMANUEL JOSEPH SIEYÈS resigniert hat.

1800 Die französischen Siege über die Österreicher bei Marengo (14. Juni) und Hohenlinden (3. Dez.) stellen nicht nur Frankreichs Positionen in Italien und im Rheinland wieder her, sondern festigen auch NAPOLEONS innere Machtstellung entscheidend. Die lokalen und regionalen Selbstverwaltungsorgane der Revolution werden aufgelöst und durch ein zentralistisches Präfektensystem ersetzt.

1801 Erstmals seit Beginn der Revolution wird wieder ein regulärer Staatshaushalt aufgestellt. Die Staatseinnahmen steigen nicht zuletzt aufgrund der Kontributionen und Reparationen aus den besiegten Staaten. Die Spannungen zur katholischen Kirche werden durch ein Konkordat überwunden: Papst PIUS VII. (1800–1823) stimmt der beamtenrechtlichen Stellung des Klerus zu, verzichtet auf die Rückgabe der enteigneten Kirchengüter und erkennt damit die Umwälzungen der Revolution an. Dafür sichert NAPOLEON die nötige gottesdienstliche Freiheit und die Rückgabe des Kirchenstaates zu.

1802, April Durch eine Amnestie, verbunden mit der Rückgabe der noch nicht veräußerten Güter werden die 140 000 rückkehrwilligen Emigranten zur Mitarbeit am neuen Staat eingeladen.

2. Aug. NAPOLEON lässt sich nach einem entsprechenden Plebiszit zum Konsul auf Lebenszeit ernennen.

1804, 21. März Nach einem royalistischen Anschlag schaltet NAPOLEON rivalisierende Generäle republikanischer Tendenz aus, lässt den – tatsächlich nicht beteiligten – bourbonischen Herzog von Enghien, LOUIS ANTOINE HENRI DE BOURBON-CONDÉ (*1772), ohne ordentliches Gerichtsverfahren erschießen und betreibt in Wiederaufnahme römischer und karolingischer Traditionen die Umwandlung seiner Herrschaft in ein erbliches Kaisertum.

6. Nov. Eine erneute Volksabstimmung billigt die Verfassungsänderung.

2. Dez. Von Papst PIUS VII. gesalbt, krönt sich NAPOLEON in der Pariser Kathedrale Notre-Dame selbst zum **Kaiser der Franzosen**. Damit ist Frankreich in der politischen Verfassung endgültig vom liberalen Modell abgerückt. Durch die Schaffung bzw. Kodifizierung eines egalitären, die individuelle Rechtssphäre und das Privateigentum schützenden Rechtssystems bleiben jedoch die Errungenschaften der Revolution in der sozialen Ordnung erhalten: 1804 erscheint ein bürgerliches Gesetzbuch (*Code civile* oder *Code Napoléon*), 1806/08 ein Handelsgesetzbuch, eine Zivil- und eine Strafprozessordnung, 1810 ein Strafgesetzbuch (*Code pénal*).

Imperium über Europa

Wesentliche Elemente der französischen Ordnung werden nach Art des aufgeklärten Absolutismus auf die eroberten und in französische Protektorate umgewandelten Gebiete übertragen. Durch eine bis 1807 von Außenminister TALLEYRAND mitgetragene, geschickte Diplomatie und den stets unter NAPOLEONS Oberkommando stehenden schlagkräftigen Truppeneinsatz – 1805 stehen 250 000 Mann unter Waffen, dazu kommen bald Hilfskontingente aus den besiegten Gebieten, die durch Requirierung an Ort und Stelle versorgt werden – gelingt es dem Kaiser, die Hegemonie über den europäischen Kontinent zu erringen.

1805 Über die bisherigen Eroberungen und Tochterrepubliken hinaus werden Genua und die Ligurische Republik annektiert, Venetien mit der Cisalpinischen Republik zum Königreich Italien vereinigt.

1806, 30. März NAPOLEON erhebt seinen Bruder JOSEPH (*1768, †1844) zum König von Neapel und wandelt damit das Königreich Neapel in einen französischen Satellitenstaat um.

12. Juli Unter französischem Druck schließen sich deutsche Fürsten zum Rheinbund zusammen, unterstellen sich dem französischen Protektorat und treten aus dem Reichsverband aus.

21. Nov. NAPOLEON errichtet eine Kontinentalsperre gegen englische Industrieprodukte.

1807 Nach der Niederlage Preußens, das im Frieden von

Tilsit über die Hälfte seines Staatsgebiets verliert, wird das Königreich Westfalen unter NAPOLEONS Bruder JÉRÔME (*1784, †1860) als Satellitenstaat und das Herzogtum Warschau als Protektorat geschaffen (1809 um Westgalizien vergrößert) sowie Portugal besetzt.

1808–1810 Etrurien, der Kirchenstaat, Illyrien, Dalmatien, der schweizerische Kanton Wallis, die Niederlande (bisher Satellitenkönigreich) und die norddeutsche Küstenregion werden von Frankreich annektiert.

1808, 6. Juni Mit der Ernennung JOSEPH BONAPARTES zum König von Spanien schafft NAPOLEON ein weiteres Satellitenkönigtum.

1810, 1. April NAPOLEON heiratet die österreichische Kaisertochter MARIE LOUISE (*1791, †1847).

21. Aug. Der französische Marschall JEAN BAPTISTE JULES BERNADOTTE (*1763, †1844) wird zum schwedischen Kronprinzen gewählt.

Innere Krise und äußerer Zusammenbruch

Auf dem Höhepunkt seiner Macht sucht NAPOLEON seine Herrscherstellung auch durch die Formen des Ancien Régime zu festigen: Die neuen Satellitenstaaten werden zu Monarchien unter der Herrschaft seiner Brüder und Schwäger. Er selbst verbindet seine Dynastie durch die Heirat mit der österreichischen Kaisertochter mit dem Altadel Europas. In Frankreich wird ein neuer, an die Person des Kaisers gebundener hierarchischer Verdienstadel geschaffen, der alte Adel wieder belebt und ein kaiserlicher Hofstaat eingerichtet – Tendenzen, die bei den etablierten Kräften der europäischen Aristokratie und des französischen Bürgertums freilich nur auf Skepsis stoßen. Die Annexion des Kirchenstaates – wegen Missachtung der Kontinentalsperre – belastet die Beziehungen zur katholischen Kirche erneut aufs Schwerste. Die ständigen Kriege bringen die führenden Wirtschaftskreise gegen NAPOLEONS Politik auf. Die Kontinentalsperre beschleunigt zwar langfristig die Industrialisierung des Kontinents, beeinträchtigt aber zunächst Handel, Industrie und Exporte. Die schlechte Ernte des Jahres 1811 bedingt einen Preisanstieg, der umso weniger verkraftet werden kann, als infolge der Kriegsanstrengungen die Staatsfinanzen wieder knapp werden. Es kommt zu Hungerrevolten und Desertionen. Diese Krisensymptome reichen jedoch noch nicht, NAPOLEONS Herrschaft ernsthaft zu erschüttern; die cäsaristische Herrschaftstechnik erweist sich als überlegen.

1812, 24. Juni Um Zar ALEXANDER I. (1801–1825) zur Aufrechterhaltung der Kontinentalsperre zu zwingen, greift NAPOLEON Russland an.

19. Okt. Nach Anfangserfolgen muss NAPOLEON das von den Russen zerstört zurückgelassene Moskau verlassen. Auf dem fluchtartigen Rückzug im russischen Winter verstärken sich die Auflösungserscheinungen.

22. Okt. Ein erster Aufstandsversuch des Generals CLAUDE FRANÇOIS DE MALET (*1754, †1812) scheitert.

1813, 28. Febr. Preußen und Österreich (12. Aug.) schließen sich der antinapoleonischen Front an.

16.–19. Okt. In der **»Völkerschlacht« bei Leipzig** unterliegt die französische Armee den alliierten Truppen.
Bis zum Jahresende bricht das außerfranzösische Imperium zusammen. In Frankreich werden die Steuern um 200 % erhöht, die Beamtengehälter um 25 % gekürzt.

1814, Jan.–März Mit Mühe kann NAPOLEON dem Vormarsch der alliierten Truppen in Ostfrankreich (Plateau von Langres) Widerstand leisten.

31. März Die Verbündeten marschieren in Paris ein.

1. April Unter dem Schutz der Besatzung bildet TALLEYRAND, der seit seinem Ausscheiden aus der Regierung NAPOLEONS (1807) Kontakte zu den jetzigen Gegnern, insbesondere zum russischen Zaren, unterhalten hat, eine provisorische Regierung.

2. April Der Senat folgt der Politik TALLEYRANDS und erklärt **NAPOLEON** für **abgesetzt**, da er die Verfassung verletzt habe.

6. April NAPOLEON entsagt in Fontainebleau der Krone. Die Alliierten weisen ihm die Insel Elba, wo er am 4. Mai eintrifft, als souveränes Fürstentum und Exilsitz zu. In Übereinstimmung mit den Interessen der Alliierten verabschiedet der Senat am gleichen Tag eine von TALLEYRAND entworfene *Charte constitutionnelle*, die den Grundzügen der Verfassung von 1791 entspricht, und beruft LUDWIG XVIII. (*1755, †1824) aus dem Hause Bourbon, den Bruder des letzten französischen Königs, aus dem englischen Exil auf den Thron des konstitutionellen Monarchen.

30. Mai Um den Bourbonen auf dem französischen Thron nicht als Komplizen eines Verzichtfriedens erscheinen zu lassen, verzichten die Alliierten im Ersten Frieden von Paris auf weitreichende Gebietskonzessionen und Reparationen. In allen Territorien, die am 1. Jan. 1792, d. h. vor Beginn der Koalitionskriege, zum Staatsgebiet Frankreichs gehörten, wird die französische Zivilverwaltung wieder eingeführt. Zudem werden Frankreich die päpstlichen Enklaven Avignon und Venaissin, die württembergische Grafschaft Mömpelgard (Montbéliard), die Festung Landau sowie die Städte Saarlouis und Saarbrücken überlassen.

Die Herrschaft der Hundert Tage

LUDWIG XVIII., persönlich den aufklärerischen Idealen verpflichtet, bemüht sich um einen Ausgleich zwischen den Kräften des Ancien Régime sowie dem Frankreich der Revolution und NAPOLEONS, macht jedoch unter dem Eindruck seiner sakrosankten Stellung den Royalisten mehr Zugeständnisse, als die liberale Notabelnschicht um TALLEYRAND erwartet hat.

1814, 4. Juni Nach seinem Regierungsantritt lehnt LUDWIG XVIII. die vom Senat verabschiedete Verfassung ab und ersetzt sie durch eine oktroyierte *Charte constitutionnelle*, die die sozialen Errungenschaften und Besitzverhältnisse der Revolution sowie die Rechts- und Verwaltungsstruktur des Kaiserreichs konsolidiert, im Übrigen aber die mittleren Schichten von politischer Mitwirkung fernhält und die Freiheiten einschränkt: Nach englischem Vorbild wird die Legislative aus einer Pairs- und einer Deputiertenkammer gebildet. Letztere ist an einen hohen Zensus gebunden, verfügt über das Steuerbewilligungsrecht, aber nicht über die Gesetzgebungsinitiative. Die Exekutive liegt beim König, der den Ministerpräsidenten bestimmt. Seine Akte bedürfen ministerieller Gegenzeichnung.

Die Wiedereinführung des Lilienbanners anstelle der Trikolore lässt breite Schichten eine vollständige Restauration der vorrevolutionären Verhältnisse befürchten. Insbesondere die kleinen und großen Besitzgewinner der Revolutionszeit beginnen, um ihre Erwerbungen zu fürchten, zumal die im Gefolge LUDWIGS XVIII. zurückkehrenden Emigranten in ihrer Mehrzahl die Errungenschaften der Revolution demonstrativ negieren.

1815 Obwohl der König mit TALLEYRAND, JOSEPH FOUCHÉ und den Marschällen AUGUSTE VIESSE DE MARMONT (*1774, †1852), NICOLAS JEAN SOULT (*1769, †1851) und MICHEL NEY (*1769, †1815) führende Männer des napoleonischen Regimes an die Spitzen von Regierung und Armee beruft und die verhassten militärischen Konskriptionen abschafft, macht sich wachsende Unzufriedenheit breit. Wesentlich gefördert wird sie durch Einsparungen in der Verwaltung und die drastische Reduzierung der napoleonischen Armee: Über 10000 bewährte napoleonische Offiziere werden auf halben Sold gesetzt. Die wachsende Opposition gegen die Restauration und Gerüchte über eine bevorstehende Ausweisung aus Elba veranlassen NAPOLEON, nach Frankreich zurückzukehren.

1. März NAPOLEON landet mit wenigen Getreuen in Cannes. Sein Marsch auf Paris wird zu einem Triumphzug. Marschall NEY, der den Kaiser aufhalten soll, schließt sich ihm bei Lyon an. LUDWIG XVIII. flieht nach Gent.

13. März Auf die Nachricht von der Rückkehr NAPOLEONS nehmen die Alliierten den Krieg gegen Frankreich wieder auf.

20. März NAPOLEON zieht in Paris ein.
Um seine Macht wiederherzustellen, sucht NAPOLEON nun das Bündnis mit den liberalen Kräften.

22. April HENRI-BENJAMIN CONSTANT DE REBECQUE (*1767, †1830), jahrelang Wortführer der liberalen Opposition, arbeitet einen *Acte additionnel* zu den Verfassungen des Kaiserreiches aus, der die parlamentarischen Rechte erweitert, die Autonomie der Justiz bekräftigt und Kultus- und Pressefreiheit einführt, das von NAPOLEON freilich nur als provisorisches Zugeständnis verstanden wird.

18. Juni Noch bevor die österreichischen und russischen Truppen zurückgekehrt sind, siegen eine britisch-niederländisch-deutsche Armee unter ARTHUR WELLESLEY, Herzog von WELLINGTON (*1769, †1852), und eine preußische Armee unter GEBHARD VON BLÜCHER (*1742, †1819) in der Nähe von Brüssel in der **Schlacht bei Waterloo** (Belle-Alliance) über NAPOLEON.

22. Juni Auf Betreiben FOUCHÉS dankt NAPOLEON zum zweiten Mal ab und stellt sich den Engländern.

7. Juli Die Verbündeten nehmen zum zweiten Mal Paris ein. NAPOLEON wird auf die Atlantikinsel St. Helena in die Verbannung gebracht. LUDWIG XVIII. kehrt auf den Thron zurück.

20. Nov. Im **Zweiten Frieden von Paris** muss Frankreich Philippeville und Mariembourg an die Niederlande, Saarlouis und Saarbrücken an Preußen, Landau an Österreich (weiter an Bayern) sowie die 1814 verbliebenen Teile von Savoyen an Sardinien abtreten. Ferner verpflichtet sich Frankreich, Reparationen in Höhe von 700 Mio. Francs zu zahlen, die von NAPOLEON geraubten Kunstschätze zurückzugeben und für einen Zeitraum von drei bis fünf Jahren – bis zur Zahlung aller Entschädigungen – 150000 Mann alliierter Besatzungstruppen in Nordostfrankreich zu dulden.

Das Frankreich der Notabeln (1815–1848)

Nach dem Scheitern der napoleonischen Synthese behauptet sich die grundbesitzende Bourgeoisie, erweitert um die nun ebenfalls agrarkapitalistisch tätigen Teile des alten Adels sowie die handels- und industriekapitalistisch tätigen Familien, endgültig als politisch führende Klasse des Landes. Während sich der Besitz der Masse kleiner Landwirte durch Erbteilung zunehmend aufsplittert, und diese zunehmend von Pacht- und Arbeitsverträgen mit den großen Grundbesitzern abhängig werden, schließt sich der Großgrundbesitz nach dem Zuzug emigrierter Adliger nach unten ab. Die Einkommensunterschiede auf dem Lande sind sehr groß: Allein 1826 sind 28 % des Bodens im Besitze des einen(!) Prozents der Eigentümer, die mehr als 300 Francs Grundsteuer aufbringen und damit wahlberechtigt sind.

Die Industrialisierung des Landes schreitet nur langsam voran. Erst nach 1830, als die Auswirkungen des Staatsbankrotts von 1814, der Kriegsentschädigungen und der infolge der Kontinentalsperre einsetzenden Überflutung mit englischen Produktionsüberschüssen überwunden sind, steigert sich das Tempo. Eine Pionierrolle spielt nach wie vor die Textilindustrie, die mit mechanischen Webstühlen arbeitet. Daneben entwickeln sich Bergbau, Eisenhütten und Eisenbahnen. Förderer der Industrialisierung sind seit den dreißiger Jahren rasch wachsende Großbanken, die u.a. von den Bankiersfamilien Laffitte, Périer, Rothschild, Hottinger, Mallet und Delessert getragen werden. 1825–1844 steigt die Industrieproduktion um 66 %, der Anteil der Landwirtschaft am Nationalprodukt sinkt jedoch nur von 76 % auf 73 %. 75–80 % der Bevölkerung bleiben Agrarbürger.

Das Zensuswahlrecht beschränkt die politische Mitwirkung auf die vermögensstarke Oberschicht (die »Notabeln«). Zunächst sind von 29 Mio. Franzosen etwa 100000 wahlberechtigt, darunter 60 % Großgrundbesitzer. Nach der Julirevolution 1830 erweitert sich der Kreis der Wahlberechtigten durch Senkung des Zensus auf 200000 bis 241000 von 35 Mio. Den Kern der Oberschicht bilden die durch besonders hohes Steueraufkommen qualifizierten wählbaren Bürger (etwa 18 000). Aus ihnen rekrutiert sich die Notabelnelite: Durch Besitz und Bildung unabhängige Großbürger, meist Grundbesitzer oder Beamte, aber auch besonders einflussreiche Industrielle, die das Parlament beherrschen, zwischen Paris und ihrem Wahlkreis vermitteln und bei relativ schwach ausgeprägter staatlicher Organisation den Produktivkräften den größeren nationalen Rahmen erschließen. Innerhalb dieser versucht zunächst der durch die auswärtige Intervention von 1814/15 begünstigte traditionelle Adel, die politische Führungsstellung zurückzuerobern – ohne das soziale Gefüge ernsthaft erschüttern zu können –, bis ihn die Julirevolution 1830 ins politische Abseits drängt.

Die Not der Unterschichten (Hungersnöte, industrieller Pauperismus) artikuliert sich in Revolten und Streiks ohne langfristige Perspektiven. Eine Arbeiterbewegung kommt infolge des langsamen, evolutionären Charakters der Industrialisierung kaum und zunächst nur über die traditionsreichen Handwerkerbünde, die außerhalb der neuen Industriezweige stehen, zustande. Die Masse der bäuerlichen Kleineigentümer bleibt sozial konservativ und politisch neutral, im Westen und Süden oft auch royalistisch gesonnen. Erst die zunehmende Zentralisierung des politischen und wirtschaftlichen Lebens infolge der Dynamisierung der Produktion stellt die politische Ordnung der Notabeln, deren Stärke in der Provinz liegt, zunehmend in Frage.

1815–1824 Ludwig XVIII. versucht nach Napoleons Herrschaft der Hundert Tage erneut einen Ausgleich zwischen dem alten und dem neuen Frankreich zustande zu bringen, kann aber nicht verhindern, dass die royalistische Reaktion nun schärfere Formen annimmt als zuvor.

1815, 10. Juli Mit dem ausdrücklichen Willen zur liberalen Kontinuität beruft Ludwig XVIII. das Kabinett Talleyrand/Fouché. Im Süden und z. T. auch im Westen des Landes breitet sich jedoch eine Welle royalistischen »weißen Terrors« gegen die seit der Revolution emporgestiegenen Machthaber aus. »Kollaborateure« der Hundert Tage werden bestraft, u. a. wird Marschall Ney exekutiert.

14.–22. Aug. Aus den ersten Wahlen nach der neuen *Charte* geht eine mehrheitlich ultraroyalistisch gesonnene Zweite Kammer (*Chambre introuvable*) hervor. Die Ultras fordern die Aufhebung der Nationalgüter, des *Code civil* und des Konkordats.

24. Sept. Die Ultras erreichen die Ablösung Talleyrands durch Armand-Emmanuel du Plessis, Herzog von Richelieu (*1766, †1822), die Rückerstattung der bisher noch nicht verkauften Kirchengüter und die Aufhebung der zivilen Ehescheidung. Richelieu, ein Nachfahre des Kardinals, gilt als gemäßigter Royalist. Er stand seit 1789 in russischen Diensten.

1816, 5. Sept. Als sich die Kammer gegen die Budgetvorlage der Regierung sperrt, löst Ludwig XVIII. sie unter dem Druck der um ihre Reparationen besorgten Alliierten auf.

1816–1820 In der neuen Kammer herrscht eine Mehrheit von gemäßigten Royalisten, die »Konstitutionelle« genannten werden. Von Teilwahl zu Teilwahl verringert sich die Zahl der um Louis Gabriel Ambroise Vicomte de Bonald (*1754, †1840) und François René Vicomte de Chateaubriand (*1768, †1848) gruppierten Ultras und wächst die Zahl der Liberalen, die sich in einer Partei der »Unabhängigen« um Benjamin Constant, Pierre-Paul Royer-Collard (*1763, †1845) und Maine de Biran (*1766, †1824) zu sammeln beginnen. Zwischen beiden Gruppierungen, nun nach der Sitzordnung in der Kammer erstmals als Rechte und Linke bezeichnet, entwickeln sich heftige Prinzipienkämpfe. Die wirtschaftliche Stabilisierung macht rasche Fortschritte, sodass schon 1818 alle Reparationsschulden bezahlt sind.

1818, 29. Sept.–21. Nov. Auf dem Kongress von Aachen wird Frankreich der Abzug der Besatzungstruppen zugestanden und trotz der Erneuerung der Quadrupelallianz gegen eine erneute Revolution in die »Heilige Allianz« aufgenommen.

29. Dez. Die Regierung unter Jean Joseph Dessoles (*1767, †1828), dessen Geschäfte eigentlich Élie, Herzog von Decazes (*1788, †1860) übernimmt, sowie auch die unter Decazes (ab 20. Nov. 1819) setzen die konstitutionell-liberale Politik fort. Trotz ihrer Erfolge kommt es zu einer Reihe von Aufstands- und Putschversuchen.

1820, 14. Febr. Nach der Ermordung des Herzogs Charles Ferdinand von Berry (*1778), des einzigen Stammhalters der regierenden Dynastie, können die Ultras ihren Einfluss wieder verstärken.

21. Febr. Decazes wird von Richelieu abgelöst. Mithilfe der »Konstitutionellen« bringen die Ultras Ausnahmegesetze und ein neues Wahlgesetz durch.

4./13. Nov. Aufgrund der neuen Gesetzgebung gewinnen die Ultraroyalisten in den Kammerwahlen Stimmen hinzu.

1821, 14. Dez. Richelieu muss dem zwischen Ultras und Gemäßigten stehenden Verwaltungsexperten Jean-Baptiste Graf von Villèle (*1773, †1854) weichen. Dieser gerät selbst unter den Druck seiner ultraroyalistischen Kabinettskollegen, darunter Außenminister (1822–1824) François René Vicomte de Chateaubriand.

1822, Okt.–Dez. Chateaubriand erreicht auf dem Kongress »Heilige Allianz« in Verona, dass Frankreich mit der militärischen Durchführung der Intervention gegen die Revolution der Liberalen in Spanien beauftragt wird.

1823 Französische Truppen schlagen die Spanische Revolution nieder.

1824, 26. Febr.–6. März In den Kammerwahlen reduziert sich der liberale Anteil auf ganze 19 Parlamentssitze (*La chambre retrouvée*). Ein »Septennalitätsgesetz« schafft die bisherigen jährlichen Teilwahlen zugunsten einer siebenjährigen Legislaturperiode ab.

16. Sept. Nach dem Tod Ludwigs XVIII. wird dessen 67-jähriger Bruder Karl X. (*1757, †1836), der ganz unter dem Einfluss reaktionärer und ultramontaner

Remigranten steht, König. Mit seiner Thronbesteigung setzt eine ultramontane Gesetzgebung ein, die der liberalen Bewegung neuen Aufschwung verschafft. Publizisten und Historiker wie ADOLPHE THIERS (*1797, †1877) und FRANÇOIS GUIZOT (*1787, †1874) verherrlichen die Französische Revolution und fordern eine Parlamentarisierung der Verfassung.

1827, 17./24. Nov. Vorzeitige Neuwahlen bringen den Liberalen 180 Sitze.

1828, 5. Jan. KARL X. beruft ein Kabinett der gemäßigten Rechten unter JEAN BAPTISTE GAY COMTE DE MARTIGNAC (*1778, †1832), das vergeblich versucht, einen Ausgleich zwischen den Liberalen und dem König zu schaffen. Eine Verwaltungsreform scheitert an der Wahlrechtsfrage.

1829, 8. Aug. Um das Problem des Ausgleichs mit der liberalen Opposition wenig besorgt, löst der König daraufhin MARTIGNAC durch ein Kabinett politisch unerfahrener und äußerst unpopulärer Ultras, darunter JULES DE POLIGNAC (*1780, †1847), FRANÇOIS RÉGIS DE LA BOURDONNAYE (*1767, †1839) und LOUIS-AUGUSTE-VICTOR DE GHAISNES DE BOURMONT (*1773, †1846), ab.

1830, 18. März Die Kammer erklärt dem König mit einer Mehrheit von 221 gegen 181 Stimmen, die Regierung trage den »Wünschen des Volkes« nicht Rechnung.

16. Mai KARL X. antwortet mit erneuter Kammerauflösung und einer als Ablenkungsmanöver gedachten militärischen Expedition nach Algerien.

5. Juli Der außenpolitische Erfolg, die Eroberung Algiers, hat jedoch nicht die erhoffte Wirkung: Die Neuwahlen erhöhen die »oppositionelle« Mehrheit von 221 auf 274 Abgeordnete.

Die Julirevolution

1830, 26. Juli KARL X. löst die oppositionelle Kammer sogleich wieder auf, hebt die Pressefreiheit auf und verfügt ein neues Wahlrecht, das die Zahl der Abgeordneten wesentlich verringert und Gewerbe- und Fenstersteuer von der Berechnung des Zensus ausschließt, d.h. das Industriebürgertum entrechtet (»Juliordonnanzen«). Die Opposition, in der ADOLPHE THIERS jetzt durch Veröffentlichungen in der von ihm mitbegründeten Zeitung im »Le National« eine führende Rolle spielt, sieht darin einen Staatsstreich und ist zum Widerstand entschlossen.

27.–29. Juli Unabhängig von der liberalen Opposition liefern die Kleinbürger von Paris, durch eine Überproduktionskrise und schlechte Ernten seit Mitte der zwanziger Jahre an den Rand der wirtschaftlichen Existenz gedrängt, der königlichen Armee unter dem Eindruck der Agitation jakobinischer Intellektueller und Studenten Barrikadenkämpfe, die mit der Einnahme des Palais Bourbon enden.

Die städtischen Revolutionäre wollen eine Republik unter der Präsidentschaft des Generals MARQUIS DE LA FAYETTE ausrufen, werden jedoch von der liberalen Kammermehrheit überfahren, die unter dem Einfluss von THIERS, TALLEYRAND, JACQUES LAFFITTE (*1767, †1844) und PIERRE JEAN DE BÉRANGER (*1780, †1857) eine konstitutionelle Monarchie unter dem liberal-großbürgerlich orientierten Herzog LOUIS PHILIPPE VON ORLÉANS (*1773, †1850) – aus der jüngeren Seitenlinie der Bourbonen – anstrebt.

30. Juli Die Kammer beruft LOUIS PHILIPPE zum Generalstatthalter des Königreichs.

2. Aug. KARL X. dankt zugunsten seines Enkels ab, geht ins Exil nach England und beauftragt den Generalstatthalter mit der Regentschaft.

3. Aug. Die Kammer beschließt eine Revision der *Charte* von 1814. So wird u. a. das königliche Notstandsrecht abgeschafft, das Gesetzesinitiativrecht für die Kammern eingeführt und ein Verbot der Zensur durchgesetzt.

9. Aug. LOUIS PHILIPPE wird zum König gewählt und auf die revidierte *Charte* vereidigt, die Trikolore wird wieder Nationalflagge.

Louis Philippe (1830–1848)

Während die Regierungen der »Heiligen Allianz« LOUIS PHILIPPE zunächst als »Barrikadenkönig« ablehnen, bleibt im Innern unter den Notabeln umstritten, ob es sich bei der Julirevolution lediglich um eine Rückkehr zu den Prinzipien von 1814 und 1791 handele, die es zu konsolidieren gelte (so etwa GUIZOT, NARCISSE-ACHILLE DE SALVANDY [*1795, †1856] und CASIMIR PÉRIER [*1777, †1832], später *Parti de l'Ordre* genannt), oder den Auftakt zu weiterer Parlamentarisierung und Demokratisierung im Sinne der girondistischen Ideale (so THIERS, JACQUES-CHARLES DUPONT DE L'EURE [*1767, †1855], LAFFITTE, ARMAND CARREL [*1800, †1836], *Parti du Mouvement*). Die royalistischen Ultras, jetzt »Legitimisten« genannt, bleiben erbitterte Gegner des neuen Regimes. Pairs und hohe Funktionäre aus ihren Reihen verweigern den Eid auf LOUIS PHILIPPE und erleichtern damit das Vordringen großbürgerlicher Notabeln in die Führungspositionen von Verwaltung und Militär.

Gefährlicher als die ultraroyalistische und ultramontane Opposition, von der sich ein Teil aus dem politischen Leben zurückzieht, ist die Opposition der Republikaner, die sich um den Erfolg »ihrer« Revolution gebracht sieht, sich in zahlreichen, vom italienischen Carbonaritum beeinflussten Geheimgesellschaften organisiert, Verbindungen mit den in Paris versammelten radikaldemokratischen Exilanten aus dem übrigen Europa (v. a. Polen) aufnimmt und durch das Anwachsen der städtischen Unterschichten infolge der zunehmenden Industrialisierung Zuwachs erhält, so ÉTIENNE-VINCENT ARAGO (*1802, †1892), GODEFROY CAVAIGNAC (*1801, †1845), LOUIS-ANTOINE GARNIER-PAGÈS (*1803, †1878) und ALEXANDRE AUGUSTE LEDRU-ROLLIN (*1807, †1874) sowie die »Frühsozialisten«, v. a. LOUIS BLANC (*1811, †1882) und AUGUSTE BLANQUI (*1805, †1881). Ein vom *Parti du Mouvement* im Interesse der nationalen Versöhnung bewusst geförderter Napoleon-Kult führt zur Sammlung von Unzufriedenen aus allen Lagern in der Bonapartisten-Bewegung, die sich unter dem Neffen

Napoleons I., Louis Napoléon Bonaparte (*1808, †1873) – später als Kaiser Napoleon III. –, ebenfalls gegen das Regime richtet.

1830, 2. Nov. Das Ministerium Laffitte kommt den Forderungen der Republikaner halbherzig entgegen, unterstützt die revolutionären Bewegungen in Belgien, Italien und Polen, ohne zu intervenieren und verliert damit die Unterstützung der Mitte, ohne die Linke zu gewinnen.

1831, 13. März Laffittes Nachfolger Casimir Périer »säubert« die Administration und schränkt die Demonstrationsfreiheit ein.

20.–22. Nov. Périer lässt einen Arbeiteraufstand in Lyon niederschlagen und gewinnt die Anerkennung des Regimes durch das legitimistische Ausland. Der Kreis der Wahlberechtigten wird verdoppelt, die Erblichkeit der Pairswürde abgeschafft.

1832, 16. Mai Eine Choleraepidemie, der auch Périer zum Opfer fällt, steigert Aufruhr und Repression. In der Vendée entfacht Marie Caroline de Bourbon, Herzogin von Berry (*1798, †1870), eine legitimistische Bauernrevolte.

5./6. Juni Erneute Straßenkämpfe in Paris: Erst das Zögern Lafayettes und der parlamentarischen Opposition ermöglicht es der Juli-Monarchie, sich definitiv zu etablieren.

13. Okt. Im Kabinett des Marschalls Nicolas Jean Soult (*1769, †1851) arbeiten die führenden Politiker des *Mouvement* (Thiers) und des *Ordre* (Victor, Herzog von Broglie [*1785, †1870], und Guizot) zusammen. Ökonomischer Aufschwung und ein dem liberalen Individualismus verpflichtetes Elementarschulgesetz begünstigen die Stabilisierung des Regimes.

1834, April Republikanische Aufstandsversuche in Lyon und Paris werden blutig niedergeschlagen.

21. Juni Die Kammerwahlen nach dem neuen Zensus bescheren der Regierung eine breite, wenig konsistente Mehrheit: In den Grundsätzen des Notabelnsystems ist sie einig, lässt aber Spielraum für persönliche oder lokale Rivalitäten und materielle Interessen.

1834–1840 Die Folge sind rasch wechselnde Kabinette mit fast immer gleichem Personal, wiederholte langwierige Regierungskrisen, eine Politik, die ihre Wähler mit einseitigen materiellen Vorteilen besticht, wachsende Einflussmöglichkeiten des Königs und damit langfristig ein Sieg des *Parti de l'Ordre*.

1835, 28. Juli Die republikanische Opposition isoliert sich in der Illegalität: Ein misslungenes Attentat auf Louis Philippe führt zur Verschärfung der Strafbestimmungen gegen Aufruhr und zur Einschränkung der Pressefreiheit (»Septembergesetze«).

1836, 30. Okt. Ein Aufstandsversuch Louis Napoléons in Straßburg scheitert schon im Ansatz. In der Außenpolitik begründen Talleyrand, jetzt Botschafter in London, und Broglie eine erste *Entente cordiale* mit England: Intervention zugunsten der belgischen Unabhängigkeit sowie Unterstützung der Liberalen in den spanischen Karlistenkriegen und in Portugal. Der französische Widerstand gegen die englischen Freihandelsforderungen und die englische Dominanz in der Interventionspolitik führen zur Annäherung an Österreich.

1836 Das von Thiers betriebene Projekt einer Heirat der österreichischen Erzherzogin Maria Theresia Isabella (*1816, †1867) mit dem Thronfolger Ferdinand Philippe (*1810, †1842) scheitert jedoch am Einspruch Klemens von Metternichs (*1773, †1859).

1839–1841 In der Orientkrise steht Frankreich wieder vor einer geschlossenen legitimistischen Front Englands, Österreichs, Russlands und Preußens: Der von Frankreich protegierte ägyptische Herrscher Mohammed Ali Pascha (*1769, †1849) muss sich unter Druck der vier Mächte wieder der türkischen Oberhoheit fügen. In Frankreich führen die nationale Erregung über diese diplomatische Niederlage – als Kompensation wird die Rheingrenze gefordert – und eine neue Welle republikanischer Unruhen und Streiks sowie auch ein neuer Aufstandsversuch Louis Napoléons am 6. Aug. 1840 in Boulogne an den Rand des Krieges.

1840, 20. Okt. Erst als der König Thiers (jetzt zum zweiten Mal Premierminister) die Unterstützung für mehr demonstrativ als real gemeinte Truppenverstärkungen verweigert und dieser daraufhin zurücktritt, beruhigt sich die Situation.

1840–1847 Der Rücktritt Thiers' ist das Ende aller Versuche einer autonom-parlamentarischer Regierung. Guizot, der starke Mann des nun folgenden Kabinetts Soult, versteht sich als Anwalt Louis Philippes.

1843, 2. Sept. Die englische Königin Viktoria (1837–1901) besucht Frankreich. Gegen die öffentliche Meinung setzt Guizot eine oberflächliche Wiederannäherung an England durch.
Forderungen nach Senkung des Wahlzensus begegnet er, durch eine neue Hochkonjunktur begünstigt, mit Appellen an den individuellen sozialen Aufstieg (*enrichissez-vous*). Die ständige Notwendigkeit, zwischen den divergierenden Interessen und Fraktionen den kleinsten gemeinsamen Nenner zu suchen, führt zur Immobilität.

1846, Aug. Entpolitisierung der Oberschicht, Zersplitterung der Opposition und einseitige Regierungsunterstützung für »ministerielle« Kandidaten lassen die Wahlen zu einem Erfolg für Guizot werden: Die Regierungsmehrheit beträgt 291 von 459 Stimmen.

10. Okt. Dennoch setzt dirket nach den Wahlen die Krise des Regimes ein: In der Außenpolitik führt Guizots Versuch, dem Königshaus die Anwartschaft auf den spanischen Thron zu sichern (»Spanische Heiraten«), zum Bruch der *Entente cordiale* und zur Unterstützung der konterrevolutionären Politik Österreichs (Angliederung Krakaus, Unterstützung des konservativen Sonderbundes in der Schweiz), was heftige Kritik der nationalen und liberalen Kräfte auslöst. Schlechte Getreideernten und eine damit verbundene neue Überproduktionskrise (1846/47) rufen soziale Unruhen und Unzufriedenheit der Geschäftswelt mit der Regierung hervor. Korruptionsskandale schüren die Erregung und lassen die herrschende Oberschicht an der Legitimität ihres Machtmonopols zweifeln.

1847, Juli–1848, Febr. Eine von Kräften des Mouvement eingeleitete »Kampagne der Bankette« mit Forderungen nach Senkung des Wahlzensus und Reform der politischen Sitten radikalisiert sich rasch, kann aber nicht genügenden politischen Druck erzeugen.
Als Guizot, seit 1847 selbst Premierminister, ein für den 22. Febr. 1848 vorgesehenes Bankett verbietet, fügt sich die parlamentarische Linke.

1848, 23. Febr. Die radikalen Republikaner organisieren jedoch Demonstrationen in Paris, die sich nach der Erschießung einiger Demonstranten zum **revolutionären Aufstand** ausweiten.

24. Febr. Die Entlassung Guizots kann die Bewegung nicht mehr eindämmen, und als sich die Aufständischen dem königlichen Palast nähern, dankt Louis Philippe ab. Dupont de l'Eure und Ledru-Rollin geben die Bildung einer »linken« provisorischen Regierung bekannt, die sich für die Einführung der Republik ausspricht. Ohne schon ernsthaft bedroht zu sein, haben die herrschenden Notabeln vor dem hauptstädtischen Kleinbürgertum und den nachdrängenden Unterschichten kapituliert.

Zweite Republik und Zweites Empire (1848–1870)

Nach der überraschenden Kapitulation der herrschenden Notabeln der Julimonarchie im Febr. 1848 sind zunächst die Republikaner die Erben der Macht: Städtische Kleinbürger, Intellektuelle, Arbeiter, wenige demokratisch gesonnene Notabeln (Alexandre-Auguste Ledru-Rollin, Louis-Antoine Garnier-Pagès [*1803, †1878], Etienne-Vincent Arago) und Literaten (Alphonse de Lamartine [*1790, †1869], später auch Victor Hugo [*1802, †1885]). Vom Volkstumsbegriff der Romantik geprägt, hoffen sie auf eine nationale und soziale Republik und sind davon überzeugt, diese republikanische Ordnung – da im Interesse der überwiegenden Mehrheit des Volkes liegend – auf legalem Wege, also mit den Mitteln der parlamentarischen Demokratie erreichen zu können. Ihr Appell löst soziale Erhebungen in den Städten und auf dem Lande aus, weckt Erinnerungen an traditionelle Gemeinschaftsformen der ständischen Gesellschaft, gewinnt damit einen Teil der Bauern, v. a. im Zentrum und im Südosten Frankreichs, für die republikanische Bewegung und setzt unter den Arbeitern erstmals Energien zur Selbstorganisation frei, führt aber auch bald zu einer Kraftprobe zwischen bürgerlichem Republikanismus und Pariser Arbeitermassen. Das Großbürgertum befindet sich in einer Phase wirtschaftlicher und psychologischer Depression, gewinnt aber rasch an Macht zurück, als große Teile des bisher unterhalb der Machtelite verbliebenen Bürgertums und der bäuerlichen Kleinbesitzer von der Angst vor einer sozialen Revolution ergriffen werden und sich mit den Notabeln zu einer »Partei der Ordnung« zusammenschließen. Im Kampf um die geeignetste Form der Eindämmung der republikanischen Bewegung setzt sich der Bonapartismus durch: Seine plebiszitär-cäsaristische Herrschaftstechnik versteht es besser als der traditionelle Liberalismus der Notabeln, die Besitzängste der Bauern und die soziale Not der städtischen Unterschichten für eine autoritäre Staatsform in Dienst zu nehmen. Eine neue, dynamischere Generation industrieller Unternehmer schließt sich ihm darum an. Nach Louis Philippe ermöglicht die Herrschaft Napoleons III. eine zweite Welle der Industrialisierung, nun unter stärkerer Zentralisierung des politischen Lebens.

1848, 24. Febr. Die provisorische Regierung besteht aus liberalen Republikanern (Marie [eigentlich Pierre Marie de Saint-Georges; *1795, †1870], Adolphe Crémieux [*1796, †1880], Arago, Garnier-Pagès) und Sozialisten (Louis Blanc, Albert [eigentlich Alexandre Martin; *1815, †1895]). Zwischen beiden Gruppen stehen in der Vermittlungs- und damit Führungsrolle Lamartine und Ledru-Rollin. De facto ist die provisorische Regierung ein elfköpfiger Souverän, der versucht, der Revolte gerecht zu werden, ohne die Reaktion der Ordnungskräfte zu provozieren.

25. Febr./3. März Die provisorische Regierung verkündet ein allgemeines Recht auf Arbeit, hält aber an der Trikolore statt der roten Fahne fest, führt den Zehn- bzw. Elfstundentag und das allgemeine gleiche Wahlrecht für Männer ein. Arbeitslose werden in eine neue mobile Nationalgarde sowie in Nationalwerkstätten und nicht, wie die Arbeiter gefordert haben, in Produktionskooperativen, die das Prinzip des Privateigentums bedrohen würden, integriert.

23. April Die Wahlen zur Nationalversammlung bringen eine Mehrheit für die liberalen Republikaner (450 von 900 Sitzen, je 200 für die republikanische Linke und die Orleanisten, 50 für die Legitimisten).

5. Mai In der neuen fünfköpfigen Exekutivkommission sind die Sozialisten nicht mehr vertreten.

15. Mai Eine Massendemonstration der Sozialisten, die nun vornehmlich unter der Führung von Auguste Blanqui stehen, dringt bis in die Nationalversammlung vor. Diese Aktion wird als Aufstandsversuch gedeutet und mit ersten Verhaftungen beantwortet.

23.–27. Juni Als die Exekutivkommission die unproduktiven Nationalwerkstätten, mittlerweile Zentren der sozialistischen Agitation, auflöst, bricht in Paris ein spontaner Arbeiteraufstand los, den das republikanische Bürgertum entschlossen zurückschlägt.

24. Juni Die Nationalversammlung ernennt Kriegsminister Eugène Cavaignac (*1802, †1857), Bruder des republikanischen Führers der 30er-Jahre, zum Militärdiktator. Blutige Straßenschlachten fordern über 3000 Tote; die Hauptakteure werden scharf verfolgt. Louis Blanc flüchtet aus Furcht vor einer Verhaftung nach London. Unter der Regierung Cavaignac geht die Republikanisierung in den Provinzen weiter, die Zugeständnisse an die Arbeiter werden jedoch z. T. zurückgenommen (Zwölfstundentag).

4. Nov. Die neue Verfassung spricht nur noch vage vom »Recht auf Unterstützung« und nennt »Familie«, »Arbeit«, »Eigentum«, »öffentliche Ordnung« als Grundlagen der Republik. An der Spitze der Exekutive soll nach dem Willen der »Partei der Ordnung« ein vom Volk direkt gewählter Präsident stehen, der aber nach vierjähriger Amtszeit nicht wieder gewählt werden kann – ein Zugeständnis an die Republikaner.

10. Dez. In den Präsidentschaftswahlen siegt Louis Napoléon Bonaparte, von den Orleanisten (Adolphe Thiers) unterstützt, mit 5,4 Mio. Stimmen überraschend über Cavaignac (1,4 Mio.) und Ledru-Rollin (0,4 Mio.).

20. Dez. Sein erstes Kabinett unter Odilon Barrot (*1791, †1873) besteht aus liberalen Notabeln, Republikaner sind nicht mehr vertreten.

1849, 13. Mai Die Parlamentswahlen bestätigen den Sieg der »Partei der Ordnung« und rufen zugleich neue Ängste hervor: Etwa 500 Sitze für die »Partei der Ordnung«, knapp 100 für die liberalen Republikaner, aber 200 Mandate für die republikanische und sozialistische Linke (*Montagnards*).

Mai–Juli Französische Truppen zerschlagen die Römische Revolution und führen Papst Pius IX. (1846–1878) wieder in den Kirchenstaat zurück.

13. Juni Ledru-Rollins Versuch, die Nationalversammlung durch eine republikanische Massendemonstration zum Abbruch dieser Expedition zu zwingen, schlägt fehl. Der Führer der linken Republikaner muss ins Exil gehen.

1850, 15. März Eine konservative Schulgesetzgebung – Zulassung von Klerikern zum Lehramt ohne staatliche Prüfung, Auflösung des Universitätsmonopols für Sekundarschulen (*loi Falloux*) – setzt die katholische Kirche wieder in ihre traditionelle Rolle als Ordnungsmacht ein. Der Laizismus wird zum Kernpunkt des republikanischen Programms.

31. Mai Nach einer Einschränkung des Wahlrechts, das nun alle nicht persönlich Steuerpflichtigen, Strafverfolgten und die weniger als drei Jahre an einem Ort Ansässigen ausschließt, fühlt sich die »Partei der Ordnung« vor einem Wahlsieg der Republikaner sicher. Die Gegensätze zwischen den Ambitionen des Präsidenten und den Monarchisten treten nun stärker hervor. Louis Napoléon festigt seine Popularität durch häufige Provinzreisen und Armeebesuche.

1851, 5. Jan. Louis Napoléon gelingt es, den legitimistisch eingestellten Kommandeur der Pariser Nationalgarde, General Nicolas Théodule Changarnier (*1793, †1877), abzusetzen.

19. Juli Der Versuch, das Parlament mit der nötigen Dreiviertelmehrheit zu einer Verfassungsänderung zu bewegen, die seine Wiederwahl 1852 ermöglichen würde, scheitert. Daraufhin erklärt er sich für die Aufhebung des Wahlgesetzes vom Mai 1850, teilt damit die Republikaner und schwächt so die Front der Gegner eines Staatsstreichs entscheidend.

2. Dez. **Staatsstreich Louis Napoléons**: Führende Orleanisten (Thiers), Legitimisten (Changarnier) und Republikaner (Cavaignac) werden verhaftet, die Nationalversammlung für aufgelöst erklärt und besetzt, eine neue Verfassung mit allgemeinem Wahlrecht und einem starken, auf zehn Jahre zu wählenden Präsidenten angekündigt.

3./4. Dez. In Paris findet ein republikanischer Versuch, gemäß der Verfassung bewaffneten Widerstand zu leisten, nicht die nötige Massenunterstützung und scheitert an einer demonstrativen Schießaktion der überlegenen Armee. Der spontane Widerstand in zahlreichen Departements des Zentrums und des Südens kann jedoch erst am 10. Dez. gebrochen werden. In einem Drittel der Departements herrscht Belagerungszustand, Sondergerichtshöfe leiten eine systematische Verfolgung von Regimegegnern ein: So kommt es neben Gefängnis- und Todesstrafen zu Deportationen nach Guayana und Algerien, Verbannungen (Hugo, Thiers) und Säuberungen (Jules Michelet [*1798, †1874]).

20. Dez. Louis Napoléon lässt den Staatsstreich durch ein Referendum ratifizieren: 7,4 Mio. Ja- gegen 0,6 Mio. Neinstimmen bei 1,5 Mio. Enthaltungen. Nach weniger als einem Jahr hat sich die Herrschaft des »Prinz-Präsidenten« soweit stabilisiert, dass er durch ein neues Plebiszit die Wiedereinführung des Kaisertums beschließen lassen kann.

1852, 2. Dez. Am Jahrestag seines Staatsstreichs und der Kaiserkrönung seines berühmten Onkels besteigt er als **Napoleon III.** den Thron.

Grundstrukturen des Zweiten Empires

Die Verfassung des neuen Kaiserreichs behält das allgemeine Wahlrecht bei und ergänzt es durch Plebiszite, schränkt aber die Rechte des Parlaments erheblich ein: Der gesetzgebende *Corps législatif* ist auf 300 Mitglieder beschränkt, die nach dem Prinzip der Persönlichkeitswahl (keine Listen) delegiert werden. Es tagt nur drei Monate im Jahr und hat keine Initiativrecht, die Gesetze werden vielmehr von einem vom Kaiser ernannten Staatsrat vorbereitet und von einem aus ebenfalls ernannten Persönlichkeiten und Amtsträgern (Kardinälen, Marschälle, Admirale) zusammengesetzten Senat kontrolliert. Letzterer hat ferner die Möglichkeit, durch Senatsbeschlüsse Verfassungsänderungen herbeizuführen. Die politischen Mitwirkungsrechte werden noch dadurch weiter eingeschränkt, dass die Regierung »offizielle« Wahlkandidaten aufstellt und die nichtkonforme Presse mit Erscheinungsverbot bedroht wird. Stützen der Macht sind neben der Repressionsdrohung durch Militär und Verwaltung der direkte Appell an wenig aufgeklärte Wählermassen, die katholische Kirche, Erfolge in der Außenpolitik, die dem 1815 entstandenen nationalistischen Revisionismus Genüge tun, und materielle sowie politische Zugeständnisse an politisch relevante Gruppen. Da deren Interessen oft gegensätzlich sind, bleibt das Regime ständig von politischer Instabilität bedroht.

Wirtschaftspolitisch den Prinzipien des Saint-Simonismus verpflichtet, fördert das Regime die industrielle Entwicklung durch Schlüsselinitiativen (Förderung des Eisenbahnbaus, Bankenkonzentration, Investitionsförderung, Staatsaufträge, Verbesserung der Verkehrsverbindungen, auch für die Landwirtschaft) einerseits und sozialpolitische Befriedung (Arbeitsbeschaffungsprogramme, Selbsthilfeeinrichtungen unter staatlicher Aufsicht, Wohnungsbau) andererseits. Am Zwölfstundentag wird festgehalten, autonome Arbeiterkoalitionen bleiben bis 1864 verboten, ein Streikrecht gibt es nicht.

In den Jahren des Kaiserreichs verdoppelt sich die industrielle Produktion nahezu, das Handelsvolumen verdreifacht sich. Die bisher vorherrschenden Einzelbanken werden mehr und mehr von Großgruppen abgelöst, der Kapitalbesitz durch Ausgabe von Aktien und staatlichen Anleihen über das bisherige Großbürgertum hinaus ausgeweitet. So gründen 1852 Emile (*1800, †1875) und Isaac (*1806, †1880) Pereire die erste moderne Anlagebank *Crédit mobilier*. Die wachsende Prosperität ermöglicht den Kapitalexport: Frankreich wird zum Gläubiger- und Rentnerland. Nach der ersten globalen Wirtschaftskrise von 1857 ist der Rückstand gegenüber der Industrieentwicklung in England so weit aufgeholt, dass ein Freihandelsvertrag zwischen beiden Ländern möglich wird (Cobden-Vertrag 1860), 1864 folgt ein Freihandelsabkommen mit Preußen. Die Pariser Weltausstellungen von 1855 und 1867 demonstrieren den neuen industriellen Reichtum. Die Modernisierung der Städte, besonders die Neugestaltung von Paris durch den Seine-Präfekten Georges-Eugène Haussmann (*1809, †1891) zwischen 1853 und 1865, dient ebenso der Repräsentation wie der Beseitigung von Unruheherden und der Arbeitsbeschaffung.

Der Aufstieg zur Industriemacht verstärkt das Interesse an Kolonialbesitz: Algerien wird unter französischen Siedlern zur Kornkammer Frankreichs, die Besitzungen im Senegal werden erweitert, neue Stützpunkte am Golf von Guinea, an der afrikanischen Ostküste und in Indochina (Protektorat über Annam) errichtet.

Höhepunkt der kapitalistischen Erschließung der Überseegebiete ist der Bau des Sueskanals (1859–1869) durch Ferdinand de Lesseps (*1805, †1894). Trotz der gewaltigen Industrialisierungswelle bleiben aber beträchtliche Teile vorindustrieller Produktionsweisen erhalten. Frankreich wird zu einem Land der gemischten Wirtschaftsformen, in dem die Industriebevölkerung noch in der Minderheit bleibt.

1852–1857 Die ersten Herrschaftsjahre Napoleons III. verlaufen relativ ruhig: Angehörige aller politischen Gruppen haben sich dem Regime – aus Überzeugung oder Resignation – angeschlossen oder angesichts der wachsenden Prosperität aus dem politischen Leben zurückgezogen. Der Herrscher betreibt eine Politik des *juste milieu*, die einen Ausgleich zwischen den Parteiungen herbeiführen soll. So wird etwa der Einfluss der Kirche im Schulwesen gefördert, ohne dass dem Drängen auf Verbot antiklerikaler Organe nachgegeben würde.

1853–1856 Erste **außenpolitische Erfolge stärken Napoleons Stellung:** Im Krimkrieg zwischen Russland und dem Osmanischen Reich interveniert Frankreich mit England, Österreich und Sardinien auf der osmanischen Seite, um sich in dem liberalen England einen Bundesgenossen gegen die konservativen Mächte zu sichern.

1856, Febr./März Frankreich kann auf dem Pariser Friedenskongress als Führungsmacht auftreten, deren Stimme im Streit der ehemaligen antirevolutionären Viererallianz den Ausschlag gibt; konkrete Zugeständnisse bleiben allerdings aus. Die Bindung an Großbritannien und die italienische Einigungsbewegung – in Sardinien-Piemont wirkt seit 1852 Camillo Benso Graf von Cavour (*1810, †1861) als Premierminister, rückt Napoleon III. innenpolitisch wieder näher an die Liberalen der Julimonarchie.

1857, 21./22. Juni Vorgezogene Wahlen bestätigen die Popularität des Regimes (90 %), lassen aber einen unvermutet starken republikanischen Widerstand in den Städten erkennen.

1858, 14. Jan. Ein fehlgeschlagenes Attentat des revolutionären Italieners Felice Orsini (*1819, †1858) auf das Kaiserpaar führt daraufhin zu scharfen Verfolgungsmaßnahmen gegen republikanische Kräfte (etwa 430 Verbannungen).

1859 Ende der 50er-Jahre verschlechtert sich die Stellung des Regimes. Den Krieg an der Seite Sardinien-Piemonts gegen Österreich bricht Napoleon III. trotz der erfolgreichen Schlachten von Magenta (4. Juni) und Solferino (24. Juni) aufgrund der preußischen Interventionsgefahr, des schlechten Truppenzustands sowie des Widerstands der Konservativen ab, sodass Frankreich wohl Savoyen und Nizza, von Piemont aber nur die Lombardei erhält und die italienischen Einigungskämpfe ohne französische Unterstützung fortführen muss. Obwohl der Kaiser die französischen Truppen im Kirchenstaat belässt, sieht er sich wachsender Kritik von ultramontaner Seite ausgesetzt. | s. S. 1071 | Der Freihandelsvertrag mit Großbritannien ruft die Opposition der protektionistischen Mehrheit des orleanistischen Bürgertums auf den Plan. Unter der bürgerlichen Jugend, für die sich mit der Androhung der »roten Gefahr« nicht mehr die Erlebnisse von 1848 verbinden, breitet sich eine republikanische Oppositionsstimmung aus.

16. Aug. Napoleon III. versucht, dem Entstehen einer Oppositionsbewegung durch Zugeständnisse zuvorzukommen: Er erlässt eine Generalamnestie für politisch Verfolgte.

1860, 24. Nov. Verfügung über die Veröffentlichung der Senatsdebatten und die parlamentarische Diskussion der jährlichen kaiserlichen Adressen.

1861, 31. Dez. Verstärkung der parlamentarischen Budgetkontrolle.

1863 Außenpolitische Misserfolge zehren am Prestige des Kaisers: Seine diplomatische Intervention zugunsten der polnischen Aufständischen gegen die russische Herrschaft bleibt erfolglos.

30./31. Mai Die Parlamentswahlen werden zu einem halben Misserfolg des Regimes: Die Oppositionsstimmen verdreifachen sich. Im *Corps législatif* sitzen künftig 15 »Unabhängige« – gemäßigte Opponenten von parlamentarischen Legitimisten bis zu Orleanisten, unter ihnen THIERS – und 17 Republikaner. Selbst innerhalb der Regierungsfraktion wird der Wunsch nach einem vorsichtigen Liberalismus laut. Das Grundsatz-Amendement der sog. »Dritten Partei« erhält 1866 45 Stimmen.

1866 NAPOLEONS III. seit 1861 andauernder Versuch, Mexiko in einen französischen Vasallenstaat zu verwandeln, scheitert am Widerstand der Guerilleros und an einem amerikanischen Ultimatum. | s. S. 1318 |
Seine Hoffnung, als Preis für Frankreichs Neutralität im Preußisch-Österreichischen Krieg die bayerische Pfalz, Rheinhessen, Saarbrücken und Saarlouis zurückgewinnen zu können (Vertragsentwurf vom 5. Aug. 1866), wird durch OTTO VON BISMARCKS (*1815, †1898) raschen Friedensschluss mit Österreich zunichte gemacht. Auf die Forderung nach preußischer Einwilligung in die Annexion Belgiens als Gegenleistung für eine neutrale Haltung gegenüber der deutschen Einigung erhält er nur hinhaltende Antworten.

1867 Selbst der Erwerb der Festung Luxemburg vom niederländischen König scheitert am Einspruch Preußens.

1867/68 Größere Freiheiten für die Arbeiterbewegung werden von dieser ebenso wenig honoriert wie weitere Liberalisierungsdekrete (Interpellationsrecht, Aufhebung der Genehmigungspflicht für Presseerzeugnisse und unpolitische Versammlungen) von der parlamentarischen Opposition.

1869, 22./23. Mai Die Parlamentswahlen stärken die Oppositionskräfte entscheidend: 25 Republikaner, 74 Liberale; auch die Mehrheit der Regierungsabgeordneten – 136 von 216 – ist für eine Parlamentarisierung.

8. Sept. NAPOLEON III. kommt den Liberalisierungsforderungen weitgehend entgegen. Ein Senatsbeschluss gewährt dem *Corps législatif* Gesetzesinitiativrecht und Budgetbewilligungsrecht nach Einzelpositionen. Die Minister sind künftig dem Kaiser und der Kammer zugleich verantwortlich (*Empire libéral*).

1870, 2. Jan. Vom Kaiser beauftragt, bildet der Oppositionspolitiker EMILE OLLIVIER (*1825, †1913) ein liberales Reformkabinett, das den Interessen der protektionistischen Geschäftswelt und der Konservativen stärker Rechnung trägt.

8. Mai NAPOLEON III. lässt die Verfassungsreformen durch ein Referendum billigen und kann damit trotz der Parlamentarisierung seine plebiszitäre Stellung noch einmal festigen: 7,3 Mio. Ja- gegen 1,5 Mio. Neinstimmen bei 2,0 Mio. Enthaltungen.

19. Juli Der **Ausbruch des Deutsch-Französischen Kriegs**, Folge einer doppelten diplomatischen Offensive, in der es der französischen Regierung um die Verhinderung der deutschen Einheit auf Kosten der französischen Machtstellung geht, führt zum Sturz des Kaisertums.

2. Sept. Als NAPOLEON III. nach der Niederlage bei Sedan in deutsche Kriegsgefangenschaft gerät, bricht in Paris ein Arbeiteraufstand los – die liberale Regierung hat entschlossen gegen eine seit 1869 wachsende Streikbewegung gekämpft –, der in das Parlament vordringt.

4. Sept. **Ausrufung der Republik** sowie Bildung einer provisorischen Regierung. Ohne den Kaiser und ohne Erfolg hat das in seinen Befugnissen ohnehin schon eingeschränkte Kaisertum keine Stütze mehr. NAPOLEON III. stirbt 1873 im Londoner Exil.

Die Dritte Republik bis zum Ersten Weltkrieg (1870–1914)

Mit der deutschen Forderung nach Gebietsabtretungen konfrontiert, führt die provisorische Regierung den Krieg weiter, ohne dass schon über die künftige Ordnung des Landes entschieden wäre. An der Spitze der Regierung steht der populäre General LOUIS JULES TROCHU (*1815, †1896); weitere Mitglieder sind republikanische Parlamentarier wie LÉON GAMBETTA (*1838, †1882) und JULES FAVRE (*1809, †1880), jedoch nur ein Verbindungsmann zur Arbeiterbewegung, der Journalist HENRI DE ROCHEFORT (*1830, †1913).

1870, 19. Sept. Paris wird von den deutschen Armeen eingeschlossen. GAMBETTA versucht vergeblich, die Hauptstadt mit rasch aufgestellten neuen Truppen zu entsetzen.

1871, 28. Jan. Kapitulation von Paris.

13. Febr. Da BISMARCK auf einen Friedensvertrag mit einer legalen Regierung besteht, wird eine Nationalversammlung gewählt, in der infolge des Sicherheitsbedürfnisses der Landbevölkerung die »Partei der Ordnung« wieder eine große Mehrheit aufweist.

26. Febr. ADOLPHE THIERS, von der Versammlung zum »Chef der Exekutive« gewählt, handelt die Bedingungen des Präliminarfriedens von Versailles aus: Abtretung von Elsass und Lothringen, aber ohne Belfort; Reparationen in der beträchtlichen Höhe von 5 Mrd. Francs; Besetzung Ostfrankreichs bis zur Ableistung der Entschädigungssumme (endgültig vereinbart im Frieden von Frankfurt am 10. Mai 1871).

18. März–28. Mai **Pariser Kommune**: Der doppelte Schock der Niederlage und der Wahl einer monarchistischen Nationalversammlung löst unter den radikal-demokratisch-jakobinischen und sozialistischen Kräften der Hauptstadt erhebliche Unruhen aus, die noch gesteigert werden, als die Nationalversammlung aus Furcht vor Pressionen Versailles als Tagungsort wählt und die endgültige Entscheidung über die Staatsform ausdrücklich auf die Zeit nach dem Abzug der Besatzungstruppen verschiebt.

17./18. März Als THIERS die während der Belagerung gebildete mobile Nationalgarde auflösen will, werden zwei Generäle erschossen. Die Regierung flieht daraufhin nach Versailles und gibt den regierungstreuen Truppen den Befehl zum Abzug; ein großer Teil der wohlhabenden Bevölkerung folgt.

26. März Die Wahlen zum Generalrat des Seine-Departements, an denen nur 230 000 von 470 000 Wahlberechtigten teilnehmen, führen zu einer Stadtversammlung in revolutionärer Aufbruchstimmung, deren Charakter – Kommunalorgan oder nationale Gegenregierung – ungewiss bleibt. Die Abgeordneten der Kommune, meist Handwerker und Arbeiter, daneben Intellektuelle, eine heterogene Mischung aus Jakobinern, Blanquisten, Anhängern der Internationale, Proudhonisten und Anarchisten, beginnen mit einer Arbeiterschutzgesetzgebung, reorganisieren die von ihren Besitzern verlassenen Betriebe in Selbstverwaltungen und fordern die Gemeinden des Landes auf, sich ihrem Programm anzuschließen und so eine föderalistische Republik zu begründen.

Die Ordnungskräfte der Nationalversammlung lassen Truppen unter General Patrice de Mac Mahon (*1808, †1893) gegen die Hauptstadt vorrücken.

21.–28. Mai Nach fast zweimonatiger Belagerung und achttägigem Barrikadenkampf fällt Paris. Ein Viertel der Arbeiterbevölkerung ist Opfer der schweren Kämpfe, über 10 000 Strafurteile folgen.

Der Kampf zwischen Kommune und Nationalversammlung trennt die gemäßigten (Favre, Jules Ferry [*1832, †1893], Jules Grévy [*1807, †1891]) und radikalen Republikaner (Gambetta) von den Revolutionären und gewinnt einen Teil der Ordnungskräfte, so die gemäßigten Orleanisten um Thiers, für das Prinzip des allgemeinen Wahlrechts und der konservativen Republik. Damit ist die Basis geschaffen, auf der sich die **Dritte Republik** etablieren kann. Zunächst dominieren die monarchistischen Kräfte: Thiers, der als Präsident bis 1873 mit einer vorsichtigen Politik die traditionelle Notabelnelite wieder in ihre Rechte einsetzt und den vorzeitigen Abzug der Besatzungstruppen erreicht, zieht sich dennoch die Gegnerschaft der monarchistischen Orleanisten um Herzog Albert de Broglie (*1821, †1901) zu.

1873, 24. Mai Nach einem Misstrauensvotum (362:348 Stimmen) tritt Thiers zurück. Neuer Präsident wird der legitimistisch eingestellte General Mac Mahon, Premierminister de Broglie. Legitimisten und Orleanisten einigen sich im Prinzip darauf, den Enkel Karls X., Henri de Chambord (*1820, †1883), als Thronprätendenten durchzusetzen.

27. Okt. Als sich Chambord weigert, die parlamentarische Regierungsform und die Trikolore zu akzeptieren, finden sich die Orleanisten allmählich mit dem Prinzip eines republikanischen Präsidenten ab.

1875, 30. Jan. Der Vorschlag, einen »Präsidenten der Republik« von Senat und Deputiertenkammer wählen zu lassen (auf sieben Jahre), findet eine knappe Mehrheit (353:352 Stimmen). Als Kompromiss zwischen dem allgemeinen Wahlrechtsprinzip der Republikaner und dem Notabelnprinzip der Orleanisten wird neben der Deputiertenkammer ein Senat geschaffen, der unter Mitwirkung der Kommunen und Departements gewählt wird. Die Minister sind beiden Gremien verantwortlich. Im Falle eines Misstrauensvotums kann der Präsident die Kammer auflösen.

1876, 5. März Die Ambivalenz dieses Verfassungskompromisses zeigt sich sogleich nach den Wahlen. Dem legitimistischen Präsidenten Mac Mahon steht nun eine republikanische Kammermehrheit (360 von 510 Abgeordneten) gegenüber.

1877, 18. Mai Entlassung des gemäßigten republikanischen Kabinetts unter Jules Simon (*1814, †1896) durch Mac Mahon.

1879, 30. Jan. Vorzeitiger Rücktritt Mac Mahons. Neuer Präsident wird der Republikaner Jules Grévy.

Grundstrukturen der Dritten Republik

Mit dem Rücktritt Mac Mahons hat die republikanische Koalition aus dem neuen industriellen Großbürgertum und aufsteigendem Mittelbürgertum, den »neuen Schichten«, endgültig über die Notabeln der konstitutionellen Monarchie gesiegt, auch wenn diese weiterhin große Teile der ökonomischen Macht behalten. Weil sie sich als Garantin der Ordnung erweist, kann sie über die Republikaner der Zweiten Republik hinaus Anhänger unter den Bauern finden, und weil sie die jakobinische Tradition fortführt, kann sie – noch – einen großen Teil der Arbeiter bei sich halten.

Die obersten Organe der Dritten Französischen Republik

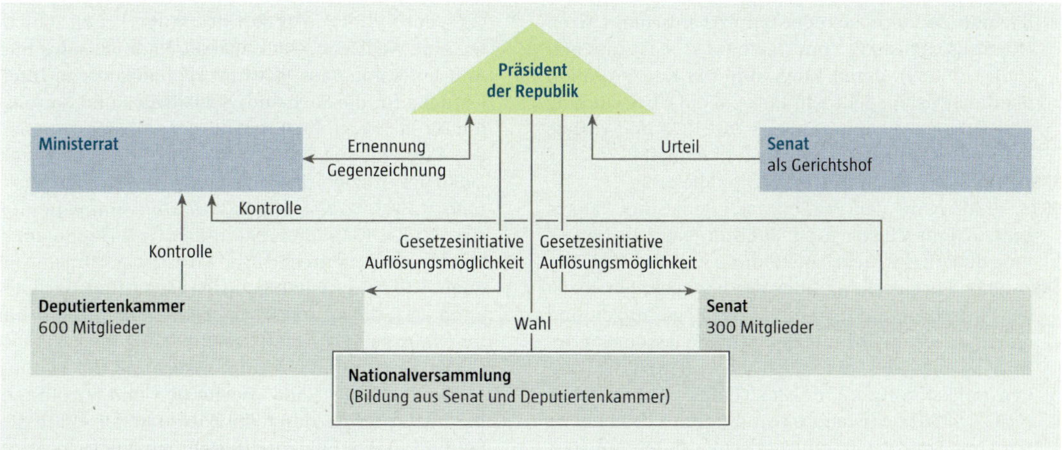

Ökonomisch beruht dieser politische Machtwechsel auf dem Vordringen des mittleren Bürgertums. Die Bedeutung des ländlichen Großgrundbesitzes geht infolge einer strukturellen Agrarkrise seit Mitte der 70er-Jahre zurück, die Industrialisierung und die Konzentration der Industriebetriebe schreiten nach wie vor nur langsam fort. So beträgt der Anteil der Landwirtschaft an der Gesamtproduktion um 1890 65,1 % und vor 1914 immer noch 44,6 %. Dies ermöglicht den Bedeutungszuwachs der seit dem Zweiten Empire zunehmend Wertpapiere besitzenden bürgerlichen Mittelschichten.

Ohne sich mit dem Industriekapital allzu eng zu verbinden, engagiert sich das breit gestreute Bankkapital vornehmlich im Kapitalexport-, Handels- und Immobiliengeschäft. Die Bereitschaft zu riskanten Investitionen ist vergleichsweise gering. Die französische Wirtschaft verliert so an Krisenanfälligkeit, gerät aber auch gegenüber dynamischeren Industrienationen (Großbritannien, USA, Deutschland) ins Hintertreffen. Gesellschaft und Politik werden vom gleichen vorsichtig malthusianistischen Geist geprägt. Eine neue Welle imperialistischer Expansion soll die relative Schwäche der französischen Wirtschaft ausgleichen, kann aber, da sie vom Industriekapital nur wenig unterstützt wird, diese Funktion nicht erfüllen.

1879–1885 Unter der politischen Führung von JULES FERRY, der in wechselnden Kabinetten Außen-, Unterrichts- oder Premierminister ist, sucht das republikanische Mittelbürgertum seine noch schwache Machtposition durch den Kampf gegen das inzwischen dominierende klerikale Schulwesen (Autonomie und Ausweitung der Universitäten, laizistische Sekundarschule für Mädchen, schrittweises Verbot der Klerikertätigkeit an Elementarschulen, allgemeine Schulpflicht) und die durch nationales Prestigedenken motivierte, aber auch als Unterstützung für die Industriebourgeoisie gedachte **Wiederaufnahme der Kolonialexpansion** (1881 Protektorat über Tunesien, 1883 Beginn der Eroberung Tongkings, 1885 Bestätigung des Protektorats über Annam durch China, Kolonisierung Madagaskars) zu stabilisieren. FERRYS Kolonialpolitik stößt auf heftige Kritik nicht nur der Rechten, sondern auch der republikanischen Linken (Radikalsozialisten) um GEORGES CLEMENCEAU (*1841, †1929), deren Programm die Konzentration auf die Revisionspolitik in Europa, die Überwindung des Verfassungskompromisses von 1875 und soziale Reformen zugunsten der Arbeiter beinhaltet.

1880, 6. Juli Der »14. Juli« wird Nationalfeiertag.

1885, 30. März Aus den Wahlen nach dem Sturz FERRYS gehen Monarchisten und Radikale gestärkt hervor. Eine dauerhafte Mehrheitsbildung wird unmöglich.

1886–1889 Enttäuschung über den mangelnden sozialen Fortschritt, die Instabilität der Regierungen und die Ausgleichspolitik mit Deutschland lassen eine antiparlamentarisch-nationalistische Bewegung um den radikalen Kriegsminister GEORGES BOULANGER (*1837, †1891) entstehen. Nur aufgrund des beherzten Vorgehens des republikanischen Innenministers JEAN ANTOINE ERNEST CONSTANS (*1833, †1913) und des Widerstands der Provinz gegen die boulangistische Propaganda wird ein Staatsstreich verhindert. Erben der Boulangisten sind eine »integrale« autoritär-nationalistische Bewegung mit vorwiegend kleinbürgerlichem Anhang und die nun rasch wachsende sozialistische Bewegung, die sich zunächst in viele Gruppierungen aufsplittert und im Parlament u. a. durch ALEXANDRE MILLERAND (*1859, †1943) und JEAN JAURÈS (*1859, †1914) vertreten ist. Auf katholischer Seite entsteht eine paternalistisch-reformistische christliche Sozialbewegung.

1892, 20. Febr. Gegen den Widerstand des Klerus lädt die Enzyklika *Au Milieu des Sollicitudes* Papst LEOS XIII. (1878–1903) die Katholiken zur Mitarbeit in der Republik ein.

1893, 3. Sept. Die Wahlen reduzieren die Monarchisten auf etwas über 50 Abgeordnete, schaffen eine gleich starke sozialistische Fraktion und stärken die Republikaner durch den Zuzug der Katholiken. Auf die Boulangismus-Krise reagieren die Republikaner mit Arbeitsschutzvorschriften und einer offensiveren Außenpolitik.

1894, 4. Jan. Die **Russisch-Französische Militärkonvention** vom 17. Aug. 1892, geschlossen als Gegengewicht gegen den Dreibund von Deutschland, Österreich-Ungarn und Italien, wird rechtskräftig (»**Zweiverband**«) und beendet die seit 1871 dauernde außenpolitische Isolierung Frankreichs.

1894–1898 Unter Außenminister GABRIEL HANOTAUX (*1853, †1944) wird die nur von einer kleinen, »kolonialen« Partei getragene Kolonialexpansion fortgesetzt: Sudan, Togo, Dahomey, Französisch-Kongo.

1898, Juli–Nov. Faschoda-Krise: Auf britische Kriegsdrohung hin zieht sich Frankreich aus Faschoda, dem Schnittpunkt zwischen britischer Nord-Süd- und französischer West-Ost-Expansion am oberen Nil, jedoch wieder zurück.

1898/99 Dreyfus-Affäre: Die Debatte um die Rehabilitation des 1894 zu Unrecht wegen Spionage verurteilten jüdischen Offiziers ALFRED DREYFUS (*1859, †1935), entfesselt durch einen offenen Brief ÉMILE ZOLAS (*1840, †1902) an den Präsidenten der Republik (»J'accuse«), löst unter den kleinbürgerlichen Schichten eine Welle von Klerikalismus, Nationalismus und Antisemitismus aus, gewinnt republikanische Intellektuelle für die Sache des Sozialismus und Sozialisten für die Republik. Ergebnis der Debatte ist neben der Begnadigung (1899) und dem Freispruch (erst 1906) des Offiziers die Formierung von Parteien (*Parti radical* 1901, *Section française de l'Internationale ouvrière* [SFIO] 1905) und Aktionskomitees (Freimaurerlogen, Menschenrechtsliga, laizistische Organisationen, Volksuniversitäten, der Gewerkschaftsdachverband CGT, die protofaschistische *Action française* unter CHARLES MAURRAS [*1868, †1952]) über das bisherige Honoratiorensystem hinaus und die Bildung eines Blocks aus Radikalsozialisten und Sozialisten, der die bisherige, durch ihr Zögern in der Affäre diskreditierte republikanische Mehrheit ablöst.

1899–1906 Kabinett Pierre Marie Waldeck-Rousseau (*1846, †1904; 1899–1902), gefolgt von Émile Combes (*1835, †1921; 1902–1905) und Maurice Rouvier (*1842, †1911; 1905/06).

1902, 1. Nov. Durch die Unterzeichnung eines Geheimvertrags über Marokko und Tripolis verbessert Außenminister Théophile Delcassé (*1852, †1923) die Beziehungen zu Italien.

1904, 8. April Großbritannien und Frankreich erzielen einen Interessenausgleich über Südostasien und Nordafrika und legen ihre Streitigkeiten in einem Abkommen (*Entente cordiale*) endgültig bei.

1905 Dank des Abkommens gelingt die Isolierung Deutschlands in der Ersten Marokkokrise. Die französische Vormachtstellung in Marokko, das seit 1902 französischem Kapital offen steht, kann ausgebaut werden.

Alexandre Millerand, erster sozialistischer Minister (noch ohne Parteimandat), versucht vergeblich, ein generelles Schlichtungsverfahren für Arbeitskämpfe durchzusetzen. Dagegen setzt der Block unter dem Druck der Sozialisten die Entklerikalisierung des Staates fort: Es besteht eine staatliche Genehmigungspflicht für Orden, die restriktiv gehandhabt wird, nicht zugelassenen Orden wird die Unterrichtsbefugnis entzogen, bei Verstößen drohen Klosterschließungen. Die diplomatischen Beziehungen zum Papst werden abgebrochen.

3. Juli Das Gesetz über die Trennung von Kirche und Staat unterbindet finanzielle Zuwendungen und das Mitwirkungsrecht des Staats.

Wachsende Klassenspannungen zwischen bürgerlichen Radikalen und Sozialisten, verschärft durch eine neue Hochkonjunktur und die Zuspitzung der internationalen Lage, lassen den Block auseinanderbrechen.

1906–1909 Premierminister Clemenceau setzt, obwohl selbst von der Notwendigkeit neuer Sozialgesetze überzeugt, Truppen und Justiz gegen Streikbewegungen ein.

1909/10 Premierminister Aristide Briand (*1862, †1932), aus den Reihen der Sozialisten hervorgegangen, versucht eine Politik sozialen Ausgleichs, scheitert jedoch am Widerstand der Unternehmer.

1910, 10.–17. Okt. Die Niederschlagung eines Eisenbahner-Generalstreiks trennt die Sozialisten definitiv von der radikalen Regierungsmehrheit.

1911, 4. Nov. Die Zweite Marokkokrise, ausgelöst durch fortdauernde deutsch-französische Handelsrivalitäten in Marokko, endet zwar mit der Anerkennung des französischen Protektorats über das Land (gegen Abtretung französischer Kongogebiete an Deutschland), die wirtschaftlichen Gegensätze zum Deutschen Reich und die nationalistische Agitation dauern jedoch fort.

1913, 17. Jan. Die Wahl Raymond Poincarés (*1860, †1934) zum Staatspräsidenten zeigt, dass die um einen Ausgleich bemühten Kräfte (Jean Jaurès) in die Minderheit geraten sind.

19. Juli Die Debatte um die Einführung der dreijährigen Militärdienstzeit führt die Nationalisten der Rechten und der Linken zusammen.

1914 Die Oppositionskräfte sammeln sich um die SFIO. Nach ihrem Wahlerfolg (102 statt bisher 70 Sitze) klingen die Spannungen zwischen Nationalisten und Pazifisten jedoch wieder ab.

31. Juli Ein nationalistischer Fanatiker ermordet Jaurès.

3. Aug. Deutschland erklärt Frankreich den Krieg. Unter Hintanstellung der Klassengegensätze bilden Regierungsmehrheit und Sozialisten die *Union sacrée* zur Verteidigung der Republik.

Staatsoberhäupter Frankreichs 1870–1945

Amtszeit	Präsident
Dritte Republik	
1871–1873	Adolphe Thiers
1873–1879	Marie Edme Graf von Mac-Mahon
1879–1887	Jules Grévy
1887–1894	Marie François Sadi Carnot
1894–1895	Jean Paul Pierre Casimir-Périer
1895–1899	Félix Faure
1899–1906	Émile Loubet
1906–1913	Clément Armand Fallières
1913–1920	Raymond Poincaré
1920	Paul Deschanel
1920–1924	Alexandre Millerand
1924–1931	Gaston Doumergue
1931–1932	Paul Doumer
1932–1940	Albert Lebrun
État Français (Staatschef)	
1940–1944/45	Philippe Pétain

Zeit der Weltkriege (1914–1944)

Nach vorübergehender Bedrohung durch die militante Rechte (Dreyfus-Affäre 1898/99) und die sozialistische Linke (Streikbewegungen bis 1910) hat sich die republikanische Ordnung Frankreichs stabilisiert. Industrielle und agrarische Gesellschaft haben sich gegenseitig durchdrungen: Die mangelnde Dynamik des malthusianistischen Industriebürgertums bewahrt die Bauern und Kleinbürger vor dem wirtschaftlichen Niedergang. Schulsystem und öffentlicher Dienst eröffnen ihnen Aufstiegsmöglichkeiten ins mittlere Bürgertum, dieses wiederum kann über die Beteiligung am Finanzkapital ins Großbürgertum aufsteigen. Alle diese Gruppen arbeiten eng zusammen, sind an einer Änderung des Status quo wenig interessiert und wünschen darum einen relativ schwachen Staat, wie er mit der Dritten Republik verwirklicht ist: Die politische Beteiligung ist gering, es fehlt an Transmissionsriemen (Verbänden, Parteien, Assoziationen) zwischen dem Einzelnen und dem Staat. Die Regierungen intervenieren nur, wenn der Status quo gefährdet ist, die Entscheidungsprozesse vollziehen sich nur langsam. Eine Ausnahme bilden die Organisationsformen der Arbeiterklasse, die dieser breiten Interessenkoalition nicht angehört und, da zahlenmäßig immer noch geringer als in voll industrialisierten Ländern, in eine Gettosituation gerät. Ideologisch bleibt die Arbeiterbewegung freilich innerhalb des Konsensbereichs der radikalen Republik, während eine Minorität der bürgerlich-bäuerlichen Koalition, Erben der monarchistischen Traditionen, außerhalb dieses Bereichs bleiben. Dies macht es notwendig, das Land vom Zentrum her in wechselnden Koalitionen von der gemäßigten Rechten bis zur gemäßigten Linken zu regieren. Die Radikalen als Repräsentanten des Zentrums können somit ohne große Abhängigkeit von ihren Wählern und ohne Sorge um den Verlust ihrer Macht die politische Szene beherrschen.

Im Ersten Weltkrieg wird der ideologische Konsens auch auf die Rechte ausgedehnt, der soziale jedoch nicht auf die Arbeiterbewegung, was deren Radikalisierung zur Folge hat. Nach dem Kriege leidet das Bürgertum unter den wirtschaftlichen Kriegsfolgen, die den politischen Gewinn mehr als wettmachen; die republikanische Synthese bleibt jedoch noch stabil. Erst die Weltwirtschaftskrise (1929–1933) offenbart ihre Schwächen, den Mangel an internationaler Konkurrenzfähigkeit, Entscheidungsfähigkeit und Integrationsfähigkeit neuer Klassen, und bereitet ihren Untergang vor. Während des Zweiten Weltkriegs versuchen die seit der Krise der 30er-Jahre zahlreichen Kritiker des Systems der Dritten Republik von politisch entgegengesetzten Positionen her – »Vichy-Regime« und »Résistance« – das Land an die Bedingungen des modernen Industriezeitalters anzupassen.

Frankreich im Ersten Weltkrieg (1914–1918)

1914, 4. Aug. Beginn der *Union sacrée*: Das Parlament erteilt der Regierung einstimmig außerordentliche Vollmachten für die Kriegsführung. Sozialisten wie Marcel Sembat (*1862, †1922) und Jules Guesde (*1845, †1922) treten in die Regierung ein. Jedoch liegen die wichtigen Entscheidungen bei Generalstabschef Joseph Jacques-Césaire Joffre (*1852, †1931).

5.–12. Sept. In der Schlacht an der Marne wird der deutsche Vormarsch zum Stehen gebracht. Der Krieg auf französischem Boden wird zum Stellungskrieg.

1915 Im Frühjahr beginnt sich das Land auf einen längerfristigen Krieg einzustellen.

20. Mai Der Sozialist Albert Thomas (*1878, †1932) wird Staatssekretär für die Kriegsproduktion. Er unternimmt neue Anstrengungen, die Sozialpartnerschaft zwischen Arbeitern und Unternehmern zu institutionalisieren, kann aber einseitige Kriegsgewinne und Inflation nicht verhindern. Die seit Jahren diskutierte Einführung der Einkommensteuer wird auch jetzt nicht durchgesetzt, sondern erst gegen Ende des Kriegs. Stattdessen verschuldet sich der Staat durch breit gestreute Schatzanweisungen und Auslandsanleihen, besonders in den USA.

1916 Der deutsche Angriff bei Verdun (Febr.–Juli) und die französische Offensive an der Somme (Juni–Nov.) kostet Frankreich eine halbe Mio. Leben, ohne Entscheidungen zu erbringen.
In der Kriegszielfrage machen sich Staatspräsident (1913–1920) Raymond Poincaré und Premierminister (1915–1917) Aristide Briand die Forderungen nach Annexion des Rheinlands und der Saar zu Eigen.

1917, 2.–20. Mai Ein schlecht vorbereiteter französischer Angriff in der Champagne führt zu ausgedehnten Truppenmeutereien, die erst durch die Ernennung von General Philippe Pétain (*1856, †1951) zum Befehlshaber der Nordarmee beendet werden können.
Unter dem Eindruck der allgemeinen Verschlechterung der militärischen Lage und der Russischen Februarrevolution wächst unter Sozialisten und Gewerkschaftlern die Gegnerschaft zur *Union sacrée*.

7. Sept. Nachdem ihnen die Teilnahme an der Internationalen Sozialistischen Konferenz in Stockholm verweigert wird, scheiden die Sozialisten aus der Regierung aus.

16. Nov. Georges Clemenceau, populärer Kritiker der bisherigen Führungsschwächen und Gegner des sozialistischen Pazifismus, bildet ein Kabinett (1917–1920) »über den Parteien« und erkämpft sich starke Vollmachten.

1918, März/April Die Autorität der Zivilregierung über die Militärs wird wiederhergestellt, eine Streikwelle eingedämmt.

18. Juli Nach fünf deutschen Offensiven (März–Juli) beginnt die entscheidende Gegenoffensive der Alliierten unter dem gemeinsamen Oberbefehl von General Ferdinand Foch (*1851, †1929). Die deutsche Front kann schrittweise zurückgedrängt werden.

11. Nov. Pétains Plan, mit einer Offensive in Lothringen den französischen Friedensforderungen gegenüber den Alliierten Nachdruck zu verleihen, wird durch den Abschluss des Waffenstillstands zwischen Frankreich und dem Deutschen Reich überholt.

Kriegsfolgen und Stabilisierung (1918–1930)

Der Krieg bringt Frankreich enorme Verluste an Menschenleben und Material: 1310000 Tote oder Vermisste (mehr als 10% der männlichen Aktivbevölkerung), materielle Verluste im Werte von etwa 55 Mrd. Francs des Jahres 1913, d.h. der gesamte Zuwachs des Nationalprodukts in den elf letzten Vorkriegsjahren. Steuererhöhungspläne zum Ausgleich der Staatsverschuldung scheitern jedoch. In der Öffentlichkeit verbreitet sich die Vorstellung, dass »Deutschland alles zahlen wird«.

Von Annexionisten (Forderung nach Abtretung des linken Rheinufers) und sozialistischen Pazifisten (Forderung nach kollektiver Sicherheitsorganisation unter deutscher Beteiligung) heftig kritisiert, fordert Premierminister Clemenceau auf der Friedenskonferenz von Versailles (18. Jan.–28. Juni 1919) über die Rückgabe von Elsass-Lothringen hinaus hohe Reparationen, ständige militärische Besetzung des Rheinlands, Annexion des Saargebiets, ein um Oberschlesien und Westpreußen vergrößertes Polen sowie eine internationale Armee für den Völkerbund, muss jedoch in all diesen Punkten Abstriche machen: Die Reparationshöhe wird nicht festgelegt, das Rheinland nur auf fünfzehn Jahre besetzt, das Saargebiet unter Völkerbundsmandat gestellt und in Oberschlesien eine Volksabstimmung angestrebt; zudem gibt es keine Völkerbundsarmee. Trotz des Machtgewinns bleibt Frankreichs Sicherheit ungewiss. Ein Teil der französischen Öffentlichkeit, v.a. Sozialisten, arbeitet darum auf einen Ausgleich mit Deutschland hin, der eine Milderung der Friedensbedingungen einschließt (Briand, Louis Loucheur [*1872, †1931], François Seydoux [*1905, †1981]), der andere – zunächst dominierende – Teil unter Führung von Raymond Poincaré dagegen auf eine extensive Auslegung der Vertragsbestimmungen, die Frankreichs augenblickliche Überlegenheit über Deutschland möglichst lange sichert.

1919 Kriegslasten, Inflation und das Beispiel der Russischen Oktoberrevolution von 1917 führen zu einem Anstieg und einer Radikalisierung der organisierten Arbeiterbewegung (*Confédération Générale du Travail* [CGT] von 700000 auf 1 Mio. Mitglieder, SFIO von 36000 auf 133000). Aus Furcht vor einer bolschewistischen Revolution bildet sich ein »Nationaler Block« von Konservativen bis Radikalen, der in den Wahlen vom 16. Nov. einen überwältigenden Sieg erringt: 417 Sitze gegen nur 100 der nichtsozialistischen Linken um Édouard Herriot (*1872, †1957) und 68 der Sozialisten. Letztere mussten infolge der Weigerung, erneut Wahlbündnisse einzugehen, trotz Stimmengewinnen Sitzverluste hinnehmen.

1920, 18. Jan. Clemenceau, dem diktatorische Neigungen nachgesagt werden, unterliegt bei der Kandidatur für das Amt des Staatspräsidenten und tritt daraufhin als Premierminister zurück.

19. Jan. Nachfolger (bis 23. Sept.) wird Alexandre Millerand.

Mai Die von den Wahlen enttäuschte Gewerkschaftsbasis erzwingt einen Generalstreik, der jedoch ebenfalls scheitert, zumal die Regierung, um die Unruhe abzufangen, den Achtstundentag eingeführt hat.

24. Sept. Erste Regierung des bis 1924 regierenden Nationalen Blocks, deren Politik den Interessen der Geschäftswelt entgegenkommt, die alten klerikal-laizistischen Spannungen entschärft und lediglich in der Frage der Deutschlandpolitik gespalten bleibt.

20.–26. Dez. Doppelt enttäuscht und in der Erwartung einer baldigen Revolution schließt sich die Mehrheit der Sozialisten auf dem Parteitag von Tours der Kommunistischen Internationale an. In den folgenden Jahren wird die Kommunistische Partei rasch bolschewistisch, die neuen Kader bekämpfen die Sozialisten oft erbitterter als die Rechten. Die Minderheit der Abgeordneten des Parteitags von Tours um Léon Blum (*1872, †1950) führt die Tradition der Sozialistischen Partei fort und gewinnt in der Opposition zum Nationalen Block rasch neuen Zulauf, besonders aus den verarmten Mittelschichten. 1924 kann sie wieder 110000 Mitglieder zählen.

1921, 16. Jan. Sechstes Kabinett Briand: Angesichts der Probleme, Reparationslieferungen von Deutschland zu bekommen, ist Briand um den Preis eines britischen Garantiepakts zu Zugeständnissen in der Reparationsfrage bereit (Konferenz von Cannes 1922), stößt jedoch auf den Widerstand der Blockmehrheit und tritt zurück.

1922, 18. Jan. Briands Nachfolger Poincaré (2. Kabinett bis 1924) verweigert jedes Zugeständnis in der Reparations- und Abrüstungsfrage (Konferenz von Genua).

1923, 11. Jan. Poincaré lässt das **Ruhrgbiet besetzen**, um Briten und Amerikaner, die für eine Stundung der Reparationen eintreten, ohne ihrerseits von der Begleichung der französischen Kriegsschulden abzusehen, zu neuen Verhandlungen im Interesse Frankreichs zu zwingen und dem »kalten Wirtschaftskrieg« der deutschen Stahlindustrie gegen die französische Konkurrenz ein Ende zu setzen.

1924, 9. April Die Alliierten gestehen Poincaré im Dawesplan kontrollierte Reparationslieferungen nach Maßgabe der deutschen Prosperität zu. Die Ruhrbesetzung verschärft jedoch die deutsche Inflation und löst, durch die Spekulation der französischen Finanzwelt verstärkt, eine Inflationswelle in Frankreich aus: Der Gegenwert für einen Dollar fällt von 11 Francs 1921 auf 28 Francs im März 1924. Damit sind die Erfolge der poincaréschen Stabilisierungspolitik (Einkommensteuer, indirekte Steuern, Sparhaushalt) zunichte gemacht.

11. Mai Bei den Parlamentswahlen erringt daraufhin das »Linkskartell« aus Radikalsozialisten und Sozialisten einen knappen Sieg. Als Außenminister der von den Sozialisten parlamentarisch unterstützten Regierung Édouard Herriot unternimmt Briand vergebliche Versuche zur Stärkung der kollektiven Sicherheit. So etwa mit der Unterzeichnung des Genfer Protokolls 1925, das nach der Wahlniederlage der britischen *Labour Party* nicht ratifiziert wird.

1925, 16. Okt. Erfolgreiche Initiativen Briands und des Reichsaußenministers Gustav Stresemann (*1878, †1929) führen zu einem deutsch-französischen Ausgleich: Im Vertragspaket von Locarno wird die deutsche Westgrenze garantiert.
Innenpolitisch scheitert Herriot am Widerstand der Geschäftswelt gegen die sozialistischen Forderungen nach Kapitalbesteuerung (Finanzknappheit durch Nichterneuerung der Schatzanweisungen, neue Inflationswelle durch Spekulation). Nach seinem Rücktritt (10. April 1925) wird auch den folgenden Regierungen die finanzielle Unterstützung verweigert.

1926, 23. Juli Erst als Poincaré (4. Kabinett bis 1928) wieder ein Kabinett auf der Grundlage des Nationalen Blocks bildet, kehren sich die Kapitalbewegungen um. Von der Geschäftswelt unterstützt, kann Poincaré durch beträchtliche Erhöhungen der indirekten und direkten Steuern unter gleichzeitiger Senkung der Einkommensteuer die Währung stabilisieren und den Etat ausbalancieren. Der durch den Krieg erlittene Substanzverlust ist damit einigermaßen gleichmäßig auf alle Bevölkerungsgruppen verteilt, freilich um den Preis einer Missachtung des Wählerwillens und der Aufrechterhaltung der bestehenden sozialen Ungleichheit. BRIAND, weiterhin Außenminister, setzt die Politik des Ausgleichs mit Deutschland fort, nunmehr von einer Mehrheit der öffentlichen Meinung getragen.

30. Sept. Auf Initiative des luxemburgischen Industriellen EMIL MAYRISCH (*1862, †1928) entsteht ein deutsch-französisch-belgisch-luxemburgisches Stahlkartell, das dem »kalten Stahlkrieg« ein Ende setzt.

1928, 6. Febr. Infolge der Präferenz der amerikanischen Kreditgeber für Deutschland – nicht zuletzt eine Folge der ungeregelten französischen Kriegsschulden – wird das Misstrauen gegenüber dem deutschen Nachbarn zwar zeitweise wieder stärker, kann aber durch den Abschluss des Briand-Kellogg-Pakts (27. Aug.) noch einmal eingedämmt werden.

22./29. April Infolge der inneren und äußeren Stabilisierung kann der Nationale Block bei den Wahlen Gewinne erzielen. Die Mehrheit der Radikalen schließt sich POINCARÉ an, der daraufhin ein Kabinett der »Nationalen Union« von ANDRÉ TARDIEU (*1876, †1945) bis ÉDOUARD HERRIOT bilden kann.

25. Juni Derart abgesichert, kann POINCARÉ es wagen, die Stabilisierungspolitik mit einer Abwertung des Franc abzuschließen.

16. Sept. Ferner ist es POINCARÉ möglich, in Verhandlungen um eine vorzeitige Räumung des Rheinlands als Preis für eine definitive Reparationsregelung einzuwilligen, die am 7. Juni 1929 mit dem Young-Plan erfolgreich abgeschlossen werden. Daraufhin erfolgt die Räumung des Rheinlands am 30. Juni 1930.

1929, 16. Juli Nach dem Rücktritt POINCARÉS aus gesundheitlichen Gründen treten die Gegensätze innerhalb der »Nationalen Union« stärker hervor.

22. Okt. Das seit dem 29. Juli bestehende elfte Kabinett BRIANDS scheitert am Misstrauen der Rechten gegenüber seiner Ausgleichspolitik.

1930, 4. Dez. TARDIEUS seit dem 2. Nov. 1929 amtierendes erstes Kabinett scheitert am Widerstand des Senats gegen dessen Entparlamentarisierungspläne.

1932, 10. Febr. PIERRE LAVAL (*1883, †1945) gelingt der Versuch nicht, die Radikalsozialisten durch eine Wahlrechtsänderung definitiv an den Nationalen Block zu binden. Dennoch scheint die Stabilität fortzudauern: Frankreich wird von der Weltwirtschaftskrise zunächst kaum betroffen, im Gegenteil: Infolge der kurz zuvor getroffenen Abwertung erhöhen sich die Exporte und infolge der Währungsstabilisierung der Zustrom auswärtigen Geldes. Die Arbeitslosigkeit ist beseitigt und der Konsumanteil am Nationalprodukt folglich vergleichsweise groß.

Die Krise der dreißiger Jahre (1930–1936)

Ab Ende 1930 führen zunehmende Zahlungsunfähigkeit der europäischen Nachbarn, Ausbleiben der Reparationen (Hoover-Moratorium) und Abwertung des britischen Pfunds zu einer Krise des französischen Exports, die wiederum eine Krise der Industrieproduktion auslöst (Produktionssenkung 1931 um 17,5 %, in der Stahlindustrie um 29 %). Ohne dass die Krise die gleichen dramatischen Ausmaße annimmt wie in den voll industrialisierten Ländern, brechen daraufhin die sozialen Grundlagen der republikanischen Synthese nach und nach zusammen: Eine Kapitalflucht aus Furcht vor der Krise verursacht den Zusammenbruch zahlreicher Kleinbanken. In Industrie und Handel müssen die Kleinbetriebe schließen, die größeren sind zur Konzentration gezwungen, unter den Arbeitern breitet sich erneut Arbeitslosigkeit aus (1935 etwa zwei von 12,5 Mio. Lohnempfängern). Ein allgemeiner Kaufkraftverlust um 15 % führt zum Preisverfall für Produkte der Landwirtschaft und des gewerblichen Mittelstands. Unternehmer und freie Berufe leiden in der Regel wenig unter der Krise, sehen aber mit Sorgen in die Zukunft, lediglich das zur Konzentration fähige Großkapital erzielt Gewinne.

Von den Regierungen nur langsam und mit unzulänglichen Maßnahmen (Agrarprotektionismus, Aufrechterhaltung der Geldwertstabilität durch Deflationspolitik) bekämpft, dauert die Krise, nachdem sie 1932 ihren Höhepunkt bereits überschritten hat, bis 1938. Sowohl die extreme Rechte als auch die Linken des politischen Systems (mit vielfachen Übergängen) üben Kritik an den Schwächen von Parlamentarismus, Individualismus und Protektionismus. Dadurch bieten sich langfristig Alternativen zum auseinanderbrechenden System der Dritten Republik: Autoritäre Neosozialisten (MONTAGNON; ADRIEN MARQUET [*1885, †1955]; MARCEL DÉAT [*1894, †1955], 1933 aus der Sozialistischen Partei ausgeschlossen), technokratische Planwirtschaftler (ANDRÉ PHILIP [*1902, †1970], CGT-Funktionäre), christliche Personalisten (EMMANUEL MOUNIER [*1905, †1950]), korporative Syndikalisten (ROBERT ARON [*1905, †1983]) und integrale Nationalisten (PIERRE DRIEU LA ROCHELLE [*1893, †1945]). Weiterhin aktiviert die Krise die aus der Tradition des Bonapartismus und Boulangismus hervorgegangenen militanten Gruppen der extremen Rechten – die *Action française* (CHARLES MAURRAS, LÉON DAUDET [*1867, †1942], JACQUES BAINVILLE [*1879, †1936]), die *Jeunesses patriotes* um PIERRE TAITTINGER (*1887, †1965) sowie als einzige Massenbewegung (150 000 Mitglieder) die *Croix-de-Feux* um FRANÇOIS DE LA ROCQUE (*1885, †1946) – und mobilisiert so den Widerstand der Linken gegen die faschistische Gefahr.

1932, 8. Mai Die ersten Wahlen nach dem Einsetzen der Wirtschaftskrise werden zu einer Niederlage für ANDRÉ TARDIEU, der nach dem Sturz des 2. Kabinetts PIERRE LAVAL (13. Jan.–16. Febr. 1932) wieder die Leitung der Regierungsgeschäfte übernommen hat (3. Kabinett seit 20. Febr.). Radikale und Sozialisten verzeichnen große Gewinne (zusammen 335 Sitze gegen 230 des Nationalen Blocks).

4. Juni ÉDOUARD HERRIOT bildet sein 3. Kabinett aus Radikalen und Zentrum, das auf die parlamentarische Unterstützung der Sozialisten angewiesen ist.

14. Dez. Als die USA, entsprechend dem Deutschland auf der Konferenz von Lausanne gewährten dreijährigen Moratorium für die Reparationszahlungen, eine

Stundung der französischen Kriegsschulden verweigern, bindet HERRIOT die Existenz seines Kabinetts an die pünktliche Zahlung der Schuldenrate und wird folglich gestürzt.

1932/33 Die folgenden Kabinette JOSEPH PAUL-BONCOUR (*1873, †1972), EDOUARD DALADIER (*1884, †1970) und ALBERT SARRAUT (*1872, †1962) stürzen über Sparmaßnahmen, mit denen sie den Staatshaushalt sanieren möchten. Streiks, Straßenkämpfe zwischen Rechtsradikalen und Kommunisten sowie Finanzskandale häufen sich. Ein Skandal um den betrügerischen Finanzier ALEXANDRE STAVISKY (*1886, †1934) in den radikale Abgeordnete verwickelt sind, wird von der Rechten zur Agitation gegen die Regierungsmehrheit genutzt.

1934, 27. Jan. Das seit dem 27. Nov. 1933 amtierende zweite Kabinett CAMILLE CHAUTEMPS (*1885, †1963), wie seine vier Vorgänger auf die Linksmehrheit der Wahlen von 1932 gestützt, wird zum Rücktritt gezwungen. Eine Welle von Demonstrationen der extremen Rechten folgt.

6. Febr. Als das zweite Kabinett DALADIER, den wegen einseitiger Begünstigung der Rechten ins Zwielicht geratenen Polizeipräfekten JEAN CHIAPPE (*1878, †1940) ablöst, veranstalten die Rechtsradikalen einen Marsch auf das Palais Bourbon, den Sitz der Kammer. Gleichzeitig demonstriert der kommunistische Soldatenbund für die Verhaftung CHIAPPES. In Tumulten mit der Polizei werden 17 Demonstranten erschossen, über 2000 verletzt. Die Erstürmung des Palais Bourbon wird nur dadurch verhindert, dass DE LA ROCQUE im letzten Moment den Rückzug befiehlt. Der Vorwurf der Rechtspresse, eine »Regierung der Mörder« zu bilden, demoralisiert die Radikalen.

7. Febr. DALADIER muss zurücktreten.

9. Febr. Unter dem Vorsitz des ehemaligen Staatspräsidenten (1924–1931) GASTON DOUMERGUE (*1863, †1937) wird ein Kabinett der »Nationalen Einigung« gebildet, in dem TARDIEU wieder die führende Rolle übernimmt. Damit ist die durch die Wahlen von 1932 angetastete Macht der Rechten wiederhergestellt. Die Anhänger der Sozialisten und Kommunisten, bisher durch den kommunistischen Kampf gegen die sozialistischen »Sozialfaschisten« voneinander isoliert, sehen in dem Sturm der Rechtsradikalen den Versuch eines faschistischen Staatsstreichs und drängen ihre Parteiführungen zur gemeinsamen Verteidigung.

12. Febr. Erfolgreicher eintägiger Generalstreik, zu dem Sozialisten und Kommunisten unabhängig voneinander aufgerufen haben.

27. Juli Nach entsprechenden Revirements der Komintern (Aufstieg von MAURICE THOREZ [*1900, †1964]) schließen Sozialisten und Kommunisten einen »Aktionspakt gegen den Faschismus«.

8. Nov. Auch unter den Regierungen der Rechten dauern Finanz- und Staatskrise fort. TARDIEUS Projekt einer Stärkung der Rechte des Präsidenten und Einschränkung der Parlamentsrechte scheitert am Widerspruch der Radikalen: DOUMERGUE und mit ihm TARDIEU müssen zurücktreten.

9. Nov. Nachfolger (bis 30. Mai 1935) ist PIERRE-ÉTIENNE FLANDIN (*1889, †1958). Während TARDIEU nun die außerparlamentarische Agitation schürt, versucht der Zentrist FLANDIN die Deflationspolitik fortzusetzen, wird aber gestürzt, als er außerordentliche Vollmachten zur Abwehr einer internationalen Bankoffensive gegen den Franc verlangt.

1935, 5. Juni FLANDINS Nachfolger PIERRE LAVAL – die Regierung unter FERNAND BOUISSON (*1874, †1959) ist nur vom 1.–4. Juni im Amt – erhält die erbetenen Vollmachten und macht mit einer rigorosen Deflationspolitik (Senkung aller Staatsausgaben und Preise für staatliche Dienstleistungen um 10 %) den eben beginnenden Wirtschaftsaufschwung wieder zunichte. Wachsende soziale Unruhen sind die Folge, ebenso eine neue Agitationswelle der Rechtsradikalen und wachsende Resignation vor dem Aufstieg des nationalsozialistischen Deutschland, dem man infolge der Finanzkrise keine rüstungsintensive Offensivpolitik mehr entgegensetzen kann. Nach dem Abschluss des Französisch-Sowjetischen Beistandspakts (2. Mai 1935) wechseln die französischen Kommunisten vom Antimilitarismus zu einem militanten Nationalismus. Die Abkehr vom selbst gewählten Isolationismus und die soziale Krise ermöglichen ihnen eine Verdoppelung ihrer Mitgliedszahlen auf 200 000 und die Gewinnung der Sozialisten und Radikalsozialisten für das Volksfrontbündnis (14. Juli).

1936, 12. Jan. Auf eine Massendemonstration der drei Parteien zusammen mit den Gewerkschaften und antifaschistischen Aktionskomitees folgt die Erarbeitung eines gemeinsamen Wahlprogramms: Auflösung der rechtsradikalen Ligen, Reform der Banque de France, Nationalisierung der Rüstungsindustrie, Kaufkraftschöpfung nach Art des amerikanischen New Deal. Aufgrund des Widerstands der Radikalen und der Kommunisten werden aber keine grundlegenden Sozialreformen projektiert. Die Radikalen, nun unter dem Druck ihres von der Deflation besonders betroffenen kleinbürgerlichen Anhangs, scheiden aus der Regierung LAVAL aus und zwingen diesen damit zum Rücktritt.

24. Jan.–4. Juni Bis zu den Wahlen führt ALBERT SARRAUT ein Übergangskabinett ohne die Rechte, das von den Sozialisten stillschweigend geduldet wird.

Die Regierungen der Volksfront (1936–1938)

1936, 26. April/3. Mai Bei den Wahlen siegt das Volksfrontbündnis mit 376:222 Sitzen weniger spektakulär als erwartet. Die Sozialisten bleiben stärkste Partei (147 Sitze), die Radikalen verlieren ein Drittel (106 Sitze), die Kommunisten treten erstmals als starke politische Kraft im Parlament auf (von elf auf 72 Sitze). Der Sieg löst eine von großer Euphorie der Arbeiter und ebensolcher Furcht der Rechten begleitete Streikwelle aus, die Produktion und Handel nahezu zum Erliegen bringt.

4. Juni **Bildung des Kabinetts Blum** aus Sozialisten und Radikalen. Die Kommunisten haben sich auf Moskauer

Direktive hin auf die parlamentarische Unterstützung beschränkt, um der von der Rechten geschürten Kommunistenfurcht den Wind aus den Segeln zu nehmen.

7. Juni Die Regierung BLUM vermittelt sogleich die »Matignon-Verträge« zwischen sozialistischer Gewerkschaft (CGT) und Arbeitgebervertretern: Lohnerhöhungen zwischen 7 und 15 %, Tarifvertragsordnung, Anerkennung der gewerkschaftlichen Betriebsräte. Wenige Tage später folgen die gesetzliche Einführung der Vierzigstundenwoche und des fünfzehntägigen Jahresurlaubs, bald darauf die im Jan. beschlossenen Maßnahmen. Durch staatliche Getreidemarktregulierung steigt das Einkommen der Bauern. Obwohl die kommunistische Parteiführung zur Wiederaufnahme der Arbeit aufruft, geht die Streikbewegung nur langsam zurück. Dies, die Schaffung von Produktionsengpässen durch Senkung der Arbeitszeit qualifizierter Arbeiter und v. a. der passive Widerstand der Unternehmer wie die Kapitalflucht ins Ausland verhindern, dass die Kaufkraftschöpfung zu einem Produktionsaufschwung führt. Eine neue Ausweitung des Haushaltsdefizits und eine neue Inflationswelle sind die Folge. Die angesichts HITLERS Bruch mit dem Versailler System verstärkte militärische Aufrüstung verschärft Defizit und Inflation. Von der Stärke der sozialen Bewegung überrascht, machen sich die Kommunisten die Forderungen nach weiterer Umverteilung zu Eigen und stärken damit ihren Einfluss unter der rasch wachsenden sozialistischen Gewerkschaftsorganisation CGT.

1. Aug. Ebenso attackieren die Kommunisten BLUMS Politik der Nichtintervention im Spanischen Bürgerkrieg, für die sich dieser auf britischen Druck hin entschieden hat, um einen Angriff der faschistischen Mächte auf ein isoliertes Frankreich zu verhindern.

28. Sept. Die Abwertung des Franc um 25–35 %, durch den rapiden Schwund der Goldreserven erzwungen, führt zwar zu einer leicht ansteigenden Produktion, ermöglicht aber auch den Währungsspekulanten beträchtliche Gewinne und ist zu gering, um das Handelsbilanzdefizit zu reduzieren.

1937, 13. Febr. Als eine neue Kapitalflucht einsetzt, sieht sich BLUM genötigt, eine »Pause« des Volksfrontprogramms zu verkünden. Weitere sozialpolitische Maßnahmen (Altersversorgung, Arbeitslosenunterstützung, laufende Lohnerhöhung) werden zurückgestellt, eine Rückkehr zur Orthodoxie des ausgeglichenen Budgets verkündet und traditionelle Bankiers zu »Beratern« der Regierung berufen. Diese »Kapitulation« raubt der Regierung die in der Arbeiterbewegung verbliebene Unterstützung, ohne dass sie das Vertrauen der Geschäftswelt zurückgewinnen kann. Die Angriffe der Rechten nehmen nun an Schärfe zu, gipfelnd in der antisemitischen Hetze gegen den Juden BLUM.

16. März Nach einer kommunistischen Demonstration gegen eine Veranstaltung der Rechtsradikalen – jetzt als *Parti social français* (PSF) organisiert – in Clichy, bei der fünf Demonstranten getötet werden, beschleunigt sich die Krise: Generalstreik der CGT gegen die Regierung, neue Kapitalflucht, Produktionsrückgang, Verschärfung der Arbeitslosigkeit.

21. Juni BLUM fordert außerordentliche Vollmachten zur Behebung der Finanzkrise und tritt, als der Senat diese verweigert, zurück.

22. Juni Nach dem Scheitern des »Experiment BLUM« bildet der Radikale CAMILLE CHAUTEMPS ein zweites Volksfrontkabinett, dessen Akzente deutlich nach rechts verlagert sind: Den Kommunisten, die nun zum Regierungseintritt bereit sind, werden Ministerämter verweigert. Statt des Sozialisten VINCENT AURIOL (*1884, †1966) übernimmt der Radikale GEORGES BONNET (*1889, †1973) das Finanzministerium. Die neue Regierung erhält die erbetenen finanzpolitischen Vollmachten und kehrt zu deflationistischen Maßnahmen zurück, kann aber eine ständige weitere Verschlechterung der Wirtschaftslage nicht verhindern. Die PSF erhält starken Zulauf (800 000 Mitglieder), rechtsextreme Terroristen verüben Attentate.

Dez. Eine neue massive Streikwelle setzt ein.

1938, 15. Jan. Als sich CHAUTEMPS der kommunistischen Unterstützung entledigen will, demissionieren die Sozialisten und zwingen ihn damit zum Rücktritt.

18. Jan. CHAUTEMPS bildet ein neues Kabinett ohne sozialistische Minister, wird aber weiterhin von Sozialisten und Kommunisten unterstützt, die eine Rückkehr der Radikalen zur Koalition mit der Rechten nicht zulassen wollen. CHAUTEMPS versucht, sich durch außerordentliche Vollmachten für eine Austeritätspolitik von der Abhängigkeit zu den Linken zu befreien; daraufhin verweigern die Sozialisten ihre Zustimmung.

10. März CHAUTEMPS tritt erneut zurück.

13. März BLUM versucht nun, angesichts des drohenden Staatsbankrotts und der wachsenden nationalsozialistischen Gefahr (Anschluss Österreichs an das Deutsche Reich am 12./13. März) ein Kabinett der »Nationalen Union« von den Kommunisten bis zu den Konservativen zu bilden, muss sich aber, da sich die Mehrheit der Rechten verweigert, mit einer Neuauflage des Volksfrontkabinetts von 1936 begnügen. Ohne große Illusionen fordert BLUM Vollmachten für ein Produktionsförderungsprogramm mit Kapital- und Geldmarktkontrolle. Als der Senat ihm diese Maßnahmen verweigert, muss das zweite Kabinett BLUM zurücktreten.

Auf dem Weg zur Niederlage (1938–1940)

1938, 12. April In DALADIERS drittem Kabinett sind die Sozialisten nicht mehr vertreten, dagegen eine Reihe von Gegnern der Volksfront wie PAUL REYNAUD (*1878, †1966). Sozialisten und Kommunisten halten aber zunächst weiterhin an ihrer Regierungsunterstützung fest. DALADIER ist jedoch bestrebt, ohne die Volksfrontmehrheit zu regieren. Er kündigt den Abbau der Sozialgesetzgebung an.

29. Sept. DALADIER stimmt im Münchner Abkommen der Forderung der deutschen Führung nach Abtretung der sudetendeutschen Gebiete der Tschechoslowakei zu. Beide Aktionen stoßen auf heftige Opposition der Kommunisten.

11. Nov. Die Radikalen erklären daraufhin ihren Austritt aus dem Volksfrontbündnis.
Auf eine Mehrheit aus Zentrum und Rechten gestützt (»Nationaler Block«), leitet DALADIER mit Dekreten zum Abbau der Vierzigstundenwoche und Reduzierung des Überstundenlohns eine deflationäre Sanierungspolitik ein. REYNAUD wird Finanzminister.

30. Nov. Ein von der sozialistischen Gewerkschaft CGT mit Unterstützung der Kommunisten ausgerufener Generalstreik scheitert, nachdem die Regierung Truppen zur Wiederherstellung der Ordnung eingesetzt hat.

Mit Ausnahme der Kommunisten, die eine offensive Bündnispolitik unter Einschluss der Sowjetunion fordern, sind alle Parteien in der Frage der Haltung gegenüber der nationalsozialistischen Expansionspolitik gespalten. Bei der Rechten überwiegt die Neigung zur Appeasementpolitik. Die Sozialisten billigen anfangs das Münchner Abkommen, verlangen dann aber die Eindämmung von HITLERS Expansionspolitik mithilfe der Sowjetunion. Zwischen beiden entschließen sich DALADIER und Außenminister GEORGES BONNET zunächst zur Forcierung der Aufrüstung, nach der »Zerschlagung der Rest-Tschechei« im März 1939 zu einer Eindämmungspolitik ohne Bemühen um sowjetisches Engagement, die folglich von der britischen Politik abhängig bleibt.

1939, 31. März Frankreich schließt sich der britischen Garantieerklärung für die territoriale Integrität Polens an.

13. April Daraufhin kündigt DALADIER den automatischen Beistand Frankreichs für Griechenland, Rumänien und Polen im Falle eines deutschen oder italienischen Angriffs an.

1. Sept. Bis zuletzt auf ein Einlenken HITLERS in der polnischen Frage hoffend, verlangt die Regierung DALADIER ultimativ den Rückzug der deutschen Truppen aus Polen.

2. Sept. Die Kammer verabschiedet einstimmig Kriegskredite.

3. Sept. **Frankreich erklärt** zusammen mit Großbritannien **dem Deutschen Reich den Krieg**.

26. Sept. Die Kommunistische Partei wird wegen ihres Eintretens für den Deutsch-Sowjetischen Nichtangriffspakt verboten, die kommunistischen Abgeordneten mit den Stimmen aller übrigen Fraktionen unter Strafverfolgung gestellt.

1940 Im Frühjahr wächst die Bereitschaft zu aktiver Kriegsführung. DALADIER, der vor einer Intervention im Finnisch-Sowjetischen Winterkrieg gezögert hat, tritt nach einer Stimmenthaltung der Kammermehrheit in der Vertrauensfrage zurück.

21. März Nachfolger wird PAUL REYNAUD, der zu offensiver Kriegsführung entschlossen ist, dafür aber nur knapp die Hälfte der Kammerstimmen, darunter die meisten Linken, erhält.

10. Mai Der deutsche Angriff an der Westfront ist unerwartet erfolgreich.

18./19. Mai Um das Vertrauen in die französische Führung wiederherzustellen, beruft REYNAUD neben Parlamentariern der Rechten Marschall PHILIPPE PÉTAIN als stellvertretenden Premierminister in das Kabinett sowie General MAXIME WEYGAND (*1867, †1965), der im Ersten Weltkrieg im Stab Marschall FERDINAND FOCHS gedient hat, zum Oberbefehlshaber.

5. Juni Nach der deutschen Einnahme Dünkirchens wird das Kabinett um Fachleute erweitert u. a. als Unterstaatssekretär im Kriegsministerium der spätere General CHARLES DE GAULLE (*1890, †1970).

14. Juni Bevor die deutschen Truppen Paris besetzen, flieht die Regierung durch die Touraine nach Bordeaux.

17./18. Juni REYNAUD ist für die Fortsetzung des Kampfs, bleibt aber in der Minderheit und tritt zurück. Staatspräsident ALBERT LEBRUN (*1871, †1950) beruft PÉTAIN zum neuen Regierungschef, der sogleich um Waffenstillstand nachsucht. Kaum beachtet ruft DE GAULLE über Radio London zur Fortsetzung des Kampfs auf.

22. Juni Abschluss des Waffenstillstands: Frankreich wird nördlich und westlich der Linie Genf–Dôle–Tours–Mont-de-Marsan–spanische Grenze besetzt. Elsass-Lothringen und die Departements Nord und Pas-de-Calais werden vom Staatsgebiet abgetrennt, die unbesetzten Landesteile bleiben unter der Verwaltung der französischen Regierung.

28. Juni Die britische Regierung erkennt das von DE GAULLE gebildete »Nationalkomitee der Freien Franzosen« an und lässt das vor Oran (Algerien) liegende französische Geschwader zerstören, um es nicht in die Hände der Deutschen fallen zu lassen. Daraufhin bricht PÉTAIN die diplomatischen Beziehungen zu Großbritannien ab.

Das Regime von Vichy und die Résistance (1940–1944)

1940, 10. Juli In Vichy am Nordrand des Zentralmassivs, wohin die Regierung am 1. Juli gezogen ist, übertragen Senat und Abgeordnetenkammer auf Betreiben PIERRE LAVALS mit 569 gegen 80 Stimmen Marschall PÉTAIN die Vollmachten zur Erarbeitung einer neuen Verfassung.

17. Juli PÉTAIN wird »Chef des französischen Staats« (*Etat français*) mit nahezu absoluten Vollmachten, LAVAL sein Stellvertreter und Nachfolger.

24. Okt. LAVAL, der einen engen Anschluss Frankreichs an Deutschland wünscht, arrangiert ein Treffen PÉTAINS mit HITLER.

13. Dez. Da aber PÉTAIN den Friedensvertrag mit Deutschland nicht mit dem von HITLER geforderten Preis des Kriegseintritts auf deutscher Seite bezahlen will, entlässt er LAVAL und stellt ihn unter Hausarrest. Neuer Außenminister wird PIERRE-ÉTIENNE FLANDIN, der einen unabhängigeren Kurs gegenüber Deutschland verfolgt.

1941, 9. Febr. Nachdem die Deutschen seinen Rücktritt erzwungen haben, wird Admiral FRANÇOIS DARLAN (*1881, †1942) als Vizepräsident, Außen-, Innen- und Marineminister beherrschende Figur des Regimes.
Opportunisten, die traditionelle Rechte und eine Vielzahl technokratischer und korporativer Reformer unterstützen PÉTAINS Politik der »nationalen Revolution«: Abschaffung des Parlaments, Aufhebung aller Mandate, die aus dem allgemeinen Wahlrecht hervorgegangen sind, Auflösung der Gewerkschaften und Arbeitgeberverbände zugunsten korporativer Berufsverbände und dirigistische Wirtschaftslenkung durch »Organisationskomitees« der Unternehmerschaft. Anfangs von der großen Mehrheit der Bevölkerung resignierend unterstützt, verliert das Regime mit zunehmender deutscher Repression und Verschlechterung der deutschen Kriegslage an Anhang.

1942, 19. Febr. In Riom bei Clermont-Ferrand wird ein Prozess gegen die »Hauptverantwortlichen für die Niederlage«, u. a. LÉON BLUM, eröffnet, der jedoch wegen des negativen Propagandaeffekts wieder abgebrochen werden muss.

19. April LAVAL kehrt zurück und übernimmt als Premierminister die tatsächliche Leitung des Regimes.
Über 170 000 französische Arbeitskräfte werden im Deutschen Reich eingesetzt, eine allgemeine Arbeitspflicht verkündet.

8. Nov. Amerikanische und britische Truppen unter General DWIGHT D. EISENHOWER landen an der nordafrikanischen Küste.

11. Nov. Da die Truppen des Vichy-Regimes kaum Widerstand leisten, lässt HITLER auch die Südzone Frankreichs besetzen.
In Algier schließt Admiral DARLAN einen Waffenstillstand mit den USA und erklärt sich zum Staatschef in Nordafrika.

24. Dez. DARLAN wird von einem Gegner des Vichy-Regimes ermordet.
Im Kampf gegen General HENRI HONORÉ GIRAUD (*1879, †1949), der vom Vichy-orientierten Kolonialrat in Algier mit der Leitung der Zivil- und Militärverwaltung beauftragt und von der amerikanischen Regierung gefördert wird, setzt General DE GAULLE die innerfranzösische Résistance zur Stärkung seiner Legitimität ein.

1943, 27. Mai JEAN MOULIN (*1899, †1943), Repräsentant DE GAULLES in Frankreich, vereint die seit 1940 bestehenden, seit Mitte 1941 rasch anwachsenden Widerstandsorganisationen der Linken (*Combat, Franc-Tireur, Libération* u. a.) und der Rechten (*Civile et Militaire* u. a.) zusammen mit Vertretern der republikanischen Parteien in einem »nationalen Widerstandsrat« (*Conseil National de la Résistance*).

3. Juni DE GAULLE kann daraufhin die Bildung eines von ihm und GIRAUD gemeinsam präsidierten »Komitees für die nationale Befreiung« in Algier durchsetzen. Nach MOULINS Ermordung wird GEORGES BIDAULT (*1899, †1983) Präsident der Résistance.

17. Sept. Die Schaffung einer Konsultativen Versammlung verstärkt die Präsenz republikanischer Vichy-Gegner in Algier.

1. Okt. GIRAUD muss zurücktreten. Der innerfranzösische Widerstandskampf verschärft sich.

1944, 1. Febr. Die paramilitärischen Verbände werden in den *Forces Françaises de l'Intérieur* zusammengefasst. Die Widerstandsgruppen werden zu Massenorganisationen, in denen die Kommunisten eine hervorragende Rolle spielen.

4. April Die Vertreter der Kommunisten akzeptieren die wiederholte Aufforderung DE GAULLES, in das Befreiungskomitee einzutreten.

3. Juni Angesichts der bevorstehenden Invasion der Alliierten deklariert sich das Befreiungskomitee zur »Provisorischen Regierung der französischen Republik«.

6. Juni–15. Aug. Die Operationen der Alliierten nach der Landung in der Normandie und in Südfrankreich werden von Verbänden des »Freien Frankreich« und der Résistance unterstützt.

19. Aug. Als die alliierten Truppen die Seine beiderseits von Paris erreichen, beginnt die Résistance den Aufstand in der Hauptstadt.

25. Aug. General DE GAULLE zieht in Paris ein.

9. Sept. Nachdem die alliierten Truppen die Westgrenze des Deutschen Reichs erreicht haben, bildet DE GAULLE die Provisorische Regierung durch Hinzuziehung repräsentativer Vertreter der innerfranzösischen Résistance um und beginnt mit der Reorganisation des Lands. Die Provisorische Regierung wird von den Alliierten am 23. Okt. anerkannt.
In der Résistance findet Frankreich zu einem neuen Grundkonsens: Ein General, der von der äußersten, vorrepublikanischen Rechten kommt, formiert mit sozialistisch und kommunistisch inspirierten Widerstandsgruppen ein demokratisches Regime, das von der großen Mehrheit der Bevölkerung getragen wird. Die »blockierte« Gesellschaft der Dritten Republik ist zerstört, die Kluft zur Arbeiterklasse weit geringer geworden – über die neuen Kräfteverhältnisse ist freilich noch nicht entschieden. | Forts. S. 1494 |

Die Britischen Inseln (1485–1783) | Forts. v. S. 591, 593, 594 |

Die englische Geschichte der Frühen Neuzeit umfasst den Zeitraum von der Etablierung einer starken Krongewalt unter den Tudors im 16. Jh. bis zur Ausbildung eines politischen Systems Mitte des 18. Jh.s, das von einem hohen Maß an politischer Stabilität geprägt ist und im Zeichen der Errungenschaften der Glorreichen Revolution (*Glorious Revolution*; 1688) steht. Dazwischen liegt das 17. Jh. mit seinen politischen Umwälzungen, die zur **Vorrangstellung des Parlaments** führen, und einer gesellschaftlichen und wirtschaftlichen Entwicklung, die die Stellung des hocharistokratischen Großgrundbesitzes und des mittleren grundbesitzenden Adels (Gentry) konsolidiert sowie England im Zuge der *commercial revolution* (Handelsrevolution) auf den Weg zu einer überseeisch orientierten **Welthandelsmacht** bringt.

Tudor-Dynastie (1485–1603)

Nach den Rosenkriegen 1455–85 schafft die Tudor-Dynastie in England stabile politische Verhältnisse. Aufstandsversuche gegen das neue Herrscherhaus (1486–1487, 1491–1497) scheitern: Durch Ausschaltung der innenpolitischen Opposition und Einziehung zahlreicher Ländereien wird der König größter Grundherr in England, kann seine Herrschaft auf gesteigerte Kroneinnahmen und eine starke Hausmacht gründen. In den 1530er-Jahren werden Verwaltung und Behördenorganisation im Kontext der Reformation durch THOMAS CROMWELL, führender Minister HEINRICHS VIII., grundsätzlich reformiert. Die Auflösung der Klöster seit 1538 erhöht die Einnahmen kurzfristig noch einmal erheblich, doch werden große Teile der neuen Krondomänen noch unter HEINRICH VIII. und seinem Nachfolger EDUARD VI. zu Schleuderpreisen wieder veräußert, um die ehrgeizige Kriegführung gegen Frankreich und Schottland zu finanzieren. Die Verfassungswirklichkeit wird durch den Aufstieg des Parlamentes und besonders des Unterhauses geprägt, mit dessen Hilfe die Trennung von der katholischen Kirche gelingt. Es bleibt aber vorerst ein Instrument in der Hand der Krone. Die Reformation, in deren Verlauf der König sich 1534 zum Oberhaupt der englischen Kirche erklären lässt, wird von der Bevölkerung zwar akzeptiert, aber zunächst nur von einer Minderheit aktiv mitgetragen. Der Widerstand gegen die Rücknahme der Reformation unter MARIA DER KATHOLISCHEN ist daher relativ gering, auch wenn eine Reihe protestantischer Geistlicher und Laien als Ketzer hingerichtet werden.

Unter ELISABETH I., Tochter ANNA BOLEYNS, die den Katholiken als uneheliches Kind HEINRICHS VIII. gilt, löst sich England erneut von Rom. Durch eine vorsichtig ausgleichende Politik und kraft ihres persönlichen Charismas gelingt es der unverheiratet bleibenden ELISABETH, trotz tiefer Vorbehalte gegen die Herrschaft einer Frau, ein hohes Maß an politischer Stabilität zu erreichen. Bedrohlich bleiben zwar lange die Thronansprüche MARIA STUARTS und die Versuche Spaniens, sich England gefügig zu machen, die 1588 im Angriff der Armada kulminieren, aber faktisch behauptet sich die Tudor-Monarchie als bedeutendstes protestantisches Königreich Europas. Auch kulturell ist die elisabethanische Epoche eine Blütezeit. Der Übergang der Krone auf JAKOB VI. von Schottland, Sohn MARIA STUARTS, hinter dem Rücken ELISABETHS I. von ihrem Staatssekretär ROBERT CECIL vorbereitet, vollzieht sich 1603 überraschend reibungslos, und wird auch von Spanien nicht mehr grundsätzlich in Frage gestellt.

1485, 22. Aug. Noch auf dem Schlachtfeld von Bosworth (Grafschaft Leicester) wird **HEINRICH VII.** (*1457, †1509) zum ersten Tudor-Herrscher erhoben.

7. Nov. HEINRICH VII. erklärt sich durch Parlamentsgesetz zum neuen rechtmäßigen König.

Nov./Dez. Navigationsakte zum Schutz und zur Förderung des englischen Handels.

1486, 18. Jan. HEINRICH VII. heiratet ELISABETH VON YORK (*1466, †1503): ein Versöhnungsversuch gegenüber den Anhängern der York-Dynastie.

1490 Weitere Navigationsakte.

1495 Ein Parlamentsgesetz beendet formell die Rosenkriege: Amnestie und Eigentumsgarantie für die Tudor-Gegner.

1496 *Magnus Intercursus*: Friedens- und Handelsabkommen mit den habsburgischen Niederlanden regelt die für England wichtigen Handelsbeziehungen nach Holland.

1509, 21. April Tod HEINRICHS VII., Nachfolger wird sein Sohn **HEINRICH VIII.** (*1491, †1547).

11. Juni HEINRICH VIII. heiratet mit päpstlicher Zustimmung KATHARINA VON ARAGÓN (*1485, †1536), Tochter FERDINANDS II. von Aragón (1479–1516) und Witwe von HEINRICHS verstorbenem Bruder ARTHUR.

1515 THOMAS WOLSEY (*um 1474, †1530), Erzbischof von York, wird Kardinal und Lordkanzler: Als leitender Minister steigt er zur beherrschenden Figur der englischen Innen- und Außenpolitik auf, trägt entscheidend zur Stärkung der königlichen Zentralgewalt bei. Außenpolitisch verfolgt er im Bündnis mit Kaiser KARL V. (1519–1558) einen antifranzösischen Kurs.

1521 HEINRICH VIII. veröffentlicht eine Schrift gegen MARTIN LUTHER und erhält von Papst JULIUS II. (1503–1513) den Titel *Defensor Fidei* (Verteidiger des Glaubens).

1527 HEINRICH VIII. will sich von KATHARINA trennen, weil sie ihm keinen Sohn geboren hat und er ANNA BOLEYN (*1507, †1536) heiraten möchte. Um sein Ziel zu erreichen, leitet HEINRICH die **Trennung von Rom** ein, die ihm eine Lösung seines privaten Problems bringt: 1533 erklärt der evangelische Theologe THOMAS CRANMER (*1489, †1556), seit 1532 Erzbischof von Canterbury, zusammen mit einem geistlichen Tribunal die erste Ehe des Königs für ungültig.

1529 Sturz WOLSEYS. Lordkanzler wird bis 1532 Sir THOMAS MORE (THOMAS MORUS; *1478, †1535), ein Freund des ERASMUS VON ROTTERDAM und Verfasser der »Utopia«. Das »Reformationsparlament« tagt bis 1536 und beschließt auf dem Gesetzesweg die Trennung von der römischen Kirche.

1530 HEINRICH VIII. stellt – beraten von THOMAS CROMWELL (*um 1485, †1540), der zum führenden Minister aufsteigt – den englischen Klerus unter Anklage, weil er gegen das *Statute of Praemunire* (von 1353) verstoßen habe, d.h. er habe nicht den König als alleinige und oberste Appellationsinstanz anerkannt, sondern dem Papst diese Funktion zuerkannt.

1532 Das Parlament verbietet kirchliche Zahlungen an Rom und hebt die Eigenständigkeit kirchlicher Gerichtsbarkeit auf.

1533, 25. Jan. Heinrich VIII. heiratet Anna Boleyn.

März Der *Act in Restraint of Appeals* beseitigt endgültig die juristische Bindung der englischen Kirche an Rom und integriert sie in den englischen Staat. Damit wird die **Reformation in England staatsrechtlich vollzogen**.

7. Sept. Dem Königspaar wird eine Tochter geboren, die spätere Königin Elisabeth I. (†1603).

1534, Nov. Suprematsakte: Dem König als Oberhaupt der englischen Kirche müssen Geistliche und Beamte als Anerkennung seiner vollen kirchlichen Oberhoheit den Suprematseid leisten.

1535 Hinrichtung von Eidverweigerern, darunter Kardinal John Fisher (*1469) und Sir Thomas More.

1536, 8. Jan. Tod Katharinas von Aragón.

19. Mai Hinrichtung Anna Boleyns wegen angeblichen Verrats.

30. Mai Dritte Ehe von Heinrich VIII. mit Jane Seymour (*1509, †1537).
Beginn der bis 1539 dauernden **Klosterauflösungen**. Etwa zwei Drittel des an die Krone fallenden klösterlichen Grundbesitzes werden verkauft. Die größte Besitzumwälzung der englischen Neuzeit stärkt Gentry.

1537, 12. Okt. Geburt des Thronfolgers, des späteren Königs Eduard VI., Tod der Königin im Wochenbett.

1539 Um steigender Unruhe in der Kirche vorzubeugen, werden die »Sechs Artikel« verabschiedet, die die wesentlichen Elemente der katholischen Dogmatik bestätigen. Die Reformation in England ist mehr ein politisch-staatlicher als ein theologischer Vorgang.

1540, 6. Jan. In vierter Ehe heiratet Heinrich VIII. auf

Die Häuser Tudor und Stuart (England, Schottland)

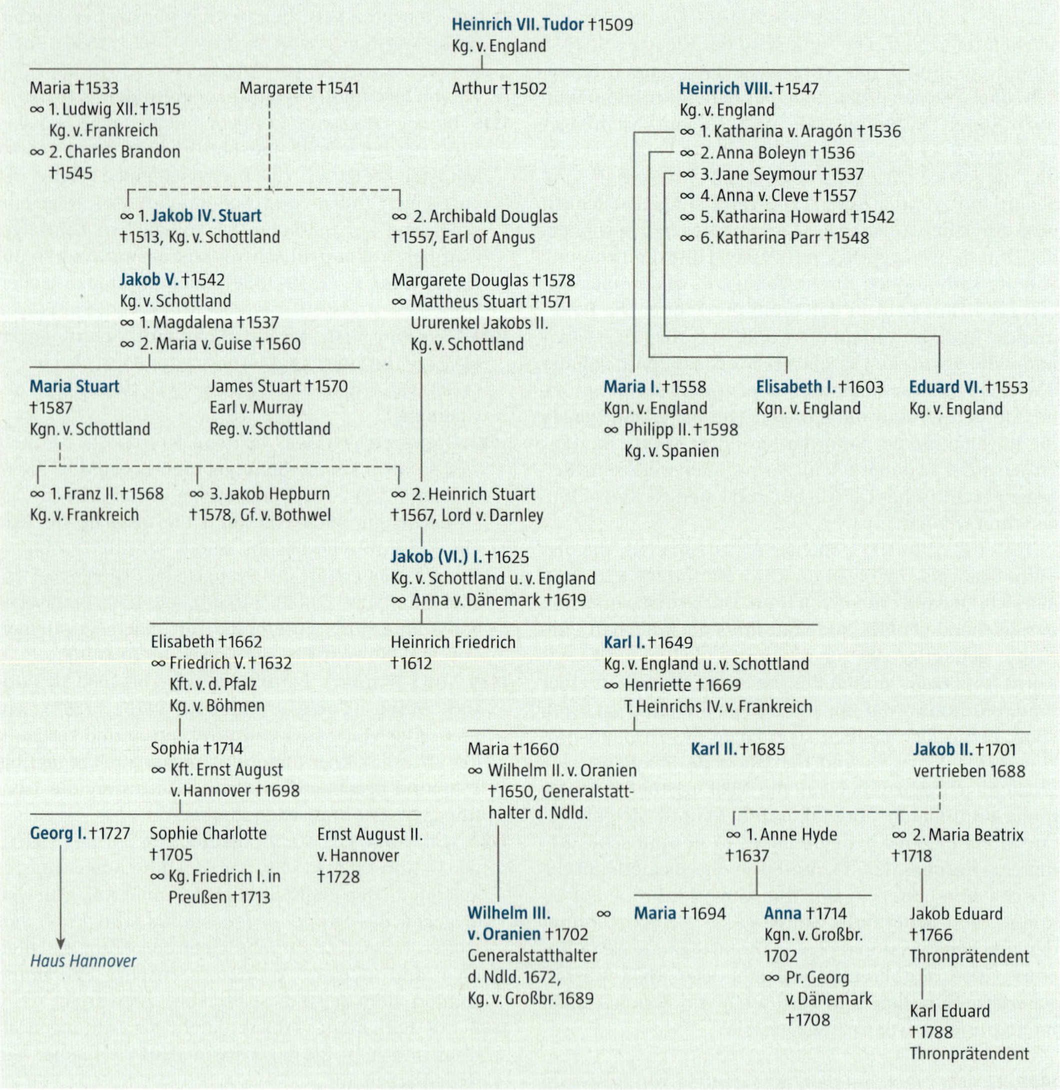

Betreiben THOMAS CROMWELLS die protestantische ANNA VON CLEVE (*1515, †1557); Annullierung der Ehe am 9. Juli.

23. Juli **Hinrichtung THOMAS CROMWELLS** wegen angeblichen Häretikertums. Seine Gegner sind die konservativen Kräfte des Landes in Hochadel und Kirche.
Am gleichen Tag heiratet HEINRICH VIII. KATHARINA HOWARD (*um 1520, †1542).
HEINRICH VIII. nimmt mit Billigung des irischen Parlaments, das auch seinen Suprematsanspruch duldet, den Titel eines **Königs** (statt Lord) **von Irland** an, um Irland befrieden zu können.

1542, 13. Febr. Hinrichtung der Königin KATHARINA HOWARD wegen Untreue.

1543, 12. Juli Letzte Eheschließung HEINRICHS VIII. mit KATHARINA PARR (*1512, †1548).

1547, 28. Jan. Tod HEINRICHS VIII. Kriege gegen Frankreich und ständige Konflikte mit Schottland haben die Staatsfinanzen zerrüttet. Die finanzielle Unabhängigkeit der Krone ist durch vermehrten Verkauf von Kronländern hinfällig geworden.
Neuer König ist der neunjährige Sohn HEINRICHS VIII., EDUARD VI. Das Land wird bis 1553 nacheinander von den Protektoren EDUARD SEYMOUR SOMERSET (*um 1506, †1552) und JOHN DUDLEY NORTHUMBERLAND (*1502, †1553) regiert, die den Protestantismus weiterentwickeln wollen.

1549 Einführung des von THOMAS CRANMER, Erzbischof von Canterbury, unter Einfluss der deutschen Reformatoren BUCER und MELANCHTHON verfassten *Common Prayer Book.* Auf dieser Grundlage entwickelt sich die englische Hochkirche (*High Church*): in der Lehre protestantisch, in der bischöflichen Verfassung und in der Form des Gottesdienstes katholisch.

1553, 6. Juli Tod EDUARDS VI., der testamentarisch Lady JANE GREY (*1537, †1554) Urenkelin HEINRICHS VII., zur Königin bestimmt. Sie kann sich nur neun Tage halten, muss der legitimen Thronfolgerin weichen.

19. Juli MARIA TUDOR, auch »MARIA DIE KATHOLISCHE« (*1516, †1558), eine Tochter aus der ersten Ehe HEINRICHS VIII., wird Königin. Es folgt der **Versuch einer Rekatholisierung** Englands mit grausamen Verfolgungen der Protestanten. Die Königin erhält den Beinamen *Bloody Mary* (Maria die Blutige).

1554 Heiratsvertrag zwischen MARIA und PHILIPP, dem Sohn KARLS V. und künftigen PHILIPP II. (1566–1598) von Spanien. Dadurch gerät England in den Sog der antifranzösischen Politik Habsburgs.

1555 Gründung der *Muscovy Company* für den Russlandhandel.

1556, 21. März Hinrichtung THOMAS CRANMERS.

1558, 17. Nov. Tod MARIAS und Thronbesteigung der aus der Ehe HEINRICHS VIII. mit ANNA BOLEYN stammenden Tochter ELISABETH I. Lord BURGHLEY (*1520, †1598) wird für vier Jahrzehnte ihr Erster Minister. Die anglikanische Bischofskirche wird wieder hergestellt, muss sich mit puritanischen Strömungen auseinandersetzen, v. a. in Schottland, wo der aus seinem Genfer Exil 1559 zurückgekehrte calvinistische Reformator JOHN KNOX (*um 1505/13, †1572) aktiv ist. Eine puritanischen Oppositionsgruppe ist auch im englischen Unterhaus vertreten.

1559 Mit **Erneuerung der Suprematsakte** (Monarch oberster Kirchenherr der anglikanischen Nationalkirche) **und Uniformitätsakte** (Forderung nach äußerer Konformität der Gläubigen) wird die Staatskirche gesetzlich wieder hergestellt. ELISABETH I. betreibt eine nach Kompromissen strebende gemäßigte Kirchenpolitik.

1563 Die »39 Artikel« regeln das Kirchenleben Englands.

1568, 19. Mai Auf der Flucht aus Schottland, wo sie der calvinistischen Adelsopposition zugunsten ihres Sohns JAKOBS VI. (1566, †1625; dem späteren englischen König JAKOB I.) 1567 gewichen war, wird die katholische MARIA STUART (*1542, †1587), Königin von Schottland seit 1542, gefangen genommen.

1570 **Papst PIUS V. exkommuniziert Königin ELISABETH** und entbindet ihre Untertanen vom Treueid.
Gründung der Börse in London als Konkurrenz zu Antwerpen.

1571 Aufdeckung der Ridolfi-Verschwörung, die einen Umsturz zugunsten MARIA STUARTS anstrebt.

1576 Zunahme puritanischer Aktivitäten, die, auch im Unterhaus, auf Reinigung der anglikanischen Kirche von katholischen Formen drängen.

1577 FRANCIS DRAKE (*um 1540, †1596) beginnt seine **Erdumseglung**, ein teilweise staatlich geduldetes Unternehmen gegen spanischen Handel in Übersee.

1583 Aufdeckung eines weiteren Stuart-Komplotts.

1584 Anfänge des nordamerikanischen Virginia, benannt nach der unverheirateten Königin ELISABETH I.

1585 Durch Konflikt mit Spanien droht auf dem Kontinent politisch-militärische und wirtschaftliche Hegemonie und Betreibung der Gegenreformation.

1587 Offener Krieg mit Spanien.

8. Febr. **Hinrichtung MARIA STUARTS**, weil um 1587 eine erneute katholische Verschwörung aufgedeckt wurde.

1588, 31. Juli–8. Aug. Englischer **Seesieg über die spanische Armada** im Ärmelkanal.

1600, 31. Dez. Gründung der *East India Company.*

1601, Sept. Niederlage eines spanischen Heeres, das die aufständischen Iren unterstützt. Niederwerfung der irischen Rebellion.

1603, 24. März Tod Königin ELISABETHS I. Ihr Nachfolger wird als erster Stuart-König JAKOB I., der seit 1567 als JAKOB VI. König von Schottland ist. Er regiert England und Schottland bis 1625 in Personalunion.

Stuart-Dynastie, Republik und Restauration (1603–1688)

Das 17. Jh. ist durch schwere politische Konflikte gekennzeichnet, in denen das Parlament seine Stellung behauptet, während andere europäische Ständeversammlungen von der politischen Bühne verschwinden. Auch wenn unter ambitionierten und tatkräftigen Monarchen die Krone immer noch die Initiative an sich reißen kann, ist doch nach 1688 zunehmend das **Parlament**, v. a. das Unterhaus, das **Zentrum des politischen Geschehens**, nicht mehr der Hof. Die Stuart-Dynastie, die nach 1660 stärkere Sympathien für den Katholizismus zeigt, unterliegt im Kampf um die Souveränität im Staat. Schon ELISABETH I. hatte es zugelassen, dass die Steuereinnahmen immer mehr hinter den Ausgaben zurückblieben und darauf verzichtet, das veraltete Steuersystem zu reformieren. Die Finanzkrise, die sie ihrem Nachfolger vererbt, spitzt sich im frühen 17. Jh. zu: Erst in den 1680er-Jahren verfügt die Krone wieder über größere finanzielle Überschüsse, was, ohne die enormen politischen Fehler JAKOBS II., auch zu ihrer dauerhaften Übermacht hätte führen können. In den Jahrzehnten davor ist die Krone stärker auf das Unterhaus angewiesen, das zusätzliche Mittel bereitstellen, aber nicht in die königliche Regierungsgewalt eingreifen soll. Im Unterhaus selbst formieren sich Kräfte, die die Auffassung vom göttlichen Recht der Könige in Frage stellen. Schon unter JAKOB I., der auch theoretische Schriften zur Begründung seines Königtums verfasst (u. a. »The True Law of Free Monarchies«, 1598) und sich in der Herrscherauffassung von seinen Tudor-Vorgängern prinzipiell nicht unterscheidet, in konkreten Fragen gegenüber dem Parlament ungeschickt, wenn auch verfassungsrechtlich korrekt vorgeht, kommt dieser Gegensatz offen zum Ausbruch. Er wird endgültig erst mit der *Glorious Revolution* (1688/89) bereinigt.

1604, Jan. Hampton-Court-Konferenz: Da man den die Bischofskirche angreifenden Puritanern kirchliche Freiheiten verwehrt (JAKOB I.: »No Bishops, no King«), werden sie endgültig in die Opposition gedrängt.

Juni Erste Differenzen zwischen König und Unterhaus.

1605, 5. Nov. Aufdeckung der Pulververschwörung (*Gun powder Plot*), ein katholischer Attentatsversuch gegen die gesamte Staatsspitze: Nachhaltige Diskreditierung des Katholizismus.

1607 Erste **religiös motivierte Auswanderungen** nach Nordamerika (Jamestown).

1618 Sir FRANCIS BACON (*1561, †1626) wird Lordkanzler: Er ist ein konsequenter Verteidiger der königlichen Prärogative.

1620 Die »Mayflower« segelt mit 120 puritanischen Auswanderern (Pilgervätern) nach Neuengland.

1621 Anklage und Sturz BACONS durch das Parlament, das ihm Korruption vorwirft.
Der Gegensatz zwischen Krone und Unterhaus verstärkt sich. Verhaftung einzelner Abgeordneter. Um Geld für die Kriegsführung im Dreißigjährigen Krieg zu erhalten, macht JAKOB I. dem Unterhaus weitreichende, faktisch nicht eingelöste Zugeständnisse (u. a. auf dem Gebiet der Außenpolitik).

1625, 27. März Nach dem Tod JAKOBS I. wird sein Sohn KARL I. (*1600, †1649) sein Nachfolger.

1628, 7. Juni *Petition of Right*: Der König muss wegen Finanzknappheit einer Petition des Unterhauses durch seine Zustimmung Gesetzeskraft geben: Ohne Zustimmung des Parlaments sind Gelderhebungen jeglicher Art nicht möglich, Verhaftungen sind ohne Angabe des Grundes unerlaubt.

1629 **Auflösung des Parlaments** für die nächsten elf Jahre: KARL I. regiert mithilfe der zentralen Regierungsbehörden unter Earl of STRAFFORD (*1593, †1641; Statthalter in Irland und 1639/40 wichtigster Ratgeber des Königs) und der königlichen Gerichte, stützt sich auf konservative Elemente im hohen Klerus (WILLIAM LAUD, *1573, †1645, Erzbischof von Canterbury seit 1633). Zur Deckung der Staatsausgaben greift er auf Zölle und Einfuhrabgaben zurück, weitet die Erhebung des Schiffsgelds (bisher nur von den Seestädten zu leistende Abgabe für die Kriegsmarine) ohne Genehmigung des Parlaments auf Binnenstädte aus.

1638 Zur Abwehr anticalvinistischer liturgischer Reformen bildet sich in Schottland der *Solemn League and Covenant.*

1640, 13. April Um Geldmittel für einen Krieg gegen Schottland zu erhalten, tagt ein Parlament, das (wegen seiner Dauer von nur 22 Tagen) Kurze Parlament: Als das Unterhaus jedoch grundsätzlich Geldbewilligungen von der vorherigen Abstellung aller Missstände abhängig macht und auch in Glaubensfragen unnachgiebig bleibt, wird es aufgelöst.

20. Aug. Oppositionskreise in London rufen die Schotten zu Hilfe.

3. Nov. Erneuter Zusammentritt eines Parlaments, des Langen Parlaments, das formal bis 1660 besteht. JOHN PYM (*1584, †1643) artikuliert im Unterhaus die Ziele der Opposition: Gleichstellung der Puritaner mit den Anglikanern, Gleichgewicht zwischen Krone und Parlament, Finanzkontrolle durch das Parlament, Abschaffung der königlichen Sondergerichte.

Nov./Dez. Verhaftung STRAFFORDS und Anklage LAUDS.

1641, 16. Febr. *Triennial Act*, wonach das Parlament mindestens alle drei Jahre vom König einzuberufen ist.

12. Mai Hinrichtung STRAFFORDS, dessen Todesurteil KARL I. unter Druck unterschrieben hat.

Juni Aufhebung der königlichen Sondergerichte und Verbot ungesetzlicher Steuerauflagen.

Okt. **Katholischer Aufstand in Irland** mit blutigen Ausschreitungen unter den Protestanten der Provinz Ulster.

22. Nov. Mit 159 zu 148 Stimmen verabschiedet die puritanische Mehrheit des Unterhauses knapp die *Grand Remonstrance*, ein Dokument, das die **Souveränität beim Parlament verankert und die Bischofskirche auflöst**: Die City of London unterstützt die Forderungen.

1642, 4. Jan. Ein Versuch von KARL I., die radikalen Führer des Unterhauses verhaften zu lassen, misslingt.

10. Jan. Flucht des Königs aus London.

Die Puritanische Revolution

Das Parlament spaltet sich: Zwei Drittel des Oberhauses und ein Drittel des Unterhauses stehen auf der Seite von König KARL I., ebenso meist der Norden und Westen, der Osten und Süden mit London aufseiten des Parlaments. Damit sind die bevölkerungsreichsten und wohlhabendsten Gebiete Englands für das die puritanische Sache verfechtende Parlament. Während die Royalisten an der Bischofskirche festhalten wollen, sind ihre Gegner in unterschiedliche konfessionelle Richtungen gespalten.

Eine große Gruppe, zunächst wohl die Mehrheit, will eine Nationalkirche mit presbyterianischen Elementen unter Kontrolle des Parlaments, aber ohne Bischöfe erhalten. Minderheiten dagegen wollen eine von weltlichen Gewalten unabhängige, genuin presbyterianische Kirche nach schottischem Muster oder Autonomie der einzelnen Kirchengemeinden, sowie ein Recht des einzelnen Gläubigen sich einer Gemeinde seiner Wahl anzuschließen (Independenten).

Mehrere Faktoren sind als tiefere **Ursachen der Puritanischen Revolution** zu nennen: Der Konflikt entspringt verfassungsrechtlichen wie religiösen und gesellschaftlich-wirtschaftlichen Gegensätzen. Im Bürgerkrieg verselbstständigen sich religiös-ideologische Triebkräfte, die das politische Handeln zunehmend bestimmen und eine klare gesellschaftliche Zuordnung der Bürgerkriegsparteien unmöglich erscheinen lassen. Das Grunderfordernis der Zeit formuliert unter dem Eindruck der innenpolitischen Wirren THOMAS HOBBES (*1588, †1679; Hauptwerke: »De Cive«, 1642; »Leviathan«, 1651; »Behemoth«, 1668, gedruckt 1679): Er will den Kampf aller gegen alle (»Der Mensch ist des Menschen Wolf«, Leviathan) im Interesse der Rechtssicherheit und der ungestörten Entwicklung der bürgerlichen Marktgesellschaft durch die Grundlegung eines säkularisierten, über die ungeteilte Souveränität verfügenden Staats beenden.

1642–1646 Erster Bürgerkrieg.

1644 Nach anfänglichen militärischen Misserfolgen des Parlamentsheers baut OLIVER CROMWELL (*1599, †1658) eine disziplinierte Reiterei auf, die *Ironsides* (Eisenseiten), und schlägt das königliche Heer im Marston Moor (nordwestlich von York). CROMWELL nutzt den Sieg zur Stärkung der Position der Independenten, polarisiert so den **Gegensatz zwischen Independenten und Presbyterianern**.

1645, 14. Juni Vernichtende Niederlage der Royalisten bei Naseby (nördlich von Northampton), die die erste Phase des Bürgerkriegs praktisch beendet.

1647, 23. Jan. **Auslieferung KARLS I. an das Parlament**, nachdem der König im April 1646 zu den Schotten geflohen ist, weil diese überwiegend presbyterianisch sind und KARL I. sich aus dem daraus resultierenden Gegensatz zum independistisch orientierten Parlamentsheer einen Vorteil verspricht.

Okt. Die auf dem radikalen Flügel der Independenten stehenden *Levellers* (»Gleichmacher«) unter dem englischen Revolutionär JOHN LILBURNE (*1614, †1657) fordern u. a. mehr Demokratie, Aufhebung sozialer Schranken und religiöse Toleranz, stoßen damit bei der Armeeführung aber auf Widerstand.

1648 Zweiter Bürgerkrieg.

Jan. CROMWELL besetzt Edinburgh.

17./18. Aug. **Entscheidender Sieg CROMWELLS** bei Preston (nordöstlich von Liverpool).

6./7. Dez. Die Armee schließt mit »Säuberung« des Parlaments die presbyterianischen Abgeordneten aus. Übrig bleibt nach dem Sieg des Independentismus ein Rumpfparlament von zunächst nur noch etwa 60 radikalen Mitgliedern.

1649, 1. Jan. Nachdem das Rumpfparlament die Anklage beschlossen hat, macht es KARL I. wegen Tyrannei und Anzettelung eines Bürgerkrieges den Prozess.

30. Jan. **Hinrichtung KARLS I.**

19. Mai Die Armee proklamiert die von einem 41-köpfigen Staatsrat regierte **englische Republik**. England wird zu einem »freien Commonwealth« erklärt, »regiert durch die Repräsentanten des Volkes im Parlament, ohne König und Oberhaus«.

Juni Beginn einer Erhebung in Irland, die CROMWELL bis zum Herbst niederwirft.

1650, April Kriegerische Konflikte mit Schottland, wo KARL II. (*1630, †1685), Sohn KARLS I., als legitimer König anerkannt wird, dauern bis Sept. 1651.

Aug. Die Republik gründet den merkantilistisch ausgerichteten Volkswirtschaftsrat, der die gesamte Innen- und Außenwirtschaft Englands lenkt und überwacht.

1651, 9. Okt. Navigationsakte zur Unterbindung des holländischen Zwischenhandels.

1652 Die Navigationsakte führt zum ersten Seekrieg mit Holland.

1653, April Beseitigung des Rumpfparlaments.

Englischer Bürgerkrieg 1642–45

4. Juli Zusammentritt eines »Parlaments der Heiligen«, das von der Armee abhängig ist.

16. Dez. Im Namen der Armee wird das *Instrument of Government* verkündet, eine geschriebene Verfassung: Oliver Cromwell erlangt als Lord-Protektor (1653–1658) königgleiche Rechte. Neben ihm existieren ein Staatsrat und ein Parlament.

1654 Erstmaliger Zusammentritt des Parlaments, das Opposition übt und Ablehnung des neuen Systems durch große Bevölkerungskreise erkennen lässt.

1655, Jan. Auflösung des Parlaments. Cromwell regiert als Militärdiktator.

1657, Mai Das wegen des Krieges mit Spanien aus Geldnot wieder einberufene Parlament macht **Oliver Cromwell zum Lord-Protektor auf Lebenszeit** mit dem Recht, seinen Nachfolger zu bestimmen. Das militärische Element im Staatsrat wird zurückgedrängt.

1658 Isolierung Cromwells von praktisch allen politisch-gesellschaftlichen Gruppen; Attentatsversuche.

3. Sept. Tod Cromwells: Nachfolger als Lord-Protektor wird sein unfähiger Sohn Richard Cromwell (*1626, †1712).

1659, 7. Mai Gegensätze zwischen Armee und Parlament: Starke Tendenzen, das von Oliver Cromwell aufgelöste Rumpfparlament wieder einzuberufen, das schließlich zusammentritt.

24. Mai Richard Cromwell legt sein Amt nieder.

Okt.–Dez. Konflikte Rumpfparlament–Armee, die keine einheitlichen Ziele verfolgt. General George Monck (*1608, †1670) optiert für eine gemäßigte Lösung.

1660, 21. Febr. Das »Lange Parlament« tritt in seiner Zusammensetzung von 1648 wieder zusammen. Damit wird das Parlament zum Träger der Kontinuität.

16. März Selbstauflösung dieses Parlaments.

25. April Eröffnung eines neuen, royalistisch-presbyterianisch ausgerichteten Parlaments (Konventionsparlament).

29. Mai Einzug Karls II. in London.

Restauration der Monarchie

Mithilfe eines konservativen Parlaments *(Cavalier Parliament)* nimmt Karl II. viele Gesetze der Revolutionszeit zurück. Die streng staatskirchliche Gesetzgebung verschärft die religiösen Gegensätze. Viele der außerhalb der Staatskirche stehenden radikalprotestantischen Puritaner (*Dissenters*; sie bilden Mitte des 17. Jh.s rund ein Drittel der englischen Bevölkerung) wandern in die Kolonien aus. – Die Außenbeziehungen Englands prägt der Gegensatz zu den Niederlanden (Englisch-Niederländische Seekriege 1665–1667, 1672–1674).

1673 Das Parlament beschließt die Testakte: Wer ein zi-

Staatsaufbau von England 1649 und 1653

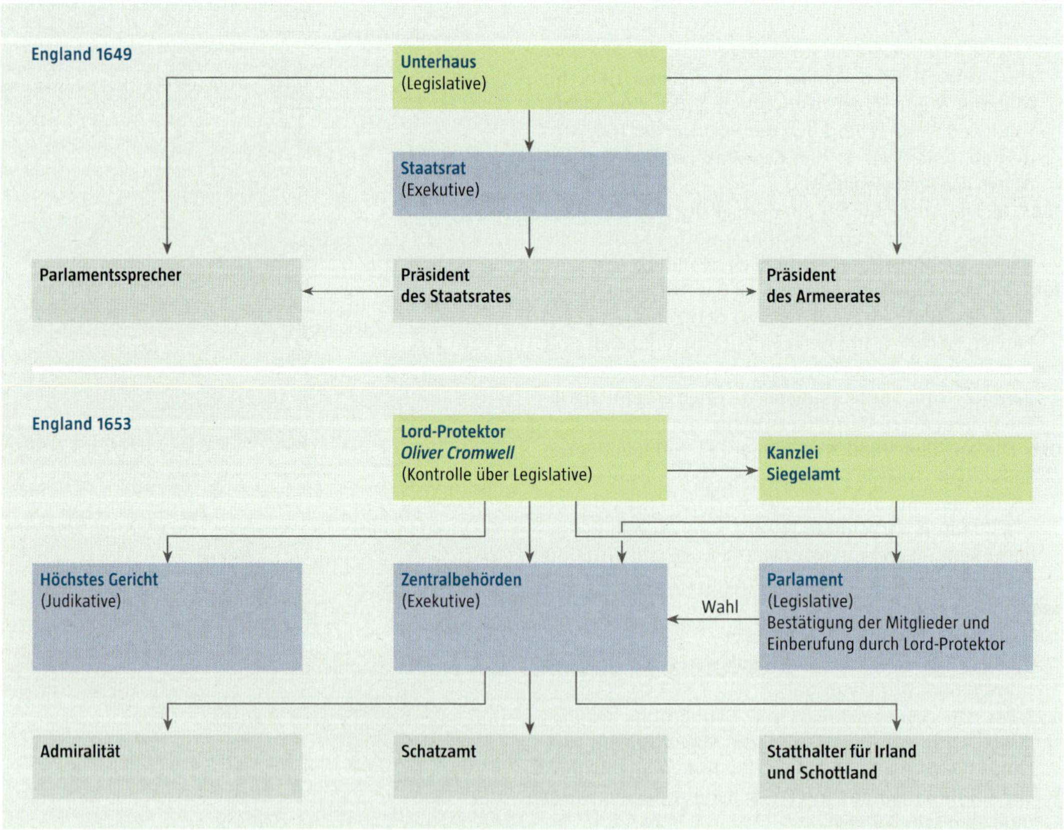

viles oder militärisches Amt bekleiden will, muss den König als Oberhaupt der Kirche anerkennen und sich gegen die katholische Abendmahlslehre erklären.

1679 Das Parlament setzt die **Habeas-Corpus-Akte** durch: Schutz der persönlichen Freiheit und Sicherung gegen willkürliche Verhaftung. Ein Verhafteter hat Anspruch darauf, unverzüglich dem Gericht vorgeführt zu werden.

1679–1681 *Exclusion Crisis*: Spaltung des Parlaments in zwei Lager, in **Whigs und Tories**. Die Whigs treten für protestantische Freiheiten und einen naturrechtlich begründeten Gesellschaftsvertrag ein, wollen den Ausschluss (*exclusion*) von JAKOB II. (*1633, †1701), des katholischen Bruders KARLS II., von der Thronfolge. Die Tories verteidigen das Prinzip der Legitimität und das göttliche Recht der Könige. Auf die Tories gestützt, kann sich KARL II. gegen whiggistische Strömungen und Staatsstreichversuche behaupten.

1685, 6. Febr. Tod KARLS II. und Nachfolge seines katholischen Bruders JAKOB II. (in Schottland JAKOB VII.). – Rekatholisierungsversuche, Ämterbesetzung durch Katholiken.

1688, Juli Nach mehreren Indulgenzerklärungen (Straferlass), mit denen JAKOB II. die Testakte aufhebt, um Katholiken, aber auch Dissentern den Zugang zu Ämtern zu ermöglichen, wird WILHELM VON ORANIEN (*1650, †1702), der mit MARIA (*1662, †1694), der ältesten Tochter JAKOBS II., verheiratet ist, von einflussreichen Mitgliedern des Oberhauses (sowohl Whigs wie Tories) ins Land gerufen: die **Glorreiche Revolution**.

15. Nov. **Landung WILHELMS in England.**

22. Dez. **Flucht JAKOBS II. ins Exil nach Frankreich.**

1689 Ein neu gewähltes Parlament setzt den König ab.

13. Febr. Die *Declaration of Rights* durch das Parlament bringt eine konstitutionelle Beschränkung des Königtums.

WILHELM VON ORANIEN besteigt durch Parlamentsakte als WILHELM III. mit seiner Frau MARIA II. den Thron. Er verkörpert das protestantisch-freiheitliche Element des englischen Verfassungslebens, steht im Zentrum der Koalition gegen die Hegemonialbestrebungen LUDWIGS XIV. und ist im Pfälzischen und Spanischen Erbfolgekrieg Heerführer.

Glorreiche Revolution und Haus Hannover

Die Glorreiche Revolution (*Glorious Revolution*) von 1688/89 ist das Ergebnis eines souveränen Akts des ohne königliche Einberufung zustande gekommenen Konventionsparlaments. Das **Königtum verliert schrittweise seinen charismatischen Charakter**, auch wenn die Konsequenzen dieses Wandels erst nach 1714 mit dem Übergang der Krone auf das Haus Hannover in vollem Umfang deutlich werden. Das Parlament hatte zwar schon im Spätmittelalter, so in den Rosenkriegen, mehrmals in die Erbfolge eingegriffen, aber erst jetzt setzt sich eine Auffassung durch, die das Königtum als ein Staatsamt betrachtet, dessen Vergabe das Parlament regeln kann, auch wenn die oberste Staatsgewalt beim *King in Parliament*, nicht etwa bei den beiden Häusern des Parlamentes alleine liegt. Mit seinen »Two Treatises of Government« (1690) liefert JOHN LOCKE (*1632, †1704), der whiggistische Staatstheoretiker, eine Beschreibung der neuen Lage, die auf einem *Trust* basiert, einer Treuhandschaft, die Krone und Parlament zum Nutzen des mit Widerstandsrechten ausgestatteten Volks ausüben. – In der Regierungspraxis der folgenden Jahrzehnte bleiben die königlichen Prärogativrechte erhalten: Die Wahl der Minister und die hohe Politik, v. a. die Außenpolitik, liegen weiterhin in der Entscheidungsgewalt der Krone. In der Verfassungstheorie begegnet man der Unklarheit, wo die Souveränität im Staat liegt, indem von einem System der *Checks and Balances* zwischen Krone, *Lords* (Oberhaus) und *Commons* (Unterhaus) ausgegangen wird (WILLIAM BLACKSTONE, *1723, †1780; »Commentaries on the Laws of England«, 1765–69).

Sozialgeschichtlich bedeutet dieser Vorgang die nach 1714 endgültig etablierte Vorherrschaft der großen grundbesitzenden Whig-Familien des Landes, die zunehmend die Wahlen zum Unterhaus kontrollieren. Sie stehen in enger Verbindung mit der in Handel, Finanzwesen und Gewerbe tätigen städtischen Oberschicht: Land-, Wirtschafts- und Geldinteressen bilden eine Gemeinschaft. Die englische Wirtschaft beginnt, trotz mancher Einbrüche, in eine Phase des Wachstums einzutreten, die es dem Staat ermöglicht, sich zu relativ niedrigen Zinssätzen hoch zu verschulden. Die Aufnahme hoher Kredite wird durch Gründung der Bank von England (1694) und die Kontrolle des Parlaments über die staatlichen Ausgaben erleichtert. Die kostspielige Außenpolitik (Kriegsführung WILHELMS III. gegen Frankreich, Spanischer Erbfolgekrieg, Kriege gegen Spanien und Frankreich zwischen 1739 und 1763) wird durch Erhöhung der Grundsteuer und öffentliche Anleihen finanziert, ohne dass die ständig ansteigende Staatsverschuldung das Preisgefüge oder die gesamtwirtschaftliche Entwicklung negativ belastet. – Die Außenpolitik steht seit dem Frieden von Utrecht im Zeichen einer **Politik des Gleichgewichts** gegenüber dem europäischen Kontinent und im Zeichen **überseeischer Expansion**, die ihren Höhepunkt im Siebenjährigen Krieg erreicht.

1689, 23. Okt. **Bill of Rights**: Die Deklaration vom Febr. erhält Gesetzeskraft, wodurch zentrale Regeln des englischen Verfassungslebens fixiert werden: keine Aufhebung von Gesetzen und keine Gelderhebungen ohne parlamentarische Zustimmung, Bekräftigung der parlamentarischen Freiheiten (u. a. freie Rede), Verbot eines stehenden Heeres, Ausschluss von Katholiken von der Thronfolge.

1690, 1. Juli Sieg WILHELMS III. in der Schlacht an der Boyne, einem Fluss in Ostirland, wo JAKOB II. zur Rückeroberung Englands mit französischer Hilfe ein Heer zusammengezogen hat.

1694 Der *Triennial Act* bestimmt, dass alle drei Jahre Neuwahlen zum Unterhaus stattfinden müssen. Gründung der Bank von England.

1695 Das Unterhaus schafft die Vorzensur für Druckschriften ab: Aufschwung der Publizistik und generelle Ausweitung der politischen Öffentlichkeit.

1701, 24. Juni Der *Act of Settlement* regelt die protestantische Erbfolge: Der Monarch muss Anglikaner sein. Wegen der Kinderlosigkeit des Königspaars wird so das Haus Hannover erbberechtigt, dessen Kurfürstin SOPHIE (*1630, †1714) eine Enkelin von JAKOB I. ist.

1702, 8. März Tod WILHELMS III. und Thronbesteigung seiner Nachfolgerin, Königin ANNA (*1665, †1714), einer Schwester Königin MARIAS II. (*1662, †1694).

1703 Handelsvertrag mit Portugal, nach dem englischen Gesandten METHUEN benannt, der England den portugiesischen und brasilianischen Markt öffnet.

1707 **Realunion mit Schottland** und erstes Parlament des Vereinigten Königreichs von Großbritannien.

1710 Wahlsieg der Tories, denen die allgemeine Kriegsmüdigkeit zugute kommt und die auf schnelle Beendigung der kontinentalen Kriegsführung im Spanischen Erbfolgekrieg drängen.

1711 Gründung der *South Sea Company*.

1713 Beendigung des Spanischen Erbfolgekrieges (Friede von Utrecht) und handelspolitisch wichtiger Vertrag (*Asiento*) mit Spanien, der Großbritannien das Monopol des Sklavenhandels in den spanischen Kolonien und eine begrenzte Öffnung des spanischen Überseemarkts bringt.

1714 Tod der Königin ANNA und Ende der von Lord BOLINGBROKE (*1678, †1751) betriebenen Tory-Politik, die entgegen der Rechtslage auf eine Restauration der Stuarts abzielt. Übergang der Thronfolge an das Haus Hannover (1714–1901), GEORG I. (*1660, †1727) wird König. – Beginn einer **jahrzehntelangen Vorherrschaft der Whigs in der englischen Innenpolitik** unter Führung von Sir ROBERT WALPOLE (*1676, †1745), des ersten »Premierministers« (1715–1717, 1721–1742), der die Staatsschuld zu drosseln sucht, nach innenpolitischem Ausgleich strebt und eine unkriegerische Außenpolitik verfolgt.

1715 Jakobitenaufstand in Schottland, der den Stuart-Prätendenten auf den Thron bringen soll, scheitert.

1716 *Septennial Act*: Die Parlamentsperiode wird auf sieben Jahre heraufgesetzt.

1720 Finanzskandal um die *South Sea Company* nach Spekulationen und übermäßigen Kurssteigerungen.

1727, 11. Juni GEORG II. (*1683, †1760), Sohn GEORGS I., wird König (bis 1760).

1733 WALPOLE scheitert mit seinem Vorhaben, eine Akzisesteuer (Verbrauchersteuer) auf Wein und Tabak einzuführen, um die Grundsteuer senken zu können. Der Plan muss gegen den Widerstand einer heftig opponierenden Öffentlichkeit aufgegeben werden. Der Vorgang zeigt nachdrücklich, wie in der Öffentlichkeit artikulierte Interessen zum unüberwindlichen Hindernis für die Regierung werden können.

1739 Unter dem Druck der Opposition in Parlament und Öffentlichkeit erklärt Großbritannien Spanien den Krieg wegen seit längerer Zeit anstehender handelspolitischer Gegensätze v. a. in der Karibik. WALPOLE versucht vergeblich, seine Friedenspolitik fortzusetzen, erleidet eine deutliche Schmälerung seiner innenpolitischen Machtstellung. Die Kriegserklärung lässt nicht nur die aggressive Variante des **britischen Merkantilismus** zum Durchbruch kommen, sondern ist auch verfassungsgeschichtlich bedeutsam, weil sie plebiszitäre Züge in der Politik verstärkt.

1742 Rücktritt WALPOLES: Innenpolitischer Machtkampf zwischen verschiedenen Whig-Gruppierungen.

1745–1746 Ein letzter Jakobitenaufstand zur Wiederherstellung der Stuart-Dynastie scheitert.

1748 Im Frieden von Aachen, der den Österreichischen Erbfolgekrieg beendet, bleiben die Konflikte in Übersee ungelöst.

1756 Beginn des Siebenjährigen Kriegs, in dem **Großbritannien** durch Niederlagen Frankreichs in Amerika und Indien zur **führenden Welthandelsmacht aufsteigt**. Die britische Politik steht unter Führung WILLIAM PITTS DES ÄLTEREN (*1708, †1778; Außenminister mit kurzer Unterbrechung 1756–1761), der zwar mit THOMAS PELHAM-HOLLES (*1693, †1768; Außenminister 1724–1754, Schatzkanzler 1754–1756, 1757–1762) als einem der wichtigsten Repräsentanten der Whig-Aristokratie zusammenarbeitet, dessen innenpolitische Position sich jedoch im Wesentlichen auf die Popularität seiner expansiven Außenpolitik stützt, von der der britische Überseehandel profitiert.

1760, 25. Okt. GEORG III. (*1738, †1820) wird König (bis 1820). – Er will den Krieg, v. a. den Landkrieg in Europa, beenden und das königliche Prärogativrecht der Ministerernennung wieder stärker zur Geltung bringen. Dadurch ergibt sich ein Gegensatz sowohl zu den alten Whig-Familien wie zu WILLIAM PITT, der unabhängig von der Krone zu regieren versucht.

1763, 10. Febr. Der Friede von Paris beendet den Siebenjährigen Krieg in Übersee als eine entscheidende Etappe auf dem Weg zum britischen Weltreich: Großbritannien erhält von Frankreich Kanada und Louisiana westlich des Mississippi, das Mündungsgebiet des Senegals und Inseln der Kleinen Antillen, von Spanien Florida und die 1762 erworbenen Gebiete westlich des Mississippi.

1769 Mit der Erfindung der Baumwollspinnmaschine durch RICHARD ARKWRIGHT (*1732, †1792) und der Dampfmaschine durch JAMES WATT (*1736, †1819) beginnt in Großbritannien die **industrielle Revolution**.

1776–1783 **Nordamerikanischer Unabhängigkeitskrieg**, in dem die Politik des Premiers FREDERICK LORD NORTH (*1733, †1792; 1770–1782) scheitert.

1783, 3. Sept. Im Frieden von Paris erkennt Großbritannien die Unabhängigkeit der Vereinigten Staaten von Amerika an und tritt das Territorium östlich des Mississippi ab; Kanada bleibt jedoch britisch.

19. Dez. WILLIAM PITT DER JÜNGERE (*1759, †1806) wird erstmals Premierminister (bis 1801).

Großbritannien (1783–1945) und Irland (1801–1945)

Das Jahr 1789 ist für die Geschichte Großbritanniens nicht in gleichem Maße eine Zäsur wie für die Kontinentaleuropas. Eher lässt sich das Jahr 1783 als Einschnitt fixieren, da im Frieden von Paris die Unabhängigkeit der amerikanischen Kolonien und damit das Ende des älteren Britischen Empires bestätigt wird. An dessen Stelle tritt nun ein neues Überseereich mit Indien als Schwerpunkt. Ansonsten reicht das »lange 19. Jh.« mit den Anfängen der industriellen Revolution, die weitgehend seinen Charakter prägt, bis in die Mitte des 18. Jh.s zurück.

Zugleich wird das politische System, im Unterschied zu den Revolutionen auf dem europäischen Kontinent, den Erfordernissen des modernen Industriestaats schrittweise auf dem Wege der Reform angepasst. In der Außenpolitik baut Großbritannien seit dem Sieg über das napoleonische Frankreich seine **Führungsposition als Weltmacht** aus, wobei eine auf Sicherung des Friedens ausgerichtete Politik in Europa die Voraussetzungen für seine weltweite Führungsposition als Wirtschaftsmacht sowie weitere koloniale Expansion liefert. Mit der Realunion von 1801 wird das **Vereinigte Königreich von Großbritannien und Irland** gebildet. Die irische Diskussion im 19. Jh. um die Aufrechterhaltung der Union hat auch erhebliche Rückwirklungen auf die britische Politik.

An der Wende zum 20. Jh., als Großbritannien seinen Vorsprung als Industrienation zunehmend einbüßt, wird angesichts des wirtschaftlichen und politischen Aufstiegs der USA, Russlands sowie des Deutschen Reiches deutlich, dass seine Hegemonialstellung nur auf einer schmalen Machtbasis beruht. Die Geschichte des Landes steht fortan im Zeichen einer Abfolge v. a. wirtschaftlicher, aber auch sozialer und politischer Krisen.

Industrialisierung und politische Reform (1783–1837)

In allen Bereichen der britischen Wirtschaft kommt es seit der Mitte des 18. Jh.s zu tief greifenden Wandlungsprozessen, deren Ergebnis der Durchbruch der Industrialisierung ist. Aufgrund seiner spezifischen Ausgangslage, d. h. seiner natürlichen Ressourcen sowie seiner besonderen politischen und gesellschaftlichen Bedingungen wird Großbritannien zum Pionierstaat der **industriellen Revolution**, der im Prozess der allgemeinen Modernisierung vor allen übrigen Ländern einen deutlichen Vorsprung erringt. Diese Entwicklung wird durch das Zusammenwirken mehrerer Faktoren begünstigt: Am Anfang steht der als agrarische Revolution bezeichnete Prozess der Kapitalisierung und Kommerzialisierung der Landwirtschaft, die nun durch die Anwendung verbesserter Anbaumethoden und eine breite Spezialisierung eine generelle, nachhaltige Produktivitätssteigerung erzielt. Damit ist sie in der Lage, eine rasch wachsende Bevölkerung, die in neuen städtischen Ballungszentren konzentriert ist, mit ausreichend Lebensmitteln zu versorgen. Dies geschieht unter gleichzeitiger Konzentration der Besitzverhältnisse zu Lasten der Mehrheit der Pächter, die entweder zu Landarbeitern degradiert werden oder als Arbeitskräfte für die neuen Industrien in die neu entstehenden Städte abwandern.

Daneben liefert ein funktionierender Markt die wichtigste Voraussetzung für die industrielle Revolution sowohl in verkehrstechnischer Hinsicht (Insellage begünstigt Küstenschifffahrt, Kanal- und Straßenbau) als auch dadurch, dass in England keine Binnenzölle den Warenaustausch erschweren. So kann die zunehmende Nachfrage einer wachsenden Bevölkerung und eines expandierenden weltweiten Marktes effektiv in steigende Produktion umgesetzt werden. Hier liefern Engpässe den Anreiz für technische Innovationen (z. B. Dampf- und Spinnmaschine), die eine Massenproduktion in Fabrikbetrieben ermöglichen. Die Zahl der Fabriken wächst von 20 im Jahre 1780 auf 1932 im Jahre 1850. In dieser ersten Phase der industriellen Revolution (etwa 1760–1840) fällt der Textilherstellung, speziell der Baumwollproduktion, die Schlüsselrolle des Leitsektors für den nachhaltigen wirtschaftlichen Wandel zu, der durch jährliche allgemeine Wachstumsraten von mindestens 2 % gekennzeichnet ist; später übernehmen Kohle und Stahl diese Funktion.

Den Preis des Fortschritts zahlen v. a. die Unterschichten, die unmittelbar von veränderten Produktionsbedingungen und Lebensumständen betroffen sind (Fabrikarbeit auch für Frauen und Kinder, Slums in den neuen Städten). Allerdings trägt die industrielle Revolution dazu bei, die angesichts des rapiden Bevölkerungswachstums drohende demografische Katastrophe durch Sicherung des Existenzminimums für die arbeitenden Klassen zu vermeiden. Und schließlich steigert die wachsende Wirtschaft die Finanzkraft des Staates, auf der letztlich der entscheidende militärische Sieg über das Frankreich Napoleons beruht.

Die rasch voranschreitende Industrialisierung und die damit einhergehenden sozialen Veränderungen vollziehen sich innerhalb eines politischen Systems, in dem nach wie vor die Macht beim Land besitzenden Adel liegt, das sich allerdings im Unterschied zu Kontinentaleuropa als flexibel und reformfähig erweist. Erste Kritik und die Forderung nach Reform betreffen v. a. die Zusammensetzung des Unterhauses, das aufgrund des seit dem 16. Jh. bestehenden Wahlrechts und der Praxis der Wahlen weitgehend von einer kleinen aristokratischen Elite kontrolliert wird. Markantes Symptom der Missstände sind die sog. *Rotten Boroughs* (entvölkerte städtische Wahlkreise), die immer noch Abgeordnete entsenden, während neue Industriestädte überhaupt nicht im Parlament vertreten sind.

Dabei gehen Impulse für **Verfassungsreformen** v. a. von einer sich im späten 18. Jh. ausbildenden politischen Öffentlichkeit aus, in deren Rahmen außerparlamentarische Organisationen mit ihren Publikationen und Aktionen die entscheidenden Strukturelemente bilden (z. B. *London Corresponding Society*, aber auch religiöse

Organisationen wie die Methodistenbewegung, die *Catholic Association* und die evangelikalen Initiativen zur Abschaffung der Sklaverei). Träger dieser Bewegung sind in erster Linie Vertreter des Kleinbürgertums, aber auch die neue Arbeiterschaft beginnt sich in Gewerk- und Unterstützungsvereinen zu organisieren. Bezugspunkt aller Forderungen bleibt dabei das Parlament, durch dessen Reform man weitere Reformen initiieren will (1817 und 1818 erreichen mehr als 2200 Petitionen aus 350 Städten das Parlament und fordern dessen Demokratisierung). Die Revolution steht nicht auf dem Programm der außerparlamentarischen Opposition. Da die Reformbewegung jedoch anfangs mit der Französischen Revolution zusammenfällt, ist es der von WILLIAM PITT DEM JÜNGEREN (*1759, †1806; 1783–1801, 1804–1806) geführten Regierung ein Leichtes, sie unter Revolutionsverdacht zu stellen und mit restriktiven Gesetzen gegen sie vorzugehen. Erst als die während dieser Zeit herrschenden konservativen Tories von den eher reformbereiten Whigs in der Regierung abgelöst werden, kann im Zusammenwirken von parlamentarischer Mehrheit und außerparlamentarischer Öffentlichkeit die erste Parlamentsreform 1832 durchgesetzt werden.

Industrielle Revolution in Großbritannien

1790 EDMUND BURKE (*1729, †1797) veröffentlicht seine »Reflections on the Revolution in France«, die zur Grundlagenschrift des europäischen Konservatismus im 19. Jh. wird.

1792, 25. Jan. Gründung der *London Corresponding Society* durch den Schuhmacher THOMAS HARDY (*1752, †1832).

Mai Königliche Verordnung gegen »aufrührerische Zusammenkünfte und Druckschriften«.

1793 Zahlreiche Verhaftungen von Mitgliedern der **außerparlamentarischen Reformbewegung**.

1794, 7. Mai Parlamentsbeschluss über die Aufhebung der *Habeas-Corpus-Akte* für ein Jahr.

1795 Der *Seditious Meetings Act* und der *Treasonable Practices Act* verbieten für die nächsten drei Jahre unangemeldete Versammlungen von mehr als 50 Personen und definieren den Tatbestand des Hochverrats neu.

1796 Das Ergebnis der Parlamentswahl bestätigt die Politik von Premierminister WILLIAM PITT D. J. mit überwältigender Mehrheit.

1798 ROBERT MALTHUS (*1766, †1834) veröffentlicht sein »Essay on the Principle of Population«, in dem er für England die demografische Katastrophe (die Bevölkerung wächst schneller als die Produktion von Nahrungsmitteln) prophezeit.

April Das Parlament hebt erneut die *Habeas-Corpus-Akte* auf (bis März 1801).

1799/1800 Verbot politischer Vereinigungen (*Suppression of Treasonable and Seditious Societies Act*) und scharfe Gesetze gegen die **Anfänge gewerkschaftlicher Organisationsbestrebungen** (*Combination Acts*).

1801, 1. Jan. Inkrafttreten der Unionsakte, die Großbritannien und Irland vereinigt, nachdem es zwischen den politisch und sozial benachteiligten Katholiken und den Protestanten trotz durchgeführter Teilreform und weiterer Reformversprechen (Wahlrecht, Katholikenemanzipation) zu unaufhebbaren Gegensätzen gekommen ist, die durch die Intervention des revolutionären Frankreich in Irland noch verstärkt worden sind. Irland ist im Parlament des **Vereinigten Königreichs von Großbritannien und Irland** mit 32 Oberhaus- und 100 Unterhausmitgliedern vertreten.

16. Febr. Rücktritt WILLIAM PITTS D. J. als Premierminister, weil die Union nicht seine Zusicherungen in der Katholikenfrage umsetzt.

10. März Der erste Zensus für England, Schottland und Wales zählt 10,5 Mio. Einwohner.

1807, 25. März Mit dem gesetzlichen **Verbot des Sklavenhandels** erzielt die seit 1790 agitierende *Anti-Slavery Association* einen ersten Erfolg.

1811 Beginn der sich bis 1816 hinziehenden Maschinenstürmerbewegung der Ludditen als Reaktion auf die fortschreitende Industrialisierung im Bereich der Textilproduktion in Nord- und Mittelengland.

5. Jan. GEORGE, Prince of Wales (*1762, †1830), übernimmt für den geisteskranken GEORG III. offiziell die Regentschaft.

1812 Als Folge der **Kontinentalsperre** steigt der Weizenpreis auf die Rekordhöhe von 120 Schilling für den

Viertelzentner, was die soziale Notlage für die Masse der Bevölkerung verschärft.

1815 Die Landwirtschaft betreibenden Großgrundbesitzer setzen Getreidezölle durch, um dem nach der Aufhebung der Kontinentalsperre eingetretenen Preissturz für Getreide entgegenzuwirken. Leidtragende dieser künstlich aufrechterhaltenen Teuerung sind breite Bevölkerungsschichten, deren Löhne stagnieren. Noch einmal behaupten damit die grundbesitzenden Schichten ihr Machtmonopol.

1816 Angesichts wirtschaftlicher Depression wird die 1799 eingeführte Einkommenssteuer zugunsten des gewerblichen Mittelstands aufgehoben.

1819, 16. Aug. Peterloo-Massaker (ironische Anlehnung an Waterloo): Auf dem St.-Peters-Feld bei Manchester demonstrieren 60 000 Arbeiter für eine Parlamentsreform als Vorstufe effizienter sozialer Reformen. Als Truppen die Menge auflösen, gibt es 12 Tote.

Dez. Die Regierung schränkt mit den sog. Knebelgesetzen (*Six Acts*) die Presse- und Versammlungsfreiheit weiter ein. Auf diesem Höhepunkt innenpolitischer Repression durch die Tories beginnt zugleich deren politischer Rückhalt im Land zu bröckeln.

1820, 29. Jan. Thronbesteigung von GEORG IV., dessen skandalträchtiges Scheidungsverfahren von seiner Gattin CAROLINE (*1768, †1821) das Ansehen der Krone auf einen Tiefpunkt sinken lässt.

1822 Auf dem Kongress der europäischen Großmächte in Verona beginnt sich Großbritannien von der Politik der Heiligen Allianz zu distanzieren. Dies geschieht vor dem Hintergrund der Erschließung neuer Überseemärkte (Südamerika), durch eine sich im Aufschwung befindende Wirtschaft und im Rahmen einer von liberalen Ideen getragenen Außenpolitik (Außenminister GEORGE CANNING [*1770, †1827; 1822–1827]), die – nicht zuletzt im Interesse der Erweiterung britischer Absatzmärkte – Freiheits- und Unabhängigkeitsbewegungen in Griechenland, Portugal und Südamerika unterstützt.

1823 WILLIAM WILBERFORCE (*1759, †1833) gründet die *Anti-Slavery Association* zur Abschaffung der Sklaverei.

1824, 21. Juni Aufhebung des Verbots von Gewerkschaften, das allerdings unter dem Eindruck neuer Streiks im folgenden Jahr teilweise wieder rückgängig gemacht wird.

1825, 27. Sept. **Eröffnung der ersten Eisenbahnlinie** zwischen Stockton-on-Tees und Darlington (Nordostengland). Höhepunkt der allgemeinen Wirtschafts- und Finanzkrise. Das Bankhaus Rothschild rettet die Bank von England vor dem Bankrott.

1828, 9. Mai Aufhebung der Testakte von 1673, d. h. politische Gleichberechtigung für die protestantischen Dissenter (nicht zur Kirche von England gehörende Protestanten). Die allgemeine Diskussion um die Katholikenemanzipation gewinnt an Umfang und Intensität.

1829, 13. April **Catholic Emancipation Act**: Katholiken werden zu Parlament und öffentlichen Ämtern zugelassen. Jedoch verringert sich die Zahl der Wahlberechtigten in Irland drastisch, da diese als Qualifikation eine Jahrespacht von zehn Pfund vorweisen müssen. Gleichzeitig verstärkt sich die Organisation der Arbeiterschaft zusammen mit bürgerlichen Kreisen. Der Bankier THOMAS ATTWOOD (*1783, †1859) gründet in Birmingham zum Zweck der Wahlrechtsreform die »Politische Union zum Schutz der öffentlichen Rechte« als gemeinsame Organisation von Unternehmern, Handwerkern und Facharbeitern.

29. Sept. Gründung der Londoner Polizei durch Innenminister Sir ROBERT PEEL (*1788,†1850).

1830, 26. Juni Tod König GEORGS IV. Mit dessen Bruder WILHELM IV. (*1765, †1837) folgt ein der Reformbewegung nicht prinzipiell verschlossener Monarch auf den Thron.

Nov. Die Unterhauswahlen bringen eine Stärkung der Whigs. Regierungsbildung unter LORD GREY (*1764, †1845), der die Parlamentsreform in Angriff nimmt.

1831, Mai Neuwahlen sichern den Whigs eine ausreichende Mehrheit von 140 Mandaten im Unterhaus, doch scheitern die Reformen wiederholt am Widerstand des Oberhauses.

Im außerparlamentarischen Raum engagieren sich sowohl bürgerliche Organisationen (*National Political Union*) als auch Gewerkschaften (*National Union of the Working Classes*) für die Wahlrechtsreform.

1832, 14. April Nach erneuter Ablehnung der Reform durch das Oberhaus wächst der Druck der Öffentlichkeit (z. T. gewalttätige Demonstrationen). Durch die Androhung eines umfangreichen Peersschubs wird der Widerstand des Oberhauses überwunden.

4. Juni **Das Reformgesetz (Reform Act) wird angenommen.** Seine wesentlichen Bestimmungen: Umverteilung der Unterhaussitze vom vorher überrepräsentierten Süden zu den neuen Industriezentren Nord- und Mittelenglands; 56 *Boroughs* (Wahlkreise) mit einer Bevölkerung von weniger als 2000 Einwohnern fallen weg, 30 verlieren einen Sitz, 22 neue werden geschaffen, darunter Industriezentren wie Leeds, Manchester und Birmingham. In den Grafschaften wird die Zahl der Wahlkreise von 94 auf 159 angehoben und der Kreis der wahlberechtigten Grundbesitzer um den der wohlhabenden Pächter erweitert. Für die *Boroughs* gilt erstmals ein einheitliches Wahlrecht für alle Besitzer und Mieter von Häusern, deren jährlicher Mindestertrag zehn Pfund beträgt. Die Zahl der Wahlberechtigten steigt um 45 % auf ca. 700 000, d. h. von 3,2 % auf 4,7 % der Gesamtbevölkerung. Hauptnutznießer sind die städtischen Mittelschichten (*commercial and financial interest*), ohne dass die grundbesitzende alte politische Elite (*landed interest*) entscheidende Einbußen hinnehmen muss. Die Arbeiterschaft geht hingegen leer aus.

Mit der Reform öffnet sich das politische System für bisher nicht an ihm teilhabende Schichten und passt sich teilweise an die Bedingungen des Industriezeitalters an. Diese Reformfähigkeit bleibt auch weiterhin Merkmal der politisch-sozialen Eliten Großbritanniens.

1833, 23. Aug. Sklavenbefreiung im Bereich des Britischen Empire bei finanzieller Entschädigung englischer Pflanzer in Westindien.

29. Aug. Die **Einführung eines Fabrikgesetzes** begrenzt die Arbeitszeit für Kinder und Jugendliche und leitet eine Serie von Gesetzen zum Arbeitsschutz ein (1842, 1844, 1847).

1834, 14. Aug. Ein neues Armengesetz wird verabschiedet, dessen Leitlinie der Grundsatz der sog. *less eligibility* ist, demzufolge Armenunterstützung für Arbeitsfähige auf keinen Fall lohnender sein darf als die härteste Arbeit für den geringsten Lohn. Dabei soll die Disziplinierung durch den Arbeitgeber die Regel und finanzielle Unterstützung von Familien die Ausnahme sein.

Nov./Dez. Nach Premierminister GREYS Rücktritt beruft WILHELM IV. eine Minderheitsregierungen der Tories, zuerst unter dem Herzog von WELLINGTON (*1769, †1852; Premierminister 1828–1830, 1834), dann unter Sir ROBERT PEEL (Premierminister 1834–1835, 1841–1846). Dieser proklamiert in seinem sog. *Tamworth Manifesto* die Anpassung an veränderte Verhältnisse als fortan oberstes Prinzip konservativer Politik, um die Tories aus der Sackgasse ihres starren Traditionalismus herauszuführen.

1835, 18. April Trotz erheblicher Stimmengewinne verliert die Regierung die Unterhauswahlen. WILHELM IV. sieht sich gezwungen, den Whig WILLIAM MELBOURNE (*1779, †1848) zum Premierminister (bis 1841) zu ernennen.

9. Sept. Eine Städteordnung (*Municipal Corporations Act*) bringt als wichtige Ergänzung der Reform von

Die Häuser Hannover, Sachsen-Coburg-Gotha und Windsor

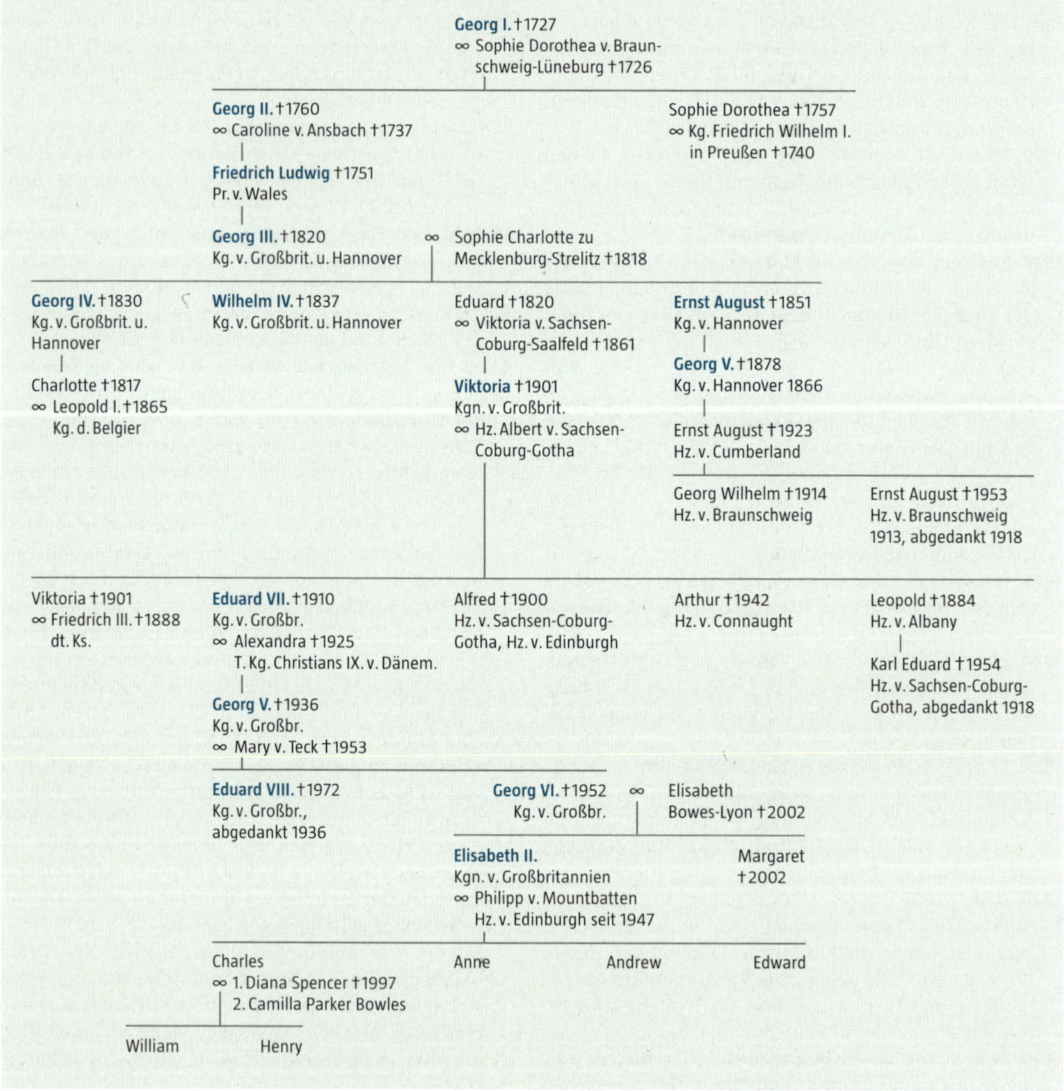

1832 die Demokratisierung des kommunalen Wahlrechts.

1836, 16. Juni Die Gründung der *London Working Men's Association* wird über London hinaus zum organisatorischen **Neuanfang der Arbeiterbewegung.**

1837, 20. Juni Tod König WILHELMS IV. Mit der **Thronbesteigung von Königin VIKTORIA** (*1819, †1901) beginnt das nach ihr benannte Zeitalter, das in seinen Grundstrukturen über den Tod der Königin hinaus bis zum Ersten Weltkrieg dauert. – Infolge unterschiedlichen Erbrechts (keine weibliche Thronfolge) endet die Personalunion mit Hannover.

Das Viktorianische Zeitalter (1837–1914)

Im 19. Jh. steht Großbritannien auf dem Höhepunkt seiner Stellung als **führende Weltmacht.** Grundlage dafür sind sein überseeisches Weltreich und seine zunächst noch unangefochtene globale Überlegenheit als Industrie-, Handels- und Finanzmacht. Nach einer vorübergehenden Wachstumskrise beginnt Mitte des Jh.s die **zweite Phase der industriellen Revolution**, in der Großbritannien die »Werkstatt der Welt« wird, ein erneuter anhaltender wirtschaftlicher Aufschwung, der unauflöslich mit seiner Position als führender Handelsmacht verknüpft ist. So verdoppeln sich zwischen 1805 und 1855 die Exporte von Baumwolltextilien und Eisenwaren und betragen dabei jeweils mehr als ein Drittel der gesamten britischen Produktion. Der einzigartigen ökonomischen Führungsposition entspricht der um 1850 vollzogene Übergang zum Freihandel. Obwohl die Wirtschaft weiter expandiert, beginnt im letzten Viertel des Jh.s ein »relativer wirtschaftlicher Abstieg«. 1880 beträgt der britische Anteil am Welthandel mit Fertigprodukten 41 %, 1913 sind es noch 29,9 %. Hier ist Großbritannien im Vergleich mit den jungen Industriemächten USA und Deutschland zurückgefallen. Während in seinen klassischen Industrien die Entwicklung stagniert und die Produktivitätsrate sinkt, versäumt Großbritannien in einer neuen Phase der Industrialisierung auf den Gebieten der Chemie und der Elektroindustrie den Anschluss an die führenden Konkurrenten. Auch wenn die Handelsbilanz zunehmend negativ ausfällt, wird dies mehr als ausgeglichen durch Gewinne aus überseeischen Investitionen und Dienstleistungen.

Herausragendes Charakteristikum der inneren Entwicklung Großbritanniens im 19. Jh. ist, dass, im Gegensatz zu den meisten Staaten des Kontinents, der Prozess der allgemeinen Modernisierung nicht mit einer politischen Revolution einhergeht. Die Anpassung an veränderte demografische und ökonomische Verhältnisse erfolgt vielmehr auf dem Wege der Reform. Die grundbesitzende Elite kann somit durch rechtzeitige Zugeständnisse vorerst ihr politisches Übergewicht im Rahmen einer erweiterten Adelsherrschaft behaupten. Indem in den ersten beiden Wahlrechtsreformen neuen ökonomisch und sozial starken Interessengruppen der Zugang zur politischen Macht gewährt wird, wird deren Bündnis mit dem plebejischen Radikalismus verhindert und damit die Grundvoraussetzung einer Revolution. Daher scheitert auch die Bewegung der Chartisten, die zwischen 1838 und 1848 durch außerparlamentarischen Druck eine schnelle und umfassende Demokratisierung erzwingen wollen. Auch nach der zweiten Wahlrechtsreform (1865) sind die Grundbesitzer im Parlament noch mit über 500 Mitgliedern vertreten, erst nach der dritten (1884) beginnen sie ihre Mehrheit zu verlieren. Aber erst 1874 werden die beiden ersten Repräsentanten der Arbeiterklasse ins Unterhaus gewählt. Allerdings sind zwischen 1832 und 1914 maßgebliche Politiker wie ROBERT PEEL, WILLIAM GLADSTONE, BENJAMIN DISRAELI und LLOYD GEORGE soziale Aufsteiger, die jedoch weitgehend in das bestehende aristokratisch geprägte Establishment integriert sind. Dessen Führungsposition geht nach der Jahrhundertwende durch die Entmachtung des Oberhauses endgültig verloren.

Mit der **zunehmenden Demokratisierung** geht die **Ausbildung der modernen Parteien** einher: Mit dem Ende des alten, von aristokratischen Magnaten gesteuerten Patronagesystems werden aus den Tories die Konservativen und aus den Whigs die Liberalen, d. h. aus losen fraktionsähnlichen parlamentarischen Gruppierungen werden Parteien, die sich auch außerparlamentarisch organisieren und agitieren, sodass schließlich die Unterhauswahlen zu Plebisziten werden. Das Wechselspiel zwischen diesen beiden großen Parteien bestimmt die innere Geschichte Großbritanniens im 19. Jh., wobei die Liberalen mit ihrer Politik der Reformen eher das moderne Wirtschaftsbürgertum repräsentieren, während die Konservativen zunächst den adligen Großgrundbesitz vertreten und sich später darüber hinaus als Garanten nationaler britischer Interessen in der Außenpolitik darstellen. Mit der Ausdehnung des Wahlrechts bemühen sich dann beide Parteien um **Einbeziehung der Arbeiterschaft**, wobei zunächst die Liberalen zur politischen Heimat der Arbeitervertreter (*Lib-Labs*) werden, bevor die Arbeiterbewegung um die Jahrhundertwende eine eigene politische Parteiorganisation aufbaut.

Wenn Großbritannien vor 1815 immer wieder Krieg führt, um seine Führungsposition auf dem Weltmarkt zu sichern, so dient während der folgenden **100 Jahre** seine **nahezu durchgängige Friedenspolitik** gegenüber den europäischen Mächten demselben Ziel (einzige Ausnahme: der Krimkrieg). Sie ist, aus einer Position der Stärke heraus geführt, zugleich eine Politik der freien Hand, d. h. ohne feste dauerhafte Bündnisverpflichtungen. Gleichzeitig findet allerdings in Übersee, im Zusammenhang mit der Sicherung und der Expansion des Empire, eine nahezu ununterbrochene Kette militärischer Aktionen kleineren oder größeren Umfangs statt, was schließlich im Burenkrieg gipfelt. Dieser offenbart zugleich eine globale Überforderung, auf die Großbritannien mit einer neuen Bündnispolitik reagiert, die in erster Linie gegen das Deutsche Reich gerichtet ist, durch das es sich v. a. im Bereich der Flottenrüstung herausgefordert sieht.

1838, 8. Mai Veröffentlichung der *People's Charter* durch die nach ihr benannte außerparlamentarische Organisation der Chartisten, in der v. a. die von der Parlamentsreform des Jahres 1832 enttäuschte Arbeiterschaft in sechs Punkten ihre Forderung nach vollständiger Demokratisierung (allgemeines gleiches Männerwahlrecht für jährlich zu wählende Parlamente) formuliert. Dreimal (1839, 1842, 1848) richten die Arbeitervertreter ihre Forderung vergeblich als Massenpetition mit bis zu drei Mio. Unterschriften an das Parlament. Die Bewegung scheitert v. a. daran, dass sie diesmal keinerlei Unterstützung aus den Reihen der Mittelklasse erhält.

1839, Febr. Im Bericht des nach Kanada entsandten LORD DURHAM (*1792, †1840; Durham-Report) werden die Grundzüge für die künftige Gestaltung der Beziehungen zwischen Großbritannien und seinen weißen Siedlungskolonien formuliert.

März Die im Jahr zuvor in Manchester gegründete *Anti-Corn Law League* wird zu einer nationalen Propagandaorganisation der liberalen Freihandelsbewegung, in der Unternehmer- und Arbeiterschaft gleichgerichtete Interessen gegen die Getreidezollgesetze bündeln.

1842, 10. Aug. Im *Mines Act* wird künftig Frauen- und Kinderarbeit untertage verboten.

1844, 10. Mai Im *Factory Act* werden feste Arbeitszeiten für Frauen und Kinder im Bereich der Textilindustrie festgesetzt.

1845 Einsetzen einer vier Jahre dauernden **Hungersnot in Irland** (**Kartoffelkrankheit**). Durch Tod und Auswanderung reduziert sich die irische Bevölkerung von 6,5 auf 5,5 Millionen Einwohner.

1846, Mai Die Abschaffung der Getreidezölle durch das liberal-konservative Kabinett unter ROBERT PEEL bedeutet eine Weichenstellung zum Freihandel und den Sieg des industriellen Unternehmertums über die Landwirtschaft.

Als Folge spaltet sich die Tory-Partei in zwei Flügel unter ROBERT PEEL bzw. BENJAMIN DISRAELI (*1804, †1881; Premierminister 1868, 1874–1880).

1847, 1. Juli Gesetzliche Einführung des Zehnstundentags in den Fabriken.

1848 *Public Health Act* zur Zentralisierung des Gesundheitswesens.

Die letzte große Massendemonstration der Chartisten, gegen die u. a. freiwillige Bürgerwehren in Stellung gehen, scheitert. Die Bewegung zerfällt auch wegen des nun einsetzenden allgemeinen Wirtschaftsaufschwungs.

1849 Die Aufhebung der Navigationsakte von 1651 markiert Großbritanniens endgültigen **Übergang zum allgemeinen Freihandel**.

1851 Als Leistungsschau der britischen Industrie findet die erste große Weltausstellung im Londoner Hyde Park statt.

Die Gründung der Maschinenarbeitergewerkschaft *(Amalgamated Society of Engineers)* leitet die Bildung überregionaler Berufsgewerkschaften ein.

1857 Eine Meuterei von Teilen der indischen Armee wird mit Mühe niedergeworfen und führt zur Auflösung der *East India Company*. Die britische Krone übernimmt nun die direkte Herrschaft über Britisch-Indien.

1860, 23. Jan. Ein Handelsvertrag (Cobden-Vertrag) mit Frankreich liberalisiert die britisch-französischen Handelsbeziehungen.

1865, 29. Juni Der *Colonial Law Validity Act* bringt innen- und handelspolitische Autonomie für die weißen Siedlungskolonien, deren Gesetzgebung nur für den Fall der Unvereinbarkeit mit einem die Kolonien betreffenden Reichsgesetz eingeschränkt wird. Die Kolonien (Kapkolonie, Kanada, Neuseeland, Australien) haben seit den 30er-Jahren große Einwanderungswellen aus dem Mutterland erlebt. Die Idee der kolonialen Selbstverwaltung geht Hand in Hand mit einem v. a. bei den Liberalen weitverbreiteten Desinteresse an einer aktiven, auf direkte politisch-militärische Herrschaft zielenden Kolonialpolitik. Neuerwerbungen in der ersten Hälfte des 19. Jh.s (Singapur 1819, Falkland-Inseln 1833, Aden 1839, Hongkong 1841) dienen vorrangig der Sicherung imperialer Verbindungswege und Überseemärkten (Kriege in China und Indien).

1867, 15. Aug. Die **zweite Wahlrechtsreform**, die von DISRAELI in der Absicht initiiert wird, radikaleren Reformbestrebungen den Wind aus den Segeln zu nehmen (Tory-Demokratie), bringt als wesentliche Bestimmung eine Ausdehnung des *Borough*-Wahlrechts auf die städtische Arbeiterschaft, sofern sie (ohne Rücksicht auf den Mietwert) ein Haus bewohnt, und auf Inhaber von Wohnungen mit einer Jahresmiete von mindestens 10 Pfund. In den Grafschaften bleiben die Arbeiter weiterhin ohne Wahlrecht. Hier werden mehr Grundeigentümer und Pächter als bisher wahlberechtigt. Die Zahl der Wahlberechtigten steigt von 1,4 auf 2,5 Mio.

1. Juli Das Parlament verabschiedet mit dem *British North America Act* die Verfassung für Kanada als erstes Dominion.

1868, 2.–6. Juni Die Einzelgewerkschaften schließen sich zur Dachorganisation des *Trades Union Congress* zusammen.

1869 Mit der Trennung von Staat und Kirche in Irland und der Aufhebung des Monopols der Anglikanischen Staatskirche leitet GLADSTONE (*1809, †1898; Premierminister 1868–1874, 1880–1885, 1886, 1892–1894) seine irische Reformpolitik ein.

1870 Es folgt ein Landgesetz für Irland, das für gekündigte Pächter eine Entschädigung vorsieht.

1872, 18. Juli Einführung der geheimen Abstimmung bei Wahlen.

1875 Premierminister DISRAELI erwirbt für Großbritannien von der bankrotten ägyptischen Regierung für 4 Mio. Pfund Sueskanal-Aktien.

1876, 1. Mai Königin VIKTORIA nimmt den Titel einer »Kaiserin von Indien« (*Empress of India*) an.

1884, 4. Jan. Gründung der sozialistischen *Fabian Society*, die später maßgeblich an der Gründung der britischen Arbeiterpartei beteiligt ist.

6. Dez. Die **dritte Wahlrechtsreform** wird durch die Regierung GLADSTONE verabschiedet, die das Wahlrecht auch auf dem Land auf die Wohnungsinhaber ausdehnt und damit der ländlichen Arbeiterschaft (soweit Haushaltsvorstand) die politische Mitbestimmung eröffnet, was die Zahl der Wahlberechtigten auf rund 5 Mio. erhöht.

1885, 25. Juni Bei der Neueinteilung der Wahlkreise wird stärker auf die Relation von Bevölkerungszahl zu Abgeordneten geachtet. Zur Regel wird der Ein-Mann-Wahlkreis (während früher die Wahlbezirke in der Regel zwei Abgeordnete entsandten).

1886, 8. Juni Mit der Vorlage seines Home-Rule-Gesetzes (*Home-Rule Bill*) versucht Gladstone durch die Gewährung politischer Selbstbestimmung die irische Krisensituation endgültig zu bereinigen. Diese hatte sich trotz erster Reformen seit 1879 wieder verschärft und gipfelt 1882 in der Ermordung eines britischen Regierungsvertreters. Im Parlament verkörpert der irisch-protestantische Grundbesitzer Charles Stuart Parnell (*1846, †1890) als Führer der 1879 gegründeten Irischen Landliga (*Irish Land League*) und Unterhausabgeordneter den Widerstand, wobei seine Partei hier über 85 Sitze verfügt und so das Zünglein an der Waage zwischen liberaler Regierung und konservativer Opposition ist. Doch das Gesetz scheitert bereits im Unterhaus, da 93 »unionistische« Liberale unter Joseph Chamberlain (*1836, †1914) dagegen stimmen. Die nach Auflösung des Unterhauses abgehaltenen Wahlen bringen eine konservative Mehrheit. Die Liberalen sind in Gladstone-Anhänger und Unionisten gespalten.

1889 Großer Streik der Hafenarbeiter.

1893 Gladstones zweites *Home-Rule-Gesetz* wird vom Unterhaus verabschiedet, scheitert aber im Oberhaus. Militäreinsatz gegen streikende Bergleute in Yorkshire (zwei Tote).

1897 Aus Anlass des 60-jährigen Regierungsjubiläums Königin Viktorias (*Diamond Jubilee*) wird die weltweite Macht des Empire zur Schau gestellt. Gleichzeitig erkennt Großbritannien bei einem Grenzkonflikt zwischen Britisch-Guayana und Venezuela die Hegemonialstellung der USA auf dem amerikanischen Kontinent an.

1899–1902 Mit dem Ziel, die britische Kolonialherrschaft in Südafrika zu festigen, provoziert die Politik Chamberlains den **Ausbruch des Burenkrieges**. Die fast dreijährigen Auseinandersetzungen offenbaren die schmale Machtbasis des Empire. Der Sieg gegen die Guerillataktik der zahlenmäßig weit unterlegenen Buren wird erst durch eine Politik der verbrannten Erde und die Internierung der Zivilbevölkerung in Massenlagern errungen. V.a. diese Konzentrationslager liefern Anlass zu heftiger Kritik – besonders von liberaler Seite.

1900, 27./28. Aug. Delegierte der bisherigen Interessenvertretungen und Organisationen der Arbeiterbewegungen (Gewerkschaften, die *Fabian Society*, die *Social Democratic Federation* [beide 1884 gegründet] und die seit 1893 bestehende *Independent Labour Party*) bilden eine eigene Wahl- und Parteiorganisation der Arbeiterschaft (*Labour Representation Committee*), die ab 1906 *Labour Party* heißt. Bei den sog. Khaki-Wahlen dieses Jahres, bei denen die Konservativen noch von einer Woge patriotischer Begeisterung profitieren, erringt die neue Partei zwei Sitze.

1901, 22. Jan. Auf Königin Viktoria folgt ihr Sohn als Eduard VII. (*1841, †1910); er verzichtet auf das Eingreifen in Regierungshandlungen.

Sept. Im Prozess der Taff-Vale-Eisenbahn gegen die Eisenbahnergewerkschaft wird diese zum Schadenersatz für durch den Streik entstandene Kosten verurteilt (*Taff Vale Judgement*).

1902, 30. Jan. Unter Aufgabe der traditionellen Politik der Bündnisfreiheit wird ein Flottenbündnis mit Japan geschlossen.

John A. Hobson (*1858, †1940) veröffentlicht unter dem Eindruck des Burenkrieges sein Werk »Imperialism« als fundamentalen Beitrag zu einer neu einsetzenden Imperialismuskritik.

1903, 10. Okt. Emmeline Pankhurst (*1858, †1928) gründet die »*Women's Social and Political Union*«: **Beginn der Suffragettenbewegung**, die nicht nur das Frauenstimmrecht, sondern auch mehr Gleichberechtigung für Frauen fordert.

1904, 8. April Abschluss eines **Bündnisses (Entente cordiale) mit Frankreich.**

1905 Mit dem Bau neuer kostspieliger Großkampfschiffe (*Dreadnoughts*) erreicht das Wettrüsten gegen Deutschland seinen Höhepunkt.

1906, Jan./Febr. Erdrutschartiger Wahlsieg der Liberalen, da die Konservativen, Chamberlain folgend, für eine Konsolidierung des Empire durch eine Zollunion unter Abschaffung des Freihandels eingetreten waren.

Durch die *Trade Dispute Act* wird das *Taff Vale Judgement* rückgängig gemacht und die zivilrechtliche Immunität der Gewerkschaften gesichert.

Der liberale Finanzminister Lloyd George (*1863, †1945) legt mit seinem Haushaltsentwurf den Grundstein für eine neue groß angelegte Sozialpolitik.

1910, 6. Mai Tod König Eduards VII., Nachfolger wird sein Sohn Georg V. (*1865, †1936).

1911 Streiks der Hafenarbeiter und der Eisenbahner (bis 1913).

18. Aug. Das Oberhaus, das 1909 mit der Ablehnung des Budgets die Sozialpolitik der liberalen Regierung blockiert und damit einen Verfassungskonflikt provoziert hat, verliert durch Parlamentsgesetz sein Vetorecht bei allen Finanzvorlagen und behält im Übrigen nur ein aufschiebendes Veto.

1914, Mai Nach zweimaliger Verabschiedung eines *Home-Rule-Gesetzes* durch das Unterhaus (1912/13) und jeweiligem Veto des Oberhauses wird das Gesetz endgültig und ohne weitere Vetomöglichkeit des Oberhauses verabschiedet. Es kann aber wegen Widerständen sowohl seitens des protestantischen Ulster (Nordirland) wie seitens der 1905 gegründeten radikalen irischen Sinn Féin-Bewegung (*sinn féin* = wir selbst) und angesichts eines drohenden Bürgerkriegs nicht in Kraft gesetzt werden. Mit Ausbruch des Ersten Weltkriegs wird das ganze Problem auf Eis gelegt.

Zeit der Weltkriege (1914–1945)

Obwohl das britische Empire in der Zwischenkriegszeit seine größte territoriale Ausdehnung hat, markiert die erste Hälfte des 20. Jh.s den Beginn des **Verlustes der Weltmachtposition**. Zwar steht Großbritannien jedes Mal auf der Seite der Sieger, doch geht es aus beiden Weltkriegen politisch und v. a. ökonomisch erheblich geschwächt hervor. So sind im Ersten Weltkrieg mit 750 000 Toten und 2,5 Mio. Verwundeten immense Verluste zu beklagen; gleichzeitig steigt die Staatsverschuldung um das Zehnfache. In der Folgezeit führt die wachsende Diskrepanz zwischen überdehntem weltweiten Machtanspruch und daraus abgeleiteten weltweiten Verpflichtungen einerseits und schrumpfender realer Machtbasis andererseits außenpolitisch zu einer Strategie der Friedenswahrung, die in der **Appeasementpolitik** ihren Höhepunkt erreicht. Zugleich gelingt es der britischen Politik in schwieriger Zeit (Weltwirtschaftskrise, Faschismus in Kontinentaleuropa, eklatante ökonomische Missstände im Lande, wiederholt aufbrechende soziale Proteste bis hin zum Generalstreik) die **Demokratie** unter gleichzeitiger Wahrung politischer und sozialer Stabilität **weiter auszubauen** und den **Parlamentarismus funktionstüchtig zu erhalten**. Allerdings führt die fortschreitende Demokratisierung zum allmählichen Bedeutungsverlust des Parlaments, das als Machtzentrum nun von der Regierung bzw. der diese tragenden stärksten Partei abgelöst wird. Die rasch wachsende politisch unabhängige Arbeiterbewegung wird in den Jahren der politischen Vorherrschaft der Konservativen Partei in das bestehende System integriert und nimmt nach 1918 den Platz der Liberalen im britischen Zweiparteiensystem ein.

1914, 4. Aug. Das Unterhaus billigt den **Kriegseintritt**, mit Ausnahme des pazifistischen Flügels der *Labour Party* unter RAMSAY MACDONALD (*1866, †1937).
Da Großbritannien unzureichend auf einen großen Landkrieg vorbereitet ist, erweisen sich bisher unbekannte staatliche Eingriffe in Wirtschaft und Gesellschaft als unumgänglich (Produktionslenkung, Handelsregelungen, Verbrauchsbeschränkungen, allgemeine Wehrpflicht, Arbeitsverpflichtungen, Einschränkung des Streikrechts).

1915, 26. Mai Bildung einer nationalen Koalitionsregierung unter HERBERT H. ASQUITHS (*1852, †1928; Premierminister 1908–1916) unter Einschluss der *Labour Party*.

1916, Jan./Mai Das Parlament verabschiedet Gesetze zur Einführung der allgemeinen Wehrpflicht.

24. April Der **Osteraufstand** der *Sinn Féin*-Bewegung in Dublin mit Ausrufung der Irischen Republik wird unterdrückt.

7. Dez. Regierungsumbildung durch Schaffung eines mit weitgehenden Vollmachten ausgestatteten fünfköpfigen Kriegskabinetts unter Führung von DAVID LLOYD GEORGE (*1863, †1945; Premierminister bis 1922). Der damit verbundene Rücktritt LORD ASQUITHS leitet die Spaltung der Liberalen Partei ein.

1917, 17. Juli Der bisher deutsche Name des Königshauses (Sachsen-Coburg-Gotha) wird in »Haus Windsor« geändert.

2. Nov. Außenminister ARTHUR JAMES BALFOUR (*1848, †1930) stellt den Juden ein *national home* in Palästina in Aussicht (Balfour-Deklaration).

1918, 6. Febr. Nach jahrzehntelangen Kampagnen für die politische Gleichberechtigung verleiht eine weitere Reform des Wahlrechts neben allen Männern über 21 auch den Frauen mit vollendetem 30. Lebensjahr unter bestimmten Besitzvoraussetzungen das Wahlrecht, das nun 13 Mio. Männer und 8,5 Mio. Frauen besitzen.

9. Mai Nach einer von LLOYD GEORGE gestellten Vertrauensfrage stimmen 106 Liberale unter HERBERT H. ASQUITH gegen die Regierung. Die damit endgültige Spaltung der Liberalen leitet deren politischen Niedergang ein.

14. Dez. Die liberalkonservative Regierung wird von der Wählerschaft klar bestätigt. Deutlicher Wahlsieger sind die Konservativen, die damit für die nächsten beiden Jahrzehnte ihre führende Stellung in der britischen Politik begründen. Gleichzeitig bestätigen die Wahlen die Spaltung der Liberalen und besiegeln deren politischen Abstieg. Die *Labour Party* (63 Sitze) geht nun in die Opposition. Sie ist nicht mehr in der Regierung vertreten und übernimmt (zunächst als Oppositionspartei) im Zweiparteiensystem die frühere Rolle der Liberalen, die innerhalb kurzer Zeit zu einer kleinen Partei zusammenschrumpfen. Die in Irland gewählten Abgeordneten, die überwiegend der *Sinn Féin*-Bewegung angehören, gehen nicht ins britische Parlament nach Westminster, sondern gründen in Dublin ein eigenes, revolutionäres Parlament (*Dáil Éireann*). EAMON DE VALERA (*1882, †1975) bildet eine illegale Regierung. Die Irisch-Republikanische Befreiungsarmee (IRA) beginnt den bewaffneten Kampf gegen britische Ordnungskräfte.

1919 Nach kurzem Nachkriegsboom **wachsende Arbeitslosigkeit**. Im Mai und Oktober ausgedehnte Streiks der Bergarbeiter.

1920 Ausdehnung der Arbeitslosenversicherung auf alle Arbeiter mit weniger als fünf Pfund Wochenlohn.

21. Nov. In Irland wachsen die Auseinandersetzungen zu einem Guerillakrieg an. Am »Blutsonntag« werden in Dublin 14 Briten und 12 Iren ermordet.

23. Dez. Das Gesetz zur **Teilung Irlands in Nord- und Südirland** mit Parlamenten in beiden Teilen (*Government of Ireland Act*) wird von Dublin abgelehnt.

1921, 13. Nov.–1922, 6. Febr. Auf der Washingtoner Flottenkonferenz büßt Großbritannien auch formell seine im Ersten Weltkrieg an die USA verlorene traditionelle Flottenüberlegenheit ein.

6. Dez. Unter der Bezeichnung Irischer Freistaat (*Irish Free State*) erhält der größere Teil Irlands nach Verhandlungen mit dem kompromissbereiten Flügel der Sinn Fein-Bewegung Dominionstatus. Nordirland bleibt Teil des Vereinigten Königreiches von Großbritannien.

1922, 15. Nov. Nach Auseinanderfallen der Kriegskoalition Wahlsieg der Konservativen. Konservatives Kabinett unter BONAR LAW (*1858, †1923), ab Mai 1923 unter STANLEY BALDWIN (*1867, †1947; Premierminister 1923–1924, 1924–1929, 1935–1937).

1924, 22. Jan. Nachdem die Konservativen Ende 1923 wegen ihrer Abkehr von der Freihandelspolitik die Wahlen verlieren, bildet erstmals die *Labour Party* die Regierung (Minderheitskabinett unter MACDONALD), scheitert aber noch im selben Jahr angesichts der parlamentarischen Mehrheitsverhältnisse.

29. Okt. Neuwahlen bringen die Rückkehr der Konservativen an die Regierung (Kabinett STANLEY BALDWIN) und eine entscheidende Reduzierung des Einflusses der Liberalen.

1925, 28. April Der Schatzkanzler Sir WINSTON S. CHURCHILL (*1874, †1965) kündigt im Parlament die Rückkehr zum 1914 aufgegebenen Goldstandard der Währung an; daraufhin Überbewertung des Pfundes mit daraus resultierenden Exportschwierigkeiten.

1926, 3.–12. Mai Der Streik der Bergarbeiter wegen drohender Lohnkürzungen weitet sich zu einem neuntägigen Generalstreik aus, dem die gut vorbereitete Regierung erfolgreich begegnet und der mit einer Niederlage der Arbeiterbewegung endet, die zugleich eine Serie von Arbeitskonflikten seit Kriegsende beschließt.

19. Okt.–18. Nov. Eine Empirekonferenz definiert den Status der Dominions, wonach diese »autonome Gemeinschaften innerhalb des britischen Empire, gleich im Status, in keiner Weise einander in inneren und äußeren Angelegenheiten untergeordnet«, aber »doch durch eine gemeinsame Bindung an die Krone vereinigt und als Mitglieder des **British Commonwealth of Nations** frei assoziiert« sind (Balfour-Formel).

1927, 28. Juni Ein Gewerkschaftsgesetz untersagt künftige Sympathiestreiks und gestattet die Abführung von Gewerkschaftsbeiträgen an die *Labour Party* nur bei Zustimmung der Mitglieder.

1928, Juli Mit der **rechtlichen Gleichstellung von Frauen und Männern** erhalten auch Frauen mit Vollendung des 21. Lebensjahrs das Wahlrecht.

1929, 30. Mai Obwohl auf die Konservativen die meisten Stimmen entfallen, geht die *Labour Party* aus den Unterhauswahlen erstmals als Partei mit den meisten Sitzen hervor und bildet mit Tolerierung der Liberalen eine Minderheitsregierung unter RAMSAY MACDONALD.

1931, 24./25. Aug. Das in der allgemeinen **Wirtschafts- und Finanzkrise** über der Frage der Arbeitslosenunterstützung (drei Mio. Arbeitslose) gespaltene Labour-Kabinett macht einem *National Government* (Allparteienregierung) Platz, in dem die Konservativen die Mehrheit besitzen und das bis 1945 im Amt bleibt. Bis 1935 bekleidet MACDONALD den Posten des Premiers.

21. Sept. Abkehr vom Goldstandard; Kurssturz des Pfundes.

27. Okt. Bei den Wahlen erringt die Koalition den eindeutigsten Sieg des Jahrhunderts (554 von 615 Sitzen).

11. Dez. Das *Statut von Westminster* fixiert die staatsrechtliche Bestätigung der 1926 gefundenen Formel für den Dominionstatus.

1932 Mit der Aufgabe der bisherigen Handelspolitik durch die Einführung von Importzöllen (29. Febr.) und der Schaffung von Zollpräferenzen im Empire auf der Reichskonferenz von Ottawa (Aug.) wird die Überwindung der Wirtschaftskrise eingeleitet.

1934 **Beginn der Wiederaufrüstung** bei gleichzeitiger Politik der Friedenswahrung.

1935, 7. Juni Nach dem Rücktritt MACDONALDS (aus Gesundheitsgründen) übernimmt BALDWIN das Amt des Premiers.

18. Juni Deutsch-Britisches Flottenabkommen, das aus britischer Sicht den Auftakt zu weiteren Rüstungsbegrenzungsabkommen bedeuten soll.

1936, 20. Jan. Tod König GEORGS V. Nachfolger wird sein Sohn EDUARD VIII. (*1864, †1972).

10. Dez. EDUARD VIII. dankt ab und verzichtet auf den Thron, da er eine vor der Scheidung stehende Amerikanerin zu ehelichen beabsichtigt und dadurch in Gegensatz zu einer breiten Öffentlichkeit und besonders zu BALDWIN gerät. Ihm folgt sein Bruder GEORG VI. (*1895, †1952).

1937, 28. Mai NEVILLE CHAMBERLAIN (*1869, †1940) löst als konservativer Premier BALDWIN ab und setzt in Übereinstimmung mit der öffentlichen Meinung konsequent die Politik von Aufrüstung und gleichzeitiger Entspannung in Europa und der Welt fort.

1938, Okt. Nach der **Sudetenkrise** begrüßt die britische Öffentlichkeit überwiegend Aufrechterhaltung des Friedens durch die Politik des Appeasement.

1939, 29. Mai Gesetz zur Einführung der allgemeinen Wehrpflicht.

1./3. Sept. Ultimatum und **Kriegserklärung an Deutschland**.

1940, 10. Mai Nach dem fehlgeschlagenen Versuch, Norwegen vor den Deutschen zu besetzen, Rücktritt CHAMBERLAINS und Bildung einer Koalitionsregierung mit außerordentlichen Vollmachten unter Einschluss der *Labour Party* mit dem Konservativen WINSTON S. CHURCHILL als Premierminister und dem Labour-Politiker CLEMENT ATTLEE (*1883, †1967) als Stellvertreter.

1942, Febr. Umbildung und Verkleinerung des Kriegskabinetts auf sieben Mitglieder mit dem Konservativen Lord BEAVERBROOK (*1879, †1964) als Produktionsminister und dem Labour-Abgeordneten Sir STAFFORD CRIPPS (*1889, †1952) als Minister für Flugzeugproduktion.

1. Dez. Vorlage des Beveridge-Reports, eines umfassenden Programms zur Durchsetzung des **Wohlfahrtsstaats** durch Reformen und staatliche Lenkungsmaßnahmen (Familie, Renten, Gesundheitswesen. Beschäftigungspolitik, Wohnungsbau, Bildung und Erziehung). | Forts. S. 1509 |

Irland (1801–1945) | Forts. v. S. 592 |

Seit dem 16. Jh. hat sich die Macht der englischen Krone in Irland etablieren können. Dafür sind erhebliche militärische Anstrengungen nötig, die jedoch als sinnvoll betrachtet werden, da Irland als mögliches Einfallstor einer englandfeindlichen Invasion gilt. Dass diese Einschätzung berechtigt ist, zeigt sich in den 1680er-Jahren, als Jakob II. (*1633, †1701) versucht, mit französischer Hilfe die zwischenzeitlich vom Parlament an Wilhelm III. von Oranien (*1650, †1702) übergebene Krone zurückzugewinnen, und dazu mit seinem Heer in Irland landet. Ende des 18. Jh.s scheitern Landungsversuche irischer Unabhängigkeitskämpfer, die zusammen mit Truppen des französischen Revolutionsregimes die englische Macht in Irland zu brechen trachten. Nach diesen Erfahrungen scheint eine grundsätzliche Änderung der politischen Verhältnisse sinnvoll zu sein. War Irland seit dem frühen 16. Jh. ein eigenständiges Königreich gewesen, das sich den Monarchen in Personalunion mit England teilte, geht es nun um die Verschmelzung der beiden Königreiche.

Die Zustimmung der irischen Katholiken zur angloirischen Union von 1801 wird mit der Aussicht auf die Gewährung von Gleichberechtigung im Vereinigten Königreich erkauft. Umso größer ist ihre Enttäuschung über die Weigerung König Georgs III. (*1738, †1820), sein Versprechen zu halten. Vor diesem Hintergrund gründet der katholische Rechtsanwalt Daniel O'Connell (*1775, †1847) 1823 mit dem *Catholic Association* einen Interessenverband, dem es bereits 1829 gelingt, mit dem *Catholic Emancipation Act* die weitgehende politische Gleichstellung der Katholiken im Königreich zu erlangen. Daniel O'Connell wird als erster irischer Katholik in das Unterhaus gewählt. Sein nächstes Projekt, die Auflösung der angloirischen Union mit der *Loyal National Repeal Association* voranzutreiben, scheitert am Widerstand der britischen Regierung. Doch wird die *Repeal Association* zur Keimzelle eines spezifisch irisch-katholischen Nationalismus, der sich im weiteren Verlauf des 19. Jh.s zum Träger des Widerstandes gegen die angloirische Union entwickelt. Die Unfähigkeit der Regierung, die Versorgungs- und Ernährungskrise infolge der *Great Famine*, der großen Hungersnot von 1846–1850, in den Griff zu bekommen, sorgt für ein weiteres Erstarken des irischen Nationalismus, der sich etwa ab der Jahrhundertmitte in einen gemäßigten (*Home Rule Movement*) und einen militanten (*Irish Republican Brotherhood*) Zweig spaltet. Nach 1850 dominiert der gemäßigte Nationalismus, der durch die *Irish Parliamentary Party* (auch *Home Rule Party* genannt) im Parlament vertreten ist. In Zusammenarbeit mit Premierminister William Ewart Gladstone (*1809, †1898) werden 1886 und 1893 zwei Gesetzesentwürfe vorgelegt, die Irland die nationale Selbstverwaltung (*Home Rule*) geben sollen. Die erste Vorlage wird vom Unterhaus, die zweite vom Oberhaus abgelehnt. Die Ablehnung stärkt in Irland weiter den irischen Nationalismus, der sich seit den 1880er-Jahren über die im Bereich der Kulturarbeit und des Sports tätigen *Gaelic League* zu einer Massenbewegung entwickelt. Mit der *Sinn Féin* (»Wir für uns«) gründet der Journalist Arthur Griffith (*1872, †1922) 1905 eine neue Partei, die den österreichisch-ungarischen Ausgleich von 1867 zum Vorbild für eine Neuordnung des angloirischen Verhältnisses erklärt. Zwischen 1912 und 1914 setzt das Unterhaus gegen den Widerstand des Oberhauses ein Gesetz durch, das Irland *Home Rule* gewährt, allerdings kann es aufgrund des Ersten Weltkriegs nicht inkrafttreten. Zugleich formiert sich in Irland eine neue Bewegung, die sich der Aufrechterhaltung der angloirischen Union verschreibt (Unionisten). Der Kriegsausbruch führt zu einem Stimmungsumschwung in der irischen Nationalbewegung, in der nun militante Kräfte an Einfluss gewinnen.

1914, Aug. Die *Irish Republican Brotherhood* beschließt, noch vor Kriegsende einen Aufstand durchzuführen. In der Auseinandersetzung um eine Beteiligung an der britischen Kriegsführung spalten sich die *Irish Volunteers*, die in ihrer Mehrheit (*National Volunteers*) die Briten unterstützen.

1916, 24. April Die **Proklamierung der Republik** löst den **Osteraufstand** in Dublin (bis 30. April) aus. Die Erhebung wird von den Briten blutig unterdrückt, die Aufstandsführer werden hingerichtet, u. a. auch der britische Diplomat Roger Casement (*1864).

1918, 14. Dez. Bei den Unterhauswahlen gewinnt *Sinn Féin* 73 der 105 irischen Sitze. *Sinn Féin* löst die *Irish Parliamentary Party* als politische Vertretung des irischen Nationalismus ab.

1919, 21. Jan. Die in Irland gewählten Abgeordneten nehmen ihre Sitze nicht ein, gründen in Dublin ein eigenes Nationalparlament (*Dáil Éireann* [Versammlung Irlands]) und proklamieren eine unabhängige Irische Republik. Daraufhin beginnt der bewaffnete Kampf der neu gegründeten Irisch-Republikanischen Armee (IRA).

1. April Eamon De Valera (*1882, †1975) wird von der *Dáil Éireann* zum Regierungschef gewählt.

1919–1921 Irischer Unabhängigkeitskrieg.

1920, 21. Nov. »Blutiger Sonntag« in Dublin mit 30 Toten: Ermordung britischer Agenten und Massaker an irischen Zuschauern eines Footballspiels.

23. Dez. Der *Government of Ireland Act* ermöglicht zwar die autonome Selbstverwaltung, die politische Zweiteilung Irlands wird von Dublin jedoch abgelehnt.

1921, 6. Dez. Der mit London ausgehandelte Anglo-Irische Vertrag gewährt den 26 südirischen Grafschaften als Freistaat Irland (*Saorstát Éireann*) Dominionstatus im Britischen Empire.

1922, 8. Jan. Der Anglo-Irische Vertrag wird vom *Dáil Éireann* mit 64 zu 57 Stimmen ratifiziert.

6. Dez. Die Verfassung des Freistaats Irland tritt in Kraft.

1922/23 Bürgerkrieg zwischen dem gemäßigten und dem radikalen Flügel der *Sinn Féin*, die sich in Vertragsgegner (*Fianna Fáil*, gegründet 1926) und in Vertragsanhänger (*Cumann na nGaedheal*, ab 1933 *Fine Gael*) spaltet. Die Radikalen (*Fianna Fáil*) unter Eamon de Valera wollen die Unabhängigkeit für ganz Irland, also einschließlich Nordirland (Ulster), Premierminister William Thomas Cosgrave (*1880, †1965) tritt für einen Ausgleich mit Großbritannien, also die Anerkennung des Status quo, ein.

1923, 10. Sept. Irland wird Mitglied des Völkerbundes.

1932, 9. März Eamon de Valera wird zum Premierminister ernannt: Seine Regierung betreibt die Loslösung vom Commonwealth und die Wiedervereinigung mit Nordirland, führt hohe Schutzzölle ein und beginnt einen wirtschaftlich ruinösen Zollkrieg mit Großbritannien.

1932/33 Es formieren sich verschiedene Gegenströmungen zur Politik der Regierung, u. a. die faschistische *Army Comrades Association* (»Blauhemden«, Febr. 1932) und *Fine Gael* (3. Sept. 1933).

1936, Febr. Ein Handelsvertrag mit Großbritannien, 1938 durch einen weiteren Vertrag ergänzt, führt zu einer relativen Entspannung zwischen Dublin und London.

1937, 29. Dez. In der neuen Verfassung bezeichnet sich Irland als souveräner, demokratischer Staat. Der Staat trägt den Namen *Eire* und löst sich de facto, wenn auch nicht formell, aus dem Commonwealth. Als Staatsgebiet wird »die ganze Insel« benannt, der Geltungsbereich der Gesetze jedoch auf die 26 unabhängigen Grafschaften beschränkt. Eine Neuerung ist die Schaffung eines Präsidentenamtes.

1938, 17. Juni Aus den Wahlen geht DE VALERA als Sieger hervor, der im neuen Verfassungssystem wieder Premierminister wird.

1939–1945 Im Zweiten Weltkrieg bleibt Irland neutral, Nordirland ist als Teil Großbritanniens am Krieg beteiligt.

1944, 30. Mai Neuwahlen bestätigen die Regierung DE VALERA. | Forts. S. 1515 |

Niederlande, Belgien und Luxemburg (1477–1945)

Niederlande (Nord- und Südprovinzen 1477–1782)

Die burgundisch-habsburgische Zeit (1477–1568)

Die Politik der burgundischen Herzöge beendet die Zersplitterung des Gebiets der heutigen Niederlande. Sie wollen von Beginn an eine starke Zentralgewalt durchsetzen, Adel und Geistlichkeit unterwerfen und den städtischen Partikularismus beschneiden. Der territoriale Zusammenschluss gelingt nur z. T., da sich die nordöstlichen Territorien der burgundischen Herrschaft widersetzen. Die frühen Zentralisierungsmaßnahmen werden nach dem Tode Herzog KARLS DES KÜHNEN (*1432, †1477) unter dessen Tochter MARIA VON BURGUND (*1457, †1482) zurückgefahren. Erst den Habsburgern unter Kaiser KARL V. (1519–1556) gelingt die Abrundung des Zusammenschlusses. Das in der **Pragmatischen Sanktion von 1549** festgelegte Erbfolgerecht fasst die Niederlande zu einem geschlossenen Territorium zusammen. Alle Territorien sind unter Beibehaltung ihrer eigenen Verwaltungsinstanzen der von den Burgundern eingerichteten und von den Habsburgern ausgebauten Brüsseler Zentralverwaltung unterworfen. Oberste Instanz der Territorien ist ein Generalstatthalter, dem eine Reihe von Räten zur Seite stehen. Die einzelnen Territorien entsenden ihre Vertreter in die Generalstände (*états généraux, staten generaal*). Spaniens König PHILIPP II. (1556–1598) versucht durch verschärfte Zentralisierung seine Macht zu erhöhen. Der politische Konflikt mit den in den Generalständen vertretenen und um ihre Privilegien fürchtenden Territorien vertieft sich noch durch die **Ausbreitung des Calvinismus** in den Niederlanden. Dazu kommt die Opposition des größtenteils zum protestantischen Glauben übergetretenen eingesessenen niederen Adels. Dieser schließt sich im »Adelsbund« zusammen und tritt für Glaubensfreiheit ein. Die nicht nur aus politisch-religiösen (Unversöhnlichkeit PHILIPPS), sondern auch aus wirtschaftlich-sozialen Gründen (Wirtschaftskrise in den Südprovinzen) ausbrechenden Unruhen versucht der vom König entsandte Generalstatthalter FERNANDO ÁLVAREZ DE TOLEDO, HERZOG VON ALBA (*1507, †1582), mit Waffengewalt zu unterdrücken. Er setzt ein Sondertribunal gegen die Aufständischen ein, das schärfste Urteile fällt und ausführt.

Die Niederlande um 1579

1477 **Das Große Privileg**: Maria von Burgund muss die Privilegien der Städte und Territorien garantieren.

1524–1543 Kaiser Karl V. bringt Friesland (1524), Flandern (1526), Utrecht und Overijssel (1528), Groningen und Drenthe (1536) sowie Gelderland (1543) in seinen Besitz. Im Frieden von Cambrai (1529) wird zudem durch den König von Frankreich der lehnsunabhängige Besitz des Artois bestätigt.

1555 Karl V. überträgt seinem Sohn Philipp II. die Herrschaft über die Niederlande.

1559 Margarete II. von Parma (*1522, †1586) wird Generalstatthalterin in den Niederlanden.

1566 Der Adelsbund (von den Beamten Margaretes als »Bettlerpack«, frz. *gueux* bezeichnet, daher der niederländische Begriff *Geuzen*, dt. »Geusen«) reicht bei der Generalstatthalterin eine Bittschrift ein. Darin fordert er den Rückzug der spanischen Truppen und den Widerruf des Inquisitionsedikts. Die religiösen Unruhen führen im gleichen Jahr zum Bildersturm.

1567 Herzog von Alba kommt mit einem spanischen Heer in die Niederlande.

1568 Die Aufständischen Lamoraal Graf von Egmond (*1522) und Philipp II. von Montmorency-Nivelle, Graf von Horne (*1524), werden hingerichtet. Beginn des Widerstands der Geusen (Wasser- und Waldgeusen). Der vor der Ankunft Albas geflohene Prinz **Wilhelm der Schweiger von Nassau-Oranien** (*1533, †1584) fällt mit einem kleinen Heer ohne bleibenden Erfolg in die Niederlande ein.

Die Niederlande nach 1648

Die Republik der Vereinigten Niederlande bis zum Ende des Achtzigjährigen Krieges (1568–1648)

1568 beginnt der Achtzigjährige Krieg zwischen Spanien und den Niederlanden, der erst mit dem Frieden von Münster im Jan. 1648 endet. In diese Periode fallen Gründung und Aufstieg der Republik, die in diesem Zeitraum die Basis für ihre Machtstellung im 17. Jh. legt. Die in der Union von Utrecht (1579) zusammengeführten sieben Provinzen schaffen sich mit dem Unionstext eine »Konstitution«. Ihr wesentlicher Charakter ist ein ausgeprägter Partikularismus, dessen Möglichkeiten zu gemeinsamer Aktion v. a. durch die Provinz **Holland** bestimmt. Die einzelnen Provinzen behalten ihre Vertretungsgremien (Provinzialstände), aus denen sie Abgeordnete mit imperativem Mandat in die Generalstände der Union entsenden. In diesem Gremium führt jede Provinz eine Stimme. Eine wichtige politische Rolle spielt der »Ratspensionär«, der Geschäftsführer der Provinzialstände von Holland, das er in den Generalständen vertritt. Die Institution des Statthalters, jetzt von den Provinzialständen gewählt, bleibt erhalten. Das Amt wird meistens für mehrere Provinzen gleichzeitig ausgeübt und bleibt nach dem Tode Wilhelms (1584) in der Familie **Nassau-Oranien**. Wilhelms Söhne Moritz (*1567, †1625) und Friedrich Heinrich (*1584, †1647) übernehmen die militärische Führung. Der aus den Erfordernissen des Krieges und dem Partikularismus erwachsene Konflikt zwischen politischer und militärischer Führung führt – verstärkt durch religiöse Zwistigkeiten – 1619 zur Hinrichtung des Ratspensionärs. Das Amt des Statthalters nimmt im Krieg an Ansehen und Bedeutung zu und wird schließlich unter Friedrich Heinrich erblich.

Außenpolitisch wächst die Bedeutung der Republik. England bietet sich zu Anfang als Bündnispartner an. Die Einbeziehung in den Jülich-Clevischen Erbfolgestreit (1609–1614) unterstreicht den gewonnenen Einfluss, und schließlich nehmen die Niederlande im Rahmen des säkularen französisch-spanischen Gegensatzes zur Zeit Friedrich Heinrichs eine Schlüsselstellung im Zusammenspiel mit Frankreich ein. Als Seemacht nehmen sie früh den Kolonialhandel auf und schaffen sich Stützpunkte im ostindischen Archipel (Niederländisch-Indien) sowie in Latein- und Nordamerika (Gründung Neu-Amsterdams, dem späteren New York, 1625).

1572, 1. April Einnahme Den Briels durch die Wassergeusen unter Wilhelm II. von der Marck, genannt Lumey (*1542, †1578).

Juli Vertreter der Provinzen Holland und Seeland treffen sich in Dordrecht und beschliessen den gemeinsamen Kampf gegen Spanien unter Führung des als Statthalter anerkannten Wilhelm von Oranien.

1576 Genter Pazifikation: Verkündung der Religionsfreiheit in allen Provinzen.

1579, 23. Jan. **Union von Utrecht**: Zusammenschluss der sieben nördlichen Provinzen Holland, Seeland, Utrecht, Gelderland, Overijssel, Friesland und Groningen als Kampfgemeinschaft, der die Grundlage der Republik bildet.
Im gleichen Jahr kehren die Südprovinzen Hennegau und Artois in der **Union von Arras** (niederländisch Atrecht) unter die Herrschaft Spaniens zurück. Damit sind im Großen und Ganzen die Grenzen der Nord-Süd-Trennung bis auf Nordbrabant und Teile im Limburger Bereich festgelegt.

1581, 26. Juli **Lossagung vom spanischen König Philipp II.** (*Plakkaat van Verlatinghe*).

1584 Nachdem Verhandlungen zur Souveränitätsübertragung auf den Herzog von Anjou gescheitert sind, bieten Holland und Seeland Wilhelm von Oranien den Grafentitel an – allerdings mit sehr begrenzten Befugnissen. Wilhelm von Oranien wird jedoch am 10. Juli vom französischen Katholiken Balthasar Gérard (*1562, †1584), der sein Vertrauen gewonnen hat, in Delft erschossen.

1585 Wilhelms Sohn Moritz von Oranien wird Statthalter von Holland und Seeland. Die Union von Utrecht versucht, Königin Elisabeth I. (1558–1603) von England die Souveränität anzubieten. Durch die glücklose Mission des als Generalstatthalter 1585 entsandten englischen Grafen Leicester (Robert Dudley, *1532, †1588) scheitert dies Vorhaben (1587). Moritz übernimmt nun auch den Oberbefehl über die Flotte (1588) und die Landmacht (1589).

1602 Gründung der Vereinigten Ostindischen Companie (VOC), einer Zusammenfassung mehrerer kleinerer Handelskompanien in Holland und Seeland.

1609–1621 Spanisch-niederländischer Waffenstillstand: König Philipp III. (1598–1621) von Spanien erkennt damit faktisch die Selbstständigkeit der Niederlande an.

1619 Der Ratspensionärs Johan van Oldenbarnevelt (*1547) wird am 13. Mai nach einem Machtkonflikt mit Moritz von Oranien über Fragen der Religion hingerichtet. Der Konflikt, in dem auch der Völkerrechtsgelehrte Hugo Grotius (*1583, †1645) betroffen ist, festigt die Macht des Statthalters.

1625 Friedrich Heinrich wird Statthalter und Ober-

Haus Oranien

Johann V. †1515, Gf. v. Nassau-Siegen

Heinrich III. †1538, Gf. v. Nassau
∞ Claudia v. Châlons
Erbin d. Ftm.s Orange (Oranien)

Wilhelm der Reiche †1559
Gf. v. Nassau-Dillenburg

Renatus †1544
Fürst (Prinz) v. Oranien

Wilhelm (I.) †1584, Fürst v. Oranien 1544, Statthalter v. Holland, Seeland u. Utrecht

Johann †1606
Gf. v. Nassau-Dillenburg

Moritz †1625, Fürst v. Oranien
Statthalter v. Holland, Seeland, Overijssel, Utrecht, Geldern, Groningen u. Drente

Friedrich Heinrich †1647
Fürst v. Oranien, Statthalter v. Holland, Seeland, Geldern, Overijssel, Groningen u. Drente

Heinrich I. Kasimir †1640
Statthalter v. Friesland

Wilhelm Friedrich †1664, Fürst v. Nassau-Dietz, Statthalter v. Friesland

Heinrich II. Kasimir †1696
Statthalter v. Friesland

Johann Wilhelm Friso †1711
Statthalter v. Friesland, Fürst v. Oranien

Wilhelm IV. †1751, Fürst v. Oranien
Statthalter v. Friesland
Erbstatthalter d. Niederlande 1748

Wilhelm V. †1806, Fürst v. Oranien
Erbstatthalter bis 1795

Wilhelm I. †1843, Kg. d. Niederlande u. Ghz. v. Luxemburg 1815–1840

Wilhelm II. †1849, Kg. d. Niederlande u. Ghz. v. Luxemburg

Wilhelm II. †1650, Fürst v. Oranien
Statthalter aller Provinzen (außer Friesland)
∞ Maria Stuart, T. Karls I. v. England

Wilhelm III. †1702, Fürst v. Oranien
Statthalter v. Holland u. Seeland 1672, Kg. v. England u. Schottland 1689–1702
∞ Maria, T. Kg. Jakobs II. v. England

Luise Henriette †1667
∞ Kurfürst Friedrich Wilhelm v. Brandenburg †1688

Kurfürsten von Brandenburg und preußische Könige bis 1918

Wilhelm III. †1890
Kg. d. Niederlande u. Ghz. v. Luxemburg

Heinrich †1879
Statthalter v. Luxemburg

Wilhelmina †1962, Kgn. d. Niederlande 1890–1948

Juliana †2004, Kgn. d. Niederlande 1948–1980

Beatrix *1938, Kgn. d. Niederlande seit 1980

Könige / Königinnen
Statthalter

befehlshaber der See- und Landmacht. Die Statthalterschaft wird erblich. Die Hofhaltung des Oraniers gleicht der europäischer Fürsten.

1648 Internationale **Anerkennung der Republik** durch Spanien (Friede von Münster, 30. Jan., mit dem Erwerb Nordbrabants und einiger Teile von Limburg, die künftig als »Generalitätslande« von den Generalständen verwaltet werden) sowie im Westfälischen Frieden (24. Okt.) durch die daran beteiligten Mächte, darunter Kaiser und Reich.

Das »Goldene Jahrhundert« der Republik (1648–1713)

Die Republik steigt zu einer führenden **Handels- und Seemacht** auf. Mittels eines auf Kolonial- und Ostseehandel, Stapelmarkt und Seefrachtmonopol aufgebauten, bis dahin ungekannten, Kapitalreichtums entwickelt sie sich zum Geldgeber Europas. Die **Vereinigte Ostindische Companie**, neben der seit 1621 auch die Westindische Companie tätig ist, entwickelt sich zu einem der einflussreichsten Wirtschaftskonsortien. Träger der Wirtschaftsmacht ist ein v. a. in Amsterdam tätiges Regentenpatriziat, das ein oligarchisches Regiment führt und weitgehend die Geschicke der Republik in dieser Periode bestimmt. Die starke Stellung der »Regenten«, unterstreicht die Führungsmacht der Seeprovinzen Holland und Seeland und innerhalb dieser Provinzen wiederum die der großen Städte. Sie führt nach dem Westfälischen Frieden (1648) zu einem scharfen Konflikt mit der Statthalterschaft, die sich auf den Adel und die Bevölkerung der Landprovinzen stützt. Die Auseinandersetzung zwischen Amsterdam und dem Statthalter WILHELM II. (*1626, †1650) über Truppenentlassungen führt dazu, dass nach dem plötzlichen Tod WILHELMS die Provinzen Holland, Seeland, Utrecht und Overijssel keine Statthalter mehr benennen (1650, *Grote Vergadering*). Die (erste) statthalterlose Zeit dauert bis 1672.

Wenngleich die innere Struktur keineswegs gefestigt ist, verstärken doch die wirtschaftliche Stellung, das damit verbundene Schifffahrtspotenzial und die geografische Lage des Landes die außenpolitische Position der Republik. Zunächst noch Gegner des Handelskonkurrenten England und im Nordischen Krieg (1700–1721) von Frankreich unterstützt, erreicht die Republik schon gegen Ende der statthalterlosen Zeit unter dem Ratspen-

Verfassung der Vereinigten Niederlande im 17. Jh.

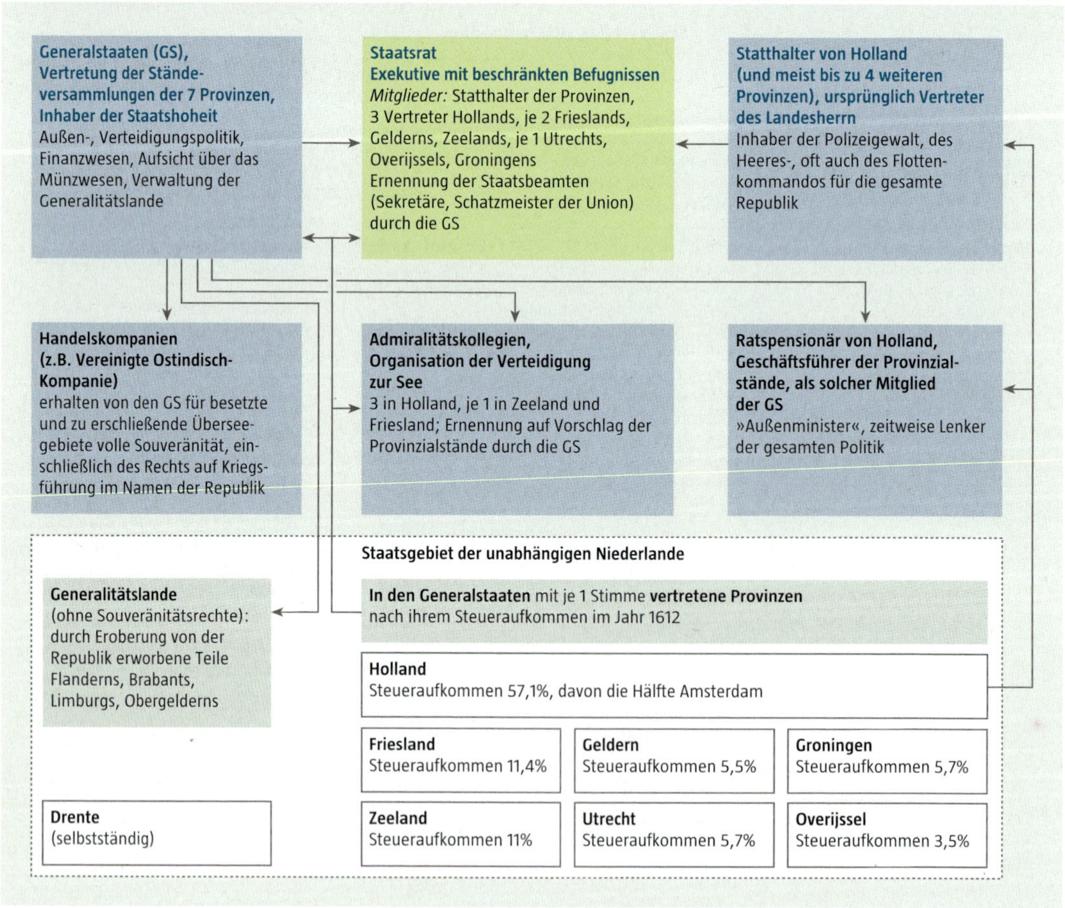

sionär JOHAN DE WITT, erst recht aber unter dem Statthalter WILHELM III. VON ORANIEN die Stellung eines begehrten Koalitionspartners gegen die Expansionspolitik LUDWIGS XIV. (1643–1715) von Frankreich. Die durch den Krieg gegen Frankreich ohnehin schon verstärkte Macht des neuen Statthalters wächst noch mit seiner Übernahme der englischen Königskrone (1689). Durch diese Personalunion ist die englisch-niederländische Basis der weiteren Koalitionen gegen LUDWIG XIV. gelegt. Konsequenz der Kriege, zuletzt des Spanischen Erbfolgekriegs (1701–1713), den der Ratspensionär ANTHONIE HEINSIUS (*1641, †1720) nach dem Tode WILHELMS 1702 in der zweiten statthalterlosen Periode weiterführt, ist die völlige finanzielle Erschöpfung des Landes. Der Friede von Utrecht (1713) zeigt auch eine deutliche Schwächung der außenpolitischen Position, obgleich Frankreich von den südlichen Niederlanden ferngehalten und selbst ein Barriere- und Garnisonstraktat für dieses Territorium erreicht wird.

1652–1654 Erster Englisch-Niederländischer Seekrieg, der mit dem Frieden von Westminster endet. Die Engländer ziehen die von OLIVER CROMWELL (*1599, †1658) erlassene Navigationsakte nicht zurück.

1653 JOHAN DE WITT (*1625, †1672) wird Ratspensionär und bestimmt als Vertreter der Regentenpartei die Innen- und Außenpolitik. Durch enge Freundschaft mit führenden Familien seiner Zeit beherrscht er den holländischen Regierungsapparat.

1654, 4. Mai Die holländische Ständeversammlung, jedoch nicht alle Städte, nehmen das Seklusionsgesetz (*Acte van Seclusie*) an. Es bestimmt, dass kein Vertreter des Hauses Oranien jemals wieder Statthalter oder Oberbefehlshaber des Landheeres werden soll. Das Gesetz geht auf eine Forderung des englischen Lordprotektors CROMWELL zurück. Dieser fürchtet die Verbindung der Häuser Oranien und Stuart und will nur bei Erfüllung der Forderung den Frieden von Westminster unterzeichnen, der den ersten Englisch-Niederländischen Seekrieg abschließt.

1665–1667 **Zweiter Englisch-Niederländischer Seekrieg**, den JOHAN DE WITT infolge seiner Schaukelpolitik zwischen Frankreich und England nicht vermeiden kann; er endet mit dem Frieden von Breda.

1667, 5. Aug. **Ewiges Edikt**: Die holländischen Provinzialstände beschließen, die Statthalterschaft ganz abzuschaffen und den militärischen Oberbefehl für unvereinbar mit der Statthalterschaft in den anderen Provinzen zu erklären. Die Provinzen stimmen 1670 zu.

1667–1668 **Devolutionskrieg**: Die Republik und ihre Bundesgenossen können die Annexion der spanischen Niederlande durch Frankreich verhindern.

1672–1678 **Holländischer Krieg** (Niederländisch-Französischer Krieg): Die Republik wird im Süden von Frankreich, im Osten vom Bischof von Münster und vom Kurfürsten von Köln angegriffen. England steht, obwohl in Tripleallianz mit den Niederlanden verbunden, zunächst auf französischer Seite (Dritter Englisch-Niederländischer Seekrieg), schließt aber – ebenso wie Münster und Köln – Frieden mit der Republik (1674), dem der Friedensschluss der Niederlande mit Frankreich in Nimwegen (1678) folgt.

1672, 4. Juli **WILHELM III. VON ORANIEN** (*1650, †1702) wird von den holländischen Ständen zum Statthalter und militärischen Oberbefehlshaber ernannt. Nach der Wiedereroberung der Provinzen Utrecht, Gelderland und Overijssel erwirbt WILHELM III. durch Regierungsverordnungen fast diktatorische Gewalt.

20. Aug. JOHAN DE WITT wird von Anhängern des Hauses Oranien in Den Haag ermordet.

1688, Mitte Nov. WILHELM III. setzt nach Aufforderung einiger wichtiger englischer Politiker nach England über, vertreibt seinen Schwiegervater JAKOB II. (*1633, †1701) vom Thron und wird Ende Febr. 1689 zum König von England und Schottland erhoben. | s. S. 1039 |

1688–1713 Die Zeit der Koalitionen, die unter Führung des König Statthalters gegen Frankreich geschlossen werden. Die hier entwickelte außenpolitische Konstellation endet mit dem Frieden von Utrecht (1713).

Der Niedergang der Republik (1713–1782)

Das 18. Jh. ist für die Republik der Niederlande wirtschaftlich das Jh. des relativen Rückgangs. Während Großbritannien sein Außenhandelsvolumen um das Dreifache und Frankreich das seine um das Fünffache erhöhen kann, stagniert die Republik. Die Ursache liegt wesentlich in der veränderten Position **des holländischen (Amsterdamer) Stapelmarkts**: Wandlungen in der internationalen Verkehrsstruktur, die scharfe britische und französische Konkurrenz sowie neue Methoden der Preisbildung lassen die Bedeutung des Stapelmarkts absinken. Auch die Tatsache, dass sich niederländische Kaufleute nun auf Geld- und Kommissionshandel konzentrieren, begünstigt insgesamt die relativ rückläufige Bewegung. Gleichzeitig bleibt die technische Entwicklung zurück, weil die Industrie als verarbeitender Sektor vom Stapelmarkt abhängt. Da Fischerei und Walfang gleichfalls zurückgehen, setzt eine große strukturelle Arbeitslosigkeit ein. Gleichzeitig steigen die Preisen, mitverursacht durch hohe indirekte Steuern. Während so die Unterschichten Not leiden, die untere Mittelschicht gleichfalls die Konsequenzen des wirtschaftlichen Rückgangs spürt, profitiert lediglich die im Geld- und Kommissionshandel tätige kleine Schicht von ehemaligen Kaufleuten von dieser Entwicklung. Dies führt zu einer **schweren Belastung der innenpolitischen Situation**, die in erster Linie, wie schon im Jh. zuvor, geprägt ist vom Gegensatz zwischen den Anhängern der Oranier und der Regentenoligarchie, die sich immer mehr abkapselt. Die zweite statthalterlose Zeit endet, als 1747 im Zuge des Österreichischen Erbfolgekrieges französische Truppen in das Gebiet der Republik eindringen. WILHELM IV. VON ORANIEN wird zum Statthalter und Oberbefehlshaber des Heeres und der Flotte berufen, außerdem erklärt man diese Ämter für erblich. Der Gegensatz zur kaufmännischen Aristokratie bleibt bestehen, er verschärft sich noch durch auftauchende demokratische Forderungen. Zu einer Zuspitzung kommt es während des

Amerikanischen Unabhängigkeitskrieges, als sich die dynastischen Interessen der Oranier (Bindung an Großbritannien) und die Kaufmannsinteressen (Aufrechterhaltung des Schmuggelhandels) sowie die Sympathien breiter niederländischer Schichten für die amerikanischen Aufständischen gegenüberstehen. Der Statthalter wird schließlich zum Krieg gezwungen (Vierter Englisch-Niederländischer Seekrieg).

1747 **Wilhelm IV.**, Prinz von Oranien (*1711, †1751), wird erblicher Statthalter sowie Oberbefehlshaber des Landheeres und der Flotte.

1751 Wilhelm V., Prinz von Oranien (*1748, †1806), folgt seinem Vater als Statthalter nach.

1780 Aufkommen der Patriotenbewegung, die zwischen 1785 und 1787 die Regierung der Provinzen Holland und Utrecht übernimmt. Der Statthalter zieht sich nach Nimwegen zurück.

1780–1784 Vierter Englisch-Niederländischer Seekrieg.

1782 Preisgabe der Barrierestädte.

1787, Sept. Einfall des preußischen Heeres nach dem Zwischenfall von Goejanverwellesluis, wo die Frau des Statthalters, Friederike Sophie Wilhelmina von Preussen (*1751, †1820), Schwester des preußischen Königs, von Patrioten auf dem Weg nach Den Haag aufgehalten wird. Die Folge ist eine **Stärkung der Orangisten**. Der Statthalter zieht wieder in Den Haag ein. Zahlreiche Patrioten flüchten nach Frankreich.

1788 **Akte van Harmonie**: Die Provinzen garantieren das bestehende Staatssystem, nachdem auch die Regentenoligarchie in Gegensatz zu den demokratischen Patrioten die Seite der Oranier gewählt hat. Großbritannien und Preußen garantieren die Akte.

Die südlichen Niederlande (16.–18. Jh.)

In den südlichen Provinzen bringt der Tod von Don Luis Requésens (*1528, †1576), Nachfolger Albas in der Generalstatthalterschaft, mit der **Genter Pazifikation** (1576) einen Erfolg der aufständischen Provinzen, da Religionsfreiheit für das gesamte niederländische Gebiet verkündet wird. Die Übereinkunft scheitert jedoch an der Haltung der Calvinisten. Die Katholiken (Malcontenten) sondern sich in der Union von Arras (Atrecht; 1579) ab. Dies bedeutet die Rückkehr unter die spanische Herrschaft. Generalstatthalter Alexander Farnese (*1545, †1592), Herzog von Parma, gelingt es, ganz Flandern und Brabant sowie Antwerpen (1585) für den spanischen König sicherzustellen, sodass die Spanischen Niederlande schließlich neben diesen Gebieten das Artois, die Städte Lille, Douai und Orchie, Hennegau, Namur, Mecheln, Tournai und Valenciennes sowie Luxemburg, Limburg und das Oberquartier von Geldern umfassen. Die Übertragung der Souveränität der südlichen Provinzen 1601 auf die Tochter des spanischen Königs Isabella (*1566, †1633) und deren Gemahl Erzherzog Albrecht von Österreich (*1559) ist von relativ geringer Dauer, da Albrecht 1621 kinderlos stirbt. Es gelingt dem Erzherzogspaar nicht, die nördlichen Niederlande zu unterwerfen und wieder dem katholischen Glauben zuzuführen. Das südniederländische Gebiet fällt nach dem Tode Albrechts erneut an Spanien. Bis zum Frieden von Münster (Jan. 1648), in dem der Norden von Brabant und Teile von Limburg an die Republik abgetreten werden, sind die südlichen Provinzen strategisches Zentrum im spanisch-niederländisch-französischen Konflikt.

Albrecht und Isabella bemühen sich in ihrer Regierungszeit um den Wiederaufbau des daniederliegenden Gewerbes. Zu diesem Zweck fördern sie in umfangreichem Maße das Gildenwesen und unterwerfen Produktion und Handel scharfen Qualitätsbedingungen. Das in der Aufstandsphase zerrüttete Leinengewerbe wächst durch Wiederherstellung der Handelsbeziehungen mit Frankreich und England zu neuer Blüte heran.

Im späten 17. Jh. sind die Südprovinzen für die Republik und deren Bundesgenossen im Wesentlichen ein Territorium das gegen die Expansionsbestrebungen Ludwigs XIV. verteidigt werden muss und das folglich heiß umkämpft ist. Die Republik versucht durch eine Reihe von »Barriere-Traktaten« (1697 mit Spanien, 1709 mit Großbritannien, 1715 mit Österreich) eine Verteidigungslinie gegen Frankreich aufzubauen. Diese Verträge sichern der Republik das Besatzungsrecht in den Festungsstädten Namur, Tournai, Menin, Waasten, Knokke, Ypern, Veurne und Dendermonde. Wirtschaftlich ist in den Südprovinzen ein Wiederaufstieg festzustellen, der jedoch der Wirtschaftsblüte in der Republik in keiner Weise entspricht. Antwerpen kann als Handelsstadt durch die Schließung der Schelde die alte Position nicht mehr erreichen. Einen Teil der alten Antwerpener Aktivitäten übernehmen die flandrischen Küstenstädte, die durch ein dichtes Kanalnetz mit dem Binnenland verbunden sind. Nach 1690 gehen Industrie und Gewerbe allgemein zurück. Die Bevölkerung aus Brüssel und Antwerpen beginnt aufs platte Land abzuwandern. Arbeitslosigkeit und Pauperismus breiten sich aus.

Auch im Spanischen Erbfolgekrieg (1701–1713) gehören die Südprovinzen zu den Hauptkriegsschauplätzen. Im Frieden von Utrecht (1713) werden sie den österreichischen Habsburgern zugesprochen und fortan als **Österreichische Niederlande** bezeichnet. Im Österreichischen Erbfolgekrieg von einer französischen Armee erobert (1745), bleiben die Südprovinzen im Aachener Frieden (1748) gleichwohl beim Haus Österreich.

Niederlande (1789–1945)

Nördliche Niederlande bis zum Ende der Herrschaft Napoleons (1789–1813)

Unter dem Einfluss der Aufklärung gewinnen jene demokratischen Ideen an Boden, die ihren organisatorischen Ausdruck in der Bewegung der »Patrioten« finden und zunächst gegen das Haus Oranien gerichtet sind. Die Regenten schließen sich den »Patrioten« an. Es bleibt nicht aus, dass es zwischen der Oligarchie und dem demokratischen Flügel zu scharfen Gegensätzen kommt. Die innenpolitischen Auseinandersetzungen werden durch den Einfall der Franzosen 1794/95 beendet. – Außenpolitisch sinkt die Republik im späten 18. Jh.

zur Bedeutungslosigkeit herab. Mit dem Einfall Frankreichs wird die Batavische Republik, die erste »Tochter« der französischen Republik, gegründet, in der die ehemaligen »Patrioten« die Verwaltung übernehmen.

Die neue Republik erhält 1798 eine Verfassung, in der nach französischem Modell die bürgerlichen Freiheiten sowie das allgemeine Wahlrecht für Männer ab 20 Jahre verankert werden. Sämtliche Landesteile, also auch die Generalitätslande, sind von nun an untereinander gleichberechtigt. Ist die Verfassung von 1798 noch der des Direktoriums in Frankreich nachgebildet (die Exekutive wird von einem fünfköpfigen »Vollzugsrat« ausgeübt), so wird jetzt die Exekutivgewalt in der Verfassung von 1805 auf eine Person, den »Ratspensionär«, konzentriert. Ein Jahr später wandelt Napoleon die Republik in ein Königreich um. 1810 wird dieses dem französischen Staatsgebiet einverleibt. Die Folge dieser Veränderungen ist v.a. eine zunehmende Zentralisierung des Landes sowie die Modernisierung des Bildungs- und Rechtswesens.

1793, Febr. Kriegserklärung Frankreichs an die Republik.

1795 **Gründung der Batavischen Republik**; sie besteht aus neun nach französischem Modell geschaffenen Départements und wird zentralistisch regiert. Die erste Verfassung von 1798 wird 1801 und 1805 durch neue Konstitutionen ersetzt, die sich jeweils nach französischen Vorbildern richten. Die neue Republik muss sich als Bündnispartner Frankreichs mit dessen Kriegsgegner Großbritannien auseinandersetzen und verliert ihren Kolonialbesitz. Bis auf die Insel Ceylon wird er im Frieden von Amiens (März 1802) zwischen Briten und Franzosen der in das Abkommen eingeschlossenen Republik zurückerstattet.

1803, Mai Wiederausbruch des Krieges zwischen Frankreich und Großbritannien, in den die Niederlande automatisch mit verwickelt sind. Folgen sind der erneute Verlust des Kolonialreichs und enorme finanzielle Belastungen, die auch durch Einbeziehung des Landes in die im Nov. 1806 durch Napoleon gegen die Briten verhängte Kontinentalsperre entstehen.

1806 Umwandlung der Republik in das **Königreich Holland** unter Napoleons Bruder Ludwig (*1778, †1846).

1810 Abdankung Ludwigs wegen der für Holland negativen Auswirkungen der Kontinentalsperre; Einverleibung des Königreichs Holland in das französische Kaiserreich.
Die Einführung des französischen Rechts und Verwaltungssystems wirkt bis weit ins 19. Jh. fort.

Königreich der Niederlande (1813/15–1914)

Belgische Frage und monarchische Regierung (1813/15–1848)

Auf dem Wiener Kongress 1814/15 wird der bereits in der letzten Phase des Krieges gegen Napoleon von den gegen ihn verbündeten Mächten beschlossene Plan in die Tat umgesetzt, die südlichen (ehemals österreichischen) Niederlande (»Belgien«) mit den nördlichen Niederlande zu vereinen (Königreich der Vereinten Niederlande, 1815–1830/31). Dieser Staat soll gemäß den Interessen der britischen Außenpolitik gemeinsam mit dem durch das Rheinland vergrößerte Preußen einen Sperrriegel gegen französische Expansionsabsichten bilden.

Es erweist sich indes in der Folge, dass der am Konferenztisch festgelegte Zusammenschluss eine Fiktion bleibt. Obwohl die hohe wirtschaftliche Aktivität des Königs insbesondere die Industrie im Süden des Landes fördert, stößt die Einigungspolitik auf erheblichen Widerstand. Die Sprachen- und Kirchenpolitik sowie die im Süden stärker verankerten liberalen Ideen lassen die Politik des Königs schließlich scheitern, zumal die im Aug. 1815 von ihm nur durch Manipulation der belgischen Stimmen durchgesetzte Verfassung (»Grundgesetz«, *Grondwet*) dem Monarchen eine sehr starke Stellung verleiht und kaum Rechte der Landesvertretung (den aus zwei Kammern bestehenden »Generalständen«) vorsieht. Für die während der Zeit der Batavischen Republik und des Königreichs Holland angehäufte Staatsschuld soll außerdem der Süden mit aufkommen. Ferner findet die Verordnung, das Niederländische zur offiziellen Landessprache in den flämischen Provinzen zu erheben, keine Zustimmung bei dem französisch gesinnten Teil des flämischen Bürgertums. Die konservativen Kräfte des Südens widersetzen sich dem Versuch, die Kirche unter die Aufsicht des Staats zu bringen. Die Folge ist ein Zusammenschluss (Union) der belgischen Liberalen und Katholiken. Diese Union leitet die Revolution und die Trennung Belgiens von den Niederlanden ein. Im Norden führt der Kampf gegen das Grundgesetz (1815) nach dessen Revision (1840) schließlich 1848 unter dem Eindruck der Revolutionen in Europa zum Erfolg, da nun die volle Ministerverantwortlichkeit in die Verfassung aufgenommen wird. Die Generalstände erhalten das Recht auf Verfassungsänderung und auf Mitsprache in Kolonialfragen. Die Zweite Kammer geht aus direkten Wahlen hervor, die Erste Kammer aus Abgeordneten der Provinzialstände; es herrscht das Zensuswahlrecht.

1813 Wilhelm VI. (*1772, †1843), Prinz von Oranien, nimmt den Titel »Souveräner Fürst« an.

1814 Vertrag von Chaumont zwischen den gegen Napoleon verbündeten Großmächten; darin wird beschlossen, die nördlichen und südlichen Niederlande zu vereinen.

1815, 16. März Der Souveräne Fürst nimmt als **Wilhelm I.** den Titel »König der Niederlande« an.

24. Aug. Das neue Grundgesetz wird verkündet. Es sieht für die künftigen Generalstände zwei Kammern vor: die Abgeordneten der Ersten Kammer werden vom König ernannt, die der Zweiten Kammer durch die Provinzialstände gewählt. In ihr sollen die nördlichen und südlichen Niederlande trotz Bevölkerungsmehrheit des Südens gleich stark vertreten sein.

1816 Die Niederlande erhalten von Großbritannien den größten Teil ihrer früheren Kolonien zurück.

1828 Bildung der Union aus Liberalen und Katholiken in Belgien.

1830, Aug. Revolution in Brüssel unter dem Einfluss der französischen Julirevolution.

1839 **Belgien trennt sich endgültig von den Niederlanden** (Londoner Protokoll der europäischen Großmächte).

1840 Verfassungsrevision: Königliche Erlasse bedürfen der Gegenzeichnung durch einen Minister, der damit strafrechtliche Verantwortung trägt. Daraufhin dankt WILHELM I. ab und sein Sohn WILHELM II. (*1792, †1849) besteigt den Thron. In den folgenden Jahren kommt es zu Verfassungsstreitigkeiten um stärkere Mitbestimmungsrechte des Parlaments. Hierbei spielt der liberale Staatstheoretiker und Politiker JAN THORBECKE (*1798, †1872) die vornehmliche Rolle.

1848 Verfassungsänderung im Sinne stärkerer Parlamentsbefugnisse.

Verfassungskrise, Wahlrechtsbewegung und sozialer Wandel (1848–1914)

Erst die **Verfassungskrise** bringt in Vollendung der Bestrebungen von 1848 das Übergewicht des Parlaments. Dessen Erste Kammer geht künftig aus den Provinzialständen hervor und dessen Zweite Kammer wird direkt, allerdings aufgrund eines hohen Wahlzensus, vom Wahlvolk gewählt. An die Stelle der Verfassungsbewegung tritt wenig später die von anderen sozialen Kräften getragene Wahlrechtsbewegung in diesem Land, das gegenüber anderen westeuropäischen Staaten wirtschaftlich zurückliegt. V.a. der industrielle Sektor entwickelt sich nicht, da das Handelskapital sich nicht zur Investition in technische Neuerungen entschließen kann und die Banken eher auf Kapitalexport ausgerichtet sind. Der Kampf um die staatliche Unterstützung der Konfessionsschulen weist auf eine Eigenart der niederländischen Politik und Gesellschaft hin: die Konfessionalisierung. Die in der zweiten Hälfte des 19. Jh.s aufkommenden konfessionellen Parteien (Katholiken = RKSP, Protestanten = ARP, CHU) unterstreichen das ebenso wie die schon vorher einsetzenden innerkirchlichen Zwistigkeiten. Die konfessionellen Parteien drängen die ehemalige Vormachtstellung der Liberalen zurück. Gegen die konfessionelle Koalition kann sich auch die *Sociaal-Democratische Arbeiderspartij* (SDAP, seit 1894) nicht durchsetzen. – In der Außenpolitik verfolgt das Königreich einen neutralen Kurs.

1849–1890 König WILHELM III. (*1817, †1890).

1849–1853 Der Liberale THORBECKE wird zum ersten Mal Ministerpräsident.

1862–1866, **1871–1872** Zweite und dritte Ministerpräsidentschaft THORBECKES.

1866–1868 Der **Verfassungskonflikt** mit dem König endet mit einer Schwerpunktverlagerung zugunsten des Parlaments, auf dessen Mehrheit sich künftig jede Regierung stützen muss.

1871–1872 Auf den Verfassungskonflikt folgen Kämpfe um Konfessionsschule, Wahlrecht und Sozialgesetzgebung; dies begünstigt das Aufkommen konfessioneller Parteien.

1887, 1896 Erweiterung des Wahlrechts, das zwar vorläufig auf Männer beschränkt bleibt, für diese aber in der Folge laufend erweitert wird.

1888–1891 Kampf der konfessionellen Parteien um Wahlrechtserweiterung und Sozialgesetzgebung.

1890–1948 WILHELMS Tochter WILHELMINA (*1880, †1962), Prinzessin von Oranien-Nassau, ist Königin der Niederlande. Ihre Stellung als Regentin nimmt bis 1898 ihre Mutter EMMA VON WALDECK-PYRMONT (*1858, †1934) wahr.

1890 Ende der Personalunion mit Luxemburg.

1899 Erste Haager Friedenskonferenz auf Vorschlag des russischen Zaren und auf Einladung von Königin WILHELMINA. Gründung des Haager Schiedsgerichts.

1907 Zweite Haager Friedenskonferenz. Ergebnis beider Konferenzen ist die **Haager Landkriegsordnung**.

Niederlande (1914–1945)

1914–1918 Die Niederlande behalten ihre Neutralitätspolitik bei.

1918, Nov. Der deutsche Kaiser WILHELM II. (1888–1918) begibt sich ins Exil nach den Niederlande.

1920 Trotz der wiederholten Aufforderung Frankreichs und Großbritanniens lehnen es die Niederlande ab, den ehemaligen Kaiser WILHELM II. auszuliefern.

1922 Ausdehnung des Wahlrechts auf die Frauen.

1926–1927 Ein kommunistischer Aufstand in Java wird nach harten Kämpfen niedergeschlagen.

1930–1935 Eine Folge der **Wirtschaftskrise** ist die Schutzzollpolitik für die Landwirtschaft.

1933, April Bildung eines Krisenkabinetts durch Ministerpräsident **HENDRIKUS COLIJN** (*1869, †1944; 1925–1926, 1933–1939), das die Finanzkrise und radikale Bewegungen von rechts und links bekämpfen soll.

1934 Die Regierung COLIJN setzt mit Erfolg ihre Maßnahmen fort: keine Guldenentwertung und Arbeitsbeschaffung. Innenpolitisch ist jedoch ein Anwachsen der nationalsozialistischen Bewegung zu verzeichnen. Gespannte Lage in Niederländisch-Indien, das vom Kommunismus einerseits, möglicher japanischer Expansion andererseits bedroht ist.

1936 Aufrüstung in den Niederlanden und ihren Kolonien.

1939, 27. Juli COLIJN tritt zurück.

9. Aug. Neues Kabinett DIRK JAN DE GEER (*1870, †1960). Darin sind auch die Römisch-Katholische Staatspartei und die Sozialdemokraten vertreten.
Bis zum Kriegsausbruch und nach Kriegsbeginn halten die Niederlande an der Neutralitätspolitik fest.

1940, 13. Mai **Beginn des deutschen Angriffs**; drei Tage zuvor siedelt Königin WILHELMINA mit der Regierung nach London über. Die Regierung führt von Großbritannien aus die Geschäfte weiter.

14. Mai Rotterdam wird durch einen deutschen Luftangriff zerstört, Tags darauf tritt der Waffenstillstand mit Deutschland in Kraft.

19. Mai Als Reichskommissar für die Niederlande wird ARTHUR SEYSS-INQUART (*1892, †1946) eingesetzt. Er stützt sich auf ein aus niederländischen Staatssekretären gebildetes Gremium.

1941, 8. Dez. Die Exilregierung erklärt Japan den Krieg.

1942, Jan. Beginn der Deportationen niederländischer

Juden in die deutschen Vernichtungslager, in denen rund 110 000 Menschen umkommen.

Febr./März Die Japaner erobern Niederländisch-Indien und fördern dort die Selbstständigkeitsbestrebungen.

1944 Zur Verbesserung der Verteidigungsmöglichkeiten in den Niederlanden setzt die deutsche Wehrmacht fortschreitend Landflächen durch Öffnen der Schleusen unter Wasser.

5. Sept. Die Niederlande, Belgien und Luxemburg einigen sich auf eine Zollunion (**BENELUX**).

17. Sept. Luftlandung der Alliierten bei Arnheim. Der Landeraum bei Arnheim wird von den Deutschen abgeriegelt, aber der von Nimwegen zur neuen Front gebildete Schlauch kann nicht mehr beseitigt werden. In der Erwartung baldiger Befreiung treten die niederländischen Eisenbahner in den Streik, der bis Kriegsende aufrechterhalten wird und die (durch den Verlust der zum Kampfgebiet gewordenen Südprovinzen) gefährdete Versorgung des verbliebenen Teils der Niederlande noch mehr erschwert.

1945, April Durch den Vorstoß der Briten in Richtung Ostfriesland ist Holland, das noch von deutschen Truppen besetzt bleibt, vom übrigen deutschen Kampfraum abgetrennt und wird seitens der deutschen Führung zur »Festung« erklärt.

5. Mai Die **deutsche Kapitulation** im britischen Hauptquartier schließt die in der »Festung Holland« noch Widerstand leistenden deutschen Truppen mit ein. Diese werden entwaffnet und auf Reichsgebiet überführt.

23. Mai Das niederländische Exilkabinett tritt in Haag zusammen.

18. Juni Königin Wilhelmina kehrt in die Niederlande zurück. | Forts. S. 1503 |

Südliche Niederlande und Belgien (1789–1945)

Südliche Niederlande bis zur Revolution in Brüssel (1789–1830)

Die österreichischen Herrscher Maria Theresia (1740/45–1780) und Joseph II. (1765/80–1790) betreiben eine **Politik der Zentralisierung** und des Absolutismus, nicht immer unter Berücksichtigung der Traditionen dieses Territoriums. Diese Politik in weltlichen und religiösen Belangen ist die Hauptursache der Brabantischen Revolution (1789). Sie hält jedoch wegen des stark ausgeprägten Partikularismus und des Gegensatzes zwischen den konservativen Klerikalen (»Statisten«) und den liberal eingestellten Progressiven nicht lange an. Nach der Annexion durch Frankreich führen Kirchenverfolgung und Konskriptionen 1798 zu Aufständen gegen die neue Herrschaft. Mit dem Konsulat (1799–1804) Napoleon beginnt die Industrialisierung.

1789, Dez. **Brabantische Revolution**: Die Generalstände der Österreichischen Niederlande rufen im Jan. 1790 die Unabhängigkeit der »Vereinigten Belgischen Staaten« (*États Belgiques Unis*) aus und etablieren einen »Staatenbund« aus den fast souveränen Landesprovinzen. Parallel dazu findet eine Erhebung im Fürstbistum Lüttich statt.

1790, Dez. Die österreichische Restauration setzt sich mit Waffengewalt durch.
In den Koalitions- und Napoleonischen Kriegen wird das Land immer wieder zum Schlachtfeld.

1792 Erster Einfall der Franzosen. Sie besetzen nach der Schlacht bei Jemappes (belgische Provinz Hennegau) am 6. Nov. das gesamte Gebiet.

1793, März Schlacht von Neerwinden (belgische Provinz Lüttich), Niederlage der Franzosen.

1794, Juni Schlacht bei Fleurus (nordöstlich von Charleroi), Niederlage der Österreicher.

1795, 1. Okt. Gemeinsam mit dem Fürstbistum Lüttich werden die südlichen Niederlande in die französische Republik einverleibt. Das französische Rechts- und Verwaltungssystem wirkt bis weit ins 19. Jh. weiter.

1798 Diverse Aufstände (Bauernkrieg, Klöppelkrieg).

1814/1815 Durch Beschlüsse der gegen Napoleon verbündeten Großmächte werden die Süd- mit den Nordprovinzen vereinigt.

1828 Union der Liberalen und Katholiken (*Monsterverbond*) aus Protest gegen die (nord-)niederländische Herrschaft.

1830, ab 25. Aug. **Revolution in Brüssel** gegen das niederländische Königtum Wilhelms I.

4. Okt. Proklamation der Unabhängigkeit Belgiens.

Belgien (1831–1944)

Die Belgier geben sich nach der Revolution eine **Verfassung**, die in den folgenden beiden Jahrzehnten von den Liberalen Europas als vorbildlich angesehen wird. Zwar bleibt die die Revolution tragende Union von Katholiken und Liberalen bis 1847 bestehen, doch zeigen sich unmittelbar nach dem Erfolg von 1830 die ersten Risse. Außerdem bildet sich ein neuer Gegensatz heraus: Den Konservativen stehen die Demokraten gegenüber. Sie rekrutieren ihre Anhänger aus beiden Gruppen der alten Union. König Leopold I. (*1790, †1865) regiert mit den Konservativen. Die Liberalen der Union finden ihre Anhänger vornehmlich in den großen Städten, die Katholiken ihre Wähler auf dem Lande.

Nach 1848 setzt sich ein **Antiklerikalismus** durch der das politische Leben in den kommenden Jahrzehnten mitbestimmt. Das äußert sich erstmalig in den großen Demonstrationen gegen das sog. Klostergesetz, nach dem Privatpersonen, v. a. auch der Geistlichkeit, das Recht zuerkannt werden soll, karitative Einrichtungen zu verwalten (1857). Dies zeigt sich auch in der Schulgesetzgebung (1879), nach dem alle Gemeinden mindestens eine Schule haben müssen, in der Religion kein Pflichtfach ist. Die Lehrer solcher Schulen werden in den staatlichen Lehrerbildungsanstalten ausgebildet. Die Katholiken bauen auf eigene Kosten ihr eigenes Schulsystem aus; der Episkopat verbietet den Besuch der öffentlichen Schulen. In diesem Schulstreit werden entsprechend den wechselnden Kabinettsmehrheiten immer wieder andere Lösungen angeboten.

In dieser Periode entsteht auch die **Flämische Bewe-**

gung, die 1830 unter dem Kleinbürgertum im nördlichen Landesteil heranwächst und ab 1848 eine bedeutende Rolle in der belgischen Innenpolitik zu spielen beginnt. Aufgrund ihrer demokratischen Ausgangsbasis ist sie zunächst mit der radikal-liberalen Strömung verbunden, die seit den 60er-Jahren innerhalb der Liberalen Partei ganz entschieden auf Demokratisierung drängt, z. T. sogar ein Ausgangspunkt der sozialistischen Bewegung ist. Zugleich hat die Flämische Bewegung jedoch enge Beziehungen zur Geistlichkeit und damit zur Katholischen Partei. Die Flämische Bewegung entsteht als Ergebnis des Kampfes um die Stellung der flämischen Sprache (einer Variante des Niederländischen) in der belgischen Gesellschaft: Die mit der Brüsseler Revolution eingeführte **Sprachenfreiheit** droht durch das auf französische Sprache und Kultur ausgerichtete Großbürgertum über das Zensuswahlsystem zu einer Monopolstellung des Französischen zu führen. Hiergegen wendet sich die Flämische Bewegung, die sich bald am ehesten durch die Katholiken vertreten fühlt. Die Sprachengesetze ab 1873 bringen eine Verstärkung der Position des Flämischen.

Außenpolitisch führt Belgien streng die Politik der, auf der Londoner Konferenz garantierten, **Neutralität** durch. Wirtschaftlich zählt es mit seiner vergleichsweise frühen Industrialisierung zu den bedeutenden industriellen Mächten auf dem Kontinent. Zwischen 1830 und 1913 wächst das Bruttosozialprodukt stark an, diie industrielle Produktion steigt um das Zwölffache. Der Produktionsanstieg übertrifft das Bevölkerungswachstum, sodass der Wohlstand erheblich ansteigt, auch wenn sich dieser Anstieg nicht sofort in allen Schichten durchsetzt. Der Kohlebergbau kann den Verlust des nordniederländischen Markts durch Gewinnung des nordfranzösischen ausgleichen. Die Umstellung der Eisenerzeugung von Holz- auf Koksöfen begünstigt das Wachstum. Dies alles vollzieht sich vor dem Hintergrund der seit 1861 durchgeführten Freihandelspolitik, die noch durch die Ablösung des Scheldezolls (1863, Aufhebung der Zollabgabe an die Niederlande für das Befahren der Schelde) und den Ausbau der Infrastruktur, v. a. des Eisenbahnnetzes, gefördert wird. Trotz der allgemein positiven Tendenz gerät die Wirtschaft mehrfach in starke Krisen, die angesichts des Anwachsens der Industriearbeiterschaft zu sozialen Spannungen und Konfrontationen führen. Krisenanfälliger noch ist die Landwirtschaft, während sich der Außenhandel Belgiens nach anfänglichem Stillstand zu hoher Blüte entwickelt.

1831, 20. Jan. Die Londoner Konferenz der fünf Großmächte erkennt die belgische Unabhängigkeit an und legt die garantierte Neutralität vertraglich fest.

21. Juni Leopold von Sachsen-Coburg-Gotha legt als **Leopold I.**, König der Belgier (bis 1865), den Eid auf die Verfassung ab.

1834 Die erste Eisenbahnlinie wird in Betrieb genommen. Nach und nach baut man das Netz zum dichtesten der Welt aus.

1839, 19. April Das Londoner Protokoll der Großmächte bestätigt den niederländisch-belgischen Vertrag (sog. Endvertrag) vom 16. Febr. Der größere Teil Luxemburgs und die westliche Hälfte von Limburg werden mit Belgien vereinigt.

1848 Erste Erweiterung des Zensuswahlrechts.

1855–1857 Unter Pierre De Decker (*1812, †1891) bildet sich das letzte Kabinett der katholisch-liberalen Union; es scheitert an der liberalen Opposition gegen das Klostergesetz.

1857–1860 Erste lokale Gründungen der belgischen Arbeiterbewegung.

1861 Beginn der Freihandelspolitik.

1865–1909 **Leopold II.** (*1835, †1909) regiert als König der Belgier.

ab 1873 **Erste Sprachgesetze** verbessern die Position des Flämischen.

1878 Das Gesetz de Laet über die Sprache in Rechtsprechung, Erziehungswesen und Verwaltung wirkt zugunsten des Flämischen.

1879 Das liberale Schulgesetz des Kabinetts Hubert Frère-Orban (*1812, †1896) hat den Schulstreit mit dem Katholizismus zur Folge.

1885 Leopold II. wird nach der Berliner Kongokonferenz Souverän des »unabhängigen« Kongostaats.

1886 Großer Streik in Wallonien.

1892 Einführung des allgemeinen Wahlrechts für Männer über 25 Jahre mit Mehrstimmrecht mit maximal drei Stimmen je Wahlberechtigtem für Angehörige der besser gestellten Schichten und der akademischen Berufe. Das neue Wahlrecht verstärkt die flämische Position und drängt die Liberalen zurück.

1898 Das Flämische wird als offizielle Landessprache anerkannt (bis dahin waren nur die französischsprachigen Gesetzestexte rechtsverbindlich).

seit 1903 Verstärkter Kampf um die Flamisierung der Universität von Gent (d. h. um die Abschaffung des Französischen als dortige Unterrichtssprache).

1908 Leopold II. tritt den Kongostaat als Kolonie an den belgischen Staat ab.

1909–1934 Albert I. (*1875, †1934) ist König.

1913 Das Kabinett unter Charles Graf Broqueville (*1860, †1940; katholisch-konservativ) führt angesichts der zunehmenden Spannungen in Europa die allgemeine Wehrpflicht ein.

1914, Nov. Nach dem deutschen Einmarsch in Belgien (3. Aug.) wird dieses bis zum Herbst fast ganz erobert und anschließend unter Militärverwaltung gestellt. Die belgische Regierung nimmt ihren Sitz in Le Havre. Das vom König befehligte Heer bekämpft vom äußersten Westen aus (Linie entlang der IJzer/Yser) gemeinsam mit britischen Truppen die deutschen Verbände.

1916, Okt. Der deutsche Generalgouverneur Moritz Ferdinand Freiherr von Bissing (*1844, †1917) verfügt die Flamisierung der Universität Gent.

1917, Febr. Ein auf deutsche Initiative nach Brüssel einberufener »Flämischer Landtag« beschließt die Bildung eines »Rats von Flandern«, mit dem Ziel der Verselbstständigung des flämischen Sprachgebiets.

Nov./Dez. Der Rat von Flandern erklärt die belgische Regierung für abgesetzt und proklamiert die Selbstständigkeit des nördlichen Landesteils. Dies führt zum

Ausscheiden der gemäßigten Mitglieder. Der zweite Rat von Flandern besteht seither nur noch aus radikalen Sezessionisten, der allerdings kaum Rückhalt in der Bevölkerung hat.

1918 Erst nach der alliierten Juli-Offensive beginnt der Rückzug der Deutschen.

1919 Trotz der schweren Schädigung durch den Krieg gesundet das Land schnell. Belgiens Neutralität wird durch den Vertrag von Versailles und formell durch Abkommen zwischen Belgien, Frankreich, Großbritannien und den Niederlanden aufgehoben. Die Regierung wird abwechselnd von Katholiken und Sozialisten gebildet. Zunehmende innenpolitische Belastungen durch die flämische Frage, die durch den Vorwurf der Kollaboration mit den Deutschen während des Krieges verschärft werden.

1920, 7. Sept. Militärkonvention mit Frankreich.

1922, 1. Jan. Gesetz zur Gleichberechtigung der flämischen mit der französischen Sprache.

1926, Juli Finanzkrise: Abwertung und Stabilisierung des belgischen Franc. Einführung der Belga (=5 bfrs).

1930 Einführung der flämischen Sprache an der Universität Gent (bereits im Ersten Weltkrieg »flämische Universität«).

1932, 19. Juli Konvention zwischen Belgien, den Niederlanden und Luxemburg über den schrittweisen Abbau der Zollschranken.

Sept. Außerordentliche Vollmachten für die Regierung zur Bekämpfung der Finanzkrise.

1933 Beginn eines umfangreichen Befestigungsbauprogramms.

1934, 17. Febr. König Albert I. verunglückt tödlich. Sein Nachfolger (1934–1944 und 1950–1951) wird Leopold III. (*1901, †1983).

12. Juli Verbot politischer Wehrverbände.

1935, 26. März Das Kabinett Paul van Zeeland (*1893, †1973) fungiert als Regierung der »nationalen Konzentration«. Die Regierung erhält eine Ermächtigung auf ein Jahr, wertet den Franc ab und versucht, die zerrüttete Finanzlage zu sanieren.

1936 Sozialreformprogramm der Regierung Zeeland. Parlamentswahlen bringen erstmals Erfolge der faschistischen »Rexisten«.

14. Okt. Kündigung des Militärbündnisses mit Frankreich. Die Zusammenarbeit der Generalstäbe bleibt jedoch bestehen.

Dez. Eine Wehrvorlage mit Erhöhung der Dienstzeit wird angenommen.

1937, 13. Okt. Eine deutsche Note »garantiert« die Unverletzlichkeit Belgiens.

25. Okt. Rücktritt der Regierung Paul van Zeeland. Seitdem mehrfach Regierungswechsel, da die Mehrheitsverhältnisse schwierig sind.

1939, 18. April Nach Parlamentswahlen mit Gewinnen der Liberalen und Katholiken bildet Hubert Pierlot (*1883, †1963) mit diesen Parteien eine Regierung.

Sept. Bei Kriegsausbruch mobilisiert Belgien, bleibt aber neutral.

1940, 5. Jan. Umbildung des Kabinetts Pierlot; militärische Maßnahmen in Erwartung eines deutschen Angriffs (12. Jan.).

10. Mai Deutscher Angriff auf Belgien.

28. Mai König Leopold III. kapituliert, bleibt als Oberbefehlshaber beim Heer. Er erhält Schloss Laeken in Brüssel als Aufenthaltsort zugewiesen, muss sich jedoch aller Regierungshandlungen enthalten.
Ganz **Belgien wird unter deutsche Militärverwaltung gestellt**. Befehlshaber ist General Alexander von Falkenhausen (*1878, †1966).

31. Mai Das nach Limoges geflüchtete Rumpfparlament bestätigt einen gegen König Leopold III. gerichteten Beschluss des Kabinetts Pierlot.

Juni Die Exilregierung führt von London aus die Geschäfte weiter.

In Belgien finden die Deutschen einen Gefolgsmann in Léon Degrelle (*1906, †1994), der seiner ursprünglich belgisch-christlichen, dann wallonischen Partei eine faschistisch-autoritäre Richtung gibt und an der deutschen Ostfront mitkämpft. In Flandern tritt neben die nationale flämische Bewegung (VNV) unter Staf De Clerq (*1884, †1942) die »Deutsch-Flämische Arbeitsgemeinschaft« (DeVlag), die vom Reichssicherheitshauptamt gefördert wird und die VNV bekämpft. Die **Widerstandsbewegung** spaltet sich in eine rechts- und eine linksgerichtete Gruppe. Ihre Auswirkung bleibt ebenso wie in den Niederlanden bis zum Heranrücken der Alliierten begrenzt.

1941, 20. Dez. Die belgische Exilregierung erklärt Japan den Krieg.

1942, Sommer Beginn der Deportationen belgischer Juden. Betroffen sind (von rund 93 000 vor dem Krieg ansässigen Juden) rund 35 000, von denen 29 000 umkommen. Viele Verfolgte finden Unterstützung im belgischen Untergrund.

1944, 18. Juli Befehl zur Umwandlung der Militärverwaltung Belgien-Nordfrankreich in eine Zivilverwaltung unter einem Reichskommissar, dem Gauleiter Josef Grohé (*1902, †1988), die sich wegen des Zusammenbruchs der deutschen Front in Frankreich nicht mehr auswirkt.

3. Sept. Britische Panzertruppen rücken in Brüssel ein.

5./8. Sept. Zusammen mit den Niederlanden und Luxemburg Gründung einer Zollunion (**BENELUX**).

20. Sept. Die Exilregierung trifft in Brüssel ein. Senat und Kammer bestimmen anstelle des Königs Leopold III. dessen Bruder, den Grafen Karl von Flandern (*1903, †1983), zum Regenten. | Forts. S. 1505 |

Luxemburg (1815–1945)

Auf dem Wiener Kongress wird das bis 1794 zu den Österreichischen Niederlanden gehörende, dann von Frankreich annektierte Herzogtum zum Großherzogtum Luxemburg (in den Grenzen des heutigen Großherzogtums und der gleichnamigen belgischen Provinz) erhoben und König Wilhelm I. der Niederlande als Entschädigung für den Verlust seines deutschen Territorialbesitzes zuerkannt. Es steht so in Personalunion mit den Niederlanden, ist aber Mitgliedsstaat des Deutschen Bundes. Die Hauptstadt Luxemburg wird Bundesfestung mit preußischer Besatzung. Die 1783 abgeschlossene Erbvereinigung mit dem Herzogshaus Nassau bleibt bestehen. Entgegen der Regelung, das Großherzogtum als eigenen Staat zu behandeln, fügt WILHELM I. das Gebiet als eigene Provinz in das Königreich der Vereinten Niederlande ein. Seine autoritäre Regierungsweise macht ihn hier wie in Belgien gleichermaßen unbeliebt.

1830 Nach der Revolution in Brüssel gibt es starke Bestrebungen im gesamten Land, sich dem neuen belgischen Staat anzuschließen. Dennoch wird im Juni 1831 von den europäischen Großmächten nur der größere, wallonische Westen des Landes dem unabhängig werdenden Belgien zugesprochen. Die Grenzziehung erfolgt entlang der deutsch-französischen Sprachlinie.

1839, April Bestätigung der Regelung von 1830 sowie der Unabhängigkeit des Großherzogtums, das nunmehr zwar in Personalunion, aber verwaltungsmäßig getrennt vom dem Königreich der Niederlande regiert wird.

1841 Die Oktroyierung einer landständischen Verfassung unterstreicht die Eigenständigkeit des Landes gegenüber den Niederlande.

1842, Febr. Beitritt zum Deutschen Zollverein, dadurch enge Bindung an die preußische Wirtschaftspolitik, während die kulturellen Bindungen an Belgien und Frankreich bestehen bleiben.

1848, Juli Verkündung einer liberalen, stark an die belgische angelehnten Verfassung.

1856 Die liberale Verfassung wird durch eine konservative ersetzt.

1866 Nach Auflösung des Deutschen Bundes bewirkt der französische Kaiser NAPOLEON III. durch seinen Wunsch, das Großherzogtum dem König der Niederlande abzukaufen, eine internationale Krise.

1867, 11. Mai **Londoner Vertrag**: Luxemburg erhält nach dem Vorbild Belgiens durch die europäischen Großmächte einen Neutralitätsstatus; Abzug der preußischen Truppen.

1868 Parlamentarische, noch heute gültige Verfassung (Verfassungsrevisionen 1919, 1948, 1956 und 1972). Der anfänglich sehr hohe Wahlzensus beschränkt das Wahlrecht auf nur 2 % der Bevölkerung, 1914 sind es 13 %, 1919 wird das allgemeine Stimmrecht für Männer und Frauen eingeführt.

1890 Das niederländische Königshaus erlischt im Mannesstamm, in Luxemburg folgt die walramische Linie des Hauses Nassau.

1890–1905 Großherzog ADOLF (*1817, †1905; 1839–1866 letzter Herzog von Nassau).

1905–1912 Großherzog WILHELM IV. (*1852, †1912).

1907 Neue Thronfolgeregelung, die auch die weibliche Erbfolge zulässt.

1912–1919 Großherzogin MARIE ADELHEID (*1894, †1924).

1914–1918 Luxemburg ist während des Ersten Weltkriegs von deutschen Truppen besetzt.

1918, Nov. Nach dem Abrücken der deutschen Truppen Besetzung durch französische Verbände.

1919, Jan. Nach schweren Unruhen wegen der Zukunft der monarchischen Staatsform dankt MARIE ADELHEID zugunsten ihrer Schwester CHARLOTTE (*1896, †1985) ab.

28. Sept. Volksabstimmung zugunsten des Erhalts der Monarchie und zugleich gegen den Anschluss an Belgien bzw. Frankreich.

1921, 22. Dez. Nach Lösung der Wirtschaftsunion mit dem Deutschen Reich durch die Friedensverträge und nach dem Verzicht Frankreichs auf Eingliederung schließt Luxemburg mit Belgien eine Zoll- und Handelsunion auf 50 Jahre ab. Übergang der Eisenbahn in belgische Verwaltung.

1925 Abzug der französischen Militärbesatzung.

1940 Das neutrale Luxemburg wird beim Westfeldzug (Beginn 10. Mai) von deutschen Truppen überfallartig besetzt und später dem Gau Koblenz-Trier zugeteilt. Die Großherzogin CHARLOTTE und die Regierung begeben sich ins Exil nach London

1942, 30. Aug. **Annexion Luxemburgs durch Deutschland.**

1944, 5. Sept. Einigung auf eine **Zollunion mit Belgien und den Niederlanden** (**BENELUX**) in London.

1945, 21. Okt. Erste Wahlen nach dem Krieg. | Forts. S. 1508 |

Italien 1494– 1945 | Forts. v. S. 557 |

Italien 1494–1559: Kriege und neues Gleichgewicht

Der Friede von Lodi (1454/55) hatte zwischen den Staaten Italiens ein stets gefährdetes Gleichgewicht geschaffen, das ab 1478 durch die schrittweise Auflösung des komplexen Abhängigkeitsgeflechts zwischen größeren und kleineren Staaten hinfällig wurde. Die fünf Vormächte sind weiterhin das Herzogtum Mailand, die Republiken Florenz (seit 1434 durch die Vorherrschaft der Medici einer Signorie angenähert) und Venedig, der Kirchenstaat und das Königreich Neapel. An diese vielfältig angebunden, doch nach innen und außen weitgehend autonom, folgen die Herzogtümer Ferrara (mit Modena), Mantua und Urbino.

In den genannten Staaten findet die sozial und kulturell bedeutsamste **Entwicklung der Renaissance**, die Ausbildung eines Hofes als neuartige, vom Herrscher effizienter als zuvor kontrollierte Lebensgemeinschaft der Eliten, als immer währende Bühne der Vornehmheit, der exklusiven Lebensführung und des gezielten Einsatzes von Medien (Bilder, Bauten) ihren Höhepunkt. In diesen höfischen Zentren agieren einheimischer wie auswärtiger Adel, handverlesene Gelehrte und Künstler zur Vermehrung des herrscherlichen Prestiges, doch kommt die dadurch in Bewegung gesetzte Maschinerie der Prestigeerzeugung auch den Abgrenzungsbedürfnissen der höfischen Gesellschaft selbst zugute. Nicht minder intensive Bemühungen dieser Art kennzeichnen die Fülle kleiner und kleinster Territorien (z.B. in Capri die Familie Pio), deren Unabhängigkeit durch enge Anlehnung an die nächst größeren Zentren zunehmend in Frage gestellt ist. Mit der Innovationskraft des jeweiligen Hofes kann die staatliche Organisation jedoch auch in den Vormächten nicht Schritt halten. Im Gegenteil, hier kommt es gegenüber der Zentralisierung der Kommunen im 13. Jh. zu rückläufigen Tendenzen; so werden systematisch größere Territorien als Lehen vergeben und damit dem direkten Zugriff des Herrschers entzogen. Ziel ist nicht der (längst als Mythos erwiesene) »starke Staat« der Renaissance, wie ihn ein Niccolò Machiavelli (*1469, †1527), der Realität vorauseilend, denkt, sondern das Gleichgewicht zwischen Zentrum und Peripherie, Regierenden und Oberschichten. Diese Ziele werden nach den Jahrzehnten der Kriege zwischen Habsburg und Frankreich, deren Auswirkungen nur die oberste Ebene der Macht, kaum aber das Gefüge der regionalen und lokalen Eliten verändern, ab der Mitte des 16. Jh. weitgehend erreicht. Auch ökonomisch stellt sich bis nach 1600 eine erneute Blütezeit ein. Die Auswirkungen der nach 1492 erschlossenen neuen See- und Handelswege machen sich vorerst nur langsam bemerkbar; jedoch vermag das Textil- und Metallgewerbe in dieser Zeit neue, hochwertige Produkte zu entwickeln und zusätzliche Märkte zu erschließen.

1494/95 Nach dem zuerst erfolgreichen, dann gescheiterten **Italienfeldzug Karls VIII.** (1483–1498) von Frankreich ist die Herrschaft des Königreichs Aragon in Neapel, von der einheimischen Aristokratie kaum gestützt, irreparabel geschwächt.

1497–1507 **Auseinandersetzungen um Mailand und Neapel.** Ludwig XII. (1498–1515) von Frankreich erhebt Erbansprüche auf Mailand.

1500 Der Kapitulation des Herzogs Ludovico Sforza (*1452, †1508; 1494–1499) folgt die französische Herrschaft in Mailand.

1501 Pakt zur Teilung des Königreichs Neapel: Frankreich erhält die Hauptstadt, Spanien die südlichen Provinzen, Papst Alexander VI. (1492–1503) gibt seinen Segen dazu; der letzte König der aragonesischen Seitenlinie wird mit einer Pension abgefunden.

1503/04 Sieg der Spanier unter dem »großen Kapitän« Gonzalo Fernández de Córdoba (*1453, †1515) am Garigliano (Mittelitalien). Neapel wird als Vizekönigreich Teil des spanischen Imperiums.

1508, 10. Dez. **Liga von Cambrai**: Kaiser Maximilian I. und Ludwig XII. von Frankreich, denen sich u.a. der Papst anschließt, verbünden sich gegen Venedig.

1510 Papst Julius II. (della Rovere) (1503–1513) schließt wegen der drohenden Fremdherrschaft in Italien Frieden mit Venedig.

1512, 11. April Schlacht bei Ravenna: Blutige Niederlage der 1511 von Julius II. mit Venedig und Spanien gegen Frankreich gebildeten Heiligen Liga. Durch das Eingreifen der schweizerischen Truppen wird dennoch die französische Herrschaft in Mailand und Genua beendet. Die spanische Armee stürzt in Florenz das nach der Vertreibung der Medici im November 1494 eingerichtete *governo largo* aus Patriziern und Mittelstand und führt die Medici zurück, die hinter einer republikanischen Fassade regieren.

1513, 6. Juni In der Schlacht von Novara zwingen die Eidgenossen die Franzosen zum Rückzug und festigen ihre Herrschaft über Mailand, wo Herzog Massimiliano Sforza (*1493, †1530) nur dem Namen nach regiert.

1515, 13./14. Sept. Schlacht von Marignano, in der die Eidgenossen durch ein französisches Heer geschlagen werden. Der König von Frankreich, Franz I. (1515–1547), wird Herr von Mailand.

1521–1530 Der Habsburger Kaiser Karl V. (1519/30–1556) stellt die gesamte Herrschaftsverteilung in Italien in Frage und beansprucht von Frankreich die Herrschaft auch in Oberitalien.

1525, 24. Febr. Die Schlacht von Pavia entscheidet die Auseinandersetzungen um Mailand für Karl V.; Franz I. gerät in die Gefangenschaft des Kaisers.

1526, 14. Jan. Friede von Madrid, den Franz I. nach seiner Freilassung für nichtig erklärt.

Mai Abschluss der Liga von Cognac zwischen Frankreich, Venedig, Florenz, Mailand und Clemens VII. (Giulio de' Medici; 1523–1535). Ziele: Vertreibung der Spanier aus Neapel, freier Besitz Mailands für die Familie Sforza und die Freilassung der als Geiseln festgehaltenen beiden Söhne Franz' I.

1527, Mai Nach päpstlicher Schaukelpolitik Eintreffen starker kaiserlicher Verbände (deutsche Landsknechte, spanische Söldner) in Oberitalien, die eigenmächtig nach Rom marschieren und die Stadt plündern (**Sacco di Roma**).

1528, April Seeschlacht von Amalfi: vernichtende Niederlage einer spanischen Entsatzflotte durch französische und Genueser Seestreitkräfte. Der Umschwung zugunsten Habsburgs erfolgt durch den Übertritt des genuesischen Flottenbefehlshabers Andrea Doria (*1466, †1560) in das Lager Karls V.

1529, Juni Friede von Barcelona zwischen Karl V. und Clemens VII.

Juli Der **Friede von Cambrai** zwischen Franz I. und Karl V. wiederholt den schon in Madrid geleisteten Verzicht der französischen Krone auf alle Rechte in Italien.

1530 Krönung Karls V. in Bologna durch Clemens VII. Florenz wird durch Karl V. Herzogtum; seit 1537 unter Herzog Cosimo I. de' Medici (bis 1574).

1530–1549 Wiederaufleben der Auseinandersetzungen zwischen Habsburg und Frankreich um Italien. Schauplätze sind die Lombardei, doch auch Neapel, wo französische Rückgewinnungsversuche jedoch rasch scheitern.

1535 Neuer Streit um Mailand nach dem Tod des erbenlosen Herzogs Francesco II. Sforza (*1495) zwischen Frankreich und Habsburg. Nach habsburgischer Auffassung fällt Mailand als Reichslehen heim.

1538, Juni Nach zahlreichen kriegerischen Auseinandersetzungen zehnjähriger Waffenstillstand von Nizza, der eine Anerkennung des Status quo in Italien bringt.

1542–1544 Erneuter Krieg zwischen dem Kaiser und Franz I. Die Kämpfe, vorwiegend auf außeritalienischem Boden ausgetragen, führen nach wechselnden Erfolgen im Sept. 1544 zum **Frieden von Crépy**, der Frankreichs Verzicht auf Italien bestätigt.

1555 Papst Paul IV. (1555–1559) aus der neapolitanischen Adelsfamilie Carafa schließt mit Frankreich ein Offensivbündnis gegen Spanien ab, das nach den schnellen Erfolgen des Herzogs von Alba zusammenbricht.

Nach Abdankung Kaiser Karls V. stehen sich dessen Sohn Philipp II. von Spanien (*1527, †1598) und Heinrich II. von Frankreich (*1519, †1559) gegenüber, wobei die spanische Seite bei den kriegerischen Auseinandersetzungen erfolgreicher ist.

1559, 3. April Der Friede von Cateau-Cambrésis zwischen Philipp II. und Heinrich II. bekräftigt die spanische Hegemonie; Herzog Emanuel Philibert (*1528, †1580) erhält Savoyen zurück. Die (Vize-)Königreiche Neapel, Sizilien und Sardinien bleiben Nebenländer der spanischen Monarchie; auch das Herzogtum Mailand wird von Madrid regiert. Dass die anderthalb Jahrhunderte dauernde spanische Vorherrschaft in Nord- und Süditalien durch Steuerdruck und »Feudalismus« Rückständigkeit bewirkt, ist als Mythos widerlegt. Die Veränderungen an der Spitze des Staates haben, im Gegenteil, wenig Einfluss auf die regionalen und lokalen Eliten, deren Dominanz vor Ort auf Dauer befestigt wird.

Italien im konfessionellen Zeitalter

1569 Das seit 1555 um Siena vergrößerte Herzogtum Florenz wird durch Papst Pius V. (1566–1572) zum Großherzogtum Toskana erhoben (bis 1737 unter den Medici).

1598 Nach dem Aussterben der »Este«-Hauptlinie setzt Papst Clemens VIII. (1592–1605) die Vereinigung des Herzogtums Ferrara (päpstliches Lehen) mit dem Kirchenstaat durch.

Die Dynastie der »Este« ist seitdem auf das Herzogtum Modena beschränkt (bis 1771).

1605–1607 Der Konflikt Papst Pauls V. (1605–1621) mit der Republik Venedig über deren staatskirchliche Bestrebungen endet mit einem Kompromiss. In diesem Zusammenhang entwickelt der Historiker und Staatsdenker Paolo Sarpi (*1552, †1623) bahnbrechende Theorien über die Eingliederung der Kirche in den Kompetenzbereich des Staates.

1628–1631 **Mantuanischer Erbfolgekrieg**: Erfolgreicher Versuch des französischen Ministers Richelieu (*1585, †1642), für Frankreich in Oberitalien wieder eine Einflusszone zu schaffen.

1646–1669 Venedig muss nach schwerem Blutzoll Kreta an das Osmanische Reich abtreten.

1647–1649 Masaniello-Aufstand in Neapel: Unter der Führung des gleichnamigen Fischers rebellieren die unteren Schichten, von wechselnden Koalitionen adeliger Familien unterstützt, vergeblich gegen die spanische Herrschaft.

1648–1649 Katastrophale Hungersnot in ganz Italien.

1659 **Pyrenäenfriede**: Parma und Modena werden in die französische Einflusszone einbezogen.

1683 Wegen Unterstützung Spaniens Beschießung Genuas durch französische Schiffe und nachfolgende Demütigung der Republik.

Die italienische Kultur im 16. und 17. Jh.

Das »Modell Italien« (Fernand Braudel) mit seiner höfischen Kultur wird in ganz Europa eifrig nachgeahmt und bestimmt in den Grundzügen noch den Hof Ludwigs XIV. Dabei ist, wie in ganz Europa, ab etwa 1540 ein Paradigmenwechsel zu konstatieren, der mit dem Vorrang der Rechtgläubigkeit den Übergang ins konfessionelle Zeitalter (bis etwa 1700) bezeichnet. Die Hegemonie des Katholizismus in Italien garantiert die 1542 eingerichtete römische Zentralinquisition des Sacrum Officium im flexiblen Zusammenspiel mit den jeweiligen staatlichen Autoritäten. Reformatorische Tendenzen, v. a. in Mittelitalien zeitweise stark (z. B. der kleinen Republik Lucca), werden so unterdrückt. Eine weiterreichende Uniformisierung im Zeichen erzwungener Orthodoxie oder gar eine Hegemonie der Kirche über Denken und Fühlen breiterer Schichten bleiben gleichwohl außerhalb des Horizonts staatlicher wie kirchlicher Autoritäten; speziell die Lebensformen und Mentalitäten des Volkes entziehen sich ihrem Zugriff. Dichter, Musiker, Maler und Mathematiker hingegen müssen von jetzt an mit verschärfter Aufsicht rechnen, doch können auch sie durch die Einhaltung von Vorsichtsmaßregeln, welche die Fassade wahren, in der Regel unbehelligt bleiben. In den bildenden Künsten bringen die nach dem Konzil von Trient gewandelten Frömmigkeitsformen, verbunden mit den (nach einer kurzen Phase des Rigorismus unter Pius V. [1566–1572]) erneut stark gesteigerten Repräsentationsbedürfnissen der Kurie und des hohen Klerus, die neuen Stilformen des Barock hervor. Wirtschaftliche Grundlage dieser kulturellen Entwicklung ist nach den Krisen um 1620, die Zusammenbrüche der gewerblichen Produktion zur Folge haben, zunehmend die Bewirtschaftung von Grund und Boden. Ihr wenden sich auch kommerzielle Eliten wie der venezianische Adel in steigendem Maße, doch nie vollständig, zu. Dagegen bleibt die Republik Genua eines der führenden Finanzzentren des Welthandels. Trotz Pest und von außen ins Land getragenen Kriegen, erweisen sich die meisten Staaten als stabil, was durch den Verzicht auf Modernisierung erkauft wird.

Schon im 16. Jh. hat die **italienische Musik** eine führende Stellung inne, die sich im 17. Jh. fortsetzt. Besondere musikalische Leistungen vollbringen Palestrina (*um 1525, †1594) und die »Römische Schule«, Höhepunkt kirchlicher A-cappella-Polyphonie, die »Venezianische Schule« mit Ansätzen zum »konzertierten Stil«, d. h. zur Komposition mit unterschiedlich verlaufenden, z. T. mehrchörig disponierten Gruppen aus Singstimmen und Instrumenten, bedeutende Vertreter des Madrigals sowie die ersten Opernkomponisten JACOPO PERI (*1561, †1633), GIULIO CACCINI (*um 1550, †1618) und CLAUDIO MONTEVERDI (*1567, †1643). Im 17. Jh. konzentriert sich das Musikleben v. a. auf Oper und Instrumentalmusik. Der bedeutendste Vertreter der Opernmusik in dieser Zeit ist ALESSANDRO SCARLATTI (*1660, †1725). Die Höhepunkte der Instrumentalmusik reichen mit ARCANGELO CORELLI (*1653, †1713) und ANTONIO VIVALDI (*1678, †1741) in das 18. Jh. hinein.

Die bedeutendsten **Dichter des Cinquecento** sind LUDOVICO ARIOSTO (*1474, †1533) und, am Ende ganz vom Geist der katholischen Reform durchdrungen, TORQUATO TASSO (*1544, †1595). Der **Physiker** GALILEO GALILEI (*1564, †1642) vollzieht den für die **Entwicklung der Naturwissenschaften** bahnbrechenden Umschwung der Methode: die Natur wird als ein in der Sprache der Mathematik abbildbares, durch Experiment, Thesenbildung und Formelableitung erforschbares Korpus unveränderlicher Regeln aufgefasst. Ab 1632 führen GALILEIS unorthodoxe Bibelinterpretationen, der dahinter stehende Anspruch auf Weltdeutung durch den Naturwissenschaftler, die für das Papsttum bedrohliche politische Lage sowie eine Reihe von Verstößen gegen Regeln der höfischen Gesellschaft dazu, dass die Inquisition gegen GALILEI ermittelt und diesen 1633 zwingt, dem heliozentrischen Weltbild des KOPERNIKUS abzuschwören.

In der **bildenden Kunst** bietet der immens gesteigerte Prestigebedarf des Papsttums ab 1480 den führenden Künstlern wie PERUGINO (*1445/50, †1523), SANDRO BOTTICELLI (*1445, †1510), MICHELANGELO BUONARROTI (*1475, †1564) und RAFFAEL (*1483, †1520) anspruchsvolle Aufträge und Herausforderungen; in den Werken der beiden letzteren zeichnet sich schon im zweiten Jahrzehnt des 16. Jh. der Übergang von der Hochrenaissance zum Renaissancemanierismus ab, der mit seinen verschiedenen Ausprägungen in Rom und Florenz Geschmack und Selbstdarstellungsbedürfnissen der Eliten durch eine neue Dynamik und Bewegtheit der Formen entgegenkommt. Außerhalb der mäzenatischen Zentren Italiens wirkt nach dem Sturz LUDOVICO SFORZAS das vielseitigste Genie der Zeit, LEONARDO DA VINCI (*1452, †1519), der seine Tage am Hof König FRANZ' I. von Frankreich beschließt. Eigene Stilformen des Renaissancemanierismus entwickeln auf venezianischem Gebiet TINTORETTO (*1518, †1594) in der Malerei und in der Architektur ANDREA PALLADIO (*1508, †1580), dessen Lehrbuch der Baukunst bis ins 18. Jh. in Europa folgenreich ist. In Goldschmiedearbeit und Plastik sind BENVENUTO CELLINI (*1500, †1571) und GIOVANNI DA BOLOGNA (*um 1524, †1608) prägend.

Der Stil des Barock, der sich ab etwa 1600 zuerst in der Architektur rasch durchsetzt, hat seine Ursprünge in Rom, wo sich v. a. unter dem Pontifikat URBANS VIII. (1623–1644) den bildenden Künsten Aufgaben kolossalen Zuschnittes stellen. Dabei tritt der in gewandelter Form intensivierte Nepotismus als kulturelle Antriebskraft ersten Ranges hervor. Um den mit jeder Papstwahl in den obersten Rängen des römischen Hochadels etablierten Papstverwandten sichtbares Prestige zu verschaffen, werden in stetiger Konkurrenz der neu aufgestiegenen Familien untereinander umfangreiche Bau- und Ausstattungsprogramme (Grabkirchen bzw. -kapellen, Stadtpaläste, Villen, Galerien, Kunstsammlungen) verwirklicht. Bedeutende Architekten neben der beherrschenden Gestalt GIAN LORENZO BERNINIS (*1598, †1680) sind FRANCESCO BORROMINI (*1599, †1667) und GUARINO GUARINI (*1624, †1683). – In der Malerei schaffen MICHELANGELO DA CARAVAGGIO (*1573, †1610) und ANNIBALE CARRACCI (*1560, †1609) die Voraussetzungen für die Kunst von GUIDO RENI (*1575, †1642) sowie des niederländischen und französischen Barock.

Das Papsttum im 16. und 17. Jh. | Forts. v. S. 464 |

Die Übergänge zwischen Renaissance- und Reformpapsttum vollziehen sich gleitend. Ist Ersteres durch die Unterordnung des Amtes unter die Zwecke des territorialen, d. h. auf Gewinn eigener Familienstaaten ausgerichteten Nepotismus gekennzeichnet, so ist der Gegenpol durch eine strikte Anbindung der Kirche an die Reformregeln von Trient, aber auch durch erneuerte Oberhoheitsansprüche gegenüber den christlichen Staaten markiert. Der Übergang zwischen den Extremen, wie sie ALEXANDER VI. (1492–1503) aus der Familie Borgia und PIUS V. (früher MICHELE GHISLIERI) verkörpern, vollzieht sich unter PAUL III. (1534–1549) aus der Adelsfamilie Farnese, der für seinen Sohn PIER LUIGI (*1503, †1547) die Herzogtümer Parma und Piacenza gewinnt

Die Päpste (1492–1799)

Alexander VI.	1492–1503	Paul V.	1605–1621
Pius III.	1503	Gregor XV.	1621–1623
Julius II.	1503–1513	Urban VIII.	1623–1644
Leo X.	1513–1521	Innozenz X.	1644–1655
Hadrian VI.	1522–1523	Alexander VII.	1655–1667
Clemens VII.	1523–1534	Clemens IX.	1667–1669
Paul III.	1534–1549	Clemens X.	1670–1676
Julius III.	1550–1555	Innozenz XI.	1676–1689
Marcellus II.	1555	Alexander VIII.	1689–1691
Paul IV.	1555–1559	Innozenz XII.	1691–1700
Pius IV.	1559–1565	Clemens XI.	1700–1721
Pius V.	1566–1572	Innozenz XIII.	1721–1724
Gregor XIII.	1572–1585	Benedikt XIII.	1724–1730
Sixtus V.	1585–1590	Clemens XII.	1730–1740
Urban VII.	1590	Benedikt XIV.	1740–1758
Gregor XIV.	1590–1591	Clemens XIII.	1758–1769
Innozenz IX.	1591	Clemens XIV.	1769–1774
Clemens VIII.	1592–1605	Pius VI.	1775–1799
Leo XI.	1605		

gleich ab 1535 neue Kardinäle eines geistlicheren formorientierten Typus ernennt sowie zehn Jahre r das Konzil von Trient einberuft. Diese lange Hinzögerung eines neuen Konzils erklärt sich aus der rcht der Päpste vor einem erneuerten Konziliarismus wie aus ihren Verwicklungen in die Machtkämpfe zwischen Franz I. und Karl V. Ergebnisse des Konzils sind neben dem Tridentinischen Glaubensbekenntnis u.a. Dekrete über die Residenzpflicht der Bischöfe und Pfarrer, eine Ordensreform, die Stärkung der Seelsorge und die Einrichtung von Priesterseminaren.

Der Reformrigorismus der Päpste Gregor XIII. (1572–1585) und Sixtus V. (1585–1590) weicht schon Ende des 16. Jh.s einem höfischeren, repräsentativeren und damit auch aufwendigeren und prunkvolleren Amts- und Lebensstil bei gleichzeitiger Einschärfung von moralischer und dogmatischer Strenge. Diese Ambivalenz schlägt sich in einer durchgreifenden Neuordnung und Straffung kirchlicher Organisationsformen einerseits und in einer neuen Intensität des Nepotismus andererseits nieder; Letzterer bestimmt im zweiten und dritten Viertel des 17. Jh. nicht selten die innere und äußere Politik entscheidend mit und ist zugleich an der Kurie immer umstritten. Darin spiegelt sich die Tatsache wider, dass die Päpste der Neuzeit in der Regel keine ausgebildeten Theologen, sondern Juristen sind. Das entgegengesetzte Ideal eines innerweltlich asketischen, spirituell ausgerichteten und daher nepotismuslosen Papstamts verkörpert in radikaler Kehrtwendung und Delegitimierung seiner Vorgänger Innozenz XI. (*1611, 1676–1689) und in seiner Nachfolge Innozenz XII. (*1615; 1691–1700). Doch hat diese »zweite Reform«, die den Geist von Trient als gereinigt zu beschwören versucht, auf Dauer keinen Erfolg. Auf europäischer Bühne bewirkt Clemens VIII. (*1536; 1592–1605) dank seiner flexiblen Diplomatie die Konversion Heinrichs IV. zum katholischen Glauben und seine Anerkennung als legitimer französischer König, doch nimmt der römische Einfluss nach dem Westfälischen Frieden von 1648, den das Papsttum nicht anerkennt, ab. Rom bleibt davon unbenommen bis zur Französischen Revolution einer der kulturellen und politisch-diplomatischen Hauptplätze Europas.

1515 Leo X. (*1475; 1513–1521), der zweite Sohn Lorenzos de Medici, schreibt einen Ablass aus, um den Bau der Peterskirche zu finanzieren. Dieser Ablass gibt den äußeren Anlass zur Reformation.

1522/23 Hadrian VI. (*1459; 1522–1523) lässt auf dem Nürnberger Reichstag die Durchführung des Wormser Edikts einfordern. Er benennt die Schuld der Päpste an den kirchlichen Missständen und tritt für eine kirchliche Reform unter Wahrung des päpstlichen Primats ein.

1540 Paul III. (*1468) bestätigt den Jesuitenorden und zentralisiert 1542 das Inquisitionswesen.

1545 Einberufung des **Konzils von Trient** (Tridentinum) durch Paul III. mit drei Sitzungsperioden: 1545–47, 1551–52 und 1562–63.

1559 Paul IV. (*1476; 1555–1559), extremer Verfechter einer rigorosen Inquisition, veröffentlicht einen ersten Index verbotener Bücher und erkennt in der Bulle *Cum ex apostolatus officio* allen Häretikern (v.a. den protestantischen Fürsten) ihre Rechte und Würden ab.

1563 Pius IV. (*1499; 1559–1565) beendet das Konzil von Trient; sein Neffe ist der 1610 kanonisierte Reformkardinal Carlo Borromeo (*1538, †1584).

1582 Gregor XIII. (*1502), Förderer der kirchlichen Reform, führt den Gregorianischen Kalender ein.

1588 Sixtus V. (*1521), der als letzter Reformpapst entschiedene Modernisierungsversuche im Inneren durchführt, richtet 15 ständige Kardinalskollegien ein. Seine Pläne zur Umgestaltung Roms werden nur teilweise verwirklicht.

1622 Gregor XV. (*1554; 1621–1623) gründet die Congregatio de propaganda fide.

1626 Weihe der Peterskirche durch Urban VIII. (*1568; 1623–1644). Während seines Pontifikats erlebt Rom eine glanzvolle Zeit als Kulturmetropole Europas. Politisch verspielt das Papsttum durch missglückte Versuche, im Dreißigjährigen Krieg eine Führungsrolle über den Parteien zu spielen, und durch extremen Nepotismus viel Prestige.

1653 Innozenz X. (*1574; 1644–1655) verurteilt wie auch nach ihm Alexander VII. (*1599; 1655–1667) Aussagen des Cornelius Jansenius (*1585, †1638).

1691 Alexander VIII. (*1610; 1689–1691) verurteilt einige Sätze des Jansenismus und die gallikanischen Freiheiten von 1682, die in vier Artikeln die Rechte der katholischen Kirche in Frankreich formulieren. | Forts. S. 1078 |

Italien im 18. Jh.: Aufklärung, Reformen und Stillstand

Ab 1730/40 weicht in Italien die wirtschaftliche Rezession bzw. Stagnation einem moderaten Aufschwung. Durch die Krisen des 17. Jh. hat Italien seine ökonomische Vorrangstellung in Europa definitiv verloren, schneidet aber, bedingt durch innovative Tendenzen in der Landwirtschaft und geschickte Ausnutzung von Marktnischen (Seiden, Waffen), im internationalen Vergleich weiterhin gut ab. Durch die Wiederbelebung der Konjunktur haben die Oberschichten wieder mehr Mittel für Kulturförderung und Bauaufträge zur Verfügung. V.a. in Neapel, Mailand und Florenz entwickelt sich eine aufgeklärte Kultur, die anfangs an der Seite der Mächtigen, später in Opposition zu ihnen, durchgreifende Veränderungen durchzusetzen versucht. Deren allgemeines Ziel ist eine von staatlicher und kirchlicher Vormundschaft befreite Zivilgesellschaft. Gegenläufig zum Geschichtsoptimismus des aufgeklärten Hauptstroms entwickelt Giovanni Battista Vico (*1668, †1744) in Neapel eine völlig neue Konzeption der Geschichte, die auf die Andersartigkeit der Vergangenheit durch Religion, Sprache und Recht abhebt und erstmals Homer als historische Quelle für das »heroische Zeitalter« des archaischen Griechenlands heranzieht.

Der Spanische Erbfolgekrieg (1701–1714), der Polnische Thronfolgekrieg (1733–1735) und der Österreichische Erbfolgekrieg (1740–1748) beenden die spanische Vorherrschaft in Italien. Sie führen zu erheblichen territorialen Veränderungen, von denen die habsburgische Dynastie am stärksten profitiert. Sie nutzt ihre Vorrangstellung dazu, in der Lombardei und der Toskana eine Modernisierung der staatlichen, wirtschaftlichen und sozialen Verhältnisse in Angriff zu nehmen.

1701 Ein kaiserliches Heer beginnt unter dem Prinzen Eugen (*1663, †1736) in Italien den erfolgreichen Kampf gegen Franzosen und Spanier.

1703 Übertritt des Herzogs Viktor Amadeus II. von Savoyen (*1666, †1732, 1675–1730) auf die kaiserliche Seite.

1706, 7. Sept. Großer österreichisch-savoyischer Sieg über die Franzosen bei Turin.

1707/1708 Österreichische Truppen besetzen Süditalien. Das Herzogtum Mantua (Reichslehen) wird österreichisch (1708).

1713–1714 Die **Friedensschlüsse von Utrecht** (13. Juli) und **Rastatt** (6. März 1714) bestimmen für Italien: Österreich erhält das Herzogtum Mailand, die vormals spanischen Küstenorte in der Toskana sowie das Königreich Neapel und Sardinien. Viktor Amadeus II. von Savoyen bekommt das Monferrato (in Piemont) sowie Sizilien mit der Königskrone.

1718 Seit dem Frieden von Passarowitz, der für den Südosten Europas die Hegemonie Österreichs konsolidiert, steht Venedig, welches Morea (Peloponnes) verliert, in dessen Schatten.

1720 Nachdem Großbritannien, Frankreich, Österreich und die Niederlande (Quadrupelallianz von London, 1718) einen spanischen Angriff auf Sardinien und Sizilien abgewehrt und österreichische Truppen die Spanier aus Sizilien vertrieben haben, erhält Österreich Sizilien im Tausch gegen das ärmere Sardinien.

1734 Gegen die gegnerische Koalition im Polnischen Thronfolgekrieg (Frankreich, Spanien, Savoyen) verliert Österreich nach Niederlagen bei Bitonto (Apulien, 25. Mai) und bei Parma (29. Juni) den größten Teil der italienischen Besitzungen.

1735 Im Vorfrieden von Wien muss Kaiser Karl VI. Neapel und Sizilien den spanischen Bourbonen als Sekundogenitur abtreten, erhält aber Mailand zurück, dazu Parma und Piacenza. Piemont bekommt Novara (westliche Poebene) und Tortona (am Nordrand des Ligurischen Apennins, bis dahin bei Mailand).

Franz Stephan von Lothringen, künftiger Gemahl Maria Theresias (1740/45–1780), Erbin der österreichischen Monarchie, tritt sein Stammland an den auf Polen verzichtenden König Stanislaus I. Leszczyński ab (1736) und soll dafür nach dem Tod des letzten Medici (1737) das Großherzogtum Toskana erhalten.

1740–1748 Der **Österreichische Erbfolgekrieg** stellt diese Machtverteilung in Frage, wird aber mit einem Kompromiss beendet, der Österreichs Stellung konsolidiert und zugleich die Aussöhnung mit den Bourbonen bewirkt und ferner ein dauerhaftes Gleichgewicht schafft.

1748, 18. Okt. Die im **Frieden von Aachen** verabredete Neuordnung hat bis zum Einmarsch Napoleons Bestand und ist großenteils auf dem Wiener Kongress wiederhergestellt worden: Österreich behält Mailand (von dem aber erneut Grenzstreifen an Savoyen gehen) und Mantua, dazu definitiv als Sekundogenitur die Toskana. Der seit 1735 in Neapel regierende Bourbone Karl IV. (*1716, †1788; 1735–1759, als Karl III. seit 1759 spanischer König) bleibt König von Neapel-Sizilien; Parma und Piacenza werden spanische Sekundogenitur.

1753, 11. Mai Ein Heirats- und Sukzessionsvertrag zwischen Österreich und Modena bestimmt die Heirat der Erbin von Modena mit einem Habsburger; infolge dieser Heirat (1771) wird Modena eine habsburgische »Tertiogenitur« (Haus Habsburg-Este).

Die Einzelstaaten zwischen Modernisierung und restaurativen Tendenzen

Gleichgewicht und Friede bieten nach dem Frieden von Aachen die Voraussetzungen für eine Reformpolitik, die, autoritär konzipiert, auf die Stärkung staatlicher Kompetenzen gegenüber Adel, Kirche und regionalen Autonomien gerichtet ist.

Am erfolgreichsten sind diese Bestrebungen in **Piemont**, wo König Viktor Amadeus II. die Verwaltungs-, Justiz-, Schul-, Finanz- und Militärhoheit des Staates weitgehend durchsetzen kann; dabei wird die Aristo-

Italien nach 1714

kratie in die Ämterlaufbahn eingebunden und, trotz fortbestehender Privilegien, einer verstärkten Konkurrenz mit bürgerlichen Karrierebeamten ausgesetzt.

Ähnliche Ziele visiert die österreichische Herrschaft in **Mailand** an. Obwohl gleichfalls nicht ohne Nachhall, stößt die Zurückdrängung adeliger Vorrechte, z. B. bei der Besteuerung, unter MARIA THERESIA auf beträchtliche Hindernisse. Erfolgreicher sind die Umgestaltungen des Unterrichtswesens, für die der bedeutende Modeneser Aufklärer LUDOVICO ANTONIO MURATORI (*1672, †1750), auch als Historiker bahnbrechend, wichtige Impulse liefert. Seit 1768 lehrt in Mailand CESARE BECCARIA, MARCHESE DE BONESANA (*1738, †1794), der in seinem Hauptwerk »Dei delitti e delle pene« (1764) die sozialen Ursachen der Kriminalität hervorhebt, die Justiz als Erziehungsmittel und die Abschaffung von Todesstrafe und Folter fordert. Unter JOSEPH II. wird das habsburgische Italien in den radikalen Reformprozess einbezogen, doch geht die anfängliche Zustimmung der aufgeklärten Intellektuellen durch dessen autoritäre Umsetzung, die Despotismus-Ängste weckt, verloren.

Die **Toskana** wird unter Großherzog LEOPOLD I. (*1747, †1792; 1765–1790), dem späteren römisch-deutschen Kaiser LEOPOLD II. (1790–1792), zum Musterland aufgeklärter Reformpolitik in Europa, die konsequent auf Wirtschaft und Kirchenpolitik übergreift: Abschaffung der Todesstrafe, Einführung des Freihandels, umfangreiche Maßnahmen zugunsten der Bauern und überhaupt einer ausgeglichenen Sozialstruktur von Stadt und Land. Weiterhin erfolgt die Pensionierung der Jesuiten (1773), deren Besitz beschlagnahmt wird, und die Förderung einer jansenistisch inspirierten Kirchenreform (Synode von Pistoia 1786). Der Reformprozess gelingt, weil er in enger Kooperation mit den aufgeklärten Eliten und durch geschickte Beeinflussung der öffentlichen Meinung vollzogen wird.

In den bourbonischen Staaten **Neapel-Sizilien** sowie **Parma und Piacenza** sind die Reformkräfte weitaus schwächer und weichen ab Mitte der 1760er-Jahre konservativen Richtungen, die Feudalismus und Kirche stärken, sodass die Aufklärer in eine zunehmend radikalisierte Opposition zur Macht geraten. In Neapel steuert König KARL IV. noch einen moderat reformistischen Kurs. Ansehen und Autorität der Krone verflüchtigen sich unter seinem Sohn König FERDINAND IV. (*1751, †1825). Als Staatstheoretiker bzw. Ökonom von europäischem Rang ragen PIETRO GIANNONE (*1676, †1748) und ANTONIO GENOVESI (*1712, †1769) hervor.

Einen entschlossenen Gegenkurs zur Verselbstständigung des Staates und seiner Ablösung von der Religion sowie zu modernen ökonomischen Theorien steuert das Papsttum, das den **Kirchenstaat** als Modellterritorium traditioneller Werte präsentiert; so wird hier die Absicherung der Unterschichten gegen Teuerung und Hunger ganz in den Vordergrund gerückt. Unter PIUS VI. (1775–1799) steigert sich diese Konfrontation im Zeichen der Französischen Revolution zur Absage an die Idee der Menschenrechte und der Volkssouveränität, der eine paternalistische christliche Monarchie als Ideal entgegengestellt wird. Rom wird seit der Jahrhundertmitte, v. a. durch den Kunstgelehrten JOHANN JOACHIM WINCKELMANN (*1717, †1768) und dessen Gönner Kardinal ALESSANDRO ALBANI (*1692, †1779), Zentrum des klassizistischen Antikenstudiums.

In **Savoyen-Sardinien** regiert KARL EMANUEL III. (*1701, †1773; seit 1730 als KARL EMANUEL I. König von Sardinien) in den Bahnen seines Vaters weiter, doch ohne dessen innovatives Potenzial; am Ende des Jh. ist so von der im europäischen Vergleich hervorstechenden Modernität des savoyischen Territoriums wenig übrig geblieben.

In den Republiken **Venedig** und **Genua** gewinnen die Erneuerer nicht die Oberhand. Hier behauptet das Patriziat der Hauptstadt seinen Vorrang gegenüber den nachrückenden regionalen Eliten. Venedig behält seinen großen oberitalienischen Festlandsbesitz (*terra ferma*), u. a. mit Padua, Vicenza, Verona und Brescia. Nach weiterem Rückgang des Levantehandels blüht in Venedig die Luxusindustrie (Glas, Keramik, Email, Filigran, Seide). Die Stadt gilt als »Hauptstadt des Rokoko«, den die Maler GIOVANNI BATTISTA PIAZZETTA (*1682, †1754), GIOVANNI BATTISTA TIEPOLO (*1696, †1770), ANTONIO CANALETTO (*1697, †1768) und FRANCESCO GUARDI (*1712, †1793) zur Vollendung bringen. CARLO GOLDONI (*1707, †1793) schildert in zahlreichen Komödien das Leben der Stadt. In der Musik ist ANTONIO VIVALDI (*1678, †1741), der Schöpfer des Solokonzerts mit Orchester, von größter Wirkung. Genua ist dem seit 1755 von PASQUALE PAOLI (*1725, †1807) geführten Aufstand der Korsen nicht gewachsen. 1768 wird Korsika an Frankreich verkauft, welches die Insel unterwirft.

Im Zeichen französischer Vorherrschaft (1796–1814)

Der Export der Französischen Revolution, wie er sich seit 1796 mit den Feldzügen NAPOLÉON BONAPARTES vollzieht, trifft auf ein innerlich tief gespaltenes Land. Begeistert begrüßt wird der französische Siegeszug von jüngeren Intellektuellen, die an der Reformfähigkeit des alten Staates verzweifelt sind und jetzt eine Zivilgesellschaft mit Chancengleichheit, bürgerlicher Vormundschaft für das zu erziehende Volk und Führungspositionen im Rahmen der neuen Ordnung erhoffen. Die Erwartungen dieser (von der Radikalität eines ROBESPIERRE oder MARAT weit entfernten) »Jakobiner« verflüchtigen sich hingegen rasch, als NAPOLEON die kompromissbereiten alten Eliten bevorzugt und ein immer hierarchischeres, auf Besitz und gewachsene Autorität gegründetes System begünstigt. Nicht wenige dieser »Jakobiner« wie der Literat UGO FOSCOLO (*1778, †1827) wenden sich daraufhin einem romantisch überhöhten Nationalismus zu. Schroffe Ablehnung erfährt diese Ordnung durch die konservativen Teile der Eliten, den größten Teil der Kleriker und das einfache Volk. Denn im napoleonischen Italien wird zwar der Feudalismus abgetragen, doch müssen viele Abgaben zurückgekauft werden, was sich bis ins 20. Jh. hinzieht. Zudem dringt der neue Staat in viele traditionelle Freiräume ein und schwächt Macht und Reichtum der Kirche entscheidend – Eingriffe, die in der Sicht von unten Blasphemie bedeuten und ununterbrochene Aufstände zur Folge haben. Für den aufgeklärten Adel und das (schwache) Bildungsbürgertum aber bietet das neue System durch die Aufbrechung der Ständeordnung Vorteile, an die erst der Nationalstaat ab 1861 wieder anknüpfen wird.

1796, März **Feldzug NAPOLEONS in Italien**: Nach Waffenstillstand Piemonts (Abtretung von Savoyen und Nizza) und mehreren Siegen über die Österreicher (u. a. bei Lodi, 10. Mai) Besetzung der Lombardei sowie der Emilia und der Romagna.

1797, 2. Febr. Kapitulation der österreichischen Festung Mantua; seitdem französisches Vordringen nach Venetien.

19. Febr. Friede von Tolentino: Der Kirchenstaat tritt die Emilia-Romagna ab, Ablieferung vieler Kunstwerke.

18. April Französisch-österreichischer Vorfriede in Leoben.

Mai–Juli Zusammenfassung von Lombardei, Modena, Emilia und Romagna zur Zisalpinischen Republik. Errichtung der Ligurischen Republik (Genua). Beide Satellitenstaaten erhalten Verfassungen nach französischem Vorbild.

17. Okt. **Friede von Campo Formio**: Österreich erkennt die Zisalpinische Republik an und erhält als Entschädigung den größten Teil der Republik Venedig.

1798/1799 Französisches Ausgreifen in den Rest des Kirchenstaates und nach Neapel. Verhaftung und Entfernung PIUS' VI. Errichtung von Republiken in Rom (Febr. 1798) und Neapel (Jan. 1799).

1799 Russische und österreichische Truppen (2. Koalition) vertreiben die Franzosen. Zusammenbruch der Republiken und Wiederherstellung der alten Gewalten. Reaktion und Repression, besonders in Neapel.

1800, 14. März Kardinal BARNABA CHIARAMONTI in Venedig zum Papst gewählt: **PIUS VII.** (bis 1823); sein Staatssekretär wird Kardinal EREOLE CONSALVI (*1757, †1824).

14. Juni Sieg NAPOLEONS bei Marengo; damit ist Oberitalien zurückerobert.

1801, 9. Febr. **Friede von Lunéville**: Wiederherstellung der Zisalpinischen Republik (seit 1802 Italienische Republik, NAPOLEON Präsident), Habsburg verliert auch die Toskana.

15. Juli Konkordat PIUS' VII. mit NAPOLEON: Papst und Staat beschließen gemeinsamen Wiederaufbau der französischen Kirche.

1805, 17. März Umwandlung der Republik ins Königreich Italien; NAPOLEON wird König, sein Stiefsohn EUGÈNE BEAUHARNAIS, Herzog von Leuchtenberg (*1781, †1824), Vizekönig.

26. Dez. Friede von Pressburg (nach Sieg über 3. Koalition): Vereinigung Venetiens mit dem Königreich Italien.

1806, 30. März NAPOLEONS Bruder JOSEPH BONAPARTE (*1768, †1844) wird König von Neapel; 1808 folgt ihm NAPOLEONS Schwager JOACHIM MURAT (*1767, †1815).

1806/1810 Einführung der napoleonischen Gesetzbücher, u. a. der *Code civil*.

1807/1808 Annexion der Toskana und des Kirchenstaats, die wie Piemont, Parma und Genua direkt mit Frankreich vereinigt werden.

1809 Verhaftung PIUS' VII.

1812–1814 Teilnahme italienischer Truppen an NAPOLEONS Russlandfeldzug; mit den französischen Niederlagen Zerfall der von Frankreich begründeten Ordnung und Aufkommen restaurativer Bestrebungen, die v. a. in Piemont extrem ausfallen, während sich in Rom ein gemäßigter autoritärer Reformkurs unter ERCOLE CONSALVI durchsetzt.

Restauration 1814/15

Der Wiener Kongress beschließt die Neuordnung Italiens im Sinne von Restauration, Legitimität und Gleichgewicht und gibt Österreich bestimmenden Einfluss: Österreich erhält die Lombardei und Venetien (als Lombardo-Venezianisches Königreich), dazu werden die habsburgischen Dynastien in der Toskana und in Modena wiederhergestellt, ebenso der Kirchenstaat und das Königreich Neapel-Sizilien (seit 1816 »Königreich beider Sizilien«). Sardinien-Piemont wird um Ligurien (mit Genua) vergrößert. NAPOLEONS Ehefrau, die Habsburgerin MARIE LOUISE (*1791, †1847), erhält Parma. Die Regierungen der Toskana und Parmas bleiben reformistisch; die Österreichs versucht einen Mittelweg zwischen Restauration und aufgeklärter Reform »von oben« (Förderung von Wirtschaft, Verkehr, Schule). In Piemont und im Kirchenstaat werden alle französischen Neuerungen sofort, in Neapel nach einigem Zögern abgeschafft. Liberale und nationale Bestrebungen werden unterdrückt. Papst PIUS VII. und Kardinal CONSALVI, die im Kirchenstaat zunächst noch Reformen durchführen, schließen zur Anpassung der Kirche an die veränderten politischen Verhältnisse Konkordate mit mehreren Staaten. Die darin ausgesprochene Anerkennung der Säkularisationen schwächt das Eigengewicht der Landeskirchen, die Neuordnung durch den Papst stärkt dessen zentrale Regierungsgewalt, in deren Dienst sich der 1814 wiederhergestellte Jesuitenorden stellt.

Risorgimento und Nationalstaatsbildung

Risorgimento (Wiederauferstehung) meint die Ideen und die politisch-soziale Bewegung, die bis 1860 in Italien zum Einheitsstaat führen. Seine Träger gehören meist der neuen großbürgerlich-adligen Oberschicht des Nordens an, der es auch um die Schaffung eines einheitlichen Marktes geht. Das Risorgimento beeinflusst die nationalstaatliche und die liberale Umgestaltung Europas. Die den alten Autoritäten verbundenen, von der bürgerlichen Umgestaltung nicht profitierenden Unterschichten stehen meist abseits. Erste Anstöße kommen von Geheimbünden, so den *Carbonari* (Köhler), denen es aber an Einheitlichkeit der Führung und Zielsetzung fehlt. Man orientiert sich zunächst an den Reformen der napoleonischen Epoche. Nach *Rinascimento* (Renaissance) wird Risorgimento das zweite große Modernisierungspostulat der neueren italienischen Geschichte.

1820, Juli Nach dem spanischen Vorbild **Revolution in Neapel**, geführt von Offizieren um General GUGLIELMO PEPE (*1783, †1855). König FERDINAND I. (IV.; *1751, †1825) bewilligt eine Verfassung nach spanischem Muster, erbittet aber insgeheim die Hilfe Österreichs, dessen Truppen mit Ermächtigung der anderen konservativen Regierungen (Kongress von Laibach, Febr. 1821) im März 1821 intervenieren und die vorrevolutionäre Ordnung wiederherstellen.

1821, März Revolution in Piemont: König VIKTOR EMANUEL I. (*1759, †1824) dankt zugunsten seines Bruders KARL FELIX (*1765, †1831) ab, der mithilfe Österreichs schon im April die alte Ordnung wieder errichtet.

Die Stellung Österreichs ist vordergründig gestärkt, doch wird es seitdem als Hauptfeind der nationalen Bewegung betrachtet. Die wesentlich verschärfte Repression in allen Staaten führt zur zahlreichen politischen Emigrationen. Die Führer der Opposition in der Lombardei, darunter Graf FEDERIGO CONFALONIERI (*1785, †1846) und der romantische Dichter SILVIO PELLICO (*1789, †1854; »Le mie prigioni« [Meine Gefängnisse], 1832) werden 1824 verurteilt und bis 1832 auf der Festung Spielberg bei Brünn gefangen gehalten.

Die konservativ-traditionalistische Ideologie und Publizistik erleben, von den Regierungen gefördert, einen kurzen Aufschwung, doch wendet sich die Mehrheit der Intellektuellen von der bestehenden Ordnung ab. Es entsteht eine romantisch-nationale und gemäßigt-liberale Publizistik, die ihr Zentrum aus Mailand ins freiere Florenz verlegt. Starke patriotische Wirkungen haben die ersten Gedichte des großen Lyrikers GIACOMO LEOPARDI (*1798, †1837) und noch mehr der 1826 in Mailand erschienene historische Roman »I promessi sposi« (Die Verlobten) von ALESSANDRO MANZONI (*1785, †1873).

1831, Febr.–März Unter dem Eindruck der Julirevolution in Paris **Aufstände in Mittelitalien**, so in weiten Teilen des Kirchenstaats, wo LEO XII. (1823–1829) repressiv regiert hat. Der neue Papst, der kirchlich wie politisch ebenso reaktionäre GREGOR XVI. (1831–1846), erbittet sofort die Hilfe Österreichs, das die Aufstände niederwirft.
Durch die Besetzung von Ancona beteiligt sich auch Frankreich an der Befriedung des Kirchenstaates, das damit erneut als Konkurrent Österreichs in Italien auftritt. Vergeblich raten die Großmächte dem Papst zu maßvollen politischen Reformen.

1832 Der 1831 ausgewiesene Anwalt GIUSEPPE MAZZINI (*1805, †1872) aus Genua gründet in Marseille den Geheimbund *La giovine Italia* (Das Junge Italien) und 1834 in Bern *La giovine Europa* (Das Junge Europa) mit Gruppen aus italienischen, deutschen und polnischen Emigranten. In kühnen, teils utopischen Schriften begründet MAZZINI den revolutionären, republikanisch-unitarischen Flügel des *Risorgimento*: Er fordert den Aufstand der Italiener als Initiative zum größeren Aufstand des jungen Europa der Völker gegen das alte Europa der Monarchen. In der Hoffnung auf Brüderlichkeit der Völker wird der Nationalismus zur Ersatzreligion erhoben.

1833 Erste Aufstände von Sympathisanten MAZZINIS werden v. a. in Piemont grausam unterdrückt.

1842/1843 Bürgerliche Publizistik gegen MAZZINI und breiter wirtschaftlicher Aufschwung begünstigen den gemäßigten Liberalismus, dessen erster Führer, der Geistliche VINCENZO GIOBERTI (*1801, †1852), in seinem politischen Hauptwerk das »neoguelfische« Programm einer evolutionären Föderation der italienischen Staaten unter Vorsitz des Papstes entwirft. – Andere gemäßigte Liberale (*Moderati*), so Graf CESARE BALBO (*1789, †1853) und Marchese MASSIMO TAPPARELLI D' AZEGLIO (*1798, †1866), setzen ihre Hoffnungen auf die piemontesische als die einzige nationalitalienische Dynastie mit starkem Heer; von nationaler Einigung erwarten sie auch konstitutionelle Freiheiten.

1846 Politische und administrative Reformen des neuen Papstes **PIUS IX.** (1846–1878) geben dem Neoguelfentum größten Auftrieb.

1847 Die Toskana und Piemont schließen sich der Reformpolitik an. Graf BALBO und Graf CAMILLO CAVOUR (*1810, †1861) gründen die Zeitschrift *Risorgimento*, die der Bewegung den Namen gibt. Mazzinianer und Demokraten erheben radikale Forderungen, die durch wirtschaftliche Rückschläge (seit 1846) begünstigt werden.

1848, 27. Jan. Nach einem Aufstand in Palermo verspricht König FERDINAND II. (*1810, †1859) eine Verfassung als Kompromiss zwischen Krone, Adel und Bürgertum.

8. Febr. Die Toskana und Piemont folgen: König KARL ALBERT (*1798, †1849) monarchisch-repräsentatives *Statuto* überdauert die Revolution und wird 1861 die Verfassung Italiens.

17./23. März Nach Ausbruch der Revolution in Wien erfolgreiche **Aufstände in Venedig und Mailand**, das die österreichische Armee nach fünftägigem Straßenkampf räumt.

24. März König KARL ALBERT von **Sardinien-Piemont erklärt Österreich den Krieg** und tritt damit an die Spitze der nationalen Bewegung.

25. Juli Die österreichische Armee unter dem 81-jährigen Marschall JOSEPH WENZEL GRAF RADETZKY (*1766, †1858) schlägt die Italiener bei Custoza, südöstlich vom Gardasee; Österreichs konservative Konsolidierung beginnt.

Aug. Nach der Rückeroberung von Mailand schließt Piemont einen Waffenstillstand. Radikalisierung in der Toskana und im Kirchenstaat.

Nov. Nach der Ermordung seines Ministerpräsidenten PELLEGRINO ROSSI (*1787) flieht PIUS IX. nach Gaeta im Königreich Neapel. In Rom organisiert MAZZINI die Republik.

1849, März KARL ALBERT wagt die Wiederaufnahme des Krieges, wird am 23. März von RADETZKY bei Novara (westlich von Mailand) erneut besiegt und dankt zugunsten seines Sohnes VIKTOR EMANUEL II. (*1820, †1878) ab.

April–Juli Österreichische Truppen besetzen die Toskana und den Norden des Kirchenstaates.

3. Juli Ein französisches Korps erobert Rom zurück.

7. Aug. Auch Venedig kapituliert, Piemont schließt Frieden.

Der Modernisierungsprozess in Piemont unter Camillo Cavour

Die alten Regimes sind im Sommer 1849 wiederhergestellt, aber die nationale Revolution hatte unerwartete Kraft und Breitenwirkung bewiesen und einen **Prozess gesellschaftlicher Emanzipation eingeleitet**. Die Niederlage führt zu Ernüchterung und Realpolitik; sie stärkt indirekt die *Moderati*, denn der eigentliche Verlierer ist der demokratische Radikalismus.

In den 50er-Jahren bildet der liberale Realpolitiker CAMILLO CAVOUR (1850 Landwirtschafts-, 1851 auch Finanzminister, 1852 Ministerpräsident), eine große liberale Partei (»Historische Rechte«) und betreibt die Modernisierung Piemonts und seine Angleichung ans liberale Westeuropa. Während in der Lombardei vorwiegend die Wirtschaft (Eisenbahnbau, Seidenindustrie, Besitzkonzentration) gefördert wird, geht es CAVOUR um die Synchronisierung von wirtschaftlichem, gesellschaftlichem und politischem Fortschritt, die Piemont zur Schaffung der italienischen Staatsnation befähigt. Freihandel, Eisenbahnbau und Bankgründungen, Abbau kirchlicher Privilegien und Übergang zum Parlamentarismus sind die wichtigsten Leistungen. König VIKTOR EMANUEL II. unterstützt diese Politik.

Die Beteiligung am Krimkrieg (1853–1856) ermöglicht es CAVOUR, die formelle Gleichberechtigung Piemonts mit den Großmächten zu erreichen und auf dem Pariser Friedenskongress (1856) die italienische Frage zur Sprache zu bringen. Kaiser NAPOLEON III., der die noch offenen nationalen Probleme im Sinne der französischen Großmacht zu lösen gedenkt, verspricht ihm 1858 (Geheimtreffen in Plombières) Frankreichs Hilfe in einem Krieg, der Österreich aus Italien vertreiben, Piemont ganz Oberitalien einbringen und die übrige Halbinsel in zwei bis drei Staaten zusammenfassen soll; nur Rom und Latium sollen dem Papst verbleiben, Frankreich soll Savoyen und Nizza erhalten, soziale Erschütterungen sollen vermieden werden.

1859, Mai Beginn des **Krieges von Piemont und Frankreich gegen Österreich.**

Juni Siege der Verbündeten bei Magenta (4. Juni, westlich von Mailand) und bei Solferino in der Provinz Mantua, südlich vom Gardasee (24. Juni). Als Zeuge der blutigen Massenschlacht ergreift HENRI DUNANT (*1828, †1910) erste Initiativen zur Gründung des Roten Kreuzes.

Eine Aufstandsbewegung in Mittelitalien, meist geführt von Mitgliedern der 1857 gegründeten, von CAVOUR unterstützten *Società nazionale* (Nationale Gesellschaft), hat den Anschluss an Piemont als Ziel.

11. Juli NAPOLEON III. steckt zurück und schließt mit Österreich den Vorfrieden von Villafranca.

10. Nov. Der Friede von Zürich folgt: Österreich tritt (nur) die Lombardei an NAPOLEON III. ab (mit Ausnahme der Festungen Mantua und Peschiera), der sie an Piemont weitergibt. Die durch den Aufstand vertriebenen Monarchen in der Toskana, sowie in Modena und Parma sollen wieder eingesetzt, die Regierungsrechte des Papstes auch in der Emilia-Romagna wiederhergestellt werden.

1860, Jan. Die von CAVOUR insgeheim unterstützte Aufstandsbewegung in Mittelitalien verhindert die Ausführung der Züricher Restitutionsverpflichtungen; CAVOUR, der aus Protest gegen den Vorfrieden von Villafranca zurückgetreten ist, wird erneut Ministerpräsident.

24. März Piemont tritt Savoyen und Nizza an Frankreich ab. Dafür erklärt NAPOLEON III. sein Einverständnis mit dem Anschluss der Toskana, sowie von Modena, Parma und der Emilia-Romagna an Piemont. Plebiszite, zu denen nur Angehörige der Oberschichten stimmberechtigt sind, legitimieren diesen Anschluss.

Mai Der von MAZZINI beeinflusste Freischarenführer GIUSEPPE GARIBALDI (*1807, †1882) landet mit Freiwilligen (**»Zug der Tausend«**) auf Sizilien, erobert zunächst die Insel, dann das unteritalienische Festland und am 7. Sept. Neapel; König FRANZ II. (*1836, †1894) weicht in die Festung Gaeta zurück.

Sept. Um die Eroberung Unteritaliens nicht der Linken zu überlassen und Komplikationen in Rom zu ver-

Die italienische Einigung seit 1859

meiden, entsendet die Regierung CAVOUR Truppen in den Kirchenstaat und die zum Königreich Neapel gehörenden Abruzzen.

Okt./Nov. Plebiszite im Königreich Neapel, in Umbrien und in den Marken entscheiden den Anschluss an Piemont; GARIBALDI tritt zugunsten VIKTOR EMANUELS II. von seiner Diktatur zurück.

1861, Febr. König FRANZ II. muss in Gaeta kapitulieren.

17. März VIKTOR EMANUEL II. von Piemont nimmt auf Beschluss des neu gewählten ersten italienischen Parlaments den Titel **»König von Italien«** an.
Mit Ausnahme von Venetien und dem Rest des Kirchenstaates um Rom (seit 1849 unter dem Schutz einer französischen Garnison) bildet Italien einen liberal-parlamentarisch regierten Staat. Maßgebend ist (und bleibt bis zum Ersten Weltkrieg) die bürgerliche Oberschicht (rigoroses Zensuswahlrecht).

1861–1865 Aufstände der »Briganten« die ihrer alten Monarchie verbunden und von der neuen bürgerlichen Ordnung benachteiligt sind, werden grausam unterdrückt.

1864, 15. Sept. **Konvention mit Frankreich** zur vorläufigen Regelung der »Römischen Frage«: Frankreich sagt den Abzug seiner römischen Garnison binnen zweier Jahre zu – Italien garantiert den Rest des Kirchenstaats, die italienische Hauptstadt wird nach Florenz verlegt.

1866, 8. April Geheimbündnis Italiens mit Preußen.

Juni/Juli Italien tritt an Preußens Seite in den **Krieg gegen Österreich** ein, unterliegt aber gegen die Österreicher bei Custoza (24. Juni) und in der Seeschlacht bei der dalmatischen Insel Lissa (Vis) am 20. Juli.

3. Okt. Durch preußische und französische Vermittlung erhält Italien dennoch im Frieden von Wien Venetien; Plebiszite bestätigen die Abtretung.
Infolge des Krieges kommt es zu einer Finanzkrise und Steuererhöhungen.

1867, Nov. GARIBALDI versucht erfolglos, in den Kirchenstaat einzudringen (Gefecht bei Mentana), worauf die französische Garnison nach Rom zurückkehrt.

1870, 20. Sept. Nach Abzug der französischen Garnison aus Rom (in den Krieg gegen Preußen) **besetzen italienische Truppen Rom** – auch mit der Begründung, einer dortigen Revolution vorzubeugen.

2./9. Okt. Ein Plebiszit bestätigt den Anschluss Roms, welches Hauptstadt des nun völlig geeinten Italien wird. Aber die »Römische Frage« steht seitdem zwischen der Führungsschicht des Staates und den Katholiken Italiens.

Italien (1871–1945)

Italien bis zum Ausbruch des Ersten Weltkriegs

1871, 13. Mai Das Garantiegesetz sichert dem Papst freie Kirchenregierung und Dotation zu. Es wird von PIUS IX. nicht akzeptiert, der auf seinen Regierungsrechten besteht und den Katholiken die aktive Teilnahme an der italienischen Politik verbietet (*»Non expedit«*, 1874).

1876, März Die auf Stabilität bedachten Rechtsliberalen müssen die Regierung an die Linksliberalen abtreten, die eine Reformpolitik höherer Staatsleistungen beginnen, gleichzeitig aber Industrialisierung, Rüstung und Kolonialpolitik forcieren.

1877 MATTEO RENATO IMBRIANI-POERIO (*1843, †1901) gründet die Vereinigung *Italia irredenta* (Das unerlöste Italien), welche unter Berufung auf MAZZINI und das Nationalitätsprinzip den Anschluss des Trentino, Triests, Friauls und Istriens fordert.

1878, 9. Jan. VIKTOR EMANUEL II. stirbt, neuer König wird UMBERTO I. (*1844, †1900).

1882 Nach der Besetzung von Tunis durch Frankreich wendet Italien sich an Deutschland und Österreich-Ungarn und schließt mit ihnen (zunächst auf fünf Jahre) den Dreibund, der auch die Monarchie stabilisieren soll. Ein von Italien angeregtes Zusatzprotokoll besagt, dass der Vertrag sich nicht gegen Großbritannien richten darf.

1882–1884/1885 Mit dem Erwerb der Häfen Assab und Massaua am Roten Meer **beginnt die italienische Landnahme in Ostafrika**, vorerst in Eritrea; es folgen erste Handelsstützpunkte in Somalia.

1887, 20. Febr. Bei der Erneuerung des Dreibundes sichert Österreich für Gebietsveränderungen auf dem Balkan Italien Kompensation zu.

7. Aug. FRANCESCO CRISPI (*1819, †1901), zeitweise Anhänger MAZZINIS, wird Ministerpräsident (bis 1891, erneut 1893–1896). Er vollzieht eine Politik des Autoritarismus, des Imperialismus und der inneren Reformen; den Irredentismus versucht er zu unterdrücken. Es entwickeln sich heftige Klassengegensätze; auf die Agrarkrise im Süden reagiert der Staat unzureichend.

1889 Eroberung äthiopischer Gebiete und Versuch, ein Protektorat über das ganze Kaiserreich durchzusetzen (Vertrag von Uccialli).

1890 Konstituierung der Kolonie Eritrea.

1892 Gründung der sozialistischen Partei; CRISPI versucht diese zu unterdrücken.

1895/1896 Wiederaufnahme des Krieges in Äthiopien, in dem Kaiser MENELIK II. (*1844, †1913) den Italienern bei Adua im Norden des Landes eine vernichtende Niederlage beibringt (1. März 1896). CRISPI muss zurücktreten; nationales Trauma.

1900, 29. Juli Die Ermordung König UMBERTOS I. bedeutet den Höhepunkt einer Periode der Unruhen und der Repression. Nachfolger wird sein Sohn VIKTOR EMANUEL III. (*1869, †1947; bis 1946).

14. Dez. Aufgrund der Enttäuschungen in Afrika sucht Italien erneute Annäherung an Frankreich und schließt zunächst ein Abkommen, welches Marokko als französisches und Tripolis als italienisches Einflussgebiet anerkennt.

1902, 1. Nov. Es folgt ein geheimes Neutralitätsabkommen mit Frankreich. Infolgedessen unterstützt Italien später Frankreich auf der Konferenz von Algeciras (anlässlich der 1. Marokkokrise von 1905/06).

3. Sept. Der linksliberale GIOVANNI GIOLITTI (*1842, †1928) wird erstmals Ministerpräsident (bis 1905, erneut 1906–1909, 1911–1914); er führt eine Politik des sozialen Ausgleichs, welche die Oppositionen (v. a. Sozialisten, aber auch Katholiken) in den liberalen Staat integrieren soll. 1912 wird ein fast allgemeines Wahlrecht eingeführt. Hochindustrialisierung des Nordens.

1909, 24. Okt. Abkommen von Racconigi (südlich von Turin): Italien und Russland stimmen ihre Balkan- und Mittelmeerinteressen ab.

1910, Dez. Erster Kongress der *Associazione Nazionalista Italiana* unter ENRICO CORRADINI (*1865, †1931). Die Nationalisten bedienen sich des Irredentismus und fordern einen autoritären Staat und Expansionspolitik; sie werden von der Großindustrie unterstützt. Viele junge Intellektuelle schließen sich ihnen an. Der Liberalismus des Risorgimento verliert an Konsens.

1911, 5. Nov. Im Zuge des Italienisch-Türkischen Krieges (bis 1912) annektiert Italien in Nordafrika Tripolis und die Cyrenaika (Osmanisches Reich, heute Libyen). Später besetzen italienische Truppen auch Rhodos und die Inseln des Dodekanes.

1912, 18. Okt. Im Frieden von Lausanne verzichtet der Sultan auf Tripolis und die Cyrenaika. Keine Einigung wird über die besetzten Inseln erzielt, die Italien nicht herausgibt.

1914, März GIOLITTI muss zurücktreten, seine Integrationspolitik wird abgebrochen. Nachfolger wird der rechtsliberale ANTONIO SALANDRA (*1853, †1931), der mit dem Nationalsozialismus sympathisiert.

Italien im Ersten Weltkrieg und der Aufstieg des Faschismus

Bei Ausbruch des Ersten Weltkrieges erklärt Italien zunächst seine Neutralität. In den folgenden Monaten fordert es als Kompensation für die österreichischen Balkanansprüche das Trentino, Görz (Gorizia) am Isonzo, Gradisca d'Isonzo, Istrien mit Triest, Inseln in Dalmatien und Stützpunkte in Albanien. Die Mittelmächte taktieren hinhaltend. Vergebliche Vermittlung Papst BENEDIKTS XV. (1914–1922).

1915, April Die Mittelmächte bieten wesentliche Konzessionen erst an, nachdem die ebenfalls mit Italien verhandelnden Ententemächte dessen Forderungen im Geheimen akzeptiert und Erweiterungen seines Kolonialbesitzes zugesagt haben.

26. April Auf dieser Basis wird in London ein Geheimvertrag zwischen Großbritannien, Frankreich, Russland und Italien geschlossen, in dem Italien sich zum Kriegseintritt verpflichtet. Es kommt zu heftigen Auseinandersetzungen, mit denen die nationalistischen Kriegstreiber, an der Spitze nun der vom Sozialismus abrückende BENITO MUSSOLINI (*1883, †1945) und der Dichter GABRIELE D'ANNUNZIO (*1863, †1938), die neutralistische Kammermehrheit um GIOVANNI GIOLITTI unter steigenden Druck setzen. Der mit den Interventionisten sympathisierende Ministerpräsident ANTONIO SALANDRA tritt zurück und wird unter dem Druck der Straße wieder berufen. Eine aktivistische Minderheit setzt den Kriegseintritt durch.

23. Mai Kriegserklärung an Österreich-Ungarn.

23. Juni Beginn der ersten Isonzoschlacht. In insgesamt elf Isonzoschlachten bis 1917 erzielen die Italiener bei z. T. schweren Verlusten lediglich geringfügige Geländegewinne.

1916, 28. Aug. Kriegserklärung an Deutschland.

1917, 1. Aug. BENEDIKT XV. fordert in einer Note an alle kriegführenden Regierungen Verhandlungen zur Beendigung des Weltkrieges, den er als »unnützes Massaker« bezeichnet.

24. Okt. Nach einer schweren Niederlage bei Caporetto (Karfreit am Isonzo) können italienische Truppen die Front erst am Piave konsolidieren.

30. Okt. VITTORIO EMANUELE ORLANDO (*1860, †1952) wird in der innenpolitischen Krise nach dieser Niederlage Ministerpräsident (bis 1919).

1918, 24. Okt. Beginn der Schlacht bei Vittorio Veneto (Treviso); am 3. Nov. kapituliert Österreich-Ungarn.

Kriegsfolgen für Italien – Die Grundlegung der faschistischen Herrschaft

Die Teilnahme Italiens am Sieg der Entente ist mit über 600 000 Gefallenen, wirtschaftlichem und finanziellem Bankrott und überbordendem Nationalismus teuer bezahlt. Auf der Friedenskonferenz werden Italiens Ansprüche nur unvollkommen erfüllt, das ressentimentgeladene **Schlagwort vom »verstümmelten Sieg«** (*vittoria mutilata*) geht um. Aus der latenten wird die akute Systemkrise, der die liberale Führungsschicht nicht gewachsen ist; sie versteht die neuen Massenbewegungen der Katholiken und der Sozialisten nicht zu integrieren. Radikale Bewegungen erstarken rechts und links. Der Niedergang des liberalen Systems und der **Aufstieg des Faschismus** (von lat. *fascis*: Rutenbündel; Amtssymbol der antik-römischen Magistrate) bedingen sich gegenseitig. Der Faschismus verspricht den Bürgern Schutz vor der »roten Revolution« und den aufsteigenden Mittelschichten die volle Partizipation, will aber ein autoritäres Regierungssystem durchsetzen.

1919–1921 Die Ministerpräsidenten FRANCESCO SAVERIO NITTI (*1868, †1953, 1919–1920) und (erneut) GIOVANNI GIOLITTI (1920–1921) setzen zwischen Rechts und Links nur wenige Reformen durch und finden keine stabilen Mehrheiten.

1919, Jan. Gründung des katholischen *Partito Popolare Italiano* unter dem Priester LUIGI STURZO (*1871, †1959).

März Gründung der ersten Kampfverbände MUSSOLINIS.

Sept. GABRIELE D'ANNUNZIO erobert mit nationalistischen Freischärlern die Stadt Fiume (Rijeka) an der Küste Dalmatiens.

Nov. Bei den Parlamentswahlen sind sind Sozialisten und *Partito Popolare Italiano* die stärksten Parteien in der Kammer (156 bzw. 100 bei insgesamt 508 Abgeordneten). Die Faschisten gewinnen kein Mandat.

1920 Zahlreiche Streiks in Industrie und Landwirtschaft.

Aug. Abkommen mit Albanien (Abzug der Italiener) und Griechenland (Zusage der Abtretung des Dodekanes).

12. Nov. **Vertrag von Rapallo** mit Jugoslawien: Fiume wird Freistaat. Grenzregelung in Istrien und Dalmatien.

1921, Jan. Auf dem Kongress der Sozialisten in Livorno spaltet sich die Kommunistische Partei Italiens ab (*Partito Comunista Italiano*, PCI).

15. Mai Parlamentswahlen: Mandatsgewinne der Liberalen, Demokraten und Katholiken, Verluste der Sozialisten. Mithilfe GIOLITTIS, der die Faschisten zu »konstitutionalisieren« sucht, erhalten diese 35 von 535 Mandaten.

Das faschistische Italien

Nach MUSSOLINIS Rechtswendung **wird der Faschismus eine Massenbewegung**. Aufgrund der sozialen Krise und des staatlichen Machtvakuums nach GIOLITTIS Rücktritt am 27. Juni 1921 gewinnt er zunehmend bürgerliche und agrarische Anhänger. Mit Billigung der alten Eliten (Armee, Bürokratie) bekämpfen seine *Squadre* die Linken. Katholiken und Sozialisten bringen keine gemeinsame Opposition gegen den erstarkenden Rechtskurs zustande.

1921, Nov. MUSSOLINI erzwingt die Umwandlung der Bewegung zur Partei.

1922, Okt. Italien kündigt das Abkommen vom Aug. 1920 mit Griechenland und gibt den Dodekanes nicht heraus.

28. Okt. Faschistischer **Marsch auf Rom**, vor dem die Regierung LUIGI FACTA (*1861, †1930) (seit 25. Febr.) zurückweicht.

31. Okt. VIKTOR EMMANUEL III. beruft MUSSOLINI zum Ministerpräsidenten (bis 1929, 1932–1936 auch Außenminister), sodass dessen Machtübernahme teils revolutionär, teils legal ist. MUSSOLINI kommt den Vertretern des »alten Staates« weit entgegen, nimmt in sein Kabinett auch Weltkriegsgeneräle, Rechtsliberale und Katholiken auf; sein Programm addiert nationalistische Postulate.

25. Nov. MUSSOLINI betont die Staatsautorität und erhält außerordentliche, zunächst auf ein Jahr befristete Vollmachten zur Sanierung des Staates, besonders der Finanzen.

Dez. Gründung des Faschistischen Großrats und der Miliz: Beginn der Institutionalisierung der faschistischen Regierung.

1923, März Die Nationalisten gehen in der faschistischen Partei auf. Zwei ihrer Führer, LUIGI FEDERZONI (*1878, †1967) und ALFREDO ROCCO (*1875, †1935), werden Minister des Inneren bzw. der Justiz.

Juli Beginn der rücksichtslosen Italienisierung Südtirols: Das Italienische wird Amts- und Schulsprache, 1925 Gerichtssprache. 1927 werden deutsche Parteien und Vereine aufgelöst. – Gegen die slowenische Minderheit wird noch härter vorgegangen.

Aug.–Sept. Nach der Ermordung italienischer Offiziere bei einer Grenzabsteckung auf griechischem Boden besetzen die Italiener Korfu, müssen es aber auf Druck des Völkerbunds, v. a. Großbritanniens, wieder räumen.

14. Nov. Neues Wahlgesetz: Die Partei mit relativer Mehrheit von 25 % der Stimmen soll zwei Drittel der Mandate erhalten.

1924, 6. April Parlamentswahlen: Die Faschisten erhalten 65 % der Stimmen (356 Mandate), die anderen Parteien insgesamt 147 Mandate.

10. Juni Der sozialistische Abgeordnete GIACOMO MATTEOTTI (*1885), der die faschistischen Übergriffe im Wahlkampf angeprangert hatte, wird von einem faschistischen Kommando entführt und ermordet. Der Mord führt in die schwerste Krise des Faschismus, die für seine Umgestaltung zum »Regime« entscheidend geworden ist.

15. Juni Die Mehrheit der nichtfaschistischen Abgeordneten zieht sich aus der Kammer zurück; sie fordert Aufklärung des Mordes, Auflösung der Miliz und Beendigung der Gewaltmethoden.
MUSSOLINI kann nur langsam und mithilfe der Radikalen in seiner Partei seine Stellung wieder festigen und zum Gegenschlag ausholen.

1925, 3. Jan. In einer Kammerrede übernimmt er die Verantwortung für alle Aktionen der Faschisten und kündigt die **Unterdrückung der Opposition** an: Antifaschistische Organisationen werden aufgelöst, ihre Führer verhaftet, ihre Zeitungen unterdrückt.

Nov. Nach dem Versuch eines Attentats auf MUSSOLINI werden die Freimaurerei und die sozialistische Partei aufgelöst.

Dez. Treffen MUSSOLINIS mit dem britischen Außenminister JOSEPH AUSTEN CHAMBERLAIN in Rapallo. Vorbereitung eines Abkommens über Äthiopien, das in wirtschaftliche Interessenzonen aufgeteilt wird.

24. Dez. Gesetz über die Befugnisse des Regierungschefs (*Capo del Governo*), das ihn mit fast unbeschränkter Führungsgewalt ausstattet. Justizminister ALFREDO ROCCO erarbeitet weitere Gesetze, welche die liberale Verfassung aushöhlen.

1926, 31. Jan. Gesetz über die Befugnisse der Regierung, Dekrete mit Gesetzeskraft zu erlassen.

3. April Gesetz über die kollektiven Arbeitsbeziehungen: Die Tarifautonomie wird beseitigt und ein staatlich-faschistisches Monopol für die Arbeitsverträge errichtet. Streik und Aussperrung werden verboten, Berufsverbände (*confederazioni*) der Arbeitgeber wie der Arbeitnehmer angeordnet, Arbeitgeber und Arbeitnehmer derselben Sparte in je einer *Corporazione* zusammengefasst.

6. April Gesetz über die Präfekten, das deren Stellung stärkt, allerdings auch gegenüber der faschistischen Partei.

3. Sept. In den Gemeinden tritt an die Stelle des gewählten der ernannte Bürgermeister (*podestà*).

Die Stabilisierung der faschistischen Herrschaft

Mit diesen Gesetzen sind die staatliche und die faschistische Hierarchie zusammengefasst; die Arbeiterschaft ist in diese Hierarchie integriert. Damit besteht eine **fa-**

schistische Verfassungsgesetzgebung. Zugleich leitet MUSSOLINI damit, nachdem die Opposition nicht mehr gefährlich ist, zu einer Normalisierung über, die den Konsens alter Eliten festigt. Die Partei, besonders der radikale Flügel um den 1924–1926 als Generalsekretär amtierenden ROBERTO FARINACCI (*1892, †1945), wird zurückgedrängt; nicht sie regiert fortan, sondern die (faschistisch durchsetzte) Bürokratie.

25. Nov. Das Gesetz zum Schutz des Staates bringt die polizeistaatliche Absicherung des neuen Systems (u. a. Wiedereinführung der Todesstrafe).
Den oppositionellen Abgeordneten wird das Mandat aberkannt, **Italien ist Einparteienstaat**. Führende Antifaschisten müssen ins Exil gehen.

27. Nov. Freundschaftsvertrag mit Albanien, vorher bereits mit Spanien (7. Aug.) und Rumänien (15. Sept.).

1927, 5. April Freundschaftsvertrag mit Ungarn.

21. April *Carta del lavoro*, ein sozialpolitisches Programm gemäß dem Gesetz vom 3. April 1926.

22. Nov. Defensivbündnis mit Albanien, welches de facto italienisches Protektorat wird.

1928, 12. Mai Nach dem neuen Wahlgesetz werden künftig nur 400 Abgeordnete vom Faschistischen Großrat aus den Vorschlägen der *Confederazioni* ausgewählt und auf eine Einheitsliste gesetzt, welche die Wähler nur insgesamt annehmen oder ablehnen können.

9. Dez. Gesetz über die Konstitutionalisierung des Großrats, das aus dem obersten Parteiorgan ein Staatsorgan (den Staatsrat) macht.
Freundschaftsverträge mit der Türkei, Griechenland und Äthiopien.

1929, 11. Febr. Den Höhepunkt in der Politik der konsensstiftenden Kompromisse mit den alten Eliten bilden die **Lateranverträge mit dem Vatikan**: Im Hauptvertrag anerkennt der italienische Staat die Souveränität und die Regierungsgewalt des Papstes über den »Staat der Vatikanstadt«, der Heilige Stuhl erklärt die Römische Frage für beigelegt. Die Finanzkonvention sagt dem Vatikan als Ersatz für den alten Kirchenstaat eine hohe Entschädigung zu. Das Konkordat bestätigt die katholische Religion als privilegierte Staatsreligion, garantiert ihr die Freiheit der Seelsorge wie des Religionsunterrichts und verleiht der kirchlich geschlossenen Ehe zivilrechtliche Wirkung.

24. März Die erste Kammerwahl nach dem neuen Wahlgesetz erbringt plebiszitäre Zustimmung.

Die Außenpolitik des »ausschlaggebenden Gewichts«

MUSSOLINI tritt auf als Schöpfer und Garant einer cäsaristisch begründeten und ständisch gegliederten Staatsordnung, und als solcher wird er von der Mehrheit der Italiener anerkannt. Auch im Ausland erreicht sein Ansehen einen Höhepunkt. Aus gesicherter Position beginnen MUSSOLINI und Außenminister DINO GRANDI (*1895, †1988) eine Außenpolitik des »ausschlaggebenden Gewichts« zwischen den Westmächten und dem nach 1933 wieder aufrüstenden Deutschland.

1930, Jan.–April Auf der Londoner Flottenkonferenz treten französisch-italienische Spannungen um Tonnageprobleme (Unzufriedenheit beider Mächte mit den Schiffsbaubegrenzungen des Washingtoner Abkommens von 1921/22) und Mittelmeerfragen auf. Neues italienisches Kriegsschiffbauprogramm.

6. Febr. Freundschaftsvertrag mit Österreich.

1930/1931 Erfolgreiche **Bekämpfung der Wirtschaftskrise** durch gelenkte Produktionssteigerung und Produktionskostensenkung, Intensivierung der Landwirtschaft und Zollerhöhungen, zudem durch Eingliederung gefährdeter Unternehmen in staatliche Holdinggesellschaften.

1934, 15. Jan. Gesetz zur Errichtung der 22 Kooperationen, die alle Wirtschaftszweige umfassen, aber nur beratende Funktionen haben.

17. März **Römische Protokolle** mit Österreich und Ungarn, in denen MUSSOLINI die beiden Donaustaaten v. a. wirtschaftlich an Italien bindet, gegen französische Donaupläne und deutsche Expansionsabsichten.

14./15. Juni **Erstes Treffen MUSSOLINIS mit ADOLF HITLER** in Venedig, bei dem der Duce zurückhaltend bleibt; den Radikalismus des Nationalsozialismus lehnt er ab.

25. Juli Beim (fehlgeschlagenen) nationalsozialistischen Putsch in Wien tritt Italien als Garant der österreichischen Unabhängigkeit auf und kann dafür Gegenleistungen der Westmächte erwarten.

1935, 7. Jan. Abkommen mit Frankreich über Kolonialkompensation in Nordafrika: Die günstige Situation nutzt Mussolini zum Aufmarsch gegen Äthiopien, das vergeblich den Völkerbund anruft.

3. Okt. Beginn des italienischen Einfalls in Äthiopien; der dortige Krieg wird grausam geführt (Giftgas, Massenerschießungen).

9. Dez. Die britisch-französischen Versuche zur Beilegung des Konflikts gipfeln im Hoare-Laval-Plan (benannt nach dem damaligen britischen Außenminister SAMUEL HOARE [*1880, †1959] und dem damaligen französischen Ministerpräsidenten PIERRE LAVAL [*1883, †1945]), der von der Opposition in Großbritannien und Frankreich als »Verrat am Völkerbund« bezeichnet wird. Er wird nach dem Rücktritt HOARES (19. Dez.) fallen gelassen. Die Sanktionen behindern Italiens Kriegsführung kaum, da sie nicht konsequent durchgeführt werden.

Imperialismus, Ideologisierung mit totalitären Elementen, Annäherung an Hitler

1936, 9. Mai Italien erklärt die **Annexion Äthiopiens**. König VIKTOR EMANUEL III. nimmt den Titel »Kaiser von Äthiopien« an. Eine Folge des Krieges ist wegen deutscher Wirtschaftshilfe eine Annäherung MUSSOLINIS an HITLER.

Juli Im Spanischen Bürgerkrieg ist der Einsatz italienischer »Freiwilliger« von Anfang an erheblich (schließlich 50 000–75 000).

5. Okt. Abwertung der Lira als Folge der Haushaltsbelastung durch den Krieg gegen Äthiopien und der Intervention im Spanischen Bürgerkrieg.

25. Okt. Vereinbarung mit dem Deutschen Reich: Begründung der **»Achse Berlin–Rom«**.

1937, 2. Jan. Abkommen mit Großbritannien: Erhaltung des Status quo im Mittelmeer. Letzter Versuch einer mittleren Position zwischen NS-Deutschland und den Westmächten.

März Auf einer Reise MUSSOLINIS nach Libyen erklärt er die italienische Freundschaft mit den Muslimen als Versuch eines neuen Kampfmittels gegen Großbritannien.

25. März Nichtangriffspakt mit Jugoslawien.

25. Sept. »Triumphaler« Empfang MUSSOLINIS bei seinem Staatsbesuch in Berlin.

11. Dez. Italien tritt aus dem Völkerbund aus, versucht aber die Unabhängigkeit Österreichs noch zu schützen.

1938 Doch nach dem Anschluss Österreichs an das Deutsche Reich (13. März) und in der Sudetenkrise (Sept.) nimmt MUSSOLINI eindeutig Stellung im Sinne der Politik der »Achse Berlin–Rom«. HITLER erklärt Deutschlands Verzicht auf Südtirol.

29. Sept. Auf der Münchener Viermächtekonferenz vermittelt MUSSOLINI zwischen den Westmächten und Deutschland, das auf seinen Vorschlag die deutschsprachigen Randgebiete der Tschechoslowakei erhält.

Okt.–Nov. Nach dem Vorbild der NS-Rassegesetze ergehen antijüdische Gesetzesdekrete: Die Juden werden aus allen öffentlichen Stellungen verdrängt, weiter jedoch nicht verfolgt.

1939, 19. Jan. Bildung der Kammer der *Fasci* und der Korporationen. Zusammenfassung von Partei, Staat und Korporationen.

22. Mai Weitere Steigerung enger deutsch-italienischer Beziehungen (**Stahlpakt**), obwohl MUSSOLINI Italien erst nach 1942 für einen europäischen Krieg als zureichend gerüstet sieht. Viele Italiener und auch manche faschistische Politiker billigen das Bündnis mit HITLER jedoch nicht; innerhalb des Systems formiert sich eine Opposition.

23. Juni Abkommen mit Deutschland über die Aussiedlung der deutschen Bevölkerung aus Südtirol, ergänzt durch ein entsprechendes Abkommen über die deutschsprachigen Minderheiten in den angrenzenden Provinzen (nur zum geringen Teil durchgeführt).

Italien im Zweiten Weltkrieg

Aug./Sept. Der von MUSSOLINI unternommene Vermittlungsversuch vor Ausbruch des Zweiten Weltkrieges scheitert. Italien bleibt daraufhin zunächst »nicht Krieg führend«.

1940, 10. Juni **Italien** erklärt Frankreich und Großbritannien den Krieg und **tritt in den Krieg im Westen ein** (11. Juni).

24. Juni Italienisch-französischer Waffenstillstand.

27. Sept. **Dreimächtepakt** in Berlin, unterzeichnet von Deutschland, Italien und Japan: Verpflichtung zu gemeinsamem Kampf gegen jede sich in den Krieg einmischende Macht. Die Stellung zur Sowjetunion soll unberührt bleiben.

28. Okt. Ultimatum an Griechenland, nach dessen Ablehnung der für Italien unglücklich verlaufende **italienisch-griechischen Krieg** beginnt, der erst durch den deutschen Balkanfeldzug eine andere Wendung nimmt.

6. Dez. Anstelle von Marschall PIETRO BADOGLIO (*1871, †1956) wird infolge des Rückschlags auf dem Balkan Marschall GRAF UGO CAVALLERO (*1880, †1943) Chef des Generalstabes.

1941 **Verlust von Äthiopien** und Rückschlag in Nordafrika, aufgefangen durch das deutsche Afrika-Korps unter General ERWIN ROMMEL (*1891, †1944).

6. April Nach Beginn des deutschen Balkanfeldzugs beteiligt sich Italien an der Besetzung Kroatiens, Dalmatiens und der griechischen Inseln.

18. Mai Vertrag mit der neuen kroatischen Regierung des von Italien in seiner Emigrantenzeit geförderten *Poglavnik* (Staatschef) ANTE PAVELIĆ (*1889, †1959): Der Herzog AIMONE VON SPOLETO (*1900, †1948), ein Vetter des Königs, wird als König von Kroatien in Betracht gezogen. Da die deutschen Kräfte wegen des Ostfeldzugs wieder aus Griechenland abgezogen werden müssen, werden Militärverwaltung und Besetzung Italien überlassen.

12. Juli Ein italienisches Armeekorps tritt an Deutschlands Seite in den Krieg gegen die Sowjetunion ein.

1942, Okt./Nov. Kriegswende in Nordafrika, nachdem die zweite Schlacht bei El-Alamein (Ägypten) mit einer schweren Niederlage der deutschen und italienischen Truppen endet.

Dez. Am Don geraten die italienischen Truppen in die Katastrophe der deutschen Südfront in der Sowjetunion.

In der italienischen Bevölkerung nimmt die Unzufriedenheit mit dem Krieg zu. In der faschistischen Führung entsteht um Graf GALEAZZO CIANO (*1903, †1944; MUSSOLINIS Schwiegersohn, seit 1936 Außenminister) und DINO GRANDI (*1895, †1988, seit 1939 Justizminister) eine **Opposition gegen den Duce**.

1943, 31. Jan. Generaloberst VITTORIO AMBROSIO (*1870, †1958) tritt anstelle CAVALLEROS an die Spitze des italienischen Generalstabes. General MARIO ROATTA (*1887, †1968) wird Chef des Generalstabes des Heeres (1. Juni). Spannungen zwischen der militärischen Führung Deutschlands und Italiens.

6. Febr. MUSSOLINI bildet das Kabinett um und übernimmt, anstelle seines Schwiegersohns Graf CIANO, selbst das Außenministerium. In der faschistischen Führung erstarkt die Opposition, welche den Krieg beenden und MUSSOLINI stürzen will.

März Erste größere Streiks in Turin und Mailand, organisiert von sozialistischen und kommunistischen Gruppen.

13. Mai Kapitulation der deutschen und italienischen Truppen in Tunesien.

10. Juli Nach Einnahme der Inseln Pantelleria und Lampedusa Landung der Alliierten auf Sizilien.

17. Juli In einer Botschaft an das italienische Volk rufen US-Präsident ROOSEVELT und der britische Premier CHURCHILL zur Erhebung gegen das faschistische Regime auf.

24. Juli Der Große Faschistische Rat tritt zusammen und bittet auf Antrag von Justizminister GRANDI den König mit 19 gegen 7 Stimmen, den bisher von MUSSOLINI innegehabten Oberbefehl wieder zu übernehmen.

25. Juli **MUSSOLINI erklärt** dem König **seinen Rücktritt** und wird beim Verlassen des Palastes verhaftet.

26. Juli König VIKTOR EMMANUEL III. beauftragt Marschall PIETRO BADOGLIO mit der Regierungsbildung, der ein Kabinett ohne faschistische Mitglieder bildet und die Faschistische Partei auflöst. Die Wahl einer neuen Volksvertretung vier Monate nach Beendigung der Feindseligkeiten wird zugesagt. Das Regime implodiert.
BADOGLIO erklärt, den Kampf an der Seite der Deutschen fortsetzen zu wollen, doch rechnet HITLER von vornherein mit einem Ausscheiden Italiens. Es werden deshalb weitere deutsche Verbände nach Italien entsandt.

31. Juli Rom wird »offene Stadt« und am 10 Sept. von deutschen Truppen besetzt.

3. Sept. Nach in Lissabon eingeleiteten Verhandlungen (3. Aug.) unterzeichnen Bevollmächtigte BADOGLIOS in Cassibile (Sizilien) einen zunächst noch geheimen Waffenstillstand.
Briten landen in Kalabrien, US-Truppen (9. Sept.) bei Salerno (Kampanien).

8. Sept. Auf die von US-General DWIGHT D. EISENHOWER vollzogene **Bekanntgabe des Waffenstillstandes** laufen die deutschen Gegenmaßnahmen an, die zur Besetzung Roms und zur Entwaffnung, Gefangennahme oder Entlassung der italienischen Kräfte in Südfrankreich, Italien und auf dem Balkan führen. König, Kronprinz und BADOGLIO gelingt die Flucht ins alliierte Lager. Die Deutschen beginnen die Deportation italienischer Juden. De-facto-Teilung Italiens.

12. Sept. MUSSOLINI, der von Rom auf die Insel Maddalena und dann auf den Gran Sasso in den Abruzzen gebracht worden ist, wird von den Deutschen befreit. **MUSSOLINI** tritt an die Spitze der am 9. Sept. gebildeten Gegenregierung und kehrt zum republikanisch-sozialistischen Kurs seiner Anfänge zurück (*Repubblica Sociale Italiana*). Er veranlasst ein Sozialisierungsgesetz (12. Febr. 1944). Ehemalige Faschistenführer, die am 24. Juli im Großen Rat gegen MUSSOLINI stimmten, werden zum Tode verurteilt (8. bis 10. Jan. 1944) und erschossen (darunter GALEAZZO CIANO und Marschall EMILIO DE BONO [*1886, †1944]).
Die Alliierten setzen die »Badoglio-Divisionen« ein, die inzwischen wieder kampfverwendungsfähig gemacht worden sind. An die Spitze des Generalstabes tritt der in Tunis gefangen genommene Marschall GIOVANNI MESSE (*1883, †1968).

1944, 28./29. Jan. Verschiedene Widerstandsgruppen (v. a. Kommunisten und Sozialisten, aber auch linksliberale und katholische Kräfte), die sich zu einem **Komitee der nationalen Befreiung** (*Comitato di Liberazione Nazionale – CLN*) zusammengeschlossen haben, tagen in Bari (Apulien): Sie wenden sich gegen den König und den von den Alliierten unterstützten BADOGLIO. Doch setzt sich der im April aus Moskau zurückkehrende Kommunist PALMIRO TOGLIATTI (*1893, †1964) dafür ein, dass die innenpolitischen Streitfragen zurückgestellt werden; er will seine Partei und die mit ihr verbündeten Sozialisten unter PIETRO NENNI (*1891, †1980) auf demokratischem Weg an die Macht bringen und setzt dabei auf die »linken« Intellektuellen.
Auf die an Zahl und an Energie zunehmenden Aktionen der *Resistenza* (Widerstand) reagieren Wehrmacht und SS mit harter Repression.

15. April Neubildung des Kabinetts BADOGLIO, dem jetzt neben TOGLIATTI auch der Philosoph BENEDETTO CROCE (*1866, †1952) angehört; das Außenministerium übernimmt der aus der Emigration zurückgekehrte Graf CARLO SFORZA (*1872, †1952).

9. Juni Nach der Einnahme Roms durch die Alliierten am 4. Juni ernennt König VIKTOR EMANUEL III. seinen Sohn **UMBERTO** (*1904, †1983) zum **Generalstatthalter des Königreichs**. Gleichzeitig tritt BADOGLIO zugunsten eines Koalitionsministeriums unter IVANOE BONOMI (*1873, †1951) zurück, in dem TOGLIATTI seinen Platz behält. Die antifaschistischen Parteien sind an der Regierung.
Die deutsche Wehrmacht zieht sich auf eine Verteidigungslinie von Viareggio nach Rimini (durch den Apennin) zurück. Dahinter regiert MUSSOLINI weiter, aber die *Resistenza* gewinnt größere Zustimmung.

11. Dez. Der Austritt der Sozialisten macht eine Umbildung der Regierung BONOMI erforderlich, wobei der den Alliierten nicht genehme SFORZA ausscheidet und TOGLIATTI zum stellvertretenden Ministerpräsidenten aufsteigt.

1945, 24. Febr. Die Funktionen der am 11. Nov. 1943 eingesetzten Alliierten Kommission werden auf beratende Tätigkeiten beschränkt (Ende 1945 aufgelöst); jedoch gilt Italien noch nicht als alliiertes, sondern nur als Krieg führendes Land und wird daher auch nicht in die Vereinten Nationen aufgenommen.

5. April Beginn einer alliierten Offensive, die zum Zusammenbruch der deutschen Front und der Republik MUSSOLINIS führt.

25. April Antifaschistischer und antideutscher Aufstand in Norditalien.

28. April MUSSOLINI, der versucht, auf Schweizer Gebiet überzutreten, wird von kommunistischen Partisanen mit seiner Gefährtin CLARA PETACCI (*1912) erschossen.

29. April Unterzeichnung einer Sonderkapitulation der deutschen Heeresgruppe C (Südwest) in Caserta (Kampanien). Der Krieg in Italien geht zu Ende. Kommunistische Partisanen besetzen die Rathäuser und üben Rache an wirklichen oder vermeintlichen Faschisten sowie an nicht-kommunistischen Antifaschisten. | Forts. S. 1517 |

Papsttum/Vatikanstadt (1815–1945)

| Forts. v. S. 1066 |

1815 Der Wiener Kongress bestätigt den Kirchenstaat in den Grenzen von 1797.

1831–1846 Gregor XVI. (*1765) verurteilt nach der Niederschlagung von Aufständen im Febr. und März in seiner ersten Enzyklika »Mirari Vos« jede Auflehnung gegen die legitime Obrigkeit und alle liberalen Tendenzen: Der Konflikt zwischen der konservativen katholischen Kirche und dem säkularisierenden Liberalismus (Kulturkampf) kündigt sich an.

1846–1878 Papst Pius IX. (Giovanni Maria Graf Mastai-Ferretti; *1792) veranlasst zu Beginn seines Pontifikats politische und administrative Reformen. Nach der Revolution von 1848 und unter dem Druck des Risorgimento wird seine Regierung restriktiver.

1848, 24. Nov. Pius IX. verlässt nach revolutionären Erhebungen Rom.

1849 Französische und spanische Truppen schlagen die Aufstände nieder, doch kehrt Pius IX. erst im Frühjahr 1850 nach Rom wieder zurück.

1864, 8. Dez. Pius IX. verurteilt in der Enzyklika »Quanta cura« politische und gesellschaftliche Prinzipien des Liberalismus. Der europäische Dimensionen annehmende »Kulturkampf« zwischen katholischer Kirche und Liberalismus spitzt sich zu.

1869, 8. Dez. Beginn des **Erstes Vatikanischen Konzils**.

1870, 18. Juli Auf dem Konzil verkündet Pius IX. nach lebhafter Opposition (u.a. der meisten deutschen und österreichischen und vieler französischer Bischöfe) das von der ultramontanen Bewegung seit langem geforderte Dogma der Unfehlbarkeit und des Universalepiskopats des Papstes (der ist Papst unfehlbar, wenn er *ex cathedra* in Fragen der Glaubens- und Sittenlehre entscheidet). Das Konzil ist Höhepunkt der päpstlichen Autoritätssteigerung und der ultramontanen Konzentration, was in den meisten Ländern kulturkämpferische Reaktionen hervorruft.

20. Sept. **Ende des Kirchenstaats** nach der Besetzung Roms durch italienische Truppen.

1878–1903 Papst Leo XIII. (Gioacchino Graf Pecci; *1810) bemüht sich um Verständigung der Kirche mit den Staaten (u.a. Beilegung des deutschen Kulturkampfes), um Ausgleich mit der modernen Kultur und um aktive Mitwirkung der Kirche bei der Lösung der neuen sozialen Probleme; den Anspruch auf den Kirchenstaat erhält er aufrecht.

Die Päpste (1800–1922)

Pius VII.	1800–1823	Pius IX.	1846–1878
Leo XII.	1823–1829	Leo XIII.	1878–1903
Pius VIII.	1829–1830	Pius X.	1903–1914
Gregor XVI.	1831–1846	Benedikt XV.	1914–1922

1891, 15. Mai Die Sozialenzyklika *Rerum Novarum*, die zum Programm der katholischen Bewegung wird, plädiert für eine christliche Lösung der Arbeiterfrage; sie verwirft den Sozialismus, aber auch die kapitalistische Praxis. In Italien entsteht eine breite katholische Vereinsbewegung, die aber im vorpolitischen Raum bleibt.

1903, 4. Aug. Wahl von Giuseppe Sarto (*1835) als Papst Pius X. Er regiert autoritär und verurteilt die ihm als »modernistisch« erscheinenden Strömungen (Enzyklika *Pascendi dominici gregis* 1907), führt aber viele praktische Reformen durch. Das *Non expedit* wird gelockert, der Eintritt der Katholiken ins politische Leben Italiens eingeleitet.

1914–1922 Papst Benedikt XV. (Giacomo Della Chiesa, *1854) mildert innerkirchliche Gegensätze und tritt 1914/15 für die Begrenzung des Krieges (Neutralität Italiens) ein. Das seit 1870 politisch mehr und mehr isolierte Papsttum kehrt darüber in die internationale Politik zurück.

1917 Benedikt ergreift eine **Friedensinitiative** zur Beendigung des Ersten Weltkrieg, die jedoch v.a. an der durch Italien mitbeeinflussten Ablehnung der Alliierten scheitert.

Der *Codex Iuris Canonici* kodifiziert das Kirchenrecht auf der Grundlage des Dogmas von 1870.

nach 1918 Der Papst wendet sich gegen eine Aufteilung Europas in Sieger und Besiegte.

1920, 23. Mai Friedensenzyklika »Pacem Dei munus«.

1922–1939 Papst Pius XI. (Achille Ratti, *1857) regiert wieder autoritär, fördert Mission, Katholische Aktion und Wissenschaft. Durch große Enzykliken versucht er die Werte christlicher Gesellschaftsordnung zu erhalten, zur Anpassung an die durch den Weltkrieg veränderte Lage schließt er zahlreiche Konkordate.

1929, 11. Febr. Die **Lateranverträge** mit Italien begründen den »Staat der Vatikanstadt«. Sie versöhnen Italien und das Papsttum, das ein letztes Mal starken Einfluss auf die italienische Gesellschaft durchsetzt.

1933, 20. Juli Der Abschluss eines Konkordats mit dem Deutschen Reich findet weltweit große Beachtung.

1937, 14. März Papst Pius XI. nimmt durch die Enzyklika »Mit brennender Sorge« scharf gegen die nationalsozialistische Kirchenpolitik Stellung.

1939–1958 Pius XII. (Eugenio Pacelli, *1876) führt den päpstlichen Zentralismus zum Höhepunkt.

1939–1945 Der Vatikan hält im Zweiten Weltkrieg strikte Neutralität ein und versucht sich als Friedensvermittler. Er initiiert viele Hilfsmaßnahmen, protestiert aber kaum öffentlich gegen Kriegsverbrechen.

| Forts. S. 1523 |

Spanien (1516–1945) | Forts. v. S. 570, 572, 573 |

Spanien (1516–1788)

Nach der Vereinigung der Kronen Kastilien und Aragón samt Nebenländern sowie der kolonialen Expansion Kastiliens nach Amerika steigt Spanien unter König Karl I. (zugleich deutscher König und Kaiser Karl V.) zur Hegemonialmacht Europas auf. Ihren Höhepunkt und ihre größte Ausdehnung erreicht die spanische Herrschaft in Europa und der übrigen Welt unter seinem Sohn König Philipp II., der dank der Personalunion mit Portugal ab 1580 auch die portugiesischen Handelsstützpunkte in Afrika und Asien und dazu alle Kolonien in Süd-, Mittel- und Nordamerika einschließlich der karibischen Inseln verwaltet. Mitte des 17. Jh.s wird Spanien, auch wegen der gesunkenen Edelmetalllieferungen aus Amerika, von Frankreich als neuer europäischer Hegemonialmacht abgelöst. Auf Grundlage der aufgeklärt-absolutistischen Reformen der bourbonischen Könige im 18. Jh. gewinnt die spanische Monarchie auf der Iberischen Halbinsel und in Europa, aber auch in Amerika und Asien, innen- und außenpolitische Machtpositionen zurück.

1516, 23. Jan. Mit dem Tod Ferdinands des Katholischen (*1452, Regentschaft seit 1479) fällt die Thronfolge in allen Reichen der Krone Aragón und der Krone Kastilien samt »den Inseln und dem Festland« der expandierenden Neuen Welt an dessen nicht regierungsfähige, psychisch kranke Tochter Königin Johanna (*1479, †1555) und deren ältesten Sohn Karl (*1500, †1558) als Prinzregenten.

1517 Um seinen Thronanspruch durchzusetzen, kommt Karl, Herzog von Burgund und Erzherzog von Österreich, aus den zu seinem burgundischen Erbe gehörenden Niederlanden nach Spanien.

1518, 1519 Er wird 1518 von den kastilischen *Cortes* und 1519 von denen der Krone Aragón als gemeinsam mit seiner Mutter regierender König **Karl I.** (bis 1556) anerkannt. Formal erhält er erst mit dem Tode Johannas 1555 die alleinige Königsgewalt über die kastilischen und aragonesischen Reiche.

1519 Nach der Wahl Karls zum römischen König (Karl V., bis 1556) durch die Kurfürsten des Reichs wird die Wirtschaftskraft des expandierenden spanischen Imperiums immer mehr zur wichtigsten Grundlage der kaiserlichen Großmachtpolitik. | s. S. 879 |

1520–1521 Gegen die Verletzung alter ständischer Rechte, überhöhte Steuern und die Einsetzung von Ausländern aus den Niederlanden in zentrale Hofämter durch den neuen König, insgesamt gegen die Preisgabe der nationalen Interessen, richtet sich in Kastilien der **Aufstand der Comunidades**, der Städte.

1521 In der Schlacht von Villalar wird in Kastilien das Heer der Aufständischen, deren Bewegung sich immer stärker zu einer sozialen Rebellion unterer und mittlerer städtischer Schichten gegen den wohlhabenderen Adel entwickelt hat, der gemeinsam mit dem Klerus die Krone unterstützt, von königlichen Truppen vernichtend geschlagen.

1522–1523 Ähnliche Aufstände der *Germanías* (Bruderschaften zünftiger Handwerker) in größeren Städten der Reiche Valencia und Mallorca, die zur Krone Aragón gehören, werden ebenfalls mithilfe des wohlhabenderen Adels niedergeschlagen.

Zahlreiche Kriege gegen den Dauerrivalen Frankreich unter Franz I. (1515–1547) und die muslimischen Herrschaftspositionen in Nordafrika bedrohen und lähmen die spanischen Seeverbindungen nach Italien. Die Außenpolitik des Kaisers, das christliche Europa spirituell, kirchlich und politisch gegen die Interessen und Ansprüche der protestantischen Fürsten im Reich, gegen diejenigen Frankreichs, des Papsttums und der Osmanen unter habsburgischer Hegemonie zu einer Einheit zu führen und das Reich zu befrieden, scheitert. Die Kosten dieser Politik ruinieren die Finanzkraft Kastiliens, nicht so die der weithin geschonten Reiche der Krone Aragón.

1534 Gründung des Jesuitenordens durch Ignatius von Loyola (*1491, †1556).

1535 Erwerb des Herzogtums Mailand gegen die Ansprüche Frankreichs.

1544, 25. Juli Aus Anlass der Hochzeit von Kronprinz Philipp (II.) (*1527, †1598) und Maria I. (*1516, †1558), seit 1553 Königin von England, übernimmt er die Regierung des Königreichs Neapel und des Herzogtums Mailand. Die erneuerte dynastische Verbindung der spanischen Habsburger mit England findet mit dem Tod der kinderlosen Maria I., einer Verwandten Karls, ein Ende.

1555, Okt. **Philipp II.** erhält von seinem Vater in Brüssel die volle Regierungsgewalt über die Niederlande mit Burgund, über die Kronen von Kastilien und Aragón mit allen Nebenländern und überseeischen Kolonien im Jan. 1556.

1556, 6. Sept. Karl zieht sich, persönlich immer stärker zum Kastilier geworden, in die Klosterresidenz San Jerónimo de Yuste (Extremadura) zurück, wo er zwei Jahre später stirbt.

1559, 3. April Im Rahmen einer Neuorientierung der Außenpolitik schließt Philipp II., um den letzten, seit 1556 andauernden Krieg gegen Frankreich zu beenden, den **Frieden von Cateau-Cambrésis** (südöstlich von Cambrai). Dabei kann er seine italienischen und niederländischen Besitzungen behaupten. Der Friede wird 1560 durch Philipps dritte Heirat mit Elisabeth von Valois (†1568), der ältesten Tochter des französischen Königs, dynastisch untermauert.

1561 Madrid wird Hauptstadt der spanischen Monarchie. Es wird Sitz des königlichen Hofes und der zentralen Ratsbehörden (*Consejos*).

1566 Beginn des Unabhängigkeitskriegs im calvinistischen und protestantischen Norden der Niederlande.

1571, 7. Okt. Nach zielstrebig vorangetriebener Flottenrüstung erringt Spanien gemeinsam mit Venedig und dem Heiligen Stuhl als Verbündeten den **Seesieg von Lepanto** (am Golf von Korinth) über die Osmanen, durch den die muslimische Seeherrschaft im Mittelmeer eingeschränkt, aber nicht gebrochen wird. 1578 schließt Spanien daher mit dem Osmanischen Reich nach Niederlagen in Nordafrika (Verlust von Tunis 1573) einen Waffenstillstand, der durch den Frieden von 1581 und danach noch mehrfach verlängert und bekräftigt wird. Seither richtet sich die spanische Außenpolitik mit Schwergewicht im atlantischen Raum gegen England.

1580 Nach dem Aussterben des Hauses Avis setzt PHILIPP seinen Anspruch auf den portugiesischen Thron gegen Konkurrenten auch militärisch mit der **Annexion Portugals** und seiner Kolonien durch. Spanien wird in Amerika, Afrika und Asien zur größten Kolonialmacht Europas,und damit zum ersten, vier Kontinente umspannenden Weltreich der Geschichte.

1581 Die *Cortes* von Tomar erkennen PHILIPP als König von Portugal mit der Bedingung der Wahrung aller bestehenden Institutionen und Rechte an. Die nördlichen Niederlande unter Führung WILHELMS VON ORANIEN (*1650, †1702) setzen PHILIPP im gleichen Jahr als Souverän ab.

1588, Juli/Aug. Der Plan einer spanischen Invasion in England, das seit 1585 die Aufständischen in den Niederlanden unterstützt und Häfen in Hispanoamerika angreift (FRANCIS DRAKE), scheitert mit der **Niederlage der Armada**, die gegen die englische Flotte und durch Stürme fast ein Drittel ihrer Schiffe verliert.

Die verstärkte spanische Flottenrüstung im Atlantikraum sichert zwar den Seeverkehr zu den hispanoamerikanischen Kolonien, die Seeverbindung zu den Niederlanden bleibt jedoch abgeschnitten. Die Herrschaft Spaniens in den Niederlanden und der Unabhängigkeitskrieg gegen die nördlichen Niederlande muss auf dem Landweg über die Besitzungen und Verbündeten PHILIPPS in Norditalien und Deutschland versorgt werden. Innenpolitisch ringt Spanien mit dem Regionalismus und der Assimilierung der ethnischen Minderheiten. Die verschiedenen Königreiche der spanischen Monarchie sind, von Ausnahmen abgesehen, nur durch die Person des Königs und die gemeinsame Außenpolitik miteinander verbunden.

1590 Mit dem Ziel einer dynastischen Vereinigung Spaniens mit Frankreich interveniert PHILIPP II. militärisch in Frankreich, wenn auch ohne Erfolg, gegen die Hugenotten zugunsten der katholischen Partei, die er bereits zuvor unterstützt hat.

1598 Im Frieden von Vervins (Département Aisne) verzichtet PHILIPP II. kurz vor seinem Tod auf alle Ansprüche auf den französischen Thron.

1590–1592 Ansätze zur »Kastilisierung« von Aragón führen zum Aufstand der Bevölkerung dieses Reiches mit Zentrum in Saragossa.

1568–1614 Die verschärfte Zwangskatholisierung der kulturell arabisch und muslimisch verbleibenden **Morisken** (der nach der Reconquista in Spanien zurückgebliebenen Mauren) im Königreich Granada kulminiert in deren Rebellion (1568–1570). Nach der Unterdrückung des Aufstands erfolgt eine Zwangsverteilung der Aufständischen auf verschiedene Provinzen Kastiliens (1570–1571) und schließlich, nach dem Scheitern der Assimilierungsbemühungen, die brutale Vertreibung der Morisken (1609–1614), von der insgesamt etwa 273 000 Menschen in ganz Spanien betroffen sind.

1598 PHILIPP III. wird neuer König (*1578, †1621). Er überlässt 1599 bis 1618 seinem persönlichen Günstling (*Valido*), FRANCISCO GÓMEZ DE SANDOVAL Y ROJAS, bald Herzog von Lerma (*1553, †1625), wie einem späteren Ersten Minister entscheidenden Einfluss auf die Innen- und Außenpolitik.

1604 Aufgrund der materiellen Erschöpfung des Imperiums setzt PHILIPP III. die Friedenspolitik seines Vaters fort und schließt in London **Frieden mit England**, wobei jedoch die umstrittene Frage des spanischen Kolonial- und Handelsmonopols in Übersee ausgeklammert bleibt. Der Vertrag beendet die englische Unterstützung der Generalstaaten und die Angriffe englischer Schiffe in den Kolonien.

1607 Es folgt ein partieller Waffenstillstand mit den nördlichen Niederlanden, der aber, nachdem Spanien die Souveränität der Generalstaaten zwar de facto, aber nicht in einem formalen Frieden anerkennen will, in Antwerpen auf zwölf Jahre begrenzt wird (1609–1621).

1618–1620 Zum neuen königlichen Günstling und Ersten Minister steigt CRISTÓBAL GÓMEZ DE SANDOVAL ROJAS, Herzog von Uceda (*1581, †1624), der Sohn des Herzogs von Lerma, auf.

1621 PHILIPP IV. wird König (*1605, †1665). Er und bis 1643 sein allmächtiger persönlicher Günstling und Erster Minister, GASPAR DE GUZMÁN Y PIMENTEL (*1587, †1645), Graf (später auch Herzog) von Olivares, bemühen sich, Spaniens schwächer werdende Hegemonialstellung in Europa mit militärischen Mitteln wiederherzustellen.
Der Waffenstillstand mit den nördlichen Niederlanden wird nicht verlängert und der Krieg fortgesetzt. **Erste militärische Erfolge in den Niederlanden** sind nicht von langer Dauer. Die Beteiligung spanischer Truppen am Dreißigjährigen Krieg in Deutschland und die Verteidigung der Vorherrschaft Spaniens in Italien werden zu zusätzlichen Belastungen.

1635–1659 Der Krieg Frankreichs mit dem Reich und Spanien verlängert die spanischen Kampflinien von den Niederlanden und Deutschland über die Franche-Comté bis zu den katalanischen Pyrenäen.

1640 Der Aufstand in Katalonien und die **Loslösung Portugals** und der portugiesischen Kolonien schwächen die äußere militärische Situation Spaniens. Wichtigste Ursache für den Aufstand in Katalonien sind die hohen Steuern und Belastungen der Bevölkerung zur Versorgung des spanischen Heers während des Kriegs gegen Frankreich. Die Unabhängigkeitsbewegung in Portugal erhebt sich mit Unterstützung des Adels unter Johann IV. (*1604, †1656; 1640–1656) als neuem König aus dem Hause Bragança u. a. auch wegen hoher steuerlicher Belastungen.

1643 Der Herzog von Olivares wird gestürzt und nach der Neuorganisation der Regierung z. T. von dessen Neffen Luis de Haro (*1598, †1661) als neuem Ersten Minister ersetzt, der bis 1661 an der Macht bleibt.

1648 Im Vorfeld des Westfälischen Friedens **erkennt Spanien** in Münster die **Unabhängigkeit der Generalstaaten** sowie deren Recht zur Gründung von Kolonien und zum Handel in Übersee **an**. Die Generalstaaten haben Portugal während und nach der iberischen Personalunion große Teile des Asienhandels samt Stützpunkten abgejagt und sich auch in Nordostbrasilien festsetzen können. Mit Frankreich und Portugal kann Spanien noch keinen Frieden erzielen.

1657 Nach dem Militärbündnis zwischen Frankreich und England, das die bisher bestehende diplomatische Zusammenarbeit verstärkt, muss Spanien entscheidende Niederlagen hinnehmen.

1659 Der **Pyrenäenfrieden** beendet den Krieg mit Frankreich. In diesem Vertrag behauptet Spanien zwar seinen italienischen Besitzstand, muss jedoch Gebiete im Süden der Niederlande sowie an der katalanischen Pyrenäengrenze die Grafschaften Rosellón (französisch: Roussillon) und Cerdaña (französisch: Cerdagne) an Frankreich abtreten; eine vereinbarte Heirat zwischen beiden Herrscherhäusern eröffnet die Möglichkeit, dass das Erbe der spanischen Habsburger an die französischen Bourbonen fällt.
Seit der Zeit des Pyrenäenfriedens verliert Spanien endgültig seine europäische Vormachtstellung. Es erfährt auch Rückschläge in seinen überseeischen Kolonien (z. B. 1670 Anerkennung der Eroberung Jamaikas durch England 1655).

1665–1700 König Karl II. (*1661, †1700) ist der letzte spanische Habsburger. Bis zu seiner Volljährigkeit 1675 regiert für ihn seine Mutter Maria Anna von Österreich (*1635, †1696), die von Günstlingen unterstützt wird. Nach 1675 regiert er selbst, ist aber insgesamt ein unfähiger und erfolgloser König.

1668, 13. Febr. Nachdem alle militärischen Versuche gescheitert sind, das von England und Frankreich unterstützte Portugal zurückzuerlangen, erkennt Spanien im **Friedensvertrag von Lissabon** die Sezession und Unabhängigkeit des Landes und seiner Kolonien an. Ceuta, das sich nicht dem neuen portugiesischen Herrscherhaus Bragança unterwirft, wird spanisch.

2. Mai Nach dem Devolutionskrieg muss Spanien im Frieden von Aachen verschiedene strategische Plätze in Flandern an Frankreich abtreten.

1677–1679 Juan José de Austria (*1629, †1679), ein illegitimer, später legitimierter Sohn Philipps IV., ist neuer Erster Minister. Er verdankt dieses Amt dem ersten Staatsstreich in der Geschichte Spaniens.

1678 Im Frieden von Nimwegen nach dem Holländischen Krieg fallen weitere flandrische Plätze und die Franche-Comté an Frankreich.

1684 Im Waffenstillstand von Regensburg verliert Spanien Luxemburg zeitweilig an Frankreich.

1686–1699 Manuel Joaquín Álvarez de Toledo-Portugal, Graf von Oropesa (*1650, †1707), ist neuer Erster Minister. Er und sein Vorgänger, Juan Francisco Tomás de la Cerda, Herzog von Medinaceli, (*1637, †1691; 1680–1685 Erster Minister), setzen einige Reformen in der Verwaltung, v. a. in der Finanzverwaltung durch, die unter König Philipp V. fortgeführt werden.

1697 Der Friedensschluss von Rijswijk nach dem Pfälzischen Erbfolgekrieg bringt vorteilhafte Grenzberichtigungen: Frankreich gibt ganz Katalonien sowie Luxemburg und einige weitere Festungen in den südlichen Niederlanden an Spanien zurück.

1700 Um die Einheit des spanischen Imperiums zu bewahren, setzt der kinderlose Karl II. in seinem Testament Philipp von Anjou (*1683, †1746), Enkel König Ludwigs XIV. (1643–1715) von Frankreich, zum Thronerben ein.

1700–1746 Als König Philipp V. wird dieser 1702 in allen Teilen des Imperiums, besonders von der Bevölkerung Kastiliens, anerkannt.

1701–1714 Da die aggressive Außenpolitik Ludwigs XIV. Philipps Ansprüche auf den französischen Thron bestärkt und er sich diese gegen die Bestimmungen des Testaments Karls II. 1701 vom Pariser Parlament bestätigen lässt, kommt es 1702 zum **Spanischen Erbfolgekrieg**. Gegner sind Frankreich und Spanien einerseits und die Haager Allianz (England, Generalstaaten, Österreich und die meisten deutschen Fürsten) andererseits, denen sich Portugal und Savoyen anschließen. England und die Generalstaaten als See- und Handelsmächte sehen sich auch durch die einseitige Zulassung der Franzosen neben den Spaniern zum monopolistischen Kolonialhandel Spaniens benachteiligt.

Spanien 1660

1704–1714 Einführung von Staatssekretariaten oder Fachministerien neben den bestehenden Ratsbehörden (*Consejos*), die abgeschafft oder in ihren Kompetenzen beschnitten werden.

1705 Anerkennung des Erzherzogs Karl von Österreich als König Karl III. (*1685, †1740) durch die Reiche der Krone Aragón.

1707–1716 Abschaffung der Selbstständigkeit, der Sonderrechte und Steuervorteile der Teilreiche der Krone Aragón. Diese Reiche unterstützen Karl III. gegen den kastilisch-bourbonischen Zentralismus.

1713, 11. April, 1714, 7. März Aufteilung der spanischen Monarchie in den **Friedensschlüssen von Utrecht und Rastatt**: Philipp V. erhält Spanien und alle überseeischen Kolonien in Amerika und Asien; auf die Vereinigung der beiden bourbonischen Monarchien Frankreich und Spanien wird verzichtet. Die spanischen Niederlande, das Herzogtum Mailand, das Königreich Neapel und Sardinien fallen an Österreich, Sizilien an Savoyen. Gibraltar und Menorca, die bereits während des Krieges als Marinestützpunkte erobert worden sind, verbleiben bei England. Spanien öffnet durch den sog. *Asiento* sein hispanoamerikanisches Kolonialreich für englische Sklavenschiffe und jährlich ein Schiff mit Waren aus England. Dadurch erhalten britische Kaufleute legal direkten Zugang zu den wichtigsten hispanoamerikanischen Häfen, ein begrenzter Zugang, der durch Schmuggel erheblich erweitert wird. An der östlichen Mündung des Rio de la Plata gibt Portugal an Spanien die Schmugglerkolonie Colonia del Sacramento zurück (heute Uruguay). Spanien ist somit in Europa auf die Iberische Halbinsel zurückgeworfen, bleibt aber eine immer stärker werdende atlantische See- und Handelsmacht.

1718 Einführung von Provinzintendanten zur Verbesserung der Finanz- und der Militärverwaltung, der allgemeinen Wohlfahrt und der Gerichtsbarkeit nach früheren spanischen, aber in erster Linie französischen Vorbildern. Parallel dazu wird die Verpachtung von Steuern zugunsten der Eigenverwaltung zurückgedrängt. Nach Abschaffung 1724 werden die Provinzintendanten erneut 1749 in ganz Spanien flächendeckend eingesetzt.

ab 1733 Nach vergeblichen Versuchen, die verlorenen italienischen Besitzungen dauerhaft zurückzuerobern, verbündet sich Spanien mit Frankreich gegen die Interessen Englands und Österreichs (1., 2. und 3. Bourbonischer Familienpakt 1733, 1743 und 1761). Im Rahmen der europäischen Kriege des Jh.s erhält Spanien im Wiener Vorfrieden das Königreich Neapel und Sizilien (1735) sowie im Frieden von Aachen (1748) die Herzogtümer Parma, Piacenza und Guastalla zurück.

1734 Einführung von Provinzialmilizen in ganz Spanien, die als Reserve zur Unterstützung des stehenden Heeres dienen. In diesem Zusammenhang wird eine Frühform der allgemeinen Wehrpflicht eingeführt.

Die fähigsten Reformminister unter Philipp V. und Ferdinand VI. sind José Patiño Rosales (Erster Minister 1734–1736), José del Campillo y Cossío (Finanz-, Kriegs-, Marine- und Amerikaminister 1741–1743), und Zenón de Somodevilla y Bengoechea, Marqués de la Ensenada (in den gleichen Ministerien 1743–1754).

1746–1759 König Ferdinand VI. (*1713, †1759) verfolgt in seiner Regierungszeit außenpolitisch eine Neutralitätspolitik,baut jedoch gleichzeitig zum Schutz des Überseereiches das Heer und v. a. die Flotte aus. Spanien unterhält nach der englischen und vor der französischen die zweitgrößte Kriegsflotte im Atlantik.

1739–1749 In einem bilateralen Zusatzvertrag von 1749 (ratifiziert 1750) im Anschluss an den Frieden von Aachen 1748 beendet Spanien den zehnjährigen Krieg (War of Jenkins Ear) mit England. Dabei verzichtet England ab 1753 auf den seit 1714 bestehenden *Asiento* und die damit verbundenen Privilegien. Die mit der Durchführung des *Asiento* beauftragte englische *South Sea Company* erhält von Spanien für die Verluste während des Kriegs eine Entschädigung. Gibraltar und Menorca bleiben jedoch englisch.

1750 Vertrag zwischen Spanien und Portugal über die Grenzen ihrer Besitzungen in Amerika und Asien, der 1751 ratifiziert wird.

1754 Konkordat zwischen Spanien und dem Heiligen Stuhl.

1759 Karl III. (*1716, †1788) wird neuer König. Er setzt die bourbonische antibritische Außenpolitik fort. Um gegen die Überlegenheit Großbritanniens aufzuholen, treibt er die Reform und Modernisierung von Staat, Wirtschaft und Gesellschaft voran.

1761–1763 Spanien kann als Kriegspartei im Siebenjährigen Krieg, in den es erst nach dem dritten Bourbonischen Familienpakt 1761 an der Seite Frankreichs eintritt, seinen kolonialen Besitzstand knapp behaupten. Im Frieden von Paris (1763) erhält es von Frankreich das riesige, im Norden nicht zu verteidigende, von Franzosen besiedelte Louisiana im Austausch gegen das strategisch bedeutendere Florida, das an England fällt. An der östlichen Mündung des Rio de la Plata muss es Portugal erneut den Hafen Colonia del Sacramento überlassen. Nach dem Schock über die britische Eroberung der zentralen Kolonialhäfen Havanna und Manila 1762, die jedoch 1763 wieder zurückgegeben werden, beginnt Spanien zur Sicherung des Kolonialreichs ein umfangreiches militärisches, fiskalisches und wirtschaftliches Reformprogramm. Karl III. kann dafür fähige Reformer als Ressortminister und hohe Beamte ernennen, die v. a. aus dem niederen Adel stammen.

1764 Beginn des Aufbaus von Provinzialmilizen in den Kolonien nach dem Vorbild des Mutterlandes, zuerst auf Kuba.

1765 Auftakt zur Liberalisierung des Handels zwischen dem Mutterland und den Kolonien, als Test zuerst begrenzt auf die Großen Antillen.

1766 Hungeraufstände in ganz Spanien wegen hoher Weizenpreise nach der Liberalisierung des Weizenhandels 1765.

ab 1767 Ausweisung der Jesuiten aus Spanien und Hispanoamerika aus Anlass des Madrider Hungeraufstands: Die Ordensvermögen werden zugunsten der Kronfinanzen konfisziert und privatisiert.

1777 Spanien erlangt nach einem Krieg gegen Portugal die östliche Mündung des Río de la Plata mit dem Schmugglerhafen Colonia del Sacramento zurück. Im Austausch dafür übergibt es Portugal das Gebiet des heutigen Bundesstaats Rio Grande do Sul in Südbrasilien.

1778–1789 Einführung des »freien Handels« zwischen den größeren Häfen des Mutterlandes und denen der hispanoamerikanischen Kolonien. Ausgenommen ist Mexiko, das erst 1789 einbezogen und aus dem Handelsmonopol von Cádiz entlassen wird.

1779–1783 Spanien unterstützt im amerikanischen Unabhängigkeitskrieg die nordamerikanischen Kolonien gegen Großbritannien. Im Frieden von Versailles gibt Großbritannien Spanien zwar Florida und Menorca, nicht aber Gibraltar zurück.

ab 1780 Beginn der Einführung des ersten Papiergelds (*vales reales*) mit nachfolgender kriegsbedingter Papiergeldinflation. Zur Deckung des Papiergelds werden später weitere Kirchenvermögen in Spanien und Hispanoamerika konfisziert.

Die bedeutendsten Reformminister unter Karl III. sind neben anderen die aus dem niederen kastilischen Adel stammenden Juristen José Moñino y Redondo, Graf von Floridablanca (Erster Minister 1777–1792) und José de Gálvez, Marqués de Sonora (Amerikaminister 1775–1787) sowie der aragonesische Hochadlige (*Grande*) und Militär Pedro Pablo Abarca de Bolea, Graf von Aranda (Präsident des Kastilienrats 1766–1773, Erster Minister 1792).

Bevölkerung, Wirtschaft, Staat und Kultur

Die Bevölkerung Spaniens steigt im 16. Jh. von 4,2 auf etwa 6,4 Mio. Einwohner an, erhöht sich bis zum Ende des 17. Jh.s nur langsam bis auf rund 7,1 Mio. und wächst bis zum späten 18. Jh. wieder stark auf etwa 11,1 Mio. Einwohner. Während seit dem letzten Drittel des 16. Jh.s die Bevölkerung auf der Meseta (der zentralspanischen Hochfläche von León, Extremadura, Alt- und Neukastilien) zurückgeht, wächst sie gleichzeitig bis zum Beginn des 19. Jh.s in den Küstenregionen.

Spanien bleibt bis zum Ende des 18. Jh.s insgesamt ein verhältnismäßig zurückgebliebenes, typisch **mediterranes Agrarland**. Steigende soziale Kosten imperialer Politik und verheerende Epidemien haben die Agrarzonen der Meseta entvölkert. Die durch die Entvölkerung und die koloniale Nachfrage bedingten Lohnsteigerungen sowie die städtischen Höchstpreisfixierungen für Lebensmittel machen die Landwirtschaft wenig rentabel. Diese Rahmenbedingungen verstärken die Konzentration des Bodeneigentums in der Hand von Klerus und Adel, den weniger ökonomisch und mehr traditionell orientierten Werteliten. Die extensive Viehzucht, insbesondere die Schafzucht, wird erst durch die Bevölkerungszunahme im 18. Jh. zugunsten der Getreideproduktion zurückgedrängt.

Hohe Löhne und Transportkosten machen in ähnlicher Weise in den Gewerbestädten der Meseta die Industrie, v. a. die Textilindustrie, auf den kolonialen Exportmärkten in Amerika im Vergleich zu nordeuropäischen Produktionszentren konkurrenzunfähig. Angesichts eines schwachen, den adligen Lebensstil nachahmenden Bürgertums beherrschen ausländische Kaufleute und Unternehmer den spanischen Außenhandel, v. a. den lukrativen Kolonialhandel. Die sozialökonomischen Modernisierungsbemühungen des aufgeklärten Absolutismus im 18. Jh. sind auf der Meseta wenig erfolgreich; die Küstenprovinzen erleben dagegen in dieser Zeit einen industriellen Aufschwung ohne den aufgeklärten Absolutismus. Barcelona mit Umland wird nach englischem Vorbild zum wichtigsten exportorientierten Zentrum der industriellen Revolution, und zwar in der Baumwollverarbeitung zur Versorgung Spaniens und seiner Kolonien.

Im 16. Jh. konzentriert sich die Modernisierung in den Teilreichen der spanischen Monarchie auf die Errichtung von Ratsbehörden (*Consejos*) für Verwaltung und Berufungsgerichtsbarkeit am zentralen Hof sowie die Einsetzung von Vizekönigen in den Hauptstädten der großen Teilreiche. Die *Consejos* werden im 18. Jh. z. T. abgeschafft und z. T. in ihren Kompetenzen zugunsten von Fachministerien beschnitten. Daneben bestehen flächendeckend einfache Berufungsgerichte und Verwaltungsbehörden und, von zentraler Bedeutung, die Kassen der königlichen Finanzverwaltung. 1753–1756

Silber- und Goldproduktion im spanischen Amerika 1591–1810

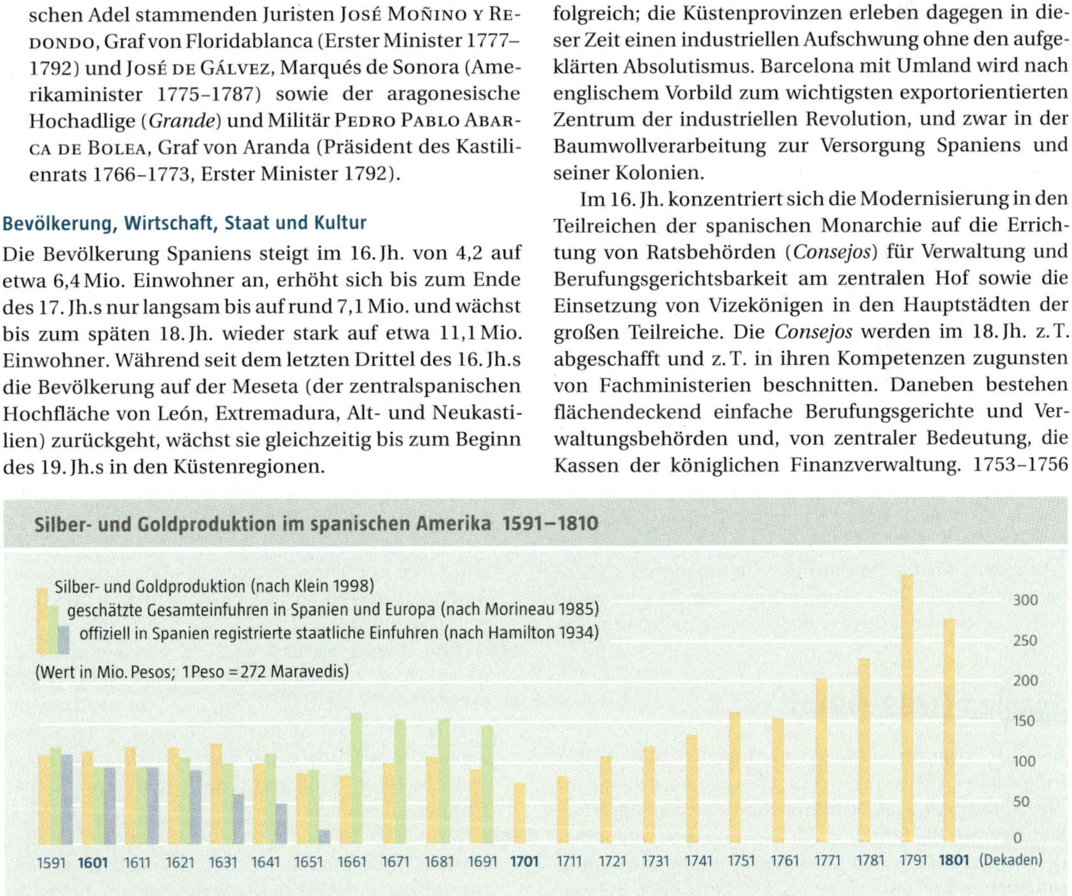

bestehen die Einnahmen des Staatshaushalts der spanischen Monarchie zu einem Fünftel aus steuerlichen Direktüberweisungen der Kolonien, zu einem weiteren Fünftel aus dem Steueraufkommen des küstennahen Andalusien, das vom monopolistischen Kolonialhandel profitiert, und zu einem dritten Fünftel aus dem Steueraufkommen der merkantilen Küstenprovinzen Katalonien, Valencia, Galicien und Neukastilien. Die Regionen der zurückgebliebenen Meseta tragen nur noch wenig zum Steueraufkommen bei. Das hohe rentenartige Steueraufkommen aus den Kolonien und aus den für die Kolonien produzierenden Küstenregionen hat in Spanien die Modernisierung von Wirtschaft, Gesellschaft und Staat, bei den politischen Institutionen die Ausbildung des Parlamentarismus, gebremst.

Die Silber- und Goldproduktion Hispanoamerikas, die meist ausgemünzt im 16. und 17. Jh. überwiegend aus Oberperu (Bolivien) und Peru, im 18. Jh. überwiegend aus Mexiko nach Europa kommt, ist Hauptmotor des Export- und Importhandels und der Binnenwirtschaft sowohl der Kolonien als auch des Mutterlandes. Der Einbruch der Gesamtproduktion im 17. Jh. ist geringer als bisher vermutet. Das ist auch der Fall, weil immer mehr Silber und Gold der königlichen Finanzverwaltung (für den Festungsbau) und der Unternehmer (für Immobilien, Luxus) in den Kolonien verbleiben. Hinzu kommt, dass bei den geschätzten Gesamteinfuhren in Spanien und Europa mehr Edelmetall geschmuggelt (nach MORINEAU) und somit bei den Zollbehörden weniger offiziell registriert wird (nach HAMILTON). Ende des 18. Jh.s ist der Absatzmarkt des spanischen Imperiums dank der enorm gestiegenen Kaufkraft in Silber und Gold der größte Markt der Welt. Parallel dazu ist der hispanoamerikanische Peso von acht Realen vom Ende des 16. bis zum Beginn des 19. Jh.s in wachsendem Maße die am weitesten verbreitete Handelswährung der Welt, die in Süd-, Mittel- und Nordamerika, aber auch in weiten Teilen Europas, Asiens und Afrikas zirkuliert. Hispanoamerikanische Silberpesos dienen dazu, den defizitären Handel Europas mit Asien, v. a. mit China, auszugleichen.

In Wissenschaft und Kunst ist Spanien auf dem Höhepunkt, aber auch später im Niedergang seiner politischen Hegemonie, in Europa bahnbrechend. Die spanische Spätscholastik wird zur Grundlage des modernen Natur- und Völkerrechts. Die Literaturen und die Künste einschließlich der Malerei des spanischen **Siglo de Oro** (»Goldenes Jh.«) gelten in ihrer Gattung jeweils als eigenständige große Leistungen, die vom Naturalismus oder vom Geist der Gegenreformation geprägt sind.

Spanien (1789–1914)

Im 18. Jh. dringen die Ideen der französischen Aufklärung nach Spanien vor, wirken jedoch nur auf einige wenige Bereiche, v. a. auf die Wirtschaft. Die wichtigste Veränderung ist die Stärkung der Stellung des wohlhabenden Bürgertums in den Küstengebieten und den größeren Städten im Landesinneren. Der aufgeklärte Absolutismus verliert unter KARL IV. gegen Ende des 18. Jh.s an Einfluss. Unter der ideologischen Bedrohung durch die Französische Revolution schließen sich **Monarchie und Kirche** – nach erheblichen Auseinandersetzungen im 18. Jh. – erneut zu einem **Zweckbündnis** zusammen. Reformistische Tendenzen werden unterdrückt.

1788–1808 KARL IV. (*1748, †1819) steht ganz unter dem Einfluss seiner Frau und ihres Günstlings MANUEL DE GODOY (*1767, †1851), der ab 1792 auch die Regierungsgeschäfte übernimmt. Der innenpolitisch weiter am aufgeklärten Absolutismus festhaltende GODOY führt Spanien durch das **Bündnis mit dem revolutionären Frankreich** in verlustreiche Kriege. Zunächst hat er sich jedoch auf die Seite der Gegner der Französischen Revolution geschlagen und muss 1795 im Frieden von Basel der Abtretung des spanischen Teils der Insel Haiti an Frankreich zustimmen. Durch den Vertrag von San Ildefonso (1796) wird Spanien auf Seiten Frankreichs in einen Krieg gegen England und Portugal gezogen. Als 1798 in Spanien mit der Enteignung und Verkauf von Kirchengütern begonnen wird, wird GODOY aus seinen Ämtern entlassen. Aus dem Hintergrund hat er auch weiterhin die Fäden der spanischen Politik in der Hand.

1802, 25. März Im Frieden von Amiens gewinnt Spanien Menorca im Tausch gegen die Insel Trinidad endgültig zurück.

1805, 21. Okt. **Vernichtende Niederlage** der spanisch-französische Flotte **vor Trafalgar** gegen die Briten. Nach der gescheiterten französischen Invasion in England beteiligt sich Spanien an der Kontinentalsperre.

1807, 27. Okt. NAPOLEON und GODOY unterzeichnen den Vertrag von Fontainebleau, in dem eine Dreiteilung Portugals beschlossen wird.

1808, März Unter dem Vorwand der Besetzung Portugals durch die Briten und im Einvernehmen mit KARL IV. und GODOY dringt ein französisches Heer in Spanien ein und besetzt das Land. Gegen die Willkürherrschaft GODOYS kommt es zum Aufstand von Aranjuez.

Mai **Allgemeiner Volksaufstand gegen die französische Besetzung** (2. Mai), die nach anfänglicher Überlegenheit zunehmend in die Defensive gerät, da sich die Spanier der Guerrillataktik bedienen.

Nach der erzwungenen **Abdankung KARLS IV.** zugunsten seines Sohnes FERDINAND VII. (*1784, †1833) zwingt NAPOLEON am 5. und 10. Mai in Bayonne Vater und Sohn zur Thronentsagung. König von Spanien wird am 6. Juni NAPOLEONS Bruder JOSEPH BONAPARTE (*1768, †1844).

1808–1814 **Unabhängigkeitskrieg**, der von einem englischen Heer unter Sir ARTHUR WELLESLEY (*1769, †1852), dem späteren Herzog von WELLINGTON, unterstützt wird. Am 21. Juli 1808 gelingt es den spanischen Aufständischen bei Bailén (Südspanien) erstmals, in einem größeren Gefecht die französischen Truppen zu schlagen.

1812, 18./19. März In Cádiz treten die **Cortes**, die alten Reichsstände, unter dem Schutz der englischen Flotte zusammen und **arbeiten eine Verfassung aus**, die zur damaligen Zeit als eine der modernsten Verfassungen weltweit gilt. Nach ihr sollen die Grundsätze der Französischen Revolution verwirklicht werden: Volkssouveränität, konstitutionelle Monarchie mit Gewaltenteilung, Garantie der Grundfreiheiten. Der Schwerpunkt der Macht liegt bei der Volksvertretung. Der Katholizismus wird als Staatsreligion anerkannt. Die Verfassung von Cádiz bleibt das Werk einer fortschrittlichen Minderheit.

1812/13 Mithilfe britischer Truppen schlagen die Spanier die französischen Truppen in offenen Feldschlachten bei Salamanca und Vitoria. Am 13. Nov. 1813 gesteht NAPOLEON im Vertrag von Valençay dem in Frankreich internierten FERDINAND VII. den spanischen Thron wieder zu.

1814 Als König **FERDINAND VII.** nach der Niederlage NAPOLEONS **auf den Thron zurückkehrt**, hebt er die Verfassung auf, führt die Inquisition wieder ein, ruft die Jesuiten zurück und löst die Cortes auf. Mit Unterstützung der Servilen regiert er gegen den Widerstand der Liberalen absolutistisch (bis 1820).

1816–1825 Alle **spanischen Kolonien** – mit Ausnahme von Kuba, Puerto Rico und den Philippinen – **gewinnen ihre Unabhängigkeit.** | s. S. 1315 |

1820–1823 Gegen die absolute Herrschaft FERDINANDS erheben sich die Liberalen unter dem Offizier RAFAEL DE RIEGO Y NÚÑEZ (*1784, †1823). Als die **Revolution gegen den König** das ganze Land umfasst, leistet dieser wieder den Eid auf die Verfassung von Cádiz (1820–1823: konstitutionelle Epoche), ruft jedoch die Heilige Allianz zu Hilfe, die eine französische Armee (»Die Hunderttausend Söhne des Heiligen Ludwig«) entsendet und die liberale Bewegung niederwirft. Danach lässt der König die Liberalen grausam verfolgen und regiert erneut absolutistisch (bis 1833).

1833–1839 Nach FERDINANDS Tod erheben die Regentin MARÍA CRISTINA (*1806, †1878) für die minderjährige Tochter ISABELLA (*1830, †1904) und sein Bruder DON CARLOS (*1788, †1855) Ansprüche auf den Thron. Der **Thronstreit löst** eine Reihe von Bürgerkriegen, die sog. **Karlistenkriege, aus,** durch die das Land in *carlistas* (Schwerpunkte: Baskenland, Navarra, Aragonien, Katalonien) und *cristinos* gespalten wird; der erste Krieg (seit 1834) endet mit dem Kompromiss von Vergara, der eine Amnestie für die Karlisten vorsieht. Ihr Thronprätendent, DON CARLOS, geht ins Exil.

1834 Da MARÍA CRISTINA im ersten Karlistenkrieg von den Liberalen gestützt wird, ist sie gezwungen, einen liberalen Kurs einzuschlagen und eine neue Verfassung, das *Estatuto Real*, zu verabschieden, das jedoch hinter der Verfassung von 1812 zurückbleibt.

1836/37 Die durch ein *Pronunciamiento* (Militärputsch) an die Macht gekommenen radikalen Liberalen (*progresistas*) stellen die Verfassung von Cádiz wieder her. Zur Finanzierung des Krieges veräußert Minister JUAN ÁLVAREZ MENDIZÁBAL (*1790, †1853) Kirchengüter (*desamortización*), die Adel und aufstrebendes Großbürgertum kaufen. Die ebenfalls 1837 erlassene relativ liberale Verfassung kann durch ständige Revolten und Militärputsche kaum Anwendung finden. In der zweiten Hälfte des Jh.s häufen sich Aufstände des ländlichen Proletariats.

1840 Die *progresistas* zwingen die Königin-Regentin MARÍA CRISTINA zur Abdankung und ernennen ihren Führer BALDOMERO ESPARTERO (*1792, †1879) zum Regenten, der allerdings bereits 1843 von General RAMÓN MARÍA NARVÁEZ (*1800, †1868) gestürzt wird, woraufhin das spanische Parlament die Thronfolgerin ISABELLA für volljährig erklärt.

1843–1868 ISABELLA II. muss mit den Liberalen regieren, teils mit den *moderados* (NARVÁEZ), teils mit den *progresistas* (ESPARTERO). Zwischen diesen beiden Gruppen steht die gemäßigte *Unión Liberal* (LEOPOLDO O'DONNELL). Während der **24 Regierungsjahre ISABELLAS II.** lösen sich **34 Regierungen** im Amt ab.

1845, Mai Eine **neue Verfassung** gibt der Krone weitere Befugnisse und beschränkt die Rechte des Parlaments.

1848, 26. März NARVÁEZ unterdrückt die republikanische Bewegung in Madrid.

28. Okt. Einweihung der ersten spanischen Eisenbahnlinie von Barcelona ins nördlich gelegene Mataró.

1851, 16. März Das Konkordat bestätigt die Ausnahmestellung der katholischen Kirche in Spanien.

1858–1863, 1865–1866 Während der Regierungszeit des gemäßigten O'DONNELL (*1809, †1867) erlebt Spanien zwar einen **wirtschaftlichen Aufschwung**, kann seine **innenpolitische Instabilität** aber nicht überwinden. Außenpolitisch sind die Kriege in Marokko (1859), Mexiko (1861), mit Chile und Peru (1865) sowie der »Krieg des Pazifik« (1861) patriotisch-propagandistische Feldzüge, die allerdings erhebliche militärische Mängel offenbaren.

1868, Sept. Unter der Führung von JUAN PRIM Y PRATS (*1814, †1870), FRANCISCO SERRANO Y DOMÍNGUEZ (*1810, †1885) und JUAN BAUTISTA TOPETE (*1821, †1885) weitet sich ein militärischer Aufstand gegen ISABELLA II. zu einer landesweiten Revolution aus, durch die die **Bourbonen aus Spanien vertrieben** werden.

1869 Nach der Absetzung der Königin übernimmt General FRANCISCO SERRANO Y DOMÍNGUEZ (*1810, †1885) die Regentschaft. Eine neue, demokratisch-revolutionäre Verfassung wird verabschiedet. Die ersten, anarchistisch ausgerichteten Arbeiterorganisationen werden gegründet.

1871–1873 Nach der fehlgeschlagenen Kandidatur des Prinzen LEOPOLD VON HOHENZOLLERN-SIGMARINGEN (*1835, †1905) wählen die Cortes den Herzog AMADEO D'AOSTA von Savoyen (*1845, †1890), Sohn VIKTOR EMANUELS II. von Italien, zum König AMADEUS I. Dieser erfährt weder von Adel und Kirche noch von den Liberalen Zustimmung.

1873–1874 Nach AMADEUS' Abdankung (11. Febr. 1873) **wird Spanien Republik** (vier Präsidenten in einem Jahr). Angesichts der innenpolitisch chaotischen Situation bereitet General MANUEL PAVÍA (*1827, †1895) durch einen Staatsstreich der Republik ein Ende und leitet die Restauration ein. Die Karlisten nutzen die instabile Situation und fallen von Frankreich aus in Spanien ein (Zweiter Karlistenkrieg 1872–1876). Durch die anfänglichen Erfolge der Karlisten, die Spanien bis zum Ebro besetzen können, und die parallel stattfindenden Aufstände der Kantonalisten, sieht sich General Arsenio Martínez Campos (*1831, †1900) dazu veranlasst, Isabellas Sohn Alfons XII. (*1857, †1885) zum König auszurufen (29. Dez. 1874).

1875–1885 Alfons XII. regiert mit der Verfassung von 1876 (konstitutionelle Monarchie, Zweikammersystem).

1879 Der PSOE (Spanische Sozialistische Arbeiterpartei) wird auf Anregung von Pablo Iglesias (*1850, †1925) in Madrid gegründet.

1885–1902 Nach Alfons' Tod übt die Königinwitwe Maria Christina (*1858, †1929) bis zur Volljährigkeit Alfons' XIII. (*1886, †1941) die Regentschaft aus. Gemäß dem *Pacto del Pardo* regieren abwechselnd der Konservative Cánovas del Castillo (*1828, †1897) und der Liberale Sagasta (*1827, †1903). Für die notwendigen Mehrheiten im Parlament sorgt das System der Kaziken (örtliche Honoratioren) mittels Wahlbetrug.

1892 Die Katalanen fordern in den *Bases de Manresa* Autonomie für Katalonien sowie die wirtschaftliche und politische Neustrukturierung Spaniens.

1898 Im Krieg mit den USA **verliert Spanien die letzten überseeischen Kolonien** Kuba, Puerto Rico und die Philippinen. Die militärische Niederlage bekundet zugleich den Bankrott des politischen Regimes der Restauration. Kritik an der Restaurationszeit übt die geistige Bewegung der »Generation von 1898«.

1902–1931 Während der Regierungszeit Alfons' XIII. kommt es im Zusammenhang mit dem Feldzug gegen die Rifkabylen in Marokko zu schwerwiegenden innenpolitischen Auseinandersetzungen (»Tragische Woche« in Barcelona, Juli 1909).

Die Vereinheitlichung von Recht und Verwaltung in der Restaurationszeit stößt auf den Widerstand des **baskischen und katalanischen Regionalismus**. Katalanische Autonomiebestrebungen bewegen sich auf einen politischen Separatismus hin.

1910 Gründung der anarcho-syndikalistischen Gewerkschaft CNT (*Confederación Nacional de Trabajo*).

1912, 27. Nov. Ein französisch-spanischer Vertrag grenzt die beiderseitigen Einflusssphären in Nordafrika voneinander ab.

1913 Katalonien erhält einen Ansatz von Selbstverwaltung (*Mancomunitat*). Mit der fortschreitenden Industrialisierung, v. a. in den Küstengebieten, bildet sich eine zahlreichere Arbeiterschaft heraus, die sich in Kastilien und im Baskenland mehr dem marxistischen Sozialismus, in Katalonien mehr dem anarchistischen Syndikalismus anschließt. Einen günstigen Nährboden findet der Anarchismus auch im ländlichen Proletariat Andalusiens.

Spanien (1914–1945)

Zu Beginn des Ersten Weltkriegs **erklärt Spanien seine Neutralität**, aus der die Wirtschaft des Landes großen Nutzen zieht. Trotz der günstigen Wirtschaftskonjunktur führen die Zuspitzung der militärischen Lage in Marokko und die zunehmenden sozialen Probleme über einen Generalstreik 1917 zur **Staatskrise**.

1918, 28. März Antonio Maura (*1853, †1925) bildet zwar ein »Kabinett der nationalen Regierung«, das aber nur bis zum 9. Nov. 1918 besteht und von noch kurzlebigeren Kabinetten abgelöst wird.

1921 Der Aufstand der Rifkabylen unter Abd el-Krim (*um 1880, †1963) in Marokko verschärft die Lage und führt zum *Desastre de Annual* (Verlust von mehr als 13 000 spanischen Soldaten).

1923, 13. Sept. Als zu den ungelösten innenpolitischen Problemen noch militärische Niederlagen in Marokko kommen, **putscht** der Generalkapitän von Katalonien, **Miguel Primo de Rivera** (*1870, †1930) und **errichtet eine Diktatur**, die vorerst auf keine öffentlich hervortretende Opposition stößt.

1925, 2. Dez. Primo de Rivera bildet ein Militärdirektorium, das später in ein ziviles Kabinett umgebildet wird. Der Diktator setzt die Verfassung außer Kraft, löst das Parlament auf und verbietet die politischen Parteien; zugleich lässt er eine Einheitspartei, die *Unión Patriótica*, gründen.

1925–1930 Der größte Erfolg der Diktatur ist, in Zusammenarbeit mit Frankreich, die **Beendigung des Marokkokrieges**. Die Regierung ist auf vielen Gebieten außerordentlich aktiv: Sie entfaltet eine ausgedehnte Gesetzgebungstätigkeit, beginnt mit einer Agrarreform, leitet eine soziale Reformpolitik ein und vergibt öffentliche Arbeitsaufträge. Allmählich jedoch verliert Primo de Rivera jegliche Unterstützung: wegen Zensurmaßnahmen und einer reaktionären Kulturpolitik die der Intellektuellen (Universitäten), wegen Beeinträchtigung ihrer Privilegien die der alten Aristokratie, wegen bestimmter Sozialgesetze die der Bank- und Geschäftswelt, wegen einer Heeresreform die des Militärs sowie wegen der Aufhebung der *Mancomunitat* die der Katalanen. Schließlich verliert er auch das Vertrauen des Königs.

1930, 28. Jan. Als zu diesen Schwierigkeiten noch die Weltwirtschaftskrise kommt, **tritt Primo de Rivera zurück**.

30. Jan. Nachfolger als Ministerpräsident wird General Dámaso Berenguer (*1873, †1953).

Nach dem Ende der Diktatur werden die politischen Parteien wieder aktiv. Im Pakt von San Sebastián schließen sich verschiedene bürgerliche und sozialistische Parteien mit dem Ziel zusammen, die Monarchie zu stürzen. Auch viele Liberale und Intellektuelle (u. a. José Ortega y Gasset [*1883, †1955], Gregorio Marañón [*1887, †1960], Ramón Pérez de Ayala [*1881, †1962]) sprechen sich für die Republik aus.

1931, 12. April Bei den Gemeindewahlen siegen auf dem Land die monarchistischen, in den größeren Städten jedoch die prorepublikanischen Parteien.

14. April Daraufhin wird **in verschiedenen Städten die Republik ausgerufen**. König Alfons XIII. verlässt Spanien, ohne auf seine Thronrechte zu verzichten. Niceto Alcalá Zamora (*1877, †1949) bildet eine provisorische Regierung aus republikanischen und sozialistischen Mitgliedern des Revolutionskomitees.

Die Zweite Republik (1931–1936)

Hauptprobleme der Zweiten Republik sind die Regionalismusfrage, die Agrarreform, die Stellung der Kirche und das Militär. Der Versuch, diese Probleme zu lösen, entfremdet die Regierung von wichtigen Schichten der Bevölkerung. Die Eigenart des republikanischen Wahlsystems führt dazu, dass die Geschichte der Zweiten Republik in drei deutlich unterscheidbare Phasen (1931–1933, 1934–1935, 1936) aufgeteilt werden kann.

1931–1933 In den ersten zwei Jahren der Republik (*bienio de reformas*) versucht die Regierung, die Hauptprobleme des Landes zu lösen. Die verarmte Landarbeiterschaft drängt mit militanten Aktionen ungeduldig auf eine rasche Agrarreform.

1931, 10./11. Mai Bereits wenige Wochen nach Ausrufung der Republik kommt es zu antiklerikalen Ausschreitungen; Kirchen und Klöster werden in Brand gesteckt.

28. Juni Bei den Wahlen zur verfassunggebenden Versammlung erringen Republikaner und Sozialisten eine überwältigende Mehrheit.
Alcalá Zamora bildet ein republikanisch-sozialistisches Koalitionskabinett.

9. Dez. Die **republikanische Verfassung ist liberal-fortschrittlich**; sie garantiert das Privateigentum, die Grundrechte und -freiheiten und die Gleichberechtigung aller Spanier. Staat und Kirche werden getrennt.

10. Dez. Nachdem Manuel Azaña (*1880, †1940) das Amt des Ministerpräsidenten (bis 1933) übernommen hat, wird Alcalá Zamora zum Präsidenten der Republik gewählt (bis 1936).

1932, 10. Aug. Ein erster **antirepublikanischer Aufstand** des rechtsgerichteten Generals José Sanjurjo (*1872, †1936) in Sevilla erschüttert die junge Republik.

15. Sept. Nach eingehenden Beratungen wird ein Autonomiestatut für Katalonien verabschiedet, das der Region eine Regierung (*Generalitat*), ein Parlament, Kulturhoheit und eigenes Budget zubilligt.
Gleichzeitig versucht das Agrarreformgesetz, die jahrhundertealten sozialen Probleme durch Neuverteilung des Grundbesitzes und Ansiedlung von Kleinbauern zu lösen. Das Verhältnis zwischen Staat und Kirche wird angesichts des Laizismus des Staates und der Entkonfessionalisierung des gesellschaftlichen Bereichs zusehends gespannter. Als Azaña die dringend notwendige Reform des Militärwesens einleitet, schafft er eine weitere oppositionelle, republikfeindliche Gruppe, die sich in der UME (*Unión Militar Española*) zusammenschließt.

1933 Starke Kräfte der Arbeiterschaft, v. a. die in der anarcho-syndikalistischen Gewerkschaft CNT organisierten, führen zahlreiche Aufstände gegen die Republik durch.

8. Jan. Die Radikalisierung auf der Linken ruft eine Gegenbewegung auf der Rechten hervor:
Ramiro Ledesma Ramos (*1905, †1936) gründet die faschistisch beeinflussten *Juntas de Ofensiva Nacional-Sindicalista (JONS)*.

29. Okt. Die antiparlamentarische, antimarxistische und antiliberale **faschistische Falange** *Española (FE)* wird von José Antonio Primo de Rivera (*1903, †1936) **gegründet**. 1934 schließen sich die Falange und die JONS zusammen.

19. Nov. Bei den Parlamentswahlen siegen die vereinigten Rechtsparteien. Alejandro Lerroux (*1864, †1949) bildet die neue Mitte-Rechts-Regierung. Es beginnen die »zwei schwarzen Jahre« der Zweiten Republik (*bienio negro*), in denen viele Reformgesetze der Vorgängerregierung rückgängig gemacht werden.

1934, 3. Okt. Neuer Regierungschef wird abermals der Radikale Alejandro Lerroux, der eine Koalitionsregierung mit der weiter rechts stehenden, 1932 entstandenen, katholischen *CEDA* (*Confederación Española de Derechas Autónomas*) von José María Gil Robles Quiñones (*1898, †1980) bildet. Der Regierungseintritt der CEDA wird von der Linken als faschistische »Machtergreifung« interpretiert.

Okt. Die Antwort der Linken sind **Generalstreik und Bergarbeiteraufstand** in Asturien (»Spanische Oktoberrevolution«), wo vorübergehend eine Räterepublik ausgerufen wird. In Barcelona proklamiert Lluis Companys (*1883, †1940) die Unabhängigkeit Kataloniens. Beide Aufstandsversuche werden blutig niedergeschlagen, Katalonien verliert die Autonomie.

1935, Dez. Als Reaktion auf die zunehmende innenpolitische Instabilität löst der Präsident der Republik das Parlament auf.

1936 Die dritte Phase der Republik erlebt zahlreiche Aufstände auf dem Land und eine fieberhafte Reformtätigkeit des Parlaments.

16. Febr. Die Linksparteien schließen sich zum **Wahlblock der Volksfront** (*Frente Popular*) zusammen und gewinnen deutlich die Parlamentswahlen. Manuel Azaña bildet eine Volksfrontregierung.

10. Mai Präsident der Republik wird Manuel Azaña (bis 1939), neuer Ministerpräsident Santiago Casares Quiroga (*1884, †1950).
In den folgenden Monaten wird das Land von Unruhen erschüttert, Generalstreiks lähmen die Wirtschaft, politische Morde häufen sich. Das Land ist in zwei Lager gespalten.

17./18. Juli Die Ermordung (13. Juli) des monarchistischen Abgeordneten José Calvo Sotelo (*1893) wird zum Anlass des von der Rechten seit Monaten vorbereiteten **Militärputsches**, der durch den Widerstand großer Teile der Arbeiterschaft fehlschlägt und sich zum **Bürgerkrieg** (bis 1939) ausweitet. Führer der Revolte, die in Marokko beginnt, sind u. a. die Generäle José Sanjurjo, Emilio Mola (*1887, †1937), Francisco Franco (*1892, †1975) und Gonzalo Queipo de Llano (*1875, †1951).

19. Juli José Giral (*1879, †1962) bildet die erste republikanische Regierung des Bürgerkrieges.

24. Juli Unter Führung von General Cabanellas (*1872, †1938) entsteht in Burgos (Altkastilien) eine Junta der Aufständischen.

4. Sept. In **Madrid wird eine Volksfrontregierung** unter FRANCISCO LARGO CABALLERO (*1869, †1946), unter Einschluss der Kommunisten, gebildet.
Im republikanischen Herrschaftsgebiet greift eine soziale Revolution unter Führung der Anarchisten und Linkssozialisten um sich, die sich gegen den bürgerlichen Staat und das kapitalistische Wirtschaftssystem richtet.

1. Okt. Im Lager der Aufständischen wird **FRANCISCO FRANCO** in Burgos zum **»Generalissimus« und Chef der nationalspanischen Regierung** (*caudillo*) erklärt.

8. Nov. Das Hauptziel der Rebellen, die Eroberung Madrids, scheitert am entschlossenen Widerstand der Bevölkerung und an deren Unterstützung durch die Internationalen Brigaden.
Bedeutend wichtiger als die Unterstützung der Republik durch die Sowjetunion, zu einem geringen Teil auch durch andere Staaten, ist die frühe und systematische Hilfe Deutschlands (v.a. Legion Condor), Italiens und Portugals für FRANCO, ohne die der Aufstand zusammengebrochen wäre. Die Westmächte (Frankreich/Großbritannien) erklären ihre Neutralität und bilden in London ein »Nichteinmischungs-Komitee«, dem alle Großmächte beitreten.

18. Nov. Deutschland und Italien erkennen das Francoregime diplomatisch an.
Das republikanische Lager ist in sich gespalten und geschwächt, während FRANCO in seinem Herrschaftsbereich an die straffe Zentralisierung aller Kräfte geht.

1937, 19. April FRANCO schließt die Falange und die Traditionalisten zu einer Einheitspartei (*FET y de las JONS*) unter seiner Führung zusammen.

26. April Deutsche Flieger der **Legion Condor zerstören Guernica** (Guernica y Luno), die »heilige Stadt« der Basken.

18. Mai Die republikanische Regierung, die inzwischen nach Valencia (an der Mittelmeerküste) umgesiedelt ist, wird umgebildet. Neuer Regierungschef wird der Sozialist JUAN NEGRÍN (*1887, †1956). In Barcelona kommt es zu Kämpfen zwischen Anarchisten und Kommunisten.

1. Juli Die spanischen Bischöfe beziehen fast geschlossen Partei für die Aufständischen. Die Kriegsfronten verhärten sich zusehends.

1938, 30. Jan. FRANCO bildet seine erste Regierung und erlässt das »nationale« Gesetz zur Organisation der Zentralverwaltung.

9. März Die »Charta der Arbeit«, das Grundgesetz der neuen Wirtschafts- und Sozialpolitik des franquistischen Spanien, wird erlassen.

1939, 1. April Nach wechselvollen, materialreichen Kämpfen mit hohen Menschenverlusten (zuletzt seit Juli 1938 die Ebro-Schlacht) bedeutet der militärische Sieg der Aufständischen das **Ende des Bürgerkrieges**.
FRANCOS Regierung ist bereits vor Beendigung der Kampfhandlungen von den Westmächten diplomatisch anerkannt worden (27. Febr.). Die Zahl der im Krieg und durch Terror Getöteten beläuft sich wahrscheinlich auf über eine halbe Million.

Spanischer Bürgerkrieg 1936–39

Grundlegung des Franco-Regimes

Das franquistische System leitet seine Legitimation aus dem Bürgerkrieg und dem traditionalen Katholizismus her; Gewaltenteilung und das allgemeine Wahlrecht werden abgelehnt. Die Massenmedien sind strenger Zensur unterworfen. Außerhalb der Verfassungsinstitutionen werden keine politischen Zusammenschlüsse oder freie Gewerkschaften geduldet. Das Regime stützt sich sicherheitspolitisch auf die Armee. Bei der **Gestaltung des »Neuen Staates«** (*Estado Nuevo*) spielen die konservativ-katholische und militärische Tradition ebenso eine Rolle wie die Ideologie der Falange. Der Staat hat keine kodifizierte Verfassung, sondern Verfassungsgrundgesetze (*leyes fundamentales*). Das Regime entwickelt sich von der Militärdiktatur des Bürgerkrieges, die stark faschistisch geprägt ist, zum zentralistisch-autoritären Ständestaat. Die provisorische Organisation des neuen Staates erfolgt durch die Schaffung der *Junta Técnica del Estado* (1. Okt. 1936). Durch das Gesetz zur Organisation der spanischen Zentralverwaltung (30. Jan. 1938) werden die Ministerien eingerichtet. Die Grundsätze der neuen Wirtschafts- und Sozialpolitik sind in der »Charta der Arbeit«, dem *Fuero del Trabajo* (9. März 1938, als Gesetz am 26. Juli 1947 verkündet), niedergelegt. Dieses wendet sich gegen Kapitalismus und Marxismus und fasst nach den Forderungen der Falange alle Zweige der Wirtschaft in vertikalen Syndikaten zusammen. Das »Gesetz über die Bildung der spanischen *Cortes*« (*Ley de creación de las Cortes*, 17. Juli 1942) regelt Zusammensetzung und Funktion der berufsständischen Kammer, die kein vom Volk gewähltes Parlament ist. Hauptaufgabe der *Cortes* ist die »Vorbereitung und Ausarbeitung der Gesetze«. Diese müssen vom Staatschef gebilligt werden, d. h., die *Cortes* sind v. a. eine beratende Versammlung.

Das **»Grundgesetz der Spanier«** (*Fuero de los Españoles*, 17. Juli 1945) garantiert bestimmte Grundrechte, deren Anerkennung allerdings die Wahrung der Grundprinzipien des Staates voraussetzt. Politische Betätigung wird an die Institutionen Familie, Gemeinde und Syndikat gebunden. Das Gesetz enthält viele autoritäre Züge (z. B. Pflicht zur Treue dem Staatschef gegenüber). Zur Legitimation des »demokratischen« Charakters des Regimes wird ein »Gesetz über den Volksentscheid« (*Ley del referendum*, 22. Okt. 1945) erlassen; allerdings steht nur dem Staatschef das Recht zu, Gesetzentwürfe dem Volksentscheid zu unterwerfen, wodurch die akklamatorische Funktion des Gesetzes deutlich wird. – Mit dem durch Volksentscheid gebilligten »Gesetz über die Nachfolge in der Staatsführung« (*Ley de sucesión en la jefatura del Estado*, 26. Juli 1947) gelangt die institutionelle Grundlegung des politischen Systems des neuen Staates zum Abschluss. **Spanien wird zum Königreich** erklärt; die Staatsführung wird FRANCO übertragen, dem allein das Recht zusteht, seinen königlichen Nachfolger zu bestimmen.

1939, Sept. Obwohl FRANCO noch vor Beendigung des Bürgerkrieges dem Antikominternpakt beigetreten ist (27. März 1939), erklärt er zu Beginn des Zweiten Weltkriegs seine Neutralität.

1940, 13. Juni FRANCO bezeichnet Spanien als »nicht Krieg führende Nation«.

23. Okt. Bei einer Zusammenkunft zwischen HITLER und FRANCO in Hendaye, an der spanisch-französischen Grenze, lehnt FRANCO den von HITLER gewünschten Kriegseintritt Spaniens ab; HITLER ist nicht bereit, die bewusst hohen Forderungen FRANCOS zu erfüllen.

1941, 24. Juni Allerdings entsendet Spanien eine »Kampftruppe gegen den Bolschewismus« an die Ostfront, die Blaue Division, unter Führung von General AGUSTÍN MUÑOZ GRANDES (*1896, †1970).

25. Sept. Das *Instituto Nacional de Industria* (INI) wird zur Industrialisierung Spaniens gegründet.

1942, 20. Dez. **Spanien schließt mit Portugal den »Iberischen Pakt«**, in dem sich die Rückkehr zu einer prowestlichen Neutralitätspolitik andeutet.
Im weiteren Kriegsverlauf kühlen die Beziehungen zu Deutschland ab, die Wirtschaftsbeziehungen zu den Alliierten werden verbessert.

1944, 6. März Die Blaue Division wird zurückgezogen.
| Forts. S. 1525 |

Die obersten Institutionen Spaniens während des Franquismus

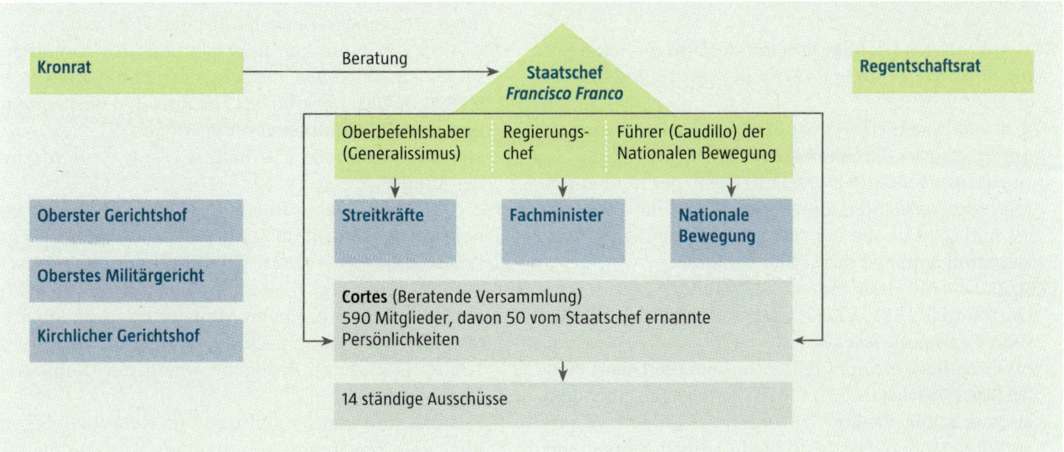

Portugal (1495–1945)

Portugal (1495–1792) | Forts. v. S. 573 |

1495–1521 **König Emanuel I.** (*1469, †1521): Er baut den königlichen Hof in Lissabon als administratives und politisches Zentrum des Landes aus. Lissabon wird Weltstadt; die »manuelinische Architektur« prägt das Bild der Stadt. Die Macht des Adels, der zunehmend durch Ehrenämter an den Hof gebunden wird, nimmt weiter ab. Die Ständeversammlungen (*Cortes*) werden nur noch selten einberufen.

1496 Emanuel vertreibt die Juden und die aus Granada geflohenen Mauren aus dem Land.

1498/1500 Entdeckung des Seewegs nach Indien durch Vasco da Gama (*1469, †1524) und nach Brasilien durch Pedro Álvarez Cabral (*um 1468, †um 1526). Die **Expansion des portugiesischen Kolonialreichs** macht Lissabon ein halbes Jh. lang zum bedeutendsten Exporthafen Europas.

1510 Alfonso de Albuquerque (*um 1462, †1515), seit 1509 portugiesischer Vizekönig in Indien, erobert Goa, ein Jahr später Malakka (Malaysia).

1514/1521 Die zahlreichen **Reformgesetze** Emanuels sind in der sog. manuelinischen Gesetzeskompilation (*Ordenações Manuelinas*) zusammengefasst.

1521, Dez. Emanuels Sohn Johann III. (*1502, †1557) wird neuer König.

1532 Durch die Gründung der ersten Siedlung in Brasilien festigt Johann III. dort den portugiesischen Kolonialbesitz.

1536 Einführung der Inquisition.

Seit der Mitte des 16. Jh.s wird das portugiesische Monopol des afrikanischen Sklaven- und des asiatischen Gewürzhandels immer stärker von Franzosen und Engländern durchbrochen. Mehrere nordwestafrikanische Küstenstädte, unter Emanuel I. erobert, fallen wieder in muslimische Hand zurück. Mit sinkenden Kolonialeinkünften, bankrotten Staatsfinanzen und abnehmender Bevölkerung **stößt die überseeische Expansion Portugals an die Grenzen** ihrer Möglichkeiten.

1557 Auf Johann III. folgt sein minderjähriger Enkel König Sebastian (*1554, †1578), der seit 1568 selbst regiert.

1578, 4. Aug. Sebastian sucht in romantischer Blindheit durch einen Marokkofeldzug Portugals Größe in Nordafrika wiederherzustellen. Die Expedition endet mit einer vernichtenden Niederlage, in der Sebastian und nahezu alle der rund 18 000 beteiligten Offiziere und Soldaten das Leben verlieren.

1580, 31. Jan. Mit dem Tode des Lissaboner Erzbischofs Heinrich (*1512, †1580), der Sebastian nachfolgt, **stirbt die Dynastie Avis aus.**

Als einer der Thronprätendenten **annektiert König Philipp II. von Spanien** (*1527, †1598) **Portugal** (als portugiesischer König Philipp I.), ohne auf großen Widerstand zu stoßen. Das Land bleibt jedoch weitgehend autonom und wird nur durch die Person des Königs und seine Ratgeber oder Stellvertreter und durch eine gemeinsame Außenpolitik mit Spanien vereinigt. Diese Form von Personalunion bleibt unter Philipp III. (II.; *1578, †1621) und Philipp IV. (III.; *1605, †1665) von Spanien bestehen.

1640 Die stärkere Unterordnung Portugals unter die imperiale Außenpolitik Spaniens durch dessen leitenden »Premierminister« Herzog von Olivares (*1587, †1645) führt zum Aufstand und zur **Loslösung des Landes.**

15. Dez. Der aus der Dynastie Avis stammende Herzog Johann von Bragança wird als Johann IV. (*1604, †1656) zum König gekrönt: Beginn der **Bragança-Dynastie** (bis 1910).

1656 Johann folgt Alfons VI. (*1643, †1683) nach, der seit 1662 selbstständig regiert.

1661 Portugal erneuert den **Freundschafts-, Handels- und Militärpakt mit England** und schließt Frieden mit den Generalstaaten der Niederlande.

1663 Zugunsten Englands und der Generalstaaten muss Portugal wichtige koloniale Positionen in Ostasien aufgeben.

1667 Peter II. (*1648, †1706) vertreibt seinen geistesschwachen Bruder Alfons VI.; 1668 wird er offiziell Regent, 1683 König.

1668, 13. Febr. **Spanien erkennt** nach mehreren militärischen Niederlagen im Frieden von Lissabon die **Unabhängigkeit Portugals** endgültig **an.**

1701–1714 Während des Spanischen Erbfolgekrieges unterstützt Portugal an der Seite Großbritanniens die habsburgische Partei.

1703, 27. Dez. Die kommerzielle Abhängigkeit von Großbritannien wird durch den nach dem englischen Gesandten benannten Methuen-Vertrag verstärkt. England erlangt zunehmende Bedeutung als Schutzmacht Portugals gegenüber Spanien und Frankreich. Die Gold- und Diamantenlieferungen aus Brasilien werden als Ausgleich des Handelsdefizits gegenüber England eingesetzt. Das Handelsgeschäft ist allerdings weitgehend in ausländischen Händen.

1706–1750 Als typischer Repräsentant des monarchischen Absolutismus modernisiert König Johann V. (*1689, †1750) mithilfe der aus Brasilien einströmenden riesigen Goldmengen die wirtschaftlichen, sozialen und kulturellen Verhältnisse sowie die Marine des Landes.

1750–1777 Unter König Joseph I. (*1714, †1777) ist Sebastião José de Carvalho e Melo, Marquis von Pombal (*1699, †1782), der führende aufklärerisch gesinnte Politiker. 1750 zum Minister des Auswärtigen und 1756 zum Ersten Minister ernannt, leitet er rational und systematisch den Wiederaufbau der am 1. Nov. 1755 durch Erdbeben zerstörten Hauptstadt Lissabon.

Pombal muss außenpolitisch zur Sicherheit gegenüber dem bourbonischen Spanien am Bündnis mit

Großbritannien festhalten. Innenpolitisch sucht er durch eine konsequent merkantilistische Politik Handel und Gewerbe zu stärken. Er drängt den Einfluss des Adels und der Kirche im Staat zurück, spaltet den Adel und baut den monarchischen Absolutismus aus.

1759 Die Jesuiten werden ausgewiesen, ihr Vermögen wird konfisziert, die jesuitische Erziehung wird durch eine staatliche ersetzt, die französische Aufklärungsphilosophie greift um sich. Diese Maßnahmen werden begleitet von einer scharfen Regierungspropaganda mit europäischer Wirkung.

seit 1761 Im Auftrage Pombals reorganisiert und professionalisiert Graf Wilhelm von Schaumburg-Lippe (*1724, †1777) das portugiesische Heer.
Die Reformen Pombals im Erziehungswesen stoßen auf traditionale Barrieren.

Wirtschaftliche Entwicklung Portugals nach 1750

Um 1700 beträgt die Bevölkerung Portugals rund 2 Mio., 1768 2,4 Mio. Einwohner. Ähnlich wie in Kastilien hemmt der Reichtum aus den Kolonien auch in Portugal die Entfaltung der Landwirtschaft, der Industrie und des unternehmerischen Bürgertums. Die **Wirtschaftsrezession der 1760er-Jahre** (Krise der Zahlungsbilanz) führt zur Förderung einheimischer Industrien und zur Reduzierung von Importen. Portugal führt Webstühle aus Großbritannien ein, in Porto entstehen Baumwollmanufakturen. Insgesamt bleibt die Industrialisierung jedoch unbedeutend, das Land ist unterentwickelt, die Infrastruktur (miserable Transportbedingungen) defizitär, Getreide muss aus Italien oder dem Baltikum importiert werden. Ende des 18. Jh.s gibt es eine schwache Mittelschicht von 80 000 Händlern und 130 000 Handwerkern.

1762 Ein Einfall Spaniens wird erfolgreich abgewehrt.

1777 Nach dem Tode Josephs I. entlässt seine Nachfolgerin Maria I. (*1734, †1816) Pombal und hebt dessen Gesetze auf.

1792 Johann VI. (*1769, †1826) übernimmt von seiner geisteskranken Mutter die Leitung der Staatsgeschäfte.

Portugal (1792–1945)

Als Bundesgenosse Großbritanniens wird Portugal, das der französischen Kontinentalsperre nicht beigetreten ist, in die napoleonischen Kriege verwickelt. Das Land wird **1807 vom französischen Heer** unter Andoche Junot (*1771, †1813) **besetzt**, die königliche Familie muss vor der Besatzungsarmee nach Brasilien fliehen. Nach Vertreibung der Franzosen durch die Briten (Herzog von Wellington, *1769, †1852) errichten diese eine Militärherrschaft (bis 1820).

1816, 20. März Johann VI. (*1769, †1826) wird in Rio de Janeiro zum König von Brasilien und Portugal (bis 1826) gekrönt.

1820 Eine liberale Revolte der Lissaboner Soldaten verfolgt das Ziel, die Briten aus dem Land zu vertreiben, die Monarchie wiederherzustellen und den Brasilienhandel zu reaktivieren. Es kommt zur Wahl einer konstituierenden Versammlung, die die Rückkehr der Königsfamilie aus Brasilien fordert und eine Verfassung ausarbeitet.

1822, 7. Sept. **Brasilien erklärt seine Unabhängigkeit.**

1822, 23. Sept. Die *Cortes* beschließen eine **liberale Verfassung**, die der König am 3. Nov. bestätigt. Die Verfassung sieht ein aufschiebendes Königsveto vor, proklamiert die Souveränität der Nation, verbrieft die Bürgerrechte und schützt das Eigentum; es gibt keine Staatsreligion.

1823, 30. Mai Johanns jüngerer Sohn Dom Miguel de Bragança (*1802, †1866) erzwingt mithilfe der absolutistisch-klerikalen Partei die **Aufhebung der Verfassung**.

1826, 29. April Die von Rio de Janeiro aus oktroyierte neue Verfassungscharta ist die stabilste Verfassung des 19. Jh.s (bei wiederholten Änderungen und Außerkraftsetzungen bis 1910 in Kraft). Dem König steht eine »vierte Gewalt« (*poder moderador*) zu, er kann seine Minister frei einsetzen.

5. Mai König Peter IV. (*1798, †1834; als Peter I. 1822–1831 Kaiser von Brasilien) entsagt dem Thron zugunsten seiner Tochter Maria II. da Glória (*1819, †1853; 1826–1828, 1834–1853) und ernennt seinen Bruder Dom Miguel zum Regenten.

1828 Dom Miguel (Michael) hebt durch **Staatsstreich** die Verfassung auf und lässt sich zum König ausrufen; sein Bruder Peter und die Liberalen können seine reaktionär-absolutistische Herrschaft nach einem blutigen Bürgerkrieg brechen und ihn zum Verlassen des Landes zwingen.

1834 Maria II. da Gloria besteigt den Thron; sie heiratet Ferdinand von Sachsen-Coburg-Koháry (*1816, †1885), den Stammvater des neuen Hauses Sachsen-Coburg-Braganza. Während ihrer Herrschaft kommt es zu **grundlegenden liberalen Reformen**: Abschaffung des Zehnten, Umwandlung der Krongüter in Staatsgüter, Abschaffung feudaler Lasten im Agrarsektor, Verstaatlichung der Ländereien korporativer Institutionen, Auflösung von 300 Männerorden und Versteigerung ihrer Ländereien an Liberale. Allerdings bleiben die traditionellen Anbaumethoden bestehen, der Reformidealismus versandet.

1839 Nach inneren Wirren und revolutionären Aufständen erlangt Antonio Bernardo da Costa Cabral (*1803, †1889) diktatorische Macht, muss aber 1846 den liberalen Führern Menezes Severim de Noronha, Herzog von Terceira (*1792, †1860), Oliveira e Daun, Herzog von Saldanha (*1790, †1876) und Sousa Holstein, Herzog von Palmela (*1781, †1850) weichen.

1851 Ein **Militärputsch führt zu einer oligarchischen Demokratie**, der »Regeneration« (*Regeneração*), die 20 Jahre Stabilität sowie das Ende der »revolutionären Phase« bringt. In der Folge bildet sich ein Zweiparteiensystem heraus: *Regeneradores* (Konservative und Gemäßigte) und *Históricos* (Progressive), die sich in der Machtausübung ablösen (*Rotativismo*).

1853–1861 Unter PETER V. (*1837, †1861) wird die Sanierung der Staatsfinanzen in Angriff genommen.

1861–1889 In der Regierungszeit seines Bruders LUDWIG I. (*1838, †1889) werden die Reformen (Verwaltung, Gesetzgebung, Finanzen) fortgesetzt; Liberale und Konservative (*Progressistas* und *Regeneradores*) wechseln sich in der Regierung ab. Es beginnt ein umfangreiches Programm öffentlicher Bauten (Post, Telegraf, Straßennetz, Eisenbahnnetz mit Fremdkapital, Brücken, Tunnel, Bahnhofsgebäude); 1867 wird ein bürgerliches Gesetzbuch verkündet. Ziel der Reformen ist die Ausweitung des Binnenmarktes mittels Eingriff des Staates in die Wirtschaft. Leitideen der Regierungspolitik sind Fortschritt und Entwicklung. Die Partei der *Regeneradores* wird von ANTONIO MARIA DE FONTES PEREIRA DE MELO (*1819, †1887) als modernisierende Kraft beherrscht, die der *Históricos*, die eine allmähliche Linksentwicklung durchlaufen, von Marquis SÁ DA BANDEIRA (*1795, †1876).

1889–1908 Unter König KARL I. (*1863, †1908) wird der **afrikanische Kolonialbesitz ausgedehnt**; gleichzeitig verschlechtert sich die finanzielle Lage des Landes zusehends (Staatsbankrott 1891). Im entstehenden Industrieproletariat und in der Armee nimmt der Republikanismus zu.

1907 Da die Stellung der Monarchie immer unsicherer wird, errichtet Ministerpräsident JOÃO FERNANDO PINTO FRANCO (*1855, †1929) zur **Stützung der Krone eine Diktatur**. Alle politischen Gruppierungen wenden sich vom System ab; die antimonarchistische Geheimgesellschaft *Carbonária* gewinnt an Einfluss.

1908, 1. Febr. König KARL I. und der Thronfolger fallen einem Attentat zum Opfer. Nachfolger auf dem Thron wird EMANUEL II. (*1889, †1932).
Zwischen 1908 und 1920 wechseln sich sechs schnelllebige Kabinette ab, Arbeiterstreiks verbreiten weitere Unruhe.

1910, 4. Okt. **EMANUEL wird durch eine Revolution gestürzt**. Die Monarchie bricht zusammen, die Königsfamilie geht ins Exil. Die oligarchische Regierung wird durch eine radikale Mittelschichtelite ersetzt.

5. Okt. TEÓFILO BRAGA (*1843, †1924) bildet die **erste Regierung der Republik**.

1911, 20. April Die neue Republik ist antiklerikal eingestellt und verkündet die Trennung von Staat und Kirche (Gesetz über Säkularisierung, Schließung von Klöstern, Scheidungs- und ziviles Eherecht, Bruch mit dem Vatikan). Die Republik betreibt eine radikale Massenmobilisierung durch Schaffung nationaler Symbole und schulische Sozialisierungsmaßnahmen. Die Verfassung von 1911 führt ein parlamentarisches System ein. Die Republikanische Partei wird zur ersten Massenpartei des liberalen Systems; nach 1912 bilden sich die Unions- und die Evolutionspartei heraus, später noch die korporativ-autoritäre »Katholische Zentrumspartei«.

11. Juni Die *Cortes* verkünden formell die Abschaffung der Monarchie.

Innenpolitische Krisen erschüttern in den folgenden Jahren die Stabilität des Landes. Von 1911 bis 1926 erlebt das Land unter acht Präsidenten 44 Regierungen sowie 20 »Revolutionen« und Staatsstreiche. V. a. in der Nachkriegszeit kommt es zu einer Zersplitterung des Parteiensystems und zu Koalitionsregierungen.

1916 Portugal, das zuerst neutral geblieben ist, wird als **Verbündeter Großbritanniens** vom Ministerpräsidenten ALFONSO DA COSTA (*1871, †1937; 1913–1914, 1915–1916, 1916–1917) in den Ersten Weltkrieg geführt. Die **Kriegsbeteiligung** (Flandern; Planung einer begrenzten Intervention in Afrika) führt zu Unruhen im Land.

1917 Nach einem Militärputsch übernimmt SIDÓNIO PAIS (*1872) die Regierung, wird aber schon ein Jahr später ermordet. Die **Sidónio-Diktatur** ist der Versuch, eine plebiszitäre Präsidialdiktatur bei korporativer Repräsentation der Abgeordneten durchzusetzen.

1918 Rückkehr zur konstitutionellen Regierungsform. In den Nachkriegsjahren sehen die Unternehmer überall die »rote Gefahr«, die anarchosyndikalistische Gewerkschaft erlebt ihren Höhepunkt, Streikwellen und gewaltsame Auseinandersetzungen häufen sich. Die kleinen konservativen Parteien radikalisieren sich, dem republikanischen System fehlt eine »loyale Opposition«.

1926, 28. Mai Der Zusammenbruch der republikanischen Politik führt zu einem (weiteren) **Militäraufstand** unter Führung des Generals GOMES DA COSTA (*1863, †1929), der das Parlament auflöst und die Verfassung suspendiert. Unterstützt wird der Putsch vom Klerus, den Großgrundbesitzern und der Armee. Die Diktatur muss v. a. die Finanzen sanieren.

9. Juli General OSCAR CARMONA (*1869, †1951) übernimmt die Macht.

1928 CARMONA lässt sich zum Präsidenten wählen (bis 1951). Finanzminister in der neuen Regierung wird ANTÓNIO DE OLIVEIRA SALAZAR (*1889, †1970). Diesem gelingt mit fast unumschränkten Vollmachten (»Finanzdiktatur«) die **Sanierung der Finanzen.**

1930 Die Gründung der allein zugelassenen faschistischen »Nationalen Union« *(União Nacional)* weist auf den angestrebten neuen Staatstypus (*Estado Novo*) hin. Mehrere Aufstände (1927, 1930, 1931) werden unterdrückt.

1932, 5. Juli **SALAZAR wird Ministerpräsident** und bleibt bis 1968 die beherrschende politische Persönlichkeit in Portugal.

1933, 19. März Die neue Verfassung gibt der diktatorischen Regierungsform ihre staatsrechtliche Begründung. Portugal wird nach faschistischem Vorbild zum **korporatistischen Ständestaat**. Im Parlament (Nationalversammlung) ist nur die *União Nacional* vertreten; daneben gibt es eine Ständekammer (*Câmara Corporativa*) mit Vertretern der Gemeinde-, Distrikt- und Provinzverwaltungen sowie der berufsständisch gegliederten Gesellschaft. Portugal wird als »einheitliche und korporative Republik« definiert. Die außereuropäischen Territorien werden zu Überseeprovinzen und einem integralen Bestandteil der nationalen

Identität. Der Staat hat die Pflicht, die Wirtschafts- und Sozialordnung »von oben« zu regeln und eine korporative Nationalwirtschaft aufzubauen; Streiks und Aussperrungen sind verboten. Das »Nationale Arbeitsstatut« schreibt das Recht auf Arbeit und angemessenen Lohn fest; es verfolgt das Ziel, den Klassenkampf und den Zerfall der Gesellschaft in auseinanderstrebende Interessen zu überwinden.

1936–1939 Während des Spanischen Bürgerkrieges dient das offiziell »neutrale« Portugal als Basis der Franco-freundlichen Interventionsstaaten; seit 1937 pflegt das Land wieder gute Beziehungen zu Großbritannien.

1939, 17. März Freundschafts- und Nichtangriffsvertrag (*Pact Ibérico*) zwischen Spanien und Portugal.

1940 Das Konkordat mit dem Heiligen Stuhl hält die Trennung von Staat und Kirche aufrecht, erkennt aber die Rechtspersönlichkeit der Kirche an und garantiert ihre freie Betätigung.

1939–1945 Im **Zweiten Weltkrieg bleibt Portugal neutral**, gewährt jedoch Großbritannien und den USA Stützpunkte auf den Azoren (1943).
In dieser Zeit arbeitet Salazar an der inneren Konsolidierung seines Regierungssystems. Zugleich wird der wirtschaftliche Interventionismus der Zentralregierung verstärkt (1944 Gesetz über Elektrifizierung, 1945 Gesetz über industrielle Entwicklung und Reorganisation zum Schutz des Binnenmarktes und der Importsubstitution). | Forts. S. 1532 |

Skandinavien (1523–1945)

Skandinavien in der Neuzeit bis 1815

Einen Interessenausgleich zwischen den in der Kalmarer Union von 1397 vereinigten Reichsteilen Dänemark (mit Norwegen, Island, Grönland) und Schweden (mit Finnland) bringen die Oldenburger nicht zu Stande. Schweden löst sich aus der Union und wird in der Folge erfolgreicher Rivale Dänemarks im Kampf um das **Dominium maris baltici**. In den Herzogtümern Schleswig und Holstein entsteht durch dynastisch bedingte (im Ripener Vertrag verbotene) Landesteilungen der Territorialstaat Schleswig und Holstein-Gottorf, der bald nach Souveränität strebt, sich mit Schweden verbündet und zur ernsten Bedrohung Dänemarks wird (Umklammerung).

Schweden (1523–1818) | Forts. v. S. 604 |

1523, 6. Juni Mit der Wahl von **Gustav I. Wasa** (*1496/97, †1560) wird das königliche **Haus Wasa** in Schweden begründet (bis 1654). In seiner Regierungszeit (seit 1544 erblicher König) muss er sich gegen vielfache Widerstände im Inneren (Adelsgruppen, Landschaften, Bauern) durchsetzen.

1527–1540 Schrittweise **Einführung der Reformation**: Der Reichstag von Västerås beschließt die Säkularisation des Kirchengutes (Verfünffachung des königlichen Grundbesitzes); Erlass einer Kirchenordnung.

1541 Laurentius Petri (*1499, †1573), wie sein Bruder Olaus Petri (Olavus, *1493, †1552) ehemaliger Student in Wittenberg und schwedischer Reformator, wird 1531 zum ersten lutherischen Erzbischof Schwedens ernannt. Er gibt eine schwedische Bibelübersetzung heraus.

Die Politik Gustavs I.

Die Zentralverwaltung wird modernisiert: Reichs- oder Regimentsrat (Verwaltungsspitze und höchstes Gericht), erweiterte Kanzlei (mit deutscher Abteilung für Außenpolitik), Kriegsrat und Kammerrat (mit getrennter Rent- und Rechenkammer). Die Lokalverwaltung wird dem Adel entzogen, alle Verwaltungsfunktionen gehen an nicht adlige Vögte über, die direkt der Zentralverwaltung unterstehen. Der König unterhält ein stehendes Heer und baut eine Kriegsflotte auf. Durch planmäßige Förderung nimmt die Wirtschaft Aufschwung, v. a. die Metallgewinnung und zunehmend auch die Metallverarbeitung (Kupfer, Eisen, zeitweise Silber). Es entsteht der selbstständige frühmoderne schwedische Staat.

Neben dem hocharistokratischen Reichsrat hat sich seit Gustav I. Wasa der Reichstag als Repräsentativorgan des schwedischen Volkes entwickelt (vier Kurien: Adel, Geistlichkeit, Bürger, Bauern). Die Könige lassen den Reichstag in den zahlreichen wichtigen politischen und Glaubensfragen mitentscheiden und benutzen ihn als wirksames Gegengewicht zu Reichsrat und Hochadel. Am Ende des 16. Jh.s zieht der Reichstag das Steuerbewilligungsrecht an sich.

1560–1568 Unter Erich XIV. (*1533, †1577) beginnt die schwedische Expansionspolitik im Baltikum, wobei starke wirtschaftliche und fiskalische Interessen (Teilhabe am Russlandhandel) mit im Spiel sind. Gegner im Kampf um die Ostseeherrschaft sind Russland, Polen und Dänemark, das den Sund beherrscht.

1561 Reval und die estländische Ritterschaft unterstellen sich schwedischem Schutz, damit wird **Estland schwedischer Besitz**.

1563–1570 Der Dreikronenkrieg (der Nordische Siebenjährige Krieg) gegen Dänemark um die Beherrschung des Baltikums endet ohne Gebietsveränderungen im Frieden von Stettin (1570).

1568–1592 Johann III. (*1537, †1592) kommt nach dynastischem Streit und Absetzung seines Bruders Erich (Reichstagsbeschluss 1569) auf den Thron. Seine auf Versöhnung mit dem Katholizismus gerichtete Kirchenpolitik (er ist mit der katholischen Jagellonin Katharina verheiratet) scheitert endgültig 1580.

1570–1583 Infolge des Krieges mit Russland erwirbt Schweden Narwa, Iwangorod (am rechten Ufer der Narwa) und (bis 1595) Ingermanland (Russlands Zugang zur Ostsee), erlangt jedoch nicht die Kontrolle über die Eismeerküste. | s. S. 1113 |

1590–1595 Der erneute Krieg mit Russland endet mit der Anerkennung des schwedischen Besitzes.

1592–1599 SIGISMUND III. (*1566, †1632) stammt aus der Ehe JOHANNS III. mit der Jagellonin KATHARINA, ist wie seine Mutter katholisch und seit 1587 König von Polen. Im Streit um die Regierungsführung wird er von Herzog KARL VON SÖDERMANLAND (seinem evangelischen Onkel), Reichsvorsteher seit 1594, vertrieben und durch Reichstagsbeschluss abgesetzt.

1600/04–1611 KARL IX. (*1550, †1611) regiert als »Erbfürst«, bis ihm der Reichstag 1604 mit der Erb-Einung von Norrköping das erbliche Königtum überträgt. Er fördert Handel und Gewerbe, v. a. die Metallverarbeitung mit Waffenherstellung, und leitet eine konsequente Urbanisierungspolitik ein (Neugründung u. a. von Göteborg 1607, zerstört 1611, Neuanlage 1619). Die Zahl der Städte steigt in Schweden und Finnland im 17. Jh. von rund 60 auf über 90. Außenpolitisch setzt KARL IX. den Kurs seiner Vorgänger fort.

1609–1617 Schweden greift in die russischen Wirren ein und erhält 1617 im Frieden von Stolbowo Ingermanland und Ostkarelien. Russland ist damit von der Ostsee abgeschnitten.

1611 GUSTAV II. ADOLF (*1594, †1632) erkennt bei Regierungsantritt die ständischen Mitbestimmungsrechte in der »Königsversicherung« an (ausgearbeitet vom 1612 zum Reichskanzler ernannten AXEL OXENSTJERNA [*1583, †1654]). Unter Leitung des Kanzlers wird die Zentralverwaltung im hocharistokratischen Sinn

Skandinavien zwischen 1560 und 1660

modernisiert: In Anknüpfung an die fünf hohen Reichsämter (Kanzler, Drost, Schatzmeister, Marschall, Admiral) entstehen kollegiale, von Reichsratsmitgliedern geleitete Zentralbehörden.
In Gustav II. Adolf verbinden sich evangelische Frömmigkeit und persönliche Tapferkeit mit militärischem Geschick und politischem Ehrgeiz. Er verwirklicht die **schwedische Ostseeherrschaft** und rettet den Protestantismus in Deutschland. Von dieser Entwicklung profitiert in erster Linie der Adel (1626 im Ritterhaus zusammengeschlossen). Der erhöhte Bedarf an Beamten und Offizieren eröffnet Aufstiegschancen. Besoldungen und Belohnungen bestehen wegen Geldmangel oft aus Dotationen und Verpfändungen aus dem Krongut und vergrößern den adeligen Grundbesitz, während der königliche schrumpft.

1611–1613 Die Außenpolitik Karls IX. führt unter Gustav Adolf zum Kalmarkrieg mit Dänemark. Die vom besiegten Schweden zu zahlende Kriegsentschädigung verstärkt die Verbindungen zu den Niederlanden (Kapitalbedarf, Exportsteigerung).

1617 Die Heeresorganisation wird reformiert und den finanziellen Möglichkeiten angepasst: Zehn Landschaften stellen und unterhalten je ein Regiment.

1621–1629 Zunächst werden im Krieg mit Polen (beendet 1629 durch den Waffenstillstand von Altmark) Riga, Livland und Teile Preußens erobert. Schweden erhebt bis 1635 ertragreiche Seezölle vor den preußischen Häfen Danzig, Elbing, Memel und Pillau.

1624 Die Universität Uppsala wird neu dotiert und privilegiert. Sie soll nicht nur Theologen, sondern auch Beamte und Offiziere ausbilden. Im Fach Politik ist

Haus Wasa in Schweden

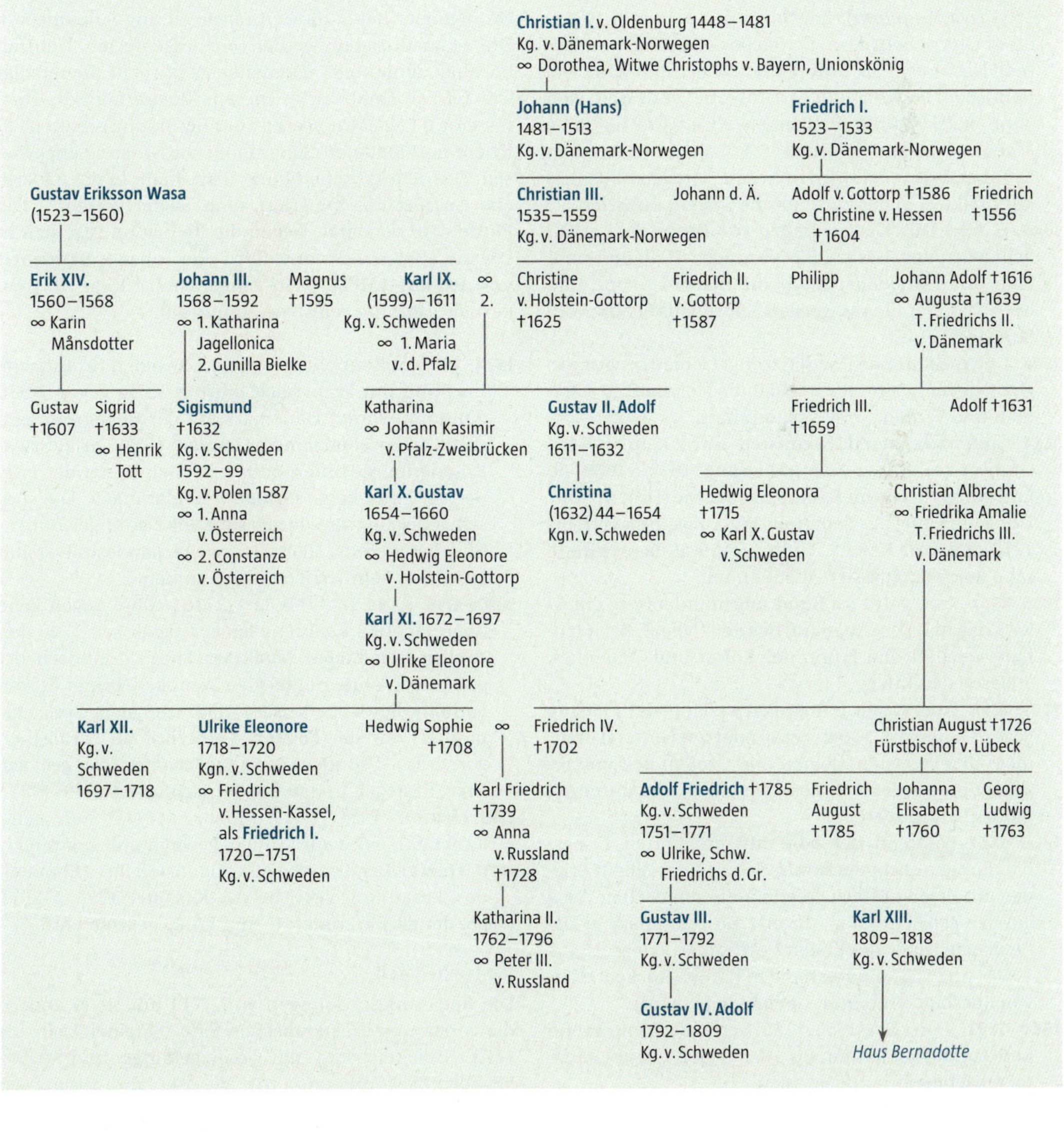

die Lehre von der *monarchia mixta*, der ständisch mitbestimmten Königsherrschaft, maßgebend.
Die Entwicklung der Metallverarbeitung geht weiter (1627 zieht der niederländische Waffenfabrikant Louis De Geer nach Schweden).

1630–1632 Gegen die zur Ostsee vordringende kaiserliche Macht (1628 Mecklenburg, Stralsund, 1629 Preußen) greift Gustav II. Adolf in den Dreißigjährigen Krieg ein. Er landet auf der Insel Usedom; nach großen Erfolgen fällt er in der Schlacht bei Lützen (bei Leipzig). Mindestziele Schwedens sind die Sicherung der Augsburger Konfession und eine Satisfaktion in Form eines Landgebietes im Reich. | s. S. 897 |

1632–1654 Christine (*1626, †1689) wird nach der seit 1590 in Schweden gültigen weiblichen Erbfolge Königin. Für sie regiert bis 1644 ein Vormundschaftsrat (Mitglieder sind die Chefs der fünf Regierungskollegien) unter Leitung des Kanzlers Axel Oxenstjerna. Rechtliche Grundlage ist die Regierungsordnung von 1634 (*regeringsform*), angeblich das politische Testament Gustavs II. Adolf, welches allerdings von keinem Nachfolger als Grundgesetz anerkannt wird. Die politische Stellung der Aristokratie verfestigt sich zum »Ratskonstitutionalismus«, ihre wirtschaftliche Macht wächst durch fortgesetzte Dotationen aus dem Krongut. Schweden wird politisch, wirtschaftlich und kulturell fest in das europäische System integriert.

1645, 13. Aug. Durch den Frieden von Brömsebro erhält Schweden von Dänemark-Norwegen Halland, Jämtland und Härjedalen sowie die Inseln Gotland und Ösel. Darüber hinaus werden Schwedens Schiffe vom Sundzoll befreit.

1648 Der Westfälische Frieden bringt Gebietsgewinne in Deutschland: Schweden erhält die Herzogtümer Bremen und Verden sowie Vorpommern.

1654 Christine dankt zugunsten ihres Vetters Karl Gustav von Pfalz-Zweibrücken (*1622, †1660) ab und konvertiert zum Katholizismus. Sie stirbt in Rom. Der neue König aus dem Haus Pfalz-Zweibrücken (bis 1718), jetzt als Karl X. Gustav, bringt das schwedische Reich zur größten Ausdehnung.

1655–1657 Karl führt im Bund mit Brandenburg glücklos Krieg in Polen: Russland besetzt Livland, Brandenburg wechselt die Front, der Kaiser und Dänemark erklären den Krieg.

1657–1658 Unerwartet erfolgreich verläuft der Feldzug gegen Dänemark. Karl (verbündet mit Gottorf) überquert den vereisten Kleinen und Großen Belt und erzwingt im Frieden von Roskilde (1658) die Abtretung großer Landgebiete.

1660–1661 Während der von ihm erneuerten Kriegshandlungen stirbt der König. Schweden schließt Frieden mit Polen in Oliva (Verzicht der polnischen Wasa auf den schwedischen Thron), mit Dänemark in Kopenhagen (Ende des Ersten Nordischen Kriegs [1655–1660]) und 1661 mit Russland in Kardis (Rückgabe der von Russland eroberten Gebiete in Livland).

1660–1697 Karl XI. (*1655, †1697) erbt die Königskrone bereits mit fünf Jahren. Bis 1672 regiert ein hocharistokratischer Vormundschaftsrat.

Innenpolitische Entwicklung in der Regierungszeit Karls XI.

Der Reichstag tritt häufig zusammen. Wegen ungelöster Finanzprobleme kommt es zum Konflikt zwischen Ratsaristokratie, niederem Adel und nicht adligen Ständen. Der Adel hat durch Erwerb von Krongut 72 % des schwedischen Grundbesitzes in die Hand bekommen (1560: 22 %), damit die Basis der Staatsfinanzen geschmälert und fordert zum Ausgleich höhere Steuerleistungen (Kontribution) der anderen Stände. Diese verlangen umgekehrt die Einziehung des entfremdeten Krongutes (**Reduktion**) – wie bereits 1655 beschlossen aber nicht durchgeführt. Der König geht zusammen mit den nichtadligen Ständen gegen den Adel vor: Der Reichstag 1680 beschließt die Reduktion (es sinkt der adlige Anteil am Grundbesitz auf 33 %; die von den adligen Gütern ausgehende Gefahr für den Bauernstand ist gebannt) und überlässt Karl XI. durch die »Ständeerklärungen« von 1680, 1682 und 1693 die absolute Regierung (mit Steuererhebungsrecht). **Der Reichsrat wird entmachtet** (1682 »Königlicher Rat«), die Zentralverwaltung reorganisiert. Die Staatsfinanzen werden auf krisenfesten Naturalhaushalt umgestellt (Domänenstaat, nicht Steuerstaat wie 1661 in Dänemark). Diesem Muster folgt die Heeresreform (*indelningsverk*): Statt Besoldung erhalten Offiziere und Soldaten Bauernhöfe zur Nutzung angewiesen. Das schwedische Militär wird damit in die bäuerliche Gesellschaft integriert, statt davon getrennt. Die Flotte wird verstärkt. Gegen die Reduktion regt sich in Livland Widerstand, angeführt von Johann Reinhold von Patkul (*1660, 1707 hingerichtet). Karl XI. hebt deshalb 1694 die Selbstverwaltung auf.

1674–1679 Außenpolitisch bleibt Schweden Großmacht. Im Bund mit Frankreich führt es Krieg gegen Brandenburg, worauf Dänemark auf der Gegenseite eingreift. Im Frieden von St. Germain (1679) erhält zwar Brandenburg Hinterpommern, doch bringt der Friede von Lund keine Gebietsveränderungen: Die südschwedischen Provinzen sind auf Dauer gewonnen; hier hat bereits 1668 die zweite Landesuniversität Lund den Lehrbetrieb aufgenommen.

1697–1718 Karl XII. (*1682, †1718) führt gegen eine übermächtige Koalition seiner Gegner seit 1700 den **Zweiten oder Großen Nordischen Krieg**. Militärisch begabt, doch ohne politischen Weitblick, bringt er sein Land in die tiefste Krise. Er fällt (möglicherweise ermordet) vor der Festung Frederikshald (südöstlich von Oslo). Die **schwedische Großmachtstellung geht verloren**, besiegelt in den Friedensschlüssen 1719–1721.

1719 Ulrike Eleonore (*1688, †1741), Schwester Karls XII., wird zur Königin gewählt und gekrönt.

1720 Ulrike Eleonore dankt zugunsten ihres Ehemannes, Friedrich von Hessen-Kassel (*1676, †1751), ab, der als Friedrich I. zum König gekrönt wird.

Die Freiheitszeit

Die Regierungsordnungen von 1719 und 1720 ändern die Verfassung im ständischen Sinn (»Freiheitszeit« bis 1772). Der Reichstag (mit Gesetzgebungs- und Steuerbewilligungskompetenz) tritt alle drei Jahre zusammen und kontrolliert den regierenden Reichsrat (Ernennungsvorschläge, Absetzungsrecht, Protokollprüfung). Er entwickelt parlamentarische Arbeitsweise mit Ausschüssen und Parteien: »Hüte« (zunächst außenpolitisch an Frankreich orientiert, dann Adelspartei) und »Mützen« (russlandfreundlich, kämpfen später gegen Adelsprivilegien). Die Verwaltungsorganisation des Absolutismus bleibt bestehen. – Während der Freiheitszeit erholt sich die Wirtschaft (unterbrochen von kriegsbedingten Krisen). Manufakturen und Handel werden merkantilistisch gefördert (Ostindische Kompanie 1738). Agrarreformen setzen ein: Pächter erwerben Eigentumsrecht an Höfen der Krone, Auflösung der Mehrfelderwirtschaft, Flurbereinigung (*storskifte* 1757). Die Kultur wird reicher: In Uppsala wirken der Physiker und Astronom Anders Celsius (*1701, †1744), bekannt durch seine Thermometerskala, und der Botaniker Carl von Linné (*1707, †1778), der die binäre Nomenklatur für Pflanzen und Tiere einführt (»Systema naturae«, 1735). Akademien entstehen, 1739 für die Naturwissenschaften, 1786 die Schwedische Akademie.

1741–1743 Auf Betreiben der »Hüte« führt Schweden erfolglos Krieg gegen Russland und muss im Frieden von Åbo (1743) das südfinnische Gebiet östlich der Kymmene abtreten. Auf russischen Druck wird Adolf Friedrich von Gottdorf 1743 zum Nachfolger des kinderlosen Königs gewählt.

1751–1771 Adolf Friedrich (*1710, †1771), erster König aus dem Haus Holstein-Gottorf, versucht vergeblich, die königliche Macht zu steigern (Staatsstreich 1756).

1757–1762 Schwedens Teilnahme am Siebenjährigen

Skandinavien bis 1815

Krieg gegen Preußen endet im Frieden von Hamburg (1762) ohne Gebietsverluste.

1771 GUSTAV III. (*1746, †1792) wird nach dem Tod seines Vaters ADOLF FRIEDRICH König.

1772 Der König führt mithilfe des Adels einen Staatsstreich durch und beschränkt die Rechte des Reichstages (Regierungsordnung 1772), der zwar das Steuerbewilligungs- und teils das Gesetzgebungsrecht behält, aber fortan nur vom König, der die Regierung führt, einberufen wird.

1789 GUSTAV III. setzt auf einem Reichstag mit der »Vereinigungs- und Sicherheitsakte« eine weitere Stärkung seiner Macht durch (Recht über Krieg und Frieden, Beseitigung des Reichsrates), gleichzeitig die Abschaffung der meisten Adelsprivilegien (Nichtadlige erhalten Zutritt zu den Ämtern, Recht auf Grunderwerb; Besserstellung der Bauern).

1788–1790 Im Krieg gegen Russland operiert Schweden erfolgreich, doch bestätigt der Friede von Werela den Friedensvertrag von Åbo 1743.

1792, 29. März **Adlige Gegner lassen GUSTAV III.** auf einem Maskenball in der Oper **ermorden**. Neuer König (bis 1809) wird GUSTAV IV. (*1778, †1837), der bis 1796 unter Vormundschaftsregierung steht.

1803 Nachdem die gegen England gerichtete Neutralitätspolitik scheitert, schließt Schweden einen Handelsvertrag mit England. Frankreich erklärt daraufhin 1805 den Krieg; militärische Aktionen in Pommern.

1807, 7./9. Juli Der Frieden von Tilsit stürzt Schweden in eine tiefe Krise: Kriegszustand mit Frankreich. 1808 besetzen russische Truppen Finnland, Dänemark erklärt Schweden den Krieg.

1809, 13. März Der König wird nach glückloser Außenpolitik abgesetzt.

6. Juni Der Reichstag beschließt mit einer neuen Verfassung (*regeringsform*) die Rückkehr zum Parlamentarismus: der Vierkurienreichstag (Adel, Geistlichkeit, Städte, Bauern) tagt mindestens alle fünf Jahre, der neunköpfige Staatsrat (verantwortlich dem Reichstag) berät den König ständig in allen Regierungsangelegenheiten. Der Reichstag wählt KARL XIII. (*1748, †1818), den kinderlosen Bruder König GUSTAVS III., zum König; Kronprinz wird CHRISTIAN AUGUST von Augustenburg aus dem Haus Oldenburg.

17. Sept. Frieden mit Russland (Abtretung Finnlands) und mit Dänemark (keine Verluste).

1810, 6. Jan. Frieden mit Frankreich: Schweden erhält Schwedisch-Pommern und Rügen, schließt sich dafür der Kontinentalsperre an.

5. Nov. Nach CHRISTIANS Tod wählt der Reichstag JEAN-BAPTISTE BERNADOTTE (*1764, †1844) zum Thronfolger, vom König adoptiert als KARL JOHAN. Er leitet eine Neuorientierung der Außenpolitik ein: Zwar wird England noch der Krieg erklärt, aber nicht ernsthaft.

1812 Den Ausgleich mit Russland erreicht der Bündnisvertrag (endgültiger Verzicht Schwedens auf Finnland, Versprechen Russlands, Schweden mit Norwegen zu entschädigen).

1813 Schweden verlässt die Kontinentalsperre und schließt sich der Anti-Napoleon-Koalition an (Bündnisse mit England und Preußen). Nach der Niederlage NAPOLEONS bei Leipzig besetzen schwedische Truppen Norddeutschland und Teile Dänemarks.

1814, 14. Jan. Im Frieden von Kiel muss Dänemark Norwegen an Schweden abtreten.

4. Nov. KARL XIII. wird zum König von Norwegen gewählt.

1815, 31. Juli, 6. Aug. In Verwirklichung des Kieler Friedens kommt **Norwegen** durch Verabschiedung der Reichsakte im norwegischen Parlament (*Storting*) und im schwedischen Reichstag in die **Personalunion mit dem Königreich Schweden.** | Forts. S. 1100 |

Dänemark-Norwegen (mit Island und Grönland) (1523–1815) | Forts. v. S. 604 |

Dänemark ist bis 1660 ein Wahlreich. Der hocharistokratische Reichsrat wählt die Könige aus der regierenden Dynastie. In den Wahlkapitulationen (»Handfesten«) werden die politischen Rechte und Pflichten festgelegt, dem Adel in zunehmendem Maße wirtschaftliche Vorrechte gegenüber nichtadligen Ständen eingeräumt.

1523 FRIEDRICH I. (*1471, †1533), Schwiegervater ALBRECHTS VON BRANDENBURG-ANSBACH, Herzog von Preußen, wird als Nachfolger seines vertriebenen Onkels CHRISTIAN II. (*1481, †1559) gewählt.

1533 Nach seinem Tod versucht Lübeck unter seinem Bürgermeister JÜRGEN WULLENWEWER (*um 1492, †1537), CHRISTIAN II. wieder auf den Thron zu bringen, wird aber in der »Grafenfehde« gemeinsam von Dänemark und Schweden besiegt.

1534–1559 CHRISTIAN III. (*1503, †1559) muss nach der Wahl sein Königreich erobern.

1536 Er lässt durch Beschluss des Reichstags (Reichsrat, Adel, Bürger, Bauern) die Reformation einführen und das Kirchengut säkularisieren (Verdreifachung der Bruttoeinnahmen der Krone).

1537, 2. Okt. Der König unterschreibt die Kirchenordnung (*Ordinatio ecclesiastica*), an der der norddeutsche Reformator JOHANNES BUGENHAGEN (*1485, †1558) mitwirkt.

Reichsverwaltung unter Christian III.

Die Zentralverwaltung wird modernisiert. Der **Reichsrat** bleibt **oberstes Gremium** für Verwaltung und Rechtsprechung. Neben der dänischen Kanzlei (zuständig für Innenpolitik und für Schweden) steht die aus den Herzogtümern Schleswig und Holstein stammende deutsche Kanzlei (zuständig für die Herzogtümer und die Außenpolitik); aus Ersterer gliedert sich die Rentkammer als leitende Finanzbehörde aus. Der Reichsrat behält seinen Mitgliedern die hohen Reichsämter vor (Hofmeister, Kanzler, Marschall, Admiral). Die Lokalverwaltung, ebenfalls in adliger Hand, wird (v. a. finanziell) wirksamer königlicher Kontrolle unterstellt. CHRISTIAN III. hinterlässt einen wohlgeordneten Staat, hat aber mit der 1544 aus dynastischem Versorgungsinteresse durchgesetzten Teilung der Herzogtümer den Keim für spätere gefährliche Konflikte gelegt.

1559–1588 Friedrich II. (*1534, †1588) setzt die dynastische Politik fort und verschafft seinem Bruder Magnus von Holstein (*1540, †1583) 1560 Saaremaa (Ösel) und Kurland.

1570 Der Gegensatz zu Schweden wird im **Nordischen Siebenjährigen Krieg** (1563–1570) ausgetragen. Der Friede von Stettin bringt keine Gebietsveränderungen. Zur Kriegsfinanzierung wird der Sundzoll drastisch erhöht (zum Schiffszoll kommt Lastzoll).

1588–1648 Christian IV. (*1577, †1648) fördert nach westeuropäischem Vorbild planmäßig die wirtschaftliche Entwicklung des Landes: Er gründet oder erneuert Städte (u. a. Kristianopel und Kristianstad in Südschweden, Christianshavn vor Kopenhagen, Glückstadt an der Unterelbe, Christiania – das alte Oslo) und fördert Handelskompanien (1616 Dänische-Ostindische Kompanie). Er strebt nach dem *Dominium maris septentrionalis*, nimmt das vergessene Grönland wieder unter dänische Oberhoheit und lässt nach der Nord-West-Passage suchen.

1611–1613 **Im Kalmarkrieg gegen Schweden** siegt Dänemark und setzt seine Ansprüche auf die Lappmark am Nordkap durch. Dagegen endet Christians IV. Beteiligung am Dreißigjährigen Krieg mit einer Niederlage (besiegelt im Frieden von Lübeck 1629). Schwedens Aufstieg zur Großmacht verweist Dänemark auf den zweiten Platz im Ostseeraum.

1643–1645 Im Schwedisch-Dänischen Krieg gehen Dänemark die Bistümer Bremen und Verden verloren.

1645, 13. Aug. Im Frieden von Brömsebro (südwestlich von Kalmar) muss Dänemark Halland am Kattegat (für 30 Jahre), die Inseln Gotland und Ösel sowie Jämtland und Härjedalen (in Norwegen) abtreten.

1648–1670 Friedrich III. (*1609, †1670) muss im **Ersten Nordischen Krieg** (1655–1660) weitere Gebietsverluste hinnehmen. Nach seiner Kriegserklärung 1657 besetzt Schweden mit Gottorfer Hilfe fast ganz Dänemark.

1658 Schweden erzwingt im Frieden von Roskilde von Dänemark die Abtretung der Landschaften Schonen, Blekinge, Halland (endgültig), Bohuslän (am Skagerrak), Trondheim sowie der Inseln Bornholm und Ven.

1660 Der 1658 von Schweden erneuerte Krieg endet im Frieden von Kopenhagen mit der Rückgabe von Bornholm und Trondheim an Dänemark.
Durch Beschluss des Reichstages (Bürger und Geist-

Haus Oldenburg in Dänemark und Norwegen

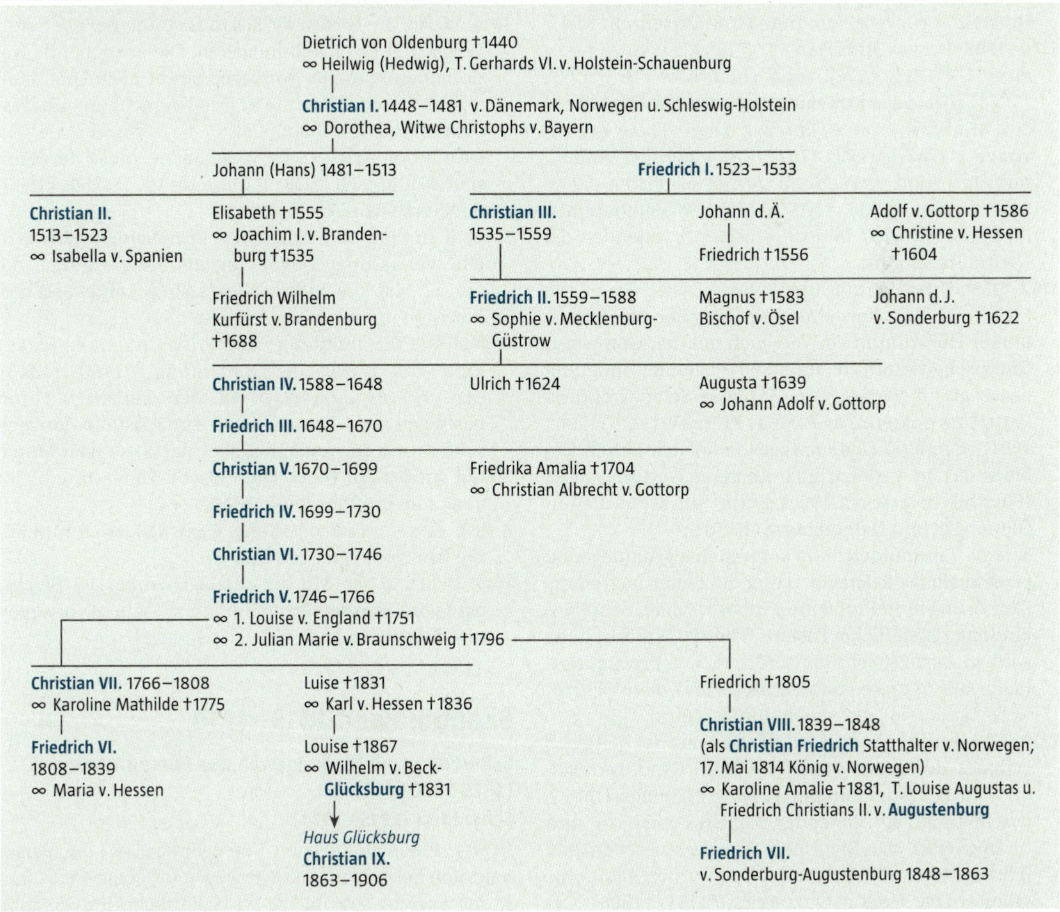

lichkeit gehen zusammen gegen Adel und Reichsrat vor) wird **Dänemark Erbmonarchie**.

1661 Die »Erb- und Alleinherrschaftsakte« (in Form eines Herrschaftsvertrages) überträgt dem König auch die »absolute Regierung«. Es folgen grundlegende Reformen: Sechs neue, nach Ressorts gegliederte Kollegien leiten die Zentralverwaltung. Die Staatsfinanzen werden durch Verkauf von Krongut und eine Steuer auf Grundbesitz (auch adeligen) saniert. Bürger erhalten Zugang zu allen Beamtenstellen. Die Wirtschaft wird gefördert: 1668 Dänische Westindische, 1674 Westindisch-Guinesische Kompanie.

1665 FRIEDRICH III. unterzeichnet das Königsgesetz (*Lex Regia*), das den absolutistischen Staat in Dänemark festschreibt. Dieses Gesetz, das bis 1849 gilt, ist das einzige seiner Art in Europa.

1670–1699 CHRISTIAN V. (*1646, †1699) lässt das Dänische Recht (*Danske Lov*) kodifizieren und 1683 in Kraft setzen.

1675–1679 Der Versuch CHRISTIANS, die verlorenen Provinzen von Schweden zurückzuerobern, scheitert.

1699–1730 FRIEDRICH IV. (*1671, †1730) nimmt am Zweiten Nordischen Krieg (1700–1721) teil.

1713–1720 Er okkupiert den Gottorfer Staat und erhält 1720 im Frieden von Frederiksborg den Schleswiger Teil endgültig; dagegen wird der Gottorfer Besitz in Holstein zurückgegeben (nun Großfürstentum Kiel).

1730–1808 Unter CHRISTIAN VI. (*1699, †1746), FRIEDRICH V. (*1723, †1766) und CHRISTIAN VII. (*1749, †1808) **erlebt Dänemark einen langen Frieden**. Die Leitenden Minister JOHANN HARTWIG ERNST GRAF BERNSTORFF (*1712, †1772; 1751–1770 dänischer Außenminister) und sein Neffe ANDREAS PETER GRAF BERNSTORFF (*1735, †1797; 1773–1780 Außenminister und 1784–1797 Ministerpräsident) vollenden die Neutralitätspolitik.

1767–1773 Unter Vermittlung CASPAR VON SALDERNS (*1711, †1786), holsteinischer Ratgeber am Petersburger Hof, kommt ein Vergleich mit den Gottorfern (inzwischen Zaren von Russland) zustande, endgültig bestätigt im Vertrag von Zarskoje Selo: Großfürst PAUL (der spätere Zar PAUL I. PETROWITSCH [1796–1801]) überlässt Dänemark seine holsteinischen Gebiete, das im Austausch der jüngeren Gottorfer Linie (Fürstbischöfe von Lübeck-Eutin) die Grafschaften Oldenburg und Delmenhorst abtritt.

Seit der Jahrhundertmitte kommt eine grundlegende **gesellschaftliche Reform** in Gang: die Bauernbefreiung. Die Lösung ihrer Probleme (Gutswirtschaft, Schollenbindung, bäuerliche Lasten, Mehrfelderwirtschaft) wird in Fachzeitschriften erörtert, auf Privatgütern (auch der BERNSTORFFS) erprobt und dann schrittweise landesweit gesetzlich durchgeführt.

1770–1772 JOHANN FRIEDRICH STRUENSEE, der deutsche Leibarzt des geisteskranken Königs CHRISTIAN VII. und Günstling der Königin (*1737, 1772 hingerichtet), beschleunigt als Leitender Minister hektisch und rücksichtslos die Reformen. Dieses Zwischenspiel führt zu einer dänischen Reaktion unter Kabinettssekretär OVE HØEGH-GULDBERG (*1731, †1808). Die Reformarbeit wird verlangsamt. 1773 wird Dänisch alleinige Amtssprache. Das Indigenatsgesetz von 1776 schließt Ausländer vom Staatsdienst aus. Die nationalen Konflikte des 19. Jh.s deuten sich an.

1788 Die **Aufhebung der Leibeigenschaft** (*stavnsbånd*) vollendet das Reformwerk. Die außenpolitische Neutralität führt zu wirtschaftlicher Blüte; v. a. der Kolonialhandel erlebt in der »florisanten Periode« großen Aufschwung. Erfolgreichster Unternehmer (gleichzeitig leitender Staatsbeamter) ist der in Pommern geborene, seit 1761 in Kopenhagen ansässige HEINRICH CARL SCHIMMELMANN (*1724, †1782). Doch setzt ein weiteres Reformgesetz dem freien Gewinnstreben in Übersee eine Grenze: 1792 ergeht ein Sklavenhandelsverbot, das erste in Europa. Dänemark stellt ein Modell für aufgeklärten Absolutismus dar.

1809, Sept. Eine britische Flotte bombardiert und besetzt Kopenhagen. Daraufhin entschließt sich Dänemark, das Bündnis mit Frankreich zu suchen.

1813 Nach der Niederlage NAPOLEONS bei Leipzig will Dänemark in die Koalition gegen Frankreich eintreten. Schweden fordert dafür offen die Abtretung Norwegens. Der schwedische Kronprinz JEAN-BAPTISTE BERNADOTTE zieht als schwedischer Feldherr direkt von Leipzig gegen Dänemark.

1814, 14. Jan. Im **Frieden von Kiel** muss Dänemark den norwegischen Reichsteil freigeben. Die erwachende Nationalbewegung in Norwegen strebt nach Unabhängigkeit, erkennt den Kieler Frieden nicht an und lässt ein Parlament wählen.

Durch den Krieg völlig verschuldet, muss der dänische König (seit 1808) FRIEDRICH VI. (*1768, †1839) den Staatsbankrott zugeben.

10. April In Eidsvoll nördlich von Christiania (Oslo) wird eine verfassunggebende Versammlung eröffnet, die am 17. Mai die Eidsvoll-Verfassung (eine der modernsten in Europa) beschließt.

19. Mai Die Versammlung wählt Prinz CHRISTIAN FRIEDRICH VON DÄNEMARK-OLDENBURG (*1786, †1848), der 1839 als CHRISTIAN VIII. den dänischen Thron besteigen wird. Dieser nimmt zunächst die norwegische Krone an, verzichtet aber nach wenigen Monaten wieder (10. Okt.). Die Eidsvoll-Verfassung bleibt aber zum größten Teil in Kraft.

4. Nov. Der schwedische König KARL XIII. wird zum König von Norwegen gewählt.

1815, 31. Juli, 6. Aug. Mit der Verabschiedung der Reichsakte wird die die Personalunion zwischen Norwegen und Schweden besiegelt. | Forts. v. S. 1103 |

Skandinavien 1815–1914

Schweden und Norwegen in der Personalunion (1815–1905/14) | Forts. v. S. 1098 |

Schweden (1815–1914)

In der neuen politischen Konstellation seit der Personalunion Schwedens mit Norwegen unter schwedischer Krone kommt sowohl die wirtschaftliche Entwicklung als auch die schrittweise innere Umgestaltung voran. Schweden wird führende Macht im Norden. Außenpolitisch gerät Schweden weniger absichtlich als durch die Entwicklung der Dinge auf einen Neutralitätskurs, nachdem ein gemeinsames Vorgehen mit Frankreich und Russland im Baltikum mit dem Ziel der Rückgewinnung Finnlands nicht zustande gekommen ist. Schweden beteiligt sich in der Folge nicht am Krimkrieg (1853–1856) und nimmt auch nicht an den kriegerischen Verwicklungen Dänemarks in den 60er-Jahren teil.

Die politische Union mit Norwegen stärkt zwar die Stellung Schweden-Norwegens in Skandinavien und weltweit, doch bewirkt sie auch schwer lösbare innere Probleme. Der in Norwegen bestehende Drang zur Selbstständigkeit (*selvstyre*) macht den schwedischen Politikern immer wieder zu schaffen. Im Verhältnis der beiden Länder zueinander kommt es zu zahlreichen Konflikten. Die Frage der Vertretung nach außen wird schließlich zur brennenden Streitfrage. Schweden kann die in Norwegen starken Vorbehalte auf Dauer nicht beruhigen.

1818, 5. Febr. Jean-Baptiste Bernadotte wird als Karl XIV. Johan König von Norwegen und Schweden.

seit 1830 Schweden diskutiert unter dem Einfluss englischer und französischer Ideen die Vertretungsfrage (Repräsentationsfrage), die allmählich in ein System mit ständischer Vertretung neuer Prägung mündet.

1832 Fertigstellung des Götakanals als Querverbindung durch Schweden.

1840 Liberale erzwingen eine Reform bei der Kabinettszusammensetzung.

1842, 18. Juni Das Volksschulstatut macht die Grundschulerziehung obligatorisch.

1844 Die Debatte um die »Repräsentationsfrage« begleitet auch den Thronwechsel von 1844: Oskar I. (*1799, †1859) wird schwedischer König. Nach dessen Thronbesteigung werden eine Reihe liberaler Reformen eingeführt. Ab 1852 vollzieht sich jedoch der Übergang zu konservativer Regierung.

1846 Das Zunftwesen wird abgeschafft und eine Entwicklung in Richtung Gewerbefreiheit eingeschlagen.

1848 Per Götrek (*1798, †1876) veröffentlicht das Kommunistische Manifest. Die Revolutionen in Europa führen auch in Schweden zu Straßenkrawallen.

1850 Die Industrialisierung Schwedens beginnt Mitte des Jh.s. u. a. aufgrund des großen Nutzholzbedarf in Westeuropa im Zuge der industriellen Revolution. Großbritannien führt zudem zu dieser Zeit für seine Holzeinfuhr den Freihandel ein. In Schweden kommt seit 1852 die neue Dampfsäge in Gebrauch, die die Holzverarbeitung und den Holztransports grundlegend verändert. Der Holzhandel und die führenden Holzfirmen sowie zugleich die Eisenausfuhr nehmen einen starken Aufschwung.

1853 Der Reichstag beschließt, den Bau der Haupteisenbahnlinien künftig in eigener Regie zu übernehmen.

1855, 25. Nov. Während des Krimkriegs schließt Oskar I. für Schweden und Norwegen einen Vertrag mit Großbritannien und Frankreich ab (Novembertraktat), der gegen mögliche russische Übergriffe gerichtet ist und für beide nordischen Länder bis 1907 bzw. 1908 Gültigkeit hat. Er garantiert ihnen den Status quo.

1856 Gründung der *Stockholms Enskilda Banken* durch André Oscar Wallenberg (*1816, †1866).

1857, 25. Sept. Kronprinz Karl (*1826, †1872) übernimmt die Regentschaft für seinen Vater. Er regiert zunächst streng konservativ; u. a. bildet er die Struktur des schwedischen Ministerrats (*statsråd*) um.

1859, 8. Juli Kronprinz Karl wird als Karl XV. König von Schweden und Norwegen.

seit 1860 Der Bau der Eisenbahn wird in staatlicher (»Stammbahnen«) und privater Trägerschaft vorangetrieben.

Trotz wirtschaftlicher Veränderungen seit den 50er-Jahren nimmt die Auswanderung nach den USA zu.

1864 Unter Finanzminister Johan August Gripenstedts (*1813, †1874) freihändlerischem Wirtschaftskurs wird die Gewerbefreiheit verwirklicht.

1866, 22. Juni Eine Parlamentsreform schafft den alten Vierständereichstag ab und bringt den Übergang zum Zweikammersystem. In der Zweiten Kammer tritt als neue Kraft die Landwirtepartei (*Lantmannapartiet*) auf. Sie tritt für die Abschaffung traditioneller Belastungen des Bodens ein und verhindert eine notwendige Wehrreform. Die Forderung nach einer Reform des Wahlrechts besteht weiterhin.

1870 Frauen erhalten das Recht auf höhere Schulbildung (*studentexamen*).

1876, 20. März Offizielle Einführung des Amts des Ministerpräsidenten (*statsminister*); erster *statsminister* wird Louis de Geer (*1818, †1896).

1880, 19. April Arvid Graf Posse (*1820, †1901) von der Landwirtepartei wird Regierungschef.

Wirtschaftliche Entwicklung in den 1880er-Jahren

Wegen einer schweren Krise in der schwedischen Landwirtschaft, hervorgerufen seit Ende der 70er-Jahre durch überhöhte billige Einfuhren, erhebt sich die Forderung nach Schutzzöllen. Mitte der 80er-Jahre beherrscht die »Zollfrage« (*tullfrågan*) die Politik. So bildet sich eine Schutzzollpartei aus landwirtschaftlichen und industriellen Interessengruppen. Die Regierung Oskar Robert Themptander (*1844, †1897) hält zunächst an der freihändlerischen Linie fest. Sie setzt sich aber nur durch, weil Oskar II. (*1829, †1907) von seinem Recht der Reichstagsauflösung Gebrauch macht. 1887 muss die freihändlerische Regierung zurücktreten.

Ende der 80er-Jahre, v. a. nach dem Bau neuer Eisenbahnlinien, wächst in Schweden in großem Stil die Erzausfuhr als wichtiger Wirtschaftszweig an. Hauptabnehmer des v. a. auch strategisch wichtigen Rohstoffs ist Deutschland. Zur selben Zeit entwickelt sich die Metallindustrie, in erster Linie die Maschinenindustrie, sprunghaft. Die Industrialisierung erfasst weite Bereiche. Der Dichter Viktor Rydberg (*1828, †1895) wird Sänger des industriellen Zeitalters (»Neue-Grotte-Lied«) und zugleich Warner vor möglichen damit verbundenen Entwicklungen. Die wirtschaftliche Krise führt in diesem

Jahrzehnt zur vermehrten Auswanderung v. a. in die USA (Wisconsin, Minnesota).

1888, 6. Febr. Schutzzollpolitik unter der neuen Regierung GILLIS BILDT (*1820, †1894), in die seit 1892 auch die Industrie einbezogen wird.

1889 Arbeiterschutzgesetzgebung als Folge der verstärkten Industrialisierung Schwedens.
Gründung der Sozialdemokratischen Partei Schwedens; ihr erster Vertreter im Reichstag ist seit HJALMAR BRANTING (*1860, †1925).

1895 Der schwedische Chemiker ALFRED NOBEL (*1833, †1896), Erfinder des Dynamits, stiftet mit 31 Mio. Kronen den jährlichen Nobelpreis für Physik, Chemie, Medizin, Literatur und Bemühungen um den Weltfrieden (Statuten vom 29. Juni 1900).

1898 Die Gewerkschaften schließen sich in der *Landsorganisation* zusammen. Als Antwort darauf entsteht 1902 der schwedische Arbeitgeberverband *Svenska Arbeitsgivareförbundet.* Damit beginnen harte soziale Auseinandersetzungen und Tarifkonflikte.

1899 Begründung der Konsumgenossenschaft *Kooperativa Förbundet* durch die schwedische kooperative Bewegung, die monopolistischen Tendenzen im Handel entgegenwirken will.

1905 Ende der Personalunion mit Norwegen.

1907 GUSTAV V. (*1858, †1950) wird König von Schweden. Er ist verheiratet mit VIKTORIA VON BADEN (*1862, †1930), Enkelin des deutschen Kaisers WILHELM I.

1908, 23. April Der Abschluss des Ostseeabkommens in St. Petersburg zwischen Russland, Deutschland, Dänemark und Schweden legt die Erhaltung des Status quo in der Ostsee fest. Es wird 1909 durch ein Nordseeabkommen in Berlin ergänzt, an dem Deutschland, Dänemark, Frankreich, Großbritannien, Niederlande und Schweden, nicht jedoch Belgien und Norwegen beteiligt sind.

1909 Einführung des allgemeinen Wahlrechts für die Zweite Kammer und des Verhältniswahlsystems für beide Kammern unter der konservativen Regierung (1906–1911) ARVID LINDMAN (*1862, †1936).

1912 Zwischen den drei nordischen Staaten werden Neutralitätsregeln vereinbart. Innenpolitisch kommt es zu Auseinandersetzungen über die Verteidigungsfrage zwischen GUSTAV V. und dem liberalen Ministerpräsidenten KARL ALBERT STAAFF (*1860, †1915).

1913 Organisation einer Altersversicherung (*folkpension*).

1914, 2. Febr. Ein Bauernzug nach Stockholm führt zum Rücktritt des Kabinetts STAAFF. | Forts. S. 1105 |

Norwegen 1815–1914

Aufgrund der Reichsakte von 1815 gelangt Norwegen in die Personalunion mit Schweden. Die Herrschaft über das vereinte Reich liegt nach der Unionsverfassung bei der schwedischen Krone, die auch die gemeinsame Außenpolitik bestimmt. Norwegen behält jedoch sein eigenes Parlament (*Storting*) mit Kompetenzen für innere Angelegenheiten. Über den eigentlichen Charakter der Union gibt es aber immer wieder Unstimmigkeiten und Kompetenzgerangel (Statthalterstreit, »Revisionspolitik«). Das norwegische Interesse richtet sich derweil auf die Entwicklung des Landes und den Ausbau der wirtschaftlichen Möglichkeiten.

1836 Wahl des *Stortings* nach heftigen Auseinandersetzungen zwischen Opposition und Regierungsanhängern, Bauern und Beamten; radikale Abgeordnete im *Storting* versuchen im Machtkampf gegen den König KARL JOHAN Gesetze trotz Vetos durchzusetzen.

8. Juli Auflösung des *Stortings* durch den König, der aber drei Wochen danach dasselbe Gremium einberuft.

1838 Bei den Wahlen zum *Storting* geht die Zahl der bäuerlichen Abgeordneten stark zurück (nur 35 gegenüber 52 Beamten).

1848 Die Bewegung des Skandinavismus, in Dänemark und Schweden entstanden, ergreift auch in Norwegen die akademische Jugend. Der Gedanke eines Zusammenschlusses der nordischen Mächte gewinnt seit 1846 Nahrung, als die Schleswig-Holsteinische Frage den Fortbestand der Union der Herzogtümer mit Dänemark fraglich macht. Als die Bundesexekution wirksam wird und preußisch-deutsche Truppen durch Holstein vormarschieren, veranlasst OSKAR I., vom Skandinavismus beeinflusst, die Aufstellung eines schwedisch-norwegischen Hilfskorps in Schonen und auf Fünen.
Die beginnende Industrialisierung des Landes führt 1848 zur Begründung einer zunächst schwachen sozialistischen Bewegung.

1849 Die Aufhebung der britischen Navigationsakte aus dem 17. Jh. öffnet norwegischen Frachtschiffen den Weg in den Welthandel und zu britischen Häfen. Das führt zum Ausbau einer starken Handelsflotte in der 2. Hälfte des 19. Jh.s.

1852, 8. Mai Bei dem Lösungsversuch der Schleswig-Holsteinische-Frage durch das 1. (2. Aug. 1850) und 2. Londoner Protokoll stehen Norwegen und Schweden auf der Seite Dänemarks.

1864, 16. Jan.–30. Okt. Auch während des preußisch-dänischen Konflikts um Schleswig-Holstein erwachen in Norwegen und Schweden wieder starke Sympathien zugunsten des nordischen Nachbarn.

1882 Die sich seit den 60er-Jahren verstärkende Auswanderungswelle nach Amerika, ausgelöst durch die Wirtschaftskrisen seit Mitte der ersten Hälfte des Jh.s, erreicht ihren Höhepunkt. Die Auswanderer bewahren z. T. noch lange ihre eigene Sprache und Eigenart.

1887, 21. Aug. Nachdem bereits am 1. Juli 1874 in Christiania der erste »Norwegische Arbeiterverein« (*Norske Arbeiderforening*) durch bürgerliche Linke und Marxisten gegründet wurde, folgt nach Überwindung der Wirtschaftskrise der 70er- und frühen 80er-Jahre die Bildung einer Norwegischen Arbeiterpartei (*Arbeiderpartiet*). Wichtige Gründungsmitglieder sind u. a. CHRISTIAN HOLTERMANN KNUDSEN (*1845, †1929) und CARL JEPPESEN (*1858, †1930).

seit 1892 Eine arbeiterfreundliche Politik linksliberaler Regierungen schlägt sich in sozialer Gesetzgebung nieder. Sie sorgt u. a. für die Einschränkung der Kinderarbeit, Arbeiterunfallversicherung, Vorsorge für Seeleute sowie die Einrichtung der Arbeiterbedarfs- und Wohnungsbank.

1898 Die Durchsetzung des allgemeinen Wahlrechts ermöglicht eine verstärkte sozialistische Wahlagitation. 1903 kann die Arbeiterpartei mit fünf Abgeordneten in den Storting einziehen.

1905, 7. Juni/13. Aug. Die **Auflösung der schwedisch-norwegischen Union** erfolgt nach langen Jahren hitziger Diskussion (Staatsratsfrage) durch Storting-Beschluss und Volksabstimmung in Norwegen sowie den Verzicht Königs Oskar II. auf die norwegische Krone.

25. Nov. Prinz Karl (*1872, †1957), Sohn des dänischen Königs Friedrich VIII., wird als Håkon VII. König von Norwegen.

1907, 2. Nov. Im Integritätstraktat von Kristiania (Oslo) übernehmen Deutschland, Frankreich, Großbritannien und Russland die Garantie für Norwegens territoriale Integrität (für zunächst 10 Jahre). | Forts. S. 1105 |

Dänemark 1814–1914 | Forts. v. S. 1100 |

Der Verlust Norwegens bedeutet für Dänemark eine Schwächung in seiner Stellung in Nordeuropa. Die Regierungszeit Friedrichs VI. (*1768, †1839), der schon als Kronprinz für seinen kranken Vater regiert, zeigt stark der Vergangenheit verhaftete Züge. Dänemarks wirtschaftliche und politische Reorganisation nach den schweren Einbußen während der napoleonischen Kriege vollzieht sich deshalb nur langsam.

Auch auf kulturellem Gebiet ist man in der Vergangenheit verwurzelt. Führend sind Adam Gottlob Oehlenschläger (*1779, †1850) sowie der Theologe und Pädagoge Nikolai Frederik Severin Grundtvig (*1783, †1872), der Begründer eines national geprägten Volksbildungswesens. Von deutscher philosophischer Tradition beeinflusst ist Henrik Steffens (*1773, †1845) und der Hegels Philosophie reflektierende christliche Denker Søren Kierkegaard (*1813, †1855). Hans Christian Andersen (*1805, †1875) gestaltet in spätromantischem Geist eine Märchenwelt, die über die Grenzen Dänemarks hinaus Aufnahme findet.

1831, 28. Mai Auf königliche Anweisung erfolgt der Entwurf von zwei Anordnungen über die beabsichtigte Einsetzung gleichartiger Ständeversammlungen nach preußischem Vorbild in Schleswig und Holstein (»Herzogtümer«) sowie in Jütland und dem Rest des Königreichs (Inseln). Im Anschluss kommt es zur öffentlichen Diskussion der Frage des Wahlrechts. Der 28. Mai wird zum künftigen Feiertag erklärt.

1834, 15. Mai Einführung von Landständen mit Zensuswahlrecht in drei Klassen: Gutsbesitzer, Grundbesitzer in den Landstädten und Bauern. De facto führt das zum Stimmrecht für knapp 3 % der Bevölkerung (15 % der Männer). Die Landstände sind ein erster Schritt in Richtung einer provinziellen Selbstverwaltung und kommunalen Neuordnung.

1848, März Nachdem nationalliberale Kräfte (»Eiderdänen«), die für den Anschluss ganz Schleswig bis zur Eider eintreten, mit der Regierungsbildung betraut werden, bildet sich eine von Dänemark unabhängige schleswig-holsteinischen Regierung, die vom Deutschen Bund anerkannt wird.

April In der Folge kommt es zum **Schleswig-Holsteinischen Krieg** (bis 1850): Eine Bundesexekution (12. April) des Deutschen Bundes führt zur Besetzung Holsteins durch preußische Truppen. – In der Schleswig-Holsteinischen-Frage steht Dänemark vor der Gefahr zwei Dritteln des Staatsgebiets und der Bevölkerung zu verlieren. Dänemark erfährt aber auch deutliche gesamtskandinavische Solidarität. Der Skandinavismus etabliert sich zunächst als v. a. geistige, zunehmend aber auch als politische Bewegung.

26. Aug. Waffenstillstand von Malmö unter Druck von England, Frankreich und Russland.

1849, April Wiederaufflammen des Krieges nach der Kündigung des Waffenstillstandes durch Dänemark.

5. Juni Nach vereinzelten liberalen Ansätzen einer kommunaler Selbstverwaltung mit weitgehender wirtschaftlicher Autonomie für reiche Handelsstädte verkündet König Friedrich VII. (*1808, †1863), Sohn Christians VIII. (*1786, †1848), das »Juni-Grundgesetz« (*Junigrundloven*), die erste Verfassung Dänemarks. Sie verspricht das allgemeine Wahlrecht und Gewerbefreiheit.

10. Juli Waffenstillstand zwischen Preußen im Namen des Deutschen Bundes und Dänemark.

1850, 2. Aug. Das **1. Londoner Protokoll** sichert Dänemarks Recht auf Schleswig und Holstein.

1852, 18./28. Jan. Auch durch eine »Bekanntmachung« (*Kundgørelse*), die eigene Verfassungen für Schleswig und Holstein sowie den dänische Gesamtstaat in Aussicht stellt – diese werden als sog. »Verfassungsverordnung« tatsächlich im Juli 1854 oktroyiert – ist die Frage der Personalunion der Herzogtümer mit Dänemark nicht zu lösen.

8. Mai Das von Preußen und Österreich zusammen mit den drei anderen europäischen Großmächten, Schweden und Dänemark vereinbarte **2. Londoner Protokoll** anerkennt das Erbrecht der weiblichen Linie für Dänemark und die Herzogtümer. Dänemark sichert diesen eine Sonderstellung zu. | s. S. 937 |

1855 Die schleswig-holsteinischen Stände lehnen auch die liberaler geprägte neue Verfassung ab.

1863, 15. Nov. König Christian IX. (*1818, †1906) aus dem Haus Glücksburg folgt Friedrich VII. auf dem Thron. Auch er ist wieder ein Herrscher mit stark konservativer Einstellung, führt aber am Ende seiner Regierungszeit den politischen Wandel herbei.

18. Nov. Der Erlass der »Novemberverfassung«, der die vollständige Eingliederung Schleswigs in den dänischen Staatsverband vorsieht, gibt dem Deutschen Bund den Anlass zur militärischen Intervention. Im Deutsch-Dänischen Krieg gegen Preußen und Österreich (1863/64) verliert Dänemark die Herrschaft über die Herzogtümer.

1864, 18. April Niederlage der dänischen Verteidiger an den Düppeler Schanzen. In Dänemark wird diese und die daraus folgende Kriegsniederlage, die den **Verlust Schleswig-Holsteins** nach sich zieht, als eine schwere Wunde und als unheilbare Schlappe empfunden. Noch lange danach müht sich die dänische Politik um eventuelle Behebung des Schadens. Erst 1920 kommt es zur Revision der Grenze.

Innenpolitische Folgen der Niederlage

Infolge der Niederlage verändert sich die Parteienlandschaft: Die *Center Partei* spaltet sich in rechte Nationalliberale und die Nationale Linke (*Nationale Venstre*), eine Art »Partei der Mitte«. Die Nationalliberalen bilden 1870 ein Regierungsbündnis mit den Gutsbesitzern (*Nationale Godsejere*), die 1881 von der Rechten (*Høyre*) aufgesogen werden; Letztere entstehen als Reaktion auf die Vereinigte Linke der Bauern (*Forenede Venstre*). Erst 1884 erringt die Sozialdemokratische Partei (*Socialdemokraterne*) ihren ersten Sitz im *Folketing*.

In der Diskussion des Wahlrechts zum *Landsting* (erste Kammer) wird die Forderung nach einer demokratischen Wahl dieses Gremiums erhoben. Solange diese nicht besteht, wird das alleinige Recht zur Regierungsbildung für den demokratisch gewählten *Folketing* (zweite Kammer) verlangt. Die endgültige Durchsetzung dieser »Ministerverantwortlichkeit«, d. h. des parlamentarischen Systems, erfolgt aber erst 1901.

1865–1870 *Ministeriet Frijs*, ein »Ministerium« (Kabinett) unter Christian Emil Frijs (*1817, †1896), dem größten Gutsbesitzer Dänemarks. In der Diskussion um die Rückgewinnung Schleswigs zerschlagen sich die Hoffnungen auf eine mögliche Revision. Weil der § 5 des Prager Friedens von 1866 zwischen Preußen und Österreich, der eine mögliche Korrektur der Grenzziehung von 1864 einzuräumen schien, sich als kein Ausweg erweist, entstehen lange Auseinandersetzungen um die »Verteidigungsfrage« und eine mögliche Verfassungsreform.

1866 Eine teilweise Verfassungsreform führt zur Abschaffung des »Reichsrats« (*Rigsråd*) und zur Einführung des Zweikammersystems. Im *Folketing* bilden sich liberale Mehrheiten (*Venstre*), trotzdem wird konservativ regiert.

1870/71 Nach der Niederlage Frankreichs im Deutsch-Französischen Krieg, der zur Vereinigung Deutschlands und zum preußisch-deutschen Kaiserreich führt, besteht für Dänemark auf lange Zeit keine Hoffnung mehr auf Revision der Grenze.

1901 Das erste »Ministerium« der Linken unter Johann Heinrich Deuntzer (*1845, †1918) und die folgende liberale Politik mit Billigung des Königs wird als »Systemwechsel« (*Systemskifte*) empfunden. So erhält Dänemark erst zu Beginn des 20. Jh.s ein parlamentarisches Regierungssystem.

1903 **Island**, das 1814 bei Dänemark verblieben ist, erhält wegen starker nationaler Bestrebungen eine **autonome Verfassung** und 1904 einen ersten landsmännischen Minister. | s. S. 1108 |

1906 Friedrich VIII. (*1843, †1912) wird König.

1908 Einführung des Frauenstimmrechts bei Kommunalwahlen. Es wird 1915 auch auf die Wahlen zum Folketing erweitert.

1912 Christian X. (*1870, †1947) wird König. | Forts. S. 1106 |

Finnland unter russischer Herrschaft (1809–1917)

In der 1. Hälfte des 19. Jh.s stagniert die Entwicklung Finnlands. Erst unter Zar Alexander II. beginnen v. a. kulturpolitische Reformen. Von 1800–1900 wächst die finnische Bevölkerung von 0,8 Mio. auf 2,6 Mio. an.

1809 Beim Landtag zu Borgå (Porvoo) werden dem autonomen russischen Großfürstentum Finnland die finnischen Grundgesetze von 1772/1789 bestätigt: Wahl des Senats (Regierung) unter Mitwirkung des Landtags, Vertretung des Zaren durch einen Generalgouverneur, Bildung eines Komitees zum Vortrag finnischer Angelegenheiten beim Zaren.

1825–1855 Zwar wird unter Nikolaus I. kein finnischer Landtag einberufen, doch wächst in der Zeit das finnische Nationalgefühl. Der Dichter Elias Lönnrot (*1802, †1884) schafft das finnische Nationalepos »Kalevala« (1835).

1863 Festlegung, dass die finnische Sprache ab 1883 der schwedischen gleichgestellt wird.

1878 Einführung der Wehrpflicht und Bildung einer finnischen Armee.

1899, 15. Febr. Durch das Februarmanifest Nikolaus II. verliert der finnische Landtag die legislative Gewalt.

1899–1904 Der Generalgouverneur Nikolaj Bobrikow (*1839, †1904) verfügt die Auflösung des finnischen Heeres und die Einführung des Russischen als Amtssprache: Spaltung der politisch interessierten Bevölkerung in »Altfinnen« und »Jungfinnen«. Erstere versuchen, die Sonderrechte durch Nachgeben zu bewahren, die anderen leisten passiven Widerstand.

1905 Während der russischen Revolution wird die Resolution des Zaren widerrufen. Die Regierung (1905–1908) Leo Mechelin (*1839, †1914) demokratisiert den Landtag.

1906–1911 Der russische Ministerpräsident Pjotr Stolypin (*1862, †1911) verschärft erneut die Lage. Die Bereitschaft der Finnen zur Ablösung von Russland wächst an.

1914–1917 Der negative Verlauf des Ersten Weltkriegs für Russland und die Entwicklungen und Ereignisse, die zur Februarrevolution in Russland und auf den Umsturz im Lande hinführen, geben den Finnen die Möglichkeit, Schritt für Schritt auf die Trennung hinzuarbeiten. Schweden hält an seinem Neutralitätskurs fest und widersteht der Versuchung, sich einzumischen. | Forts. S. 1108 |

Skandinavische Staaten 1914–1945

Norwegen, Dänemark und Schweden stehen außerhalb der imperialistischen Bestrebungen der Großmächte in den Jahren vor dem Ersten Weltkrieg. Am Rande der Bündnissysteme führen sie eine vorwiegend von wirtschaftlichen Interessen bestimmte Außenpolitik. Im kulturellen Bereich ist der deutsche Einfluss seit ca. 1900 sehr ausgeprägt, während wirtschaftlich v. a. Norwegen und Dänemark auch auf Großbritannien ausgerichtet sind. Nach Ausbruch des Ersten Weltkriegs bestätigen die Monarchen der drei nordischen Staaten im Dez. 1914 bei einem Treffen in Malmö auf Initiative des schwedischen Königs GUSTAV V., dass sie sich von den europäischen Konflikten fernhalten wollen (Neutralitätspolitik). Finnland, seit 1917 ein unabhängiger Staat, nimmt eine Sonderstellung ein und wird nicht in die Zusammenarbeit der anderen skandinavischen Staaten einbezogen.

Schweden 1914–1945 | Forts. v. S. 1102 |

Schweden bewahrt während des Ersten Weltkriegs trotz prodeutscher Sympathien seine Neutralität. Ministerpräsident HJALMAR HAMMARSKJÖLD (*1862, †1953) verstärkt die schwedische Verteidigung und achtet streng darauf, Schweden aus den Konflikten herauszuhalten.

1919 Einführung des allgemeinen Wahlrechts für die Erste Kammer und des demokratischen parlamentarischen Systems; Frauenwahlrecht für die Zweite Kammer.

1920 Die Sozialdemokraten werden stärkste Partei: 1920–1923 und 1924/25 können sie Regierungen unter HJALMAR BRANTING bilden. Ab 1932 stehen sie, mit kurzer Unterbrechung, bis nach Ende des Zweiten Weltkriegs mit PER ALBIN HANSSON (*1885, †1946) in der Regierungsverantwortung.
Schweden tritt dem Völkerbund bei und ist 1922–1926 und 1936–1939 Mitglied des Rats. Die Friedens- und Neutralitätspolitik wird bis in den Zweiten Weltkrieg hinein fortgesetzt.

1921, 24. Juni Der Völkerbund spricht die von Schweden beanspruchten Ålandsinseln Finnland zu.

1922 KERSTIN HESSELGREN (*1872, †1962) ist das erste weibliche Mitglied des Reichstags.

1923/24 Kabinett des Konservativen ERNST TRYGGER (*1857, †1943).

1926–1928 Erstes Kabinett des Freisinnigen KARL GUSTAV EKMAN (*1872, †1945), sein zweites folgt 1930–1932.

1928–1930 Konservative Regierung des Ministerpräsidenten ARVID LINDMAN (*1862, †1936).

1931 Die wirtschaftliche Depression greift auch auf Schweden über. Zur Krise der Landwirtschaft kommt die der Industrie. Schweden gibt nach britischem Vorbild die Goldbasis für seine Währung auf.

1932, 6. Aug. Der Selbstmord des schwedischen »Zündholzkönigs« IVAR KREUGER (*1880) führt zum Rücktritt des zweiten Kabinetts EKMAN. Unruhen und Demonstrationen fordern Unterstützung der Arbeitslosen und Schutzmaßnahmen für die Landwirtschaft.

24. Sept. Das neue Kabinett von PER ALBIN HANSSON verkündet ein umfassendes Programm zur Bekämpfung der Krise.
Nach der Bewältigung der Wirtschaftskrise erfolgt ein wirtschaftlicher Aufschwung und die kulturelle Annäherung an Großbritannien.

1935 Schweden schließt sich den Sanktionen des Völkerbunds gegen Italien wegen des Angriffs auf Äthiopien an.

1936 Das schwedische Parlament nimmt eine neue Wehrvorlage an, die eine technische Modernisierung der verschiedenen Waffengattungen vorsieht. Eine Veränderung der Dienstzeit ist nicht vorgesehen.

1938 Nach dem deutschen Einmarsch in Österreich (März) erklärt sich Ministerpräsident HANSSON für eine weitere Verstärkung der Landesverteidigung. Außenminister RICKARD JOHANNES SANDLER (*1884, †1964) erklärt, dass Schweden eine rein neutrale Politik betreiben wolle. Ein Plan zur schwedisch-finnischen Zusammenarbeit für die Verteidigung der Neutralität der Ålandsinseln entsteht.

20. Dez. Das Abkommen von Saltsjöbaden (*saltsjöbadsavtalet*) zwischen dem schwedischen Gewerkschaftsverband LO und dem Arbeitgeberverband SAF erleichtert Tarifabsprachen.

1939, 9. Mai Die drei nordischen Außenminister (ohne Finnland) treffen sich in Stockholm. Gegen das Votum Dänemarks lehnen Schweden und Norwegen (später auch Finnland) anschließend das deutsche Angebot zum Abschluss von Nichtangriffspakten mit dem Deutschen Reich ab.

1939–1945 Schweden bleibt während des Zweiten Weltkriegs neutral.

1940 Deutschen Truppen wird der Transit durch Schweden erlaubt.

1943 Auffanglager für Flüchtlinge aus Norwegen und Dänemark entstehen. Ende des Transits deutscher Soldaten. | Forts. S. 1535 |

Norwegen 1914–1945 | Forts. v. S. 1103 |

Norwegen entwickelt seit der Selbstständigkeit 1905 ein starkes Eigengefühl, ohne den Zusammenhang mit den skandinavischen Nachbarn zu verlieren – auch aufgrund der dynastischen Verbindung mit Dänemark. Hauptinteresse ist die Fortentwicklung einer tragfähigen norwegischen Wirtschaft. Die Fortsetzung der Neutralitätspolitik während des Ersten Weltkrieges ist beeinträchtigt durch die starke wirtschaftliche Abhängigkeit von Großbritannien und dem Wunsch, sich durch Einsatz der Handelsflotte wirtschaftliche Vorteile zu sichern.

1919 Festlegung des Verhältniswahlrechts zum *Storting*.

1920 Die norwegische Souveränität über Spitzbergen wird international anerkannt.

1921 Die Kommunisten, die 1923 die Kommunistische Partei Norwegens *(Norges Kommunistiske Parti)* gründen, trennen sich von den Sozialdemokraten (*Arbeiderpartiet*).

1921–1935 Mehrmalige Regierungsbildungen der bürgerlichen Linken (*Venstre*). Ihr politischer Führer JOHAN LUDWIG MOWINCKEL (*1870, †1943) wird wiederholt Regierungschef (1924–1926, 1928–1931, 1933–1935).

1922 Norwegens Arbeiterpartei (*Arbeiderpartiet*) verlässt die Internationale und bricht mit den Kommunisten (1923). Nach dem erneuten Zusammenschluss mit den aus ihr hervorgegangenen Sozialdemokraten wird sie ab 1927 die stärkste Partei im Storting.

1928 Die Arbeiterpartei ist mit 59 Sitzen die stärkste Partei im *Storting*, aber ohne absolute Mehrheit. Ihr parlamentarischer Führer ALFRED MADSEN (*1888, †1962) erhält vom König den Auftrag zur Regierungsbildung. Tatsächlich wird CHRISTOPHER HORNSRUD (*1859, †1960) Regierungschef und Staatsminister, aber schon nach 14 Tagen durch ein Misstrauensvotum gestürzt. Danach übernehmen wieder bürgerliche Kabinette die Regierungsgeschäfte.

1931–1933 Mit nur 25 Sitzen im *Storting* übernimmt die Bauernpartei (*Bondeparti*) die Regierung, zunächst unter PEDER LUDVIK KOLSTAD (*1878, †1932) als Ministerpräsident, dann unter JENS HUNDSEID (*1883, †1965). Verteidigungsminister wird der Major VIDKUN QUISLING (*1887, †1945). Hauptproblem der Innenpolitik ist die Überwindung der Wirtschaftskrise der 20er- und frühen 30er-Jahre, die Förderung des Landbaus und eine Verbesserung der Sozialversicherung. Dazu kommt der Konflikt mit der konservativen Bauernpartei und vereinzelten rechtsnationalen, antikommunistischen und antidemokratischen Gruppierungen wie der *Nasjonal Samling* unter QUISLING. Die Arbeitslosigkeit unter den fachorganisierten Arbeitern liegt bei 25,3 %, 1937 noch bei 20 %.

1935, 19. März Kabinettsbildung unter Führung von JOHAN LUDWIG NYGAARDSVOLD (*1879, †1952) aus der Arbeiterpartei (bis 1945). Er führt eine vorsichtige pragmatische Politik mit wechselnden Mehrheiten, auch mit bürgerlichen Parteien, durch.

1938 Die norwegische Arbeiterpartei stellt sich in eine Linie mit den sozialdemokratischen Parteien in Dänemark und Schweden und tritt der sozialistischen Arbeiterinternationale bei, die auf dem Boden des westeuropäischen demokratischen Parlamentarismus steht.
Norwegen hält trotz gegenteiliger Strömungen an der Neutralitätspolitik fest und versagt sich auch aktiver Mitwirkung an Völkerbundsaktivitäten. Es ist für eine kriegerische Auseinandersetzung wenig gerüstet.

1939, Mai Norwegen lehnt den Abschluss eines Nichtangriffspakts mit Deutschland ab.

2. Sept. Deutschland sichert die Wahrung der norwegischen Integrität zu, sofern diese nicht durch eine dritte Macht verletzt wird.

1940, 9. April **Deutsche Truppen landen an verschiedenen Stellen Norwegens** und besetzen in der Folgezeit das Land trotz teilweise hartnäckigen Widerstands. QUISLING proklamiert eine neue nationale Regierung. König HÅKON VII. und die Regierung flüchten nach Tromsø.

15. April Bildung eines norwegischen Administrationsrats aus angesehenen Bürgern: Das norwegische Oberste Gericht (*Høyesterett*) ernennt diesen sog. »Administrationsrat« (»Verwaltungsrat«) für den besetzten Teil Norwegens. Er wird von der auf dem Weg ins Exil befindlichen norwegischen Regierung NYGAARDSVOLD zunächst abgelehnt. Eine zweifelhafte Rolle innerhalb dieses Rats spielt QUISLING, der in Norwegen wenig Anklang findet.

7. Juni HÅKON VII. und die Regierung erreichen auf ihrer Flucht London. Zuvor weigert sich der König, QUISLING als Ministerpräsidenten anzuerkennen.

1940–1945 Unter der Kontrolle des Reichskommissars JOSEF TERBOVEN (*1898, †1945) kommt es zu harten Maßnahmen gegen die wirkungsvoll agierende Widerstandsbewegung, die u. a. Juden und andere Verfolgte über die Berge nach Schweden evakuiert.

1942, 1. Febr. QUISLING bildet ein sog. »nationales Ministerium«, das eng mit der deutschen Besatzungsmacht zusammenarbeitet. Viele Norweger verweigern die Zusammenarbeit.

1944 Die deutschen Truppen werden von der Roten Armee aus Nordnorwegen zurückgedrängt.

1945 Nach der deutschen Kapitulation (4. Mai) kehren Exilregierung und König aus London zurück (7. Juni). | Forts. S. 1538 |

Dänemark (mit Grönland) (1914–1945) | Forts. v. S. 1104 |

Dänemark bleibt im Ersten Weltkrieg neutral. Als Folge des Versailler Vertrags erhält es nach einer Volksabstimmung 1920 einen Teil Nordschleswigs zurück. Das Land versucht, seine Wirtschaft in Gang zu halten und soziale Verbesserungen zu erreichen, gerät aber schließlich ebenso wie andere Staaten in den Sog der Weltwirtschaftskrise seit 1929. Diese trifft besonders hart den größten Exportzweig, die Landwirtschaft, und nur in geringerem Maße die dänische Industrie. Wenn auch durch Unsicherheit geprägt, ist diese Zeit doch gleichzeitig in wirtschaftlicher, sozialer und politischer Hinsicht wie für die Entwicklung demokratischer Gesellschaftsformen eine Zeit des allmählichen Fortschritts.

1914 Bei Kriegsausbruch entschließt sich Dänemark, an der Politik der Verteidigung der Neutralität festzuhalten. Die Regierung des sozialliberalen CARL THEODOR ZAHLE (*1866, †1946) beruft, in Übereinstimmung mit der »Verteidigungsordnung« von 1909, 50 000 Mann zur Verteidigung von Seeland und Kopenhagen ein – die Stärke wird später reduziert. Öresund und Kattegat werden – gegen Widerstand im Land – vermint, was sich, zum Schutz der Ostsee, nur gegen englische einfahrende Schiffe auswirken kann, da Deutschland über den Nord-Ostsee-Kanal direkten Zugang dorthin hat. Trotz des Krieges gelingt es bis 1917 den Außenhandel, der v. a. nach Deutschland und England geht, zu erhalten. Starke Verluste entstehen seither jedoch durch die Ausweitung des U-Bootkriegs (275 versenkte Schiffe, 700 tote Seeleute). Nach dem Kriegseintritt der USA kommt es zu einer beinahe vollständigen Blockade der Seezufahrten.

1915, 5. Juni Verfassungsänderung: Mitglieder beider Kammern des Parlaments werden ab jetzt nach allgemeinem Wahlrecht (Frauen- und Verhältniswahlrecht) gewählt. Ende des privilegierten Wahlrechts für das *Landsting*.

1917, 25. Jan. Nach einer vorangegangenen Volksabstimmung werden die dänisch-westindischen Besitzungen (Jungferninseln, heute Virgin Islands) mit dem Flottenhafen St. Thomas an die USA verkauft.

1918, 30. Nov./1. Dez. **Island** wird durch die Unionsakte als **selbstständiger Staat** in Personalunion mit Dänemark anerkannt. Es bestehen weiterhin enge wirtschaftliche Bindungen. | s. S. 1108 |

1920, Febr./ März **Südschleswig-Frage**: Dänemark wünscht den Anschluss von ganz Schleswig, akzeptiert aber eine Volksabstimmung in Übereinstimmung mit der Völkerbundssatzung. Die Grenzziehung erfolgt längs der sog. »Clausenlinie« südlich Tonderns und nördlich von Flensburg.

15. Nov. Dänemark schließt sich – mit gewissen Vorbehalten – dem Völkerbund an. Die Verteidigungspolitik bleibt ein Streitpunkt zwischen den Parteien.

1924, 23. April Innenpolitisch übernehmen die Sozialdemokraten von den linken Liberalen (*Venstre*) die Stellung als größte Partei im Folketing. THORVALD STAUNING (*1873, †1942), seit 1910 Parteiführer der Sozialdemokraten und vorher Minister in der Regierung ZAHLE, bildet ein Kabinett unter sozialdemokratischer Führung. Die *Venstre* bleibt bürgerliche Regierungsalternative, die *Radikale Venstre* hält jedoch mehr zu den Sozialdemokraten (Übereinstimmung in der Abrüstungsfrage). Gleichzeitig entsteht mit der *Landbrugernes Sammenslutning* (LS) eine bäuerliche Partei als Protestbewegung.

1926, 14. Dez. THOMAS MADSEN-MYGDAL (*1876, †1943) vom *Venstre* bildet eine Regierung mit liberaler Zielsetzung und steuerpolitischen Zugeständnissen (»Anpassungsperiode«). Beim Versuch, die Rüstungsausgaben einzuschränken, stürzt die Regierung.

1929, 30. April Im Bündnis der Sozialdemokraten mit der *Radikalen Venstre* übernimmt STAUNING erneut die Regierungsgeschäfte. Außenminister wird PETER R. MUNCH (*1870, †1948).

1929–1935 Stimmenverluste der liberalen Parteien *Venstre* und *Radikale Venstre*. Die liberale ökonomische Politik der 20er-Jahre gilt als missglückt, stattdessen geht man zur umfassenden »Regulierungswirtschaft« über.

1931, 10. Juli Durch die Besetzung der ostgrönländischen Küste treibt Norwegen den langjährigen Konflikt mit Dänemark wegen der Rechte auf diesen Teil Grönlands auf die Spitze. Der Haager Gerichtshof entscheidet im April 1933 gegen Norwegen.

1932 Durch einen Kompromiss zwischen Sozialdemokraten und *Venstre* kommt es zur Begrenzung der Verteidigungsausgaben.

1933, 30. Jan. Der »Kanslergade-Vergleich« versucht durch die Verhinderung von Arbeitskämpfen – bis 1933 ist die Arbeitslosenquote auf 40 % angestiegen – der Wirtschaftskrise entgegenzusteuern. Ein neues Gesetz zur Arbeitslosenversicherung bestätigt den Vergleich der Regierungsparteien mit den beiden bürgerlichen Parteien vom Vorjahr und verbessert die staatlichen Zuwendungen. Mit dem Gesetz zur Volksversicherung werden die Beiträge für Krankenkassen sowie Alters- und Invaliditätsversicherung erhöht. Die Beiträge zur Altersrente – die *Folkepension* kann seit 1922 ab dem 65. Lebensjahr bezogen werden – bestimmt von jetzt an der Staat.

April Der Abschluss eines Handelsvertrags mit Großbritannien soll zur Sanierung der landwirtschaftlichen Exporte beitragen.
Deutsche Politiker fordern eine Revision der Grenzziehung von 1920, die von deutscher Seite bisher nicht anerkannt worden ist. Eine endgültige Bestätigung der deutsch-dänischen Grenze erfolgt erst 1955.

1935 Dänemark beteiligt sich an der Sanktionspolitik gegen Italien (wegen Äthiopien).

1937 Sozialdemokraten und *Radikale Venstre* vermindern unter dem Druck der außenpolitischen Situation ihren Widerstand gegen Ausgaben für Rüstung und Verteidigung.

1939, 23. Mai Ein neues Grundgesetz zur Abschaffung des Landsting erhält nicht die notwendigen 45 % in der Volksabstimmung.

31. Mai Dänemark schließt einen vom nationalsozialistischen Deutschland vorgeschlagenen Nichtangriffspakt mit der deutschen Regierung ab, der allein in deutschem Interesse liegt.

1940, 9. April Nach der nahezu kampflosen **Besetzung Dänemarks durch deutsche Truppen** bleibt die dänische Regierung unter STAUNING (bis 1942) unter Protesten im Amt. König CHRISTIAN X. verlässt das Land nicht. Der deutsche Gesandte wird »Reichsbevollmächtigter«, mit dem die dänische Regierung zusammenarbeiten muss.

12. April Britische Truppen besetzen die dänischen Färöer-Inseln, lassen jedoch deren eigene Verwaltung bestehen und erweitern ihre Kompetenz, was die Selbstständigkeit der Inselgruppe nach 1945 gegenüber Dänemark festigt und die Forderung nach Unabhängigkeit nach sich zieht.

Mai Britische Truppen besetzen Island, das die USA seit Juli 1941 zum Stützpunkt ausbauen.

1941, Febr. In London entsteht der »Dänische Rat« als eine Art Exilregierung.

seit April Errichtung amerikanischer Marine- und Luftbasen auf Grönland. | s. S. 1541 |

Nov. Die Regierung STAUNING tritt dem Antikominternpakt bei.

1942, 3. Mai Nach dem Tod STAUNINGS übernimmt VILHELM BUHL (*1881, †1954) die Regierungsgeschäfte. Er wird am 9. Nov. von ERIK SCAVENIUS (*1877, †1962) abgelöst.

1943, 29. Aug. Nach Sabotageakten der Gruppe »Freies Dänemark« und Streiks kommt es zur Wende der deutschen Besatzungspolitik und Verhängung des Ausnahmezustands. Daraufhin tritt die Regierung unter SCAVENIUS, die nicht mehr zur Zusammenarbeit bereit ist, zurück. Der König nimmt den Rücktritt aber nicht an, sodass die Regierung formal im Amt bleibt. Die Regierungsgewalt übernimmt de facto der deutsche Reichsbevollmächtigte.
Das dänische Heer wird aufgelöst, die Flotte versenkt sich selbst. Auch das Polizeikorps verweigert die Zu-

sammenarbeit. Auf Ersuchen des deutschen Militärbefehlshabers General HERMANN VON HANNECKEN (*1890, †1981) setzen die Chefs der Departements ihre Verwaltungstätigkeit fort.

Okt. Rettung von etwa 7300 dänischen Juden über den Öresund nach Schweden.

Nov. Ein »Freiheitsrat« wird für die letzte Zeit der Besatzung faktisch das Kommunikationszentrum für die verschiedenen Widerstandsgruppen. Schaffung einer Art »unterirdischen« dänischen Heeres, das zahlreiche Sabotagehandlungen ausführt und Bildung einer illegalen Presse.

1944, 4. Jan. Ein Höhepunkt des deutschen Besatzungsterrors ist die Erschießung des Pfarrers und Dichters KAJ MUNK (*1898). In weiten Teilen des Landes breitet sich Empörung darüber aus.

17. Juni **Island erklärt sich zur Republik.** Vorausgegangen sind eine Volksbefragung und die Erklärung der völligen staatlichen Unabhängigkeit von Dänemark unter Auflösung der Personalunion. Erster Staatspräsident wird SVEINN BJÖRNSSON (*1881, †1952).

1945 In den letzten Kriegsmonaten strömen viele Flüchtlinge und Reste der deutschen Wehrmacht nach Dänemark und werden dort aufgenommen. Die Insel Bornholm wird vorübergehend (bis April 1946) von russischen Truppen besetzt. An der Besetzung Westdeutschlands sind auch dänische Truppen beteiligt. | Forts. S. 1539 |

Island (1904/18–1945)

Island, zuvor unter dänischer Krone wie auch die Färöer ein Nebenland Norwegens, ist bei der Abtretung Norwegens im Kieler Frieden von 1814 bei der Krone Dänemark verblieben. Ähnlich wie in Norwegen entstehen auch auf Island nationale Gefühle, die sich zunächst als ein romantisch-patriotisches Hochgefühl äußern, das Islands Geschichte und Sprache glorifiziert und die alten literarischen Traditionen wiederzubeleben sucht.

1830 werden Island zwei von siebzig Sitzen im dänischen Kronrat zugestanden. Forderungen, das alte isländische Parlament Althing (*Alþingi*) wiedereinzurichten, unterstützt seit 1840 der dänische König CHRISTIAN VIII. (*1786, †1848). Der 1843 neu entstehende Althing (jetzt in Reykjavik) besteht aus vier bis sechs königlichen Gesandten und 20 isländischen Vertretern, die von einer qualifizierten Wählerschaft ernannt werden. Radikalere Reformer bestehen auf einem Althing in Thingvellir, Sitz des seit 930 bestehenden altisländischen Althing, und dem ausschließlichen Gebrauch des Isländischen in der Regierung. Weniger Radikale begnügen sich mit Isländisch als Zweitsprache.

1854 wird das dänische Handelsmonopol für Island aufgehoben; weitere politische Fortschritte verzögern sich aber wegen des Konflikts um Schleswig-Holstein. Erst 1874 erhält das Althing vom dänischen König volle Autonomie über innenpolitische Angelegenheiten einschließlich der Finanzen. Der König behält sich das absolute Vetorecht für alle Entscheidungen des Althings vor. Als Islands tausendjähriges Bestehen und die neue Autonomie gefeiert werden, ist König CHRISTIAN IX. (*1818, †1906) anwesend. Die Isländer streben weiterhin nach voller Unabhängigkeit. Anträge auf politische Selbstständigkeit Islands werden auf dem Althing alljährlich gestellt und 1886 und 1894 angenommen, aber durch königlich-dänisches Veto verworfen.

1904, 1. Febr. Unter der liberalen dänischen Regierung JOHANN HEINRICH DEUNTZER (*1845, †1918) erreicht **Island** die **Selbstverwaltung** als Teil der dänischen Krone (Königreich Island). Die Folge ist ein Zerfall des Landes in viele politische Fraktionen.

1909 Die eingeführte Prohibition wirkt sich ungünstig auf die Handelsbeziehungen zu Spanien aus (Weinimport).

1911 Die isländische Universität Reykjavik wird eröffnet.

1918, 1. Dez. Während des Ersten Weltkriegs ist Island weitgehend auf sich selbst gestellt. Nach seinem Ende wird das Land auf Initiative der dänischen Regierung durch »Unionsakte« ein **souveräner Staat** mit eigener Flagge, bleibt aber Königreich und der dänischen Krone in Personalunion verbunden. Eine Volksabstimmung bestätigt die Souveränität.
Gemäß der Staatsverfassung wird die Außenpolitik von Dänemark geführt, doch bleibt das Land neutral (ohne Armee) »auf ewige Zeiten«; regiert wird es durch das Althing mit Ober- und Unterhaus. Der Vertrag mit Dänemark soll nach 25 Jahren (1943) erneuert werden. Seit 1918 gibt es zunächst ständig wechselnde Regierungen. 1929 schließen sich die Konservativen und die liberalen Parteien zur neuen »Unabhängigkeitspartei« zusammen, die seitdem ununterbrochen die stärkste isländische Partei ist.

1940–1945 Seit der Besetzung durch britische Truppen (1940), 1941 abgelöst durch US-Truppen, dient die Insel bis zum Ende des Zweiten Weltkrieges als militärische Operationsbasis der Alliierten. | Forts. S. 1541 |

Finnland (1917–1945) | Forts. v. S. 1104 |

1917, März Die Februarrevolution in Russland gibt Finnland die Gelegenheit, vermehrt auf die staatliche Selbstständigkeit hinzuarbeiten.

21. März Die finnische Selbstständigkeit innerhalb einer russischen Föderation wird von der russischen provisorischen Regierung grundsätzlich anerkannt.

Juni Die Finnen anerkennen zunächst die russische Regierung unter ALEXANDER KERENSKIJ (*1881, †1970), doch setzt die zur Mehrheit im Parlament gelangten Sozialdemokraten (103 von 200 Sitzen) das sog. »Gewaltengesetz« durch: Der Landtag wird danach Träger der höchsten Gewalt in Finnland, überlässt aber der russischen Regierung, deren Militär noch im Lande steht, Außenpolitik und Heerwesen. Die russische Regierung akzeptiert das Gesetz nicht, sondern setzt die Auflösung des finnischen Parlaments durch. Zwischen der sozialistischen »Roten Garde« und dem bürgerlichen Schutzkorps, der »Weißen Garde«, kommt es zu bewaffneten Auseinandersetzungen.

15. Nov. Nach der bolschewistischen Revolution in Russland (6./7. Nov.) arrangieren die finnischen Gewerkschaften einen Generalstreik. Der Landtag beschließt die »vorläufige« Übernahme der höchsten Gewalt ohne Einschränkungen. Bildung einer rein bürgerlichen Regierung unter PEHR EVIND SVINHUFVUD (*1861, †1944): Die Sozialdemokraten sind durch die Vorgänge beim Generalstreik kompromittiert.

6. Dez. Nachdem eine Verfassung für ein unabhängiges Finnland im Landtag eingebracht ist (4. Dez.), folgt die formlose **Erklärung der Unabhängigkeit Finnlands** im Parlament.

1918 Den Befreiungskrieg gegen die im Lande stationierten, etwa 40 000 Mann starken russischen Truppen lenkt der Generalleutnant KARL GUSTAV EMIL FREIHERR VON MANNERHEIM (*1867, †1951), der seit dem 27. Jan. den Oberbefehl führt.

Gegen den nach einem Aufstand in Helsinki gebildeten russlandfreundlichen kommunistischen »Volksrat« (*kansallinen national*) bildet sich passiver Widerstand. Bürgerkrieg und blutige Auseinandersetzungen zwischen »Weißen« und »Roten«.

April Das deutsche Hilfskorps »Mannerheim« erobert Tampere, den Stützpunkt der Roten. Zudem landen reguläre deutsche Truppen unter General RÜDIGER GRAF VON DER GOLTZ (*1865, †1946).

16. Mai Siegesparade in Helsinki als Besiegelung der Unabhängigkeit. Die Mitglieder des Volksrats fliehen nach Russland. Etwa 70 000 Mann der »Roten Garde« werden gefangengenommen.

27. Mai Unter dem »Reichsverweser« (*valtionhoitaja*) SVINHUFVUD bildet JUHO KUSTI PAASIKIVI (*1870, †1956) eine bürgerlich-monarchistische Regierung. Der Versuch, einen deutschen Prinzen zur Begründung einer finnischen Monarchie zu gewinnen, scheitert. Kaiser WILHELM II. (für Prinz OSKAR VON HOHENZOLLERN; *1888, †1958) und Prinz FRIEDRICH KARL VON HESSEN (*1868, †1940) verweigern die Zustimmung. Eine separatistische Bewegung in Ostkarelien tritt für die Vereinigung mit Finnland ein.

12. Dez. Nach Abzug der Deutschen wird MANNERHEIM Reichsverweser.

1919, März Die Parlamentswahlen bringen den Sozialdemokraten Gewinne.

17. Juni Reichsverweser MANNERHEIM unterzeichnet die republikanische Verfassung. Die Exekutive liegt beim Präsidenten; das Kabinett, der »Staatsrat« (*valtioneuvosto*), wird aus verantwortlichen Ministern gebildet.

25. Juli Erster finnischer Staatspräsident wird KAARLO JUHO STÅHLBERG (*1865, †1952).

1920, 14. Okt. Unterzeichnung des Friedensvertrags mit Sowjetrussland in Dorpat durch eine finnische Delegation unter Ministerpräsident PAASIKIVI. Ostkarelien bleibt unter Zusage der Autonomie russisch, Finnland erhält mit Petsamo einen Korridor zum Eismeer.

Dez. Finnland tritt dem Völkerbund bei.

1921 Bei Einführung des Sowjetsystems bricht in Ostkarelien ein Aufstand aus.

24. Juni Finnland behauptet die Ålandsinseln trotz des Wunsches der Bevölkerung, sich an Schweden anzuschließen (Bestätigung durch den Völkerbund). Neutralisierung der Inseln und Befestigungsverbot.

1921–1925 Politik der nationalen Einheit: Neben Sozialdemokraten (*Suomen sosiaalidemokraattinen puolue*) stehen Nationale Fortschrittspartei (*Kansallinen Edistyspuolue*), rechtsgerichtete Nationale Sammlungspartei (*Kansallinen Kokoomus*) und Schwedische Volkspartei (*Svenska folkpartiet*). Sie verabschieden Arbeiterschutzgesetze und ein Gesetz über die sechsjährige Schulpflicht (1921).

1922, 25. Nov. Das Gesetz zur Bodenreform (»Lex Kallio«) eröffnet Unbegüterten die Möglichkeit zum Landerwerb und richtet sich gegen Großgrundbesitz in finnlandschwedischer Hand. Die finnische Kommunistische Partei, im Aug. 1918 in Russland gegründet, wird nun durch die Regierung unter KYÖSTI KALLIO (*1873, †1940) verboten, die kommunistischen Reichstagsmitglieder werden verhaftet.

1925, 1. März Staatspräsident wird der Rechtsagrarier LAURI KRISTIAN RELANDER (*1883, †1942). Ein Mitte-Rechts-Bündnis führt eine rechtsgerichteten Innenpolitik.

1926, 13. Dez. Bildung einer sozialdemokratischen Minderheitsregierung unter VÄINÖ TANNER (*1881, †1966); sie stürzt 1927 über der Zollfrage.

1930 Anwachsende Diskussion um Sondergesetze gegen kommunistische Tätigkeit. Eine antikommunistische Bauernbewegung (»Lapua-Bewegung«) gewinnt Einfluss auf die Innenpolitik.

4. Juli Der frühere Reichsverweser SVINHUFVUD bildet ein neues Kabinett. Es verabschiedet unter dem Druck der Lapua-Bewegung – am 7. Juli erreichen mehr als 12 000 Teilnehmer eines »Bauernmarsches« Helsinki – antikommunistische Notverordnungen.

1./2. Okt. Bei Neuwahlen ergibt sich eine Zweidrittelmehrheit für die Regierung gegen die Sozialisten.

1931, 1. März SVINHUFVUD wird Präsident der Republik; MANNERHEIM wird zum Vorsitzenden des Verteidigungsrats ernannt.

1932, 21. Nov. Die Lapua-Bewegung wird nach einem Putsch aufgelöst. Sie besteht im Untergrund als nationale Sammlungsbewegung weiter und taucht 1933 wieder auf, das endgültige Verbot erfolgt 1934.

1933, 5. Juni Gründung der antidemokratischen, antikommunistischen Vaterländischen Volkspartei (*Isänmaallinen Kansanliike* – IKL), die nationalsozialistisch beeinflusst ist. Sie gewinnt bei den Wahlen im Juli nur wenig. Es siegen die Sozialdemokraten.

1934 Finnland nimmt erstmals an einem Ministertreffen skandinavischer Staaten teil. In der Folge (spätestens 1936) kommt es zur Diskussion über die Bildung eines Blocks der skandinavischen und baltischen Staaten gegen die Bedrohung durch die nationalsozialistische Politik. Eine Einigung kommt aber nicht zustande.

Aufflackern des Sprachenkampfes zwischen der finnischen und der finnlandschwedischen Volksgruppe. Die seit den 20er-Jahren bestehende finnisch-nationalistische Akademische Kareliengesellschaft (*Akateeminen Karjalan Seura*) gewinnt an Einfluss innerhalb der akademischen Jugend.

1937 Finnisch wird, durch Reichsgesetz, Unterrichtssprache der Universität Helsinki. Das Schwedische wird weiter zurückgedrängt, bleibt aber noch immer die Sprache der gebildeten Schicht.

Febr. Bei den Präsidentenwahlen wird KYÖSTI KALLIO vom Landbund (*Maalaisliitto*) gewählt.

12. März AIMO CAJANDER (*1879, †1943) bildet eine Koalitionsregierung mit der Nationalen Fortschrittspartei, dem Landbund und den Sozialdemokraten.

1938 Ein Beschaffungsprogramm für die Armee soll Finnlands Verteidigung stärken, doch kommt es für eine wirksame Kriegsvorbereitung zu spät.

Nov. Auflösung der »Nationalen Sammlungspartei«. Finnland versucht sich außenpolitisch Großbritannien anzunähern, gleichzeitig aber auch an Deutschland; in den wesentlichen außenpolitischen Fragen erklärt es sich jedoch mit seinen skandinavischen Nachbarn solidarisch.

1939, Mai Finnland lehnt das deutsche Angebot eines Nichtangriffspaktes trotz des bestehenden freundschaftlichen Verhältnisses zu Deutschland ab.

2. Juni Eine von finnischer Seite angestrebte Befestigung der Ålandsinseln gegen das Völkerbundsverbot (Gesetz nach Einigung mit Schweden) kommt aufgrund russischen Protestes nicht zustande.

23. Aug. Nach dem geheimen Zusatzprotokoll des deutsch-sowjetischen Nichtangriffspakts liegen für Deutschland Estland, Lettland und Finnland außerhalb seiner Interessensphäre. Die Sowjetunion erhält also in diesem Bereich freie Hand.

27. Nov. Nach Ablehnung sowjetrussischer Forderungen (Überlassung von Stützpunkten) durch Finnland kündigt die Sowjetunion den am 21. Jan. 1932 abgeschlossenen Nichtangriffspakt mit Finnland.

30. Nov. Beginn des sowjetischen Angriffs auf Finnland (**Finnisch-Sowjetischer Winterkrieg**). Dänemark und Norwegen leisten humanitäre Hilfe. Schweden stellt Material und Kredite zur Verfügung und sendet Freiwilligenkorps, weigert sich aber, zusammen mit Großbritannien und Frankreich selbst ein bewaffnetes Eingreifen zu planen; es hält somit an der strikten Neutralität fest. Finnland führt mit Energie und letztem Einsatz einen ungleichen, teilweise aber sogar erfolgreichen Kampf.

1. Dez. Die neue Regierung unter Ministerpräsident RISTO RYTI (*1889, †1956) fasst die rechtsnationalen Kräfte zusammen; Außenminister wird VÄINÖ TANNER.

7. Dez. Die Sowjetunion schließt einen Beistands- und Freundschaftspakt mit der am 2. Dez. gegründeten finnisch-kommunistischen Gegenregierung unter OTTO WILHELMOWITSCH KUUSINEN (*1881, †1964) ab, der aber ohne Einfluss bleibt.

14. Dez. Auf Finnlands Appell an den Völkerbund hin empfiehlt dieser seinen Mitgliedern, Finnland zu unterstützen. Die Sowjetunion wird aus dem Völkerbund ausgeschlossen.

1940, 12. März Finnische Truppen können die »Mannerheim-Linie« nicht halten. Noch ehe britisch-französische Kräfte eingreifen können, kommt es zum Abschluss des Friedens von Moskau: Finnland tritt die karelische Landenge mit Wyborg und Teile von Ostkarelien ab, verpachtet für 30 Jahre die Halbinsel Hanko an die Sowjetunion und räumt dieser Transitrechte im Gebiet von Petsamo an der Barentssee ein.

18. Juni Finnland erlässt ein Gesetz zur Umsiedlung der 160 000 v. a. karelischen Flüchtlinge. Sie werden planmäßig im übrigen Finnland angesiedelt und nach dem Krieg weitgehend integriert.

15. Okt. In einem weiteren Vertrag mit der Sowjetunion verpflichtet sich Finnland, die seit Juni 1921 finnischen Ålandsinseln, die unter Befestigungsverbot des Völkerbunds stehen und Autonomie gegenüber Finnland besitzen, weiterhin nicht zu befestigen.

19. Dez. RYTI wird anstelle des erkrankten KALLIO zum Präsidenten der Republik gewählt (Wiederwahl am 15. Febr. 1943).

1941, 26. Juni Als der deutsche Angriff gegen die Sowjetunion anläuft, beteiligt sich auch Finnland unter dem Oberbefehl Marschall MANNERHEIMS, des späteren Staatspräsidenten, am Ostfeldzug.

29. Aug. Einnahme des 1940 abgetretenen Wyborg. Finnland achtet aber aus politischen Gründen die alte finnisch-sowjetische Grenze. Dagegen dringt die finnische Armee durch Ostkarelien bis zum Swir und zum Onegasee vor. Der Verkehr über den Weißmeer-Ostsee-Kanal wird unterbunden.

25. Nov. Finnland tritt dem Antikominternpakt bei.

4. Dez. Hanko wird eingenommen.

7. Dez. Die im Vertrag von Moskau abgetretenen und inzwischen zurückeroberten Gebiete werden wieder in das finnische Staatsgebiet eingegliedert.

1943 Im Verlauf des Jahres verstärkt sich die Tendenz, aus dem Krieg auszuscheiden. Die Anwesenheit der deutschen Truppen erschwert aber dieses Vorhaben.

1944, Juni Die finnische Front auf der karelischen Landenge droht infolge einer sowjetischen Offensive zusammenzubrechen.

22.–27. Juni Staatspräsident RYTI verpflichtet sich gegen ein Hilfsversprechen von Reichsaußenminister JOACHIM VON RIBBENTROP, keinen Separatfrieden abzuschließen.

1. Aug. RYTI muss deswegen zurücktreten. An seiner Stelle erreicht Marschall MANNERHEIM den Rückzug der deutschen Truppen sowie einen Waffenstillstand mit der Sowjetunion.

19. Sept. Waffenstillstand von Moskau, der später im Friedensvertrag von Paris (12. Febr. 1947) bestätigt wird. Hauptbedingung ist die Abtretung derselben Territorien, die schon 1940 Gegenstand der finnisch-sowjetischen Vereinbarung waren (Westkarelien mit Wyborg, Halbinsel Hanko). Finnland verliert ferner das Gebiet von Petsamo, muss den Sowjets einen Stützpunkt in Porkkala zugestehen und im Verlauf von sechs Jahren Reparationslieferungen im Wert von 300 Mio. Dollar tätigen.

17. Nov. JUHO KUSTI PAASIKIVI bildet zum zweiten Mal eine Regierung.

1945, 3. März Kriegserklärung an das Deutsche Reich mit Rückwirkung zum 19. Sept. 1944. | Forts. S. 1542 |

rung der Kirche (religiöse Literatur, Heiligsprechungen, Ikonen) wird intensiviert. In der Lokalverwaltung werden die bisher ernannten, mit Sporteln entschädigten (*kormlenie-* [= Nahrung] System) Beamten durch gewählte, zusammen mit ihren Gemeinden für Amtsführung und Steueraufkommen haftende ersetzt. Besoldete, stehende Strelitzen-(Schützen-)Regimenter ergänzen das Aufgebot des Dienstadels. Groß angelegte literarische und künstlerische Werke (Chroniken, Ikonen, [Kirchen-]Bauten) sollen von der Vollendung der Autokratie zeugen.

1552–1556 **Eroberung der tatarischen Khanate Kasan und Astrachan** und russische Kolonisation und Mission.

1553 Die Engländer entdecken über das Weiße Meer den nördlichen Zugang zum Moskauer Reich und stellen eine wichtige Handelsverbindung mit Westeuropa her. Entgegen den Warnungen seiner Berater wendet sich Iwan statt gegen das Krim-Khanat mit einem Eroberungskrieg westwärts.

1558 Beginn des Livländischen Krieges (bis 1582) um Livland: Narwa und Dorpat (Tartu) werden erobert. Herzog Magnus von Holstein (*1540, †1583) lässt sich 1570 in Moskau als Vasall des Großfürsten zum »König von Livland« erheben. Reval (Tallin) und Riga bleiben unabhängig.

ab 1560 Iwan IV. verschärft den Konflikt mit der Hocharistokratie: Hinrichtungen und Güterkonfiskationen, v.a. unter den Bojaren. Die Berater Silwester und Adaschew werden gestürzt.

1564 Fürst Kurbskij flieht nach Polen und führt eine publizistische Auseinandersetzung (»Briefwechsel«) mit dem Zaren.

1565–1572 Mit der **Opritschnina** schafft Iwan sich einen besonderen Machtapparat, der aus einer Art Leibtruppe (*Opritschniki*, Dienstadelige, auch Ausländer) und etwa der Hälfte des Staatsgebietes besteht. Der andere Reichsteil bleibt unter der bisherigen (bojarischen) Verwaltung (*Semschtschina*). Massenmorde und -umsiedlungen, Plünderungen und Gütereinziehungen treffen die ganze Bevölkerung. Die konfiszierten Güter erhält der Dienstadel. Mit dieser **terroristischen Politik** will Iwan seine absolute Herrschaft v.a. gegen den Hochadel durchsetzen.

1571 Truppen des Krim-Khanats brennen Moskau nieder; wieder vorübergehend Tributpflicht des Moskauer Reiches.

1579/1581 In mehreren Feldzügen besiegen Polen und Schweden das Moskauer Heer.

1582 Mithilfe päpstlicher Friedensvermittlung durch den Jesuiten Antonio Possevino (*1533, †1611) kommt es zum Frieden (zehnjähriger Waffenstillstand) von Jam Zapolskij (südlich von Pskow) zwischen Polen und Russland, der den Livländischen Krieg beendet: Moskau verzichtet auf Livland und auf Polozk (an der Düna). Schweden erhält 1583 Estland und Ingermanland (östlich der Narwa).

Die **Unterwerfung Sibiriens beginnt**, zunächst durch Kosaken unter Jermak Timofejew (†1585) im Auftrag der Nowgoroder Kaufmannsfamilie Stroganow.

Die Folgen der Regierung Iwans IV.

In der Regierungszeit Iwans IV. wird die Herrschaft nach Osten ausgedehnt, sodass sich neue Siedlungsmöglichkeiten ergeben. Demgegenüber steht der Niedergang der russischen Machtstellung im Westen, doch kann das Moskauer Reich seine Anerkennung als europäische Macht schrittweise durchsetzen. Das Reich ist innerlich zerrüttet (u.a. durch starke Mobilisierung des Landbesitzes) und steckt in einer sozialen und wirtschaftlichen Krise; es beginnen Maßnahmen zur Fesselung der Bauern an den Boden.

1584–1598 Der regierende Stamm der **Rurikidendynastie erlischt** mit dem schwachsinnigen Sohn Iwans IV., Fjodor I. Iwanowitsch (*1557, †1598); seinen eigentlichen Thronfolger Iwan (*1554) hatte er 1581 getötet. Die Regentschaft für Fjodor führt sein Schwager Boris Fjodorowitsch Godunow (*um 1552, †1605), eine überlegene Persönlichkeit.

1589 Godunow erreicht mit der Errichtung des Patriarchats Moskau auch die **formelle kirchliche Unabhängigkeit von Konstantinopel** (Autokephalie).

1591 Der letzte Sohn Iwans IV., Dmitrij (*1583), kommt in Uglitsch (westlich von Jaroslawl) unter nie ganz geklärten Umständen ums Leben.

1598–1613 **Zeit der Wirren** (Smuta).

1598–1605 Boris Fjodorowitsch Godunow wird von einem geschickt beeinflussten *Semskij Sobor* zum Zaren gewählt. Um seine umstrittene Herrschaft abzusichern, wirbt er um den Dienstadel mit der faktischen Schollenbindung der Bauern, die mit ersten Unruhen reagieren. Nach seinem Tode beginnen schwere Wirren.

1605 Polnische Truppen besetzen Moskau im Namen eines Falschen Dmitrij (»Pseudodemetrius«, †1606; angeblich der Sohn Iwans IV., der den Mordanschlag überlebt haben soll).

1606 Nach dem Sturz des Falschen Dmitrij tritt ein zweiter Prätendent (»*wor* [= Räuber] von Tuschino«, »zweiter Pseudodemetrius«) auf, gegen den sich der zum Zaren gewählte Bojar Fürst Wassilij (IV.) Iwanowitsch Schujskij (*1552, †1612) mit schwedischer Hilfe (Vertrag von Viborg 1609, gegen Verzicht auf Livland) zunächst behaupten kann.

1606/1607 Bauernaufstand unter Führung von Iwan Issajewitsch Bolotnikow (†1608), der bis zu seiner Gefangennahme und Hinrichtung als erster in Russland einen sozialen Umsturz anstrebt.

1609 Nachdem Polen unter Sigismund III. (1587–1632), der für sich oder seinen Sohn den Zarenthron beansprucht, offiziell in den Krieg eingetreten ist, wird Schujskij 1610 gestürzt. – Von Nowgorod aus (1610 eingenommen) versuchen die Schweden, einen eigenen Kandidaten durchzusetzen.

1611 Smolensk geht an Polen verloren.

1612 Ein Landesaufgebot (*opoltschenie*) unter Führung des Kaufmanns Kusma Minin (†1616) und des Fürsten Dmitrij Poscharskij (*1578, †1642) kann Moskau zurückgewinnen und die Invasionstruppen aus dem Landesinnern vertreiben.

Historische Bedeutung der Smuta

In der Smuta treten mit dem Ende der Rurikidendynastie eine dynastische und mit der Invasion polnischer und schwedischer Truppen, deren Besetzung des Kreml und dem Zugriff von Ausländern auf den Zarenthron, eine nationale Krise zutage. Die sozialgeschichtliche Bedeutung dieser Kämpfe liegt darin, dass zwei sozialpolitische Tendenzen vergeblich versuchen, sich zu durchdringen: der Versuch, die politische Macht des Bojarentums wiederherzustellen, und die auf Wiedergewinnung der Freizügigkeit und Beseitigung des wirtschaftlichen Drucks gerichtete Unruhe unter den Bauern.

1613, 21. Febr. Mit Zar MICHAIL FJODOROWITSCH (*1596, †1645) wird erstmals ein russischer Herrscher durch einen *Semskij Sobor* gewählt. Die nicht fürstliche, mit den Rurikiden verwandte **Familie der Romanows ist die neue Herrscherdynastie** Russlands. MICHAILS Vater, Patriarch FILARET (FJODOR NIKITITSCH ROMANOW, *um 1554/55, †1633), ist 1619–1633 Mitregent.
Es entfaltet sich die staatstragende Djakenbürokratie (*djak* = niedrig geborener Berufsbeamter).

1617, 9. März Friede von Stolbowo: Ingermanland und Ostkarelien kommen an Schweden, Nowgorod wieder an Moskau, das weiterhin keinen direkten Zugang zur Ostsee hat.

1618 Waffenstillstand mit Polen, das Smolensk behält.

1645 ALEXEIJ MICHAJLOWITSCH (*1629, †1676) wird neuer Zar. – Die schon seit IWAN III. angebahnte Verbindung mit dem europäischen Westen verstärkt sich.

1648 Reformen zur Sanierung der Staatsfinanzen (Einführung der Salzsteuer, Eintreibung ausstehender Steuern) rufen einen **Volksaufstand** hervor, der zeitweise den Zaren in Gefahr bringt und nur mit Mühe, teils durch Geschenke, teils mit Gewalt beendet werden kann. Weitere sozial wie auch religiös bedingte Aufstände folgen.

1649 Das Gesetzbuch *Uloschenie* kodifiziert im Wesentlichen das geltende Recht, u. a. die Bindung der Bauern (*krepostnoe prawo*), enthält aber Beschränkungen für Kirche und Bojarenduma. Bald darauf werden *Semskij Sobor* und *Mestnitschestwo* (Rangplatzordnung) abgeschafft.

1653 Die Kirchenreform des Patriarchen NIKON (*1605, †1681) führt zur **Spaltung** (*raskol*) **der orthodoxen Kirche**: Die Altgläubigen werden verfolgt, ihr Führer, Protopope PETROWITSCH AWWAKUM (*um 1621), 1682 hingerichtet. Die Synode von 1667 bestätigt die Reformen, enthebt NIKON jedoch seines Amtes.

1654 Vertrag von Perejaslaw (bei Kiew): Unter ihrem bedeutendsten Hetman BOGDAN CHMIELNIZKI (*um 1595, †1657) **unterstellen sich die ukrainischen Kosaken** (in die Steppe geflohene russische und ukrainische Bauern, militärisch-demokratisch organisiert, mit der Lebensweise traditioneller Steppenvölker), **dem Moskauer Zaren**. Daraus entsteht ein langwieriger Krieg mit Polen, den der Zar durch einen Angriff auf Schweden (1656) erweitert: Erster Nordischer Krieg (1655–1660). Die livländischen Eroberungen (u. a. Dorpat) fallen 1661 im russisch-schwedischen Frieden von Kardis (Livland) wieder an Schweden zurück.

1667, 30. Jan. Waffenstillstand von Andrusowo zwischen Russland und Polen: Smolensk und die Ukraine links des Dnjepr mit Kiew kommen an Moskau.

1667–1671 Der **Aufstand der Donkosaken** unter STEPAN TIMOFEJEWITSCH RASIN, (STENKA RASIN; *um 1630, 1671 hingerichtet), mit Teilnahme der Bauern im Wolga- und Uralgebiet, wird blutig niedergeschlagen.

1672 Erste Theateraufführung in Anwesenheit des Zaren durch den deutschen Pastor der lutherischen Moskauer Kirche, JOHANN GOTTFRIED GREGORII (†1675).

1676–1682 Unter Zar FJODOR III. ALEXEJEWITSCH (*1661, †1682) erreicht der von Polen vermittelte **Einfluss westlicher Kultur** seinen Höhepunkt. Von den zahlreichen Reformprojekten haben wegen des Widerstandes der Kirche und des Hochadels nur die Abschaffung des *Mestnitschestwo*, die Heeresreform und die Vollendung der Steuerreform Bestand.

1677–1681 Der **erste russisch-türkische Krieg** endet mit dem Waffenstillstand in Bachtschissaraj (Krim): Der Dnjepr wird als Grenze anerkannt, die Tributpflicht Moskaus erneuert und es werden friedliche Beziehungen vereinbart. Damit gewinnt das Osmanische Reich Rückenfreiheit für den Vormarsch auf Wien (1683). Der türkisch-tatarische Druck bleibt für Moskau eine Gefahr.

1682, Mai Nach FJODORS Tod bringt ein Aufstand der Strelitzen SOFIJA ALEXEJEWNA (*1657, †1704), Tochter des Zaren ALEXEIJ aus erster Ehe mit MARIJA MILOSLAWSKAJA (*1626, †1669), bis 1689 die Regentschaft für die beiden minderjährigen Zaren, ihren schwach begabten Bruder IWAN V. (*1666, †1696), der politisch nie eine Rolle spielt, und ihren Halbbruder PETER (PJOTR) I. ALEXEJEWITSCH, (*1672, †1725). SOFIJA fördert den niederen Adel (weitgehende Angleichung der Dienst- an die Erbgüter, stärkere Bindung der Bauern an den Boden), Wirtschaft und Handel sowie eine **Öffnung zur Frühaufklärung** (Gründung der slawisch-griechisch-lateinischen Akademie in Kiew 1687). Maßgebend ist ihr westlich gebildeter Günstling Fürst WASSILIJ WASSILJEWITSCH GOLIZYN (*1643, †1714).

1686, 6. Mai Der Ewige Frieden mit Polen bestätigt den Waffenstillstand von 1667. Moskau tritt der »Heiligen Liga« zum **Kampf gegen das Osmanische Reich** bei. Vertragsgemäße Feldzüge GOLIZYNS nach der Krim (1687, 1689) bleiben erfolglos.

1689, Aug. PETERS wachsender Gegensatz zu seiner Halbschwester SOFIJA führt zu deren Sturz und Verbannung ins Kloster. Seine Mutter NATALIA NARYSCHKINA (*1651, †1694) regiert bis zu ihrem Tod für ihn und seinen Halbbruder IWAN.

27. Aug. Im Regierungsauftrag schließt FJODOR ALEXEJEWITSCH GOLOWIN (*1650, †1706) in Nertschinsk den ersten **Staatsvertrag** einer europäischen Macht **mit China**: Die Russen verzichten auf das Stromgebiet des Amur, sichern sich dadurch den Besitz Ostasiens und gewinnen Bewegungsfreiheit für den russisch-chinesischen Handel.

1689–1694 Der Zar baut seine Spielregimenter (die späteren Garderegimenter) auf und beginnt mit Seefahrt und Schiffbau. Entgegen aller Herkunft verkehrt er in der Moskauer Ausländervorstadt, wo er u. a. den Genfer FRANZ LEFORT (*1656, †1699) und den im Moskauer Dienst bewährten Schotten, General PATRICK GORDON (*1635, †1699) als Vertraute und Berater gewinnt.

seit 1694 Unter der Regierung PETERS DES GROSSEN beschleunigt sich die bereits begonnene Öffnung nach Westen nachdrücklich und beginnt der **Übergang vom Moskauer Reich zum Petersburger Imperium**.

1696 Nach einem erfolglosen Feldzug (1695) erobert Zar PETER im Krieg gegen das Osmanische Reich die Festung Asow an der Mündung des Don.

1697–1698 Erste Auslandsreise eines Moskauer Zaren: PETER begleitet unter einem Decknamen eine von LEFORT und GOLOWIN geführte russische Gesandtschaft über Riga und Kurland nach Preußen, Holland (wo er sich zum Schiffsbauingenieur ausbilden lässt), England und nach Wien.
Da Kaiser LEOPOLD I. (1658–1705) mit Rücksicht auf die spanische Erbfolgefrage mit dem Osmanischen Reich Frieden schließen will, scheitert eine gemeinsame Fortsetzung des Türkenkrieges.

1698, Aug. PETER trifft auf der Rückreise nach Moskau in Rawa-Ruska bei Lemberg (Lwiw) mit dem polnischen König und sächsischen Kurfürsten AUGUST DEM STARKEN (1697–1733) zusammen, mit dem er sich über die Gegnerschaft zu Schweden verständigt.
Nach seiner Rückkehr bricht PETER mit den altmoskauer Sitten und versucht mit größtem Nachdruck, beginnend beim Adel und seiner höfischen Umgebung, unterstützt von seinen aufklärerischem Gedankengut verpflichteten Mitarbeitern, die Übernahme westlicher Lebensgewohnheiten, Normen und Ideen durchzusetzen; als exemplarische Demonstration zwingt er die Russen zum (kirchlich untersagten) Scheren des Bartes.

1698, Sept.–1699, Febr. Ein schon niedergeworfener Aufstand der Strelitzenregimenter wird durch grausame Verhöre und Hunderte von Hinrichtungen gerächt.

1700, 1. Jan. Die byzantinische Zeitrechnung wird abgeschafft und der aus den protestantischen Ländern übernommene **Julianische Kalender in Kraft gesetzt**.

14. Juli Friede mit dem Osmanischen Reich: Russland gewinnt Asow. Das Krim-Khanat darf von Moskau keinen Tribut mehr fordern. Anschließend kann Russland der gegen Schweden gerichteten dänisch-sächsisch-(polnischen) Koalition beitreten.

1700–1721 **Großer Nordischer Krieg** gegen Schweden: Mit diesem dritten (nordischen) Krieg unter den Ostseemächten erreicht die russische Politik ihr lange verfolgtes strategisches und handelspolitisches Ziel, sich dauerhaft an der Ostseeküste festzusetzen. Russland kann Schweden als Vormacht des Ostseeraums verdrängen, steigt zu einer europäischen Großmacht auf und dehnt seinen unmittelbaren Einflussbereich bis nach Mitteleuropa aus. Die umfassenden Reformen des Heeres, der Wirtschaft und Verwaltung sowie der Aufbau der Flotte sind ausschließlich auf dieses Ziel ausgerichtet. Der Krieg verläuft in drei Phasen:
1700–1709: Nach der dänischen Niederlage zunächst in der Defensive, gelingt nach einer Heeresreform die Eroberung Livlands und Ingermanlands; Sankt Petersburg wird 1703 zunächst als Marinebasis gegründet. Der Sieg über den Schwedenkönig KARL XII. (1697–1718) bei Poltawa (8. Juli 1709) bringt die endgültige militärische Wende.
1709–1716: Dem erneuerten Bündnis (Nordische Liga) schließen sich Preußen (1713) und Großbritannien (1715) an. Nachdem der vom Osmanischen Reich erklärte Krieg gegen Russland (1710–1711) mit dem unter PETERS Führung unglücklich verlaufenen Prut-Feldzug (1711) unter erträglichen Bedingungen hat beendet werden können (sog. Prut-Friede vom 23. Juli 1711; u. a. Rückgabe Asows an das Osmanische Reich, Zerstörung der russischen Festungen am Don), wendet der Zar sich v. a. Polen zu, das er faktisch zum russischen Protektorat macht.
1716–1721: Dem Versuch PETERS, sich Zugang zur Nordsee und durch Heiratspolitik eine Basis auf deutschem Territorium zu verschaffen, begegnen Großbritannien, das das Bündnis wieder verlassen hat, und der Kaiser durch die diplomatische Isolierung Russlands. In einem Wechsel von internationalen Verhandlungen und militärischen Aktionen kann PETER im **Frieden von Nystad** (10. Sept. 1721) seine Forderungen gegen Schweden durchsetzen: Abtretung von Livland, Estland, Ingermanland, Teilen Kareliens und Viborgs sowie der Inseln Ösel Ssaaremaa) und Dagö; Schweden darf jedoch noch zu Vorzugsbedingungen Getreide aus Livland beziehen.
Innerhalb der sich in Umrissen abzeichnenden Pentarchie steht Russland von nun an als östliche europäische Flügelmacht Großbritannien gegenüber.

Die Reformen Peters des Großen

PETER DER GROSSE verlegt während des Nordischen Krieges 1712 den **Sitz der Regierung von Moskau nach Sankt Petersburg**. Mit dieser Verlagerung des politischen Zentrums nach Westen wird der Wandel des Russischen Reiches zum Petersburger Imperium demonstriert. Die künstlich angelegte Stadt (»Fenster nach Europa«; so der Dichter ALEXANDER SERGEJEWITSCH PUSCHKIN, *1799, †1837) wird in holländisch-bürgerlichem Frühbarock unter großen Verlusten von Menschenleben auf Sumpfboden erbaut. Zahlreiche ausländische Baumeister wie DOMENICO TREZZINI (*um 1670, †1734), ANDREAS SCHLÜTER (*um 1660, †1714) und JEAN-BAPTISTE-ALEXANDRE LEBLOND (*1679, †1719) sind beteiligt. Mit allen Mitteln wird die Niederlassung des Adels in der neuen Hauptstadt erzwungen, deren wirtschaftliche Entwicklung vorangetrieben sowie der Schwerpunkt des russischen Seehandels dorthin verlegt.

Gegen den Widerstand altmoskauer Kreise greift PETER durch Reformen tief in das russische Leben ein. Erfüllt von Leidenschaft für Schiffbau und Seefahrt ist er, der seine Kenntnisse in Holland und England vervollkommnet hat, persönlich Sachverständiger dafür geworden. Obgleich Russland bis dahin über keinerlei Seeschiffe verfügt, gelingt der rasche **Aufbau der Ostseeflotte** (am Ende der Regierung Peters 32 Linienschiffe, 16 Fregatten, große Galeerenflotte). Das Heer, schon vorher z.T. modern geschult, wird durch Aushebungen ungefähr verfünffacht und – nach westeuropäischem Vorbild und mit deutschen Rangbezeichnungen – beschleunigt ausgebildet. Auch andere Reformen sind von den Bedürfnissen des Krieges bestimmt. Die **Dienstpflicht des Adels wird verschärft**, das Steueraufkommen durch Einführung der Kopfsteuer (anstelle der Besteuerung nach Höfen) erhöht. In vielen Zweigen der Wirtschaft beginnt eine eigene Produktion; natürliche Reichtümer werden erschlossen (Bergbau) zusätzlich zu den 13 älteren Manufakturbetrieben entstehen 178 neue, die z.T. sehr groß sind. Merkantilistische Anregungen wirken mit. Kanalbauten sollen die Wasserverbindung von der Ostsee zur Wolga herstellen, so der Kanal von Wyschnij Wolotschek und der Ladoga-Umgehungskanal (gebaut vom deutschen Ingenieur und General Burkhard Christoph Graf von Münnich, *1683, †1767). – Durch Einführung der Einerbenfolge nach englischem Vorbild (1714) soll u.a. die Eigentätigkeit des Adels angeregt werden; dem gleichen Zweck dient auch die Städtereform. Die Leibeigenschaft der Bauern wird nicht gemildert, sondern u.a. durch die **Schaffung leibeigener Fabrikbauernschaften** verschärft. Dadurch bleibt die alte Sozialstruktur im Ganzen erhalten, obgleich die Rangtabelle (1722) in 14 Rangstufen neuen Dienstadel entstehen lässt, der auch Nichtadligen gewisse Aufstiegsmöglichkeiten bietet. Die Zentralverwaltung wird z.T. nach schwedischem Vorbild umgestaltet (neben dem 1711 gegründeten Senat werden 1717 fachliche Regierungskollegien geschaffen). Planmäßig werden ausländische Fachleute – darunter viele Deutsche – nach Russland geholt, zahlreiche Russen im Ausland ausgebildet. Die neue, zur fortschrittlichen Reformierung und Leitung des Reiches herangezogene Elite ist ganz auf das Werk des Zaren eingestellt. Peter trifft dreimal mit Gottfried Wilhelm von Leibniz (*1646, †1716) zusammen. Mittelbar und unmittelbar werden Anregungen aus dem deutschen Protestantismus wirksam. Unter dem Einfluss der Frühaufklärung beginnt die Säkularisierung. Das Patriarchat wird nach dem Tod des Patriarchen Hadrian (*1627, †1700) nicht mehr besetzt. Der geistlich bedeutendste Mitarbeiter Peters, der aus der Ukraine stammende Bischof und spätere Erzbischof Feofan Prokopowitsch (*1681, †1736), früher Rektor der Kiewer theologischen Akademie, verfasst im Auftrag des Zaren das Geistliche Reglement, ein Kirchengesetz (1721), das an die Stelle des Patriarchen ein geistliches Kollegium mit staatlichem Behördencharakter, den Heiligen Synod setzt. Klosterreformen (v.a. 1724) sollen den Eintritt in den Mönchsstand erschweren und die Klöster zu nutzbringender Arbeit anhalten. Viele fachlich-weltliche Ausbildungsanstalten werden eingerichtet.

Peters dynastische Heiratspolitik begründet die Verbindung mit deutschen Fürstenhäusern: Eine Nichte heiratet den Herzog von Kurland, eine andere den Herzog Karl Leopold von Mecklenburg-Schwerin (*1678,

Die Zentralbehörden in Russland um 1724

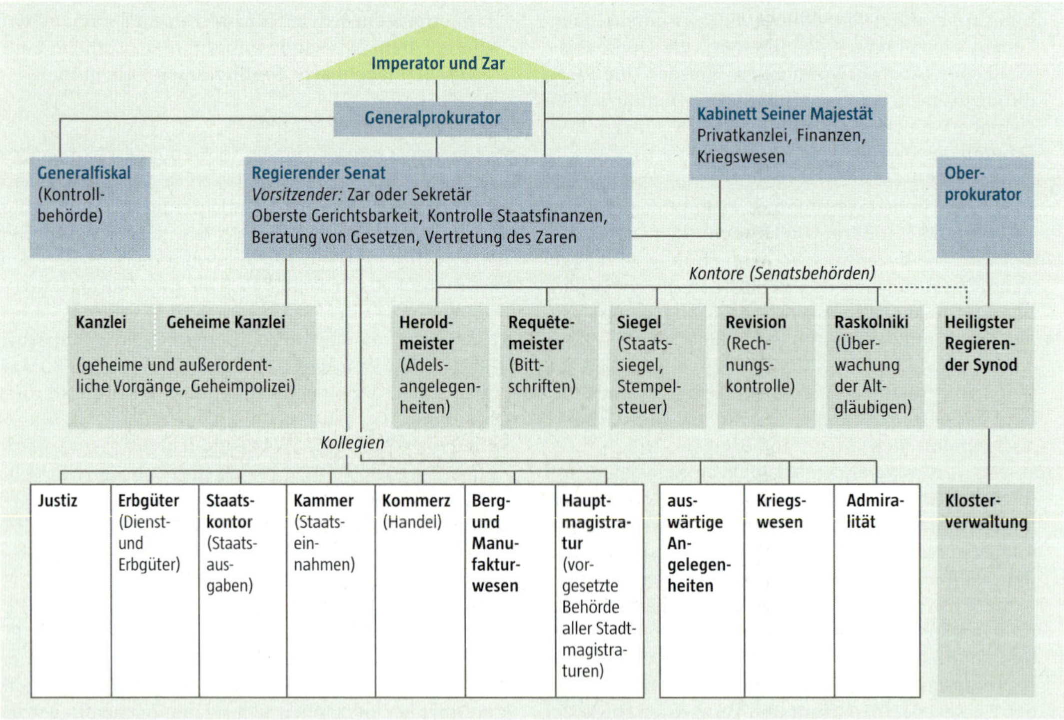

†1747), der Sohn und Thronfolger ALEXEIJ (*1690, †1718) die Schwägerin Kaiser KARLS VI., CHARLOTTE VON BRAUNSCHWEIG-WOLFENBÜTTEL (*1694, †1715), seine Tochter ANNA (*1708, †1728) den Herzog von Holstein-Gottorp. Der Sohn aus dieser Ehe ist der spätere Zar PETER III. (*1728, †1762). Mehrere Mitarbeiter PETERS erhalten Adelstitel des Römischen Reiches, so der ihm am nächsten stehende ALEXANDER DANILOWITSCH MENSCHIKOW (*1673, †1729). Seit 1706 verleiht der Zar verdienten Würdenträgern die dem alten Russland fremden westeuropäischen Adelstitel Baron und Graf. Der erste russische Graf ist der Feldherr BORIS PETROWITSCH SCHEREMETJEW (*1652, †1719); die ersten russischen Barone sind die im Übersetzungsdienst aufgestiegenen Diplomaten PETER PAWLOWITSCH SCHAFIROW (*1669, †1739; später Vizekanzler, aus russisch gewordener jüdischer Familie) und HEINRICH J. FR. OSTERMANN (*1686, †1747).

PETER verändert Russland tiefgehend, ohne allerdings die sozialgeschichtlichen Grundlagen wandeln zu können. Die Übernahme westeuropäischer Technik, schon lange im Gange, wird von ihm beschleunigt; zugleich öffnet er den geistigen Kräften der Neuzeit die Tür, wodurch ein fortwährender Zwiespalt in der russischen Gesellschaft entsteht. Die Machtsteigerung bedeutet Annäherung an den Westen und steigenden Einfluss auf das politische Leben Mitteleuropas.

1718 PETERS willensschwacher Sohn aus erster Ehe, ALEXEIJ PETROWITSCH, weder geeignet noch willens, dessen Werk fortzusetzen, wird ohne eigenes Zutun Mittelpunkt aller Hoffnungen der Gegner des Zaren. Dem Verlangen des Vaters nach Wesensänderung kann er nicht entsprechen. Er flieht 1716 nach Österreich, wird in Tirol und Neapel verborgen gehalten, kehrt auf Versprechungen hin nach Russland zurück, wo er wegen Gesinnungs- und Gedankensünden zum Tode verurteilt wird und an den Folgen der Folter stirbt.

1721, Okt. Gleich nach dem Nystader Frieden **nimmt PETER den Kaisertitel (Imperator)** an, den Preußen und die Generalstaaten sofort, Schweden 1723, der Kaiser und England 1742, Frankreich und Spanien 1745, Polen 1764 anerkennen: Er symbolisiert nicht Erneuerung des byzantinischen, sondern Errichtung eines neuzeitlich-russisch-europäischen Kaisertums.

1722, Febr. PETER erlässt eine **Thronfolgeordnung**, nach der dem regierenden Herrscher die Bestimmung des Nachfolgers zusteht, stirbt aber (†1725), bevor er einen Nachfolger bestimmt hat.

1722–1723 Nach mehrjähriger Vorbereitung Feldzug PETERS gegen Persien, der zur Abtretung persischer Provinzen am Kaspischen Meer an Russland führt, u.a. Derbent und Baku.
Im Auftrag des Zaren erfolgen **Forschungsreisen** in Sibirien und 1741 die Entdeckungsfahrt des Dänen VITUS BERING (*1680, †1741) von Kamtschatka aus durch die später nach ihm benannte Meerenge.

1725–1727 Auf PETER I. folgt seine (von ihm 1724 zur Kaiserin gekrönte) Gattin KATHARINA I. ALEXEJEWNA (*1684, †1727), die bäuerlich-litauischer Herkunft ist. Maßgebend ist hierbei PETERS Jugendfreund und fähiger, aber bedenkenloser Mitarbeiter ALEXANDER DANILOWITSCH MENSCHIKOW. Die Außenpolitik wird im Sinne PETERS vom Vizekanzler HEINRICH OSTERMANN geleitet.

1727–1730 KATHARINAS I. Nachfolger, PETER II. ALEXEJEWITSCH (*1715, †1730), Enkel PETERS I., steht unter dem Einfluss einer Bojarengruppe. MENSCHIKOW wird nach Sibirien verbannt (1727), die Residenz vorübergehend nach Moskau zurückverlegt; einige aufwendige und einschneidende Reformen (Flottenbau) werden unterbrochen. Mit dem Tod PETERS II. erlischt die Romanow-Dynastie im Mannesstamm.

1730, Dez. ANNA IWANOWNA (*1693, †1740), Witwe des Herzogs FRIEDRICH WILHELM VON KURLAND (*1692, †1711) und Nichte PETERS DES GROSSEN, zerreißt beim Regierungsantritt die ihr von der oligarchischen Bojarenpartei abgenötigte Wahlkapitulation und hebt die von PETER angeordnete Einerbenfolge auf.
Die Terrorherrschaft ihres Günstlings ERNST JOHANN BIRON (ursprünglich BÜHREN; *1690, †1772) wird zum Inbegriff selbstherrlicher (deutscher) Ausländerwirtschaft (*Bironowschtschina*) in Russland. Im neu geschaffenen Ministerkabinett ist OSTERMANN die Seele der Regierung und Leiter der Außenpolitik. Residenz wird wieder Petersburg.

1734 **Englisch-russischer Handelsvertrag**, der erste handelspolitische Spezialvertrag Russlands.

1735–1739 Krieg Russlands gegen das Osmanische Reich, geführt von Feldmarschall MÜNNICH, seit 1736 im Bund mit Österreich.

1737 MÜNNICH erobert Otschakow am Schwarzen Meer.

1739 MÜNNICH schlägt die Osmanen bei Stawutschane am Pruth, besetzt die Moldau und stellt als erster für Russland einen militärischen Plan zur Eroberung Konstantinopels und zur Wiedererrichtung des griechischen Kaisertums auf. OSTERMANNS Kriegsziel (1737) ist ein russisches Protektorat über Moldau und Walachei. Nach österreichischem Sonderfrieden wird in Belgrad auf französischen Druck hin ein Kompromissfrieden geschlossen.

1740, 19. Nov. Nach ANNAS Tod (28. Okt.) stürzt MÜNNICH den noch von der Kaiserin zum Regenten ernannten BIRON, der nach Sibirien verbannt wird. Die Regentschaft für den jungen Zaren IWAN VI. ANTONOWITSCH (*1740, †1764) aus dem Hause Braunschweig-Bevern führt seine Mutter ANNA LEOPOLDOWNA (*1718, †1746), die Großnichte PETERS I.

1741, 6. Dez. Mithilfe der Garderegimenter und des französischen Gesandten gelangt die jüngere Tochter PETERS DES GROSSEN, ELISABETH PETROWNA (*1709, †1761), durch einen Staatsstreich auf den Thron; IWAN VI. bleibt bis zu seinem gewaltsamen Tod in Gefangenschaft. OSTERMANN und MÜNNICH werden nach Sibirien verbannt (OSTERMANN stirbt 1747, MÜNNICH und BIRON werden 1762 begnadigt). Leitender Minister wird Graf ALEXEIJ PETROWITSCH BESTUSCHEW-RJUMIN (*1693, †1766; 1741 Vizekanzler, 1744–1758 Kanzler).

1741–1743 Der Russisch-Schwedische Krieg endet im Frieden zu Åbo (Turku) mit schwedischen Gebietsverlusten in Finnland.

1742 ELISABETH bestimmt ihren Neffen PETER FJODOROWITSCH, Herzog von Holstein-Gottorp (*1728, †1762,) zu ihrem Nachfolger (PETER III.) und verheiratet ihn (1745) mit der Prinzessin SOPHIE AUGUSTE FRIEDERIKE VON ANHALT-ZERBST, der späteren KATHARINA II. (JEKATARINA ALEXEJEWNA; *1729, †1796).

1746 Auf Betreiben BESTUSCHEWS schließt Russland mit Österreich ein Verteidigungsbündnis auf 25 Jahre vornehmlich gegen Preußen. BESTUSCHEW ist auch weiterhin aktiver Gegner Preußens und die stärkste Stütze der österreichischen Revanchepolitik. Dementsprechend nimmt Russland am Siebenjährigen Krieg (1756–1763) zunächst gegen Preußen teil.

1755 In Moskau wird die **erste russische Universität** gestiftet. An der Akademie der Wissenschaften in Petersburg (gegründet 1725) wirkt MICHAIL WASSILJEWITSCH LOMONOSSOW (*1711, †1765); er studiert in Deutschland unter dem Einfluss von CHRISTIAN VON WOLFF (*1679, †1754), ist Chemiker und Physiker, Verfasser einer russischen Grammatik, von Oden und Dramen (»Vater der russischen Schriftsprache«) und Träger eines neuen russischen Selbstgefühls.

1762–1917 Das Haus Romanow-Holstein-Gottorp herrscht in Russland.

1761 PETER III., ein Bewunderer FRIEDRICHS DES GROSSEN (1740–1786), beendet den Krieg mit Preußen und beginnt eine fortschrittliche Reformpolitik (Aufhebung der Dienstpflicht für den Adel, Modernisierung der Verwaltung, Förderung der Wirtschaft, Säkularisierung der Kirchengüter, religiöse Toleranz, Abschaffung der Geheimkanzlei). Er versteht es jedoch nicht, sich im Adel und in der kirchlichen Hierarchie Unterstützung und persönliche Anerkennung zu verschaffen.

1762, 9./17. Juli Nach sechsmonatiger Herrschaft wird PETER III. durch eine Verschwörung der Garden im Auftrag KATHARINAS entthront; ihre Mitwisserschaft an seiner kurz darauf erfolgten Ermordung ist ungeklärt. Als Nichtrussin und unter dem immer wieder erhobenen Vorwurf der Usurpation ist die geistvolle, aber moralisch bedenkenlose KATHARINA II. stets auf ihre Anerkennung als legitime Kaiserin bedacht. Erfüllt vom Ideengut der französischen Aufklärung gewinnt sie Anhänger durch Bevorzugung der Russen gegenüber den Ausländern und durch intellektuelle Überlegenheit, pflegt Korrespondenz mit VOLTAIRE (*1694, †1778), DIDEROT (*1713, †1784) und anderen französischen Aufklärern. Sie verfolgt zugleich Reformpläne und die Erhöhung der Machtstellung Russlands. Ihre Außenpolitik ist imperialistisch v. a. gegen Polen und das Osmanische Reich. Leitender Staatsmann von 1763–1783 ist Graf NIKITA IWANOWITSCH PANIN (*1718, †1783).

seit 1763 KATHARINA beruft Siedler aus Mittel- und Südeuropa, v. a. Südwestdeutschland, in neu zu gründende Kolonien im Süden Russlands und an der Wolga.

1764, 11. April Preußisch-russischer Beistandsvertrag, in dem sich beide Länder ihre gegenseitige Unterstützung bei der Wahrung ihrer Interessen in Polen zusichern.

16. Juli Der in der Festung Schlüsselburg inhaftierte IWAN VI. wird bei einem Befreiungsversuch von seinen Wächtern ermordet.

7. Sept. In Polen erzwingt Russland die Wahl STANISLAUS PONIATOWSKIS (1764–1795) zum König.

1767–1768 Eine gesetzgebende Kommission aus rund 450 Vertretern aller Stände (außer den Leibeigenen) berät über Reformen und wird veranlasst, der Kaiserin zur nachträglichen Legitimierung ihrer gewaltsamen Thronbesteigung den Titel »die Große« anzubieten. Aller Theorie zum Trotz wird die bäuerliche **Leibeigenschaft** durch Ukase (Erlasse) der Kaiserin **verschärft** (Klagen gegen die Gutsbesitzer sind mit schweren Strafen belegt). Die wirtschaftliche Lage der Bauern ist unterschiedlich; durch selbst gegründete Textilmanufakturen können auch Leibeigene zu Kapitalbesitz gelangen (so das reiche Dorf Iwanowo der Familie Scheremetjew im Gouvernement Wladimir).

1768–1774 **Russisch-Türkischer Krieg**, begonnen von der Pforte, die in die polnischen Angelegenheiten eingreift.

1770, 7. Juli Die russische Ostseeflotte vernichtet unter Mitwirkung britischer Seeleute bei Çeşme (gegenüber der Insel Chios) die osmanische Flotte; schwerste osmanische Niederlage zur See seit Lepanto (1571).

7./21. Juli Große militärische Erfolge der Russen unter dem Oberbefehlshaber Graf PJOTR ALEXANDROWITSCH RUMJANZEW (*1725, †1796): Die Moldau und die Walachei werden besetzt, zuletzt die Donau überschritten.

1772, 5. Aug. **Erste Teilung Polens**: Russland erhält das Land östlich der Düna und des Dnjepr (Polnisch-Livland, Teile der Woiwodschaften Polozk, Witebsk und Minsk sowie die ganze Woiwodschaft Mogiljow).

1773–1774 Die allgemeine Unzufriedenheit und die Abneigung breiter Bevölkerungsschichten gegen die als ausländische Usurpatorin betrachtete Kaiserin löst einen ausgedehnten **Aufstand im Ural- und Wolgagebiet** aus, an dem sich Kosaken, Fabrikarbeiter, Leibeigene und muslimische Völker beteiligen. Der Anführer, der Kosak JEMELJAN IWANOWITSCH PUGATSCHOW (*um 1742, 1775 hingerichtet), gibt sich als der wunderbar gerettete PETER III. aus. Die Erhebung wird mit militärischen Mitteln niedergeworfen.

1774, 21. Juli Der **Friede von Küçük Kaynarca** (bei Silistra an der unteren Donau) beendet den Krieg gegen die Osmanen. Russland erhält an der Dnjeprmündung einen schmalen Zugang zum Schwarzen Meer, dazu die Straße von Kertsch, die Große und die Kleine Kabardei (Nordkaukasien) und freie Handelsschifffahrt auf den osmanischen Gewässern; die russischen Eroberungen in Moldau und Walachei werden an das Osmanische Reich zurückgegeben. Russland erwirbt das Recht, zugunsten dieser Fürstentümer und der griechisch-orthodoxen Kirche gegenüber der Pforte Forderungen zu erheben, die diese zu beachten verspricht (doppeltes Interventionsrecht).

1779, 13. Mai Russland greift durch die Garantie des Friedens von Teschen nachhaltig in das preußisch-österreichische Verhältnis ein und sichert sich damit den Einfluss auf die deutschen Verhältnisse, den Schweden seit dem Westfälischen Frieden (1648) innegehabt hat.

1780 Zur Sicherung des Handelsverkehrs der Neutralen im nordamerikanischen Unabhängigkeitskrieg greift KATHARINA II. gegen die Methode der britischen Seekriegführung durch die Erklärung der bewaffneten Seeneutralität ein, deren Grundsätze für das Seekriegsrecht epochemachend werden.

1783 Das letzte verbliebene tatarische Khanat auf der Krim wird besiegt, die **Krim annektiert.**
GRIGORIJ ALEXANDROWITSCH POTJOMKIN (POTEMKIN; *1739, †1791), Günstling der Zarin seit 1774, erschließt und kolonisiert die neu gewonnenen südrussischen Gebiete.

1787–1792 Zweiter Türkenkrieg und Bündnis Russlands mit Österreich, gleichzeitig Krieg mit Schweden 1788–1790. Russland erhält im Frieden zu Jassy (Iaşi) das Küstenland am Schwarzen Meer bis zum Dnjestr.

1790, Mai ALEXANDER NIKOLAJEWITSCH RADISCHTSCHEW (*1749, †1802) veröffentlicht mit der »Reise von Petersburg nach Moskau« eine radikale Anklage gegen die Leibeigenschaft; KATHARINA II. bestraft ihn dafür mit sibirischer Verbannung.

14. Aug. Der Frieden von Värälä bestätigt den Status quo mit Schweden.

1793, 23. Jan. Russisch-preußischer Geheimvertrag gegen Polen, »um den Geist der Rebellion und der gefährlichen Neuerung zu bekämpfen«.

1. Okt. **Zweite Teilung Polens**: Russland erwirbt den noch übrigen Teil von Litauen, Wolhynien und Podolien.

1794 Gründung der Hafenstadt Odessa, um die sich der französische Emigrant und spätere französische Ministerpräsident Herzog von RICHELIEU (*1766, †1822), der in russische Dienste getreten ist, Verdienste erwirbt.
Freiheitskampf der Polen unter TADEUSZ KOŚCIUSZKO (*1746, †1817). Ein russisches Heer unter ALEXANDER WASSILJEWITSCH SUWOROW (*1729, †1800) erstürmt Praga, eine Vorstadt Warschaus, und zieht in Warschau ein.

1795 **Dritte Teilung Polens**: Russland erwirbt nun auch den Rest der ostpolnischen Gebiete bis zum Bug und zum Njemen sowie das Herzogtum Kurland, dessen Herzog PETER BIRON (*1724, †1800) abdankt.

Russland (1796–1916)

Die Französische Revolution bleibt ohne direkte Wirkung auf das Russische Reich. Die Autokratie behauptet sich gegen jegliche Ansätze einer Liberalisierung bis ins 20. Jh. Verwaltung und Bildungswesen werden modernisiert, jedoch nicht demokratisiert; die Industrialisierung beschleunigt sich nach der Bauernbefreiung 1861, doch bleibt Russland insgesamt ein Agrarstaat. Reformen, die die Autokratie in Frage stellen könnten, werden wie jegliche Opposition nach Möglichkeit unterdrückt, sodass sich politische, soziale und kulturelle Befreiungsbewegungen grundsätzlich in Opposition zum herrschenden System entwickeln müssen. Dieses stützt sich mehr und mehr auf einen an reaktionären Ordnungsmodellen orientierten großrussischen Nationalismus und die orthodoxe Staatskirche, wenn es demokratische oder nationale Forderungen abzuwehren gilt. Die Intelligenz (*Intelligenzija*) wendet sich nach den Napoleonischen Kriegen z. T. dem »Westen« zu und rezipiert insbesondere die Philosophie HEGELS (*1770, †1831) und SCHELLINGS (*1775, †1854). Die »Westler« entdecken v. a. den französischen utopischen Sozialismus. Die ebenfalls an westlicher Philosophie geschulten »Slawophilen« grenzen sich gegenüber »dem Westen« ab. Ihre die Vergangenheit Russlands idealisierende Ideologie geht nach 1850 z. T. in den expansiven Nationalismus des russisch dominierten Panslawismus über.

Die Intelligenz radikalisiert sich in anarchistischen und nihilistischen Gruppen, die ihrer prinzipiellen Ablehnung des Staates durch individuellen Terror (spektakuläre Attentate zwischen 1877 und 1881) Ausdruck verleihen. Die Bewegung der *Narodniki* (*Narodnitschestwo*), der »Volkstümler«, scheitert mit ihrer idealisierenden Vorstellung vom »Volk«, die 1902 noch im Programm der Sozialrevolutionäre fortwirkt. Die 1898 gegründete Sozialdemokratische Partei, die als erste ein marxistisches Programm vertritt, schwächt sich in der Grundsatzdebatte um Massenpartei und elitäre Kaderpartei. Auch die zu Beginn des 20. Jh.s entstehenden, für einen demokratischen Konstitutionalismus eintretenden bürgerlichen Parteien stehen in entschiedenem Gegensatz zur zaristischen Autokratie.

In den Napoleonischen Kriegen wechselt die Regierung mehrfach die Front. Sie verfolgt weiter eine expansionistische Politik: 1795 fällt das polnische Teilungsgebiet an Russland, 1809 Finnland, 1812 Bessarabien; das Osmanische Reich, Zentralasien und, verstärkt nach der Niederlage im Krimkrieg (1856), der Ferne Osten bleiben die territorialen Ziele, bei denen die Konflikte mit Österreich-Ungarn, Großbritannien bzw. Japan bereits vorprogrammiert sind. Die nach dem Russisch-Türkischen Krieg 1878 verfolgten Pläne einer Neuordnung des Balkans korrigiert der Berliner Kongress. Die Annäherung an Österreich-Ungarn und das Deutsche Reich scheitert an der Balkanfrage; die Bindungen an Frankreich werden nach 1890 immer stärker. Die Niederlage im Russisch-Japanischen Krieg 1904/05 führt nicht zuletzt zur **Revolution von 1905**, die – allen Verfallserscheinungen zum Trotz – noch einmal mit militärischen Mitteln unterdrückt werden kann. Am 29. Juli 1914 macht das mit Serbien verbündete Russland überstürzt mobil. Die russische Regierung opfert damit die dringend notwendige innere Stabilisierung und Modernisierung außenpolitischen Zielen.

Der mit einem liberalen Reformprogramm angetretene Kaiser ALEXANDER I. (1804–1825) bestimmt auf dem Wiener Kongress maßgeblich die Neuordnung Europas und setzt mit der Heiligen Allianz 1815 das Legitimitätsprinzip als Grundlage restaurativ-antirevolutionärer Politik in Europa durch. Die christlich-mystisch bestimmte, an der Reaktion orientierte Politik seiner letzten Lebensjahre setzt, verunsichert durch den misslungenen Aufstandsversuch der »Dekabristen«, das bürokratische Polizeisystem von NIKOLAUS I. (1825–1855) fort, das im Krimkrieg scheitert. Es gelingt ihm nicht, die staatliche Administration einer langsam gebildeter und arbeitsteiliger werdenden Gesellschaft anzupassen, in der Ansätze einer Selbstverwaltung nie weit gediehen sind und in der eine zentralistische Bürokratie alles dominiert. Die von ALEXANDER II. (1855–1881) veranlassten Reformen lassen die Autokratie unangetastet und öffnen sie nicht im Sinne eines Konstitutionalismus. Die 1861 proklamierte **Bauernbefreiung** kann die Agrarfrage nicht lösen; ihre Folgen verschärfen die sozialen Gegensätze auf dem Lande. Nach der Ermordung seines Vaters unterstützt ALEXANDER III. (1881–1894) eine Politik der entschiedenen Reaktion und einer **rücksichtslosen Russifizierung**, die der wenig Autorität besitzende NIKOLAUS II. (1894–1917) fortführt, der 1905 mit einer revolutionären Bewegung konfrontiert wird. Das gewählte Parlament, die Duma, stellt sich dank gezielter Wahlrechtsmanipulationen bald als **Scheinkonstitutionalismus** heraus, der das autokratische Regime nicht in Frage stellt. Das mit der **Industrialisierung** in Moskau, Sankt Petersburg und im Donezbecken entstehende Industrieproletariat bildet die Basis für die sozialistischen Parteien, die in der Revolution 1905/07 ihre Ziele noch nicht durchsetzen können. Die durch einen massiven großrussischen Nationalismus ideologisch gestützte zaristische Autokratie verliert in den letzten Herrschaftsjahren immer mehr die sowieso schon geringe Unterstützung im bäuerlichen Volk und in der städtischen Gesellschaft.

1796, 17. Nov. Tod KATHARINAS II. Nachfolger wird ihr Sohn PAUL I. PETROWITSCH (*1754, †1801). Sein politisches Handeln wird wesentlich aus dem Gegensatz zu seiner Mutter bestimmt. Er reduziert die Lokalbehörden und führt – entgegen der »Gnadenurkunde« von 1785 – die **Besteuerung des Adels** ein.

1797, 16. April Krönung PAULS I. Der Kaiser erlässt eine Thronfolgeordnung, die die Erblichkeit im Mannesstamm des Hauses Romanow festlegt.

1798/1799 Beitritt Russlands zur Zweiten Koalition gegen Frankreich. Die russische Ostseeflotte operiert gemeinsam mit der britischen vor den Niederlanden, die Schwarzmeerflotte mit der türkischen im Mittelmeer; Alpenübergang der russischen Landstreitkräfte unter General ALEXANDER W. SUWOROW (1799).

Okt. Ausscheiden aus der Koalition wegen Streitigkeiten mit Großbritannien um Malta.

1801, 18. Jan. Annexion Georgiens.

23./24. März PAUL I., innenpolitisch isoliert, wegen seiner beabsichtigten Ausgleichspolitik gegenüber Frankreich im Gegensatz zu den antinapoleonischen Mächten und mit dem Plan einer Expansion nach Indien auf abenteuerlichem Wege, wird in einem Staatsstreich von Gardeoffizieren abgesetzt und ermordet.

1801–1825 Neuer Kaiser wird PAULS Sohn ALEXANDER I. (ALEKSANDR) PAWLOWITSCH (*1777, †1825). Erzogen im Geiste der französischen Aufklärung durch den Schweizer FRÉDÉRIC CÉZAR DE LA HARPE (*1754, †1838), tritt ALEXANDER seine Herrschaft gegen das Misstrauen des Adels an. Die in ihn gesetzten liberalen Hoffnungen, die zu erfüllen er sich zumindest im ersten Jahrzehnt seiner Herrschaft bemüht, kann er nicht verwirklichen. 1807–1812 arbeitet MICHAIL MICHAJLOWITSCH SPERANSKIJ (*1772, †1839) an der Modernisierung des zentralen Staatsapparats mit dem Ziel, feste Rechtsgrundsätze in Verwaltung und Justiz durchzusetzen, muss jedoch der antifranzösischen Stimmung und den Intrigen adeliger Konkurrenten weichen. Nach 1812 verfällt ALEXANDER mehr und mehr mystisch-religiösen Einflüssen. Die von ihm als sentimentales Manifest christlicher Brüderlichkeit konzipierte **Heilige Allianz**, nicht ohne Sendungsbewusstsein auf dem Wiener Kongress verkündet, redigiert Fürst METTERNICH (*1773, †1859) in ein antirevolutionäres politisches Manifest um. Im Inneren herrscht der verhasste Höfling ALEXEIJ ANDREJEWITSCH ARAKTSCHEJEW (*1769, †1834), dessen selbstherrliche Brutalität sprichwörtlich wird.

1802, 20. Sept. Ministerialreform: Die Kollegien werden durch Fachministerien, darunter das für Volksaufklärung, ersetzt. Gründung von Universitäten.

1803, 3. März Ein Zarenerlass stellt es Gutsbesitzern frei, Leibeigene durch Einzelverträge in den Stand freier Ackerbauern zu überführen, bleibt aber wirkungslos. Eine grundsätzliche Lösung der Leibeigenenfrage scheut ALEXANDER wegen der befürchteten Auswirkungen auf Staat und Gesellschaft. In Estland (1816), Kurland (1817) und Livland (1819) wird dagegen die persönliche Bauernbefreiung durchgeführt.

1805, 9. Aug. Die britisch-russische Allianz gegen NAPOLEON vom 11. April wird durch den Beitritt Österreichs zur Dritten Koalition.

2. Dez. Russische Niederlage von Austerlitz gegen NAPOLEON.

1807, 7. Juli Friede von Tilsit: ALEXANDER vollzieht einen Allianzwechsel und erneuert das russisch-französische Bündnis; er bewahrt Preußen vor der völligen Auflösung durch NAPOLEON.

1809, 17. Sept. Im Frieden von Frederikshamn verzichtet Schweden auf Finnland, das mit Karelien und Wyborg zum Großfürstentum mit eigener Verfassung und weitreichender Autonomie vereinigt wird (bereits am 28. März 1808 in Personalunion mit Russland, am 29. März 1809 bestätigt), und die Ålandinseln.

1810 Der Reichsrat nimmt seine Tätigkeit auf. 1811 regelt ein Statut die einheitliche Organisation der Ministerien.

1812, 28. Mai Friede von Bukarest nach sechsjährigem **Russisch-Türkischen Krieg**. Russland erhält Bessarabien und transkaukasische Gebiete.

24./28. Juni NAPOLEONS Grande Armée überschreitet die Memel und erreicht Wilna (Vilnius). Beginn des **»Vaterländischen Krieges«**.

7. Sept. Schlacht bei Borodino (westlich von Moskau): Die einzige große Schlacht des Feldzuges ist für beide Seiten verlustreich, aber nicht kriegsentscheidend.

14. Sept. **Napoleon rückt bis Moskau** vor, muss aber nach dem Brand der Stadt (19. Okt.) den Rückzug befehlen.

26.–29. Nov. Verlustreicher Übergang der Grande Armée über die Beresina.

1813, 24. Okt. Im Frieden von Gülistan (Bergkarabach, Aserbaidschan) erkennt Persien die russische Einflusssphäre im Kaukasus und am Kaspischen Meer an. Die islamischen Kaukasusvölker leisten bis 1864 Widerstand.

1814, 31. März **Einzug der siegreichen russischen Armee in Paris**: Für Alexander I. als »Befreier Europas« und die russische Intelligenz bestätigt sich das Bewusstsein der Zugehörigkeit zur europäischen Staaten- und Völkergemeinschaft.

1814/1815 Wiener Kongress: Alexander erweist sich als führender Herrscher Europas. **Kongresspolen wird mit dem Russischen Reich vereinigt**, erhält aber eine Konstitution, ein Parlament mit zwei Kammern und behält die eigene Verwaltung sowie ein eigenes Heer.

1815, 26. Sept. In der **»Heiligen Allianz«** sieht Alexander den außenpolitischen Ausdruck seiner »heiligen Mission«, die die Autokratie in Russland nicht berührt. In der Folge unterstützt er die antirevolutionäre Interventionspolitik der Kongresse von Aachen (1818) bis Verona (1822).

1818, 27. März Alexander eröffnet den polnischen Sejm (Reichstag). Hoffnungen auf von ihm angekündigte Reformen in Russland enttäuscht er aber durch eine verstärkt illiberale Politik.

1818/1819 Verbot sämtlicher Geheimgesellschaften; sie werden maßgeblich getragen von adeligen Offizieren, die im Krieg gegen Napoleon das westliche Europa kennengelernt haben. Die 1821 in der Ukraine entstandene »südliche Gesellschaft« (Nachfolgerin des 1816 als »Bund der Rettung« gegründeten »Wohlfahrtsbundes«) und die »nördliche Gesellschaft« in Sankt Petersburg mit republikanisch-zentralistischem bzw. konstitutionell föderalistischem Programm bestehen jedoch in der Illegalität weiter.

1824 Der Sturz Alexander N. Golizyns (*1773, †1844) durch den aktiven Widerstand der an der russischen Überlieferung orientierten orthodoxen Hierarchie. Golizyn hat seit 1816 eine reaktionäre Bildungspolitik praktiziert, war zugleich aber als Vorsitzender der 1814 gegründeten Russischen Bibelgesellschaft Exponent der mit orthodoxer Bigotterie verbundenen mystisch-religiösen Mode und des von ihr produzierten reaktionären Obskurantismus (1826 Auflösung der Bibelgesellschaft).

1825, 1. Dez. Unerwarteter Tod des ohne Erben gebliebenen Alexanders I. Durch den 1822 festgelegten geheimen Thronverzicht seines nächstältesten Bruders, des Großfürsten Konstantin (*1779, †1831), bestehen zunächst Unklarheiten über die Nachfolge.

24. Dez. Nikolaus (Nikolaj) I. (*1796, †1855), der nächstjüngere Bruder Alexanders, wird Kaiser. Die antireformerisch-reaktionäre Haltung seines durch die Vormacht der Bürokratie und die enge Verbindung mit der orthodoxen Kirche bestimmten Polizeiregimes wird durch den **Aufstand der »Dekabristen«** (26. Dez.) verstärkt, auch wenn dieser sofort niedergeschlagen wird, da nur ca. 3000 Soldaten von den verschworenen Offizieren zur Eidesverweigerung veranlasst werden. Die Führer der »nördlichen« und der »südlichen« Gesellschaft werden hingerichtet, die Mitglieder zur Zwangsarbeit in Sibirien verurteilt.

1826 Krönungsmanifest Nikolaus' I., der die »allmähliche Vervollkommnung« der »vaterländischen Einrichtungen« von oben proklamiert. Die »Dritte Abteilung« der kaiserlichen Kanzlei wird als gefürchtete Geheimpolizei eingerichtet, die Meinungen und Gesinnungen nicht nur im Bildungswesen und der Publizistik überwacht.

7. Okt. Konvention von Akkerman (Bjelgorod-Dnjestrowski): Russland fordert das Osmanische Reich auf, frühere Zugeständnisse für die Balkanvölker einzuhalten.

1827, 20. Okt. Die russisch-britische Verständigung in der griechischen Frage (Aufstand der Griechen gegen die osmanische Herrschaft) führt zum gemeinsamen Seesieg bei Navarino über die türkisch-ägyptische Flotte.

1828 **Sieg im Krieg gegen Persien** (seit 1826) mit Gebietsgewinnen (Friede von Turkmantschaj, Iran).
Einschränkung des Gymnasialbesuchs auf Söhne von Adeligen und Beamten.

1828/1829 **Russisch-Türkischer Krieg**.

1829, 14. Sept. Im Frieden von Adrianopel (Edirne) erwirbt Russland fast das gesamte Donaudelta und Teile Armeniens. Die 1828 besetzten Donaufürstentümer bleiben bis 1834 unter russischer Verwaltung. Die freie Durchfahrt durch den Bosporus eröffnet dem südrussischen Getreide neue Märkte.

1830 Die »Vollständige Sammlung der Gesetze des Russischen Reiches«, erarbeitet unter der Leitung Speranskijs, beginnt zu erscheinen.

29. Nov. **Polnischer Novemberaufstand**: Nach der Pariser Julirevolution erheben sich polnische Patrioten in Warschau gegen die russische Besatzungsmacht. Fürst Adam Jerzy Czartoryski (*1770, †1861) bildet eine von der Adelspartei getragene nationale Regierung.

1831, 15. Jan. Der polnische Sejm setzt die Dynastie Romanow ab.

26. Mai Der russische Oberbefehlshaber Hans Graf von

Russische Eroberung des Kaukasus

DIEBITSCH-SABALKANSKIJ (*1785, †1831) siegt bei Ostrołęka.

Juli Sein Nachfolger IWAN FJODOROWITSCH PASKEWITSCH (*1782, †1856) überschreitet im Juli die Weichsel.

Aug. Die polnischen Radikalen stürzen die Regierung CZARTORYSKIS, der von Paris aus die polnische Emigration führen wird.

8. Sept. PASKEWITSCH erobert Warschau, die Verfassung wird aufgehoben und Polen als besetztes Gebiet verwaltet.

1832, 26. Febr. Durch das »Organische Statut« wird das Königreich **Polen dem russischen Reich inkorporiert**, 1837 in Gouvernements eingeteilt und einer entschiedenen Russifizierungspolitik ausgesetzt.

1833, 8. Juli Das Russisch-Türkische Defensivbündnis von Unkiar Skelessi, in dem sich das Osmanische Reich zur Schließung der Meerengen im Kriegsfall verpflichtet, löst in Großbritannien eine Welle russlandfeindlicher Publizistik aus.

18. Sept./15. Okt. In den Konventionen von Münchengrätz und Berlin wird mit Österreich die nur einvernehmliche Aufteilung des europäischen Teils des Osmanischen Reiches vereinbart und die Heilige Allianz erneuert.

1836 Die Veröffentlichung des »Ersten Philosophischen Briefes« von PETER TSCHAADAJEW (*1794, †1856) ruft mit seiner scharfen Kritik an den russischen Verhältnissen ein gewaltiges Echo in Russland hervor.

Russische Kultur im 19. Jh.

Die russische Literatur erreicht nach ALEXANDER PUSCHKIN (*1799, †1837) als dem Schöpfer der russischen Literatursprache im **»silbernen Zeitalter der russischen Kultur«** mit IWAN TURGENJEW (*1818, †1883), FJODOR DOSTOJEWSKI (*1821, †1881) und LEW TOLSTOJ (*1828, †1910) Weltgeltung. Gleiches gilt für die Musik nach MICHAIL GLINKA (*1804, †1857) mit MODEST MUSSORGSKIJ (*1839, †1881), NIKOLAJ RIMSKIJ-KORSAKOW (*1844, †1908) und PETER TSCHAIKOWSKIJ (*1840, †1893), die Malerei mit der sozialkritischen »Wandererbewegung« (ILJA REPIN, *1844, †1930) und den Vertretern der Russischen Avantgarde von KASIMIR MALEWITSCH (*1878, †1935) bis WASSILIJ KANDINSKIJ (*1866, †1944), die Bühnenkunst mit SERGEJ DJAGILEW (*1872, †1929), die Wissenschaften mit der Mathematikerin SOFIJA KOWALEWSKAJA (*1850, †1891) und dem Physiologen IWAN PAWLOW (*1849, †1936).

1839–1841 Orientalische Krise: Russland unterstützt mit Großbritannien den osmanischen Sultan gegen das mit Frankreich verbündete Ägypten.

1841, 13. Juli In der Meerengenkonvention wird die Schließung der Dardanellen für nicht türkische Kriegsschiffe vereinbart.

1842 NIKOLAUS I. betont die Notwendigkeit einer Lösung der Bauernfrage, dennoch bleibt die »Verordnung über die verpflichteten Bauern« (Regelung für die freiwillige Freilassung leibeigener Bauern) wirkungslos (wie 1803).

1849, 13. Aug. Intervention in Ungarn: **Sieg über die ungarische Revolutionsarmee** bei Világos (Şiria, Rumänien).

Industrialisierung und Eisenbahnbau

In die 1830er-Jahre fallen die **Anfänge der Industrialisierung** in Russland. Eine Großindustrie, die die entlegenen Regionen des Landes, aber auch die asiatischen Märkte mit ihren Erzeugnissen versorgt, entsteht erst nach 1861. Voraussetzung dafür ist die Verbesserung des Transportwesens: 1837 nimmt die Eisenbahn zwischen Sankt Petersburg und Zarskoje Selo den Betrieb auf, die 1851 eröffnete (seit 1842 gebaute) Strecke zwischen Sankt Petersburg und Moskau ist die längste der Welt. Nach dem Krimkrieg wird der Eisenbahnbau auch aus militärischen Gründen verstärkt.

1853–1856 Krimkrieg: In dem anlässlich eines Streits um die heiligen Stätten in Jerusalem entstehenden Konflikt unterstützen Großbritannien und Frankreich das Osmanische Reich gegen Russland.

1854, Okt. Nach der französischen Landung auf der Krim wird die Belagerung von Sewastopol kriegsentscheidend.

1855, 2. März Tod NIKOLAUS' I.: Der Zusammenbruch des Regimes wird in einer **militärischen und wirtschaftlichen Krise** offensichtlich. Der neue Kaiser ALEXANDER (ALEKSANDR) II. (*1818, †1881) führt den Krieg bis zur Kapitulation von Sewastopol (9. Sept.) weiter.

Nov. In Asien erobert Russland Kars im armenischen Hochland.

1856, 30. März Im **Frieden von Paris** muss Russland Kars wieder freigeben, dazu die Donaumündung und Teile Bessarabiens an die Moldau abtreten und der Schutzherrschaft über die Christen im Osmanischen Reich entsagen. Das Schwarze Meer wird neutralisiert.

Innen- und außenpolitische Lage in der Mitte des 19. Jh.s

Russland verliert seine europäische Vormachtstellung an Frankreich, zu dem es sich aber um gute Beziehungen bemüht. Der Gegensatz zu Großbritannien hat sich vertieft, die Beziehungen zu Österreich-Ungarn sind schlechter geworden.

Im Inneren hat die militärische Niederlage die Rückständigkeit und Korruption in Verwaltung, Armee und Wirtschaft offen zutage treten lassen. Daher beginnt ALEXANDER II. seine langfristig angelegte, wenn auch angesichts des Widerstandes v. a. im Hochadel nicht konsequent verlaufende Politik der »Großen Reformen«; nach dem polnischen Januaraufstand (1863) setzen sich autokratisch-reaktionäre Züge stärker durch. Kernstück ist die Aufhebung der Leibeigenschaft, ob als Leibzins (*obrok*) oder Frondienst (*barschtschina*), die jeden Fortschritt hemmt und die Diskussion von **Slawophilen und Westlern** beherrscht. In einer Rede vor dem Moskauer Adel (30. März 1856) fordert ALEXANDER II. die Lösung des Leibeigenschaftsproblems »von oben«, um einer Auflösung »von unten« zuvorzukommen. Die von ALEXANDER HERZEN (*1812, †1870) in London herausgegebene Emigrationszeitschrift »Die Glocke« beeinflusst, in vielen Exemplaren eingeschmuggelt, die Meinung selbst der Hofkreise. Auszüge erhalten die Mitglieder der Komitees, die seit 1857 über die Bauernfrage beraten.

1858 Der Mitte der 40er-Jahre begonnene **Ausbau Sibiriens** wird fortgeführt. Eine russische Expedition besetzt das linke Ufer des Amur, das mit dem Küstengebiet des Amur in Verträgen mit China 1858 und 1860 erworben wird.

1860 Gründung der Hafenstadt Wladiwostok am Japanischen Meer.

1861, 3. März ALEXANDER II. (»Zar-Befreier«) verkündet das **Manifest über die Bauernbefreiung**. Es löst zunächst Unruhen aus. 47 Mio. Bauern erhalten die persönliche Freiheit, bleiben aber an das Mir-System als dörfliche Umverteilungsgenossenschaft mit kollektiv genutzter Feldflur und Haftung der Gemeinde gebunden. Sie müssen zudem an den früheren Besitzer den Landwert übersteigende Ablösesummen leisten, obwohl die individuellen Landanteile zu gering bemessen sind, sodass die Masse verarmt und nur eine Minderheit eine ausreichende wirtschaftliche Basis findet. Die Agrarfrage wird nicht gelöst, an die Stelle der Leibeigenschaft treten neue Probleme: der Landhunger der bäuerlichen Massen und die Verarmung großer Teile des Land besitzenden, aber in der Güterbewirtschaftung unerfahrenen Adels.

1862–1866 Erfolgreiche Verbesserung der Finanzverwaltung nach westeuropäischem Vorbild.

1863, 22. Jan. **Polnischer Januaraufstand**: 1861 hat Graf ALEXANDER WIELOPOLSKI (*1803, †1877) als Leiter der polnischen Zivilverwaltung bei engem Anschluss an Russland mit deren Repolonisierung, auch im Bildungswesen, begonnen. Den polnischen Demokraten reichen diese Reformen nicht aus; nach vereinzelten Anschlägen erklärt die revolutionäre Zentrale das von den Bauern bearbeitete Land zu deren Eigentum.

8. Febr. Russland sichert sich, ungeachtet der Proteste Großbritanniens, Frankreichs und Österreichs, in der **Alvenslebenschen Konvention** die preußische Unterstützung bei der Bekämpfung der Aufständischen.

1864 Russland muss den polnischen Aufstand über ein Jahr militärisch bekämpfen. Dessen Kommandeur und spätere Diktator ROMUALD TRAUGUTT (*1826, †1864) wird hingerichtet (5. Aug.).

13. Jan. Einführung der **Selbstverwaltung (Semstwo) für Gouvernements und Kreise**. Trotz bürokratischer Hemmnisse entfaltet sich in den *Semstwos*, die überwiegend vom Provinzadel getragen werden, eine rege Aktivität: Volksbildung, Verkehrswege und soziale Fürsorge werden verbessert.

2. März In Polen übereignet die russische Verwaltung den Bauern in einer Agrarreform das Land, baut aber die Reste einer Autonomie ab und praktiziert in den 70er-Jahren die völlige Russifizierung von Verwaltung, Justiz und Unterrichtswesen. Die russische öffentliche Meinung wendet sich radikal gegen Polen.

2. Dez. Die Justizreform erhält Gesetzeskraft. Unabhängige Richter, Öffentlichkeit des Verfahrens und gemilderte Strafen werden eingeführt.

1864/1868 Turkestan, Taschkent und Samarkand werden erobert.

1865 Das Gesetz über die höhere Schule leitet deren Modernisierung ein. Nach den Gesetzen über die Universitäten (1863, Einführung der Autonomie) und die Volksschulen (1864) ist das gesamte Bildungswesen gesetzlich neu geregelt. – Das Presse- und Zensurgesetz schreibt die bestehende Praxis fest.

1866, 16. April Erstes **Attentat auf ALEXANDER II.** durch DMITRIJ V. KARAKOSOW (*1840, †1866). Als Reaktion beschneidet der Kaiser die Rechte der *Semstwos* und ernennt den Grafen DMITRIJ ANDREJEWITSCH TOLSTOJ (*1823, †1889) zum Minister für Volksbildung, der bestrebt ist, sämtliche Reformen zurückzunehmen.

1867 Der 2. Slawenkongress in Moskau unter Beteiligung tschechischer, südslawischer u. a. Vertreter offenbart einen Zwiespalt in der polnischen Frage.
Verkauf von Alaska für 7,2 Mio. US-$ an die USA.

1869 Der Historiker CARL SCHIRREN (*1826, †1910) protestiert mit seiner »Livländischen Antwort« auf die Anklagen des Slawophilen JURIJ SAMARIN (*1819, †1876) gegen den Russifizierungsdruck in den baltischen Provinzen.

1870 Stadtreform: Nach dem Vorbild der *Semstwos* erhalten die Städte eine von der Bürgerschaft zu tragende Selbstverwaltung.
Im Deutsch-Französischen Krieg bewahrt Russland eine wohlwollende Neutralität gegenüber Preußen.

1871, 13. März Die Londoner Pontuskonferenz sanktioniert den russischen Widerruf der Schwarzmeerklausel des Pariser Friedens von 1856.
In einer Schulreform wird die Gymnasialbildung auf das formale Erlernen von Mathematik und klassischen Sprachen konzentriert.

1873 »Verrückter Sommer«: **Massenaufbruch der »Narodniki« (Volkstümler**, ihre Bewegung ist das *Narodnitschestwo*) »ins Volk«. Ihre ideologischen Wurzeln liegen – wie bei Slawophilen und Westlern – im Glauben an das russische Volk und in der Idealisierung der Dorfgemeinde. Nach dem Scheitern der von moralischen Skrupeln freien Verschwörungstheorie SERGEJ GENNADIEWITSCH NETSCHAJEWS (*1847, †1882) folgen die jungen *Narodniki* überwiegend den anarchistischen Thesen MICHAIL ALEXANDROWITSCH BAKUNINS (*1814, †1876). Die spontane Aktion dieser intellektuellen Elite erweist sich als völliger Misserfolg; die Bauern lassen sich weder für den *Mir* (Dorfgemeinschaft mit periodisch stattfindender Neuverteilung des Gemeindelandes) begeistern, noch für den Kampf gegen den Zaren gewinnen. Der Gutsbesitzer ist ihr Feind; sie wollen das Land nicht als Kollektiv-, sondern als Privateigentum.

6. Juni **Dreikaiserabkommen** zwischen Österreich, Russland und dem Deutschen Reich. Der österreichische Kaiser FRANZ JOSEPH und ALEXANDER II. schließen einen Konsultativpakt, dem der deutsche Kaiser WILHELM I. am 22. Okt. beitritt.

1874 Nach dem **Verbot von Gewerkschaften** bilden sich illegale Arbeiterorganisationen.
Der Kriegsminister Graf DMITRIJ ALEXEJEWITSCH

MILJUTIN (*1816, †1912) setzt mit der Heeresreform die Einführung der allgemeinen Wehrpflicht und die Herabsetzung der aktiven Dienstzeit durch.

1875–1876 Aufstände in Bosnien, der Herzegowina und in Ostrumelien veranlassen Serbien und Montenegro zum Krieg gegen das Osmanische Reich, an dem russische Freiwillige teilnehmen.

1876, 18. Mai Ein Ukas untersagt den Gebrauch des »kleinrussischen Dialekts«, d. h. der ukrainischen Sprache, in Druckschriften und beim Theater. Das österreichische Galizien wird zum politischen und kulturellen Zentrum der Ukrainer.

1876, 8. Juli und 1877, 15. Jan. Im Abkommen von Reichstadt und im Geheimabkommen von Budapest sichert Österreich Neutralität im Falle eines russisch-türkischen Krieges zu und erhält dafür die Zustimmung für eine Besetzung Bosniens und der Herzegowina.

24. April **Kriegserklärung an das Osmanische Reich**. Russische Truppen überschreiten die Donau, können aber Plewen (Bulgarien) trotz rumänischer Unterstützung nicht einnehmen.

10. Nov. Eroberung von Kars im armenischen Hochland.

10. Dez. General Graf EDUARD IWANOWITSCH TOTLEBEN (*1818, †1884) zwingt die Festung Plewen zur Kapitulation. Die **russischen Truppen rücken bis Konstantinopel vor**, das nur aus Rücksichtnahme auf die anderen europäischen Mächte nicht eingenommen wird.

1878, 31. Jan. Waffenstillstand: ALEXANDER II. steht unter immer stärkerem Einfluss des Außenministers NIKOLAJ PAWLOWITSCH IGNATJEW (*1832, †1908), der in nationalistischer Verblendung weder die eigenen noch die fremden Kräfte richtig einschätzt.

3. März Der Diktatfriede von San Stefano (Yeşilköy, Stadtteil von Istanbul), der Russland Teile Armeniens mit Kars, Ardahan (Osmanisches Reich) und Batumi (Georgien) sowie den 1856 abgetretenen Teil Bessarabiens einbringt, sowie die Perspektive einer aktiven russischen Balkanpolitik (Vergrößerung und Verselbstständigung Bulgariens, Rumäniens, Serbiens und Montenegros) eröffnet, beschwört die Gefahr des Konfliktes mit Großbritannien und Österreich herauf.

11. April Prozess gegen WERA IWANOWNA SASSULITSCH (*1849, †1919), die bei einem Attentatsversuch den Petersburger Stadtkommandanten General DMITRIJ FJODOROWITSCH TREPOW (*1855, †1906) verwundet hat. Motiv war die von TREPOW rechtswidrig angeordnete Auspeitschung eines noch nicht rechtskräftig verurteilten politischen Gefangenen. Justizminister Graf KONSTANTIN IWANOWITSCH PAHLEN (*1830, †1912) lässt, um ein Exempel zu statuieren, den Anschlag als kriminelles Verbrechen öffentlich aburteilen; das Gericht jedoch spricht die Angeklagte unter dem Beifall der Petersburger Gesellschaft frei.

Es folgen spektakuläre Attentate (1877–1881), die in »Nihilistenprozessen« mit Verbannung und Todesstrafe geahndet werden, wodurch die Radikalisierung der oppositionellen Gruppen noch verstärkt wird.

13. Juni–13. Juli **Berliner Kongress**: Unter dem Druck Großbritanniens und Österreich-Ungarns werden durch Vermittlung des deutschen Reichskanzlers BISMARCK die **Friedensbedingungen von San Stefano revidiert**: Die Erwerbungen Bessarabiens und in Asien werden bestätigt, das Osmanische Reich behält das territorial verkleinerte Bulgarien als autonomes tributpflichtiges Fürstentum sowie Makedonien.

1879, Okt. Die darauf folgende Verstimmung zwischen dem Deutschen Reich und ALEXANDER II., der sich nach seiner freundschaftlichen Aufnahme der Reichseinigungspolitik von deutscher Seite unfair behandelt fühlt, führt zum deutschen Zweibund mit Österreich-Ungarn.

1881, 13. März ALEXANDER II. fällt einem Sprengstoffanschlag der Terrororganisation *Narodniki* zum Opfer. Die Ermordung bedeutet das Ende der individuellen Terror verfolgenden Fraktion der *Narodniki*. Die zuvor gebilligten Reformen des Innenministers Graf MICHAIL TARIJELOWITSCH LORIS-MELIKOW (*1825, †1888) werden mit dem Attentat gegenstandslos.

1881–1894 ALEXANDER III. (*1845, †1894) lehnt jede Reform ab und verstärkt, beeinflusst vom Oberprokuror des Heiligen Synod, KONSTANTIN P. POBEDONOSZEW (*1827, †1907), die Autokratie. Er verweigert die Bestätigung der baltischen Privilegien und forciert die Russifizierung der nicht russischen Gebiete. Die Agenten und Spitzel der politischen Polizei (*Ochrana*) kontrollieren verschärft Schulen, Universitäten, Presse und Justiz. Die öffentliche Meinung wird durch den autokratisch orientierten großrussischen Nationalismus MICHAIL N. KATKOWS (*1818, †1887) beeinflusst.

1881–1882 Zahlreiche **Pogrome**; die gegen Juden gerichteten Ausnahmebestimmungen werden verschärft.

1881, 18. Juni **Dreikaiservertrag**, ein geheimes Neutralitätsabkommen mit dem Deutschen Reich und Österreich-Ungarn (1884 verlängert).

1883 Die staatliche Bauernbank soll bäuerlichen Landkauf finanzieren.

In Genf gründet GEORGIJ W. PLECHANOW (*1856, †1918) mit der »Befreiung der Arbeit« eine erste marxistische Gruppe, die sich entschieden mit der auf das bäuerliche Volk gerichteten »Volkstümler«-Bewegung des »*Narodnitschestwo*« auseinandersetzt.

1884 Aufhebung der Autonomie der Universitäten.

März Spannungen bis zur Gefahr eines Krieges mit Großbritannien wegen der Besetzung Merws (Turkmenistan) an der afghanischen Grenze. Sie werden 1885 durch britisches Entgegenkommen bei der Grenzregelung beigelegt.

1885–1886 **Bulgarische Krise**: Fürst ALEXANDER I. (1879–1886) von Bulgarien drängt den russischen Einfluss zurück und erkennt im Sept. 1885 die Angliederung von Ostrumelien an Bulgarien an. Dabei bleibt es auch, als ALEXANDER nach einem kurzen, siegreichen, aber politisch erfolglosen Krieg mit Serbien (1885) und einer Verschärfung des Verhältnisses zu Russland am 20. Aug. 1886 auf russischen Druck durch einen Putsch zur Abdankung gezwungen wird.

1887, 13. März Attentatsversuch auf ALEXANDER III. Die beteiligten *Narodniki*, darunter LENINS Bruder ALEXANDER ULJANOW (*1866), werden hingerichtet.

18. Juni Wegen Spannungen mit Österreich wird der **Dreikaiservertrag nicht verlängert**. Dafür schließt Außenminister NIKOLAJ KARLOWITSCH GIERS (*1820, †1895) mit BISMARCK den (von deutscher Seite 1890 nicht verlängerten) Rückversicherungsvertrag.

1890–1900 Die Zahl der in wenigen Zentren konzentrierten Industriearbeiter steigt von 1,43 auf 2,37 Mio. Die Textilindustrie um Lodz ausgenommen, überwiegt der Metallbereich, in dem es um 1900 zu einer Überproduktionskrise kommt.

1892, 17. Aug. Die Russisch-französische Militärkonvention wird als Defensivbündnis gegen den Dreibund geschlossen.

Aug. SERGEJ J. WITTE (*1849, †1915) wird Finanzminister (bis 1903; 1903–1906 Ministerpräsident). Durch Schutzzölle begünstigt er die v. a. durch französisches Kapital beschleunigte Industrialisierung, stabilisiert durch Einführung der Goldwährung den Rubelkurs und fördert den 1891 begonnenen Bau der Transsibirischen Eisenbahn.

1894–1917 NIKOLAUS II. (*1868, †1918) unterliegt in der Politik dem Einfluss seiner hysterisch-bigotten Gemahlin ALEXANDRA FJODOROWNA (ALICE VON HESSEN-DARMSTADT, *1872, †1918). Der 1904 geborene Thronfolger ALEXEIJ (†1918) leidet an der Bluterkrankheit. Der sibirische Bauer GRIGORIJ J. **RASPUTIN** (*1869, †1916) **gewinnt** durch hypnotische Beeinflussung des subjektiven Krankheitsverlaufs **wachsenden Einfluss auf die Entscheidungen des Hofes**. Mithilfe SERGEJ J. WITTES und PJOTR ARKADJEWITSCH STOLYPINS (*1862, †1911; seit 1906 Innenminister und Ministerpräsident) kann sich der wenig durchsetzungsfähige Kaiser noch gegen die konstitutionellen Forderungen der Revolution von 1905 –1907 behaupten.

1895, Nov. JULIJ OSSIPOWITSCH MARTOW (ursprünglich ZEDERBAUM, *1873, †1923) und WLADIMIR ILJITSCH ULJANOW (LENIN; *1870, †1924) fassen im »Kampfbund zur Befreiung der Arbeit« die Petersburger marxistischen Gruppen in der **ersten sozialdemokratischen politischen Organisation** zusammen.

20./21. Dez. Der Kampfbund wird aufgehoben.

1896, Jan. Die Führer des Kampfbundes, darunter LENIN, werden auf vier Jahre nach Sibirien verbannt.

Mai Massenunglück auf dem Chodynkafeld bei der Krönung des Zaren mit fast 3000 Toten.

Juni Der zur Krönung in Moskau weilende chinesische Kanzler LI HONGZHANG (*1823, †1901) schließt ein geheimes Verteidigungsbündnis gegen Japan und lässt den Bau der transsibirischen Eisenbahn durch die Mandschurei zu.

9. Juni Russisch-japanischer Vertrag über Korea. Unruhen in Finnland, Polen, dem Baltikum und der Ukraine gegen die Russifizierungspolitik; Streiks und Agrarunruhen im ganzen Reich.

1897 In Fortsetzung der 1882 begonnenen Arbeiterschutzgesetzgebung wird die tägliche Arbeitszeit gegen den Willen der Unternehmer auf 11,5 Stunden begrenzt.

1898, 13.–15. März Erster Parteitag der **Sozialdemokratischen Arbeiterpartei Russlands** in Minsk. Nach der Verhaftung des Zentralkomitees sammelt sich die Partei im Ausland. Nach dem Ende der Verbannung lebt LENIN zwischen 1900 und 1905 in der Emigration (London, München, Genf).

25. April Ein russisch-japanischer Vertrag erkennt den Vorrang der japanischen Interessen in Korea an. Russland besetzt aufgrund eines Pachtvertrages mit China Port Arthur (Dalian).

1899, März NIKOLAUS II. hebt die finnische Verfassung auf. Ein oktroyiertes Wehrgesetz wird mit passivem Widerstand beantwortet, 1904 der Generalgouverneur Finnlands, NIKOLAJ J. BOBRIKOW (*1839, †1904), ermordet.

1901–1905 **Zunahme der Attentate**, denen u. a. Innenmi-

Die Zentral- und Provinzbehörden in Russland vor der Revolution von 1905

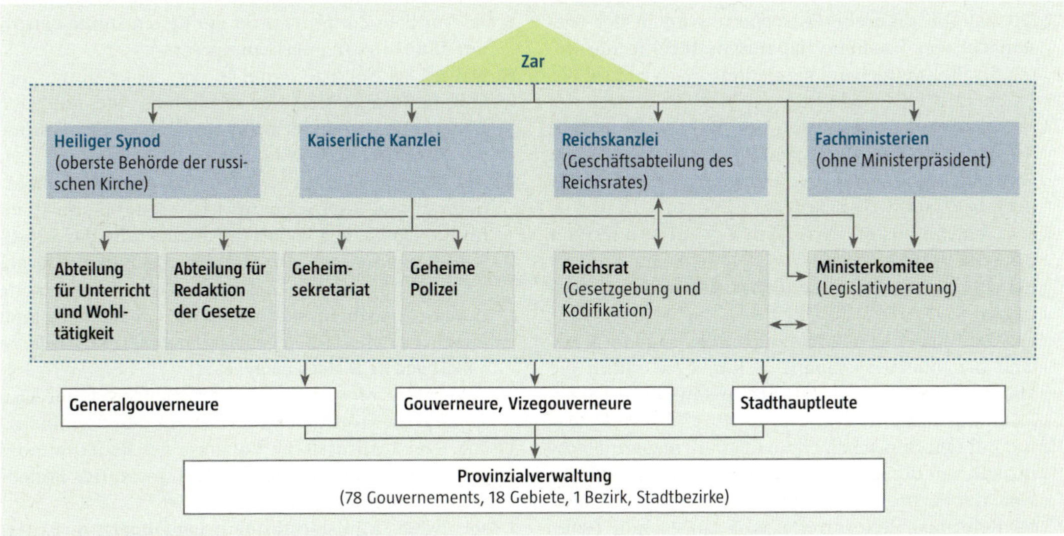

nister WJATSCHESLAW KONSTANTINOWITSCH PLEHWE (*1846, †1904) sowie Großfürst SERGEJ (*1857, †1905), Onkel und Schwager des Kaisers, zum Opfer fallen.

1902 Innenminister PLEHWE beseitigt die Reste der Selbstverwaltung und versucht, die Arbeiterbewegung durch Agenten zu unterwandern. Die neu gegründete Partei der Sozialrevolutionäre verbindet marxistische Ideen mit der Tradition der *Narodniki*.

1903, 30. Juli Beginn des 2. Parteikongress der Sozialdemokratischen Arbeiterpartei (SDAPR) in Brüssel (später in London): Die SDAPR spaltet sich in **Menschewiki** (Minderheitler, *menschinstwo*), die verschiedene Formen der politischen Entwicklung zulassen wollen, um JULIJ MARTOW, GEORGIJ WALENTINOWITSCH PLECHANOW und LEW TROTZKIJ (ursprünglich BRONSTEIN, *1879, †1940), und die **Bolschewiki** um LENIN, die die Diktatur des Proletariats durch eine Elitepartei durchsetzen wollen. Sie haben nach Auszug des Jüdischen Arbeiterbundes die Mehrheit (*bolschinstwo*) erhalten. Nach erneuter Zusammenarbeit seit 1906 vollzieht sich 1912 die endgültige Spaltung. Die von PETER BERNHARDOWITSCH STRUWE (*1870, †1944) herausgegebene radikal-demokratische Zeitschrift »Befreiung« hat großen Einfluss in Russland. Die »Befreier« bilden eine politische Gruppe.

1904, Nov. Kongress der Semstwo-Vertreter, die Konstitutionalisten haben die Mehrheit. Die Führung des russischen Liberalismus geht auf die doktrinäre Intelligenz über.

1904–1905 **Russisch-Japanischer Krieg** wegen Interessengegensätzen in Korea und der Mandschurei.

1905, 2. Jan. Kapitulation von Port Arthur nach fünfmonatiger Belagerung.

22. Jan. **»Blutiger Sonntag«**: Nachdem eine friedliche, durch Hunger und Not ausgelöste Demonstration vor dem Winterpalais in Sankt Petersburg vom Militär zusammengeschossen wird, schlägt die Streikbewegung in revolutionäre Unruhen um, die sich mit Streiks, Kundgebungen und Attentaten über das gesamte Reich ausbreiten.

27./28. Mai Die russische Ostseeflotte wird in der Seeschlacht von Tsushima (japanische Insel in der Korea-Straße) weitgehend vernichtet.

Juni Generalstreik in Odessa.

24. Juli NIKOLAUS II. schließt bei Björkö (Primorsk, Russland) mit dem deutschen Kaiser WILHELM II. ein Verteidigungsbündnis, das die russische Seite 1907 für gegenstandslos erklärt.

19. Aug. Innenminister ALEXANDER GRIGORJEWITSCH BULYGIN (*1851, †1919) veröffentlicht den Entwurf für eine »Duma« als beratendes parlamentarisches Organ.

5. Sept. Im Frieden von Portsmouth (USA) erkennt Russland die Interessen Japans in Korea an, räumt die Mandschurei und tritt Port Arthur sowie Süd-Sachalin an Japan ab.

Herbst Auf den finnischen Nationalstreik reagiert NIKOLAUS II. mit der **Wiederherstellung der finnischen Verfassung**, der Rechte des Landtags und der Zusage weiterer Reformen (Reformverfassung am 20. Juni 1906). **Ausschreitungen gegen die deutsche Oberschicht** in den baltischen Provinzen (6. Nov.). Die sozialistisch organisierten Arbeiter rufen den Generalstreik aus und bilden unter Beteiligung von Bolschewiki, Menschewiki, Sozialrevolutionären und Parteilosen in St. Petersburg am 26. Okt. den **ersten Sowjet** (Rat).

Okt. Gründungskongress der »Konstitutionellen Demokraten« als Partei der nichtsozialistischen Intelligenz liberaler und radikal-demokratischer Richtung (Abkürzung KD, daher **»Kadetten«**).

30. Okt. In seinem **Oktobermanifest**, von Ministerpräsident WITTE ausgearbeitet, gewährt NIKOLAUS II. allen Untertanen die Rechte freier Bürger, sagt grundsätzlich das allgemeine Wahlrecht zu und verspricht, die Duma als Organ der Legislative einzusetzen.

17. Nov. Gründung des rechtsextremen »Bundes des russischen Volkes«; seine Kampfverbände sind die »Schwarzen Hundertschaften«.

Die soziale und politische Struktur gegen Ende der Zarenherrschaft

Die politischen Verhältnisse Russlands sind gekennzeichnet von einem eigentümlichen Gegensatz zwischen der wachsenden Wirtschaftskraft der sich wandelnden sozialen Struktur und der Autokratie, der eine tragfähige gesellschaftliche Basis fehlt. Die Intelligenz rekrutiert sich aus verschiedenen Ständen (*Rasnotschinzy*), hat aber, da eine bürgerliche Schicht sich erst zu bilden beginnt, innerhalb der fest durchgliederten, auf den Staat bezogenen »Gesellschaft« außerhalb der *Semstwos* keinen festen Ort. Ein Mittelstand aus Fachleuten und Unternehmern entsteht erst spät, die Masse der Bevölkerung sind Bauern. Die »Mitte« ist radikaldemokratisch, sie bestimmt wesentlich die Erste und Zweite Duma, da die Linksparteien nicht zur Ersten Duma kandidieren. Im Westen des Reiches gehen nationale Spannungen in offene Auseinandersetzungen über.

1906 Abkommen über eine französische Anleihe.

Febr. 1. Allrussischer Gewerkschaftskongress.

6. Mai Vor dem Zusammentritt der Ersten Duma oktroyiert NIKOLAUS II. ein »Grundgesetz«.

10. Mai–21. Juli Stärkste Partei in der Ersten Duma »der Volkshoffnung« sind die »Kadetten«; die radikalen Bauernabgeordneten formieren sich in der Gruppe der »Trudowiki« (Werktätigen).

22. Juli Bolschewiki und Menschewiki, die sich in Stockholm wieder vereinigen (bis 1912), kandidieren nicht für die Duma. Die konservativeren Kräfte der Semstwo-Bewegung, die »Oktobristen«, gründen sich auf das Oktobermanifest und lehnen eine Konstituante (verfassunggebende Versammlung) ab, bleiben damit aber in der Minderheit, sodass der **Kaiser die Erste Duma auflöst und Neuwahlen anordnet**.

30. Juli–2. Aug. Meuterei der Marinesoldaten der Ostseeflotte in Kronstadt und Sveaborg (Suomenlinna).

13. Aug. Der 1. Allrussische Kongress des Bauernbundes fordert die Nationalisierung des gesamten Bodens zugunsten der Bauern.

1. Sept. Neuer Ministerpräsident wird PJOTR A. STOLY-

PIN, der mit dem Gesetz über die Einrichtung von Militärtribunalen eine rigorose Standgerichtsbarkeit ermöglicht und so Polizei und Militär die Oberhand gewinnen lässt.

22. Nov. STOLYPINS Agrarreform sieht die Umwandlung des Gemeinde- in Privateigentum vor (Auflösung der ineffizienten und entwicklungsunfähigen Dorfgemeinde, Schaffung einer soliden Schicht von Mittelbauern); sie erfasst bis 1914 etwa ein Fünftel des bäuerlichen Besitzes.

1906–1910 Der Außenminister ALEXANDER P. ISWOLSKIJ (*1856, †1919) versucht im Ausgleich mit Großbritannien Unterstützung für die russische Meerengen- und Balkanpolitik zu gewinnen.

1907 Die Zweite Duma »des Volkszorns« steht unter starkem sozialistischen Einfluss.

16. Juni Nach der Auflösung der Duma (15. Juni) sichert sich der Kaiser durch eine Wahlrechtsänderung eine konservative Mehrheit.

31. Aug. Britisch-russische Verständigung über die Gebietsabgrenzung in Persien, Afghanistan und Tibet.

14. Nov. In der Dritten Duma »der Herren« oder »Lakaien« hat der konservative bis reaktionäre Landadel die Mehrheit, während die liberale und sozialistische Opposition nur ein Viertel der Abgeordneten stellt. Zugleich reduziert das Wahlgesetz auch die Zahl der Nationalitätenvertreter. Dem Klub der polnischen Duma-Abgeordneten steht bis 1909 der Nationaldemokrat ROMAN DMOWSKI (*1864, †1939) vor.

1908, Okt. Die Duma unterstützt den massiven Nationalismus in der Außenpolitik ALEXANDER ISWOLSKIJS, der aber in der bosnischen Annexionskrise einen Misserfolg erleidet. Er nimmt seine Zustimmung zur österreichisch-ungarischen Annexion Bosniens zurück, nachdem er die mit dem österreichischen Außenminister ALOIS FREIHERR VON AEHRENTHAL (*1854, †1912) abgesprochene Öffnung der Dardanellen für russische Kriegsschiffe aufgrund englischen Einspruchs nicht durchsetzen kann.

1909 Restriktionen in der Nationalitätenpolitik, dabei auch eine schärfere Politik gegen die Autonomie Finnlands.

März In dem Aufsatzband »Wegzeichen« (*Vechi*) setzen sich Intellektuelle mit dem bisherigen Verhalten der *Intelligenzija* und der Revolution kritisch auseinander und regen eine geistige Erneuerung Russlands an.

1911, 24. März Ministerpräsident STOLYPIN zwingt den Kaiser durch Rücktrittsdrohung, ein von der Duma gebilligtes, vom Reichsrat aber abgelehntes tendenziell antipolnisches Semstwo-Gesetz in Kraft zu setzen.

14. Sept. STOLYPIN fällt einem Attentat zum Opfer, sein Nachfolger wird bis Jan. 1914 der Finanzminister WLADIMIR N. KOKOWZOW (*1853, †1943).

1912, Jan. In Prag erheben die Bolschewiki den Anspruch, die einzigen Vertreter der Sozialdemokratischen Arbeiterpartei zu sein, und spalten diese damit endgültig. Das Zentralkomitee kooptiert JOSEF WIS-

Zusammensetzung der 1.–4. Duma

	1. Duma 10. Mai 1906 bis 21. Juli 1906	2. Duma 20. Febr. 1907 bis 2. Juli 1907	3. Duma 1. Nov. 1907 bis 9. Juni 1912	4. Duma 15. Nov. 1912 bis 6. Okt. 1913
Sozialdemokraten	18	65	19	
– Bolschewiki				7
– Menschewiki				7
Sozialrevolutionäre		37		
Volkssozialisten		16		
Trudowiki	79	104	14	10
Kadetten	179	98	54	59
Progressioten			28	48
Oktobristen	16	32	154[2]	98
übrige Rechte		22		
gemäßigte Rechte und Nationalisten			97	120
radikale Rechte			50	65
nationale Gruppen[3]	63	76	26	21
parteilose	105	50		
Kosaken		17		
Partei der demokratischen Reformen		1		
Zahl der Abgeordneten	**524 (478)[1]**	**518**	**442**	**442**

[1] Zahl der maximal anwesenden Abgeordneten
[2] einschließlich Sympathisanten
[3] Polen, Ukrainer, Litauer, Letten, Esten, Muslime weitere

SARIONOWITSCH DSCHUGASCHWILI (STALIN; *1878, †1953).

Febr. Der russische Gesandte in Belgrad, Graf NIKOLAUS VON HARTWIG (*1855, †1914), bereitet ein Bündnis zwischen Serbien und Bulgarien zur Aufteilung des europäischen Teils des Osmanischen Reiches vor, aus dem nach dem Beitritt Montenegros und Griechenlands der Erste Balkankrieg (ab Okt.) entsteht.

Juli Französisch-russische Marinekonvention über die Zusammenarbeit der Seestreitkräfte.

8. Juli Interessenausgleich mit Japan in einem Geheimvertrag über die Mongolei und die Mandschurei.

28. Juli Die Vierte Duma tritt zusammen: Die oktobristische Mitte geht in die Opposition. Nach STOLYPINS Ermordung bleibt die Regierung ohne eigentliche Initiative; den sozialen und nationalen Auflösungserscheinungen weiß sie nur ihr Beharren auf die brüchig gewordene Autokratie entgegenzusetzen.

1914 Russische Rüstungsanleihe in Frankreich zwecks Vergrößerung des Heeres.

Juli Besuch der französischen Führung, die ihre Bündnistreue zusichert.

25. Juli Der russische Kronrat beschließt in Krasnoje Selo, »**Serbien zu unterstützen**, auch wenn man dazu die Mobilmachung erklären und Kriegshandlungen beginnen müsse.«

29./30. Juli NIKOLAUS II. zieht den Befehl zur Generalmobilmachung nach einem Telegramm WILHELMS II. zurück, lässt sich aber doch von Außenminister SERGEJ DIMITRIJEWITSCH SASÓNOW (*1860, †1927) umstimmen, da der Generalstab angeblich auf eine Teilmobilisierung nicht vorbereitet ist. Faktisch ist die **Mobilmachung** bereits im Gange.

1. Aug. Das **Deutsche Reich erklärt Russland den Krieg**.
Sankt Petersburg wird in Petrograd (1924–1991 Leningrad) umbenannt.

6. Aug. Österreich-Ungarn erklärt Russland den Krieg.

26. Aug.–15. Sept. Nach Anfangserfolgen müssen sich die russischen Truppen nach ihrer Niederlage in der **Schlacht bei Tannenberg** und an den Masurischen Seen aus Ostpreußen zurückziehen.

2. Nov. Russland erklärt dem Osmanischen Reich den Krieg.

1915, Mai–Okt. In der deutschen Gegenoffensive gehen Polen, Litauen, Kurland und westrussische Gebiete verloren. Die patriotische Einstimmigkeit des Kriegsbeginns verliert sich völlig in der **Verschärfung der sozialen und wirtschaftlichen Gegensätze**.

22. Aug. Die Duma-Parteien außer der radikalen Rechten und Linken bilden den oppositionellen »Progressiven Block«, dessen zentrale Forderung die Bildung einer »Regierung des gesellschaftlichen Vertrauens« ist.

5. Sept. Zar NIKOLAUS II. löst den Oberkommandierenden, Großfürst NIKOLAJ NIKOLAJEWITSCH (*1856, †1929), ab und übernimmt selbst den Oberbefehl.

1915/1916 Um den Jahreswechsel erzielen russische Truppen im Kaukasusgebiet bedeutende Erfolge.

1916, Juni–Aug. Trotz des zunehmenden Versagens der Administration und bei der militärischen Versorgung gelingen in der **ersten Brussilow-Offensive Geländegewinne** in Wolhynien und Galizien; die hohen Verluste demoralisieren die Truppen jedoch weiter.

27. Dez. Fürst NIKOLAJ GOLIZYN (*1850, †1925) wird der letzte vom Zaren ernannte Ministerpräsident.

30. Dez. Junge Adelige unter Führung von Fürst FELIX JUSSUPOW (*1887, †1967) **ermorden** den angeblichen »Wundermönch« und einflussreichen Günstling der Zarin, **GRIGORIJ RASPUTIN**, in der Hoffnung, die Monarchie dadurch retten zu können. Streiks und revolutionäre Unruhen wegen der Kriegsdauer und der Ernährungslage nehmen zu.

Russland/Sowjetunion (1917–1945)

Die militärischen Niederlagen im Ersten Weltkrieg zerrütten das autokratische Herrschaftssystem vollends, die diskreditierte und handlungsunfähige **Regierung des Zaren bricht zusammen**. In der **Februarrevolution** von 1917 übernimmt zwar die Provisorische Regierung die Macht, muss diese aber mit den Arbeiter- und Soldatenräten (Sowjets) in der eigentümlichen Form einer »Doppelherrschaft« (LENIN) teilen. Sie scheitert, weil sie den aussichtslosen Krieg gegen den Willen der Bevölkerung weiterführt, die Dynamik der agrarischen Revolution mit dem Landhunger der Bauern unterschätzt und die Lösung der Nationalitätenfrage vertagt. Die bolschewistische Revolutionspolitik, die mit ihren Parolen des Friedens um jeden Preis, der Landverteilung an die Bauern, die fast drei Viertel der Bevölkerung von 165 Mio. ausmachen, und der Selbstbestimmung der Nationalitäten die Forderungen der Mehrheit der Bevölkerung erfolgreich aufnimmt, erfüllt diese nach der Oktoberrevolution allerdings, längerfristig gesehen, nicht.

Der in der Phase des Kriegskommunismus unter Anwendung von Gewalt unternommene Versuch, Produktion und Verteilung von Industrie- und Agrarprodukten im sozialistischen Sinne zu verändern, scheitert, weil der Bürgerkrieg und der Zerfall des Staatsgebietes in eigenständige Teile die **Wirtschaft des Landes zerstören**. Die »proletarische Naturalwirtschaft« weitet sich mit dem Ausbau des Systems unentgeltlicher Versorgung aus. Verstaatlichung von Produktion und Distribution, Ablieferungspflicht, Inflation und Wirtschaftsblockade führen zu Versorgungskrise und Hungersnot. Massenunzufriedenheit gefährdet die Macht der Sowjets, die LENIN durch die Ausschaltung der Opposition zu erhalten sucht. Die **Neue Ökonomische Politik** (NEP) löst 1921–1927 durch die teilweise Wiederherstellung des Binnenmarktes und im Rückgriff auf privatwirtschaftliche Formen die akute Notlage, der ein wirtschaftlicher Wiederaufbau folgt, behält aber innerhalb einer gesamtwirtschaftlichen Steuerung die staatliche Kontrolle der Großindustrie, des Verkehrs-, Bank- und Kreditwesens sowie des Außenhandels bei. Sie kann jedoch Krisen nicht vermeiden. Die Durchsetzung der **forcierten Industrialisierung in der Planwirtschaft** 1928 ist unmittelbar mit der **Zwangskollektivierung der Landwirtschaft** verbunden. Zugleich weicht die vergleichsweise liberale Nationalitätenpolitik der 20er-Jahre, die Gleichheit der Nationalitäten an die Stelle der Selbstbestimmung gesetzt sowie deren sprachlich-kulturelle Entwicklung (»National in der Form, sozialistisch im Inhalt«) und nationale Kaderpolitik als Politik der »Einwurzelung« (*korenisazija*) gefördert hat, einer rigiden Zentralisierungs- und Russifizierungspolitik. Stalins »Revolution von oben« verändert die gesellschaftliche Struktur stärker als die Oktoberrevolution des Jahres 1917.

Die unter weltrevolutionären Vorzeichen begonnene Außenpolitik wird rasch ersetzt durch eine Zweigleisigkeit von Kommunistischer Internationale, die bald für die Ziele der Sowjetunion in Anspruch genommen wird, und konventioneller Außenpolitik, die allmählich die internationale Anerkennung erreicht. Die **Bildung der UdSSR** (Union der Sozialistischen Sowjetrepubliken) Ende 1922 zeigt die Tendenz zur territorialen Wiederherstellung des russischen Imperiums, die bis 1945 zu verfolgen ist. Stalins Ende 1924 formulierte Theorie des »Sozialismus in einem Lande« sichert diese Politik ideologisch ab. Das von Lenin 1921 proklamierte Prinzip der monolithischen **Partei ohne jede innerparteiliche Alternative** wird 1931/32 auf Philosophie, Literatur und Kunst übertragen, die in der »NEP-Periode« beschränkte Experimentierfreiheit besessen hatten. Die Beseitigung aller »Widersprüche« und der Austausch der Funktionärs- und Offizierselite in den **»Säuberungen« der 30er-Jahre** vervollkommnen in einer Verbindung von Terror und Persönlichkeitskult das stalinistische Instrumentarium totalitärer Machtausübung. Der Ausschaltung der bürgerlichen, der nicht bolschewistischen sozialistischen und der bolschewistischen innerparteilichen Opposition durch Schauprozesse und Massenrepression folgt in der »Stalin-Verfassung« 1936 die verfassungsmäßige Anerkennung der **staatsbestimmenden Funktion der Einheitspartei**. Der auf die Dominanz des Russischen gerichtete »Sowjetpatriotismus« mobilisiert insbesondere in den Kriegsjahren 1941–1945 alle nationalen Gefühle zugunsten des stalinistischen Regimes, das den revolutionären Schwung mehr und mehr durch bürokratische Monotonie ersetzt hat.

Revolution (1917–1918)

1917, 8. März Die Frauendemonstration zum sozialistischen Frauentag, der sich Arbeiter der Putilow-Werke in Petrograd anschließen, weitet sich zur Streikbewegung aus.

10. März Generalstreik: Nikolaus II. befiehlt, gegen die sich ausbreitenden Unruhen und die Fraternisierungen mit gegnerischen Truppen mit allen Mitteln vorzugehen. Die Truppe gehorcht zunächst dem Schießbefehl, sodass der Kaiser den Appell des Duma-Präsidenten Michail Wladimirowitsch Rodzjanko (*1859, †1924), ein der Duma verantwortliches Ministerium zu berufen, keiner Antwort würdigt.

12. März In der Nacht zum 27. Febr. (alter russischer Kalender) verbündet sich die Petrograder Garnison mit den Arbeitern: **Beginn der Februarrevolution**. Die Parteien des Progressiven Blocks mit je einem Vertreter der Menschewiki und Sozialrevolutionäre (Alexander Kerenskij; *1881, †1970) bilden ein Provisorisches Dumakomitee zur »Wiederherstellung der staatlichen und öffentlichen Ordnung«. Zugleich formiert sich das Provisorische Exekutivkomitee des Petrograder Sowjets der Arbeiter- und Soldatendeputierten.

14. März Das Provisorische Exekutivkomitee dekretiert die **Bildung von Soldatenkomitees** mit Verfügungsgewalt über die Waffen in allen Truppenteilen.

15. März Mit Ausnahme des stellvertretenden Vorsitzenden des Provisorischen Exekutivkomitees des Petrograder Sowjets Kerenskij, der Justizminister wird (Febr.–Mai 1917), beteiligen sich die im Sowjet vertretenen sozialistischen Parteien nicht an der **bürgerlichen Provisorischen Regierung** des Fürsten Georgij Jewgenjewitsch Lwow (*1861, †1925). Es besteht eine Doppelherrschaft von Sowjets und Provisorischer Regierung, die unverzüglich mit der Schaffung bürgerlicher Freiheiten beginnt.
Nikolaus II. tritt zugunsten seines Bruders Michail (*1878, †1918) **zurück**, der auf den Thron verzichtet (16. März); damit ist Russland faktisch eine Republik.

16. April **Lenin kehrt** auf deutsche Veranlassung aus seinem Schweizer Exil **nach Petrograd zurück**.

17. April In den Aprilthesen fordert Lenin die Bekämpfung der Provisorischen Regierung, die Machtübernahme durch die Sowjets, sofortigen Friedensschluss sowie Enteignung der Großgrundbesitzer und Verteilung des Bodens an die Bauern.
Der Provisorischen Regierung gelingt es trotz ihrer fortlaufenden Reformgesetzgebung nicht, eine funktionierende öffentliche Ordnung aufzubauen. Den *Semstwos* (ständische Selbstverwaltung) und den Stadtdumen treten allerorts Sowjets gegenüber.

1. Mai Die Zusicherung des Führers der »Kadetten« und Außenministers Pawel Nikolajewitsch Miljukow (*1859, †1943) an die Alliierten, den Krieg weiterzuführen, löst heftige Proteste aus (»Miljukow-Affäre«); der Sowjet erzwingt eine Korrektur (Verzicht auf territoriale Ansprüche) in einer weiteren Note (4. Mai).

18. Mai Sechs Vertreter der Menschewiki und Sozialrevolutionäre treten in die Provisorische Regierung ein.

16. Juni Die Politiker werden deshalb auf dem 1. Allrussischen Sowjetkongress (105 Bolschewiki, 285 gemäßigte Sozialrevolutionäre, 248 Menschewiki) von Lenin und den Bolschewiki kritisiert.

1. Juli Beginn einer von Kerenskij (seit Mai Kriegsminister) befohlenen erneuten Offensive (»Kerenskij-Offensive«); sie führt Mitte Juli zum **endgültigen militärischen Zusammenbruch**.

16. Juli Juliputsch: **Arbeiter- und Bauerndemonstrationen** in Petrograd fordern »Alle Macht den Sowjets«. Das bolschewistische Zentralkomitee übernimmt nur zögernd die Leitung der Unruhen, die andere Parteien nicht unterstützen und die das Militär niederschlägt. Lew Trotzkij und Lew Borisowitsch Kamenjew (Rosenfeld, *1883, †1936) werden verhaftet.

21. Juli Nach dem Rücktritt Lwows wird Kerenskij Ministerpräsident.

24. Juli Lenin flieht wegen drohender Verhaftung nach Finnland.

Aug. Bei den Wahlen zum Petrograder Sowjet verzeichnen die Bolschewiki Stimmengewinne (33% gegenüber 37% der Sozialrevolutionäre). Die allgemeine Desorganisation verschlechtert die Versorgungslage und steigert die Ungeduld der Bevölkerung: Befehlsverweigerungen der Soldaten, Bauern eignen sich Land an.
Kerenskij beruft die »Staatskonferenz« aus 2000 Vertretern aller Parteien, die Bolschewiki ausgenommen.

9. Sept. **Kornilow-Putsch**: Der Oberbefehlshaber der Armee Lawr Georgijewitsch Kornilow (*1870, †1918) putscht nach seiner Absetzung wegen des zunehmenden sozialistischen Einflusses gegen die Provisorische Regierung.

14. Sept. Kerenskij setzt sich durch und **erklärt Russland formell zur Republik**. Der folgende Linksruck bringt den Bolschewisten im Petrograder und im Moskauer Sowjet die Mehrheit.

23. Okt. Nach seiner Rückkehr setzt Lenin im Zentralkomitee der Bolschewiki gegen Grigorij Jewsejewitsch Sinowjew (Radomyselskij, *1883, †1936) und Lew B. Kamenjew den Beschluss zur Machtergreifung durch bewaffneten Aufstand durch.

25. Okt. Zentrale des Aufstands wird das auf Antrag der Menschewiki zur Abwehr der Gegenrevolution und eines deutschen Angriffs gebildete Militärrevolutionäre Komitee der Sowjets.

4. Nov. Das Komitee, von Trotzkij organisiert, übernimmt am 22. Okt. (alter russischer Kalender) die militärische Befehlsgewalt in Petrograd; die Provisorische Regierung wird als »Instrument der Gegenrevolution« bezeichnet.

6. Nov. Am Morgen des 24. Okt. lässt Kerenskij die Druckerei des »Arbeiterweg« und die Newa-Brücken besetzen, bolschewistische Truppen und Rote Garden (Arbeitermilizen) nehmen in der folgenden Nacht alle wichtigen Punkte der Stadt ein.

7. Nov. Am 25. Okt. beginnt die **Oktoberrevolution**: Nach dem Angriff auf das Winterpalais, bei dem die Angreifer die einzigen sechs Toten der Revolution verlieren, wird die Provisorische Regierung verhaftet. Das Militärrevolutionäre Komitee übernimmt in Petrograd die Staatsgewalt. Am Abend verlassen rechte Sozialrevolutionäre, Menschewiki und »Bundisten« (Allgemeiner Jüdischer Arbeiterbund in Litauen, Polen und Russland) den für diesen Tag einberufenen 2. Allrussischen Sowjetkongress.

8. Nov. Die zunächst nur in Petrograd übernommene Macht geht formal auf den Sowjetkongress über, der die Machtübernahme durch lokale Sowjets einleiten und sichern soll und sofort den ersten Beschlüssen der Revolutionsregierung zustimmt: **»Dekret über den Frieden«**, das »sofortigen Frieden ohne Annexionen und Kontributionen« anbietet, »Dekret über den Grund und Boden«, das die entschädigungslose Enteignung der Gutsbesitzer anordnet und die Verfügung über das Land den Kreis-Landkomitees und den Bezirkssowjets der Bauerndeputierten überträgt, sowie Bildung einer provisorischen Arbeiter- und Bauernregierung, des **»Rats der Volkskommissare«**. Dessen Vorsitz übernimmt Lenin, Trotzkij wird Volkskommissar für Äußeres, Stalin für Nationalitätenfragen. Nach dem Rücktritt der beteiligten Sozialrevolutionäre aus Protest gegen den Frieden von Brest-Litowsk sind im März 1918 nur noch Bolschewiki vertreten.

15. Nov. Die »Deklaration über die Rechte der Völker Russlands« proklamiert die nationale Selbstbestimmung einschließlich des Rechts auf selbstständige Staatsbildung. Gründung der Transkaukasischen Föderation. Zunächst erklären Georgien (22. Nov.) und der Estnische Volkstag (28. Nov.) die Unabhängigkeit; nach dem Waffenstillstand von Brest-Litowsk folgen Finnland (6. Dez.), die Ukraine (22. Jan. 1918), die (Deutsch-)Baltischen Ritterschaften (28. Jan.), Estland (24. Febr.), Weißrussland (25. März), Armenien (26. Mai) und Aserbaidschan (28. Mai), von denen aber nur Finnland und die baltischen Staaten ihre Selbstständigkeit bis 1939 bewahren können.

8. Dez. **Wahlen zur verfassunggebenden Versammlung**: Die Bolschewiki erhalten 23,5% der Stimmen, 62% die anderen sozialistischen, 13% die bürgerlichen Parteien.
Gründung der **Geheimpolizei Tscheka** unter Felix Edmundowitsch Dscherschinskij (*1877, †1926).

15. Dez. Waffenstillstand von Brest-Litowsk.

22. Dez. Beginn russisch-deutscher Friedensverhandlungen.

1918, 18. Jan. Die verfassunggebende Versammlung wird eröffnet; als sie sich weigert, die »Sowjetmacht« vorbehaltlos anzuerkennen, lässt Lenin sie gewaltsam auflösen.

22. Jan. Unabhängigkeitserklärung der Ukraine.

25. Jan. Der 3. Sowjetkongress gründet statt der verfassunggebenden Versammlung die **»russische Sowjetrepublik«** als »Föderation nationaler Sowjetrepubliken«.

9. Febr. Die Ukraine schließt einen Separatfrieden (»Brotfrieden«) mit den Mittelmächten. Nach der Besetzung begünstigen die deutschen Truppen die Regierung Pavel P. Skoropadskys (*1873, †1945), die im Nov. ein Direktorium unter dem Sozialisten Syimeon Petljura (*1879, †1926) ablöst. Nach der Besetzung Kiews proklamieren die Bolschewiki die **Ukraine zur Sowjetrepublik** (8. April 1919).

14. Febr. Einführung des **Gregorianischen Kalenders**.

3. März **Friede von Brest-Litowsk** mit den Mittelmächten: Sowjetrussland verzichtet auf Polen, Litauen und Kurland, durch einen Ergänzungsvertrag vom 27. Aug. auf Estland und Livland und erkennt die Selbstständigkeit Finnlands und der Ukraine an. Die Mittelmächte fordern keine Reparationen, aber die Demobilisierung Russlands, und sagen die Räumung der besetzten Gebiete zu (außer bis auf Weiteres Estland und Livland). Russland verliert ein Viertel seiner Bevölkerung, des bebaubaren Landes und des Eisenbahnnetzes, ein Drittel seiner Textilindustrie sowie drei Viertel seiner Kohlebergwerke und Eisenproduktion. LENIN, der zunächst die Verhandlungstaktik von TROTZKIJ ablehnt (Erklärung TROTZKIJS vom 10. Febr., Russland sehe den Krieg als beendet an und werde demobilisieren, ohne die deutschen Friedensbedingungen anzunehmen), setzt die Ratifizierung des Friedensvertrags durch den 4. Sowjetkongress durch (Nichtigkeitserklärung am 13. Nov. 1918 nach dem deutschen Zusammenbruch). Der **Regierungssitz** wird in das weniger gefährdete **Moskau** verlegt (10./11. März).

6.–8. März Der 7. außerordentliche Parteitag beschließt die Umbenennung der Sozialdemokratischen Arbeiterpartei Russlands (Bolschewiki) in **Kommunistische Partei Russlands** (Bolschewiki), abgekürzt KPR (B).

Bürgerkrieg und Beginn der Neuen Ökonomischen Politik (1918–1924)

Obwohl die Bolschewiki noch Ende 1917 eine Minderheit sind, stößt ihre Machtergreifung zunächst auf keinen politisch motivierten Widerstand. Unverzüglich beginnen sie mit massiver Anwendung von **Gewalt und Terror gegen** sämtliche **nicht bolschewistischen Kräfte**. Im Frühjahr 1918 entwickeln sich bewaffnete Konflikte: Die Kosaken gehen zum Widerstand über, als bolschewistische Einheiten Ende Febr. 1918 die im Jan. gebildete Don-Republik auflösen, zugleich entzieht der deutsche Vormarsch den Süden der Kontrolle des Rats der Volkskommissare; Entwaffnungsversuche und Verzögerungen des Rücktransports erbittern die 40 000 Mann zählende Tschechische Legion; die Nichtanerkennung der russischen Auslandsschulden und die Enteignung von Industriebetrieben veranlassen britische und französische Truppen zur Landung in Murmansk und Archangelsk (**alliierte Intervention**, Juni 1918–Okt. 1919). Die **gegenrevolutionären Kräfte** vereinigen sich in den **»weißen« Armeen**, deren Konkurrenz oder zumindest fehlende Koordination und politisches Versagen zur militärischen Katastrophe führen.

Im **Bürgerkrieg** sind folgende Orte Kriegsschauplätze. Sibirien und das Ural-Wolga-Gebiet: japanische Landung in Wladiwostok, Admiral ALEXANDER WASSILJEWITSCH KOLTSCHAK (*1873, †1920) sammelt Truppen in Sibirien, Zusammenschluss mit der Tschechischen Legion, Einnahme Kasans (8. Aug.), KOLTSCHAK erklärt sich zum »Reichsverweser von ganz Russland« (Nov.), seit Jan. 1919 Gegenoffensive der Roten Armee, die Fernost-Republik fällt nach Abzug der Japaner (Okt. 1922) an die Sowjetmacht. Südrussland und untere Wolga: Freiwilligenarmee unter General KORNILOW, unter ANTON IWANOWITSCH DENIKIN (*1872, †1947) 1919 Erfolge im Kaukasus und in der Ukraine, unter PETER NIKOLAJEWITSCH VON WRANGEL (*1878, †1928) im Nov. 1920 Rückzug über die Krim in die Emigration. Weißrussland und Baltikum: Unabhängigkeitsbewegungen im Herbst 1919, Vormarsch von General NIKOLAJ NIKOLAJEWITSCH JUDENITSCH (*1862, †1933) auf Petrograd.

Herrscht in Moskau die entschlossene radikale Linke, so repräsentieren die »Weißen« die uneinige extreme Rechte, während die schmale und diffuse demokratische Mitte zwischen diesen Extremen steht.

Während des bis 1921 dauernden Kriegskommunismus sinkt die Industrieproduktion auf ein Siebtel des Vorkriegsstandes, die Bauern reagieren auf die im April 1918 verordnete Ablieferungspflicht mit der Drosselung der Produktion. Der Oberste Volkswirtschaftsrat und das Volkskommissariat für Versorgung können die Ernährungskrise des Winters 1921/22 nicht verhindern. Nach drei Jahren bolschewistischer Herrschaft, die ca. zehn Mio. Menschenleben, davon etwa 90 % Zivilbevölkerung, gefordert hat (zusätzlich über fünf Mio. Hungertote), zwei Mio. Menschen in die Emigration getrieben und dem Land schwerste Verwüstungen zugefügt hat, sieht sich LENIN angesichts der ökonomischen Katastrophe und des steigenden Widerstandes auch unter den eigenen Parteigängern zu einer Kurskorrektur gezwungen: Er verordnet eine begrenzte wirtschaftliche Liberalisierung durch die Neue Ökonomische Politik in Verbindung mit scharfer innerparteilicher Disziplinierung (Fraktionsverbot).

1918, 9. März Beginn der alliierten Intervention (Landung in Murmansk).
TROTZKIJ gibt das Volkskommissariat für Auswärtiges auf und übernimmt (8. April) das für Militärwesen. Mit der **Roten Armee** schafft er die Voraussetzung für den Sieg im Bürgerkrieg.

25. März Eine Weißrussische Volksrepublik wird in Minsk proklamiert, von der deutschen Besatzungsmacht aber nicht anerkannt. Die am 1. Jan. 1919 gegründete Weißrussische Sowjetrepublik, im Febr. 1920 mit Litauen vereinigt (»LitBel«), schließt am 16. Jan. 1921 ein Bündnis mit der Sowjetrepublik.

5. April Landung japanischer Interventionstruppen in Wladiwostok.

22. April Nationalisierung des Außenhandels.

Mai Deutsche Truppen in Georgien und die Tschechische Legion unterstützen antibolschewistische Kräfte.

3. Mai Neuer Volkskommissar für Auswärtiges wird bis 1930 GEORGIJ WASSILJEWITSCH TSCHITSCHERIN (*1872, †1936).

13. Mai Errichtung der Ernährungsdiktatur mit Sondervollmachten zur Requirierung von Getreide.

14. Juni Ausschluss der gemäßigten Sozialrevolutionäre und der Menschewiki aus den Sowjets.

6. Juli Politischer Selbstmord der linken Sozialrevolutionäre durch einen Putschversuch, bei dem der deutsche Botschafter, WILHELM GRAF VON MIRBACH-HARFF (*1871), ermordet wird.

10. Juli Der 5. Allrussische Sowjetkongress nimmt die Verfassung der Russischen Sozialistischen Föderativen Sowjetrepublik (RSFSR) an, die das Rätesystem festschreibt.

Russische Revolution 1917–1922

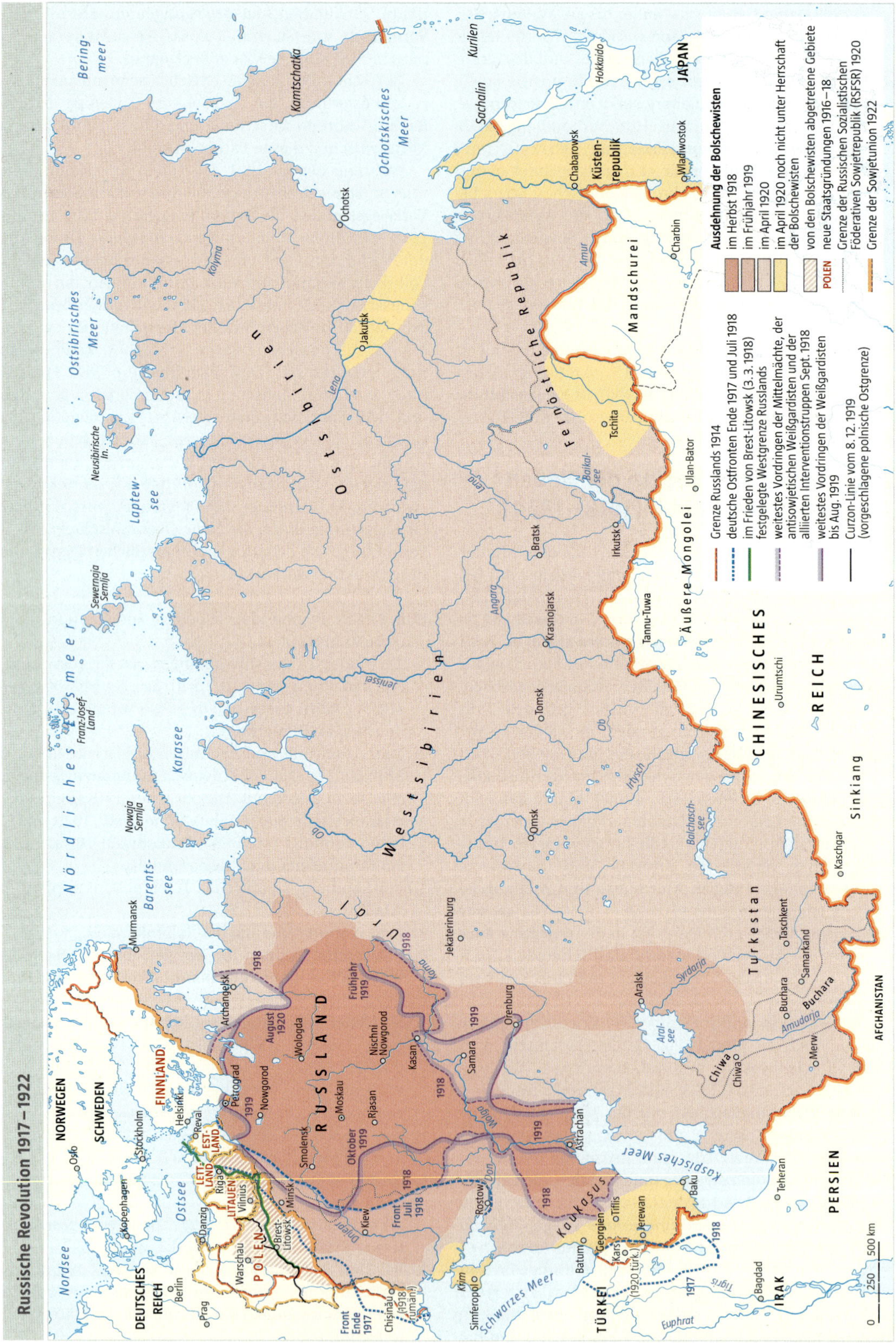

16. Juli **NIKOLAUS II.** und die **Zarenfamilie** werden in Jekaterinburg (Swerdlowsk) **ermordet.**

15.–16. Aug. Landung amerikanischer Interventionstruppen in Wladiwostok.

30. Aug. Durch ein Attentat der Sozialrevolutionärin FANNY KAPLAN (*1890, †1918) wird LENIN schwer verletzt; es folgt eine Welle bolschewistischen Terrors.

13. Nov. Die Sowjetregierung **annulliert den Vertrag von Brest-Litowsk**, ihre Truppen folgen den abziehenden deutschen Verbänden.

1919, 2.–6. März Gründungskongress der **Kommunistischen Internationale (Komintern)** in Moskau; Präsident wird SINOWJEW.

18.–23. März 8. Parteitag der KPR (B): Ein Politisches Büro (Politbüro) als zentrale politische Führungsinstanz (mit wachsendem Einfluss LENINS), ein Organisationsbüro und ein Sekretariat werden eingerichtet.

Juni–Juli Während die Rote Armee an der Ostfront die Koltschak-Armee zerschlägt und zurückdrängt (bis Anfang 1920), erzielt DENIKIN im Süden erhebliche Erfolge.

Okt. »Weiße« Verbände unter JUDENITSCH dringen vorübergehend bis unmittelbar vor Petrograd vor. Die **Rote Armee setzt sich** in den folgenden Monaten an allen Fronten **durch**.

26. Dez. Dekret über die Beseitigung des Analphabetentums.

1920, 2. Febr. Im Vertrag von Dorpat erkennt die Sowjetregierung die Selbstständigkeit Estlands an.

April–Okt. Polnisch-Russischer Krieg: Der mit der unabhängigen Ukraine verbündete polnische Staats- und Heerführer JÓZEF PIŁSUDSKI (*1867, †1935) stößt mit seinen Truppen bis Kiew vor.

7. Mai/14. Aug. Der Gegenstoß der Roten Armee unter MICHAIL NIKOLAJEWITSCH TUCHATSCHEWSKIJ (*1893, †1937) und SEMJON MICHAJLOWITSCH BUDJONNYJ (*1883, †1973) wird mithilfe des französischen Generals MAXIME WEYGAND (*1867, †1965) vor Warschau aufgehalten (**»Wunder an der Weichsel«**).

12. Juli/11. Aug. Anerkennung der Selbstständigkeit Litauens und Lettlands.

Juli/Aug. 2. Kominternkongress: LENINS »21 Punkte« verpflichten die kommunistischen Parteien auf das sowjetrussische Vorbild.
Die erste internationale Konferenz kommunistischer Frauen beschließt die Errichtung eines Internationalen Frauensekretariates.

12. Okt. Polnisch-Russischer Waffenstillstand.

14. Okt. Friede von Dorpat mit Finnland: Ostkarelien bleibt russisch, Finnland bekommt den Hafen Petsamo (Petschenga).

22.–29. Dez. Am 8. Sowjetkongress nehmen letztmalig Vertreter der Menschewiki und Sozialrevolutionäre teil; danach gehen viele von ihnen ins Exil.

1920/1921, Winter Heftige Debatte innerhalb der KPR (B) über innerparteiliche Demokratie und die Rolle der Gewerkschaften. Die »Arbeiteropposition« (Gewerkschaftsvertreter) wendet sich gegen die von TROTZKIJ und NIKOLAJ IWANOWITSCH BUCHARIN (*1888, †1938) vertretene Militarisierung der Arbeit.

1921, 22. Jan. Kürzung der Brotzuteilung in den Städten um ein Drittel, Schließung der 64 größten Petrograder Industriewerke wegen Brennstoffmangels.

22. Febr. Einrichtung der Staatlichen Plankommission (*Gosplan*).

24. Febr. Verhängung des Standrechts gegen die Streikwelle in Petrograd; Zunahme des »Grünen Anarchismus« bei den Bauern.

25. Febr. **Georgien wird** nach Intervention der Roten Armee und Sturz der menschewikischen Regierung **Sowjetrepublik.**

28. Febr. **Aufstand von Kronstadt**: Aus Unwillen über die Herrschaftsmethoden der Bolschewiki und aus Sympathie mit streikenden Arbeitern fordern 16 000 Matrosen der Kriegsmarine die geheime Neuwahl der Sowjets, freie Agitation, Wiederherstellung der Grundfreiheiten für »Arbeiter, Bauern, Anarchisten und linkssozialistische Parteien« und die Reinstallierung der in der Revolution errungenen Freiheiten.

7. März LENIN ordnet den Angriff auf Kronstadt an, das nach hartem Kampf erobert wird (18. März).

8.–16. März Als Konsequenz setzt LENIN auf dem 10. Parteitag der KPR (B) in der Resolution über »die Einheit der Partei« das Verbot der Fraktionsbildung durch. Die beschlossene **Neue Ökonomische Politik (NEP)** behebt mittelfristig mit ihrer begrenzten marktwirtschaftlichen Liberalisierung und der Ersetzung der Requirierung von Getreide durch die Naturalsteuer (landwirtschaftliche Produktion über eine festgelegte Quote hinaus darf frei verkauft werden) die Versorgungskrise, die in der **Hungersnot 1921–1922** ihren Höhepunkt erreicht. Einen wesentlichen Beitrag leistet bis 1923 die Hilfsaktion des Völkerbundkommissars FRIDTJOF NANSEN (*1861, †1930).

16. März Nach Verträgen mit Iran und Afghanistan folgen ein Friedensvertrag mit der Türkei und ein Handelsvertrag mit Großbritannien.

18. März Der Friede von Riga mit Polen legt die Westgrenze ca. 250 km östlich der Curzon-Linie fest.

6. Mai Deutsch-Sowjetischer Handelsvertrag; weitere Handelsverträge mit Norwegen (2. Sept.), Österreich (7. Dez.) und Italien (26. Dez.) folgen.

16. Sept. Wiedereinführung des Stücklohns in der Industrie. Die Gewerkschaften sind der Partei untergeordnet und haben ihre Kontrollfunktion verloren.

21. Dez. Die Regierung beschließt ein Investitionsprogramm (GOELRO-Plan) zur Elektrifizierung des Landes innerhalb von 10 bis 15 Jahren.

1922, Febr. Umbenennung der Geheimpolizei Tscheka in GPU (Staatliche Politische Verwaltung), seit 1934 NKWD, 1944 MWD und 1953 KGB.

3. April **STALIN wird Generalsekretär** der Partei. Bis Mai 1924 lässt er 16 000 Funktionärsposten neu besetzen, nach »Säuberungen« in der Partei (kontrollierter Umtausch der Mitgliedsbücher) werden zu den verbliebenen 472 000 Mitgliedern 316 000 Kandidaten als »Leninaufgebot« aufgenommen.

16. April Im Rahmen der Konferenz von Genua, der ersten internationalen Konferenz mit sowjetischer Beteiligung, schließt TSCHITSCHERIN den **Vertrag von Ra-**

pallo mit dem Deutschen Reich; beide Seiten verzichten auf gegenseitige Forderungen und vereinbaren v. a. wirtschaftliche Zusammenarbeit.

26. Mai Erster von mehreren Schlaganfällen LENINS (weitere Dez. 1922, März 1923), die ihn zunehmend handlungsunfähig machen.

5. Juni Handelsvertrag mit der Tschechoslowakei.

Sommer Verschärfung der Kirchenverfolgung.

9. Juni–9. Aug. Schauprozess gegen die 1921 verbotenen Menschewiki und die Sozialrevolutionäre.

10. Nov. Angliederung der Fernöstlichen Republik.

30. Dez. Der 1. Allunions-Sowjetkongress billigt den Staatsvertrag der Ukrainischen, Weißrussischen und der Transkaukasischen Sowjetrepublik mit der Russischen Sozialistischen Föderativen Sowjetrepublik (RSFSR) zur **Bildung der Union der Sozialistischen Sowjet-Republiken** (**UdSSR**).

1923, 4. Jan. LENIN empfiehlt in seinem »Testament« die Entfernung STALINS wegen charakterlicher Schwächen von leitenden Positionen, der Schwerkranke kann sich aber nicht durchsetzen. Außerdem kritisiert er die zunehmende Bürokratisierung von Partei und Staat.

20. April TROTZKIJ nimmt auf dem 13. Parteitag der KPR (B) Stellung zu der »Scherenkrise« in der Wirtschaft (wachsender Abstand zwischen Preisen für agrarische und industrielle Produkte); er fordert mehr planwirtschaftliche Lenkung zugunsten der Industrie.

6. Juli Die **Verfassung der UdSSR** tritt in Kraft und die erste Unionsregierung unter LENIN wird gebildet.

15. Okt. Linke innerparteiliche Gegner STALINS legen dem Politbüro eine »Erklärung der Sechsundvierzig« vor, worin die Lösung der aktuellen Wirtschafts- und Finanzkrise durch größere Meinungsfreiheit innerhalb der Partei gefordert wird.

Dez. Mit einer Artikelserie in der »Prawda« antwortet STALIN auf TROTZKIJS Kritik, der Machtkampf zwischen beiden nimmt an Schärfe weiter zu.

1924, 21. Jan. Tod LENINS. Ein Triumvirat aus STALIN, SINOWJEW und KAMENJEW tritt seine Nachfolge an.

26. Jan. Petrograd wird in Leningrad umbenannt.

31. Jan. Der 2. Allunions-Sowjetkongress ratifiziert die Verfassung. Formal ist das föderative Prinzip bestimmend, inhaltlich das zentralistische.
STALIN schwört dem toten LENIN feierlich seine Treue (Leninkult) und empfiehlt sich als dessen Sachwalter und Erbe.

Aufstieg Stalins zur Alleinherrschaft (1924–1929)

Bereits seitdem 1922 die Krankheit LENINS offensichtlich wird, finden **Machtkämpfe in der Partei** statt. In dem im Juni 1924 nach dem 13. Parteitag gewählten Politbüro, der wichtigsten politischen Machtinstanz, wird LEW KAMENJEW, Parteisekretär von Moskau, Nachfolger LENINS im Vorsitz, GRIGORIJ J. SINOWJEW, Parteisekretär von Leningrad und Vorsitzender der Komintern, sein Vertreter. Dem Politbüro gehören u. a. der Nachfolger LENINS als Vorsitzender des Rates der Volkskommissare, ALEXEIJ IWANOWITSCH RYKOW (*1881, †1938), LEW TROTZKIJ als Verteidigungskommissar, NIKOLAJ BUCHARIN und der Führer der Gewerkschaften, MICHAIL PAWLOWITSCH TOMSKIJ (*1880, †1936), an, sowie JOSEF STALIN, noch nicht in führender Position. Unter Berufung auf »leninistische« Prinzipien gelingt es STALIN, zunächst TROTZKIJ und die Anhänger der »permanenten Revolution« sowie die Gegner der Neuen Ökonomischen Politik (SINOWJEW, KAMENJEW) auszuschalten. Nach dieser »linken« Opposition geht er mit deren Argumenten gegen die »rechten« Befürworter einer Fortführung der Neuen Ökonomischen Politik (BUCHARIN, RYKOW, TOMSKIJ) vor. In den **blutigen »Säuberungen« der Jahre 1936–1938**, die STALIN und seine engsten Mitarbeiter veranlassen und zu verantworten haben, werden die Revolutionäre und Funktionäre der ersten nachrevolutionären Jahre hingerichtet; zudem wird die Rote Armee, v. a. ihr Offizierskorps, »gesäubert«. STALIN führt die unter LENIN begonnene Politik der Ausschaltung jeglicher Opposition weiter; indem er die Führungselite durch ihm ergebene »Apparatschiks« ersetzt, schafft er einen Machtapparat, der die Basis seiner Alleinherrschaft bildet; sie tritt an die Stelle des Prinzips der kollektiven Führung.

Seine Theorie, dass es möglich sei, den **Sozialismus in einem Lande**, d. h. nur in der Sowjetunion, aufzubauen, verändert die Zielrichtung der sowjetischen Außenpolitik, die die Komintern weniger als Organisation zur Vorbereitung der Weltrevolution begreift, sondern für die Durchsetzung politischer Ziele der UdSSR instrumentalisiert. TROTZKIJ vertritt dagegen die Theorie, dass die Revolution in Russland nur dann gesichert sei, wenn sie sich v. a. in den europäischen Industriestaaten durchsetzen könne. Die **Politik der kollektiven Sicherheit** führt zur internationalen Anerkennung. Die Anpassung der Ideologie an die politischen Notwendigkeiten setzt STALIN, der das Führungskollektiv bis 1929 ausgeschaltet hat, durch eine rigorose Kontrolle der innerparteilichen Ideologiediskussion durch. Zugleich wird der noch relativ pluralistische Charakter von Kultur und Gesellschaft in der Periode der Neuen Ökonomischen Politik seit 1929 unterdrückt zugunsten der (letztlich von STALIN definierten) »Parteilichkeit«.

1924 **Völkerrechtliche Anerkennung** durch Großbritannien und Italien (7. Febr.), Österreich (25. Febr.), Griechenland (8. März), Norwegen (10. März), Schweden (18. März), China (31. Mai), Dänemark (18. Juni), Mexiko (4. Aug.) und Frankreich (28. Okt.).

5. Febr. Das Dekret über die Währungsstabilisierung hält die Inflation auf.

1925 Abschaffung der Politischen Kommissare in der Roten Armee.

20. Jan. Diplomatische Anerkennung und Rückgabe der Insel Sachalin durch Japan.

26. Jan. Auf Veranlassung STALINS, KAMENJEWS und SINOWJEWS (»Troika«), die zu dieser Zeit mit STALIN verbündet sind, **enthebt das Zentralkomitee TROTZKIJ seiner Posten** als Vorsitzender des Revolutionären Militärrates und Volkskommissar für Kriegswesen.

März Gründung des Gottlosenverbandes (Selbstbezeichnung der kommunistischen Freidenkerbewegung mit atheistischer Zielrichtung, seit 1929 Verband der kämpferischen Gottlosen).

März–April 14. Parteikonferenz der KPR (B): STALIN vertritt die These vom Sozialismus in *einem* Land.

14. April BUCHARIN fordert in einem »Prawda«-Artikel die Bauern auf, die Landwirtschaft durch gewinnorientiertes Wirtschaften zu entwickeln (»Bereichert euch, entwickelt eure Bauernhöfe …«).

18. Juni Das Zentralkomitee betont das Recht der Partei auf Kulturüberwachung.

23. Sept. Einführung der allgemeinen Wehrpflicht vom 19. bis zum 40. Lebensjahr.

12. Okt. Handelsabkommen mit dem Deutschen Reich.

17.–31. Dez. Der 14. Parteitag bestätigt die Umbenennung der KPR (B) in KPdSU (B). Die hier geführte große Industrialisierungsdebatte gipfelt in der entscheidenden Auseinandersetzung mit der Gruppe um SINOWJEW (sog. »linke Opposition«), der von SERGEJ MIRONOWITSCH KIROW (*1886, †1934) als Parteisekretär von Leningrad abgelöst wird. STALIN setzt den Ausbau der Staatsindustrie mit Sozialisierung gleich, der Parteitag legt erstmals Kontrollziffern für die Wirtschaftsentwicklung fest. SINOWJEW und KAMENJEW verbünden sich mit TROTZKIJ gegen STALIN.

1926, 24. April Unterzeichnung eines Freundschafts- und Neutralitätsabkommens mit dem Deutschen Reich (Berliner Vertrag), mit Afghanistan (31. Aug.) und Litauen (28. Sept.).

12. Juni Die britische Regierung protestiert gegen finanzielle Unterstützung des englischen Bergarbeiterstreiks durch sowjetische Gewerkschaften.

Juli SINOWJEW wird aus dem Politbüro ausgeschlossen.

Okt. **TROTZKIJ wird** nach seiner Selbstkritik **aus dem Politbüro ausgeschlossen**, SINOWJEW als Vorsitzender der Komintern abgesetzt (Nachfolger BUCHARIN).

1927 Die industrielle Bruttoproduktion überschreitet den Vorkriegsstand.

27. März Wegen kommunistischer Agitation bricht Großbritannien die diplomatischen Beziehungen ab (Wiederaufnahme am 3. Okt. 1929). STALIN spricht in einem Artikel von der Unausweichlichkeit kapitalistischer Kriege.

18.–26. April Der 4. Sowjetkongress der UdSSR beschließt die Ausarbeitung des 1. Fünfjahrplans.

21.–23. Okt. Nach erneuter Kritik an der Parteiführung werden TROTZKIJ und SINOWJEW aus dem Zentralkomitee ausgeschlossen.

30. Nov. Die Sowjetregierung legt dem Völkerbund einen Vorschlag zur völligen allgemeinen Abrüstung vor.

2.–19. Dez. Der 15. Parteitag der KPdSU (B) schließt TROTZKIJ und SINOWJEW sowie ihre Anhänger aus der Partei aus. TROTZKIJ wird nach Alma-Ata verbannt, SINOWJEW, KAMENJEW u. a. unterwerfen sich den zur Wiederaufnahme gestellten Bedingungen. Der Parteitag beschließt Maßnahmen zum »sozialistischen Aufbau«: Zusammenfassung der selbstständigen Bauernwirtschaften in Kollektivwirtschaften und forcierte Industrialisierung.

1928 Beginn der **Zwangskollektivierung der Landwirtschaft.** Einführung von Lebensmittelkarten in einigen ukrainischen Städten, Anfang 1929 in Moskau und Leningrad.

18. Mai–26. Juli Der **erste große Schauprozess** gegen 53 Ingenieure und Techniker aus dem Donbass-Revier wegen angeblicher Sabotage und »konterrevolutionärer Schädlingsarbeit« endet mit Todes- und hohen Freiheitsstrafen (Schachty-Prozess).

29. Aug. Beitritt zum Briand-Kellogg-Pakt über die Ächtung des Krieges.

1929, 18. Jan. TROTZKIJ wird aus der Sowjetunion ausgewiesen.

9. Febr. Unter Führung von MAXIM MAXIMOWITSCH LITWINOW (*1876, †1951) wird das »Moskauer (Litwinow-)Protokoll« zum Briand-Kellogg-Pakt, das den Verzicht auf Krieg als Mittel der Politik erklärt, von der UdSSR, Polen, Rumänien, Lettland und Estland unterzeichnet. Diese Sicherheitspolitik findet 1932 ihre Fortsetzung mit dem Abschluss bilateraler Nichtangriffsverträge der UdSSR mit Finnland (21. Jan.), Lettland (5. Febr.), Estland (4. Mai), Polen (25. Juli) und Frankreich (29. Nov.).

23.–29. April Die 16. Parteikonferenz der KPdSU (B) verurteilt die »rechte Abweichung« RYKOWS und BUCHARINS. Aufruf zum »Sozialistischen Wettbewerb« durch Steigerung der individuellen Arbeitsleistung; Annahme des 1. Fünfjahrplans.

Mai Der 5. Sowjetkongress bestätigt den **1. Fünfjahrplan.**

Erster Fünfjahrplan (1929–1932)

Die zentralistische Planwirtschaft, bereits im Kriegskommunismus versucht, wird nun erneut durchgesetzt, die 1921 gebildete Staatliche Planungskommission mit der Vorbereitung beauftragt. Hauptziel ist der Ausbau der Schwerindustrie, danach die Technisierung der Landwirtschaft in zwangsweise gebildeten Kolchosen (Kollektivwirtschaften). Im April 1929 übernimmt das Zentralkomitee die optimistischste Planvariante und datiert den Beginn des Plans auf Okt. 1928 zurück (Erfüllung des Fünfjahrplans in vier Jahren). Der Ausbau des Verkehrswesens, die Erschließung von Bodenschätzen und Energiequellen und die Gründung neuer Industriewerke werden durch die »Stoßarbeiterbrigaden«, Druck und Propaganda forciert. Die brutal durchgeführte Kollektivierung stößt auf verzweifelten Widerstand, sodass STALIN Anfang 1930 die »Exzesse« kritisieren muss, doch

Kollektivierung der Landwirtschaft

	1929	1930	1931	1932	1933
Zahl der Kolchosen (in Tausend)	57,0	85,9	211,1	211,1	224,5
Zahl der den Kolchosen angeschlossenen Bauernhöfe (in Mio.)	1,0	6,0	13,0	14,9	15,2
Kollektivierung der Bauernhöfe (in %)	3,9	23,6	52,7	61,5	65,0

die Hungersnot 1932–1933 nicht vermeiden kann. Die Planzahlen werden in der Schwer- und Grundstoffindustrie erheblich übererfüllt, bleiben aber in der Konsumgüterproduktion und v.a. im Agrarbereich hinter dem Planansatz zurück. Im Dez. 1932 erklärt STALIN den Fünfjahrplan für abgeschlossen. Die Industrialisierung führt durch die neue, »dritte« Klasse der technischen Intelligenz zu einer veränderten Sozialstruktur.

13. Sept. Der weltoffene und Experimenten aufgeschlossene Kulturpolitiker ANATOLIJ WASSILJEWITSCH LUNATSCHARSKIJ (*1875, †1933) tritt von seinem Posten als Volkskommissar für Volksbildung zurück.

5.–10. Dez. Der 1. Unionskongress der Stoßarbeiterbrigaden ruft zur Erfüllung des Fünfjahrplans in vier Jahren auf.

21. Dez. An seinem 50. Geburtstag lässt STALIN sich als Alleinherrscher feiern; Beginn des Personenkults um den Führer (*woschd*) STALIN.

22. Dez. Das Protokoll von Chabarowsk stellt nach dem chinesischen Überfall auf die Mandschurei-Eisenbahn (10.–11. Juli) den Status quo wieder her. Verschärfte Kollektivierung, Enteignung und Massendeportation der Kulaken.

Die Ära Stalin bis zum Ende des Zweiten Weltkriegs (1929–1945)

1929–1930 **Produktions- und Ablieferungskrise**. Die ukrainische und weißrussische Intelligenz »nationaler Abweichung« wird liquidiert.

1930, 30. Jan. Das Zentralkomitee der KPdSU (B) beschließt die **Liquidierung der Kulaken** (Bauern mit ertragreichen privaten Höfen); innerhalb eines halben Jahres werden 320 000 Höfe »entkulakisiert« und in Kollektivwirtschaften umgewandelt.

2. März STALIN warnt vor Übertreibungen bei der Durchsetzung der Kollektivierung der Landwirtschaft (»Prawda«-Artikel »Vor Erfolgen von Schwindel befallen«).

11. März Beschluss des Zentralkomitees, die »Verzerrungen der Parteilinie in der Kollektivwirtschaftsbewegung« zu bekämpfen, dem die Verlangsamung und Rücknahme von Maßnahmen folgen.

1. Mai Eröffnung der Turkestan-Sibirischen Eisenbahn (Turksib).

26. Juni–16. Juli Der 16. Parteitag der KPdSU (B) bestätigt die Kollektivierungspolitik und die Beschlüsse gegen die »Rechtsabweichler«.

22. Juli RYKOW wird Vorsitzender des Rates der Volkskommissare.

14. Aug. Die allgemeine Grundschulpflicht wird eingeführt.

19. Dez. WJATSCHESLAW MICHAJLOWITSCH MOLOTOW (*1890, †1986) wird Vorsitzender des Rates der Volkskommissare.

1931, Jan./Febr. STALIN tritt für eine soziale Differenzierung ein (»gegen die Gleichmacherei«).

4. Febr. STALIN fordert die Steigerung des Industrialisierungstempos durch Einsatz von Technik und Ausbildung technischer Spezialisten.

24. Juni Verlängerung des Berliner Vertrages von 1926 mit dem Deutschen Reich um drei Jahre.

2. Aug. Das Zentralkomitee beschließt erneut eine Verlangsamung der Kollektivierung.

31. Okt. STALIN gibt Richtlinien für die künftige Parteigeschichtsschreibung vor.

1932, 20. Febr. TROTZKIJ und seiner Familie wird die sowjetische Staatsbürgerschaft aberkannt.

23. April Bildung von Zwangsverbänden für Schriftsteller und Künstler.

2. Sept./29. Nov. Nichtangriffs- und Freundschaftspakt mit Italien und Frankreich.

10. Okt. Eröffnung des Dnjeprostroj, des größten Wasserkraftwerks Europas.

10. Dez. Aufnahmesperre und **Beginn einer umfassenden »Säuberung« der KPdSU (B).**

12. Dez. Nach dem japanischen Einfall in die Mandschurei im Febr. Abkommen mit China über die Wiederaufnahme diplomatischer Beziehungen.

1933, 19. April Nach Handelskrieg und politischen Auseinandersetzungen Wiederaufnahme und Normalisierung der Beziehungen zu Großbritannien.

Verteilung der Berufstätigen auf die Wirtschaftsbereiche (in % zur Gesamtzahl der Berufstätigen)

	1913	1928	1940	1950	1960	1968
Industrie und Bauwirtschaft	9	8	23	27	32	36
Land- und Forstwirtschaft	75	80	54	48	39	29
Verkehr, Post- und Fernmeldewesen	2	2	5	5	7	8
Handel, Gaststätten, Erfassung und materiell-technische Versorgung	9	3	5	5	6	7
Gesundheitswesen, Bildung, Wissenschaft und Kunst	1	2	6	8	11	15
Staatsverwaltung, Verwaltung der genossenschaftlichen und gesellschaftlichen Organisationen, Kredit- und Versicherungseinrichtungen	4	5	3	3	2	2
sonstige Zweige der Volkswirtschaft (Wohnungs- und Kommunalwirtschaft)	0	0	4	4	3	3

29. Mai Verlängerung des deutsch-sowjetischen Handelsvertrages von 1926.

15. Juni Wachsende Versorgungsprobleme führen zur Erhöhung der Normen für die Getreideablieferung.

15. Juli Eröffnung des Weißmeer-Ostsee-Kanals.

28. Juli/16. Nov. Aufnahme diplomatischer Beziehungen mit Spanien und den USA.

2. Sept. Nichtangriffsvertrag mit Italien.

9. Okt. Beginn neuer Konflikte mit Japan wegen Interessen in China (beigelegt im Sept. 1934).

1934 Außenpolitisch verstärkt die Sowjetunion ihr Bemühen um ein **System der »kollektiven Sicherheit«**.

26. Jan.–10. Febr. Der 17. Parteitag (»Parteitag der Sieger«) der KPdSU (B) bestätigt den 2. Fünfjahrplan (1933–1937).

Febr.–Sept. Aufnahme diplomatischer Beziehungen mit den »antibolschewistischen« Nachbarstaaten in Ostmittel- und Südosteuropa: Ungarn (4. Febr.), Rumänien und Tschechoslowakei (9. Juni), Bulgarien (Juli) und Albanien (17. Sept.).

16. März Eine Verordnung über den Unterricht in staatsbürgerlicher Geschichte schreibt in Erweiterung des historischen Materialismus (Marxismus-Leninismus) »Sowjetpatriotismus« mit Vorrang der russischen Geschichte und Kultur vor.

4. April Verlängerung der Nichtangriffspakte mit Estland, Lettland, Litauen sowie Finnland (7. April) und Polen (5. Mai).

16. April Stiftung des Ehrentitels »Held der Sowjetunion«.

8. Juni Das Gesetz »Über den Verrat an der Heimat« ruft alle Sowjetbürger zum »Patriotismus« auf; den propagandistischen Auftakt bilden die Feiern (19. Juni) anlässlich der Rettung der Besatzung des im Eismeer gesunkenen Eisbrechers »Tscheljuschkin« (13. Febr.).

Aug. Die Doktrin des Sozialistischen Realismus, von Andrej Alexandrowitsch Schdanow (*1892, †1948) auf dem 1. Schriftstellerkongress vertreten, wird verbindliche Grundlage allen literarischen Schaffens.

18. Sept. Die **Aufnahme in den Völkerbund** bedeutet die volle Einbeziehung in das System der kollektiven Sicherheit. Intensivierung der Beziehungen zu den Demokratien des Westens.

1. Dez. Ermordung Sergej Kirows. Beginn gezielten Massenterrors mit einer **Serie von Schauprozessen**.

1935, 23. März Vertrag mit Japan über den Verkauf der sowjetisch kontrollierten chinesischen Bahnstrecken an dessen Satellitenstaat Mandschukuo.

9. April Handelsabkommen mit Deutschland.

2./16. Mai Beistandsverträge mit Frankreich und der Tschechoslowakei.

25. Juli–20. Aug. Der 7. Kongress der Komintern beschließt den gemeinsamen Kampf mit den westlichen Demokratien gegen das nationalsozialistische Deutschland: Volksfronttaktik.

30./31. Aug. Der Bergarbeiter Alexeij Stachanow (*1905, †1977) überbietet angeblich die Tagesnorm um das Vierzehnfache. Die **Stachanow-Bewegung** propagiert die individuelle Leistungssteigerung zur Planübererfüllung.

22. Sept. Einführung von Dienstrangen in der Roten Armee.

1936 Erklärung der Nichteinmischung in den Spanischen Bürgerkrieg. Verschlechterung der deutsch-russischen Beziehungen.

14. Jan. Beginn einer **erneuten** umfassenden **Säuberung in der KPdSU (B)**.

18. März Verlängerung des Beistandspaktes mit der Türkei.

18. Juni Der Dichter Maxim Gorkij (*1868) stirbt; er wird an der Kremlmauer beigesetzt.

19.–24. Aug. Der Schauprozess gegen das »terroristische trotzkistisch-sinowjewistische Zentrum« mit Sinowjew und Kamenjew als Hauptangeklagten (»Prozess der 16«) endet mit Todesurteilen, die sofort vollstreckt werden. Michail Tomskij, Gewerkschafter und ehemaliges Politbüromitglied, entzieht sich der Verhaftung durch Selbstmord (23. Aug.).

26. Sept. Nikolaj Iwanowitsch Jeschow (*1895, †1939) wird Nachfolger von Genrich Georgijewitsch Jagoda (*1891, †1938) als Volkskommissar für Inneres und Chef der Geheimpolizei (GPU), die einer »Säuberung« unterzogen wird. Jeschow ist der berüchtigte Organisator der nach ihm benannten Säuberungskampagne *Jeschowschtschina*.

25. Nov.–5. Dez. 8. Sowjetkongress der UdSSR: Annahme der neuen, »demokratischen« Verfassung der UdSSR (»Stalin-Verfassung«), die die Staatsstruktur neu ordnet (u. a. gleiches Wahlrecht, Aufteilung des Obersten Sowjet in den »Unionssowjet« und »Nationalitätensowjet«) und die Führungsrolle der KPdSU verankert.

1937, 25.–30. Jan. **Fortsetzung der »Säuberungen«** im »Prozess der 17« gegen Karl Radek (Sobelsohn, *1885, †1939) u. a.

Mai Wiedereinführung der Politischen Kommissare in der Roten Armee, auf die, wie auch auf die Akademie der Wissenschaften, die »Säuberungen« ausgeweitet werden.

17. Juni Marschall Michail Nikolajewitsch Tuchatschewskij, der zusammen mit Trotzkij wesentlichen Anteil am Aufbau der Roten Armee hat, und andere Armeeführer werden durch ein Sondergericht zum Tode verurteilt und hingerichtet. Die Beseitigung der Führungsschicht verlangsamt den Aufbau der Roten Armee.

21. Aug. Nach Zusammenstößen an der mandschurisch-sowjetischen Grenze wird ein Beistandspakt mit China gegen Japan geschlossen. Entsendung von Freiwilligenbrigaden in den Spanischen Bürgerkrieg.

1938, 2.–13. März Nach dem **Dritten Moskauer Schauprozess** (»Prozess der 21«) Hinrichtung Bucharins, Rykows und anderer »innerer Feinde« in führenden Parteipositionen.

17. März Verurteilung der deutschen Annexion Österreichs und Hilfsangebot an die Tschechoslowakei im Falle eines Angriffs.

12. Aug. Nach Zuspitzung der militärischen Konflikte mit Japan wird ein Waffenstillstand geschlossen.

Sept. In der Sudetenkrise nimmt die Sowjetunion eine

entschiedene Haltung gegen die deutsche Politik ein, kann aber aufgrund der Politik Großbritanniens und Frankreichs nicht eingreifen.

Nov. Die unter maßgeblicher Autorschaft STALINS verfasste »Geschichte der Kommunistischen Partei der Sowjetunion (Bolschewiki) – Kurzer Lehrgang« legt stalinistische Dogmen als philosophische Generallinie der Partei fest.

8. Dez. LAWRENTIJ PAWLOWITSCH BERIJA (*1899, †1953) wird neuer Chef der Geheimpolizei.

27. Dez. Stiftung des Ehrentitels »Held der sozialistischen Arbeit«.

1939, 10.–21. März Der 18. Parteitag der KPdSU (B) (»Parteitag des vollendeten Sieges des Sozialismus«) nimmt den 3. Fünfjahrplan (1938–1942) an. 54 % der Delegierten gehören der »neuen Intelligenz« an. STALINS Rede, die Sowjetunion werde sich nicht in einen Konflikt hineinziehen lassen, deutet eine Umorientierung der Außenpolitik an.

April–Aug. Verhandlungen mit Großbritannien und Frankreich über einen Beistandspakt gegen das Deutsche Reich.

3. Mai MOLOTOW löst den bisherigen Volkskommissar für Auswärtige Angelegenheiten (seit 1930) LITWINOW ab. Abkehr von der Politik der kollektiven Sicherheit.

11. Mai Im Zuge des japanisch-chinesischen Krieges kommt es an der Grenze zwischen Mandschukuo und der Mongolischen Volksrepublik zu militärischen Konflikten zwischen Japan und der UdSSR; sie enden mit einem Waffenstillstand (15. Sept.)

11.–23. Aug. Die Verhandlungen mit Großbritannien und Frankreich scheitern an der Weigerung Polens, für die im Kriegsfall zugestandene Besetzung der baltischen Staaten der Roten Armee ein unbeschränktes Durchmarschrecht zu gewähren.

23. Aug. Nach Abschluss eines deutsch-sowjetischen Handelsabkommens (19. Aug.) unterzeichnen MOLOTOW und Reichsaußenminister JOACHIM VON RIBBENTROP in Moskau einen **Nichtangriffspakt** (**»Hitler-Stalin-Pakt«**). Ein **geheimes Zusatzprotokoll** sieht die Aufteilung Polens und Ostmitteleuropas vor.

17. Sept. Einmarsch sowjetischer Truppen nach Polen bis zur im deutsch-sowjetischen Nichtangriffspakt vereinbarten Demarkationslinie.

1./2. Nov. Die annektierten Gebiete werden mit der Weißrussischen bzw. Ukrainischen Sozialistischen Sowjetrepublik (SSR) vereinigt.

27.–28. Sept. Ein in Moskau abgeschlossener deutsch-sowjetischer Grenz- und Freundschaftsvertrag grenzt die Interessensphären neu ab und gibt der UdSSR im Baltikum freie Hand.

28. Sept. Estland muss der Sowjetunion im Beistands- und Handelsabkommen Stützpunkte einräumen.

5./10. Okt. Gleichlautende Verträge mit Lettland und Litauen folgen, nur Finnland geht auf die sowjetischen Forderungen nicht ein.

3./16. Nov. Deutsch-sowjetische Abkommen über Umsiedlungen in den neuen Interessengebieten.

30. Nov. Der Angriff der Roten Armee führt zum **Winterkrieg mit Finnland**, der den Ausschluss der UdSSR aus dem Völkerbund (14. Dez.) zur Folge hat.

1940, 11. Febr. Ein Wirtschaftsabkommen mit dem Deutschen Reich sichert der Sowjetunion Industrieprodukte, dem Deutschen Reich Rohstoffe und Getreide.

12. März Friede mit Finnland: Die abgetretenen Gebiete werden mit der Karelofinnischen Autonomen Republik zur Karelofinnischen Sozialistischen Sowjetrepublik vereinigt.

Frühjahr Die sowjetische Geheimpolizei erschießt mehr als 4000 kriegsgefangene polnische Offiziere in Katyn.

9. Juni Sowjetisch-japanische Verständigung über den Grenzkonflikt in der Mongolei.

4.–17. Juni Aufgrund sowjetischer Ultimaten lassen Estland, Lettland und Litauen die Besetzung weiterer Stützpunkte durch die Rote Armee zu und bilden ihre Regierungen um.

26. Juni Übergang vom sechs- bzw. siebenstündigen Arbeitstag zum Achtstundentag, um die Verteidigungskraft der UdSSR zu stärken.

27. Juni Auf ein sowjetisches Ultimatum hin räumt Rumänien die Nordbukowina und Bessarabien; die deutsche Bevölkerung wird umgesiedelt. Nach der Besetzung der Gebiete durch die Rote Armee wird die Moldauische Sozialistische Sowjetrepublik gegründet (2. Aug.).

13. Juli Der britische Vorschlag an die Sowjetunion zum Frontwechsel wird an die deutsche Botschaft weitergeleitet.

21. Juli Bildung der **Lettischen, der Litauischen und der Estnischen Sozialistischen Sowjetrepublik**. Nach der Aufnahme in die Sowjetunion Vertrag über die Umsiedlung der Baltendeutschen (10. Jan. 1941).

31. Juli HITLER ist zum Angriff auf die UdSSR bereit.

13. Aug. Abschaffung der Politischen Kommissare in der Roten Armee.

21. Aug. TROTZKIJ stirbt in Mexiko an den Folgen eines im Auftrag STALINS verübten Attentats.

3. Sept. Protest gegen die Rumänien gewährte deutsche Garantie.

2. Okt. Erlass über die Schaffung staatlicher Arbeitsreserven. Aufhebung der Schulgeldfreiheit für höhere Schulen.

12.–13. Nov. HITLER lehnt MOLOTOWS in Berlin vorgetragene Forderungen nach Stützpunkten an den Dardanellen, in Bulgarien und Finnland ab.

25. Nov. Die Sowjetunion lehnt den Beitritt zum Dreimächtepakt ab. Verstärkung der Divisionen an der sowjetischen Westgrenze.

18. Dez. HITLER gibt die Weisung für einen Angriff auf die UdSSR (»Fall Barbarossa«).

1941, 10. Jan. Deutsch-sowjetisches Wirtschaftsabkommen.

2. März Sowjetischer Protest gegen den Beitritt Bulgariens zum Dreimächtepakt.

5. April Freundschafts- und Nichtangriffsvertrag mit Jugoslawien.

13. April Neutralitätsabkommen mit Japan.

6. Mai STALIN, bisher nur Erster Sekretär der KPdSU (B), wird Vorsitzender des Rats der Volkskommissare.

6. Juni Für die zum Angriff auf die Sowjetunion bereit stehenden deutschen Verbände wird der »Kommissarbefehl« (sofortige Tötung der in Gefangenschaft geratenen politischen Kommissare der Roten Armee) erlassen.

22. Juni **Deutscher Überfall auf die UdSSR**. Da STALIN trotz warnender Hinweise einen deutschen Angriff zu diesem Zeitpunkt kategorisch ausgeschlossen hatte, erleidet die unzureichend vorbereitete Rote Armee schwere Verluste.

22./27. Juni Kriegserklärungen Rumäniens, Italiens, der Slowakei, Finnlands und Ungarns an die Sowjetunion. Das Verhältnis zu Japan ist vom deutschen Angriff nicht betroffen.

30. Juni Bildung des mit sämtlichen Kompetenzen ausgestatteten Staatlichen Verteidigungskomitees unter Vorsitz STALINS, der mit dem Volkskommissariat für Verteidigung den militärischen Oberbefehl übernimmt (19. Juli).
Die s(+50 politische und militärische Führung und Kontrolle bleiben allein bei STALIN. Die Methoden umfassend kontrollierender und terroristischer Herrschaft auch im militärischen Bereich werden ausgeweitet, wobei etliche Entscheidungen und Maßnahmen nur aus der Persönlichkeit STALINS heraus erklärt werden können. Deportationen und Massenmorde treffen v. a. der Kollaboration verdächtigte Völkerschaften wie die Deutschen, Krimtataren, Kalmücken u. a. sowie die Polen und die baltischen Völker. Es gelingen die Evakuierung der Industrie nach Osten und die Umstellung der Wirtschaft auf Kriegsproduktion.
In Lemberg (Lwiw) wird eine ukrainische Nationalregierung gebildet, von der deutschen Besatzung aber an ihrer Tätigkeit gehindert.

3. Juli STALIN verkündet in einer Rundfunkrede den **»Großen Vaterländischen Krieg«**, verstärkt den sowjetpatriotischen Appell an die Völker der Sowjetunion und ruft zur Verteidigung mit allen Mitteln einschließlich des Partisanenkampfes auf.

Juli/Sept. Beistandsabkommen mit Großbritannien, mit den USA sowie mit den Exilregierungen der Tschechoslowakei, Jugoslawiens, Polens, Griechenlands, Norwegens, Belgiens und Frankreichs.

16. Juli Wiedereinführung der Politischen Kommissare in der Roten Armee.

29. Juli–1. Aug. HARRY HOPKINS ist als Sonderbotschafter von US-Präsident FRANKLIN D. ROOSEVELT in Moskau; anschließend beginnen amerikanische Materiallieferungen aufgrund von Pacht- und Leihabkommen bis zum Ende des Krieges.

30. Juli Zusammenfassung aller Organe der Geheimpolizei und Staatssicherheit im Volkskommissariat für Inneres unter BERIJA.

8. Aug. Ernennung STALINS zum Oberbefehlshaber der Roten Armee.

8. Sept. Beginn der **Blockade Leningrads**.

30. Sept. Beginn der Schlacht um Moskau (bis 20. April 1942).

16. Okt. Wegen der Bedrohung Moskaus wird die Regierung nach Kujbyschew (Samara) an der Wolga verlegt. STALIN bleibt in Moskau.

1942, 26. Mai Abschluss des sowjetisch-britischen Bündnisvertrages (gekündigt erst am 7. Mai 1955).

9. Okt. Aufhebung der Trennung zwischen militärischer und politischer Kommandogewalt. Abschaffung der Politischen Kommissare in Armee und Flotte.

Nov. **Kampf um Stalingrad** (Wolgograd) bis 2. Febr. 1943.

30. Dez. Spendenaufruf des Moskauer Metropoliten SERGEJ (*1867, †1944) zur Finanzierung der Panzerkolonne »Dmitrij Donskoj«. Die russische orthodoxe Kirche finanziert auch eine Fliegerstaffel.

1943, 7. März STALIN wird vom Obersten Sowjet zum Marschall der Sowjetunion ernannt.

15. Mai **Auflösung der Komintern** und weitere äußerliche Angleichung an die westlichen Alliierten nach einer Krise der Beziehungen.

21. Aug. Verordnung über »Sofortmaßnahmen zur Wiederherstellung der Wirtschaft« in den von deutscher Besatzung befreiten Gebieten.

4. Sept. STALIN empfängt Vertreter der russisch-orthodoxen Kirche und erklärt sich mit der Wahl des Moskauer Metropoliten SERGEJ zum Patriarchen von Moskau und ganz Russland (9. Sept.) einverstanden. Die Regierung hebt zahlreiche Beschränkungen der kirchlichen Tätigkeit auf.

12. Dez. Vertrag über wechselseitige Hilfe nach dem Krieg mit der tschechoslowakischen Exilregierung.

1944 Ernennung eines Verteidigungskommissars und Außenministers für jede Sowjetrepublik, um mehr Stimmen in der UNO zu erhalten.

20. Jan. Ende der 900 Tage andauernden Blockade Leningrads.

4. Juli Nach der Frühjahrsoffensive (3. März–15. Mai) **überschreitet die Rote Armee die polnische Grenze** im Mittelabschnitt.

Aug./Sept. Waffenstillstand mit Rumänien (23. Aug.), Finnland (4. Sept.) und nach Kriegserklärung am 5. Sept. mit Bulgarien (9. Sept.).

21. Aug.–28. Sept. Die Konferenz von Dumbarton Oaks billigt der Ukraine und Weißrussland eine eigene Vertretung bei der UNO zu.

10. Dez. Bündnis- und Beistandspakt mit Frankreich (bis 7. Mai 1955).

1945, 4.–11. Febr. **Konferenz von Jalta**, auf der STALIN, ROOSEVELT und der britische Premierminister WINSTON CHURCHILL über die Nachkriegsordnung verhandeln.

11. April Vertrag mit Jugoslawien über die Zusammenarbeit nach dem Krieg (gekündigt am 28. Sept. 1948).

21. April Vertrag mit Polen (1965 um 20 Jahre verlängert).

9. Mai Deutsche Kapitulation in Berlin-Karlshorst.
| Forts. S. 1564 |

Baltische Staaten (1917/18–1944)

Bei den Esten, Letten und Litauern im Laufe des 19. Jh.s aufkommende kulturell-emanzipatorische Bewegungen verfolgen sowohl nationale als auch soziale Ziele, die sich gegen die russische Herrschaft und die Dominanz der deutschen Oberschicht (bei Esten und Letten) bzw. gegen den starken polnischen Einfluss (bei den Litauern) richten.

Der Erste Weltkrieg, die revolutionäre Auflösung Russlands und die Niederlage Deutschlands bereiten den Boden für die **Gründung der drei baltischen Republiken** Litauen, Lettland und Estland, die mit nationalstaatlichem Anspruch auftreten, aber im Verhältnis zur Gesamtbevölkerung beachtliche nationale Minderheiten aufweisen. Die Zugeständnisse der Provisorischen Regierung Russlands, die Berufung auf das von LENIN verkündete nationale Selbstbestimmungsrecht sowie der im Friedensvertrag von Brest-Litowsk (März 1918) ausgesprochene und im Zusatzvertrag (Aug. 1918) bestätigte Verzicht der sowjetrussischen Regierung auf die baltischen Provinzen des untergegangenen Zarenreiches bilden wesentliche Voraussetzungen für die Entstehung der drei Staaten. Der von der deutschen Politik verfolgte Plan einer Zusammenfassung der drei Gebiete Estland, Livland und Kurland unter einem Anfang Nov. 1918 aus den Landesräten gebildeten Regentschaftsrat mit deutsch-baltischen, lettischen und estnischen Vertretern wird mit der deutschen Niederlage hinfällig.

In der Zwischenkriegszeit sind die baltischen Staaten innenpolitisch mit Problemen der **Konsolidierung** und außenpolitisch mit der **revisionistischen Politik ihrer Nachbarmächte** Sowjetunion, Deutschland und Polen belastet, verstärkt durch die unzureichende Unterstützung der Westmächte. Von den Plänen zu einer engeren Zusammenarbeit bis hin zu einer baltisch-skandinavischen Föderation kommt nur die **Baltische Entente** zustande (1934 durch den Beitritt Litauens zum erneuerten estnisch-lettischen Defensivbündnis von 1923). Die Entente gewinnt jedoch wegen der fortbestehenden Interessengegensätze kaum Bedeutung und wird 1940 durch die Sowjetunion beendet. In den geheimen Zusatzprotokollen zum »Hitler-Stalin-Pakt« (23. Aug. 1939) spricht Deutschland der UdSSR die Verfügung über die baltischen Staaten zu und veranlasst die nahezu **vollständige Umsiedlung der deutsch-baltischen Bevölkerung** in das besetzte Polen (Warthegau, Westpreußen). Im Zweiten Weltkrieg wird unter sowjetischer Herrschaft eine sehr hohe Zahl der baltischen Bevölkerung, darunter viele Politiker und Angehörige der Intelligenz, in die Sowjetunion deportiert; unter deutscher Herrschaft wird die jüdische Bevölkerung vernichtet.

Estland (1918–1944)

Der am 12. April 1917 von der Provisorischen Regierung Russlands zugestandene gewählte Landschaftsrat (*Maapäev*), der sich in einer Doppelherrschaft gegen die zunehmend bolschewisierten Arbeiter-, Soldaten- und Landlosenräte behaupten muss, proklamiert am 24. Febr. 1918 die **Unabhängigkeit Estlands** und bildet eine Provisorische Regierung unter KONSTANTIN PÄTS (*1874, †1956). Unmittelbar darauf besetzen deutsche Truppen das Land. Die deutschen Behörden erkennen die estnische Autonomie nicht an und betreiben zusammen mit konservativen Deutschbalten den ständischen Aufbau einer gesamtbaltischen Monarchie und deren Angliederung an das Deutsche Reich. Die Unabhängigkeit Estlands wird nach der deutschen Niederlage durch die Reichsregierung am 19. Nov. 1918 (nach Großbritannien und Frankreich im März 1918) de facto anerkannt.

1919 Der abziehenden deutschen Besatzung folgt die **Rote Armee**, da die Sowjetregierung sich nicht mehr an die bisherigen Abkommen gebunden fühlt. Der bürgerlichen Regierung Estlands gelingt es durch die Ankündigung von Bodenzuteilungen aus den deutschen Rittergütern, die landlose estnische Agrarbevölkerung zu mobilisieren. Nach schweren Kämpfen (Dez. 1918/Jan. 1919) wird das Land mit britischer und finnischer Hilfe befreit.

10. Okt. Durch das **Bodenreformgesetz** wird der zu 90 % in deutschbaltischer Hand befindliche Großgrundbesitz enteignet, das Ackerland (65 %) zur Neuansiedlung von Bauern verteilt und der Waldbesitz verstaatlicht.

1920, 2. Febr. Im **Vertrag von Dorpat** wird Estland von Sowjetrussland anerkannt.

15. Juni Die parlamentarisch-demokratische Verfassung der Republik Estland tritt in Kraft.

1924, 1. Dez. Ein gefährlicher **Putsch der Kommunisten**, die v. a. in der Industriearbeiterschaft, Teilen der Intelligenz und der russischen Minderheit (Grenzbevölkerung zur Sowjetunion) Anhänger finden, wird **niedergeschlagen**. Die Abwehr gegen den Bolschewismus bleibt innenpolitisch bestimmend. In den folgenden Jahren gewinnt der »Verband der Freiheitskämpfer« an Bedeutung, der auf eine Verfassungsreform im faschistischen Sinne drängt.

1932 Estnisch-sowjetischer Nichtangriffspakt (verlängert 1934).

1933, Okt. Infolge eines Volksentscheides über eine Verfassungsänderung erhält der Präsident nahezu uneingeschränkte Macht.

1934, 12. März KONSTANTIN PÄTS (Landwirtepartei) kommt den »Freiheitskämpfern«, die bei der Wahl des Staatspräsidenten durch ihren Kandidaten an die Macht kommen wollen, mithilfe von General JOHAN LAIDONER (*1884, †1953) durch einen **Staatsstreich** zuvor. Er verhängt den Ausnahmezustand und regiert danach autoritär durch Dekrete.

1934/1935 Der »Verband der Freiheitskämpfer« wird durch Verbot und Verhaftungen ausgeschaltet. PÄTS, gestützt auf die estnische Bauernschaft, kehrt zur

»gelenkten Demokratie« zurück, ohne seine Herrschaft zu gefährden.

1936, Febr. Durch einen Volksentscheid lässt Päts seinen Kurs bestätigen.

1937, 3. Sept. Eine neue Verfassung belässt dem Präsidenten eine starke Stellung, verankert aber die Demokratie in einem auf Mehrheitswahlrecht beruhenden Zweikammersystem.

1938, 24. April Konstantin Päts wird zum Staatspräsidenten gewählt (bis Juli 1940 im Amt).

1939, 7. Juni Nichtangriffspakt mit Deutschland.

1940, 16. Juni Ein sowjetisches Ultimatum fordert die Bildung einer sowjetfreundlichen Regierung und die Zustimmung zum Einmarsch der Roten Armee.

21. Juni Johannes Jakowitsch Vares (*1890, †1946) wird nach der **sowjetischen Besetzung** als Ministerpräsident eingesetzt.

21. Juli Das aus »Volkswahlen« unter sowjetischem Druck hervorgegangene Parlament erklärt Estland zur Sozialistischen Sowjetrepublik und den **Beitritt zur UdSSR** (am 5./6. Aug. vom Obersten Sowjet vollzogen).

1941–1944 Estland steht unter **deutscher Besatzung**: Hjalmar Mäe (*1901, †1978) wird als Erster Landesdirektor eingesetzt.

1944, 3. Okt. Estland wird wieder dem **sowjetischen Staatsverband** eingegliedert. | Forts. S. 1544 |

Lettland (1918–1944)

1918, 18. Nov. Nach der Vertreibung der im Dez. 1917 errichteten Räteherrschaft durch deutsche Truppen proklamiert ein aus Vertretern der Bauern, des Bürgertums und der sozialistischen Arbeiterschaft gebildeter »Lettischer Nationalrat« die **unabhängige Republik Lettland** und beauftragt Karlis Ulmanis (*1877, †1942), Führer des Bauernbundes, mit der Bildung einer Regierung, die das Deutsche Reich am 26. Nov. de facto anerkennt.
Im Unterschied zu Litauen kennt Lettland keine wesentlichen Konflikte um Grenzfragen, und dank stärkerer Industrialisierung sind die Entwicklung der Arbeiterschaft und die Emanzipation des Bürgertums schon weiter gediehen als dort.

1919, Jan. Wie in Estland muss sich die Regierung gegen eine bolschewistisch beeinflusste Rätebewegung durchsetzen und die bäuerliche Bevölkerung durch die Zusage von Bodenzuteilungen gewinnen, um der **eindringenden Roten Armee** zu begegnen, die Riga erobert und das Land besetzt.

April Beginn bürgerkriegsähnlicher **Kämpfe gegen die bolschewistischen Kräfte**, die traditionell vergleichsweise große Sympathien in der Bevölkerung genießen; beteiligt sind deutsche, deutschbaltische und lettische Verbände.

22. Mai **Riga** wird von lettischen, deutschen und verbündeten Truppen **zurückerobert**. Bald darauf werden deutsche Freikorps und deutschbaltische Verbände von estnischen und lettischen Regierungstruppen geschlagen (20.–23. Juni). Der von Lettland und Litauen aus gegen Sowjetrussland operierende deutsche General Rüdiger von der Goltz (*1865, †1946) wird zum Rückzug gezwungen (Okt); danach räumen die letzten deutschen Truppen beide Länder.

30. Juni Vorläufige Verfassung für die Republik Lettland.

1920, 11. Aug. Im **Friedensvertrag von Riga** erkennt Sowjetrussland Lettland als unabhängigen Staat an.

16. Sept. Das lettische Bodenreformgesetz verändert ähnlich wie in Estland den Besitz von Land grundlegend und damit die bäuerliche Sozialstruktur.

1922, 15. Febr. Die demokratisch-parlamentarische Verfassung wird endgültig angenommen.

9. Okt. Aus Wahlen geht eine sozialdemokratisch geführte Regierung hervor. Die deutschbaltische Bevölkerung, geschwächt durch Bodenreform und Emigration, bleibt politisch ausgeschaltet.

1928, 9. April Peter Juraševski (*1872, †1945) bildet als Ministerpräsident eine konservativ geführte Regierung (Bauernbund).

1930, 11. April Albert Kviesis (*1881, †1944), Führer des Bauernbundes, wird zum Staatspräsidenten gewählt. In den folgenden Jahren verschärft die intensiver werdende **Lettisierungspolitik** das gespannte Verhältnis zur deutschen Minderheit.

1932 Abschluss eines Nichtangriffspakts mit der UdSSR.

1934, 15. Mai Mit einem **Staatsstreich** schaltet Ministerpräsident Karlis Ulmanis die radikale Linke und Rechte aus und betreibt eine Politik der nationalen, kulturellen und wirtschaftlichen Konzentration. Die Aufhebung der Verfassung beendet die parlamentarisch-demokratische Regierungsform und ermöglicht die Errichtung eines auf Bauernbund und Militär gestützten **autoritär-nationalistischen Regimes** mit einigen faschistischen Elementen (Ansprache der Massen, Führerkult).

12. Sept. Die Zusammenarbeit mit Estland (Bündnis vom 1. Nov. 1923) wird erneuert und durch den Beitritt Litauens zur **Baltischen Entente** ausgebaut.

1936, 9. April Ministerpräsident Ulmanis übernimmt zusätzlich das Amt des Staatspräsidenten (bis 20. Juli 1940).

1939, 7. Juni Nichtangriffspakt mit dem Deutschen Reich. Die lettische Außenpolitik in den Jahren vor Kriegsausbruch versucht, durch gute Beziehungen nach allen Richtungen Neutralität und Unabhängigkeit zu wahren.

5. Okt. Unter ultimativem Druck erfolgen der Abschluss eines Beistandspakts mit der Sowjetunion und die Einräumung von Stützpunkten für die Rote Armee.

30. Okt. Abschluss eines deutsch-lettischen Vertrages, der die Umsiedlung der deutschbaltischen Bevölkerung vorsieht.

1940, 22. Juni Nach Annahme eines sowjetischen Ultimatums bildet Augustus Kirhenšteins (*1872, †1963) unter sowjetischer Besatzung eine sowjetfreundliche Regierung.

21. Juli Das aus »Volkswahlen« unter sowjetischem Druck hervorgegangene Parlament erklärt Lettland zur Sozialistischen Sowjetrepublik und den **Beitritt zur UdSSR** (am 5./6. Aug. vom Obersten Sowjet vollzogen).

1941–1944 Lettland steht unter **deutscher Besatzung.**

1944, 13. Okt. Nach Abzug deutscher Truppen aus Riga Wiederherstellung des 1940 geschaffenen Zustands einer **Sozialistischen Sowjetrepublik.** | Forts. S. 1546 |

Litauen (1917–1944)

1917, 11. Dez. Im Zuge der Ablösung vom Russischen Reich und der Abwehr polnischer Ansprüche proklamiert in Vilnius (polnisch Wilna) ein aus den verschiedenen Nationalitäten zusammengesetzter, mehrheitlich jedoch litauischer Landesrat (*Taryba*) unter Vorsitz von ANTANAS SMETONA (*1874, †1944, Litauische Demokratische Partei) die Wiederherstellung eines **unabhängigen litauischen Staates** mit der Hauptstadt Vilnius unter deutschem Schutz und in engem Bündnis mit dem Deutschen Reich.

1918, 23. März Nach erneuter Unabhängigkeitserklärung (16. Febr.) erfolgt die Anerkennung durch das Deutsche Reich. Die deutschen Besatzungsbehörden lassen aber eine Regierungsbildung und den Aufbau einer Selbstverwaltung nicht zu.

Juni Herzog WILHELM VON URACH (*1864, †1928; aus einer Seitenlinie des württembergischen Königshauses) wird vom Landesrat zum **König von Litauen** (MINDAUGAS II.) gewählt, was nach der deutschen Niederlage rückgängig gemacht wird.

28. Okt. Verabschiedung einer **provisorischen Verfassung.** Die Grenze zu Polen (Vilniusgebiet) und zum Deutschen Reich (Memelland) bleibt umstritten.

5./11. Nov. AUGUSTINAS VOLDEMARAS (*1883, †1942) bildet die erste litauische republikanische Regierung.

8. Dez. Bildung einer **kommunistischen Gegenregierung** im lettischen Daugavpils; Anerkennung der Räterepublik Litauen durch Sowjetrussland (22. Dez.).

1919 Nach dem deutschen Abzug aus Vilnius (1. Jan.) weicht die seit dem 26. Dez. amtierende Regierung unter dem Volkssozialisten MYKOLAS SLEŽEVICIUS (*1882, †1939) vor einer vorübergehenden polnischen Besetzung nach Kaunas aus; am 5. Jan. **besetzt die Rote Armee** Stadt und Gebiet **Vilnius**, wo sie eine litauisch-weißrussische Sowjetrepublik (»Litbel«) zu errichten beginnt.

19.–22. April **Polnische Verbände erobern Vilnius.** Der Vorschlag des polnischen Staatschefs PIŁSUDSKI, im Gegenzug für eine polnisch-litauische Föderation Vilnius an Litauen zurückzugeben, wird abgelehnt; seither herrscht Kriegszustand zwischen beiden Staaten.

1920, 10. Juni Zweite provisorische Verfassung.

11. Juli Die vom britischen Außenminister Lord GEORGE CURZON auf Basis eines Vorschlages des Obersten Rates der Alliierten (8. Dez. 1919) vorgesehene Demarkationslinie zwischen Polen und Sowjetrussland (**»Curzon-Linie«**) belässt Vilnius bei Litauen.

12. Juli **Friedensvertrag von Moskau** zwischen Litauen und Sowjetrussland: Litauens Selbstständigkeit einschließlich der Stadt Vilnius wird anerkannt.

7. Okt. Vertrag von Suwałki: Polen und Litauen einigen sich auf den alliierten Grenzvorschlag vom 8. Dez. 1919 – dennoch besetzt Polen zwei Tage darauf Vilnius und annektiert das Gebiet von Vilnius.

1922, 29. März Eine Bodenreform trifft v. a. die polnischen Großgrundbesitzer und dient der Stärkung des litauischen Bauerntums.

1. Aug. Annahme der endgültigen Verfassung: Litauen ist eine parlamentarisch-demokratische Republik mit Vilnius als verfassungsmäßiger und Kaunas als provisorischer Hauptstadt.

1923 Die am 10.–16. Jan. erfolgte litauische **Besetzung des Memelgebiets** (Ostpreußen nördlich der Memel, litauisch Nemunas) wird von der alliierten Botschafterkonferenz sanktioniert (16. Febr.).

1924, 8. Mai **Memelstatut**: Die vier Hauptmächte der Alliierten (USA, Großbritannien, Frankreich, Italien) übertragen ihre Rechte aus dem Versailler Friedensvertrag an Litauen; das Memelgebiet erhält Autonomiestatus unter litauischer Oberhoheit.

1926, Dez. Durch einen unblutig verlaufenden **Militärputsch** wird ANTANAS SMETONA Staatspräsident, VOLDEMARAS Ministerpräsident einer Regierung aus Nationalisten (*Tautininkai*) und Christdemokraten. Die Verfassung wird suspendiert, der **Kriegszustand** ausgerufen.

1927, 12. April In einem **Staatsstreich** löst der zum »Führer der Nation« proklamierte SMETONA das Parlament auf, ohne ein neues wählen zu lassen, und regiert neun Jahre als Alleinherrscher.

1929, 23. Sept. SMETONA stürzt VOLDEMARAS und ernennt seinen Schwager JOSEF TUBELIS (*1882, †1939) zum Ministerpräsidenten.

1934 Sozial und politisch bedingte Unruhen (missglückter Militärputsch 6./7. Juni) führen zu einem verschärften innenpolitischen Regime.

12. Sept. Litauen tritt dem estnisch-lettischen Bündnis bei (**Baltische Entente**).

1935, 26. März Ein Landesverratsprozess gegen 84 Memelländer lässt die deutsch-litauischen Spannungen wegen des Memelgebiets weiter ansteigen; später versucht die Regierung sie zu entschärfen.

1936–1938 Litauen wird zum Einparteienstaat der *Tautininkai* (Wahlen am 9./10 Juni 1936); eine am 11. Febr. 1938 verabschiedete Verfassung bestätigt die umfassende Machtposition des Präsidenten.

1938, 17. März **Polnisch-litauischer Konflikt** um Vilnius: Ein polnisches Ultimatum, Beziehungen zu Polen aufzunehmen und die Vilnius-Grenze anzuerkennen, muss Litauen akzeptieren.

1939, 22. März Deutsch-litauischer Vertrag über die **Rückgabe des Memellandes** an das Deutsche Reich. Das Gebiet wird sofort von deutschen Truppen besetzt.

28. Sept. Im Ergänzungsvertrag zum deutsch-sowjetischen Beistandspakt vom 23. Aug. 1939 wird Litauen der UdSSR als Interessengebiet zugesprochen.

10. Okt. Abschluss eines Beistandspakts zwischen Litauen und der UdSSR, der Stützpunkte eingeräumt werden. Die Sowjetunion tritt das ihr nach der Aufteilung Polens zugefallene Gebiet um Vilnius an Litauen ab.

1940, 4.–17. Juni Aufgrund eines sowjetischen Ultimatums muss Litauen der Sowjetunion weitere Stützpunkte einräumen und die Regierung umbilden: Neuer Ministerpräsident wird der Kommunist JUSTAS PALECKIS (*1889, †1980).

Juli/Aug. Das unter sowjetischer Besatzung gewählte Parlament (14./15. Aug.) erklärt Litauen zur Sozialistischen Sowjetrepublik und beantragt die Aufnahme in die UdSSR, die am 3. Aug. vollzogen wird. Die deutsche Bevölkerung wird mehrfach umgesiedelt (Umsiedlungsvertrag vom 10. Jan. 1941), etwa 40 000 Litauer, darunter viele Politiker, werden in die Sowjetunion deportiert.

1941–1944 Litauen steht unter **deutscher Besatzung.**

1944, Juli Durch den Vormarsch der Roten Armee wird Litauen wieder **Sozialistische Sowjetrepublik.** | Forts. S. 1547 |

Polen (1505–1945) | Forts. v. S. 617, 619 |

Polen bis zur Dritten Teilung (1505–1795)

Polen-Litauen (seit 1386 in Personalunion) steht als führende Macht Ostmitteleuropas in Gegensatz zum Moskauer Reich, zu Schweden und zum Osmanischen Reich. Es gibt keine Aufstände wie in Mittel- und Westeuropa oder Russland, dafür fliehen allerdings nicht leibeigene, aber an die Scholle gebundene Bauern zu den ukrainischen Kosaken (eingesetzt zur Sicherung gegen osmanische Angriffe). Die Entwicklung der Städte, der Verwaltung und des Heerwesens liegt im europäischen Vergleich zurück. Innerhalb des zahlreichen Adels (*Szlachta*) gibt es zwar gewaltige Unterschiede an ökonomischer und politischer Macht, jedoch stellt er im Rahmen des relativ modernen polnischen »Parlamentarismus« die eigentlichen freien und gleichen »Staatsbürger«. Er tritt in regionalen Landtagen (*Sejmiki*) und im Reichstag (*Sejm*: Adel in der »Landbotenstube« [*izba poselska*]; Magnaten und hoher Klerus im »Senat«) zusammen.

Seit der 1505 durch König ALEXANDER, dem Jagiellonen (Jagiellończyk, *1461, †1506; 1492 Großfürst von Litauen, 1501 König von Polen) gewährten **Konstitution** »*Nihil novi*« **von Radom** übernimmt der Reichstag, v. a. die Landbotenstube, formell, in der Praxis erst allmählich, allein die Legislative und wird so zur neuen Zentrale des politischen Lebens. Dem König bleiben u. a. Exekutive und Heerführung. Dem Adel ist jegliche bürgerliche Tätigkeit untersagt und ihm allein die Übernahme höherer (auch geistlicher) Ämter vorbehalten. Von dieser Umwandlung des Königreiches Polen in die *Rzeczpospolita Polska* (Republik Polen = Adelsrepublik, d. h. eine Adelsdemokratie mit dem König als gewähltem und gekröntem Oberhaupt) an rechnet man die Neuzeit Polens.

1506–1548 Regierungszeit von SIGISMUND I. dem Alten (ZYGMUNT STARY, *1467, †1548).

1515 SIGISMUND und sein Bruder VLADISLAV II. (*1456, †1516), König von Böhmen (1471–1516) und Ungarn (1490–1516), verzichten zugunsten der Habsburger auf Erbansprüche in Ungarn und Böhmen. Kaiser MAXIMILIAN (1486/1508–1519) gibt die Unterstützung Moskaus und des Deutschen Ordens gegen Litauen auf und erkennt den Zweiten Thorner Frieden von 1466 an. Damit sind die Interessensphären zwischen Polen und dem Kaiser abgegrenzt.

1518 SIGISMUND I. heiratet die Mailänder Prinzessin BONA SFORZA (*1494, †1557); dank ihres starken Einflusses wirkt die italienische Renaissance prägend auf Kultur und Wirtschaft in Polen ein.

1525 König SIGISMUND gibt dem letzten Hochmeister des Deutschen Ordens, ALBRECHT VON BRANDENBURG (*1490, †1568; 1510/11–1525), nach dessen Übertritt zum Protestantismus den **Ordensstaat als erbliches weltliches Herzogtum Preußen** in Krakau **zu Lehen.** Ein Jahr später kommt Masowien (mit Warschau) vollständig an Polen.
SIGISMUND bemüht sich um die Stabilisierung der königlichen Macht mit Steuerplänen, die scheitern, und setzt zu seinen Lebzeiten gegen den Widerstand großer Teile des Adels seinen einzigen Sohn als Thronfolger (bereits 1529 Wahl und 1530 Krönung) durch.

1548–1572 Regierungszeit von **SIGISMUND II. AUGUST** (*1520, †1572). Unter seiner Herrschaft und der von SIGISMUND I. erlebt Polen sein **»Goldenes Zeitalter«**, seine Blüte in Kunst, Wissenschaft und Literatur.

1561 Da sich die livländische Konföderation unter einem russischen Angriff auflöst (1558), nimmt GOTTHARD KETTLER (*1517, †1587), der letzte livländische Landmeister des Deutschen Ordens (1559–1561), das Herzogtum Kurland vom polnischen König zu Lehen. Dieser garantiert innere Autonomie, evangelische Konfession und deutschen Charakter. Livland nördlich der Düna wird polnische Provinz (1562), Estland unterstellt sich Schweden.

1569 **Union von Lublin:** Auf einem gemeinsamen Reichstag in Lublin tritt Litauen die Woiwodschaften Wolhynien, Podlachien und Kiew (südliches Weißrussland und westliche Ukraine) an Polen ab, mit dem es staatsrechtlich vereinigt wird. Selbstständig behält es Verwaltung, Finanzen, Heer und Recht. Das Königliche Preußen (Westpreußen) verliert alle Sonderrechte; Livland wird beiden Ländern zugeschlagen. Der größte, römisch-katholische Teil des Adels verschmilzt rechtlich und kulturell zur polnischen »Adelsnation«, die auf die Wahrung ihrer »Goldenen Freiheit« bedacht ist.

Polnische Reformation und Gegenreformation

Die **polnische Reformationsbewegung**, zu der sich v. a. das deutsche Bürgertum, die Universität Königsberg und der Adel bekennen, gliedert sich zu ihrer Blütezeit (nach 1548) mit den Böhmischen Brüdern, Lutheranern und Calvinisten in drei etwa gleich starke Richtungen. Dagegen versucht SIGISMUND II. mit mehreren Edikten vorzugehen. STANISLAUS HOSIUS (*1504, †1579; 1551 Bischof von Ermland, 1561 Kardinal) führt mit den Jesuiten die Gegenreformation an, die sich dank königlicher Hilfe und der begrenzten Einigungsfähigkeit der reformatorischen Bekenntnisse durchsetzt. Dennoch entsteht in der zweiten Hälfte des 16. Jh.s in Polen ein geistiges Klima, das als **»Zeitalter der Toleranz«** in Europa nur in Siebenbürgen ähnliches findet (1573 beschließt der Reichstag die Glaubensfreiheit). Die Toleranz kommt auch den seit langem ansässigen und weiter zuwandernden, von den Königen geförderten Juden zugute; ab 1580 wird die Selbstverwaltung der jüdischen Gemeinden in der Vierländersynode (bis 1764) organisiert.

1572 Mit dem plötzlichen Tod SIGISMUNDS II. AUGUST stirbt die Jagiellonendynastie im Mannesstamm aus, und es beginnt die **Epoche der vom Adel gewählten Könige**, die bis 1764 (letzte Königswahl) dauert.

1573 HEINRICH VON VALOIS (*1551, †1589) wird zum König gewählt; als er 1574 nach dem Tode seines Bruders als HEINRICH III. (1574–1589) den französischen Thron ohne Abdankung in Polen besteigt, gilt der polnische Thron nach einer gewissen Karenzzeit als vakant. Seine Wahlkapitulation in Polen, die künftig für jeden Thronbewerber verpflichtenden sog. *Articuli Henriciani*, bestätigen dem Adel freie Königswahl, Religionsfreiheit und Widerstandsrecht. Dadurch wird die zentrale **Staatsmacht Polens** im Gegensatz zu den Nachbarstaaten **wesentlich geschwächt**, zumal der Adel sich in wachsendem Maße zu Konföderationen zusammenschließt, um seine Ziele außerhalb des Reichstages, auch mit Gewalt, durchzusetzen.

1575 STEPHAN BÁTHORY (*1533, †1586; ungarischer Fürst von Siebenbürgen seit 1571), setzt sich nach einer Doppelwahl gegen Kaiser MAXIMILIAN (1564–1576) rasch durch und wird 1576 gekrönt.

1578 König STEPHAN verdoppelt die Zahl der in ein königliches Register eingetragenen, am Dnjepr zur Verteidigung eingesetzter Kosaken (»Registerkosaken«) auf 600.

1582 Der Friede von Jam Zapolski (südlich von Pskow) beendet den langjährigen Krieg gegen Moskau (Livländischer Krieg, 1558–1582).

1587 SIGISMUND III. (*1566, †1632; König von Schweden 1592–1599) gewinnt die Wahl gegen Erzherzog MAXIMILIAN (*1558, †1618), einen Bruder Kaiser RUDOLFS II. (1575/76–1612), und wird gekrönt. Die katholische Linie des schwedischen Hauses **Wasa stellt bis 1668 die Könige Polens**.

1596 **Union von Brest** (am Bug): SIGISMUND und sein Kanzler JAN ZAMOYSKI (*1542, †1605; seit 1581 Krongroßkanzler) nutzen den Schwung der Gegenreformation und nationale Gegensätze innerhalb der orthodoxen Kirche aus, um deren polnisch-litauischen Zweig zum größten Teil unter Beibehaltung von Ritus und Recht unter die Oberhoheit des Papstes zu bringen und vom Moskauer Einfluss abzutrennen. Wegen seiner Schwäche kann Moskau die Union nicht verhindern. Da aber die weiter bestehende orthodoxe Kirche sich stärker an Moskau anlehnt, gewinnt diese langfristig umso stärkeren Einfluss in Polen-Litauen.

1610 In Moskau wählt der Bojarenrat (Versammlung von Angehörigen des hohen Adels) während der polnisch-schwedischen Invasion den polnischen Kronprinzen zum Zaren; zur Krönung kommt es allerdings nicht. Polen erreicht jedoch die Rückgewinnung großer Gebiete im Osten.

1626 Der schwedische König GUSTAV II. ADOLF (1611–1632) besetzt die preußischen Küstengebiete, die Polen 1629 und 1630 zum größten Teil an ihn abtreten muss.

1632, 30. April König SIGISMUND III. stirbt.

Polen beim Tod von Sigismund III.

Außenpolitisch ist **Polen-Litauen noch eine Großmacht**, allerdings ist das Verhältnis zu den benachbarten (aufsteigenden) Mächten Schweden, Russland, Osmanisches Reich, Habsburgerreich und Preußen konfliktträchtig. Strukturell zeichnet sich eine Diskrepanz zwischen dem aufkommenden Absolutismus und dem dank seiner großen Freiheitlichkeit komplizierten und anfälligen politischen Mechanismus der Adelsdemokratie ab. Innerhalb des sich immer weiter aufgliedernden Adels, der jedoch im Ganzen eine von der übrigen Bevölkerung abgehobene Gesellschaft, die »Nation«, bildet und im »Sarmatentum« die Vorstellung seiner besonderen Herkunft und Kultur entfaltet, baut der Hochadel seine politische und wirtschaftliche Macht aus. Er nutzt diese dazu, die königliche Zentralmacht zu beschränken, aber gleichzeitig auch zur Entwicklung seiner riesigen Besitzungen und seiner Städte. Die Lage der Bauern verschlechtert sich zur Leibeigenschaft. Der Protestantismus gerät zunehmend in die Defensive.

1632–1648 WŁADYSŁAW IV. SIGISMUND (*1595, †1648): Seine Bemühungen, zur polnischen Krone die schwedische zu gewinnen, scheitern. Das vergleichsweise friedliche und tolerante Polen wird zum Zufluchtsort schlesischer und böhmischer Protestanten.

1648 Kurz vor dem Tod des Königs beginnt unter Führung des Hetmans (Heerführers) BOGDAN CHMIELNICKI (*um 1595, †1657) eine politisch und sozial motivierte **Aufstandsbewegung der Zaporoger-Kosaken** (südlich der Dnjepr-Stromschnellen) gegen die polnische Herrschaft, der v. a. die Juden trifft und zu schweren Verwüstungen in der Westukraine zwischen Polen, Osmanischem und Moskauer Reich führt.

1652 **Liberum veto** (lateinisch = das freie »ich verbiete«): Erstmals wird ein Reichstag durch die erforderliche fehlende Einstimmigkeit »zerrissen«. Diese fortan häufiger geübte, als Form höchster Freiheitlichkeit verstandene Praxis verhindert, zusammen mit den Konföderationen (zeitweilige Parteibildungen, die sich in der Regel gegen die königliche Zentralgewalt richten), letztlich innere Reformen, beeinträchtigt die außenpolitische und militärische Schlagkraft und ermöglicht eine unmittelbare Einflussnahme von außen auf politische Entscheidungen.

1654 CHMIELNICKI, der auf eine freie Ukraine hinwirkt,

unterstellt sich dem Zaren im Vertrag von Perejaslaw (bei Kiew).

1655–1660 Folge des Vertrages ist der **Erste Nordische Krieg** zwischen Polen, Schweden und Moskau unter Beteiligung Österreichs, der niederländischen Generalstaaten und Dänemarks: Unter dem Eindruck der zeitweilig nahezu völligen Eroberung und Besetzung Polens (»Sintflut«) wird die Jungfrau Maria im frei gebliebenen Tschenstochau (Częstochowa) zur Königin der Krone Polens erklärt (1656).

1657, 19. Sept. Verträge von Wehlau (am Pregel) und Bromberg (Bydgoszcz): Polen erkennt die Souveränität des Kurfürsten von Brandenburg im Herzogtum Preußen (Ostpreußen) an und gewinnt ihn wieder zum Verbündeten.

1660, 3. Mai **Friede von Oliva** (Oliwa): Mit seinem endgültigen Verzicht auf Estland und Livland (an Schweden) und auf das Herzogtum Preußen (Bestätigung von Wehlau) sowie der Aufgabe aller Ansprüche der polnischen Wasa auf die schwedische Krone endet Polens Streben nach einer Rolle als Ostseemacht.

1665/1666 Ein Aufstand des Adels verhindert Pläne des Königs Johann II. Kasimir (Jan II. Kazimierz, *1609, †1672; 1648–1668), zu seinen Lebzeiten die Thronfolge zu regeln.

1667, 30. Jan. Waffenstillstand von Andrusowo (bei Smolensk): Smolensk, Sewerien, Tschernigow und die Ukraine östlich des Dnjepr (mit Kiew) kommen an Russland, die Zaporoger Kosaken unter russisch-polnische Oberhoheit. Damit **endet Polens Überlegenheit als Großmacht gegenüber Russland** endgültig.

1668, 16. Sept. Johann II. Kasimir dankt nach dem vergeblichen Versuch innerer Reformen ab und geht ins französische Exil. Damit ist die Ära der Wasa-Könige in Polen beendet.

1669, 19. Juni Der »Piast« Michael Korybut Wiśniowiecki (*1640, †1673), ein litauischer Magnat, wird mit habsburgischer Unterstützung und gegen französische Interessen zum König gewählt (bis 1673).

1672 Polen verliert Podolien und weitere Teile der Ukraine an das Osmanische Reich.

1674–1696 Regierungszeit von Johann (Jan) III. Sobieski (*1629, †1696): Nach Erfolgen gegen die Osmanen befehligt er die Befreiung Wiens von den Osmanen und gründet mit Kaiser, Papst und Venedig die Heilige Liga. Wegen des Widerstandes im Reichstag gelingt ihm weder die Rückeroberung der an die Osmanen verlorenen Gebiete noch eine Festigung der Königsmacht.

1697 August II., der Starke (*1670, †1733) wird König von Polen. Als Friedrich August I., seit 1694 Kurfürst von Sachsen, gerade zum Katholizismus übergetreten, kann er sich mit russischer Hilfe gegen den französischen Kandidaten durchsetzen. Mit ihm beginnt die Zeit der **Sachsenkönige** (bis 1763).

1699, 26. Jan. Friede von Karlowitz (Karlovci): Polen bekommt Podolien vom Osmanischen Reich zurück.

1700–1721 **Zweiter (Großer) Nordischer Krieg**: In seiner Auseinandersetzung mit dem Adel um seine für Polen und für den Adel ungünstige Politik ruft August II., der zwischenzeitlich zum Thronverzicht gezwungen wird (1706–1709), den Zaren als bewaffneten Schiedsrichter an. Dieser Krieg spielt sich, obwohl ein Machtkampf zwischen Russland und Schweden, unter großen Verwüstungen v. a. in Polen ab.

1717 Der Warschauer Pazifikationstraktat von 1716, der mit den alten Zuständen die Schwäche der Republik sicherstellt, wird auf dem Reichstag zu Grodno in »stummer« Sitzung angenommen. Die seither ständig auf polnischem Gebiet befindlichen russischen Truppen garantieren das faktische Protektorat Russlands über Polen.

1724, 7. Dez. **Thorner Blutgericht**: Auseinandersetzungen zwischen Jesuitenschülern und Protestanten führen zu scharfen Maßnahmen (u. a. einige Todesurteile) gegen die Evangelischen. Eine internationale Protestwelle lässt Polen nun als Hochburg der religiösen Intoleranz erscheinen, obwohl diese tatsächlich nicht das Ausmaß wie sonst in Europa erreicht.

1733, 11. Sept. Stanislaus I. Leszczyński (*1677, †1766), Schwiegervater Ludwigs XV. von Frankreich (1715–1774), bereits 1704–1709 König von Polen, aber von August II. verdrängt, wird erneut (einstimmig) zum König gewählt. Der gegen ihn kandidierende sächsische Kurfürst Friedrich August II. (*1696, †1763) gesteht Österreich die Anerkennung der Pragmatischen Sanktion und Russland die Verfügung über Kurland zu. Daraufhin erzwingen russische Truppen seine Wahl als August III., die aber erst im Laufe des **Polnischen Thronfolgekriegs** (1733–1735) von Russland, Österreich und Schweden gegen Frankreich durchgesetzt wird. Stanislaus erhält Lothringen.

1735–1763 Unter dem 1735 von den auswärtigen Mächten, 1736 vom »Pazifikationsreichstag« anerkannten, nur repräsentierenden August III. herrschen die großen Magnatenfamilien, von denen die Czartoryski (»Die Familie«) die Anlehnung an Russland vertreten, während die Potocki (»Patrioten«) sich nach Frankreich orientieren. Bis 1763 kommt so wegen des *Liberum veto* kein Reichstagsbeschluss mehr zustande.

1764–1795 Stanislaus (Stanisław) II. August Poniatowski (*1732, †1798) wird (**letzter**) **König von Polen**. Im Einvernehmen mit Preußen setzt Zarin Katharina II. (1762–1796) die Wahl ihres früheren Favoriten durch. Russland nutzt seinen maßgebenden Einfluss: sein Eintreten für die »Dissidenten« (Nichtkatholiken) und die Adelsfreiheit bieten willkommene Vorwände für sein machtpolitisches Eingreifen.

1767, 23. Juni Gegen die aus dem Sejm kommenden, vom König geförderten Reformpläne (Einschränkung des *Liberum veto*) stellt sich zur Wahrung der Verfassung die Konföderation von Radom.

1768, 28. Febr. Die Gegen-Konföderation von Bar (Podolien; 1768), zu deren Gunsten das Osmanische Reich Krieg mit Russland beginnt, wird mit dessen Hilfe bis 1772 zerschlagen.

5. März Der vom russischen Gesandten Nikolaj Repnin (*1734, †1801) beherrschte Reichstag 1767/68 stimmt in »stummer Sitzung« einem **»Ewigen Vertrag« mit Russland** zu, der u. a. die territoriale Integrität beider Länder, die Rechte der Dissidenten in Polen und die polnische Verfassung garantiert.

1772 **Erste Teilung Polens**: In Russland sind schon viele Jahre zuvor als Alternative zur bevorzugten Politik der mittelbaren Beherrschung ganz Polens Pläne zu einer Verschiebung der russischen Grenzen auf Kosten Polens erwogen worden. Im Sommer 1770 dehnt Österreich die Besetzung ehemals an Polen verpfändeter Städte in der Zips auf benachbarte polnische Gebiete aus. Die russischen Erfolge im Krieg mit dem Osmanischen Reich veranlassen Österreich, mit der Pforte 1771 ein Bündnis zu schließen, das Russland an der Gewinnung von Moldau und Walachei hindern soll. Daraufhin verständigt sich Russland am 17. Febr. 1772 mit Preußen über eine teilweise Annexion Polens. Österreich tritt dem Abkommen auf Drängen Kaiser JOSEPHS II. (1764/65–1790) am 5. Aug. bei. Russland erhält die Gebiete bis zur Düna und zum Dnjepr, fast 110 000 km²; Preußen Westpreußen ohne Danzig und Thorn (Toruń), das Bistum Ermland und den Netzedistrikt, rund 35 000 km²; Österreich Ostgalizien und Lodomerien (beide Ukraine), rund 70 000 km². Polen verliert ein Drittel seines Gebiets und etwa die Hälfte seiner Bevölkerung.

1773, 14. Okt. Aus den vom König geförderten Reformplänen, in denen sich Ideen der Aufklärung, u. a. von ROUSSEAU (*1712, †1778) und MONTESQUIEU (*1689, †1755) mit patriotischem Widerstand gegen die Teilungsmächte verbinden, entsteht unter Führung von HUGO KOLLĄTAJ (*1750, †1812) und STANISŁAW STASZIC (*1755, †1826) die Edukationskommission, »das erste Unterrichtsministerium Europas« (Verwendung der Güter des aufgehobenen Jesuitenordens für Zwecke der Volksbildung, 1773–1791).

1791, 3. Mai Der »Vierjährige Reichstag« (1788–1792) beschließt die **Mai-Verfassung**, die erste geschriebene Verfassung Europas: Der Thron wird im kursächsischen Haus erblich; *Liberum veto* und Konföderationsrecht werden abgeschafft; Regierung und Verwaltung werden modernisiert. Zwar bleibt der Vorrang des Adels bestehen, aber die Bürger der königlichen Städte erhalten das Wahlrecht und die Bauern Rechtsschutz.

1792, 27. April Unter russischer Einwirkung bildet sich gegen die Konstitution die Konföderation von Targowica (Torgowyza, Ukraine), russische Truppen marschieren ein. Der König muss der Konföderation beitreten und die von ihm beschworene Verfassung fallen lassen. Während Österreich und Preußen in den ersten Koalitionskrieg gegen das revolutionäre Frankreich eintreten, schicken sich russische Truppen an, Polen zu besetzen, woraufhin auch preußische Truppen einrücken.

1793, 23. Jan. Verständigung über die **Zweite Teilung Polens**: Russland und Preußen zwingen Polen zur Abtretung weiterer Gebiete: das übrige Litauen, die Hälfte von Wolhynien, Podolien u. a. (rund 236 000 km²) an Russland; Danzig, Thorn, Gnesen (Gniezno), Posen (Poznań), Kalisch (Kalisz) u. a. (rund 55 000 km²) an Preußen.

1794 **Nationale Erhebung der Polen** unter TADEUSZ KOŚCIUSZKO (*1746, †1817), der nach der Teilnahme am Amerikanischen Unabhängigkeitskrieg 1783 nach Polen zurückgekehrt ist. Sie wird von Russen und Preußen niedergeschlagen.

1795, 3. Jan. **Dritte Teilung Polens**: Russland und Österreich schließen den Teilungsvertrag, dem Preußen beitritt. Russland erhält die übrigen ostpolnischen Gebiete und Kurland (465 000 km²); Österreich Westgalizien mit Krakau und Sandomir (Sandomierz), Lublin, Radom u. a. (115 000 km²); Preußen Warschau, das Gebiet zwischen Weichsel, Bug und Njemen (»Neuostpreußen«), einen Teil des Gebietes von Krakau (145 000 km²). STANISLAUS II. AUGUST dankt ab. Damit endet die alte polnische *Rzeczpospolita*.

Das geteilte Polen (1795–1916)

Die Auflösung des Doppelreiches Polen-Litauen durch die drei benachbarten Großmächte führt in Polen zu tiefer Resignation, aber auch zu Bestrebungen nationaler Selbstbehauptung. Im übrigen Europa ruft die Unrechtshandlung ein Gefühl der Verbundenheit hervor, die sich in der zweiten Hälfte des 19. Jh.s jedoch verliert. Unter den Polen gibt es verschiedene Bestrebungen wieder einen eigenen Staat zu erlangen. Eine Großmacht, von der man sich stets Unterstützung erhofft, ist Frankreich. General JAN HENRYK DĄBROWSKI (*1755, †1818) kämpft unter NAPOLEON mit zwei polnischen Legionen in Italien gegen Österreich (1796–1801); das Legionslied **»Noch ist Polen nicht verloren«** wird populär und ist seit 1918 Nationalhymne. Fürst ADAM JERZY CZARTORYSKI (*1770, †1861) will den liberalen, polenfreundlichen Kurs des russischen Kaisers ALEXANDER I. (1801–1825) dazu nutzen, in Verbindung mit Russland die Wiedererrichtung Polens zu erreichen. Angesichts der Aussichtslosigkeit seines Vorhabens tritt er jedoch von seinem Amt als russischer Außenminister (1804–1806) zurück.

Durch den Erlass einer Verfassung schafft NAPOLEON 1807 aus den preußischen Anteilen der Teilungen 1793 und 1795 (sowie 1809 Westgalizien) mit dem **Herzogtum Warschau** (1807–1813) einen polnischen Rumpfstaat (Personalunion mit Sachsen unter FRIEDRICH AUGUST I.), der von Frankreich abhängig bleibt. Reformpolitische Ansätze im Sinne des 1808 eingeführten *Code Napoléon* (Bauernbefreiung, rechtliche Gleichstellung der Bürger, teilweise Emanzipation der Juden) bleiben unzulänglich.

Aus machtpolitischen Erwägungen verhindern England und Österreich russische Pläne, aus dem größten Teil des polnischen Territoriums unter der Oberhoheit des Zaren ein geeintes Polen zu bilden. Daher beschließt der Wiener Kongress die Aufrechterhaltung der Teilung (sog. Vierte Teilung), deren Grenzen bis in den Ersten Weltkrieg stabil bleiben. Die Bestimmungen der Schlussakte über Einheit der Nation, Erhalt der polnischen Sprache, Durchlässigkeit der Grenzen, Recht auf eigene Repräsentation und Institutionen werden von vornherein kaum eingehalten.

Das russische Teilungsgebiet

Der russische Anteil (»Kongresspolen«, 82 % des Territoriums, Mehrheit der Bevölkerung) wird als **»Königreich Polen« in Personalunion mit dem Russischen Reich** »auf ewig« verbunden. Die vergleichsweise liberale Verfassung ermöglicht weitgehende Eigenständigkeit der Verwaltung, Bildung (1816 Universität Warschau gegründet), Entwicklung der Wirtschaft (Industrialisierung, Textilindustrie in Lodz/Łódź) und Besserstellung der Bauern. Regierung und Heer stehen unter russischer Kontrolle.

1830/1831 Der **»Novemberaufstand«** beginnt als Putsch junger adeliger Offiziersanwärter, führt zu einer Nationalregierung unter Adam Czartoryski, zur Absetzung von Nikolaus I. (1825–1855) und der Romanow-Dynastie durch den Sejm (1831) sowie zu einem russisch-polnischen Krieg, der im Okt. 1831 mit einer schweren Niederlage der Aufständischen endet. Ein erheblicher Teil der politisch aktiven Elite (über 8000) folgt den nach 1795 Emigrierten ins **Exil nach Westeuropa** (Paris); 1832 Teilnahme am Hambacher Fest. Die »Große Emigration«, in die zwei Lager der demokratischen Revolutionäre (Joachim Lelewel; *1786, †1861) und des konservativen Adels (Fürst Adam Czartoryski) gespalten, bleibt politisch aktiv.

1832 Nikolaus I. erlässt das »Organische Statut«, das die Verfassung von 1815 ablöst: Die russische Kontrolle wird verschärft, Sejm und Heer werden aufgelöst, höhere Bildungseinrichtungen geschlossen.

1863 Die beabsichtigte Aushebung von 10 000, der Konspiration verdächtigen jungen Männern als Rekruten, führt zum **Januaraufstand**. Preußen und Russland verständigen sich über die gemeinsame Verfolgung flüchtiger Aufständischer (»Alvenslebensche Konvention«). Wie die vorherigen Aufstände scheitert auch dieser an schlechter Vorbereitung, Schwierigkeiten der Organisation über die Teilungsgrenzen hinweg und unzureichender Mobilisierung breiter Schichten.

1864 Der Aufstand wird niedergeschlagen, die Teilnehmer werden hart bestraft, die Russifizierung wird verschärft; amtlich ist nur noch vom »Weichselland« die Rede. Diese Niederlage hat eine Hinwendung der aktiven Kräfte zu einer systematischen Aufbau- und Reformarbeit (»Organische Arbeit«) zur Folge, die auch die allmählich anwachsenden, bisher vom Adel weitgehend ignorierten bürgerlichen und Arbeiterschichten in einen nationalen Modernisierungsprozess einbezieht.

1892 Gründung der Polnischen Sozialistischen Partei (PPS), zu deren Führungsfigur Józef Piłsudski (*1867, †1935) wird. 1897 folgt die Nationaldemokratische Partei (*Endecja*) unter Roman Dmowski (*1864, †1939). Die beiden Parteien führen fortan die beiden großen politischen Lager an.

1905 Polnische Beteiligung an den revolutionären Unruhen in Russland. Im russischen Parlament, der Duma, sind ab 1906 polnische Abgeordnete vertreten.

Das österreichische Teilungsgebiet

Das österreichische Teilgebiet wird als **»Königreich Galizien und Lodomerien«** in den habsburgischen Reichsverband aufgenommen. Der in der Hauptstadt Lemberg (polnisch Lwów, ukrainisch Lwiw) tagende Landtag hat mehr Kompetenzen als andere, der kaisertreue Adel kann seine dominierende Position erhalten.

1815 Die durch den Wiener Kongress geschaffene **Republik Krakau** erhält zwar in ihrer Verfassung eine Selbstverwaltung, wird aber von den drei Teilungsmächten kontrolliert.

1846 Der nationalpolitisch motivierte **Krakauer Aufstand** einer kleinen Verschwörergruppe geht in einem blutigen Aufstand der Bauern gegen die Grundherren auf und wird rasch niedergeschlagen. Als Folge des Aufstandes annektiert Österreich die Krakauer Republik.

1849 Unter dem Statthalter für Galizien, Graf Agenor Gołuchowski (*1812, †1875), beginnt eine Politik des Ausgleichs mit Wien (Polen im Reichsrat und in der Regierung), wachsender Autonomie und fortschreitender Polonisierung (1869 Polnisch als Amts- und Gerichtssprache zugelassen), die eine zunehmende nationale Konfrontation mit den Ukrainern nach sich zieht.

Das preußische Teilungsgebiet

Der vom Wiener Kongress Preußen zugesprochene Anteil, das **Großherzogtum Posen**, erhält entgegen dem »Zuruf« König Friedrich Wilhelms III. (1797–1840) keine eigene Verfassung. Es wird zunächst von Fürst Anton Radziwiłł (*1775, †1833), der dem Haus Hohenzollern

Teilungen Polens

nahe steht, als Statthalter (1815–1831) und mit überwiegend polnischen Beamten verwaltet.

1827 Der erste Landtag tritt zusammen (polnische Mehrheit, Verhandlungen zweisprachig). Nach 1830 entwickeln sich zunehmend nationalpolitische Spannungen: Ernennung von Beamten, Frage evangelisch (deutsch)-katholischer (polnischer) Ehen (»Mischehenstreit«), Schule sowie Kauf von Grund und Boden.

1847 Im »Polenprozess« stehen 254 der Aufstandsvorbereitung unter Führung von Ludwik Mierosławski (*1814, †1878) verdächtigte Polen vor Gericht, etwa die Hälfte wird inhaftiert, nach der Berliner Märzrevolution 1848 werden sie wieder befreit. Nach der Niederschlagung des **Aufstandes in Posen** werden Schritte zur Aufhebung der Sonderstellung und Zurückdrängung der polnischen Sprache und Bildung eingeleitet; der »Bodenkampf« verschärft sich nach der Gründung des Deutschen Kaiserreiches 1871.

1874 Der von Reichskanzler Bismarck begonnene **»Kulturkampf« gegen die Katholische Kirche** soll mit der Verhaftung des Erzbischofs von Gnesen-Posen, Graf Mieczysław Ledóchowski (*1822, †1902), und von fast hundert Priestern nationale Repräsentanten der Polen treffen, erreicht aber nur eine Verhärtung der Fronten.

1885/1886 Ausweisung der aus den russischen und österreichischen Teilgebieten gekommenen polnischen und jüdischen Landarbeiter aus Preußen.

1894 **Gründung des »Ostmarkenvereins«** zur Förderung deutscher Ansiedlung in den polnischen Gebieten und entsprechender politischer Einflussnahme in Berlin.

1901 und 1906/1907 Schulstreiks gegen die Verdrängung des Polnischen aus dem Schulunterricht.

1904 Als der Bauer Michał Drzymała (*1857, †1937) auf das »Feuerstättengesetz« (Verhinderung von Neubauten auf neu gekauftem Land) mit der Niederlassung in einem Wohnwagen auf seinem Grundstück reagiert, trifft er auf ein breites öffentliches Echo. Das Gesetz soll die Neuansiedlung polnischer Kolonisten verhindern.

Die nationale und gesellschaftliche Entwicklung

Das Scheitern der großen Aufstände im geteilten Polen bewirkt zusammen mit der wirtschaftlichen und sozialen Entwicklung, dass die nationalpolitische Dominanz des Adels verblasst und durch die allmählich anwachsenden und sich differenzierenden Bürger- und Arbeiterschichten und ihre Parteien ersetzt wird. Dieser Prozess verläuft in den drei Teilungsgebieten zunehmend unterschiedlich, je länger und tiefer sie in die Strukturen und Entwicklungen der Teilungsmächte eingebunden sind. Gemeinsamkeit über die Grenzen hinweg repräsentieren neben der katholischen Kirche die Intellektuellen, Künstler, Dichter und Musiker, die aus der Volkskultur schöpfen und so das Bewusstsein der nationalen Eigenart wach halten. Sie weisen nicht allein auf Größe und Macht, sondern auch auf Fehlverhalten in der Vergangenheit hin (Jan Matejko [*1838, †1893] mit seinen bis heute populären Historienbildern), zugleich führen sie die polnische Kultur gleichrangig und wegweisend in die europäische ein, z. B. Frédéric Chopin (*1810, †1849), Stanisław Moniuszko (*1819, †1872, Oper »Halka«), Adam Mickiewicz (*1798, †1855, Nationalepos »Pan Tadeusz«) oder Henryk Sienkiewicz (*1846, †1916). Der unveränderlich scheinende Druck der »negativen Polenpolitik« der Teilungsmächte und das nachlassende internationale Interesse an der »polnischen Frage« führen in Polen immer mehr zu der Vorstellung, die Wiedererlangung eines eigenen Staates könne nur noch in einem großen Krieg erreicht werden, der die Verhältnisse in Europa aufbricht und neu ordnet. Diese Chance eröffnet der Ausbruch des Ersten Weltkrieges.

Polen (1916–1945)

Der Ausbruch des Krieges zwischen Russland und den Mittelmächten eröffnet der polnischen Nation die Aussicht auf die Wiedererrichtung eines unabhängigen eigenen Staates. Józef Piłsudski verfolgt dieses Ziel durch Einsatz polnischer Legionäre auf österreichisch-ungarischer Seite gegen Russland (6. Aug. 1914 von Krakau aus Marsch auf Kielce) und die Gründung nationaler Organisationen (17. Dez. 1915 Zentrales Nationalkomitee), Roman Dmowski dagegen durch Anlehnung an Russland und die Westmächte (8. Aug. 1914 Loyalitätserklärung durch den Polenklub in der Duma, 25. Nov. 1914 Polnisches Nationalkomitee). In den USA, Frankreich und Großbritannien werben polnische Politiker für ein unabhängiges Polen (Polnische Auslandsaktion). Die drei Krieg führenden Teilungsmächte spielen die **polnische Frage** jeweils gegeneinander aus. Während Deutsche und Russen als Besatzungsmächte den Polen eine begrenzte Teilautonomie unter ihrer Vormundschaft in Aussicht stellen, strebt die habsburgische Politik die Angliederung Polens an ihren Vielvölkerstaat an (»austropolnische Lösung«). Ein Großteil der Kampfhandlungen, bei denen auf beiden Seiten ca. 1,5 Mio. polnische Soldaten eingesetzt sind (polnische Verbände nur als Hilfstruppen), spielt sich mit schweren Verwüstungen auf polnischem Gebiet ab.

1916, 5. Nov. Die Mittelmächte Deutschland und Österreich-Ungarn proklamieren ein »Königreich Polen«.

6. Dez. Deutsch-österreichische Verordnung über die Bildung eines polnischen Staatsrats in Warschau (eröffnet 14. Jan. 1917).

1917, 2. Juli Józef Piłsudski, Organisator und Führer der polnischen Legionen, tritt aus dem Staatsrat aus, da die polnischen Forderungen nach mehr Unabhängigkeit gegenüber den deutschen und österreichisch-ungarischen Exekutivorganen (Generalgouverneure) nicht erfüllt werden. Er wird von den Deutschen gefangen gesetzt und bleibt bis Anfang Nov. 1918 in Magdeburg in Haft.

15. Aug. In Lausanne wird das **»Polnische Nationalkomitee«** mit Sitz in Paris unter Leitung Roman Dmowskis und Beteiligung des in den USA wirkenden Pianisten Ignacy Paderewski (*1860, †1941) gegründet.

12. Sept. Durch ein kaiserliches »Patent betreffend die Staatsgewalt im Königreich Polen« wird ein Regentschaftsrat als polnische Regierung unter deutscher Kontrolle geschaffen.

1918, 8. Jan. US-Präsident Woodrow Wilson definiert im 13. seiner »Vierzehn Punkte« die **Wiedererrichtung Polens** (»alle Gebiete mit unzweifelhaft polnischer Bevölkerung«) mit freiem Zugang zum Meer als alliiertes Kriegsziel.

16. März Im Frieden von Brest-Litowsk verzichtet die Regierung Lenin auf Polen.

28. Sept. Die Westmächte erkennen die polnische »Blaue Armee« unter General Józef Haller de Hallenburg (*1873, †1960) als »alliierte und kriegführende Armee« an.

14. Nov. Der Regentschaftsrat tritt zurück und überträgt **Piłsudski die Staatsgewalt.** Piłsudski, als »Vorläufiger Staatschef« mit umfassenden Kompetenzen ausgestattet, bildet mit der provisorischen Regierung unter Ministerpräsident Jędrzej Moraczewski (*1870, †1944) die erste Regierung eines unabhängigen Polen (international verkündet am 16. Nov.).

23. Nov. Polen erobert Lemberg gegen die Ukrainer.

27.–28. Dez. Einnahme der Stadt Posen.

1919, 18. Jan. Bildung der Koalitionsregierung unter Ignacy Paderewski, der auch als Außenminister die polnische Delegation bei der Pariser Friedenskonferenz leitet. Die überwiegend militärischen Konflikte mit den Nachbarstaaten um die Grenzen dauern an.

20. Febr. Verabschiedung der vorläufigen »Kleinen Verfassung« und damit offizielle **Gründung der (Zweiten) Polnischen Republik.**

28. Juni Polen unterzeichnet den Minderheitenschutzvertrag als Vorbedingung für den Gebietserwerb im Westen.

Polen 1918–1939

8. Dez. **Festlegung der Curzon-Linie**, die der britische Außenminister George Curzon (*1859, †1925) für die Beilegung des sowjetisch-polnischen Konflikts als polnische Ostgrenze vorschlägt, durch die Alliierten. Sie verläuft von der Bahnlinie Dünaburg (Daugavpils) über Wilna (Vilnius) und Grodno (Hrodna) nach Brest, von dort längs des Bug bis über Kryłów, quer durch Galizien über Rawa Ruska nach Przemyśl und weiter nach Süden.

1920, April–Okt. **Polnisch-russischer Krieg**: Im Bündnis mit der Ukrainischen Nationalrepublik unter Symeon Petljura (*1879, †1926) beginnt Piłsudski eine Offensive und stößt bis Kiew vor. Der Gegenvorstoß der Roten Armee kann mit französischer Unterstützung vor Warschau zurückgeworfen und in weite territoriale Gewinne verwandelt werden (bekannt als »Wunder an der Weichsel«). Der Vorfriede von Riga (12. Okt.) beendet die Kämpfe.

9. Okt. Polnische Truppen besetzen das Wilna-Gebiet.

1921, 19. Febr. Bündnisvertrag mit Frankreich, ergänzt durch eine geheime Militärkonvention (21. Febr.).

17. März Annahme einer parlamentarisch-demokratischen Verfassung nach französischem Vorbild («Märzverfassung«).

18. März Der Friedensvertrag von Riga setzt die polnische Ostgrenze fest, die ca. 250 km über die Curzon-Linie hinausgeht, aber nicht die Grenze von 1772 erreicht. Sie schließt große nicht polnische Bevölkerungsgruppen ein, die zusammen mit den weiteren nationalen Minderheiten (1921: 4 Mio. Ukrainer, 2,1 Mio. Juden, 1,1 Mio. Weißrussen, 1,1 Mio. Deutsche sowie Litauer, Russen, Tschechen u. a.) 30 % der Gesamtbevölkerung von rund 27 Mio. stellen; die damit verbundenen Probleme belasten die Zweite Republik dauerhaft.
Die polnische Außenpolitik zwischen den Weltkriegen ist bestimmt durch die Notwendigkeit, v. a. gegen den Revisionismus des Deutsche Reich und der Sowjetunion Sicherheit zu erreichen, der u. a. Bündnisse mit Frankreich und Rumänien dienen sollen. Die Innenpolitik wird v. a. durch die Aufgabe bestimmt, die unterschiedlich entwickelten Teile des Staates politisch und wirtschaftlich zusammenzuführen.

20. März **Abstimmung in Oberschlesien** über die Zugehörigkeit zu Polen oder Deutschland; sie beendet die Unruhen in den Abstimmungsgebieten nicht.

1922, 17. März Freundschaftsverträge mit Lettland und Estland zum Schutz gegen Sowjetrussland.

24. März Das Wilna-Gebiet wird offiziell in den polnischen Staat eingegliedert (Zustimmung der alliierten Botschafterkonferenz, die auch die Annexion Ostgaliziens bestätigt, am 15. März 1923).

15. Mai Deutsch-polnisches Abkommen in Genf über Oberschlesien mit Regelung der Minderheitenrechte und technischer Fragen.

5. Nov. Sejmwahlen mit Erfolg der Nationaldemokraten.

9. Dez. Piłsudski, der eine Wahl zum Präsidenten ablehnt, tritt zurück, bleibt aber Chef des Generalstabes.

16. Dez. Gabriel Narutowicz (*1865), Piłsudskis Nachfolger als Präsident, wird ermordet.

20. Dez. Stanisław Wojciechowski (*1869, †1953) wird

mit Unterstützung Piłsudskis Staatspräsident. Ein **ukrainischer Aufstand in Ostgalizien** wird unterdrückt.

1923, 30. Mai Piłsudski legt sämtliche Ämter nieder und zieht sich zurück.

20. Dez. In Anbetracht der unüberbrückbaren innenpolitischen Gegensätze und zur Behebung einer **Wirtschafts- und Finanzkrise** wird eine Regierung der Fachleute unter Władysław Grabski (*1874, †1938) gebildet. Stabilisierung der Währung und der politischen Führung.

1925, 10. Febr. Konkordat mit dem Vatikan, dem die Neuordnung der katholischen Bistümer entsprechend den Staatsgrenzen folgt (28. Okt.).

13. Nov. Rücktritt Grabskis, Nachfolger ist Aleksander Graf Skrzyński (*1882, †1932), dessen Regierung die wirtschaftlichen und inneren Probleme ebenfalls nicht meistern kann.

28. Dez. Gesetz zur Bodenreform, von dem besonders die deutschen Großgrundbesitzer betroffen sind. Insgesamt bleibt die Lösung der Agrarfrage in Polen schwierig (Übervölkerung des Dorfes durch die realteilenden Kleinbauern).

1926, 12.–14. Mai **Militärputsch Piłsudskis**: Die Regierung von Wincenty Witos (*1874, †1945) – seit 10. Mai im Amt – wird zum Rücktritt gezwungen.

14. Mai Staatspräsident Wojciechowski legt sein Amt nieder. Kazimierz Bartel (*1882, †1941) bildet eine Regierung der Fachleute mit Piłsudski als Kriegsminister.

31. Mai Piłsudski wird zum Präsidenten gewählt, lehnt die Wahl aber ab.

1. Juni Ignacy Mościcki (*1867, †1946) wird Staatspräsident.

2. Aug. Eine Verfassungsrevision stärkt den Staatspräsidenten durch das Recht zur Parlamentsauflösung.

2. Okt. Piłsudski wird Ministerpräsident (bis Juni 1928), um seine Politik der »Heilung« (*sanacja*) zu betreiben. Seine »moralische Diktatur«, die er auch nach seinem Rücktritt als Ministerpräsident weiterführt, beruht maßgeblich auf seiner uneingeschränkten Autorität im Heer; in der folgenden Zeit entfremdet er sich der Polnischen Sozialistischen Partei (PPS) und bemüht sich um verstärkten Einfluss im Sejm durch Aufbau des »Parteilosen Blocks der Zusammenarbeit mit der Regierung«.

1928, 4./11. März Bei Sejmwahlen erreicht das »Regierungslager« die relative Mehrheit; im Sejm verschärft sich der Gegensatz der Regierung zu den Nationaldemokraten Roman Dmowskis und den übrigen Oppositionsparteien.

27. Aug. Polen tritt dem Briand-Kellogg-Pakt zur Ächtung des Krieges bei und bemüht sich, das Verhältnis zur Sowjetunion zu entspannen; das Litwinow-Protokoll (»Ostpakt«) mit der Sowjetunion über den Verzicht auf Krieg als Mittel zur Lösung strittiger Fragen wird am 9. Febr. 1929 unterzeichnet.

1929, 31. Okt./5. Dez. Im Zusammenhang mit dem Kampf um eine Verfassung, die den Sejm schwächen soll, schließen sich die Parteien der Mitte zu dem Oppositionsblock »Zentrumslinke« (*Centrolew*) zusammen und stürzen die erste Offiziers-»Regierung der Obersten« unter Kazimierz Świtalski (*1886, †1962).

1930, 25. Aug. Piłsudski wird wieder Ministerpräsident, löst den Sejm auf und setzt Neuwahlen an (30. Aug.).

10. Sept. Die Führer der Opposition (ca. 70 Personen) werden inhaftiert.

15. Sept. Harte »Pazifikationen« gegen die terroristische Organisation ukrainischer Nationalisten in Ostgalizien (1932 vom Völkerbund gebilligt).

17. Nov. Sejmwahlen unter Druck und Einschüchterung bringen einen Sieg des Regierungsblocks Piłsudskis (247 von 444 Sitzen).

28. Nov. Piłsudski tritt aus Gesundheitsgründen zurück. Nachfolger als Ministerpräsident wird Oberst Walery Sławek (*1879, †1939).

1931, März Alle polnischen Bauernparteien schließen sich zur »Volkspartei« (*Stronnictwo Ludowe*, SL) unter Wincenty Witos zusammen.
Im Laufe des Jahres steigende Wirtschaftskrise, die zu Sparmaßnahmen, Zollerhöhungen und Einfuhrverboten führt.

1932, 25. Juli Abschluss eines **Nichtangriffspakts** mit der **Sowjetunion** auf fünf Jahre.

2. Nov. Oberst Józef Beck (*1894, †1944) wird Außenminister.

1933, März Als Demonstration gegen die Regierung Hitler lässt Piłsudski die Westerplatte im Hafen der Freien Stadt Danzig militärisch besetzen.
Eröffnung der Kohlenbahn von Ostoberschlesien nach dem neuen Hafen Gdingen (Gdynia).

23. März Durch ein »Ermächtigungsgesetz« erhält der Staatspräsident das Recht, Verordnungen mit Gesetzeskraft zu erlassen.

8. Mai Ignacy Mościcki wird als Staatspräsident wiedergewählt.

Nov. Eine Sondierung Piłsudskis bei der französischen Regierung wegen eines Präventivschlages gegen das nationalsozialistische Regime in Deutschland bleibt unbeantwortet. Hitler verstärkt sein »friedenspolitisches« Angebot an Polen.

1934, 26. Jan. **Nichtangriffsvertrag mit dem Deutschen Reich**, der auf zehn Jahre befristet ist: Ende des neunjährigen Zollkrieges, Verständigung über gute Zusammenarbeit. Anschließend folgen wirtschaftliche Abkommen zwischen Polen und Deutschland.
Aus dem Ausgleich mit Deutschland, der jedoch eine Abkühlung der Beziehungen zu Frankreich nach sich zieht, entwickelt Außenminister Beck in den folgenden Jahren eine lose an das Deutsche Reich angelehnte Politik der Unabhängigkeit, die auf die Führung Polens in einem »Dritten Europa« abzielt.

5. Mai Der Nichtangriffsvertrag mit der Sowjetunion wird um zehn Jahre verlängert.

13. Sept. Polen kündigt den Minderheitenschutzvertrag: Minderheiten können nicht mehr direkt an den Völkerbund appellieren.

1935, 23. April Präsident Mościcki setzt eine neue, am 16. Jan. vom Senat angenommene, auf die Person Piłsudskis zugeschnittene Verfassung (**»Aprilverfassung«**) in Kraft. Der vor »Gott und der Geschichte«

verantwortliche Staatspräsident wird zur allein maßgeblichen Macht: von Wahlmännern gewählt, kann er in Krisenzeiten seinen Nachfolger selbst bestimmen, die Regierung sowie den Oberbefehlshaber ernennen und entlassen und die Gesetzgebung entscheidend bestimmen. Der Sejm wird weitgehend zugunsten des Senats entmachtet, der zu einem Drittel vom Präsidenten ernannt wird. Damit ist das von den Parteien oft missbrauchte parlamentarisch-demokratische System nun auch de jure aufgehoben. Polen ist unter der **»autoritären Regierung«** weder eine Demokratie noch ein totalitärer Staat nach faschistischem oder nationalsozialistischem Vorbild. Zu beidem fehlen die integrierenden und ideologischen Elemente. Trotz wirtschaftspolitischer Erfolge (Weltwirtschaftskrise) und persönlicher Autorität Piłsudskis ist Polen im Innern gespalten: Die Masse der Bauern und Arbeiter steht abseits, das nationaldemokratische Bürgertum in innerer Opposition. Die Herrschaft Piłsudskis ist auf die Macht der Armee gegründet.

12. Mai Tod Piłsudskis. Nachfolger in der Armee- und damit faktisch der Staatsführung wird General (später Marschall) Edward Rydz-Śmigły (*1886, †1941).

8. Sept. Sejmwahlen mit geringer Wahlbeteiligung ergeben eine Dreiviertelmehrheit des Regierungsblocks, der bald darauf zerfällt.

1936, 15. Juli Rydz-Śmigły wird vom Staatspräsidenten zur leitenden Persönlichkeit des ganzen Staates (Generalstabschef und »Staatsführer«) erklärt.

1937, 1. März Gründung eines »Lagers der nationalen Einigung«: die Sammelbewegung aus Kräften der z. T. radikalen politischen Rechten ist ein erfolgloser Versuch, die Regierung durch eine breite Organisation im Volk zu stützen.

1938, 17. März Polnisches Ultimatum an Litauen, Beziehungen zu Polen aufzunehmen und die Wilna-Grenze anzuerkennen; Litauen akzeptiert.

21. Mai Ein Beschluss des »Lagers der nationalen Einigung« fordert die Verdrängung der Juden aus dem öffentlichen Leben.

1. Okt. Die Tschechoslowakei muss das zwischen beiden Ländern umstrittene Olsagebiet (Teschen, polnisch Cieszyn, tschechisch Český Těšín) an Polen abtreten.

1939, 26. März Polen lehnt die Forderung Hitlers endgültig ab, seine Vorschläge zum Anschluss Danzigs an das Deutsche Reich und zu Verkehrsverbindungen durch den »Polnischen Korridor« unverändert anzunehmen sowie dem Antikominternpakt beizutreten.

28. April Hitler kündigt den deutsch-polnischen Nichtangriffsvertrag von 1934.

25. Aug. Unterzeichnung eines **britisch-polnischen Beistandspakts**. Hitler zieht seinen für den 26. Aug. erteilten Angriffsbefehl auf Polen zurück.

30. Aug. Nach gescheiterten Verhandlungen in Berlin und einem deutschen Ultimatum an Polen erfolgt die Mobilmachung der Armee.

31. Aug. Der **fingierte Überfall** von SS-Männern in polnischer Uniform **auf den Sender Gleiwitz** (Gliwice) schafft einen Vorwand für den deutschen Angriff auf Polen.

1. Sept. **Deutscher Angriff auf Polen.**

3. Sept. Gemäß ihren Beistandsverpflichtungen gegenüber Polen erklären Großbritannien und Frankreich den Krieg an das Deutsche Reich.

17. Sept. Einmarsch sowjetischer Truppen in Ostpolen entsprechend den deutsch-sowjetischen Vereinbarungen des Hitler-Stalin-Paktes vom 23. Aug. Die Sowjetunion erklärt die Republik Polen für nicht mehr existent. Die polnische Staatsführung weicht nach Rumänien aus, wo sie interniert wird.

27. Sept. Warschau kapituliert.

29. Sept. Beginn der Aufstellung exilpolnischer Truppen.

30. Sept. Präsident Mościcki tritt zugunsten von Władysław Raczkiewicz (*1885, †1947), der sich bereits im Exil befindet, zurück. General Władysław Sikorski (*1881, †1943) bildet eine Exilregierung unter Beteiligung aller polnischen Parteien mit Sitz in Paris, später in London.

Sept./Okt. Dem Großdeutschen Reich werden die Gebiete Danzig-Westpreußen, Warthegau und die Regierungsbezirke Zichenau (Ciechanów) und Kattowitz (Katowice) eingegliedert.

26. Okt. Aus dem übrigen besetzten Polen wird ein **Generalgouvernement** (ab 8. Juli 1940 »Nebenland« des Großdeutschen Reiches) unter Hans Frank (*1900, †1946) mit Sitz in Krakau gebildet. Es beginnen die Ausplünderung des Landes, die Deportation von Arbeitskräften ins Reichsgebiet und umfangreiche Terrormaßnahmen besonders gegen die polnische Intelligenz und die katholische Geistlichkeit, die zur physischen Ausrottung der Führungsschicht führen.

1.–2. Nov. Die UdSSR annektiert die besetzten weißrussischen und westukrainischen Gebiete Polens.

8. Nov. Aufstellung einer Untergrundarmee unter General Stefan Rowecki (»Grot«, *1895, †1944).

15. Nov. Erste von vielen **Deportationswellen polnischer und jüdischer Bevölkerung** aus den »eingegliederten Ostgebieten« in das Generalgouvernement.

1940, 14. Nov. Absperrung und permanente Übervölkerung des Warschauer Ghettos.

1941, 22. Juni Der deutsche Angriff auf die Sowjetunion führt zur Besetzung Ostpolens (1939 von der Sowjetunion besetzt). Mit Beginn des »Ostfeldzuges« wird durch Einsatzgruppen des deutschen SD und von SS-Kommandos die »Endlösung« der sog. Judenfrage eingeleitet (Befehl vom 31. Juli 1941). Errichtung der Vernichtungslager Auschwitz (Oświęcim), Majdanek (Lublin), Treblinka, Sobibór u. a., wo, auch mithilfe von Gaskammern, Millionen Juden aus dem deutsch beherrschten Europa ermordet werden.

14. Aug. Polnisch-sowjetisches Militärabkommen über die Aufstellung polnischer Verbände (»Anders-Armee«) in der Sowjetunion unter General Władysław Anders (*1892, †1970).

4. Dez. Die polnische Exilregierung schließt in Moskau einen Freundschafts- und Beistandspakt.

1942, Jan. Gründung der kommunistischen Polnischen Arbeiterpartei (*Polska Partia Robotnicza*, PPR) unter sowjetischer Protektion.

3. Febr. Die Exilregierung ernennt einen Nationalrat und einen Sejm; polnische Untergrundstreitkräfte werden

zur **Armia Krajowa** (**AK, »Armee im Lande«**) zusammengefasst.

März Nach Konflikten mit der Moskauer Regierung setzt General ANDERS die Ausreise aller polnischen Armeeangehörigen (über 44 000) nach Iran durch.

1943 Zunehmende Spannungen zwischen der polnischen Exilregierung und der Sowjetunion wegen der Zugehörigkeit der ostpolnischen Gebiete und ihrer Bevölkerung.

13. April Entdeckung von **Massengräbern** von Tausenden von den Sowjets erschossenen polnischen Militärs **bei Katyn** (westlich von Smolensk). Die Sowjetunion behauptet, sie seien von Deutschen ermordet worden. Die polnische Exilregierung fordert eine Untersuchung durch das Rote Kreuz.

19. April–16. Mai **Aufstand im Warschauer Getto**: Die verbliebenen 60 000 jüdischen Bewohner (nachdem über 300 000 in Vernichtungslager abtransportiert wurden) widersetzen sich dem Räumungsbefehl, worauf die Räumung in erbitterten Kämpfen erzwungen wird.

26. April Die Sowjetunion bricht die Beziehungen zur Exilregierung ab.

Mai Bildung der »Union polnischer Patrioten in der Sowjetunion«.

30. Juni Nach der Verhaftung General ROWECKIS übernimmt General TADEUSZ BÓR-KOMOROWSKI (*1895, †1966) die Führung der Armia Krajowa.

13. Juli Nachdem Ministerpräsident SIKORSKI bei einem Flugzeugabsturz ums Leben gekommen ist (4. Juli), bildet STANISŁAW MIKOŁAJCZYK (*1901, †1966) eine neue Exilregierung.

Nov./Dez. Auf der Konferenz in Teheran gestehen die Westmächte Polen eine Grenze zur Sowjetunion zu, die der sog. Curzon-Linie entsprechen soll. Polen soll dafür mit deutschen Gebietsteilen bis zur Oder-Neiße-Linie entschädigt werden.

1944, 1. Jan. Gründung des kommunistischen Landesnationalrats in Warschau unter BOLESŁAW BIERUT (*1892, †1956) und Beginn der Aufstellung einer »Volksarmee« (*Armia Ludowa*, AL).

9. Jan. Die Exilregierung gründet den »Rat der Nationalen Einheit« (*Rada Jedności Narodowej*), um westlich orientierte Parteien und Organisationen zu sammeln.

18. Mai In Italien kämpfende Verbände der »Anders-Armee« erobern Montecassino.

Juli Ankündigung der Sowjetunion, das vom Landesnationalrat eingesetzte »Polnische Komitee für die Nationale Befreiung« (*Polski Komitet Wyzwolenia Narodowego*, das sog. **Lubliner Komitee**) unter EDWARD OSÓBKA-MORAWSKI (*1909, †1997) anzuerkennen.

1. Aug.–2. Okt. **Warschauer Aufstand** der Armia Krajowa unter General BÓR-KOMOROWSKI. Bemühungen um rechtzeitige Unterstützung durch die vor Warschau stehende Rote Armee und die amerikanisch-britische Luftwaffe scheitern an der Verweigerung durch die UdSSR. Nach gewaltigen Verlusten an Soldaten und Zivilbevölkerung sowie der systematischen, fast vollständigen Zerstörung Warschaus durch deutsche Verbände müssen die Aufständischen kapitulieren.

3.–10. Aug. Auf STALINS Aufforderung verhandelt Ministerpräsident MIKOŁAJCZYK erfolglos mit dem Lubliner Komitee in Moskau.

9.–17. Okt. Auf der Moskauer Konferenz von STALIN, CHURCHILL und dem US-Botschafter in Moskau, AVERELL HARRIMAN (*1891, †1986) als Beobachter, verweigert MIKOŁAJCZYK die Anerkennung der sowjetischen territorialen Forderungen. In der Folge erklären Großbritannien und die USA, die Unabhängigkeit Polens nur in Übereinstimmung mit der UdSSR und ohne Garantie der Grenzen anerkennen zu wollen.

24. Nov. MIKOŁAJCZYK tritt zurück, Nachfolger wird TOMASZ ARCISZEWSKI (*1877, †1955).

1945, 1. Jan. Das **Lubliner Komitee** erklärt sich zur **»Provisorischen Regierung«** unter EDWARD OSÓBKA-MORAWSKI als Ministerpräsidenten; die Exilregierung protestiert vergeblich. | Forts. S. 1548 |

Tschechoslowakei und Ungarn (1918–1945)

Tschechoslowakei 1918–1939/45

| Forts. v. S. 990 |

In dem neuen, 1918 unabhängig gewordenen Staat, amtlich *Československá Republika* (ČSR), leben zu 46 % Tschechen, 13 % Slowaken, 28 % Deutsche, 8 % Ungarn, 3 % Ukrainer, ferner Polen.

Während in den Randgebieten des böhmischen Beckens eine meist deutschsprachige Bevölkerung lebt, überwiegt in den zentralen ländlichen Gebieten Böhmens und Mährens bis weit ins 19. Jh. die tschechischsprachige Bevölkerung. Tschechischer Nationalismus begann im frühen 19. Jh. als aufklärerische Sprachbewegung (JOSEF DOBROVSKÝ, *1753, †1829), gewinnt im Vormärz national-romantische Züge und wird in der Revolution 1848, verstärkt aber nach 1860, zur politischen Bewegung mit Schwerpunkt in den österreichischen Kronländern Böhmen und Mähren: Sie interpretiert das übernationale böhmische Staatsrecht zu einem nationalen tschechischen Staatsrecht um und leitet daraus national-politische Forderungen ab. Während die Versuche eines gesetzlich geregelten Ausgleichs zwischen den deutschen und den tschechischen Parteien in Böhmen um 1890 scheitern, einigen sie sich im »Mährischen Ausgleich« 1905 auf Nationalkataster zu den Wahlen.

Tschechische und slowakische Politiker, u. a. der Philosoph und Reichsratsabgeordnete von 1891–1893 und 1907–1914, TOMÁŠ GARRIGUE MASARYK (*1850, †1937), gehen nach Beginn des Ersten Weltkriegs nach Paris und London ins Exil und gründen am 14. Nov. 1915 das von den Entente-Mächten unterstützte »Aktionskomitee zur Errichtung eines tschechoslowakischen Staates im Ausland«, am 5. Nov. 1916 mit Zustimmung der französischen Regierung den »Nationalrat der tschechischen

Länder«. MASARYK reist 1917 ins revolutionäre Russland, wo aus Freiwilligen, Deserteuren und Kriegsgefangenen die »Tschechische Legion« aufgestellt wird.

1918, 30. Mai Der **Vertrag von Pittsburgh** zwischen MASARYK und Vertretern der Slowaken in den USA verspricht ihnen Autonomie im tschechoslowakischen Staat.

3. Juni Die Regierung in London erkennt den »Nationalrat der tschechischen Länder« als provisorische Regierung an, Frankreich folgt am 29. Juni. Die USA erkennen am 3. Sept. den »Nationalrat« als legitime Vertretung einer Krieg führenden Macht an.

14. Okt. Der Tschechoslowakische Nationalrat in Paris bildet eine Regierung mit MASARYK als Präsidenten und EDVARD BENEŠ (*1884, †1948) als Außenminister, der eine Entente-freundliche Linie vertritt.

28. Okt. In Prag wird die **Tschechoslowakische Republik ausgerufen**. In den folgenden Tagen schließt sich der Slowakische Nationalrat an. Die Karpato-Ukrainer (bisher ungarisch) erklären gegen Zusage der Autonomie, die später ebenso wenig wie den Slowaken gegenüber eingehalten wird, ihren Anschluss an die Tschechoslowakei. Die Deutschen Nordböhmens, Nordmährens und Österreichisch-Schlesiens erklären sich als »Provinzen« des »Staates Deutschösterreich«, doch geraten sie nach militärischer Besetzung rasch unter tschechische Verwaltung.

14. Nov. Die Nationalversammlung in Prag bestätigt die Republik: Präsidentschaft MASARYKS, vorläufige Verfassung.

1919, 4. März Generalstreik und Massendemonstrationen in Deutsch-Böhmen und -Mähren gegen das Verbot der Teilnahme an den Wahlen zur Nationalversammlung Deutschösterreichs: Das Eingreifen tschechischen Militärs fordert zahlreiche Todesopfer, v. a. in Eger (Cheb), Kaaden (Kadaň, Nordböhmen) und Sternberg (Šternberk, Nordmähren).

16. April Das Gesetz zur Bodenreform begründet die Enteignung des Großgrundbesitzes für bäuerliche Ansiedlung.

10. Sept. Der Minderheitenschutzvertrag zwischen der Tschechoslowakei und den alliierten und assoziierten Hauptmächten bildet die Rechtsgrundlage für die nationalen Minderheiten.

1920/21 Sicherung des Staates durch ein umfangreiches **Bündnissystem** (Frankreich, Polen; Kleine Entente mit Jugoslawien und Rumänien).

1920, 10. Jan. Die Gründung der von Rom unabhängigen reformistisch-katholischen Tschechoslowakischen Kirche (800 000 Mitglieder) schwächt den Einfluss der römisch-katholischen Kirche.

29. Febr. Die vorläufige Verfassung wird durch die endgültige Verfassung nach französischem Vorbild ersetzt.

18. April Parlamentswahlen unter einem Vielparteiensystem: Stärkste Partei sind bis 1925 die Sozialdemokraten, danach die Agrarier. Die folgenden Regierungen sind Koalitionsregierungen bürgerlich-demokratischer Couleur, meist mit Sozialisten.

1924, 25. Jan. Neuer Freundschafts- und Bündnisvertrag mit Frankreich.

1925 Gedenkfeier zu Ehren des tschechischen Reformators JAN HUS (*um 1370, †1415) in Prag.

6. Juli Der Hus-Tag wird Staatsfeiertag: Abbruch der diplomatischen Beziehungen zum Vatikan wegen der romfeindlichen neuhussitischen Bewegung und Differenzen im Verhältnis von Staat und Kirche (im Dez. 1927 durch Kompromiss gelöst).

1927, 27. Mai MASARYK wird wieder zum Staatspräsidenten gewählt.

1929, Mai Der Slowakenführer ADALBERT TUKA (*1860, †1946) wird wegen »militärischen Verrats und Vorbereitung eines Komplotts gegen die Republik« in Bratislava zu 15 Jahren Zuchthaus verurteilt: **Erbitterung in der Slowakei**.

1931, März Protest der Tschechoslowakei gegen den deutsch-österreichischen Zollunionsplan.

Sommer Die Wirtschafts- und Finanzkrise ergreift auch die Tschechoslowakei. Pläne zu regionalen Zusammenschlüssen im Donauraum scheitern (z. B. Zollbund mit Österreich und Jugoslawien).

1932 Eine französische Anleihe von 600 Mio. Francs wird zugesichert.

März BENEŠ betont, dass sein Land den französischen Donauplan von Ministerpräsident ANDRÉ TARDIEU billige, aber nur bei Beteiligung Deutschlands und Italiens. Der Tardieu-Plan scheitert damit.

1933, 16. Febr. Erneuerung der Kleinen Entente.
Die Machtübernahme HITLERS fördert die deutschnationalen Strömungen in den von der Wirtschaftskrise hart getroffenen sudetendeutschen Gebieten.

1. Okt. **Bildung der »Sudetendeutschen Heimatfront«**, die die Sammlung aller Sudetendeutschen anstrebt, unter Führung von KONRAD HENLEIN (*1898, †1945).

4. Okt. Selbstauflösung der sudetendeutschen Nationalsozialistischen Partei kurz vor ihrem drohenden Verbot.

1934, 26. April Der französische Außenminister JEAN LOUIS BARTHOU weilt in Prag, um die französisch-tschechischen Beziehungen gegenüber dem faschistischen Ausgreifen in den Donauraum zu intensivieren (Römische Protokolle).

24. Mai Wiederwahl MASARYKS zum Staatspräsidenten.

Nov. Studentenunruhen in Prag, als der Rektor der deutschen Prager Universität die Universitätsinsignien an die tschechische Prager Universität ausliefern muss.

1935, 30. April Änderung des Namens der »Sudetendeutschen Heimatfront« in »Sudetendeutsche Partei« (nach Verbot des Namens am 29. April).

16. Mai **Militärbündnis der Tschechoslowakei mit der UdSSR.**

19. Mai Bei Wahlen erhält die Sudetendeutsche Partei zwei Drittel aller deutschen Stimmen, doch ohne Rückwirkung auf die Bildung der Regierungskoalition.

5. Nov. Der Slowake und Führer der Agrarierpartei MILAN HODŽA (*1878, †1944) bildet eine neue Regierung.

9. Nov. Rücktritt des 85-jährigen Präsidenten MASARYK.

18. Dez. EDVARD BENEŠ wird zum Staatspräsidenten gewählt (Amtszeit 1935–38, 1945–1948).

1936, 29. Febr. Der Historiker KAMILL KROFTA (*1876, †1945) wird Nachfolger von BENEŠ als Außenminister: BENEŠ' Linie der Unnachgiebigkeit gegenüber sudetendeutschen Forderungen bleibt gültig.

1937 Verschärfung des innenpolitischen Kampfes mit der Sudetendeutschen Partei.

25. Febr. Auf der Tagung der Partei in Aussig (Ústí nad Labem, an der Elbe) fordert HENLEIN die Sicherstellung der Rechte der Deutschen.

16. Okt. Zusammenstöße zwischen Sudetendeutschen und tschechischer Polizei in Teplitz (Teplice, Nordwestböhmen): HENLEIN protestiert gegen die Verbotspolitik und fordert volle Autonomie für die 3,5 Mio. Deutschen.

1938 HENLEIN verstärkt seine Propaganda. Die übrigen deutschen Parteien außer den Sozialdemokraten schließen sich der Sudetendeutschen Partei an. Ministerpräsident HODŽA kündigt die Ausarbeitung eines Minderheitenstatuts an.

24. April Karlsbader Programm (nach Karlsbad, Karlovy Vary) der Sudetendeutschen: Darin fordern sie u. a. Gleichberechtigung, Autonomie, Wiedergutmachung, freies Bekenntnis zum deutschen Volkstum und zur »deutschen Weltanschauung«. Dies soll HITLERS Forderung entsprechen: »Von den Tschechen immer so viel fordern, dass wir nicht zufrieden gestellt werden können.«
Die tschechoslowakische Regierung weist die Forderungen zurück: Unruhen im Sudentenland und Gerüchte über deutsche Truppenkonzentrationen führen zur Mobilisierung in der Tschechoslowakei.

Mai Bei den Gemeindewahlen erhält die Sudetendeutsche Partei ca. 92 % aller deutschen Stimmen.

Sommer Trotz vieler Verhandlungen verschärft sich die Spannung, die HENLEIN bewusst steigert mit dem Ziel des Anschlusses an das Deutsche Reich. Tschechische Zugeständnisse genügen nicht mehr.

3. Aug. Der britische Vermittler WALTER RUNCIMAN trifft in Prag ein. Seine Vermittlungsaktion scheitert: **Sudetenkrise**.

12. Sept. Rücktritt der Regierung HODŽA.
Regierungsneubildung durch General JOHANN SYROVÝ (*1888, †1971). Rücktritt KROFTAS als Außenminister. Sein Nachfolger, FRANTIŠEK CHVALKOVSKÝ (*1875, †vor 1945), verändert die Außenpolitik hin zu einem engen Anschluss an das Deutsche Reich.

29. Sept. **Münchner Abkommen** der vier Großmächte (Deutsches Reich, Italien, Frankreich, Großbritannien): Abtretung der deutschbesiedelten Randgebiete (»Sudetenland«) an das Deutsche Reich.

1. Okt. Beginn des deutschen Truppeneinmarschs in die sudetendeutschen Gebiete.

5. Okt. Rücktritt von Präsident BENEŠ, der in die USA emigriert.

6. Okt. **Autonomie für die Slowakei** unter Ministerpräsident JOZEF TISO (*1887, †1947; 1938, 1939).

8. Okt. **Autonomie für die Karpato-Ukraine.**

30. Nov. EMIL HÁCHA (*1872, †1945), Präsident des Oberverwaltungsgerichts der Tschechoslowakischen Republik, wird zum Staatspräsidenten gewählt.
RUDOLF BERAN (*1887, †1954; Agrarier), Gegner von BENEŠ, wird Ministerpräsident.

1939, 15. März Ende der ersten Tschechoslowakischen Republik durch Angliederung Tschechiens an das Deutsche Reich als **»Protektorat Böhmen und Mähren«** unter dem Reichsprotektor KONSTANTIN FREIHERR VON NEURATH (*1873, †1956). Staatspräsident EMIL HÁCHA führt als Vorsitzender eines Ausschusses von 50 nationalen Treuhändern ein politisches Schattendasein. Antideutsche Kundgebungen bieten den Anlass zur Schließung der Universitäten und Verhaftung von Professoren und vielen Studenten.

5. Sept. Die verselbstständigte Slowakei beteiligt sich am Krieg gegen Polen (als Gegenleistung erhält sie die 1920 und 1938 an Polen abgetretenen Grenzgebiete).

18. Sept. Die Sowjetunion erkennt die Slowakei als selbstständigen Staat an.

26. Okt. Prälat JOZEF TISO (*1887, †1947) wird zum slowakischen Staatspräsidenten gewählt (bis 1945).

29. Okt. Ministerpräsident der slowakischen Regierung (bis 1945) wird VOJTĚCH TUKA (*1880, †1946), Außen- und Innenminister (bis 29. Juli 1940) FERDINAND ĎURČANSKÝ (*1906, †1974).

1940, 24. Nov. Die Slowakei tritt dem Dreimächtepakt bei und beteiligt sich (seit 24. Juni 1941) auf deutscher Seite am Krieg gegen die Sowjetunion.

1941, 27. Sept. FREIHERR VON NEURATH »geht in Urlaub«; die Führung seiner Geschäfte übernimmt als stellvertretender Reichsprotektor REINHARD HEYDRICH (*1904, †1942), der die in der Arbeiterschaft entstandene Unruhe bricht.

1942, 19. Jan. Umbildung der tschechischen Regierung durch Aufnahme von Parteigängern Deutschlands.

26. Mai **Attentat gegen HEYDRICH**, an dessen Folgen dieser stirbt. In einem Teil Böhmens wird das Kriegsrecht erklärt, der Premierminister ALOIS ELIÁŠ (*1890, †1942) verhaftet und am 19. Juni erschossen.
An HEYDRICHS Stelle tritt der General der Polizei KURT DALUEGE (*1897, †1946), an die NEURATHS im Aug. 1943 der bisherige Reichsinnenminister WILHELM FRICK (*1877, †1946).

10. Juni **Lidice**, ein Dorf östlich von Kladno in Mittelböhmen, wird von der SS dem Erdboden gleichgemacht, weil ein Attentäter sich dort vorübergehend verborgen hat. Alle etwa 173 männlichen Einwohner werden getötet, 98 Frauen und Kinder in Konzentrationslager gebracht, von denen dort etwa 82 ermordet werden.

1943, 20. Aug. KARL HERMANN FRANK (*1898, †1946) wird zum Staatsminister in Böhmen und Mähren ernannt. Er leitet eine Politik der Gleichschaltung ein, die die Erbitterung unter den Tschechen steigert.

Die Exilregierung

Die von dem am 5. Okt. 1938 zurückgetretenen Staatspräsidenten EDVARD BENEŠ in London eingerichtete Exilregierung wird am 23. Juli 1940 vorläufig, am 18. Juli 1941 endgültig von Großbritannien als provisorische Regierung anerkannt. Sie erhält am 23. Juli 1940 von Großbritannien diplomatische Rechte. Nach Eröffnung des deutschen Angriffs auf die Sowjetunion schließt sie am 18. Juli 1941 mit der Sowjetunion ein Hilfsabkommen gegen Deutschland. Am 31. Juli wird sie auch von den USA anerkannt. Im Juni 1942 besucht BENEŠ die sowjetische Regierung, die die Grenzen von 1938 und 1939 als für sie nicht rechtskräftig bezeichnet. Die USA und (ab 1942) Großbritannien teilen diesen Standpunkt. Die von BENEŠ 1941/42 verfolgten **Pläne** einer Konföderation mit Polen gibt er nach der Kriegswende im Osten zugunsten **einer engen Anlehnung an die Sowjetunion** auf. Er schließt in Moskau am 12. Dez. 1943 mit der Sowjetunion (anknüpfend an den Hilfeleistungsvertrag vom 16. Mai 1935) einen Freundschafts- und Beistandspakt, der die Zusammenarbeit nach dem Kriege regelt und am 8. Mai 1944 durch ein Abkommen über die Besetzung der Tschechoslowakei durch die Rote Armee ergänzt wird. Im Sept. 1944 meldet der Außenminister der Exilregierung, HUBERT RIPKA (*1895, †1958), bei der britischen Regierung den Anspruch auf die tschechische Westgrenze wie vor dem Münchener Abkommen von 1938 und die Vertreibung der Sudetendeutschen bis auf einen Rest von 800 000 an. US-Präsident ROOSEVELT gab BENEŠ dazu bereits am 12. Mai 1943 seine Zustimmung, gefolgt von der sowjetischen Zustimmung am 6. Juni 1943.

1944, 18. Aug. Die Rote Armee überschreitet beim Dukla-Pass (Karpaten) die tschechoslowakische Grenze.

29. Aug. In Erwartung des deutschen Rückzugs flackert im Industriegebiet von Neusohl (Banská Bystrica) ein Aufstand auf, den ein slowakischer Nationalrat leitet, unterstützt von sowjetischen Fallschirmspringern. Zu ihm entsendet die Exilregierung im Flugzeug eine Delegation. Den Aufstand werfen deutsche Truppen bis Anfang Okt. 1944 nieder.

1945, 30. Jan. Die tschechoslowakische Exilregierung bricht die Beziehungen zur offiziellen polnischen Regierung ab, erkennt als erster Staat nach der Sowjetunion die provisorische polnische Regierung in Lublin an und schwenkt damit in das von der Sowjetunion geführte Lager ein.

März Die verschiedenen Exilgruppierungen einigen sich in Moskau auf ein gemeinsames Programm.

4./5. April In der von der Roten Armee eroberten Slowakei bilden in Kaschau (Košice) die BENEŠ-Exilregierung und moskautreue Kommunisten die »Regierung der Nationalen Front der Tschechen und Slowaken« unter ZDENĚK FIERLINGER (*1891, †1976).

5.–9. Mai Während die US-Armee in Westböhmen stehen bleibt, rückt die Sowjetarmee auf Prag vor. Dort bricht in ihrer Erwartung ein Aufstand aus, den SS-Einheiten und Truppen unter dem ehemaligen sowjetischen General WLASSOW (*1901, †1946) zunächst niederschlagen, bis sowjetische Panzer Prag erreichen. Die Verbände WLASSOWS bestehen aus sowjetischen Kriegsgefangenen und Überläufern und waren ursprünglich aufgestellt worden, um die Stalinherrschaft zu beseitigen. | Forts. S. 1555 |

Ungarn 1918–1945 | Forts. v. S. 990 |

Die Restauration der Habsburger wird durch den Obersten Rat der Alliierten verhindert. Ungarns Politik zwischen den Kriegen ist bestimmt durch den Kampf um die Revision des Friedens von Trianon, die Habsburger Restaurationsbestrebungen und die Aufrechterhaltung einer überlieferten feudalen Herrschaftsordnung ohne Bodenreform. Im März und Okt. 1921 versucht König KARL vergeblich die Rückkehr nach Ungarn, um den Thron wiederzugewinnen. Das zweite Mal wird er gefangengenommen und muss ins Exil nach Madeira (†1922). Auf Druck der Entente wird ein Gesetz angenommen, wonach kein Mitglied des habsburgischen Hauses auf den ungarischen Königsthron zurückkehren darf.

1918, 16. Nov. Nach der ungarischen Revolution, der Bildung der Regierung MIKLÓS KÁROLYI (*1875, †1955) und der Abdankung Kaiser (König) KARLS wird die **Ungarische Republik** proklamiert.

1919, 21. März Graf KÁROLYI, im Jan. zum Präsidenten gewählt, tritt aus Protest zurück. Grund ist die Entscheidung der Alliierten, Siebenbürgen an Rumänien zu geben. Bildung einer Regierung aus Sozialisten und Kommunisten, die bald von der **Rätediktatur BÉLA KUNS** (*1886, † wohl 1939) abgelöst wird.

28. März Kriegserklärung Ungarns an die Tschechoslowakei mit der Absicht, die Slowakei zurückzuerobern.

10. April Beginn der Invasion der Rumänen, die vom 4. Aug. bis zum 14. Nov. Budapest besetzt halten.

1. Aug. BÉLA KUN flieht aus Budapest.

1920, 1. März **MIKLÓS HORTHY** (*1868, †1957), Oberbefehlshaber der ungarischen Truppen, wird zum Staatsoberhaupt und Reichsverweser gewählt.

23. März Er proklamiert Ungarn als Monarchie mit vakantem Thron.

4. Juni **Friedensvertrag von Trianon**: Ungarn verliert nun auch de jure das Banat, Siebenbürgen, Kroatien, den Hauptteil der Batschka, die Wojwodina, die Slowakei, Zips, die Karpato-Ukraine und das Burgenland (außer Ödenburg [Sopron]).

1921, 14. April Kabinett des Grafen STEFAN BETHLEN (*1874, †1947), der bis ins Jahr 1931 im Amt bleibt.

1922, 2. Juni Die Wahlen zur Nationalversammlung ergeben unter wirksamer Beeinflussung eine Mehrheit für die Regierung. Damit ist die Basis zum Fortleben der restaurativen Politik BETHLENS gegeben.

18. Sept. Ungarn zum Völkerbund zugelassen.

1923/1924 Der Sturz der ungarischen Währung wird mithilfe einer Völkerbundsanleihe nach dem Beispiel Österreichs aufgefangen. Finanzkontrolle durch den Völkerbund, die 1926 aufgehoben wird.

1926, 11. Nov. Einrichtung eines Oberhauses, das die ländliche Aristokratie repräsentiert.

1927, 5. April Ein Freundschafts- und Schiedsvertrag mit Italien steigert ungarische Revisionsforderungen.

1929 Freundschafts- und Schiedsvertrag mit Polen: Weitere Überwindung der ungarischen Isolierung.

1930, Jan. Auf der Haager Konferenz Regelung der Reparationsschuld Ungarns.

Juni Kundgebungen gegen die Friedensbedingungen des Vertrages von Trianon, nachdem die Haager Abmachung angenommen worden ist.

1931 Auch in Ungarn schwere Finanzkrise.

Aug. Anleihe Frankreichs mit der Bedingung, dass die Revisionspropaganda eingestellt wird. Infolge der Krise tritt die Regierung BETHLEN zurück. Die neue Regierung wird unter Graf JULIUS KÁROLYI (*1871, †1947) gebildet.

1932 Reserve gegenüber den französischen Donauplänen. Stattdessen sucht Ungarn außenpolitisch weiterhin die Anlehnung an Italien.

30. Sept. Nach Rücktritt der Regierung KÁROLYI bildet der antihabsburgisch eingestellte rechtsradikale Antisemit GYULA GÖMBÖS VON JÁKFA (*1886, †1936) eine neue Regierung.

1933 GÖMBÖS, stark beeindruckt von der nationalsozialistischen Herrschaft in Deutschland, aktiviert die ungarische Außenpolitik auf zahlreichen Reisen nach Berlin, Wien, Rom, Sofia und Ankara.

1934, 4. März Innenpolitische Spannungen führen zur Umbildung der Regierung GÖMBÖS.

17. März Römische Protokolle zu Wirtschaft und Politik zwischen Italien, Österreich und Ungarn.

1935 Bei den Neuwahlen setzt sich GÖMBÖS gegen den noch immer starken Einfluss BETHLENS in der Einheitspartei durch. Wichtigste Oppositionspartei ist die Bauernpartei (Kleinlandwirtepartei) von TIBOR VON ECKHARDT (*1888, †1972; Vorsitzender seit 1932) mit dem Programm einer Boden- und Wahlreform.

1936, 6. Okt. Tod von GÖMBÖS. Regierungsneubildung durch KOLOMAN DARÁNYI (*1886, †1939). Unter der neuen Regierung verschlechtern sich allmählich, besonders im Laufe des Jahres 1937, die Beziehungen zum Deutschen Reich. Dagegen wird die gemeinsame Politik mit Österreich intensiviert.

1937, März Verhaftung von FÉRENC SZÁLASI (*1897, †1946) und anderen Führern der ungarischen Nationalsozialisten, die mit der Parole der Bodenreform innenpolitisch gefährlich werden.

Okt. Aus verschiedenen Gruppen bildet sich die Ungarische Nationalsozialistische Partei (Pfeilkreuzler) unter Führung SZÁLASIS. Sie sucht die Annäherung an den Reichsverweser HORTHY.

1938, Febr. Erneute Verhaftung SZÁLASIS und anderer nationalsozialistischer Führer.
Der Anschluss Österreichs an das Deutsche Reich im März verstärkt den deutschen Einfluss auf Ungarn.

13. Mai BÉLA VON IMRÉDY (*1891, †1946) bildet die neue Regierung. Seine Innenpolitik fördert die ländlichen Siedlung und beschränkt die Juden im Wirtschaftsleben.

Aug. Staatsbesuch HORTHYS in Deutschland mit Betonung guter deutsch-ungarischer Beziehungen.

4.–11. Nov. Nach dem **Ersten Wiener Schiedsspruch** (Entscheidungen der deutschen und italienischen Außenminister über ungarische Gebietsansprüche) marschieren ungarische Truppen in die von der Slowakei abgetretenen Gebiete ein. Die Ungarn sehen damit ihre Forderungen jedoch noch nicht erfüllt.

1938/39 Deswegen ereignen sich im Winter 1938/39 wiederholt Grenzzwischenfälle.

1939, 27. Jan. Gesetz über die allgemeine Wehrpflicht.

15. Febr. Rücktritt der Regierung IMRÉDY.

24. Febr. Die neue Regierung PAUL GRAF TELEKI (*1879, †1941) tritt dem Antikominternpakt bei.

13. März Beginn des Einmarsches ungarischer Truppen in die Karpato-Ukraine. Kämpfe mit den Ukrainern.

11. April Austritt Ungarns aus dem Völkerbund.

3. Mai Scharfe antijüdische Gesetzgebung.

28. Mai Sieg der Regierung bei den Wahlen bei gleichzeitigem starken Anstieg der Nationalsozialisten.

Ende Juli Zwischenfälle an der rumänischen Grenze erhöhen die allgemeine Spannung.

1940, 30. Aug. Da die infolge der ungarischen Revisionswünsche bestehende Spannung zu Rumänien zu einem Krieg zu führen droht, fällen der deutsche Außenminister VON RIBBENTROP (*1893, †1946) und sein italienischer Amtskollege, Graf GALEAZZO CIANO (*1903, †1944) den **Zweiten Wiener Schiedsspruch** (der Erste: 2. Nov. 1938): Ungarn erhält in Siebenbürgen von den 1920 verlorenen Gebieten 11 927 km^2 mit 1 Mio. Bewohnern zurück. Rumänien erhält dafür eine Garantie für die neuen Grenzen.

20. Nov. Beitritt zum Dreimächtepakt.

12. Dez. Ungarisch-Jugoslawischer Freundschaftsvertrag.

1941, 27. Jan. Tod des Außenministers Graf ISTVÁN CSÁKY (*1894, †1941), auf den der bisherige Gesandte in Bukarest LÁSZLO BÁRDOSSY (*1890, †1946) folgt.

2. April Selbstmord des Ministerpräsidenten Graf TELEKI, dessen Nachfolge BÁRDOSSY antritt.

11. April Ungarn erklärt den Vertrag mit Jugoslawien durch Luftangriffe (7. April) für gebrochen und beteiligt sich am deutschen Einmarsch in Jugoslawien. Es erhält den Winkel zwischen Drau und Mur, das Baranyadreieck sowie die Batschka (Bácska, westlich der Theiß). Das Gebiet östlich des Flusses (Westbanat) wird mit Rücksicht auf Rumänien einer deutschen Militärverwaltung unterstellt, insgeheim aber Ungarn für später zugesagt.

23. Juni Abbruch der diplomatischen Beziehungen zur Sowjetunion.

26. Juni Angeblich sowjetischer Luftangriff (bis heute ist die Herkunft der Flugzeuge unaufgeklärt) auf Košice (ung. Kassa, dt. Kaschau; Slowakei) und Mukatschewo (ung. Munkács; Ukraine); daraufhin erfolgt am 27. Juni die Kriegserklärung an die Sowjetunion. Drei ungarische Divisionen nehmen am Vormarsch in die Ukraine hinein teil.

6. Dez. Großbritannien erklärt Ungarn den Krieg.

12. Dez. Ungarn erklärt den USA den Krieg.

1942, 10. März Auf den erkrankten Ministerpräsidenten und Außenminister BÁRDOSSY folgt MIKLÓS KÁLLAY (*1887, †1967), der im Auftrage des Reichsverwesers die Verbindung zu den westlichen Alliierten sucht.

1943, Jan. Die an der Donfront eingesetzte ungarische zweite Armee erleidet schwere Verluste und wird von der Front abgezogen. Fortan werden ungarische Einheiten nur noch in rückwärtigem Gebiet bei der Partisanenbekämpfung eingesetzt. Innere Schwierigkeiten vergrößern die Not der Regierung, die bei der deutschen Führung in den Verdacht gerät, den »Abfall« vorzubereiten.

4. Mai Das Parlament wird unbefristet vertagt.

1944, 19. März **Besetzung Ungarns** durch deutsche Verbände (»Fall Margarete I«) nach einer Aussprache HITLERS in Kleßheim mit dem Reichsverweser VON HORTHY, der unter Druck in eine Umbildung der Regierung einwilligt: Es entsteht ein Kabinett unter DÖME SZTÓJAY (*1883, †1946). An die Stelle des Gesandten tritt ein »Bevollmächtigter des Großdeutschen Reiches«. Daraufhin verstärkt Ungarn auf deutsche Veranlassung wieder seine militärischen Anstrengungen.

23. Aug. Nach dem Ausscheiden Rumäniens aus dem Bündnis mit Deutschland steht den Sowjettruppen der Weg nach Ungarn offen.

23. Aug. General GÉZA LAKATOS (*1890, †1967) bildet eine neue Regierung.

11. Okt. Nachdem die **Rote Armee in Ungarn eingedrungen** ist, schließt Reichsverweser VON HORTHY in Moskau einen Präliminarwaffenstillstand und erklärt am 15. Okt. in einer Rundfunkproklamation, dass er die Sowjetunion um Waffenstillstand gebeten habe.

16. Okt. HORTHY widerruft unter deutschem Druck (Einsatz des Sonderkommandos SKORZENY gegen die Budapester Burg), tritt zurück und wird durch den Führer der nationalsozialistischen Pfeilkreuzler, FÉRENC SZÁLASI, als »Staatsführer« ersetzt, der auch das Amt des Ministerpräsidenten übernimmt. Er kann sich nur mit deutscher Hilfe halten.

3. Dez. Der Oberbefehlshaber der 1. Armee, Generaloberst BÉLA MIKLÓS VON DÁLNOKI (*1890, †1948), der in das sowjetische Lager gewechselt ist, bildet in Debrecen eine Gegenregierung. | Forts. S. 1561 |

Südosteuropa (1789/1804–1945)

Ende des 17. Jh.s löst Russland die Habsburger Monarchie als Schutzmacht für die christlich-orthodoxen Balkanvölker ab. Der Balkan wird – ausgenommen das seit 1830 souveräne Griechenland – bis 1878 von Österreich (seit 1867 Österreich-Ungarn) und dem Osmanischen Reich (direkt oder als Suzerän) beherrscht.

Nach dem **Berliner Kongress** (1878) wird Bulgarien autonomes tributpflichtiges Fürstentum, Ostrumelien eine vom Osmanischen Reich abhängige Provinz mit Verwaltungsautonomie und Makedonien geht ans Osmanische Reich zurück. Montenegro, Serbien und Rumänien werden unabhängig. Griechenland erhält Teile von Epirus und Thessalien. Österreich-Ungarn besetzt Bosnien und die Herzegowina.

In den **Balkankriege** 1912/13 geht es um die letzten osmanischen Gebiete in Südosteuropa: Albanien, Makedonien und Thrakien. Der 1. Balkankrieg (Okt. 1912–Mai 1913) beginnt als Angriff einer Koalition aus Griechenland, Serbien, Bulgarien und Montenegro, dem Balkanbund, auf osmanische Truppen, die sich bis kurz vor Istanbul zurückziehen müssen. Der Präliminarvertrag von London (30. Mai 1913) gibt den Verbündeten Gebiete westlich einer Linie zwischen Enos an der Ägäis und Midia am Schwarzen Meer. Über die Verteilung dieser Gebiete bricht der 2. Balkankrieg (Juni–Juli 1913) zwischen Serbien, Griechenland und Montenegro (mithilfe Rumäniens) gegen Bulgarien aus. Im Vertrag von Bukarest (13. Aug. 1913) muss Bulgarien auf weite Teile Makedoniens verzichten, das zwischen Griechenland und Serbien geteilt wird. Serbien erhält das Kosovogebiet und einen Teil des Sandschaks von Novi Pazar.

Die Pariser Vorortverträge von 1919/23 bestätigen weitgehend die Regelungen von 1913: Aus Serbien, Montenegro und den südslawischen Gebieten Österreich-Ungarns wird das Königreich der Serben, Kroaten und Slowenen (1929: Jugoslawien), Rumänien gewinnt einen Teil des Banats, Siebenbürgen und die Bukowina.

Rumänien (1812–1945) | Forts. v. S. 638 |

Gegenüber dem Osmanischen Reich tributpflichtige Wahlfürsten (*Hospodare*) der Moldau und der Walachei werden auf Druck der Pforte seit 1711 nicht mehr aus einheimischen Fürsten gewählt, sondern aus Griechen von Konstantinopel (Phanarioten). Auch Russland macht seinen Einfluss geltend und fordert seit 1774 ein Interventionsrecht in den Donaufürstentümern.

1812, 28. Mai Im Frieden von Bukarest, der den russisch-türkischen Krieg beendet, wird Bessarabien von der Moldau abgetrennt und kommt zu Russland.

1821 Nationaler Aufstand in der Walachei unter TUDOR VLADIMIRESCU (*1780, †1821). Das von Aufständischen besetzte Bukarest erobern Osmanen zurück.

1822 Nach dem Aufstand der Griechen 1821 und der Rumänen werden von der Pforte wieder einheimische Fürsten eingesetzt.

1828–1835 **Russische Verwaltung** der Donaufürstentümer. Russland bleibt »Protektionsmacht« bis 1856.

1829 Der Frieden von Adrianopel garantiert die Autonomie und überlässt den Bischöfen und dem Bojarenadel die Wahl der *Hospodare*. Unter russischer Aufsicht werden die »Organischen Reglements« ausgearbeitet, die als Verfassungen 1831 in der Walachei, 1832 in der Moldau in Kraft treten und 1834 durch die Pforte anerkannt werden: Modernisierung der Verwaltung, Allgemeinen Versammlung der Bojaren.

1848 Eine Revolution mit liberalen Zielen in der Walachei wird durch russische Truppen niedergeworfen.

1856 Nach dem Krimkrieg tritt Russland die Donaumündungen und Südbessarabien an die Moldau ab.

1858 Die **Pariser Konvention** der europäischen Mächte beschließt die administrative Vereinigung der Fürstentümer (zwei *Hospodare*, Parlamente und Verwaltungen mit gemeinsamer Zentralkommission).

1859 Der moldauische Bojare ALEXANDER CUZA (*1820, †1873) wird Fürst der Moldau (21. Jan.) und der Walachei (5. Febr.) und vereinigt so beide Donaufürstentümer in einer Realunion.
Die autokephale rumänische Kirche wird ausgerufen.

1861, 8. Dez. CUZA proklamiert die Bildung von Rumänien durch die Vereinigung von Moldau und Walachei.

1862, 24. Jan. Nach Anerkennung durch die europäischen Mächte entsteht der einheitliche **Staat Rumänien**. Verstaatlichung der umfangreichen Klostergüter.

1864 CUZA beseitigt Fronen und Abgaben der Bauern und überlässt ihnen einen Teil des Herrenlandes. Grundlegende Gesetzeskodifikationen.

1866, 22. Febr. Ein Militärputsch stürzt CUZA.

20. April Durch eine Volksabstimmung wird auf Empfehlung NAPOLEONS III. KARL VON HOHENZOLLERN-SIGMARINGEN als **CAROL (KARL) I.** (*1839, †1914) zum Fürsten gewählt.

13. Juli Eine neue liberale Verfassung sieht zwei Kammern und ein Vetorecht des Fürsten vor. Die konservative Regierung stützt sich gegen die Opposition auf Österreich, verzichtet dafür auf Unterstützung der rumänischen Nationalbewegung in Siebenbürgen.

1878, 22. Mai Die Nationalversammlung erklärt die **Unabhängigkeit vom Osmanischen Reich**, die der Berliner Kongress anerkennt. CAROL I. wird 1881 König.

1883 Verteidigungsbündnis zwischen Rumänien, Österreich-Ungarn und dem Deutschen Reich. Seit dem Verlust Bessarabiens an Russland 1878 folgt die rumänische Außenpolitik einem antirussischen Kurs.

Südosteuropa 1878–1914

1907 Ausbeutung und Korruption führen zu einem blutig niedergeschlagenen Bauernaufstand.

1913 Im Zweiten Balkankrieg besetzt Rumänien die Süddobrudscha.

1914, 4. Aug. Rumänien bleibt im Ersten Weltkrieg zunächst neutral.

10. Okt. Tod König Carols I.; Nachfolger wird Ferdinand I. (*1865, †1927).

1916, 27. Aug. Auf Initiative des Ministerpräsidenten Ionel Brătianu (*1864, †1927) **tritt Rumänien auf der Seite der Entente in den Ersten Weltkrieg ein.**

Sept. Rumänische Niederlagen gegen die Mittelmächte bei Kronstadt (Braşov, 7.–9. Sept.) und Hermannstadt (Sibiu, 26.–29. Sept.).

Nov. **Eroberung der Walachei durch die Mittelmächte.**

6. Dez. Einzug der Sieger in der Hauptstadt Bukarest. Der größte Teil Rumäniens bleibt bis zum Ende des Ersten Weltkrieges in der Hand der Mittelmächte.

1918, 9. April Der Landesrat von Chişinău stimmt für den Anschluss Bessarabiens an Rumänien.

7. Mai **Friede von Bukarest** zwischen den Mittelmächten und Rumänien, der im Okt. gekündigt wird.

1. Dez. In Siebenbürgen beschließt die »Große Nationalversammlung« in Alba Julia (Karlsburg) den Anschluss Siebenbürgens an Rumänien (»Karlsburger Beschlüsse«). Ihr folgen die Siebenbürger Sachsen und Rumänienungarn am 28. Dez. bzw. 8. Jan. 1919.

29. Dez. Die Vereinigung Rumäniens mit der Bukowina, Bessarabien und Transsilvanien (Siebenbürgen und östliches Banat) wird durch Gesetz sanktioniert.

1919/20 **Vergrößerung Rumäniens** durch die Verträge von Saint-Germain, Trianon und Neuilly.

Das auf das Doppelte vergrößerte Rumänien steht nach 1919 vor schwierigen Aufgaben: Angleichung zwischen dem Altreich sowie dem kulturell und sozial mitteleuropäisch geprägten Siebenbürgen, Agrarfrage, vielfache Minderheitenprobleme sowie außenpolitisch belastende **Grenzfragen** (Siebenbürgen, Bessarabien, Bukowina, Dobrudscha). Außenpolitisch soll die Kleine Entente und ein Bündnis mit Polen sichern. Innenpolitisch dominiert bis etwa 1927 vorwiegend die Oligarchie der liberalen Führer, eine dünne Oberschicht von Beamten und Kapitaleignern, Professoren und Generälen, im Gegensatz zur Siebenbürgischen Nationalpartei und Nationalen Bauernpartei (Nationalzaranisten unter dem Siebenbürger Rumänen Iuliu Maniu [*1873, †1951]).

1920, 28. Okt. Großbritannien, Frankreich, Italien und Japan erkennen den Besitz Bessarabiens für Rumänien an (von Russland nicht anerkannt).

1921 **Kleine Entente** mit der ČSR (April) und Jugoslawien (Juni); Bündnis mit Polen (3. März).

1923, März Neue Verfassung mit einheitlichem Wahlrecht (vorher Dreiklassenwahlrecht).

1924 Balkanbund mit Jugoslawien, Griechenland und Bulgarien.

April Die Konferenz mit Russland über Bessarabien scheitert, da Rumänien eine Volksabstimmung verweigert.

1926 Bündnis- und Freundschaftsverträge mit Polen, Frankreich und Italien.

1927, 20. Juli Tod König Ferdinands I. Da Prinz Carol (*1893, †1953) auf die Thronfolge verzichtet hat (Eheskandal mit Elena Lupescu), folgt Michael I. (*1921), der bis 1930 unter Vormundschaft steht.

24. Nov. Tod Ionel Brătianus, des Führers der Liberalen und Gründers von Groß-Rumänien.

1928, 6. Mai Parteitag der Nationalzaranisten, 200 000 Bauern marschieren auf. Sie fordern Demokratisierung der Verfassung und Berücksichtigung der bäuerlichen Interessen.

9. Nov. Iuliu Maniu wird Ministerpräsident.

Dez. Bei den erstmals unbeeinflussten, freien Wahlen erhält die Bauernpartei Manius die große Mehrheit. Die neue Regierung kann in der sich verschärfenden Agrarkrise die Bauern nicht befriedigen: Das Ziel der »Bauerndemokratie« misslingt.

1930, 6. Juni Der frühere Kronprinz Carol wird von der Nationalversammlung als Carol II. zum König von Rumänien (bis 1940) ausgerufen. Er beginnt ein persönliches Regiment; Maniu wird ausgeschaltet.

6. Okt. Maniu tritt zurück.

1931, 18. April Regierung Nicolae Iorga (*1871, †1940).

1. Juni Die wie früher gelenkten Wahlen führen zur Niederlage der Nationalzaranisten. Die Wiederkehr der alten Oligarchie scheint gesichert.

1932, 31. Mai Rücktritt Iorgas.

6. Juni Neues Kabinett des siebenbürgischen Bauernführers (1926–33 Vorsitzender der Nationalen Bauernpartei) Alexandru Vaida-Voivod (*1872, †1950).

19. Okt. Er wird abgelöst durch Maniu nach Wahlen, die der Bauernpartei wieder den Sieg gebracht haben.

1933, Jan. Die rumänische Finanzkrise und Auslandsverschuldung führen zur Finanzkontrolle des Völkerbunds über vier Jahre: Während des ganzen Jahres, in dem sich mehrere Regierungen gegenseitig ablösen, herrscht eine **innenpolitische Hochspannung**.

Febr. Verhängung des Ausnahmezustandes.

16. Febr. Erneuerung der Kleinen Entente. Nichtangriffspakt mit der Sowjetunion; de facto ist die bessarabische Frage zurückgestellt. Die bis 1939 einheitliche Linie der Außenpolitik ist das Werk Nicolae Titulescus (*1883, †1941), seit 1932 Außenminister.

10. Dez. Die als »Legion Erzengel Michael« 1927 gegründete »Eiserne Garde« (so seit 1930 der Name dieser christlich-mystischen, nationalistischen, antisemitischen Bewegung) unter Corneliu Zelea Codreanu (*1899, †1938) wird verboten: Der innenpolitischen Entscheidung des Königs gegen den Faschismus entsprechen die Abwendung von Italien und Hinwendung zu Frankreich.

1934, 3. Jan. Regierung des Liberalen Gheorghe Tătărescu (*1886, †1957) bis 1937.

9. Febr. **Balkanpakt** zwischen der Türkei, Griechenland, Rumänien und Jugoslawien: Gegenseitige Garantie der Grenzen durch Rumänien, Polen und die Sowjetunion. Verzicht der Sowjetunion auf Bessarabien.

9. Juni Innenpolitisch setzt sich der König mit den Liberalen (Tătărescu) durch.

1936, 29. Aug. Auf Druck der Opposition wird Titulescu als Außenminister entlassen.

1937, Dez. Nach Wahlen mit einer überraschenden Niederlage für die Regierung wird Octavian Goga (*1880, †1938) von der antisemitischen National-christlichen Partei Ministerpräsident.

1938, 10. Febr. »Königsdiktatur« Carols II.; Kabinett der »Konzentration« unter dem Patriarchen Myron Cristea (*1868, †1939). Die **Verfassung wird aufgehoben**. Verbot aller Parteien.

24. Febr. Der **Staatsstreich des Königs** wird durch ein manipuliertes Plebiszit gutgeheißen: »Autoritäre« Regierung ohne Autorität, Unterdrückung der (seit 1935 unter geändertem Namen auftretenden) »Eisernen Garde«.

27. Febr. **Verkündung einer neuen Verfassung.**

30. Nov. Codreanu, Führer der »Eisernen Garde«, wird ermordet; neuer Führer wird Horia Sima (*1906, †1993).

1939, 23. März Abkommen mit dem Deutschen Reich über Erweiterung des deutsch-rumänischen Warenaustausches: Rumänien schließt sich wirtschaftlich eng an Deutschland an; wachsender deutscher Einfluss.

24. Aug. In der Krise um Polen bleibt Rumänien neutral.

26. Aug. Ein der ungarischen Regierung vorgeschlagener Nichtangriffspakt wird von dieser abgelehnt.

21. Sept. Ermordung des seit 6. März amtierenden Ministerpräsidenten Armand Călinescu (*1893, †1939) durch Angehörige der »Eisernen Garde«.

24. Nov. Das Kabinett unter Gheorghe Tătărescu regiert weiter mit Grigore Gafencu (*1892, †1957) als Außenminister.

1940, 29. Mai Angesichts des deutschen Sieges im Westen sucht König Carol **Anschluss an die Achsenmächte** (Gafencu wird bis Sept. durch Ion Gigurtu [*1886, †1959] ersetzt). Gegen deutsche Waffen liefert Rumänien Öl (»Waffen-Öl-Pakt«).

26. Juni Die Sowjetunion verlangt in einem Ultimatum die Abtretung der Nordbukowina sowie Bessarabiens, die seit 1918 rumänisch sind. Die rumänische Regierung nimmt dieses auf deutschen Rat an. Durch die Annexion Bessarabiens und der Nordbukowina rückt die Sowjetunion nahe an das rumänische Erdölgebiet heran, das für die deutsche Kriegswirtschaft von entscheidender Bedeutung ist. Nun erhebt auch Ungarn Ansprüche auf die 1920 im Vertrag von Trianon abgetretenen Gebiete. Da ein Krieg droht, mischen sich Deutschland und Italien ein.

2. Juli Bitte König Carols um eine Garantie der Grenzen Rumäniens durch Deutschland und Entsendung einer deutschen Heeresmission (1. Juli Kündigung der britisch-französischen Garantie vom 13. April 1939).

4. Juli Neues Kabinett unter Ion Gigurtu.

11. Juli Austritt Rumäniens aus dem Völkerbund.

29. Juli Zulassungsbeschränkungen für Juden an Schulen und Hochschulen.

30. Aug. Im **2. Wiener Schiedsspruch** verliert Rumänien Nordsiebenbürgen an Ungarn: Staatskrise.

4. Sept. König Carol gibt dem ehemaligen Generalstabschef **Ion Antonescu** (*1882, †1946; seit Aug. 1941 Marschall) Vollmacht als Staatsführer.

6. Sept. **Antonescu zwingt den König zur Abdankung** zugunsten seines Sohnes Michael: Carol geht ins Exil.

7. Sept. Rumänien muss nach Verhandlungen die Süddobrudscha an Bulgarien abtreten (vor 1913 und 1916–20 bulgarisch).

14. Sept. Antonescu proklamiert den »Nationalen Legionärstaat«: Mit der »Eisernen Garde« unter Horia Sima übt er eine diktatorische Herrschaft aus.

22. Okt. Deutsch-rumänischer Umsiedlungsvertrag für die Südbukowina- und die Dobrudschadeutschen.

23. Nov. Beitritt Rumäniens zum Dreimächtepakt gleichzeitig mit Ungarn und der Slowakei. Deutsche »Lehrtruppen« kommen zur Sicherung der Ölfelder und zum Aufmarsch gegen die Sowjetunion ins Land. Die »deutsche Volksgruppe« erhält eine Sonderstellung.

27. Nov. Gewaltaktion der »Eisernen Garde«, der 64 Gegner, darunter der ehemalige Ministerpräsident Nicolae Iorga, zum Opfer fallen.

1941, 21.–23. Jan. Einen Putsch der »Eisernen Garde« schlägt Antonescu nieder: Sie wird aus dem politischen Leben entfernt, ihr nach Deutschland entkommener Führer Horia Sima zum Tode verurteilt.

15. Febr. Der »Nationale Legionärstaat« wird durch Dekret beseitigt.

22. Juni **Rumänien beteiligt sich am deutschen Ostfeldzug.** Antonescu übernimmt den Oberbefehl über die rumänisch-deutsche Armeegruppe, die Bessarabien zurückerobert und (am 16. Okt.) Odessa einnimmt. Teile der Südukraine werden rumänisches Verwaltungsgebiet. Das Gebiet zwischen Dnjestr und südlichem Bug wird als Transnistrien Rumänien angegliedert.

25. Nov. Beitritt Rumäniens zum Antikominternpakt.

6. Dez. Großbritannien erklärt Rumänien, Rumänien den USA den Krieg (12. Dez.).

1944, 20. Aug. Die Rote Armee dringt durch die Moldau in südwestlicher Richtung ins Kerngebiet Rumäniens.

23. Aug. König Michael entlässt **Marschall Antonescu** und lässt ihn gefangen nehmen (als »Kriegsverbrecher« erschossen 1. Juni 1946) und befiehlt die Einstellung des Kampfes.
Constantin Sănatescu (*1884, †1947) bildet ein neues Kabinett, das nach Verhandlungen seit März in Kairo auf einen Sonderwaffenstillstand dringt.

25. Aug. Ein deutscher Luftangriff auf Bukarest führt zur **Kriegserklärung an Deutschland**. Die durch den Umschwung überraschten deutschen Dienststellen in Bukarest geraten in Gefangenschaft; der deutsche Gesandte begeht Selbstmord.

Ende Aug. Die Rote Armee besetzt Bukarest und das Erdölgebiet von Ploieşti und dringt in die breit aufgerissene Frontlücke vor.

2. Sept. Die 1938 suspendierte Verfassung von 1923 wird wieder in Kraft gesetzt.

12. Sept. Unterzeichnung eines Waffenstillstandsvertrags in Moskau. | Forts. S. 1590 |

Bulgarien (1870–1945) | Forts. v. S. 635 |

Bulgarische Aufstandsbewegungen (1598, 1686/88, 1737/38) unter habsburgischem Einfluss gegen das Osmanische Reich sind erfolglos. Ende des 18. Jh.s setzt ein wirtschaftlicher Aufschwung ein: Die Lage der Bauern verbessert sich, Kaufleute, Bergbau- und Militärsiedlungen werden privilegiert, der Handel wird durch Straßenbau gefördert. Publikationen in bulgarischer Sprache seit dem frühen 19. Jh. fördern eine nationale Renaissance. Anfang der 1860er-Jahre gründen sich revolutionäre Komittees für den Kampf gegen die Osmanen, 1869 in Bukarest ein »Bulgarisches Revolutionäres Zentralkomitee« unter Wasil Lewski (*1837, †1873) und Ljuben Karawelow (*1834, †1879).

1870 Der Kampf für die Unabhängigkeit von der griechisch-orthodoxen Kirche, z. B. das Recht, bulgarische Bischöfe einzusetzen und Gottesdienste in bulgarischer Sprache abzuhalten, führt zu einem vom Sultan dekretierten bulgarischen Exarchat.

1871 Zur Straffung der gegen die osmanische Herrschaft gerichteten Nationalbewegung wird ein »Provisorisches Revolutionskomitee« gegründet, das eine demokratische Republik anstrebt.

1875 Eine von den Aufständischen einberufene Nationalversammlung beschließt eine liberale Verfassung. Aufstände im ganzen Land werden niedergeworfen. Die »Türkengräuel« erregen 1876 die europäische Öffentlichkeit.

1877 Beginn der bis 1879 dauernden russischen Besetzung Bulgariens.

1877/1878 Russisch-Türkischer Krieg, Vorfriede von San Stefano.

1878 Nach dem Beschluss des Berliner Kongresses wird **Bulgarien** ein **autonomes**, dem Sultan tributpflichtiges **Fürstentum**. Die Provinz Ostrumelien bleibt unter osmanischer Oberherrschaft.

1879, 28./29. April Die in Berlin beschlossene Notabelnversammlung entscheidet sich gegen russischen Wunsch für eine liberale Verfassung Bulgariens. Die *Sobrane* (Nationalversammlung) wählt Alexander von Battenberg (*1857, †1893) aus dem Haus Hessen-Darmstadt als Alexander I. zum Fürsten, der das wirtschaftlich unentwickelte Land mit russischen Beratern bis 1886 regiert.

1881 Nach Parteienkämpfen zwischen der konservativen und liberalen Partei hebt Alexander I. die Verfassung auf.

1885, Sept. Fürst **Alexander I. vereinigt** gegen den Willen Russlands **Ostrumelien mit Bulgarien**. Auf die Kriegserklärung Serbiens (14. Nov.) folgt der Sieg Bulgariens bei Slivnica (17.–19. Nov.).

1886, 7. Sept. Abdankung des Fürsten nach einer russlandfreundlichen Militärrevolte.

1887, 7. Juli Ferdinand von Sachsen-Coburg-Gotha-Koháry (*1861, †1948) wird als Ferdinand I. zum Nachfolger gewählt. Bei wachsender Auslandsverschuldung und häufigen Regierungskrisen erfolgen der Ausbau des Landes (Verwaltung, Bildung, Eisenbahn, Industrieförderung) und die Modernisierung des Heeres.

1908, 5. Okt. Ferdinand I. erklärt sich zum Zaren des unabhängigen Königreichs Bulgarien.

1912–1913 **Balkankriege**: Bulgarien erobert als Mitglied des Balkanbunds (Serbien, Griechenland, Montenegro, Bulgarien) im Ersten Balkankrieg Makedonien vom Osmanischen Reich, verliert es aber im Zweiten Balkankrieg im Wesentlichen wieder gegen seine ehemaligen Verbündeten Serbien und Griechenland. Im Frieden von Bukarest (1913) muss Bulgarien zudem die Süddobrudscha an Rumänien abgeben.

1915, 14. Okt. **Eintritt Bulgariens in den Ersten Weltkrieg** an der Seite der Mittelmächte durch Kriegserklärung an Serbien.

Okt.–Dez. Teilnahme an der Eroberung Serbiens.

1916, 1. Sept. Kriegserklärung und Teilnahme an der Eroberung Rumäniens.

1918, 15.–24. Sept. Der alliierten Offensive folgt der Waffenstillstand zwischen Bulgarien und der Entente (30. Sept.).

Die Lage Bulgariens seit 1919 ist bestimmt durch die Einbußen infolge des am 27. Nov. 1919 mit den Alliierten abgeschlossenen **Friedens von Neuilly-sur-Seine**. Darüber hinaus ist sie durch eine teils offene, teils latente Bauernrevolution der aus der alten, gebundenen Agrarverfassung (*Zadruga*) entlassenen und mobilisierten Bauern gekennzeichnet sowie durch die bulgarischen Ansprüche auf das bulgarisch-serbische Mischgebiet Makedoniens, das jedoch zu Jugoslawien gehört.

1918, 3. Okt. Zar Ferdinand I. verzichtet auf den Thron zugunsten von Boris III. (*1894, †1943).

1919, 17. Aug. Nach dem Wahlsieg der Bauernpartei wird deren Führer Alexandar Stambulijski (*1878, †1923) Ministerpräsident. Als Gegner des Kriegseintritts wurde er im Ersten Weltkrieg verhaftet. Seine autoritäre Regierung wird aufgrund ihres radikalen Reformprogramms (u. a. Aufteilung des Großgrundbesitzes) und ihrer Außenpolitik (u. a. Ausgleich mit Jugoslawien) zunehmend unpopulär.

1923, 9. Juni Offiziersputsch gegen Stambulijski.

10. Juni Bildung der Regierung Alexandar Zankow (*1879, †1959), die bis 1926 amtiert.

14. Juni Stambulijski wird erschossen.

Sept. Der Aufstand der Kommunistischen Partei wird niedergeschlagen.

1924 Auflösung der Kommunistischen Partei und der Bauernpartei; Belagerungszustand.

1925, 16. April Bombenanschlag auf die in der Sophien-Kathedrale versammelten Minister, Abgeordneten und Offiziere mit über 200 Toten.

1926, 4. Jan. Regierungsübernahme durch den Makedonier Andreas Ljapčev (*1866, †1933).
Die Bauernpartei bleibt weiterhin ausgeschaltet.

1927, 29. Mai. Wahlsieg der Regierungspartei.
Den zunehmenden Bandenkrieg, der von Bulgarien nach Makedonien übertragen wird, kann die Regierung nicht wirksam bekämpfen.

1931 Der trotz der Wahlbeeinflussung überraschend hohe Wahlsieg der Bauernpartei im Juni veranlasst den Zaren zum innenpolitischen Frontwechsel. ALEXANDAR MALINOW (*1867, †1938) wird mit Unterstützung der Bauernpartei Ministerpräsident.

1932 Ende der Reparationszahlungen an die Entente.

1934, 19. Mai Ein **Offiziersputsch** führt zur diktatorischen Regierung KIMON GEORGIEW (*1882, †1969) für die Dauer eines Jahres.
Unterdrückung der Makedonischen Organisation, die der Freundschaft mit Jugoslawien im Wege steht.

1935 **Scheitern der Offiziersregierung**. Es folgen schnelle Regierungswechsel, politische Intrigen und Putschversuche. König BORIS III. baut ein »persönliches Regime« auf.

1937, 24. Jan. Freundschaftsvertrag mit Jugoslawien.

1937–1939 Zar BORIS III. hält bei mehrfachem Regierungswechsel seine innenpolitische Linie durch, die einen Mittelweg zwischen Demokratie und uneingeschränkter Diktatur darstellt; er lässt sogar freie Wahlen und eine Parlamentszusammenkunft zu (1938). Am autoritären Regiment ändert sich dadurch nichts.

1940, 15. Febr. Rücktritt von GEORGI KJOSEIWANOW (*1884, †1960), der sich um gute Beziehungen zu Deutschland, Jugoslawien und zur Türkei bemüht hat; BOGDAN FILOW (*1883, †1945) bildet ein neues Kabinett.

7. Sept. Rumänien tritt an Bulgarien im Vertrag von Craiova die Süddobrudscha ab.

1941, 1. März Bulgarien tritt dem Dreimächtepakt bei: Mit Einwilligung der Regierung marschieren deutsche Truppen in Bulgarien gegen Griechenland auf (ab 2. März).

6. April Beginn des deutschen Balkanfeldzugs. Bulgarien rückt nach Abschluss des Kampfes in Makedonien ein und erhält es (18. Mai) zur Besetzung zugewiesen. Außerdem besetzt es Nordostgriechenland und erhält auch noch Griechisch-Thrakien bis kurz vor Thessaloniki zugeteilt. Jedoch lehnt es Bulgarien ab, der Sowjetunion den Krieg zu erklären, und bleibt trotz allem deutschen Drängen bei diesem Entschluss, tritt jedoch am 25. Nov. dem Antikominternpakt bei.

13. Dez. Kriegserklärung Bulgariens an Großbritannien und die USA.

1943, 28. Aug. Zar BORIS III. stirbt. Für seinen noch minderjährigen Sohn, Zar **SIMEON II.** (*1937), übernimmt ein Regentschaftsrat, zusammengesetzt aus dem Bruder von BORIS III., Prinz KYRILL (*1895, †1945), BOGDAN FILOW und General NIKOLAUS MICHOW (*1891, †1945), die Regierung.

1944, 1. Sept. Nach dem Ausscheiden Rumäniens aus der Front gegen die Sowjetunion (23. Aug. 1944) erreicht die Rote Armee die Donau bei Giurgiu.

2. Sept. Ein neues Kabinett unter KONSTANTIN MURAWJEW (*1893, †1965) mit demokratisch-westlicher Einstellung wird gebildet, das den Antikominternpakt kündigt (4. Sept.).

5. Sept. Die Sowjetunion erklärt Bulgarien den Krieg.

8. Sept. Die Regierung versucht den Übergang auf die Gegenseite durch eine Kriegserklärung an Deutschland zu bewerkstelligen, wird jedoch bereits am folgenden Tag durch eine **prosowjetisch orientierte Regierung** unter KIMON GEORGIEW verdrängt (1944–1946). Sowjetische Truppen besetzen das Land. Nur ein Teil der in Bulgarien stehenden deutschen Truppen und Dienststellen kann sich nach Serbien durchschlagen.

11. Okt. Bulgarien verzichtet auf seine Erwerbungen in Griechenland und Makedonien.

28. Okt. **Unterzeichnung eines Waffenstillstands** in Moskau mit der Sowjetunion, Großbritannien und den USA.
| Forts. S. 1593 |

Serbien (1804–1914) | Forts. v. S. 632 |

Nach der osmanischen Eroberung Serbiens wird die serbische Oberschicht vernichtet bzw. freiwillig oder gezwungen islamisiert. Im späten 16. Jh. siedeln sich serbische Flüchtlinge in Gebieten der österreichischen Militärgrenze (heutige kroatische Krajina) an. Träger eines Unabhängigkeitsgedankens bleibt die serbisch-orthodoxe Kirche, doch beginnt Widerstand erst seit dem 17. Jh., zunächst in partisanenähnlichen Aktionen der Haiduken. Nach Aufständen von Serben im Kosovo 1690 und dem Gegenschlag der Osmanen wandern viele Serben nach Südungarn aus; in die frei werdenen Kerngebiete des mittelalterlichen Serbiens rücken Albaner nach. Andere Serben bleiben gegenüber der Pforte loyal. Nordserbien mit Belgrad ist 1718–39 österreichisch besetzt; nach dem Frieden von Belgrad bilden Save und Donau die Grenze zwischen Österreich und dem Osmanischen Reich.

1804 Aufstand gegen das Osmanische Reich. Die **serbische Unabhängigkeitsbewegung** im Paschalik Belgrad entwickelt sich aus dörflichen Autonomien und städtischen Zünften, geführt von Knezen (Dorfschulzen), Händlern und orthodoxen Priestern. Sie entspringt der vom Sultan gebilligten Unterstützung des Paschas gegen die rebellierenden Janitscharen von Belgrad, als die siegreichen Serben sich weigern, die Waffen niederzulegen. Sie stehen unter Führung von KARA GEORG PETROVIĆ, genannt KARAĐORĐE (»Schwarzer Georg«; *1762, †1817).

1805 Neben der beherrschenden Stellung KARAĐORĐES steht eine Verfassung mit Senat und *Skupština* (jährlicher Landtag mit Geistlichen, Kaufleuten und Bauern).

1812 Nach Anerkennung der serbischen Autonomie besetzt das Osmanische Reich das Land erneut.

1815–1817 Aufstand unter Knez MILOŠ OBRENOVIĆ (*1780, †1860).

1816 Ein Vertrag mit der Pforte in Konstantinopel sieht die selbstständige Steuereintreibung und eine **türkisch-serbische Doppelverwaltung** vor.

1817 OBRENOVIĆ lässt KARAĐORĐE ermorden, wird zum erblichen Oberknez gewählt und von der Pforte anerkannt: **Serbien wird tributpflichtiges Fürstentum.** Durch Loyalität gegenüber der Pforte und Anlehnung an Russland gewinnt er faktisch unbegrenzte Herrschaft.

1830 In der Folge des Friedens von Adrianopel garantiert die Pforte die serbische Autonomie und erkennt die Erblichkeit der Obrenović an.

1832 Das Konkordat mit dem griechischen Patriarchen verdrängt die Griechen aus der serbischen Kirchenhierarchie.

1842, 13. Sept. Michael III. Obrenović (*1823, †1863), der nach der Abdankung von Miloš Obrenović und der kurzen Regierung Milans III. (*1819, †1839) seit 1839 regiert, wird von der Skupština abgesetzt, die Alexander Karađorđević (*1806, †1885), den Sohn Karađorđes, zum Fürsten (bis 1858) wählt.

Alexanders Regierung fördert als Reaktion auf die sich mit dem Verfall der patriarchalen Strukturen verändernde Gesellschaft die Modernisierung von Volksbildung, Justiz (1844 bürgerliches Gesetzbuch) und Verwaltung. Durch einen **rapiden Bevölkerungsanstieg** verarmt die bäuerliche Gesellschaft. Ihre materielle Unzufriedenheit trifft mit liberalen Ideen zusammen.

1858, 30. Nov. Alexander Karađorđević wird vom Parlament abgesetzt. Es kommt noch einmal Miloš Obrenović an die Macht.

1860 Neuerliche, autoritär geführte Regierung seines 1843 verdrängten Sohns Michael III. Obrenović, der die großserbischen Ziele seines Außenministers Ilija Garašanin (*1812, †1874) verfolgt.

1862, 9. Sept. Nach Spannungen zwischen Serben und Osmanen in Belgrad bannt eine Konferenz der Großmächte in Konstantinopel die Kriegsgefahr: Das Osmanische Reich darf nur noch in vier Festungen in Serbien Garnisonen unterhalten (1867 geräumt).

1866 Serbien schließt ein Bündnis mit Montenegro, dem Verträge mit Griechenland (1867) und Rumänien (1868) folgen.

1868, 10. Juni Die Ermordung Michaels beendet die Pläne eines Balkanbunds. Nachfolger (bis 1889) wird Milan IV. Obrenović (*1854, †1901), für den bis 1872 ein Regierungsrat die Geschäfte führt.

1869 Einführung einer liberalen Verfassung: Die Parteien (Konservative, Liberale, seit 1881 auch die bäuerlich-demokratische Radikale Partei) können sich gegen Milan IV. Obrenović nicht durchsetzen, der mit Polizeimaßnahmen und willkürlichen Ministerwechseln regiert und sich gegen die Opposition auf Österreich stützt, von dem Serbien wirtschaftlich abhängig ist.

1878 Die im Vertrag von San Stefano zugesicherte Unabhängigkeit wird vom Berliner Kongress bestätigt.

1882, 6. März Milan IV. proklamiert als Milan I. das **Königreich Serbien**.

1885 Der Serbisch-Bulgarische Krieg nach der Annexion Ostrumeliens durch Serbien endet mit einer serbischen Niederlage.

1889, März Nach einem Kompetenzkonflikt mit der Regierung dankt Milan I. zugunsten seines Sohns Alexander I. (*1876 †1903) ab, der bis 1893 unter der Vormundschaft eines Regentschaftsrats steht.

1891, 11. Febr. Nikola Pašić (*1846, †1926), als Gegner König Milans I. 1883–1889 im Exil, wird das erste Mal (bis 1892) Ministerpräsident.

1903, 11. Juni Im Zuge einer Offiziersverschwörung wird Alexander I. ermordet. Die *Skupština* wählt **Peter I. Karađorđević** (*1844, †1921), Sohn Alexander Karađorđevićs, zum König. Er regiert als Erster nach parlamentarischen Mehrheiten bis 1921 (»radikale« Kabinette 1904–18 mit kurzen Unterbrechungen unter Nikola Pašić), gewinnt die Handlungsfreiheit gegenüber Österreich zurück und begünstigt die wachsende südslawische Bewegung (Jugoslawismus).

1906 Österreich-Ungarn eröffnet mit einer Importsperre den Handelskrieg gegen Serbien bis 1911, das seine lebenswichtigen Viehexporte (83 % der Ausfuhr) über Thessaloniki umleitet und mit französischer Hilfe eine eigene Industrie zur Verwertung landwirtschaftlicher Produkte aufbaut.

1908, 5. Okt. Verschlechterung der Beziehungen zu Österreich-Ungarn, das das seit 1878 okkupierte Bosnien und die Herzegowina annektiert (**Bosnische Annexionskrise**).

1912–1913 **Balkankriege**: Im 1. Balkankrieg erobert Serbien den Sandschak Novi Pazar und den Kosovo, im 2. Balkankrieg das nördliche Makedonien.

1914, 28. Juni **Ermordung des österreichischen Thronfolgerpaars in Sarajevo** durch den serbischen Nationalisten Gavrilo Princip (*1894, †1918) im Auftrag des Geheimbundes »Schwarze Hand«, einer Vereinigung großserbisch-südslawischer Nationalisten.

25. Juli Serbien lehnt das österreichisch-ungarische Ultimatum ab.

1914–1915 Im Ersten Weltkrieg kann sich Serbien bis Herbst 1915 gegen die Mittelmächte behaupten. Regierung und Armee müssen sich über Albanien nach Korfu zurückziehen. | s. S. 1164 |

Montenegro (1782–1918)

Zwar gehört Montenegro zum osmanischen Herrschaftsbereich, doch bewahren sich die christlichen (orthodoxen) Bergstämme eine relative Unabhängigkeit.

1782–1830 Bischof Petar I. Petrović Njegoš (*1747, †1830) versucht die Bergstämme durch ein einheitliches Gesetzbuch und Militärrecht sowie Kompetenzerweiterung des obersten Gerichts zu einigen.

1830–1851 Sein als Dichter bekannter Neffe Petar II. Petrović Njegoš (*1813, †1851) führt unter deutlicher Anlehnung an Russland eine straffe Zentralverwaltung ein und regelt die offenen Grenzfragen.

1860–1918 Nikolaus I. (Nikola; *1841, †1921) verbessert die Staatsverwaltung und führt eine gegen das Osmanische Reich gerichtete Außenpolitik.

1877 Montenegro erklärt zusammen mit Serbien dem Osmanischen Reich den Krieg.

1878 Der Berliner Kongress erkennt die **Unabhängigkeit** an.

1905, 29. Okt. Nikola gewährt dem Land eine Verfassung: Beginn eines parlamentarischen Lebens.

1910, 29. Aug. **Nikola** nimmt den **Königstitel** an.

1912–1913 Balkankriege: Montenegro erobert mit Serbien den Sandschak Novi Pazar.

1916, 16. Jan. Das mit Serbien verbündete Montenegro muss vor Österreich-Ungarn kapitulieren. König und Regierung gehen nach Frankreich ins Exil.

1918, 26. Nov. Die »Große Nationalversammlung« beschließt in Podgorica die Vereinigung mit Serbien. Im Dez. geht Montenegro im Königreich der Serben, Kroaten und Slowenen auf.

Jugoslawien (1917–1941/44)

Während die serbische Politik auf Seite der Entente im Ersten Weltkrieg großserbische Ziele in einem serbisch dominierten Zentralstaat verfolgt (Nikola Pašić), streben seit 1915 im Südslawischen Komitee (*Jugoslavenski odbor*) in Paris vereinigte südslawische Politiker aus Österreich-Ungarn unter dem Kroaten Ante Trumbić (*1864, †1938) eine südslawische Föderation an.

1917, 20. Juli Einigung beider Richtungen in der Erklärung von Korfu auf das Ziel eines südslawischen Nationalstaates unter der serbischen Dynastie. Doch ist damit der Gegensatz nicht beseitigt.

1918, Okt. Mit der Auflösung Österreich-Ungarns bilden sich Nationalräte. Am 29. Okt. 1918 proklamiert der Nationalrat in Zagreb die Bildung des »Staats der Serben, Kroaten und Slowenen« als Vereinigung der südslawischen Gebiete.

1. Dez. Eine Delegation des Zagreber Nationalrats, die zu Verhandlungen über die Vereinigung in Belgrad weilt, wird durch die von Prinzregent Alexander Karadjordjević (*1888, †1934) ausgerufene Proklamation des **Königreichs der Serben, Kroaten und Slowenen** (*Kraljevina SHS*; daher auch **SHS-Staat**) überrascht.

Der neue Staat hat mit großen innen- und außenpolitischen Schwierigkeiten zu kämpfen: mit der kroatischen Selbstständigkeitsbewegung unter Führung der Kroatischen Bauernpartei der Brüder Radić (Stjepan Radić, *1871, †1928), mit den Konflikten mit Italien um Fiume (Rijeka; die vorher zu Ungarn gehörige nordadriatische Hafenstadt, seit 1920 Freistaat, kommt 1924 an Italien) und Dalmatien, mit Rumänien wegen des Banats.

Ohne politischen Grundkonsens in der Parteienlandschaft aus nationalen und regionalen Sonderinteressen und mit institutionellen Defiziten bleibt der neue Staat instabil: Bis Ende 1928 lösen sich 24 Kabinette ab.

1920/1921 **Kleine Entente** mit der Tschechoslowakei (14. Aug. 1920) und Rumänien (Juni 1921).

1921, 28. Juni Die neue Verfassung, am St. Veits-Tag (Vidovdan) in Abwesenheit der Kroatischen Bauernpartei mit knapper serbischer Mehrheit gegen die Abgeordneten aus Slowenien und Kroatien angenommen, schafft einen zentralistischen Einheitsstaat, während die Kroaten unter Stjepan Radić eine föderalistische Lösung fordern. Die Regierung führt der Serbe Nikola Pašić (Ministerpräsident 1921–1924, 1924–1926), die Kroaten sind in der Opposition. Verbot der Kommunistischen Partei nach Bombenattentaten.

16. Aug. Tod König Peters I. (*1844). Nachfolger wird Alexander I. (*1888, †1934), seit 1914 Prinzregent.

1923 Balkanbund mit Rumänien, Griechenland und Bulgarien, abgeschlossen in Lausanne.
Beginn der parlamentarischen Mitarbeit der Kroatischen Bauernpartei.

Dez. Verhaftung von Stjepan Radić.

1925 Radić erkennt die Verfassung an und wird aus der Haft entlassen. Die Kroatische Bauernpartei ist bis 1927 im Kabinett, Radić von Nov. 1925 bis April 1926 Erziehungsminister. **Wiederholte Regierungskrisen.**

1927, 11. Nov. Bündnis mit Frankreich.

1928, 20. Juni Radić wird in der *Skupština* in Belgrad von einem serbischen (montenegrinischen) Abgeordneten tödlich verwundet. Die Kroaten verlassen das Parlament. Verschärfung des Gegensatzes zu Italien: Kriegsstimmung.

1929, 6. Jan. **Staatsstreich König Alexanders I.**, um die Staatseinheit zu retten: Aufhebung der *Skupština*, der Pressefreiheit und des Versammlungsrechts. »Königsdiktatur« mit Verbot aller nationaler Betätigungen zugunsten einer jugoslawischen Einheitsideologie.

Juni Beginn des von Bulgarien initiierten Bandengrenzkrieges in Makedonien.

3. Okt. Neueinteilung des Staats in neun Banate mit Verwischung historischer Grenzen. Neuer Staatsname ist **Königreich Jugoslawien.**

1931, 3. Sept. Der König erklärt die Diktatur für aufgehoben. Alexander I. oktroyiert eine zentralistische autoritäre Verfassung mit Zweikammersystem und Wahlrecht mit offener Stimmabgabe, das der stärksten Partei eine Zweidrittelmehrheit sichert. Wahlsieg der Regierungsliste (9. Nov.) bei Wahlboykott der jetzt illegalen früheren Parteien.

1934, 9. Febr. Balkanpakt mit der Türkei, Griechenland und Rumänien.

9. Okt. **Ermordung König Alexanders** und des französischen Außenministers Barthou in Marseille durch die von Ungarn und Italien unterstützte kroatische Exilgruppe der *Ustaša* (»Aufständische«). Der Attentäter gehört der von Bulgarien ausgehenden »Inneren Makedonischen Revolutionären Organisation« an. Nachfolger Alexanders ist sein minderjähriger Sohn **Peter II.** (*1923, †1970), der bis 1945 im Amt bleibt.

1935, 5. Mai Sieg der Regierung bei den Parlamentswahlen. Wieder Parlamentsboykott durch die Kroaten.
Annäherung an Deutschland, das größter Wirtschaftspartner wird: Verbesserung der seit der **Weltwirtschaftskrise** angespannten Wirtschaftslage.

1937, 24. Jan. Freundschaftsvertrag mit Bulgarien.

25. März Nichtangriffspakt mit Italien.

1937/1938 Neues Erstarken der kroatischen Opposition,

die bei den Wahlen im Nov. 1938 in Kroatien große Erfolge hat, während insgesamt die Regierung siegt.

1939, 26. Aug. Umbildung der Regierung mit fünf kroatischen Ministern. Föderalistische Reform und Autonomie für die Banschaft Kroatien *(Banovina Hrvatska)* werden zugesagt. Die Umsetzung wird wegen des Kriegsbeginns vertagt.

1940, 2.–4. Febr. Letzte Tagung der Balkanentente in Belgrad.

12. Dez. Unterzeichnung eines Freundschaftsvertrags mit Ungarn.

1941, 25. März Beitritt zum Dreimächtepakt.

27. März **Militärputsch**: König PETER II., für volljährig erklärt, übernimmt die Regierung und bildet ein Kabinett unter General DUŠAN SIMOVIĆ (*1882, †1962), das bis 1942 amtiert. Die bisherigen Minister werden verhaftet; Prinzregent PAUL (*1893, †1976) begibt sich nach Griechenland; in Belgrad wird gegen die Achsenmächte demonstriert.

3. April Der deutsche Gesandte verlässt Belgrad.

5. April Unterzeichnung eines Freundschafts- und Nichtangriffpakts zwischen Jugoslawien und der Sowjetunion.

6. April Beginn des deutschen Balkanfeldzugs mit einem **Luftangriff auf Belgrad**.

17. April **Kapitulation** des jugoslawischen Oberkommandos: König PETER und die Regierung fliehen mit britischen Flugzeugen nach Athen, bilden in London eine Exilregierung (Aug. 1943–19. März 1944 in Kairo).

8. Juli Deutschland und Italien proklamieren das Ende des jugoslawischen Staats.

5. Aug. Die Sowjetunion, die (9. Mai) die Beziehungen zur jugoslawischen Regierung abgebrochen hat, erkennt nach Beginn des deutschen Angriffs den am 5. April abgeschlossenen Pakt erneut an.

Unter deutscher und italienischer Besatzung

An die Spitze von Kroatien, das sich am 10. April 1941 zum unabhängigen Staat erklärt, tritt der an der Ermordung von König ALEXANDER beteiligte, in Italien lebende **ANTE PAVELIĆ** (*1889, †1959) als *Poglavnik* (»neben dem König«). Dieser stützt sich auf die nationalistische Bewegung der *Ustaša* (**Ustascha**), aus der er eine Spezialtruppe bildet, mit der er autoritär regiert: Gräueltaten im Vernichtungskampf gegen die auf kroatischem Boden lebenden orthodoxen Serben, die »Pravoslawen«, sowie Judenverfolung (u. a. Zwangstaufen).

Die Untersteiermark und Teile von Krain werden vom Deutsche Reich annektiert. Der Winkel zwischen Drau und Mur und die 1918 an Jugoslawien abgetretenen Teile der Baranya und Batschka fallen an Ungarn, das Gebiet von Ljubljana, der größte Teil Dalmatiens, die Adria-Inseln bis auf vier und die Bucht von Cattaro (Boka Kotorska; Golf von Kotor) an Italien. Große Teile Bosniens werden italienische Besatzungszone, Montenegro wird italienisches Protektorat, sodass der neue Staat fast ganz von der Adria abgedrängt wird. Zum kroatischen König wird in Rom am 18. Mai der Herzog AIMONE VON SPOLETO (*1900, †1948), ein Vetter des Königs von Italien, als TOMISLAV II. proklamiert; doch betritt er angesichts der wegen der Abtretungen antiitalienischen Stimmung das Land nicht. In Cetinje (Montenegro) beschließt eine konstituierende Nationalversammlung am 12. Juli 1941 die Wiederherstellung Montenegros als selbstständige Monarchie (nicht verwirklicht).

Kroatien tritt am 15. Juni 1941 dem Dreimächtepakt, am 25. Nov. 1941 dem Antikominternpakt bei. PAVELIĆ bildet am 11. Okt. 1941 die Regierung um und macht am 27. Okt. 1941 den Staatsrat von sich abhängig. Nach der Kapitulation Italiens (8. Sept. 1943) eignet sich Kroatien die 1941 an Italien abgetretenen Gebiete wieder an.

Serbien (ohne das Bulgarien überlassene Makedonien) kommt unter **deutsche Militärverwaltung**. Eine unter ihr am 30. Aug. 1941 bis Okt. 1944 gebildete, von General MILAN NEDIĆ (*1882, †1946) geleitete serbische Regierung erlangt nur geringe Autorität, da sei keine ausreichenden Kompetenzen hat und ihr zwei unter sich verfeindete Partisanenbewegungen das Wasser abgraben. Nach Einnahme des Balkans organisiert in Westserbien General DRAŽA MIHAJLOVIĆ (*1893, †1946) nach dem Muster früherer serbischer Bandenkämpfer die *Četnici* (**Tschetniks**) mit monarchisch-zentralistischer, gegen die kroatische Selbstständigkeit eingestellter Gesinnung. Er verabredet im Herbst 1941 ein gemeinsames Vorgehen mit dem aus Kroatien stammenden Generalsekretär der Kommunistischen Partei, **JOSIP BROZ »TITO«** (*1892, †1980), der jedoch eigene Ziele verfolgt, Rückhalt an der Sowjetunion hat und zum Feind der *Četnici* wird. Durch die Ernennung von MIHAJLOVIĆ zum Kriegsminister versucht die Exilregierung, Einfluss auf die Entwicklung zu gewinnen, kommt so aber in einen sich schnell verschärfenden Gegensatz zu TITO.

Die deutsche Wehrmacht setzt zur **Bekämpfung dieser Widerstandsbewegungen** eine steigende Anzahl von Verbänden ein und versucht ihrer durch Einkesselungen Herr zu werden (Winter 1942 drei große Unternehmungen, Mai 1943 eine vierte gegen den montenegrinisch-bosnischen Grenzraum, im Okt./Dez. eine fünfte gegen das Papuk-Gebirge in Slawonien). Die Kapitulation Italiens verschärft den Kampf, da die Deutschen jetzt Jugoslawien und Griechenland faktisch allein besetzen müssen, Teile der Italiener zu den Partisanen übergehen und diese ihre Ausrüstung durch italienische sowie alliierte Lieferungen verbessern. Die vorübergehend von den Partisanen besetzten Inseln können alle bis auf Vis (Lissa) zurückgewonnen werden, aber die Versorgung von außen lässt sich nicht unterbinden. Der am 18. Sept. 1943 von HITLER empfangene General NEDIĆ ist zu weiterer Zusammenarbeit bereit, doch gibt ihm HITLER aus Argwohn weiter keinen Spielraum.

Den von den Aufständischen erbarmungslos geführte Kampf beantwortet die Besatzungsmacht mit verschärften Repressalien. Nach der Konferenz in Teheran (Nov. 1943) lässt Großbritannien MIHAJLOVIĆ, der der Inaktivität und Kollaboration mit den Deutschen beschuldigt wird, fallen und unterstützt TITO, dem weiter die Sowjetunion hilft. Dieser beruft im Nov. einen »Antifaschistischen Rat für die nationale Befreiung« ein, bildet ein regierungsähnliches »Volksbefreiungskomitee«, macht sich zu dessen Vorsitzenden sowie zum Marschall der »Nationalen Befreiungsarmee« und verbietet König und Exilregierung die Rückkehr, bevor das Volk über seine Zukunft entschieden habe. PETER verzichtet unter Druck Großbritanniens auf die Rückkehr und entsendet Ministerpräsidenten IVAN ŠUBAŠIĆ (*1892, †1955) zu Verhandlungen nach Vis (16. Juni), die zu einem Abkommen über die Zusammenarbeit führen.

1944, 25. Mai Ein **Überfall auf TITOS Hauptquartier** (Unternehmen »Rösselsprung«) durch deutsche Luftlandetruppen führt fast zu seiner Gefangennahme und behindert für längere Zeit die Aktionsfähigkeit seiner Bewegung.

12. Sept. König PETER überträgt offiziell TITO die Führung des Widerstands.

20. Okt. Nach der **Besetzung Belgrads** durch die Rote Armee richtet TITO, der sich inzwischen in Moskau mit der Sowjetunion über die gemeinsamen Operationen verständigt hat, die neue Regierung ein.

1. Nov. Ein Abkommen zwischen TITO und dem Ministerpräsidenten der Exilregierung ŠUBAŠIĆ, der in Moskau die Zustimmung der Sowjetunion einholt (daraufhin am 1. Dez. unterzeichnet), regelt die weitere Zusammenarbeit bis zu Wahlen. Danach werden in Serbien, Kroatien, Mazedonien und Montenegro »Volksregierungen« gebildet. | Forts. S. 1594 |

Albanien (1878–1939/44)

Seit ca. 1850 wächst ein albanisches Nationalbewusstsein (*Rilindja*), verstärkt durch Publikationen in albanischer Sprache.

1878, 10. Juni Gründung der Liga von Prizren, die für albanische Autonomie im Osmanischen Reich eintritt.

1881, Frühjahr Nach der Proklamation einer provisorischen Regierung wird die Liga von Prizren von der osmanischen Regierung zerschlagen.

1906 Bildung eines »Geheimen Komitees zur Befreiung Albaniens«, das Guerillaaktionen im Süden des Landes ausführt.

1908, Nov. Auf einer Konferenz in Monastir wird beschlossen, die albanische Sprache mit lateinischen Buchstaben zu schreiben.

1909–1912 Aufstände in Albanien als Reaktion auf den verstärkten türkischen Nationalismus.

1912, 28. Nov. Proklamation der **Unabhängigkeit Albaniens** als Ergebnis des Ersten Balkankriegs. Provisorische Regierung unter ISMAIL KEMAL BEY FLORA (*1844, †1919) bis 1914.

1913, 29. Juli Erst nach dem Frieden von London (30. Mai 1913) einigen sich die Botschafter der Großmächte über Status und Grenzen des neuen Staates.

1914, März Der gewählte Fürst (*Mbret*), WILHELM PRINZ ZU WIED (*1876, †1945), wird in Durrës (Durazzo) mit Jubel empfangen, muss jedoch Albanien nach einem Aufstand (3. Sept.) verlassen. Bald darauf besetzt Italien Vlorë (Valona) und die den Hafen beherrschende Insel Saseno (Sazan; 1920–1945 italienisch).

1914–1918 Im Ersten Weltkrieg ist der Norden Albaniens von den Mittelmächten, der Süden von Italien, Montenegro, Serbien und Griechenland besetzt. Albanische Stämme kämpfen teils gegen Serbien und die Entente, teils, wie ES AD PASCHA (*1863, †1920; 1914 Innen- und Kriegsminister, bis 1916 Staatspräsident), für diese.

seit 1919 Die Grenzen und der Bestand Albaniens sind stets gefährdet durch **Ansprüche und Übergriffe Italiens, Jugoslawiens oder Griechenlands.**

1919, 2. Aug. Albanien wird von Italien als selbstständiger Staat anerkannt (Vertrag von Tirana [Tiranë]).

1920 Albanien gewinnt nach Vertreibung der Italiener seine Unabhängigkeit auch faktisch zurück.

1921, 9. Nov. Die Botschafterkonferenz der Entente setzt für Albanien die Grenzen von 1913 mit geringen Änderungen fest. Innere Kämpfe, bei denen sich schließlich ACHMED ZOGU (*1895, †1961) mithilfe Jugoslawiens durchsetzt (1925–28 Präsident).

1925 **Albanien wird Republik**, ZOGU Präsident. Errichtung eines autoritär-nationalistischen Regimes, jedoch ohne faschistische Ideologie und Staatspartei.

1926, 27. Nov. Erster Vertrag von Tirana mit Italien.

1927, 22. Nov. Zweiter Vertrag von Tirana mit Italien, Abschluss eines Verteidigungsbündnis. Beide Verträge binden Albanien wirtschaftlich und politisch an das faschistische Italien.

1928, 1. Sept. ZOGU nimmt den Königstitel an.

1932–1934 Versuche, sich von der italienischen Vorherrschaft unabhängig zu machen, beenden eine italienische Flottendemonstration vor Durazzo.

1939, März König ZOGU weigert sich, einen neuen Beistandspakt mit Italien zu unterzeichnen.

7. April. Italienische Truppen besetzen Albanien. ZOGU flieht ins Ausland.

12. April Die Nationalversammlung beschließt, dass der italienische König VIKTOR EMANUEL III. (*1869, †1947) auch die albanische Krone in **Personalunion** übernimmt.

1940, 28. Okt. Von Albanien aus greift Italien Griechenland an, wird aber (bis April 1941) auf albanisches Gebiet zurückgedrängt.

1941, April–Mai Nach Abschluss des deutschen Balkanfeldzugs wird Albanien in die deutsch-italienische Verteidigung eingegliedert und um Teile der Vardar- und Zeta-Banschaft Jugoslawiens (am Fluss Vardar und in der Zeta-Ebene) vergrößert.

1943, 16.–25. Okt. Nach der Kapitulation Italiens (8. Sept. 1943) und dem Einmarsch deutscher Truppen tagt in Tirana eine Nationalversammlung, die dem Haus Savoyen die Krone abspricht und einen Regentschaftsrat einsetzt.

1944, 13. Juli Deutschland nimmt diplomatische Beziehungen zu der neuen Regierung auf, der jedoch innere Festigkeit und Rückhalt im Lande abgehen.

10. Nov. Die nach Abzug der Wehrmacht in Tirana gebildete kommunistische Regierung des Partisanen-Obersten **ENVER HOXHA** (HODSCHA, *1908, †1985) wird von der Sowjetunion, Großbritannien und den USA anerkannt. | Forts. S. 1606 |

Griechenland (1800–1945) | Forts. v. S. 638 |

1800 Gründung der Republik der Sieben Vereinigten Inseln, des ersten unabhängigen griechischen Staats der Neuzeit, der die bis 1797 zu Venedig gehörenden Ionischen Inseln umfasst und 1815 unter britischen Schutz kommt.

1814 Um die Herrschaft der Osmanen zu beseitigen, bilden sich Geheimbünde, von griechischen Kaufleuten getragen und von der griechisch-orthodoxen Kirche unterstützt.

Der Griechische Unabhängigkeitskrieg (1821–1829)

Bei der führenden Stellung der Griechen auf der ganzen Balkanhalbinsel bedeutet die griechische Erhebung mehr als einen Befreiungsversuch Griechenlands: Sie rührt an die Grundlagen des Osmanischen Reiches, weil sie das innere Gefüge des Vielvölkerreichs und seine Stellung im Mittelmeerraum infrage stellt. In ganz Europa wird die Unabhängigkeitsbewegung unterstützt (glühender Verfechter: Lord George Byron). Zahlreiche Freiwillige gehen nach Griechenland. In der philhellenischen Bewegung bildet sich ein mächtiger Faktor der europäischen öffentlichen Meinung. Am Interessengegensatz zwischen Österreich und Russland in der griechischen Frage zerbricht die Heilige Allianz. Die britische Neutralitätspolitik bringt den Aufständischen Vorteile, verhindert aber vorerst zusammen mit der österreichischen Position ein russisches Eingreifen zugunsten der Griechen.

1821 Eine griechische Erhebung (seit 25. März) unter Fürst Alexandros Ypsilanti (*1792, †1828) wird von den Osmanen niedergeworfen.

1822, 1./27. Jan. Die **Verkündung der Unabhängigkeit** des hellenischen Volkes samt Verfassungsgesetz (Volkssouveränität) auf dem Nationalkongress von Epidauros proviziert osmanische Repressionen.

1825, Febr. Ibrahim Pascha (*1789, †1848), Sohn des ägyptischen Vizekönigs Mohammed Ali Pascha (*1769, †1849), besetzt mit einem Heer und einer starken Flotte die Peloponnes. Bis zum Jahresende unterwirft er außer den schwer zugänglichen Gebirgsgegenden die ganze Halbinsel.

1826, 15. Aug. Nach fast einjähriger Belagerung durch die Osmanen fällt Athen (die Akropolis erst im Juni 1827).

1827, 11. April **Johann Anton Graf Kapodistrias** (*1776, †1831) wird zum griechischen Regenten gewählt und beginnt den Aufbau einer Verwaltung (1828–31).

20. Okt. In der **Seeschlacht bei Navarino** (griechisch: Pylos), einer Hafenstadt in Messenien, unterliegt die osmanisch-ägyptische Flotte einer britisch-französisch-russischen. Großbritannien, Frankreich und Russland bewerten eine griechische Autonomie positiv.

1829, 14. Sept. Im Frieden von Adrianopel erkennt die Pforte die griechische Unabhängigkeit an. Im Londoner Protokoll (3. Febr. 1830) folgen Großbritannien, Frankreich und Russland. Osmanisch bleiben Epeiros, Thessalien, Samos, Chios und Kreta.

1831, 9. Okt. Kapodistrias wird wegen Bruch der Verfassung und autoritärer Regierung im Bürgerkrieg ermordet.

1832, 8. Aug. Die Nationalversammlung wählt den Wittelsbacher Otto (*1815, †1867), Sohn Ludwigs I. von Bayern, zum König der Hellenen (bis 1862). **Otto I.** regiert ohne Parlament.

1843, 15. Sept. Eine Militärrevolte erzwingt die Einberufung einer Nationalversammlung. Die hier neu verabschiedete Verfassung tritt am 2. März 1844 in Kraft.

1862, 23. Okt. Angesichts innerer Schwierigkeiten (Opposition gegen das persönliche Regiment des Königs, schlechte wirtschaftliche Lage und Nachfolgeprobleme durch Kinderlosigkeit des Königspaares) **zwingt eine Militärrevolte Otto I. zur Abdankung**.

1863, 30. März Georg I. (Prinz Wilhelm aus dem Haus Glücksburg; *1845, †1913) wird zum König gewählt.

16. Nov. Neue **demokratische Verfassung**.

1864, 29. März Großbritannien übergibt die Ionischen Inseln an Griechenland.

1866 Ein Aufstand gegen die osmanische Herrschaft in Kreta misslingt.

1881, 24. Mai Griechenland erhält vom Osmanischen Reich gemäß den Beschlüssen des Berliner Kongresses Thessalien und einen Teil von Epirus.

1896–1897 Erhebung in Kreta und Krieg mit dem Osmanischen Reich: Trotz der griechischen Niederlage erhält Kreta auf Druck der europäischen Großmächte Autonomie unter osmanischer Oberhoheit.

1908, Okt. Die Nationalversammlung von Kreta ruft die Vereinigung (Enosis) mit Griechenland aus, doch erhält die Insel zunächst nur die Selbstverwaltung.

1912–1913 Griechenland erhält als Resultat des Balkankrieges endgültig Kreta, fast ganz Epeiros, einen Teil Makedoniens mit Thessaloniki und Kavala, die Insel Thasos und die Inseln vor der kleinasiatischen Küste.

1913 Nach der Ermordung König Georgs folgt sein Sohn Konstantin I. (*1868, †1923) auf dem Thron.

1915, Febr. Der Ministerpräsident **Eleutherios Venizelos** (*1864, †1936; im Amt seit 1910) tritt aufgrund des Bündnisvertrags von 1913 vor dem 2. Balkankrieg für Serbien ein und veranlasst gegen den Willen des Königs und der Mehrheit des griechischen Volkes die Briten und Franzosen zur Landung und Festsetzung in Thessaloniki. Venizelos wird vom König entlassen. Der König will die Neutralität seines Landes aufrechterhalten, obwohl ihm die Entente, nach dem Eintritt Bulgariens in den Krieg gegen Serbien (Okt. 1915), bulgarische und türkische Gebiete samt Zypern anbietet.

1916, Jan. Die Franzosen besetzen die Insel Korfu.

März Ein Erlass König Konstantins erklärt Nordepirus (Südalbanien) für endgültig griechisch.

Zunehmender Druck der Entente auf Griechenland.

Aug.–Sept. **Aufstand in Thessaloniki**. Revolution auf Kreta und Korfu. Venizelos tritt an die Spitze der Insel Kreta, dann auch an die der »vorläufigen Regierung« in Thessaloniki, die Bulgarien und dessen Verbündeten den Krieg erklärt.

13. Sept. Der größere Teil des in Thessalien stehenden

4. griechischen Armeekorps (etwa 6000 Mann) geht, um dem König die Treue zu halten, zu den Deutschen über und wird in Görlitz interniert.

1. Dez. Französische Truppen besetzen Piräus (den Hafen Athens). Kämpfe zwischen Franzosen und Griechen in Athen.

1917, 12. Juni Célestin Charles Jonnart (*1857, †1927), Oberkommissar der »Schutzmächte« Griechenlands, erzwingt die **Abdankung König Konstantins** und den Thronverzicht des Kronprinzen Georg (*1890, †1947). Alexander (*1893, †1920), Konstantins zweiter Sohn, wird König von Griechenland. Venizelos bildet ein neues Kabinett.

Ende Juni Die griechische Regierung bricht ihre diplomatischen Beziehungen zu den Mittelmächten ab.

1919, Mai Griechische Truppen besetzen mithilfe der Alliierten Smyrna (İzmir). **Beginn des Griechisch-Türkischen Kriegs.**

Nov. Auf der Friedenskonferenz zu Paris erhält Griechenland Südalbanien und Epirus, ebenso das bis dahin bulgarische Südthrakien.

1920, 22. Juni Beginn der griechischen Offensive in Anatolien, die auf den Widerstand der Türken unter Kemal Atatürk stößt.

10. Aug. Zwischen der Türkei und den Alliierten wird im **Frieden von Sèvres** vereinbart: An Griechenland geht die europäische Türkei bis zur Çatalca-Linie (etwa 40 km vor lstanbuls samt Edirne) und in Kleinasien Smyrna (jedoch nur mit kleinem Hinterland, der Hafen ist internationalisiert). Die türkische Regierung in Ankara besteht auf der Rückgabe Smyrnas.
Dazu kommen im selben Jahr infolge eines Vertrags mit Italien alle Ägäischen Inseln außer Rhodos.

25. Okt. Tod König Alexanders.

Nov. Wahlniederlage der Regierung Venizelos.

19. Dez. Wiedereinsetzung König Konstantins nach Volksabstimmung.

1921 Türkische Siege bei İnönü (10. Jan. und 30. März) und am Sakarya (13. Sept.).

1922, 9. Sept. Die Türken erobern durch ihre Gegenoffensive Smyrna.
In Griechenland brechen revolutionäre Unruhen aus. Unterstützer von Venizelos gewinnen die Oberhand.

27. Sept. Abdankung König Konstantins. Georg II., Konstantins erster Sohn, wird König.

11. Okt. Abschluss eines Waffenstillstands mit der Türkei.

1923, 24. Juli **Friedensvertrag von Lausanne**: griechischer Verzicht auf das türkische Festland.
Balkanbund mit Jugoslawien, Bulgarien und Rumänien. In den folgenden Jahren »Bevölkerungsaustausch« zwischen Griechenland und der Türkei: Massenumsiedlung von mehr als 1,5 Mio. Griechen auf griechisches Staatsgebiet.

Dez. Abdankung König Georgs II.

1924, 11. Jan. Venizelos wird erneut Premierminister. Er setzt sich vergeblich für den König ein und verlässt im Febr. Griechenland.

25. März Die Republik wird proklamiert und am 13. April durch Plebiszit bestätigt.

1928, Mai Rückkehr von Venizelos, der Ministerpräsident wird. Seitdem stabilisiert sich das Land innen- und außenpolitisch.

1930, 30. Okt. Der Vertrag von Ankara mit der Türkei beendet griechisch-türkische Differenzen.

1932, 25. Sept. Wahlniederlage der Venizelisten.
Die Royalisten gewinnen zunehmend an Einfluss.

31. Okt. Rücktritt von Venizelos: Konflikte zwischen Venizelisten und Royalisten mit häufigem Regierungswechsel.

1935, März Nach einer gescheiterten Revolution flieht Venizelos ins Ausland.

Juni Wahlsieg für die Royalisten.

12. Okt. Sturz der Regierung. Die Monarchie wird ausgerufen.

Nov. Gelenkte Volksabstimmung für die Monarchie. Rückkehr König Georgs II.

1936, 4. Aug. General **Ioannis Metaxas** (*1871, †1941), seit April Ministerpräsident, führt durch Staatsstreich die **Diktatur** ein: Stabilisierung, Arbeitsbeschaffung und Aufrüstung. Außenpolitisch Betonung der Neutralität.

1939, 13. April Nach der Besetzung Albaniens durch Italien garantieren Großbritannien und Frankreich die griechische Unabhängigkeit.

1940, 28. Okt. Beginn des **Angriffs Italiens auf Griechenland**, der sich zuungunsten Italiens entwickelt.

1941, 29. Jan. Tod des Ministerpräsidenten General Ioannis Metaxas. Das neue Kabinett bildet Alexander Korisis (*1885, †1941).

6. April Beginn des deutschen Balkanfeldzugs: am 21. April **Kapitulation des griechischen Heeres** und Vertreibung der Briten vom Festland sowie aus Kreta.
König Georg II. und seine Regierung begeben sich erst nach Kreta, dann nach Alexandria, schließlich nach London.

1. Mai General Georgios Tsolakoglu (*1887, †1948) bildet in Athen eine neue Regierung (bis 1942) unter deutscher Besatzung.

Juli Nach Abzug der für den Ostfeldzug benötigten deutschen Verbände wird Griechenland italienischer Militärverwaltung unterstellt (deutsche Reservatbereiche um Athen und Saloniki).

18. Aug. Aufhebung des Kriegszustandes. Die neue Regierung wird wiederholt umgebildet. Da die Seeverbindung unterbrochen ist und so die Einfuhr von Lebensmitteln ausfällt, entsteht eine Hungersnot, durch Sendungen des Roten Kreuzes nur z. T. behoben. Eine Inflation verschlimmert die Lage.

Die deutsche Besatzung (1941–1944)

Geführt und versorgt durch die britische (ab 1944 alliierte) Militärkommission, bekämpft die (anfangs getarnte) kommunistische »Griechische Befreiungsfront« (E.A.M.) mit den Kampfverbänden der »Griechischen Volksbefreiungsarmee« (E.L.A.S.) sowie die antikommunistisch eingestellte »Griechisch-Demokratische Nationalarmee« (E.D.E.S.) die Besatzungstruppen. Die antikommunistischen **Widerstandsgruppen** bleiben schwach und werden von E.L.A.S. vernichtet. Nur die in Epirus stehende Gruppe von General Zervas (E.D.E.S.) hält sich; sie nimmt mit den deutschen Truppen Verbindung auf. Ab Sept. 1943 sind nur noch deutsche Besatzungsstreitkräfte in Griechenland. Sie beschränken sich auf die Verteidigung der Städte und Verbindungslinien, deren Unterbrechung sie durch Vergeltungsmaßnahmen gegenüber der Zivilbevölkerung zu verhindern suchen.

1944, April Von den Alliierten in Ägypten aufgestellte griechische Verbände meutern.

17. Mai Griechische Parteiführer treffen sich in Beirut und verkünden eine Nationalcharta, um die Gegensätze zu überbrücken. Koalitionsregierung unter Georgios Papandreou (*1888, †1968), jedoch ohne die E.A.M. (bis Jan. 1945). König Georg erklärt sich bereit, sich einem Plebiszit zu unterwerfen.

18. Aug. E.A.M. und Kommunistische Partei erklären ihre Zustimmung zur Regierungsbeteiligung.

24. Sept. Durch das Abkommen von Caserta (nördlich von Neapel) unterstellen sich alle Guerillaverbände der Regierung, die den Befehl dem Oberbefehlshaber der britischen Streitkräfte in Griechenland überträgt.

2. Nov. Abschluss der **Räumung Griechenlands**; Landungen der Briten (ab 15. Okt.) gemäß dem Abkommen der drei alliierten Großmächte über die Operationen im Südosten (Mai/Juni 1944). Die Exilregierung übernimmt die Geschäfte, doch zerbricht die Einigkeit der Parteien: E.A.M. tritt aus der Regierung aus (1. Dez.). Da die das Land beherrschenden E.L.A.S.-Verbände auch Athen zu besetzen drohen, kommt es zum Kampf mit den britischen Truppen.

31. Dez. Der noch in London gebliebene König Georg überträgt die Regentschaft dem Erzbischof Damaskinos (*1891, †1949) von Athen.

1945, 12. Febr. Kämpfe zwischen Briten und Kommunisten werden durch einen Waffenstillstand (11. Jan.) und ein Abkommen zwischen Regierung und E.A.M. beendet. Jedoch herrscht die Regierung mit britischer Hilfe nur in den Städten. | Forts. S. 1607 |

Osmanisches Reich und Türkei (Mitte 15. Jh.–1945) | Forts. v. S. 667 |

Das Osmanische Reich in der Neuzeit

Die Großmacht vom 15.–18. Jh.

Das bis ins späte 17. Jh. expansive Osmanische Reich hat eine weltgeschichtlich einmalige dynastische Kontinuität von 36 Herrschern über 600 Jahre. Neben dieser Kontinuität der osmanischen Geschichte ist ihr territorialer Zusammenhang hervorzuheben. Seit Ertuğrul Gazi (*1198, †1281), Vater Osmans I., seine Zelte im Hinterland von Bursa aufgeschlagen hat, bleiben seine Nachfolger im Marmarabecken. Dieser Kernraum des Osmanenstaats ist vom späten 14. Jh. bis zu den verlustreichen Balkankriegen (1912/13) im Besitz des Staatsvolks. Hier entsteht eine unverwechselbare Städtelandschaft, deren Merkmale sich auch in Siedlungen außerhalb dieses Gebiets etwa in Bosnien, Albanien oder am Südostrand Anatoliens wiederfinden. Der Umstand, dass Konstantinopel nach 1453 nicht mehr in fremde Hände fällt und allen schweren Erdbeben und Brandkatastrophen zum Trotz ungeheure Schriftgüter akkumulieren kann, hat das kulturelle Gedächtnis bis heute genährt, gestärkt und selbstbewusst erhalten.

Das Osmanische Reich, aber auch Persien und Indien treten seit dem späten 15. Jh. ins Blickfeld Europas, das über das Mittelmeer, v. a. aber um Afrika in den Indischen Ozean, nach Ost- und Südostasien ausgreift. Diese Mächte werden damit in immer stärkerem Ausmaß zu Partnern der europäischen Großmächte und unterliegen in vielerlei Hinsicht, v. a. in der (militärischen) Technik, ab dem 18. Jh. dem steigenden Einfluss Europas. Der Islam erweist sich dabei als einzige große Religion dem Christentum gegenüber weitgehend immun und bleibt damit die Ausgangsbasis der Eigenständigkeit dieser Völker, die sich später neu bewähren wird. Bestehende christliche Gemeinschaften, v. a. im Osmanischen Reich, daneben auch Juden (wie in Persien), werden dem Staat aufgrund des *Millet*-Systems als selbstständige Gemeinschaften mit innerer Autonomie auch in Rechtssachen eingegliedert und können dabei ihre religiöse und nationale Substanz – bei manchen Verlusten durch Übertritte – wahren. In frühosmanischer Zeit ist der Islamisierungsdruck gering. Steuerbefreiungen für Konvertiten sind ein attraktives Instrument für den Glaubenswechsel, gelten aber nur für eine Generation und werden unterschiedlich in Anspruch genommen. Vor den Tanzimat-Reformen der 1860er-Jahre kann ein Nichtmuslim kein Amt in der Administration oder Justiz einnehmen, erst ein Übertritt zum Islam eröffnet diese Karrierepfade. So leben die christlichen Völker des Osmanischen Reiches bis ins 19. Jh. v. a. in ihren Kirchen weiter. Daneben dürfen auch die Einflüsse, die – wie im Mittelalter – aus dem Osten nach Europa kommen, nicht übersehen werden. Sie betreffen nunmehr v. a. die Literatur, die schönen Künste und die Musik.

1429–1461 Das Osmanische Reich ist bereits weit nach Südosteuropa vorgestoßen, bevor das letzte muslimische Reich in Spanien (1492) fällt. Schon vor der Einnahme Konstantinopels (1453) gelangen osmanische Truppen nach Saloniki (1429), an die ungarische Grenze (1438), ans Schwarze Meer (Schlacht bei Warna 1444) sowie nach Serbien und Albanien (1448). Dem Fall der Stadt am Bosporus folgt derjenige der letzten christlichen Gebiete auf der Peloponnes (um 1460) und um Trapezunt (Trabzon) (1461).

1468 Mit Karaman wird das bedeutendste turkmenische Fürstentum Anatoliens zur osmanischen Provinz. Nach der Abwehr von Angriffen Uzun Hasans (*1423, †1478) dringt der osmanische Einfluss bis an die Grenze des oberen Zweistromlandes vor.

1480 Landung eines osmanischen Heeres in Otranto (Apulien). Die Stadt und ihre Umgebung bleiben ein

Jahr bis zu seiner Vertreibung durch aragonesische Truppen in seinem Besitz.

1481–1512 Der Khan der Krim, MENGLI GIRAY I. (*1445, †1515), nimmt 1484 an Sultan BAYEZIDS II. (*1447, †1512) Moldau-Feldzug teil und wird mit Landbesitz zwischen Dnjestr und Dnjepr belohnt. Seine Truppen sind seitdem wichtige Verbündeten des osmanischen Heeres und machen der sesshaften Bauernbevölkerung, v. a. Podoliens, Wolhyniens, Siebenbürgens und Ungarns, in den nächsten Jahrhunderten immer wieder zu schaffen. Lediglich SKANDERBEG (*um 1405, †1468) leistet in Albanien, von Venedig unterstützt, bis zu seinem Tod erfolgreichen Widerstand.
BAYEZID II., Sohn MEHMEDS II., wird dadurch, dass sich sein Bruder CEM (*1459) als Geisel in verschiedenen abendländischen Herrschaftsgebieten befindet, in seiner politischen Handlungsfähigkeit beeinträchtigt. CEM wird 1495 – vielleicht im Auftrag des Sultans – in Neapel (Castel Capuana) vergiftet.
BAYEZIDS II. Innenpolitik zeichnet sich durch großzügige Förderung der islamischen Institutionen aus. Er macht die Eingriffe seines Vaters in die Verwaltung der Frommen Stiftungen rückgängig. 1486 entsendet er seinen Admiral KEMAL REIS (*1450, †1511) zur Unterstützung der andalusischen Muslime ins westliche Mittelmeer. Anfang der 1490er-Jahre werden Osmaneneinfälle in Kroatien und der Krain gemeldet.

1492 Beginn der Anwerbung von mehreren Tausend spanischen Juden, die vom osmanischen Herrscher ermutigt werden, sich u. a. in Istanbul, Edirne und Saloniki niederzulassen. 1493 wird die erste hebräische Presse in Istanbul gegründet.

1512–1520 SELIM I. YAVUZ (der Grimme; *1470/71, †1520) zwingt seinen Vater BAYEZID II. zur Abdankung. Entschieden tritt er den schiitischen Neigungen in Kleinasien entgegen und veranlasst viele, den sog. »Rotköpfen« (*Kizilbasch*) zuneigende Untertanen zum Abzug nach Persien. Durch die Stärkung der sunnitischen Form des Islam als Staatsreligion des Osmanischen Reichs wird auch die Ideologie der Grenzkämpfer vieler Derwischorden sowie der Zünfte beschränkt und weithin unterdrückt, da bei ihnen eine starke Neigung zum vierten Kalif ALI, dem Heros der Schiiten, festzustellen ist. Die Bektaschi-Bruderschaft wahrt durch ihre geistige Verbindung mit den Janitscharen eine besondere Stellung.

Strukturen der osmanischen Gesellschaft im 16./17. Jh.

Im 16. Jh. ist das Osmanische Reich ein religiös einheitlich sunnitischer, vom Scheichülislam überwachter und vom Großwesir sowie den neben ihm stehenden Wesiren rational verwalteter, zentralistischer Staat. In ihm spielt das Heer eine führende Rolle. Die Kavallerie (*Sipahi*) beruht auf dem *Timar*-System, einer Art nicht vererblicher Militärpfründe. Die zweite Säule der Militärmacht sind die Janitscharen. Sie bilden seit dem späten 14. Jh. aus der Knabenlese (*devşirme*) unter der christlichen Bevölkerung rekrutierte und zum größten Teil mit Feuerwaffen ausgestattete Fußtruppen. Die Besoldung erfolgt aus dem allgemeinen Staatshaushalt.

In der ersten Hälfte des 16. Jh.s regelt Sultan SÜLEYMAN I. das Finanzwesen, das auf Steuern, Kopfgeldern der Nichtmuslime, Tributen und Beute beruht, sowie den Aufbau der inneren Organisation. Er schafft ein umfassendes Gesetzeswerk (daher bei den Türken *Kanuni*, »Gesetzgeber«, genannt) und eine straffe Organisation des Heeres, führt aber auch eine großartige Bautätigkeit weiter. Der Architekt MIMAR SINAN (*1489, †1588) entwirft für SÜLEYMAN und seine beiden Nachfolger Hunderte von Bauten, darunter 74 Freitagsmoscheen.

Den Osmanen gelingt es nicht, die Portugiesen aus dem Persischen Golf zu vertreiben (Niederlage bei Hormus 1552). Die europäische Konkurrenz auf den Meeren zwingt sie zur Förderung des Karawanenhandels mit Gewürzen auf dem Landweg über Syrien (Aleppo).

Der Wert des Silbergelds fällt, als sich die Masseneinfuhr aus Amerika seit etwa 1560 auch bei den Osmanen bemerkbar macht, und vermindert dadurch den Reichtum aus der Zeit SÜLEYMANS I. (entscheidende Abwertung 1586). Erst unter MURAD IV. ist eine gewisse Konsolidierung der inneren Verhältnisse zu verzeichnen.

1513 Der osmanische Seefahrer und Kartograf PIRI REIS (†1553/54) entwirft nach westlichen Vorlagen eine fragmentarisch erhaltene Weltkarte, die bis heute eines der ältesten Zeugnisse von Amerika ist.

1514, 23. Aug. SELIM I. wird der eigentliche Begründer des Osmanischen Großreiches, indem er allen schiitischen Einmischungsversuchen der Safawiden mit seinem Sieg über Schah ISMAIL I. (1501–1524) bei Çaldıran ein Ende setzt und dadurch Täbris und weite Teile Aserbaidschans gewinnt, die mit einigen Unterbrechungen bis 1603 in osmanischer Hand bleiben.

1516/17 Einnahme von Syrien und Ägypten und der beiden heiligen Städte Mekka und Medina. Die Mamluken, die noch keine Feldartillerie einsetzen, erweisen sich dem osmanischen Heer gegenüber als unterlegen. Mit Ägypten wird den osmanischen Ländern die reichste Provinz hinzugefügt.
In den folgenden Jahrzehnten werden auch der Jemen (1552) und Gebiete Nordafrikas (Maghreb) bis an die Grenze von Marokko hin, das 1576 in einer Thronauseinandersetzung den Osmanensultan um Hilfe bittet, dem Reich angegliedert.

1517 Der Anspruch der Sultane auf den Titel Kalif (*Chalif*, arabisch *Chalifa* [Nachfolger]), den sie in steigendem Maß führen, wird ihnen nach der Gefangennahme des letzten abbasidischen Scheinkalifen in Kairo nicht mehr streitig gemacht. Erst 1924 schafft die türkische Republik das Kalifat ab.

1520–1566 Auf SELIM I. folgt SÜLEYMAN I. (der Gesetzgeber (*Kanuni*); *1495, †1566) bei den Europäern »der Prächtige« genannt, ohne dass es zu Thronkämpfen kommt. In seiner langen Regierungszeit steht er an der Spitze von 13 großen Feldzügen. Seine Epoche erscheint späteren Chronisten als nie wieder erreichte Glanzzeit der Osmanen. Unter SÜLEYMAN I. werden zentrale und provinziale bürokratische Strukturen standardisiert und die Homogenität des Reiches als türkisch-sunnitischer Staat vorangetrieben.

1521/1526 Osmanische Heere rücken auf dem Balkan vor (1521). Sie nehmen Belgrad, entreißen den Johannitern Rhodos (1522/23) und vernichten das ungarische Königreich bei Mohács an der Donau (1526).

1529, 26. Sept.–16. Okt. **Erste Belagerung Wiens.** Die Bewahrung der Stadt vor den Osmanen bestimmt fortan maßgeblich die Politik einiger christlicher Fürsten.
Die osmanische Flotte, vom griechischen Renegaten Hayreddin Barbarossa (*um 1467, †1546) und seinem Nachfolger Turgut Reis (Dragut; *1485, †1565) organisiert und auf die materiellen und technischen Hilfsmittel Nordafrikas gestützt, besitzt die Herrschaft über das Mittelmeer.

1534 Süleyman I., der zu Beginn seiner Regierungszeit den Safawiden nicht unfreundlich begegnet, unternimmt ab 1529 neue Ostfeldzüge, die in der Besetzung Bagdads gipfeln.

1535 Der französische König Franz I. (1515–1547) entschließt sich, von habsburgischen Ländern umklammert, zu einem militärischen Zusammengehen mit dem Sultan, das auf Jahrhunderte hinaus das politische Bild Europas bestimmen wird.

1538, 28. Sept. Die Osmanen besiegen in der Seeschlacht bei Prevesa (Küstenstadt in Epirus) eine Flotte der »Heiligen Liga« (Kaiser, Venedig, Papst) unter dem Kommando von Andrea Doria (*1466, †1560).

1541, 29. Aug. Mit Ausnahme seines West- und Nordsaumes gehört Ungarn unmittelbar zum Osmanischen Reich. An der Grenze zum habsburgischen Besitz kommt es immer wieder zu Scharmützeln. Die Grenzbevölkerung in der Krain, der Steiermark und Mähren

Sultane des Osmanischen Reichs

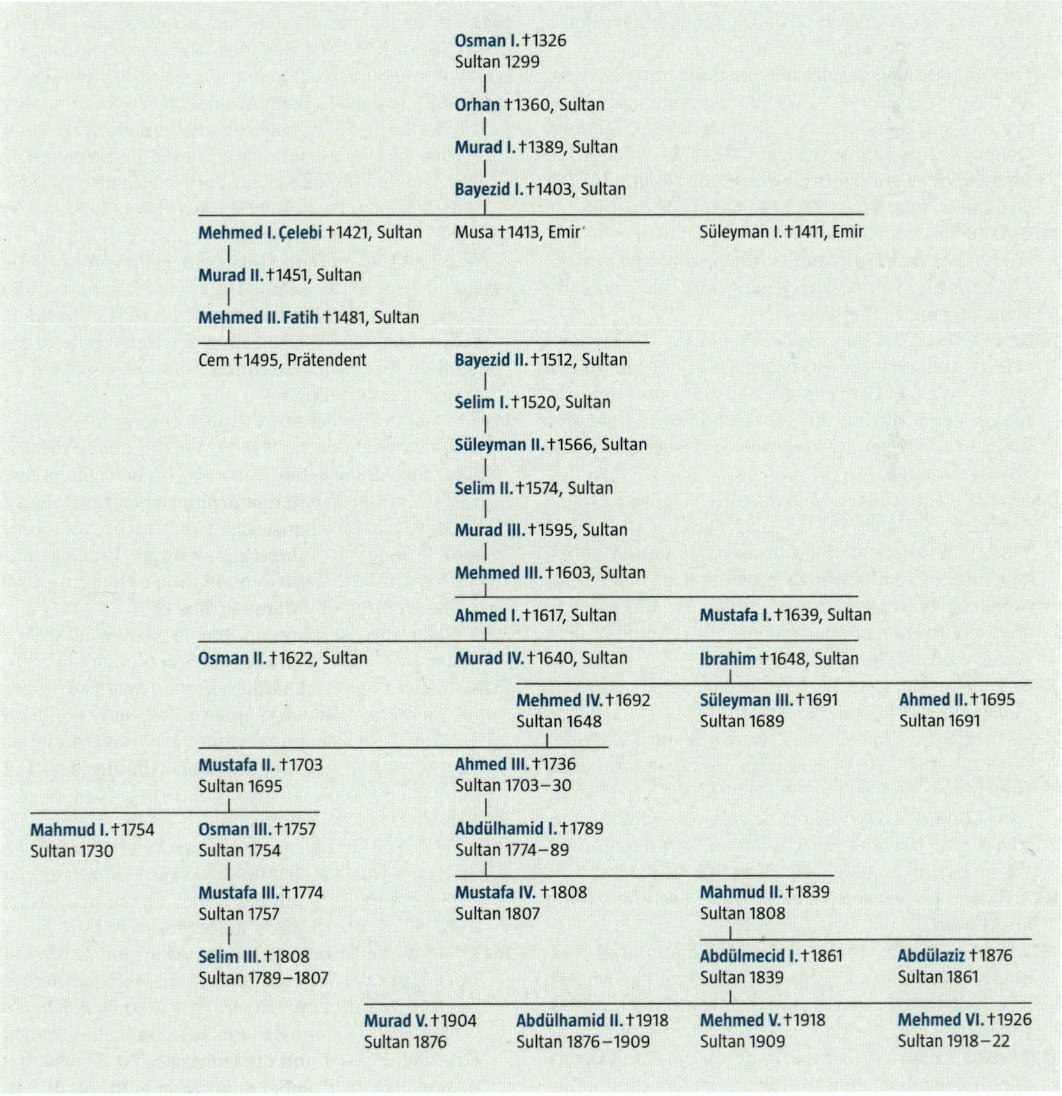

hat unter gelegentlichen Vorstößen der Osmanen zu leiden. Dieses gibt den Anlass zur allmählichen Organisation der »österreichischen Militärgrenze«.

1547 Friedensvertrag mit Habsburg in Edirne unter Einbeziehung des Papstes, Frankreichs und Venedigs.

1566 Sultan SÜLEYMAN I. stirbt auf einem Feldzug in Ungarn während der Belagerung der Festung Szigetvár. Damit überschreitet die osmanische Macht ihren Höhepunkt, auch wenn sie sich noch 150 Jahre lang auf beachtlicher Höhe hält.

1566–1595 SELIM II. (*1524, †1574), Sohn SÜLEYMANS, und ebenso dessen Sohn MURAD III. (*1546, †1595) führen keine Feldzüge an. Da sie aber ab 1565 die Staatsgeschäfte dem Großwesir MEHMED SOKOLLU PASCHA (*1505/06, †1579), einem geborenen Serben, überlassen, bleibt die Kampfkraft des Staates weiterhin erhalten.

1570 Einnahme Zyperns, der letzten venezianischen Bastion vor der anatolischen und syrischen Küste, wo während der nächsten 50 Jahre zahlreiche osmanische Siedler angesiedelt werden.

1571, 7. Okt. **Sieg einer abendländischen Flotte** unter DON JUAN D'AUSTRIA (*1547, †1578) **bei Lepanto** (Naupaktos) am Eingang des Golfs von Korinth. Dieser Triumph sichert Spanien im westlichen Mittelmeer aufgrund überlegener Feuerkraft eine führende Stellung. Die Osmanen verlieren 30 000 Mann und 200 Schiffe.

1578–1590 Ein langer Krieg gegen das safawidische Persien bringt den Osmanen Landgewinn in Kaukasien mit Tiflis und Täbris. Gleichzeitig wird der Friede mit Habsburg aufrechterhalten.

1583/1612 Das Osmanische Reich nimmt zu England (1583) und den Niederlanden (1612) Beziehungen auf, die v. a. auf dem Handel aufbauen und dem Osmanischen Reich im Lauf der Jahrhunderte viele wirtschaftliche Nachteile, aber auch manche politische Vorteile bringen.

1595–1622 Regierungen MEHMEDS III. (*1566, †1603), AHMEDS I. (*1590, †1617) und OSMANS II. (*1604, †1622). Sie verzichten auf die seit 150 Jahren üblich gewordene gewaltsame Beseitigung ihrer Brüder als mögliche Prätendenten und halten sie hingegen in abgeschlossenen Appartements des Serails, dem »(goldenen) Käfig« (*kafes*), gefangen.

1603 Täbris fällt den Persern unter Schah ABBAS I. (1588–1629) erneut in die Hände.

1606, 11. Nov. Im Frieden von Zsitvatorok mit Kaiser RUDOLF II. (1576–1612) gestehen die Osmanen dem Habsburger die Anrede »Römischer Kaiser« anstelle von »König« zu. Der Vertrag ist zum ersten Mal unbefristet und beendet die jährlichen Tributzahlungen Wiens an die Osmanen. Er wird 1612 ratifiziert.

1621 OSMAN II. belagert vergeblich die Festung Chotin am Dnjestr.

1623 Der persische Schah ABBAS I. kann Bagdad erobern. Unter den Sunniten wird ein Gemetzel verübt, ihre Heiligtümer werden zerstört. MURAD IV. (*1612, †1640) gewinnt die Stadt 1638 wieder zurück.

1623–1640 MURAD IV. versucht, durch die Zurückdrängung der Janitscharen und die Organisierung neuer Truppenteile das innere Gleichgewicht wiederherzustellen. Aufstände in Anatolien und Syrien (1599, 1603, 1623–1628) sowie bei den Kurden, schließlich Selbstständigkeitsbestrebungen unter den Drusen in Syrien, deren Emir mit dem Fürstentum Toskana zusammenzuarbeiten versucht, werden unterdrückt. Erhebungen in Rumelien (1595 und 1688) bleiben erfolglos. Die Mehrheit der Albaner und Bosnier sowie beachtliche Teile der Bulgaren (die Pomaken) schließen sich unter den Osmanen dem Islam an.

1640–1648 EVLIYA ÇELEBI (*1611, †nach 1683) beginnt seine Reisetätigkeit, die ihn in fast alle Teile des Osmanischen Reichs führt. Sein zehnbändiges »Fahrtenbuch« (*Seyhatname*) ist der inhalts- und umfangreichste Reisebericht der islamischen Literaturen.

1645/46 Unter dem psychisch belasteten Sultan İBRAHIM (*1615, †1648) werden mehrere Hafenstädte auf Kreta eingenommen. Dadurch wird der 24 Jahre lange Krieg mit Venedig ausgelöst.

1648 In İzmir erklärt sich SHABBETAI TZEVI (*1626, †1676) zum Messias und legt damit den Ursprung der kryptomuslimischen jüdischen Sekte der »Dönme«.

1648–1687 İBRAHIMS Sohn MEHMED IV. (*1642, †1693), minderjährig auf den Thron gekommen, wäre kaum in der Lage gewesen, das Steuer herumzureißen, wenn nicht die Wesirsfamilie der KÖPRÜLÜ (1656–1661 MEHMED [*um 1580, †1661], 1661–1676 AHMED [*1635, †1676]) das Reich einer neuen Periode innerer Stabilität und äußerer Macht entgegen geführt hätte.

1656 Die Venezianer können die Seeschlacht vor den Dardanellen für sich entscheiden und die Inseln Tenedos, Lemnos und Samothrake vorübergehend einnehmen. In Istanbul kommt es daraufhin zu Hunger und Preiserhöhungen.

1664, 1. Aug. Kaiserlichen Truppen unter RAIMONDO GRAF MONTECUCCOLI (*1609, †1680), denen diesmal der französische König LUDWIG XIV. beisteht, gelingt bei St. Gotthard an der Raab ein wichtiger Erfolg, der für das Osmanische Reich jedoch nicht bedrohlich wird (Friede von Eisenburg 10. Aug.). Im Gegenteil, das Osmanische Reich kann in dieser Zeit seine größte Ausdehnung überhaupt erringen.

1669 Nach über 20-jährigem Ringen gibt Venedig Kreta (ohne die Häfen von Suda und Spinalonga) auf.

1672, 18. Okt. Polen muss nach einem osmanischen Sieg bei Kamieniec Podolski (heute Kamjanez-Podilskyj [Ukraine]) im Frieden von Buczacz Podolien und die Oberherrschaft über die westliche Ukraine an MEHMED IV. abtreten.

1682–1699 Der Koalitionskrieg des Kaisers LEOPOLD I. (1658–1705) und vieler deutscher Reichsfürsten, Polens unter JOHANN III. SOBIESKI (1674–1696) und seit 1696 auch Russlands unter Zar PETER DEM GROSSEN (1682–1725) bringt die entscheidende Wende.

1683 Die **zweite Belagerung Wiens** unter dem Großwesir KARA MUSTAFA PASCHA (*1634/35, †1683) endet mit einem osmanischen Misserfolg in der Schlacht am Kahlenberg (12. Sept.). In raschem Nachstoß dringen kaiserliche Heere unter dem bayerischen Kurfürsten MAXIMILIAN II. EMANUEL (*1662, †1726), dem lothringischen Herzog Karl V. Leopold (*1643, †1690) sowie dem Markgrafen Ludwig Wilhelm von Baden (»Türkenlouis«; *1655, †1707) und später unter dem Prinzen Eugen von Savoyen (*1663, †1736), der zur Verkörperung des Sieges über das Osmanische Reich werden soll, in Ungarn vor.

1686 Ofen (Buda) wird nach mehr als zweimonatiger Belagerung genommen.

1687 Die Venezianer besetzen Teile der Peloponnes und von Attika, wobei die Akropolis in Athen – damals Pulvermagazin – schwer beschädigt wird.
Mehmed IV. wird abgesetzt.

1688 Die kaiserliche Armee unter Maximilian II. Emanuel erobert Lippa, Gradisca, Peterwardein, Belgrad und Stuhlweißenburg (»Großer Türkenkrieg«).

1689 Die kaiserlichen Heere besetzen bis zur osmanischen Gegenoffensive 1690 die serbischen Städte Vidin und Niš.

1691–1703 Unter Ahmed II. (*1642, †1695) und dessen Neffen Mustafa II. (*1664, †1703), der vom letzten Großwesir aus der Familie Köprülü (Amcazade Hüseyin 1697–1702) beraten wird, müssen große Gebietsverluste hingenommen werden.

1691, 19. Aug. Dem osmanischen Gegenstoß kann nördlich von Belgrad in der Schlacht bei Slankamen Einhalt geboten werden.

1697 Die Niederlage bei Zenta an der Theiß zwingt dem Sultan Friedensverhandlungen auf.

1699, 21. Jan. Im Frieden von Karlowitz verlieren die Osmanen das historische Ungarn (außer dem Banat von Temeschwar), Siebenbürgen und Slawonien an Österreich, Podolien und die Westukraine an Polen sowie einen Großteil der Peloponnes und Teile Dalmatiens an Venedig.

1700 Im Frieden von Konstantinopel muss Mustafa II. Asow (im Mündungsdelta des Don) Russland überlassen, das damit seinen ersten Stützpunkt am Schwarzen Meer erhält.

1703–1730 Ahmed III. (*1673, †1736) wird oft in die Streitigkeiten der Großmächte verstrickt, nachdem er dem schwedischen König Karl XII. (1697–1718) nach dessen Niederlage bei Poltawa gegen Russland Asyl (1709–1714) gewährt hat.
Seit dem frühen 20. Jh. wird die Regierungszeit Ahmeds III. und seines Großwesirs Nevşehirli İbrahim Pascha (†1730) wegen der aufwendigen höfischen Gartenkultur als »Tulpenzeit« bezeichnet. İbrahim Pascha ist auch ein großer Förderer von Übersetzungen aus dem Arabischen und Persischen.

1711 Waffenstillstand mit Russland am Pruth.

1716, 5. Aug. Prinz Eugen von Savoyen siegt bei Peterwardein über die Osmanen.

1718, 21. Juli Im Frieden von Passarowitz (Požarevac [Serbien]) erhält Österreich Nordserbien mit Belgrad, das Banat, den osmanischen Teil Syrmiens, den Teil der Kleinen Walachei bis zum Fluss Alt (Rumänien) und einen Grenzstreifen im nördlichen Bosnien. Venedig verliert Morea, die Häfen auf Kreta, behält aber Korfu und die Ionischen Inseln.

1724, 24. Juli Nach dem Erlöschen der Safawiden-Dynastie kommt es durch die Vermittlung des französischen Gesandten zu einem Teilungsabkommen über Westpersien. Den Russen fällt Darband, Baku und Gilan zu, den Osmanen alles westlich der Linie Ardabil–Hamadan.

1727 İbrahim Müteferrika (*1674, †1745), ein siebenbürgischer Renegat, beginnt mit der Einrichtung einer Druckerei in Istanbul. Ab 1729 werden die ersten Druckwerke in osmanischer Sprache und arabischen Lettern herausgegeben. 1746 wird der Buchdruck aus wirtschaftlichen Gründen eingestellt. Bis 1782 erscheint kein weiteres Werk außer dem Nachdruck eines arabisch-osmanischen Wörterbuchs.

1730 Ahmed III. wird durch eine Revolution des albanischen Janitscharen Patrona Halil (†1730) gestürzt, sein Großwesir hingerichtet.

1730–1754 Regierungszeit Mahmuds I. (*1696, †1754).

1736–1739 Im Krieg mit Österreich und Russland erweist sich das Osmanische Reich als den Habsburgern ebenbürtig.

1739, 18. Sept. Im **Frieden von Belgrad** gewinnen die Osmanen Nordserbien mit Belgrad und die Kleine Walachei, während Russland Asow zurückerhält, das entfestigt werden muss. Die vermittelnden Franzosen treten als führende Bundesgenossen des Osmanischen Reiches hervor und werden offiziell als Beschützer der (lateinischen) Christen anerkannt.
Mit dem Vordringen des turkmenischen Eroberers Nadir Schah (*1688, †1747) im Iran kommt es, v. a. wegen religiöser Dispute, zu einem langwierigen, letztlich aber für beide Seiten erfolglosen Ringen, das mit Nadirs Ermordung endet.

1754–1773 Unter Osman III. (*1699, †1757), dem Bruder Mahmuds I., und Mustafa III. (*1717, †1774), einem Sohn Ahmeds III., tritt ein folgenschwerer politischer Richtungswechsel ein: Statt des römisch-deutschen Kaisers werden die russischen Zaren zum Hauptkontrahenten der Osmanen. Seitdem ist das Osmanische Reich v. a. von Norden her bedroht.

1761 Ein Bündnis mit dem preußischen König Friedrich II. (1740–1786), das unter dem Eindruck seiner Notlage im Lager von Bunzelwitz zustande kommt, besitzt politisch wenig Bedeutung, knüpft aber erstmals Beziehungen zu der neu aufstrebenden Macht in Norddeutschland, die schließlich zum Bündnis im Ersten Weltkrieg führen.

1768–1774 Russisch-Türkischer Krieg in der Moldau und in Transkaukasien.

1770, 5.–7. Juli Russische Schiffe vernichten die osmanische Flotte in der Bucht von Çeşme.

1774, 21. Juli Im **Frieden von Küçük Kaynarca** erhält Russland das Dreieck zwischen Dnjepr und Bug, Kinburn am Südufer des Dnjepr-Bug-Limans, zwei Festungen auf der Krim und die beiden Kabardeien einschließlich Ossetiens. Das Khanat der Krim wird nominell unabhängig, bevor Russland es 1783 annektiert.
Erstmalig wird die Idee eines spirituellen Kalifats in ein internationales Vertragswerk aufgenommen. Der Sultan gilt demnach als Schutzherr aller Muslime, auch außerhalb seines Herrschaftsgebiets. Artikel 7

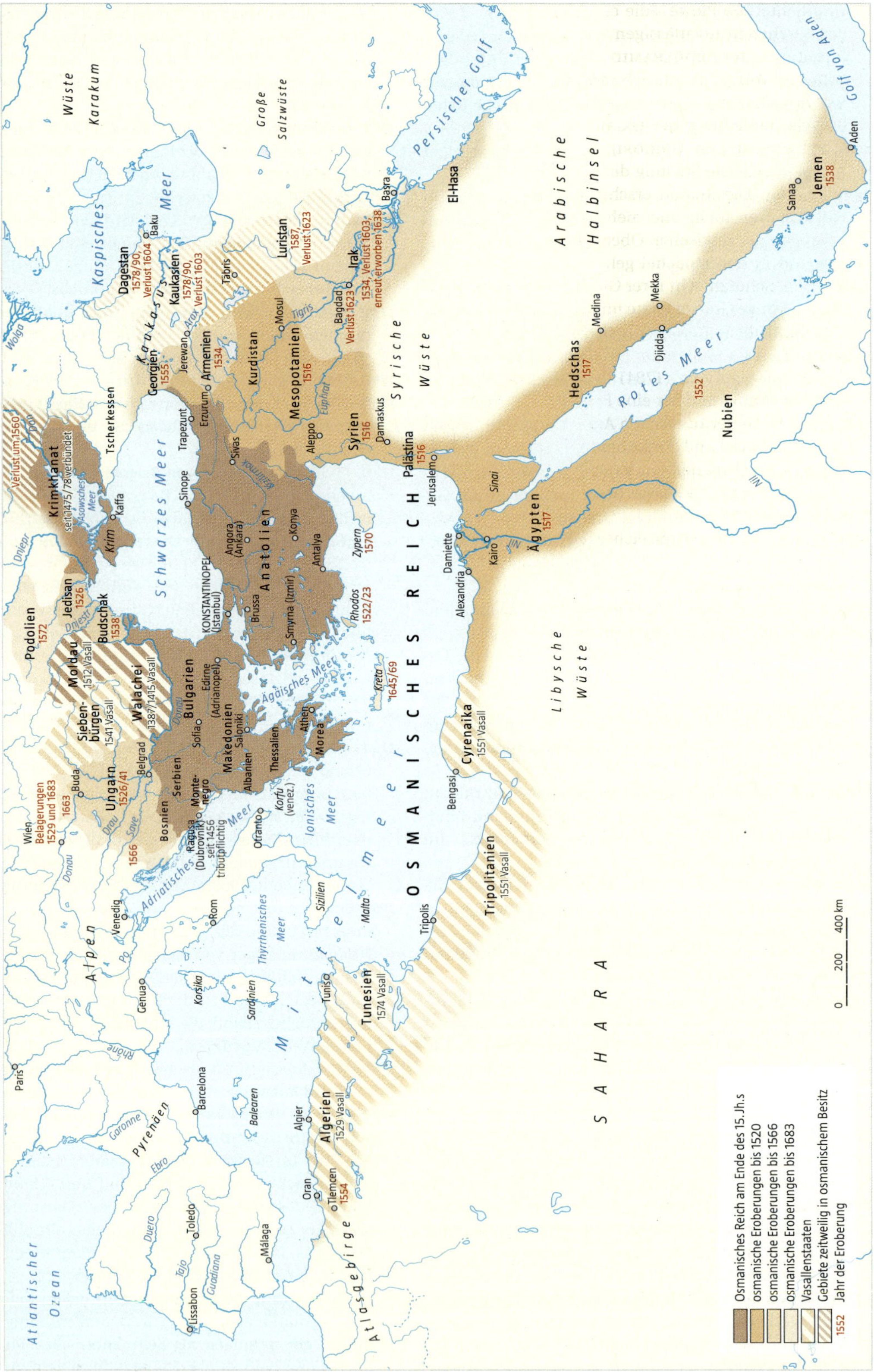

Die Expansion des Osmanischen Reiches bis Ende des 17. Jh.

verpflichtet die Pforte, »die christliche Religion und ihre Kirchen in zuverlässigen Schutz zu nehmen«. Damit ist unter ABDÜLHAMID I. (*1725, †1789) Russland zur Vormacht am Schwarzen Meer geworden. Die Ausschaltung Polens durch die drei Teilungen und die Besiedlung der Ukraine unter dem zaristischen Staatsmann GRIGORIJ A. POTEMKIN (*1739, †1791) macht die Stellung des Zaren im Norden unangreifbar. Die Russen erscheinen den orthodoxen Balkanslawen mehr und mehr als die künftigen Befreier von der türkischen Oberherrschaft, in der Moldau und in der Walachei gelten sie deshalb als die offizielle Schutzmacht ihrer Glaubensbrüder.

1775/1784 Einige Grenzgebiete müssen ohne Kampf den Nachbarn überlassen werden: die Bukowina an Habsburg (1775) sowie die Krim (1783/84) und das Schutzrecht über Georgien (1784) an die Zaren, die nun auch von Kaukasien her eine Bedrohung bilden.

1787–1792 Nach der russischen Annexion der Krim, der Tamanhalbinsel und des Kubangebiets (8. April 1783) erklären die Osmanen KATHARINA II. (1762–1796) erneut den Krieg (1787). Österreich tritt 1788 an die Seite Russlands.

1791, 4. Aug. Für die Österreicher bedeutet der Krieg trotz der zeitweiligen Besetzung Belgrads (1789) durch ERNST GIDEON FREIHERR VON LAUDON (*1716, †1790) den Verlust der Donaufürstentümer (ohne Alt-Orşowa), die im Sonderfrieden von Sistowa (Swischtow) an die Osmanen abgetreten werden müssen.

1792, 9. Jan. Im Frieden von Jassy (Iaşi [Rumänien]) wird durch preußische Vermittlung der Dnjestr zur Grenze zwischen Zar und Sultan SELIM III. (*1762, †1808) bestimmt. Die Krim wird endgültig aufgegeben.

1798–1800 Das französische Vorgehen in Ägypten führt zum Bruch zwischen den beiden bisher traditionell befreundeten Mächten, lässt Großbritannien auch politisch ins Blickfeld der Osmanen treten und bringt damit eine weitgehende Umkehrung der bisherigen politischen Gruppierung mit sich, die für das 19. Jh. kennzeichnend wird.

Niedergang und Reformen im 19. und 20. Jh.

Wie für den gesamten Nahen Osten, so ist die napoleonische Expedition nach Ägypten auch für das Osmanische Reich der Beginn einer neuen Epoche, obwohl hier europäische Anschauungen und technische Einflüsse – stärker als bei den Arabern und Persern – schon in den vorausgehenden Jahrhunderten bedeutsam sind. Den militärischen Reformen zu Beginn des Jh.s folgen weitere auf zivilem Gebiet, nur teilweise unter Druck der Großmächte, von denen die Osmanen mehr und mehr abhängig werden, auch weil Westeuropa dem Sultan in steigendem Maß Schutz gegen Russland bietet. Das wachsende Unabhängigkeitsstreben der Balkanvölker erschwert die Durchführung dieser Änderungen.

1798–1801 NAPOLEONS Vorstoß nach Ägypten treibt SELIM III. zeitweilig auf die Seite Englands. Beim französischen Angriff auf Jaffa 1799 lässt NAPOLEON osmanische Gefangene niedermetzeln. Eine britische Flotte unter SIDNEY SMITH (*1764, †1840) erscheint vor Akra und organisiert die Verteidigung gegen die Franzosen. Die osmanische Armee landet, unterstützt von der anglo-osmanischen Flotte, bei Abukir in Ägypten. In der Schlacht von Abukir (1799) schlägt NAPOLEON die Osmanen.

1806–1812 Die Osmanen verlieren nach einem schleppend durchgeführten Krieg mit Russland im Frieden von Bukarest (28. Mai 1812) Bessarabien, erreichen aber die Räumung der besetzten Donaufürstentümer. Die Autonomie Serbiens wird grundsätzlich anerkannt, dennoch wird das Land erneut besetzt.

1807, 29. Mai Die Janitscharen setzen SELIM III. ab.

1808 Mithilfe des Großwesirs MUSTAFA BAYRAKTAR (*1755, †1808) kann sich MAHMUD II. (*1785, †1839), Sohn ABDÜLHAMIDS I., gegen seinen Bruder MUSTAFA IV. (*1779, †1808) durchsetzen. MAHMUD II. versteht es, seine Autorität im Innern behutsam zu festigen.

1820 MAHMUD II. erlangt wieder die Kontrolle über die Kernprovinzen in Anatolien, Thrakien, Makedonien und an der Donau. Die halb unabhängigen Notabeln werden durch Gouverneure ersetzt.

1821–1829 Im Zusammenhang mit dem Griechischen Befreiungskrieg erfolgt eine Reform des Heeres nach ägyptischem Vorbild.

1822, 5. Febr. Der lange Jahre in Griechenland selbstständig regierende ALI PASCHA TEPELENA (*1741) wird zur Kapitulation gezwungen und hingerichtet. Sein Abfall ist von der Pforte ernster genommen worden als der Klepthenkrieg in Südgriechenland.

20. Okt.–14. Dez. Kongress von Verona: Der Begriff **»Orientalische Frage«** gewinnt in Verbindung mit der Diskussion über die Aufteilung des Osmanischen Reiches seit dem Kongress weite Verbreitung.

1826, 16. Juni Nach einer Janitscharen-Erhebung erfolgt ihre blutige Unterdrückung durch loyale Truppen und die Abschaffung des Janitscharen-Korps, das zuletzt 1821 seine Wirkungslosigkeit im Kampf gegen den griechischen Aufstand bewiesen hatte.

1829, 14. Sept. Im Frieden von Adrianopel (Edirne) erhält Griechenland, das trotz des Eingreifens ägyptischer Truppen angesichts des Kriegseintritts der Westmächte und Russlands nicht mehr gehalten werden kann, seine vorläufige Unabhängigkeit. Russland gewinnt das Donaudelta und Armenien, noch weitergehende Ansprüche können mithilfe der britischen Diplomatie zurückgewiesen werden.

Ägyptens Statthalter MOHAMMED ALI PASCHA (*1769, †1848) glaubt, aufgrund seiner Verdienste während des griechischen Freiheitskrieges zu einer Entlohnung mit Syrien berechtigt zu sein. Doch wird ihm dieses Gebiet und die Verwaltung Kilikiens und Kretas erst nach einem Feldzug 1831/32 – siegreiche Schlachten bei Homs und Konya 1832 – in der Konvention von Kütahya (8. April 1833) überlassen.

1833 Um Hilfe gegen MOHAMMED ALI PASCHA zu gewinnen, entschließt sich der Sultan zur Verteidigungsallianz von Hünkâr İskelesi mit dem Zaren. Die Dardanellen werden zugunsten Russlands für fremde Kriegsschiffe gesperrt.

1839–1861 Sultan ABDÜLMECID (*1823, †1861), ein Sohn MAHMUDS II., weiß sich mit tüchtigen Ministern zu umgeben, unter denen MUSTAFA REŞID PASCHA (*1800, †1858), der zwischen 1846 und 1858 mit fünfmaliger Unterbrechung Großwesir ist, hervorragt.

Die Reformpolitik unter Abdülmecid

Im *Hatt-i Şerîf* (»Erhabenes Schreiben«) von Gülhane (»Rosenhaus«; ein Kiosk des Serail-Gartens) vom 3. Nov. 1839 verspricht der Sultan grundlegende Änderungen: Der Text bezieht sich v.a. auf »die Sicherheit des Lebens, den Schutz der Ehre und des Vermögens, die Fixierung der Steuern, die Art und Weise der Aufhebung der nötigen Truppen und die Dauer ihrer Dienstzeit« und leitet damit die Zeitspanne der *Tanzîmât-i hayrîye* (»Wohltätige Verordnungen«) ein (Tanzimat-Periode 1839–1876). Insbesondere das Schulwesen wird in den folgenden Jahrzehnten wesentlich verbessert, auch mit ausländischer Beteiligung. Neben Militär-, Medizin- und Verwaltungsschulen gewinnen das »Galata Serail« (seit 1868, Unterrichtssprache Französisch) und das private »Robert College« (seit 1869, Unterrichtssprache Englisch) nachhaltige Bedeutung. Das *Hatt-ı Hümâyun* (»Kaiserliches Handschreiben«) vom 18. Febr. 1856 bestimmt das Verhältnis der Religionsgemeinschaften im Sinne eines geregelten Nebeneinanders. Die Wahl und Ernennung zu Staatsbeamten wird nun an die Qualifikation, unabhängig von der Nationalität, gebunden.

1839, 24. Juni Kurz nach der Machtübernahme muss sich Sultan ABDÜLMECID eines neuen Vorstoßes des ägyptischen Statthalters MOHAMMED ALI PASCHA erwehren. In der Schlacht bei Nizip werden die osmanischen Truppen geschlagen.

1840, 15. Juli Während Frankreich Ägypten unter MOHAMMED ALI PASCHA unterstützt, stärkt eine in London geschlossene Quadrupelallianz zwischen Großbritannien, Russland, Österreich und Preußen dem Sultan den Rücken, sodass er durch einen Vertrag die 1833 verlorenen Gebiete zurückgewinnt.

1841 Nach dem Dardanellenvertrag mit den fünf Großmächten sind Bosporus und Dardanellen für nicht osmanische Kriegsschiffe in Friedenszeiten gesperrt.

1853–1856 Das Drängen Russlands auf den Besitz der Dardanellen, gepaart mit dem Wunsch, den Balkanvölkern bei ihrem Streben nach Loslösung von der Hohen Pforte zu helfen und überhaupt die Orthodoxen im Osmanischen Reich zu vertreten, führt zum **Krimkrieg**, in dem das Osmanische Reich mithilfe Großbritanniens, Frankreichs und Sardiniens siegreich bleibt.

1856, 30. März Im Pariser Frieden wird das Osmanische Reich ins »Europäische Konzert« gleichberechtigt aufgenommen. Das Schwarze Meer wird für neutral erklärt und den Anrainern – also auch Russland – das Halten einer Kriegsflotte dort untersagt (1871 durch den Londoner Vertrag aufgehoben). Die Dardanellen werden für russische Kriegsschiffe gesperrt.

1861–1876 Die nationalen und religiösen Spannungen im Innern und die Schwierigkeiten nach außen, v.a. mit Russland, halten unter Sultan ABDÜLAZIZ (*1830, †1876) an.

1873 Aufführung und Verbot von NAMIK KEMALS (*1840, †1888) patriotischem Schauspiel »Das Vaterland oder Silistre« (*Vatan yahut Silistre*).

1876 Nach ABDÜLAZIZ' Tod durch Selbstmord (4. Juni) und einer kurzen Zwischenregierung (30. Mai–31. Aug. 1876) des geistig behinderten Sultans MURAD V. (*1840, †1904), einem Sohn ABDÜLMECIDS I., besteigt dessen Bruder ABDÜLHAMID II. (*1842, †1918) den Thron (bis 1909).

23. Dez. Verkündigung einer Verfassung unter maßgeblicher Mitwirkung des Großwesirs AHMED MIDHAT PASCHA (*1822, †1883; 19. Dez. 1876–5. Febr. 1877). Die Person des Sultans ist »sakrosankt und nicht verantwortlich«. Der Islam ist Staatsreligion, Türkisch Amtssprache, alle Untertanen, ungeachtet der Religion, gelten als Osmanen. Das Zweikammerparlament tritt am 19. März 1877 erstmals zusammen (120 Deputierte, 25 Senatoren).

1877/78 Die Unruhen auf der Balkanhalbinsel (bulgarischer Aufstand, Krieg gegen Serbien) weiten sich zu einem Zweifrontenkrieg in Südosteuropa und im Kaukasus mit Russland (24. April 1877) aus.

1878, 14. Febr. MIDHAT PASCHA wird nach Taif bei Mekka verbannt und dort 1884 von Schergen des Sultans ermordet. Der Sultan löst das Parlament auf unbefristete Zeit auf.

13. Juli Der **Berliner Vertrag** revidiert den Vorfriede von San Stefano (Yeşilköy, Vorort von Istanbul) vom 3. März 1878: Serbien, Montenegro und Rumänien werden endgültig unabhängig, Bulgarien wird ein abhängiges Fürstentum, das sich 1885 ohne völkerrechtliche Grundlage mit Ostrumelien vereinigt. Teile Thessaliens kommen 1881 an Griechenland. Österreich-Ungarn übernimmt die Verwaltung Bosniens und der Herzegowina sowie des Sandschaks (»Provinz«) Novi Pazar. Im Kaukasus gehen Batum, Kars und Ardahan an Russland verloren. Großbritannien besetzt Zypern unter formeller Anerkennung der türkischen Oberhoheit (1914 annektiert). Die europäischen Großmächte erhalten ein Interventionsrecht für Makedonien und die sog. Sechs Provinzen, die »von Armeniern bewohnt werden«, um ihre »Sicherheit gegen Tscherkessen und Kurden« zu gewährleisten.

1881 Infolge eines Staatsbankrotts (1875/76) muss das Osmanische Reich in eine internationale Schuldenverwaltung (*dette publique*) einwilligen.
Erste restriktive Maßnahmen gegen die jüdische Einwanderung in Palästina: Untersagung von Landerwerb und Niederlassung.

1882 Ägypten-Krise: Britische Truppen besetzen Teile des Landes und die Sueskanalzone.
Während der autokratischen Herrschaft des Sultans erfolgt eine Annäherung an das Deutsche Reich (Deutsche Militärmission 1882, Besuche Kaiser WIL-

Die Auflösung des Osmanischen Reiches bis 1920

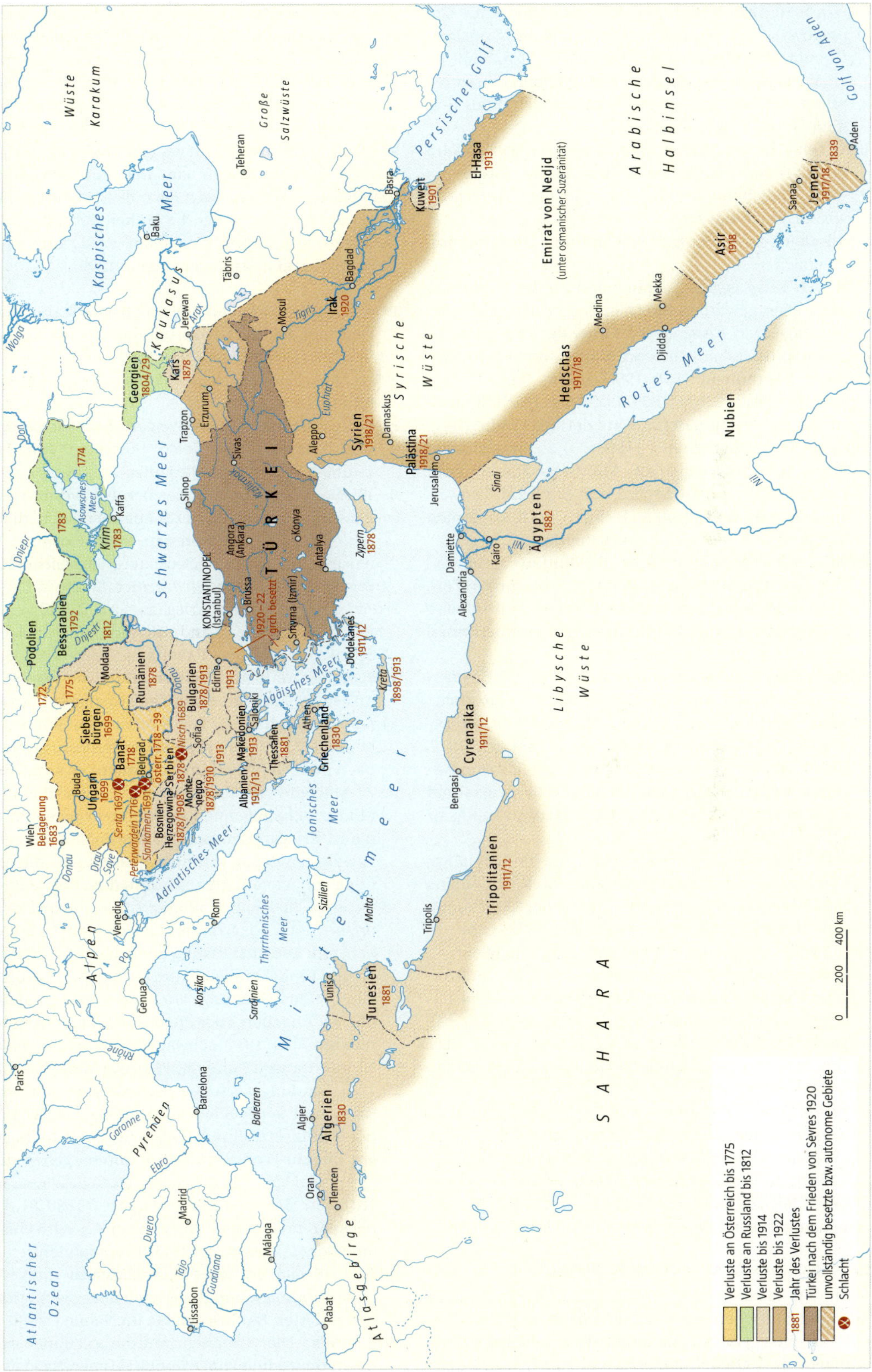

HELMS II. 1889 und 1898). Die »jungtürkische« Opposition ist v.a. im westeuropäischen Ausland (Frankreich, Belgien, Schweiz) aktiv. Trotz zahlreicher Massaker an anatolischen Armeniern (Höhepunkt 1895/96) greifen die Signatarmächte des Berliner Vertrags nicht direkt ein.

1890 Der Bau der Anatolischen Bahn, die 1892 Ankara erreicht und später als »Bagdadbahn« fortgesetzt wird, stößt bei Großbritannien auf Bedenken. Kurz vor Ausbruch des Ersten Weltkrieges wird jedoch ein Ausgleich zwischen Deutschland und Großbritannien erzielt.

1897 Den Krieg gegen Griechenland an der Grenze zu Thessalien gewinnen die Osmanen. Die seit langem unruhige Insel Kreta erreicht aber das Zugeständnis innenpolitischer Selbstverwaltung unter osmanischer Oberhoheit. 1898–1906 nimmt Prinz GEORG VON GRIECHENLAND (*1869, †1957) als Hochkommissar die Regierungsgeschäfte auf der Insel wahr.

1903, 30. Nov. Ein Aufstand (1902/03) in Makedonien führt zur »Punktation von Mürzsteg« (Steiermark) zwischen Österreich-Ungarn und Russland. Die versprochenen Verwaltungsreformen in Makedonien kommen aber nicht wirklich zustande.

1908, 23. Juli Die jungtürkische Revolution unter Leitung des »Komitees für Einheit und Fortschritt« (Zentrum in Saloniki) erzwingt die Wiederinkraftsetzung der Verfassung von 1876 und das Zusammentreten des Parlaments.

1909, 26. Febr. Österreich-Ungarn annektiert Bosnien und die Herzegowina, welche es seit 1878 verwaltet.

27. April Die »Jungtürken«, deren führende Politiker ENVER PASCHA (*1881, †1922) und TALAT PASCHA (*1872, †1921) sind, ersetzen nach einer angeblich von ABDÜLHAMID II. ausgelösten Militärrevolte in Istanbul den Sultan durch dessen Bruder MEHMED V. REŞAD (*1844, †1918).

1911/12 Die Italiener erobern Tripolis und die Cyrenaica, kommen aber vorläufig nicht über die Küste hinaus und besetzen – als »Pfand« – Inseln des Dodekanes, u. a. Rhodos, der 1947 an Griechenland übergeht.

1912, 28. Nov. Albanien erklärt seine Unabhängigkeit.

1912/13 Die Balkanstaaten gewinnen im Ersten Balkankrieg das gesamte bisher osmanische Gebiet in Europa bis zur Enos-Midia-Linie. Doch werden die Bulgaren im Zweiten Balkankrieg hinter die Maritza (griechisch Hebros, türkisch Meriç) zurückgedrängt, sodass Adrianopel (Edirne) in osmanischer Hand bleibt. Um der Gefahr einer völligen Auflösung zu begegnen, bemüht sich das Osmanische Reich unter deutscher Leitung (OTTO LIMAN VON SANDERS [*1855, †1929]) erfolgreich um eine Heeresreform. Die Flotte erhält mit Admiral ARTHUR LIMPUS (*1863, †1931) einen englischen Berater.

Das Osmanische Reich im Ersten Weltkrieg

Nach den Balkankriegen erreicht die Entfremdung der nicht muslimischen osmanischen Bürger, insbesondere der Griechen, einen Höhepunkt. Deutschland drängt seinen osmanischen Bündnispartner zum Kriegseintritt, der auch von vielen osmanischen Politikern und Meinungsführern als Möglichkeit der Revanche begrüßt wird. ENVER PASCHA verfolgt panislamische und panturanische Ziele. Das Vertrauen in die militärische und wirtschaftliche Macht Deutschlands ist groß. Anatolien erscheint mehr und mehr als eigentliches Vaterland der »Türken«. Das Wort »Türkei« (*Türkiye*) beginnt umfassendere Bezeichnungen wie »Osmanische Länder« allmählich zu ersetzen. Auch nach der Jungtürkischen Revolution von 1908, in der die Einheit der verschiedenen Bevölkerungsgruppen propagiert wird, kommt es zu Pogromen gegen Armenier (Adana 1909).

1914, 15. Juli Abkommen über die Bagdadbahn zwischen Deutschland und Großbritannien in London. Auf den Bau über Basra hinaus wird verzichtet.

2. Aug. Abschluss eines geheimen deutsch-türkischen Bündnisvertrags.

3. Aug. Großbritannien verweigert die Auslieferung der vom Osmanischen Reich bestellten Kriegsschiffe »Sultan Osman« und »Reşadiye«.

6.–10. Aug. Nach der erfolgreichen Fahrt durch die Dardanellen erwirbt das Osmanische Reich die deutschen Kriegsschiffe »Breslau« und »Goeben«, behalten aber ihre deutsche Besatzung. Sie beschießen und verminen russische Schwarzmeerhäfen.

3. Nov. Kriegserklärung Russlands an das Osmanische Reich, Großbritannien und Frankreich folgen am 5. Nov.

1915, 10. Jan. Verlustreiche Niederlage der osmanischen Armee bei Sarıkamış (Südkaukasus) gegen Russland.

24./25. April Verhaftung von armenischen Führern in Istanbul (235 Personen?). Sie werden zum größten Teil nach ihrer Deportation nach Anatolien ermordet. Am 27. Mai wird ein »Provisorisches Gesetz über die vom Militär zu befolgenden Maßnahmen gegen Personen, die in Kriegszeiten den Maßnahmen der Regierung zuwiderhandeln« veröffentlicht. Es soll die Vertreibung von Armeniern aus frontnahen Regionen rechtfertigen. Tatsächlich fanden schon zuvor Deportationen – auch aus frontfernen Gebieten – und Massaker statt. Die Ausweisung der Armenier schloss Frauen und Kinder ein und hatte nach außen hin die Form einer »Neuansiedlung« am Rande der syrischen Steppe. Die Angaben über die Opferzahlen unter den Armeniern bis 1917 schwanken zwischen mehreren Hunderttausend und nahezu zwei Mio.

25. April Landungsversuche der Alliierten, v. a. australischer und neuseeländischer Truppen (ANZAC), auf der Halbinsel Gallipoli (Gelibolu). Nach für beide Seiten überaus verlustreichen Kämpfen geben die Alliierten den Versuch, die Halbinsel zu besetzen, im Jan. 1916 auf. MUSTAFA KEMAL PASCHA (*1880/81, †1938), der spätere ATATÜRK, spielt in den Abwehrschlachten eine herausragende Rolle als Kommandant.

1916, 15./16. Juni Im **Sykes-Picot-Abkommen** einigen sich Großbritannien und Frankreich über die Abgrenzung der alliierten Einflussgebiete im Nahen Osten.

1917, 11. März Die Osmanen und die mit ihnen verbündeten deutschen Hilfstruppen räumen Bagdad.

8./9. Dez. Einmarsch des englischen Generals Edmund Allenby (*1861, †1936) in Jerusalem.

1918, 30. Okt. Sultan Mehmed VI. (*1861, †1926), Nachfolger seines Bruders Mehmed V., willigt in den Waffenstillstand von Mudros ein.

Die Türkei in der Ära Atatürk (1919/23–1938/45)

Die alliierte Kontrolle über Istanbul, die geplante Aufteilung weiter Teile Anatoliens unter den Alliierten und die Pläne über ein unabhängiges Armenien wecken in den nicht besetzten Gebieten Anatoliens und Thrakiens nationalen Widerstand der muslimischen Bevölkerung, an erster Stelle der Türken und Kurden.

1919, 28. April Eröffnung des »Jungtürken-Prozesses« in Istanbul, in dem – bei Abwesenheit der wichtigsten Verantwortlichen – über die Deportationen der anatolischen Armenier in den Jahren 1915/16 durch ein türkisches Gericht Urteil gesprochen werden soll.

15. Mai Griechische Truppen beginnen, ermuntert durch die britische Regierung, mit der Landung in İzmir (Smyrna) eine Invasion in Westanatolien.

Mustafa Kemal Pascha (seit Ende 1934 Atatürk, »Vater der Türken«), ursprünglich von der Sultansregierung mit der Demobilisierung von Armeeteilen beauftragt, setzt sich jedoch nach seiner Landung in Samsun (19. Mai) an die Spitze des anatolischen Widerstands. Er wird von zwei Nationalkongressen in Erzurum (23. Juli–7. Aug.) und Sivas (4.–11. Sept.) zum Vorsitzenden gewählt.

11. Sept. Im Nationalpakt definiert Mustafa Kemal die Grenzen der neuen Türkei.

Obwohl der »Schutz des Sultanats und des Kalifats« zu Beginn ein Hauptziel der Bewegung ist, bildet Mustafa Kemal in Ankara mit einem gewählten »Repräsentativkomitee« de facto eine Gegenregierung, die die Beziehungen mit Istanbul abbricht. Als vordringlichste Aufgabe organisiert er zunächst den Unabhängigkeitskrieg gegen die Griechen im Westen, gegen Armenien, das Teile Ostanatoliens annektiert hat, und gegen die französische Besetzung Kilikiens.

1920, 28. Jan. Sultan Mehmed VI. lenkt gegenüber der Nationalbewegung ein und lässt ein neues Parlament wählen, das den Nationalpakt am 17. Febr. bestätigt. Als darauf Istanbul unter britische Militärverwaltung gestellt wird (16. März) und das Parlament sich vertagt, ruft Mustafa Kemal zur Wahl einer neuen, mit außerordentlichen Vollmachten ausgestatteten Versammlung auf.

23. April Die Große Nationalversammlung tritt in Ankara zusammen, erklärt sich wenig später zum Träger aller Souveränität, bis der Sultan aus den Händen der Alliierten befreit ist, und setzt eine neue Regierung unter Mustafa Kemal ein. Diese erhält ihre erste völkerrechtliche Anerkennung, als Frankreich sich im Waffenstillstandsabkommen von Ankara (30. Mai) zur Räumung Kilikiens bereit erklärt.

18. Juli Mit einem Eid auf den Nationalpakt lehnt die Große Nationalversammlung die Bedingungen ab, die die Alliierten dem Osmanischen Reich im Friedensvertrag von Sèvres zu diktieren versuchen.

10. Aug. Der **Friedensvertrag von Sèvres** wird von Vertretern der Sultansregierung unterzeichnet. Er enthält neben ausgedehnten Einflusszonen für die Siegermächte die Anerkennung eines unabhängigen Armenien, wie es sich am 8. Mai 1919 auf russischem Boden gebildet hat, und ganze oder teilweise Zuteilung von mehreren osmanischen Provinzen an den neuen Staat. Für »Kurdistan« (ohne die von Kurden bewohnten Teile des Irak) ist vorläufig eine lokale Autonomie vorgesehen. Über das weitere Schicksal dieses Gebiets soll

Die Türkei seit dem Frieden von Sèvres

der Völkerbund entscheiden. Griechenland sichert sich große Teile Thrakiens und eine Art Anwartschaft auf İzmir und sein Hinterland.

1920–1922 Fast kampflos haben griechische Truppen im Sommer 1920 große Teile Westanatoliens und Thrakiens besetzt. Die Schlacht am Sakarya (23. Aug.–13. Sept. 1921) bringt die Wende im **Griechisch-Türkischen Krieg**. Die Griechen ziehen sich vor den türkischen Truppen in ungeregelter Flucht zurück. Mit der Schlacht von Dumlupınar (30. Aug. 1922) und der Eroberung und Evakuierung von İzmir (9.–11. Sept. 1922) endet das griechische Besatzungsregime.

1920, 24. Aug. Türkisch-russischer Vertrag von Moskau. Bald danach (8. Sept.) treffen Goldlieferungen ein, die dem türkischen Widerstand zur Verfügung stehen.

1921, 20. Jan. Das Verfassungsgesetz der provisorischen Regierung in Ankara hebt das osmanische Grundgesetz von 1877 faktisch auf.

3. Okt. Beginn der Waffenstillstandsverhandlungen mit Griechenland in Mudanya bei Bursa.

1922, 1. Nov. Als die Alliierten zur Friedenskonferenz in Lausanne neben der Regierung in Ankara auch die Regierung des Sultans einladen wollen, erklärt die Große Nationalversammlung die Institution des Sultanats für erloschen. Anstelle des aus Istanbul geflohenen MEHMED VI. wählt sie am 18. Nov. den Thronfolger ABDÜLMECID (*1868, †1944) zum Kalifen – einem aller Herrschaftsfunktionen beraubten »Oberhaupt der Muslime«.

1923, 8. April Manifest der von MUSTAFA KEMAL gegründeten Volkspartei (»Neun Prinzipien«), das zum größten Teil auf den Beschlüssen des Wirtschaftskongresses von İzmir (17. Febr.–4. März) beruht.

24. Juli Im **Friedensvertrag von Lausanne** erkennen die Alliierten die Unabhängigkeit und Souveränität der neuen Türkei an. Die fremden Truppen werden auch aus Istanbul zurückgezogen. Die Kapitulationen, die ausländischen Mächten weitgehende Vorrechte eingeräumt hatten, werden endgültig aufgehoben. Für »türkische Staatsangehörige aus nicht muslimischen Minderheiten« gelten fortan die gleichen Rechte wie für die Mehrheitsbevölkerung. Sie dürfen ihre Sprachen in privaten Unterhaltungen, beim Handel, der Religionsausübung, in der Presse und allen Arten von öffentlichen Versammlungen gebrauchen. In der Frage der Wiedergewinnung der ölreichen Provinz Mosul muss die türkische Delegation eine Niederlage hinnehmen. Auch kann sie die Souveränität über die Meerengen nicht durchsetzen.

23. Okt. Die Türkei ratifiziert die Konvention über einen Tausch der muslimischen Bevölkerung Griechenlands mit der nicht muslimischen der Türkei (Ausnahmeregelungen gelten für die Türken Westthrakiens und die in Istanbul ansässigen Griechen). Seit 1914 verlassen etwa 1,2 Mio. Griechen Anatolien und etwa 400 000 Türken Griechenland.

29. Okt. Mit der **Ausrufung der Republik** und der Wahl MUSTAFA KEMALS zum Staatspräsidenten wird der endgültige Bruch mit den Institutionen des Osmanischen Reiches vollzogen.

Die kemalistischen Reformen

Als unangefochtener Führer der Türkischen Republik kann KEMAL ATATÜRK in den folgenden Jahren tiefgreifende Reformen durchführen, mit denen er die Türkei in einen modernen Nationalstaat nach westlichem Muster umwandeln will. Die Reformen folgen den **sechs Prinzipien des Kemalismus**: Nationalismus, Säkularismus (bzw. Laizismus) und Modernismus als Prinzipien des Handelns sowie Republikanismus, Populismus und Etatismus als Prinzipien der Organisation. Am deutlichsten wird der Bruch mit der Vergangenheit beim Versuch, die Einheit von religiöser und politischer Ordnung aufzulösen und schrittweise einen laizistischen Staat aufzubauen. Auf die Abschaffung des Kalifats (3. März 1924) folgen die Schließung der religiösen Lehranstalten (*Medresen*), die Abschaffung der v. a. für Familien- und Erbrecht zuständigen Scheriatsgerichtshöfe und das Verbot der Derwischkonvente. Die frommen Stiftungen werden staatlicher Kontrolle unterstellt. Die islamische Kleiderordnung wird aufgehoben. Staatsdiener müssen einen Hut westlicher Art aufsetzen. Der Gesichtsschleier für Frauen ist verpönt. Im Rechtswesen werden u. a. das italienische Strafrecht (1. März 1926) und das Schweizer Zivilgesetz (4. Okt. 1926) pauschal übernommen. Der Artikel, der den Islam zur Staatsreligion erklärt, wird aus der Verfassung von 1924 gestrichen (10. April 1928).

Nationalistische Sprach- und Geschichtstheorien sollen den Stolz auf die türkische Nation und ihre in die vorislamische Zeit zurückreichende Geschichte wecken. Neben einem einheitlichen säkularen Erziehungswesen werden Volksbildungsinstitutionen geschaffen. Ein Jahr nach Einführung der lateinischen Schrift (1. Nov. 1928) werden Arabisch und Persisch aus den Lehrplänen der Schulen gestrichen. »Nationalschulen« bemühen sich um die Alphabetisierung der erwachsenen Bevölkerung in der neuen Schrift. – Auf die soziale Befreiung der Frauen legt ATATÜRK besonderen Nachdruck: Die Berufswelt wird ihnen geöffnet und sie erhalten das Wahlrecht, zunächst für kommunale Gremien (1930), dann für allgemeine Wahlen (1934). ATATÜRK behält allerdings die Fäden der Politik in seiner Hand und duldet nur vorübergehend (1923–1925, 1930) andere politische Organisationen neben seiner Republikanischen Volkspartei. Der »Wirtschaftspakt« ist Ausgangspunkt einer Industrialisierungspolitik, die den großen Vorsprung Europas vermindern soll. Das Prinzip des Etatismus steht für die staatliche Lenkung der Wirtschaft.

1924, 20. April Annahme des neuen türkischen Verfassungsgesetzes: »Der türkische Staat ist republikanisch, nationalistisch, volksverbunden, interventionistisch, laizistisch und revolutionär«.

1925, Febr. Ausbruch einer kurdischen Revolte unter SCHEICH SAID (†1925) in mehreren Ostprovinzen. Ankara reagiert mit dem Sondergesetz »Zur Wiederherstellung der Ordnung«, mit Kriegsrecht, »Unabhängigkeitsgerichten« sowie der Schließung von Zeitungen und der Verfolgung von Bruderschaften.

17. Febr. Abschaffung des Zehnten, der wichtigsten Agrarsteuer.

5. Juni Ein englisch-türkisch-irakischer Vertrag beendet die »Mosulfrage« nach einer vorausgehenden Entscheidung des Völkerbundes. Der Irak zahlt der Türkei 25 Jahre ab der Ölförderung in Kirkuk 500 000 Pfund Sterling als Kompensation.

1926 Nach einem Attentatsversuch auf Mustafa Kemal (15. Juni) verurteilen »Unabhängigkeitsgerichte« 15 führende Regimegegner zum Tode.

1930, 30. Okt. Der Ausgleich mit Griechenland wird mit einem Freundschaftsvertrag besiegelt, dem später ein Vertrag über politische Zusammenarbeit (14. Sept. 1933, erweitert am 27. April 1938) folgt.

1933 Nach einem Gutachten des Schweizerischen Professors Albert Malche (*1876, †1956) Schließung und Neugründung der Istanbuler Universität unter Beteiligung zahlreicher von den Nationalsozialisten verfolgter deutscher Emigranten.

1934 Schließung der Hagia Sophia als Moschee und Übertragung an die Museumsverwaltung.

1936, 20. Juli Auf der Konferenz von Montreux gelingt es der Türkei, die volle Souveränität über die Meerengen wiederzugewinnen.

1938, 5. Juli Türkische Truppen marschieren nach Unterzeichnung eines Freundschaftsvertrags mit Frankreich am Vortag in Ankara in den »Sandschak von Alexandrette« im französischen Mandatsgebiet Syrien ein (heute Provinz Hatay).

10. Nov. Atatürk stirbt in Istanbul. Der General des Unabhängigkeitskrieges und langjährige Ministerpräsident İsmet İnönü (*1884, †1973) wird am 11. Nov. zum Präsidenten der Republik gewählt.

Im Zweiten Weltkrieg bleibt die Türkei neutral. In einem deutsch-türkischen Warenverkehrs- und Zahlungsabkommen wird der Austausch von Kriegsmaterial aus Deutschland gegen türkisches Kupfer und Chrom vereinbart (9. Okt. 1941). Nach 1943 nähert sich das Land der Sowjetunion und Großbritannien. Trotzdem werben Franklin D. Roosevelt und Winston Churchill bei einem Treffen mit İnönü in Kairo (2. Dez. 1943) vergeblich um Aufgabe der türkischen Neutralität. Erst im April 1944 werden die türkischen Chromlieferungen nach Deutschland eingestellt, İnönü hebt die Freundschaft zur Sowjetunion hervor. Türkische Panturanisten werden gerichtlich verfolgt.

Trotz beachtlicher wirtschaftlicher Fortschritte – die Türkei erzeugt 1940 76 % Zement, 63 % Baumwollstoffe, 83 % Wollstoffe und 94 % Zucker des Inlandsbedarfs – leidet die Bevölkerung unter den Einschränkungen der Kriegsjahre. Die dritte Volkszählung erfasst 17,87 Mio. Menschen. Ein Gesetz über Vermögensabgabe (*Varlık Vergisi*) vom 11. Nov. 1942 trifft ausschließlich nicht muslimische Minderheiten. | Forts. S. 1611 |

Asien zwischen ca. 1500 und 1945

Asien 1500–1800

Viel weniger als Europa bildet Asien eine historische Einheit. Seine großen Sprachfamilien sind untereinander nicht verwandt. Es gab niemals eine übergreifende Religion. Die geografische Vielfalt des Kontinents ist so groß, dass sich auch die Lebensformen viel stärker unterscheiden als in Europa, das wie eine westliche Halbinsel Asiens erscheint. Bis in die jüngste Vergangenheit hinein fühlen sich die meisten Bewohner Asiens nicht als »Asiaten«. Einige Teile des Kontinents, etwa der japanische Archipel, waren in größere Geschichtszusammenhänge nur schwach integriert. Es ist daher auch sehr schwierig, eine Periodisierung zu finden, die für alle Großräume und Zivilisationen Asiens gleichermaßen gültig sein kann.

Die Zeit um 1500 markiert für Asien nicht jene tiefe Zäsur, die sie für Europa westlich von Russland bedeutet. Dennoch ist es möglich, von einer »Frühen Neuzeit« zu sprechen, die etwa vom 16. bis zum 18. Jh. große Teile Asiens mit den gleichzeitigen Entwicklungen in Europa vergleichbar macht. Dem muslimischen Westasien, zu dessen wichtigstem Staat das Osmanische Reich aufsteigt, kommt dabei eine ambivalente Brückenfunktion zu. Einerseits verbindet das auf drei Kontinenten liegende Osmanische Reich den mittelmeerisch-balkanischen Zivilisationsraum mit dem (aus europäischer Sicht) ferneren Asien; andererseits führt der scharfe (religiös wie machtpolitisch begründete) Antagonismus zwischen dem christlichen Europa und den Osmanen dazu, dass Europäer eher Kontakte mit Indien und Südostasien unter Umgehung des Osmanischen Reiches suchen.

Die Frühe Neuzeit in Asien ist durch vier Entwicklungen gekennzeichnet: Erstens findet zwischen etwa 1520 und 1680 ein großer Prozess der Reichs- und Staatsbildung statt, der fast alle maßgebenden Staaten des Kontinents erfasst. Er beginnt mit der Gründung des Mogul-Reichs in Nordindien und der Zurückdrängung tartarischer Herrschaft durch eine expansive moskowitisch-russische Monarchie und endet mit der Übernahme der Herrschaft über China durch die mandschurische Qing-Dynastie 1644 und der Konsolidierung der Qing-Herrschaft in den Jahrzehnten danach. Der Aufbau eines iranischen Reiches durch die Safawiden-Schahs und die Einigung und Befriedung Japans unter den Militärherrschern (Shōgunen) des Fürstenhauses Tokugawa gehören ebenfalls in diesen gesamtasiatischen Zusammenhang. Das Osmanische Reich gelangt um die Mitte des 16. Jh.s zum Maximum seiner geografischen Ausdehnung und bleibt auch danach für lange Zeit einer der wichtigsten Machtfaktoren in Eurasien.

Um 1680, gleichzeitig mit dem Höhepunkt des französischen und russischem Absolutismus, ist der überwiegende Teil Asiens in relativ stabilen Großstaaten organisiert. Ihre monarchischen Regierungen (einschließlich der quasi-monarchischen Tokugawa-Herrschaft in Japan) profitieren von der »militärischen Revolution« der Epoche und schaffen schlagkräftige Heere, während Seemacht in Asien kaum eine Rolle spielt. Die Monarchen stärken ihre Stellung auf Kosten konkurrierender Kräfte, insbesondere von Kriegeraristokratien und Nomadenstämmen. In unterschiedlichem Ausmaß nimmt die Herrschaft in Asien viel deutlicher bürokratische Züge an als zuvor. Die europäische politische Theorie der Zeit sieht darin den Aufbau eines – zunehmend negativ bewerteten – »orientalischen Despotismus«. Tatsächlich aber zeigt die Reichs- und Staatsbildung in Asien zahlreiche Parallelen zu dem gleichzeitigen »europäischen Absolutismus«; die Gemeinsamkeiten sind größer als die Unterschiede.

Zweitens erleben viele Gebiete Asiens im langfristigen Trend eine Belebung ihrer wirtschaftlichen Aktivitäten. Die Landwirtschaft kann eine wachsende Bevölkerung ernähren. Im 18. Jh. entstehen in einigen Teilen Asiens, v. a. in Japan und in Ost- und Südchina, Formen von »protoindustrieller« Produktion in Heimindustrie und kleinen Manufakturen, die an gleichzeitige Entwicklung in Nordwesteuropa erinnern. In großen Teilen Asiens, auch in der politisch und kulturell besonders zersplitterten südostasiatischen Welt, gewinnen Kaufleute an wirtschaftlichem Gewicht und bringen sich auch kulturell stärker denn je zuvor zur Geltung. Im Rahmen einer weiterhin von Kriegeraristokratien oder (im Falle Chinas und Vietnams) zivilen Bürokratie geprägten, gesellschaftlichen und kulturellen Gesamtatmosphäre treten erstmals Elemente von »Bürgerlichkeit« auf. In einigen Teilen Asiens wird diese entstehende Kaufmannskultur von ethnischen Minderheiten getragen. Um 1800 sind die meisten Gesellschaften Asiens weniger »feudal« als drei Jahrhunderte früher.

Drittens nehmen die Kontakte zwischen Europa und Asien in dieser Epoche zu. Anders als in Amerika, zieht die Ankunft europäischer Schiffe in der Zeit nach Vasco da Gamas erstem Besuch an der Malabar-Küste 1498 keine militärische Aggression nach sich, die den asiatischen Staaten gefährlich werden könnte. Ansätze europäischer Kolonialherrschaft beschränken sich lange Zeit auf Teile der philippinischen und indonesischen Inselwelt. China und Japan halten die Europäer in Schranken. Erst nach 1760 gerät Bengalen unter britische Kontrolle und wird bald zum wichtigsten Brückenkopf von Europäern in Indien. Seit dem 16. Jh. nehmen indessen die Handelstätigkeiten von Europäern, anfangs v. a. Portugiesen, später Niederländern, im direkten Verkehr zwischen Europa und Asien sowie im innerasiatischen Zwischenhandel kontinuierlich zu. Asiatische Produkte wie Baumwollstoffe, Seide, Tee und Gewürze werden (neben dem karibischen Zucker) zu den wichtigsten Waren im interkontinentalen Handelsverkehr. Neben dem Handel – und oft nur locker mit ihm verbunden – wird die nun expandierende christliche Mission zu einem zweiten Kanal des Austauschs zwischen den Zivilisationen. Durch Jesuitenmissionare, denen, anders als europäischen Kaufleuten und Diplomaten, ein längerer Aufenthalt in China gestattet ist, wird die europäische Öffentlichkeit über China detailliert und meistens auch akkurat informiert. Umgekehrt gelangen Informationen über Europa in viele Teile Asiens, sogar nach Japan, das nach einigen Jahrzehnten der Missionierung alle Christen ausschließt und verfolgt. Die Frühe Neuzeit ist daher auch eine Epoche allmählicher kultureller Annäherung, allerdings auf kleine Eliten beschränkt, innerhalb Eurasiens.

Asien 1800–1945

Für große Teile Asiens ist die Zeit zwischen ca. 1800 und 1945 eine ziemlich klar abgrenzbare Krisenepoche. In dieser Zeit geraten große Teile des Kontinents unter die Herrschaft der westeuropäischen Kolonialmächte oder Russlands; die Philippinen werden nach dem Spanisch-amerikanischen Krieg von 1898 eine Kolonie der USA. Auch diejenigen Länder, die formell selbstständig bleiben, finden sich gegenüber einem expansiven »Westen« in einer beispiellosen Situation der Defensive. Die Zeit um 1800 bedeutet für mehrere der asiatischen Großstaaten einen tiefen Einschnitt. Für das Osmanische Reich beginnt in den 1770er-Jahren die schrittweise Schrumpfung seines Herrschaftsgebietes, v. a. unter dem Druck seines nunmehr gefährlichsten Nachbarn, des Zarenreiches, sowie nachfolgend als Ergebnis von Autonomiebestrebungen auf dem Balkan und in Ägypten. Indien gerät als Folge großer Eroberungskriege bis 1818 unter die energische Herrschaft der britischen East India Company, die hier einen modellhaften Kolonialstaat mit großer eigener Bürokratie aufbaut. In China mehren sich im späten 18. Jh. die Anzeichen einer Schwächung der kaiserlichen Spitze und des relativen wirtschaftlichen Niedergangs. Noch um die Mitte des 18. Jh.s eine gefürchtete Militärmacht, ist es im Opiumkrieg (1840–42) nicht länger in der Lage, britischer Aggression zu widerstehen.

Der europäische Zugriff auf Asien festigt sich kontinuierlich während des gesamten 19. Jh.s. Mit der Annexion Koreas durch die neue asiatische Großmacht Japan 1910 erreicht die koloniale Unterwerfung des Kontinents ihren Höhepunkt. An Widerstand gegen das europäische Vordringen fehlt es nicht: In Indien bringt der Große Aufstand von 1857 das Kolonialsystem an den Rand des militärischen Zusammenbruchs. Die afghanischen Stämme lassen sich von niemandem unterwerfen. Siam (Thailand) kann sich unter besonders fähigen Monarchen durch eine Schaukelpolitik zwischen den Großmächten ein Minimum an Souveränität bewahren. Auch China und das Osmanische Reich brechen trotz territorialer Verluste und erheblicher Einschränkungen ihrer staatlichen Handlungsfähigkeit nicht so völlig zusammen, wie manche europäischen Beobachter es erwarten und erhoffen. Kurz nach der Jahrhundertwende werden einige der alten Monarchien Asiens durch Revolutionen, die am westlichen Verfassungsgedanken orientiert sind, geschwächt (Osmanisches Reich, Iran) oder gar gestürzt (China). Auch die russische Revolution von 1905 gehört in diesen Zusammenhang. In Indien sieht sich die britische Kolonialmacht zur gleichen Zeit zu ersten Zugeständnissen an den entstehenden indischen Nationalismus gezwungen. Ohne Ausnahme werden im 19. Jh. die asiatischen Länder, ob nun Kolonie oder nicht, in abhängiger Stellung in die Weltwirtschaft einbezogen. Einige Regionen des Kontinents profitieren von der Expansion des Welthandels (auch dem Handel mit einem solch fragwürdigen Produkt wie Opium). Kolonien wie das britische Malaya und das niederländische Indonesien exportieren in großem Stil für den Weltmarkt. Eigenständige, also nicht von Ausländern kontrollierte Ansätze zur Industrialisierung gibt es nur in Indien, China und dem Osmanischen Reich. Sie haben aber keineswegs das Ausmaß einer »industriellen Revolution«.

Japan geht im 19. Jh. einen Sonderweg. Während der zweiten Hälfte des Jh.s durchläuft es einen radikalen politischen und gesellschaftlichen Wandel: Aus dem selbstgenügsamen Land der Samurai und Feudalfürsten wird ein dicht integrierter Nationalstaat mit einer rasch wachsenden Industrie. Nach seinem militärischen Sieg über Russland 1905, einem fundamentalen Datum der asiatischen Geschichte, wird Japan von den Großmächten als eigenständiger Machtfaktor in Ostasien akzeptiert. Die geografische Kategorie »Ostasien« wird um diese Zeit mit neuer Bedeutung gefüllt. China, traditionell nach Zentralasien orientiert, hat zu Japan nur schwache Beziehungen unterhalten. Der wirtschaftliche und militärische Aufstieg des japanischen Kaiserreiches führt dazu, dass das konfliktreiche Dreieck Japan-China-Russland von nun an die machtpolitische Lage in der Region bestimmt.

Zwar hat der Erste Weltkrieg nur wenige unmittelbare Auswirkungen auf Asien, doch ändert sein Ausgang die politischen Rahmenbedingungen für den gesamten Kontinent. Die Europäer können ihre Kolonialreiche im wesentlichen bewahren, sehen sich aber nun dem verstärkten Druck von Freiheitsbewegungen ausgesetzt, insbesondere in Indien, wo der charismatische Mahatma Gandhi die Briten durch eine Strategie der Verweigerung und Gewaltlosigkeit herausfordert. Dass Europa insgesamt in der Welt schwächer geworden ist, kommt Japan und nun auch den USA zugute, die sich zunehmend als pazifische Macht verstehen. Die bolschewistische Revolution von 1917 ändert wenig an der russischen Kontrolle über große Teile Zentralasiens. Sie findet Widerhall in einigen asiatischen Ländern, v. a. in China, wo die Kommunisten während der 1920er-Jahre ein wichtiger innenpolitischer Faktor werden. Da sich in China, anders als gleichzeitig in der Türkischen Republik unter Kemal Atatürk, keine landesweit handlungsfähige republikanische Staatsmacht durchsetzt, bleibt ein großer Spielraum für die kommunistische Bewegung.

Der Zweite Weltkrieg wird zur großen Epochenwende für Asien. Der Krieg ist keineswegs eine Ausweitung des europäischen Geschehens auf einen neuen Schauplatz; er hat eigene asiatische Wurzeln. Während der Weltwirtschaftskrise wird die schwache japanische Demokratie durch die unkontrollierte Herrschaft des Militärs ersetzt. Mit dem Überfall auf die Mandschurei unternehmen 1931 Teile des Militärs bereits einen ersten Schritt zur Verwirklichung ihrer imperialen Visionen. Im Sommer 1937 beginnt die Invasion des chinesischen Kernlandes, die zunächst auf wenig chinesischen Widerstand stößt. Zum Zeitpunkt des japanischen Angriffs auf die USA im

Dez. 1941 ist Japan bereits de facto die Vormacht in China und Südostasien.

China wird nach der Sowjetunion zum schlimmsten Schauplatz des Zweiten Weltkriegs. Hier wie dort sind die Verluste unter der Zivilbevölkerung besonders hoch. Der chinesische Kommunismus gewinnt während des Krieges als kompromisslose Kraft des anti-japanischen Widerstandes an Statur. Bei Kriegsende hat er sich eine eigene Machtbasis in Nordchina geschaffen. In Indien machen die Briten während der 30er-Jahre weitere Zugeständnisse an einheimische Partizipation. Obwohl sie während des Krieges die Kontrolle im Lande bewahren können, bekräftigt Indiens Kriegsbeitrag den Wunsch des Landes nach Unabhängigkeit. In Südostasien vertreibt die japanische Armee die niederländischen, britischen und französischen Kolonialherren, kann aber nicht die Loyalität der einheimischen Bevölkerung gewinnen. In Asien endet der Weltkrieg nach den Atombombenabwürfen von Hiroshima und Nagasaki vier Monate später als in Europa. Da Japan und Deutschland in Asien keine Verbündeten gehabt haben, steht die große Mehrheit des Kontinents, formal gesehen, auf der Gewinnerseite. Noch weniger als in Europa ist aber im Herbst 1945 eine stabile Ordnung in Asien absehbar.

Der Nahe und Mittlere Osten in der Neuzeit bis 1945

Der Nahe Osten, die Regionen zwischen Mittelmeer und Indischem Ozean, erlebt mit der portugiesischen Umsegelung Afrikas (1497) und der osmanischen Eroberung der arabischen Region (1516/17) einen Epochenwandel. Vom Balkan um das gesamte östliche Mittelmeer wird eine riesige Freihandelszone unter osmanischer Ägide geschaffen, während östlich davon das Safawidenreich entsteht (1502), das erstmals den Schiismus zur Staatsreligion macht und mit Persisch als Staatssprache die Basis für den modernen Iran legt. |s. S. 1192|

Die Stärke beider Reiche beruht auf der Benutzung moderner Feuerwaffen und einer zentralisierten Verwaltung. Der Vordere Orient und Europa begegnen sich nicht nur im mediterranen Raum, sondern auch im Indischen Ozean; zunehmend werden beide Reiche in das europäisch dominierte Weltwirtschaftssystem integriert. Der Überseehandel zwischen Europa und dem Indischen Ozean führt nicht zu einem Ende des Handels über den Vorderen Orient, sondern zu einer partiellen Verlagerung auf den Überlandweg. Indische Baumwolltextilien und unter den Safawiden in Persien produzierte Seide gelangen über Mosul nach Aleppo. Von dort aus verschiffen europäische Händler die Waren nach Europa. Aleppo, gleichzeitig Umschlagsplatz für den Handel vom Indischen Ozean über Mekka und Damaskus, steigt zur drittgrößten Metropole des Osmanischen Reiches auf. Die osmanische Herrschaft über die arabische Region bedeutet außerdem, dass alle mit europäischen Mächten geschlossenen Verträge der Osmanen auch für die arabischen Provinzen gelten, dass zum ersten Mal seit dem 7. Jh. die griechisch-orthodoxe Kirche wieder unter einer politischen Herrschaft vereint ist und dass unter dem Schutze Frankreichs katholische Missionierung anderer christlicher Gruppen (Maroniten, Armenier, griechisch-orthodoxe Araber) im geografischen Syrien beginnt.

Erst mit dem Zusammenbruch des Safawidenreichs im 18. Jh. und der inneren Schwächung des Osmanischen Reichs |s. S. 1175| kommt der Fernhandel im Vorderen Orient zum Erliegen. Nur in Galiläa und im Libanon, wo der systematische Anbau von Baumwolle und die von Aleppo kontrollierte Seidenproduktion in der zweiten Hälfte des 18. Jh. wesentliche Exporte nach Europa ermöglichen, bildet sich neuer Reichtum.

Der Einmarsch Napoleons in Ägypten (Juli 1798) bedeutet eine weitere epochale Veränderung. Er etabliert die strategische Bedeutung des Vorderen Orients für die europäischen Großmächte, besonders in ihrer kolonialen und imperialistischen Ausdehnung im 19. Jh. Diese Bedeutung erhöht sich zusätzlich mit der Entwicklung der Dampfschifffahrt und der Eröffnung des Sueskanals. Die Entdeckung des Öls am Vorabend des Ersten Weltkriegs steigert die strategische Wichtigkeit der Region für die Weltpolitik ins Unermessliche. Seit Anfang des 19. Jh.s bis heute kann es sich keine Großmacht leisten, die Region zu ignorieren und nicht zu versuchen, in den Provinzen und Staaten der Region eine wie auch immer gestaltete Kontrolle auszuüben.

Die intensiven Berührungen zwischen Europa und dem Nahen Osten haben in den letzten zwei Jh.en zu tiefen Erschütterungen und Veränderungen der Gesellschaften im Nahen Osten geführt. Die wirtschaftliche Neuorientierung, insbesondere der Export von Rohstoffen, die militärische Dominanz Europas – später der USA und der Sowjetunion –, tief greifende Säkularisierungsprozesse, getrieben von den neuen Ideen der Aufklärung und des Nationalismus, aber auch Reformbewegungen in der Religion, alle diese Faktoren haben die Gesellschaften und Staaten des Nahen Ostens in revolutionärer Weise umstrukturiert. Dabei ist ein im 19. Jh. weit verbreiteter und mit Europa geteilter Glaube an den Fortschritt und den Modellcharakter der modernen europäischen Zivilisation einer höchst ambivalenten und z. T. ablehnenden Haltung gegenüber der europäisch-atlantischen Welt gewichen. Politisch lässt sich der Prozess der Entwicklung im Nahen Osten beschreiben als eine Transformation von einem ethnisch und religiös heterogenen, dezentralisierten Vielvölkerreich – politisch legitimiert durch den dynastischen Gedanken und die Religion – in vielen territorialen Nationalstaaten, deren Ziel ethnische Homogenität ist und deren Legitimität von der Souveränität des Volkes abgeleitet wird.

Die arabischen Provinzen des Osmanischen Reiches bis zum Frieden von Lausanne (1923)

Die erste Hälfte des 19. Jh. ist dominiert vom wirtschaftlichen und politischen Wandel Ägyptens. Unter Führung Muhammad Alis (*1769, †1849) verwandelt sich Ägypten in einen Kolonialstaat in dem Sinne, dass er einerseits fast völlig unabhängig vom osmanischen Sultan ist, andererseits aber als Rohstofflieferant (Baumwolle) für die englische Textilindustrie fest in das europäisch dominierte Weltwirtschaftssystem eingebunden wird. Dieser Transformationsprozess führt zur Einrichtung einer ägyptischen Armee, Ausweitung des Bewässerungssystems und Kultivierung des Bodens sowie zur Zentralisierung der politischen Macht und des Verwaltungsapparates, zudem zu Anfängen der Säkularisierung im Rechts- und Schulwesen und zur Entwicklung einer säkularen Bildungselite. Damit wird der territorialstaatliche Rahmen geschaffen, innerhalb dessen sich Ende des 19. Jh. ein ägyptischer Nationalismus entwickelt.

Mit dem Reformbeschluss von Gülhane 1839 | s. S. 1176 | beginnt eine lange Zeit osmanischer Reformen (Tanzimat-Periode), in der eine neue Zentralisierung der Macht und eine größere Integration der Bevölkerung angestrebt wird. Die Ergebnisse sind gemischt: Mit der Gleichstellung nichtmuslimischer Gemeinschaften gibt das Reich seinen Zweck auf, durch die Anwendung des islamischen Rechts die Gemeinschaft der Muslime zu repräsentieren. Da die politische Ordnung nicht mehr aus dem Islam begründet wird, kann der Herrschaftsanspruch selbst gegenüber Muslimen nicht mehr überzeugend vertreten werden. So reduziert die Gleichstellung aller Untertanen vor dem Gesetz, als Versuch der Integration gemeint, nicht nur die Rolle des Islams und seiner Legitimationskraft für die politische Herrschaft, sondern stärkt die verschiedenen christlichen Gemeinden. Die Einrichtung von Provinzräten und Munizipalitäten gibt lokalen Elementen die organisatorische Basis, ihre Interessen auszudrücken und durchzusetzen. Selbst die sehr erfolgreiche technologische Integration – u. a. Dampfschiffe, Eisenbahnen, Telegraf – führt zu einer politischen Reaktion der Provinzen, die ihre relative, vordem durch große geografische Entfernung gesicherte Autonomie gefährdet sehen.

Im Großraum **Syrien** entwickelt sich seit der ägypti-

Ägypten und Westasien 1914

schen Besetzung (1831–1840) eine kulturell-politische Identität, die sich zwar als **Teil des Osmanischen Reiches** erkennt, aber auf einer arabisch-syrischen Eigenständigkeit besteht. Die aktive Verbreitung katholischer und protestantischer Missionarsschulen, v. a. in der Region des Libanons, führt zur Formation einer neuen Bildungselite. Das neu entstehende Pressewesen, die Gründungen von literarischen Clubs, Freimaurerlogen und Geheimbünden fördern die Verbreitung neuer Ideen von Aufklärung, Säkularisierung und Nationalismus. Ende des 19. Jh.s entwickelt sich daraus eine umfassende, sog. Arabische Renaissance (**Nahda**), die in allen großen Städten der arabischen Provinzen ihren Ausdruck findet. Sie bedeutet ein grundsätzliches Überdenken des eigenen Weltbilds, der eigenen Kultur und Geschichte. Eine Sprachreform geht einher mit einer nationalen Interpretation der Geschichte und einer Säkularisierung der Kultur; zusammen bilden sie die Grundlage des **Panarabismus**. Eine islamische Strömung dieser Erneuerungsbewegung versucht den **Islam** zu reformieren und an die moderne Zivilisation anzupassen. In sich selbst liberal, ist dieser Reformislam nach dem Ersten Weltkrieg Basis für fundamentalistische Strömungen im Islam.

Der Erste Weltkrieg und seine Folgen

Am Vorabend des Ersten Weltkriegs erstarken nationalistische Tendenzen in Ägypten und im syrischen Großraum. Das auf der Bevölkerung schwer lastende **Militärregime der Briten** in Ägypten bzw. **Osmanen** in Syrien während des Krieges führt zur politischen Radikalisierung des Nationalismus. Das **14-Punkte-Programm** des amerikanischen Präsidenten Woodrow Wilson und der **Zusammenbruch des Osmanischen Reiches** steigern die Hoffnung der Nationalisten auf die Verwirklichung der angestrebten und nun öffentlich versprochenen Ziele: Selbstbestimmung und Unabhängigkeit. Die Aufteilung des Gebietes nach dem Krieg in verschiedenen Territorien unter französischer bzw. britischer Herrschaft und die Einrichtung der **Mandate** vernichtet jede Hoffnung der Nationalisten. Der Kampf der arabischen und ägyptischen Nationalisten für volle Unabhängigkeit gegen den Versuch der alten imperialistischen Mächte, um jeden Preis die Kontrolle über die Region zu bewahren, wird Leitmotiv aller Politik in der Zwischenkriegszeit und führt schon Anfang der 1920er-Jahre zu Unruhen und Rebellionen in allen Territorien.

Aufteilung des Osmanischen Reiches nach dem Sykes-Picot-Abkommen 1916

Mandate sind der Kompromiss zwischen Wilsons Versuch, mit dem Völkerbund eine neue, freiheitliche politische Weltordnung zu schaffen, und den alten imperialistischen Mächten, die ihre Kontrolle über die strategisch wichtige Region erhalten wollen. Die Mandatsverfassungen erkennen zwar das Selbstbestimmungsrecht der Völker an, stellen aber gleichzeitig fest, dass nicht alle Völker schon genügend »entwickelt« seien, um sich selbst zu regieren. Der Völkerbund beauftrage daher Mandatare – nicht zufällig Frankreich und Großbritannien – die Bevölkerungen der Mandatsgebiete auf Selbstherrschaft vorzubereiten, wobei keine Vorgaben für Dauer und Methoden dieser Vorbereitungsphase gemacht werden. Damit ist der Konflikt mit den Nationalisten vorprogrammiert. Ägypten ist zwar technisch kein Mandatsgebiet, bleibt aber in einer vergleichbaren Anhängigkeit von Großbritannien; Ähnliches gilt zeitlich verzögert für die »Vertragsküste« am Persischen Golf.

Die britische Doktrin der territorialen Unantastbarkeit eines schwachen Osmanischen Reiches, die das politische Handeln Großbritanniens für den größten Teil des 19. Jh.s bestimmt, wird spätestens mit der Besetzung Ägyptens 1882 aufgegeben. Ein Jahr zuvor hatte Frankreich Tunesien und 1878 Großbritannien Zypern erobert. Damit hatte Großbritannien sein strategisches Interesse von Konstantinopel nach Kairo verlagert und die Aufteilung des Osmanischen Reichs begonnen. Mit dem Eintritt des Reiches in den Weltkrieg auf deutscher Seite beginnt unter den alliierten Mächten die Planung der Aufteilung des Osmanischen Reiches.

1915/16 In der Hussein-McMahon-Korrespondenz verspricht die britische Regierung dem Scherifen von Mekka, Hussein ibn Ali (*1856, †1931), für eine Kriegsbeteiligung der Araber aufseiten der Entente die Anerkennung eines unabhängigen arabischen Staates, der auch das geografische Syrien und Mesopotamien umfassen soll. Nur bei Südmesopotamien und der syrischen Küstenregion gibt es britische Vorbehalte.

1916, 16. Mai In einer geheimen Übereinkunft (**Sykes-Picot-Abkommen**) grenzen Großbritannien und Frankreich ihre Interessensphären im Gebiet des zukünftigen arabischen Staates ab und legen damit den

Grund für die spätere Aufteilung der Region. Britische Interessen in Südmesopotamien und französische Ansprüche auf Syrien werden berücksichtigt, das von Frankreich beanspruchte Palästina soll jedoch internationaler Verwaltung unterstellt werden.

5. Juni HUSSEINS Sohn FAISAL (*1883, †1933) erklärt die Unabhängigkeit der Araber: Der »Aufstand in der Wüste« beginnt. Nach ersten militärischen Erfolgen gegen die osmanischen Truppen nimmt HUSSEIN den Titel »König der arabischen Länder« an (2. Nov.).

1917, 2. Nov. Zur Unterstützung der Zionisten und insbesondere der amerikanischen Juden für die Sache der Alliierten gibt die britische Regierung eine Sympathieerklärung ab, die von Außenminister ARTHUR J. BALFOUR (*1848, †1930) dem prominenten Zionisten Lord WALTER ROTHSCHILD (*1868, †1937) übermittelt wird (**Balfour-Deklaration**): Die britische Regierung unterstützt »die Schaffung einer nationalen Heimstätte in Palästina für das jüdische Volk«, wobei die Rechte bestehender nichtjüdischer Gemeinschaften nicht beeinträchtigt werden sollen.

1918, Jan.–Juni Die Araber erfahren in den nächsten Wochen fast gleichzeitig von der Balfour-Deklaration und dem Sykes-Picot-Abkommen, das die Bolschewiki mit anderen zaristischen Geheimdokumenten veröffentlichen. Zweifel der Araber werden durch mehrere Erklärungen zerstreut, in denen die britische Regierung sich erneut zur »vollständigen und souveränen Unabhängigkeit der Araber« und zu einer Nachkriegsregelung nach dem Prinzip der Zustimmung der Regierten bekennt.

1. Okt. Bei der britisch-arabischen Offensive in Syrien erobern arabische Truppen Damaskus und andere Städte. FAISAL errichtet ein provisorisches Regime im arabisch besetzten Syrien, während Frankreich mit britischer Zustimmung den Libanon besetzt und damit die syrischen Nationalisten hinter FAISAL eint.

30. Okt. Nach dem Waffenstillstand von Mudros verbreiten Frankreich und Großbritannien in Syrien und Mesopotamien eine gemeinsame Erklärung, in der sie die Errichtung frei gewählter nationaler Regierungen als ihr Ziel bezeichnen.

Dez. GEORGES CLEMENCEAU und DAVID LLOYD GEORGE einigen sich auf ein Abkommen, in dem Frankreich zugunsten Großbritanniens auf die Region Mosul verzichtet.

1919, 3. Jan. In Paris unterzeichnen FAISAL und CHAIM WEIZMANN (*1874, †1952), der Führer der zionistischen Delegation zur Friedenskonferenz, eine Übereinkunft zur engstmöglichen Zusammenarbeit bei der Entwicklung des arabischen Staates und Palästinas; die Gültigkeit der Faisal-Weizmann-Übereinkunft wird allerdings von der Bedingung abhängig gemacht, dass die Araber ihre Unabhängigkeit erlangen.

20. März Als Frankreich bei der Friedenskonferenz ganz Syrien beansprucht, schlägt der amerikanische Präsident WILSON die Entsendung einer interalliierten Kommission vor, die die Wünsche der Bevölkerung erkunden soll. Frankreich und daraufhin Großbritannien sowie Italien boykottieren die Kommission.

2. Juli Nur die amerikanischen Mitglieder der Gesandtschaft (King-Crane-Kommission) besuchen Syrien, wo nach Teilwahlen der Allgemeine Syrische Kongress zusammentritt und die sofortige Unabhängigkeit Syriens (einschließlich des Libanons und Palästinas) fordert.

28. Aug. Im Bericht der Kommission wird der Friedenskonferenz empfohlen, die Einheit Syriens unter Einschluss Palästinas zu wahren, das »extreme zionistische Programm einer unbeschränkten Einwanderung von Juden nach Palästina ernsthaft zu modifizieren« und das Mandat für Syrien keinesfalls Frankreich zu übertragen. Der Bericht wird nicht zur Kenntnis genommen, da England Frankreich nachgeben will. FAISAL kann in London und Paris die arabischen Wünsche nicht durchsetzen.

Dez. Vertreter der Zionistischen Organisation haben mit der britischen Delegation zur Friedenskonferenz einen Mandatsentwurf für Palästina ausgehandelt, der zionistischen Vorstellungen weitgehend entgegenkommt. Als Ziel des Mandates wird nicht die Selbstbestimmung und Unabhängigkeit der Bevölkerung festgeschrieben, sondern die Verwirklichung einer nationalen Heimstätte für das jüdische Volk.

1920, 7. März Gerüchte über die Friedenspläne der Alliierten lösen Unruhen in Syrien aus. Der Allgemeine Syrische Kongress erklärt die Unabhängigkeit Syriens (mit Libanon und Palästina) und wählt FAISAL zum König Syriens »in seinen natürlichen Grenzen«. Sein Vater HUSSEIN bleibt König des Hedschas.

19.–26. April Auf der Konferenz von San Remo einigen sich die Alliierten über die Aufteilung der arabischen Provinzen des Osmanischen Reiches: Frankreich soll ein Mandat für Syrien (mit Libanon), Großbritannien eines für Mesopotamien (Irak) erhalten. Palästina wird Mandat des Völkerbundes, der es Großbritannien übertragen soll.

Das Mandatssystem von 1920

Zerteilung des französischen Mandats 1920–22

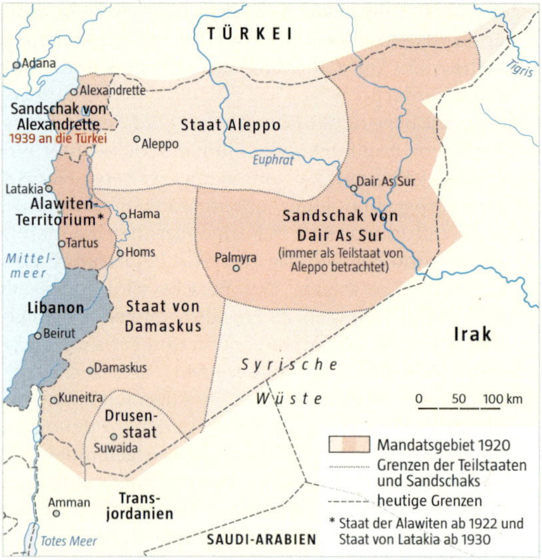

Juli Frankreich vertreibt FAISAL mit Waffengewalt aus Syrien. Über Palästina geht FAISAL ins Exil (1921 setzen die Engländer ihn im Irak als König ein). – Das Ende des Traums von einem unabhängigen arabischen Reich nimmt die arabischen Nationalisten auch gegen Großbritannien ein, weil es Frankreich nachgegeben hat. In Mesopotamien ziehen sich schwere antibritische Unruhen bis ins nächste Jahr hin. In Palästina organisieren sich die Araber gegen die Durchführung des zionistischen Programms.

1921, März Ihren Forderungen kommt die britische Regierung auf der Konferenz von Kairo mit dem Beschluss entgegen, den Geltungsbereich der Balfour-Deklaration auf Palästina westlich des Jordans einzuschränken. Das abgetrennte Gebiet wird FAISALS jüngerem Bruder Emir ABDULLAH (*1882, †1951) zur Verwaltung übergeben und später zum selbstständigen Emirat Transjordanien unter britischer Mandatsverwaltung erklärt (25. März 1923).

1922, 24. Juli Der Völkerbund billigt die Mandate. Das Palästina-Mandat macht dem Mandatar zur Auflage, die Balfour-Deklaration zu erfüllen.

1923, 24. Juli Im Friedensvertrag von Lausanne gibt die Türkei alle Ansprüche auf die arabischen Provinzen des ehemaligen Osmanischen Reiches auf. Damit werden die Regelungen von San Remo rechtsgültig. Das Palästina-Mandat tritt mit seiner Übernahme durch Großbritannien in Kraft (29. Sept.).

Palästina (1918–1942/45)

In Palästina bahnt sich um die Jahrhundertwende ein Konflikt des arabischen Nationalismus mit einer anderen Nationalbewegung, dem politischen Zionismus, an: Aus der Erfahrung, dass Assimilation die »Judenfrage« in Europa nur teilweise hat lösen können, entsteht im späten 19. Jh. der Zionismus als eine politische Bewegung von Juden. Sie wollen durch die Gründung eines jüdischen Staates das Problem des neuen Antisemitismus überwinden, den romantischer Nationalismus und beginnender Rassismus ausgelöst haben. Obwohl der politische Zionismus ein Nationalismus ist, hat er einmaligen Charakter, weil er die in der Welt verstreuten Juden als Volk im säkularen Sinn versteht, das am Ort zukünftiger nationaler Existenz zusammenzuführen ist. Der Zionismus bedient sich der religiösen Symbolik für die nationale Identitätsstiftung – »Auserwähltes Volk«, »versprochenes Land«, »Rückkehr nach Zion« –, und es gelingt ihm, das Hebräische, die Ritualsprache der Religion, zur säkularen Nationalsprache zu reformieren. Die meisten Juden West- und Mitteleuropas sehen den jüdischen Nationalismus als eine Gefährdung ihrer vermeintlich erfolgreichen Assimilation an. Die Orthodoxie erkennt hier eine »erzwungene Beendung der Diaspora« als einen unzulässigen Eingriff in den göttlichen Plan.

Die seit 1881 andauernden Pogrome in Russland lösen eine jüdische Auswanderungsbewegung aus, die bis zum Ersten Weltkrieg etwa 2,5–3 Mio. Menschen betrifft und v. a. nach Amerika führt. Etwas mehr als 1 % emigriert nach Palästina, wo erste jüdische landwirtschaftliche Siedlungen entstehen. Verschiedene zionistische Strömungen kommen auf dem 1897 von THEODOR HERZL (*1860, †1904) einberufenen ersten **Zionistenkongress** in Basel zusammen. Im Baseler Programm beschließen sie das Ziel des Zionismus, für das jüdische Volk »eine öffentlich-rechtlich gesicherte Heimstätte in Palästina« zu schaffen. Die Versuche, vom osmanischen Sultan eine Genehmigung für die Kolonisierung Palästinas zu bekommen, scheitern jedoch. Alternative Kolonisationsgebiete (Sinai, Uganda) werden auf späteren Zionistenkongressen abgelehnt. Trotz großer Schwierigkeiten mit der osmanischen Verwaltung verstärkt sich die Einwanderung von Juden in Palästina. 1909 wird Tel Aviv als erste jüdische Stadt gegründet; 1911 entstehen die ersten Kollektivsiedlungen (Kibbuzim); 1914 leben in 59 landwirtschaftlichen Kolonien 12 000 Juden.

Obwohl der Anteil der Juden an der Bevölkerung von etwa einer halben Mio. um die Jahrhundertwende weniger als 10 % beträgt und bis zum Ersten Weltkrieg kaum darüber ansteigt, löst die Einwanderung bereits Unruhe

Bevölkerung in Palästina 1850–1946

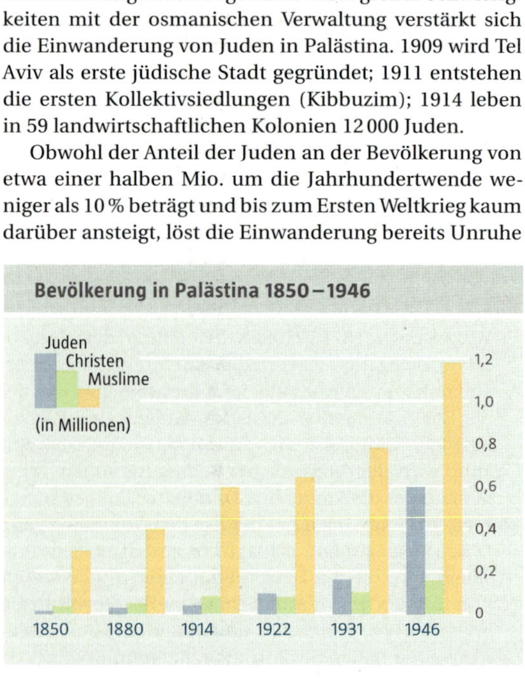

unter den Arabern aus. Vereinzelt wird ein langfristiger Konflikt zwischen Arabern und Juden vorausgesehen; auch wird bereits die Forderung laut, die Araber sollten sich dem Zionismus mit Gewalt entgegenstellen. Zentraler Konfliktpunkt wird der Landkauf jüdischer Organisationen, der zur Vertreibung arabischer Bauern führt. Noch bevor arabische Nationalisten und politische Zionisten eine Chance zur Verwirklichung ihrer Ziele haben, wird der Konflikt zweier Nationalismen sichtbar, die sich gegenseitig ausschließen, weil sie ihre Erfüllung auf demselben Territorium suchen.

1918, 18. Dez. Obwohl die Juden bei Kriegsende nur 8 % der Bevölkerung ausmachen und nur über 2 % des Bodens verfügen, stellen die Zionisten Palästinas, ermutigt durch die Balfour-Deklaration, weitgehende Forderungen (»Erez Israel« als Landesbezeichnung, jüdische Flagge, Hebräisch als Amtssprache), die von der zionistischen Organisation nicht übernommen werden, aber die Araber beunruhigen. Diese vertrauen zunächst den britischen Versprechungen, deren Umfang den Zionisten unbekannt ist. Unvereinbare Erwartungen belasten Verständigungsversuche.

1919, Febr. Gründung der »Muslimisch-Christlichen Assoziation«, die die traditionelle Elite städtischer Großgrundbesitzer zusammenbringt.

1920, März Unruhen unter Teilnahme aller palästinensischen Gruppierungen gegen die Einrichtung des Mandats und für den Anschluss an Syrien unter König FAISAL (*1883, †1933). Erste gewalttätige Protestaktionen.

24. April Trotz erster Gewaltakte der Araber (Osterunruhen) glaubt die britische Regierung an die Durchführbarkeit der Balfour-Deklaration und lässt sich in San Remo das Mandat für Palästina erteilen.

1. Juli Die britische Militärverwaltung wird in eine Zivilverwaltung unter einem britischen Hochkommissar umgewandelt.

Die Bestimmungen des Palästina-Mandats, jüdische Einwanderung und arabischer Nationalismus

Das **Palästina-Mandat**, vom Völkerbund am 24. Juli 1922 verabschiedet und seit dem 29. Sept. 1923 in Kraft, verpflichtet Großbritannien als Mandatar, die Errichtung der nationalen Heimstätte für das jüdische Volk zu fördern, zugleich aber dafür zu sorgen, »dass nichts getan werden soll, was die bürgerlichen und religiösen Rechte bestehender nichtjüdischer Gemeinschaften in Palästina beeinträchtigen könnte« (Präambel, Artikel 2 und 6; die Hinführung zu staatlicher Unabhängigkeit wird allerdings nicht erwähnt). Diese doppelte Verpflichtung lässt Großbritannien oft die politische Position wechseln, ohne aber jemals das eigene Ziel aus den Augen zu verlieren: eine kostengünstige Kontrolle über die Region zu erhalten. Die Araber lehnen das Mandat als rechtlich nichtige Machenschaft der Großmächte, die ihr Selbstbestimmungsrecht verletzt, ab. Sie fürchten, die Zionisten wollten einen jüdischen Staat errichten, und werten bald jede Veränderung des Status quo zugunsten der Juden als Beeinträchtigung ihrer Rechte. Den Juden erscheinen dagegen viele Regelungen, die arabische Interessen berücksichtigen, als Maßnahmen einer proarabischen Mandatsverwaltung, die sich ihrer Verpflichtung entzieht, die nationale Heimstätte aufzubauen. Die Juden leben überwiegend getrennt von den Arabern in landwirtschaftlichen Siedlungen und eigenen Stadtvierteln. Sie bauen eine parallele Wirtschafts- und später auch Verwaltungsstruktur auf. Die 1922 gegründete *Jewish Agency for Palestine* vertritt die jüdischen Interessen gegenüber dem Mandatar und steuert die Einwanderung, die aber enttäuschend niedrig bleibt: der jüdische Bevölkerungsanteil steigt bis 1929 auf etwa 15 %. Auch der Landkauf bringt bis 1930 weniger als 5 % des Bodens in jüdischen Besitz; darunter aber 14 % des überhaupt kultivierbaren Bodens.

Die Ablehnung der Entwicklung jüdischer Siedlung von der arabischen Bevölkerung führt immer wieder zu politischen, teilweise gewalttätigen Reaktionen. Der arabische Nationalismus bezieht sich grundsätzlich auf alle Arabisch sprechende Regionen, zumindest aber auf das Gebiet zwischen Taurus und Sinai, dem geografischen Syrien. Deswegen fordern viele palästinensische Nationalisten den Zusammenschluss mit Syrien. Erst die Permanenz des Mandatsgebietes zwingt sie, in dessen Rahmen politisch zu handeln. Eine spezifisch palästinensisch-arabische Identität entwickelt sich nur zö-

Teilungsplan der Peel-Kommission 1937

gernd. Der nationale Widerstand gegen den Zionismus wird auch durch die internen Kämpfe der großgrundbesitzenden Familien (z. B. Husseini- und Naschaschibi-Klan) um die politische Vorherrschaft geschwächt. Die grundsätzliche Ablehnung der Zusammenarbeit mit den Mandatsbehörden, um eine indirekte Anerkennung des Mandats zu vermeiden, begrenzt den Handlungsspielraum der Palästinenser.

1922, Jan. Gründung des »Obersten Muslimischen Rates« der zum Instrument des Muftis von Jerusalem, MOHAMMED AMIN AL-HUSSEINI (*1893, †1974), wird.

1923, Nov. Gründung der »Palästinensischen Arabischen Nationalpartei«, deren Hauptfunktion die Verteidigung der Interessen des Naschaschibi-Klans gegen die Vormacht des Husseini-Klans ist.

1931 Einberufung des »Allgemeinen Islamischen Kongress« in Jerusalem unter Leitung des Muftis AL-HUSSEINI. Damit wird der Konflikt zu einer Angelegenheit der arabischen und islamischen Welt.

1932/33 Als unmittelbare Konsequenz der nationalsozialistischen Machtergreifung in Deutschland steigen die Einwanderungszahlen sprunghaft von knapp 4000 (1931) auf über 60 000 (1935) an, was erhebliche Unruhe unter den Arabern auslöst, zu einer Radikalisierung ihrer Positionen führt aber auch eine völlige Zersplitterung der nationalen Bewegung bedeutet.

1936 Die Araber versuchen mit einem Generalstreik einen totalen Einwanderungsstopp, ein Verbot des Landverkaufs an Juden und die Wahl einer palästinensischen Volksvertretung durchzusetzen. Der Streik geht nach einigen Monaten in einen bewaffneten arabischen Aufstand über, der bis 1939 immer wieder aufflammt. Der Mufti AL-HUSSEINI wird ins Exil geschickt.

1937, 7. Juli Eine britische Untersuchungskommission (Peel-Kommission) empfiehlt die Teilung Palästinas, was von Arabern und Juden abgelehnt wird.

1939, 17. Mai Nach einer erfolglosen Konferenz von Repräsentanten der arabischen Länder, Palästinensern und der *Jewish Agency* in London, veröffentlicht die britische Regierung ein Weißbuch über Palästina, das die Einwanderung auf 75 000 Juden in den nächsten fünf Jahren begrenzt, sie danach von der Zustimmung der Araber abhängig macht und den Landkauf erschwert. Zionisten lehnen Weißbuch als mit dem Mandat unvereinbar ab.

1942, 11. Mai Angesichts der Judenverfolgungen des »Dritten Reichs« drängen die Zionistenführer auf Öffnung Palästinas für unbeschränkte Einwanderung und fordern in dem auf ihrer Biltmore-Konferenz beschlossenen Programm, dass Palästina zu einem jüdischen Staat (*Jewish Commonwealth*) gemacht wird. Da die britische Verwaltung die Politik des Weißbuches vertritt, beginnt noch während des Krieges die illegale Einwanderung von Juden, die der Verfolgung entkommen sind. Als der alliierte Sieg sicher ist, setzen Terroraktionen jüdischer Untergrundorganisationen ein. | Forts. S. 1630, 1657 |

Libanon bis 1944/45

Mit der Besetzung der Küstenregionen im Okt. 1918 verwirklichen die Franzosen ihren Hegemonialanspruch über die ihnen im Sykes-Picot-Abkommen und der Übereinkunft mit DAVID LLOYD GEORGE eingeräumten Territorien. Im April 1920 wird ihnen das Mandat über Syrien/Libanon zugesprochen. Am 22. Juli 1920 vernichten sie bei Maisalun die Armee König FAISALS (*1883, †1933) und besetzen ganz Syrien. Einen Monat später verkündet der französische Hochkommissar die Einrichtung – und damit Abtrennung von Syrien – eines Staates Großlibanon in den heutigen Grenzen. Das Kernland der Drusen und Maroniten im Libanongebirge wird um von muslimischen Arabern besiedelte Regionen erweitert, die für eine Vereinigung mit Syrien eintreten. In den folgenden Jahren beherrscht die libanesische Politik drei Themen: Die kulturell-politische Ausrichtung auf den arabischen Nationalismus oder auf Europa, die Unabhängigkeit von Frankreich und die Frage des politischen Proporz zwischen den verschiedenen Religionen.

1926, 23. Mai Verabschiedung der Verfassung und Ausrufung der **Libanesischen Republik**. Die Verfassung enthält Bestimmungen zur Sicherung der Vorrechte der Mandatarmacht, regelt aber nicht den Machtausgleich zwischen den Glaubensgemeinschaften.

1941, 8. Juni Anerkennung der **libanesischen Unabhängigkeit** durch CHARLES DE GAULLE.

1943, 21. Juli Während der Vorbereitungen für die nationalen Wahlen kommt es zu einer ungeschriebenen Vereinbarung zwischen Christen und Muslimen, dem sog. Nationalpakt: Die Sitze im Parlament und Verwaltungspositionen sollen im Verhältnis 6:5 aufgeteilt werden. Der Präsident der Republik ist Christ, der Premierminister sunnitischer Muslim. Der Libanon wird als unabhängiger, aber in der arabischen Welt beheimateter Staat definiert. Dieser Pakt wird bis zum Bürgerkrieg 1975 nicht in Frage gestellt.

Ende 1946 Die letzten französischen Truppen ziehen ab. | Forts. S. 1650 |

Syrien bis 1944/45

1920, Sept. Frankreich versucht die Widerstände im Mandatsgebiet Syrien mit einer Politik der Teilung zu überwinden. Mit der militärischen Besetzung Syriens trifft Frankreich im Land auf bitteren Widerstand seitens der Nationalisten, die einen unabhängigen Staat unter Einschluss der abgetrennten Alawiten- und Drusendistrikte sowie des Libanon fordern.

1925/26 Ein Drusenaufstand weitet sich in einen allgemeinen syrischen Aufstand aus und greift auf den Südlibanon über. Frankreich schlägt den Aufstand brutal nieder, ist danach jedoch bereit, mehr Selbstverwaltung zuzugestehen. 1928 ruft der französische Hochkommissar eine verfassunggebende Versammlung in Syrien zusammen. Die Forderung nach einer Vereinigung mit Libanon und die fehlende Erwähnung der Vorrechte des Mandatars macht die Verfassung für Frankreich unannehmbar; 1930 oktroyiert es seine eigene Version. Das gemäß dieser Verfassung 1932 gewählte Parlament wird nach dem Scheitern von Verhandlungen über einen französisch-syrischen Vertrag 1934 von Frankreich aufgelöst.

1936, 9. Sept. Nach jahrelangen Verhandlungen wird im Französisch-Syrischen Staatsvertrag die Unabhängigkeit nach drei Jahren zugesagt. Frankreichs militärische Präsenz soll reduziert, alle Teile Syriens – ohne den Libanon – sollen in einem Staat vereinigt werden. Unruhen in Syrien wegen türkischer Ansprüche auf den Sandschak von Alexandrette verzögern die Ratifizierung der Verträge, den schließlich (1938) die französische Nationalversammlung ablehnt.

1939, 23. Juni Frankreich tritt den Sandschak von Alexandrette (Iskenderun) an die Türkei ab. Schon 1921 begann der Prozess der Ablösung dieser Region vom Mandat, als die Türkei auf einem Sonderstatus für diesen Sandschak bestand. Trotz bitterer Opposition der arabischen Nationalisten unter Zaki al-Arsuzi (*1899, †1968) und gegen die Vereinbarungen des Mandatsvertrags geht die Region am Vorabend des Zweiten Weltkriegs an die Türkei in der Hoffnung, damit die Türkei im alliierten Lager zu halten.

1941, 8. Juni Am Tag des Einmarsches britischer und freier französischer Truppen im Vichy-treuen Syrien verspricht de Gaulles Beauftragter, General Georges Catroux (*1877, †1969), Syrien und Libanon Unabhängigkeit.

27. Sept. Catroux proklamiert in Damaskus die **Unabhängigkeit der Republik Syrien**. Auch die Republik Libanon wird als unabhängiger und souveräner Staat proklamiert (Nov.). Beide bleiben de facto französisch, was zu heftigen Auseinandersetzungen führt.

1943, Aug. Nach Parlamentswahlen in Syrien wird eine nationale Regierung gebildet, die auf Herstellung der vollen Souveränität drängt.

1944 Erst auf Druck Großbritanniens und der USA unterstellen die Franzosen schrittweise die Verwaltung syrischer Kontrolle.

1946, Dez. Abzug der letzten französischen Truppen. | Forts. S. 1647 |

Irak (1920–1941/45)

1920/21 Schwere Unruhen, da der gesamtarabische Staat nicht verwirklicht wird.

1921, 23. Aug. Großbritannien gesteht dem Irak Eigenständigkeit zu. Die Briten setzen Faisal (*1883, †1933) als König (1921–1933) ein.

1922, 10. Okt. Gegen nationalistische Opposition wird im Anglo-Irakischen Vertrag das Mandatsverhältnis bestätigt.

1924 Eine verfassunggebende Versammlung erarbeitet ein Grundgesetz, das den Irak zur konstitutionellen Monarchie macht.

1926, 5. Juni Auf Empfehlung des Völkerbundes erhält der Irak im Mosulvertrag das ölreiche Kurdengebiet um Mosul, das seit einer Vereinbarung (1918) zwischen Georges Clemenceau und David Lloyd George zur britischen Interessensphäre gehört. Die »Iraq Petroleum Co.«, an der mit je 25 % zwei britische, eine amerikanische und eine französische Gesellschaft beteiligt sind, erwirbt die Konzessionen für die Ölsuche.

1930, 30. Juni Durch das Anglo-Irakische Abkommen wird der **Irak unabhängig**, bleibt jedoch außenpolitisch und militärisch an Großbritannien gebunden, das zwei Luftwaffenstützpunkte erhält.

1932, 3. Okt. Mit dem Beitritt zum Völkerbund erlischt das Mandat.

Entwicklung des Irak

Die Entwicklung des Irak wird von Spannungen zwischen sunnitischen und schiitischen Muslimen, Autonomieforderungen der Kurden und anderen Minoritätenproblemen (Assyrer-Massaker 1933) belastet. Das politische Leben dominieren Faktionen und Cliquen. Die landwirtschaftliche Entwicklung sowie der Aufbau einer Infrastruktur und öffentlicher Dienste gestalten sich schwierig. Große Ölfelder werden entdeckt (Kirkuk 1929), doch der Ölexport erreicht erst nach dem Zweiten Weltkrieg einen wirtschaftlich lohnenden Umfang. Mit der Notwendigkeit von Reformen begründet die Armee einen Staatsstreich (1936) und danach immer neue Interventionen in die Politik.

1941, 3. April Ein militärischer Staatsstreich bringt eine achsenfreundliche Regierung unter Raschid Ali al-Gailani (*1892, †1965) an die Macht. Die Hoffnung auf massive militärische Unterstützung des Putsches durch Deutschland zerschlägt sich. Britische Truppen vertreiben al-Gailani Ende Mai und setzen den Regenten wieder ein, der für den minderjährigen König Faisal II. (*1935, †1958) die Regierung führt. | Forts. S. 1673 |

Die Arabische Halbinsel (19. Jh.–1940/45)

Die osmanische Herrschaft ist im 19. Jh. in weiten Teilen der Arabischen Halbinsel nur nominell. So kann Großbritannien zur Sicherung des Seeweges nach Indien Aden erwerben (1839, ab 1935 Kronkolonie) und mit den Emiraten am Persischen Golf (1853: »Vertragsküste«), den Sultanaten im Hinterland von Aden und in Hadramaut (1882–1914) und mit dem Emir von Kuwait (1899) Protektoratsverträge sowie mit dem Sultan von Maskat einen Freundschaftsvertrag (1891; 1939 und 1951 erneuert) abschließen. Der Vertragsküste (*Trucial States*) und Kuwait gewährt Großbritannien 1892 bzw. 1909 Autonomie, vertritt sie aber außenpolitisch.

Im Inneren der Arabischen Halbinsel konnten sich verschiedene lokale Herrscherdynastien behaupten. Der Familie von Abdallah ibn-Saud (†1818; 1814–18 Führer des Wahhabitenaufstands) gelingt der Wiederaufstieg, als Abd al-Aziz ibn-Saud (*1880, †1953) nach 1902 den Nedschd und bis 1921 das übrige Zentralarabien erobert und mit der Ansiedlung von Beduinen-Bruderschaften (Ichwan) die puritanische Reformbewegung des Wahhabismus wieder belebt.

1914–1918 Mit dem Zusammenbruch des Osmanischen Reiches werden auch die letzten von den Osmanen direkt beherrschten Gebiete Hedschas, Asir und Jemen (1918) unabhängig.

1916 Hussein ibn Ali (*1856, †1931) erklärt sich zum »König der arabischen Länder«. Seine Familie der Haschimiten ist mit dem Propheten verwandt und bekleidet seit dem 11. Jh. immer wieder das Scherifenamt von Mekka.

1924, 5. März Nachdem Hussein mit seinen Nachkriegsforderungen die Sympathien Großbritanniens verloren hat und durch die Friedensregelungen nur noch König des Hedschas ist, nimmt er den vakant gewordenen Kalifentitel an, ohne Anerkennung zu finden.
Abd al-Aziz ibn Saud, bereits seit 1913 im Besitz der Region al-Hasa, erobert in wenigen Monaten den Hedschas. Hussein wird vertrieben, sein Sohn Ali (*1879, †1935) leistet in Dschidda Widerstand bis Ende 1925.

1926, 8. Jan. Ibn Saud proklamiert sich selbst zum König des Hedschas. Er konsolidiert seine Herrschaft über den größten Teil der Arabischen Halbinsel außerdem mit einem Islamischen Kongress im Juli 1926 in Mekka, auf dem er als der »Hüter der beiden Heiligen Stätten« (Mekka und Medina) anerkannt wird und die Differenzen zwischen wahhabitischen Puritanismus mit liberaleren Formen des Islam geglättet werden.

1927 Im britisch-saudischen Vertrag von Dschidda erkennt Ibn Saud die Söhne seines Rivalen Hussein, Faisal (*1883, †1933) und Abdallah (*1882, †1951), als König des Irak bzw. Emir von Transjordanien an und legt die Nordgrenzen seines Reiches fest, das 1932 den Namen **Königreich Saudi-Arabien** erhält.

1934 Nach einem kurzen Krieg mit dem Jemen wird die gemeinsame Grenze festgelegt.
Ibn Saud setzt die Ansiedlung der Beduinen fort und unterdrückt deren traditionelle Unbotmäßigkeit. Das Land wird westlicher Technik geöffnet, bleibt aber eine islamisch-konservative, von der Familienoligarchie der Sauds beherrschte Monarchie (»Wir wollen Europas Gaben, nicht seinen Geist«). Als Hüter der Heiligen Stätten genießt ibn Saud hohes Ansehen in der islamischen Welt. Der Rückgang der Pilgereinnahmen in den 30er-Jahren und besonders im Zweiten Weltkrieg stürzt das Land in eine Wirtschaftskrise, die erst allmählich überwunden wird. Die 1933 begonnene Ölsuche führt zur Entdeckung reicher Vorkommen. 1939 wird ein neuer Konzessionsvertrag zwischen Saudi-Arabien und ARAMCO, bestehend aus *Texas Oil Co.* und *Standard Oil Co. of California*, unterzeichnet. Während des Zweiten Weltkriegs werden dem Königreich Anleihen von den Alliierten gewährt. | Forts. S. 1662, 1665, 1668, 1669, 1670 |

Persien (Iran) 1501–1945 | Forts. v. S. 668 |

Die Safawiden und die Afghanen (1501 bis 18. Jh.)

Die Dynastie der Safawiden – wahrscheinlich kurdischer Abstammung – setzt der jahrhundertelangen politischen Zersplitterung Irans ein Ende. Sie errichtet einen dauerhaften Territorialstaat auf iranischem Boden, der sich über alle Kämpfe mit seinen sunnitischen Nachbarn hinweg bis heute – wenn auch mit beträchtlichen Gebietsverlusten – behauptet hat. Hervorgegangen aus einer volkstümlich-mystischen, ursprünglich sunnitischen Derwischgemeinschaft mit dem Zentrum in Ardabil (Aserbaidschan), deren Ordensobere im 15. Jh. jedoch zunehmend schiitische Neigungen entwickeln, führt der erste Safawiden-Schah Ismail I. (*1487, †1524) die Zwölferschia als Staatsreligion in Iran ein, damals ein mehrheitlich sunnitisches Land. Der anfangs verfügte, später mindestens ein Jh. kontinuierlich fortschreitende Prozess der Schiitisierung von oben trägt langfristig wesentlich zur Herausbildung einer neuen geistigen Einheit und eines religiös begründeten Zusammengehörigkeitsgefühls der heterogenen Bevölkerung Irans bei. Die Safawiden führen ihre Abstammung über Ali auf den Propheten Mohammed zurück; ihre Hofsprache ist Türkisch, die Sprache der Mehrheit der Bevölkerung aber nach wie vor Persisch.

1501–1524 Schah Ismail I., mit erst 14 Jahren Gründer der Dynastie, unterwirft ganz Iran, Westafghanistan und Mesopotamien mit seiner straff organisierten Armee, v. a. aus turkmenischen Anhängern, die oft aus Anatolien und Syrien zu den Safawiden gestoßen sind. Sie heißen nach einer roten Kappe mit zwölf Zipfeln (sie sollen die zwölf Imame der Schia darstellen) Kizilbasch (türkisch: »Rotköpfe«) und bilden bis um 1600 die militärische Basis der Safawiden.

1514 Ismails Vorstöße nach Westen gegen das Osmanische Reich kommen durch seine Niederlage in der Schlacht bei Çaldıran (Ostaserbaidschan) gegen den osmanischen Sultan Selim I. (1512–1520) endgültig zum Erliegen.
Die zivile Staatsverwaltung wird – als Gegengewicht zu den Turkmenen, die die militärischen Ämter und die Positionen der Provinzgouverneure innehaben – mit iranischen Beamten besetzt und einem Wakil (Reichsverweser), später mit dem Titel Wesir, unterstellt. Die schiitische Geistlichkeit unter einem Sadr (Vorsteher) ist hierarchisch organisiert. Viele Sunniten, die sich nicht zur Zwölferschia bekehren lassen wollen, fliehen in die sunnitischen Nachbarstaaten (Osmanisches Reich, Transoxanien, Indien). Dennoch bleiben die östlichen Gebiete des Safawidenreiches (das heutige Afghanistan) und die kurdische Bevölkerung fast geschlossen sunnitisch.

1524–1576 Tahmasp I. (*1514, †1576), Ismails Sohn, behauptet die östliche Grenze des Safawidenreichs gegen die Özbeken (Usbeken), verliert aber nach langwierigen Kämpfen den Irak an die Osmanen. Im Frieden von Amasya (1555) wird die neue Grenze zwischen dem Irak und Iran festgelegt.

Diplomatischen Kontakte unter Ismail und Tahmasp mit Europa mit dem Ziel einer militärischen Allianz gegen das Osmanische Reich bleiben ohne konkrete Ergebnisse.

1540–1554 Großmogul Humajun (*1508, †1556) findet, durch innere Kämpfe aus Indien vertrieben, Asyl am persischen Hof, muss aber zur Schia übertreten und den Safawiden die Stadt Kandahar überlassen. Humajuns Rückkehr nach Delhi gibt dem kulturellen Vorrang der persischen Sprache und Literatur am Moguhof weitere Impulse und führt zu einer neuen Blüte, da die Auswanderung persischer Literaten und Künstler nach Indien anhält. Dort erfahren sie großzügigere Patronage als am orthodox-schiitischen Safawidenhof.

1588–1629 Nach einigen Jahren innerer Wirren, hervorgerufen durch die Rivalität der Kizilbasch-Führer und äußere Kämpfe gegen Osmanen und Özbeken, erreicht die Dynastie unter **Abbas I., dem Grossen** (*1571, †1629), Enkel von Tahmasp, den Höhepunkt ihrer Macht und das Safawidenreich seine größte territoriale Ausdehnung. Er zentralisiert die Verwaltung und bricht die Vormachtstellung der Kizilbasch durch ein neues stehendes Heer nach dem Vorbild der Janitscharen, »die Königsknappen« (türkisch *kullar*, wörtlich »Sklaven«), meist größtenteils zum Islam bekehrte ehemals christliche Waffensklaven aus dem Kaukasus (Georgier, Armenier u. a.). Sie erhalten hohe Militärämter, ihre Loyalität gilt ausschließlich dem Schah. Auch die Artillerie wird verstärkt. Schah Abbas I. fördert den Außenhandel und zieht europäische Kaufleute und Handelskompanien ins Land. Die neue Residenz Isfahan (ab 1603) baut er glanzvoll aus zu einer kosmopolitischen Stadt mit bis heute weltweit berühmten Architekturdenkmälern.

1598 Im Kampf mit den Özbeken wird die nordöstliche Provinz Chorasan endgültig für Iran gesichert.

1603/04 Nach wechselvollem Kampf gelingt es, Aserbaidschan von den Osmanen zurückzuerobern.

1622 Rückeroberung von Kandahar, das 1594 der Mogul-Kaiser Akbar (1556–1605) eingenommen hatte.

1623 Die Eroberung großer Teile des Irak mit Bagdad ist nicht von langer Dauer (bis 1638).

Die Zerstörung der portugiesischen Handelskolonie Hormus (seit 1515) im Persischen Golf und deren Ersatz durch den Festlandshafen Bandar Abbas eröffnet

Persien seit Abbas I.

dem persischen Handel im Indischen Ozean große Möglichkeiten, macht aber auch den neuen Seemächten Großbritannien und Holland den Weg für Handelsaktivitäten im Persischen Golf frei. Reger diplomatischer Verkehr mit europäischen Mächten bringt noch keine Militärbündnisse; zahlreiche wissenschaftliche Reiseberichte von Europäern zeugen vom lebhaften Gesandtenaustausch unter ABBAS I.

1629–1642 Da ABBAS die meisten seiner Söhne aus Angst vor Verschwörungen beseitigen ließ, folgt ihm sein Enkel SAFI I. (†1642). Unter ihm geht der Irak mit Bagdad im Friedensvertrag von Zuhab (1639) endgültig ans Osmanische Reich verloren: Die Grenzregelung hat, abgesehen vom nördlichen Abschnitt, bis in die Gegenwart Bestand. Zugleich verliert Iran die heiligen schiitischen Stätten im Irak (Nadschaf, Kerbela, Kazimain, Samarra).

1642–1666 SAFIS Sohn ABBAS II. (*1633, †1666) wahrt den äußeren Besitzstand des Safawidenreiches. Bedeutende Bauten zeugen von anhaltender kultureller Blüte, an der auch die politisch und militärisch führenden türkischen Bevölkerungsgruppen Anteil haben. Gleichzeitig iranisieren sie sich kulturell zunehmend. Den von ABBAS II. noch aufgehaltene Niedergang der safawidischen Herrschaft fördert die seit ABBAS I. übliche Haremserziehung der Prinzen. Sie gelangen unerfahren und ohne genügende praktische Kenntnisse auf den Thron.

1666–1722 Unter SAFI II. (*1647, †1694), der sich später SULEIMAN nennt, und unter dessen Sohn HUSAIN (†1722) verfällt der Staat rasch. Sunna feindliche Maßnahmen lösen im überwiegend sunnitischen Osten bei den afghanischen Stämmen Widerstand aus.

1722 **Sturz der Safawiden** durch Invasion des afghanischen Stammes der Ghilzay, der große Teile Irans besetzt.

1722–1736 Die Afghanen, die sich trotz ihres sunnitischen Bekenntnisses zu ihrer Legitimation safawidischer Prinzen bedienen, können keine stabile Herrschaft etablieren. Die instabile Lage ermutigt Osmanen und Russen zu Angriffen auf die nordwestlichen und westlichen Landesteile. Der Militärführer NADIR KHAN (*1688, †1747) vom turkmenischen Stamm der Afschar vertreibt die Afghanen und sichert die Grenze Irans gegen das Osmanische Reich.

1736–1747 NADIR KHAN krönt sich selbst zum König (1736, als NADIR SCHAH). Er verteidigt erfolgreich das iranische Territorium, macht umfangreiche Eroberungen in Afghanistan und entführt 1739 den Pfauenthron und Kohinoor-Diamanten (persisch *kuh-e nur*, »Berg des Lichts«) aus Indien. Sein Versuch, in Iran die Sunna wieder einzuführen, stößt auf heftigen inneren Widerstand, ohne eine Entspannung mit dem sunnitischen Osmanischen Reich zu erreichen. 1747 wird NADIR SCHAH von turkmenischen Stammesführern ermordet.

1751–1779 Bei Wirren durch rivalisierende Militärführer in Nord- und Nordostiran erlebt der Süden (mit der Hauptstadt Schiras) eine Periode des Friedens und Wohlstands unter der iranischen Dynastie der Zand (1751–1794). KARIM KHAN ZAND (†1779) der weitaus bedeutendste von ihnen, fördert Handel, Kunst und Kultur. Er verzichtet auf ruinöse Eroberungskriege und verfolgt eine moderate Steuerpolitik. Im Gegensatz zu NADIR SCHAH unterstützen die Zand die Zwölferschia.

um 1750–1773 Folgenschwer ist die Durchsetzung von AHMED SCHAH DURRANI (†1772/73), afghanischer Militärführer und ehemaliger Feldherr NADIR SCHAHS, in Kandahar: **Afghanistan löst sich vom iranischen Reich** und wird ein selbstständiger Staat, dessen Grenze zu Iran erst spät (1857, 1872) endgültig festgelegt wird.

Die Dynastie der Kadscharen (1796–1925)

Die Kadscharenzeit prägt in Iran im Wesentlichen die massive Expansion der europäischen Nationalstaaten Großbritannien und Russland, die mit politischen und ökonomischen Mitteln ihre widerstreitenden Kolonialinteressen in der außereuropäischen Welt durchzusetzen versuchen. Die fortschreitende wirtschaftliche Durchdringung Irans durch die europäischen Großmächte lässt sich ebenso wenig verhindern wie bleibende territoriale Verluste. Europas militärische und technische Überlegenheit führt zu Diskussionen über Reformen im Innern, Auseinandersetzung mit der Idee des Nationalstaats und Rückbesinnung auf eigene traditionelle Werte.

1779–1797 AGHA MOHAMMED (*1742, †1797) vom turkmenischen Stamm der Kadscharen in Nordiran, eint das iranische Reich durch Feldzüge ungefähr im Umfang der Safawidenzeit – allerdings mit Ausnahme Afghanistans – wieder und lässt sich 1796 zum Schah krönen. Schon zuvor hat er die nahe dem Weidegebiet des Kadscharen-Stammes liegende Provinzstadt Teheran zur Hauptstadt gewählt. Sie ist bis heute die Hauptstadt Irans und entwickelt sich seit ca. 1850 zu einer Metropole.

1797–1834 Unter seinem Neffen und Nachfolger FATH ALI SCHAH (*1771, †1834) beginnt die direkte Einmischung Großbritanniens und Russlands in die inneren Verhältnisse Irans mit erheblichen territorialen Verlusten.

1803–1813 Der Krieg mit Russland endet mit dem Frieden von Golestan (Provinz Schirwan): Iran verliert Darband, Baku und Schirwan und muss den Russen erhebliche Außenhandelsprivilegien gewähren.

1826–1828 Der zweite iranisch-russische Krieg bringt im **Frieden von Turkmantschay** (Aserbaidschan) mit dem Verlust weiterer kaukasischer Provinzen nördlich des Aras an Russland die bis heute gültige Grenzfestlegung. Außerdem erhält Russland die völlige extraterritoriale Jurisdiktion über russische Staatsbürger in Iran: Das beginnende System der »Kapitulationen«, das Europäer der Rechtshoheit muslimischer Staaten entzieht, wird später in Iran auch auf andere europäische Staatsbürger ausgedehnt.

1834–1848 Die Regierungszeit MOHAMMED SCHAHS (*1808, †1848) prägen der weiter wachsende Einfluss des Westens und v. a. Glaubenskämpfe innerhalb der Schia, in denen die neuen Religionsgemeinschaften der Babis und Baha'is entstehen. Der Theologiestudent Sajjid Ali Mohammed (*1819), der sich zum *Bab* (arabisch »Tor«), d. h. zur Kontaktperson zum verborgenen zwölften Imam erklärt, wird 1850 hingerichtet. Die neue Religion, der Babismus, zerfällt in zwei Richtungen, deren eine, der Bahaismus, genannt nach Sajjid Alis Schüler Baha'ullah (*1817, †1892), »Glanz Gottes«, sich als undogmatisch und wissenschaftlich versteht, eine internationalistische Heilslehre verkündet und sich weltweit verbreitet. Sitz des Oberhauptes ist seit 1868 Akkon, später Haifa in Palästina. In Persien selbst haben sich trotz vieler und oft blutiger Verfolgungsmaßnahmen des Staates Baha'i-Gemeinden bis heute gehalten; Schätzungen der Mitgliederzahl schwanken sehr.

1848–1896 Nasir ad-Din Schah (†1896), Sohn Mohammeds, ist zwar um Reformen bemüht, die aber aus Sorge um den Verlust der eigenen Macht, wegen fehlender Finanzmittel und Korruption zumeist in Ansätzen stecken bleiben. Erfolgreich ist die Gründung der ersten modernen Hochschule Irans in Teheran (Dar al-fonun, »Schule der neuen Wissenschaften«, 1852) und die Aufstellung der von russischen Offizieren befehligten Kosakenbrigade (1879) als Elitetruppe. Westliche Ideen verbreiten sich durch neue Medien (Druckerpresse, Telegraf) und Berichte iranischer Studenten und Reisender nach Europa. Als erster iranischer Monarch besucht Nasir ad-Din dreimal Europa und hinterlässt interessante Reiseerinnerungen, ohne dass diese Kontakte jedoch seinem Land Fortschritte einbringen.

1856–1872 Konflikte um Westafghanistan führen zur Eroberung von Herat (1856), das aber durch britische Intervention im Frieden von Paris (1857) wieder aufgegeben werden muss. Afghanistans Unabhängigkeit wird anerkannt, die endgültige Grenze durch erneute britische Intervention 1872 (Teilung der Provinz Sistan) erreicht. Die Grenze zum Osmanischen Reich blieb trotz häufiger Spannungen relativ stabil.

1890–1892 Irans Wirtschaftskraft schwächen die bedenkenlose Vergabe zahlreicher Monopole und Schürfrechte an Ausländer, v. a. Engländer und Russen. Der Unmut über den wirtschaftlichen Ausverkauf und Irans politische Abhängigkeit von fremden Mächten führt zu einer landesweiten Protestbewegung, hervorgerufen durch das 1890 an Großbritannien vergebene Tabakmonopol. Nach einem allgemeinen Tabakboykott muss es 1892 zurückgenommen werden: Erstmals verbinden sich in Iran die konservativen und modernistischen Gruppen unter Führung der schiitischen Geistlichkeit zu einer Massenbewegung gegen die Regierung. Großen Widerhall finden die reformerischen Ideen Djamal ad-Din al-Afghanis (*1838,†1897). Er ruft zum gemeinsamen Kampf der religiösen und nichtreligiösen Opposition gegen westlichen Kolonialismus und Zusammenhalt aller islamischen Länder gegen die europäische Übermacht (Panislamismus) auf.

1896–1909 Mozaffar ad-Din (*1853, †1907), Sohn des ermordeten Nasir ad-Din, und Mohammed Ali (*1872, †1925) sind unfähig, den raschen politischen, militärischen und wirtschaftlichen Verfall des Landes aufzuhalten.

1900–1905 Der Einfluss Russlands beginnt den englischen – besonders durch zwei große Anleihen – zurückzudrängen, doch lassen die unerwartete Niederlage gegen das bis vor kurzem noch technisch rückständige Japan und die Revolution in Russland (1905) den Zaren nach einem Ausgleich mit England suchen. Beide Ereignisse fördern die seit langem schwelende Unruhe in der Bevölkerung Irans, die nach freiheitlichen staatlichen Institutionen verlangt.

1906, 30. Dez. Nach monatelangen Unruhen unterzeichnet Mozaffar ad-Din Schah die von einem gewählten Parlament entworfene **Verfassung**, die die absolute Monarchie in eine konstitutionelle umwandelt. Eine Verfassungsergänzung (1907) erlaubt der schiitischen Geistlichkeit, alle parlamentarischen Entscheidungen auf ihre Vereinbarkeit mit dem Islam zu prüfen und gegebenenfalls zu blockieren. Die Verfassung gilt, theoretisch ununterbrochen, bis zum Ende der Monarchie (1979).

1907, 31. Aug. Trotzdem kann der **russisch-englische Teilungsvertrag** nicht verhindert werden: Er grenzt die Interessensphären beider Großmächte ab und weist den Russen ein Einflussgebiet im Norden, den Briten im Südosten zu. Die allgemeine Empörung der Iraner über diesen Teilungsvertrag vermag nicht über ihre faktische Ohnmacht hinwegzutäuschen.

1909–1925 Regentschaft von Ahmad Schah (*1898, †1930), dem letzten Herrscher der Kadscharen-Dynastie. Das für die Sanierung des iranischen Staatshaushalts vorgelegte Konzept des amerikanischen Experten William Morgan Shuster scheitert am Widerstand Russlands (1911). Unter dem Druck Großbritanniens und Russlands wird in demselben Jahr das Parlament aufgelöst; die Verfassung ruht.

1914–1918 Im **Ersten Weltkrieg** ist Iran, trotz offiziell erklärter Neutralität, dem Einmarsch britischer, russischer und osmanischer Truppen ausgesetzt. Die russische Oktoberrevolution 1917 beendet die bisherige imperialistische Politik Russlands; nach dem Abzug der russischen Truppen aus Iran bleibt Großbritannien zunächst als einzige militärische und ökonomisch bedeutende Macht im Mittleren Osten übrig.

1919, 9. Aug. Großbritannien will seine militärische und wirtschaftliche Kontrolle Irans festschreiben und erreicht die Unterzeichnung einer Art **Protektoratsvertrags**, in dem Persien alleinig britische Militär-, Verwaltungs- und Finanzhilfe akzeptiert. Das persische Parlament verweigert die Ratifizierung; der Protest des Auslands setzt Großbritannien unter Druck, das seine Truppen abzieht.

1920, Juni Truppen der Bolschewiken verfolgen weißrussische Einheiten bis Gilan. Mithilfe kommunistischer Truppen rufen Separatisten in Gilan und Aserbaidschan die Persische Sozialistische Sowjetrepublik aus. Die iranische Regierung schlägt die Unabhängigkeitsbewegung 1921 mithilfe der Kosakenbrigade nieder.

1921, 21. Febr. Reza Khan (*1878, †1944), vom einfachen Soldaten zum höchsten persischen Offizier der Kosakenbrigade aufgestiegen, wird nach einem **Staatsstreich** Kriegsminister und Oberbefehlshaber der Armee. Großbritannien, das inzwischen Interesse an einer starken iranischen Regierung gegen die drohende Expansion Sowjetrusslands gewonnen hat, steht dem Aufstieg Reza Khans positiv gegenüber.

26. Febr. Reza Khan erklärt den Anglo-Persischen Vertrag für nichtig. Er schließt mit Sowjetrussland einen Vertrag, in dem diese die volle Souveränität und territoriale Integrität Irans anerkennt und auf alle Rechte aus früheren ungleichen Verträgen verzichtet.

1923, 28. Okt. Reza Khan macht sich in einem zweiten Staatsstreich selbst zum Ministerpräsidenten. Er baut eine starke Zentralregierung und eine schlagkräftige Armee auf, die mehrere Aufstände unterdrückt (1921 Chorasan, 1924 Bachtiyaren und Luren).

1925, 31. Okt. Ein Dynastiewechsel bestätigt die wahren Machtverhältnisse: Das **Parlament** setzt den seit 1923 außer Landes weilenden Ahmad Schah ab und **beendet offiziell die Herrschaft der Kadscharen.** Reza Khan wird als Reza Schah (1925–1941) Begründer der neuen kurzlebigen **Dynastie der Pahlavi** (1925–1979).

Die Regierung Reza Schahs

Gestützt auf die von ihm modernisierte und zentral geführte Armee (seit 1926 mit allgemeiner Wehrpflicht) herrscht Reza Schah als Diktator, dessen Maßnahmen das Parlament – den demokratischen Schein wahrend – nur formell absegnet. Um Iran zum fortschrittlichen säkularen Nationalstaat nach europäischem Muster zu machen, führt er – ähnlich seinem bewunderten Vorbild Atatürk in der Türkei – mit einem groß angelegten Modernisierungsprogramm die erste wirklich bedeutende Reihe wirksamer Reformen durch: Die Entwicklung von Landwirtschaft und Industrie wird forciert, die Infrastruktur zügig modernisiert (Bau der Transiranischen Eisenbahn 1926–38), das Rechtssystem nach europäischem Muster säkularisiert, eine funktionsfähige Bürokratie aufgebaut. Auch das Bildungs- und Erziehungswesen wird auf eine säkulare Basis gestellt (Eröffnung der Universität Teheran 1935), das Auslandsstudium iranischer Studenten gefördert. Westliche Kleidung erklärt der Schah für obligatorisch (1929 für Männer, 1936 für Frauen), wenn sich auch das Verbot des Körperschleiers für Frauen (Tschador) nicht völlig durchsetzen lässt. Das Finanzwesen unterstellt der Schah staatlicher Kontrolle (ab 1927); für bestimmte Wirtschaftszweige schafft er staatliche Monopole (Tee, Zucker 1925). Nutznießer der Modernisierungen Reza Schahs werden die anwachsende Beamtenschaft, die Großgrundbesitzer (da eine Bodenreform unterbleibt) und die mit der zunehmenden Industrialisierung neuen Unternehmer, während der soziale Wandel Landflucht und ein immenses Wachstum der Städte (v. a. Teherans) begünstigt. Dem Bestreben des Schahs, den Islam aus dem öffentlichen Leben zu verdrängen und die Stellung der schiitischen Geistlichkeit zu schwächen, entspricht eine verstärkte Rückbesinnung auf die vorislamische Vergangenheit Irans. Die bisherige europäische und rein geografische Bezeichnung des Landes »Persien« wird durch das auf das Mittelpersische zurückgehende »Iran« (»Arierland«) ersetzt (1934), um die vom Schah propagierte Nationalstaatlichkeit Irans gegenüber der Weltöffentlichkeit zu unterstreichen.

1927–1928 Die Kündigung aller »Kapitulationen« erlaubt den Abschluss neuer Handelsabkommen mit den meisten Ländern: Die Abschaffung der demütigenden »Kapitulationen« beendet die rechtliche Sonderstellung der Ausländer.

1932, 17. Nov. Iran widerruft die Ölkonzession von 1901 an den britischen Unternehmer William Knox d'Arcy (*1849, †1917), 1909 von der Anglo-Persian Oil Co. (1935: Anglo-Iranian Oil Co.) übernommen.

1933, 29. April Nach Vermittlung des Völkerbundes verkleinert ein neues, für Iran etwas günstigeres Abkommen das britische Konzessionsgebiet und erhöht Irans Ertragsanteile.

1941, 16. Sept. Im **Zweiten Weltkrieg** bemüht sich Iran um Neutralität, kann sich aber auch diesmal – wie schon im Ersten Weltkrieg – nicht gegen die Interessen der Großmächte durchsetzen. Nachdem britische und sowjetische Truppen im Aug. das Land besetzen, muss Reza Schah zugunsten seines Sohnes Mohammed Reza Schah (*1919, †1980; 1941–1979) abdanken und wird nach Südafrika ausgewiesen, wo er 1944 stirbt.

1942, Jan. Im Bündnisvertrag mit Großbritannien und der Sowjetunion wird die **Souveränität Irans** formell anerkannt. Dennoch bleiben die nördlichen Landesteile unter sowjetischer Kontrolle, während im übrigen Land US-amerikanische Berater v. a. in Armee und Polizei wachsenden Einfluss nehmen. | Forts. S. 1679 |

Afghanistan von der Unabhängigkeit bis 1945

Das Gebiet des heutigen Afghanistans liegt zwischen dem 16. und 18. Jh. an der Schnittstelle des Einflussbereiches der persischen Safawiden, der indischen Großmoguln und der usbekischen Schaibaniden.

1747–1773 Ahmed Schah Durrani (†1772/73), aus der paschtunischen Stammeskonföderation der Abdali, gründet in Kandahar ein Reich, das von Khorasan (heute Provinz im Nordosten des Irans) bis nach Indien reicht und das in der afghanischen Historiografie als Beginn des modernen Afghanistans gesehen wird. **Ahmed Schah Durrani begründet die afghanische Herrscherdynastie.**

1773–1793 Ahmed Schahs Sohn, Timur Schah (*1748, †1793), verlegt den Regierungssitz von Kandahar nach Kabul. Nach seinem Tod zerfällt das Reich in Fürstentümer, die von verschiedenen Familienzweigen beherrscht werden. Das Reich bröckelt zudem an seinen Grenzen: Der Punjab (1798), Kaschmir (1819) und 1823 die paschtunische Sommerresidenz Peshawar (heute Pakistan) gehen an die aufstrebende Macht der Sikhs, im Westen fallen große Teile Khorasans nach und nach an die persischen Kadscharen.

1809 Britisch-Indien, das seine Macht nach Nordwesten ausdehnt, schließt mit Schah Shuja (*1785, †1842; 1800–1803, 1839–42), dem Herrscher in Kabul, einen Schutzvertrag ab.

1838–1842 Das koloniale Kräftemessen zwischen Britisch-Indien und Russland im sog. *Great Game* führt zum **Ersten Afghanisch-Britischen Krieg**. Obgleich Britisch-Indiens Versuch, Afghanistan zu beherrschen, unter schweren beiderseitigen Verlusten scheitert, setzt es Dost Mohammed (*1789, †1863; 1819–1839, 1842–1863) als neuen Herrscher ein.

1842–1863 Dost Mohammed kann in etwa das Gebiet des heutigen Afghanistans in verschiedenen Kriegszügen (Balkh und Badakhshan 1855, Herat 1863) unter seine Herrschaft bringen.

1863/1879 Unter Dost Mohammeds Sohn Scher Ali (*1825, †1879; 1863–66, 1869–79) gerät Afghanistan erneut ins Spannungsfeld russischer und britischer Expansionsbestrebungen.

1880 Durch den **Zweiten Afghanisch-Britischen Krieg** (1878–1881) kommt Abdur Rahman (*1844, †1901) als Emir von Kabul an die Macht. In der Folgezeit versteht er es, geschickt zwischen den beiden expansiven Großmächten zu lavieren. In unzähligen Kriegen gelingt es ihm, die Kontrolle über ganz Afghanistan zu erlangen.

1893 Großbritannien legt die Grenze zwischen Afghanistan und Pakistan fest (Durand-Linie); zwei Jahre später definiert eine britisch-russische Kommission die Nordgrenze Afghanistans.

1901–1919 Unter der Regierung von Abdur Rahmans Sohn Habibullah (*1872, †1919) wird Afghanistan von Russland als außerhalb seines Interessenbereichs liegend anerkannt (1907). Afghanistan bleibt im Ersten Weltkrieg neutral. Deutsche Versuche, das Land für die Mittelmächte zu gewinnen, scheitern.

1919, 8. Aug. Amanullah (*1892, †1969), Sohn Habibullahs, kann nach dem **Dritten Afghanisch-Britischen Krieg** (1919) im Vertrag von Rawalpindi **die volle Unabhängigkeit Afghanistans** durchsetzen.

1921 Afghanistan schließt einen Freundschaftsvertrag mit Sowjetrussland ab.

1925 Amanullah tituliert sich von Emir in Schah (König) um.

1928 Paschtunisch und Persisch werden als Staatssprachen anerkannt. Im gleichen Jahr stattet Amanullah als erster Herrscher nach dem Ersten Weltkrieg Deutschland einen offiziellen Staatsbesuch ab.

1929, Mai Ein Aufstand religiöser Führer und Stammesfürsten zwingt König Amanullah zur Abdankung und bringt in Kabul den Tadschiken Habibullah II. (*1890, †1929) an die Macht. Habibullahs Herrschaft wird im Okt. von Nadir Schah (*1880, †1933) aus einer Nebenlinie der Familie Amanullahs gewaltsam beendet.

1929–1933 Nadir Schah restauriert die afghanische Herrschaft und erlässt 1931 eine neue Verfassung.

1933, 11. Nov. Nadir Schah wird ermordet. Nachfolger wird sein Sohn Mohammed Zahir Schah (*1914, †2007), jedoch übernehmen seine Onkel Hashim Khan (*1886, †1953; 1933–46), Schah Mahmud Khan (*1886, †1959; 1946–53) und Mohammed Daud (*1909, †1978; 1953–63) als Ministerpräsidenten die Regierung. | Forts. S. 1686 |

Der Indische Subkontinent bis 1945

Überregionale Reiche bis zum 19. Jh.

| Forts. v. S. 668, 672, 679 |

Das Reich der Großmoguln (1526–1857)

1526–1530 Nach dem Sieg über Ibrahim Lodi in der ersten Schlacht bei Panipat gelingt es dem Timuriden Babur (†1530) nicht, in den vier letzten Jahren seines Lebens die Herrschaft über Nordindien zu festigen.

1540 Sein Sohn Humayun (*1508, †1556) wird trotz militärischer Erfolge nach Persien abgedrängt.

1540–1545 Von Bengalen aus gewinnt und beherrscht Sher Shah Sur (†1545), Zentral- und Nordwestindien. Durch innere Reformen baut er einen zentral geführten, straff verwalteten Staat auf und bereitet damit der unter Akbar (*1542, †1605) entstehenden **Mogul-Verwaltung** den Weg. Sher Shah Sur wird zum mächtigsten Widersacher Humayuns, der (seit 1530) im Osten Indiens seine Macht zu festigen beginnt.

1555 Erst mit persischer Hilfe kann Humayun aus dem Exil zurückkehren und Delhi wieder gewinnen.

1556–1605 Akbar muss sich zunächst gegen verschiedene Thronprätendenten durchsetzen. In der zweiten Schlacht bei Panipat (1556) besiegt Akbars Heer den Usurpator und Hindu Hemu. **Akbar gewinnt so die Vormacht in Nordindien**, das im Verlauf der nächsten zwanzig Jahre unterworfen wird (1567–1576 Rajputana, 1572/73 Gujarat, 1574–1576 Bengalen).

1586/1595 Akbar gewinnt Kaschmir (1586), Sind (1590), Orissa (1592), Belutschistan (1594) und Kandahar (1595). Von besonderer Bedeutung ist der Besitz von Gujarat, der dem Mogul-Reich den Zugang zu den Handelshäfen am Arabischen Meer sichert. Von 1590 an versucht Akbar, den Süden zu gewinnen.

Die Herrschaft Akbars

Unter Akbar, der im Innern die von Sher Shah Sur begonnenen Reformen, v. a. des Beamtenapparates, fortsetzt, beginnt eine **Religionspolitik, die durch Toleranz einen Ausgleich zwischen Muslimen und Hindus zu erreichen sucht.**

1579 wird die Kopfsteuer (*jizya*) für Hindus abgeschafft. Durch die Heirat von Rajputen-Prinzessinnen bindet AKBAR die kriegerischen Hindus in Rajasthan an den Thron. Der Versuch, eine Hindus und Muslime versöhnende, von AKBAR begründete Religion, den *Din-Ilahi*, einzuführen, scheitert jedoch (1582). AKBAR, der selbst weder lesen noch schreiben kann, fördert Kunst und Wissenschaft.

1605 Nach AKBARS Tod führt sein Sohn JAHANGIR (*1569, †1627) die begonnene Politik fort.

1628–1658 **Unter SHAH JAHAN** (*1592, †1666) **gelangt das Mogul-Reich zu seiner höchsten Blüte.** Obwohl Kandahar verloren geht, dehnt sich das Reich nach Süden aus: Das Sultanat Ahmednagar fällt 1637.

1632–1653 Die Förderung der Kunst am Mogul-Hof erreicht besonders in der Miniaturmalerei einen Höhepunkt. Das **Taj Mahal entsteht** als Grab für SHAH JAHANS Frau MUMTAZ MAHAL (†1631). Zugleich beginnt aber die Entfaltung glänzender Hofhaltung die Finanzkraft des Reichs zu schwächen.

1656 Während einer Erkrankung SHAH JAHANS bricht der Erbfolgekrieg der Moguln aus, in dem sich AURANGZEB ALAMGIR (*1618, †1707) gegen seine Brüder durchsetzen kann.

1659–1707 AURANGZEBS Regierungszeit ist v. a. in der zweiten Hälfte durch einen verzweifelten **Kampf um die Erhaltung des Reiches** gekennzeichnet. Im Innern brechen die Gegensätze zwischen Hindus und Muslimen, gefördert durch eine rigoros proislamische Religionspolitik AURANGZEBS, erneut auf. Zahlreiche, nur mit Mühe unterdrückte Rebellionen zeigen die innere Schwäche des Staates.

Das Reich der Großmoguln

1686/1687 Im Dekhan kann AURANGZEB die Annexion der Sultanate von Bijapur (1686) und Golconda (1687) durchsetzen.

1691 Das Mogul-Reich erlangt durch den Gewinn von Thanjavur (Tanjore, am Hauptarm des Kaweri-Deltas) seine größte Ausdehnung nach Süden. Zugleich erwächst ihm in den Marathen ein gefährlicher und mächtiger Feind, den AURANGZEB zunächst unterschätzt. Sie zwingen ihn, seine Hauptstadt Agra (Uttar Pradesh) zu verlassen und von Aurangabad (Maharashtra) aus die Regierungsgeschäfte zu führen.

1707–1748 Unter AURANGZEBS Nachfolgern BAHADUR SHAH (*1643, †1712), FARRUKHSIYAR (*1687, †1719) und MOHAMMAD SHAH (*1701, †1748) **zerfällt das Mogul-Reich**.

1708 Teile Rajputanas gehen dem Mogul-Reich verloren.

1724 ASAF JAH (*1671, †1748) zieht sich von Amt als Wesir MOHAMMAD SHAHS zurück und gründet die Nizami-Dynastie in Haiderabad im Dekhan (bis 1948).

1739 Die innere Schwäche des Reiches führt zur **Invasion von NADIR SHAH** (1736–1747) **aus Persien**, der Delhi plündert und den in der Mogul-Zeit erworbenen Wohlstand der Stadt vernichtet.

1757 Eine zweite Plünderung Delhis durch den Perser AHMED SCHAH DURRANI (1747–1773), Gründer Afghanistans, bricht die Kraft des Mogul-Reiches endgültig.

1857 Der **letzte Herrscher** BAHADUR SHAH (*1775, †1862; 1837–1857) **wird von den Briten abgesetzt** und stirbt im Exil in Birma.

Die Marathen (1627–1761)

Mitte des 17. Jh.s beginnt unter SHIVAJI (†1680) der **Aufstieg der Marathen**, der letzten indischen Großmacht vor der britischen Herrschaft.

1627–1680 SHIVAJI kann sich 1646 in einem Fort bei Puna festsetzen. Nach der Einnahme weiterer Festungen mithilfe einer disziplinierten, beweglichen Armee kann er seinen Einfluss in Maharashtra ausdehnen.

1659 Durch Verrat gelingt es SHIVAJI, ein gegen ihn entsandtes Heer des Mogul-Herrschers AURANGZEB zu vernichten. Alle weiteren Versuche, seine Macht zu brechen, schlagen fehl. SHIVAJI, der sich als Hindu von den religiösen Reformern RAMDAS (*1608, †1681) und TUKARAM (*1608, †1649) beraten lässt, gilt den Hindus als Vorkämpfer gegen den Islam. Heute ist er im Staate Maharashtra zu einem gefeierten Nationalhelden aufgestiegen.

nach 1680 Innere Streitigkeiten nach SHIVAJIS Tod verhelfen dem Mogul-Reich zu vorübergehenden Erfolgen gegen seinen Sohn SAMBHUJI (†1689). Obwohl sein Enkel SHAHU (†1749; 1707–1747) sich auf dem Thron hält, muss er die Macht an seinen ersten Minister, den Peshva, abtreten.

1726–1740 Der zweite Peshva Baji Rao führt eine **Heeres- und Verwaltungsreform** durch und gewinnt die Kontrolle über Malva, Gujarat und Zentralindien.

1740–1761 Sein Nachfolger Balaji Baji Rao macht sich nach dem Tode Shahus zum Herrscher in Puna. Unter Balaji erreicht die Macht der Marathen, die der Mogul-Kaiser um militärische Hilfe in schwierigen Situationen bitten muss, ihren Höhepunkt.

1761 **Der Plan, ein Marathen-Reich anstelle des Mogul-Reiches zu errichten, scheitert** jedoch in der dritten Schlacht bei Panipat, die unter großen Verlusten gegen den Perser Ahmed Schah Durrani verloren geht. Zugleich ist die Vormacht des Peshvas unter den Marathen erschüttert. Neben dem Peshva in Puna treten die Familien der Holkar von Indore, der Bhonsle von Nagpur, der Gaikvar von Baroda und der Sindhia von Gvalior auf. Gegen Ende des Jh.s werden die Marathen in Kriege untereinander und gegen die Engländer verwickelt. Keiner der indischen Kleinstaaten findet seitdem die Kraft, eine überregionale Macht zu entfalten.

Europäische Mächte in Indien

Die europäischen Handelskompanien in Indien

Seit der Entdeckung des Seeweges nach Indien um das Kap der Guten Hoffnung und nach der Landung (20. Mai 1498) Vasco da Gamas (*um 1469, †1524) in Calicut (Kozhikode) **entstehen an den Küsten Indiens europäische Handelsniederlassungen**. Zunächst beeinflussen die Europäer das Geschehen in Indien kaum. Erst der Zerfall der Staatsmacht in Indien im 18. Jh. ermöglicht ein nachhaltiges Eingreifen in die inneren Angelegenheiten, bis schließlich die britische Kolonialherrschaft das gesamte Land unterwirft, aber nur gut die Hälfte unmittelbar verwaltet. Im Gegensatz zu allen früheren Eroberern setzen sich die Europäer vom Meer her im Land fest; sie sind die Ersten, die nicht im Laufe der Zeit in der einheimischen Bevölkerung aufgehen.

Als erste europäische Handelsmacht bauen die Portugiesen ihre Handelsbeziehungen zu südindischen Häfen aus. Der erste portugiesische Vizekönig Francisco de Almeida (*um 1450, †1510; 1505–1509) zerschlägt 1509 die vereinigten Flotten von Ägypten und Gujarat vor Diu und begründet so die portugiesische Seemacht im Indischen Ozean. Sein Nachfolger Afonso d'Albuquerque (*1453/62, †1515; 1509–1515) erobert 1510 Goa, das zusammen mit Diu (erobert 1509) und Daman (erobert 1559) Hauptstützpunkt wird. Territoriale Gewinne streben die allein am Handel und an der Bekehrung der islamischen Bevölkerung zum Christentum interessierten Portugiesen nicht an.

Trotz ihrer geringen Zahl und trotz ihrer vergleichsweise schmalen Basis in Europa, können die Portugiesen durch ihre überlegene Technik in Schiffsbau und Seefahrt im 16. Jh. zunächst ihre Vormachtstellung gegenüber anderen europäischen Nationen in dem bis nach China und Japan sich erstreckenden Handelsreich behaupten. Seit Ende des 16. Jh.s führen jedoch Krisen des portugiesischen Staates, der Untergang des Reiches von Vijayanagara und das Erstarken der Seemächte England und Niederlande zu einem unaufhaltsamen Niedergang des portugiesischen Kolonialbesitzes. Die Nachfolge treten **verschiedene ostindische Handelsgesellschaften** an.

1602 wird die Vereinigte Ostindien-Kompanie der Niederlande mit ihrem Hauptsitz in Batavia (Jakarta) gegründet. Stützpunkte entstehen in Surat (Westküste Indiens) und Masulipatam (Ostküste). Die 1616 gegründete dänische Ostindien-Kompanie errichtet Niederlassungen in Tranquebar (Ostküste, 1620) und Serampore (nördlich von Kalkutta, 1755), die beide 1845 in britischen Besitz übergehen. 1664 wird die französische Ostindien-Kompanie ins Leben gerufen, die von Pondicherry (Ostküste, 1674) und Chandernagore (nördlich von Kalkutta, 1688) aus Handel treibt.

Die englische Königin Elisabeth I. (1558–1603) verleiht am 31. Dez. 1600 der Ostindien-Kompanie die Gründungsurkunde. 1613 wird Surat Hauptstützpunkt der Briten in Indien. Durch das Wirken des Diplomaten Sir Thomas Roe (*1581, †1644) am Hofe des Mogul-Kaisers (1615–1618) können die Engländer wichtige Privilegien erringen. Erste englische Stadtgründung ist 1639 Fort St. George, das spätere Madras (Chennai); 1661 gewinnt die englische Krone Bombay (Mumbai) als Mitgift Katharinas von Braganza (*1638, †1705), der Gemahlin Karls II. von England (1650–1685), das ab 1688 an die Ostindien-Kompanie verpachtet wird; Kalkutta wird 1690 gegründet.

Aus den teilweise erbitterten Auseinandersetzungen zwischen Portugiesen, Briten und Niederländern um die Vorherrschaft in Indien gehen **die Briten** als Sieger hervor: Sie **gewinnen im Laufe des 18. Jh.s die Oberhand**.

Der Aufstieg der europäischen Mächte (1746–1763)

Rechtsgrundlage der europäischen Handelsniederlassungen in Indien sind die von den Mogul-Kaisern verliehenen Privilegien. Mit dem Niedergang der Macht in Delhi sehen sich Briten und Franzosen immer häufiger vor die Notwendigkeit gestellt, ihre Rechtsansprüche aus eigener Kraft gegenüber lokalen Machthabern durchzusetzen. Zugleich werden die im 18. Jh. in Europa zwischen Großbritannien und Frankreich aufbrechenden Gegensätze auch nach Indien übertragen. Damit wird Indien in die Weltpolitik einbezogen.

1746–1748 Erster Krieg in der Karnatik: In der Folge des Österreichischen Erbfolgekrieges (1740–1748) erscheint 1746 eine französische Flotte vor Madras und nimmt die Stadt ein. Der Versuch von Anvaruddin Khan Bahadur (*um 1672, †1749), des Navab von Arcot (Navab: Statthalter des Mogul-Herrschers; sie erkennen im 18. Jh. nur noch nominell die Oberhoheit Delhis an), Madras für sich zu gewinnen, scheitert an dem französischen Sieg in der Schlacht bei Adyar. Dieses Aufeinandertreffen zeigt zum ersten Mal die Überlegenheit kleiner, aber disziplinierter europäischer Verbände über indische Heere auf.

1748 Mit dem Frieden von Aachen wird Madras an die Engländer zurückgegeben und der Status quo ante wiederhergestellt, sodass dieser erste Krieg in der Karnatik (in den heutigen Bundesstaaten Karnataka und Tamilnad, Südindien) keine Entscheidung herbeigeführt hat. Zum ersten Mal greifen jedoch während dieses Krieges die europäischen Mächte in die indische Politik ein.

1751–1754 Zweiter Krieg in der Karnatik: Verwicklungen bei Thronfolgestreitigkeiten nach dem Tode von ASAF JAH (*1671; 1724–1748), des Nizam (Fürsten) von Haiderabad und des Navab von Arcot, führen zum zweiten Krieg zwischen Engländern und Franzosen in der Karnatik. Durch militärische Erfolge ROBERT CLIVES (*1725, †1774) gelangt Arcot unter britischen Einfluss, während die Franzosen in Haiderabad ihre Stellung behaupten können.

1756–1763 Dritter Krieg in der Karnatik: Als Folge des Siebenjährigen Krieges (1756–1763) bricht der dritte Krieg aus, der auch auf Bengalen übergreift. In der Schlacht bei Wandiwash erringen die Briten 1760 den entscheidenden Sieg.

1761 Großbritannien nimmt den französischen Stützpunkt Pondicherry ein.

1763 Im Frieden von Paris erhalten die Franzosen zwar ihre indischen Besitzungen zurück (Chandernagore, Karikal, Mah, Pondicherry), jedoch mit der Auflage, sie als unbefestigte Handelsstützpunkte zu verwalten. Damit sind die **Franzosen aus der indischen Politik ausgeschaltet**.

Bengalen (1756–1784)

Mitte des 18. Jh.s entzünden sich in Bengalen Gegensätze zwischen dem Navab und der englischen Ostindischen Kompanie.

1756 Kalkutta wird von indischen Truppen besetzt, jedoch von CLIVE zurückerobert.

1757, 23. Juni Mehr durch List und Bestechung als auf dem Schlachtfeld gewinnt CLIVE das **Scharmützel bei Plassey** (nördlich von Kalkutta), **das die Briten zu Herren von Bengalen** macht.

1764, 23. Okt. Streitigkeiten mit dem nur noch nominell regierenden Navab von Bengalen, MIR JAFAR (*1691, †1765, 1757–1760, 1763–1765), enden in der Schlacht von Buxar, in deren Folge der britischen Ostindien-Kompanie vom Mogul-Kaiser die *Divan*, d. h. die Finanzhoheit, in Bihar, Bengalen und Orissa verliehen wird, während die Rechtshoheit bei dem nun ganz von den Briten abhängigen Navab verbleibt. In diesem **System der Doppelherrschaft** *(Dual Government*; wird CLIVE Gouverneur in Bengalen (1765–1767).

1772–1785 Mit dem Auftrag, die Missstände in der Ostindien-Kompanie, die v. a. auf dem privaten Handel ihrer schlecht bezahlten Angestellten beruhen, abzustellen, wird WARREN HASTINGS (*1732, †1818) CLIVES Nachfolger als Gouverneur. In seine Amtszeit fallen wichtige **innere Reformen der Ostindien-Kompanie**. Die »Doppelregierung« wird beseitigt, die Kompanie wird formell »Navab« von Bengalen und damit zugleich ein Teil des Mogul-Staates.

1773 Durch den vom britischen Parlament verabschiedeten *Regulating Act* wird das Amt eines Generalgouverneurs in Kalkutta geschaffen, der an der Spitze der drei Präsidentschaften Bombay, Madras und Bengalen steht; außerdem wird eine Kontrolle der Kompanie durch das Parlament in London eingeleitet.

1784 Die Kontrollbefugnis wird im *India Act* (des britischen Premierministers WILLIAM PITT, des Jüngeren), der v. a. einen weiteren Gebietserwerb in Indien durch die Kompanie zu verhindern sucht, erweitert.

Nord- und Südindien (1775–1819)

1775–1782 In der zweiten Hälfte des 18. Jh.s sieht sich die Ostindien-Kompanie gezwungen, ihren Besitzstand in Nordindien gegen die Marathen zu verteidigen. Als durch Eingreifen der Briten in innere Konflikte der Marathen der Erste Marathen-Krieg entbrennt, in dem die Briten zunächst hart bedrängt werden, kann durch geschickte Diplomatie von WARREN HASTINGS im Frieden von Salbai (1782) die Kompanie ihren territorialen Besitz wahren und erweitern.
Der Friede ermöglicht eine Konzentration der britischen Kräfte auf Maisur (heute: Karnataka in Südindien), wo 1761 der islamische Usurpator HAIDAR ALI (*1722, †1782) die hinduistische Dynastie gestürzt und die Macht an sich gerissen hat. Im Ersten Maisur-Krieg (1767–1769) rückt er bis nach Madras vor und zwingt den Engländern ein Militärhilfeabkommen gegen die Marathen auf.

1780–1784 Als die Engländer diesen Vertrag nicht einhalten, kommt es zum Zweiten Maisur-Krieg, den HAIDAR ALIS Sohn TIPU SULTAN (*um 1760, †1799) im Frieden von Mangalore (an der Malabarküste) unentschieden beendet.

1790–1792 Unter dem Marquess CHARLES CORNWALLIS (*1738, †1805), 1786–1793 HASTINGS Nachfolger als Generalgouverneur, wird TIPU im Dritten Maisur-Krieg geschlagen. Der kurze vierte Krieg endet 1799 mit TIPUS Tod und der Restitution der Hindu-Dynastie von Maisur.
Unter CORNWALLIS wird eine Justizreform und durch die »dauernde Grundsteuerveranlagung« (*Permanent Settlement*) von 1793, in der die Steuerpächter (*Zamindar*) zu Grundeigentümern gemacht werden, eine Reform des Grundbesitzes durchgeführt.

1793–1798 Die Amtszeit des Nachfolgers CORNWALLIS, SIR JOHN SHORE (*1751, †1834), ist durch eine ängstliche Neutralität gegenüber den indischen Fürsten im Sinne von PITTS *India Act* von 1784 gekennzeichnet.

1798–1805 Generalgouverneur RICHARD COLLEY WELLESLEY, Earl of Mornington (*1760, †1842) wird in die letzte große Auseinandersetzung mit den Marathen verwickelt. Mit dem Tod von NANA FADNAVIS (†1800), dem letzten bedeutenden Staatsmann der Marathen und ersten Minister des Peshva in Puna (südöstlich von Bombay), zerbricht die innere Einheit endgültig.

1802 Als die Fürsten von Gvalior (Sindhia-Dynastie) und Indore (Holkar-Dynastie) bei Puna den Peshva besiegen, begibt sich dieser in den Schutz der Briten und schließt den Vertrag von Bassein, der zur Stationierung britischer Truppen in seinem Gebiet führt.

1803–1805 Diese Entwicklung löst den Zweiten Marathen-Krieg aus, in dessen Verlauf die Engländer 1803 Delhi einnehmen und die in sich uneinigen Marathen-Herrscher einzeln schlagen können.

1805 Unbedeutende Rückschläge gegen Ende des Krieges führen zur Abberufung von WELLESLEY und zum Friedensschluss, ohne dass die Marathen-Frage (im Sinne Großbritanniens) gelöst ist.

1813–1823 Unter dem Generalgouverneur FRANCIS RAWDON, Marquess of Hastings (*1754, †1826) wird nach Abschluss des Gurkha-Krieges (1814–1816) im Vertrag von Sagauli (1816) das Verhältnis zu Nepal geregelt: Das Land tritt im Osten Sikkim und zwei Provinzen im Westen ab, behält aber sonst seine Unabhängigkeit.

1817–1819 Erst in einem weiteren Krieg werden die **Marathen endgültig besiegt** und nunmehr durch Verträge unter Einziehung großer Teile ihrer Territorien an die britische Krone gebunden.

Die Zeit der britischen Vorherrschaft (1819–1945)

Mit dem Ende der Marathen-Kriege hat Großbritannien die Vormacht in Indien erreicht.

1842 Sir CHARLES NAPIER (*1782, †1853) annektiert Sind (Provinz in Südostpakistan).

1849 Nach zwei Kriegen (1845/46, 1848/49) und nach dem Tod des großen Sikh-Herrschers RANJIT SINGH (*1780, †1839; 1799–1839) wird der **Punjab annektiert.**

Die »Pax Britannica«

Mit der Friedensperiode zu Beginn des 19. Jh.s wenden sich die Briten inneren Reformen zu. In der Amtszeit des Generalgouverneurs Lord WILLIAM CAVENDISH-BENTINCK (*1774, †1839; 1828–1835) wird 1829 die Witwenverbrennung (*Sati*) verboten, und die *Thags*, die seit vielen Jh. Reisende überfallen, um ihrer Göttin Kali blutige Menschenopfer zu bringen, werden unterdrückt.

Während die Ostindien-Kompanie bis ins ausgehende 18. Jh. das traditionelle indische Erziehungssystem nicht antastet und gegen christliche Mission ein bis 1813 bestehendes Verbot erlässt, kommt es zu Beginn des 19. Jh.s zu einem langen Streit zwischen den Befürwortern einer Beibehaltung dieser Politik, den »Orientalisten«, und den »Anglisten«, die unter dem Einfluss ihres Wortführers, des Historikers THOMAS BABINGTON MACAULAY (*1800, †1859), ein westliches Erziehungssystem für Indien fordern. Letztere setzen sich 1835 mit der Einführung des Englischen anstelle des Persischen als Verwaltungssprache durch.

Der zunehmende Einfluss von westlicher Kultur und Technik durch die Einführung des Telegrafen (1854) und der Eisenbahn (1853) in der Amtszeit des Generalgouverneurs JAMES ANDREW BROUN-RAMSEY, Marquess von Dalhousie (*1812, †1860; 1848–1856), seine Einmischung in die inneren Angelegenheiten und schließlich die Annexion indischer Fürstenstaaten führen zur wachsenden Unruhe im Lande, die sich nach einer als ungerecht empfundenen Landreform im 1856 Britisch-Indien angegliederten Oudh (heute Provinz Uttar Pradesh) entlädt. Die Zentren des indischen Aufstandes (*Indian Mutiny*) von 1857/58 sind neben Delhi Meerut, Lucknow und Kanpur (alle Uttar Pradesh), während der Süden und der Nordwesten ruhig bleiben. Da der Aufstand einer allgemeinen Unzufriedenheit ohne deutlich erkennbare Ziele entspringt, gelingt es den Briten mithilfe der loyalen Sikhs aus dem Punjab und der nepalesischen Gurkha-Truppen, die nicht unter einheitlichem Befehl stehenden Inder in blutigen Kämpfen zu schlagen.

Unmittelbare **Folge des Aufstandes ist ein neues Indiengesetz** (**India Act von 1858**) zur Reorganisation der Verwaltung. Die britische Ostindien-Kompanie, die bereits 1833 ihre Handelsprivilegien aufgeben musste und nur noch unter parlamentarischer Kontrolle Indien verwaltet, wird aufgelöst. In London wird ein Indienministerium eingerichtet. Ein meist Vizekönig genannter Generalgouverneur, dem 1861 ein Gesetzgebender Rat (*Legislative Council*) zur Seite gestellt wird, vertritt die britische Krone. Damit endet 1858 auch formal das nur noch dem Namen nach bestehende Mogul-Reich. Königin VIKTORIA (1837–1901) nimmt 1876 den Titel »Kaiser von Indien« (Kaisar-i-Hind) an.

Mit der endgültigen Festigung der britischen Herrschaft über Indien ist neben der Siedlungs- oder Ausbeutungskolonie **der neue Typ einer Verwaltungskolonie** entstanden, in der die entscheidenden Positionen in der Beamtenschaft, des *Indian Civil Service*, Briten vorbe-

Die Eroberung Indiens durch Großbritannien

halten bleiben, die sich seit 1855 in einer schwierigen Prüfung qualifizieren müssen. Der seit Beginn der *Pax Britannica* bestehende Reformeifer der Briten kommt mit dem Aufstand von 1857 zum Erliegen. Misstrauen auf beiden Seiten führt zur Beschränkung auf eine reine Verwaltung des Landes, wobei Eingriffe in die indische Innenpolitik vermieden werden. Zugleich beginnt jedoch unter dem Einfluss des britischen Liberalismus Anfang des 19. Jh.s eine von westlich gebildeten Indern getragene Bewegung mit dem Ziel einer politischen Erneuerung. Diese v. a. von Bengalen ausgehenden Bestrebungen gipfeln in der **Gründung des Indian National Congress** am 28. Dez. 1885 in Puna. Von dem pensionierten Beamten des *Indian Civil Service*, ALLAN OCTAVIAN HUME (*1829, †1912), mit Billigung des Vizekönigs FREDERICK TEMPLE, Lord Dufferin (*1826, †1902; 1884–1888) einberufen, wendet sich der Kongress zunächst nur gegen Formen »unbritischer Herrschaft« in Indien. Mit streng konstitutionellen Mitteln strebt er die Beseitigung von Missständen an, so die Diskriminierung der Inder vor den Gerichten durch das Ilbert-Gesetz von 1883 oder die Sitte der Kinderheirat. Die beiden bedeutenden Führer des Indischen Nationalkongresses sind der gemäßigt auftretende GOPAL KRISHNA GOKALE (*1866, †1915) und der radikalere BAL GANGADHAR TILAK (*1857, †1920).

Die indische Innenpolitik des ausgehenden 19. Jh.s ist gekennzeichnet durch ein **wachsendes Selbstbewusstsein der Inder** und eine Rückbesinnung auf die eigene Kultur, gefördert durch die Gründung der Theosophischen Gesellschaft (1875) und der bis heute aktiven religiösen Bewegung *Aryasama*, (1875) durch DAYANAND SARASVATI (*1824, †1883) sowie durch das Auftreten VIVEKANANDAS (*1863, †1902), eines Schülers des bengalischen Dorfheiligen RAMAKRISHNA (*1836, †1886), im »Parlament der Religionen« 1893 in Chicago, das ein weltweites Echo findet. Zugleich gründet JAMSHEDJI TATA (*1839, †1904) eine indische Textil- und Schwerindustrie, welche die Briten jedoch zur Freihaltung des indischen Marktes für ihre eigenen Waren nicht fördern.

Die Außenpolitik wird von der wachsenden Furcht eines russischen Vorstoßes nach Indien geleitet. Als Abwehrmaßnahmen dienen diplomatische Vorstöße in Zentralasien und die letztlich misslungene Ausdehnung des britischen Einflusses auf Afghanistan in drei wenig glücklich verlaufenden Kriegen (1838–1842, 1878–1880, 1919). Ebenfalls nach drei Kriegen (1824–1826, 1852, 1885/86) wird Birma annektiert und bleibt bis zum Jahr 1937 Teil von Britisch-Indien.

1905 Die im Zuge der Reformpolitik des Vizekönigs GEORGE LORD CURZON (*1859, †1925; 1898–1905) durchgesetzte, verwaltungstechnisch vernünftige **Teilung Bengalens** führt zu beträchtlicher Unruhe. Im Kampf gegen die »Zerreißung der bengalischen Nation« bildet sich die Svadeshi-Bewegung. Ihr Ziel ist es, durch die Aufforderung zum Tragen einheimischer (*svadeshi*) und zum Verbrennen importierter Textilien auf die schwierige Lage der indischen Textilindustrie hinzuweisen und so zugleich ein augenfälliges Symbol für die vom radikalen Flügel des Indischen Nationalkongresses geforderte Unabhängigkeit, *Svaraj*, d.h. die »Selbstregierung« durch die Inder, zu schaffen.

1906 Befürwortet wird die Teilung Bengalens vonseiten der Muslime, die so eine Provinz mit überwiegend islamischer Bevölkerung gewinnen. Sie fühlen sich von dem durch Hindus geleiteten Nationalkongress nicht wirklich vertreten und gründen daher die **Muslim-Liga** (*All India Muslim League*), die v. a. auf eine getrennte Repräsentation der Muslime durch garantierte Sitze in gewählten Körperschaften drängt.

1909 Dieses Ziel erreicht die Muslim-Liga im Rahmen einer Verfassungsreform: Durch die Morley-Minto-Reform – benannt nach dem Staatssekretär JOHN LORD MORLEY (*1838, †1923) und dem Vizekönig GILBERT JOHN ELLIOT, Lord Minto (*1845, †1914; 1905–1910) – versucht die britische Regierung, den Gemäßigten im Kongress entgegenzukommen, indem der (seit 1892) gewählte Anteil der Mitglieder in den Gesetzgebenden Räten erheblich erhöht wird.

1911 Bei der Krönung König GEORGS V. (1910–1936) in Delhi zum Kaiser von Indien wird die **Teilung Bengalens** zur Enttäuschung der Muslim-Liga, die auch nicht durch die Verlegung der Hauptstadt aus Kalkutta in die alte muslimische Hauptstadt Delhi aufgefangen wird, **rückgängig gemacht**.

1916 Diese Entfremdung zwischen der Muslim-Liga und den Briten führt zu einer Annäherung an den Nationalkongress, mit dem sich die Liga vorübergehend im **Lucknow-Pakt** zu einer Interessengemeinschaft zusammenschließt.

Indien im Ersten Weltkrieg

Während des Ersten Weltkrieges kämpfen indische Truppen loyal auf britischer Seite. Zugleich gehen jedoch in Indien die **Unabhängigkeitsbestrebungen** weiter, etwa durch Gründung der kurzlebigen *Home Rule League* 1916 durch BAL GANGADHAR TILAK und ANNIE BESANT (*1847, †1933). Zudem erhofft man sich als Ausgleich für die gewaltigen Kriegslasten mit dem Friedensschluss die Gewährung eines größeren politischen Freiraums. Von 1918 bis zur Unabhängigkeit 1947 wird daher die Innenpolitik von Britisch-Indien durch das **Ringen um Verfassungsreformen** bestimmt. Außenpolitische Probleme treten bis zum Beginn des Zweiten Weltkrieges in den Hintergrund.

Als eine der bedeutendsten Persönlichkeiten der indischen Geschichte überhaupt darf **MOHANDAS KARAMCHAND GANDHI** (*1869, †1948) gelten, dessen Wirken das indische Streben nach politischer Unabhängigkeit seit dem Ersten Weltkrieg maßgeblich beeinflusst. GANDHI, dem 1915 durch RABINDRANATH TAGORE (*1861, †1941) der Beiname Mahatma, »große Seele«, verliehen wird, beginnt seine **gewaltlosen Kampfmethoden** des »bürgerlichen Ungehorsams« (*Civil Disobedience*) durch bewusstes Übertreten von Gesetzen sowie der Nicht-Zusammenarbeit (*Non-Cooperation*) bei der Verteidigung und Ausweitung von Rechten für Inder zwischen 1893 und 1914 in Südafrika zu entwickeln. Seine theoretische Grundlage ist dabei das »Festhalten an der Wahrheit«

(*Satyagraha*), das unbeirrbare Eintreten für das zu einem bestimmten Zeitpunkt als wahr Erkannte, wodurch GANDHI seine Gegner zur Einsicht zwingen will. GANDHI kehrt im Jan. 1915 nach Indien zurück und setzt sich zunächst energisch für die Unterstützung Großbritanniens durch Indien im Ersten Weltkrieg ein.

1917, 20. Aug. Der Indienminister EDWIN MONTAGU (*1879, †1924; 1917–1922) kündigt eine neue, die Morley-Minto-Reformen von 1909 fortführende Verfassung für Indien vor dem Unterhaus in London an.

1918, 8. Juli MONTAGU legt mit dem Vizekönig FREDERICK JOHN NAPIER, Lord Chelmsford (*1868, †1933; 1916–192) einen entsprechenden Bericht vor.

23. Dez. Dieser Bericht ist Grundlage für den *Government of India Act*; die **neue Verfassung** trennt die Verantwortlichkeiten der Zentralregierung, die weiterhin keiner demokratischen Kontrolle unterliegt und v. a. für Außenpolitik, Verteidigung und Strafrecht zuständig ist, von denen der Provinzregierungen. Hier wird die »Doppelherrschaft« (Diarchie) eingeführt: Die »vorbehaltenen Ressorts« (*reserved subjects*), wie Polizei und Finanzen, werden vom Gouverneur und seinem Exekutivrat aus zwei Indern und zwei Briten verwaltet, während die »übertragenen Ressorts« (*transferred subjects*), wie das Erziehungswesen, indischen Ministern anvertraut werden, die den nach einem komplizierten Schlüssel gewählten Gesetzgebenden Räten der Provinzen verantwortlich sind.

1919, 6. Febr. Das Gesetzeswerk tritt zunächst nicht in Kraft, da die Regierung aus Furcht vor subversiven Tätigkeiten durch die Rowlatt-Gesetze (Pressezensur, Präventivhaft und Schnellgerichte gegen politische Täter) eine Fortsetzung des Kriegsrechtes durchsetzt.

6.–18. April Gegen die Rowlatt-Gesetze unternimmt MAHATMA GANDHI einen **»Satyagraha-Feldzug«**, den er abbricht, als es zu Gewalttätigkeiten kommt.

13. April Am folgenschwersten sind die Ereignisse im Punjab, als auf einer verbotenen Versammlung in Amritsar Gurkha-Truppen unter dem Kommando britischer Offiziere ohne Warnung das Feuer eröffnen. Bei diesem **Blutbad von Amritsar** werden etwa 400 Menschen getötet und über 1000 verletzt.

1920, 28. Mai Der Bericht der von der britischen Regierung eingesetzten Hunter-Kommission wird veröffentlicht, ohne die Ereignisse von Amritsar in der von Indien gewünschten Eindeutigkeit zu verurteilen. Daher lässt der Indische Nationalkongress die Ereignisse in einer eigenen Kommission unter Leitung von MOTILAL NEHRU (*1861, †1931) und MADAN MOHAN MALAVIYA (*1861, †1946) untersuchen und beschließt, die am 1. Jan. 1921 in Kraft getretene Verfassung von 1919 zu boykottieren.

1922 Unter Führung GANDHIS beginnt der Nationalkongress einen **Feldzug der Nicht-Zusammenarbeit und des bürgerlichen Ungehorsams** (*Civil Disobedience*), der jedoch nach der Ermordung von 22 Polizisten (5. Febr.) im Dorf Chauri Chaura (Uttar Pradesh) abgebrochen wird. Damit endet diese Bewegung, ohne dass das von GANDHI angestrebte Ziel des *Svaraj* (Selbstregierung) binnen eines Jahres erreicht wird.

1922–1924 MAHATMA GANDHI ist in Haft.

Der Indische Nationalkongress spaltet sich. Unter Führung der Liberalen CHITTA RANJAN DAS (*1870, †1925) und MOTILAL NEHRU wird innerhalb des Kongresses die *Svaraj*-Partei gegründet, die gegenüber den *Non-Changers*, die an der Politik GANDHIS festhalten, als *Changer* (Veränderer) eine Mitarbeit im Rahmen der Verfassung von 1919 fordern, um sie von innen zu behindern. Bei den Wahlen von 1923 ist die *Svaraj*-Partei erfolgreich, doch kann sie auf Dauer ihre Ziele nicht erreichen, da sie von der Obstruktion zwangsläufig zur Mitarbeit an der Regierung geführt wird. Nach CHITTA RANJAN DAS' Tod zerfällt sie.

1924, Dez. Eine Kommission zur Überprüfung der Verfassung von 1919 legt einen geteilten Bericht vor. Die indische Minderheit spricht sich geschlossen gegen das Prinzip der Diarchie aus.

1928 Eine zweite, von JOHN SIMON (*1873, †1954) geleitete Kommission bereist Indien zur Ausarbeitung von Vorschlägen, um die Verfassung von 1919 weiterzuführen (veröffentlicht am 7. Juni 1930). Da sie nur aus Briten besteht, stößt sie auf scharfe Ablehnung des Nationalkongresses, der eine Gegenkommission unter MOTILAL NEHRU einsetzt. Sie beschließt ein Ultimatum an die britische Regierung mit der Aufforderung, den Dominion-Status in Jahresfrist zu gewähren, was sich die Jahresversammlung des Nationalkongresses in Kalkutta zu eigen macht.

22. Dez. Die Annahme eines gleichzeitig vorgelegten Verfassungsentwurfs durch eine Konferenz aller Parteien in Kalkutta scheitert am Einspruch der Muslim-Liga.

1929, 31. Okt. Einlenkende Erklärung des Vizekönigs EDWARD F.L. WOOD, LORD IRWIN (*1881, †1959; 1926–1931), die den Dominionstatus in Aussicht stellt und eine Round-Table-Konferenz aller Beteiligten über Probleme der künftigen Verfassung vorschlägt.

29. Dez. Da die Regierung in London die Erklärung von LORD IRWIN weitgehend zurücknimmt, **fordert der Nationalkongress** in Lahore die **volle Unabhängigkeit** (*Purnasvaraj*). Als diese Forderung nicht erfüllt wird, überträgt der Nationalkongress GANDHI die Organisation einer Kampagne des zivilen Ungehorsams. Gandhi wählt die Salzgesetzgebung von 1836, die durch hohe Besteuerung die Salzgewinnung in Indien zum Erliegen gebracht hat, als Ziel der Bewegung.

1930, 12. März–16. April Im sog. **Salzmarsch** geht GANDHI von seinem Ashram bei Ahmedabad/Gudjarat mit ausgewählten Begleitern ans Meer nach Dandi, bricht durch Auflesen einiger Salzkristalle das Salzmonopol und wird verhaftet. Die Bewegung breitet sich über Indien aus und führt mitunter auch zu terroristischen Aktivitäten. Der Vizekönig LORD IRWIN hält durch exekutive Maßnahmen, v. a. aber durch Verhandlungen mit GANDHI, die Situation unter Kontrolle.

1931, 5. März Im Gandhi-Irwin-Pakt wird vereinbart, die Bewegung zu unterbrechen; als Gegenleistung werden alle politischen Gefangenen auf freien Fuß gesetzt.

7. Sept.–1. Dez. Gandhi reist nach England, um als einziger Vertreter des Nationalkongresses an der zweiten Round-Table-Konferenz teilzunehmen, nachdem die erste (12. Nov.–19. Jan. 1931) ohne Beteiligung des Nationalkongresses getagt hat. Die Konferenz scheitert an der Unlösbarkeit der Probleme bei der Ausarbeitung eines Wahlverfahrens für die Parlamente. Es wird kein Weg gefunden, den Minderheiten, wie Muslimen oder kastenlosen Hindus, durch garantierte Sitze ausreichenden Schutz gegen eine Majorisierung durch die erdrückende Hindu-Mehrheit zu sichern. Gandhi kehrt mit leeren Händen zurück.

1932, 16. Aug. Daher fällt der britische Premierminister Ramsey MacDonald (*1866, †1937; 1924, 1929–1935) einseitig einen Schiedsspruch über den Schutz religiöser Minderheiten (*Communal Award*), der die Hindus bei Wahlen in Kastenhindus und Kastenlose spaltet.

24. Sept. Diese Regelung wird nach der Androhung Gandhis, bis zum Tode zu fasten, im Puna-Pakt zurückgenommen, während die getrennten Wahllisten für Muslime bleiben. Nach Erreichen dieses Zieles zieht sich Gandhi aus der Politik zurück und wendet sich sozialen Fragen zu.

17. Nov.–24. Dez. Nach einer dritten Round-Table-Konferenz, die nur über Berichte der von der zweiten Konferenz eingesetzten Kommission berät, veröffentlicht die britische Regierung ein Weißbuch (März 1933), in dem die Grundlage für die Verfassung von 1935 gelegt wird.

1935, 4. Aug. Eine neue Verfassung wird erlassen. Sie sieht eine Föderation zwischen den Provinzen von Britisch-Indien und den durch Einzelverträge der britischen Krone verbundenen Fürstenstaaten vor. Der föderative Teil tritt jedoch nicht in Kraft, da die indischen Fürsten den Zutritt zur Föderation verweigern. In den Provinzen wird die Diarchie abgeschafft; sie werden von indischen Ministern regiert, die einem gewählten Parlament verantwortlich sind.

1937, 1. Jan. Der nicht föderative Teil der Verfassung tritt in Kraft. Zugleich scheidet Birma aus dem Verband von Britisch-Indien aus und wird eigene Kronkolonie. Bei den ersten Wahlen nach der neuen Verfassung gewinnt der Nationalkongress in sechs Provinzen eine deutliche Mehrheit, während die Muslim-Liga auch in den vorwiegend islamischen Provinzen in der Minderheit bleibt. Indische Minister sammeln bis zum Ausbruch des Zweiten Weltkrieges in den Provinzkabinetten wichtige Regierungserfahrungen.

1939, 27. Okt.–17. Nov. Als beim Ausbruch des Zeiten Weltkrieges der Vizekönig Lord Linlithgow (*1887, †1952; 1936–1943) ohne vorherige Konsultation von Nationalkongress und Muslim-Liga Indien zum Krieg führenden Land erklärt, treten die dem Nationalkongress angehörenden Minister zurück.

1940, März Da die Muslim-Liga auch weiterhin mit den Briten zusammenarbeitet, vertieft sich der Spalt zwischen ihr und dem Nationalkongress, v. a. nachdem sie die **Forderung nach** einem eigenen **islamischen Staat Pakistan** zu ihrem offiziellen Programm erhebt.

8. Aug. Nach Verhandlungen mit Nationalkongress und Muslim-Liga zur Entspannung der innenpolitischen Lage verspricht Vizekönig Lord Linlithgow im »August-Angebot« den Dominion-Status für Indien.

17. Okt. Der Kongress lehnt das Angebot ab, da es keinen Zeitplan enthält, und beantwortet es mit einem Feldzug des »bürgerlichen Ungehorsams«, der durch Massenverhaftungen unterdrückt wird.

17. Dez. Der Nationalkongress bricht den Feldzug ab.

1941, 23. Dez. Auf der Konferenz von Bardoli trifft der Nationalkongress unter dem Eindruck der rasch in Südostasien vorrückenden japanischen Truppen Vorbereitungen für den Fall einer japanischen Invasion in Indien.

1942, 23. März–12. April Das britische Kabinett entsendet, v. a. unter dem Druck der Alliierten, eine Gesandtschaft unter Sir Stafford Cripps (*1889, †1952) (»Cripps-Mission«), die, ohne ein befriedigendes Angebot zu unterbreiten, mit allen politischen Führern Indiens Gespräche führt.

8. Aug. Das Scheitern der »Cripps-Mission« beantwortet der Nationalkongress mit der **Quit India-**(»Verlasst Indien«-)**Bewegung**, die die **sofortige Unabhängigkeit Indiens fordert**.

9. Aug. Die gut vorbereitete Regierung von Britisch-Indien verhaftet in schnellem Zugriff die führenden Persönlichkeiten des Nationalkongresses. Dadurch bricht die Bewegung sofort zusammen. Weil der Nationalkongress bis zum Kriegsende an der indischen Innenpolitik nicht mehr mitwirkt, werden die Muslim-Liga und andere kleinere, oft religiös bestimmte Gruppierungen, gestärkt. | Forts. S. 1690 |

Ceylon: Kolonialzeit bis 1945 | Forts. v. S. 673 |

1505 Lorenço de Almeida (†1508), Sohn des portugiesischen Vizekönigs in Indien, Francisco de Almeida (*1450, †1510), landet nach einem Schiffbruch in Galle (an der Südküste) als **Vorbote der bis 1658 andauernden portugiesischen Kolonialperiode**, die durch ständige Konflikte mit singhalesischen Herrschern, später auch mit den Niederländern, geprägt ist.

1635–1687 Der in Kandy regierende Raja Simha II. sucht 1636 ein gegen die Portugiesen gerichtetes Bündnis mit den Niederländern.

1656, 12. Mai Die Niederländer erobern Colombo und setzen damit der portugiesischen Periode ein Ende.

1762 Ein Versuch der Niederländer, Kandy zu erobern, scheitert.

1796, 16. Febr. Die Engländer erobern Colombo und vertreiben die Niederländer.

1798, Okt. **Die britischen Ostindien-Kompanie und die Krone verwalten gemeinsam Ceylon.** Erster Gouverneur ist Frederick North, 5. Earl of Guildford (*1766, †1832). Sein Versuch, 1803 Kandy zu erobern, scheitert.

1802, 1. Jan. Ceylon wird britische Kronkolonie.

1815 Die Engländer erobern Kandy und setzen den letzten singhalesischen König Siri Wikkamarajasiha (*1780, †1832) gefangen.

Die Engländer beginnen mit der Anlage von Kaffeeplantagen, die in den 1860er-Jahren einer Pflanzenkrankheit (»Kaffeerost«) zum Opfer fallen und durch **Tee-Plantagen** ersetzt werden. Als Arbeitskräfte für die Plantagen werden seit etwa 1840 südindische Tamilen angeworben.

1832 **Eine der modernsten Verfassungen ihrer Zeit**, die seit 1822 in einer von William Macbean George Colebrooke (*1787, †1870) geleiteten und von dem Juristen Charles Henry Cameron (*1795, †1880) begleiteten Kommission (*Eastern Inquiry*) im Sinne des Liberalismus erarbeitet wird, **tritt in Kraft**. Im Rahmen der »Colebrooke-Reformen« wird die Justiz unabhängig und dem Zugriff des Gouverneurs entzogen.

1919 Der **National Congress of Ceylon** wird nach indischen Vorbild **ins Leben gerufen**.

1928 Die Donoughmore-Kommission, benannt nach ihrem Vorsitzenden Richard Walter John Hely-Hutchinson, 6. Earl of Donoughmore (*1875, †1948), legt einen Verfassungsentwurf vor, der ein Zweikammersystem und ein allgemeines Wahlrecht auch für Frauen vorsieht. Mit dieser 1931 in Kraft getretenen Verfassung wird die Grundlage für eine geordnete Entlassung Ceylons in die Unabhängigkeit gelegt. | Forts. S. 1704 |

Nepal unter der Herrschaft der Gurkhas

| Forts. v. S. 673 |

1768 Nach einer kurzen Zeit des Verfalls erobert Prithivi Narayan Shah (*1723, †1775, seit 1742 in Gurkha) von der Stadt Gurkha aus das Kathmandu-Tal, was mit der Gefangennahme der letzten drei Malla-Könige in Bhaktapur am 13. Nov. 1769 endet, und **begründet die Shaha-Dynastie**.

1792 Das Ausgreifen der Shahas nach Norden führt zu einem Konflikt mit China, der durch den Vertrag von Navakot, der Nepal alle fünf Jahre zu Tributzahlungen verpflichtet, beigelegt wird. Die Zahlungen erfolgen bis zum Ende des chinesischen Kaiserreichs 1912.

1816 Nach einem zweijährigen Krieg einigen sich Nepal und die britische Ostindien-Kompanie im Vertrag von Sagauli auf die Anerkennung der jeweiligen Landesgrenzen, wodurch Nepal im Wesentlichen seine heutige Gestalt erhält und unabhängig bleibt.
Die **Briten entsenden einen Vertreter** (*Resident*) **an den Hof** nach Kathmandu.

1829–1843 Als zweiter *Resident* sammelt Brian Houghton Hodgson (*1800, †1894) wissenschaftliche Nachrichten über Nepal, darunter buddhistische Handschriften, die den **Beginn der europäischen Buddhismusforschung entscheidend fördern**.
Gurkha-Soldaten treten in britische Dienste. Etwa 50 000 Gurkhas kämpfen im Ersten, etwa 200 000 im Zweiten Weltkrieg auf der Seite Großbritanniens. Bis zum ausgehenden 20. Jh. bedeutet ihr Sold eine wichtige Quelle zur Einnahme von Devisen.

1846, 15. Sept. Im Auftrag von Jang Bahadur Rana (*1816, †1877) werden alle bei einem Treffen der herrschenden Familien anwesenden Personen ermordet. Mit diesem **Blutbad beginnt die Herrschaft der Rana als erbliche Premierminister**. Der König wird zum machtlosen Staatsoberhaupt.

1846–1877 Jang Bahadur regiert das Land als Premierminister. Im Inneren werden Reformen durchgeführt und nach außen der Anschluss an Großbritannien gesucht, das Jang Bahadur ebenso wie Frankreich 1850 besucht.

1857/1858 Während des Aufstands in Indien (*Indian Mutiny*) unterstützt Jang Bahadur die Briten mit Truppen.

1854–1856 Nach einem erfolgreichen Feldzug in **Tibet** verpflichtet der Premierminister das Land zu **Tributzahlungen an Nepal**, die bis zur Besetzung Tibets durch China (1950) geleistet werden.

1901–1929 Chandra Shamsher Rana (*1863, †1929) unternimmt erste Schritte zum Aufbau einer Industrie in Nepal. Die Sklaverei wird 1924 abgeschafft.

1935 Die *Praja Parishad* (»Volksversammlung«) wird mit Unterstützung der indischen Unabhängigkeitsbewegung (Indischer Nationalkongress) gegründet. Ihr Ziel ist die Ablösung der Rana-Herrschaft durch eine Demokratie. | Forts. S. 1706 |

Zentralasien bis 1945

Die Mongolei (16. Jh.–1945)

1552–1582 Altan Khan (*1507, †1582), Mitglied des Tümed-Stammes aus dem Hause Tschinggis Khans, ist der mächtigste Mongolenfürst seiner Zeit.

1572 Vollendung der Stadt Köke Chota (heute Hohhot).

1578 Altan Khan lädt den Abt des Klosters Bras-spungs in Lhasa, Bsod-nams-rgya-mtsho (†1588), nach Köke Chota ein und verleiht ihm den Titel Dalai Lama; rückblickend erhält er zwei Vorgänger und wird somit als dritter Dalai Lama bekannt. Darauf folgt die rasche Verbreitung der tibetischen Form des Buddhismus unter allen mongolischen Stämmen.

1586 Gründung von Erdeni-juu, des ersten Klosters in der Nord- oder Chalcha-Mongolei.
Einflussreiche Übersetzung des buddhistischen Kanons aus dem Tibetischen ins Mongolische (Kandschur): Die mongolische Form des Buddhismus beeinflusst Gesellschaft und Selbstverständnis der einstigen Welteroberer.

1634 Der letzte mongolische Großkhan aus dem Hause Tschinggis Khans, Ligdan (*1592, †1634), stirbt auf der Flucht vor den siegreichen Mandschu.

1635 Der mandschurische Stammesführer Huang Taiji (Abahai; *1592, †1643) erklärt sich zum Herrscher der neuen Dynastie Qing. 49 mongolische Fürsten schließen sich an. Ihr Gebiet wird nach der Eroberung Chinas 1644 zur »Inneren Mongolei«. | s. S. 1209 |

1691 Die Chalcha-Mongolen der Nordmongolei unterstellen sich 1691 dem Kaiser Kangxi (*1662, †1722). Als »Äußere Mongolei« werden auch sie Bestandteil des chinesischen Reiches.

Die Mongolei 1911–1945

1911, Dez. Mit der Ausrufung der Chinesischen Republik erklärt die Äußere Mongolei ihre Unabhängigkeit.

1915, 25. Mai Der Dreiervertrag von Kiachta (Russland, China, Äußere Mongolei) garantiert die Autonomie der Äußeren Mongolei unter Bewahrung der chinesischen Suzeränität.

1918/1919 Während des Ersten Weltkrieges nutzt China die Schwäche Russlands aus und besetzt die Äußere Mongolei.
Unabhängigkeitsbewegung unter Suchbaatar (*1893, †1923).

Anfang 1921 Die Äußere Mongolei wird von der »Weißen Armee« besetzt, die den verbündeten Mongolen und Sowjets unterliegt. Die Innere Mongolei bleibt unter chinesischer Herrschaft.

10. Juli Die Äußere Mongolei erklärt ihre Unabhängigkeit und schließt im Nov. einen Freundschaftsvertrag mit der Russischen Sozialistischen Föderativen Sowjetrepublik.

1924, 26. Nov. **Proklamation der Mongolischen Volksrepublik**: Starke politische, wirtschaftliche und kulturelle Bindungen an die Sowjetunion und Verstaatlichungspolitik.

1924–1952 Ministerpräsident (bis 1930 auch Staatsoberhaupt) ist Marschall Chorloogijn Tschojbalsan (*1895, †1952).

1937–1939 Politische »Säuberungsmaßnahmen«; Zerstörung und Entmachtung der lamaistischen Klöster und Tempelanlagen.

1937–1945 Teile der Inneren Mongolei sind unter japanischem Einfluss als Innermongolische Föderation autonom.

1940 Yumjaagijn Tsedenbal (*1916, †1991) wird Generalsekretär (bis 1954; seit 1958 Erster Sekretär des ZK) der kommunistischen Mongolischen Revolutionären Volkspartei. | Forts. S. 1712 |

West- und Ostturkestan (16.–20. Jh.)

Durch die Bildung des Safawidischen Reichs in Iran und des Staats der Großmoguln in Indien zu Beginn des 16. Jh.s, werden den z. T. nomadischen Stämmen jenseits des Oxus (Amudarja) in den folgenden Jahren Vorstöße nach Süden und ein Übergreifen auf das Hochland von Iran verwehrt. Auch der sich herausbildende religiöse Gegensatz zwischen dem nunmehr einheitlich schiitischen Iran und dem weiterhin sunnitischen Transoxanien, lässt alte kulturelle und geistige Verbindungen abreißen. Gleichzeitig veröden durch die nun voll entwickelte Überseeschifffahrt die alten Seidenstraßen quer durch Zentralasien; dessen wirtschaftliche Bedeutung wird immer geringer. Zentralasien wird zum **Randgebiet der Weltgeschichte**, dessen Schicksal nur noch lokale Bedeutung besitzt. In dieser Zeit bilden sich durch die Ausdehnung turksprachiger Volksstämme nach Süden und Südosten die heutigen Ethnien. Das Persische weicht, außer bei den Tadschiken, überall den Turksprachen.

15. Jh. Das Turkvolk der Özbeken (bei den Russen Usbeken genannt) schiebt sich etwa vom Südrand des Ural zum Nordufer des Jaxartes (Syrdarja) vor.

1507 Im Ausgreifen nach Süden zerstört Khan Mohammad Schaibani (*1451, †1510) den letzten bedeutenden Staat der Timuriden in Herat (Nordwest-Afghanistan). Er wird aber durch die aufkommende Macht der persischen Dynastie der Safawiden zurückgedrängt und fällt 1510 in der Schlacht bei Merw (beim heutigen Mary in Turkmenistan).

1512 Der Timuride Babur (*1483, †1530) wird aus Samarkand nach Kabul vertrieben.

seit 1512 Das **Khanat Chiwa** südlich des Aralsees widersteht den Özbeken und wird ebenso wie Buchara zum Hort eines konservativ-sunnitischen Islam mit einem feudalistisch gegliederten Herrschaftssystem.

1557 Der özbekische Khan Abdullah (*1533, †1598) erobert Buchara und gewinnt (anfänglich als Regent für seinen Vater) noch einmal bedeutende Macht. Er bedroht Persien von Norden her, bis Schah Abbas I. (1588–1629) den Özbeken entschlossen entgegentritt. Nach Abdullahs Tod zerfällt das Özbekische Reich.

16./17. Jh. Von den Özbeken spalten sich nach Norden hin die **Kasachen** (»Flüchtlinge«, bezeichnen sich zunächst selbst als Kirgisen) ab. Sie gewinnen allmählich den weiten Raum südöstlich des Ural. Die »echten« **Kirgisen** besetzen von Nordosten her das Siebenstromland südlich des Balchaschsees bis hin zum Issyk Köl. Von Osten dringen (verschiedentlich) die mongolischen buddhistischen **Kalmücken** nach Westturkestan vor und vermehren die Unruhe und Unsicherheit dieses Gebiets.

1630er-Jahre Die Dsungaren bilden ein Nomadenreich mit Schwerpunkt in der Dsungarei (Norden der heutigen Provinz Sinkiang). Das Reich wird nach mehreren Kriegen seit 1696, endgültig 1758, von China vernichtet.

17./18. Jh. Aus den Trümmern des Özbekischen Reichs bilden sich mehrere Khanate und Emirate, z. T. auch unabhängige Städte, mit rasch wechselnden Grenzen, welche häufig miteinander verfeindet sind. Bedeutung besitzt im westlichen Turkestan nur das **Khanat Buchara** (seit 1785 Emirat Buchara).
Kulturell und wirtschaftlich sinkt das frühere özbekische Gebiet rasch ab. Wichtig ist der Handel mit Sklaven, die häufig geraubte Perser sind.

Russen in Zentralasien

Seit 1582 dringen die Russen in Sibirien ein. Ende des 17. Jh.s knüpfen sie erste Handelsverbindungen zu den Turkvölkern Zentralasiens. Zwischen 1731 und 1742 erreichen die Russen die freiwillige Unterordnung mehrerer kasachischer Stämme, doch bleibt die russische Herrschaft bis Mitte des 19. Jh.s nur indirekt.

1865 Eroberung von Taschkent, das zwei Jahre später Hauptstadt des neu errichteten Generalgouvernements Turkestan wird. Damit setzt Russland zum unmittelbaren **Angriff auf Zentralasien** an.

1868 Eroberung von Samarkand und Buchara. Das Emirat Buchara bleibt ein suzeräner Staat Russlands.

1869 Gründung der russischen Militärsiedlung Krasnowodsk (heute Turkmenbaschi) in Turkmenistan.

1873 Eroberung des Khanats von Chiwa, das fortan ebenfalls unter der Suzeränität Russlands steht.

1876 Russland erobert das Khanat Kokand und das Ferganatal sowie 1884 Merw (Mary/Turkmenistan).

1895 Festlegung der Grenzen Russlands zu Afghanistan (in weiten Strecken der Amudarja) sowie im Pamirgebiet.

1916 Aufstände von Turkmenen und Kirgisen gegen die Einbeziehung der Muslime in die Wehrpflicht.

1924 Das Emirat Buchara und das Khanat Chiwa werden nach Vertreibung ihrer Herrscher (1920) der Usbekischen Sozialistischen Sowjetrepublik (in der UdSSR) einverleibt.
Aufteilung der Turkestanischen Sozialistischen Sowjetrepublik in die Turkmenische und die spätere Tadschikische Sozialistische Sowjetrepublik.

1925/1936 Gründung der Kasachischen Sozialistischen Sowjetrepublik.

1926/1936 Gründung der Kirgisischen Sozialistischen Sowjetrepublik. | Forts. S. 1708, 1709, 1710, 1711 |

Tibet bis zum Ende der Unabhängigkeit (ca. 1350–1950) | Forts. v. S. 679 |

Mit dem Zusammenbruch der Yuan-Dynastie beendet Byang-chub rgyal-mtshan (*1302, † 1364) die Saskya-Vorherrschaft und restauriert eine **von China unabhängige Monarchie** (bis 1642). Zwischen 1400 und 1600 erleben die Klöster und die tibetische Kunst unter befruchtenden indischen, nepalesischen, chinesischen und mongolischen Einflüssen ein Blüte.

1409 Tsong-kha-pa (*1357, †1419) gründet ein Kloster in Dga'-ldan mit strenger Mönchsdisziplin. Von seinen Schülern wird die Lehre als Dge-lugs-pa-(»Gelbmützen«-)Orden rasch verbreitet (Prinzip der Reinkarnationsnachfolge). In den Unruhen um die weltliche oder geistliche Vorherrschaft werden die Gelbmützen zum wichtigsten politischen Faktor.

1578 Der dritte Führer des Gelbmützen-Ordens Bsod-nams-rgya-mtsho (*1543; †1588) erhält von seinem Patron Altan Khan, Khan der mongolischen Tumet, den Titel **Dalai-Lama** (»Ozean Lama«), ein Titel, der seinen beiden Vorgängern rückwirkend verliehen wird. Die Mongolen nehmen die Gelbmützen-Lehre an. Mithilfe Gushi Khans von den mongolischen Khoshuud werden unter dem fünften Dalai-Lama Blo-bzang Rgya-mtsho (*1617, †1682) in ganz Tibet die Gelbmützen die vorherrschende religiöse Kraft.

1642 Die religiöse und politische Macht wird in der Hand des Dalai-Lama vereint. **Lhasa wird tibetische Hauptstadt**.

1652 Der Dalai-Lama besucht als unabhängiger Herrscher den Qing-Hof.

1707 Beginn der Kapuzinermission in Lhasa (bis 1745).

1717–1720 Eingreifen der Oiraten (Dsungaren) in Nachfolgestreitigkeiten; sie werden von den Mandschuren aus Tibet vertrieben: Stationierung chinesischer Truppen und Einsetzung eines kaiserlichen Statthalters (Ambane) in Lhasa, bei voller Autonomie Tibets.

seit 1727 Die Chinesen bauen den in der religiösen Hierarchie an zweiter Stelle stehenden **Pantschen-Lama** als politisches Gegengewicht zum Dalai-Lama auf.

1774 Versuch der Briten, Tibet von Indien aus wirtschaftlich zu öffnen.

1791 Aus Nepal einfallende Gurkhas werden von den Chinesen vertrieben.

seit 1792 Tibet ist für Ausländer gänzlich geschlossen.

1904 Nach zwei vergeblichen Versuchen Großbritanniens, sich Tibet untertan zu machen (1885, 1888), marschiert Oberst Francis Younghusband in Tibet ein. Im Vertrag von Lhasa, der durch ein Zusatzabkommen (1906) auch für China verbindlich wird, legt Großbritannien die tibetische Grenze fest und beansprucht Handelsprivilegien.

1912, Febr. Mit der Ausrufung der Chinesischen Republik wird zwar Tibet zur Provinz erklärt, doch bleibt das Land unter Führung des 13. Dalai-Lama Tubten Gyatso (*1876, †1933) de facto unabhängig.

1914, 3. Juli Britisch-Tibetisch-Chinesisches Abkommen von Simla (das von China nicht ratifiziert wird): Tibet bleibt bei weitgehender Autonomie unter chinesischer Oberhoheit, Peking hat das Recht, einen hohen Würdenträger mit 300 Mann Eskorte nach Lhasa zu entsenden. Großbritannien verzichtet auf alle Gebietsansprüche.

1917 Ein chinesischer Rückeroberungsversuch Tibets schlägt fehl.

1950, Herbst Chinesische Truppen dringen in Tibet ein und besetzen am 9. Sept. 1951 Lhasa.

1951, 23. Mai In einem Vertrag zwischen Tibet und China wird Tibet die innere Autonomie innerhalb der Volksrepublik China zugebilligt.

Ostasien

China von der Ming-Dynastie bis 1945

Die Ming-Dynastie | Forts. v. S. 683 |

In Nanjing gründet Zhu Yuanzhang die **Ming** (die »Helle«) als **letzte han-chinesische Dynastie (bis 1644)**. Sein Verdienst ist es, die Strukturen des spätkaiserlichen China *(Late Imperial China)* geschaffen zu haben.

1368–1398 Zhu Yuanzhang zieht als Kaiser Taizu alle Regierungsgeschäfte an sich, wird absoluter Herrscher mit »despotischen« Zügen (totale protokollarische Unterordnung der Beamten, Schaffung einer Geheimpolizei). Das »Innere Kabinett«, Militär und Zensorat haben nur noch beratende Funktion. Die Zentralkanzlei wird abgeschafft und die Minister unterstehen direkt der kaiserlichen Autorität. Der Kaiser ist einzige Quelle des Gesetzes. Im Kaiserpalast wird zwischen dem privaten Bereich der Innenhöfe (Kaiserfamilie, deren Mitglieder keine Ämter übernehmen dürfen) und den in den Außenhöfen des Palastes befindlichen Verwaltungsämtern getrennt. Die neue Ebene einer dreifach geteilten Provinzverwaltung (eigentliche Verwaltung, Militär und Rechtsbehörde) ist unmittelbar dem Pendant im Zentrum verbunden. Beamte dürfen nicht in der Heimatprovinz Posten bekleiden. Für die Beamtenprüfungen werden Provinzquoten eingeführt, die um einen dritten, niedrigeren Prüfungsgrad auf Kreisebene ergänzt werden. Inhaltlich beschränkt sich die Prüfung auf die Abfrage von Bildungswissen. Eingeführt wird eine dörfliche Selbstverwaltung (*lijia*-Steuersystem, *baojia*-Überwachungssystem); Landverteilungen und Maßnahmen zur Steuergerechtigkeit sollen die Lage für die Bauern verbessern. Weiterhin werden Neubesiedlungsprojekte und Arbeitskolonien für die Besitzlosen angelegt.

1402 Thronusurpation des vierten Sohnes Taizus, Zhu Di, der als Kaiser Chengzu (*1360, †1424) 1421 die **Hauptstadt nach Peking verlegt**.

1402–1424 Unter Chengzu wird die Zentralmacht weiter gestärkt; er stellt Eunuchen für bestimmte politische Aufgaben ein. Der Konflikt zwischen Eunuchen und konfuzianischen Elitebeamten prägt fortan die Ming-Herrschaft. Die Flotte und der Überseehandel werden ausgebaut.

1405–1427 Krieg mit Annam (Vietnam), der durch das Eingreifen von an der Grenze stationierten Ming-Generälen in dynastische Rivalitäten im Königreich Annam provoziert wird. Annam kann seine Unabhängigkeit bewahren.

1405–1433 Der Eunuch Zheng He (*1371, †1433) unternimmt sieben große See-Expeditionen nach Afrika. Er kehrt mit reichen Importen (»Tribute«) an Kupfer, Elfenbein und Nutzhölzern zurück. Die konfuzianische Opposition und eine Reihe schwacher Herrscher lassen Seehandel und Flotte jedoch wieder verfallen.

nach 1500 Der Verfestigung der konfuzianischen Orthodoxie (Akademien) setzt der Philosoph Wang Yangming (*1472, †1528) ein »intuitives Wissen« *(liang zhi)* entgegen. Er wendet sich damit von Herrscher, Staat und Regierung ab und stellt das Individuum in den Vordergrund seines Denkens. Im Gegensatz zum song-zeitlichen Neokonfuzianismus, der die Selbstkultivierung als jahrelanges Studium von Werken der Klassiker versteht, betont Wang das angeborene Wissen vom Guten und die Reinigung des Geistes von materiellen Begierden. Er vollzieht eine Umorientierung vom Herrscher zum Volk.

um 1550 Die japanische Piraterie an der Südküste Chinas nimmt zu. Cliquenwirtschaft unter den Beamten sowie Bürokratisierung und Günstlingswesen der Eunuchen beherrschen den Kaiserhof.

1550 Der Einfall des Mongolen-Khans Altan (*1507, †1582) zwingt die Ming-Regierung zum Grenzhandel. Altans Bekehrung zum tibetischen Lamaismus löst in der Mongolei mit der Entstehung von Klosterstädten eine urbane Entwicklung aus, die auch chinesische Händler und Siedler anzieht. Zu Tibet bleiben die Beziehungen der Ming-Dynastie auf Distanz und beschränken sich auf einen Grenzhandel über Yunnan und Sichuan. Ming-zeitliche Grenzsicherung mithilfe von Wehrdörfern *(weisuo)*.

1557 Portugiesen landen in Macau am Südchinesischen Meer, das ihnen vom Ming-Hof als Handelsstützpunkt verpachtet wird.

1572–1620 Ein aufwendiger Kriegszug nach Korea nach einer japanischen Invasion (1592/93) | s. S. 1216 |, Palastintrigen und extreme Verschwendungssucht am Hof lähmen die Zentralmacht unter Kaiser Wanli (*1563, †1620), der sich in seiner langen Regierungszeit als unfähig und desinteressiert erweist.

Das späte Ming-Reich kennzeichnen wirtschaftliche Prosperität, **Urbanisierung und Kommerzialisierung**. Es entsteht eine städtische Handwerkerschaft und Kleinbürgertum, Kapitalakkumulation bei Banken und Großhändlern, Monetarisierung des Handels (Silberwährung), Seiden- und Baumwollspinnereien, Großproduktion von Keramik, Bau von landwirtschaftlichen Maschinen und regionale Spezialisierung. Durch die Integration in internationale Handelsnetze werden neue Nutzpflanzen eingeführt (Süßkartoffel, Pfeffer, Tomaten, Erdnüsse, Tabak, Mais) und die Anbaugebiete auf Regionen mit schlechteren Böden ausgeweitet. Gleichzeitig werden Maßnahmen zur Bodenverbesserung und zum Ausbau des Bewässerungssystems ergriffen. Die Zunahme der Stadtbevölkerung wird in Gilden aufgefangen, die nach dem Herkunftsort *(huiguan)* oder beruflich *(gongsuo)* organisiert sind.

nach 1600 Mit den europäischen Seefahrern beginnt von Macau aus die christliche Mission in China.

1601–1610 Der italienische Jesuit Matteo Ricci (*1552, †1610) lebt in Peking. Durch Vermittlung wissenschaftlicher Kenntnisse gewinnt er das Interesse der Gelehrtenbeamten. RICCI fertigt eine Weltkarte an, übersetzt den euklidischen Kommentar zur Geometrie und schreibt Traktate in chinesischer Sprache. Einzelne Konvertiten entwerfen eine christlich-chinesische Synthese.

um 1630 Auf Steuererhöhungen, Naturkatastrophen und Epidemien folgen Hungersnöte, die Volksaufstände hervorrufen. Bis 1636 erringen zwei Bandenführer eine besonders starke Stellung: LI ZIZHENG (*1606? †1645), ein ehemaliger Schafhirte, im Norden und ZHANG XIANZHONG (†1647), ein ehemaliger Soldat, im Südosten.

Die Qing-Dynastie

In der heutigen **Mandschurei** eint NURHACI (*1559, †1626) seit den 1580er-Jahren mehrere tungusische Stämme (Nachfahren der Jurchen) und etabliert mithilfe chinesischer Berater einen starken Staat, der in Militäreinheiten (»Banner«) organisiert ist. 1616 ruft NURHACI die späte Jin-Dynastie aus, mit der er sich demonstrativ in die Tradition des ersten Jurchen-Reichs des 11. Jh.s stellt. Er bildet eine Allianz mit Teilen der mongolischen Stämme und betreibt eine Expansionspolitik gegen China. Sein Sohn HUANG TAIJI (*1592, †1643) setzt diese Strategie erfolgreich fort, ergänzt durch einen Prozess der Bürokratisierung mit dem Regierungsapparat der Ming als Vorbild; zahlreiche chinesische Überläufer.

1635 Mit der Ausrufung der **Qing-Dynastie** wird auch der Herrschaftsanspruch auf China angemeldet. Einführung der Selbstbezeichnung **Mandschu**, die neben den Jurchen auch übergelaufene Chinesen und Mongolen mit einbezieht und den multi-ethnischen Charakter der Reichsbildung ausdrückt.

1636 Erhebung HUANG TAIJIS zum Kaiser unter Beteiligung von 49 mongolischen Fürsten aus 16 Stämmen. Diese stellen ihm ihre Kavallerie zur Eroberung Chinas an die Seite. HUANG TAIJI richtet ein Mongolenamt in der Zentralverwaltung ein, das 1638 in *Lifanyuan* umbenannt wird (wörtlich: Amt zur Verwaltung der Barbarenvölker) und im Qing-Imperium der Verwaltung und Kontrolle der Grenzgebiete und ihrer Völker dient.

1644 LI ZICHENG und ZHANG XIANZHONG rivalisieren um die Nachfolge der Ming-Dynastie. Ihre plündernden Banden erzeugen Angst und Ablehnung. Die Mandschu profitieren von den Volksaufständen und spielen deren Führer geschickt gegeneinander aus. Mithilfe von Ming-Generälen um WU SANGUI (*1612, †1678) marschieren sie in Peking ein und verkünden die Wiederherstellung des himmlischen Mandats als Kaiser von China. Der letzte Ming-Kaiser nimmt sich das Leben.

Okt. Unter der Regentschaft seines Onkels DORGON (†1650) wird FULIN (*1638, †1661) unter der Regierungsdevise *Shunzhi* erster Qing-Kaiser in China. Die von den Ming enttäuschte Oberschicht Nordchinas fügt sich rasch der Macht der Mandschu, die ihnen ihre Privilegien sichern, und lässt die Führer der Volksaufstände fallen. Die Ming-Loyalisten ziehen sich in den Süden zurück, wo sie regional noch längere Zeit Widerstand leisten. Auch namhafte Ming-Gelehrte verweigern der Mandschu-Dynastie ihre Mitarbeit.

1645 Mandschurische Kleidung und Haartracht (Zopf) wird allen Chinesen vorgeschrieben, Verbot der Zwischenheirat.

1661 Die Mandschu beherrschen das Festland. Der Ming-Loyalist KOXINGA (chinesisch ZHENG CHONGGONG, *1624, †1662) vertreibt die Niederländer von ihrem 1624 auf Taiwan errichteten Handelsstützpunkt und baut auf der Insel die logistische und wirtschaftliche Basis für seinen Anti-Qing-Widerstand auf. Die Qing-Regierung reagiert mit Seehandelsverbot und Umsiedlung aller Küstenbewohner.

1683 Vernichtung des Koxinga-Regimes: **Taiwan** wird als Präfektur der Provinz Fujian dem Reich einverleibt. Der Süden bleibt während der gesamten Qing-Herrschaft ein potenzieller Unruheherd und Ausgangspunkt anti-mandschurischer Geheimgesellschaften. Reaktion des Hofes ist die gezielte Benachteiligung des Südens (geringe Beamtenquoten, Vernachlässigung der Flotte). Drei lange regierende Kaiser, die nach ihren Regierungsdevisen KANGXI (*1654; 1662–1722), YONGZHENG (*1678; 1723–1735) und QIANLONG (*1711, †1799; 1736–1795) genannt werden, konsolidieren die mandschurische Herrschaft und führen das Qing-Reich zu seiner politischen und wirtschaftlichen Blüte.

1689, 7. Sept. Der Russisch-Chinesische **Vertrag von Nertschinsk** – der erste zwischen China und einer europäischen Macht – regelt den vorläufigen Grenzverlauf, nachdem die Ostexpansion der Russen auf chinesischen Widerstand im Amurgebiet gestoßen ist. Im ergänzenden Abkommen von Kiachta (21. Okt. 1727) wird die Grenze an Amur und Argun (etwa die heutige) festgelegt. Russland darf in Peking eine Faktorei und eine orthodoxe Kirche unterhalten.

1691 Die Stämme der Äußeren Mongolei stellen sich unter den Schutz des Qing-Kaisers und werden ins mandschurische Imperium eingegliedert. Zuvor haben die gefährlichsten Gegenspieler der Qing in Zentralasien, die westmongolischen Dsungaren, die ein lamaistisches Großreich errichten wollen, unter ihrem Khan GALDAN (†1697) Ostturkestan erobert (1678/79) und sind in die Äußere Mongolei eingefallen (1686).

1696 Überlegener Sieg chinesisch-mandschurischer Truppen über die Dsungaren.

1720 Vertreibung der Dsungaren aus Tibet, wo sie nach Thronwirren Lhasa und andere wichtige Orte erobert hatten (1717/18). Nach Intervention des YONGZHENG-Kaisers im tibetischen Bürgerkrieg (1728) und Scheitern eines tibetischen Königtums wird unter der Aufsicht von kaiserlichen Beamten *(Ambane)* Tibet Protektorat des Qing-Imperiums (1751).

1756/57 Endgültige Niederwerfung der Dsungaren, deren Bevölkerung fast vollständig vernichtet wird. Einsetzung eines kaiserlicher Militärgouverneurs im Tarimbecken, den »Neuen Grenzgebieten« (Xinjiang).

1790 Sieg über die in Tibet eingefallenen nepalesischen Gurkhas, die Südhänge des Himalaja werden tributpflichtig: **größte Ausdehnung Chinas**.

»Aufgeklärter Absolutismus« und Höhepunkt der Qing-Macht (17./18. Jh.)

Wie alle Fremddynastien stehen die Mandschu vor der doppelten Aufgabe, mit einem zahlenmäßig kleinen Volk die etablierte Verwaltung eines Riesenreichs zu übernehmen, ohne ihre ethnische Identität und privilegierte Stellung aufzugeben. Trotz der strikten sozialen und ethnischen **Trennung beider Völker** unterwirft sich die mandschurische Oberschicht dem chinesisch-konfuzianischen Bildungsideal, das sie in seiner konservativen Form hochhält. Für die chinesische Grundbesitzer- und Beamtenklasse (*Gentry*) werden die Eroberer zu den wahren Sachwaltern der **konfuzianischen Tradition**.

Die Verwaltung ist nach dem Muster der Ming organisiert, jedoch sind alle höheren Ämter mit Chinesen und Nichtchinesen (Mandschu, Mongolen) doppelt besetzt. Provinzen unterstehen Gouverneuren, mehrere Provinzen einem Generalgouverneur bzw. »Vizekönig«.

Der KANGXI-Herrscher stärkt die Zentralmacht durch die gnadenlose Unterdrückung der rebellierenden Ming-Loyalisten, sein Sohn YONGZHENG institutionalisiert die absolute Macht des Kaisers: 1729 ersetzt er das schwerfällige »Innere Kabinett« durch den Staatsrat als informelles, höchstes Beratungsorgan. Er unterbindet den Einfluss kaiserlicher Verwandter und schließt Eunuchen von höheren Ämtern aus. Scharfe Kontrolle der Beamten und ein ausgeklügelter Informationsdienst in der Bevölkerung *(baojia)* sind Kennzeichen eines Polizeistaats. Weitere Maßnahmen sind die Reorganisation der Gesetzgebung (Qing-Kodex) und die Vereinfachung des Finanzwesens durch eine effiziente Einheitssteuer (wahlweise Geld oder Naturalien). Beamtengehälter werden erhöht, um willkürliche Zusatzforderungen/Korruption zu verhindern.

Es herrscht allgemeiner wirtschaftlicher Wohlstand. Der Überseehandel bleibt auf Kanton beschränkt (*Cohong*, »offizielle Gilde« von neun chinesischen Kaufleuten); er macht nur ein Sechstel des stark angewachsenen Binnenhandels aus (Reis, Obst, Tabak, Indigo, Salz).

In den **Staatsprüfungen** wird ein wirklichkeitsfremdes, neokonfuzianisches Wissen abverlangt. Unter kaiserlicher Ägide werden bibliografische und enzyklopädische Sammelwerke *(Siqu quanshu)* herausgegeben. Dagegen treiben antitraditionalistische, unabhängige Gelehrte historische Studien, die das konfuzianische Weltbild zu erschüttern beginnen. Meisterwerke der offiziell ignorierten umgangssprachlichen Romanliteratur werden veröffentlicht. Erste Anzeichen des Zerfalls politischer Macht und moralischer Werte spiegeln sich in dem großen Roman dieser Epoche, »Traum der Roten Kammer« von CAO XUEQIN (*1719, †1763), wider.

Anfangs stehen die **Jesuiten** wegen ihrer wissenschaftlichen Kenntnisse in kaiserlicher Gunst: ADAM SCHALL VON BELL (*1591, †1666) ist Leiter des Astronomischen

China zur Zeit der Qing-Dynastie

Amtes in Peking. Die Wirkung der Mission über kleine Elitenzirkel hinaus ist schwer einzuschätzen. Nach eigenen Angaben des Ordens beträgt die Zahl der getauften Chinesen um 1650 etwa 150 000. Eifersüchteleien der Orden und Missgunst der Konfuzianer führen aber zum Niedergang der Mission, der durch den Ritenstreit 1705 besiegelt wird: Der Papst untersagt den Jesuiten die pragmatische Duldung konfuzianischer Bräuche.

Ende des 18. Jh.s ist der Zenit der Qing-Dynastie überschritten: Der mandschurische Banneroffizier HESHEN (*1750, †1799) erringt um 1780 die Gunst des alternden QIANLONG-Kaisers und bereichert sich in astronomischen Ausmaßen. Es mehren sich die Symptome des wirtschaftlichen und militärischen Verfalls. Unter dem Druck der *Gentry* werden die von YONGZHENG eingeführten Sondermittel für Beamte (*yanglian*) zurückgenommen. Korruption, Willkür und die Unfähigkeit der Beamten, die enorm anwachsende Bevölkerung zu versorgen, führen 1795–1803 zu **Unruhen im Inneren**: Feldzug gegen die Geheimsekte »Weißer Lotus«.

Die **Engländer** drängen immer stärker auf den chinesischen Markt und vermehren die Unzufriedenheit der Bevölkerung. Zwei diplomatische Missionen Lord MACARTNEYS (*1737, †1806) und Lord AMHERSTS (*1773, †1857) in den Jahren 1793 und 1816 um Erleichterung des Handels bleiben ergebnislos. Dank der Tee-Exporte ist die chinesische Handelsbilanz zunächst positiv.

seit 1816 Mit der massiven **Ausweitung des Opiumexports nach China** durch die britische Ostindische Kompanie kommt es zum Abfließen des Silbergeldes, zu Opiumsucht im Volk und Korruption der Beamten.

1839 Der kaiserliche Kommissar LIN ZEXU (*1785, †1850) erzwingt die Vernichtung der englischen Opiumvorräte in Kanton und den Abzug der Engländer.

1840–1842 Im **Ersten Opiumkrieg** erobert eine kleine englische Flotte Küstenstützpunkte bis Shanghai.

1842, 29. Aug. Die Kapitulationsbereitschaft einflussreicher Hofkreise ermöglicht den **Vertrag von Nanjing** (**Nanking**): Kriegsentschädigung, Öffnung von fünf Vertragshäfen (Kanton, Xiamen, Fuzhou, Ningbo und Shanghai), Abschaffung des Handelsmonopols der chinesischen Kaufleute *(Co-hong)* und **Abtretung von Hongkong** an die Briten.

1843 Im Zusatzvertrag von Humen erzwingen die Briten die Meistbegünstigungsklausel. Damit beginnt die Phase der **»Ungleichen Verträge«**, die China in eine eindeutig untergeordnete Position gegenüber den ausländischen Mächten bringen.

1844 Durch weitere Abkommen mit den USA und Frankreich verliert China seine Zollautonomie und muss extraterritoriale Zugeständnisse machen.

China wird von ausländischen Waren überschwemmt; es kommt zu wachsender Fremdenfeindlichkeit und Verweigerung der Zusammenarbeit.

Geheimgesellschaften werden v. a. in Südchina aktiv. Der erfolglose Examenskandidat HONG XIUQUAN (*1813, †1864) entwickelt sich zum charismatischen Führer der Aufstandsbewegung »Taiping« (»ewiger Frieden«). Seine Lehre aus antimandschurischen, religiösen (besonders christlichen) und sozialrevolutionären Elementen zieht Randgruppen und unterdrückte Minderheiten an.

1850 Erste Kämpfe gegen lokale Qing-Behörden eskalieren zum Bürgerkrieg: Eroberung und Zerstörung ganzer Städte durch Massenheere der **Taiping-Bewegung**.

1851 Ein Jahr nach Ausbruch des von HONG geführten Taiping-Aufstandes (1850–1864) gründet er selbst in Nanjing das »Himmlische Reich des ewigen Friedens«, in dem Privateigentum abgeschafft, Land nur zur Nutzung vergeben wird und Frauen mit Männern gleichberechtigt sind. HONGS Konzept umfasst eine widersprüchliche Mischung aus sozialer Revolution, kollektiver Heilssuche und gegen die Mandschu gerichtetem Fremdenhass.

1853–1856 Die Taiping kontrollieren den Großteil Süd- und Südostchinas. Der Hof in Peking ist machtlos, doch bauen chinesische Großgrundbesitzer Milizen auf, die die zerstrittenen Aufständischen in die Defensive drängen und den Vorstoß der Taiping-Heere am unteren Yangzi-Fluss mit ausländischer Truppenhilfe stoppen.

1853–1868 Rebellion des Nian-Bundes (Grenzgebiete der heutigen Provinzen Shandong, Henan, Anhui und Jiangsu), der ganz in der Tradition der chinesischen Bauernaufstände steht. Durch Umwandlung von Dörfern in Wehrsiedlungen wird die gesamte Lokalbevölkerung militarisiert. Ein langwieriger Zermürbungskrieg durch Provinzarmeen führt zur endgültigen Vernichtung des Bundes.

1854–1877 Aufstand der Miao-Minderheit in Guizhou. Außerdem heftige muslimische Unruhen in Yunnan (1855–1873) zwischen lokalen Muslimen und chinesischen Einwanderern, in Shanxi und Gansu (1862–1878) zwischen lokalen Sufi-Bruderschaften.

1858, Juni Frankreich und Großbritannien nutzen die Schwäche der Zentralregierung und erzwingen den **Vertrag von Tianjin**: Akkreditierung von Gesandten in Peking, Öffnung von weiteren Häfen, Freizügigkeit für westliche Kaufleute und Missionare.

1860 Ratifizierung des Vertrags nach militärischer Strafexpedition und Zerstörung des Sommerpalastes Yuanmingyuan in Peking: Tianjin wird Freihafen, Kowloon (heute Hongkong) an England abgetreten; der Opiumhandel wird legalisiert, Zollerleichterungen und die Öffnung chinesischer Binnengewässer für fremde Schiffe festgelegt. Russland erhält durch die Verträge von Aigun (1858) und Peking (1860) das Gebiet zwischen dem Fluss Ussuri und dem Pazifik. Gründung von Wladiwostok am Japanischen Meer (Ostküste Russlands).

1864 Die Führer der Huai-Armee, ZENG GUOFAN (*1811, †1872) und LI HONGZHANG (*1823, †1901) vernichten mithilfe der Engländer die Taiping. Bekräftigung des Bündnisses zwischen mandschurischer Regierung und chinesischer Oberschicht, steigender Einfluss regionaler Militärmachthaber (Modell der späteren *Warlords*). Zu gleicher Zeit brechen in anderen Teilen des Reichs Aufstände aus, die aber keine gemeinsame Front mit den Taiping bilden.

1867 In Xinjiang einigt der Uigure YAKUB BEG (*1820, †1877), ein General aus dem benachbarten Khanat Khokand (heute Usbekistan), alle Anti-Qing-Kräfte und gründet ein eigenes Reich. 1872 schließt er ein Handelsabkommen mit dem Zarenreich ab, 1874 folgt ein Vertrag mit Großbritannien. Erst der plötzliche Tod YAKUB BEGS macht die Rückeroberung der Region durch die Truppen General ZUO ZONGTANGS (*1812, †1885) möglich. Xinjiang wird chinesische Provinz (1881).

Die Tongzhi-Restauration (1862–1874)

Als Regent für den minderjährigen TONGZHI-Kaiser (*1856, †1874) verfolgt YIXIN, Prinz GONG, (*1833, †1898) eine Politik der Konzilianz. 1861 gründet er in Peking das erste Amt für auswärtige Angelegenheiten (*zongli yamen*). Während die konservative konfuzianische Beamtenschaft Agrarreformen betreibt (Neulanderschließung in der Mongolei und in Xinjiang, Bewässerungskontrolle), beginnen die siegreichen Generäle ZENG GUOFAN, ZUO ZONGTANG und LI HONGZHANG durch den Import westlicher Technologie eine Rüstungsindustrie aufzubauen: Kanonen- und Munitionsfabriken, Werften. Daneben entstehen Kohlengruben, Hüttenwerke, Baumwollspinnereien und Textilwerke.

Die Versuche der **»Selbststärkung«** bleiben jedoch stecken: Die überstürzte Industrialisierung scheitert an mangelnden Arbeitskräften und Fachkenntnissen sowie am fehlenden chinesischen Kapital (Übernahme der Werke durch westliche Firmen). Da die Modernisierungsbestrebungen der Tongzhi-Ära nur eine kleine Gruppe konservativer Qing-Beamten mitträgt, werden zwar neue Fächer gelehrt, das Prüfungswesen reorganisiert und die Korruption eingedämmt, doch an den traditionellen Vorrechten der konfuzianisch gebildeten, technisch inkompetenten Beamtenschaft, die das Haupthindernis darstellt, wird nicht gerüttelt. Die technologische Modernisierung wird als nützlicher Effekt begrüßt, aber die konfuzianische Kultur bleibt unumstößliche geistige Grundlage (*Tiyong*-Denken).

Die chinesische Geschichtsschreibung bezeichnet diese Phase als **halbkolonial und halbfeudal**. China wird von der Küste und den Grenzen her sowie längs der Flüsse in westliche Einflusssphären aufgeteilt. Die totale Kolonisierung wird durch die Konkurrenz der Kolonialmächte untereinander verhindert. Die chinesische Regierung setzt als willfährige Marionette die fremden Interessen durch. Es ist für die Qing-Regierung unmöglich, dem aufgezwungenen ökonomischen Druck zu entgehen, da sie fast die Hälfte ihrer Staatseinnahmen Importen verdankt. Bis 1893 wird v. a. Opium eingeführt, danach Baumwollstoffe. Durch ausländische Konkurrenz große Exporteinbußen: bei Seide aus Japan; bei Tee brechen Indien und Japan das chinesische Teemonopol; rasche Geldentwertung.

1876–1885 Übergreifen imperialistischer Mächte auf Staaten, die von China als tributpflichtig betrachtet werden. Annam wird französisches Protektorat (1883), Japan »öffnet« Korea (1876) und annektiert die Ryūkyūinseln (Okinawa, 1879). Die Briten dringen in Sikkim (heute Indien) bis zur tibetischen Grenze vor. Es kommt zu ersten gewaltsamen Konflikten (1885).

1882 Im Frieden von St. Petersburg Rückgabe des Ili-Gebietes (Xinjiang), das nach dem Tod YAKUB BEGS 1877 zunächst von Russen besetzt wird, bis ZUO ZONGTANG die Rückeroberung gelingt.

1884 Franzosen zerstören die chinesische Flotte und die mit ihrer Hilfe erbauten Werften von Fuzhou (Ostküste); Birma wird britisches Protektorat (1886).

1894/95 Trotz Militärreformen (Akademie von Tianjin und seit 1888 Aufbau der Beiyang-Flotte durch LI HONGZHANG nach westlichem Vorbild) vernichtende und demütigende Niederlage im Chinesisch-Japanischen Krieg in und um Korea.

1895 **Friede von Shimonoseki**: Japan beansprucht Taiwan, die Inselgruppe der Pescadores in der Formosastraße und die Liaodong-Halbinsel. Korea wird unabhängig, Öffnung weiterer Häfen. Kriegsentschädigung an Japan von 200 Mio. Taels. Chinas internationale Stellung wird drastisch geschwächt. Eine russisch-französisch-deutsche Intervention zwingt Japan zum Verzicht auf Liaodong. Auch in China kommt es zu Protesten gegen den Vertrag. Beginn der Reformpetitionen des Gelehrten KANG YOUWEI (*1858, †1927) an den Kaiserhof.

1897, Dez. Nach der Ermordung zweier katholischer Missionare besetzen deutsche Truppen die Region um Qingdao in der Provinz Shandong.

Chinesische Exporte im Zeitalter des Imperialismus (Warenanteile in %)

Jahr	Gesamtwert in Hongkong-Tael*	Tee	Seide	Ölsaat	Bohnen	Felle/ Leder	Baum- wolle	Wolle	Kohle	andere Artikel
1868	6 182 000	53,8	39,7	–	1,0	–	0,9	–	–	4,6
1880	7 788 400	45,9	38,0	0,1	0,2	0,5	0,2	0,4	–	14,7
1890	8 714 400	30,6	33,9	0,6	0,4	1,4	3,4	1,6	–	18,1
1900	15 899 700	16,0	30,4	2,5	1,9	4,3	6,2	1,9	–	36,8
1905	22 788 800	11,2	30,1	3,4	3,0	6,6	5,3	3,7	–	36,7
1913	40 330 600	8,4	25,3	7,8	5,8	6,0	4,1	2,4	1,6	38,6

* zu 0,75 Hongkong-Dollar (um 1880–1913)

1898, 6. März **Kiautschou** (Kiaochow) wird **an das Deutsche Reich verpachtet**. Im gleichen Jahr erhält Russland Port Arthur (Lushun, heute Dalian) am Gelben Meer sowie Bahnbaurechte in der Mandschurei. Weihaiwei (Shandong) wird britisch, die Bucht von Kanton (Guangzhou wan) französisch.

Kang Youwei, Liang Qichao (*1873, †1929) und Tan Sitong (*1865, †1898) propagieren Reformen nach japanisch-westlichem Vorbild: moderne Armee, eigenständige Industrie, staatliches Bankensystem, Eisenbahnnetz unter nationaler Kontrolle, modernes Postwesen, Technisierung der Landwirtschaft, konstitutionelle Monarchie.

Kangs Neuinterpretation des Konfuzianismus integriert geistige Strömungen des Ostens und Westens (Darwinismus) zu einer weltumspannenden Utopie, die nationale und soziale Schranken überwinden soll.

11. Juni–21. Sept. Nach bescheidenen Reformansätzen durch den aufgeschlossenen Guangxu-Herrscher (*1871; 1875–1908) endet die **»Reform der 100 Tage«** im Staatsstreich der Kaiserinwitwe Cixi (*1835, †1908) und des starken Mannes Yuan Shikai (*1859, †1916). Kang und Liang fliehen, Tan wird hingerichtet, Guangxu wird unter lebenslangen Hausarrest gestellt.

In Nordchina schließen sich Bauern, die durch Industrialisierung und Naturkatastrophen verarmt sind, Mitglieder der abgesunkenen *Gentry* und entlassene Soldaten, die in den sozial privilegierten Fremden und ihren technischen Errungenschaften die unmittelbare Ursache ihres Elends erkennen, lokalen Geheimgesellschaften und Sekten an. Auch die Konflikte mit ausländischen Missionaren nehmen zu.

1899, Sept./Nov. Die USA erklären einseitig die **»Politik der Offenen Tür«**, die allen Staaten die gleichen Handelschancen in China garantiert.

1900 **Yihequan-Aufstand** (»Faustkämpfer für Recht und Einigkeit«, vom Westen als »Boxer« ironisiert), der sich mit Duldung der konservativen Hofkreise um Cixi rasch von Shandong aus in weiten Teilen Nordchinas ausbreitet.

19. Juni Ermordung des deutschen Gesandten Klemens von Ketteler (*1853) und Belagerung des Gesandtschaftsviertels von Peking.

21. Juni Offizielle Kriegserklärung Chinas an die Westmächte. Expeditionstruppen einer Acht-Mächte-Allianz erobern Peking (14. Aug.). Es beginnt eine Periode der Plünderungen und Massaker. Kaiserinwitwe Cixi flieht aus der Hauptstadt und beauftragt Li Hongzhang mit der Aufnahme von Friedensverhandlungen.

1901, 7. Sept. **Boxerprotokoll**: Hohe Kriegsentschädigung, Sühnegesandtschaft eines Qing-Prinzen, Verbot der Waffeneinfuhr und fremdenfeindlicher Aktionen, Stationierung fremder Truppen in China.

Errichtung eines chinesischen Außenministeriums (*waijiao bu*).

1904/05 **Russisch-Japanischer Krieg**, der weitgehend in der Mandschurei ausgetragen wird. Japan übernimmt von Russland das Pachtgebiet in Liaodong und die Eisenbahn von Port Arthur nach Changchun (Provinz Jilin). Beginn des Aufbaus eines japanischen Imperiums auf dem chinesischen Festland. | s. S. 1220 |

Britischer Einfall in Tibet: Britische Truppen nehmen die tibetische Hauptstadt Lhasa ein, ziehen sich aber wieder zurück. Der Dalai-Lama flieht in die Mongolei. 1906 erkennen die Briten die faktisch sehr schwache Qing-Oberhoheit über Tibet an.

1905–1908 Warenboykotte als erste Anzeichen einer städtischen Massenbewegung: gegen die USA aufgrund ihrer verschärften Einwanderungsbestimmungen (1905) und gegen Japan aufgrund seines Ultimatums gegenüber der Qing-Regierung (1908).

1905–1912 Letztes Reformprogramm der Qing-Regierung (»Neue Politik«, *xinzheng*): Abschaffung des kaiserlichen Staatsprüfungssystems und der Titelhierarchie, Aufhebung des Heiratsverbots zwischen Mandschu und Chinesen, Reorganisation des Regierungsapparates (moderne Ministerien, Verfassungsentwurf), staatliche Opiumunterdrückung, moderne Provinzarmee. Internationalisierungsschub: Ausländische Berater kommen nach China, chinesische Studenten gehen ins Ausland (Japan, USA, Europa).

1909 Nach dem Tod von Guangxu (wahrscheinlich im Nov. 1908 im Auftrag von Cixi ermordet, die einen Tag später stirbt) wird der dreijährige Puyi (*1905, †1967) mit der Regierungsdevise *Xuantong* (1909–

Chinesische Importe im Zeitalter des Imperialismus (Warenanteile in %)

Jahr	Gesamtwert in Hongkong-Tael*	Opium	Baumwollwaren	Baumwollgarn	Getreide	Zucker	Tabak	Kohle	Petroleum	Erze, Metalle	Maschinen, Fahrzeuge	andere Artikel
1868	6 328 200	33,1	29,0	2,5	0,8	0,8	–	2,1	–	4,8	–	26,9
1880	7 929 300	39,3	24,9	4,6	0,1	0,4	–	1,2	–	5,5	–	24,0
1890	12 709 300	19,5	20,2	15,3	9,6	0,9	–	1,6	3,2	5,7	0,3	23,7
1900	21 107 000	14,8	21,5	14,3	7,0	3,0	0,5	3,1	6,6	4,7	0,7	23,8
1905	44 710 100	7,7	25,6	15,0	2,9	5,1	1,4	1,6	4,5	10,4	3,0	22,8
1913	57 016 300	7,4	19,3	12,7	5,2	6,4	2,9	1,7	4,5	5,3	2,2	32,4

*zu 0,75 Hongkong-Dollar (um 1880–1913)

1911) der **letzte Kaiser von China**. Um wenigstens die Loyalität des Heeres zu sichern, entlässt sein für ihn regierender Vater, ZAIFENG, PRINZ CHUN, (*1883, †1957) sofort den Oberbefehlshaber YUAN SHIKAI.

Die Republik China 1911/12–1945

Seit der Jahrhundertwende studieren immer mehr Chinesen im Ausland (v. a. Japan) und agitieren gegen die Qing-Herrschaft. Der aus einer kantonesischen Bauernfamilie stammende **SUN YATSEN** (*1866, †1925) wird 1879–1883 auf Hawaii anglikanisch erzogen, studiert bis 1892 Medizin in Hongkong und organisiert seit 1895 in Südchina mit Unterstützung der Auslandschinesen antimandschurische Aufstände der Geheimgesellschaften. Mit mit mehreren Hundert Vertretern aus 17 Provinzen gründet er den »Schwurbund« (*Tongmenghui*) in Tokio (20. Aug. 1905), die erste politische Organisation, die sich zu revolutionären Zielen bekennt und ganz China im Blick hat. SUN ist ihr unbestrittener Führer. Sein politisches Ziel ist es, nach der Revolution in einem Drei-Stufen-Programm (drei Jahre Militärregierung, sechs Jahre provisorische Verfassung) eine parlamentarische Demokratie einzurichten. Anhänger SUNS organisieren mehrere örtlich begrenzte Revolten in allen Teilen des Reichs.

1911, 10. Okt. Nach einem Garnisonsputsch in Wuchang (Wuhan, Provinz Hubei) kommt es zur **Xinhai-Revolution** gegen die kaiserliche Regierung. Eine Provinz nach der anderen erklärt ihre Unabhängigkeit.

29. Dez. Nachdem der wieder berufene **YUAN SHIKAI** zwischen dem Qing-Hof und den Aufständischen vermittelt hat, wird SUN YATSEN zum provisorischen Präsidenten proklamiert. **Gründung der Republik China**.

1912, 12. Febr. Nach der Abdankung des Kaisers tritt SUN YATSEN freiwillig zurück, um einen Bürgerkrieg abzuwenden.

10. März Dadurch ist der Weg für die Präsidentschaft YUAN SHIKAIS frei.

12. Aug. **SUN YATSEN gründet die Guomindang** (GMD: »Nationalchinesische Volkspartei«).

1913, Jan. Aus den ersten Wahlen geht die GMD als Siegerin hervor und widersetzt sich den Alleinherrschaftsansprüchen YUAN SHIKAIS.

April Ein Fünf-Mächte-Konsortium (England, Frankreich, Deutschland, Russland, Japan) gewährt YUAN unter Umgehung des Parlaments eine stattliche »Reorganisationsanleihe«, die dieser zur Stärkung seiner innenpolitischen Macht (Finanzierung des Militärs) verwendet. Gleichzeitig entledigt er sich führender Reformpolitiker: Ermordung SONG JIAORENS (*1882) am 23. März und Flucht SUN YATSENS nach Japan.

Juli Mit der Absetzung der GMD-Provinzgouverneure löst YUAN SHIKAI die »Zweite Revolution« (auch »Neue Diktatur« genannt) aus: Mehrere Provinzen, die sich unabhängig erklären, werden binnen zwei Monaten von YUANS Armee geschlagen.

4. Nov. Verbot der GMD, Pressezensur und Abschaffung der Parlamente.

1914, 10. Jan. Nach der Auflösung des Parlaments per Dekret regiert **YUAN SHIKAI** als **Militärdiktator** und strebt die Wiedererrichtung der Monarchie an.

23. Aug. Japan erklärt dem Deutschen Reich den Krieg und besetzt die deutschen Pachtgebiete auf Shandong (Qingdao fällt am 7. Nov.).

1915, 18. Jan. Die »21 Forderungen« Japans, die auf die Übernahme aller deutschen Rechte und Investitionen hinauslaufen, werden im Wesentlichen von YUAN SHIKAI angenommen und führen zu anti-japanischen Protestaktionen.

1916, 6. Juni Nach dem Tod YUAN SHIKAIS politische Desintegration: Regionale Militärcliquen herrschen mit ihren Privatarmeen und bekämpfen sich gegenseitig. Die parasitären Regime der **Warlord-Ära** beuten ihre Einflussgebiete rücksichtslos aus (Sondersteuern, Beschlagnahmung von Arbeitstieren, Zwangsrekrutierungen). In Peking besteht die Zentralregierung nominell fort, beschränkt sich aber auf die außenpolitische Vertretung Chinas.

1917, 14. Aug. Chinesische Kriegserklärung an die Mittelmächte. SUN YATSENS Versuch, von Kanton aus eine Regierung aufzubauen, scheitert. Die 1915 von CHEN DUXIU (*1879, †1942) gegründete Zeitschrift *Xin Qingnian* (»Neue Jugend«) wird zum Forum der jungen Intellektuellen, welche die Übernahme westlicher Zivilisation und Technologie fordern. Die Idee der »Aufklärung« (*qimeng*) entwickelt sich aus dem Gefühl nationaler Bedrohung heraus. Das konfuzianische Erbe wird für die Hilflosigkeit Chinas verantwortlich gemacht. Beginn der Suche nach neuen politischen Lösungen in Anarchismus, Gildensozialismus, Demokratiekonzepten und Marxismus.
Ein wachsendes Industrieproletariat (1915–1922 Verdoppelung auf zwei Mio.; 200 000 Chinesen arbeiten im Ersten Weltkrieg in Europa) ist zur Hälfte in ausländischen Unternehmen beschäftigt: Arbeitskämpfe werden zu »nationalen« Konflikten.

1919, 4. Mai **Blutige Studentendemonstration in Peking**: Als im geheimen Einverständnis zwischen den Großmächten bei den Versailler Friedensverhandlungen die ehemaligen deutschen Rechte in China auf Japan übergehen sollen, bricht ein nationaler Entrüstungssturm los, der im ganzen Land in Streiks und Boykotts japanischer Waren kulminiert. Die **»Vierte-Mai-Bewegung«** ist die erste Nationalbewegung Chinas. Erstmals bildet sich eine breite Allianz verschiedener Gesellschaftsschichten. Als kulturelle Erneuerung wird die konfuzianische Tradition (Einführung der Umgangssprache als Schriftsprache) bekämpft. Das gestärkte Nationalbewusstsein fördert die Aufnahme neuer Ideen unter den Intellektuellen (begeisterter Empfang des amerikanischen Politikers JOHN DEWEY [*1902, †1971] sowie der Philosophen TAGORE [*1861, †1941] und BERTRAND RUSSELL [*1872, †1970]).
Enttäuscht vom Verrat Japans und der Westmächte und unter dem Eindruck der russischen Oktoberrevolution von 1917 wenden sich Intellektuelle und Studenten erstmals dem Marxismus zu. Ihnen erscheint der Weg der Sowjetunion, die 1918/19 von sich aus

auf alle Vorrechte aus den »ungleichen Verträgen« verzichtet, als einzige Möglichkeit, China von imperialistischer Abhängigkeit zu befreien.

1921, Juli In Shanghai wird die **Kommunistische Partei Chinas (KPCh)** in Anwesenheit von 13 Delegierten sowie des Komintern-Beauftragten G. MARING (HENRICUS SNEEVLIET, *1883, †1942) **gegründet**. Zu den geistigen Führern der Partei zählen die Pekinger Professoren LI DACHAO (*1888, †1927) und CHEN DUXIU (erster Generalsekretär der Partei).

1922, Mai PENG PAI (*1896, †1929) organisiert in seiner Heimatprovinz Guangdong Bauernverbände, die Vorläufer der kommunistischen Bauernbewegung. Als erster erkennt er die Bedeutung der Bauern für eine sozialistische Revolution in China. Er wird 1929 verhaftet und hingerichtet.

Dez. Die Japaner ziehen sich aus Shandong zurück.

1923, 26. Jan. Mit Unterstützung der Sowjetunion und der Komintern errichtet SUN YATSEN in Kanton seine revolutionäre Basis. In einem gemeinsamen Manifest vereinbaren SUN und der sowjetische Gesandte ADOLF A. JOFFE (*1883, †1927) die Zusammenarbeit von GMD und Sowjetunion beim Aufbau einer schlagkräftigen Armee sowie einer straff organisierten Partei in China. Die KPCh erklärt sich unter Druck der Komintern nach einer anfänglich radikal-revolutionären Phase zu einem Bündnis mit der GMD SUNS bereit (**Erste Einheitsfront**). Die KPCh bleibt zwar bestehen, doch treten ihre Mitglieder einzeln der GMD bei und bilden in ihr einen »inneren Block«. Diese Allianz gehen die Kommunisten in der Hoffnung ein, die guten Kontakte der GMD zur Arbeiterschaft zu nutzen und die Partei SUNS im Laufe der Zeit unterwandern zu können. Dagegen ist der von den Westmächten und seinen bisherigen Verbündeten enttäuschte SUN v. a. an materieller Unterstützung durch die Sowjetunion interessiert.

1924, Mai Gründung der Whampao-Militärakademie bei Kanton unter der Leitung von General CHIANG KAISHEK (JIANG JIESHI, *1887, †1975).

SUN YATSEN hält Vorträge über die **»Drei Volksprinzipien«** (*sanmin zhuyi*), die später einen kanonischen Status erlangen (»Manifest des chinesischen Nationalismus«): Das erste Prinzip, der ethnische Nationalismus (*minzu zhuyi*), ist mit Wiederherstellung han-chinesischer Souvernänität 1912 bereits erfüllt; das zweite Prinzip (*minquan zhuyi*, »Demokratie«), ordnet die Freiheit des Einzelnen dem Gesamtwohl der Nation unter und soll erst nach der Übergangsperiode einer Vormundschaftsregierung allmählich umgesetzt werden; im dritten Prinzip, der Volkswohlfahrt (*minsheng zhuyi*), setzt SUN auf eine evolutionäre Entwicklung der Produktivkräfte unter einem langfristig planenden Staat. Ein liberaler Verfassungsstaat ist in dieser Lehre nicht vorgesehen. Daher können sich später diktatorische Regime der GMD wie der KPCh problemlos auf SUN berufen.

1925, 12. März **SUN YATSEN stirbt**. Im Verlauf der nun ausbrechenden Nachfolgekämpfe spaltet sich die GMD in einen rechten und linken Flügel. CHIANG KAISHEK steigt nach einem Militärputsch zu einem der wichtigsten Führer in der GMD auf.

30. Mai/23. Juni »Zwischenfall« in Shanghai und Massaker von Kanton. Boykotte und Streiks gegen die wirtschaftliche Dominanz der fremden Mächte, v. a. Briten und Japaner. Organisatorischer Aufschwung der Arbeiterbewegung und der Kommunisten.

1926, Juli Von Kanton aus bricht CHIANG KAISHEK mit der Nationalarmee zum beinahe zwei Jahre dauernden **Nordfeldzug** (*beifa*) gegen die *Warlords* auf. Obwohl die Kommunisten der GMD Hilfe leisten, beginnt er seine antikommunistischen Aktionen.

1927, März Auch zwischen dem linken Flügel der GMD, der in Wuhan (Provinz Hubei) eine Regierung bildet, und den Kommunisten wachsen die Spannungen.

12. April Höhepunkt der **Kommunistenverfolgung** ist ein blutiges Massaker, das CHIANG KAISHEK in Shanghai unter ihnen und in den von ihnen kontrollierten Arbeiterorganisationen anrichten lässt. – Ende der ersten Einheitsfront und gegenrevolutionärer Terror in ganz China.

15. Juli Auch der linke Flügel der GMD bricht mit den Kommunisten, schließt sie aus der Regierung aus und verfügt ihre Bekämpfung. Nach erfolglosen militärischen Aufständen sammeln ZHU DE (*1885, †1976) und MAO ZEDONG (*1893, †1976) die Reste der kommunistischen Verbände zunächst im gebirgigen Hinterland der Provinz Hunan. Im Grenzgebiet der Provinzen Jiangxi und Fujian errichten sie ein **»Sowjetgebiet«**. ZHU DE baut die Rote Armee auf. Weitere Gründungen kommunistischer Stützpunktgebiete folgen.

1928, Febr. Die verschiedenen Flügel der GMD einigen sich wieder und wählen in Nanjing eine neue Nationalregierung (**»Nanjing Dekade«**). CHIANG KAISHEK wird Vorsitzender des Zentralen Exekutivkomitees und Oberbefehlshaber der Armee.

8. Juni Erfolgreicher Abschluss des Nordfeldzuges bald nach dem Einmarsch von CHIANGS Truppen in Peking.

1931, 18. Sept. Japanische Truppen fallen in die Mandschurei ein (**»Mukden-Zwischenfall«**). Beginn der Besetzung des gesamten Nordostens durch die japanischen Festlandtruppen (Kwantung-Armee). Dadurch, sowie durch Flügelkämpfe innerhalb der GMD und Aktionen der de facto selbstständig gebliebenen Militärmachthaber, wird der wirtschaftliche Aufbau der Nanjinger Republik behindert.

7. Nov. Der erste Nationale Sowjetkongress ruft in Ruijin (Provinz Jiangxi) die **Chinesische Sowjetrepublik** aus; in dieser Zeit haben die Kommunisten schon die ersten Angriffe der GMD erfolgreich abgeschlagen.

1932, 18. Febr. Unter japanischer Aufsicht erklärt die Mandschurei (**Mandschukuo**) ihre Unabhängigkeit. Als Oberhaupt wird der letzte Qing-Kaiser PUYI eingesetzt und zwei Jahre später zum Kaiser erhoben. Der Völkerbund missbilligt das japanische Vorgehen. Japan tritt aus dem Völkerbund aus. Nur Deutschland und Italien erkennen den Marionettenstaat Mandschukuo an.

1934 Nachdem es CHIANG KAISHEK gelungen ist, die Autorität der von ihm geführten Regierung gegen die oppositionellen Militärmachthaber zu stärken, kann er in einem fünften Vernichtungsfeldzug mit seinen Truppen die Jiangxi-Sowjets zerschlagen. Nur mit Mühe gelingt den Kommunisten die Flucht.

27. Okt. Beginn des **Langen Marsches** der Roten Armee in den Nordwesten Chinas.

1935 Auf der Zunyi-Konferenz des Politbüros beginnt MAO ZEDONGS Aufstieg in der KPCh (6.–8. Jan.). Im Herbst erreichen die Überlebenden des Langen Marsches Yan'an (Provinz Shaanxi) und bauen dort ihren neuen Hauptstützpunkt auf.

1936, 12.–15. Dez. CHIANG KAISHEK wird in Xi'an durch eigene Truppen, die für eine Intensivierung des Widerstands gegen Japan eintreten, gefangen genommen, was die mögliche Vernichtung der Kommunisten verhindert und den Weg zu einer zweiten Einheitsfront ebnet.

1937, 7. Juli Ein Feuergefecht zwischen chinesischen und japanischen Einheiten (**Zwischenfall an der Marco-Polo-Brücke**) löst eine umfassende japanische Offensive und damit den zweiten Krieg Chinas mit Japan aus (»anti-japanischer Widerstandskrieg«). Japan besetzt nachfolgend weite Teile Nord- und Ostchinas, daher erneut Zweckbündnis zwischen CHIANG KAISHEK und den Kommunisten (**zweite Einheitsfront**).

13. Dez. Nach der Einnahme ihrer Hauptstadt Nanjing durch die Japaner mit hohen Verlusten unter der chinesischen Zivilbevölkerung (**»Nanjing-Massaker«**) weicht die nationalchinesische Regierung zunächst nach Hankou (Wuhan) und im darauf folgenden Sommer nach Chongqing (östlich der Provinz Sichuan) aus. Damit kontrolliert sie nur noch den Westen und Südwesten Chinas. Die Kommunisten dagegen mobilisieren von ihrem Rückzugsgebiet Yan'an aus in den von Japan besetzten Gebieten den Widerstand der Bevölkerung (Guerillataktik).

1940 Zunehmende amerikanische Sanktionen gegen Japan und allmähliche Hinwendung der USA zu China. Die Japaner richten in Nanjing eine nationalchinesische Marionettenregierung ein (März). »Hundert-Regimenter-Offensive« kommunistischer Truppen in Nordchina (Aug.–Dez.).

1941, Jan. GMD-Truppen überfallen und vernichten im Süden der Provinz Anhui kommunistische Truppenteile. Damit faktisches Ende der zweiten Einheitsfront. Die Nationalregierung erklärt Deutschland und Italien den Krieg (9. Dez.).
MAO verkündet in Yan'an einen eigenen chinesischen Marxismus (Partisanenkrieg, »Neue Demokratie«, »Massenlinie«) und damit die ideologische Emanzipation von der sowjetischen Bevormundung.

1942 Die »Berichtigungsbewegung« im kommunistischen Hauptquartier Yan'an legt Parteimitglieder und Intellektuelle auf eine einheitliche Parteilinie fest. Methoden der Indoktrinierung, öffentlichen Beschuldigung und Selbstkritik werden eingeführt. Gründung von Bauernvereinen und erste Maßnahmen der Landreform in den kommunistischen Basisgebieten.

1944, April–Dez. »Operation Ichigo«, die größte und erfolgreichste japanische Offensive in China seit Herbst 1938. Amerikanische Diplomaten versuchen zwischen CHIANG KAISHEK und MAO ZEDONG zu vermitteln.

1945, 23. April–11. Juni VII. Nationalkongress der KPCh in Yan'an. MAO ZEDONG wird unangefochtener Führer der Partei und fordert die GMD zu einer Koalitionsregierung auf.

6./9. Aug. Atombombenabwürfe in Hiroshima und Nagasaki zwingen Japan zur Kapitulation. Damit endet auch der Zweite Weltkrieg für China.

Die innere Lage Chinas am Ende des Zweiten Weltkriegs

Eine kompromisslose Haltung gegenüber Japan und eine ebenso pragmatische wie effektive Politik in den von ihnen beherrschten oder kontrollierten Gebieten verschafft den Kommunisten die Sympathie breiter Bevölkerungsteile und ihren Armeen großen Zulauf.

Entgegen dieser Entwicklung findet die wirtschaftliche Konsolidierungspolitik der GMD mit dem Ausbruch des Krieges gegen Japan und dem Verlust großer Teile Chinas ein jähes Ende. Trotz beträchtlicher Erfolge auf einzelnen Gebieten (Erziehung, Verkehrswesen, Finanzpolitik) gelingt kein wirklicher entwicklungspolitischer Durchbruch. Während das Ausbleiben einer durchgreifenden Landreform die Hoffnungen zerstört, die die Bauern in die GMD gesetzt haben, treiben politische Repression und die Rückkehr zu einer am Konfuzianismus orientierten Gesellschaftsauffassung die städtische Intelligenz in die Entfremdung von der Regierung. Weiteres Vertrauen kosten die zögernde Politik gegenüber Japan, innerparteiliche Fraktionskämpfe, administrative Inkompetenz und eine seit Anfang der vierziger Jahre zunehmende Korruption.

Obwohl CHIANG KAISHEK die drohende Gefahr erkennt, die sich aus der Konsolidierung der Kommunisten für die Zeit nach dem Krieg gegen Japan ergibt, kann er trotz militärischer Gegenmaßnahmen und einer Blockade der von ihnen besetzten Gebiete nicht verhindern, dass sich ihre Position ständig verbessert. Im Frühjahr 1945 verfügt die KPCh über 1,2 Mio. Mitglieder und kontrolliert eine Bevölkerung von fast 100 Mio. Zudem kann sie mit einer Armee von über einer Mio. Soldaten und über zwei Mio. dörflicher Milizen gelassen das Ende des Kriegs abwarten. | Forts. S. 1713, 1731 |

Korea (16. Jh.–1945) | Forts. v. S. 685 |

Ab Ende des 16. Jh.s stürzen die geopolitischen Umschwünge in Ostasien – Destabilisierung des Ming-Reiches und Vereinigung Japans – Korea in eine Reihe außen- und innenpolitischer Krisen. Die Chosôn-Dynastie überlebte zwar; Preis dieser Stabilität ist aber eine suboptimale Anpassungsfähigkeit an die Herausforderungen der Moderne.

1592/93 und 1597/98 Zwei große **japanische Invasionsversuche** unter TOYOTOMI HIDEYOSHI (*1536, †1598) scheitern: Der koreanische Admiral Yi Sun-shin (*1545, †1598) erringt bedeutende Siege über die japanische Flotte, die japanischen Landtruppen dringen jedoch bis Pjöngjang vor und können nur durch das Eingreifen chinesischer Armeen abgewehrt werden. Die zweite Besetzung des südlichen Korea wird mit dem Tod Hideyoshis abgebrochen und lässt das Land völlig verwüstet zurück. Die Invasionen hinterlassen tiefe kulturelle und soziale Einschnitte durch den Verlust von Menschen, u. a. der Abtransport koreanischer Handwerker als Kriegsgefangene nach Japan, Daten (Sklavenregister) und Kulturschätzen; die herrschende Elite verliert ihre Legitimation.

1609 Friedensvertrag mit Japan und Öffnung des Hafens Pusan.

seit um 1616 Wachsende Bedrohung aus dem Norden durch die Jurchen, die eine mandschurische Dynastie gründen. Chosŏn entschließt sich zur Loyalität gegenüber der chinesischen Ming-Dynastie und sieht sich daraufhin mit einer mandschurischen Invasion konfrontiert (1627).

1637 Eine zweite mandschurische Invasion zwingt Chosŏn zur Anerkennung des Vasallenstatus gegenüber der mandschurischen Qing-Dynastie, die bald darauf China erobert. Dies wird als tiefe Schmach empfunden, da die Mandschuren von alters her als Barbaren betrachtet werden, und führt zunächst zu kultureller Abschottung von Qing-China.

17. Jh. Aufschwung der Landwirtschaft (Nassreisbau, Bewässerung) und des Handels (Anbau von Ginseng und Tabak). Die konfuzianischen Gelehrten wenden sich von der traditionellen, ethischen Philosophie ab und beschäftigen sich mit aktuellen gesellschaftlichen Problemen. Die Bezeichnung des 20. Jh.s für diese Strömung ist *Sirhak* (»Schule der praktischen Wissenschaft«).

1660–1880 Die Konkurrenz der anwachsenden Gelehrtenelite um die verfügbaren Beamtenposten führt seit Ende des 16. Jh.s zur Bildung von Netzwerken um zentrale Figuren herum (Fraktionen), deren teilweise blutigen Kämpfe (Höhepunkt 1694–1722) die Effizienz der Zivilverwaltung beeinträchtigen. Im 18. Jh. kommt es unter der Führung der starken Könige Yŏngjo (*1694, †1776; 1724–1776) und Chŏngjo (*1752, †1800; 1776–1800) zu **politischer Stabilisierung** und einer **kulturellen Renaissance**. Rege Aufnahme der kulturellen und technologischen Neuerungen Qing-Chinas. Einige Gelehrte bekehren sich zum Katholizismus (*Sŏhak*, »Westliche Lehre«), der sich trotz Verfolgungen (1801, 1839, 1866) langsam ausbreitet. Die beginnende Merkantilisierung der Gesellschaft erodiert den Sonderstatus der Gelehrtenelite.
Die unfähige und korrupte Regierung – seit 1800 konzentriert sich die Macht in den Händen weniger Familien – ruft innere Unruhen hervor. Es entstehen Sekten, die bodenständige, religiöse Wurzeln mit sozialrevolutionären Zielen verbinden (*Tonghak*, »Östliche Lehre«).

1864 Inthronisierung des minderjährigen Kojong (*1852, †1919; bis 1907). Sein Vater Taewŏn'gun (Yi Ha-ŭng; *1820, †1898), der die Regierungsgeschäfte bis 1873 in Händen hat, führt Reformen zur Stärkung der Monarchie durch, wehrt aber ausländische Kontaktversuche entschieden ab.

1876 Japan erzwingt militärisch die »Öffnung« von drei koreanischen Häfen.

1882–1884 Unter dem Druck der Qing-Regierung schließt Korea weitere Handelsverträge mit anderen westlichen Mächten. Die Einführung westlicher Waren und Technologien belastet v. a. die Bauern, die immer stärker der Tonghak-Bewegung zuströmen; wiederholte krisenhafte Konflikte zwischen Reform- und Restaurationskräften. Ab 1884 mischt sich China zunehmend in die Innenpolitik ein.

1894 Ein Aufstand der Tonghak-Bewegung bedroht die Regierung. Die zu Hilfe gerufenen chinesischen Truppen stoßen auf die japanische Interventionsarmee.

1894/95 Der Chinesisch-Japanische Krieg um den Besitz Koreas endet mit einer vernichtenden Niederlage Chinas.

1895 Im Frieden von Shimonoseki muss China die »Unabhängigkeit« Koreas anerkennen. Unter japanischer Hegemonie werden Reformen nach westlichem Muster durchgeführt (Ernennung eines Kabinetts, Abschaffung der Staatsprüfungen). Zwischen Japan und Russland, die ihre Einflusssphären in Korea und der Mandschurei ausweiten, wachsen die Spannungen.

1896 Nach der Ermordung der antijapanisch eingestellten Königin Min (Myŏngsŏng; *1851, †1895) fliehen König und Kronprinz für ein Jahr in die russische Gesandtschaft.

1897 Mit Unterstützung einer Volksbewegung zur Wiederherstellung der koreanischen Souveränität kehrt König Kojong in den Palast zurück und proklamiert Korea zum Kaiserreich Tae Han.

1904/05 Im Russisch-Japanischen Krieg besetzt Japan Seoul und erzwingt die Annullierung der den Russen gewährten Konzessionen. Die Besetzung Koreas ermöglicht Japan die Offensive in der Mandschurei und Flottenoperationen gegen russische Seestreitkräfte.

1905, 5. Sept. Im Frieden von Portsmouth erkennt Russland Korea als japanisches Interessengebiet an. Korea wird japanisches Protektorat.

1910, 22. Aug. Nach der erzwungenen **Abdankung des Kaisers** wird Korea unter der Bezeichnung Chosen als Generalgouvernement Japan angeschlossen. Die koloniale Unterdrückung der koreanischen Kultur und die wirtschaftliche Ausbeutung führen zur Auswanderung vieler Koreaner in die Mandschurei, nach China, Hawaii, aber auch (als billige Arbeitskräfte) nach Japan. Konzentrierung der agrarischen Entwicklung im Süden und des industriellen Aufbaus im Norden.

1919, 21. Jan. Tod des vorletzten Kaisers Kojong.

1. März Die Erklärung der Unabhängigkeit (»Bewegung des 1. März«) zieht wochenlange landesweite antijapanische Demonstrationen nach sich. Deren blutige Niederschlagung führt zu internationalen Protesten, aufgrund derer die straffe militärische Verwaltung der Kolonie (einschließlich Zensurmaßnahmen) gelockert wird (»Kulturregime«).

April Eine Exilregierung unter Mitwirkung SYNGMAN RHEES (*1875, †1965) wird in Shanghai gegründet.

1920–1930 Japan bestimmt Korea zum Reisanbaugebiet, um die durch die einseitige Industrialisierung gefährdete Versorgung mit Reis zu sichern.

seit 1930 Korea dient als Aufmarschgebiet für die japanischen Eroberungen auf dem Festland. Der bürgerlich-nationale Widerstand innerhalb Koreas wird nach und nach aufgesogen, seine Akteure zur Kollaboration gezwungen oder überredet. In der Mandschurei sowie im koreanischen Untergrund wirkende kommunistische Gruppierungen können sich somit als Hauptwiderstandskraft legitimieren.

seit etwa 1934 Japan betreibt eine verstärkte Assimilationspolitik, insbesondere nach Ausbruch des chinesisch-japanischen Krieges 1937 (schrittweise Zurückdrängung des Koreanischen aus dem öffentlichen Leben, Zwangsteilnahme am Shintō-Kult, Japanisierung des Schulcurriculums). Koreanische Soldaten werden zum Dienst in der japanischen Armee genötigt, koreanischer Frauen zur Prostitution in japanischen Militärbordellen gezwungen. Die Lieferung von Nahrungsmitteln, Rohstoffen und Arbeitskräften für die japanische Rüstungsindustrie lässt das Land wirtschaftlich ausbluten.

1943/45 In den Konferenzen von Kairo und Potsdam garantieren die Alliierten die Unabhängigkeit Koreas. | Forts. S. 1733, 1736 |

Japan (1603–1945) | Forts. v. S. 689 |

Tokugawa-Zeit (1603–1867)

Die Tokugawa-Zeit ist eine mehr als 250-jährige Periode inneren Friedens, politischer Stabilität und wirtschaftlichen Wachstums unter der Hegemonie der vom Kriegerstand getragenen Shōgunatsregierung. Die Stabilität und Sicherheit der neuen Regierung wird durch eine sorgfältige Balance der Macht zwischen Lehnsgebieten, deren Herrscher mit den Tokugawa verwandt sind, Lehnsgebieten, die schon vor der Schlacht von Sekigahara mit den Tokugawa verbündet waren, und den erst nachträglich unterworfenen Lehnsherren gesichert. Ein beachtlicher Teil der Kriegerkaste der Samurai, die in ihrer ursprünglichen Funktion nicht mehr gebraucht werden, lässt sich in Edo oder anderen befestigten Städten nieder und tritt in den Verwaltungsdienst ein. Daneben entsteht ein städtisches Bürgertum, das die Samurai allmählich in wirtschaftlicher Hinsicht überholt, jedoch keinen Anteil an der politischen Macht hat. Zugleich ist die Tokugawa-Zeit eine Periode strenger Kontrolle und Einschränkung sozialer Mobilität zwischen den vier Ständen der Krieger, Bauern, Handwerker und Kaufleute sowie der Abschottung des Landes nach außen. In der späten Epoche des Tokugawa-Regimes beginnen die europäischen Mächte und die USA auf die Aufnahme von Handelsbeziehungen und die Erlaubnis zur Einrichtung von Kohle- und Rettungsstationen für Schiffbrüchige zu drängen.

1603 Kaiser GO-YŌZEI (*1571, †1617; 1586–1611) verleiht TOKUGAWA IEYASU den traditionellen Titel eines Shōgun und erkennt ihn so als den eigentlichen Herrscher über das Land an. TOKUGAWA IEYASU (*1542, †1616) verlegt den Sitz der Shōgunatsregierung nach Edo, dem heutigen Tokio.

1605 IEYASU tritt offiziell zugunsten seines Sohnes HIDETADA (*1579, †1632) zurück, übt aber in der Praxis die Regierungsgewalt bis zu seinem Tod weiterhin aus. Auf Anraten seines englischen Beraters WILLIAM ADAMS (*1564, †1620), der als Lotse auf einem niederländischen Handelsschiff nach Japan gelangt war, lädt IEYASU die Holländer zur Aufnahme von Handelsbeziehungen ein.

1609 Die Niederländische Ostindien-Kompanie eröffnet eine Faktorei in Hirado in Westjapan.

1613 Die Britische Ostindien-Kompanie folgt dem Beispiel der Niederländer.

1615 Nach der Erstürmung der Burg von Osaka und dem Selbstmord von TOYOTOMI HIDEYORI (*1593) ist die Alleinherrschaft der Familie Tokugawa unbestritten.

1623 Die Engländer schließen ihre Faktorei in Hirado wegen mangelnder Rentabilität.

1624 Die Shōgunatsregierung weigert sich, einer spanischen Aufforderung zur Aufnahme von Handelsbeziehungen Folge zu leisten.

1632 Unter dem dritten Shōgun der Tokugawa-Dynastie, TOKUGAWA IEMITSU (*1604, †1651; 1623–1651), wird das Herrschaftssystem weiter ausgebildet. Die der Zentralregierung unmittelbar unterstellten Lehnsherren (*daimyō*) werden in drei Gruppen unterteilt: Die in den strategisch wichtigen Gebieten des Landeszentrums gelegenen Lehen bleiben dem Tokugawa-Clan selbst und den mit ihm verwandten Familien, den »verwandten Lehnsherren« (*shimpan daimyō*) vorbehalten. Eine zweite Gruppe bilden die »erblichen Vasallen« (*fudai daimyō*), die sich bereits vor der Schlacht von Sekigahara den Tokugawa unterworfen hatten oder mit ihnen verbündet waren. Die »äußeren Lehnsherren« (*tōzama daimyō*), die sich den Tokugawa erst nach dem Sieg angeschlossen hatten, erhalten Besitzungen in den westlichen und östlichen Provinzen, müssen aber jedes zweite Jahr in Edo verbringen und Geiseln in der Hauptstadt lassen, wenn sie sich auf ihren Besitztümern aufhalten. An der politischen Macht nehmen sie ebenso wenig teil wie der Kaiser, dessen Befugnisse auf kultische und zeremonielle Aufgaben beschränkt bleiben.

1636 Auslandsreisen japanischer Staatsbürger werden verboten. Japaner, die als Schiffbrüchige ins Ausland verschlagen werden, sind von der Repatriierung ausgeschlossen.

1637/1638 **Verbot des Christentums** nach der Niederwerfung eines Aufstands in Shimabara auf Kyūshū, der von einem zum Christentum übergetretenen Samurai angeführt worden war.

1639 Die Gesetze zur Abschottung des Landes werden verschärft: Japaner dürfen weder ihre Heimat verlassen noch aus dem Ausland dorthin zurückkehren. Der Bau hochseetüchtiger Schiffe wird unterbunden.

Lediglich chinesische und holländische Schiffe dürfen Japan unter strenger Kontrolle anlaufen.

1641 Den Niederländern wird die künstliche Insel Deshima im Hafen von Nagasaki als Sitz ihrer Faktorei zugewiesen. Sie dürfen Deshima nur einmal im Jahr verlassen, wenn sie dem Shōgun in Edo ihre Aufwartung machen. Kontakte zwischen Ausländern und Japanern werden streng kontrolliert.

1720 Das Verbot der Einfuhr ausländischer Bücher wird dahingehend gemildert, dass nur Bücher christlichen Inhalts als verboten gelten.

1837 Ein amerikanisches Schiff, das einen Landeversuch macht, wird von japanischen Küstenbatterien beschossen.

1844 Ein Schreiben des Königs der Niederlande an das Shōgunat, mit dem die Öffnung des Landes für den niederländischen Handel gefordert wird, bleibt unbeantwortet.

1844–1846 Britische, französische und amerikanische Kriegsschiffe besuchen mehrmals erfolglos die Ryūkyū-Inseln, die Bucht von Nagasaki und den Hafen von Uraga in der Bucht von Edo, um die Aufnahme von Handelsbeziehungen zu fordern. Das Shōgunat lehnt diese Forderungen jedes Mal ab.

1853, 8. Juli Kommodore Matthew C. Perry (*1794, †1858) von der US-Marine wirft mit vier Kanonenbooten in Uraga Anker, um ein Schreiben des Präsidenten der USA zu übergeben, in dem die gastliche Aufnahme Schiffbrüchiger, die Bereitstellung von Proviant, Wasser und Kohle für fremde Schiffe sowie die Öffnung eines japanischen Hafens für den Handel mit Amerika verlangt werden.

1854, 13. Febr. Kommodore Perry kehrt mit neun Kriegsschiffen zurück, um – wie angekündigt – eine Antwort des Shōgunats zu holen.

31. März Im **Vertrag von Kanagawa** verpflichtet sich die japanische Regierung zur Öffnung der Hafenstädte Shimoda und Hakodate für den Handel mit den USA. Außerdem stimmt sie der Etablierung eines amerikanischen Generalkonsulats in Shimoda zu.

1854–1861 Darauf folgen ähnliche Verträge mit Großbritannien (1854), Russland (1855), den Niederlanden (1856), Frankreich und Preußen (1861).

1856 Als erster diplomatischer Vertreter der USA nimmt Townsend Harris (*1804, †1878) seinen Amtssitz zunächst in einem buddhistischen Tempel in Shimoda ein. Wenig später wird ihm gestattet, das Generalkonsulat in die Hauptstadt Edo zu verlegen.

1858, 29. Juli Im **Harris-Vertrag** wird die Öffnung weiterer fünf Häfen für den amerikanischen Handel vereinbart. Überdies sichert die Shōgunatsregierung amerikanischen Bürgern in den Hafenstädten die Befreiung von der japanischen Gesetzgebung und die Garantie der freien Religionsausübung zu.

1859 In Edo etablieren sich auch eine britische und eine französische Vertretung.

1863/1865 Nach fremdenfeindlichen Zwischenfällen in der Hafenstadt Kagoshima, bei denen ein britischer Matrose getötet wurde, kommt es zur Beschießung von Kagoshima (1863) durch ein britisches Geschwader. Darauf sichert die Regierung der Provinz Satsuma die Bestrafung der Mörder und die Zahlung einer Entschädigung zu.

1864 Nachdem westliche Schiffe in der Meeresenge von Shimonoseki von Truppen des Chōshū-Clans angegriffen wurden, kommt es zur Beschießung des Forts von Shimonoseki durch eine britisch-niederländisch-französisch-amerikanische Flotte und schließlich zu einer gemeinsamen Flottendemonstration der Westmächte in der Bucht von Edo.

1867, 9. Nov. Nach Aufständen in den Lehnsgebieten von Satsuma und Chōshū gegen das Shōgunat bietet der fünfzehnte und letzte Shōgun aus dem Hause Tokugawa, Tokugawa Yoshinobu (*1837, †1913) dem Kaiser seinen Rücktritt an.

1868, 3. Jan. Der junge Kaiser Mutsuhito (*1852, †1912) übernimmt unter dem Regierungsnamen **Meiji Tennō** selbst die Herrschaft. Damit ist das **Shōgunatssystem nach 700 Jahren abgeschafft** und die Modernisierung des Landes beginnt.

Meiji-Zeit (1868–1912)

Die Meiji-Zeit steht im Zeichen eines **Reform- und Modernisierungsprozesses**, u. a. Abschaffung des Feudalsystems, Rücknahme der Lehen, Zentralisierung der Verwaltung durch Errichtung eines Präfektursystems und allmählicher Übergang zur konstitutionellen Regierung. Zu den wichtigsten Reformen gehören: Revision der Rechtskodizes, Währungsreform, Modernisierung des Militärs mit französischer und preußischer Hilfe, Übernahme des westlichen Kalenders, Einführung der allgemeinen Schulpflicht, Errichtung eines modernen Post- und Kommunikationssystems, Bau von Eisenbahnlinien. Nach dem Rückfall der Lehen an den Kaiser werden die Lehnsherren als kaiserliche Beamte mit der Verwaltung der neu geschaffenen Präfekturen und Distrikte beauftragt.

1869 Der kaiserliche Hof wird von Kyōto nach Edo verlegt, das den neuen Namen Tokio (japanisch: Tōkyō, »östliche Hauptstadt«) erhält.

1872 Mithilfe britischer Ingenieure wird die erste Eisenbahnlinie von Tokio nach Yokohama verlegt. Mit der Gründung der – im nächsten Jahr wieder aufgelösten – Patriotischen Partei (*Aikoku Kōtō*) erhält Japan seine erste politische Partei.

1875 In einem Abkommen mit Russland erkennt Japan die russischen Rechte auf Sachalin und Russland den japanischen Besitzanspruch auf die Kurilen an.

1876 Japan besetzt die spärlich besiedelten Bonin-Inseln, auf denen 1853 Kommodore Matthew Perry die amerikanische Flagge gehisst hatte.

1877 Ein auf die Abschaffung des Samuraistandes und die Aufhebung der Samuraipensionen folgender Aufstand in Satsuma wird von der reorganisierten kaiserlichen Armee niedergeschlagen.

1875/1879 Verhandlungen mit den USA und Großbritannien über die Revision der Japan von den Westmächten aufgezwungenen ungleichen Verträge enden erfolglos.

1879 Japan annektiert die auch von China beanspruchten Ryūkyū-Inseln, die zur Präfektur Okinawa zusammengeschlossen werden.

1881 Als politische Parteien bilden sich die Liberale Partei (*Jiyūtō*) und die Konstitutionelle Fortschrittspartei (*Rikken Kaishintō*), die sich jedoch noch vor Einberufung des ersten Parlaments selbst auflösen.

1885, 22. Dez. Das erste moderne Kabinett unter dem Vorsitz von Fürst Itō Hirobumi (*1841, †1909) als Premierminister wird gebildet.

1888, Nov. Japan gelingt es, neue Verträge mit Deutschland und den USA zu schließen. Eine Revision der mit Großbritannien abgeschlossenen Verträge scheitert jedoch am Widerstand nationalistischer Gruppen, denen die britischen Angebote zu gering erscheinen.

1889, 11. Febr. Nach längeren Debatten tritt die **Reichsverfassung** in Kraft: Japan wird zur erblichen Monarchie erklärt. Der Kaiser als »heiliges und unverletzliches« Staatsoberhaupt ist Oberkommandierender des Heeres und der Flotte, übt mit der Zustimmung des Reichstags die gesetzgebende und mit der Zustimmung seiner Minister die exekutive Gewalt aus. Das aus Herrenhaus und gewähltem Unterhaus bestehende Parlament kann keine effektive Kontrolle über die Regierung ausüben, da die Minister nur dem Kaiser verantwortlich sind.

1890, 1. Juli Bei den **ersten Parlamentswahlen** erringen die Liberale Partei (*Jiyūtō*) und die Reformpartei (*Kaishintō*) die absolute Mehrheit. Die Regierung von General Amagata Aritomo (*1838, †1922) kann sich nur auf eine parlamentarische Minderheit stützen.

1894, 16. Juli Nach langwierigen Verhandlungen erklärt sich Großbritannien im Aoki-Kimberley Vertrag zur endgültigen Revision der aufgezwungenen Verträge und den Verzicht auf die Exterritorialitätsrechte britischer Staatsbürger in Japan bereit. Die anderen Westmächte folgen dem britischen Beispiel, und bis 1897 sind die diskriminierenden Bestimmungen der ungleichen Verträge generell aufgehoben.

1894, 1. Aug. Die andauernden Streitigkeiten mit China um die Oberhoheit auf der koreanischen Halbinsel führen zum **Chinesisch-Japanischen Krieg**. Die japanische Armee ist außerordentlich erfolgreich und kann Seoul und Pjöngjang besetzen. Nach der Landung der japanischen Flotte auf der Shantung-Halbinsel muss die chinesische Flotte kapitulieren.

1895, 17. April Im **Frieden von Shimonoseki** tritt China Taiwan und die Inselgruppe der Pescadores an Japan ab, zahlt eine Kriegsentschädigung und erkennt die Unabhängigkeit Koreas an.

1900–1901 An der Niederwerfung des Boxeraufstandes in China nimmt Japan auf der Seite der westlichen Großmächte teil.

1902, 30. Jan. Ein Bündnisvertrag mit Großbritannien richtet sich gegen russische Bestrebungen im ostasiatischen Raum und verpflichtet beide Seiten zur Aufrechterhaltung des Status quo in China und Korea. Eine Einigung mit Russland über die Abgrenzung der jeweiligen Einflusssphären in Korea und der Mandschurei kommt nicht zustande.

1904, 9. Febr. Zwei Tage vor der offiziellen Kriegserklärung beginnt Japan mit einem Überraschungsangriff auf die russische Flotte in Port Arthur den **Russisch-Japanischen Krieg**. Japanische Truppen blockieren Port Arthur, besetzen ganz Korea und marschieren in der Mandschurei gegen die russischen Stellungen.

26. Aug.–3. Sept. In der Schlacht bei Liao-yang wird die russische Feldarmee bis Shenyang (Mukden) zurückgetrieben.

1905, 2. Jan. Die japanische Armee stürmt Port Arthur. Die durch den Sieg frei gewordenen japanischen Streitkräfte können in der Entscheidungsschlacht um Shenyang eingesetzt werden (27. Febr.–7. März).

28. Mai Mit der Vernichtung der aus Europa herbeigeholten russischen Ostseeflotte in der Seeschlacht von Tsushima ist der japanische Sieg gesichert.

Expansion Japans 1875–1931

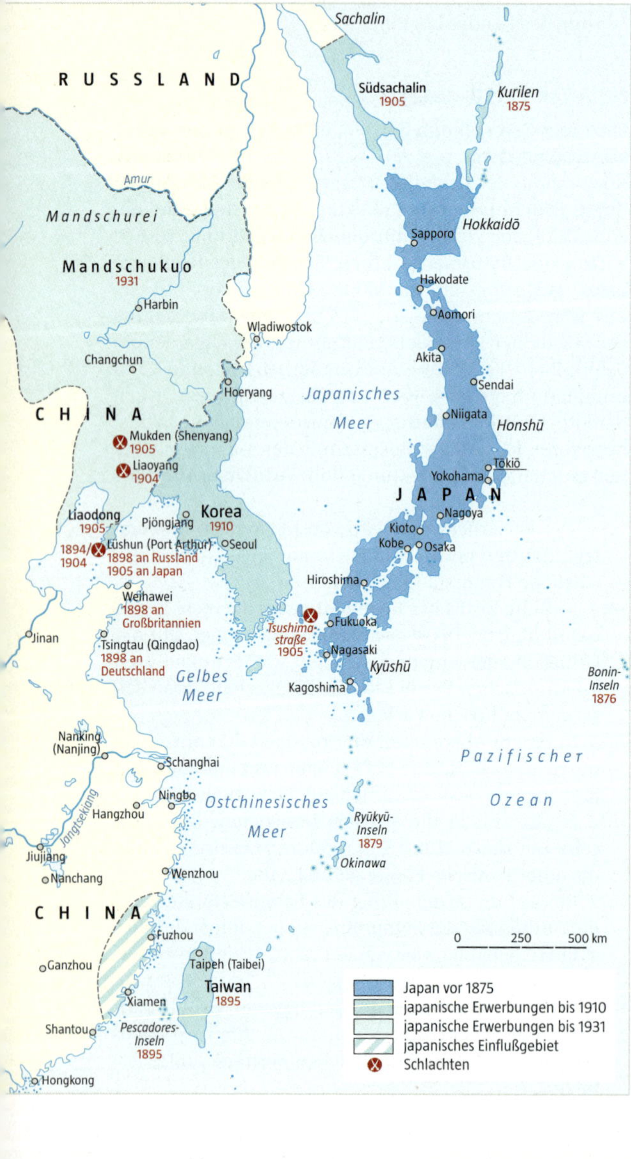

5. Sept. Im **Frieden von Portsmouth** verpflichtet sich Russland zur Räumung der Mandschurei, tritt Südsachalin an Japan ab, überträgt die Pachtverträge für die Liaodong-Halbinsel mit Dailan und Port Arthur an Japan und erkennt die japanische Hegemonie in Korea an.

1909, 1. Febr. Die Ermordung von Fürst Itō Hirobumi, seit 1. Febr. 1906 japanischer Generalresident des Protektorats Koreas, durch den koreanischen Nationalisten An Chung-Gŭn (*1879, †1910) auf einer Reise in der Mandschurei dient als Vorwand für die **Annexion Koreas** durch das japanische Kaiserreich am 22. Aug. 1910.

Taishō-Zeit (1912–1926)

In der Taishō-Ära setzen sich im Wesentlichen die Entwicklungen der Meiji-Zeit ohne größere dramatische Umbrüche fort. Die innenpolitische Szene ist von den Konflikten um die Entwicklung des parlamentarischen Systems und Wahlrechtsreformen bestimmt. Die Regierung, die unter dem Einfluss von Militärkreisen steht, hat das politische Übergewicht über das Parlament. Zwischen den beiden großen bürgerlichen Parteien zeichnet sich ein Machtgleichgewicht ab. Im historischen Rückblick erscheint die Taishō-Zeit als eine Periode der Einführung der partizipatorischen Demokratie, aber auch der Probleme eines modernen Industriestaats in Japan.

1912, 30. Juli Nach dem Tod des Meiji Tennō besteigt sein Sohn Yoshihito (*1879, †1926) unter dem Herrschernamen Taishō Tennō den Thron, übt jedoch aus gesundheitlichen Gründen keine Amtsgeschäfte aus.

1914 Am Ersten Weltkrieg nimmt Japan gemäß den Bestimmungen des Bündnisvertrages auf der Seite Großbritanniens und der Alliierten teil.

14. Aug. Japan fordert ultimativ den Rückzug aller deutschen Flottenverbände aus den chinesischen Gewässern und die Rückgabe des deutschen Schutzgebiets Kiautschou (Jiaozhou) in Shandong an China.

23. Aug. **Japan erklärt dem Deutschen Reich den Krieg**, nachdem das Ultimatum unbeantwortet bleibt.

7. Nov. Japan erobert den deutschen Flottenstützpunkt Tsingtau (Qingdao) in Kiautschou. Außerdem besetzt es die deutschen Südseekolonien auf den Marianen, Karolinen, Salomonen und Marshallinseln, entsendet aber keine Truppen auf den europäischen Kriegsschauplatz.

1915, 18. Jan. Die japanische Regierung überreicht dem Präsidenten der Republik China Yuan Shikai (*1859, †1916) »Einundzwanzig Forderungen«, die praktisch auf die Errichtung eines japanischen Protektorats über China hinauslaufen.

15. Mai Die Annahme einer modifizierten Form der Forderungen durch die chinesische Regierung führt zu Massenprotesten in der chinesischen Bevölkerung.

1917 Die chinesische Hoffnung, durch die Kriegserklärung an Deutschland Japans seine Rechte in Shandong wiederherstellen zu können, erfüllt sich nicht, da sich Japan in der Region durch Geheimverträge mit Russland und Großbritannien abgesichert hat.

1918 Nach dem Rücktritt des Premierministers Terauchi Masatake (*1852, †1919) im Gefolge der durch die Inflation ausgelösten landesweiten »Reisaufstände« erhält der Vorsitzende der Partei der »Freunde Konstitutioneller Herrschaft« (*Rikken Seiyūkai*) Hara Takashi (*1856, †1921) den Auftrag zur Regierungsbildung und bildet das erste Einparteienkabinett der japanischen Geschichte, in dem der Führer der Mehrheitspartei im Unterhaus erfolgreich den Anspruch auf das Amt des Premierministers erhebt.

1919 In der ersten Wahlrechtsreform der Taishō-Zeit erhalten alle männlichen Steuerzahler über 25 Jahre das Wahlrecht zum Unterhaus.

28. Juni Im Friedensvertrag von Versailles wird Japan zur **Mandatsmacht der ehemals deutschen Pazifikinseln** nördlich des Äquators bestimmt und übernimmt die früheren deutschen Rechte in China mit der Auflage der späteren Rückgabe von Kiautschou an China.

1921, 2. Nov. Nach einer Verschlechterung des Gesundheitszustands des Kaisers, die zur Amtsunfähigkeit führt, wird Kronprinz Hirohito (*1901, †1989), der spätere Shōwa Tennō, zum Regenten ernannt.

1921, 12. Nov.–1922, 6. Febr. Auf der Washingtoner Konferenz verzichtet Japan auf einen Teil seiner »Einundzwanzig Forderungen« von 1915, gibt Kiautschou an China zurück, behält aber seine Rechte auf der Guangdong-Halbinsel und in der östlichen Mongolei, insbesondere die Eisenbahnrechte. Das Britisch-Japanische Bündnis wird durch ein **Viermächteabkommen** zwischen Japan, den USA, Großbritannien und Frankreich ersetzt. Im **Neunmächteabkommen** verpflichtet sich Japan zur Anerkennung der Unabhängigkeit Chinas und einer »Politik der offenen Tür«.

1922, 6. Febr. Im Washingtoner Flottenabkommen verpflichtet sich Japan zur Begrenzung seiner Flottenstärke.

15. Juli Durch Beauftragte der Komintern wird in der Illegalität die Kommunistische Partei Japans (*Nihon Kyōsantō*) gegründet.

1925 Ein neues Wahlgesetz hebt die Steuerqualifikation für das Wahlrecht auf, sodass ein allgemeines gleiches Wahlrecht für Männer über 25 Jahre entsteht.

Shōwa-Zeit (1926–1945/1989)

Mit dem Tod des Taishō Tennō am 25. Dez. 1926 übernimmt Kronprinz **Hirohito** unter dem Titel Shōwa Tenn den Kaiserthron. Die frühe Shōwa-Zeit bis zum Ende des Zweiten Weltkriegs ist gekennzeichnet durch eine zunehmende Krise des parlamentarischen Systems, eine Reihe von Putschversuchen und die allmähliche Übernahme der politischen Macht durch das Militär.

1930, 22. April Die Unterzeichnung des Londoner Flottenabkommens, das Japan weiterhin Rüstungsbeschränkungen auferlegt, durch die gemäßigte Regierung Hamaguchi führt zu einer Welle nationalistischer Proteste.

1931, 25. Aug. Der Premierminister HAMAGUCHI OSACHI (*1870, †1931) wird von einem rechtsradikalen Jugendlichen ermordet.

18. Sept. Angehörige der japanischen Feldtruppen in der Mandschurei inszenieren den »Mandschurischen Zwischenfall«, der Japan den Vorwand zur Besetzung von Shenyang und der gesamten Mandschurei sowie wenig später der Loslösung der Mandschurei von China gibt.

1932, 18. Febr. Proklamation des offiziell unabhängigen Staates **Mandschukuo** (japanisch: Manshūkoku), der faktisch japanisches Protektorat ist. Damit beginnt eine Periode der japanischen Expansion auf dem chinesischen Festland.
Innenpolitisch führt die instabile Lage zu einer nationalistischen Radikalisierung, die sich in einer Häufung politischer Attentate äußert.

15. Mai Mit der Ermordung des Premierministers INUKAI TSUYOSHI (*1855, †1932) im Gefolge eines Militärputsches geht die Ära der zivilen Parteienregierungen in Japan zu Ende.

1933, 27. März Nach der Annahme eines kritischen Berichts über japanische Aktivitäten in China durch den Völkerbund tritt Japan aus dem Völkerbund aus.

1934, 1. März Mit der Proklamation des 1912 zur Abdankung gezwungenen letzten chinesischen Kaisers PUYI (*1906, †1967) zum Kaiser von Mandschukuo gerät dieser Staat, der zunächst nur von Japan und El Salvador, später auch von den Achsenmächten anerkannt wird, in die Position eines japanischen Marionettenstaats.

1936, 26. Febr. Ein von jüngeren Offizierskreisen getragener **Militärputsch in Tokio** kann zwar niedergeschlagen und siebzehn führende Offiziere zum Selbstmord verurteilt werden, doch kann der Aufstieg der Armee zur einzigen politischen Ordnungsmacht im Lande nicht mehr verhindert werden.

25. Nov. Mit der Unterzeichnung des Antikomintern-Pakts mit Deutschland findet außenpolitisch die Annäherung an die Achsenmächte ihren demonstrativen Ausdruck.

1937, 7. Juli Ein Schusswechsel zwischen japanischen und chinesischen Truppen an der Marco-Polo-Brücke bei Peking leitet den Japanisch-Chinesischen Krieg ein, der erst mit der Niederlage Japans im Zweiten Weltkrieg (9. Sept. 1945) endet.

1938, 5. Mai Premierminister Fürst KONOE FUMIMARO (*1891, †1945) verfügt die Generalmobilmachung. Neben der Einführung einer Kontingentierung von kriegswichtigen Rohstoffen und der staatlichen Kontrolle des Arbeitsmarkts wird auch die Pressefreiheit aufgehoben.

3. Nov. und 22. Dez. Fürst KONOE FUMIMARO verkündet sein **Programm einer »Neuen Ordnung in Ostasien«** auf Grundlage der Prinzipien »gegenseitiger Freundschaft, des Antikommunismus und der wirtschaftlichen Zusammenarbeit«, ein Programm, das primär dazu dienen soll, den westlichen Einfluss in Ostasien zurückzudrängen und die Vorherrschaft Japans in der Region zu sichern. Infolge der Übergriffe japanischer Truppen in China verschlechtern sich die Beziehungen zu den Vereinigten Staaten.

1940, 30. März Die Einsetzung einer japanfreundlichen Gegenregierung in Nanking unter Führung von WANG JINGWEI (*1883, †1944) beantworten die USA durch verstärkte Hilfeleistungen an die Regierung CHIANG KAISHEK (*1887, †1975).
Mit dem **Ausbruch des Zweiten Weltkriegs** in Europa, der Niederlage Frankreichs und der Niederlande, werden die französischen und niederländischen Besitzungen im pazifischen Raum zu Hauptzielen der japanischen Expansionsbestrebungen.

Juli In einer Regierungserklärung spricht Premierminister KONOE von einer »göttlichen Mission« Japans, die »Neue Ordnung in Ostasien« auch auf Indochina und die Südsee auszudehnen.

12. Juni Japan schließt einen Bündnisvertrag mit Thailand und beginnt mit Zustimmung der französischen Regierung des Marschalls PÉTAIN mit der Besetzung strategisch wichtiger Punkte in Indochina (22. Sept.).
Innenpolitisch geht mit dem außenpolitischen Expansionsdrang eine Wiederbelebung der Idee des Gottkaisertums und eine Abwertung der parlamentarischen Demokratie einher.

12. Okt. Die politischen Parteien werden zur Selbstauflösung gezwungen und durch die neu gegründete Massenorganisation »Vereinigung zur Förderung der kaiserlichen Herrschaft« (*Taisei yokusankai*) ersetzt.

27. Sept. Im **Dreimächtepakt** verpflichten sich Japan, Deutschland und Italien für zehn Jahre zur gegenseitigen Hilfeleistung bei Kriegseintritt einer neuen Großmacht. Das Verhältnis zur Sowjetunion bleibt jedoch unberührt. Als Ziel des Pakts gilt die Herstellung einer »neuen Ordnung« in Asien und Europa.

1941, 13. April Außenminister MATSUOKA YOSUKE (*1880, †1946) unterzeichnet einen auf vier Jahre befristeten Nichtangriffspakt mit der Sowjetunion, den diese allerdings kurz vor Kriegsende am 8. Aug. 1945 kündigt. Die Bemühungen MATSUOKAS um Verbesserung der Beziehungen zu den USA bleiben dagegen erfolglos. Die USA verlangen den Verzicht Japans auf seine Eroberungen auf dem Festland. Als Japan dies ablehnt, verhängen sie ein Ölembargo gegen Japan.

28. Aug. Ein letzter Versuch Fürst KONOES, durch eine Einladung an Präsident FRANKLIN D. ROOSEVELT zu einer Besprechung auf hoher See die Ausweitung des Krieges zu vermeiden, scheitert.

16. Okt. Als Fürst KONOE daraufhin vom Amt des Premierministers zurücktritt, gelangt mit seinem Nachfolger General TŌJŌ HIDEKI (*1884, †1948) die ultranationalistische Militärfraktion an die Macht.

7. Dez. Mit dem **japanischen Überraschungsangriff auf den amerikanischen Flottenstützpunkt Pearl Harbor**, bei dem die USA fünf Schlachtschiffe, 120 Flugzeuge und 2400 Mann verlieren, beginnt der Pazifische Krieg.

Dez. Japanische Truppen überrennen die Philippinen und besetzen Hongkong (27. Dez.) und Singapur (15. Febr. 1942).

1942, 16. Jan. Japan marschiert mit thailändischer Hilfe in Birma ein. Mitte des Jahres 1942 beherrscht Japan im pazifischen und asiatischen Raum ein Gebiet mit mehr als 450 Mio. Einwohnern. Auf Neuguinea stehen japanische Truppen für einen Angriff auf Australien bereit. Im Frühjahr 1942 beginnt die amerikanische Gegenoffensive.

5. Juni In der **Seeschlacht von Midway** verliert die japanische Marine vier ihrer stärksten Flugzeugträger.

7. Aug. Die 1. amerikanische Marinedivision landet mit Amphibienfahrzeugen auf Guadalcanar, der größten Insel der Salomonen.

1943, 8. Febr. Nach monatelangen Kämpfen zwingen die US-Truppen die Japaner zur Räumung der Insel Guadalcanar.

1.–3. Nov. Auf der **Konferenz von Tokio** wird unter der Teilnahme von Delegierten aus Mandschukuo, Thailand, Birma, den Philippinen, Indien und China (Nanking) der Plan einer »Großostasiatischen Wohlstandssphäre« (*Dai Tōa Kyōeiken*) ausgearbeitet. Die Hegemonialmacht tritt hier als Vorkämpfer der südostasiatischen Länder gegen den europäischen Kolonialismus auf. Insgesamt richtet sich die japanische Politik in den besetzten Gebieten auf eine Förderung der einheimischen Unabhängigkeitsbestrebungen gegen die europäischen Kolonialherren aus. Da sich die japanische Besatzung aber durch unpopuläre Verwaltungsmaßnahmen verhasst macht, richten sich die nationalen Befreiungsbewegungen zugleich gegen die japanische Vorherrschaft.

Dez. Mit dem Einmarsch britischer Truppen in Birma wendet sich die Kriegslage endgültig zuungunsten Japans, das nunmehr einen Verteidigungskrieg führen muss.

1944, 15. Juni Nach der amerikanischen Landung auf den Marianen und dem Zusammenbruch des japanischen Gegenstoßes in der **Flugzeugträgerschlacht bei Saipan** ist das Kriegskabinett Tōjō zum Rücktritt gezwungen.

22. Juli Nachfolger General Tōjōs als Premierminister wird General Koiso Kuniaki (*1879, †1950). Eine seiner ersten Amtshandlungen ist die Senkung des Wehrpflichtalters auf 17 Jahre.

25. Okt. Erster Einsatz der nach dem »Götterwind« der Mongolenkriege benannten **Kamikaze-Flüge**: Die Selbstmordflüge japanischer Piloten in mit Sprengstoff beladenen Flugzeugen auf alliierte Kriegsschiffe kosteten nach offiziellen Zahlen mehr als 2000 Piloten das Leben. Insgesamt wurden 34 amerikanische Schiffe versenkt und 288 beschädigt.

1945, 19. Febr. Mit der amerikanischen Landung auf Iwojima nach über fünfzigtägiger Bombardierung und der Eroberung von Okinawa (1. April) beginnt der Angriff der Alliierten auf das japanische Mutterland. Die Einnahme der beiden Inseln fordert über 60 000 Tote.

7. April Auch die Todesfahrt des japanischen Superschlachtschiffs »Yamato«, das nur mit Treibstoff für den Weg bis Okinawa nicht aber für den Rückweg ausläuft und nach Verbrauch seiner Treibstoffvorräte am Strand auflaufen soll, kann nichts mehr an der Lage ändern.

Bei Luftangriffen amerikanischer Bomber auf japanische Großstädte werden Nagaoka, Kobe, Osaka und Tokio großräumig zerstört.

26. Juli Japan lehnt die in der Potsdamer Deklaration geforderte bedingungslose Kapitulation trotz der hoffnungslosen Lage ab, da u. a. auch die Abdankung des Tennōs gefordert wird.

6. Aug. Daraufhin erfolgt durch die USA der **Abwurf einer Atombombe auf Hiroshima**, der über 90 000 (mittelbar 200 000) Tote fordert.

8. Aug. Die Sowjetunion erklärt, wie schon 1943 von Stalin und Roosevelt in Teheran verabredet, Japan den Krieg. Es folgt der Einmarsch sowjetischer Truppen in die Mandschurei.

9. Aug. **Zweiter Atombombenabwurf auf Nagasaki**, der den japanischen Widerstandswillen bricht.

15. Aug. Kaiser Hirohito verkündet, nachdem man sich über die Beibehaltung des Kaisertums geeinigt hat, die Kapitulationsbereitschaft Japans. Etwa 200 000 Japaner, unter ihnen Fürst Konoe, begehen Selbstmord.

2. Sept. Mit der **Unterzeichnung der Kapitulationsurkunde** an Bord des amerikanischen Schlachtschiffs »Missouri« geht die Regierungsgewalt in Japan praktisch auf den alliierten Oberkommandierenden General Douglas MacArthur über.

9. Sept. Im Waffenstillstand von Nanking kapitulieren auch die japanischen Truppen in China. | Forts. S. 1739 |

Südostasien | Forts. v. S. 690 |

Um 1450 zerfallen die großen klassischen Reiche Südostasiens (Majapahit auf Java, Angkor in Kambodscha, Pagan in Birma). Neue Reiche entstehen mit Zentren in Bago, Ayutthaya und Malakka sowie an der Nordküste Javas. Diese neue Phase der Staatenbildung wird vom Aufschwung des Seehandels in der Region getragen und ist in Insel-Südostasien mit der Verbreitung des Islam verbunden. Auf dem Festland hatten die Mongolenfeldzüge des 13. Jh.s eine Migrationsbewegung ausgelöst, die zur Dominanz neuer ethnischer Gruppen (Bama in Birma, Thai in Thailand) beitrug.

Seit der Entdeckung des Seewegs nach Indien (1498) gelangen die Portugiesen nach Südostasien. Nach einem dritten Angriff erobern sie am 24. Aug. 1511 Malakka, dessen Besitz den Portugiesen die Kontrolle über die Handelsroute nach China und den Gewürzhandel mit den Molukken sichert. Auch die Spanier versuchen nun, einen Teil des Südostasienhandels unter ihren Einfluss zu bekommen und erobern seit 1565 von Mexiko aus die Philippinen. Mit der portugiesischen und spanischen Präsenz beginnt die europäisch-südostasiatische Kontaktgeschichte. Im 17. und 18. Jh. wird das intraasiatische maritime Handelssystem durch wiederholte Eingriffe europäischer (zuerst niederländischer) Handelskompanien in ihrer Wirkung stark modifiziert. Im 19. Jh. erobern die Briten Birma, während Frankreich das Kolonialterritorium Indochina errichtet; nur Thailand bleibt formell unabhängig. Seit dem 17. Jh., verstärkt seit dem 19. Jh., wandern Chinesen nach Südostasien ein, zunächst Kaufleute v.a. nach Indonesien, dann meist Kontraktarbeiter (Anbau von Kautschuk seit 1876) v.a. nach Malaya.

Im 20. Jh. gerät Südostasien 1931 in den Sog der Weltwirtschaftskrise. Die Weltmarktpreise für Agrarexportprodukte wie Kautschuk, Rohrzucker, Kopra, Kaffee und Zinn brechen ein. Durch Quotenregelungen werden westliche Unternehmen, im Gegensatz zu einheimischen Produzenten, geschützt. Die Ernährung der Bevölkerung ist jedoch kaum betroffen, weil Böden für den Anbau von Nahrungsmitteln freigesetzt werden und vermehrt Maniok statt Reis konsumiert wird. Verschuldete Bauern und Zwischenhändler geraten dagegen in große Schwierigkeiten. Chinesische und indische Arbeiter, die auf Plantagen und in Minen arbeiten, sind ebenfalls schwer betroffen. Es kommt vermehrt zu sozialen Unruhen. Ab Mitte der 30er-Jahre erholt sich die Wirtschaft.

Die japanische Eroberungen Ende 1941, beginnend mit dem Angriff auf die Philippinen, bringt in wenigen Monaten das koloniale System in Südostasien zum Einsturz. Einige nationale Bewegungen begrüßen zunächst die Ankunft der Japaner. In Indochina arbeitet das französische Vichy-Regime mit den Japanern zusammen, und auch Thailand lässt sie ungehindert operieren.

Birma

1531 begründet König Tabinshwehti (*1512, †1550) um Toungoo das zweite birmanische Reich, das unter dem Feldheer Bayintnaun (*1515, †1581; König seit 1551) gegen Siam, Laos und die Shan-Staaten expandiert. Seit 1599 fällt dagegen Siam häufiger in Birma ein.

1752 In Birma nehmen die Mon Inwa (Ava) ein und unterwerfen damit die Reichshauptstadt der Bamar (Birmanen) und die Toungoo-Dynastie. Ein Jahr später gründet König Alaungpaya (*1714, †1760) in Schwebo die Konbaung-Dynastie, die 1757 mit der Eroberung des Zentrums der Mon, Bago, das gesamte Becken des Irrawaddy unter ihre Herrschaft stellt.

1824–1826 Erster Britisch-Birmesischer Krieg: In dem aufgrund eines Streits über die territorialen Ansprüche auf Manipur und Assam am 5. März 1824 erklärten Krieg, trägt Großbritannien den Sieg davon. Im Vertrag von Yandabo (Febr. 1826) tritt Birma Assam, Manipur, Arakan und Tenasserim an die Briten ab und verpflichtet sich zu Reparationszahlungen in Höhe von 10 Mio. Rupien sowie zum Abschluss von Handelsverträgen.

1852/53 Nach Streitigkeiten über Handelsbedingungen beginnt der zweite Britisch-Birmesische Krieg. Anfang 1853 wird Fürst Pagan Min (*1811, †1880) von internen Oppositionskräften abgesetzt und sein Halbbruder Mindon Min (*1808, †1878) auf den Thron gesetzt. Die Briten gelangen in den Besitz von ganz Südbirma.

1885/86 Großbritannien erobert, ebenfalls mit Blick auf Yunnan, auch Nordbirma und gliedert es als Provinz in sein indisches Imperium ein (1. Jan. 1886). Das Königtum wird abgeschafft und die Regionen werden unter direkte britische Herrschaft gestellt. Im Süden wird der Reisanbau stark gefördert.

1937, 1. April Einen ersten Erfolg im Kampf gegen die Kolonialmacht kann in Birma die nationalistische Studentenbewegung unter Führung von Aung San (*1915, †1947) verzeichnen, als die Briten Birma aus ihrem indischen Imperium herauslösen und dem Land die Teilautonomie gewähren. Einem birmanischen Ministerpräsidenten steht ein britischer Gouverneur zur Seite.

1942, 16. Jan. Von Thailand aus beginnen die Japaner eine Offensive zur Eroberung Birmas. Die nationale Bewegung der »Dreißig Kameraden« unter der Leitung von Aung San unterstützt mit einem Freiwilligenheer die japanische Kriegsführung.

1943, 1. Aug. Mit japanischer Billigung erklären die Thakin die Unabhängigkeit Birmas. | Forts. S. 1746 |

Siam/Thailand

Nach andauernden Konflikten mit den unabhängigen Thaifürstentümern im Norden und den Birmanen wird das durch innenpolitische Wirren geschwächte Ayutthaya 1569 birmanischer Vasallenstaat.

ab 1584 Prinz Naresuan (†1605; König seit 1590) stellt die Unabhängigkeit des Ayutthaya-Reichs wieder her und erweitert es auf Kosten der Khmer und des Reiches von Pegu in Birma.

1657–88 König Narai (†1688) unterhält Kontakte mit vielen ausländischen Händlern, darunter Franzosen und Niederländer.

1767 Während die Thais die Oberherrschaft über Kambodscha anstreben, haben sie selbst Mühe, ihre Souveränität gegen die Birmanen zu verteidigen, die seit 1549 immer wieder in Siam einfallen und schließlich die Hauptstadt Ayutthaya zerstören. König Taksin (*1734, †1782) kann die Birmanen in den folgenden Jahren wieder vertreiben.

1782 General Chaophraya Chakri (*1737, †1809) wird als Phra Phutthayotfa Chulalok (offiziell Rama I.) König und begründet die noch heute regierende Chakri-Dynastie. Er verlegt die Residenz nach Bangkok.

1851 Der Regierungsantritt des Königs Mongkut (Rama IV.; *1804, †1868) leitet eine Modernisierung und Öffnung Siams nach Westen ein, um so eine mögliche Kolonisierung abzuwenden. Der König propagiert eine Reform der Verwaltung und des Militärwesens nach europäischem Muster.

1855, 18. April Siam schließt das Bowring-Handelsabkommen mit Großbritannien ab. Verträge mit den

USA, Frankreich, den Niederlanden, Preußen und anderen Staaten folgen, was exklusive Machtansprüche der Briten verhindert. Die Ausweitung des Handels zieht Hunderttausende von chinesischen Einwanderern an, die sich v. a. in Bangkok niederlassen.

1863 Siam protestiert mit britischer Unterstützung gegen das Abkommen der Franzosen mit dem Khmer-König NORODOM I., da es NORODOM als seinen Vasallen betrachtet. Nach dem Tod von MONGKUT 1867 wird das Vasallenverhältnis beendet, die siamesischen Ansprüche auf Battambang und Siem Reap aber anerkannt.

1893, 13. Juli–5. Aug. Um den Ansprüchen auf Laos Nachdruck zu verleihen, blockieren französische Kanonenboote den Hafen von Bangkok. Die Thais, die vergeblich auf eine britische Intervention zu ihren Gunsten hoffen, müssen nachgeben. Im Vertrag von Hongkong (3. Okt. 1893) wird das Gebiet östlich des Mekong Frankreich überlassen.

1909, März Siam und England schließen einen Grenzvertrag, wobei das malaiische Sultanat Patani unter die Herrschaft von Bangkok gestellt wird und Kedah, Kelantan und Trengganu an die Briten fallen.

1932, 24. Juni Die Unzufriedenheit der siamesischen Mittelschicht über ihre geringen Aufstiegschancen und die Bevorzugung von Adligen und ausländischen Beratern in Verwaltung und Militär kulminieren in einem Offiziersputsch unter Leitung von PRIDI PHANOMYONG (*1900, †1983). Durch die Verabschiedung eines Grundgesetzes am 10. Dez. wird die absolute durch eine konstitutionelle Monarchie ersetzt.

1938, 26. Dez. Eine Militärjunta unter PLAEK PHIBUN SONGKHRAM (*1897, †1964) übernimmt die Regierung. **PHIBUN führt den Namen Thailand ein**, um den Herrschaftsanspruch seines Regimes über alle Thai-Völker der indochinesischen Halbinsel zu manifestieren.

1941, 9. Mai Mit japanischer Hilfe erreicht PHIBUN im Vertrag von Tokio die Rückgabe der 1893 an Frankreich verlorenen Gebiete. | Forts. S. 1752 |

Vietnam, Kambodscha, Laos

Nach der Vertreibung der Chinesen 1427 gründet sich 1428 die Lê-Dynastie, die bis 1788 regiert. Sie sinkt im späten 16. Jh. aber zu Schattenkaisern herab, während der Aufstieg der Familien Trinh und Nguyen beginnt.

1627–1672 Bürgerkrieg in Vietnam zwischen den Trinh im Norden und den Nguyen im Süden des Landes. Zuvor hatten beide Familien zusammengearbeitet, um die schwache Lê-Dynastie gegen Aufständische zu schützen, bis sich die Nguyen-Dynastie unabhängig machte und das Land de facto geteilt wurde. Die Nguyen unterhalten über die Hafenstadt Hoi An Kontakte zu den Europäern.

1637–1694 Das laotische Königreich Lan Xang erlebt in der Regierungszeit von König SOULIGNA VONGSA (*um 1613, †1694) eine letzte Blüte.

1691 Den Nguyen gelingt es, die Trinh abzuwehren und auch in den Süden auszugreifen, wo sie die Champa-Königreiche und Teile des Khmer-Reiches unter ihre Herrschaft bringen. Das Mekong Delta wird von Vietnamesen besiedelt und von Kambodscha 1749 abgetreten.

1707 Lan Xang zerfällt in die rivalisierenden Reiche Luang Prabang im Norden und Viang Chan (Vientiane) im Zentrum des Landes; 1713 entsteht in Südlaos als drittes Reich Champassak.

1771 Ausbruch der Tay-Son-Rebellion in Vietnam: Drei Brüder der Tay-Son-Familie erheben sich mithilfe der Bauern gegen die Nguyen, die den Süden beherrschen und der Bevölkerung schwere Lasten auferlegen. Die Trinh im Norden nutzen diese Gelegenheit aus, um die Nguyen zu vertreiben, doch dann kommt es zum Konflikt mit den Tay Son.

1778/79 Die drei laotischen Königreiche werden Vasallen Siams, teilweise auch Birmas.

1788 Die Tay Son vertreiben ein chinesisches Heer aus Nordvietnam und etablieren eine eigene Kaiserdynastie, die aber nur 14 Jahre herrscht.

1802 Die Nguyen-Dynastie etabliert sich in Vietnam und vereint das Land bis 1945. Unter der Elite gibt es unterschiedliche Ansichten über die zunehmende Präsenz des Westens in der Region. 1825 gibt Kaiser MINH MANG (*1791, †1841) ein erstes Dekret heraus, worin die Verbreitung des Christentums durch Missionare, die schon seit dem 17. Jh. im Land anwesend sind, untersagt wird. Kaiser TU DUC (*1829, †1883) ordnet eine systematische Christenverfolgung an, was zu Spannungen mit Frankreich führt.

1827/28 Nach einem Aufstand wird Vientiane zerstört und das Königreich von Siam unterworfen.

1833 Mithilfe christlicher Gruppen zetteln unzufriedene Offiziere in den südlichen Provinzen Vietnams einen Aufstand gegen die Zentralgewalt an. Dazu rufen sie die Thais zu Hilfe, die Vietnam die Vorherrschaft in Kambodscha streitig machen. Truppen des Kaisers MINH MANG können die Rebellen und ihre siamesischen Verbündeten vernichtend schlagen.

1834–1847 Nachdem zwischen 1811 und 1820 vietnamesische und thailändische Truppen immer wieder um kambodschanisches Territorium gekämpft haben, wird der größte Teil Kambodschas von den Vietnamesen besetzt. Versuche, Kambodscha zu vietnamisieren, führen aber immer wieder zu Aufständen der Khmer, v. a. 1837–1847. Als 1845 die Thai erneut nach Kambodscha eindringen, gibt Vietnam auf. Dem kambodschanischen König ANG DUONG (*1796, †1860) gelingt es, eine gewisse Unabhängigkeit wiederzuerlangen.

1858, 1. Sept. Ein französisches Geschwader erobert den Hafen von Tourane (Danang), ohne jedoch sein Ziel, die flussaufwärts gelegene Kaiserstadt Hue, zu erreichen. In einer besser vorbereiteten Aktion gelingt es den Franzosen, sich festzusetzen: Während in Tongking einer ihrer Agenten mithilfe der christlichen Gemeinde einen Aufstand entfesselt, greift ihre Marine das Mekong-Delta an. Saigon wird erobert. Am 5. Juni 1862 tritt Kaiser TU DUC drei östliche Provinzen im

Süden ab. 1867 wird ganz Cochinchina französische Kolonie.

1863, 11. Aug. Frankreich schließt mit dem Khmer-König Norodom I. (*1834, †1904) ein Protektoratsabkommen. Der König erhält den Schutz eines französischen Residenten, während die Franzosen auf die wirtschaftlichen Ressourcen des Landes Zugriff erhalten.

1882, 25. April Frankreich, das mit Großbritannien um den Zugang zur chinesischen Provinz Yunnan konkurriert, fällt in Tongking ein. Im Aug. 1883 **errichten** die **Franzosen Protektorate über Tongking und Annam**, die 1887 zusammen mit der französischen Kolonie **Cochinchina** Teil der *Union Indochinoise* werden.

1887 Von chinesischen Banden bedrängt, stellt sich Luang Prabang und den Schutz Frankreichs.

1893 Laos wird französisches Protektorat.

1930, 3. Febr. Gründung der Kommunistischen Partei Vietnams unter Leitung von Ho Chi Minh (Nguyen Ai Quoc; *1890, †1969), im Okt. umbenannt in Kommunistische Partei Indochinas (KPI). Zwischen 1936 und 1939 (Regierung der Volksfront in Frankreich) ist die KPI legal, begibt sich danach in den Untergrund. Wegen der fortwährenden Repression der Franzosen bleiben die Kommunisten als einzige starke nationalistische Kraft im Land übrig.

1941, Mai Mit dem Ziel, den japanischen Imperialismus und den französischen Kolonialismus zu zerschlagen, gründet das Zentralkomitee der KPI die Liga für die Unabhängigkeit Vietnams (*Viet Minh*) und versucht so, alle patriotischen Vietnamesen zusammenzuführen. Die Liga ist die größte integrierte Organisation des Landes und besitzt ein klares Programm für den Weg in die Unabhängigkeit.

1943, 12. März Indochina bekommt die Unabhängigkeit unter japanischer Führung zugesprochen, nachdem Bao Dai (*1913, †1997) als Kaiser wieder eingesetzt worden ist. | Forts. S. 1754, 1756, 1758 |

Indonesien, Malaya

1596, 27. Juni Die ersten niederländischen Schiffe unter Führung von Cornelis de Houtman (*1565, †1599) erreichen die Hafenstadt Banten (Westjava). Im März 1599 landet eine niederländische Flotte auf den Molukken. Von dort beziehen die Portugiesen ihre Gewürze, die nach wenigen Jahren vertrieben werden.

1619, 12. März Nach einem gescheiterten Versuch englischer Truppen, die erstarkten Holländer aus Jayakerta zu vertreiben, wird die Stadt Batavia (heute Jakarta) gegründet, die sich zum Hauptquartier der am 20. März 1602 gegründeten Vereinigten Ostindischen Kompanie (VOC) entwickelt. Die Stadt wird Zentrum eines Handelsimperiums, das von Indien bis nach China reicht. Neben einer direkten Herrschaft über die Molukken und die Nordküste Javas, errichtet die VOC ein Netz von Handelsposten, die den Handel mit Gewürzen, Pfeffer, Kaffee, Rohrzucker, Zimt, Seide, Baumwolle, Zinn und Kupfer innerhalb Asiens und zwischen Asien und Europa abwickeln.

1641, 14. Jan. Im Bündnis mit dem Sultan von Johor können die Niederländer die Portugiesen aus Malakka vertreiben. Damit erlangen sie die Hoheit über die Meeresstraße und die Anrainerstaaten, während Johor von seiner Allianz mit der VOC profitiert und zum wichtigsten malaiischen Staat in der Region aufsteigt.

1677–1755 Nach dem Zerfall des zentraljavanischen Reiches Mataram, das unter Sultan Agung (†1646) zur zentralen Macht auf der Insel geworden ist, kommt es zum Bürgerkrieg. Um ihre Gegner bekämpfen zu können, stützen sich mehrere Nachfolger Agungs auf Hilfeleistungen der VOC, die dafür jedoch Zugeständnisse in Form von Reis- und Holzlieferungen verlangt. Die Nordküste Javas fällt 1743 an die Holländer, Mataram hingegen wird 1755 in zwei Reiche geteilt: Surakarta und Yogyakarta.

1786 Mit der Erwerbung der an der Straße von Malakka gelegenen Insel Penang erwerben die Briten in Malaya einen ersten Stützpunkt.

1795 Die politischen Umwälzungen in Europa (Gründung der Batavischen Republik als Satellitenstaat von Frankreich) geben den Briten Gelegenheit, die Niederländer aus Malakka zu vertreiben und auch Java vorübergehend (1811–1815) zu okkupieren.

1815, April Mindestens 70 000 Menschen sterben beim Ausbruch des Vulkans Tambora östlich von Java.

1819 Nach der Rückgabe Javas an die Niederländer gründen die Briten den Freihafen Singapur, der sich dank seiner strategisch günstigen Lage zu einem Knotenpunkt des britischen Weltreichs entwickelt. Von Indien aus gelingt es den Briten, weiter nach Südostasien vorzudringen. In einem Grenzvertrag (1. Sumatra-Abkommen) werden 1824 die niederländische und britische Einflusssphäre voneinander getrennt. Folglich übernehmen die Briten Malakka, während die Niederländer sich auf Sumatra und die anderen Inseln südlich von Singapur zurückziehen.

1825–1830 Der Versuch der Niederlande, aus ihren unrentablen indonesischen Besitzungen Profite zu erwirtschaften, führt zur wachsenden Verarmung der Bevölkerung. Darüber hinaus beschneiden die Niederländer die Autonomie der zentraljavanischen Reiche Yogyakarta und Surakarta. Die Javaner erheben sich unter Führung des Prinzen Pangeran Dipo Negoro (*1785, †1855) aus Yogyakarta gegen die Kolonialherren. Den Kämpfen fallen 200 000 Javaner und 8000 Europäer zum Opfer. 1830 werden große Teile von Yogyakarta und Surakarta dem niederländischen Kolonialgebiet einverleibt.

1826 Gründung der Straits Settlements als administrative Zusammenfassung der britischen Besitzungen Malakka, Penang und Singapur.

1830–1870 Die Niederländer führen 1830 das *Cultuurstelsel* (Kultursystem) ein: Jedes Dorf muss ein Fünftel seines Bodens mit für den Export geeigneten Agrarprodukten (Indigo, Zucker, Pfeffer, Kaffee, Tee, Tabak) bebauen. Der Ernteertrag wird mit der Grundsteuer verrechnet. Innerhalb von einer Dekade steigen dadurch die jährlichen Exporterlöse aus dem Archipel von 12,8 auf 74 Mio. Gulden. Die Einführung einer staatsgeführten und von den einheimischen Regenten unterstützten Exportlandwirtschaft führt zu großen Veränderungen der Agrargesellschaft Javas.

1873, 26. März Die Niederländer erklären dem Fürst von Aceh (Nordsumatra) den Krieg, nachdem das Gebiet aufgrund eines zweiten Grenzvertrages mit den Briten (2. Sumatra-Abkommen) in ihre Einflusssphäre gekommen ist. Es folgt ein langwieriger und blutiger Kampf, der bis 1904 dauert. Erst nachdem die Niederländer die muslimischen Anführer gegen die traditionellen Oberhäupter ausgespielt haben, gelingt es ihnen, die Oberhand zu erlangen.

1874, 20. Jan. Im Pangkor-Vertrag erkennen die Briten ABDULLAH MUHAMMAD II. (†1922) als Sultan von Perak an. Dieser bleibt souverän in Angelegenheiten des Islams und des Gewohnheitsrechts, muss aber ansonsten die Anweisungen eines am Hof stationierten britischen Residenten befolgen. Damit beginnt das System der indirekten Herrschaft über die malaiischen Sultanate, das sich bis 1900 über die ganze Halbinsel ausbreitet.

1883, 22.–27. Aug. Der Ausbruch des Vulkans Krakatau tötet über 36 000 Menschen.

1888 Das Sultanat Brunei auf Borneo wird britisches Protektorat.

1908, 20. Mai Gründung der *Budi Utomo*, eine der ersten nationalistischen Organisationen Indonesiens. Bis Mitte der 1920er-Jahre folgen weitere Organisationen, die unterschiedliche religiöse, ideologische und regionale Interessengruppen vertreten. Darunter hat die *Sarekat Islam*, eine von javanischen Händlern 1912 in Surakarta gegründete Bewegung, die meisten Anhänger. Die 1914 entstandene indische *Sociaal Democratische Vereeniging* wird am 20. Mai 1920 in die Kommunistische Partei Indonesiens (PKI) umgewandelt. Ende 1926 und Anfang 1927 lanciert die PKI einen Generalaufstand auf Westjava und Westsumatra, der aber niedergeschlagen wird. Danach setzt sich ein integrativer und auf Nichtkooperation ausgerichteter Nationalismus in Form der 1927 errichteten Nationalen Indonesischen Partei (PNI) unter Leitung von SUKARNO (*1901, †1970) durch.

1943 Auch auf der malaiischen Halbinsel gibt es eine antijapanische Volksarmee, die sich v. a. aus Chinesen zusammensetzt. In Indonesien kommt es gegen Kriegsende zu Aufständen in Aceh und Ostjava, eine Widerstandsbewegung wie auf den Philippinen oder Malaya kommt aber nicht zustande.

1945, 28. Mai Nach langem Zögern erlauben die Japaner den Indonesiern ihre nationale Zukunft vorzubereiten. Dazu kommt zum ersten Mal das Gremium zur Vorbereitung der nationalen Unabhängigkeit (*Badan Penyelidik Usaha Persiapan Kermerdekaan Indonesia*) zusammen. | Forts. S. 1768, 1763 |

Philippinen

Während seiner Weltumsegelung landet FERNÃO DE MAGALHÃES (*um 1480, †1521) am 16. März 1521 auf der Insel Samar. 1565 beginnt die spanische Kolonisation der Philippinen als Teil des Vizekönigreichs Neuspanien; die Herrschaft über Mindanao bleibt wegen des Widerstands einheimischer Sultanate jedoch größtenteils nur nominell. Wirtschaftliche Missstände aufgrund veralteter landwirtschaftlicher Produktionsmethoden und feudaler Gesellschaftsstrukturen sind Ursachen zahlreicher blutiger Bauernaufstände.

1892, 3. Juli Eine Gruppe um den Schriftsteller JOSÉ RIZAL (*1861, †1896) schließt sich zur *Liga Filipina* zusammen und fordert von der spanischen Kolonialregierung soziale Reformen. Zuvor ist RIZAL durch seinen 1887 in Berlin veröffentlichen Roman »Noli me tangere«, eine Anklage gegen die spanische Herrschaft, berühmt geworden.

1896, Aug. Obwohl RIZAL nicht am Ausbruch des philippinischen Aufstands beteiligt ist, wird er als vermeintlicher Anführer verhaftet und am 30. Dez. hingerichtet. Daraufhin radikalisiert sich die Nationalbewegung, jetzt unter Leitung von ANDRÉS BONIFACIO Y DE CASTRO (*1863, †1897).

1898, 13. Aug. Die Spanier kapitulieren vor den US-Amerikanern, nachdem am 1. Mai ihre Flotte vor Manila zerstört worden ist. Schon am 12. Juni hatten die Filipinos unter EMILIO AGUINALDO (*1869, †1964) die Unabhängigkeit ausgerufen.

1899, 4. Febr. Nachdem die USA ohne Beteiligung der Filipinos am 10. Dez. einen Friedensvertrag mit Spanien abschließen, wobei die Philippinen in ihren Besitz übergehen, bricht der Philippinisch-Amerikanische Krieg aus, der bis 1902 dauert.

1935, 15. Nov. Auf den Philippinen wird ein Commonwealth mit innenpolitischer Autonomie, aber amerikanischer Kontrolle über Verteidigung und Außenpolitik eingerichtet. Aufgrund einer Verfassung nach US-amerikanischem Vorbild wird ein Einkammersystem und ein direkt gewählter starker Präsident eingeführt sowie die Unabhängigkeit nach einer Übergangszeit von zehn Jahren festgelegt.

1941, 22. Dez. Beginn der japanischen Offensive auf den Philippinen.

1943, Sept. Vertreter der nationalen Elite kollaborieren mit Japan, während die antijapanische Volksarmee (*Hukbalahap*), die mehrheitlich aus armen Bauern besteht, im Widerstand gegen die Besatzungsmacht befreite Zonen errichtet.

14. Okt. Die Philippinen erlangen die »Unabhängigkeit«. | Forts. S. 1773 |

Australien und Ozeanien bis 1945

Die autochthonen Kulturen

Australien

Abgesehen von schmalen, regenreichen und tropisch-fruchtbaren Küstenregionen im Norden und Osten des Kontinents, ist der fünfte Erdteil weitgehend von Buschland, Trockensavannen und Wüsten mit einer eigenen, z. T. recht urtümlichen Pflanzen- und Tierwelt bedeckt. Vermutlich wird Australien bereits im 16. Jh. durch portugiesische Seefahrer gesichtet, 1606 unabhängig voneinander vom Holländer WILLEM JANSZOON und Spanier LUÍS VADÉZ DE TORRES entdeckt. Bis zur eigentlichen Landnahme durch die Europäer ab 1788 befindet sich Australien weitab von jedem weltgeschichtlich bedeutsamen Geschehen. Seine isolierte Lage, verhältnismäßig ungünstige Lebensbedingungen und ausgeprägte Traditionsverbundenheit seiner Urbewohner, der Aborigines bzw. Uraustralier, hemmen oder verlangsamen zivilisatorische Veränderungen in zentralen Lebensbereichen (z. B. Subsistenz, Technik). Alles begünstigt die Erhaltung altertümlicher Kulturen, die – trotz mannigfacher regionaler und lokaler Sonderformen – insgesamt erstaunlich homogen wirken.

Besiedlung Sahuls im Pleistozän

Starke Klimaveränderungen mit einem drastischen Absturz der durchschnittlichen Jahrestemperaturen bewirken im späten **Pleistozän** vor ca. 50 000 und ca. 20 000 Jahren die größten Vereisungen im Südpazifik. Sie führen dort zur Absenkung des Meeresspiegels um 120–140m gegenüber heute. Das heutige **Australien** ist in jener Erdepoche noch mit den jetzigen Inseln **Neuguinea** im Norden und **Tasmanien** im Südosten **zu einer einzigen großen Landmasse verbunden, Sahul** genannt. Erst vor etwa 11 000 Jahren versinkt ungefähr ein Viertel dieser Landmasse im wieder ansteigenden Meer – Australien, Neuguinea und Tasmanien erhalten ihre jetzige Gestalt. Getrennt nur durch die damals relativ enge Wasserstraße von Timor, grenzt Sahul im Nordwesten an den Sunda-Sockel, der im späten Pleistozän die heutigen indonesischen und philippinischen Inselwelten als verhältnismäßig geschlossene Landbrücke mit dem kontinentalen Südostasien verbindet. Von hierher gelangen, neben vielen Pflanzen und Tieren asiatischen Ursprungs, auch die ersten menschlichen Siedlergruppen nach Sahul. Sie überwinden die verbliebenen schmalen Wasserstraßen zwischen den Festlandteilen wahrscheinlich mit einfachen Flößen und/oder Rindenkanus, wie sie auch später bei ihren uraustralischen Nachfahren in Gebrauch bleiben.

Nach neueren Radiokarbondatierungen erfolgt die **erste Besiedlung Sahuls** (damit des heutigen Australiens) schon **im späten Pleistozän** vor mindestens 60 000 Jahren. Auffällig ist die vergleichsweise dichte Streuung ältester Siedlungsbelege im Südosten des heutigen Kontinents (Cohuna und Cow Swamp ca. 60 000 v. Chr., Willandra Lakes [Mungo und Outer Arumpo] ca. 58 000–33 000 v. Chr., Keilor ca. 43 000–34 000 v. Chr., Swan Superior ca. 37 000 v. Chr., Mammouth Cave ca. 35 000 v. Chr. u. a.), seltener dagegen im Nordteil Sahuls, im späteren Neuguinea (Huon-Halbinsel ca. 38 000 v. Chr., Kuk bei Mount Hagen ca. 30 000 v. Chr., Kosipe ca. 24 000 v. Chr.). Archäologische, jedoch weniger gut abgesicherte Indizien lassen den Beginn der Erstbesiedlung Sahuls sogar in einer Zeit vor 100 000–120 000 Jahren vermuten.

Umstritten ist heute v. a., ob die sich bei der europäischen Kontaktnahme anthropologisch deutlich voneinander unterscheidenden Urbewohner Australiens, Tasmaniens und Neuguineas – also jener mit dem Anstieg des Meeresspiegels vor rund 11 000 Jahren verbliebenen Festlandsteile Sahuls – insgesamt von nur einer einzigen ersten Siedlergruppe abstammen. Deren Nachfahren könnten sich, so eine Theorie, in den auf ihre Ankunft in Sahul folgenden Jahrtausenden über den ganzen Altkontinent ausgebreitet und zu den später von den Europäern angetroffenen australischen Aborigines, Tasmaniern und Papua ausdifferenziert haben.

Anderen Theorien zufolge erreichen die frühen Gruppen Sahul in zwei oder mehr Migrationsschüben, als genetisch nicht unmittelbar miteinander verwandte Gruppen: Zuerst die wahrscheinlich von südostasiatischen Negritos abstammenden Tasmaniden, die über die damals trocken gefallene Arafuraebene (heute Arafurasee) und das damalige Südwest-Neuguinea in den australischen Teil Sahuls gelangen. Wenig später kommen auf der gleichen Migrationsroute neue Einwanderer dorthin – die Australiden. Sie absorbieren im Laufe der Zeit die Tasmaniden bzw. drängen sie in den äußersten Südosten Sahuls, auf die spätere Insel Tasmanien, ab. Anthropologisch unterscheiden sich die zu Beginn der europäischen Landnahme auf Tasmanien lebenden Ureinwohner (rund 4000 Menschen) deutlich von den Aborigines des australischen Festlandes (damals rund 300 000–1 000 000 Menschen). Die **Tasmanier**, vermutlich weitgehend unvermischt gebliebene Nachfahren der Tasmaniden, sind in der Regel kleinwüchsig, rundköpfig, kraushaarig und dunkelhäutig. Sie werden von den europäischen Siedlern im Verlaufe des 19. Jh.s vollständig ausgerottet (die letzte Vertreterin dieses Volkes stirbt im Jahre 1876).

Die **Aborigines** hingegen, hervorgegangen aus der Vermischung von Australiden und zahlenmäßig kleineren Gruppen von Tasmaniden, sind meist hochgewachsen, langschädelig, mit glattem oder welligem Haar und einer hell- bis dunkelbraunen Hautpigmentierung. Auch in ihrem Fall bedroht die rücksichtslose europäische Landnahme ihr Überleben zunächst ernsthaft und führt zu einem äußerst starken Rückgang der Bevölkerung auf nur noch 60 000 Menschen um 1920. Dank der später etwas einsichtigeren Aborigines-Politik Australiens nimmt die Anzahl seiner Urbevölkerung seit etwa 1950 wieder zu: Dem Zensus des Jahres 2006 zufolge sind 455 000 Einwohner des Landes nach eigener Angabe Aborigines.

Bei der europäischen Landnahme leben Aborigines (rund 500 missverständlich nach der jeweiligen Sprachzugehörigkeit benannte »Stämme«) im gesamten Kontinent, außer in unwirtlichsten Wüstengebieten. Linguistisch lassen sich zwei große australische Sprachgruppen mit etwa 260 Sprachen und 600 Dialekten unterscheiden. Die südaustralischen Sprachen besitzen einige morphologische, lexikalische und grammatikalische Gemeinsamkeiten, die den nordaustralischen weitgehend fehlen. Allen australischen Sprachen ist ein großer Formenreichtum des Verbums und eine nur geringe Ausbildung des Zählsystems eigen. Die Verständigung über die Sprachgrenzen hinweg erfolgt oft mit einer hoch entwickelten Gestensprache.

Die **Geschichte der Aborigines** und ihrer einst nach Sahul eingewanderten Vorfahren war vom stetigen Bemühen geprägt, sich auf bestmögliche Weise an die im Verlauf der Jahrtausende immer wieder stark verändernden Umwelt- und Lebensbedingungen anzupassen. Das eigentliche historische Geschehen und die sich – wenn auch nur sehr langsam und beschränkt – wandelnde Eigenart der uraustralischen Kultur(en) sind jedoch kaum bekannt, v. a., weil sie keine eigenen schriftlichen Überlieferungen haben. Auskunft können nur insgesamt spärliche archäologische Befunde geben, die aus den heute vom Meer überfluteten Teilen Sahuls fehlen. Mit gebotener Vorsicht können weiterhin ethnografische Gegebenheiten zur Zeit der europäischen Landnahme als Quelle dienen: Immerhin wird deutlich, dass sie trotz der offenkundigen Beharrungstendenzen der Aborigines- und ihrer Vorgänger-Kulturen keineswegs statisch sind, sondern durchaus Innovationsschübe erkennen lassen. So wandelt sich in Sahul die altsteinzeitliche Technologie mit ihrem auffällig formenarmen Werkzeuginventar vor etwa 25 000 Jahren zu einer reicheren mittelsteinzeitlichen, behält jedoch einige der älteren Elemente weiterhin bei. Eine ebenso deutliche Fortentwicklung im Bereich der »materiellen Kultur« setzt vor rund 11 000 Jahren ein, also nach dem Ansteigen des Meeresspiegels und der Trennung des jetzigen Australiens von den ihm vorgelagerten Inseln Tasmanien und Neuguinea. Die Aborigines erfinden jetzt u. a. das für sie so »typische« gekrümmte Wurfholz (*Bumerang*), das den auf ihrer Insel isolierten Tasmaniern unbekannt bleibt, so wie eine stattliche Reihe weiterer Erfindungen.

Wirtschaft und Kultur der Aborigines

In der Wirtschaft der Aborigines basiert die Subsistenz ausschließlich auf extensiver Nutzung natürlich vorkommender Nahrungsressourcen. Sie beharren – z. T. bis heute – auf ihrer immer nur »aneignenden« wildbeuterischen Wirtschaftsweise. Nirgendwo und zu keiner Zeit vor der europäischen Landnahme gelangen sie (im Gegensatz zu den Papua auf Neuguinea) zu produktiven Methoden der Nahrungsbeschaffung durch Tierzucht und/oder Anbau von Pflanzen. Vielmehr leben sie als **Jäger und Sammler**, die bei ihrer Nahrungsfürsorge nur geschlechtsspezifische Arbeitsteilung kennen. So jagen die Männer mit Ausdauer und großem Geschick das Großwild (z. B. Känguru, Wallaby, Dingo, Emu). In den Küstenregionen gehört auch der mit viel Einfallsreichtum betriebene Fischfang zu ihren Aufgaben. Die Frauen dagegen sammeln essbare Wurzeln, Blätter, Früchte, Grassamen, Honig, Larven, Eier und fangen allerlei Kleintiere.

Die wildbeuterische Lebensweise erlaubt es den Aborigines nicht, in größeren Sozialverbänden zusammenzuleben, sondern zwingt sie, in kleinen, höchstens 20–200 Menschen umfassenden »Horden«, ein angestammtes, genau abgegrenztes und besonders in den ariden Zonen recht ausgedehntes Territorium zu durchstreifen, ständig auf der Suche nach der täglichen Nahrung. Wildwechsel und Reifezeiten wild wachsender Nahrungspflanzen bestimmen die Wanderungen der Horden innerhalb ihres Jagdgebietes, das sie gegen fremde Eindringlinge zu schützen suchen. Ihre mobile Lebensweise hindert die Aborigines, dauerhafte Siedlungen anzulegen. Der günstigste Ort für die augenblickliche Nahrungsbeschaffung und die, besonders in den ariden Zonen, seltenen Wasserstellen sind ausschlaggebend für die Wahl des Lagerplatzes. Dort werden zum vorübergehenden Schutz gegen Sonne, Regen und Wind ein aus Zweigen und Gräsern gefertigter »Windschirm« oder, bei längerem Aufenthalt, aus dem gleichen Material einfache Hütten errichtet. Die temporären Lager sind Schlafstätte und Aufbewahrungsort für die wenigen Habseligkeiten wie Waffen, Schmuck und Hausrat.

Die unproduktive Wirtschaftsform der Nahrungsbeschaffung verlangt von den Aborigines, außer bestmöglicher Anpassung an natürliche Gegebenheiten ihres Lebensraumes, v. a. höchste Mobilität. Bei dieser genügsamen Lebensweise entfallen Anreize und Notwendigkeit, kompliziertere Techniken für planvolle und gestaltende Naturbeherrschung zu entwickeln. Außerdem müssen die Aborigines schon wegen des Fehlens von Lasttieren oder anderen Mitteln für Großtransporte ihre bewegliche Habe auf das Notwendigste beschränken. Entsprechend einfach sind Technik und materieller Kulturbesitz.

Die **Technik der Aborigines**, in der sich alt-, mittel- und ansatzweise auch jungsteinzeitliche Verfahren und Fertigkeiten nebeneinander finden, kennt als Produktionsmittel nur die menschliche Muskelkraft, Feuer, Wasser und primitive, aber zweckmäßige Werkzeuge wie Faustkeile, Stein- und Muschelschaber, Steinäxte und -beile, Pfrieme, Nadeln aus Knochen, Stichel aus Tierzähnen usw. Wichtigste Fertigungstechniken sind Steinbearbeitung (Behauen, Spalten, Retuschieren, Schleifen, Polieren), Holzbearbeitung (Schnitzen, Glätten, Härten) und textile Verfahren (Drillen, Zwirnen, Netzen, Knüpfen, Flechten). An Rohstoffen werden neben Stein und Holz v. a. Fasern, Rinde, Bast, Samenkapseln, Knochen, Zähne, Felle, Federn sowie Muschel- und Schneckengehäuse verarbeitet, jedoch keine Metalle.

Der **materielle Kulturbesitz** ist, wenn auch mit regionalen Unterschieden, außerordentlich typenarm und schlicht, aber stets sinnreich, oft auch mit ästhetischem Anspruch gestaltet. Kleidung fehlt ganz – abgesehen von den aus Menschenhaar gefertigten Wulstgürteln und seltenen Wetterumhängen aus Opossum- oder Kängurufellen. Reichhaltiger ist dagegen Schmuck: neben Körperbemalung und Schmucknarben (Skarifikation) Ketten aus Muschel- und Schneckengehäusen, rot gefärbte, mit Tierzähnen besetzte Zierschnüre, Kopfschmuck aus Federn oder Känguruhaaren, genetzte Stirn- und Armbänder, Gehänge aus Haliotis- oder Perlmutt-Schalen. Diese sind mit geometrischen Ritzmustern verziert und haben primär eine zeremonielle Funktion, im interethnischen Handel dienen sie zudem auch als Geldersatz. Schlichtes Wirtschaftsgerät und karger Hausrat bestehen aus Grabstöcken mit feuergehärteter Spitze, Reibsteinen zum Zerkleinern von Samen und Wurzeln, »Feuersäge« oder »Feuerquirl«, Holzmulden, Rindenbehältnissen und Netztaschen für den Transport. Waffen für Jagd, Kampf und gewisse Kulthandlungen sind v. a. aus Eukalyptus- oder Akazienholz geschnitzte Speere. Sie haben eine feuergehärtete Spitze, zuweilen mit Widerhaken, manchmal auch mit einer Steinspitze armiert. Um die Hebelkraft des Wurfarmes zu verstärken, schleudert man die Fernwaffen mit einem sog. Speerwerfer, einem brett- oder stabförmigen Holzstück, das einen Zapfen als Widerlager für das Schaftende des Speeres besitzt. Hinzu kommen zahlreiche Typen von Schlag- und Wurfkeulen, flache, knieförmig gekrümmte Wurfhölzer (*Bumerang*). Letztere sind Jagd- und Kampfwaffen, oder sie dienen, wenn als Wiederkehr-Wurfholz konstruiert, bei Spielen und Wettkämpfen. Gegen die Speere und Wurfhölzer schützt man sich mit schmalen Parier- oder »Stock«-Schilden aus Holz, die andernorts auch groß, oval und reich ornamentiert sind. Herstellung, Besitz und Gebrauch des vor Frauen und Kindern geheim gehaltenen Zeremonialgerätes sind ausschließlich den in die Kultgemeinschaft initiierten Männern vorbehalten. »Botenstäbe« mit eingeritzten Zeichen laden zu zeremoniellem Tausch und Kultfesten. Schwirrhölzer und Holztrompeten lassen im Kult die Stimmen der Ahnengeister erklingen. Heiligster Besitz sind die ovalen, aus Schiefer oder Holz gefertigten, mit sakralen Symbolen bedeckten *Tjurunga*, Wohnstätten bestimmter Ahnengeister, in denen die alles bewirkende Schöpfungskraft der mythischen Urzeit gegenwärtig ist.

Im Gegensatz zur Schlichtheit der materiellen Kultur ist die **Sozialordnung der Aborigines**, in einem sehr tiefgründigen religiösen Weltbild verankert, von höchster Komplexität. Sie leben in losen »Stammes«-Verbänden, denen jedoch kaum eine politische Bedeutung zukommt. Wichtigste politische Einheit ist die wirtschaftlich autarke Lokalgruppe (»Horde«) aus mehreren Großfamilien. Die Macht liegt in Händen von Familien- und Gruppenältesten, deren Autorität einzig in ihrer Weisheit und Lebenserfahrung gründet. Sie entscheiden in weltlichen und kultischen Angelegenheiten, genießen kraft ihres Ansehens zahlreiche Privilegien. Die oberste politische Instanz ist der aus den Ältesten gebildete Rat, der unbeschränkt über Krieg und Frieden, Tod und Leben gebietet, Anordnungen der Gruppenchefs kontrolliert und Interessen der Gemeinschaft gegen die Willkür des Einzelnen schützt. Neben den Lokalgruppen bestehen überregional wichtige **»totemistische« Sozialverbände**: Mitglieder fühlen sich mystisch mit jeweils einer bestimmten Tier- oder Pflanzenart, ihrem »Totem«, auf das Engste verbunden. Diese Beziehung, einerseits verwandtschaftliche, andererseits schicksalsmäßige Bindung, fußt auf der Überzeugung, der Verband und sein Totem hätten einen gemeinsamen, mythischen Urahnen. Sie regelt das gesamte Verhalten der Verbandsmitglieder gegenüber ihrem Totem (rituelle Meidungsvorschriften usw.). Die wichtigste soziale Auswirkung ist der Zusammenschluss von Angehörigen gleicher Totems zu überregionlen Clans, die eine gemeinsame mythische und kultische Tradition besitzen. Totemistische Clans sind immer exogam; sexuelle Verbindungen zwischen Angehörigen desselben Totems gelten als Inzest, werden mit dem Tode bestraft. Daneben gilt die Lokalexogamie, die Angehörigen derselben Horde die Heirat untereinander verbietet. Zusätzliche Ehehindernisse folgen vielerorts aus der Gliederung des Stammes in exogame Hälften, die ihrerseits in zwei oder vier Sektionen unterteilt sein können. Die totemistische Ordnung und das aus ihr abgeleitete »klassifikatorische« Verwandtschaftssystem (Klassifizierung aller Individuen nach Verwandtschaftsgraden unabhängig von dem tatsächlichen biologischen Verwandtschaftsverhältnis) bestimmen in weiten Lebensbereichen das soziale Verhalten, etwa Wahl des Ehepartners, zeremoniellen Geschenkaustausch oder Sitzordnung bei Kultfeiern.

Der Komplexität ihrer Sozialordnung entspricht ein bemerkenswert entwickelter **Reichtum an mythischen Traditionen**. In ihrem Mittelpunkt stehen der Schöpfungsmythos der »Traumzeit« und die in der Urzeit auf der Erde lebenden »Großen Traumwesen«. Sie erfüllten die Welt einst mit ihrer gewaltigen schöpferischen Lebenskraft, die seither an besonders heiligen Orten wirksam bleibt – Kultstätten, an denen die Gemeinschaft der in die mythischen Überlieferungen und ihre Rituale initiierten Männer dafür sorgt, durch regelmäßige festliche Vergegenwärtigung des Urzeitgeschehens das Fortwirken seiner für alles menschliche Überleben unverzichtbaren Schöpfungskraft zu sichern. Die mythischen Urahnen selbst, die vor langer Zeit als Kulturbringer gewirkt haben, auf die daher die überkommene, unantastbare Sozialordnung zurückgeführt wird, manifestieren sich zeitweise in besonderen Kultobjekten wie Skulpturen, *Tjurunga*, Schwirrhölzern sowie Fels- und Rindenmalereien. Der Kult obliegt ausschließlich der Gemeinschaft der initiierten Männer, die von Zeit zu Zeit die heranwachsenden Jungen im Verlauf langer Übergangsriten (Initiation) in ihre hermetische Gruppe aufnehmen. Dabei werden die Jungen allerlei Härteproben (u. a. Beschneidung, Verstümmelung) ausgesetzt – als eine Art symbolischer »Tötung der Unwissenden«. Anschließend erwerben sie das geheime religiöse Wissen der Vorfahren als rituelle »Wiedergeburt«. In ihrer esoterischen Gemeinschaft begehen die Männer die großen Kultfeste, reaktivieren dabei mit ihrem kultischen Tun (Tänze, Berühren sakraler Objekte usw.) die heiligen

Schöpfungskräfte der Urzeit und erkennen zugleich die von den »Großen Traumwesen« gesetzte Weltordnung und deren Normen als verbindlich an.

Zu den überragenden geistigen Leistungen der Aborigines zählt, neben der Entwicklung eines tiefgründigen religiösen Weltbildes, auch ihre davon inspirierte bildende Kunst. Deren Gestaltungen sind nicht Ausdrucksmittel der eigenen, individuellen Künstlerpersönlichkeit, sondern die anschauliche Ausdeutung jenes Weltbildes, besonders durch ihre bemerkenswertesten Kunstschöpfungen, **polychrome Fels- und Rindenmalereien**. Die Motive auf den Felsen umfassen außer Abdrücke menschlicher Hände und Spiralelemente v.a. einfache bis komplexe figürliche Darstellungen, für die sich viele Zeugnisse, stark gehäuft in Nord- und Nordwestaustralien, zahlreich aber auch im Südosten des Kontinents, finden. Die ältesten bekannten Beispiele entstehen wahrscheinlich bereits vor rund 25 000 Jahren in der Kimberley-Region. Dagegen handelt es sich bei den auf flach gepresste Rindenstücke aufgetragenen Malereien (mit einem ähnlichen Bildkanon) vermutlich um eine relativ neue, aus der Felsmalerei abgeleitete Entwicklung, deren älteste erhaltenen Belegstücke erst aus dem 19. Jh. stammen. Beide Kunsttraditionen stellen im sog. »Röntgenstil« (der auch eigentlich unsichtbare Dinge abbildet, z. B. Knochen oder innere Organe), teils naturalistisch, teils geometrisch abstrahierend mythische Motive dar: Urzeitwesen, Höhlen- und Buschgeister, Regenbogen-Schlangen, Kängurus und andere Tiere, aber auch urzeitliche Ereignisse und Traumerlebnisse. Künstlerisches und kultisches Tun fallen z. T. zusammen, z. B. beim jährlichen rituellen »Berühren« der *Wondjina*-Abbildungen (sie zeigen mundlose Urzeitgestalten, Personifizierungen des fruchtbaren Regens), d. h. beim Auffrischen der roten, weißen und schwarzen Farben dieser Felsbilder, das für die Erneuerung der Natur und damit den Fortbestand der »Seinsordnung« sorgen soll. Die Maltraditionen der Aborigines sind weit verbreitet, Skulpturen (aus Holz) dagegen in ihrer Kunst eher selten. Es gibt jedoch einige bemerkenswerte figürliche Schnitzwerke in einem abstrahierenden Stil (z. B. in Arnhemland, auf der Bathurst- und der Melville-Insel), die mit dem Schöpfungsmythos oder dem Totenkult in Verbindung stehen.

Der von den europäischen Kolonisten im 19. Jh. und bis ca. 1950 verursachte drastische Bevölkerungsschwund der Aborigines, ihre unbarmherzige Marginalisierung und später der von der australischen Regierung – erfolglos – ausgeübte Assimilationsdruck hat das Bewusstsein ihrer ethnischen und kulturellen Identität bis in die 1960er-Jahre stark beschädigt. Erst 1963 erhalten die Aborigines die vollen Bürgerrechte. Die damit zunächst langsam und zögerlich einsetzende, in der Theorie auf faire Integration zielende Änderung der australischen Aborigines-Politik führt zumindest zur teilweisen Anerkennung ihrer alten Landrechte und offiziellen Respektierung ihrer kulturellen Traditionen. In der gesellschaftlichen Praxis bleiben Diskriminierung und Beschränkung auf den niedrigsten Lebensstandard oft erhalten. Inzwischen verbessert sich ihre Situation im Vergleich zu früher allmählich, v. a. erfährt das Bewusstsein ihrer ethnischen und kulturellen Identität eine deutliche Stärkung. Beispielhaft ist die sog. *outstation*-Bewegung. Darin haben sich in West- und Nordaustralien Clans zu Gemeinschaften zusammengeschlossen, die, soweit wie möglich, v. a. im Bereich von Religion und Kunst, ihre traditionelle Lebensweise pflegen. Gerade aus dem Reichtum ihrer religiösen Überlieferung, der Gestaltungskraft ihrer modernen Kunst und deren weltweiter Anerkennung beziehen die Aborigines heute wachsendes Selbstwertgefühl. | Forts. S. 1238 |

Ozeanien mit Neuseeland

Die mehr als 10 000 Inseln Ozeaniens liegen weit verstreut im Pazifischen Ozean, innerhalb eines gewaltigen, 70 Mio. km² umfassenden Gebietes, von Neuguinea im Westen bis zur Osterinsel im Südosten, vom Hawaii-Archipel im Nordosten bis nach Neuseeland im Südwesten. Mit Ausnahme des gemäßigten Neuseeland liegt die ozeanische Inselwelt in tropischen und subtropischen Klimazonen und bietet ihren Bewohnern, den Ozeaniern, höchst unterschiedliche Lebensräume, darunter große, mit üppiger Vegetation bedeckte Inseln wie Neuguinea sowie süßwasserlose, karge Korallenatolle. Bei der europäischen Entdeckung (beginnend 1520/22 mit der »Westindienfahrt« des in spanischen Diensten stehenden Portugiesen FERNÃO DE MAGALHÃES [*um 1480, †1521] und Kolonisierung leben in Ozeanien zahlreiche Ethnien mit erstaunlicher Vielfalt an Sprachen und Kulturen. Sie siedeln in den **drei kulturgeografischen Großräumen Melanesien** (Neuguinea, Bismarckarchipel, Santa-Cruz-Inseln, Salomonen, Vanuatu [früher Neue Hebriden], Neukaledonien), **Mikronesien** (Marianen, Karolinen, Marshallinseln, Kiribati [früher Gilbertinseln]) und **Polynesien** (Fidschi [Viti], Tuvalu [früher Ellice-Inseln], Tokelau, Samoa, Tonga, Cookinseln, Gesellschaftsinseln, Tubuai-Inseln [Australinseln], Tuamotu, Hawaii-Inseln, Marquesas-Inseln, Osterinsel und Neuseeland).

Eine Periodisierung der schriftlosen ozeanischen Kulturen ist nur in groben Zügen möglich: Abgesehen von mündlich tradierten, aber relativ zuverlässigen genealogischen Überlieferungen der Polynesier kann sie sich nur auf immer noch unzureichende archäologische Untersuchungen und Ergebnisse linguistischer und ethnohistorischer Forschung stützen.

Besiedlungsgeschichte Ozeaniens

Die erste Besiedlung Ozeaniens geht von Südostasien aus. Sie beginnt vor mindestens 40 000 Jahren im heutigen Neuguinea, wie die ältesten archäologischen Zeugnisse zeigen (Huon-Halbinsel ca. 38 000 v. Chr.; Kuk bei Mount Hagen ca. 30 000 v. Chr.; Kosipe ca. 24 000 v. Chr.), als die spätere Insel noch den nördlichen Teil des Urkontinents Sahul bildet. Von Neuguinea aus gelangen Nachfahren jener frühen Einwanderer bald auch zu den benachbarten großen (melanesischen) Archipelen, z. B. Neuirland (Matenkupkum ca. 31 000 v. Chr.; Buang Marabak und Matenbek ca. 18 000 v. Chr.) oder den Salomonen (Buka ca. 24 000 v. Chr.). **Die ersten Siedler sind australide alt- und mittelsteinzeitliche Jäger und Sammler.** Nach der klimabedingten Trennung Neuguineas von Australien (vor rund 11 000 Jahren) differenzieren sie sich durch die Jahrtausende währende Adaption an unterschiedliche Lebensbedingungen in ihren jeweiligen Siedlungsräumen anthropologisch und linguistisch aus. Ihre Nachfahren und zugleich die Urbevölkerung des insulären Neuguinea zur Zeit der europäischen Kontaktnahme sind die **Papua**: kleinwüchsige, pygmäische Menschen mit hell- bis dunkelbrauner Hautfarbe und krausem Haar.

Gleichfalls von Südostasien aus erreichen etwa ab 5000 v. Chr. **Proto-Austronesier** in mehreren Migrationsschüben zunächst Neuguinea, wenig später die vorgelagerte melanesische Inselwelt. Sie sind bereits Träger einer jungsteinzeitlichen Kultur, mit dem sog. Walzenbeil (geschliffener Steinbeilklinge mit rundem oder ovalem Querschnitt), Gartenanbau, Haustierhaltung und Bootsbau. Auf Neuguinea drängen sie die Papua teils in das von hohen Gebirgsketten durchzogene Innere der Insel ab, teils vermischen sie sich in einigen Küstenregionen mit ihnen.

Etwa ab 3000 v. Chr. kommen die **Austronesier** von Nordostasien (Südchina, Taiwan) nach Ozeanien: Hellhäutige, straffhaarige Menschen mit mongoliden und europiden anthropologischen Merkmalen besiedeln in immer neuen Wanderungswellen weiträumig die ozeanische Inselwelt. Zunächst durchqueren sie Mikronesien und erreichen, der Nordküste Neuguineas folgend, die melanesischen Archipele bis Neukaledonien im äußersten Süden. In Melanesien assimilieren sie hier ansässige Bewohner, ausgenommen die Papua, zu austromelaniden Bevölkerungsgruppen. Neben ihrer jungsteinzeitlichen Technik (mit dem für sie typischen Vierkantbeil) bringen die Austronesier ihre altpflanzerischen Wirtschaftsformen (Gartenbau und Haustierhaltung) nach Ozeanien, v. a. aber auch ihre weit entwickelte Hochseeschifffahrt. Ihre kentersicheren Doppelrumpf- und Ausleger-Segelboote sind unverzichtbare Voraussetzung für kühne Fernfahrten auf der Suche nach neuen Siedlungsmöglichkeiten über die Weiten des Pazifiks.

Nach 2000 v. Chr. durchstreifen neue austronesische Siedlergruppen in rascher Wanderbewegung die melanesische Inselwelt von Nord nach Süd und erreichen in einem nach Osten gerichteten Vorstoß noch vor 1500 v. Chr. Fidschi, wenig später die westpolynesischen Archipele. Diese austronesischen Einwanderer sind Träger der **Lapita-Kultur**, benannt nach ihrem zuerst bekannt gewordenen archäologischen Fundort auf Neukaledonien. Charakteristisches Merkmal der weit über Melanesien und Polynesien verbreiteten Kultur, mit Schwerpunkt im Großraum von Fidschi, Tonga und Samoa, ist ihre (ohne Töpferscheibe hergestellte) schwarzbraune oder rötliche Keramik. Sie weist vielerlei Gefäßformen auf und ist, meist schlicht oder auch aufwendig, mit einfachen bis hochkomplizierten Ritzmustern (unter Verwendung gezahnter Linien) verziert, die geometrische, aber auch fi-

Ozeanien und der alte Kontinent Sahul

gürliche Motive zeigen. Auffällig ist das homogene Dekorinventar der Lapita-Keramik innerhalb des weiten Verbreitungsgebietes. Archäologisch findet sie sich oft assoziiert mit klingenartigen Artefakten aus Obsidian, einem in Ozeanien nur auf den Admiralitätsinseln (Bismarckarchipel) und der Osterinsel vorkommenden glasartigen Vulkangestein. Diese Funde deuten auf regen Fernhandel zwischen den Archipelen hin. Nach Jahrhunderten großer Blüte lässt die Kreativität der Lapita-Töpfer nach, der vormalige Reichtum an Gefäßformen und Dekor ihrer Ware verarmt und verschwindet ganz – erst in West-Polynesien um etwa 500, später auch in Melanesien.

Im geografischen Zentrum der untergehenden Lapita-Kultur, in einem Raum mit großen, an Ressourcen reichen Vulkaninseln (Fidschi, Tonga und Samoa), entwickelt sich – angestoßen durch neu ankommende austronesische Einwanderer – etwa ab 700 v. Chr. die **polynesische Urkultur**. Sie breitet sich weiter nach Osten aus. Auf planvoll organisierten Fernfahrten entdecken und besiedeln die Polynesier die von ihnen aufgefundenen Inselwelten: die Cook- und Gesellschaftsinseln sowie Tuamotu (ca. 500 v. Chr.), die Marquesas-Inseln von Tonga aus (ca. 300 v. Chr.), die Osterinsel von den Gesellschaftsinseln aus (ca. 500 n. Chr.), die Hawaii-Inseln von den Marquesas-Inseln aus (ca. 500 n. Chr.) und Neuseeland von den Gesellschaftsinseln aus (ca. 850 n. Chr.). Die Entstehung der polynesischen Urkultur bringt im Vergleich zu ihrer Vorgängerkultur (Lapita) wesentliche Neuerungen: Sie ist – jedenfalls auf den großen vulkanischen, den sog. »hohen« Inseln – mit Einführung geschichteter Gesellschaftsformen und Entwicklung megalithischer Architektur und Bildkunst zu einer archaischen Hochkultur verbunden.

ca. 700–500 v. Chr. Die polynesische Urkultur entsteht im Raum Fidschi, Tonga und Samoa.

ca. 500–300 v. Chr. Das »heilige« Raiatea der Gesellschaftsinseln wird zum politischen und religiösen Zentrum der polynesischen Inselwelt. Hier lokalisieren die Polynesier ihr zweites Hawaiki, ihre eigentliche Heimat (ihr erstes Hawaiki, ihr Ursprungsland, ist weitab im Westen zu suchen). Um diese Zeit beginnt die glanzvolle Epoche der großen **polynesischen Entdeckungs- und Wanderungsfahrten**, über die zahlreiche, mündlich tradierte genealogische Überlieferungen berichten. Auf geräumigen, bis zu hundert Menschen fassenden Doppelrumpf-Segelbooten brechen Seeleute auf der Suche nach neuem Land zu Fernfahrten auf, die sie über Tausende Meilen durch den Pazifik führen, ohne nautische Instrumente oder Seekarten. Anstoß zu solchen überseeischen Unternehmungen sind Abenteuerlust, kriegerische Wirren und zunehmender Bevölkerungsdruck auf den Heimatinseln.

um 500 n. Chr. Uite-Rangiora, ein Großhäuptling von Rarotonga (Cookinseln), kommt auf seinem Boot Te-Ivi-o-Atea bis zur Antarktis, berichtet in seiner Heimat erstmals von Eisbergen und Polarnächten.

um 850 Die tahitianischen Adeligen Kupe und Ngahue entdecken die weit im Südwesten gelegene Doppelinsel Neuseeland (auf Maori *Aotearoa* genannt), die in der Folgezeit von Zentralpolynesien aus besiedelt wird. In dieser Frühzeit der neuseeländischen Siedlungsgeschichte entfaltet sich eine Kultur, die v. a. durch die Jagd auf die Moas – seit dem 17. Jh. ausgerottete große Laufvögel – charakterisiert wird.

um 1150 Häuptling Toi und seine Gefolgsleute gelangen von Zentralpolynesien nach Neuseeland, lassen sich hier nieder und vermischen sich mit der bereits ansässigen Bevölkerung der Doppelinsel.

Mitte des 12. Jh.s Gemäß der polynesischen Überlieferung landet der König Hotu-Matua auf der Osterinsel und nimmt sie für sich und sein Gefolge in Besitz. Archäologische Befunde ergeben jedoch, dass die Erstbesiedlung der Osterinsel bereits im 4. Jh. erfolgt sein muss, vermutlich von den Marquesas-Inseln aus.

um 1200 Unter der Herrschaft von Momo, des zehnten Königs von Tonga, beginnt die Invasion der Samoa-Inseln durch tonganische Streitkräfte und damit ein hundertjähriger Krieg zwischen beiden Reichen.

um 1250 Auf Raiatea (Gesellschaftsinseln) entsteht der machtvolle **religiöse Bund der Arioi**. Sie rücken den neuen Kriegsgott Oro in den Mittelpunkt des Kultes und leiten eine revolutionäre geistig-religiöse Umwälzung ein, der die Traditionalisten erbitterten bewaffneten Widerstand entgegensetzen, bis sie später nachgeben müssen.

um 1300 Die samoanischen Häuptlinge Tuna und Fata besiegen die tonganischen Invasionstruppen und vertreiben die Tonganer endgültig aus Samoa.

um 1350 Die gewaltsamen Konflikte auf den Gesellschaftsinseln führen zu der letzten bedeutenden polynesischen Wanderung. Die den Arioi unterlegenen Traditionalisten emigrieren auf zahlreichen Booten nach Neuseeland, unterwerfen hier die zuvor ansässige polynesische Bevölkerung und begründen die **Kultur der Maori**, deren große Adelsfamilien ihre Genealogien auf die Bootsanführer jener »großen Flotte« zurückführen. | Forts. S. 1244 |

Die ozeanischen Kulturen

Die ozeanischen Kulturen in Melanesien, Mikronesien und Polynesien unterscheiden sich erheblich voneinander, haben jedoch auch gewisse grundsätzliche Gemeinsamkeiten, z. B. die bei der europäischen Kontaktnahme überall verbreitete jungsteinzeitliche Technik, altpflanzerische Wirtschaftsformen, stets mit einer mehr oder minder stark ausgeprägten wildbeuterische Komponente. Gemeinsam ist ihnen u. a. das Fehlen der Metallverarbeitung, Urbanität und (ausgenommen auf der Osterinsel) der Schrift. In den drei genannten Großräumen sind die kulturellen Verhältnisse darüber hinaus jedoch keineswegs homogen. Vielmehr haben sich durch wechselnde Lebensbedingungen in den jeweiligen Naturräumen, teilweise lang währende Isolation vieler Ethnien und ihre bewegte Siedlungsgeschichte vielfältige regionale und lokale Varianten entwickelt.

Sprachen

Die Sprachen Ozeaniens sind außergewöhnlich zahlreich, namentlich in Melanesien v. a. die vielen Papua-Idiome im Inneren von Neuguinea und in einigen Gebieten des Bismarckarchipels sowie der Salomonen. Ihre Sprecher bilden oft nur sehr kleine, wenige Hundert Menschen umfassende Gruppen. Hinzu kommen zahlreiche, mit den Papua-Sprachen in keiner Weise verwandte Idiome vom östlichen (ozeanischen) Zweig der großen austronesischen Sprachfamilie, gesprochen von den austromelaniden Bevölkerungsgruppen. Weit einheitlicher ist dagegen das linguistische Bild in Mikronesien, dessen Sprachen – bis auf die dem Indonesischen nahe stehenden Idiome von Palau und den Marianen – auch zum ozeanischen Zweig des Austronesischen zählen. Aus diesem Stamm leiten sich auch die in lexikalischer und grammatikalischer Hinsicht eng miteinander verwandten Sprachen Polynesiens her.

Technik und Wirtschaft

Bis zur Zeit der europäischen Kolonisierung der pazifischen Inselwelt bleiben die ozeanischen Kulturen, denen durchweg die Kenntnis der Metallverarbeitung oder des Funktionsprinzips des Rades fehlt, auf die zivilisatorischen Möglichkeiten ihrer **jungsteinzeitlichen Technik** beschränkt, die vor rund 7000 Jahren erstmals protoaustronesische Einwanderer nach Melanesien brachten. Ihre Produktionsmittel und Fertigungstechniken sind, ähnlich denen der Aborigines, steinzeitlich, d. h. ohne Nutzung von Metallen. Bemerkenswert ist die Herstellung des Rindenbaststoffes *Tapa*.

Die Wirtschaftsweise der Ozeanier ist nur wenig spezialisiert, doch ist überall eine geschlechtsspezifische Arbeitsteilung gegeben, bei der den Männern in der Regel die schwereren und gefährlicheren Aufgaben zufallen. Im Prinzip ist jeder in der Lage, für seinen unmittelbaren Lebensunterhalt selbst zu sorgen. So ist bereits die Kleinfamilie, zumindest aber die Lokalgruppe, eine weitgehend autarke Wirtschaftseinheit, die von der Nahrungsfürsorge bis zum Obdach und Herstellung des alltäglichen Gebrauchsgutes alle lebensnotwendigen wirtschaftlichen Bedürfnisse befriedigt. Die wirtschaftliche Unabhängigkeit kleiner und kleinster Gruppen, die höchstens auf gelegentlichen Import von Rohstoffen oder, seltener noch von Halbfertig- und Fertigwaren angewiesen sind, verhindert in vielen Gebieten Ozeaniens die Entstehung und Konzentrierung größerer ökonomischer Potenziale. Damit wirkt sie – ausgenommen einige polynesische und mikronesische Archipele – einer überregional bedeutsamen Machtentfaltung entgegen. In Polynesien findet sich allerdings ansatzweise berufliche Spezialisierung in der Institution der hoch geachteten Hausbau- und Bootsbaumeister oder der professionellen Priesterschaft, bewirkt jedoch auch hier keine grundsätzliche Veränderung der **dezentralen Wirtschaftsstruktur**.

Abgesehen von den überwiegend als Jäger und Sammler lebenden Ethnien in den Regenwäldern von Neuguinea und kleinen Bevölkerungsgruppen auf den Koralleninseln, beruht die Subsistenz der Ozeanier in erster Linie auf dem mehr oder weniger **intensiv betriebenen altpflanzerischen Anbau** der erst vom Menschen eingeführten Nahrungspflanzen. Als einzige wild wachsende Nahrungspflanze nennenswerter Bedeutung ist nur die Sagopalme in Ozeanien endemisch. Sie gedeiht jedoch allein in den großen Flussniederungen Neuguineas und auf einigen Nachbarinseln. Dort nutzt man als Grundnahrungsmittel das stärkehaltige Mark dieser Palmenart, deren Bestände teilweise auch planvoll vermehrt werden. Zu den wichtigsten der Ernährung dienenden Kulturpflanzen gehören in weiten Teilen Ozeaniens Yams, Taro und die erst spät, vermutlich erst im 16. Jh. durch spanische Seefahrer aus Südamerika, nach Polynesien und dann nach Melanesien gelangte Süßkartoffel, außerdem Bananen, der Brotfruchtbaum, verschiedene Arten des Schraubenbaums und, auf kleineren Eilanden und in den Küstenregionen der größeren Inseln, die Kokospalme. Den ozeanischen Feld- und Gartenbau charakterisieren – regional unterschiedlich – Brandrodung, Bodenbearbeitung mit dem Grabstock oder, seltener, mit der Hacke, Anlage von Terrassen, Hochbeeten und Entwässerungsgräben, Mischbepflanzung mit verschiedenen Anbaufrüchten und Wiederbewirtschaftung alter Anbauflächen nach Brachezeiten. Auf den kargen Koralleninseln, wo kultivierbares Erdreich knapp ist, legt man kunstvolle Pflanzungsgruben an, in denen mühevoll Nass-Taro gezogen wird. Die Haustierhaltung (Schweine, Hunde, Hühner), ist für die tägliche Ernährung ohne Bedeutung: Schweine werden nur zu besonderen, meist zeremoniellen Anlässen geschlachtet und verspeist. Hunde hält man in Melanesien zur Jagd, in Polynesien werden sie gelegentlich auch gemästet und verzehrt. Hühner dienen nur als Lieferanten begehrter Schmuckfedern. Die lebensnotwendigen Proteine erbringen somit nicht Haustiere, sondern die wildbeuterische Nutzung der Tierwelt. Sie ergänzt die Nahrung insbesondere dort, wo die Bodenverhältnisse den Anbau einschränken. Dabei spielt die Jagd mit Pfeil und Bogen, Speeren und Fallen in jenen Gebieten Melanesiens eine gewisse Rolle, in denen verwilderte Schweine, Beutel- und Nagetiere sowie große Laufvögel (Kasuar) vorkommen. Im übrigen Ozeanien fehlt jagdbares Wild außer Vögel, denen man jedoch nur wegen ihrer Federn nachstellt. Dagegen ist die Fischerei auf See, an den Küsten, in Lagunen und Flüssen der großen Inseln von höchster Bedeutung. Die Ozeanier entwickeln viele Fischfangmethoden – Fischwehre, Rahmen- und Wurfnetze, Käscher, Reusen, Fischdrachen, Leinen, Angeln, Fischspeere und -pfeile sowie Pflanzengifte. Wichtig für die Versorgung mit eiweißhaltiger Nahrung ist die Sammelwirtschaft, die v. a. den Frauen und Kindern obliegt. Sie beschaffen wildwachsende Nahrungspflanzen, Früchte, Eier, Larven und essbare Kleintiere. An Genussmitteln kennt man im östlichen Ozeanien, namentlich in Polynesien, den hoch geschätzten Kawa-Trank aus den Wurzeln des Pfefferstrauches *Piper methysticum*, im westlichen Ozeanien die zusammen mit Kalk gekauten Nüsse der Betelpalme. Der heute weit verbreitete Tabak kommt erst zur Zeit der europäischen Entdeckung in die Südsee.

Die v. a. auf dem Anbau beruhende Wirtschaftsform der Ozeanier gestattet eine **sesshafte Siedlungsweise**, in der

Regel in Haufendörfern und Streusiedlungen. Im Bergland Neuguineas bevorzugt man Weiler oder Einzelgehöfte, in den tiefer gelegenen Regenwäldern kommen auch große, auf Bäumen oder hohen Pfählen errichtete Gemeinschaftshäuser als Wohnstätte der gesamten Lokalgruppe vor. Durch Palisaden befestigte Dörfer kennen nur die kriegerischen Maori auf Neuseeland. Ein Übergang von der dörflichen zur urbanen Siedlungsweise ist ansatzweise auf einigen mikronesischen Inseln (Kosrae, Ponape, Marianen) erkennbar. Echte Urbanität fehlt überall, auch in Polynesien, ungeachtet der hochkulturellen Entwicklung auf den dortigen großen Archipelen. Kult- und Tanzplätze sowie Versammlungshäuser bilden vielerorts den gesellschaftlichen Mittelpunkt der Siedlungen.

Der Hausbau ist in Ozeanien in Funktion und Konstruktion der Gebäude recht typenreich. Neben den meist schlichten Wohnbauten der Familien besitzen die Siedlungen oft aufwendig, mit hoher Kunstfertigkeit gebaute Versammlungshäuser, die in Melanesien und z. T. in Mikronesien den Charakter von Männerhäusern haben. In diesen Häusern, zu denen Frauen meistens keinen Zutritt haben, leben die Junggesellen und die verheirateten Männer in klubartig oder kultisch organisierten Gemeinschaften. Die oft kultische Funktion solcher Versammlungshäuser übernehmen in Polynesien regelrechte Tempelbauten. Weitere spezielle Gebäude dienen in Mikronesien und Polynesien der Aufbewahrung von Vorräten, Speisenzubereitung und Unterbringung von Booten. In Melanesien gibt es andere Spezialbauten, wie die Absonderungshütten für Menstruierende und Wöchnerinnen, Grab-, Toten- und Geisterhütten. Meist handelt es sich um einfache Konstruktionen aus Holz, deren Einzelteile Rotang- oder Schnurbindungen zusammenhalten. Oft sind die Häuser nicht ebenerdig, sondern ruhen auf Steinfundamenten oder Stützpfosten. Der wichtigste Teil der ozeanischen Häuser, das Dach, wird mit pflanzlichen Materialien, wie Palmblättern, gedeckt und ist ziemlich wetterfest. Die Wandungen, sofern vorhanden, bestehen aus Holzplanken, Rinde oder jalousieartigen, geflochtenen Matten.

Der **materielle Kulturbesitz** erscheint in Polynesien nicht sonderlich reichhaltig, zeugt aber durchweg von hoher handwerklicher Meisterschaft. In Mikronesien und Melanesien – ausgenommen das Bergland Neuguineas – ist die bewegliche Habe von größter Vielfalt. Die Kleidung der Ozeanier ist, bis auf Neuseeland, überall recht spärlich: Kinder gehen bis zu einem gewissen Alter völlig nackt, in einigen Gebieten auch die Männer. Sonst besteht die Kleidung der Männer meist in einer Schambinde, in Polynesien aus Rindenbaststoff (*Tapa*), in Teilen Mikronesiens aus einer gewebten Matte. In Neuguinea sind auch Penisbedeckungen aus Kalebassen- oder Fruchtschalen und Gehäusen von Muscheln oder Schnecken verbreitet. Frauen und Mädchen tragen Gras- oder Mattenschurze, in Neuguinea auch Rindenbaströcke oder Schnurschurze. Die Bekleidung des Oberkörpers ist bei beiden Geschlechtern unüblich, doch kennt man in Mikronesien und Polynesien gelegentlich ponchoartige Umhänge. Im kühleren Neuseeland sind wärmende Mäntel aus Flachs oder Hundefellen und Vogelfedern gebräuchlich. Rein zeremonielle Bedeutung haben die prächtigen, in bunter Federmosaikarbeit angefertigten Königsmäntel auf Hawaii. Die kaum überschaubare Fülle an Schmuck, den jede Kultur in Ozeanien in besonderen, charakteristischen Formen und Ausführungen kennt, zeugt von einem entwickelten Zierbedürfnis, bei Männern im Allgemeinen noch ausgeprägter als bei Frauen. Schmuckstücke, die mit großem Geschick und ästhetischem Empfinden aus den unterschiedlichsten Materialien (wie Stein, Holz, Knochen, Zähnen, Schildpatt, Horn, Federn, Muschel- und Schneckengehäusen, Blüten, Blättern, Fruchtkapseln usw.) gearbeitet sind, werden an allen erdenklichen Körperstellen angebracht, um ihre Träger zu zieren, zuweilen auch, um sie durch die magischen Kräfte dieser Objekte vor Unheil zu schützen. Dem Schmuckbedürfnis, magischen Schutz oder Rangkennzeichnung dienen die in ganz Ozeanien, v. a. in Polynesien, verbreitete (und von dort nach Europa gelangte) Tatauierung (verballhornt »Tätowierung«) sowie die in Teilen Melanesiens übliche Anbringung von Schmucknarben (Skarifikation) oder künstliche Schädeldeformation. Körperbemalung mit meist weißer, schwarzer, gelber und roter Farbe ist im Wesentlichen auf Melanesien beschränkt.

Die Ausrüstung mit Hausrat ist meist schlicht, aber formenreich. Zu den weithin gebräuchlichen Sitz- und Schlafmatten treten die (besonders in Melanesien kunstvoll beschnitzten) Nackenstützen zum Ruhen sowie Aufhängehaken, Vorratskörbe, Netze, Wasserbehälter, Schüsseln, Schalen, Stampfer, Schaber, Besen, Feuerfächer und -zangen und Geräte zur Feuererzeugung wie Feuerbohrer und -sägen (in Melanesien und Mikronesien) oder Feuerpflüge (in Polynesien). Die schon von Proto-Austronesiern und später Austronesiern erneut in Ozeanien eingeführte Töpferei wird in Polynesien früh (ca. 500 n. Chr.) wieder aufgegeben (außer auf Fidschi), findet sich dann nur noch vereinzelt in Mikronesien und Melanesien, wo sie am Sepik in Neuguinea eine hohe Blüte erreicht. Die ohne Töpferscheibe in Treib-, Spiralwulst- oder Stückchentechnik aufgebauten, im offenen Feuer gebrannten Tongefäße erübrigen sich vielerorts, weil man in weiten Teilen Ozeaniens bei der Speisenbereitung die gefäßlose Dünstung im »Erdofen« dem Kochen vorzieht, das oft aber auch in Gefäßen aus Holz- oder Kokosnussschalen geschieht. Zum Werkzeug und Gerät der Ozeanier gehören Stein- oder Muschelbeile (meist quer geschäftet), Steinmesser und -schaber, Nadeln, Ahlen und Pfrieme aus Holz oder Knochen, Schnitzwerkzeug aus Tierzähnen, Glätter aus Rochenhaut und Korallen, Bohrer mit Stein-, Zahn- oder Korallenspitzen. Hinzu kommen Grabstöcke, Hacken und vielfältiges Fischfanggerät. Kampf- und Jagdwaffen beschränken sich auf wenige Grundtypen, allerdings abgewandelt zu einer Fülle unterschiedlichster Formen, überall verbreite Keulen, Lanzen und Speere (in Neuguinea teilweise zusammen mit einem die Hebelwirkung des Armes verstärkenden Speerwerfer-Gerät), in Melanesien dazu Pfeil und Bogen, Dolche aus Knochen oder Obsidian, in Mikronesien und Polynesien auch Steinschleudern. Als Defensivwaffen gibt es in Neuguinea und im nordwestlichen Melanesien hölzerne Schilde, gleichfalls in Neuguinea und auf den mikronesischen Kiribati-Inseln auch aus Rotang oder Schnur angefertigte Brustpanzer.

Die weitgehend autarke Wirtschaftsweise der Ozeanier bei der nur sporadisch ein Bedarf an Rohstoff- oder Fertigwaren-Importen entsteht, stimuliert kaum kommerzielles Interesse. So fehlt der Handel in Mikronesien größtenteils, in Polynesien völlig. Nur auf den großen melanesischen Inseln besteht lebhafte inner- und zwischeninsuläre Tauschhandel, der oft eher zeremoniellen als kommerziellen Charakter hat. Dafür spielen außer getauschten Gebrauchsgütern vielerorts auch Geldsurrogate eine erhebliche Rolle (Stein- und Muschel-, Schnecken-, Perlmutt-, Zahn-, Feder- und Mattengeld).

In Ozeanien kommt naturgemäß den für den Fischfang und den Verkehr unentbehrlichen Booten eine ganz besondere Bedeutung zu, regt gerade der **Bootsbau** die Ozeanier allenthalben zu erstaunlichen, in der alten Geschichte der Menschheit unübertroffe technischen und handwerklichen Leistungen an. So finden sich neben Flößen für Schwertransporte und Nahverkehr in den einzelnen Kulturregionen zahlreiche zweckmäßig, oft auch formschön gebaute **Boote der unterschiedlichsten Typen**: von schweren Einbäumen auf den Strömen Neuguineas bis zu hochseetüchtigen Ruderbooten aus Planken der Salomonen, von schnellen Auslegerbooten mit ozeanischem Dreiecksegel der Mikronesier bis zu gewaltigen Doppelrumpf-Segelbooten der Polynesier für den Fernverkehr.

Gesellschaft

Im Laufe der bewegten Siedlungsgeschichte Ozeaniens entstehen in den einzelnen Kulturregionen **differenzierte Sozialordnungen**. Grundsätzliche Unterschiede bestehen zwischen den ungeschichteten, segmentären Gesellschaften Melanesiens und den geschichteten, vielerorts feudal strukturierten Gesellschaften Polynesiens, während die Sozialorganisationen in Mikronesien im Westen melanesische, im Osten dagegen polynesische Einflüsse erkennen lassen. Die Bevölkerung Melanesiens (zur Zeit europäischer Kontaktnahme ca. 1,5 Mio. Menschen) ist aufgesplittert in kleine und kleinste Ethnien, jeweils mit gemeinsamer Sprache und Kultur, aber ohne eine zentrale Sozialorganisation. Die autarke Dorfgemeinschaft ist die größte wirtschaftliche, politische, kultische, zugleich die wichtigste soziale Einheit, die auf alle Lebensbereiche einwirkt. Kaum minder bedeutsam ist die Klassifizierung der Angehörigen einer Ethnie oder einer Gruppe verwandter Ethnien in Abstammungsgruppen (klassifikatorische Verwandtschaftssysteme), bei den Papua meist vaterrechtlich, bei den austromelaniden Bevölkerungsgruppen oft mutterrechtlich. Solche Abstammungsgruppen (duale Klanverbände, Klane, Subklane) führen die Herkunft ihrer Angehörigen auf einen gemeinsamen mythischen (totemistischen) Urahnen zurück – ungeachtet der biologischen Verwandtschaftsverhältnisse. Sie besitzen entsprechende, als Klangeheimnis gehütete mythische Überlieferungen, kultische Traditionen und gruppenverbindliche Meidungsvorschriften (*Tabu*). Die Auffassung, der Sexualverkehr zwischen Angehörigen derselben Abstammungsgruppe sei Inzest, begründet das Exogamie-Gebot ihrer oft sehr komplizierten Heiratsordnung, das die Partnerwahl in einer fremden Gruppe vorschreibt. Der hieraus folgende (auch überlokale/überregionale) Frauentausch zwischen den einzelnen Gruppen sowie ein regelmäßiger zeremonieller Güteraustausch schaffen vielfältige Beziehungen und Verpflichtungen innerhalb der Gesamtgesellschaft und tragen in hohem Maße zur sozialen Integration ihrer Einzelglieder bei. Eine vertikale Gliederung der Gesellschaft ergibt sich lediglich aus der Einteilung der Dorfgemeinschaft in Altersklassen. Da ein erbliches oder sonst institutionalisiertes Häuptlingstum in Melanesien fast überall fehlt, übt die politische Macht weithin ein Rat der erwachsenen Männer aus, in denen bestimmte Persönlichkeiten (*big men*) aufgrund ihres hohen Prestiges eine führende Rolle übernehmen können. In einigen Gebieten Melanesiens bestimmen **geheime Männerbünde** weitgehend die Politik der Dorfgemeinschaften. Die Mitgliedschaft in solchen zumeist hierarchisch gegliederten Geheimbünden erwirbt man durch Erbrecht oder materielle Zuwendungen.

Anders als in Melanesien lebt die Bevölkerung Polynesiens (zur Zeit europäischer Kontaktnahme ca. 400 000 Menschen) in umfassenderen Sozialverbänden – Stämme mit zentraler Organisationsform, deren Territorien sich über Inselabschnitte, ganze Inseln oder einen Archipel erstrecken können. Die stets vorhandene soziale Schichtung ist unterschiedlich entwickelt: So gibt es geringfügig gegliederte Gesellschaften mit einer halbdemokratischen Verfassung (auf Tuvalu) oder ausgesprochen ständisch organisierte, theokratisch regierte Feudalstaaten mit einem sakralen Königtum, hohem und niederem Adel, Priesterschaft, Kriegerstand, Gemeinfreien und Hörigen (auf Tonga, Hawaii). Auch in Polynesien kommt den Abstammungsgruppen erhebliche Bedeutung für das gesellschaftliche Zusammenleben zu. Sie bestimmen u. a. die auch hier exogame Heiratsordnung, die für Herrschergeschlechter jedoch durch ein gegenteiliges Endogamie-Gebot (Heirat innerhalb der Abstammungsgruppe bis zur Geschwisterehe) abgewandelt sein kann.

Religion

Die Sozialordnungen der ozeanischen Gesellschaften beziehen ihre Legitimation aus ihrer jeweiligen Religion, sodass sich hier ebenfalls grundsätzliche Unterschiede zwischen Melanesien und Polynesien ergeben, während Mikronesien erneut eine Zwischenstellung einnimmt: In Melanesien ist das religiöse Interesse v. a. auf das in Mythen überlieferte Schöpfungsgeschehen gerichtet, in dem urzeitliche Gottheiten (*Dema*) durch ihre Taten die ungeordnete Welt verändern und die gegenwärtig gültige Seinsordnung begründen. Damit werden alle wichtigen kulturellen Einrichtungen, das Kultwesen, die Sozialordnung und die altpflanzerische Wirtschaftsform aus dem mythischen Urzeitgeschehen hergeleitet. Die Verbindlichkeit der einst gesetzten Seinsordnung wird im

Kult immer wieder anerkannt. Mit Maskentänzen und Riten vergegenwärtigt sich die Kultgemeinschaft die mythischen Urzeitereignisse und sorgt so für das Fortwirken all der schöpferischen Kräfte, die zeugend und Fruchtbarkeit spendend das irdische Dasein ermöglichen. Gewisse Erscheinungen, wie die verbreitete rituelle Kopfjagd oder der kultische Kannibalismus, erklären sich als Wiederholung der im Mythos vorgegebenen Tötung, Zerstückelung und Verspeisung bestimmter urzeitlicher Gottheiten, mit der die Kultgemeinschaft deren Schöpfungskräfte zu reaktivieren sucht. Ähnlich schafft auch der in Melanesien geläufige Ahnen- und Schädelkult eine lebendige und fruchtbare Verbindung zu den mythischen Ahnen, auf die man alle Kulturgüter zurückführt. Da die Frauen überall als unrein und daher kultunfähig gelten, obliegt das rituelle Tun weithin der Gemeinschaft der initiierten Männer oder dort, wo geheime Männerbünde bestehen, diesen Geheimgesellschaften. Bei der Initiation in die Kultgemeinschaft wird vielerorts der Novize symbolisch »getötet« und dann »wieder geboren«, indem er in die einzelnen Glaubenswahrheiten und in die Kulte eingeweiht wird. Nicht allein der Kult dient der Bewahrung der als heilig und unverletzlich geltenden Seinsordnung, sondern stets auch ein (oft kompliziertes) **Tabu-System**, das mehr oder minder stark alle Lebensbereiche beeinflusst: Allgemein verbindliche, aber auch geschlechtsspezifische, nur für bestimmte Klane geltende oder an besondere Orte, Gegenstände, Speisen, Namen, Handlungen gebundene Tabus und andere Verbote regeln vielfältig das Verhalten innerhalb der Gemeinschaft, die jede Übertretung solcher Vorschriften unerbittlich bestraft, sofern man nicht an die selbsttätige übernatürliche Sanktion glaubt.

Auch in Polynesien weisen gewisse altpflanzerische Erscheinungen, wie Schädelkult (Marquesas-Inseln, Osterinsel, Neuseeland) oder (vereinzelt) kultischer Kannibalismus, auf eine ursprünglich der melanesischen ähnliche Religionsform hin, die sich jedoch mit der hochkulturellen Entwicklung Polynesiens schon früh zu einem polytheistischen Religionssystem mit theologisch-spekulativen Überlieferungen wandelt: Ein Pantheon mit einer unüberschaubaren Fülle »hoher« und »niederer« Gottheiten und vergöttlichter Ahnen sowie entsprechender Kulte entstand, bei denen eine professionelle Priesterschaft durch Gebete und Opfer auf die auch in der Gegenwart noch tätigen übernatürlichen Mächte einzuwirken sucht. Damit verbunden ist eine allmähliche Säkularisierung vieler Lebensbereiche, in denen die religiösen zunehmend durch rationale Motivationen ergänzt oder ersetzt werden. So findet die polynesische Ethik ihre Begründung nicht mehr in einem religiösen Weltbild, sondern in der philosophischen Erkenntnis, dass sittliches Handeln eine auf sozialer Einsicht beruhende, Vernunft gebotene Notwendigkeit sei.

Kunst

In einigen Teilen Ozeaniens (Mikronesien, West-Polynesien) sind Gestaltungen der bildenden Kunst selten oder fehlen völlig. In Melanesien dagegen (Ausnahme Hochland von Neuguinea) und auf etlichen polynesischen Inselgruppen (Hawaii, Marquesas-Inseln, Osterinsel, Neuseeland) sind sie in umso größerer Vielfalt vertreten. Solche Bildwerke sind in Motiv und Form stets inspiriert von der jeweiligen religiösen Vorstellungswelt und haben immer eine, über das rein künstlerische Werk hinausgehende, kultische Zweckbestimmung: Künstlerisches Schaffen wird oft zugleich auch Kulthandlung. In Melanesien stellen besonders befähigte Männer aus der Kultgemeinschaft – zuweilen im Kollektiv – zu bestimmten Feierlichkeiten die benötigten Bildwerke her. In Polynesien gibt es indessen bereits berufsmäßige Spezialisten (*tahunga*), die als Holzschnitzer, Steinbildhauer oder -schneider künstlerisch tätig sind. Als Mittel des bildnerischen Ausdrucks ist in Ozeanien die Plastik vorherrschend – gestaltet als Frei- oder Halbplastik, als Hoch-, Flach- oder Tiefrelief. Die Malerei tritt dagegen kaum selbstständig in Erscheinung, sondern dient meist der ergänzenden polychromen Ausgestaltung von Plastiken. Die religiöse Gebundenheit der Bildkunst führt in Polynesien zu einer weitgehenden Festlegung auf wenige konventionelle Motive und Formen, die für die einzelnen Kulturen jeweils charakteristisch sind. Trotz der hieraus folgenden thematischen und formalen Begrenzung liefern die polynesischen Bildwerke, bei denen der Verzicht bzw. die Zurückhaltung in der Verwendung von Farben auffällt, außerordentlich eindrucksvolle Beispiele künstlerischer Gestaltung. Dazu gehören v. a. die bizarren Göttersymbole – Holzskulpturen oder Federmosaikarbeiten – von den Hawaii-Inseln, die vom Motiv eines stilisierten Ahnenschädels beherrschte Holz-, Stein- und Knochenplastik der Marquesas-Inseln, monumentale steinerne Ahnenbüsten, Tiefreliefs und geschnitzte Holzfiguren von der Osterinsel sowie ornamental ausgelegte Schnitzwerke mit figürlichen Motiven der Maori auf Neuseeland. In Melanesien erscheint der bildnerische Formenreichtum in den jeweiligen Ausprägungen der einzelnen Inselkulturen in einer kaum überschaubaren Fülle. Hier bedient sich das bildnerische Schaffen vielerlei Materialien (Fasern, Rinde, Bast, Blätter, Samenkapseln, Muschel- und Schneckengehäuse, Federn, Knochen, Wachs, Ton, Farben), um daraus meist farbenfrohe Bildwerke anzufertigen oder Holzschnitzereien durch Applikationen in fantasievoller Weise weiter auszugestalten. So entstehen Frei- und Halbplastiken, Figurenfriese, Bildsäulen, Tanzmasken, Schädelmasken, übermodellierte Schädel und figürlich verzierte Architektur- und Bootsteile, Schilde, Musikinstrumente und vieles mehr. Entsprechend der religiösen Begründung dieser Kunst zeigen die Bildwerke Ahnen, Geister, Dämonen oder totemistische Tier- und Pflanzendarstellungen. Zur höchsten Blüte gelangt die melanesische Bildkunst in einigen Tieflandgebieten Neuguineas (Sepik- und Asmat-Gebiet) und im Norden von Neuirland einschließlich der Tabar-Inseln.

Das geistige Kulturgut der Ozeanier – Mythen, Märchen, Dichtungen, Gesänge, historisch-genealogischen Überlieferungen usw. – wird meist mündlich tradiert. Nur auf der Osterinsel dient Priestern eine Patrialschrift aus Ideogrammen und Rebusschreibung (*rongorongo*) bei der Rezitation religiöser Texte als Gedächtnisstütze.

Australien und Ozeanien von der europäischen Entdeckung bis 1945

Australien von der europäischen Entdeckung bis 1945 | Forts. v. S. 1231 |

Prägend für Australien und den Verlauf seiner Geschichte ist die **Entfernung von Europa und Amerika**. Nur Südostasien liegt in kontinentaler Nachbarschaft. Im Westen ist Australien vom Indischen Ozean, im Osten vom Pazifik umgeben, während die Antarktis etwa 5000 km entfernt ist. Mit den Aborigines (Ureinwohnern) suchen die Einwanderer kaum Kontakte: ein Handel entwickelt sich nicht, aus ihren Stammesgebieten werden die Aborigines bei der Ende des 18. Jh.s beginnenden Besiedlung verdrängt. Ihre Zahl beträgt zu dieser Zeit mindestens 300 000, vermindert sich aber in 150 Jahren beträchtlich. Sie wird heute mit 455 000 angegeben, wobei die meisten der Aborigines aus Mischehen hervorgegangen sind.

Politisch, gesellschaftlich und kulturell prägt der **britisch-irische Einfluss** den australischen Kontinent am nachhaltigsten. Später hinterlassen auch Einwanderer anderer europäischer Nationen ihre Spuren. Erst nach Abschaffung rassistischer Einwanderungsgesetze im letzten Viertel des 20. Jh.s kommen Einwanderer zunehmend aus dem nahen Südost- und Ostasien.

Australien wird zu einem der **größten Wollproduzenten der Welt**, und kraft seiner Überschussproduktion im 19. Jh. auch zu einem der größten Lieferanten von Getreide und anderen landwirtschaftlichen Erzeugnissen. Seit Mitte jenes Jahrhunderts wird der **Reichtum an Bodenschätzen** entdeckt: Gold, dann Edel- und Halbedelmetalle wie Blei, Zink, Kupfer, Bauxit, Zinn, Silber und Nickel. Schließlich, v. a. im 20. Jh., werden auch Energiequellen gefunden: Kohle, Öl und Erdgas. Als politisch nicht unproblematisch erweisen sich die nach 1945 entdeckten reichhaltigen Uranvorkommen.

16. Jh. Portugiesische, spanische, später auch niederländische Seefahrer berühren auf ihren Fahrten zu den »Gewürzinseln« Indonesiens die australische West- und Nordküste ohne zu ahnen, dass sie zum gesuchten Südkontinent gehören.

1606 Der niederländische Kapitän Willem Janszoon (*um 1570, †1638) landet an der nordaustralischen Küste, ohne bleibende Spuren zu hinterlassen.

1611/1613 Kapitän Hendrik Brouwer (*um 1581, †1643), Generalgouverneur der Niederländischen Ostindien-Kompanie (1632–1637), trifft auf die australische Westküste. Daraufhin sollen Schiffe der Kompanie auf seinem Kurs entlang der Westküste nach Handelsstützpunkten suchen.

1616 Kapitän Dirk Hartog (*1580, †1621), ebenfalls von der Kompanie, landet in Shark's Bay in Westaustralien, während 1629 an der Westküste die holländische »Batavia« strandet, deren Besatzung gerettet wird.

1642/1643 Der Gouverneur von Niederländisch-Indien, Anthony van Diemen (*1593, †1645), beauftragt Abel Janszoon Tasman (*1603, †1659) mit einer Forschungsreise, auf der er Van Diemen's Land (das heutige **Tasmanien**) und **Neuseeland entdeckt**.

1644 Tasman unternimmt eine zweite Erkundungsreise entlang der Nordküste. Das australische Festland erhält die **Bezeichnung »Neuholland«**. Um 1650 erlischt das niederländische Interesse an der Erforschung Australiens. Erst nach 1800 setzt sich der Begriff »**Australien**« als Name des Kontinents durch.

1688 William Dampier (*1652, †1715), der vor 1700 mit seiner ersten Reise die Aufmerksamkeit Englands auf den gesuchten Südkontinent richtet und die nordwestaustralische Küste erreicht, erregt das Interesse englischer Leser, Kaufleute und Politiker.

1699–1700 Dampiers Berichte über seine weitere Erkundung der australischen Westküste sind negativ. Aus Mangel an Handelsmöglichkeiten erlischt das Interesse. So gerät der australische Kontinent für fast ein weiteres Jh. aus dem Blickfeld der Europäer.

1770, 22. Aug. Der im Auftrag der britischen Admiralität die Südsee bereisende Kapitän **James Cook** (*1728, †1779) landet an der Südostküste in der Botany Bay. Er nimmt das Land, das er New South Wales (Neusüdwales) benennt, **für die britische Krone in Besitz**.

1786 Die britische Regierung beschließt die **Gründung einer Strafkolonie in Neusüdwales** als Ersatz für die durch die Unabhängigkeit der USA 1776 verloren gegangenen Deportationsmöglichkeiten in die amerikanischen Kolonien. Mit Errichtung eines Handelsstützpunkts im Südpazifik ist auch die Hoffnung auf Deckung des Holzbedarfs für den Schiffbau verbunden.

1788, 26. Jan. Die **erste Flotte** unter Kapitän Arthur Phillip (*1738, †1814) **mit 778 Sträflingen** an Bord landet nördlich von Botany Bay. Phillip gründet Sydney am Port Jackson und damit die Kolonie Neusüdwales. Erst 1852 enden die Sträflingsdeportationen,1868 auch nach Westaustralien. Nach einer sich über Jahrzehnte hinziehenden Entdeckung des Inneren und von Siedlern erschlossenen Kolonien wird der Kontinent von freien Einwanderern bevölkert.

1803 Matthew Flinders (*1774, †1814) entdeckt die Bass Strait und beweist, dass Tasmanien eine Insel ist.

1813 Gregory Blaxland (*1788, †1852), William Charles Wentworth (*1790, †1872) und William Lawson (*1774, †1850) überqueren die Blauen Berge (Blue Mountains) um Sydney ins Landesinnere.

1825 Tasmanien wird eigene Kolonie.

1829 Western Australia wird Kolonie.

1829/1830 Charles Sturt (*1795, †1869) untersucht die Flusssysteme des Darling, Murrumbridge, Lachlan und Murray.

1836 Thomas Mitchell (*1792, †1855) erforscht Teile der späteren Kolonie Victoria, nachdem seit Beginn der Siedlung in Sydney zahlreiche Expeditionen ausgesandt wurden, um das Landesinnere zu erkunden.

28. Dez. Nachdem das britische Parlament zugestimmt hat, wird Südaustralien (South Australia) als Siedlungskolonie proklamiert.

1838/1841 Edward John Eyre (*1815, †1901) dringt über die Neugründung Adelaide nach Westen hinaus bis Albany im westlichen Australien vor.

1842/1845 **Kupferfunde und -abbau** in Südaustralien.

1848 Nach einer ersten Expedition 1844–45 von der Ostküste nach Nordwesten nahe dem heutigen Darwin ist Ludwig Leichhardt (*1813, †1848) beim Versuch, den Kontinent von Ost nach West zu durchqueren, verschollen: Viele Suchexpeditionen bleiben erfolglos.

1851 Der »Port Philip District« mit Melbourne als Zentrum trennt sich von Neusüdwales und wird nach der englischen Königin Victoria benannt.
Goldfunde im Bathurst District (Neusüdwales) und Victoria: Ein weltweiter **Goldrausch** erhöht Australiens Bevölkerungszahl innerhalb eines Jahrzehnts von 405 000 auf 1 146 000 und bereitet den Weg für eine **Phase wirtschaftlichen Aufschwungs 1860–1890**.

1854 Ein Aufstand (*Eureka Stockade*) gegen den Zwang Schürflizenzen erwerben zu müssen, wird blutig niedergeschlagen.

1859 Queensland folgt dem Beispiel von Victoria und wird eigenständige Kolonie.

1860–1861 Robert O'Hara Burke (*1821, †1861) und William John Wills (*1834, †1861) versuchen die Durchquerung des Kontinents von Süd nach Nord und scheitern tragisch. Zwei Deutsche nehmen daran teil – der Arzt Hermann Beckler (*1828, †1914) und der Maler und Naturwissenschaftler Ludwig Becker (*1808(?), †1861). Durch andere Unternehmungen erhalten neu entdeckte markante geografische Punkte Namen deutscher Persönlichkeiten.

1861–1862 Die Süd-Nord-Durchquerung von Adelaide nach Chambers Bay bei Darwin gelingt John McDouall Stuart (*1815, †1866). Die **Erforschung des Landesinnern** hat das enttäuschende Ergebnis, dass es keinen großen Binnensee auf dem Kontinent gibt.

1871–1882 Nach Zinnfunden im Grenzgebiet zwischen Queensland und Neusüdwales wird Australien zum größten Zinnproduzenten der Welt.

1874 8-Stunden-Arbeitstag in allen Arbeitsverträgen der Regierung von Victoria, 1877 auch in Neusüdwales.
Weidewirtschaft (Rinder, Schafe, Wolle) und Ackerbau (Weizen) florieren, die Industrie expandiert mit 17 % aller Erwerbstätigen (1891).

Seit den 1880er-Jahren gibt es Anregungen, alle Kolonien zu einem einheitlichen **Staat Australien** zu vereinen. Gründe sind das bislang oft egoistische Verhalten der einzelnen Kolonien und die Möglichkeiten, die Eisenbahn, Dampfschifffahrt und Telegrafie für eine schnellere Überwindung der Entfernungen bieten. Auch die Abwehr kolonialer Interessen europäischer Staaten (v. a. Deutschlands) vor Australiens »Hintertür« spielt eine Rolle. Die sechs sich selbst verwaltenden Kolonien denken bis 1900 vorwiegend an ihre eigene Entwicklung. An der wirtschaftlichen und politischen Entwicklung haben die **Aborigines keinen aktiven Anteil**. Es existieren Überlegungen sie in Reservaten unterzubringen und zu integrieren.

1880 Henry Parkes (*1815, †1896), Premier von Neusüdwales, schlägt einen Bundesrat (*Federal Council*) als ständiges Organ ohne Exekutivgewalt vor.

1883 Entdeckung **reicher Silbervorkommen** am Broken Hill im westlichen Teil von Neusüdwales durch den deutschen Einwanderer Karl Rasp (*1846, †1907).

1885 Der Bundesrat, jedoch ohne Neusüdwales, bleibt ohne nachhaltige Wirkung.

1889, 24. Okt. Parkes plädiert für Parlament, Regierung und Premierminister für ganz Australien.

1890 Anzeichen für eine **Wirtschaftskrise**: Absinken der Woll-, Weizen- und Silberpreise auf dem Weltmarkt von 1891 bis 1894; Ausbleiben von ausländischen Investitionen, Konkurs zahlreicher Unternehmen, v. a. von Kapitalgesellschaften.

1891, März Erste Bundesversammlung (*Federal Convention*) mit Vertretern aller australischen Kolonien und Neuseelands in Sydney. Danach schert Neuseeland aus.

1893 In der bis dahin **schwersten Finanzkrise** melden von 22 Banken (bis Mitte Mai) 13 Konkurs an. Die Arbeitslosenquote liegt zwischen 25 und 30 % der Erwerbstätigen mit qualifizierter Berufsausbildung. Teilweise Auflösung von Gewerkschaften, da arbeitslose Mitglieder ihre Beiträge nicht mehr aufbringen können. Viele Streiks (stärkste Auswirkungen in der Schifffahrtsindustrie und bei den Wollscherern) enden mit der Niederlage der Streikenden.

Aug. Eine wirtschaftliche Erholung wird durch eine staatliche Hilfe der Banken und die **Entdeckung neuer Goldvorkommen** in Südwestaustralien (Coolgardie, Kalgoorlie 1892/93) eingeleitet.

1896 Neue, in Tasmanien entdeckte **Kupfervorkommen** tragen zur Behebung der Krise bei. Um weitere wirtschaftliche Einbrüche zu vermeiden, wird eine breitere Grundlage der landwirtschaftlichen Produktion (Milch- und Fleischwirtschaft) angestrebt, die der Export mit Kühlschiffen ermöglicht. In diese Zeit fallen die Anfänge einer Sozialgesetzgebung.

1897, 22. März–23. April Tagung der zweiten Bundesversammlung in Adelaide.

1898, 20. Jan.–17. März Die **dritte Bundesversammlung** in Melbourne **verabschiedet einen Verfassungsentwurf**.

3.–4. Juni Erster Volksentscheid scheitert an mangelnder Mehrheit in Neusüdwales.

1899, April Zweiter Volksentscheid über den geänderten Verfassungsentwurf ist erfolgreich. Nur Western Australia wartet mit der Zustimmung bis Juni 1900.

1900, Mai–Juni Das britische Parlament nimmt den Verfassungsvorschlag nach einigen Änderungen an.

9. Juli Königin Viktoria unterzeichnet das Gesetz, mit dem das *Commonwealth of Australia* gegründet wird.

1901, 1. Jan. Das Gesetz über den *Commonwealth of Australia* tritt in Kraft. Der Rivalität zwischen Melbourne und Sydney wegen wird eine neue Hauptstadt gebaut: Canberra mit einem Hauptstadtterritorium.

Australiens Verfassung

Die Verfassung Australiens ist im **Commonwealth of Australia Act** vom 9. Juli 1900 verankert. Mit Ausnahme der weitgehend nach amerikanischem Beispiel gestalteten bundesstaatlichen Elemente folgt sie **britischem Vorbild.** Staatsoberhaupt ist die britische Krone; auf Bundesebene (*Federation*) wird sie durch einen Generalgouverneur repräsentiert. Die **gesetzgebende Gewalt** liegt beim Parlament, das aus Abgeordnetenhaus (*House of Representatives*) und Senat (*States' House*) besteht, die beide in allgemeiner und direkter Wahl gewählt werden.

Die Abgeordneten (2007: 150) werden auf drei Jahre gewählt. 76 Senatoren (je zwölf von den sechs Bundesstaaten entsandt, je zwei von den Territorien der Hauptstadt und des Nordens) werden turnusmäßig alle drei Jahre zur Hälfte gewählt. Die **Exekutive** liegt beim Generalgouverneur und Kabinett. Kabinettsmitglieder sind dem Abgeordnetenhaus direkt verantwortlich. Minister werden auf Bundesebene vom Generalgouverneur auf Vorschlag des Premiers ernannt.

Mit Ausnahme der beiden Territorien, die unter unmittelbarer Verwaltung der Bundesregierung stehen, haben die **Bundesstaaten** Tasmanien, Victoria, Neusüdwales, Queensland, Südaustralien und Westaustralien nach Bundesmodell ihre **eigenen Regierungen**, Parlamente (allgemein mit zwei Kammern, mit Ausnahme von Queensland, das nur eine *Assembly* hat) und, gleichfalls von der Krone bestätigte, Gouverneure.

Seit Dez. 1988 ist das Australian Capital Territory (A.C.T.) mit Canberra den übrigen Bundesstaaten mit einem Abgeordnetenhaus und eigener Verwaltung gleichgestellt. Auch das Northern Territory gilt seit 1. Juli 1988 als Bundesstaat mit eigener Verwaltung; ausgenommen von seiner Gesetzgebung bleiben u. a. Landrechte von Aborigines und Uranbergbau.

Die in der Verfassung festgelegten Zuständigkeiten des Bundes sind teils ausschließlich (u. a. Außenbeziehungen, Verteidigung, Zölle, Einwanderung, Steuern), teils konkurrierend (u. a. Wirtschaft, Sozialfürsorge): Bundesgesetze haben Vorrang vor Gesetzen der Einzelstaaten. Über Verfassungsstreitigkeiten entscheidet der *High Court of Australia.*

1901, 29./30. März **Erste Wahlen zum Bundesparlament**. Organisierte Parteien existieren noch nicht (erst kurz danach entsteht die australische *Labor Party*); die Abgeordneten teilen sich in Fraktionen gemäß ihrer Einstellung zur Erhebung eines Schutzzolls.

1901–1904 Für die ersten Bundesregierungen unter Edmund Barton (*1849, †1920; 1901–1903), und Alfred Deakin (*1856, †1919; 1903–1904), stehen finanzpolitische Fragen im Vordergrund. Ein **Schutzzoll** gegenüber dem Ausland ersetzt inneraustralischen Zölle. Die **»White Australia«-Politik** wird auf Bundesebene aufgenommen und weitergeführt.

1904 Erstes Kabinett der *Labor Party* unter John Christian Watson (*1867, †1941).

1905–1908 Alfred Deakin wird mithilfe der *Labor Party* erneut Premierminister. Ein Gerichtshof zur gesetzlich vorgeschriebenen Schlichtung von Tarifkonflikten (*Arbitration Court*) fördert, da es nur Repräsentanten organisierter Gruppen zulässt, das **Anwachsen der Gewerkschaften**.

1906 Übernahme der Verwaltung der britischen Kolonie im südöstlichen Neuguinea.

1907 Einführung der *New Protection*-Politik, nach der Arbeitgeber, die keine angemessenen Löhne zahlen, der Bundesregierung eine Abgabe entrichten müssen, die der Höhe des Schutzzolls entspricht. Das *High Court* erklärt diese Politik jedoch für verfassungswidrig, da der Bund keine Kompetenzen auf dem Gebiet der Arbeitsgesetzgebung habe.

26. Sept. **Australien erhält** zusammen mit Neuseeland und Kanada im britischen Empire den **Dominionstatus.**

1908–1909 Andrew Fisher (*1862, †1928), Führer der *Labor Party*, wird Premierminister.

1909 Anhänger des Schutzzolls und Freihandels verbünden sich gegen die *Labor Party*, stellen mit Deakin als Premierminister die neue Regierung.

1910, April Die *Labor Party* gewinnt mit großer Mehrheit die Wahlen zum Bundesparlament. Die Regierung Fisher führt die unter Deakin begonnene Sozialpolitik fort. 1912 Einführung eines Mutterschaftsgeldes, Förderung der Einwanderung.

Die **wachsende Zahl der Einwanderer** (1906–1914: 393 048) verstärkt die Inflation und drückt auf das Lohnniveau. Industrielle Unruhen folgen: Streiks der Bergarbeiter 1907 und 1909/10; fünfwöchiger Generalstreik in Brisbane 1912. Die Gewerkschaften scheitern mit ihren Forderungen. Entscheidend für die Verankerung eines australischen Nationalgedankens wird die Anmeldung eigener kolonialer Ansprüche.

Die Verflechtung Australiens mit der Weltwirtschaft ist vor dem Ersten Weltkrieg auf die Produktion von Rohstoffen konzentriert. Handelspartner sind Großbritannien, USA, Japan, bis 1914 Deutschland.

1914–1918 Als Dominion im Britischen Empire stellt sich Australien im **Ersten Weltkrieg** ohne Zögern auf die **Seite des Mutterlandes**. Seine Truppen besetzen die deutschen Kolonien im Pazifik (Neuguinea, Bismarckarchipel) und kämpfen auf den vorderasiatischen und europäischen Kriegsschauplätzen (Dardanellen, Palästina, Frankreich). Insgesamt nehmen 330 000 Australier am Krieg teil, 60 000 fallen. Die Kriegsfinanzierung erfolgt durch Kriegsanleihen, Steuern und verstärkte Notenemission, ermöglicht durch ein Verbot der Goldausfuhr.

1915, 25. April Landung des **ANZAC** (*Australian-New Zealand Army Corps*) beim türkischen **Gallipoli** (heute Gelibolu): Schwere Kämpfe und große Verluste; Rückzug Ende des Jahres. 1916 finden erste ANZAC-Feiern statt, seitdem jährlicher Feiertag in Australien.

27. Okt. William Morris (Billy) Hughes (*1862, †1952) ersetzt Andrew Fisher als Premierminister. Als sich die anfängliche Kriegsbegeisterung legt und die Zahl der Freiwilligen zurückgeht, befürwortet er die allgemeine Wehrpflicht.

1916, 28. Okt. Die **allgemeine Wehrpflicht scheitert in einem Volksentscheid**: Spaltung der *Labor Party*. Hughes gründet die *National Labor Party*. Scharfe schikanöse

Maßnahmen gegen deutsche Einwanderer (Verbot der deutschen Sprache, Internierungen, etc.).

1917, 7. Febr. Vereinigung der *National Labor Party* mit den Liberalen zur *Nationalist Party* unter HUGHES.

5. Mai HUGHES wird in den sog. »Win the War-Wahlen« im Amt bestätigt.

Aug.–Okt. Inflation löst **Unruhen unter der Arbeiterschaft** aus, die zahlreiche Verbesserungen (44-Stunden-Woche, Lohnerhöhungen) durchsetzen. Der Generalstreik der Arbeiter von Neusüdwales gegen eine Verschlechterung der Arbeitsbedingungen scheitert jedoch nach Eingreifen der Bundesregierung und Regierung von Neusüdwales.

20. Dez. Zweiter Volksentscheid: Wehrpflicht scheitert erneut.

1918, 31. März Der australische General JOHN MONASH (*1865, †1931) übernimmt das Kommando über das australisch-neuseeländische Corps in Frankreich, das im Sommer und Herbst entscheidenden Anteil am Zusammenbruch der deutschen Verteidigung hat.

1919, 18. Jan. Beginn der **Friedenskonferenz von Versailles**. Teilnahme von Premierminister HUGHES und Marineminister JOSEPH COOK (*1860, †1947).

7. Mai Australien fordert die Annexion der ehemaligen deutschen Kolonialgebiete im Pazifik, muss sich aber mit einem Völkerbundsmandat begnügen. Alle Inseln nördlich des Äquators gehen an Japan. Wegen der *White Australia-Policy* entstehen mit Japan Meinungsverschiedenheiten über die Völkerbundssatzung. Sie werden vom amerikanischen Präsidenten WILSON entschärft.

1920, 22./23. Jan. Gründung der *Country Party*: Als Vertreter aller ländlichen Interessen übt sie starken Einfluss auf die innenpolitische Entwicklung in den 20er-Jahren aus, seit 5. April 1921 unter EARLE CHRISTMAS GRAFTON PAGE (*1880, †1961).

1923, 2. Febr. Rücktritt von Premierminister HUGHES. Nachfolger ist STANLEY MELBOURNE BRUCE (*1883, †1967), der mit dem Vertrauen der Nationalisten und der *Country Party* eine Koalitionsregierung bildet.

BRUCE beginnt seine Regierung mit sechs Ministern von der Partei der Nationalisten und fünf der *Country Party* mit dem Slogan »*Men, Money and Markets*«: Menschen sollen den leeren Kontinent bevölkern, mit Geld sollen neue Siedlungen errichtet und Märkte mit australischen Produkten beliefert werden.

Von 1921 bis 1930 wandern über eine Viertelmillion Briten nach Australien ein, was aber weit unter den Erwartungen liegt. Öffentliche Aufträge in den 20er-Jahren schaffen Arbeitsplätze, lassen jedoch die Staatsverschuldung steigen. Erhöhte Zuschüsse der Bundesregierung an die Regierungen der Einzelstaaten als Auftraggeber können das Problem nicht lösen.

1925, 14. Nov. Die Koalitionsregierung kann mit den Wahlen ihre Position verbessern, obgleich sie in einem Dauerkonflikt mit den Gewerkschaften steht, die die 44-Stunden-Woche verlangen.

1927 Australien leidet an einer Zahlungsschwäche auf dem Londoner Finanzmarkt. Da außer der Wollerzeugung inzwischen fast alle Wirtschaftszweige subventioniert werden, trifft die **Weltwirtschaftskrise** Australien besonders hart. Die Arbeitslosenquote steigt auf über 25 %. Die meisten Betroffenen stehen ohne Mittel da (nur Queensland besitzt seit 1923 eine Arbeitslosenversicherung). Die Zahl der Auswanderer übersteigt die der Einwanderer.
Der Zusammenschluss der Gewerkschaften zur Dachorganisation *Australian Council of Trade Unions (ACTU)* gibt der Regierungsopposition Auftrieb.

9. Mai Das australische Parlament tritt zum ersten Mal in der **neuen Hauptstadt Canberra** zusammen.

1929, 12. Okt. Parlamentswahlen: Die *Labor Party* unter JAMES HENRY SCULLIN (*1876, †1953) gewinnt mit einem Erdrutschsieg: *Labor* erhält 40 Sitze, die Nationalisten erhalten 14, die *Country Party* 10.

Nov.–Dez. Erste Maßnahmen SCULLINS in der Krise sind die beträchtliche Erhöhung der Schutzzölle und Lösung der australischen Währung vom Goldstandard.

1930 Sir OTTO ERNST NIEMEYER (*1883, †1971), Direktor der Bank von England, rät den Premiers der Einzelstaaten zu einer strengen Deflationspolitik, die besonders von der Arbeiterschaft abgelehnt wird.

1931, Mai–Juni Dreiwöchige Konferenz der Premiers der Staaten, die sich auf den sog. **Premiers' Plan** einigen – Kürzung von 20 % der Staatsausgaben (auch der Löhne und Renten): Einige Angehörige des konservativen Flügels der *Labor Party* unter JOSEPH ALOYSIUS LYONS (*1879, †1939) gehen zur Opposition über.

13. Dez. Ablehnung des *Premiers' Plan* und ein Misstrauensvotum erzwingen Neuwahlen, die LYONS gewinnt.

1932, 6. Jan. LYONS bildet eine Koalitionsregierung aus *United Australia Party* (aus *Nationalist Party* mit konservativem Flügel der *Labor Party*) und *Country Party*. Sie verfolgt eine Politik nach dem *Premiers' Plan*.

Juli–Aug. Eine **Konferenz in Ottawa** der Mitglieder des britischen Empire führt zu einer ganzen Reihe von Handelsverträgen mit Vorzugsbestimmungen. Australien wird der Absatz landwirtschaftlicher Produkte von England garantiert, während Australien Gleiches für die Einfuhr englischer Waren zusagt. Dieser bilaterale Vertrag wird 1956 neu verhandelt.

1933 **Wirtschaftliche Erholung** mit steigenden Anteil des Industriesektors am Sozialprodukt. Australiens Exporte bestehen weiterhin aus Rohstoffen.

1935, 15. Sept., 1937, 23. Okt. Parlamentswahlen bestätigen LYONS' Regierungspolitik.

1937/1938 Außenpolitisch bleibt Australien trotz des **Statuts von Westminster** (1931; aber erst 1942 ratifiziert), das die vollständige Souveränität der Mitgliedstaaten des britischen Commonwealth festlegt, weiterhin mit Großbritannien verbunden.

1939, 26. April Nach dem Tod von Premierminister LYONS wird ROBERT MENZIES (*1894, †1978) sein Nachfolger.

4. Sept. Australien erklärt **Deutschland den Krieg**, seine Streitkräfte beteiligen sich an Kämpfen im Mittelmeer und in Nordafrika.

15. Sept. MENZIES bildet ein Kriegskabinett.

1940, 21. Sept. Wahlen mit Gewinnen der *Labor Party*, die den Eintritt in eine All-Parteien-Regierung ablehnt, aber drei Sitze in einem siebenköpfigen Beratergremium akzeptiert.

1941, 21. Jan. MENZIES reist für vier Monate nach London und lässt sich in Canberra von ARTHUR WILLIAM FADDEN (*1895, †1973) vertreten.

28. Aug. Rücktritt von MENZIES nach anhaltender Kritik selbst in den eigenen Reihen der *United Australia Party* und *Country Party* Koalition. FADDEN wird Premierminister

7. Okt. Rücktritt FADDENS. JOHN JOSEPH CURTIN (*1885, †1945), Führer der *Labor Party*, wird neuer Premierminister.

8. Dez. Der Japanische Überfall auf Pearl Harbor (Hawaii, USA) löst den **Pazifischen Krieg** aus, den Japan als Eroberungskrieg u. a. mit einem Südvorstoß gegen Australien führt.

26. Dez. CURTIN hält seine berühmte Rede »*Australia looks to America ...*«, nach der sich **Australien stärker an die USA** als an England **anlehnt**.

1942 Bombardierungen von Darwin und anderer nordaustralischer Orte durch japanische Flugzeuge.

Febr. Gegen die Pläne des britischen Premierministers WINSTON CHURCHILL verlangt CURTIN den Abzug australischer Truppen aus Nordafrika und dem Mittleren Osten zur Verteidigung des australischen Kontinents gegen Japan.

1943, 21. Aug. Parlamentswahlen: Die *Labor Party* unter CURTIN erringt einen sicheren Sieg.

1944, 21. Jan. **Canberra Pakt**: Vertrag mit Neuseeland zur Absicherung eigener Interessen gegenüber den großen Alliierten im Krieg und bei Friedensschluss.

1945, 12. Juli Nach dem Tod von CURTIN wird JOSEPH BENEDICT (BEN) CHIFLEY (*1885, †1951) Premierminister. | Forts. S. 1776 |

Neuseeland von der europäischen Entdeckung bis 1945

Neuseeland besteht aus zwei großen Inseln und vielen Nebeninseln. Die Landschaft der Nordinsel ist durch Vulkane geprägt, die besonders im Zentrum z. T. noch tätig sind. Im Westen der Südinsel, durch die Cookstraße von der Nordinsel getrennt, dominieren die Neuseeländischen Alpen (Mount Cook 3764 m mit dem über 100 km langen Tasman Gletscher), die nach Osten in ein fruchtbares Ackerbau- und Weideland auslaufen. In Neuseeland herrscht ein gemäßigt-mildes Klima, das nach Norden subtropisch wird.

Ethnisch und sprachlich gehören die einheimischen Maoris zum Kreis der polynesischen Inselkulturen.

1642 Neuseeland wird vom holländischen Kapitän ABEL JANSZOON TASMAN entdeckt, ohne dass er dort landet.

1769, 7. Okt. Der Engländer **JAMES COOK** besucht während seiner ersten Ozeanien-Reise (1768–1771) die neuseeländischen Inseln und durchfährt die nach ihm benannte Meeresstraße.

nach 1775 Nach der zweiten Reise (1772–1775) verfassen COOK und seine wissenschaftlichen Mitarbeiter – darunter die beiden Deutschen Vater und Sohn JOHANN REINHOLD FORSTER (*1729, †1798) und JOHANN GEORG FORSTER (*1754, †1794) – ausführliche Berichte über die Kultur der Polynesier, sowie Klima, Land, Flora und Fauna Neuseelands.

Wal- und Robbenfänger finden auf den Inseln günstige Stützpunkte.

1800–1835 Die Maori-Stämme verteidigen das Land anfangs in kleinen Aktionen gegen eine europäische Besiedlung. Dennoch wird die traditionelle Wirtschaft der Maori zunehmend durch den Handel mit Weißen unterminiert. Der Erwerb von Schusswaffen eskaliert Konflikte der Stämme in große Kämpfe, die »Musketenkriege« (1829–1835).

Einen Ansatz zur Überwindung des Widerstands bildet die Mission: Schon 1814 errichten Missionare aus Sydney erste Stationen, sodass Neuseeland zu einer Dependance der australischen Kolonie Neusüdwales wird. Um den britischen Anspruch auf die Inseln nach innen und nach außen zu betonen und den Widerstand der Maoris einzudämmen, wird 1833 JAMES BUSBY (*1801, †1871) von Sydney aus als britischer Vertreter (»British Resident«) entsandt.

1837 Die koloniale Eigenständigkeit Neuseelands im britischen Empire wird durch die kontinuierliche Besiedlung mit Europäern gewährleistet, für die die in London gegründete *New Zealand Association* und ein Jahr später die *New Zealand Company* eintreten.

1840, 6. Febr. Da die »Vereinigten Stämme« sich als zu uneins für ein stabiles Staatswesen erweisen, das nicht-britische Kolonialinteressen abwehren könnte, wird **Neuseeland von der britischen Krone annektiert**. Der zum Vizegouverneur ernannte Kapitän WILLIAM HOBSON (*1793,†1842) überredet gut 500 Maori Chiefs der Nordinsel in Waitangi zu einem Vertrag, mit dem sie ihre Souveränität abtreten, dafür Bürger- und Bodenrechte zugesichert erhalten.

1845–1853 Gouverneur GEORGE GREY (*1812, †1898) ist bemüht, die Beziehungen zwischen Siedlern und Maoris zu entschärfen. Seit Ende der 40er-Jahre verlangen die Siedler eine repräsentative Mitregierung.

1852, 30. Juni *Constitution Act*, verfasst unter zurückhaltender Mitwirkung von Gouverneur GREY: Die Regierungsgewalt liegt beim Gouverneur als Vertreter der britischen Krone. Lokale Interessen werden in zwei Kammern vertreten. Die sechs Provinzen verwalten Provinzialregierungen mit jeweils einem Superintendenten und einem Provinzrat. Der Streit zwischen Abgeordneten und Gouverneur GREY dauert Jahre.

1856 Die Krone stimmt der Verfassung zu: Neuseeland erhält eine von gewählten Vertretern abhängige, verantwortliche Regierung (*responsible government*), die alle inneren Angelegenheiten ohne Mitsprache der Krone regeln kann, mit einer Ausnahme: Angelegenheiten, die die Maori-Stämme betreffen, unterliegen der Entscheidung des Gouverneurs.

Beziehungen zwischen europäischen Siedlern und Maori

In den 1850er-Jahren wachsen Spannungen zwischen Siedlern und Maori durch Landnahme und -käufe der *Pakeha* (Weißen). Die Maori erstreben ein »Königtum«.

1860 Die Maori werden zahlenmäßig von den Pakeha übertroffen: Landnahmen und Absetzung eines Chief geben den Anlass zu Neuseeland-Kriegen (bis 1872).

1865 Der von Gouverneur Hobson in Auckland angelegte Regierungssitz wird nach Wellington verlegt.

1867 Maoris werden ins Parlament aufgenommen.

1872 Ende der Kriege: Fortsetzung der Landkäufe der Siedler. In den folgenden Jahrzehnten bis Ende des 19. Jh.s verlieren die Maori fast alles fruchtbare Land.

Wirtschaftliche Entwicklung

Weil die Suche nach Bodenschätzen zu wenig mehr als Goldfunden bei Otago und an der Westküste (1861–64) führt, sucht Neuseeland seit 1870 sein Auskommen in der Landwirtschaft: Julius Vogel (*1835, †1899), Premierminister 1873–75 und 1876, leitet eine Entwicklungspolitik zur Schaffung wirtschaftlicher Rahmenbedingungen ein: öffentliche Arbeiten wie Straßen-, Brücken- und Eisenbahnbau etc., Förderung der Schifffahrt und Anwerbung von Arbeitern durch Einwanderungshilfen. Forcierung der Einwanderung steigert die Bevölkerungszahl auf 500 000. Kapitalanleihen in Übersee und Goldfunde bringen einen kurzen Aufschwung. In den 1880er-Jahren ebben die Goldfunde ab, sodass Neuseeland eine wirtschaftliche Depression mit hoher Arbeitslosigkeit durchsteht. Schutzzölle und Modernisierung der Verarbeitung (Kühlanlagen für Milch- und Fleischprodukte) geben der neuseeländischen Wirtschaft neuen Auftrieb: 1882 liefern erste Kühlschiffe Agrarprodukte nach England.

1876 Die Regierung Vogel schafft die Provinzialregierungen ab. Die Zentralregierung ist allein für die innere Verwaltung und Entwicklung zuständig.

1888 Einwanderungsbeschränkung für Chinesen (*White New Zealand*-Politik).

1890–94 George Grey vertritt Neuseeland 1891 auf der *Australasian Federation Conference*, dann in der entsprechenden *Convention*. Neuseeland schert am Ende aus der *Federation Movement* Australiens aus.

1890, Dez. John Ballance (*1839, †1893) gewinnt mit einer *radical land policy* die Wahlen und wird 1891 Premierminister: Begründer der *Liberal Party*.
Es beginnt die **Liberale Ära** (bis 1912), in der Richard John Seddon (*1845, †1906), Premierminister von 1893–1906, die weiteren Akzente setzt.

1894 *Industrial Conciliation and Arbitration Act*: Pflicht der Arbeitnehmer und -geber zur Schlichtung in einem *Arbitration Court* (Schiedsgericht).

1898 Einführung gesetzlicher Altersversorgung, der ersten in der Welt.

1901 Annexion der Cook Islands und der Insel Niue.

1906–1912 Liberale Premierminister William Hall-Jones (*1851, †1936) und Joseph Ward (*1856, †1930).

1906 Lohnerhöhung von *Arbitration Court* abgelehnt. Wiederholte Streiks der Arbeiter, besonders 1912/13.

1907, 26. Sept. Neuseeland erhält als sog. »weiße Kolonie« den **Status eines Dominion** im britischen Empire.

1912–1925 Regierung der *Reform Party* unter Premierminister William Ferguson Massey (*1856, †1925).

1914, 15. Aug. Eintritt in den **Ersten Weltkrieg** gegen die Mittelmächte: Neuseeländische Truppen besetzen das deutsche Schutzgebiet Samoa.

1915–1919 Kriegskoalitionsregierung unter Massey und Ward.

1915, 25. April 8500 Soldaten vom ANZAC (*Australian and New Zealand Army Corps*) landen bei Gallipoli. Nach dem Scheitern des Unternehmens wird der Brückenkopf Ende des Jahres geräumt. Der Tag der Landung bei Gallipoli wird, wie in Australien, alljährlicher Feiertag: **ANZAC Day**.

1916 Gründung der *Labour Party* aus uneinheitlichen Elementen der Gewerkschaftsbewegung, deren revolutionäre Tendenzen unterdrückt werden.
Einführung der Wehrpflicht. Teilnahme der Truppen am Stellungskrieg in Frankreich.

1918 Die neuseeländische Division wird dem ANZAC-Oberbefehl des australischen Generals John Monash (*1865, †1931) unterstellt. Neuseelands Verluste: 17 000 Gefallene und 41 000 Verwundete.

1919–1920 Teilnahme an den Friedensverhandlungen in Paris. Premierminister Massey unterzeichnet für Neuseeland als unabhängiges Land den Versailler Vertrag: Neuseeland wird Mitglied des Völkerbunds und erhält über die einst deutsche Kolonie Westsamoa ein Völkerbundsmandat.
Die Teilnahme am Weltkrieg, insbesondere die ANZAC-Tradition, und die Stellung unter den Siegermächten fördert die Entwicklung eines neuseeländischen Nationalbewusstseins.

1919 Frauen erhalten das passive Wahlrecht.

1921 Preisverfall bei landwirtschaftlichen Produkten.

1925 Nach Masseys Tod führt Francis Dillon Bell (*1851, †1936) eine Übergangsregierung. Nach Parlamentswahlen bildet Joseph Gordon Coates (*1878, †1943) als Premierminister eine Koalition aus seiner Reform Partei, *Labour Party* und *United Party* (den früheren Liberalen).

1928 In den Wahlen übernimmt Joseph Ward nach 22 Jahren Unterbrechung wieder das Amt des Regierungschefs als Führer der *United Party*.

1929–1932 Die **Weltwirtschaftskrise** trifft Neuseeland als Rohstofflieferanten besonders hart (Preissturz bei Agrarprodukten, Zunahme der Arbeitslosigkeit). Gegensteuern der Regierung durch Reduzierung der Importe, Gehaltskürzungen etc. Die *Labour Party* lehnt deflationistische Maßnahmen ab.

1930 Zum Nachfolger des verstorbenen Joseph Ward wird George William Forbes (*1869, †1947) Premierminister.

1931 Forbes bildet Koalitionsregierung von *United* und *Reform Party*.
Statute of Westminster: Gleichheit der Dominien mit dem britischen »Mutterland«.

1932 Vorzugszölle im Empire/Commonwealth gegen die Weltwirtschaftskrise.

1935, Nov. Die *Labour Party* unter MICHAEL JOSEPH SAVAGE (*1872, †1940) erringt einen hohen Wahlsieg: Erste Regierungsmaßnahme im Sozial- und Wirtschaftsbereich sind kostenlose Milch in Schulen, geförderter Wohnungsbau, neue Arbeitsplätze durch öffentliche Aufgaben, kostenfreie Krankenhausbehandlung. Der Lebensstandard der Maori soll dem der weißen Neuseeländer angeglichen werden.

1936 Die **National Party** entsteht aus Zusammenschluss der Konservativen und Liberalen.

1937 Maori erhalten bei Wahlen gleiche Rechte wie Wähler europäischer Abkunft.
New Zealand Federation of Labour als Dachverband der Gewerkschaften gegründet.

1938, 1. April Der *Social Security Act* führt staatliche medizinische Versorgung ein und schafft einen Regierungsfonds für Sozialleistungen.

1939–1945 Im Zweiten Weltkrieg kämpfen neuseeländische Truppen an der Seite Großbritanniens in Südeuropa: Griechenland, Kreta, Nordafrika und Italien.

1940, 27. März Premierminister SAVAGE stirbt, Nachfolger wird PETER FRASER (*1884, †1950).

Juli Bildung eines »Kriegskabinetts« durch Hereinnahme der Opposition, der *National Party*, unter ADAM HAMILTON (*1880, †1952), abgelöst im Nov. von SYDNEY HOLLAND (*1893, †1961).
Die Wirtschaft ist bis zum äußersten strapaziert, mit Preis- und Lohnbeschränkungen wird die inflationäre Entwicklung eingedämmt.
Truppen in Divisionsstärke werden zur Disposition nach Ägypten entsandt.

Sommer Während der »Battle of Britain« werden neuseeländische Piloten als stärkste nationale Gruppe aus dem britischen Commonwealth eingesetzt.

1941, April/Mai Einsatz der Division in Griechenland; Rückzug nach Kreta. Kreta fällt durch Luftlandeoperation in deutsche Hand; auf beiden Seiten hohe Verluste.

1941, Nov.–1943, Mai Einsatz neuseeländischer Truppen in Nordafrika gegen das deutsche Afrikakorps.

1942 Neuseeland wird im Pazifischen Krieg neben Australien Basis für US-amerikanische Truppen zur Rückeroberung des südwestpazifischen Inselgebiets.
Neuseeland nimmt diplomatische Beziehungen zu den USA auf. Im Gegensatz zu Australien werden keine neuseeländischen Truppen von Nordafrika und Europa zur Verteidigung gegen Japan abgezogen.
Aufstellung einer »pazifischen Division« zur Rückeroberung pazifischer Inseln, die u. a. auf den Salomonen eingesetzt wird.

1943 *High Commission* (diplomatische Vertretung) in Australien.

Nov. Verlustreicher Kampf der 2. neuseeländischen Division als Teil der britischen 8. Armee um Monte Cassino in Italien.

1944 *Canberra Pact* mit Australien zur Durchsetzung eigener Interessen im Südwestpazifik gegenüber den »großen Alliierten«.

1945 Neuseeland wird Gründungsmitglied der Vereinten Nationen.
Sozialgesetzgebung zugunsten der Maori. | Forts. S. 1780 |

Ozeanien von der Zeit der europäischen Entdeckungen bis 1945 | Forts. v. S. 1233 |

Die Ozeanien genannte Inselwelt im Pazifik liegt in einem Viereck, begrenzt von Neuguinea im Westen, der Osterinsel im Osten, der Hawaii-Gruppe im Norden und Neuseeland im Süden. Die Gliederung in **Melanesien, Polynesien und Mikronesien** entspricht in etwa der Jahrhunderte alten Differenzierung der Inselbewohner in Melanesier (dunkelhäutig), Polynesier (hellhäutig) und Mikronesier. Im allgemeinen entsprechen die Kulturen den Menschengruppen; es gibt jedoch schon früh gegenseitige Beeinflussungen durch Migrationen.

Bemerkenswert ist die sprachliche Vielfalt auf den verschiedenen Inseln und Inselgruppen. Während in Polynesien die Sprachgebiete weitgehend den Staatsgebilden entsprechen, gibt es im melanesischen Raum zahlreiche kleine Sprachgebiete, sodass eine Übereinstimmung mit politischen Einheiten die Ausnahme ist.

Aufgrund seiner Größe und besonderen historischen Entwicklung durch seine Besiedlung mit Europäern wird Neuseeland als eigenständige Einheit behandelt.

Das Zeitalter der Entdeckungen

1513 Entdeckung des Pazifischen Ozeans durch VASCO NÚNEZ DE BALBOA (*um 1475, †1517).

1519–1522 Während der Erdumsegelung **FERNÃO DE MAGALHÃES** (*um 1480, †1521) Entdeckung Guams und Pukapuka von den Tuamotu-Inseln. Spanier entdecken im 16. Jh. weitere Teile Mikronesiens: Inseln des Marshallarchipels und der Karolinen.

1568 Salomonen von ÁLVARO DE MENDAÑA DE NEIRA (*1541, †1595) in Melanesien entdeckt.

1605–1606 Mehrere Inseln der Tuamotu- und der Tokelau-Inseln in Polynesien von PEDRO FERNÁNDEZ DE QUIRÓS (*1565, †1615) und die Hauptinsel der Neuen Hebriden sowie die nördlichen der Cookinseln entdeckt. Den portugiesischen und spanischen Entdeckern in der Südsee folgen die Niederländer.

1615–1616 Der niederländische Seefahrer JACOB LE MAIRE (*1585, †1616) entdeckt Tonga und im Bismarckarchipel Neuirland und Neuhannover (Lavongai).

1642/1644 ABEL JANSZOON TASMAN (*um 1603, †1653), vom niederländischen Generalgouverneur ANTONY VAN DIEMEN (*1593, †1645) in Batavia zur Suche des mysteriösen »Südkontinents« beauftragt, unternimmt zwei Forschungsreisen. Seine bedeutendsten Entdeckungen sind Neuseeland und Tasmanien (1642). Die Niederländer stellen die gezielte Erforschung des Südwestpazifik ein, da sich dort offenbar keine Handelsmöglichkeiten bieten.

1722, Ostern JACOB ROGGEVEEN (*1659, †1729) entdeckt die Osterinsel und Inseln des Tuamotu-Archipels.

1768–1779 **James Cook** (*1728, †1779) erforscht auf drei Reisen die Ostküste **Australiens**, den noch unbekannt gebliebenen Küstenteil, die Umrisse Neuseelands und die Torres-Straße. Die Wissenschaftler, die ihn begleiten – u.a. Joseph Banks, die Deutschen Johann Reinhold Forster und dessen Sohn Johann Georg auf seiner zweiten Reise – bringen eine Fülle von Forschungsergebnissen zurück nach Europa. Cook beendet mit seinen Entdeckungen jahrhundertelange Spekulationen über einen großen Südkontinent.

Koloniales Zeitalter und Imperialismus

Der westeuropäische, nach Übersee ausgreifende Handel, der seit dem 17. Jh. Asien einbezieht und sich mit Niederlassungen zu dauerhaften Handelsverbindungen entwickelt, macht im 19. Jh. auch vor Ozeanien nicht Halt. Im kolonialen Zeitalter verlangen die Handelsgesellschaften Niederlassungen mit staatlich verbriefter Absicherung. Seit Beginn der Industrialisierung streben die Nationen nach eigenen großen Rohstoff- und Absatzgebieten in Übersee. Das koloniale Zeitalter erreicht seinen Höhepunkt mit dem Imperialismus.

1828 Die Niederländer erheben Besitzansprüche auf West-Neuguinea. Eine solche Ausweitung der Interessen bewegt auch andere, am überseeischen Handel Teilnehmende zu ähnlichen Gebietsansprüchen.

1842 Frankreich besetzt die polynesischen Archipele Tahiti, die Gesellschafts-, Marquesas- und Tubuai-Inseln (Australinseln).

1874, 10. Okt. Die Fidschi-Inseln werden britische Kronkolonie, da dort siedelnde Briten u. a. Europäer nach Schutz verlangen, als seit 1860 Stammeskriege die einheimischen Autoritäten unterminieren. Die für den Anbau von Baumwolle und Zuckerrohr angeworbenen Plantagenarbeiter aus Indien werden langfristig zum demografischen und politischen Problem.

1877 Der britische Gouverneur von Fidschi erhält mit der »Western Pacific Order in Council« das Recht staatlicher Gewalt über britische Staatsbürger im westlichen Pazifik. Problematisch bleibt die Stellung von Europäern auf Inseln ohne staatliche Gewalt.
Deutsche Kaufleute gründen seit 1857 Handelsstationen auf Samoa, seit 1873 auch auf Neuguinea.

1883/1884 Wegen der zu erwartenden Verwaltungsausgaben zögert Großbritannien mit einer Inbesitznahme der östlichen Hälfte Neuguineas. Als die australischen Kolonien bereit sind, die Kosten zu übernehmen, wird Ost-Neuguinea zwischen dem Deutschen Reich und Großbritannien geteilt.

1884/1885 Deutschland übernimmt die Schutzherrschaft über den nordöstlichen Teil Neuguineas und den Bismarckarchipel.

1885/1886 Die Marshallinseln und die Phosphatinsel Nauru werden in deutschen Besitz genommen, letztere nach einer Vereinbarung mit Großbritannien.

1886 Das deutsche Kolonialgebiet wird um die nördlichen Salomonen (Buka, Bougainville, Choiseul und Ysabel) erweitert, während der restliche Teil der Inselgruppe 1893 britisches Schutzgebiet wird.

1892 Großbritannien nimmt die Gilbertinseln, um die Ellice-Inseln (heute Tuvalu) erweitert, in Besitz.

1898 Die USA annektieren Hawaii und Guam.

1899 Nach Wirren und deutscher, britischer und amerikanischer Einmischung in samoanische Streitigkeiten wird Ost-Samoa einer US-Marineverwaltung, West-Samoa einer deutschen Verwaltung unterstellt.

1899 Deutschland erwirbt von Spanien die Karolinen, Marianen, und die Palau-Inseln.

1900 Das unabhängige Königreich Tonga unterstellt sich britischem Schutz.

1906 Ein Britisch-französisches Kondominium wird über die Neuen Hebriden errichtet.

1914/1918 Australische Truppen besetzen den deutschen Teil Neuguineas, neuseeländische Ost-Samoa, japanische die Karolinen, Marianen, Marshall- und Palau-Inseln.

1919 Im Versailler Vertrag werden die ehemals deutschen Kolonien den Ländern als Völkerbundsmandat übertragen, die sie besetzt halten: Japan erhält die nördlich des Äquators gelegenen, Australien Neuseeland und Großbritannien die südlich davon. Nauru, 1888–1914/19 unter deutscher Oberhoheit, wird in fünfjährigem Wechsel von Großbritannien, Australien und Neuseeland als Mandat verwaltet.
Die **Grippe-Pandemie** trifft die Bevölkerung Ozeaniens besonders schwer.

1921, 12. Nov.–1922, 6. Febr. **Konferenz von Washington**: In der US-Hauptstadt stecken die USA, Japan, Frankreich und Großbritannien u. a. die neuen Besitzverhältnisse in Ozeanien ab, die im Wesentlichen den im Kriege geschaffenen Gegebenheiten entsprechen. Eine Begrenzung des Flottenbaus und befestigter Stützpunkte (Singapur, Philippinen) sollen Konfliktpotenzial in Ozeanien und Asien vermindern.

1939–1945 Der Zweite Weltkrieg verändert die Lage in Ozeanien grundlegend: Mit dem Krieg werden einerseits traditionelle Einrichtungen zerstört, andererseits kommen neue Produkte und Ideen in die ozeanischen Länder, die sich der kolonialen Bindungen zu entledigen trachten. | Forts. S. 1782 |

Amerika bis 1945

Indianerkulturen in Amerika

Für die indianischen Kulturen gelten im wissenschaftlichen Schrifttum folgende, allerdings in den verschiedenen Großregionen des Kontinents zeitlich nur grob korrelierende Perioden:

In der **paläoindianischen Periode** (40 000–10 000) findet die erste Besiedlung Amerikas aus Nordasien über eine Landbrücke innerhalb der Wisconsin-Eiszeit, die der europäischen Würm-Eiszeit entspricht, statt. Diese Landbrücke besteht in deren letzter Kaltphase zwischen 25 000 und 8000 v. Chr. und wird »Beringia« genannt. Weitere Einwanderungsrouten über die Inselkette der Aleuten und entlang der Küstensäume beider Kontinente sind möglich. Bisher ungesichert, aber immer wieder ins Gespräch gebracht, ist ein davon unabhängiger Beitrag zur Besieldung aus dem magdalénienzeitlichen Westeuropa vorstellbar, der seinerseits am Rand des Nordpolareises über Schottland, Island und Grönland erfolgt sein könnte. Für die Zeit von 18 000–8000 werden wegen der wieder zunehmenden Vergletscherung Nordamerikas keine neuen Einwanderungen angenommen. Jetzt entwickeln sich die paläoindianischen Kulturen Amerikas südlich der Vergletscherung unabhängig von Außeneinflüssen autochthon weiter.

Zu den ältesten Fundorten gehören Friesenhahn Cave und Lewisville (Texas) sowie Santa Rosa Island (Kalifornien), Fort Rock Cave (Oregon) und Wilson Butte Cave (Idaho) in Nordamerika, El Cedral, Valsequillo, Tlapacoya und Hueyatlaco (etwa 20 000 v. Chr.) in Mesoamerika, Madden See (Panama) in Zentralamerika sowie El Jobo (Venezuela), Pikimachay (Peru), Pedra Furada (Brasilien) und Monte Verde (Chile) in Südamerika. Die Funde bestehen aus Steinartefakten, darunter Faustkeile, Schaber und Bohrer nach Art der Moustérien-Technik des Mittelpaläolithikums in Europa. Sie zeigen außerdem gewisse Übereinstimmungen mit den Grobschaberindustrien Ost- und Südostasiens.

Als nächste Entwicklungsstufe wird die Clovis-Kultur bezeichnet (11 500–10 500). Die Clovis-Projektilspitzen sind durch große beidseitig retouchierte Formen charakterisiert. Man hat Clovis-Spitzen zusammen mit Mammutresten in Nordamerika in Lehner (Arizona) und Dent (Colorado) gefunden. Deutlich anders sind die in Nordamerika wahrscheinlich gleichzeitig, jedoch begrenzter verbreiteten Sandia-Spitzen, sodass man auch in dieser frühen Zeit von verschiedenen Populationen ausgehen muss. Clovis-Spitzen unterscheiden sich von altweltlichen paläolithischen Spitzen und von den Sandia-Spitzen v. a. durch ihre beidseitige Mittelkehlung. Sie sind Zeugnisse einer weit verbreiteten endpleistozänen Großwildjagdkultur (v. a. Mammuts und Altbisons), die sich von Nordamerika ausgehend bis nach Meso- und Zentralamerika verbreitet hat.

Zwischen einem großen östlichen und einem kleineren westlichen Gletschergebiet können sich die Einwanderer aus Nordasien bis etwa 18 000 v. Chr. ungehindert bis nach Südamerika ausbreiten. Dann schließt sich hinter ihnen die kanadische Eisbarriere und öffnet sich erst wieder um 8000 v. Chr.

Das Ende der Wisconsin-Eiszeit leitet das **Archaikum** (10 000–2000) ein, das neben einem erheblichen Klimawandel – es wird wärmer und trockener – auch bedeutende Änderungen in Fauna und Flora mit sich bringt. Die eiszeitliche Megafauna stirbt aus. Der Mensch passt sich durch neue Techniken diesen veränderten Verhältnissen an. Die großen Geschossspitzen werden ab 9000 v. Chr. von kleineren und feiner gearbeiteten Projektilen abgelöst, den Folsom- und Lerma-Spitzen. Man hat diese in den Überresten pleistozäner Bisons gefunden. Aus dieser Zeit stammt auch ein menschliches Skelett (»Midland Man«) aus Scharbauer (Texas). Menschliche Skelettreste aus Kalifornien (u. a. der »Los Angeles Man«) sind vermutlich älter. Die danach folgenden archaischen Projektilspitzen (etwa 8000–5000) unterscheiden sich von den Folsom-Spitzen erheblich. So kommt die Kehlung nicht mehr vor. Darüber hinaus sind sie oft sehr sorgfältig und immer mit Druckretusche gearbeitet, gelegentlich auch gestielt.

Mörser und Reibsteine geben Hinweise auf die zunehmende Bedeutung pflanzlicher Nahrung in einer späteren Phase. In den ariden Steppen des nordamerikanischen Westens entsteht so die Wüstenkultur. Allenthalben bilden sich an den Küsten Amerikas Muschelsammlerkulturen heraus: In Nordamerika an der nördlichen Pazifikküste, an der südlichen atlantischen Küste und an den Flussläufen des Südostens; in Südamerika an der venezolanischen Karibikküste, der peruanischen Pazifikküste und an der brasilianischen Atlantikküste. Andere Gruppen sind von ihrer Wirtschaftsform her als Fischer zu bezeichnen. Sie leben an den nordamerikanischen Großen Seen, an der nördlichen atlantischen Küste und der Pazifikküste Südamerikas. Ferner haben sich an einigen wenigen Stellen spezialisierte Wildpflanzensammlern herausgebildet, so im nordamerikanischen Mittelwesten an den Großen Seen (Wildreis), in Südkalifornien (Eicheln) und in Chile sowie dem zentralen Plateau Brasiliens (Araukariensamen). Die Ressourcen sind zwar lokal verschieden, aber jeweils in so großem Überfluss vorhanden, dass mit Vorratshaltung auch Winter- oder Trockenperioden überbrückt werden können und Sesshaftigkeit möglich wird.

Im Archaikum findet um 6000 v. Chr. die letzte voreuropäische Einwanderung in den Norden Amerikas durch die Ur-Eskimo (Inuit) statt. Diese neuen Einwanderer sind Mongolide, die sich von den früher eingewanderten protomongoliden Indianiden unterscheiden. Das Artefaktmaterial dieser maritimen Jäger von Seesäugetieren (Robben, Wale) wird von einer Mikroklingenindustrie, ähnlich der des jungpaläolithischen Gravettien in Europa, charakterisiert. Während sich in Mesoamerika und in Peru bereits im 4. Jh. v. Chr. die ersten Vorformen der späteren Hochkulturen entwickeln (Pflanzendomestikation, feste Siedlungen, Töpferei), verharrt Nordamerika noch im Stadium der frühen nachpleistozänen Jäger- und Sammlerkulturen.

Die **formative Periode** (**Präklassik**) erstreckt sich über den Zeitraum von etwa 2000 v. Chr. bis zur Zeitenwende. Aus den Epigravettien-Kulturen der Ur-Eskimo entsteht später unter neolithischen Kultureinflüssen aus Sibirien die Proto-Eskimo-Kultur. Sie beschränken ihre Siedlungen auf die baumlosen, längst vom Kontinentaleis befreiten arktischen Küsten, ein Lebensraum, der von früheren Einwanderern noch nicht besetzt ist. Zu dieser Zeit haben sich in den anderen Teilen Amerikas Sesshaftigkeit, Ackerbau und – in Mesoamerika sowie in den Zentralanden – Staatsbildungsprozesse vollzogen.

Ab etwa 1000 v. Chr. beginnen sich im nordamerikanischen östlichen Waldland und ab etwa 300 v. Chr. auch im Südwesten Entwicklungen abzuzeichnen, die teilweise auf mesoamerikanische Kultureinflüsse zurückgehen und die nordamerikanischen Indianerkulturen bis an die Schwelle zur Hochkultur führen. Gleichzeitig scheinen die Hochkulturen in Mesoamerika und den zentralen Anden über Küstenschifffahrt einen intensiven Kulturaustausch zu pflegen, weswegen man ab dieser Zeit von einem Superkulturareal Nuklearamerika spricht, das diese beiden Zonen und das dazwischen liegende Zentralamerika und die Nordanden umfasst.

Die anschließende **»klassische« Periode**, grob im 1. Jt. n. Chr., ist zeitlich sowie in ihrer kulturellen Ausprägung regional differenziert. In diese Epoche fällt auch die kulturgeschichtlich folgenlos bleibende Entdeckung und Besiedlung der nordöstlichen Küste Nordamerikas

Frühe Kulturen in Nordamerika

durch Wikinger aus Grönland und Island. L'Anse aux Meadows in Neufundland ist die bisher einzige bekannte wikingische Siedlung Nordamerikas. Aufgrund ihrer nördlichen Siedlungszone in Grönland standen Wikinger und Eskimo wohl in Handelbeziehungen, setzten sich aber auch kriegerisch auseinander.

Die letzte Epoche des voreuropäischen Amerika wird **Postklassik** genannt. Sie beginnt etwa um 1000 und endet mit der Kolonialisierung Mesoamerikas und des andinen Südamerikas durch europäische Siedler im 16. Jh.

Die folgende Periode der **Eroberungs- und Kolonialzeit** (1500–1810) beginnt mit CHRISTOPH KOLUMBUS (*1451, †1506) Entdeckung der karibischen Inseln 1492. Bis 1520 sind die Karibik und die Küste des nördlichen Südamerikas einigermaßen exploriert. 1513 überquert VASCO NÚÑEZ DE BALBOA (*um 1475, †1517) in Panama den Isthmus und dringt bis zur Südsee, dem heutigen Pazifischen Ozean, vor.

Danach werden bis 1540 zentrale Teile Amerikas, v. a. das Reich der Azteken und Inka, und später auch große Teile Südamerikas, v. a. die La-Plata-Gegend, dagegen weniger das amazonische Tiefland, erforscht und marginal europäisch besiedelt. Die östlichen Küsten Nordamerikas erschließen verschiedene Seefahrer und Kolonisten zwischen 1497 und 1620. Ins Innere Nordamerikas sind europäische Kolonisten nur langsam vorgedrungen, sodass dieser Halbkontinent erst um die Mitte des 19. Jh.s ganz von westlich gelenkten Staatswesen (bis Ende des 18. Jh.s in zeitlicher Abfolge: Spanien, Portugal, Frankreich, England) kolonisiert und beherrscht wird.

Die letzten größeren und unabhängigen Staatswesen bilden die Itzá am See von Petén auf der Halbinsel Yukatán, die erst 1697 unterworfen werden, und die Mapuche in Chile, die bis ins 19. Jh. ihre Unabhängigkeit teilweise bewahren. Während der gesamten Kolonial- und der frühen Nachkolonialzeit kommt es immer wieder zu Indianeraufständen. Manche von ihnen haben beachtliche zeitliche Erfolge, so v. a. die Pueblo-Revolte (1680–1692) und der yukatekische Kastenkrieg (1848–1901) sowie die Quilombolos genannten Gemeinwesen entflohener afrikanischen Sklaven in Brasilien (um 1600–1900) mit eigener gesellschaftlicher und politischer Verfassung.

Die koloniale Durchdringung durch die Europäer hat große demografische Verschiebungen zur Folge: Indianergesellschaften werden, v. a. durch eingeschleppte Krankheiten, dezimiert oder in Kriegen ausgerottet. Im Gegenzug wächst der Anteil europäischer Siedler meist durch Einwanderung beständig. Die als Sklaven nach Amerika gebrachten Schwarzafrikaner, die v. a. in Brasilien und dem südlichen Nordamerika einen beachtlichen Teil der Bevölkerung stellen, bilden eine weitere Populationskomponente. Mit der Unabhängigkeit der meisten lateinamerikanischen Länder zwischen 1810 und 1825 sowie mit der Befriedung der letzten unabhängigen Indianerkulturen in Nordamerika unter US-amerikanischer Führung um 1900 findet die Eroberungs- und Kolonialzeit ihr formelles Ende.

Nordamerika

Nordamerika wird in elf Kulturareale gegliedert, denen der Zustand der ersten ethnografischen Erforschung zugrunde liegt: Arktis, Subarktis, Nordwestküste, Nordöstliches Waldland, Plains und Prärien, Südwesten, Plateau, Großes Becken, Südosten, Kalifornien. Das südlich angrenzende Kulturareal Mesoamerika und alle anderen weiter südlich gelegenen Kulturareale werden im Abschnitt »Lateinamerika« dargestellt.

Die Arktis

Ab 6500 v. Chr. ist die altarktische Kultur durch Projektilspitzen auf der Aleuten-Insel Analgula belegt. Ab 2800 tritt auf den gleichnamigen Inseln die Aleuten-Kultur hervor (Fundort: Umnak), die noch starke sibirische Charakteristika zeigt. Sie wird um 2000 v. Chr. auf dem Festland durch eine arktische Kleingeräteindustrie abgelöst, in der erstmals Bogen und Pfeil als Waffen nachgewiesen sind (Fundort: Iyatayet am Norton-Sund [Alaska]). Im Osten (Grönland) schließt sich die Independence-I-Kultur an, die von 2500 bis 1650 v. Chr. besteht, während sich in Westalaska ab 1000 v. Chr. aus der arktischen Kleingerätekultur die Proto-Eskimo-Kultur mit mehreren Varianten entwickelt, die sich zeitlich und z. T. auch räumlich überlappen. Die hierzu gehörige Norton-Kultur ist durch die große Siedlung Ipiutak mit zahlreichen Walrosselfenbeinschnitzereien im skythisch-sibirischen Tierstil von Bedeutung. Sie datiert auf etwa 400–800 n. Chr., während die etwas spätere nördlich-maritime Kultur des Beringmeergebietes und die Dorset-Kultur der Zentral- und Ostarktis mit ihrer expansiven Phase auf 550 n. Chr. datiert. Letzterer ist um 1800–900 v. Chr. die Prä-Dorset-Kultur vorausgegangen.

Ab 70 v. Chr. entwickelt sich die Thule-Kultur. Sie verbreitet sich erst sehr viel später (um 900–1100) fast über die gesamte arktische Küste und existiert dort bis in die Gegenwart. Sie trägt zur großen Homogenität der historischen Eskimo-Kultur bei. An den Ostküsten und in Grönland setzt sie sich mit den dort in Godthåb und Brattahlid seit 986 siedelnden Wikingern konkurrierend und wohl auch kriegerisch auseinander, bis um 1480 die wikingischen Siedlungen in Grönland aussterben.

Die **Eskimo** (Inuit) sind Robben- und Walfänger sowie Küstenfischer, im Binnenland Karibujäger. Sie bewohnen kleine Siedlungen. Es gibt keine übergreifende Stammesorganisation aber große sprachliche Homogenität über das gesamte Kulturareal. Die Eskimo entwickeln eine dem besonderen arktischen Milieu hervorragend angepasste materielle Kultur (Tranlampe, Kajak, Iglu, Anorak, Kufenschlitten u. a.). Die Verwendung von Schlittenhundgespannen ist von großer Bedeutung für die Mobilität in einer lebensfeindlichen Umwelt. Glaubensvorstellungen der Eskimos sind von schamanischen Praktiken bestimmt. In der expressiven Kultur sind die Rededuelle hervorzuheben. In Südalaska finden sich starke Einflüsse der indianischen Nordwestküstenkulturen, v. a. im Maskenwesen, Häuptlingstum und in der hierarchischen Gesellschaftsordnung.

Die Subarktis

Das subarktische Waldland im heutigen Kanada und in Alaska mit vielen großen Seen und dem Einzugsgebiet des Yukon besiedeln sprachlich relativ homogene Na-Dene-Indianer. Diese sind wohl schon um 10 000 v. Chr. als zweite Einwanderungsgruppe aus Asien nach Nordamerika gelangt. In dieser Zeit zieht sich der große kontinentale Eisschild soweit zurück, dass an den Rändern der Subarktis menschliches Leben möglich wird. Außer den Na-Dene besiedeln dieses Kulturareal im Osten Algonkin sprechende Jäger und Fischer (Cree, Naskapi), die der ersten Einwanderungswelle zuzurechnen sind und vermutlich von den später kommenden Na-Dene nach Süden und Osten verdrängt wurden. Typisch für die Siedlungsweise in der Subarktis sind die aus Sibirien bekannten Kegelzelte mit Rinden- oder Fellbedeckung.

Die nur ungenau bekannte voreuropäische Kulturgeschichte der Subarktis wird in das Schild-Archaikum (7000–1000 v. Chr.) und das bis zur europäischen Landnahme dauernde Maritime Archaikum (ab 5500 v. Chr.; Fundort: Port aux Choix [Neufundland]), gegliedert.

Möglicherweise schon vor KOLUMBUS aber sicherlich im 16. Jh. haben baskische Fischer die subarktische Ostküste Amerikas besucht und sprachlich Spuren in der indianischen Bevölkerung hinterlassen. Seit dem 18. Jh. finden mit den nun das ganze Kulturareal durchstreifenden europäischen Pelztierjägern Durchmischungen statt, die zu einer neuen eigenständigen Kultur und Sprache, der der Métis, führen.

Die Nordwestküste

Die älteste Fundstelle der Nordwestküste zwischen Südalaska und der Mündung des Columbia River ist Manis im US-Bundesstaat Washington. Sie gehört der paläoindianischen Periode an, ist eine Mammutjagdstation und datiert auf etwa 10 000 v. Chr. In der Folgezeit entsteht aus einer Molluskensammlerkultur (um 7000) das bis 3500 v. Chr. immer deutlicher werdende spätere Kulturmuster der Nordwestküste.

Ab 400 n. Chr. beginnt die Späte Periode, die mit den Siedlungen am Hoko River und in Ozette (800 v. Chr.–1500 n. Chr.) archäologisch gut dokumentiert ist und im Wesentlichen bereits die Kultur repräsentiert, welche die Europäer im späten 18. Jh. antreffen. Diese Küstenfischer gehören verschiedenen Sprachfamilien an. Von Nord nach Süd sind die wichtigsten: Tlingit, Haida, Tsimshian, Kwakiutl, Nootka und Küsten-Salish. Robben und Wale in den Küstengewässern und der große Fischreichtum der Flüsse (Lachs) bieten die Möglichkeit eines sesshaften Lebens und die Erwirtschaftung von Überschüssen. Der Holzreichtum (Zedern) ist Quelle einer reichen materiellen Kulturausprägung mit großen Plankenhäusern, Einbäumen mit aufgesetzten Planken, Wappenpfählen mit Darstellungen von Ahnentieren (»Totempfähle«), Zedernbastdecken u. a. Die Gesellschaften der Nordwestküste sind stratifiziert und weisen Ansätze zu Klassenstrukturen auf. Jeder Einzelne hat eine feste Position im Gefüge des Dorfes, das die wesentliche politische Einheit bildet. Bei der Übernahme von Ämtern und gesellschaftlichen Positionen sowie bei bestimmten anderen Anlässen gibt es Verdienstfeste (*potlatsch*). Dabei werden viele zu diesem Zweck akkumulierte Güter geopfert (Fischöl, Zedernbastdecken, Kupferplatten, Sklaven), um soziales Prestige zu gewinnen. Im Winter spielen Geheimbünde anstelle der Klane und Moieties eine erhebliche Rolle. Schamanische Praktiken sind verbreitet.

Kontakte mit den Europäern beschränken sich im 18. und 19. Jh. zunächst auf russische Küstenhändler und englische sowie spanische Forschungsreisende (JAMES COOK [*1728, †1779], ALESSANDRO MALASPINA [*1754, †1810]). Die dabei eingeschleppten Seuchen dezimieren die indigene Bevölkerung auf den Queen Charlotte-Inseln (Haida) schon ab 1774, an der Festlandsküste erst im beginnenden 19. Jh. Dies und die bald darauf folgende politische Eingliederung ins britische Kolonialreich (*British Columbia*) hat einen starken Verlust traditioneller sprachlicher und sozialer Ordnung (Verbot des *potlatsch*) zur Folge.

Eine Wiederbelebung und Weiterbildung von Teilen der traditionellen Kultur (Holzplastik, Malerei) und die Rückgewinnung regionaler politischer Autonomie (Landrechte) beginnt gegen Ende des 20. Jh.s v. a. in Kanada, wo u. a. die Nisga'a bedeutende Erfolge in der Wiedergewinnung lokaler Autonomie erreichen.

Das Östliche Waldland

Im östlichen Waldland, einschließlich des Stromgebietes des Mississippi mit seinen wichtigsten östlichen Zuflüssen Ohio und Tennessee, entstehen aus einem spezialisierten Sammlertum mit domestizierten einheimischen Pflanzen (Sonnenblume, Gänsefuß, Iva-Arten) die ersten frühformativen Kulturen der Waldlandperiode.

Wesentliche Merkmale dieser Kulturen sind der Anbau von Pflanzen, feste Siedlungen, Grabhügel und das Beherrschen handwerklicher Techniken, wie Steinschliff und Töpferei. Die Töpferei tritt schon ab 2500 v. Chr. im südlichen Teil des Kulturareals und im benachbarten Kulturareal des Südostens an der Küste von Georgia und Florida als älteste Keramik Nordamerikas auf. Ob diese frühe Keramik autochthon entsteht oder über See aus Südamerika dorthin gelangt, ist umstritten. Die archäologisch bekannteste Kultur ist die Adena-Kultur des Ohio-Tales (1000 v. Chr.–100 n. Chr.). Zu ihren beliebtesten Grabbeigaben zählen polierte Steinobjekte, die als Hals- oder Brustschmuck getragen werden. Auch Stempel für die Körperbemalung sind, ähnlich wie in Mesoamerika, gebräuchlich.

Auf die Adena-Kultur folgt in der Mittelwaldlandperiode als bedeutendste kulturelle Ausprägung die Hopewell-Kultur (200–400 n. Chr.) mit einer weiten Verbreitung von den Großen Seen bis zum Tennessee River und von den Prärien bis zur mittelatlantischen Küste. Die schon früher in bescheidenem Umfang errichteten Erdhügel (*mounds*) mit Bestattungen nehmen immer größere Ausmaße an. Zu ihnen gesellen sich große, geometrische oder theriomorph gestaltete Erdwallanlagen, die vermutlich sakrale Bezirke umschließen.

Nach der Hopewell-Kultur setzt im mittleren und unteren Mississippi-Tal, mit nur geringer Expansionswirkung nach Norden, die Späte Waldlandperiode ein, die von der Mittelmississippi-Kultur charakterisiert wird. Zahlreiche Kulturelemente deuten auf Einflüsse aus Mesoamerika hin. In der Keramik, im Bau von Erdpyramiden, auf denen Tempel stehen, und im religiös-kultischen Bereich zeigen sich diese besonders deutlich. Cahokia bei Saint Louis besitzt mit dem 'Monks Mound von 7ha Grundfläche und einer angenommenen ursprünglichen Höhe von über 30 m die größte Pyramide Nordamerikas. Der Poverty-Point-Komplex mit seinen großen Erdpyramiden in Mississippi und dem nördlichen Louisiana wird auf etwa 1000–1550 datiert. Der südliche Totenkult, der ab 1100 die Mississippi-Kultur bestimmt, äußert sich v. a. in der Ikonografie bei Muschelgravierungen, bemalter und skulptierter Keramik, getriebenen Kupferplatten und bemalen Textilien. Zentren dieses Kultes sind die Zeremonialstätten von Etowah (Georgia, Höhepunkt 1350), Moundville (Alabama, 1000–1550), Kolomoki (Georgia, 900–1500) und Spiro (Oklahoma, 1000–1400). In der Späten Waldlandperiode bildet der Anbau von domestizierten subtropischen Pflanzen, v. a. Mais und Kürbis, später auch Bohnen, die Grundlage für eine stark zunehmende und expandierende Bevölkerung. In historischer Zeit siedeln an den östlichen Geen im heutigen Grenzgebiet zwischen Kanada und den USA die Irokesen. Fünf, später sechs, irokesische Stämme (Mohawk, Onondaga, Oneida, Cayuga, Seneca und Tuscarora) schließen sich um oder vor 1600 zur Irokesenliga, einem außenpolitischen Schutzbündnis, zusammen. Für internationale Verträge werden symbolische Wampum-Gürtel zwischen den vertragsschließenden Parteien ausgetauscht. Die irokesische Liga wird von Sachems geleitet, die von bestimmten matrilinearen Klanen der Stämme gewählt werden. Alle Indianer des östlichen Waldlandes sind intensive Bodenbauer. Sie leben häufig in befestigten Dörfern mit Großhäusern, die in Klans und Stämmen organisiert sind. Die Irokesenliga verliert im 19. Jh. mit der Konsolidierung der nordamerikanischen Staaten an Bedeutung. Alle Irokesen werden im Verlauf des 19. Jh.s in den USA oder in Kanada auf Reservationen konzentriert. Dort entwickelt sich eine kurzlebige aber bedeutende Heilserwartungsbewegung unter dem Propheten Handsome Lake (*1735, †1815), einem einst angesehenen Krieger. Seine Lehre findet später Aufnahme in die traditionelle Langhaus-Religion. Corn Planter (*um 1740, †1836) und Red Jacket (*um 1750, †1830) sind weitere bedeutende Führer der Irokesen dieser Zeit.

Die meisten Algonkin-Stämme der Küste (u. a. Mohikaner, Wappinger, Powhatan) werden von den weißen Siedlern im 18. Jh. rasch verdrängt, dezimiert und assimiliert. Die des Binnenlandes (u. a. die Winebago) können ihre Kultur und gesellschaftliche Autonomie länger bewahren. Sie zeichnen sich bis ins frühe 19. Jh. durch Middewin genannte Medizingesellschaften schamanischen Gepräges und die oralen Traditionen von Stammeswanderungen (Lenape) aus. Die Ojibwa (Chippewa) an den westlichen Großen Seen bleiben am längsten unbehelligt von den weißen Siedlern. Sie repräsentieren eine Wirtschaftsform sesshafter Wildbeuter, da sie überwiegend vom Sammeln des Wildreises leben.

Die Plains und Prärien

In spätpaläoindianischer Zeit zwischen 2900 und 1000 v. Chr. lebt die nicht sehr zahlreiche Bevölkerung dieses großen kontinentalen Kulturareals vornehmlich von der Jagd auf Großwild wie Bison, Hirsch und Schaf. Der Bison gewinnt im Laufe der Zeit gegenüber den anderen Beutetieren an Bedeutung.

Die auf den Plains westlich des Mississippi-Missouri-Stromsystems schweifenden Bison- und Großwildjäger übernehmen um 550 n. Chr. von nördlichen Gruppen als neue Waffe Bogen und Pfeil. Damit verbessern sie ihren Jagderfolg erheblich. Bisonstürze – Klippen, über die die Indianer die Bisonherden treiben – sind zwar auch schon aus früherer Zeit bekannt, werden aber jetzt in größerer Zahl genutzt. Diese Methode der Treibjagd bleibt bis in neuere Zeit beliebt. So wird z. B. Head-Smashed-In im kanadischen Alberta von ca. 3850 v. Chr. bis um 1850 n. Chr. fast 6000 Jahre lang genutzt, ähnlich auch Kobold in Montana.

Auf den Prärien (Hochgrassteppen) östlich des Mississippi-Missouri-Stromsystems und auf den Plains (trockenere Niedergraßsteppen) westlich davon, leben später Sioux, Caddo und Algonkin sprechende Stämme (Dakota, Omaha, Osage, Iowa, Arikara, Pawnee) als Bodenbauer in den Flusstälern. Ihre Dörfer bestehen aus festen halbkugeligen Erdhäusern (*earth lodges*). Die meisten Gruppen geben diese sesshafte Lebensweise im Verlauf des 19. Jh.s zugunsten der überwiegend nomadischen und jagenden Lebensform anderer Stämme des Kulturareals auf.

Mit der Einführung des Pferdes durch die ersten spanischen Eroberer Mitte des 16. Jh.s und dessen schneller Übernahme durch die Indianer beginnt sich eine Reiterkultur herauszubilden, die um 1750 eine voll integrierte neue Lebensweise entwickelt. Aus früherer Zeit behalten sie das mit Bisonhäuten gedeckte Kegelzelt, das in etwas anderer Form auch im nördlich angrenzenden Kulturareal der Subarktis die überwiegende Behausung ist. Auch der früher von Hunden, jetzt von Pferden gezogene Travois, eine Art Schleppe für den Transport der Zelte, wird beibehalten. Das Pferd als Transporttier erlaubt nun, größere Zelte und schwerere Lasten zu befördern, und ist Ursache für die größer werdende Reichweite der schweifenden Stämme. Pferde und der etwas später einsetzende Erwerb von Feuerwaffen ermöglichen auch eine wesentlich effizientere Bisonjagd. Infolge dieser verbesserten Ausbeutungsmöglichkeiten der natürlichen Umwelt nehmen immer mehr Stämme diese Lebensform auf, darunter v. a. die Sioux, die früher weiter östlich gelebt und dort Bodenbau betrieben haben. Alle Stämme erweitern ihre Schweifgebiete, was zu vermehrten Konflikten mit anderen Gruppen und – später – den eindringenden weißen Siedlern führt. Eine kriegerische Ethik, Individualismus, der einen starken Ausdruck in der Visionssuche heranwachsender junger Männer findet, und ungewöhnlich expressiver Körperschmuck (Federhaube), v.a. der Männer sind Charakteristika dieser Stammeskultur. Es gibt auf den Prärien und Plains ausgesprochen aktive Männer- und Geheimbünde. Für die intertribale Kommunikation entwickeln sie eine sprachunabhängige Gebärdensprache, ähnlich der, die bei uns von Taubstummen verwendet wird, und für die stammesinterne historische Überlieferung eine analistische Bilderschrift (»Winter Counts«).

Mit der Erschließung durch Siedler, den Eisenbahnbau seit 1850 und die folgende Ausrottung des Bisons (um 1880) bricht die traditionelle indianische Kultur auf den Plains und Prärien zusammen. Sie hatte in ihrer hochintegrierten Form nur 150 Jahre Bestand. Auch auf den Plains und Prärien entwickelt sich in dieser Zeit kultureller Deprivation eine Heilserwartungsbewegung: der Geistertanz, der um 1895 seinen Höhepunkt erreicht und dessen Prophet Wovoka (†1932) ein Paiute-Indianer aus dem benachbarten westlichen Kulturareal ist. Er bleibt eine kurzlebige wenn auch weit verbreitete Bewegung, während sich die von Süden kommende Peyote-Religion, in deren Zentrum die Einnahme des halluzinogenen Peyote-Kaktus steht, langsamer ausbreitet, aber zu einer stabilen und im 20. Jh. von der US-Regierung als »Native American Church« anerkannten Religion entwickelt.

Alle Prärie- und Plains-Stämme werden nach letzten verzweifelten Kämpfen (Schlacht am Wounded Knee, 1890; Sitting Bull [*um 1831, †1890]) in Reservate gezwungen. Die sich als Indianer identifizierenden Nachkommen leben seit 1900 fremdbestimmt und von staatlichen Hilfslieferungen abhängig, ärmlich und zudem noch von endemischen Krankheiten geplagt, in Reservaten. Lediglich als spirituelle Führer gewinnen einige Individuen (Black Elk [*1863, †1950]) örtliches und internationales Ansehen. Ansonsten wird ihre ehemalige Kultur zunächst von 1880–1950 in Völkerschauen im Ausland, v.a. in Europa, folkloristisch vermarktet, was sich ab 1900 in Wildwestfilmen, teilweise unter indianischer Beteiligung, fortsetzt. Parallel dazu formiert sich im ehemaligen Indianerland selbst eine folkloristische Variante kultureller Revitalisation, die sich um Symbole (Federhaube, Kegelzelt) und Feste (*Powwow*, Sonnentanz) herausbildet und auch Nichtindianern zu aktiver Teilnahme offen steht. Aufgrund ihrer ehemals ausdrucksstarken Kultur und kriegerischen Tradition nehmen auch Plains- und Prärie-Indianer Teil an der sich um die Mitte des 20. Jh.s formierenden »panindianischen« politischen Bewegung des *American Indian Movement* (AIM) (Vine Deloria junior [*1933, †2005]).

Der Südwesten

Im Südwesten Nordamerikas, mit Zentrum in den ariden von Canyons durchzogenen Hochflächen der heutigen US-Bundesstaaten Arizona und New Mexico, beginnt die Sesshaftigkeit möglicherweise schon um 3000 v. Chr. Um diese Zeit setzt der Maisanbau ein und damit die formative Entwicklung der späteren durch Gartenwirtschaft, Bewässerungsanlagen und vielfältigen Pflanzenbau (Mais, Kürbis, Bohnen) charakterisierten Kulturen mit ausgeprägtem Städtebau.

Zunächst aber beginnen sich ab 200 v. Chr. bescheidene Dorfgemeinschaften mit den für die Mogollon-Kultur in Zentralarizona typischen Grubenhäusern, die sich ähnlich auch im westlich angrenzenden Kalifornien finden, herauszubilden. Diese Siedlungsweise blieb bis 700 v. Chr. vorherrschend.

Die Hohokam-Kultur (200–1450 n. Chr.) basiert u. a. auf dem in der vorangehenden Periode entwickelten intensiven Bodenbau mit künstlicher Bewässerung, hochwertiger Keramik, Zeremonialarchitektur (kleine Erdpyramiden, kultische Ballspielplätze) und Steinschlifftechnik. Sie entwickelt sich stetig fort, was besonders deutlich in Snaketown bei Phoenix (Arizona), der größten prähistorischen Stadt dieser Kulturepoche, zu beobachten ist.

Ab 900 bildet sich auf einem archaischen Substrat (»*Basketmaker*«) die Anasazi-Kultur des südlichen Colorado-Plateaus heraus. Sie unterscheidet sich durch ihre Großhausarchitektur aus Konglomeraten von Wohnwaben, eine andere Keramik und andere Bestattungssitten deutlich von der Hohokam-Kultur. Andere Lokalkulturen bestehen unter dem Einfluss dieser beiden bedeutenden Kulturen weiter oder bilden neue aus: Auf Mogollon-Grundlage entsteht die Mimbres-Kultur im östlichen Zentralarizona (1000–1130) und die von Patayan im unteren Colorado-Tal. Die Anasazi-Kultur erreicht im Nordosten Arizonas zwischen 1100 und 1300 in der Pueblo-III-Periode ihren Höhepunkt. Überall entstehen Großsiedlungen: Im Mesa-Verde-Gebiet von Südwestcolorado werden an den Felswänden der Canyons die *cliff dwellings* angelegt und im Chaco Canyon entsteht im Talgrund der große halbkreisförmig angelegte mehrstöckige Wohnkomplex von Pueblo Bonito mit über 1200 Räumen und vielen Kivas – zeremoniell genutzte unterirdische Räume – als die größte Siedlung dieser Region. Sie und die anderen Siedlungen werden wahrscheinlich wegen einer ausgedehnten Dürreperiode mit ihrem Höhepunkt zwischen 1276 und 1299 verlassen.

Die klassische Periode (1100–1400) ist außerdem durch eine Expansion der Anasazi-Kultur nach Süden geprägt (Fundort Casa Grande am Gila River [Arizona] mit seinem Höhepunkt zwischen 1300 und 1450). Die ausgedehnte Siedlung von Casas Grandes im nördlichen Teil des mexikanischen Bundesstaates Chihuahua (Höhepunkt 1200–1340) ist seit dem 10. Jh. ein bedeutender Handelsknotenpunkt zwischen dem Südwesten und dem zentralmexikanischen Hochland.

Im späten Abschnitt der klassischen Periode wandern um 1450 aus dem Norden athapaskische Sprachen sprechenden Gruppen schweifender Indianer (Navajo, Apachen) ein, die bis in die Gegenwart, obwohl inzwischen selbst sesshaft, in Spannung mit den ansässigen Pueblo-Kulturen leben. Danach werden die letzten Großsiedlungen aufgegeben. Die Anasazi-Kultur lebt in bescheidenerer Form in der bis heute bewahrten Kultur der Pueblo-Indianer fort, während die historischen Pima und Papago Zentralarizonas die Nachkommen der Hohokam-Kultur sind.

Die Kolonialzeit ist anfangs durch erfolglose Eroberungszüge aus Mexiko geprägt, die um 1541 unter Francisco Vázquez de Coronado (*um 1510, †1554) und um 1598 unter Juan de Oñate Salazar (*1552, †1626) geführt werden. Erst um 1600 geraten die sesshaften Pueblo-Indianer unter spanische Verwaltung, die aber 1680 durch einen Aufstand für 12 Jahre abgeschüttelt wird. Um 1850 machen die USA Ansprüche auf Land und Leute geltend und beschränken die Pueblo-Indianer in ihren angestammten Siedlungsgebieten auf Reservate. Die koloniale Vereinnahmung durch die USA verläuft im Wesentlichen friedlich. Allerdings leisten einige Stämme, darunter v. a. die Apachen unter Geronimo (*1829, †1909), erfolgreich Widerstand, auch gegenüber dem südlich angrenzenden Staat Mexiko.

Im Südwesten lebt auch im 20. Jh. die Mehrzahl der kulturell als Indianer identifizierbaren Population Nordamerikas. Neben den sesshaften Bodenbauern der Pueblos (Hopi, Zuñi, Tano, Keres) gibt es die kleineren Gruppen der Pima, Papago und Yuma. Sie leben heute noch in ihren alten Siedlungen und haben Teile ihrer traditionellen Kultur bewahrt, darunter v. a. ihre Sprachen und jahreszeitlichen Zeremonien. Andere haben sich so weiterentwickelt (Handwerkskunst für den Verkauf), dass sie damit einen Teil ihres Lebensunterhaltes bestreiten können. Die ursprünglich jägerischen Navajo haben die Schaf- und Pferdezucht übernommen und waren bis zur großen Viehreduktion in den 1930er-Jahren überwiegend Viehzüchter, sind aber seither, ähnlich den Pueblo-Indianern, erfolgreich in der Herstellung und Vermarktung von Schmuck.

Kulturareale und Sprachfamilien der Indianer und Inuit in Nordamerika ca. 1550–1850

Das Plateau und das Große Becken

Der innermontane Bereich des westlichen Nordamerika zwischen Sierra Nevada und Felsengebirge (Rocky Mountains) ist in der Prä-Clovis- und Clovis-Zeit spärlich besiedelt. Ab 8000 v. Chr. findet eine Umstellung von der Großwildjagd auf kleinere Beutetiere und Pflanzennahrung statt, bedingt durch den Rückgang der Megafauna. Diese Lebensform wird als Wüstenkultur bezeichnet. Sie besteht bis zur Ankunft der Europäer Mitte des 19. Jh.s fort. So zeigt das Fundinventar der Danger Cave am Großen Salzsee (wie auch anderer Höhlen) über fast 10 000 Jahre hinweg nahezu unveränderte Formen und Techniken der dortigen Bevölkerung.

Im Spätarchaikum (500–1350 n. Chr.) bildet die Fremont-Kultur den Gartenbau aus, der aber nur lokal möglich bleibt. In der späteren Zeit ist auch die Töpferei, die vermutlich, wie zuvor schon der Pflanzenbau, vom angrenzenden Kulturareal des Südwestens übernommen wird, nachgewiesen. Bedeutend sind die z. T. großen und repräsentativen Felsbilder dieser Region.

Im 19. Jh., schon unter US-Hoheit, gewinnt das an sich kulturgeschichtlich unbedeutende Gebiet eine gewisse Prominenz durch Tavibo und seinen Sohn Wovoka, Propheten, die friedliche nativistische Prophezeiungen aussprechen, deren Lehre bald danach v. a. auf den benachbarten Plains aufgegriffen und abgewandelt wird und im Geistertanz ihren Ausdruck findet.

Der Südosten

Der Südosten südlich des Tennessee River, mit dem großen Gebirgszug der Appalachen und den weiten flachen Gebieten, die sich bis an die Atlantik- und Golfküste erstrecken und auch die Halbinsel Florida umfassen, weist mit der Tchefuncte-Kultur eine frühe, spärlich erforschte, aber eigenständige Kultur im Mississippi-Delta auf. Sie steht zwischen 850 und 150 v. Chr. in Blüte. In den meisten späteren Perioden der Vorgeschichte ist der Südosten jedoch Teil der kulturellen Traditionen des nordöstlichen Waldlandes.

In historischer Zeit leben im Südosten die volkreichen Stämme der Cherokee, Creek, Choctaw und Chickasaw, in Florida u. a. die Timucua. Alle Stämme sind intensive Bodenbauer, die in großen Dörfern leben und deren Vorfahren zu den ersten Töpfern Nordamerikas zählen.

Die Cherokee bilden in frühhistorischer Zeit eine mächtige Stammesgruppe, ähnlich der Irokesenliga. Anfang des 19. Jh.s entwickelt Sequoyah (*um 1770, †1843) eine Silbenschrift für die Cherokee-Sprache, eine der wenigen indigenen Schrifterfindungen. Reiches Wissen um die natürlichen Ressourcen ist von dem als »Swimmer« bekannten Medizinmann überliefert. Alle Stämme einschließlich der Cherokee werden, bis auf wenige Reste, um 1832 aus ihrer Heimat vertrieben und ins heutige Oklahoma zwangsweise umgesiedelt, was zur fast völligen Vernichtung ihrer traditionellen Kultur führt.

Florida, der südöstliche Teil dieses Kulturareals, ist nach erfolglosen spanischen Expeditionen unter Pánfilo de Narváez (*1470, †1528; 1528), Hernando de Soto (†1542; 1539) und Tristán de Luna y Arellano (*um 1510, †1573; 1559) ab 1550 zwischen Spanien und Frankreich heiß umkämpft. Aus dieser frühen Kontaktzeit ist v. a. die als Klassengesellschaft eigener Prägung verfasste Gruppe der Natchez bekannt, die als letzte Ausprägung der Mound-Builder-Kultur früherer Zeit gilt. Mehrere Forts (Sankt Augustin) und vorübergehende Niederlassungen führen wegen schlechten Umweltbedingungen und erfolgreichem Widerstand der einheimischen Stämme nicht zur bleibenden Inbesitznahme und Besiedlung durch Europäer.

Europäisch nachhaltig besiedelt und politisch kontrolliert wird die Halbinsel Florida und die angrenzende Küste bis zum Mississippi-Delta erst ab 1700 unter französischer Hoheit (Louisiana). Im 18. Jh. entsteht in Florida aus entflohenen Sklaven afrikanischer Herkunft und einheimischen Indianern der Stamm der Seminolen, die nach zwei Kriegen gegen die USA 1842 mehrheitlich nach Oklahoma deportiert werden.

Kalifornien

Die kalifornischen Indianer, die vielen verschiedenen Sprachfamilien angehören, was wohl eine sehr alte Besiedlungsgeschichte des Kulturareals widerspiegelt, sind im Norden (Yurok, Karok) z. T. sesshafte Fischer. Dadurch und in anderen Kulturmerkmalen zeigen sie deutliche enge Verwandtschaft mit dem nördlich angrenzenden Kulturareal der Nordwestküste. An der südkalifornischen Küste wohnen Sammler von Eicheln (Luiseño, Gabrieliño, Cahuilla); bei den Chumash und ihren Vorfahren hat sich eine Küstenfischerkultur mit beachtlichem Bootsbau entwickelt, was auch die Besiedlung der vorgelagerten Inseln (Channel Islands) ermöglicht. Die meisten Kalifornier leben sesshaft in Dörfern und sind in populationsschwachen Stämmen organisiert.

Die spanische Landnahme im 17. Jh. bringt viele Stämme erstmals mit Viehhaltung in Kontakt, wodurch ihre Kultur entscheidend überformt wird. So entstehen aus der Mischung ursprünglich eigenständiger Stämme und der Adaption spanischer Viehwirtschaft die sog. Missions-Indianer.

Eine weitere kulturelle Umformung vollzieht sich infolge des Goldrausches von 1848, der viele Europäer und Nordamerikaner aus den Oststaaten ins Land bringt. Infolgedessen werden auch für die überlebenden kalifornischen Indianer Reservate geschaffen. Ihre traditionelle Kultur ist um 1950 durch zunehmende Anpassung an die angloamerikanische Umwelt erloschen. Die sich weiterhin als Indianer identifizierenden Nachkommen genießen inzwischen, wie andere Reservatsindianer auch, zahlreiche Privilegien gegenüber anderen Ansässigen, darunter das des Betreibens von Spielkasinos. Eine museal künstliche Wiederbelebung der traditionellen Kultur ist seit dem Ende des 20. Jh.s im Gange.

Mesoamerika

Unter Mesoamerika versteht man den kulturell homogenen Raum (Kulturareal), der Südmexiko, Guatemala, Belize und die nördlichen Teile von Honduras umfasst. Die Nordgrenze bildet zwischen 22°und 20°nördlicher Breite die Linie Río Pánuco–Río Lerma–Río Sinaloa, Südgrenze sind die Flüsse Río Jiboa und Río Ulua. In seinem Westteil gehören ihm die Kulturräume Zentralmexiko, Westmexiko und Oaxaca an, in seinem Ostteil die Golfküste und der Isthmus von Tehuantepec sowie das guatemaltekische Hochland mit Ausläufern nach Honduras und El Salvador und das die Halbinsel Yucatán umfassende Maya-Tiefland. Mesoamerika dehnt sich lang gestreckt von der Grenze Guatemalas über El Salvador und die pazifische Küste Nicaraguas bis zur Halbinsel Nicoya in Costa Rica aus.

Südlich und östlich schließt sich bis zum zentralen Hochland von Costa Rica das Kulturareal Zentralamerika an. Es ist weniger einheitlich und weist Einflüsse sowohl aus Mesoamerika als auch aus Südamerika und der Karibik auf. An der nördlichen Grenze erstreckt sich der nordamerikanische Wüstengürtel mit dem Kulturareal des Großen Südwestens, dessen kulturelle Kernzone in den Südweststaaten der heutigen USA liegt.

Die paläoindianische Periode (40 000–10 000 v. Chr.)

In El Cedral und dem Valsequillo-Tal datieren die frühsten Spuren des Menschen zwischen 40 000 und 33 000 v. Chr.; in Tlapacoya (Hochtal von Mexiko) und Hueyatlaco (Puebla) gibt es Funde menschlicher Präsenz aus der Zeit ca. 20 000 v. Chr. In dieser Zeit und für die nächsten 12 000 Jahre sind die Bewohner Meso- und Zentralamerikas unstete Jäger und Sammler. Ihre **materielle Ausstattung** ist technisch noch primitiv und besteht aus einseitig grob behauenen Steinen (Schabern); v. a. fehlen ihnen feinbearbeitete Geschossspitzen aus Stein.

Eine bedeutende technische Neuerung gegen Ende der Eiszeit um 13 000 v. Chr. ist das Auftauchen dieser steinernen **Geschossspitzen** unter den Geräten. Ihre typische Kannelierung zeigt, dass sie der Clovis-Tradition zuzuordnen sind, was auf eine Herkunft aus Nordamerika hinweist. Möglicherweise spiegeln sie eine neue Einwanderung wider, deren Ausläufer im Süden bis nach Panama reichen. Weiter verbreitet sind die sie ablösenden lorbeerblattförmigen Geschossspitzen (Lerma-Tradition), die um 8500 v. Chr. in Erscheinung treten und bis nach Südamerika verbreitet sind. Man bringt die kannelierten Spitzen der Clovis-Tradition oft mit Großwildjägern (Mammut) in Zusammenhang, die Lorbeerblattspitzen der Lerma-Tradition dagegen mit Kleinwildjagd. In diesen Unterschieden der gejagten Tiere deutet sich wahrscheinlich die allmähliche Erwärmung und das teilweise durch den Menschen verursachte Aussterben der eiszeitlichen Großwildarten an.

Die Sesshaftwerdung während der archaischen Periode (10 000–2000 v. Chr.)

Von überragender Bedeutung für die frühe Geschichte Mesoamerikas sind Funde und Befunde der Sesshaftwerdung unter Abris (Felsüberhänge, Halbhöhlen) und in Höhlen in Tamaulipas (Nordmexiko) und dem Tal von Tehuacán (Zentralmexiko) sowie Siedlungen an den Küsten in Cuello, Ocós und La Victoria. Die Entwicklung im Tehuacán-Tal (Puebla) gibt den Maßstab für die allgemeine Abfolge der frühen Kulturen dieser Zeit. Während der um 10 000 v. Chr. beginnden **Ajuereado-Zeit** spielt die Jagd auf Kleinwild eine überragende Rolle. Man lebt in mobilen Kleinfamilien, die von Lager zu Lager ziehen, wobei Höhlen als Wohnplätze bevorzugt werden.

In der **El-Riego-Zeit** (Beginn um 7200 v. Chr.) dürfte die Pflanzennahrung ein Übergewicht gewonnen haben. Darauf deuten Mörser, Stößel und Reibplatten hin, die nun erstmals in Erscheinung treten. Die Flechttechnik für Körbe, Decken und Netze ist bereits gut ausgebildet. Wahrscheinlich um bestimmte Nahrungsquellen besser ausnutzen zu können, schließen sich die Kleinfamilien jahreszeitlich zu größeren Verbänden (Horden) zusammen. Man lebt nicht mehr ausschließlich in Höhlen und unter Abris, sondern benutzt auch Lagerstätten in offenem Gelände. Andeutungen eines rituellen Kannibalismus und sorgfältige Bestattung der Toten zusammen mit Geräten und Nahrungsmitteln weisen auf religiöse Vorstellungen hin. Gegen Ende der El-Riego-Zeit (um 6000 v. Chr.) beginnt ein bedeutender Umschwung: Pflanzen werden nicht mehr ausschließlich gesammelt, sondern auch angebaut; zunächst sind das Avocado (*Persea americana*), Chili-Pfeffer (*Capsicum anuum*), Kürbis (*Cucurbita pepo*) und Flaschenkürbis (*Lagenaria*). Diese Tendenz setzt sich in der **Coxcatlán-Zeit** (Beginn um 5200 v. Chr.) fort, in der Bohnen (*Faseolus*), Fuchsschwanz (*Amaranthus spp.*), Zapote (*Sapotaceae spp.*) und gegen Ende der Phase um 3500 v. Chr. der für die amerikanische Entwicklung so wichtige Mais (*Zea mais*) hinzutreten. Durch die Anlage von Feldern und Gärten ändert sich die Siedlungsform. Die meist in offenem Gelände liegenden größeren Siedlungen sind immer länger in Benutzung. Der jahreszeitliche Wohnortwechsel wird nicht ganz aufgegeben.

Bestehen die Lager bisher nur aus Buschhütten, so lassen sich mit Beginn der **Abejas-Zeit** (um 3400 v. Chr.) Dörfer mit Grubenhäusern nachweisen, die nun dauernd bewohnt werden. Eine weitere Neuerung sind Gefäße und Schüsseln aus Stein zum Kochen der Nahrung, die nun bereits zu 30 % aus angebauten Pflanzen gewonnen wird. Wichtigste Neuerung während der **Purrón-Zeit** (Beginn um 2300 v. Chr.) sind einfache Tongefäße, die in ihrer Form die Steingefäße der vorhergehenden Phase nachahmen. Sie sind allerdings nicht die ältesten bisher bekannten Tongefäße Mesoamerikas. Solche, um 2400 v. Chr. datierte, stammen vielmehr aus Puerto Marquez (Guerrero) an der pazifischen Küste. Ob die Idee der Keramikherstellung in Mesoamerika entstanden ist oder auf Anregungen aus Südamerika zurückgeht, die möglicherweise auf dem Seewege nach Mesoamerika gelangten, ist unklar.

Die Frühformative Periode (2000–1100 v. Chr.)

Aus den skizzierten Anfängen im Tehuacán-Tal und ähnlichen Prozessen an anderen Orten entwickelt sich um 1500 v. Chr. eine Basiskultur, die die Grundlage für alle späteren Kulturen bildet. Dorfähnliche Dauersiedlungen zunächst an Flussmündungen, Pflanzenbau, Wasserbaumaßnahmen zur Erhöhung landwirtschaftlicher Erträge, Keramik, Kult einer Muttergöttin, die sich in weiblichen Tonfiguren manifestiert, und die Benutzung von Obsidian zur Herstellung von Werkzeugen sind ihre materiellen Kennzeichen. Das Fehlen politischer Organisation, die über die Dorfgemeinschaft hinausreicht, ist ebenfalls charakteristisch. Diese Basiskultur lässt sich in Zentral- und Südmexiko ebenso nachweisen wie in den Tiefländern der karibischen und pazifischen Küste. Im späteren Maya-Gebiet finden sich ihre ersten Anzeichen um 2000 v. Chr. im nördlichen Yucatán und im guatemaltekischen Hochland (Barra). In vielen anderen Räumen erhalten sich Gruppen, die ihren Lebensunterhalt weiterhin durch Jagen und Sammeln erwerben. Wichtig ist auch, dass sich bei den sesshaften Kulturen bereits starke, meist auf Umweltgegebenheiten basierende Unterschiede zeigen. Während im Landesinneren der Mais-Bohnen-Kürbis-Mischanbau die Grundlage der Wirtschaft bildet, spezialisieren sich die Siedlungen an den Küsten auf Fischfang und das Sammeln von Mollusken. Mais scheint dort kaum eine Rolle zu spielen, dafür aber Maniok (*Manihot utilissima*) – eine Knollenpflanze, die möglicherweise zuerst in Südamerika domestiziert wurde und über Zentralamerika Eingang nach Mesoamerika fand. Typisch für diese Spielart der Basiskulturen mit ihren charakteristischen Fundorten Ocós, La Victoria und Paso de la Amada (mit dem frühesten mesoamerikanischen Ballspielplatz) an der pazifischen Küste, ist auch die Verzierung der Keramik, die vielleicht wieder auf südamerikanischen Einfluss zurückgeht. Bereits in dieser frühen Zeit wird Obsidian als begehrter Rohstoff über weite Strecken gehandelt.

Der Olmeken-Horizont der Spätformativen Periode (1100–400 v. Chr.)

Ein erster Höhepunkt der kulturellen Entwicklung in Mesoamerika ist die **Olmekische Kultur** an der karibischen Küste in Süd-Veracruz und Nord-Tabasco (Mexiko). Ihre Vorläufer sind, wie die Keramik ausweist, eng mit Ocós und ähnlichen Kulturen der südlichen pazifischen Küste verwandt, möglicherweise von dort eingewandert oder beeinflusst. Um 1100 v. Chr. entsteht in **San Lorenzo Tenochtitlán** eine Siedlung, die den Rahmen eines Dorfs sprengt. Das liegt weniger an ihrer Größe (man schätzt eine Dauerbevölkerung von etwa 1000 Menschen) als vielmehr an dem Vorhandensein eines religiös-zeremoniellen Zentrums. Dieses besteht aus einem von Menschen veränderten Hügel und besitzt den ersten bekannten Zeremonialplatz, wie er später für alle Städte Mesoamerikas charakteristisch wird. Auch steinerne Großskulpturen, v. a. Kolossalporträts der Herrscher (bisher sind 17 gefunden worden), erscheinen hier zum ersten Male. Pyritspiegel, Vollgummibälle aus dem Saft des Gummibaums (*Hevea*), Schutzkleidung für das zeremonielle Ballspiel und Holzskulpturen bezeugen den hohen zivilisatorischen Stand.

Um 900 v. Chr. wird San Lorenzo verlassen, und das Zentrum der Olmeken verlagert sich auf eine Insel im Sumpfgelände des Tonalá-Flusses von Tabasco. Das hier in **La Venta** aufblühende, schon länger bestehende Zentrum mit einer mächtigen Lehm-Pyramide, zahlreichen anderen um rechteckige Plätze gelagerte Zeremonialbauten sowie vielen Großskulpturen besteht bis 400 v. Chr. La Venta ist Zentrum einer dichtbesiedelten Zone urbanen Charakters.

Anhand der charakteristischen Kleinskulpturen aus Stein – v. a. Jade – und Ton lassen sich die Beziehungen der Olmeken zu anderen Gegenden und Völkern erkennen. Die Ansichten über die Natur dieser Beziehungen reichen von der Errichtung eines weit gespannten Staates bis zur Schaffung einer neuen Religion, in der ein mit Jaguarzügen ausgestatteter Regengott oder einer an das Aussehen der Klapperschlange angelehnter die Hauptrolle spielen und das durch Mission verbreitet wurde. Auch werden Handelsverbindungen und -niederlassungen in fremden Gebieten zur Erklärung der Übereinstimmungen in der materiellen Kultur herangezogen. Die wahrscheinlichste Erklärung ist eine Kombination der genannten Aspekte mit unterschiedlicher regionaler Gewichtung, insofern als nur das eigentliche Kerngebiet an der Golfküste Mexikos als ein Staat mit einer priesterlichen Elite einzuordnen ist. In allen anderen Gegenden, die von Nord-Costa-Rica im benachbarten Kulturareal Zentralamerika, das Chalchuapa-Tal in El Salvador, die pazifische Küste im Grenzgebiet von Guatemala und Mexiko, das Tal von Oaxaca, Guerrero (Teopancuantitlan) und das Morelos-Becken (Chalcatzingo) umfassen und bis in das Hochtal von Mexiko (Tlatilco, Tlapacoya) reichen, dürfte eine Mischung von Handel und Missionierung eine Rolle gespielt haben. Dabei könnte der **Handel**, in dessen Rahmen man Rohstoffe gegen Fertigprodukte eintauscht, der Wegbereiter für die Ausbreitung der Religion gewesen sein, d. h., man errichtet zunächst Handelsstationen, sorgt für ihre volle Funktionsfähigkeit und beginnt dann zu missionieren. Pilgerfahrten nach La Venta regen das Bedürfnis nach religiösen Paraphernalien wie Götterfiguren usw. an, stärken also den Handel und den Einfluss der olmekischen Elite. Warum sich dieses weit gespannte Handelsnetz schließlich gegen 400 v. Chr. auflöst, ist unbekannt. Vielleicht liegt es am Zustrom neuer Bevölkerungsgruppen, die die alten Handelswege unterbrechen und das mittlerweile ganz auf Rohstoffzufuhr eingestellte Kernland verkümmern lassen.

Die späte präklassische Periode (400–200 v. Chr.) und die epi-olmekischen Regionalkulturen der Protoklassik (200 v. Chr.–200 n. Chr.)

Ab 400 v. Chr. lässt sich in Mesoamerika eine beginnende **Zweiteilung zwischen West und Ost** feststellen, die bis in die spätindianische Zeit erhalten bleibt. Kerngebiete der jeweiligen Regionen sind das Hochtal von Mexiko im Westen und das Maya-Gebiet im Osten.

Zentralmexiko

Die starken olmekischen Einflüsse, die sich in der vorangegangenen Epoche u. a. in Tlatilco, Tlapacoya und manifestieren, haben bereits zu einer frühen Zeit zur Herausbildung einer Elite und zu größeren soziopolitischen Zusammenschlüssen geführt. Weiterhin spielen Umweltgegebenheiten eine Rolle, die besonders im südlichen Teil des Hochtals von Mexiko Bewässerungsanlagen möglich machen. Durch sie erhöht sich die landwirtschaftliche Produktivität, was zu einer großen Bevölkerungsdichte führt. Hier entsteht um 400 v. Chr. die **Stadt Cuicuilco** auf ca. 20 Hektar Grundfläche. Mit ihrer in der Mitte aufragenden mächtigen, von Steinen ummantelten fünfstufigen Rundpyramide und ihren ausgedehnten Bewässerungsanlagen beherrscht sie wahrscheinlich das südliche Hochtal.

Die kontinuierliche Entwicklung wird jäh durch eine Naturkatastrophe gestoppt, die das bisherige Gewicht in Zentralmexiko verändert: Um 150 v. Chr. bricht der Xitli-Vulkan am Rande des Hochbeckens aus und überflutet weite Teile mit einer mächtigen Lavadecke, die auch das aufstrebende Cuicuilco und das benachbarte Copilco unter sich begräbt. Anders als bei der Katastrophe im römischen Pompeii bleibt den Bewohnern genügend Zeit zu fliehen. Doch die ihrem Lebensunterhalt dienenden Ländereien sind vernichtet und für lange Zeit nicht mehr brauchbar. Die Menschen müssen auswandern und scheinen sich in ein bis dahin nur dünn besiedeltes nördliches Seitental zu begeben.

Der kleine Ort **Teotihuacan,** in den sie flüchten, wird in dieser frühen Zeit (Tzacualli-Phase) auf 2000 Einwohner geschätzt. Der Grund, sich hier niederzulassen, ist möglicherweise das Obsidian-Vorkommen am Ort und im etwa 70 km entfernten Pachuca. Obsidian aus Teotihuacan verbreitet sich in der Folgezeit bis in das Maya-Gebiet. Nach der Umsiedlung wächst die Bevölkerung Teotihuacans. Um 100 n. Chr. (Miccoatli-Phase) schätzt man sie bereits auf 60 000 Menschen. Zu dieser Zeit werden auch die Sonnenpyramide (Grundfläche 50 000 m^2, Höhe ca. 65 m) und die kleinere Mondpyramide (Höhe ca. 43 m), deren Namen allerdings nichts über den damaligen Kultus aussagen, errichtet, sowie die auf sie zuführende gestufte Zeremonialstraße.

Westmexiko

In Westmexiko sind kaum olmekische und epi-olmekische Innovationen nachgewiesen. So bleibt die dort schon ab 1300 v. Chr. erkennbare Sitte, Tote in Schachtgräbern zusammen mit großen Grabfiguren aus Ton beizusetzen, bis etwa 250 n. Chr., dem Beginn der nächsten Epoche, bestehen und verweist möglicherweise auf Beziehungen zur nordperuanischen bzw. ecuadorianischen Pazifikküste in Südamerika. Die Kulturen dieses Raumes verweilen politisch auf dem Stand einfacher Dorfgemeinschaften ohne größere Zusammenschlüsse.

Oaxaca

Komplexer ist die Lage in Oaxaca, wo die **frühzapotekische Kultur** ihre Blütezeit mit **Monte Albán** als Zentrum erfährt. Seit etwa 400 v. Chr. entwickelt sich dieses auf einem terrassierten Höhenrücken in strategisch beherrschender Lage am Zusammenschluss mehrerer Täler. Zunächst nur einer von mehreren Kleinstaaten der Region, wächst Monte Albán ab etwa 200 v. Chr. zum alles beherrschenden Mittelpunkt und gleichzeitig zu einer bedeutenden Stadt mit Tempeln, Palästen und mehreren großen Höfen auf unterschiedlichen Niveaus. Es gibt Ansätze von Schrift, die v. a. für Personen- und Ortsnamen verwendet werden, und die pan-mesoamerikanischen Kalender mit 260 bzw. 365 Tagen. Hier finden sich die frühsten Schrifttexte und monumentale Darstellungen von besiegten Gegnern, irreführend *Danzantes* (Tänzer) genannt. Mit diesen schriftlichen und kulturellen Mitteln wird die politische Macht der Herrscher öffentlich dargestellt, von denen jedoch nur wenige namentlich, u. a. ein »12 Jaguar«, bekannt sind. Ethnische Träger des Staates von Monte Albán sind die Zapoteken. Später lassen sich starke Einflüsse aus Zentralmexiko nachweisen. Sie werden aber so weit umgewandelt, dass eine weitgehende politische Selbstständigkeit anzunehmen ist.

Isthmus von Tehuantepec und transisthmische Gebiet

Die auf das Ende der Olmeken folgenden etwa 400 Jahre sind durch regionale Entwicklungen gekennzeichnet, von denen historisch wenig bekannt ist. Den sich formenden Einzelkulturen fehlt die Einheitlichkeit vorangehender Zeiten. Während einige von ihnen (isthmische Kultur) große Fortschritte machen, v. a. durch die Ausformung eines vollen Schriftsystems (Stele 1 von **La Mojarra** mit historischen Daten von 146 und 156 n. Chr.) oder technologische und soziale Neuerungen, verharren andere auf einem einfacheren Niveau.

Bereits in der Blütezeit der olmekischen Kultur war der **Isthmus von Tehuantepec** ein wichtiger Handelskorridor. An seiner einen Seite, dem Golf von Mexiko, liegt das olmekische Kernland. Nach der Aufgabe La Ventas übernehmen hier zwei andere Orte, **Cerro de las Mesas** und **Tres Zapotes**, die Führung, ohne jedoch an Größe und Bedeutung ihre Vorgänger zu erreichen. Ähnlich entwickelt sich an der anderen Seite des Korridors, in der reichen Kakaozone der pazifischen Küstenebene nahe der mexikanisch-guatemaltekischen Grenze, die Regionalkultur von **Izapa**. Ihre Anfänge reichen bis 1500 v. Chr. zurück, aber erst nach 400 v. Chr. erreicht Izapa bedeutende Größe, ablesbar an zahllosen Pyramiden, Zeremonialplätzen und 244 steinernen, oft mit Reliefskulpturen versehenen Monumenten. Wie weit man in Izapa Vorläufermerkmale der späteren Maya-Kultur erkennen kann, ist umstritten. Lediglich das erstmals hier zu findende Ensemble von Stele und Altar weist deutlich auf eine solche Kontinuität hin. Bei dem etwas südlicher gelegenen **Abaj Takalik** sind Bezüge zu den späteren Maya deutlicher, denn die dortigen Steinskulpturen weisen auch Daten (um 30–40 v. Chr.) in der später von den Maya ausgebauten Langen Zählung auf. Andere wichtige epi-olmekische Orte gleicher Zeitstellung im östlichen Mesoamerika sind Chiapa de Corzo im Grijalva-Tal (Chiapas) und Kaminaljuyú am Rande der Stadt Guatemala. Wie die vorher genannten Zentren müssen auch sie Mittelpunkte kleinerer Herrschaftsgebiete gewesen sein, gekennzeichnet durch Pyramiden und reiche Steinskulpturen. Letztere fehlen in der Chalchuapa-Zone des westlichen El Salvador, das aber sonst an die isthmischen und transisthmischen epi-olmekischen Kulturen angeschlossen werden kann.

Man nimmt an, dass die Epi-Olmeken im Kernland am Golf von Mexiko und am Isthmus von Tehuantepec eine Vorstufe der Mixe-Zoque-Sprachen gesprochen haben, also nicht eine der später in Mesoamerika dominanten indianischen Verkehrssprachen.

Das Maya-Gebiet

Peripher partizipiert auch das Maya-Gebiet des Tieflandes an der epi-olmekischen Kulturausprägung. Es nimmt aber ab etwa 550 v. Chr. im Wesentlichen eine eigene Entwicklung. Kennzeichnend für die Anfangsphase sind eine rapide Expansion von materiell einheitlichem Gepräge (Mamom- und Swasey-Keramik) und der beginnende Pyramidenbau. Der nächste Einschnitt erfolgt während der Chicanel-Zeit (300 v. Chr.–150 n. Chr): Die Pyramiden werden durch Überbauung immer größer und bilden Gruppen um Plätze herum. Auf ihnen werden Tempel aus Stein errichtet; sie sind mit Stuck verkleidet, plastisch dekoriert (Izamal, Kohunlich) und tragen oft Bemalung (San Bartolo). Daneben gibt es mittlerweile Steinbauten, die als Wohnhäuser der Elite dienen. Auch die Bestattungen spiegeln die soziale Schichtung deutlich wider. Die Toten der Elite zeichnen sich nicht nur durch Körpergröße und bessere Ernährung aus, sondern auch durch reiche Beigaben, oft aus exotischem, d. h. importiertem Material. Sie werden in Grabkammern unter Pyramiden oder Plattformen beigesetzt, ein erster deutlicher Hinweis auf Ahnenkult.

Das Frühklassikum

Der Aufstieg Teotihuacans (200–450)

Um 200 scheint man einen **Bebauungsplan für Teotihuacan** mit sich rechtwinklig kreuzenden Straßen zu erstellen. Mittelpunkt der nun etwa 20 km² bedeckenden Stadt ist die Kreuzung der beiden Nord-Süd und Ost-West ausgerichteten Hauptachsen. Selbst der kleine San Juan-Fluss wird im Stadtzentrum kanalisiert und damit dem Raster angepasst. Hier liegt das 1,56 km² große Verwaltungszentrum (*Ciudadela*) mit einem wichtigen Tempel des Sturm- und Regengottes und der Hauptmarkt. Der nördliche Arm des Zentralkreuzes scheint die wichtigsten Bauten zu verbinden. An ihm liegen die beiden großen Pyramiden, außerdem Tempel und Paläste. Die übrigen Gevierte werden durch weitere Paläste und Mehrfamilienhäuser ausgefüllt. Kern eines jeden **Palastes** ist ein an drei Seiten von Gebäuden auf niedrigen Terrassen umschlossener Innenhof. Die einräumigen Gebäude besitzen gegen den Innenhof jeweils eine von Pfeilern getragene Vorhalle. Diese sind ebenso wie die Innenräume oft mit Wandgemälden verziert. Sie stellen meist mythische und rituelle Themen (Prozessionen) dar. Zum Palast gehören zahlreiche Nebengebäude, teilweise wiederum um kleine Höfe herum angelegt. Alle haben die für Teotihuacan typischen Flachdächer, von denen das anfallende Regenwasser mit Wasserspeiern und Abflussrohren in ein Kanalisationssystem geleitet wird. Eine besondere Entwicklung sind die **einstöckigen Mehrfamilienhäuser**, von denen jedes, wie auch die Paläste, ein Straßengeviert einnimmt. Sie bestehen aus 50–200 Räumen, Vorhöfen und Gängen. Jede Familie scheint eine abgeschlossene Wohnung aus mehreren Räumen zu besitzen, die sich um Innenhöfe gruppieren. Interessant ist, dass die etwa durchschnittlich 100 Bewohner eines solchen Mehrfamilienhauses alle der gleichen wirtschaftlichen Tätigkeit nachgehen. Damit entsprechen diese Häuser den mittelalterlichen Handwerksgassen Europas. Ob darüber hinaus verwandtschaftliche Beziehungen unter den Bewohnern bestanden oder ob es zunftartige Zusammenschlüsse gab, ist unbekannt.

Der Teotihuacan-Horizont (Mittelklassikum) (450–600)

Zentral- und Nordmexiko

Wie alle Großstädte weist Teotihuacan eine beruflich differenzierte Bevölkerung auf und leidet, zumindest in seiner Spätzeit, an **sozialen Problemen**. Ausgrabungen in den Randbezirken zeigen, dass dort die Mehrfamilienhäuser kleinere Räume haben und aus schlechterem Material erbaut sind, als im Stadtkern. Noch weiter am Rande gibt es eine Zone, deren Bewohner nicht in festen Bauten, sondern in Häusern mit Flechtwänden, die mit Lehm beworfen sind, hausen – damals wie heute dienen solche Gebäude der armen Landbevölkerung als Unterkunft. Wahrscheinlich haben die hier Lebenden ihre Dörfer verlassen um in der lockenden Großstadt Teotihuacan ihr Glück zu suchen. Des Weiteren gibt es Viertel, in denen Gesandtschaften und/oder fremde Kaufleute aus Oaxaca und dem Maya-Gebiet wohnen – eine andere Form der Siedlungsdifferenzierung. Die Bedeutung Teotihuacans am Ende dieser Phase zeigt sich daran, dass sie ihren demografischen Höhepunkt mit ca. 200 000 Einwohnern erreicht. Im weltweiten Vergleich ist sie zu der Zeit eine der größten Städte der Menschheit.

Wie bei den Olmeken ist der Charakter des Einflusses von Teotihuacan auf andere Regionen vielschichtig und gleichzeitig umstritten. Während manche Forscher in Teotihuacan primär eine Handelsmacht (Rohstoffe: Obsidian und Kunsthandwerksprodukte) sehen, behaupten andere, dass es sich um einen Flächenstaat handelt. Jedenfalls ist die Herrschaft Teotihuacans über das Hochtal von Mexiko gewiss; keine andere Stadt von Bedeutung ist in diesem Gebiet vorhanden. Auch die weitere Umgebung in den heutigen mexikanischen Bundesstaaten Puebla und Morelos dürften Teotihuacan weitgehend untertan sein. So scheint z. B. Cholula (Puebla), als Verwaltungszentrum von Teotihuacanern gegründet worden zu sein. Das Tal von Toluca (México) und die Umgebung von Tula (Hidalgo) gehören wahrscheinlich auch zum direkten Herrschaftsbereich von Teotihuacan. Fraglicher ist es mit den in dieser Zeit blühenden Siedlungen im Norden, in Zacatecas (La Quemada) und in Durango (Chalchihuites-Kultur). Zweifellos sind hier starke **Teotihuacan-Einflüsse** vorhanden. Ob diese aber eine direkte politische Abhängigkeit anzeigen oder ob es sich nur um die Nutzung und Verarbeitung wichtiger Rohstoffe handelt, ist ungeklärt. Dass die Bindung stark ist, zeigt die Tatsache, dass mit dem Ende von Teotihuacan zwischen 650 und 750 auch hier ein Rückschlag einsetzt und die weit vorgeschobene Nordgrenze mesoamerikanischer Kultur wieder zurückgenommen wird.

Westmexiko

Die Einflüsse, die von Teotihuacan auf Westmexiko ausgehen, sind hingegen relativ gering. Wie bereits in der vorhergehenden Zeit, verfolgen die dortigen Kulturen ihre eigenen Wege und nehmen nur marginal an der allgemeinen mesoamerikanischen Entwicklung des Teotihuacan-Horizonts teil.

Oaxaca

Zwischen 150 und 400 lässt sich auch in Monte Albán (Phasen II–IIIa) starker Teotihuacan-Einfluss nachweisen. Daraus und aus der Tatsache, dass es in Teotihuacan ein Stadtviertel mit mehrheitlicher Bevölkerung aus Oaxaca gibt, die ihre Toten im einheimischen Stil in Grabgewölben bestattet, schließt man, dass das zapotekische Reich unabhängig bleibt, jedoch mit Teotihuacan verbündet ist. Gewiss ist die Sicherung der Verbindungen zu den südlichen Kolonien Teotihuacans mit Durchzugsrecht durch das Tal von Oaxaca damals ähnlich wie in der späteren aztekischen Zeit von großer Bedeutung.

Golfküste

Ebenfalls aus handels- und militärpolitischen Gründen gibt es eine teotihuacanische Präsenz in der totonakischen Stadt El Tajin (Veracruz) und in Matacapan (Tabasco).

Das Maya-Hochland im Früh- und Mittelklassikum (200–600)

Der Weg nach Süden ist für Teotihuacan so wichtig, weil augenscheinlich in **Kaminaljuyú** im Tal der heutigen Stadt Guatemala seit etwa 400 eine Kolonie existiert, die politisch ein Teil des Teotihuacan-Reichs ist. Im Gegensatz zu Monte Albán wird hier der Stil der Hauptstadt oft genau kopiert, und es gibt dort nicht nur eine aus Teotihuacan stammende Oberschicht, sondern auch Handwerker, die entweder von dort kommen oder dort gelernt haben. Kaminaljuyú ist zwischen 300 und 500 eine bedeutende Stadt mit etwa 15 000 Einwohnern. Es stellt sich die Frage, warum die Teotihuacaner nach der Eroberung oder Besetzung von Kaminaljuyú ihr direkt beherrschtes Gebiet kaum über das Tal von Guatemala ausweiteten. Vermutlich genügt es ihnen, den strategisch gelegenen Ort zu beherrschen und so den Handelsverkehr zu kontrollieren. Von Kaminaljuyu aus gibt es Verbindungen zu den Tiefländern am Pazifik und an der atlantischen Küste mit ihren reichen und begehrten Rohstoffquellen. Hauptreichtum der pazifischen Küstenzone ist der **Kakao**. Das Vorkommen dieser Frucht hatte schon in olmekischer Zeit zu Handelsniederlassungen geführt. Daneben können Obsidianvorkommen im Hochland von Guatemala eine Rolle spielen. Jetzt liegt es an Teotihuacan, diese begehrten Rohstoffe auszubeuten. Dazu genügt es anscheinend, den Knotenpunkt, also Kaminaljuyú selbst, unter Kontrolle zu haben. Dass Teotihuacan punktuell und indirekt in der Region großen Einfluss ausübt, geht aus den aufgefundenen Hinterlassenschaften hervor. Sie verweisen z. B. auf eine Siedlung in Bilbao (Escuintla) – eine Gründung von Teotihuacan und vom teotihuakanisch beherrschten El Tajin (Veracruz). Zwischen Kaminaljuyú und der Küste werden zur Sicherung des Handelswegs weitere Siedlungen errichtet, etwa am See von Amatitlán.

Das Maya-Tiefland im Früh- und Mittelklassikum (200–600)

Komplexer sind die Verhältnisse im **Maya-Tiefland**. Hier konsolidieren sich seit etwa 250 Stadtstaaten mit hochkultureller Prägung: Schrift und Kalender lassen sich ebenso nachweisen wie Stelen und Altäre aus Stein. Das älteste bisher bekannte datierte Steinmonument ist die Stele 29 von Tikal, die ein Errichtungsdatum des Jahres 292 trägt. Politisch gibt es einzelne Stadtstaaten, jeder unter einer eigenen patrilinearen Dynastie. Manche von ihnen, etwa Tikal und Copán, beziehen sich auf Teotihuacan als den Ort des Ursprungs zwecks Legitimierung ihrer Dynastie. Gelegentlich ist auch die politische Rolle von Frauen bedeutend, wie im Fall von Yaxchilán und Palenque. In dem in der Region von Río Bec (Campeche) gelegenen Ort Becan werden um 400 Verteidigungsanlagen errichtet, die ihn zu einer schwer einnehmbaren Festung machen. Funde aus der gleichen Zeit lassen auf die Anwesenheit von Teotihuacanern schließen, die hier einen Stützpunkt zu besitzen scheinen. Die eventuell vorhandene militärische Überlegenheit Teotihuacans, wird vermutlich durch die langen Verbindungswege gemildert – trotz der Kolonien in Kaminaljuyú und Becán –, sodass eine politische Dominanz Teotihuacans im Maya-Tiefland kaum vorhanden gewesen sein wird.

Die **dynastische und damit die politische Geschichte** des Maya-Tieflands ist dank der Sitte, den Herrscher durch Porträts und Texte auf steinernen Stelen zu verherrlichen, für die Zeit von 300 an durch hieroglyphische Inschriften detailliert bezeugt. Zwar haben diese Stadtstaaten ihre Wurzeln in präklassischen Siedlungen; sie scheinen aber die formale Königsherrschaft erst in der Zeit von 300–450, vermutlich unter teotihuacanischem Einfluss etabliert zu haben. Diese bestehen dann knapp 500 Jahre lang bis zum allgemeinen Niedergang. Die in dieser Hinsicht mächtigsten Städte mit ihren bedeutendsten Herrschern sind: Im südlichen Tiefland Calakmul mit Yuknom der Grosse (Regierungszeit 636–686) und Yuknom Yich'ak K'ak' (686–?), Tikal mit Chak Tok Ich'ak (360–378), Siyaj K'ak (378–439), Siyaj Chan K'awil (411–456), Jasaw Chan K'awil (682–?) und Yik'in Chan K'awil (734–746?), Copán mit Yax K'uk' Mo' (426–ca.437), 18 Kaninchen (695–738) und Sonnenaufgang (763–810?), Palenque mit K'uk' Bahlum (431–435), Muwan Mat (612–615), Pakal der Grosse (615–683), Bahlum Chan (684–702), Ah Kal Mo Nab (721–736?) und Janab Pakal II. (799–?), Tonina mit Hix Chapat (595?–665), Baknal Chaak (688–715) und Ich'aak Chapat (723–740?) sowie im nördlichen Tiefland, dort jedoch später einsetzend, Chichen Itza (K'ak'upakal), Uxmal (Chak), Tiho (das heutige Mérida) und Ek Balam (Hun Pik Tok').

Die beiden Stadtstaaten Calakmul und Tikal haben eine gewisse Vorrangstellung errungen und beherrschen kleinere Zentren, darunter Naranjo und Caracol. Zwar stehen sie in permanenter Konkurrenz um die Vormacht, doch gelingt es keinem, sich dauerhaft als einzige Großmacht nach zentralmexikanischem Muster zu etablieren. Wechselnde Bündnisse und Kriege spiegeln dieses labile Machtgefüge im Maya-Tiefland wider. Zwischen 540 und 600 erleidet es, vermutlich als Auswirkung des Niedergangs von Teitihuacan, einen kulturellen Einbruch, den die Forschung »Hiatus« genannt hat.

Orte an der Ostküste von Yucatán, im heutigen Belize und dem angrenzenden mexikanischen Bundesstaat Quintana Roo verdanken ihren frühen Aufschwung möglicherweise dem Bevölkerungszuzug aus der Zeit um 100 n. Chr. Es handelt sich um Flüchtlinge aus Chalchuapa (El Salvador), vertrieben durch heftige Vulkanausbrüche. Der Osten scheint frei von Teotihuacan-Einflüssen zu bleiben.

Kalender und Schrift der Mayas

Zu den größten intellektuellen Leistungen im voreuropäischen Amerika gehören der von den mesoamerikanischen Völkern erfundene Kalender, die in ihm niedergeschriebenen mathematischen und astronomischen Kenntnisse sowie die Entwicklung von Schriftsystemen. Der mesoamerikanische Kalender hat die Zählung einzelner Tage als Grundlage. Er besteht aus mehreren, parallel zueinander benutzen Systemen. Zusammen ermöglichen sie Datierungen über lange Zeiträume. Der grundlegendste, weil auch im mesoamerikanischen Alltag verwendete Kalender umfasst einen 260-tägigen **Wahrsagezyklus, der auf der menschlichen Schwangerschaftsdauer beruht**. In ihm werden die Zahlen 1–13 mit 20 bildlichen Zeichen verknüpft, sodass die gleiche Kombination von Zahl und Zeichen erst nach 260 Tagen wieder zusammentrifft. Dieser Kalender dient v. a. wahrsagerischen Zwecken und der Namengebung. Ein zweiter weithin gebräuchlicher Kalender beruht auf dem **Sonnenjahr** von 365 Tagen. Er ist in 18 Monate zu 20 Tagen sowie einen Monat von fünf Tagen eingeteilt und strukturiert im Wesentlichen das öffentliche Leben mit seinen Festen. Beide Kalender laufen parallel zueinander. Da ihr kleinster gemeinsamer Nenner 18 980 ist, treffen der gleiche Tag des Wahrsagekalenders und des Sonnenkalenders erst nach 52 Sonnenjahren wieder zusammen. Dieser Großzyklus wird eine **»Kalenderrunde«** genannt. Beide Kalender und ihre Verknüpfung zur Kalenderrunde scheinen eine Entwicklung der olmekischen oder frühen post-olmekischen Zeit zu sein.

Für die astronomisch und historisch interessierten Epi-Olmeken war die Tatsache, dass gleiche Tagesdaten in der Kalenderrunde nach 52 Jahren wiederkehren, unbefriedigend. Sie haben daher eine weitere Kalenderzählung, die »Tageszahl« oder auch »Lange Zählung« genannt, erfunden, die von einem fiktiven Nullpunkt aus einzelne Tage nummerisch bis ins Unendliche zu zählen erlaubt. Die Maya haben diese Lange Zählung übernommen und zur Grundlage der historischen Chronologie ihrer Dynastien gemacht. Ihr fiktiver Nullpunkt liegt nach unserem Kalender im Jahre 3113 v. Chr.

Epi-Olmeken und Maya sind die einzigen Bewohner der Neuen Welt, die eine echte, als logo-syllabisch charakterisierte Schrift entwickeln, wohingegen andere Völker (Zapoteken, Mixteken, Azteken) sich mit ideografischen Systemen, die keine genauen Sprachaufzeichnungen ermöglichen, begnügen. Während die epi-olmekische und die möglicherweise noch frühere Schrift von Cascajalt noch unentziffert sind, verstehen wir heute die Maya-Schrift gut. Sie ist auf vielen Medien zu sehen, darunter auf Steindenkmälern, an Fassaden, auf Schmuckstücken aus Jade, auf Knochen, Holz und anderen Materialien sowie auf Grabkeramiken. Bemerkenswert ist auch die Buchkultur, die in ganz Mesoamerika in Blüte stand. Von den Maya haben sich allerdings nur vier voreuropäische Bücher erhalten, von den Mixteken einige mehr.

Die Spätklassische Periode

Zentralmexiko

Im zentralen Hochland vollziehen sich um 650 bedeutende Umwälzungen. Das Teotihuacan-Reich löst sich auf; die Stadt selbst verfällt bis zum Jahr 750. Die Gründe dafür sind unklar. Zwar gibt es in der Stadt um diese Zeit eine Brandschicht; ob diese aber auf Eroberung hindeutet und ob diese Eroberung auf das Eindringen der Otomí oder andere nördliche Barbaren zurückzuführen ist, bleibt umstritten. Auf jeden Fall kommt das ganze politische Gefüge in Bewegung – nicht nur in Zentralmexiko, sondern auch in weit entfernten Gebieten, so im Hochland von Guatemala, in Nicaragua und sogar im entfernten Costa Rica, wo um 900 mexikanische Gruppen, die Chorotega, auftauchen.

Auf den Trümmern des Teotihuacán-Reichs entstehen Nachfolgestaaten kleineren Umfangs, gegründet augenscheinlich von heterogenen Gruppen. So wird Cholula von einer Gruppe eingenommen, die man »Olmeca« nennt, und die aus der Mixteca Baja in Oaxaca stammt. Sie vereinigt mixtekische, Nahua- und Chocho-Popoloca-Bevölkerungsteile. Die Olmeca machen diesen wichtigen Handelsknotenpunkt zwischen den Hochtälern und der Golfküste zu einem bedeutenden Machtzentrum. Ein anderer wichtiger Kleinstaat hat seinen Sitz in **Xochicalco** (Morelos). Auf einem Hügel gelegen, ist der Ort von Wehranlagen umgeben, die auf Konfliktsituationen hindeuten. Neben Elementen aus Teotihuacan und dem Tal von Oaxaca lassen sich hier auch Einflüsse aus dem Maya-Gebiet nachweisen. Solche sind an dem von einer Pyramide gekrönten Berg Xochitecatl mit der darunter liegenden Siedlung **Cacaxtla** im heutigen mexikanischen Bundesstaat Tlaxcala am deutlichsten zu sehen, v. a. in den großartigen Wandgemälden in einem Kaufmanns(?)palast, die Kämpfe zwischen Gruppen verschiedener Herkunft zeigen. Das zentralmexikanische Hochtal wird nun wieder stärker besiedelt. In Azcapotzalco entsteht ein neues Zentrum, das in Teilen das Teotihuacan-Erbe weiterführt.

Oaxaca

Auch im Tal von Oaxaca kommt es zwischen 700 und 800 zu Veränderungen, die jedoch nicht so einschneidend sind wie in anderen Gebieten. Monte Albán, die zapotekische Hauptstadt, wird aufgegeben, wahrscheinlich als Folge von Einbrüchen der Mixteken in das Tal. Ein weiterer Grund für die Aufgabe besteht in der exponierten Lage der Stadt, deren Wasserversorgung prekär ist und die deshalb schlecht verteidigt werden kann. Die Mixteken, auch Nuine genannt, haben bereits in der vorhergehenden Zeit nördlich des Tals von Oaxaca mehrere Kleinstaaten gegründet, darunter v. a. Huajuapan, Tequixtepec und Miltepec. Von hier aus dringen sie immer wieder in das Tal von Oaxaca ein, dessen nördliche Hälfte sie allmählich beherrschen. Die Hauptorte der sich zurückziehenden Zapoteken liegen nun im südlichen Teil des Tals: Lambityeco, wahrscheinlich zunächst Nachfolger von Monte Albán, das nur noch als Grabstätte der Elite dient, und später das befestigte und besser zu verteidigende Yagul sowie Mitla.

Die Golfküste

In den meisten weiter entfernten Gebieten des ehemaligen Teotihuacan-Reichs setzen sich einheimische Traditionen wieder durch. An der mittleren Golfküste übernimmt nun das von Totonaken besiedelte El Tajin eine führende Rolle und wird Zentrum eines eigenen Staates. Weiter südlich dagegen scheint es in spät-klassischer Zeit keine größeren politischen Einheiten zu geben.

Das Maya-Hochland

Im Maya-Hochland bildet sich zu dieser Zeit auf teotihuakanischer Grundlage die Regionalkultur von Cotzumalhuapa heraus. Ihre Hauptressource scheint der Kakaoanbau gewesen zu sein.

Das Maya-Tiefland (600–900)

Der Einfluss Teotihuacans im Maya-Gebiet endet um 540, dauerte also etwa 150 Jahre. Danach kommt es zu einer Rückbesinnung auf die alten Traditionen, möglicherweise verbunden mit politischen Unruhen. Im 7. Jh. setzt ein erneutes **Aufblühen der Städte** ein und neue werden gegründet: Piedras Negras und Yaxchilán am Usumacinta-Fluss sowie Dos Pilas im Petén. Kunst, Kultur und Wissenschaft blühen auf und prägen das Bild, das man heute von der klassischen Maya-Kultur besitzt.

Länger als alle anderen Gruppen bleiben die **Maya-Staaten** im Tiefland von den Unruhen in ganz Mesoamerika verschont. Gerade zwischen 600 und 800 erreichen viele Städte ihren Höhepunkt an Größe und Pracht, werden die Pyramiden als Ahnentempel durch Überbauungen immer weiter vergrößert, und zahlreiche Stelen zu Ehren der Herrscher errichtet. **Tikal,** Hauptstadt eines der größten Stadtstaaten, scheint um 800 auf einer Fläche von 16 km^2 mehr als 10 000 Einwohner gehabt zu haben. Geschützt ist Tikal im Norden durch eine Wall-und-Graben-Anlage, ein Hinweis auf die Bedrohung durch das benachbarte Uaxactún in der damaligen Zeit. Diese blühende Stadt liegt aber um 850 verlassen da. Ursache dieses Niedergangs ist offensichtlich das Zusammenwirken mehrerer Faktoren. Überbevölkerung und Auslaugen des intensiv bebauten, an sich nicht sehr fruchtbaren Bodens scheinen Hauptursachen zu sein. Darauf deutet auch das Verlassen gerade der ältesten Siedlungen zu Beginn des Niedergangs hin. Epidemien und chronische Unterernährung, verstärkt vielleicht durch jahrelange Missernten, sind weitere Faktoren. Ihnen liegt wahrscheinlich eine kurzfristige, aber über mehrere Jahre andauernde verheerende Trockenheit als Auslöser zugrunde. Das Unvermögen der Elite, Abhilfe zu schaffen, führt dann zu den geschilderten Folgen. Gerade die Elite scheint als erste die Orte zu verlassen – ob freiwillig oder gezwungen, bleibt dahingestellt. Schließlich kommt noch Druck von außen hinzu – als Folge der Wirren in Zentralmexiko. Kurz nach 800 treten in Yucatán Gruppen unter Führung der **Itza-Sippe** auf, wahrscheinlich Maya-sprechende Chontal aus Tabasco, die jedoch stark mexikanisiert sind. Sie lassen sich in **Chichen Itza** nieder und beginnen, auch andere Orte zu unterwerfen. Ihre Feldzüge führten sie bis Seibal im Petén, das ab 830 von einem Fürsten nördlicher Abkunft beherrscht wird. Das benachbarte Altar de Sacrificios fällt um 910 in die Hände einer anderen Chontal-Gruppe. Nur im entlegenen Hochland von Chiapas überdauert in Tonina die einheimische Dynastie ebenso lange. Die letzte datierte Inschrift dort verzeichnet das Jahr 909.

Der Tolteken-Horizont (frühe Postklassik, 900–1156)

Später als im Gebiet des Maya-Tieflandes kommt es mit dem 7. Jh. auch in anderen Gegenden Mesoamerikas vermehrt zu historischen Nachrichten, die jedoch nicht zeitgenössisch niedergeschrieben werden, sondern erst in der frühen Kolonialzeit schriftliche Form annehmen.

Zentralmexiko

Die Tolteken kommen aus dem Norden in das Hochtal und lassen sich um 726 zunächst in Ixtapalapa nieder. Ihr erster Herrscher ist Mixcoatl, der bis 742 regiert. Bald schon kommen sie in Konflikt mit dem mächtigen Cholula und verlegen unter ihrem als friedlich charakterisierten Herrscher **Ce Acatl Topiltzin Quetzalcoatl** (?–895) ihre Hauptstadt nach Tollan, dem heutigen Tula (Hidalgo), nördlich des Hochtals. Dort wohnen etwa 60 000 Menschen in einer kompakten Siedlung.

Während die größten Teile der Täler von Mexiko und Puebla unter der Herrschaft Cholulas bleiben, bauen die Tolteken ihr Reich an den nördlichen Randzonen auf. Das mittlere Veracruz scheint auch unter ihre Herrschaft zu fallen. Darauf deuten befestigte Orte wie Tuzapan und Castillo de Teayo hin. Toltekische Herrscher dieser Zeit sind Matlacxochitl (895–930), Nauhyotzin (930–945), Matlacoatzin (945–973) und Tlilcoatzin (973–994). Danach findet das Tolteken-Reich sein Ende. Die Hauptstadt Tollan wird verlassen, wahrscheinlich unter dem Ansturm »chichimekischer« Gruppen, die, veranlasst durch längere Dürreperioden, aus dem ariden Norden Mexikos abgezogen sind. Damit endet eine Epoche relativer Ruhe, die für die späteren aztekischen Geschichtsschreiber als »Goldenes Zeitalter« gilt. Viele zivilisatorische und künstlerische Errungenschaften werden den Tolteken zugeschrieben, obwohl das nicht der Wahrheit entspricht. So die Metallverarbeitung, die sich zuerst um 900 bei den Tarasken in Jalisco (Zentralmexiko) nachweisen lässt. Die Kenntnis ist wahrscheinlich auf dem Seeweg aus dem heutigen Ecuador über Panama an die Westküste Mexikos gelangt. Die Tolteken ziehen sich unter ihrem Herrscher **Huemac** (ab 994) zunächst nach Chapultepec im Hochtal von Mexiko zurück. Huemac nimmt sich dort, so die eine Überlieferung, im Jahr 1070 in der Höhle von Cincalco das Leben; nach einer anderen wird er von Chichimeken getötet.

Die Golfküste

Wie der Zusammenbruch Teotihuacans löst auch das Ende des Tolteken-Reichs große **Wanderungen in Mesoamerika** aus. Gruppen aus dem Hochland strömen u. a. an die Golfküste und verändern zusammen mit den bereits vorhandenen toltekischen Einflüssen die dortigen Kulturausprägungen, die nun ein stark zentralmexikanisches Gepräge bekommen.

Das Nördliche Maya-Tiefland

Wegen dynastischer Auseinandersetzungen in der Hauptstadt der Tolteken mit ethnischen und religiösen Hintergründen fliehen **Quetzalcoatl** und seine Anhänger. Über die Golfküste erreichen sie Yucatán, zusammen mit einer neuen Welle von Chontal-Maya aus Tabasco. Unter Führung der Itza-Dynastie werden die blühenden Städte in Yucatán unterworfen. Dafür dominiert nun diese fremde Dynastie den Norden Yucatáns von Chichen Itza aus. Dessen Bauten sehen jenen in Tollan sehr ähnlich. Andere Herrschaften, z. B. die von Ek Balam, bleiben zwar teilweise bestehen, geraten aber in Abhängigkeit von Chichen Itza. Der Kult Quetzalcoatls, der hier Kukulkan heißt, spielt eine Rolle, ebenso der des Regengottes Tlaloc (hier Chak genannt), dem ein natürlicher Brunnen (Cenote) geweiht ist. Durch ihn wird Chichen Itza für viele Jahrhunderte zur bedeutendsten Pilgerstätte Yucatáns. Etwa 200 Jahre besteht die Vorherrschaft von Chichen Itza, bis es den Intrigen und dem Druck der umwohnenden altansässigen Maya von Izamal und Mayapán erliegt. Die Itza und ein Teil ihrer Gefolgsleute wandern nach Süden aus und gründen am See von Petén Itza ein bescheideneres neues »Reich«, das als letzter indianischer Staat erst 1697 von den Spaniern erobert wird. Die neue Herrschaft in Yucatán geht nach dem Fall Chichen Itzas auf die Sippe der Kokom über, die von Mayapán aus regiert.

Das Maya-Hochland

Andere zentralmexikanische Gruppen dringen in das guatemaltekische Hochland vor, unterwerfen die einheimischen Maya- und Xinca-Stämme oder heiraten in deren Elite ein. Sie formen Staaten zentralmexikanischen Musters, die bis in die Zeit der spanischen Eroberung fortbestehen. Die wichtigsten sind die der Mam, Quiché, Cakchiquel, Rabinal und Tzutujil. Andere Wanderbewegungen bringen Nahua-Sprecher nach El Salvador (Pipil) und Nicaragua (Nicarao) und führen zu einer Mexikanisierung der dortigen Bevölkerung. Zwar hat das Tolteken-Reich nicht ganz Mesoamerika beherrscht, doch treten in dieser Epoche die Regionalkulturen in den Hintergrund. Sie erleben in der folgenden Zeit einen erneuten Aufschwung.

Die spätindianische Zeit

Zentralmexiko

Im Hochtal beginnt nach dem Ende des toltekischen Staats ein erbitterter Kampf um die Hegemonie. **Colhuacan**, dessen Dynastie sich von den Tolteken herleitet, erlangt zunächst eine Vormachtstellung. Ihre wichtigsten Herrscher (Daten sehr ungesichert) sind Totepeuh, der Gründer, Nauhyotl (1213–1248), Xiuhitl Temoc (1289–1299) und Coxcox (1309–1372). Die beiden letzteren siedeln die Azteken als Abhängige auf colhuacanischem Territorium an. Immer neue Nahua-Gruppen, zusammenfassend als Chichimeken bezeichnet, wandern aus dem Norden in das Hochtal ein und lassen die alteingesessenen Staaten nicht zur Ruhe kommen.

Die Azteken gehören auch zu diesen aus dem Norden kommenden nichtsesshaften Stämmen, die ins zentrale Hochland einfallen. Sie siedeln dort ab 1256 zunächst als Untertanen Colhuacans in Tizaapan und am Berg von Chapultepec. Als colhuacanische Hilfstruppen führen sie 1325 erfolgreich Krieg gegen Xochimilco. Danach kommt es zum Zerwürfnis mit ihren Oberherren. In der Folge fliehen sie und gründen Tenochtitlan an der Stelle der heutigen Stadt Mexiko auf Inseln im See von Tetzcoco. Dort sind sie aber zunächst noch keine den anderen Stadtstaaten des Hochtales ebenbürtige Macht.

Die Mayastaaten 1520

Die zu den Chichimeken gehörenden Tepaneken erobern die Teotihuacan-Nachfolgestadt Azcapotzalco. Diese neu aufstrebende Macht gewinnt v.a. Einfluss, nachdem ihr vierter Herrscher, Tezozomoc (ca. 1365–1426), den Thron bestiegen hat. Durch geschickte Bündnispolitik und militärische Stärke gewinnt Tezozomoc immer mehr Macht und kann schließlich auch Colhuacan und Tetzcoco erobern. Als Tezozomoc 1426 stirbt, sind die Tepaneken auf dem Wege, das ganze Hochtal zu unterwerfen und damit die Schlüsselposition für eine zentralmexikanische Reichsgründung in die Hand zu bekommen. Tezozomocs Nachfolger **Maxtla** (1426–1431) verspielt diese Chance jedoch, indem er die bisher verbündeten Azteken und andere alliierte Staaten durch rigorose Tepanekisierung zu seinen Gegnern macht.

Die **Acolhuacaner** begründen unter dem legendären **Xolotl** ihre Herrschaft und erobern unter Nopaltzin (1232–?) Coatlichan. Unter Quinatzin (?–1377) bemächtigen sie sich der Stadt Tetzcoco – fortan ihr Hauptsitz. 1350 gelingt es ihnen, für kurze Zeit Colhuacan in der Vorherrschaft abzulösen. Weitere bedeutende Herrscher sind Techotlalatzin (1377–1409), Huehue Ixtlilxochitl (1409–1433), Nezahualcoyotl (1 433 1472) und sein Sohn Nezahualpilli (1472–1516).

Westmexiko

Die Tarasken beginnen sich am Pátzcuaro-See mit den Städten Ihuatzio und der Hauptstadt Tzintzuntzan als Staat zu etablieren. Einer ihrer späten bedeutenden Herrscher, der das Reich durch Eroberungskriege erweitert, ist **Tzitzipandacuare** (ca. 1454–1479).

Oaxaca

Mixtekische Fürstentümer entstehen in Tilantongo, Teozacoalco, Jaltepece und Tlaxiaco. Als mächtiger mixtekischer Fürst erweist sich 8 Hirsch Jaguarkralle (1011–1063), der seine Herrschaft durch Eroberung weit ausdehnt. Die Tlapaneken gründen in Tlachinollan eine Herrschaft (Fürst Eidechse 1398–1404) und geraten erst ab 1467 unter aztekische Oberherrschaft.

Die Zapoteken herrschen zunächst von Zaachila aus und errichten unter einer Sekundogenitur später einen zweiten Herrschaftssitz in Tehuantepec. Der dortige Herrscher **Cocijoyeza** (1482?–1518) besiegt die Azteken in der Schlacht von Giengola, schließt jedoch anschließend Frieden mit ihnen und unterwirft sich nominell, besiegelt durch eine dynastische Eheschließung mit der Tochter des aztekischen Herrschers Ahuitzotl (1486–1502). Ihm folgt Cocijopiji (1518–ca.1522).

Das Aztekenreich 1520

Das Maya-Hochland

Politisch von mexikanischen Invasoren veranlasst, bilden sich im Maya-Hochland um 1200 verschiedene Kriegerstaaten über einem Substrat einheimischer bäuerlicher Bevölkerung. Der Herrschaftssitz des mächtigsten Staats der **Quiché** ist Utatlán. K'ucumatz (1400–1425), Q'uik'ab (1425–1475), 8 Tod (1475–1500) und 3 Hirsch (1500–1524) zählen zu seinen bedeutendsten Regenten. Die Cakchiquel herrschen in Iximché, die Rabinaleb in Rabinal, die Mam in Zaculeu und die Tztujil in Tzinaja. Diese Epoche endet insgesamt mit der spanischen Eroberung unter Pedro de Alvarado (*1495, †1541) in der entscheidenden Schlacht von 1524, die auf indianischer Seite der heute als Volksheld verehrte Tecún Umán (1500–1524) führt.

Das Maya-Tiefland

Während das südliche Maya-Tiefland weitgehend entvölkert oder doch zumindest seiner Eliten beraubt ist, bilden sich nach dem Zerfall der Macht von Mayapán im nördlichen Tiefland 16 unabhängige Kleinstaaten heraus. Die Sippe der Tutul Xiu von Uxmal (später in Mani), die den Sturz Mayapáns betrieb, erringt zwar große Bedeutung, aber nicht die Vormacht.

Die Reiche der Tepaneken und Azteken

Obwohl die aztekische Herrscherfamilie, die mit **Acamapichtli** (1367–1387) beginnt, aus Colhuacan stammt, tragen die Azteken als Alliierte der **Tepaneken** nicht unerheblich zu deren Aufstieg und dem Niedergang Colhuacans und 1418 Tetzcocos bei. Während der größten Ausdehnung des Tepaneken-Reichs herrscht als deren treuer Vasall **Huitzilihuitl** (1391–1417).

Die Ermordung des vierten aztekischen Herrschers, **Chimalpopoca** (1417–1428), durch den tepanekischen Usurpator Maxtla (1426–1431) macht der kooperativen Beziehung zwischen Tepaneken und Azteken ein Ende.

Chimalpopocas Nachfolger **Itzcoatl** (1428–1440) verbündet sich mit dem Herrscher von Tetzcoco **Nezahualcoyotl** (*1418, †1472) gegen die Tepaneken. Zusammen erobern sie 1430 die tepanekische Hauptstadt Azcapotzalco und machen die Vorherrschaft der Tepaneken zunichte. Die Sieger schließen mit der Tepaneken-Stadt Tlacopán unter ihrem Herrscher **Totoquihuaztli**, der ihnen gegen Azcapotzalco geholfen hatte, einen

Dreibund, der bis zur spanischen Eroberung Bestand hat, und durch den die Unterwerfung und Befriedung des Hochtals nahezu vollendet wird. Daneben werden Teile von Puebla und Guerrero unterworfen.

Unter **Motecuhzoma Lhuicamina** (1440–1469) wächst das Herrschaftsgebiet des Dreibunds beständig. Die letzten Bastionen im Hochtal, v. a. Chalco (1465) werden besiegt, weitere Teile von Guerrero erobert. Wichtig ist auch die Neutralisierung des aufgrund religiöser Institutionen prestigeträchtigen Cholulas durch ein Zwangsbündnis und die Unterwerfung der Totonaken an der mittleren Golfküste. 1458 gelingt Motecuhzoma ein bedeutender Sieg über Coixtlahuaca, dessen Herrscher **Atonal** im Kampf fällt und dessen Witwe als Statthalterin eingesetzt wird. Mit Coixtlahuaca haben die Azteken eine Schlüsselstellung zur weiteren Eroberungen in Oaxaca in der Hand. Dagegen misslingt es, die Tlaxcalteken, die eine wichtige Position auf dem Wege zur Küste innehaben, zu besiegen. Sie bleiben immer frei und tragen als frühe Verbündete der Spanier ab 1520 nicht unerheblich zum späteren Untergang des aztekischen Reichs bei. Ausgedehnte Hungersnot und Überschwemmungen in den Jahren 1449 und 1450 bewältigt **Motecuhzoma** mit tatkräftiger Unterstützung durch Nezahualcoyotl, dem Herrscher von Tetzcoco.

Axayacatl (1469–1481), Enkel des vorhergehenden Herrschers, konsolidiert die Eroberungen seines Vorgängers zunächst mit der Eingliederung der ebenfalls von Azteken bewohnten Nachbarstadt Tlatilolco in die Hauptstadt nach erbittertem Bruderkrieg 1469–1473. Später gewinnt er neue Gebiete im Westen hinzu, scheitert aber bei dem Versuch, die Tarasken in Michoacán zu unterwerfen. Axayacatls Bruder **Tizocic** (1481–1486) hat mit Aufständen zu kämpfen, die er nur mit Mühe unterdrückt. Er beginnt in Tenochtitlan eine Haupttempelerweiterung. Doch sein plötzlicher Tod, vielleicht durch Giftmord, lässt diese unvollendet.

Unter Tizocics Nachfolger und Bruder **Ahuitzotl** (1486–1502) wird der Tempel 1486 mit Menschenopfern spektakulär eingeweiht. Ahuitzotl dehnt das Reich erneut aus. Am Pazifik werden weite Teile von Guerrero und Oaxaca, Tehuantepec und die Kakaoprovinz Xoconochco an der guatemaltekischen Grenze besetzt, am Golf weite Gebiete im südlichen Veracruz. Im südöstlichen Bergland kommen die Eroberungen nur langsam voran, da der Widerstand der Mixteken und des wieder erstarkten Zapoteken-Reichs bedeutend ist. Doch ermöglicht eine Heiratsallianz mit dem zapotekischen Herrscher **Coziyoeza**, dem Ahuitzotl seine Tochter Cyolicaltzin zur Frau gibt, eine zunächst friedliche Durchdringung.

Oft sind es nur einzelne kleine Gebiete oder Stützpunkte, die **Motecuhzoma Xocoyotzin** (1502–1520) in Oaxaca hinzufügen kann. Wie alle seine Vorgänger regiert er von der Hauptstadt Tenochtitlan aus, die damals auf ihrem Höhepunkt etwa 250 000 Einwohner zählt.

1519, 21. April Die Spanier unter Hernán Cortés (*1485,†1547) landen in Veracruz und kämpfen sich bis in die Hauptstadt Mexico-Tenochtitlan vor, wo sie am 8. Nov. 1519 zunächst als Gäste von Motecuhzoma empfangen und einquartiert werden.

1520, 27. Juni Motecuhzoma, der sich bereits in spanischer Haft befindet, wird durch eigene Leute getötet, die sich gegen seine Kooperation mit den Spaniern auflehnen. Dieses Aufbegehren hat zur Folge, dass die bedrängten Spanier in der Nacht vom 30. Juni auf den 1. Juli 1520 unter großen Verlusten fluchtartig die Hauptstadt verlassen und sich ins verbündete Tlaxcala zurückziehen. Motecuhzomas Nachfolger **Cuitlahuac** regiert nur wenige Monate, ehe er an den durch die Spanier eingeschleppten Pocken stirbt. Er leistet in dieser Zeit erfolgreich Widerstand.

1520–1521 Auf Cuitlahuac folgt als letzter aztekischer Herrscher sein Vetter **Quauhtemoc** (*ca. 1496, †1525). Nach erbitterter Verteidigung gegen die wieder angreifenden Spanier, ausgehungert und ohne Trinkwasser kapituliert er am 13. Aug. 1521 mit den Resten seiner Streitmacht in seinem Rückzugsort Tlatilolco.

Die Eroberungszeit

1524 Pedro de Alvarado erobert im Auftrag von Hernán Cortés die Fürstentümer im Hochland von Guatemala. Die entscheidende Schlacht führt auf indianischer Seite Tecún Umán.

1525, 28. Febr. **Quauhtemoc** wird zusammen mit dem ebenfalls gefangen genommenen Herrscher von Tlacopán, **Tetlepanquetzatzin** (1520–1525), auf Geheiß von Hernán Cortés in Huey Mollan am Golf von Mexiko wegen angeblicher Verschwörung gehenkt.

1525–1599 Unter spanischer Oberhoheit genießen die Indianer begrenzte Autonomie, Gouverneur ist einer aus ihren Reihen.

1697 Expeditionsheere erobern von Guatemala und Yucatán aus das Fürstentum der Itza (»Tayasal«), am See von Petén Itza. Damit fällt der letzte indianische Staat in spanische Hände.

Zentralamerika

Das Kulturareal Zentralamerika umfasst die pazifische Nordküste Kolumbiens, ganz Panama und Costa Rica und die atlantische Küste mit Hinterland von Nicaragua und Honduras bis zum Río Ulúa mit den küstennahen Inseln in allen Gebieten. Kulturgeschichtliche Subareale sind: der Darién in Panama östlich des Kanals, Groß-Chiriquí mit der Region von Diquís westlich des Kanals, Coclé, Veraguas, Talamanca, das zentrale Hochland von Costa Rica und Groß-Nicoya mit Guanacaste an der pazifischen Küste Costa Ricas. Die beiden letztgenannten Subareale sind Grenzregion nach Mesoamerika.

Zentralamerika wird in historischer Zeit von etwa 1000 n. Chr. an durch Sprachen der Macro-Chibcha-Familie geprägt. Die Kultur dieser Indianer manifestiert sich v. a. in den Kreisgrundrissen ihrer Häuser und dem Anbau von Knollenfrüchten (Maniok). An der Nordgrenze Zentralamerikas, in einer Pufferzone gegen Mesoamerika, siedeln Gruppen unbekannter Sprachzugehörigkeit, u. a. **Paya**, **Jicaque** und **Lenca**. – Das ganze Areal ist soziopolitisch in Häutplingstümern organisiert. Gelegentlich, so im Gebiet von Talamanca (Costa Rica), gibt es auch kleine Feudalstaaten mit stadtartigen Siedlungen und gepflasterten Straßen. Stellenweise finden sich demografisch unbedeutende und gesellschaftlich weniger organisierte Gruppen von Wildbeutern und einfachen Pflanzern (Paya, Jicaque). Insgesamt wird die Bevölkerung Zentralamerikas um 1500 auf 5,5 Mio. Menschen geschätzt. Deren wichtigste Gruppen sind die transisthmischen **Cuna** und **Guaymí**, die costaricanischen **Bribrí**, die nicaraguanischen **Rama** und die sowohl in Nicaragua als auch in Honduras lebenden **Miskito** und **Sumu**, von ihnen allen existieren noch zahlreiche Unterteilungen. Die heute an den Küsten dominierenden Schwarzen Kariben wandern erst in der Kolonialzeit ein.

Zentralamerika ist in seiner ganzen Kulturgeschichte Durchgangsland von Südamerika nach Mesoamerika und nimmt auch von den karibischen Inseln (Kulturareal Circum-Karibik) Einflüsse auf. Fernhandel entlang den Küsten und über Straßen im Binnenland hat dazu beigetragen, dass z. B. Töpferei und Metallurgie aus Südamerika ihren Weg nach Mesoamerika gefunden haben und auf umgekehrtem Wege Jade aus dem mesoamerikanischen Motagua-Tal schon früh im nördlichen Zentralamerika verbreitet wird.

Die paläoindianische Periode und das Archaikum (40 000–2000 v. Chr.)

Großwildjäger und an den Küsten Fischer und Krustentiersammler (**Cerro Mangote** an der Parita-Bucht in Panama um 5000 v. Chr.) sind gemäß der allgemeinen Tradition auch hier vertreten. Fossile Fußspuren, gefunden in Acahualinca (Nicaragua), datieren ebenfalls um 5000 v. Chr. In dieser frühen Zeit sind die späteren Kulturareale noch nicht ausdifferenziert. Projektilspitzen der Prä-Clovis- und der Clovis-Periode stammen vom Madden-See, aus **Guanacaste** (Costa Rica) und **Turrialba** (zentrales Hochland von Costa Rica).

Am Übergang vom Archaikum zum Formativum beginnt der Pflanzenanbau, der hier v. a. auf Mais (seit 4300 v. Chr.) und der Knollenfrucht Maniok basiert und als Brandschwendbau durchgeführt wird. Später kommen Palmnüsse u. a. hinzu.

Das Formativum (2000–300 v. Chr.)

In dieser Epoche verbreitet sich allenthalben die sesshafte Lebensweise. Aus **Südamerika** wird die Töpferei eingeführt (Fundorte Barriles der Monagrillo-Kultur in Panama und der **Montano-Komplex** in Costa Rica). In Groß-Nicoya bildet sich danach der zonierte Zweifarben-Stil heraus. In dieser Periode macht sich dort erstmals Einfluss aus Mesoamerika bemerkbar.

Das Klassikum (300 v. Chr.–1000 n. Chr.)

Im Norden ist in Honduras die Usulután-Keramik (seit der Zeitenwende) charakteristisch. V. a. in Groß-Chiriquí und Groß-Nicoya bilden sich jetzt Häuptlingstümer mit geschichteter Gesellschaft und in Ausnahmen feudaler Verfassung heraus. In Zentralpanama gibt es erste Hinweise auf Goldverarbeitung, die aus Südamerika diffundiert ist und zunehmen an Bedeutung gewinnt. Die mesoamerikanischen Einflüsse lassen nach. Bedeutende Siedlungen finden sich an der Venado Bucht in **Guayaba de Turrialba** (zentrales Hochland von Costa Rica) und in **Sitio Conte** (Coclé, Panama). In der späten Zeit zwischen 500 und 1000 n. Chr. entstehen im Norden auch befestigte Siedlungen (**Tenampúa** in Honduras).

Die spätindianischen Häuptlingstümer (1000–1500)

Die spätindianischen Häuptlingstümer zeichnen sich durch ein an der Zahl der Kriegsgefangenen bemessenes Prestigesystem aus. Größere Siedlungen in der Talamanca-Region sind mit Palisaden oder Trockensteinmauern befestigt oder liegen verteidigungsgünstig auf Anhöhen. Sie können zwischen 1000 und 5000 Personen beherbergen. Die räumliche Expansion mesoamerikanischer Gruppen entlang der Pazifikküste ist in dieser Periode besonders dynamisch. Ihre kulturellen Einflüsse strahlen auch auf andere Regionen aus.

Eroberungszeit (1502–1540)

1502 CHRISTOPH KOLUMBUS (*1451, †1506) erforscht die atlantische Küste.

1513 VASCO NÚÑEZ BALBOA (*um 1475, †1517) durchquert die Landenge von Panama und entdeckt die »Südsee« (Pazifischer Ozean).

1522 GIL GONZÁLEZ DÁVILA (†1543), CRISTÓBAL OLID (*1487, †1524), FRANCISCO DE LAS CASAS (*1464, †1536) und HERNÁN CORTÉS (*1485, †1547) erobern von Panama bzw. Mexiko aus kommend, z. T. gegeneinander agierend, Nicaragua und Honduras.

1525 Gründung der spanischen Stadt **Trujillo** an der Atlantikküste.

1540 Die Eroberung Zentralamerikas ist im Wesentlichen abgeschlossen.

Südamerika

Südamerika gliedert sich in die Kulturareale **Circum-Karibik** mit den karibischen Inseln und den Küstenstreifen von Kolumbien, Venezuela und Guayana; die **Nordanden** Kolumbiens und Ecuadors, einschließlich der Sierra Nevada de Santa Marta; die **Zentralanden** in den heutigen Staaten Ecuador, Peru und Bolivien; die daran anschließenden **Südanden**, die v. a. die nördlichen Teile Argentiniens und Chiles umfassen; das **amazonische Tiefland** und das **ostbrasilianische Plateau**; den südlich angrenzenden **Gran Chaco** und schließlich den südlichsten Teilen Tiefland-Südamerikas von der argentinischen **Pampa** über **Patagonien** bis nach **Feuerland**.

Paläoindianische Periode (31 000–4000 v. Chr.)

Funde aus der paläoindianischen Periode sind nur vom amerikanischen Festland bekannt, nicht jedoch von den damals noch nicht besiedelten karibischen Inseln. Die frühesten Funde, noch ohne Geschossspitzen, stammen aus Bosquirao de Piedra Furada (Piauí, Brasilien, vermutetes, aber ungesichertes Alter ca. 40 000 v. Chr.) und Monte Verde (Provinz Valdivia, Chile) und datieren aus der Zeit um 31 000 v. Chr. Die anschließenden präkeramischen Funde im circum-karibischen Kulturareal (El Jobo, Falcón, Venezuela; ab 15 000 v. Chr.) entsprechen nordamerikanischen (Lerma) und anderen südamerikanischen Jäger- und Sammlerkulturen (Ayampitín, Intihuasi um 8000 v. Chr.). Im Gebiet der Pampas, Patagonien und Feuerland beginnt die Anwesenheit von Menschen erst um 9500 v. Chr. Diese frühesten Funde werden von einer jüngeren Kultur überlagert, die durch Geschossspitzen (um 4000–3000 v. Chr.) in Form eines asymmetrischen Dreiecks charakterisiert ist.

Circum-Karibik

Das Kulturareal der Circum-Karibik umfasst die breiten Küstenebenen Venezuelas mit dem Orinoco-Delta und den Guayanas, den schmalern Küstenstreifen Kolumbiens und die karibischen Inseln. Letztere gliedern sich kulturgeschichtlich in die Bahamas als ihre nördlichste Gruppe, die südlich an sie anschließenden Großen Antillen mit Kuba, Jamaika, Hispaniola und Puerto Rico sowie die östlich anschließenden bis dicht vor die Küste Venezuelas reichenden Kleinen Antillen mit Grenada, Guadeloupe, Dominica, Bonaire, Trinidad, Tobago, Curaçao, Aruba und weiteren kleinen Inseln.

Archaikum (5000–1000 v. Chr.)

Nach den Jägern und Sammlern der paläoindianischen Periode an der karibischen Küste Venezuelas erscheinen dort ab 4000 v. Chr. erste Keramik führende Kulturen (Puerto Chacho und San Jacinto in Kolumbien). Das Sammeln von Schalentieren und Wildfrüchten, der Fischfang und die Jagd bleiben aber die dominanten Wirtschaftsformen. Die Artefakte sind in dieser frühen Zeit aus Knochen und Stein, später aus Muscheln. Die karibischen Inseln werden langsam und spärlich von Venezuela aus durch die **Ciboney** besiedelt, die bis nach Hispaniola und Kuba vordringen. Sie leben als reine Jäger und Sammler in Höhlen und unter Abris.

Formativum (1000 v. Chr. bis zur Zeitenwende)

Ohne Übergang wird das Archaikum auf dem Festland um 1000 v. Chr. bis 350 n. Chr. von Kulturen mit Landwirtschaft und gut gearbeiteter Keramik abgelöst. Die ältesten Fundstellen liegen am Unterlauf des Orinoco (Saladero). Anbau von Maniok, Beginn sozialer Schichtung und von Arbeitsteilung gehen damit einher. Um 900 v. Chr. bildet sich am Mittel- und Unterlauf die nach dem Fundplatz **Barrancas** benannte Kultur aus. Sie wird wahrscheinlich von Neueinwanderern getragen, ist sehr geschlossen und übt starken Einfluss auch auf Saladero aus. Keramikproduzierende Menschengruppen besiedeln ab 500 v. Chr. auch die Antillen.

Der frühe Zwischenhorizont (0–600 n. Chr.)

Um Christi Geburt breitet sich auf dem Festland an der Ostküste Venezuelas die Saladero-Kultur (El Mayal) aus. Ihre Nahrungsgrundlage sind Fischfang und Bodenbau (Maniok), eine Wirtschaftsform, die bis zur spanischen Eroberung beibehalten wird. Als Prä-Arawak oder Sub-Taino ziehen sie weiter über Trinidad und Grenada bis auf die Antillen. Dort siedeln sie bevorzugt küsten- und flussnah. Anhand der Keramikfunde lässt sich auch dort noch die kulturelle Tradition ihrer Herkunftsregionen, Saladero und Barrancas, feststellen.

Die Barrancas-Kultur an der Mündung des Orinoco übernimmt um 600 n. Chr. Wesenszüge der Keramiktradition von Arauquín am Mittellauf dieses Stroms. Kurz vor der spanischen Eroberung nimmt dieses Gebiet zahlreiche Einflüsse von außen auf, erlebt jedoch keinen kulturellen Höhepunkt mehr.

Für Westvenezuela ist bemalte Keramik charakteristisch. Die **Betijoque-Phase** (350–1150) ist durch ein Weiß-auf-Rot-Dekor gekennzeichnet. Außerdem finden sich bemalte Statuetten mit flachen Köpfen und Kaffeebohnenaugen. Gleichzeitig verläuft an der Nordwestküste des Maracaibo-Sees die **La-Pitia-Phase** mit bemalter Keramik. Die Begräbnissitten lassen auf differenzierte religiöse Vorstellungen schließen. Auffallend sind Ähnlichkeiten mit Nordwestkolumbien. Entlang der Halbinsel La Cabrera und am Ufer des Valencia-Sees entsteht aus Einflüssen von Barrancas und Westvenezuela die **La-Cabrera-Phase.** Häufige Fundplätze lassen auf eine zahlreiche Bevölkerung schließen, die von Bodenbau, Jagd und Fischfang lebt.

Der späte Horizont (700–1000)

Ab 700 kommen die **Arawak** oder **Taino** von Venezuela auf die Antillen. Sie führen den Maisanbau ein, der dem Maniok jedoch untergeordnet bleibt. Es bilden sich Häuptlingstümer mit geschichteten Gesellschaften, der Aufschwung der Kunst manifestiert sich v. a. in der Ton- und Steinplastik. Die sog. **Zemí**-Figuren gelten als Götterbilder. In manchen Entwicklungen dieser Periode spiegeln sich Einflüsse aus Mesoamerika, dies gilt v. a. für das Ballspiel.

Um 1000 beginnt auf dem Festland der **Second Painted Horizon**. Er ist v. a. in Coco und Portacelli in Nordostkolumbien manifest. Portacelli hat enge Beziehungen mit Tierra de los Indios in Westvenezuela. Auch zu den Kulturen von Coclé und Chiriquí (Panama) in Zentralamerika bestehen Beziehungen.

Die spätindianische Periode (1150–1500)

In dem schon immer für zahlreiche Einflüsse offenen Gebiet um den Valencia-See zeigt die Keramik eine enge Verwandtschaft mit der Arauquín-Kultur. Diese gibt damit vielleicht den Anstoß für die **Valencia-Phase**, eine der vielseitigsten Kulturen Venezuelas. Die Keramik ist plastisch verziert: Vögel, Frösche, Säugetiere; typisch sind u. a. weibliche Statuetten mit rechteckigen Köpfen. Am Valencia-See finden sich bemerkenswert große Wohnhügel. Trotz offensichtlicher Bevölkerungszunahme und eines gehobenen Organisationsgrads, wie sie Gemeinschaftsarbeit voraussetzt, scheint ein Überfluss an Wildfrüchten und Wildtieren größere Fortschritte im Bodenbau zu verhindern.

Kurz vor Beginn der historischen Zeit erscheinen in

Westvenezuela Kulturen mit geometrisch bemalter Keramik. **Wohnhügel**, wie sie schon früher am Valencia-See zu finden sind, kommen jetzt auch hier vor. Man intensiviert den Bodenbau (Terrassenbau, Bewässerung). Höhlen in den Bergen werden wohl für kultische Zwecke benutzt (zeremonielle Keramik, sitzende oder stehende Tonstatuetten). Allgemein weist die Keramik dieser Phase in Westvenezuela stilistische Verwandtschaft mit Zentralamerika (Coclé in Panama) und besonders mit dem Second Painted Horizon in Kolumbien auf.

Ab 1200 beginnen, wieder von Venezuela aus, kriegerische Kariben die Kleinen Antillen zu erobern und zu besiedeln. Sie dehnen sich kontinuierlich nach Norden auch auf die Großen Antillen aus. Die Kariben sind weniger Kulturträger als Eroberer. Wirtschaftlich stützen sie sich auf den Fischfang, außerdem praktizieren sie Kannibalismus. Ihre Ausbreitung wird durch die spanische Eroberung ab 1492 jäh abgebrochen.

Eroberungszeit

1492, 12. Okt. Christoph Kolumbus landet von Spanien kommend auf der Bahamas-Insel Guanahani, die er San Salvador nennt.

1493 Entdeckung der Inseln Kuba und Hispaniola; anschließend auch der kleineren karibischen Inseln; Landung der Spanier auf der Insel Dominica am 3. Nov. 1493. Spanisch besiedelt werden zunächst nur die größeren Inseln.

1498–1502 Die karibische Küste Südamerikas wird von Kolumbus, Amerigo Vespucci (*1451,†1512), Alonso de Ojeda (*1473, †um 1516) und Juan de la Cosa (*um 1460, †1510) berührt und exploriert.

Nordanden in Kolumbien und Venezuela

Die Sesshaftwerdung im Formativum (3000–600 v. Chr.)

Die ältesten Fundplätze der Nordanden sind **San Jacinto** (4000 v. Chr.), **Puerto Chacho** (3300 v. Chr.) und **Puerto Hormiga** (2900 v. Chr.). Sie gehören kulturgeografisch noch zur Circum-Karibik und führen alle bereits Keramik. Ihre höchste Entwicklung findet diese Keramiktradition in **Malambo** am Unterlauf des Río Magdalena (ca. 1200 v. Chr.), wo Ähnlichkeiten mit der Keramik Venezuelas die ersten Kontakte zwischen den Kulturarealen der Nordanden und der Circum-Karibik vermuten lassen. Die Bevölkerung beginnt in Dörfern sesshaft zu werden und lebt sowohl vom Bodenbau (Maniok) als auch von Jagd und Fischfang.

Die wichtigste Kultur im Norden ist **Momil** im Sinú-Gebiet. Ihre Wirtschafts- und Gesellschaftsformen entsprechen noch weitgehend denen von Malambo. Anthropomorphe Statuetten lassen auf religiöse Vorstellungen schließen. Charakteristika der Momil-Kultur breiten sich nach Osten aus und werden zur Grundlage des **First Painted Horizon** (Loma und Horno). Zudem gibt es einen ersten indirekten Nachweis von Maisanbau.

Der frühe Horizont (600 v. Chr.–500 n. Chr.)

Im Anden-Gebiet Venezuelas ist die **Tocuyano-Phase** (um 200 v. Chr.) im Tal von Quibor die erste Kultur mit Keramik und Feldbau (Kartoffeln?). Ihre Formen sind über ganz Westvenezuela einschließlich der Küste verbreitet, wo auch Einflüsse des First Painted Horizon zu erkennen sind. Die **Kulturen Tierradentro** und **San Agustín** am Oberlauf des Río Magdalena in Südkolumbien beginnen ca. 1000 v. Chr. und enden um 500 n. Chr. Ihre Träger, die Arbeitsteilung in Berufe und eine soziale Schichtung kennen, sammeln sich um religiöse Zentren, deren größtes San Agustín ist. Nahrungsgrundlage ist der Bodenbau. Der religiöse Kult wird in einem differenzierten Zeremoniell ausgeübt. Einzigartig sind Monumentalbauten aus Stein (Tempel, unterirdische Galerien, Schachtgräber, skulptierte Grabplatten und Sarkophage in Megalithbauweise, aber keine Wohnbauten); bis zu 4 m hohe Steinstatuen stellen wohl Götter, Dämonen und Heroen dar. An Quellen und Bächen finden sich aus dem Fels gehauene Menschengesichter und Wassertiere. Während zu den anderen gleichzeitigen Kulturen Kolumbiens keine Verbindung erkennbar ist, spiegeln sich deutlich Bezüge zu den südlich benachbarten Kulturarealen der Zentralanden (Chavín und Recuay) und dem südlichen und östlichen Mesoamerika (Chorotega und Maya).

Die späte Zwischenperiode (500–1540)

Charakteristisch für die frühe Phase von 500–1000 in Nordkolumbien ist die Entwicklung zu kultureller Gleichartigkeit, verbunden mit größerer Bevölkerungsdichte. Neu sind runde Hausfundamente aus Stein und Gebäude auf Sockeln sowie Terrassen für den Feldbau. Einige Gebiete bleiben auf ihrer früheren Entwicklungsstufe stehen, so um Cienaga Grande de Santa Marta, wo sich die indianische Bevölkerung noch bei Ankunft der Spanier von Fischen und Schalentieren ernährt.

Im Unterschied zur vorangegangenen Zeit entwickeln sich in der späten Phase zwischen 1000 und 1500 landschaftlich differenzierte Kulturen und kleine Staaten: Die zwischen 900–1600 in Blüte stehende **Tairona-Kultur**, die sich aber schon seit dem 6. und 7. Jh. in der Sierra Nevada de Santa Marta herausgebildet hat, übt Einfluss auf ein großes Gebiet aus. Sie beeindruckt mit ihren etwa 200 städtischen Zentren (Pueblito, Buritaca und San Pedro de la Sierra) und ihren dort manifesten Architektur- und Ingenieursleistungen: Rundhäuser, Terrassen für Hausbau und Feldbau, Steinfußböden, Treppenaufgänge, mit Steinplatten belegte Straßen, steinerne Brücken, Bewässerungskanäle, Säulenhallen, Stelen sowie Gräber, die mit großen Platten bedeckt sind. Die Metallverarbeitung ist gut entwickelt. Typisch ist die schwarze, unbemalte Keramik. Arbeitsteilung, soziale Schichtung, theokratische Regierung und Handel sind Merkmale ihrer Gesellschaftsverfassung. An den Unterläufen des Río Sinú und des Río San Jorge entsteht der Betancí-Viloria-Komplex mit ausgedehnten Hochbeeten. Sein besonderes Kennzeichen ist eine hoch entwickelte Gold- und Tumbaga-Verarbeitung. Die typische Siedlungsform sind ausgedehnte Dörfer am Rand von Flüssen, Seen und Sümpfen. Die **Quimbaya** im mittleren

Cauca-Tal ab 1000 n. Chr., die **Tolima** im mittleren Magdalena-Tal und die **Narino**, an der Grenze zu Ecuador ab 800 lassen mit ihren Rundhäusern und Schachtgräbern Kultureinflüsse sowohl vom Norden als auch vom Süden erkennen.

In den südlich angrenzenden Nordanden scheint die Heimat der in zahlreiche Sprachen zerfallenden **Chibcha** gelegen zu haben, die sich selbst Muisca (»Menschen«) nennen. Deren Stämme besiedeln während der klassischen und nachklassischen Periode in zahlreichen Wanderungen weitere Teile des Nordens Südamerikas und Zentralamerikas. Den **Übergang zur Hochkultur** vollziehen sie in der kolumbianischen Ostkordilliere zwischen 1100 und 1500. Sie besitzen größere Städte (Hauptstadt im heutigen Bogotá, außerdem Guatavita, Tunja und Sogamoso) und wohlgeordnete Gemeinwesen. Ihren Mythen entstammt die Legende vom Fürsten von Guatavita, der mit Goldstaub bepudert ein rituelles Bad im See nimmt und deshalb **El Dorado** (»der Vergoldete«) genannt wird. Politisch zerfallen die Muisca in zwei Staaten: im Norden um Muequeta (heute: Bogotá) im Süden um Tunja. Bei Ankunft der Spanier kämpfen sie gegeneinander um die Hegemonie.

Eroberungszeit

Die Nordanden werden 1539 von drei Seiten erobert, wobei sich v. a. **Sebastián de Benalcázar** (*1495, †1551) hervortut.

Das Küsten- und Andengebiet des heutigen Ecuador

Archaikum und Formativum (3000–500 v. Chr.)

Die günstigen klimatischen Bedingungen an der pazifischen Küste Ecuadors werden früh von Jägern, Fischern und Sammlern genutzt. Um 3000 v. Chr. tritt in der **Valdivia-Kultur** Töpferei auf. Sie ist bereits so gut entwickelt, dass sie nicht dort entstanden sein kann. Ihr Ursprung ist umstritten, wahrscheinlich aber lokal bzw. in der näheren Umgebung zu suchen (San Pedro-Kultur). Die Träger der Valdivia-Kultur sind relativ sesshaft, leben vom Sammeln wilder Pflanzen und Muscheln. Kennzeichnend sind kleine Steinstatuetten, denen z. T. stilisierte Gesichtszüge, Arme und Beine eingraviert sind, später kommen schlanke weibliche Tonstatuetten hinzu. Zwischen 2000 und 1500 v. Chr. wandern an derselben Stelle primitive Sammler der **Machalilla-Kultur** zu. Charakteristisch für sie ist eine sehr dünnwandige Keramik. Die dritte Einwanderungsgruppe kommt um 1500 v. Chr. aus dem Süden Mesoamerikas. Während die Valdivia-Kultur erlischt, bleiben Einzelzüge von Machalilla in der Chorrera-Kultur am Río Guayas um 1200–300 v. Chr. erhalten. Sie breitet sich nach Norden bis in die heutige Provinz Manabí und ins südliche Hochland aus, wo sie möglicherweise an der Herausbildung des Chavín-Horizonts beteiligt ist. Vermutlich in diese Zeit datiert die Übernahme des Maisanbaus.

Wichtig für die Kulturentwicklung sind auch formativzeitliche Siedlungen am Ostabhang der Anden, v. a. Santa Ana-La Florida (ab 2000 v. Chr.), das stilistisch als Vorläufer der Chavin-Kultur gilt.

Die frühe Zwischenperiode (500 v. Chr.–500 n. Chr.)

Um 500 v. Chr. setzt die **regionale Differenzierung** ein, die sich jedoch nur in **Bahía** zu einer Hochkultur entwickelt. Die Wohnsiedlungen, gekennzeichnet durch Erdhügel mit Staubecken für Frischwasser, sind größer. Davon getrennt sind religiöse Zentren, wie die Insel La Plata, auf der man später Tausende von Statuetten findet. Die große Ähnlichkeit der Keramik mit solcher von der Südküste Perus und aus Mesoamerika lässt direkten Kontakt dieser drei Regionen Nuklear-Amerikas auf dem Seeweg vermuten. Einzelne Charakteristika der Chorrera-Kultur bleiben erkennbar. Es kommt zur ersten Verwendung von Metall (Gold, Kupfer). Um 200 v. Chr. übernimmt Bahía (aus Asien?) einen neuen Komplex ritueller Geräte (Hausmodelle, naturalistische sitzende Statuetten).

An der Küste tritt in der Zeit von ca. 500–1500 n. Chr. die **Milagro-Kultur**, die von der peruanischen Grenze bis in die Gegend von Quevedo verbreitet ist, in Erscheinung. Die Gebäude ihrer großen städtischen Zentren sind auf künstlichen Hügeln errichtet. Reiche Grabbeigaben (neben Keramik am häufigsten Kupferschmuck, in Form von Ketten, Glocken, Ohrringen, Nasenringen, und Kupferwerkzeuge, wie Pinzetten, Beile, Nadeln, Messer; seltener Silber und Gold) lassen auf Reichtum und soziale Schichtung schließen. Die **Mantena-Kultur**, an der Küste von Bahía de Caraquez bis zur Insel Puná verbreitet, hat große Städte und Terrassen für den Bodenbau. Statuetten kommen noch vor, allerdings weniger zahlreich.

Der späte Horizont (500–1500)

Der Chibcha-Stamm kam seiner eigenen Überlieferung zufolge um 700–800 aus Mittelamerika auf dem Seeweg mit Flößen in die Bucht von Guayaquil. Um 1000 gründet dieser Stamm unter der Schyri-Dynastie einen allmählich den größten Teil des Hochlands umfassenden Staat. Der Inka Wayna Khapaq (*um 1476, †1527) unterwirft ihn und heiratet die Schyri-Prinzessin Paccha. Ata Wallpa (*um 1500, †1533), der letzte Inka-Prätendent, ist ihr gemeinsamer Sohn. Von der ecuadorianischen Küste, wo sich keine archäologischen Beweise für eine Herrschaft der Inka entdecken lassen, geht während der spätindianischen Zeit auf dem Seeweg Handel mit Zentral- und Mesoamerika aus, der wahrscheinlich bis zur Westküste Mexikos (Nayarit) reicht.

Die Eroberungszeit

Das Andenhochland im heutigen Ecuador und Kolumbien wird 1534–1539 von Peru aus v. a. unter **Sebastián de Benalcázar** erobert.

Die Zentralanden im heutigen Peru und Bolivien

Das Archaikum

An der Küste Perus und im Hochland beginnt um 9000 v. Chr. der Anbau von Bohnen (*Phaeseolus vulgaris*, Fundort: Rosamachay), Kürbis und um 6000 v. Chr. von Mais und Baumwolle (*Gossypium*; Fundort: **Guitarrero-Höhle**).

Formativum

Im Supe-Tal (Peru) werden in **Caral** ab 2600 v. Chr. bereits repräsentative Bauten in kompakten Siedlungen errichtet. Die Bewohner versorgen sich noch ausschließlich mit marinen Ressourcen und stellen keine Keramik her. Diese Lebensweise dauert bis mindestens 1800 v. Chr. an (Aspero).

Ähnlich weist die **Huaca-Prieta-Kultur** (um 2500 v. Chr.; Hauptfundort an der peruanischen Küste nördlich des Chicama-Tals) in ihren ältesten Schichten der Wohnhügel noch keine Keramik auf. Ihre Träger, die von Feldbau, Jagd und Fischfang leben, errichten halb unterirdische Wohnbauten, die kleine, zur Küste und zu Lagunen orientierte Siedlungen bilden. Das Steingeräteinventar ist einfach, aus organischem Material stellt man dagegen kunstvolle Produkte her (Baumwollgewebe, Körbe, Netze). Ab 1800 v. Chr. werden Meerschweinchen gehalten. Jetzt beginnt sich auch der spätere typisch peruanische Kunststil (Vögel, Schlangen) zu formieren.

Der frühe Horizont (1200–200 v. Chr.)

In **Cerro Sechín** mit einer Siedlung und separater Tempelanlage an der Nordküste und in **Chavín de Huántar** im Bergland Perus (Nebental des Callejón de Huaylas) entwickelt sich um 1200 v. Chr. die erste Hochkultur Südamerikas. Sie wird als **Chavín-Kultur** bezeichnet. Wegen ihres breiten kulturellen Einflusses heißt sie auch Chavín-Horizont. Dessen Wurzeln weisen ins benachbarte amazonische Tiefland. Er manifestiert sich auch an den Fundorten Huaca de los Reyes, Monte Grande, Kotosh (dort mit seiner Zeremonialarchitektur schon früher), Ancón und an vielen anderen Orten. Ein politisch integrierter Staat lässt sich für diese Zeit jedoch nicht nachweisen. Es handelt sich wohl eher um die Verbreitung religiöser Auffassungen und Kulte, in deren Mittelpunkt der Jaguar mit Schlangen als Attributen steht. Angebaut werden Mais, Maniok, Kürbis und Baumwolle. Haustiere sind neben den schon früher domestizierten Meerschweinchen Hunde und Lamas. Tempelpyramiden und große Bewässerungsanlagen lassen auf eine große Bevölkerung schließen. Beginn der Metallverarbeitung (Gold-Kupfer-Legierung – Tumbaga). Die größte Ausdehnung des Chavín-Horizonts umfasst etwa das heutige andine Peru. Sein Ende kündigt sich an, als regionale Züge wieder stärker hervortreten und dem Kult die Einheitlichkeit verloren geht. Um 400 v. Chr. erlischt er schließlich.

Eine regionale Hochkultur, die sich um 700 v. Chr. auf älterer lokaler Grundlage herausbildet und dem Einfluss des Chavín-Horizonts weitgehend entzieht, ist die **Paracas-Kultur** im Süden (um 1100–200 v. Chr.). In der Nekropole von Paracas wurden Textilien gefunden (Totentücher), auf denen aufgemalt oder eingestickt mythische anthropomorphe und theriomorphe Wesen abgebildet sind.

Die frühe Zwischenperiode (200–600 n. Chr.)

An der Küste Nordperus entstehen um 200 v. Chr. bedeutende Regionalkulturen. Im äußersten Norden ist es die von **Vicús** (Piura); südlich anschließend die wesentlich ausgedehntere von **Moche** an der gleichnamigen Flussoase. Von den Tälern der Flüsse Jequetepeque, Moche, Virú, Chicama und Nepeña werden große Teile des Küstengebiets mittels sorgfältig angelegter Bewässerungssysteme fruchtbar gemacht. Dem Zusammenwachsen der isolierten Flussoasen entspricht politisch die Errichtung einer Oberherrschaft über das gesamte dicht besiedelte Gebiet. Die Fürsten lassen sich in prunkvollen Gräbern (Sipán, Sicán) mit reichen Beigaben und Menschenopfern bestatten. Es werden Tempelpyramiden in Lehmziegelbauweise errichtet, wie die Huaca del Sol (Grundfläche 30 000 m^2, Höhe über 40 m) und die Huaca de la Luna in Moche. Der gut entwickelte Ackerbau kennt bereits alle für die indianischen Hochkulturen typischen Nutzpflanzen. Verarbeitung von Gold, Silber und Kupfer, auch als Gold-Kupfer-Legierung (Tumbaga) ist sehr verbreitet. Es existiert eine hoch entwickelte Keramik, deren Bilder über Leben und Glauben der ethnisch nicht einheitlichen Träger der Moche-Kultur Auskunft geben (Porträtköpfe, Sexualverhalten, Jagd, Krieg und Mythologie). Die Gesellschaft ist mit Priestern, Kriegern, Bauern, Fischern und Sklaven (Kriegsgefangene) hierarchisch gegliedert. In den religiösen Vorstellungen stehen der Mondgott und Vegetationsdämonen im Vordergrund. Die Einteilung in fünf keramische Stilphasen erlaubt eine Feingliederung der Kulturentwicklung.

Auf das lange nord-südlich verlaufende Tal des Santa-Flusses, das Callejón de Huaylas, und seine Nebentäler beschränkt sich die **Recuay-Kultur** mit ihrem gleichnamigen Zentrum bei Ancash und dem 200 km nördlich gelegenen **Pashash**.

Aus der Paracas-Kultur an der Südküste Perus entsteht die **Nazca-Kultur** mit ihrer bedeutendsten Siedlung in **Cahuáchi**. Die Polychromie in der Keramikbemalung und die Technik der Keramikherstellung, möglicherweise mit der sonst in Amerika nicht bekannten Drehscheibe, erreichen dort ihren Höhepunkt. Auf ihr werden in einer frühen Phase (100 v. Chr.–300 n. Chr.) stilisierte Tiere und Pflanzen dargestellt, v. a. der Waschbär, der als Gottheit der Fruchtbarkeit aufgefasst wird. Die Begräbnissitten deuten vielleicht auf einen Ahnenkult hin. Eine große Rolle im religiösen Kult spielen menschliche Trophäenköpfe. Im ersten Drittel des ersten Jt.s werden die sog. »Scharrbilder« auf der Steinwüste oberhalb der Küstenebene angelegt, mehrere hundert Meter lange Linien, die im Umriss geometrische oder figürliche Formen bilden und wohl einem Wasserkult gedient haben. Eine letzte Phase der Nazca-Kultur (300–600 n. Chr.) zeigt offenbar eine beginnende Erschöpfung, ablesbar am Verblassen der Farben und der Auflösung der Zeichnung auf der bemalten Keramik.

Große Bedeutung haben die Kulturen um den **Titicacasee** als Vorläufer der Hochkultur von Tiahuanaco. Die Qaluyu-Kultur im Nordteil des Titicacabeckens reicht bis ca. 900 v. Chr. zurück. Die ihr in diesem Gebiet folgende Kultur von **Pucará** bei Puno (ab ca. 200 v. Chr.) und die Kultur von Chiripa (ab ca. 900 v. Chr.) im Südteil des Titicacabeckens sind als eigentliche Vorläufer der Tiahuanaco-Kultur anzusehen.

Der mittlere Horizont (600–1100)

Um 600 n. Chr. tritt die **Huari-Tiahuanaco-Kultur**, die ihre Wurzeln in den Kulturen von Pucará und Chiripa hat, an die Stelle der lokalen Kulturen. In einem längere Zeit andauernden Prozess überlagert sie die lokalen Kulturen friedlich oder kriegerisch, löscht sie aber nicht aus. Huari wirkt im Norden, während Tiahuanaco im Süden einflussreich ist. Die Stadt **Huari** bei Ayacucho hat zur Zeit ihrer Blüte 10 000 bis 20 000 Einwohner.

Die Moche-Kultur an der Nordküste wird um 600 n. Chr. von ihr erobert. Die Herrschaft der Huari-Kultur scheint nicht in allem ein zivilisatorischer Fortschritt gewesen zu sein. Denn an der Küste verfallen in dieser Zeit in manchen Gebieten die Bewässerungsanlagen, und es werden keine neuen großen Gebäude errichtet. Auch fehlen die großen Steinskulpturen des Hochlands. Materiellen Fortschritt bringen die Kulturen von Tiahuanaco und Huari durch die Verbreitung der Kenntnis und Bearbeitung der Bronze. Die Kulturausprägung von Huari strahlt in dieser Zeit nördlich bis in die Gegend von Cajamarca (Ecuador) aus.

Die Vorherrschaft der Religion von Huari und das sehr wahrscheinlich damit verbundene Einheitsreich brechen um 1100 n. Chr. aus unbekannten Gründen zusammen. Neue Lokalstile kommen auf, oder ältere erneuern sich (Chimú-Kultur). Für die künftige Entwicklung hat jedoch Huari entscheidende Impulse gegeben. So gelten Huaris Staatsform und Straßenbau als vorbildlich für das spätere Inkareich.

Die **Tiahuanaco-Kultur** (200 v. Chr.–1000 n. Chr.) hat ihr Verwaltungs- und Kultzentrum (auch Pilgerstätte) in der gleichnamigen Stadt 21 km südlich des Titicacasees mit 5000–20 000 Einwohnern. Aus der frühen Zeit (bis 500 n. Chr.) stammen die beiden bedeutendsten Bauwerke: die Kalasasaya, ein Terrassengeviert mit Innenhof, und die Akapana, eine Kultpyramide. Die Freiplastik ist naturalistisch gestaltet. Sie steht damit im Gegensatz zu dem feierlichen, hierarchischen Stil der späteren klassischen Tiahuanaco-Phase (500–700 n. Chr.), die die Kunst völlig in den Dienst der Religion stellt. Ein bekanntes Beispiel für die späte Kunst ist das Sonnentor mit seinem in Flachrelief skulptierten Fries.

In der Spätphase (700–1000 n. Chr.) expandiert die Huari-Tiahuanaco-Kultur und erstreckt sich südlich bis nach Nordwest-Argentinien und Nord-Chile. Wie die überall vorkommende gleiche Ikonografie auf Gewebe und in der Vasenmalerei zeigt, muss mit einem gemeinsamen religiösen Hintergrund gerechnet werden. Gleichzeitig mit der Expansion werden Anzeichen sinkender Schöpfungskraft der Tiahuanaco-Kultur des bolivianischen Hochlands sichtbar.

Die späte Zwischenperiode (1100–1400)

Auf den Zusammenbruch der Huari-Kultur folgt im Norden um 1100 ein neues Aufblühen der **Küstenkulturen**. Die Bevölkerung nimmt stark zu und echte Städte werden gegründet. Die Gesellschaftsordnung ist streng hierarchisch. Die Bevölkerungszunahme führt zur erheblichen Ausweitung von Produktion und Handel. Neben hochwertigen Arbeiten für den Adel gibt es eine für Gemein-

Das Inkareich

freie und Hörige bestimmte Massenerzeugung von minderer Qualität. In der Religion herrscht der Glaube an einen Schöpfergott vor. Politisch zerfällt die Küstenregion in mehrere Staaten. Im äußersten Norden entsteht das Reich von Lambayeque (Piura). Seit seiner Gründung durch NAYMLAP wird es von zehn Nachfolgern als Gottkönigen regiert. Danach fällt es durch Eroberung dem südlich angrenzenden Chimú-Reich zum Opfer.

Das **Reich der Chimú** wird der Legende nach um 1200 von TYCAYNAMO, einem über das Meer gekommenen Herrscher, begründet. Vom Kerngebiet im Moche-Tal ausgehend, werden die Grenzen des Staats nach Norden (Reich von Lambayeque) und Süden (Supe-Tal) ausgedehnt. Hauptstadt ist **Chan Chan**, eine schachbrettartig angelegte Stadt mit mehreren Palastkomplexen, von denen jeder einem der aufeinanderfolgenden Herrscher als Regierungssitz diente. Um 1300 hat Chan Chan eine Bevölkerung von 30 000 Einwohnern, um 1450 leben dort 50 000 Menschen. Eine andere bedeutende Stadt ist **Pacatnamú**. Die Anbaufläche durch Bewässerung (Moche-Chicama-Verbindungskanal von 84 km Länge) wird ausgeweitet. Das Chimú-Reich unterhält auf dem Seeweg lebhaften Handel bis nach Zentral- und Mesoamerika. Es wird schließlich von den Inka unter TUPAQ YUPANKI (†1493) erobert.

Im Süden grenzt der Staat **Cuismancu** (oder Ichma) an das Chimú-Reich. Er beherrscht an der mittleren Küste Perus die Täler der Flüsse Rimac, Ancón und Chancay. Die Großstadt Cajamarquilla und der berühmteste Wallfahrtsort der Küste, die schon im mittleren Horizont bedeutende Tempelstadt **Pachacamac** sind ihm zuzurechnen. Andere kleinere Völker dieser Region sind die Canta und Yauyos.

Die Staaten der südlichen Küste besitzen keine so großen Städte und hohen Bevölkerungszahlen wie die nördlichen. Das Reich der Chincha mit der Hauptstadt La Centinela hat seine Schwerpunkte in den Tälern von Chincha, Ica und Nazca und erstreckt seine Macht zeitweise über einen Teil des benachbarten Hochlands. Auch hier besteht intensiver Küstenseehandel, der bis nach Ecuador im Norden reicht.

Politisch zerfällt das Andenhochland seit dem Ende des mittleren Horizonts um 1100 n. Chr. ebenfalls in zahlreiche Kleinstaaten. Ethnische Träger sind Aymara. Größere Städte entstehen erst allmählich und nicht in so großer Zahl wie an der Küste, darunter Hatuncolla, die Hauptstadt der **Kolla** und Chucuito, die Hauptstadt der **Lupaca**. Im Bergland um den Río Apurímac herrschen die **Chanka**. Sie formen eine mächtige Konföderation, die zeitweilig (1420–1440) die aufstrebenden Inka in ihrer Stadt Cuzco bedrohen. Kulturell zeigt das südliche Andenhochland einen einheitlichen Stil (nicht gleichbedeutend mit politischer Einheit), der nach ihren turmartigen Grabbauten Chullpa-Kultur genannt wird.

Der Inka-Horizont 1400–1535

Unter den Kleinstaaten gewinnen die im Tal von Cuzco sitzenden Inka allmählich eine Vormachtstellung. Ihrer Überlieferung nach sind sie unter **MANCO CÁPAC** vom Titicacasee her eingewandert oder der Höhle Tampu T'oqo unfern von Cuzco entsprungen und haben Cuzco gegen Ende des 12. oder Anfang des 13. Jh.s gegründet. Nach archäologischem Befund treffen die Inka im Raum von Cuzco wahrscheinlich auf eine Aymara-Bevölkerung, die sie überlagern. Die ersten, z. T. legendären Herrscher sind MANQO KHAPAQ, SINCHI RUKA, LLOQUE YUPANKI, MAYTA KHAPAQ, KHAPAQ YUPANKI, INKA RUKA, YAHUAR HUAKAK und WIRA QUCHA INKA. Auch ihre Expansionserfolge und Lebensdaten sind sagenhaft und daher ungesichert.

Verfassung des Inka-Staats

Der Staat der Inka ist zentralisiert und straff in Dezimaleinheiten gegliedert. An seiner Spitze steht der als Sohn der Sonne göttlich verehrte Herrscher, Sapay Inka (= Oberster Inka), der zur Reinerhaltung des Bluts eine inzestuöse Ehe mit einer Schwester eingeht. In der **streng hierarchischen Gesellschaftsordnung** bilden die Inka die privilegierte Herrenkaste. Für niedere Verwaltungsfunktionen wird auch der Adel unterworfener Völker herangezogen. Genaue Vorschriften regeln das Leben der Adligen, Gemeinfreien, Hörigen und Sklaven. Die Inka streben eine politische und kulturelle Verschmelzung der verschiedenen Völker und Kulturen an. Sie siedeln ganze Stämme um und oktroyieren ihnen die Inka-Sprache (das Quechua) und den Inka-Sonnenkult. Daneben dürfen die Unterworfenen ihre eigenen Sprachen und Götter vorläufig behalten, doch sollen sie allmählich verschwinden. **Grund und Boden sind Gemeindeeigentum**. Ein Teil der Ernte wird gesammelt, zentral gespeichert und bei Missernten an Notleidende verteilt. Die Dorfgemeinschaft muss für Kranke und Alte sorgen. **Bergwerke und Coca-Plantagen sind Staatseigentum**. Die Einführung besonderer Werkstätten, in denen ausgesuchte Personen unter strenger Aufsicht für den Inka arbeiten, darf wohl als Vorform einer Produktionsgenossenschaft bezeichnet werden, doch überwiegen das private Handwerk und der von Privatleuten betriebene Handel. Der Arbeitseinsatz für gemeinnützige Aufgaben erfolgt planmäßig. Oft wird Handwerkern die Lieferung bestimmter Erzeugnisse vorgeschrieben.

1438–1471 Erst mit PACHA KUTIQ YUPANKI, dem neunten Inka, setzt eine gesicherte Überlieferung ein. PACHA KUTIQ wehrt 1440 in der Schlacht von Anta zunächst die unter seinem Vorgänger ins Herrschaftsgebiet der Inka eingefallenen Chanka ab. Dann beginnt er mit der eigenen planmäßigen Expansion. Er unterwirft das Berg- und Küstenland von Ecuador im Norden bis zum Titicacasee im Süden. Gleichzeitig schafft er im Innern die Grundlagen der Verwaltung des Inka-Reichs. Unter ihm gewinnt die Stadt Cuzco ihre in zwei Hälften (Hanan und Hurin) geteilte Anlage mit den wichtigsten religiösen und Verwaltungsbauten, die alle in repräsentativer Steinbautechnik errichtet sind. 1471 dankt PACHA KUTIQ YUPANKI ab und übergibt die Herrschaft seinem Sohn.

1471–1493 PACHA KUTIQS Sohn **TUPAQ INKA YUPANKI** erobert im Süden das bolivianische Hochland, stößt bis nach Nordwestargentinien vor, unterwirft das Küstengebiet, so auch das Chimú-Reich im Norden, und 1476 Ica im Süden. Dort schiebt er die Reichsgrenze bis nach Mittelchile vor. Auf Flößen unternimmt TUPAQ YUPANKI von Ecuador aus sogar eine Handelsfahrt auf den Stillen Ozean hinaus. Wahrscheinlich erreicht seine Flotte die Galapagos-Inseln. Erfolg haben auch seine Versuche, in das Waldgebiet östlich der Anden vorzudringen, um Vorposten gegen die kriegerischen Tieflandstämme der **Chiriguano** u. a. zu schaffen (Samaipata). Im Zentrum des Reichs lässt er den alten Pilgerort Pachacamac prächtig ausbauen.

1493–1527 Wayna Khapaq (*um 1480, †1527) schiebt die Reichsgrenze im Norden abermals weiter bis an die Grenzen des heutigen Kolumbien vor.

Die Eroberungszeit

1522–24 Der erste Einfall von Europäern ins Inka-Reich vom Gran Chaco aus bleibt politisch-militärisch folgenlos.

1524–1525 Spanische Schiffe erkunden die Küste Ecuadors.

1527 Wayna Khapaq stirbt plötzlich in seiner nördlichen Residenz in Tumi Pampa (Ecuador), ohne einen Nachfolger bestimmt zu haben. **Waskar** (*um 1500, †1533), der älteste Sohn, lässt sich in der Hauptstadt Cuzco krönen; sein Bruder Ata Wallpa (*1502, †1533) fühlt sich bei der Teilung des Erbes übergangen und revoltiert. Es kommt zum Bruderkrieg, der zunächst zugunsten Waskars verläuft. Im selben Jahr landet **Francisco Pizarro** (*1478, †1541) in Tumbes und kämpft erfolgreich gegen Ata Wallpa.

1532–1533 Waskar wird von den Kriegern Ata Wallpas gefangen genommen und ermordet (1533). Kurz danach wird auch Ata Wallpa von den Spaniern besiegt, gefangen genommen und nach einem Scheinprozess hingerichtet. Gelähmt durch den plötzlichen Tod des Gottkönigs **unterwirft sich das Inkareich** den Spaniern fast widerstandslos. Die Spanier setzen als Marionettenherrscher **Tupaq Wallpa** (†1533) und **Manqo Inka Yupanki** ein.

1535–1572 Nach einem Aufstand der Inka in Cuzco besteht bis 1575 in den unzugänglichen Bergen der Urubamba- und Vilcabamba-Täler in Vitkos noch eine eigenständige Inka-Herrschaft fort, an deren Spitze sich nach einigem Zögern Manqo Inka Yupanki setzt. Ihm folgen dort nach seiner Ermordung 1544 **Sayri Tupaq** (†1561), **Titu Kusi Yupanki** (†1571) und **Tupaq Amaru** (*1545, †1572). Letzterer wird von den Spaniern gefangen genommen und nach einem Scheinprozess am 23. Sep. 1572 in Cuzco öffentlich hingerichtet.

Die Südanden im heutigen Chile und Argentinien

Das Archaikum (3000–500 v. Chr.)

Die Taltal-Kultur (um 3000 v. Chr.) in Chile ist noch ohne Keramik (Muschelangelhaken, Knochen- und Steingeräte, Schmuck). Sie wird im Norden um 1000 v. Chr. von der Quiani-Kultur abgelöst (Hauptfundorte in Quiani bei Arica und in Pisagua), die erstmalig den Dornangelhaken und als Waffe Pfeil und Bogen benutzt.

Das Formativum (500 v. Chr.–650 n. Chr.)

Den wesentlichen kulturellen Einschnitt markiert die Einführung der Keramik. Dies geschieht in der **Condorhuasi-Kultur** Nordwestargentiniens um 200 v. Chr. und in Chile z. T. früher. Die wichtigsten Fundplätze in Chile sind Pichalo und El Molle.

Der mittlere Horizont (650–850)

Um 600 n. Chr. verdrängt der Einfluss von Tiahuanaco in Nordchile die Pichalo-Kultur. Sie kennt bereits Bodenbau (Mais, Baumwolle, Flaschenkürbis) und als Haustier das Lama. Dasselbe gilt für die Kulturen **Puna El Molle** (bis um 600 n. Chr.), weiter im Süden gelegen, wo sich in der Keramik negative Malerei und Vielfarbigkeit entwickeln. Ihr Zusammenhang mit dem zentralen Andengebiet und Nordwestargentinien (Condorhuasi) ist ungeklärt. Die Herstellung von Geräten aus Bronze geschieht ab 800 n. Chr. El Molle wird von der **Diaguita-Kultur** (600–1450 n. Chr.) abgelöst, die in ihrer nachklassischen Phase ab 1450 unter Inka-Einfluss gerät.

Für **Nordwestargentinien** sind für die Zeit bis 800 n. Chr. als Siedlungsmuster der **Aguada-Kultur** (Blüte um 600 n. Chr.) kleine Häuser um einen Innenhof kennzeichnend. Man findet Grabstätten unter dem Boden im Haus oder im Hof; ferner Steinwände, künstliche Hügel, Steinskulpturen und Metallverarbeitung. Bestimmendes stilistisches Element ist das Katzenmotiv, das auf der Mehrzahl der Gegenstände, ob aus Ton, Metall oder Holz, abgebildet ist. Auch Abbildungen von Kriegern oder Einzelpersonen mit prächtigem Kopfputz sind häufig. Als typische Waffe wird die Speerschleuder verwendet. Neu erscheinen Bronze, Mosaik auf Holz oder Stein.

Spätindianische Periode (850–1480)

Um 800 verschwinden alle für Aguada typischen Keramikformen, ebenso der Katzenkult. Neu ist das Gemeinschafts-Wohngrubenhaus. Die Bronzeverarbeitung wird umfangreicher. Es lassen sich zahlreiche Einzelkulturen erkennen, wie Santa María und Belén mit mehreren Phasen, die ab 1450 unter Inka-Einfluss geraten. Allgemein benutzt man jetzt Pfeil und Bogen. Trophäenköpfe lassen auf Kriege im Zusammenhang mit einem Fruchtbarkeitskult schließen. Chile ausgenommen, finden sich auch Befestigungsanlagen (in den Valles Transversales).

Der Inka-Horizont (1480–1535)

1450–1535 Nach zunächst nur kulturellem Einfluss ab 1490 Eroberung durch die Inka. Die monumentale Anlage **Pucará de Andalgalá** (Valliserrano) ist von mehreren Mauern umgeben, umfasst große Gebäude und hat wahrscheinlich eine entsprechende Bedeutung.

Die Eroberungszeit

1535–1552 Diego de Almagro (*1475, †1538) erobert von Cuzco aus in mehreren Feldzügen große Teile der Südanden. Er gründet die spanischen Städte **Santiago** (de Chile) und **Valdivia**. Lediglich die **Araukaner** wehren die spanischen Angriffe erfolgreich ab, wie sie zuvor auch schon die Eroberungsversuche der Inka abgewiesen haben.

Amazonien und das ostbrasilianische Plateau

Frühzeit (7800 v. Chr.–400 n. Chr.)

An Flüssen sind erste Siedlungsspuren ab 5000 v. Chr. nachgewiesen (frühere ab 7000 v. Chr. sind noch ungesichert). Während die Frühzeit noch ohne Keramik an der atlantischen Küste Brasiliens südlich des Äquators in Muschelhaufen, sog. **Sambaqui**, manifest ist, findet sich an der Amazonas-Mündung und auf der großen Deltainsel Marajó eine der ältesten Keramiken Südamerikas (zwischen 3500–3000 v. Chr.) mit einer vermuteten Herkunft von Westen (Peru, Ecuador). Mit ihr verbunden ist eine Wirtschaftsform, die Bodenbau als Brandschwendung und das Sammeln von Wildfrüchten betreibt. Der Beginn der ältesten Formen, die nach ihren Fundplätzen auf der Insel Marajó, Ananatuba, Mangueiras und Formiga, benannt sind, wird um 500 v. Chr. vermutet. Höchst wahrscheinlich dauern sie ca. 1000 Jahre.

Eine Art kulturelle Wasserscheide trennt das Amazonasbecken und den Osten und Süden Brasiliens, von Piauí bis Rio Grande do Sul, deutlich voneinander. Gemeinsam ist ihnen jedoch, dass sie stets kulturelles Randgebiet bleiben. Im Gegensatz zum Amazonasbecken selbst ist im Osten und Süden Amazoniens die Besiedlung in vorkeramischer Zeit, v. a. in Minas Gerais (Lagoa Santa), mit zahlreichen Artefakten belegt. Während Funde im Binnenland zeitlich noch nicht sicher eingeordnet werden können, ergeben Radiokarbondatierungen von Fundplätzen am südlichen Teil der Küste Daten zwischen ca. 5500 v. Chr. und 500 n. Chr.

Die klassische Periode (400–1000)

Im Amazonasgebiet bedeutet um 500 das Auftreten kunstvoll gearbeiteter Keramik den nächsten archäologisch fassbaren Einschnitt in der kulturellen Entwicklung. Diese Keramik kommt vom Nordwesten des Kontinents und nimmt ihren Weg durch das Amazonasbecken (Coarí, Guarita). Am besten bekannt ist die auf der Insel Marajó eingewanderte **Marajoara-Phase**, deren Beginn mit etwa 1000 angesetzt wird. Sie erreicht eine höhere Kulturstufe, d. h. es gibt soziale Schichtung, Arbeitsteilung in Berufen und besondere Kultkeramik. Große Erdhügel dienen als Unterbau für Gebäude und als Friedhöfe.

In den Llanos (baumarme Ebenen) von Apure und Guárico am mittleren Orinoco erscheint um 400 die **Arauquín-Kultur.** Ihre Keramik ist plastisch verziert. Erdhügel aus dem Gebiet von Apure lassen auf eine soziale Ordnung, wie sie Voraussetzung für Gemeinschaftsleistungen ist, schließen. Zur Zeit der spanischen Eroberung bauen die Bewohner dieser Gegend laut Angabe spanischer Chroniken Mais an, bewohnen große Gemeinschaftshäuser, stellen Schmelztiegel für das Gießen von Gold her, das für den Handel mit anderen Stämmen benützt wird, halten aber keine Nahrungsvorräte.

Die spätindianische Periode

Wenige Jahre vor dem Auftauchen der Europäer erscheint am Mittel- und Unterlauf des Amazonas eine neue Form der Keramik, die aus der Gegend von Santarém am besten bekannt ist und Ähnlichkeit mit Arauquín hat. Sie ist mit keiner höheren sozialen Ordnung verbunden. In spätindianischer Zeit erreicht die Region ihre kulturelle und populationsmäßige Höhe. Die **Aru-Phase** auf den Inseln Marajó, Mexiana und Caviana wird ins 14./15. Jh. datiert. Als einzige Kultur weist sie zahlreiche Übereinstimmungen mit den Antillen auf. Die Aru bewohnen Dörfer am Ufer kleiner Flüsse, vom Meeresufer abgewandt. Historische Berichte betonen ihr kriegerisches Verhalten.

Im Süden Brasiliens, wo die Keramikherstellung seit ca. 700 keine Änderung der bisherigen Lebensweise bedeutet, ist nur der Tupí-Guaraní-Komplex von Paraná, Santa Catarina und Rio Grande do Sul intensiver erforscht. Sein Alter wird auf rund 1000 Jahre geschätzt. Die von den ersten Europäern genannten großen Gemeinwesen konnten archäologisch noch nicht nachgewiesen werden.

Die Eroberungszeit

1500 **Pedro Alvarez Cabral** (*um 1468, †um 1526) entdeckt die Küste Brasiliens und nimmt sie für die Portugiesen in Besitz.

1536 Gründung von Buenos Aires durch Pedro de Mendoza (*um 1487, †1537) an der La-Plata-Mündung. Im selben Jahr wird im Inland Paraguay erobert und ein militärisch und politisch folgenloser Vorstoß gelangt bis ins Inka-Reich. Trotz der unvollkommenden Durchdringung durch die Europäer schrumpft jetzt in ganz Amazonien die Bevölkerung, was eine gesellschaftliche und kulturelle Regression nach sich zieht.

Pampa, Patagonien, Feuerland

Hier bilden sich im Archaikum spezialisierte Jägerkulturen heraus, die mit Pfeil und Bogen und der Bola auf Faultiere, Alt-Pferde, Guanakos, Nandus und anderes Wild spezialisiert sind.

Eroberungszeit

Frühe Küstenexplorationen seit 1520 durch Fernão Magalhães (*um 1480, †1521). Damals leben in der Pampa und Patagonien die **Puelche** und **Tehuelche**. Die südlich angrenzenden **Feuerland-Indianer** sind in vier distinkte Gruppen untergliedert, wovon zwei auf die Ausbeutung von marinen Ressourcen an den Küsten, die beiden anderen auf solche im Inland spezialisiert sind.

Kolonien und selbstständige Staaten Nordamerikas bis 1945

Die durch die neuzeitlichen Entdeckungen in den Erfahrungshorizont und Aktionsradius der Europäer gerückte westliche Hemisphäre bleibt für 300 Jahre kolonialer Erweiterungs- und Ausbeutungsraum der Alten Welt. Erst mit der **Emanzipation der 13 britischen Kolonien in Nordamerika** Ende des 18. Jh.s sowie der spanischen und portugiesischen Kolonien in Lateinamerika Anfang des 19. Jh.s gewinnt sie weltwirtschaftlich und -politisch an Eigengewicht. Im 19. Jh. wird Nordamerika zum gesellschaftspolitischen Orientierungszentrum liberaler Bewegungen. Im 20. Jh. übernehmen die Vereinigten Staaten, inzwischen zur Weltmacht aufgestiegen, eine Führungsrolle in der Auseinandersetzung globaler Blocksysteme. Lateinamerika, in viele Staaten zersplittert und ohne vergleichbare industrielle Kapazitäten, bleibt wirtschaftlich hinter der Entwicklung Nordamerikas zurück, versucht aber, seinen eigenen Weg gegenüber dem mächtigen nordamerikanischen Nachbarn zu behaupten.

Die Entwicklungen der beiden Teilkontinente, des überwiegend angelsächsisch geprägten Nordamerika und des durch die jahrhundertelange spanisch-portugiesische Herrschaft geprägten Lateinamerika, unterscheiden sich in charakteristischen Zügen: Englisch wird zur führenden Sprache in Kanada und den Vereinigten Staaten, Spanisch bzw. Portugiesisch im iberischen Amerika. Früh geübte religiöse Toleranz führt zu konfessioneller Vielfalt mit **protestantischem Übergewicht im Norden**. Die beherrschende Macht der **katholischen Kirche** im spanisch-portugiesischen **Mittel- und Südamerika** führt dort zu weitgehend konfessioneller Uniformität. Die Geschichte Nordamerikas ist durch rastlose gesellschaftliche Mobilität und expansive Dynamik bestimmt, während Lateinamerika über längere Phasen seiner Geschichte in gesellschaftlicher Statik verharrt und erst im 20. Jh. soziale Revolutionen und Reformen größeren Ausmaßes erlebt. Während die **weiße Einwanderer- und Pioniergesellschaft** im Norden durch Verdrängung und Dezimierung der indigenen Bevölkerung sowie lange Niederhaltung des schwarzen Bevölkerungselements das Leben maßgeblich bestimmt, ist für Lateinamerika das **Zusammenleben ethnisch verschiedener Bevölkerungsteile** kennzeichnend, trotz anfänglicher heftiger Auseinandersetzung zwischen weißen Eroberern und Indios und einer bis heute scharf ausgeprägten sozialen Schichtung in Arme und Reiche. Vielfache Bemühungen zur Herstellung einer panamerikanischen Solidarität bleiben angesichts der genannten großen Unterschiede zwischen den Teilkontinenten von begrenzter Wirkung.

Kolonialgeschichte Nordamerikas bis 1763

Während die Entdeckungen der Spanier im späten 15. Jh. zur Eroberung Mittel- und Südamerikas und zur Errichtung des spanischen und portugiesischen Kolonialreichs führen, wird der nordamerikanische Teilkontinent – ohne Hochkulturen und Indianerreiche, von denen sich Eroberer angelockt fühlen könnten – erst nach einer längeren Übergangsphase der Erkundung und Durchdringung zum Ziel europäischer Siedlungsunternehmungen und Koloniegründungen. Um die Erforschung und Kolonisation bemühen sich Spanier, Portugiesen, Franzosen und Engländer, im 17. Jh. auch Niederländer und Schweden. Der Besitzanspruch der iberischen Staaten (Vertrag von Tordesillas 1494) lässt sich nicht aufrechterhalten. Die Seemächte rivalisieren miteinander und kämpfen um Vorrechte und Einflüsse. Es gilt der Satz: *»No peace beyond the line«* – gemeint ist: westlich der Azoren.

Europäische Entdeckungsreisen und Besiedlungsversuche im 15./16. Jh.

1497–1498 **John Cabot** (eigentlich Giovanni Caboto, *ca. 1453, †ca. 1499), wahrscheinlich aus Genua stammend, unternimmt mit einem Patent des englischen Königs Heinrich VII. (1485–1509) zwei Reisen nach Westen, erkundet die Küste Neufundlands (möglicherweise auch die des Festlands) und begründet den englischen Anspruch auf Nordamerika. Von der zweiten Reise kehrt er nicht zurück.

1500–1503 Gaspar (†1501), Miguel (†1502?) und Vasco Anes Corte Real fahren mit einem Patent des portugiesischen Königs Emanuel I. (1495–1521) nach **Neufundland**, das vermeintlich (gemäß dem Vertrag von Tordesillas 1494) zur portugiesischen Welthälfte gehört. Reiche Kabeljaubestände locken Fischer aus Portugal und anderen westeuropäischen Ländern zu den Neufundlandbänken.

1513 Von Puerto Rico aus erkundet für Spanien Juan Ponce de León (*1460, †1521) die Ost- und Westküste **Floridas**. Weitere Unternehmungen folgen, u. a. die Reisen von Francisco de Gordillo nach South Carolina (1521) und von Esteban Gómez (*1483, †1538) von Nova Scotia entlang der Ostküste nach Süden (1524).

1524–1528 Der italienische Seemann **Giovanni da Verrazano** (*1485, †1528) sucht im Auftrag des französischen Königs Franz I. (1515–1547) eine Durchfahrt nach Indien und erkundet die Ostküste Nordamerikas vom heutigen South Carolina über die Bucht von New York bis nach Nova Scotia. In seinem Reisebericht beschreibt er zum ersten Mal ausführlicher die Bewohner der nordamerikanischen Küste vom späteren North Carolina bis New Hampshire.

1534–1543 **Jacques Cartier** (*1491, †1557) erforscht auf drei Reisen den St. Lorenz-Golf und den St. Lorenz-Strom bis in die Gegend von Quebec und Montreal. Er begründet den französischen Besitzanspruch auf diese Region. Zwischen Franzosen und Indianern entwickelt sich der Pelzhandel.

1539–1543 Eine Expeditionstruppe unter Hernando de Soto (*um 1500, †1542), dem Gouverneur von Kuba, erkundet von Florida aus das Land nördlich des Golfs von Mexiko. Zur gleichen Zeit finden Expeditionen nach Neu-Mexiko statt, u. a. zwischen 1540 und 1542 unter FRANCISCO VÁZQUEZ DE CORONADO (*um 1500, †1554). Indianersiedlungen werden erobert und der Grand Canyon wird entdeckt. Die Suche nach Gold bleibt jedoch ergebnislos; die meisten Expeditionsteilnehmer sterben. Ausbeutung und europäische Krankheitserreger führen zu einem Massensterben unter den Bewohnern des Landes.

1542–1543 JUAN RODRÍGUEZ CABRILLO (†1543) und BARTOLOMÉ FERRELO (*1499, †1550) segeln an der Küste **Kaliforniens** entlang und nehmen das Land für Spanien in Besitz.

1576–1578 MARTIN FROBISHER (*1535, †1594) sucht auf drei Reisen den nördlichen Seeweg um Amerika nach Asien und gelangt zur Baffin-Insel (Frobisher Bay) und in die Hudson-Straße.

1577–1580 **FRANCIS DRAKE** (*1540, †1596) segelt durch die Magellan-Straße in den Pazifik, überfällt spanische Schiffe und Hafenplätze und erkundet Kalifornien (Bucht von San Francisco), sucht aber vergeblich den Westausgang der Passage.

Erste europäische Siedlungen und Kontakte zur indigenen Bevölkerung

Europäische Siedlungsversuche schlagen zunächst aufgrund der harten Lebensbedingungen, Krankheiten, Auseinandersetzungen mit der indigenen Bevölkerung und Rivalitäten mit Europäern anderer Nationalität fehl. Spanier scheitern z. B. unter PONCE DE LEÓN in Florida (1521), LUCAS VÁZQUEZ DE AYLLÓN (*1474, †1526) an der Küste der Carolinas (1526) und TRISTÁN DE LUNA (*um 1510, †1573) an der Golfküste (1559); Franzosen unter JACQUES CARTIER am St. Lorenz-Strom (1541/42) sowie JEAN RIBAULT (ca. *1520, †1565) und RENÉ GOULAINE DE LAUDONNIÈRE (*um 1523, †1574) an der Küste des späteren South Carolina (1562–1565); Engländer unter Sir HUMPHREY GILBERT (*um 1539, †1583) auf Neufundland (1583) und Sir WALTER RALEIGH (*1552, †1618) auf der Insel Roanoke, nördlich von Kap Hatteras, das später zu North Carolina gehörte (1584–1586/87). RALEIGHS »verlorene Kolonie« hatte nach der unverheirateten englischen Königin ELISABETH I. (1558–1603) den Namen »Virginia« erhalten. Bei all diesen Reisen spielen Gerüchte um sagenhaft reiche Städte wie die legendären »Sieben Städten von Cibola«, »Quivira« und »Norumbega« eine wichtige Rolle.

Das Verhältnis der Europäer zu den Indianern Nordamerikas ist im 16. Jh. durch Kooperation und friedlichen Warentausch, durch Missionierungsversuche, oft aber auch durch erbitterte Konflikte und Verfolgungen (gelegentlich auch Versklavung) gekennzeichnet. Als Folge der europäischen Expeditionen und Handelskontakte sterben viele Indianer an europäischen Krankheitserregern. Siedlungen und z. T. ganze Stämme verschwinden. Diese demografische Katastrophe trägt entscheidend zur Schwächung, und schließlich zum Verfall vieler Stämme im Küstenbereich Nordamerikas bei.

Koloniegründungen im 17./18. Jh.

Das Ende der Hugenottenkriege in Frankreich (1598), der Friedensschluss zwischen England und Spanien (1604), die Entfaltung des überseeischen Handels, merkantilistisches Wirtschaftsdenken, soziale Nöte der ländlichen und städtischen Bevölkerung sowie religiöses Dissidententum und die Verfolgung religiöser Minderheiten bilden den Hintergrund für die Errichtung zahlreicher europäischer Kolonien im ersten Drittel des 17. Jh.s. Engländer und Franzosen, zeitweilig auch Niederländer und Schweden, setzen sich an der amerikanischen Ostküste nördlich der spanischen Kolonialen fest. Träger der Kolonien sind mit Freibriefen (*charters*) ausgestattete Handelsgesellschaften (*Virginia Company of London*, *Virginia Company of Plymouth*, *Company of the Massachusetts-Bay*), individuelle Eigentümer wie GEORGE CALVERT (*ca. 1580, †1632; seit 1625 Baron Baltimore) und WILLIAM PENN (*1644, †1718) sowie religiöse Gruppen. Infolge wachsender administrativer Schwierigkeiten werden die meisten Kolonien später unter die direkte Kontrolle des Mutterlandes gestellt (*crown colonies*). Statt anfangs vorherrschender Handelsinteressen prägen **Auswanderung, Siedlung und territoriale Expansion** zunehmend den englischen Kolonisationsprozess. Neben Angehörigen der genannten Nationen beteiligen sich viele andere Europäer an der Besiedlung, v. a. Schotten, presbyterianische Iren und Deutsche.

Frühe englische Koloniegründungen

1606 König JAKOB I. (1603–1625) stellt englischen Kaufleuten einen Freibrief für Koloniegründungen in Virginia aus. Der *Virginia Company of London* steht ein Küstenstreifen zwischen dem 35. und 41. Breitengrad zur Verfügung, der *Virginia Company of Plymouth* ein Küstenstreifen zwischen dem 38. und 45. Breitengrad. Nur die *London Company* ist erfolgreich.

1607, 13. Mai Am James River wird **Jamestown gegründet**, Keimzelle der Kolonie Virginia. Nach anfänglichen großen Versorgungsschwierigkeiten, auch als Folge einer schweren Dürreperiode, verhilft ab 1612 der Tabakanbau der Kolonie zum wirtschaftlichen Erfolg.

1619 Das erste Kolonialparlament Virginias tritt zusammen. Hauptstädte Virginias sind zunächst Jamestown, 1699 Williamsburg und seit 1779 Richmond. Ein niederländisches Schiff bringt 19 Sklaven afrikanischer Herkunft nach Nordamerika; zu dieser Zeit leben schon mehr als 30 Afrikaner in der Kolonie.

1620, 25. Dez. Die **»Pilgerväter«** (radikale Kritiker der Anglikanischen Kirche, die »Puritaner« genannt werden und zunächst von England nach Holland ausgewandert waren) landen in der Nähe vom Cape Cod und gründen *Plymouth Plantation*. Auf ihrem Schiff, der »Mayflower«, haben sie eine Vereinbarung (*Compact*) unterzeichnet, der zufolge Regierung und Gesetze aus gemeinsamen Beschlüssen hervorgehen sollen, ohne dass damit die Loyalität zur Krone aufgegeben werden soll. Weitere Koloniegründungen in Neuengland, ebenfalls überwiegend durch Puritaner, folgen.

1630 Für die *Massachusetts Bay Company* (Freibrief 1629) errichtet Gouverneur JOHN WINTHROP (*1588,

†1649) Siedlungen (u. a. Boston), die in der Folgezeit großen Zulauf von Engländern erhalten, die mit der Kirchenpolitik der englischen Krone unzufrieden sind. Eine theokratische Staatsordnung entsteht (*Holy Commonwealth*). Scharfe Kritik an der Vermengung von Kirche und Staat (ROGER WILLIAMS [*1603, †1683]) und an der nominalistischen Theologie führender Prediger (ANNE HUTCHINSON [*1591, †1643], »Antinomian Controversy«) bedeuten für die Kolonie im ersten Jahrzehnt schwere Belastungsproben. Dissidenten werden verbannt oder ziehen freiwillig fort. ROGER WILLIAMS und ANNE HUTCHINSON errichten 1636/38 die Kolonie Rhode Island (Trennung von Staat und Kirche), andere Puritaner unter THOMAS HOOKER (*1586, †1647) gründen 1636 Connecticut. Landvergabe und Siedlungen nördlich von Massachusetts (seit 1622) führen zur Entstehung der Kolonie New Hampshire (1679 königliche Provinz).

1632 GEORGE CALVERT BALTIMORE, (*um 1580, †1632), 1626 zum Katholizismus konvertiert, erhält von König KARL I. (1625–1649) einen Freibrief für das Gebiet nördlich des Potomac (an der Chesapeake Bay). Sein Sohn CECIL CALVERT BALTMIORE (*um 1605, †1675) gründet die Kolonie Maryland, die v. a. Katholiken offen steht.

Französische Koloniegründungen

1600 Im Auftrag des Hugenotten PIERRE DU GUA DE MONTS (*ca. 1558, †1628) gründet PIERRE DE CHAUVIN DE TONNETUIT (†1603) eine Niederlassung in Tadoussac am Unterlauf des St. Lawrence. 1605 wird Port Royal (heute Annapolis, Nova Scotia) als zweite französische Niederlassung in Nordamerika (Akadien) gegründet.

1608 SAMUEL DE CHAMPLAIN (*um 1570, †1635) gründet Quebec am St.-Lorenz-Strom (Neu-Frankreich).

1627 Der leitende französische Minister, ARMAND-JEAN I. DU PLESSIS DE RICHELIEU, KARDINAL RICHELIEU (*1585, †1643), gründet zur Erschließung der französischen Gebiete die *Compagnie de la France-Nouvelle*; 1633 gibt die Gesellschaft ihre Rechte an die Krone zurück. Als wichtiges Zentrum des Pelzhandels wird von der 1639/40 gegründeten *Société de Notre-Dame de Montréal* am Ort Hochelaga (den JACQUES CARTIER besucht hatte) unter Leitung von PAUL DE CHOMEDEY DE MAISONNEUVE (*1612, †1676) und der Krankenpflegerin JEANNE MANCE (*1606, †1673) im Frühjahr 1642 Montreal gegründet.

Französische Expansion

Pelzhandel und Indianermission führen die Franzosen ins unmittelbare Hinterland, zu den Großen Seen, ins Mississippi-Becken und den Mississippi hinunter bis zur Mündung (Expeditionen 1673 von LOUIS JOLIET [*1645, †1700] und JACQUES MARQUETTE [*1637, †1675] und 1682 von RENÉ-ROBERT CAVELIER DE LA SALLE [*1643, †1687]). Handelsposten und Missionsstationen werden errichtet, der französische Besitzanspruch wird weit ausgedehnt (Louisiana), 1718 New Orleans gegründet; alle sind Teil der Vision des großen französischen Kolonialreiches *La Nouvelle France* (Neu-Frankreich) in Nordamerika. Die Einwanderung französischer Siedler nach Nordamerika bleibt jedoch zahlenmäßig weit hinter der Einwanderung in die englischen Kolonien zurück. Die Feudalordnung des Mutterlandes wird auf die französischen Kolonien übertragen.

Neu-Niederlande und Neu-Schweden

1624 Nach einer Erkundungsreise (1609) von HENRY HUDSON (*um 1550, †1611) und der Gründung der Niederländischen Westindischen Kompanie (1621) setzen sich die Niederländer am Hudson River, zwischen Virginia und Neuengland, fest. Sie errichten die Kolonie **Neu-Niederlande** (*Nieuw Nederland*) mit dem Fort Oranje (1624), aus dem später die Siedlung Beverwijk, nach 1664 Albany entsteht, und Nieuw-Amsterdam (1625) unter PETER MINUIT (niederländisch: MINNEWIT) (*1580, †1638; 1626–1631).

1638 Eine Expedition der Neuschwedischen Handelsgesellschaft errichtet am Delaware Fort Christina, heute Wilmington, und gründet die Kolonie **Neu-Schweden** (*Nova Svecia*).

1655 PETER STUYVESANT (*1592, †1672), Gouverneur von Neu-Amsterdam, erobert Fort Christina und beendet das schwedische Kolonialexperiment in Nordamerika.

1664 Vor Beginn des 2. Englisch-Niederländischen Seekrieges (1665–1667) bemächtigen sich die Engländer der Neu-Niederlande (Besitzübertragung im Frieden von Breda 1667 bestätigt). Die niederländische Kolonialzeit in Nordamerika ist zu Ende. Aus Neu-Amsterdam wird **New York**.

Spätere englische Koloniegründungen

Entlang der Ostküste Nordamerikas entsteht zwischen Neu-Frankreich im Norden und Neu-Spanien im Süden eine geschlossene Kette englischer Kolonien; das Gebiet, auf dem 1732 die Kolonie Georgia gegründet wird, erkennt England 1670 im Vertrag von Madrid als spanisches Territorium an.

1663 Nachdem frühere Patente nicht zur Besiedlung führten, gibt König KARL II. (1660–1685) das **Gebiet der Carolinas** südlich von Virginia an acht hohe englische Adlige, unter ihnen der spätere EARL OF SHAFTESBURY. 1719/20 wird South Carolina königliche Kolonie, 1729 North Carolina. Tabak, Mais und Holzprodukte werden im Norden zu wichtigen Exportgütern, Reis und Indigo im Süden.

1664 Die Neu-Niederlande sind von KARL II. bereits vor der Eroberung seinem Bruder, dem Herzog von York (später JAKOB II.; 1685–1688), zugesprochen worden. Dieser übernimmt das Gebiet von New York als Eigentümerkolonie. Mit seiner Thronbesteigung 1685 kommt es wieder unter die Kontrolle der Krone; 1688 wird die Kolonie Teil des *New England Dominion*, zu dem 1686 die Kolonien Massachusetts-Bay, Maine, New Hampshire, New Plymouth und Narrangsett und 1688 überdies Connecticut, Rhode Island und New Jersey vereint werden. Erst nach der Glorreichen Revolution (1688/89) wird in der Kolonie New York das Repräsentativsystem eingeführt. Das Gebiet zwischen Hudson und Delaware, vom Herzog von York in andere Hände weitergegeben, wird 1702 zur Kronkolonie **New Jersey**.

1681 KARL II. bewilligt dem Quäker WILLIAM PENN (*1644, †1718) einen Freibrief für das Gebiet westlich des Delaware und nennt die neue Eigentümerkolonie zu Ehren von PENNS Vater, dem er 16 000 Pfund geschuldet hat, **Pennsylvania**. Die Kolonie (PENNS *»Holy Experiment«*) wird Zufluchtsstätte für verfolgte Quäker und andere Dissidenten. Sie soll bis Ende der 1730er-Jahre auch gute Beziehungen zu den Indianern unterhalten.

1682 Philadelphia, die »Stadt der Bruderliebe«, wird gegründet. Neben Iren und Schotten wandern ebenfalls seit den 1720er-Jahren viele Deutsche nach Pennsylvania ein. Ein Gebiet westlich der Delaware Bay, 1682 vom Herzog von York auf PENN übertragen, erhält unter dem Namen *Three Lower Counties*, ab 1775 **Delaware** eine getrennte Verwaltung.

1732 Südlich der Carolinas gründen in einem königlichen Freibrief ernannte Treuhänder die Kolonie **Georgia** als Pufferzone gegen Neu-Spanien sowie als Siedlungsgebiet für britische Schuldhäftlinge und verfolgte Protestanten. V.a. JAMES E. OGLETHORPE (*1696, †1785) sorgte dafür, dass Georgia als Militärkolonie aufgebaut wurde. Nach heftiger Agitation gegen das Sklavereiverbot und gegen Beschränkungen des Landbesitzes übernimmt 1752 der englische König die Kontrolle.

Politische Verhältnisse in den englischen Kolonien

Die Inhaber der Freibriefe bzw. die Krone selbst setzen Gouverneure für die Kolonien ein oder wählen diese jährlich wie in Connecticut und Rhode Island. Ihnen stehen Beratungsgremien (*councils*) zur Seite. Die freien Siedler, soweit sie Vermögen und gewisse Qualifikationen besitzen, erhalten aktives und passives Wahlrecht zur Bildung von Selbstverwaltungskörperschaften (*assemblies*). Die Kompetenzen der *assemblies* umfassen u.a. Gesetzgebung, Steuerermächtigung und Haushaltskontrolle. Im stetigen Ringen mit den Gouverneuren versuchen die *assemblies*, die Rechte der Siedler zu erweitern; dabei gewinnen naturrechtliche Anschauungen immer größere Bedeutung. Die *councils* entwickeln sich mit Ausnahme von Pennsylvania zu einer Art oberer Kammern der Legislative. Grundrechte werden in den Freibriefen garantiert. Die Kontrolle des Mutterlandes über die Kolonien liegt zunächst beim Geheimen Staatsrat (*privy council*), ab 1696 beim neu errichteten *Board of Trade and Plantations* als oberster Kolonialbehörde.

Gesellschaft und Wirtschaft in den englischen Kolonien

Die **Bevölkerungszahl** der englischen Kolonien erreicht durch Vermehrung und neue wie erzwungene Einwanderung 1620 ca. 2000, 1650 ca. 52 000, 1700 ca. 275 000, 1750 ca. 1,2 Mio. und 1776 ca. 2,5 Mio. Einwohner. Führend im politischen Leben sind die freien Landbesitzer (*freemen*). Viele Einwanderer sind zunächst nicht frei, sondern haben sich zu mehrjährigen Diensten verpflichtet, um ihre Überfahrtskosten abzuarbeiten (*redemptioners; indentured servants*). Sie decken den starken Bedarf an Arbeitskräften in der **Pioniergesellschaft**. Nur diese Existenzweise ermöglicht vielen armen Europäern die Einwanderung. Nach drei oder fünf Jahren erhalten sie üblicherweise 20,25ha Land als Eigentum und sind frei. Sklaven afrikanischer Herkunft, die rechtlich den Status von »Vieh« haben, gibt es in allen Kolonien, v.a. in den südlichen, wo der Arbeitskräftebedarf auf den Plantagen zunehmend, im 18. Jh. überwiegend durch Sklavenimporte gedeckt wird. 1770 beläuft sich der Anteil der Sklaven an der Gesamtbevölkerung auf etwa 840 000, d.h. 33 %. Die ursprünglichen Bewohner des Landes, von den ersten Kolonisatoren irrtümlich für Bewohner Indiens gehalten und deshalb als Indianer bezeichnet, die nicht das Prinzip des individuellen Eigentums an Boden kennen, sondern das des kommunalen Rechts auf Eigentum an Boden, werden von den landhungrigen weißen Siedlern verdrängt bzw. getötet oder unterworfen.

Die **Besiedlung** des Landesinneren macht schnelle Fortschritte. Ausgehend von den Niederlassungen an der Ostküste, schiebt sich die Siedlungsgrenze (*Frontier*) nach Westen vor. In Neuengland stoßen Kolonisten in das Tal des Connecticut, nach Vermont, New Hampshire und Maine vor. In New York siedeln u.a. Deutsche am Hudson und Mohawk River. In Pennsylvania sind bis 1750 die Alleghenies erreicht, in Virginia wird zwischen 1730 und 1750 bereits das Shenandoah-Tal besiedelt. Die Gebietsansprüche der Kolonien reichen im Westen bis an den Mississippi, jedoch befindet sich das Land westlich der Alleghenies und Appalachen in den Händen von Indianern und Franzosen. Die Erschließung des Waldlandes als Siedlungsland für Europäer geht etappenweise vor sich: Zuerst kommen Jäger und Pelzhändler, dann Farmer und schließlich Handwerker und Kaufleute (Stadtbewohner). So beginnt in der Kolonialzeit der Prozess der Westwanderung, der im 19. Jh. zur Besiedlung ganz Nordamerikas bis zum Pazifik führt (**»wandernde Grenze«**).

Die **Wirtschaftsformen** in den Kolonien sind durch Unterschiede des Bodens und des Klimas bedingt. Neben europäischen Getreidearten (Weizen, Roggen, Gerste, Hafer) wird v.a. einheimischer Mais und aus Madagaskar importierter Reis (South Carolina) angebaut. Im hügeligen Neuengland und in den mittleren Kolonien dominiert die Farmwirtschaft; in den südlichen Kolonien bildet sich eine ertragreiche Plantagenwirtschaft heraus, die seit den 1670er-Jahren zunehmend mit Sklaven afrikanischer Herkunft betrieben wird. Tabak, den die indigene Bevölkerung schon vor Kolumbus anbaut, ist bis in die 1730er-Jahre das Hauptexportgut; an seine Stelle treten dann ihrem Exportwert nach Reis und Getreide.

Handel und Gewerbe, Schifffahrt und Schiffbau entfalten sich v.a. in Neuengland und in den mittleren Kolonien, wo günstige Küstenverhältnisse die Entstehung großer Häfen fördern, v.a. Boston, New York, Philadelphia, Baltimore (Maryland) und nach dem Siebenjährigen Krieg Norfolk in Virginia. Entsprechend dem System des Merkantilismus kommt den Kolonien die Rolle des

Rohstofflieferanten und im 18. Jh. zunehmend die des Abnehmers von Manufakturwaren zu. Die englischen Navigationsgesetze (1651–1696) schließen ausländische Schiffe vom Handel zwischen den Kolonien und dem Mutterland aus. Ausländische Schiffe dürfen auch von anderen Ländern aus die Kolonien nicht anlaufen. Wichtige Produkte der Kolonien dürfen nur nach englischen Häfen ausgeführt werden (u. a. Tabak, Zucker, Indigo, später auch Reis, Melasse, Biberfelle), europäische Manufakturwaren dürfen nur von englischen Häfen aus eingeführt werden. Aus der Sicht der Kolonien stellen diese Navigationsgesetze eine ungerechte Begrenzung ihres Außenhandels dar; die koloniale Nichtbeachtung dieser Gesetze stellt eine permanente Belastung der Beziehungen der Kolonien zum Mutterland dar.

Da der amerikanische Bedarf an Manufakturwaren (v. a. Textilien und Werkzeugen) den englischen Bedarf an Produkten aus den Kolonien übersteigt, entwickelt sich in vielfältiger Weise das System des Dreieckshandels: Mit dem Erlös von Waren, die die Kolonien auf die westindischen Inseln, in den Mittelmeerraum und auf den europäischen Kontinent exportieren, werden jene englischen Importe bezahlt, die nicht mit dem Erlös von kolonialen Exporten nach England beglichen werden können. Die Unausgeglichenheit des kolonialen Handels mit dem Mutterland zieht beträchtliche Währungsprobleme nach sich. Da England den Kolonien das eigenständige Münzrecht verweigert, englisches Geld aber weder für die Bezahlung der englischen Importe noch für die Bedürfnisse der kolonialen Wirtschaften ausreicht, schaffen sich die Kolonien mit der Ausgabe von Papiergeld gegen den heftigen Widerstand des Mutterlandes eine eigene Währung. Dabei handelt es sich um eine Form von Zertifikaten mit bestimmtem monetärem Wert, beschränkter zeitlicher Gültigkeit und dem Charakter eines gesetzlichen Zahlungsmittels (*legal tender*).

Das religiöse Leben entfaltet sich in den englischen Kolonien infolge des großen Dissidentenanteils an den Einwanderern vielfältig und wandlungsreich. Während die anglikanische Kirche in Virginia gesetzlich begründet wird, formiert sich in Neuengland das *Holy Commonwealth* der Kongregationalisten; die *Congregational Church* ist die konfessionelle Gemeinschaft in Nordamerika, zu er sich die radikalen Kritiker der Anglikanischen Kirche (Puritaner, Pilgerväter) unmittelbar nach ihrer Auswanderung in New England zusammenschließen. Die holländisch-reformierte Kirche wird in den Neu-Niederlanden (New York) eingeführt; die katholische Kirche – im französischen und spanischen Kolonialreich fest etabliert – findet Eingang in Maryland. In Rhode Island gründet Roger Williams die erste Baptistengemeinde. Lutherische Gemeinden existieren in Neu-Schweden, die deutsch-lutherische Kirche Amerikas organisiert Heinrich Melchior Mühlenberg (*1711, †1787) in den 1740er- und 1750er-Jahren in den mittelatlantischen Kolonien. Quäker siedeln v. a. in Pennsylvania, aber auch in Maryland, New Jersey und North Carolina. Deutsche Mennoniten unter Franz Daniel Pastorius (*1651, †1719) gründen 1683 Germantown (erster öffentlicher Protest gegen die Sklaverei 1688). Presbyterianer aus Schottland, Irland und England treffen sich 1718 in der ersten presbyterianischen Synode in Philadelphia. Begünstigt durch religiöse Toleranz, folgen zahlreiche weitere Kirchengründungen in allen Kolonien. In Nordamerika entsteht eine multikonfessionelle Gesellschaft. Die Große Erweckungsbewegung (*Great Awakening*) – zwischen 1735 und etwa 1750, Pendant zum Pietismus in Europa – bestätigt und stiftet ein transatlantisches, stark durch endzeitliche Vorstellungen geprägtes religiöses Gemeinschaftsgefühl.

Erwerbsfleiß, strenge Moral, tiefe Frömmigkeit und Intoleranz in Glaubensfragen kennzeichnen den Kongregationalismus in Neuengland, der auf der Vorstellung eines Bundes zwischen Gott und dem auserwählten Volk (*Covenant*) beruht. Max Weber hat in seiner Schrift »Die protestantische Ethik und der Geist des Kapitalismus« (1920) die umstrittene These von einer Verbindung zwischen calvinistischem Erwählungsglauben und wirtschaftlichem Unternehmergeist aufgestellt. Unter den geistlichen Führern der »Mather-Dynasty« (1635–1728) – Richard (*1596, †1669), Increase (*1639, †1723) und Cotton Mather (*1663, †1728) – erlebt das *Holy Commonwealth* seine schärfste theokratische Ausprägung, aber auch seine Wendung zu weltlicheren Ordnungsformen. Abscheu über die Hexenprozesse in Salem (1692/93) und der Druck der englischen Krone tragen zur Lockerung des orthodoxen Systems bei.

Im 17. Jh. entsteht auch ein differenziertes **Schulwesen**. In Massachusetts werden Städte mit mindestens 50 Familien zur Einführung eines Lese- und Schreibunterrichts und Städte mit 100 Familien zur Errichtung von Lateinschulen verpflichtet. In den mittleren Kolonien entstehen kirchliche Schulen, in den südlichen überwiegt neben Privatunterricht das Armenschulwesen. Hochschulen und Universitäten werden gegründet: Harvard College (Massachusetts) 1636, William and Mary College (Virginia) 1693, Yale College (Connecticut) 1701, Princeton (New Jersey) 1746, Franklin's Academy (University of Pennsylvania) 1751, King's College (Columbia College) 1754 u. a. Auch öffentliche Bibliotheken werden bereits im 17. Jh. errichtet (z. B. Boston 1653). Der Buchdruck wird eingeführt, Zeitschriften und Zeitungen erscheinen. Besonders in Neuengland, aber auch sonst in den größeren Städten der Ostküste entfaltet sich schnell ein reges geistiges Leben, das jedoch auch im 18. Jh. noch weitgehend auf europäische Anregungen angewiesen ist. Neuansätze sind jedoch im religiösen Bereich in den Schriften von Jonathan Edwards (*1703, †1758) erkennbar, dem wichtigsten Theologen des *Great Awakening*, und im naturwissenschaftlichen Bereich in Benjamin Franklins (*1706, †1790) Forschungen zur Elektrizität.

Konflikte zwischen den europäischen Kolonien

Kollidierende Gebietsansprüche und die mangelhafte Abgrenzung der Besitzverhältnisse führen oft zu bewaffneten Konflikten zwischen den Kolonien. Akadien (Nova Scotia und umliegende Küstengebiete), zunächst in französischer Hand, wechselt mehrmals den Besitzer.

Auch um die Handelsposten an der Hudson Bay streiten sich Engländer und Franzosen (1670 Gründung der *Hudson's Bay Company*). Im Ringen um Handelsvorteile und Gebietsansprüche werden Indianerstämme unter Ausnutzung ihrer eigenen Kontroversen für Bündnisse gewonnen.

Kriege zwischen England, Frankreich und Spanien haben in Amerika nach der Glorreichen Revolution 1689 ihre Parallelen. Europäische Friedensschlüsse umfassen auch Neuregelungen für den überseeischen Besitz.

1642–1653 Der von den Niederländern mit Waffen ausgestattete **Irokesenbund** (Bund der fünf »zivilisierten Nationen«: Mohawk, Oneida, Onondaga, Cayuga, Seneca) greift die mit den Franzosen Handel treibenden Huronen an; sie werden weitgehend vernichtet. Auch französische Siedlungen werden überfallen (Irokesenkrieg).

1689–1697 Im **King William's War** (Krieg der Augsburger Allianz gegen Frankreich unter LUDWIG XIV.) überfallen erstmals Franzosen im Bündnis mit Indianerstämmen die englischen Kolonien im Norden von Neuengland und New York und bekämpfen die mit diesen verbündeten Irokesen. Der Friede von Rijswijk (1697) stellt für kurze Zeit den Status quo wieder her.

1702–1713 Im **Queen Anne's War** (Spanischer Erbfolgekrieg) finden die Kämpfe ihre Fortsetzung. Franzosen bemächtigen sich Neufundlands, verlieren aber im Frieden von Utrecht (1713) Nova Scotia, Neufundland und die französischen Posten an der Hudson Bay. Englische Versuche, Kanada zu erobern, scheitern.

1739–1742 Streitigkeiten zwischen britischen Schmugglern, die das spanische Handelsmonopol in Mittelamerika durchbrechen (ROBERT JENKINS verliert dabei ein Ohr), führen zum Krieg Englands gegen Spanien, dem sog. *War of Jenkins' Ear*, in dem zur See, in Florida und Georgia gekämpft wird.

1740–1748 Im **King George's War** (Österreichischer Erbfolgekrieg) kämpfen Engländer und Franzosen, verbündet mit Indianern, im Norden Neuenglands und New Yorks. Fort Louisbourg auf Cape Breton Island wird von Milizverbänden aus Massachusetts, Connecticut und New Hampshire erobert, im Frieden von Aachen aber gegen Madras (Ostindien) zurückgetauscht.

1754–1763 Der **French and Indian War** (der dem Siebenjährigen Krieg parallel läuft, aber früher beginnt) beendet die englisch-französische Rivalität in Nordamerika. Nach anfänglichen Kämpfen um die Kontrolle im Ohio-Gebiet marschieren Engländer nach Norden und erzwingen die Übergabe Quebecs und Montreals (1759/60). Fort Louisbourg wird 1758 abermals erobert.

1763, 10. Febr. Im Frieden von Paris verliert Frankreich alle seine Besitzungen in Nordamerika an England bzw. an Spanien (Louisiana westlich des Mississippi). Durch den Friedensschluss wird **Großbritannien führende Kolonialmacht in Nordamerika**. Die Blockade des Hinterlandes der englischen Kolonien (westlich der Alleghenies) fällt fort und es wird dadurch zur Besiedlung geöffnet. Der Sieg in diesem ersten Weltkrieg stärkt sowohl die britische Empirekonzeption als auch das Selbstbewusstsein der englischen Kolonisten in Nordamerika.

7. Okt. Nach Ausbruch der *Pontiac Rebellion* (Mai 1763) legt die Krone in einer Proklamation die Wasserscheide der Alleghenies und Appalachen als Siedlungsgrenze fest.

Kanada (1763–1945)

Britisch-Nordamerika (1763–1867)

Mit der Übernahme Neu-Frankreichs durch Großbritannien beginnt eine – keineswegs immer ungetrübte – Symbiose französischer und britischer Bevölkerungselemente, Kulturen und Institutionen. Angelsächsisches Recht, Selbstverwaltungsprinzipien und Protestantismus finden Eingang in einem Land mit etwa 65 000 französisch sprechenden, meist katholischen Einwohnern, die gemäß den Verhältnissen in Frankreich in einer halbfeudalen Wirtschafts- und Sozialordnung und unter einem absolutistischen Regierungssystem gelebt haben. Britische Kaufleute übernehmen die Kontrolle des Handels. Eine anfangs beabsichtigte **Anglisierungspolitik** für Kanada muss jedoch bald Kompromissen weichen.

1763 Eine Proklamation König GEORGS III. (1760–1820) regelt die Verwaltung der ehemaligen französischen Gebiete in Nordamerika. Am St. Lorenz-Strom entsteht die **Provinz Quebec** unter einem britischen Gouverneur, während das Hinterland und die Gebiete um die Großen Seen ebenso wie das Gebiet zwischen den Appalachen und dem Mississippi den Indianern vorbehalten bleiben soll. Die Provinzen am Atlantik, Neufundland und Nova Scotia (inklusive der späteren Provinzen Prince Edward Island und New Brunswick), werden getrennt verwaltet.

1774 Die Provinz Quebec wird durch Einverleibung Labradors und des nördlichen Gebiets der Indianer bis zum Mississippi und Ohio erweitert. Die Bewohner erhalten größere Freiheiten (Katholiken können staatliche Ämter übernehmen; neben britischem Strafrecht wird französisches Zivilrecht zugelassen).

1775–1783 Während der **Amerikanischen Revolution** widersteht Kanada der Forderung der aufständischen Kolonien, sich ihnen anzuschließen. Amerikanische Truppen können vorübergehend Montreal besetzen, scheitern aber beim Versuch, die Stadt Quebec zu erobern, und müssen sich (1776) zurückziehen. Im Frieden von Paris (1783) verliert Kanada das Gebiet südlich der Großen Seen zwischen Ohio und Mississippi. Im Laufe der Amerikanischen Revolution und bei deren erfolgreichem Ende flüchten über 40 000 Loyalisten aus den Vereinigten Staaten nach Kanada, die meisten nach Neuschottland, viele nach Westen ins Gebiet nördlich der Großen Seen, wo ein neues britisches Siedlungsgebiet entsteht.

1783 Französische und britische Pelzhändler schließen

sich in der **Northwest Company** zusammen und weiten ihr Tätigkeitsfeld in Rivalität zur Hudson's Bay Company und zum Haus Astor weit nach Westen aus.

1791, 10. Juni Im *Canada Act* wird die Provinz Quebec in das überwiegend britische Oberkanada (Ontario) und das überwiegend französische Niederkanada (Quebec) geteilt. Beide Teile erhalten neben einem von der britischen Krone ernannten Gesetzgebenden Rat eine von den Bürgern gewählte Gesetzgebende Versammlung mit Steuerbewilligungsrecht. Die Krone behält sich ein zweijähriges Einspruchsrecht vor. Siedler aus den Vereinigten Staaten wandern in großer Zahl nach Oberkanada ein.

1792/93 Sir Alexander Mackenzie (*1755, †1820) erforscht im Auftrag der *Northwest Company* den Weg zum Pazifik.

1812–1814 Der **Krieg zwischen Großbritannien und den Vereinigten Staaten** stärkt den Zusammenhalt der verschiedenen Teile Kanadas. Anfangs verbündet mit der indigenen Bevölkerung des Nordwesten unter dem Häuptling der Shawnee, Tecumseh (*um 1768, 1813 gefallen), verteidigt sich Kanada erfolgreich gegen alle Angriffe aus den USA. Der Friede von Gent (1814) stellt den Status quo wieder her.

Nach dem Krieg setzt eine **Einwanderungsbewegung aus Europa**, v. a. aus Großbritannien, ein, die das englische Bevölkerungselement erheblich stärkt. Insgesamt kommen bis 1850 über 500 000 Europäer ins Land. Die Bevölkerung wächst von etwa 500 000 im Jahre 1815 auf zwei Mio. 1850. Die Siedlungsgrenze wird wie in den USA nach Westen vorgeschoben.

1818, 20. Okt. Die Konvention von 1818 mit den USA verlängert die politische Grenze zwischen beiden Staaten entlang des 49. Breitengrads nach Westen bis zu den Rocky Mountains. Das Oregongebiet, westlich der Rocky Mountains und zwischen dem 42. Breitengrad und 54°40'N gelegen, wird Großbritannien und den USA bis 1846 gemeinsam unterstellt.

1821 Vereinigung der *Northwest Company* und der *Hudson's Bay Company*.

1825 Vereinbarung mit Russland über die Grenze zwischen Kanada und Alaska entlang des 141. Längengrads.

1837–1838 Spannungen zwischen der britischen Verwaltung und liberalen Reformern sowie zwischen Kaufleuten und Beamten einerseits und ländlichen Siedlern und Pionierfarmern andererseits – verstärkt durch eine Benachteiligung der Frankokanadier im Handel und durch kirchliche Streitigkeiten – führen zu mehreren Erhebungen, der **Rebellion von 1837**. Die Erhebungen in Niederkanada unter Louis-Joseph Papineau (*1786, †1871) und Robert Nelson (*1794, †1873) und die Aufstände in Oberkanada unter William Lyon Mackenzie (*1795, †1861) werden rasch unterdrückt, leiten aber **wichtige politische Veränderungen** ein, weil gemäßigte Kräfte um Robert Baldwin (*1804, †1858) und Louis-Hippolyte Lafontaine (*1807, †1864) die Forderungen der Rebellen aufgreifen und in das *Union Regime* von 1841 überführen.

1839, Febr. John George Lambton, Lord Durham (*1792, †1840), 1838 zur Untersuchung der Rebellion nach Kanada entsandt, schlägt in seinem Bericht an das Kolonialamt (Durham-Report) Verfassungsänderungen vor.

1840, Juli Im *Act of Union* werden Ober- und Niederkanada zur Provinz Kanada, seit 1857 mit der Hauptstadt Ottawa vereinigt (Proklamation am 10. Febr. 1841).

1846, 15. Juni Der nördliche Teil des seit 1818 gemeinsam von Großbritannien und den USA besetzten Oregongebietes wird britisch (verwaltet von der *Hudson's Bay Company*). Damit verlängert sich die britisch-amerikanische Grenze entlang des 49. Breitengrads westlich bis zur Insel Vancouver am Pazifik.

1848 Auf Durhams Rat wird in Kanada unter Generalgouverneur James Bruce, Earl of Elgin (*1811, †1863; 1846–1854) das Prinzip der Regierungsverantwortlichkeit gegenüber dem Parlament eingeführt. Damit beginnt eine neue Phase britischer Empirepolitik, die den von Europäern besiedelten Kolonien **schrittweise die Selbstregierung** gewährt.

Auch in Nova Scotia (1848), auf Prince Edward Island (1851), in New Brunswick (1854) und auf Neufundland (1855) wird die Regierungsverantwortlichkeit eingeführt. Auf Prince Edward Island gibt es seit 1862 einen gewählten Gesetzgebenden Rat.

1857 Der *Gradual Civilization Act* zielt darauf ab, die **indigene Bevölkerung** Kanadas zunächst freiwillig, dann zunehmend zwangsweise zu **assimilieren**. Internatsschulen werden gegründet und Angehörige indigener Gruppen oft gegen ihren Willen dorthin verbracht, mit dem Ziel, ihre Kultur und Sprache auszulöschen. Schlechte hygienische Zustände und die Vernachlässigung der internierten Kinder führen zu einer hohen Sterblichkeitsrate.

1858, 1. Jan. Kanada erhält ein eigenes (dezimales) Münzsystem, den kanadischen Dollar (C$).

2. Aug. Nach Entdeckung von Gold am Fraser River zu Beginn des Jahres und nachfolgender US-amerikanischer Zuwanderung wird am Pazifik die *Colony of British Columbia* ausgerufen. Diese wird 1866 nach einem weiteren Goldrausch mit der seit 1849 existierenden Kolonie Vancouver Island zu **British Columbia** vereint.

1859 Kanada erhält das Recht, eigene Zölle festzusetzen.

Dominion of Canada (1867–1945)

Der Gedanke, die britischen Kolonien in einer Konföderation zusammenzuschließen (*dominion from sea to sea*), findet Nahrung in der Furcht vor einer politischen und wirtschaftlichen Dominanz der USA nach dem Sieg des Nordens im Bürgerkrieg. Auch wirtschaftliche Erwägungen, wie der Plan einer Eisenbahn zum Pazifik, der Wunsch nach einer Kontrolle des Gebietes der *Hudson's Bay Company* sowie die Absicht, eine stärkere Position im britischen Empire zu erlangen, spielen eine Rolle. Auf den Konferenzen von Charlottetown (Prince Edward Island) und Quebec (1864) beraten Delegierte Kanadas und der atlantischen Kolonien den Zusammenschluss und entwerfen eine Verfassung, die ein Oberhaus und ein Unterhaus vorsieht (*72 Resolutions*).

1866, Dez. Delegierte treffen sich in London, um die kanadische Konföderation vorzubereiten, die durch den *British North America Act* umgesetzt wird.

1867, 1. Juli Nach der Annahme des *British North America Act* durch das britische Parlament wird das **Dominion of Canada proklamiert**, ein Bundesstaat, der aus den Provinzen Quebec und Ontario (dem ehemaligen Kanada, jetzt wieder geteilt) sowie New Brunswick und Nova Scotia besteht. Dem Bund treten später weitere Provinzen bei: Manitoba 1870, British Columbia 1871, Prince Edward Island 1873, Alberta und Saskatchewan 1905, Neufundland 1949. Zu den Bundeskompetenzen gehören u. a. die innere Ordnung, Handel und Schifffahrt, Finanzen, Post, Militärwesen, Indianerreservate. Der *British North America Act* bestätigt die Gültigkeit der kolonialen britischen Gesetze zum Schutz der Ureinwohner. Die Provinzen sind u. a. für Eigentumsfragen, Bürgerrechte und für das Schulwesen zuständig. **Kanada ist eine parlamentarische Monarchie** (das Prinzip der Regierungsverantwortlichkeit wird übernommen). Das Parlament besteht aus zwei Kammern: Senat (vom Generalgouverneur ernannt) und Unterhaus (vom Volke gewählt). Die Provinzen haben ihre eigenen Ministerien und Parlamente.
Erster Premierminister Kanadas wird Sir JOHN ALEXANDER MACDONALD (*1815, †1891; bis 1873, 1878–1891), der Führer der Konservativen.
Hauptaufgaben des Bundes sind der Bau einer transkontinentalen Eisenbahn von Montreal nach Vancouver (fertiggestellt 1890) und die Besiedlung des Westens mit dem Ziel einer festeren Verklammerung von Ost und West in einer Nation sowie die Förderung der heimischen Industrie (hohe Schutzzölle 1889).

1869, 19. Nov. Die *Hudson's Bay Company* verkauft die Northwest Territories an Kanada für 300 000 Pfund Sterling.

1869–1870 **Red River Rebellion** durch die Métis (europäisch-indianische Mischbevölkerung im heutigen Manitoba) unter Führung von LOUIS RIEL (*1844, †1885). Die Métis kämpfen für die Sicherung ihrer Kultur und Landrechte gegen weiße Siedler und gegen befürchtete Eingriffe der Bundesregierung.

1870–1873 In vier Verträgen mit den Ojibwa, Cree und Assiniboin wird die Trasse für die transkanadische Eisenbahn freigemacht. Die Landrechte der Métis werden dabei übergangen.

1877 Die *Canadian Women's Suffrage Association* (CWSA, seit 1883) wird als *Toronto Women's Literary Guild* von EMILY HOWARD STOWE (*1831, †1903), Kanadas erster niedergelassener Ärztin, gegründet. Die CWSA setzt sich auch für feministische Ziele wie das Recht auf Bildung und Beruf ein.

1884–1885 Die Cree in Saskatchewan opponieren gegen die Dominionregierung, weil sie sich durch die Verträge mit der kanadischen Regierung betrogen fühlen. Sie werden in Reservaten angesiedelt. 1885 rebellieren erneut die Métis (**North West Rebellion**), wiederum unter LOUIS RIEL, doch werden alle Aufstände binnen kurzer Zeit niedergeworfen. RIEL wird wegen Landesverrats angeklagt und zum Tode verurteilt. Die heftig umkämpfte mögliche Begnadigung durch das Bundeskabinett reißt alte Gräben zwischen Anglo- und Frankokanadiern auf; seine Hinrichtung führt zur weiteren Entfremdung Quebecs und zur nachhaltigen Schwächung der dortigen Konservativen.

1885 **Diskriminierende Einwanderungsbestimmungen** belegen chinesische Einwanderer mit einer prohibitiven Kopfsteuer.

1896–1911 Während der Amtszeit des liberalen frankokanadischen Premierministers Sir WILFRID LAURIER (*1841, †1919) **nimmt** die kanadische **Wirtschaft einen großen Aufschwung**. Bodenschätze und Wasserkraft werden stärker genutzt. Ausländisches Kapital kommt v. a. aus Großbritannien und den USA. Die Holz- und Papierindustrie sowie die Landwirtschaft liefern die Hauptausfuhrgüter (Vervierfachung der Weizenproduktion von 1901–1910). Montreal und Toronto sind die Wirtschaftsmetropolen des Landes. Die Einwandererzahlen steigen an (400 000 im Jahre 1913). Die **Bevölkerung wächst von fünf Mio. 1901 auf sieben Mio. 1910**. Der *Trades and Labour Congress of Canada*, gegründet 1886, umfasst 1902 über 1000 örtliche Gewerkschaften. Frankokanadische Gewerkschaften gründen 1902 die *Canadian und Catholic Confederation of Labour*.

1907 Eine rassistische Organisation mit dem Ziel der Diskriminierung von Asiaten, die *Asiatic Exclusion League*, wird in Vancouver gegründet. Eine Belagerung der Chinatown in Vancouver mit pogromartigen Aktionen führt zum Ausbruch von Unruhen.

Kanada im Ersten Weltkrieg

Als britisches Dominion beteiligt sich **Kanada auf alliierter Seite am Ersten Weltkrieg**. Ab 1915 kämpfen in Frankreich über 500 000 Soldaten, von denen 60 000 fallen. Da seit 1916 nicht mehr genügend Freiwillige rekrutiert werden können – v. a. die Frankokanadier weigern sich, für Großbritannien in den europäischen Krieg zu ziehen – führt Premierminister ROBERT L. BORDEN (*1854, †1937; 1911–1920) 1917 ein Wehrpflichtgesetz ein. Das Gesetz trifft auf Widerstand bei den Frankokanadiern und führt zur Spaltung der Liberalen Partei und zur **Verschärfung der Konflikte zwischen den Franko- und Anglokanadiern**. Ethnische Gegensätze verschärfen sich (Unruhen in Quebec City im Frühjahr 1918). Der Spalt zwischen den beiden Gruppen ist jedoch nicht so tief, dass er zu einer Teilung Kanadas führt. Vielmehr stärken die Kriegsanstrengungen in allen Dominien und v. a. in Kanada das Gefühl der nationalen Besonderheit und stellen insofern einen wichtigen Schritt in Richtung Unabhängigkeit dar.

Durch seinen Beitrag zum Krieg ist Kanadas Bedeutung in der internationalen Politik gewachsen. Mit anderen Dominions ist das Land im britischen Kriegskabinett von 1917 vertreten. Es unterzeichnet den Frieden von Versailles als eigenständige Macht und wird Mitgliedstaat des Völkerbundes.

Die wirtschaftlichen, sozialen und konstitutionellen

Veränderungen, die der Erste Weltkrieg mit sich bringt, wandeln das Land fundamental. Die kriegsbedingte Wirtschaftsexpansion führt zum Ausbau der Montanindustrie und der Landwirtschaft. Es bildet sich die **Wirtschaftsstruktur des Nordatlantischen Dreiecks** heraus (Dreieckshandel zwischen Großbritannien, USA und Kanada), die Kanadas Außenwirtschaftspolitik bis Ende der 1950er-Jahre bestimmen wird. Auch neue Parteien entstehen, z. B. die *National Progressive Party*, die sich zum Sprachrohr der Farmer macht. In den alten Parteien schiebt sich eine jüngere Generation nach vorne, die die Politik der 1920er-Jahre gestaltet. Die Industriearbeiter organisieren sich zunehmend in Gewerkschaften, deren Mitgliederzahl sich in den vier Kriegsjahren verdoppelt. Sozialistische Agitation und eine Welle bitterer Streiks begleiten das abrupte Ende der Kriegskonjunktur.

1916 Frauen erhalten in Manitoba, Saskatchewan und Alberta das Wahlrecht. 1917 erhalten in ganz Kanada Ehefrauen und weibliche Verwandte von Kriegsteilnehmern das Wahlrecht ebenso wie Frauen, die in der Armee als Freiwillige dienen.

1919, Mai/Juni Die **Nachkriegsdepression** findet ihren schärfsten Ausdruck im **Winnipeg-Generalstreik**, der von Polizei und Militär aus Furcht vor einem bolschewistischen Aufstand niedergeschlagen wird. Die Arbeitsbedingungen von Millionen von Kanadiern verbessern sich als Folge des Streiks.

1920 Kanadische Farmer organisieren sich gegen die Städte im Osten in der *National Progressive Party*.

1921, 6. Dez. William Lyon Mackenzie King (*1874, †1950), Führer der wieder erstarkten Liberalen Partei, wird Premierminister (bis 1930; erneut 1935–1948). Innenpolitisch bemüht er sich um die Einheit der Nation (*the great unifier in Canada*). Er leitet Maßnahmen zur Beseitigung der Arbeitslosigkeit ein und verfolgt die **Politik der nationalen Unabhängigkeit** weiter. Mackenzie King geht dabei deutlich über die Ziele seiner konservativen Vorgänger hinaus und strebt außenpolitische Unabhängigkeit an.

1923, 2. März Kanada schließt mit den USA den Heilbutt-Vertrag (*Halibut Treaty*) ab, der die Fischerei vor der Atlantikküste regelt. Dies ist der erste internationale Vertrag, den Kanada selbstständig verhandelt und allein unterzeichnet.

1. Juli Ein neues **Immigrationsgesetz** (*Chinese Exclusion Act*) **beendet die chinesische Zuwanderung** nach Kanada.

1926, Nov. Kanadas Streben nach Selbstständigkeit findet Anerkennung in der Balfour-Erklärung, die als Gründungsentwurf des modernen *Commonwealth* angesehen werden kann. Kanada und alle anderen Dominions erhalten Unabhängigkeit und Gleichberechtigung im Rahmen des *British Commonwealth of Nations*. Kanada richtet eine eigene Vertretung in den USA ein. 1930 folgen diplomatische Missionen in Frankreich und Japan.

1929–1939 Die Folgen der **Weltwirtschaftskrise** treffen Kanada mit seiner starken Exportwirtschaft erheblich. Der konservative Premierminister Richard Bedford Bennett, Erster Viscount Bennett (*1870, †1947; 1930–1935) ist Anhänger einer Laisser-faire-Ideologie und überlässt den Kampf gegen die Krise den Provinzen und Gemeinden. Er vernachlässigt die Interessen der westlichen Farmer und verliert auch wegen seines autoritären Regierungsstils an Popularität.

1931, 11. Dez. Statut von Westminster: Das britische Parlament stimmt der Balfour-Erklärung zu. Das **Statut von Westminster wird damit zur neuen Verfassung** des ehemaligen britischen Kolonialreiches. Kanada und die übrigen Dominions erhalten die Rechte selbstständiger Nationen. Das *Commonwealth* beruht künftig auf der freien Mitgliedschaft seiner Teile.

1936 Die frankokanadische Partei *L'Union Nationale* gewinnt in der Provinz Quebec unter Maurice Le Noblet Duplessis (*1890, †1959) 41 von 90 Parlamentssitzen; dieser wird Premierminister.

1940 Industriegewerkschaften organisieren sich nach ihrem Ausschluss aus dem *Trades and Labour Congress of Canada* als *Canadian Congress of Labour*.

Kanada im Zweiten Weltkrieg

Anfang Sept. 1939 ist Kanada staatsrechtlich in einer anderen Lage als im Aug. 1914. Trotz isolationistischer Tendenzen in der Öffentlichkeit beschließt das kanadische Parlament am 9. Sept. 1939 die **Beteiligung Kanadas am Zweiten Weltkrieg** (Kriegserklärung gegen Deutschland am 10. Sept. 1939; nach dem Überfall auf Pearl Harbor 1941 Kriegserklärung an Japan). 730 000 Soldaten dienen in der Armee, 42 000 Tote und Vermisste sind zu beklagen; kanadische Einheiten kämpfen in Europa und Asien. Eine anfängliche Zusage von Premierminister Mackenzie King, rekrutierte Soldaten nicht gegen ihren Willen in Übersee einzusetzen, wird 1942 durch ein Plebiszit mit zwei Drittel der Stimmen aufgehoben. Allerdings stimmen in Quebec weniger als 30 % in diesem Sinne. Wie 1917 zeigt sich auch jetzt wieder der politische Riss zwischen den beiden dominierenden Gruppen in der Frage der Wehrpflicht. Der Widerstand der Provinz Quebec gegen die Entsendung von Wehrpflichtigen nach Europa (1944) führt zu Unruhen in Montreal. Die Wirtschaft expandiert, u. a. im Flugzeug- und Schiffbau sowie in der Stahl- und Aluminiumproduktion.

Während des Zweiten Weltkrieges entwickelt sich eine enge militärische und sicherheitspolitische Interessengemeinschaft mit den USA. Im Ogdensburg-Abkommen von 1940 gründen beide Länder einen ständigen gemeinsamen Verteidigungsrat, der Pläne zum Schutz des Kontinents ausarbeitet. Als Folge des Abkommens werden gemeinsame Luftstützpunkte und Funkstationen eingerichtet und der Bau des Alaska-Highways wird in Angriff genommen. Dieser soll die amerikanische Nordwestküste gegen einen Angriff der Japaner verteidigungsbereit machen. Auch die Wirtschaft beider Länder rückt näher zusammen. Im Hyde-Park-Abkommen von 1941 einigt man sich auf gemeinsame Produktionsprogramme. Großbritannien erhält, auf den Kopf der Bevölkerung umgerechnet, von Kanada eine weit größere Kapitalhilfe als von den USA. Ein eigenes Pacht- und Leihsystem (*lend lease system*) verteilt Kriegsmaterial im Wert von vier Mrd. Dollar an die Alliierten.

Am Ende des Krieges ist Kanadas Position wiederum gestärkt. Zum ersten Mal in der kanadischen Geschichte übersteigt die Ausfuhr von Industriegütern diejenige von Agrarprodukten. Als Industrie- und Militärmacht nimmt Kanada unter den Siegermächten den dritten Platz ein. Dies, zusammen mit den Gefahren, die die intensivierte Zusammenarbeit mit den USA für die mühsam gewonnene Eigenstaatlichkeit Kanadas birgt, macht die Frage nach der künftigen Rolle Kanadas in Nordamerika und in der Welt zu einem vordringlichen Problem kanadischer Nachkriegspolitik. | Forts. S. 1791 |

Die Vereinigten Staaten von Amerika (1763/76–1945)

Amerikanische Revolution und Staatsgründung (1763–1789)

Dem Sieg über Frankreich folgt rasch die Entfremdung zwischen den Kolonien und dem Mutterland. Die britische Empire-Konzeption kollidiert mit dem kolonialen Selbstverständnis und den westlichen Siedlungsabsichten der Amerikaner. Steuerforderungen des britischen Parlaments erscheinen unbillig, da Amerikaner in ihm nicht vertreten sind (*no taxation without representation*). Britische Finanzzölle rufen die Opposition der auf ihren freien Status bedachten Kolonisten wach: Der Konflikt führt zur bewaffneten Auseinandersetzung. Die Kolonien erklären ihre Unabhängigkeit, bilden eine Konföderation und verteidigen in einem bis 1783 währenden Krieg ihre Freiheit. Schließlich wird eine Verfassung ausgearbeitet und ein Bundesstaat errichtet. Der Ausdruck **Amerikanische Revolution**, er ist zeitgenössischen Ursprungs, hat sich für diese Entwicklung trotz mancher Einwände durchgesetzt.

1763 Gegen die Übernahme französischer Gebiete durch die Briten und das Vordringen von Siedlern westlich der Appalachen wehren sich indianische Stämme im Westen unter PONTIAC (*um 1720, †1769), werden aber 1764 besiegt. Eine Proklamation König GEORGS III. (*1738, †1820; 1760–1820) verbietet Kolonien den eigenständigen Landerwerb im Westen und stellt das Gebiet zwischen Appalachen und Mississippi als Wohnbereich der indianischen Stämme unter militärische Kontrolle (Wirksamkeit begrenzt).

1764, 5. April Das britische Parlament beschließt nach der Verabschiedung eines Gesetzes, welches den Einsatz der englischen Marine zur Kontrolle des kolonialen Handels erlaubt, im sog. Zuckergesetz die Absenkung der 1733 beschlossenen Einfuhrzölle auf Zucker, Textilien, Kaffee, Wein u. a. und ruft damit besonders in Neuengland Proteste hervor, da diese Zölle nun bezahlt werden müssen.

1765, 22. März Ein Stempelsteuergesetz setzt Gebühren für die Ausstellung von Urkunden fest sowie Abgaben auf Zeitungen, Druckschriften, Spielkarten und Würfel. Auf einem New Yorker Stempelsteuerkongress erklären Vertreter von neun Kolonien das britische Parlament als unzuständig für diese Maßnahmen. Radikale Politiker wie SAMUEL ADAMS (*1722, †1803) und JOHN DICKINSON (*1732, †1800) verfassen Protestschriften. Britische Importe werden boykottiert.

1766, 18. März Das **Stempelsteuergesetz** wird wieder aufgehoben; zugleich verabschiedet das englische Parlament eine Erklärung, dass es das unbestreitbare Recht habe, zu allen Bereichen der Kolonien, auch zu inneren Angelegenheiten, Gesetze zu verabschieden (*Declaratory Act*).

1768 Die Townshend-Gesetze legen Einfuhrzölle auf Glas, Blei, Farbe, Papier und Tee.

1770, 5. März Bei Zusammenstößen zwischen Bürgern und britischen Truppen kommt es zum sog. **Boston-Massaker** (fünf Tote). In dem späteren Gerichtsverfahren in Boston werden jedoch die britischen Soldaten von jeder Schuld freigesprochen. Importboykotte führen zur Aufhebung der Zölle der Townshend-Gesetze mit Ausnahme des Teezolls.

1773, Mai Der *Tea Act* verleiht der East India Company das Monopol, Tee nach Nordamerika importieren zu dürfen. Die Kolonien reagieren auf dieses Gesetz mit einem allgemeinen Teeimportboykott.

16. Dez. Auf Anstiften von SAMUEL ADAMS werfen als Indianer verkleidete Bostoner die Teeladung eines Schiffes ins Wasser (**Boston Tea Party**).

1774 Das britische Parlament beschließt Strafmaßnahmen: Schließung des Bostoner Hafens bis zur Bezahlung des Schadens, Veränderung des Freibriefes für Massachusetts (Ernennung der Mitglieder des *Councils* durch den König), Stärkung der Stellung des Gouverneurs, Möglichkeit zur Aburteilung politischer Aufrührer in Großbritannien und Ausdehnung der Provinz Quebec bis an den Ohio. Gegen die Zwangsgesetze organisiert sich geschlossener Widerstand. Schon seit 1772/73 existieren in den Kolonien zahlreiche »Korrespondenzausschüsse« zur Verbreitung von Nachrichten und Koordinierung von Protesten und Einfuhrboykotten. Jetzt werden überall gemeinsame Beratungen über Gegenmaßnahmen gefordert.

5. Sept.–26. Okt. In Philadelphia treten 56 Delegierte aus allen Kolonien außer Georgia zum **Ersten Kontinentalkongress** zusammen. Sie erklären die Zwangsgesetze für ungerecht und verfassungswidrig, verurteilen die britischen Steuergesetze seit 1763 und die Unterhaltung einer britischen Armee in den Kolonien zu Friedenszeiten und beschließen die Unterbindung des Handels mit dem Mutterland, den Genuss britischer Waren und empfehlen die Wahl von sog. Ausschüssen für Inspektion und Observation zur Überwachung dieser Kontinentalassoziation. Die Kontinentalassoziation wird in allen Kolonien zum Vorbild für die Gründung lokaler Bünde, in denen sich die Kolonisten zum Konsumverzicht englischer Waren, zur Einhaltung des allgemeinen Handelsboykotts und zur kompromisslosen Unterstützung der Politik gegen das tyrannische England verpflichten. Obwohl die britischen Staatsmänner WILLIAM PITT DER ÄLTERE (*1708, †1778) und EDMUND BURKE (*1729, †1797) zur Nachgiebigkeit raten, verfolgen König GEORG III. und das Parlament einen harten Kurs.

Amerikanischer Unabhängigkeitskrieg 1775–1783

Im **Amerikanischen Unabhängigkeitskrieg** lösen sich die Kolonien vom Mutterland. Schlecht ausgerüstete amerikanische Truppen kämpfen gegen gut gedrillte britische Regimenter (und von deutschen Landesfürsten gemietete Soldaten), die jedoch den Nachteil der langen Verbindungswege haben. Neben dem Krieg zwischen der englischen Armee (die ab 1777 mehrheitlich aus deutschen Hilfstruppen besteht) und der amerikanischen Kontinentalarmee entwickelt sich v. a. in der mittelatlantischen Region und im Süden zwischen den loyalistischen und revolutionären Milizverbänden ein durch Terroraktionen geprägter Guerillakrieg, und im Westen ein Krieg zwischen mit England verbündeten Stämmen der Native Americans (»Indianer«) und Milizen der lokalen Siedler.

1775, 19. April Beim Versuch britischer Truppen, ein Waffenlager der Miliz von Massachusetts auszuheben, kommt es in Lexington und Concord (Massachusetts) zu schweren Zusammenstößen. Amerikaner belagern Boston.

10. Mai In Philadelphia tritt der **Zweite Kontinentalkongress** zusammen. Er erklärt für die Kolonien den Verteidigungszustand, überträgt George Washington (*1732, †1799) den Oberbefehl über die amerikanischen Streitkräfte (15. Juni) und übernimmt Regierungsfunktionen. Eine Friedenspetition an den englischen König wird von diesem mit der Proklamation der offenen Rebellion beantwortet (25. Aug.).

1776, 4. Juli Nachdem ab März die Loslösung vom Mutterland öffentlich immer lauter gefordert wird (Thomas Paine; *1737, †1809: »Common Sense«, 9. Jan. 1776), billigt der Kongress (bei Enthaltung New Yorks) die im Wesentlichen von Thomas Jefferson (*1743, †1826) vorbereitete **Unabhängigkeitserklärung der 13 Vereinigten Staaten von America** (*United States of America*, USA). Sie besteht aus der Präambel mit naturrechtlicher Argumentation (Freiheit und Gleichheit der Menschen, Einsetzung der Regierung durch die Regierten, Recht zum Widerruf) und einem Sündenkatalog, der Georg III. des Missbrauchs seiner Herrschaft bezichtigt.

1777, 17. Okt. Nach anfänglichen Rückschlägen der amerikanischen Truppen (Bunker Hill, nördlich von Boston 1775; fehlgeschlagene Expedition gegen Quebec 1775, Einnahme New Yorks 1776 und Philadelphias 1777 durch britische Truppen) leitet der **Sieg von Saratoga** (New York) die Wendung des Krieges ein.

15. Nov. Der Kongress verabschiedet die **Artikel der Konföderation** (»ewige Union«), in denen die dreizehn ehemaligen Kolonien dem Kongress die Kompetenz für äußere Angelegenheiten, zwischenstaatliche Probleme, Verteidigung, Münz- und Postwesen und indianische Angelegenheiten geben, ihm aber das Budgetrecht vorenthalten (ratifiziert 1781).

1778, 6. Febr. Frankreich schließt mit den amerikanischen Freistaaten einen **Freundschafts- und Handelsvertrag** und einen **Allianzvertrag** ab. Am 7. Juni beginnt der Krieg Frankreichs gegen England, dem sich Spanien 1779 anschließt.

1781, 19. Okt. Nach britischen Erfolgen in den Südstaaten (1778–1780) muss die Armee des Generals Charles Marquis von Cornwallis (*1738, †1805) gegenüber amerikanischen und französischen Streitkräften in Yorktown (südöstlich von Williamsburg) kapitulieren. Damit ist der Krieg zugunsten der Amerikaner entschieden. Georg III. erkennt nach einem Präliminarfriedensvertrag (1782) die Unabhängigkeit der ehemaligen Kolonien an.

1783, 3. Sept. Im **Frieden von Paris** (Versailles), ausgehandelt von Benjamin Franklin (*1706, †1790), John Adams (*1735, †1826) und John Jay (*1745, †1829), wird die Souveränität der Vereinigten Staaten anerkannt. Kanada bleibt britisch, die Grenze der Vereinigten Staaten wird nach Norden bis zu den Großen Seen vorverlegt. Der Westen bis zum Mississippi ist für Siedlungen frei.
Bei Kriegsende verlassen neben den britischen Truppen auch etwa 100 000 britische Loyalisten die Vereinigten Staaten. Ihr Land wird z. T. enteignet (später werden Entschädigungen geleistet). Aus den britischen Kolonien sind 13 Einzelstaaten hervorgegangen, die in einer **lockeren Konföderation** vereint sind. Die republikanischen Verfassungen, die in den Einzelstaaten zwischen 1776 und 1780 verabschiedet wurden, garantieren den Bewohnern weitreichende Mitbestimmungs- und Grundrechte. Mit der Unabhängigkeit fallen die seit den *Navigation Acts* bestehenden Außenhandelsbeschränkungen fort. Allerdings werden nun die Häfen Britisch-Westindiens für amerikanische Schiffe geschlossen.

1785 Mit Preußen wird ein Freundschafts- und Handelsvertrag abgeschlossen.

1786 Die Schwächen der Konföderation, die besonders bei Handelsproblemen zwischen den Einzelstaaten deutlich werden, erfordern eine Revision der Artikel (*Annapolis Convention*).

1787, Mai–Sept. In Philadelphia tritt ein Verfassungskonvent zusammen. Unter den 55 Delegierten aus allen Staaten (*Founding Fathers*) befinden sich Benjamin Franklin, Alexander Hamilton (*1755/57, †1804), James Madison (*1751, †1836) und George Washington, letzterer als Präsident des Konvents. Die anstehenden Verfassungsprobleme werden u. a. in 77 Essays von Hamilton, Madison und Jay diskutiert (*The Federalist*).

Grundzüge der Verfassung der Vereinigten Staaten

Die erste von einer Versammlung ausgearbeitete moderne Verfassung beruht auf den Prinzipien der **Gewaltenteilung** und der **Volkssouveränität** (mit Repräsentationssystem) sowie auf dem **Bundesstaatsprinzip**. Zwischen der Zentralgewalt und den Gliedstaaten werden die Zuständigkeiten sorgfältig verteilt. Der Kongress als Legislative besteht aus Repräsentantenhaus (Volksvertretung) und Senat (Staatenvertretung). Er beschließt über Krieg und Frieden, Heer und Flotte, Verträge mit fremden Staaten, Münzen, Maße und Gewichte, Zölle und Steuern. Der

Präsident als Exekutive wird vom Volk durch Wahlmänner für jeweils vier Jahre gewählt. Er ernennt die Beamten und sorgt für die Ausführung der Kongressbeschlüsse. Er hat ein aufschiebendes Vetorecht, gegen das sich der Kongress mit Zweidrittelmehrheit durchsetzen kann, und ist Oberbefehlshaber der Armee. Er kann durch das **Verfahren des Impeachment** seines Amtes enthoben werden. Das Oberste Gericht (Judikative) wacht über Verfassung und Rechtsprechung. Zeitgenössische Kritiker der Verfassung (Antiföderalisten) bemängeln das Fehlen eines Grundrechtskatalogs und die zu starke Einschränkung der Souveränität der Einzelstaaten. Gegenüber einer rein ideellen Deutung der Verfassungskonstruktion betonte der Historiker CHARLES BEARD die persönlich-wirtschaftlichen Motive vieler Delegierter (»An Economic Interpretation of the American Constitution«, 1913).

1787, 13. Juli/7. Aug. Die vom Kongress verabschiedete *Northwest Ordinance* regelt die **Expansionsform** des Bundesstaatsgebiets. Statt einer Gebietserweiterung der Gründerstaaten nach Westen sollen dort neue Staaten gebildet und nach einer mehrjährigen Übergangsphase gleichberechtigt in die Union aufgenommen werden.

1788 Nachdem die meisten Einzelstaaten nach z. T. heftigen Kontroversen die Bundesverfassung in speziell dazu gewählten Konventen ratifiziert haben, erklärt der Kongress, dass das neue Regierungssystem am 4. März 1789 in Funktion tritt.

1789 Die ersten zehn Ergänzungsartikel zur Verfassung, die **Bill of Rights**, greifen die wichtigsten Kritikpunkte der Gegner der Bundesverfassung auf und garantieren Grundrechte, u. a. Glaubens-, Presse- und Versammlungsfreiheit, Unverletzlichkeit der Person, der Wohnung und des Eigentums (in Kraft 1791).

Nationale Entfaltung und Expansion (1789–1848)

Mit der Staatsgründung ist das Revolutionszeitalter beendet. Es stellen sich aber neue schwierige Aufgaben: Der Prozess der politischen Willensbildung muss sich im **ersten modernen Verfassungsstaat der Welt** bewähren. Innen- und Außenpolitik sind zu formulieren. Die Bevölkerung der an Zahl wachsenden Einzelstaaten ist aufgefordert, nationale Fragen gemeinsam zu lösen. Starkes Bevölkerungswachstum, wirtschaftlicher Ausbau, die Erschließung des weiten Landes und die Westexpansion bieten der amerikanischen **Pioniergesellschaft** große Entfaltungsmöglichkeiten. Parteiengegensätze, drohende Verwicklungen in europäische Auseinandersetzungen, wirtschaftliche Konjunkturfragen, Wachstums- und Expansionsprobleme, die umstrittene Institution der Sklaverei und das Verhältnis der weißen Siedler zur idigenen Bevölkerung stellen sie auf harte Belastungsproben.

1789, 30. April **GEORGE WASHINGTON** wird von den Wahlmännern zum ersten Präsidenten, JOHN ADAMS zum Vizepräsidenten der Vereinigten Staaten gewählt. Bei der Regierungsbildung erhalten THOMAS JEFFERSON

Territoriale Ausdehnung der USA 1783

das Außenministerium und ALEXANDER HAMILTON das Schatzamt. Der Kongress tritt zusammen. Das Oberste Bundesgericht nimmt seine Arbeit auf (Oberster Richter: JOHN JAY).

1789–1793 Während der ersten Amtsperiode GEORGE WASHINGTONS kommt es in der Frage der Wirtschafts- und Finanzpolitik zu Parteienbildungen. Die Föderalisten – vornehmlich im Norden, unter Führung ALEXANDER HAMILTONS – wünschen eine starke Zentralgewalt, wirtschaftliche Lenkungsmaßnahmen des Bundes, eine elitäre Regierungspraxis und eine probritische Außenpolitik. Die Republikaner (auch Demokratische Republikaner genannt, die ihre Wurzeln in den Antiföderalisten haben) – vornehmlich im Süden, Sprecher: THOMAS JEFFERSON – bevorzugen eine Stärkung der einzelstaatlichen Gewalt, eine agrarisch-demokratische Gesellschaftsordnung und eine profranzösische Außenpolitik.

1790 Regierungssitz wird nach New York zunächst Philadelphia; erst 1800 wird die neu errichtete Bundeshauptstadt Washington am Potomac – District of Columbia – Regierungssitz.

1791–1803 Die Besiedlung der Gebiete jenseits der Appalachen schreitet schnell voran. Als neue Staaten werden nach Vermont (1791) auch Kentucky (1792), Tennessee (1796) und Ohio (1803) in die Union aufgenommen. Beim Fortschreiten der »wandernden Grenze« fällt die entscheidende Rolle Siedlern zu, die auf dem oft von ihnen als herrenlos begriffenen Land neue landwirtschaftliche Existenzen gründen wollen.

1793 GEORGE WASHINGTON, für weitere vier Jahre zum Präsidenten gewählt, erklärt im britisch-französischen Konflikt (1. Koalitionskrieg) die Neutralität der Vereinigten Staaten. Versuche des französischen Gesandten GENÊT (*1763, †1834), von Amerika aus gegen Großbritannien Krieg zu führen, werden zurückgewiesen. JEFFERSON tritt als Außenminister zurück.

Die Erfindung der Baumwollentkörnungsmaschine durch ELI WHITNEY (*1765, †1825) führt zur Ausweitung der Baumwollproduktion und zur verstärkten Sklavennachfrage.

1794 Im westlichen Pennsylvania erheben sich Farmer gegen die Besteuerung der Whiskyerzeugung. Milizen werfen die Whisky-Rebellion nieder.
Im umstrittenen Jay-Vertrag regeln die Vereinigten Staaten und Großbritannien jahrealte Streitigkeiten: Britische Militärposten und Pelzhandelsstationen im Nordwesten werden geräumt; Amerika erkennt britische Schuldforderungen aus der Revolutionszeit an.

1795, 3. Aug. Im Vertrag von Greenville treten eine Koalition verschiedener Völker der Native Americans an die Vereinigten Staaten den größten Teil des Nordwestlichen Territoriums ab.

27. Okt. Im Pinckney-Vertrag werden Grenzfragen mit Spanien geregelt. Die Amerikaner sichern sich die freie Schifffahrt auf dem Mississippi.

1797–1801 Nachdem WASHINGTON eine erneute Wiederwahl abgelehnt hat (Abschiedsbotschaft vom 17. Sept. 1796), wird JOHN ADAMS (Föderalist) zweiter Präsident der Vereinigten Staaten. Wegen der Spannungen mit Frankreich, das Maßnahmen gegen die probritische Außenpolitik der amerikanischen Regierung ergreift, verschärfen sich die inneren Parteiengegensätze.

1798 Die Fremden- und Aufruhrgesetze drohen bei Veröffentlichung regierungskritischer Ansichten mit Geld- und Gefängnisstrafen. Die Parlamente von Kentucky und Virginia erklären dies für verfassungswidrig, mehr noch: Einzelstaaten hätten ein Recht zur Nichtbeachtung solcher Gesetze (Nullifikation).

1801–1809 THOMAS JEFFERSON wird nach einem Wahlsieg der Demokratischen Republikaner dritter Präsident der Union. Die durch die »Revolution von 1800« eingeleitete *Jeffersonian Democracy* beruft sich

Staatsaufbau der USA

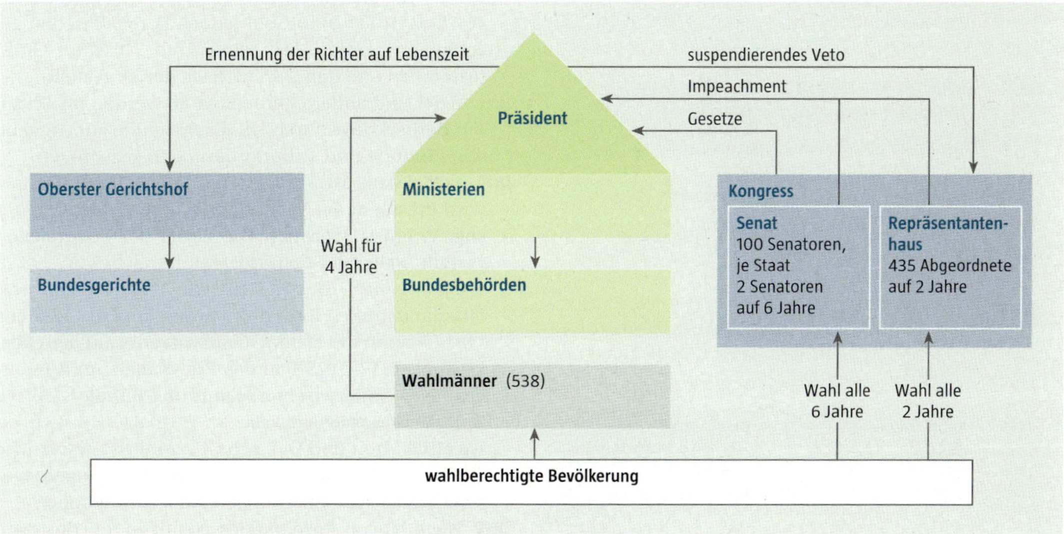

zumindest rhetorisch auf strikte Beachtung individueller Freiheitsrechte, sparsame Verwendung öffentlicher Mittel, Begrenzung der Regierungsgewalt. ALEXANDER HAMILTON findet 1804 im Duell mit AARON BURR (*1756, †1836) den Tod.

1801–1805 Im Krieg gegen Tripolis kämpfen die USA für die Freiheit der Meere und gegen das Piratentum des Pascha von Tripolis (»Erster Berberkrieg«).

1803, 30. Nov. Das **Louisiana-Territorium** zwischen Mississippi und Rocky Mountains (1763 von Frankreich an Spanien abgetreten, 1802 von NAPOLEON I. zurück erworben) wird für 15 Mio. Dollar gekauft (**Verdoppelung des Gebietes der Vereinigten Staaten**).

1803–1806 Die mit Bundesmitteln unternommene Lewis-und-Clark-Expedition (geführt von den Hauptleuten MERIWETHER LEWIS [*1774, †1809] und WILLIAM CLARK [*1770, †1838]) über die Rocky Mountains, den Columbia River abwärts bis zum Pazifik begründet Rechtsansprüche auf das Oregongebiet und bahnt neue Wege für die Westexpansion.

1805 –1806 Leutnant ZEBULON MONTGOMERY PIKE (*1779, †1813) erkundet im Regierungsauftrag das südliche Louisiana-Territorium.

1807–1809 Um Großbritannien und Frankreich, die sich im Wirtschaftskrieg bekämpfen (Kontinentalsperre und englische Gegenblockade), zur Respektierung neutraler Schifffahrtsrechte zu zwingen, beschließt der Kongress auf JEFFERSONS Vorschlag das Embargogesetz. Die Unterbindung jeglichen Außenhandels schadet aber der eigenen Schifffahrt und Exportwirtschaft und wird 1809 durch ein **spezielles Handelsverbot gegenüber Großbritannien und Frankreich** ersetzt.

Das Parteiensystem der USA bis zum Bürgerkrieg
(vereinfachtes Schema)

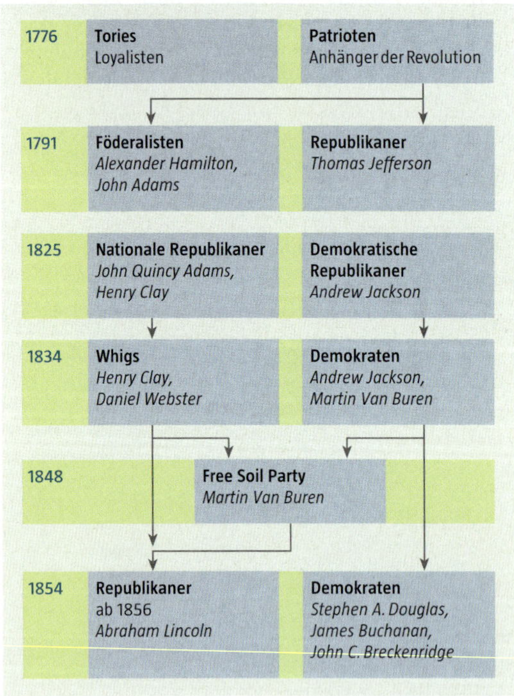

1807 Der **Kongress beschließt** in Übereinstimmung mit Artikel 1, Abschnitt 9, der amerikanischen Verfassung ein **Sklaveneinfuhrverbot**.

1809–1817 JAMES MADISON (*1751, †1836; Republikaner) folgt JEFFERSON im Präsidentenamt.
Britische Rückendeckung für die Native Americans, die unter Führung des Shawnee-Häuptlings TECUMSEH (*um 1768, †1813) dem Vordringen der weißen Siedler im Westen entgegentreten wollen (1811), schürt die antibritische Stimmung. Dies, die amerikanischen Expansionsbestrebungen nach Kanada und die fortgesetzte Missachtung amerikanischer Neutralitätsrechte im britisch-französischen Konflikt, führen zur Kriegserklärung an Großbritannien (mit den Stimmen des Südens und Westens gegen die der Neuenglandstaaten, New Yorks, New Jerseys und Delawares).

1812–1814 Im **Krieg gegen Großbritannien** versuchen die Amerikaner vergeblich, nach Kanada vorzudringen. England errichtet entlang der amerikanischen Küste eine Seeblockade. Die Native Americans kämpfen z. T. auf Seiten der USA (Akkomodisten), während die nativistischen Shawnee, Cherokee und Creek sich auf die Seite der Briten schlagen. Nach der verloren gegangenen Schlacht bei Tippecanoe (Indiana) erzielen indianische Truppen v. a. in Indiana Erfolge, um 1813 in der Schlacht an der Thames, in der TECUMSEH fällt, erneut geschlagen zu werden.

1814, 24./25. Aug. Britische Truppen besetzen für zwei Tage die Hauptstadt Washington und brennen das Kapitol, das Weiße Haus und andere Gebäude nieder.

Herbst Die Neuenglandstaaten verlangen eine stärkere Berücksichtigung regionaler Interessen gegenüber der Bundesautorität und wünschen Verfassungsänderungen (Hartford Convention 1814–1815).

1815, 8. Jan. Im Süden besiegen amerikanische Truppen unter General ANDREW JACKSON (*1767, †1845) die Briten in der Schlacht bei New Orleans. Zuvor (24. Dez. 1814) ist in Gent jedoch bereits Frieden geschlossen worden. Der Status quo zwischen Großbritannien und den USA wird wiederhergestellt.

Juni Algier und andere Berberstaaten werden im »Zweiten Berberkrieg« durch US-Kriegsschiffe zur Aufgabe von Piraterie und Tributforderungen gezwungen.

1817–1825 JAMES MONROE (*1758, †1831; Republikaner) wird Präsident der Vereinigten Staaten (dritter in der sog. Virginia-Dynastie). Die Partei der Föderalisten zerfällt. **Nationales Einheitsdenken** herrscht vor (*Era of Good Feelings*). Der Ausbau von Wasserwegen und Überlandstraßen fördert die Besiedlung des Westens (1817 Beginn des Dampfschiffsverkehrs auf dem Mississippi, 1817–1825 Bau des Erie-Kanals im Bundesstaat New York zwischen Albany und Buffalo). Die **erste große Einwanderungswelle** des 19. Jh.s (1816–1818 etwa 60 000 Iren und Deutsche), veranlasst gesetzliche Bestimmungen über die Passagebedingungen und über statistische Erhebungen auf Bundesebene.

1819 Nach langen Auseinandersetzungen um Besitzansprüche (u.a. im Seminolen-Krieg 1817–1818) verkauft Spanien Florida für fünf Mio. Dollar an die USA.

1820, 3. März Nach Aufnahme weiterer Staaten in die Union (Louisiana 1812, Indiana 1816, Mississippi 1817, Illinois 1818, Alabama 1819) **regelt der Missouri-Kompromiss die Sklaverei** in neuen Staaten: Maine wird als sklavenfreier, Missouri als sklavenhaltender Staat zugelassen (danach je zwölf Nordstaaten und Südstaaten). Im übrigen Louisiana-Territorium (nördlich der Breite 36°30') wird die Sklaverei verboten.

1823, 2. Dez. Gegen weitgehende russische Besitzansprüche an der nordamerikanischen Pazifikküste (Oregongebiet) und vermeintliche Rekolonisationsabsichten der Heiligen Allianz in Lateinamerika erklärt Präsident MONROE in einer Jahresbotschaft an den Kongress: Der amerikanische Doppelkontinent dürfe nicht mehr Ziel europäischer Kolonialexpansion sein; das politische System der Alten Welt sei von dem Amerikas wesensverschieden; der bestehende Kolonialbesitz in Amerika wird nicht angetastet; die USA mischen sich nicht in europäische Kriege ein (**Monroe-Doktrin**).

1825–1829 JOHN QUINCY ADAMS (*1767, †1848), Sohn von JOHN ADAMS, wird Präsident: Der Ausbau des inneren Verkehrs- und Handelssystems wird zügig fortgesetzt. Der **zunehmende Gegensatz zwischen Nord** (Einsetzen der Industrialisierung) **und Süd** (Agrarwirtschaft) manifestiert sich im Kampf um die Schutzzollgesetzgebung. Der hohe Tarif von 1828 (*Tariff of Abominations*) wird von South Carolina und anderen Südstaaten für verfassungswidrig erklärt. Neue parteipolitische Spannungen treten auf zwischen den Nationalen Republikanern, die die Zentralgewalt stärken wollen (J.Q. ADAMS), und den Demokratischen Republikanern, die eine starke Zentralgewalt ablehnen und für die Rechte des »gemeinen Mannes« eintreten (ANDREW JACKSON). Von der Teilhabe an der Macht sind Frauen und Afroamerikaner jedoch ausgeschlossen.

1829–1837 Mit General ANDREW JACKSON (Demokrat) aus Tennessee wird erstmals ein Vertreter des Westens Präsident. In fast allen Staaten ist das Zensuswahlrecht durch ein **allgemeines Wahlrecht für Männer** ersetzt. Eine langfristige Demokratisierungswelle verändert die politisch-soziale Ordnung (*Jacksonian De-*

Territoriale Ausdehnung der USA 1825

Einwanderung in die USA 1820–1918

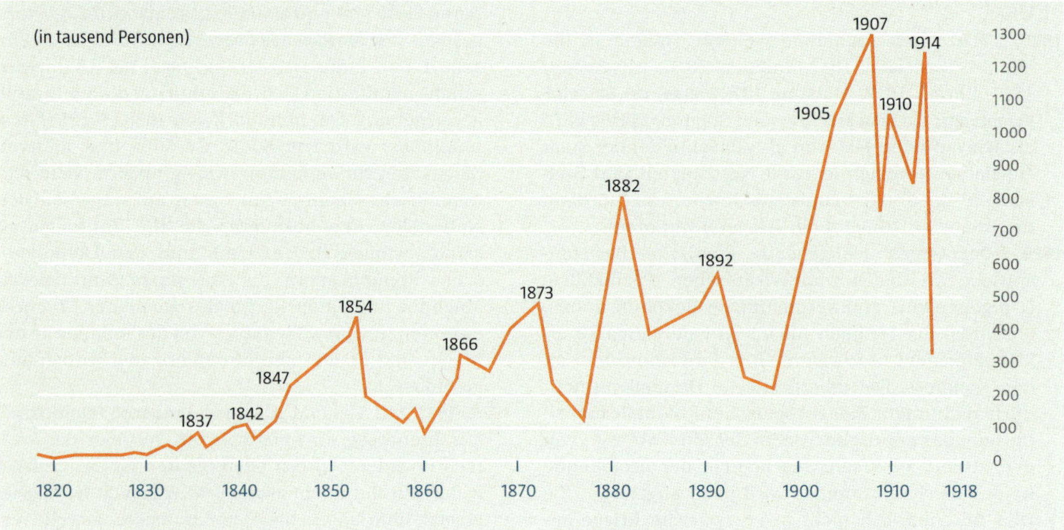

mocracy). Reformbewegungen finden starke Resonanz: Abolitionisten bekämpfen die Sklaverei, frühe Arbeiterparteien (Philadelphia 1828) und Gewerkschaften (*National Trade Unions* 1834) fordern Verbesserungen im Arbeitsrecht, Sozialreformer gründen kooperative Gemeinschaften (u. a. Brook Farm, Massachusetts, 1841–1846), Temperenzgesellschaften bekämpfen den Alkoholismus (1851 gibt es in 13 Staaten Prohibitionsgesetze), **Frauen fordern das Wahlrecht** (Konvent von Seneca Falls, New York, 1848). Breite Bevölkerungsschichten werden in den Prozess politischer Willensbildung einbezogen, Vorrechte einer elitären Oberschicht dagegen eingeschränkt. Bei den Parteien stehen die Demokraten als Partei des Antikapitalismus, des Westens und der Landwirtschaft der staatsinterventionistischen und kapitalistisch orientierten *Whig Party* gegenüber.

1832 Präsident JACKSON verhindert durch sein Veto das Weiterbestehen der *Bank of the United States.* Er vertritt eine generell bankkritische Auffassung, lehnt Monopole ab und beurteilt die *Bank of the United States*, die de facto als Nationalbank fungiert, als verfassungswidrig.

1832–1833 Ein neuer Schutzzolltarif, nur wenig niedriger als der von 1828, wird in South Carolina für verfassungswidrig und nichtig erklärt. Grundlage ist JOHN C. CALHOUNS (*1782, †1850) Nullifikationstheorie, nach der Bundesstaaten das Recht haben, für sie schädliche Gesetze des Bundes nicht umzusetzen. Ein Staatskonvent droht mit Sezession. JACKSONS Entschlossenheit, die Einheit des Bundesstaates notfalls militärisch zu erhalten, und ein Kompromisszolltarif beenden die Krise.

1833, Dez. WILLIAM LLOYD GARRISON (*1805, †1879) und andere gründen in Philadelphia die *Anti-Slavery Society*, die die sofortige Emanzipation der Sklaven verlangt. Diese soll jedoch mit friedlichen Mitteln erreicht werden. Aus der *Anti-Slavery Society* entstehen 1840 sowohl die *American and Foreign Anti-Slavery Society* als auch die *Liberty Party*, eine politische Partei, die die Abschaffung der Sklaverei mit politischen Mitteln anstrebt.

Einwanderung in die USA nach Herkunftsländern 1851–1910

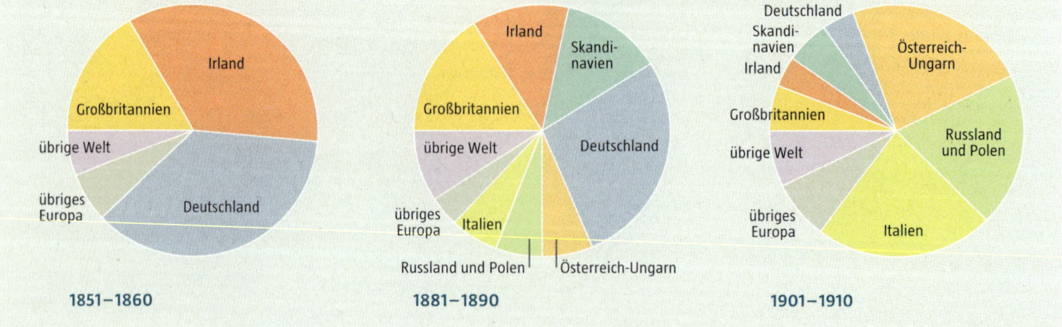

1836 Nach erfolgreichem Aufstand der amerikanischen Siedler gegen Mexiko, zu dem Texas gehört hat, erkennen die USA die Unabhängigkeit von Texas an.

1837–1841 Präsident MARTIN VAN BUREN (*1782, †1862; Demokrat) setzt die Politik JACKSONS fort.

1837–1843 Rücksichtslose Landspekulation und undurchsichtige Kredite führen zur Wirtschaftskrise (*Panic of 1837*).

1841 WILLIAM HENRY HARRISON (*1773, †1841) wird erster Whig-Präsident (Einführung des Parteienkonvents für Kandidatenwahl und Programmformulierung). Nach seinem frühen Tod übernimmt Vizepräsident JOHN TYLER (*1790, †1862) die Nachfolge.

1842 Nach der erfolglosen Dorr-Rebellion gegen Wahlrechtsbeschränkungen in Rhode Island, angeführt vom Juristen THOMAS W. DORR (*1805, †1854), wird dort, als letztem der USA, das allgemeine Wahlrecht für Männer eingeführt (1843).

1845–1849 Während der Präsidentschaft von JAMES KNOX POLK (*1795, †1849, Demokrat) werden die Zolltarife gesenkt. Unter dem Schlagwort *Manifest Destiny* (JOHN L. O'SULLIVAN, *1813, †1895; Democratic Review, 1845) verfolgen die Vereinigten Staaten eine **forcierte, weitreichende Expansionspolitik**. Die **Westwanderung** richtet sich nach Durchquerung der Prärie und der Rocky Mountains zunehmend auf die pazifischen Küstengebiete: seit 1842 »Oregon-Fieber« (Beschreibung durch FRANCIS PARKMAN, *1823, †1893; The Oregon Trail, 1849), verstärkte Besiedlung Kaliforniens seit 1843, Zug der Mormonen in den 1896 in die Union aufgenommenen Bundesstaat Utah (Salt Lake City) 1846. Die **Einwanderungszahlen steigen rapide** an (im Jahre 1847 erstmalig über 250 000). Einwanderungsfeindliche Nativisten bekämpfen den besonders durch die irische Einwanderung verstärkten Katholizismus und organisieren sich in der *American Party* oder *Know Nothing Party*.

1845, 28. Febr. Der Kongress billigt die Annexion von Texas. Mexiko bricht die Beziehungen zu den Vereinigten Staaten ab. In seiner Jahresbotschaft an den Kongress von 1845 wiederholt und erweitert Präsident POLK die Grundsätze der Monroe-Doktrin (Polk-Doktrin). Er beansprucht für die USA das bislang gemeinsam mit Großbritannien besetzte Oregongebiet zwischen Alaska und Kalifornien.

1846, 15. Juni Im Oregon-Vertrag wird das Gebiet entlang dem 49. Breitengrad geteilt. Der Süden kommt als Oregon-Territorium an die Vereinigten Staaten (spätere Staaten: Oregon, Washington, Idaho).

1846–1848 Nach vergeblichen Bemühungen um den Kauf New Mexikos und Kaliforniens und nach militärischen Zusammenstößen an der Südgrenze von Texas erklären die Vereinigten Staaten den **Krieg gegen Mexiko**. General ZACHARY TAYLOR (*1784, †1850) siegt in Nordmexiko (Schlacht bei Buena Vista). Invasionstruppen unter General WINFIELD SCOTT (*1786, †1866) nehmen Mexiko-Stadt ein (1847). New Mexico und Kalifornien werden erobert. Im Frieden von Guadalupe Hidalgo (2. Febr. 1848) tritt Mexiko Kalifornien und New Mexico ab (spätere Staaten: Arizona, Nevada, Kalifornien, Utah und Teile New Mexicos, Colorados und Wyomings). Von 1845 bis 1848 ist die Fläche der Vereinigten Staaten von 4,63 auf 7,75 Mio. km² gewachsen.

1848, 24. Febr. Das Bekanntwerden von Goldfunden im Tal des Sacramento lockt Abenteurer aus der ganzen Welt nach Kalifornien (*Gold Rush* der sog. *Forty-niners*). Die Bevölkerung Kaliforniens wächst von 1846 10000 auf 1852 250 000 Menschen.

Aug. Nach vergeblichen Versuchen im Kongress, die neu erworbenen Gebiete sklavenfrei zu halten (*Wilmot Proviso* 1846 – benannt nach dem Demokraten DAVID WILMOT [*1814, †1868]), bilden Whigs und oppositionelle Demokraten die *Free Soil Party*, die die Zulassung neuer Sklavereistaaten unterbinden und Heimstätten für landlose Siedler schaffen will.

Nord-Süd-Gegensatz, Bürgerkrieg und Reconstruction des Südens (1849–1881)

Nach Abschluss der territorialen Expansionsphase tritt der **Konflikt um die Sklaverei in den Vordergrund**. Im Norden wächst die gesellschaftspolitische und moralische Kritik an diesem System. 1851/52 erscheint HARRIET BEECHER STOWES (*1811, †1896) erfolgreicher Tendenzroman »Uncle Tom's Cabin« (»Onkel Toms Hütte«). Im Süden wird die Sklaverei mit Berufung auf die Verfassung (Eigentumsrecht, Rechte der Einzelstaaten gegenüber dem Bund) sowie mit antikapitalistischen, sozialen, wirtschaftlichen, religiösen und anthropologischen Argumenten verteidigt (z. B. in GEORGE FITZHUGHS, *1806, †1881, *Sociology of the South*, 1854). Neben den pazifistisch-unpolitischen Abolitionisten um WILLIAM L. GARRISON formieren sich radikalere Sklavereigegner, die auch einen bewaffneten Kampf gegen die Sklaverei nicht mehr ausschließen. Der Verfassungskompromiss von 1850 löst den Missouri-Kompromiss von 1820 ab und öffnet auch die Gebiete nördlich der Linie 36°30' für die Sklaverei. Im späteren Bundesstaat Kansas kommt es zwischen 1857 und 1860 zu bewaffneten Kämpfen (*Bleeding Kansas*) über die Frage, ob Kansas als Sklavenstaat in die Union aufgenommen werden soll oder nicht. Die Kluft zwischen den Sektionen prägt sich auch in den **unterschiedlichen Wirtschaftsformen und Gesellschaftsordnungen** aus: im Norden bäuerliche Farmwirtschaft, Handel, Schifffahrt, Industrie sowie demokratische und zunehmend urbane Kultur, im Süden Plantagenwirtschaft, Monokultur und aristokratisch-patriarchalische Führungsschicht. 1849 wird der Kandidat der *Whig Party*, General ZACHARY TAYLOR Präsident; sein Nachfolger ist MILLARD FILLMORE (*1800, †1874). Nach dem Tode HENRY CLAYS (*1777) und DANIEL WEBSTERS (*1782) 1852 zerfällt die *Whig Party*. Auch die Demokratische Partei ist innerlich zerrissen. Empört über die Ausweitung der Sklaverei im Westen, sammeln sich *Whigs*, *Free Soilers* und Antisklaverei-Demokraten 1854 in der neuen Republikanischen Partei. In ihr steigt ABRAHAM LINCOLN (*1809, †1865) zum führenden Politiker auf. Die Einwanderung erreicht 1854 einen neuen Höhepunkt (428 000).

Die einwanderungsfeindliche *American Party* organisiert sich bundesweit, findet viele Anhänger, zerfällt aber im Nord-Süd-Konflikt. Die Präsidenten der Vorbürgerkriegszeit – FRANKLIN PIERCE (*1804, †1869; 1853–1857) und JAMES BUCHANAN (*1791, †1868; 1857–1861), beide Demokraten – zeigen sich den tief greifenden Problemen der drohenden Staatskrise nicht gewachsen.

1850, 19. April Im Clayton-Bulwer-Vertrag (geschlossen von Außenminister JOHN M. CLAYTON [*1796, †1856]) verabreden Großbritannien und die Vereinigten Staaten, einen zukünftigen mittelamerikanischen Kanal nicht einseitig zu kontrollieren. Sie wollen ihn neutralisieren und entmilitarisieren.

Sept. Aufgrund eines Antrages Kaliforniens auf Zulassung als sklavenfreier Staat und der **wachsenden Spannungen in der Sklavenfrage** beschließt der Kongress auf Vorschlag HENRY CLAYS den Kompromiss von 1850: Kalifornien bleibt sklavenfrei; New Mexico und Utah werden ohne Beschränkung der Sklaverei in die Union aufgenommen. Staatenverfassungen sollen die Sklavereifrage später entscheiden. Der Kompromiss beinhaltet die Verschärfung des Sklavenrückführungsgesetzes, aber auch das Verbot des Sklavenhandels im District of Columbia.

1853, 31. März Kommodore MATTHEW CALBRAITH PERRY (*1794, †1858) erreicht nach einer Marineexpedition mit dem **Vertrag von Kanagawa** die Öffnung Japans für den amerikanischen Handel.

30. Dez. Im Zusammenhang mit Projekten für den Eisenbahnbau zum Pazifik kaufen die Vereinigten Staaten von Mexiko im *Gadsden Purchase* einen Landstreifen südlich des Gila River (Arizona, New Mexico).

1854 Pläne zum Erwerb Kubas, was den Ausbau der Sklaverei und die Stärkung des Südens bedeutet hätte, werden nicht verwirklicht.

1856 Das Kansas-Nebraska-Gesetz vom 30. Mai 1854 stellt den Bewohnern beider Territorien die Entscheidung über die Sklaverei frei (Prinzip der *popular sovereignty*, Hauptbefürworter STEPHEN A. DOUGLAS [*1813, †1861]). Dies impliziert die Aufhebung des Missouri-Kompromisses von 1820. Prosklaverei- und Antisklaverei-Siedler wandern daraufhin nach Kansas ein. Zwei gegensätzliche Verfassungen werden formuliert, zwei rivalisierende Regierungen gebildet. Unterstützt von Parteigängern des Nordens und Südens, bekämpfen sich die streitenden Parteien in einem **Bürgerkrieg** (*Bleeding Kansas*). Der Versuch, eine Kompromissverfassung einzuführen, scheitert. Nach Verlängerung des Territorialstatus wird Kansas 1861 als sklavenfreier Staat in die Union aufgenommen.

1857–1858 Überhitzte Eisenbahn- und Bodenspekulation führt zu einer **tief greifenden Wirtschaftskrise** (*Panic of 1857*).

1857, 6. März Das Oberste Bundesgericht entscheidet im Fall DRED SCOTT (*um 1799, †1858), dass Personen afrikanischer Abstammung, unabhängig von ihrem Status als Sklaven oder Freie, keine Bürgerrechte besitzen können. Der Missouri-Kompromiss von 1820 verletze das Recht auf Eigentum und sei deshalb verfassungswidrig.

1859, 16. Okt. Der Abolitionist JOHN BROWN (*1800, †1859) überfällt mit einem Trupp von Gleichgesinnten das Waffendepot der US-Army in Harper's Ferry (Virginia). Er will mit befreiten Sklaven einen unabhängigen Staat in den Appalachen errichten, erhält jedoch keinen Zulauf, wird vom Militär überwältigt, zum Tode verurteilt und mit sechs Anhängern hingerichtet.

1860, 9. Nov. Der Republikaner **ABRAHAM LINCOLN wird zum Präsidenten gewählt**.

20. Dez. **South Carolina erklärt** wegen der sklavereifeindlichen Haltung des Nordens **die Sezession** (Anspruch auf *state sovereignty*). Sechs Südstaaten schließen sich an: Mississippi, Florida, Alabama, Georgia, Louisiana und Texas.

1861, 8. Febr. Sie bilden die **Konföderierten Staaten von Amerika mit einer eigenen Verfassung**; Präsident wird JEFFERSON DAVIS (*1808, †1889). Virginia, Arkansas, Tennessee und North Carolina verstärken die Konföderation; Hauptstadt wird Richmond (Virginia); die Grenzstaaten Delaware, Maryland, Kentucky und Missouri bleiben der Union treu ebenso wie der 1863 in die Union aufgenommene Staat West Virginia.

Der Sezessionskrieg (Amerikanischer Bürgerkrieg) 1861–1865

Im Sezessionskrieg wehrt sich der Süden lange Zeit erfolgreich gegen den an Menschenreserven und Rüstungspotenzial stärkeren Norden. Die **Union** kämpft zunächst v. a. für die Erhaltung der staatlichen Einheit, später auch für die Abschaffung der Sklaverei, die **Konföderation** für die Anerkennung ihrer Unabhängigkeit und das Weiterbestehen der Sklaverei. Die wirtschaftlich-sozialen Gegensätze stehen im Hintergrund des Konfliktes und verschärfen ihn. Der verlustreiche Krieg wird mit wachsender Erbitterung geführt.

1861, 12. April Mit der Beschießung des Bundesforts Sumter bei Charleston durch die Konföderierten beginnen die Kampfhandlungen.

15. April **LINCOLN proklamiert offiziell den Bürgerkrieg**, stellt eine Freiwilligenarmee von 75 000 Mann auf und verhängt eine Blockade südstaatlicher Häfen. Großbritannien erklärt seine Neutralität und erkennt damit die Konföderation als Krieg führende Partei an. Bis 1863 besteht die Gefahr, dass Großbritannien und Frankreich aus primär wirtschaftlichen Gründen an der Seite des Südens in den Krieg eintreten.

21. Juli Der erste Vorstoß der Unionstruppen in Virginia wird in der Schlacht von Bull Run (Nebenfluss des Potomac, südwestlich von Washington) gestoppt.

1862, 26. April Während New Orleans von Marineeinheiten des Nordens besetzt wird, stoßen Unionstruppen unter General ULYSSES S. GRANT (*1822, †1885) den Mississippi entlang nach Süden vor. Mit der Einnahme von Vicksburg am linken Ufer des Mississippi (Juli 1863) ist das Gebiet der Konföderation zweigeteilt (*Anaconda Plan*).

20. Mai Der *Homestead Act* ermöglicht Siedlern den kostenlosen Landerwerb im Westen.

2. Juli Aufgrund des *Morrill Act* können Einzelstaaten Ländereien zur Errichtung landwirtschaftlicher und technischer Hochschulen erhalten (69 staatliche *landgrant colleges* entstehen in der Folgezeit).

1863, 1. Jan. **Lincolns Emanzipationserklärung spricht alle Sklaven im Gebiet der Konföderation** (nicht in den loyalen Grenzstaaten) **frei**. Der Norden führt von nun an einen Sklavenbefreiungskrieg und gewinnt Sympathien in Europa (besonders in Großbritannien).

1.–3. Juli Der Vormarsch konföderierter Truppen unter General Robert Edward Lee (*1807, †1870) wird in Gettysburg (Pennsylvania) zurückgeschlagen: Damit ist die entscheidende Wendung des Krieges zugunsten der Union eingetreten. Lincolns *Gettysburg Address* (19. Nov. 1863) zur Einweihung des Soldatenfriedhofs wird zum kanonisierten Text der amerikanischen Geschichte.

1864, Herbst Unionstruppen unter General William T. Sherman (*1820, †1891) unternehmen einen Zerstörungsfeldzug durch Georgia, erreichen am 22. Dez. die Atlantikküste bei Savannah (Georgia) und dringen von dort aus nach South Carolina vor (Zerstörung von Columbus, Georgia, 16. April 1865).

1865, 9. April Bei Appomattox Courthouse (Virginia) kapitulieren die Truppen Lees. In den darauf folgenden Wochen **ergeben sich die Konföderierten** auch auf den anderen Kriegsschauplätzen. Der Bürgerkrieg endet mit dem Sieg der Union. Die Einheit der Vereinigten Staaten ist wiederhergestellt. Der Krieg hat den Norden 360 000, den Süden 275 000 Tote gekostet.

14. April Lincoln, 1864 erneut zum Präsidenten gewählt, wird von John Wilkes Booth (*1838, †1865), einem fanatischen Südstaatenanhänger, **ermordet**. Vizepräsident Andrew Johnson (*1808, †1875) nimmt den Präsidentenposten ein.

Reconstruction – Die Wiedereingliederung des Südens 1865–1876

Der 13. Verfassungszusatz (1865) **beseitigt die Sklaverei** in den Vereinigten Staaten, der 14. Verfassungszusatz (1866) **sichert den ehemaligen Sklaven die Bürgerrechte zu** und schließt führende Vertreter der Konföderation von Staatsämtern aus, der 15. Verfassungszusatz (1869) **verbietet Wahlrechtsbeschränkungen** aufgrund von Rasse,

Territoriale Ausdehnung der USA 1860

Hautfarbe oder früheren Abhängigkeitsverhältnissen. Über den Wiederaufbau des Südens gibt es bei den Siegern unterschiedliche Vorstellungen. Während Präsident JOHNSON für eine nachsichtige Behandlung des Südens eintritt, sehen die sog. »radikalen Republikaner« tief greifende Veränderungen vor. Zum Schutz der Schwarzen gegen ihre ehemaligen Herren und zur Einführung kapitalistischer Arbeitsverhältnisse wird das *Freedmen's Bureau* errichtet. 1867 wird der Süden militärisch besetzt. Die von Nordstaatlern und abolitionistischen Südstaatlern mit bestimmte Aufbaupolitik ist durch soziale Fortschritte gekennzeichnet.

1866, Sept. Das transatlantische Kabel ermöglicht eine schnelle Nachrichtenverbindung zwischen Europa und Amerika.

1867, 30. März Alaska wird für 7,2 Mio. Dollar von Russland gekauft (*Alaska Purchase*).

1868, Frühjahr Präsident ANDREW JOHNSON entgeht in einem Impeachment-Verfahren nur knapp der Amtsenthebung, die die radikalen Republikaner wegen seiner Rekonstruktionspolitik gegenüber dem Süden anstreben.

1869, 4. März Der Republikaner General ULYSSES S. GRANT wird Präsident (Wiederwahl 1873).

10. Mai Die erste Eisenbahnverbindung zum Pazifik (Chicago–San Francisco) wird fertig gestellt.

1870/1871 Der Kongress verabschiedet **Gesetze gegen den Ku Klux Klan**, einen Geheimbund zur Terrorisierung der schwarzen Bevölkerung im Süden. Bis 1871 sind alle Südstaaten wieder im Kongress vertreten.

1872, 22. Mai Eine Amnestie gibt ehemaligen Mitkämpfern der Konföderation die politischen Rechte zurück (ausgenommen führenden Persönlichkeiten).

1873 Eisenbahnspekulation sowie industrielle und landwirtschaftliche Überproduktion verursachen die Panik von 1873 (Beginn des **langen Abschwungs bis 1896**).

1876 Die letzten Truppen ziehen sich aus dem Süden zurück. Damit ist die *Reconstruction* beendet. Die Weißen haben überall die Oberhand zurückerlangt. *Black Codes* und Bindung an die Scholle überführen die befreiten Sklaven in den Zustand der Halbfreiheit, die aus den *African Americans* ein ländliches rechtloses Proletariat entstehen lassen.

1877–1881 Präsidentschaft von RUTHERFORD BIRCHARD HAYES (*1822, †1893; Republikaner).

Der Amerikanische Bürgerkrieg 1861–65

Wirtschaftsrevolution, Reformzeit und Weltpolitik (1881–1918)

Nach der Beendigung des Konflikts zwischen Norden und Süden macht die Verdrängung der indigenen Bevölkerung und die folgende Besiedlung des ganzen Landes rasche Fortschritte. Die großen Ebenen des Mittelwestens werden für die Farmwirtschaft erschlossen. Das Ergebnis der Volkszählung von 1890 führt zu der Feststellung, dass eine »wandernde Grenze« nicht mehr existiert. Der **letzte Widerstand der Native Americans wird militärisch gebrochen** (u. a. Cheyenne-Arapho-Krieg 1861–1864, Sioux-Kriege 1862–1876, Apachen-Krieg 1871–1886, Massaker von Wounded Knee, South Dakota, 1890). Die Überlebenden müssen in oft unfruchtbare Reservate ziehen, wo sie vom Staat notdürftig unterstützt werden.

Der Ausbau des Verkehrssystems (Eisenbahn: Pullman-Schlafwagen 1864, Kühlwagen 1875; elektrische Straßenbahn 1874; Auto vom Fließband: HENRY FORD, 1909; kommerzielle Flugzeugproduktion: Gebrüder WRIGHT, 1909), Verbesserungen im Kommunikationswesen (z. B. Schreibmaschine 1867, Telefon 1876), technische Neuerungen in der Industrie (z. B. Nähmaschine 1846–1854, Zelluloidproduktion 1872, Glühlampe 1879, elektrische Geräte, Übernahme und Weiterentwicklung europäischer Fabrikationsprozesse) und der Landwirtschaft (z. B. Hartpflug 1868, Fadenbinder 1873, Stacheldraht 1874, Mähdrescher 1881) sowie die verstärkte Nutzung der Bodenschätze (erste Ölbohrung in Pennsylvania 1859, erste Pipeline 1866, Verstärkung des Eisenerz- und Kohleabbaus, der Stahlindustrie u. a.) sind die Voraussetzungen für **Wirtschaftsrevolution und Hochindustrialisierung**, die sich besonders im Nordosten vollziehen (»Industriegürtel«).

Der Ausweitung der Binnenmärkte, steigende Produktionsraten, wachsende Kapitalinvestitionen und Zunahme der Arbeitskräfte folgen extreme Konzentrationserscheinungen in der Wirtschaft: Kartelle, Trusts und Holdinggesellschaften beherrschen bisweilen ganze Industriezweige (z. B. ROCKEFELLERS *Standard Oil Company, Carnegie Steel Company*, ab 1901 *U.S. Steel Corporation*, das Bankhaus *J.P. Morgan & Co.*). Die USA **rücken in den Kreis der führenden Industriestaaten** der Welt auf.

Gesetze zur Sicherung des freien Wettbewerbs können die wirtschaftliche Konzentration nur begrenzt eindämmen. Gegen soziale Missstände und Korruptionserscheinungen (besonders in den Großstädten) wächst auf vielen Ebenen die Kritik. Arbeiter organisieren sich gegen heftige Widerstände der Unternehmer in Gewerkschaften (u. a. *Knights of Labor* 1878–1893, *American Federation of Labor* 1886, *Industrial Workers of the World* 1905–1925) und Arbeiterparteien (*Socialist Labor Party* 1874, *Social Democratic Party* 1897). **Arbeitskonflikte** entladen sich in großen Streiks (u. a. Homestead, Pennsylvania, 1892; *Pullman Strike* 1894; Anthrazitkohlen-Streik 1902). Gegen die Vormachtstellung von Industrie und Finanzwelt opponiert auch die verschuldete Landwirtschaft (Granger-Bewegung seit 1867, *Farmers' Alliances* 1874/80, *Populist Party* 1892). Drittparteien können sich jedoch auf nationaler Ebene nicht durchsetzen. **Soziale Reformpolitik** beginnt in den Einzelstaaten (führend Wisconsin unter Gouverneur ROBERT M. LA FOLLETTE, *1855, †1925, seit 1901). In der »Progressiven Bewegung« (1901–1917) werden soziale und politische Reformen gefördert und z. T. durchgesetzt (z. B. bessere Arbeitsbedingungen, Verbraucherschutz, direkte Demokratie). Schriftsteller üben scharfe Kritik an Korruptionserscheinungen in Wirtschaft und Verwaltung (sog. *»Muckrakers«*, u. a. LINCOLN STEFFENS, *1866, †1936, »The Shame of the Cities«, 1904). In den Präsidentschaftswahlen spielen »progressive« Programme eine wachsende Rolle (1912 *Progressive Party*).

Die **Einwanderung nimmt stark zu** und führt der amerikanischen Wirtschaft billige Arbeitskräfte zu (1861–1870: 2,3 Mio.; 1881–1890: 5,2 Mio.; 1901–1910: 8,8 Mio. Seit den 1890er-Jahren kommen Auswanderer v. a. aus Ost- und Südeuropa (*New Immigration*). Nach dem Bürgerkrieg setzt eine planmäßige Einwanderungswerbung ein, bald aber formieren sich Gegenkräfte, die Beschränkungen für bestimmte Einwanderungsgruppen fordern (Ausschließung von Chinesen 1882, Verbot der Einwanderung von Kontraktarbeitern 1885, Beschränkungen für Japaner ab 1906, Lesetests ab 1917).

Die *National American Women Suffrage Association* (NAWSA), 1890 aus zwei rivalisierenden Organisationen zusammengeschlossen, **kämpft für das Frauenwahlrecht** und andere soziale Rechte von Frauen. Frauen erhalten aufgrund anhaltender politischer Proteste von Feministinnen und Suffragetten wie ELIZABETH CADY STANTON (*1815, †1902), SUSAN B. ANTHONY (*1820, †1906), MARY LIVERMORE (*1820, †1905) und CARRY CHAPMAN CATT (*1860, †1947) in den neuen Staaten des Westens das passive Wahlrecht: Colorado (1893), Utah (1896), Idaho (1896), Washington (1910), Kalifornien (1911), Arizona (1912), Kansas (1912), Oregon (1912), Illinois (1913), Nevada (1914) und Montana (1914).

Die Außenpolitik der USA ist seit dem späten 19. Jh. durch **überseeische Expansion** gekennzeichnet (1897 erscheint ALFRED T. MAHANS, *1840, †1914; »The Interest of America in Sea Power«, dt. »Die weiße Rasse und die Seeherrschaft«, 1909). Wirtschaftliche Interessen, nationalistische Machtpolitik und rassistisches bzw. zivilisatorisches Sendungsbewusstsein fördern eine Interventionspolitik in Richtung Pazifik und Karibische See (*Big Stick*-Politik und »Dollardiplomatie«). Dabei kommt es zu Konflikten mit europäischen Mächten. Die USA bemühen sich um schiedsgerichtliche Regelungen.

1881, 19. Sept. Präsident JAMES A. GARFIELD (*1831, †1881; Republikaner) stirbt ein halbes Jahr nach seiner Amtsübernahme an den Folgen des Attentates eines enttäuschten Postenjägers. Vizepräsident CHESTER A. ARTHUR (*1830, †1886) wird Präsident.

1883, 16. Jan. Ein Gesetz zur Reform des öffentlichen Dienstes (*Pendleton Act*) schränkt parteipolitische Ämterpatronage (*spoils system*) ein.

1885 Mit GROVER CLEVELAND (*1837, †1908) wird erstmals seit 1861 ein Kandidat der Demokratischen Partei Präsident. Nach der Amtszeit seines Nachfolgers BENJAMIN HARRISON (*1833, †1901; Republikaner) folgt CLEVELANDS zweite Amtsperiode 1893–1897.

1886, 4. Mai **Arbeiterunruhen zur Durchsetzung des Achtstundentages** in Chicago finden ihren Höhepunkt im Haymarket-Aufruhr. Sieben Polizisten und vier Arbeiter werden durch eine Bombe getötet, vier Anarchisten nach einem umstrittenen Gerichtsverfahren hingerichtet.

1887, 8. Febr. Der *Dawes Severalty Act* sieht die Auflösung der indigenen Stämme als rechtliche Körperschaften und die Aufteilung von Stammesland in indianisches Privateigentum vor.

1889 Die Samoa-Inseln, auf denen 1878 eine amerikanische Marinestation errichtet worden ist, kommen unter ein Dreimächte-Protektorat (USA, Großbritannien, Deutschland); 1889 werden sie aufgeteilt.

Gründung der Panamerikanischen Union als Büro zum Austauschen von Informationen. Die beabsichtigte panamerikanische Zollunion wird nicht erreicht.

2. Juli Das **Sherman-Antitrust-Gesetz verbietet erstmalig Kontrakte, Trusts oder Absprachen** zur Einschränkung des zwischenstaatlichen Handels und des Außenhandels, ist aber wegen seiner vagen Formulierungen nur begrenzt anwendbar. Die Zahl der Trusts wächst weiter. Diese kontrollieren 1904 zwei Fünftel des Industriekapitals in den Vereinigten Staaten. Spätere Gesetze (*Elkins Act* 1903, *Federal Trade Commission Act* 1904, *Clayton Act* 1914) führen den Kampf gegen Preisdiskriminierungen, wirtschaftliche Monopolbildungen und unfaire Wettbewerbsmethoden fort, werden aber oft großzügig gehandhabt.

Okt. Der McKinley-Tarif erhöht die Einfuhrzölle auf durchschnittlich 49,5% und der Dingley-Tarif 1897 auf 57% (Hochphase des Schutzzolls bis 1909).

1895 Im Konflikt um die Grenze zwischen Venezuela und Britisch-Guayana setzen die Vereinigten Staaten mit Hinweis auf die Monroe-Doktrin eine schiedsgerichtliche Regelung durch.

1896, 18. Mai In einer Grundsatzentscheidung verfügt der Oberste Gerichtshof der USA im Fall Plessy vs. Ferguson, die Rassentrennung sei legal, solange Schwarzen und Weißen gleichwertige Einrichtungen (Eisenbahnen, Schulen) zur Verfügung stünden (*Separate but equal*-Doktrin). Damit ist in den **USA de facto und de jure ein Apartheidsystem eingeführt**. Nach diesem Urteil sind vermehrt rassistische Lynchmorde v. a. im Süden zu verzeichnen.

6. Nov. WILLIAM MCKINLEY (*1843, †1901; Republikaner) siegt in der Präsidentschaftswahl über den Reformpolitiker WILLIAM JENNINGS BRYAN (*1860, †1925), Kandidat der Demokraten und Populisten. Während seiner Amtszeit (1897–1901) erwerben die Vereinigten Staaten auswärtige Besitzungen. Nach seiner Wiederwahl (1900) wird MCKINLEY von einem Anarchisten ermordet (14. Sept. 1901).

1898, 21. April–10. Dez. Expansionistisches Interesse am Erwerb Kubas von Spanien, Sympathien für aufständische Kubaner, die seit 1895 gegen die spanische Kolonialherrschaft kämpfen, die Veröffentlichung des De-Lôme-Briefes (spanische Kritik an MCKINLEY) und die ungeklärte Zerstörung des Linienschiffs »Maine« im Hafen von Havanna sowie die Kampagnen der einflussreichen New Yorker Boulevardpresse (JOSEPH PULITZER, *1847, †1911; WILLIAM RANDOLPH HEARST, *1863, †1951) führen zur Kriegserklärung der Vereinigten Staaten an Spanien. Im **Spanisch-Amerikanischen Krieg** wird die spanische Flotte in der Bucht von Manila und vor Santiago de Cuba vernichtet. Manila wird mithilfe der Filipinos eingenommen, Santiago de Cuba kapituliert, amerikanische Truppen besetzen Puerto Rico.
Im Frieden von Paris wird Kuba Republik. Die USA sichern sich durch das *Platt Amendment* von 1901 Protektoratsrechte und Marinebasen, u. a. Guantánamo. Spanien tritt Puerto Rico, die Pazifikinsel Guam und die Philippinen (diese für 20 Mio. Dollar Entschädigung) an die USA ab. Die Inbesitznahme der Philippinen wird von vielen Demokraten und Populisten kritisiert (*Anti-Imperialist League* 1899). Eine antiamerikanische Erhebung auf den Philippinen unter EMILIO AGUINALDO (*1869, †1964) wird blutigst unterdrückt (Guerillakrieg bis 1902).

1899/1900 Während des Krieges werden die Hawaii-Inseln annektiert, auf denen 1893 die Monarchie (seit 1891 Königin LILIUOKALANI; *1838, †1917) durch eine von amerikanischen Zuckerpflanzern geführte Revolte beseitigt worden ist. Gegen drohende Diskriminierungen im Chinahandel fordern die Vereinigten Staaten von Großbritannien, Deutschland, Russland, Frankreich, Italien und Spanien eine »Politik der Offenen Tür«, die der ökonomischen Durchdringung Chinas durch die USA entgegenkommt. Nach der Strafexpedition gegen die Boxer (Boxeraufstand 1900), an der die USA beteiligt sind, setzt sich Außenminister JOHN HAY (*1838, †1905) für die Integrität Chinas und für gleichberechtigten Handel mit allen Teilen des Landes ein.

1901–1909 Unter Präsident THEODORE ROOSEVELT (*1858, †1919; Republikaner) findet die **amerikanische Weltpolitik** ihre Fortsetzung in Schiedsgerichtsbarkeit und Interventionen.

1901, 18. Nov. Das Hay-Pauncefote-Abkommen mit Großbritannien sichert den USA die Kontrolle über einen zukünftigen mittelamerikanischen Kanal (Widerruf des Clayton-Bulwer-Vertrages von 1850). Als Kolumbien die Verpachtung der benötigten Kanalzone verweigert, proklamiert die Provinz Panama mit Unterstützung amerikanischer Politiker und Geschäftsleute und unter schweigender Billigung ROOSEVELTS ihre Unabhängigkeit und willigt in den Kanalbau ein. Unter ungünstigen Arbeitsbedingungen und großen Konstruktionsschwierigkeiten wird der **Panamakanal ab 1904 gebaut und 1914 für die Schifffahrt eröffnet** (Gesamtkosten über 365 Mio. Dollar).

1904 Angesichts europäischer Zwangsmaßnahmen gegen Venezuela (1902) und Interventionsdrohungen gegen die Dominikanische Republik (1903) – beide Staaten sind ihren Schuldenverpflichtungen nicht nachgekommen – nimmt ROOSEVELT für die **Vereinigten Staaten** das Recht in Anspruch, sich **als Polizeimacht**

in lateinamerikanischen Staaten einzumischen und europäische Interventionen zu verhindern (*Roosevelt Corollary* zur Monroe-Doktrin, widerrufen 1928).

1905–1916 Interventionen erfolgen in der Dominikanischen Republik (1905, 1916), Kuba (1906, 1912), Nicaragua (1909, 1912), Mexiko (1914) und Haiti (1915).

1905 Roosevelt vermittelt im Russisch-Japanischen Krieg (1904–1905, Friede von Portsmouth) und erhält 1906 dafür den Friedensnobelpreis.

1906, Jan.–April Mit Roosevelts Hilfe kommt die Konferenz von Algeciras über die Souveränität Marokkos zustande. Vergeblich bemüht er sich um die Errichtung eines internationalen Gerichtshofes auf der 2. Haager Friedenskonferenz (1907).

1908–1909 Die USA schließen Verträge mit 25 Ländern: Streitigkeiten sollen dem **Haager Schiedsgericht** vorgelegt werden (mit Einschränkungen, falls Interessen, Ehre und Unabhängigkeit einer Nation berührt sind).

1909–1913 Der von Roosevelt empfohlene republikanische Kandidat William H. Taft (*1857, †1930) wird Präsident, verfolgt aber nicht die von ihm erwartete Reformpolitik im Innern. Es kommt zur Spaltung der Republikanischen Partei bei der Wahl von 1912.

1913–1921 Roosevelt, Führer der neu gegründeten Progressiven Partei, kandidiert gegen den Republikaner Taft. Der Demokrat Woodrow Wilson (*1856, †1924) gewinnt die Wahl und wird Präsident (Programm *New Freedom*). William Jennings Bryan wird Außenminister (1913–1915).

1913 Bryans *Cooling Off*-Verträge mit 30 Staaten sehen vor, internationale Streitigkeiten einer ständigen Untersuchungskommission vorzulegen und bis zu deren Bericht innerhalb eines Jahres nicht zu den Waffen zu greifen.
Der 16. Verfassungszusatz erlaubt erstmalig die Erhebung einer Einkommensteuer durch den Bund. Das *Federal Reserve Act* ermöglicht die Errichtung eines **Systems von zwölf durch die Regierung kontrollierten Banken** zur Regelung des Währungs- und Kreditwesens (diesbezügliche Schwächen waren in der »Panik von 1907« zutage getreten).

Der Erste Weltkrieg: Neutralität und Kriegseintritt

Nach Ausbruch des Ersten Weltkrieges proklamiert Präsident Wilson **Amerikas Neutralität** (4. Aug. 1914) und appelliert an die Nation, »unparteiisch sowohl in Gedan-

Territoriale Ausdehnung der USA 1912

ken als auch in Taten« zu sein (19. Aug. 1914). In der Folgezeit gelten jedoch die Sympathien der USA stärker Großbritannien und Frankreich, wofür neben engeren kulturellen und wirtschaftlichen Beziehungen umstrittene Schritte der deutschen Kriegsführung maßgebend sind: Bruch der belgischen Neutralität (3. Aug. 1914), Versenkung der »Lusitania« mit mindestens 120 Amerikanern an Bord (7. Mai 1915), deutsche Sabotageakte in Amerika (1915/16), Torpedierung der »Sussex« (24. März 1916), Wiederaufnahme des unbeschränkten U-Boot-Krieges (1. Febr. 1917), Zimmermann-Depesche (veröffentlicht 1. März 1917). Bis April 1917 wachsen die amerikanischen Anleihen an die Alliierten auf 2,3 Mrd. Dollar, diejenigen an die Mittelmächte nur auf 20 Mio. Dollar. Amerikanische Friedenssondierungen und Vermittlungsversuche, u. a. Reisen von WILSONS Vertrautem EDWARD M. HOUSE (*1858, †1938), und WILSONS Friedensnote vom 18. Dez. 1916, bleiben ohne Erfolg. Nachdem der Wahlkampf von 1916 unter der Parole »*He kept us out of war*« geführt wurde, erfolgt am 3. Febr. 1917 der Abbruch der diplomatischen Beziehungen und am 6. April 1917 die **Kriegserklärung an Deutschland**.

1916, 29. Aug. Ein Entwicklungsgesetz für die Philippinen (*Jones Act*) sieht die Unabhängigkeit des Landes für den Zeitpunkt vor, zu dem eine »stabile Regierung« errichtet werden kann.

1917, 17. Jan. Die Vereinigten Staaten kaufen die Virgin Islands (Jungferninseln, Inselgruppe der Kleinen Antillen) von Dänemark für 25 Mio. Dollar.

18. Mai Ein selektives Wehrpflichtgesetz ermöglicht die Registrierung und Einberufung von Männern im Alter von 21 bis 30 Jahren.

1918, 8. Jan. **WILSON formuliert in »Vierzehn Punkten« das amerikanische Friedensprogramm.**

6. Juni Erstmalig beteiligen sich US-Truppen an den Kämpfen auf dem europäischen Festland. Insgesamt werden rund zwei Mio. US-Soldaten nach Frankreich geschickt. General JOHN J. PERSHING (*1860, †1948) befehligt die US-Expeditionsstreitmacht. 29 Infanteriedivisionen greifen in die Kämpfe ein. Die Verluste der USA belaufen sich bis Kriegsende auf 112 432 Tote und 230 074 Verwundete.

6. Okt. Das deutsche Ersuchen um Waffenstillstand auf der Grundlage der »Vierzehn Punkte« WILSONS führt nach Verhandlungen mit den Alliierten und Veränderungen in der Regierung in Deutschland am 11. Nov. zum Waffenstillstand.

1919, 18. Nov. Der in **Versailles** ausgehandelte **Friedensvertrag** trifft in den USA v. a. wegen der Sanktionsbestimmungen in der Völkerbundssatzung auf Kritik und wird im Senat mit 53 gegen 38 Stimmen **abgelehnt**. Während eines öffentlichen Werbefeldzuges für die Ratifizierung des Vertrages war der körperlich geschwächte WILSON am 25. Sept. 1919 in Puebla (Colorado) zusammengebrochen.

Zwischenkriegszeit und Zweiter Weltkrieg (1919–1945)

Die Vereinigten Staaten bleiben dem Völkerbund fern, sind aber durch wirtschaftliche und finanzielle Verflechtungen international gebunden und nehmen aktiv an weltpolitischen Vorgängen teil. Die **»Große Depression«** beendet 1929 eine Phase relativer Prosperität. Die schwere wirtschaftliche und soziale Krise führt zu einem parteipolitischen Führungswechsel und zu einer neuen **Reformära** (**New Deal**), in der die Not langsam behoben werden kann. Zur Zeit der Krisenbewältigungsmaßnahmen im Innern versucht der Kongress durch eine **»isolationistische« Außenpolitik** (Primat der Binnenorientierung), Amerika aus Verwicklungen in internationale Konflikte herauszuhalten (Neutralitätsgesetze). Mit wachsenden Gefahren für den Frieden in Europa und im Fernen Osten nehmen die Vereinigten Staaten zunächst zögernd, dann entschlossen Partei gegen die ordnungsstörenden Mächte. Im Zweiten Weltkrieg stellen sie ihr großes wirtschaftliches und militärisches Potenzial für die Bekämpfung der Achsenmächte zur Verfügung und werden zur **Führungsmacht der Alliierten** im Westen.

Der Erste Weltkrieg hat die Struktur des amerikanischen Staates verändert. Daher bleibt die Kriegsmobilisierung als Modell einer »korporativen« Ordnung erhalten, bei der Staat, Unternehmer und Gewerkschaften an einem Strang ziehen und die Bundesregierung die Richtung angibt. Das wirtschaftliche Wachstum und der Konsum tragen zur Verschärfung sozialer Konflikte bei. Zwischen 1920 und 1930 steigt die Zahl der Autos in den USA von 8 auf 23 Mio. In Folge des Autobooms werden bundesstaatliche Infrastrukturverbesserungen (*Federal Highway Act, Bureau of Public Roads*) eingeleitet.

In den 1920er-Jahren entstehen die **großen Städte** mit über 100 000 Einwohnern. Sie nehmen in dieser Zeit über 6 Mio. Zuwanderer aus ländlichen Regionen auf, darunter 1,5 Mio. Afroamerikaner aus dem Süden. Dieses Städtewachstum löst einen gewaltigen Bauboom aus. Der Ausbau der Metropolen geht einher mit einer zunehmenden geografischen Segregation: Während sich die schwarze Bevölkerung zunehmend in Gettos an den Rändern der Innenstädte sammelt, ziehen immer mehr Weiße in die Vorstädte, deren Einwohnerzahl fünf- bis zehnmal so schnell zunimmt wie die der Zentren. Damit beginnt die für das moderne Amerika charakteristische, **bis heute anhaltende Suburbanisierung**.

1919/20 Aus Furcht vor kommunistischen Umtrieben veranlasst Justizminister A. MITCHELL PALMER (*1872, †1936) umfangreiche **Verhaftungsaktionen** (*Palmer Raids*; *Red Raids*). Ausländische Agitatoren werden deportiert. Der **Ku Klux Klan**, 1915 neu gegründet, findet als fremdenfeindliche und antimodernistische Organisation zahlreiche Anhänger. Im Jahr 1925 erreicht die Anhängerschaft mit mehr als drei Mio. Menschen ihren Höhepunkt.

1920 Inkrafttreten des 18. Verfassungszusatzs, der Herstellung, Verkauf sowie Beförderung und Einfuhr alkoholischer Getränke verbietet. Die **Prohibition** ist jedoch nicht voll durchzusetzen und wird 1933 wieder aufgehoben (21. Verfassungszusatz). Der 19. Verfassungszusatz führt das **Frauenstimmrecht** (*woman suffrage*) ein (in einzelnen Staaten schon seit 1890, im Territorium Wyoming bereits 1869).

1920/21 Eine **Nachkriegsdepression** mit Lohneinbrüchen, Arbeitslosigkeit und Firmenkonkursen wird schnell überwunden. Die Krise der Landwirtschaft hält jedoch an.

1920–1923 Aus der Präsidentschaftswahl geht der Republikaner WARREN G. HARDING (*1865, †1923) als Sieger hervor (Wahlparole: *Back to normalcy*). Diese Wahlen markieren das Ende der *Progressive Era*, denn der Reformgeist ist im Krieg weitgehend für patriotische Zwecke absorbiert worden. HARDINGS Administration ist durch Korruptionsaffären belastet, in die Kabinettsmitglieder und Behörden verwickelt sind (u. a. geheime Verpachtung staatlicher Ölreserven bei Teapot Dome, Wyoming – *Teapot Dome-Skandal*).

1921 ALICE PAUL (*1885, †1977) gründet die *National Woman's Party.*

19. Mai Gegen den Willen von Präsident WILSON verabschiedet die republikanische Mehrheit im Kongress ein Gesetz zur Beschränkung der Einwanderung (*Emergency Quota Act*), das den Zustrom europäischer Einwanderer auf 3 % der im Jahr 1910 in den USA lebenden *foreign-born residents* begrenzt. Insgesamt dürfen jährlich nur noch 357 000 Menschen pro Jahr einwandern.

10. Juni. Der Kongress verabschiedet den *Budget and Accounting Act.* Damit wird die Exekutive zum ersten Mal in der Geschichte der USA verpflichtet, jährlich einen Haushaltsplan vorzulegen.

Aug. Mit Österreich (24. Aug.), dem Deutschen Reich (25. Aug.) und Ungarn (29. Aug.) werden Friedensverträge abgeschlossen.

1922, 6. Febr. Die auf Initiative der USA zusammengetretene Washingtoner Konferenz zur Marineabrüstung (**Washingtoner Flottenkonferenz**) dient der Sicherung des Friedens im Pazifik sowie der amerikanischen Absicht, die englisch-japanische Allianz aufzubrechen. Die Teilnehmerstaaten (USA, Großbritannien, Japan, Frankreich, Italien, Portugal, Niederlande, Belgien, China) schließen mehrere Verträge ab, darunter den Fünfmächtevertrag, der die amerikanische, britische, japanische, französische und italienische Flottenstärke festlegt sowie Tonnage und Bestückung von Großkampfschiffen begrenzt. Darüber hinaus werden territoriale Besitzstandsgarantien ausgesprochen. Die Konferenzstaaten bekräftigen das Prinzip der »Offenen Tür« für China.

1923, 3. Aug. Nach dem Tode HARDINGS übernimmt CALVIN COOLIDGE (*1872, †1933) das Präsidentenamt. Er siegt auch im Wahlkampf 1925.

Anfang Sept. Die USA gewähren Japan nach der Erdbebenkatastrophe großzügige Hilfe. Dies trägt maßgeblich zur Stabilisierung demokratischer Regierungsformen in Japan bei. In der Folge bauen die USA mithilfe des Washingtoner Vertragssystems ihre **Präsenz im asiatisch-pazifischen Raum** weiter aus.

15. Sept. Die Ku Klux Klan-Tätigkeit nimmt im Mittleren Westen so stark zu, dass in Oklahoma das Kriegsrecht ausgerufen wird, um dem Terror Einhalt zu gebieten.

1924, 10. Mai J. EDGAR HOOVER (*1895, †1972) wird Chef des *Federal Bureau of Investigation* (FBI).

19. Mai Ein neues Einwanderungsgesetz (*National Origins Act*) verschärft die bereits 1921 vorgenommene **nationale Quotenregelung**: Einwandererhöchstzahlen werden auf Basis des Zensus von 1890 festgesetzt (2 % der im jeweiligen Quotenland geborenen US-Amerikaner), d. h. Nord- und Westeuropäer werden gegenüber Ost- und Südeuropäern bevorzugt (Gesamtgrenze: 164 000 jährlich). Eine weitere Änderung des Quotensystems folgt 1927: Sie legt die jährliche Obergrenze für Einwanderer aus Europa auf 150 000 fest.

2. Juni Alle **Native Americans**, die noch keine Bürgerrechte besitzen, werden durch ein Gesetz (*Snyder Act* oder *Indian Citizenship Act*) zu amerikanischen Staatsbürgern erklärt. Im 19. Jh. war die Zuerkennung der Bürgerrechte an die indigene Bevölkerung von individuellem Landbesitz und der Herauslösung aus dem Stammesverband abhängig.

1924–1929: Kriegsschulden, Reparationen und die Entstehung transnationaler Netzwerke

Die USA sind aus dem Krieg als Gläubigerstaat hervorgegangen. Sie erwarten Schuldenrückzahlungen von den Alliierten und investieren erneut in Europa. Angesichts der engen außenwirtschaftlichen Beziehungen beteiligen sich die USA an den Reparationsregelungen für die Besiegten des Ersten Weltkrieges. Der **Dawesplan** (9. April 1924; nach CHARLES GATES DAWES [*1865, †1951]; Vizepräsident 1925–1929), sieht jährliche **Reparationszahlungen** auf Grundlage der deutschen Leistungsfähigkeit vor. Der den Dawesplan 1930 ablösende **Youngplan** (nach dem Wirtschaftsführer OWEN D. YOUNG [*1874, †1962]), setzt die Zahlungsverpflichtungen herab und verknüpft sie mit der alliierten Schuldenrückzahlung. Bis 1931 hat das Deutsche Reich etwa 2,5 Mrd. Dollar Anleihen aus den USA erhalten (dazu aus anderen Ländern 3,8 Mrd.) und 4,5 Mrd. Dollar an Reparationen bezahlt, während die Alliierten 2,6 Mrd. Dollar Schuldenrückzahlungen an die USA geleistet haben.

Auf breiter Front engagieren sich die USA in der transnationalen Verständigungspolitik. V. a. große Stiftungen tragen, z. T. in Kooperation mit dem Völkerbund, zum Aufbau transnationaler Kooperation bei. Die republikanischen Regierungen und der Kongress engagieren sich dagegen v. a. aus binnenwirtschaftlichen Überlegungen und eher halbherzig für weltweite Abrüstung.

1925, 25. Aug. Gründung der *Brotherhood of Sleeping Car Porters* (BSCP), eine v. a. von afroamerikanischen Schlafwagenschaffnern organisierte Gewerkschaft.

Okt. Nicht nur an wirtschaftlicher, sondern auch an außenpolitischer Stabilität in Europa interessiert, üben US-Diplomaten beim Zustandekommen des Locarno-Vertrags Druck auf europäische Regierungen aus.

1926 Eine Beteiligung am Haager Gerichtshof scheitert an Vorbehalten des Senats, jedoch werden wiederholt amerikanische Richter gewählt.

25. Sept. Henry Ford (*1863, †1947) führt den Achtstundentag und die Fünftagewoche ein.

1927, 4. Mai Als in Nicaragua gegen den Konservativen Präsidenten Adolfo Diaz eine liberale Erhebung unter General Augusto César Sandino stattfindet, landen **US-Truppen in Nicaragua**, um den Präsidenten zu unterstützen. Die nächste Wahl 1928 wird von den USA überwacht.

1928 Die Konjunktur befindet sich auf dem Höhepunkt. Die Aktienkurse steigen dramatisch an.

Jan. Während der Pan-American-Konferenz in Havanna greifen die lateinamerikanischen Staaten die USA wegen des *Roosevelt Corollary* von 1904 an. Es wird aufgrund ihrer Forderung widerrufen.

27. Aug. Auf Initiative der USA wird der **Kellogg-Briand-Pakt** (nach dem Außenminister Frank Billings Kellogg [*1856, †1937] und dem französischen Außenminister Aristide Briand) zur Ächtung des Krieges als Instrument der Politik geschlossen (zunächst 15, später 62 Unterzeichnerstaaten). Kellog erhält dafür 1929 den Friedensnobelpreis.

6. Nov. Der Republikaner Herbert Clark Hoover (*1874, †1964) gewinnt überraschend die Präsidentschaftswahlen. Die Präsidentschaft des Befürworters des *rugged Individualism* (robuster Individualismus) beginnt in einer Zeit großer Prosperität und wirtschaftspolitischer Selbstsicherheit, mündet jedoch mit dem Zusammenbruch des Aktienmarktes an der New Yorker Börse in die Phase der Großen Depression (Beginn der Weltwirtschaftskrise).

1921–1929: Die »Goldenen Zwanziger Jahre«

Die USA erleben nach dem Ende des Ersten Weltkriegs eine **beispiellose Phase der Prosperität**, die 1929 unvermittelt in die **schwerste Depression ihrer Geschichte** übergeht. Finanzminister Andrew W. Mellon (*1855, †1937; 1921–1932) erwirtschaftet bis 1928 jährlich einen Haushaltsüberschuss, was 1927 zur Senkung der Einkommensteuersätze führt. Gewinner sind die Besserverdienenden, die das verfügbare Einkommen an den Börsen investieren und damit die Spekulationswelle 1928/29 verbreitern. Die informelle »korporative« Partnerschaft zwischen der Wirtschaft und den republikanischen Regierungen Harding, Coolidge und Hoover setzt enorme Wachstumskräfte frei. Die Dynamik der amerikanischen Wirtschaft und des riesigen einheitlichen Binnenmarktes bringt die erste **»Konsumgesellschaft«** hervor, die auf Massenproduktion, -verbrauch und -kommunikation gegründet ist. Die sich entwickelnde Kultur des *consumerism* sieht im individuellen Konsum den Schlüssel zur Selbstverwirklichung. Damit einhergehend verändert sich die Struktur der amerikanischen Gesellschaft, eine **Mittelstandsgesellschaft** entsteht. Der Anteil der Angestellten an den Arbeitskräften erreicht 1929 25 %.

Das Einkommensgefälle innerhalb der Arbeiterschaft ist beträchtlich; drei Fünftel der amerikanischen Familien beziehen 1929 weniger als 2000 Dollar Jahreseinkommen. Auf die reichsten 5 % der amerikanischen Familien dagegen entfallen 1929 33,5 % (1919: 24,3 %) des Gesamteinkommens.

Die 1920er-Jahre sind durch eine **Krise der Landwirtschaft** gekennzeichnet. Die Mechanisierung und Motorisierung in der Landwirtschaft führt zur Verdreifachung der Ernteerträge (1865–1929), gleichzeitig aber nimmt der Arbeitskräftebedarf ab. So sind 90 % der Farmerfamilien von den Errungenschaften der »Goldenen Zwanziger Jahre« ausgeschlossen.

1929 Mit dem *Agricultural Marketing Act* und der Errichtung eines *National Farm Board* will Hoover das Problem der Überproduktion in der Landwirtschaft bekämpfen, was allerdings nicht gelingt.

1929, 24. Okt. Nach überhitzter Wertpapierspekulation fallen die Kurse innerhalb Monatsfrist um 40 %, was zum **Zusammenbruch der Börsen** führt (*Black Thursday*, erneut am 29. Okt., *Black Tuesday*). Es folgt eine Kettenreaktion: Vermögens- und Ersparnisverluste, Absatzschwierigkeiten in der Wirtschaft, Verfall der Preise, Konkurse, Arbeitsentlassungen, Rückgang des Volkseinkommens, Rückgang des Steueraufkommens, Sinken des Lebensstandards, Demoralisierung der Bevölkerung. Bis zum Frühjahr 1933 wächst die Arbeitslosenziffer auf fast 15 Mio. (etwa ein Drittel der zuvor Beschäftigten). Präsident Hoover vertraut zunächst auf die »Selbstheilungskräfte des Marktes«, die zaghaften Krisenbekämpfungsmaßnahmen seiner Regierung (z. B. eine Finanzierungsgesellschaft für den Wiederaufbau und Bankkredite für verschuldete Hausbesitzer) haben keinen durchschlagenden Erfolg. Die sozialen Folgen der Depression sind gravierend, weil es so gut wie keine staatliche Fürsorge gibt.

1930, 21. Jan.–22. April Auf Anregung von Großbritannien kommen die fünf großen Seemächte in London zu Verhandlungen zusammen (Londoner Flottenkonferenz). Man kommt überein, bis 1936 keine neuen Schlachtschiffe zu bauen. Die USA, Japan und England einigen sich jedoch über den Bau von Kreuzern, Zerstörern und U-Booten.

17. Juni Präsident Hoover unterzeichnet trotz starker Proteste aus der Wirtschaft den *Smoot-Hawley Tariff*. Die Zölle werden so drastisch erhöht, dass der **internationale Handel stark zurück geht** und die Depression noch verschlimmert wird.

11. Dez. Die *Bank of the United States* in New York schließt als Folge des Zusammenbruchs des Aktienmarktes. Insgesamt schließen im Jahr 1930 über 1300 Banken.

1931 Während des Jahres sind vier bis fünf Mio. Amerikaner arbeitslos.

6. Juli Das **Hoover-Moratorium** unterbricht internationale Zahlungsverpflichtungen (Reparationen, Schuldentilgungen) für ein Jahr. Danach werden die Zahlungen nicht wieder aufgenommen.

1932 Die **Wirtschaftskrise erreicht ihren Höhepunkt**: Die Aktien haben nur noch 10 % ihres Wertes von 1929. Die Preise für landwirtschaftliche Erzeugnisse sind um 60 % gesunken, der Export beträgt nur noch ein Drittel dessen von 1929. Die Gehälter und Löhne sinken auf 60 %, die Dividenden auf 57 % und die Industrie produziert nur noch die Hälfte von 1929. Seit 1930 haben 5000 Banken (v. a. auf dem Land) geschlossen.

Ende des Jahres sind 15 Mio. Amerikaner arbeitslos und das Nationaleinkommen ist von 81 Mrd. (1929) auf 42 Mrd. Dollar gefallen.

7. Jan. Auf die japanische Invasion in der Mandschurei, durch die Japan die Verträge von Washington, den Briand-Kellogg-Pakt und die Völkerbundsatzung verletzt, antwortet die amerikanische Regierung mit der sog. Stimson-Doktrin, benannt nach Außenminister Henry Lewis Stimson (*1867, †1950). Die USA erklären, dass sie keine Verträge oder Abkommen anerkennen, die die Souveränität, die Unabhängigkeit oder die territoriale und verwaltungsmäßige Integrität der Republik China oder die Politik der »Offenen Tür« beeinträchtigen.

2. Febr. Die Einrichtung der *Reconstruction Finance Corporation* mit einem Kapital von 500 Mio. Dollar soll zur Erholung der Wirtschaft beitragen. Die Funktion des Gesetzes erweitert das *Relief and Reconstruction Act* (21. Juli). Es erlaubt eine Verschuldung von drei Mrd. Dollar.

22. Juli Der *Federal Home Loan Bank Act* soll Hauseigentümer durch Gewährung von Krediten schützen und die Bauwirtschaft beleben, um die Arbeitslosigkeit zu senken.

9. Nov. **Franklin Delano Roosevelt** (*1882, †1945; Demokrat, Gouverneur von New York, entfernter Verwandter Theodore Roosevelts) wird zum Präsidenten gewählt. Die Demokraten erhalten in beiden Häusern die Mehrheit. Roosevelt ist der einzige amerikanische Präsident mit mehr als zwei Amtsperioden und wird 1936, 1940 und 1944 wiedergewählt. Gemäß seinem Wahlversprechen – »*a new deal for the American people*« – setzt er ein intensives **wirtschaftlich-soziales Reformprogramm** ins Werk, das das Land aus der Krise herausbringen soll.

Präsidenten der USA 1789 bis 1945

Amtszeit	Präsident	Partei
1789–1797	George Washington	Föderalist
1797–1801	John Adams	Föderalist
1801–1809	Thomas Jefferson	Demokrat
1809–1817	James Madison	Demokrat
1817–1825	James Monroe	Demokrat
1825–1829	John Quincy Adams	Demokrat
1829–1837	Andrew Jackson	Demokrat
1837–1841	Martin van Buren	Demokrat
1841–1841	William Henry Harrison	Whig
1841–1845	John Tyler	Whig
1845–1849	James Knox Polk	Demokrat
1849–1850	Zachary Taylor	Whig
1850–1853	Millard Fillmore	Whig
1853–1857	Franklin Pierce	Demokrat
1857–1861	James Buchanan	Demokrat
1861–1865	Abraham Lincoln	Republikaner
1865–1869	Andrew Johnson	Republikaner
1869–1877	Ulysses Simpson Grant	Republikaner
1877–1881	Rutherford Bichard Hayes	Republikaner
1881–1881	James Abram Garfield	Republikaner
1881–1885	Chester Alan Arthur	Republikaner
1885–1889	Stephen Grover Cleveland	Demokrat
1889–1893	Benjamin Harrison	Republikaner
1893–1897	Stephen Grover Cleveland	Demokrat
1897–1901	William McKinley	Republikaner
1901–1909	Theodore Roosevelt	Republikaner
1909–1913	William Howard Taft	Republikaner
1913–1921	Thomas Woodrow Wilson	Demokrat
1921–1923	Warren Gamaliel Harding	Republikaner
1923–1929	Calvin Coolidge	Republikaner
1929–1933	Herbert Hoover	Republikaner
1933–1945	Franklin Delano Roosevelt	Demokrat

Der New Deal

Während der ersten »Hundert Tage« des *New Deal* verabschiedet der Kongress ein umfassendes **Gesetzgebungswerk zur Behebung der Not und zum Wiederaufbau** (u. a. Gründung des *Civilian Conservation Corps, Agricultural Adjustment Act,* Errichtung der *Tennessee Valley Authority* zur Regulierung des Tennessee und seiner Nebenflüsse, *National Industrial Recovery Act* –Kernstück der ersten Phase des *New Deal* – und Gründung der *Public Works Administration*). Wichtige Gesetze der Folgezeit sind: Errichtung der *Civil Works Administration* (1933), *Civil Works Emergency Relief Act* (1934), *Security Exchange Act* (1934), *National Housing Act* (1934). Im Zweiten *New Deal* (ab 1935) werden v. a. sozialreformerische Maßnahmen beschlossen: *National Youth Administration* (Teilzeitarbeitsplätze für Studenten), *Social Security Act* (Arbeitslosen- und Altersversicherung, Versehrtenfürsorge), *Wagner Act* (Koalitionsrecht für Arbeitnehmer). Die Hilfsmaßnahmen und Reformen des *New Deal* **erfassen jeden Wirtschaftsbereich**: das Geld- und Kreditsystem, die Landwirtschaft, den industriellen Sektor, den Arbeitsmarkt und das Sozialwesen. Es entstehen viele unabhängige Exekutivbehörden, die bundesstaatliche Bürokratie wächst. Kennzeichen dafür ist die Ausdehnung des zentralen, dem Präsidenten direkt unterstellten Lenkungs- und Kontrollinstrumentariums.

Diese Entwicklung provoziert den Widerstand von rechts und links. Die Gewerkschaften fordern eine schnellere Beseitigung der Arbeitslosigkeit und »wirtschaftliche Demokratie«; konservative Unternehmer, die sich in der *American Liberty League* zusammenschließen, attackieren die staatliche Regulierung des Wirtschaftslebens als Vorstufe eines kommunistischen oder faschistischen Regimes. Rückhalt findet diese Opposition bei den Gerichten, die glauben, dass der *New Deal* das amerikanische Verfassungssystem aus den Angeln hebt. Um verfassungsrechtliche Einwände zu verhindern, versucht Roosevelt 1937, den *Supreme Court* durch Erweiterung des Richtergremiums gefügig zu machen. Der heftig umstrittene Plan scheitert schließlich am Kongress.

Die Auswirkungen der *New-Deal*-Maßnahmen sind uneinheitlich. Erstmals werden **umfassende sozialstaatliche Reformen** in den USA durchgesetzt. Sehr nachhaltige Wirkung hat der *Social Security Act* von Aug. 1935. Die Arbeitslosenzahl nimmt ab, schnellt 1938 noch einmal auf 9,5 Mio. (= 19 %) hinauf. Der statistisch messbare **Erfolg der Reformen ist begrenzt**. Ohne den Rüstungsboom des Zweiten Weltkriegs hätte es länger gedauert, bis die angestrebte durchschlagende Produktionssteigerung erreicht worden wäre, von der Vollbeschäftigung, soziale Sicherheit und eine gerechtere Einkommensverteilung abhingen. Signifikante strukturelle Veränderungen der amerikanischen Wirtschaft bleiben ebenso aus wie die von Teilen der Arbeiterbewegung geforderte »Wirtschaftsdemokratie«. Auch für Frauen und Minderheiten fällt die Bilanz des *New Deal* eher dürftig aus.

1933 Bei **Lynchwellen** im Süden der Vereinigten Staaten werden über 42 Afroamerikaner getötet.

4. März ROOSEVELT kündigt gegenüber Lateinamerika und Europa eine **»Politik der guten Nachbarschaft«** an. Diese Position wird von Außenminister CORDELL HULL (*1871, †1955) mitgetragen und umgesetzt. Dementsprechend werden auf den Konferenzen von Montevideo (1933), Buenos Aires (1936) und Lima (1938) Einmischungen in die inneren Angelegenheiten anderer Staaten abgelehnt und gemeinsame Schritte für den Fall einer Aggression von außen vorgesehen. Im Rahmen der »Politik der guten Nachbarschaft« wird im Mai 1934 das *Platt Amendment* vom März 1901 aufgehoben und nur Abschnitt 7 über den Marinestützpunkt der USA in Kuba bleibt erhalten; der Stützpunkt wird Guantánamo Bay.

9. März Das *Emergency Banking Relief Act* ermächtigt den Präsidenten, bei Transaktionen bezüglich Kredit, Währung, Gold, Silber und Devisen einzugreifen. Die Geldpanik wird durch dieses Gesetz gebremst.

31. März *Civilian Conservation Corps Reforestation Relief Act* zur Beschäftigung von 250 000 männlichen Arbeitslosen im Alter von 18 bis 25 Jahren (Wiederaufforstung, Straßenbau, Erosionsbekämpfung, Projekte über die Anlage von Nationalparks, Flussregulierung, etc.). Bis 1942 finden über 2 Mio. Arbeitslose Beschäftigung.

19. April Die USA geben den Goldstandard auf und distanzieren sich von den Bemühungen der Londoner Wirtschaftskonferenz um internationale Währungsstabilität (**ROOSEVELTS** *»bombshell message«*).

12. Mai *Federal Emergency Relief Act* und *Agricultural Adjustment Act* zur Unterstützung der Einzelstaaten und der Farmer.

18. Mai Gründung der *Tennessee Valley Authority* als Regierungskorporation mit der Aufgabe, alle Aspekte des Tennessee-Stromtales, das sieben Bundesstaaten bedeckt, zu koordinieren und zu entwickeln: Verbesserung der Lebenshaltung der Bevölkerung in diesem Gebiet, die Bekämpfung von Überschwemmungen, Flussregulierung und Elektrifizierung.

16. Juni Der *National Industrial Recovery Act* soll die Arbeitslosigkeit vermindern und die Wirtschaft durch ein System der Selbstregulierung in der Industrie beleben. Die *Public Works Administration* wird zur Arbeitsbeschaffung und zur Ankurbelung der Wirtschaft eingesetzt.

Sept. Mehr als 2000 Schulen auf dem Land nehmen im Herbst 1933 den Unterricht nicht mehr auf. Etwa 200 000 Lehrer sind ohne Arbeit, 2,3 Mio. schulpflichtige Kinder gehen nicht zur Schule. Viele Colleges und Universitäten müssen schließen.

16. Nov. 16 Jahre nach der Oktoberrevolution in Russland **erkennen die USA die Sowjetunion offiziell** an. Zwischen Washington und Moskau werden diplomatische Beziehungen aufgenommen.

1934, 24. März Der *Tydings-McDuffie Act* gewährt den **Philippinen begrenzte Autonomie** und sieht die Unabhängigkeit des Landes für 1946 vor.

13. April Der *Johnson Debt Default Act* verbietet Anleihen an Staaten, die ihre Schulden an die Vereinigten Staaten nicht bezahlt haben.

12. Juni Nach 13 Jahren Schutzzollpolitik ermächtigt der Kongress den Präsidenten (*Reciprocal Trade Agreements Act*) eine **Senkung von Zöllen** durch bilaterale Handelsabkommen auf Meistbegünstigungsbasis zu vereinbaren.

18. Juni Der *Indian Reorganization Act* beendet die Politik der Landaufteilung und der zwangsweisen Assimilierung der Native Americans und fördert stattdessen die Selbstverwaltung in den Reservaten.

16. Juli Mit dem **ersten Generalstreik** des Landes sollen die 12 000 streikenden Hafenarbeiter unterstützt werden. Im Sommer erschüttert außerdem eine große Streikwelle insbesondere die Westküste der USA.

1935 Die **zweite Phase des New Deal** beginnt. ROOSEVELT legt sein Programm einer sozialen Reform vor. Hauptbegünstigte der zweiten *New Deal*-Phase sind Arbeiter und die kleineren Farmer.

8. April Der *Emergency Relief Appropriation Act* hebt die direkten Unterstützungzahlungen des Bundes auf, vergibt aber Krisenhilfe durch Einstellung von Arbeitskräften für öffentliche Arbeiten.

5. Juli Einrichtung des *National Labor Relations Board*. Es überwacht Arbeitsverhandlungen, garantiert den Arbeitnehmern die Koalitionsfreiheit und kontrolliert unfaire Praktiken der Arbeitgeber.

Isolationismus und Neutralität

In den Jahren 1933 bis 1938, in denen sich die Roosevelt-Administration auf die Überwindung der Depression konzentriert, erreicht die **isolationistische Strömung in den USA ihren Höhepunkt**. Die Masse der Bevölkerung, auch der Politiker, nimmt die Warn- und Alarmsignale aus Europa und Asien nicht wahr, obwohl der Status quo von 1919 immer stärker unter Druck gerät. Die US-Regierung setzt wie Briten und Franzosen auf eine **Politik des Appeasement**. Entsprechend schwach fallen die Proteste gegen deutsche Vertragsverletzungen sowie Judenboykotte und Rassengesetze der Nationalsozialisten aus.

Aus dem Spanischen Bürgerkrieg (1936–1939) halten

sich die USA – ebenso wie Frankreich und Großbritannien – offiziell heraus, und im Italienisch-Äthiopischer Krieg (1935/36) wirken sie darauf hin, dass die gegen Italien verhängten Völkerbundsanktionen keinen Stopp der Erdöllieferungen beinhalten. Eine Gegentendenz macht sich erstmals 1936 bemerkbar, als Amerikaner in den Lincoln-Brigaden freiwillig am Kampf gegen die Faschisten in Spanien teilnehmen, und als Schriftsteller wie ERNEST HEMINGWAY unter dem Eindruck des Bürgerkriegs vom bedingungslosen Pazifismus abrücken.

1935, 31. Aug. Während sich ein Senatsausschuss (*Nye Committee*) mit der Frage befasst, ob der Kriegseintritt der Vereinigten Staaten 1917 auf Einflüsse der Rüstungsindustrie zurückzuführen ist (der Nachweis dafür ist nicht zu erbringen), führen Bemühungen isolationistischer Kreise, Kriegsverwicklungen der USA in Zukunft unmöglich zu machen, zur **Neutralitätsgesetzgebung**: Waffenembargo gegenüber Krieg führenden und Reiseverbot für Amerikaner auf Schiffen der Kriegführenden.

1936/37 Ein zweites Neutralitätsgesetz (1936) verbietet Anleihen und Kredite an Kriegführende, ein drittes Gesetz (1937) dehnt die Gesetzgebung auf Bürgerkriege aus. Die Maßnahmen finden Anwendung im Äthiopienkrieg und im Spanischen Bürgerkrieg, nicht im Krieg Japans gegen China. Eine 1937 beschlossene *Cash and Carry*-Klausel erlaubt die Abholung von Waren (außer Munition) durch Krieg führende bei Barzahlung, sie entfällt jedoch am 1. Mai 1939.

1936, 2. März Der Vertrag von Panama wird unterzeichnet, der das Protektorat der USA beendet. Panama ist für die Verteidigung des Kanals nun selbst zuständig.

1. Dez. ROOSEVELT eröffnet die *Inter-American-Konferenz* zur Erhaltung des Friedens in Buenos Aires. Die Konferenz sieht Konsultationen vor, sofern einer der Staaten durch ausländische Aggression bedroht ist.

1937, 5. Okt. Mit der **Quarantäne-Rede** in Chicago (Angreiferstaaten müssten unter internationale Quarantäne gestellt werden), wendet sich ROOSEVELT erstmals nachdrücklich gegen Vorstellungen der Isolationisten von einer weltpolitischen Abstinenz Amerikas, was in der Öffentlichkeit jedoch überwiegend negative Reaktionen auslöst.

1938–1939 Die Sudetenkrise (Herbst 1938), die Judenpogrome in Deutschland (Nov. 1938) und der deutsche Einmarsch in Prag (März 1939) markieren den psychologischen **Wendepunkt in der amerikanischen Politik**. Nach der Besetzung der Tschechoslowakei erklärt ROOSEVELT vor dem Kongress, »gottesfürchtige Demokratien« könnten der »internationalen Gesetzlosigkeit« gegenüber nicht indifferent bleiben. Der Stimmungswandel in der amerikanischen Bevölkerung vollzieht sich allerdings wesentlich langsamer. Ab Ende 1939 steuert ROOSEVELT die USA entschlossen und stetig in Richtung Krieg.

1938, 17. Mai Ein **Marineaufrüstungsgesetz** ermöglicht den Aufbau einer »Zwei-Ozean-Flotte« im Laufe der nächsten zehn Jahre.

6. Okt. Der amerikanische Botschafter in Japan, JOSEPH C. GREW (*1880, †1965), protestiert gegen Japans Verletzung der Politik der »Offenen Tür« in China. Die USA lehnen Japans Politik der »Neuen Ordnung« ab.

15. Nov. Dem Judenpogrom in Deutschland folgt der Rückruf des amerikanischen Botschafters aus Berlin.

1939, Jan. In seiner Jahresbotschaft vor dem Kongress weist ROOSEVELT auf die Gefahren für den internationalen Frieden und die Demokratie durch die Aggressoren in Europa hin. Der Kongress bewilligt 525 Mio. Dollar für Verteidigungszwecke.

14. April ROOSEVELT appelliert vergeblich an HITLER und MUSSOLINI, den Frieden in Europa durch Nichtangriffsversprechen zu garantieren.

Der Ausbruch des Zweiten Weltkriegs

Nach **Ausbruch des europäischen Krieges** proklamieren die USA ihre **Neutralität** (ROOSEVELT: »... but I cannot ask that every American remain neutral in thought as well«). Gemäß einer Deklaration von Panama vom 3. Okt. sollen in einer 300–1000 Meilen breiten Sicherheitszone um den amerikanischen Kontinent (südlich Kanada) keine Seekriegshandlungen stattfinden. Am 4. Nov. werden die rigorosen Neutralitätsbestimmungen durch die Wiedereinführung der *Cash and Carry*-Klausel (jetzt auch für Waffen und Munition) gemildert.

Die folgenden zwei Jahre, in denen Deutschland, Italien und Japan ihre Herrschaftsbereiche in Europa bzw. Ostasien ausdehnen, sind durch eine wachsende Parteinahme Amerikas für die Gegner der Achsenmächte und durch den **Abbau seiner Neutralität** gekennzeichnet. 1940 werden die **Rüstungsprogramme erheblich verstärkt** und überschüssige Kriegsgüter an Großbritannien abgegeben. Am 3. Sept. überlassen die USA Großbritannien 50 ältere Zerstörer gegen die Verpachtung von Militärbasen auf Neufundland, den Bermudas, den Bahamas und in Britisch-Guayana. Am 16. Sept. verabschiedet der Kongress die erste Wehrpflichtvorlage Amerikas im Friedenszustand.

1941, 11. März Das Pacht- und Leihgesetz ermächtigt den Präsidenten, Staaten, deren Verteidigung für die amerikanische Sicherheit wichtig ist, mit **Kriegsmaterial und Versorgungsgütern zu unterstützen**. Nach dem deutschen Angriff auf die Sowjetunion (22. Juni) erhält auch sie Pacht- und Leihhilfe. Bis Kriegsende werden für Programme dieser Art über 50 Mrd. Dollar ausgegeben.

9. April/7. Juli Die USA besetzen das dänische Grönland und Island, um eventuellen deutschen Landungen vorzubeugen.

Juni ROOSEVELT erteilt allen Bundesbehörden und den in kriegsbezogenen Arbeiten eingespannten Unternehmen und Gewerkschaften die Anweisung, diskriminierende Praktiken zu unterlassen.

26. Juli Nach der japanischen Besetzung Französisch-Indochinas werden alle japanischen Guthaben in den Vereinigten Staaten eingefroren. Dies bedeutet praktisch ein **Handelsembargo gegen Japan**.

14. Aug. Präsident ROOSEVELT und der britische Premier WINSTON CHURCHILL verkünden mit der **Atlantik-Charta gemeinsame Friedensziele**: Selbstbestimmungsrecht der Völker, freier Welthandel (unter Berücksichtigung bestehender Verpflichtungen), wirtschaftliche Zusammenarbeit, Errichtung eines allgemeinen Sicherheitssystems, Gewaltverzicht, Entwaffnung der Angreiferstaaten u. a.

11. Sept. Nach Zwischenfällen auf See (US-Patrouillenschiffe warnen britische Schiffe vor deutschen U-Booten, deutscher Torpedoangriff auf den Zerstörer »Greer«) gibt ROOSEVELT der Flotte Schießbefehl gegen in Sicht kommende U-Boote der Achsenmächte in zur Verteidigung wichtigen Seegebieten.

7. Dez. Beim japanischen **Überfall auf Pearl Harbor** (Hawaii-Inseln) wird die amerikanische Pazifikflotte größtenteils zerstört.

8. Dez. **Der Kongress erklärt Japan den Krieg.**

11. Dez. Deutschland und Italien erklären den Vereinigten Staaten den Krieg. Die Gewerkschaften erklären, während des Kriegs auf Streiks zu verzichten. Als Gegenleistung setzt die Administration (*War Labor Board*) sich dafür ein, dass das Lohnniveau entsprechend der Inflationsrate angehoben wird.

1942 Gründung des *Congress of Racial Equality* (CORE), das den Kampf um Befreiung von Faschismus und Kolonialismus und von Rassendiskriminierung in den USA verbinden will.

Juli Die Regierung garantiert den Industriegewerkschaften ihre institutionelle Stabilität und erkennt das geforderte *closed shop*-Prinzip an: Arbeiter sollen automatisch Mitglied der im Betrieb bestehenden Gewerkschaft werden, jedoch ein Austrittsrecht innerhalb von 15 Tagen Arbeitsplatzzugehörigkeit ausüben können. Weil von dieser *opt-out*-Möglichkeit so gut wie kein Gebrauch gemacht wird, schnellt die Zahl der Gewerkschaftsmitglieder in die Höhe.

Die USA im Zweiten Weltkrieg

Am 1. Jan. 1942 schließen sich die Vereinigten Staaten, Großbritannien, die Sowjetunion, China und 22 weitere Staaten zur **Alliierten Koalition** zusammen (*United Nations Declaration*). Während der folgenden dreieinhalb Jahre übernehmen die USA die Führungsrolle auf dem pazifisch-ostasiatischen und dem atlantisch-westeuropäischen Kriegsschauplatz. **Wendepunkte** und entscheidende Schritte **der westlichen Kriegsführung** sind u. a. die Schlacht bei den Midway-Inseln im Pazifik gegen Japan (3.–6. Juni 1942), die Landung britischer und US-Truppen in Nordafrika (8. Nov. 1942), die Landung auf Sizilien (10. Juli 1943) und der Vormarsch in Italien, die Invasion in der Normandie (6. Juni 1944), die deutsche Kapitulation (8. Mai 1945), die Atombombenabwürfe auf Hiroshima und Nagasaki (6./9. Aug. 1945) und die japanische Kapitulation (14. Aug. 1945).

Im Jan. 1944 übernimmt General DWIGHT D. EISENHOWER (*1890, †1969) den Oberbefehl über die alliierten Streitkräfte in Westeuropa. Militärische Fragen und Friedensabsichten werden auf **interalliierten Konferenzen** erörtert (u. a. Teheran, 28. Nov.–1. Dez. 1943; Jalta, 4.–11. Febr. 1945; Potsdam 17. Juli–2. Aug. 1945). Die Verluste der USA belaufen sich insgesamt auf 407 000 Tote und 671 000 Verwundete. Am 12. April 1945 stirbt Präsident ROOSEVELT. Vizepräsident HARRY S. TRUMAN (*1884, †1972; Demokrat) tritt an seine Stelle.

Die innenpolitische Szene wird durch die **Auswirkungen des Krieges** und durch Maßnahmen zur Mobilisierung der militärischen und wirtschaftlichen Kräfte des Landes bestimmt. Durch den Krieg in Europa steigt die industrielle Produktion bereits 1939 um 20 %; zugleich sinkt die Arbeitslosigkeit um 10 %. Infolge der amerikanischen Kriegsbeteiligung **expandiert die Wirtschaft rapide.** 1944 erreicht die Industrieproduktion 235 % des Vorkriegsstandes. Verbrauchsgüter und Lebensmittel werden zunehmend rationiert. Die Preise steigen bis 1945 um 31 %. Zahlreiche Behörden werden errichtet, um die liberale Wirtschaftsordnung durch Kontrollen und staatliche Interventionen auf Kriegsbedürfnisse abzustimmen. Arbeitskonflikte werden durch staatliche Schlichtung, durch ein kriegsbedingtes Antistreikgesetz, unter Umständen auch durch Eingreifen des Militärs beendet. Aus Kalifornien, Oregon, Washington und Arizona werden 110 000 Amerikaner japanischer Herkunft in Lager im Inneren des Landes gebracht. Männer im Alter von 18–38 Jahren unterliegen der Wehrpflicht.

Der Zweite Weltkrieg zerstört Amerikas Glauben, sich aus den Katastrophen in Europa heraushalten oder die Beherrschung Asiens und des Pazifiks durch eine einzelne Macht hinnehmen zu können. Der **Krieg zieht die USA in die Weltpolitik** hinein; danach hat der Isolationismus nur noch wenige Anhänger. Im Gegensatz zum Ersten Weltkrieg übernehmen die USA die Führung zum Aufbau einer großen Allianz, die sich dem Sieg über die Aggressoren verschreibt, und setzen sich in der Nachkriegszeit für eine internationale Organisation zur Erhaltung des Weltfriedens und der Sicherheit ein.

| Forts. S. 1795 |

Kolonialgeschichte Lateinamerikas

Bis zum Beginn des 15. Jh.s organisieren unterschiedliche Gruppierungen mit wechselnden Zielsetzungen die Unternehmungen in den Atlantik. Es fehlt jedoch an einer zentralen Autorität, die dieses Ausgreifen durch Mobilisierung und Bündelung von Menschen und Ressourcen begünstigt. Das Königtum ist trotz vorhandener expansiver Potenziale und organisatorischer Voraussetzungen politisch anderweitig in Anspruch genommen und beschränkt sich auf die Verteidigung von Rechtsansprüchen. Dies änderte sich 1415 mit dem portugiesischen Angriff auf die nordafrikanische Handelsstadt Ceuta, der die portugiesische Expansion im Atlantik endgültig anstößt, bevor 1478/79 die vereinigten Reiche Aragón und Kastilien mit Einleitung der Eroberung der Kanarischen Inseln aktiv im Atlantik eingreifen. Beide Länder sind nach Beilegung ihrer Streitigkeiten bestrebt, andere europäische Mächte von diesem Raum fernzuhalten, greifen aber auf italienische, flämisch-deutsche u. a. Spezialisten zur Finanzierung, Ausrüstung von Expeditionen und/oder Kolonisation eingenommener Gebiete zurück.

Die aktive Phase iberischer Expansion dauert bis Ende des 16. Jh.s. Danach geht die Initiative zu weiteren Vorstößen in die kolonialen Binnenregionen weitgehend an die von Portugal und Spanien errichteten kolonialen Zentralverwaltungen – spanische Vizekönigreiche und Gouvernements und portugiesisches Generalgouvernement in Brasilien, Erzbistümer und Bistümer – über. Die weiteren Expansionsprozesse leiten überwiegend in den Kolonien gebürtige Menschen verschiedener ethnischer Herkunft. Die in die europäischen Konflikte verstrickten Herrscher reagieren zunehmend nur noch auf die aus Übersee an sie herangetragenen Probleme, bevor im 18. Jh. sie sich bemühen, erneut die Initiative zu ergreifen und damit Spannungen mit den Überseegebieten hervorrufen. Die sich zeitgleich entwickelnde Expansion Englands, der Niederlande und Frankreichs in den von Portugal und Spanien beanspruchten maritimen Räumen des Atlantiks führt infolge ihrer engen Verbindung mit dem atlantischen Sklavenhandel zu mannigfachen Konflikten, Interaktionen und Beeinflussungen zwischen den iberischen Kolonialgebieten und den im Atlantik vordringenden übrigen europäischen Mächten.

Das spanische Kolonialreich (bis 1806/07)

Der Genuese Christoph Kolumbus (*1451, †1506), Seefahrer und Handelsagent, lässt sich 1476 in Portugal nieder. Mehrere ausgedehnte Atlantikfahrten und Bücherstudien falscher Berechnungen des Erdumfangs durch den antiken Kosmografen Ptolemaios veranlassen ihn zur Auffassung, dass **Asien auf dem westlichen Seeweg** schneller zu erreichen sei als durch die Umseglung Afrikas. Die portugiesische Krone betreibt seit dem Vertrag von Alcáçovas (1479) mit Kastilien und der Thronbesteigung von Johann II. (1481) verstärkt Pläne zur Umschiffung Afrikas auf dem Weg nach Asien und lehnt 1484 daher den von Kolumbus vorgelegten Plan ab. Ab 1485 verfolgt Kolumbus sein Projekt in Kastilien. Nach längeren Verhandlungen und zwei Ablehnungen wird im Jan. 1492 erneut mit ihm verhandelt, nachem Bartolomeu Diaz (*um 1450, †1500) von seiner erfolgreichen Umrundung Afrikas Ende 1488 zurückgekehrt ist.

1492, 17. April Unterzeichnung der **Capitulaciones von Santa Fe**: Darin verpflichtet sich Kolumbus, nach dem italienisch-portugiesischen Kolonisationsmodell, auf dem westlichen Seeweg nach Ostasien zu fahren, Handelskontakte zu knüpfen und entdeckte Regionen im Namen beider Herrscher, König Ferdinand II. und Königin Isabella I., in Besitz zu nehmen. Im Gegenzug erhält der Genuese die vererbbare Ernennung zum Admiral des Ozeanischen Meeres, Gouverneur und Vizekönig der entdeckten Gebiete, Finanzierungszusagen aus teils öffentlichen, teils privaten Quellen (Medici) und die Beteiligung an Handelsgewinnen. Die Krone, die sich das Recht zur Lizensierung von Entdeckungsreisen vorbehalten hatte, weicht seit ca. 1498 von dem Exklusivvertrag mit Kolumbus ab und muss später tolerieren, dass von ihr benannte Entdecker weitere Lizenzen an Unterführer vergeben.

12. Okt. Mit drei Schiffen über die Kanaren westwärts segelnd, **landet Kolumbus** auf der von ihm **San Salvador** benannten Insel Guanahani (Bahamas), entdeckt weitere bewohnte und unbewohnte Inseln und landet auf Hispaniola. Er nimmt die Inseln in einem förmlichen Rechtsakt für die Könige in Besitz. Nach Erkundung der Küste und Kontakten mit dem indigenen Herrscher Guarionix lässt er das Fort La Navidad errichten, benennt eine Besatzung und segelt über die Azoren zurück. So entdeckt Kolumbus auch die günstigsten Routen für Atlantiküberquerungen.

1493 Kolumbus' witterungsbedingte Rückkehr über Lissabon entfacht erneut den diplomatischen **Konflikt zwischen Kastilien und Portugal** um die beiderseitigen Rechte im Atlantik. Von Papst Alexander VI. erwirken die kastilischen Könige fünf Bullen, die ihnen zur Mission aller im westlichen Ozean zu entdeckenden Gebiete jenseits einer in Nord-Süd-Richtung verlaufenden Linie 100 Meilen westlich der Kapverden übertragen, die nach dem Tod beider Herrscher der Krone von Kastilien anzugliedern seien.

25. Sept. Beginn der **zweiten Kolumbusreise**, mit ca. 1500 Teilnehmern die größte maritime Expedition, die bis dahin je von Europa ausfuhr. Neben später bedeutsamen Entdeckern und Kartografen nehmen daran auch Ordensgeistliche teil. Bei der Ankunft in Hispaniola ist La Navidad zerstört und die Besatzung getötet.

Der Humanist Petrus Martyr von Anghiera (*1459, †1525) beginnt mit der Aufzeichnung der »Dekaden der Neuen Welt«, die er ca. 1525 abschließt.

1494, 7. Juni Da Portugal bereits zuvor Entdeckungen im Atlantik vom Papsttum bestätigt bekommen hatte, kann es im **Vertrag von Tordesillas** die von Alexander VI. fixierte Linie auf 370 Seemeilen westlich der Kapverden hinausschieben, sodass der Osten Brasiliens noch in den portugiesischen Einflussbereich fällt. Das portugiesische Exklusivprivileg für die Fahrt südlich der Kanarischen Inseln entlang der afrikanischen Küste von 1479 bleibt unberührt.

Während Kolumbus auf der Suche nach dem asiatischen Festland die Karibik befährt, spitzt sich die Lage auf Hispaniola zu. Mangels Handelsgewinnen und infolge von Versorgungsschwierigkeiten kommt es zu schweren Übergriffen gegen die indigene Bevölkerung, deren Anführer sich von den Spaniern abwenden und erste Missionsversuche scheitern lassen. Die rudimentäre Landwirtschaft der Indios erweist sich als ungeeignet zur Versorgung der Spanier.

Nov. Der Leiter der Missionsdelegation kehrt nach Zerwürfnissen mit Kolumbus nach Spanien zurück. Erste Zweifel, Asien erreicht zu haben, kommen auf.

1495/96 Nach Verschiffung von 500 indigenen Sklaven nach Spanien in 1495 kehrt KOLUMBUS 1496 mit zwei Schiffen, zahlreichen Rückkehrwilligen und einigen bekehrten Indios nach Spanien zurück, um seine gefährdete Stellung zu sichern.

1497/98 Die kastilischen Könige bestätigen 1497 nochmals KOLUMBUS' Rechte aus den Kapitulationen von 1492 und bewilligen eine weitere Reise, erstmals mit Frauen. Im Mai 1498 bricht KOLUMBUS mit sechs Schiffen in die Karibik auf, entdeckt die Mündung des Orinoco und das südamerikanische Festland, kann aber die sich verschärfenden Konflikte auf Hispaniola nicht beilegen.

nach 1498/1500 Die Krone gestattet nun auch andere, sog. »kleine Reisen«, ohne die Zustimmung von KOLUMBUS einzuholen. So erkundet u. a. VICENTE YÁÑEZ PINZÓN (*um 1460, †um 1523) die Nordostküste Amerikas und entdeckt die Amazonasmündung. PEDRO ALONSO (PERALONSO) NIÑO (*1468, †1505) kehrt mit reichen Perlenfunden von der Insel Margarita (vor Venezuela) zurück. ALONSO DE OJEDA (†1515), vermutlich in Begleitung des Florentiners AMERIGO VESPUCCI (*1454, †1512), erkundet die Nordküste Südamerikas von Guayana bis Venezuela. In seinen Briefen verwendet VESPUCCI erstmals den **Begriff »Neue Welt«**.

1500 Königin ISABELLA leitet die Wende in der Expansionspolitik in Anknüpfung an die kastilische Tradition der Siedlungskolonisation der Reconquista ein: Sie erlässt sowohl für die Kanarischen Inseln als auch für Amerika ein generelles **Verbot der Versklavung der Ureinwohner**, ordnet den Rücktransport aller in Spanien lebenden indigenen Sklaven in ihre Heimat an und entsendet den Untersuchungsrichter FRANCISCO DE BOBADILLA (†1502) nach Hispaniola zur Inspektion der KOLUMBUS obliegenden Amtsgeschäfte als Gouverneur. BOBADILLA klagt KOLUMBUS wegen verschiedener Vergehen, darunter Übergriffen gegen die Ureinwohner, an, setzt ihn gefangen und schickt ihn mit der Anklageschrift nach Spanien, wo KOLUMBUS freigelassen, aber nicht wieder als Gouverneur eingesetzt wird.

1501 ALEXANDER VI. überträgt den kastilischen Königen den Kirchenzehnten in Amerika. Am 30. Sept. ernennen sie NICOLÁS DE OVANDO (*1451, †1511) zum Gouverneur auf Hispaniola, in dessen Dienstanweisungen das **Konzept der Siedlungskolonisation** präzisiert wird.

1502, 13. Febr. OVANDO fährt mit 2500 Kolonisten, unter denen sich der spätere Bischof, Chronist und Protektor der Indios, BARTOLOMÉ DE LAS CASAS (*1484, †1566), befindet, nach Hispaniola.

14. März Die kastilischen Könige bestätigen die Privilegien des KOLUMBUS und autorisieren seine vierte Reise, zu der er mit vier Schiffen und ca. 140 Mann im Mai aufbricht. Nach der Erkundung der zentralamerikanischen Küste von Honduras bis Panama und einem Schiffbruch auf Jamaika kehrt er nach Spanien zurück, wo er am 20. Mai 1506 in Valladolid stirbt. Nach langen rechtlichen Auseinandersetzungen erhalten KOLUMBUS' Erben den Titel eines Herzogs von Veragua und eines Marqués de Jamaika mit den zugehörigen Grundherrschaften.

1503 Gründung der *Casa de la Contratación* in Sevilla, die alle nautischen, kommerziellen und fiskalischen Angelegenheiten der Kolonien abwickeln soll. Ihr wird eine wissenschaftliche Abteilung angegliedert.

1508, 28. Juli Papst JULIUS II. überträgt König FERDINAND II. in der Bulle *Universalis Ecclesiae regiminis* die vollen **Patronatsrechte über die amerikanische Kirche** für sich und seine Nachfolger mit dem Recht, Bistumsgrenzen festzulegen, Einfluss auf die Vergabe aller kirchlichen Würden, Ämter und Pfründe und die Verteilung des Kirchenzehnten zu nehmen.

1509 Auf der Suche nach dem Seeweg nach Asien erkundet VICENTE YÁÑEZ PINZÓN die Ostküste Amerikas bis zum Río de la Plata.

Auf Hispaniola beginnt der Ausbau von Santo Domingo zur Hauptstadt, das so zur ältesten, bis heute bestehenden europäischen Stadt Amerikas wird.

Streit um die einzuschlagende Politik zwischen König FERDINAND und Vizekönig DIEGO COLÓN (†1525), Sohn und Erbe von KOLUMBUS: Ersterer tritt für den Vorrang der Goldgewinnung ein und will alle Indios dazu verpflichten. Letzterer vertritt eine tendenziell feudale Agrarkolonisation und die Verteilung (*repartimiento, encomienda)* der Dienstleistungspflichten der rasch abnehmenden indigenen Bevölkerung an spanische Siedler und will die Goldsuche nur mit infolge Kannibalismus versklavten Arbeitskräften von anderen Inseln betreiben. Dieser Konflikt setzt sich auf dem amerikanischen Festland fort und programmiert spätere Konflikte. DIEGO COLÓN prozessiert mit der Krone um die Rechte seines Vaters.

1510 Gründung von San Juan auf Puerto Rico, Nombre de Dios am Isthmus von Panamá und Santa María la Antigua del Darién (ab 1513 Bistumssitz).

1511/1512 Einrichtung der Audiencia von Santo Domingo: Das kollegial organisierte **Appellationsgericht- und Justizverwaltungsorgan** überträgt die höchstinstanzlichen Rechtspflegepraktiken Spaniens nach Amerika und erlangt in der Kolonialverwaltung große politische Bedeutung als Beratungs- und Kontrollinstanz. Mit der Erledigung des erblichen Vizekönigtitels des Entdeckers 1536 erlangt diese Behörde unter den neuen Vizekönigen das Recht zur Führung des königlichen Siegels und der Ausstellung von Urkunden im Namen des Königs.

Gründung der Bistümer Santo Domingo, Concepción de la Vega (Haiti) und San Juan (Puerto Rico).

1511 Beginn der **Eroberung Kubas** durch DIEGO VELÁZQUEZ DE CUÉLLAR (*1465, †1524), Gouverneur des Westens von Hispaniola.

Der Dominikaner FRAY ANTONIO DE MONTESINOS (*1480, †1540) hält in Santo Domingo seine von DE LAS CASAS überlieferten Predigten, in denen er den Spaniern die **Versklavung, Ausbeutung und Misshandlung der Indios** vorhält und die Legitimität der Landnahme in Zweifel zieht. Er begründet damit eine bis in die Regierungszeit PHILIPPS II. anhaltende Debatte um die spanischen Rechte in Amerika und die Behandlung der autochthonen Bevölkerung, in der u. a. Las Casas, Francisco de Vitoria (†1546) und Juan Ginés de Sepúlveda (*1490, †1573) mit ihren Schriften hervortreten, die zum Beginn der philosophischen Diskussion über die Menschenrechte führen.

1512 Der von Montesinos ausgelöste »Skandal« führt zu den **Gesetzen von Burgos**, einer ersten grundgesetzartigen Regelung der persönlichen Freiheit der Indios, deren Behandlung und deren Zusammenlebens mit den Spaniern.

1513 Das *Requerimiento*, eine Art Ultimatum, regelt die »völkerrechtlichen« Bedingungen der Kriegführung gegen indigene Völker, ein Versuch, die europäischen Regeln des »gerechten Krieges« auf Amerika zu übertragen. – Die Heidenmission löst langsam die Erstentdeckung als Hauptrechtfertigungsargument der Landnahme ab.

Vasco Núñez de Balboa (*1475, †1519) **entdeckt** nach Überquerung des Isthmus von Panama den **Pazifik** und nimmt ihn für Spanien in Besitz.

1514–1519 Gründung von Havanna und Santiago de Cuba. Von Kuba aus werden erste Erkundungs- und Tauschhandelsfahrten in den Golf von Mexiko unternommen, bei denen die Seefahrer von den mesoamerikanischen Hochkulturen erfahren.

Infolge des dramatischen Rückgangs der indigenen Bevölkerung und der Golderträge wird auf Hispaniola die Wirtschaftskrise manifest und ein erster Vorschlag zur Einleitung des Zuckeranbaus mithilfe afrikanischer Sklaven unterbreitet.

1515 Juan Díaz de Solís (†1516) erkundet das Rio de la Plata-Gebiet auf der Suche nach einer Durchfahrt nach Asien. – Las Casas schildert bei Hof die Lage der unterdrückten Indios und erreicht 1516 die Entsendung einer Kommission von Hieronymitenmönchen nach Hispaniola, die die Eignung der Indios zum Leben in Freiheit prüfen soll.

1517 Santiago de Cuba wird Bistumssitz (1638 Erzbistum).

1519 Kaiser Karl V. vergibt eine erste Lizenz zur **Einfuhr afrikanischer Sklaven** in Amerika, die von Portugiesen eingelöst wird. Diese königlichen Lizenzen (*asiento de negros*) reglementieren künftig den Sklavenimport in Spanischamerika, werden aber bald durch ausländische Schmuggler unterlaufen.

1519–1521 Hernán Cortés (*1485, †1547) unternimmt von Kuba aus eine Tauschhandelsexpedition an die Küsten Mexikos, gründet die Stadt Veracruz, deren »Einwohner« ihn zum Generalkapitän wählen und dringt mit ca. 550 Gefolgsleuten, gestützt auf indigene Verbündete, bis in die **Hauptstadt des Aztekenreiches, Tenochtitlán**, vor. Nach der Belagerung der Stadt, in der sich ca. 300 000 durch Pocken und Wassermangel geschwächte Verteidiger ca. 2500 Angreifern gegenübersehen, fällt die Stadt am 13. Aug. 1521 nach einem Massaker mit dem letzten Aztekenherrscher Quauhtemoc (*um 1496, †1525) den Angreifern in die Hände. Auf ihren Ruinen errichtet Cortés Mexiko-Stadt als Hauptstadt eines »Neuen Spanien«. Das benachbarte Taraskenreich unterwirft sich freiwillig.

Damit gewinnt die spanische Expansion eine neue Qualität: Mexiko, der Isthmus von Panama und später Peru rücken in den Mittelpunkt des Interesses und üben einen Sog auf spanische Nachrücker aus der Karibik und dem Mutterland aus.

1519–1522 Der Portugiese Fernão de Magalhães (Magellan; *um 1480, †1521) unternimmt in spanischem Auftrag erneut die **Suche nach dem westlichen Seeweg** nach Asien, durchfährt die nach ihm benannte Meeresstraße im Süden des Kontinents, überquert den Pazifik und entdeckt die Philippinen, wo er ums Leben kommt. 1522 kehrt Juan Sebastián Elcano (*um 1480, †1526) mit dem letzten Schiff nach der ersten Erdumrundung nach Spanien zurück.

1523 Erste Korsarenangriffe in der Karibik.

1524 Einrichtung des **Indienrates** (*Consejo Real y Supremo de las Indias*) durch Karl V. als oberste, direkt der Krone unterstellte Verwaltungsbehörde und Rechtsprechungsinstanz für die überseeischen Gebiete unter Leitung des Beichtvaters Karls V., des Dominikaners Juan García de Loaysa (*1478, †1546). Damit wird endgültig die politische Führung aus der Zeit der Katholischen Könige ersetzt.

1524–1528 Ankunft von ersten zwölf Franziskanern in Neu-Spanien, die sich selbst als die zwölf Apostel bezeichnen und mit der Mission der Indios, dem Studium von deren Kultur, der Verschriftlichung ihrer Sprachen und der Gründung von Bildungseinrichtungen für die indigene Bevölkerung beginnen. Wenig später folgen Dominikaner und Augustiner, bevor nach 1570 auch die Jesuiten in Mexiko tätig werden.

1525 Errichtung der Bistümer von Mexico (1546 Erzbistum) und Tlaxcala (ab 1539 in Puebla) durch Papst Clemens VII.; Bistumsgründungen in Guatemala, Oaxaca, Michoacán und Chiapas folgen. Die Bistümer werden mit Angehörigen der Mendikantenorden besetzt, die sich in Ordensprovinzen organisieren und Missionsdistrikte (*doctrinas*) einrichten.

Nachdem Cortés in Neu-Spanien gegen den Willen der Krone das System der *Encomienda*, eine treuhänderische Übertragung von Tribut- und Dienstleistungen der Unterworfenen an die Konquistadoren nach dem Vorbild der spanischen Ritterorden, jedoch ohne Jurisdiktionsbefugnis, eingeführt und den indigenen Adel den spanischen Hidalgos gleichgestellt hat, unternimmt er einen Zug nach Zentralamerika. In seiner Abwesenheit kommt es zu Konflikten unter den zurückgebliebenen Spaniern. Cortés wird entmachtet und auf die Funktion eines militärischen Oberbefehlshabers reduziert. In Spanien belohnt ihn Karl V. mit dem Titel eines *Marqués del Valle de Oaxac*a und einer ausgedehnten Grundherrschaft – der einzigen neben den Kolumbuserben in Hispanoamerika.

Eine Expedition mit García Jofre de Loaísa (*um 1490, †1526) und Elcano fährt von Spanien aus zur Suche des westlichen Seeweges zu den Gewürzinseln (Molukken), bevor 1527 eine weitere Unternehmung von Mexiko aus das gleiche Ziel verfolgt.

1527–1545 Die Augsburger Welser, schon früher auf den Kanarischen Inseln und in Hispaniola vertreten, erlangen 1527 das **Privileg zur Kolonisation Venezuelas** und 1528 das bis 1536 befristete Monopol zur Einfuhr afrikanischer Sklaven in Amerika. Mehrere von ihnen entsandte Gouverneure, wie HEINRICH EHINGER (†1537), NIKOLAUS FEDERMANN (*um 1505, †1542), GEORG HOHERMUTH (†1537) und PHILIPP VON HUTTEN (*um 1511, †1546), erwerben Nachruhm durch Erkundungszüge, Städtegründungen (Coro) und von ihnen erhaltene Berichte, scheitern aber als Kolonisatoren. 1545 endet das Welserunternehmen in Venezuela und mündet in einen Rechtsstreit mit der Krone. Erst später sollte die Kolonisation durch die Kombination von Plantagenwirtschaft und den Import afrikanischer Sklaven erfolgreich sein.

1528–1531 Gründung von Antequera (Oaxaca, 1528), Guadalajara (1530) und Puebla de los Angeles (Puebla, Mexiko, 1531).

1529 Kastilien und Portugal grenzen im Vertrag von Saragossa ihre **Interessen in Asien** ab. Eine in Nord-Süd-Richtung angenommene Linie spricht den Pazifik und die Philippinen Kastilien zu, während die Gewürzinseln an Portugal fallen.

1531–1535 FRANCISCO PIZARRO (†1541) unternimmt mit drei Schiffen und 185 Soldaten den dritten **Versuch zur Eroberung des Inkareiches** in Peru, gründet die Stadt San Miguel de Piura und zieht ins Hochland nach Cajamarca. In einem Handstreich nimmt er dort den Inka ATA WALLPA (*1502, †1533) gefangen (16. Nov. 1532).

1533, 15. Nov. PIZARRO nimmt die Inka-Hauptstadt Cuzco ein und begründet sie als spanische Stadt neu.

1534 SEBASTIÁN DE BENALCÁZAR (†1551) erobert Quito.

1535 DIEGO DE ALMAGRO (*1475, †1538) beginnt die Eroberung Chiles; Gründung von Guayaquil und Lima. – Ein Aufstand des Inka-Herrschers MANQO INKA YUPANKI (*um 1500, †1544) bedroht Cuzco und Lima.
KARL V. ernennt ANTONIO DE MENDOZA Y PACHECO (*1490, †1552) zum **Vizekönig von Neu-Spanien** mit Sitz in Mexico, das Sitz einer Hofhaltung wird. Zusätzlich erhält MENDOZA die Präsidentschaft der *Audiencia* und das Amt eines Gouverneurs von Neu-Spanien.
Nach CORTÉS' Tod (1547) fällt auch das Amt des Generalkapitäns definitiv an den Vizekönig. Die Ämterhäufung der Vizekönige und die Konzentration von zivilen und kirchlichen Institutionen, Wirtschafts- und Finanzmacht in den Hauptstädten macht diese zu überseeischen Metropolen und verleiht ihnen mit wachsendem Edelmetallreichtum einen hohen Autonomiegrad gegenüber der Krone.

1535–1537 DIEGO DE ALMAGRO durchzieht die Hochländer von Bolivien und Nordwestargentinien und gelangt ins nördliche Chile. 1536 beginnt GONZALO JIMÉNEZ DE QUESADA (*vor 1500, †1579) die Eroberung des Chibcha-Gebietes im Hochland des heutigen Kolumbien (Neu-Granada).
Gescheiterter Versuch zur Kolonisation des Río de la Plata-Gebietes durch PEDRO DE MENDOZA (*1487, †1537), der 1537 zur Gründung von Asunción als dauerhaft peripherem Außenposten führt.

1537 Papst PAUL III. (1534–1549) erklärt die amerikanische Urbevölkerung generell zu vernunftbegabten Menschen, die in der Lage seien, das Christentum zu verstehen und anzunehmen.

1538 Krieg zwischen DIEGO DE ALMAGRO und PIZARRO, ALMAGRO wird besiegt, verurteilt und hingerichtet. Errichtung der *Audiencia* von Panama. – Gründung von Santa Fé de Bogotá und Charcas/La Plata/Chuquisaca im heutigen Bolivien. – Beginn eines friedlichen Missionsexperiments in der Verapaz (Grenzgebiet zwischen Mexiko und Guatemala).

1539 Erste Kirchenversammlung in Neu-Spanien zur Diskussion der Form der Sakramentenspendung an die Indios. Einführung des Buchdrucks in Mexico.

1540–1542 PEDRO DE VALDIVIA (*1500, †1553) beginnt die Eroberung Chiles, gründet 1541 Santiago de Chile.

1541/42 FRANCISCO DE ORELLANA (*um 1511, †1546) befährt erstmals den Amazonas bis zum Atlantik.

1542/43 Zweiter Krieg zwischen den Anhängern PIZARROS und ALMAGROS in Peru. – Nach einer Generalinspektion des Indienrates verkündet KARL V. die **Neuen Gesetze** (*Leyes Nuevas*). Neben dem erneuerten Verbot zur Versklavung der Indios wird die Vergabe und Dauer von *Encomiendas* drastisch eingeschränkt. Mit Sitz in Lima wird ein Vizekönigreich nach dem Vorbild Neu-Spaniens gegründet und eine *Audiencia* eingerichtet. BLASCO NÚÑEZ VELA (*1490, †1546) wird Vizekönig. Auch Guatemala erhält eine *Audiencia*. – BARTOLOMÉ DE LAS CASAS beendet seine Schrift »Kurzgefasster Bericht von der Verwüstung der westindischen Länder« auf Grundlage seiner karibischen Erfahrungen. – In Sevilla richtet die Krone das Konsulat der Amerikakaufleute als privilegierte Standesorganisation mit Gerichtsvollmachten ein; Beginn der Reglementierung der Amerikaschifffahrt.

1544–1548 Die Ankunft des Vizekönigs mit den Neuen Gesetzen löst in Peru den Aufstand großer Teile der *Encomenderos* unter Führung von GONZALO PIZARRO (*1511/13, †1548) gegen die Krone aus. Der Vizekönig kommt in den Kämpfen ums Leben. Die Aufständischen werden besiegt, die Anführer hingerichtet.

1544 Die Neuen Gesetze werden nach Protesten zurückgenommen. Die Einführung der spanischen Munizipalverwaltung in den indigenen Siedlungen wird weitergeführt.

1545–1548 Nach Erschöpfung der Edelmetallvorkommen der Großen Antillen Entdeckung der reichen **Silbererzminen von Potosí** in Bolivien (1545) sowie Zacatecas (1546) und Guanajuato (1548) in Mexiko. Deren Ausbeutung gibt wichtige Impulse für die spanisch geprägte Wirtschaft, erleichtert die Finanzierung notwendiger Importe, begünstigt Schmuggel, Piraterie und Sklavenhandel sowie die Unabhängigkeit von indigener Produktion. Stattdessen erhöht sich die Abhängigkeit von indigener Arbeitskraft. 1559 monopolisiert die Krone Quecksilber. Neu-Spanien ist von der Quecksilbereinfuhr aus Europa abhängig, Peru kann bald in Huancavelica eigene Vorkommen nutzen. Zunehmend wird die Krone von amerikanischen Edelmetalllieferungen abhängig.

1546–1567 Weitere Phase des Landesausbaus in von Peru und Neu-Spanien aus eroberten Gebieten: Einrich-

tung der *Audiencias* von Nueva Galicia/Guadalajara (1548), Neu-Granada/Bogotá (1549), Charcas/La Plata (1559), Ecuador/Quito (1563) und Chile/Santiago (1565) sowie der Erzbistümer von Mexiko-Stadt, Lima, Santo Domingo (alle 1546) und Bogotá (1564).
Nach Gründung der Universität von Santo Domingo (1538) wird 1551 die Einrichtung der Universitäten Mexiko-Stadt und Lima genehmigt (Lehrstühle für indigene Sprachen). Die Reihe der **Stadtgründungen** setzt sich fort: La Paz (1548), Valdivía (Chile, 1552), Santiago del Estero (Argentinien, 1553), Guanajuato (Mexiko, 1557), Mendoza (1561), San Miguel de Tucumán (Argentinien, 1565), Caracas (1567). Mit der Gründung von Buenos Aires 1580 bestehen alle modernen hispanoamerikanischen Metropolen.
In Peru werden zwei Erhebungen spanischer Eroberer gegen die Krone beendet.
Nachdem Franziskaner aus Neu-Spanien bereits den »Libellus de Medicinalis Indorum« an Karl V. gesandt hatten, nimmt ab ca. 1560 der **Kulturtransfer** von Amerika nach Europa zu. Neben Medizinalpflanzen, Farbstoffen (nach Brasilholz nun Cochenille, Indigo u. a.) gelangen amerikanische Nutzpflanzen (Mais, Bohnen, Kartoffeln, Maniok, Tabak u. a.) und Tiere (Truthahn), oft nach Akklimatisierung auf den Atlantikinseln, nach Europa und z. T. nach Afrika.

1550–ca. 1590 Die Krone verschärft schrittweise die Regeln des Zusammenlebens von Spaniern und Indios zu deren Schutz. Beide sollen in jeweils nach spanischem Munizipalrecht verfassten, voneinander getrennten Munizipien leben. Parallel dazu wird die *Encomienda* Zug um Zug in ein Renteneinkommen umgewandelt. Die Eroberer werden mit der Bevorzugung bei der Vergabe von Ämtern und der Erblichkeit der Mitgliedschaften in den Stadträten (ab 1591) abgefunden. Ungeachtet dessen entwickelt sich zunehmend ein Gegensatz zwischen Amerika- und Europaspaniern. Räumliche Trennung der ethnischen Gruppen ohne Einschränkung von deren Rechten, Ansiedlung in städtisch geordneten Gemeinden und administrative Regelung der wechselseitigen Beziehungen, bilden die Prinzipien dieser Politik. Sie kann nur begrenzt durchgesetzt werden und diskriminiert Schwarzafrikaner und Mischlinge aller Art rechtlich.

1561, 16. Juli Philipp II. führt das Flottensystem im Verkehr zwischen Sevilla bzw. Cádiz und Amerika (*Carrera de Indias*) ein. Jährlich soll eine Handelsflotte die Route über die Kanarischen Inseln zu den Antillen befahren und die Zielhäfen Nombre de Dios, später Puerto Bello (beide am Isthmus von Panama) und Veracruz anlaufen. Die Rückfahrt soll von Havanna aus gemeinsam angetreten werden. Die für Peru bestimmten Waren müssen auf dem Landweg über den Isthmus transportiert und von Panama aus nach El Callao, den Hafen von Lima, verschifft werden.

1564–1571 Miguel López de Legazpi (*1502, †1572) segelt von Mexiko aus nach Westen, entdeckt die Marshallinseln, die Marianen und Guam, die er für Spanien in Besitz nimmt, gelangt auf die Philippinen, unternimmt nach deren Erkundung erste Schritte zur

Besiedelung Zentralamerikas, Mexikos und des südlichen Nordamerikas 1493–1800

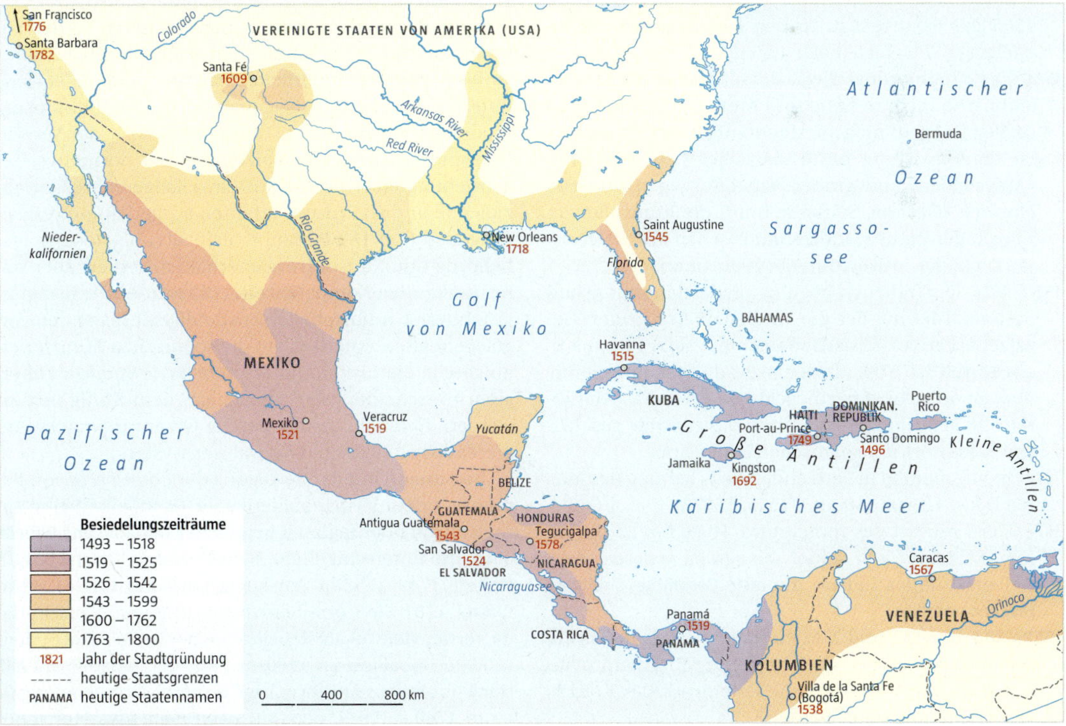

Kolonisation, die 1571 in die Gründung von Manila münden. Die Philippinen werden ein vom Vizekönig und Erzbistum von Neu-Spanien abhängiges Generalkapitanat, Audiencia-Bezirk und Bistum. Die **jährliche Schiffsverbindung** zwischen Acapulco und Manila (ab 1573) ist in der Verlängerung von Veracruz nach Cádiz bis zur Eröffnung des Sueskanals die schnellste Verbindung zwischen Ostasien und Europa.

1568 Francisco de Toledo (*1515, †1582) wird zum Vizekönig von Peru ernannt, nach Neu-Spanien wird Martín Enríquez de Almanza (†um 1583) als Vizekönig entsandt. Mit der Regierungszeit beider Vizekönige **konsolidieren** sich die **kolonialen Gesellschaften**. In den Städten werden nach und nach Zünfte, religiöse Bruderschaften, Bildungs- und Kultureinrichtungen, Hospitäler und fromme Stiftungen gegründet, Kirchen und andere öffentliche Gebäude gebaut, Steuern sowie staatliche Monopole nach spanischem Vorbild eingeführt und das administrative System differenziert sich aus. In Neu-Spanien setzt sich im Zentrum der biologische und kulturelle Mestizisierungsprozess fort, während gleichzeitig die Kolonisation des Nordens und Südens mithilfe indigener Hilfstruppen fortgesetzt wird.

In **Peru** entwickelt sich eine **Zweiteilung des Landes** mit der stärker spanisch geprägten Küstenzone und dem eher indigenen Andenhochland. In beiden Vizekönigreichen entfaltet sich eine reichhaltige Chronistik. Die 1568 erstmals nach Hispanoamerika gelangenden Jesuiten gewinnen schnell an Einfluss im städtischen Bildungswesen, in der Mission in Grenzregionen (z. B. Paraguay ab 1610) und auch im Wirtschaftsleben. Parallel dazu verstärkt sich seit etwa 1565 der Festungsbau in den Hafenstädten zur Sicherung der Gebiete nach außen.

1569 Die Krone ordnet die Errichtung spezieller Inquisitionstribunale in Lima und Mexico mit ihren regionalen Delegationen an. Hauptaufgabe des Tribunals ist die Verfolgung protestantischer bzw. jüdischer »Abweichler« und grober Verstöße gegen ethische Normen (Hexerei, Sodomie u. a.), die Kontrolle von Einwanderern usw. Indios unterstehen als Neuchristen nicht der Jurisdiktion der Inquisition.

1570–1574 Der Indienrat beginnt mit der Sammlung und Systematisierung der die »Indien« betreffenden Gesetze. Als erstes »Zwischenergebnis« setzt Philipp II. am 13. Juli 1573 die »Ordenanzas de descubrimiento, nueva población y pacificación de las Indias« mit ihren 148 Artikeln in Kraft, fortan das zentrale gesetzliche Regelwerk der spanischen Expansion.

1572 In Vilcabamba in Peru endet die Erhebung des letzten Inkas Tupaq Amaru (*1545, †1572).

1574 Der Chronist des Indienrates, Juan López de Velasco, verfasst mit seiner »Geografía y descripción universal de las Indias« die **erste Gesamtbeschreibung Hispanoamerikas**.

1582/1585 In Lima und Mexico findet jeweils das dritte Provinzialkonzil der vizeköniglichen Kirchenprovinzen statt, auf denen u. a. die Ergebnisse des Konzils von Trient umgesetzt werden.

1592/93 Als privilegierte Standesorganisationen der Kaufleute werden in Lima und Mexico nach Sevillaner Vorbild *Consulados* errichtet, die den Binnenhandel ebenso wie den Überseehandel kontrollieren.

nach 1635 In Mexico wird die Verehrung der **Jungfrau von Guadalupe**, die 1531 Juan Diego (*um 1474, †1548) erschienen sein soll und heute die kirchliche Schutzpatronin des amerikanischen Kontinents ist, historisch fassbar. In Religion, Literatur und Kunst nehmen Zeugnisse indigenen und kreolischen Selbstbewusstseins gegenüber dem Mutterland zu. Dies ist u. a. auf die demografische Stabilisierung und Erholung der indigenen Bevölkerung, auf die Zunahme des Imports afrikanischer Sklaven und das Anwachsen der Mischlingsbevölkerung zurückzuführen.

1680 Karl II. setzt die »Recopilación de las Leyes de Indias« in Kraft, eine Art Grundgesetz für die hispanoamerikanischen Gebiete, in dem u. a. deren Status als *Reinos*, als eigenständige Königreiche neben Kastilien, Aragón usw. festgeschrieben wird und auf den sich künftig die kreolischen Eliten in ihrem Autonomiestreben berufen, nachdem Steuerpacht, Ämterhandel, Klientelismus und Patronage ihnen dominierenden Einfluss auf die Verwaltung gesichert haben.

Entwicklungen im 18. Jh.

Die Wiedererlangung einer stärkeren Kontrolle über Hispanoamerika ist eine Konstante der Politik des 18. Jh.s. Entgegen des bisherigen politischen Konzeptes eines Reichsverbundes (zusammengesetzte Monarchie) mit verschiedenen Hofhaltungen, an denen der König symbolisch (Siegel, Festlichkeiten, Institutionen, Gesetzessammlung) präsent ist, tritt in Spanien schrittweise das Konzept des merkantilistisch ausgerichteten Territorialstaates, nach 1767 zunehmend überhöht durch das eines einheitlichen Nationalstaates (*cuerpo unido de nación*) unter Einbeziehung Hispanoamerikas. Die Einführung moderner Ministerien 1715 ändert radikal die Verwaltungspraxis: strikter Instanzenzug und normative Gesetzgebung ersetzen die auf Einzelfallgerechtigkeit abzielende und an Prozessverfahren ausgerichtete Verwaltungstradition. Der Indienrat bleibt als oberste Gerichtsbehörde und Konsultivorgan erhalten, verliert aber seine universalen Kompetenzen. 1790 werden die bisher in gesonderter ministerieller Zuständigkeit liegenden Angelegenheiten Amerikas auf die spanischen Ministerien aufgeteilt, die zu einer *Junta Suprema de Estado* als oberstem Entscheidungsgremium nach dem König vereint werden. Erstmals besteht ein die Gesamtmonarchie regierendes einheitliches Verwaltungssystem.

Beginnend mit der Bewegung der *Comuneros* von Paraguay, erlebt Hispanoamerika im 18. Jh. eine Reihe zumeist lokal oder regional begrenzter **Unruhen und Rebellionen**, die unterschiedliche soziale und politische Kräfte tragen: 1749–1752 in Venezuela, 1765 und 1780–1782 in Quito, 1781 die Comunero-Bewegung von Neu-Granada, ferner viele lokale Rebellionen der Indios. Die bedeutendste Rebellion ist 1780 in Peru der **Tupac-Amarú-Aufstand** unter dem Anführer José Gabriel Condorcanqui (*um 1740, †1781), benannt nach dem Inka-Herrscher

TUPAQ AMARU. Obwohl keine dieser Bewegungen die spanische Herrschaft ernsthaft in Frage stellt, verdeutlichen sie wachsende politische, soziale und ethnische Gegensätze innerhalb des Kolonialregimes, die durch die Reformpolitik der Krone verstärkt wird.

1709 In Mexico wird der Bau der Basilika zu Ehren der Jungfrau von Guadalupe vollendet.

1713 Im Vertrag von Utrecht muss Spanien England das Recht zur Versorgung Hispanoamerikas mit schwarzafrikanischen Sklaven (*Asiento*) einräumen, demzufolge jährlich ein Schiff der *South Sea Company* hispanoamerikanische Häfen direkt anlaufen darf. Hispanoamerika wird zunehmend in die **europäischen Konflikte** einbezogen und ist künftig Gegenstand aller internationalen europäischen Verträge.

1714 Gründung einer von Madrid aus gesteuerten Handelskompanie für Honduras und Caracas.

1717 Verlegung der *Casa de la Contratación* nach Cádiz. In der Folge Maßnahmen zur Lockerung des starren Flottensystems im Verkehr mit Hispanoamerika.
Erste Gründung des Vizekönigreiches Neu-Granada (Kolumbien, bis 1723), definitiv ab 1739.

1720 Generelle Aufhebung aller noch existierenden *Encomiendas* in Amerika.

1722 Gründung der Universität von Caracas.

1724 GERÓNIMO DE UZTÁRIZ (*1670, †1732) publiziert sein Werk »Teórica y práctica de comercio y marina«, ein merkantilistisch inspiriertes Traktat der Wirtschaftsbeziehungen mit Amerika, in dem die Überseegebiete im modernen Sinne als Kolonien behandelt werden.

1728 Die Madrider *Compañía Guipuzcoana* erhält das Monopol des Handels mit Venezuela gegen die Verpflichtung, den Schmuggelhandel zu bekämpfen.
Gründung der Universität von Havanna.

1729 Gründung von Montevideo zur Abwehr des portugiesischen Vordringens zum Río de la Plata.

1733 Übernahme der königlichen Münzstätten in staatliche Verwaltung.

1738 Gründung einer Universität in Santiago de Chile.

1739–1748 V. a. in der Karibik kämpfen Spanien und England im *War of Jenkins' Ear*, der in den Österreichischen Erbfolgekrieg übergeht. Spanien wehrt englische Angriffe auf Porto Belo, Cartagena, Panama und Santiago de Cuba ab.
Gründung der *Real Compañía de Comercio de La Habana*, einer weiteren privilegierten Handelskompanie. Neben ökonomischen Zielsetzungen verfolgt die Krone mit diesen Kompanien auch das Ziel, die wirtschaftspolitische Kontrolle der jeweiligen Gebiete zurück zu erlangen, nachdem diese im 17. Jh. zusehends unter neu-spanischen Einfluss geraten und finanziell von Mexico abhängig waren.

1744 Der Jesuitenpater MANUEL ROMÁN entdeckt die Flussverbindung zwischen Orinoco und Amazonas.

1747/51 Die Vizekönige werden zu *Superintendentes de Real Hacienda* ernannt und erhalten so die unmittelbare Leitung der Finanzverwaltung. Zugleich werden sie mit der Übernahme verpachteter indirekter Steu-

Vizekönigreich Neuspanien um 1770

ern in staatliche Verwaltung und der Errichtung eines staatlichen Tabakmonopols beauftragt. Das damit verbundene Wachstum der Bürokratie bietet Beschäftigungschancen und führt zum Anstieg des Steueraufkommens, dem die kreolischen Eliten mit Misstrauen begegnen. Sie verlieren stark an Einfluss. Die in Spanien im und nach dem Erbfolgekrieg durchgeführten Reformen werden nach Amerika übertragen. Dank einer guten Bergbaukonjunktur und gestiegener Steuereinnahmen finanziert das Vizekönigreich Neu-Spanien weitgehend die spanische Reformpolitik in der Karibik und auf den Philippinen mit regelmäßigen Subsidienzahlungen.

1748 Guatemala wird zum Erzbistum erhoben und von der Kirchenprovinz Neu-Spanien abgetrennt.

1750 In einem Grenzvertrag versuchen Spanien und Portugal ihre **Territorialstreitigkeiten** in Südamerika beizulegen und geraten dabei in Konflikte mit den Missionsstationen der Jesuiten und deren bewaffneten indigenen Untergebenen.

1755 Gründung der *Real Compañía de Barcelona*, einer weiteren Handelskompanie.

1759–1804 Unter KARL III. werden im Zeichen der Aufklärung in Hispanoamerika die ersten botanischen Gärten eingerichtet, bevor ab 1777 mehrere größere **botanische Expeditionen** unter Wissenschaftlern wie HIPÓLITO RUIZ LÓPEZ (*1754, †1815), JOSÉ CELESTINO MUTIS (*1732, †1808) und ALEJANDRO (ALESSANDRO) MALASPINA (*1754, †1810) in einzelne Regionen des spanischen Amerika reisen und umfangreiche Sammlungen nach Madrid senden. ALEXANDER VON HUMBOLDT (*1769, †1859) kann während seiner Reise (1799–1804) an deren Erfahrungen anknüpfen.

1762/63 Die Engländer besetzen im Siebenjährigen Krieg Kuba und die Philippinen, die sie im Frieden von Paris (1763) an Spanien zurückgeben. Im Tausch gegen Louisiana erhält England Florida. Spanien muss die Colônia do Sacramento (Uruguay) an Portugal übergeben.

1764–1788 In Kuba wird ein Intendant mit der Leitung der Finanz- und Militärverwaltung betraut und so die zentralen Verwaltungsaufgaben nach spanischem Vorbild auf Generalkapitän und Intendant verteilt. Bis 1786 wird das Verwaltungssystem der Intendanten in allen Vizekönigreichen mit Ausnahme von Neu-Granada eingeführt. Infolge des Aufstandes der *Comuneros* in Neu-Granada (1781) unterbleibt diese Reform dort. Auf der Ebene der Vizekönige, von der Krone schon als überflüssig angesehen, scheitert die Trennung der zentralen Verwaltungsaufgaben zwischen Vizekönig und Superintendanten aufgrund massiven Widerstandes in der Kolonialbürokratie und muss 1788 zurückgenommen werden. Damit scheitert die Übertragung eines zentralen Teiles des spanischen Verwaltungsmodells auf Hispanoamerika am Widerstand der kolonialen Metropolen.

1764 In Neu-Spanien beginnt der **Aufbau einer** aus stehenden Truppen und Milizen zusammengesetzten **Armee**. Die Finanzierung der Milizen wird den Städten auferlegt, im Gegenzug gewährt die Krone Angehörigen der kreolischen Elite Offiziersstellen mit der Unterstellung unter Militärrecht.

1765 JOSÉ DE GÁLVEZ (*1720, †1787) beginnt die Generalinspektion des Finanzwesens Neu-Spaniens.

1765–1776 Liberalisierung des Handels zunächst zwischen Spanien und den Kleinen Antillen, Yucatán, Campeche (beide Mexiko) und Louisiana, dann zwischen den hispanoamerikanischen Gebieten.

1767/68 Der Jesuitenorden wird aus Spanien und Hispanoamerika vertrieben und seine Güter konfisziert. In Hispanoamerika erregt die Maßnahme ungeheueres Aufsehen, in Neu-Spanien kommt es zu Unruhen und lokalen Widerstandsbewegungen.

1776 Einführung von Regenten in allen Audiencias mit Übertragung der Aufgabe der bislang den Vizekönigen obliegenden Überwachung der Rechtspflege.

1776/77 Gründung des **Vizekönigreiches Río de la Plata** mit der Hauptstadt Buenos Aires, Rückeroberung der Colônia do Sacramento. Im Vertrag von San Ildefonso legen Portugal und Spanien definitiv ihre Territorialstreitigkeiten in Südamerika bei.

1778 Generelle Freigabe des Handels zwischen den meisten spanischen und hispanoamerikanischen Hä-

Vizekönigreiche in Südamerika 1776

fen, mit Ausnahme von Neu-Spanien. Parallel wird ein **Postsystem** im Verkehr mit Amerika eingerichtet.

1779 JUAN BAUTISTA MUÑOZ (*1745, †1799) begründet auf königliche Anweisung in Sevilla das *Archivo General de Indias* als zentrales Archiv für die spanischen Überseegebiete.

1779–1783 Spanien tritt aufseiten der späteren USA und Frankreichs in den Unabhängigkeitskrieg gegen England ein. Infolge einer von Neu-Spanien wesentlich mitfinanzierten französisch-spanischen Flottenoperation in der Karibik gelingt BERNARDO DE GÁLVEZ (*1746, †1786) die Rückeroberung Floridas.

1786 Einführung der Verwaltungsreformen in Neu-Spanien und dessen Einbeziehung in den Freihandel mit Spanien.

1806/1807 Zweimaliger britischer Angriff auf Buenos Aires, der nach Anfangserfolgen von der Bevölkerung zurückgeschlagen wird. | Forts. S. 1315, 1317, 1322, 1323, 1324, 1326, 1327, 1329 |

Das portugiesische Kolonialreich (Brasilien) bis 1815

1500, 22. April PEDRO ALVAREZ CABRAL (*um 1468, †um 1526) stößt auf der zweiten portugiesischen Indienfahrt, die zur Fixierung der im Vertrag von Tordesillas (1494) mit Kastilien vereinbarten Trennungslinie weit westlich in den Atlantik ausholt, nahe des späteren Porto Seguro an **Brasiliens Küste** und nimmt diese **für Portugal in Besitz.** In der *Cosmographiae Introductio* (1507) von MATTHIAS RINGMANN (*1482, †1511) und MARTIN WALDSEEMÜLLER (*um 1470, †um 1521) wird Brasilien erstmals mit dem Namen *America*, nach dem florentinischen Entdecker AMERIGO VESPUCCI (*1451, †1512), benannt. CABRALS Gefolgsmann PERO VAZ DE CAMINHA (*um 1445, †1500) berichtet über die erste Begegnung der Portugiesen mit der indigenen Bevölkerung Brasiliens.

1516–1533 Portugiesische und französische Seefahrer suchen die brasilianische Küste zur Gewinnung von Brasilholz auf, wobei es wiederholt zu militärischen Konflikten zwischen beiden Gruppen kommt. Die Holzgewinnung, der Wunsch, den Seeweg nach Indien zu sichern, und rückläufige Erträge der Zuckerproduktion auf den Atlantikinseln durch Bodenerschöpfung begründen das portugiesische Interesse zur generellen **kolonisatorischen Erschließung.** Nach der Beilegung der Konflikte mit Frankreich wird 1532 das bereits bei der Kolonisation der Atlantikinseln erprobte **System von Landschenkungen** (*donatárias*) auf Brasilien übertragen, das inzwischen nach seinem begehrtesten Produkt, dem Brasilholz, benannt wird. Bis 1536 werden 15 *capitanias-donatárias* als erbliche Lehen an zwölf Empfänger ausgegeben, mit der Auflage, mittels Landverteilungen Kolonisten anzusiedeln. Drei *donatárias*, São Vicente, Rio de Janeiro und Pernambuco, prosperieren aufgrund der Zuckerproduktion und der von den Portugiesen praktizierten Tolerierung und Kollaboration mit den Indios. Ansonsten bestehen entweder unsichere portugiesische Ansiedlungen oder es haben keine bzw. gescheiterte Kolonisationsversuche stattgefunden.

1538 Ankunft erster **Sklaven afrikanischer Herkunft**: In dem Maße, in dem die halbsesshafte, küstennahe indigene Bevölkerung durch Krankheiten, Versklavung, Mestizisierung bzw. Flucht ins Hinterland dezimiert wird, werden zunehmend Sklaven aus Afrika für die seit 1570 aufblühende, wegen der Transportbedingungen küstennahe Plantagenwirtschaft (Zuckerrohr) importiert. Die starke ausländische Nachfrage – mit z. T. eigenen Investitionen – nach Zucker erhöht den Bedarf an Arbeitskräften. Expeditionen zum Sklavenfang gegen die kriegerische Bevölkerung des Landesinneren werden Mittel der Landeserkundung.

1548/1549 Gründung einer **kolonialen Zentralregierung** mit Sitz in Bahia (seit 1577 Generalgouvernement) mit einer Zentralverwaltung (Justiz, Militär, Finanzen), der der Oberbefehl über alle Kapitanien (Provinzen) übertragen wird. Der neu gegründete **Jesuitenorden** beginnt mit der **Bekehrung der Indios** und afrikanischen Sklaven, um wenig später auch mit der Gründung von Lateinschulen das Bildungswesen in den Städten zu organisieren. Universitäten entstehen bis Ende der Kolonialzeit nicht, Angehörige der Eliten gehen zum Studium nach Portugal.

1549–1556 In Anknüpfung an bestehende Niederlassungen Gründung der Städte **Bahia** (1549), **São Paulo** (1554) und **Rio de Janeiro** (1556). Neben großen Plantagenkomplexen mit Zuckerraffinerien (*Engenhos*) erlangen Städte erst seit dem 17. Jh. größere politische Bedeutung.

1551 Errichtung des ersten Bistums in Bahia als Suffragan von Lissabon, zugleich apostolischer Kommissar für das portugiesische Amerika. Die Verwaltung kirchlicher Angelegenheiten lag bis dahin erst beim Christusorden, danach beim Bischof von Funchal (Azoren). Unter dem Kirchenpatronat der Krone kommt die kirchliche Organisation Brasiliens nur langsam voran.

1555 Der französische Vizeadmiral NICOLAS DURAND DE VILLEGAIGNON (*1510, †1571) gründet auf einer Insel in der Bucht von Rio eine Hugenottenkolonie. 1567 vertreiben die Portugiesen die Hugenotten wieder. 1612–1615 scheitert eine zweite französische Koloniegründung in Nordbrasilien (Maranhão).

1557 In Marburg erscheint HANS STADENS (*um 1525, †um 1579) bebilderte »Wahrhaftig Historia und Beschreibung eyner Landschaft der Wilden … Menschfresser …« nach zwei Reisen nach Brasilien, in deren Verlauf er als Gefangener unter den Tupinambá lebte. Als eine der ersten in Europa bekannten Beschreibungen Brasiliens verbreitet sie Vorstellungen über indigenen Kannibalismus.

1570 Mit einem Gesetz über die Freiheit der indigenen Bevölkerung versucht die portugiesische Krone die Versklavung der Indianer einzudämmen. Die Jesuiten treten als Verfechter für ihren Schutz mit zahlreichen Schriften hervor, der Jesuitenpater JOSÉ DE ANCHIETA (*1534, †1597) wird zum **Apostel Brasiliens**.

1580 Neben den Bettelorden werden auch Benediktiner und Karmeliter in Brasilien tätig, die ihre Angehörigen aus der kolonialen Gesellschaft rekrutieren. Die zunehmende kirchliche Tätigkeit führt zur Gründung erster frommer Stiftungen und karitativer Einrichtungen in den Städten, aber auch zu innerkirchlichen Konflikten etwa um die Behandlung der indigenen Bevölkerung.

1587 Die Krone erkennt das von Jesuiten entwickelte **System indigener Missionssiedlungen** (*Aldeias*) mit gesondertem Rechtsstatus an und unterstellt diesen große Teile der Indios.

nach ca. 1590 Vorstöße (*Entradas*) von privatwirtschaftlich und paramilitärisch organisierten *Bandeiras* ins Landesinnere mit dem Ziel von Handel, der Suche nach Edelmetallen und Sklavenfang, erlangen große Bedeutung. Berüchtigt werden die Paulistaner *Bandeirantes*, die durch Brutalität gegenüber außerhalb des Kolonialsystems lebende Indios und Angriffe auf spanisches Siedlungsbiet (Paraguay) hervortreten, zugleich die **Erkundung tief ins Landesinnere** vorantreiben und eine extensive Kolonisation auf Viehzuchtbasis vorbereiten. In deren Gefolge entsteht eine **Grenzergesellschaft** (*Frontier*), die unter geringem staatlichen Einfluss steht und jesuitische Missionsdörfer, Siedlungen entlaufener schwarzer Sklaven (*Quilombos*), autonome Herren riesiger Viehzuchtbetriebe, teilintegrierte indigene Stammesgebiete wie eine sprachlich und kulturell heterogene Mischlingsgesellschaft umfasst. Die Kolonisationsinitiativen gehen auf Brasilianer über und die friedliche Expansion der Jesuiten gerät, gestützt auf von ihnen militarisierte Indios, mit den militärisch organisierten *Bandeirantes* in bewaffnete Konflikte. Die küstennahe Kolonialgesellschaft verfestigt die sozialen Strukturen. Erste Gegensätze zwischen Brasilien-Portugiesen und europäischen Neueinwanderern treten auf.

1604 Im Zeichen der Personalunion Portugals und Spaniens gründet PHILIPP III. in Lissabon den kollegial organisierten **Indienrat** (*Conselho da India*, 1642 umbenannt in *Conselho Ultramarino*), dem die **Verwaltung des gesamten portugiesischen Kolonialreichs** obliegt. Diesem untersteht die Zivil-, Militär-, Finanz-, Justiz- und Kirchenverwaltung Brasiliens unter Leitung des im späteren 17. Jh. als Vizekönig bezeichneten Generalgouverneurs und dem Bischof in Bahia, wo ein kollegiales Appellationsgericht (*Relação*, seit 1588) die Rechtspflege und ein *Provedor Mor* die Finanzverwaltung leiten. In den Kapitanien liegt die Regierungsbefugnis bei *Capitãos Mors* (Generalkapitänen), während die Lokalverwaltung Aufgabe des Stadtregiments mit ausgedehnten Jurisdiktionsgebieten ist. Unter dem königlichen Kirchenpatronat in Obhut des Generalgouverneurs betreut der Bischof von Bahia ca. 60 Pfarreien in ganz Brasilien.

1621 **Teilung Brasiliens** in zwei Generalgouvernements, Brasilien und Maranhão (Nordosten/Amazonas). Beide Gebiete erhalten die Bezeichnung *Estado* und werden teilautonome Gebiete der Krone.

1624–1654 In Ausdehnung des Dreißigjährigen Krieges intervenieren seit 1624 die **Niederlande** im Kampf gegen das mit Portugal vereinigte Spanien auf Betreiben der Westindischen Compagnie **im Nordosten Brasiliens**, mit dem Ziel, eine Kolonie zu erwerben. Unter Generalgouverneur JOHANN MORITZ VON NASSAU (*1604, †1679) erreichen die Niederländer den Höhepunkt ihrer Macht (1637–1644) und kontrollieren den Nordosten mit der Stadt Recife als Zentrum. Obwohl das 1640 unabhängig gewordene Portugal, bis 1668 noch im Krieg mit Spanien, eine Allianz mit den Niederländern sucht, gerät die Kolonie nach 1644 infolge eines Aufstandes mulattischer Großgrundbesitzer und mobilisierter schwarzer Sklaven in die Defensive. Als die mit den Niederländern verbündete Ethnie der Tapuja die Seiten wechselt und die portugiesische Verwaltung Bahias sich zum Eingreifen entschließt, müssen die Niederlande die Kolonie 1654 räumen. Eine von Brasilien aus entsandte Truppe befreit anschließend das afrikanische Angola von den Niederländern.
Niederländische und deutsche Maler und Naturforscher dokumentieren **Fauna und Flora Brasiliens**, u. a. FRANS POST (*1612, †1680), ALBERT ECKHOUT (*1610, †1666) und GEORG MARGGRAF (*1610, †1644).

1635–1697 Wirkungszeit des Jesuiten ANTÓNIO VIEIRA (*1608, †1697): Er treibt zunächst die Mission im Nordosten voran, mobilisiert gegen die niederländische Kolonisation und erreicht durch literarische und politische Aktivitäten entscheidende Verbesserungen in der **Schutzgesetzgebung zugunsten der Indios** (1655, 1680). VIEIRA wird deshalb von den Kolonisten bekämpft und vorübergehend von der Inquisition verfolgt. Er gilt als **Apostel der Indianer**.

1648 Zur Förderung des Handels, Sicherstellung der Schifffahrt und Verhinderung des Schmuggels gründet Portugal eine erste **Handelskompanie für Brasilien**. Es folgen, mit unterschiedlichem Erfolg, weitere ähnliche Gründungen bis ins späte 18. Jh. 1684 kommt es erstmals als Zeichen des Widerstandes gegen staatliche Bevormundung im *Estado do Maranhão* zum Aufstand von Händlern und Landbesitzern gegen die Handelskompanie des *Estado do Maranhão e Grão-Pará* und die jesuitische Schutzpolitik gegenüber der indigenen Bevölkerung.

1676 Erhebung des Bistums Bahia zum Erzbistum und Gründung der Suffraganbistümer Olinda und Rio. 1679 werden die Bistümer São Tomé und Angola Suffragane von Bahia, als Konsequenz der immer wichtigeren Süd-Süd-Verbindungen zwischen Brasilien und dem portugiesischen Afrika. Unabhängig von Bahia werden 1677 die Diözese von Maranhão und 1720 die von Pará gegründet, beide jedoch dem Erzbistum Lissabon untergeordnet.

1680 Gründung der **Colônia do Sacramento** (heute Uruguay), wodurch Portugal Zugang zum Rio de la Plata erlangt. Nachdem schon Überfälle der *Bandeirantes* auf spanische Missionen zu Konflikten zwischen Portugal und Spanien führten, stoßen beide Mächte nun am **Rio de la Plata** aufeinander.
Militärische Konflikte im 18. Jh. werden zunächst 1750 im Vertrag von Madrid beigelegt, bevor das Ab-

kommen von El Pardo (1761) die Rückkehr zum Status quo ante und schließlich der Vertrag von San Ildefonso (1777) definitiv die territoriale Abgrenzung festlegen. Portugal verzichtet auf den Zugang zum Rio de la Plata und erhält das Gebiet Rio Grande do Sul.

1696 **Zerstörung der »schwarzen Republik« von Palmares**, ein nach afrikanischen Normen organisiertes Gemeinwesen entlaufener Sklaven im Landesinnern.

1698/1699 Erste **Goldfunde in Minas Gerais**, danach in Matto Grosso und Goias in einer Zeit rückläufiger Zuckerexporte. Das um 1700 staatlich kontrollierte Brasilien ist ca. 110 700 km² groß; der beginnende »Zyklus des Goldes« verursacht die rasche Erschließung und Kontrolle ausgedehnter Gebiete des Südwestens und das Wachstum der nächstgelegenen Küstenstädte, v. a. Rio de Janeiros. Einwanderung und Sklavenimporte aus Afrika nehmen erheblich zu, neue Städte werden gegründet und Straßen gebaut, Kunst und Architektur prosperieren. Das wirtschaftliche, politische und demografische Schwergewicht der Kolonie verlagert sich nach Süden. Die auf Zuckergewinnung spezialisierte Plantagenwirtschaft des Nordostens verliert an Bedeutung.

1706 Errichtung der ersten brasilianischen Druckerei.

1720 Die Generalgouverneure werden endgültig zu **Vizekönigen** und verlegen 1763 die Hauptstadt und die Zentralverwaltung von Bahia nach Rio de Janeiro.

1750–1777 **Reformpolitik des aufgeklärten Absolutismus** unter König Joseph I. Emanuel und seinem Minister Marquês de Pombal (*1699, †1782). Durch Zentralisierung der Verwaltung (u. a. Rückgliederung der letzten *donatárias*), Ausbau des Militärwesens und Gründung von Handelskompanien versucht Pombal die staatliche Kontrolle über die Kolonie zu verstärken. Ein königliches Dekret, welches die Freiheit und rechtliche **Gleichstellung der indigenen Bevölkerung** verkündet, soll die Integration der Indianer fördern (1758). Im Zuge dieser Politik erfolgt 1759 die **Vertreibung der Jesuiten**. Als Reaktion auf die Reformen Pombals finden sich bald erste Zeugnisse eines brasilianischen Nationalgedankens.

1789 Erfolglose Erhebung in den Bergbaudistrikten von Minas Gerais gegen die portugiesische Herrschaft.

1808 Auf der Flucht vor den Truppen Napoleons wird die portugiesische Königsfamilie mit ca. 10 000 Familien der Krone, Höflingen, Beamten usw. von der englischen Flotte nach Brasilien evakuiert.

1815 Brasilien erlangt den **Status eines Königreichs** und damit die rechtliche Gleichstellung mit dem Mutterland. | Forts. S. 1328 |

Die übrigen Kolonien Lateinamerikas vor 1945

Die im Vertrag von Tordesillas 1494 zwischen Portugal und Spanien vereinbarte Trennungslinie zwischen den beiderseitigen Interessenssphären begründet Exklusivansprüche für weitere Entdeckungs- und Kolonisationsunternehmungen, aus denen sich Konflikte mit rivalisierenden europäischen Mächten ergeben. Freibeuterunternehmungen von Frankreich, England und Holland aus führen zu wiederholten Konflikten mit Spanien und Portugal im atlantischen Raum mit dem politischen Ziel, Spanien von den Quellen zur Finanzierung seiner europäischen Kriegsführung abzuschneiden und selbst Zugang, Stützpunkte und Teilnahme an diesem Reichtum oder Siedlungsgebiete zu erwerben.

Die Schifffahrtsrouten der spanischen Edelmetalltransporte und des zunächst rein portugiesischen Sklavenhandels bestimmen Chronologie und Geografie rivalisierender Koloniegründungen. Gefördert wird dieser Prozess durch die spanische Konzentration aufs amerikanische Festland und die daraus resultierende Abwanderung von Kolonisten dorthin. In der zweiten Hälfte des 16. Jh.s wird das sog. Amerikanische Mittelmeer zum Hauptschauplatz der Auseinandersetzungen, aus denen sich im 17. Jh. die übrigen europäischen Koloniegründungen in überwiegend von Spanien unbesiedelten Inseln und Randgebieten auf dem Festland ergeben.

Rechtsgrundlage für diesen Prozess wird nach Überfällen französischer Freibeuter auf Kuba eine am Rande des Friedens von Cateau-Cambrésis zwischen Frankreich und Spanien 1559 getroffene Vereinbarung, nach der die Bestimmungen des Friedensvertrages nur in Europa Geltung haben sollen, während im Atlantik die tatsächlichen Kräfteverhältnisse entscheiden mögen. Das englische *»no peace beyond the line«* (Francis Drake zugeschrieben; *um 1540, †1596) wird so auch zur Rechtfertigung der seit den 1570er-Jahre in den spanischen Herrschaftsbereich einfallenden englischen »Seefalken« (Francis Drake u. a.) und anderer europäischer Freibeuter, die von Spanien als Häretiker und Piraten bekämpft werden, bevor im 17. Jh. Spanien selbst auch Korsarentum betreibt. Neben dem gemeinsamen Gegner Spanien, bekämpfen sich im 17. Jh. die europäischen Rivalen auch gegenseitig und nehmen sich wechselseitig erworbene Besitzungen ab.

1628 Piet Heyn (*1577, †1629), Befehlshaber einer holländischen Flotte, erobert in der Bucht von Matanzas (Kuba) die 15 Schiffe umfassende spanische Flotte aus Neu-Spanien. Die Beute von 15 Mio. Gulden spanischen Silbers befreit die holländische West-Indien-Kompanie aus finanziellen Engpässen.

1634 Der französische König Ludwig XIV. stellt französischen Seefahrern Angriffe auf die portugiesische und spanische Seefahrt jenseits des Wendekreises des Krebses und des ptolemäischen Nullmeridians westlich der Kanaren frei. Neben von den jeweiligen Herrschern formell lizenzierten Korsaren bzw. Freibeutern, operieren Piraten sehr gemischter ethnischer Herkunft auf eigene Rechnung. Sie leben teils in frei organisierten Gesellschaften, teils operieren sie ohne Lizenz von etablierten Kolonien aus und werden von **europäischen Machtinteressen** instrumentalisiert. Von entlaufenen Sklaven gebildete Ansiedlungen und die indigene Karibenbevölkerung, die küstennah Seeraub oder Schmuggel betreiben, vervollständigen das komplexe multiethnische und kulturelle Bild eines im

Vergleich zu Europa staatlicherseits rechtlich wenig beeinflussten Raumes.

1670 Spanien erkennt im Vertrag von Madrid die von England erworbenen Besitzungen und 1697 im Vertrag von Rijkswijk auch die übrigen europäischen Kolonien in der Karibik an. Nach Anerkennung ihrer Besitzungen gehen die europäischen Mächte gegen die **Piraterie** vor, deren Schwerpunkt sich danach in den Indischen Ozean verlagert. Die Konflikte in und um Amerika werden in der Folgezeit überwiegend im Rahmen der internationalen Rechtsordnung geregelt, in der sich das Prinzip des *uti possidetis* (was ihr besitzt; d.h. erobertes Territorium, darf bei Friedenschluss behalten werden) durchzusetzen beginnt.

1714–1814 Die im Verlauf der militärischen Konflikte in Europa mehrfach **wechselnden Besitzverhältnisse** in Amerika, v.a. in der Karibik, werden in den darauf folgenden Friedensschlüssen durchgehend vertraglich geregelt. Seit 1814 bleiben die Besitzverhältnisse der europäischen Kolonialmächte weitgehend stabil.

Britisch-Westindien

1623–1632 England besetzt die Inseln Saint Kitts (1623–25), Barbados (1627) Nevis (1628), Antigua (1632) und die Leeward-Inseln von den Virgin Islands bis Montserrat (1632). Nach wenig erfolgreichen Versuchen mit **englischen Kontraktsiedlern**, die sich zur Bezahlung der Überfahrt für mehrere Jahre zu abhängiger Lohnarbeit verpflichten müssen, werden **afrikanische Sklaven** eingeführt. Einige der Inseln entwickeln sich zu Umschlagplätzen für afrikanische Sklaven, Barbados zur erfolgreichen Zuckerkolonie.
Die kleinen Antilleninseln Dominica, Saint Vincent und Saint Lucia bleiben der indigenen Bevölkerung (Kariben) überlassen. Im Vertrag von Aachen (1748) werden sie noch als »neutral« bezeichnet, bevor sie später ebenfalls englisch werden.

1655 Nach dem Scheitern eines englischen Angriffs auf Santo Domingo (Hispaniola) erobert die englische Flotte Jamaika. Zunächst Stützpunkt englischer Piraten, wird die Insel Umschlagplatz für afrikanische Sklaven und Zentrum des Schmuggelhandels.

1670 Nach der Anerkennung durch Spanien und der Disziplinierung (1683, *Jamaica Act*) bzw. Vertreibung der Piraten beginnt auf **Jamaika** die Entwicklung der **Plantagenwirtschaft**.

1713–1715 Im Rahmen der Friedensschlüsse von Utrecht wird ein gemeinsames Vorgehen gegen die Piraten vereinbart, die in der Karibik inzwischen schwerpunktmäßig von den Bahamas aus operieren.

1717 Die **Bahamas** werden englische Kronkolonie.

1783 **Grenada** wird endgültig britisch.

1797–1814 **Trinidad** (1797) und **Tobago** (1814) fallen unter britische Herrschaft. Die beiden Inseln werden 1888 zu einer **Kronkolonie vereinigt**.

1866 Jamaika wird Kronkolonie.

1944 Erste Verfassung Jamaikas. Der Verwaltung von Jamaika unterstehen die Cayman- sowie die Turks- und Caicos-Inseln | Forts. S. 1836, 1841, 1850, 1851, 1852 |

Französisch-Westindien

Die Inseln **Guadeloupe** und **Martinique** gehören seit 1635 zu Frankreich, sind im 17. und 18. Jh. aber immer wieder umkämpft. Zu Französisch-Westindien zählen ferner die Antilleninseln La Désirade, La Petite-Terre, Les Saintes, Marie-Galante und das nördliche Saint-Martin. 1848 wird die Sklaverei aufgehoben. | Forts. S. 1836 |

Niederländisch-Westindien

Von den »Inseln unter dem Winde« kommen Curaçao (1634), Aruba (1636) und Bonaire (1642) in den Besitz der **Holländisch-Westindischen Kompanie**, von den »Inseln über dem Winde« Sint Maarten (1631), Sint Eustatius und Saba (1636). Bis Anfang des 19. Jh.s sind die Inseln von Niederländern, Franzosen und Briten umkämpft, wechseln häufig den Besitzer oder werden geteilt, wie Sint Maarten, dessen nördlicher Teil (Saint-Martin) seit 1648 zu Frankreich gehört. Curaçao, Aruba und Bonaire werden 1791 direkt der Regierung unterstellt.
| Forts. S. 1836 |

Dänisch- und Schwedisch-Westindien

Die **Jungferninseln** sind im 17. Jh. Schlupfwinkel der Seeräuber; ihr Besitz ist zwischen den europäischen Seemächten umstritten.

1671 Dänemark besetzt Saint Thomas, 1683 Saint John.

1685 Brandenburg erwirbt Faktoreirechte auf Saint Thomas, zieht sich aber Anfang des 18. Jh.s wieder zurück.

1733 Frankreich verkauft der **Dänisch-Westindischen Kompanie** Saint Croix.

1755 Die Inseln, auf denen v.a. **Zuckerrohr angebaut** wird, werden dänische Kolonien.

1784 Schweden erwirbt von Frankreich die Insel Saint-Barthélemy, wo der Freihafen Gustavia ein wichtiger Handelsplatz wird.

1847 Die **Sklaverei** wird **aufgehoben**.

1877, Aug. Frankreich kauft Saint-Barthélemy von Schweden wieder zurück.

1917 Dänisch-Westindien wird für 100 Mio. Kronen an die USA verkauft. | Forts. S. 1836 |

Britisch-Honduras (Belize)

17. Jh. Die Engländer lassen sich an der Küste (Golf von Honduras) nieder, um die reichen Holzbestände des Landes wirtschaftlich auszubeuten. Spanische Versuche, dies zu vereiteln, schlagen fehl.

1763, 10. Febr. Im Frieden von Paris (Beendigung des *French and Indian War*) erkennt Spanien den **britischen Besitzstand** an.

1859, 30. April Guatemala bestätigt den britischen Besitz. Als Gegenleistung wird der Bau von Verkehrsverbindungen zwischen Guatemala und Britisch-Honduras vereinbart. Als die Briten die Absprache nicht einhalten, leitet Guatemala daraus das Recht zur Annullierung des Vertrages ab und stellt Besitzansprüche auf Britisch-Honduras.

1862 Britisch-Honduras erhält den **Status einer Kolonie.**

1870 Umwandlung von Britisch-Honduras zur Kronkolonie, die jedoch weiter von Jamaika verwaltet wird.

1884 Die Kolonie erhält einen eigenen Gouverneur. | Forts. S. 1826 |

Guayana

Alonso de Ojeda (†1515) **entdeckt** 1499 die **Küste von Guayana** im Nordosten Südamerikas. In dem von Spaniern und Portugiesen vernachlässigten Gebiet siedeln seit Ende des 16. Jh.s Niederländer.

1604 Die Franzosen ergreifen Besitz von der Insel Cayenne (endgültig 1664).

1616–1618 Der Engländer Sir Walter Raleigh (*1552, †1618) unternimmt einen gescheiterten Kolonisationsversuch.

Mitte 17. Jh. Die Briten setzen sich am unteren Suriname fest.

1667, 31. Juli Im Frieden von Breda tauscht Großbritannien Suriname für das niederländische Neu-Amsterdam (New York) ein (bestätigt im Frieden von Westminster, 19. Febr. 1674).

Nach den Napoleonischen Kriegen Anfang des 19. Jh.s wird der Kolonialbesitz Frankreichs, Großbritanniens und der Niederlande endgültig festgelegt. Die Grenzen zwischen Venezuela und Britisch-Guayana bestimmt 1899 ein französischer Schiedsspruch, die zu Brasilien ein italienischer und die zwischen Französisch-Guayana und Brasilien ein schweizerischer Schiedsspruch.

Britisch-Guayana

1834 Die Sklaverei wird aufgehoben.

1892 Mit der Verfassung entwickelt sich das Land zu einer Kolonie mit beschränkter Selbstverwaltung im Rahmen des British Commonwealth. | Forts. S. 1860 |

Niederländisch-Guayana

1863 Die Sklaverei wird abgeschafft.

1866 Das Land erhält eine begrenzte Selbstverwaltung. | Forts. S. 1861 |

Französisch-Guayana

1848 Die Sklaverei wird beendet.

1852 Das Land wird **Sträflingskolonie** (u. a. Île du Diable = Teufelsinsel).

1938 Die Deportationen von Gefangenen werden eingestellt und 1945 die Sträflinge in das Mutterland zurückgebracht. | Forts. S. 1836 |

Falklandinseln

1592 Der englische Seefahrer John Davis (†1605) entdeckt die Inseln. Die unbesiedelten Inseln werden in Folge mehrfach entdeckt und wieder vergessen. Französische Seefahrer aus St. Malo geben ihnen den Namen Îles Malouines (spanisch: Islas Malvinas).

1690 Die Inseln werden nach dem damaligen Schatzmeister der britischen Marine, Anthony Cary, Viscount Falkland (*1656, †1694), benannt.

1764/1765 Die Franzosen lassen sich auf Ost-Falkland und die Briten auf West-Falkland nieder; sie müssen die Inseln (Ost-Falkland 1767 und West-Falkland 1770) auf spanischen Druck räumen, was fast zum Krieg zwischen Spanien und Großbritannien führt.

1771, 22. Jan. Durch die Londoner Vereinbarung fallen die Inseln endgültig wieder an Spanien (1774).

1833 Die Falklandinseln, seit 1811 von Argentinien beansprucht, werden erneut von Großbritannien besetzt und 1843 zur Kronkolonie erklärt. | Forts. S. 1836 |

Die Staaten Lateinamerikas vor 1945 | Forts. v. S. 1311 |

Anfang des 19. Jh.s erkämpft sich Lateinamerika seine politische Unabhängigkeit, doch ist damit keine sozioökonomische Revolution verbunden: Mit der weiterhin dominierenden spanisch-portugiesischen Kultur und Zivilisation bleiben auch die bisherigen Grundlagen von Herrschaft und Gesellschaft erhalten – Zentralismus, Hierarchie und autoritäres Regime. Deren Repräsentanten sind nach Vertreibung der Spanier nun v. a. die Kreolen (in Amerika Geborene mit europäischen Eltern), die sich als eigentliche Träger der Unabhängigkeitsbewegung betrachten und die gesamte politische und wirtschaftliche Macht für sich beanspruchen. Den meisten Bewohnern Lateinamerikas – Indios, Afroamerikaner und Mischlinge (Mestizen, Mulatten, Zambos) – bringt die Unabhängigkeit keine Emanzipation. Sie stehen dem politischen Leben gleichgültig bis abweisend gegenüber oder sind z. T. von ihm ausgeschlossen. Meist bleiben soziale Unterschiede und rassistische Vorurteile bestehen, sodass sich in den meisten lateinamerikanischen Staaten keine staatstragende Bevölkerung entwickelt. Oft leben Indios im 19. Jh. (Mexiko, Mittelamerika, Andenstaaten, Chaco, Patagonien) und 20. Jh. (v. a. in Brasilien) weiter in Stammesgemeinschaften mit ihren z. T. präkolumbischen Kulturen. Die Sklaverei wird in Hispanoamerika nach der Unabhängigkeit zwar (meist schrittweise) aufgehoben, in Brasilien aber erst nach 1888. Vereinzelt gelingt es Mestizen, v. a. in Mittelamerika und einigen Andenstaaten, über das Heer, das sich als einzige Institution weitgehend der Kontrolle der kreolischen Oligarchie entzieht und zunehmend zur *school of presidents* wird, zu politischem Einfluss und höchsten Staatsämtern aufzusteigen.

Politische Strukturen

Wo stabile Zentralregierungen fehlen, beherrschen im 19. Jh. oft Provinz*caudillos* – meist Großgrundbesitzer auf *haciendas* – das öffentliche Leben autoritär. Die *hacienda*, ein autarker Verband auf lokaler Ebene, bildet um die Familie des Besitzers (*hacendado*) eine fest gefügte Gemeinschaft; der *hacendado* übt durch seine engsten Mitarbeiter praktisch Regierungsbefugnisse aus, u. a. Rechtsprechung, Verwaltung, Abgaben und Monopolisierung des Handels. Das Prinzip der Selbstverteidigung, entstanden in den Zeiten der Indianerkriege und Unabhängigkeitskämpfe, wenden die *hacendados* zur Durchsetzung eigener Interessen oft politisch und militärisch gegen die Zentralregierung.

In Mexiko, Zentralamerika, Kolumbien, Argentinien und Brasilien hemmen im 19. Jh. Konflikte zwischen der Zentralregierung und den partikularistischen Lokalgewalten entscheidend die innere Entwicklung. Zentrale Regierungen haben den Regionalgewalten Rechnung zu tragen, es sei denn, sie wählen, wie so oft, die Diktatur.

Wesentliche Grundlage der lateinamerikanischen Diktatur ist die jeweilige nationale Armee, die – als Institution weniger dem Partikularismus verhaftet – die Staatsmacht ergreift, wenn die Zentralregierung nicht allgemein als solche anerkannt wird. Politik und Parteien sind nicht an theoretische oder ideologische Programme, sondern zuerst an die Person, den *caudillo*, gebunden. Begriffe wie Liberalismus, Konservativismus, Demokratie, Konstitutionalismus, Sozialismus, auch Kommunismus haben nur Durchschlagskraft, wenn hinter ihnen die Macht und das Charisma eines *caudillo* stehen. Der Präsident, d. h. der *caudillo*, beherrscht daher Legislative, Exekutive und Judikative; er steht nicht unter der Verfassung, sondern regiert in ihrem Namen. Das Aufkommen politischer Parteien im 19. Jh. (von denen die liberalen aus den Freimaurerlogen entstehen, die konservativen sich an die katholische Kirche anlehnen) sowie die vielen Verfassungen sind daher kein Gradmesser für die politische Reife lateinamerikanischer Nationen. Wahlen dienen in der Regel nur dazu, die Herrschaft eines Präsidenten zu legitimieren. Der Gegensatz zwischen autoritärem Präsidialregime und demokratischer Verfassungen prägt noch lange das politische Leben im 20. Jh. Die klassischen Gruppierungen von Liberalen und Konservativen verlieren ihre ursprüngliche Bedeutung, und es bilden sich neue Parteien um einzelne politische Persönlichkeiten, die mit Gewerkschaften und regionalen Interessenverbänden wechselnde »populistische« Bündnisse eingehen, um meist kurzfristige und eng begrenzte Forderungen durchzusetzen, oft wieder autoritär.

Das Militär bleibt stärkste innere Macht, von deren Parteinahme Fortbestand und Erfolg einer Regierung oder eines politischen Programmes abhängen. Oft übernimmt eine Militärjunta selbst die Regierungsgewalt, um innere Konflikte wenigstens zeitweise zu beenden.

Die Kirche, in der Kolonialzeit von zentraler Bedeutung, büßt ihren überragenden Einfluss im staatlichen Leben im 19. Jh. oft ein. Der hohe Klerus steht der Unabhängigkeitsbewegung meist ablehnend gegenüber, während die niedere Geistlichkeit sich ihr sehr oft anschließt. Die spanische Krone als Schützerin des Glaubens hat die Privilegien der Kirche garantiert, was zur Konfrontation mit den neuen Regierungen führt, als diese für sich Rechte der Kirche beanspruchen. Die Kirche verliert in den meisten Staaten Grund und Boden, Kontrolle über das Erziehungswesen, Literatur und Presse, Eheschließung (gesetzliche Zivilehe) und die öffentliche Wohlfahrt. Jedoch ist »Antiklerikalismus« nicht identisch mit Glaubens- oder Religionsfeindlichkeit. Als religiöse Institution bleibt die katholische Kirche – wenn auch an den Rand des staatlichen und politischen Lebens gedrängt – von der Bevölkerung anerkannt.

Wirtschaftliche Entwicklungen

Wirtschaftlich setzt um 1850 mit der industriellen Expansion in Europa und der steigenden Nachfrage nach Rohstoffen ein tief greifender Wandel ein: Die Bedeutung der *hacienda* als autarker Wirtschaftsform tritt zurück. Die lateinamerikanischen Länder fördern Anbaukulturen, die den größten Absatz im Export versprechen, oft zum Nachteil für die wirtschaftliche Struktur (Monokulturen, Rückgang anderer Wirtschaftszweige, v. a. des Gewerbes) und das soziale Gefüge (relativ hohe Löhne in Gebieten, deren Anbauprodukte exportbegünstigt sind, Abwanderung von Arbeitskräften, Verelendung der in den nicht gefragten Wirtschaftsbereichen Beschäftigten). Den technischen Fortschritt Lateinamerikas (Bau von Eisenbahnen und Häfen, Schifffahrt, Mechanisierung einzelner Wirtschaftssektoren) bestimmen Interessen der Exporteure ohne Rücksicht auf planmäßige Erschließung abgelegener oder wirtschaftlich wenig begünstigter Gebiete. So entsteht im 20. Jh. die für Lateinamerika charakteristische exportorientierte Verkehrsinfrastruktur mit ihren schlechten Verbindungen zwischen den regionalen Wirtschaftsbereichen sowie den Staaten untereinander. Leistungsstarke Produktionsstätten und hochentwickelte Wirtschaftsbereiche hängen meist von ausländischem Kapital ab oder sind Eigentum europäischer bzw. nordamerikanischer Firmen. Die Landwirtschaft hält mit der modernen Wirtschaftsentwicklung nicht Schritt, da die Agrarstruktur der Kolonialzeit weiterhin vorherrscht: Nach Betriebszahl überwiegt der Kleinbesitz, nach Betriebsfläche die Latifundien, von denen meist die exportorientierten Agrarprodukte stammen.

Schon im 19. Jh. zeigen sich einheimische Arbeitskräfte den neuen Wirtschaftsanforderungen nicht gewachsen. Die Regierungen bemühen sich daher um Einwanderer aus Europa, dessen Menschenüberschuss in Amerika neue Existenzmöglichkeiten sucht – die Masseneinwanderung setzt 1870 ein. Man erhofft das Sesshaftwerden der Einwanderer in der Landwirtschaft. Doch da in der Regel Großgrundbesitz vorherrscht, ziehen die Neuankömmlinge in die Städte, wo sie bessere Chancen für sich erwarten und durch ihre Arbeit in Gewerbe und Industrie zur Entstehung einer Mittelklasse beitragen, die in der ersten Hälfte des 20. Jh.s an politischem Einfluss gewinnt. In den wirtschaftlich begünstigten Regionen und industriellen Kernräumen bildet sich nach und nach ein gehobener Arbeiterstand heraus, der relativ gut entlohnt wird, geschützt durch eine neue Sozialgesetzgebung. Der Großteil der ländlichen Bevölkerung, u. a. Landarbeiter und Kleinbauern, lebt ausgeschlossen vom marktwirtschaftlichen Geschehen und hat kaum Anteil an sozialer und politischer Gleichberechtigung. Aus den vernachlässigten Gebieten wandern die Menschen in die Städte ab (Landflucht, Verstädterung), die rasch überdimensional anwachsen (1938 leben in Buenos Aires und Rosario ein Viertel der Bewohner Argentiniens; ein Drittel der uruguayischen Bevölkerung konzentriert sich in Montevideo). Nur ein geringer Prozentsatz der städtischen Zuwanderer findet angemessene Erwerbsmöglichkeiten. Die meisten vergrößern nur das Heer der Arbeitslosen und der unterbeschäftigten Arbeitskräfte. Verschärft wird das Problem der Proletarisierung breiter Massen in Lateinamerika durch den niedrigen Bildungsstand (1938 über 50 % Analphabeten), unzureichende berufliche Ausbildung, Abwanderung qualifizierter Fachkräfte in besser zahlende Staaten (v. a. die USA), hohes Bevölkerungswachstum (2–3 % jährlich), ethnische Heterogenität – ethnische und soziale Diskriminierung bedingen sich oft gegenseitig.

Um 1825 leben in Lateinamerika etwa 23 Mio. Menschen. Davon entfallen auf Mexiko, Mittelamerika und Westindien 11 Mio.: 18 % Weiße, 41 % Indianer, 17 % Schwarze und 24 % Mischlinge (in Mexiko und Mittelamerika meist Mestizen, in Westindien Mulatten). Auf Südamerika entfallen 12 Mio.: 20 % Weiße, 31 % Indianer, 18 % Schwarze und 31 % Mischlinge (in Brasilien v. a. Mulatten). Um 1940 leben in Lateinamerika etwa 130 Mio. Menschen. Davon entfallen auf Mexiko, Mittelamerika und Westindien 41 Mio.: 25 % Weiße, 15 % Indianer, 12 % Schwarze und 48 % Mischlinge. Auf Südamerika entfallen 89 Mio.: 50 % Weiße, 8 % Indianer, 7 % Schwarze und 35 % Mischlinge.

Der Aufschwung des Außenhandels der lateinamerikanischen Staaten ist ohne den wachsenden Zustrom europäischen und (v. a. seit Ende des 19. Jh.s) US-Kapitals nicht denkbar, das durch seine Investitionen große Bereiche des Wirtschaftslebens und der öffentlichen Dienstleistungen kontrolliert. Zur Abhängigkeit von Monopolen tritt die Abhängigkeit vom internationalen Kapital – die Weltwirtschaftskrisen der Jahre 1857, 1890 und 1929 schlagen in Lateinamerika besonders durch. Mit dem wirtschaftlichen Einfluss des Auslands ist die politische Bevormundung verbunden. Investitionen und Anleihen sollen die Staatsgewalt konsolidieren, die den ausländischen Interessen den nötigen Schutz garantiert. Je nach Bedarf setzen die europäischen Großmächte und die USA Handel, Diplomatie und Politik – bis zu militärischer Intervention – zur Sicherung ihrer Positionen ein. Dominierend sind im 19. Jh. Großbritannien und Frankreich, denen vor 1900 in den USA eine ernste Konkurrenz erwächst. Die USA bauen, gestützt auf ihre wirtschaftliche und militärische Macht, ihre beherrschende Stellung auf dem amerikanischen Kontinent immer weiter aus: von ihren eigenwilligen Interpretationen der Monroedoktrin von 1823 (benannt nach dem US-Präsidenten James Monroe über die gewaltsame Erweiterung ihres Staatsgebiets auf Kosten Mexikos (1845/1848) und die von Theodore Roosevelt verfochtene *big stick policy* (1904: Erweiterung der Monroedoktrin durch einen Zusatz, wonach sich die USA als »internationale Polizeimacht« jederzeit in die inneren Angelegenheiten der lateinamerikanischen Staaten einmischen dürfen, wenn »eine fremde Aggression zum Schaden der gesamten amerikanischen Nationen« dazu Anlass gibt) bis zur Dollardiplomatie im Rahmen panamerikanischer Zusammenarbeit.

Die panamerikanische Bewegung

Schon Simón Bolívar vertritt den panamerikanischen Gedanken, als er nach der Unabhängigkeit von Spanien den Zusammenschluss der neuen amerikanischen Staaten einleiten will. Mit dem von ihm 1826 nach Panama einberufenen ersten amerikanischen Kongress beginnt die erste oder hispanoamerikanische Phase (1826–1889) der panamerikanischen Bewegung. Ende des 19. Jh.s berufen die USA als amerikanische Hegemonialmacht 1889 die erste panamerikanische Konferenz nach Washington ein und eröffnen damit die zweite oder gesamtamerikanische Phase (1889–1948) der panamerikanischen Bewegung, die sie seitdem dominieren.

Mit dem »Wirtschaftsbüro der Amerikanischen Republiken« (*Commercial Bureau of the American Republics*), das am 14. April 1890 (seit 1930 *Pan American Day*) als ständiges Sekretariat errichtet wird, ist die »Union der Amerikanischen Republiken« (bis 1910 »Internationale Union der Amerikanischen Republiken«) ständig in Washington vertreten. 1902 wird das Sekretariat in »Internationales Bureau der Amerikanischen Republiken« und 1910 in »Panamerikanische Union« umbenannt. 1902 wird ein Exekutivrat (*Governing Board*) geschaffen, dem alle in Washington akkreditierten Vertreter der lateinamerikanischen Staaten angehören. Vorsitzender ist der jeweilige US-Außenminister. Die Zusammenarbeit der amerikanischen Staaten beschränkt sich zunächst auf Handels-, Verkehrs- und Rechtsfragen, bei denen die Beilegung und Schlichtung interamerikanischer Streitigkeiten eine erhebliche Rolle spielt. Seit 1936 tritt die politische Zusammenarbeit immer stärker in den Vordergrund, die ihren Höhepunkt 1948 mit Gründung der OAS (*Organization of American States*) erreicht, mit der die dritte oder militärpolitische Phase der panamerikanischen Bewegung einsetzt.

Mitglieder der »Union der Amerikanischen Republiken« sind (außer Kanada) alle selbstständigen Staaten der westlichen Hemisphäre, d. h. die USA und die 20 lateinamerikanischen Republiken. Kuba und Panama, die erst nach 1900 ihre Unabhängigkeit erlangen, nehmen zum ersten Mal 1906 an einer Konferenz teil.

Mexiko (1810–1945) | Forts. v. S. 1311 |

1810, 16. Sept. Unter Führung des Priesters Miguel Hidalgo y Costilla (*1753, †1811) beginnt in Zentralmexiko ein Indianeraufstand gegen die spanische Herrschaft, den Spanier und Kreolen 1811 gemeinsam niederschlagen: Hidalgo wird hingerichtet.

1815, 22. Dez. Hinrichtung des Priesters José María Morelos y Pavón (*1765), des Führers weiterer Rebellionen, die aber nur Teilerfolge bringen.

1816 Das Land ist weitgehend wieder befriedet.

1820 Ein Aufstand in Spanien zwingt König FERDINAND VII. (*1784, †1833), die liberale spanische Verfassung von 1812 wieder einzuführen. Die Kreolen befürchten, sie könnten ihre Privilegien verlieren.

1821, 24. Febr. General AGUSTÍN DE ITURBIDE (*1783, †1824), der sich mit den letzten verborgenen Untergrundkämpfern (*guerrilleros*) unter VICENTE GUERRERO (*1782, †1831) vereinigt, verkündet den **Plan von Iguala**. Seine »drei Garantien« erklären Mexiko für unabhängig, die katholische Konfession zur Staatsreligion und die Gleichheit aller Einwohner Mexikos vor dem Gesetz. Mexiko soll unter König FERDINAND VII. oder einem anderen Mitglied eines europäischen Herrscherhauses selbstständiges Kaiserreich werden. Einstweilen übernimmt eine Junta die Macht und beruft einen verfassunggebenden Kongress ein.

1822, 18. Mai General ITURBIDE wird als AGUSTÍN I. vom Heer zum Kaiser von Mexiko proklamiert, nachdem die spanischen *Cortes* (Ständevertretung) den Plan von Iguala nicht gebilligt haben.

1823 Nach dem Sturz ITURBIDES trennen sich 17 der 18 Provinzen Guatemalas von Mexiko (bis auf Chiapas) und rufen die Republik der »Vereinigten Provinzen Zentralamerikas« (»Zentralamerikanische Konföderation«) aus.

1824, 19. Juli Der von Republikanern gefangen genommene ITURBIDE wird erschossen.

4. Okt. **Der mexikanische Kongress verkündet die Republik** und verabschiedet nach US-Vorbild eine bundesstaatliche Verfassung.

1825, Nov. Die Eroberung des spanischen Forts San Juan de Ulúa vor Veracruz dient der Absicherung der Unabhängigkeit. Indianerkämpfe im Norden und ständige bürgerkriegsähnliche Unruhen, bei denen sich die Konservativen und Liberalen mit den untereinander rivalisierenden Generälen jeweils verbünden, lassen keine geordnete Entwicklung im Innern zu.

1829 Abwehr einer spanischen Invasion bei Tampico.

1833–1835 Vorübergehende Beruhigung der innenpolitischen Lage in der ersten Präsidentschaft des Generals ANTONIO LÓPEZ DE SANTA ANNA (*1797, †1876).

1836, 2. März Unter Führung von SAM HOUSTON (*1793, †1863) löst sich das von nordamerikanischen Siedlern kolonisierte Texas von Mexiko. Nachfolgende kriegerische Konflikte mit nordamerikanischen Milizen weiten sich zur Bedrohung Mexikos aus.

21. April In der Schlacht am Río San Jacinto werden die mexikanischen Truppen unter SANTA ANNA von den Texanern geschlagen.

1846, April Ausbruch des Krieges mit den USA als Folge der Annexion von Texas (seit 29. Dez. 1845 Bundesstaat der USA) und zahlreicher Grenzkonflikte.

1847, 14. Sept. US-Truppen unter General WINFIELD SCOTT (*1786, †1866) besetzten Mexikos Hauptstadt.

1848, 2. Febr. Im **Frieden von Guadalupe Hidalgo** (nördlich von Mexiko-Stadt) verliert Mexiko Texas endgültig, ferner mit Oberkalifornien, New Mexico, Arizona, Nevada, Utah sowie Teilen von Kansas, Colorado und Wyoming etwa die Hälfte seines Staatsgebiets.

1853, 30. Dez. Unter der letzten Präsidentschaft von General SANTA ANNA wird auch der Südteil von Arizona an die USA verkauft (Gadsden-Vertrag).

1855 Das Entgegenkommen von SANTA ANNA gegenüber den USA führt seinen Sturz herbei.

1857, 5. Febr. Unter dem Einfluss des Justizministers BENITO JUÁREZ (*1806, †1872) setzt eine liberal-föderalistische Bewegung eine neue Verfassung durch, die zusammen mit den »Reformgesetzen« die Trennung von Staat und Kirche einleitet.

1858, 19. Jan. Der Beginn der Präsidentschaft von BENITO JUÁREZ leitet eine liberale Ära ein – Religionsfreiheit und Einziehung des Kirchenvermögens zugunsten des Staates. Die Folge ist ein dreijähriger Bürgerkrieg (*Guerra de Reforma*).

1861 Wegen des Bürgerkriegs kann JUÁREZ erst jetzt von seinem provisorischen Regierungssitz Veracruz in die Hauptstadt ziehen. Klerikale und Zentralisten suchen Hilfe im Ausland. Als JUÁREZ – nach Übertragung diktatorischer Vollmachten durch den Kongress – wegen der vom Bürgerkrieg zerrütteten Finanzen die Rückzahlung der Auslandsschulden auf zwei Jahre aussetzt, entsenden Spanien, Großbritannien und Frankreich ein Expeditionskorps nach Mexiko, um die Erfüllung der Verpflichtungen zu erzwingen: Kaiser NAPOLEON III. (1852–1870) erhofft sich ein mit Frankreich politisch und wirtschaftlich eng verbundenes Reich in Amerika.

1862 Nach Abzug der Spanier und Briten dringen französische Streitkräfte in das mexikanische Hochland vor, werden aber bei Puebla im Südosten des Hochlandes geschlagen.

1863 Weil die USA wegen des Sezessionskrieges nicht eingreifen, können die Franzosen die Intervention fortführen. Beim zweiten Mal gelingen die Einnahme von Puebla und der Einzug in Mexiko-Stadt. Die Franzosen rufen eine Notabelnversammlung ein, die das mexikanische Kaiserreich proklamiert und den österreichischen Erzherzog MAXIMILIAN (*1832, †1867), Bruder des österreichischen Kaisers FRANZ JOSEPH I. (1848–1916), zum Kaiser von Mexiko ernennt.

1864, 16. Juni MAXIMILIAN trifft in der Hauptstadt ein, sieht sich jedoch vom ersten Tag an mit einem Bürgerkrieg gegen die Republikaner konfrontiert.

1866 Wegen massiver US-Proteste und der angespannten außenpolitischen Lage in Europa sieht sich NAPOLEON III. zum Rückzug seiner Truppen gezwungen: MAXIMILIAN bleibt im Land.

1867, 19. Juni Republikanische Truppen zwingen das kaiserliche Heer in Querétaro zur Kapitulation. MAXIMILIAN wird gefangen, verurteilt und erschossen.

Dez. BENITO JUÁREZ ist wieder Präsident.

1877, 5. Mai General PORFIRIO DÍAZ (*1830, †1915) wird zum ersten Mal Präsident (bis 1880); er regiert diktatorisch.

1884, 1. Dez. Beginn der zweiten Amtszeit von DÍAZ (bis 1911): Das Land kommt erstmals innenpolitisch zur Ruhe mit einer kontinuierlichen wirtschaftlichen Entwicklung, aber auch Unterdrückung weiter Bevölkerungskreise, v. a. der Arbeiter auf dem Lande, wo die Latifundienbesitzer wie früher herrschen.

Die wirtschaftliche Entwicklung in der Ära Díaz

Mit Unterstützung der *científicos* (Anhänger des französischen Positivismus), v. a. des Finanzministers José Yves Limantour (*1854, †1935), betreibt Díaz die Modernisierung Mexikos: Ausbau des Eisenbahnnetzes von 666 km (1877) auf 24 717 km (1911), Förderung der Industrie, des Bergbaus und ausländischer Kapitalinvestitionen. Mit ersten erfolgreichen Erdölbohrungen und schnell steigender Produktion gewinnen nach 1900 die US-Erdölinteressen wachsenden Einfluss auf die mexikanische Politik. Zwischen 1900 und 1910 gestalten sich die wirtschaftlichen Beziehungen zwischen Mexiko und den USA so eng, dass 56 % der mexikanischen Importe aus den USA stammen und 80 % der Exporte dorthin gehen. Der Erdölboom lässt die mexikanischen Produktionsziffern rasch steigen: 1913 steht das Land an dritter und 1938 – trotz der nun stärker gewordenen Konkurrenz – noch an siebter Stelle der Erdölproduzenten.

Vom raschen Wirtschaftsaufschwung profitieren neben zahlreichen ausländischen Firmen nur wenige Großgrundbesitzer und Industrielle. Die Landbevölkerung aus Indianern und Mestizen verelendet immer mehr, besonders als sie die größten Teile ihres Gemeindeeigentums (*ejidos*) verliert (Lerdo-Gesetz von 1856 über brachliegendes Land). 1910 verfügt 1 % der Gesamtbevölkerung über 96 % des Grund und Bodens, fast 97 % der Landbevölkerung haben keinen Grundbesitz. Diese wirtschaftlich-soziale Lage, die Spannungen in der Bevölkerung ungeheuer verstärkt, ist direkte Ursache für den Ausbruch der **Mexikanischen Revolution**.

1910, Juli Zur Wiederwahl von Díaz fordert der gemäßigte Politiker Indalecio Francisco Madero (*1873, †1913) »echte Wahlen, keine Wiederwahl« und ruft zur Revolution auf, der sich verschiedene politische und militärische Gruppen anschließen, u. a. Bauernführer Emiliano Zapata (*1883, †1919) und Bandenchef Francisco (Pancho) Villa (*1877, †1923).

Nov. Aufstand in Puebla und Chihuahua.

1911, 25. Mai Díaz tritt zurück; Madero übernimmt die Regierung.

1912, März Die Widerstandsgruppe von Pascual Orozco (*1882, †1915) rebelliert in Chihuahua.

Juli General Victoriano Huerta (*1854, †1916) schlägt mit Regierungstruppen und mit Unterstützung von Pancho Villas Leuten den Aufstand nieder.

1913, 22. Febr. Durch eine Konterrevolution der Militärs wird Präsident Madero gestürzt und ermordet; die Regierungsgeschäfte übernimmt General Huerta.

März Rebellion gegen Huerta: Venustiano Carranza (*1859, †1920), der Gouverneur von Coahuila, und Álvaro Obregón (*1880, †1928) aus Sonora mit dem »verfassungstreuen Heer« wenden sich gegen Huerta; Zapata und Villa schließen sich an.

1914, Juli Nach dem Sturz von Präsident Huerta brechen Machtkämpfe der miteinander rivalisierenden Revolutionsführer aus, die Mexiko ins Chaos stürzen.

1915, Okt. Tolerierung der von Carranza geführten Regierung (1915–1920) durch die USA.

1916, März Pancho Villa greift mit seinen Einheiten die Stadt Columbus in New Mexico (USA) an – US-Strafexpedition auf mexikanischem Gebiet.

1917, 5. Febr. Die von Präsident Carranza verkündete **Verfassung** – von den Anhängern Zapatas und Villas abgelehnt – leitet das **Ende der Revolution** ein: Sie macht die Enteignung des bäuerlichen Gemeindebesitzes (*ejidos*) rückgängig, erklärt ihn fortan für unveräußerlich, verbietet die Wiederwahl eines Präsidenten, nationalisiert die Bodenschätze, beschneidet die kulturelle Vorherrschaft der katholischen Kirche und garantiert weitgehende soziale Rechte.

1918 Die Forderung nach Nationalisierung der Erdölfelder durch die Regierung Carranza stößt auf heftige Reaktionen der USA. Die schrittweise Verwirklichung der neuen Verfassungsprinzipien ruft den Widerstand der Kirche hervor. Der noch immer unruhigen Bauern wird Carranza Herr, indem er die Arbeiter gegen sie mobilisiert.

1919, 10. April Ermordung Zapatas durch Regierungstruppen.

1920, März Mithilfe des mexikanischen Arbeiterbundes CROM (*Confederación Regional Obrera Mexicana*) wird Carranza gestürzt.

21. Mai Carranza wird auf Befehl seines Nachfolgers Álvaro Obregón erschossen.

1920–1928 Unter Obregón und Plutarco Elías Calles (*1877, †1945), seinem Nachfolger seit 1924, erreicht die Arbeiterschaft weitere soziale Verbesserungen, doch provoziert die antikirchliche Politik den Aufstand der *Cristeros*.

1934, 1. Dez. Amtsantritt von Präsident General Lázaro Cárdenas (*1895, †1970), der die Ideen der Mexikanischen Revolution neu zu beleben versucht: Er reorganisiert die von Calles gegründete »Nationalrevolutionäre Partei« (seit 1946: *Partido Revolucionario Institucional* [PRI]) und begünstigt den erst nach seinem Regierungsantritt gegründeten, links orientierten Gewerkschaftsverband CTM (*Confederación de Trabajadores de México*, »Bund Mexikanischer Arbeiter«). Mit diesem Rückhalt beginnt Cárdenas die immer wieder verzögerte Bodenreform, eine intensive Förderung der Industrialisierung und eine umfassende Sozialgesetzgebung für die Arbeiter.

1938 Verstaatlichung ausländischer Ölgesellschaften.

1941 General Manuel Ávila Camacho (*1897, †1955), Cárdenas' Nachfolger im Präsidentenamt 1940–1946, erreicht durch entsprechenden finanziellen Ausgleich, dass die USA und Großbritannien die Verstaatlichung der Ölindustrie anerkennen. | Forts. S. 1822 |

Zentralamerikanische Konföderation (1821–1841)

1821 Das Generalkapitanat Guatemala, das von Chiapas bis Costa Rica reicht, schließt sich dem neuen Kaiserreich Mexiko an.

1823, 1. Juli Nach dem Sturz Agustín de Iturbides (*1783, †1824) trennen sich (bis auf Chiapas) 17 der 18 Provinzen Guatemalas wieder von Mexiko: Republik der »Vereinigten Provinzen Zentralamerikas« (*Provincias Unidas del Centro de América*).

Gegen die liberal-antiklerikale Politik des diktatorisch regierenden honduranischen Generals Francisco Morazán (*1792, †1842) erhebt sich die konservative Opposition unter Führung des guatemaltekischen Generals Rafael Carrera (*1814, †1865).

1838–1841 Nach mehrjährigem Bürgerkrieg zerbricht die Konföderation in fünf selbstständige Staaten – Guatemala, El Salvador, Honduras, Nicaragua, Costa Rica. Zahlreiche Versuche, die Konföderation wiederherzustellen, scheitern.

Guatemala (1839–1945)

1839 Guatemala wird unabhängig.

1840–1865 General Rafael Carrera herrscht mit einer konservativ-klerikalen Diktatur.

1873–1885 Unter Präsident Justo Rufino Barrios (*1835, †1885) beginnt eine kirchenfeindliche Politik, doch leitet er den wirtschaftlichen Aufschwung Guatemalas ein (Straßenbau, erste Eisenbahn, Kapitalinvestitionen, Kaffeepflanzungen, intensiver Export), den aber, wie schon unter Carrera, Bürgerkriege und Konflikte mit den Nachbarstaaten hemmen. Wie in den anderen mittelamerikanischen Staaten bleiben die Indios weitgehend vom modernen Wirtschaftsleben ausgeschlossen, werden kulturell, politisch und sozial in die Isolation gedrängt.

seit 1898 Die Geschicke des Landes bestimmen zwei ebenfalls diktatorisch regierende Präsidenten: die Generäle Manuel Estrada Cabrera (*1857, †1924; 1898–1920) und Jorge Ubico Castañeda (*1878, †1946; 1931–1944). Das Land gerät immer stärker unter den **Einfluss der United Fruit Company** und in die Abhängigkeit der USA sowie einiger Latifundienbesitzer. Dagegen richtet sich die von breiten Kreisen der Bevölkerung unterstützte Erhebung von Militärs, Arbeitern und Studenten.

1944, 1. Juli Ein Massenstreik und eine Studentenrevolte gegen das politische Terrorsystem von Präsident Ubico Castañeda führen zum Sturz des Diktators.

20. Okt. Sein Nachfolger, General Federico Ponce Vaidez (*1889, †1956), kann sich freilich nur einige Monate an der Macht halten: Er wird von einer Gruppe junger Offiziere (»Sozialrevolutionäre Aktion«) gestürzt, die zum ersten Mal in der Geschichte des Landes relativ freie Wahlen durchführen lässt.

1945 Nach einer kurzen Übergangszeit unter der Revolutionsjunta wird Juan José Arévalo (*1909, †1990) zum Präsidenten gewählt. | Forts. S. 1824 |

El Salvador (1841–1945)

1841 El Salvador tritt als letzter Staat aus der Zentralamerikanischen Konföderation aus.

1853 Nach verschiedenen fehlgeschlagenen Unionsversuchen mit Guatemala, Nicaragua und Honduras

Mexiko, Zentralamerika und Karibik im 19. Jh.

konstituiert es sich als selbstständiger Staat. Ständige Konflikte zwischen »Konservativen« und »Liberalen« und mit den Nachbarstaaten gestalten die Entwicklung äußerst unruhig.

1932 Unter dem Einfluss der mexikanischen Revolution und als Folge der Weltwirtschaftskrise brechen kommunistisch gesteuerte Unruhen unter AUGUSTÍN FARABUNDO MARTÍ (*1893, †1932) aus, die jedoch Präsident General MAXIMILIANO HERNÁNDEZ MARTÍNEZ (*1882, †1966; seit 1931) niederschlägt (etwa 30 000 Todesopfer, v. a. Indios). Er wird 1944 durch einen Militärputsch gestürzt. | Forts. S. 1827 |

Honduras (1839–1945/48)

Die innenpolitische Situation des Landes ist seit seiner Unabhängigkeit durch zahllose Staatsstreiche und Unruhen gekennzeichnet (bis 1945 über 100 Regierungen), welche eine stetige Entwicklung der agrarisch geprägten Gesellschaft erschweren (zwei Drittel Analphabeten).

1911/1913, 1924/1925 Interventionen der USA bringen Honduras in politische und wirtschaftliche Abhängigkeit: Die Bananenpflanzungen, wichtigste Exportgrundlage, sind zu 95 % im Besitz der US-Firmen *United Fruit Company* und *Standard Fruit and Steamship Company*, die auch 90 % des Eisenbahnnetzes und den größten Teil der Hafenanlagen beherrschen.

1933–1948 Die Militärdiktatur des Generals TIBURCIO CARÍAS ANDINO (*1876, †1969) bewirkt eine innenpolitischer Konsolidierung – die Staatsschuld sinkt erheblich, der Außenhandel und Siedlungsunternehmen werden gefördert. | Forts. S. 1829 |

Nicaragua (1838–1945/47)

Nach Nicaraguas Verlassen der Zentralamerikanischen Konföderation, errichtet Großbritannien, das wegen des geplanten Nicaragua-Kanals an dem Land interessiert ist, im Ostteil (Mosquitoküste) ein Protektorat. Die USA fassen ebenfalls ein Kanalprojekt ins Auge, schreiten zu politischen und wirtschaftlichen Interventionen.

1856/57 Der US-Abenteurer WILLIAM WALKER (*1824, †1860) wird Präsident; die US-Reederei *Vanderbilt* kontrolliert die Verkehrsverbindungen zwischen den Ozeanen über die Landbrücke von Nicaragua.

1860 Der Teil des Landes unter britischem Protektorat kommt bedingt (1905 endgültig) wieder zur Souveränität Nicaraguas.

1909 Zum ersten Mal greifen US-Streitkräfte in die Konflikte zwischen Konservativen und Liberalen ein.

1912–1925 Das Land steht unter Finanz- und Militärkontrolle der USA.

1916, 18. Febr. Durch den Bryan-Chamorro-Vertrag sichern sich die USA gegen eine Zahlung von 3 Mio. Dollar das alleinige Recht auf einen Kanalbau und zur Anlage von Marinestützpunkten.

1927–1932 Gegen die erneute Besetzung durch US-Truppen führt **AUGUSTO CÉSAR SANDINO** (*1895, †1934 [ermordet]) einen erbitterten Kleinkrieg.

1937 Der bisherige Kriegsminister, General ANASTASIO SOMOZA GARCÍA (*1896, †1956), wird Präsident (bis 1947). Nicaragua gerät unter die **Diktatur der Familie Somoza**, die das Land bis 1979 beherrscht. | Forts. S. 1831 |

Costa Rica (1870–1945)

Im Gegensatz zu den meist von Mestizen bewohnten Republiken Mittelamerikas hat Costa Rica als einziges Land eine überwiegend weiße Bevölkerung. Da hier auch nicht Latifundien vorherrschten, sondern bäuerliche Familienbetriebe, entwickelt sich schon im 19. Jh. eine bodenständige Mittelklasse. Der liberale Präsident TOMÁS GUARDIA (*1832, †1882), mit kurzen Unterbrechungen von 1870 bis 1882 im Amt, drängt die Macht der bisher tonangebenden konservativen Familien zurück.

Trotz gelegentlicher Staatsstreiche hat Costa Rica von allen mittelamerikanischen Staaten die ruhigste politische Entwicklung, kulturell eine der niedrigsten Analphabetenquoten in Lateinamerika, ein geordnetes Finanzwesen, kontinuierliches Wirtschaftswachstum (v. a. Kaffee- und Zuckerexport, Bananenplantagen der *United Fruit Company*), ein modernes Arbeits- und Sozialrecht und eine zeitgemäße Infrastruktur. | Forts. S. 1833 |

Kuba (1895–1945)

Kubanische Emigranten wie der Dichter JOSÉ MARTÍ (*1853, †1895) und der Lehrer und spätere Staatspräsident TOMÁS ESTRADA PALMA (*1836, †1908) führen den Kampf um die Unabhängigkeit von den USA aus.

1895 Konzessionen Spaniens nach einem Aufstand bleiben ebenso erfolglos wie Repressionen der Militärs.

1898, 15. Febr. Die (nie geklärte) Explosion des US-Linienschiffes »Maine« im Hafen von Havanna gibt den USA den Vorwand zur Kriegserklärung an Spanien.

10. Dez. Nach kurzem Kampf unterliegt Spanien. Im Frieden von Paris verzichtet es u. a. auf Kuba, das zunächst unter US-Militärverwaltung gerät.

1901, 21. Febr. Verabschiedung der ersten Verfassung.

2. März Die kubanische Souveränität wird jedoch durch das *Platt Amendment* (Verfassungszusatz) eingeschränkt, das das Interventionsrecht der USA festlegt.

1902, 20. Mai Nach Abzug der US-Truppen wird TOMÁS ESTRADA PALMA erster kubanischer Präsident.

1903 Die USA sichern sich vertraglich die Militärstützpunkte Bahia Honda bis 1912 und Guantánamo.

1906/1919 Innere Unruhen führen zu militärischen Interventionen der USA (1906–09, 1912, 1917–19).

1933 Soziale Spannungen eskalieren in der Weltwirtschaftskrise und führen zum Sturz des seit 1925 amtierenden liberalen Präsidenten General GERARDO MACHADO Y MORALES (*1871, †1939): Der neue »starke Mann« wird der ehemalige Sergeant FULGENCIO

BATISTA Y ZALDÍVAR (*1901, †1973), bis 1939 als Führer der Revolution Oberbefehlshaber der Armee.

1940–1944 Präsidentschaft BATISTA Y ZALDÍVARS (erneut 1952–1959), dessen Regierung, gestützt auf die von ihm organisierte Armee und Partei, nach Inkrafttreten der neuen Verfassung von 1940 eine konstitutionelle Periode bis 1952 einleitet. | Forts. S. 1837 |

Haiti (1789–1945/47)

Die Französische Revolution gibt Anlass zum Aufstand der meist versklavten Bevölkerung von Afroamerikanern und Mulatten, die gegen englischen und spanischen Widerstand auch im Ostteil der Insel kämpfen.

1795, 22. Juli Im Frieden von Basel fällt der Ostteil ebenfalls an Frankreich.

1797 Nachdem der französische Konvent die Freiheit der Sklaven dekretiert (4. Febr. 1794), ernennt in Frankreich das Direktorium den Führer der Afroamerikaner, FRANÇOIS DOMINIQUE TOUSSAINT, genannt TOUSSAINT L'OUVERTURE (*1743, †1803) zum Gouverneur und militärischen Oberbefehlshaber.

1800 TOUSSAINT besetzt den Ostteil Haitis.

1801, 8. Juli Die gesamte Insel erhält eine **Verfassung**, die Frankreich nur noch nominelle Suzeränität belässt.

1802 TOUSSAINT wird von einem französischen Expeditionskorps besiegt, als Gefangener nach Frankreich gebracht. Doch vertreiben die Afroamerikaner und Mulatten, die sich gegen die 1802 von NAPOLEON wieder eingeführte Sklaverei erheben, die Franzosen.

1804, 1. Jan. JEAN JACQUES DESSALINES (*1760, †1806), der sich selbst zum Kaiser JAKOB I. ernennt, proklamiert die **Unabhängigkeit**.

1806 Nach DESSALINES' Ermordung zerfällt Haiti in eine südliche Republik (Mulatten) und einen nördlichen, von verschiedenen »Kaisern« regierten Staat (Afroamerikaner).

1820 Nord- und Südhaiti werden wieder vereint.

1822 Der neuen Republik schließt sich auch der wieder spanisch gewordene Ostteil der Insel an.

1844, 16. Jan. Der Ostteil der Insel erklärt sich als **Dominikanische Republik** (auf Dauer) für unabhängig. In der Folgezeit wird Haiti von verschiedenen Präsidenten oder »Kaisern« meist diktatorisch beherrscht.

1915 Bürgerkriege und fast permanente Anarchie provozieren die Intervention der USA, die das Land besetzen (bis 1934) und wie ein Protektorat verwalten.

1934 Nach Abzug der US-Truppen bleibt die US-Finanzkontrolle bestehen (bis 1947). Häufige Militärrevolten, Aufstände und Diktaturen. | Forts. S. 1842 |

Dominikanische Republik (1844–1945)

1844, 16. Jan. bzw. 27. Febr. Die **Dominikanische Republik erklärt ihre Unabhängigkeit** von Haiti.

6. Nov. General PEDRO SANTANA (*1801, †1863) wird der erste Präsident: Er und sein Nachfolger und Hauptgegner BUENAVENTURA BÁEZ MÉNDEZ (*1810, †1884) wehren in erbitterten Kriegen alle Rückeroberungsversuche Haitis ab, werden aber der inneren Unruhen nicht Herr.

1861–1865 SANTANA unterstellt das Land nochmals der spanischen Herrschaft.

1907, 8. Febr. Nach erneuter Trennung von Spanien setzen sich Machtkämpfe ehrgeiziger Politiker und Militärs fort, bis zum Eingreifen der USA, die das Land unter ihre Finanzkontrolle stellen (bis 1940).

1916–1924 Besetzung der Republik durch die USA.

1930 General RAFAEL LEÓNIDAS TRUJILLO Y MOLINA (*1891, †1961), Chef der Armee, übernimmt durch Putsch die Macht. Sein despotisches Regime (1930–1938, 1942–1952) beherrscht das Land wie eine Privatdomäne der Familie Trujillo. | Forts. S. 1845 |

Kolumbien (1810–1946) | Forts. v. S. 1311 |

1810 Beginn der Unabhängigkeitskämpfe gegen Spanien in Neugranada.

1816–1819 Nach kurzer Wiederherstellung der spanischen Herrschaft durch General PABLO MORILLO (*1778, †1837) befreit SIMÓN BOLÍVAR (*1783, †1830) durch seinen Sieg bei Boyacá (7. Aug. 1819) das Land endgültig.

1819, 17. Dez. Auf dem Kongress von Angostura (heute: Ciudad Bolívar) wird SIMÓN BOLÍVAR zum Präsidenten gewählt, der Neugranada (Kolumbien) und Venezuela zur **Republik Großkolumbien** vereinigt.

1821, 28. Nov. Beitritt Panamas.

1822, 24. Mai Durch den Sieg des Generals ANTONIO JOSÉ DE SUCRE Y DE ALCALÁ (*1795, †1830) am Pichincha schließt sich auch Ecuador (früher Audiencia de Quito) der Republik an.

1830 **Großkolumbien löst sich auf** in die drei Staaten Neugranada, Venezuela und Ecuador.

1832 Mit Annahme einer neuen Verfassung konstituiert sich Neugranada als selbstständige Republik: Konflikte um eine zentralistische oder föderalistische Staatsform und separatistische Tendenzen (Antioquía und Panama) behindern die Entwicklung und stürzen das Land in Bürgerkriege und Anarchie.

1858 Die Liberalen setzen ihre föderalistischen Prinzipien mit der »Granadinischen Konföderation« (*Confederación Granadina*) durch, welche 1861 in »Vereinigte Staaten von Kolumbien« umbenannt wird.

1863, 8. Mai Nach einer neuen Verfassung sind die »Vereinigten Staaten von Kolumbien« nur noch ein loser Staatenbund.

1886, 4. Aug. Erst unter dem konservativen Präsidenten RAFAEL NÚÑEZ (*1825, †1894; 1880–1882, 1884–1886, 1886–1888, 1892–1894) wird das Land durch Verfassungsänderung wieder Einheitsstaat mit dem ursprünglichen Namen **Republik Kolumbien**. Die bisherigen Gliedstaaten werden Provinzen, die Trennung von Staat und Kirche bleibt erhalten, die Religionsfreiheit garantiert.

1892/93 Nach Zusammenbruch des französischen Kanalprojekts – schon 1876 hat Kolumbien französischen Interessenten die Konzessionen zum Bau eines Kanals unter Vicomte FERDINAND DE LESSEPS (*1805, †1894) verkauft – übernehmen die USA die Konzessionen.

nach 1894 Unter NÚÑEZ' Nachfolgern leben die Unruhen wieder auf. Ein um 1900 entbrennender, mehrjähriger Bürgerkrieg zwischen »Konservativen« und »Liberalen« fordert schwere Opfer an Menschen, erschöpft die Finanzen und lähmt die Tätigkeit von Regierung und Parlament, was sich besonders für Verhandlungen über den Panamakanal mit den USA ungünstig auswirkt.

1903, 22. Jan. Im Hay-Herrán-Vertrag tritt Kolumbien der US-Kanalbaugesellschaft Land zum Bau ab, über das die USA Kontrollrechte erhalten: Der Kanal und seine Zugänge sollen dauernd neutralisiert sein.

3. Nov. Da der kolumbianische Kongress die Ratifikation verweigert (wegen Einmischung der USA in innere Verhältnisse), betreiben die USA den Abfall der Provinz Panama von Kolumbien.

1921 Die USA entschädigen Kolumbien für den Verlust von Panama mit 25 Mio. US-Dollar.

bis 1930 Kolumbien erkennt Panama an.
Unter konservativen Regierungen stabilisiert sich die innenpolitische und wirtschaftliche Lage. US-Kapital erschließt neue Gebiete für den Kaffeeanbau. Die Monokulturen erleiden in der Weltwirtschaftskrise (seit 1929) einen empfindlichen Rückschlag.

1930–1946 Regierungen der liberalen Ära meistern die Krise, leiten eine Landreform und soziale Maßnahmen ein, verbessern das Bildungswesen. | Forts. S. 1853 |

Panama (1903–1945)

1903, 3. Nov. US-Kriegsschiffe decken die separatistische Bewegung in Panama, das sich als unabhängig von Kolumbien erklärt.

18. Nov. Hay-Bunau-Varilla-Vertrag: Panama tritt den für den Bau des Kanals gewünschten Gebietsstreifen gegen einmalige Entschädigung von 10 Mio. US-$ und eine Jahrespacht von 250 000 US-$ an die USA ab. Die Kanalzone ist de facto Hoheitsgebiet der USA.

1904 Die Verfassung Panamas sieht ein Interventionsrecht der USA vor, das diese 1908, 1912 und 1918 anwenden.

1914, 15. Aug. **Der Panamakanal wird eröffnet.**
Da das Wirtschaftsleben Panamas überwiegend von der Kanalfrage bestimmt wird – die für die Kanalzone geleisteten Dienste stellen etwa ein Drittel des Bruttosozialprodukts –, bilden neben dem Souveränitätsproblem auch die Lohn- und Anstellungspolitik der US-Kanalbehörde, die panamaische Steuerfreiheit und Ähnliches Konfliktstoffe mit den USA.

1936, 2. März Nach mehrfachen vergeblichen Versuchen, den Hay-Bunau-Varilla-Vertrag zu ändern, gelingt Panama mit dem Alfaro-Hull-Vertrag eine Revision: Erhöhung der Pachtsumme, US-Verzicht auf weitere Interventionen in panamaische Angelegenheiten. Soziale Gegensätze zwischen Stadt und Land in Panama werden vom wirtschaftlichen Übergewicht der US-Kanalzone noch verstärkt.

1941, 7. Dez. Panama erklärt den Achsenmächten den Krieg und ermöglicht den USA eine Ausdehnung ihrer militärischen Präsenz. | Forts. S. 1834 |

Venezuela (1811–1945) | Forts. v. S. 1311 |

1811, 5. Juli Mit der **Unabhängigkeitserklärung** trennt sich Venezuela von Spanien.

1815–1820 Nach wechselvollen, erbitterten Kämpfen gerät Venezuela wieder unter spanische Herrschaft.

1821, 24. Juni Erst der Sieg von Carabobo bringt die endgültige Freiheit.

1830 Nach vorübergehender Vereinigung mit Kolumbien (1819) macht sich Venezuela wieder unabhängig.

1831, 24. März Unter seinem ersten Präsidenten, dem General JOSÉ ANTONIO PÁEZ (*1790, †1873; Präsident 1831–1835, 1839–1843, 1846/47 und 1861–1863), konstituiert sich **Venezuela** als **selbstständige Republik**.

1835–1864 Auf PÁEZ' erste Präsidentschaftsperiode folgen Bürgerkriege zwischen Liberalen und Konservativen; Militärdiktaturen wechseln mit zivilen Regierungen und werden von zahlreichen Verfassungsänderungen begleitet (bis 1945: 22 Verfassungen).

1864, 22. April Der Sieg der Föderalisten wandelt den Einheitsstaat durch Verfassungserklärung in einen Bundesstaat um (*Estados Unidos de Venezuela*).

1870–1888 Die Diktatur des Generals ANTONIO GUZMÁN BLANCO (*1829, †1899; Präsident 1870–1877, 1879–1884, 1886/87) bringt eine innenpolitische Beruhigung und erste wirtschaftliche Fortschritte.

1902/03 Eingriffe in die Wirtschaftsinteressen fremder Staaten und ausländischer Bürger unter dem Präsidenten General CIPRIANO CASTRO (*1858, †1924; Präsident 1899–1908) führen zur Blockade venezolanischer Häfen durch deutsche, britische und italienische Kriegsschiffe.

1904 Durch Vermittlung der USA wird der Konflikt beigelegt, und die Ansprüche der Interventionsmächte werden durch das Haager Schiedsgericht anerkannt.

1908–1935 Der Durchbruch zu einer führenden Wirtschaftsmacht Lateinamerikas erfolgt während der Präsidentschaft des diktarorisch regierenden Generals JUAN VICENTE GÓMEZ (*1857, †1935): Er trägt die hohen Staatsschulden ab und stabilisiert die Währung.

Entwicklung Venezuelas zum Erdölproduzenten

Nach Aufhebung der Sklaverei (1854) kommt es zu einem starken Rückgang der landwirtschaftlichen Produktion. Mit Entdeckung der Erdölvorkommen vor 1900 beginnen ausländische Kapitalinvestitionen und die Umwandlung des bisherigen Agrarstaates zum Exporteur von Rohstoffen. Der Aufbau der venezolanischen Ölproduktion im Maracaibo-Becken und in den Ostregionen geht zwar langsam, aber nach modernsten Methoden voran. 1913 ist die Produktion nur unbedeutend;

1938 steht Venezuela an dritter Stelle der Erdöl produzierenden Länder (nach den USA und der Sowjetunion). Im Zweiten Weltkrieg beträgt der Anteil des Erdöls am Gesamtexport durchschnittlich über 90 % und deckt zwei Drittel aller Staatseinnahmen sowie etwa 90 % der Deviseneingänge. Doch beschäftigt die Mineralölindustrie nur knapp 2 % der arbeitsfähigen Bevölkerung, während auf die Landwirtschaft (den rückständigsten Wirtschaftssektor) bis 1945 über die Hälfte der Arbeitskräfte entfallen, die – im Vergleich zu den gut bezahlten Arbeitern der Erdölindustrie – am Rande des Existenzminimums leben. | Forts. S. 1857 |

Ecuador (1830–1945) | Forts. v. S. 1311 |

1830, 13. Mai Der Kongress von Riobamba erklärt den Austritt Ecuadors aus dem Staatsverband Großkolumbiens und proklamiert die **unabhängige Republik**.

1830–1835 Erster Präsident wird General Juan José Flores (*1800, †1864; nochmals Präsident 1839–1845).

1845 Nach dem Sturz von General Flores kommt es zu Bürgerkriegen und Konflikten mit Peru und Kolumbien wegen ungeklärter Grenzfragen.

1861–1865 Die konservativ-klerikale Diktatur des Präsidenten Gabriel García Moreno (*1821, †1875; nochmals Präsident 1869–1875) bringt nur eine vorübergehende Beruhigung.

1875, 6. Aug. Nach Morenos Ermordung leben die Parteikämpfe zwischen Konservativen und Liberalen wieder auf, die zu anarchischen Zuständen führen und jede Entwicklung hemmen.

1895–1911 Erst in der zweimaligen autokratischen Regierungszeit des liberalen Präsidenten General Eloy Alfaro (*1842, †1912) beginnt die verkehrstechnische Erschließung des Landes (Bau der Eisenbahn Guayaquil–Quito) und ein bescheidener wirtschaftlicher Aufstieg. Alfaro setzt die Trennung von Staat und Kirche durch (Einführung der Zivilehe, Religionsfreiheit) und hebt zahlreiche Vorrechte des Klerus auf.

1912–1931 Periode verhältnismäßiger Stabilität unter den Präsidenten Leónidas Plaza Gutiérrez (*1866, †1932; Präsident 1912–1916) und Isidro Ayora (*1879, †1978; Präsident 1926–1931).

1931 Nach dem Sturz Ayoras kommt es zu Unruhen und Grenzstreitigkeiten mit Peru, die 1941 im Gebiet des oberen Amazonas zum Krieg eskalieren.

1942, 29. Jan. Der 120-jährige Territorialstreit wird gegen Ecuador entschieden, das im Protokoll von Rio de Janeiro die Souveränität Perus über das Gebiet zwischen Amazonas und östlichem Andenvorland anerkennen muss. Mit dem »Oriente« verliert Ecuador fast zwei Fünftel seines Staatsgebiets.

Innere Entwicklung Ecuadors

Das Bildungswesen zeigt zahlreiche Mängel (etwa 50 % Analphabeten), um deren Beseitigung sich v. a. Präsident Leónidas Plaza Gutiérrez bemüht. Gegensätze zwischen Liberalen (Küstengebiet) und Konservativen (Hochland) bestimmen weiterhin die innenpolitischen Konflikte, verschärft durch wirtschaftliche Schwierigkeiten (90 % der Ausfuhr sind Bananen, Kaffee und Kakao. Entsprechend groß ist die Abhängigkeit von den Weltmarktpreisen) und soziale Gegensätze (1938 besteht etwa ein Drittel der Bevölkerung aus Indios, die nicht in das Staatsleben integriert sind). | Forts. S. 1862 |

Peru (1821–1945) | Forts. v. S. 1311 |

1821, 28. Juli Während der Unabhängigkeitskriege bleibt Peru Hochburg der spanischen Herrschaft in Südamerika. Nach dem Einmarsch des argentinischen Generals José de San Martín (*1778, †1850) wird in Lima die **Unabhängigkeit proklamiert**, die erst mit dem Sieg des Generals Antonio José de Sucre (*1795, †1830) bei Ayacucho am 9. Dez. 1824 gesichert ist.

1823, 13. Sept. Als sich San Martín als Protektor Perus (1821/22) zurückzieht, ernennt der Kongress Simón Bolívar zum Diktator, der daraufhin Peru mit Großkolumbien zu vereinen sucht.

1827, 26. Jan. Die **Peruanische Revolution** beendet die kolumbianische Vorherrschaft. Es folgen Parteikämpfe, Bürgerkriege und Krieg mit Kolumbien um die Hafenstadt Guayaquil sowie eine Intervention in Bolivien, die beide unglücklich für Peru verlaufen.

1836 Begünstigt durch innere und äußere Kämpfe besetzt der bolivianische Diktator Marschall Andrés Santa Cruz (*1792, †1865) Lima, wo er am 15. Aug. die *Confederación Perú-Boliviana* proklamiert, die beide Länder unter seiner Herrschaft vereinigt, aber von den Nachbarstaaten nicht anerkannt wird.

1839, 20. Jan. In der Schlacht von Yungay wird Santa Cruz von Chilenen geschlagen und gestürzt: Die peruanisch-bolivianische Konföderation löst sich wieder auf.

1845–1851 Erneute Unruhen enden in der Präsidentschaft des Generals Ramón Castilla (*1797, †1867).

1855–1862 Unter der erneuten Regierung Castillas nimmt Peru, v. a. mit englischem Kapital, einen beachtlichen Wirtschaftsaufschwung durch den Export von Guano (Düngemittel aus Vogelexkrementen von den Peru vorgelagerten Inseln) und Salpeter aus den Südprovinzen. Aus den Einkünften werden der Bau von Eisenbahnen und Dampfschiffen finanziert.

1860, 25. Nov. Neue Verfassung.

1864 Als Spanien die guanoreichen Chincha-Inseln besetzt, kommt es zu Feindseligkeiten, bei denen Peru von Chile, Bolivien und Ecuador unterstützt wird.

1866 Erfolglose Beschießung Callaos und Valparaísos durch die Spanier.

1871/1879 Durch Vermittlung der USA wird 1871 ein Waffenstillstand und 1879 Frieden geschlossen.

1879–1883 Grenzstreitigkeiten zwischen Chile und Bolivien in der Atacamawüste verwickeln das mit Bolivien verbündete Peru in den **Salpeterkrieg**.

1881, 17. Jan. Die siegreichen Chilenen besetzen Lima.

1883, 20. Okt. Im Frieden von Ancón muss Peru seine Salpeterprovinzen Tarapacá, Arica und Tacna auf zehn Jahre an Chile abtreten; danach soll eine Volksabstimmung in diesen Gebieten über die staatliche Zugehörigkeit entscheiden. In Peru dominieren britische und US-Finanzkreise. Ausländische Gläubiger übernehmen gegen Überlassung der peruanischen Eisenbahnen die Tilgung der Staatsschuld.

1895–1930 Unter Präsident Nicolás Piérola (*1839, †1913; Präsident 1895–1899) und seinen Nachfolgern José Pardo y Barreda (*1864, †1947; Präsident 1904–1908, 1915–1919) und Augusto Bernardino Leguía (*1863, †1932; Präsident 1908–1912, 1919–1930) konsolidieren sich die inneren Verhältnisse.

1922–1934 Der Konflikt um Leticia mit Kolumbien, das diesen Zugang zum Amazonas 1922 von Peru erhalten hat (von peruanischen Freischärlern 1932 okkupiert), wird durch Vermittlung des Völkerbundes zugunsten Kolumbiens beigelegt (1934).

1929, 3. Juni Der von den USA vermittelte Vertrag von Lima gibt Tacna von Chile an Peru zurück, das Freihafenrechte in Arica und eine Entschädigung von 6 Mio. US-$ erhält.

1930 Der Sturz von Präsident Leguía und die Weltwirtschaftskrise eröffnen eine neue Periode innerer Unruhen. Seit dem Ersten Weltkrieg sind Bestrebungen im Gange, eine Landreform durchzusetzen und die Indios, die 1938 etwa 50 % der Bevölkerung ausmachen, sozial und politisch zu integrieren. Diese Ziele macht Victor Raúl Haya de la Torre (*1895, †1979) zum Programm der 1924 gegründeten politischen Bewegung APRA (*Alianza Popular Revolucionaria Americana*), der die herrschende Oligarchie ebenso feindlich gegenübersteht wie die Kommunisten.

1931/1936 Nach zwei fehlgeschlagenen Präsident-

Südamerika um 1825

schaftskandidaturen geht Haya de la Torre in den Untergrund, doch bleibt seine Idee lebendig und beeinflusst weiterhin die Innenpolitik.

1939–1945 Im Zweiten Weltkrieg wird die mehrfach verbotene APRA wieder als Partei zugelassen. | Forts. S. 1864 |

Bolivien (1825–1945) | Forts. v. S. 1311 |

1825, 6. Aug. Als Simón Bolívar die spanische Herrschaft in Peru beseitigt, wird auch *Alto Perú* frei und erklärt seine **Unabhängigkeit** unter dem Namen **Bolivien** (*República de Bolivia*) zu Ehren des Befreiers.
Erster Staatschef wird Bolívars begabtester Feldherr, der aus Venezuela stammende General Antonio José de Sucre (*1795, †1830), Vizepräsident 1826–1828 (nominell ist Bolívar Staatspräsident).

1829–1839 Sein Rivale und Nachfolger Andrés Santa Cruz (*1792, †1865) hebt die von Bolívar geschaffene Verfassung wieder auf.

1836–1839 Vereinigung mit Peru.

1839 Nach Santa Cruz' Sturz wird das Land zum Spielball militärischer Despoten (*caudillos bárbaros*) und verfällt der Anarchie.

1879, 1. März Grenzkonflikt mit Chile führt zum **Salpeterkrieg**.

1880 Nach der Niederlage bei Tacna zieht sich Bolivien aus dem Krieg zurück.

1884, 4. April Abkommen von Valparaíso: Bolivien tritt seine Küstenprovinz Antofagasta an Chile ab (endgültig vertraglich festgelegt am 20. Okt. 1904), Bolivien wird Binnenstaat. Chile verpflichtet sich zum Bau der Eisenbahn Arica–La Paz, um dem Handel Boliviens den Zugang zum Pazifik zu erleichtern.

1903, 18. Nov. Eine weitere territoriale Einbuße bringt der Grenzstreit mit Brasilien um das reiche Kautschuk-Gebiet von Acre, das Bolivien im Vertrag von Petropolis gegen eine Entschädigung von 2 Mio. Pfund Sterling an Brasilien abtritt, welches sich seinerseits zum Bau einer Eisenbahnlinie zwischen den Flüssen Madeira und Mamoré verpflichtet.

1932–1935 Als Folge des **Chacokrieges** mit Paraguay verliert Bolivien im Frieden von Buenos Aires (21. Juli 1938) auch noch den größten Teil des von ihm beanspruchten Chaco Boreal, womit sich das bolivianische Staatsgebiet in 120 Jahren um etwa ein Drittel des ursprünglichen vermindert hat.

Wirtschaftliche Entwicklung

Boliviens wirtschaftliche Entwicklung beruht v. a. auf Bergbau (u. a. Zinn, Blei, Zink, Antimon), meist in ausländischen Händen, in dem etwa 3 % der Bevölkerung über 80 % der Staatseinnahmen erarbeiten. Über zwei Drittel der meist aus Indios bestehenden Bevölkerung (1938 etwa 60 %) sind in der wenig ertragreichen Landwirtschaft beschäftigt. 1940 beträgt die Quote der Analphabeten über 70 %. Bis zum Zweiten Weltkrieg scheitern alle Versuche sozialer Reformen. | Forts. S. 1868 |

Paraguay (1811–1945) | Forts. v. S. 1311 |

1811, 15. Mai Als eine revolutionäre Junta in Buenos Aires versucht, Paraguay unter ihre Botmäßigkeit zu zwingen, trennt sich die Provinz vom Vizekönigreich Río de la Plata.

1813, 12. Okt. **Erklärung der Unabhängigkeit** und Konstituierung als selbstständige Republik.

1814–1840 Paraguay gelingt es, unter der Diktatur von José Gaspar Rodríguez de Francia (*1766, †1840) seine Unabhängigkeit zu festigen.

1844–1862 Unter Präsident Carlos Antonio López (*1790, †1862) beginnt die kulturelle und wirtschaftliche Entwicklung des Landes zu einem der damals fortgeschrittensten Staaten Lateinamerikas.

1864/1865 Unter Präsident Francisco Solano López (*1827, †1870; 1862–1870) wird Paraguay 1864 mit Brasilien, 1865 auch mit Argentinien und Uruguay in den sog. **Krieg der Tripelallianz** verwickelt, der auf allen Seiten ungeheure Opfer fordert: Paraguay verliert etwa 80 % seiner männlichen Bevölkerung.

1870, 1. März Erst mit dem Tod López' endet der Krieg.

bis 1876 Das Land bleibt unter alliierter Besatzung. Die wirtschaftliche Erholung wird durch Unruhen und Staatsstreiche erschwert.

1912–1928 Unter den Präsidenten Eduardo Schaerer (*1873, †1941; 1912–1916) und Eligio Ayala (*1879, †1930; 1923–1928) beginnen sich die innenpolitischen Verhältnisse allmählich zu stabilisieren.

1932–1935 Im **Chacokrieg** gegen Bolivien erleidet Paraguay neue Bevölkerungsverluste, und die menschen- und rohstoffarmen Territorien, die Paraguay von Bolivien gewinnt, können die hohen finanziellen Ausgaben des Krieges nicht ausgleichen. Erst nach dem Zweiten Weltkrieg überschreitet die Bevölkerungszahl Paraguays wieder eine Million und erreicht damit den Stand vor dem Tripelallianzkrieg.
Bemerkenswert ist der hohe Bevölkerungsanteil der Mestizen (1938 etwa 95 %); neben Spanisch ist auch Guaraní Amtssprache. Die Zahl europäischer Einwanderer und der Zustrom ausländischen Kapitals sind gering. Als Binnenstaat, reines Agrarland ohne erwähnenswerte Bodenschätze, gehört Paraguay zu den ärmsten Staaten Südamerikas. | Forts. S. 1871 |

Uruguay (1811–1945) | Forts. v. S. 1311 |

1811 Der Kampf gegen die spanische Herrschaft wird gleichzeitig zu einem Konflikt zwischen Argentinien und Brasilien um die *Banda Oriental* (so der frühere Name Uruguays) d. h. die »Ostseite« des Río Uruguay.

1816 Führer der Unabhängigkeitsbewegung ist der Milizoffizier José Gervasio Artigas (*1764, †1850), der von brasilianischen Truppen vertrieben wird.

1821 Das Land wird als Cisplatinische Provinz Brasilien angeschlossen.

1825 Aufstände gegen Brasilien, die von Buenos Aires unterstützt werden, führen 1826–1828 zum Krieg zwischen Argentinien und Brasilien.

1828, 27. Aug. Durch britische Vermittlung wird im Vertrag von Rio de Janeiro von Argentinien und Brasilien die **Unabhängigkeit Uruguays** anerkannt.

1830, 18. Juli Verabschiedung einer Verfassung.

Als Pufferstaat ist Uruguay im 19. Jh. immer noch Interventionen beider Nachbarmächte ausgesetzt. Innenpolitisch leidet das Land unter den Kämpfen zwischen den liberalen *Colorados* (»Roten«) und den konservativen *Blancos* (»Weißen«), deren Bürgerkriege Uruguay in permanente Anarchie stürzen. Erst vor 1900 beginnt eine ruhigere politische Periode, die zur Konsolidierung unter Präsident José Batlle y Ordóñez (*1856, †1929; 1903–1907, 1911–1915) führt. Seine Bewegung des sog. *Batllismo* fördert Wirtschafts- und Sozialreformen, führt die Trennung von Staat und Kirche durch, ohne kirchenfeindlich zu sein, und leitet einen gemäßigten Staatssozialismus ein.

1919, 1. März Eine neue Verfassung legt die gemeinsame Regierung von Präsident und Staatsrat fest.

1931–1938 Eine Wirtschaftsdepression führt zur Diktatur von Gabriel Terra (*1873, †1942), der den Staatsrat zugunsten eines autoritären Regierungssystems auflöst (Verfassung von 1934). Die Indianer sind bereits Anfang des 19. Jh.s ausgerottet. Die europäische Einwanderungswelle ab 1870 trägt zur Ausbildung eines breiten Mittelstandes bei. | Forts. S. 1873 |

Argentinien (1810–1946) | Forts. v. S. 1311 |

1810, 25. Mai Eine aus Kreolen bestehende Junta setzt den spanischen Vizekönig von Rio de la Plata ab und bildet in Buenos Aires eine autonome Regierung.

1810/11 Versuche scheitern, Alto Perú (Bolivien) und Paraguay zum Anschluss an Buenos Aires zu bewegen.

1816, 9. Juli Die »Vereinigten Provinzen des Río de la Plata« erklären in Tucumán ihre **Unabhängigkeit von Spanien.** Bürgerkriege zwischen Unitariern (v. a. Kaufleuten der Provinz Buenos Aires) und Föderalisten (besonders Handwerkern und Viehzüchtern des Binnenlandes) erschweren eine Konsolidierung des Staates.

1825/26 Nachdem unter dem unitarischen Präsidenten Bernardino Rivadavia (*1780, †1845) eine Beruhigung eingetreten ist, flammen Unruhen wieder auf.

1829–1852 Der föderalistische Präsident (1829–1832) und spätere Diktator (1835–1852) Juan Manuel de Rosas (*1793, †1877) unterdrückt jede Opposition. Seine autoritäre Regierungsform bildet die Grundlage für den späteren argentinischen Einheitsstaat.

1833 Großbritannien annektiert die Falklandinseln.

1845 Als Präsident Rosas in die uruguayischen Bürgerkriege eingreift, erzwingt eine britisch-französische Intervention den Rückzug der argentinischen Truppen.

1838–1840 Konflikte mit den im Land lebenden Franzosen führen zur Blockade des Hafens von Buenos Aires durch französische Kriegsschiffe.

1852, 3. Febr. Gegen Rosas verbündet sich Justo José de Urquiza (*1801, †1870), der Gouverneur von Entre Ríos, mit Corrientes, Paraguay, Uruguay und Brasilien und besiegt Rosas entscheidend bei Caseros.

1853, 25. Mai Buenos Aires trennt sich von den übrigen Provinzen, die nun die »Argentinische Konföderation« bilden, mit neuer Verfassung (mit geringen Änderungen bis 1949 in Kraft): Bundeshauptstadt der Konföderation wird Paraná.

1854–1860 Versuche des Präsidenten Urquiza zur Wiedervereinigung mit Buenos Aires scheitern.

1862 Diese gelingt erst General Bartolomé Mitre (*1821, †1906), der als Gouverneur von Buenos Aires das Heer der Konföderation besiegt (1861) und zum ersten verfassungsmäßigen Präsidenten des wiedervereinigten Argentinien gewählt wird (1862–1868).

1865 Argentinien im Krieg gegen Paraguay.

1868–1874 Präsident Domingo Faustino Sarmiento (*1811, †1888) mit Erfolgen in der Schul- und Bildungspolitik (1870: über 80 % Analphabeten, 1940: 10 %).

1874–1880 Während der Präsidentschaft von Nicolás Avellaneda (*1837, †1885) beginnt die **europäische Masseneinwanderung nach Argentinien,** das 1869 1,8 Mio., 1880 2,5 Mio. und 1895 über 4 Mio. Einwohner zählt.

1880 Buenos Aires, von der gleichnamigen Provinz getrennt und endgültig Bundeshauptstadt, wächst von 180 000 Einwohnern (1869) auf über eine Mio. (1905).

1877–1883 Dem Kriegsminister und späteren Präsidenten, General Julio Argentino Roca (*1843, †1914; 1880–1886, 1898–1904), überträgt Präsident Avellaneda die Unterwerfung des noch von Indios besiedelten Patagonien, das in den argentinischen Staatsverband eingegliedert wird. Mit der Erschließung der Pampa vergrößert sich auch rasch das Eisenbahnnetz (1880: 2516 km, 1890: über 9000 km, 1914: 33 500 km).

1902 Außenpolitische Grenzstreitigkeiten mit Chile legt ein britischer Schiedsspruch bei.
Einwanderern und Neusiedlern stellt der Staat Subventionen und Parzellen für den Anbau von Agrarprodukten zur Verfügung. Die Grundbesitzeraristokratie gewinnt in Patagonien riesige neue Territorien hinzu, die v. a. für Getreideanbau und Viehzucht genutzt werden und hohe Erträge bringen. Um 1900 zählt Argentinien zu den größten Kornkammern und den führenden Fleischlieferanten der Welt. Die auf dem Land nicht verwurzelten Pächter und Lohnarbeiter wandern in die Städte ab, wo sie in neue Berufszweige eingegliedert werden, als nach 1880 die landwirtschaftliche Massenproduktion und der Aufbau der Nahrungsmittelindustrie beginnen.

1912, Febr. Der sich rasch entwickelnde Mittelstand und die Industriearbeiterschaft melden gegen die herrschende Oligarchie ihre sozialen Forderungen an und entwickeln sich allmählich zu einer bedeutenden politischen Kraft, die gefördert wird durch die Wahlrechtsreform des Präsidenten Roque Sáenz Peña (*1851, †1914; Präsident 1910–1914), der allgemeine, obligatorische und geheime Wahlen durchsetzt.

1916 Zum ersten Mal finden in der argentinischen Geschichte wirklich freie Präsidentschaftswahlen statt, aus denen HIPÓLITO IRIGOYEN (*1852, †1933; Präsident 1916–1922, 1928–1930) als Sieger hervorgeht, mit dessen Radikaler Partei der Mittelstand zu politischem Einfluss gelangt.

1930 Als IRIGOYEN Auswirkungen der Weltwirtschaftskrise nicht auffangen kann, stürzt ihn die Oligarchie im Bündnis mit den Militärs: Die 1930er-Jahre gelten wegen der Wahlfälschungen als »infame Dekade«.

1946, 24. Febr. Mit der Wahl von JUAN DOMINGO PERÓN (*1895, †1974) zum Präsidenten beginnt die Ära des »Peronismus«. | Forts. S. 1875 |

Brasilien (1808–1945) | Forts. v. S. 1313 |

1808 Die Übersiedlung des portugiesischen Hofes nach Brasilien bereitet faktisch die Trennung von Portugal vor: Reformen und die Politik König JOHANNS VI. (*1769, †1826) stärken eigenstaatliche Tendenzen.

1815 Nach dem Sturz NAPOLEONS I. verwahrt sich Portugal dagegen, von einem in Übersee residierenden Herrscher regiert zu werden; die brasilianischen Abgeordneten sind gegen die Einberufung der *Cortes* (Ständeversammlung) nach Lissabon.

1821, April JOHANN VI. kehrt nach Portugal zurück und überlässt seinem Sohn DOM PEDRO (*1798, †1834) die Regierung in Brasilien.

1822, 1. Aug. Als die *Cortes* Brasilien jedoch wieder als Kolonie ansehen und politisch wie wirtschaftlich erneut von Portugal abhängig machen sowie PEDRO zur Rückkehr nach Lissabon zwingen wollen, lässt dieser eine weitgehende Autonomie verkünden.

7. Sept. DOM PEDRO erklärt in Übereinstimmung mit seinem Staatsrat auf dem Hügel von Ipiranga bei São Paulo die **Unabhängigkeit** (*grito do Ipiranga*).

12. Okt. PEDRO I. (PETER I.) wird zum Kaiser proklamiert und am 1. Dez. in Rio de Janeiro gekrönt.

1824, 25. März Nach der von PEDRO I. inspirierten liberalen Verfassung wird Brasilien konstitutionelle Monarchie.

1831, 7. April Separatistische Aufstände in den Nordostprovinzen, das Scheitern, Uruguay zu annektieren, die Opposition der Bevölkerung gegen sein oft verfassungswidriges und auch privat kritikwürdiges Verhalten sowie v. a. sein größeres Interesse an der portugiesischen als an der brasilianischen Politik zwingen PEDRO I., nach dem Tod JOHANNS VI. die Regierung in Portugal zu übernehmen und in Brasilien zugunsten seines Sohnes abzudanken.

1840, 23. Juli Nach seiner Volljährigkeitserklärung übernimmt PEDRO II. (PETER II.) (*1825, †1891) die Staatsgeschäfte.

1845 Die Farrapen-Revolution (von *farrapos*, Lumpen) in Rio Grande do Sul wird nach zehnjähriger Dauer niedergeworfen, 1849 die letzte Erhebung des Nordostens in Pernambuco. Außenpolitisch verbessert sich das traditionell gespannte Verhältnis zu Argentinien, mit dessen Hilfe Brasilien Paraguay besiegt.

Das Sklavenproblem

Hauptproblem der Regierungszeit PEDROS II. ist die Sklaverei. Schon 1826 fordert Großbritannien binnen fünf Jahren die Abschaffung des Sklavenhandels, den die brasilianische Regierung auch am 7. Nov. 1831 verbietet. Jedoch hält sich niemand daran, weil zur Ausweitung der Kaffee-, Zucker- und Tabakpflanzungen immer neue schwarze Arbeitskräfte gefordert werden. Erst durch das Gesetz vom 4. Sept. 1850 gelingt es, den Sklavenhandel zu unterbinden; doch sind 1831–1850 noch fast eine halbe Million Sklaven nach Brasilien importiert worden. Da der Widerstand gegen die Sklaverei zunimmt, erklärt das Gesetz vom 28. Sept. 1871 die Kinder von Sklaven für frei, um die Sklaverei allmählich abzuschaffen; die Krone will aus wirtschaftlichen Gründen keine radikale Lösung, auf die republikanische Kreise drängen.

1888, 13. Mai Bei einem Aufenthalt PEDROS II. in Europa unterzeichnet die Regentin, Kronprinzessin ISABEL (*1846, †1921), die *Lei Áurea* zur entschädigungslosen **Aufhebung der Sklaverei**: Die Großgrundbesitzer und Pflanzer, bisher Stütze der Monarchie, schließen sich den Republikanern an, die auch die Armee für sich gewinnen.

1889, 15. Nov. Sturz der Monarchie und Ausrufung der Republik. PEDRO II. und seine Familie gehen ins Exil.

1891, 24. Febr. Bildung einer provisorischen Regierung und Verabschiedung der neuen Verfassung: Brasilien ist Föderativrepublik von 20 Bundesstaaten mit weitgehender Autonomie.

1891–1894 Mit Marschall FLORIANO PEIXOTO (*1839, †1895) wird der erste verfassungsmäßige Präsident gewählt. Seine und folgende Regierungen haben gegen verschiedene lokale Erhebungen zu kämpfen.

Wirtschaftliche Entwicklung

1890 beginnt die Zucker- und 1896 die erste Kaffeekrise auf dem Weltmarkt, die Brasilien nur mit britischem Kapital überbrücken kann. 1913 geht der seit 50 Jahren anhaltende Kautschukboom zu Ende. Durch den Beginn der Industrialisierung, den Ausbau des Verkehrsnetzes (1873: 1203 km Eisenbahn, 1907: 18 000 km, 1931: 35 646 km) und verstärkte Bemühungen um die schon seit der Unabhängigkeit geförderte Einwanderung (1884–1893: 880 000 Einwanderer, 1894–1903: 860 000, 1904–1913: über eine Mio.) gelingt es, die Schwierigkeiten zu überwinden. Der die »Alte Republik« dominierende Staat São Paulo wird vom Kaffeeproduzenten zum Industriestandort.

1922 Mit dem *tenentismo* (Leutnantsbewegung) beginnt der Reformversuch junger Offiziere, die sich für mehr soziale Gerechtigkeit einsetzen und den Einflusses der Oligarchie zurückdrängen wollen.

1930, 24. Okt. Im Zusammenhang mit den Folgen der Weltwirtschaftskrise, die die brasilianische Wirtschaft an den Rand des Ruins bringen, und der Aufdeckung von Wahlmanipulationen bei den Präsidentschaftswahlen von 1930 unterstützen die *tenentes* die **Revolution**, in der sich GETÚLIO DORNELLES VARGAS (*1883,

†1954; Präsident 1930–1945, 1951–1954) durchsetzt und die Macht übernimmt.

1932/1938 VARGAS regiert autoritär und erweitert die Präsidialvollmachten, während er die Autonomie der Bundesstaaten einschränkt. Er unterdrückt einen Aufstand São Paulos (1932), schlägt eine kommunistische Revolte nieder (1935) und vereitelt einen Staatsstreich der den italienischen Faschisten nahestehenden Integralisten (1938).

1937, 10. Nov. Mit seinem Staatsstreich (Auflösung des Kongresses, Streikverbot) proklamiert VARGAS den korporatistischen »Neuen Staat« (*Estado Novo*), den er diktatorisch regiert: Er verbietet alle politischen Parteien und strebt durch eine radikale Nationalisierung die völlige Assimilierung aller nichtportugiesischen Einwanderergruppen und ihrer Nachkommen an.

Die Grundprinzipien des »Neuen Staates«

Zu den wichtigsten Prinzipien des *Estado Novo* gehört eine Entwicklungsideologie, deren Ziel die Beschleunigung der Industrialisierung ist. Voraussetzung sind die reichen Bodenschätze, u. a. Eisen-, Mangan- und Zinnerze, Erdöl, Kohle, Bauxit und Uran. Mithilfe der USA erfolgt der Aufbau der brasilianischen Schwerindustrie (Stahlwerk Volta Redonda) während des Zweiten Weltkrieges, an dem sich Brasilien als Verbündeter der Alliierten beteiligt. Die alte Agrarexportwirtschaft und die auf ihr beruhende soziale Gliederung (Großgrundbesitzer, Landarbeiter, Pächter) bleibt trotz der Industrialisierung erhalten. Es gelingt trotz des staatlichen Interventionismus nicht, die Spannung zwischen den steigenden Konsumerwartungen, dem Bevölkerungswachstum und dem tatsächlichen Angebot zu überwinden.

1944/45 Das brasilianische Expeditionskorps (*Força Expedicionária Brasileira*) mit über 25 000 Mann wird auf alliierter Seite in Italien eingesetzt. | Forts. S. 1879 |

Chile (1810–1945/46) | Forts. v. S. 1311 |

1810 Die ersten Rebellionen gegen die spanische Herrschaft werden niedergeworfen.

1817, Febr. Erst der Feldzug des Argentiniers JOSÉ DE SAN MARTÍN, der zusammen mit den chilenischen Hilfstruppen von BERNARDO O'HIGGINS (*1778, †1842) die Anden überquert, kann die Spanier vertreiben.

1818, 12. Febr. **Chile proklamiert sein Unabhängigkeit**, gesichert durch den Sieg bei Maipú (5. April 1818). O'HIGGINS, zum »Obersten Direktor« gewählt, kann sich nicht durchsetzen.

1831–1841 Unruhen und Parteikämpfe beendet unter Präsident General JOAQUÍN PRIETO (*1786, †1854) sein Universalminister DIEGO PORTALES (*1793, †1837).

1833, 25. Mai Unter PORTALES' Einfluss gibt die zentralistische Verfassung (bis 1925 in Kraft) der Exekutiven eine starke Stellung: Im halben Jahrhundert seiner konservativen Ära kann sich Chile innenpolitisch konsolidieren und außenpolitische Erfolge erzielen.

1839 Durch die Zerschlagung der peruanisch-bolivianischen Föderation wird die Bildung eines mächtigen Gegners im Norden verhindert.

seit 1840 Die planmäßige Erschließung des noch von freien Araukanern bewohnten Südens beginnt, in den deutsche Siedler einwandern.

1865/66 Ein spanischer Angriff wird abgewehrt.

1879–1883 Im **Salpeterkrieg** gegen Peru und Bolivien gewinnt Chile das Weltmonopol für Salpeter (dessen Ausfuhrzölle eine wichtige Einnahmequelle des Staates sind) sowie reiche Kupfervorkommen.

1881 Die Liberalen übernehmen die Regierung: Reformen provozieren Konflikte mit der katholischen Kirche.

1891, 19. Sept. Präsident JOSÉ MANUEL BALMACEDA (*1838, †1891; Präsident 1886–1891) gelangt zwar zu einem Kompromiss mit der Kirche, doch wird er in einem Streit mit dem Kongress um die Macht im Staat besiegt und begeht Selbstmord: Der Sieg der Kongresspartei führt zu einer schwachen Exekutive.

Wirtschaftliche Entwicklungen im späten 19. Jh.

Im Gegensatz zu anderen lateinamerikanischen Ländern erreicht Chile im 19. Jh. eine solide politische Festigung und infolge der reichen Bodenschätze auch eine auf Handel und Bergbau beruhende günstige wirtschaftliche Entwicklung. Die reichen Vorkommen erregen das Interesse ausländischer Kapitalgeber; am Sturz BALMACEDAS, der die Salpetervorkommen verstaatlichen wollte, wirken englische Finanzkreise mit. Durch die Industrialisierung bildet sich eine Geldaristokratie der Unternehmer heraus, der sich die traditionelle Oberschicht der Grundbesitzer anschließt. Die neuen wirtschaftlichen Zentren werden zu immer stärkeren Brennpunkten sozialer Spannungen.

1902 Grenzstreitigkeiten mit Argentinien führen fast zum Krieg, werden aber durch einen britischen Schiedsspruch beigelegt.

1920/1938 Um einen sozialen Ausgleich bemüht sich Präsident ARTURO ALESSANDRI Y PALMA (*1868, †1950; Präsident 1920–1924, 1925, 1932–1938), der sich auf die Partei des Mittelstandes, *Partido Radical*, stützen kann.

1929/1932 Die Weltwirtschaftskrise führt zu schweren und anhaltenden sozialen Unruhen, deren Höhepunkt ein kommunistischer Aufstand ist, der in der Ausrufung einer »sozialistischen Republik« gipfelt, welche von ALESSANDRI aber beseitigt wird.

1938 Kommunisten, Sozialisten und der linke Flügel des *Partido Radical* verbinden sich zur Volksfront. Ihr Kandidat PEDRO AGUIRRE CERDA (*1879, †1941; Präsident 1938–1941) gewinnt die Wahlen und bemüht sich um einen weiteren Ausbau des Sozialstaats.

1942–1946 Unter dem Nachfolger JUAN ANTONIO RÍOS MORALES (*1888, †1946) festigt sich die Volksfront vorläufig. | Forts. S. 1883 |

Afrika bis 1945

Die Geschichte Afrikas südlich der Sahara entfaltet bis ins 19. Jh. hinein eine im Wesentlichen eigenständige Dynamik, die jedoch wiederholt und seit dem 15. Jh. verstärkt von außen her Impulse empfängt. Afrikanische Geschichte ist dabei immer auch die Geschichte des Überlebens in einer vielerorts lebensfeindlichen Umwelt, zeigt sich mithin als Besiedelung eines Kontinents unter der ständigen Bedrohung durch Krankheiten und natürliche Gefahren. Die Afrikaner entwickeln in diesem Zusammenhang eine Überlebenskunst, die soziale, wirtschaftliche und politische Strukturen prägt. Nordafrika ist schon lange vor der kolonialen Zeit über ein Netz von Transsahara-Routen mit dem Rest Afrikas verbunden, Afrika ist also auch hier durch Begegnung und Austausch geprägt. Und dennoch ist der Norden kulturell, wirtschaftlich und politisch stärker mit der orientalischen Welt verbunden und in den Mittelmeerraum integriert. Festzuhalten ist jedoch, dass weder die Sahara noch das Nil-Tal je eine Schranke für Wandel, Handel oder Krieg sind. Diese scheinbar rein geografische Unterscheidung basiert nicht zuletzt auf rassistischen Kriterien, die Menschen mit etwas hellerer Hautfarbe als eine »höherstehende Rasse« von denen mit dunklerer Hautfarbe absondern.

Für einen Großteil des subsaharischen Afrika ergeben sich erste weitreichende Beziehungen zu anderen Kulturkreisen durch den Sklavenhandel, den eine bittere Ironie kennzeichnet: Ein dünn besiedelter Kontinent exportiert Menschen im Austausch gegen Waren, mit deren Hilfe die einheimische Elite ihre persönliche Gefolgschaft zu erweitern sucht. Die Folgen des Sklavenhandels durch die Sahara, über den Atlantik und den Indischen Ozean für die Gesellschaften Afrikas sind umstritten: Es ist nicht eindeutig zu belegen, ob der jahrhundertlange Exodus von Menschen den Kontinent insgesamt nachhaltig zurückgeworfen hat. Einige Historiker vertreten die These, dass der Sklavenhandel, wenn überhaupt, höchstens in einigen Regionen signifikant negative Auswirkungen hatte. Das 19. Jh. steht dann weltweit unter den Zeichen des Abolitionismus und der Emanzipation, der Abschaffung von Sklaverei und Sklavenhandel. Doch auch nach dem Abolitionismus löst der Handel mit landwirtschaftlichen Produkten in Afrika nur sehr langsam den Handel mit Menschen ab. Der innerafrikanische Sklavenhandel nimmt eher noch zu, v. a. in Teilen Westafrikas. In Europa verbreitet sich indessen eine neue Sicht über die Afrikaner, die nun nicht mehr wie in der Abolitionismusdebatte als versklavte Opfer, sondern zunehmend als versklavende Tyrannen erscheinen. Nicht zuletzt Forschungsreisende und Missionare wie David Livingstone (*1813, †1873) verbreiten eine solche Sichtweise. Die Berichte über tyrannische Sklavenhalter liefern überdies den auf koloniale Expansion drängenden Kräften in Frankreich, England und Deutschland ein Argument, die koloniale Aufteilung Afrikas auch noch als humanitären Kreuzzug gegen die Unfreiheit auszugeben. Die starke Hand des Kolonialstaates scheint vonnöten, ja sie scheint die einzige Chance zu sein, um die Afrikaner gleichsam vor ihrer eigenen Gewalt zu schützen.

Die Kolonialzeit in Afrika lässt sich als eine Geschichte ebenso vielfältiger wie widersprüchlicher Kooperationen und Auseinandersetzungen interpretieren. Afrikaner suchen in diesem Kontext alle nur verfügbaren Ressourcen zu nutzen, welche die Präsenz von Europäern bietet. Dazu gehören westliche Erziehung, Märkte für Massengüter, aber auch militärisch-politische Allianzen mit den Kolonialregimes. In diesem Zusammenhang dürfen die blutigen Auseinandersetzungen und die Gewalt der Kolonialperiode nicht unter den Tisch gekehrt werden. Dennoch ist es unerlässlich, parallel auf die Anstrengungen von Afrikanern, eigene Lebensformen im und mit dem Kolonialismus durchzusetzen, hinzuweisen. Diese Bemühungen zeigen sich v. a. im Entwickeln von Netzwerken, in Migrationen oder Bewegungen im Raum, in kulturellen Aneignungen sowie in intellektueller Kreativität.

Informationen über das vorkoloniale Afrika, besonders vor der Zeit der ersten europäischen Reisenden, sind selten. Die Archäologie, die in der zweiten Hälfte des 20. Jh.s einen enormen Aufschwung nimmt, liefert wichtige Erkenntnisse. Sie wird ergänzt durch historische Sprachanalysen, mündliche Überlieferungen, Kunst und menschliche Skelettreste. Auf diese Weise lassen sich zumindest Grundzüge der frühen afrikanischen Geschichte nachzeichnen. Viele Informationen liegen aber gleichsam noch unter der Erde. Nur in den vom Islam beeinflussten Gebieten, im Suaheli-Gebiet an der ostafrikanischen Küste und im Hausa-Gebiet des westafrikanischen Binnenlandes wird die arabische Schrift eingeführt, sodass schriftliche Quellen existieren. Überdies sind einige Berichte arabischer Reisender überliefert. Die vorkolonialen Gesellschaften Afrikas sind überwiegend mündliche Kulturen. Bei den mündlichen Überlieferungen handelt es sich jedoch keineswegs um Dokumente, sondern um regelrechte Geschichtswerke: das Ergebnis der Versuche vieler Generationen, die eigene Gegenwart durch die Auslegung der Vergangenheit zu verstehen und zu beeinflussen. Sie sind jeweils durch Auffassungen von historischem Wandel geprägt, die ständig den Werten und dem Selbstbild der jeweiligen Gesellschaften angepasst werden. Sie sind also keinesfalls neutrale Erzählungen, sondern Gegenstand von Auseinandersetzungen und eingebunden in ein Netz von Machtbeziehungen. Für die Chronologie ergibt sich aus der Forschungslage, dass zumeist nur ungefähre Daten geliefert werden können.

Entwicklungen in Afrika bis 1945

Entwicklungen in Afrika zum 19. Jh.

Die Entwicklung bis zum Beginn der europäischen Kolonialisierung unterscheidet sich in den verschiedenen Teilen Afrikas grundlegend. Es lassen sich daher kaum pauschale, den gesamten Kontinent betreffende Aussagen machen. Gleichwohl können einige Aspekte hervorgehoben werden, welche die Geschichte Afrikas in diesem langen Zeitraum besonders geprägt haben.

Den Kern Afrikas bildet ein hohes Felsplateau, das vor schätzungsweise 400 bis 500 Mio. Jahren entstand und reich an Mineralien, aber arm an fruchtbaren Böden ist. Das Klima ist nur im äußersten Norden und Süden sowie den Hochländern, v. a. in Ostafrika, gemäßigt. Die Sahara durchzieht Afrika von West nach Ost und behindert seit ihrem letzten Austrocken im 3. Jt. v. Chr. stark den wirtschaftlichen und kulturellen Austausch zwischen Nordafrika und den subsaharischen Regionen, der seither v. a. entlang des Nils und der Oasen stattfindet. Tropische Regenwälder sind von Westafrika bis ins Kongobecken verbreitet.

V. a. in Ostafrika entlang des Ostafrikanischen Grabensystems gibt es viele prähistorische Funde, die belegen, dass hier die **Evolution der Gattung Homo** stattfand und vor ca. 2. Mio. Jahren der Homo erectus erstmals auftrat. Nach der *Out-of-Africa*-Theorie entwickelte sich im östlichen und südlichen Afrika vor etwa 200 000 bis 100 000 Jahren schließlich der moderne Homo sapiens. | s. S. 22 | Auch seither ist Afrika keineswegs ein geschichtsloser Kontinent, wie noch immer viele meinen. Man muss jedoch anerkennen, dass die Rekonstruktion der Vergangenheit nicht nur auf der Überlieferung schriftlicher Quellen, sondern auch auf den Erkenntnissen archäologischer Funde beruht.

Sprachen

Die Sprachwissenschaften unterscheiden für Afrika vier bedeutende Sprachräume: 1) die **afroasiatischen Sprachen** im Norden, die vom Atlantischen Ozean im Nordwesten über die Mittelmeeranrainer und den Nahen Osten bis in das zentralafrikanische Gebiet und die Staaten am Horn von Afrika (Äthiopien, Eritrea und Somalia) hineinreichen; 2) die **nilosaharanischen Sprachen**, deren Verbreitungsgebiet sich an den südlichen Rand des afroasiatischen Raums anschließt und Gebiete der heutigen Staaten vom Westen (Niger, Mali) bis zum Nordosten (Sudan, Äthiopien) umfasst; 3) die **Niger-Kongo-Sprachen**, die vom Atlantik bis zum Indischen Ozean reichen, sich über West-, Ost- und Südafrika erstrecken und bedeutende Sprachgruppen wie die sog. Bantu-Sprachen einschließen; 4) das vergleichsweise kleine Gebiet der **Khoisan-Sprachen**, die sich im südlichen und südwestlichen Afrika finden. Die Ausdifferenzierung von Sprachfamilien, Sprachen und Dialekten ist nicht eindeutig und Gegenstand von Kontroversen. Umstritten sind überdies die Folgerungen, die von der Verwandtschaft von Sprachen auf die Wanderungs- und Siedlungsgeschichte gezogen werden. So ist etwa die These von der großen Bantu-Wanderung weit verbreitet: Demnach stammen alle Bantu-Völker aus einem gemeinsamen Herkunftsraum und breiten sich, angetrieben durch Klimawandel und ständiges Bevölkerungswachstum, im Zuge einer großen Wanderung seit dem 5. Jt. v. Chr. über den Kontinent aus. Diese Idee stützt sich jedoch auf eine sehr dünne Quellenlage und bleibt hypothetisch. Vieles spricht dafür, dass es niemals eine einheitliche Bantu-Wanderung gegeben hat, denn weder überzeugt das Argument der Bevölkerungsexplosion als unerschöpflicher Triebkraft der Migration, noch konnten sich Bantu sprechende Afrikaner aufgrund ihrer technologischen Überlegenheit unaufhaltsam ausbreiten. Die sog. **Bantu-Expansion** stellt sich heute vielmehr als äußerst langfristiger Diffusionsprozess dar, von dem viele Einzelheiten unbekannt sind.

Das Aufkommen von Ackerbau und Viehhaltung

Ackerbau und Viehhaltung finden durch Kontakte mit Ägypten ab 4500 v. Chr. Eingang in Nubien. In günstigen Gebieten der Sahara entwickeln sich nomadische Kulturen, v. a. mit Rinderhaltung (ab 2500 v. Chr.). Nach und nach setzt sich in einem breiten Streifen quer durch den Sudan bis zum Osthorn der Feldbau durch. Angebaut werden in diesem Gebiet v. a. selbst gezüchtete Pflanzen: Perlhirse, Getreidearten (Sorghum, Eleusine, Tef, Ensete), Yamsarten, Erdnüsse, mehrere Hülsenfrüchte, Ölpalme, Reis. Damit sind die Grundlagen für die späteren afrikanischen Feldbauern- und Hirtenkulturen geschaffen. Wahrscheinlich sind gleichzeitig auch Vorformen weit verbreiteter sozialer Institutionen, kultureller Praktiken und religiöser Vorstellungen aufgekommen.

Politische und gesellschaftliche Ordnungen

Neuere archäologische Arbeiten betonen, dass die Gesellschaften des alten Afrika keineswegs aus verstreuten Menschengruppen bestehen, die in kleinen, aus Lehm- oder Grashütten bestehenden Dörfern leben. Für eine Reihe von Regionen (Nubien, Äthiopien, die westafrikanische Savanne, die Waldzone Westafrikas, die ostafrikanischen Küstenregionen und Inseln, das Simbabwe-Plateau sowie Teile Zentralafrikas) lässt sich eine hohe soziale und kulturelle Komplexität und die Entstehung und Entwicklung von Staaten und Städten belegen. Diese Regionen besitzen trotz beträchtlicher Unterschiede in ihren jeweiligen Umweltbedingungen eine Reihe von Gemeinsamkeiten. Dazu gehören eine verhältnismäßig große Bevölkerungsdichte, effiziente Strategien in Ackerbau und Viehzucht sowie die Produktion von Eisengeräten, welche die Nutzung vorhandener Ressourcen erheblich erleichterte. In Ost- und Zentralafrika ist das Schmelzen von Eisen für das 7. Jh. v. Chr., in Westafrika für das 4. Jh. v. Chr. nachgewiesen. Dabei ist eine vom Mittelmeerraum unabhängige Entdeckung des Schmelzprozesses wahrscheinlich. Die auf das 4. Jh. n. Chr. datierten berühmten Stelen aus Granit im äthiopischen Aksum lassen auf eine besonders weit fortgeschrittene Ingenieurtechnik schließen. Selbst wenn diese anspruchsvolle Form der Architektur eine Ausnahme darstellt, finden sich vielerorts Hinweise auf technisch versierte Bautätigkeiten, mögen sie auch schwer mit zeitgenössischen europäischen Bauten vergleichbar sein. Des Weiteren findet sich bereits ein vielfältiges Bild urbaner Traditionen. Städte wie Gao, Koumbi Saleh oder Kilwa etwa dienen als Drehpunkte von Wirtschaft und Handel, als Zentren politischer oder ritueller Macht oder als militärische Stützpunkte.

Die **Herausbildung von Städten** und die **Entstehung von Staaten** in Afrika zwischen 2000 v. Chr. und Mitte des 19. Jh.s sind nicht zwangsläufig Teil eines einzigen Prozesses, aber doch eng miteinander verknüpft. Denn beide Entwicklungen sind Ausdruck komplexer Gesellschaften und teilen überdies eine Reihe von Phänomenen: die Zentralisierung von Macht, die Ausbildung sozialer Schichten, funktionelle Spezialisierung und Bevölkerungswachstum. Die vorkoloniale Geschichte Westafrikas ist überdies insbesondere in Westafrika zwischen dem 8. und 18. Jh. durch den Aufstieg und Niedergang zahlreicher Großreiche charakterisiert. Das erste bedeutende Reich ist das ca. 600 n. Chr. begründete, zwischen Senegal und Niger gelegene Soninke-Reich von Ghana. Es erlebt im 9. und 10. Jh. seine Blütezeit. Mit dem heutigen Staat Ghana hat es geografisch gesehen nichts zu tun. Machtbasis der Monarchie von Ghana ist die Kontrolle des Nord-Süd-Handels, Salz und Gold sind die zentralen Handelsobjekte. Weiter östlich von Ghana entwickelt sich im 13. Jh. das Mali-Reich zur neuen Regionalmacht. Dieses Reich erstreckt sich bald vom Atlantik bis zum Niger und von der Zentralsahara bis zum tropischen Regenwald im Süden. Die herrschende Dynastie des Reiches ist zum Islam bekehrt. Im 15. Jh. schließlich erlangt mit dem Songhai-Reich ein weiterer Staat die Vorherrschaft im westlichen Sudan, bevor er 1691 durch den Einfall marokkanischer Truppen zerstört wird. Die Marokkaner sind der Armee Songhais zahlenmäßig weit unterlegen, verfügen aber über Gewehre. Die großen Reiche unterscheiden sich in ihrem Aufbau erheblich; alle werden sie jedoch von Militäraristokratien beherrscht. Zudem spielen überall Sklavenfang und Sklavenhandel eine zentrale Rolle für die Begründung und Aufrechterhaltung ihrer Herrschaft. Zu Beginn des 18. Jh.s sind die Großreiche weitgehend verschwunden oder fragmentiert, wenngleich die Zahl der Staaten insgesamt größer geworden ist und die Anzahl der Gebiete mit Gesellschaften ohne Staat sich verringert. Für weite Teile Afrikas ist fortan eine Mischung aus politischer Fragmentierung und Instabilität kennzeichnend.

Islamische Einflüsse

Die Beziehungen, die zwischen Ägypten, der Mittelmeerwelt sowie dem Vorderen Orient und Afrika südlich der Sahara im Altertum geknüpft werden, brechen nicht mehr ab. Entsprechend dem Wandel in jenen Regionen ändert sich jedoch der Charakter der Einflüsse: Antike und frühchristlich-byzantinische Impulse erreichen Nubien und Äthiopien, v. a. aber gewinnt der Islam für weite Teile Afrikas Bedeutung.

Mit der Eroberung ganz Nordafrikas durch die Araber (ab 8. Jh.) erreichen islamische Einflüsse den Sudan. Die Übernahme des Islam durch Herrscher sudanesischer Staaten sowie die Einwanderung arabischer Beduinengruppen haben zur Folge, dass weite Gebiete des Sudan auf Dauer stark islamisch geprägt werden. Normen des islamischen Rechts (Scharia) werden jedoch in sehr unterschiedlicher Weise übernommen und vermischen sich oft mit einheimischen Gesetzen. Ebenso bewirkt die Übernahme des Handels im Roten Meer und auf dem Indischen Ozean durch Muslime vom Persischen Golf, dass auch die sich bildenden Stadtstaaten an der Ostküste bis hinab nach Moçambique eine islamische geprägte Kultur erhalten.

Sklaverei und Sklavenhandel

Ob es einheimische Formen der Sklaverei in Afrika gegeben hat oder ob Sklaverei nicht erst im Gefolge äußerer Nachfrage und äußeren Einwirkens entstanden ist, ist umstritten. Es gibt aber viele Indizien, dass Sklaverei in Afrika in verschiedenen Ausformungen bereits vor der Ankunft der Europäer besteht. Zwischen dem 15. und 19. Jh. werden mehr als 12 Mio. Afrikaner über den Atlantik in die »Neue Welt« verschleppt. In dieser Zahl sind die Opfer auf dem Weg in die Sklaverei nicht berücksichtigt. Etwa 9 Mio. Afrikaner werden im Verlauf der Jahrhunderte quer durch die Sahara in den arabischen Raum verkauft und noch einmal rund 8 Mio. Menschen über die ostafrikanische Küste und das Rote Meer nach Arabien und bis nach Asien. Auch in europäischen Städten findet man zu Anfang der Neuzeit eine beträchtliche Zahl von afrikanischen Sklaven. Der Sklavenhandel wird in Teilen Afrikas – v. a. in den Waldlandregionen längs der westafrikanischen Küste bis hin zu den Savannen Angolas – selbst zu einer wichtigen Stütze politischer Herrschaft, zur Grundlage weitverzweigter Handelssysteme, zur Quelle von Reichtum, Einfluss und Macht. Die wirtschaftliche Basis vorkolonialer Staaten wie Dahomey, Benin und Ashanti besteht zu einem Großteil aus Fremdleistungen. Dahomey etwa entwickelt sich im 17. und 18. Jh. zu einer regelrechten Sklavenproduktionsmaschinerie, zu einem Staat, dessen jährlich wiederkehrende, in der Trockenzeit unternommene Kriegszüge primär der Gewinnung neuer Sklaven dienen. Ein Teil der Sklaven arbeitet im königlichen Haushalt und auf den Feldern, ein Teil wird an europäische Sklavenhändler verkauft. Diese können an den Küsten Sklaven kaufen, ohne sich selber um die Versklavung kümmern zu müssen, weil es bereits entsprechende institutionelle Mechanismen, mithin auch einheimische Formen der Knechtschaft, gibt. Es ist wenig sinnvoll, von Sklaverei im vorkolonialen Afrika im Singular zu sprechen. Zu unterschiedlich sind je nach Zeit und Ort die Praktiken. Es gibt Fälle, in denen Sklaven hohe Posten einnehmen und gesellschaftliche Privilegien genießen, doch können sie von einem Moment zum anderen dieser Privilegien gleichsam ohne Begründung beraubt werden. Keine Struktur, kein verwandtschaftliches Netz schützt sie. Sklaverei in Afrika ist bis zum 19. Jh. weniger durch Unfreiheit noch durch die Gleichsetzung von Menschen mit Sachwerten charakterisiert, als vielmehr durch die extreme Außenseiterstellung von Sklaven.

Vermutlich besteht Sklaverei in Afrika in verschiedenen Ausformungen bereits vor der Ankunft der Europäer im 15. Jh. Der atlantische Sklavenhandel fördert jedoch die Verbreitung und Verhärtung von Sklavereisystemen südlich der Sahara. Während der transatlantische Sklavenhandel infolge der europäischen, insbesondere der britischen Bemühungen im 19. Jh. langsam zurückgeht, weitet sich der **interne Sklavenhandel** v. a. in Westafrika aus. Dort wurden im Zuge der islamischen Revolutionen des späten 18. und frühen 19. Jh.s einige Staaten mit Sklavenwirtschaft geschaffen. Das Kalifat von Sokoto, das sich über Nordnigeria bis in den Norden Kameruns und weiter bis zum Tschadsee ausdehnt, zählt zu den größten Sklavenhaltergesellschaften der Weltgeschichte. In Ostafrika steigt die Insel Sansibar innerhalb weniger Jahre auf der Grundlage von Sklavenarbeit zum weltweit größten Produzenten von Gewürznelken auf. Zudem ist die Insel Umschlagplatz für Elfenbein, das von den Sklavenkarawanen aus immer entfernteren Gebieten des Festlandes herbeigeschafft wird. Aber selbst in den küstennahen westafrikanischen Hauptproduktionsgebieten, wo im 19. Jh. für den Export verstärkt Erdnüsse angebaut und Palmöl gewonnen werden, geht mit dem Abolitionismus keineswegs die Sklaverei zu Ende, im Gegenteil: Vielerorts weitet sich die Sklaverei noch aus. Ein nur scheinbares Paradox: Denn Sklaverei ist inzwischen eine wichtige Form der Mobilisierung von Arbeitskraft geworden. Zudem haben die Jahrhunderte des Sklavenhandels die Sklaverei zu einer akzeptierten Institution gemacht und nicht zuletzt bestimmten Gruppen zu jener Macht verholfen, die notwendig ist, um andere zu versklaven. Der **Beginn der europäischen Kolonialherrschaft** leitet das langsame Ende der Sklaverei ein. Es ist weniger das Resultat der dezidierten Antisklavereipolitik der Kolonialmächte als vielmehr Folge der durch die Kolonialherrschaft geschaffenen neuen politischen und ökonomischen Bedingungen. In vielen afrikanischen Gesellschaften geht die Sklaverei in den ersten Jahrzehnten der Kolonialzeit in andere Formen der **Zwangsarbeit** über. Auch die Zwangs- und Wanderarbeit, welche die Europäer nach Afrika bringen, unterscheidet sich für die Betroffenen nur graduell von der offenen Sklaverei früherer Jahrhunderte.

Die europäische Kolonialzeit Afrikas bis 1945

Im Gefolge der portugiesischen Entdeckungsreisen des 15. Jh.s werden von den seefahrenden europäischen Mächten – neben Portugal treten im 17. Jh. besonders die Niederlande, Großbritannien und Frankreich – Stützpunkte als Zwischenstationen auf dem Wege nach Süd- und Ostasien und als Handelsposten für Beziehungen mit dem Landesinneren angelegt. Flächenmäßig ausgedehnte Kolonien werden allerdings nur ausnahmsweise gegründet (Angola, Kapland). Da der Handel im Wesentlichen auf die Ausfuhr von Sklaven angelegt ist, orientieren sich die einheimischen politischen Kräfte im weiteren Umkreis der Küste daran. Kriege werden daher oft mit dem Ziel des Gewinns von Sklaven geführt. Ein Teil der besiegten Bevölkerung wird entführt, diejenigen Mächte, die den Sklavenhandel unter Kontrolle bringen können, erstarken (Ashanti, Dahomey, Benin). Europäische Handelsprodukte, wie Metalle, Feuerwaffen, Stoffe und andere Gebrauchsartikel, werden gängige Bestandteile der küstennahen Kulturen und aus Amerika eingeführte Kulturpflanzen, wie Maniok, Süßkartoffeln, Mais und Tabak, finden bis weit ins Innere Afrikas Eingang in den **Feldbau**. Versuche der Missionierung und damit zusammenhängender, weiter reichender kultureller Beeinflussungen von portugiesischer Seite scheitern nach Anfangserfolgen überall (Kongo, Benin, Mutapa, Äthiopien). Bis weit in das 19. Jh. hinein beschränkt sich die europäische Präsenz auf drei größere territoriale Brückenköpfe in Algerien, Senegal und Südafrika. Überdies kontrollieren Europäer in Westafrika einige kleinere Besitzungen an der Westküste des Kontinents, wie Forts, Faktoreien oder auch einzelne Städte wie Lagos. Rückkehrer aus Amerika gründen zudem mit amerikanischer Hilfe Liberia, den ersten völkerrechtlich anerkannten unabhängigen afrikanischen Staat. Briten und Franzosen siedeln Freigelassene und Rückkehrer in Sierra Leone und Libreville an. An einigen Orten werden erste Missionsstationen gegründet. Erstmals gelangt eine kleine Gruppe von Afrikanern in den Genuss einer modernen, der Zeit entsprechend christlich geprägten westlichen **Bildung**. Einige reisen zur Weiterbildung nach Europa. Die Erforschung Afrikas nimmt im Verlauf des 19. Jh.s zunehmend den Charakter eines mit nationalen Zügen versehenen Wettlaufs an. Gegenstand dieser Konkurrenz sind spektakuläre **geografische Entdeckungen** wie die Quellen des Nils. Geografische Entdeckungen zu machen verheißt eine politische Karriere und ist zugleich ein politisches, ein koloniales Projekt. Nicht selten werden aus den Entdeckungen territoriale Ansprüche der jeweiligen Nationen abgeleitet.

Innerhalb kürzester Zeit setzt ein hektischer Wettlauf um Afrika ein. Die Antriebskräfte für die **koloniale Expansion** in Afrika sind vielfältig, unterscheiden sich von Land zu Land und von Ort zu Ort. In einigen Fällen gehen strategische Motive mit finanziellen Motiven Hand in Hand oder es verknüpfen sich ökonomische Gelegenheiten mit politischer Megalomanie. Nie aber lässt sich ein spezifisches Interesse als treibende Kraft, aus der alle anderen Motive resultieren, ausmachen. Entstehung und Ausgestaltung der Kolonien in Afrika sind überdies von Zufällen und Eventualitäten geprägt. Auffallend ist überdies die Kluft zwischen Absicht und Ergebnis. Die europäischen Mächte geben zwar nicht eher Ruhe, bis auch das weltabgeschiedenste Wüstengebiet – formal zumindest – unter europäische Herrschaft gestellt ist, ansonsten sind sie aber eher mit rein performativen Akten zufrieden wie mit der Unterzeichnung sog. Schutzverträge und dem Hissen der nationalen Flagge in den von ihnen begehrten Territorien. In erster Linie ist die Akzeptanz der jeweiligen Ansprüche auf ein bestimmtes

Gebiet in Afrika durch die anderen europäischen Mächte ausschlaggebend, die Ansichten der lokalen Bevölkerung spielen hingegen für die Erwägungen keine Rolle. Schließlich gelten in diesem Spiel nur westliche Nationen als souveräne Staaten.

Über die Verwaltung der »erworbenen« Territorien macht man sich noch nicht allzu viele Gedanken. Auch die Ausbeutung und Nutzung der lokalen afrikanischen Ressourcen ist zunächst ein Zukunftsprojekt. Zum Zeitpunkt der Berliner Afrikakonferenz 1884/85 gibt es alle möglichen Träume und Spekulationen über die Schätze Afrikas, hingegen kaum konkrete Kenntnisse oder gar Unternehmungen. So ist die Teilung Afrikas zuallererst ein diplomatischer und symbolischer, ja nahezu fiktiver Akt, eine Art Wette auf die Zukunft. Das auch Kongokonferenz genannte Treffen europäischer Diplomaten, das entscheidend zur völkerrechtlichen Fixierung und Regelung des Teilungsprozesses beiträgt, symbolisiert die Schacherei um Afrika. Das vielfach in der Literatur bemühte suggestive Bild, Afrika sei auf dieser Konferenz wie ein Geburtstagskuchen aufgeteilt worden, trifft jedoch nicht zu. Die Vertreter der Imperialmächte einigen sich vielmehr auf einen Rechtsgrundsatz, um Krisen untereinander möglichst zu verhüten.

Zwischen 1884/85 und dem Ausbruch des Ersten Weltkrieges werden die Grundmauern des bis heute bestehenden afrikanischen Staatensystems gelegt. Die Europäer machen im gegenseitigen Wettstreit jene internationalen Grenzen aus, die heute noch Geltung haben. Die Kolonialherren beginnen auch, in den von ihnen eroberten Gebieten koloniale Verwaltungsstaaten zu errichten. Wo früher viele unterschiedliche politische Systeme nebeneinander existierten, wird im Gefolge der territorialen Durchdringung der Verwaltungsstaat zum alleingültigen staatlichen Organisationsmodell. Die von den europäischen Kolonialherren vorgenommenen Grenzziehungen nehmen vielerorts keine Rücksicht auf historisch gewachsene Gegebenheiten. So geraten z. B. große Teile des zum Kalifat von Sokoto gehörenden Emirats von Adamaua unter deutsche Herrschaft, dessen politisches Zentrum Yola hingegen wird von den Engländern zu Nordnigeria geschlagen. Diese **Form der willkürlich gezogenen Grenzen** wird bis heute nicht selten als eines der Grundübel in Afrika angesehen. Dass die Art der Grenzziehung Probleme hervorruft, indem sie Freunde trennt und Feinde schafft, ist naheliegend. Die neuen Grenzen verteilen Großfamilien auf unterschiedliche europäische Verwaltungs- und Sprachgebiete, unterbrechen aber auch Handelsrouten, die Bevölkerungszentren verbinden und den Austausch etwa von Nahrungsmitteln in benachbarte Zonen ermöglicht haben. Dennoch sollte die Bedeutung der Grenzen nicht überbewertet werden. Zumindest bis 1945 hat der koloniale Staat nicht die Durchsetzungskraft, die Mobilität der Menschen zu begrenzen. Handel, Arbeitsmigration, grenzüberschreitende Weidewirtschaft sowie Fluchtbewegungen vor Hunger sind möglich und üblich. Als wesentlich schwerwiegender erweist sich die Grenzziehung nach innen, die mit dem Aufbau kolonialer Verwaltungsstaaten einhergehende Territorialisierung von Herrschaft. Die Kolonialherren schaffen sukzessive völkerrechtlich abgesicherte Territorialstaaten mit dem Anspruch auf ein staatliches Gewaltmonopol und klaren, festen Grenzen in Gebieten, die in vorkolonialer Zeit durch unpräzise, sich beständig wandelnde Grenzen und eine Vielzahl politischer Ordnungen mit höchst unterschiedlichen Graden der Zentralisierung gekennzeichnet waren.

Auch jener heute als **»Konstruktion von Ethnizität«** bezeichnete Prozess nimmt seinen Ausgang nicht zuletzt im Bestreben der Kolonialherren, eindeutig abgrenzbare Verwaltungsbezirke einzurichten, an die man je eigene bürokratische und juristische Normen sowie Haushaltskompetenzen delegieren kann. Die vielfältigen gesellschaftlichen Organisationsformen des vorkolonialen Afrika werden allesamt ungedeutet in »tribale Einheiten«, in »Stämme« zusammengefasst, die man ihrerseits nach dem Muster des heimischen europäischen Nationalstaats als Sprach-, Kultur-, Abstammungs- und politische Gemeinschaften mit abgegrenzten Territorien interpretiert. Dies kann v. a. jenen Afrikanern recht sein, die im Amt bestätigt oder in eines berufen werden, verfügen sie doch fortan trotz Verlust ihrer Souveränität häufig über mehr Macht als je zuvor. Ethnizität ist jedoch keine rein koloniale Erfindung. Der Unterschied zwischen kolonialen Stammesideologien und vorkolonialen Identitätsmustern besteht primär in der Ausschließlichkeit, mit der nun ein Idiom der Gruppenzugehörigkeit – Ethnizität und Abstammung – gegenüber allen anderen privilegiert wird. Die »Stämme« mit einem Häuptling an der Spitze, die bis heute die afrikanische Politik mitprägen, sind also nicht so sehr Überbleibsel des vorkolonialen Afrika als das Resultat kolonialer Durchdringung und der Modernisierung. Sie werden von Kolonialbeamten, Missionaren und afrikanischen Älteren bewusst gestaltet und konstruiert.

Die europäischen Kolonialherren erheben zwar den Anspruch, ihre Kolonisierung sei, im Gegensatz zur Eroberung Amerikas, eine disziplinierte, begrenzte und zugleich zukunftsorientierte Unternehmung. Gewalt und eine Politik des selektiven Terrors charakterisieren jedoch maßgeblich die erste Phase der Kolonialherrschaft. Wenigen Eroberungskriegen und großen Schlachten stehen die viel zahlreicheren großen und kleinen »Aufstände« gegenüber. Die härtesten **Konflikte** folgen häufig erst Jahre nach der Etablierung des kolonialen Staates und **sind Ausdruck des Widerstandes** gegen Steuerforderungen, die Einmischung in Anbausysteme, Geschlechterverhältnisse und Nachfolgeregelungen sowie gegen Zwangsarbeit. Insgesamt haben die europäischen Kolonialherren große Schwierigkeiten, Afrikaner zu verlässlichen Produzenten für die europäischen und Weltmärkte zu machen. Koloniale Regierungen können ihre Forderungen nach Steuern und Tributen in Gestalt von Zwangsarbeit mithilfe einheimischer *chiefs* zwar partiell umsetzen, schwieriger ist es jedoch, Afrikanern den Zugang zu Land zu verwehren und sie umfassend zur Lohnarbeit zu zwingen. Selbst in Südafrika, wo weiße Siedler die Kontrolle über die Beschäftigungsmöglichkeiten haben und eine große Bürokratie ein rassistisch bestimmtes Wanderarbeitssystem kontrolliert, bestimmen Afrikaner in vielerlei Weise die Grenzen ihrer eigenen Ausbeutung – durch den Druck, Tagelohn einzuführen oder zu erhalten, durch ihr Drängen auf Arbeitervereinigungen in den Städten und ihr Beharren auf Systemen der Pachtarbeit, die Familienarbeit und entsprechende Arbeitsrhythmen ermöglichen respektive erleichtern. Die Komplexität der sozialen Beziehungen macht es für afrikanische Mächtige wie europäische Herrscher besonders schwer, jene Voraussetzungen für die systematische Ausbeutung zu schaffen, die für den Kapitalismus charakteristisch sind.

Aufgrund der klimatischen Bedingungen in Afrika eignen sich nur wenige Gebiete für die dauerhafte Ansiedlung von Europäern: Algerien, das südliche Afrika sowie das Hochland von Kenia. In Anbetracht der aus Kostengründen geringen Präsenz europäischer Administratoren und Experten in nahezu allen Kolonien benötigen die europäischen Kolonialherren in Afrika zumindest eine bestimmte Anzahl gut ausgebildeter Einheimischer, die als Verwaltungsmitarbeiter das koloniale System bzw. den kolonialen Staat aufrechterhalten. Die dafür ausgebildeten Afrikaner, die Missionsschulen, staatliche Schulen und Universitäten besuchen, beginnen jedoch, konfrontiert mit den geistigen und materiellen Errungenschaften der westlichen Zivilisation, Fragen zu stellen: Warum etwa gelten Freiheit, Gleichheit und Brüderlichkeit nicht für sie? Und warum kommen die Früchte der kolonialen Ökonomie nur den Europäern zugute? Viele afrikanische Nationalisten sind Absolventen von Missionsschulen und verdeutlichen damit die ambivalente Rolle, die Missionen im kolonialen Afri-

Afrika am Vorabend des Ersten Weltkrieges

ka spielen. **Katholische und protestantische Missionen**, die in Afrika in teilweise harter Konkurrenz um Zugang zu den zu missionierenden »Heiden« ringen und jeweils ihre Einflussgebiete auszudehnen suchen, ebnen in vielerlei Hinsicht den kolonialen Ambitionen europäischer Mächte erst den Weg. Die Kolonialverwaltungen ihrerseits bedienen sich in der Verwaltungspraxis gern der Missionare. Diese können allerdings nicht verhindern, dass der Kolonialstaat sich häufig mit muslimischen Herrschern arrangiert und partiell sogar christliche Missionierungsversuche unterbindet, um das gute Verhältnis zu muslimischen Notabeln nicht zu gefährden. Aufgrund der christlichen Konkurrenz wächst der Islam in Afrika im 20. Jh. langsamer als zuvor, bleibt christlichen Missionierungsbemühungen gegenüber jedoch weitgehend resistent. Das Verhalten der Missionare gegenüber Gewalt und Despotismus der kolonialen Administration ist ambivalent. Auf der einen Seite begrüßen viele Missionare das Vordringen der kolonialen Militärs als einen Erfolg, der ihnen Vorteile verschafft. Einheimischer Widerstand gegen die Missionstätigkeit mündet nicht selten in Forderungen der Missionare nach »harten« administrativen Maßnahmen oder sogar militärischen Aktionen. Auf der anderen Seite gehören Missionare zu den wichtigsten Kritikern kolonialer Gewaltexzesse und versorgen regelmäßig kolonialkritische Politiker und Journalisten in den »Mutterländern« mit Material über »Verfehlungen« der Verwaltungen. Statistisch gesehen ist die neuzeitliche christliche Mission ein großer Erfolg. Gegenwärtig bekennen sich allein etwa 800 Mio. Afrikaner zum Christentum. Freilich könnte man die Perspektive auch umkehren und die Anreicherung afrikanischer Religiosität mit christlichen Elementen betonen, mit Formen des Heilsversprechens, der Wiederkehr des Messias und der Auferstehung der Toten. Solche Vorstellungen fehlten in vielen afrikanischen Religionen, geben aber eine Antwort auf neue, mit dem Kolonialismus einhergehende Erfahrungen. In jedem Fall ist die Wirksamkeit der Missionen auf den Kooperations- und Rezeptionswillen der Kolonisierten angewiesen.

Nordafrika von ca. 1500 bis 1945

Nordafrika ist geografisch ein Teil Afrikas, historisch aber die längste Zeit mit den Ereignissen in Europa und Westasien verbunden. Gleichwohl gibt es immer enge Kontakte mit den Regionen südlich der Sahara.

Ägypten (1517–1942/45)

Ägypten unter osmanischer Herrschaft 1517–1798

Die Eingliederung Ägyptens in das Osmanische Reich 1517 macht es zum Bestandteil einer enormen Freihandelszone, die bis in den Balkan reicht. Die portugiesische Flotte, die kurz zuvor in den Indischen Ozean gesegelt ist, ist zu keiner Zeit in der Lage, den Handel über den Vorderen Orient zu blockieren, dazu ist die Flotte zahlenmäßig viel zu klein. Die Osmanen sind sich der Entwicklungen im Indischen Ozean bewusst. 1525 erreicht eine osmanische Flotte mit 18 Schiffen und 300 Kanonen den Jemen und vertreibt die Portugiesen. 1566 unterdrücken die Osmanen dort eine Rebellion und bauen 38 Festungen in der Region.

Am Ende des 16. Jh.s übersteigt der über Ägypten nach Venedig abgewickelte Handel mit Pfeffer den portugiesischen um ein mehrfaches und übertrifft das Volumen in vorportugiesischer Zeit. Erst mit dem Erscheinen der holländischen Flotte verliert Ägypten seine Rolle im Gewürzhandel. Neuen Reichtum schafft der Handel mit Kaffee vom Jemen ins Osmanische Reich, der bis in die erste Hälfte des 18. Jh.s anhält. Die dauerhafte Schwächung des Osmanischen Reiches im 18. Jh. gibt einer lokalen Mamlukenelite Gelegenheit zum Aufstieg. Sie kontrolliert die Geschicke Ägyptens und schmiedet unter Ali Bey (*1728, †1773) Allianzen mit dem Herrscher von Akko gegen das Osmanische Reich. Der Verlust des Kaffeehandels lässt die politischen Nachteile des Mamlukensytems wieder deutlich werden und führt zu einer permanenten bürgerkriegsähnlichen Situation in Kairo bis zur Eroberung durch die Franzosen.

1798, Juli Napoleon erobert mit einem 36 000 Mann starken Heer Ägypten. Seine Ziele dabei sind – außer dem Voranbringen der eigenen Karriere – nie ganz klar, so beispielsweise seine Militärexpedition nach Palästina 1799. 1801 gewähren die Briten den Resten der französischen Armee (6000 Mann!) freien Abzug. | s. S. 751 | Mit der französischen Eroberung beginnt die Neuzeit in Ägypten, da das Land und mit ihm der gesamte Nahe Osten fester Bestandteil des europäischen Mächtesystems werden.

1801 Offiziell übernehmen die Osmanen wieder die Oberherrschaft über Ägypten. Doch ihre Macht ist genauso gebrochen wie die der Mamluken. Der osmanische Offizier Muhammad Ali (türkisch Mehmed Ali; *1769, †1849) aus Kavalla kommt mit albanischen Truppen nach Ägypten. Mit dem gezielten Einsatz seiner Truppen und verschiedenen politischen Manövern putscht er sich an die Macht und wird 1805 von der osmanischen Regierung als Gouverneur (Pascha) von Ägypten anerkannt.

Muhammad Ali

Seinen Machtanspruch als autokratischer Herrscher in herkömmlicher Weise auf eine starke Armee basierend, verlässt Muhammad Ali sich für deren Finanzierung nicht allein auf die steuerliche Erpressung der Bauern, sondern verfolgt auch – ganz neu – eine Investitionspolitik in der Landwirtschaft, d. h. die Erneuerung und den Ausbau des Bewässerungssystems, aber auch die Einführung der Baumwolle als Exportartikel für den Weltmarkt. Diese Verabschiedung von einer Subsistenzlandwirtschaft bindet Ägypten bleibend in die Weltwirtschaft ein. Alle weiteren Reformen dienen entweder dem Aufbau einer modernen Armee oder der Maximierung staatlicher Einkünfte von der Landwirtschaft, die diese Modernisierung finanziert. So werden für die Armee Akademien für Sprachen, Medizin, Mathematik u. a. eingerichtet und Studentendelegationen nach Frankreich zum Studium geschickt. Die Verwaltung wird ausgebaut und zentralisiert. Das gesamte Land kommt unter direkte Kontrolle des Staates, Steuern werden direkt von Staatsbeamten eingezogen. Durch die Monopolisierung ganzer Wirtschaftszweige, v. a. aber den Anbau, Verkauf und Export von Baumwolle, versucht MUHAMMAD ALI, den kompletten wirtschaftlichen Gewinn für den Staat abzuschöpfen. Seine politischen Ambitionen lassen ihn Syrien besetzen und zweimal tief nach Anatolien vorstoßen. Dieser neue Aspekt der »Orientalischen Frage« führt Großbritannien dazu, MUHAMMAD ALIS Rückzug nach Ägypten zu erzwingen und das Land durch den Abbau der Monopolwirtschaft dem englischen Handel zu öffnen. Wahrscheinlich wollte MUHAMMAD ALI das Erbe des Osmanischen Reiches antreten. Unbeabsichtigt legt er mit seinen Reformen die Basis für den späteren ägyptischen Nationalstaat.

1811–1833 Durch die Unterdrückung der Wahhabiten, eine puritanische, islamische Gemeinschaft, die eine Rückorientierung an Koran und Sunna anstrebt, in Arabien (1811–1813) und die Hilfe bei der Unterwerfung Griechenlands (seit 1825) – jeweils durch seinen Stiefsohn IBRAHIM (*1789, †1848) – um die Pforte verdient sowie durch den Gewinn der Landschaften Nubien, Sennar und Kordofan am oberen Nil (1820–1822) gestärkt, fordert MUHAMMAD ALI den vom Sultan versprochenen Preis, die Kontrolle über Syrien.

1833 Nach einem kriegerischen Vorstoß in Syrien erhält MUHAMMAD ALI im Vertrag von Kütahya (Phrygien) die Verwaltung dieses Raumes.

1839/40 Trotz seines Sieges (1839) bei Nizip gegen die Osmanen muss der Pascha unter dem Druck der Quadrupelallianz (Großbritannien, Russland, Preußen , Österreich; Londoner Konvention 1840) diese wieder aufgeben und sich mit Erblichkeit seiner Statthalterwürde begnügen, da ihn Frankreich im Stich lässt.

1848–1854 MUHAMMAD ALIS Enkel ABBAS I. (*1813, †1854) sucht sich der Mitarbeit von Europäern im Lande zu entledigen, kann sich aber einer vollen Unterstellung unter die Pforte – auch durch Entsendung von 15 000 Mann in den Krimkrieg – entziehen.
Die erste Eisenbahnlinie (Alexandria–Kairo) wird 1852 fertig gestellt.

1854–1863 SAID PASCHA (*1822, †1863), Sohn MUHAMMAD ALIS, schafft die Sklaverei (wenigstens theoretisch) ab, 1858 wird der vollständige Privatbesitz kultivierten Bodens eingeführt, was sehr bald zur Formierung einer neuen Klasse von Großgrundbesitzern führt. FERDINAND DE LESSEPS (*1805, †1894) erhält die Erlaubnis für den **Bau des Sueskanals**. Ägypten öffnet sich weiter dem europäischen Einfluss.

1863–1879 ISMAIL (*1830, †1895) erhält 1867 den Titel Khedive (arabisch-persisch *Chedive*, Herr) vom Sultan, womit die Besonderheit Ägyptens von anderen osmanischen Provinzen bestätigt wird. Mit dem amerikanischen Bürgerkrieg und dem dadurch bedingten Ausfall der amerikanischen Baumwolle beginnt ein ungeahnter Konjunkturaufschwung, der große Geldmengen in die Staatskasse Ägyptens spült. Der Zusammenbruch der Baumwollkonjunktur 1866 führt zu einer schweren Verschuldung Ägyptens, die sich durch zusätzliche Kosten des Kanalbaus noch erhöht.

1869 Die Eröffnungsfeierlichkeiten des Sueskanals mit der speziell für diesen Zweck von GIUSEPPE VERDI (*1813, †1901) komponierten Oper »Aida« erhöhen das internationale Ansehen des Khediven, veranlassen die Hohe Pforte jedoch zur Sorge über die Verselbstständigung Ägyptens.

1873, 8. Juni Erst nach einem Wechsel des Großwesirs unter Vermittlung Großbritanniens und Frankreichs können die Differenzen durch einen Firman (Verwaltungserlass) des Sultans behoben werden. Der Erlass sieht die direkte Erbfolge für ISMAILS Kinder und Autonomie bei Anerkennung der staatlichen und militärischen Oberhoheit des Osmanischen Reiches vor, verpflichtet den Khediven aber zur Zahlung von jährlichen Tributen an die Pforte.

1875–1879 Die ruinöse Steuer- und Finanzwirtschaft des Khediven, die hohen Ausgaben für einen Krieg gegen Äthiopien sowie der Verkauf seines Anteils an den

Ägyptische Baumwollproduktion 1838–1879

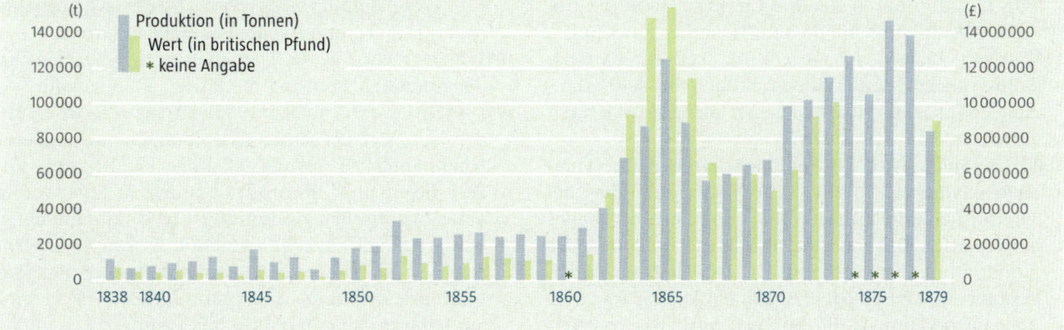

Sueskanalaktien an Großbritannien (für 4 Mio. £) führen zur Einrichtung einer von Ausländern geschaffenen Staatsschuldenverwaltung, die die finanzielle Souveränität Ägyptens stark beschneidet. Infolge verschiedener Konflikte mit Frankreich und Großbritannien über die Kontrolle der Finanzen wird ISMAIL schließlich vom Sultan unter Druck der beiden Großmächte abgesetzt.

1879–1892 TAUFIK (*1852, †1892), ISMAILS willensschwacher Sohn, wird sein Nachfolger.

Der Urabi-Aufstand

Die Finanzkrise hat u. a. auch zu Kürzungen in der Armee geführt. Davon sind besonders die unteren Ränge des Offizierskorps betroffen, die durchweg Ägypter besetzen, während höhere Ränge osmanischen Offizieren vorbehalten sind. Der Protest der ägyptischen Offiziere gegen Entlassungen und mangelnde Beförderungen unter Führung von AHMAD URABI PASCHA (*1841, †1911) erhält schnell protonationalistische Töne. In Zusammenschluss mit Konstitutionalisten, ägyptischen Großgrundbesitzern und muslimischen Reformisten weitet sich der Protest zu einer politischen Bewegung aus: »Ägypten den Ägyptern«. 1881 zwingt eine Militärrevolte TAUFIK zur Berufung eines nationalistischen Ministeriums unter URABI PASCHA als Kriegsminister (1882). Für die britische Regierung, gebeutelt von der irischen Frage, ist die Vorstellung einer nationalen Unabhängigkeitsbewegung in Afrika ebenso wenig annehmbar wie die Drohung Frankreichs, im Alleingang die Bezahlung der ägyptischen Schulden sicherzustellen.

1882, 11./12. Juli Eine englische Flotte bombardiert Alexandria, besetzt das Land (Niederlage der Ägypter bei Tall al-Kabir) und verhindert so Frankreichs direkte Kontrolle über den Sueskanal, der als lebenswichtige Verbindung zwischen Großbritannien und Indien gilt.

1883 Als britischer Generalkonsul (und wahrer Herrscher Ägyptens 1883–1907) wird EVELYN BARING, EARL OF CROMER (*1841, †1917) eingesetzt. Dieser tut viel für die innere Konsolidierung des Landes, die Förderung der Landwirtschaft, den Schutz der Kleinbauern, die Vergrößerung des Baumwollanbaus und für den Bau des Staudamms von Assuan (1899–1902).

1885, 26. Jan. Der Aufstand des Mahdi trennt den nominell Ägypten zugehörigen Sudan ab. Die Verteidigung von Khartum durch General CHARLES GEORGE GORDON (*1833) endet mit dessen Niederlage und Tod.

1892–1914 ABBAS II. HILMI (*1874, †1947), TAUFIKS Sohn, versucht den Briten gegenüber eine selbstständige Politik, kann sich aber gegen Lord CROMER nicht durchsetzen.

1898 Der Sudan wird von Feldmarschall HORATIO HERBERT KITCHENER (*1850, †1916) durch den Sieg bei Omdurman (am Nil gegenüber von Khartum) wieder unterworfen und (nominell) als britisch-ägyptisches Kondominium eingerichtet. – **Faschoda-Krise**: In Faschoda am Weißen Nil errichtet ein kleines französisches Expeditionskorps ein Fort, wird aber von KITCHENER zum Rückzug aufgefordert. Nach Verhandlungen zieht Frankreich, das ein zusammenhängendes Kolonialreich von West- bis nach Ostafrika einrichten will, seine Truppen zurück.

1904 Die imperialistischen Spannungen zwischen Großbritannien und Frankreich halten an, bis die Bedrohung durch ein imperialistisches Deutschland zu einer Absprache über die Interessensphären der beiden älteren Großmächte führt: Die *Entente Cordiale*, mit der die jeweiligen kolonialen Besitzungen gegenseitig anerkannt werden.

Die geistige Situation zu Beginn des 20. Jh.s

Während dieser Periode wächst das ägyptische und islamische Selbstbewusstsein durch eine Neubesinnung einer kleinen Gruppe islamischer Theologen, unter denen DSCHAMAL AD-DIN AL-AFGHANI (*1839, †1897) und MUHAMMAD ABDUH (*1849, †1905) über Ägypten hinaus Bedeutung gewinnen. Ihr Aufruf zu einer Neubesinnung der Muslime, einer Angleichung des Glaubensgutes an moderne Ideen (daher »Modernisten« genannt) und eine Aktivierung des religiösen Lebens einschließlich des Erziehungswesens wirkt in gewandelter Form bis heute nach. In den neuen Schichten der säkularen Bildungselite und der Großgrundbesitzer verbreitet sich die Idee des Nationalismus. Die Bildungselite unter MUSTAFA KAMIL (*1874, †1908) stellt die radikaleren nationalistischen Forderungen nach sofortiger und vollständiger Unabhängigkeit von Großbritannien, um die Verwaltung des Landes selber zu übernehmen, während die Vertreter der Großgrundbesitzer unter AHMAD LUTFI AL-SAYYID (*1872, †1963) die innere nationale Reform betonen und – wegen der Baumwollexporte – auf ungetrübte Beziehungen mit Großbritannien setzen. Beide, zahlenmäßig noch geringe Gruppen bedienen sich zur Legitimierung ihrer politischen Ansprüche des ägyptischen Nationalismus, der seit dem Ersten Weltkrieg zur Grundlage allen politischen Handelns in Ägypten wird.

1913 Einsetzung eines gesetzgebenden Rates, der in Steuerfragen zeitweilig wirkliche Entscheidungsgewalt besitzt.

1914, 19. Dez. Ägypten wird britisches Protektorat, nachdem das Osmanische Reich an Deutschlands Seite in den Krieg eingetreten ist.

1914–1917 An die Stelle des türkenfreundlichen Khediven ABBAS II. tritt sein Onkel HUSSEIN KAMIL (*1853, †1917) als »Sultan von Ägypten«. Dieser ist angesichts der Lage zu einer rein passiven Rolle verurteilt.

1915/16 Der Vorstoß der Osmanen und Deutschen an den Sueskanal wird von den Briten aufgefangen.

1917–1922 FUAD I. (*1868, †1936), HUSSEIN KAMILS Bruder, kann sich bei seinen Bestrebungen nach äußerer Unabhängigkeit auf die mächtige Wafd-Partei stützen, die entsteht, als Großbritannien die Entsendung einer ägyptischen Abordnung (*wafd*) zur Friedenskonferenz von Versailles ablehnt. Es kommt zu Unruhen in ganz Ägypten (»Revolution von 1919«). Der Führer des Wafd SAAD SAGHLUL (*1860, †1927) wird zur beherrschenden politischen Figur.

1922, 28. Febr. Dem nationalistischen Druck nachgebend, erklärt Großbritannien einseitig die **Unabhängigkeit Ägyptens**, behält sich jedoch die Sicherung des Sueskanals, die Landesverteidigung und den Schutz der ausländischen Interessen vor. Der Sultan akzeptiert die formale Unabhängigkeit und nimmt den Titel König FUAD I. (1922–1936) an.

1923, 19. April Mit einer neuen Verfassung wird Ägypten konstitutionelle Monarchie. Bei den Parlamentswahlen im gleichen Jahr gewinnt die nationalistische Wafd-Partei und wird die beherrschende Partei der nächsten 30 Jahre. Mit der Einführung des Parlamentarismus beginnen Parteienauseinandersetzungen: Zwar wollen alle Parteien die volle Souveränität Ägyptens erkämpfen, da sie innenpolitisch aber gegensätzliche Gruppeninteressen vertreten und es immer wieder zu Machtrivalitäten zwischen Wafd und König kommt, führen Gespräche mit der britischen Regierung lange zu keinem Ergebnis.

1924, 19. Sept. Als der britische Generalgouverneur des Sudan und Sirdar der ägyptischen Armee Sir LEE STACK (*1868) ermordet wird, schließt Großbritannien Ägypten von der Verwaltung (aber nicht den Kosten!) des Kondominiums im Sudan aus.

1936, 26. Aug. Nationalistische Unruhen und die Bildung einer nationalen Koalitionsregierung bewegen Großbritannien zum Einlenken: Im Anglo-Ägyptischen Vertrag erklären die Briten die militärische Besetzung Ägyptens für beendet, erhalten aber das Recht, für 20 Jahre Truppen in der Sueskanalzone zu stationieren. Im Kriegsfall ist Großbritannien zur Hilfe verpflichtet, Ägypten muss sein ganzes Gebiet einschließlich aller militärischen Einrichtungen zur Verfügung stellen. Das Kondominium im Sudan wird wiederhergestellt.

1937, 8. März Ägypten tritt dem Völkerbund bei. Im Abkommen von Montreux (8. Mai) werden die Kapitulationen bis 1949 vollständig abgeschafft; sie hatten Ausländern Exterritorialität und andere Vorrechte in Ägypten eingeräumt.

1939 Mit Beginn des Zweiten Weltkrieges wird Ägypten aufgrund seiner Bündnisverpflichtungen de facto wieder britisches Protektorat, obwohl es den Achsenmächten nicht den Krieg erklärt.

1942, 4. Febr. Die Grenzen ägyptischer Souveränität zeigen sich, als der britische Botschafter den Palast von Panzern umstellen lässt und König FARUK (*1920, †1965; 1936–1952) zwingt, eine probritische Regierung einzusetzen. Ägypten wird Schauplatz von Kriegshandlungen (deutscher Vorstoß bis El-Alamein); die ägyptische Armee wird aber nur zu Hilfsleistungen, u. a. Küstenschutz, eingesetzt. | Forts. S. 1889 |

Der Maghreb (1517–1945)

Seit Anfang des 8. Jh.s Teil des Kalifenreichs, ist der Maghreb seit Ende des 8. Jhs. unter verschiedenen Regionaldynastien faktisch unabhängig. Im 11. Jh. beginnt die kulturelle Orientierung der Region auf das islamische Spanien. Unter den Berberdynastien der Almoraviden (1061–1147), Almohaden (1147–1269), Meriniden (1269–1420/65) und den mit diesen verwandten Wattasiden (1472–1554) im Nordwesten sowie den Hafsiden (1229–1510/74) im Osten blüht der Maghreb wirtschaftlich und kulturell auf. Im Anschluss an die Eroberung Ägyptens durch die Osmanen 1517 dehnt sich deren – vielfach nur nominelle und mittelbare – Macht rasch westwärts aus. Doch bleiben überall lokale Herrscher maßgebend. Die Cyrenaika als nomineller Teil des Niltals gehört den Osmanen seit 1521. In Tripolitanien erkennen die Hafsiden 1510 die spanische Oberhoheit an und 1551 die Oberhoheit des Sultans, in Tunesien dagegen erst 1574. Algerien ist schon 1556 dem Sultan unterstellt ist. Selbst die vom Propheten MOHAMMED abstammenden Scherifen aus der Dynastie der Sadier (1554–1659) in Marokko nehmen Beziehungen zum Osmanischen Reich auf. Einige Küstenplätze bleiben (z. T. bis heute) in spanischer und portugiesischer Hand. Seit Ende des 17. Jh.s beginnen französische und spanische Angriffe auf eine Reihe von Küstenplätzen, während die Raubschiffe der »Barbaresken« 1667 sogar bis Island vorstoßen. Im 18. Jh. endet die osmanische Oberherrschaft weitgehend: Tunesien ist seit 1705, Algerien seit 1710 und Tripolitanien seit 1714 unter einheimischen Herrschern so gut wie selbstständig. Die Küste um Oran ist längere Zeit, zuletzt 1732–1791, in spanischen Händen. Der weitgehende Verfall staatlicher Autorität in großen Teilen der Region hat eine starke Entwicklung des Piratentums zur Folge. Die Flottillen der »Barbaresken« bilden im 17. und 18. Jh. eine Bedrohung der europäischen Mittelmeerschifffahrt und von dessen Anrainern, umso mehr, als Gefangene immer wieder als Sklaven verkauft werden.

Eine entscheidende Wende bringt erst das Eingreifen der nördlichen Anrainer des Mittelmeers im 19. Jh., eingeleitet durch Frankreichs Vorstoß in Algerien seit 1830. Das Ausgreifen vom nördlichen auf das südliche Ufer des Mittelmeers bedeutet nicht nur eine koloniale Ausdehnung, sondern auch eine nicht unbedeutende Siedlungsbewegung von Südeuropäern in den Maghreb. Die Siedler (*colons*) erschließen das Land v. a. landwirtschaftlich und verkehrstechnisch, praktizieren Landraub in großem Ausmaß und unterdrücken die einheimischen Berber und Araber. Die gehobenen Schichten, daneben die Juden, gleichen sich Frankreich sprachlich und im Lebensstil (nicht in der Religion) stark an und können französische Bürger werden, wenn sie auf ihr einheimisches islamisches Recht verzichten. Davon machen v. a. die Juden in größerem Maße Gebrauch.

Algerien (1830–1943/45)

Die **Eroberung Algeriens durch Frankreich zwischen 1830 und 1847** im Kampf gegen ABD EL-KADER (*1808, †1883) führt zur weitgehenden Zerschlagung der von der türkischen Oberschicht geschaffenen städtischen und staatlichen Strukturen. Das Land wird von Franzosen, auch Italienern und Spaniern, agrarisch systematisch erschlossen und zu einem bedeutenden Lieferanten von Getreide und Wein. Der koloniale Landraub ist wichtige Voraussetzung für diese Entwicklung. Die Einheimischen leisten vielerorts wiederholt Widerstand gegen die französische Herrschaft, können sich jedoch nicht entscheidend durchsetzen.

Während des Deutsch-Französischen Krieges gerät fast das ganze Land (außer einigen größeren Städten) in die Hand antikolonialer Rebellen. Militärs und Fremdenlegionäre stellen die französische Herrschaft wieder her. Ende des 19. Jh.s beginnt der Ausbau der großen Verkehrsverbindungen, schließlich auch quer durch die Sahara. Die französischen *colons* erlangen immer stärkere Unabhängigkeit von der Pariser Kolonialbürokratie.

Während des Ersten Weltkriegs kommt es zu keinen signifikanten Erhebungen gegen Frankreich. Nach dem Krieg entstehen Nationalbewegungen verschiedener Richtungen, die u. a. die Verwirklichung der vollen Bürgerrechte für die Muslime anstreben. Die von FERHAT ABBAS (*1899, †1985) geführte Föderation der französisch gebildeten Muslime (*Fédération des Elus Musulmans*, gegründet 1930) fordert die Integration mit Frankreich auf Basis völliger Gleichberechtigung.

Als 1938 der Plan der Volksfrontregierung LÉON BLUMS, etwa 30 000 Algeriern die Bürgerrechte zu gewähren, im französischen Parlament scheitert, beginnen die Nationalisten vom Konzept der Assimilation abzurücken und Autonomie anzustreben. Nach der Besetzung Algeriens durch die Alliierten (1943) fordern 55 Nationalisten im »Manifest des algerischen Volkes« eine autonome Republik Algerien im Verbund mit Frankreich. Zwar wird FERHAT ABBAS unter Hausarrest gestellt, doch gewährt CHARLES DE GAULLE 50 000 Muslimen bürgerliche Rechte, was von ABBAS' Partei der Freunde des Manifests und der Freiheit als unzureichend abgelehnt wird. | Forts. S. 1899 |

Marokko (19. Jh. bis 1945/46)

Im 19. Jh. wandelt sich das Verhältnis zwischen Sultan und religiöser Elite bis zu deren politischer Unterordnung. Der Sultan wird zunehmend in die ökonomischen Interessen der rivalisierenden europäischen Kolonialmächte eingebunden. Unter der scherifischen Dynastie der Hasaniden (seit 1666) wahrt das Land seine Unabhängigkeit. Mit Spanien führt es 1859/60 einen Krieg. Die Abhängigkeit von französischen Krediten nimmt zu. Zu Beginn des 20. Jh.s gerät Marokko in den Interessenkonflikt zwischen Frankreich und Deutschland.

1906 Die Erste Marokkokonferenz in Algeciras schließt deutsche Ansprüche praktisch aus und erlaubt Frankreich die Besetzung von Teilen des Landes. 1907 wird somit Casablanca okkupiert.

1909 Krieg der Spanier gegen die Rifkabylen.

1911, 4. Nov. Ein deutsch-französisches Abkommen legt den Konflikt zwischen beiden Ländern bei.

1912, 30. März Durch den Protektoratsvertrag von Fès **verliert Marokko seine Souveränität** an Frankreich und, durch ein französisch-spanisches Abkommen (27. Nov.), das Französisch-Marokko vom spanischen *Marruecos Español* abgrenzt, an Spanien. Formal unterstehen beide Zonen wie auch die Hafenstadt Tanger, die 1923 internationalen Status erhält, der Souveränität des Sultans, der in der französischen Zone residiert und in die spanische einen Vertreter (*chalifa*) entsendet. Unter dem 1912–1925 agierenden Generalresidenten Marschall LOUIS HUBERT LYAUTEY (*1854, †1934) wird das Land wirtschaftlich weiter erschlossen. Es erfolgt der massive Zuzug europäischer Siedler. Die Urbanisierung nimmt rapide zu: Casablancas Einwohnerzahl steigt von 12 000 (1912) auf 110 000 (1921).

1921–1926 Ein **Aufstand der Rifkabylen** unter ABD EL-KRIM (*um 1880, †1963) in der spanischen Zone kann erst, als er auf die französische Zone übergreift, von Spanien und Frankreich gemeinsam unter großem Gewalteinsatz niedergeschlagen werden. Unabhängigkeitskämpfe anderer Gruppen im Süden des Mittleren Atlas dauern bis 1934 an.
Frankreich versucht, den alten Gegensatz zwischen der Zentralregierung und den Berbern zu nutzen.

1927 Sultan MOHAMMED V. (*1909, †1961; 1957 König) muss sich der französischen Berberpolitik beugen.

1930 MOHAMMED V. erlässt das Berber-Dekret, das – in Widerspruch zum islamischen Recht – die Zuständigkeit der örtlichen Berbergerichte, die nach »Gewohnheitsrecht« urteilen, anerkennt.

1934 Nationalistische Strömungen beginnen sich bemerkbar zu machen. Ein »Marokkanisches Aktionskomitee« fordert in einem Reformplan Begrenzungen des Protektoratsverhältnisses, bessere Erziehungs- und Berufschancen und die Einführung repräsentativer Institutionen.

1937 Die Forderungen werden von Frankreich ignoriert und das Komitee aufgelöst. Trotz französischer Repression verstärken sich die Kundgebungen des marokkanischen Nationalismus: Der »Nationale Pakt« von Rabat wird gewaltsam unterdrückt (Okt.).

Im Zweiten Weltkrieg stellt sich der Sultan auf die Seite Frankreichs und später der Freien Franzosen. Er hofft, nach dem Krieg die Unabhängigkeit zu erlangen, und findet die Unterstützung der »Partei der Unabhängigkeit« (*Istiklal*), zu der sich verschiedene Nationalbewegungen vereinigen (1943/44). Wegen angeblicher Kollaboration mit Deutschland werden die meisten Istiklal-Führer 1944–1946 von Frankreich interniert. | Forts. S. 1903 |

Tunesien (19. Jh.–1943/45)

Tunesien lehnt sich nach 1847 enger an Frankreich an. 1861 erhält das Land eine Verfassung. Die Hohe Pforte erkennt 1871 die Autonomie an. Dadurch werden in Italien Hoffnungen auf ein Protektorat geweckt, das sich auf die vielen dort ansässigen Italiener stützen soll.

1881 Die Besetzung des Landes durch Frankreich, die nicht selten mit militärischen Mitteln durchgesetzt wird, führt zu einer tief greifenden Verstimmung in Italien, das daraufhin mit Deutschland und Österreich den Dreibund schließt (1882). Die einheimische Dynastie bleibt erhalten, sodass die Franzosen einen legalen Partner für Verhandlungen mit den Einheimischen haben.

12. Mai Im Vertrag von Bardo akzeptiert Tunesien, dessen *Bei* (Führer des einheimischen Herrschergeschlechts) die nominelle Herrschaft behält, das **französische Protektorat**.

1883, 8. Juni Der *Bei* muss sich im Vertrag von al-Marsa verpflichten, alle von Frankreich vorgeschlagenen Reformen durchzuführen. Ein Dekret unterwirft schließlich alle Verfügungen des *Beis* der Zustimmung des französischen Generalresidenten (1884).

1907 Aus der muslimisch-theologischen Erneuerungsbewegung gehen die ersten nationalistischen Gruppierungen Nordafrikas hervor. Beeinflusst von der Jungtürkischen Bewegung bildet sich die Jungtunesische Partei.

1920 Die nach dem Ersten Weltkrieg gegründete Verfassungs-Partei (*Destour*) fordert erstmals Autonomie und eine Verfassung. Frankreich geht auf die Forderungen nicht ein, sondern bietet nur die Einbürgerung einer begrenzten Zahl von Tunesiern an (1923).

1934, 2. März Im Verlauf der Debatte um die beste Taktik gegen Frankreichs Naturalisierungsdekret spaltet sich von der *Destour* eine Gruppe um den Juristen Habib Bourguiba (*1903, †2000) ab und gründet die *Néo-Destour*, die die volle Unabhängigkeit Tunesiens fordert. Der *Néo-Destour* gelingt es bald, eine Massenbasis zu finden. Auf die repressiven Maßnahmen des französischen Generalresidenten reagiert Bourguiba mit einer flexiblen Politik.

1936 Bourguibas Versuch, der Volksfrontregierung Léon Blums Konzessionen abzuringen, scheitert.

1937 Als Frankreich die *Néo-Destour* verbietet, organisiert diese Protestdemonstrationen und 1938 einen Generalstreik. Die Führungsgruppe der Néo-Destour wird verhaftet; Bourguiba kehrt erst 1943 aus der Haft in Frankreich nach Tunis zurück.

1942/43 Im Zweiten Weltkrieg wird **Tunesien vorübergehend von den Achsenmächten besetzt**. Der neue *Bei* Mohammed VII. el-Moncef (*1881, †1948) vertritt den Standpunkt der Nationalisten.

1943, 14. Mai Der *Bei* wird deswegen nach dem Einmarsch der Alliierten unter der Beschuldigung der Kollaboration mit den Deutschen abgesetzt. Durch diese Verletzung des Protektoratsvertrages macht Frankreich Mohammed VII. zum Märtyrer und verstärkt die Agitation der Nationalisten. | Forts. S. 1896 |

Tripolitanien/Libyen (1912–1943/45)

Tripolitanien gehört weiterhin nominell zum Osmanischen Reich, ist aber staatlich nur wenig organisiert.

1912 Nur der 1833 gegründete Orden der Senussi kann den Italienern Widerstand leisten, als diese das Land während der Balkankriege besetzen.

1914–1918 Im Ersten Weltkrieg unterstützen das Osmanische Reich und Deutschland die Senussi und andere Gruppen mit Waffen. Durch Aktionen gegen Italiener und Briten verbleiben Italien nur die Küstenplätze. Nach dem Krieg bemühen sich Vertreter Tripolitaniens, eine unabhängige Republik zu gründen, zumindest aber eine verwaltungsmäßige Unabhängigkeit von Rom zu erlangen.

1921 In Sirte kommen die Führer Tripolitaniens mit Muhammad Idris al-Senussi (*1890, †1983) überein, Libyens Rechte zu erkämpfen, und wählen ihn zum Emir von ganz Libyen.

1922–1925 Die Verhandlungen in Rom scheitern; nach der Machtübernahme der Faschisten wird Tripolitanien unterworfen.

1925–1931 In der Cyrenaika dagegen organisiert Omar al-Mukhtar (*1862, †1931) für Emir Muhammad Idris den Widerstand, den die Italiener erst endgültig brechen können, nachdem sie die Oasen im Süden besetzt und Omar al-Mukhtar von allem Nachschub abgeschnitten haben. Die Italiener kolonisieren seit Anfang der 20er-Jahre die besetzten Gebiete mit dem Ziel, Siedlungsraum für Italiens wachsende Landbevölkerung zu schaffen.

1942/43 Nach der Kapitulation der Truppen der Achsenmächte werden in der Cyrenaika sowie in Tripolitanien eine britische und in Fessan eine französische Militärverwaltung errichtet. | Forts. S. 1894 |

Nordostafrika bis 1945

Der Nordosten Afrikas hat durch seine Küsten eine strategisch günstige Position für die Kontrolle der Handelsstraßen zwischen der Mittelmeerwelt und Indien, Afrika und Südarabien. Tatsächlich haben die Küstengebiete daher schon seit frühen Zeiten Bedeutung. Die Hochländer bieten wegen ihrer Unzugänglichkeit dagegen eher Möglichkeiten zu kulturellen Eigenentwicklungen, wie die Bewahrung einer christlich geprägten äthiopischen Kultur bis in die Gegenwart hinein zeigt.

Der östliche Sudan

Der östliche Sudan ist landschaftlich vielgestaltig. Er umfasst Wüstenregionen der Sahara im Norden ebenso wie Trockensavannen und Feuchtsavannen. Der Nil mit seinen Zuflüssen sorgt für Gebiete mit alljährlichen großflächigen Überschwemmungen und damit u. a. für die Fruchtbarkeit des Flusstals in Nubien. Nubien kennt früh Städte sowie staatliche Institutionen und hat stets enge Kontakte zu Ägypten, zur Mittelmeerwelt und zum Orient. In den übrigen Gebieten existieren bis in die neueste Zeit größtenteils nichtzentralisierte Gesellschaften von Feldbauern und Hirten (je nach den Vorzügen der landschaftlichen Gegebenheiten).

Nubien und das östliche Trockengebiet

Seit etwa 2600 v. Chr. unterliegen Teile Nubiens Raubzügen der Ägypter (zur Gewinnung von Sklaven, Rindern, Ziegen und Schafen) oder sind in Zeiten eines erstarkten ägyptischen Königtums diesem als tributpflichtige Gebiete angegliedert: Die Ägypter beuten Goldbergwerke aus, beziehen Naturprodukte, haben einen Teil des Weges zum Roten Meer unter Kontrolle und verfügen über ein Reservoir an nubischen Söldnern für ihre Armee. In den **ägyptisch beherrschten Gebieten** werden festungsartige Städte errichtet, von denen aus das Land verwaltet wird. Die lokalen politischen Institutionen werden nach Art einer *indirect rule* (indirekten Herrschaft) in die Verwaltung einbezogen. Es gibt häufig Aufstände und in Zeiten innerer Konflikte in Ägypten gewinnt Nubien die politische Unabhängigkeit.

9. Jh. v. Chr. Herausbildung eines einheitlichen Staates Kusch in Nubien mit der Hauptstadt Napata, dessen Herrscher zeitweilig (712–664) als äthiopische Dynastie auch Ägypten beherrschen. Religion (Amun-Kult), Schrift, Architektur und Verwaltungsstruktur sind ägyptisch geprägt.

um 600 v. Chr. Nach Niederlagen gegen die Perser wird die Hauptstadt nach Meroe verlegt. In den folgenden Jahrhunderten bildet sich die **meroitische Kultur** heraus. Neue architektonische Formen werden entwickelt, in der Religion treten einheimische Götter in den Vordergrund, die (bisher unklassifizierte) meroitische Sprache wird zur Schriftsprache erhoben, eine eigene Alphabetschrift wird eingeführt. Der Handelsverkehr zwischen der Mittelmeerwelt und dem Roten Meer sowie nach Aksum in Äthiopien führt durch Kusch und bestimmt die auswärtigen kulturellen Kontakte. Kriegerische Konflikte mit Ptolemaiern, Römern und Nomadengruppen stören zeitweilig den Handel. Unter den Nomaden sind besonders die Blemmyer hervorzuheben, die zwischen Nil und Rotem Meer leben und die durch die Übernahme des Kamels (wahrscheinlich kurz nach der Zeitenwende) auch militärisch besonders beweglich geworden sind.

4. Jh. n. Chr. Der Staat Kusch zerfällt, nachdem um 350 der erste König von Aksum, Ezana, die Hauptstadt Meroe zerstört. Nubische Gruppen aus dem Westen setzen sich im Niltal fest, darunter die von den Römern als Grenzsiedler herbeigerufenen Nobatier (Nobaden). Die nubische Sprache verdrängt in der Folgezeit das Meroitische.

6. Jh. Von Norden nach Süden konsolidieren sich die nubischen Staaten Nobatia, Makuria und Alodia (Alwa). In dieser Region setzt sich das monophysitische Christentum als Religion durch. Über die Kirche finden byzantinische Kulturelemente Eingang in Nubien: Griechisch, Koptisch und Nubisch werden als Schriftsprachen verwendet. Die christlichen nubischen Staaten sind einem beständigen politischen und kulturellen Druck der islamischen Welt im Norden ausgesetzt.

651 Abschluss eines Vertrags zwischen dem arabischen Heerführer Amr bin al-As (*583, †664) und König Kalidura von Nubien (hervorgegangen aus Nobatia und Makuria). Damit werden die Beziehungen zwischen Ägypten und Nubien bis etwa 1270 stabilisiert.

10. Jh. Einwanderung von Muslimen aus Ägypten ins nördliche Nubien und friedliche Islamisierung von Teilen der Bevölkerung des südlichen Nubiens. Etwa gleichzeitig setzt eine Islamisierung der kuschitischen Beja, Nachkommen der Blemmyer, ein, deren auf dem Kamelhirtentum basierende Kultur mit matrilinearer Sozialstruktur sonst wenig verändert wird.

seit 13. Jh. Dauernde ägyptische Eingriffe schwächen die christlichen Staaten. Die Einwanderung arabischer Nomaden (u. a. Duheyna) in den Sudan lässt islamische Kräfte auch an der westlichen Grenze entstehen.

14. Jh. **Der nubische Staat zerfällt**. Im Zusammenhang mit der Einwanderung arabischer Gruppen und ihrer Vermischung mit den Einheimischen wird Nubien weitgehend islamisiert.

um 1500 Der islamische Staat der Funj mit der Hauptstadt Sennar entsteht. Das bis dahin noch christliche Alodia wird von Sennar aus erobert (1504) und ebenfalls islamisiert. Das islamisierte Nubien ist, politisch gesehen, ein Zankapfel zwischen dem zeitweilig seine Macht bis Darfur und zum Roten Meer ausweitenden Königreich der Funj und Ägypten.

1699 Sennar hat etwa 100 000 Einwohner. Es kontrolliert die Handelswege zum Roten Meer (Suakin) und hat damit Anschluss an den Überseehandel nach Indien (Export von Sklaven, Goldstaub, Tabak, Zibet, Elfenbein, Pferden, Kamelen, Tamarindenfrüchten).

18. Jh. Die Macht von Sennar zerfällt, in Nubien entstehen zahlreiche kleine Herrschaften.

1820–1822 Das Niltal und Sennar werden von Ägypten aus unterworfen. **Nubien** mit Khartum als Zentrum **wird Kerngebiet islamischer Kultur** im ägyptischen Sudan.

1881 Im Sudan bildet sich der unabhängige Staat der Mahdisten: Muhammad Ahmad ibn as-Sayyid Abdallah (*1844, †1885) ruft als Nachfolger des Propheten Mohammed (*Mahdi*) im Namen des wahren Glaubens zum Aufstand gegen die ägyptische Herrschaft auf. Die Erhebung ist zugleich als nationale Bewegung der Nubier zu verstehen. Der *Mahdi* gewinnt schnell Anhänger in Nubien und kann die ägyptischen Streitkräfte zurückdrängen.

1885, 26. Jan. Nach einer Belagerung erobert der *Mahdi* Khartum: Der Verteidiger Gordon Pascha (*1833) fällt, Khartum wird zerstört, Omdurman wird Hauptstadt des Mahdi-Staates.

Nach dem Tode des *Mahdi* übernimmt Abdallahi bin Muhammad (*1846, †1899) als *Khalifa* (Kalif) die Führung. Er kann zunächst die Ägypter aus dem gesamten Sudan verdrängen und seine Macht festigen.

1898 Die anglo-ägyptische Armee besiegt die mahdistischen Truppen.

1899 Durch die militärische Niederlage und durch den Tod des *Khalifa* wird die gesamte Region in den anglo-ägyptischen Sudan eingegliedert und damit praktisch britische Kolonie. Das Gebiet im Niltal mit der Hauptstadt Khartum wird wiederum politisches und kulturelles Zentrum des östlichen Sudan.

1904 Infolge der Faschoda-Krise von 1898 (erzwungener Rückzug der Franzosen durch die Briten nach der französischen Besetzung von Faschoda am oberen Nil) muss Frankreich die britische Oberhoheit über Ägypten und Sudan anerkennen.

1922 Großbritannien behält auch nach der **Unabhängigkeit Ägyptens** ein Mitspracherecht für die innere Entwicklung im Sudan.

1936 **Sudan** wird als **anglo-ägyptisches Kondominium** bestätigt. Die politischen Kräfte im Sudan drängen teils auf Anschluss an Ägypten, teils streben sie einen souveränen sudanesischen Staat an. | Forts. S. 1908 |

Der Westen des östlichen Sudans (Darfur, Wadai, Kordofan)

Die Länder westlich des nubischen Nils bilden ein altes Zentrum von Gruppen mit nilosaharanischen Sprachen, die seit Jahrtausenden dort als Feldbauern (in den Bergländern) oder Nomaden (in der Ebene) leben. Entlang der West-Ost-Handelsroute zwischen dem Tschadsee und Nubien entstehen **seit etwa 500 politische Zentren** (u. a. Darfur und Wadai), deren Herrscher von den sonst weitgehend autonomen Feldbauern und Nomaden in näherem oder weiterem Umkreis Tribute erheben. Materielle Grundlage der Herrschaft ist die Kontrolle des Fernhandels. Die Form der staatlichen Institutionen lehnt sich wahrscheinlich an Vorbilder im Niltal an. Die Erbfolge in den Herrscherhäusern ist matrilinear.

Arabische Nomaden (Duheyna u. a.) dringen im 14. Jh. von Nordafrika aus in den Sudan ein und besetzen v. a. die Steppen- und Savannengebiete der Ebenen. Während sie im Norden weitgehend Kamelnomaden bleiben, gehen sie weiter südlich zu Rinderzucht und Ackerbau über. Im 15. Jh. gewinnen die arabischen Tundjer unter Abd-el-Kerim Tundjer die Macht in Darfur, das nun ein islamischer Staat wird. Auch in Wadai können die Tundjer die Herrschaft an sich bringen.

Erst unter dem Abbasidenabkömmling Abd-el-Kerim, der die Macht in Wadai an sich reißt, setzt dort im 16. Jh. der Islam ein. Der **Islam und arabische Kulturelemente** sind durch die Verbreitung der arabischen Nomaden und die Islamisierung der Staatszentren in dieser Region weithin dominierend, daneben aber können sich zahlreiche, zuvor nicht zentralisierte Gesellschaften in den Bergländern von Kordofan, Darfur, Wadai und Bagirmi halten, die überwiegend Feldbauern sind. Sie bewahren nicht nur ihre nilosaharanischen Sprachen, sondern auch sonst viele ihrer kulturellen Eigenheiten.

1873–1883 Darfur wird (1873) von ägyptischen Truppen angegriffen. Sultan Ibrahim fällt 1874, das gesamte Land und die Hauptstadt El Fasher werden besetzt. Darfur wird damit ägyptische Provinz. Allerdings kann der ägyptischen Macht nur teilweise Geltung verschafft werden.

1881–1898 Der *Mahdi* aus Sudan setzt sich in Kordofan fest (1881–1883) und benutzt die Region als militärisches Aufmarschgebiet gegen Khartum.

1883 Der *Mahdi* erobert auch Darfur.

1898/99 Mit dem Sieg über die mahdistischen Truppen werden Darfur und Kordofan der anglo-ägyptischen, Wadai und Bagirmi gleichzeitig der französischen Kolonialherrschaft unterworfen. Der überwiegend islamische Charakter der Region bleibt erhalten. Während der Saharahandel eher abnimmt, hat die Region nach wie vor Bedeutung als Durchgangsgebiet für die Mekka-Pilger aus Westafrika.

Das Obernil-Gebiet

Das Gebiet am oberen Weißen Nil ist von Grasländern und Feuchtsavannen geprägt, wird von vielen Flüssen durchzogen und während der Regenzeit weithin überschwemmt. In dieser Region liegt ein altes Zentrum von Gruppen mit nilosaharanischen Sprachen. Auch hier findet sich schon früh vorwiegend Feldbau in den feuchteren und Hirtentum in den trockeneren Gegenden.

Um 1500 wird das sakrale Königtum der Schilluk mit dem Hauptort Faschoda begründet. Nachfolgend breiten sich die stark auf die Rinderhaltung konzentrierten Dinka und Nuer aus einer Kernregion am Westufer des Nils über weite Teile des Bahr-el-Ghasal- und Obernil-Gebietes aus. Im 19. Jh. müssen sich die Schilluk und die vielen schwach oder nicht zentralisierten Gesellschaften dieser Region der seit der Machtergreifung Ägyptens im nördlichen Sudan zunehmender Angriffe nubischer Sklavenhändler erwehren. In der zweiten Hälfte des Jh.s werden **überall** in diesem Gebiet **Stützpunkte der ägyptischen Verwaltung** errichtet.

1871 Errichtung der ägyptischen Äquatorialprovinz.

1885–1898 Nachdem die Mahdisten 1890 Teile des Obernil-Gebietes erobert haben und Emin Pascha (*1840, †1892) die Äquatorialprovinz aufgibt, werden alle Gebiete nach und nach (z. T. erst im 20. Jh.) von der anglo-ägyptischen Verwaltung unterworfen. Die Verwaltung entfaltet nur wenig Kontrolle über die Gebiete der Region. Der wesentliche Anstoß zu kulturellen Veränderungen geht im Verlauf des 20. Jh.s von Missionaren aus. Die christlich-europäischen Neuerungen stehen im Gegensatz zur islamischen Kultur des Nordsudan oder verstärken die schon vorher bestehenden großen kulturellen Unterschiede.

Die Küstenregion am Horn von Afrika

Die Ägypter beziehen seit 2400 v. Chr. aus dem Land Punt Weihrauch und Myrrhe. Die wahrscheinlichste Lokalisierung dieses mit Ägypten in Handelsverbindung stehenden Landes ist die heutige Küste Somalias.

1495 v. Chr. Von einer Handelsexpedition, die von der Königin Hatschepsut ausgerüstet wird, existieren einige Angaben über das Land Punt und seine Bewohner. Danach gibt es dort eine »hellhäutige« Führungsschicht mit einem Häuptling und eine »dunkelfarbige« Bevölkerung. Die Leute sind sesshaft, wie bei einem Handelsstützpunkt zu erwarten, verfügen über Pfahlbauten und halten Rinder, Esel und Hunde als Haustiere. Die Ägypter beziehen von dort v. a. Gold und Felle.

1.–6. Jh. n. Chr. An der somalischen Küste befinden sich kleine Marktorte, deren äußerster Opone (Ras Hafun) südlich von Kap Guardafui ist. Die Orte sind keiner Zentralmacht unterworfen, sondern haben jeweils ihre eigenen Oberen. Als Landesprodukte, die z. T. aus dem Landesinneren stammen, werden Weihrauch, Zimt, Schildpatt und Heilmittel sowie Sklaven ins Mittelmeergebiet und nach Indien verschickt, während Nahrungsmittel und Stoffe eingeführt werden.

9. Jh. Der chinesische Gelehrte Duan Chengshi (†863) beschreibt das Land »Po-pa-li«, das wahrscheinlich die östliche somalische Küste ist. Die Bewohner werden mit charakteristischen Merkmalen ostafrikanischer Hirtennomaden dargestellt. Grundsätzlich siedeln zu dieser Zeit im größten Teil der östlichen Hochebenen nomadische Oromo (Galla), während die kulturell ähnlichen Somali nur in der Spitze des Horns wohnen. In der Folgezeit wird die Kultur, speziell der Somali, durch die **Islamisierung** sowie durch den Übergang zur **Haltung von Kamelen** umgeformt. Seit dem 9. Jh. werden die Küstenorte islamisch.

seit 12. Jh. Die Somali, deren politische Führung auf Clanälteste verteilt ist, erweitern ihr Territorium immer weiter nach Westen und Süden (bis ins 19. Jh.), wobei sie insbesondere Omro verdrängen.

13. Jh. Es entsteht das Sultanat Ifat, das andere islamische Herrschaften beseitigt.

1320–1422 Es finden zahlreiche Kämpfe zwischen Ifat und Äthiopien statt, in denen zumeist Ifat unterliegt.

1415 Sultan Saad ad-Din II. fällt bei der Eroberung von Zeila durch die Äthiopier.

1416 Begründung eines neuen islamischen Staates, des Sultanates Adal mit der Hauptstadt Dakar. Er übernimmt die Führungsrolle im Kampf der Muslime gegen Äthiopien.

1520 Die Hauptstadt wird nach Harar ins Landesinnere verlegt.

1529–1543 Unter dem Heerführer Ahmed ibn Ibrahim al-Ghazi (*1506, †1543), genannt Gran, gewinnt Adal die Kontrolle über fast ganz Äthiopien, wird aber nach dessen Tod auf sein ursprüngliches Territorium zurückgeworfen.

16./17. Jh. Die Oromo, die von den Somali von Osten her aus ihren Wohnsitzen verdrängt werden, dringen in das Hochland von Äthiopien ein und im Süden bis zum Tana (Kenia) vor. Sie bekämpfen zeitweilig das Emirat Harar (Nachfolger von Adal). Die islamischen Gebiete zerfallen in eine Anzahl unabhängiger Herrschaften.

1827 Die britische *East India Company* schließt mit Clanchefs der Somali zur Sicherung des Seewegs nach Indien Verträge über Hafenrechte an der Somaliküste (Golf von Aden).

1862 Frankreich erwirbt von den Danakil das Gebiet von Obock (nordöstlich von Djibouti) samt Hinterland im Nordosten der Afar- und Issarküste.

1884–1887 Von Aden aus besetzen die Briten Zeila (Hafen am Golf von Aden) und Berbera. Großbritannien übernimmt mit Ausnahme des Osthorns das gesamte Küstengebiet und sichert sich durch Schutzverträge mit Gruppen der Somali den Einfluss über das Hinterland.

1888 Frankreich und Großbritannien legen die Grenze ihrer Besitzungen in Somaliland fest.

1889 Italien errichtet an der Benadirküste (Gebiet um Mogadischu und Merca) sowie in der Migiurtinia (Osthorn) ein Protektorat. Großbritannien erkennt die italienischen Besitzungen an (24. März 1891).

1894, 5. Mai Ein britisch-italienischer Vertrag legt die Grenzen zwischen **Britisch-Somaliland** und **Italienisch-Somaliland** fest.

1896 Frankreich schließt die erworbenen Gebiete an der Afar- und Issarküste (heute Djibouti) zur Kolonie **Französisch-Somaliland** (*Côte Française des Somalis*) mit dem Verwaltungssitz Djibouti zusammen.

1897 Frankreich sichert Äthiopien vertraglich zu, Djibouti als äthiopischen Ausfuhrhafen benutzen zu können. Die Eisenbahnlinie von Addis Abeba nach Djibouti wird 1917 fertig gestellt. | Forts. S. 1915 |

1899–1920 »Heiliger Krieg« des Emirs Muhammad Abdullah Hassan (*1864, †1920) gegen die Briten im Hinterland des Protektorats. Nach schweren Kämpfen gelingt den Briten die Ausschaltung des Emirs und damit die endgültige Sicherung ihrer Herrschaft. Die Sozialstruktur der Bevölkerung, die spezifische Prägung der städtischen Kultur und die Dominanz des Islam bleiben von der europäischen Fremdherrschaft vergleichsweise wenig berührt, da die Region für die Kolonialmächte überwiegend von strategischer, kaum aber von wirtschaftlicher Bedeutung ist.

1905, 19. März Italien übernimmt nach Abschluss eines Vertrages mit dem Sultan von Sansibar die direkten Rechte über sein Protektoratsgebiet und erhebt dieses zur Kolonie.

1908, 16. Mai Äthiopien und Italien regeln die Grenzfragen in der gemeinsamen Interessensphäre, wobei das fast ausschließlich von Somalis bewohnte Ogaden-Gebiet, das 1897 von Großbritannien abgetreten worden ist, als äthiopische Provinz anerkannt wird.

1925 Mit Großbritanniens Abtretung des Juba-Landes (bis dahin zum Protektorat Kenia gehörig) kommen die italienischen Erwerbungen in Somaliland zum Abschluss.

1941 Britische Truppen erobern Italienisch-Somaliland. | Forts. S. 1914 |

Äthiopien

Bewohner der nördlichen und zentralen Hochländer, die später den Kern Äthiopiens bilden, sind im frühen Altertum vermutlich Feldbauern. In der ersten Hälfte des 1. Jt.s v. Chr. dringen südarabische Gruppen – wahrscheinlich über die Straße von Bab-el-Mandeb – auf der Somalihalbinsel ein und setzen sich im nördlichen Hochland fest.

Im 1. Jh. v. Chr. gründet sich der **Staat von Aksum** mit dem Zentrum im heutigen Tigre. Bereits im 1. Jh. n. Chr. kontrolliert Aksum den Hafen Adulis am Roten Meer und greift in das politische Geschehen in Südarabien ein. Die kriegerischen Konflikte mit dem meroitischen Staat im 3. Jh. zeigen, dass der Staat von Aksum eine weiträumige Kontrolle aller Handelswege zwischen Ägypten und dem Golf von Aden anstrebt und darauf seine Macht aufbaut; sein Hafen Adulis ist auch der Ausfuhrhafen für Elfenbein aus dem Sudan.

330–360 Aksum erreicht unter König Ezana einen Höhepunkt seiner Macht. Ezana zerstört Meroe, die Hauptstadt von Kusch. Unter seiner Herrschaft missioniert Frumentios (†um 360) in Aksum. Auch Ezana selbst tritt zum **Christentum** über und erhebt es zur **Staatsreligion.** Frumentios wird vom Patriarchen von Alexandria zum ersten *Abuna* (Vorsteher) der äthiopischen Kirche geweiht. Damit ist die entscheidende Prägung des äthiopischen Christentums vollzogen. Kirchensprache wird das Geez, die seinerzeit herrschende Staatssprache. Die Literatur wird in äthiopischer Schrift, die von einer südarabischen Schrift abgeleitet ist, verfasst. Die kirchliche Kunst knüpft an spätantike Traditionen an.

525–572 Aksum beherrscht auch Teile Südarabiens, das es später an die Perser verliert. Es besteht ein starker Kulturaustausch zwischen Aksum und Südarabien. In Südarabien wird das Christentum gestärkt. In Aksum finden wahrscheinlich zu dieser Zeit Vertreter des in Südarabien stark verbreiteten Judentums Eingang; bis heute bekennen sich in Äthiopien die Kayla bzw. Falascha zum Judentum.

ab 7. Jh. Da die Verkehrswege am Roten Meer islamischen Mächten zufallen, wird Aksum vom Handel am Roten Meer verdrängt und die unmittelbare Verbindung zu christlichen Ländern am Mittelmeer (Byzanz) unterbunden. Außenpolitisch richten sich die Kräfte mehr auf die Eroberung weiterer Gebiete im zentralen Hochland (Amhara, Godjam, Schoa).

10. Jh. Der Staat von **Aksum zerfällt**; Bergvölker unter einer Königin Judith zerstören die Hauptstadt.

12. Jh. Die Dynastie der Zagwe gelangt zur Macht. Unter dem dieser Dynastie entstammenden König Lalibela (1189–1229[?]) setzt eine Stärkung der Zentralgewalt ein. Er verlegt die Hauptstadt nach Lasta (heute: Lalibela), das er großzügig ausbauen und mit bedeutenden Kirchenbauten schmücken lässt.

1270–1285 Yekuno Amlak (†1285) aus Schoa begründet die sog. Salomonische Dynastie. Er schafft eine Staatsideologie, welche den Herrschaftsanspruch mit der Abkunft von einem Sohn Salomos und der Königin von Saba begründet und das Äthiopien der Antike, das in Wirklichkeit den Staat Kusch im heutigen Nubien bezeichnet, mit der eigenen Geschichtslegende identifiziert. Von nun an kann man vom **Staat Äthiopien** im Hochland von Habesch sprechen.

1314–1344 Amda Sion (†1344) festigt die innere Geschlossenheit des äthiopischen Staates und kämpft erfolgreich gegen die Muslime. In der Folgezeit, in der Äthiopien seine staatliche Integrität und sein Territorium im Allgemeinen bewahren und sich gegen die Muslime, v. a. das Sultanat Adal am Golf von Aden, behaupten kann, setzt eine Blüte kirchlicher Kunst, Architektur und Literatur ein. Der Staat setzt sich aus halbautonomen Ländern zusammen, die verwaltungsmäßig noch weiter untergliedert sind. Die Hierarchie funktioniert durch ein System von Abgaben und Dienstleistungen, besonders in Kriegszeiten. Es hängt von jeweiligen spezifischen Konstellationen ab, ob die politische Macht mehr bei dem Kaiser oder mehr bei den Königen der Länder liegt.

um 1350 Aus Gebieten am oberen Blauen Nil wandern Gruppen in die südlichen Bergländer ein, die das Kaffa-Reich gründen. Es ist ein Staat mit einem sakralen Herrschertum und einer komplexen territorialen Gliederung.

15. Jh. Zunehmende Versuche, Kontakt zum christlichen Europa aufzunehmen: Gesandtschaften nach Venedig 1402, nach Aragón 1424 und zu Papst Eugen IV. (1431–1447) 1441.

1434–1468 Zara Yakob (*1399, †1468) bemüht sich um eine Reform der äthiopischen Kirche, v. a. um die Herstellung der kirchlichen Einheit durch die Auflösung zahlreicher Sekten. Er stimmt dem Plan einer kirchlichen Union mit der römischen Kirche zu und trifft mit Papst Nikolaus V. (1447–1455) entsprechende Vereinbarungen. Es handelt sich dabei um eine lose Assoziierung, da die koptische Kirche Äthiopiens auf institutioneller und dogmatischer Eigenständigkeit besteht. Verbindungen zu Europa werden in der Folgezeit über die Portugiesen angeknüpft.

1493–1520 Pêro da Covilhã (*um 1450, †um 1530) hält sich als portugiesischer Gesandter in Äthiopien auf.

1508–1559 Unter den Herrschern Lebna Dengel (*1497, †1540) und Claudius (*1521/22, †1559) flammen die **Kämpfe mit den Muslimen** von Adal wieder auf. Aufseiten von Adal kämpfen Osmanen, aufseiten Äthiopiens (ab 1541) Portugiesen als schlagkräftige, mit Feuerwaffen ausgerüstete Hilfstruppen.

1516 Adal wird besiegt.

1529–1543 Der Feldherr Ahmed ibn Ibrahim al-Ghazi (Gran; *1506, †1543), kann mithilfe schlagkräftiger Truppen, die aus nomadischen Afar und Somali bestehen, in zahlreichen Feldzügen fast ganz Äthiopien erobern. Das Land wird verwüstet und insbesondere Zeugnisse des Christentums (Kirchenbauten, Literatur) werden vernichtet.

1543, 21. Febr. In der Schlacht am Tanasee können die äthiopischen Truppen unter maßgeblicher Beteiligung von Portugiesen die Muslime besiegen; Ahmed Gran fällt. Damit kann sich Äthiopien erneut als christlicher Staat konstituieren, nachdem vorher seine Bevölkerung z. T. islamisiert worden ist.

16. Jh. Das Königreich Janjero führt ein Bündnissystem im Südwesten. Zeitweilig gewinnt dort die koptische Kirche Einfluss.

16./17. Jh. Äthiopien führt immer wieder Abwehrkämpfe gegen die aus dem Südosten ins Hochland eindringenden Oromo, denen es große Teile des zentralen Hochlandes überlassen muss. Diese können allerdings zum überwiegenden Teil politisch und oft auch kulturell integriert werden.
Die Kontaktaufnahmen mit Portugal beinhalten auch Integrationsversuche der katholischen Kirche. Der äthiopische Kaiser CLAUDIUS weist in einer Streitschrift, dem »Bekenntnis des Claudius«, die Ansprüche Roms zurück. Die Jesuitenmission, lange Zeit unter der geschickten Leitung von PEDRO PÁEZ (*1564, †1622), ist 1557–1632 im Lande tätig. Es gelingt ihr, die Kaiser ZA DENGEL (†1604) und SUSENYOS (*um 1572, †1632) zum Katholizismus zu bekehren. In Bürgerkriegen erheben sich die Anhänger der koptischen Kirche, Kaiser FASILIDES (*1603, †1667) vertreibt die Jesuiten und kehrt zur koptischen Tradition zurück.

1682–1706 Kaiser IYASU I., DER GROSSE (†1706), organisiert die staatliche Verwaltung neu und kann damit nach den Bürgerkriegen und Kriegen der vorangehenden Zeit Äthiopiens Macht festigen.

18./19. Jh. Die äthiopische Zentralgewalt hat lange Zeit nur geringe Bedeutung; Angehörige verschiedener Linien der Salomonischen Dynastie, die in den Provinzen ihre lokale Hausmacht haben, und andere Führer lösen sich als Kaiser ab. Die tatsächliche politische Macht aber liegt bei den Fürsten der weitgehend autonomen Provinzen. Ein Emporkömmling einigt erneut das Land: KASA, Sohn eines Dorfoberen, gelingt der Aufstieg vom Bandenanführer über das Provinzfürstenamt von Godjam und Begemdir zum Kaiser THEODOR II. (*um 1818, †1868).

19. Jh. Die westlichen Reiche im Südwesten des heutigen Äthiopiens werden im 19. Jh. aufgrund von Missionstätigkeit aus dem Sudan islamisch. Kaffa ist jetzt die Führungsmacht im Osten der Region. Ende des Jh.s werden Kaffa und alle anderen Staaten von Äthiopien unterworfen. Abgesehen von der Beseitigung der einheimischen politischen Instanzen, wandeln sich die einheimischen Kulturen unter äthiopischer Herrschaft vergleichsweise wenig.

1855–1868 THEODOR II. unterwirft große Teile Äthiopiens, kämpft gegen die Muslime und bemüht sich um kirchliche Reformen. Willkürakte gegen die Untertanen rufen häufig Aufstände hervor. Die Gefangennahme britischer Diplomaten führt dazu, dass Großbritannien ein Expeditionskorps nach Äthiopien entsendet.

1868, 13. April Äthiopien wird von den Briten bei Magdala besiegt, THEODOR II. begeht Selbstmord.

1872–1889 Unter Kaiser JOHANNES IV. (*1831, †1889) spielen Konflikte mit den Nachbarn, den Oromo, Ägypten und den Mahdisten, eine wesentliche Rolle.

1889–1909 Unter MENELIK II. (*1844, †1913) finden die entscheidenden Auseinandersetzungen mit den imperialistischen Mächten statt.

1890 Die italienische Besitzung Eritrea wird Kolonie.

1896, 1. März **Schlacht von Adua**, die mit dem Sieg der äthiopischen Truppen endet. Im Frieden von Addis Abeba wird der italienisch-äthiopische Krieg offiziell beendet. Italien muss damit vorerst auf sein Ziel verzichten, durch die Einbeziehung Äthiopiens seine afrikanischen Territorien (Eritrea und Italienisch-Somaliland) zu einem geschlossenen ostafrikanischen Kolonialreich auszubauen. Gleichzeitig errichtet MENELIK durch weitreichende Eroberungen von Nachbarländern (u. a. Kaffa und Harar) selbst ein Imperium. Damit ist für Jahrzehnte festgelegt, dass die einheimische, stark hierarchisch gegliederte Sozialstruktur mit einer amharischen privilegierten Elite von Kriegern und Beamten und großem Einfluss der koptischen Kirche weitgehend bestehen bleibt und auf die eroberten Territorien ausgedehnt wird. Westliche Einflüsse gewinnen nur begrenzte Bedeutung.

1897 Großbritannien sichert Äthiopien das Ogaden-Gebiet mit Ausnahme einiger *reserved areas*, durch die die Transitwege nach Britisch-Somaliland kontrolliert werden, vertraglich zu. Italien bestätigt den Gebietserwerb im Grenzabkommen von 1908.

1899, 2. Mai Im Vertrag von Ucciali legen Äthiopien und Italien die wechselseitige Grenze im Gebiet von Tigre und Eritrea fest.

1906, 4. Juli Garantieerklärung für die Unabhängigkeit Äthiopiens durch Großbritannien, Frankreich und Italien, durch welche die drei europäischen Mächte jedoch gleichzeitig ihre Einflusssphäre festlegen.

1916 Nach MENELIKS II. (*1844, †1913) Tod in einer Zeit heftiger Unruhen wird dessen Tochter ZAUDITU (*1876, †1930) zur Kaiserin gekrönt.

1930, 2. April Nachfolger der verstorbenen Kaiserin ist der Neffe MENELIKS und eigentliche bisherige Regent, RAS TAFARI MAKONNEN (*1892, †1975), der als HAILE SELASSIE I. zum *Negus Negesti* (König der Könige) gekrönt wird.

1935, 3. Okt. Ohne vorherige Kriegserklärung **marschieren italienische Truppen** in Äthiopien **ein** und können trotz heftiger Gegenwehr das gesamte Land besetzen. Das italienische Militär setzt auch Giftgas ein.

1936 Nach der offiziellen Annexion wird Äthiopien mit Eritrea und Italienisch-Somaliland zur **Großkolonie Italienisch-Ostafrika** vereinigt. Italien etabliert ein Regime der Gewalt, kann den äthiopischen Widerstand jedoch nicht komplett unterdrücken.

1941 Im Zweiten Weltkrieg wird die italienische Afrikakolonie von britischen Truppen besetzt. Die italienischen Hauptkräfte in Äthiopien kapitulieren am 18. Mai bei Amba Alagi.

1942, 31. Jan. Der aus seinem Londoner Exil zurückgekehrte Kaiser HAILE SELASSIE unterzeichnet mit Großbritannien einen Vertrag, der seinem Land die **Unabhängigkeit** und britischen Beistand zusichert (Benutzungsrechte der Eisenbahn Addis Abeba–Djibouti für Großbritannien). | Forts. S. 1911, 1913 |

Ostafrika bis 1945

Ostafrika bis zur Kolonialzeit

Das Zentrum Ostafrikas ist der landschaftlich vielgestaltigste Teil Afrikas. Er umfasst sowohl trockene Hochflächen als auch Feuchtsavannen und Berggebiete. Auch die kulturelle Vielfalt ist besonders groß. Es ist jedoch umstritten bzw. schwer rekonstruierbar, welche Wanderungsbewegungen zu dieser Vielfalt geführt haben.

Zwischenseengebiet

Um 1000 bildet sich der **Staat Kitara** im westlichen Uganda unter Herrschern der Dynastie der Batembuzi heraus. Um 1300 erringen die Bachwezi die Macht in Kitara. Das politische Zentrum liegt bei Biggo in Westuganda, wo sich große Wallanlagen eines Palastbezirks und eines riesigen Viehkrals erhalten haben. Weite Teile Ugandas befinden sich in einem losen Abhängigkeitsverhältnis zu Kitara. Zwischen 1400 und 1600 wandern wahrscheinlich Luo-Gruppen aus dem Südsudan ins nördliche Uganda, wo sie weite Gebiete besetzen und bis nach Ostuganda und Kenia vordringen. In Kitara wird die Dynastie der Bachwezi um 1450 durch die Dynastie der Babito abgelöst. In der Folgezeit **zerfällt** der lose Verband des Reiches von **Kitara**. Provinzen und Tributärgebiete, in denen sich schon früher einheimische Machtzentren herausgebildet haben, verselbstständigen sich. Als Kernland bleibt der Babito-Dynastie lediglich Bunyoro.

Selbstständige Staaten aus dem früheren Reich von Kitara sind nun Buganda, Nkore und viele kleinere Staaten im Westen und Südosten Ugandas. In den südlich gelegenen Bergländern außerhalb des Kitara-Gebietes bilden sich zahlreiche Staaten (u. a. Mpororo, Ruanda, Bugesera, Burundi), ebenso in den Grasländern des nördlichen Tansania (u. a. Buha, Karagwe, Kyamutwara).

Mit Ausnahme von Bunyoro, Buganda und den Staaten von Busoga bilden die nomadischen Viehzüchter (Hima, Tutsi) eine privilegierte Schicht mit feudalistischen Rechten gegenüber der Masse der Feldbauern und stellen auch zumeist die Herrscherdynastie. Neben diesen Staaten behaupten sich nicht oder wenig zentralisierte Gruppen (Bakiga und Baamba in Westuganda sowie Bagishu in Ostuganda, Baluyia in Westkenia, die Luo-Gruppen in Norduganda und Westkenia).

Um 1700 wandern die Iteso aus nördlichen Steppengebieten bis zum Kyogasee und zum Mount Elgon und setzen sich dort fest. Diese Bewegung bringt eine weitere größere Verschiebung im gesellschaftlichen Gefüge der Region. Unter den zahlreichen Staaten des Zwischenseengebietes zeigen besonders Buganda und Ruanda Tendenzen zu territorialer Ausweitung auf Kosten der Nachbarländer und zu immer größerer Stärkung der Macht des Herrschers (*Kabaka* ist der Königstitel in Buganda, *Mwami* in Ruanda).

Buganda

um 1582 Nach ersten Eroberungsversuchen von Randterritorien von Bunyoro wird *Kabaka* (König) Nakibinge (†um 1582) von den Nyoro (Banyoro) vernichtend geschlagen; er fällt in der Entscheidungsschlacht. Damit ist Buganda zunächst auf ein kleines Gebiet am Victoriasee reduziert. In der Folgezeit gelingt es den Herrschern, immer mehr Bunyoro tributpflichtige Staaten zu annektieren. Gleichzeitig wird eine komplizierte Hierarchie nichterblicher Ämter zur territorialen Verwaltung Bugandas und zur Versehung von Hofdiensten aufgebaut, die vom Herrscher abhängig ist.

18. Jh. Die erste große territoriale Ausdehnung findet unter Mawanda statt. Unter Junju wird Bunyoro Ende des 18. Jh.s zur Abtretung des reichen Gebietes Buddu gezwungen und kleinere Staaten im Westen bzw. im nördlichen Tansania werden Tributärstaaten Bugandas.

1856–1884 Unter Mutesa I. (*um 1837, †1884) hat Buganda einen Höhepunkt seiner Macht erreicht. Mutesa I. empfängt europäische Reisende (John Hanning Speke [*1827, †1864] 1862, Henry Morton Stanley [*1841, †1904] 1875) und zieht arabische Kaufleute sowie europäische Missionare (1877 die anglikanische *Church Missionary Society*, 1879 die katholischen »Weißen Väter«) an seinen Hof.

1884–1898 Unter König Mwanga II. (*1868, †1903) gewinnen die von den drei Missionsgruppen – die arabischen Händler wirken für den Islam – bekehrten jüngeren Amtsträger immer mehr Einfluss.

1890 Die entstehenden politischen Wirren erleichtern es Frederick Lugard (*1858, †1945), einen Protektoratsvertrag zugunsten der *Imperial British East Africa Company* mit dem König abzuschließen. Im südlichen Buganda breiten sich Christentum und Schulbildung bereits in den 1890er-Jahren rasch aus.

1892–1899 Militärische Unterwerfung von Bunyoro.

1894 Errichtung des britischen Protektorats.

1900 Großbritannien erkennt die traditionellen Verfassung Bugandas an. Buganda entwickelt in der Folgezeit einen breit verteilten relativen Wohlstand (Anbau von Baumwolle und Kaffee). | Forts. S. 1920 |

Ruanda

Im westlichen Hochland des Zwischenseengebietes bestehen im 14. Jh. einige Häuptlingstümer, teils aus dem Kreise der Feldbauern (Hutu), teils aus nomadischen Viehzüchtern (Tutsi). Einige entwickeln in der Folgezeit komplexe staatliche Institutionen. Ndahiro Ruyange begründet Buganza, aus dem sich Ruanda entwickelt.

In Abwehrkämpfen gegen die Armee von Bunyoro bauen die Hochlandstaaten im 16. Jh. eine neue Militärorganisation auf und stärken ihre Zentralgewalt, welche die Form eines sakralen Königtums annimmt. Wichtige Staaten in diesem Gebiet sind Buganza (Ruanda), Nduga, Bugesera, Gisaka, Mubari, Ndorwa und Burundi.

König Rujugira von Ruanda gründet um 1750 die Institution eines Militärbefehlshabers an den Grenzen und richtet ständige Kriegergarnisonen ein. Ruanda erringt damit die militärische Überlegenheit über die Nachbarstaaten. Schon Rujugira erobert einige Nachbargebiete, seine Nachfolger annektieren dann die meisten Nachbarstaaten (Bugesera, Mubari) und Häuptlingstümer nahe dem Kivusee. Nur Burundi, das eine ähnliche Entwicklung aufweist, kann sich im Süden behaupten.

Unter Yuhi IV. Gahindiro (†1802) wird zu Beginn des 19. Jh.s eine komplexe politische Ordnung errichtet. Konkurrierende Hierarchien verschiedener Häuptlinge, neben denen noch die Militärbefehlshaber stehen, ermöglichen dem König die Ausübung einer umfassenden Herrschaft; die erblichen Räte (*abiiru*) haben überwiegend rituelle Funktionen. Amtsträger werden überwiegend aus der Gruppe der Tutsi genommen; die Tutsi bilden eine Schicht von Kriegern und Amtsträgern, denen die Masse der Hutu-Bauern aufgrund von Klientelvereinbarungen (*ubuhake*) unterworfen ist. In den Randprovinzen sind Klientelverhältnisse und Verwaltungshierarchien weniger ausgeprägt als im zentralen Ruanda. **Ruanda isoliert sich gegenüber fremden Einflüssen**: Arabische Händler und europäische Reisende erhalten keinen Zutritt zum Land.

1899 Ruanda mit Burundi wird Deutsch-Ostafrika eingegliedert. Die Macht des *Mwami* wird nicht angetastet. Der Einfluss der Kolonialherrschaft ist zunächst vergleichsweise gering.

1919–1946 Belgien verwaltet Ruanda und Burundi als Völkerbundmandat unter dem Namen Ruanda-Urundi. Das große Bevölkerungswachstum in Verbindung mit Landmangel führt ab 1925 dazu, dass ein Teil der Bevölkerung bei den Bauern des südlichen Uganda arbeiten muss. | Forts. S. 1922, 1924 |

Die Länder am ostafrikanischen Grabenbruch

Vom südöstlichen Sudan erstreckt sich – überwiegend im Bereich des ostafrikanischen Grabenbruchs – ein Streifen trockener Grasländer bis ins zentrale Tansania hinein. Hier leben seit Jahrtausenden überwiegend Rinderhirten, vereinzelt auch Wildbeuter. Die älteren Verbreitungen und Wanderungen lassen sich bisher nur fragmentarisch durch linguistische Untersuchungen rekonstruieren.

Bis 100 bildet sich im nördlichen Kenia um den Turkanasee die für ostafrikanische Viehzüchter charakteristische Altersklassenorganisation heraus. Dadruch wird eine politische Koordination größerer Teile dieser sonst kaum zentralisierten Gesellschaften erreicht und eine anderen überlegene militärische Schlagkraft ermöglicht. In Zentraltansania führt der Kontakt von Einwanderern mit lokalen Feldbauern zur Herausbildung von Feldbauernkulturen mit starker nomadischer Komponente.

Zwischen 300 und 1600 befindet sich bei Engaruka im nördlichen Tansania eine Enklave von Feldbauern, die ihre Felder z. T. künstlich bewässern. Die einzigen Feldbauern, die in der Nähe – auch in der Trockenzone – bis heute Bewässerungsfeldbau betreiben, sind die Sonjo.

Um 1799 beginnt die Ausbreitung der Massai im ostafrikanischen Graben bis in das zentrale Tansania. Nicht selten vertreiben sie die ansässige Bevölkerung. Mit benachbarten Gesellschaften betreiben die Massai gelegentlich Handel, oft aber machen sie diese zum Ziel kriegerischer Aktionen zum Zwecke des Viehraubes.

Alle Gesellschaften dieser Region werden Ende des 19. Jh.s, oft nach schweren Kämpfen, der deutschen oder britischen Kolonialherrschaft unterworfen. Die meisten von ihnen **behaupten** trotz Eingrenzungen ihrer Wanderareale und weiterer, von der Verwaltung auferlegter Restriktionen grundsätzlich bis in die Gegenwart die **nomadische Lebensweise**, wobei viele kulturelle Praktiken zur Folklore für Touristen degeneriert sind.

Die westlichen Hochebenen von Tansania und ihre Randgebiete

Zwischen dem ostafrikanischen und dem zentralafrikanischen Grabenbruch finden sich weite Trockenwaldregionen. Nur in Randgebieten, wie im Bergland am Malawisee, ist die Vegetation dichter. Über die Geschichte der Region und die dort lebende Bevölkerung sind für das 1. Jt. n. Chr. keine Einzelheiten bekannt.

Für alle Teile der Region (u. a. Usukuma, Unyamwezi, Ukimbu und das Gebiet der heutigen Nyakyusa) lässt sich spätestens für die Zeit zwischen 1400 und 1700 die Herausbildung von Häuptlingstümern nachweisen, die jeweils Gruppen mit Häuptlingslinien aus derselben Dynastie bilden. Die Erbfolge für das Häuptlingsamt, mit dem neben politischen auch rituelle und wirtschaftliche Funktionen verbunden sind, ist in den meisten Gebieten matrilinear, bei den Nyakyusa patrilinear. In Zusammenhang mit der Kontrolle einer Handelsstraße, auf der Elfenbein aus Zentralafrika an die Ostküste gelangt, bildet sich um 1600 unter den Nyakyusa am Malawisee ein Staat mit Elementen eines sakralen Königtums heraus. – Von Unyamwezi aus wird der Handel mit der Küste aufgenommen, den zunächst Einheimische betreiben.

seit um 1840 Den Handel übernehmen immer mehr Araber, deren Hauptanliegen der Sklavenhandel ist.

um 1844 Arabische Kaufleute gründen eine Station in Tabora und um 1850 eine in Ujiji am Tanganyikasee.

1871–1884 Als Reaktion auf die Aktivitäten der Araber kommt es zu Koalitionen von Häuptlingstümern unter Mirambo (†1884) in Teilen von Unyamwezi und unter Nyungu ya Mawe (†1884) in Ukimbu.

ab 1889 Alle Gebiete der Region werden formal der deutschen Kolonialherrschaft unterworfen. **Unter deutscher und britischer Kolonialherrschaft** werden die meisten Gebiete nach Prinzipien der indirekten Herrschaft verwaltet und den Missionen zugänglich gemacht. Der Anbau von Exportgütern wird speziell in Usukuma (Baumwolle) und Bunyakyusa (Kaffee) begünstigt; die anderen Regionen bieten dazu wegen des trockenen Klimas und ungeeigneten Bodens geringe Möglichkeiten.

Die östlichen Hochländer des zentralen Ostafrika

Zwischen dem schmalen Küstensaum und dem ostafrikanischen Grabenbruch erstrecken sich bewaldete Bergländer und mit Trockenwald bestandene Hochflächen. Über die Bevölkerung in dieser Region sind für das 1. Jt. n. Chr. bisher keine Einzelheiten bekannt, einige wenige arabische Quellen seit dem 9. Jh. bieten wenig konkrete Hinweise.

Nomadische Borana, eine Gruppe der Oromo, wandern im 16. Jh. aus dem äthiopischen Hochland – gedrängt von nachfolgenden Somali – ins östliche Kenia. Sie geraten in der Folgezeit häufig in kriegerische Verwicklungen mit den umwohnenden Gesellschaften.

Während der größere Teil der Gesellschaften dieser Region in Kenia (Kikuyu, Kamba) und Tansania (Chagga, Luguru) mit Altenräten und Häuptlingstümern durch eine nicht oder wenig zentralisierte Organisationsform charakterisiert ist, entstehen im 18. Jh. bei den Sambaa und Pare kleine Staaten. Im 19. Jh. treten im östlichen Tansania lokale Machthaber auf, die ihren Einfluss durch den Kontakt mit durchziehenden arabischen Karawanen (Erhebung von Zöllen) aufbauen und festigen können.

1835–1881 Die Ngoni verheeren weite Gebiete Ostafrikas und siedeln sich endlich nach einer Niederlage gegen die Hehe östlich des Malawisees an. Dort bilden sie zwei Staaten.

1884–1890 Alle Gebiete der Region werden der deutschen oder britischen Kolonialherrschaft unterworfen. In der Folgezeit sind die Bewohner **intensivem Einfluss der Kolonialherren ausgesetzt**, nicht zuletzt verstärkten Christianisierungsbemühungen. Einige Ethnien dieser Region gewinnen im 20. Jh. aufgrund der weiter verbreiteten Schulbildung guten Zugang zur Verwaltung (Kikuyu in Kenia, Chagga in gewissem Maße in Tansania), werden parallel jedoch in besonderem Maße Opfer des europäischen Landhungers.

Die Küstenregion

Nach dem »Periplus Maris Erythraei«, einem griechischen Segelhandbuch des 1. Jh.s über den Verkehr im Indischen Ozean, gibt es an der afrikanischen Ostküste, die Azania heißt, Handelsstützpunkte südarabischer Kaufleute, deren südlichster, Rhapta, im Bereich einer Flussmündung (Rufiji?) liegt. Man erwirbt hier Elfenbein, Rhinozeroshorn, Schildpatt und Kokosnussöl, während den nicht näher beschriebenen Einheimischen besonders Eisengeräte und Glaswaren verkauft werden. Ostafrika ist also grundsätzlich an das Handelsnetz rund um den Indischen Ozean angeschlossen. Es werden auch Piraten erwähnt, die an der Küste Häuptlingstümer errichtet haben. Im 5. Jh. hat sich Rhapta zu einer Stadt entwickelt. Für die folgenden Jahrhunderte fehlen Nachrichten über Ostafrika, was auf eine Unterbrechung der Beziehungen zur Mittelmeerwelt hindeutet.

Die gesamte Ostküste von Mogadischu bis Sofala wird Überlieferungen zufolge seit dem 8. Jh. von bäuerlichen Gesellschaften – zusammenfassend als Zanj bezeichnet – bewohnt. In einer nicht näher bezeichneten Region gibt es auch einen Herrscher der Zanj. Während sonst die Zanj als nicht islamisch beschrieben werden, gibt es in einem Ort, Kanbalu (auf Sansibar oder Pemba), ein muslimisches Oberhaupt und eine muslimische Bevölkerung. Der Überseehandel liegt jetzt in der Hand von Kaufleuten vom Persischen Golf (Oman, Persien).

Im 10./11. Jh. entsteht zwischen Mogadischu und Sofala eine Kette von Städten – wobei einige wahrscheinlich schon älter sind –, die muslimische Herrscher und eine islamische Kultur haben. Elfenbein, Gold (aus Simbabwe) und Sklaven sind Ausfuhrgüter nach Westasien, Indien und China. Der arabische Reisende Ibn Battuta (*1304, †1369/77) gelangt 1331 u. a. auch nach Kilwa. Er hält diesen Ort für eine der schönsten und bestangelegten Städte der damaligen Welt. Die Zimba zerstören 1587 Kilwa. Im selben Jahr werden sie von den Segeju bei Malindi geschlagen. Die **islamische Prägung der Kultur** der einheimischen Bevölkerung **bleibt** jedoch während der langfristigen Dominanz auswärtiger Mächte weitgehend **erhalten**. Der enge Kontakt mit Gesellschaften aus dem Hinterland, von wo die Küstengebiete immer wieder Zuzug erhalten – teils als Sklaven, teils als Zugewanderte –, führt zu kulturellem Austausch, nicht hingegen zu grundlegenden Veränderungen des Charakters der Kultur der Küste (Suaheli-Kultur).

Die gesamte Küste gerät im 16. Jh. nach und nach unter portugiesische Herrschaft (Sofala 1505, Sansibar 1503, Mombasa 1505) und ist damit bis auf weiteres **in die Kolonialwelt einbezogen**, in die im 17. Jh. noch einmal die Araber von Oman und im 19. Jh. Großbritannien und Deutschland eintreten.

Deutsch-Ostafrika/Tanganyika (1884–1919/45)

1884, Nov./Dez. Vertragsabschlüsse durch Carl Peters (*1856, †1918) auf dem Festland gegenüber Sansibar, für die er einen Schutzbrief des Deutschen Reiches erhält (27. Febr. 1885).

1886, 1. Nov. Großbritannien und das Deutsche Reich einigen sich auf die Abgrenzung ihrer jeweiligen Einflussbereiche auf dem Festland, wobei sie den Einflussbereich des Sultans von Sansibar willkürlich auf einen 16 km breiten Küstenstreifen beschränken.

1887, 29. März Die Deutsch-Ostafrikanische Gesellschaft (DOAG; 1885 von Carl Peters gegründet) erhält einen **Schutzbrief des Deutschen Reiches** und bekommt vom Sultan von Sansibar die Küste vom Umba bis zum Rovuma zur Verwaltung übertragen (30. Juli).

1888, 17. Aug. Die Durchsetzung des damit gewährten Rechts auf Zollerhebung führt zum Widerstand der ansässigen Bevölkerung unter Abushiri (†1889) und Bwana Heri. Der Aufstand breitet sich an der gesamten Küste aus und greift auch ins Landesinnere über.

1890, Mai Nach massiven militärischen Operationen wird der Aufstand niedergeschlagen.

14. Juni Vertrag zwischen Großbritannien und dem

Deutschen Reich: endgültige Aufteilung der bisher vom Sultan von Sansibar beanspruchten Gebiete.

1. Juli Im **Helgoland-Sansibar-Vertrag** sichert Großbritannien als künftige Protektoratsmacht über Sansibar (ab 4. Nov.) Unterstützung für die Aufgabe der Sansibar-Souveränitätsrechte über den Küstenstreifen im deutschen Gebiet (gegen Entschädigung) zu.

20. Nov. Das Deutsche Reich schließt einen Vertrag mit der gescheiterten DOAG und übernimmt am 1. Jan. 1891 selbst die Verwaltung Deutsch-Ostafrikas. Die Hauptstadt wird von Bagamoyo nach Daressalam verlegt.

1891–1898 Militärische Eroberung des Landesinnern gegen erbitterten Widerstand der Hehe (1891–1898), Nyamwezi (1892/93), Chaga und anderer Stämme.

1905, Juli Der Zwangsanbau von Baumwolle, die rigorose Eintreibung von Steuern und die Politik der Prügelstrafe lösen den Maji-Maji-Krieg aus, eine **Serie antikolonialer Erhebungen**, die binnen wenigen Monaten v. a. den Süden des »Schutzgebietes« in Atem halten und erst nach Einsatz massivster militärischer Mittel und der »Taktik der verbrannten Erde« unterdrückt werden können (1907). Der Widerstand der Ngoni dauert noch bis 1908. Schätzungen über die Zahl der Todesopfer (einschließlich der Folgewirkungen) schwanken zwischen 60 000 und 200 000.

1906–1912 »Reformpolitik«: Afrikanern wird mehr Spielraum beim Anbau von Exportfrüchten zugestanden und damit der Grundstein für eine kolonialwirtschaftliche Entwicklung von den Gebieten im Norden (Kilimandscharo, Victoriasee) gelegt.

1914, 5. Aug. Erklärung des Kriegszustandes.

1916, 15. März Beginn einer britischen Offensive unter dem südafrikanischen General Jan Christiaan Smuts (*1870, †1950) mit Unterstützung indischer, rhodesischer und belgischer Truppen. Die deutschen Truppen unter General Paul von Lettow-Vorbeck (*1870, †1964) ziehen durch den Südteil des Landes nach Moçambique und ergeben sich schließlich in Nordrhodesien (25. Nov. 1918). Gleichwohl verbreitet sich die Legende von »im Felde unbesiegten« deutschen Truppen. Der Krieg fordert auf afrikanischer Seite zwischen 100 000 und 750 000 Tote (einschließlich der Opfer der durch die Verwüstung des Landes ausbrechenden Hungersnöte und einer großen Grippeepidemie).

1919, 7. Mai Deutsch-Ostafrika wird von den alliierten Siegermächten Großbritannien als B-Mandat übertragen, Ruanda-Urundi (heute Ruanda und Burundi) an Belgien abgetreten (30. Mai), das Kionga-Dreieck an Portugiesisch-Ostafrika (Moçambique). Mit der Bestätigung durch den Völkerbund tritt das Mandat über das **»Tanganyika Territorium«** endgültig in Kraft (Juli 1922).

1923–1926 Großbritannien versucht mit einer Politik der »indirekten Herrschaft«, die Verwaltung auf »traditionelle Autoritäten« zu stützen. Dabei werden viele dieser »Autoritäten« gleichsam »erfunden«. Die Bevorzugung europäischer Siedler wird eingeschränkt, die Landzuteilung an Europäer und Inder, die nicht mit den Interessen der Afrikaner kollidieren soll, jedoch fortgesetzt. Die Chaga werden zu wichtigen Kaffeeproduzenten.

1929 Gründung der *Tanganyika African Association*, die sich zum Vorläufer der Nationalbewegung entwickelt.

ab 1931 Der Verfall der Preise für Exportgüter soll durch eine *Plant more crops*-Kampagne kompensiert werden. Dies führt zu wachsender Unzufriedenheit mit den lokalen Herrschern, die diese Maßnahmen durchsetzen müssen. | Forts. S. 1918 |

Kenia (1886–1940/45)

1886, 1. Nov. Das Gebiet südlich des Witu-Territoriums bis zum Umba wird britisches Einflussgebiet (Vertrag mit dem Deutschen Reich, für das die *Imperial British East Africa Company* [IBEAC] am 3. Sept. 1888 eine Charta der britischen Krone erhält). Das darin eingeschlossene Uganda-Gebiet ist der eigentliche Anziehungspunkt.

1890, 1. Juli Durch deutsches Expansionsstreben (Benadir-Protektorat nördlich von Witu, Okt. 1889) verursachte Konflikte werden im Helgoland-Sansibar-Vertrag beigelegt. Aufgabe deutscher Ansprüche auf Witu und Benadir.

1895, 1. Juli Das Gebiet der finanziell ruinierten IBEAC wird **von Großbritannien als Ostafrika-Protektorat übernommen**. Der Küstenstreifen bleibt unter der Oberherrschaft des Sultans von Sansibar (bis 1963 jährliche Pacht), wird jedoch als Bestandteil des Protektorats mitverwaltet.

1895–1899 Erhebungen der Luo und Luyia, lang anhaltender Widerstand der Nandi (1895–1906).

1902, 1. April Die Ostprovinz Ugandas wird dem Ostafrika-Protektorat angegliedert, das damit das gesamte äußerst fruchtbare Hochland erhält, womit der Grundstock zur Entwicklung einer Siedlerkolonie gelegt wird.

1903–1908 Den verstärkt ins »weiße Hochland« kommenden europäischen Siedlern (darunter viele Südafrikaner) werden beträchtliche Zugeständnisse gemacht. Das Land eines großen Teils der Afrikaner wird enteignet (Landgesetz 1902, Abdrängung in Reservate). In der Folge kommt es zu Zwangsumsiedlungen der Massai (1904, 1911) sowie Erhebungen der Kikuyu und Embu (1904–1907) und Kisii (1907, 1914).

1904, Juni Nach der Verlegung des Verwaltungssitzes von Sansibar nach Mombasa (Nov. 1902) wird die Personalunion zwischen dem Generalkonsul von Sansibar und dem Kommissar des Ostafrika-Protektorats beendet und die Hauptstadt nach Nairobi verlegt (1907).

1915 Die Landrechte der Weißen werden von 99 auf 999 Jahre verlängert und die ihnen zahlenmäßig weit überlegenen Inder vom Zugang zum Hochland ausgeschlossen.

1920, 23. Juli Umwandlung in die **Kronkolonie Kenia**; der Küstenstreifen bleibt Protektorat.

9. Aug. Die Gewährung des Wahlrechts auch für indische

Repräsentanten im Legislativrat löst eine schwere Krise aus (Frage getrennter oder gemeinsamer Wählerlisten), in deren Verlauf die auf »Rassentrennung« beharrenden Europäer Putsch- und Sezessionspläne vorbereiten (1921/22).

1922, 16. März Aufgrund verstärkten Drucks auf die Afrikaner, u. a. durch ein Passsystem nach südafrikanischem Vorbild, kommt es seit 1919 zu einer zunehmenden politischen Mobilisierung v. a. unter den besonders betroffenen Kikuyu. Nach Verhaftung einer ihrer Anführer, Harry Thuku (*1895, †1970) am 14. März 1922, werden zwischen 27 und 150 Afrikaner von Polizei und Siedlern erschossen.

1923, 25. Juli Endgültige Festlegung von getrennten Wählerlisten und der Reservierung des Hochlands für Europäer. Zugleich werden Selbstregierungsabsichten der Kenia-Siedler zurückgewiesen.

1925 Gründung der *Kikuyu Central Association* (KCA). Sie wird zum wichtigsten politischen Instrument der Afrikaner in der Zwischenkriegszeit (u. a. durch Gründung unabhängiger Kikuyu-Schulen und -Kirchen) und entsendet Jomo Kenyatta (*1891, †1978) als Repräsentanten nach London (1929/30–1946). Kenyatta besucht die Schule der KOMINTERN in Moskau und studiert Ethnologie an der *London School of Economics* .

1940, 28. Mai Nach einem Streik in Mombasa (Juli 1939) werden die KCA und mit ihr kooperierende Organisationen wegen angeblicher Subversion verboten. | Forts. S. 1916 |

Madagaskar

Madagaskar ist bis zum 4. Jh. unbewohnt. In den feuchteren zentralen und nördlichen Gebieten entwickeln sich vor 1000 Feldbauernkulturen, die besonders auf dem Anbau von Reis basieren, in den trockeneren südlichen und westlichen Gebieten leben v. a. nomadische Viehzüchter. In einigen Regionen entwickelt sich eine soziale Schichtung in Aristokraten und Gemeine. Fast überall bilden sich Häuptlingstümer.

Seit 815 ist die **Einwanderung von Arabern** nach Madagaskar nachweisbar. Auch später gelangen Araber nach Madagaskar (z. B. im 12. Jh.), die zur Islamisierung einiger madegassischer Ethnien im Norden und Osten, aber auch zur Anlage arabisch beherrschter Handelszentren an den Küsten führen. Auch auf den Komoren setzen sich Araber zu einem nicht präzise feststellbaren Zeitpunkt fest und regen dort die Entstehung islamischer Herrschaften an. Madagaskar und die Komoren sind dadurch an das Afrika, West-, Süd- und Ostasien verknüpfende Handelsnetz des Indischen Ozeans angeschlossen. Durch den Kauf von Sklaven, aber auch durch Raubzüge an den Küsten des Festlandes gelangen im 11. Jh. neue Bevölkerungsgruppen auf die Insel. Ihr Einfluss auf die gesellschaftliche und kulturelle Ordnung lässt sich nicht eindeutig bestimmen. Ende des 18. Jh.s sind es besonders die Betsimisamaraka an der Ostküste Madagaskars, die bei Kriegszügen zu den Komoren und zum afrikanischen Festland Sklavenjagden durchführen.

Die innere Entwicklung Madagaskars weist seit dem 16. Jh. als Neuerung die Konstituierung starker Zentralgewalten, also erblicher Könige an der Spitze staatlicher Institutionen, in verschiedenen Landesteilen auf, z. B. bei den Betsimisamaraka im Osten, den Mahafaly und Antandroy im Süden, den Sakalava im Westen und den Merina im zentralen Hochland. Unter diesen Staaten erweist sich derjenige der Merina als der mächtigste.

um 1550 König Rolambo, Herrscher eines Hova-Staates, begründet nach der Eroberung anderer Hova-Staaten und weiterer Nachbargebiete den Staat Merina.

1787–1810 König Andrianampoimerina (†1810) baut ein schlagkräftiges Heer auf, mit dessen Hilfe er die Vorherrschaft auf der Insel erringt. Im Inneren wird Merina durch neue staatliche Institutionen gestärkt. Die von Portugiesen, später von Holländern und Briten gegründeten Handelsstützpunkte sind wenig erfolgreich und werden meist nach kurzer Zeit wieder aufgegeben. Die Politik der Merina-Herrscher wechselt zwischen der Aufnahme europäischer Berater und Missionare einerseits und ihrer Ablehnung und Vertreibung andererseits.

1834/41 Frankreich okkupiert die Komoren.

1885, 17. Dez. Nach anhaltenden Konflikten mit dem Merina-Reich, das durch innere Konflikte geschwächt ist, interveniert Frankreich militärisch (1883) und errichtet ein sog. Phantom-Protektorat im Vertrag mit dem Merina-Reich. Im Norden wird die Kolonie Diego Suarez (Antsiranana) als Brückenkopf für künftige französische Interessen errichtet (1886).

1894, Nov. Frankreich beginnt mit der militärischen Eroberung der Insel, die nach Einnahme von Tamatave (Dez. 1894) und Tananarive (30. Sept. 1895) zum Protektorat erklärt wird (1. Okt. 1895).

1896, 6. Aug. Madagaskar wird zur französischen Kolonie erklärt. Sainte-Marie, Nosy Bé und Diego Suarez werden ihr angegliedert, die Inseln im Moçambique-Kanal (Tromelin, Les Glorieuses, Juan de Nova, Europa und Bassa da India) werden ihr verwaltungsmäßig unterstellt. Die Sklaverei wird abgeschafft, aber viele der 500 000 befreiten Sklaven bleiben als Bedienstete im Haus ihrer Herren.

ab 1896 Für Infrastrukturbauten u. Ä. greift die Kolonialverwaltung wiederholt auf Zwangsarbeit zurück.

1897, 28. Febr. Wegen ihres anhaltenden Widerstands wird die Merina-Herrscherin Ranavalona III. (*1861, †1917) abgesetzt und ihr Reich mitsamt seiner Verwaltungsstruktur gewaltsam aufgelöst. Die Ablösung der einheimischen politischen Institutionen durch die **französische Verwaltung** sowie eine **starke Christianisierung** sind die wesentlichen Ergebnisse der Kolonialherrschaft, während der koloniale Einfluss auf soziale und kulturelle Strukturen zunächst begrenzt bleibt.

1904 Mit der Unterwerfung der Gesellschaften im Süden und Südosten wird die Eroberung Madagaskars abgeschlossen.

1914, 23. Febr. Die 1912 mit Mayotte (seit 1843 französisch) zur Kolonie zusammengeschlossenen Komoren (seit 1886/87 französisches Protektorat) werden Madagaskar verwaltungsmäßig unterstellt.

ab 1930 Kaffee wird zum wichtigsten agrarischen Exportprodukt, da er verstärkt von kleineren lokalen Produzenten gepflanzt wird.

1942, Mai Britische Truppen besetzen Madagaskar, da die Kolonialregierung der Vichy-Regierung treu bleibt. | Forts. S. 1926, 1928 |

Westafrika bis 1945

Westlicher und zentraler Sudan

Die Länder der westafrikanischen Feuchtsavannen und der Sahelzone bilden seit vorgeschichtlichen Zeiten, als die Bewohner zum Feldbau übergehen, eine großräumige kulturelle Einheit. Im 1. Jt. n. Chr. entstehen nach und nach überall Staaten mit einander ähnlichen Institutionen eines sakralen Königtums. Um 1000 gewinnt der Islam zunächst in den wichtigsten Zentren, später im gesamten Raum eine prägende Funktion. Die Kontakte durch die Ost-West-Handelsstraßen einerseits und die gemeinsame geografische Lage sowohl nach Norden zu den Hochkulturen der Mittelmeerwelt wie nach Süden zu den rohstoffreichen Guinealändern andererseits sind Ursachen für diese Gemeinsamkeit.

Nordnigeria

Am Benue blüht zwischen 500 v. Chr. und 300 n. Chr. die Nok-Kultur, eine Feldbauernkultur, welche die Eisenproduktion kennt und Kunstwerke aus Ton hervorbringt. Diese Plastiken lassen z. T. die Deutung einer höfischen Lebensweise zu, was auf die frühe Existenz von Staaten hinweisen würde. Diese wären somit Vorläufer der Hausa-Staaten im Norden, der Yoruba-Staaten im Süden und derjenigen unmittelbar im Benue-Gebiet selbst (Nupe, Djukun).

Im 10. Jh. werden eine Reihe von **Staaten der Hausa** gegründet (Kano, Zaria, Katsina, Gobir u. a.). Es sind kleinere, aber sehr langlebige wohl organisierte Gebilde mit städtischen Zentren. Auch weiter im Süden am Benue entstehen Staaten, unter denen Nupe und Djukun die bedeutendsten sind. Diese können sich sowohl gegenüber den Hausa-Staaten wie gegenüber den Yoruba und anderen Mächten, mit denen es im Laufe der Jahrhunderte zu Konflikten kommt, erfolgreich behaupten. Der Islam kann hier bis ins 19. Jh. hinein nicht Fuß fassen.

Die Hausa-Herrscher und die führenden städtischen Schichten nehmen zwischen 1350 und 1500 den Islam an. Die Hausa gewinnen seit dem 16. Jh. als Fernhändler Bedeutung in ganz Westafrika. Ihre Sprache wird weithin Verkehrssprache. Politischer Einfluss ist damit nicht verbunden. Die Hausa-Staaten werden vielmehr immer wieder Opfer der Angriffe benachbarter Großstaaten, denen sie als Tributärgebiete zeitweilig angeschlossen werden (im 16. Jh. an das im Westen erstarkte Kebbi oder im Osten an Borno).

1804–1807 Die Fulbe unter Usman dan Fodio (*1754, †1817) unterwerfen alle Hausa-Staaten.

1817 Bei der Reichsteilung nach Usmans Tod werden die Hausa-Staaten überwiegend dem Kalifat von Sokoto zugeschlagen.

nach 1900 Ganz **Nordnigeria wird britisch**; das Kalifat Sokoto und die zugeordneten Hausa-Staaten bleiben unter Modifikation ihrer Struktur im Rahmen Nigerias erhalten. Das Regime der indirekten Herrschaft prägt die Sozialstruktur des 20. Jh.s in spezifischer Weise, bedeutet aber keineswegs die Fortsetzung traditioneller Strukturen.

Die Region am oberen Volta

Um 1000 bildet sich in Mamprusi (im heutigen Nordghana) eine Zentralgewalt aus. Prinzen der Dynastie von Mamprusi begründen in der Nachbarschaft weitere Staaten und Häuptlingstümer. Mossi-Yatenga und Mossi-Wagadugu, im Nigerbogen gelegen, sind in der Folgezeit die bedeutendsten Staaten der Region. Sie behaupten sich erfolgreich gegen die Großstaaten am Niger, welche die stärkste Bedrohung darstellen. Dies gelingt ihnen u. a. durch die Übernahme der auch sonst im Sudan sich verbreitenden Panzerreiterei (wohl im 12. oder 13. Jh.). In den südlichen Randgebieten der Region gewinnen die Abkömmlinge der Dynastie von Mamprusi nur begrenzte Machtpositionen oder haben überwiegend rituelle Funktionen inne, wie bei den Tallensi.

18. Jh. In den Mossi-Staaten findet der Islam Eingang, ohne jedoch die religiös-politische Leitfunktion zu gewinnen, die er in den meisten übrigen sudanischen Staaten seit langem hat.

1891–1896 Die **Mossi-Staaten werden französisch, die übrigen Gebiete** der Region **britische** oder **deutsche Kolonialgebiete**. Die einheimischen politischen Institutionen werden meist nach Prinzipien der indirekten Herrschaft in die Kolonialverwaltung integriert. Die sozioökonomischen Strukturen verändern sich wenig, Geld wird in der Kolonialzeit wesentlich durch saisonale Wanderarbeit an der Küste Guineas verdient. Obervolta und Nordghana bilden das größte Reservoir für Wanderarbeit in Westafrika.

Die Senegal-Niger-Region

Die Region ist ein altes Siedlungsgebiet von Feldbauern. Zwei Zentren staatlicher Macht, die miteinander immer wieder um die Vorherrschaft im westlichen Sudan konkurrieren, bilden sich heraus: das Gebiet der Mandingo zwischen Niger und Senegal und das Niger-Knie im Bereich der Songrai. Nur im Westen, nördlich des Senegal, bildet sich die **Hirtenkultur der Fulbe** heraus. Diese Entwicklung ist insofern von großer Bedeutung, als die Fulbe nach 1000 weite Teile des Sudan bis Bagirmi als Rinderhirten durchziehen, sich neben den einheimischen Feldbauern ansiedeln und mit diesen in Austauschbeziehungen treten. Fulbe werden auch in den Städten ansässig, sind oft im Dienste von Fürsten Krieger und treten zum Islam über. Aus dem Kreis der städtischen Fulbe gehen seit dem 15. Jh. in vielen Regionen des Sudan politische Führer hervor, die die Macht in bestehenden Staaten an sich reißen, neue Staaten gründen und versuchen, ihre Territorien unter dem Vorwand eines heiligen Krieges auszudehnen (Fuuta Tooro am Senegal, Fuuta Jaalo in Guinea, Maasina am oberen Niger, Sokoto und Ilorin in Nigeria, Adamawa in Kamerun).

Dort, wo sich die Handelsstraßen von Nordafrika zur Küste Guineas und vom Atlantik zum Tschadsee und Nil kreuzen, wird **um 300** – angeblich durch fremde Einwanderer unter König Kavamanga (Kayamaga) – unter den Mandingo das **Reich Ghana gegründet**. Im 7. Jh. setzen sich Einwanderer aus Nordafrika unter den Songrai am oberen Niger fest und begründen eine **Herrschaft in Kukia**. Damit tritt neben Ghana ein weiteres Machtzentrum.

um 790 Kaya Maghan Cisse, ein Soninke, gründet in Ghana die Dynastie der Cisse Tunkaya. Unter dieser Dynastie werden in der Folgezeit der Handel mit Gold von der Küste von Guinea sowie der Handel mit Salz aus der Sahara fest kontrolliert und, ähnlich wie in Kanem am Tschadsee, die Handelsstraßen möglichst weit unter Kontrolle gebracht – hier bis zum Senegal, am Niger bis in die Nähe des späteren Timbuktu und bis in die Sahara hinein. Das Einflussgebiet erstreckt sich also von der Hauptstadt Kumbi Saleh mehrere hundert Kilometer weit in alle Richtungen.

1010/11 Dia Kossoi, König der Songrai, verlegt die Hauptstadt von Kukia nach Gao und tritt zum Islam über. Damit ist ein erster Ausstrahlungspunkt des Islam im westlichen Sudan entstanden.

1050–1100 Angelockt vom Reichtum Ghanas, beginnen die Almoraviden, eine islamische Berberdynastie aus Mauretanien, einen Heiligen Krieg gegen Ghana.

1054 Die Almoraviden dringen von Norden bis zum Senegal vor und erobern die Stadt Audaghast.

1076 Abu Bakr ibn Umar (†1087) erobert auch die Hauptstadt Kumbi Saleh.
Ghana wird als Tributärstaat der Almoraviden zwangsweise islamisiert. Zwar ziehen sich die Almoraviden, die Marokko zu ihrem Zentrum gemacht haben, um 1100 wieder zurück, aber als Folge entsteht für lange Zeit ein weiteres islamisches Ausstrahlungsgebiet. Durch die **Kämpfe mit den Almoraviden** ist die Zentralmacht von Ghana so geschwächt, dass zunächst die Provinzen abfallen und die politische Führung auf andere Mandingo-Gruppen übergeht.

um 1100 Der Saharahandel gerät in die Hand der Tuareg, Nomaden der Sahara, die als Stützpunkt am Niger Timbuktu gründen. Timbuktu ist fortan eine der bedeutendsten Städte des Sudan.

1200–1235 Die Soso (Susu, Sosso) unter Sumanguru errichten einen neuen Staat. Das auch territorial geschrumpfte Ghana wird besiegt und so den Soso tributpflichtig.

1235–1255 Sundiata Keita (*um 1190, †um 1255), der zweite Herrscher der Malinke, besiegt 1235 die Soso, erobert 1240 Kumbi Saleh und unterwirft weitere Gebiete im Westen. Damit ist der **Großstaat Mali als** eigentlicher **Nachfolger von Ghana** geschaffen. Wiederum wird der Handel großräumig kontrolliert und führt zu großem Reichtum. Da die Herrscher von Mali Muslime sind, fördern sie die Verbreitung des Islam im Lande und die Pflege islamischer Gelehrsamkeit, besonders in den Städten Timbuktu und Jenné am Niger. Das Territorium wird bis zum Atlantik und zum mittleren Niger durch Eroberungen ausgeweitet.

1307–1332 Unter Kankan Mansa Musa (†1332) erreicht Mali den Höhepunkt seiner Machtentfaltung.

1324 Mansa Musa demonstriert selbst durch eine Pilgerfahrt nach Mekka die **enge Zugehörigkeit zur islamischen Welt** und streicht gleichzeitig durch die mitgeführten Reichtümer die Bedeutung seines Landes heraus.

1325 Mit der Eroberung von Gao wird auch der Songrai-Staat unterworfen. Mali erreicht damit seine größte territoriale Ausdehnung.

14./16. Jh. Nach dem Tode Mansa Musas verliert Mali bereits einige Territorien. Während andere Staaten erstarken, büßt Mali um 1500 seinen Großmachtstatus ein und kann sich nur noch als unbedeutender Bestandteil des politischen Gefüges im westlichen Sudan einige Zeit behaupten. Neue politische Kräfte sind die um 1400 gegründeten Fulbe-Staaten Fuuta Jaalo (Senegal) und Maasina (nordwestlich des Niger). Am Niger können sich die Songrai befreien und die Vorherrschaft gegenüber Mali gewinnen. Ali Kilen, der Gründer der Sonni-Dynastie, befreit 1335 die Stadt Gao. Sonni Ali (†1492) erobert Timbuktu und Jenné, der Usurpator Askia Mohammad (*um 1443, †1528) noch weitere Gebiete. Letzterer festigt den Songrai-Staat durch die Schaffung einer neuen Verwaltungsstruktur und eines stehenden Heeres.

1590/91 Der marokkanische Sultan Ahmad al-Mansur (†1603) führt einen Eroberungskrieg gegen Songrai.

1591 Ahmad al-Mansur lässt die Salzlager von Taghaza in der Sahara besetzen.

1599 Marokkanische Truppen unter dem Spanier Judar Pascha (†1605) erobern Timbuktu und Gao.

1612 Die marokkanischen Truppen ziehen sich zurück.

17./19. Jh. Im westlichen Sudan bestehen folgende größere Staaten: die Fulbe-Staaten Fuuta Tooro (Senegal) und Fuuta Jaalo (Guinea), im Mandingo-Gebiet die von den Bambara begründeten Staaten Kaarta und Segu als Nachfolger von Mali, am Niger der Fulbe-Staat Maasina und der Staat des nominell von Marokko abhängigen Paschas von Timbuktu.
Wichtigste Handelszentren am Niger bleiben die Städte Jenné, Timbuktu und Gao. Ihre Bedeutung als Zentren islamischer Gelehrsamkeit geht jedoch stark zurück, weil die staatliche Förderung ausbleibt – we-

der der Pascha von Timbuktu noch Segu, das Timbuktu erobert (1670), verfügen über ausreichende Mittel. Die Tuareg können immer wieder ins Nigergebiet einbrechen und zeitweilig Städte erobern. Grundsätzlich gibt es, meist in unzugänglichen Berggebieten, auch nichtzentralisierte Ethnien in der Region wie die Dogon, die niemals feste Bestandteile von Staaten sind. In der 2. Hälfte des 19. Jh.s kommt es noch einmal zu großräumigen Reichsbildungen, die jedoch nur vorübergehende Gebilde sind.

1848–1864 Von Fuuta Jaalo aus errichtet Umar Taal (Al-Haddsch Omar; *1797, †1864) ein Reich, das von Senegal bis Timbuktu reicht. Nach seiner Ermordung bricht das Reich wieder zusammen.

1870–1897 Weiter südlich zwischen oberem Senegal und dem Volta errichtet Samory Touré (*um 1830, †1900) ein Reich von ähnlicher Größe wie dasjenige von Umar Taal.

Nachdem **Frankreich** schon ab 1830 **weite Gebiete** am Senegal **zur Kolonie gemacht** hat, unterwirft es bis Ende des Jh.s alle Gebiete der Region. Es stößt dabei auch mit Umar Taal und Samory Touré zusammen. Nachdem Umar Taal als Gegner ausgeschaltet ist und die Länder seines Reiches (u. a. Segu und Timbuktu) eine leichte Beute der Franzosen werden, konzentrieren sich ihre Angriffe auf Samory Touré.

1891 Samory Touré muss einen »Freundschafts- und Grenzberichtigungsvertrag« abschließen.

1898, 29. Sept. Samory Touré wird gefangen genommen, sein Reich wird französisches Kolonialgebiet. Gleichzeitig dehnen auch Portugal (**Portugiesisch-Guinea**) und Großbritannien (**Gambia**) ihre Gebiete über ihre alten Stützpunkte an der Westküste hinaus ins Hinterland aus.

Die weitgehend islamische Prägung der Region bleibt auch während der französischen Kolonialzeit erhalten. Da die frühere Rolle als Handelszentrum zwischen den Guinealändern und Nordafrika fast völlig entfällt und es an kolonialen Exportprodukten mangelt, wird die Region wirtschaftlich bedeutungslos. Die Küste mit ihren Häfen (Dakar, Bathurst, Bissau) und Erdnussanbaugebieten, die stark von der europäischen Herrschaft geprägt sind, gewinnt dagegen an Bedeutung.

Die Küstenregion Westafrikas

Die Küstenregion Westafrikas (Guinea) liegt in der Regenwaldzone und im Übergangsgebiet zur Feuchtsavanne. Feldbau, der in älteren Zeiten, in einigen Gebieten bis zur Gegenwart besonders auf Jams ausgerichtet ist, bildet die wirtschaftliche Grundlage. Impulse durch Einwanderungen, kulturelle Kontakte und Handelsbeziehungen sind immer wieder von Gebieten im Sudan ausgegangen, wobei die Mandingo-Länder im Westen und Nigeria im Osten die Zentren sind. Seit der **Ankunft der Portugiesen im 15. Jh.** ist eine wirtschaftliche und kulturelle Umorientierung zur Küste hin zu beobachten.

Westguinea

Von Gambia bis zur Elfenbeinküste (einschließlich der Bissagos-Inseln) erstreckt sich bis tief ins Hinterland ein großes Regenwaldgebiet. Dieses ist seit alters her Siedlungsraum von Feldbauerngesellschaften mit einem politischen System, in dem häufig der Häuptling die Macht mit den Bünden (Männerbund Poro, Frauenbund Bundu) teilt. Mit den Bünden hängt eine großartige Entwicklung der Holzplastik, v. a. der Masken, zusammen.

15./16. Jh. Die Portugiesen begründen Stationen an der Küste und schließen damit besonders die nordwestlichen Gebiete der Region, wo Flüsse das Innere zugänglich machen, an das Sklavenhandelsnetz an.

18. Jh. Auch nachdem Briten und Franzosen den Portugiesen zur Seite getreten sind, bleiben der europäische Einfluss und die Bedeutung des Sklavenhandels wesentlich begrenzter als weiter östlich. Die dezentralisierten politischen Systeme der Einheimischen und die schwierigen geografischen Verhältnisse (fehlende Häfen) stehen dem Aufbau eines Handels- und Verkehrsnetzes entgegen.

1793 Zum ersten Mal arbeiten Kru von der Pfefferküste (später Liberia) in Sierra Leone. Sie begründen damit die Kru-Tradition, in den Häfen Westafrikas Teile der Hafenarbeiter zu stellen.

um 1808 Befreite Sklaven erhalten eigene Siedlungen im Küstengebiet (bis 1840).

seit 1808 Die Briten siedeln die bei der Kontrolle von Sklavenschiffen befreiten Sklaven bei Freetown in Sierra Leone an. Bei ihnen werden Missionare tätig, sodass sich frühzeitig europäische kulturelle Einflüsse entfalten.

1822 Die *American Colonization Society* beginnt mit der Ansiedlung befreiter Sklaven aus den USA an der Pfefferküste.

1843 Frankreich gründet in Grand-Bassam seinen ersten Marinestützpunkt. Die Franzosen beginnen nachfolgend mit der Eroberung des Hinterlandes.

1847, 26. Juli Die US-Kolonien werden zum unabhängigen Staat **Liberia** zusammengeschlossen. Nach schweren Konflikten mit einheimischen Gruppen werden diese unterworfen und nach Kolonialprinzipien in den Staat einbezogen. Wie in Sierra Leone bildet sich eine soziale Schichtung zwischen den christlich-europäisch geprägten **Kreolen**, die als Nachkommen der Einwanderer das politische und wirtschaftliche Leben des Staates beherrschen, und den Angehörigen einheimischer Gruppen heraus, die auch stark die gesellschaftliche Ordnung im 20. Jh. prägt.

1884–1897 Alle Gesellschaften der Region werden zumindest formal **der britischen** (Sierra Leone), **französischen** (Guinea, Elfenbeinküste), **portugiesischen** (Portugiesisch-Guinea) **Kolonialherrschaft oder Liberia unterworfen**. Die koloniale Verwaltung ist zunächst nur an wenigen Orten präsent. Während von Norden her der Islam an Boden gewinnt, kommen die Gesellschaften an der Küste unter den starken Einfluss von christlichen Missionen. Veränderungen der Wirtschaftssysteme sind zunächst nur geringfügig.

Goldküste und Sklavenküste

An der Goldküste siedeln im 1. Jt. n. Chr. aus östlichen Gebieten (südliches Nigeria) stammende, nichtzentralisierte Feldbauerngruppen. Es entstehen Handelsverbindungen zum Sudan (Reich Ghana), wo das Gold des Südens begehrt ist.

13. Jh. Im Akan-Gebiet entsteht nach und nach eine große Zahl von Staaten, unter denen in den folgenden Jahrhunderten Bono Mansu als der bedeutendste gilt.

1482 Gründung einer portugiesischen Festung in Elmina. Damit beginnt sich der Außenhandel – bald steht der Handel mit Sklaven im Vordergrund – auf europäische Stationen zu konzentrieren.

um 1600 Denkyira wird führender Staat der Akan (bis 1699).

1695–1730 Osei Tutu (†1717), König von Ashanti, einem kleinen Akan-Staat, gelingt es, Denkyira 1699 zu besiegen. Das nunmehr erstarkte Ashanti mit der neu gegründeten Hauptstadt Kumasi wird Haupt eines Staatenbundes, dessen einigendes Symbol der »Goldene Schemel« ist. Die Staaten des Bundes sind ebenso wie andere Akan-Staaten als eine Hierarchie erblicher Ämter mit dem König an der Spitze aufgebaut; in eroberten Territorien werden jedoch Verwaltungsbeamte des Königs von Ashanti eingesetzt. Der Bund kontrolliert den Sklavenhandel im Binnenland. Im Zusammenhang mit den Kriegen um den Aufbau der Hegemonie von Ashanti wandern viele Akan nach Westen aus. Sie errichten unter den Agni eine Reihe von Staaten, unter denen der von der Königin Aura Poku gegründete Staat der Baule (Elfenbeinküste) der bedeutendste ist.

18. Jh. Während Ashanti seine Macht im Landesinneren voll entfalten kann, wahren die Küstenstaaten (Accra, Akwapim, Fante) ihre Selbstständigkeit und ihren Profitanteil am Sklavenhandel durch Bündnisse mit den hierher ausgreifenden, gegeneinander konkurrierenden europäischen Mächten.

1816 Nachdem Ashanti Fante unterworfen hat, sieht sich Ersteres direkt mit den Briten konfrontiert, die seit 1807 versuchen, das Verbot des Sklavenhandels durchzusetzen. Nach der formalen Abschaffung des Sklavenhandels an der Goldküste wird der Handel mit den europäischen Stützpunkten sukzessive auf Exportprodukte wie Palmöl und Baumwolle umgestellt. Mehrere Missionsgesellschaften christlicher Kirchen errichten Missionen in den selbstständigen Staaten.

1824 Als Verhandlungen über friedliche Beziehungen scheitern, bricht der erste Krieg mit Ashanti aus. In der Folgezeit kommt es immer wieder zu Kriegen (bis 1901) mit wechselndem Ausgang zwischen den Briten und Ashanti.

1850 Großbritannien gründet die **Kolonie Goldküste** und übernimmt dänische (1850) und niederländische (1871) Besitzungen. 1874 wird die Goldküste Kronkolonie.

1857 Deutsche Kaufleute gründen eine erste Niederlassung an der westlichen Sklavenküste.

1884, 5. Juli Der Vertrag zwischen Gustav Nachtigal (*1834, †1885) und König Mlapa III. begründet das **deutsche Schutzgebiet Togoland** (seit 1905 Togo).

1896 Ashanti wird von Großbritannien unterworfen, der *Asantehene* (König) abgesetzt und der Staatenbund aufgelöst.

1901 Annexion Ashantis.

1922 Togo wird in ein französisches und britisches Treuhandmandat des Völkerbundes geteilt. | Forts. S. 1945 |

1926 Der Ashanti-Staat wird nach Wiedereinsetzung des *Asantehene* neu begründet. Durch Einführung des Kakaoanbaus erzielen viele Bauern ein gutes Einkommen. Die europäische Schulbildung ist in dieser Region verbreitet, z. T. von Missionsgesellschaften organisiert. Wanderarbeiter aus dem Norden bilden eine Arbeiterschicht in den Städten. | Forts. S. 1943 |

Westnigeria

Ife ist seit dem 11. Jh. das Zentrum eines Yoruba-Staates. Dort wird eine höfische Kunst entwickelt, deren Werke sich durch realistische Menschendarstellungen auszeichnen. Ife ist Ausgangspunkt für die Gründung einer Reihe von Yoruba-Staaten sowie für die Staaten Benin und Idah. Die staatliche Macht beruht überall auf einem komplexen Apparat von Hof- und Verwaltungsämtern, die zumeist erblich sind und an deren Spitze der König als sakraler Herrscher steht. Das Zentrum eines jeden Staates bildet eine Stadt, in der ein erheblicher Teil der Bevölkerung wohnt. Als politische Machtzentren bilden sich Bündnisse der Yoruba-Staaten und Benins heraus, denen später Dahome zur Seite tritt.

Yoruba-Staaten

Seit dem 13. Jh. verliert Ife nach und nach seine Vormachtstellung unter den Yoruba-Staaten an Oyo, bleibt aber kulturelles Zentrum. Der Herrscher wird formal als Oberhaupt aller Yoruba anerkannt. Die Yoruba-Staaten, allen voran Oyo, beteiligen sich im 17. und 18. Jh. maßgeblich am europäischen Sklavenhandel an der Küste. Es kommt häufig zu militärischen Konflikten mit dem Konkurrenten Dahomey.

1811 Nach internen Konflikten zwischen den Yoruba-Staaten reißen die Fulbe die Macht an sich und zerstören Oyo. Der Islam gewinnt auch unter den Yoruba Anhänger.
In der Folgezeit verlagert sich das Schwergewicht der Yoruba von der Savanne in die Waldregion, wo die Städte Ibadan und Abeokuta (gegründet 1830) in den Vordergrund treten. Der Handel mit Palmöl und Baumwolle löst den Sklavenhandel nur langsam ab. Britische Konsuln in Lagos (ab 1852) beeinflussen das Geschehen im südlichen Yoruba-Gebiet maßgeblich.

1860–1865 Im Ijebu-Krieg um die Beherrschung der Handelsstraßen bekämpfen sich u. a. Abeokuta und Ibadan, während die Briten (1861) den König von Lagos absetzen und sein Land zur britischen Kolonie erklären.

1893 Die Yoruba-Staaten werden britisches Protektorat, seit 1900 sind sie Teil des Protektorats Südnigeria.

Benin

Das Köngireich Benin wird um 900 gegründet. 1176 gründet Oranmiyan eine neue Dynastie, unter der sich die charakteristische Hofkunst von Benin (Bronze- und Elfenbeinarbeiten) entwickelt.

um 1440–1473 König Ewuare (Eware), der durch Reisen in andere Länder Westafrikas viele Erfahrungen sammelt, festigt den Staat durch eine Verwaltungsorganisation sowie durch Straßen- und Befestigungsbauten nach innen und vergrößert ihn durch Eroberungen nach außen.

1486 João Alfonso d'Aveiro besucht Benin und leitet Kontakte mit Portugal ein. Missionare können für einige Jahrzehnte ihre Tätigkeit in Benin unter König Esigie (1504–1550) entfalten. König Orhogbua (1450–1478) wird Christ. Unter seinen Nachfolgern kann sich jedoch das Christentum nicht halten.

Im 18. Jh. wird Benin ein Zentrum des Sklavenhandels und kontrolliert den Handelsweg nach Lagos. Mit dem Rückgang des Sklavenhandels erlebt Benin im 19. Jh. einen wirtschaftlichen und politischen Niedergang. 1897 wird es von Großbritannien unterworfen und in das Protektorat Nigeria eingegliedert. – Benin ist ein Zentrum afrikanischer Hofkunst. Die Bronzegusskunst, für die das Rohmaterial überwiegend aus Europa importiert wird, wird besonders gepflegt.

Dahomey (Dahome)

16. Jh. Westlich des Yoruba-Gebietes entstehen, wahrscheinlich durch den Einfluss von dort, kleinere Reiche.

1625 König Dakodonu (†1645) erobert die Stadt Abomey und begründet das Reich Dahomey.

1708–1728 Der Herrscher Agaja (†1740) unterwirft kleinere Staaten, darunter den wichtigen Hafen Ouidah.

1728–1747 Dahomey steht in ständigen militärischen Konflikten mit den Yoruba-Staaten und kann sich nur mit Mühe behaupten. Seit 1730 muss es Tribut an das Oyo-Reich zahlen. Dahomey gewinnt trotzdem die militärische Übermacht im Kampf mit seinen Nachbarn und wird damit zu einem Zentrum des Sklavenfangs und -handels.

19. Jh. Auch als die Briten versuchen, den Sklavenhandel zu unterbinden, bleibt Dahomey noch längere Zeit aktiv, wenngleich sich der Menschenhandel stärker in Richtung Lagos orientiert. Sonst tritt auch hier der Handel mit Palmöl langsam in den Vordergrund. Zurückgekehrte ehemalige Sklaven aus Brasilien siedeln an der Küste und bilden den Kern einer neuen Elite.

1894 Frankreich unterwirft nach langen Kämpfen endgültig Dahomey. | Forts. S. 1946 |

Ostnigeria

Ostnigeria und die angrenzenden Gebiete von Kamerun bilden ein Übergangsgebiet zur Kongowaldregion. Die besonders in der älteren Literatur verbreitete Annahme, dass hier oder etwas nördlicher um etwa 1000 v. Chr. die Wanderbewegungen der Bantuvölker ihren Ausgang genommen haben, wird von neueren Forschungen zurückgewiesen. Bis ins 19. Jh. siedeln in der Region größtenteils Gesellschaften mit nichtzentralisierter Organisation. Oft bilden Dorfgemeinschaften, die von einem Rat regiert werden, nahezu autonome politische Einheiten.

Der einsetzende portugiesische Sklavenhandel beschleunigt im 16. Jh. in Teilen der Region Veränderungen im politischen und wirtschaftlichen Gefüge. Einige ehemalige Fischerdörfer am Nigerdelta entwickeln sich zu Städten, die Zentren kleiner Staaten bilden (Alt-Calabar, Neu-Calabar, Bonny). Die politische Führung liegt bei einer Oligarchie von Großhändlern, deren Oberhaupt gelegentlich eine monarchische Stellung erreicht (Bonny). Diese Großhändler kontrollieren weitgehend den Sklavenhandel zwischen dem Inneren des Landes und der Küste. Im Grasland von Kamerun entwickeln sich im 18. Jh. einige Staaten, die Institutionen in Westnigeria ähneln (Bali, Tikar, Bamum). Nach der Unterbindung des Sklavenhandels durch die Briten stellt sich das Exportgeschäft im frühen 19. Jh. langsam auf den Handel mit Palmöl um. Die Briten versuchen, durch indirekten Einfluss (gemischte Gerichtshöfe) oder direkte Intervention (Absetzung des Königs von Bonny 1854) die Kontrolle über diesen Handel zu gewinnen. Sklaverei bleibt weiterhin eine wichtige Institution, der interne Sklavenhandel nimmt zeitweilig noch zu.

Senegal (1864–1935/45)

1864 Proklamation der französischen Kolonie Senegal.

1865 Eroberung von Saloum und Jolof durch den *Marabut* Maba Diakhou Bâ (*1809, †1867) von Badibou aus, der die Franzosen in der Schlacht von Pathebadiane im Nov. schlägt, beim Angriff auf das Siin-Reich jedoch fällt.

1866–1875 Die Franzosen versuchen Gambia von Großbritannien zu erhalten, das den Zugang zur Casamance (Südteil Senegals) blockiert.

1871–1887 Saint Louis (1871), Gorée (1872), Rufisque (1880) und Dakar (1887) erhalten volles französisches Kommunalrecht.

1882 Abtrennung des Guinea-Gebietes (*Rivières du Sud*), bis 1891 noch Senegal unterstellt.

1883–1887 Nach seiner Vertreibung (16. Jan. 1883) geht der König von Cayor, Lat Dior (*1842, †1886), zum Guerillakampf über. 1886 wird er von den Franzosen geschlagen, die mit der Niederlage des Sarakole-Marabut Mahmadu Lamin (†1887) am 8. Dez. 1887 auch Zugang zum oberen Gambia und zur Casamance erhalten.

1890 Mit der Unterwerfung des *Buurba Jolof* (König von Jolof) Ali Buri N'Dyaye (Alburi Njai; *um 1842, †1902) wird der bewaffnete Widerstand in Senegal weitgehend gebrochen. Die Wirtschaft Senegals wird ab Ende des 19. Jh.s nahezu vollständig vom Erdnussexport dominiert. Die gesamte Infrastruktur, v. a. der Eisenbahnbau, basiert auf dem Transport von Erdnüssen an die Küste.

1895, 15. Juni Senegal (Hauptstadt zunächst Saint Louis, ab 1902 Dakar) wird Verwaltungssitz des Generalgouvernements für Französisch-Westafrika, zu dem auch Soudan (Französisch-Sudan, Territorium seit 1892, heute Mali), Dahomey (französische Kolonie seit 1892, heute Benin) und die Elfenbeinküste (französische Kolonie seit 1893) gehören, und nach Abtrennung des Mauretanien-Gebietes (1903) Teil der Föderation Französisch-Westafrika (18. Okt. 1904, Sitz in Dakar), zu der als eigenständige Kolonien auch Niger (1922) und Französisch-Togo (1936; Togoland bzw. Togo war 1884/85–1914/19 deutsche Kolonie) kommen. | Forts. S. 1932, 1937, 1941, 1951, 1954 |

1914 Blaise Diagne (*1872, †1934) wird erster Schwarzafrikaner im französischen Parlament (bis 1934) und erreicht die Bestätigung des französischen Bürgerrechts für die vier »alten Gemeinden« (1915/16).

1920, 4. Dez. Im neu errichteten Kolonialrat wird die führende Stellung der Franzosen bzw. Kreolen aus Saint Louis endgültig beseitigt. Französische Staatsbürger Senegals (etwa 90 % sind Afrikaner) erhalten die eine Hälfte, Vertreter der *Chefferie* (eingesetzte »traditionelle« Herrscher) die andere Hälfte (ab 1925 40 %) der wählbaren Sitze. Alle parlamentarischen Gremien Senegals beherrschen seitdem Afrikaner, was jedoch zunächst keine wirkliche politische Macht bedeutet.

1935 Lamine Guèye (*1891, †1968) gründet den *Parti Socialiste Sénégalais* (PSS), der 1938 mit der neu gegründeten senegalesischen Sektion der französischen SFIO (*Section française de l'Internationale ouvrière*) zusammengeht, zunächst jedoch den Charakter einer lockeren Vereinigung behält.

Der Zweite Weltkrieg bedeutet eine wichtige Zäsur in der politischen Geschichte Senegals. Die Afrikaner in den »vier Gemeinden« verlieren ihre privilegierte Stellung. Die antikoloniale Bewegung wächst, die Schwäche der französischen Herrscher wird offenkundig (Waffenstillstand 1940, Abhängigkeit von den Alliierten 1942). Zugleich lösen wirtschaftliche und militärische Zwangsmaßnahmen der Kolonialmacht große Wut in der Bevölkerung aus. | Forts. S. 1934 |

Sierra Leone (1787–1943/45)

1787, 14. Mai Auf Betreiben der britischen Antisklavereibewegung (Abolitionisten, v. a. Granville Sharp [*1735, †1813]) siedeln sich etwa 400 ehemalige Sklaven und einige mittellose Engländer sowie britische Kaufleute in der »Freiheitsprovinz« an der Küste Sierra Leones an. Die Siedlung hält sich nur mühsam, die Kontrolle wird 1791 per Charta an die *Sierra Leone Company* übertragen.

1788, 22. Aug. Ein Vertrag zwischen Großbritannien und lokalen Herrschern erlaubt die Ansiedlung befreiter Sklaven.

1792, Febr./März Knapp 1200 befreite Sklaven aus Nova Scotia (Kanada), dort angesiedelte britische Verbündete im Amerikanischen Unabhängigkeitskrieg und etwa 120 Engländer kommen ins Land. Freetown wird gegründet, 64 der noch verbliebenen ersten Siedler werden dorthin umgesiedelt.

1799 Aufstand der Nova Scotia-Zuwanderer wegen Beschneidung der Mitbestimmungsrechte.

1800, 30. Sept. Die Ankunft von 550 *Maroons*, entlaufene Sklaven, die sich in den Bergen Jamaikas ergeben mussten und nach Nova Scotia umgesiedelt wurden, und einer Abteilung des britischen *Royal African Corps* ist ausschlaggebend für die Niederwerfung des Aufstandes.

1808, 1. Jan. Nachdem der Krieg gegen die Temne und Bullom (1801–1807), deren Land an die Siedler verkauft wurde, die *Sierra Leone Company* ruiniert hat, wird Sierra Leone zur britischen Kronkolonie erklärt.

1808–1849 Das Sklavenhandelverbot wird durch den Einsatz eines in Freetown stationierten britischen Marinegeschwaders vor der westafrikanischen Küste durchzusetzen versucht – mit zunächst nur geringem Erfolg. – Bis 1863 werden etwa 50 000 befreite Sklaven in Dörfern in der Nähe von Freetown angesiedelt, betreut von der *Church Missionary Society* (seit 1806 im Land: Beginn der britischen Missionstätigkeit in Westafrika) und den Methodisten (seit 1811).

1814 Gründung des *Christian Institute* (ab 1827: *Fourah Bay College*) zur Ausbildung afrikanischer Lehrer und Missionare (auch für Nigeria und die Goldküste). Der spätere Bischof Samuel Adjai Crowther (*um 1809, †1891) gehört zu den ersten Studenten.

1821, 3. Juli Gambia (bis 1843) und die Goldküste (bis 1850) kommen unter die Administration Sierra Leones, welche zur Sicherung der Handelsinteressen ihren Einfluss auf das Hinterland ausdehnt.

1853 Die allmähliche Formierung der heterogenen Einwanderer zu einer Gesellschaft (»Kreolen«) mit engerem Zusammenhalt wird durch die rechtliche Gleichstellung der befreiten Sklaven mit den frühen Einwanderern anerkannt. Die Kreolen (*Sierra Leonians*) verteilen sich seit 1839 über die westafrikanische Küste; als Missionare, Lehrer, Handwerker und Händler beeinflussen sie das Geschehen in den jeweiligen Gebieten stark.

seit 1861 Die Expansion der Kreolen ins Hinterland der Sierra Leone-Kolonie wird mit der Annexion einiger größerer Gebiete intensiviert. In der Folge kommt es zu zahlreichen Erhebungen der betroffenen Bevölkerung.

1863, 21. Juli Die neue Verfassung sieht die Errichtung eines Exekutiv- und Legislativrates vor, in dem auch Kreolen vertreten sind (2 Mitglieder aus Freetown).

1866, 19. Febr. Die Goldküste und Lagos (bis 1874) sowie Gambia (bis 1888) werden Sierra Leone unterstellt (später selbstständige Kolonien Goldküste, Nigeria, Gambia). | Forts. S. 1935, 1948 |

1882/83 Vertrag mit den Mende (1879) und Annexion der Küstengebiete der Gallina und Krim.

1893, 23. Dez. Bei Kämpfen gegen den Militärführer Samory Touré (*um 1830, †1900) stoßen britische und französische Truppen bei Waiima zusammen.

1895 Baubeginn der ersten Eisenbahnlinie Westafrikas

(Freetown-Songo, Eröffnung 1. Mai 1899) und Gründung der ersten Gewerkschaft in Sierra Leone.

1896, 31. Aug. Proklamation eines Protektorates über das Hinterland der Sierra Leone-Kolonie.

1898 Nach Übergriffen bei der Eintreibung einer neu eingeführten Hüttensteuer (nur für das Protektorat) kommt es zu einem Aufstand im größten Teil des Protektorats, v. a. unter den Mende und im Norden unter dem Loko-Herrscher BAI BUREH (*1840, †1908). Die Auflehnung wird blutig niedergeschlagen, 96 »Rebellen« werden hingerichtet.

1906 Zunehmende Polarisierung zwischen Kolonie und Protektorat.

1919 Ausschreitungen gegen syrische Händler und Eisenbahnarbeiterstreiks (erneut 1926).

1920, 20. März Gründung der Sierra Leone-Sektion des *National Congress of British West Africa* als erster politischer Organisation, zu der die *Young People's Progressive Union* 1929 hinzukommt.

1924, 16. Jan. Nach der neuen Verfassung soll der Legislativrat mit drei gewählten Repräsentanten der Bevölkerung (Mitglieder der Oberschicht von Freetown) und drei »traditionellen« Herrschern aus dem Protektorat besetzt werden.

1930–1933 Unruhen im Protektorat.

1931 Rebellion in Kambia (»Haidara-Rebellion«).

1938, 2. Mai Gründung der *Sierra Leone Youth League* als ein Zweigverband der *West African Youth League*.

1939–1942 Bei Arbeiterstreiks verbündet sich die Kreolen-Elite mit der Kolonialregierung.

1943 Nominierung von zwei Afrikanern zum Exekutivrat. | Forts. S. 1938 |

Liberia (1818–1944/45)

1818, 12. März Die *American Colonization Society* (ACS) beginnt mit Unterstützung der US-Regierung mit Landkäufen an der westafrikanischen Küste, um dort Afroamerikaner anzusiedeln.

1820 Ankunft der ersten Siedler auf den Schiffen »Elizabeth« und »Nautilus« (1821).

1822, 7. Jan. Erste Kolonisten aus Freetown (Sierra Leone) landen am Kap Mesurado.

1824, 20. Febr. Die Kolonie wird Liberia, die Hauptstadt Monrovia genannt. Regiert wird das Land von einem von der US-Regierung ernannten, durch die ACS vorgeschlagenen Gouverneur.

1839, 5. Jan. Die ACS akzeptiert eine Verfassung, die den Zusammenschluss von sieben Siedlungsgebieten zum *Commonwealth of Liberia* ermöglicht, dem sich die Siedlungen der Mississippi-Gesellschaft in Bassa und Sinoe anschließen (1841).

1847, 26. Juli **Unabhängigkeitserklärung der Republik Liberia.** Die Verfassung ist nach dem Vorbild der USA ausgerichtet.

1. Sept. Die Verfassung wird in einem Referendum (308 Wahlberechtigte) angenommen.

1848, 3. Jan. JOSEPH J. ROBERTS (*1809, †1876), seit 1841 erster dunkelhäutiger Gouverneur Liberias, wird erster Präsident. Liberia wird von den meisten europäischen Staaten anerkannt, die USA folgen erst 1862. Die Führungspositionen nimmt eine Oberschicht von in den USA frei geborenen Afroamerikanern und Mischlingen (»Americo-Liberianer«, 1847 etwa 6000, 1861 etwa 19000) ein, die ein starkes Status- und Suprematiedenken gegenüber der bäuerlichen Siedlerbevölkerung und v. a. den einheimischen Afrikanern entwickelt und das 1822 begonnene Kolonialsystem fortsetzt (Einsetzung sog. »traditioneller« Herrscher der ansässigen afrikanischen Bevölkerung und Politik der »indirekten Herrschaft«).

1869 Spaltung der bisher regierenden *True Liberian Party* (Republikanische Partei) vor dem Hintergrund eines latenten sozial-»rassischen« Konfliktes der hellhäutigen Oberschicht mit den von ihnen diskriminierten dunkelhäutigen Americo-Liberianern und den in die Siedlergesellschaft stärker integrierten Exsklaven (von Sklavenschiffen befreite Afrikaner aus Kongo, Dahomey und Nigeria).

1870, 3. Jan. Die neu gegründete *True Whig Party* (TWP) stellt mit EDWARD J. ROYE (*1815, †1872) den ersten Präsidenten, der nicht Mischling ist. Er wird jedoch im Zusammenhang mit Verhandlungen über eine britische Anleihe des Amtes enthoben (26. Okt. 1871) und kurz darauf ermordet.

1872 Eine aus Republikanern gebildete Junta ernennt zwar Vizepräsident JAMES SKIVRING SMITH (*1825, †nach 1872; TWP) zum Präsidenten, sichert sich jedoch zunächst die eigentliche Herrschaft über das Land (bis 1883).

1884, 7. Jan. Der von beiden Parteien nominierte HILARY R.W. JOHNSON (*1837, †1901) wird der erste in Liberia geborene Präsident. Er bekennt sich nach der Wahl zur TWP, die sich damit endgültig die Vorherrschaft im politischen System sichert und seitdem in allen Wahlen sämtliche Sitze gewinnt.

1904 Die ursprünglich ansässigen Afrikaner erhalten das Bürgerrecht, 1907 auch das Wahlrecht, wenn sie die Hüttensteuer bezahlen.

1915–1919 Aufstände der Kru und Gola gegen die Americo-Liberianer. Der letzte Kru-Aufstand findet 1932 statt.

1926, 2. Okt. Die Vergabe einer Konzession (4000 km^2) für den Anbau von Kautschuk an die *Firestone Company* macht Liberia ökonomisch (und auch politisch) von den USA abhängig; eine US-Anleihe ruiniert die Finanzen Liberias (Einstellung der Zinszahlungen 1932, Regelung in einem Finanzabkommen 1935).

1930, 3. Dez. Die Aufdeckung der »Sklavenaffäre« (Verschickung von Liberianern als Zwangsarbeiter in die spanische Kolonie Fernando Póo, aber auch nach Kongo) führt zu einer tief greifenden politischen Krise und zum Rücktritt des Präsidenten CHARLES D.B. KING (*1871, †1961) sowie des Vizepräsidenten. Die Internationalisierung des Skandals (Anklage vor dem Völkerbund, der eine Untersuchungskommission einsetzt) führt zu erheblichem außenpolitischem Prestigeverlust und einer beträchtlichen Schwächung der TWP (massive Anschuldigungen durch die Opposition), die die Wahlen von 1931 nur knapp gewinnt.

1935, Mai Verfassungsänderung: Die Amtsperiode des Präsidenten wird auf acht Jahre verlängert.

1944, 27. Jan. Liberia tritt aufseiten der USA, mit denen seit dem 31. März 1942 ein Stützpunktabkommen besteht, in den Zweiten Weltkrieg ein. Der Hafen Free Port wird ausgebaut, der Flughafen Robertsfield angelegt. Das liberianische Gummi ist hochbegehrt, zur Steigerung der Produktion wird die Zwangsarbeit verschärft. | Forts. S. 1940 |

Nigeria (1844–1939/45)

Nachdem sich zwischen 1839 und 1842 mehrere hundert Yoruba-Rückwanderer (»befreite Afrikaner« v. a. aus Sierra Leone, Brasilien und Kuba) in Abeokuta im Staat der Egba angesiedelt haben, beginnt 1844 von dort die Missionierung durch die *Church Missionary Society* unter Samuel Crowther (*um 1809, †1891; 1864 erster afrikanischer Bischof der Niger-Territorien). Es bildet sich eine neue Führungsschicht an der Küste – nicht zuletzt infolge der Zusammenarbeit mit den Europäern. 1849 wird ein britischer Konsul für die Biafra-Bucht, dem östlichen Teil der Küste, ernannt.

1851, 26./27. Dez. Im Zuge der Versuche, den Sklavenhandel im Oil-Rivers-Gebiet und im Bereich des westlichen Teils der Küste zu unterbinden (Verdrängung der Portugiesen), besetzen die Briten Lagos. 1852 wird ein Konsul eingesetzt.

1861, 6. Aug. Annexion von **Lagos** als **britische Kronkolonie**. Während die restliche Bucht von Benin dem Konsul für die Biafra-Bucht unterstellt wird (1867), kommt die Kronkolonie Lagos zunächst unter die Verwaltung Sierra Leones (1866–1874) und schließlich der Goldküstenkolonie (1874–1886).

1872–1887 Jaja (*um 1821, †1891) König von Opobo, versucht nach anfänglicher Kooperation, dem britischen Einfluss Widerstand zu leisten. Er wird von den Briten abgesetzt und deportiert.

1879 George Goldie (*1846, †1925) vereinigt die britischen Handelsgesellschaften am Niger, die v. a. Palmölhandel betreiben, zur *United Africa Company* (seit 1885 *Royal Niger Company*), die Verträge mit dem Emir von Gwandu und dem Kalifen von Sokoto abschließt (1885).

1885, 5. Juni Die Biafra- und die Benin-Bucht werden zum britischen Oil-Rivers-Protektorat zusammengefasst. Nach der Ausdehnung ins Hinterland erfolgt 1893 die Umbenennung in Nigerküsten-Protektorat.

1886, 13. Jan. Lagos wird erneut eigenständige Kronkolonie, die umliegenden Gebiete werden zum Lagos-Protektorat (1893).

12. Juli Königliche Charta für die *Royal Niger Company* für den unteren Niger und Benuë (Vorposten in Lokoja, Hauptsitz in Asaba). Mit Errichtung einer Verwaltung dehnt sie ihre Jurisdiktion nach Norden aus.

1887 Erklärung eines Protektorats über die Territorien, mit denen die *Royal Niger Company* Verträge abgeschlossen hat.

1888 Im Vertrag mit dem Oyo-Reich kommen die Yoruba unter britisches Protektorat.

1894, 10. Nov. Nach dem »Wettlauf um Nikki« wird ein Vertrag mit Frankreich über das Borgu-Reich abgeschlossen.

1897 Die *Royal Niger Company* unterwirft das Fulbe-Emirat Nupe und lässt dessen südlichen Teil indirekt verwalten.

16. Febr. Niederschlagung eines Aufstandes im Fulbe-Emirat Ilorin durch die *Royal Niger Company.*

18. Febr. Nach der Ermordung des Generalkonsuls am 4. Jan. erobern die Briten gegen heftigen Widerstand das Benin-Reich und zerstören Benin.

1899, 9. Aug. Angesichts der von ihr heraufbeschworenen Gefahr eines Konflikts mit Frankreich wird der *Royal Niger Company* die Charta gegen Entschädigung entzogen und ihr südlich von Idah liegendes Gebiet dem britischen Nigerküsten-Protektorat einverleibt, das in **Südnigeria-Protektorat** umbenannt wird (1. Jan. 1900). Die nördlichen Gebiete der *Royal Niger Company* werden zum **Nordnigeria-Protektorat** erklärt.

1901 Unterwerfung des Emirats Kontagora. Einnahme der Hauptstadt des Adamawa-Reiches.

1903 Die Briten beenden die Unterwerfung Nordnigerias nach einer brutal geführten militärischen Kampagne mit der Einnahme von Kano (Febr.) und durch den Sieg bei Burmi (April) über den Kalifen von Sokoto, der getötet wird.

1906, 1. Mai Mit der Eingliederung von Lagos (Kolonie und Protektorat) entsteht das Gebiet »Kolonie und Protektorat von Südnigeria« (mit Benin).

1914, 1. Jan. Süd- und Nordnigeria werden zu Nigeria (Kolonie und Protektorat) zusammengeschlossen.

Es beginnt die systematische Praktizierung der »indirekten Herrschaft«, die weit davon entfernt ist, ein kohärentes und theoretisch fundiertes Modell aufgeklärter Kolonialpolitik zu sein. Es gleicht eher einem aus der Not geborenen Projekt, das als Antwort auf galoppierende Verwaltungskosten und der schwachen Präsenz britischer Verwalter entsteht. Im Norden werden die islamischen Emirate (Hausa/Fulbe, Kanuri) formal weitgehend im Status quo belassen, doch sind die Emire direkt von den Briten abhängig. Christliche Missionstätigkeit wird nicht erlaubt (bis auf den *Middle Belt*, den südlichen Rand des Nordens). Während des Ersten Weltkrieges gewinnt Nigeria große Bedeutung als Rohstofflieferant. Wichtige Handelswege durch die benachbarten deutschen Kolonien sind unterbrochen.

1922, 20. Juli Das britische Mandatsgebiet (seit 1916/19 britische, nordwestliche Gebietsteile des bisherigen deutschen Schutzgebiets) Kamerun wird als Teil Nigerias verwaltet.

21. Nov. Neue Verfassung: Der Gouverneur behält die direkte Legislativgewalt für Nordnigeria, der Legislativrat für Südnigeria erhält vier wählbare afrikanische Mitglieder. Die *Nigerian National Democratic Party*

(NNDP) unter Herbert Macauly (*1864, †1946), die auf Lagos beschränkt bleibt, hält bis 1933 die drei Sitze für Lagos. Sie widmet sich v. a. lokalen Themen.

1925 Gründung der *West African Students Union* in London.

1934 Gründung der *Lagos Youth Movement* (ab 1936 *Nigerian Youth Movement* [NYM]), die sich v. a. aus Yoruba- und Ibo-Arbeitern in Lagos rekrutiert. Sie ist die erste nationale Partei Nigerias. Mit Nnamdi Azikiwe (*1904, †1996) und seinem Ibo-Anhang gewinnt die NYM die Lagos-Sitze gegen die NNDP.

1939 Teilung Südnigerias in Ost- und Westregion. Die wesentlich nach ethnischen Gesichtspunkten vorgenommene Dreigliederung Nigerias bleibt bis 1963 bestehen. Die dominierenden Gruppen sind die Ibo in der Ost-, die Yoruba in der West- und die Hausa in der Nordregion. Die britische Kolonialregierung trägt so zu einer Ethnisierung der Politik in Nigeria bei.

Während des Zweiten Weltkrieges gewinnt Nigeria erneut an Bedeutung als Lieferant von Rohstoffen und wird zeitweise auch militärstrategisch wichtig. Über 100 000 Männer aus Nigeria kämpfen in der britischen Armee, v. a. in Birma. | Forts. S. 1948 |

Kamerun (1884–1940/45)

1884, Juli Die Duala-Herrscher Bell und Akwa schließen nach Vorarbeiten Hamburger Firmen einen Vertrag mit dem deutschen Generalkonsul Gustav Nachtigal (*1834, †1885): **Kamerun wird deutsches Protektorat**. Die eigentliche Kolonialherrschaft beschränkt sich zunächst jedoch auf einige Militär- und Verwaltungsposten.

1885, 29. April Die Briten treten das Gebiet um den Kamerunberg und Victoria ab.

1887 Ein deutsches Expeditionskorps erreicht Yaoundé, das ab 1894 zum Ausgangspunkt für die Unterwerfung des Nordens und Ostens wird.

1888–1933 Njoya (*1867, †1933), König der Bamum und Erfinder einer eigenen Schrift, fördert einheimische Traditionen an seinem Hof in Foumban, nutzt jedoch zugleich die Insignien der neuen Herrscher. So lässt er seine Soldaten mit Uniformen nach deutschem Vorbild ausstatten. Ostnigeria, besonders das Ibo-Gebiet, wird in besonderem Maße kolonialen Einflüssen unterworfen. Zahlreiche Ibo werden als Verwaltungsbeamte in anderen Teilen der Kolonie eingesetzt.

1892/93 Durch Unterwerfung der Bakoko und Mabea wird der Weg ins Hinterland frei, durch Unterwerfung der Bulu, Yaoundé, Bane und anderer Stämme (1894–1898) wird die Verbindung Kribi–Yaoundé hergestellt und das Zwischenhandelsmonopol der Duala weitgehend gebrochen.

1894, Dez. Nach einer Strafexpedition gegen die Bakweri wird die Siedlung Buea (ab 1901 Hauptstadt) am Kamerunberg angelegt und mit der Plantagenwirtschaft begonnen.

ab 1898 Pflanzungsgesellschaften erhalten riesige Landkonzessionen, z. B. die Südkamerun Gesellschaft 81 000 km^2 und die Nordwest-Kamerun Gesellschaft 80 000 km^2. Versuche zur Besetzung dieser Ländereien stoßen auf heftigen Widerstand der betroffenen Gesellschaften (bis 1910).

1901 Blutiger Kriegszug gegen das durch Grenzabkommen mit Frankreich und Großbritannien (1893/94) auf die Gebiete von drei Kolonialmächten aufgeteilte Adamawa-Reich: Nach Niederwerfung der Teilreiche Tibati (1899–1901) und Ngaundere wird der Emir von Yola bei Garua besiegt (19. Nov.). Die Verwaltung im Norden bleibt stark auf die Kooperation mit lokalen Herrschern angewiesen, Missionsstationen und Schulen werden nicht eingerichtet, das kolonialwirtschaftliche Interesse an der Region bleibt gering.

1907–1914 Eindämmung des Einflusses der Konzessionsgesellschaften, Aufschwung des Plantagensystems (u. a. Kautschuk, Kakao, Tabak), Zwangsrekrutierung von Plantagenarbeitern.

1911–1914 Projekt zur Neuordnung Dualas, welches die rigide Trennung der Stadt in »Europäer«- und »Eingeborenen«-Viertel sowie die Enteignung vieler Einheimischer vorsieht. Die Betroffenen richten zahllose Petitionen u. a. an den Reichstag und den Kaiser.

1911, 4. Nov. Deutsch-Französischer Marokko-Vertrag: Erweiterung des Gebietes um mehr als die Hälfte durch Abtretung großer Teile der französischen Kolonien im Osten und Süden (»Neukamerun«, etwa 283 000 km^2), deren effektive Besetzung durch die Deutschen bis 1914 nicht abgeschlossen ist. Zugleich kommt der 1894 Kamerun zugesprochene »Entenschnabel« (etwa 12 000 km^2) im Nordosten an den französischen Tschad.

1914, 5. Aug. Erklärung des Kriegszustandes in Kamerun. Französische Truppen aus Ubangi Schari (7. Aug.) und britische aus Nigeria (25. Aug.) dringen ins Land vor. Am 27. Sept. fällt Duala.

1916, 20. Febr. Nach dem Rückzug der deutschen Truppen ins spanische Gebiet nach Río Muni (14. Febr.) enden die Kämpfe (Fall von Mora).

4. März **Französisch-Britischer Aufteilungsvertrag**: Neukamerun kommt wieder an Frankreich, dem auch etwa 80 % des restlichen Gebiets zugestanden werden, während Großbritannien zwei nicht zusammenhängende Gebietsteile im Nordwesten erhält.

1919, 17. Mai Für diese Gebiete werden Großbritannien und Frankreich von den alliierten Siegermächten als jeweilige Mandatsmächte eingesetzt und übernehmen dann als B-Mandate des Völkerbundes (20. Juli 1922).

ab 1922 Deutsche Plantagenbesitzer ersteigern über Mittelsmänner einen Teil ihrer im Krieg verlorenen Plantagen am Kamerunberg im britischen Mandatsgebiet zurück. 1939 leben mehr Deutsche als Briten in Britisch-Kamerun.

1933 Die erste wesentliche soziale und kulturelle Vereinigung von Afrikanern wird mit der *Jeunesse Camerounaise* gegründet. Sie nimmt mit französischer Förderung (Sympathiewerbung angesichts deutscher Propaganda für eine Rückgabe der Kolonien) an Bedeutung zu, als sie sich 1938 in *Jeunesse Camerounaise Française* (Jeucafra) umbenennt und für eine enge Verbindung mit Frankreich eintritt.

1940, 27. Aug. Landung französischer Truppen in Duala. Kamerun wird dem Freien Frankreich General CHARLES DE GAULLES angeschlossen und dem Generalgouvernement von Französisch-Äquatorialafrika unterstellt. | Forts. S. 1958 |

Zentralafrika bis 1945

Die Regionen Zentralafrikas

Die Regenwaldzone erstreckt sich in einem breiten Streifen vom Atlantischen Ozean bis an den zentralafrikanischen Graben. Die dort seit vorchristlicher Zeit lebende Bevölkerung wird gemeinhin als Pygmäen bezeichnet, ein aus ethnologischer Sicht jedoch höchst problematischer Begriff, da sich dahinter sehr unterschiedliche Gesellschaftsordnungen verbergen.

In Ägypten kennt man Pygmäen, die als »Gottestänzer« seit 2200 v. Chr. auf Handelswegen aus ihrer Heimat nach Ägypten gebracht werden. Die Einwanderung verschiedener Gruppen in die Waldregion im 1. Jt. n. Chr. ist nur fragmentarisch rekonstruierbar. Es bildet sich eine relativ einheitliche Kultur der Feldbauern in der Waldzone heraus. Politisch bleiben sie bis ins 20. Jh. hinein meist in kleinen Einheiten patrilinearer (im Südwesten matrilinearer) Abstammungsgruppen oder kleinen Häuptlingstümer organisiert.

Die Tschadsee-Region

Die Gebiete um den Tschadsee bilden verkehrsmäßig seit alters einen Knotenpunkt der Handelswege in Ost-West- und Nord-Süd-Richtung. An dieser Stelle bildet sich früh ein Staat, dessen staatstragende Bevölkerung die Kanembu und Kanuri sind.

800 DUGU, ein Zuwanderer aus dem Osten (Nil-Gebiet), begründet das **Reich Kanem**. Seine Nachkommen beherrschen als Dynastie der Sefuwa für etwa 1000 Jahre Kanem bzw. Borno.

1085–1097 Übertritt des Königs UMME JILMI (†um 1097) zum Islam. Kanem erhält kulturelle Anregungen aus vielen Richtungen. Seine städtische Kultur wird aber grundsätzlich eines der Zentren des Islam im Sudan. Die politische Macht des Königs von Kanem erstreckt sich – abgesehen von der Bevölkerung unmittelbar am Tschadsee – wesentlich auf die Kontrolle der Karawanenstraßen. Zahlreiche nicht islamische, unzentralisierte Gesellschaften in der weiteren Umgebung sind autonom, aber in Zeiten der Stärke Kanems Ziel von Sklavenjagden, oder zahlen Tribut.

um 1210–1248 Unter DUNAMA DIBBALEMI (†1248) erreicht Kanem einen Höhepunkt seiner Machtentfaltung. Die Karawanenwege bis zum Nil im Osten, zum Niger im Westen und bis Murzuk im Fessan (Zentralsahara) werden kontrolliert. Danach schwächen innere Konflikte den Staat.

1394–1398 Unter *Mai* OMAR wird das Zentrum des Reiches wegen der Angriffe der Bulala und Araber im Osten auf die Südseite des Tschadsees verlegt. Fortan heißt der Staat nach dieser Landschaft **Borno**. Im 15. und 16. Jh. gelingt es, die ehemalige Machtstellung wiederzugewinnen.

1571–1603 Unter IDRIS ALOOMA (†1603) werden nicht nur die Karawanenwege kontrolliert, sondern auch Gebiete der Hausa (Kano) sowie Nordkamerun erobert. In der Folge wird die Autorität der Herrscher durch innere Konflikte geschwächt, das Herrschaftsgebiet verkleinert sich.

1879–1900 RABIH (*um 1842, †1900), ein arabischer Sklavenhändler, begründet einen Staat rund um den Tschadsee, dem er auch Borno (1893) einverleibt.

1900, 22. April Nach dem Sieg französischer Truppen über RABIH bei Kousséri **wird das Tschadseebecken** unter Frankreich (Kanem), Großbritannien (Borno) und Deutschland (Adamawa) **aufgeteilt**. Als verkehrstechnis entlegene Gebiete bleibt die koloniale Durchdringung in den Regionen um den Tschadsee vergleichsweise gering.

1910 Tschad wird Teil von Französisch-Äquatorialafrika.

Das zentralafrikanische Feuchtsavannengebiet

Diese westlich an das Obernil-Gebiet anschließende Region wird bis in die neueste Zeit von nichtzentralisierten Gesellschaften geprägt. Im 16. Jh. gründen die Mangbetu einen Staat am oberen Ubangi. Seit dem 17. Jh. begründen die Azande ein **System miteinander verbündeter kleiner Häuptlingstümer**, das sich im Verlauf der folgenden Jh.e ständig in südlicher und östlicher Richtung ausbreitet. Die militärisch überlegenen Azande unterwerfen fremde Gruppen, setzen jeweils einen Prinzen ihres Herkunftsgebietes als Häuptling ein und bilden selbst eine privilegierte Aristokratenschicht. Die Unterworfenen werden kulturell assimiliert. Die Azande und Mangbetu zeichnen sich durch künstlerisch besonders formvollendete Gebrauchsgegenstände aus. Im 19. Jh. sind die Bewohner der Region den Raubzügen nubischer Sklavenhändler ausgesetzt, bis die ägyptische Verwaltung auf die Stützpunkte der Sklavenhändler ausgedehnt wird.

Teile der Region geraten 1886–1898 in den Einflussbereich des Mahdisten-Staates und unterliegen erneut den nun von dort ausgehenden Sklavenzügen. Ende des Jh.s teilen die anglo-ägyptische, die französische und die kongostaatliche Kolonialmacht die gesamte Region unter sich auf (Faschoda-Krise 1898, Sudanvertrag 1899). Die einheimischen politischen Institutionen werden überall weitgehend abgeschafft, und Missionare erhalten Wirkungsmöglichkeiten. Unter wirtschaftlichen Gesichtspunkten ist die Region wegen der Verkehrslage für die Kolonialmächte eher von marginaler Bedeutung, daher werden die einheimischen dörflichen Sozialstrukturen relativ wenig beeinflusst.

Die westlichen Staaten Zentralafrikas

In der Gegend des Malebo Pool bilden sich im 11. Jh. staatliche Institutionen heraus, die in der Folge mehrere Staaten der westlichen Hochländer prägen. Im 14. Jh. gründet Wene den Staat Kongo, in dem zahlreiche Häuptlingstümer und die bereits existierenden Staaten Mpangu und Mbata aufgehen. Gleichzeitig existieren die Staaten Loango und Tio, weitere werden in der Folgezeit in Nachbargebieten gegründet. Im Kongo wie in seinen Nachbarstaaten wird das Land mithilfe einer Hierarchie vom König eingesetzter territorialer Würdenträger regiert; nur auf Dorfebene gibt es die Ältesten der matrilinearen Abstammungsgruppen als Dorfhäuptlinge.

ab um 1480 Nzinga Nkuwu (†um 1508) ist König in Kongo.

1482 Diogo Cão (†um 1486) erreicht Kongo und leitet diplomatische Beziehungen zwischen diesem und Portugal ein. – Katholische Missionare werden ins Land gebracht.

1491, 3. Mai Der König lässt sich taufen und nimmt den Namen João I. an.

1508–1543 Unter Afonso I. (*um 1455, †1543) sind die Beziehungen zu Portugal besonders eng. Portugiesische Missionare und Handwerker kommen nach Kongo. Während ihre Aktivitäten vom König gewünscht und gefördert werden – umfangreiche **Christianisierung** der Bevölkerung –, entstehen Spannungen infolge von Willkürhandlungen portugiesischer Sklavenhändler, deren Interessen immer mehr auch bei den portugiesischen Diplomaten durchschlagen. Die Beziehungen zwischen dem christlichen Kongo und Portugal sind daher auch in der Folgezeit eher gespannt, z. T. kommt es zu kriegerischen Konflikten.

16. Jh. Bei den Bolya am Malebo Pool entsteht im 16. Jh. ein Staat mit einem König an der Spitze. Dessen Macht wird allerdings dadurch eingeschränkt, dass alle lokalen Ämter ebenfalls erblich sind. Die Pangwe aus Nordkamerun beginnen im 18. Jh., in den Regenwald von Kamerun einzudringen, und besetzen nach und nach weite Gebiete im Westen. Dies ist nur ein Fall unter vielen, bei dem Gruppen aus der Savanne in den Wald eindringen und kulturelle und politische Transformationsprozesse auslösen.

um 1560–1620 Die Jaga, eine aus Zentralafrika eindringende Kriegergesellschaft, die sich durch – oft mit Zwang verbundene – Integration von Unterworfenen rasch vergrößert, verwüsten weite Gebiete (1568 Zerstörung von São Salvador [M'banza Kongo], Hauptstadt des Kongo), bis sie in Teilen der Region ansässig werden.

16./17. Jh. Das Königreich Ndongo südlich von Kongo liegt fast ständig im Krieg mit den Portugiesen, die vom Hafen Luanda aus operieren.

1653 Der größte Teil des Reiches muss an die Portugiesen abgetreten werden, die die **Kolonie Angola** errichten.

1685–1710 In Kongo gibt es permanent heftige Thronwirren. Die Folge davon ist, dass am Ende der König nur noch dem Anspruch nach Herrscher über ein größeres Gebiet ist, während de facto das Königreich in zahlreiche weitgehend autonom agierende Häuptlingstümer zerfällt. Das **Christentum verschwindet** weitgehend. Die kulturellen Einflüsse Portugals erweisen sich als wenig dauerhaft.

19. Jh. Am gesamten unteren Kongo entwickelt sich ein übergreifendes Handelssystem, das vom Königreich Tio nur teilweise kontrolliert wird und durch welches Landesprodukte aus dem Inneren (und weiterhin auch Sklaven) gegen europäische Güter ausgetauscht werden. Die Bangala, Fischer am mittleren Kongo, bauen ein Handelsnetz mit Beziehungen zum Tio-Königreich auf. Lingala entwickelt sich zur Verkehrssprache. Mitte des Jh.s dringen Sklavenjäger aus Ostafrika in die Waldregion ein und richten mithilfe einheimischer Truppen, den Manjema, in zahlreichen Sklavenkriegen große Verheerungen an. Nyangwe und Kasongo am oberen Kongo (am Waldrand) sind die Zentren des Sklavenhandels.

1874–1891 Der Sklavenhändler Tippu Tip (*1837/38, †1905) beherrscht die östlichen Waldländer, 1890/91 als Gouverneur des Kongo-Staates.

bis 1900 Die gesamte Region wird vom **1885 gegründeten Kongo-Staat des belgischen Königs Leopold II.** (*1835, †1909), von Portugal oder Frankreich unterworfen. In Fortsetzung von Tendenzen des 19. Jh.s verlagert sich das politische und wirtschaftliche Schwergewicht der Region von den Hochebenen ganz an den Unterlauf des Kongo (Boma, Léopoldville, Brazzaville) und an die Küste (Luanda, Cabinda). Während Christianisierungsbestrebungen hier in der Folgezeit z. T. sehr aktiv sind (militantes Vorgehen gegen einheimische Glaubensformen), wird durch administrative Maßnahmen die Schulbildung auf elementare Kenntnisse beschränkt. Noch mehr als in den meisten anderen Regionen Afrikas wird die Bevölkerung in die Rolle eines Arbeitskräftereservoirs gedrängt.

Die Luba- und Lunda-Staaten in Zentralafrika

Nkongolo gründet um 1500 am oberen Kongo einen Staat der Luba, der ebenso wie drei etwa gleichzeitig entstandenen benachbarten kleineren Staaten jahrhundertelang bestehen bleibt. Alle Ämter im Staat werden vom König besetzt, und zwar nur mit Angehörigen aus der königlichen Familie.

Cibinda Ilunga, ein Angehöriger der Luba-Dynastie, gründet um 1600 den zentralen Lunda-Staat und nimmt den Titel *Mwaant Yaav* (König) an. Durch Eroberung werden vom Lunda-Staat des *Mwaant Yaav* zahlreiche Nachbargebiete inkorporiert. Die entfernteren Gebiete hingegen bleiben unter ihren bisherigen Häuptlingen als Tributärgebiete weitgehend autonom. Abwandernde Lunda-Gruppen errichten im 17. Jh. nach dem Vorbild des Staates des *Mwaant Yaav* in weitem Umkreis weitere Staaten: Kasanje in Westangola, mehrere Staaten am Kwango, der Bemba-Staat in Nordsambia.

um 1700 Nganda Bolonda wird Gouverneur der östlichen Lunda-Gebiete am Luapula mit dem Titel *Mwata Kazembe* (Statthalter). Nachdem sein Sohn Kaniembo vom *Mwaant Yaav* als selbstständiger Herrscher anerkannt ist, entwickelt sich hier in der Folgezeit der mächtigste der Lunda-Staaten.

ca. 1850–1900 Die Luba- und Lunda-Staaten werden auf allen Seiten von Eindringlingen, die aufgrund ihrer Ausrüstung mit Feuerwaffen militärisch überlegen sind, bedrängt und müssen starke Einbußen ihrer Herrschaft hinnehmen. Im Westen dringen viele kleine Gruppen der Chokwe, eine Jäger- und Händlergruppe, in Lunda-Gebiete ein, reißen in einzelnen Lokalgruppen die Macht an sich und missachten den Machtanspruch des jeweiligen Lunda-Herrschers. Weite Gebiete werden somit politisch in kleine Chokwe-Häuptlingstümer aufgelöst.

ab 1869 Im Osten errichtet Msiri (*um 1830, †1891) aus Unyamwezi (Tansania) eine eigene Herrschaft und kann weite Gebiete von Lunda-Kazembe an sich reißen. Im Nordosten der Luba-Staaten verbreiten arabische Sklavenhändler aus Sansibar Unruhe. Ende des Jh.s werden die meisten Gebiete vom Kongo-Staat, andere von Portugal und Großbritannien annektiert. In der Kolonialzeit werden die einheimischen politischen Strukturen stark transformiert. Der **Einfluss der kolonialen Fremdherrschaft** ist besonders **intensiv**, weil hier die Industrien des Kupfergürtels von Katanga und Nordrhodesien (Sambia) entstehen.

Oberes Kasai-Gebiet

In dem Grenzgebiet zum Regenwald am oberen Kasai entstehen im 16. Jh. sukzessive die politischen Systeme der Kuba und Lele. Um 1700 ergreift bei den Kuba der Usurpator Shangobolongongo die Macht, baut die staatlichen Institutionen aus und führt viele Neuerungen ein. Der Kuba-Staat, in dem die Macht des Herrschers mit lokalen Würdenträgern geteilt wird, erhält damit für Jahrhunderte seine wesentliche Gestalt. Bei den Lele hingegen hat das Herrscheramt wahrscheinlich rein rituelle Funktionen. Die Macht liegt dort bei den Altenräten der Lokalgruppen. In diesem Gebiet – besonders bei den Kuba – liegt ein Zentrum afrikanischer Plastik und Holzschnitzkunst. Ende des 19. Jh.s werden die Kuba und Lele in den Kongo-Staat integriert. Die koloniale Herrschaft bewirkt die grundlegende Transformation älterer politischer Institutionen sowie kulturelle Zäsuren: Die gesamte Hofkunst und das Zeremonialwesen verschwinden.

Mittelkongo (Französisch-Kongo) (1880–1944/45)

1880, 10. Sept. Der Franzose Pierre Savorgnan de Brazza (*1852, †1905) stößt auf seiner zweiten Expedition von Gabun aus über den Lefini nach Kongo (Zaire) vor und schließt in Stanley Pool einen Protektoratsvertrag mit dem Herrscher (*Makoko*) des Reiches Tio (Teke), das den Zwischenhandel am Kongo vom Teke-Plateau aus kontrolliert. Auf einem kurz darauf abgetretenen Landstück entsteht das spätere Brazzaville.

1882, 21. Nov. Der Vertrag wird vom französischen Parlament ratifiziert und bildet die Grundlage für die französische Expansion ins Hinterland Äquatorialafrikas durch den Zugriff auf den schiffbaren Teil des mittleren Kongo.

1883, März–Juni Serie von Vertragsabschlüssen an der Loango-Küste durch de Brazza und Errichtung zahlreicher Posten, u. a. in Pointe-Noire.

1884/85 Auf der Berliner Kongokonferenz verliert Frankreich den Zugang zur Kongomündung, die Südgrenze (Cabinda) wird mit Portugal ausgehandelt (17. Mai 1885) und zugleich setzt mit der Errichtung des ersten Postens am Ubangi (Nkoundjia) die Nordexpansion ein.

1887, 27. April Ubangi und Kongo werden als Grenze zum belgischen Einflussgebiet festgelegt.

1899 Konzessionsgesellschaften für den Kautschuk- und Elfenbeinerwerb erhalten riesige Ländereien (insgesamt etwa 95 % des Landes) für 30 Jahre. Ihre Zwangsmaßnahmen und Übergriffe führen zur Entsendung einer Untersuchungskommission (1905) und zur Reduzierung der Landkonzessionen auf etwa 1 % des Landes (1910/11).

1910, 15. Jan. Französisch-Kongo, seit 1903 Mittelkongo genannt, wird **Teil der Föderation Französisch-Äquatorialafrika** (Sitz in Brazzaville). Zur Föderation gehören weiterhin Gabun (französische Kolonie seit 1854) und die 1894 eroberten Gebiete im Norden (Oberbangui bzw. Ubangi Schari, zeitweilig mit dem Tschad [1900 französisches Militärterritorium, 1920 eigenständige Kolonie als Teil von Französisch-Äquatorialafrika] zusammen verwaltet [heute Zentralafrikanische Republik]). Mittelkongo ist (außer 1903–1906) einem Untergouverneur unterstellt.
| Forts. S. 1955, 1957, 1962 |

1911, 4. Nov. Marokko-Vertrag: Der Nordteil Mittelkongos wird an das deutsche »Schutzgebiet« Kamerun abgetreten, die direkte Verbindung zu Ubangi Schari unterbrochen. Die Gebiete fallen im Ersten Weltkrieg wieder zurück an Frankreich.

1922–1934 Bau der Eisenbahn Pointe-Noire–Brazzaville (einzige Strecke in Französisch-Äquatorialafrika). Afrikanische Arbeiter werden in der Regel zwangsrekrutiert, über 20 000 von ihnen kommen bei den Bauarbeiten um.

1925–1941 Unterstellung Mittelkongos unter den Generalgouverneur Französisch-Äquatorialafrikas.

1926 Die seit Anfang der 20er-Jahre von Belgisch-Kongo

übergreifenden sozioreligiösen Protestbewegungen gegen die Fremdherrschaft (»Kimbanguismus«) erhalten in Mittelkongo v. a. durch Gründung der *Amicale des originaires de l'AEF* unter André Matswa (*1899, †1942), in der Vertreter der älteren und der westlich gebildeten neuen Führungsschicht zusammenarbeiten, eine nationalistische Ausprägung.

1930 Nach seinem Aufruf zur Beseitigung der Unterprivilegierung (1928) wird Matswa verhaftet; er wird für Teile der Bevölkerung zum Symbol des Protestes gegen die Kolonialmacht. Es folgen Streiks und Widerstandsaktionen.

1940, Aug. Mittelkongo schließt sich dem Tschad in der Unterstützung des Freien Frankreichs unter General Charles de Gaulle an und wird zu einer wichtigen Basis im Krieg.

1944, 30. Jan.–8. Febr. Auf der Konferenz von Brazzaville mit General de Gaulle und den Administratoren der französischen Afrikagebiete wird eine größere afrikanische Beteiligung bei eigenen Angelegenheiten anvisiert. | Forts. S. 1963 |

Belgisch-Kongo (1876–1944/45)

Henry Morton Stanley (*1841, †1904) durchquert von Sansibar aus (Abreise 17. Nov. 1874) Afrika von Osten nach Westen. Von Nyangwe am Kongo (heute DR Kongo) entlang, dessen genauen Verlauf er als erster Europäer erkundet, über das spätere Stanley Falls und Stanley Pool erreicht Stanley nach 999 Tagen bei Boma die Kongo-Mündung (9. Aug. 1877).

1876, Sept. Auf der Internationalen Geografischen Konferenz in Brüssel wird die vom belgischen König Leopold II. (*1835, †1909) dominierte *Association Internationale Africaine* gegründet.

1878, 25. Nov. Nachdem Stanley seine »Entdeckungen« Leopold II. angeboten hat, gründet dieser das sog. *Comité d'Etudes du Haut-Congo* (1882 umbenannt in *Association Internationale du Congo* [AIC]).

1879 Einer von Leopold II. ausgesandten Expedition schließt sich der in seine Dienste getretene Stanley an.

1880–1884 Im Verlaufe der Erforschung Kongos schließt Stanley etwa 400 Verträge ab und errichtet 40 Posten, v. a. am unteren Kongo um Léopoldville (1881), aber auch bis zu den Stanley Fällen (1883).

1884 Der Kongo-Freistaat wird von den USA (April) und dem Deutschen Reich (Nov.) anerkannt.

1884, 15. Nov.–1885, 26. Febr. Nachdem das französische Vordringen die portugiesische Annexion von Cabinda und der umliegenden Gebiete nördlich des Kongo (1883–1885) veranlasst hat, wird auf der **Berliner Kongokonferenz** »allen Nationen« freier Zugang und »Nichtdiskriminierung« im Handel für das Gebiet des »Kongobeckens« zugesichert (breiter Streifen von der West- bis zur Ostküste Afrikas, mit dem heutigen Staatsgebiet der DR Kongo als Kernstück). Zudem erfolgt eine Verständigung über die freie Schifffahrt auf Kongo und Niger sowie eine Festsetzung und Abgrenzung der bisherigen Besitzungen an der afrikanischen Küste (weitere Gebietsansprüche werden mit dem Nachweis tatsächlicher Okkupation gekoppelt). Außerdem werden die Ansprüche der AIC auf das Gebiet der heutigen DR Kongo als Kongo-Freistaat anerkannt. Afrikanische Vertreter sind auf der Konferenz nicht zugelassen.

1885, 1. Juli Nach offizieller belgischer Autorisierung (23. April) zur Souveränitätsausübung über dieses Gebiet erklärt Leopold II. sich zum Eigentümer. Er erlässt eine **Verfassung für den Kongo-Freistaat** (30. Okt.) und richtet dafür ein eigenes Kabinett sowie eine Streitmacht (*Force publique* 1888) ein. Die Hauptstadt wird von Vivi nach Boma verlegt (1886).

1887, Febr. Der aus Sansibar stammende Elfenbein- und Sklavenhändler Tippu Tip (*1837/38, †1905), der einen riesigen Herrschaftsbereich kontrolliert (Kernstück zwischen den Flüssen Lomani und Lualaba, Sitz in Kasongo), wird vom Kongo-Freistaat als Gouverneur des Ostteils eingesetzt. Tippu Tip zieht sich 1892 nach Sansibar zurück.

1887 In Musumba schließt eine portugiesische Expedition mit dem Lunda-Herrscher Mutianvua einen Vertrag, durch den der Kasai später zur Grenze mit Angola wird.

1889 Der Kongo-Freistaat erklärt alles unbesetzte Land zum Kronland, das zusammen mit Hoheitsfunktionen an private Konzessionsgesellschaften vergeben wird (Katanga 1891, Anversoise im Nordwesten 1892, Kwango und Kasai im Südwesten sowie Grands Lacs im Nordosten 1897), an denen Leopold II. z. T. mit 50 % beteiligt ist.

1891, 21. Sept. Elfenbein und Kautschuk werden Staatsmonopol, für die Bevölkerung wird Zwangsarbeit verordnet (6. Okt.). Durch die hemmungslos vorangetriebene Raubwirtschaft werden Handels- und Sozialstrukturen weitgehend zerstört. Die *Force publique* vollzieht blutige Terrormaßnahmen.

1892–1894 Zusammenbruch der Allianz zwischen Belgiern und »Arabern«. Die Belgier werden von einer etwa 10 000 Mann starken Armee unter Sefu (*1860, †1893) geschlagen, doch kann die *Force publique* Nyangwe und Stanley Falls besetzen. Während dieser Kämpfe werden weite Landstriche verwüstet.

1896 Etwa 10 % des Bodens in der Mitte des Kongo-Freistaates werden zur Krondomäne erklärt (seit 1901: *Fondation de la Couronne*). Ihre Überschüsse finanzieren öffentliche Arbeiten in Belgien.

1898 Fertigstellung der ersten Eisenbahnlinie zwischen Matadi und Léopoldville. Für den Bau (seit 1890) sind etwa 50 000 Arbeiter zwangsrekrutiert worden.

1900, 19. Juni Der Südteil des Kongo-Freistaates wird der privaten Gesellschaft *Comité Special du Katanga* unterstellt, die nur politische und administrative Vollmachten erhält und eigenes Militär unterhält. Der Kontakt zur Hauptstadt Boma ist minimal.

1904 Kampagnen gegen die **»Kongogräuel«**, v. a. in Großbritannien (*Congo Reform Association*) und den USA, erhalten durch einen Bericht des britischen Konsuls in Boma, Roger David Casement (*1864, †1916), Auftrieb.

1906/08 Der Bericht einer internationalen Untersuchungskommission (1905) hat Einfluss auf die belgische Öffentlichkeit, sodass Leopold II. angesichts einer Krise der Kautschukpreise den Kongo-Freistaat an Belgien abtritt (vom Parlament am 18. Okt. 1908 bestätigt, endgültige Annexion am 15. Nov. 1908). Die Finanzen werden von denen Belgiens getrennt, das den Besitz der *Fondation de la Couronne* an Gebäuden und Land in Belgien übernimmt (etwa 60 Mio. Francs, belgische Kredite und Gehaltszahlungen für den Kongo-Freistaat betrugen bis dahin etwa 40 Mio. Francs). Zugleich verfügt die neue Verfassung (*Charte coloniale*) ein Verbot politischer Betätigung in Belgisch-Kongo, Mitglieder des Rates der Regierung in Léopoldville werden bis 1957 ernannt, nicht gewählt.

1910–1912 Versuche, die schlimmsten Auswüchse des bisherigen Systems abzuschwächen, sind wenig erfolgreich: Trotz Verbots der Zwangsarbeit (2. Mai 1910) wird diese durch hohe, nur in Geld abzuleistende Steuerzahlungen praktisch beibehalten. Die Auflösung der von Leopold II. vergebenen Landkonzessionen (22. März 1912) ändert wenig an der Dominanz europäischer Unternehmen mit umfangreichen Bodenkonzessionen und monopolistischen Rechten. Die bisher durch Raubwirtschaft und Dezimierung der Bevölkerung behinderte wirtschaftliche Entwicklung wird forciert, v. a. durch die von der belgischen *Société Générale* (50 % Staatsanteil, enge Verflechtung wirtschaftlicher und politischer Ziele) kontrollierte *Union Minière du Haut Katanga*, die mit dem Abbau der riesigen Kupfererzlager in Katanga beginnt (1906/09).

1910 Die Eisenbahnlinie von Südafrika erreicht Katanga, das von Kongo übernommen wird, aber einen Sonderstatus unter einem Vizegeneralgouverneur erhält.

1916 Die *Force publique* unterstützt die britische Offensive in Deutsch-Ostafrika und besetzt im Juni Ruanda-Urundi, das Belgien in einer Übereinkunft mit Großbritannien zur Verwaltung übertragen erhält (30. Mai 1919). Das Mandatsgebiet wird am 21. Aug. 1925 Belgisch-Kongo administrativ angegliedert (heute Ruanda und Burundi).

1920 Sprunghafter Anstieg der Zahl afrikanischer Lohnarbeiter von 47 000 (1917) auf 125 000 (1939: 530 000) durch eine günstige wirtschaftliche Entwicklung. Kupfer, Kohle, Zinn sowie später Kobalt, Wolfram, Uran und Diamanten (in Kasai) machen Kongo zu einem der begehrtesten Rohstofflieferanten. In Katanga entsteht unter Führung der *Union Minière* eines der größten Industriegebiete Afrikas (1923 drittgrößtes Kupfer-Abbaugebiet der Welt).

1925 Die *Union Minière* beginnt mit der später auch von anderen Unternehmen eingeführten »stabilisierten Arbeitskräftepolitik«: Abkehr vom Prinzip der Wanderarbeit, Ansiedlung der Arbeiter mit ihren Familien am Arbeitsplatz und Bereitstellung äußerst geringer sozialer Dienstleistungen. In der Folge entstehen Bevölkerungsballungsgebiete (bis 1945 etwa 15 % der Bevölkerung) mit einem großen Anteil Zuwanderer in den nicht von Europäern bewohnten Stadtgebieten und den industriellen Zentren (Arbeiterlager).

1926, 11. Febr. Das Aufkommen prophetischer Bewegungen (u. a. des »Kimbanguismus« um 1921 und des »Kitwala-Kults« um 1925) mit Lehren, die das Aufstandsrecht der Unterdrückten aus der Bibel ableiten, führen zum Verbot aller afrikanischen – auch religiösen – Organisationen.

1926 Léopoldville (später Kinshasa) wird anstelle von Boma Hauptstadt.

1926/33 Die 1910 begonnenen und 1918–1924 vorangetriebenen Reformen im Bereich lokaler Administration führen durch Reduzierung der Zahl der *Chefferien* (1917: 6095, 1935: 2496, 1958: 343) zur administrativen Straffung, zugleich auch zur Machtanhäufung bei den von der Kolonialverwaltung häufig willkürlich eingesetzten »traditionellen« lokalen Herrschern (eingeschränkte Funktionen im Bereich lokaler Selbstverwaltung). Diese »indirekte Herrschaft« scheitert an der belgischen Paternalismus-Politik, die den Afrikanern einen tatsächlichen Zugang zu administrativen und politischen Funktionen fast unmöglich macht. Gestützt wird die Paternalismuspolitik durch eine sehr enge Kooperation und Verflechtung zwischen Kolonialverwaltung, privaten Wirtschaftsunternehmen (u. a. *Union Minière, Forminière*) und den seit dem Konkordat (1906) mit dem Vatikan (Vorzugsstellung belgischer Missionen, dafür 200 ha Land pro Missionsstation) außergewöhnlich privilegierten Kirchen, die ihr Erziehungswesen auf die Ausbildung von Hilfskräften für untergeordnete Produktions- und Dienstleistungsaufgaben beschränken.

1928 Die *Société Générale* absorbiert die *Banque d'Outre-Mer* und kontrolliert damit 70 % des in Kongo investierten Kapitals.

1931 Eröffnung der Eisenbahnlinie von Benguela (Angola) nach Katanga.

Im Zuge einer Zentralisierung der Administration werden 1933 sechs statt vier Provinzen eingerichtet. Auch Katanga wird Provinz, jedoch gegen den Widerstand der dort ansässigen Europäer (langjährige Forderungen nach direkter Unterstellung unter die belgische Regierung, 1931 Sezessionspläne), die eine Einbuße ihrer Vorherrschaft befürchten. Durch die zwangsweise eingerichteten Siedlungen von Afrikanern (*paysannats indigènes*, Kontrolle des Wanderfeldbaus) mit Residenzpflicht der Bewohner (bis 1958 etwa 200 000) schafft sich die Kolonialmacht seit 1933 ein weiteres Überwachungsinstrument. Der Druck auf die Landbevölkerung führt zu vermehrter Abwanderung in die Städte. Die Folgen der Weltwirtschaftskrise bekommen v. a. die afrikanischen Bauern zu spüren, die mit Zwang zur Erhöhung der ländlichen Produktion gebracht werden sollen. Zwischen 1941 und 1944 kommt es zu Aufständen, Streiks und Meutereien der *Force publique*. In der Folge versucht die Kolonialverwaltung, die Opposition durch Gewährung kleinerer Privilegien zu beschwichtigen.

| Forts. S. 1964 |

Südliches Afrika bis 1945

Von Moçambique bis Angola erstreckt sich ein breiter Streifen von Hochebenen, die zumeist Trockenwald oder Trockensavannen, in Richtung der Regenwaldzone Feuchtsavannen tragen. Im gesamten Gebiet finden sich neben Wildbeutern und Jägern Feldbauern. Der Anbau ist fast überall ein extensiver Brandrodungsfeldbau.

Die Länder südlich der Flüsse Sambesi, Cubango und Kunene sind überwiegend Trockengebiete, also Trockensavannen und Dornbuschsavannen. Nur die östlichen Gebirge und Küstenregionen sind z.T. besser beregnet, sodass im Kapland partiell eine mediterrane Flora wächst. Entsprechend der geografischen und ökologischen Lage besiedeln v.a. agrarisch geprägte Gesellschaften die Region relativ spät und nur in Teilräumen.

Die Angola-Sambesi-Region

In den Trockensavannen des zentralen Angola bis zur Küste von Moçambique und dem südlichen Tansania erstreckt sich ein Gebiet mit kulturell relativ ähnlichen Gesellschaften, die politisch meist in kleine, relativ autonome matrilineare Gruppen oder kleine Häuptlingstümer (z.B. Ambwela und Luchazi in Angola, Tonga und Cewa in Sambia, Yao und Makua in Moçambique) zerfallen, oft bis in die Kolonialzeit hinein.

An zwei Stellen bilden sich in dieser Region im 17. Jh. dennoch Staaten heraus: In dem fruchtbaren oberen Sambesi-Tal entsteht der **Staat der Lozi** (Rotse). Die staatstragende Gruppe der Lozi bildet eine Art von Aristokratie und stellt die Herrscherdynastie. Am Westufer des Malawisees entsteht ein **Herrschaftsgebiet Malawi**, das seine Macht auf die Kontrolle einer Handelsstraße zur Ostküste stützt. Die politischen Entwicklungen um die Zulu in Südafrika haben auch ihre Auswirkungen auf die Angola-Sambesi-Region, und zwar in besonderem Maße auf die erwähnten Staaten.

In den südwestlichen Hochländern entwickelt sich ein landwirtschaftliches System, in dem neben dem Feldbau auch die Rinderhaltung von Bedeutung ist.

Anfang 16. Jh. Die Jaga, die in vorangehenden Jahrzehnten die Staaten im Norden immer wieder zu kriegerischen Konflikten provoziert haben, begründen in dieser Region mehrere Staaten, unter denen Bié der bekannteste ist. Teile der Bevölkerung von Bié wollen sich der Herrschaft nicht unterwerfen und wandern wahrscheinlich in die trockenen Küstenregionen ab (u.a. die Kuvale, Himba und Chimba).

19. Jh. Die Ovimbundu reißen den Zwischenhandel mit Sklaven vom Binnenland zu den portugiesischen Siedlungen an der Küste an sich; erst um 1850 geht dieser Handel merklich zurück. Ende des Jh.s wird fast die gesamte Region der portugiesischen, der äußerste Süden (Ovambo, Herero) der deutschen Kolonialherrschaft unterworfen. Die durch die europäische Fremdherrschaft ausgelösten gesellschaftlichen Veränderungen sind besonders tief greifend. Die zunehmende Verwundbarkeit der einheimischen politischen Strukturen ist mit wirtschaftlichem Niedergang verbunden (Verlust der Rolle als Händler bei den Ovimbundu, Verlust der Rinderherden bei den Herero, Verlust der Rechte an großen Landgebieten, die europäischen Siedlern zugeteilt werden).

1835–1846 Die Ngoni überqueren den Sambesi und verheeren weite Strecken Zentralafrikas. Der Malawi-Staat wird zerstört. In der Nähe des Malawisees siedelt sich ein Teil der Ngoni ständig an.

1836–1864 Die Kololo, eine vor den Zulu und anderen Nachbarn geflohene Sotho-Gruppe, erobern unter Sebetwane (†1851) den Lozi-Staat, wo sie sich als eine Aristokratie etablieren und selbst den Herrscher stellen. Als sie in einem Aufstand der Einheimischen vernichtet werden (1864), bleiben wesentliche Aspekte ihrer Kultur, so die Sotho-Sprache, bewahrt.

1885–1916 Die alte Lozi-Dynastie kann sich erneut etablieren. Nach heftigen Thronwirren gewinnt König Lewanika (*1842, †1916) die Herrschaft und kann dem Staat eine stabile Struktur verleihen. Er fördert die Tätigkeit von Missionaren.

1890 Lewanika schließt einen Protektoratsvertrag mit der *British South Africa Company* ab, durch den der Lozi-Staat formal zunächst viele Autonomierechte unter der britischen Herrschaft bewahren kann.

um 1900 Alle Gebiete der Region sind **der portugiesischen oder britischen Kolonialherrschaft unterworfen**, zunächst mit vergleichsweise geringen Einfluss. Am ehesten noch sind Missionsaktivitäten wirksam, z.B. in Nyasaland (Malawi). Die einheimische Bevölkerung bildet jedoch ein Reservoir von Wanderarbeitern, die im Kupfergürtel und in Südafrika Bekanntschaft mit städtischer und industrieller Kultur machen.

1911 Die Gebiete nördlich des Sambesis werden zum **Protektorat Nordrhodesien** erklärt.

1924 Nordrhodesien kommt unter direkte britische Kolonialverwaltung.

Angola (1836–1930/45)

1482 beginnen Portugiesen das heutige Angola zu erforschen und zu erobern, seit 1575 vom Militärstützpunkt Luanda aus. Sie stoßen jedoch auf heftigen Widerstand, v.a. der Reiche Lunda und Kasanje. Ab 1510 werden Sklaven v.a. ins heutige Brasilien verschifft. 1642–48 holländisch besetzt, wird Angola 1653 endgültig portugiesische Kolonie.

1836 Die Abschaffung des Sklavenhandels wird in Angola ignoriert und erst durch Aktionen Großbritanniens (ab 1845) allmählich durchgesetzt.

1836–1861 **Phase der portugiesischen Expansion**: neue *Pre-*

sídios in Duque de Bragança (1838), Moçâmedes (1840) und auf dem Huila-Plateau. Gleichzeitig werden Kaffee- und Zuckerrohrplantagen errichtet und die angolanischen Häfen für Händler anderer Nationen geöffnet (1844). Die Expansion trifft auf massiven einheimischen Widerstand.

1849/50 Beginn der Besiedlung des Südens mit 300 portugiesischen Siedlern aus Brasilien.

1855/56 Portugiesische Besetzung von Ambriz und Bembe. Die durch die Expansion ausgelösten Rebellionen verstärken sich durch die Anweisung der Portugiesen, dass Abgaben der Afrikaner nicht mehr in Sklaven, sondern in Geld und Handelsgütern bezahlt werden müssen.

1858 Die Sklaverei wird offiziell abgeschafft, jedoch eine Übergangsregelung für 20 Jahre gewährt.

1860 Nach der Ermordung eines von den Portugiesen nicht berücksichtigten Kongo-Thronprätendenten stößt eine portugiesische Expedition auf starken Widerstand im Kongo-Reich. Die portugiesische Kontrolle nördlich und östlich von Ambriz geht verloren, das Kasanje-Reich löst sich wieder von der portugiesischen Oberherrschaft (1863).

1883–1885 Französisches Vordringen veranlasst die portugiesische **Annexion von Cabinda** und den umliegenden Gebieten nördlich des Kongo.

1884, 26. Febr. Ein portugiesisch-britischer Vertrag bestätigt die Annexion und räumt den Briten Sonderrechte für den Kongo ein. Er stößt auf Protest von Händlern, Missionaren sowie einigen europäischen Regierungen und wird ein Anlass für die Abhaltung der Berliner Afrikakonferenz (1884/85), auf der die portugiesische Herrschaft lediglich über Angola und die Cabinda-Enklave anerkannt wird.

1890–1903 Mit der portugiesischen Unterwerfung der Ovimbundu-Reiche beginnt die militärische Eroberung des Inlandes.

1891, Juni Versuche, eine territoriale Verbindung zwischen Angola und Moçambique herzustellen, werden nach einem britischen Ultimatum in einem britisch-portugiesischen Vertrag endgültig blockiert.

1898, 30. Aug. Ein Geheimvertrag Großbritanniens mit dem Deutschen Reich sieht die Aufteilung Angolas vor, falls Portugal einen deutschen Kredit nicht zurückzahlen kann, doch sichert sich Großbritannien zu Beginn des Burenkrieges in Südafrika die portugiesische Unterstützung durch ein Schutzangebot im Geheimvertrag von Windsor (15. Okt. 1899).

1899, 9. Nov. Verstärkung der Zwangsarbeit (seit 1878) für Afrikaner. Alles Land wird Staatsbesitz, außer wenn es nachweisbar Privatbesitz ist (1901, pauschaler Ausschluss von Afrikanern wegen ihres vermeintlich kollektiven Landrechts).

1917 Nach Unruhen in der Amboim- und Seles-Region und einem Protestmarsch demobilisierter afrikanischer Soldaten werden zahlreiche *Assimilados* (portugiesisch gebildete Afrikaner, oft Mischlinge) verhaftet.

1922 Verbot der 1912/13 aus Sozialklubs der Mischlinge hervorgegangenen *Liga Angolana*, der ersten afrikanische Interessen vertretenden Partei, sowie der Parallelorganisation *Gremio Africano*. Zwangsarbeit ist in der Kolonie gängige Praxis.

1929 Gründung der Nachfolgeorganisation *Liga Nacional Africana*. Eine Welle von Deportationen (1928–1930) führt zu einem Exodus von *Assimilados*.
Die Fertigstellung der Benguelabahn ermöglicht eine Verbindung zu den Kupferminen in Katanga. Kaffee wird zum wichtigsten agrarischen Exportprodukt.

1926–1930 Unter der Regierung António de Oliveira Salazar in Portugal wird die seit 1914 schrittweise begonnene Delegierung von Zuständigkeiten an lokale Gremien der Kolonien rückgängig gemacht.

1940 Ein Konkordat festigt die Allianz von Kolonialstaat und katholischer Kirche. | Forts. S. 1969 |

Moçambique (1752–1942/45)

Portugal erobert 1505 Sofala und dringt danach im Sambesital ins Landesinnere vor. 1607 erobern die Portugiesen das Bantureich Monomotapa und dessen Goldminen. **Moçambique** wird seit 1609 von einem Gouverneur regiert, wird aber erst **1752** von Goa abgetrennt und **eigenständige Kolonie**. Nach einem Abkommen mit den Oman-Arabern wird das Kap Delgado die Grenze des jeweiligen Einflussbereiches. Nachdem 1781 die Delagoa-Bucht Österreich abgenommen wird, entwickelt es sich bis weit ins 19. Jh. zum wichtigsten portugiesischen Sklavenhandelszentrum.

1831–1834 Ngoni unter Soshangane (†um 1857) zerstören das Fort in der Delagoa-Bucht und errichten (als Gaza bekannt) ihre Herrschaft im Gebiet von Portugiesisch-Ostafrika bis zum Sambesi (Tributzahlungen von den portugiesischen Ansiedlungen).

1869 Nachdem das Gazaland von Mzila nominell Portugal unterstellt worden ist (1862), schließt es einen Vertrag mit Transvaal (Grenzfestlegung).

1875 Portugiesische und britische Ansprüche auf die Delagoa-Bucht werden im »MacMahon Award« zugunsten Portugals entschieden, das das Gebiet südlich von Lourenço Marques erhält.

ab 1884 Bis zur Jahrhundertwende kommt es zu zahlreichen lokal begrenzten Aufständen gegen die portugiesische Kolonialherrschaft, oft ausgelöst durch Steuerforderungen oder Zwangsarbeit.

1885/86 Portugiesische Expansion in das Gebiet des heutigen Sambia.

1890, 20. Aug. Nach einem britischen Ultimatum (Jan.) werden die portugiesischen Expeditionen aus dem von Großbritannien beanspruchten Gebiet des heutigen Malawi zurückgezogen.

1891, 11. Juni Ein britisch-portugiesisches Abkommen regelt die Grenzen; Gazaland kommt zu Portugiesisch-Ostafrika. Die portugiesischen Pläne für eine Verbindung mit Angola müssen aufgegeben werden.
Monopol über Handel und Bergbau für drei große Konzessionsgesellschaften, die das Inland kolonialwirtschaftlich zu erschließen beginnen und Bedin-

gungen zur Besiedlung durch Europäer schaffen. Das Prazo-System kommt zum Erliegen.

1897/98 Lourenço Marques wird anstelle von Ilha de Moçambique Hauptstadt.

1898, 30. Aug. Ein britisch-deutscher Geheimvertrag (Angolavertrag) sieht die Aufteilung Moçambiques im Falle portugiesischen Unvermögens zur Rückzahlung eines deutschen Kredits vor.

1899, 15. Okt. Großbritannien sichert sich zu Beginn des Burenkrieges in Südafrika die portugiesische Unterstützung durch ein Schutzangebot (Geheimvertrag von Windsor).

9. Nov. Verstärkung der Zwangsarbeit (seit 1878) für Afrikaner. Alles Land wird Staatsbesitz, außer wenn es nachweislich Privatbesitz ist (Ausschluss von Afrikanern wegen vermeintlichen kollektiven Landnutzungsrechten).
Moçambiquer stellen die meisten Arbeitskräfte für die südafrikanische Minenregion (Witwatersrand).

1919 Nach Ende des Ersten Weltkrieges kommt das Kionga-Dreieck (Deutsch-Ostafrika) an Moçambique.

1920 Gründung der Zeitung »O Africano«, die regelmäßig die Ungerechtigkeiten des portugiesischen Kolonialsystems anklagt.

seit 1926 Unter der Regierung António de Oliveira Salazar in Portugal wird die seit 1914 begonnene Delegierung von Zuständigkeiten an lokale Gremien der Kolonien rückgängig gemacht und die Zwangsarbeit legalisiert.

1929 Gründung des *Gremio Africano* in Moçambique, aus dem sich die *Associão Africana*, deren Ziel die Unabhängigkeit ist, entwickelt. Ein radikalerer Flügel spaltet sich als *Instituto Negrófilo* ab (später in *Centro Associativo dos Negros de Moçambique* [CANM] umbenannt).

1942 Die Provinzen Manica und Sofala werden der Kolonialverwaltung unterstellt (bisher Moçambique-Gesellschaft). | Forts. S. 1974 |

Groß-Simbabwe und Südrhodesien

Groß-Simbabwe

um 1100 Der Bau von Steinmauern in Simbabwe beginnt.

um 1350–1450 Simbabwe genießt seine erste Blütezeit als Hauptstadt eines Staates. Es bestehen Handelsverbindungen zwischen dem Hochland von Simbabwe und arabischen Küstensiedlungen (Sofala). Aus Simbabwe kommt Gold, die Araber liefern Handwerksprodukte. Inwieweit diese Handelsbeziehungen mit einem intensiveren kulturellen Austausch verknüpft sind, ist schwer rekonstruierbar.

15./18. Jh. Einrichtung ausgedehnter Terrassen- und Bewässerungsanlagen bei Inyanga. Mit der Eroberung Sofalas durch die Portugiesen (1505) bricht der direkte Handel mit den Arabern ab. Handelsverbindungen zu diesen werden in der Folge über Malawi am Malawisee angeknüpft. Grundsätzlich aber treten an die Stelle der Araber die **Portugiesen als Handelspartner**, die auch ständig um feste diplomatische Beziehungen bemüht sind.

17. Jh. Den Portugiesen gelingt es zeitweilig, auf die Thronbesetzung Einfluss zu gewinnen und getaufte Katholiken ins Amt des *Mwene Mutapa* zu bringen.

17./19. Jh. Die Changamire, die bereits seit dem 15. Jh. im Nordwesten einem kleinen Staat vorstehen, erobern Ende des 17. Jh.s große Teile des Monomotapa-Reichs sowie den Torwa-Staat (Simbabwe). Es entsteht damit ein Staat der sog. Rozwi, unter dem Simbabwe eine zweite Blütezeit erreicht.

18. Jh. Ein zweiter Rozwi-Staat entsteht unter Cihunduro im Westen. Die Hauptstadt ist Khami, wo große Bauten errichtet werden.

um 1839 Die als Folge der Mfecane-Kriege (etwa 1817–1828) aus dem südlichen Afrika abgewanderten Ndebele unter Mzilikazi (*um 1790, †1868) besetzen das Rozwi-Reich und siedeln im Gebiet von Bulawayo.

1887, 30. Juli Mzilikazis Nachfolger Lobengula (*1833, †1894) schließt einen Vertrag mit dem von Transvaal ausgesandten Piet Grobler. Dieses Ausgreifen der Transvaal-Buren nach Norden veranlasst die Briten zum Eingreifen im Gebiet nördlich des Limpopo.

1888, 30. Okt. Lobengula gewährt Charles Rudd (*1844, †1916) eine Schürfrechtekonzession für Gold, auf deren Grundlage Cecil Rhodes' (*1853, †1902) **British South Africa Company** (BSAC) eine Charta der britischen Krone erhält (29. Okt. 1889).

Südrhodesien (1890–1945)

1890, 10. Sept. 180 Siedler und 500 BSAC-Polizisten kommen aus der Kapkolonie ins Gebiet der Shona (»Mashonaland«) und errichten Fort Salisbury. BSAC-Truppen besetzen Manicaland (6. Nov.), die Portugiesen werden vertrieben, Umtali wird Sitz der BSAC.

1891, April Das Gebiet nördlich Transvaals wird zum britischen Einflussgebiet erklärt, das der BSAC zugestandene Territorium unter britischen Schutz gestellt.

1893, Nov. Nach einem von BSAC-Truppen provozierten Zusammenstoß (Juli) kommt es zum Krieg der Ndebele gegen die BSAC, deren Truppen Bulawayo besetzen und zum Verwaltungssitz des besetzten »Matabeleland« machen. Lobengula flieht und stirbt. Die weiße Herrschaft in der Region zunächst jedoch fragil.

1895, 2. Mai Nach Einrichtung erster Ndebele-Reservate (1894) werden **Mashonaland** und **Matabeleland als Rhodesien** einem gemeinsamen Administrator mit Sitz in Fort Salisbury unterstellt.

29. Dez. Nach dem missglückten Einfall des Administrators von Rhodesien mit 500 BSAC-Polizisten in Transvaal (*Jameson Raid*) wird dem neuen BSAC-Administrator ein britischer Residierender Kommissar mit Kontrolle über die BSAC-Polizei zur Seite gestellt.

1896/97 Aufstand der Ndebele (März–Okt. 1896) und eines großen Teils der Shona (Juni 1896–Nov. 1897) im Chimurenga-Befreiungskrieg (Erster Chimurenga), bei denen rund ein Zehntel der britischen Siedler getötet werden.

1898 Um den Einfluss der BSAC einzudämmen, wird den etwa 13 000 Europäern Rhodesiens ein starkes Mitspracherecht im neu errichteten Legislativrat gewährt. Die Polizeitruppen werden einem britischen Generalkommandanten unterstellt. Die lokale Verwaltung wird eingesetzten »traditionellen« Herrschern (*chiefs*) überantwortet.

1898–1911 Einführung von Gesetzen, die Afrikaner diskriminieren: Einschränkung der Bewegungsfreiheit, Regulierung der Beschäftigung ungelernter Arbeiter, des Aufenthalts von Afrikanern in den Städten sowie der Rekrutierung von afrikanischen Arbeitskräften. Ende des Jh.s entwickelt sich rasch der Bergbau.

1907 Wegen ihrer wachsenden Bedeutung erhalten die gewählten Europäer die Mehrheit im Legislativrat.

1918 Nach einer Entscheidung des Londoner *Privy Council* wird das Land in Rhodesien zum Kronbesitz erklärt. Bis dahin sind die Afrikaner auf 22 % des Landes zurückgedrängt und etwa 64 % in Reservate abgeschoben worden, weitere 20 % sind Pächter auf europäischem Land.

ab 1920 Bildung von politischen Gruppierungen und Gewerkschaften, z. B. *Gwelo* (später *Southern Rhodesia*), *Welfare Association* und *Independent Industrial and Commercial Workers' Union of Rhodesia* (IICU, gegründet 1927). Lokal begrenzte Arbeitskämpfe und Streiks.

1923, 1. Sept. Nachdem in einem Referendum 59 % der Europäer für Selbstregierung und 41 % für die Union mit Südafrika gestimmt haben (27. Okt. 1922), wird **Rhodesien** formell als **britische Kronkolonie** annektiert. Die BSAC wird entschädigt, behält aber bis 1933 die Rechte an den Bodenschätzen.

1. Okt. Mit Inkrafttreten der neuen Verfassung wird Rhodesien eine sich selbst regierende Kolonie unter einem Premierminister und mit einem Gouverneur als Repräsentant der britischen Krone. Die ihr vorbehaltenen direkten Interventionsrechte für alle Angelegenheiten, die Afrikaner betreffen, werden nie angewendet.

1930/31 Das **Landverteilungsgesetz** verfügt die Aufteilung des Landes in ein europäisches Gebiet (52 % des Bodens sowie alle städtischen Gebiete inklusive der afrikanischen *townships* und aller Bodenschätze für etwa 52 000 Weiße) und ein afrikanisches Gebiet (48 % des Bodens für etwa 1,2 Mio. Afrikaner, davon 8 % zum Landkauf durch Afrikaner) sowie die »Rassentrennung« in allen sozialen und kulturellen Bereichen (u. a. Schulen, Kirchen). Zudem werden Maßnahmen eingeführt, die jede afrikanische Konkurrenz in landwirtschaftlichen Produkten ausschalten.

1936 Umfassendes Passgesetzsystem für Afrikaner nach südafrikanischem Muster.

1939–1945 Die Hauptstadt Salisbury wird ein wichtiges Zentrum der britischen *Royal Air Force*. Die städtische Wirtschaft boomt, die afrikanische Bevölkerung Salisburys wächst binnen weniger Jahre von 45 000 auf rund 100 000. | Forts. S. 1976 |

Deutsch-Südwestafrika (1878–1919/45)

1878, 12. März Großbritannien annektiert Walfischbai sowie ein Gebiet von 24 km im Umkreis und unterstellt es der Kapkolonie administrativ (1884).

1880 Der Oranje wird von Großbritannien als Nordwestgrenze der Kapkolonie bekräftigt.

1884, 24. April Der vom Bremer Kaufmann Adolf Lüderitz (*1834, †1886) 1882 erbetene deutsche Schutz für seine in Angra Pequena geplante Niederlassung wird für das Gebiet vom Oranje bis zum 26. Breitengrad gewährt.

7. Aug. Protektoratserklärung über Angra Pequena (Lüderitzbucht), schließlich auch über den Rest der Küste bis Kap Frio außer Walfischbai und über das Nama-Land.

28. Okt. Erstes rechtskräftiges »Schutzabkommen« zwischen Deutschem Reich und Bethanie-Nama.

1885, 28. Juli Berseba-Nama unter deutschem Protektorat. Verträge mit den Nama, Rehobothern und Herero schließen sich im Herbst an.

1886 Übertragung der Gebiete an die Deutsche Kolonialgesellschaft für Deutsch-Südwestafrika.

1890, 1. Juli Helgoland-Sansibar-Vertrag: Südwestafrika erhält den »Caprivi-Zipfel« im Nordosten.

1893, 12. April Angesichts einer drohenden Allianz von Herero und Nama überfallartiger Vernichtungsangriff deutscher Truppen gegen die als Hauptgegner angenommenen Nama unter Hendrik Witbooi (*um 1830, †1905), die sich ergeben und sich mit einem neuen Vertrag einverstanden erklären müssen (9. Sept. 1894).

1897 Eine Rinderpest vernichtet mindestens 60 % des Viehbestandes der Afrikaner und entzieht v. a. den Herero (etwa 95 % Verluste) die wirtschaftliche Basis. Diese verheerende Viehseuche, der zunehmende Landdruck durch den offiziell geförderten Zuzug von deutschen Siedlern und die bewusste Demütigung lokaler Anführer lösen bei den Herero massive Unzufriedenheit aus. Die deutschen Kolonialherren gebärden sich verstärkt als »Herrenmenschen«, suchen Konfrontation statt Koexistenz.

1904, 12. Jan. **Beginn des Herero-Kriegs**: Als sich die deutsche »Schutztruppe« (Kolonialarmee) zur Niederschlagung eines lokalen Aufstandes im Süden der Kolonie befindet, beginnt zur Überraschung der Deutschen eine große Offensive der Herero. Schon bald kontrollieren sie ganz Deutsch-Südwestafrika. Aus Deutschland entsandte Truppen können die militärische Niederlage der Kolonialmacht noch abwenden.

19. Mai Nach der Erklärung des Kriegszustands folgt eine Militärherrschaft unter General Lothar von Trotha (*1848, †1920). Die Kolonialmacht unternimmt nun ihrerseits Vergeltungsaktionen und verübt Massaker.

1. Aug. Die Herero werden in der Waterbergschlacht geschlagen und in die fast wasserlose Omaheke-Wüste abgedrängt. »Vernichtungsbefehl« von Trothas (2. Okt.): Die Kolonialarmee besetzt systematisch Wasserstellen, um tausende Herero verdursten zu lassen. In zu Kriegsbeginn eingerichteten Konzentrationslagern kommt es zur bewussten Ermordung durch Vernachlässigung. Viele Historiker sprechen von einem Genozid.

3. Okt. Um der drohenden Unterwerfung zu entgehen, treten die Nama in den Krieg ein.

1905 Trotz der nach von Trothas Abberufung erklärten Waffenruhe führen die Nama ihren Guerillakampf fort. Bis zur Aufhebung des Kriegszustands (31. März 1907) sind mindestens 75 000 Herero und Nama umgekommen (75–80 % der Herero, 35–50 % der Nama).

1905–1907 Das Land der Herero und Nama wird samt Vieh enteignet. Durch ein System gesetzlicher Maßnahmen (Mischehenverbot, Verbot von Landerwerb und Viehhaltung durch Afrikaner, Einführung von Kontraktarbeit und Passpflicht) wird die Dominanz der weißen Siedler gesichert. Dennoch können die besiegten Afrikaner das rigide Kontrollsystem immer wieder unterlaufen.

1906, 13. Dez. Der deutsche Reichstag lehnt die Verlängerung der Lüderitzbucht-Bahn und die Kostenbewilligung für die Schutztruppe ab. Die darauf (1907) folgenden Neuwahlen zum Reichstag werden »Hottentottenwahlen« genannt (Hottentotten ist eine abwertende Bezeichnung für die Nama).

1914/15 Während des Ersten Weltkriegs wird Deutsch-Südwestafrika durch Südafrika besetzt.

1919 Nach Annahme des Mandatssystems am 30. Jan. werden die Mandatsstaaten durch die Siegermächte benannt, die Regierungsgewalt über Südwestafrika (SWA) geht an den Generalgouverneur der Südafrikanischen Union über. Ehemalige deutsche Beamte und Soldaten werden ausgewiesen, die meisten anderen Deutschen (etwa 57 % der Weißen) bleiben.

1920, 17. Dez. Offizielle Übertragung des Völkerbundmandats an Südafrika (im britischen Auftrag). Der Mandatsvertrag (C-Mandat) ermöglicht eine Behandlung von Südwestafrika als integralen Bestandteil Südafrikas.

1922/24 Niederwerfung von Aufständen der Bondelzwarts und der Rehobother.

1925 Südwestafrika wird getrennt von Südafrika verwaltet. Die neu gebildete Legislativversammlung (Siedlerselbstverwaltung) erhält keine Befugnisse über die afrikanische Bevölkerung, die vom Generalgouverneur Südafrikas direkt an den südwestafrikanischen Administrator übertragen werden (1928).

1939 Der Zweite Weltkrieg hat kaum direkten Einfluss auf die Region. Über 1000 deutsche Männer werden während des Krieges interniert. | Forts. S. 1981 |

Südafrika

Der Südosten Südafrikas

Über die frühe Besiedlung des Südostens gibt es kaum verlässliche Hinweise. Für die Zeit zwischen 1100 und 1300 sind verschiedene Wanderungsbewegungen im Landesinneren bis zum Vaal, an der Küste bis über den Kei und in die Küstenebene von Südmoçambique nachweisbar. Die östlichen Bergländer werden wahrscheinlich um 1650 von Sotho sprechenden Gruppen besiedelt. Rinderhaltung ist weit verbreitet. Politisch ist die Region von vielen kleineren Häuptlingstümern geprägt.

um 1730 Die Venda überqueren den Limpopo und bringen damit die Königskultur Simbabwes ins nördliche Südafrika. Sie zerfallen in mehrere Kleinstaaten.

um 1800 In den Küstenregionen gibt es Tendenzen zu größerer politischer Zentralisierung, so bei den Swazi und in Natal.

ab 1810 Etablierung des Zulu-Königreiches.

1817–1828 **Shaka** (*um 1787, †1828), dessen Aufstieg zur Macht von allerlei Mythen umrankt ist, reorganisiert die politische Organisation im Königreich in einer Zeit massiven politischen, wirtschaftlichen und ökologischen Wandels, der maßgeblich durch die wachsende Präsenz von Europäern geprägt wird. Die soziale Stratifikation im Zulu-Reiches nimmt rapide zu, das Rückgrat der Macht bildet die Kriegerklasse. Die Krieger sind straff geführten Regimentern zugeordnet und dürfen erst nach dem Austritt aus der Kriegerklasse heiraten. Diese jungen Männer bilden ein stets einsatzbereites stehendes Heer, das Shaka nach einer neuen Kampftechnik (Verwendung des Stoßspeers) drillt. Dermaßen gerüstet, gelingt es ihm, die militärische Herrschaft über alle Nachbarn zu erringen und sie entweder zu vernichten oder in Tributverhältnisse zu zwingen (Mfecane-Kriege).

Mitte 19. Jh. Diese Entwicklungen führen nicht nur dazu, dass nach Shakas Tod – 1828 wird er von seinen Brüdern ermordet – der straff geführte Zulu-Staat weiter besteht, sondern dass Teilgruppen, die sich wegen interner Differenzen abspalten, in verschiedensten Ländern ähnliche Staaten begründen (Ndebele in Simbabwe, Kololo in Sambia, Ngoni in Ostafrika). Weiterhin entstehen ähnliche Staaten in der Abwehr der Zulu, so der Sotho-Staat unter Moshoeshoe I. (*um 1786, †1870). Die vielen Kriege führen aber auch zur Entvölkerung weiter Landstriche, v. a. in Natal und auf der Hochebene zwischen Oranje und Vaal. Damit ist eine wesentliche Voraussetzung für die dortige Festsetzung der aus dem Kapland nach Norden ziehenden Buren geschaffen.

1838–1856 Die Buren unterwerfen, oft nach heftigen Kämpfen, zahlreiche einheimische Gesellschaften in Natal und auf der zentralen Hochebene (Veld).

1840–1895 Einige Gruppierungen können, z. T. mit diplomatischer Unterstützung von Missionaren, unter geschickter politischer Führung die Gegensätze von Briten und Buren ausnutzen, um ihre Unabhängigkeit zumindest zeitweilig noch zu wahren und dann durch den Abschluss von Protektoratsverträgen formal zunächst gewisse Autonomierechte zu behalten (die südlichen Sotho unter Moshoeshoe I. 1870 und die Ngwato unter Khama III. [*um 1837, †1923] 1870 mit Großbritannien, die Swazi unter Mbandzeni [*1855, †1889] 1884/85 mit Transvaal).

Ende 19. Jh. Weitere Territorien westlich und östlich der Burenstaaten werden, z. T. erst nach starkem Widerstand (z. B. die Zulu und Xhosa), von den Briten unterworfen. Damit wird die Grundlage dafür gelegt, dass das Gros der Bevölkerung in dieser Region in den Staatsverband der (1910 begründeten) **Südafrikanischen Union** gerät, der rasch zu einem rassistischen, auf Segregation und Ausbeutung der »schwarzen« Bevölkerung basierenden System mutiert. Die als »schwarz« klassifizierten Teile der Bevölkerung werden in Reservate abgedrängt und häufig in das System der Wanderarbeit gezwungen.

Kapland und Kapkolonie (1652–1899)

Die frühe Besiedlung des Kaplandes ist kaum rekonstruierbar. Im 17. Jh. bewohnen die Khoi bzw. Nama das Kapland und Teile des südwestlichen Afrika (Namibia). Sie haben erste Kontakte mit den holländischen Siedlern um Kapstadt, die seit 1652 in dieser Region siedeln.

1652, 6. April Im Auftrag der holländischen Ostindischen Kompanie landet **Jan van Riebeeck** (*1619, †1677) in der Tafelbucht und **gründet Kapstadt** als Proviantstation für die Schiffspassage nach Indien.

1658–1678 Die Siedler sind zunächst auf die Bevölkerung der Khoikhoi (abwertend »Hottentotten«) und San (»Buschmänner«) angewiesen, mit denen es jedoch bald zu kriegerischen Auseinandersetzungen kommt.

1680–1707 Einwanderung niederländischer, deutscher und französischer Siedler, die zu **Buren** (niederländisch *boeren*, freie Bürger) werden. Sie vertreiben oder vernichten die San und Khoikhoi, eignen sich deren Land, Vieh und Wasserquellen an und zerstören so ihre ökonomischen Grundlagen oder integrieren sie zwangsweise als Arbeitskräfte. Es bildet sich eine sklavenhaltende Farmer- und Händlergesellschaft. Um ihren Bedarf an Arbeitskräften zu decken, importieren die europäischen Siedler bereits vor 1700 Sklaven, zunächst aus Indien und Indonesien, später aus Madagaskar und Moçambique.

1760 Buren, die mit der Herrschaft der Ostindischen Kompanie unzufrieden sind, ziehen als halbnomadische Viehzüchter ins Landesinnere und nehmen das wertvollere Land in Besitz. Sie stoßen über den Oranje vor und treffen im Nordosten auf die Xhosa (von den Buren »Kaffern« genannt), die fast ein Jahrhundert lang in neun größeren, für beide Seiten verlustreichen Kriegen Widerstand gegen burische Landnahme leisten.

1795 Burische Rebellion gegen die Ostindische Kompanie und Proklamation freier Burenrepubliken (Swellendam, Graaff-Reinet), die sich den Niederlanden unterstellen.

1795–1802 Die britische Besetzung des Kaps, der erste Versuch durch französische Truppen 1781–1784 wurde verhindert, zwingt die »Batavischen Republiken« der Buren zur Kapitulation.

1806 Zweite britische Besetzung der Kapkolonie. Die formelle Abtretung erfolgt erst am 13. Aug. 1814.

1807–1834 Die britische Kolonialverwaltung leitet rechtliche und politische Reformen ein: Einführung eines Passsystems für die Khoikhoi (1809), formale Aufhebung der Zwangsarbeit, staatliche Förderung der Einwanderung von etwa 5000 Briten.

1825–1828 Einführung des britischen Währungs-, Verwaltungs- und Gerichtssystems sowie der Amtssprache Englisch und rechtliche Gleichstellung freier Nichtweißer mit Weißen.

1833/34 Die Abschaffung der Sklaverei entzieht großen Teilen der burischen Bevölkerung die Lebensgrundlage.

1835–1841 Etwa 6000 Buren (*Voortrekker*) verlassen im **Großen Treck** die Kapkolonie in Richtung Norden. Nach Überquerung des Oranje teilt sich der Haupttreck: Einige Züge führen weiter nördlich, andere östlich nach Natal. Nach dem Scheitern ihres dortigen Siedlungsversuches (Widerstand der Zulu, britische Besetzung der Küste) zieht ein großer Teil weiter ins Gebiet zwischen Oranje und Vaal (Oranjefreistaat) und schließlich zwischen Vaal und Limpopo (Transvaal-Republiken). Sie können sich in den neuen Gebieten ausbreiten, da die dort ansässige afrikanische Bevölkerung, z. T. in der Folge der Expansions- und Unterwerfungskriege (Mfecane, 1822–1828) des Zulu-Militärreiches unter Shaka (*um 1787, †1828), geschwächt worden ist. Die durch den Mfecane (1822–1828) hervorgerufenen Abwanderungen aus dem Zulu-Gebiet lösen in einer Art Kettenreaktion Wanderungsbewegungen im ganzen südöstlichen Afrika aus.

1853, 1. Juli Repräsentative Selbstregierung für die Kapkolonie.

1857 Die Xhosa werden durch freiwillige Massenschlachtungen von Vieh im Zusammenhang mit Widerstandsaufrufen von Propheten endgültig geschwächt.

1865 »Kaffraria« wird als erstes größeres afrikanisches Siedlungsgebiet der Kapkolonie angegliedert.

1872, Okt. Verantwortliche Selbstregierung für die Kapkolonie unter einem Premierminister.

1879–1886 Nach Niederschlagung des letzten Aufstandes der Xhosa (9. »Kaffernkrieg« 1877/78) annektiert die Kapkolonie die meisten der zwischen Kaffraria und Natal liegenden Gebiete.

1894/95 Mit der Annexion des Mpondo-Gebietes (Pondoland) wird die Landverbindung zwischen Kapkolonie und Natal hergestellt. Die Angliederung der 1885 annektierten britischen Kronkolonie Betschuanaland beschließt die territoriale Expansion der Kapkolonie.

Natal (1853–1899)

1837/38 Natal, wo bereits seit 1824 einige Briten an der Küste siedeln, wird von *Voortrekkern* unter Pieter Retief (*1780, †1838) erreicht, der mit 70 Gefolgsleuten von den Zulu ermordet wird. Ein Vergeltungsfeldzug unter Andries Pretorius (*1798, †1853) führt zur Niederlage der Zulu am Blutfluss.

1843 Die meisten Buren ziehen nach Westen weiter, als

die Briten Natal annektieren und »Rassengleichheit« proklamieren. Im Widerspruch dazu steht die Errichtung von Reservaten für die Zulu ab 1846: Grundstein für eine »Rassentrennungspolitik«.

1856, 12. Juli Natal wird Kronkolonie mit repräsentativer Selbstregierung und von der Kapkolonie abgetrennt (Provinz seit 1845). Wegen des Zahlenverhältnisses zwischen weißer und nichtweißer Bevölkerung (etwa 1:19) werden Afrikaner praktisch vom Wahlrecht ausgeschlossen.

1879, 21. Jan. Der Forderung nach Auflösung seines Heeres widersetzt sich der Zulu-Herrscher Cetshwayo (*1826, †1884) mit einem Massaker an britischen Truppen (1600 Tote) bei Isandhlawana (28. Aug.). Nach seiner Gefangennahme wird sein Land einem britischen Residenten unterstellt.

1887 Zululand wird annektiert und der Verwaltung Natals unterstellt (Teil des Versuches, den Burenrepubliken den Weg zur Küste abzuschneiden).

1893 Natal erhält eine verantwortliche Selbstregierung. Nichtweiße werden fast völlig vom Wahlrecht ausgeschlossen. Dieses trifft v. a. Inder, deren Einwanderung unterbunden wird.

1897, 1. Dez. Tongaland, 1895 annektiert, wird Zululand zugeteilt, welches Natal angeschlossen wird.

Oranjefreistaat (1837–1899)

1837 Lockerer Zusammenschluss der *Voortrekker* in einer gemeinsamen Regierung in Winburg mit einem Bürgerrat, der 1840–1842 der Republik Natalia unterstellt ist.

1848, 3. Febr. Erklärung der britischen »Oranjefluss-Souveränität« (Gebiet zwischen Oranje und Vaal) gegen den Willen der Buren, die jedoch nach zwei britischen Niederlagen (1851/52) gegen die Sotho unter Moshoeshoe I. (*um 1786, †1870) aufgegeben wird.

1854, 23. Febr. Stattdessen gründen die etwa 15 000 Buren den Oranjefreistaat. Alle nichtweißen Einwohner werden vom Bürgerrecht ausgeschlossen. 3000 Griqua unter Adam Kok (*1811, †1875) wandern mit britischer Unterstützung nach Osten (1861–1863, Ostgriqualand).

1866, 3. April Nach dem Senekal- und dem Seqiti-Krieg (1858 bzw. 1865) zwischen Buren und Moshoeshoe I. treten die Sotho große Teile ihres Landes an die Buren ab, die sich jedoch nach der britischen Annexion Basutolands (12. März 1868) auf das Gebiet westlich des Caledon zurückziehen müssen.

1869 Die **Entdeckung von Diamanten** (1868) **in Kimberley** führt zum Konflikt mit der britischen Kolonialregierung in der Kapkolonie, die das umstrittene Gebiet als Westgriqualand annektiert (1871) und nach Zahlung einer Kompensation an den Oranjefreistaat schließlich der Kapkolonie angliedert (1880).

Transvaal (1835–1899)

1835–1837 *Voortrekker*-Gruppen stoßen über den Vaal vor, schlagen 1837 die Ndebele unter ihrem Herrscher Mzilikazi (*um 1790, †1868) und drängen sie nach Nordwesten ab.

1838–1844 Zwischen Vaal und Limpopo (»Transvaal«) bilden sich Burenrepubliken (Potchefstrom, Zoutpansberg, Utrecht, Lydenburg).

1852 Britische Anerkennung der Unabhängigkeit dieser Gebiete (Sandfluss-Konvention).

1858–1860 Die Burenrepubliken schließen sich unter Präsident Marthinus Pretorius (*1819, †1901) zur Südafrikanischen Republik mit der Hauptstadt Pretoria zusammen (im Folgenden Transvaal genannt). Die Verfassung vom 3. April 1860 bestimmt, dass es weder im Staat noch in der Kirche Gleichheit zwischen Weißen und Nichtweißen geben darf.

1877, 12. April Transvaal wird ohne Gegenwehr von Großbritannien annektiert.

1880, 13. Okt. Nach gemeinsamem Sieg der Briten und Buren über die Pedi-Sotho (Nov. 1879) führt die Unzufriedenheit über die britische Herrschaft zur Ausrufung einer unabhängigen Transvaal-Republik und zum Krieg gegen die Briten, die bei Majuba Hill am 27. Febr. 1881 geschlagen werden.

1881, 3. Aug. Konvention von Pretoria: Unter Beibehaltung der Suzeränität erkennen die Briten die Selbstregierung Transvaals an (Präsident 1883–1900: Paulus »Ohm« Krüger [*1825, †1904]) und verzichten in der Konvention von London (27. Febr. 1884) auf jede Einmischung in die Politik Transvaals.

1886 Beginn des Goldbergbaus am Witwatersrand (Johannesburg), das sich zum größten Goldbergbaugebiet der Welt entwickelt. Durch den Zuzug von Tausenden entsteht das größte industrielle Ballungsgebiet Afrikas. Da angesichts des enormen wirtschaftlichen Aufschwungs die britischen Kolonien (Kapkolonie, Natal) vom Reichtum und Verkehrsaufkommen Transvaals abhängig zu werden beginnen, unterstützt Großbritannien die wirtschaftliche und territoriale Expansion der Kapkolonie und versucht, Transvaal in eine Föderation sowie eine Zoll- und Eisenbahnunion zu zwingen und zugleich durch Gebietsannexionen an der Ostküste vom Zugang zum Meer abzuhalten.

1889, 29. Okt. Der *British South Africa Company* (BSAC) von Cecil Rhodes (*1853, †1902; 1890–1896 Premierminister der Kapkolonie) wird durch Gewährung einer königlichen Charta die Sicherung des Gebietes nördlich Transvaals (Entstehung der Kolonien Süd- und Nordrhodesien) und westlich davon (Verpflichtung zum Bau der Eisenbahn Kimberley–Bulawayo 1894–1897) übertragen.

1895, 29. Dez. Auf Drängen von Rhodes und mit Billigung des britischen Kolonialministers kommt es zum »Jameson Raid«: 500 BSAC-Polizisten fallen von Betschuanaland im Transvaal ein, müssen sich jedoch wegen Ausbleibens der erwarteten Unterstützung durch die »Uitlander« (nichtburische weiße Einwanderer) ergeben (2. Jan. 1896).

1896, 3. Jan. Ein Gratulationstelegramm des Deutschen Kaisers an den Präsidenten von Transvaal, PAULUS KRÜGER, (»Krüger-Depesche«) sorgt für erhebliche Verstimmung in Großbritannien.

6. Jan. RHODES tritt von seinem Posten als Premierminister der Kapkolonie zurück. In der Folge kommt es zu einer weiteren Polarisierung der weißen Gesellschaft in Südafrika und zum Zusammenrücken der Burenrepubliken durch den Abschluss eines Offensiv- und Defensivpaktes.

Südafrika (1899–1945)

1899, März–Juni Einigungsversuche zwischen PAULUS KRÜGER und dem britischen Hochkommissar Sir ALFRED MILNER (*1854, †1925) scheitern. Großbritannien besteht auf vollem Stimmrecht für britische Einwanderer, was die Annexion Transvaals durch Mehrheitsentscheidung der Uitlander ermöglicht hätte. Unter Fehleinschätzung des Widerstandswillens der Transvaal-Buren sowie des tatsächlichen Ausmaßes der angenommenen Bedrohung der britischen Suprematie im südlichen Afrika treibt v. a. MILNER den Konflikt auf die Spitze.

11. Okt. Nach einem Ultimatum KRÜGERS (9. Okt.), dem sich der Oranjefreistaat anschließt, beginnt der **Burenkrieg** (Südafrikanischer Krieg); etwa 88 000 Buren stehen 450 000 Mann britischer Truppen gegenüber. Die Wendung zum totalen Krieg, zur Mobilisierung aller Ressourcen, zur Einbeziehung der Zivilbevölkerung und zur zentralen Rolle der Guerillataktik, weist voraus auf das 20. Jh.

1900, 24. Mai Nach der britischen Annexion des Oranjefreistaates und Transvaals (25. Okt. 1899) gehen die Buren zum Guerillakampf über. Die Briten reagieren mit der Taktik der verbrannten Erde und der Einrichtung von Internierungslagern für Frauen und Kinder. Von etwa 200 000 Inhaftierten sterben etwa 25 000. Außerdem fallen fast 6000 burische und 22 000 britische Soldaten. Auch ein großer Teil der schwarzen Bevölkerung ist in den Krieg involviert, die weiße Vormachtstellung bleibt jedoch intakt.

1902, 31. Mai Frieden von Vereeniging: Die Burenrepubliken werden britische Kronkolonien und erhalten die Zusage baldiger innerer Autonomie und der Nichteinmischung in die Frage des Wahlrechts für Afrikaner. Die Erfahrung, eine Armee von 450 000 Soldaten eingesetzt zu haben, um zwei kleine Agrarstaaten zu beugen, gibt der imperialen britischen Gesellschaft viel Stoff zur Selbstreflexion. Der Eindruck des Krieges inspiriert JOHN HOBSON (*1858, †1940) zu seiner berühmten Imperialismusstudie.

1906/07 Selbstregierung für Transvaal (6. Dez. 1906) und Oranjefreistaat (5. Juni 1907).

1910, 31. Mai **Gründung der Südafrikanischen Union** (Kapkolonie, Natal, Oranjefreistaat, Transvaal) mit Regierungssitz in Pretoria, Parlament in Kapstadt und Oberstem Gerichtshof in Bloemfontein. Sie untersteht einem britischen Generalgouverneur, der als »Hochkommissar in und für Südafrika« (Personalunion bis 1931) zugleich für die »Hochkommissariatsgebiete« Basutoland (1868 als britisches Protektorat aus dem Gebiet der Sotho gebildet, heute Lesotho), Swasiland (seit 1903 unter britischer Administration) und Betschuanaland (seit 1885 britisches Protektorat, heute Botswana) zuständig ist. Die Einigung von Buren und Briten wird auf Kosten der Nichtweißen erzielt: Das in den vier Teilstaaten bisher jeweils geltende Wahlrecht wird beibehalten, das liberalere Wahlrecht der Kapkolonie wird dabei ausdrücklich abgesichert. | Forts. S. 1980, 1983, 1984 |

15. Sept. Bei den ersten Wahlen setzt sich die *South African Party* gegen die *Unionist Party* durch, LOUIS BOTHA (*1862, †1919) wird Premierminister (bis 1919). Der Gegensatz zwischen BOTHA (Versöhnungskonzeption: Verschmelzung der englischsprachigen und burischen Bevölkerung) und JAMES BARRY MUNNICK HERTZOG (*1866, †1942) (»Zwei-Strom-These«: parallele Entwicklung der beiden Bevölkerungsgruppen bis zur Gleichberechtigung der Buren) führt jedoch zu HERTZOGS Austritt aus der Regierung (1912) und seiner Gründung der *Nasionale Party* (1914).

1911–1914 Erste Welle rassendiskriminierender Gesetze: Der *Mines and Works-Act* (1911) beschränkt Nichtweiße auf ungelernte Arbeit (1926 durch den *Colour Bar-Act* ergänzt); der *Native Labour Regulation-Act* regelt den Zufluss von Wanderarbeitern für Bergwerke und macht Kontraktbruch (Streik) zum kriminellen Vergehen. Der *Natives Land-Act* stellt mit dem Verbot des Bodenerwerbs durch Afrikaner außerhalb der Reservate (7,5 % des Landes) die erste Maßnahme einer territorialen Rassentrennung dar (gilt zunächst nicht für die Kapprovinz, obwohl auch dort Segregationspolitik praktiziert wird). Der *Riotous Assemblies-Act* (1914) ermöglicht die gewaltsame Verhinderung von politischen Versammlungen und Streiks.

1912 Gründung des *African National Congress* (ANC), der bis zum Ende der 50er-Jahre zur wichtigsten Stütze des afrikanischen Nationalismus wird.

1913/14 Nachdem MAHATMA GANDHI (*1869, †1948) den passiven Widerstand unter den Transvaal-Indern organisiert hat (1906–08), führt er den Marsch der Inder von Natal nach Transvaal an und erreicht in der Smuts-Gandhi-Übereinkunft (1914) einige Konzessionen, die die Lage für die Inder in Südafrika zunächst entschärfen.

1920, 10. März Aus den Wahlen geht die *Nasionale Party* als stärkste Partei hervor. JAN CHRISTIAAN SMUTS (*1870, †1950; Premierminister seit BOTHAS Tod 1919) regiert weiter mit einer Koalition. Seine Unionisten schließen sich der *South African Party* an, welche die nächste Wahl im Febr. 1921 gewinnt.

1922, Jan.–März »Rand-Revolte«: Weiße Arbeiter versuchen, eine Ausweitung der Beschäftigung Nichtweißer zu verhindern. Die Streiks werden durch Militär (u. a. Bombardierung durch Flugzeuge) unterdrückt.

1923 Einführung von nach »Rassen« getrennten Wohngebieten und Unterbindung des Zuzugs von Afrikanern in städtische Gebiete durch den *Urban Areas-Act*. Zur Kontrolle der eingeschränkten Bewegungsfreiheit werden die Afrikaner außerhalb des Kaplandes einem einheitlichen Passwesen unterstellt (Verschärfung 1930).

1924, 30. Juni Nach dem Wahlsieg der *Nasionale Party* wird HERTZOG Premierminister.

In Koalition mit der (weißen) *Labour Party* unter FREDERIC CRESWELL (*1866, †1948) gelingt es Premierminister HERTZOG bis 1933, die Selbstständigkeit Südafrikas im *British Commonwealth* auszuweiten (1931: souveränes Königreich mit vollem Legislativrecht, Abtrennung des Hochkommissarpostens von dem des Generalgouverneurs). Er setzt die Gleichberechtigung von Englisch und Afrikaans (1925 zweite Amtssprache) sowie einen wirtschaftlichen Nationalismus gegen integratorische Tendenzen im *Commonwealth* durch und forciert die Herausbildung der *civilized labour policy* (Sicherung der Arbeitsplätze für Weiße, Integration des weißen Landproletariats in die modernen Wirtschaftssektoren) auf Kosten der nichtweißen Arbeitskräfte mit der Einführung des Prinzips der ökonomischen Rassenschranke.

1927 Der *Immorality-Act* stellt den Geschlechtsverkehr zwischen Weißen und Afrikanern unter Strafe.

1931 Gewährung des allgemeinen, gleichen und direkten Wahlrechts für die weiße Bevölkerung: Die weiße Wählerschaft wird mehr als verdoppelt und damit das Wahlrecht für Farbige, d. h. »Mischlinge«, im Kapland zur Bedeutungslosigkeit reduziert.

1933, 30. März Vor dem Hintergrund der weltweiten Wirtschaftskrise kommt es zur Großen Koalition zwischen HERTZOG und SMUTS, deren Parteien sich zur *United Party* zusammenschließen, während sich die extremen Nationalisten unter DANIEL FRANÇOIS MALAN (*1874, †1959) als »Gesäuberte Nationale Partei« neu formieren (5. Juni 1934).

1936 HERTZOGS Rassentrennungspolitik setzt sich auch im Kapland vollständig durch: Der *Representation of Natives-Act* entzieht dort rund 11 000 Afrikanern das direkte Wahlrecht (sie können nur noch drei weiße Abgeordnete, die restlichen Afrikaner in der Union vier weiße Senatoren entsenden). Die Erweiterung des *Native Service Contract-Act* von 1932 auf die ganze Union erlaubt weißen Farmern, afrikanische Pächter in Tageslohn zu nehmen oder in Reservate abzuschieben. Afrikaner im Kapland verlieren im *Natives Trust and Land-Act* die Möglichkeit zum Landkauf in »weißen« Gebieten; zugleich werden Gelder für die Ausweitung der viel zu kleinen Reservate (etwa 13 % des Landes) bereitgestellt.

1939, 4./5. Sept. HERTZOGS Versuch, die Union im Zweiten Weltkrieg für neutral zu erklären, lehnen Kabinett und Parlament ab. SMUTS bildet eine Koalitionsregierung, die dem Deutschen Reich den Krieg erklärt (rund 345 000 südafrikanische Freiwillige nehmen an den Kämpfen auf vielen Kriegsschauplätzen teil).

1939–1945 Während des Zweiten Weltkriegs ist die außer- und antiparlamentarische, rechtsextreme Massenbewegung der *Ossewabrandwag* (OB) bei unzufriedenen Siedlern äußerst erfolgreich. Ihr gehört rund ein Drittel der burischen Bevölkerung an. Viele ehemalige OB-Mitglieder gehören in den 60er-Jahren zu den Architekten des südafrikanischen Sicherheits- und Überwachungsstaates. | Forts. S. 1985 |

V

NEUESTE ZEIT SEIT 1945

Die Geschichte der neuesten Zeit seit 1945 wird weltweit durch die Epoche des Kalten Krieges geprägt, die man als die radikalste Phase des seit 1917 andauernden Ost-West-Konflikts bezeichnen kann. Es ist eine globale Auseinandersetzung, in deren Zentrum der Systemkonflikt zwischen dem kommunistischen Modell der staatssozialistischen »Volksdemokratie« auf der einen und dem westlichen Modell der liberalkapitalistischen parlamentarischen Demokratie auf der anderen Seite steht. Der Kalte Krieg wird 1947 offiziell erklärt und endet mit der Auflösung der Sowjetunion 1991. Zentrales Kennzeichen des Kalten Krieges sind die Atomwaffen, mit denen zunächst der begrenzte, ab den 1960er-Jahren auch der globale Nuklearkrieg möglich ist. Dieser erlaubt erstmalig in der Geschichte der Menschheit die dauerhafte Zerstörung der menschlichen Lebensgrundlagen. »Die Bombe« hat durch ihr Zerstörungspotenzial einen großen Einfluss auf das politische Denken der Zeit. Mit ihr wird insbesondere auch in der Wahrnehmung der Zeitgenossen der durch den ideologisch-politischen Gegensatz definierte Ost-West-Konflikt auf eine neue, bislang unbekannte Ebene gehoben.

In der im Kern weiterhin bipolaren Auseinandersetzung ordnen sich viele Staaten auf allen Kontinenten den jeweiligen Blöcken zu. Die Ausnahme bilden China, das in den 60er-Jahren zur Atommacht aufsteigt, und die »blockfreien Staaten«, die ohne (Vertrags-)Bindung an den Westen oder Osten größtmögliche Unabhängigkeit bewahren wollen. In der Praxis gelingt es einigen dieser Gruppe sogar, von beiden Seiten Unterstützung zu erhalten. Weitere Mitspieler sind die 1945 gegründeten Vereinten Nationen, deren Konzept der kollektiven Sicherheit durch die Rivalität der beiden »Supermächte« USA und Sowjetunion aber vielfach faktisch außer Kraft gesetzt wird, sowie verschiedene Nichtregierungsorganisationen (NGO). Berücksichtigt man diese weiteren Beteiligten, war der Kalte Krieg eine multipolare Auseinandersetzung.

Der Kalte Krieg entwickelt sich tendenziell zu einem »absoluten Krieg«, der rasch nicht nur alle Lebensbereiche direkt oder indirekt berührt, sondern auch andere Konflikte, die auf den ersten Blick mit ihm wenig zu tun haben, überwölbt und beeinflusst. Dazu gehören u. a. die ab 1960 forciert stattfindende Dekolonisierung, der Nord-Süd-Konflikt, die Auseinandersetzung im Nahen Osten, der weltweite Terrorismus, aber auch die Weltwirtschaft. Das was wir heute als Globalisierung verstehen, wird zwar nicht durch den Kalten Krieg ausgelöst, aber durch ihn entscheidend beschleunigt:

1) Quantitativ erweiterter Austausch von Gütern, Dienstleistungen, Informationen und kulturellen Denk- und Verhaltensmustern.

2) Erhöhte politische, ökonomische und gesellschaftliche Abhängigkeit der Staaten untereinander.

3) Gestiegenes Bewusstsein, dass die eigene Lebenswelt von globalen Bedingungen abhängig ist.

Den über 45 Jahre anhaltenden globalen Kalten Krieg prägen sechs sich überlagernde Entspannungs- und Eskalationsphasen: Formierung (1945–1947), Blockbildung (1947/48–1955), Eskalation und Stilllegung in Europa (1953–1961), Verlagerung der Konfrontation in die Dritte Welt (seit 1961), Entspannung (1953–1980), Rückkehr zur Konfrontation (1978–1989), Auflösung des Ostblocks (1985–1991).

Überregionale und globale Ereignisse und Entwicklungen seit 1945

Weltorganisationen und Weltwirtschaft

Die Vereinten Nationen (United Nations Organization, UNO) als eigenen Machtblock im Kalten Krieg zu begreifen ist zunächst erklärungsbedürftig. Denn die von den Siegermächten bis zum Juni 1945 in San Francisco verabredeten gemeinsamen Grundlagen einer »Weltregierung« werden rasch von den nationalen Interessen und dem Machtpoker der Supermächte eingeholt. Die Generalversammlung präsentiert sich in der Öffentlichkeit häufig eher als Bühne für den effektvollen Schlagabtausch der großen Mächte denn als machtvoller eigenständiger Akteur. Die UNO ist immer nur so gut wie ihre Mitglieder es wollen. Doch trotz aller Schwächen präsentieren sich die Vereinten Nationen jeweils dann als wirkungsvoller Machtblock im Kalten Krieg, wenn sich ihre jeweiligen Generalsekretäre als starke Persönlichkeiten erweisen. Dies zeigt sich 1950 im Koreakrieg, 1956 während des Sueskonflikts oder 1990/91 im Krieg gegen den Irak. Die Grenzen des Engagements werden darüber hinaus durch den chronischen Geldmangel der Vereinten Nationen bestimmt.

Neben dem durch die nukleare Bedrohung erweiterten Ost-West-Konflikt ist es v. a. der Nord-Süd-Konflikt, der die UNO und andere supranationale Organisationen zunehmend beschäftigt. Mit der ab 1960 forcierten Dekolonisierung nimmt er an Schärfe zu und wird zu einem Teil des Kalten Krieges. Verschärfend kommt hinzu, dass die sog. Dritte Welt zum gleichen Zeitpunkt immer mehr zum Austragungsort der militärischen »Stellvertreterkonflikte« und wirtschaftlichen Konkurrenzen der Blöcke wird. Dazu gehören nicht zuletzt auch die diplomatischen Auseinandersetzungen, die sich die beiden deutschen Staaten in ihrem Sonderkonflikt innerhalb des Kalten Krieges liefern.

Schon am Beginn des Kalten Krieges entsteht die Idee der Blockfreiheit. Sie wird ab 1947 zunächst in asiatischen Staaten propagiert, die die Unabhängigkeit anstreben oder gerade erreicht haben. Auf fruchtbaren Boden fällt dies zunächst in Indien, welches unter Jawaharlal Nehru in die Unabhängigkeit entlassen worden ist. Nach der ersten gemeinsamen Konferenz von 23 Staaten im indonesischen Bandung 1955 wird 1961 das erste offizielle Gipfeltreffen im jugoslawischen Belgrad durchgeführt. Neben Indien und Ägypten ist es v. a. das selbstbewusste Jugoslawien Titos, das der Blockfreienbewegung die politische Kraft und Richtung gibt. Weitere Gipfelkonferenzen folgen in Kairo (1964), Lusaka (1970), Algier (1973), Colombo (1976), Havanna (1979), Neu-Delhi (1983) und Harare (1986). Das letzte gemeinsame Treffen im Kalten Krieg wird 1989 wieder in Belgrad durchgeführt. Von ursprünglich 61 Mitgliedern im Jahr 1961 wächst die Bewegung auf schließlich 102 Teilnehmer. Zusätzlich wurden zwei Befreiungsorganisationen aufgenommen: Die südwestafrikanische SWAPO (*South West African People's Organization*) und die arabische PLO (*Palestine Liberation Organization*, Palästinensische Befreiungsorganisation).

1945, 4.–11. Febr. Die drei Großmächte USA, Sowjetunion und Großbritannien einigen sich in Jalta darauf, als Gründungsmitglieder der künftigen Weltorganisation die bis zum 8. Febr. 1945 den Vereinten Nationen beigetretenen Länder zur ersten Sitzung der Generalversammlung nach London einzuladen.

26. Juni Statut des Internationalen Gerichtshofs verabschiedet.

24. Okt. Die am 26. Juni einstimmig beschlossene Charta der Vereinten Nationen tritt in Kraft, nachdem die fünf Großmächte (China, Frankreich, Großbritannien, Sowjetunion und USA) sowie die Mehrheit der übrigen Unterzeichnerstaaten die Ratifikationsurkunden bei der US-Regierung hinterlegt haben.

15. Nov. USA, Großbritannien und Kanada verkünden die Atom-Charta, durch welche die Kontrolle über sämtliche Kernenergieprojekte durch die UNO gewährleistet werden soll.

27. Dez. Abkommen über Errichtung der Internationalen Bank für Wiederaufbau und Entwicklung (IBRD), kurz Weltbank genannt. Ihre Hauptaufgabe ist die durch staatliche Garantien abgesicherte Finanzierung von Entwicklungsprojekten.
Gründung eines internationalen Finanzierungsfonds, des Internationalen Währungsfonds (IWF, *International Monetary Fund*).

1946, 10. Jan. Erste Sitzung der Generalversammlung der UNO in London; einige Tage später treten der Sicherheitsrat sowie der Wirtschafts- und Sozialrat zu ihren konstituierenden Sitzungen zusammen.

24. Jan. Die UN-Generalversammlung beschließt die Bildung einer Atomenergiekommission, welche Vorschläge für die Beseitigung atomarer Waffen ausarbeiten soll. Wegen der Kontrollprobleme kann aber über die Vorschläge keine Einigung erzielt werden, da die Sowjetunion Eingriffe in innere Angelegenheiten verweigert.

18. Febr. Der Ausschuss für die Internationale Handelsorganisation (*International Trade Association*) wird gegründet.

9. April Die Geschäftsordnung des Sicherheitsrats wird festgelegt.

Der Organisationsaufbau der Vereinten Nationen

Im Organisationssystem der Vereinten Nationen ist zwischen Hauptorganen, Spezialorganen, Ausschüssen und Sonderorganisationen zu unterscheiden.

Hauptorgane sind die Generalversammlung (*General Assembly*), der Sicherheitsrat (*Security Council*), der

Wirtschafts- und Sozialrat (*Economic and Social Council* – ECOSOC), der Treuhandschaftsrat (*Trusteeship Council*), der Internationale Gerichtshof (*International Court of Justice*) und das Sekretariat.

Die Generalversammlung (Vollversammlung) ist das Hauptorgan, dem sämtliche Mitgliedstaaten mit Sitz und Stimme angehören. Sie entscheidet über die Zusammensetzung der anderen Hauptorgane, übt die Kontrolle über den Haushalt und die Verwaltung aus, erörtert die Angelegenheiten, die im Rahmen der Charta liegen oder die Funktionen jedes anderen Organs betreffen, schließlich gibt sie Empfehlungen an die Mitgliedstaaten und den Sicherheitsrat.

Der **Sicherheitsrat**, für die Friedenssicherung zuständig, ist ein Organ mit begrenzter Mitgliederzahl. Er umfasst fünf ständige Mitglieder (China – zunächst Nationalregierung bzw. Taiwan, seit 1971 Volksrepublik – Frankreich, Großbritannien, Sowjetunion und USA) sowie zehn nichtständige Mitglieder, die für je zwei Jahre aus dem Kreis der Mitgliedstaaten der UNO gewählt werden. Für Beschlüsse sind zehn Stimmen erforderlich, bei anderen als den Verfahrensfragen sind die Stimmen der fünf ständigen Mitglieder nötig (**Vetorecht**). Durch ihre ständige Mitgliedschaft im Sicherheitsrat kommt den fünf Mächten ein besonderes Gewicht zu, da sie in der Lage sind, darüber zu entscheiden, ob Abrüstungs- bzw. Rüstungskontrollfragen den UNO-Gremien vorgelegt, oder ob diese bilateral behandelt werden sollen.

Der **Wirtschafts- und Sozialrat** besteht aus 54 Mitgliedern, von denen 18 für die Dauer von drei Jahren gewählt werden. Er ist das wirtschaftspolitische Hauptorgan der Vereinten Nationen, das unter Aufsicht der Generalver-

Organisation der Vereinten Nationen (UNO)

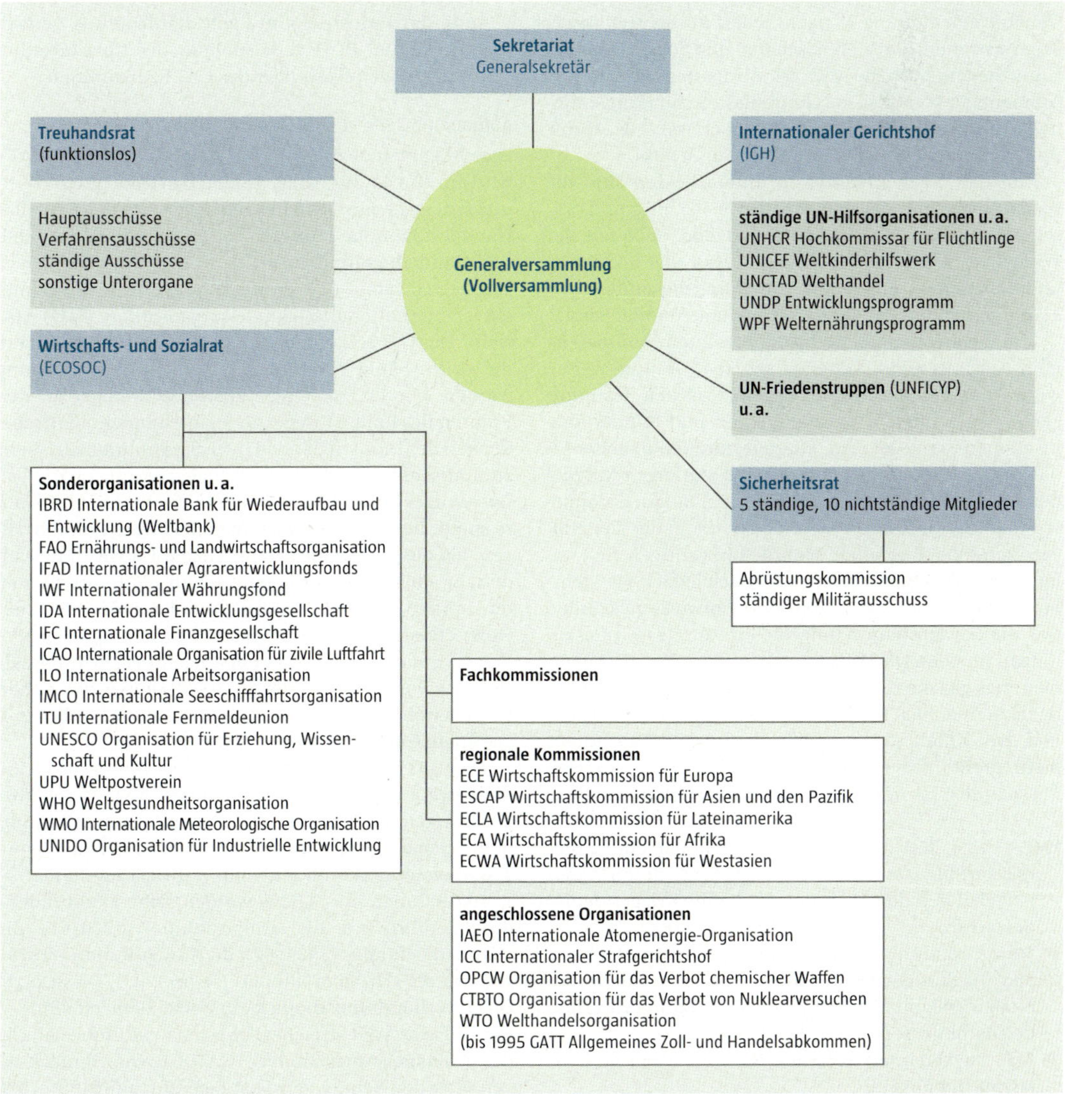

sammlung steht. Die ihm zugeordneten Sonderorganisationen erstatten ihm Bericht.

Der **Treuhandschaftsrat** ist das Organ für den Fragenkomplex der Dekolonisierung und der Verwaltung der Treuhandgebiete. Er untersteht ebenfalls der Kontrolle der Generalversammlung. Im Treuhandschaftsrat sowie im Wirtschafts- und Sozialrat lassen sich die Interessen der Staaten der Dritten Welt nachhaltiger als etwa im Sicherheitsrat vertreten. Der **Internationale Gerichtshof** ist ein richterliches Organ, das weniger stark in die Organisation der Vereinten Nationen integriert ist; seine Rechtsprechung vollzieht sich im unabhängigen Rahmen.

Das **Sekretariat** ist das zentrale Verwaltungsorgan mit einem Generalsekretär an der Spitze. Neben Verwaltungsaufgaben erfüllt der Generalsekretär auch politische Funktionen. So kann er etwa den Sicherheitsrat auf sämtliche Angelegenheiten aufmerksam machen, die nach seiner Meinung den Weltfrieden bedrohen.

Nebenorgane sind Ausschüsse, die Sicherheitsrat und Generalversammlung je nach Bedarf einrichten, sowie Kommissionen, die der Wirtschafts- und Sozialrat bilden kann. Bedeutend sind v.a. die Abrüstungsausschüsse: Atomenergiekommission, Kommission für konventionelle Abrüstung, Zwölfmächteausschuss, UN-Abrüstungskommission, Achtzehnmächteausschuss.

Von den Nebenorganen zu unterscheiden sind die **Spezialorgane** und **Sonderorganisationen**, die aufgrund zwischenstaatlicher Übereinkünfte auf den Gebieten der Wirtschaft, des Sozialwesens, der Kultur, der Erziehung und Gesundheit entstehen und durch besondere Abkommen mit den Vereinten Nationen verbunden sind.

Das Organisationsschema der Vereinten Nationen ist nicht starr; es entwickelt sich seit 1945 ständig weiter, wobei Kompetenzverschiebungen zwischen Hauptorganen, Ausschüssen, Spezialorganen und Sonderorganisationen die Regel sind. Diese resultieren in erster Linie aus der starken Position der fünf ständigen Mitglieder des Sicherheitsrats. In den fünfziger Jahren dominieren die USA mit ihren Verbündeten, die in der Generalversammlung über solide Mehrheiten verfügen. Seit Anfang der 1960er-Jahre verschieben sich jedoch die Mehrheitsverhältnisse zugunsten der Entwicklungsländer, was die Sowjetunion häufig für ihre Interessen auszunutzen versteht. Die USA messen seitdem der UNO nicht mehr das gleiche Gewicht bei wie zuvor und gehen häufig dazu über, das Instrument des Vetorechts anzuwenden, ein Mittel, zu dem auch die Sowjetunion immer mehr greift, was schließlich die Effektivität der UN-Maßnahmen bis um 1989 stark beeinträchtigt.

1947, 13. Febr. Der UN-Sicherheitsrat bildet eine Kommission für konventionelle Abrüstung, deren Arbeit jedoch durch den Ausbruch des Kalten Krieges behindert wird.

26. März Gründung des UN-Treuhandschaftsrats.

10. April Beginn der Genfer Konferenz über einen nationalen Zollabbau und über die Beseitigung von Handelshemmnissen.

26. Mai Die Vereinten Nationen schalten sich in den Palästina-Konflikt ein.

2. Sept. Die UNO vermittelt im Konflikt zwischen den Niederlanden und der nationalen Befreiungsbewegung in Indonesien.

31. Okt. In Genf unterzeichnen 23 Staaten das GATT-Abkommen (*General Agreement on Tariffs and Trade*) zur Herabsetzung der Zolltarife und Handelsschranken. Die Sowjetunion und die mit ihr verbündeten Staaten (ausgenommen Tschechoslowakei) schließen sich nicht an. Sie bilden den »Rubelblock«.

21. Nov. Beginn der Konferenz der Vereinten Nationen für Handel und Beschäftigung in Havanna, an der 63 Nationen teilnehmen.

1948, 24. März 54 Staaten nehmen auf der Konferenz in Havanna die sog. Havanna-Charta an: Grundsätze für den internationalen Handelsverkehr, Senkung der Zölle, allgemeine Meistbegünstigung und Abbau der Handelsschranken sowie für eine internationale Handelsorganisation. Die Charta tritt jedoch nicht in Kraft, weil v.a. der Kongress der USA (auf Veranlassung der Industrielobby) eine Ratifizierung verweigert. Kapitel IV (Handelspolitik) der Chartabestimmungen beeinflusst aber das GATT-Abkommen.

Aufbau und Ziele von GATT im Welthandelssystem

Das Allgemeine Zoll- und Handelsabkommen GATT wird am 30. Okt. 1947 von 23 Staaten in Genf beschlossen und tritt am 1. Jan. 1948 in Kraft. Es ist ein multilaterales Handelsabkommen, das auf die Reduzierung von Zoll- und Handelhemmnissen zielt. Am 24. März 1948 wird es Teil der Havanna-Charta, die u.a. auch die Gründung einer Internationalen Handelsorganisation (ITO) vorsieht. Die ITO sollte neben dem IWF und der Weltbank die dritte Säule einer neuen Weltwirtschaftsordnung werden. Die ITO scheitert, allerdings weniger an den Fronten des Kalten Krieges als vielmehr am Konkurrenzdenken der Industrieländer 1948. Sie kommt nicht mehr zum Abschluss, weil bereits damals eine zu starke Position einiger Entwicklungsländer befürchtet wird. 20 Jahre später bewahrheiten sich manche dieser Befürchtungen, als die Textilindustrie in einigen Entwicklungsländern zu einer echten Konkurrenz für die Industriestaaten heranwächst, der ganze Produktionssparten zum Opfer fallen. Das wirkliche Ausmaß einer möglichen globalen Konkurrenz wird aber erst nach 1991 sichtbar, als sich das von den politischen Restriktionen des Kalten Krieges weitgehend erlöste und marktwirtschaftlich z.T. geöffnete China weltweit zu engagieren beginnt.

Das GATT-Abkommen umfasst vier Abschnitte: eine Meistbegünstigungsklausel, einen Teil über Mengenbegrenzungen und Rechtsvorschriften, einen Abschnitt über Ausnahmeregelungen und einen 1965 eingefügten Teil über Sonderkonditionen für Entwicklungsländer.

Im Rahmen des GATT werden acht »Zollrunden« durchgeführt, u.a. die »Dillon-Runde« (1960/61), die »Kennedy-Runde« (1964–67), die »Tokio-Runde« (1973–79) und die »Uruguay-Runde« (1986–1993). Diese letzte GATT-Verhandlungsrunde kann einige Besserstellungen für die Dritte Welt erreichen, aber auch die Einbeziehung des Dienstleistungshandels (GATS) sowie Abmachungen über den Schutz geistigen Eigentums (TRIPS). 1996 wird das GATT durch die Welthandelsorganisation (WTO) ersetzt.

1948, 9. Dez. Entschließung der UN-Generalversammlung: Gruppen- und Massenmord sind Verbrechen im Sinne des Völkerrechts.

10. Dez. Die Generalversammlung der Vereinten Nationen nimmt die **»Deklaration der Menschenrechte«** an, die davon ausgeht, dass alle Menschen frei und gleich an Würde und Rechten geboren sind.

1949, 12. Aug. Genfer Abkommen über Hilfeleistungen des Internationalen Roten Kreuzes bei Konfliktfällen: Behandlung von Verwundeten, Kranken im Feld und zur See, Kriegsgefangenen, Schutz von Zivilpersonen.

12. Sept. USA, Großbritannien und Kanada vereinbaren auf der Finanzkonferenz in Washington, die Dollarerlöse des Sterlingblocks zu vermehren und die Investitionen von US-Kapital im Ausland zu steigern.

1950, 25. Juni Der UN-Sicherheitsrat verurteilt den Vorstoß nordkoreanischer Truppen über die Demarkationslinie (38. Breitengrad) nach Süden und beschließt eine Kollektivintervention.

7. Juli Resolution des UN-Sicherheitsrats über die Bildung einer UN-Truppe unter einem Kommando der USA für den Einsatz in Korea. Die Resolution kommt zustande, weil die Sowjetunion den Sicherheitsrat boykottiert (Anlass ist die Übernahme des Vorsitzes durch den Vertreter Taiwans) und daher kein Veto einlegen kann.

30. Nov. Die Resolution 377 (V) **»Uniting for Peace«** der Generalversammlung bedeutet die Wende vom in der Charta der UN niedergelegten System der kollektiven Sicherheit hin zu einem System der kooperativen Friedenswahrung. Die Sowjetunion verhält sich zunächst ablehnend. Die Resolution ermächtigt die Generalversammlung zu Empfehlungen von Kollektivmaßnahmen der UNO, wenn der Sicherheitsrat (aufgrund des Vetorechts der fünf ständigen Mitgliedsstaaten) selbst nicht in der Lage ist, eine Entscheidung zu treffen. Um dies zu ermöglichen, sollen »Sondersitzungen« einberufen werden können. Das System, das auf Ausmanövrierung der Sowjetunion angelegt ist, setzt sich jedoch nicht gänzlich durch.

1951, 26. Dez. Die USA veröffentlichen im Rahmen der MSA (*Mutual Security Agency*) eine Liste von 313 Waren und Rohstoffen, die nicht an Ostblockstaaten geliefert werden dürfen: Waffen, Produkte zur Erzeugung von Atomenergie, Maschinen und Rohstoffe.

1952, 11. Jan. Auflösung der Atomkommission, da die Sowjetunion in ihr nicht mitarbeitet. Auf Beschluss der Generalversammlung wird eine neue Abrüstungskommission gebildet, die den Auftrag erhält, koordinierte Pläne für die Regelung, Begrenzung und ausgewogene Reduzierung aller Streitkräfte auszuarbeiten und Vorschläge für das Verbot von Massenvernichtungswaffen vorzulegen.

12. Dez. Zwölf Staaten Asiens und Afrikas bekunden auf einer Konferenz in Kairo ihren Willen zur Neutralität im Ost-West-Konflikt. An diesem Tag beginnt die Bewegung der **»blockfreien Staaten«**.

1954, April Errichtung eines Ausschusses der UNO zur Ausarbeitung umfassender Abrüstungspläne.

26. April Beginn der Genfer Konferenz über Korea und Indochina (Teilnehmer: USA, Sowjetunion, Großbritannien, VR China, Frankreich sowie 15 UN-Staaten, die Truppen nach Korea entsandt haben). Keine Einigung über die Koreafrage.

21. Juli Schlusserklärung der Genfer Konferenz über den Indochinakonflikt: Ende der Kampfhandlungen in Kambodscha, Laos und Vietnam (Demarkationslinie verläuft am 17. Breitengrad), Abzug französischer Truppen, die drei Indochinastaaten erhalten Unabhängigkeit, allgemeine Wahlen im Juli 1956.

1955, 18.–24. April Konferenz in Bandung: Die teilnehmenden 23 asiatischen und sechs afrikanischen Staaten einigen sich auf eine neutrale Haltung im Ost-West-Konflikt, beschließen die Unterstützung von Unabhängigkeitsbewegungen, verurteilen jegliche Rassendiskriminierung, stimmen für den Kampf um Menschenrechte und Selbstbestimmung sowie für eine allgemeine Abrüstung und das Verbot der Herstellung, Erprobung und Anwendung nuklearer und thermonuklearer Waffen.

25. Mai Gründung der *International Finance Corporation* (IFC) zur Förderung privater Interessen in Entwicklungsländern.

1956, 26. Okt. Gründung der Internationalen Atomenergie-Organisation (IAEO, *International Atomic Energy Agency*) mit Sitz in Wien.

31. Okt. Die Sowjetunion stimmt im Sueskonflikt der Einberufung des Sicherheitsrats aufgrund der Resolution 377 (V) »Uniting for Peace« zu und erkennt sie damit im Nachhinein indirekt an.

2. Nov. Die UN-Generalversammlung stimmt dem Antrag der USA zu, die Kämpfe in Ägypten (britisch-französisch-israelischer Angriff auf Ägypten) sofort zu beenden.

4./5. Nov. Die UN-Generalversammlung beschließt die Aufstellung einer Friedenstruppe für Nahost (UNEF). Sie beruft, da der Sicherheitsrat durch das Veto der militärisch in Ägypten operierenden Mitgliedsstaaten, Frankreich und Großbritannien, blockiert ist, ein Oberkommando für eine Internationale Streitmacht ein, dessen Oberbefehlshaber dem Generalsekretär untersteht. Die UN-Streitmacht setzt sich aus Truppen von Staaten zusammen, die nicht ständige Mitglieder des Sicherheitsrats sind. Sämtliche am Konflikt beteiligte Staaten erklären sich mit dem Verfahren der Einrichtung einer Sicherheitstruppe einverstanden (Herausbildung der Regeln für alle zukünftigen Einsätze von UN-Friedensstreitkräften).

9. Nov. Die UN-Generalversammlung fordert in einer Entschließung den sofortigen Abzug sowjetischer Truppen aus Ungarn und empfiehlt die Abhaltung freier Wahlen. Die Sowjetunion lehnt beides ab.

1957, 2. März Der Streit im Nahostkonflikt um den Golf von Akaba und den Gazastreifen zwischen Israel einerseits und Jordanien bzw. Ägypten andererseits wird durch UN-Vermittlung beigelegt, der Gazastreifen UN-Kontrolle unterstellt.

15. Sept. Die UN-Generalversammlung verurteilt die Niederschlagung des Aufstands in Ungarn durch die Sowjetunion sowie die Missachtung der UN-Beschlüsse vom 9. Nov. 1956.

1960, 14. Juli Der UN-Sicherheitsrat beschließt auf Ersuchen der kongolesischen Regierung die Entsendung einer UN-Streitmacht.

14. Sept. Die Erdöl exportierenden Länder Iran, Irak, Kuwait, Saudi-Arabien und Venezuela schließen sich in Bagdad zur Organisation Erdöl exportierender Länder (OPEC, *Organization of Petroleum Exporting Countries*) zusammen.

14. Dez. Erklärung der Vereinten Nationen über die Gewährung der Unabhängigkeit kolonisierter Länder und Völker. Die UNO fordert die Beendigung des Kolonialismus in jeglicher Form.

1961, 21. Febr. Der UN-Sicherheitsrat ermächtigt UNO-Generalsekretär DAG HAMMARSKJÖLD (*1905, †1961) zu Maßnahmen, die abtrünnige Provinz Katanga, notfalls mit Waffengewalt, dem kongolesischen Gesamtstaat (1971–1997: Republik Zaire; danach: Demokratische Republik Kongo) wieder einzugliedern.

1.–6. Sept. Die Konferenz der blockfreien Staaten in Belgrad fordert für den Kongo und für Kuba das Selbstbestimmungsrecht und schlägt die Lösung der Berlin- und Deutschlandfrage ohne Gewalt vor.

18. Sept. Generalsekretär DAG HAMMARSKJÖLD kommt bei seinem Versuch, durch persönliches Eingreifen den Kongo-Konflikt zu beenden, bei einem Flugzeugunfall ums Leben.

20. Dez. Die UN-Generalversammlung billigt die Gründung eines Achtzehnmächteausschusses für Abrüstung, den die Genfer Außenministerkonferenz 1959 ins Leben gerufen hat.

1962, 9.–18. Juli Wirtschaftskonferenz von blockfreien Staaten und Entwicklungsländern in Kairo, auf der die Interessen gegenüber den Industrieländern zum ersten Mal programmatisch vorgetragen werden (insbesondere Forderung nach einer Erhöhung und Stabilität der Rohstoffpreise). Die Entwicklungsländer, die einen deutlichen wirtschaftlichen und sozialen Rückstand gegenüber den westlichen und östlichen Industrieländern aufweisen (gemeinsame Merkmale des Entwicklungsrückstands sind u. a. das Ungleichgewicht der Produktionsfaktoren, die geringe Zahl von Fachkräften und die Einseitigkeit der Produktionsstrukturen), geben ihrer Überzeugung deutlich Ausdruck, dass sie nur als gemeinsam handelnde Gruppe ihre eigenen Interessen gegenüber den wohlhabenden Nationen durchsetzen können.

3. Aug. Beschluss des UN-Wirtschafts- und Sozialrats, eine Konferenz für Handel und Entwicklung einzuberufen.

1963, 2. Okt. Der Zehnerclub (Zusammenschluss von zehn führenden westlichen Industriestaaten zum Ausgleich von Zahlungsbilanzdefiziten) des IWF tritt zur Untersuchung von Weltwährungsproblemen zusammen.

20. Nov. Entschließung der UNO über die Beseitigung aller Formen von Rassendiskriminierung.

1964, 23. März–16. Juni Konferenz der Vereinten Nationen für Handel und Entwicklung (**UNCTAD**, *United Nations Conference on Trade and Development*) in Genf unter Teilnahme von 120 Staaten sowie zum ersten Mal auch mit Vertretern von EWG, EFTA und RGW (Rat für gegenseitige Wirtschaftshilfe). Ziel ist eine verbesserte Position der Rohstoffe liefernden Entwicklungsländern gegenüber den Rohstoffe verarbeitenden Industrieländern. In der Schlussakte wird die Notwendigkeit von internationaler Arbeitsteilung hervorgehoben und der Abschluss internationaler Rohstoffabkommen empfohlen.

4. Mai Beginn der sog. Kennedy-Runde im Rahmen von GATT: Ziel ist der ganze Gütergruppen umfassenden Zollabbau. Gegenstand sind alle Kategorien industrieller und nichtindustrieller Erzeugnisse einschließlich der Agrarprodukte und Rohstoffe.

30. Dez. UNCTAD konstituiert sich als ständiges Organ der UN-Generalversammlung.

Ziele und Auswirkungen von UNCTAD

Die UNCTAD ist die Welthandelskonferenz der Vereinten Nationen. Gegründet 1964, umfasst die Organisation 193 Mitglieder (2007) und veranstaltet alle vier Jahre eine Konferenz. Die erste findet 1964 in Genf statt, die bislang letzte 2004 in São Paulo. Zwischen den UNCTAD-Konferenzen sorgt u. a. der Handels- und Entwicklungsrat sowie das Generalsekretariat für Kontinuität und die Vorbereitung der Treffen. Bis zum Ende des Kalten Krieges teilt auch die UNCTAD den Globus nach den politischen Kriterien ein: Neben einem marktwirtschaftlich und einem planwirtschaftlich organisierten Block sowie China definierte die UNO nun zwei Gruppen afro-asiatischer und lateinamerikanischer Staaten, die zum großen Teil in der blockfreien Bewegung organisiert sind.

Ziel der Einrichtung der UNCTAD soll die gerechtere Berücksichtigung der Entwicklungsländer sein. Schon auf dem ersten Treffen 1964 gründet sich die in ihrem Selbstverständnis als »Gewerkschaft der Dritten Welt« konzeptionierte »Gruppe der 77«, ein Zusammenschluss asiatischer, afrikanischer und lateinamerikanischer Entwicklungsländer, die allerdings die in sie gesetzten hohen Erwartungen nicht erfüllen kann. Begrenzte Erfolge kann die UNCTAD aber verzeichnen. Seit der ersten Konferenz verpflichten sich die Industriestaaten, den Entwicklungsländern technisches Wissen, Kapital, Handelsvergünstigungen zur Verfügung bzw. in Aussicht zu stellen. Die EG schließt 1975 das Lomé-Abkommen mit 46 sog. AKP-Staaten (Afrika, Karibik, Pazifik), welches u. a. das Volumen des Europäischen Entwicklungsfonds verdreifacht und Ausgleichszahlungen bei schwankenden Weltmarktpreisen vorsieht.

1965, 8. Febr. Die GATT-Vertragspartner beschließen als Zusatzabkommen zum GATT-Statut eine schnelle Erhöhung der Exporterlöse und eine Verbesserung der *Terms of Trade* für die Entwicklungsstaaten anzustreben mit der Absicht, GATT für Staaten der Dritten Welt attraktiver zu machen.

11. Nov. UN-Resolution, Rhodesien (heute Simbabwe)

nach der einseitigen Unabhängigkeitserklärung nicht anzuerkennen und dem afrikanischen Land keine Unterstützung zu gewähren.

20. Nov. Die Vereinten Nationen vereinbaren ein Erdölembargo gegen Rhodesien, das jedoch nicht wirksam eingehalten wird.

3. Dez. UN-Resolution über Afrika als kernwaffenfreie Zone.

1966, 3.–15. Jan. Erste Solidaritätskonferenz von Delegierten **nationaler Befreiungsbewegungen** und Regierungen aus 82 Ländern Asiens, Afrikas und Lateinamerikas.

27. Okt. Die UN-Generalversammlung erklärt das Mandat Südafrikas über Südwestafrika (heute Namibia) wegen grober Verletzung des Mandatvertrages für beendet. Die Generalversammlung bildet einen Rat für Südafrika.

22. Nov. **Gründung der UNIDO** (*United Nations Industrial Development Organization*); 25 Entwicklungsstaaten und 15 westliche sowie fünf östliche Industriestaaten bilden de facto eine UN-Sonderorganisation zur Koordinierung technischer Hilfe für die Dritte Welt.

16. Dez. Der UN-Sicherheitsrat beschließt wirtschaftliche Zwangsmaßnahmen gegen Rhodesien.

19. Dez. Internationaler Pakt über wirtschaftliche, soziale und kulturelle Rechte. In ihm wird erneut das Recht der Völker auf Selbstbestimmung konstatiert, jedoch auch die Eigenverfügung über die Reichtümer eines Landes unterstrichen. Ebenso beschließt die UN-Generalversammlung einen internationalen Pakt über bürgerliche und politische Rechte.

1967, 30. Juni Schlussakte der Kennedy-Runde (seit 4. Mai 1964): Die Unterzeichner verpflichten sich, in fünf Jahren die Zölle stufenweise um durchschnittlich 35 % zu senken. Die Zollkonzessionen im Rahmen eines Gesamthandelsumsatzes von 40 Mrd. US-$ beziehen sich v. a. auf Industrieprodukte.

10.–24. Okt. Auf der Konferenz der »Gruppe der 77« in Algier kritisiert Algerien die friedliche Koexistenzpolitik der Sowjetunion und der USA als ein Täuschungsmanöver, durch das die wirtschaftliche Hegemonie der beiden Staaten verfestigt werden soll.
Die **Charta von Algier** wendet sich gegen die Ergebnisse der Kennedy-Runde und die Entwicklungspolitik des Ostblocks und fordert allgemeine Zollpräferenzen für Importe von Rohstoffen, Halbfertig- und Fertigprodukten aus Entwicklungsländern, Entwicklungshilfe von 1 % des Bruttosozialprodukts der Industriestaaten und eine stärkere Berücksichtigung der Finanzierungshilfen für die Entwicklungsländer durch IWF und IDA (*International Development Association*).

22. Nov. Die UN-Nahostresolution 242 fordert die sofortige Beendigung des Kriegszustands (aus dem Sechstagekrieg) und den Rückzug Israels aus den besetzten arabischen Gebieten.

1968, 1. Febr.–29. März UNCTAD II in Neu-Delhi legt einen Zeitplan für den Abschluss von 19 Rohstoffabkommen fest. Die Industriestaaten erklären sich bereit, jährlich eine Entwicklungshilfe von zumindest 1 % ihres Bruttosozialprodukts zu leisten. Die osteuropäischen Staaten sollen die Handelsbeziehungen zu den Staaten der Dritten Welt verbessern.

17. März Gold-Krise: Die USA heben die 25-prozentige Golddeckungspflicht ihrer Währung auf. Um den Dollar als Leitwährung zu stützen, haben die USA seit 1950 ihre nationalen Goldreserven in solchem Maße einsetzen müssen, dass sich ihre Reserven bis 1968 auf 12 Mrd. US-$ verringern. Vom 15.–29. März wird der Londoner Goldmarkt geschlossen. Die Goldkrise ist direkter Ausdruck der Dollarschwäche.

Die Rolle des US-Dollars im internationalen Währungssystem

Die dominante Rolle des US-Dollars als Leitwährung im Weltwährungssystem nach 1945 geht auf die Konferenz von Bretton Woods (1944) zurück. Alle Mitgliedsstaaten des IWF vereinbaren dort feste Gold- und Dollarparitäten, den sog. Dollarstandard, der zunächst bei 35 Dollar pro Unze Feingold liegt. Abwertungen folgten 1971 (0,819 g Gold) und 1973 (0,737 g Gold). Stalin ist gegenüber der Festlegung, den US-Dollar als globale Leitwährung zu betrachten, zutiefst misstrauisch. Die Sowjetunion unterschreibt 1945 die Abmachung nicht, weil die Zustimmung als ein Zeichen der Unterwerfung gedeutet wird. Im selben Jahr sorgt Stalin dafür, dass auch die meisten von der Sowjetunion abhängigen Staaten nicht am Bretton-Woods-System teilhaben können. In George Kennans (*1904, †2003) »Langem Telegramm« wird diese Verweigerung ausdrücklich als Beleg sowjetischer Aggression verstanden, als Zeichen, dass »die Sowjetunion und die angrenzenden sowjetisch beherrschten Gebiete zu einer autarken Einheit zu machen« gewillt sei. Mit dem Rückzug der Sowjetunion bleibt das Weltwährungssystem westlich dominiert. Selbst nach dessen Zusammenbruch 1971 bestimmen die USA weiterhin die Spielregeln. Die Dollarbindung ist eine der Voraussetzungen für den Aufschwung der 50er-Jahre.

Die Teilnehmerstaaten am Weltwährungssystem haben nicht nur das Recht, bei Zahlungsschwierigkeiten auf den IWF zurückzugreifen, sondern auch bei starken Dollarschwankungen zu intervenieren. Nachdem die Schuldnerländer in den 50er-Jahren zunächst mit einem Dollarmangel zu kämpfen haben (Dollarlücke), ändert sich das mit dem wirtschaftlichen Aufschwung in Westeuropa und Japan. Das US-Zahlungsbilanzdefizit erhöht sich so sehr, dass bereits 1961 die USA, die Bundesrepublik Deutschland, Italien, Frankreich (1967 ausgeschieden), die Niederlande, Großbritannien und die Schweiz ein Goldpool bilden, um den Dollar auf dem Londoner Goldmarkt zu stützen (1968 aufgelöst). Der massive Dollarverfall, der im letzten Drittel der 60er-Jahre einsetzt, resultiert u. a. aus den hohen Ausgaben für den Vietnamkrieg, dem Anstieg der Erdölpreise, aber auch aus internationalen Währungsspekulationen. Am 15. Aug. 1971 wird die Konvertibilität des US-Dollars in Gold aufgegeben. Seit März 1973 dürfen die Wechselkurse der großen Industrieländer frei schwanken (*Floating*), was am 19. April 1995 zum bis dahin tiefsten Stand des Dollars führt (1 Dollar = 1,36 DM). Seit Herbst 2007 ist der Dollar gegenüber dem Euro stark unter Druck

(Mitte April 2008: 1 Dollar = 0,63 Euro). Dennoch bleibt der Dollar bislang Leitwährung, was sich nicht zuletzt im Außenhandel zeigt, wo er nach wie vor die wichtigste Fakturierungswährung ist (Dollarklausel).

1968, 12. Juni Die UN-Generalversammlung benennt Südwestafrika in Namibia um.

23. Aug. Die Sowjetunion blockiert mit ihrem Veto eine Resolution des UN-Sicherheitsrats, mit der der Einmarsch der Warschauer-Pakt-Staaten in die Tschechoslowakei verurteilt werden soll.

17. Dez. »Entschließung 2411« der Vereinten Nationen über ein internationales Vorgehen in der Entwicklungshilfe.

1970, 30. Jan. Der UN-Sicherheitsrat bestätigt die Beendigung des Mandats der Republik Südafrika über Namibia.

8.–10. Sept. Gipfelkonferenz der blockfreien Staaten in Lusaka: Die Entschließungen fordern den Kampf gegen Nationalismus und Rassismus sowie gegen neokoloniale Ausbeutung.

24. Okt. UN-Deklaration über die Grundsätze des Völkerrechts für freundschaftliche Beziehungen und Zusammenarbeit zwischen den Staaten gemäß der Charta der Vereinten Nationen; in ihr wird gefordert, sich jeder Anwendung und Androhung von Gewalt zu enthalten.

1971, Febr./April Auf den Konferenzen der OPEC in Teheran und Tripolis werden die Erdölpreise stufenweise angehoben.

25. Okt. Die VR China wird Mitglied der UNO bei gleichzeitigem Ausschluss der Republik China (Taiwan). Die Aufnahme der VR China in die UNO wird möglich, seitdem die USA ihre Außenpolitik neu orientieren und damit ihr taktisches Vorgehen innerhalb der UNO revidieren (1961 wird die Frage einer Aufnahme der VR China gemäß Art. 18 der UN-Charta als »wichtige Frage« eingestuft, über die nur mit Zweidrittelmehrheit der Stimmen entschieden werden kann).

1972, 10. April Unterzeichnung eines Vertrages über das **Verbot** der Entwicklung, Herstellung und Lagerung **biologischer und toxikologischer Waffen**.

13. April–21. Mai UNCTAD III in Santiago de Chile: Reform des internationalen Währungssystems mit erweiterter Mitsprache der Entwicklungsländer, jedoch keine endgültige Regelung über die internationalen Rohstoffprobleme. Die Entwicklungsländer sind v. a. vom Dollarverfall betroffen (4 Mrd. US-$ Verluste) und benötigen daher höhere Erlöse aus den Rohstofflieferungen an die Industrieländer.

5.–16. Juni Umweltkonferenz der UNO in Stockholm: Verabschiedung eines Aktionsplans zur internationalen Zusammenarbeit gegen Umweltverschmutzung und Umweltschäden, Errichtung eines Umweltrats als UN-Organ.

1973, 12. Febr. Abwertung des Dollars um 10 %. Der Dollar verliert als Weltleitwährung an Ansehen.

12. März Freigabe des Dollarkurses, was faktisch das Ende des Weltwährungssystems von Bretton Woods (seit 1944) bedeutet.

22. Juni Der Internationale Gerichtshof untersagt Frankreich auf Antrag Australiens, Atomversuche durchzuführen, die zur Ablagerung von radioaktiven Stoffen auf dem Gebiet Australiens führen könnten.

5.–9. Sept. 4. Gipfelkonferenz der bündnisfreien Staaten in Algier: Verabschiedung eines Aktionsprogramms für wirtschaftliche Zusammenarbeit.

18. Sept. Aufnahme der Bundesrepublik Deutschland und der DDR in die UNO.

24. Sept. In Nairobi Beginn einer Konferenz zur Vorbereitung für die Reform des Weltwährungssystems.

Okt. Die Gruppe der arabischen Staaten (OAPEC) in der OPEC beschließt ein Ölembargo gegen die USA, die Niederlande und Südafrika mit dem Ziel einer Änderung der Politik jener Länder gegenüber Israel.

22. Okt. Der Sicherheitsrat fordert Israel und die arabischen Staaten auf, die Kampfhandlungen einzustellen (Oktober-Krieg) und Verhandlungen zur Schaffung eines Friedens im Nahen Osten aufzunehmen.

24.–26. Okt. Beginn der Tokio-Runde im Rahmen von GATT, die eine Liberalisierung des Handels mit Agrarprodukten und eine Senkung der Zolltarife anstrebt.

1974, 11.–13. Febr. Washingtoner Energiekonferenz angesichts des seit Mitte der sechziger Jahre stark angestiegenen Bedarfs an Energie einerseits und der Tendenz der Erdöl produzierenden Staaten andererseits, die Rohölförderung zu reduzieren.

9. April–2. Mai 6. UN-Sondertagung in New York über Rohstoff- und Entwicklungsprobleme, auf der eine Spaltung der »Dritten Welt«, hervorgerufen durch die Erdölkrise, verhindert werden soll (die Entwicklungsländer sind von den Erdölpreiserhöhungen besonders stark betroffen: 13 Mrd. US-$ Einbuße).

20. Juni–29. Aug. Auf der Internationalen Seerechtskonferenz in Caracas wird neben der Ausdehnung der Hoheitsgewässer, der Fischereischutzzonen und der Meerengen über eine 200-Meilen-Wirtschaftszone verhandelt, innerhalb deren der jeweilige Küstenstaat das Recht erhalten soll, die dort vorhandenen natürlichen Schätze auszubeuten.

1. Nov. Die UN-Generalversammlung fordert die am Zypernkrieg beteiligten Parteien auf, die Souveränität und territoriale Integrität der Insel zu wahren, und fordert den Abzug aller ausländischen Truppen sowie Verhandlungen zwischen der türkischen und griechischen Bevölkerungsgruppe.

5.–16. Nov. Welternährungskonferenz der UN-Sonderorganisation **FAO** (*Food and Agriculture Organization*) in Rom. Sie fordert Vorrang für eine Verbesserung der landwirtschaftlichen Entwicklung, die Errichtung eines Weltgetreidefonds für Katastrophenfälle, ein internationales Nahrungsmittelsicherheitssystem und einen Fonds für die Förderung der Landwirtschaften. – Die Entwicklungsländer erzielen zwar seit Beginn der 60er-Jahre ein reales Wachstum ihrer Nahrungsmittelproduktion, das etwa dem Weltdurchschnitt entspricht, doch bewirkt die rasche Bevölkerungszunahme in diesen Ländern, dass die Pro-Kopf-Versorgung stagniert oder sich sogar gebietsweise verschlechtert. Die FAO kritisiert v. a., dass die Preispolitik in vielen Entwicklungsländern darauf abziele, billige Nahrungsmittel für die Verbraucher in den städtischen Ballungszentren ohne Rücksicht auf die Kostenlage der landwirtschaftlichen Produzenten herzustellen, sodass sich diese häufig auf die Deckung ihres Eigenbedarfs beschränken müssten. Die Welternährungskonferenz fordert einerseits die Errichtung eines Internationalen Agrarentwicklungsfonds zur besseren Finanzierung von Agrarprojekten in der Dritten Welt, andererseits Eindämmungsmaßnahmen des Konsums in den Industriegesellschaften.

13. Nov. Jasir Arafat (*1929, †2004), der Führer der PLO, nimmt an der Palästina-Debatte der UN-Generalversammlung in New York teil.

15. Nov. Gründung einer Internationalen Energie-Agentur im Rahmen der OECD (*Organization for Economic Cooperation and Development*).

21. Nov. Die PLO erhält bei den Vereinten Nationen Beobachterstatus.

13. Dez. Konferenz der OPEC-Staaten in Wien erklärt ihre Bereitschaft, mit den Industriestaaten über das Erdölproblem zu verhandeln, möchte jedoch die gesamte Rohstoff-Frage und die Probleme des Weltwährungssystems mit einbeziehen.

14. Dez. Entschließung der UNO, den Begriff »Aggression« zu definieren. Aggression bedeutet demnach die Anwendung von Waffengewalt durch einen Staat gegen die Souveränität, die territoriale Unversehrtheit oder politische Unabhängigkeit eines anderen Staats.

1975, 4.–8. Febr. Die Rohstoffkonferenz der Dritten Welt in Dakar fordert Sonderfonds zur Finanzierung von Reserven an Roh- und Grundstoffen in Entwicklungsländern.

28. Febr. 46 Staaten aus Afrika, der Karibik und dem Pazifik (AKP-Staaten) sowie Staaten der EG beschließen das **Abkommen von Lomé**, in dem sich die EG verpflichtet, das Volumen des Europäischen Entwicklungsfonds zu verdreifachen und bei schwankenden Weltmarktpreisen Ausgleichszahlungen zu leisten.

17. März Beginn der 2. Seerechtskonferenz in Genf, auf der die Ausdehnung der staatlichen Hoheitsgewässer von drei auf zwölf Seemeilen beschlossen wird.

15.–17. Nov. 1. Weltwirtschaftsgipfel (Frankreich, BR Deutschland, Italien, Großbritannien, USA, Japan) in Schloss Rambouillet bei Paris zur Abstimmung der Wirtschafts- und Finanzpolitik der wichtigsten westlichen Industriestaaten.

1976, 12.–26. März Auf der UNIDO-Konferenz in Lima fordern die Entwicklungsländer eine Stabilisierung der Rohstoffpreise; Anteil der Entwicklungsländer an der Weltindustrieproduktion soll 25 % betragen.

5.–31. Mai Beginn der UNCTAD IV in Nairobi: Die Entwicklungsländer fordern von den Industriestaaten das gleichzeitige Aushandeln von internationalen Abkommen für 18 Rohstoffe in einem Paket, den Ausbau gemeinsam finanzierter Warenausgleichslager, multilaterale Liefer- und Abnahmeverpflichtungen sowie Ausgleichszahlungen bei einem Rückgang der Exporterlöse von Rohstoffen.

27./28. Juni 2. Weltwirtschaftsgipfel in Puerto Rico, jetzt sieben westliche Industriestaaten (einschließlich Kanada; spätere Bezeichnung: G-7).

1977, 8. Mai 3. Weltwirtschaftsgipfel in London.

4. Nov. Der UN-Sicherheitsrat verhängt ein Waffenembargo gegen die Republik Südafrika.

1978, 7. April–5. Mai Tagung des UN-Wirtschafts- und Sozialrats in New York: u. a. werden die Beendigung der Zusammenarbeit multinationaler Konzerne mit rassistischen Minderheitsregierungen im südlichen Afrika, Sonderhilfen für afrikanische Länder und Maßnahmen für eine Steigerung der Weltnahrungsmittelproduktion und -reserven behandelt.

23. Mai UNO-Generalsekretär Kurt Waldheim (*1918, †2007) fordert bei der Eröffnung der Abrüstungssonderkonferenz 1 Mio. für Friedensförderung pro 1 Mrd. ausgegebene Dollar für Rüstungsmaßnahmen.

16./17. Juli 4. Weltwirtschaftsgipfel in Bonn.

17. Dez. In Abu Dhabi am Persischen Golf beschließen die Erdölminister der OPEC eine stufenweise Anhebung des Rohölpreises (eine bezogen auf den Jahresdurchschnitt zehnprozentige Erhöhung).

1979, 28. März Vorzeitige Erhöhung des Erdölpreises durch die OPEC-Staaten. Schon zu Beginn des zweiten Quartals erreicht der Erdölpreis eine Höhe, die gemäß der OPEC-Beschlüsse von Abu Dhabi erst vom 1. Okt. an vorgesehen gewesen ist.

17. April Die OPEC schließt Ägypten von der Mitgliedschaft aus und verhängt ein uneingeschränktes Erdölembargo gegen dieses Land. Diese Ausschlussmaßnahme wird ergriffen, um Ägypten wegen der Unterzeichnung des Friedensvertrags mit Israel politisch und wirtschaftlich zu isolieren.

7. Mai–3. Juni 5. UNCTAD-Konferenz in Manila: Sofortprogramm zu Gunsten der 31 ärmsten Entwicklungsländer für die nächsten drei Jahre. Die geforderte »neue Weltwirtschaftsordnung« wird nicht erreicht.

28.–29. Juni 5. Weltwirtschaftsgipfel in Tokio.

29. Juni Nach längeren Verhandlungen beschließt die OPEC eine Erhöhung des Grundpreises für Rohöl um rund 24 %, worauf die einzelnen Ölländer noch Aufschläge erheben können.

31. Okt. 2. Lomé-Abkommen der EG mit (jetzt) 58 AKP-Staaten.

1980, 5. Febr. Auf der 3. Konferenz der UNIDO in Neu-Delhi fordert die »Gruppe der 77« dreimal so viel Hilfe wie bisher zur Überwindung der Probleme bei der Industrialisierung.

22.–23. Juni 6. Weltwirtschaftsgipfel in Venedig.

27. Juni In Genf paraphieren die Vertreter von 101 Staaten den Vertrag über die Schaffung eines internationalen Rohstofffonds.

28. Sept. Der UN-Sicherheitsrat fordert in der Resolution 479 vergeblich Irak und Iran zur Einstellung der am 22. Sept. begonnenen Kampfhandlungen auf.

1981, 1. Juli Der US-Bankier Alden W. Clausen (*1923) wird neuer Weltbankpräsident.

20.–21. Juli 7. Weltwirtschaftsgipfel in Ottawa.

22.–23. Okt. Die 10. Nord-Süd-Gipfelkonferenz in Cancún einigt sich auf Globalverhandlungen im Rahmen der UNO.

1982, 1. Jan. UNO-Generalsekretär Javier Pérez de Cuéllar (*1920) tritt sein Amt an.

5. Febr. Die UN-Generalversammlung verurteilt Israels Annexion der Golan-Höhen.

4.–6. Juni 8. Weltwirtschaftsgipfel in Versailles.

11. Okt.–30. Nov. Die UN-Generalversammlung verurteilt im Rahmen einer Generaldebatte den israelischen Angriff auf einen Kernreaktor im Irak. Resolution gegen Militarisierung des Weltraums. Verbot der Lagerung und Herstellung von chemischen Waffen.

1983, 28.–30. Mai 9. Weltwirtschaftsgipfel in Williamsburg/USA.

6. Juni–3. Juli Die 6. UNCTAD-Konferenz in Manila erzielt keine konkreten Resultate zur Verbesserung der Lage der Entwicklungsländer in der kritischen Weltwirtschaftssituation (u. a. Erhöhung der Rohölpreise, Schuldenprobleme).

20. Juni Gemäß dem 4. Weltwirtschaftsbericht des IWF gefährden die hohen Defizite im US-Haushalt nachhaltige Besserungen des internationalen Wirtschaftsklimas.

25. Aug. Das zwischen 17 Mittelmeer-Anrainerstaaten geschlossene Umweltschutzabkommen für das Mittelmeer tritt in Kraft.

25.–30. Okt. Sondersitzung des UN-Sicherheitsrats wegen der US-Intervention auf Grenada. Eine Resolution zur Verurteilung der Invasion scheitert am Veto der USA.

29. Dez. Die USA geben ihren Austritt aus der UNESCO zum Ende des Jahres 1984 bekannt.

1984, 9.–13. April Die von der UN-Umweltschutzbehörde einberufene Konferenz von 15 Mittelmeer-Anrainerstaaten beschließt Maßnahmen zum Umweltschutz.

7.–9. Juni Die Verschuldung der Dritten Welt ist ein Hauptthema für den 10. Weltwirtschaftsgipfel in London.

ab 18. Sept. Die 39. UN-Generalversammlung behandelt vorrangig politische und wirtschaftliche Probleme Afrikas.

1985, 28.–30. Jan. 73. Ministerkonferenz der OPEC in Genf: Preisreduktion für Rohöl.

5. Febr. 20 Nationen unterzeichnen die UN-Konvention gegen Folter.

2.–4. Mai 11. Weltwirtschaftsgipfel in Bonn.

15.–26. Juli Zum Abschluss des »Jahrzehnts der Frau« tagt in Nairobi die Weltfrauenkonferenz.

8.–11. Okt. Die 40. Jahrestagung von IWF und Weltbank in Seoul befasst sich mit der Schuldenlast der Dritten Welt.

1986, Jan./März OPEC: Preissturz bei Rohöl wegen Überproduktion; Konferenzen und Irritationen in allen Erdöl produzierenden Ländern.

21. April Resolution des UN-Sicherheitsrats zum US-Luftangriff auf Libyen scheitert am Veto der USA, Großbritanniens und Frankreichs.

4.–6. Mai 12. Weltwirtschaftsgipfel in Tokio.

20.–21. Sept. Die EG-Finanzminister und Notenbankchefs vereinbaren auf einem Treffen im schottischen Gleneagles den Dollarverfall zu stoppen.

30. Sept.–3. Okt. Die 41. Jahrestagung von IWF und Weltbank in Washington fordert mehr inflationsfreies Wirtschaftswachstum, um die wirtschaftlichen Ungleichgewichte auszugleichen.

1987, 27. April Schuldenkonferenz der Entwicklungsländer in Caracas (Auslandsverschuldung ca. 1034 Mrd. US-$).

8.–10. Juni 13. Weltwirtschaftsgipfel in Venedig.

20. Juli Der UN-Sicherheitsrat verabschiedet die Resolution 598 zur Beendigung des Ersten Golfkriegs zwischen Iran und Irak.

19. Okt. Kurssturz an den Börsen der führenden Industrienationen, u. a. bedingt durch das Defizit im US-Außenhandel.

1.–3. Dez. Die 43. Jahrestagung des GATT in Genf befasst sich mit der schlechten Beitragszahlungsmoral der Mitglieder und zunehmenden Beschwerden über Verletzungen der GATT-Regeln.

1988, 19.–21. Juni Der 14. Weltwirtschaftsgipfel in Toronto unterstreicht die gewachsene Bedeutung der Europäischen Gemeinschaft und Kanadas.

13. Sept. Die USA begleichen ihren Beitragsrückstand bei den UNO in Höhe von 522 Mio. US-$.

27.–29. Sept. In Berlin findet die 43. Jahrestagung von IWF und Weltbank statt. Die Weltbank will durch vermehrte Kredite das Wirtschaftswachstum in der Dritten Welt anregen und so die Armut lindern. Gleichzeitig tagt ein Gegenkongress der Globalisierungskritiker, der einen Schuldenerlass für die Dritte Welt sowie ökologische Kriterien für die Vergabe von Weltbankgeldern fordert.

1989, 14.–16. Juli Der 15. Weltwirtschaftsgipfel in Paris beschließt die Unterstützung der Reformbewegungen in Ungarn und Polen.

17.–22. Sept. Weltenergiekonferenz in Montreal.

26.–28. Sept. Die 44. Jahrestagung von IWF und Weltbank in Washington zeigt, dass die bisherigen Konzepte gegen die Schuldenkrise der Dritten Welt versagt haben. Abhilfe soll u. a. ein Teilschuldenerlass nach dem vom US-amerikanischen Finanzminister Nicolas Brady (*1930) im März 1989 vorgelegten Brady-Plan bringen.

13.–16. Okt. Kurseinbruch an der New Yorker Börse sowie an den Börsen Asiens und Europas.

4.–7. Nov. Die Außen- und Handelsminister von zwölf Staaten im pazifischen Raum (Australien, Brunei, Indonesien, Japan, Kanada, Malaysia, Neuseeland, Philippinen, Singapur, Südkorea, Thailand und USA) gründen während einer Konferenz in Canberra die APEC (Asia-Pacific Economic Cooperation) mit dem Ziel, den Handel dieser Region zu liberalisieren.

1990, 20.–23. Febr. Die UN-Generalversammlung erklärt die 90er-Jahre zum »Jahrzehnt des Kriegs gegen das Rauschgift«.

9.–11. Juli Der 16. Weltwirtschaftsgipfel in Houston/Texas befasst sich u. a. mit Art und Umfang einer Hilfe für die Sowjetunion.

2. Aug. Nach der Besetzung Kuwaits durch den Irak fordert der UN-Sicherheitsrat mit der Resolution 660 den sofortigen und bedingungslosen Rückzug aus Kuwait.

8. Aug. US-amerikanische Soldaten bilden den Kern der **multinationalen Streitmacht**, die sich am Golf **gegen den Irak** formiert. Am 10. Aug. stimmt auch die Arabische Liga mit knapper Mehrheit für eine Beteiligung am Aufmarsch.

29. Sept. Am Sitz der UNO in New York tagt der »Weltkindergipfel«; Teilnehmer sind 71 Staats- und Regierungschefs.

29. Nov. Der UN-Sicherheitsrat verabschiedet auf Antrag der USA eine Resolution, die dem Irak bis 15. Jan. 1991 Zeit zum Verlassen Kuwaits gibt.

3.–7. Dez. Die Uruguay-Runde des GATT (von den GATT-Vertragspartnern in Punta del Este/Uruguay am 15. Sept. 1986 vereinbart) wird wegen unüberbrückbarer Meinungsverschiedenheiten zwischen den USA und der EG über Agrarsubventionen abgebrochen.

1991, 15. Jan. Ablauf des UN-Ultimatums zum Rückzug des Irak aus Kuwait. Beginn der Luftoffensive der multinationalen Streitkräfte (17. Jan.).

28. Febr. Waffenstillstand im Zweiten Golfkrieg, nachdem der Irak zur Anerkennung aller Resolutionen des UN-Sicherheitsrats bereit ist (27. Febr.).

15. April Die Mitgliedsstaaten der EG, 27 europäische und außereuropäische Staaten, die Europäische Investitionsbank und die Europäische Kommission gründen die Europäische Bank für Wiederaufbau und Entwicklung in London, die u. a. die Aufgabe hat, die osteuropäischen Reformstaaten auf ihrem Weg zur Marktwirtschaft mit Krediten zu unterstützen.

15.–17. Juli 17. Weltwirtschaftsgipfel in London: Der Sowjetunion wird zur Unterstützung des dortigen Reformkurses u. a. ein assoziierter Status bei IMF und Weltbank angeboten.

25. Sept. Der UN-Sicherheitsrat verhängt ein Waffenembargo gegen Jugoslawien.

1992, 1. Jan. Der Ägypter Boutros Boutros-Gali (*1922) tritt das Amt des UNO-Generalsekretärs an.

2. März Die UNO nimmt acht Staaten der ehemaligen Sowjetunion auf (jetzt 175 Mitglieder).

3.–14. Juni In Rio de Janeiro findet die UN-Konferenz über Umwelt und Entwicklung statt. Verabschiedet werden die »Erklärung von Rio« und die »Agenda 21«: Die Industriestaaten erkennen ihre besondere Verantwortung für eine umweltverträgliche globale Entwicklung an und bekunden ihre Absicht, eine Vielzahl von Umweltschutzmaßnahmen durchzuführen; keine bindenden Verpflichtungen.

6.–8. Juli 18. Weltwirtschaftsgipfel in München.

1993, 14.–15. April Die Außen- und Finanzminister der G-7-Staaten beschließen auf einer Konferenz in Tokio, die Reformpolitik in Russland mit umfangreicher Finanzhilfe zu unterstützen.

14.–25. Juni Weltkonferenz für Menschenrechte in Wien. Die Schaffung eines internationalen Gerichtshofs zur Ahndung von Menschenrechtsverletzungen wird durch chinesisches Veto verhindert.

7.–9. Juli 19. Weltwirtschaftsgipfel in Tokio.

17. Nov. Konstituierung des Internationalen Kriegsverbrechertribunals in Den Haag zur Verfolgung von Kriegsverbrechern aus dem ehemaligen Jugoslawien.

15. Dez. Die Uruguay-Runde des GATT endet mit einem Abkommen zur weiteren Liberalisierung des Welthandels.

1994, 1. Jan. Der Vertrag über die Gründung der Nordamerikanischen Freihandelszone (NAFTA) zwischen den USA, Mexiko und Kanada tritt in Kraft.

8.–10. Juli 20. Weltwirtschaftsgipfel in Neapel: Russland wird erstmals in die politischen Beratungen der G-7 mit einbezogen.

5.–13. Sept. An der 3. Weltbevölkerungskonferenz in Kairo nehmen 182 Staaten teil. Der Vatikan und Teile der islamischen Welt haben Einwände zu den verabschiedeten Aktionsplänen über die Stellung der Frau, Geburtenkontrolle und Schwangerschaftsabbruch.

1. Okt. Der UN-Treuhandschaftsrat wird aufgelöst, da alle von ihm betreuten Mandatsgebiete (frühere Kolonialgebiete) in die Unabhängigkeit entlassen sind.

15. Nov. Die Mitgliedsstaaten der APEC einigen sich in Bogor (Indonesien) auf die Schaffung einer Freihandelszone in der pazifischen Region bis 2020.

1995, 1. Jan. Die **Welthandelsorganisation WTO**, Nachfolgeorganisation des GATT, nimmt ihre Arbeit auf. Ihr Ziel ist die Liberalisierung der Handelsmärkte.

15.–17. Juni 21. Weltwirtschaftsgipfel in Halifax, erneut unter Beteiligung der Russland.

1996, 27.–29. Juni 22. Weltwirtschaftsgipfel in Lyon.

4.–15. Sept. 4. UN-Weltfrauenkonferenz in Peking.

24. Sept. Während der 51. UN-Generalversammlung wird der Vertrag über ein Atomtestverbot (*Comprehensive Test Ban Treaty*) unterzeichnet.

9.–13. Dez. 1. Ministerkonferenz der WTO in Singapur: Sie untersucht, ob die im GATT-Abkommen vereinbarten Forderungen zum Abbau der Zölle erfüllt worden sind, und vereinbart eine Öffnung der Märkte für Computer- und Telekommunikation.

1997, 1. Jan. Der neue UNO-Generalsekretär Kofi Annan (*1938) nimmt seine Tätigkeit auf.

27. Jan. Der IWF nimmt in Washington das »Neue Kreditabkommen« an; damit verdoppeln sich die Mittel des IWF zur Stabilisierung des internationalen Währungssystems.

5. März In Tokio gründen Australien, die VR China, Hongkong, Japan, Singapur und die USA die »Asien-G-6«-Beratungsgruppe nach dem Vorbild der G-7. Geplant sind regelmäßige Konferenzen über Wirtschafts- und Finanzfragen dieser Region.

ab Mai/Juni Thailand, Malaysia und Indonesien werden aufgrund mangelnder Liquidität von einer **Wirtschafts- und Finanzkrise** erschüttert, die das Eingreifen des IWF erfordert. Südkorea und Japan werden im Okt./Nov. von der Krise erfasst.

20.–21. Juni 23. Weltwirtschaftsgipfel in Denver, an dem Russland erstmals als gleichberechtigter Partner teilnimmt.

Okt./Nov. Konflikt zwischen UNO und Irak um Ausweisung US-amerikanischer Waffeninspektoren der UNO aus dem Irak.

4. Dez. Das zweitgrößte Kreditinstitut der Welt, die United Bank of Switzerland (UBS, Bilanzsummen 1996: 593,2 Mrd. US-$) soll bis Mai 1998 aus dem Zusammenschluss zweier Schweizer Großbanken entstehen; vorläufiger Höhepunkt einer Fusionswelle von Finanzdienstleistungsunternehmen.

1.–11. Dez. Auf der **Weltklimakonferenz** im japanischen **Kyōto** vereinbaren die Industrieländer eine Verringerung ihres Ausstoßes an Treibhausgasen.

1998, 23. Febr. Nach Unterzeichnung eines Abkommens mit UN-Generalsekretär ANNAN lässt der Irak Waffeninspektionen vorerst wieder zu.

17. Mai Beim **ersten G-8-Gipfel** in Birmingham (Treffen der G-7-Staaten und Russland) wird die Schaffung von Arbeitsplätzen und der Kampf gegen das Verbrechen als vorrangig bezeichnet.

28. Juni Auf der 12. Welt-Aids-Konferenz in Genf kritisieren Forscher die zunehmende Sorglosigkeit gegenüber der tödlichen Immunschwächekrankheit. Weltweit sind fast 31 Mio. mit dem HIV-Virus infiziert.

6. Juli Vor dem UN-Kriegsverbrechertribunal für das ehemalige Jugoslawien in Den Haag beginnt der erste Prozess wegen Völkermords.

1999, Jan. Auf dem Weltwirtschaftsgipfel in Davos stellt UN-Generalsekretär ANNAN die Initiative »Globaler Pakt« vor. Sie soll Fragen, die mit der »Globalisierung« entstanden oder verschärft worden sind (u. a. Menschenrechte, Umwelt, Arbeit) aufgreifen und eine gemeinsame Lösung vorbereiten.

5. April Libyen liefert der UNO die beiden Tatverdächtigen für den Anschlag auf ein US-Verkehrsflugzeug über dem schottischen Lockerbie (1988) aus.

7. April Im »Bananenstreit« zwischen der EU und den USA entscheidet die Welthandelsorganisation WTO zugunsten der USA: Bananen aus Lateinamerika dürfen unbeschränkt nach Europa exportiert werden.

10. Juni Der UN-Sicherheitsrat billigt den Friedensplan für den Kosovo.

18.–20. Juni Auf ihrem Weltwirtschaftsgipfel in Köln beschließen die G-8-Staaten einen Teilschuldenerlass für die 41 ärmsten Länder der Welt.

12. Okt. UNO-Generalsekretär ANNAN erklärt in Sarajewo einen neu geborenen Jungen symbolisch zum sechsmilliardsten Erdenbürger. Die fünfte Milliarde war 1987 erreicht worden.

30. Nov.–3. Dez. Die Ministerkonferenz der WTO von Seattle scheitert an Konflikten zwischen den USA und der EU sowie am Gegensatz zwischen Industrie- und Entwicklungsländern. Am Rande der Konferenz formiert sich erstmals ein breites Bündnis von Globalisierungsgegnern.

10. Dez. KOFI ANNAN erhält den Friedensnobelpreis.

2000, 10. Jan. In der bislang teuersten Übernahme der Industriegeschichte fusionieren der Internet-Anbieter AOL (Börsenwert 163 Mrd. US-$) und der Medienkonzern Time Warner (83 Mrd. US-$).

17. Jan. Durch Fusion von Glaxo Wellcome und Smith Kline Beecham entsteht der größte Pharmakonzern der Welt (Börsenwert 370 Mrd. DM).

6. Sept. Der pazifische Inselstaat Tuvalu wird 189. Mitglied der Vereinten Nationen.

13.–24. Nov. Bei der Weltklimakonferenz von Den Haag, die konkrete Vorgaben aus dem Kyōto-Protokoll (1997) entwickeln sollte, werden alle wichtigen Entscheidungen vertagt.

2001, 22. Jan. Nach einer UNO-Studie verläuft die Erderwärmung rascher als bisher angenommen. Wissenschaftler rechnen mit einem Anstieg um 1,4 bis 5,6 °C im 21. Jh.

13. März Die US-Regierung steigt aus dem Kyōto-Protokoll aus. Als Begründung verweist sie auf die nationale Energiekrise.

21. Juni Beim ersten Weltkongress gegen die Todesstrafe in Straßburg appellieren die Teilnehmer an die USA, die Todesstrafe abzuschaffen.

20.–22. Juli Das Treffen der G-8 in Genua ist überschattet von schweren Zusammenstößen zwischen Polizei und militanten Globalisierungsgegnern. Ein Demonstrant wird von Sicherheitskräften erschossen.

11. Sept. Die **Terroranschläge** islamistischer Extremisten **in New York und Washington** haben bedeutsame Auswirkungen auf die Wirtschaft. Weltweit werden Kursstürze und Konjunktureinbrüche registriert.

27. Nov.–5. Dez. Auf einer UNO-Konferenz auf dem Petersberg bei Bonn einigen sich Vertreter der wichtigsten Stämme Afghanistans über die Neuordnung des Landes nach dem Ende der Taliban-Herrschaft.

2002, 5. Febr. Abschluss des Weltsozialforums von Porto Alegre, einem Treffen der Globalisierungsgegner.

14. März Berufungsurteil im Lockerbie-Prozess; der angeklagte libysche Geheimdienstler wird für schuldig befunden, die Explosion auf der US-Verkehrsmaschine im Jahr 1988 verursacht zu haben.

22. März Konferenz zur Finanzierung von Entwicklung in Monterrey: Die Industrienationen werden aufgefordert, das festgelegte Ziel zu erreichen, 0,7 % ihres Bruttoinlandsprodukts für Entwicklungshilfe auszugeben (EU bisher 0,33 %, Deutschland 0,27 %).

11. April Das 1998 beschlossene Statut des Internationalen Strafgerichtshofs kann in Kraft gesetzt werden, nachdem die erforderliche Gesamtzahl von 60 Unterzeichnerstaaten erreicht ist.

5. Juni Das US-Flüchtlingskomitee weist darauf hin, dass viele Länder nach dem 11. Sept. 2001 die Aufnahme von Flüchtlingen eingestellt haben. Insgesamt sind 37,5 Mio. Menschen weltweit auf der Flucht, davon 22,5 Mio. im eigenen Land.

26. Aug.–4. Sept. Der Weltgipfel zur nachhaltigen Entwicklung in Johannesburg zieht eine Bilanz des globalen Umweltschutzes und der Anstrengungen zu einer besseren Entwicklung der armen Länder. Die Versammlung bestätigt die 1992 in Rio de Janeiro formulierten Ziele, verzichtet jedoch in vielen Bereichen auf die v. a. von Nichtregierungsorganisationen geforderten Zeitpläne zu einer präzisen Umsetzung.

30. Aug. Nach dem Urteil eines WTO-Schiedsgerichts darf die EU Strafen in Höhe von 4 Mrd. US-$ gegen die USA verhängen, da diese US-Firmen erlauben, ihre Exporte über Tochterunternehmen in Steuerparadiesen abzuwickeln.

16. Sept. Iraks Staatschef SADDAM HUSSEIN (*1937, †2006) teilt der UN mit, dass wieder Waffeninspektoren ohne Vorbedingungen einreisen dürfen.

1. Okt. USA fordern schärfere UN-Resolutionen gegen den Irak und eigene Waffeninspektoren neben den UN-Experten.

Nov. Der Irak akzeptiert eine Resolution des UN-Sicherheitsrats, der Waffeninspektoren ungehinderten Zugang zu Lager- und Produktionsstätten von ABC-Waffen verspricht.

7. Dez. Die irakische Regierung übergibt der UNO ein 12 000 Seiten starkes Dossier über ihre atomaren, biologischen und chemischen Waffen. Tenor des Berichts ist, dass der Irak keine Massenvernichtungswaffen besitzt.

2003, 20. Jan. Der UN-Sicherheitsrat verabschiedet die Resolution 1456 gegen den Terrorismus.

5. Febr. US-Außenminister Colin Powell (*1937) legt dem UN-Sicherheitsrat Geheimdiensterkenntnisse über die chemischen und biologischen Waffenarsenale des Irak vor.

11. März Der **Internationalen Strafgerichtshofs in Den Haag** nimmt seine Arbeit auf. Ziel ist die strafrechtliche Verfolgung von Völkermord, Verbrechen gegen die Menschlichkeit, Kriegsverbrechen und Verbrechen des Angriffskrieges.

10.–14. Sept. Bei der WTO-Ministerkonferenz in Cancún wird kein Durchbruch in den Verhandlungen um Verringerung der Agrarsubventionen und Liberalisierung der Dienstleistungsmärkte erzielt.

18. Nov. Laut der Welttierschutzorganisation JUCN sind weltweit mehr als 12 000 Tier- und Pflanzenarten vom Aussterben bedroht.

2004, 16.–21. Jan. Das Weltsozialforum in Bombay richtet sich gegen das WTO-Abkommen GATS, das die Liberalisierung und Privatisierung von Dienstleistungen inklusive Bildung, Kultur, Gesundheitsvorsorge und Wasserversorgung vorantreibt.

23.–24. Febr. Anhörung vor dem Internationalen Gerichtshof in Den Haag wegen des israelischen Sperrzauns gegen die Palästinensergebiete.

26. Dez. Südostasien wird von einem Seebeben mit nachfolgender Überschwemmung (Tsunami) heimgesucht. Betroffen sind v. a. die Küsten von Indonesien, Sri Lanka, Indien und Thailand. Ca. 230 000 Menschen kommen ums Leben. Die Katastrophe ruft weltweite Solidarität und umfangreiche Hilfsaktionen hervor.

2005, 16. Febr. Sieben Jahre nach seiner Unterzeichnung tritt das Kyōto-Protokoll zum Klimaschutz in Kraft.

21. März UN-Generalsekretär Kofi Annan legt der UN-Vollversammlung sein Konzept für eine Reform der Weltorganisation vor. U. a. ist eine Erweiterung des UN-Sicherheitsrats von 15 auf 24 Mitglieder beabsichtigt.

2006, 16.–20. Juni Auf der 58. Jahreskonferenz der Internationalen Walfangkommission (IWC) erzielen erstmals seit 20 Jahren die Walfangbefürworter eine knappe Mehrheit. Sicherheitskräfte beenden Proteste von Greenpeace.

2007, 1. Jan. Der Südkoreaner Ban Ki Moon (*1944) wird neuer Generalsekretär der UNO.

3. Febr. Der Vorschlag, eine UNO-Umweltbehörde einzurichten, wird von den USA, Indien, China und Russland abgelehnt.

März Russische Überlegungen zur Schaffung einer Gas-OPEC lösen heftige Gegenreaktionen in Europa aus.

4. Mai Der Weltklimarat empfiehlt Investition von 0,12 % des weltweiten Bruttoinlandsprodukts, um die Folgen des Klimawandels abzuschwächen.

10. Dez. Al Gore, ehemals Vizepräsident der USA, erhält zusammen mit dem Vorsitzenden des Weltklimarats, Rajendra Pachauri (*1940), den Friedensnobelpreis.

15. Dez. Einigung von 187 Staaten im sog. Klimagipfel auf der indonesischen Insel Bali. Nach zwei Jahren soll ein Nachfolgeabkommen für das 1997 abgeschlossene Kyōto-Abkommen ausgehandelt werden. Einen Tag später machen die USA einen Rückzieher.

2008, Frühjahr Die Immobilienkrise in den USA zwingt viele Banken zu Abschreibungen in Milliardenhöhe, was die Aktienmärkte stark unter Druck setzt. Zugleich verliert der Dollar zunehmend an Wert gegenüber dem Euro und steigen die Preise für Erdöl, Lebensmittel und Gold auf immer neue Höchststände.

Die Ost-West-Beziehungen im Kalten Krieg (1947–1991)

Der Begriff der »Ost-West-Beziehungen« im Kalten Krieg meint die global geführten Auseinandersetzungen zwischen den beiden atomaren Supermächten USA und Sowjetunion und ihren jeweiligen Verbündeten. Davon zu unterscheiden sind die Nord-Süd- und die Süd-Süd-Beziehungen im Kalten Krieg.

Die Probleme innerhalb der Ost-West-Beziehungen im Kalten Krieg liegen v. a. auf folgenden Gebieten: 1) Militärische Kapazitäten, Entwicklung atomarer sowie biologischer und chemischer Waffen; 2) ideologische Gegensätze und antagonistische Wertorientierungen, wobei insbesondere die psychologische Kriegsführung eine bedeutende Rolle spielt (u. a. über die Medien); 3) Kampf um regionale Einflusszonen in der Welt, nach 1945 zunächst in Europa, nach 1961 dann schwerpunktmäßig auch in der »Dritten Welt« (Afrika, Asien und Lateinamerika); 4) ökonomische Konkurrenz und Bemühungen, den jeweiligen Kontrahenten in seinem wirtschaftlichen Handlungsspielraum einzuengen.

Kennzeichnend ist die **globale und totale Dimension** des Konflikts; selbst lokale Konflikte, in die beide Großmächte verwickelt sind, müssen unter diesem Aspekt gesehen werden: Deutschland 1947/48, ČSR 1947/48, Berlin 1948/49, Griechenland 1946–1949, Iran 1945/46, Korea 1950–1956, Österreich 1946 und 1955/56, Sues 1956, Berlin 1958–1971, Kongo 1960, Kuba 1962/63, Laos-Vietnam-Kambodscha 1964–1975, Naher Osten 1973, Angola-Moçambique-Äthiopien 1975–1978 und Afghanistan 1979–1989. Das umfassende Bedrohungsgefühl in diesem permanenten Nicht-Frieden zwischen Ost und West hat u. a. Auswirkungen auf die **Innenpolitik der Nationalstaaten, die bis in die private Sphäre reichen**. Die Handlungsspielräume der blockgebundenen Nationalstaaten, aber auch der blockfreien Länder und der internationalen Organisationen hängen primär von der Entwicklung der Beziehungen zwischen den USA und der Sowjetunion ab. Das prägende Hauptmerkmal dieser Phase der Ost-West-Beziehungen ist der Umstand, dass die Entwicklung der Atomwaffen und die schließlich erreichte Fähigkeit zur vollständigen gegenseitigen Vernichtung (*Mutual Assured Destruction*) die Möglichkeit der Selbstvernichtung der Menschheit eröffnet. Das ist das universalgeschichtliche Neue der Zeit nach 1945.

Der Kalte Krieg zwischen der Sowjetunion und den USA entwickelt sich in gleitenden Übergängen aus der »Anti-Hitler-Koalition«, die mit dem Tod Hitlers und der Niederlage des Deutschen Reichs ihre Grundlage verliert. Es ist ein »unnatürliches Bündnis«, wie alle von Anfang an wissen, und es kommt nur dadurch zustande, weil die US-Regierung Hitler für die größere Gefahr hält. Insgesamt stellen die Amerikaner den Sowjets bis zum Aug. 1945 rund 43,6 Mrd. Dollar zur Verfügung.

Die **Ursachen für die Entstehung des Kalten Kriegs** sind umstritten: 1) Nach der *traditionellen Vorstellung*, der frühesten Erklärung, ist für die Entstehung und Forcierung des Kalten Kriegs die marxistisch-leninistische Ideologie mit ihrem Anspruch auf die Weltrevolution verantwortlich. Diese habe die Sowjetunion prinzipiell auf einen aggressiven Kurs gegenüber dem Westen festgelegt. Pragmatische Annäherungen in Entspannungsphasen seien zwar möglich gewesen, nicht jedoch eine Abschwächung des Expansionsdrangs. 2) Die *revisionistische Erklärung* betont seit den 60er-Jahren die amerikanische Verantwortung für die Entstehung des Kalten Krieges. Die Sowjetunion sei aus dem Zweiten Weltkrieg geschwächt hervorgegangen und habe dem Westen nahezu hilflos gegenübergestanden. Stalins Politik sei weniger von imperialen Vorstellungen ausgegangen als von der Bewahrung und Sicherung des bestehenden Staates. Die Ursache des Konfliktes müsse man daher vielmehr in der politisch-wirtschaftlichen Struktur der USA sehen, die auf permanente Erschließung neuer Absatz- und Rohstoffmärkte ausgerichtet sei.

Wie unterschiedlich die Vertreter der beiden Ansätze auf der Basis gleicher Quellen urteilen konnten, zeigt sich in der Interpretation der alliierten Konferenz von Jalta im Febr. 1945. Trotz unterschiedlicher Auffassungen, z. B. über die Festlegung einer neuen deutschen Ostgrenze, gibt es hier auch erkennbare Kompromisse: Stalin stimmt etwa den amerikanischen Wünschen zu und tritt in den Krieg gegen Japan ein. Nach dessen Niederlage unterstützt er gleichfalls nicht die chinesischen Kommunisten. Der US-Präsident Franklin D. Roosevelt wiederum gibt im Gegenzug sein Einverständnis dafür, dass Moskau die Gebiete zurückerhält, die im Russisch-Japanischen Krieg 1905 verloren worden waren. Auch kann man sich über das Stimmenverhältnis im Sicherheitsrat der UNO einigen, und Stalin erneuert dort zudem seine Zusicherung, dass in allen vom Nationalsozialismus befreiten Gebieten, die Bevölkerung selbst über ihre Regierung entscheiden darf. Für die Vertreter der traditionellen Auffassung ist die hier demonstrierte Verhandlungsbereitschaft Stalins nichts weiter als ein Mittel zum Zweck. Der sowjetische Diktator habe begriffen, dass Kompromissbereitschaft auch eine Methode sein könne, den Verhandlungspartner zu manipulieren. Im Gegensatz dazu stellt sich für die revisionistische Schule die Konferenz von Jalta als der Punkt dar, an dem die Bereitschaft der Sowjets zur Verständigung am größten ist, aber von den Westmächten nicht genügend wahrgenommen wird. 3) Beide Positionen haben sich seit den 70er-Jahren in der *postrevisonistischen Interpretation* des Kalten Krieges angenähert: Diese geht davon aus, dass Fehlinterpretationen beider Seiten für die rasante Entstehung und bedrohliche Entwicklung der Auseinandersetzung maßgeblich sind. Kontinuierlich habe die verfehlte Wahrnehmung falsche Entscheidungen produziert.

Die 1946 beginnende türkisch-griechische Krise wird zum eigentlichen Ausgangspunkt einer offiziellen Neuformulierung einer westlichen Strategie. Auf der Basis der Vorschläge George Kennans hebt der amerikanische Präsident Truman am 12. März 1947 die Containment-Politik offiziell aus der Taufe. Zusammen mit den Erfahrungen der Appeasement-Politik wird nun auch für den Kalten Krieg gefordert, dass man antidemokratische Regierungen offensiv eindämmen müsse, wenn man erfolgreich sein wolle. Trumans Rede vom 12. März 1947, in der es vordergründig lediglich um die Gewährung von 400 Mio. Dollar Wirtschafts- und Militärhilfe für Griechenland und die Türkei geht, stellt folgerichtig den bisherigen gemeinsamen Kampf gegen »totale Regierungsformen« in den Mittelpunkt und verweist auf die Gefahr, dass bei Duldung der kommunistischen Expansionsversuche auch die Freiheit der eigenen Staatsform bedroht sei. Die Antwort Moskaus folgt mit der Bildung des »Kommunistischen Informationsbüros« (Kominform) im Sept. 1947. Auf der Gründungsveranstaltung präsentiert Andrej Schdanow im Namen Stalins die neue strategische Marschrichtung der Sowjetunion, die sog. »Zwei-Lager-Theorie«. Das imperialistisch-antidemokratische auf der einen Seite stehe dem eigenen antiimperialistisch-demokratischen auf der anderen Seite gegenüber. Der Kalte Krieg ist offiziell eröffnet.

Seit 1948/49 beginnen auf beiden Seiten Bemühungen, globale Bündnissysteme abzuschließen, wobei zunächst die erste Berlinkrise, dann der Koreakrieg beschleunigend wirken. Am 4. April 1949 wird unter amerikanischer Führung die »North Atlantic Treaty Organization« (NATO) geschaffen, für die zunächst elf westeuropäische Staaten mit den USA vereinbaren, dass ein Angriff auf einen der Unterzeichnerstaaten gleichbedeutend mit einem Krieg gegen alle sei. 1952 treten auch die Türkei und Griechenland bei, 1955 die Bundesrepublik Deutschland und 1982 Spanien. Die Blockbildung ist 1955 auch in Osteuropa abgeschlossen. Hier ist die Wirkung der Berlinkrise und des Korea-Konflikts kaum anders. Am 14. Mai 1955 wird der Warschauer Vertrag unterzeichnet. Darin verpflichteten sich die unter Kontrolle der Sowjetunion stehenden ostmitteleuropäischen Staaten zu »Freundschaft, Zusammenarbeit und gegenseitigem Beistand«.

Die Ost-West-Beziehungen im Kalten Krieg sind nicht nur durch Konfrontation bestimmt. Fast über seine gesamte Dauer laufen Forcierung und Entspannung parallel. Selbst in der Hochzeit der Détente, die im Sprachgebrauch des Ostblocks »friedliche Koexistenz« hieß, in der Mitte der siebziger Jahre, werden allerdings die Annäherungen systematisch unterlaufen. Entspannungspolitik im Kalten Krieg ist daher niemals ein Selbstzweck, sondern in der Regel der Versuch, einen Ausweg aus einer politischen oder wirtschaftlichen Zwangslage zu finden, ohne die eigene Sicherheit aufs Spiel zu setzen. Die erste Entspannungsphase beginnt daher unmittelbar, nachdem der Kalte Krieg seine erste heiße Etappe bereits durchlaufen hat und in Korea sogar militärisch ausgetragen wird. Ob die sog. »Stalin-Noten« vom März und April 1952 bereits den Versuch einer Entspannung bedeuten oder den simplen Versuch, die Westbindung der Bundesrepublik zu torpedieren, bleibt angesichts der Fronten des Kalten Krieges umstritten. Die Kubakrise 1962, in der die Welt knapp einem Atomkrieg entgeht, bildet die wichtigste Zäsur für den internationalen Entspannungsprozess, wenngleich für die Sowjetunion ökonomische Entlastungen immer eine besonders hohe Bedeutung haben.

Für die Kontinuität des Kalten Krieges spricht auch, dass die Entspannungssignale wie auch die ernst gemeinten Initiativen des Kalten Krieges erstaunlich folgenlos im Rüstungswettlauf bleiben. Die atomaren Kapazitäten wachsen trotz der Verhandlungen und konzentrieren sich regelmäßig und voraussehbar auf jene Waffensysteme, die von den Verträgen noch nicht erfasst sind. Dies wird v. a. in den 70er-Jahren in der Frage der Mittelstreckenraketen in Europa deutlich. Dennoch glaubt die historische Forschung heute, dass die Wirkung des Entspannungsprozesses für das Ende des Kalten Krieges erheblich gewesen ist. Dabei spielt insbesondere die Unterzeichnung des KSZE-Vertrags 1975 und die darauf folgende gezielte Einbindung der Menschenrechtsfrage in die internationale Politik eine Rolle (»Helsinki-Effekt«). Faktisch löst allerdings erst das Entgegenkommen GORBATSCHOWS gegenüber dem Westen seit 1985 das Misstrauen in der internationalen Politik und trägt so zur allmählichen Überwindung der Feindbilder zwischen Ost und West bei. Dieser »Gorbatschow-Faktor« wird zu Recht als ein wichtiger Beitrag zur Beilegung des Ost-West-Konflikts im Kalten Krieg gesehen. Seit 1991 sind die USA die einzige Supermacht.

Die enorme politische Bedeutung der Länder an der politischen Peripherie des Kalten Krieges hat sich während des Konflikts z. B. in der Vergabe von Entwicklungs- und Militärhilfe, aber auch in den »kleinen Kriegen« gezeigt. Entsprechend deutlich ist mit dem Ende des Kalten Krieges 1991 das Interesse für den Nord-Süd-Konflikt und damit auch die finanzielle Unterstützung der beteiligten Länder auf einen historischen Tiefpunkt gefallen. Die neunziger Jahre, als die erste Nachkriegsdekade des Kalten Krieges, sind deswegen auch das Jahrzehnt einer verheerenden globalen Armutskrise.

Kooperation und Konflikt: Die Formierungsphase des Kalten Krieges (1945–1947)

1945, 5.–11. Febr. **Konferenz der »Großen Drei«** – USA, Sowjetunion, Großbritannien – in Jalta (Krim). Behandlung der deutschen Frage unter drei Aspekten: Deutsche Reparationen, Beteiligung Frankreichs an der Besetzung des deutschen Staatsgebiets, Kontrolle über Deutschland, wobei das Problem der deutschen Ostgebiete im Rahmen der Fragen nach den polnischen Grenzen erörtert wird.

5. Juni Die vier Siegermächte (einschließlich Frankreich) verkünden in Berlin drei Deklarationen: die Feststellung des Kontrollverfahrens in Deutschland aufgrund des Abkommens vom 14. Nov. 1944, die Feststellung über die Besatzungszonen in Deutschland aufgrund der Abkommen vom 12. Sept. und 14. Nov. 1944 und die Feststellung über Beratung mit den Regierungen anderer Staaten der Vereinten Nationen.

Sommer Aufstand der von der Sowjetunion beeinflussten Tudeh-Partei in Aserbaidschan sowie in Nordkurdistan (Iran); Teilung Koreas am 38. Breitengrad.

17. Juli–2. Aug. Die Staats- bzw. Regierungschefs der Sowjetunion, der USA und Großbritanniens beschließen auf der Potsdamer Konferenz die Entnazifizierung, Entmilitarisierung und Demokratisierung Deutschlands, jedoch nicht die Teilung des Deutschen Reichs. Die drei Mächte vereinbaren ferner die Bildung eines Rats der Außenminister, dem auch Frankreich angehören soll.

6./9. Aug. **Abwurf von Atombomben auf Hiroshima und Nagasaki** durch die USA.

30. Aug. Eine französische Kommission übernimmt die Verwaltung des Saargebiets.

Sept. Britische und US-Streitkräfte räumen den Iran.

10. Sept.–2. Okt. Erste Sitzung des Rats der Außenminister in London: Die französische Regierung fordert die Abtrennung des Rhein-Ruhr-Gebiets sowie des Saarlandes und legt ein Veto gegen die Errichtung deutscher Zentralverwaltungen ein.

16.–26. Dez. Außerordentliche Außenministerkonferenz in Moskau (ohne China und Frankreich), auf der erste Kompromisse bezüglich der Friedensverträge mit den ehemaligen Feindstaaten ausgearbeitet werden.

1946, 17. Jan. Die iranische Regierung legt Beschwerde beim UN-Sicherheitsrat mit der Begründung ein, die Sowjetunion würde sich in die inneren Angelegenheiten des Iran einmischen, was eine harte Auseinandersetzung zwischen den Vertretern der USA und der Sowjetunion nach sich zieht.

22. Febr. Der US-Botschaftsrat in Moskau, GEORGE F. KENNAN, sendet einen Bericht (»Langes Telegramm«) an Außenminister JAMES FRANCIS BYRNES (*1879, †1972). In ihm fordert er die »Eindämmung« sowjetischen Einflusses und des Kommunismus. Er löst damit eine Grundsatzdebatte über die Zukunft amerikanischer Außenpolitik und über die Strategie für den Kalten Krieg aus.

25. April–16. Mai Pariser Außenministerkonferenz (erste Sitzungsperiode): Die Sowjetunion fordert Sicherstellung der Reparationslieferungen aus Deutschland in die Sowjetunion sowie eine Vier-Mächte-Kontrolle über das Ruhrgebiet.

4. Mai Der US-Militärgouverneur in Deutschland, General LUCIUS D. CLAY (*1897, †1978), ordnet die Einstellung von Reparationslieferungen aus der US-Zone in die Sowjetunion an.

16. Juni–12. Juli Zweite Sitzungsperiode der Pariser Außenministerkonferenz: Die USA lehnen entgegen den sowjetischen Forderungen Reparationen aus den Westzonen mit dem Hinweis auf die schwierige Wirtschaftslage in Deutschland ab und sind bestrebt, die Wirtschaftseinheit mit der britischen Zone herzustellen. Sie scheitern jedoch am Widerstand der Sowjetunion. Die Konferenz wird ohne Vorbereitungen für einen Friedensvertrag mit Deutschland und Österreich vertagt.

26. Sept. US-Außenminister BYRNES erklärt, der amerikanische Isolationismus sei beendet.

Nov. Iranische Truppen besetzen mit britisch-amerikanischer Hilfe die autonomen, von Moskau beeinflussten Gebiete Aserbaidschan und Kurdistan; Ausschaltung der linksorientierten politischen Bewegungen.

2. Dez. Großbritannien und die USA ergreifen nach dem Scheitern der Pariser Außenministerkonferenz in der Deutschlandfrage die Initiative und vereinbaren den Zusammenschluss ihrer beiden Zonen (Bizone).

4. Nov.–11. Dez. Dritte Tagung des Rats der Außenminister in New York: Einigung über die Friedensverträge mit den ehemaligen Verbündeten Deutschlands.

1947, 6. Jan. US-Präsident HARRY S. TRUMAN (*1884, †1972) fordert vor dem US-Kongress eine erneute militärische Aufrüstung, nachdem die USA große Teile ihrer Streitkräfte demobilisiert haben.

21. Jan. Rücktritt von Außenminister BYRNES. Sein Nachfolger GEORGE CATLETT MARSHALL (*1880, †1959) signalisiert den Übergang von einer »Politik der Geduld« gegenüber der Sowjetunion zu einer **»Politik der Eindämmung«**. Gleichzeitig wird aus den Reihen der Republikanischen Partei in den USA ein offensiveres Konzept entwickelt, die »Politik der Befreiung«.

10. März–24. April **Außenministertagung in Moskau**: Die vier Mächte erzielen keine Einigung über die einzelnen Phasen einer Wiedererrichtung deutscher Zentralbehörden und einer deutschen Regierung sowie über die Einheit des deutschen Wirtschaftsraums; die Frage der Reparationen bleibt ungelöst.

12. März Präsident TRUMAN verlangt angesichts des eskalierenden griechischen Bürgerkriegs, an der kommunistische Partisanen maßgeblich beteiligt sind, die Bereitstellung finanzieller Mittel für Griechenland in Höhe von 250 Mio. Dollar. Für die Türkei werden Mittel in Höhe von 150 Mio. Dollar gefordert. Gleichzeitig will er eigene militärische Berater vor Ort haben. TRUMAN erklärt darüber hinaus die Unverletzlichkeit der Staaten im Mittleren Osten und sagt die Hilfe der USA »für die in ihrer Freiheit bedrohten freien Völker« zu. Die Rede geht als »Truman-Doktrin« und amerikanische Kriegserklärung für den Kalten Krieg in die Annalen des amerikanisch-sowjetischen Konflikts ein.

5. Juni Ankündigung des ERP (*European Recovery Program*, Marshallplan) zum Wiederaufbau Europas während einer Ansprache MARSHALLS in Harvard.

2. Juli Die Sowjetunion lehnt die Unterstützung durch den Marshallplan ab und sorgt dafür, dass keiner der von ihr abhängigen Staaten Unterstützung aus dem Westen erhält.

30. Aug. 19 amerikanische Staaten unterzeichnen in Rio de Janeiro den Interamerikanischen Beistandspakt (Rio-Pakt) zum Schutz der kollektiven Sicherheit auf dem amerikanischen Gesamtkontinent: automatische Beistandspflicht im Fall von Angriffen gegen das Vertragsgebiet.

Sept. »Verfassungskrise« in der Stadtverwaltung von Groß-Berlin durch die Weigerung der sowjetischen Militärverwaltung, ERNST REUTER (*1889, †1953) als gewählten Oberbürgermeister anzuerkennen.

22. Sept. **Gründung des Kominform** (»Informationsbüro der kommunistischen und Arbeiter-Parteien«) mit Sitz zunächst in Belgrad, seit 1948 in Bukarest; es soll dem Erfahrungsaustausch der Parteien (kommunistische Parteien der Sowjetunion, Jugoslawiens, Polens, Bulgariens, Rumäniens, Ungarns, Italiens, Frankreichs und der Tschechoslowakei) dienen und einer freiwilligen Gleichschaltung ihrer Aktionen behilflich sein. Anlässlich der Gründung hält ANDREJ SCHDANOW (*1896, †1948) seine »Zwei-Lager«-Rede, die als Antwort auf die als »Kriegserklärung« betrachtete »Truman-Doktrin« (12. März) gedacht ist und wiederum im Westen als sowjetische Kampfansage für den Kalten Krieg aufgefasst wird.

25. Nov. Außenministerkonferenz in London.

15. Dez. Nachdem diese ohne konkrete Ergebnisse in der Deutschlandfrage vertagt werden muss, gehen die drei Westmächte dazu über, ihre Besatzungszonen ohne Berücksichtigung der sowjetischen Zone wieder aufzubauen.

Die Teilung der Welt (1948–1955)

1948, 4. Febr. Die Sowjetunion und Rumänien schließen einen Freundschafts- und Beistandspakt für 20 Jahre. Vergleichbare Verträge folgen zwischen der Sowjetunion und Ungarn (18. Febr.), Bulgarien (18. März), sowie Finnland (6. April); zwischen Polen und Bulgarien (29. Mai), Ungarn (18. Juli); der Tschechoslowakei und Ungarn (16. April 1949).

22. Febr. Die Kommunistische Partei übernimmt in der Tschechoslowakei die Regierung.

2. März Der sowjetische Stadtkommandant in Berlin bezweifelt, dass die Viermächteverwaltung für Berlin aufrechterhalten werden kann, da die Westmächte in ihren Sektoren die »demokratischen Organisationen«, SED und FDGB, unterdrücken würden.

20. März Marschall Wassili Danilowitsch Sokolowski (*1897, †1968) verlässt den Alliierten Kontrollrat für Deutschland, der damit faktisch seine Tätigkeit einstellt.

6. Mai Der außenpolitische Berater der Republikanischen Partei in den USA, John Foster Dulles (*1888, †1959), stellt in New York erstmalig öffentlich seine »Befreiungspolitik« (*Liberation-/Rollback Policy*) vor.

Mai Wegen des Widerstands der Sowjetunion werden die für ganz Korea vorgesehenen Wahlen nur in Südkorea unter Aufsicht der UNO abgehalten.

19. Juni Die Sowjetunion beschuldigt die Westmächte, durch die Währungsreform in ihren Zonen die Spaltung Deutschlands herbeizuführen. Der Kampf um die Verdrängung der Westmächte aus Berlin erreicht einen Höhepunkt.

23. Juni Die sowjetische Militärverwaltung gibt den Westmächten die Einführung einer Währungsreform für Groß-Berlin bekannt, was die Westmächte mit Hinweis auf den Viermächtestatus der Stadt für »null und nichtig« erklären.

26. Juni **Berlin-Blockade: Beginn der Luftbrücke** der Westmächte zur Versorgung der Stadt mit lebenswichtigen Gütern zwischen den Westzonen und West-Berlin.

28. Juni Jugoslawien wird als »Verräter« aus dem Kominform ausgeschlossen. Auch im Westen sieht man Titos Politik als »Desertion« aus dem feindlichen Lager.

13. Aug. Die Sowjetunion verbreitet die Behauptung, die Westmächte hätten das Recht auf Besetzung und Verwaltung von Berlin verloren.

25. Sept. Die Sowjets versuchen, den Luftverkehr zwischen Berlin und den Westzonen zum Erliegen zu bringen.

30. Nov. Unter SED-Leitung Versammlung in der Berliner Staatsoper, die den Berliner Magistrat für abgesetzt erklärt und Friedrich Ebert jun. (SED; *1894, †1979) zum Oberbürgermeister sowie einen neuen »provisorischen demokratischen Magistrat« wählt. Die Westmächte protestieren gegen die Errichtung des »Ostsektoren-Magistrats«; die sowjetische Militärverwaltung erkennt ihn an; Beginn der Spaltung Berlins.

5. Dez. Wahlen in Berlin, die allerdings nur in den Westsektoren stattfinden können, da die sowjetische Besatzungsmacht sie für den Ostsektor untersagt hat.

1949, Jan. Die Sowjetunion zieht ihre Streitkräfte in Korea hinter den 38. Breitengrad zurück, woraufhin die USA ihre Truppen bis zu dieser Demarkationslinie rücken lassen.

7. Jan. US-Außenminister Marshall tritt zurück.

31. März Die Sowjetunion bezeichnet den am 18. März veröffentlichten Nordatlantik-Vertrag als nicht vereinbar mit der Charta der Vereinten Nationen.

4. April **Abschluss des Nordatlantikpakts** (*North Atlantic Treaty Organization* – NATO) in Washington.

4. Mai Unterzeichnung des Jessup-Malik-Abkommens (benannt nach dem damaligen US-Vertreter bei der UNO Philip Caryl Jessup [*1897, †1986] und dem sowjetischen Chefdelegierten bei der UNO, Jakow Alexandrowitsch Malik [*1906, †1980]) über die Beendigung der Berlin-Blockade.

12. Mai Aufhebung der Berliner Blockade.

23. Mai–20. Juni Konferenz des Rats der Außenminister in Paris: keine Einigung über Deutschland; jedoch Erklärung, die Bemühungen zur Einigung Deutschlands fortzusetzen.

29. Aug. Zündung der ersten sowjetischen Atombombe (Bekanntgabe am 23. Sept.).

29. Sept. Die Sowjetunion kündigt ihren Freundschafts- und Beistandspakt mit Jugoslawien, das damit aus dem sowjetischen Hegemoniebereich ausscheidet und von nun an auch Unterstützung von den USA empfängt. Der Sowjetunion folgen Ungarn, Bulgarien, Rumänien und die Tschechoslowakei.

1. Okt. Die Sowjetunion protestiert gegen die Gründung der Bundesrepublik Deutschland.

8. Okt. Erste innerdeutsche Vereinbarung seit dem Ende der Berlin-Blockade; die Grundlage des Interzonenhandels für die kommenden Jahre (Frankfurter Abkommen) wird gelegt.

1950, 27. Jan. US-Präsident Truman billigt den »Generalverteidigungsplan« für den nordatlantischen Raum.

25. März Der Sowjetunion gelingt es auf der gemeinsam mit den Westmächten abgehaltenen Berliner Konferenz nicht, ihr politisches Ziel eines neutralen Gesamtdeutschland durchzusetzen, daraufhin verleiht sie der DDR die Souveränität.

25. Juni Truppen der Volksrepublik Korea (Nordkorea) überschreiten nach vorheriger Absprache Kim Il Sungs (*1912, †1994) mit Stalin und Mao den 38. Breitengrad und marschieren in Südkorea ein (**Koreakrieg**).

7. Juli Die USA berufen den UN-Sicherheitsrat ein, der die Bildung eines UN-Kommandos unter Führung der USA empfiehlt, das die militärischen Maßnahmen in Korea leiten soll.

11. Juli Das US-Repräsentantenhaus fordert den Abschluss eines Verteidigungspakts für den Pazifik nach dem Muster des Nordatlantikvertrags.

Ende Juli UN-Truppen unter US-General Douglas MacArthur (*1880, †1964) beenden in Südkorea den Aufbau einer Verteidigungslinie.

Das Deutschlandproblem im Kalten Krieg bis zum Beginn der 1960er-Jahre

Das westeuropäische Sicherheitsmodell, das seit 1947 entsteht, umfasst folgende Elemente: eine Stabilisierung der liberal-parlamentarischen Demokratien in Westeuropa unter dem Schutz der USA, Freihandel in Westeuropa, die Annäherung der europäischen Staaten und die Eingliederung der Bundesrepublik in den Westen, wobei es zunächst auch um die »Eindämmung« zukünftig befürchteter deutscher Aggressionen geht. Das Modell ist nicht unumstritten. Wiederholt werden alternative Modelle entwickelt, die etwa vorschlagen, ein wiedervereinigtes und neutralisiertes Deutschland zu schaffen und Mitteleuropa zu demilitarisieren. Ob die »Stalin-Noten« 1952, die von den Nachfolgern des Diktators 1953 ursprünglich noch einmal erneuert werden sollten, aber aufgrund des Aufstands in der DDR am 17. Juni nicht zur Verhandlung vorgelegt wurden, tatsächlich ernst gemeint waren, ist nicht mehr zu beweisen. Alle Bemühungen, den Kalten Krieg und mit ihm auch die Spaltung Deutschlands und der Welt zu überwinden, scheitern. 1955 ist die Blockbildung abgeschlossen und mit der Aufnahme der beiden Teile Deutschlands in die feindlichen Blöcke auch die Teilung Deutschlands besiegelt, die nur noch durch die Überwindung des Kalten Krieges selbst aufgehoben werden kann. Die Genfer Konferenz 1955 erzielt in der »deutschen Frage« keine Fortschritte mehr. Mit dem Mauerbau verlagern sich die Konflikte des Kalten Krieges deutlich aus dem hochgerüsteten Europa in die Dritte Welt, wo der nukleare Konflikt weniger zwangsläufig erscheint. Für Europa ergibt sich daraus die Möglichkeit, langfristig zu einer Entspannung der verhärteten Fronten des Kalten Krieges zu gelangen. 1963 verkündet US-Präsident Kennedy (*1917, †1963) die »Strategie des Friedens«, auf die sich zunächst v. a. der sozialliberale Senat von West-Berlin berief (»Wandel durch Annäherung«); sie setzt darauf, dass eine allmähliche Annäherung der beiden feindlichen Systeme auch die deutsche Frage lösen werde.

1950, 1. Sept. **Verfassung des Landes Berlin** (West-Berlin): Berlin ist Teil Deutschlands (Stadtstaat mit Senat). Die Zugehörigkeit zur Bundesrepublik Deutschland als Bundesland ist, solange die Anwendung des Grundgesetzes für die Bundesrepublik Deutschland Beschränkungen unterliegt, durch die Alliierten suspendiert. Beschränkungen bzw. der Sonderstatus Berlins besteht aufgrund des Londoner Abkommens vom 14. Nov. 1944 in der Fassung vom 1. Mai 1945 und des Genehmigungsschreibens der Militärgouverneure zum Grundgesetz vom 12. Mai 1949.

12.–14. Sept. New Yorker Außenministerkonferenz der drei Westmächte; die Bundesregierung wird als einzig vertretungsberechtigt, für das deutsche Volk zu sprechen, erklärt.

15. Sept. Korea: Großoffensive der UN-Truppen, nordkoreanische Streitkräfte werden zurückgedrängt.

18. Sept. Offensive der Viet-minh in Indochina.

26. Nov. Chinesische Offensive gegen die UN-Truppen in Nordkorea, die den Rückzug antreten. Bundeskanzler Konrad Adenauer (*1876, †1967) erklärt, angesichts der Gefahr eines sowjetischen Angriffs in Europa sei ein deutscher Verteidigungsbeitrag auf der Basis der Gleichberechtigung notwendig.

1951, 1. Sept. In Washington unterzeichnen Vertreter Australiens, Neuseelands und der USA den **Sicherheitspakt ANZUS** (*Australia, New Zealand, United States*).

8. Sept. Die Alliierten des Zweiten Weltkriegs (mit Ausnahme der Sowjetunion) unterzeichnen in San Francisco einen Friedensvertrag mit Japan; die USA und Japan schließen ein Sicherheitsabkommen.

2. Nov. Der Präsident der DDR, Wilhelm Pieck (*1876, †1960), übermittelt Bundespräsident Theodor Heuss(*1884, †1963) die Einladung zu einem Treffen, das aber abgelehnt wird.

20. Dez. Die UNO-Vollversammlung beschließt gegen die Stimmen der Ostblock-Vertreter die Errichtung einer internationalen Kommission zur Untersuchung der Voraussetzung für gesamtdeutsche Wahlen in beiden Teilen Deutschlands.

1952, 4. Jan. Gesetz über die **Stellung des Landes Berlin** (West-Berlin) im Finanzsystem des Bundes, durch das die Westsektoren der Stadt in das Finanz- und Wirtschaftssystem der Bundesrepublik einbezogen werden.

10. Febr. Die Sowjetunion bringt den Gedanken eines europäischen Sicherheitssystems ins Spiel.

10. März Die sowjetische Regierung schlägt den Westmächten die Aufnahme von Friedensverhandlungen über Deutschland vor; in der Antwort fordern die Westmächte freie Wahlen als Voraussetzung.

6. Juni Karl Georg Pfleiderer (*1899, †1957; FDP) schlägt die Errichtung eines besatzungsfreien deutschen Gebiets zwischen Rhein und Oder vor sowie die Aufstellung einer nationalen deutschen Armee und die Beschränkung der alliierten Besatzung auf Brückenköpfe.

21. Sept. Ernst Lemmer (*1898, †1970; CDU) wendet sich gegen die von Bundeskanzler Adenauer vertretene »Politik der Stärke« und fordert Verhandlungen mit der Sowjetunion über Deutschland.

1. Nov. Die **USA zünden die erste Wasserstoffbombe**.

4. Nov. Präsidentschaftswahlen in den USA: Der Wahlkampf war von offensiver antikommunistischer Rhetorik, speziell von der Befreiungspolitik bestimmt, die erhebliche Hoffnungen in Ost und West auslöst.

24. Dez. Stalin erklärt, ein Krieg zwischen den USA und der Sowjetunion sei unvermeidlich.

1953, 20. Jan. Dwight D. Eisenhower (*1890, †1969) tritt sein Amt als Präsident der USA an.

2. Febr. Der neue US-Außenminister (1953–1959) John Foster Dulles gibt die Beendigung der Isolierung Nationalchinas (Taiwans) durch die USA bekannt.

5. März **Tod Josef Stalins**. Das Amt des Ministerpräsidenten und (bis 13. Sept.) auch das des Parteichefs übernimmt Georgij M. Malenkow (*1902, †1988). Vorbereitung einer Neuauflage der »Stalin-Noten« zur Deutschlandpolitik von 1952. Die Vorlage wird wahrscheinlich durch den Aufstand in der DDR am 17. Juni verhindert.

27. Juli **Ende des Koreakrieges**: Waffenstillstand in P'anmunjŏm (38. Breitengrad) zwischen Nordkorea und den Vereinten Nationen.

12. Aug. Die Sowjetunion zündet eine, allerdings noch nicht »echte« Wasserstoffbombe. Diese folgt am 22. Nov. 1955.

2. Sept. Die Westmächte laden die Sowjetunion zu einer Viererkonferenz zur Deutschlandpolitik ein, an der auch der designierte Parteichef Nikita Chruschtschow (*1894, †1971) teilnimmt.

7. Sept. Auf der Abschlusskundgebung zu den Bundestagswahlen betont Adenauer während einer aufsehenerregenden Rede in Bonn ausdrücklich die Notwendigkeit einer »Befreiung der Ostgebiete«.

1954, 11. Jan. In Washington beginnen Vorgespräche zwischen den USA und der Sowjetunion über die Kontrolle der Atomenergie; darüber hinaus bilaterale Gespräche über Abrüstung, Rüstungskontrolle und Beschränkung auf nuklearer Ebene.

26. April Beginn der Genfer Konferenz zwischen Frankreich, Großbritannien, der Sowjetunion, den USA, der VR China und den beiden koreanischen Staaten über die Korea-Frage und die Beendigung des Krieges in Indochina.

15. Juni Die Westmächte brechen die Verhandlungen über Korea in Genf ab.

21. Juli Die Konferenz endet mit einem Waffenstillstandsabkommen für Kambodscha, Laos, Vietnam. Abzug der französischen Truppen. Als Demarkationslinie wird der 17. Breitengrad vereinbart.

8. Sept. Achtmächtepakt in Manila zur Schaffung einer **Südostasien-Verteidigungsorganisation** (*South East Asia Treaty Organization* – SEATO). Dem Bündnissystem gehören die ANZUS-Paktmitglieder Australien, Neuseeland, USA sowie Philippinen, Thailand, Großbritannien, Frankreich und Pakistan an.

10. Sept. Die Westmächte lehnen eine von der Sowjetunion vorgeschlagene Konferenz über europäische Sicherheit ab.

5. Okt. Abkommen über die Beilegung des Triest-Konflikts zwischen Italien und Jugoslawien: Der Freistaat Triest wird zwischen Italien und Jugoslawien geteilt.

19.–23. Okt. Pariser Konferenz: Die Bundesrepublik Deutschland tritt der WEU bei (**Pariser Verträge**); die Westintegration der Bundesrepublik wird vollzogen.

1955, 29. Jan. Die Sowjetunion beendet den Kriegszustand mit Deutschland.

3./9. Febr. Rücktritt des sowjetischen Ministerpräsidenten Georgij M. Malenkow, sein Nachfolger wird Nikolaj A. Bulganin (*1895, †1975).

24. Febr. Gründung des **Bagdad-Pakts** (später CENTO, *Central Treaty Organization*) durch den Irak und die Türkei mit dem Ziel politischer und militärischer Zusammenarbeit. Großbritannien tritt am 30. März bei; Pakistan und Iran schließen sich an.

5. Mai Erklärung der Alliierten Kommandantur, wonach West-Berlin unter einigen Vorbehalten seine in der Verfassung von 1950 niedergelegten Rechte selbstständig ausüben kann.

7. Mai Die Sowjetunion kündigt ihre Beistands- und Bündnisverträge mit Großbritannien (26. Mai 1942) und Frankreich (2. Mai 1935).

14. Mai Die Sowjetunion errichtet mit den »Volksdemokratien« ihres Machtbereichs den **Warschauer Pakt** (»Vertrag über Freundschaft, Zusammenarbeit und gegenseitigen Beistand«) als Militärbündnis.

15. Mai Unterzeichnung des österreichischen Staatsvertrags durch die vier alliierten Mächte und Österreich; die Sowjetunion deutet mit der Ratifizierung einen gewissen Entspannungswillen in Europa an.

7. Juni Die Regierungen Frankreichs, Großbritanniens und der USA laden die Sowjetunion ein, mit ihnen in Genf zu einer Viermächtekonferenz zusammenzukommen.

18. Juli Die Genfer Gipfelkonferenz (Frankreich, USA,

Machtblöcke 1955

Sowjetunion, Großbritannien) erzielt in der Deutschlandfrage keine Einigung. Der britische Außenminister Sir ANTHONY EDEN (*1897, †1977) schlägt einen Sicherheitspakt mit Rüstungsbeschränkungen vor; neuer Vorstoß, die Rüstungsprobleme zu regeln, nachdem die Bemühungen auf UNO-Ebene zunächst gescheitert sind. US-Präsident EISENHOWER legt einen Abrüstungsplan vor, bei dem die Probleme eines möglichen Überraschungsangriffs im Vordergrund stehen. Der sowjetische Ministerpräsident BULGANIN unterbreitet einen Plan für eine nukleare Abrüstung, die mit einer Verringerung der konventionellen Heere verknüpft sein soll. Die Regierungschefs können sich jedoch über die Abrüstung nicht einigen und empfehlen, die Gespräche wieder in die UN-Abrüstungskommission zu verlagern.

22. Juli Der französische Ministerpräsident EDGAR FAURE (*1908, †1988) unterbreitet den Plan zur Offenlegung der Rüstungsausgaben und zur Bildung eines Fonds aus den Ersparnissen der Abrüstung, mit dem unterentwickelte Gebiete gefördert werden sollen.

Aug. Die USA dringen auf Inspektionen zur Kontrolle der Nuklearwaffen auf den Territorien der USA und der Sowjetunion. Die Sowjetunion lehnt dies als Spionagevorhaben ab.

11. Okt. Iran tritt dem Bagdad-Pakt bei.

Abrüstungsverhandlungen nach dem Zweiten Weltkrieg

1945, 6./9. Aug. Detonation von Atombomben über Hiroshima und Nagasaki: Begin des Atomzeitalters.

1945–1954 Abrüstungsbemühungen im Rahmen der UNO.

1955–1957 Abrüstungsverhandlungen auf der Ebene der Regierungschefs und Außenminister.

1957, Herbst Verhandlungen im Unterausschuss der UN-Abrüstungskommission bei Wiederaufnahme der Kernwaffen- und Raketenversuche in der Sowjetunion.

2. Okt. Vorlage des Rapacki-Plans, der eine kernwaffenfreie Zone in Mitteleuropa vorschlägt.

1957–1958 Abrüstungsinitiativen der Sowjetunion; West-östliche Expertengespräche in Genf.

1959–1961 Verhandlungen über einen Kernwaffenversuchsstopp, die Nicht-Weiterverbreitung von Kernwaffen und die Freihaltung der Antarktis von Kernwaffen.

1959, 1. Dez. Unterzeichnung des Antarktisvertrages. Danach ruhen alle Territorialansprüche der Unterzeichnerstaaten und diese verzichten auf die wirtschaftliche Ausbeutung oder militärische Nutzung.

1962–1965 Abrüstungsverhandlungen über Kernwaffen im Rahmen des 1959/61 gegründeten Achtzehnmächteausschusses der UNO, die in Auseinandersetzungen über die Verbreitung von Kernwaffen übergehen.

1963 Das Problem der Verhinderung eines Krieges durch Zufall wird zum Verhandlungsthema.

5. Aug. Vertrag über das Verbot von Kernwaffenversuchen in der Atmosphäre, im Weltraum und unter Wasser.

1965, 21. April–1966, 16. Juni Tagung der großen Abrüstungskommission der UNO.

1965–1968 Fortsetzung der Achtzehnmächteverhandlungen über die Verbreitung und Begrenzung von Kernwaffen, das Verbot von Kernwaffentests und die Verminderung der Militärausgaben.

1968, 1. Juli Unterzeichnung des Atomwaffensperrvertrags nach Verhandlungen zwischen der Sowjetunion, Großbritannien und den USA.

1969, 17. Nov. In Helsinki beginnen die Verhandlungen über die nukleare Rüstungsbegrenzung (*Strategic Arms Limitation Talks*; SALT).

1970, 5. März Der Atomwaffensperrvertrag (Vertrag über die Nichtverbreitung von Kernwaffen) tritt in Kraft.

1972, 10. April Beginn der Unterzeichnung der Biowaffenkonvention (in Kraft seit 26. März 1975), welche die Entwicklung, Herstellung und Lagerung biologischer Waffen und Toxinwaffen verbietet.

26. Mai Unterzeichnung des SALT-I-Vertrags und des Vertrags über die Begrenzung von Raketenabewehrsystemen (*Anti-Ballistic Missiles*, ABM).

1973, 3. Juli Beginn der ersten Phase Konferenz über Sicherheit und Zusammearbeit in Europa (KSZE).

18. Sept. Beginn der zweiten Phase der KSZE.

1974, 3. Juli Vertrag zwischen den USA und der Sowjetunion zur Begrenzung unterirdischer Kernexplosionen unterzeichnet.

23./24. Nov. Einigung über die Begrenzung von strategischen offensiven Kernwaffen.

1975, 1. Aug. Unterzeichnung der Schlussakte der KSZE in Helsinki.

1977, 22./23. Sept. Verlängerung des SALT-I-Vertrages, weitere Verhandlungen über SALT II.

1979, 18. Juni In Wien wird das SALT-II-Abkommen zwischen der Sowjetunion und den USA unterzeichnet.

12. Dez. NATO-Doppelbeschluss: Nachrüstung mit neuen Mittelstreckenraketen in Westeuropa bei gleichzeitig erklärter Bereitschaft zu neuen Verhandlungen über Rüstungsbegrenzung.

1981, 10. April 35 Nationen unterzeichnen in New York den Vertrag zum Verbot grausamer Waffen.

1982, 21. Juni In Genf beginnen Gespräche zur Eindämmung der strategischen Rüstung START (*Strategic Arms Reduction Task*) als Nachfolger von SALT.

1984, 7. Feb. Auf der Genfer Abrüstungskonferenz verhandeln 44 Teilnehmerstaaten v. a. über ein Verbot chemischer Waffen.

28. Febr. Bei MBFR-Verhandlungen (*Mutual Balance Forces Reduction*) vezichtet der Westen auf die genaue Zählung der in den Warschauer-Pakt-Staaten stationierten Bodentruppen, sofern die Sowjetunion eine Überwachung des Abkommens vor Ort ermöglicht.

1985, 6. Aug. KPdSU-Generalsekretär MICHAIL GORBATSCHOW verkündet ein befristetes einseitiges Kernwaffentestmoratorium.

1986, 10. April Nach fortgesetzten US-Atomversuchen kündigt die Sowjetunion das Moratorium.

22. Sept. Schlussdokument der KVAE (Konferenz über vertrauens- und sicherheitsbildende Maßnahmen in Europa) verabschiedet.

1987, 8. Dez. Unterzeichnung des INF-Abkommens (*Intermediate-range Nuclear Forces*) über die globale Nulllösung für Mittelstreckenraketen in Washington durch US-Präsident REAGAN und KPdSU-Generalsekretär GORBATSCHOW.

1990, 6. Juli Beschluss der NATO, ihre Kernwaffen und konventionellen Verbände zu reduzieren.

19. Nov. Die Mitglieder von NATO und Warschauer Pakt unterzeichnen den KSE-Vertrag über die Reduktion der konventionellen Streitkräfte in Europa.

1991, 31. Juli US-Präsident GEORGE BUSH und KPdSU-Generalsekretär GORBATSCHOW unterzeichnen den START-I-Vertrag zur Verringerung der strategischen Kernwaffen.

1993, 3. Jan. Unterzeichnung des START-II-Vertrages zur weiteren Abrüstung strategischer Kernwaffen. Das Abkommen wird zwar in der Folge von den USA und Russland ratifiziert, ist aber formell nicht in Kraft getreten.

13. Jan. Beginn der Unterzeichnung der Chemiewaffenkonvention (in Kraft seit 29. April 1997), welche Entwicklung, Herstellung, Besitz, Weitergabe und Einsatz chemischer Waffen verbietet.

1999, 19. Nov. Das unterzeichnete Übereinkommen über die Anpassung des KSE-Vertrages von 1990 reagiert auf die veränderten Rahmenbedingungen nach Ende des Kalten Krieges. Das Abkommen wird nur von wenigen Staaten ratifiziert.

---

27. Okt.–15. Nov. Konferenz der Außenminister der vier Großmächte in Genf. Die Westmächte schlagen einen Wiedervereinigungsplan für Deutschland vor, die Sowjetunion dagegen die Errichtung eines gesamtdeutschen Rats, dem die Westmächte mit dem Vorschlag der Bildung einer Viermächtekommission zwecks Vorbereitung freier Wahlen in ganz Deutschland begegnen.

10. Dez. Bundesaußenminister Heinrich von Brentano (*1904, †1964) weist auf die Folgen hin, die eine Aufnahme diplomatischer Beziehungen zur DDR durch dritte Staaten für deren Verhältnis zur Bundesrepublik Deutschland auslösen würde (**Hallstein-Doktrin);** die Gegenmaßnahmen der Bundesrepublik können bis zum Abbruch der diplomatischen Beziehungen reichen.

1956, 27. Jan. Die **DDR tritt dem Warschauer Pakt bei.**

1. März Die Sowjetunion sieht in direkten Verhandlungen zwischen den beiden deutschen Staaten den einzigen Weg zur Wiedervereinigung.

18. April Das sowjetische Regierungsorgan »Prawda« gibt die **Auflösung des Kominform** bekannt.

14. Mai Die Sowjetunion erklärt, sie werde ihre Streitkräfte um 1,2 Mio. Mann verringern und erwarte ähnliche Maßnahmen vom Westen.

19. Juli–26. Juli Die USA ziehen ihre Finanzierungsversprechen für den Bau des Assuan-Staudamms in Ägypten zurück, woraufhin der ägyptische Präsident Gamal Abd al-Nasser (*1918, †1970) den Sueskanal verstaatlicht. Verstärkter militärischer und wirtschaftlicher Einfluss der Sowjetunion in Ägypten, wodurch der Kalte Krieg auf den Nahen Osten ausgedehnt wird.

23. Okt. Beginn des ungarischen Aufstands, der zwischen dem 4. und 11. Nov. von Sowjettruppen niedergeschlagen wird.

29. Okt. **Sueskrieg**: Beginn des mit Großbritannien und Frankreich verabredeten israelischen Angriffs gegen Ägypten.

31. Okt. Anglo-französische Luftoffensive gegen Ägypten.

5. Nov. Der sowjetische Ministerpräsident Bulganin gibt mit dem Hinweis auf sowjetische Raketen dem Westen zu verstehen, dass die Sowjetunion entschlossen sei, die französisch-britisch-israelischen Angriffe auf Ägypten mit Gewalt zurückzuschlagen.

6. Nov. Waffenstillstand auf dem ägyptischen Kriegsschauplatz.

Eskalationen und Stilllegung des Kalten Krieges in Europa (1953–1961)

Zwischen 1953 und 1956 gibt es Aufstände in vier Staaten des Ostblocks, die alle eines gemeinsam haben: Sie sind der Versuch, mehr nationale Unabhängigkeit gegenüber der Sowjetunion zu erreichen. Im Juni 1953 gibt es zunächst in der Tschechoslowakei und der DDR zwei Aufstände; im Juni und Okt./Nov. 1956 folgen zwei weitere in Polen und Ungarn. Von der Sowjetunion werden sie alle als Infragestellung ihres Führungsanspruchs interpretiert. Entsprechend ist die Reaktion: Die Aufstände in der DDR 1953 und in Ungarn im Okt./Nov. 1956 schlägt die sowjetische Armee blutig nieder.

Während sich Osteuropa, aber auch der arabische Raum aufgrund der Sueskrise 1956 in der Wahrnehmung der Öffentlichkeit als zeitweilige Schauplätze des Kalten Krieges in den Vordergrund schieben, verlagert Chruschtschow 1958 den Konflikt gezielt wieder nach Europa. Im Nov. 1958 stellt Moskau erneut die westalliierten Rechte in Berlin in Frage. Die zweite Berlinkrise, in der erneut die Einbeziehung Westberlins in die DDR erzwungen werden soll, endet am 13. Aug. 1961 mit dem Bau einer Mauer um Westberlin, mit dem das »Schlupfloch« in den Westen geschlossen wird. Der Mauerbau ist gleichzeitig der Beginn einer Verlagerung des Kalten Krieges in die Dritte Welt; er bedeutet für Europa den langfristigen Eintritt in eine Phase der Entspannungspolitik. Sie reicht mit Einschränkungen bis zum Ende der siebziger Jahre und mündet dann wieder in einer Verschärfung des Kalten Krieges.

Das »Veto der Bombe« ist wohl der eigentliche Garant für die Verhinderung des großen militärischen Konflikts im Kalten Krieg. Nur eine Minderheit von Radikalen will tatsächlich den nuklearen Waffengang, obwohl über die Vor- und Nachteile eines Präventivkriegs viel geschrieben wird. Nach der Strategie der »gegenseitig gesicherten Zerstörung« (*Mutual Assured Destruction*) sind beide Seiten zumindest einmal, schließlich aber auch mehrfach in der Lage, den Gegner komplett zu vernichten, unabhängig von den gerade gültigen militärischen Doktrinen.

Der Kalte Krieg entwickelt damit eine bisher unbekannte Art der Sicherheitspolitik, die letztendlich darauf beruht, dass kein »großer Atomkrieg« (*Central Nuclear War*) zwischen den USA und der Sowjetunion zu gewinnen ist. Das mehrfache gegenseitige Zerstörungspotenzial, das Ende der 60er-Jahre erreicht wird, ist das Ergebnis eines Anfang der 50er-Jahre einsetzenden massiven nuklearen Rüstungswettlaufs. Die USA sind zunächst die einzige Atommacht, verlieren nur vier Jahre später ihr Monopol. Das Problem des umfassenden Einsatzes von Nuklearwaffen bleiben lange Zeit die Trägersysteme. Die ersten Sprengsätze sind noch mit herkömmlichen Bombern transportierbar. Doch bereits die erste amerikanische Wasserstoffbombe, die am 1. Nov. 1952 auf dem Eniwetok-Atoll explodiert, ist schon allein aufgrund der Kühleinrichtungen zu groß für Flugzeuge. Die Sowjets setzen wenig später eine Lithium-Kühlung ein, was die Bombe wieder wesentlich verkleinert. Die nächste Generation der amerikanischen H-Bomben auf Lithium-Basis passen deshalb wieder in herkömmliche Boeing-Flugzeuge vom Typ B-47.

Alles dies zeigt, dass ein Rüstungswettlauf im Gange ist, der in seiner Dynamik keines äußeren Anstoßes mehr bedarf. Bereits 1954 werden allerdings erste Entspannungssignale in EISENHOWERS »Atoms for Peace«-Rede sichtbar. Der sowjetische Staatschef CHRUSCHTSCHOW spricht 1956 von »friedlicher Koexistenz«. Die Entspannungssignale wie auch die wirklichen Initiativen bleiben jedoch folgenlos im Rüstungswettlauf. Dies wird 1957 deutlich, als es den Sowjets gelingt, den Satelliten »Sputnik« in den Weltraum zu befördern. Kurze Zeit später wird mit einem zweiten eine Hündin als erstes Lebewesen ins All geschossen. Auf die Waffentechnik übertragen bedeutet das, dass die Sowjets in ihrer Raketentechnik so weit sind, auch Bomben über weite Strecken zu tragen.

Der »Sputnikschock« im Westen sorgt für eine neue Runde in der Entwicklung der Waffentechnik. Er ist zugleich Anlass für eine westliche Bildungsinitiative, die in den USA schon 1958 (*National Defense Education Act*) einsetzt und zur Neugründung von Universitäten sowie zur verstärkten Rekrutierung der technologisch-wissenschaftlichen Intelligenz führt.

1957, 1. März Die Sowjetunion erklärt, nur direkte Verhandlungen zwischen beiden deutschen Staaten führten zur Wiedervereinigung.

9. März US-Präsident EISENHOWER verkündet eine Schutzgarantie der USA für alle Staaten des Mittleren Ostens, die sich vom Kommunismus bedroht fühlen (**Eisenhower-Doktrin**).

30. April Der US-Flugzeugträger »Forrestal« kreuzt vor der Küste des Libanon, da blutige Unruhen wegen des prowestlichen Kurses der Regierung in Beirut ausgebrochen sind.

15. Mai Wasserstoffbombenversuch Großbritanniens.

26. Mai Die Sowjetunion gibt den Flug einer Interkontinental-Rakete bekannt.

Juni Beitritt der USA zum Militärausschuss des Bagdad-Pakts, um das westliche Bündnissystem im Mittleren Osten zu ergänzen.

29. Juli In ihrer Berliner Erklärung betonen die drei Westmächte die Verantwortung der Siegermächte des Zweiten Weltkriegs für Gesamtdeutschland; Fortschritte in der Entspannung zwischen Ost und West sollen von Fortschritten in der Deutschlandfrage abhängen.

Aug. Die Sowjetunion erprobt Interkontinental-Raketen mit nuklearen Sprengköpfen.

2. Okt. Der polnische Außenminister ADAM RAPACKI (*1909, †1970) unterbreitet der UN-Vollversammlung den Vorschlag einer kernwaffenfreien Zone in Deutschland und Polen (**Rapacki-Plan**).

4. Okt. Die Sowjetunion startet den ersten künstlichen Erdsatelliten (**Sputnik**).

19. Okt. Die Bundesrepublik Deutschland bricht die diplomatischen Beziehungen zu Jugoslawien wegen dessen Aufnahme von diplomatischen Beziehungen zur DDR ab; erstmalige Anwendung der Hallstein-Doktrin.

17. Dez. Die USA erproben erfolgreich eine Interkontinentalrakete.

19. Dez. Der Nordatlantikrat stellt dem NATO-Oberbefehlshaber Mittelstreckenraketen mit Atomsprengköpfen zur Verfügung, die in Europa gelagert werden.

1958, 6. Jan. Die Sowjetunion protestiert beim UN-Generalsekretär gegen die Einbeziehung West-Berlins in die internationalen Verträge der Bundesrepublik.

8. Jan. Ministerpräsident BULGANIN bringt erneut den Gedanken eines Generalfriedensplans ins Spiel, den der Westen als zu allgemein ablehnt.

20. Jan. Die Bundesregierung lehnt den sowjetischen Plan einer Konföderation der deutschen Staaten ab.

14. Febr. Vorlage des Rapacki-Plans für **kernwaffenfreie Zonen in Mitteleuropa**.

27. März NIKITA S. CHRUSCHTSCHOW folgt BULGANIN als Vorsitzender des Ministerrats der Sowjetunion.

31. März Die Sowjetunion stellt vorläufig ihre Kernwaffenversuche ein und fordert die USA auf, entsprechend zu handeln. Die USA setzen ihre Nuklearversuche jedoch fort.

25. April Unterzeichnung eines deutsch-sowjetischen Handels- und Konsularabkommens.

Juni US-Truppen landen im Libanon, um für die prowestliche Regierung zu intervenieren (Abzug 15. Okt.).

15. Juli Die Sowjetunion schlägt einen Vertrag über Freundschaft und Zusammenarbeit der europäischen Staaten vor. Sie wünscht v. a. den Abzug der ausländischen Truppen und die Einrichtung einer kernwaffenfreien Zone.

7. Aug. Das atomgetriebene Unterseeboot der US-Marine, »Nautilus«, unterquert zum ersten Mal die Eisschicht der Arktis und stellt so eine strategisch wichtige Verbindung zwischen dem Atlantik und dem Pazifik her. Mit dieser Technologie entsteht eine völlig neue Bedrohungslage, da U-Boote, die dann auch mit Nuklearwaffen ausgerüstet sind, kaum geortet werden können.

21. Aug. Auf einer Konferenz westlicher und östlicher Experten in Genf wird über die Kontrollmethoden bei Kernwaffenzündungen Einigung erzielt.

31. Okt. Die USA und Großbritannien setzen ihre Kernwaffenversuche für ein Jahr aus, während Frankreich mit seinem Kernwaffenprogramm fortfährt.

10. Nov. Partei- und Regierungschef CHRUSCHTSCHOW gibt bekannt, dass die Sowjetunion das Viermächteabkommen über den Status von Berlin zu beendigen wünscht. Beginn der zweiten Berlinkrise.

27. Nov. Die Sowjetunion fordert ultimativ den Abzug der Westmächte aus Berlin binnen sechs Monaten.

16.–19. Dez. Der Ministerrat des Nordatlantikrats unterstreicht das Recht der USA, Großbritanniens und Frankreichs, in Berlin zu verbleiben.

1959, 10. Jan. Ein sowjetischer Friedensvertragsentwurf sieht eine Neutralisierung Deutschlands vor: Wiedervereinigung auf dem Weg der Konföderation beider deutscher Staaten.

16. Febr. Die Westmächte treten dem Versuch der Sowjetunion entgegen, unter Druck die Viermächteverantwortung für Deutschland zu beseitigen.
Fidel Castro (*1927) **wird Ministerpräsident Kubas**.

21. Febr.–3. März Der britische Premierminister Harold Macmillan (*1894, †1986) versucht bei einem Aufenthalt in der Sowjetunion zwischen Ost und West zu vermitteln.

24. April Die Sowjetunion warnt die Bundesrepublik Deutschland vor einer Ausrüstung der Bundeswehr mit Kernwaffen. Das Klima bei den Abrüstungsverhandlungen verschlechtert sich.

11. Mai Beginn der Viermächte-Außenministerkonferenz (Frankreich, Großbritannien, Sowjetunion, USA) über die Deutschlandfrage in Genf. Die DDR und die Bundesrepublik schicken Beobachter.
US-Außenminister Christian A. Herter (*1895, †1966) legt einen Friedensplan vor, der eine stufenweise Wiedervereinigung Deutschlands und eine beiderseitige Begrenzung der Streitkräfte vorsieht.

19. Juni Vertagung der Genfer Konferenz.

5. Aug. Nach der Wiederaufnahme am 13. Juli erneute Vertagung der Genfer Konferenz. Die Außenminister veröffentlichen eine Erklärung über die Abrüstung und bilden einen Zehnmächte-Abrüstungsausschuss.

20. Aug. Nach dem Rückzug des Irak aus dem Bagdad-Pakt wird dieser in *Central Treaty Organization* (CENTO) umbenannt.

15.–27. Sept. Der sowjetische Partei- und Regierungschef Chruschtschow besucht die USA und führt Gespräche mit US-Präsident Eisenhower auf dessen Landsitz Camp David: Im **»Geist von Camp David«** zeichnet sich eine leichte Entspannung ab.

1. Dez. Unterzeichnung des »Antarktis-Abkommens« (gültig 30 Jahre) durch zwölf Staaten (darunter die vier Atommächte) in Washington für ausschließlich friedliche Nutzung des Gebiets.

15.–22. Dez. Der Nordatlantikrat berät Vorbereitungen von Ost-West-Verhandlungen im Rahmen einer neuen Gipfelkonferenz.

1960, 13. Febr. Kernwaffenversuch Frankreichs in der Sahara.

15. März Beginn der Zehnmächtekonferenz (USA, Großbritannien, Frankreich, Sowjetunion und Verbündete) über Abrüstung in Genf (bis 27./28. Juni).

25. März Nikita Chruschtschow fordert einen Friedensvertrag mit Deutschland.

1. Mai Ein amerikanisches U2-Aufklärungsflugzeug wird über der Sowjetunion abgeschossen.

16.–17. Mai Die Pariser Gipfelkonferenz, die über Entspannungsfragen beraten soll, wird durch die sowjetische Delegation unter Leitung Chruschtschows mit Hinweis auf die U-2-Flüge abgebrochen.

23. Juni Auf einer Konferenz in Bukarest treten zwischen der VR China und der Sowjetunion schwerwiegende ideologische Meinungsverschiedenheiten offen auf.

30. Juni Die belgische Kolonie Kongo wird unabhängig. Staatspräsident Joseph Kasavubu (*1910, †1969), Premierminister Patrice Lumumba (*1925, †1961).

Juli Im Kongo brechen blutige Unruhen aus, in die neben den Vereinten Nationen u. a. die Sowjetunion und die USA eingreifen.

11. Juli Die Kupferprovinz Katanga erklärt ihre Unabhängigkeit vom Kongo, worauf die Vereinten Nationen Truppen entsenden.

20. Juli Eine Interkontinental-Rakete wird von einem getauchten U-Boot der US-Marine abgeschossen. Die USA verfügen damit über ein schwer angreifbares System für Trägerwaffen.

14. Sept. Die Sowjetunion kritisiert die angeblich prowestliche Politik der UNO und blockiert durch ihr Vetorecht den UN-Sicherheitsrat in der Kongofrage.

10. Nov. Ein Moskauer Gipfeltreffen kommunistischer Parteiführer aus 81 Ländern billigt die von sowjetischer Seite vorgelegte Konzeption der **»Politik einer friedlichen Koexistenz«**.

Konfrontation und Verhandlungen (1961–1968)

1961, 17. Jan. Ermordung des kongolesischen Premierministers Patrice Lumumba, der in seiner Politik von der Sowjetunion unterstützt wurde.

20. Jan. John F. Kennedy (*1917, †1963) wird Präsident der USA.

17. Febr. Die sowjetische Regierung greift in einer amtlichen Note an die deutsche Bundesregierung erneut die Berlinfrage auf.

14.–20. April Der von den USA unterstützte Versuch einer **Invasion von Exilkubanern auf Kuba** schlägt fehl (»Fiasko in der Schweinebucht«). Kuba sucht noch engere Beziehungen zur Sowjetunion.

12. Mai Unterbrechung der Verhandlungen über ein Kulturabkommen zwischen der Bundesrepublik Deutschland und der Sowjetunion wegen der von Bonn geforderten Einbeziehung West-Berlins.

3.–4. Juni US-Präsident Kennedy und der sowjetische Partei- und Regierungschef Chruschtschow treffen in Wien zu einem allgemeinen Meinungsaustausch zusammen.

13. Aug. Die DDR riegelt den Ostsektor Berlins durch den **Bau einer Mauer um West-Berlin** ab. Proteste der Westdeutschen bleiben folgenlos, da keine westalliierten Rechte betroffen sind. Für die USA hat sich das Hauptkonfliktfeld des Kalten Krieges bereits zuvor vom hochgerüsteten Europa auf die »Dritte Welt« verlagert, wo nun verstärkt die »kleinen Kriege« des Kalten Krieges ausgefochten werden. Der West-Berliner Senat unter Willy Brandt (*1913, †1992) reagiert auf den Schock des Mauerbaus mit Verhandlungen, die schrittweise Erleichterungen in der geteilten Stadt bringen (u. a. Passierscheinabkommen). Dennoch stehen diese Entspannungsversuche, die ab 1969 in der Ostpolitik Brandts münden, zunächst noch im Gegensatz zur Bundespolitik unter Adenauer und der Hallstein-Doktrin.

23. Aug. Nach dem Versuch von DDR-Grenzern, einen offiziellen US-Vertreter am Berliner »Checkpoint

Charlie« entgegen den alliierten Abmachungen zu kontrollieren, gehen amerikanische Panzer in Berlin an der Sektorengrenze in Stellung, sowjetische Panzereinheiten werden auf der anderen Seite in Position gebracht. Anders als das martialische Bild vermuten lässt, ist die Konfrontation keine militärische Krise, sondern eine schlichte Machtprobe, in der beide Seiten gewillt sind, eine Eskalation zu vermeiden.

31. Aug. Die Sowjetunion nimmt ihre Kernwaffenversuche wieder auf.

3. Sept. US-Präsident KENNEDY und der britische Premier MACMILLAN (*1894, †1986) fordern die Sowjetunion auf, die oberirdischen Kernwaffenversuche einzustellen.

17. Okt. Die Sowjetunion erklärt, sie bestehe nicht mehr auf Einhaltung der bis Jahresende angesetzten Frist für die Lösung der Berlinfrage.

30. Okt. Die Sowjetunion bringt eine Wasserstoffbombe (»Zar«) mit einer Sprengleistung von geschätzten 58 Megatonnen TNT zur Detonation.

20. Dez. Die Generalversammlung der UN bestätigt die von den USA und der Sowjetunion beschlossene Erweiterung des Zehnmächte-Abrüstungsausschusses zu einem Achtzehnmächte-Abrüstungsausschuss.

1962, 14. März Beginn der Achtzehnmächte-Konferenz in Genf (Wiederaufnahme der Abrüstungsverhandlungen).

26. März Im Rahmen der Genfer Abrüstungskonferenz kommen die USA und die Sowjetunion überein, ihre Gespräche in der Deutschlandfrage fortzusetzen.

28. März Der polnische Außenminister RAPACKI schlägt erneut in Genf die Schaffung einer kernwaffenfreien Zone in Europa vor.

Abrüstungsversuche

Anfang der 60er-Jahre sind in den Rüstungs-, Abrüstungs- und Waffenkontrollverhandlungen, die auf der Ebene der UNO, der Regierungschefs und Experten geführt werden, zwischen den Großmächten folgende Probleme umstritten: 1. Verminderung der konventionellen Streitkräfte, 2. Beseitigung der Kernwaffenträger und die Methoden ihrer Überwachung, 3. regionale Überwachung verbleibender Streitkräfte sowie die Festlegung der Maximalzahlen, 4. Produktion spaltbaren Materials und dessen Transfer zu friedlichen Zwecken, 5. Stützpunkte der Großmächte im Ausland, 6. Rüstung im Weltraum, 7. Kontrolle erlaubter Waffenproduktion.

Allerdings sind die USA und die Sowjetunion bereit, weiter miteinander zu verhandeln. Ihre Standpunkte nähern sich v. a. bei der Frage der Nachrichtenverbindungen sowie bei der Einstellung der Kernwaffentests an.

1962, 10. April Gemeinsamer Appell von US-Präsident KENNEDY und dem britischen Premier MACMILLAN an die sowjetische Führung, sich mit einem Abkommen über die Einstellung der Atombombenversuche einverstanden zu erklären.

18. April Die USA legen einen Abrüstungsvertragsentwurf vor, der von der Sowjetunion verworfen wird.

8. Juni Die USA und die Sowjetunion vereinbaren gemeinsame friedliche **Erforschung des Weltraums** auf dem Gebiet der Meteorologie.

23. Juli Erklärung über die Neutralität von Laos mit dem Ziel einer Beendigung des Bürgerkriegs.

5. Aug. Die Sowjetunion beginnt mit einer nuklearen Versuchsserie in der Atmosphäre.

17. Sept. Die Sowjetunion erklärt einseitig den Viermächtestatus von Berlin für beendet.

28. Sept. US-Verteidigungsminister MCNAMARA (*1916) erklärt, der Zugang zu Berlin werde mit allen Mitteln gesichert.

22. Okt. US-Präsident KENNEDY gibt in einer öffentlichen Erklärung bekannt, dass auf Kuba sowjetische Raketenstellungen im Bau seien; er fordert den Abbau der Abschussrampen und den Rücktransport der Raketen (Beginn der **Kubakrise**).

24. Okt. Die USA errichten eine Blockade um Kuba.

28. Okt. Die sowjetische Führung erklärt sich bereit, die Raketenstellungen auf Kuba zu räumen.

20. Nov. Die US-Blockade Kubas wird aufgehoben.

13.–15. Dez. US-Verteidigungsminister MCNAMARA fordert die Stärkung der konventionellen Rüstung der NATO, um flexibler auf östliche Aktionen reagieren zu können.

1963, Jan. Die Kubakrise wird durch ein gemeinsames Schreiben von Präsident KENNEDY und Partei- und Regierungschef CHRUSCHTSCHOW an den Generalsekretär der UNO beendet.

21. Jan. Durch den Einsatz von UN-Truppen gelingt es, den Kongo-Konflikt beizulegen. Die Sowjetunion weigert sich, ihren Beitrag zu den Kosten der UN-Aktion zu zahlen.

20. Febr. Die Sowjetunion legt den Entwurf eines Nichtangriffspakts zwischen den Staaten des Warschauer Pakts und der NATO vor.

5. April Die Sowjetunion stimmt der Errichtung einer ständigen Fernsprechleitung (**»rotes Telefon«**) zwischen dem Moskauer Kreml und dem Weißen Haus in Washington zu (am 20. Juni 1963 fertiggestellt).

10. Juni Präsident KENNEDY kündigt ein Treffen von Vertretern der USA, der Sowjetunion und Großbritanniens an, um über ein nukleares Teststoppabkommen zu verhandeln.

5. Aug. Unterzeichnung des Moskauer Vertrags über die teilweise Einstellung der Kernwaffenversuche in der Atmosphäre, im Weltraum und unter Wasser. Das Problem der Kontrolle bleibt ungeklärt.

1964, 12.–13. Juni Die Sowjetunion und die DDR schließen einen Freundschafts- und Beistandspakt: Die Westmächte reagieren mit einer Erklärung, in der erneut ihre Verantwortung für Berlin und das Selbstbestimmungsrecht des deutschen Volks bekräftigt wird.

7. Aug. Die Tonkin-Golf-Resolution des US-Kongresses schafft die Voraussetzung für ein umfangreiches militärisches Eingreifen der USA in den Vietnamkrieg. Die »Dritte Welt« steht für alle sichtbar nun im Mittelpunkt des Kalten Krieges, während man in Europa den Konflikt zu deeskalieren sucht. Speziell die Deutschlandfrage tritt in den Hintergrund.

Aug. Im Kongo brechen erneut Unruhen aus, die General JOSEPH DÉSIRÉ MOBUTU (*1930, †1997) mit westlicher Unterstützung niederschlägt.

14. Okt. NIKITA CHRUSCHTSCHOW legt seine Partei- und Staatsämter nieder. Sowjetischer Regierungschef wird ALEXEIJ N. KOSSYGIN (*1904, †1980), Generalsekretär der KPdSU LEONID I. BRESCHNEW (*1906, †1982).

16. Okt. Die VR China zündet ihre erste Atombombe.

1965, 19. Jan. Die Warschauer-Pakt-Staaten kündigen Gegenmaßnahmen gegen die (seit 1960) geplante, integrierte Atomstreitmacht (MLF) der NATO an, v. a. wegen der beabsichtigten Beteiligung der Bundesrepublik Deutschland.

7. April Sowjetische und DDR-Behörden blockieren zeitweilig die Wasser- und Landwege nach West-Berlin mit der Begründung, der deutsche Bundestag halte rechtswidrig – weil West-Berlin nicht zur Bundesrepublik gehöre – in der Berliner Kongresshalle eine Plenarsitzung ab.

30. April Der sowjetische Außenminister ANDREJ GROMYKO (*1909, †1989) erklärt aus Anlass eines Besuchs in Paris, Frankreich und die Sowjetunion seien sich einig, die Nachkriegsgrenzen Deutschlands dürften nicht mehr angetastet werden.

11.–12. Mai Der Nordatlantikrat erklärt, die Situation in Europa sei so lange als ungelöst zu betrachten, wie es nicht zu einer Lösung der Deutschlandfrage auf der Grundlage des Rechts der Selbstbestimmung in beiden Teilen Deutschlands komme.

9. Juli Der Bundesaußenminister GERHARD SCHRÖDER (*1910, †1989) erläutert die Bedeutung einer aktiven

Militärische Zusammenschlüsse in Europa 1955–1991

Ostpolitik der Bundesrepublik im Hinblick auf eine Wiedervereinigung Deutschlands.

1966, 7. Febr.–18. März Offener Briefwechsel zwischen der SED und der SPD über einen geplanten Meinungsaustausch (Austausch von Rednern), der aber dann auf Veranlassung der östlichen Seite nicht stattfinden kann.

7. März Frankreich tritt aus der militärischen NATO-Integration aus (NATO-Krise).

9. Mai Erster Wasserstoffbombenversuch der VR China.

4.–6. Juli Die Warschauer-Pakt-Staaten schlagen in Bukarest die Einberufung einer europäischen Sicherheitskonferenz vor.

27. Okt. Die VR China gibt ihre ersten Nuklearwaffenversuche mit einer ferngelenkten Rakete bekannt.

14.–16. Dez. Der Nordatlantikrat betont die Bereitschaft der NATO, Wege zur Entwicklung der Zusammenarbeit mit der Sowjetunion und den Staaten Osteuropas zu prüfen.

1967, 27. Jan. Die USA, die Sowjetunion und Großbritannien unterzeichnen in Washington einen Vertrag über die friedliche Erforschung und Nutzung des Weltraums.

21. Febr. In Genf tritt die Achtzehnmächte-Abrüstungskonferenz wieder zusammen.

9. März Bundesaußenminister WILLY BRANDT erklärt, bei dem Alleinvertretungsrecht der Bundesrepublik Deutschland handele es sich nur um die politisch-moralische Pflicht der Bundesregierung, sich um die deutsche Frage zu kümmern.

12. April Bundeskanzler KURT GEORG KIESINGER (*1904, †1988) bietet der DDR ein geregeltes Nebeneinander

Europa 1945 – 1989

an und schlägt Kontakte auf den Gebieten Wirtschaft, Verkehr und Technik vor.

10. Mai Mit einem Schreiben des Ministerpräsidenten der DDR, Willi Stoph (*1914, †1999), an Bundeskanzler Kiesinger beginnt ein direkter **Meinungsaustausch** zwischen den beiden Regierungen im geteilten Deutschland.

9. Aug. Der Staatsratsvorsitzende der DDR, Walter Ulbricht (*1893, †1973), schlägt deutsch-deutsche Verhandlungen auf Regierungsebene vor.

16. Aug. Die Bundesregierung verfügt die Aufhebung der (im Frühjahr 1962 eingeführten) Widerrufsklausel im Interzonenhandel.

24. Aug. Die USA und die Sowjetunion legen gleichlautende Entwürfe eines Vertrags über die Nichtverbreitung von Nuklearwaffen vor, die die Bundesrepublik Deutschland und Frankreich verwerfen.

13./14. Dez. Die NATO geht offiziell zur **Strategie der flexiblen Reaktion** (*flexible response*) über.

1968, 6. Jan. Der polnische Außenminister Rapacki fordert ein gesamtdeutsches Abkommen über den Gewaltverzicht, das den Rahmen für ein schrittweise aufzubauendes europäisches Sicherheitssystem bilden könnte.

8. März Die deutsche Bundesregierung erhebt Einwände gegen den amerikanisch-sowjetischen Atomsperrvertragsentwurf.

10. Mai Beginn der Gespräche zwischen den USA und Nordvietnam über die Beendigung des Vietnamkriegs.

1. Juli Die USA, Großbritannien und die Sowjetunion unterzeichnen den Vertrag über die Nichtverbreitung von Kernwaffen (*non-proliferation*). Die Kernwaffenstaaten verpflichten sich, Kernwaffen weder mittel- noch unmittelbar weiterzugeben. Frankreich und die VR China treten dem Abkommen nicht bei.

25. Juli Der Nordatlantikrat greift auf seiner Tagung zum ersten Mal den Gedanken einer europäischen Sicherheitskonferenz auf, den die Warschauer-Pakt-Staaten auf Tagungen in Bukarest und Karlsbad (1967) vorgelegt haben.

6. Aug. Großbritannien schlägt das Verbot jeglicher biologischen Kriegsführung vor. Die UdSSR reagiert am 19. Sept. 1969 mit dem Entwurf einer Konvention zum Verbot von biologischen und toxischen Waffen.

21. Aug. Der Nordatlantikrat berät die durch den **Einmarsch von Warschauer-Pakt-Streitkräften in die Tschechoslowakei** (20./21. Aug.) entstandene Krisensituation.

29. Aug.–28. Sept. Konferenz von 92 Nichtkernwaffenstaaten in Genf, auf der Sicherheitszusagen der Kernwaffenstaaten als ungenügend bezeichnet werden.

28. Okt. Bundesaußenminister Brandt erneuert ein Verhandlungsangebot an die DDR und erklärt offiziell die Bereitschaft, von der Existenz der DDR als eines zweiten Staates in Deutschland auszugehen und der Regierung der DDR auf der Basis der Gleichberechtigung zu begegnen.

30./31. Okt. Die Warschauer-Pakt-Staaten entwickeln in Prag vorbereitende Pläne für eine europäische Sicherheitskonferenz.

Die Hochphase der Entspannungspolitik (1969–1979)

1969, 17. Nov. Beginn sowjetisch-amerikanischer Vorgespräche über eine Begrenzung strategischer Rüstung (SALT; *Strategic Arms Limitation Talks*) in Helsinki.

16. Dez. Die drei Westmächte schlagen der Sowjetunion Gespräche über eine Verbesserung der Lage in Berlin vor. Zuvor beginnen in Moskau deutsch-sowjetische Gespräche über Gewaltverzicht.

1970, 5. März Vertrag über die Nichtweiterverbreitung von Kernwaffen tritt in Kraft.

19. März Bundeskanzler Willy Brandt und der Vorsitzende des Ministerrats der DDR, Willi Stoph, treffen in Erfurt zum ersten Mal zusammen. Beginn innerdeutscher Verhandlungen auf Regierungsebene.

26. März Beginn von Viermächte-Verhandlungen über Berlin in Berlin.

16. April Aufnahme der SALT-Verhandlungen zwischen den USA und der Sowjetunion in Wien.

21. Mai Zweite Gesprächsrunde Brandt–Stoph in Kassel: Die Bundesregierung unterbreitet Vorschläge zum Gewaltverzicht, Respektierung der Unabhängigkeit beider deutscher Staaten, Regelung von gegenseitigem Reiseverkehr und Mitgliedschaft in internationalen Organisationen.

26./27. Mai Der Ministerrat des Nordatlantikpakts legt in Rom folgende Verhandlungsgrundlage für Abrüstungsgespräche fest: 1) Truppenreduzierungen müssen mit den Sicherheitsinteressen der NATO vereinbar sein. 2) Unterschiede in der geografischen Lage zwischen USA und Sowjetunion sind zu berücksichtigen. 3) Eine beiderseitige ausgewogene Truppenreduzierung (MBFR – *Mutual Balanced Forces Reduction*) muss die Einbeziehung von jeweils einheimischen und von Stationierungstruppen beachten.

12. Aug. Vertrag zwischen der Bundesrepublik Deutschland und der Sowjetunion über Gewaltverzicht und Normalisierung der Beziehungen. Anerkennung der Unverletzlichkeit der europäischen Grenzen.

2. Nov. Zweite Sitzungsperiode der amerikanisch-sowjetischen SALT-Verhandlungen in Helsinki.

27. Nov. Gespräche zwischen der Bundesrepublik und der DDR über Transitabkommen, Verkehrsvertrag und Grundlagenvertrag (Verhandlungen zwischen den Staatssekretären Egon Bahr [*1922] und Michael Kohl [*1929, †1981]).

7. Dez. Vertrag zwischen der Bundesrepublik Deutschland und Polen über die Grundlagen der Normalisierung ihrer gegenseitigen Beziehungen: Anerkennung der Oder-Neiße-Grenze als westliche polnische Staatsgrenze, Bekräftigung der Unverletzlichkeit bestehender Grenzen, Verzicht auf gegenseitige Gebietsansprüche sowie auf Gewaltanwendung.

1971, 11. Febr. In Moskau, Washington und London Unterzeichnung des Vertrags über das Verbot der Anbringung von Kernwaffen und anderen Massenvernichtungsmitteln auf dem Meeresboden.

9.–11. Juli Geheimverhandlungen zwischen dem Sicherheitsberater des amerikanischen Präsidenten, Henry

Kissinger (*1923), und dem Ministerpräsidenten der VR China, Chou Enlai (*1898, †1976).

9. Aug. Die Sowjetunion und Indien schließen einen Freundschaftsvertrag.

3. Sept. Unterzeichnung des **Viermächteabkommens über Berlin**. Die Sowjetunion gewährleistet den ungehinderten zivilen Verkehr von Personen und Gütern zwischen den Westsektoren Berlins und der Bundesrepublik Deutschland. Die deutschen Behörden werden beauftragt, gemeinsame Regelungen für den Reise- und Besuchsverkehr zwischen West- und Ost-Berlin, zwischen West-Berlin und der DDR sowie über den Transitverkehr zwischen der Bundesrepublik und West-Berlin auszuarbeiten.

30. Sept. Abkommen zwischen USA und Sowjetunion zur Verringerung der Gefahr eines Kernwaffenkrieges.

17. Dez. Transitabkommen zwischen der Bundesrepublik Deutschland und der DDR.

20. Dez. Vereinbarungen des Senats von Berlin (West) und der Regierung der DDR über Reise- und Besucherverkehr sowie über Gebietsaustausch. Demnach können erstmals seit 1961 Bewohner von West-Berlin den Ostteil der Stadt und die DDR besuchen.

1972, 9. April Konvention über das Verbot der Entwicklung, Produktion und Lagerung biologischer und toxischer Waffen und deren Vernichtung.

Mai NATO und Warschauer Pakt entschließen sich, in Verhandlungen zur Vorbereitung der Konferenz über Sicherheit und Zusammenarbeit in Europa (KSZE) und einer beiderseitigen ausgewogenen Truppenreduzierung (MBFR) einzutreten.

26. Mai Unterzeichnung eines vorläufigen Abkommens

Wirtschaftliche Zusammenschlüsse in Europa 1949–1991

über die Begrenzung der strategischen Rüstung in Moskau (**SALT I**): Einschränkung des Baus antiballistischer defensiver Geschosssysteme, Beschränkung der Zahl der Interkontinentalraketen auf fünf Jahre (USA 1054, UdSSR 1618), Festlegung der Zahl der Raketen-U-Boote und ihrer Bestückung.
Vertrag zwischen der Bundesrepublik und der DDR über Fragen des Verkehrs (innerdeutscher Verkehrsvertrag).

30./31. Mai Die Minister der NATO-Staaten begrüßen auf ihrer Tagung in Bonn die günstige Entwicklung des Ost-West-Verhältnisses und vereinbaren die Aufnahme multilateraler Vorbereitungsgespräche für eine Konferenz über Sicherheit und Zusammenarbeit in Europa (KSZE). Sie schlagen auch multilaterale Sondierungen über beiderseitige und ausgewogene Truppenreduzierungen (MBFR) vor.

3. Juni Viermächte-Schlussprotokoll: Das Viermächteabkommen, das Transitabkommen und die Vereinbarungen zwischen dem Senat von Berlin und der Regierung der DDR treten in Kraft.

22. Nov. Beginn der Vorbereitungsgespräche in Helsinki über KSZE.

21. Dez. Unterzeichnung des Grundlagenvertrags zwischen der Bundesrepublik Deutschland und der DDR: Anerkennung der Viermächteverantwortung, Unverletzlichkeit der Grenzen, Beschränkung der Hoheitsgewalt auf das jeweilige Staatsgebiet, Austausch »ständiger Vertreter«, Beibehaltung des innerdeutschen Handels, Antrag beider Staaten auf UNO-Mitgliedschaft, Zusatzprotokolle gehen auf Einzelfragen ein.

1973, 27. Jan. Unterzeichnung eines Waffenstillstandsabkommens zwischen USA, Nord- und Südvietnam und Nationaler Befreiungsfront in Paris. Grundlage ist das Genfer Abkommen von 1954.

31. Jan. Beginn der multilateralen Sondierungsgespräche über MBFR in Wien.

26. Febr.–2. März Pariser Vietnam-Konferenz zwischen Unterzeichnern der Waffenstillstandsabkommen, der VR China, der Sowjetunion, Frankreich und Großbritannien: Billigung des Vietnam-Abkommens.

21. Juni Grundlagenvertrag zwischen der DDR und der Bundesrepublik tritt in Kraft.

22. Juni Anlässlich des Besuchs von KPdSU-Generalsekretär Breschnew in den USA wird das Amerikanisch-Sowjetische Abkommen zur Verhinderung eines Atomkrieges unterzeichnet, das beide Staaten bei Gefahr eines Krieges zu gegenseitigen Konsultationen verpflichtet.

3. Juli Eröffnung der ersten KSZE-Phase in Helsinki.

18. Sept. Auf der 28. UNO-Vollversammlung werden **die DDR und die Bundesrepublik Deutschland in die Vereinten Nationen aufgenommen.**
Beginn der zweiten KSZE-Phase in Genf.

30. Okt. Die Konferenz über die beiderseitige und ausgewogene Verminderung von Truppen und Rüstungen (MBFR) wird in Wien eröffnet.

15. Nov. Erhöhung des Zwangsumtauschbetrags für Reisende aus dem Westen in die DDR. Die DDR unternimmt Maßnahmen, um sich deutlich von der Bundesrepublik abzugrenzen.

11. Dez. Vertrag über die gegenseitigen Beziehungen zwischen der Bundesrepublik Deutschland und der ČSSR.

1974, 17. Mai Der deutsche Bundeskanzler Helmut Schmidt (*1918) bezeichnet den »Guillaume«-Spionagefall als ernste Belastung des Verhältnisses zwischen der Bundesrepublik und der DDR.

27. Juni–3. Juli Besuch von US-Präsident Richard Nixon (*1913, †1994) in Moskau und Unterzeichnung eines Vertrags zwischen USA und Sowjetunion, der unterirdische Nukleartests mit einer Stärke von mehr als 150 Megatonnen verbietet.

23./24. Nov. US-Präsident Gerald Ford (*1913, †2006) und der Generalsekretär Leonid Breschnew einigen sich in Wladiwostok über die Begrenzung strategischer offensiver Kernwaffen der USA und der Sowjetunion.

12. Dez. Vereinbarung über die Fortführung der Swing-Regelung im innerdeutschen Handel vom 6. Dez. 1968 im Zeitraum 1976–1981 zwischen DDR und Bundesrepublik Deutschland. Einführung einer Höchstgrenze für den »Swing« von 850 Mio. Verrechnungseinheiten.

1975, 30. Juni Treffen zwischen Bundeskanzler Helmut Schmidt und SED-Chef Erich Honecker (*1912, †1994) am Rande der KSZE-Schlusskonferenz in Helsinki.

30. Juli/1. Aug. **Unterzeichnung der Schlussakte der KSZE** in Helsinki.

9.–10. Dez. Die Verteidigungsminister der NATO-Staaten stellen eine anhaltende Verstärkung der Schlagkraft der Warschauer-Pakt-Staaten fest.

31. Dez. Die Gesamtzahl der Reisen aus der Bundesrepublik und West-Berlin in die DDR und nach Ost-Berlin beträgt 1975 7,7 Mio. (1971: 2,7 Mio.).

1976, 20.–23. Jan. US-Außenminister Kissinger führt Gespräche über Fortschritte bei weiteren SALT-Verhandlungen (SALT II) mit Breschnew und Gromyko in Moskau.

19. Mai In der neunten Runde der MBFR-Konferenz in Wien legt der Warschauer Pakt Zahlen über Mannschaftsstärken seiner militärischen Verbände vor.

1977, 15. Juni–5. Aug. In Belgrad findet ein Vorbereitungstreffen zur geplanten KSZE-Folgekonferenz statt; da sie zugleich Auswertungskonferenz ist, wird hier bewertet, wie sich die Schlussakte der KSZE von Helsinki in der Praxis bewährt hat.

30. Juli Die Sowjetunion warnt vor negativen Folgen einer Aufrüstung mit Neutronenwaffen der USA bei Verhandlungen über ein SALT-II-Abkommen.

22./23. Sept. Fünf Jahre nach Inkrafttreten vereinbaren die Sowjetunion und die USA eine **Verlängerung des SALT-I-Vertrags** und weitere Verhandlungen über SALT II. In wesentlichen Punkten kann keine Einigung erzielt werden: Die Sowjets fordern die Begrenzung der amerikanischen Cruise Missile, eines strategischen Marschflugkörpers, der als Träger nuklearer Sprengköpfe geeignet ist. Die USA fordern die Begrenzung der 1976 eingeführten sowjetischen Rakete SS-18 (sowjetische Bezeichnung R-36 M), die mit ihrem 20-Megatonnen-Sprengkopf nicht nur extrem groß, sondern auch sehr treffgenau ist, sowie des Fernbombers mit der NATO-Bezeichnung »Backfire« (Tupolev Tu-26). Ebenso ist das Verfahren strittig, mit dem die Einhaltung des neuen Abkommens überwacht werden soll.

4. Okt. Beginn des ersten Folgetreffens zur KSZE in Belgrad, an dem 33 europäische Staaten sowie die USA und Kanada teilnehmen. Es sollen zusätzliche Maßnahmen zur Sicherheit und Zusammenarbeit in Europa getroffen werden. Hauptthemen sind Abrüstung und Menschenrechte.

28. Okt. Als Antwort auf die sowjetische Stationierung der SS-20 fordert der westdeutsche Bundeskanzler Helmut Schmidt in einer Ansprache im *International Institute for Strategic Studies* in London einen Abzug der neuen sowjetischen Raketen oder aber eine Nachrüstung bei den eigenen Mittelstreckenraketen.

1. Nov. Die Fortsetzung des Folgetreffens zur KSZE wird fraglich, als die Sowjetunion auf dem Höhepunkt einer heftigen Debatte über Menschenrechtsverletzungen mit einem Abbruch des Treffens droht.

1978, 23. Jan. **Militärisches Eingreifen Kubas in Afrika**: Nach Angaben des US-State Departments befindet sich etwa ein Viertel der 100 000 Mann zählenden kubanischen Streitkräfte in Afrika; in Angola 19 000 (zusätzlich 4000 zivile Berater), in Äthiopien 2000, in Moçambique 600 und u. a. in der VR Kongo 300.

9. März Beendigung des ersten Folgetreffens zur KSZE in Belgrad. Der Stand der Gespräche ist kontrovers. Es wird ein zweites Treffen beschlossen.

9./11. März Die Sowjetunion legt mit anderen kommunistisch regierten Staaten dem Genfer Abrüstungsausschuss den Entwurf einer »Konvention über das Verbot von Neutronenbomben« vor. Die USA lehnen die Vorlage »aufgrund von Einseitigkeit« ab.

5. April Der britische Außenminister David Owen (*1938) kritisiert die sowjetisch-kubanische Intervention in Afrika.

31. Okt. KSZE-Expertentreffen in Montreux (am Genfer See), das sich die Schaffung eines gesamteuropäischen Verfahrens für die Schlichtung im Konfliktfalle zur Aufgabe macht.

1979, 5./6. Jan. Auf dem Gipfeltreffen von Guadeloupe, an dem die Präsidenten der USA und Frankreichs sowie die Regierungschefs Großbritanniens und der Bundesrepublik Deutschland teilnehmen, werden die Iran- und China-Politik sowie die angestrebten SALT-II-Verhandlungen vorbereitend erörtert.

13. Febr. 200 Delegierte der Teilnehmerstaaten der KSZE in Helsinki eröffnen auf Malta ein Expertentreffen der Mittelmeerländer.

10. Mai Die Sowjetunion unterbreitet den Vereinigten Staaten neue Vorschläge, um die festgefahrenen Truppenreduzierungsverhandlungen (MBFR) in Wien wieder in Gang zu bringen.

16. Mai Die VR China bringt detaillierte Abrüstungsvorschläge bei der UNO ein.

15.–18. Juni Auf einem Gipfeltreffen in Wien unterzeichnen KPdSU-Generalsekretär Breschnew und US-Präsident James Carter (*1924) das SALT-II-Abkommen. Die Vereinbarungen bestehen aus einem auf acht Jahre befristeten Vertrag und aus einem Zusatzprotokoll mit dreijähriger Laufzeit. Die getroffenen Vereinbarungen verringern gegenüber SALT-I die Höchstzahl der verschiedenen Fernwaffen und begrenzen die Menge der Raketenwaffen mit Mehrfachsprengköpfen. Zur Ratifizierung im US-Kongress kommt es wegen des sowjetischen Einmarsches in Afghanistan nicht mehr.

Die Rückkehr zur Konfrontation (1979–1985)

1979, ab Aug. Die Stationierung neuer sowjetischer Truppen auf Kuba und die seit 1977 drängende Frage, ob das Rüstungsgleichgewicht in Europa durch sowjetische Mittelstreckenraketen (SS-20, sowjetische Bezeichnung RT-21 M) beeinträchtigt worden sei, verursachen eine **Krise zwischen den USA und der Sowjetunion**. Die Sowjets bestehen darauf, dass die Ersetzung älterer Mittelstreckenraketen durch die SS-20 eine legitime Modernisierung und zudem ein notwendiges Gegengewicht gegen überlegene westliche Flugzeugtypen sei. Der Westen dagegen betrachtet die mit Mehrfachsprengköpfen ausgestattete SS-20 als Aufrüstung, die das labile Rüstungsgleichgewicht in Europa in Frage stellt.

12. Dez. **»Doppelbeschluss« der NATO**: 572 nukleare Sprengköpfe werden in Westeuropa als Antwort auf die vom Warschauer Pakt als Modernisierung nuklearer Waffensysteme deklarierte Aufstellung von SS-20-Raketen stationiert. Zugleich wird die Bereitschaft zur Begrenzung des Raketenpotenzials im Rahmen von neuen Verhandlungen betont.

27. Dez. **Einmarsch der Roten Armee in Afghanistan** (offizielle Bekanntgabe am 3. Jan. 1980). Bereits vor der Invasion hatten die USA Hilfe für die antisowjetischen, muslimischen Gruppen über Afghanistan ins Land gebracht. Daraus entwickelt sich eine groß angelegte Unterstützung für die islamistischen Mudschaheddin, an der sich u. a. auch China und Saudi-Arabien beteiligen. Als einer der freiwilligen Kämpfer reist auch Osama bin Laden (*1957) aus Saudi-Arabien ein (1988 Gründung des Terrornetzwerks al-Qaida).

1980, 4. Jan. US-Präsident Carter unterbricht die Ratifizierung des SALT-II-Vertrags wegen des sowjetischen Einmarsches in Afghanistan und verhängt ein Getreideembargo gegen die Sowjetunion (10. Jan.).

20. Febr. Präsident Carter erklärt den Boykott der Olympischen Sommerspiele in Moskau.

1981, 10. April 35 Nationen unterzeichnen den Vertrag zum Verbot besonders grausamer konventioneller Waffen (u. a. Brand- und Splitterbomben).

8. Aug. Der neue US-Präsident, Ronald Reagan (*1911, †2004), entscheidet sich für die Produktion von Neutronenwaffen.

10. Okt. In Bonn beteiligen sich rund 250 000 Menschen an einer Protestdemonstration gegen die »Nachrüstung«

30. Nov. USA und Sowjetunion beginnen in Genf Abrüstungsverhandlungen über Mittelstreckenraketen (INF-Verhandlungen).

1982, 21. Juni US-Sanktionen gegen das Erdgasgeschäft Westeuropas mit der Sowjetunion.

30. Juli und 20. Aug USA und Sowjetunion schließen Abkommen über Getreidelieferungen.

1983, 8. März Ansprache des US-Präsidenten Reagan zu Problemen der regionalen Sicherheit (Reagan-Doktrin), die sich ausdrücklich gegen die Breschnew-Doktrin richtet und u. a. die militärischen Hilfen an antikommunistische Gruppen in Afghanistan und Mittelamerika begründet. Man geht davon aus, dass allein von 1983 bis 1987 die jährliche Menge der Waffenlieferungen für den antisowjetischen *Dschihad* in Afghanistan von etwa 10 000 Tonnen auf 65 000 Tonnen ansteigt.

4. Mai Das US-Repräsentantenhaus fordert ein gegenseitig überprüfbares Einfrieren (*freeze*) aller Nuklearbestände in den USA und der Sowjetunion.

21. Juli Das US-Repräsentantenhaus bewilligt 2,5 Mrd. US-$ zum Bau der ersten 27 von 100 geplanten MX-Interkontinental-Raketen.

22. Nov. Der westdeutsche Bundestag beschließt die **Stationierung neuer US-Mittelstreckenraketen in der Bundesrepublik.** Daraufhin bricht die Sowjetunion einen Tag später die INF-Verhandlungen mit den USA über die Begrenzung von Mittelstreckenraketen ab. Am 1. Jan. 1984 wird die erste US-Batterie mit »Pershing II«-Raketen in Mutlangen in Einsatzbereitschaft versetzt.

1984, 17. Jan. Beginn der Konferenz über vertrauens- und sicherheitsbildene Maßnahmen in Europa (KVAE).

7. Febr. Beginn der Genfer Abrüstungskonferenz mit 44 Teilnehmerländern (Themenschwerpunkt: Verbot chemischer Waffen).

27. Juni Aufgrund des kontinuierlich wachsenden Zustroms von DDR-Bürgern, die über die Ständige Vertretung in Ost-Berlin ihre Ausreise in die Bundesrepublik erzwingen wollen, wird diese für den Besucherverkehr geschlossen.

Juli Heftige sowjetische Pressekampagne gegen die Bundesrepublik, der die Förderung des »Revanchismus« vorgeworfen wird.

30. Nov. Abschluss des Abbaus von Selbstschussappa-

Die Streitkräfte der NATO und des Warschauer Paktes 1983/1984 (in Tausend Soldaten)

	Heer	Marine	Luftwaffe	Sonstige	Gesamt	% der Gesamtbevölkerung
Belgien	62,5	4,7	20,0	15,7	102,9	1,0
BR Deutschland	335,5	38,5	105,9	15,1	495,0	1,0
Dänemark	21,0	8,5	9,8	–	39,3	0,8
Frankreich	311,2	68,0	100,4	12,7	492,3	0,9
Griechenland	142,0	19,5	24,5	–	186,0	1,9
Großbritannien	159,3	72,0	89,9	–	321,2	0,6
Italien	258,0	42,0	70,6	–	370,6	0,7
Kanada	31,5	14,0	36,5	–	82,0	0,3
Luxemburg	0,5	–	–	–	0,5	0,2
Niederlande	72,0	16,8	17,5	–	106,3	0,7
Norwegen	24,2	9,0	10,0	–	43,2	1,0
Portugal	41,0	14,0	9,5	29,9	94,4	0,9
Spanien	260,0	63,2	33,0	–	356,2	0,9
Türkei	470,0	45,0	53,0	–	568,0	1,2
USA	780,8	572,0	591,1	192,5	2135,4	0,9
NATO insgesamt	**2969,5**	**987,2**	**1171,7**	**265,9**	**5394,3**	**0,9**
Bulgarien	120,0	10,0	34,0	–	164,0	1,8
DDR	116,0	16,0	37,0	71,5	240,5	1,4
Polen	230,0	22,5	88,0	85,0	425,5	1,2
Rumänien	150,0	10,5	32,0	–	192,5	0,8
Tschechoslowakei	148,0	–	56,0	–	204,0	1,3
Sowjetunion	1825,0	500,0	443,0	500,0	3268,0	1,2
Ungarn	84,0	–	21,0	–	105,0	1,0
Warschauer Pakt insgesamt	**2673,0**	**559,0**	**711,0**	**656,5**	**4599,5**	**1,2**

raten (SM-70) an der deutsch-deutschen Grenze. Die DDR-Staatsführung hatte diese am 5. Okt. 1983 zugesagt. Insgesamt waren rund 55000 Schusstrichter installiert. Die Grenze bleibt dennoch undurchlässig.

Der »Gorbatschow-Faktor« und die Auflösung des Ostblocks (1985–1991)

1985, 11. März MICHAIL S. GORBATSCHOW (*1924) wird Generalsekretär der KPdSU.

6. Aug. GORBATSCHOW verkündet ein zunächst bis 1. Jan. 1986 befristetes einseitiges Moratorium für Atomtests.

19.–21. Nov. Mit der Genfer Gipfelkonferenz REAGAN–GORBATSCHOW beginnt ein intensiver **Dialog der Weltmächte**.

1986, 25. Febr.–6. März 27. Parteitag der KPdSU: Ankündigung von Perestroika und Glasnost.

10. April Nach fortgesetzten US-Atomwaffentests kündigt die Sowjetunion das einseitige Atomtestmoratorium.

18. April GORBATSCHOW schlägt eine umfassende Reduktion der konventionellen Streitkräfte vom Atlantik bis zum Ural vor.

26. April Ein Block des sowjetischen Kernkraftwerks Tschernobyl explodiert und verstrahlt nicht nur große Teile der Ukraine und Weißrusslands, sondern über radioaktive Niederschläge unterschiedlicher Konzentration auch weite Teile Europas. Die verzögerte sowjetische Nachrichtenpolitik über das Ausmaß des GAUs führt zu Protesten westlicher Staaten.

22. Sept. Schlussdokument der KVAE (Konferenz über vertrauens- und sicherheitsbildende Maßnahmen in Europa) in Stockholm verabschiedet: Es enthält u. a. Regelungen zur Ankündigung militärischer Aktivitäten und zu Einladungen von Manöverbeobachtern der Gegenseite. Die Bestimmungen treten am 1. Jan. 1987 in Kraft.

11.–12. Okt. Auf dem amerikanisch-sowjetischen Gipfel in Reykjavik wird u. a. die Beseitigung aller Mittelstreckenraketen in Europa und die Reduzierung der strategischen Waffensysteme um 50 % vereinbart; für HENRY KISSINGER war das die »Revolution von Reykjavik«. In Fragen der Entwicklung strategischer Verteidigungssysteme (SDI – *Strategic Defense Initiative*) bleibt man ohne Einigung.

27. Nov.–4. Dez. Die USA überschreiten die im SALT-II-Abkommen festgelegte Höchstzahl der Fernwaffen. Internationaler Protest und Kritik am US-Vorgehen.

1987, 1.–25. Jan. Amerikanisch-sowjetische Kontroverse um die Interpretation des ABM *(Anti Ballistic Missiles)*-Vertrags.

16. Jan. Die USA heben das Embargo auf den Export von Erdöl- und Erdgastechnologie in die Sowjetunion auf.

21. Juli GORBATSCHOWS Vorschlag einer **globalen Nulllösung** für atomare Mittelstreckenraketen (*Intermediate-range Nuclear Forces*, INF) erhält im Westen ein positives Echo.

26. Aug. Bundeskanzler HELMUT KOHL (*1930) gibt den Verzicht der Bundesrepublik auf die Pershing-1A-Mittelstreckenrakete unter der Voraussetzung bekannt, dass die Sowjetunion ihre nuklearen Kurzstreckenraketen aus der DDR und der Tschechoslowakei abzieht.

7.–10. Dez. Beim Gipfeltreffen REAGAN–GORBATSCHOW wird in Washington das INF-Abkommen (*Intermediate-Range Nuclear Forces*) unterzeichnet.

1988, 25. Febr. Die Sowjetunion beginnt mit dem Abzug der Mittelstreckenraketen aus der DDR.

25. Juni EG und RGW beschließen die Aufnahme offizieller Beziehungen.

16. Sept. Abrüstungsinitiative GORBATSCHOWS für den asiatischen Raum.

19. Sept. Der Koordinierungsausschuss für strategische Ausfuhrkontrollen (CoCom, *Coordinating Commitee for Multilateral Strategic Export Controls*) reduziert seine Liste strategisch wichtiger Güter, deren Ausfuhr bewilligt werden muss. Der CoCom wurde 1949 auf Initiative der USA als Prüfungsinstanz zur Koordination und Kontrolle militärisch relevanter Technologieexporte aus dem Westen an die Sowjetunion, RGW-Staaten und VR China gegründet. Mitglieder sind die NATO-Staaten sowie Japan und Australien.

1989, 15. Jan. Das Wiener KSZE-Folgetreffen endet mit der Unterzeichnung eines Dokuments über Menschenrechte und Abrüstung.

14. Febr. Der sowjetische Truppenabzug aus Afghanistan wird abgeschlossen.

6.–8. März In Wien wird mit neuen Verhandlungen über die konventionellen Streitkräfte in Europa (VKSE) im Rahmen der KSZE begonnen.

1990, 12.–14. Febr. Die »Open-Skies«-Konferenz der Außen- und Verteidigungsminister von NATO und Warschauer Pakt in Ottawa befasst sich mit der Begrenzung der Truppenstärken in Europa und der Abrüstungskontrolle. Am Rande werden die **»2+4-Verhandlungen«** über Deutschland vereinbart, an denen vom 5. Mai bis 12. Sept. 1990 die Bundesrepublik Deutschland und die DDR sowie die vier alliierten Siegermächte (zeitweise auch Polen) teilnehmen.

29./30. Mai Der Gipfel zwischen US-Präsident GEORGE BUSH (*1924) und KPdSU-Generalsekretär GORBATSCHOW in den USA befasst sich mit der Abrüstung chemischer Waffen und strategischer Atomwaffen sowie einem Handelsvertrag.

6.–7. Juni Auf der **CoCom-Sitzung in Paris** wird eine weitgehende Liberalisierung der CoCom-Liste vereinbart.

6. Juli Die NATO beschließt aufgrund der Veränderungen in Osteuropa die Reduzierung ihrer aktiven konventionellen Verbände sowie der vorhandenen Kernwaffen.

18. Juli Die Sowjetunion und Ungarn nehmen diplomatische Beziehungen zur NATO auf.

18. Aug. Putschversuch konservativer Reformgegner gegen GORBATSCHOW in der Sowjetunion. GORBATSCHOW übersteht nur mithilfe des Radikalreformers BORIS JELZIN (*1931) den Staatsstreich. Er geht politisch geschwächt aus dem Machtkampf hervor.

19. Nov. Vor dem Pariser KSZE-Gipfel unterzeichnen die

Mitgliedsstaaten von NATO und Warschauer Pakt den KSE-Vertrag über konventionelle Abrüstung in Europa. Der KSZE-Prozess soll institutionalisiert und auf diese Weise eine neue Friedensordnung in Europa geschaffen werden.

1991, 21. Dez. Offizieller Gründungsakt der Gemeinschaft Unabhängiger Staaten (GUS) im Vertrag von Alma-Ata durch elf der bisherigen Teilrepubliken der Sowjetunion; die Vertragspartner verkünden das Ende der UdSSR.

25. Dez. Rücktritt GORBATSCHOWS als Staatspräsident der Sowjetunion.

31. Dez. **Die Sowjetunion hört auf zu bestehen. Der Kalte Krieg ist offiziell zu Ende.**

Nach der Beendigung des Ost-West-Konflikts treten zunächst v. a. die **Krisen und Konflikte** in der islamisch-arabischen Region sowie die ethnischen und politischen Konflikte in Afrika als Herausforderungen für die internationalen Beziehungen in den Vordergrund. | Forts. S. 1438 |

Internationale Beziehungen innerhalb der westlichen Welt im Kalten Krieg (1945–1991)

Die Geschichte der westlichen Staaten ist nach 1945 einerseits durch die Beziehungen der USA zu den europäischen Staaten, andererseits durch die Beziehungen der westeuropäischen Staaten untereinander gekennzeichnet. Die durchgängige Rahmenbedingung dafür bildet von 1945 bis 1989/91 der Kalte Krieg, darüber hinaus aber auch der bis in die 1970er Jahre reichende Kolonialismus europäischer Staaten, der Dekolonisierungsprozess seit den sechziger Jahren sowie der Nord-Süd-Konflikt, also das strukturelle Konfliktverhältnis zwischen Industrie- und Entwicklungsländern. Letzteres speist sich zunächst aus außenwirtschaftlichen und verteilungspolitischen Gegensätzen. Zunehmend bedeutender sind ökologische, demografische und sicherheitspolitische Fragen.

Der Ausgang des Zweiten Weltkriegs verändert die politischen Strukturen in Europa grundlegend: 1. Deutschland im Zentrum Europas wird geteilt und fällt als politische Entscheidungsinstanz für Jahre aus; 2. die Volkswirtschaften der europäischen Staaten sind zusammengebrochen; die Währungsblöcke, der »Franc-« und der »Sterling-Block« aus der Zeit vor 1939, funktionieren kaum noch; 3. US-amerikanische und sowjetische Truppen stehen in Mitteleuropa, wohingegen die europäischen Armeen sich in Auflösung befinden oder in hohem Maße geschwächt sind. Europa besitzt keine Machtzentren mehr, die ein Gegengewicht zu den USA oder der Sowjetunion bilden können.

Der seit 1947 offiziell erklärte Kalte Krieg hat die **Teilung Europas zur Folge**, die im Osten und im Westen einen Block mit eigenen politischen Strukturen entstehen lässt. Die herkömmlichen nationalen Konzeptionen sind angesichts der materiellen Schwächen der europäischen Staaten und der Anwesenheit der Großmächte nur noch in Ansätzen zu realisieren, wobei die Politik zur Einigung Westeuropas aus der Einsicht resultiert, dass die europäischen Nationalstaaten einzeln nicht in der Lage sind, die Probleme zu bewältigen. Die Errichtung eines größeren europäischen Staatenbundes scheitert allerdings an der Teilung Europas.

Es besteht damit nur die Möglichkeit einer westeuropäischen Einigung im Rahmen einer amerikanischen Hegemonie, wobei sich zwei Perspektiven abzeichnen: Zum einen das Bündnis Westeuropas mit den USA zur »Atlantischen Gemeinschaft«, wie es sich auf dem Gebiet der militärischen Sicherheit seit 1949 entwickelt, zum anderen die Distanzierung der geeinten westeuropäischen Staaten von den USA, wie sie ab 1960 im Bereich der Wirtschaft ansatzweise in der Europäischen Gemeinschaft aufkommt.

Die westeuropäische Einigung steht vor folgenden Problemen: Großbritannien und Frankreich verstehen sich als Großmächte, die auch in Europa eine Sonderrolle spielen wollen; die neutralen Staaten Europas sind bestrebt, sich aus den Einflusssphären der Großmächte herauszuhalten, ohne auf die wirtschaftlichen Vorteile eines europäischen Zusammenschlusses verzichten zu können. Die Einbeziehung der Westzonen Deutschlands ist ohne eine deutsch-französische Verständigung, insbesondere ohne die Lösung der Saarfrage und des Ruhrproblems, nicht möglich.

Die USA betreiben seit 1946 verstärkt die Einigung Westeuropas und versuchen, die Binnenprobleme des Raumes durch großzügige Wirtschaftshilfen und diplomatischen Druck zu vermindern. Ihnen geht es dabei um die Errichtung einer funktionierenden Weltwirtschaft, um die Eindämmung der Sowjetunion und die globale Zurückdrängung des Kommunismus.

1946, 15. Juni Der belgische Politiker und Wirtschaftswissenschaftler PAUL VAN ZEELAND (*1893, †1973) gründet die Europäische Liga für wirtschaftliche Zusammenarbeit.

6. Sept. US-Außenminister JAMES FRANCIS BYRNES erklärt in Stuttgart, ohne Deutschland sei eine Gesundung Europas nicht möglich. Die US-Regierung deutet damit die Einbeziehung Deutschlands in den europäischen Wiederaufbau an.

19. Sept. WINSTON CHURCHILL betont in Zürich, erste Bedingung für die von ihm vorgeschlagenen Vereinigten Staaten von Europa sei ein inniges Verhältnis zwischen Deutschland und Frankreich.

17. Dez. Gründung der »Union Europäischer Föderalisten« in Paris.

1947, 17. Jan. Gründung des »Vereinten Europäischen Komitees«, später in »United Europe Movement« umbenannt, in London; Anregung geht auf WINSTON CHURCHILL zurück.

10. Febr. Die USA und Kanada schließen ein Abkommen zur gemeinsamen militärischen Verteidigung ihrer Staatsgebiete.

27. Febr.–2. März Erstes Treffen führender Vertreter christlich-demokratischer Parteien aus Frankreich, Italien, Belgien, den Niederlanden, Österreich, der Schweiz und Luxemburg in Luzern. Sie beschließen eine aktive Zusammenarbeit beim Aufbau Europas.

4. März Großbritannien und Frankreich schließen in Dünkirchen einen fünfzigjährigen Beistandspakt.

12. März **Truman-Doktrin**: US-Präsident HARRY S. TRUMAN fordert den amerikanischen Kongress auf, die »freien Völker« zu unterstützen, die sich »dem Versuch der Unterwerfung durch bewaffnete Minderheiten oder durch Druck von außen widersetzen«.
Er beantragt unmittelbare finanzielle Unterstützung für Griechenland und die Türkei, um die bestehende Ordnung im Mittelmeer aufrechtzuerhalten. Kurz danach skizziert der außenpolitische Berater der Republikanischen Partei und spätere US-Außenminister unter DWIGHT D. EISENHOWER, JOHN FOSTER DULLES, ein offensives Gegenmodell, die *Rollback Policy*, die er im Mai 1948 zum ersten Mal im Zusammenhang öffentlich vorstellt.

28. März Gründung einer Wirtschaftskommission für Europa durch die Vereinten Nationen.

3. Juni Vertreter sozialistischer Parteien gründen in Montrouge die Sozialistische Bewegung für die Vereinigten Staaten von Europa.

5. Juni Der amerikanische Außenminister GEORGE C. MARSHALL kündigt während einer Rede in der Harvard-Universität einen Plan für die wirtschaftliche Erneuerung Europas an: *European Recovery Program* – ERP (**Marshallplan**).

12. Juli Beginn einer Konferenz von 16 Nationen in Paris zur Erörterung des Marshallplans. Sie beschließt, ein *Committee of European Economic Co-operation* (CEEC) zu errichten – Vorläufer der OEEC (*Organization of European Economic Co-operation*).

8. Sept. RICHARD NIKOLAUS GRAF COUDENHOVE-KALERGI (*1894, †1972) eröffnet in Gstaad den ersten Kongress der »Europäischen Parlamentarier-Union«.

29. Okt. Belgien, die Niederlande und Luxemburg bilden für Waren mit Ursprung aus ihren Gebieten eine Zollunion (Benelux), die am 1. Jan. 1948 in Kraft tritt.

30. Okt. Unterzeichnung des GATT-Abkommens (*General Agreement on Tariffs and Trade*), das durch den Abbau von Handelsbeschränkungen die Maßnahmen der OEEC vorbereitet.

1948, 21. Jan. Großbritannien und Frankreich schlagen den Benelux-Ländern vor, als Grundlage für eine europäische Staatengemeinschaft dem britisch-französischen Dünkirchen-Vertrag ähnliche Abkommen abzuschließen.

23. Febr.–2. Juni Londoner Sechsmächtekonferenz (USA, Großbritannien, Frankreich und Benelux) über Deutschland: Einigung über eine Teillösung der Deutschlandfrage ohne die Sowjetunion.

17. März Die Außenminister Belgiens, Frankreichs, Großbritanniens, Luxemburgs und der Niederlande unterzeichnen den Brüsseler Pakt über die Zusammenarbeit in wirtschaftlichen, sozialen und kulturellen Angelegenheiten und für die kollektive Selbstverteidigung; 1955 Erweiterung zur Westeuropäischen Union.

3. April US-Präsident TRUMAN unterzeichnet das ERP-Programm (*Economic Cooperative Act of 1948*).

11. April Beginn der Gespräche über die Sicherheitsprobleme des nordatlantischen Gebiets zwischen Außenminister GEORGE C. MARSHALL, Staatssekretär ROBERT LOVETT (*1895, †1986) und den Senatoren ARTHUR VANDENBERG (*1884, †1951) und Thomas CONNALLY (*1877, †1963).

16. April Errichtung der *Organization for European Economic Cooperation* (OEEC) mit Sitz in Paris. Das Abkommen über die europäische Zusammenarbeit wird von 16 europäischen Staaten sowie den Befehlshabern der drei westlichen Besatzungszonen Deutschlands unterzeichnet.
Die USA schließen mit jedem Mitgliedsstaat ein eigenes Abkommen und gründen die *Economic Cooperation Administration* (ECA), später *Mutual Security Agency* (MSA) genannt, zur Abwicklung der Hilfsmaßnahmen.

4. Mai Der britische Außenminister ERNEST BEVIN (*1881, †1951) fordert die Erweiterung der Westunion zu einer atlantischen Gemeinschaft.

8.–10. Mai Erster Haager Kongress für die europäische Einheit.

6. Juni Staatssekretär LOVETT (USA) und die Botschafter der Brüsseler Paktmächte sowie Kanadas beginnen mit Erörterungen über die Verteidigung des atlantischen Raumes.

11. Juni Der US-Senat nimmt mit 64:4 Stimmen die Vandenberg-Entschließung an: Sie ermöglicht den USA verfassungsrechtlich, einem atlantischen Bund beizutreten.

27.–28. Sept. Die Verteidigungsminister der Brüsseler Paktmächte beschließen unter dem Vorsitz von WINSTON CHURCHILL (Großbritannien), LÉON BLUM (*1872, †1950; Frankreich), ALCIDE DE GASPERI (*1881, †1954; Italien) und PAUL-HENRI SPAAK (*1899, †1972; Belgien) die Errichtung einer Verteidigungsorganisation für sämtliche europäische Truppenverbände.

25./26. Okt. Die Länder des Brüsseler Pakts beraten in Paris über ein militärisches Bündnis der westeuropäischen Staaten mit den USA und Kanada und einigen sich über die Errichtung einer nordatlantischen Verteidigungsunion.

10. Dez. In Washington beginnen Verhandlungen über die Formulierung des Nordatlantikvertrags zwischen Vertretern der Brüsseler Paktmächte, Kanadas und der USA.

28. Dez. Londoner Sechsmächteabkommen über die Errichtung einer internationalen Ruhrbehörde; Westdeutschland ist zunächst durch die drei Militärgouverneure vertreten.

1949, 24. Jan. Eine Konferenz in Kopenhagen zwischen Dänemark, Norwegen und Schweden über eine skandinavische Verteidigungsunion endet ergebnislos.

28. Jan. Die Westunionstaaten beschließen die Bildung des Europarats. Ziel ist die Zusammenarbeit der Mitgliedsstaaten zur Förderung des wirtschaftlichen und sozialen Fortschritts in Europa unter Teilnahme Italiens.

15. März Die in Washington über den Abschluss eines Nordatlantikvertrags verhandelnden Mächte laden Island, Dänemark, Italien, Norwegen und Portugal ein, dem künftigen Nordatlantikvertrag beizutreten.

18. März Der Wortlaut des Nordatlantikvertrags wird in den Hauptstädten der Unterzeichnerstaaten veröffentlicht.

4. April Unterzeichnung des Nordatlantikvertrags in Washington, der am 24. Aug. 1949 in Kraft tritt, und **Gründung der NATO** (*North Atlantic Treaty Organization*). Der NATO-Vertrag sieht vor, dass die Verbündeten im Falle eines bewaffneten Angriffs gegen einen oder mehrere von ihnen sich gegenseitig Hilfe leisten. Darüber hinaus streben die Mitgliedsstaaten an, die Gegensätze in der Wirtschaftspolitik zu beseitigen und ihre kulturelle Zusammenarbeit zu fördern. Sie verpflichten sich zu gegenseitigen Konsultationen. Mit Abschluss des NATO-Vertrags sind jedoch noch keine gemeinsamen Spitzenorganisationen vorhanden; diese entwickeln sich erst allmählich. Der NATO-Vertrag prägt die Politik der Mitgliedsstaaten; v. a. schafft er Rahmenbedingungen für eine forcierte Sicherheitspolitik.

22. April Das Ruhrstatut tritt in Kraft, wonach eine Internationale Ruhrbehörde die Kohle-, Koks- und Stahlproduktion des Ruhrgebiets kontrollieren soll.

3. Mai Gründung des Deutschen Rats der Europäischen Bewegung.

5. Mai Schaffung des Europarats durch das Londoner Sechsmächteabkommen.

26. Juli US-Senatoren fordern die Errichtung einer atlantischen Föderation, der außer den USA Belgien, Frankreich, Großbritannien, Kanada, Luxemburg und die Niederlande angehören sollen. Hier taucht die Spannung zwischen einem primär atlantischen und einem europäischen Konzept des Westblocks auf, die v. a. in den sechziger Jahren eine wesentliche Rolle im Bündnissystem spielt.

8. Aug. Offizielle Gründung des Europarats in Straßburg.

17.–19. Sept. Erste Sitzung des Nordatlantikrats in Washington. Errichtung ständiger militärischer Instanzen: ein Militärausschuss aus den Stabschefs der Mitgliedsstaaten, eine ständige Gruppe als Exekutivgremium des Militärausschusses sowie fünf regionale Planungsgruppen.

20. Sept. Gründung des Europa-Kollegs in Brügge.

31. Okt. Die Bundesrepublik Deutschland wird in die OEEC aufgenommen.

7. Nov. Die Westeuropäische Union beschließt, den Brüsseler Pakt neben dem Nordatlantikvertrag weiter bestehen zu lassen.

11. Nov. Die Westmächte besprechen die Aufnahme der Bundesrepublik Deutschland in das westliche Bündnissystem.

22. Nov. Petersberger Abkommen (bei Bonn) zwischen der Bundesrepublik Deutschland und den drei Westmächten; einer der ersten Schritte zur Integration der Bundesrepublik in das entstehende westliche Bündnissystem.

15. Dez. Der amerikanische Hohe Kommissar und Bundeskanzler KONRAD ADENAUER unterzeichnen das Abkommen über wirtschaftliche Zusammenarbeit (Marshallplan).

1950, 1. Jan. GILBERT GRANDVAL (*1904, †1981), 1945 Gouverneur, seit 1948 Hoher Kommissar Frankreichs in Deutschland, wird Botschafter im Saargebiet bei der Regierung JOHANNES HOFFMANN (*1890, †1967).

27. Jan. US-Präsident TRUMAN stimmt dem Plan einer integrierten Verteidigung des nordatlantischen Gebiets zu und gibt die militärischen **Hilfsgelder für die europäischen Staaten** frei.

3. März Unterzeichnung von 12 Wirtschaftskonventionen zwischen Frankreich und dem Saargebiet.

7. März Bundeskanzler ADENAUER schlägt eine politische Union zwischen Deutschland und Frankreich vor.

10. März Adenauer protestiert bei der französischen Regierung gegen die französisch-saarländischen Konventionen.

9. Mai Der französische Außenminister ROBERT SCHUMAN (*1886, †1963; 1948–1953) schlägt die Schaffung einer einheitlichen Behörde zur Kontrolle der Erzeugung von Kohle und Stahl in der Bundesrepublik und Frankreich vor (Schuman-Plan).

26. Juni Beginn der Sechsmächtekonferenz über den Schuman-Plan.

9. Juli Der Ministerrat der OEEC berät die Vorschläge des niederländischen Außenministers DIRK ULDO STIKKER (*1897, †1979) für die Reorganisation der europäischen Industrie (Stikker-Plan), des italienischen Finanzministers GIUSEPPE PELLA (*1902, †1981) für ein europäisches Zollsystem (Pella-Plan) und des französischen Finanzministers MAURICE PETSCHE (*1895, † 1951) für die Errichtung einer europäischen Investitionsbank (Petsche-Plan).

1. Aug. Die Türkei gibt ihren Beschluss bekannt, dem Nordatlantikpakt beizutreten.

7. Aug. Die Bundesrepublik Deutschland wird assoziiertes Mitglied des Europarates (seit 5. Mai 1951 vollwertiges Mitglied).

29. Aug. Bundeskanzler ADENAUER übermittelt den Hohen Kommissaren die grundsätzliche Bereitschaft der Bundesrepublik zu einem eigenen Verteidigungsbeitrag im Rahmen der westlichen Verteidigung. Aktueller Hintergrund ist der Angriff Nordkoreas auf Südkorea. Innenpolitisch löst das Angebot Adenauers eine Regierungskrise aus, in deren Verlauf u. a. der Bundesinnenminister GUSTAV HEINEMANN (*1899, †1976) zurücktritt.

15.–18. Sept. Der Nordatlantikrat beschließt, bei einem Angriff auf Westeuropa eine Vorwärtsstrategie (Verteidigung möglichst weit im Osten) anzuwenden und erörtert die Wiederbewaffnung Deutschlands.

19. Sept. Die 17 Mitgliedsstaaten der OEEC unterzeichnen das Abkommen über die Europäische Zahlungsunion (EZU); darunter ist auch die Bundesrepublik Deutschland.

1. Okt. Gründung des Rats der Europäischen Gemeinden (seit 1984 Rat der Gemeinden und Regionen Europas).

5. Okt. Griechenland beteiligt sich an der Verteidigungsplanung für das Mittelmeer.

17. Okt. Die USA gewähren Frankreich eine Rüstungshilfe von über 2,4 Mrd. Dollar.

24. Okt. Der französische Ministerpräsident RENÉ PLEVEN (*1901, †1993) trägt der Nationalversammlung in Paris den Plan zur Schaffung einer im Rahmen der NATO aufzubauenden einheitlichen Streitmacht in Europa unter Einschluss deutscher Kontingente vor (PLEVEN-PLAN).

4. Nov. In Straßburg Unterzeichnung der Europäischen Konvention der Menschenrechte und Grundfreiheiten.

19. Dez. Der NATO-Rat ernennt US-General DWIGHT D. EISENHOWER zum Obersten Alliierten Befehlshaber in Europa.
Die Außenminister Frankreichs, Großbritanniens und der Vereinigten Staaten ermächtigen auf Einladung des Nordatlantikrats die Alliierten Hohen Kommissare in der Bundesrepublik sowie die Bundesregierung, über einen möglichen deutschen Verteidigungsvertrag zu verhandeln.

20. Dez. Vereinigung der militärischen Organisationen der Westeuropäischen Union und der NATO.

1951, 9. Jan. Beginn von Besprechungen zwischen der Bundesregierung und den Alliierten Hohen Kommissaren über einen **deutschen Verteidigungsbeitrag** (PLEVEN-PLAN).

2. April General DWIGHT D. EISENHOWER erlässt den Befehl Nr. 1 über die Indienststellung des Alliierten Befehlsbereichs Europa und Obersten Hauptquartiers der Alliierten Mächte in Europa (SHAPE).

18. April In Paris Unterzeichnung des Vertrags über die Errichtung der Europäischen Gemeinschaft für Kohle und Stahl (EGKS, **Montanunion**) mit Sitz der Hohen Behörde in Luxemburg.
Die Montanunion (Mitgliedsstaaten: Frankreich, Bundesrepublik Deutschland, Italien, Benelux-Staaten) beseitigt schrittweise die Zölle, die mengenmäßigen Beschränkungen, das Doppelpreissystem, das bei Einfuhren andere Preise vorsieht als für den Inlandsverkauf, die Währungsbeschränkungen und Frachtdiskriminierung für Kohle, Stahl, Eisenerze und Schrott. Die Montanunion kann somit die seit dem 19. Jh. in Europa herrschenden Verzerrungen des Wettbewerbs in der Schwerindustrie einebnen. Sie trägt damit zum Verschwinden der Rivalität zwischen Frankreich und Deutschland bei. Ferner ist sie eine Instanz, von der Initialzündungen zum weiteren Aufbau Europas ausgehen. Als die Kohleproduktion durch den Einbruch des billigeren Erdöls in eine Krisensituation gerät, entwirft die Montanunion die erste gemeinsame Energieplanung in Europa und regt so auch die Gründung einer **Europäischen Atomgemeinschaft** (Euratom) an.

21. April Die Bundesrepublik Deutschland, die Republik Korea (Süd-Korea), Peru, die Philippinen, Österreich, die Türkei und Uruguay treten dem GATT bei.

3. Mai Die NATO reorganisiert ihre Spitzengremien: Sie vereinigt den Verteidigungsausschuss, den Finanz- und Wirtschaftsausschuss mit dem Nordatlantikrat, der damit zum einzigen Ministergremium des Bündnisses wird.

3. Juli Die Sozialistische Internationale fordert auf einer Tagung die Einheit Europas.

1. Sept. Australien, Neuseeland und die Vereinigten Staaten schließen den Pazifischen Verteidigungspakt (**ANZUS**).

14. Sept. Eine Konferenz der Außenminister Großbritanniens, Frankreichs und der USA beschließt, die Bundesrepublik Deutschland in eine europäische Gemeinschaft einzugliedern, die mit den USA zu einer atlantischen Gemeinschaft zu verschmelzen ist.

22. Nov. Auf einer Konferenz der Außenminister der USA, Frankreichs und Großbritanniens mit Bundeskanzler ADENAUER wird der Entwurf eines Generalvertrags über die Beziehung der Bundesrepublik Deutschland mit den Westmächten gebilligt.

26. Nov. General DWIGHT D. EISENHOWER fordert vor dem Nordatlantikrat eine Verteidigungslinie östlich des Rheins. Dazu sollen auch die Westdeutschen militärische Unterstützung leisten.

18. Dez. WINSTON CHURCHILL und ANTHONY EDEN erklären in Paris, eine Übertragung von Souveränitätsrechten Großbritanniens auf europäische Behörden komme nicht in Frage, lediglich eine Zusammenarbeit mit der Montan- und der Verteidigungsgemeinschaft.

30. Dez. Die US-Organisation für den europäischen Wiederaufbau (ECA) beendet ihre Arbeit. An ihre Stelle tritt die *Mutual Security Agency* (MSA), die die militärischen und wirtschaftlichen Hilfsprogramme für Europa und Südostasien koordiniert.

1952, 26./27. Jan. Auf einer Außenministerkonferenz der Bundesrepublik Deutschland, Belgiens, Frankreichs, Italiens, Luxemburgs und der Niederlande fordert der Staatssekretär im Auswärtigen Amt, WALTER HALLSTEIN (*1901, †1982), die Aufnahme der Bundesrepublik in die NATO.

30. Jan. Vizeadmiral LYNDE D. MCCORMICK (*1895, †1956) (USA) wird Befehlshaber des Befehlsbereichs Atlantik (SACLANT).

10. Febr. Die Außenministerkonferenz der sechs Mitglieder beauftragt die Versammlung der Montanunion, einen Vertrag über die Gründung einer Europäischen Politischen Gemeinschaft auszuarbeiten.

18. Febr. Beitritt Griechenlands und der Türkei zur NATO.

20.–25. Febr. Tagung des Nordatlantikrats in Lissabon. Der Rat beschließt die Aufstellung von 50 Divisionen in Europa und einigt sich auf Paris als Sitz der NATO.

12. März Ernennung von HASTINGS LIONEL ISMAY (*1878, †1965), dem britischen Commonwealth-Minister, zum stellvertretenden Vorsitzenden des Nordatlantikrats und Generalsekretär der NATO.

20. März Beginn der deutsch-französischen Besprechungen über die Saarfrage, die zunächst am 23. April 1952 scheitern.

28. April US-General MATTHEW B. RIDGWAY (*1895, †1993) wird Oberster Alliierter Befehlshaber als Nachfolger General EISENHOWERS, der für die US-Präsidentschaft kandidiert.

6. Mai Der Nordatlantikrat billigt ein Zusatzprotokoll, das die automatische Beistandsverpflichtung zwischen der NATO und der Europäischen Verteidigungsgemeinschaft regelt: Ein Angriff gegen einen Mitgliedsstaat der neuen Organisation wird als Angriff auf alle Mitglieder der Organisation angesehen.

7. Mai Der Europäische Rat für Kernforschung nimmt seine Tätigkeit auf, aus dem 1954 die Europäische Organisation für Kernforschung (CERN) hervorgeht.

26. Mai In Bonn wird der Vertrag über die Beziehungen zwischen der Bundesrepublik Deutschland und den drei Westmächten (einschließlich Truppenvertrag, Finanzabkommen) unterzeichnet.

27. Mai **Unterzeichnung des Vertrags über die Europäische Verteidigungsgemeinschaft (EVG)** durch die Außenminister Belgiens, der Bundesrepublik Deutschland, Frankreichs, Italiens, Luxemburgs und der Niederlande in Paris.

15. Juni Bilaterale Beratungen auf Regierungsebene über die Errichtung einer Europäischen Politischen Gemeinschaft.

24./25. Juli Der Vertrag über die Gründung der Europäischen Gemeinschaft für Kohle und Stahl tritt in Kraft.

10. Aug. Die Hohe Behörde der Montanunion konstituiert sich unter dem Vorsitz von JEAN MONNET (*1888, †1979).

25. Sept. Bildung des ständigen Ausschusses der NATO.

1. Nov. Die USA bringen auf dem Eniwetok-Atoll im Pazifischen Ozean die erste genuine Wasserstoffbombe zur Detonation.

15.–20. Dez. Der Verfassungsausschuss der Ad-hoc-Versammlung der Montanunion unter seinem Präsidenten HEINRICH VON BRENTANO (*1904, †1964; 1955–1961 Außenminister der Bundesrepublik Deutschland) schlägt ein Zweikammersystem für die Europäische Politische Gemeinschaft vor.

1953, 29.–30. Jan. Eine Konferenz der Verkehrsminister von acht europäischen Staaten berät die Gründung einer europäischen Verkehrsunion.

28. Febr. Unterzeichnung eines »Vertrags über Freundschaft und Zusammenarbeit« zwischen Griechenland, der Türkei und Jugoslawien in Ankara.

9./10. März Die Außenministerkonferenz der Montanunion nimmt den Verfassungsentwurf für eine Europäische Politische Gemeinschaft entgegen und leitet sie den Mitgliedsstaaten zu.

Pläne für eine europäische politische Gemeinschaft

Der Gedanke einer europäischen politischen Gemeinschaft ist so alt wie der der Wirtschaftsgemeinschaft. So beschließt der Unionsrat der EGKS (1952), die gemeinsame Versammlung der Montanunion zu ersuchen, unter Vorwegnahme der EVG ein politisches Statut auszuarbeiten. Die Versammlung bildet daraufhin einen Verfassungsausschuss, der einen Vertragsentwurf vorlegt. Dieser Entwurf sieht die Gründung einer supranationalen politischen Autorität vor, mit dem Ziel, die Volkswirtschaften auszuweiten, die Sicherheit zu garantieren und die Menschenrechte zu wahren. Mit dem Scheitern der Europäischen Verteidigungsgemeinschaft scheitert 1954 auch die Verwirklichung des Vertragsentwurfs. Von nun an setzen die Befürworter der europäischen Einigung auf die Fusion der nationalen Märkte der gewerblichen Wirtschaft und der Landwirtschaft sowie auf die gemeinsame Entwicklung der Kernenergie. Sie hoffen, dass die wirtschaftliche Einigung künftig die politische und militärische Einheit automatisch nach sich ziehen werde.

16.–20. März Konferenz der Landwirtschaftsminister der OEEC-Staaten prüft eine Vereinheitlichung der Agrarmärkte.

1. Mai Der gemeinsame Markt für Stahl in der Montangemeinschaft wird eröffnet.

10. Juli US-General ALFRED M. GRUENTHER (*1899, †1983) wird Nachfolger General RIDGWAYS im Amt des Obersten Alliierten Befehlshabers in Europa.

8.–10. Okt. Zweiter Haager Kongress der Europäischen Bewegung.

17. Okt. Die europäischen Verkehrsminister rufen eine ständige Verkehrsministerkonferenz ins Leben.

1954, 12. Jan. US-Außenminister JOHN FOSTER DULLES stellt in der Öffentlichkeit die neue, auf dem Einsatz von Atomwaffen beruhende Strategie der »massiven Vergeltung« vor. Bei einem sowjetischen Angriff sei der Einsatz aller amerikanischen Atomwaffen vorgesehen. Erst 1967 wird diese in eine Strategie der »flexiblen Antwort« umgewandelt, die den Einsatz von Nuklearwaffen nur als eine Option der Verteidigung begreift.

29. Jan. Der britische Außenminister ANTHONY EDEN legt einen **Plan zur Wiedervereinigung Deutschlands** vor. Großbritannien versucht, eine Vermittlerrolle zwischen Ost und West zu spielen, stößt aber mit seiner Politik in der zweiten Hälfte der fünfziger Jahre auf Skepsis bei der deutschen Bundesregierung.

2. April Die Türkei und Pakistan unterzeichnen ein Abkommen zur freundschaftlichen Zusammenarbeit mit Schwerpunkt im militärischen Bereich.

6. Juni Erste gesamteuropäische Fernsehübertragung (EUROVISION).

18. Juni Der Verteidigungsausschuss der französischen Nationalversammlung lehnt trotz heftigen Drucks der USA den EVG-Vertrag ab.

6.–11. Juli Bildung eines ständigen Ausschusses der Landwirtschaftsminister im Rahmen der OEEC.

14. Aug. Der französische Ministerpräsident PIERRE MENDÈS-FRANCE (*1907, †1982) versucht, eine Änderung des EVG-Vertrags zu erreichen.

28.–30. Aug. Die **französische Nationalversammlung lehnt** mit 319:264 Stimmen die Ratifizierung der **EVG-Verträge ab**: schwerer Rückschlag für die europäische Einigung. Die Ablehnung der EVG durch Frankreich fördert allerdings die weitere Annäherung zwischen Washington und Bonn.

8. Sept. Beginn der Manilakonferenz, die zur Unterzeichnung der Verträge über die der NATO nachempfundenen Südostasiatische Vertragsorganisation *South East Asia Treaty Organization* (SEATO) führt.

28. Sept. Beginn der Londoner Neunmächtekonferenz (Belgien, Bundesrepublik Deutschland, Frankreich, Großbritannien, Kanada, Italien, Luxemburg, Niederlande und USA), auf der über eine Alternative für die gescheiterte EVG verhandelt wird. Sie beschließt, die Bundesrepublik Deutschland und Italien einzuladen, dem Brüsseler Pakt (Okt. 1948) beizutreten.

11. Okt. Die Westunion erhält den Namen **Westeuropäische Union (WEU)**.

19.–23. Okt. Die Pariser Viermächtekonferenz – Frankreich, Großbritannien, USA, Bundesrepublik (Pariser Verträge) – bestätigt die Beschlüsse der Neunerkonferenz vom Sept. in London und verabschiedet ein Protokoll über die Beendigung des Besatzungsregimes in der Bundesrepublik Deutschland sowie ein deutsch-französisches Abkommen über die Saar.

21.–23. Okt. Der Nordatlantikrat lädt die Bundesrepublik Deutschland ein, der NATO beizutreten. Italien und die Bundesrepublik treten der WEU bei.

23. Okt. Konrad Adenauer und Pierre Mendès-France unterzeichnen ein deutsch-französisches Abkommen über das Saargebiet, das einen provisorischen, europäischen Status im Rahmen der WEU erhalten soll. Damit wird die seit 1952 schwelende Krise zwischen der Bundesrepublik Deutschland und Frankreich beigelegt.

29. Okt. Unterzeichnung des deutsch-amerikanischen Freundschafts-, Handels- und Schifffahrtsvertrags durch Bundeskanzler Adenauer und US-Außenminister Dulles.

15. Nov. Im Bereich der Länder des Europarats wird die Visumfreiheit praktiziert.

21. Dez. Assoziierung Großbritanniens mit der Montanunion.

1955, 3. Jan. Die französische Regierung schlägt der WEU eine gemeinsame Rüstungsproduktion und den Aufbau einer europäischen Behörde für die Waffenproduktion vor.

24. Febr. Unterzeichnung des Bagdadpakts, dem der Irak, die Türkei, der Iran und Großbritannien (am 30. März) beitreten.

24. März Christliche Eisen- und Stahlarbeiter gründen in Luxemburg die erste Gewerkschaft der Montanunion.

28.–30. März Deutsch-dänisches Abkommen über die Rechte der dänischen und deutschen Minderheiten in beiden Ländern anlässlich des Besuchs des dänischen Ministerpräsidenten Hans Christian Hansen (*1906, †1960) in der Bundesrepublik.

5. Mai Die Pariser Verträge vom Okt. 1954 treten in Kraft. Die Bundesrepublik Deutschland, Frankreich und Großbritannien hinterlegen in Brüssel die Ratifizierungsurkunden zum Vertrag über die Gründung der Westeuropäischen Union.

9. Mai Die **Bundesrepublik Deutschland tritt der NATO bei**.

20. Mai Die Regierungen der Benelux-Länder legen den übrigen Regierungen der Montanunion ein Memorandum über die Fortsetzung des europäischen Einigungswerks auf den Gebieten des Verkehrs, der Energiewirtschaft, eines gemeinsamen Marktes und der Harmonisierung der Sozialpolitik vor.

1.–3. Juni Auf der Konferenz der Außenminister der Montanunion in Messina wird auf der Grundlage des Benelux-Staaten-Memorandums ein Sechspunkteprogramm für die weitere Verschmelzung der sechs Volkswirtschaften angenommen, ein Komitee unter dem Belgier Paul-Henri Spaak eingesetzt, das Vorschläge für die Integrierung entwerfen soll. Zum Nachfolger von Jean Monnet wählt die Konferenz René Mayer (*1895, †1972) (beide Frankreich).

9. Juli Das auf der Messina-Konferenz eingesetzte Sachverständigenkomitee unter Paul-Henri Spaak nimmt in Brüssel seine Tätigkeit auf.

5. Aug. Unterzeichnung des Europäischen Währungsabkommens (EWA).

13. Okt. Jean Monnet gründet das Aktionskomitee für die Vereinigten Staaten von Europa (er wird 1956 dessen Vorsitzender).

23. Okt. 67,7 % der wahlberechtigten Saarbevölkerung lehnen einen europäischen Status des Saargebiets ab, was zunächst juristisch die Fortdauer des Status quo bedeutet.

16. Dez. Die Minister des Nordatlantikrats beschließen, die NATO-Streitkräfte mit Atomwaffen auszurüsten.

28. Dez. Die OEEC veröffentlicht den »Plan für die europäische Zusammenarbeit bei der friedlichen Verwendung der Atomenergie«.

1956, 21. Jan. Die Postminister der Montanunion-Staaten verhandeln in Paris über die Vereinheitlichung des Post- und Fernmeldewesens.

27. April Das Brüsseler Komitee unter Paul-Henri Spaak schließt seine Beratungen ab und legt den Regierungen seine Vorschläge vor.

4.–5. Mai Der Nordatlantikrat beauftragt die Außenminister Gaetano Martino (*1900, †1967; Italien), Halvard Lange (*1902, †1972; Norwegen) und Lester B. Pearson (*1897, †1972; Kanada), Vorschläge über eine erweiterte Zusammenarbeit zwischen den NATO-Staaten auf nichtmilitärischem Gebiet auszuarbeiten.

29./30. Mai Konferenz der Außenminister der Montanunion in Venedig. Der Rechenschaftsbericht des Sachverständigenkomitees von Brüssel wird geprüft und ein Komitee von Regierungsvertretern mit dem Auftrag gebildet, auf der Basis der Vorschläge Verträge für einen gemeinsamen Markt und eine Atomgemeinschaft zu entwerfen.

4./5. Juni Guy Mollet (*1905, †1975) und Konrad Adenauer einigen sich auf die **Eingliederung des Saargebiets in die Bundesrepublik Deutschland** ab 1. Jan. 1957. Dies ist ein entscheidender Schritt in der deutsch-französischen Versöhnung.

26. Juni Das von den Außenministern einberufene Komitee beginnt unter Paul-Henri Spaaks Leitung die

Arbeit an den Verträgen für einen Gemeinsamen Markt.

24. Sept. Deutsch-Belgisches Grenzabkommen über die Rückgabe der von Belgien besetzten Gebiete an die Bundesrepublik Deutschland.

3. Okt. Der britische Schatzkanzler Harold Macmillan (*1894, †1986) gibt neue Pläne für die Schaffung einer Freihandelszone bekannt, der neben westeuropäischen Staaten auch Mitglieder des Commonwealth angehören sollen.

27. Okt. Unterzeichnung des deutsch-französischen Vertrags über die Regelung der Saarfrage, die Schiffbarmachung der Mosel und die Kanalisierung des Oberrheins.

20. Nov. General Lauris Norstad (USA; *1907, †1988) als Nachfolger von General Gruenther zum Obersten Alliierten Befehlshaber in Europa ernannt.

ab Nov. Nach der Niederschlagung des ungarischen Aufstands durch die Sowjets beginnt v.a. in Westdeutschland und den USA eine Debatte um die Verantwortung für den Aufstand. In der Bundesrepublik steht v.a. der exterritoriale Sender Radio Freies Europa in der Kritik. Die Debatte hält bis in den westdeutschen Bundestagswahlkampf 1957 an.

1957, 26./28. Jan. Die Außenminister der sechs Schuman-Plan-Länder beraten in Brüssel die Vertragstexte, umstritten sind v.a. die Einbeziehung der französischen Überseegebiete und das Problem des deutschen Interzonenhandels.

6. Febr. Der Bundeswehrgeneral Hans Speidel (*1897, †1984) wird Befehlshaber der Alliierten Landstreitkräfte in Europa-Mitte.

19./20. Febr. Die Außenminister der »Sechs« beraten in Paris abschließend die Vertragstexte für einen Gemeinsamen Markt und für Euratom. Die bislang offenen Fragen werden dabei noch geklärt.

23. März Die USA treten dem Bagdadpakt bei, nachdem sie zuvor Hilfsleistungen für den Nahen Osten beschlossen haben.

25. März Feierliche Unterzeichnung der **Römischen Verträge** über die Gründung der **Europäischen Wirtschaftsgemeinschaft** (EWG) und der **Europäischen Atomgemeinschaft** (Euratom; EAG).

25. März Die britische Regierung lehnt es ab, sich an Arbeiten zur Errichtung von EWG und Euratom zu beteiligen. Sie fühlt sich noch stark dem Commonwealth verbunden. Nachdem die EWG realisiert ist, schlägt sie vor, die EWG als Ganzes in eine Freihandelszone einzufügen, der die europäischen Mitglieder der OEEC angehören. Der Plan scheitert am Einspruch der französischen Regierung.

16. Mai Belgiens Außenminister Paul-Henri Spaak wird neuer Generalsekretär der NATO.

5. Juni Die Handels- und Wirtschaftsminister Großbritanniens und der skandinavischen Staaten beraten in London die Errichtung einer europäischen Freihandelszone.

16./17. Okt. Der Ministerrat der OEEC hält eine Freihandelszone für notwendig, der alle Mitglieder der OEEC angehören und die mit der EWG assoziiert werden soll. Die Verhandlungen führen jedoch aufgrund des französischen Widerstands zu keinem Ergebnis.

21. Nov. Deutsch-Italienischer Freundschaftsvertrag.

13. Dez. Letzte Ratifikationsurkunden zu den Römischen Verträgen in Rom niedergelegt.

1958, 1. Jan. Die Römischen Verträge treten in Kraft.

6./7. Jan. Die Konferenz der Außenminister der Europäischen Gemeinschaften wählt die Präsidenten der Organe: Walter Hallstein (Bundesrepublik) für die Kommission der EWG; Louis Armand (*1905, †1971; Frankreich) für Euratom; Paul Finet (*1897, †1965; Belgien) für EGKS.

3. Febr. Umwandlung der Benelux-Zollunion in eine Wirtschaftsunion.

22. Febr. Amerikanisch-Britisches Abkommen über die Lieferung von Mittelstreckenraketen an Großbritannien.

19.–21. März Konstituierende Sitzung des Europäischen Parlaments in Straßburg: Präsident Robert Schuman.

3.–11. Juli Landwirtschaftskonferenz der EWG-Staaten in Stresa. Sie formuliert ein erstes Programm für die Neuordnung der Landwirtschaftspolitik, die Annäherung der Preise und die Bereitstellung von Kapazitäten zur Rationalisierung der Betriebe.

18. Aug. Nach dem Ausscheiden des Irak aus dem Bagdadpakt wird das Bündnis in CENTO (*Central Treaty Organization*) umbenannt.

14. Sept. Treffen von Bundeskanzler Konrad Adenauer und dem französischen Ministerpräsidenten Charles de Gaulle (später Staatspräsident) in Colombey-les-Deux-Églises, bei dem nach ursprünglichem Misstrauen vonseiten Adenauers ein freundschaftliches Verhältnis zwischen beiden hergestellt wird.

18.–20. Sept. Der Ministerrat der EWG vertritt auf seiner Tagung in Venedig die Meinung, eine europäische Freihandelszone müsse sich an die EWG anschließen.

7. Okt. In Brüssel konstituiert sich der **Gerichtshof der drei europäischen Gemeinschaften**.

14. Nov. Scheitern des Plans einer europäischen Freihandelszone im Rahmen der OEEC. Das zwischenstaatliche Komitee unter Vorsitz des britischen Ministers Reginald Maudling (*1917, †1979) bricht die Verhandlungen ab.

1959, 19. Febr. Auf einer britisch-griechisch-türkischen Konferenz wird die Unabhängigkeit Zyperns ab 19. Nov. 1960 beschlossen.

15. April US-Außenminister John Foster Dulles tritt wegen Krankheit zurück, sein Nachfolger wird Christian Herter (*1895, †1966).

14. Mai Der Ministerrat der EGKS lehnt den Plan der Hohen Behörde zur Behebung der in Europa schwelenden Kohlenkrise ab und gewährt Hilfsmaßnahmen an den belgischen Bergbau.

20. Juli Spanien wird Mitglied der OEEC.

20./21. Juli Auf einer Ministerkonferenz der »Sieben« in Stockholm wird die **Bildung einer kleinen Freihandelszone** (**EFTA**), bestehend aus Großbritannien, Dänemark, Norwegen, Schweden, Österreich, Schweiz und Portugal, beschlossen. Sie soll im Rahmen der OEEC geführte Verhandlungen mit der EWG erleichtern.

30. Aug. Die Bundesregierung empfiehlt eine Assoziation von EWG und EFTA.

8. Sept. In Stockholm beginnen die Verhandlungen über die EFTA; Abkommen am 20. Nov. 1959 paraphiert.

19. Dez. Dreimächtevertrag über die Insel Zypern (Großbritannien, Griechenland, Türkei), die mehrheitlich griechisch besiedelt ist und bis 1878 (1914) zum Osmanischen Reich (türkische Minderheit) gehörte.

1960, 4. Jan. Unterzeichnung des Abkommens über die EFTA.

12./13. Jan. Die Atlantische Wirtschaftskonferenz beschließt die Reorganisation der OEEC; die USA und Kanada sollen Vollmitglieder werden. Hauptaufgabe der Organisation: Entwicklungshilfe.

2. März Die EWG-Kommission unterbreitet dem Ministerrat Vorschläge für eine Beschleunigung der Integration.

8. April Abkommen zwischen der Bundesrepublik und den Niederlanden über die Rückgabe der von den Niederlanden besetzten Gebiete der Bundesrepublik.

3. Mai Der Vertrag über die EFTA tritt in Kraft.

7. Juli EWG-Vizepräsident Sicco L. Mansholt (*1908, †1995) gibt neue Vorschläge der EWG-Kommission für eine gemeinsame Agrarpolitik bekannt.

16. Aug. **Zypern wird unabhängige Republik**: Spannungen zwischen Türkei und Griechenland wegen der Insel.

5. Sept. Präsident Charles de Gaulle erläutert öffentlich seine Vorstellungen über die europäische Zusammenarbeit: Die bestehenden Institutionen besäßen zu wenig Autorität, stattdessen sollen die Regierungen zu häufigen Konsultationen zusammenkommen.

13./14. Dez. Die OEEC-Staaten, die USA und Kanada unterzeichnen das OECD-Abkommen – *Organization for Economic Co-operation and Development.*

16. Dez. US-Außenminister Herter schlägt die Bildung einer multilateral finanzierten und kontrollierten Atomstreitmacht im Rahmen der NATO vor (fünf Atom-U-Boote bestückt mit Polaris-Raketen).

1961, 10./11. Febr. Gipfeltreffen der Staatschefs der sechs EWG-Staaten in Paris, auf dem eine engere politische Zusammenarbeit vereinbart wird. Einsetzung der Fouchet-Kommission, benannt nach dem französischen Diplomaten und Politiker Christian Fouchet (*1911, †1974). Die Niederländer befürchten eine französisch-deutsche Hegemonie und fordern die Aufnahme Großbritanniens in die EWG.

22./23. Febr. Bundeskanzler Adenauer verhandelt in London über die europäische Zusammenarbeit: Die WEU soll als Bindeglied zwischen EFTA und EWG ausgebaut werden. Die niederländische Regierung bezeichnet die Pläne Präsident de Gaulles als politischen Rückschritt für die Europäischen Gemeinschaften.

19.–21. März Die USA fordern von der Bundesrepublik Deutschland eine Beteiligung an der Entwicklungshilfe.

21. April Dirk U. Stikker wird Nachfolger von Paul-Henri Spaak als NATO-Generalsekretär.

16. Mai Bundesaußenminister Heinrich von Brentano erklärt, ein Brückenschlag zwischen EWG und EFTA sei überholt, der Einzelbeitritt von EFTA-Mitgliedern zur EWG möglich.

9. Juli Unterzeichnung des Assoziierungsvertrags zwischen Griechenland und der EWG.

18. Juli Die Staats- und Regierungschefs der EWG-Staaten bilden eine Studienkommission zur Ausarbeitung eines europäischen politischen Statuts; Prüfung der Fouchet-Vorschläge.

3. Aug. Die irische Regierung stellt den Antrag zur Aufnahme in die EWG.

10. Aug. Die britische Regierung richtet an den Ministerrat der EWG den offiziellen Antrag zur Aufnahme Großbritanniens; ebenso die dänische für Dänemark.

Aug. Der Bau der Berliner Mauer führt zu tief greifenden Meinungsverschiedenheiten zwischen der Bundesrepublik (Bundeskanzler Adenauer) und den USA (US-Präsident Kennedy) bezüglich möglicher Reaktionen.

19. Okt. Die neutralen Staaten Österreich, Schweden und die Schweiz einigen sich, Anträge auf Assoziierung bei der EWG zu stellen.

30./31. Okt. Der Entwurf für ein europäisches Statut, unter Leitung des französischen Botschafters Christian Fouchet ausgearbeitet, ist fertiggestellt (Fouchet-Plan II).

8. Nov. Eröffnung der Verhandlungen über den Beitritt Großbritanniens zur EWG in Paris. Die britische Regierung will sämtliche Verpflichtungen des EWG-Vertrags übernehmen.

16. Nov. Bundeskanzler Adenauer bezeichnet es als seine dringende Aufgabe, mit US-Präsident Kennedy eine einheitliche Auffassung in der Berlinfrage herzustellen (20./21. Nov. Besuch Adenauers in den USA).

15./16. Dez. Die EWG-Außenminister erzielen keine Einigung über den Fouchet-Plan.

1962, 14. Jan. Der EWG-Ministerrat beschließt den Übergang zur Integration in der Landwirtschaft (2. Stufe des Gemeinsamen Markts: 1962–1965).

18. Jan. Die französische Regierung leitet über die Fouchet-Kommission ihre neuen Pläne über eine politische Union den Regierungen der EWG-Staaten zu (Fouchet-Plan III).

Streben nach einer politische Integration Europas

Die wirtschaftliche Verschmelzung vollzieht sich nach Inkrafttreten der Römischen Verträge rasch, aber der erhoffte Automatismus zur politischen Integration hin folgt nicht. So beschließen die Regierungschefs der EWG-Staaten 1961, einen Ausschuss zu errichten, der konkrete Vorschläge für eine politische Union ausarbeiten soll. Nach erheblichen Schwierigkeiten legt der Vorsitzende des Ausschusses, Christian Fouchet, einen ersten Plan vor, der jedoch geändert werden muss. Während der weiteren Beratungen unterbreitet der französische Vertreter völlig unerwartet einen zweiten Entwurf, den die Vertreter der fünf anderen Länder ablehnen. Es zeichnen sich zwei Alternativen ab: die Konzeption der weiteren Integration durch Stärkung der supranationalen Institutionen oder die eines **»Europas der Vaterländer«** des französischen Staatspräsidenten de Gaulle.

28. Febr. Norwegen kündigt seine Absicht an, der EWG beizutreten.

7. März Im Rahmen des GATT wird ein Zollsenkungsvertrag zwischen EWG und den USA abgeschlossen.

20. März Die Außenminister der EWG-Staaten einigen sich in Brüssel nicht über den Aufbau einer politischen Union.

29. März Unterzeichnung des Vertrags zur Errichtung einer europäischen Organisation für die Entwicklung und den Bau von Raumfahrtträgern (ELDO).

April Die Regierung der USA weist ein Ersuchen Frankreichs um den Kauf von atomarem Material zurück.

17. April Die Verhandlungen der Außenminister über ein Europäisches Politisches Statut der EWG-Staaten werden abgebrochen; Scheitern des Fouchet-Plans.

14. Juni Unterzeichnung des Vertrags zur Errichtung einer europäischen Organisation für die Erforschung des Weltraums (ESRO). Nachfolgeorganisation von ELDO und ESRO wird 1975 die ESA (*European Space Agency*).

25. Juli General Lyman L. Lemnitzer (USA; *1899, †1988) wird Nachfolger General Norstads (Kommandoübergabe 2. Jan. 1963) im Amt des Obersten Alliierten Befehlshabers in Europa.

5. Aug. Die Verhandlungen über den Beitritt Großbritanniens zur EWG werden u. a. wegen britisch-französischer Interessengegensätze vertagt. Die Bundesregierung hält den Beitritt jedoch für ein vordringliches Problem: **Krise in der EWG**.

13.–15. Dez. US-Verteidigungsminister Robert S. McNamara fordert vor dem Nordatlantikrat den Ausbau der konventionellen Streitkräfte, damit bei örtlich begrenzten Konflikten in Europa nicht sogleich Kernwaffen eingesetzt werden müssen: Konzept der »flexiblen Reaktion«.

18.–20. Dez. US-Präsident Kennedy und der britische Premierminister Macmillan konferieren in Nassau auf den Bahamas und beschließen, einen Teil der strategischen nuklearen Streitkräfte beider Länder in die NATO-Streitmacht einzubringen und eine multilaterale, nukleare NATO-Streitmacht (MLF) zu bilden, der Unterseeboote bestückt mit Polaris-Raketen unterstellt werden sollen. Sie bieten Frankreich die Mitgliedschaft in der Streitmacht an.

1963, 9. Jan. Abbruch der Beitrittsverhandlungen zwischen Großbritannien und der EWG.

14. Jan. Der französische Präsident General de Gaulle spricht sich gegen die Aufnahme Großbritanniens in die EWG aus und lehnt eine multilaterale Atomstreitmacht ab.

17. Jan. Die französische Delegation fordert eine unbefristete Vertagung der Beitrittsverhandlungen mit Großbritannien.

22. Jan. Unterzeichnung des Deutsch-Französischen Freundschaftsvertrags in Paris.

6. Febr. Die Bundesrepublik fordert ein Mitspracherecht der nichtatomaren Mächte an der Planung und am Einsatz von Atomwaffen in der NATO.

16. Mai Der deutsche Bundestag fügt dem Deutsch-Französischen Vertrag eine Präambel bei, in der die augenblickliche europäisch-amerikanische Partnerschaft, die Verteidigung im Rahmen der NATO und die Einbeziehung Großbritanniens betont wird. Die Präambel stößt auf die Ablehnung von Präsident de Gaulle und ist ein Zeichen für das Auftreten von Spannungen zwischen der Bundesrepublik und Frankreich in den kommenden vier Jahren.

22.–24. Mai Großbritannien und die USA unterstellen der NATO Nuklearwaffen.

20. Juli Unterzeichnung des Assoziierungsabkommens zwischen der EWG und 18 afrikanischen Staaten (einschließlich Madagaskar), den AASM-Staaten (assoziierte afrikanische Staaten und Madagaskar), in Yaoundé, Kamerun.

12. Sept. Assoziierung der Türkei mit der EWG.
Die USA schlagen offiziell den Aufbau einer multilateralen nuklearen Streitmacht (MLF) vor, an der sich die Bundesrepublik Deutschland beteiligen wird.

1964, 4. Mai Eröffnung der Kennedy-Runde in Genf über Zolltarife im GATT-Rahmen.

12.–14. Mai Der Nordatlantikrat sagt der UNO seine Unterstützung bei ihren Maßnahmen zur Wiederherstellung von Ruhe und Ordnung in Zypern zu. Das Zypernproblem hat zu Spannungen zwischen der Türkei, Griechenland und Großbritannien geführt.

4. Juni Reorganisation des Nato-Planungsstabs, einer ständigen Gruppe, die durch eine erweiterte Beteiligung von Offizieren aus nicht der ständigen Gruppe angehörenden Ländern, v. a. in Nuklearplanungen, ermöglicht wird.

1. Aug. Manlio Brosio (*1897, †1980) wird NATO-Generalsekretär.

9. Sept. Der Spaak-Plan versucht, die Gespräche über die politische Union Europas wieder in Gang zu bringen.

2. Dez. Der französische Premierminister Georges Pompidou (*1911, †1974) betont die Notwendigkeit eines eigenen französischen Abschreckungspotentials, der sog. *force de frappe*.

15. Dez. Die EWG beschließt nach schwierigen Verhandlungen einen Gemeinsamen Markt für Getreide.

1965, 26. Febr. Die **Europäische Sozialcharta** tritt in Kraft.

2. März Der Ministerrat der EWG einigt sich auf die Fusion der Kommissionen von EWG, EAG und der Hohen Behörde der EGKS.

31. März Die Kommission der EWG schlägt vor, den Agrarmarkt aus Kommissionsmitteln und nicht durch die Einzelstaaten zu finanzieren sowie die Budgetkontrollrechte des Europaparlaments zu erweitern.

8. April In Brüssel wird der Vertrag über die Fusion der Behörden der drei Gemeinschaften unterzeichnet.

31. Mai–1. Juni Die Verteidigungsminister der NATO-Staaten versuchen die **Spannungen zwischen der Türkei und Griechenland** beizulegen.

30. Juni Die französische Regierung lehnt die Vorschläge der Kommission über die EWG-Agrarmarktfinanzierung ab (Politik des »leeren Stuhls«).

Krise in EWG und NATO

Die nationalistisch geprägte Politik des französischen Präsidenten DE GAULLE widerspricht jeder Übertragung von nationalen Hoheitsrechten auf supranationale Institutionen. So löst Frankreich durch den Rückzug seiner Truppen aus der NATO auch eine Krise des Bündnisses aus und provoziert scharfe Spannungen mit den USA; Präsident DE GAULLE fordert für Europa zudem eine Politik, beruhend auf dem einstimmigen Willen der Staaten, ein »Europa der Vaterländer«, und weist damit die Vorstellungen der übrigen Vertragspartner von einer föderativen Organisation mit gesetzgebender Beteiligung des Europäischen Parlaments und mit Mehrheitsentscheidungen zurück.

Er lehnt daher auch den Vorschlag des EWG-Kommissionspräsidenten WALTER HALLSTEINS ab, den EWG-Haushalt aus den Stufenzöllen der Gemeinschaft zu finanzieren. Darüber hinaus stellt sich DE GAULLE konsequent gegen den Beitritt Großbritanniens zur EWG. Die Bundesrepublik Deutschland versucht angesichts dieser Lage eine Vermittlerrolle einzunehmen.

1\. Juli Frankreich bricht die Brüsseler Verhandlungen über den EWG-Agrarfonds ab und boykottiert sechs Monate lang die Europäischen Gemeinschaften.

6\. Juli Der französische Botschafter bei den Europäischen Gemeinschaften wird abberufen, worauf der Ministerrat der EWG ohne Frankreich tagt; Höhepunkt der EWG-Krise.

1966, 28./29. Jan. **Kompromiss von Luxemburg**: Frankreich nimmt seinen Platz in den Institutionen der Gemeinschaften wieder ein. Das Prinzip der Einstimmigkeit der Beschlüsse wird auf Druck Frankreichs eingeführt.

17./18. Febr. In Washington konstituiert sich eine Gruppe für nukleare Planung der NATO.

7\. März Präsident DE GAULLE teilt dem US-Präsidenten LYNDON B. JOHNSON (*1908, †1973) seine Absicht mit, sich aus den integrierten militärischen Kommandobehörden zurückzuziehen, und fordert den Abzug der Hauptquartiere SHAPE und AFCENT aus Frankreich.

21\. April Großbritannien bekundet erneut sein Interesse, der EWG beizutreten.

9.–11. Mai Der Ministerrat beschließt, den vollen, freien Warenverkehr für Agrar- und Industrieprodukte bis 1. Juli 1968 herzustellen. Die EWG ist ökonomisch gefestigt.

1\. Juli Die Unterstellung französischer Streitkräfte unter NATO-Befehl wird aufgehoben.

14\. Nov. Der britische Premierminister gibt die Entschlossenheit seiner Regierung bekannt, Großbritannien in die EWG zu führen.

21\. Dez. Die Bundesrepublik und Frankreich einigen sich auf die Regelung des weiteren Verbleibs französischer Truppen auf deutschem Gebiet.

31\. Dez. Präsident DE GAULLE lehnt die amerikanische Vietnampolitik ab.

1967, 6. Mai WALTER HALLSTEIN verzichtet angesichts des Konflikts mit DE GAULLE auf eine Kandidatur als Präsident der drei vereinigten Gemeinschaften.

10\. Mai Großbritannien, Irland und Dänemark (11. Mai) beantragen erneut die Aufnahme in die Europäischen Gemeinschaften. Frankreich lehnt dies ab; **Krise der Gemeinschaft.**

15\. Mai Erfolgreicher Abschluss der »Kennedy-Runde«.

30\. Juni Die im Rahmen der »Kennedy-Runde« geführten Zollverhandlungen des GATT führen nach vierjähriger Dauer zu Zollsenkungen, die über einen Zeitraum von fünf Jahren 35 % ausmachen sollen.

1\. Juli Vereinigung der drei europäischen Gemeinschaften (EG). Der Belgier JEAN REY (*1902, †1983) wird Präsident der neuen Kommission.

26\. Sept. Deutsch-britisch-französische Vereinbarungen über das europäische Airbus-Projekt zum Bau eines europäischen Großraumflugzeugs.

13\. Dez. Die Minister der NATO-Staaten billigen offiziell die neu ausgearbeitete strategische Konzeption (Harmel-Bericht) der *»flexible response«*, auf die sie sich schon am 9. Mai geeinigt haben. Sie sieht eine elastische und ausgewogene konventionelle und nukleare Reaktion auf allen Ebenen bei Angriffsdrohung und bei Angriff vor.

19\. Dez. Uneinigkeit im Ministerrat der EG über das britische Beitrittsgesuch. Die britischen Bemühungen sind erneut gescheitert.

1968, Jan. Verbesserung des französisch-amerikanischen Verhältnisses, nicht zuletzt weil Frankreich über die wachsende Stärke der Bundesrepublik besorgt ist.

25\. Jan. Veröffentlichung des Werner-Plans über die **Europäische Währungsunion** von Luxemburgs Ministerpräsident CHRISTIAN PIERRE WERNER (*1913, †2002). Mit Anzeichen der Dollarkrise verstärken die EWG-Mitglieder ihre Bemühungen um eine Währungsunion: Ihre Politik ist jedoch trotz der sich verschärfenden Spannungen mit den USA relativ ergebnislos.

1\. Juli Die Zollunion der EG tritt früher als vorgesehen in Kraft: Binnenzölle für gewerbliche und industrielle Güter werden aufgehoben.

Die Auswirkungen der EG-Zollunion

Mit der Zollunion sind noch nicht die Grenzkontrollen beseitigt. Der Grund dafür ist das Fehlen einer fiskalischen Harmonisierung im Rahmen der EG. Es herrschen also keine Zoll-, sondern Steuergrenzen. Die schrittweise Verwirklichung der Zollunion hat die Produktion, den Handel innerhalb der Gemeinschaft und auch den Handel mit Drittländern gefördert, der sich zwischen 1958 und 1971 verdreifacht. Im Jahre 1958 umfassen die Importe der EG aus Drittländern Waren im Wert von 16,16 Mrd. Dollar; 1971 49,13 Mrd. Dollar. Im gleichen Zeitraum steigen auch die EG-Ausfuhren von 15,91 Mrd. Dollar auf 50,64 Mrd. Dollar. Die industrielle Produktion nimmt ebenfalls rasch zu und überrundet zeitweise die der USA. **Das wirtschaftliche Wachstum steigert die Anziehung der EG** auf außereuropäische Staaten, was zu zahlreichen Assoziierungsabkommen führt. Allerdings zeigt die Entwicklung auch, dass die im Vertrag niedergelegten Bestimmungen nicht ausreichend sind. Die Konjunktur-, Steuer-, Währungs- und Strukturpolitik sind nicht genügend berücksichtigt und stellen schwierige Aufgaben für die Politik der EG-Staaten in den 70er-Jahren dar.

Anfang der 70er-Jahre vertieft die EG ihre Beziehungen zur Dritten Welt: Sie intensiviert ihre Entwicklungshilfe und räumt armen Entwicklungsländern Handelspräferenzen ein. Diese Politik erklärt sich zum einen durch die wachsende politische Bedeutung dieser Länder und die Einsicht in die Entwicklungsproblematik, zum anderen durch die EWG-Aufnahme Großbritanniens, das noch gute Beziehungen zu den Commonwealth-Staaten unterhält.

13. Nov. Bildung der **Euro-Gruppe der** NATO auf Initiative Großbritanniens in Brüssel.

18. Dez. Die Kommission der EG nimmt den Mansholt-Plan über Reformen in der Landwirtschaft an.
Um die Zuschüsse für die europäische Agrarpolitik nicht ins Uferlose wachsen zu lassen, um nichts zu produzieren, was nicht verkauft werden kann und um die Einkommen in der Landwirtschaft zu verbessern, sieht der Plan eine grundlegende Reform der europäischen Agrarpolitik vor: Verbesserung der Produktion durch größere Betriebseinheiten, Verbesserung der Märkte durch Aufbau von Erzeugergemeinschaften, Minderung der landwirtschaftlichen Nutzfläche und die Schaffung attraktiver Arbeitsplätze außerhalb des Agrarbereichs.

1969, 14. Febr. **Krise der WEU**: Vertreter der WEU-Staaten treffen in London zu einer Konsultation über die Lage im Nahen Osten zusammen. Frankreich bleibt der Sitzung fern und kündigt den Boykott der WEU an.

1. Juli Der US-General Andrew J. Goodpaster (*1915, †2005) wird Nachfolger von General Lemnitzer als Oberster Alliierter Befehlshaber in Europa.

27. Juli Erneuerung des Abkommens von Yaoundé vom 20. Juli 1963.

8./9. Sept. Bundeskanzler Kurt Georg Kiesinger und der französische Staatspräsident Georges Pompidou einigen sich auf die Abhaltung einer europäischen Gipfelkonferenz in Den Haag, um die Differenzen in der EG beizulegen.

24. Sept. Unterzeichnung des **Arusha-Abkommens** zwischen der EG und Kenia, Uganda sowie Tansania.

1./2. Dez. Die EG-Gipfelkonferenz in Den Haag erzielt Einigkeit über die Grundlagen einer weiteren Existenz des **Gemeinsamen Markts**: Frankreich stimmt einer Erweiterung der EG zu.

1970, 2.–7. Febr. Die sechs EG-Staaten einigen sich, dem Europäischen Parlament bestimmte Budgetrechte zu gewähren und den gemeinsamen Markt aus supranationalen Mitteln zu finanzieren.

22. April Der EG-Haushalt bekommt eigene Einnahmen.

5.–6. Juni Frankreich nimmt seit Febr. 1969 zum ersten Mal wieder an einer WEU-Ministerratstagung teil.

30. Juni In Luxemburg beginnen die Beitrittsverhandlungen zwischen der EG, Großbritannien, Irland, Dänemark und Norwegen.

1. Juli Nachfolger des Belgiers Jean Rey als Präsident der Kommission der EWG wird der Italiener Franco Malfatti (*1927, †1991).

1. Okt. Versuche der USA, eine Umverteilung der Lasten im Bündnis zu erreichen, um dadurch den Verbleib der amerikanischen Streitkräfte in Europa zu sichern. Die aus dem Vietnam-Krieg resultierenden Überbelastungen sollen gemildert werden.

8. Okt. Die Kommission der EG veröffentlicht den Werner-Plan über den stufenweisen **Aufbau der Wirtschafts- und Währungsunion**.

27. Okt. Die Außenminister der EG beschließen in Luxemburg die Form der künftigen politischen Zusammenarbeit (Davignon-Bericht; nach dem belgischen Politiker Étienne Davignon, *1932).

2.–4. Dez. Zehn europäische Staaten einigen sich auf ein besonderes Programm zur Verstärkung der Verteidigung Europas.

1971, 1. Jan Das Arusha-Abkommen vom 24. Sept. 1969 tritt in Kraft.

23. Juni In den Luxemburger Verhandlungen zwischen der EG und Großbritannien wird eine Einigung erzielt, die den Weg in die EG eröffnet.
Die US-Regierung hebt die Goldkonvertibilität des Dollars auf.

27. Juli Die EG-Kommission schlägt eine gemeinsame Politik ihrer Mitgliedsstaaten gegenüber den Entwicklungsländern vor.

1972, 22. Jan. Großbritannien, Irland und Dänemark unterzeichnen in Brüssel die **Beitrittsurkunden zur EG**; Vereinbarungen von Regelungen für Übergangszeiten.

24. April Festlegung von Bandbreiten, innerhalb deren die Kurse der Gemeinschaftswährungen untereinander bzw. gegenüber dem Dollar schwanken dürfen: 2,25 % bzw. 4,5 % Spielraum. Interventionskäufe der Notenbanken auf den Devisenmärkten, wenn sich die Valuta eines EG-Partners um mehr als 2,25 % vom Kurs der stärksten Währung entfernt (Währungsverbund »europäische Währungsschlange«).

22. Juli Abkommen zwischen der EG und den EFTA-Staaten Finnland, Island, Österreich, Portugal, Schweden und Schweiz (in Kraft am 1. Jan. 1973); bis Juli 1977 schrittweise Realisierung einer **Freihandelszone von 16 europäischen Staaten**; Einführung der Zollfreiheit mit der erweiterten EG bzw. EGKS.

Sept. Eine norwegische Volksabstimmung entscheidet gegen den EWG-Beitritt.

19./20. Okt. Auf der Pariser Gipfelkonferenz der neun EG-Staaten werden Maßnahmen zur Festigung der Wirtschafts- und Währungsunion beschlossen: Koordinierung der Regional- und Sozialpolitik, Umweltschutz, Energiepolitik (Aktionsprogramme bis Juli 1973).

1973, 11./12. März Die Finanzminister der Bundesrepublik Deutschland, Frankreichs, der Benelux-Staaten und Dänemarks einigen sich auf ein gemeinsames »Floaten« gegenüber dem Dollar; untereinander werden feste Wechselkurse beibehalten (Aufwertung der DM um 3 %).

3. April Errichtung eines Europäischen Fonds für währungspolitische Zusammenarbeit (u. a. Interventionen in Gemeinschaftswährungen auf den Devisenmärkten.

23. April US-Außenminister HENRY KISSINGER schlägt eine neue Atlantische Charta vor: Vertiefung der Beziehungen zu den europäischen Verbündeten der USA unter Einbeziehung Kanadas und Japans; Sicherung der wirtschaftlichen Prosperität Westeuropas ohne Nachteile für die USA; Zugeständnis einer gewissen Unabhängigkeit der regionalen Interessen Europas von den globalen Interessen der USA.

14./15. Dez. Abfassung des Dokuments über europäische Identität und Prinzipienerklärung für den transatlantischen **Dialog zwischen der EG und den USA** (sog. Kissinger-Initiative vom 23. April) auf der EG-Gipfelkonferenz in Kopenhagen.

1974, 19. Jan. Frankreich scheidet aus dem europäischen Währungsverbund aus und lässt den Franc gegenüber dem Dollar floaten mit dem Ziel einer Steigerung des eigenen Exports.

7. Mai Italien beschließt, zunächst für sechs Monate, den größten Teil der Importe mit einer fünfzigprozentigen Depotstellung zu belasten; davon sind sowohl Länder innerhalb wie außerhalb der EG betroffen. Die Grundlagen der EG-Zollunion werden dadurch erschüttert.

15. Mai Dänemark erhöht die Verbrauchs- und Luxussteuern, um die Importe zu drosseln.

18./19. Juni Ausarbeitung einer Erklärung über die Atlantischen Beziehungen auf der NATO-Konferenz in Ottawa; gegenseitige Bündnisverpflichtungen zur Erhaltung des Friedens, Vereinbarungen zu regelmäßigen Konsultationen. Die Präsenz der US-Streitkräfte in Europa bleibt auch in Zukunft voll erhalten, die Verbündeten verpflichten sich zur Übernahme angemessener Verteidigungslasten.

26. Juni Die Regierungschefs der NATO-Staaten unterzeichnen in Brüssel die Erklärung über die Atlantischen Beziehungen.

Sept. US-General ALEXANDER M. HAIG (*1924) wird Nachfolger von General GOODPASTER als Oberster Alliierter Befehlshaber in Europa.

25. Sept. **Krise in der EG:** Die Bundesrepublik weigert sich, die Hauptlast für die Finanzierung des Regionalfonds zu tragen, da sie wirksame Stabilitätsmaßnahmen der Partner vermisst.

9./10. Dez. Die EG-Staats- und Regierungschefs einigen sich über eine gemeinsame Bekämpfung von Rezession und Inflation; institutionelle Festigung der EG-Gemeinschaft.

1975, 28. Febr. In **Lomé** (Togo) wird das **Abkommen** zwischen **46 AKP-Ländern** (Afrika, Karibik, Pazifik) und der EG unterzeichnet; es löst die Verträge von Yaoundé (20. Juli 1963) und Arusha (24. Sept. 1969) ab. Das Volumen des Europäischen Entwicklungsfonds (EEF) wird verdreifacht; Sicherung der Exporterlöse (Ausgleichszahlungen bei schwankenden Weltmarktpreisen); die Regelung der Wirtschaftsbeziehungen mit den AKP-Ländern bezweckt eine Erleichterung der Importe aus diesen Ländern. Europa nimmt 54 % der AKP-Exporte ab und liefert 44 % ihrer Einfuhren.

10.–11. März Erste Tagung des »Europäischen Rats«. In Dublin erfolgt die Einführung eines Korrekturmechanismus zum Ausgleich der Finanzbelastung von Mitgliedsstaaten, die sich in einer »unannehmbaren« Situation befinden. Diese Maßnahme wird sofort im Hinblick auf die Situation Großbritanniens getroffen.

12./13. April Auf einem Treffen in Dublin beschließen die Länder der EG, auch mit den arabischen Staaten in einen Dialog einzutreten. Konstitution einer **Arbeitsgruppe EG-ASEAN** (*Association of South-East Asian Nations*), die eine institutionelle Kooperation herbeiführen soll.

5. Juni Nach dem 1972 erfolgten Beitritt Großbritanniens zur EG entscheidet eine britische Volksabstimmung für ein Verbleiben in der Europäischen Gemeinschaft.

17. Juni Die Türkei, über welche die USA (am 5. Febr.) nach der türkischen Invasion auf Zypern ein Waffenembargo verhängt haben, gibt bekannt, dass die Verträge über die militärische Zusammenarbeit mit den USA, in denen auch die Regelungen für die Verteidigungsbasen festgelegt sind, durch das Embargo verletzt und damit als »nicht mehr bestehend« anzusehen seien; Krise innerhalb der NATO.

20. Aug. Die USA verstärken ihre NATO-Truppen in der Bundesrepublik und gliedern sie um.

1976, 26. März Unterzeichnung eines neuen Verteidigungsabkommens zwischen den USA und der Türkei, das die zweiseitigen Militärvereinbarungen von 1956 und 1969 ersetzt. Die USA verpflichten sich für die vierjährige Dauer des Abkommens, der Türkei freie Militärhilfe, Darlehen und Kreditgarantien im Gesamtwert von 1 Mrd. US-Dollar zu gewähren.

1. April Die Lomé-Abkommen (vom 28. Febr. 1975) mit den AKP-Staaten treten in Kraft.

19. April Verteidigungsabkommen zwischen Griechenland und den USA; während der vierjährigen Dauer des neuen Vertrags gewähren die USA dem NATO-Staat militärische Hilfe in Höhe von 700 Mio. US-Dollar.

12./13. Juni Vertreter von 20 christdemokratischen und konservativen Parteien aus 13 europäischen Ländern beschließen in Kopenhagen die Gründung der Europäischen Demokratischen Union (EDU); erster Präsident wird der belgische Christdemokrat LÉO TINDEMANS (*1922).

12. Juli Der Europäische Rat der Staats- und Regierungschefs einigt sich in Brüssel auf die ersten **Direktwahlen zum Europäischen Parlament** (7.–10. Juni 1979) und auf die Sitzverteilung: Frankreich, Großbritannien, Italien und Bundesrepublik Deutschland je 81, Niederlande 25, Belgien 24, Dänemark 16, Irland 15 und Luxemburg 6 Mandate.

27. Juli Aufnahme von Beitrittsverhandlungen zwischen der EG und Griechenland.

1977, 9. Febr. Die Bundesrepublik unterzeichnet mit der NATO ein Abkommen zur Zuständigkeit zwischen nationalen und alliierten Befehlshabern auf dem Gebiet der Bundesrepublik.

1978, 1. Jan. Für Dänemark, Irland und Großbritannien beginnt die EG-Vollmitgliedschaft.

1979, 13. März Ablösung der »Währungsschlange« von 1972 durch Inkrafttreten des **Europäischen Währungssys-**

tems (EWS), das mithilfe der Europäischen Währungseinheit (ECU) die Wechselkurse in der EG (noch ohne Großbritannien) harmonisieren soll.

28. Mai In Athen werden die Dokumente über den EG-Beitritt Griechenlands unterzeichnet. Mit Wirkung vom 1. Jan. 1981 wird Griechenland zehntes Vollmitglied der Europäischen Gemeinschaft, der sich auch Spanien und Portugal anschließen wollen.

Juni US-General Bernard W. Rogers (*1921) wird Nachfolger von General Haig als Oberster Alliierter Befehlshaber in Europa.

7./10. Juni **Erste Direktwahl zum Europäischen Parlament** mit ca. 61 % Wahlbeteiligung.

7.–20. Juli Im Europaparlament konstituieren sich die Fraktionen: Sozialisten 112 Abgeordnete; Christdemokraten (Europäische Volkspartei, EVP) 108; Konservative (Europäische Demokraten) 63; Kommunisten und Nahestehende 44; Liberale und Demokraten 40; EDF (Europäische Demokraten für den Fortschritt, Gaullisten) 22; Sonstige 3; Fraktionslose 21.

1980, 7. Febr. Frankreich und die Bundesrepublik Deutschland beschließen den gemeinsamen Bau eines neuen Kampfpanzers für die neunziger Jahre.

30. Mai Die EG-Außenminister einigen sich auf die **Reduzierung des britischen EG-Beitrags.**

31. Juli Die Bundesrepublik gewährt der Türkei 600 Mio. DM Militärhilfe.

26. Aug. In der EG gibt es 6,6 Mio. Arbeitslose.

24. Okt. Griechenland, das 1974 wegen der Zypernkrise aus der Militärorganisation der NATO ausgetreten war, tritt wieder bei.

1981, 1. Jan. Griechenland wird das zehnte Mitglied der Europäischen Gemeinschaft.

29. Aug. Der französische Wirtschaftsminister Jacques Delors (*1925) regt Maßnahmen gegen die Hochzinspolitik der USA an.

3. Okt. Die Außenminister Hans-Dietrich Genscher (*1927) und Emilio Colombo (*1920) entwerfen einen **Plan für eine Europäische Union**.

1982, 15.–16. Jan. Erstes Treffen westlicher Handelsminister in Florida; Diskussion über den Welthandel und über den Abbau japanischer Handelshemmnisse.

6. April Im Konflikt um die von Argentinien am 14. März besetzten Falkland-Inseln erklärt die EG ihre Solidarität mit Großbritannien.

30. Mai Spanien wird das 16. NATO-Mitglied.

1983, 21. Jan. Der Fischereikonflikt zwischen Dänemark und Großbritannien wird durch Vereinbarung von Gesamtfangquoten beigelegt.

30. Sept. Beginn der Stationierung von nuklearen US-Mittelstreckenraketen in NATO-Ländern.

1. Nov. Die VR China gibt die Aufnahme von Beziehungen zur Europäischen Gemeinschaft für Kohle und Stahl (Montanunion) sowie zu EURATOM bekannt.

1984, 1. Jan. Zwischen EG und EFTA entfallen die Einfuhrzölle.

13. März Grönland beschließt seinen Austritt aus der EG zum 1. Jan. 1985.

19.–20. März Die EG-Gipfelkonferenz in Brüssel scheitert am Widerstand Großbritanniens gegen die Höhe des britischen Beitrags zum EG-Haushalt.

14./17. Juni Bei den zweiten Direktwahlen zum Europäischen Parlament beträgt die Beteiligung rund 60 %.

24. Juli Im Europaparlament konstituieren sich die Fraktionen: Sozialisten 130 Abgeordnete, Christdemokraten (Europäische Volkspartei, EVP) 110; Konservative (Europäische Demokraten) 50; Kommunisten

Chronologische Entwicklung der Europäischen Gemeinschaften und ihrer Organe

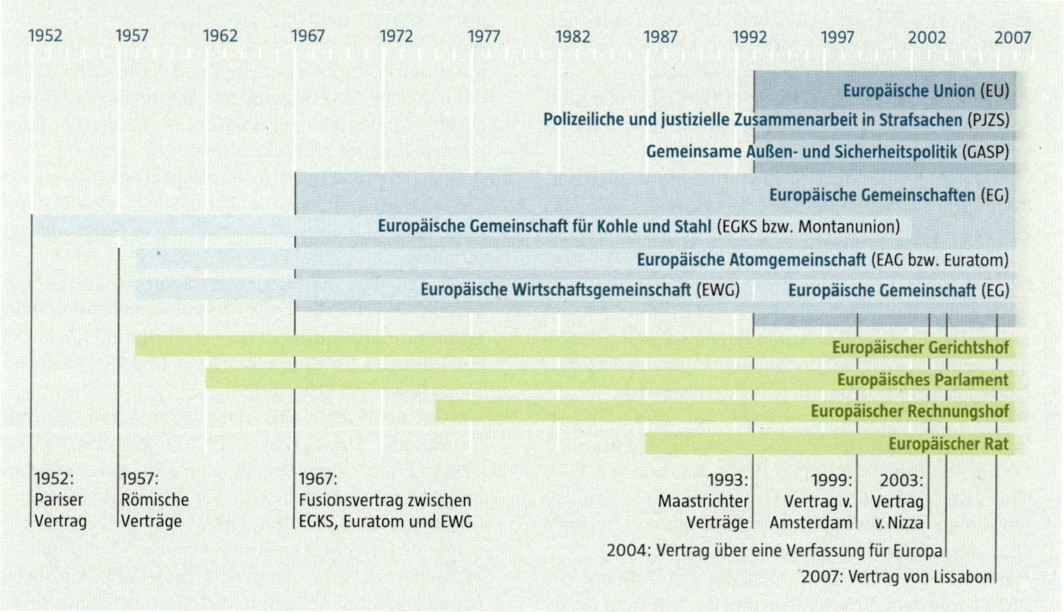

und Nahestehende 41; Liberale 31; Vereinigung der Europäischen Demokraten 29; Regenbogenfraktion (darunter Grüne) 20; Europäische Rechte 16; Fraktionslose 7.

1985, 22.–23. April Die Ministertagung der WEU in Bonn bezeichnet die atomare Abschreckung als unverzichtbar.

28.–29. Juni Auf dem EG-Gipfel in Mailand erklären die Mitglieder ihre Absicht zum institutionellen und politischen Ausbau der EG.

4.–5. Nov. Auf der Herbsttagung der EFTA in Genf wird Finnland Vollmitglied; Portugal scheidet wegen seines bevorstehenden EG-Beitritts aus.

2.–3. Dez. Der EG-Gipfel in Luxemburg bleibt hinter den durch den Mailänder Gipfel geweckten Erwartungen zurück. Themen: Binnenmarkt ab 1993, EG-Zuständigkeit für Währungsfragen, Umwelt und Technologie, Stärkung der Rechte des Europäischen Parlaments, intensivere außenpolitische Zusammenarbeit.

1986, 1. Jan. **Portugal und Spanien treten der EG bei.**

12. März Spanien beschließt in einem Referendum den Verbleib in der NATO.

3.–5. Mai Frühjahrstagung des Ministerrats der EFTA in Reykjavik: Die EFTA wünscht eine konsequente Liberalisierung des Welthandels gegen alle protektionistischen Maßnahmen.

19. Aug. Die EG und die USA schließen ein Abkommen zur Schlichtung des »Spaghetti-Kriegs« (gegenseitige Vorwürfe des Protektionismus bei Stahlprodukten und Teigwaren).

16. Sept. Die EG verhängt erste Sanktionen gegen Südafrika.

5.–6. Dez. Der EG-Gipfel in London vereinbart Maßnahmen zur Unterstützung des Wirtschaftswachstums.

1987, 14. Mai Auf der 41. Tagung der Nuklearen Planungsgruppe (NPG) der NATO in Stavanger (Norwegen) spricht sich die Mehrheit für eine weltweite Null-Lösung für atomare Mittelstreckenraketen (*INF – Intermediate-Range Nuclear Forces*) aus.

Juni US-General John R. Galvin (*1929) wird Nachfolger von General Rogers als Oberster Alliierter Befehlshaber in Europa.

29.–30. Juni Aufgrund von Vorbehalten der britischen Premierministerin Margaret Thatcher (*1925) gegen eine Finanzreform der EG (u. a. neue Bemessung der Beiträge der Mitgliedsstaaten an die EG) endet der Brüsseler EG-Gipfel ohne gemeinsames Communiqué.

4.–5. Dez. Der EG-Gipfel in Kopenhagen scheitert daran, dass keine gemeinsamen Konzepte für die Finanz-, Agrar- und Strukturpolitik gefunden werden.

11. Dez. Der NATO-Ministerrat wählt auf seiner Herbsttagung den früheren Bundesverteidigungsminister Manfred Wörner (*1934, †1994) zum neuen NATO-Generalsekretär. Wörner löst am 1. Juli 1988 den Briten Peter Alexander Lord Carrington (NATO-Generalsekretär seit 25. Juni 1984) ab.

14.–15. Dez. Die zweite ordentliche Ministertagung der EFTA berät über die Verbesserung der internen Beziehungen und beschließt eine enge Zusammenarbeit mit der EG.

1988, 11.–12. Febr. Ein EG-Sondergipfel in Brüssel räumt Streitfragen aus, indem Großbritannien eine Reduzierung des Beitrags gewährt wird.

2.–3. März Auf einer Tagung der Staats- und Regierungschefs der NATO ist die Frage der Modernisierung der atomaren Kurzstreckenraketen umstritten. Die Strategie der »*flexible response*« wird bekräftigt.

16. Mai Die Bundesrepublik Deutschland, Großbritannien und Italien unterzeichnen ein Abkommen, das die gemeinsame Entwicklung eines Jagdflugzeugs (»Jäger 90«) vorsieht.

25. Juni Die EG vereinbart, offizielle Beziehungen zum RGW aufzunehmen.

27.–28. Juni Der EG-Gipfel in Hannover befasst sich mit einer gemeinsamen Währungspolitik und sozialen Aspekten des Binnenmarkts.

20. Sept. Die britische Premierministerin Thatcher spricht sich in Brügge gegen eine weiterreichende Europäische Union aus.

2. Dez. Auf Rhodos berät der EG-Gipfel über die internationale Rolle der Gemeinschaft (Beziehungen zum RGW, Binnenmarkt mit GATT-Prinzipien).

1989, 1.–18. Jan. Spannungen zwischen der BR Deutschland und den USA wegen der libyschen Chemieanlage von Rabta, die unter Beteiligung von Firmen aus der Bundesrepublik errichtet wurde; nach US-Angaben werden dort chemische Waffen produziert.

29.–30. Mai Die NATO-Staaten suchen auf einer Gipfelkonferenz einen Kompromiss in der Frage der atomaren Kurzstreckenraketen; Verabschiedung eines **Gesamtkonzepts für Rüstungskontrolle und Abrüstung**.

15.–18. Juni Die **Wahlen zum Europäischen Parlament** sind stark von den jeweiligen nationalen Gegebenheiten bestimmt. Die Fraktion der Sozialisten und Sozialdemokraten wird gestärkt. Die Fraktionen konstituieren sich: Sozialisten: 180 Abgeordnete; Christdemokraten (EVP): 121; Konservative (Europäische Demokraten): 34; Kommunisten und Nahestehende: 42; Liberale: 49; Vereinigung der Europäischen Demokraten: 22; Regenbogenfraktion: 14; Grüne: 29; Europäische Rechte: 17; Fraktionslose: 10.

8.–9. Dez. Den EG-Gipfel in Straßburg bestimmen v. a. die Deutschlandfrage und die Absicht, eine Europäische Bank für den Wiederaufbau in Osteuropa zu schaffen.

1990, 28. April Die EG-Mitglieder sagen auf einem Sondergipfel in Dublin ihre Unterstützung für den deutschen Einigungsprozess zu; Großbritannien steht einer Initiative für eine schnelle politische Union Europas reserviert gegenüber.

19. Juni Im **Schengener Abkommen** vereinbaren die Bundesrepublik Deutschland, Frankreich und die Benelux-Länder den Wegfall von Personenkontrollen und die Einschränkung von Warenkontrollen an ihren Binnengrenzen ab 1. Jan. 1992.

5.–6. Juli NATO-Gipfel in London: In der »Londoner Erklärung« bekundet die NATO ihre Kooperationsbereitschaft mit den Staaten Mittel- und Osteuropas.

21. Aug. Die Außen- und Verteidigungsminister der WEU beschließen ein gemeinsames Vorgehen in der Golfregion.

19.–21. Nov. **KSZE-Gipfelkonferenz in Paris**: In ihrer Abschlusserklärung machen die Teilnehmer deutlich, dass die die Nachkriegszeit prägende Bipolarität als Ordnungs- und Sicherheitsprinzip in Europa überwunden ist.

12. Dez. Das schwedische Parlament ermächtigt seine Regierung, die Aufnahme in die EG zu beantragen.

13.–16. Dez. Der EG-Gipfel in Rom eröffnet Verhandlungen über die Schaffung einer europäischen Wirtschafts- und Währungsunion sowie der politischen Union.

17. Dez. Die Konferenz der NATO-Außenminister in Brüssel berät über strategische Konsequenzen aus den Veränderungen in Mittel- und Osteuropa und äußert Sorge über die Instabilität in Osteuropa.

1991, 6. Jan. Auf Wunsch der Türkei entsendet die NATO Einheiten der Mobilen Einsatzreserve in die Südosttürkei (irakische Grenze), um den Irak von einem Angriff auf NATO-Territorium abzuschrecken (Zweiter Golfkrieg).

25.–26. April NATO-Generalsekretär WÖRNER äußert in Prag den Wunsch, die Sowjetunion in ein europäisches Sicherheitssystem zu integrieren.

22.–24. Mai Die Regierungschefs der EFTA-Staaten beraten in Wien über einen Europäischen Wirtschaftsraum. Liechtenstein wird siebtes EFTA-Mitglied.

28.–29. Mai Die Verteidigungsminister der NATO einigen sich auf eine neue dreigliedrige Streitkräftestruktur (Hauptverteidigungs-, Eingreif- und Verstärkungskräfte) in Europa, die dem Wegfall der innerdeutschen Grenze Rechnung trägt.

22.–24. Juli **Ministerkonferenz der ASEAN- und der EG-Staaten** unter Beteiligung der USA, Japans, Kanadas und Südkoreas in Kuala Lumpur. Beraten werden ein von den USA vorgeschlagenes gemeinsames Sicherheitskonzept und die von der EG eingeforderte Einhaltung der Menschenrechte im pazifischen Raum.

20. Aug. Die EG-Außenminister verurteilen den Staatsstreich in der Sowjetunion und suspendieren deren wirtschaftliche Unterstützung. Diese wird nach dem Scheitern des Putsches wieder aufgenommen (22. Aug.).

22. Okt. Die zwölf EG-Staaten und die sieben EFTA-Länder einigen sich in Luxemburg auf einen gemeinsamen **Europäischen Wirtschaftsraum** (EWR).

9.–10. Dez. Die Tagung des Europäischen Rats in Maastricht bildet den Abschluss der Regierungskonferenzen zur politischen Union und zur Wirtschafts- und Währungsunion.

Organisationsstruktur der NATO 2008

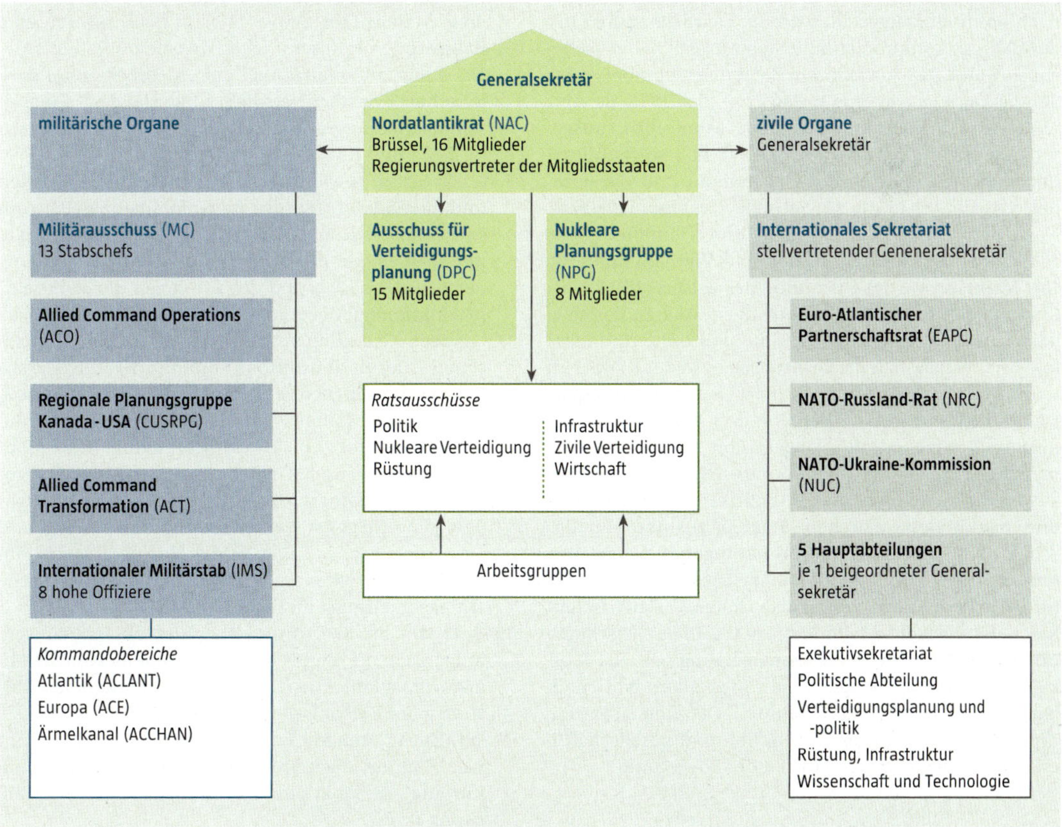

Die **Beendigung des Kalten Krieges**, die Vereinigung Deutschlands sowie die Auflösung der Sowjetunion, des RGW und des Warschauer Pakts sind Voraussetzungen für die Neugestaltung der internationalen Beziehungen v. a. in Europa und damit für die Überwindung der ideologisch-machtpolitischen Spaltung des Kontinents. Auch durch die langsam in Gang kommende Osterweiterung von NATO und EU wird die Entwicklung dieser beiden Staatengemeinschaften stärker zum Gegenstand der internationalen Beziehungen. | Forts. S. 1438 |

Internationale Beziehungen innerhalb der kommunistischen Welt im Kalten Krieg (1945–1991)

Nach der deutschen Kapitulation 1945 steht die sowjetische Armee in Polen, der Tschechoslowakei, Ungarn, Rumänien und Bulgarien, in Jugoslawien, in Ost- und Mitteldeutschland sowie in Österreich (Burgenland, Niederösterreich, Teil Oberösterreichs). Die noch während des Krieges geschlossenen Beistandsabkommen mit der tschechischen Exilregierung (1943) und einem Teil der polnischen Emigration sowie mit Jugoslawien (1945) werden nach Abschluss der Pariser Friedensverträge 1947/48 und nach Einsetzung sowjetfreundlicher Regierungen in Ostmitteleuropa durch bilaterale Verträge mit und zwischen den ehemaligen Feindstaaten Rumänien, Ungarn und Bulgarien erweitert. 1949 wird die DDR in diesen von den Sowjets als Sicherheitskordon betrachteten Gürtel aufgenommen. In die sog. Volksfrontregierungen werden 1945 zunächst auch bürgerliche Gruppen einbezogen, die allerdings nach und nach politisch kaltgestellt werden. Den Höhepunkt bildet 1948 der kommunistische Staatsstreich in der Tschechoslowakei. Aus sowjetischer Sicht unakzeptabel ist der Sonderweg Jugoslawiens unter Tito, das 1948 als »Verräter« und »Deserteur« aus dem Kominform ausgeschlossen wird. Zwischen 1944–1948 fällt so Ostmittel- und Südosteuropa (ohne Griechenland und die europäische Türkei) in die sowjetische Hegemonialsphäre. Nach der Teilung Koreas (1948) und Vietnams (1954; 1945 bereits Demokratische Republik Vietnam unter Ho Chi Minh) sowie der Gründung der Volksrepublik (VR) China (1949) übernehmen auch diese Staaten das sowjetische Modell und erkennen die politische und ideologische **Führungsrolle der Sowjetunion** bzw. der KPdSU im »sozialistischen Lager« an. Neben Gebietsabtretungen, Demontagen und der Übergabe deutschen und italienischen Besitzes an die Sowjetunion müssen die ehemaligen Feindstaaten Reparationen und Stationierungskosten zahlen. Die sowjetische Politik löst zudem die ost- und ostmitteleuropäischen Staaten aus ihren politischen und wirtschaftlichen Beziehungen mit dem Westen und zieht ihre Rohstoff- und Arbeitskräftereserven für den Wiederaufbau der sowjetischen Volkswirtschaft heran. Ein Netz bilateraler Verträge v. a. über Wirtschafts- und Militärhilfe sowie die Durchsetzung von aus Moskauer Sicht »zuverlässigen« Führungskadern ist Grundlage der »Sowjetisierung« Ostmittel-, Ost- und Südosteuropas, des planmäßigen politischen und gesellschaftlichen Umbaus nach dem Vorbild der Sowjetunion.

Die kommunistische Welt im Spätstalinismus (1945–1953)

1945, 14. Aug. Ein Freundschaftsvertrag der Sowjetunion mit der chinesischen Nationalregierung der Guomindang sichert die Unabhängigkeit der Mongolischen Volksrepublik, die einen Beistandspakt mit der Sowjetunion abschließt (27. Febr. 1946).

1947 Gegen den Willen des sowjetischen Partei- und Staatschefs Josef Stalin (*1878, †1953) beginnen die Kommunisten unter Führung Mao Zedong (*1893, †1976) in China den Bürgerkrieg gegen die Guomindang (1947–1949).

31. Jan. Jugoslawien nimmt Verfassung als Volksrepublik an (Albanien folgt am 7. März).

Juli/Aug. Der jugoslawische Staatschef, Marschall Tito (*1892, †1949), und der bulgarische Ministerpräsident Georgi Dimitrow (*1882, †1949) steuern eine Balkanföderation sämtlicher Volksdemokratien an. Noch vor Unterzeichnung der entsprechenden sowjetischen Verträge schließt Jugoslawien Freundschaftsabkommen mit Bulgarien (27. Nov.), Ungarn (8. Dez.) und Rumänien (19. Dez.).

7./9. Juli Unter sowjetischem Druck verzichten Polen und die ČSR auf Hilfe aus dem Marshallplan. Die mit sowjetischer Hilfe aufgestellten »Wiederaufbaupläne« streben wie in der Sowjetunion die Beseitigung der Kriegsschäden und das Erreichen der Vorkriegsproduktion bei Bevorzugung der Schwerindustrie an.

17.–22. Sept. Gründungskonferenz des Kommunistischen Informationsbüros (Kominform) in Szklarska Poreba (Riesengebirge, Polen) durch die osteuropäischen sowie italienische und französische Kommunistische Partei (KP). Das Grundsatzreferat des Parteitheoretikers und Mitglieds des ZK der KPdSU Andrej Alexandrowitsch Schdanow (*1896, †1948) über die **Teilung der Welt** in ein imperialistisches und ein sozialistisches Lager ist die Antwort Stalins auf die Rede Trumans am 12. März und die sowjetische »Kriegserklärung« für den Kalten Krieg.

1948, 17. Jan. Bei der Unterzeichnung des rumänisch-bulgarischen Freundschaftsabkommens kündigt Ministerpräsident Dimitrow eine Zollunion als Vorstufe einer Balkanföderation an.

21. Jan. Zusammen mit Tito wird Dimitrow von Stalin zum Rapport nach Moskau beordert, wo die Kremlführung mit Sanktionen gegen Jugoslawien und Bulgarien droht.

25. Febr. **»Legaler Staatsstreich« in der ČSR** durch die Kommunistische Partei.

Juni Der dritte Kominformkongress beschließt nach Abschluss sowjetischer Beistandspakte mit Rumänien (4. Febr.), Ungarn (18. Febr.) und Bulgarien (18. März) die **Kollektivierung des landwirtschaftlich genutzten Bodens** bei weiter forcierter Industrialisierung entsprechend dem sowjetischen Vorbild.

»Aufbau des Sozialismus« in den Volksdemokratien

Die Freundschafts- und Beistandspakte dienen den formellen Bindungen zwischen den Volksdemokratien und der UdSSR, die – zunächst die DDR ausgenommen – de jure von einer Gleichberechtigung ausgehen, de facto aber eine Unterordnung unter die politische und ideologische Führungsrolle von Sowjetunion und KPdSU bedeuten. Seit 1948 beschränkt STALIN mehr und mehr die Kontakte der Volksdemokratien untereinander, da er hofft, durch die Isolierung der einzelnen Parteien deren Abhängigkeit von Moskau zu verstärken und so den **»Aufbau des Sozialismus«** nach sowjetischem Muster sowie den Zusammenschluss zu beschleunigen. Die Unterordnung unter die Interessen der UdSSR und die Anweisungen STALINS sollen zu einem gleichförmigen politischen System aller Volksdemokratien führen. Die dadurch weit verbreitete Unzufriedenheit ist u. a. ein Auslöser für die Aufstände in der Tschechoslowakei und der DDR 1953.

27. Juni In der **Bukarester Erklärung** wird der jugoslawischen KP ideologisches Fehlverhalten vorgeworfen und sie aus dem Kominform ausgeschlossen. TITO bittet STALIN vergebens um Rücknahme der »ungerechtfertigten Angriffe«. Nach dem Ausschluss Jugoslawiens legt das Kominform v. a. gemeinsame Aktionsprogramme und allgemeine Grundsätze für den Aufbau des Sozialismus fest.

4. Aug. Die mit Beginn der Berliner Blockade ergriffenen westlichen Wirtschaftssanktionen belasten die in Umstrukturierung befindlichen Volkswirtschaften der osteuropäischen Staaten empfindlich.

18. Aug. Jugoslawien unterstützt auf der Donaukonferenz die die sowjetische Vormachtstellung festigende Donaukonvention und führt bis 1950 die militant antiwestliche Politik fort.

31. Aug. Nach dem Tod SCHDANOWS übernimmt MICHAIL A. SUSLOW (*1902, †1982) die Sektion für Verbindung zu den Arbeiterparteien im ZK der KPdSU.
Auf die in der zweiten Hälfte 1948 vollzogene zwangsweise Vereinigung der Sozialdemokratischen Parteien mit den Arbeiter- bzw. Kommunistischen Parteien der Volksdemokratien folgen in der KPdSU und den anderen Kommunistischen Parteien »Säuberungen« gegen den »linken Flügel«, die SCHDANOW-Anhänger, und »Rechts- und nationale Abweichler«. Die spektakulären »Säuberungen«, durch die auch Fraktionskämpfe innerhalb der einzelnen Parteien ausgetragen werden, enden erst 1953 mit STALINS Tod. Der Verschärfung der internationalen Spannungen folgt eine verstärkte Aufrüstung: 1949–1955 wird die Mannschaftsstärke der Armeen verdoppelt.

3. Sept. Durch ein Handelsabkommen signalisiert die Sowjetunion der VR Albanien seine Bereitschaft, anstelle Jugoslawiens die Schutzherrschaft zu übernehmen.

1949, 25. Jan. Gründung des Rates für gegenseitige Wirtschaftshilfe (**RGW**; auch: **COMECON** – *Council for Mutual Economic Assistance*) durch die Sowjetunion, Polen, die ČSR, Ungarn, Bulgarien und Rumänien (Beitritt Albaniens am 22. Febr. und der DDR am 29. Sept. 1950) mit dem Ziel, dass die Mitgliedsstaaten ihre Wirtschaftspläne koordinieren sowie gemeinsame Investitions- und Produktionsprogramme in Angriff nehmen. Der RGW beschränkt sich unter der Federführung STALINS im Wesentlichen auf den bilateralen Außenhandel mit der Sowjetunion und auf Erfahrungsaustausch; die nach sowjetischem Vorbild angestrebte wirtschaftliche Autarkie der Einzelstaaten wird nicht beeinflusst.

Herbst Abbruch der diplomatischen Beziehungen zu Jugoslawien durch die Sowjetunion und die Volksdemokratien.

1. Okt. Proklamation der VR China.

7. Okt. Gründung der Deutschen Demokratischen Republik.

Nov. Der sowjetische Marschall KONSTANTIN ROKOSSOWSKI (*1896, †1968) wird (bis Okt. 1956) polnischer Verteidigungsminister und Oberbefehlshaber der polnischen Armee.

1950, 14. Febr. Freundschafts-, Bündnis- und Beistandspakt zwischen der Sowjetunion und der VR China erkennt die Unabhängigkeit der Mongolischen VR an und sichert wirtschaftliche Unterstützung sowie den Abzug der sowjetischen Truppen aus Port Arthur (heute Dalian) bis 1955 zu.

11. Mai ROKOSSOWSKIS zusätzliche Aufnahme in das Zentralkomitee der polnischen KP verstärkt STALINS massive Einflussnahme.

27. Juni Nach Beginn des Koreakriegs erklärt die Sowjetunion Nichteinmischung. Gleichzeitig wird Nordkorea massiv unterstützt.

6. Juli Im **Görlitzer Vertrag** mit Polen erkennt die DDR die Oder-Neiße-Linie als »Friedensgrenze« an.

Aug./Dez. Westliche Pläne zur Einbeziehung der Bundesrepublik Deutschland in eine Europäische Verteidigungsgemeinschaft verstärken insbesondere in Polen und der ČSR die nach wie vor lebendige Furcht vor den Deutschen und fördern Absichten, zusätzliche politische und militärische institutionelle Bindungen zu schaffen.

Entstalinisierung und Krise des kommunistischen Systems (1953–1964)

Der **Tod STALINS** (5. März 1953) hinterlässt in der Sowjetunion ein Machtvakuum, das die Nachfolger in der »kollektiven Führung« zunächst nur unvollständig ausfüllen können. Auch international stehen die Nachfolger STALINS vor großen Herausforderungen. Diese betreffen zum einen die Position zum Westen, zum anderen die

Satellitenstaaten. Gegenüber dem Westen wird am 15. März 1953 eine »Friedensoffensive« gestartet, über deren Hintergrund die Forschung bis heute streitet. Für die einen ist es der Beleg, dass die Sowjetunion außenpolitisch eine Atempause benötigte, für die anderen ein weiteres Störmanöver gegen die Konsolidierung des Westens im Kalten Krieg. Manches spricht dafür, dass die kollektive Führung ab 1953 eine »Entstalinisierung« der Außenpolitik versuchte. Die kurz darauf folgenden Aufstände in der ČSR und der DDR im Juni 1953 sind v. a. ein Zeichen, dass der von der kollektiven Führung vorgegebene »Neue Kurs«, der eine Art innenpolitische Befriedung darstellen soll (Ankurbelung der Konsumgüterindustrie, Stopp der Kollektivierung, Zulassung von privatem Handel und Handwerk, flexiblere Kirchenpolitik, beschränkte Amnestie etc.) kaum Erfolge zeigt. Nach dem Sturz des sowjetischen Ministerpräsidenten Georgij M. Malenkow (*1908, †1988) 1955 wird u. a. in der DDR der »Neue Kurs« rückgängig gemacht.

1953, 21. Mai Marschall Tito bietet der neuen Führung der Sowjetunion Wiederannäherung an; im Sommer Wiederaufnahme der diplomatischen Beziehungen mit Jugoslawien.

17. Juni Der **Volksaufstand in der DDR** wird durch sowjetische Truppen niedergeschlagen.

26. Juni Sturz Lawrentij P. Berijas (*1899, †1953), der wegen »krimineller Aktivitäten gegen Staat und Partei« zum Tode verurteilt und im Dez. exekutiert wird.

1954, 25. März Erklärung der sowjetischen Regierung über die Beziehungen zur DDR als einem vollwertigen Staat.

20.–27. April Auf der Tagung des Obersten Sowjets tritt Ministerpräsident Malenkow für eine Intensivierung des Warenaustauschs mit dem sozialistischen Lager ein, zu diesem Zweck wird die Tätigkeit des RGW aktiviert.

26. April–21. Juli Die Sowjetunion und die VR China nehmen an der Genfer Indochinakonferenz teil. Die Demokratische Republik Vietnam unter Ho Chi Minh (*1899, †1969) schließt Hilfeabkommen mit der VR China und der Sowjetunion ab.

26. Juli Der sowjetische Vorschlag einer gesamteuropäischen Sicherheitskonferenz, unterstützt von Polen und der ČSR, findet im Westen keine Resonanz.

29. Sept.–12. Okt. Die Reise des sowjetischen Parteichefs Nikita S. Chruschtschow (*1894, †1971) nach Polen, die ČSR und nach China betont die ideologische und politische **Einheit des sozialistischen Lagers**. Die sowjetische Delegation lehnt die Forderung Chinas nach Rückgabe der Mongolischen Volksrepublik ab.

29. Nov.–2. Dez. Auf der ersten Konferenz europäischer Staaten zur Gewährleistung des Friedens und der Sicherheit in Europa empfehlen die Sowjetunion, Polen, ČSR, DDR, Ungarn, Rumänien, Bulgarien und Albanien die Schaffung eines kollektiven Sicherheitssystems in Europa.

1955, 11.–14. Mai Auf der zweiten Konferenz unterzeichnen die osteuropäischen Staaten den **Vertrag über Freundschaft, Zusammenarbeit und gegenseitigen Beistand** (**Warschauer Pakt**). Die Unterzeichnerstaaten bilden ein gemeinsames Oberkommando ihrer Streitkräfte. Der Warschauer Vertrag, der auf die Hegemoniestellung der Sowjetunion zugeschnitten ist, wird durch Truppenstationierungsverträge mit Polen (1956), der DDR (1957), Rumänien (1957), Ungarn (1957) und der ČSR (1968) ergänzt.

26. Mai–2. Juni Parteichef Chruschtschow und Ministerpräsident Nikolaij Bulganin (*1895, †1975) besuchen Belgrad: Das Belgrader Kommuniqué klammert zwar die Beziehungen zwischen der KPdSU und dem Bund der Kommunisten Jugoslawiens (BKJ) aus, kommt aber Jugoslawien wirtschaftlich entgegen, dessen Konzeption einer blockfreien Politik Tito auf seiner Asienreise (Dez. 1954–Febr. 1955) vertreten hat.

5. Juni Auf der Bukarester Tagung der Parteichefs der Staaten des Warschauer Pakts greift der sowjetische Parteichef Chruschtschow massiv die Grundlagen der stalinistischen Außenpolitik an, findet aber nur ein reserviertes Echo. Der Zerfall des Stalinismus trifft die meisten osteuropäischen Staaten in einer prekären Phase: Nach den schwierigsten Etappen von Industrialisierung und Kollektivierung haben die neuen gesellschaftlichen Institutionen noch keine ausreichende Basis gefunden. Die ideologische, aber auch die persönliche Unsicherheit leitender Funktionäre in der ersten **Entstalinisierungswelle** rufen häufig eine (oft auf Chruschtschow fixierte) Abwehrreaktion hervor. Das Fehlen eindeutiger Anweisungen und der Zerfall des Mythos ideologischer Unfehlbarkeit fördern die Entwicklung von Nationalismen.

7.–11. Dez. Die Budapester RGW-Ratstagung versucht, die Einzelpläne mit dem sechsten sowjetischen Fünfjahrplan zu koordinieren. Chruschtschow fordert Spezialisierung und Kooperation.

1956, 14.–25. Febr. **20. Parteitag der KPdSU**: Wesentliche Passagen von Chruschtschows Geheimrede über die Verbrechen unter Stalin werden zuerst in Jugoslawien veröffentlicht. Zur Forcierung der dadurch im sowjetischen Machtbereich ausgelösten Unruhe wird die Geheimrede auch von den USA gezielt mittels Flugblättern bekannt gemacht. Die These eines möglichen friedlichen Übergangs zum Sozialismus weist die KP Chinas als »Revisionismus« zurück.

26. März Die RGW-Staaten beschließen die Schaffung eines gemeinsamen Instituts für Kernforschung in Dubna bei Moskau.

17. April Auf ausdrücklichen Wunsch des jugoslawischen Staatschefs Tito stellt das Kominform seine Arbeit ein.

18.–25. Mai Auf der Berliner RGW-Tagung vertritt Parteichef Chruschtschow die Politik, durch wirtschaftliche Integration innerhalb des Ostblocks den Abbau der ideologischen und politischen Loyalität zu verhindern.

1.–26. Juni Nach der **Ablösung Wjatscheslaw M. Molotows** (*1896, †1986) als sowjetischem Außenminister wird Tito während seiner Rundreise durch die Sowjetunion gefeiert.

22. Juni **Beginn politischer Unruhen in Polen** mit dem Zentrum Posen. Bis zum 27. Juni scheitern die Gespräche mit der Regierung und die Unruhen steigern sich zum Aufstand. Die Rote Armee marschiert nicht ein; die Bilanz ist aber trotzdem blutig: 53 Tote und rund 200 Verletzte.

19.–27. Sept. Parteichef Chruschtschow sichert sich während eines »Erholungsurlaubs« in Jugoslawien die Unterstützung Marschall Titos für eine Neuordnung der Beziehungen zwischen der Sowjetunion und den Volksdemokratien.

23. Okt. Der ungarische Ministerpräsident Ernő Gerő (*1898, †1980) bittet den sowjetischen Militärattaché um Truppenunterstützung gegen die Demonstranten. Mitte Okt. 1956 formulieren diese ihre Forderungen: Ernennung des Reformers Imre Nagy (*1896, †1958) zum Ministerpräsidenten, Überprüfung der Arbeits- und Ablieferungsnormen, ein Mehrparteiensystem, freie Wahlen, bürgerliche Freiheiten, die Wiederherstellung der nationalen Unabhängigkeit der Wirtschaft sowie die Wiedereinführung der ungarischen Nationalsymbole und -feiertage. Vor dem Hintergrund der Krise am Sueskanal schlägt die Rote Armee ab dem 4. Nov. die Revolution erbarmungslos nieder, nachdem Chruschtschow zuvor mit Walter Ulbricht (*1893, †1973; DDR), Władysław Gomułka (*1905, †1982; Polen) und Antonín Novotný (*1904, †1975; ČSR), danach auch mit Tito (Jugoslawien) ausführlich konferiert hat. Die Kämpfe dauern bis zum 11. Nov. Die ungarische Seite meldet nach der Niederschlagung 300 Tote und rund 1000 Verwundete. Die Sowjets sprechen von 669 Toten und 1540 Verletzten.

30. Okt. Die »Deklaration der Regierung der UdSSR über die Grundsätze der Entwicklung und weiteren Festigung der Freundschaft und der Zusammenarbeit zwischen der Sowjetunion und anderen sozialistischen Staaten« betont die Gleichheit und die »enge brüderliche Zusammenarbeit« sämtlicher Volksdemokratien, deutet aber zugleich den Führungsanspruch der KPdSU bei der Aufrechterhaltung der »Herrschaft des Proletariats« an.

4. Nov. **Einmarsch der Roten Armee in Ungarn.**

11. Nov. Tito lehnt den unter Imre Nagy eingeschlagenen Weg Ungarns zum Nationalkommunismus als verfrüht und reaktionär ab, trotzdem verstärkt sich das Misstrauen Moskaus gegen die jugoslawische Führung.

15. Nov. Der chinesische Staats- und Parteichef Mao Zedong setzt sich auf dem zweiten Plenum des VIII. ZK der KPCh kritisch mit Chruschtschows Entstalinisierungs- und Entspannungspolitik auseinander.

20.–25. Dez. Auf dem Plenum des ZK der KPdSU kritisiert die »orthodoxe« Gruppe um den ehemaligen Außenminister Molotow den Abbau der direkten Einflussnahme auf die Volksdemokratien. Gegen diese setzt sich Chruschtschows Linie einer verstärkten Abhängigkeit durch ökonomische Einflussnahme durch.

Ende Dez. Tito und Gomułka bekräftigen ihre Auffassung von der Unzulässigkeit der Einmischung der Sowjetunion in die inneren Angelegenheiten eines sozialistischen Landes.

1957, 1.–4. Jan. Konferenz der osteuropäischen Parteiführungen in Budapest (Tito und Gomułka verweigern die Teilnahme), auf der Parteichef Chruschtschow und der mittlerweile stellvertretende sowjetische Ministerpräsident Georgij M. Malenkow als Sprecher der rivalisierenden Flügel ihre außenpolitischen Konzeptionen vertreten.

28. März Ein neuer sowjetisch-ungarischer Vertrag stärkt die Position des neuen Partei- und Regierungschefs János Kádár (*1912, †1989).

27. Mai In einem Militärvertrag wird der Roten Armee ein Stationierungsrecht in Ungarn für die Dauer der Existenz der NATO zugesichert.

Juni Organisation für die Zusammenarbeit der osteuropäischen Eisenbahnen mit Sitz in Warschau beschlossen.

1./2. Aug. Einvernehmen der Sowjetunion mit Jugoslawien, welches die DDR diplomatisch anerkennt und die Unterstützung der sowjetischen Nahostpolitik zusagt.

2. Okt. Der Plan einer atomwaffenfreien Zone in Mitteleuropa des polnischen Außenministers Adam Rapacki (**Rapacki-Plan**) stößt auf sowjetisches Misstrauen.

15. Okt. Im Vertrag über neue Techniken für die nationale Verteidigung sichert die Sowjetunion der VR China die Hilfe beim Bau von Atomwaffen zu.

14.–16. Nov. Auf der Moskauer Konferenz der kommunistischen Parteien tritt die KP Chinas für die Führungsrolle der KPdSU ein, während u. a. die KP Polens, Ungarns und Italiens für Gleichberechtigung und Nichteinmischung als Grundlage der Parteibeziehungen eintreten. Insbesondere die neostalinistischen Parteiführungen Albaniens, Bulgariens und der ČSR verurteilen die auf der Konferenz anwesenden jugoslawischen Kommunisten als »revisionistisch«. Albanien verfolgt das Ziel der politischen und wirtschaftlichen Isolierung Jugoslawiens und hat deshalb Vorbehalte gegen Chruschtschows Außenpolitik, die jedoch durch erneut aufbrechende Konflikte mit Belgrad kaum beeinflusst wird. Gravierender ist die **Auseinandersetzung mit China**, das sich zunehmend auch durch die Entstalinisierung brüskiert fühlt.

1958, 20.–23. Mai Auf der RGW-Konferenz in Moskau setzt Chruschtschow die Intensivierung der Verhandlungen über die Arbeitsteilung und die Schaffung eines »Vereinigten Marktes« durch. Die Diskussion führt zu Meinungsverschiedenheiten zwischen den industrialisierten Ländern (DDR, ČSR) und den industriell weniger entwickelten, die sich in den Status von Agrar- und Rohstofflieferanten zurückversetzt sehen. Chruschtschow bemüht sich gleichzeitig um die Regulierung und Intensivierung der multilateralen Kontakte (u. a. Standardisierung innerhalb der Organisation des Warschauer Pakts.)

3. Juni In der (auch aus Rücksicht auf die KPCh) fortgesetzten **ideologischen Kampagne gegen Jugoslawien** rechnet Chruschtschow auf dem Parteitag der bulgarischen KP schonungslos mit »diesem trojanischen Pferd des Imperialismus« ab, verweigert aber im Konflikt der VR China mit Taiwan (Beschießung der taiwanesischen Inseln Quemoy und Matsu von Aug. bis Okt.) die uneingeschränkte Unterstützung.

1959, 7. Febr. Wirtschaftshilfe der Sowjetunion in Höhe von 5 Mrd. Rubel hindert die chinesische Führung nicht, weiterhin ihre Vorbehalte gegen die sowjetische Politik vorzutragen.

20. Juni Die Sowjetunion kündigt den chinesisch-sowjetischen Vertrag zur Unterstützung beim Bau von Nuklearwaffen.

Juli Im chinesisch-indischen Grenzkonflikt verfolgt die Sowjetunion eine Neutralitätspolitik, zu der die herzlich gehaltenen Grußbotschaften der DDR, der ČSR und Albaniens anlässlich des zehnten Gründungstags der VR China (1. Okt.) in einem offensichtlichen Gegensatz stehen. Mao versteht dies als erneute politische Brüskierung durch Moskau.

Nov. Albanische Erklärungen lassen eine Unterstützung des chinesischen Standpunkts erkennen.

14. Dez. Die zwölfte Ratstagung des RGW verabschiedet in Sofia ein die Rechtsgrundlage und die Arbeitsweise des RGW regelndes Statut, das am 13. April 1960 in Kraft tritt und im Juni 1962 teilweise revidiert wird. Danach umfassen die Kompetenzen des Rates Beschlüsse in organisatorischen und verfahrensrechtlichen Angelegenheiten und Empfehlungen für die wirtschaftliche und wissenschaftlich-technische Zusammenarbeit.

1960, Febr. Eine Agrarkonferenz beschließt die Ausweitung der Arbeitsteilung auf die Agrarproduktion.

Mai Die Sowjetunion zieht ihre Experten aus China ab und stellt die Wirtschaftshilfe ein.

Juni Die Führung der KPCh versucht, die Tagung des Weltgewerkschaftsbundes als Anklageforum gegen die Sowjetunion zu nutzen, worauf die sowjetische Parteizeitung »Prawda« vom 12. Juni heftige Angriffe gegen den »linken Radikalismus« vorträgt und Chruschtschow eine systematische Kritik der chinesischen Position verbreitet.

11. Juli Die ČSR wird nach einer Verfassungsänderung als zweiter Staat nach der Sowjetunion zur Sozialistischen Republik (künftig: ČSSR) erklärt.

Sept. Während der UN-Vollversammlung räumen Chruschtschow und Tito die schwerwiegendsten Meinungsverschiedenheiten aus und leiten eine Wiederannäherung ein.

10. Nov.–1. Dez. Auf der Weltkonferenz der Kommunistischen Arbeiterparteien einigen sich die 81 vertretenen Parteien auf die »Moskauer Erklärung«, nach der alle marxistisch-leninistischen Parteien »unabhängig und gleichberechtigt« sind. Die KPdSU ist nur noch »Vorhut«, die Sowjetunion »das mächtigste Land im sozialistischen Weltsystem«. Die Konferenz vertieft den **Bruch zwischen der KPdSU und der KPCh**, deren Kritik sich die albanische KP (16. Nov.) anschließt.

Der chinesisch-sowjetische Streit erschüttert die Vorstellung, der Marxismus böte eine monolithische Weltanschauung an, zugleich gefährdet er den sowjetischen Anspruch auf Führung in der revolutionären Bewegung. Die Spaltung der meisten kommunistischen Parteien in prochinesische und prosowjetische Flügel und der steigende chinesische Einfluss in Asien mindern die Macht der Sowjetunion. Zugleich ermöglicht der Streit auch den kommunistischen Parteien, die formell der Moskauer Linie folgen, wie im Falle Rumäniens und Kubas trotz wirtschaftlicher Abhängigkeit eine vergleichsweise eigenständige Politik. Unter Berufung auf die Moskauer Erklärung setzt eine ideologische Differenzierung ein.

1961, 26. April Nach Bekanntwerden der albanisch-chinesischen Wirtschaftsvereinbarungen widerrufen die UdSSR, ČSSR und DDR ihre Kreditzusagen an Albanien.

6. Juli Freundschaftsvertrag UdSSR – VR Korea.

13.–31. Okt. Der offenen **Verurteilung Stalins** auf dem 22. Parteitag der KPdSU (Febr. 1956) folgt eine zweite Entstalinisierungswelle in Osteuropa. Die albanische KP entsendet keine Delegation zu diesem Parteitag, die Delegation der KPCh reist vorzeitig ab.

3. Dez. Abbruch der diplomatischen Beziehungen zwischen Albanien und der Sowjetunion.

1962 Der Eskalation der Spannungen mit Albanien steht die Normalisierung der sowjetisch-jugoslawischen Beziehungen gegenüber.

6.–7. Juni Eine Konferenz der RGW-Spitzenfunktionäre beschließt »Exekutivkomitee« als wichtigstes Vollzugsorgan ein und verabschiedet »Grundprinzipien der internationalen sozialistischen Arbeitsteilung«.

9.–14. Juli Auf der 16. RGW-Tagung in Warschau verweigern die rumänischen Vertreter die Zustimmung zu einer supranationalen Wirtschaftsintegration unter Aufgabe der Einstimmigkeit bei der Beschlussfassung.

Sept./Okt. Die **Kubakrise** verstärkt die Anstrengungen der sowjetischen Führung, die Truppen der Warschauer-Pakt-Staaten enger mit der Roten Armee zusammenzufassen und ihre Kampfkraft durch eine Modernisierung der Waffensysteme zu erhöhen.

Dez. **Austritt Albaniens aus dem RGW**, nachdem es bereits im Juni trotz Protests de facto aus dem Warschauer Pakt ausgeschlossen worden ist. Nach dem sowjetischen Nachgeben in der Kubakrise und der proindischen Stellungnahme im indisch-chinesischen Grenzkonflikt brechen um die Jahreswende 1962/63 die sowjetisch-chinesischen und in deren Folge die sowjetisch-albanischen Spannungen offen aus.

1963, 15.–21. Febr. Während der vierten Tagung des Exekutivkomitees des RGW bezeichnet der rumänische Staats- und Parteichef Nicolae Ceauşescu (*1918, †1989) den Ausbau der Schwer- und Maschinenindustrie als Aufgabe eines jeden sozialistischen Staats und lehnt damit die gewünschte »Arbeitsteilung« zwischen den Staaten ab.

8. März Die VR China verlangt die Rückgabe der 1858/1860 an das zaristische Russland abgetretenen Gebiete zwischen Ussuri und Pazifik.

14. Juni Die KPCh spricht der Sowjetunion die Führung der sozialistischen Staaten ab.

24.–26. Juli Auf der Tagung der Partei- und Regierungschefs der RGW-Staaten in Moskau müssen die Probleme der wirtschaftlichen Integration trotz des Drängens der industriell fortgeschrittenen Vertragspartner zurückgestellt werden. Die sowjetische Führung sieht sich gezwungen, der rumänischen KP einen »nationalen Weg« zum Sozialismus zuzubilligen.

22. Okt. Die RGW-Staaten schließen einen Vertrag über mehrseitige Verrechnung in »Transfer-Rubeln« und die Gründung der Internationalen Bank für wirtschaftliche Zusammenarbeit.

31. Dez. Der chinesische Ministerpräsident Chou Enlai (*1898, †1976) trifft zu einem Besuch in Albanien ein: Er bekräftigt die politischen Verbindungen beider Länder.

1964, April Die sowjetische Parteiführung bemüht sich um eine Weltkonferenz zum Ausschluss der KPCh aus dem sozialistischen Lager, stößt aber u. a. bei der polnischen Parteiführung auf Bedenken, die eine Erweiterung der sowjetischen Hegemonie befürchtet.

26. April Das ZK der KP Rumäniens fordert uneingeschränkte nationale Souveränität und volle Gleichberechtigung.

12. Juni **Freundschafts- und Beistandsabkommen UdSSR–DDR**: Garantieerklärung der Unantastbarkeit der Grenzen der DDR.

17. Sept. Assoziationsvertrag Jugoslawiens mit dem RGW.

14. Okt. Die Absetzung des sowjetischen Partei- und Regierungschefs Chruschtschow verstimmt wegen Nichtkonsultation die kommunistischen Parteien des Ostblocks.

16. Okt. Zündung der **ersten chinesischen Atombombe**.

7.–13. Dez. Am achten Kongress des Bundes der Kommunisten Jugoslawiens nehmen zum ersten Mal seit 1948 offizielle Delegationen der RGW-Staaten teil.

Spaltungstendenzen im Blocksystem, Breschnew-Doktrin, sowjetisch-chinesischer Konflikt (1965–1985)

Die Ära Chruschtschow ist gekennzeichnet durch die Entstalinisierung und eine gewisse Liberalisierung, aber auch durch den Kampf gegen die Auflösung des sozialistischen Lagers. Massiver militärischer und politischer Druck der Sowjetunion steht neben dem Versuch, eine Bindung durch wirtschaftliche Integration der einzelnen Volksdemokratien in den sowjetischen Hegemonialbereich zu erreichen. Die Konzessionen an »nationale Wege« haben die Position der einzelnen kommunistischen Parteien in den von ihnen beherrschten Staaten gestärkt, gleichzeitig aber auch zu neuen Konflikten geführt, sodass die **neue Kremlführung** unter Parteichef Leonid I. Breschnew (*1906, †1982) und Regierungschef Alexeij N. Kossygin (*1904, †1980) zunächst um Konsolidierung ihrer Macht innerhalb des Ostblocks bemüht ist. Auf dem 23. Parteitag der KPdSU (21. März–8. April 1966) erklärt Breschnew den Dogmatismus (VR China), den Nationalismus (Rumänien) und den Revisionismus (Jugoslawien) zu Hauptfeinden des »Sozialistischen Weltsystems«.

1966, 7. Mai Bestärkt von Paris und Peking, fordert die rumänische Führung unter Ceauşescu die Auflösung sämtlicher Militärblöcke.

8. Juni Die Einführung eines konvertierbaren Rubels im RGW soll den Handel mit dem Westen erleichtern.

4.–6. Juli Auf der achten Tagung des Politischen Beratenden Ausschusses des Warschauer Pakts können die Mitglieder keine Einigung über die sowjetische Forderung intensivierter militärischer Zusammenarbeit und das rumänische Verlangen nach Abbau der sowjetischen Überrepräsentanz in den Kommandostellen erlangen. Übereinstimmung wird nur über Hilfsmaßnahmen für Vietnam und die »Deklaration über die Gewährleistung des Friedens und der Sicherheit in Europa« erreicht.

1967, 31. Jan. Trotz sowjetischen Drucks gibt Rumänien als erster RGW-Staat nach der Sowjetunion die Aufnahme diplomatischer **Beziehungen mit der Bundesrepublik Deutschland** bekannt. Ungarn, Bulgarien und die Tschechoslowakei zeigen ebenfalls Interesse.

23. April Vertrag über militärische und wirtschaftliche Hilfe der Sowjetunion für Nordvietnam.

24.–26. April Die DDR ergreift die Initiative für die Konferenz der kommunistischen Parteien Europas in Karlsbad. Statt der von Walter Ulbricht (Erster Sekretär des ZK der SED) geforderten Verurteilung der Bundesrepublik Deutschland legen 24 von 31 eingeladenen Parteiführern ihre Vorstellungen »Über den Frieden und die Sicherheit in Europa« nieder, ohne allerdings die bestehenden Meinungsverschiedenheiten beseitigen zu können.

Nov. Feiern des 50. Jahrestags der Oktoberrevolution ohne Vertreter Chinas und Albaniens.

1968, 29./30. Jan. Der neue Erste Sekretär der KPČ, Alexander **Dubček** (*1921, †1992), wird bei seinem Antrittsbesuch in Moskau freundlich empfangen, da er die Notwendigkeit innerer Reformen betont, aber keine Änderung des außenpolitischen Kurses andeutet.

4. Febr. Der 20. Jahrestag des rumänisch-sowjetischen Freundschaftsvertrags verstreicht ohne Vertragsverlängerung, da Ceauşescu die Ausarbeitung neuer Vertragsbedingungen verlangt.

23. März Konsultativtreffen der Parteichefs der europäischen Mitglieder des Warschauer Pakts erzwingt von der neuen tschechoslowakischen Führung die Zusicherung, »in der nächsten Zeit konkrete Maßnahmen zur Stärkung des Warschauer Vertrags und seiner Streitkräfte« zu treffen.

Mai/Juni Manöver der Warschauer-Pakt-Truppen in der Tschechoslowakei.

1. Juni Ceauşescu und Tito betrachten die Entwicklung des sog. **»Prager Frühlings«** in der Tschechoslowakei mit offener Sympathie.

29. Juli–1. Aug. Nach Zuspitzung des Konflikts mit den fünf »harten« Warschauer-Pakt-Staaten (Sowjetunion, Polen, DDR, Ungarn und Bulgarien) scheinen das Gipfeltreffen in Čierna nad Tisou (Ostslowakei) und der Kompromiss der Parteienkonferenz von Bratislava (3. Aug.), die die Verteidigung der sozialistischen Errungenschaften als gemeinsame Pflicht erklärt, eine Beruhigung herbeizuführen.

20./21. Aug. **Einmarsch der Truppen der Sowjetunion, Polens, Ungarns und Bulgariens in die Tschechoslowakei.** Kampftruppen der Nationalen Volksarmee der DDR werden zwar mobilisiert, rücken aber auf sowjetische Weisung nicht über die Grenze vor, da man die negativen Schlagzeilen aufgrund historischer Parallelen zu 1938 fürchtet. Nur einige Verbindungsoffiziere und wenige Angehörige von Nachrichten-, Versorgungs- und Aufklärungseinheiten halten sich in der Tschechoslowakei auf. Dennoch lässt die SED-Führung keinen Zweifel daran, dass sie die Intervention befürwortet. Tito und Ceauşescu, die ihrerseits eine Teilmobilmachung anordnen, verurteilen den Einmarsch.

13. Sept. Zum Zeichen des Protests gegen den Einmarsch in die Tschechoslowakei erklärt Albanien offiziell seinen Austritt aus dem Warschauer Pakt.

16. Okt. Vertrag über die Stationierung sowjetischer Truppen in der Tschechoslowakei.

12. Nov. Parteichef Breschnew rechtfertigt den Einmarsch in die Tschechoslowakei durch die sog. Breschnew-Doktrin, die von einer »beschränkten Souveränität« der sozialistischen Staaten im Falle einer Bedrohung des sozialistischen Weltsystems ausgeht.

1969, 2.–15. März Militärische **Auseinandersetzungen am Ussuri** und an anderen Abschnitten der chinesisch-sowjetischen Grenze.

11. März Die kommunistischen Parteien der Staaten des Warschauer Pakts boykottieren den Parteitag des Bundes der Kommunisten Jugoslawiens.

17. März Die Tagung des Politischen Beratenden Ausschusses des Warschauer Pakts in Budapest beschließt die Bildung eines Komitees der Verteidigungsminister, neue Grundsätze über die vereinten Streitkräfte und das Vereinte Oberkommando sowie einen Appell zu einer gesamteuropäischen Sicherheitskonferenz.

5.–17. Juni Dritte Weltkonferenz der kommunistischen Parteien in Moskau. Unter den 75 Delegationen fehlen Jugoslawien, Albanien und viele der afrikanischen und asiatischen Parteien. Die »friedliche Koexistenz« wird als Grundlage der Außenpolitik gefordert und die Breschnew-Doktrin nicht grundsätzlich bestätigt.

Die Auswirkungen der militärischen Intervention in der Tschechoslowakei von 1968

Der Einmarsch der Warschauer-Pakt-Truppen bedeutet einen Schock für die meisten kommunistischen Parteien. Die folgende »Normalisierung« in der Tschechoslowakei hat außenpolitisch die Unterordnung unter die sowjetische Politik zur Folge, innenpolitisch wird der »Prager Frühling« rigoros unterdrückt. Während Bulgarien, Ungarn und Polen bei außenpolitischer Konformität innenpolitisch einen gewissen Pluralismus zulassen, verfolgt das außenpolitisch nicht konforme Rumänien innenpolitisch einen sehr harten Kurs. Die Distanzierung von Jugoslawien führt zu dessen Annäherung an Albanien. Außenpolitisch zielt die **Westpolitik der Sowjetunion** einerseits auf Entspannung, um den Status quo zu erhalten, andererseits aber auf die Schwächung des ideologischen Gegners. Nach Außen macht der Einmarsch allen unmissverständlich klar, dass das sowjetische »Imperium« v. a. auf der militärischen Präsenz der Roten Armee in den Warschauer-Pakt-Staaten beruht.

1970, Mai Die 24. RGW-Tagung beschließt die Gründung der Internationalen Investitionsbank anstelle der Bank für wirtschaftliche Zusammenarbeit.

Juni Rumänische Delegationen in Peking.

8.–15. Juni Nach einem Besuch des jugoslawischen Außenministers in Peking Aufnahme der diplomatischen Beziehungen.

21./22. Juni Die Budapester Außenministerkonferenz reagiert positiv auf NATO-Vorschläge über Verhandlungen zur ausgewogenen Truppenreduzierung.

7. Juli Freundschaftsvertrag Rumäniens und der Sowjetunion auf 20 Jahre abgeschlossen.

12. Aug./7. Dez. Moskauer Vertrag zwischen der Bundesrepublik Deutschland und der Sowjetunion über Gewaltverzicht und Normalisierung der Beziehungen (12. Aug.) sowie Warschauer Vertrag zwischen der Bundesrepublik und Polen (7. Dez.) über die Grundlagen der Normalisierung von Beziehungen: Der Abschluss der »Ostverträge« ist der Höhepunkt der deutsch-deutschen Détente. Dennoch wirken sowohl in den innerdeutschen als auch internationalen Beziehungen weiterhin Entspannung und Konfrontation. Im Ostblock verschärft sich zudem mit der Entspannung und der propagierten »friedlichen Koexistenz« die ideologische Abgrenzung gegenüber dem Westen, und zugleich wird die wirtschaftliche Kooperation und Abhängigkeit der RGW-Staaten untereinander durch die »sozialistische Integration« intensiviert. Dennoch hoffen die RGW-Staaten einschließlich der Sowjetunion durch die Entspannung auf bessere wirtschaftliche Kontakte mit den westlichen Industrienationen, um mehr Investitionsgüter zur Modernisierung ihrer eigenen Industrien erwerben zu können.

1971, Febr. Auf der Bukarester Außenministerkonferenz können die unterschiedlichen Auffassungen über den Führungsanspruch der Sowjetunion nicht beigelegt werden.

Juni Nicolae Ceauşescu reist nach China, um für einen langfristigen zinslosen Kredit zu danken. Moskau erinnert daraufhin an die im rumänisch-sowjetischen Vertrag vom 7. Juli 1970 festgelegte Konsultationspflicht.

2. Aug. Nach Treffen kommunistischer Parteiführer auf der Krim militärische **Einschüchterungskampagne** gegen Rumänien und Jugoslawien.

22.–25. Sept. Jugoslawienreise Breschnews, der erklärt, die »Belgrader Deklaration« von 1955 besitze volle Gültigkeit. Tito sagt die Sicherung der »Diktatur des Proletariats mit allen Mitteln« zu.

Herbst Entkrampfung des sowjetisch-rumänischen Verhältnisses.

Nov. Der Sechste Parteitag der KP Albaniens beschließt Annäherung an Jugoslawien, Rumänien und Griechenland.

1972, 25./26. Jan. Das **Prager Konsultativtreffen** der Warschauer-Pakt-Staaten verabschiedet die »Deklaration über Frieden, Sicherheit und Zusammenarbeit in Europa«: Unverletzbarkeit der Grenzen, Gewaltverzicht, Rüstungsbegrenzung, Nichteinmischung und »friedliche Koexistenz«.

Febr. Chinesisch-amerikanisches Gipfeltreffen in China. Bereits im Juli 1969, auf dem Höhepunkt des chinesisch-sowjetischen Konflikts am Ussuri und Amur, hat US-Präsident NIXON die Gelegenheit ergriffen, China indirekt politisch zu stärken. In seiner am 25. Febr. 1971 zusammenfassend vorgelegten »**Nixon-Doktrin**« hat er die Reduzierung amerikanischen Engagements in Südostasien in Aussicht gestellt. Dabei werden finanzielle Erwägungen und nicht etwa der unbefriedigende Verlauf des Krieges in Vietnam in den Mittelpunkt gestellt. Die VR China nimmt seit 1971 den Sitz Taiwans im UN-Sicherheitsrat ein; zudem stellt die 7. US-Flotte seine Patrouillenfahrten in der Formosa-Straße ein. Die »Anti-Hegemonie-Klausel« im Schlussmemorandum des Treffens, dem sog. Shanghai-Kommuniqué, richtet sich eindeutig gegen die Sowjetunion.

20. März Parteichef BRESCHNEW erkennt die EG an und wünscht gleichberechtigte Wirtschaftsbeziehungen zum RGW, der 1973 den Wunsch nach Kontaktaufnahme äußert.

1973, Juli Die Krimkonferenz der Parteichefs der Warschauer-Pakt-Staaten beschließt die Koordinierung der ideologischen Arbeit und verstärkte Parteikontrollen sowie bilaterale Abkommen zwischen den kommunistischen Parteien.

Aug. Der **10. Parteitag der KPCh** verurteilt scharf den innen- und außenpolitischen Kurs der KPdSU, die ihrerseits China als Feind der kommunistischen Weltbewegung angreift.

1974, 18.–21. Juni Die 28. RGW-Ratstagung in Sofia ändert das Statut und die Konvention über Rechtsfähigkeit, Privilegien und Immunität des RGW und ermöglicht so die Vertragsfähigkeit mit anderen Staaten und internationalen Organisationen. Die Entwicklung des »Komplexprogramms« und der »sozialistischen ökonomischen Integration« wird legalisiert, der Änderung des regionalen Charakters durch die Aufnahme der Mongolischen VR (1962) und Kubas (1972) Rechnung getragen.

8. Nov. Die VR China erklärt Bereitschaft, unter bestimmten Voraussetzungen mit der Sowjetunion über einen Nichtangriffspakt zu verhandeln. Die Sowjetunion lehnt die Bedingungen (u. a. Truppenrückzug aus umstrittenen Grenzgebieten) ab.

1975, 17. April Nach der Eroberung der kambodschanischen Hauptstadt Phnom Penh durch die Roten Khmer und nordvietnamesische Truppen Proklamation der Volksrepublik Demokratisches Kampuchea. Mitte 1975 folgen militärische Auseinandersetzungen mit Thailand um Inseln im Golf von Siam. Die nachfolgende Herrschaft der Roten Khmer kostet nach konservativen Schätzungen rund zwei Mio. Kambodschanern das Leben.

30. April Kapitulation Südvietnams.

21. Juni Die Sowjetunion warnt die VR China vor der Einmischung in die sowjetisch-japanischen Beziehungen wegen der Bemühungen, in japanisch-chinesischem Normalisierungsvertrag »Hegemonieklausel« durchzusetzen.

26.–29. Juni 29. Ratstagung des RGW in Budapest befasst sich v. a. mit der Koordinierung der nationalen Volkswirtschaftspläne 1976–1980 und mit der Energieversorgung. Anfang 1975 sind die bislang für eine Planperiode festgeschriebenen Energie- und Rohstoffpreise korrigiert worden. In Zukunft werden sie jährlich entsprechend der Entwicklung auf den westlichen Märkten berichtigt. Während in der Planperiode 1971–1975 die Preise am Weltmarktniveau der Jahre 1965–1969 orientiert waren und dadurch die RGW-Staaten von der inflationären Preisentwicklung wenig berührt wurden, werden sie jetzt v. a. durch die steigenden Energiepreise voll von der Entwicklung betroffen, zumal die Sowjetunion, die 90 % des Ölbedarfs der RGW-Staaten deckt, ihre Preise dem Niveau der OPEC angleicht und die Preise für Exportgüter in die Sowjetunion nicht entsprechend angehoben werden können.

1. Aug. **Unterzeichnung der Schlussakte der »Konferenz über Sicherheit und Zusammenarbeit in Europa« (KSZE)** in Helsinki. Die Sowjetunion und die Volksdemokratien hoffen auf einen Ausbau der ökonomischen und technologischen Zusammenarbeit mit dem Westen. Die Sowjetunion betont vorsorglich, dass auf der KSZE die sozialistischen Länder eine Verpflichtung zum Schutz des sozialen Status quo übernommen, aber keine Einmischung in die inneren Angelegenheiten zugestanden haben.

22. Sept.–18. Nov. Partei- und Regierungsdelegation Vietnams in der VR China, in Ungarn, Bulgarien, der DDR, Tschechoslowakei, UdSSR, Polen und Rumänien. Abschluss von Hilfs- und Wirtschaftsabkommen.

23.–25. Sept. Konferenz der Kultusminister der sozialistischen Staaten in Bukarest zur Intensivierung der Zusammenarbeit auf dem Gebiet von Ideologie und Erziehung.

7. Okt. Freundschaftsvertrag Sowjetunion–DDR (Ratifikation am 4. Dez.).

13.–15. Okt. Sitzung des RGW-Exekutivkomitees in Moskau berät **wachsende wirtschaftliche Schwierigkeiten**: Zahlungsdefizit im Westhandel, verlangsamtes Wirtschaftswachstum, steigende Ölpreise.

1976, Jan. Albanien proklamiert die völlige Autarkie und Kampf gegen die Breschnew-Doktrin.

26. Jan. Tagung der für ideologische Fragen zuständigen ZK-Sekretäre über intensivierte Zusammenarbeit.

5./6. Febr. Die rumänische Parteiführung, die KPCh und andere bekräftigen die Bedeutung der Diktatur des Proletariats (gegen die seit 1973/76 »eurokommunistischen« Parteien Italiens, Frankreichs, aber auch Japans, die sich von dieser Doktrin abwenden).

13. Febr. In Angola siegt die von Kuba und der Sowjetunion unterstützte Befreiungsbewegung MPLA.

24. Febr.–5. März Auf dem 25. Parteitag der KPdSU verurteilt Parteichef Breschnew die Politik Chinas als »unverhüllt gegen die Mehrheit der sozialistischen Staaten gerichtet«.

29. April Bombenanschlag eines »Konterrevolutionärs« (KPCh) auf die sowjetische Botschaft in Peking.

29./30. Juni Gipfelkonferenz der kommunistischen Parteien Europas in Ost-Berlin in Abwesenheit der KP Islands und Albaniens. Das unverbindliche, weil auf Wunsch der Eurokommunisten nicht unterzeichnete Schlussdokument gesteht jeder KP die Unabhängigkeit zu und vermeidet die von der KPdSU gewünschte Formel des »proletarischen Internationalismus«.

5. Juli Der Kommunist und Regimekritiker Vlado Dapčević (*1917, †2001) wird nach seiner Entführung durch Geheimdienste in Jugoslawien als »Kominformist« verurteilt.

4.–6. Juli 30. **RGW-Ratstagung** in Ost-Berlin berät ein Programm zur Energie- und Rohstoffversorgung sowie Sondermaßnahmen zur Unterstützung der Mongolischen VR und Kubas. Nach Auslaufen der ersten Vertragsserie werden ergänzende Handels- und bilaterale Kooperationsabkommen abgeschlossen, so solche der DDR mit den RGW-Ländern und der VR Vietnam. Angola, Nordkorea, Laos und Vietnam nehmen als Beobachter teil.

13. Juli Die RGW-Staaten unterzeichnen in Moskau Abkommen über die Zusammenarbeit bei der Erforschung und Nutzung des Weltalls zu friedlichen Zwecken. Wiederannäherung Rumäniens.

1. Okt. Nach dem **Tod Mao Zedongs** proklamiert die KPCh die Fortsetzung ihrer gegen die Sowjetunion gerichteten Politik. Die Sowjetunion bietet der VR China die Normalisierung der Beziehungen an.

15. Nov. Abkommen zwischen der Tschechoslowakei und der Sowjetunion zur friedlichen Nutzung der Atomenergie.

15.–17. Nov. Bei seinem Besuch in Jugoslawien bekräftigt der sowjetische Parteichef Breschnew das Recht auf den eigenen Weg zum Sozialismus.

22.–24. Nov. Beim Besuch Breschnews in Rumänien bleiben trotz Freundschaftsbekundungen die unterschiedlichen Positionen offensichtlich.

25./26. Nov. Der Politische Beratende Ausschuss des Warschauer Pakts beschließt in Bukarest den institutionellen **Ausbau der politischen Organe des Warschauer Pakts**. Vorschlag eines Vertrags über den Verzicht auf Ersteinsatz von Atomwaffen.

1977, 3. Febr. Nach dem Machtwechsel in Äthiopien wendet sich das Land Kuba und der Sowjetunion zu.

23. Juni Entschiedene Distanzierung der KPdSU vom Eurokommunismus.

7. Juli Albanien eröffnet eine ideologische Kampagne gegen die VR China wegen deren Annäherung an die USA und ihre Verbündeten.

Aug. Antisowjetische Kritik beim Besuch des jugoslawischen Staats- und Parteichefs Josip Tito in Peking.

Sept. Der chinesische stellvertretende Ministerpräsident Deng Xiaoping (*1904, †1997) erklärt den formal bis 1980 laufenden sowjetisch-chinesischen Beistandsvertrag für hinfällig.

27. Sept. Formelle Bekanntgabe der Existenz einer Kambodschanischen KP.

Sept.–Okt. Partei- und Regierungsdelegation Kambodschas besucht China und Korea.

Dez. Offene **militärische Auseinandersetzungen zwischen Kambodscha und Vietnam**. Kambodscha wird von der VR China, Vietnam von der Sowjetunion unterstützt.

1978, 13. Jan. Jugoslawien verurteilt militärische Interventionen im Namen sog. höherer Interessen des Sozialismus.

1. Febr. Kuba zieht 5000 Reservisten ein, um weitere 5000 Mann nach Äthiopien entsenden zu können (13. Nov. 1977) Kündigung der diplomatischen Beziehungen Somalias mit Kuba und der Sowjetunion; bereits im Jan. bezifferte das US-Außenministerium die in Äthiopien eingesetzten kubanischen Truppen auf mindestens 2000 Soldaten, dazu weitere in Angola, Moçambique und Kongo [Brazzaville]).

2. März Die KP Kubas und MPLA (Movimento Popular de Libertação de Angola) vereinbaren eine ideologische Zusammenarbeit.

25. März Der chinesische Staats- und Parteichef Hua Guofeng (*1921) fordert den Abzug der sowjetischen Truppen von der gemeinsamen Grenze und aus der Mongolischen VR; Vorwurf der Expansionspolitik.

9. Mai Nach Aufnahme von Grenzverhandlungen neue Grenzzwischenfälle am sowjetisch-chinesischen Grenzfluss Ussuri.

3. Juli Die chinesische Regierung gibt die Einstellung aller Hilfen an Vietnam bekannt.

7. Juli Rückberufung der chinesischen Experten aus Albanien, das Vietnam unterstützt und den chinesischen »Imperialismus« verurteilt.

21. Juli VR Korea und Kambodscha vereinbaren Intensivierung der Beziehungen.

25.–28. Juli Erste Verhandlungsrunde zwischen Experten von EG und RGW.

27. Sept.–1. Okt. Tagung des RGW-Exekutivkomitees in Ulan Bator: Förderung der Wirtschaft der Mongolischen VR, Einbeziehung Vietnams in die Arbeit des RGW, Hilfe für Äthiopien.

1.–9. Nov. Eine Vietnamesische Delegation unterzeichnet in der Sowjetunion einen Vertrag über Freundschaft und Zusammenarbeit.

22.–24. Nov. Der Politische Beratende Ausschuss des Warschauer Pakts berät über eine supranationale Kommandostruktur. Rumänien lehnt Erhöhung der Militärausgaben ab.

1979, Jan. **Sturz der Regierung Pol Pot** (*1928, †1998) **in Kambodscha** nach Einmarsch vietnamesischer Truppen.

17. Febr. Nach dem chinesischen Truppeneinmarsch in Vietnam verurteilt eine vietnamesisch-kambodschanische Erklärung Chinas Unterstützung des Pol-Pot-Regimes sowie den Angriff auf Vietnam.

19. Febr. Vietnamesisch-kambodschanischer Freundschaftsvertrag.

2. März Die Kremlführung verurteilt den chinesischen »Überfall« auf Vietnam und rechtfertigt Vietnams Aktion in Kambodscha.

Juli Verurteilung der VR China durch die ZK-Sekretäre für ideologische Fragen (außer Rumänien). Unterstützung Vietnams und des neuen Kambodscha-Regimes.

24. Juli Handelsabkommen Rumäniens und Albaniens. Im Sommer Verschärfung der Energieschwierigkeiten.

6. Okt. Das sowjetische Staatsoberhaupt LEONID I. BRESCHNEW kündigt einseitige Truppenreduzierung der Sowjetunion an und fordert den Westen dazu auf, keine Raketenwaffen in Europa zu stationieren.

25. Dez. Einmarsch der Roten Armee in Afghanistan (Abzug: 15. Febr. 1989).

1980, 17. Sept. Gründung der ersten, nicht staatlichen Gewerkschaft im Ostblock, der Solidarność in Polen.

1981, 2.–4. Juli Die 35. Tagung des RGW behandelt die wirtschaftliche Zusammenarbeit in den achtziger Jahren, v. a. die Koordinierung der bereits begonnenen Fünfjahrpläne 1981–1985. Schwierigkeiten resultieren v. a. aus den Lieferausfällen Polens, da diese Wirtschaftsgüter anderenorts großenteils gegen Devisen beschafft werden müssen; im Gegenzug Drosselung des Warenverkehrs mit Polen.

13. Dez. Verhängung des Kriegsrechts in Polen durch die Partei- und Staatsführung unter WOJCIECH JARUZELSKI (*1923). Hintergrund ist der Druck aus Moskau, wo auch über einen Einmarsch in Polen nachgedacht wird. Streiks und Demonstrationen sind nun illegal. Die Gewerkschaft Solidarność wird im Okt. 1982 verboten, Aufhebung des Kriegsrechts im Sommer 1983.

1982 Die Krise der Weltwirtschaft (u. a. Schuldenprobleme) trifft in verstärktem Maße die RGW-Staaten mit hoher Verschuldung im westlichen Ausland. Die allgemeine Verschlechterung der Ost-West-Beziehungen und die **Wirtschaftssanktionen der NATO-Länder** gegen die Ostblockstaaten nach der Verhängung des Kriegsrechts in Polen sind ebenso wie der Kapital- und Ressourcenabzug zur Stützung der polnischen Volkswirtschaft spürbar.

Jan. Die RGW-Länder würdigen die »Stärkung der sozialistischen Ordnung« in Polen.

März Die VR China reagiert vorsichtig positiv auf sowjetische Vorschläge, die Beziehungen zu normalisieren.

1983, 4.–6. Jan. Die Staaten des Warschauer Pakts schlagen auf ihrer Prager Gipfelkonferenz den NATO-Ländern einen Nichtangriffspakt vor.

24. Nov. Der sowjetische Staats- und Parteichef JURIJ ANDROPOW (*1914, †1984) kündigt als Gegenmaßnahme auf die Stationierung amerikanischer Mittelstreckenraketen in Westeuropa eine Waffenstationierung »entsprechender Art« u. a. im europäischen Teil der UdSSR, in der Tschechoslowakei und der DDR an.

1984, 10. Jan. Die Staaten des Warschauer Pakts schlagen den NATO-Ländern ein Abkommen für ein Europa ohne chemische Waffen vor.

8. Mai Der **»Nichtteilnahme« der sowjetischen Sportler an den Olympischen Spielen** in Los Angeles schließen sich die übrigen RGW-Länder (Ausnahme Rumänien) an.

Von Gorbatschow bis zum Untergang der Sowjetunion (1985–1991)

Den Staaten des »realen Sozialismus« in Europa gelingt es nicht, die sich seit den 70er-Jahren verstärkende Wirtschaftskrise zu überwinden. Gleichzeitig führt der Krieg in Afghanistan seit 1979 zu einer zusätzlichen Belastung. Innenpolitische Reformen werden bereits von den Vorgängern des 1985 zum Generalsekretär ernannten MICHAIL GORBATSCHOW (*1931), ANDROPOW und KONSTANTIN TSCHERNENKO (*1911, †1985), eingeleitet. Außenpolitisch jedoch halten beide, die noch am Zweiten Weltkrieg aktiv teilgenommen haben, an den Gegebenheiten fest. Keiner von ihnen ist bereit, sowjetische Positionen aufzugeben, obwohl sie die finanziellen Möglichkeiten seit langem überschreiten. GORBATSCHOW ist der erste Generalsekretär der Nachkriegszeit, der den Krieg nicht als Soldat oder Partisan miterlebt hat. Dies lässt ihn unvoreingenommener an die Reform der Außenpolitik gehen, in der schließlich der Rückzug aus traditionellen Positionen als Erfolg verbucht werden kann. Innenpolitisch führt er jenen Weg fort, den seine beiden Vorgänger in Ansätzen begonnen haben. Dies macht GORBATSCHOWS Antrittsrede 1985, insbesondere aber seine berühmte Ansprache auf dem XXVII. Parteitag der KPdSU 1986 deutlich. Hier verkündet er die »Umgestaltung« (*Perestroika*) der sowjetischen Politik sowie eine neue »Offenheit« (*Glasnost*).

Einen Tag nach seinem Amtsantritt werden am 12. März 1985 nicht ganz überraschend die Rüstungskontrollgespräche mit den Amerikanern wieder aufgenommen. Der außenpolitische Rückzug der Sowjetunion ist zwar eine notwendige finanzpolitische Entlastungsmaßnahme, er bedarf allerdings einer besonderen Begründung. GORBATSCHOWS »neues Denken« erklärt den außenpolitischen Rückzug zur Notwendigkeit, um den Sozialismus weiterzuentwickeln. Es sei kein Zeichen der Schwäche, sondern ein Weg, das Ansehen der Sowjetunion zu steigern.

Das «neue Denken« bricht aber v. a. das Konzept der »beschränkten Souveränität« der sozialistischen Staaten (»Breschnew-Doktrin«) und ersetzt es durch eine Idee, die der Sprecher des sowjetischen Außenministeriums, GENNADI GERASSIMOW (*1930) 1989 im Rückblick ironisch als »Sinatra-Doktrin« bezeichnet hat. Jedes sozialistische Land habe, erklärte GORBATSCHOW in verschiedenen Reden seit April 1986, die Freiheit, den »eigenen Weg« zu gehen. Im Rückblick haben viele das Aufgeben der Breschnew-Doktrin als Anfang vom Ende des Ostblocks betrachtet. Wie in den sowjetischen Satellitenstaaten Ostmitteleuropas misslingt der geplante Systemwandel auch in der Sowjetunion selbst und führt zu einem **grundlegenden Systemwechsel**.

Die schwache Position GORBATSCHOWS in der Sowjetunion wird im Aug. 1991 international erkennbar: Am 18. Aug. putschen Mitglieder der KPdSU unter Führung von KGB-Chef Wladimir Krjutschkow (*1924, †2007) und Vizepräsident Gennadij Janajew (*1937) gegen Gorbatschow; der Präsident der UdSSR kann sich nur mithilfe eines anderen Gegners, des Radikalreformers Boris Jelzin (*1931, †2007), an der Macht halten. Am 24. Aug. tritt Gorbatschow als Generalsekretär der KPdSU zurück. Jelzin setzt sich nun innerhalb kürzester Zeit gegen ihn durch: Unter Umgehung der anderen Republiken wird am 8. Dez. 1991 von Russland, der Ukraine und Weißrussland der Unionsvertrag der Sowjetrepubliken außer Kraft gesetzt und eine »Gemeinschaft Unabhängiger Staaten« (GUS) gegründet. Am 21. Dez. folgt der offizielle Gründungsakt. Vier Tage später tritt Gorbatschow von seinem Amt als Staatspräsident der UdSSR zurück. Mit Wirkung vom 31. Dez. hört die Sowjetunion auf zu bestehen.

1984, 12.–14. Juni Die erste **Gipfelkonferenz des RGW** in Moskau seit 1969 will den Binnenhandel zu Lasten des Ost-West-Handels forcieren.

1985, 11. März Gorbatschow wird Generalsekretär der KPdSU.

26. April Die Staats- und Parteichefs der sieben Mitgliedstaaten des Warschauer Pakts verlängern die Gültigkeitsdauer des Bündnisses in Warschau um 20 Jahre; die Gipfelkonferenz des Warschauer Pakts in Sofia schlägt ein Verbot von Weltraumwaffen, die Halbierung der strategischen Kernwaffen und eine kernwaffenfreie Zone in Europa vor.

25. Febr.–6. März XXVII. Parteitag der KPdSU: Ankündigung von *Perestroika* und *Glasnost*.

1987, 30. Mai Die Warschauer-Pakt-Staaten betonen in Ost-Berlin den Defensivcharakter des Bündnisses.

1989, 15. Febr. Abschluss des Abzugs der Roten Armee aus Afghanistan.

15.–18. Mai Der **Staatsbesuch Gorbatschows in Peking** (der erste sowjetische seit 30 Jahren) soll die Wende zur Entspannungs- und Koexistenzpolitik der beiden Staaten besiegeln. Die VR China distanziert sich jedoch von der sowjetischen Reformpolitik.

7.–8. Juli Bei einer Konferenz des Warschauer Pakts in Bukarest tritt Gorbatschow für einen gesamteuropäischen Reformprozess ein.

9. Nov. Öffnung der Mauer in Berlin.

4. Dez. Die Staats- und Regierungschefs der Warschauer-Pakt-Staaten verurteilen nachträglich den Einmarsch in die Tschechoslowakei vom Aug. 1968.

1990, 7. Juni Tagung des Politischen Beratenden Ausschusses des Warschauer Pakts in Moskau: Gorbatschow fordert radikalen Wandel und **Annäherung an die NATO**. Das militärische Bündnis solle nach dem Abbau der Konfrontation in Europa eine politische Allianz werden. Der ungarische Ministerpräsident József Antall (*1932, †1993) spricht sich für die unverzügliche Auflösung der militärischen Organisation aus.

3. Okt. **Beitritt der DDR zur Bundesrepublik Deutschland**.

19. Nov. Unterzeichnung des KSE-Vertrags in Wien durch 22 europäische Staaten (Inkrafttreten mit Wirkung zum 17. Juli 1992 durch 29 Staaten). Der KSE-Vertrag ist das umfassendste jemals unterzeichnete Abrüstungs- und Rüstungskontrollabkommen für konventionelle Waffen. Mit ihm ist in Europa eine Parität bei dem Hauptwaffensystem hergestellt.

Ende Dez. **RGW und Warschauer Pakt sind praktisch aufgelöst**. Die Mitgliedsstaaten erklären oder planen den Austritt. Der Rückzug der sowjetischen Truppen in die Sowjetunion ist begonnen oder vereinbart.

1991, 12. Juni Wahl Boris Jelzins zum Präsidenten der RSFSR (Russische Sozialistische Föderative Sowjetrepublik).

28. Juni Unterzeichnung des Auflösungsprotokolls des RGW.

1. Juli Offizielle **Auflösung des Warschauer Pakts** (Beschluss vom 25. Febr.).

31. Juli US-Präsident George Bush (*1924) und Gorbatschow unterzeichnen den START I-Vertrag.

8. Dez. Russland, die Ukraine und Weißrussland schließen in Minsk einen Vertrag über die Bildung der Gemeinschaft Unabhängiger Staaten (GUS).

21. Dez. Acht weitere bisherige Teilrepubliken der Sowjetunion treten dem Minsker Abkommen bei, gründen im Vertrag von Alma-Ata formell die GUS und verkünden das Ende der UdSSR.

25. Dez. Rücktritt Gorbatschows.

31. Dez. Offizielles **Ende der Sowjetunion und des Kalten Krieges**. | Forts. S. 1438 |

Die Bewegung der Blockfreien Staaten (seit 1945)

Die »Bewegung der Blockfreien« (*Non-aligned Movement*, NAM) entwickelt sich von Beginn an bewusst zwischen den Fronten des Kalten Krieges. Ihre Ziele sollen die Bewahrung der Eigenständigkeit und die Förderung politischer Emanzipation sein. Gemeinsame Erfahrung der meisten Mitglieder ist die koloniale Ausbeutung. Dies unterscheidet die organisierte Blockfreiheit von der Neutralität anderer Staaten im Kalten Krieg wie der Schweiz, Österreichs, Irlands oder Schwedens. Während diese Länder fest im westlichen Lager stehen – oder wie Finnland im Vertrag von 1948 versichert, im Zweifelsfall »unterstützt durch die Sowjetunion oder zusammen mit dieser« die Verteidigung organisieren zu wollen –, ist die organisierte Blockfreiheit ideologisierter. In der Zugehörigkeit zu den Blöcken sehen die mehrheitlich aus dem afro-asiatischen und lateinamerikanischen Raum stammenden Mitglieder keine Lösung, weil sie neue Abhängigkeit erzeugt, aber auch die außenpolitischen Möglichkeiten einschränkt. Die Blockfreiheit wird bereits im Konstituierungsjahr des Kalten Krieges 1947 in jenen asiatischen Staaten propagiert, die die Unabhängigkeit von der Kolonialherrschaft anstreben oder gerade erreichen. Auf fruchtbaren Boden fällt sie zunächst in Indien und Pakistan, welche weitgehend unvorbereitet und unter Zeitdruck von Großbritannien in die Unabhängigkeit entlassen werden. Es ist v. a. NEHRU (*1889, †1964) in Indien, der der Blockfreienidee ein Gesicht und eine Richtung gibt, während Pakistan aufgrund der politisch-religiösen Rivalität zum großen Nachbarn doch den Schutz im westlichen Bündnis sucht. Einen weiteren Schub erhält die Bewegung während des zum gleichen Zeitpunkt einsetzenden Versuchs einiger europäischer Mächte, ihre verlorenen Kolonien nach dem Zweiten Weltkrieg wieder unter Kontrolle zu bringen. Insbesondere die Niederlande lösen mit der angestrebten Rekolonisierung Indonesiens einen gewalttätigen Konflikt aus, der schließlich sogar die UNO beschäftigt. Die 1948/49 erreichte Internationalisierung der Indonesienfrage trägt maßgeblich zur institutionellen Konstituierung der Blockfreienbewegung bei. Nicht zufällig tagt die erste gemeinsame Konferenz von zunächst 23 »blockfreien« Staaten im indonesischen Bandung 1955. Das erste offizielle Gipfeltreffen findet 1961 im jugoslawischen Belgrad statt, wo der rebellische Staatschef TITO (*1892, †1980) STALIN (*1878, †1953) 1948 erfolgreich die Stirn geboten hatte. Auch der Ort der zweiten offiziellen Konferenz 1964 – Kairo – ist nicht zufällig gewählt. Der ägyptische Staatschef GAMAL ABDEL NASSER (*1918, †1970) wird neben NEHRU und Tito zu einer weiteren Ikone der NAM-Staaten, weil er sich seit 1955 erfolgreich dem Werben nach Blockbindung entzieht. Stattdessen kann er aufgrund der strategischen Lage seines Landes erfolgreich finanzielle Mittel von beiden Supermächten einwerben. Welche Sogwirkung speziell NASSER entwickelt, zeigt sich in den arabischen Nachbarländern, etwa in Libyen, wo sich später MUAMMAR AL-GADDAFI (*1942) ausdrücklich auf NASSERS Vorbild beruft. Weitere Gipfelkonferenzen folgen in Lusaka (1970), Algier (1973), Colombo (1976), Havanna (1979), Neu-Delhi (1983) und Harare (1986). Das letzte gemeinsame Treffen im Kalten Krieg wird 1989 wieder in Belgrad durchgeführt. Von ursprünglich 61 Mitgliedern im Jahr 1961 wächst die Bewegung auf schließlich 102 Teilnehmer. Zusätzlich werden zwei Befreiungsorganisationen aufgenommen: die südwestafrikanische SWAPO (*South West African People's Organization*) und die arabische PLO (*Palestine Liberation Organisation*).

Die Mitgliedschaft in der Blockfreienbewegung ist für beide Supermächte von Beginn an eine Herausforderung, aber v. a. auch ein politisches Ärgernis. Dies zeigt Moskaus Verhalten gegenüber Jugoslawien ebenso wie die Politik Washingtons gegenüber den neuen afrikanischen Staaten. Blockfreiheit und der damit verbundene politisch-wirtschaftliche Pragmatismus werden in den beiden großen Machtzentren des Kalten Krieges als unerwünschte politische Unentschiedenheit wahrgenommen. Nachhaltig bekämpft haben allerdings v. a. die USA diese Art der Neutralität, während die Sowjetunion die propagierte Blockfreiheit zumindest zeitweilig eher als Chance begreift, ihren Einfluss zu stärken. Dies gilt auch für China.

Das Ende des Kalten Krieges demonstriert noch einmal die Schwäche der Gruppe 77, aber auch die Bedeutung des Blockkonflikts für die Bewegung. Die zweite Konferenz (1990, Paris) der damals 42 Länder umfassenden Gruppe der am wenigsten entwickelten Staaten der Welt, der sog. *Least Developed Countries* (LLDC), erweist sich als Fehlschlag, weil das absehbare Ende des Konflikts auch die Interessen der großen Industriestaaten an der wirtschaftlichen Unterstützung der Dritten Welt schwächer werden lässt. Die wenigen überhaupt angereisten Staats- und Regierungschefs der Industrieländer lehnen die erneut vorgetragene Forderung, die Entwicklungshilfe bis 1995 auf einen bestimmten Prozentsatz des Bruttosozialprodukts der jeweiligen Geberländer zu erhöhen, kategorisch ab. Entwicklungshilfe im Kalten Krieg, so zeigt sich noch einmal deutlich, ist immer eher eine politische Waffe im Systemkonflikt gewesen. Mit Auflösung des Ostblocks fehlt schlagartig das globale Konkurrenzverhältnis, das auch jenseits von rein wirtschaftlich begründeten Kosten-Nutzen-Rechnungen aus übergeordneten politischen Erwägungen die Verteilung finanzieller Mittel befördert hat.

Obwohl der Blockfreienbewegung das Verdienst zukommt, eine aktive Rolle der Dritten Welt im Konzert der großen Mächte im Kalten Krieg erkämpft zu haben, bleibt die politische Wirkung dieser Gruppe im Kalten Krieg fast durchgängig schwach. Im günstigsten Fall wird ihr zugestanden, den Blick für die Länder der Dritten Welt und den Nord-Süd-Konflikt geschärft zu haben. Zwar gelingt es einzelnen privilegierten Ländern, etwa dem geostrategisch günstig gelegenen Ägypten oder den ölreichen OPEC-Staaten, die Fronten des globalen Konflikts für sich zu nutzen. Herausragende Persönlichkeiten der Bewegung können politische Entscheidungen tatsächlich forcieren. Doch für die Masse der NAM-Staaten trifft dies nicht zu. Der Versuch, die Industriestaaten zu mehr wirtschaftlichen Zugeständnissen zu zwingen, scheitert ebenso wie der Vorstoß, den Ölpreis politisch wirksam einzusetzen. Dies misslingt nicht zuletzt wegen der politischen Zerstrittenheit und den zahlreichen Sonderinteressen innerhalb der Bewegung. Das Bekenntnis zum Verzicht auf kriegerische Mittel erweist sich darüber hinaus v. a. dann als Makulatur, wenn Mitglieder der Blockfreienbewegung teilweise über Jahrzehnte militärische Konflikte austragen (u. a. Pakistan und Indien, Somalia und Äthiopien, Vietnam und Kambodscha, Uganda und Tansania, Malaysia und Indonesien, Irak und Iran).

1947, 23. März Der organisatorische Weg für eine Zusammenarbeit in der Dritten Welt beginnt mit der **Asian Relations Conference** in Neu-Delhi unter Teilnahme der Arabischen Liga, auf der die Idee einer Schicksalsgemeinschaft in politische Aktion umzusetzen versucht wird.

1949, 10. Jan. Die erste afro-asiatische Regierungskonferenz tritt in Neu-Delhi zusammen (Teilnehmer sind auch Ägypten und Äthiopien).

1951, 6. Nov. In einer Rede des sowjetischen Geheimdienstchefs BERIJA (*1899, †1953) über die Möglichkeiten der »friedlichen Koexistenz« (von LENIN ent-

Unabhängigkeitserklärungen seit 1945 (Chronologische Übersicht, vorherige Oberhoheit)

Jahr	Datum	Land	Oberhoheit
1945	10. Aug.	Korea	Japan
	17. Aug.	Indonesien	Niederlande
1946	14. April	Syrien	Frankreich
	22. Mai	Jordanien	Großbritannien
	4. Juli	Philippinen	USA
1947	15. Aug.	Indien	Großbritannien
	15. Aug.	Pakistan	Großbritannien
1948	4. Jan.	Burma	Großbritannien
	4. Febr.	Ceylon (Sri Lanka)	Großbritannien
	14. Mai	Israel	Großbritannien
1951	24. Dez.	Libyen	Italien
1954	20. Juli	Kambodscha	Frankreich
	21. Juli	Laos	Frankreich
	21. Juli	Vietnam	Frankreich
1956	1. Jan.	Sudan	Großbritannien/ Ägypten
	2. März	Marokko	Frankreich/Spanien
	20. März	Tunesien	Frankreich
1957	6. März	Ghana (Goldküste)	Großbritannien
	31. Aug.	Malaya (Malaysia)	Großbritannien
1958	2. Okt.	Guinea	Frankreich
1960	1. Jan.	Kamerun	Frankreich
	27. April	Togo	Frankreich/ Großbritannien
	26. Juni	Madagaskar	Frankreich
	30. Juni	DR Kongo (Zaire)	Belgien
	1. Juli	Somalia	Großbritannien/ Italien
	1. Aug.	Benin (Dahomey)	Frankreich
	3. Aug.	Niger	Frankreich
	5. Aug.	Burkina Faso (Obervolta)	Frankreich
	7. Aug.	Elfenbeinküste	Frankreich
	11. Aug.	Tschad	Frankreich
	13. Aug.	Zentralafrikanische Republik	Frankreich
	15. Aug.	Republik Kongo (Kongo-Brazzaville)	Frankreich
	17. Aug.	Gabun	Frankreich
	20. Aug.	Senegal	Frankreich
	22. Sept.	Mali (Soudan)	Frankreich
	1. Okt.	Nigeria	Großbritannien
	19. Okt.	Mauretanien	Frankreich
1961	27. April	Sierra Leone	Großbritannien
	19. Juli	Kuwait	Großbritannien
1961	9. Dez.	Tanganyika (Tansania)	Großbritannien
1962	1. Jan.	Westsamoa	Neuseeland
	1. Juli	Burundi	Belgien
	1. Juli	Ruanda	Belgien
	3. Juli	Algerien	Frankreich
	6. Aug.	Jamaika	Großbritannien
	9. Okt.	Uganda	Großbritannien
1963	1. Sept.	Singapur	Großbritannien
	10. Dez.	Sansibar (Tansania)	Großbritannien
	12. Dez.	Kenia	Großbritannien
1964	6. Juli	Malawi (Njassaland)	Großbritannien
	24. Okt.	Sambia (Nordrhodesien)	Großbritannien
1965	18. Febr.	Gambia	Großbritannien
	26. Juli	Malediven	Großbritannien
1966	26. Mai	Guyana	Großbritannien
	30. Sept.	Botswana	Großbritannien
	4. Okt.	Lesotho	Großbritannien
	30. Nov.	Barbados	Großbritannien
1967	27. Nov.	Südjemen (Aden)	Großbritannien
1968	31. Jan.	Nauru	Großbritannien
	12. März	Mauritius	Großbritannien
	6. Sept.	Swasiland	Großbritannien
	12. Okt.	Äquatorialguinea	Spanien
1970	4. Juni	Tonga	Großbritannien
	10. Okt.	Fidschi-Inseln	Großbritannien
1971	4. Aug.	Bahrain	Großbritannien
	1. Sept.	Katar	Großbritannien
	2. Dez.	Vereinigte Arabische Emirate	Großbritannien
	9. Dez.	Bhutan	Indien
1973	10. Juli	Bahamas	Großbritannien
1974	7. Febr.	Grenada	Großbritannien
	10. Sept.	Guinea-Bissau	Portugal
1975	5. Juli	Kapverden	Portugal
	6. Juli	Komoren	Frankreich
	12. Juli	Saõ Tomé und Príncipe	Portugal
	25. Juli	Moçambique	Portugal
	11. Nov.	Angola	Portugal
	25. Nov.	Suriname	Niederlande
1976	29. Juni	Seychellen	Großbritannien
1977	27. Juni	Djibouti	Frankreich
1978	7. Juli	Salomonen	Großbritannien

Unabhängigkeitserklärungen seit 1945

Jahr	Datum	Land	Oberhoheit
1978	1. Okt.	Tuvalu (Ellice-Inseln)	Großbritannien
	3. Nov.	Dominica (Westindien)	Großbritannien
1979	22. Febr.	St. Lucia (Westindien)	Großbritannien
	12. Juli	Kiribati (Gilbert-Inseln)	Großbritannien
	27. Okt.	St. Vincent/ Grenadines	Großbritannien
1980	18. April	Simbabwe (Rhodesien)	Großbritannien
	30. Juli	Vanuatu (Neue Hebriden)	Großbritannien/ Frankreich
1981	21. Sept.	Belize	Großbritannien
	1. Nov.	Antigua-Barbuda	Großbritannien
1983	19. Sept.	St. Kitts-Nevis	Großbritannien
1984	1. Jan.	Brunei	Großbritannien
1990	21. März	Namibia	Südafrika
	22. Dez.	Marschallinseln	USA (Treuhänder)
		Mikronesien	USA (Treuhänder)
		Nördliche Marianeninseln	USA (Treuhänder)
1991	9. April	Georgien	Sowjetunion
	24. Juni	Slowenien	Jugoslawien
1991	24. Juni	Kroatien	Jugoslawien
	24. Aug.	Ukraine	Sowjetunion
	25. Aug.	Weißrussland	Sowjetunion
	27. Aug.	Moldawien	Sowjetunion
	30. Aug.	Aserbaidschan	Sowjetunion
	30. Aug.	Kasachstan	Sowjetunion
	31. Aug.	Usbekistan	Sowjetunion
	31. Aug.	Kirgistan	Sowjetunion
	6. Sept.	Estland	Sowjetunion
	6. Sept.	Lettland	Sowjetunion
	6. Sept.	Litauen	Sowjetunion
	9. Sept.	Tadschikistan	Sowjetunion
	23. Sept.	Armenien	Sowjetunion
	15. Okt.	Bosnien-Herzegowina	Jugoslawien
	27. Okt.	Turkmenistan	Sowjetunion
	19. Nov.	Makedonien	Jugoslawien
1993	1. Jan.	Slowakei	Tschechoslowakei
	24. Mai	Eritrea	Äthiopien
1994	1. Okt.	Palau	USA (Treuhänder)
2002	19. Mai	Osttimor	Indonesien
2006	3. Juni	Montenegro	Serbien und Montenegro
2008	17. Febr.	Kosovo	Serbien

wickelte Grundsätze, auf der Konferenz von Genua 1922 erstmals vorgetragen und von der Sowjetunion seit 1951 als Grundsatz in der Außenpolitik hervorgehoben) wird der Gedanke eines politischen Zusammenschlusses der Dritten Welt gegenüber der Vormacht der Industriestaaten befürwortet.

1952, 23. Juli Mit der erfolgreichen Revolution in Ägypten wird der Gedanke eines Bündnissystems der Blockfreien auch für Afrika bedeutsam, weil sich ihr politischer Führer, Gamal Abdel Nasser, bestrebt zeigt, sein Land zum Bindeglied zwischen der islamisch-arabischen und der schwarzafrikanischen Welt werden zu lassen.

12. Dez. Die Konferenz von zwölf afro-asiatischen Staaten in Kairo legt den seither einzigen verbindlichen Grundsatz für alle Mitglieder der entstehenden Bewegung der Blockfreien fest: **neutrale Haltung im Ost-West-Konflikt bzw. im Kalten Krieg**, aber Einsatz für die Interessen der Entwicklungsländer im Nord-Süd-Konflikt.

1954, 26. April–21. Juli Die Bewegung der Blockfreien erhält ihren entscheidenden Anstoß, als die Großmächte auf der Ostasienkonferenz in Genf lediglich die unmittelbar beteiligten Staaten, nicht aber die Vertreter der betroffenen Regionen zu Wort kommen lassen.

29. April Im Chinesisch-Indischen Abkommen über Tibet werden »Fünf Prinzipien« der Außenpolitik beider Länder verankert: 1. Gegenseitige Achtung territorialer Integrität, 2. Nichteinmischung in innere Angelegenheiten, 3. Gleichberechtigung, 4. »friedliche Koexistenz«, 5. Verzicht auf militärische Aggression.

April/Dez. Als Reaktion auf die Vorgänge der Ostasienkonferenz in Genf beschließen die Regierungschefs von Birma, Ceylon, Indien, Indonesien und Pakistan auf den Konferenzen von Kandy (Ceylon) und Bogor (Indonesien) die Einberufung einer afro-asiatischen Konferenz nach Bandung (Indonesien).

1955, 18.–24. April An der **Konferenz in Bandung** nehmen Delegationen aus 23 asiatischen und 6 afrikanischen Staaten teil. Auf ihr werden Grundsätze der freundschaftlichen Zusammenarbeit im Sinne der »friedlichen Koexistenz« verabschiedet: Achtung der in der UN-Charta niedergelegten Menschenrechte und Ziele, Wahrung der Souveränität und territorialen Integrität aller Nationen, Anerkennung der Gleichheit aller Rassen und Nationen unabhängig von ihrer Größe, Verzicht auf Intervention bzw. Einmischung in die inneren Angelegenheiten anderer Staaten, Achtung vor dem Recht jeder Nation, sich allein oder kollektiv in Übereinstimmung mit der UN-Charta zu verteidigen, Verzicht auf Verteidigungsvereinbarungen, die den besonderen Interessen einer Großmacht dienen können, Verzicht auf Aggressionsakte oder -drohungen gegen die territoriale Integrität oder politische Unabhängigkeit eines Landes, Regelung aller internationalen Streitfragen mit friedlichen Mitteln, Förderung des gegenseitigen Interesses und der Zusammenarbeit, Achtung der internationalen Rechte und Verpflichtungen. Ferner fordert die Konferenz eine allgemeine Abrüstung und das totale Verbot jeglicher nuklearer und thermonuklearer Waffen.

1956, 18.–19. Juli Auf der Halbinsel Brioni (Jugoslawien) verabschieden Jawaharlal Nehru, Gamal Abdel Nasser und Josip Tito eine gemeinsame Erklärung über Prinzipien und Ziele der **Nichtpaktgebundenheit**.

1961, 1.–6. Sept. 1. Konferenz der Blockfreien in Belgrad: In der Schlusserklärung fordern die beteiligten 25 Staaten für den Kongo (Zaïre) und für Kuba das Recht, ihr politisches und soziales System selbst zu bestimmen, verlangen eine allgemeine Abrüstung, den Stopp von Atomwaffenversuchen sowie eine Lösung der Deutschland- und Berlinfrage ohne Gewalt.

1962, 9.–18. Juli Auf der in Kairo tagenden Wirtschaftskonferenz der Entwicklungsländer richten die Blockfreien Forderungen unterentwickelter Staaten an die Adresse der Industrienationen, ohne dass allerdings über Einzelheiten Konsens erzielt werden kann.

1964, 5.–10. Okt. An der 2. Gipfelkonferenz der Blockfreien in Kairo nehmen bereits 46 Staaten teil. Ihr Verlauf macht deutlich, dass die ideologische Auseinandersetzung zwischen Moskau und Peking die Konsolidierung einer gemeinsamen Basis erheblich erschwert (**»Zone der Labilität«**) und dass die neutrale Bündnishaltung nicht mehr ausreichend ist: Neben der Bekämpfung wirtschaftlicher Abhängigkeiten – so lautet die Forderung – müsse daher die Bekämpfung der aus der »kooperativen Bipolarität der beiden Supermächte« entstandenen Hegemonialpolitik treten.

1965, 25. Okt. Die vorgesehene zweite afro-asiatische Gipfelkonferenz in der Fortsetzung der Konferenz von Bandung scheitert und wird auf unbestimmte Zeit vertagt, weil sich die Spannungen des chinesisch-sowjetischen Konflikts auf die an der Vorbereitung beteiligten Staaten negativ ausgewirkt haben.

1966, 3.–15. Jan. Erste Solidaritätskonferenz der Völker Asiens, Afrikas und Lateinamerikas in Havanna unter Teilnahme von Vertretern aus 82 Staaten sowie von Beobachtern aus sieben Ostblockstaaten und 14 internationalen linksgerichteten Organisationen. In der verabschiedeten Generaldeklaration heißt es, dass der Kampf auf Leben und Tod gegen das System der imperialistischen, kolonialistischen und neokolonialistischen Unterdrückung und Ausbeutung begonnen habe. Dieses Minimalprogramm der »Entrechteten der Erde« dient seither als Leitlinie bei Verhandlungen der Dritten Welt mit den Industrienationen.

1967, 10.–24. Okt. An der **Konferenz von Algier** nehmen 77 meist blockfreie Staaten teil. Die bereits 1964 (UNCTAD I) beschlossene wirtschaftspolitische Interessenvertretung wird nun offiziell zu einer **»Gruppe der 77«**. Algeriens Präsident Houari Boumedienne (*1927, †1978) prangert das von den Großmächten propagierte Wohlverhalten im Sinne einer »friedlichen Koexistenz« als Täuschungsmanöver an, das lediglich die Vorherrschaft der Industrienationen festschreiben solle. Entsprechend verurteilt die »Charta von Algier« sowohl die Ergebnisse der Kennedy-Runde des GATT als auch die Entwicklungspolitik des Ostblocks und fordert allgemeine Zollpräferenzen für Importe von Rohstoffen, Halbfertig- und Fertigprodukten aus Entwicklungsländern, Entwicklungshilfe von 1 % des Bruttosozialprodukts der Industriestaaten und eine stärkere Berücksichtigung der Finanzierungshilfen für die Entwicklungsländer durch IMF und IDA (International Development Association).

1970, 8.–10. Sept. Auf Anregung des jugoslawischen Staats- und Parteichefs Tito findet in Lusaka die 3. Gipfelkonferenz der Blockfreien statt. Zentralthemen der von den 54 Teilnehmerstaaten verabschiedeten Resolutionen sind der Kampf gegen Kolonialismus und Rassismus, die Beseitigung von politischer Bevormundung und neokolonialistischer Ausbeutung. Die politischen Grundsätze formuliert die »Deklaration über Frieden, Unabhängigkeit, Entwicklung, Zusammenarbeit und Demokratisierung der internationalen Beziehungen«, die wirtschaftlichen sind in der »Erklärung über Blockfreiheit und wirtschaftlichen Fortschritt« niedergelegt. Darin werden insbesondere veränderte Beziehungen zwischen Geber- und Empfängerländern empfohlen und eine verstärkte Kooperation auf allen wirtschaftlichen Gebieten – also eine neue Weltwirtschaftsordnung.

Okt. Die »Gruppe der 77« legt, den Ergebnissen von Lusaka folgend, das Dokument »Internationale Strategie für die Zweite Entwicklungsdekade der Vereinten Nationen« vor.

1972, 8.–12. Aug. Die Bündnisfreien fordern auf ihrer Außenministerkonferenz in Georgetown, dass die Entspannung sich nicht nur auf die entwickelten Gebiete der Erde beschränken dürfe, sondern v. a. die wirtschaftlichen Bedürfnisse der Entwicklungsländer berücksichtigen müsse, weil durch den weltwirtschaftlich bedingten Rückgang der Entwicklungshilfeleistungen unzumutbare Belastungen für die Länder der Dritten Welt entstanden seien.

1973, 5.–9. Sept. Der Forderung der Außenministerkonferenz von Georgetown soll besonders die 4. Gipfelkonferenz der Blockfreien in Algier Nachdruck verleihen, doch erschweren interne Gegensätze eine gemeinsame Willensbildung. So protestiert Kuba gegen Libyens Erklärung, die Sowjetunion sei eine imperialistische Macht; Staaten der »ersten Stunde« wie Indien und Jugoslawien wehren sich gegen Versuche einer Institutionalisierung nichtpaktgebundener Zusammenarbeit. Die teilnehmenden 75 Staaten verabschieden eine »Politische Deklaration«, die sich u. a. mit dem israelisch-arabischen Konflikt, dem Vietnamproblem sowie mit der Hegemonialpolitik der Supermächte befasst. Darüber hinaus gibt es eine »Wirtschaftliche Deklaration«, die v. a. die nationale

Souveränität über die Bodenschätze fordert, ein »Aktionsprogramm über wirtschaftliche Zusammenarbeit«, das die Einrichtung eines Entwicklungs- und Solidaritätsfonds fordert, und schließlich neben weiteren 13 Einzelresolutionen eine »Deklaration über den Kampf um nationale Befreiung«.

1975, 4.–8. Febr. Eine erneute Behandlung erfährt der Themenkreis Weltwirtschaftsordnung auf der **Rohstoffkonferenz in Dakar**, auf der 68 Länder der Dritten Welt (darunter 57 Blockfreie) die Kontrolle über die natürlichen Reichtümer als Schlüssel ihrer wirtschaftlichen Freiheit bezeichnen und u. a. einen Sonderfonds zur Finanzierung von Reserven der Entwicklungsländer an Roh- und Grundstoffen fordern.

1976, 16.–18. Aug. Die 5. Gipfelkonferenz der Blockfreien in Colombo beschließt insbesondere, den Koordinierungsausschuss von 17 auf 25 Mitglieder zu erweitern: Afrika zwölf Sitze (Algerien, Angola, Botswana, Guinea, Liberia, Niger, Nigeria, Sudan, Tansania, Tschad, Zaïre, Sambia), Asien acht Sitze (Bangladesh, Indien, Indonesien, Irak, PLO, Sri Lanka, Syrien, Vietnam), Lateinamerika vier Sitze (Kuba, Guyana, Jamaika, Peru), Europa einen Sitz (Jugoslawien).

1979, 3.–7. Sept. Die 6. Gipfelkonferenz der Blockfreien in Havanna steht unter dem Vorzeichen einer grundsätzlichen politischen Auseinandersetzung. Kuba bemüht sich vergeblich, eine Mehrheit der Blockfreien für die Formel »die sozialistischen Staaten sind der natürliche Verbündete der Nichtpaktgebundenen« zu gewinnen und damit faktisch die Blockfreiheit aufzugeben. Das deutliche Interesse der Mehrzahl der Blockfreien Staaten liegt auf jenen wirtschaftspolitischen Problemen, die v. a. die »Gruppe der 77« (inzwischen 115 Mitglieder) und in ihr die Sondergruppe der OPEC-Länder vertritt.

1983, 7.–12. März Die 7. Gipfelkonferenz der Blockfreien in Neu-Delhi fordert in der »Botschaft aus Delhi« die Großmächte auf, das Wettrüsten einzustellen und die so frei werdenden Finanzmittel zur Entwicklung der Dritten Welt zu verwenden; die weltweite Wirtschaftskrise verlange nach einer weltweiten Wirtschaftsneuordnung. Die Abschlussdeklaration erklärt angesichts der seit 1979 erkennbaren neuen offensiven Phase des Kalten Krieges die Abrüstung zur Frage des Überlebens der Menschheit. Die Sicherheit aller Staaten dürfe nicht von den Interessen der wenigen Länder abhängig sein, die Nuklearwaffen besitzen.

1985, 19.–21. April Die **Namibia-Konferenz** der Blockfreien in Delhi beschließt ein 17 Punkte umfassendes Aktionsprogramm zur Unabhängigkeit Namibias.

1986, 1.–6. Sept. Auf der 8. Gipfelkonferenz der Blockfreien in Harare wird ROBERT MUGABE (*1924), Präsident von Simbabwe, neuer Vorsitzender.

1989, 4.–8. Sept. Die 9. Gipfelkonferenz in Belgrad verabschiedet eine Deklaration über die Bereitschaft der blockfreien Staaten zur Zusammenarbeit mit dem Westen. Sie erklärt, dass nach der Entspannung zwischen Ost und West nun das Gefälle zwischen den armen und reichen Ländern der Welt in den Vordergrund der politischen Aufmerksamkeit treten müsse.

Die Blockfreienbewegung nach 1945

1992, 1.–7. Sept. 10. Gipfeltreffen der blockfreien Staaten in Jakarta: Beratung zu den Folgen der Beendigung des Kalten Krieges. Eine Auflösung der Organisation wird abgelehnt. Die Bewegung versteht sich nun v. a. als Interessensvertretung des Südens im Nord-Süd-Konflikt.

1995, 18.–20. Okt. 11. Gipfeltreffen in Cartagena de Indias: Forderung nach einer grundlegenden Reform der UNO mit mehr Mitspracherecht der Entwicklungsländer und Antrag auf Erweiterung des Sicherheitsrats. »Aufruf von Kolumbien«: Gegen neoliberale und protektionistische Politik der Industrieländer, Forderung nach Wiederaufnahme des Nord-Süd-Dialogs, Verstärkung von Abrüstung und Umweltschutz, Bekämpfung von Armut und Terrorismus.

2003, 20.–25. Febr. 13. Gipfeltreffen von Kuala Lumpur: Protest der Blockfreien gegen ein unilaterales Vorgehen in Konflikten. Hintergrund ist der amerikanisch-britische Krieg im Irak (3. Golfkrieg). Weitere Forderungen richten sich gegen neue Ungerechtigkeiten, die die verstärkte Globalisierung verursacht. Ausdrückliches Bekenntnis zu einem »Dialog der Zivilisationen«.

2005, 7.–10. Mai Ministertagung in Putrajaya: Verabschiedung einer Erklärung zur Besserstellung von Frauen in Entwicklungsländern.

2006, 15.–17. Sept. 14. Gipfelkonferenz der Blockfreienstaaten (118 Mitglieder) in Havanna: Versuch, v. a. Kubas, Venezuelas und Irans, eine gemeinsame NAM-Front gegen die USA zu organisieren. In der gemeinsamen Schlusserklärung verurteilen sie u. a. den Terrorismus, aber auch die Sanktionen der USA gegen Kuba und Venezuela sowie die Militäraktionen Israels gegen Palästina. Forderung nach UNO-Reform, Liberalisierung des Welthandels und Zugang zu friedlicher Nutzung der Kernenergie (Iran).

Internationale Beziehungen seit dem Ende des Kalten Kriegs (ab 1992) | Forts. v. S. 1407, 1422, 1432 |

Nach dem Ende des Kalten Krieges tritt generell die auch bereits vor 1991 vorhandene Multipolarität in der Weltpolitik deutlicher hervor. Regionale Gruppierungen und Zusammenschlüsse, u. a. NATO, EG/EU, KSZE/OSZE, ASEAN, aber auch Regionen übergreifende Organisationen (UNO, Sonder- bzw. Hilfsorganisationen) gewinnen als Strukturelemente der internationalen Beziehungen an Bedeutung, ohne die Nationalstaaten als Akteure der Außenpolitik abzulösen. Die USA sind die einzige verbleibende Supermacht, die sich weltweit engagiert. Ihre politische Zielrichtung ist, nach dem Untergang des Kommunismus, eine Weltordnung zu etablieren, die einerseits den Sieg der westlichen Demokratie über die sowjetische Diktatur widerspiegelt, andererseits die Lehren aus der Zeit des globalen Konflikts ziehen will. Daraus ergibt sich aus amerikanischer Sicht nicht nur die Fortsetzung des Kampfs gegen undemokratische Regime – die sog. *Rogue States* –, verbunden mit einer tiefen Skepsis gegenüber der UNO, sondern v. a. die Beibehaltung der als erfolgreich verstandenen Strategien des Kalten Krieges für zukünftige »Lange Kriege«. Diesen Begriff führt das Pentagon im Febr. 2006 offiziell ein.

Weitere Folge der Beendigung des Kalten Krieges ist die politische Neuordnung der traditionellen Zentren des Kalten Krieges. Die in Ostmitteleuropa und auf dem Gebiet der ehemaligen Sowjetunion entstandene Fülle neuer Nationalstaaten erklärt sich entsprechend ihren historischen Bindungen neuen Ordnungen zugehörig. Am einfachsten ist dies für die ehemaligen ostmitteleuropäischen Satellitenstaaten, die sich traditionell Westeuropa verbunden fühlen. Polen, die Tschechoslowakei, Ungarn, Bulgarien, Rumänien, die baltischen Staaten, schließlich auch Teile Jugoslawiens zielen unmittelbar nach Ende des Kalten Krieges auf die Aufnahme in die Europäische Gemeinschaft, die ab 1993 Europäische Union (EU) heißt. Nach der Aufnahme der bisher neutralen Staaten Österreich, Finnland und Schweden 1995, folgen 2004 Ungarn, Polen, Tschechien, Estland, Slowenien, Lettland, Litauen, die Slowakei sowie Zypern und Malta, 2007 Rumänien und Bulgarien. Darüber hinaus werden die nun überholten Blockstrukturen militärisch neu organisiert und es wird versucht, die Nuklearwaffen der ehemaligen Sowjetunion unter Kontrolle zu halten. Gegen den ausdrücklichen Einspruch Moskaus werden 1999 Ungarn, Polen und Tschechien in die NATO aufgenommen. Unmittelbar damit zusammen hängt die Neuorientierung der westlichen Sicherheitspolitik. Sie mündet u. a. in das sog. »Neue Strategische Konzept«, das nicht nur die militärischen Aktivitäten der NATO neu definiert, sondern auch die Beziehungen zu den Staaten des ehemaligen Ostblocks.

Als weiteres zentrales Ergebnis der Beendigung des Kalten Krieges zeigt sich eine neue, teilweise selbstständigere Stellung der ehemaligen »Peripherie« des Kalten Krieges. Erkennbar ist hier v. a. der weiter ausgebaute Einfluss Chinas, aber auch der des politischen Islam. Die enorme politische Bedeutung der Länder an der Peripherie hat sich während des Konflikts z. B. in der Vergabe von Entwicklungs- und Militärhilfe, aber auch in den »Kleinen Kriegen« gezeigt. Entsprechend deutlich ist mit dem Ende des Kalten Krieges 1991 das Interesse für den Nord-Süd-Konflikt und damit auch die finanzielle Unterstützung gefallen. Die 90er-Jahre, als die erste Nachkriegsdekade des Kalten Krieges, sind deswegen auch das Jahrzehnt einer verheerenden globalen Armutskrise. Bereits die schlichte Betrachtung der Situation aus wirtschafts- und machtpolitischem Blickwinkel macht deutlich, dass dieses durch das Ende des Kalten Krieges hinterlassene Vakuum zwangsläufig Reaktionen auslösen muss. Weltweit gesehen zeigen sich hier v. a. zwei

Trends. Am besorgniserregendsten aus Sicht der ehemaligen Hauptzentren des Kalten Krieges ist das massive Anwachsen des radikalen Islamismus in der Dritten Welt. Bereits in den letzten Jahren vor 1991 zeigt sich, dass der von den USA in diesem Teil der Welt zunächst als antikommunistische Kraft geförderte islamistische Fundamentalismus sich nun zunehmend als Kämpfer für die Interessen der Dritten Welt zu etablieren sucht. Es ist daher kein Zufall, dass mit dem Ende des antisowjetischen *Dschihad* in Afghanistan auch eine Art islamische Entwicklungshilfe einsetzt. Neben islamischen Staaten tauchen nun auch zahlreiche private islamische Organisationen als Geber auf, u. a. das 1988 entstandene Terrornetzwerk al-Qaida. Der zweite Trend an der ehemaligen Peripherie des Kalten Krieges zeigt sich in China. Das Land ist bis 1991 eine nuklear bewaffnete Großmacht des Kalten Krieges im Schatten der beiden Supermächte geblieben. Nach 1991 gelingt es China im Verlauf weniger Jahre, sich als Wirtschaftspartner für westliche Industrienationen zu empfehlen. Darüber hinaus etabliert sich das nach wie vor kommunistisch regierte Land als Vormacht in Ostasien. Ähnlich wie die USA in Mittel- und Südamerika können die Machthaber in Peking wirtschaftliche Einflusszonen im Süden und im Norden Ostasiens aufbauen, was während des Kalten Krieges undenkbar gewesen wäre. In die südliche Einflusszone werden u. a. Thailand, Laos, Kambodscha, Malaysia und Indonesien einbezogen. Ironischerweise gelingt es damit, auch die antikommunistischen Frontstaaten, die zunächst in der SEATO, dann in der ASEAN versammelt sind, als Wirtschaftspartner zu gewinnen. Hier zeigt sich eine der bemerkenswertesten politisch-

Wirtschaftliche Zusammenschlüsse in Europa seit 1991

wirtschaftlichen Konversionen in den ehemaligen Strukturen des Kalten Krieges.

1992, 14. Febr. Auf der **3. Gipfelkonferenz der Gemeinschaft Unabhängiger Staaten (GUS)**, gegründet von elf ehemaligen Sowjetrepubliken im Vertrag von Alma Ata (21. Dez. 1991), scheitert eine Einigung über ein gemeinsames militärisches Oberkommando.

8. März Veröffentlichung eines Strategiepapiers, das aus Sicht der US-Regierung die weltweite Präsenz amerikanischer Streitkräfte nach dem Ende der »kommunistischen Herausforderung« neu legitimiert.

24. März–10. Juli Ein Folgetreffen der KSZE in Helsinki verabschiedet ein neues Regelwerk zur Konfliktbewältigung. Am Rande der Eröffnung unterzeichnen die Außenminister der NATO-Staaten sowie der Staaten des ehemaligen Warschauer Pakts einen »Vertrag über den offenen Himmel«, der militärische Aktivitäten transparenter machen soll.

2. Mai Unterzeichnung des Abkommens zur Bildung eines Europäischen Wirtschaftsraums (EWR) durch 19 Staaten (EG und EFTA) in Porto (Portugal).

22. Mai Frankreich und die Deutschland beschließen die Aufstellung eines **Eurokorps** mit integrierten Streitkräften unter gemeinsamem Oberbefehl.

19. Juni Die Außen- und Verteidigungsminister der WEU-Staaten beschließen in Bonn (Petersberger-Erklärung), dass Truppen der WEU-Staaten künftig für UN-Einsätze zur Verfügung stehen.

14.–15. Dez. Die 3. Außenministerkonferenz der KSZE-Staaten beschäftigt sich mit der Stärkung der operativen Fähigkeiten der KSZE durch strukturelle Reformen. Die KSZE erhält einen Generalsekretär.

17. Dez. Der Nordatlantikrat der NATO erklärt seine Bereitschaft, friedenserhaltende Operationen unter der Autorität der UNO zu unterstützen.

21. Dez. Nach der gemeinsamen Erklärung vom 15. Febr. 1991 in Visegrád (Ungarn), **Gründung der CEFTA** (*Central European Free Trade Association*) in Krakau durch Polen, Ungarn und die ČSFR (seit der Auflösung der ČSFR am 1. Jan. 1993 sind die Slowakei und die Tschechische Republik Mitglieder).

1993, 1. Jan. Inkrafttreten des **EG-Binnenmarktes.**

3. Jan. USA und Russland unterzeichnen in Moskau den START-II-Vertrag (*Strategic Arms Reduction Talks*), der bis zum Jahre 2003 eine Reduzierung des strategischen Atomwaffenpotenzials der beiden Staaten um 60 % vorsieht.

26. Febr. Eine von islamistischen Terroristen platzierte Bombe explodiert im New Yorker World Trade Center.

2. Aug. Das EWS gibt die enge Kursanbindung frei und setzt neue Bandbreiten zur Harmonisierung der Wechselkurse der Mitgliedsstaaten fest.

29. Okt. EG-Sondergipfel in Brüssel: Die Staats- und Regierungschefs der EG-Staaten legen die Standorte verschiedener Organe der Europäischen Union fest, u. a. Frankfurt/Main als Sitz des Europäischen Währungsinstituts (EWI; seit 1. Juni 1998 die Europäische Zentralbank, EZB) und Den Haag als Sitz der europäischen Polizeibehörde Europol.

1. Nov. Der **Vertrag von Maastricht** (Europäische Union), unterzeichnet von den EG-Außen- und Finanzministern am 7. Febr. 1992, tritt in Kraft.

1994, 10.–11. Jan. Während der NATO-Gipfelkonferenz in Brüssel wird das Programm **»Partnerschaft für den Frieden«** verabschiedet: Ziel ist u. a. die Vorbereitung der osteuropäischen Staaten auf eine mögliche NATO-Mitgliedschaft.

14. Jan. Die Präsidenten der USA und Russlands, BILL (WILLIAM JEFFERSON) CLINTON (*1946) und BORIS N. JELZIN (*1931, †2007) unterzeichnen die »Moskauer Erklärung«, in der sie sich verpflichten, keine Atomwaffen auf den jeweils anderen Staat zu richten.

13. Aug. MANFRED WÖRNER (*1934), NATO-Generalsekretär seit 1988, stirbt. Sein Nachfolger wird WILLY CLAES (*1938).

28. Nov. Norwegen lehnt per Referendum den Beitritt zur Europäischen Union ab.

5.–6. Dez. KSZE-Gipfeltreffen in Budapest: Die KSZE wird in OSZE (Organisation für Sicherheit und Zusammenarbeit in Europa) umbenannt.

9.–10. Dez. Auf der Tagung des Europäischen Rates in Essen beschließen die Staats- und Regierungschefs eine Strategie zur Erweiterung der EU um die mittel- und osteuropäischen Staaten.

1995, 1. Jan. Österreich, Finnland und Schweden werden Mitgliedsstaaten der EU.

26. März Das **Zweite Schengener Abkommen** über den Wegfall von Personenkontrollen an den EU-Binnengrenzen (zwischen Benelux-Staaten, Deutschland, Frankreich, Portugal und Spanien) sowie deren Verlegung an die Außengrenzen tritt in Kraft.

17. April–12. Mai Konferenz zur Überprüfung des 1968 unterzeichneten **Atomwaffensperrvertrags** in Genf. Nach langen Kontroversen über die Nichtmitgliedschaft der Atommächte Indien, Israel und Pakistan wird der Vertrag verlängert.

31. Mai Der russische Außenminister ANDREIJ KOSYREW (*1951) nimmt formell das NATO-Programm »Partnerschaft für den Frieden« an, lehnt jedoch weiterhin eine Osterweiterung der NATO ab. Russland erhält innerhalb dieser Partnerschaft einen Sonderstatus.

5.–7. Juni Auf der 25. **Generalversammlung der Organisation Amerikanischer Staaten** (OAS) wird der Boykott der USA gegen Kuba verurteilt.

26. Juli In Brüssel unterzeichnen die Botschafter der EU-Staaten die Konvention über die Errichtung der europäischen Polizeibehörde Europol.

27.–28. Nov. Euro-Mittelmeer-Konferenz in Barcelona mit den Außenministern der EU sowie der zwölf südlichen und östlichen Anrainerstaaten des Mittelmeeres. Geplant wird eine Freihandelszone bis 2010.

15. Dez. Die **NATO** wird vom **UN-Sicherheitsrat** ermächtigt, mit dem Einsatz der unter NATO-Kommando stehenden internationalen Friedenstruppe IFOR (*Implementation Force*) in Bosnien das Friedensabkommen von Dayton durchzusetzen.

15.–16. Dez. Treffen des Europäischen Rats in Madrid: Die Staats- und Regierungschefs einigen sich auf den Euro als gemeinsame **europäische Währung** zum 1. Jan. 1999.

1996, 28. Febr. Russland wird 39. Mitglied des Europarats.

1./2. März 1. ASEM-Gipfel (*Asia-Europe Meeting*) in Bangkok. 25 Staats- und Regierungschefs der ASEAN- und EU-Staaten sowie der VR China, Japans und Südkoreas beraten über mögliche Kooperationsformen.

25. März Um die Ausbreitung der **Rinderseuche BSE** zu verhindern, verhängt der Veterinärausschuss der EU gegen Großbritannien ein Ausfuhrverbot für Rindfleisch und lebende Rinder in die Staaten der Europäischen Union und Drittstaaten.

12.–13. April EU-Konferenz in Brüssel zum Wiederaufbau Bosnien-Herzegowinas: Die Teilnehmer einigen sich auf 1,23 Mrd. US-Dollar Finanzhilfe an Bosnien-Herzegowina für das Jahr 1996.

3. Juni Auf Beschluss der Außenminister der NATO tritt das Konzept der *Combined Joint Task Forces* (CJTF; die Entwicklung »trennbarer, jedoch nicht getrennter« NATO-Kapazitäten) in Kraft, welches den europäischen Ländern einen militärischen Einsatz ohne die USA ermöglicht.

1997, 29. April Das »Übereinkommen über das Verbot der Entwicklung, Herstellung und Lagerung und des Einsatzes chemischer Waffen«, das 165 Mitgliedsstaaten der UNO unterzeichnet haben, tritt in Kraft.

27. Mai Die Staats- und Regierungschefs der NATO-Staaten, der russische Präsident JELZIN und NATO-Generalsekretär JAVIER SOLANA (*1942, Generalsekretär 1995–1999) unterzeichnen in Paris einen Sicherheitsvertrag, wonach sich die NATO und Russland nicht länger als Gegner betrachten. Ein »Ständiger Gemeinsamer NATO-Russland-Rat« wird geschaffen.

30. Mai Auf der Ministertagung des Nordatlantikrats in Sintra verständigen sich die Mitgliedsstaaten der NATO und 27 weitere europäische Länder auf die **Gründung des Euroatlantischen Partnerschaftsrats** (EAPC) mit den NATO-Staaten, Staaten des ehemaligen Warschauer Paktes sowie bündnisfreien Staaten wie Finnland, Österreich, Schweden und der Schweiz.

29. Okt.–20. Nov. Im Konflikt um die Ausweisung amerikanischer Waffeninspektoren der UNO aus dem Irak (29. Okt) isolieren sich die USA in der ehemaligen Golfkriegsallianz mit der Forderung nach militärischen Sanktionen; Schlüsselrolle Russlands bei diplomatischen Bemühungen.

Dez. Wie Ende 1996 sind in Europa rund 18 Mio. Menschen ohne Arbeit.

3.–4. Dez. 125 Staaten (außer den USA, der VR China und Russland) unterzeichnen in Ottawa ein Abkommen über das Verbot von Antipersonen-Minen.

12.–13. Dez. Gipfeltreffen in Luxemburg zur **Osterweiterung der EU**: Direkte Beitrittsverhandlungen (April 1998) mit Slowenien, Ungarn, der Tschechischen Republik, Polen, Estland und Zypern; die Anwärter Rumänien, Bulgarien, Slowakei, Litauen und Lettland werden in einem längerfristigen Prozess der EU angenähert (ab März 1998). Die Türkei reagiert auf ihren Ausschluss von der Beitrittskandidatur mit Abbruch der Beziehungen zur EU.

16. Dez. Im Rahmen einer Konferenz der NATO-Außenminister in Brüssel werden die Protokolle für die Aufnahme der Tschechischen Republik, Ungarns und Polens in die NATO unterzeichnet.

22. Dez. Deutschland, Großbritannien, Italien und Spanien schaffen die vertragliche Grundlage für die Serienfertigung des Jagdflugzeugs »Eurofighter 2000« (veranschlagte Gesamtkosten: etwa 75 Mrd. DM).

1998, 31. März Die EU nimmt offizielle Beitrittsverhandlungen mit Estland, Polen, Slowenien, Tschechien, Ungarn und Zypern auf.

3. Mai In Brüssel beschließen die in der Europäischen Währungsunion zusammengeschlossenen elf Staaten die Einführung des Euro zum 1. Jan. 1999.

7. Aug. Vor den US-Botschaften in Nairobi und Daressa-

Sitzverteilung nach Staaten im Europäischen Parlament

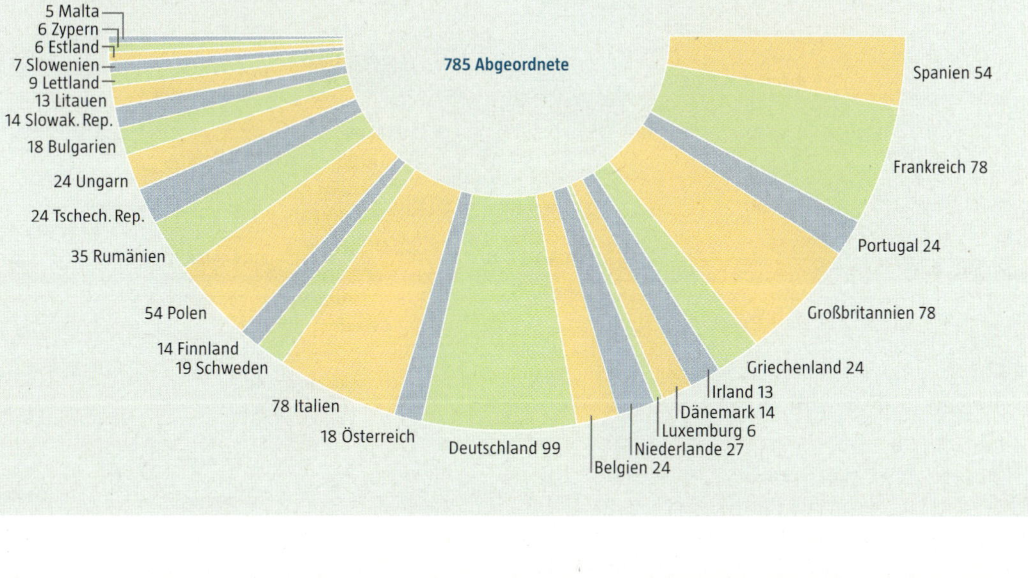

lam explodieren zwei Autobomben. Die Anschläge, die 263 Todesopfer fordern, werden der 1988 gegründeten Terrororganisation al-Qaida des saudi-arabischen Multimillionärs Osama bin Laden (*1956) zugeschrieben.

1999, 1. Jan. In elf europäischen Ländern wird der Euro als Zahlungsmittel im bargeldlosen Zahlungsverkehr eingeführt.

16. März Schwere Vorwürfe wegen Misswirtschaft und Korruption führen zum geschlossenen **Rücktritt der 20 EU-Kommissare**.

24. März Nach dem Scheitern der Verhandlungen von Rambouillet (7.–23. Febr.) und Paris (15.–18. März) über den Status der Provinz **Kosovo** beginnt die NATO mit Luftangriffen auf Jugoslawien. Die Militäroperation wird bis zum 20. Juni fortgesetzt.

23. April Auf der 50-Jahr-Feier der NATO werden Polen, Ungarn und die Tschechische Republik in die NATO aufgenommen.

27. April Als erste Kaukasus-Nation wird Georgien in den Europarat aufgenommen.

12. Juni Die ersten Verbände der KFOR-Friedenstruppe rücken in die Hauptstadt des Kosovo, Priština, ein.

13. Juni Bei den Wahlen zum Europäischen Parlament werden Konservative und Christdemokraten führende Kraft vor den Sozialisten.

2000, 4. Febr. Die EU verhängt **Boykottmaßnahmen gegen Österreich** wegen der Beteiligung der rechtsgerichteten FPÖ an der Regierung. Die Sanktionen werden am 12. Sept. zurückgenommen.

21. April Die russische Staatsduma ratifiziert den inter-

Europa 2008

nationalen Atomteststoppvertrag. Der US-Senat hat dagegen im Okt. 1999 eine Ratifizierung abgelehnt.

12. Okt. Islamistische Terroristen aus dem Netzwerk al-Qaida attackieren den US-Zerstörer USS Cole vor der Küste des Jemen. 17 Menschen sterben, 40 werden verletzt.

28.–31. Okt. Die 31. Gipfelkonferenz des *Pacific Island Forum*, dem 16 Staaten und Territorien im Pazifik angehören, billigt die sog. Biketawa-Erklärung, wonach es erlaubt sein soll, Mitgliedsländer zu kritisieren, die vom Weg der Demokratie abkommen.

11. Dez. Bei der Tagung des Europäischen Rats in Nizza werden Beschlüsse über die für eine Erweiterung der EU notwendigen institutionellen Reformen beschlossen. Der Vertrag von Nizza wird am 26. Febr. 2001 unterzeichnet.

2001, 3. Febr. Auf der internationalen Konferenz für Sicherheitspolitik in München bekräftigen die USA ihre Pläne zum **Aufbau einer nationalen Raketenabwehr**.

31. Mai Das Europäische Parlament verlangt, die Abstimmung über den Vertrag von Nizza so lange auszusetzen, bis ein Konvent aus Vertretern des EP, der nationalen Parlamente, der Mitgliedsstaaten und der Kommission darüber befunden hat.

9.–11. Juli Auf der 37. und letzten Gipfelkonferenz der Organisation der Afrikanischen Einheit (OAU) in Lusaka beschließen deren Mitglieder die Auflösung der Organisation zugunsten der Afrikanischen Union (AU), die nach dem Vorbild der Europäischen Union strukturiert sein soll; u. a. sind ein panafrikanisches Parlament, eine Exekutivkommission, eine Zentralbank und ein gemeinsamer Gerichtshof vorgesehen.

22. Aug. Die NATO beginnt in Makedonien mit der Entwaffnung der Rebellenarmee UCK (Operation *Essential Harvest*).

11. Sept. **Anschlagsserie des Terrornetzwerks al-Qaida in New York und Washington D.C./USA** (World Trade Center, Pentagon) mittels drei entführter Passagierflugzeuge. Eine vierte Maschine verfehlt ihr vorgesehenes Ziel und stürzt im US-Bundesstaat Pennsylvania ab.

20. Sept. US-Präsident George W. Bush (*1946) gibt das Programm einer weltweiten Terrorbekämpfung bekannt. U. a. wird das Taliban-Regime in Afghanistan aufgefordert, die mutmaßlichen Drahtzieher der Anschläge vom 11. Sept. auszuliefern.

2. Okt. Als Reaktion auf die Anschläge vom 11. Sept. erklärt die NATO zum ersten Mal in ihrer Geschichte den Verteidigungsfall.

7. Okt. Beginn der US-Angriffe auf Afghanistan.

13. Dez. Die USA steigen aus dem 1972 mit der damaligen Sowjetunion geschlossenen ABM-Vertrag aus.

2002, 1. Jan. In der durch den Beitritt Griechenlands auf 12 Staaten angewachsenen Europäischen Währungsunion kommt das **Euro-Bargeld in Umlauf**.

29. Jan. US-Präsident Bush spricht von einer »Achse des Bösen«, die den Weltfrieden durch Massenvernichtungswaffen bedrohe, und nennt in diesem Zusammenhang die Staaten Irak, Iran und Nordkorea. Im Lauf des Jahres wird der US-Stützpunkt Guantánamo auf Kuba zum exterritorialen und außerhalb der US-Gerichtsbarkeit stehenden Internierungslager für Gefangene aus dem »Krieg gegen den Terror« ausgebaut.

13. Mai Die USA und Russland vereinbaren, die Zahl ihrer nuklearen Sprengköpfe um zwei Drittel zu reduzieren. Die Waffen sollen allerdings nicht alle zerstört, sondern z. T. nur außer Dienst gestellt werden.

28. Mai Auf dem Luftwaffenstützpunkt Pratica di Mare bei Rom wird ein **Kooperationsabkommen zwischen Russland und der NATO** unterzeichnet.

27. Jun. Die in Kanada tagende Runde der G-8 nimmt Russland als vollwertiges Mitglied auf.

13. Juli Der UN-Sicherheitsrat bestätigt die **Immunität von US-Soldaten** bei UN-Missionen. Damit ist ein wochenlanges Tauziehen beendet, das zuletzt die UN-Mission in Bosnien zu gefährden drohte. Hintergrund ist die Weigerung der USA, das Statut des Internationalen Strafgerichtshofs anzuerkennen.

15. Juli Die neue Währung Euro erreicht erstmals Parität mit dem Dollar.

12. Okt. Mehrere Sprengstoffanschläge auf der indonesischen Ferieninsel Bali, bei denen über 200 Menschen getötet werden. Im März 2005 wird der mutmaßlich Gründer der islamistischen Terrororganisation *Jemaah Islamiyah*, Abu Bakar Baschir (*1938), für seine Beteiligung am Anschlag verurteilt.

19. Okt. Bei einer Volksabstimmung in Irland entscheiden sich 62,9 % der Wähler für die Annahme des Vertrags von Nizza. Damit ist der Weg frei für die EU-Osterweiterung.

26. Okt. Die Wirtschaftsgemeinschaft der Westafrikanischen Staaten (ECOWAS) beschließt die Entsendung einer Friedenstruppe in die Elfenbeinküste.

20. Nov. Der NATO-Gipfel in Prag beschließt die Aufnahme der baltischen Staaten, Bulgariens, Rumäniens, Sloweniens und der Slowakei.

13. Dez. Der Europäische Rat schließt in Kopenhagen die Beitrittsverhandlungen mit Estland, Lettland, Litauen, Malta, Polen, der Slowakei, Slowenien, Tschechien, Ungarn und Zypern ab.

2003, Jan. Die Afrikanische Union (AU) beschließt einen Militäreinsatz zur Beendigung des Bürgerkriegs in Burundi.

30. Jan. Die Staats- und Regierungschefs von acht europäischen Staaten rufen gemeinsam dazu auf, geschlossen mit den USA für eine Entwaffnung des Irak einzutreten.

1. Febr. Inkrafttreten des Vertrags von Nizza, der die EU institutionell reformiert im Hinblick auf die bevorstehende Erweiterung.

10. Febr. Die ISAF (*International Security Assistance Force*) in Afghanistan, die auf Basis eines UN-Mandats die afghanische Regierung bei der Wiederherstellung und Wahrung der inneren Sicherheit und der Menschenrechte unterstützen soll, steht unter deutsch-niederländischer Führung.

10. Juli Der Konvent zur Zukunft der EU unterzeichnet den Entwurf für die EU-Verfassung.

11. Aug. Die NATO übernimmt die Führung und Koordination der Internationalen Sicherheitsunterstützungstruppe für Afghanistan (ISAF).

14.–16. Aug. Auf der Jahrestagung des Pacific Islands Forum (PIF) im Auckland unterbreitet Australiens Premierminister John Howard (*1939) einen »Pacific Plan«, die Bildung einer südpazifischen Gemeinschaft nach EU-Vorbild. Australien will statt der bisherigen Wächter- eine Führungsrolle übernehmen.

10.–14. Sept. Bei der WTO-Konferenz in Cancún vereint Brasilien gemeinsam mit China und Indien eine Gruppe von über 20 Entwicklungs- und Schwellenländern um sich, die als G-21 oder G-22 ein Gegengewicht zu den Industrienationen bilden wollen.

5. Nov. Die EU beschließt milliardenschwere Strafzölle auf US-Produkte wegen Exporthilfen der US-Regierung u. a. für Boeing und Microsoft.

24. Nov. Die Finanzminister der EU setzen das Defizitverfahren gegen Deutschland und Frankreich trotz dreimaligem Verstoß gegen den Stabilitäts- und Wachstumspakt der EU aus.

2004, 18.–20. März Erste Tagung des Panafrikanischen Parlaments der Afrikanischen Union.

25./26. März Nach dem Terroranschlag von Madrid (11. März) wird der EU-Aktionsplan zur Bekämpfung des Terrorismus überarbeitet.

28. April Der Europarat bricht sämtliche Beziehungen zur Regierung Lukaschenka in Weißrussland ab.

28./29. April Auf einer Konferenz in Berlin verständigen sich die 55 Mitglieder der OSZE darauf, gegen Antisemitismus in den eigenen Ländern vorzugehen.

1. Mai Estland, Lettland, Litauen, Polen, Slowenien, Tschechien, die Slowakei, Ungarn, Malta und Zypern treten der EU bei.

6. Okt. Die EU-Kommission empfiehlt die Aufnahme von Beitrittsverhandlungen mit der Türkei.

29. Okt. Unterzeichnung der ersten EU-Verfassung durch die Staats- und Regierungschefs.

2005, 29. Mai und 1. Juni Referenden in Frankreich und in den Niederlanden enden jeweils mit einem Nein zur EU-Verfassung. Die Staats- und Regierungschefs der EU beschließen daraufhin am 18. Juni den Ratifizierungsprozess auszusetzen.

8. Juli Die Regierungschefs der G8-Staaten vereinbaren im schottischen Gleneagles, die Entwicklungshilfe bis 2010 um 50 Mrd. Dollar pro Jahr zu erhöhen und den 18 ärmsten Ländern ihre Schulden in Höhe von 40 Mrd. Dollar zu erlassen.

8. Sept. Abschluss eines deutsch-russischen Abkom-

Organisationsstruktur der Europäischen Gemeinschaften 2008

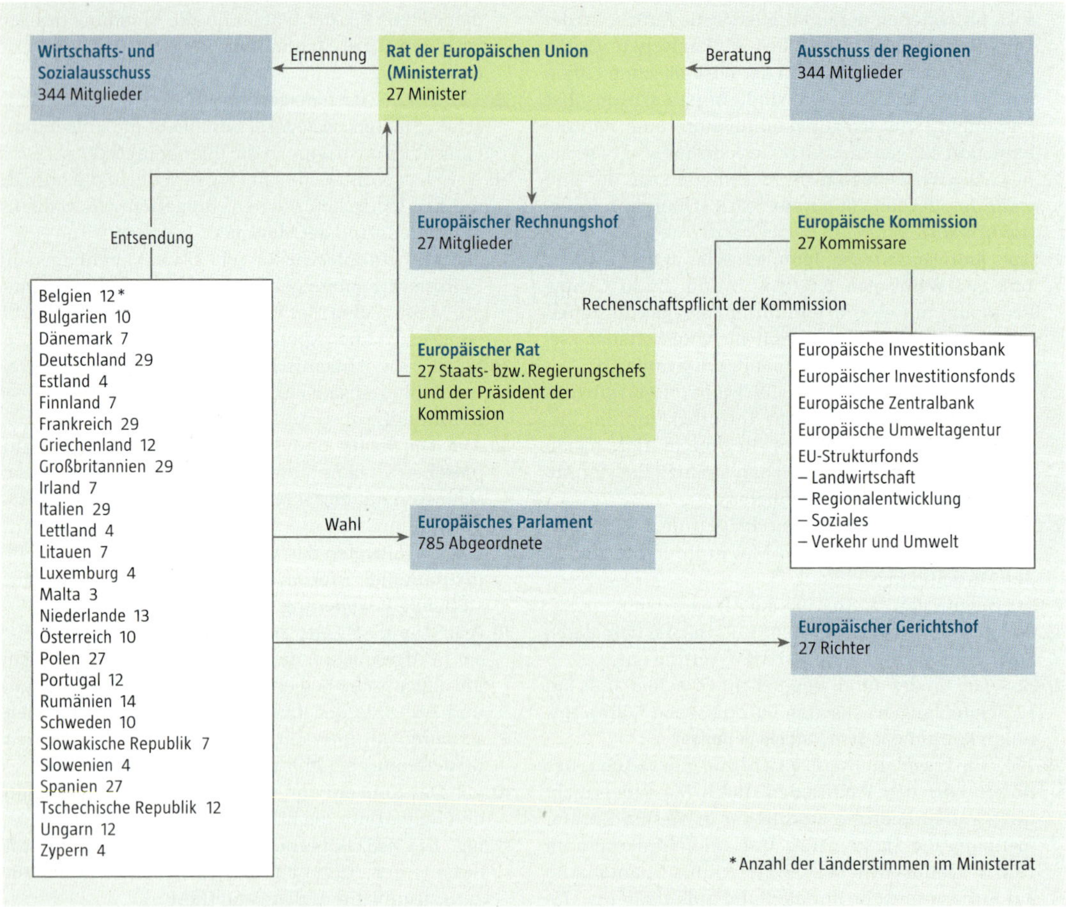

mens über den Bau einer Gaspipeline durch die Ostsee gegen den heftigen Protest Polens und der baltischen Staaten.

14.–16. Sept. Auf der 60. UN-Vollversammlung scheitert die Reform der Vereinten Nationen. Vertagung der Beschlüsse über einen möglichen ständigen Sitz Deutschlands im Sicherheitsrat, über Abrüstung und Nichtverbreitung von Massenvernichtungswaffen.

1. Okt. Islamistische Terroranschläge auf der indonesischen Insel Bali bei denen 22 Personen sterben, über 100 verletzt werden; Opfer sind v. a. Touristen.

17. Dez. Beilegung des EU-Finanzstreits durch die 25 Staats- und Regierungschefs der EU. Bis 2013 werden Ausgaben von maximal 862 Mrd. Euro vorgesehen.

2006, 6. Febr. Veröffentlichung eines neuen Pentagon-Strategiepapiers: Einführung des Begriffs *The Long War*, mit dem Konflikte gemeint sind, die möglicherweise über Jahrzehnte anhalten. Vorbild der Strategiefindung ist der aus amerikanischer Sicht siegreich abgeschlossene Kalte Krieg. Die Erfahrungen sollen jetzt in den seit 2001 geführten »Krieg gegen den Terror« einfließen.

2. März Indien und die USA unterzeichnen ein Abkommen über zivile nukleare Zusammenarbeit, womit gleichzeitig der bisherige amerikanische Standpunkt, dass der Nichtbeitritt zum Atomwaffensperrvertrag solche Kooperationen ausschließen, aufgegeben wird. Indien ist nun offiziell Atommacht.

21. Mai Die Mehrheit der Bürger Montenegros stimmen für eine Unabhängigkeit ihres Lands von Serbien.

Okt. Nach dem Ende der israelischen Intervention im Libanon, beschließt der Deutsche Bundestag, die Bundeswehr im Mittelmeer zur Verhinderung des Waffenschmuggels einzusetzen.

Nov. Zunehmender Druck der anderen NATO-Staaten, die am Einsatz in Afghanistan beteiligt sind, auf die deutsche Regierung, die Bundeswehr zu Kampfeinsätzen zuzulassen.

2007, 1. Jan. Rumänien und Bulgarien treten der EU bei.

13. Febr. Nordkorea verpflichtet sich, aus seinem Atomprogramm auszusteigen.

9. März Die EU-Staaten verpflichten sich, bis 2020 den CO_2-Ausstoß um 20 % zu verringern und den Anteil erneuerbarer Energien um 20 % zu erhöhen.

26. April Drohung des russischen Präsidenten Putin, wegen der amerikanischen Pläne für ein Raketenabwehrsystem in Europa aus dem KSE-Vertrag auszusteigen.

27. Okt. Erfolgreicher Test für das amerikanische Raketenabwehrsystem in Europa; Protest Russlands.

12. Dez. Russland storniert den Vertrag über Konventionelle Streitkräfte in Europa (KSE).

13. Dez. Die Staats- und Regierungschefs der EU unterzeichnen den »Vertrag von Lissabon« als Ersatz für die gescheiterte EU-Verfassung. Nach der Ratifizierung durch die Parlamente der EU-Mitgliedsstaaten soll der Vertag am 1. Jan. 2009 in Kraft treten.

21. Dez. Ausweitung des Schengen-Abkommens auf Polen, Tschechien, Malta, Estland, Lettland, Litauen, Ungarn, Slowenien und die Slowakei.

Wirtschaftliche Zusammenschlüsse 2008

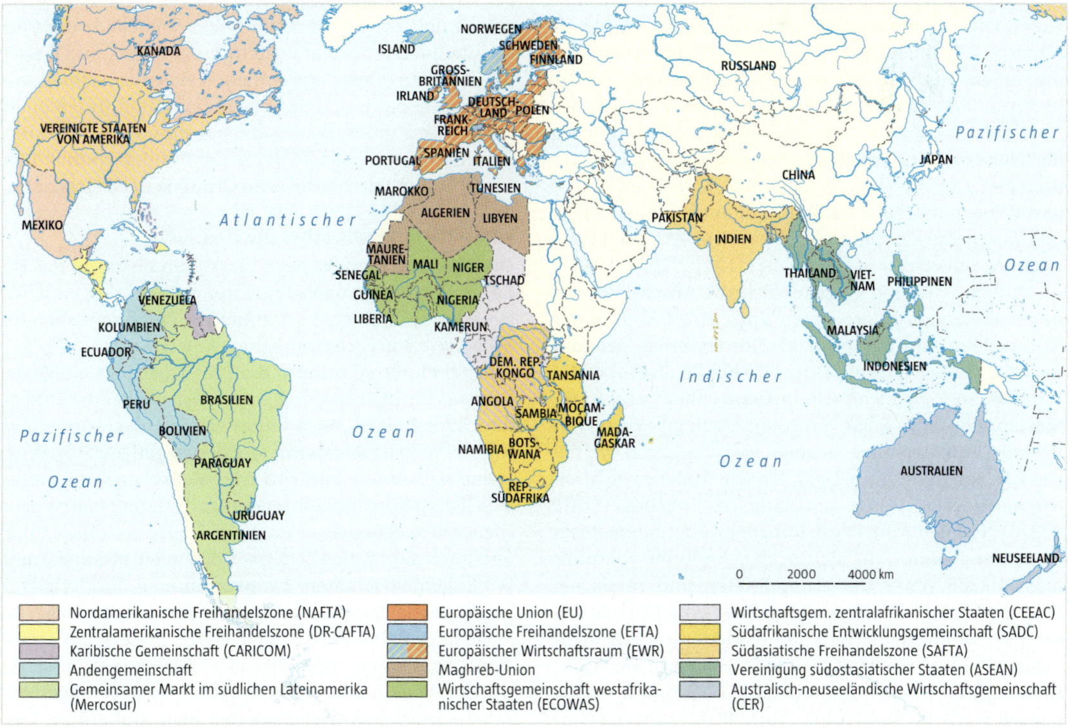

Kulturelle, wissenschaftliche und technische Entwicklungen seit 1945

Kulturelle Entwicklungen seit 1945

Der Zweite Weltkrieg sowie die restriktive Kulturpolitik des Nationalsozialismus und Stalinismus beeinträchtigen in den 30er- und 40er-Jahren massiv das Kulturschaffen: Viele Künstler und Literaten werden ermordet oder emigrieren. Der Schock, den der »Zivilisationsbruch Auschwitz« auslöst, zeigt in der unmittelbaren Nachkriegszeit massive Wirkung. THEODOR W. ADORNO (*1903, †1969) äußert die Ansicht, man könne nach Auschwitz kein Gedicht mehr schreiben, während Schriftsteller wie PAUL CELAN (*1920, †1970) oder ELIE WIESEL (*1928) sich gerade in ihrer Prosa und Lyrik intensiv mit den Erfahrungen des Holocaust, des Krieges, der Verfolgung und Vertreibung beschäftigen.

Aufbruchstimmung: Die 50er- und 60er-Jahre

Erst in den 50er- und 60er-Jahren entwickelt sich eine kulturelle Aufbruchstimmung, die sich v. a. in transnationalen Popkulturen Raum schafft und in den westlichen Industrienationen mit der Ankunft der Wohlstands- und Freizeitgesellschaft einhergeht. Gleichwohl bleibt Auschwitz als Synonym für die massenhafte Vernichtung von Menschenleben und für den moralischen Zusammenbruch der europäischen Zivilisation auch für den Rest des 20. Jh.s und bis in die Gegenwart ein zentrales Thema. In den 50er-Jahren ist v. a. die Literatur in beiden deutschen Staaten (und weit darüber hinaus) von einer Suchbewegung gekennzeichnet, die den Nationalsozialismus zu verarbeiten und abzustreifen sucht. Diese Literatur steht – wie die Nachkriegsgesellschaften – in einem Spannungsfeld von Konservatismus und neuem Aufbruch; sie ist von Kontinuitäten und Diskontinuitäten gleichermaßen gezeichnet und will den Anschluss an die internationale Literatur wiederherstellen: Diese Entwicklung findet ihren Ausdruck z. B. in den Romanen von HEINRICH BÖLL (*1917, †1985) und WOLFGANG KOEPPEN (*1906, †1996), aber auch in den Werken der Österreicherin INGEBORG BACHMANN (*1926, †1973) oder des Schweizers MAX FRISCH (*1911, †1991).

Ähnlich schwierig gestaltet sich die Anschlusssuche in der Bildenden Kunst, deren Epizentrum sich in den Kriegsjahren von Europa nach Nordamerika, genauer: nach New York, verlagert. Dort wird der Realismus in den 30er-Jahren zwar nicht, wie in Deutschland und in der Sowjetunion, vom Staat verordnet, doch gibt es auch in Amerika eine abstrakte Gegenbewegung gegen die realistische Kunst des New Deal, die von Malern wie MARK ROTHKO (*1903, †1970) und JACKSON POLLOCK (*1912, †1956) getragen wird. Diese Künstler fordern eine Besinnung der Malerei auf sich selbst, knüpfen allerdings auch an die Werke der europäischen und russischen Avantgarde der Vorkriegszeit an. Etwa eine Dekade später entsteht indes mit der Pop Art wiederum eine nichtabstrakte Kunstrichtung, in deren Zentrum die Wahrnehmung alltäglicher, ja gar banaler Phänomene steht – paradigmatisch vorgeführt von ROY LICHTENSTEIN (*1923, †1997) oder ANDY WARHOL (*1928, †1987), der Suppendosen und anderen Konsumgütern den Nimbus der Kunst verleiht und umgekehrt der Kunst den Einzug in den Alltag, in die Welt des Konsums, der Werbung und so der Kurzlebigkeit gestattet.

Die Herauslösung der Kunst aus der Abgeschlossenheit der Museen und Galerien geht einher mit der Entwicklung einer neuen Alltagskultur, in deren Rahmen sich abermals neue Moden und Lebensstile herausbilden: Wird in den 50er-Jahren noch der knielange Rock mit Petticoat getragen, so kommen in den 60er-Jahren die Hippie-Mode, Flower Power, neue Tanzstile wie Twist und Rock'n Roll, Frisuren wie der Pilzkopf oder der sog. Afro-Look auf. Frauen beginnen, lange Hosen, Männer, lange Haare zu tragen, und sorgen damit auch für eine Aufweichung traditioneller Rollen und Stereotype in den Geschlechterbeziehungen.

Eine besondere Schubkraft entwickelt der Aufbruch in den 60er-Jahren in der populären Musik: Britische Pop-Bands wie »The Beatles« und »Rolling Stones« verkörpern mit ihrer Musik das Lebensgefühl einer ganzen Generation und lösen v. a. einen ungekannten Kreativitätsschub aus, der sich etwa in dem Open Air-Konzert von Woodstock im Jahr 1969 manifestiert.

Das Ende der 60er-Jahre als einer Zeit der Prosperität und politischen Stabilität markieren die in vielen westlichen Industrieländern gleichzeitig sich formierenden Studentenbewegungen, die für eine deutliche Verschiebung des Wertgefüges der Nachkriegsgesellschaften sorgen. Spontaneität, Kreativität, basisdemokratische Aktionen und neue Lebensstile sollen anstelle konservativer und hierarchischer Strukturen in Politik und Gesellschaft treten. Viele verabschieden sich aber schnell wieder von revolutionärem Gedankengut und treten einen langen und mühseligen »Marsch durch die Institutionen« an – einen Marsch, der in der Bundesrepublik 1980 die Gründung der Partei »Die Grünen« nach sich zieht.

Vom Aufbruch in die Krise: Die 70er-Jahre

Die Studentenbewegungen markieren nicht nur das Ende der Prosperität nach dem Zweiten Weltkrieg, sie leiten gleichzeitig auch eine krisenhaftere Zeit ein: Stehen die 60er-Jahre für wirtschaftlichen Aufschwung und politische Stabilität, so bringen die 70er-Jahre im Gefolge der Ölkrise von 1973 eine weltweite Wirtschaftskrise und einen allgemeinen Stimmungswandel, der von einem wachsenden Bewusstseins von den negativen Folgen der Industrialisierung und von systematischer Kritik an der westlichen Konsumkultur geprägt ist. Es entstehen neue soziale Bewegungen (Frauen- oder Umweltbewegung) und auch alternative Lebens- und Organisationsformen (Wohngemeinschaften, Landkommunen, Kinderläden). Traditionelle Familienstrukturen werden in Frage gestellt und die Geburtenraten nehmen stetig ab – eine Tendenz, die sich durch den sog. »Pillenknick« verstärkt.

Die sozialen und ökonomischen Veränderungen lassen auch das kulturelle Schaffen nicht unberührt: Literatur und Film tragen den sozialen und politischen Umbrüchen Rechnung und thematisieren beispielsweise soziale Missstände und Linksterrorismus. In der Bildenden Kunst werden zudem Strömungen weiterentwickelt, deren Ursprünge in die 60er-Jahre zurückreichen, die aber erst jetzt zur vollen Entfaltung kommen: Videokunst, Konzeptkunst und Minimal Art sowie die Medien- und Computerkunst, die von den rasanten Fortschritten in der Computertechnik profitieren. Auch hier formiert sich zunehmend eine Kritik der Konsum- und Mediengesellschaft oder eine allgemeine Zivilisationskritik.

Ähnliche kritische Elemente finden sich in den Theorien des Poststrukturalismus, die ihrerseits deutliche Spuren in den künstlerischen und literarischen Werken hinterlassen. Kultur und Politik gehen in den 70er-Jahren zwar eine stärkere Symbiose ein, als in den vorangegangenen Jahrzehnten, doch reflektieren gleichzeitig auch theoretische, philosophische, künstlerische und literarische Bewegungen den Übergang zur Postmoderne bzw. zur postindustriellen Gesellschaft, was die Politik aber erst mit einiger Verspätung zur Kenntnis nimmt.

Dekonstruktion und Postmoderne

Überwiegend französische Theoretiker vertreten seit den 60er-, explizit seit Ende der 70er-Jahre, die These, dass sich die Epoche der Moderne ihrem Ende zuneige und durch eine Postmoderne abgelöst werde, deren Hauptmerkmal der Niedergang humanistischer Metaerzählungen sowie eine zunehmende Fragmentierung der Gesellschaft wie auch der individuellen Wahrnehmungen sei. An die Stelle historischer Sinnstiftungen wie Marxismus, Hegelianismus, Idealismus und Historismus trete nun eine fragmentierte Weltsicht, die den Verzicht der Menschheit auf universale Wahrheiten und den Verzicht der Subjekte auf Individualität im Sinne der Aufklärung ebenso einklagt wie – positiv betrachtet – die Anerkennung von Pluralität und Methodenvielfalt.

Den Begriff der Postmoderne führt Jean-François Lyotard (*1924, †1998) mit einiger Verspätung 1979 in dem Buch »Das postmoderne Wissen« ein, in dem er erklärt, der Mensch sei kein autonomes, frei agierendes Subjekt (mehr), sondern ein isoliertes, auf sich selbst zurück geworfenes Individuum, dessen Lebenswelt zunehmend durch eine von Medien, v. a. von Computern erfüllten Hyperrealität verdrängt werde, in der Wissen durch Information, die Meistererzählungen der Moderne durch partikulare Geschichten und Identität durch Subjektivität ersetzt werden. In der Realität würden schließlich auch die Zeichen und Repräsentationen »nur noch« repräsentiert bzw. simuliert werden – eine Vorstellung, die Anleihen u. a. beim Psychoanalytiker Jacques Lacan (*1901, †1981) nimmt. Zu den Methoden postmodernen Denkens gehören auch die Dekonstruktion und Diskursanalyse. Den Begriff der Dekonstruktion führt 1967 Jacques Derrida (*1930, †2004) ein, der eine Ablösung des Texts von seinem Autor und einer intendierten Bedeutung fordert – ein Gedanke, der auch in den historischen und diskursanalytischen Arbeiten von Michel Foucault (*1926, †1984) aufscheint.

Materiell schlagen sich postmoderne Theorien u. a. in der Popkultur und in der Baukunst nieder: Architekten wie Frank Gehry (*1929) oder Rem Koolhaas (*1944) schaffen zahlreiche Bauwerke, in denen die klassische Bauästhetik »dekonstruiert« und durch neue, zuweilen eklektizistisch erscheinende Formen abgelöst wird.

Seit einigen Jahren scheinen postmoderne Theorien jedoch an Erklärungskraft einzubüßen. Dies zeigt sich nicht zuletzt in der anhaltenden Konjunktur der Geschichte: Zwar ist ihr Anspruch auf universelle Erklärungsmacht nachhaltig in Frage gestellt, doch schafft sie sich in Form von Autobiografien, TV-Produktionen, »Histourismus« und »Histotainment« Raum im kollektiven Bewusstsein. Die Geschichtswissenschaft scheint immun gegen die postmoderne Theorie zu sein, was darauf zurückzuführen sein dürfte, dass einige ihrer Vertreter – besonders prominent Jean Baudrillard (*1929, †2007) – wiederholt das »Ende der Geschichte« postulieren und von Historikern nur um den Preis der Aufgabe des eigenen Forschungsgegenstandes hätten adaptiert werden können.

Der schärfste Kritiker postmoderner Theorien ist indes kein Historiker, sondern der Soziologe Jürgen Habermas (*1929), der in der Postmoderne nicht das Ende und die Aufhebung der Moderne sieht, sondern eine kritische Position, mit der diese sich dauerhaft auseinandersetzen muss. In Habermas' »Theorie der kommunikativen Vernunft« steht die rationale Austragung sozialer und politischer Konflikte in der Öffentlichkeit im Vordergrund (»herrschaftsfreier Diskurs«).

Postmoderne Lebensstile

Mit den sozialen und kulturellen Umbrüchen der 70er-Jahre verändern sich auch Habitus, Lebens- und Kleidungsstile, Konsumgewohnheiten sowie die Geschlechterverhältnisse signifikant. Trägt man in der Bundesrepublik bis Mitte der 60er-Jahre noch Anzug und Krawatte bzw. Röcke und Blusen, so dominieren ab den 70er-Jahren zunehmend Jeans und Turnschuhe als Alltagsbekleidung für Männer und Frauen, gefolgt vom *Poor Look* in Form serienmäßig mit Löchern und Flecken versehener Kleidungsstücke, aber auch vom neuen Schick der Yuppies (*Young Urban Professionals*). In den genannten Bereichen, ebenso wie in der Musik und in populären Medien wie Comic und Spielfilm, ist nahezu weltweit ein Prozess der Vereinheitlichung zu verzeichnen, der im Prinzip auch ein Prozess der Amerikanisierung ist. Gleichwohl ruft diese Entwicklung immer auch antiamerikanische und kulturpessimistische Reflexe hervor. Seit den 90er-Jahren rückt zudem der Begriff der Globalisierung ins öffentliche Bewusstsein, der Tendenzen der internationalen Verflechtung (Handel und Wirtschaft, Kommunikation, Kultur und Politik) sowie die Liberalisierung der Weltmärkte und die damit verknüpfte Vereinheitlichung von Produkten, Märkten und Preisen beschreibt. Dieser Prozess bietet Schwellenländern die Chance, mit billig produzierten Produkten Anschluss an den Weltmarkt zu finden, während er für Entwicklungsländer, die nicht über soziale Sicherungssysteme verfügen, in der Regel eine Verschlechterung aller Lebensbedingungen bewirkt. In kultureller Perspektive erzwingt der Prozess der Globalisierung v. a. eine weltweite Vereinheitlichung von Konsumkulturen und Medienformaten, von Seh- und Hörkulturen sowie die endgültige Einigung auf Englisch als internationale Verkehrssprache.

Medien: Vom Fernsehen zum Internet

Zweifellos avanciert das Fernsehen ab den 60er-Jahren zum Leitmedium der Industriegesellschaften. Am Ende dieses Jahrzehnts verfügt die Mehrheit der westlichen Haushalte über ein Fernsehgerät im Wohnzimmer. Gleichwohl entwickelt sich das Fernsehen ab den 80er-Jahren, mit der Öffnung des Marktes für private Sender, allmählich vom Massenmedium zu einem Individualmedium, das für jeden Geschmack etwas bereithält. Die stetig zunehmende Zahl der Sender und Programme sowie in jüngster Zeit die Digitalisierung haben das Fernsehen von der Anwesenheit im Wohnzimmer, also von festen Zeiten und Räumen abgekoppelt. Das Medium vollzieht damit eine Entwicklung, die auch andere Medien wie Foto, Film und Schallplatte durchgemacht haben: Sie alle werden sukzessive durch digitale, PC-kompatible Geräte ersetzt, die in den Anfangsjahren noch extrem unhandlich und leistungsschwach sind, die aber dennoch Quantensprünge im Bereich der technischen Beherrschung der Welt darstellen.

In den 70er-Jahren werden die ersten Personal Computer (PCs) marktfähig, für normale Verbraucher erschwinglich und handhabbar, und in größerer Stückzahl verkauft. Auf ihnen laufen ab den 80er-Jahren zunächst einfache Textverarbeitungsprogramme sowie Computerspiele, die ihrerseits eine Weiterentwicklung des an den Fernseher gekoppelten Videospiels darstellen und in ihrer heutigen Form und Vielfalt ein Marktsegment mit Milliardenumsätzen bilden. Einen weiteren Quantensprung im Übergang zur Informationsgesellschaft bildet die Einrichtung des Internets, das in den Anfängen keine Informationsplattform für die Öffentlichkeit, sondern ein Kommunikationsnetz der US-amerikanischen Armee war. Seit den 90er-Jahren läuft ein großer Teil der Kommunikation über dieses Medium; mit der Einführung der E-Mail verändern sich Laufzeiten und auch der Sprachgebrauch des alltäglichen Schriftverkehrs und die Beschaffung von Informationen ist zumindest für diejenigen, die über einen Computer verfügen, deutlich schneller und einfacher geworden. Zu beobachten ist zudem eine Umstellung von linearer Wissensaneignung (idealtypisch über das von vorn bis hinten durchgelesene Buch) auf eine netzwerkbasierte Wissensaneignung, in der Hyperlinks von einem Textbaustein zum anderen leiten.

»Kampf der Kulturen«? Orient und Okzident

Ein guter Teil dessen, was bisher über die Kultur des 20. Jh.s gesagt wurde, bezieht sich auf westliche Industrieländer bzw. die demokratisierten Gesellschaften des ehemaligen sozialistischen Blocks. Eine teilweise gegenläufige Entwicklung ist jedoch in zahlreichen außereuropäischen Gesellschaften und v. a. im islamischen Kulturkreis zu verzeichnen. Während sich einerseits in vielen arabischen Staaten Mittelschichten herausbilden, die einen westlich-liberalen Lebensstil pflegen, haben andererseits auch solche Strömungen Zulauf, die eine Rückkehr zu traditionellen Werten, die Pflege des islamischen Rechts und eine klare Positionierung gegen die USA und Europa als Zentren der »Dekadenz« fordern. Dass es in der wechselseitigen Wahrnehmung beider Seiten durchaus zu Verzerrungen kommt, zeigt deutlich der Anglist und Komparatist Edward Said (*1935, †2003) in seinem Buch »Orientalismus«, während der Politikwissenschaftler Samuel Phillips Huntington (*1927) davor warnt, die Bedrohung des Westens durch die arabische Welt zu unterschätzen; er spricht in dem gleichnamigen Buch von einem »Kampf der Kulturen« (englisch: »Clash of Civilizations«) zwischen Orient und Okzident, der seiner Ansicht nach die politischen Auseinandersetzungen des 21. Jh.s prägen wird.

Unabhängig davon, ob man Huntingtons Diagnose zustimmt oder nicht: Es liegt auf der Hand, dass eine weitere Vereinheitlichung von Lebensstilen und Konsumkulturen zunächst innerhalb des westlichen Kulturkreises zu verzeichnen ist; es ist aber offen, wie sich die Kulturen der arabischen Welt, des fernen Ostens und des afrikanischen Kontinents südlich der Sahara zu diesen Entwicklungen verhalten werden. Es bleibt abzuwarten, ob die wirtschaftliche Globalisierung auch eine kulturelle Globalisierung mit sich bringen wird.

Wissenschaft und Technik seit 1945

Wissenschaft im Zeitalter der Globalisierung

Nach dem Zweiten Weltkrieg setzt sich das quantitative Wachstum der wissenschaftlichen Forschung weitgehend ungebrochen und in allen industrialisierten Staaten fort. Die Wissenschaftsentwicklung wird dabei von den technologischen (und militärtechnischen) Erfolgen der ersten Jahrhunderthälfte getrieben. Die heutigen wissenschaftsgestützten Technologien wie Computer und Kerntechnik, Laser und Elektronik, aber auch pharmazeutische und medizinische Technologien sowie eine Vielzahl von Forschungstechnologien der Naturwissenschaften wären ohne ihre zumindest partielle und zeitweise Verankerung in militärisch orientierter Forschung nicht entstanden. So fällt der Anteil der militärischen Finanzierung physikalischer Forschung in den USA seit 1945 nie unter etwa 60 % und liegt meist deutlich höher. In der wissenschaftsgestützten technologischen Entwicklung konkurrenzfähig zu bleiben, ist nicht nur ein Motiv der Sicherheitspolitik der Nachkriegsmächte, sondern auch ein fundamentales Ziel staatlichen und privaten wirtschaftlichen Handelns.

Zugleich werden einige der Forschungslinien der wissenschaftlichen Moderne zu beeindruckenden Resultaten fortgeführt. Durch die sich in den 1950er- und 1960er-Jahren rasch konstituierende Molekularbiologie wird es nicht nur möglich, das menschliche Genom zu sequenzieren, sondern auch die Funktion vieler Lebensvorgänge auf molekularer Ebene zu bestimmen. Auch auf die Prozesse der Evolution kann so neues Licht geworfen werden. Mit der Herstellung und Freisetzung molekulargenetisch veränderter Lebewesen wird in Evolutionsprozesse selbst eingegriffen; die Risiken solcher Eingriffe sind bislang wenig erforscht.

Genetik, Molekularmedizin und In-vitro-Fertilisation

Die Anfänge der humanen Molekularmedizin – in sich eine konsequente Fortsetzung der Suche nach den kleinsten für Gesundheit und Krankheit verantwortlichen Strukturelementen des Organismus – ist eng verbunden mit der Entschlüsselung der Rolle des Zellkerns für den Erbgang. Bereits 1869 deutet der Physiologe FRIEDRICH MIESCHER (*1844, †1895) das »Nuklein« im Zellkern weißer Blutkörperchen als phosphorhaltige Säure. Dass es sich bei der von MIESCHER entdeckten Substanz allerdings um die Desokyribonukleinsäure (DNS, englisch DNA) als Träger der Erbinformation handelt, deckt erst 1944 der amerikanische Physiologe und Bakteriologe OSWALD THEODORE AVERY (*1877, †1955) auf. Der österreichisch-amerikanische Biochemiker ERWIN CHARGAFF (*1905, †2002) findet Ende der 1940er-Jahre heraus, dass die Zusammensetzung der DNA von Art zu Art variiert und dass die Menge der Basen Adenin und Thymin ebenso gleich ist, wie die Menge der Basen Cytosin und Guanin. 1953 beschreiben die amerikanischen Biochemiker JAMES DEWEY WATSON (*1928) und FRANCIS HARRY CRICK (*1916, †2004) die dreidimensionale Doppelhelixstruktur der DNA. Bald wird auch der Chemismus der bereits zuvor entdeckten Genveränderungen (Mutationen) etwa durch Röntgenstrahlen oder chemische Agenzien auf molekularer Ebene der DNA fassbar. Die Fehlvererbung eines Chromosoms, beim Menschen 46 (23 Paare), ist Ursache verschiedener Krankheitsbilder, z. B. Down-Syndrom, Turner-Syndrom oder Klinefelter-Syndrom.

Diese Erkenntnisse der molekularen Genetik sind Voraussetzung für die pränatale Diagnostik, wie sie seit den 1960er-Jahren betrieben wird. Die wichtigsten Methoden sind Fruchtwasseruntersuchung (Amniozentese) und die Chorionzottenbiopsie aus dem fetalen Teil des Mutterkuchens. In einer frühen Schwangerschaftsphase werden so die wichtigsten chromosomalen Veränderungen, aber auch viele andere Erbkrankheiten erkennbar. Bei einem positiven Befund stellt sich die Frage nach der Abtreibung des ungeborenen Lebens auf einer differenzierteren medizinischen Indikationsbasis. In Deutschland regelt § 218 des Strafgesetzbuches den Schwangerschaftsabbruch ohne Hinweis auf eine embryopathische Indikation. Entscheidend sind wesentlich die Beratung der Schwangeren und die Ausführung des Abortes durch einen Arzt.

Ähnlich intensiv wie bei der pränatalen Diagnostik verlaufen auch die ethischen Debatten um die Zeugung eines Kindes im Reagenzglas (In-vitro-Fertilisation) mit anschließendem Embryotransfer des befruchteten Eies in den Uterus. In der Humanmedizin wird diese Methode 1978 zum ersten Mal mit Erfolg praktiziert. Bei der Technik des intratubaren Gametentransfers (erstmals 1984) werden unbefruchtete Eizellen und Samenzellen über dünne Katheter in die Eileiter transferiert, wo es zur Befruchtung unter natürlichen Bedingungen kommt. Bei der 1994 eingeführten Intrazytoplasmatischen Spermieninjektion wird die Samenzelle des Mannes direkt in das Ooplasma einer Eizelle eingespritzt. Nach der In-vitro-Zeugung eines Menschen wird 1984 erstmalig ein Kind ausgetragen und geboren, das als Embryo zwei Monate tief gefroren war. Die Einpflanzung einer befruchteten Eizelle in die Gebärmutter einer fremden Frau gelingt noch im gleichen Jahr.

Diese neuen Methoden führen zur Entstehung eines völlig neuen Spannungsfeldes zwischen Patientenwunsch, ärztlicher Technik, Ethik und Recht. Stichworte und Kristallisationspunkte bis heute anhaltender Debatten sind Embryonenspende, Ersatzmutter, Leihmutter, Tötung überzähliger Embryonen und Forschungen an und mit nichttransferierten Embryonen. Die katholische Kirche lehnt seit 1987 die extrakorporale Befruchtung in vitro mit dem Argument ab, dass eine Befruchtung außerhalb des ehelichen Aktes widernatürlich und sittenwidrig sei; die homologe Insemination wird jedoch unter bestimmten Bedingungen bei Ehepaaren gestattet.

Die physikalische Forschung – sich auch weiterhin auf immer größere Experimentalanlagen stützend – formuliert eine bis heute unabgeschlossene Theorie subatomarer Elementarteilchen, während zugleich seit den 1990er-Jahren eine neue Serie von Forschungen die Struktur des Kosmos aufzuklären sucht. Neue Wissenschaftszweige widmen sich den neuen Technologien des 20. Jh.s – paradigmatisch etwa in Informatik und Festkörperphysik – bzw. auch den ökonomischen Prozessen (Ökonometrie, Finanzmathematik). Auch die Ingenieurwissenschaften werden zunehmend von naturwissenschaftlichen Verfahren durchdrungen, z. B. in der Materialwissenschaft oder in der Nanotechnologie.

Ist die wissenschaftliche Entwicklung der Nachkriegsjahrzehnte bis in die 1970er-Jahre noch vorwiegend durch die nationalstaatliche Organisation (und Konkurrenz) von Forschung geprägt, wird ab den 1980er-Jahren eine **globale Organisation** der Forschung immer wichtiger. Naturwissenschaftliche, mathematische, medizinische und technologische Forschung ist nur noch international denkbar (etwa beim *Human Genom Project* zur Entschlüsselung des menschlichen Genoms). Dabei sind zu den traditionellen Akteuren der öffentlichen Forschung (Universitäten, außeruniversitäre staatliche Institutionen) auch global agierende private Akteure (pharmazeutische Unternehmen, rohstoffnutzende Industrien) getreten. Die Balance zwischen öffentlicher und nichtöffentlicher Forschung ist heute ein wissenschaftspolitisch, aber auch ökonomisch umkämpftes Feld. Mit der Globalisierung der Forschung haben in jüngster Zeit auch globale Probleme als Forschungsgegenstände große Aufmerksamkeit auf sich gezogen. Die geologische Untersuchung von Rohstoffvorkommen, die Erforschung des globalen Klimas, das Studium der globalen Artenentwicklung und verwandte Fragen binden heute international einen großen Anteil von Forschungsbemühungen.

Auch die Produktion und Verteilung des Wissens selbst wird zunehmend zum Gegenstand von Forschung und politischer Diskussion. Dabei zeigt sich, dass auch in der globalen Wissensgesellschaft die großen Mengen wissenschaftlich produzierten Wissens sehr ungleich verteilt sind. Die Verteilung wissenschaftlichen Wissens (z. B. zwischen Industrie- und Entwicklungsländern) ist daher ein zentraler Faktor aktueller globaler Machtkonstellationen. Auch die personellen Ressourcen der Wissensproduktion sind global weiterhin ungleich verteilt. Nach Angaben der UNO kommen im Jahr 2002 in den entwickelten Staaten über 3200 in Forschung und Entwicklung tätige Akademiker auf 1 Mio. Einwohner, in den Entwicklungsländern dagegen nur etwa 310 und in den am wenigsten entwickelten Staaten nur eine handvoll. Von den etwa 5,5 Mio. Wissenschaftlern weltweit sind etwa 70 % in den entwickelten Länder und etwa 30 % in den Entwicklungsländern, davon 0,1 % in den am wenigsten entwickelten Staaten tätig.

Technische Entwicklungen

In den Industriestaaten ist die Mitte des 20. Jh.s der Wendepunkt zum Zeitalter des Massenkonsums und der Wegwerfgesellschaft. Durch die Nutzung der reichen Erdölvorkommen des Nahen und Mittleren Ostens verbilligen sich ab den 1950er-Jahren Produktion, Konsum und Verkehr. Die Steinkohle büßt ihre Spitzenstellung ein, und ab dem Ende der 1960er-Jahre tritt das Erdgas hinzu. Billiges Erdöl ist die stoffliche Grundlage für die Massenkunststoffe. Die **Massenproduktion führt zu erheblichen Umweltproblemen**. Doch im Unterschied zur vorangehenden Epoche tritt nun der Verbraucher selbst als ein Hauptverursacher von Umweltschäden in Erscheinung. Durch die Massenmotorisierung avanciert die Automobilindustrie in Ländern wie Deutschland zum Leitsektor. Die Automobilisierung wird nicht nur Voraussetzung des Massentourismus, sondern führt durch die räumliche Trennung von Wohn- und Arbeitsplatz zu einer grundlegenden Veränderung des Lebensweise. Der exponenzielle Ausstoß von Treibhausgasen, vornehmlich das Kohlendioxid aus der Verbrennung fossiler Energieträger, verursacht einen Anstieg der globalen Durchschnittstemperatur und damit einen Wandel des Weltklimas.

Bereits seit den 1970er-Jahren zeichnen sich die negativen Auswirkungen der globalen Industrialisierung ab. Die Erkenntnis der Begrenztheit der Ressourcen (*Club of Rome*, 1972) und die negativen Folgen des Massenkonsums lösen die Entwicklung umweltschonender Technologien aus (Recycling). Die Erwartung einer nicht-endlichen Energieversorgung durch die Kernenergie kann nicht erfüllt werden. Ihre Verbreitung wird von einer Kette von Unfällen begleitet, die in der Havarie des Kernkraftwerkes Tschernobyl (Ukraine) von 1986 gipfelt. Alternativen wie Erdwärme, Solar- und Windenergie führen bis in die 1990er-Jahre ein Schattendasein. Die Freisetzung halogenierter Kohlenwasserstoffe (Kühl- und Treibmittel) hat ab Mitte der 1980er-Jahre eine dramatische Abnahme der Ozonkonzentration über der Antarktis zur Folge (»Ozonloch«).

Die Entgrenzung der Kriegführung, die bis 1945 die Zivilbevölkerung zum Angriffsziel werden lässt, gipfelt in den 1950er-Jahren in der nun potenziell möglichen Selbstvernichtung der gesamten Menschheit. 1952 führen die USA im Pazifischen Ozean zum ersten Mal eine thermonukleare Explosion (Wasserstoffbombe) herbei. Neben den Bomberflotten wird die ballistische Rakete zum strategischen Waffensystem des Kalten Krieges. Mit atomaren Sprengköpfen bestückte Interkontinentalraketen sowie nuklear getriebene U-Boote und Flugzeugträger begründen das »Gleichgewicht des Schreckens« zwischen den Großmächten.

Als Schrittmacherin technologischer Umwälzungen tritt im Zuge des Kalten Krieges die **militärische Forschung** und Entwicklung maßgeblich in Erscheinung (*Transistor/ Micro-Chip*). Die Herausbildung der modernen Computer- und Kommunikationstechnologie ist eng mit der Rüstungstechnik verknüpft, die einen enormen Bedarf an Rechenleistung hervorruft. Die Ende der 1940er-Jahre verfügbaren ersten Transistoren kommen zunächst in der Rüstung zum Einsatz. Der Kalte Krieg stimuliert die Miniaturisierung der Steuerungselektronik für Interkontinentalraketen und die Raumfahrt weiter. Die breite Innovation rechnergesteuerter Werkzeugmaschinen vollzieht sich ab 1957. Die ersten Integrierten Schaltkreise werden ab den 1960er-Jahren militärisch genutzt. In der Folge von Miniaturisierung und Digitalisierung gelingt es, die Massenproduktion zu automatisieren. Mitte der 1970er-Jahre setzt sich die CNC-Maschine durch (*Computerized Numerical Control*). Zur gleichen Zeit treiben US-Firmen die Leistungsfähigkeit von Mikroprozessoren voran, die zur Voraussetzung des *Personal Computers* werden. Ursprünglich zum beschleunigten Austausch wissenschaftlicher Daten entwickelt, entsteht Anfang der 1990er-Jahren das *World Wide Web*. Bis 1995 erreicht das *Global Positioning System*, mit dem das US-Militär den Krieg im Informationszeitalter steuert, seine Funktionstüchtigkeit.

Ab den 1950er-Jahren expandiert die **Luftfahrt** zum weltumspannenden Verkehrssystem. 1958 wird der nordatlantische Luftverkehr mit Düsenmaschinen aufgenommen. Die Eisenbahn büßt ihre Spitzenstellung im Landtransport zugunsten des Kraftfahrzeuges ein, doch werden ab den 1980er-Jahren in Mitteleuropa Schnellzugsysteme errichtet. In der Raumfahrt gelingt der Sowjetunion 1959 der erste Start eines Satelliten (»Sputnik«) ebenso wie 1961 der erste bemannte Weltraumflug. Angeheizt durch den Kalten Krieg beginnt ein Wettlauf zum Mond, den die USA 1969 durch die Mission »Apollo 11« für sich entscheiden.

Europa seit 1945

Mitteleuropa seit 1945

Deutschland in der Besatzungszeit (1945–1949) | Forts. v. S. 982 |

Die 1945 vollzogene Besetzung und Aufteilung deutschen Territoriums in vier Besatzungszonen durch die alliierten Siegermächte des Zweiten Weltkrieges sowie die Abtrennung deutscher Gebiete östlich der Oder-Neiße-Linie, die unter polnische und sowjetische Verwaltung gestellt werden, machen eine völlige Neuordnung Deutschlands unausweichlich. Sie bedeuten zwar im völkerrechtlichen Sinn noch keine Zergliederung des Deutschen Reiches, zerschlagen jedoch de facto die historisch gewachsenen Raumordnungen mit ihren Wechselbeziehungen und schaffen auch im Inneren völlig neue Voraussetzungen für Politik, Wirtschaft und Gesellschaft. Die polykratische Staatslenkung im Dritten Reich hatte schon vor Kriegsende die Verwaltung von Reich, Ländern und Gemeinden stark fragmentarisiert, die Zuständigkeiten zahlreicher Verwaltungszweige ausgehöhlt und durch Kompetenzverlagerungen, Personalunionen und organisatorische Überschneidungen ein wirres Netz von politischen und administrativen Verflechtungen zwischen dem Staat und den nationalsozialistischen Institutionen geschaffen, das nur durch die Zentralgewalt des »Führers und Reichskanzlers«, der hohen Parteiführer und der Reichsministerien zusammengehalten wurde. Die Beseitigung der obersten Reichsbehörden, die Auflösung der Parteiorganisationen und die Teilung Deutschlands, die ja nicht nur das Reichsgebiet mit seinen Verwaltungsgliederungen, sondern auch die ehemaligen Länder, v.a. Preußen, betraf, lässt auf allen Ebenen viele zusammenhanglose und untereinander isolierte, kaum handlungsfähige Behörden entstehen, die sich zunächst nur notdürftig selbst reorganisieren und ab Herbst 1945 von den jeweiligen Besatzungsmächten provisorisch neu geordnet werden. Die politischen Vorstellungen der Militärregierungen sind jedoch von divergierenden Interessen sowie unterschiedlichen heimischen Vorbildern und Verhaltensmustern geprägt, sodass die Verhältnisse in den einzelnen Zonen bald auseinanderstreben. So neigen die USA und Großbritannien dazu, eine parlamentarische Demokratie nach angelsächsischem Modell mit einem Zwei-Parteien-System und unabhängigen Gewerkschaften zu errichten, während die Sowjetunion in ihrer Zone schon im Sommer 1945 Parteigründungen und die Bildung einer Einheitsgewerkschaft mit dem Ziel einer sozialistisch-kommunistischen Umgestaltung im sowjetischen Sinne zulässt und Frankreich, das eine möglichst dauerhafte Niederhaltung Deutschlands wünscht, eine rasche Entfaltung des politischen Lebens hinauszuzögern sucht. Die politischen Kräfte in Deutschland sind ihrerseits bestrebt, an die demokratischen Traditionen des Vormärz und der Revolution von 1848/49 sowie der Weimarer Republik anzuknüpfen, dabei aber die Schwächen der Weimarer Verfassung von 1919 zu vermeiden. Allein die Kommunisten weisen das Weimarer Modell ab und lehnen sich an das sowjetische Vorbild für eine künftige Politik in Deutschland an. Aus diesen unterschiedlichen Ansätzen erwachsen alsbald Tendenzen zu einer inneren Spaltung Deutschlands, die wenig später im Kalten Krieg zwischen den Westmächten und der Sowjetunion zur Realität wird.

Die Niederlage und Teilung Deutschlands lösen gewaltige Wanderbewegungen der deutschen Bevölkerung von Ost nach West aus. Da die Flüchtlinge und Vertriebenen durchweg mittellos sind, entstehen erhebliche Versorgungs- und Unterbringungsprobleme, die sofortige Lösungen erfordern und darüber hinaus zu einer grundlegenden Revision der Verhältnisse in Deutschland zwingen.

Die Teilung des Deutschen Reiches zerschneidet außerdem aufeinander eingespielte Wirtschaftsräume. So

Besatzungszonen in Deutschland 1945 – 49

haben vor Kriegsende die deutschen Ostgebiete Grundnahrungsmittel in großen Mengen in die Städte des Westens geliefert. Die Industrien in Mitteldeutschland, Berlin und Sachsen haben Halbfertigfabrikate und feinmechanische Produkte für die Schwerindustrie im Ruhrgebiet hergestellt, die ihrerseits Kohle und Stahl im Osten absetzte. Eine der Hauptwirtschaftsadern (entlang der Reichsstraße 1 von Aachen nach Königsberg) wird unterbrochen und durch eine Politik der Abkapselung der einzelnen Zonen zerstört.

Diese Tatsache führt kurzfristig zu erheblichen Schwierigkeiten bei der Wirtschaftsplanung und langfristig zu weitreichenden Umorientierungen der Wirtschaftsräume Westdeutschlands. Dabei behalten die westlichen Besatzungsmächte nach 1945 das im Krieg errichtete Planungssystem mit seinen Steuerungsmechanismen weitgehend bei. Es funktioniert jedoch mehr schlecht als recht, da jede einzelne Militärregierung eine eigene Wirtschaftspolitik betreibt: Die Briten neigen zur Zentralisierung auf Zonenebene mithilfe von Restelementen der ehemaligen Reichsverwaltung, die USA bevorzugen einen föderativen Aufbau im Rahmen der Länder ihrer Zone, die Franzosen schließlich tendieren zu einer vollständigen Regionalisierung. Erst der Entschluss der US-Regierung, Europa wieder aufzubauen und zumindest Westdeutschland in diesen Aufbau einzubeziehen, führt 1946 in Absprache mit Großbritannien zum Zusammenschluss der Wirtschaftsräume beider Zonen (Bizone) und damit zu einer weiträumigen Planung und Verwaltung. So wird schon im Herbst 1947, also noch vor der Währungsreform von 1948, die Stagnation im Bereich der Industriegüterproduktion überwunden. Auf dieser Leistung basiert auch der wirtschaftliche Aufschwung der späteren Bundesrepublik.

Die Landwirtschaft ist dagegen von 1945 bis 1949 nicht in der Lage, die Versorgung der Bevölkerung sicherzustellen. Eine entscheidende Steigerung der Erträge gelingt bis zur Gründung der Bundesrepublik nicht. Darin liegt eine der Ursachen für das soziale Elend in der Besatzungszeit.

1945, 7./9. Mai Kapitulation der deutschen Wehrmacht: Im Auftrag von Großadmiral Karl Dönitz (*1891, †1980), Nachfolger Hitlers, unterzeichnen General Alfred Jodl (*1890, †1946) im US-Hauptquartier in Reims (7. Mai) und Generalfeldmarschall Wilhelm Keitel (*1882, †1946) im sowjetischen Hauptquartier in Berlin-Karlshorst (9. Mai) die Urkunden.

5. Juni Berliner Erklärung: Übernahme der obersten Gewalt in Deutschland durch die Militärgouverneure der vier Siegermächte: Dwight D. Eisenhower (USA), Georgij Konstantinowitsch Schukow (Sowjetunion), Bernard Law Montgomery (Großbritannien), Jean de Lattre de Tassigny (Frankreich).

Anfang Juli Die Streitkräfte der alliierten Siegermächte rücken in die im Londoner Protokoll vom 12. Sept. 1944 vereinbarten Besatzungszonen ein.

17. Juli–2. Aug. Auf der **Potsdamer Konferenz** einigen sich die Siegermächte hinsichtlich der Behandlung des Deutschen Reiches:

1) Ausübung der obersten Gewalt in Deutschland durch die Oberbefehlshaber der vier Siegermächte in ihrer Eigenschaft als Mitglieder des Alliierten Kontrollrats.

2) Völlige Entwaffnung und Entmilitarisierung Deutschlands und Beseitigung oder Kontrolle der gesamten deutschen Industrie, die für eine Kriegsproduktion benutzt werden kann.

3) Zerschlagung der NSDAP und der ihr angeschlossenen und unter ihrer Kontrolle stehenden Organisationen und Einrichtungen; Verhaftung und Bestrafung der Kriegsverbrecher.

4) Überwachung des deutschen Erziehungswesens und Umerziehung aller Deutschen im Sinne demokratischer Ideen.

5) Dezentralisierung der politischen Struktur und Entwicklung lokaler Selbstverwaltungen; Zulassung demokratischer politischer Parteien und Bildung deutscher Zentralverwaltungen auf der Ebene von Staatssekretären unter der Leitung des Kontrollrats, v. a. im Finanz-, Transport- und Verkehrswesen, in Außenhandel und Industrie.

6) Dezentralisierung der deutschen Wirtschaft, um die übermäßige Zusammenballung der industriellen Macht zu beseitigen. Das Hauptgewicht soll auf dem Ausbau der Landwirtschaft liegen.

7) Die Reparationswünsche sollen vorwiegend aus den eigenen Besatzungszonen befriedigt werden. Zusätzlich erhält die Sowjetunion aus den Westzonen in begrenztem Umfang Demontagelieferungen und Lieferungen aus der laufenden Produktion im Austausch für Lebensmittel aus der sowjetischen Zone.

8) Die Gebiete des Deutschen Reiches östlich der Oder und der Görlitzer Neiße werden aus der Zuständigkeit des Kontrollrates herausgenommen und sowjetischer bzw. polnischer Verwaltung unterstellt.

8. Aug. Schaffung des Internationalen Militärtribunals in Nürnberg. Die Prozesse beginnen im Nov. 1945 gegen 22 Hauptkriegsverbrecher, denen u. a. Verbrechen gegen den Frieden, Kriegsverbrechen, Verbrechen gegen die Menschlichkeit und Zugehörigkeit zu verbrecherischen Vereinigungen und Organisationen vorgeworfen werden.

30. Aug. Errichtung des Alliierten Kontrollrates in Berlin. Er besteht aus den vier Oberbefehlshabern, einem Koordinierungsausschuss mit den Vertretern der Oberbefehlshaber und einer nachgeordneten Kontrollbehörde.
Das Saargebiet wird durch eine französische Kommission verwaltet und in der Folge Frankreich unter Wahrung einer gewissen Autonomie v. a. wirtschaftlich angegliedert.

20. Sept. Der Alliierte Kontrollrat hebt 25 grundlegende nationalsozialistische Gesetze auf (»Kontrollratsgesetz Nr. 1«).

20. Dez. Der Alliierte Kontrollrat veröffentlicht das »Kontrollratsgesetz Nr. 10« über die Bestrafung von Personen, die sich durch Kriegsverbrechen, Verbrechen gegen den Frieden oder Verbrechen gegen die Menschlichkeit schuldig gemacht haben.

1946, 12. Jan. Mit der »Kontrollratsdirektive Nr. 24« leitet der Alliierte Kontrollrat die systematische Entfernung von Nationalsozialisten und Personen, die den alliierten Bestrebungen feindlich gegenüberstehen, aus öffentlichen Ämtern und Führungspositionen in der Industrie ein.

28. März Der Alliierte Kontrollrat veröffentlicht einen Plan über die deutsche Nachkriegswirtschaft, der eine Übersicht über zugelassene Rohstoffe und Fertigungsindustrien gibt. Die Produktionshöhe soll 50–55 % des Maximums von 1938 betragen. Eine Reihe von Industriezweigen, u. a. die Herstellung von synthetischen Treibstoffen, Funksenderausrüstungen sowie Kugel- und Rolllagern, soll verboten, die der Chemie, des Maschinenbaus sowie der Elektro- und Optikindustrie drastisch eingeschränkt bleiben.

20. Juli Der amerikanische Militärgouverneur stellt im Kontrollrat den Antrag, in den vier Zonen fünf zentrale Wirtschaftsverwaltungen zu errichten. Frankreich und die Sowjetunion lehnen ab.

30. Sept.–1. Okt. Verkündung der **Urteile im Nürnberger Prozess gegen die Hauptkriegsverbrecher**. Zwölf Angeklagte werden mit dem Tode bestraft, sieben zu erheblichen Freiheitsstrafen verurteilt, drei werden freigesprochen. An den Hauptkriegsverbrecherprozess schließen sich zwölf sog. »Nachfolgeprozesse« (u. a. gegen Diplomaten, Militärs, Wirtschaftsführer und Juristen) an, die aufgrund einer Ermächtigung des Kontrollrats vom 20. Dez. 1945 in der Zuständigkeit der US-Administration durchgeführt werden.

12. Okt. Die »Kontrollratsdirektive Nr. 38« regelt die Verhaftung und Bestrafung von »Kriegsverbrechern, Nationalsozialisten und Militaristen«. Sie teilt die Betroffenen in fünf Kategorien ein: I. Hauptschuldige, II. Belastete, III. Minderbelastete, IV. Mitläufer, V. Entlastete.

1947, 25. Febr. Der Staat Preußen, seine Zentralregierung und alle nachgeordneten Behörden werden durch das alliierte »Kontrollratsgesetz Nr. 46« formal aufgelöst.

6.–8. Juni Treffen aller deutschen Ministerpräsidenten in München: Beratungsthemen sind die wirtschaftliche Einheit und die politische Zusammenfassung. Da die westdeutschen Vertreter lediglich die Befugnis haben, über wirtschaftliche Angelegenheiten zu verhandeln und daher die Forderung ablehnen, die Frage einer deutschen Zentralregierung zu erörtern, reisen die sowjetzonalen Vertreter vorzeitig ab.

1948, 20. März Aus Protest gegen die Beschlüsse der Londoner Konferenz vom 6. März verlässt der sowjetische Vertreter den Alliierten Kontrollrat, der dadurch de facto seine Tätigkeit einstellt.

16. April Einbeziehung der britisch-amerikanischen Bizone und der französischen Zone in die »Organisation für wirtschaftliche Zusammenarbeit in Europa« (OEEC).

24. Juni Die Sowjetunion ordnet als Antwort auf die Währungsreform der Westzonen eine vollständige **Blockade der Westsektoren Berlins** an, die den Interzonenverkehr zu Wasser und zu Lande unterbindet. Im Gegenzug organisieren die Westmächte über einen Zeitraum von 11 Monaten hinweg eine Luftbrücke nach West-Berlin.

Die Westzonen (1945–1949)

1945, 28. Mai Die US-Militärregierung ernennt den letzten Vorsitzenden der Bayerischen Volkspartei, Fritz Schäffer (*1888, †1967), zum bayerischen Ministerpräsidenten.

4.–7. Aug. Die US-Militärregierung beschließt, Nord-Württemberg und Nord-Baden zum Land Württemberg-Baden mit Stuttgart als Regierungssitz zusammenzufassen.

15./16. Sept. Die US-Militärregierung beschließt die Errichtung des Landes Hessen.

19. Sept. Die US-Militärregierung überträgt eine Reihe von Kompetenzen des Reiches auf die Länder ihrer Zone zur treuhänderischen Verwaltung und leitet damit den Prozess der Föderalisierung ihrer Zone ein.

24. Sept. Der frühere Reichstagsabgeordnete und Vorsitzende der Deutschen Demokratischen Partei in Württemberg, Reinhold Maier (*1889, †1971), wird erster Ministerpräsident von Württemberg-Baden.

30. Sept. Die US-Militärregierung entlässt den bayerischen Ministerpräsidenten Fritz Schäffer.

5.–7. Okt. Auf Einladung Kurt Schumachers (*1895, †1952) findet in Hannover eine Konferenz sozialdemokratischer Politiker statt. Schumacher wird zum Beauftragten der SPD für die Westzonen gewählt.

10. Okt. Gründung der Christlich-Sozialen Union (CSU) durch Adam Stegerwald (*1874, †1945) in Würzburg.

17. Okt. Die US-Militärregierung bildet zur Koordination ehemaliger Reichsaufgaben in ihrer Zone einen Länderrat, bestehend aus den Ministerpräsidenten der Länder Hessen, Bayern und Württemberg-Baden.

16. Nov. Beschlagnahme des Vermögens der Firma Krupp.

23. Nov. Beschlagnahme der IG Farbenindustrie AG durch die Besatzungsmächte (in der britischen Zone schon eine Woche zuvor).

14.–16. Dez. Reichstreffen der verschiedenen Gründer der Christlich-Demokratischen Union Deutschlands (CDU) in Bad Godesberg.

22. Dez. Die britische Militärregierung beschlagnahmt die größten Kohlenbergwerksbetriebe in ihrer Zone und unterstellt sie der Verwaltung des *North German Coal Control Board*. Die Verwaltung übernimmt die Deutsche Kohlebergbauleitung.

1946, 6./7. Jan. Gründung der Freien Demokratischen Partei (FDP) der britischen Zone in Opladen.

21./22. Jan. Erste Tagung des Zonenausschusses der CDU der britischen Zone in Herford: Der ehemalige Kölner Oberbürgermeister Konrad Adenauer (*1876, †1967) wird zunächst zum vorläufigen Vorsitzenden der CDU (britische Zone) gewählt. Am 1. März wird er endgültig im Amt bestätigt.

22. Febr. Die britische Militärregierung ordnet die Errichtung eines Zonenbeirates in Hamburg an, der die Britische Kontrollkommission beraten, aber keine ausführenden Befugnisse besitzen soll (1. Sitzung am 6. März).

9. Mai Beginn des ersten SPD-Parteitags nach dem Krieg in Hannover.

15. Mai Die Bürgerschaft der Freien und Hansestadt Hamburg gibt sich eine vorläufige Verfassung, mit der sie sich als Land konstituiert.

20. Aug. Die britische Militärregierung beschlagnahmt die Eisen- und Stahlindustrie ihrer Zone und unterstellt sie der Leitung des *North German Iron and Steel Control Board*. Der Stahltreuhänder übernimmt später die Verwaltung.

21.–23. Aug. Die Delegierten einer Gewerkschaftskonferenz der britischen Zone in Bielefeld beschließen auf Basis der »Industrial Relations Directive No. 16« vom 12. April den Aufbau autonomer Industrieverbände, unterteilt in Berufsgruppen und Sparten. Damit entscheiden sie sich gegen gewerkschaftliche Berufsverbände. Die Gewerkschaften »Erziehung und Wissenschaft« und »Kunst« aber bilden Berufsverbände.

22.–27. Aug. Nach gescheiterten Verhandlungen über einen gemeinsamen Industrieplan aller vier Besatzungszonen vom März 1946 im Alliierten Kontrollrat und anschließenden Besprechungen der Westmächte in London veröffentlichen die angelsächsischen Besatzungsmächte einen Industrieplan für ihre Zonen mit dem Zweck, auf neuer Grundlage das deutsche Wirtschaftspotenzial für den Wiederaufbau Europas besser als bisher einsetzen zu können.

23. Aug. Errichtung der Länder Schleswig-Holstein, Hannover und Nordrhein-Westfalen innerhalb der britischen Zone.

30. Aug. Die französische Besatzungsmacht verfügt die Bildung des Landes Rheinland-Pfalz.

5. Sept. Die britische und amerikanische Militärregierung vereinbaren, ihre beiden Zonen wirtschaftlich zu vereinen. Ein förmliches Abkommen folgt am 2. Dez.

1. Nov. Das Land Hannover wird unter Einbeziehung der ehemaligen Länder Braunschweig, Oldenburg und Schaumburg-Lippe zum Land Niedersachsen umgewandelt.

1947, 1. Jan. Die Vereinigung der britischen und amerikanischen Zone (**Bizone**) tritt in Kraft. Das Vereinigte Wirtschaftsgebiet soll die Zusammenfassung der wirtschaftlichen Hilfsquellen beider Zonen fördern und den Außenhandel neu ordnen.

21./22. Jan. Bildung des Landes Bremen aus dem Land- und Stadtgebiet Bremen sowie dem Stadtkreis Wesermünde (rückwirkend zum 1. Jan. 1947).

3. Febr. »Ahlener Programm«: Die CDU der britischen Zone spricht sich für die Sozialisierung von Betrieben mit Monopolstellung sowie für die Vergesellschaftung der Bergwerke aus.

22.–25. April Gründung des Deutschen Gewerkschaftsbundes (DGB) in der britischen Besatzungszone. Vorsitzender wird Hans Böckler (*1875, †1951).

27. April/2. Mai Gründung des Bayerischen Gewerkschaftsbundes (27. April) sowie des Allgemeinen Gewerkschaftsbundes in Rheinland-Pfalz (2. Mai).

29. Mai Abkommen der USA und Großbritanniens über die Neugestaltung der bizonalen Wirtschaftsverwaltung. Das Abkommen hat den Zweck, als Übergangslösung deutsche Verwaltungsorgane der Bizone zu schaffen, damit bis zur Errichtung einer gesamtdeutschen Regierung die wirtschaftlichen Probleme bewältigt werden können. Ein aus Mitgliedern der Länderparlamente zusammengesetzter Wirtschaftsrat, ein aus Vertretern der Länder gebildeter Exekutivrat und ein Direktorium werden eingesetzt.

22.–24. Juli Der Wirtschaftsrat beschließt durch Gesetz den Aufbau der Wirtschaftsverwaltung des Vereinigten Wirtschaftsgebietes. So entstehen unter Leitung von Direktoren Verwaltungen für Wirtschaft, Ernährung, Landwirtschaft und Forsten, Finanzen, Verkehr sowie Post- und Fernmeldewesen.

Die Wirtschaftslage in der Besatzungszeit

Nach der Kapitulation des Deutschen Reiches am 7./9. Mai 1945 dauert die Phase der wirtschaftlichen Stagnation nicht lange an. In der amerikanischen und britischen Zone erfolgt trotz vieler Schwierigkeiten ein rascher Anstieg der industriellen Produktion, der bis in den Herbst 1946 hinein anhält. Der Aufschwung bricht im Winter 1946/47 vorübergehend ab, da das Transportsystem zur Anlieferung von Rohstoffen und zur Verteilung der hergestellten Güter nicht ausreicht. Ein zweiter, anhaltender Aufschwung setzt jedoch schon im Herbst 1947 ein und überdauert nun auch den Winter 1947/48. Lediglich die französische Zone kann nicht in gleichem Maße nachziehen. Kurz vor der Währungsreform tritt im Mai 1948 eine kurze Stagnation ein, die auf die Warenspekulation am Vorabend der Währungsreform zurückzuführen ist und die Zwischenproduktionsversorgung der Industrie unterdrückt. Die Währungsreform setzt dann den Rückstau der Warenhortung frei.

Die beiden kräftigen Aufschwungsphasen in den Westzonen während der Besatzungszeit gelingen ohne wesentliche Hilfe von außen. Diese wird im Gegenteil durch den von den Militärregierungen gebremsten und z. T. fehl gelenkten Export deutscher Waren behindert. Die Bedeutung der Währungsreform und die Gewährung von Gewerbefreiheit dürfen daher nicht überschätzt werden, wenngleich ihnen eine den Aufschwung beschleunigende Wirkung nicht abgesprochen werden kann.

1948, 2. Febr. Nach dem Scheitern der Londoner Außenministerkonferenz im Dez. 1947 entschließen sich die USA und Großbritannien, den Wirtschaftsrat erneut zu reorganisieren und ihn mit größeren Befugnissen auszustatten. Die Gouverneure der amerikanischen und britischen Zone bilden am 9. Febr. den Bizonen-Wirtschaftsraum. Sie erhöhen die Zahl der Mitglieder und erweitern seine Zuständigkeiten. Er darf nunmehr selbstständig Gesetze auf zahlreichen Gebieten des öffentlichen Lebens erlassen. Zugleich schaffen die Gouverneure einen Länderrat. In den Grundzügen ist damit der innere Aufbau der Bundesrepublik vorgezeichnet.

23. Febr. Die USA und Großbritannien berufen unter Hinzuziehung Frankreichs sowie der Benelux-Staaten, aber unter Ausschaltung der Sowjetunion, eine Konferenz nach London ein, auf der das Deutschlandproblem trotz heftiger Meinungsverschiedenheiten über die künftigen Formen der politischen Organisation Westdeutschlands im Licht des Ost-West-Konfliktes behandelt werden soll. Frankreich lehnt zunächst das föderative Konzept der USA ab.

6. März Die Londoner Sechsmächtekonferenz einigt sich auf die föderative Regierungsform eines westdeutschen Staates, ferner auf die Einbeziehung Westdeutschlands in das europäische Wiederaufbauprogramm und auf eine internationale Kontrolle des Ruhrgebietes. Schließlich wird die sofortige Freizügigkeit von Gütern und Personen in den drei Westzonen vereinbart.

2. Juni Die Londoner Sechsmächtekonferenz beschließt, den Deutschen der drei Westzonen im Kontrollrahmen der drei Westmächte »regierungsartige Verantwortung« zu gewähren, die ihnen die Übernahme der »vollen Verantwortung« ermöglicht, und erteilt den Auftrag, eine Verfassung auf föderativer Grundlage auszuarbeiten.

21. Juni Aufgrund des »Gesetzes zur Neuordnung des Geldwesens« in den Westzonen (18. Juni) schaffen die Militärregierungen die Reichsmark ab und führen die Deutsche Mark (DM) ein. Durch diese **Währungsreform** wird der aus der nationalsozialistischen Wirtschaftspolitik und der Kriegsfinanzierung resultierende Geldüberhang beseitigt und die Grundlage für die Gesundung des Wirtschaftslebens geschaffen.

24. Juni Der Wirtschaftsrat errichtet mit dem »Gesetz über Leitsätze für die Bewirtschaftung und Preispolitik nach der Geldreform« den rechtlichen Rahmen für die soziale Marktwirtschaft und die Gewerbefreiheit. Damit wird die Durchsetzung des wirtschaftspolitischen Kurses von Ludwig Erhard (*1897, †1977) und Alfred Müller-Armack (*1901, †1978) gegen den Widerstand von SPD, Gewerkschaften und linkem CDU-Flügel eingeleitet.

1. Juli Die Vereinbarungen der sechs Mächte in London bilden die Grundlage für die drei **»Frankfurter Dokumente«**, die die westlichen Militärgouverneure den versammelten Ministerpräsidenten der Länder in den Westzonen vorlegen. Das erste Dokument ermächtigt die Ministerpräsidenten, eine verfassunggebende Nationalversammlung einzuberufen, das zweite ersucht sie, die Grenzen der Länder zu überprüfen und Änderungen vorzuschlagen, das dritte kündigt ein Besatzungsstatut an.

8.–10. Juli Die Ministerpräsidenten beraten in Koblenz (Rittersturz-Konferenz) über die »Frankfurter Dokumente«. Sie befürchten, ein Eingehen auf die Vorschläge der Westmächte könne die Teilung Deutschlands zur Folge haben. Zwar begrüßen sie die Zusammenfassung der drei Zonen, lehnen jedoch jede Maßnahme ab, durch die dem »zu schaffenden Gebilde« die Merkmale eines Staates verliehen würden. Sie empfehlen, keine verfassunggebende Nationalversammlung, sondern lediglich einen Parlamentarischen Rat, gebildet aus Abgeordneten der Landtage, einzuberufen.

14. Juli Die Antwort der Ministerpräsidenten stößt auf die Kritik des amerikanischen Militärgouverneurs Lucius D. Clay.

15./16. Juli Die Ministerpräsidenten kommen daraufhin zu einer zweiten Beratung über die »Frankfurter Dokumente« im Schloss Niederwald bei Rüdesheim zusammen, wo sie ihre in Koblenz gefassten Beschlüsse noch einmal bekräftigen.

20. Juli Die drei Militärgouverneure drängen auf einer Konferenz in Frankfurt die Ministerpräsidenten, den Inhalt der »Frankfurter Dokumente« uneingeschränkt anzunehmen.

21./22. Juli Der Druck der Militärgouverneure versetzt die Ministerpräsidenten vor ihrem dritten Treffen, das wiederum auf Schloss Niederwald stattfindet, in ein Dilemma: Eine endgültige Ablehnung der Forderungen der Westmächte würde die Fortsetzung des herrschenden Elends und der politischen Unselbstständigkeit der Deutschen bedeuten, ein Eingehen aber könnte die Spaltung Deutschlands auf lange Sicht zur Folge haben. Erst das Argument des Berliner Konferenzteilnehmers Ernst Reuter (*1889, †1953), die Teilung des Reiches sei längst vollzogen, bewegt die Ministerpräsidenten, mit einigen Abstrichen den Forderungen der Besatzungsmächte zuzustimmen.

26. Juli Einigung zwischen den Ministerpräsidenten und den drei Militärgouverneuren in Frankfurt. Die Länderchefs beschließen, zur Ausarbeitung eines Grundgesetzes einen Parlamentarischen Rat einzuberufen.

10.–23. Aug. In Herrenchiemsee tagt ein Verfassungskonvent, der Vorentwürfe eines Grundgesetzes ausarbeitet, die dem Parlamentarischen Rat als Beratungsgrundlage dienen sollen.

1. Sept. Der Parlamentarische Rat tritt in Bonn zusammen. Er setzt sich aus Mitgliedern der Landtage zusammen, die den CDU-Vorsitzenden in der britischen Zone, Konrad Adenauer, zum Präsidenten und den SPD-Politiker und Präsidenten des Staatssekretariats von Württemberg-Hohenzollern, Carlo Schmid (*1896, †1979), zum Vorsitzenden des Hauptausschusses wählen. Der in den Fachausschüssen entworfene »Rohbau« des Grundgesetzes wird in erster Lesung beraten (am 20. Dez. zweite sowie am 8. und 10. Febr. 1949 dritte Lesung).

12. Sept. Gründung der Freien Demokratischen Partei (FDP) in Heppenheim. | Forts S. 1458 |

Die sowjetische Besatzungszone (1945–1949)

Die Besatzungsgewalt in der sowjetischen Besatzungszone (SBZ) übt die »Sowjetische Militäradministration Deutschlands« (SMAD) aus. Sie verfolgt vorgeblich nur das Ziel, die auf der Potsdamer Konferenz (17. Juli–2. Aug. 1945) mit den Westmächten vereinbarte Entnazifizierung und Entmilitarisierung durchzuführen, strebt in Wahrheit jedoch die schrittweise Umwandlung von Gesellschaft und Staat nach dem Leitbild der Sowjetunion an, wobei sie von Anfang an bemüht ist, sog.

»Klassenfeinde« auszuschalten. Die politischen Voraussetzungen dafür sind zum einen die in den 1930er-Jahren herangebildeten Verwaltungs- und Herrschaftsmethoden des Stalinismus, der entschlossen war, seine Ziele gegebenenfalls auch mit Gewalt durchzusetzen, zum anderen die traumatischen Erfahrungen der deutschen Kommunisten, die 1933 vor dem Nationalsozialismus kapitulieren mussten und dann rigoros verfolgt und dezimiert wurden. Gleichzeitig war die KPD in den 30er-Jahren in den Sog der stalinistischen »Säuberungen« geraten.

1945 sind die deutschen Kommunisten indessen zu schwach, um die Macht allein zu übernehmen. Die Sowjetunion muss überdies in der ersten Nachkriegsphase noch Rücksicht auf die drei Westmächte nehmen, mit denen sie im Alliierten Kontrollrat zusammenarbeitet. SMAD und KPD sind daher bestrebt, ein Bündnis mit den bürgerlichen Parteien und der Sozialdemokratie einzugehen. Das Bündnis scheitert jedoch, als SMAD und KPD im Sommer 1945 eine Bodenreform einleiten. So ist die KPD gezwungen, möglichst rasch eine Vereinigung mit der SPD, der stärksten Partei in der sowjetischen Zone, durchzusetzen. Sie kann auf die Zustimmung zahlreicher Sozialdemokraten zählen, die eine einheitliche politische Organisation der Arbeiterbewegung wünschen. Andererseits wächst im Winter 1945/46 der Widerstand innerhalb der SPD gegen die Fusionsabsichten, zumal sich der Führer der Sozialdemokratie im Westen, KURT SCHUMACHER, dagegen ausspricht.

Die Vereinigung von KPD und SPD kommt daher im April 1946 in der sowjetischen Besatzungszone nur mit einem hohen Maß an Druck und Zwang zustande. Die Sozialistische Einheitspartei Deutschlands (SED) ist aber zunächst noch keine Kaderpartei sowjetischen Typs, sondern eine Massenpartei, deren Vorstände paritätisch mit ehemaligen SPD- und KPD-Funktionären besetzt sind, von denen einige sich eng an das Vorbild Sowjetunion anlehnen, während andere den eigenen nationalen Weg zum Sozialismus betonen. Allmählich setzt sich jedoch der moskautreue Flügel der SED mithilfe der SMAD durch. Dessen Position stabilisiert sich weiter, als die Sowjetunion im Verlauf des Kalten Krieges dazu übergeht, das von ihr militärisch besetzte und kontrollierte Gebiet nach eigenem Muster umzuorganisieren. 1948 werden die paritätisch besetzten SED-Vorstände abgeschafft, nicht linientreue Mitglieder aus der Partei entfernt. Die SED wird in eine Kaderpartei neuen Typs umgewandelt. Entsprechend der ideologischen »Generallinie« wird die Vergesellschaftung der Produktionsmittel eingeleitet.

1945, 30. April Die »Gruppe Ulbricht«, benannt nach dem späteren Staats- und Parteichef der DDR, WALTER ULBRICHT (*1893, †1973), trifft aus der Sowjetunion in Deutschland ein.

9./10. Mai Errichtung eines vorläufigen zentralen Ausschusses der »Vereinigung der gegenseitigen Bauernhilfe« (VdgB).

9. Juni Errichtung der »Sowjetischen Militäradministration Deutschlands« (SMAD).

10. Juni Die SMAD genehmigt die Bildung »antifaschistischer« Parteien. Sie gewährt das Recht auf Vereinigung in freien Gewerkschaften sowie auf Abschluss von Kollektivverträgen zwischen Arbeitgebern und Arbeitnehmern.

11. Juni Erster Aufruf der Kommunistischen Partei Deutschlands (KPD), in dem betont wird, dass der Weg, Deutschland das Sowjetsystem aufzuzwingen, falsch sei, da ein solcher nicht den Entwicklungsbedingungen des Landes entspräche.

15. Juni Gründung des Freien Deutschen Gewerkschaftsbundes (FDGB) sowie der Sozialdemokratischen Partei Deutschlands (SPD) mit sowjetischer Genehmigung in Berlin.

26. Juni Die Besatzungsmacht lässt die Christlich Demokratische Union (CDU) als Partei zu.

Juli Die Länder Brandenburg, Mecklenburg, Sachsen, Sachsen-Anhalt und Thüringen werden gebildet.

1.–3. Juli Die amerikanischen und britischen Truppen ziehen sich entsprechend den Vereinbarungen von Jalta aus Sachsen, Thüringen und Mecklenburg zurück und rücken in die Westsektoren Berlins ein.

5. Juli Die sowjetische Militärverwaltung lässt die Gründung der Liberal-Demokratischen Partei Deutschlands (LDPD) in Berlin zu.

14. Juli Vertreter der Parteien in der sowjetischen Besatzungszone (KPD, SPD, CDU, LDPD) beschließen die Errichtung einer Einheitsfront (»Antifaschistischer Block«) in der SBZ.

27. Juli Die SMAD errichtet durch »Befehl Nr. 17« elf Deutsche Zentralverwaltungen, die als Hilfsorgane der SMAD arbeiten und die Keimzelle für eine deutsche Zentralregierung sein sollen.

3.–11. Sept. Die Länder- und Provinzialverwaltungen verordnen die Bodenreform in der sowjetischen Besatzungszone.
Die durch SMAD und KPD betriebene Bodenreform stößt auf den Widerstand der CDU und LDPD, die sich aus der Einheitsfront zurückziehen. Die relativ schwache KPD ist daraufhin gezwungen, den Zusammenschluss mit der SPD zu beschleunigen.

22. Okt. Die SMAD erteilt den Ländern und Provinzen die Vollmacht, Gesetze und Verordnungen zu erlassen.

1946, 7. März Gründung der Freien Deutschen Jugend (FDJ).

21./22. April **Vereinigungsparteitag** der KPD (507 Delegierte) und SPD (548 Delegierte) im Berliner Admiralspalast. Der Parteitag, an dem auch 230 Delegierte aus den Westzonen teilnehmen, nimmt einstimmig die »Grundsätze und Ziele der SED« an und billigt das erste Parteistatut. Alle Leitungsfunktionen der SED werden paritätisch mit ehemaligen SPD- und KPD-Mitgliedern besetzt. WILHELM PIECK (*1876, †1960; KPD) und OTTO GROTEWOHL (*1894, †1964; SPD) werden zu Vorsitzenden, MAX FECHNER (*1892, †1973; SPD) und WALTER ULBRICHT (KPD) zu stellvertretenden Vorsitzenden gewählt.
Wortführer der Kräfte, die in der Partei die Doktrin eines eigenen deutschen Weges zum Sozialismus pro-

pagieren, ist ANTON ACKERMANN (eigentlich EUGEN HANISCH; *1905, †1973).

23. April Die erste Nummer der Tageszeitung »Neues Deutschland« als Organ des Zentralkomitees der SED erscheint.

5. Juni Eröffnung der Parteihochschule »Karl Marx« zur zentralen Schulung der Parteikader.

30. Juni Volksentscheid im Land Sachsen über die Enteignung der Großbetriebe von »Kriegsverbrechern und Nationalsozialisten« (77,6 % für Enteignungen).

24. Juli–16. Aug. Verordnungen der Länder- und Provinzialverwaltungen von Thüringen, Sachsen-Anhalt, Mark Brandenburg und Mecklenburg über die Enteignung von »Kriegsverbrechern und Nationalsozialisten«.

Sept. Gemeindewahlen in Sachsen (1. Sept.), Thüringen und Sachsen-Anhalt (8. Sept.) sowie in Brandenburg und Mecklenburg (11. Sept.). Die SED siegt vorwiegend in kleinen Gemeinden, nicht jedoch in den Großstädten.

18./19. Sept. Der Parteivorstand der SED fordert angesichts der Ergebnisse der Gemeindewahlen die LDPD und CDU auf, sich von »reaktionären« und »faschistischen« Elementen zu trennen. Wachsender politischer Druck der SED auf die anderen Parteien der sowjetischen Besatzungszone.

20. Okt. Wahlen zu den fünf Landtagen sowie zu den Kreistagen in der sowjetischen Besatzungszone, bei denen die SED nur 47,5 %, in Groß-Berlin sogar nur 19,8 % der Stimmen erhält.

1947, 28. Jan. Kulturkonferenz der SED, auf der der »christliche Sozialismus« (Parteiprogrammatik der CDU) als »Betäubungsmittel« abgelehnt wird.

14. Febr. Der Parteivorstand der SED schlägt einen Volksentscheid zur Bildung eines demokratischen Einheitsstaates und die Schaffung einer Zentralverwaltung vor.

14. Juni Die SMAD genehmigt durch »Befehl Nr. 138« die Errichtung von Deutschen Wirtschaftskommissionen (DWK), die die Zusammenarbeit zwischen den Zentralverwaltungen für Industrie, Handel, Brennstoff und Energie mit den Regierungen der Provinzen und Ländern regeln sollen. Sie stellen die erste zentrale Zonenverwaltung dar.

Die wirtschaftliche Lage in der sowjetischen Besatzungszone

Die wirtschaftliche Ausgangssituation, v.a. der Industrie, ist ungünstig, zumal Schwerindustrie kaum vorhanden ist. Die umfassenden Demontagen durch die Sowjetunion (bis 1946 rund 1000 Betriebe, weitere 200 sind als »Sowjetische Aktiengesellschaften« [SAG] Eigentum der UdSSR) verhindern ein den Westzonen vergleichbares wirtschaftliches Wachstum.

Die SMAD lässt frühzeitig erkennen, dass sie den Wiederaufbau der sowjetischen Besatzungszone nach ihrem eigenen Sozial- und Wirtschaftssystem gestalten will: Das Schwergewicht der sowjetischen Deutschlandpolitik liegt auf einer grundlegenden Umgestaltung der vorhandenen Wirtschaftsstrukturen. Entsprechend dem sozialistischen Kollektivierungsprogramm betreibt die SED die Durchsetzung einer zentralen Planwirtschaft und den Ausbau von »volkseigenen«, d.h. staatlichen Betrieben. Nach häufigen Kompetenzproblemen zwischen Ländern und Provinzen einerseits sowie den Zentralverwaltungen andererseits sollen die Deutschen Wirtschaftskommissionen (DWK) die Kompetenzen der Zentralverwaltungen koordinieren und die gesamtstaatliche Wirtschaftsplanung ausbauen.

Die Reorganisation durch die DWK ist bis zum Febr./März 1948 durchgeführt, sodass danach allen Organen der sowjetischen Besatzungszone nunmehr verbindliche, zentral gesteuerte Anweisungen erteilt werden können. Mit diesem Schritt ist eine Vorstufe für eine spätere Zentralregierung erreicht.

1947, 13. Sept. Auf einer Tagung mit Dozenten der Berliner Hochschulen fordert die SED den Einbau des wissenschaftlichen Marxismus in Lehre und Forschung.

20.–24. Sept. Zweiter Parteitag der SED in Berlin. ULBRICHT fordert die Einführung der Planwirtschaft in der sowjetischen Besatzungszone ab 1948 und die Umwandlung der SED in eine »Partei neuen Typs« (nach dem Vorbild der KPdSU).

20. Okt. Wahlen in den Ländern und Provinzen der sowjetischen Besatzungszone.

22./23. Nov. Erster Deutscher Bauerntag in Berlin: Errichtung des Hauptverbandes der »Vereinigung der gegenseitigen Bauernhilfe«.

6./7. Dez. In Berlin tritt auf Anregung der SED der Erste Deutsche Volkskongress zusammen.

1948, 12. Febr. Die SMAD erweitert die Vollmachten der DWK, deren Führungspositionen mit SED-Funktionären besetzt sind.

9. März Die DWK übernimmt die zentrale Lenkung der Wirtschaft in der sowjetischen Besatzungszone.

18. März Der Deutsche Volkskongress beschließt die Bildung eines Ersten Deutschen Volksrates, der den »Kampf für die Einheit Deutschlands« führen soll.

23. April Gründung der »Vereinigung Volkseigener Betriebe« (VVB) als mittlere Lenkungsorgane der Wirtschaft.

29. April/25. Mai Gründung der Demokratischen Bauernpartei Deutschlands (DBD) und der bürgerlichen National-Demokratischen Partei Deutschlands (NDPD). Diese Parteien sollen das »Bündnis« von Bauern und Bürgerlichen mit der SED sichern.

23. Juni Die SMAD führt auf dem Gebiet der sowjetischen Besatzungszone eine Währungsreform durch.

29./30. Juni Auf einer Tagung des Parteivorstandes lehnt die SED jede Brückenfunktion Gesamtdeutschlands zwischen Ost und West ab, proklamiert die vorbehaltlose Ausrichtung von Partei und Staat nach Osten und beschließt die Entwicklung der sowjetischen Besatzungszone zur Volksdemokratie und die Umwandlung der SED nach dem Vorbild der KPdSU.

3. Juli Aufbau der Kasernierten Volkspolizei.

23./24. Juli WALTER ULBRICHT erklärt auf einer »staatspolitischen Konferenz« in Werder bei Potsdam die Planwirtschaft zum Gesetz, fordert die Sicherstellung der absoluten Führungsrolle der SED im Staatsapparat und die Reinigung des Staates von SPD-Mitgliedern, die Anhänger SCHUMACHERS seien. Damit beginnen innerhalb der SED die »Säuberungen« des Parteiapparates von Alt-Kommunisten und Sozialdemokraten.

24. Sept. ANTON ACKERMANN widerruft im »Neuen Deutschland« seine Thesen vom »besonderen deutschen Weg zum Sozialismus«. Die SED erteilt dem »Titoismus« als möglichem Weg zum Sozialismus eine Absage.

15. Nov. Eröffnung der ersten Verkaufsstelle der staatlichen »Handelsorganisation« (HO). Zurückdrängung des Privathandels. | Forts. S. 1468 |

Bundesrepublik Deutschland (1949–1989) | Forts. v. S. 1455 |

Wiederaufbau und Westintegration – Gründung der Bundesrepublik Deutschland (1949–1955)

Die Gründung der Bundesrepublik Deutschland 1948/49 ist eine Folge der Ost-West-Spaltung, die sich in der zweiten Hälfte der 40er-Jahre zu einem »Kalten Krieg« unter Führung der USA und der Sowjetunion ausweitet und eine Zusammenarbeit über die Blockgrenzen hinweg praktisch unmöglich macht. Die Errichtung staatlicher Strukturen sowie die Währungsreform in Westdeutschland sind Voraussetzungen für die Gewährung von Wirtschaftshilfe durch die USA im Rahmen des Marshallplans, die maßgeblich zum ökonomischen Wiederaufbau (»Wirtschaftswunder«) und zur politischen Stabilität der Bundesrepublik beiträgt. Bundeskanzler KONRAD ADENAUER sieht in der damit verbundenen Westintegration, die bald auch institutionelle Gestalt annimmt, die einzige Möglichkeit, der sowjet-kommunistischen Bedrohung zu widerstehen und die freiheitlich-demokratische Grundordnung im westlichen Teil Deutschlands zu sichern. Dem Vorwurf, dass diese Politik die deutsche Teilung vertiefe, begegnet er mit der Behauptung, nur eine »Politik der Stärke« werde letztlich eine Wiedervereinigung in Freiheit ermöglichen, weil eine politisch stabile, wirtschaftlich prosperierende und außenpolitisch gesicherte Bundesrepublik auf die DDR wie ein Magnet wirke (»Magnet-Theorie«).

1949, 6.–8. April Die Außenminister der drei Westmächte einigen sich in Washington über den Inhalt des Besatzungsstatuts und beschließen die Errichtung einer Alliierten Hohen Kommission als höchste Kontrollbehörde in der künftigen Bundesrepublik sowie die Bildung der Trizone durch Erweiterung der Bizone um das französische Besatzungsgebiet.

4. Mai New Yorker Abkommen (Jessup-Malik-Abkommen) zwischen der Sowjetunion und den drei Westmächten zur Beendigung der Berliner Blockade.

8. Mai Das Plenum des Parlamentarischen Rates nimmt den revidierten Entwurf des Grundgesetzes mit 53 gegen 12 Stimmen an.

10. Mai Der Parlamentarische Rat bestimmt Bonn zur provisorischen Bundeshauptstadt.

12. Mai Die Militärgouverneure genehmigen das Grundgesetz.

16.–20. Mai Die Landtage der Länder geben mit Ausnahme des bayrischen Landtages ihre Zustimmung zum Grundgesetz.

23. Mai Offizielle **Verkündung des Grundgesetzes** für die Bundesrepublik Deutschland.

15. Juni Verabschiedung des Wahlgesetzes für den ersten Bundestag.

15. Juli Die CDU verabschiedet die »Düsseldorfer Leitsätze«, in denen die Partei die gemeinwirtschaftliche Konzeption des »Ahlener Programms« vom Febr. 1947 aufgibt und sich der Theorie der sozialen Marktwirtschaft zuwendet. Der Wirtschaftsprozess soll demnach auf der Privatinitiative von Produzenten und Konsumenten beruhen; Hauptziel staatlicher Wirtschaftspolitik ist wirtschaftliches Wachstum.

14. Aug. Wahl zum ersten Bundestag: Die CDU/CSU wird stärkste Partei vor der SPD.

7. Sept. Konstituierung des Bundestages und des Bundesrates: Der CDU-Politiker und Präsident des Wirtschaftsrates ERICH KÖHLER (*1892, †1959) wird Bundestagspräsident.

12. Sept. Der FDP-Vorsitzende THEODOR HEUSS (*1884, †1963) wird zum ersten Bundespräsidenten gewählt. Er setzt sich gegen KURT SCHUMACHER (SPD) durch.

15. Sept. Der Bundestag wählt KONRAD ADENAUER mit 202 gegen 142 Stimmen bei 44 Enthaltungen und einer ungültigen Stimme zum ersten Bundeskanzler.

20. Sept. CDU/CSU, FDP und DP bilden die Regierungskoalition. Der Bundeskanzler betont in seiner Regierungserklärung als Ziel seiner Regierung die Beibehaltung der sozialen Marktwirtschaft und hebt folgende Aufgaben hervor: Förderung der Kapitalbildung, Regelung eines Lastenausgleichs für Vertrie-

Bundestagswahl 14. Aug. 1949

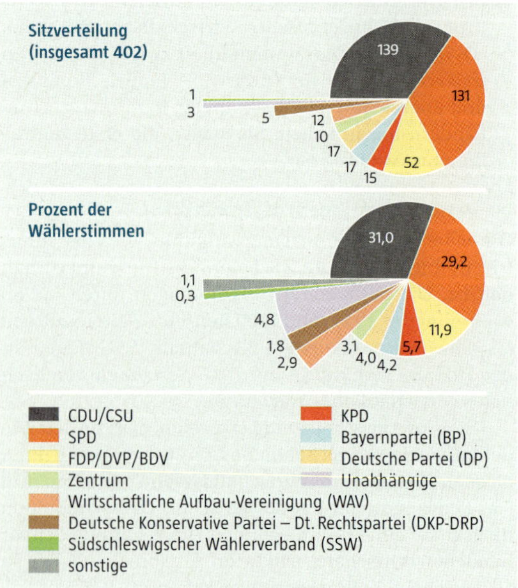

bene, Förderung des Wohnungsbaus, Pflege des Außenhandels, Unterstützung des Mittelstandes und der Bauern. Als Maxime seiner Außenpolitik unterstreicht er die Zugehörigkeit zur westlichen Welt sowie die Überwindung der Teilung Deutschlands durch eine »Politik der Stärke«.

21. Sept. Durch das Inkrafttreten des Besatzungsstatuts werden die Militärregierungen aufgelöst.

13. Okt. Zusammenschluss von 16 Gewerkschaftsbünden der amerikanischen, britischen und französischen Zone zum Deutschen Gewerkschaftsbund. Den Vorsitz übernimmt Hans Böckler. Hauptziel der Politik des DGB ist die Durchsetzung der paritätischen Mitbestimmung in den Betrieben.

31. Okt. Die Bundesrepublik wird Mitglied der »Organisation für europäische wirtschaftliche Zusammenarbeit« (OEEC), um am Wiederaufbauprogramm des Marshallplans partizipieren zu können.

22. Nov. Im »Petersberger Abkommen« einigen sich die Alliierte Hohe Kommission und die Bundesrepublik über den Beitritt der Bundesrepublik zur Internationalen Ruhrbehörde sowie die Aufnahme von Konsular- und Handelsbeziehungen mit anderen Staaten. Die Hohe Kommission sichert im Gegenzug die Einstellung der Demontagen zu.

15. Dez. Der amerikanische Hohe Kommissar John J. McCloy (*1895, †1989) und Bundeskanzler Adenauer unterzeichnen ein Abkommen über wirtschaftliche Zusammenarbeit zwischen den USA und der Bundesrepublik.

1950, 16. Jan. Adenauer spricht sich gegen eine Abtrennung des Saargebiets aus.

3. März Der Bundestag ändert das Einkommenssteuer- und das Körperschaftssteuergesetz: Er begünstigt damit nicht entnommene Gewinne aus Betrieben und fördert so die Investitionsbereitschaft durch Eigenfinanzierung, eine der Grundlagen des wirtschaftlichen Wiederaufbaus der Bundesrepublik.

1. Mai Der Wegfall der letzten Lebensmittelrationierung versinnbildlicht den raschen Wirtschaftsaufschwung, der allerdings durch den Ausbruch des Koreakrieges noch im zweiten Halbjahr gebremst wird, weil dieser Rohstoffverknappungen und Preissteigerungen verursacht, was zu einer allgemeinen sozialen Beunruhigung führt.

25. Juni Der Ausbruch des Koreakrieges löst eine Diskussion über einen Wehrbeitrag der Bundesrepublik zur Verteidigung des Westens gegenüber einem kommunistischen Angriff aus dem Osten aus.

18. Aug. Die Bundesregierung äußert den Wunsch nach Verteidigungstruppen der Bundesrepublik als Gegengewicht zur Kasernierten Volkspolizei der DDR.

1. Okt. Der Bund übernimmt die Kriegsopferversorgung.

9. Okt. Rücktritt von Bundesinnenminister Gustav Heinemann (*1899, †1976; CDU, seit 1957 SPD), der eine Aufrüstung der Bundesrepublik ablehnt.

Der Wirtschaftsaufschwung

Vom Marshallplan, einem von den USA entwickelten Programm zur Unterstützung und Koordinierung der Wirtschaft in europäischen Ländern, geht eine psychologisch starke Signalwirkung aus. Die Ankündigung von Rohstofflieferungen aus dem Europäischen Wiederaufbauprogramm (*European Recovery Program*, ERP) und die Hoffnung auf eine allgemeine Wiederaufnahme des für die Bundesrepublik unabdingbaren Außenhandels führen zur Einbeziehung von gehorteten Rohstoffen und Materialien in den Produktionsprozess. So erhöht sich auch deutlich das Konsumangebot, das seinerseits die Produktion anreizt. Der Marshallplan trifft auf eine sich schon im zweiten Jahr befindende Aufschwungphase der Konjunktur in Westdeutschland und beschleunigt sie, bildet aber – entgegen vielfachen Annahmen – keine Initialzündung. Der 1950 weiter zunehmende, rasche Aufschwung, der von der Londoner Tageszeitung »Times« als »deutsches Wirtschaftswunder« bezeichnet wird, ist zunächst ein auf Behebung von Schäden aus der Weltwirtschaftskrise und v. a. des Krieges beruhendes wirtschaftliches Wachstum. Später kommen weitere Antriebsfaktoren hinzu: die Eingliederung in den Welthandel, der ebenfalls zunimmt, und ab 1958 die Integration der westeuropäischen Märkte. Der Aufschwung ist allerdings stets differenziert zu sehen. Zwar steigt der Gesamtindex an, aber einzelne Wirtschaftszweige, wie der Bergbau, gehen zurück und lösen zeitweise (1958–1964) einzelne soziale Krisen aus.

1951, 5. Jan. Mit der Verabschiedung des Indexgesetzes beginnt die Neuordnung der Agrarmärkte. Ihm folgen das Vieh- und Fleischgesetz (25. April 1951), das Getreidegesetz (24. Nov. 1951) sowie das Milch-, Milcherzeugnisse- und Fettegesetz (10. Dez. 1952). Durch eine vorsichtige Steuerung und Subventionierung der Agrarmärkte sollen die Preise für Lebensmittel niedrig gehalten werden, um nicht durch steigende Verbraucherpreise den Wunsch nach Lohnerhöhungen anzureizen und um v. a. die Exportindustrie von einem starken Kostendruck freizuhalten. Die damit entstehende Agrarmarktordnung gilt bis zum Eintritt der Bundesrepublik in die EWG.

15. Febr. Gründung des Bundesgrenzschutzes.

6. März Eine Revision des Besatzungsstatuts erweitert die deutschen Vollmachten in der Außenpolitik.

10. April Verabschiedung des Gesetzes über die Mitbestimmung der Arbeitnehmer in den Aufsichtsräten und Vorständen der Bergbauunternehmen sowie der Eisen und Stahl erzeugenden Industrie. Das Gesetz löst entsprechende Vorschriften der britischen Besatzungsmacht ab und schreibt eine paritätische Besetzung der Aufsichtsräte in den Kapitalgesellschaften der Montanindustrie vor. In den Vorstand wird ein Arbeitsdirektor entsandt, der nicht gegen die Arbeitnehmervertreter im Aufsichtsrat bestellt werden darf.

26. April Durch bundesgesetzliche Bestimmungen werden Exportgeschäfte begünstigt.

21. Juni Der Bundestag vereinfacht das Einkommenssteuer- und Körperschaftssteuergesetz.

9./13. Juli Die westlichen Besatzungsmächte Großbritannien und Frankreich beenden den Kriegszustand mit Deutschland. Die USA folgen am 19. Okt.

20. Sept. Der »Interzonenhandel« mit der DDR wird in einem Abkommen geregelt. Er überschreitet 1955 erstmals die Grenze von einer Milliarde DM.

1952, 11. Jan. Der Bundestag ratifiziert den Vertrag über die Gründung der Europäischen Gemeinschaft für Kohle und Stahl (Montanunion).

8. Febr. Der Bundestag beschließt gegen die Stimmen der SPD, grundsätzlich einen deutschen Verteidigungsbeitrag zu leisten.

10. März Die sowjetische Regierung bietet den Westmächten an, über einen Friedensvertrag mit Deutschland zu verhandeln (»Stalin-Note«). ADENAUER reagiert ablehnend, da er den sowjetischen Vorschlag für ein Störmanöver gegen seine Westpolitik hält.

25. April Bildung des Landes Baden-Württemberg.

26. Mai In Bonn wird der Generalvertrag über die Beziehungen zwischen der Bundesrepublik Deutschland und den drei Westmächten unterzeichnet (auch »Bonner Konvention«).

27. Mai Unterzeichnung des Vertrages zur Errichtung einer Europäischen Verteidigungsgemeinschaft (EVG) in Paris.

10. Juli Der Bundestag verabschiedet das Lastenausgleichsgesetz, das den Kriegsbeschädigten, Heimatvertriebenen, Flüchtlingen sowie den durch die Teilung Deutschlands und die Währungsreform am härtesten betroffenen Bevölkerungsgruppen die Wiedereingliederung und die Sicherung ihrer Existenz ermöglichen soll.

19. Juli Verabschiedung des Betriebsverfassungsgesetzes, das für alle Privatbetriebe mit fünf und mehr Arbeitnehmern gilt, in denen die Wahl von Betriebsräten vorgesehen ist. Die Mitspracherechte der Betriebsräte erstrecken sich auf soziale, personelle und wirtschaftliche Angelegenheiten, u. a. Festlegung der Arbeitszeit, Aufstellung der Urlaubspläne, Durchführung der Berufsausbildung, Regelung der Akkord- und Stücklohnsätze, Mitarbeit an der Betriebsordnung und Angelegenheiten der Einstellung, Versetzung, Entlassung und Gehaltsumgruppierung.

20. Aug. Tod des SPD-Vorsitzenden KURT SCHUMACHER. Sein Nachfolger als Partei- und Fraktionsvorsitzender wird am 27. Sept. ERICH OLLENHAUER (*1901, †1963).

10. Sept. Die Bundesrepublik schließt mit Israel einen Wiedergutmachungsvertrag. Danach sind innerhalb von zwölf Jahren 3 Mrd. DM in Form von Warenlieferungen an Israel zu entrichten.

23. Okt. Verbot der Sozialistischen Reichspartei (SRP), einer Nachfolgeorganisation der NSDAP, durch Urteil des Bundesverfassungsgerichts.

30. Okt. Einführung von Steuerbegünstigungen für den Kapitalmarkt und die Kapitalbildung.

1953, 27. Febr. Das Londoner Schuldenabkommen regelt sowohl die Vorkriegsschulden des Deutschen Reichs aus dem Dawes- und Youngplan (13,3 Mrd. DM) als auch die Nachkriegsschulden der Bundesrepublik (6,8 Mrd. DM) und schafft die Voraussetzungen für die Wiedereingliederung Deutschlands in den internationalen Wirtschafts- und Zahlungsverkehr.

25. März Das Gesetz über die Angelegenheiten der Vertriebenen und Flüchtlinge regelt die Eingliederung der Vertriebenen.

23. April Mit dem neu gefassten Tarifvertragsgesetz, basierend auf dem Tarifvertragsgesetz vom 9. April 1949 und 11. Jan. 1952, schafft der Gesetzgeber eine feste Ordnung im Tarifvertragswesen, die im Dritten Reich beseitigt wurde. Gewerkschaften und Arbeitgeberverbände werden als die für die Regelung der Arbeitsbedingungen maßgeblichen Institutionen anerkannt.

6. Sept. Bei der Bundestagswahl steigert die CDU/CSU ihren Stimmenanteil erheblich.

20. Okt. KONRAD ADENAUER bildet sein zweites Kabinett.

1954, 26. Febr. Der Bundestag billigt das Gesetz zur Ergänzung des Grundgesetzes, das die Wehrhoheit der Bundesrepublik begründet.

30. Aug. Scheitern des EVG-Vertrages in der französischen Nationalversammlung.

28. Sept.–3. Okt. Die Londoner Neunmächtekonferenz beschließt die Souveränität der Bundesrepublik, ihren Beitritt zur NATO und zum Brüsseler Pakt.

19.–23. Okt. In den vier Pariser Konferenzen (Dreimächte – Bundesrepublik; Neunmächte; Konferenz der 14 Nato-Mitglieder; Bundesrepublik–Frankreich) werden die in der Londoner Akte festgelegten Beschlüsse sowie das deutsch-französische Abkommen über das europäische Statut der Saar endgültig vertraglich geregelt (**Pariser Verträge**).

23. Okt. Neufassung des Generalvertrags vom 26. Mai 1952: Die Bundesrepublik und die drei Westmächte beschließen im **Deutschlandvertrag** die Beendigung des Besatzungsregimes, die Aufhebung des Besatzungsstatuts und die Auflösung der Alliierten Hohen Kommission. Die Bundesrepublik erklärt ihre Absicht, sich in internationalen Organisationen mit der Gemeinschaft der freien Nationen zu verbinden. Zugleich erhalten Bund und Länder die Befugnis, die von den Besatzungsmächten erlassenen Gesetze zu ändern oder aufzuheben.

1955, 5. Mai Proklamation der Souveränität der Bundesrepu-

Bundestagswahl 6. Sept. 1953

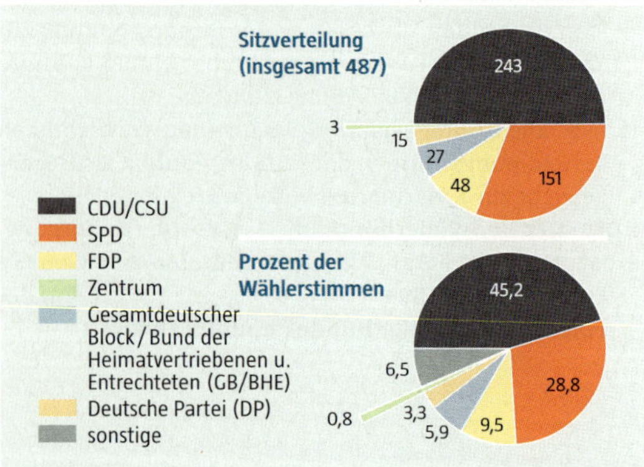

blik Deutschland sowie endgültige Auflösung der Alliierten Hohen Kommission, nachdem die Pariser Verträge durch Ratifizierung von Bundestag und Bundesrat in Kraft gesetzt worden sind.

6. Juni Die »Dienststelle Blank«, benannt nach dem Sicherheitsbeauftragten der Bundesregierung THEODOR BLANK (*1905, †1972), wird zum Bundesministerium der Verteidigung.

5. Sept. Das neue Landwirtschaftsgesetz bildet die Basis der »Grünen Pläne«, die die Agrarstruktur (Flurbereinigung, Bau von Wirtschaftswegen, Aussiedlung von Höfen) und die Einkommenslage der Landbevölkerung verbessern sollen.

9.–13. Sept. Bundeskanzler ADENAUER erzielt bei einem Staatsbesuch in Moskau eine Einigung über die Aufnahme diplomatischer Beziehungen sowie die Freilassung der letzten deutschen Kriegsgefangenen.

23. Okt. 67,7 % der stimmberechtigten Wähler des Saargebietes lehnen das Saarstatut ab.

23. Dez. Das Finanzverfassungsgesetz stabilisiert den seit 1949 zwischen Bund und Ländern strittigen Finanzausgleich: Kernstück ist die Aufteilung des Ertrags aus der Einkommens- und Körperschaftssteuer zwischen Bund und Ländern. Auf dieser Grundlage erhält der Bund ab 1958 35 %, die Länder 65 %; 1966 wird der Bundesanteil auf 37 % erhöht.

Innere Konsolidierung (1956–1963)

1956, 17. Aug. Verbot der Kommunistischen Partei Deutschlands durch das Bundesverfassungsgericht.

27. Okt. Frankreich und die Bundesrepublik regeln die Saarfrage. Demnach wird der Anwendungsbereich des Grundgesetzes vorbehaltlich einer dreijährigen Übergangszeit in wirtschaftlichen Angelegenheiten ab 1. Jan. 1957 auf das Saarland ausgedehnt. Beschluss zur Schiffbarmachung der Mosel.

1957, 23. Febr. Die Gesetze zur Neuregelung des Rechts der Rentenversicherung der Arbeiter und der Angestellten, abgerundet durch das Knappschaftsversicherungsneuregelungsgesetz vom 21. Mai 1957, verfolgen drei Ziele: 1. Anpassung der Renten an die Entwicklung des Lohn- und Preisniveaus, 2. Anpassung des Werts der Beiträge an das Lohnniveau im Zeitpunkt der Rentenfortsetzung, 3. Angleichung der Altrenten an die Entwicklung des Preis-Lohn-Niveaus. Die Altershilfe der Landwirte wird erst 1965 geregelt.

9./10. Mai Der Bundestag diskutiert die atomare Bewaffnung der Bundeswehr.

20. Mai Die Bundesregierung lehnt den Plan der sowjetischen Regierung ab, die deutsche Einheit durch Verhandlungen mit der DDR und durch Bildung einer Konföderation herzustellen.

26. Juli Das »Gesetz über die Deutsche Bundesbank« regelt den Aufbau der Deutschen Bundesbank als Nachfolgeinstitut der Bank Deutscher Länder, die noch die Besatzungsmächte errichtet haben. Es stellt zudem der Bundesbank geldpolitische Instrumentarien zur Verfügung, durch die die Geldpolitik reguliert werden kann.

27. Juli Das Gesetz gegen Wettbewerbsbeschränkungen, von den Anhängern der sozialen Marktwirtschaft als »Grundgesetz der Marktwirtschaft« bezeichnet, verbietet marktbeherrschende Unternehmen und Kartellabsprachen, lässt jedoch zahlreiche Ausnahmen zu, die die Wirkung des Gesetzes aushöhlen. Am 3. Jan. 1966 wird daher eine verschärfte Fassung erlassen.

15. Sept. Bundestagswahl: Die CDU erringt die absolute Mehrheit, KONRAD ADENAUER bildet am 29. Okt. eine Alleinregierung der CDU/CSU, aber schon im darauf folgenden Jahr beginnen die Auseinandersetzungen um seine Nachfolge.

19. Okt. Die Bundesrepublik bricht die diplomatischen Beziehungen zu Jugoslawien ab, nachdem Belgrad diplomatische Beziehungen zur DDR aufgenommen hat. Die Bundesregierung wendet damit die nach Staatssekretär WALTER HALLSTEIN (*1901, †1982) benannte »Hallstein-Doktrin« an, wonach die Bundesrepublik wegen ihres demokratisch legitimierten Alleinvertretungsanspruchs für das gesamte deutsche Volk spricht und mit keinem Staat – eine Ausnahme bildet nur die Sowjetunion – diplomatische Beziehungen unterhält, der seinerseits die DDR völkerrechtlich anerkennt.

1958, 20.–25. März In der Bundestagsdebatte zur Atomfrage fordert Bundesverteidigungsminister FRANZ JOSEF STRAUSS (*1915, †1988; CSU) eine atomare Bewaffnung der Bundeswehr.

23. März Die SPD gründet, vom DGB unterstützt, den Aktionsausschuss »Kampf dem Atomtod« in Frankfurt.

25. April Unterzeichnung eines deutsch-sowjetischen Handelsabkommens.

27. Nov. Ausbruch der Berlin-Krise: In einer Note, dem sog. »Berlin-Ultimatum«, fordert die Sowjetunion eine »Freie Stadt West-Berlin«.

1959, 1. Juli HEINRICH LÜBKE (*1894, †1972; CDU, seit 1953 Bundeslandwirtschaftsminister) wird zum Bundespräsidenten gewählt.

13.–15. Nov. Ein außerordentlicher Parteitag der SPD in Bad Godesberg verabschiedet ein neues Grundsatzprogramm (**Godesberger Programm**), das die Aktionsprogramme von 1952 und 1954 ablöst. Die SPD stellt

Bundestagswahl 15. Sept. 1957

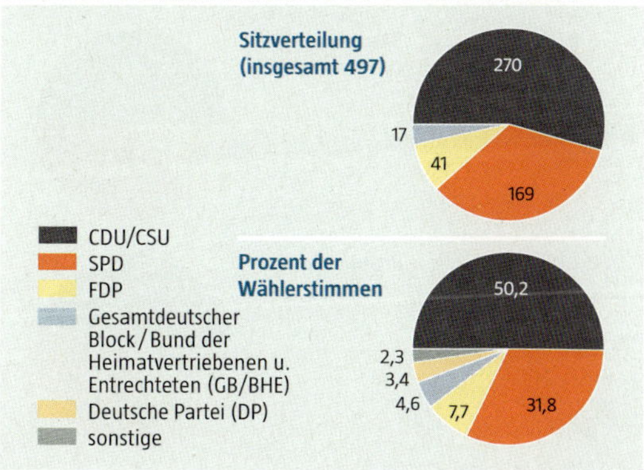

sich als »entideologisierte Volkspartei« dar, die anstrebt, die Grundwerte eines demokratischen Sozialismus (Freiheit, Gerechtigkeit, Solidarität) zu verwirklichen.

1960, 29. Aug. Die DDR erlässt Beschränkungen im Reiseverkehr zwischen West- und Ost-Berlin. Die Bundesrepublik kündigt daraufhin das Interzonenabkommen.

1961, 30. Juni Verabschiedung des Bundessozialhilfegesetzes (BSHG), das den Empfängern von Renten ein Leben ermöglichen soll, das der Würde des Menschen entspricht.

10. Juli Das Gesetz über das Kreditwesen stellt eine Rahmenordnung her, die im Interesse der Einleger, der Kreditversorgung der Wirtschaft und der Unterstützung der Wirtschaftspolitik der Bundesregierung die Freiheit der Kreditinstitute beschränkt.

13. Aug. **Beginn des »Mauerbaus«** an der Demarkationslinie zwischen Ost- und West-Berlin sowie Sperrung der Zugangswege nach West-Berlin durch die DDR.

17. Sept. Bundestagswahl: Die Union verliert die absolute Mehrheit, die sie 1957 errungen hat.

7. Nov. Konrad Adenauer wird zum vierten Mal zum Bundeskanzler gewählt. Sein von der CDU/CSU-FDP-Koalition gestütztes Kabinett wird am 14. Nov. vereidigt.

20./21. Nov. Staatsbesuch Adenauers in den USA. Besprechungen mit Präsident John F. Kennedy wegen der Berlinfrage und der Deutschlandpolitik. Wachsende Differenzen zwischen der deutschen und der amerikanischen Regierung.

1962, 21. März Aufgrund von Überhitzungserscheinungen der Konjunktur fordert Wirtschaftsminister Ludwig Erhard in einer Rundfunkansprache Gewerkschaften, Verbraucher und Arbeitnehmer zum »Maßhalten« auf. Die Bundesrepublik wächst in eine Situation der Überbeschäftigung hinein, die zur wachsenden Beschäftigung ausländischer Arbeitskräfte (bis 1964 rund eine Mio.) führt.

6. Juni Adenauer bietet dem Ministerpräsidenten der Sowjetunion, Nikita S. Chruschtschow, einen »Burgfrieden« an, um Fortschritte in der deutschen Frage einzuleiten.

Bundestagswahl 17. Sept. 1961

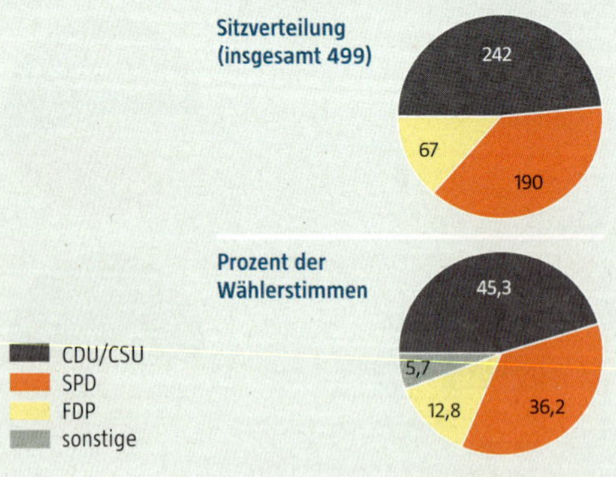

26./27. Okt. Polizeiaktion gegen das Hamburger Nachrichtenmagazin »Der Spiegel«: Beginn der Spiegelaffäre, in deren Verlauf zunächst die FDP-Minister am 19. Nov. ihren Rücktritt erklären.

30. Nov. Durch die Spiegelaffäre persönlich belastet, demissioniert der CSU-Vorsitzende Strauss als Verteidigungsminister.

14. Dez. Die CDU führt erstmals mit der SPD Koalitionsverhandlungen. Als diese scheitern, bildet die CDU/CSU mit der FDP eine Regierung, allerdings unter dem Vorbehalt, dass Adenauer vorzeitig zurücktritt.

1963, 22. Jan. Unterzeichnung des Vertrags über die deutsch-französische Zusammenarbeit. Frankreich und die Bundesrepublik vereinbaren eine besonders enge Zusammenarbeit sowie turnusmäßige Konsultationen auf Ministerebene.

15. Juli In einer Rede vor der Evangelischen Akademie in Tutzing am Starnberger See entwickelt der Berliner Senatsdirektor Egon Bahr (*1922) die Politik eines »Wandels durch Annäherung«. Diese Gedanken sollen bestimmend für die zukünftige deutsche Ostpolitik werden.

11. Okt. Adenauer gibt seinen Rücktritt als Bundeskanzler mit Wirkung vom 15. Okt. bekannt.

16. Okt. Ludwig Erhard (CDU) wird sein Nachfolger.

Regierungen der Bundesrepublik Deutschland

Regierung seit	Bundeskanzler	Koalition
1949, 20. Sept.	Konrad Adenauer	CDU/CSU-FDP-DP
1953, 20. Okt.	Konrad Adenauer	CDU/CSU-DP
1957, 29. Okt.	Konrad Adenauer	CDU/CSU
1961, 14. Nov.	Konrad Adenauer	CDU/CSU-FDP
1963, 16. Okt.	Ludwig Erhard	CDU/CSU-FDP
1965, 26. Okt.	Ludwig Erhard	CDU/CSU-FDP
1966, 1. Dez.	Kurt Georg Kiesinger	CDU/CSU-SPD
1969, 22. Okt.	Willy Brandt	SPD-FDP
1972, 15. Dez.	Willy Brandt	SPD-FDP
1974, 16. Mai	Helmut Schmidt	SPD-FDP
1976, 16. Dez.	Helmut Schmidt	SPD-FDP
1980, 5. Nov.	Helmut Schmidt	SPD-FDP
1982, 4. Okt.	Helmut Kohl	CDU/CSU-FDP
1983, 30. März	Helmut Kohl	CDU/CSU-FDP
1987, 12. März	Helmut Kohl	CDU/CSU-FDP
1990, 30. März	Helmut Kohl	CDU/CSU-FDP
1994, 30. März	Helmut Kohl	CDU/CSU-FDP
1998, 27. Okt.	Gerhard Schröder	SPD-Bündnis 90/Die Grünen
2002, 22. Okt.	Gerhard Schröder	SPD-Bündnis 90/Die Grünen
2005, 27. Nov.	Angela Merkel	CDU/CSU-SPD

Innenpolitische Krisen (1964–1968)

Die Zuwachsraten des Bruttosozialprodukts sind auch während der 50er-Jahre nie konstant. Sie erleben Auf- und Abschwünge, die aber meist nur auf geringfügigen Veränderungen der Nachfrage und Schwankungen des Preisgefüges beruhen. Erst 1965 setzt ein drastischer Abschwung der Konjunktur ein, der 1966/67 sogar dazu führt, dass die wirtschaftlichen Aktivitäten in der Bundesrepublik kurzfristig unter das Nullwachstum absinken. Dieses ungewohnte Ereignis löst Irritationen in der Bevölkerung und bei der Regierung aus, die den Abschwung mit den üblichen Instrumenten zur Steuerung der Konjunktur nicht zu bremsen vermag. Es entstehen Zweifel, ob das System der liberalen Marktwirtschaft allein in der Lage ist, die wirtschaftlichen Probleme zu bewältigen. Die Schwierigkeiten in der Wirtschaft, verbunden mit der Regierungskrise und den Führungskämpfen innerhalb der CDU, lassen Kritik am Verfassungssystem der Bundesrepublik aufkommen. V. a. Intellektuelle werfen dem Bundestag vor, er sei nicht im Stande, die Exekutive und die Volkswirtschaft wirksam zu kontrollieren. Nutznießer der Krise ist nicht zuletzt die rechtsradikale Nationaldemokratische Partei Deutschlands (NPD), die bei verschiedenen Landtagswahlen die Fünfprozenthürde überspringt und zahlreiche Mandate gewinnt. Als am 1. Okt. 1966 eine Große Koalition aus CDU/CSU und SPD gebildet wird, um die Krise zu überwinden, zeichnen sich Umrisse einer linksorientierten Außerparlamentarischen Opposition (APO) ab.

1964, 16. Febr. Der Regierende Bürgermeister von Berlin, Willy Brandt (*1913, †1992), wird als Nachfolger Erich Ollenhauers zum Vorsitzenden der SPD gewählt.

1965, 13. Mai Aufnahme diplomatischer Beziehungen zu Israel. Die arabischen Staaten (mit Ausnahme von Libyen, Marokko und Tunesien) brechen daraufhin ihre Beziehungen zur Bundesrepublik ab.

12. Juni Gesetz über die Vermögensbildung (»624-DM-Gesetz«), das die Vermögensbildung der Arbeitnehmer verbessern soll.

19. Sept. Bundestagswahl mit einer Mehrheit für CDU/CSU und FDP.

Bundestagswahl 19. Sept. 1965

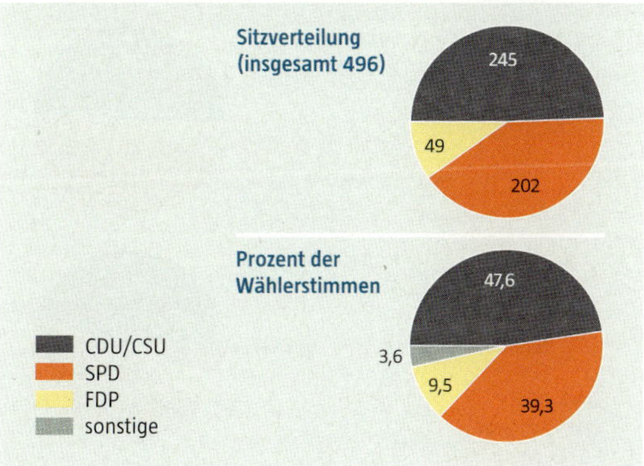

16. Okt. Der Rat der Evangelischen Kirchen Deutschlands (EKD) veröffentlicht die Denkschrift »Die Lage der Vertriebenen und das Verhältnis des deutschen Volkes zu seinen östlichen Nachbarn«. Darin wird die bisherige Ostpolitik kritisiert und neben der Aussöhnung mit den osteuropäischen Nachbarvölkern eine politische Lösung der Oder-Neiße-Grenzfrage mit Polen gefordert.

26. Okt. Bundeskanzler Ludwig Erhard bildet eine Koalitionsregierung von CDU/CSU und FDP. Erich Mende (*1916, †1998; FDP) bleibt Vizekanzler (seit 1963). Die Koalition ist durch außenpolitische Differenzen belastet: Bundesaußenminister Gerhard Schröder (*1910, †1989) fordert eine starke Anlehnung an die USA, Erich Mende eine flexible Ostpolitik, Franz Josef Strauss eine Annäherung an Frankreich.

21. Dez. Adenauer erklärt seinen Verzicht auf eine erneute Kandidatur als CDU-Vorsitzender.

1966, März Erhard kann sich gegen Rainer Barzel (*1924, †2006) bei der Wahl um den Parteivorsitz der CDU durchsetzen.

25. März Die Regierung Erhard übermittelt allen osteuropäischen Staaten mit Ausnahme der DDR eine Friedensnote zur Abrüstung, Friedenssicherung und Entspannung. Darin enthalten ist u. a. das Angebot förmlicher Gewaltverzichtserklärungen.

5. Sept. Ludger Westrick (*1894, †1990), Vertrauter Erhards, tritt als Kanzleramtsminister zurück.

27. Okt. Die FDP kündigt wegen Streitigkeiten um den Bundeshaushalt die Koalition mit der CDU/CSU auf.

30. Nov. Rücktritt Erhards als Bundeskanzler.

1. Dez. Der Bundestag wählt den CDU-Politiker und baden-württembergischen Ministerpräsidenten Kurt Georg Kiesinger (*1904, †1988) zum Bundeskanzler. Bildung einer **»Großen Koalition«** von CDU/CSU und SPD. Vizekanzler und Außenminister wird Willy Brandt.

1967, 31. Jan. Aufnahme diplomatischer Beziehungen mit Rumänien.

27. Mai–4. Juni Während eines Staatsbesuchs des persischen Schahs Mohammed Reza Pahlavi brechen in zahlreichen Städten Unruhen aus. Der Student Benno Ohnesorg (*1940) wird bei einer Demonstration in Berlin am 2. Juni von einem Polizisten erschossen. Oppositionelle Gruppen außerhalb des parlamentarischen Repräsentativ- und Parteiensystems formen sich als Außerparlamentarische Opposition (APO), da eine parlamentarische Opposition im Bundestag angesichts der Großen Koalition zwischen CDU/CSU und SPD vermeintlich nicht mehr besteht. Die Proteste der APO richten sich v. a. gegen den Vietnamkrieg und die geplanten Notstandsgesetze, aber auch gegen verkrustete Strukturen im Bildungswesen.

14. Juni Die Bundesregierung versucht, mithilfe des Gesetzes zur Förderung von Stabilität und Wachstum den Konjunkturabschwung zu bremsen, die Preise zu stabilisieren, die Zahlungsbilanz auszugleichen und ein angemessenes Wachstum zu erreichen. Die marktwirtschaftliche Ordnung wird mit Elementen der Rahmenplanung umgeben. Errichtung der »Konzertierten Aktion« auf Initiative von Bundeswirtschaftsminister Karl Schiller (*1911, †1994; SPD): Verhandlungsforum von Arbeitgeberverbänden und Gewerkschaften, moderiert durch die Bundesregierung.

24. Juli Das Parteiengesetz erklärt die Parteien zu notwendigen Bestandteilen der freiheitlich demokratischen Grundordnung.

3. Aug. Die Bundesrepublik und die Tschechoslowakei vereinbaren die gegenseitige Einrichtung von Handelsvertretungen.

1968, 31. Jan. Wiederaufnahme diplomatischer Beziehungen zu Jugoslawien, die 1957 wegen der Hallstein-Doktrin abgebrochen worden waren.

2. April Andreas Baader (*1944, †1977), Gudrun Ensslin (*1940, †1977), Thorwald Proll (*1941) und Horst Söhnlein (*1943) verüben einen Brandanschlag auf ein Kaufhaus in Frankfurt am Main und werden kurz darauf festgenommen. Sie erhalten publizistische Unterstützung von der Kommentatorin der Hamburger Zeitschrift »Konkret«, Ulrike Meinhof (*1934, †1976). Nach der gewaltsamen Befreiung von Baader und Ensslin im Mai 1970 entsteht die »Baader-Meinhof-Gruppe«, aus der dann die Rote-Armee-Fraktion (RAF) hervorgeht.

9. April In einer Note an die sowjetische Regierung betont die Bundesregierung ihre Bereitschaft, mit allen Mitgliedstaaten des Warschauer Paktes über den Austausch von Gewaltverzichtserklärungen zu verhandeln, auch mit dem »anderen Teil Deutschlands«.

11. April Attentat des Anstreichers Josef Bachmann (*1944, †1970) auf den Studentenführer Rudi Dutschke (*1940, †1979) in Berlin. Während der folgenden Ostertage kommt es in zahlreichen Städten zu Protestkundgebungen und Straßenschlachten.

29. Mai Der Bundestag billigt nach heftigen Protesten in der Öffentlichkeit die Notstandsverfassung, die zeitweise bestimmte Artikel des Grundgesetzes außer Kraft setzen kann.

Die sozial-liberale Koalition (1969–1982)

Mit der Bildung der sozial-liberalen Koalition aus SPD und FDP nach der Bundestagswahl 1969 kommt es erstmals in der Geschichte der Bundesrepublik zu einem »Machtwechsel«. Die Union verliert nach 20 Jahren ununterbrochener Herrschaft die Kanzlerschaft. Neuer Bundeskanzler wird Willy Brandt (SPD), mit dem erstmals seit 1930 wieder ein Sozialdemokrat an der Spitze der Regierung steht. Mit Brandt verbinden v.a. Angehörige der jüngeren Generation Hoffnungen auf eine Richtungsänderung in der deutschen Politik. Dies gilt nicht nur für eine »neue Ostpolitik« gegenüber der Sowjetunion, Polen und der DDR, sondern auch für die Innenpolitik, in der bereits die Studentenproteste 1967/68 Reformen angemahnt haben. Brandt trägt dieser Stimmung Rechnung, indem er in seiner Regierungserklärung ein Programm der »inneren Reformen« vorlegt und verspricht, »mehr Demokratie« zu wagen.

1969, 5. März Gustav Heinemann (SPD) wird mit den Stimmen von SPD und FDP zum Bundespräsidenten gewählt.

12./13. April Gründung der Deutschen Kommunistischen Partei (DKP) als Nachfolgepartei der verbotenen KPD. Die Wiederzulassung einer kommunistischen Partei in der Bundesrepublik soll die sich anbahnenden Verhandlungen mit dem Osten erleichtern.

12. Mai Das Finanzreformgesetz ordnet die Zusammenarbeit zwischen Bund und Ländern auf dem Gebiet des Hochschulneubaus, der Bildungsplanung, der Verbesserung regionaler Wirtschaftsstrukturen sowie der Gemeinwirtschaftsaufgaben. Es regelt außerdem die Verteilung der Finanzlasten zwischen Bund, Ländern und Gemeinden.

29. Sept. Bundestagswahl: SPD und FPD vereinbaren eine Koalition.

22. Okt. Bildung einer **sozial-liberalen Regierung** unter Bundeskanzler Willy Brandt und Vizekanzler und Außenminister Walter Scheel (*1919, FDP). Intensivierung der Ostpolitik, aber auch der Integrationspolitik Europas.

24. Okt. Die Bundesregierung beschließt (nach langen Auseinandersetzungen schon in der Großen Koalition) die Aufwertung der DM um 8,5 %.

28. Okt. Bundeskanzler Brandt erklärt die Bereitschaft der Bundesregierung, die Existenz der DDR als zweiten Staat in Deutschland anzuerkennen.

28. Nov. Die Bundesrepublik unterzeichnet den Atomwaffensperrvertrag.

1970, 19. März Treffen von Bundeskanzler Brandt mit dem Vorsitzenden des Ministerrates der DDR, Willi Stoph, in Erfurt.

26. März Beginn der Viermächte-Verhandlungen über Berlin im Gebäude des ehemaligen Alliierten Kontrollrates.

21. Mai Erneute Begegnung zwischen Brandt und Stoph in Kassel.

12. Aug. Unterzeichnung des Vertrages zwischen der Bundesrepublik und der Sowjetunion über Gewaltverzicht und Normalisierung der Beziehungen in Moskau (**Moskauer Vertrag**).

7. Dez. Unterzeichnung des Vertrages zwischen der Bun-

Bundestagswahl 28. Sept. 1969

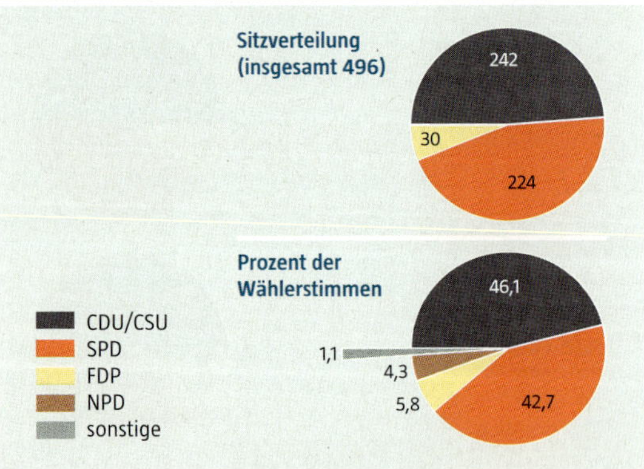

desrepublik und der Volksrepublik Polen über die Grundlagen der Normalisierung der Beziehungen im Warschau (**Warschauer Vertrag**). – Kniefall von Bundeskanzler BRANDT bei der Kranzniederlegung vor dem Denkmal für die Gefallenen des Warschauer Gettos.

1971, 3. Sept. Unterzeichnung des **Viermächteabkommens** über Berlin, das die Bindungen zwischen West-Berlin und der Bundesrepublik bestätigt. Die Sowjetunion gewährleistet den freien Zugang nach West-Berlin.

20. Okt. Die Nobelpreiskommission verleiht Bundeskanzler BRANDT den Friedensnobelpreis.

10. Nov. Verabschiedung des Betriebsverfassungsgesetzes: Dem einzelnen Arbeitnehmer wird erstmals das Recht auf Unterrichtung, Anhörung und Erörterung von betrieblichen Angelegenheiten eingeräumt, die ihn selbst betreffen. Der Betriebsrat erhält mehr Mitbestimmungsrechte, so in der Personalplanung und Berufsausbildung.

1972, 27. April Ein von der CDU/CSU-Opposition gegen Bundeskanzler WILLY BRANDT eingebrachtes konstruktives Misstrauensvotum, mit dem der CDU-Vorsitzende RAINER BARZEL zum Bundeskanzler gewählt werden soll, scheitert. Das Misstrauensvotum wurde möglich, weil mehrere Abgeordnete der sozialliberalen Koalition unter Mitnahme ihres Mandats – v. a. aus Protest gegen BRANDTS Ostpolitik – zur Union übergelaufen sind, sodass BARZEL davon ausgehen konnte, eine Mehrheit des Bundestages werde für ihn als Kanzler stimmen.

17. Mai Ratifizierung der »Ostverträge« mit der Sowjetunion und der Volksrepublik Polen im Bundestag.

1. Juni Der Kern der Rote-Armee-Fraktion wird festgenommen: ANDREAS BAADER, HOLGER MEINS (*1941, †1974), JAN-CARL RASPE (*1944, †1977) in Frankfurt am Main, am 7. Juni auch GUDRUN ENSSLIN in Hamburg und am 15. Juni ULRIKE MEINHOF in Hannover.

3. Juni Inkrafttreten der »Ostverträge«. Mit dem Viermächteschlussprotokoll über das Berlinabkommen treten zugleich das Viermächteabkommen, das Transitabkommen und die Vereinbarungen zwischen dem Senat von Berlin und der Regierung der DDR in Kraft.

16. Aug. Beginn der Verhandlungen zum Grundlagenvertrag zwischen der DDR und der Bundesrepublik Deutschland.

5. Sept. Überfall palästinensischer Terroristen auf die israelische Mannschaft während der XX. Olympischen Sommerspiele in München; dabei werden zwei Israelis getötet und neun weitere Sportler und Funktionäre als Geiseln genommen. Bei einem Befreiungsversuch auf dem Militärflugplatz Fürstenfeldbruck kommen alle israelischen Geiseln, fünf Terroristen und ein Polizeibeamter ums Leben, drei arabische Terroristen werden verhaftet.

20. Sept. Bundeskanzler BRANDT stellt wegen der Ostpolitik im Bundestag die Vertrauensfrage (233 Ja- gegen 248 Neinstimmen). Bundespräsident HEINEMANN löst daraufhin den Bundestag auf.

21. Sept. Reform der gesetzlichen Rentenversicherung: Die Versicherten können ab dem 63. Lebensjahr und nach 35 Versicherungsjahren selbst bestimmen, wann sie in den Ruhestand treten. Selbstständige und Hausfrauen können freiwillig der gesetzlichen Rentenversicherung beitreten.

19. Nov. Bei der Bundestagswahl wird die SPD erstmals stärkste Partei. WILLY BRANDT bildet am 15. Dez. erneut mit der FDP die Bundesregierung.

21. Dez. **Unterzeichnung des Grundlagenvertrages** mit der DDR.

1973, 17. Febr. Erstes Stabilitätsprogramm der Bundesregierung zur Steuerung der überhitzten Wirtschaftskonjunktur.

9. Mai Zweites Stabilitätsprogramm: Steuersenkungen und Kürzungen von Investitionen.

21. Juni Der Grundlagenvertrag mit der DDR tritt, nachdem er nach heftigen Auseinandersetzungen im Bundestag am 11. Mai ratifiziert worden ist, in Kraft.

31. Juli Das Bundesverfassungsgericht bestätigt in einem Urteilsspruch über den Grundlagenvertrag, dass die Bundesregierung verfassungskonform gehandelt und die Wiedervereinigung Deutschlands rechtlich offen gelassen hat.

18. Sept. Aufnahme der Bundesrepublik (gleichzeitig mit der DDR) in die Vereinten Nationen.

26. Sept. Verabschiedung des Energieprogramms der Bundesregierung mit dem Ziel, die Abhängigkeit der Bundesrepublik vom Erdöl zu mindern.

Bundestagswahl 19. Nov. 1972

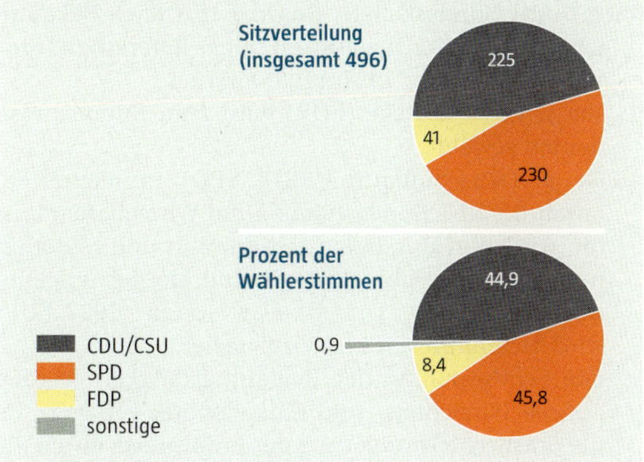

Bundespräsidenten der Bundesrepublik Deutschland

Amtszeit	Bundespräsident	Partei
1949–1959	Theodor Heuss	DVP/FDP
1959–1969	Heinrich Lübke	CDU
1969–1974	Gustav Heinemann	SPD
1974–1979	Walter Scheel	FDP
1979–1984	Karl Carstens	CDU
1984–1994	Richard von Weizsäcker	CDU
1994–1999	Roman Herzog	CDU
1999–2004	Johannes Rau	SPD
seit 2004	Horst Köhler	CDU

19. Dez. Lockerung des Stabilitätsprogramms, da sich die Konjunktur abschwächt.

1974, 6. Mai Bundeskanzler Brandt tritt nach Bekanntwerden der Spionagetätigkeit seines Referenten Günter Guillaume (*1927, †1995) zurück.

15. Mai Walter Scheel (FDP) wird zum Bundespräsidenten gewählt.

16. Mai Helmut Schmidt (*1918, SPD), im letzten Kabinett Brandt Bundesfinanz- und Wirtschaftsminister, wird zum Bundeskanzler gewählt und bildet erneut eine sozial-liberale Regierung. Der bisherige Innenminister Hans-Dietrich Genscher (*1927, FDP) wird Außenminister und Vizekanzler.

Die Schwerpunkte der Regierungstätigkeit werden auf die Wirtschafts- und Finanzpolitik verlagert, da die drastische Verteuerung der Erdölpreise durch die Organisation Erdöl produzierenden Länder (OPEC) im Okt. 1973 eine schwere Weltwirtschaftskrise ausgelöst hat, durch die es in der Bundesrepublik erstmals zur Stagnation des Wirtschaftswachstums bei gleichzeitig hohen Preissteigerungen und wachsender Arbeitslosigkeit kommt.

12. Dez. Bereitstellung von Mitteln zur Belebung der Konjunktur: Investitionszulagen für Unternehmen, insbesondere für kleine und mittlere Betriebe, sowie Stabilitätszulagen für Arbeitslose.

1975, 1. Jan. Reform der Einkommen- und Lohnsteuer mit dem Ziel, die Empfänger kleiner Einkommen zu entlasten. Das Gesetz über die Volljährigkeit ab dem 18. Lebensjahr tritt in Kraft.

25. Febr. Das Bundesverfassungsgericht erklärt die völlige Freigabe des Schwangerschaftsabbruches in den ersten zwölf Wochen nach dem am 18. Jan. 1974 vom Bundestag verabschiedeten Gesetz (»Fristenmodell«) für verfassungswidrig.

27. Febr. Peter Lorenz (*1922, †1987), Berliner Landesvorsitzender der CDU, wird von Mitgliedern der terroristischen »Bewegung 2. Juni« entführt. Die zuständigen Stellen von Bund und Ländern erfüllen die Forderungen der Entführer, die daraufhin Lorenz freilassen.

24. April Besetzung der Botschaft der Bundesrepublik in Stockholm durch sechs deutsche Terroristen der RAF, die zwei Geiseln erschießen und die Botschaft sprengen. Die Terroristen werden überwältigt und in die Bundesrepublik abgeschoben.

21. Mai Beginn des Prozesses gegen Mitglieder der Terroristengruppe RAF um Andreas Baader, Gudrun Ensslin, Jan-Carl Raspe und Ulrike Meinhof in Stuttgart-Stammheim. Am 9. Mai 1976 begeht Meinhof Selbstmord.

Juli Der polnische KP-Chef Edward Gierek und Bundeskanzler Schmidt vereinbaren bei ihrem Treffen in Helsinki, dass Polen einen Finanzkredit von 1 Mrd. DM für 25 Jahre und 1,3 Mrd. DM für Rentenausgleichszahlungen erhält. Die polnische Regierung erklärt, dass sie innerhalb von vier Jahren 125 000 Deutschen die Ausreise aus Polen gestatten wird.

18. Dez. Austausch Ständiger Vertreter zwischen der Bundesrepublik und der DDR.

31. Dez. Die Zahl der Reisen aus der Bundesrepublik und West-Berlin in die DDR und nach Ost-Berlin erhöht sich aufgrund der Vertragspolitik von 2,7 Mio. (1971) auf 7,7 Mio. (1975).

1976, Jan. Die Bundesanstalt für Arbeitsvermittlung registriert 1,351 Mio. Arbeitslose, darunter 149 000 Ausländer. Die Quote beträgt damit 5,9 %. Es handelt sich um die höchste Zahl seit 1959.

Beginn eines leichten Bevölkerungsrückgangs (1975: 61, 8 Mio.; 1976: 61,5 Mio.).

1. Juli Das Mitbestimmungsgesetz tritt in Kraft.

3. Okt. Bundestagswahl: Die CDU/CSU mit ihrem Vorsitzender Helmut Kohl (*1930) als Kanzlerkandidat wird stärkste Partei, doch bildet Helmut Schmidt am 16. Dez. erneut mit der FDP eine Koalitionsregierung.

13. Nov. Schwere Zusammenstöße zwischen Demonstranten und der Polizei am Bauplatz des geplanten Kernkraftwerks bei Brokdorf.

1977, 7. April Generalbundesanwalt Siegfried Buback (*1920) wird von Terroristen der Rote-Armee-Fraktion (RAF) auf offener Straße ermordet.

28. April Im »Stammheimer Terroristenprozess« werden die Angeklagten Andreas Baader, Jan-Carl Raspe und Gudrun Ensslin zu lebenslangen Freiheitsstrafen verurteilt.

30. Juli Der Bankier Jürgen Ponto (*1923) wird von Terroristen der RAF durch Schüsse tödlich verletzt.

5. Sept. Entführung von Hanns Martin Schleyer (*1915), Präsident der Bundesvereinigung der Deutschen Arbeitgeberverbände, durch die RAF.

13. Okt. Eine Lufthansamaschine wird von Palästinensern, die die Freilassung von RAF-Mitgliedern verlangen, gekapert.

18. Okt. Auf dem Flugplatz von Mogadischu gelingt der dorthin entsandten »Grenzschutzgruppe 9« die Befreiung der Geiseln aus der Lufthansamaschine. Schleyer wird daraufhin von seinen Entführern ermordet. Baader, Raspe und Ensslin verüben in ihren Gefängniszellen Selbstmord.

1978, 17. Febr. Annahme des Antiterrorismusgesetzes durch den Bundestag.

März/April Warnstreiks, Schwerpunktstreiks und Aus-

Bundestagswahl 3. Okt. 1976

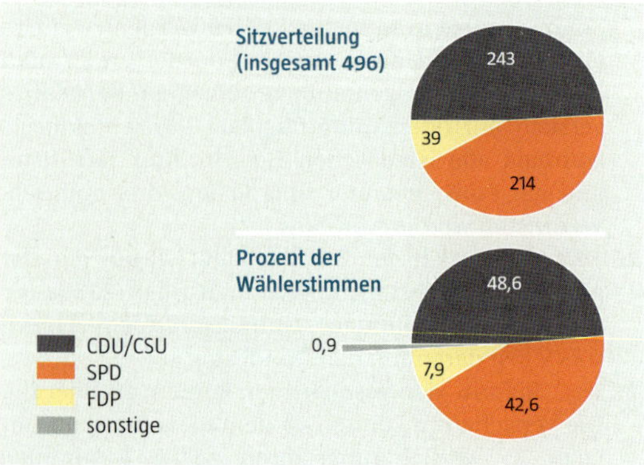

sperrungen mit über 200 000 Streikenden und Ausgesperrten in der Metallindustrie von Nordwürttemberg-Nordbaden.

8. Juni Der Bundestag beschließt die Abkehr vom Prinzip der bruttolohnbezogenen Rentenanpassung.

29. Nov. Ein neues Verkehrsabkommen mit der DDR ergänzt bisherige Vereinbarungen.

1979, 23. Mai Wahl von Bundestagspräsident (seit 1976) KARL CARSTENS (*1914, †1992; CDU) zum Bundespräsidenten.

2. Juli Die CDU/CSU-Bundestagsfraktion nominiert FRANZ JOSEF STRAUSS zum Kanzlerkandidaten.

1980, 13. Jan. »Die Grünen« konstituieren sich in Karlsruhe als Bundespartei. Sie entwickelte sich vor dem Hintergrund der Ökologiebewegung, deren Protest sich seit 1973/74 zunächst v. a. gegen die Kernkraft wendet, die sich bald aber allgemein dem Umweltschutz verschreibt.

30. April Unterzeichnung von drei Abkommen mit der DDR über Verkehrsverbesserungen.

5. Okt. Das Ergebnis der Bundestagswahl führt zur Fortsetzung der Koalitionsregierung SCHMIDT/GENSCHER (ab 5. Nov.).

1981, 3. Juli In Ost-Berlin finden innerdeutsche Gespräche zur Rüstungskontrolle statt.

10. Okt. Friedensdemonstration in Bonn mit rund 250 000 Teilnehmern. Sie zeigt das beträchtliche Potenzial, das die seit 1980 aufgrund der geplanten Raketenstationierung in Europa agierende Friedensbewegung in der Bundesrepublik inzwischen hat.

11.–13. Dez. Bundeskanzler SCHMIDT und der DDR-Staatsratsvorsitzende ERICH HONECKER treffen in der DDR zu Gesprächen zusammen.

1982, 5. Febr. Der Bundestag spricht Bundeskanzler SCHMIDT das Vertrauen aus, der aufgrund seines Eintretens für eine westliche »Nachrüstung« zum Ausgleich für den seit Mitte der 70er-Jahre betriebenen Ausbau des sowjetischen Mittelstreckenpotentials (SS-20) nicht nur bei der Friedensbewegung, sondern auch in seiner eigenen Partei in die Kritik geraten ist.

13. Sept. Verschärfung der Koalitionskrise zwischen SPD und FDP nach Auseinandersetzungen über das »Lambsdorff-Papier«, ein von Wirtschaftsminister OTTO GRAF LAMBSDORFF (*1926; FDP) am 9. Sept. veröffentlichtes Wirtschaftskonzept.

17. Sept. Ende der sozial-liberalen Koalition. Die Ämter der vier zurückgetretenen FDP-Minister übernehmen SPD-Minister.
CDU/CSU und FDP führen Koalitionsgespräche.

Die christlich-liberale Koalition seit 1982

Die Rückkehr der Union an die Macht ist auch Teil einer »Tendenzwende«, die sich bereits seit der Ölkrise 1973 immer deutlicher abzeichnet. Die ökonomische Basis für Reformen ist geschrumpft, Wirtschaft und Außenpolitik bedürfen neuer Impulse, die SPD als Regierungspartei wirkt verbraucht. Der neue Bundeskanzler HELMUT KOHL spricht deshalb von einer »konservativen Wende« und der Notwendigkeit einer »geistig-moralischen Erneuerung«; er fordert den »leistungsbereiten Normalbürger« und will der »Normalität bürgerlichen Lebens« wieder zu ihrem Recht verhelfen. So bemüht sich die neue Regierung v. a. um eine Konsolidierung der Wirtschaft, um die hohe Arbeitslosigkeit zu verringern, sowie um eine Verbesserung des Verhältnisses zu den USA, das in der Debatte um die »Nachrüstung« zuletzt stark gelitten hat. In der Deutschlandpolitik setzt KOHL die Linie der neuen Ostpolitik jedoch im Wesentlichen fort und hält auch an der Einladung an SED-Generalsekretär HONECKER fest, die Bundesrepublik zu besuchen.

1. Okt. Der CDU-Vorsitzende HELMUT KOHL wird in einem konstruktiven Misstrauensvotum mit Stimmen von CDU/CSU und FDP zum Bundeskanzler gewählt.

17. Dez. Abstimmung des Bundestages über die von KOHL gestellte Vertrauensfrage: Der Antrag des Bundeskanzlers erhält – wie geplant – keine Mehrheit. Somit ist der Weg zur Auflösung des Parlaments und zur Ausschreibung von Neuwahlen frei.

1983, 7. Jan. Bundespräsident CARSTENS löst den Bundestag auf.

6. März Aus der Bundestagswahl geht die CDU/CSU gestärkt hervor. Die Grünen ziehen erstmals in den Bundestag ein. CDU/CSU und FDP bilden die neue Koalition.

Bundestagswahl 5. Okt. 1980

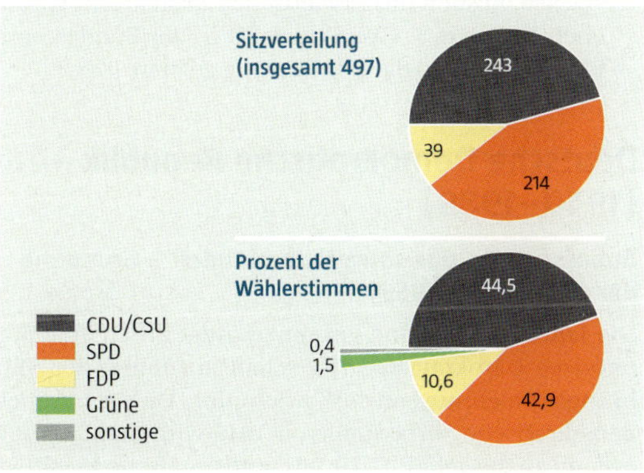

Bundestagswahl 6. März 1983

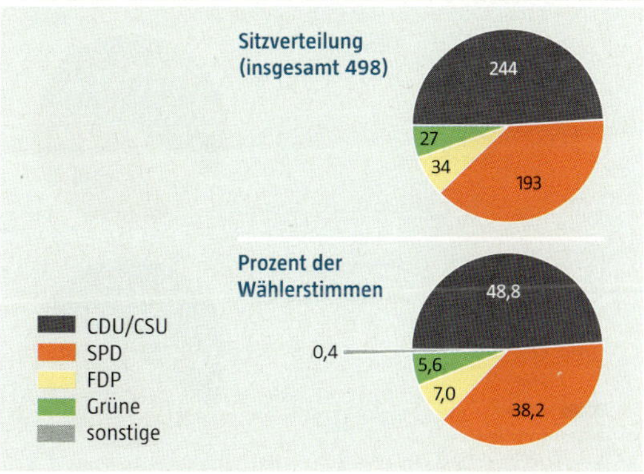

13. März Das Bundesverfassungsgericht setzt eine für April vorgesehene, in der Bevölkerung aber umstrittene Volkszählung aus.

29. März Helmut Kohl wird erneut zum Bundeskanzler gewählt.

1. Juli Westdeutsche Banken gewähren der DDR einen Milliardenkredit. Im Gegenzug folgen Zugeständnisse der DDR bei Mindestumtausch und Ausreise sowie der Abbau von Selbstschussanlagen an der innerdeutschen Grenze.

18./22. Nov. Der Bundestag stimmt für die Stationierung neuer US-Mittelstreckenraketen in der Bundesrepublik.

1984, 4. Jan.–1. Febr. Affäre um die vorzeitige Entlassung des stellvertretenden NATO-Oberbefehlshabers Günther Kiessling (*1925) durch Verteidigungsminister Manfred Wörner (*1934, †1994; CDU).

24. Febr. Steigende Zahl von Ausreisegenehmigungen für Deutsche aus der DDR.

26. Juni Nach einer Anklage wegen Bestechlichkeit tritt Bundeswirtschaftsminister Otto Graf Lambsdorff zurück. Nachfolger wird Martin Bangemann (*1934, FDP).

1. Juli Vereidigung des am 23. Mai gewählten Richard von Weizsäcker (*1920; CDU) als sechster deutscher Bundespräsident.

1985, 16. Sept. Der Ministerpräsident von Nordrhein-Westfalen, Johannes Rau (*1931, †2006), wird Kanzlerkandidat der SPD für den Bundestagswahlkampf 1987.

1986, 27. März Bundeswirtschaftsminister Bangemann und der amerikanische Verteidigungsminister Caspar W. Weinberger unterzeichnen das SDI-Abkommen (*Strategic Defense Initiative*) zur Entwicklung strategischer Verteidigungssysteme.

6. Juni Die Bundesregierung richtet als Reaktion auf den Unfall im sowjetischen Atomkraftwerk Tschernobyl ein Ministerium für Umwelt- und Reaktorsicherheit ein.

1.–21. Nov. Nach einem Großbrand im Baseler Chemieunternehmen Sandoz wird der Rhein durch hochgiftige Stoffe verseucht.

1987, 25. Jan. Bei der Bundestagswahl wird die bisherige CDU/CSU-FDP-Koalition bestätigt. Am 11. März wird Helmut Kohl erneut zum Bundeskanzler gewählt.

Bundestagswahl 25. Jan. 1987

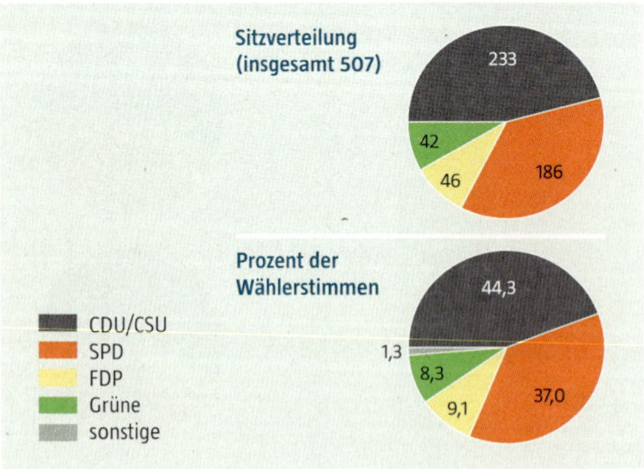

16. Febr. Eberhard von Brauchitsch (*1926), ehemaliger Manager im Flick-Konzern, sowie die früheren Wirtschaftsminister Otto Graf Lambsdorff und Hans Friderichs (*1931) (beide FDP) werden wegen Steuerhinterziehung im Zusammenhang mit Parteispenden verurteilt.

23. März Rücktritt Willy Brandts als SPD-Vorsitzender, ausgelöst durch die im SPD-Vorstand umstrittene Nominierung einer neuen Pressesprecherin. Nachfolger wird Hans-Jochen Vogel (*1926).

25. März Erstmals nehmen Offiziere der Bundeswehr an Manövern des Warschauer Pakts in der DDR teil.

7.–11. Sept. Der DDR-Staatsratsvorsitzende Honecker besucht die Bundesrepublik. In diesem Rahmen werden mehrere deutsch-deutsche Abkommen unterzeichnet (u. a. über Strahlenschutz, Umweltschutz und Zusammenarbeit in Wissenschaft und Technik).

2. Okt. Wegen unlauterer Praktiken im Wahlkampf muss der schleswig-holsteinische Ministerpräsident Uwe Barschel (*1944; CDU) zurücktreten. Er wird wenig später in einem Genfer Hotel tot aufgefunden.

1988, 8. Mai Die SPD gewinnt bei vorgezogenen Landtagswahlen in Schleswig-Holstein die absolute Mehrheit. Ministerpräsident wird Björn Engholm (*1939).

28. Aug. Bei einer Flugschau in Ramstein fordert der Zusammenstoß dreier Düsenjets 70 Tote.

3. Okt. Franz Josef Strauss stirbt. Seine Nachfolger werden Max Streibl (*1932, †1998) als Ministerpräsident und Theodor Waigel (*1939) als CSU-Vorsitzender.

11. Nov. Zum 50. Jahrestag der »Reichskristallnacht« hält Bundestagspräsident Philipp Jenninger (*1932; CDU) eine heftig kritisierte Rede, die zu seinem Rücktritt führt.

8. Dez. Der Absturz eines amerikanischen Militärflugzeugs über der Innenstadt von Remscheid fordert sechs Menschenleben und führt zu einer intensiven Debatte über ein Tiefflugverbot.

1989, 6. Juni Bundesregierung und bayerische Staatsregierung beschließen, den Bau der umstrittenen atomaren Wiederaufarbeitungsanlage in Wackersdorf endgültig einzustellen.

12.–15. Juni Besuch des sowjetischen Staats- und Parteichefs Michail S. Gorbatschow in der Bundesrepublik. Er wird von der Bevölkerung gefeiert. | Forts. S. 1477 |

Deutsche Demokratische Republik (1949–1989) | Forts. v. S. 1458 |

Anpassung an das sowjetische Modell – Gründung der DDR (1949–1955)

Die Jahre ab 1949 sind gekennzeichnet durch eine diktatorisch-bürokratische Herrschaftsausübung der SED in enger Anlehnung an die Sowjetunion. Die formal noch demokratische Verfassung von 1949 wird dadurch von Anfang an ausgehöhlt. Die gesamte politische Macht ist praktisch bei der SED konzentriert, die nicht nur das Geistesleben nach den Normen und Vorstellungen des Marxismus-Leninismus stalinistischer Prägung auszurichten sucht, sondern auch eine zentral geleitete Planwirtschaft errichtet, in der das staatliche und genossenschaftliche Eigentum rasch anwächst.

1949, 24. Jan. Das Prinzip der paritätischen Besetzung zwischen ehemaligen KPD- und SPD-Mitgliedern in der SED wird aufgehoben.

28. Jan. Die 1. Parteikonferenz der SED beschließt die Umwandlung der Partei in eine »Partei neuen Typs« nach dem Vorbild der KPdSU. Damit werden die am 21./22. April 1946 auf dem Einigungsparteitag von SPD und KPD verabschiedeten Grundsätze für einen demokratischen Parteiaufbau aufgegeben und die Prinzipien des »demokratischen Zentralismus«, d. h. einer diktatorischen Lenkung von oben nach unten, systematisch durchgesetzt.

19./20. Febr. Eine Bauernkonferenz der SED beschließt den Ausbau der »Volkseigenen Güter« (VEG) zu Mustergütern und den vorrangigen Aufbau von Maschinenausleihstationen vor der Lieferung von Geräten an private Bauern.

19. März Der 1. Deutsche Volksrat billigt den Entwurf einer Verfassung für eine »deutsche demokratische Republik«.

15./16. Mai Wahlen zum 3. Volkskongress nach Einheitslisten mit dem Suggestivsatz auf dem Stimmzettel: »Ich bin für die Einheit Deutschlands und für einen gerechten Friedensvertrag«. Die Wahlbeteiligung beträgt 95,2 %, auf die Einheitsliste entfallen 66,1 % der Stimmen.

29. Mai–3. Juni Der 3. Volkskongress wählt erneut einen Deutschen Volksrat, der am 30. Mai den »Entwurf einer Verfassung für die Deutsche Demokratische Republik« bestätigt.

4. Okt. Der Parteivorstand der SED proklamiert die »Nationale Front des demokratischen Deutschlands«, in der die Parteien der SBZ zusammengeschlossen werden sollen, und beschließt die Bildung einer provisorischen Regierung der Deutschen Demokratischen Republik.

7. Okt. **Gründung der Deutschen Demokratischen Republik** (DDR). Der 2. Deutsche Volksrat, gewählt vom 3. Volkskongress am 30. Mai 1949, konstituiert sich als provisorische Volkskammer, in der die SED die stärkste Fraktion bildet. Die Länder sind durch eine provisorische Länderkammer vertreten. Die Wahlen zur Volkskammer sollen nach Einheitslisten der »Nationalen Front« stattfinden.

10. Okt. Die SMAD überträgt die Verwaltungsfunktionen auf die provisorische Regierung der DDR und wandelt die SMAD in die Sowjetische Kontrollkommission (SKK) um.

11. Okt. Die provisorische Volkskammer und die provisorische Länderkammer wählen Wilhelm Pieck zum Präsidenten der Republik.

12. Okt. Die provisorische Volkskammer bestätigt die provisorische Regierung der DDR mit Vertretern von SED, LDPD, CDU, NDPD, DBD und eines Parteilosen. Otto Grotewohl wird Ministerpräsident.

15. Okt. Aufnahme diplomatischer Beziehungen zwischen der DDR und der Sowjetunion.

17. Okt.–2. Dez. Aufnahme diplomatischer Beziehungen zwischen der DDR und Bulgarien, der Tschechoslowakei, Polen, Ungarn, Rumänien, der VR China, der VR Korea und Albanien.

1950, 4.–6. Juli Gründung des Deutschen Schriftstellerverbandes in Ost-Berlin.

6. Juli Unterzeichnung des sog. Görlitzer Abkommens über die Oder-Neiße-Grenze zwischen Polen und der DDR in Zgorzelec, dem polnischen Teil von Görlitz.

20.–24. Juli Der 3. Parteitag der SED beschließt die Grundsätze für den Fünfjahrplan für 1951–1955 sowie die Neufassung des Parteistatuts. Der Parteivorstand wird in ein Zentralkomitee (ZK) umgewandelt. Vorsitzende der Partei sind Pieck und Grotewohl.

25. Juli Konstituierung und erste Tagung des ZK der SED: Walter Ulbricht wird Generalsekretär des ZK.

29. Sept. Die DDR tritt dem Rat für gegenseitige Wirtschaftshilfe (RGW bzw. COMECON) bei.

15. Okt. Volkskammerwahlen: Beteiligung 98,44 %, davon 99,3 % Ja-Stimmen. Die »Wahlen« in der DDR offenbaren damit ihren Akklamationscharakter.

30. Nov. Brief von Ministerpräsident Grotewohl an Bundeskanzler Konrad Adenauer mit dem Vorschlag zur Bildung eines Gesamtdeutschen Konstituierenden Rates zur Vorbereitung gesamtdeutscher Wahlen.

1951, 17. März Das ZK der SED verwirft jede abstrakte und unpolitische Kunst als »formalistisch« und verlangt die Orientierung an dem in der Sowjetunion entwickelten sozialistischen Realismus.

27. Sept. Abschluss eines Handelsabkommens (1952–1955) und eines Abkommens über wissenschaftlich-technische Zusammenarbeit zwischen der DDR und der Sowjetunion.

8. Okt. Aufhebung der Rationierung aller Lebensmittel bis auf Fleisch, Fett und Zucker.

1. Nov. Verabschiedung des Gesetzes über den Fünfjahrplan 1951–1955 durch die Volkskammer.

21. Dez. Das Institut für Gesellschaftswissenschaften beim ZK der SED wird eröffnet.

1952, 9. Jan. Die Volkskammer beschließt einen Gesetzentwurf für gesamtdeutsche Wahlen zu einer Nationalversammlung.

21./25. April Die SED gibt bekannt, dass 150 696 Mitglieder aus der Partei ausscheiden müssen.

29. April Die Sowjetunion gibt 66 Sowjetische Aktiengesellschaften an die DDR zurück, die diese in Volkseigene Betriebe (VEB) umwandelt.

17. Mai Mehrere politische Prozesse in Sachsen und Thüringen enden mit hohen Zuchthausstrafen. In einem politischen Prozess in Ost-Berlin wird ein Todesurteil gefällt (24. Mai).

27. Mai Einführung einer »besonderen Ordnung« an der Demarkationslinie zur Bundesrepublik Deutschland: Einrichtung von Sperrzonen, Aufhebung des kleinen Grenzverkehrs und Installierung von Schutzstreifen.

9.–12. Juli Auf der 2. Parteikonferenz der SED propagiert ULBRICHT den »planmäßigen Aufbau des Sozialismus sowie die Notwendigkeit einer Verschärfung des Klassenkampfes«. Es beginnen der Ausbau der Landwirtschaftlichen Produktionsgenossenschaften (LPG), der 1960 abgeschlossen ist, sowie die Kollektivierung des mittelständischen Bereiches.

Die Kollektivierung der Landwirtschaft

Die Landwirtschaftspolitik der DDR vollzieht sich in zwei Phasen: 1945–1950 Durchführung einer Bodenreform, in der vorwiegend der Großgrundbesitz enteignet und 30 % (3,3 Mio. ha) der Wirtschaftsfläche umverteilt werden; 1952–1960 Kollektivierung der Landwirtschaft.

Innerhalb der beiden Phasen entstehen unterschiedliche Betriebsformen: die Volkseigenen Güter (VEG) und die Landwirtschaftlichen Produktionsgenossenschaften (LPG). Die nach sowjetischem Vorbild (*Sowchos*) in der Bodenreformphase gebildeten VEG sind Eigentum des Staates. Sie bewirtschaften 7 % der landwirtschaftlichen Nutzfläche der DDR, sind auf Viehzucht und Erzeugung von Saatgut spezialisiert und werden zentral oder vom Bezirk geleitet; die Beschäftigten sind Arbeiter und Angestellte. Die LPG sind Betriebe mit (theoretisch) gemischt genossenschaftlich-privatem Eigentum, da der eingebrachte Boden Privateigentum bleibt. Die Bildung der LPG beginnt im Wesentlichen 1952 und ist 1960 abgeschlossen. Ende 1955 sind 20 % der landwirtschaftlichen Nutzfläche in der Hand von LPG, Ende 1959 45 % und Mitte 1960 85 %. Nach 1960 verfolgt die Landwirtschaftspolitik der DDR das Ziel, die Betriebsgrößen der LPG zu erhöhen. Sie steigen von durchschnittlich 280 ha auf 820 ha an, was einen Rückgang der LPG von 19 000 auf rund 6600 bedeutet. Partei und Staat setzen nun auch die restlichen Privatbauern unter Druck und erzwingen den Eintritt in die LPG.

Die Kollektivierung der Landwirtschaft löst Ende der 50er-Jahre eine große Fluchtwelle in die Bundesrepublik aus, die der DDR-Wirtschaft großen Schaden zufügt und das Regime destabilisiert. Der Bau der »Mauer« in Berlin 1961 ist eine unmittelbare Folge dieser Vorgänge.

Staatliche Gliederung der DDR 1952–90

1952, 23. Juli Die DDR teilt ihre fünf Länder in 14 Bezirke und 217 Kreise auf und führt den »demokratischen Zentralismus« in der Staatsverwaltung ein.

20. Nov. Die SED betont ausdrücklich den Vorrang der Schwerindustrie vor anderen Industriezweigen und folgt damit dem sowjetischen Wirtschaftsmodell.

1953, 21. April Die Bischöfe der evangelischen Kirche wenden sich gegen die kirchenfeindliche Politik der SED. Das Innenministerium bezeichnet die »Junge Gemeinde« der evangelischen Kirche als illegal.

17. Mai Das ZK der SED beschließt eine Erhöhung der Arbeitsnormen um durchschnittlich 10 %. Der Beschluss ruft in der Bevölkerung Unruhe hervor.

28. Mai Die Sowjetunion löst die Sowjetische Kontrollkommission auf und ernennt WLADIMIR SEMJONOWITSCH SEMJONOW (*1911, †1992) zum Hohen Kommissar der Sowjetunion in Deutschland.

6./7. Juni In einer Konferenz der SED und der DDR-Regierung mit Vertretern der Landwirtschaft sichert die Staatsführung zu, dass wegen Ablieferungsrückständen keine weiteren Enteignungen, Verhaftungen und gerichtliche Verurteilungen von Bauern vorgenommen werden.

9. Juni Das Politbüro der SED beschließt Maßnahmen zur Verbesserung der Versorgung der Bevölkerung und zur Stärkung der allgemeinen Rechtssicherheit. Damit soll der um sich greifenden Missstimmung begegnet werden.

16. Juni Bauarbeiter aus der Stalinallee in Ost-Berlin treten aus Protest gegen die Erhöhung der Arbeitsnormen in Streik. ULBRICHT schlägt eine Milderung des bisherigen Kurses vor.

17. Juni Die Streiks in Berlin weiten sich zu **Massenstreiks** in Halle, Erfurt, Magdeburg und anderen Städten der DDR aus, in Berlin und zahlreichen anderen Orten der DDR finden Demonstrationen statt. Der sowjetische Militärbefehlshaber übernimmt die Regierungsgewalt und setzt sowjetische Truppen ein. **Der Aufstand wird niedergeschlagen.**

21. Juni Die SED schraubt die Normenerhöhungen auf den Stand vor dem 1. April 1953 zurück.

29. Juni DDR-Justizminister MAX FECHNER (*1892, †1973) spricht sich für das Streikrecht aus.

15. Juli FECHNER wird entlassen und verhaftet. Nachfolgerin wird HILDE BENJAMIN (*1902, †1989).

24.–26. Juli 15. ZK-Tagung: Beschluss zur Steigerung der Nahrungs- und Genussmittelerzeugung sowie der Leichtindustrieproduktion auf Kosten der Schwerindustrie. Wilhelm Zaisser (*1893, †1958) und Rudolf Herrnstadt (*1903, †1966) sowie der abgesetzte Justizminister Fechner werden als »Fraktionsmacher« aus dem ZK ausgeschlossen.

16. Aug. Anton Ackermann (*1905, †1973), bislang einer der ideologisch maßgeblichen Funktionäre der Partei, verliert seinen Posten als Direktor des »Marx-Engels-Lenin-Stalin-Instituts«.

1954, 1. Jan. Die Sowjetunion gibt die letzten 33 SAG-Betriebe zurück.

23. Jan. Die ehemals führenden Funktionäre Herrnstadt und Zaisser werden aus der SED, Ackermann, Hans Jendretzky (*1897, †1992) und Elli Schmidt (*1908, †1980) aus dem ZK ausgeschlossen.

25. März Souveränitätserklärung der DDR durch die Sowjetunion, der eine entsprechende Verlautbarung der DDR-Regierung folgt.

30. März–6. April 4. Parteitag der SED: Den ehemaligen Funktionären Zaisser und Herrnstadt wird vorgeworfen, sie hätten mit dem ehemaligen sowjetischen Geheimdienstchef Lawrenti Berija, der inzwischen den Machtkämpfen nach Stalins Tod zum Opfer gefallen ist, in Verbindung gestanden und die Herrschaft über Partei und Staat angestrebt.

9. Juni Der ehemalige Außenminister Georg Dertinger (*1902, †1968) wird zu einer hohen Zuchthausstrafe verurteilt.

17. Okt. Bei den Volkskammerwahlen entfallen 99,46 % der Stimmen auf die Einheitslisten.

1955, 27. März Erste Jugendweihe in Ost-Berlin. Die Jugendweihe soll Konfirmation und Kommunion der Kirchen ablösen.

20. Sept. Bestätigung der vollen **Souveränität der DDR**. Das Amt des sowjetischen Hochkommissars wird aufgehoben und ein Beistandspakt zwischen der DDR und der Sowjetunion geschlossen.

Politische und wirtschaftliche Krisen (1956–1961)

1956, 18. Jan. Die Volkskammer beschließt die Schaffung der »Nationalen Volksarmee«.

24. Okt. An der Berliner Humboldt-Universität brechen während des Ungarn-Aufstandes Studentenunruhen aus, die sich gegen den stalinistischen Kurs Ulbrichts wenden. Sie werden von der Polizei unterdrückt.

29. Nov. Verhaftung der Parteifunktionäre Wolfgang Harich (*1923, †1995), Chefredakteur der »Deutschen Zeitschrift für Philosophie«, Bernhard Steinberger (*1917, †1990) und Manfred Hertwig (*1924). Harich wird am 9. März 1957 wegen Bildung einer staatsfeindlichen Gruppe zu zehn Jahren Zuchthaus verurteilt. Seit dem XX. Parteitag der KPdSU (Febr. 1956), auf dem der Stalinismus in Frage gestellt wird, besteht ideologische Unsicherheit in der SED. Es geht Ulbricht darum, bei Abbau des Personenkults das bestehende Herrschaftssystem zu erhalten und v. a. keine Opposition zu dulden, solange sich die DDR als Staat noch nicht konsolidiert hat.

1957, 30. Jan.–1. Febr. Der Erste Sekretär des ZK der SED, Ulbricht, legt die neue Deutschland-Konzeption der SED dar, welche die Bildung einer Konföderation der beiden deutschen Staaten mit einem paritätisch besetzten Rat vorsieht.

1958, 3.–6. Febr. Das ZK der SED beschließt die Maßregelung der Politbüromitglieder Karl Schirdewan (*1907, †1998), Ernst Wollweber (*1898, †1967) und Fred Oelssner (*1903, †1977).
Erich Honecker (*1912, †1994), Paul Verner (*1911, †1986), Paul Fröhlich (*1913, †1970) und Gerhard Grüneberg (*1921, †1981) werden zu Mitgliedern des ZK-Sekretariats gewählt.

13. Febr. Die DDR richtet als zentrales Organ des Ministerrates der DDR eine staatliche Plankommission zur Planung und Leitung der Volkswirtschaft sowie zur Kontrolle der Durchführung der Pläne ein und regelt die Befugnisse der »Vereinigungen Volkseigener Betriebe« (VVB) als leitende Wirtschaftsorgane für die ihnen unterstellten Betriebe.

5./6. Mai ZK-Sekretär Kurt Hager (*1912, †1998) erklärt, die Wiedervereinigung Deutschlands könne nur das Ergebnis einer Volksbewegung gegen die NATO-Politik der herrschenden Kreise Westdeutschlands sein. Eine Wiedervereinigung ist nach Auffassung der SED somit nur möglich, wenn zuvor die bestehende Gesellschaftsordnung in der Bundesrepublik umgestürzt wird.

29. Mai Abschaffung der Lebensmittelkarten.

Juli Der 5. Parteitag der SED erklärt die DDR zum rechtmäßig souveränen deutschen Staat, fordert die Beendigung der »Frontstadtpolitik« West-Berlins und beschließt, die Abhängigkeit der DDR von der westdeutschen Industrie zu beseitigen.

1. Sept. In den Oberschulen wird ein politischer Unterrichtstag eingeführt.

27. Okt. Ulbricht erklärt, dass ganz Berlin zum Hoheitsbereich der DDR gehöre.

8. Dez. Auflösung der Länderkammer der DDR. Die Volkskammer wählt Grotewohl erneut zum Ministerpräsidenten der DDR.

1959, 15.–17. Jan. ZK-Sekretär Hager legt die neuen Thesen der SED zur weiteren Entwicklung des Schulwesens vor: Schaffung einer zehnklassigen polytechnischen Oberschule für alle Schüler sowie einer erweiterten allgemeinbildenden polytechnischen Oberschule.

24. April 1. Bitterfelder Kulturkonferenz: Unter dem Motto »Greif zur Feder, Kumpel! Die sozialistische Nationalkultur braucht Dich!« versucht die SED, die Arbeiter zu literarischer Tätigkeit zu bewegen.

3. Juni Die Volkskammer beschließt das »Gesetz über landwirtschaftliche Produktions-Genossenschaften« (LPG). Die bereits seit mehreren Jahren laufende Kampagne, die Bauern für den Beitritt zu den LPG zu gewinnen, erreicht einen Höhepunkt. Damit wird die endgültige Vergesellschaftung der landwirtschaftlichen Produktionsmittel in Angriff genommen.

1960, 10. Febr. Die Volkskammer beschließt das Gesetz über die Bildung des Nationalen Verteidigungsrates, dessen Vorsitzender Ulbricht wird.

Flüchtlinge und Übersiedler aus der DDR*

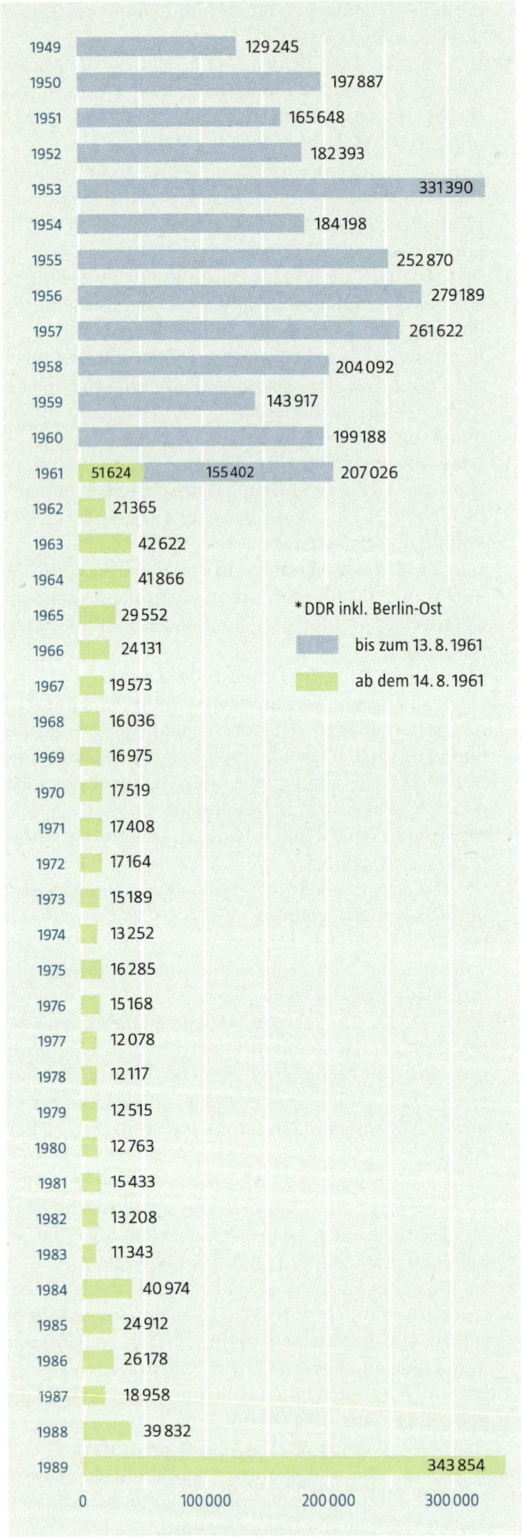

12. Sept. Das Amt des Präsidenten wird abgeschafft und ein aus 24 Mitgliedern bestehender Staatsrat gebildet. Auch hier übernimmt Ulbricht den Vorsitz.

15. Nov. Das Parteiorgan »Neues Deutschland« veröffentlicht den Entwurf eines neuen Arbeitsgesetzbuches, an dem seit dem 5. Parteitag 1958 gearbeitet wird.

30. Nov. Die Sowjetunion sichert der DDR höhere Waren- und Rohstofflieferungen zu.

15.–17. Dez. Die DDR muss den Volkswirtschaftsplan für 1961 ändern und die Aufgaben des laufenden Siebenjahresplanes revidieren, weil die hohen, Ende der 50er-Jahre gesteckten Ziele nicht realisierbar sind.

1961, 16.–19. März Das ZK sucht auf seiner 12. Tagung nach Auswegen aus den inzwischen offen zu Tage getretenen wirtschaftlichen Problemen der DDR.

12. April Die Volkskammer nimmt das »Gesetzbuch der Arbeit« an, das im selben Jahr in Kraft tritt. Es regelt die Position des FDGB im Rahmen der DDR-Planwirtschaft und die Position der Arbeiter in den Betrieben.

3./4. Juli Das ZK der SED empfiehlt dem Ministerrat, einen Volkswirtschaftsrat zu errichten. Erich Apel (*1917, †1965) wird zum Sekretär des ZK gewählt. Er erklärt die wirtschaftlichen Schwierigkeiten der DDR mit Störaktionen aus dem Westen.

13. Aug. **Bau der Berliner Mauer**: Abriegelung Ost-Berlins und der DDR von West-Berlin durch technische Sperrmaßnahmen (»Mauerbau«). Auch die Anlagen an der Interzonengrenze zur Bundesrepublik werden in den folgenden Jahren mit großem Aufwand zu einer hermetisch schließenden Absperrung ausgebaut.

20. Sept. Die Volkskammer nimmt das Gesetz zur Verteidigung der DDR an.

Wirtschaftliche Reformen und innere Festigung (1962–1969)

1962, 24. Jan. Einführung allgemeiner Wehrpflicht.

24. Mai Errichtung eines Volkswirtschaftsrates als zentrales Organ des Ministerrates zur Leitung der sekundären und tertiären Wirtschaftszweige Industrie, Handwerk und Dienstleistungsgewerbe sowie für die Zuweisung der volkswirtschaftlichen Perspektiv- und Jahresplanung an die Staatliche Plankommission.

1963, 15.–21. Jan. Der 6. Parteitag der SED beschließt ein neues Programm und Statut der SED. Er legt die Aufgaben der Staatlichen Plankommission und des Volkswirtschaftsrates endgültig fest. Ulbricht bleibt (bis 1971) Erster Sekretär des ZK.

26. Febr. Das Politbüro beschließt die Bildung von Kommissionen für Agitation unter Albert Norden (*1904, †1982) und zur Arbeitsleitung auf ideologischem Gebiet unter Hager.

15. Juli Der Staatsrat bestätigt die Richtlinien für die Einführung des »Neuen ökonomischen Systems der Planung und Leitung« (NÖSPL).

Das Neue Ökonomische System

Die DDR-Führung weist dem »Neuen ökonomischen System der Planung und Leitung« (NÖSPL) eine zentrale Stellung für die Beurteilung der Leistungen in den Betrieben zu. Sie ordnet die Preise neu und trägt dem »persönlichen materiellen Interesse« der Arbeitnehmer Rechnung, um ein System von materiellen Anreizen zu schaffen, das die Produktivität steigern soll. Die DDR passt sich damit in ihren ökonomischen Führungs- und Verwaltungsmethoden den Anforderungen moderner Industriegesellschaften an und entwickelt flexiblere Leistungsnormen in den Betrieben. Ziel der Reform ist es, durch verbesserte wirtschaftliche Leistungsfähigkeit die Akzeptanz des SED-Regimes bei der Bevölkerung zu erhöhen und so letztlich die DDR zu konsolidieren.

1963, 14. Nov. Die Volkskammer wählt Ulbricht erneut zum Staatsratsvorsitzenden und Grotewohl zum Vorsitzenden des Ministerrates. Ulbricht betont stärker eine gewisse Eigenständigkeit der DDR gegenüber der Sowjetunion und versucht, im Westen die diplomatische Anerkennung der DDR durchzusetzen.

1964, 12./13. März Robert Havemann (*1910, †1982) wird wegen kritischer Äußerungen in seinen philosophischen Vorlesungen von seinen Verpflichtungen im Hochschulbereich entbunden und 1966 aus der Akademie der Wissenschaften ausgeschlossen.

24. April Beginn der 2. Bitterfelder Konferenz für Kultur und Politik.

12. Juni Die Sowjetunion garantiert in einem Freundschafts- und Beistandsabkommen ausdrücklich die Unantastbarkeit der Staatsgrenzen der DDR.

21. Sept. Tod Otto Grotewohls.

24. Sept. Willi Stoph (*1914, †1999) wird Vorsitzender des Ministerrates und stellvertretender Vorsitzender des Staatsrates.

1965, 25. Febr. Das Gesetz über das »einheitliche sozialistische Bildungssystem« regelt die Organisation der Vorschulerziehung, der zehnklassigen polytechnischen Oberschule und der Berufsschulen sowie der Hochschulen und Universitäten.

Erwerbstätige nach Wirtschaftsbereichen in der DDR (in Mio.)

Wirtschaftsbereich	1970	1975	1980	1985	1989
Land- und Forstwirtschaft	1,02	0,92	0,91	0,96	0,96
Produzierendes Gewerbe	4,29	4,40	4,57	4,59	4,48
u.a. Handwerk	0,43	0,28	0,28	0,28	0,28
Baugewerbe	0,62	0,63	0,65	0,62	0,60
Handel	0,9	0,89	0,90	0,91	0,91
Verkehr- und Nachrichtenwesen	0,61	0,64	0,66	0,67	0,67
sonstige Bereiche	1,40	1,55	1,68	1,82	1,86
insgesamt	**8,22**	**8,40**	**8,72**	**8,94**	**8,89**

3. Dez. Selbstmord des Vorsitzenden der staatlichen Plankommission Erich Apel.

22. Dez. Auflösung des Volkswirtschaftsrates. Errichtung neun neuer Industrieministerien.

31. Dez. Ulbricht unterbreitet in einem Sieben-Punkte-Plan zur Verständigung der beiden deutschen Staaten u. a. einen Rüstungsstopp, den Verzicht auf Atomrüstung und die Herstellung normaler Beziehungen.

1966, 11. Febr. Das ZK der SED veröffentlicht einen Brief an die Delegierten des SPD-Parteitages in Dortmund, durch den ein Rederaustausch eingeleitet werden soll. Der Austausch kommt jedoch auf Absage der SED nicht zustande.

9. Mai Die DDR nimmt ihr erstes Atomkraftwerk in Betrieb.

1967, 20. Febr. Die Volkskammer verabschiedet das Gesetz über die »Staatsbürgerschaft der DDR« und führt damit eine eigene Staatsbürgerschaft ein.

12. April Mit einem Vorschlag für ein geregeltes Nebeneinander und engere Verbindungen in Wirtschaft, Technik und Verkehr bemüht sich die Bundesregierung unter Bundeskanzler Kurt Georg Kiesinger um Kontaktaufnahme zur DDR-Führung.

17.–22. April 7. Parteitag der SED: Ulbricht bezeichnet den Parteitag als Beginn einer neuen Periode, die bis zur Vollendung des Sozialismus reiche. Er schlägt im Interesse der Werktätigen die Einführung der Fünftagewoche, die Anhebung der Mindestlöhne auf 300 Mark und einen Mindesturlaub von 15 Tagen vor.

13. Juli Die am 2. Juli neu gewählte Volkskammer bestätigt Ulbricht als Vorsitzenden des Staatsrates, einen Tag später Stoph als Vorsitzenden des Ministerrates.

1968, 12. Jan. Die Volkskammer verabschiedet ein neues Strafgesetzbuch: Strafverschärfungen für politische Delikte.

6. April Die **neue Verfassung** der DDR wird durch Volksentscheid angenommen. Sie tritt am 8. April in Kraft und bestimmt die DDR als »sozialistischen Staat deutscher Nation« sowie als »politische Organisation der Werktätigen in Stadt und Land«.

Die obersten Staatsorgane der DDR seit 1968

Die Verfassung der DDR von 1968 ist nicht nach den Grundsätzen der Gewaltenteilung angelegt, sondern nach denen der Gewaltenvereinigung. Formal wichtigstes Organ ist der **Staatsrat**, der zwischen den Tagungen der Volkskammer alle grundsätzlichen Aufgaben erfüllt, die sich aus den Gesetzen und Beschlüssen der Volkskammer ergeben. Der Staatsrat verkörpert das Verfassungsprinzip der Gewalteneinheit. Seine wichtigsten Kompetenzen sind: die Vertretung des Staates nach außen, die Behandlung aller Vorlagen, die an die Volkskammer gehen, die Festsetzung der Wahlen, grundsätzliche Beschlüsse in Fragen der Verteidigung und Sicherheit, die verbindliche Auslegung von Verfassung und Gesetzen, das Vorschlagsrecht der Kandidaten für den Vorsitz des Ministerrates und den Nationalen Verteidigungsrat sowie die Festlegung der Tagesordnung der Volkskammer.

Der **Ministerrat** ist nicht ausdrücklich ein Organ der

Volkskammer, sondern organisiert lediglich in deren Auftrag die Erfüllung der Aufgaben des Staates. Da der Ministerrat dem Staatsrat untergeordnet ist, steht der Staatsratsvorsitzende formal auch über dem Vorsitzenden des Ministerrats. Zentrale Figur bleibt allerdings der **Erste Sekretär des ZK der SED**, der aufgrund des bestimmenden Einflusses der Partei auch die staatlichen Organe beherrscht.

1968, 10./11. Juni Die Volkskammer führt im Reise- und Transitverkehr der Bundesrepublik und West-Berlins mit der DDR den Pass- und Visumzwang ein.

20./21. Aug. NVA-Einheiten beteiligen sich am Einmarsch der Truppen aus fünf Warschauer Pakt-Staaten in die Tschechoslowakei zur Niederschlagung des »Prager Frühlings«.

1969, 10.–14. Sept. Erste Synodaltagung des neu gegründeten Bundes der Evangelischen Kirchen in der DDR, die sich von der Evangelischen Kirche in Deutschland (EKD) losgelöst hat. Somit bleibt die EKD faktisch auf die Bundesrepublik Deutschland beschränkt.

12./13. Dez. Ulbricht fordert die Normalisierung der Beziehungen zwischen den beiden deutschen Staaten, d. h. die Anerkennung der DDR als gleichberechtigter Staat und der innerdeutschen Grenze.

17. Dez. Die Volkskammer beantragt bei Staatsrat und Ministerrat, Maßnahmen zu ergreifen, um auf der Grundlage der »friedlichen Koexistenz« Beziehungen mit der Bundesrepublik herzustellen.

18. Dez. Brief des Staatsratsvorsitzenden Ulbricht an Bundespräsident Gustav Heinemann mit dem Entwurf für einen Vertrag über die Aufnahme gleichberechtigter Beziehungen zwischen der DDR und der Bundesrepublik.

Anerkennung auf internationaler Ebene (1970–1989)

1970, 19. März Begegnung zwischen dem Vorsitzenden des Ministerrats Stoph und Bundeskanzler Willy Brandt in Erfurt (zweite Gesprächsrunde am 21. Mai in Kassel).

17. April Die SED beginnt mit Umtauschaktionen der Parteimitgliedsbücher, um die »ideologische Standfestigkeit« zu erhöhen.

9.–11. Dez. Auf der 14. ZK-Tagung berichtet Paul Verner, dass der laufende Volkswirtschaftsplan bei mehreren Produktionszweigen nicht erfüllt worden sei. Es gebe Versorgungsschwierigkeiten bei Textilien, Lebensmitteln und Braunkohle. Dennoch habe die DDR insgesamt gute Zuwachsraten zu verzeichnen.

1971, 3. Mai 16. Tagung des ZK der SED: Sturz Ulbrichts als Erster Sekretär des ZK der SED, dessen Nachfolge Erich Honecker antritt. Ulbricht wird Inhaber des neu geschaffenen Amtes eines Vorsitzenden der SED, das faktisch bedeutungslos ist.

12. Mai Der Ministerrat bestätigt die Ernennung von Horst Sindermann (*1915, †1990) zum Ersten Stellvertreter des Vorsitzenden des Ministerrates.

15.–19. Juni 8. Parteitag der SED in Anwesenheit des Generalsekretärs der KPdSU, Leonid Breschnew. Ulbricht nimmt – angeblich aus Krankheitsgründen – zum ersten Mal nicht teil.

24. Juni Die Volkskammer wählt Honecker an Ulbrichts Stelle zum Vorsitzenden des Nationalen Verteidigungsrates.

14. Nov. Die Wahlen zur Volkskammer erbringen 99,85 % der Stimmen für die Einheitsliste.

26. Nov. Auf ihrer konstituierenden Sitzung wählt die neue Volkskammer Ulbricht zum Staatsratsvorsitzenden, Stoph zum Ministerratsvorsitzenden und Honecker zum Vorsitzenden des Nationalen Verteidigungsrates.

Staatsaufbau der DDR

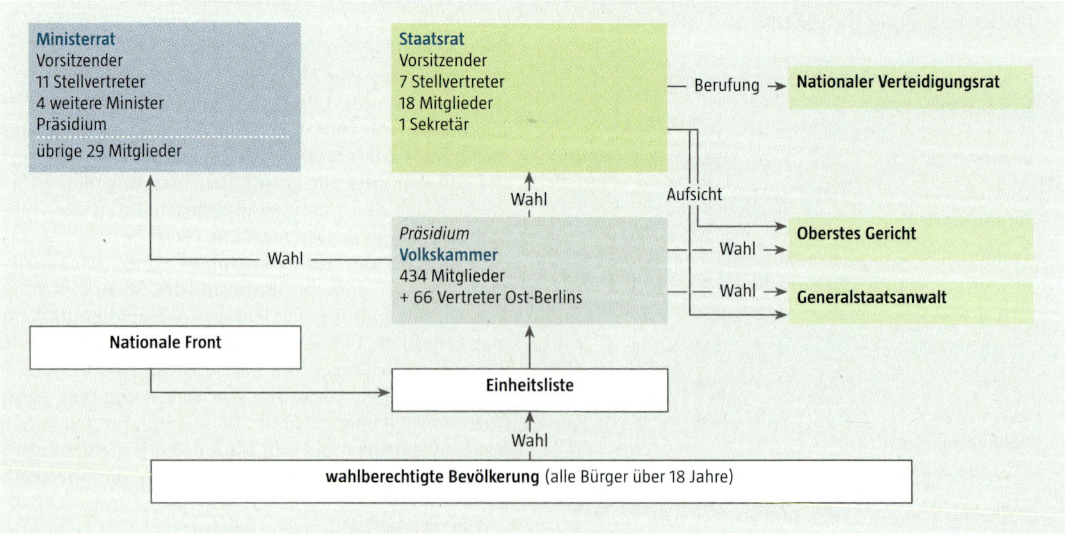

17. Dez. Unterzeichnung des Abkommens über den Transitverkehr zwischen der DDR und der Bundesrepublik Deutschland durch MICHAEL KOHL (*1929, †1982) für die DDR und EGON BAHR für die Bundesrepublik. Das Abkommen tritt am 3. Juni 1972 in Kraft.

20. Dez. Vereinbarungen zwischen der DDR und dem West-Berliner Senat über Erleichterungen im Reise- und Besucherverkehr sowie über Gebietsaustausch.

1972, 6. Jan. SED-ZK-Sekretär HONECKER nennt die Bundesrepublik Deutschland zum ersten Mal »Ausland«.

15. Juni Beginn der Verhandlungen zwischen der Bundesrepublik und der DDR über den Grundlagenvertrag.

16. Okt. Bürger der DDR, die vor dem 1. Jan. 1972 die DDR verlassen haben, verlieren die Staatsbürgerschaft der DDR.

7.–28. Dez. Die DDR nimmt zu 20 neutralen und westlich orientierten Staaten (u. a. Iran, Schweiz, Schweden, Belgien) diplomatische Beziehungen auf. Zur selben Zeit wird sie Mitglied der UN-Wirtschaftskommission für Europa.

21. Dez. **Unterzeichnung des Grundlagenvertrags** zwischen der Bundesrepublik und der DDR durch die beiden Unterhändler BAHR und KOHL in Ost-Berlin. Der Vertrag tritt am 21. Juni 1973 in Kraft.

1973, 9. Febr. Die NATO-Staaten Großbritannien und Frankreich nehmen zur DDR diplomatische Beziehungen auf.

7. März Die DDR akkreditiert Korrespondenten der beiden Fernsehanstalten der Bundesrepublik (ARD, ZDF) und von Presseorganen.

1. Aug. Tod WALTER ULBRICHTS.

18. Sept. Die DDR wird Mitglied der UNO.

3. Okt. Die Volkskammer wählt STOPH zum Staatsratsvorsitzenden und SINDERMANN zum Vorsitzenden des Ministerrates.

1974, 4. Sept. Die USA nehmen diplomatische Beziehungen zur DDR auf, deren allgemeine internationale Anerkennung damit erreicht ist.

27. Sept. Die Volkskammer beschließt das »Gesetz zur Ergänzung und Änderung der Verfassung der DDR« vom 7. Okt. 1974, durch das der Begriff »deutsche Nation« aus dem Verfassungstext gestrichen wird.

1976, 1. Jan. Das neue Zivilgesetzbuch (ZGB), welches das Bürgerliche Gesetzbuch von 1896 ersetzt, tritt in Kraft.

18.–22. Mai Der 9. Parteitag der SED beschließt ein neues Programm und Statut für die Partei. HONECKER wird Generalsekretär der SED.

29. Juli Der Ministerrat beschließt die Erhöhung des monatlichen Mindestbruttolohnes von 350 auf 400 Mark sowie eine »differenzierte« Erhöhung bis zu 500 Mark.

29. Okt. Die Volkskammer wählt STOPH als Nachfolger von SINDERMANN zum neuen Vorsitzenden des Ministerrats. HONECKER bleibt Vorsitzender des Nationalen Verteidigungsrates und übernimmt zudem anstelle von STOPH das Amt des Vorsitzenden des Staatsrates.

16. Nov. Ausbürgerung des Liedermachers WOLF BIERMANN (*1936), der zu dieser Zeit in der Bundesrepublik auftritt. Der Wissenschaftler und Regimekritiker ROBERT HAVEMANN wird unter Hausarrest gestellt.

1977, Aug. Der SED-Funktionär RUDOLF BAHRO (*1935, †1997) veröffentlicht in der Bundesrepublik eine umfassende Grundsatzkritik an der ökonomisch-sozialen Praxis regierender kommunistischer Parteien (»Die Alternative«) und wird bald darauf verhaftet.

1978, 10. Jan. Als Reaktion auf die Veröffentlichung eines von einer Oppositionsgruppe verfassten »Manifests« wird das Büro des Nachrichtenmagazins »Der Spiegel« in Ost-Berlin geschlossen.

30. Juni Der Systemkritiker BAHRO wird zu acht Jahren Freiheitsentzug verurteilt.

Juli EWALD MOLDT (*1927), einer der stellvertretenden Außenminister der DDR, wird Nachfolger des Ständigen Vertreters der DDR in Bonn, MICHAEL KOHL.

29. Nov. Unterzeichnung eines Verkehrsabkommens zwischen der Bundesrepublik Deutschland und der DDR: Autobahnbau und Verbesserung der Wasserwege nach West-Berlin.

1979, 28. Juni Der Beschluss der Volkskammer, dass ihre Berliner Abgeordneten in Zukunft direkt gewählt werden, löst den Protest von Westmächten und Bundesregierung aus.

1980, 9. Okt. Die DDR erhöht den Mindestumtauschsatz für Besucher aus nichtsozialistischen Staaten auf 25 DM pro Tag.

13. Okt. In einer Grundsatzrede in Gera fordert HONECKER von der Bundesrepublik die Anerkennung der Existenz zweier souveräner, voneinander unabhängiger deutscher Staaten.

1981, 2. Febr. Staatssekretär KLAUS BÖLLING (*1928) löst GÜNTER GAUS (*1929, †2004) als Ständigen Vertreter der Bundesrepublik in der DDR ab.

11.–16. April Auf dem 10. Parteitag der SED wird die ökonomische Strategie der DDR für die 80er-Jahre erörtert.

14. Juni Die erstmalige Direktwahl der Ost-Berliner Abgeordneten zur Volkskammer führt zum Protest der Westalliierten.

1. Okt. Freilassung des DDR-Spions GÜNTER GUILLAUME als Teil einer Agenten-Austauschaktion zwischen der Bundesrepublik Deutschland und der DDR.

11.–13. Dez. Bundeskanzler HELMUT SCHMIDT besucht die DDR. Arbeitsgespräch mit dem Staatsratsvorsitzenden HONECKER am Werbellinsee.

1982, 13. Febr. In Dresden fordern Jugendliche beim ersten »Friedensforum« in der DDR die Einführung eines zivilen Ersatzdienstes.

25. März Die Volkskammer beschließt ein neues Wehrdienst- und ein neues Grenzgesetz.

18. Mai HANS OTTO BRÄUTIGAM (*1931) wird Nachfolger von BÖLLING als Ständiger Vertreter der Bundesrepublik in der DDR.

15. Juli Die sowjetische Armee beginnt mit der Stationierung der SS-21-Kurzstreckenraketen in der DDR.

1983, 3. Jan. Ein Hirtenbrief der katholischen Bischöfe beklagt die zunehmende Militarisierung.

14. Febr. In Dresden demonstrieren etwa 100 000 Menschen für den Frieden.

9. Juni DDR und Sowjetunion unterzeichnen neue Abkommen zur wirtschaftlichen und wissenschaftlich-technischen Zusammenarbeit.

1. Juli In München wird ein von der Bundesregierung verbürgter Kreditvertrag über 1 Mrd. DM für die DDR unterzeichnet.

28. Sept. Beginn des Abbaus von Selbstschussanlagen an der Grenze der DDR zur Bundesrepublik.

1984, 11. Mai Die DDR beteiligt sich am Boykott der Olympischen Spiele in Los Angeles.

27. Juni Der wachsende Zustrom von Ausreisewilligen führt zur vorübergehenden Schließung der Ständigen Vertretung der Bundesrepublik in der DDR in Ost-Berlin (bis 31. Juli).

25. Juli Die Bundesregierung billigt einen Kredit westdeutscher Banken an die DDR über 950 Mio. DM.

1985, 15. Jan. Nach der Zusage, straffrei Ausreiseanträge stellen zu können, kehren die DDR-Bürger, die sich seit Okt. 1984 in der Prager Botschaft der Bundesrepublik Deutschland aufgehalten haben, in die DDR zurück.

1986, 17. April Auf dem 11. Parteitag der SED hebt HONECKER die seiner Ansicht nach im Vergleich zur Bundesrepublik glänzende Entwicklung der DDR hervor.

8. Juni Volkskammerwahlen: Bei einer Wahlbeteiligung von 99,74 % erreicht die Einheitsliste der Nationalen Front angeblich 99,94 % der Stimmen.

1987, 8. Juni Schwere Zusammenstöße zwischen der Volkspolizei und Jugendlichen in Ost-Berlin, die östlich der Berliner Mauer einem Rockkonzert in West-Berlin zuhören wollen.

7.–11. Sept. Besuch HONECKERS in der Bundesrepublik.

1988, 17. Jan. Am Rande der offiziellen Kundgebung zum 69. Todestag von ROSA LUXEMBURG und KARL LIEBKNECHT werden etwa 120 demonstrierende Angehörige von Friedens-, Umwelt- und Menschenrechtsgruppen verhaftet und ausgewiesen.

1./2. Dez. Auf der 7. Tagung des ZK der SED spricht HONECKER von der grundlegenden Übereinstimmung mit der KPdSU über Ziele und Aufgaben, reklamiert für die DDR aber einen eigenen Weg zum Sozialismus ohne Reformen.

14. Dez. Eine neue Reiseverordnung (ab 1. Jan. 1989) weitet die Liste der Reiseanlässe und der Verwandten, die besucht werden dürfen, aus, enthält aber nur Kann-Bestimmungen.

1989, 2. Mai Ungarn öffnet an der Grenze zu Österreich den »Eisernen Vorhang«.

7. Mai Bei den Kommunalwahlen in der DDR fälscht die SED-Führung die Resultate zugunsten der Kandidaten der Nationalen Front. Dies führt zu Protesten in der Bevölkerung.

6. Juli In einer Ansprache vor dem Europarat in Straßburg lehnt es MICHAIL GORBATSCHOW (seit 10. März 1985 Staats- und Parteichef der Sowjetunion) ab, sowjetische Truppen zur inneren Repression einzusetzen. Das SED-Regime verliert damit praktisch seine Existenzgarantie.

31. Juli Durch die Besetzung diplomatischer Vertretungen der Bundesrepublik in Ost-Berlin, Prag, Warschau und Budapest versuchen Tausende von DDR-Bürgern, die Ausreise zu erzwingen.

13. Aug. Anlässlich des 28. Jahrestags des Mauerbaus betont die SED, dass die DDR nicht reformbedürftig sei.

19. Aug. Ein Fest der »Paneuropa-Union« bei Sopron an der ungarisch-österreichischen Grenze nutzen etwa 600 DDR-Urlauber in Ungarn zur Flucht nach Österreich. Beginn einer Massenflucht von DDR-Bürgern über Österreich in die Bundesrepublik.

4. Sept. **Montagsdemonstration in Leipzig**: Nach einem Friedensgebet in der Nikolaikirche fordern rund 1000 Demonstranten Reise-, Presse- und Versammlungsfreiheit. In der Folgezeit finden regelmäßige Montagsdemonstrationen in Leipzig statt, an denen sich bis Okt. 1989 mehrere 10 000 Menschen beteiligen, um gegen die Politik der SED-Führung zu protestieren. Einige fordern auf Transparenten die Wiedervereinigung Deutschlands.

11. Sept. Als erste von mehreren Bürgerbewegungen gründet sich das »Neue Forum«. Es folgen »Demokratie jetzt« (12. Sept.), die »Sozialdemokratische Partei in der DDR« (SDP) (7. Okt.) und der »Demokratische Aufbruch« (DA) (29. Okt.). Ungarn gestattet den DDR-Flüchtlingen die Ausreise über Österreich.

5.–7. Okt. Anlässlich der Feierlichkeiten zum 40. Jahrestag der Gründung der DDR empfiehlt der sowjetische Partei- und Staatschef GORBATSCHOW in Ost-Berlin der SED-Führung politische Reformen.

7. Okt. Mit Demonstrationen v. a. in Ost-Berlin, Leipzig, Magdeburg, Karl-Marx-Stadt, Plauen, Dresden, Potsdam und Arnstadt erlebt die DDR die größte Protestaktion seit dem Volksaufstand am 17. Juni 1953.

9. Okt. Erneute Montagsdemonstration in Leipzig mit etwa 70 000 Teilnehmern. Drei Sekretäre der SED-Bezirksleitung sowie Pfarrer PETER ZIMMERMANN (*1942) und der Leiter des Gewandhausorchesters, Generalmusikdirektor KURT MASUR (*1927), fordern die Regierung zu einem »freien Meinungsaustausch über die Weiterführung des Sozialismus in unserem Lande« auf.

18. Okt. **Rücktritt HONECKERS** zusammen mit GÜNTER MITTAG (*1926, †1994; im Politbüro zuständig für Wirtschaftsfragen) und JOACHIM HERRMANN (*1928, †1992; im Politbüro verantwortlich für Agitation und

Durchschnittliches monatliches Bruttoeinkommen in der DDR (in Mark der DDR)

Wirtschaftsbereich	1970	1975	1980	1985	1989
Land- und Forstwirtschaft, Fischerei	710	886	1 000	1 076	1 242
Industrie	770	895	1 039	1 147	1 324
Bauindustrie	833	949	1 041	1 158	1 310
Handel	668	798	905	1 021	1 168
Verkehr	806	990	1 127	1 241	1 436
Post- und Fernmeldewesen	653	818	928	1 075	1 206

Propaganda). Egon Krenz (*1937) wird vom SED-Zentralkomitee zum neuen Generalsekretär gewählt.

4. Nov. Rund eine Mio. Menschen demonstrieren auf dem Berliner Alexanderplatz gegen das SED-Regime.

6. Nov. Weitere Massendemonstrationen in Leipzig, Halle, Karl-Marx-Stadt, Cottbus und Schwerin.

7./8. Nov. Rücktritt der Regierung Stoph und des Politbüros der SED. Neuer Ministerpräsident wird Hans Modrow (*1928). Das Politbüro wird im Wesentlichen mit reformbereiten Kräften unter Egon Krenz besetzt.

Jan.–Nov. Ausreise und Flucht von insgesamt etwa 225 000 DDR-Bürgern in die Bundesrepublik.

Die Vereinigung Deutschlands (1989/90) | Forts. v. S. 1468 |

Vor dem Hintergrund des allmählichen Zerfalls der sowjetischen Vorherrschaft in Osteuropa, der durch den Machtantritt Michail Gorbatschows 1985 noch beschleunigt wird, vollzieht sich auch die Vereinigung der beiden deutschen Staaten 1989/90. Wichtigster Grund für das Streben nach Wiedervereinigung ist die Unzufriedenheit der ostdeutschen Bevölkerung mit dem SED-Regime, das sich immer weniger in der Lage zeigt, den politischen und wirtschaftlichen Bedürfnissen der Menschen in der DDR zu genügen. Nachdem Ungarn am 2. Mai 1989 den »Eisernen Vorhang« gegenüber Österreich geöffnet hat, ergießt sich im Sommer 1989 zunächst ein wachsender Strom von Flüchtlingen aus der DDR über Österreich in die Bundesrepublik. Im Herbst 1989 kommt es dann in der DDR selbst zur Bildung organisierter Bürgerbewegungen sowie zu Massendemonstrationen der Bevölkerung, die anfänglich nur den Anspruch auf politische Mitsprache (»Wir sind das Volk«) erhebt, aber schließlich die Forderung nach Wiedervereinigung (»Wir sind ein Volk«) stellt. Die Regierungen in Ost und West können sich dieser »friedlichen Revolution« nicht verschließen und begeben sich schrittweise auf den Weg zur Wiedervereinigung Deutschlands, die am 3. Okt. 1990 mit dem Beitritt der fünf ostdeutschen Länder zum Geltungsbereich des Grundgesetzes vollzogen wird.

1989, 9. Nov. **Öffnung der Berliner Mauer** und der Grenze der DDR zur Bundesrepublik Deutschland.

13. Nov. Hans Modrow, Chef des SED-Bezirks Dresden, wird von der Volkskammer zum Ministerpräsidenten der DDR gewählt.

15. Nov. Der sowjetische Partei- und Staatschef Gorbatschow nennt die »Wiedervereinigung Deutschlands eine interne Angelegenheit der Deutschen«.

17. Nov. DDR-Ministerpräsident Modrow schlägt in seiner ersten Regierungserklärung eine »Vertragsgemeinschaft« zwischen den beiden deutschen Staaten vor und spricht am 4. Dez. in einem Interview mit dem Nachrichtenmagazin »Der Spiegel« von der Möglichkeit einer »deutschen Konföderation«.

28. Nov. Bundeskanzler Helmut Kohl bietet in seinem »Zehn-Punkte-Plan zur Überwindung der Teilung Deutschlands und Europas« der DDR-Regierung wirtschaftliche Hilfe unter der Bedingung freier Wahlen sowie der Einführung eines rechtsstaatlichen Systems an und schlägt als Nahziel »konföderative Strukturen zwischen beiden Staaten in Deutschland« vor.

3. Dez. Auflösung des gesamten Politbüros und des Zentralkomitees der SED, damit zugleich Rücktritt von Egon Krenz als Generalsekretär des ZK der SED.

6. Dez. Krenz tritt auch als Vorsitzender des Staatsrates und des Nationalen Verteidigungsrates zurück. Sein Nachfolger wird Manfred Gerlach (*1928; LDPD).

7. Dez. **Erstes Zusammentreffen des »Runden Tisches«** in Ost-Berlin als Institution der öffentlichen Kontrolle, bestehend aus Vertretern der Parteien und Bürgerbewegungen der DDR.

9. Dez. Gregor Gysi (*1948) wird Vorsitzender der SED, die sich am 17. Dez. den Namenszusatz PDS (Partei des Demokratischen Sozialismus) gibt.

19. Dez. Während seines Besuchs in Dresden hält Bundeskanzler Kohl eine Rede vor der Ruine der Frauenkirche und führt politische Gespräche mit Ministerpräsident Modrow.

22. Dez. Öffnung des Brandenburger Tores für den Fußgängerverkehr.

1990, 1. Febr. Veröffentlichung eines Plans von DDR-Ministerpräsident Modrow für eine stufenweise Vereinigung Deutschlands mit Berlin als Hauptstadt unter dem Motto »Für Deutschland, einig Vaterland«.

4. Febr. Die SED-PDS gibt ihren Namensbestandteil SED auf.

5. Febr. Politiker der bisher nur am »Runden Tisch« repräsentierten Opposition treten in die Regierung Modrow ein.

6. Febr. Bundeskanzler Kohl kündigt Gespräche zur Einführung der D-Mark in der DDR an.

13. Febr. Auf einem Treffen der Außenminister der NATO und des Warschauer Paktes in Ottawa wird vereinbart, dass die außen- und sicherheitspolitischen Aspekte der deutschen Einheit in Verhandlungen zwischen den beiden deutschen Staaten und den vier Siegermächten des Zweiten Weltkrieges (»Zwei-plus-Vier«) geklärt werden sollen.

12. März An der letzten Leipziger Montagsdemonstration nehmen nur noch etwa 40 000 Menschen teil. Die Forderung nach Einheit ist zentrales Thema geworden. Der »Runde Tisch« verabschiedet auf seiner letzten Sitzung einen Verfassungsentwurf für die DDR.

18. März Die **Wahlen zur DDR-Volkskammer** gewinnt die Allianz für Deutschland, ein Drei-Parteien-Bündnis aus CDU, Demokratischem Aufbruch (DA) und Deutscher Sozialer Union (DSU) mit 48,1 %. Die CDU wird mit 40,8 % stärkste Partei, die SPD erreicht 21,9 %, die PDS 16,4 %, der Bund Freier Demokraten 5,3 % und das Bündnis 90 (Neues Forum, Demokratie Jetzt, Initiative für Frieden und Menschenrechte) 2,9 %. Sabine Bergmann-Pohl (*1946; CDU) wird Volkskammerpräsidentin und damit Staatsoberhaupt.

12. April Lothar de Maizière (*1940, CDU) wird von der Volkskammer zum Ministerpräsidenten gewählt und bildet eine Große Koalition aus der Allianz für Deutschland, SPD und Liberalen.

26. April Die DDR-Volkskammer entscheidet sich mehrheitlich gegen eine neue Verfassung.

4./5. Mai Erste Runde der **Zwei-plus-Vier-Verhandlungen** in Bonn.

16. Mai Die Bundesländer und die Bundesregierung beschließen, einen »Fonds Deutsche Einheit« einzurichten, aus dem die Aufbauhilfe für das Gebiet der DDR finanziert werden soll.

18. Mai In Bonn unterzeichnen die Finanzminister THEODOR WAIGEL (*1939) und WALTER ROMBERG (*1928, SPD) einen Staatsvertrag zur Währungs-, Wirtschafts- und Sozialunion der Bundesrepublik und der DDR. Danach werden in der DDR zum 1. Juli die Deutsche Mark (DM) und die soziale Marktwirtschaft eingeführt. Löhne, Gehälter, Renten und Pensionen werden im Wesentlichen zum Umtauschkurs 1:1 umgestellt.

21. Juni Billigung des Staatsvertrages zur Währungs-, Wirtschafts- und Sozialunion durch Bundestag und Volkskammer.

1. Juli Die **Währungsunion wird vollzogen**. Wegfall der Personenkontrollen an der innerdeutschen Grenze.

14.–16. Juli Bundeskanzler KOHL erhält bei einem Besuch im Kaukasus vom sowjetischen Staats- und Parteichef GORBATSCHOW und Außenminister EDUARD SCHEWARDNADSE die Zusage der vollen Souveränität und Mitgliedschaft Deutschlands in der NATO nach der Vereinigung.

15. Juli Die Volkskammer beschließt das Ländereinführungsgesetz: **Bildung von fünf neuen Ländern** auf dem DDR-Territorium: Brandenburg, Mecklenburg-Vorpommern, Sachsen, Sachsen-Anhalt und Thüringen.

17. Juli Auf einer weiteren Runde der Zwei-plus-Vier-Verhandlungen in Paris mit zeitweiliger polnischer Beteiligung wird eine Einigung über die endgültige Anerkennung der Oder-Neiße-Linie als polnische Westgrenze erzielt.

19. Aug. Nach Streit um den Termin der Vereinigung verlässt die SPD die DDR-Koalitionsregierung.

23. Aug. Die Volkskammer votiert für den Beitritt der fünf ostdeutschen Länder zum Geltungsbereich des Grundgesetzes nach Artikel 23 Grundgesetz.

31. Aug. Unterzeichnung des »Vertrages zwischen der Bundesrepublik Deutschland und der Deutschen Demokratischen Republik über die Herstellung der staatlichen Einheit Deutschlands – Einigungsvertrag« in Ost-Berlin.

12. Sept. Zum Abschluss der »Zwei-plus-Vier-Verhandlungen« wird in Moskau der »Vertrag über die abschließende Regelung in Bezug auf Deutschland« unterzeichnet, der u. a. die Westbindung eines vereinigten Deutschlands, seine Grenzen sowie seinen Verzicht auf atomare, biologische und chemische Waffen regelt.

13. Sept. Die Bundesrepublik und die Sowjetunion schließen einen Zusammenarbeits- und Nichtangriffsvertrag. Deutschland zahlt 13 Mrd. DM für den Abzug der sowjetischen Truppen bis 1994.

25. Sept. Ende der Mitgliedschaft der DDR im Warschauer Pakt.

29. Sept. Das Bundesverfassungsgericht erklärt wesentliche Teile des am 3. Aug. unterzeichneten deutsch-deutschen Wahlvertrages für ungültig, weil die kleinen Parteien durch die bundesweite Fünfprozenthürde benachteiligt werden. Der Bundestag verabschiedet daraufhin am 5. Okt. ein neues Wahlgesetz mit einer getrennten Fünfprozentklausel für Ost- und für Westdeutschland.

2. Okt. In West-Berlin endet mit der Verabschiedung der westalliierten Stadtkommandanten der Besatzungsstatus.

3. Okt. **Wiedervereinigung Deutschlands** durch den Beitritt der fünf ostdeutschen Länder zum Geltungsbereich des Grundgesetzes nach Artikel 23.

DDR-Volkskammerwahl 18. März 1990

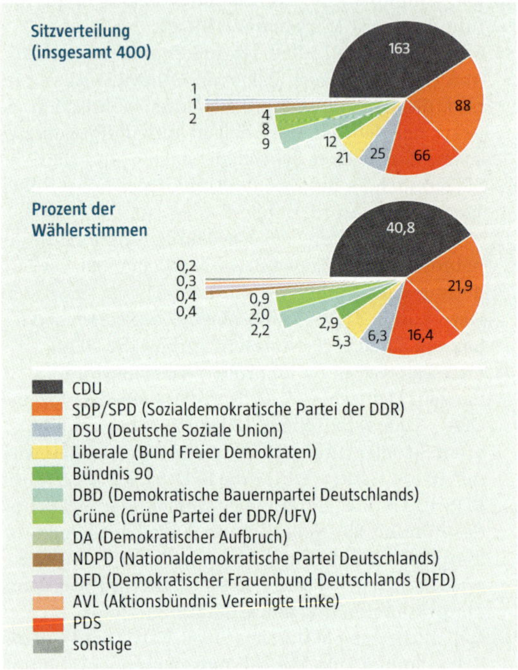

Bundesrepublik Deutschland seit 1990

Mit dem Beitritt der fünf ostdeutschen Länder zum Geltungsbereich des Grundgesetzes am 3. Okt. 1990 beginnt eine neue Phase der deutschen Geschichte. Sie ist einerseits durch das Problem gekennzeichnet, nach der äußeren auch die innere Einheit vollziehen zu müssen. Dies erweist sich nicht nur ökonomisch, sondern auch sozial und mental als schwierig und dauert sehr viel länger, als in der Euphorie des Einigungsprozesses allgemein angenommen worden war. Andererseits ist die deutsche Wiedervereinigung eingebettet in den Prozess der europäischen Einigung, der durch den Vertrag von Maastricht mit der Gründung der Europäischen Union und der Einführung des Euro als neuer europäischer Währung sowie der anschließenden Osterweiterung der EU eine erhebliche Beschleunigung erfährt. Deutschland ist davon – nicht zuletzt aufgrund seiner geografischen Lage – maßgeblich betroffen, da das wirtschaftliche Gefälle zwischen West- und Osteuropa nun mehr denn je spürbar wird und die Migration angesichts offener Grenzen dramatisch zunimmt. Schließlich wird Deutschland, das nach dem Zwei-plus-Vier-Vertrag vom Sept. 1990 ein souveräner Staat geworden ist, von der internationalen Gemeinschaft in die Pflicht genommen, sich an Stabilisierungsmaßnahmen auf dem Balkan, im Mittleren Osten und in Afrika zu beteiligen – dazu zählen auch Auslandseinsätze der Bundeswehr. Diese grundlegende Neuorientierung der deutschen Politik im Innern und nach außen findet ihren optischen Ausdruck in der Verlegung des Sitzes von Parlament und Regierung von Bonn nach Berlin.

1990, 3. Okt. In der Nacht zum 3. Okt. feiern mehrere Hunderttausend Menschen vor dem Berliner Reichstagsgebäude die **Wiedervereinigung Deutschlands**, die um Mitternacht formell vollzogen wird. Im Reichstagsgebäude treten am Vormittag 663 Abgeordnete des Bundestages und der Volkskammer zur ersten Sitzung des gesamtdeutschen Bundestages zusammen. Der Bundesbeauftragte für die Unterlagen des Staatssicherheitsdienstes der ehemaligen DDR, JOACHIM GAUCK (*1940), nimmt seine Tätigkeit auf (»Gauck-Behörde«).

12. Okt. Bundesinnenminister WOLFGANG SCHÄUBLE (*1942; CDU) wird bei einem Attentat schwer verletzt.

14. Okt. Erste Landtagswahlen in den neuen Bundesländern Brandenburg, Mecklenburg-Vorpommern, Sachsen, Sachsen-Anhalt und Thüringen.

14. Nov. Deutschland und Polen schreiben die Oder-Neiße-Linie in einem Vertrag als völkerrechtlich verbindliche Grenze zwischen beiden Staaten fest.

30. Nov. Erlass eines Haftbefehls gegen den früheren DDR-Staats- und Parteichef ERICH HONECKER wegen »dringenden Tatverdachts des gemeinschaftlich begangenen Totschlags in mehreren Fällen«.

2. Dez. Bei den **ersten gesamtdeutschen Bundestagswahlen** erreichen CDU/CSU und die gestärkte FDP eine deutliche Mehrheit. Da die alten und neuen Bundesländer (einschließlich des West- bzw. Ostteils Berlins) jeweils ein Wahlgebiet bilden und es genügt, in nur einem der beiden Wahlgebiete die Fünfprozenthürde zu überspringen, gelangen auch die PDS (ehemalige SED) und Bündnis 90/Grüne in den Bundestag, obwohl beide Parteien bundesweit die Fünfprozenthürde verfehlen. Die Grünen, die nur im Westen antreten, sind durch Abgeordnete des Ostwahlbündnisses Bündnis 90/Grüne vertreten, einer Listenvereinigung aus den Bürgerbewegungen von Bündnis 90, der Grünen Partei der DDR und weiteren Gruppierungen.

1991, 6. Jan. Im Rahmen der Alliierten Mobilen Einsatztruppe der NATO werden deutsche Jagdbomber an die Grenze der Türkei zum Irak verlegt.

13. Jan. Baden-Württembergs Ministerpräsident LOTHAR SPÄTH (*1937; CDU) tritt nach dem Vorwurf, zu enge Beziehungen zur Wirtschaft unterhalten zu haben, zurück.

17. Jan. HELMUT KOHL wird vom Deutschen Bundestag erneut zum Bundeskanzler einer CDU/CSU–FDP-Koalition gewählt.

Bundestagswahl 3. Dez. 1990

Deutschland seit 1990

17. Jan.–28. Febr. Zweiter Golfkrieg, an dem sich die Bundesrepublik finanziell beteiligt.

8. März Die Bundesregierung beschließt, einen Solidaritätszuschlag zum wirtschaftlichen Wiederaufbau Ostdeutschlands zu erheben.

1. April RAF-Terroristen ermorden den Präsidenten der Treuhandanstalt, DETLEV KARSTEN ROHWEDDER (*1932). BIRGIT BREUEL (*1937) tritt an die Spitze der Treuhandanstalt.

29. Mai BJÖRN ENGHOLM wird Nachfolger von HANS-JOCHEN VOGEL als SPD-Vorsitzender.

20. Juni Der Bundestag beschließt mit 338 gegen 320 Stimmen, den Sitz der Bundesregierung und des Bundestages von Bonn nach Berlin zu verlegen. – Das Verbleiben aller Bundesministerien mit Zweit- bzw. Erstsitz sichert etwa zwei Drittel der bestehenden Arbeitsplätze für Bonn, das außerdem Sitz weiterer Behörden des Bundes und der UNO wird (Berlin-Bonn-Gesetz vom 26. April 1994).

2. Sept. Beginn des ersten Mauerschützen-Prozesses gegen vier ehemalige DDR-Grenzsoldaten in Berlin.

20. Sept. Rechtsextremistischer Überfall auf ein Wohnheim von Asylbewerbern im sächsischen Hoyerswerda. Demonstrationen und schwere Ausschreitungen im gesamten Bundesgebiet.

14. Nov. Verabschiedung des Stasi-Unterlagen-Gesetzes durch den Bundestag.

1992, 19. Jan. Eröffnung der ersten zentralen deutschen Holocaust-Gedenkstätte in der Villa am Wannsee.

7. April–7. Mai Der erste flächendeckende Streik im öffentlichen Dienst seit 1974 endet mit einem neuen Tarifabschluss (17. Mai).

20. Mai Bundesaußenminister GENSCHER legt sein Amt nach achtzehnjähriger Amtszeit nieder.

21./22. Mai Bundeskanzler KOHL und Frankreichs Staatspräsident FRANÇOIS MITTERRAND beschließen die Aufstellung eines Euro-Korps zur Verstärkung des »europäischen Pfeilers der NATO«.

5. Juni Der Bundestag beschließt mit den Stimmen von CDU/CSU, FDP und fast aller SPD-Abgeordneter ein Gesetz zur Beschleunigung der Asylverfahren.

22. Juli–25. Aug. Ausländerfeindliche Ausschreitungen in Rostock. Sie markieren zusammen mit Brandanschlägen in Mölln (23. Nov.) und Solingen (29. Mai 1993) einen Höhepunkt rechtsextremistischer Gewalttaten. Allein von Jan. bis Nov. 2002 kommen 17 Menschen ums Leben und 452 werden verletzt.

8. Okt. Der frühere Bundeskanzler und SPD-Vorsitzende WILLY BRANDT stirbt im Alter von 78 Jahren.

8. Nov. Demonstration von über 350 000 Menschen in Berlin gegen die zunehmende Ausländerfeindlichkeit in der Bundesrepublik.

2. Dez. Der Bundestag stimmt dem Maastricht-Vertrag und begleitenden Grundgesetzänderungen zu.

1993, 17. Jan. Zusammenschluss der ostdeutschen Bürgerbewegung Bündnis 90 und der westdeutschen Partei Die Grünen zur **neuen Partei »Bündnis 90/Die Grünen«** in Hannover. In getrennten Urabstimmungen stimmen die Mitglieder der Grünen und Bündnis 90 dem Assoziationsvertrag mit 91,8 % bzw. 85,7 % zu.

2. April Die Bundesregierung beschließt die Teilnahme von Bundeswehreinheiten an Aufklärungsflügen der NATO über Bosnien.

3. Mai BJÖRN ENGHOLM legt wegen einer Falschaussage vor einem Landtagsausschuss den SPD-Vorsitz nieder und tritt als Ministerpräsident von Schleswig-Holstein zurück.

4. Mai Im 1. Quartal 1993 schrumpft das Bruttoinlandsprodukt in Deutschland um 3,2 %.

14.–16. Mai Erste ordentliche Bundesversammlung von Bündnis 90/Die Grünen in Leipzig.

26. Mai Der Bundestag stimmt mit 551 gegen 132 Stimmen einer Änderung des Art. 16 GG zu. Das Asylrecht wird damit eingeschränkt.

25. Juni Ein SPD-Parteitag wählt den Ministerpräsidenten von Rheinland-Pfalz, RUDOLF SCHARPING (*1947), zum SPD-Vorsitzenden.

14. Nov. Einweihung der »Zentralen Gedenkstätte der Bundesrepublik Deutschland für die Opfer von Krieg und Gewaltherrschaft« in der Neuen Wache in Berlin.

1994, 11. März Beschluss der Bundesregierung zur Einführung der Pflegeversicherung als vierte Säule der Sozialversicherungen neben Renten-, Arbeitslosen- und Krankenversicherung.

23. Mai Die Bundesversammlung wählt **ROMAN HERZOG** (*1934; CDU), den Präsidenten des Bundesverfassungsgerichts, zum **Bundespräsidenten**.

14. Juni In Bonn eröffnet Bundeskanzler KOHL das Haus der Geschichte der Bundesrepublik Deutschland.

12. Juli Das Bundesverfassungsgericht erklärt die Beteiligung deutscher Soldaten an UN-Kampfeinsätzen für verfassungsgemäß.

31. Aug. Bundespräsident HERZOG, Bundeskanzler KOHL und der russische Präsident BORIS JELZIN verabschieden in Berlin die letzten der ehemals in der DDR stationierten sowjetischen Soldaten und Zivilisten aus Deutschland.

16. Okt. Bei den Bundestagswahlen wird die CDU/CSU-FDP-Koalition knapp bestätigt. HELMUT KOHL wird am 15. Nov. erneut zum Bundeskanzler gewählt.

18. Nov. JUTTA LIMBACH (*1934; SPD) wird als erste Frau Präsidentin des Bundesverfassungsgerichts.

Bundestagswahl 16. Okt. 1994

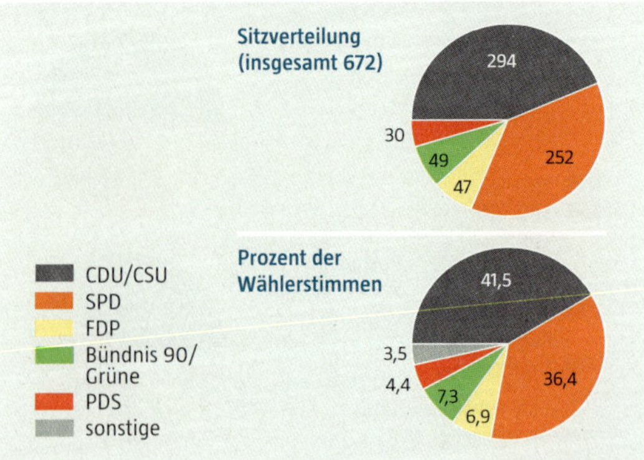

31. Dez. Die Treuhandanstalt, die das verstaatlichte Industrievermögen der DDR privatisieren und sanieren sollte, beendet nach viereinhalb Jahren ihre Tätigkeit. Sie hinterlässt 275 Mrd. DM Schulden, die nicht durch Privatisierungserlöse ausgeglichen werden können.

1995, 25. April Erster Castor-Transport mit Atommüll aus dem Kernkraftwerk Philippsburg (Baden-Württemberg) in das Zwischenlager Gorleben (Niedersachsen).

16. Nov. Oskar Lafontaine (*1943) wird von einem Bundesparteitag der SPD als Nachfolger von Rudolf Scharping zum SPD-Vorsitzenden gewählt.

1. Dez. Billigung einer umstrittenen Rechtschreibreform durch die Kultusminister der Bundesländer.

6. Dez. Der Bundestag stimmt der Stationierung von 4000 deutschen Soldaten in Kroatien zu.

1996, 23. Jan. Bundesregierung, Arbeitgeber und Gewerkschaften schließen ein »Bündnis für Arbeit und zur Standortsicherung«. Proklamiertes Ziel ist u. a. die Senkung der Zahl der Arbeitslosen (im Febr. knapp 4,3 Mio.) bis 2000 um die Hälfte. Das Projekt scheitert bereits drei Monate später an tief greifenden Meinungsverschiedenheiten zwischen den Beteiligten.

18. April Das Bundesverfassungsgericht entscheidet, dass die in der Sowjetischen Besatzungszone 1945–1949 vorgenommenen Enteignungen von Großgrundbesitz nicht rückgängig zu machen sind. Damit wird eine Regelung des Einigungsvertrages von 1990 bestätigt.

5. Mai Die Vereinigung der Bundesländer Berlin und Brandenburg scheitert in einer Volksabstimmung an der Ablehnung der Fusion durch die Wähler in Brandenburg, während sich in Berlin eine knappe Mehrheit für die Vereinigung ausspricht.

9. Mai Der Bundestag billigt den Bau der Magnetschwebebahn Transrapid zwischen Berlin und Hamburg.

20. Juni UNO-Generalsekretär Boutros Boutros-Ghali eröffnet in Bonn die ersten Amtssitze von UN-Organisationen in Deutschland (UN-Freiwilligenorganisation UNV und Sekretariat der Klimarahmenkonvention UNFCCC).

28. Juni Der Bundestag beschließt »Spargesetze« mit Reduzierungen im Gesundheitswesen, bei der Arbeitslosenversicherung und Lohnfortzahlung im Krankheitsfall. V. a. Opposition und Gewerkschaften lehnen das Sparprogramm ab. Im Vorfeld kommt es zu Massendemonstrationen gegen Einschnitte in das Sozialsystem (u. a. am 15. Juni in Bonn).

13. Dez. Der Bundestag billigt den auf 18 Monate befristeten Einsatz von 3000 deutschen Soldaten in Bosnien im Rahmen der SFOR-Mission unter NATO-Oberbefehl auf der Grundlage der UN-Sicherheitsratsresolution 1031.

1997, 21. Jan. Bundeskanzler Kohl und der tschechische Ministerpräsident Václav Klaus unterzeichnen in Prag eine gemeinsame Deklaration zur deutsch-tschechischen Aussöhnung, die am 30. Jan. vom Bundestag angenommen wird.

10. April Nach der Urteilsverkündung im »Mykonos-Prozess«, in dem auch die Verantwortung iranischer Behörden für den terroristischen Anschlag festgestellt wird, ruft die Bundesregierung den deutschen Botschafter aus Teheran zurück. Auch die Beziehungen anderer EU-Staaten zum Iran geraten in eine Krise (bis Nov. 1997).

Die Staatsorgane der Bundesrepublik Deutschland

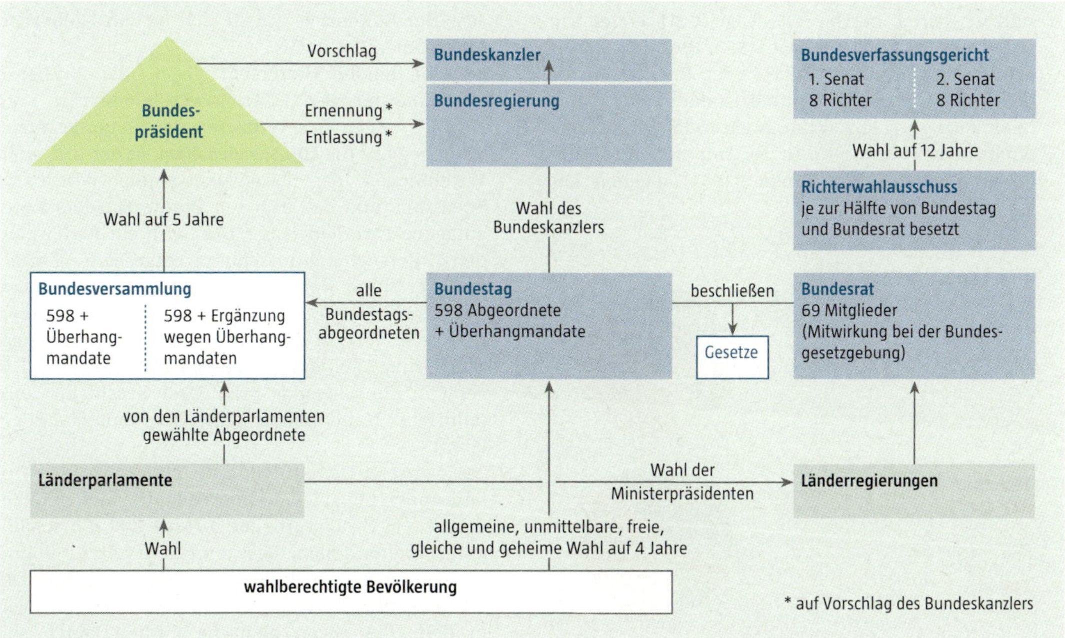

Juli–Aug. Größtes Hochwasser der Oder in der neueren Geschichte Brandenburgs. Tausende von Menschen müssen ihre Häuser verlassen.

25. Aug. Das Berliner Landgericht verurteilt EGON KRENZ, der im Okt. 1989 ERICH HONECKER als SED-Generalsekretär und Vorsitzender des Staatsrats der DDR abgelöst hat, im sog. »Politbüro-Prozess« wegen der Todesschüsse an der früheren deutsch-deutschen Grenze zu sechseinhalb Jahren Haft.

22. Dez. Deutschland, Großbritannien, Italien und Spanien schaffen die vertragliche Grundlage für die Serienfertigung des Jagdflugzeugs »Eurofighter 2000«. Die deutsche Luftwaffe erhält 180 Maschinen für rund 23 Mrd. DM.

1998, Jan. Die Arbeitslosigkeit erreicht mit 4,823 Mio. ihren bis dahin höchsten Stand in der Geschichte der Bundesrepublik.

15. Jan. Der Bundestag beschließt eine Grundgesetzänderung zur Einführung der akustischen Überwachung von Wohnungen (»Großer Lauschangriff«), die eine bessere Bekämpfung schwerer Verbrechen, v. a. der organisierten Kriminalität, ermöglichen soll.

20. April Die RAF erklärt sich in einer Mitteilung an die Nachrichtenagentur Reuters für aufgelöst.

6. Mai Nach dem vom Innenministerium vorgelegten Verfassungsschutzbericht ist die Zahl rechtsextremer Straftaten erstmals seit fünf Jahren wieder gestiegen (1997 insgesamt 790 Straftaten).

25. Mai Die Castor-Transporte mit radioaktivem Müll werden wegen undichter Behälter vorerst eingestellt.

3. Juni Ein Zugunglück bei Eschede nordöstlich von Hannover fordert 101 Todesopfer.

14. Juli Das Bundesverfassungsgericht erklärt die umstrittene Rechtschreibreform für zulässig.

27. Sept. Aus der Bundestagswahl geht die SPD als stärkste Partei hervor. Die CDU/CSU erzielt ihr schlechtestes Ergebnis seit 1953; Bündnis 90/Die Grünen werden drittstärkste Partei. Erstmals in der Geschichte der Bundesrepublik ist damit eine amtierende Regierung abgewählt. Nach 16 Jahren Kanzlerschaft muss HELMUT KOHL das Amt an den Herausforderer GERHARD SCHRÖDER (*1944) abgeben. Die SPD bildet gemeinsam mit Bündnis 90/Die Grünen eine Koalition.

Bundestagswahl 28. Sept. 1998

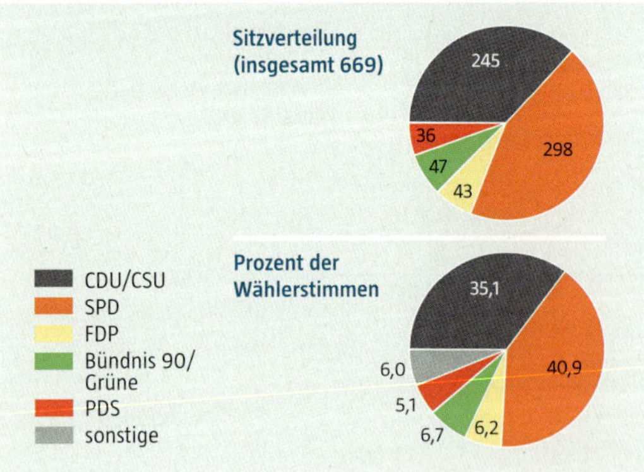

16. Okt. Der Bundestag (noch in seiner alten Zusammensetzung) stimmt vor dem Hintergrund der Kosovo-Krise mit großer Mehrheit für eine deutsche Beteiligung an einem möglichen NATO-Militäreinsatz gegen Rest-Jugoslawien.

27. Okt. **GERHARD SCHRÖDER wird vom Bundestag zum neuen Bundeskanzler gewählt.**

3. Nov. Erstmalige Regierungsbeteiligung der PDS auf Länderebene in Mecklenburg-Vorpommern.

18. Dez. Der Bundesrat billigt den Einstieg in die Steuerreform und die vom Bundestag beschlossenen Reformgesetze im Bereich der Renten-, Arbeitsmarkt- und Gesundheitspolitik.

1999, 1. Jan. Die Europäische Währungsunion tritt in Kraft.

11. März OSKAR LAFONTAINE tritt ohne Angabe von Gründen als Finanzminister und Parteivorsitzender der SPD zurück und legt auch sein Bundestagsmandat nieder. Hintergrund ist offenbar ein Streit mit Bundeskanzler SCHRÖDER um die Führung in der Wirtschafts- und Finanzpolitik. SCHRÖDER übernimmt am 12. April den Parteivorsitz.

24. März–10. Juni Kosovokrieg: An den NATO-Angriffen auf Jugoslawien sind auch Einheiten der Bundeswehr beteiligt.

1. April Die erste Stufe der Ökosteuer tritt in Kraft.

14. April Erste Parlamentssitzung im umgebauten Reichstag in Berlin. Bis zu den Sommerferien verlagert sich die gesamte Regierungstätigkeit nach Berlin.

23. Mai Die Bundesversammlung wählt im zweiten Wahlgang den früheren Ministerpräsidenten von Nordrhein-Westfalen, **JOHANNES RAU** (*1931, †2006; SPD), zum **Bundespräsidenten**.

1. Juni **Letzte Bundestagssitzung in Bonn.**

25. Juni Der Bundestag spricht sich für ein Holocaust-Mahnmal in Berlin aus.

4. Nov. Mit einem Haftbefehl gegen den früheren Schatzmeister der CDU, WALTER LEISLER KIEP (*1926), wegen des Verdachts der Steuerhinterziehung beginnt die **CDU-Spendenaffäre**, in der u. a. auch Verfehlungen des Parteivorsitzenden WOLFGANG SCHÄUBLE und des früheren Bundeskanzlers KOHL aufgedeckt werden. Am 2. Dez. wird ein Parteispenden-Untersuchungsausschuss eingesetzt. Ermittlungsverfahren wegen möglicher Unregelmäßigkeiten bei der Lieferung von Panzern an Saudi-Arabien und beim Verkauf der Leunawerke an die französische Firma *Elf Aquitaine* werden eingeleitet. Die CDU gerät in die schwerste Krise ihrer Geschichte, ihre politische Handlungsfähigkeit ist monatelang gelähmt.

17. Dez. Vertreter Deutschlands, der USA sowie aller Opfergruppen billigen eine Übereinkunft, nach der ehemalige NS-Zwangsarbeiter 10 Mrd. DM Entschädigung erhalten sollen, die je zur Hälfte vom Bund und von der deutschen Industrie getragen werden. Die US-Seite sichert Rechtssicherheit zu. Sammelklagen in den USA gegen deutsche Firmen laufen seit

1998. Die Bundesregierung hat sich im Febr. 1999 mit 12 Unternehmen auf die Gründung eines Stiftungsfonds verständigt.

2000, 1. Jan. Die Reform des Staatsbürgerschaftsrechts tritt in Kraft. Sie betrifft etwa die Hälfte der in Deutschland lebenden rund 7,4 Mio. Ausländer.

5. Febr. Das Transrapid-Projekt Hamburg-Berlin wird wegen zu hoher Kosten aufgegeben.

8. Febr. Ausweitung der CDU-Schwarzgeldaffäre: Der hessische Ministerpräsident Roland Koch (*1958) gibt zu, dass der hessische Landesverband der CDU 20,8 Mio. DM in die Schweiz geschafft hat, wo sie als jüdische Vermächtnisse getarnt wurden.

16. Febr. Bundestagspräsident Wolfgang Thierse (*1943; SPD) verhängt in der Spendenaffäre eine Strafzahlung von 41,35 Mio. DM gegen die CDU.

10. April Als erste Frau übernimmt die aus Mecklenburg-Vorpommern stammende **Angela Merkel** (*1954) den **Bundesvorsitz der CDU**.

14. Juni Das Bundeskabinett beschließt eine Verringerung der Bundeswehr von 330 000 auf 277 000 Mann – auf dem Höhepunkt des Ost-West-Gegensatzes betrug die Truppenstärke 495 000 Mann.

15. Juni Bundesregierung und Energieversorger einigen sich über einen langfristigen Ausstieg aus der Atomenergie.

14. Juli Die Steuerreform der rot-grünen Regierung wird vom Bundesrat gebilligt. Sie bringt bereits 2001 über 44 Mrd. DM Entlastungen für die Steuerzahler.

17. Aug. Die Versteigerung der sechs UMTS-Mobilfunklizenzen erbringt einen Erlös von 98,8 Mrd. DM.

11. Okt. Die frühere DDR-Bürgerrechtlerin und Grünen-Politikerin Marianne Birthler (*1948) wird Bundesbeauftragte für die Unterlagen des Staatssicherheitsdienstes der ehemaligen DDR.

10. Nov. Der Bundestag billigt die Gesetzesvorlage zur »Eingetragenen Lebenspartnerschaft« für homosexuelle Paare. Da der Bundesrat am 1. Dez. seine Zustimmung verweigert, treten Teile der Reform (u. a. Gleichstellung im Steuerrecht) jedoch nicht in Kraft.

24. Nov. Erster Fall von BSE in Deutschland: Wegen unzulänglichem Krisenmanagement müssen die Minister für Landwirtschaft bzw. Gesundheit zurücktreten. Bildung eines Ministeriums für Verbraucherschutz, Ernährung und Landwirtschaft unter Renate Künast (*1955; Bündnis 90/Die Grünen).

2001, 2. Jan. Die ersten Frauen treten zum Dienst an der Waffe in die Bundeswehr ein. Den Weg dazu hat ein Urteil des Europäischen Gerichtshofes vom 11. Jan. 2000 freigemacht.

30. Jan. Die Bundesregierung beantragt vor dem Bundesverfassungsgericht ein Verbot der rechtsgerichteten NPD.

31. Jan. Nach einem Urteil des Verwaltungsgerichts Berlin braucht die CDU die von Bundestagspräsident Thierse geforderten 41,35 Mio. DM wegen des ungültigen Rechenschaftsberichtes von 1998 nicht zurückzuzahlen.

2. März Das gegen Altbundeskanzler Kohl eingeleitete Verfahren wegen Untreue zum Nachteil der CDU wird gegen Zahlung von 300 000 DM eingestellt.

19. März In Berlin konstituiert sich die Vereinte Dienstleistungsgewerkschaft ver.di, zu der sich ÖTV, DAG, HBV, IG Medien und Postgewerkschaft mit rund 3 Mio. Mitgliedern zusammengeschlossen haben.

29. März Die nach dem vorläufigen Stopp von 1998 wiederaufgenommenen Castor-Transporte werden auf dem Weg nach Gorleben im Wendland von heftigen Protesten der Atomkraftgegner begleitet.

11. Mai Die Rentenreform, in deren Mittelpunkt die staatliche Förderung der privaten Altersvorsorge (»Riester-Rente«) steht, wird vom Bundesrat gebilligt.

30. Mai Der Bundestag gibt grünes Licht für die Auszahlung von Entschädigungsgeldern an ehemalige NS-Zwangsarbeiter.

12. Sept. Nach den Anschlägen vom Vortag (11. Sept.) auf das World Trade Center in New York und das Pentagon in Washington sichert Bundeskanzler Schröder den USA uneingeschränkte Solidarität beim Kampf gegen den internationalen Terrorismus zu.

19. Sept. Das Bundeskabinett beschließt ein erstes Antiterrorpaket (u. a. Rasterfahndung nach ausländischen Terroristen), das der Bundestag am 9. Nov. billigt.

1. Nov. Die Ermittlungsverfahren in der CDU-Parteispendenaffäre gegen den ehemaligen CDU-Vorsitzenden Schäuble und die Schatzmeisterin Brigitte Baumeister (*1946) werden eingestellt.

16. Nov. Abstimmung im Bundestag über einen Bundeswehreinsatz in Afghanistan: Bundeskanzler Schröder verknüpft die Abstimmung mit der Vertrauensfrage. Das Parlament spricht ihm mit 336 von 662 Stimmen das Vertrauen aus.

14. Dez. Ein zweites Antiterrorpaket, mit dem u. a. die Kompetenzen der Geheimdienste erweitert und ausländerrechtliche Bestimmungen verschärft werden, passiert den Bundestag.

15. Dez. Ende der Afghanistan-Konferenz der UNO in Bonn mit einer aktiven Rolle der Bundesregierung: Einigung auf den Paschtunenführer Hamid Karzai an der Spitze einer Übergangsregierung in Kabul.

22. Dez. Der Bundestag billigt den Einsatz der Bundeswehr im Rahmen der Internationalen Sicherheits-Unterstützungsgruppe für Afghanistan (ISAF).

2002, 1. Jan Der **Euro** wird in 12 Staaten der Europäischen Union, darunter die Bundesrepublik Deutschland, **als** gemeinsame **Währung eingeführt**.

1. Febr. Der Bundesrat besiegelt den Atomausstieg. Das letzte Atomkraftwerk soll 2021 vom Netz gehen.

26. April In Erfurt erschießt ein vom Gymnasium verwiesener Abiturient 14 Lehrer und zwei Mitschüler und tötet sich anschließend selbst. Der Staat reagiert mit einer Verschärfung des Waffenrechts und verstärkten Sicherheitskontrollen an Schulen.

18. Juli Verteidigungsminister Scharping wird wegen finanzieller Verbindungen zu einem PR-Berater entlassen. Nachfolger wird der bisherige SPD-Fraktionsvorsitzende Peter Struck (*1943).

3. Aug. Bundeskanzler Schröder schließt eine Beteiligung deutscher Soldaten an einem möglichen Krieg gegen den Irak aus.

Aug. Nach starken Regenfällen erreichen die Pegelstände von Donau und Elbe Rekordmarken. V. a. im Raum Dresden kommt es zu einer verheerenden Flutkatastrophe, die schwere Schäden an der Infrastruktur anrichtet. Zehntausende Menschen müssen evakuiert werden. Die Bundesregierung beschließt ein Soforthilfeprogramm von 100 Mio. Euro. Zur Finanzierung des Wiederaufbaus wird die geplante Steuerreform um ein Jahr verschoben.

22. Sept. Bei den Bundestagswahlen kommt es zum erwarteten Kopf-an-Kopf-Rennen zwischen Bundeskanzler SCHRÖDER und seinem Herausforderer, dem bayerischen Ministerpräsidenten EDMUND STOIBER (*1941; CSU). Die Grundlage für eine Fortsetzung der Koalition aus SPD und Bündnis 90/Die Grünen unter Bundeskanzler SCHRÖDER ist aber gesichert. Die PDS zieht nur mit zwei Direktmandaten ins Parlament ein. Bundeskanzler SCHRÖDER wird am 22. Okt. in seinem Amt bestätigt.

23. Sept. Der stellvertretende Bundesvorsitzende der FDP JÜRGEN MÖLLEMANN (*1945, †2003) zieht sich aus der Parteiführung zurück. Er gibt damit dem Druck maßgeblicher Parteiführer nach, die ihn wegen seiner Angriffe auf Israels Premierminister ARIEL SCHARON und den stellvertretenden Vorsitzenden des Zentralrats der Juden in Deutschland, MICHEL FRIEDMAN (*1956), scharf kritisiert haben.

18. Dez. Das Bundesverfassungsgericht stoppt das Zuwanderungsgesetz wegen eines Verfahrensfehlers bei der Abstimmung im Bundesrat.

2003, 1. Jan. Die ersten Stufen der von der Hartz-Kommission vorgeschlagenen Arbeitsmarktreform (u. a. Einrichtung von Personal-Service-Agenturen, »Ich-AG« als neue Beschäftigungsform) treten in Kraft.

10. Febr. Deutschland und die Niederlande übernehmen die Führung der ISAF-Truppen in Afghanistan.

13. Febr. Bundeskanzler SCHRÖDER bekräftigt das Nein der deutschen Regierung zu einem möglichen Irakkrieg.

14. März Bundeskanzler SCHRÖDER stellt im Bundestag ein **Reformprogramm (»Agenda 2010«)** zur Verbesserung der wirtschaftlichen Rahmenbedingungen und zur Entlastung der Kommunen, verbunden mit Einschnitten im Sozialbereich, vor. Die Agenda 2010 wird am 1. Juni auf einem SPD-Sonderparteitag in Berlin ausdrücklich gebilligt.

Bundestagswahl 22. Sept. 2002

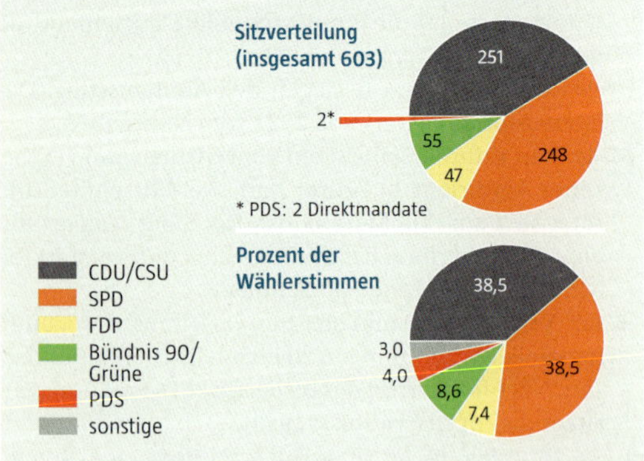

18. März Das Bundesverfassungsgericht stellt das Anfang 2000 eingeleitete Verbotsverfahren gegen die NPD ein.

17. Okt. Der Bundesrat nimmt die Vorlage zur Gesundheitsreform an. Ziel ist die Entlastung des Leistungssystems der Gesetzlichen Krankenversicherung.

14. Nov. Das Kernkraftwerk Stade wird als erster Reaktor nach dem vor zwei Jahren beschlossenen Ausstieg aus der Kernenergie vom Netz genommen.

19. Dez. Bundestag und Bundesrat verabschieden die Steuer- und Arbeitsmarktgesetze.

2004, 6. Febr. Bundeskanzler SCHRÖDER gibt den SPD-Parteivorsitz an Fraktionschef FRANZ MÜNTEFERING (*1940) ab.

23. Mai Die Bundesversammlung wählt **HORST KÖHLER** (*1943; CDU), zuletzt Geschäftsführender Direktor des Internationalen Währungsfonds (IWF), zum neuen **Bundespräsidenten**.

2. Juli Der Bundestag billigt das sog. Hartz IV-Gesetz über die Zusammenlegung von Arbeitslosen- und Sozialhilfe. In den folgenden Wochen kommt es wiederholt zu Protestdemonstrationen gegen den vermeintlichen Sozialabbau.

9. Juli Der Bundesrat stimmt einem von Regierung und Opposition erarbeiteten Gesetzentwurf über ein neues Ausländerrecht zu.

22. Juli Das Landgericht Düsseldorf spricht sechs ehemalige Mannesmann-Angestellte und -Aufsichtsräte vom Vorwurf der Untreue oder der Beihilfe dazu im Zusammenhang mit der Übernahme des Konzerns durch die britische Gesellschaft Vodafone frei.

2005, 22. Jan. Gründung der Partei »Arbeit & Soziale Gerechtigkeit – Die Wahlalternative« (WASG).

14. Febr. Bundesaußenminister JOSCHKA FISCHER (*1948; Bündnis 90/Die Grünen) übernimmt die politische Verantwortung für Versäumnisse und Fehler in der Visa-Praxis des Auswärtigen Amtes.

1. März Die Arbeitslosigkeit erreicht mit 5,2 Mio. (12,6 %) ihren Höchststand seit dem Zweiten Weltkrieg.

30. März Der Europäische Gerichtshof für Menschenrechte weist Klagen auf höhere Entschädigung von Bodenreformopfern aus der Zeit der sowjetischen Besatzung zurück.

19. April Der deutsche Kardinal **JOSEPH RATZINGER** (*1927) wird als Nachfolger von JOHANNES PAUL II. **zum neuen Papst, BENEDIKT XVI., gewählt.**

10. Mai Einweihung des Holocaust-Mahnmals in Berlin.

22. Mai CDU und FDP gewinnen bei der Landtagswahl in Nordrhein-Westfalen, sodass eine christlich-liberale Regierungsbildung möglich ist; danach gibt es bundesweit keine rot-grüne Landesregierung mehr. Bundeskanzler SCHRÖDER kündigt daraufhin noch am Wahlabend an, Neuwahlen zum Bundestag anzustreben.

27. Juni Bundeskanzler SCHRÖDER stellt im Bundestag

die Vertrauensfrage und erhält erwartungsgemäß keine Mehrheit.

21. Juli Bundespräsident Köhler löst den 15. Deutschen Bundestag auf.

18. Sept. Wahlen zum 16. Bundestag: CDU/CSU und SPD einigen sich auf die Bildung einer Großen Koalition unter Führung von Angela Merkel.

21. Nov. Die Bundeswehr entsendet zur Unterstützung der UN-Mission »UNMIS« im Sudan bis zu 75 unbewaffnete Militärbeobachter. Die UN-Soldaten sollen die Umsetzung des Friedensvertrages zwischen der sudanesischen Regierung und der Südsudanesischen Volksbefreiungsbewegung überwachen.

22. Nov. **Angela Merkel wird zur ersten Bundeskanzlerin der Bundesrepublik Deutschland gewählt.**

2006, 18. Jan. Die Bundesregierung beschließt ein Gesetz zu Wachstum und Beschäftigung.

14. Mai Kurt Beck (*1943) wird zum neuen Vorsitzenden der SPD gewählt.

19. Mai Der Bundestag beschließt die deutsche Beteiligung an der Mission »Eufor RD Congo«, bei der 2400 europäische Soldaten, darunter 780 Deutsche, den Ablauf der Präsidentenwahlen im Kongo überwachen sollen. Die letzten 100 Bundeswehrangehörigen kehren am 22. Dez. zurück.

13. Juni Der Flugzeugbauer Airbus muss die Auslieferung des neuen A380 aufgrund von Fertigungsproblemen verschieben. Die Produktionsausfälle bedeuten für die Airbus-Mutter EADS einen Verlust von 4,8 Mrd. Euro. Es kommt zu einem Wechsel an der EADS-Spitze und drastischen Umstrukturierungen.

17. Nov. Die Innenminister der Länder einigen sich auf ein Bleiberecht für geduldete Ausländer, die seit mindestens sechs Jahren in Deutschland leben und in einem dauerhaften Beschäftigungsverhältnis stehen.

2007, 9. März Der Bundestag stimmt einer Entsendung deutscher Tornado-Aufklärungsflugzeuge nach Afghanistan zu. Sie sollen die Afghanistan-Schutztruppe ISAF unterstützen und den Schutz für das militärische Personal und die afghanische Zivilbevölkerung verbessern.

24./25. März Auf getrennten Parteitagen in Dortmund machen die Linkspartei/PDS und die Wahlalternative Arbeit und Soziale Gerechtigkeit (WASG) den Weg zum Zusammenschluss zur Partei »Die Linke« frei.

19. Mai Bei einem Bombenanschlag in der nordafghanischen Stadt Kundus kommen drei deutsche Soldaten ums Leben, fünf weitere werden verletzt.

6.–8. Juni G8-Gipfel in Heiligendamm (Mecklenburg-Vorpommern). Hauptthema des Treffens der acht wichtigsten Industriestaaten ist der Klimaschutz.

16. Juni **Zusammenschluss der Linkspartei/PDS mit der WASG zur neuen Partei »Die Linke«.** Gemeinsame Vorsitzende sind Lothar Bisky (*1941) und Oskar Lafontaine.

28./29. Sept. Nach der Ankündigung von Edmund Stoiber, als Vorsitzender der CSU und bayerischer Ministerpräsident zurückzutreten, wählt ein Parteitag in München Wirtschaftsminister Erwin Huber (*1946) zum neuen CSU-Vorsitzenden

13. Nov. Franz Müntefering tritt als Bundesminister für Arbeit und Soziales sowie als Vizekanzler zurück. Neuer Vizekanzler wird Außenminister Franz-Walter Steinmeier (*1956; SPD).

30. Nov. Die Zahl der Arbeitslosen beträgt im Nov. 3,995 Mio. und sinkt damit erstmals seit 2001 unter die Vier-Millionen-Grenze.

1. Dez. Das Bundeskabinett verabschiedet ein Maßnahmenpaket zum Klimaschutz.

2008, 27. Jan. Nach Landtagswahlen in Hessen und Niedersachsen ist die Partei Die Linke erstmals in zwei westdeutschen Flächenländern (nach Bremen 13. Mai 2007) in den Parlamenten vertreten.

17. April In Hamburg vereinbaren CDU und Grün-Alternative Liste (GAL) nach den Bürgerschaftswahlen am 5. März die erste schwarz-grüne Koalition auf Länderebene.

Bundestagswahl 18. Sept. 2005

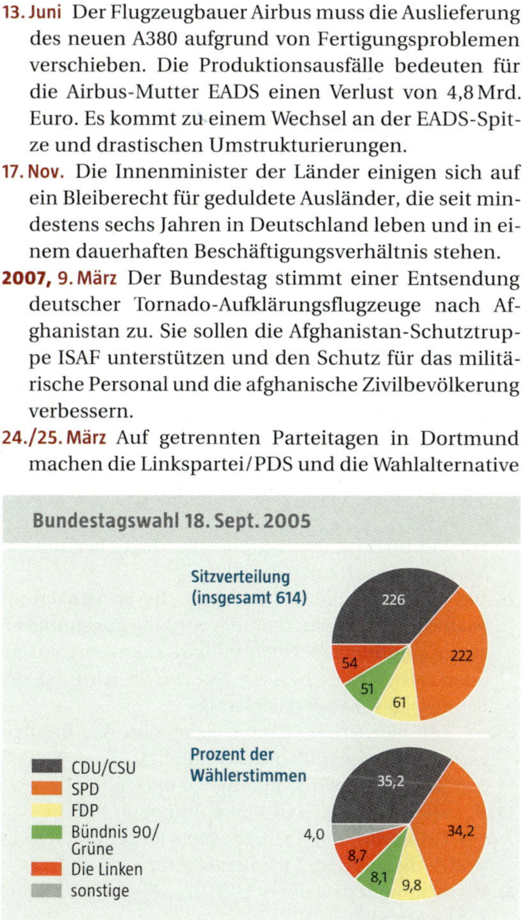

Österreich seit 1945 |Forts. v. S. 992|

Nach der Moskauer Deklaration vom 1. Nov. 1943 der USA, Großbritannien und der Sowjetunion über die Wiedererrichtung einer selbstständigen Republik Österreich, proklamiert am 27. April 1945 die Provisorische Regierung die Wiederinkraftsetzung der Verfassung von 1920 und damit einen unabhängigen Staat Österreich.

Im 1. Kontrollabkommen vom 4. Juli 1945 werden ein gemeinsamer Kontrollrat als Verwaltungsorgan und die **Errichtung von vier Besatzungszonen** beschlossen (sowjetische Besatzungszone: Niederösterreich, Burgenland, Wiener Randgemeinden, Oberösterreich nördlich der Donau; amerikanische Besatzungszone: Oberösterreich südlich der Donau, Salzburg; britische Zone: Steiermark, Kärnten, Osttirol; französische Zone: Nordtirol, Vorarlberg; Wien wird mit Ausnahme der Innenstadt in vier Sektoren geteilt). Als die Regierung Renner im Okt. 1945 von den Westalliierten anerkannt wird, ist die Gesamtstaatlichkeit Österreichs über die Zonengrenzen hinweg zunächst gesichert.

1945, 27. April Ohne Zustimmung der Westmächte, jedoch mit Duldung der sowjetischen Besatzungsmacht, wird in Wien eine provisorische Regierung gebildet: Neben der Sozialistischen Partei Österreichs (SPÖ), die mit Karl Renner (*1870, †1950) den Bundeskanzler stellt, und der christlich orientierten Österreichischen Volkspartei (ÖVP) ist die Kommunistische Partei Österreichs (KPÖ) beteiligt.]

1. Mai Die Verfassung von 1920 (in der Fassung von 1929) tritt wieder in Kraft.

7.–12. Mai **Bildung von Landesregierungen** (heutige Bundesländer: Wien, Niederösterreich, Oberösterreich, Salzburg, Tirol, Vorarlberg, Kärnten, Steiermark, Burgenland); damit verfügt das Land sowohl über zentrale als auch föderative staatliche Vertretungen.

18. Sept. Die Salzburger Konferenz der westlichen Bundesländer verhindert die Spaltung Österreichs in eine westliche und eine östliche Hälfte.

20. Okt. Anerkennung der provisorischen Regierung durch die Westmächte.

25. Okt. Erste Nationalratswahlen in ganz Österreich: Die ÖVP erhält 85 Mandate (absolute Mehrheit), die SPÖ 76 und die KPÖ 4 Mandate. Auch bei den gleichzeitigen Landtagswahlen siegt die ÖVP deutlich – sie stellt außer in Wien und Kärnten in allen anderen Bundesländern den Landeshauptmann (Vorsitzender der Landesregierung).

20. Dez. Der Nationalrat wählt Karl Renner zum Bundespräsidenten und Leopold Figl (*1902, †1965; ÖVP) zum Bundeskanzler. Der neue Bundeskanzler bildet aus allen drei im Nationalrat vertretenen Parteien eine »Konzentrationsregierung«.

1946, 26. Juli Der Nationalrat beschließt das Erste Verstaatlichungsgesetz. Verstaatlicht werden die Eisen- und Stahlindustrie und die drei Großbanken (die Betriebe der Energieversorgung folgen im Mai 1947).

1947, Jan. Auf der Konferenz der stellvertretenden Außenminister der alliierten Staaten in London beginnen die Verhandlungen über einen österreichischen Staatsvertrag.

13. Juni Die Annahme des Marshallplans führt zu von der KPÖ organisierten Tumulten und Demonstrationen. In der Folge verlässt die KPÖ die Regierungskoalition; die letzten kommunistischen Versuche, die innenpolitische Entwicklung Österreichs in Richtung einer Volksdemokratie zu lenken, scheitern 1950.

Nov. Durchführung einer Währungsreform auf der Grundlage des Schilling-Gesetzes vom 30. Nov. 1945.

1948, 2. Juli Mit Unterzeichnung des **Marshallplan-Abkommens** erhält Österreich eine Wirtschaftshilfe in Höhe von 1,6 Mrd. US-Dollar.

1949 Verabschiedung eines politischen Programms des neugegründeten Verbands der Unabhängigen (VdU), eines Sammelbeckens von ehemaligen Nationalsozialisten und »Großdeutschen«.

9. Okt. Bei Nationalratswahlen erhält die ÖVP 77, die SPÖ 67, der VdU 16 und die KPÖ 5 Mandate.

9. Nov. Eine neue Koalitionsregierung aus ÖVP und SPÖ unter Bundeskanzler Figl bestätigt das Regierungsbündnis der **Großen Koalition**, bis 1966 jeweils erneuert, dessen Funktionsfähigkeit eine Parteienabsprache regelt (**ÖVP-SPÖ-Proporzsystem**). Aufgrund des Mandatsvorsprungs stellt die ÖVP den Bundeskanzler, die SPÖ den Vizekanzler.

1951, 27. Mai Zum ersten Mal wird der neue Bundespräsident direkt vom Volk gewählt: Die Wahl gewinnt der Kandidat der SPÖ, Theodor Körner (*1873, †1957).

1952, 28. Okt Bildung des dritten Kabinetts Figl (ÖVP-SPÖ-Koalition).

1953, 22. Febr. Nationalratswahlen: ÖVP 74, SPÖ 73, VdU 14, KPÖ 4 Mandate.

2. April Bildung einer ÖVP-SPÖ-Koalitionsregierung unter Bundeskanzler Julius Raab (*1891, †1964). Leopold Figl wird neuer Außenminister; auf seine Vorschläge hin werden den alliierten Mächten Verhandlungen über den Status einer immerwährenden Neutralität Österreichs unterbreitet.

1955, 12.–15. April Besuch einer Delegation unter Bundeskanzler Raab in Moskau: Einigung über die Bedingungen der sowjetischen Siegermacht für einen Staatsvertrag (Moskauer Memorandum).

15. Mai Nach entsprechenden Vereinbarungen mit den Westalliierten (Wiener Memorandum) wird in Wien der **Österreichische Staatsvertrag** unterzeichnet: Aufhebung des Besatzungsstatuts, Österreich als Zweite Republik wird unabhängiger Staat in den Grenzen vom 1. Jan. 1938. Gegen Freigabe des beschlagnahmten Grundbesitzes, der Vermögenswerte und Industrieanlagen verpflichtet sich Österreich, mit Deutschland keine politische oder wirtschaftliche Vereinigung einzugehen und Rüstungsbeschränkungen auf sich zu nehmen.

27. Juli Mit Inkrafttreten des Staatsvertrages beginnt der Abzug der Besatzungstruppen.

26. Okt. Der Nationalrat beschließt die **immerwährende Neutralität Österreichs**; dadurch wird die Zugehörigkeit zu internationalen (nichtmilitärischen) Organisationen nicht ausgeschlossen. Der 26. Okt. wird »Tag der Fahne«, ab 1965 »Staatsfeiertag«.

6. Dez. Die vier Großmächte anerkennen das Bundesverfassungsgesetz über die Neutralität.

14. Dez. Österreich wird Vollmitglied der UNO.

1956, 1. März Österreich tritt dem Europarat bei.

7. April Gründung der Freiheitlichen Partei Österreichs (FPÖ), die aus dem VdU hervorgeht.

13. Mai Nationalratswahlen; ÖVP 82, SPÖ 74, FPÖ 6 und KPÖ 3 Mandate.

Besatzungszonen in Österreich 1945–55

23. Juni Bildung einer neuen ÖVP-SPÖ-Koalitionsregierung unter Bundeskanzler Raab.

2. Aug. Gründung der Österreichischen Industrie- und Bergbauverwaltungsgesellschaft, der die Leitung der verstaatlichten Betriebe übertragen wird.

26. Okt. Die Generalkonferenz der Internationalen Atomenergie-Organisation (IAEO) bestimmt Wien zu ihrem ständigen Sitz. Österreich erfährt dadurch in seinem Bemühen, eine Vermittlerrolle zwischen Ost und West im Rahmen der internationalen Beziehungen zu spielen, eine Anerkennung; in der Folge bemühen sich alle Bundesregierungen, Wien zum Sitz von internationalen Behörden zu machen.

Okt./Nov. Während des ungarischen Aufstandes fliehen Tausende von Ungarn nach Österreich, denen die österreichischen Behörden Asyl gewähren.

1957 Sozialpartnerschaft: Zusammenarbeit der großen wirtschaftlichen Interessenverbände untereinander und mit der Regierung (Paritätische Kommission für Lohn- und Preisfragen).

5. Mai Wahl von Adolf Schärf (*1890, †1965; SPÖ) zum Bundespräsidenten.

1959, 16. Juli Nach Nationalratswahlen (ÖVP 79, SPÖ 78, FPÖ 8 Mandate; KPÖ zum ersten Mal nicht im Nationalrat vertreten) bildet Bundeskanzler Raab erneut eine ÖVP-SPÖ-Koalitionsregierung. Vizekanzler ist der Vorsitzende der SPÖ, Bruno Pittermann (*1905, †1983); die SPÖ stellt mit Bruno Kreisky (*1911, †1990) auch den Außenminister.

26. Nov. Der Nationalrat stimmt dem Beitritt Österreichs zur Europäischen Freihandelszone (EFTA) zu.

1961, 11. April ÖVP-SPÖ-Koalition unter Bundeskanzler Alfons Gorbach (*1898, †1972; ÖVP).

1962, 19. Jan. Raab-Olah-Abkommen, benannt nach Julius Raab und dem Vorsitzenden des Gewerkschaftsbundes Franz Olah (*1910) beschließt die Funktionserweiterung der Paritätischen Kommission.

1963, 3. April Nach Nationalratswahlen vom 18. Nov. (ÖVP 81, SPÖ 76, FPÖ 8 Mandate) erneute ÖVP-SPÖ-Koalitionsregierung unter Bundeskanzler Gorbach.

5. Juni Ausbruch einer schweren Koalitionskrise wegen des Rechtsstreites im Fall des ältesten Sohnes des letzten Kaisers von Österreich, Otto (von) Habsburg (*1912), dessen Rückkehr nach Österreich (aufgrund des Habsburgergesetzes von 1919 – im Staatsvertrag von 1955 ausdrücklich bestätigt – nach der Verzichtserklärung auf alle Thronansprüche) rechtlich möglich ist, die aber die SPÖ verhindern will.

4. Juli Der Nationalrat nimmt gegen die Stimmen der ÖVP eine Entschließung über die Unerwünschtheit einer Rückkehr von Otto (von) Habsburg an.

1964, 24. Febr. Rücktritt der Regierung Gorbach nach Auseinandersetzungen in der ÖVP, insbesondere über die Koalitions- und Finanzpolitik.

2. April Neue ÖVP-SPÖ-Koalitionsregierung unter Bundeskanzler Josef Klaus (*1910; †2001; ÖVP).

3. Nov. Sturz von Innenminister Franz Olah, Ausschluss aus der SPÖ nach Konflikten in der Partei.

1965, 23. Mai Wahl des Wiener Bürgermeisters und SPÖ-Kandidaten Franz Jonas (*1899, †1974) zum Bundespräsidenten.

1966, 19. April Nach Erringung der absoluten Mehrheit (ÖVP 85, SPÖ 74, FPÖ 6 Mandate) bildet Klaus eine **ÖVP-Alleinregierung**.

1967, 20. März Durch ihr Veto verhindert die Sowjetunion ein Assoziierungsabkommen mit der EG.

Staatsaufbau der Republik Österreich

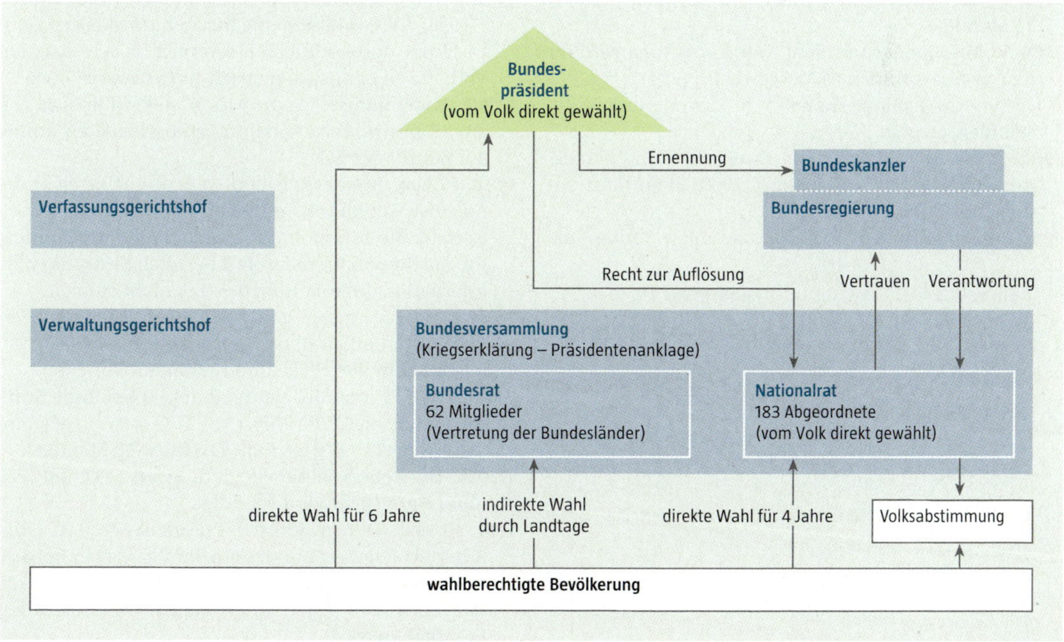

13. April Die UN-Organisation für industrielle Entwicklung (UNIDO) errichtet ihren ständigen Sitz in Wien.

1969, 2. Dez. Italien und Österreich erzielen eine Einigung in der **Südtirolfrage:** Paraphierung des Vertrages zur friedlichen Beilegung von Streitigkeiten.

16. Dez. Mit 83 gegen 79 Stimmen entscheidet sich der Nationalrat zur Annahme des Südtirol-Pakets (Erweiterung der Autonomie für Südtirol).

1970, 1. März Bei Nationalratswahlen wird die SPÖ erstmals stärkste Partei (SPÖ 81, ÖVP 79, FPÖ 5 Mandate): BRUNO KREISKY bildet eine SPÖ-Minderheitsregierung.

1971, 25. April FRANZ JONAS wird wieder zum Bundespräsidenten gewählt.

10. Okt. Vorgezogene Wahlen, absolute SPÖ-Mehrheit (SPÖ 93, ÖVP 80, FPÖ 10 Mandate).

5. Nov. KREISKY Bundeskanzler einer SPÖ-Alleinregierung.

1972, 22. Juli Unterzeichnung eines Freihandelsvertrags mit der EG – Zollabbau für Industrieerzeugnisse.

21. Dez. Diplomatische Beziehungen mit der DDR.

1973, 15. Febr. Nationalrat beschließt Fusionierung der staatlichen Eisen- und Stahlwerke zu einem Großkonzern.

1974, 23. Juni Zum Nachfolger des verstorbenen Bundespräsidenten JONAS (24. April) wird Außenminister RUDOLF KIRCHSCHLÄGER (*1915, †2000) gewählt.

1975, 28. Okt. Nach Nationalratswahlen (5. Okt.) und einer erneuten absoluten SPÖ-Mehrheit, bildet BRUNO KREISKY zum dritten Mal SPÖ-Alleinregierung.

1978, 5. Nov. In der ersten Volksabstimmung seit Bestehen der Zweiten Republik spricht sich die Mehrheit gegen die Inbetriebnahme des Kernkraftwerks in Zwentendorf und gegen die Ausführung von Bauplänen anderer derartiger Anlagen aus.

1979, 6. Mai Nationalratswahlen: SPÖ 95, ÖVP 77, FPÖ 11 Mandate.

1980, 18. Mai Bundespräsident KIRCHSCHLÄGER wird für eine zweite Amtszeit wiedergewählt

5. Juni Viertes Kabinett KREISKY in unveränderter Zusammensetzung.

1981, 20. Jan. Der Rücktritt von Vizekanzler und Finanzminister HANNES ANDROSCH (*1938; SPÖ) führt zur Regierungsumbildung.

1983, 24. April Bei den Nationalratswahlen verliert die SPÖ die absolute Mehrheit der Sitze; die ÖVP erzielt leichte Gewinne (SPÖ nunmehr 90 Mandate, ÖVP 81, FPÖ 12); Bundeskanzler KREISKY tritt zurück.

Bundespräsidenten Österreichs seit 1945

Amtszeit	Bundespräsident	Partei
1945–1950	Karl Renner	SPÖ
1951–1957	Theodor Körner	SPÖ
1957–1965	Adolf Schärf	SPÖ
1965–1974	Franz Jonas	SPÖ
1974–1986	Rudolf Kirchschläger	parteilos
1986–1992	Kurt Waldheim	ÖVP
1992–2004	Thomas Klestil	ÖVP
seit 2004	Heinz Fischer	SPÖ

24. Mai Vereidigung des SPÖ/FPÖ-Kabinetts unter Bundeskanzler FRED SINOWATZ (*1929, SPÖ).

16. Sept. Die Regierung beschließt Maßnahmen zur Gesundung der Wirtschaft: Einsparungen, Steuer- und Beitragserhöhungen, Förderung von Wohnungsbau und Fremdenverkehr.

29. Okt. Die SPÖ wählt SINOWATZ als Nachfolger KREISKYS zum Parteivorsitzenden.

1984, 10. Sept. Vereidigung des neuen Kabinetts SINOWATZ nach Umbesetzungen.

1986, 8. Juni In einer Stichwahl wird der für die ÖVP kandidierende ehemalige UNO-Generalsekretär **KURT WALDHEIM** (*1918, †2007) **zum Bundespräsidenten gewählt.** Das Ausland reagiert mit Kritik und Empörung und erhebt schwere Beschuldigungen zu WALDHEIMS Rolle im Zweiten Weltkrieg.

9. Juni Bundeskanzler SINOWATZ tritt wegen der Niederlage des SPÖ-Präsidentschaftskandidaten KURT STEYRER (*1920, †2007) zurück. Nachfolger wird der bisherige Finanzminister FRANZ VRANITZKY (SPÖ; *1937); Vereidigung der neuen Regierung am 16. Juni.

13. Sept. Auf dem Parteitag in Innsbruck wird der rechtsgerichtete JÖRG HAIDER (*1950) zum Vorsitzenden der FPÖ gewählt. Bundeskanzler VRANITZKY kündigt daraufhin die Regierungskoalition mit der FPÖ.

23. Nov. Nationalratswahlen: SPÖ 80, ÖVP 77, FPÖ 18, Grüne 8 Mandate.

1987, 14. Jan. Neue Koalitionsregierung aus SPÖ und ÖVP; VRANITZKY bleibt Bundeskanzler.

1989, 19./24. Jan. Innenminister KARL BLECHA (*1933; SPÖ) und Parlamentspräsident LEOPOLD GRATZ (*1929, †2006; SPÖ) treten nach Justizskandal zurück.

27. Juni Der österreichische Außenminister ALOIS MOCK (*1934; ÖVP) und sein ungarischer Amtskollege GYULA HORN durchschneiden symbolisch den Eisernen Vorhang an der österreichisch-ungarischen Grenze.

17. Juli Außenminister ALOIS MOCK stellt in Brüssel den am 26. Juni vom Nationalrat verabschiedeten Antrag auf Beitritt zur EG.

1990, 25. Aug. Bundespräsident WALDHEIM erreicht die Ausreise von im Irak festgehaltenen österreichischen Geiseln. Sie bringt ihm international Anerkennung für den humanitären Erfolg, aber auch Kritik, da er die internationale Isolierung des Irak nicht einhielt.

17. Sept. Anklage gegen den ehemaligen Bundeskanzler SINOWATZ und zwei Ex-Minister wegen illegaler Waffengeschäfte des Staatsunternehmens Noricum.

7. Okt. Die SPÖ hält bei Nationalratswahlen ihren Stimmenanteil, die ÖVP verliert, die FPÖ (16,6 %) gewinnt stark: SPÖ 80, ÖVP 60, FPÖ 33, Grüne 10 Mandate.

17. Dez. Die neue Koalitionsregierung aus SPÖ und ÖVP unter VRANITZKY wird vereidigt.

1991, 30. Sept. Der sowjetische Präsident MICHAIL GORBATSCHOW sichert Bundeskanzler VRANITZKY bei dessen Besuch in Moskau zu, dass die Sowjetunion keinen Einspruch gegen einen Beitritt Österreichs zur EG erheben wird.

1992, 24. Mai Der Diplomat THOMAS KLESTIL (*1932, †2004; ÖVP) siegt beim zweiten Wahlgang der Präsidentschaftswahlen.

1993, 4. Febr. Fünf Abgeordnete spalten sich von der FPÖ ab und gründen unter dem Vorsitz von HEIDE SCHMIDT (*1948) das Liberale Forum (LIF)

1994, 12. Juni 66,6 % der Abstimmenden votieren bei einer Volksabstimmung für den Beitritt zur Europäischen Union (EU).

7. Okt. Nationalratswahlen: Die beiden Regierungsparteien, SPÖ und ÖVP, erleiden Verluste und verlieren ihre parlamentarische Zweidrittelmehrheit, die FPÖ erzielt Gewinne: SPÖ 65, ÖVP 52, FPÖ 42, Grüne 13, LIF 11 Mandate. VRANITZKY Bundeskanzler.

1995, 1. Jan. **Österreich wird Vollmitglied in der EU.**

28. April Österreich tritt dem Schengener Abkommen bei, das die Grenzkontrollen zwischen mehreren Mitgliedsstaaten der EU abschafft.

1997, 18. Jan Bundeskanzler VRANITZKY tritt nach zehneinhalb Jahren Regierungszeit zurück.

28. Jan. Als Nachfolger wird der bisherige Finanzminister VIKTOR KLIMA (*1947; SPÖ) vereidigt.

18. Juli Österreich, Deutschland und Italien kommen überein, die Grenzkontrollen zwischen den drei Staaten zum 1. April 1998 abzuschaffen.

1998, 19. April Bundespräsident KLESTIL wird für eine zweite Amtszeit wiedergewählt, am 8. Juli vereidigt.

1999, 7. März Bei der Landtagswahl in Kärnten wird die FPÖ unter JÖRG HAIDER stärkste Kraft (42,1 %). Bei Stimmenthaltung der ÖVP-Abgeordneten wird Haider zum Landeshauptmann gewählt; er hatte dieses Amt bereits 1989–1991 inne.

10. März FRANZ FUCHS wird wegen Mordes zu lebenslanger Haft verurteilt, nachdem er im Febr. 1995 vier Roma getötet hat. Außerdem wird ihm die ausländerfeindlich motivierte Täterschaft an mehreren Briefbombenattentaten in den Jahren 1992–1997 zur Last gelegt. FUCHS begeht am 26. Febr. 2000 Selbstmord.

2. Okt. Bei den Nationalratswahlen erzielt die SPÖ mit 65 Mandaten ihr schlechtestes Ergebnis der Nachkriegszeit, bleibt aber stärkste Partei. Hinter ihr liegen FPÖ und die ÖVP mit je 52 Sitzen; die Grüne Alternative erhält 14 Mandate. Da sich die ÖVP vor der Wahl darauf festgelegt hat, die Große Koalition mit der SPÖ nur dann fortzusetzen, wenn sie zweitstärkste politische Kraft wird, nimmt sie im Jan. 2000 Verhandlungen mit der FPÖ auf.

2000, 4. Febr. Bundespräsident KLESTIL vereidigt die von Bundeskanzler WOLFGANG SCHÜSSEL (*1945; ÖVP) geführte **ÖVP/FPÖ-Regierung**. Zuvor setzt er den Austausch von zwei durch ausländerfeindliche Äußerungen belasteten FPÖ-Ministern durch und lässt die Regierungsmitglieder eine Präambel mit einem Bekenntnis zu Europa und zur Achtung demokratischer Grundwerte unterzeichnen.

19. Febr. Auf der größten Demonstration der Nachkriegsgeschichte Österreichs protestieren in Wien rund 250 000 Menschen gegen die neue Regierung. Die EU setzt ihre am 31. Jan. für den Fall einer Regierungsbeteiligung der rechtsgerichteten FPÖ beschlossenen diplomatischen **Sanktionen gegen Österreich** in Kraft. Sie erweisen sich als wenig wirkungsvoll und werden am 12. Sept. aufgehoben.

9. Okt. Die Aufnahme des Probebetriebs im tschechischen Kernkraftwerk Temelín belastet die Beziehungen zur Tschechischen Republik. Österreichische Kernkraftgegner blockieren für mehrere Wochen die Grenzübergänge zum Nachbarland.

2001, 17. Jan. Der österreichische Staat stellt einen Fonds mit 2,2 Mrd. Schilling zur Entschädigung jüdischer Opfer, deren Güter in der Zeit des Nationalsozialismus geraubt (»arisiert«) wurden, zur Verfügung. Von der Wirtschaft und anderen Gebern wird

Nationalratswahlen in Österreich seit 1945

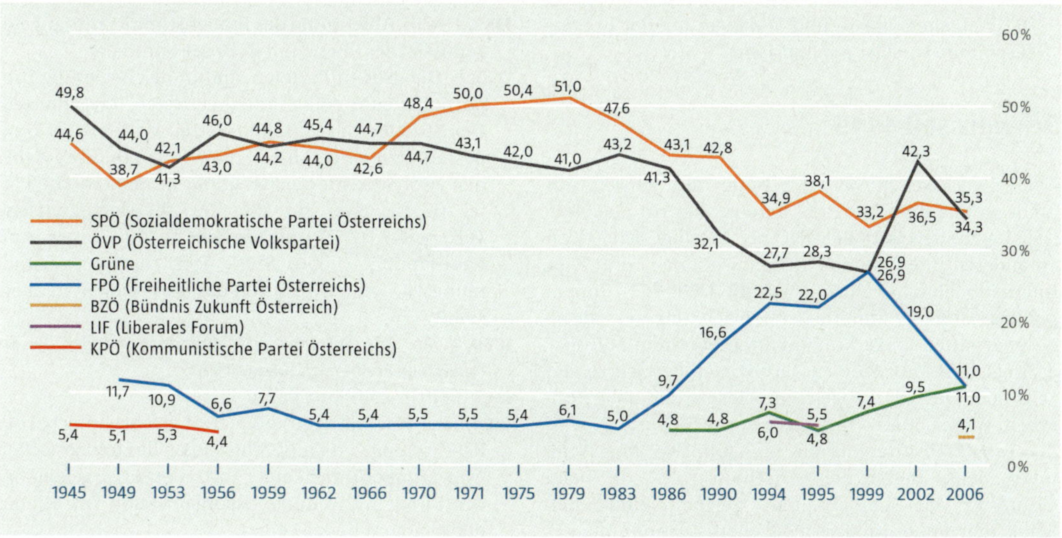

eine Beteiligung in Höhe von 3 Mrd. Schilling erwartet.

2002, 8. Sept. Nach einem Streit in der FPÖ um die geplante Steuerreform tritt die Parteichefin und Vizekanzlerin SUSANNE RIESS-PASSER (*1961) von allen Regierungs- und Parteiämtern zurück: Bundeskanzler SCHÜSSEL beendet am 9. Sept. die Koalition.

24. Nov. Bei vorgezogenen Neuwahlen erringt die ÖVP einen Erdrutschsieg, erstmals seit 33 Jahren stärkste Partei: ÖVP 79, SPÖ 69, FPÖ 18, Grüne 17 Mandate.

2003, 21. Febr. Nach dreimonatigen Sondierungen geht Bundeskanzler SCHÜSSEL erneut eine Koalition mit der FPÖ ein. Das Kabinett wird am 28. Febr. vereidigt.

21. März Bundespräsident KLESTIL erklärt, dass Österreich in der Irakkrise neutral bleibe und den Krieg führenden Parteien jegliche Transit- und Überflugrechte verweigere.

23. Okt. Der Nationalrat beschließt eine Novellierung des Asylgesetzes mit rigider Verschärfung der Aufnahmeregeln (in Kraft getreten 1. Mai 2004).

22. Dez. Gegen den Widerstand Österreichs billigt der Rat der EU-Umweltminister eine neue Transitregelung für den Schwerlastverkehr. Danach erhalten mit moderner Motortechnik ausgestattete Fahrzeuge freie Durchfahrt ohne Quotenbeschränkung.

2004, 25. April Bei der Wahl zum Bundespräsidenten setzt sich der stellvertretende SPÖ-Parteichef HEINZ FISCHER (*1938) mit 52,4 % der Stimmen gegen die Kandidatin der ÖVP, Außenministerin BENITA FERRERO-WALDNER (*1948), durch. FISCHER tritt sein Amt als Nachfolger von THOMAS KLESTIL am 8. Juli an.

2005, 4. April Der Rechtspopulist JÖRG HAIDER gründet als Abspaltung der FPÖ eine neue Partei, das Bündnis Zukunft Österreich (BZÖ).

2006, 1. Okt. Bei den Nationalratswahlen am 1. Okt. verliert die ÖVP 13 Mandate: SPÖ 68, ÖVP 66, Grüne 21, FPÖ 21, BZÖ 7 Mandate.

2007, Jan. Bildung einer SPÖ-ÖVP Koalition mit ALFRED GUSENBAUER (*1960, SPÖ) als Bundeskanzler.

Juni Beschluss einer Wahlrechtsreform, u. a. Senkung des Wahlalters auf 16 und Verlängerung der Legislaturperiode von vier auf fünf Jahre.

Schweiz seit 1945 | Forts. v. S. 996 |

Nach dem Zweiten Weltkrieg findet die Schweiz nur mühsam aus ihrer Isolation heraus. Sie tritt aus Neutralitätsgründen nicht der UNO bei, beteiligt sich jedoch an anderen internationalen Organisationen (u. a. FAO, Internationaler Gerichtshof, OECD, UNESCO). Innenpolitisch ist in der unmittelbaren Nachkriegszeit, die eine unerwartet starke Konjunkturentwicklung aufweist, ein verstärktes Engagement im sozialen Bereich zu verzeichnen: Das 1931 abgelehnte Gesetz zur obligatorischen Alters- und Hinterlassenenversicherung wird durch Volksabstimmung am 6./7. Juli 1947 angenommen; ebenso finden die Wirtschaftsartikel, die beim Grundsatz der Handels- und Gewerbefreiheit den Staatsinterventionismus ermöglichen, Zustimmung.

1946, 18. März Wiederaufnahme diplomatischer Beziehungen mit der Sowjetunion.

21. Mai Washingtoner Abkommen: Die Schweiz überlässt den Westmächten die Hälfte der deutschen Guthaben und bezahlt ihnen für den Erwerb des deutschen Raubgoldes 250 Mio. Franken. Im Gegenzug werden die eingefrorenen schweizerischen Guthaben deblockiert und die Schwarzen Listen aufgehoben. Das **Abkommen ist ein erster wichtiger Schritt aus der Isolation.**

1948, 16. April Die Schweiz wird Gründungsmitglied der OEEC. Konkretisierung der Doktrin der internationalen Kooperation in »technischen« Organisationen und der Nichtkooperation in politischen Organisationen (z. B. in der UNO-Generalversammlung und im Europarat).

1949, 11. Sept. Die Annahme der Initiative »Rückkehr zur direkten Demokratie« zwingt die Behörden zur vollständigen Aufhebung der kriegsbedingten Vollmachten.

1951, März Die Aufnahme **diplomatischer Beziehungen mit der Bundesrepublik Deutschland** bringt die Normalisierung des Verhältnisses beider Staaten zueinander (Aug. 1952: Durch Ablösung des Washingtoner Abkommens von 1946 wird das beschlagnahmte deutsche Vermögen in der Schweiz wieder freigegeben).

Die Devise des Bundesrats MAX PETITPIERRE (*1899, †1994) **›Neutralität und Solidarität«** bewährt sich in den nachfolgenden Jahren: Das Schweizer Mandat in der Waffenstillstandskommission in Korea (1953), die Genfer Konferenz über Korea und Indochina (26. April–12. Juli 1954) und die für die Träger des Aufstandes von 1956 in Ungarn offen bezeugte Sympathie (Protestkundgebungen, Aufnahme von etwa 10 000 Ungarn-Flüchtlingen) sind Ausdruck dieser politischen Haltung.

1956, Nov. Lebhafte Sympathiekundgebungen gegenüber dem Volksaufstand in Ungarn. Insgesamt rund 13 000 Flüchtlinge aus Ungarn werden unkontrolliert aufgenommen.

1959, 1. Febr. Ablehnung des Frauenstimmrechts auf eidgenössischer Ebene mit 67 % der Stimmen.

17. Dez. Die großen Parteien sind in der Regierung proportional zum Wähleranteil vertreten (**Zauberformel**): Der Sozialdemokratischen Partei werden zwei Bundesratssitze eingeräumt (1943–1953 ein Sitz), daneben zwei Sitze für die Freisinnig-Demokratische Partei (FDP), zwei für die Christlichdemokratische Volkspartei (CVP) und ein Sitz für die Bürger- und Bauernpartei (heute SVP). Trotz heftiger Abstimmungskämpfe erweist sich das politische System als stabil.

1960, 4. Jan. Die Schweiz wird **Gründungsmitglied der Europäischen Freihandelszone** (EFTA).

1963 Beitritt zum Europarat.

1964, Juni–Okt. Eine starke Kreditüberschreitung bei der Beschaffung von Kampfflugzeugen des französischen Typs *Mirage* führt zu einer Vertrauenskrise gegenüber der Bundesverwaltung (Reorganisation im Militärdepartement in der Folge).

1968/1969 Fortsetzung humanitärer Maßnahmen in der Außenpolitik: Ungefähr 12 000 Tschechoslowaken, die ihr Land verlassen haben, erhalten in der Schweiz politisches Asyl.

1970, 7. Juni Die hauptsächlich gegen ausländische Arbeitskräfte in der Schweiz gerichtete Initiative der konservativen und nationalistischen Bewegungen (»Republikaner« und »Nationale Aktion gegen Überfremdung von Volk und Heimat«) kann in einer Volksabstimmung mit knapper Mehrheit abgewiesen werden (Entschärfung des Überfremdungsproblems seit 1974).

1971, 7. Febr. Die Schweizer Bürger nehmen, abgesehen von einigen Ausnahmen auf kantonaler Ebene, in einer Abstimmung die Einführung des Stimm- und **Wahlrechts für Frauen auf eidgenössischer Ebene** an; auf kantonaler Ebene wird das Frauenwahlrecht zum Teil vorher, zum Teil danach eingeführt.

1972, 22. Juli Abschluss eines Freihandelsabkommens mit der Europäischen Gemeinschaft (EG).

10. Aug. Vereinbarung mit der DDR, Handelsmissionen mit konsularischen Befugnissen zu errichten (tritt am 20. Dez. in Kraft).

27.–29. Sept. Der offizielle Staatsbesuch des Bundespräsidenten der Bundesrepublik Deutschland, Gustav Heinemann, dient der Vertiefung der beiderseitigen freundschaftlichen Beziehungen.

1973, 20. Mai Aufhebung der aus den Jahren 1848 und 1874 stammenden konfessionellen Ausnahmeartikel durch eine Volksabstimmung (54,9 %).

3. Juli Die Teilnahme der Schweiz an der KSZE-Konferenz in Helsinki zeigt ebenso wie die 1972 getroffene Freihandelsvereinbarung mit der EG eine stärkere **Öffnung der** eidgenössischen **Außenpolitik**. Damit im Zusammenhang steht auch die Diskussion über einen möglichen Beitritt der Schweiz zur UNO (nach geltendem Recht müsste darüber eine Volksabstimmung entscheiden)

1974, 20. Okt. In einer Volksabstimmung über die Überfremdungsinitiative der »Nationalen Aktion« sprechen sich rund zwei Drittel der Stimmberechtigten gegen eine Reduzierung der ausländischen Arbeitnehmer auf die Hälfte und gegen eine Verminderung der Saisonarbeiter und Grenzgänger aus.

1975, April Um der anhaltenden Rezession wirksam begegnen zu können, leitet der Nationalrat eine Reihe von Maßnahmen zur Arbeitsplatzbeschaffung in der v. a. vom Umsatzrückgang betroffenen Uhren-, Textil- und Bekleidungsindustrie ein.

Wirtschaftliche Entwicklung Mitte der 70er-Jahre

Der **Rezessionseinbruch** vom Herbst 1974 setzt sich 1975 in einem solchen Maß fort, dass die Schweizer Wirtschaft ihren schwersten Rückschlag seit Ende des Zweiten Weltkriegs zu verzeichnen hat. V. a. die Uhrenindustrie, aber auch die Textil-, Bekleidungs-, Schuh- und Papierindustrie sind von einer nachhaltigen Dämpfung der Auslandsnachfrage mit der Folge eines empfindlichen Rückgangs des Arbeitsplatzangebots betroffen: 1975 werden 26 000 Arbeitslose und 135 000 Kurzarbeiter gezählt. Die Wettbewerbssituation verschärft sich durch den kräftigen **Kursanstieg des Franken** (1 US-Dollar = 4,31 Franken [1970]; 2,38 Franken Ende 1975) und lässt das reale Bruttosozialprodukt 1975 gegenüber dem Vorjahr um 7 % sinken. Die verschlechterte Konjunkturlage, die sich v. a. auf den Bausektor negativ auswirkt, zwingt den Staat zu Gegenmaßnahmen: Das Programm vom Juni 1975 sieht **Investitionen des Bundes** in Höhe von 200 Mio. Franken und vom Bund mitfinanzierte Projekte mit einem Gesamtvolumen von 600 Mio. Franken vor. Im Herbst 1975 wird ein weiterer Maßnahmenkatalog von nochmals 600 Mio. Franken gebilligt. Daraufhin bildet sich unerwartet rasch der inflatorische Preisauftrieb zurück: Die Erhöhung des Preisindex, 1974 im Verhältnis zum Vorjahresstand noch 11 %, verringert sich bis Ende 1976 bis auf 1 %. Die Rezession kommt zum Stillstand, der konjunkturelle Aufschwung von 1977 schwächt sich allerdings 1978 und 1979 wieder ab: Die Wachstumsrate des realen Bruttosozialprodukts geht von 2,7 % (1977) auf 0,7 % (1979) zurück.

1976, 21. März In einer Volksabstimmung wird eine 1973 lancierte Mitbestimmungsinitiative der Schweizer Gewerkschaften abgelehnt.

2. Mai Mit Elisabeth Blunschy (*1922) wird erstmals eine Frau zur Präsidentin des Nationalrats gewählt.

1977, 4. Dez. Durch Volksabstimmung wird ein Verfassungszusatz über die Einführung eines zivilen Ersatzdienstes für Militärdienstverweigerer abgelehnt.

1978, 12. Jan. Die Schweizer Eidgenossenschaft schließt mit der Sowjetunion ein Zehnjahres-Wirtschaftsabkommen ab.

April Vorlage eines Entwurfs für eine neue Schweizer Bundesverfassung durch eine Expertenkommission.

24. Sept. Gesamtschweizerische Volksabstimmung mit 82,3 % Ja-Stimmen für die **Schaffung eines Kantons Jura** (jedoch nur Nord-Jura) ab dem 1. Jan. 1979.

1979, 19./20. Okt. Die Beteiligung an Parlamentswahlen liegt erstmals seit 1914 unter 50 %

1980, 2. März In einer Volksabstimmung wird die vollständige Trennung von Staat und Kirche abgelehnt.

5. Sept. Zwischen Göschenen und Airolo wird der Gotthard-Straßentunnel (16,3 km) eröffnet.

1981, 5. April Die »Mitenand-Initiative« für eine neue Ausländerpolitik (Verbesserung der Rechtsstellung der in der Schweiz arbeitenden Ausländer) wird verworfen.

1982, 25. Juni Eröffnung des 15,4 km langen Furka-Basistunnels als wintersichere Verbindung zwischen Wallis und Zentralschweiz.

1983, 18. Jan. Auf ihrer Konferenz in Paris erweitern die Finanzminister der wichtigsten westlichen Handelsnationen ihren »Zehnerclub« durch Aufnahme der Schweiz zum »Elferclub«.

1984, 26. Febr. Beschluss zur Einführung von Autobahngebühren und Schwerverkehrsabgaben.

20. Mai Initiativen gegen den Missbrauch des Bankgeheimnisses und den »Ausverkauf der Heimat« (Grundstücksverkauf an Ausländer) werden in einer Volksabstimmung mit 73 % abgelehnt.

2. Okt. Mit ELISABETH KOPP (*1936; Freisinnige) wird erstmals eine Frau in den Schweizer Bundesrat gewählt.

1986, 16. März Volksabstimmung zum UNO-Beitritt mit negativem Ausgang (75,5 % Nein).

1. Nov. Ein Großbrand im Basler Chemiekonzern Sandoz führt zur Verseuchung des Rheins durch große Mengen hoch giftiger Substanzen.

1987, 18. Okt. Bei Parlamentswahlen erleiden die Sozialdemokraten große Verluste, während die bürgerlichen Parteien ihre Anteile behaupten.

1988, 13. Sept. Der Bundesrat spricht sich in einem ersten Bericht gegen den Beitritt der Schweiz zur Europäischen Gemeinschaft (EG) aus.

1989, 12. Jan. Die Bundesrätin KOPP muss wegen der Verwicklung ihres Ehemannes in einen Finanzskandal zurücktreten.

31. Jan. Nach dem Mirage-Skandal von 1964 wird zum zweiten Mal in der Geschichte des Bundesstaates eine Parlamentarische Untersuchungskommission geschaffen: Es war bekannt geworden, dass die Bundespolizei rund 900 000 Akten über in der Schweiz wohnhafte Menschen angelegt hatte.

26. Nov. In einer Volksabstimmung wird die Initiative zur Abschaffung der Armee abgelehnt (Achtungserfolg mit 35,6 % Ja-Stimmen).

1990, 29. April Im Halbkanton Appenzell-Innerrhoden lehnt die Landesgemeinde das Frauenwahlrecht auf Kantonsebene ab. Das Verfassungsgericht revidiert diese Entscheidung und erzwingt auf diese Weise die Einführung des Frauenstimmrechts in dieser letzten Männerbastion (27. Nov.).

23. Sept. Die Mehrheit (54,6 %) spricht sich bei einer Volksabstimmung für ein zehnjähriges Moratorium beim Ausbau der Kernenergie aus.

1991, 14. Juni Internationaler Festakt in Bern zum 700. Jahrestag der Gründung der Schweiz.

1992, 17. Mai Bei einer Volksabstimmung spricht sich die Mehrheit für eine Mitgliedschaft im IWF (Internationaler Währungsfond) und in der Weltbank aus. Daraufhin beschließt der Bundesrat, die Aufnahme von Beitrittsverhandlungen zu beantragen.

6. Dez. Ein Beitritt der Schweiz zum EWR (Europäischer Wirtschaftsraum) wird in einer Volksabstimmung abgelehnt.

1994, 12. Juni Die Bürger votieren gegen die Beteiligung an militärischen UN-Missionen.

1996, 7. März Die Chemie- und Pharmakonzerne **Ciba-Geigy und Sandoz fusionieren**. Aus dem größten Firmenzusammenschluss in der Geschichte der Schweiz geht die Novartis AG hervor.

1997, 23. Jan. Nach weltweiten Beschwerden gegen die Praxis von Schweizer Banken, die Freigabe von Geldern, welche während der nationalsozialistischen Judenverfolgung auf Nummernkonten eingezahlt wurden, an Erben der Verfolgten restriktiv zu handhaben, einigen sich Bundesrat, Nationalbank und Vertreter der Wirtschaft, einen Fonds »in der humanitären Tradition der Schweiz« einzurichten.

4. Dez. Die Bankgesellschaft in Zürich und der Bankverein in Basel kündigen für Juni 1998 ihren Zusammenschluss zur United Bank of Switzerland (UBS) an, der dann zweitgrößten Bank der Welt.

1998, 7. Juni Das bereits 1993 eingereichte Volksbegehren zur Einschränkung der Gentechnik wird bei einer Volksabstimmung mit 60,6 % abgelehnt.

13. Aug. Die Großbanken Credit Suisse und UBS erklären sich bereit, 1,25 Mrd. US-Dollar an überlebende Opfer der Judenverfolgung und deren Erben zu zahlen, soweit diese Konten in der Schweiz hatten.

9. Dez. Mit RUTH DREIFUSS (*1940, Sozialdemokratische Partei) wird erstmals in der Geschichte der modernen Schweiz eine Frau als Bundespräsidentin gewählt.

1999, 18. April In einem Referendum wird die vollständige **Revision der Verfassung** mit 59 % Ja-Stimmen gebilligt.

24. Okt. Bei der Nationalratswahl kommt es zu einem Rechtsruck: Die nationalkonservative Schweizerische Volkspartei (SVP) und die Sozialdemokraten (SP) sind mit je 22,5 % der Stimmen gleich starke Parteien. Der **Erfolg der SVP** wird ihrem Vorsitzenden CHRISTOPH BLOCHER (*1940) zugeschrieben, der einen Wahlkampf mit rechtspopulistischen Themen geführt hat (gegen den Beitritt zu NATO, EU und UNO, gegen liberalisierte Drogenpolitik, für eine Verschärfung des Ausländerrechts). Die SVP stellt aber weiterhin nur einen Bundesrat; SP, Freisinnige und Christdemokraten dagegen je zwei.

2000, 21. Mai Bei einer Volksabstimmung billigen die Schweizer mit 67,2 % sieben **bilaterale Abkommen mit der EU**, durch die Schweizer Bürger und Unternehmen Zugang zum europäischen Markt erhalten.

2001, 4. März Die Initiative »Ja zu Europa« wird in einer Volksabstimmung klar mit einer Mehrheit von 76,7 % zurückgewiesen.

28. Sept. Der Amoklauf eines als Polizist verkleideten Psychopathen im Parlament des Kantons Zug fordert 14 Todesopfer. Der Attentäter erschießt sich anschließend.

2. Okt. Die Swissair muss wegen Liquiditätsknappheit den Flugverkehr vorläufig einstellen. Durch Zukauf unrentabler Fluglinien hat das Unternehmen eine Schuldenlast von 15 Mrd. Franken angehäuft.

24. Okt. Bei einer Brandkatastrophe im Gotthardtunnel, dem schwersten Tunnelunfall in der Geschichte der Schweiz, kommen 11 Menschen ums Leben.

2002, 3. März Bei einer Volksabstimmung wird mit 54,6 % der abgegebenen Stimmen ein Beitritt der Schweiz zur UNO befürwortet. Die Ständemehrheit ist mit 12:11 Stimmen dagegen knapper: Im Kanton Wallis beträgt die Mehrheit nur 1350 Stimmen.

10. Sept. Die Schweiz wird als **190. Mitglied in die UN** aufgenommen.

30. Sept. Bundesrätin RUTH DREIFUSS legt nach knapp zehnjähriger Regierungstätigkeit die Leitung des Innenressorts nieder. Nachfolgerin wird die bisherige Genfer Finanzdirektorin MICHELINE CALMY-REY (*1945; SP).

21. Nov. In einer Volksabstimmung wird die von der »Initiative gegen Asylmissbrauch« geforderte drastische

Verschärfung des Asylrechts nur mit sehr knapper Mehrheit (3571 Stimmen) abgelehnt.

2003, 18. Mai Mehrere Referendumsvorlagen werden abgelehnt, etwa zum raschen Ausstieg aus der Kernenergie und zur Abschaffung der Kopfprämie bei den Krankenkassenbeiträgen. Angenommen wird mit 76 % die geplante Armeereform XXI, mit der das schweizerische Heer modernisiert und von 350 000 auf 250 000 Mann verringert werden soll.

19. Okt. Bei den Wahlen zum Nationalrat legt die SVP um rund 4,2 % auf 26,8 % zu und lässt die SP (23,3 %) weit hinter sich. Die Parteien der bürgerlichen Mitte müssen Einbußen hinnehmen; Zuwächse gibt es bei den Grünen (7,4 %).

10. Dez. Der bereits in den Nationalratswahlen erkennbare Rechtsrutsch setzt sich bei den Wahlen zum Bundesrat fort. Die SVP, der traditionell nur einer der sieben Sitze des Gremiums zustand, gewinnt einen weiteren hinzu, indem ihr Zürcher Kantonsvorsitzender Blocher in einer Kampfabstimmung über die Bundesrätin und Vizepräsidentin Ruth Metzler-Arnold (*1964; CVP) siegt, die somit aus der Landesregierung ausscheiden muss.

2004, 19. Mai In Brüssel werden die »Zweiten Bilateralen Verträge« zur **engeren Kooperation der Schweiz mit der erweiterten EU** unterzeichnet. In den Fragen der Zinsbesteuerung und des Beitritts zum Schengener Abkommen werden der Schweiz Sonderkonditionen eingeräumt.

1. Juli Inkrafttreten einer **neuen Geldwäscheverordnung**. Der Steuerausschuss der OECD streicht daraufhin die Schweiz von der schwarzen Liste der nichtkooperativen Staaten.

2005, 5. Juni 55 % der Schweizer Stimmbürger entscheiden sich für einen Beitritt zum Schengener Abkommen.

25. Sept. Volksabstimmung über die Ausdehnung der Personenfreizügigkeit auf die zehn neuen EU-Mitglieder (56 % Ja).

2006, 26. Nov. Volksabstimmung über die Beteiligung der Schweiz an den Kohäsionsaufgaben der EU (»Ostmilliarde«) (53,4 % Ja).

2007, 21. Okt. Nach einem kontroversen Wahlkampf kann die SVP ihren Stimmanteil auf 29 % bzw. 62 Mandate erhöhen. Zulegen kann auch die Grüne Partei der Schweiz; erstmals im Parlament ist die Grünliberale Partei der Schweiz (GLP).

12. Dez. Christoph Blocher wird überraschend von SP, CVP und Grünen als Bundesrat abgewählt. Die neue Bundesrätin der SVP, Eveline Widmer-Schlumpf (*1956), wird aus der SVP-Fraktion ausgeschlossen.

Liechtenstein seit 1919

Das seit dem Zusammenbruch der Habsburgermonarchie eng an die Schweiz angelehnte Fürstentum (1921 Post-, 1923 Zollvertrag) ist eine **konstitutionelle Erbmonarchie.** Ein aus 15 Mitgliedern bestehender Landtag wird auf vier Jahre gewählt.

Kantone und Sprachgebiete der Schweiz

1973 Einführung eines neuen Wahlsystems mit Kandidatenproporz.

1978, 23. Nov. Liechtenstein Mitglied des Europarates.

1984, 1. Juli Frauen erhalten das Stimm- und Wahlrecht auf Landesebene.

1989, 13. Nov. Fürst FRANZ JOSEF II. (*1906; Regent seit 1938) stirbt; Nachfolger wird sein Sohn HANS ADAM II. (*1945).

1990, 18. Sept. Aufnahme Liechtensteins als 161. Mitglied in die UNO.

1991, 22. Mai Aufnahme in die EFTA.

1995, 9. April Die Bürger sprechen sich für den Beitritt des Fürstentums zum EWR (Europäischer Wirtschaftsraum) aus.

2000, März Nach Vorwürfen aus der europäischen Öffentlichkeit wegen Geldwäsche und Verstrickung von Banken, Justizbehörden und Politikern in illegale Aktivitäten auf dem Finanzsektor, verabschiedet die Regierung ein Maßnahmenpaket zur Verschärfung der Bestimmungen gegen Geldwäsche.

2001, 4. Juni Der Geldwäsche-Ausschuss der OECD streicht das Land von der »schwarzen Liste«.

2003, 16. März In einer Volksabstimmung sprechen sich 64,3 % der Stimmbürger für die Verfassungsinitiative des Fürsten HANS ADAM II. und seines Sohnes, Erbprinz ALOIS (*1968), aus. Die neue Verfassung erweitert die Kompetenzen des Monarchen erheblich: Er kann nun jederzeit die Regierung entlassen, eine neue berufen und die Auswahl der Richter beeinflussen. Andererseits haben die Bürger das Recht, dem Fürsten das Misstrauen auszusprechen und durch Volksabstimmung die Monarchie abzuschaffen.

Westeuropa seit 1945

Frankreich seit 1944 | Forts. v. S. 1032 |

Die französische Geschichte seit dem Zweiten Weltkrieg ist von dem durchgehenden Bemühen gezeichnet, in der Konkurrenz der fortgeschrittenen Industriegesellschaften mitzuhalten, dabei Schwächen der Vergangenheit zu überwinden und Frankreich in eine größere europäische Gemeinschaft zu integrieren. Modernisierung und Europäisierung werden zum einen in krisenhaften Auseinandersetzungen durchgesetzt, zum anderen aber auch von einem häufig rasch wachsenden Konsens getragen. Der rapide Wandel der Verhältnisse geht freilich nicht mit einer gleichartigen Dynamisierung von Verhaltensweisen und Mentalitäten einher. Das führt zu Orientierungsproblemen und schränkt die Handlungsfähigkeit ein. Es dauert lange, ehe eine Stabilität der Institutionen erreicht ist, die den Wandel abzustützen hilft.

Die Vierte Republik (1944–1958)

Nach der Befreiung von Paris am 25. Aug. 1944 durch alliierte und französische Truppen setzt ein Ringen um den Anteil der Résistance-Gruppen an der Macht ein. Die im Juni 1944 in Algier gegründete Provisorische Regierung der Französischen Republik unter General CHARLES DE GAULLE (*1890, †1970) kann ihre Autorität bis Ende 1944 überall durchsetzen, nicht zuletzt dank der Unterstützung der kommunistischen Parteiführung, die auf Moskauer Weisung hin auf eine rasche Stabilisierung des Landes hinarbeitet.

Innenpolitisches Hauptziel ist die Ankurbelung der Wirtschaft, die durch die Kämpfe und durch die langjährige Ausbeutung durch das Deutsche Reich erheblichen Schaden genommen hat. Daneben geht es noch um die Reorganisation des französischen Staates und Staatsgebiets, das während des Kriegs in ein deutsches Besatzungsgebiet und das Territorium der Vichy-Regierung aufgeteilt war. Beide Zielsetzungen werden von einer breiten Koalition getragen, die von den Kommunisten bis zu dem traditionell eingestellten Präsidenten der Provisorischen Regierung reicht und im Kampf um wirtschaftliche Modernisierung, vorsichtige Sozialreformen und nationale Unabhängigkeit einen gemeinsamen Nenner findet.

Außenpolitisch ist die neue Regierung bemüht, sich unter den Großmächten zu behaupten. Dazu soll Deutschland in Einzelstaaten aufgespalten und ein Teil des deutschen Wirtschaftspotenzials nach Frankreich transferiert werden; ebenso will man die durch den Krieg erschütterte Herrschaft über die Kolonien wiederherstellen. Die ambitionierte Deutschlandpolitik scheitert am Widerstand der amerikanischen Führungsmacht, und die Bemühungen um eine Eindämmung der Emanzipation der Kolonialvölker führen zu einer Überbeanspruchung der personellen, finanziellen und wirtschaftlichen Kräfte des Landes. Daraus folgen – nach einem anfänglichen Wirtschaftsaufschwung – in den 50er-Jahren anhaltende innenpolitische Krisen.

1944, 15. März Verabschiedung der Charta des *Conseil National de la Résistance* über den künftigen Aufbau des Staats.

25. Aug. Befreiung von Paris. Die Provisorische Regierung nimmt ihre Tätigkeit auf.

28. Okt. Auflösung der Partisanenverbände und patriotischen Milizen mit Unterstützung der Kommunistischen Partei.

1945, Mai Unruhen in Algerien und britisch-französische Konflikte in Syrien.

21. Okt. Bei den Wahlen zur Nationalversammlung erreichen die Kommunisten (PCF) 26,2 %, Sozialisten (SFIO) 23,8 %, christlich-demokratische Volksrepublikaner (MRP) 24,9 %, »Radikale« (liberal) 11,1 %, Gemäßigte (konservativ) 13,2 %. Die Verfassung der III. Republik wird abgelehnt.

13. Nov. Die verfassungsgebende Nationalversammlung wählt DE GAULLE zum Regierungschef. Die drei stärksten Parteien bilden eine Koalition.

2. Dez. Verstaatlichung der Banque de France und weiterer vier Großbanken.

1946, 3. Jan. Die Gründung des Generalplanungskommissariats ist der Versuch einer gesamtwirtschaftlichen Planung durch den Staat auf der Grundlage der Zusammenarbeit zwischen Staat, Gewerkschaften und Unternehmern in der *economie concertée*.

20. Jan. Rücktritt DE GAULLES, der die Macht nicht mit den Parteien teilen will. Die Dreiparteien-Koalition wird unter dem sozialistischen Premierminister FÉLIX GOUIN (*1884, †1977) vorerst fortgesetzt.

28. März Der Verstaatlichung der Gas- und Elektrizitätswerke folgen die Verstaatlichungen der wichtigsten Versicherungsgesellschaften (25. April) und Brennstofffirmen (26. April).

5. Mai Ein erster Verfassungsentwurf, der eine sehr starke Position des Parlaments vorsieht, wird durch Volksabstimmung abgelehnt.

13. Okt. Die neue Verfassung wird in einer Volksabstimmung mit 36,1 % Ja- gegen 31,2 % Neinstimmen bei 31,4 % Enthaltungen knapp angenommen. Sie tritt am 27. Okt. in Kraft.

Wichtige Staatsorgane der IV. Republik

Staatsorgane sind die parlamentarischen Kammern: Die **Nationalversammlung**, durch allgemeine, direkte Wahl nach Mehrheitswahlrecht in Wahlkreisen beschickt, und der **Rat der Republik** als Vertretung der Departements besitzen Gesetzesinitiative. Der vom ganzen Parlament gewählte **Staatspräsident** ist ohne großen Einfluss. Der **Premierminister** (Regierungschef) bedarf bei der Ernennung der Minister und zusätzlich bei Verabschiedung des Regierungsprogramms der Zustimmung der Nationalversammlung, bei der auch sonst der Schwerpunkt der parlamentarischen Befugnisse liegt. Mit der Verabschiedung der Verfassung wird gleichzeitig die *Union Française* errichtet, die das Mutterland, die überseeischen Gebiete und Departements sowie die assoziierten Staaten umfasst.

10. Nov. Erste Wahlen der IV. Republik: Leichte Gewinne der Kommunisten, Verluste der Volksrepublikaner.

1947, 16. Jan. Der Sozialist VINCENT AURIOL (*1884, †1966) wird zum Staatspräsidenten gewählt.

28. Jan. PAUL RAMADIER (*1888, †1961) wird neuer Premierminister.

5. Mai Die Kommunisten verlassen die Regierung RAMADIER. Der Protest der Arbeitermassen lässt eine weitere Unterstützung der Austeritätspolitik durch die kommunistische Führung nicht mehr zu. Es kommt zur Bildung der Regierung der »Dritten Kraft« aus Sozialisten, Volksrepublikanern und Radikalen gegen die Opposition der Kommunisten und der Gaullisten des von DE GAULLE gegründeten (7. April) *Rassemblement du Peuple Français* (RPF). Es folgen wechselnde Kabinette innerhalb einer beständigen Regierungsmehrheit. Beginn der außenpolitischen Anlehnung an die USA.

12. Mai Die Verhandlungen Frankreichs mit den *Viet-minh*-Guerillas HO CHI MINHS scheitern. | s. S. 1759 |

19./26. Okt. In den Gemeinderatswahlen erhält der gaullistische RPF über 35 % der Stimmen.

Nov./Dez. Die Teuerungen und Rationierungen der folgenden Streiks und sozialen Unruhen werden von den Kommunisten zum Protest gegen den Marshall-Plan genutzt und von einer Mehrheit der Franzosen als kommunistischer Aufstandsversuch gedeutet. Seither sind die Kommunisten im Getto der »Gegengesellschaft« isoliert.

1948, 17. März Brüsseler Pakt mit Großbritannien und den Beneluxländern: Beginn einer gemeinsamen Sicherheits- und Verteidigungsorganisation des Westens.

18. Juni Mit der Ratifizierung der »Londoner Empfehlungen« wird der Bildung eines westdeutschen Staats zugestimmt.

20. Juli Aufforderung an die Mitglieder des Brüsseler Paktes, eine »Europäische Versammlung« zu schaffen, die zur Keimzelle eines integrierten Europas werden soll.

1949, 4. April Unterzeichnung des Nordatlantikpakts (NATO), der am 24. Aug. 1949 in Kraft tritt.

1950, 9. Mai Außenminister (1948–1953) ROBERT SCHUMAN (*1886, †1963) fordert zur Schaffung einer **Europäischen Gemeinschaft für Kohle und Stahl** auf und entscheidet sich somit dafür, mit der Integration Europas auch ohne britische Beteiligung zu beginnen. Die Schaffung europäischer Gemeinschaftsstrukturen wird zum Ersatz für die einseitige Kontrolle der Bundesrepublik Deutschland.

24. Okt. Premierminister RENÉ PLEVEN (*1901, †1993) schlägt die Bildung einer Europäischen Verteidigungsgemeinschaft vor, um Widerstände gegen eine von den USA erzwungene Bewaffnung der Bundesrepublik auszuräumen (Pleven-Plan).

1951, 17. Juni Die Wahlen zur Nationalversammlung er-

Staatsoberhäupter Frankreichs seit 1945

Amtszeit	Präsident
Provisorische Regierung der Französischen Republik	
1944–1946	Charles de Gaulle
1946	Félix Gouin
1946	Georges Bidault
1946–1947	Léon Blum
Vierte Republik	
1947–1954	Vincent Auriol
1954–1959	René Coty
Fünfte Republik	
1959–1969	Charles de Gaulle
1969–1974	Georges Pompidou
1974–1981	Valery Giscard d'Estaing
1981–1995	François Mitterrand
1995–2007	Jaques Chirac
seit 2007	Nicolas Sarkozy

bringen einen gaullistischen Sieg. Die RPF wird mit 22 % stärkste Partei, während die Volksrepublikaner (MRP) starke Verluste erleiden. Die Regierung der »Dritten Kraft« zerbricht.

15. Dez. Die Regierung unterdrückt in Tunesien ausbrechende Unruhen und lehnt die Unabhängigkeit des Landes ab.

1952 Ausbruch von Unruhen in Marokko.

9. Mai Unterzeichnung des Vertrags über die Europäische Verteidigungsgemeinschaft (EVG). Die Unterstützung für das von der Regierung vorgeschlagene Projekt lässt jedoch nach, seit deutlich wird, dass der Bundesrepublik militärische und politische Gleichberechtigung zugestanden werden muss.

1953, Mai De Gaulle distanziert sich von den gaullistischen Abgeordneten, die bereit sind, unter den bestehenden Verfassungsverhältnissen mitzuarbeiten; damit bricht die gaullistische Bewegung auseinander.

17. Dez. Der liberale Senator René Coty (*1882, †1962) wird zum Staatspräsidenten gewählt.

1954, 17. Juni Pierre Mendès-France (*1907, †1982) bildet eine von den Gaullisten mitgetragene Krisenregierung.

20./21. Juli Die Genfer Verträge beenden den Indochinakrieg. Von der Notwendigkeit eines Kurswechsels auch in Nordafrika überzeugt, sagt Mendès-France im selben Monat Tunesien die Autonomie zu.

30. Aug. Von Mendès-France zur Entscheidung aufgefordert, bringt die Nationalversammlung den lange umstrittenen Vertrag über die EVG definitiv zu Fall.

23. Okt. **Unterzeichnung der Pariser Verträge**, die u. a. die direkte Aufnahme der Bundesrepublik in die NATO vorsehen und Frankreich mit einem autonomen Statut für das Saarland entschädigen.

1955, 23. Okt. Das Saarstatut wird von einer breiten Mehrheit der saarländischen Bevölkerung abgelehnt. Daraufhin findet sich die französische Regierung gegen wirtschaftliche Entschädigungen (Kanalisierung der Mosel) zur Angliederung des Saarlands an die Bundesrepublik bereit.

1956, 2. Jan. Die von Pierre Poujade (*1920, †2003) gegründete rechtsradikale UDCA, eine Protestbewegung des wirtschaftlich bedrohten, selbstständigen Kleinbürgertums, erreicht bei den Wahlen zur (vorzeitig aufgelösten) Nationalversammlung 11,6 % (52 Sitze). Die Wahlen sind trotzdem ein Erfolg der Linken, v. a. der Radikalen, da eine Regierungsbildung des Mitte-Rechts-Lagers verhindert wird.

31. Jan./2. Febr. Staatspräsident Coty beauftragt den Sozialisten Guy Mollet (*1905, †1975) mit der Regierungsbildung. Mollet versucht, zu einer realistischeren Behandlung des Nordafrika-Problems zu kommen. Er spricht erstmals von einer algerischen Eigenständigkeit, was jedoch zu heftigen Reaktionen der Algerienfranzosen führt. Die französische Armee verstärkt ihre militärischen Aktionen in Algerien.

März Tunesien und Marokko werden in die Unabhängigkeit entlassen.

31. Okt.–6. Nov. Die britisch-französische Luftoffensive gegen Ägypten im Sueskrieg bleibt letztlich erfolglos.

1957, 25. März **Unterzeichnung der Römischen Verträge** über die Bildung einer Europäischen Wirtschaftsgemeinschaft (EWG) und einer Europäischen Atomgemeinschaft (EURATOM).

21. Aug. Das von Algerienminister Robert Lacoste (*1898, †1989) vorgelegte Reformstatut für Algerien scheitert am Widerstand der Nationalversammlung, worauf die Regierung des Radikalen Maurice Bourgès-Maunoury (*1914, †1993), seit Juni Nachfolger Mollets, demissioniert (30. Sept.).

1958, 15. April Die seit 6. Nov. 1957 amtierende Regierung des Radikalen Félix Gaillard (*1919, †1970) wird von der Nationalversammlung wegen der Algerienprobleme gestürzt.

13. Mai Armeeputsch in Algier und Übergreifen der Unruhen auf das Mutterland. | s. S. 1899 |

17. Mai Ausrufung des Notstands.

29. Mai De Gaulle wird von Staatspräsident Coty zum Premierminister berufen.

1. Juni Die Nationalversammlung bestätigt de Gaulle mit 329 gegen 224 Stimmen der Linken als Regierungschef mit außerordentlichen Vollmachten und vertagt sich danach auf unbestimmte Zeit.

3. Juni Die Regierung erhält den Auftrag, die Verfassung zu revidieren: Ein technisches Komitee (Mollet, Pierre Pflimlin [*1907, †2000], Félix Houphouët-Boigny [*1905, †1993], seit 1960 Präsident der Republik Elfenbeinküste) und ein ministerielles Komitee (Michel Debré [*1912, †1996]) erarbeiten einen Verfassungsentwurf.

28. Sept. Die Verfassung wird mit 79,2 % bei 15 % Enthaltungen durch ein Referendum angenommen.

4. Okt. Die Verfassung tritt in Kraft: **Beginn der V. Republik** und der *Communauté Française.*

Die Fünfte Republik

Von de Gaulle bis Giscard d'Estaing (1958–1981)

Die V. Republik ist eine Fortentwicklung der IV. Republik: Sie ist einer krisenhaften Zuspitzung der Verhältnisse zu verdanken, nicht einem revolutionären Bruch. Politisch wird die Entwicklung Frankreichs durch die Persönlichkeit des Staatspräsidenten de Gaulle bestimmt, der über wirksame Rechte verfügt: Auflösung des Parlaments, Herbeiführung eines Volksentscheides, durch Artikel 16 der Verfassung das Recht auf diktatorische Vollmachten in Ausnahmesituationen. Das Parlament ist in seinen Befugnissen eingeschränkt, die Regierung wird zunehmend vom Präsidenten abhängig, der dem Ministerrat vorsitzt und den Premierminister ernennt. Entscheidend für die V. Republik bleibt zunächst das Problem der Entkolonialisierung. Die Kolonien stimmen für ein Verbleiben im Verband mit Frankreich im Rahmen der *Communauté Française* bei innerer Autonomie, lediglich Guinea votiert dagegen. Trotz großer Widerstände der Algerienfranzosen gelingt der Rückzug aus Nordafrika. Begünstigt werden der Abschied vom Kolonialreich und der plebiszitäre Erfolg de Gaulles durch das anhaltende Wirtschaftswachstum (jährliche Zuwachsrate des Bruttosozialprodukts 6 %), das Frankreich in den 60er-Jahren den endgültigen Durchbruch zur modernen Industriegesellschaft ermöglicht. Ende der 60er-Jahre werden die Grenzen der plebiszitären Regierungsweise DE GAULLES sichtbar: Die charismatische Herrschaft geht allmählich in eine autoritäre über. Verteilungsungerechtigkeiten und mangelnde Gelegenheit zur politischen Artikulation führen zu sozialen Spannungen, die in der Mai-Krise 1968 eskalieren.

Nach dem Rücktritt DE GAULLES im April 1969 treibt der neue Staatspräsident GEORGES POMPIDOU die wirtschaftliche Modernisierung Frankreichs voran, indem er sich um ein investitionsfreudiges Klima bemüht und ehrgeizige Großprojekte fördert. Soziale Reformen beschränkt POMPIDOU dagegen auf ein absolutes Minimum. Als er, seit 1972 durch ein Krebsleiden geschwächt, 1974 stirbt, präsentiert die erstarkte Opposition aus Sozialisten, Kommunisten und einer Minderheit der Radikalen den Sozialistenführer FRANÇOIS MITTERRAND als gemeinsamen Präsidentschaftskandidaten. In der Stichwahl kann sich jedoch der Kandidat des Regierungslagers, VALÉRY GISCARD D'ESTAING, knapp behaupten. Der neue Staatspräsident bringt vielfältige Neuerungen auf den Weg: Zunächst überfällige Liberalisierungen wie die Senkung des Volljährigkeitsalters, eine Fristenregelung für Abtreibungen, die Aufteilung der staatlichen Rundfunkanstalt und die Ausstattung der Hauptstadt mit einer kommunalen Exekutive; dann Projekte zur Schaffung größerer Steuergerechtigkeit und zur Einführung der Mitbestimmung in Betrieben. Bei den substanziellen Reformvorhaben stößt GISCARD D'ESTAING auf die gleichen Widerstände, mit denen bereits seine Vorgänger zu kämpfen hatten. Das Regieren wird zudem durch Konflikte mit seinem Premierminister JACQUES CHIRAC erschwert, dem die Reformen nicht behagen. Um die Auseinandersetzungen im Regierungslager nicht eskalieren zu lassen, bremst der Präsident daraufhin den Reformeifer und beruft mit RAYMOND BARRE einen parteilosen Experten zum neuen Premierminister, der sich ganz auf die Bekämpfung der Wirtschaftskrise konzentrieren soll. Dieser erreicht eine kurzfristige Reduzierung der Inflationsrate, kann jedoch nicht verhindern, dass die Zahl der Arbeitslosen weiter steigt und Ende der 70er-Jahre der Ruf nach einem grundlegenden Wandel immer lauter wird. Auch die behutsamen Korrekturen in der Außenpolitik (Bemühen um die Staaten der Dritten Welt, stärkere Koordination in der EG durch Einführung des Europäischen Rates und des Europäischen Wirtschaftssystems, engere Zusammenarbeit mit der Bundesrepublik in der KSZE) können den Mangel an gesellschaftspolitischer Innovation nicht ausgleichen.

1958, 1. Okt. DE GAULLE bildet die *Union pour la Nouvelle République* (UNR) als Staatspartei.

23. Nov. Erster Wahlgang zur Nationalversammlung: Kommunisten (PCF) 14,3 %, Sozialisten (SFIO) 11,7 %, Volksrepublikaner (MRP) 8,4 %, Radikale (liberal) 5,5 %, Gaullisten (UNR) 14,7 % und gemäßigte Rechte 17 %.

30. Nov. Aus dem zweiten Wahlgang geht die UNR als eindeutige Siegerin hervor (17,6 %, 206 Sitze). Sie profitiert vom neuen Mehrheitswahlrecht.

21. Dez. Mit 77,5 % der Wahlmänner wird DE GAULLE zum Staatspräsidenten gewählt.

27. Dez. Der französische Ministerrat nimmt den »Rueff-Plan« (JACQUES RUEFF [*1896, †1978]) an, der eine Haushaltssanierung durch Steuererhöhungen und

Staatsaufbau der V. Republik

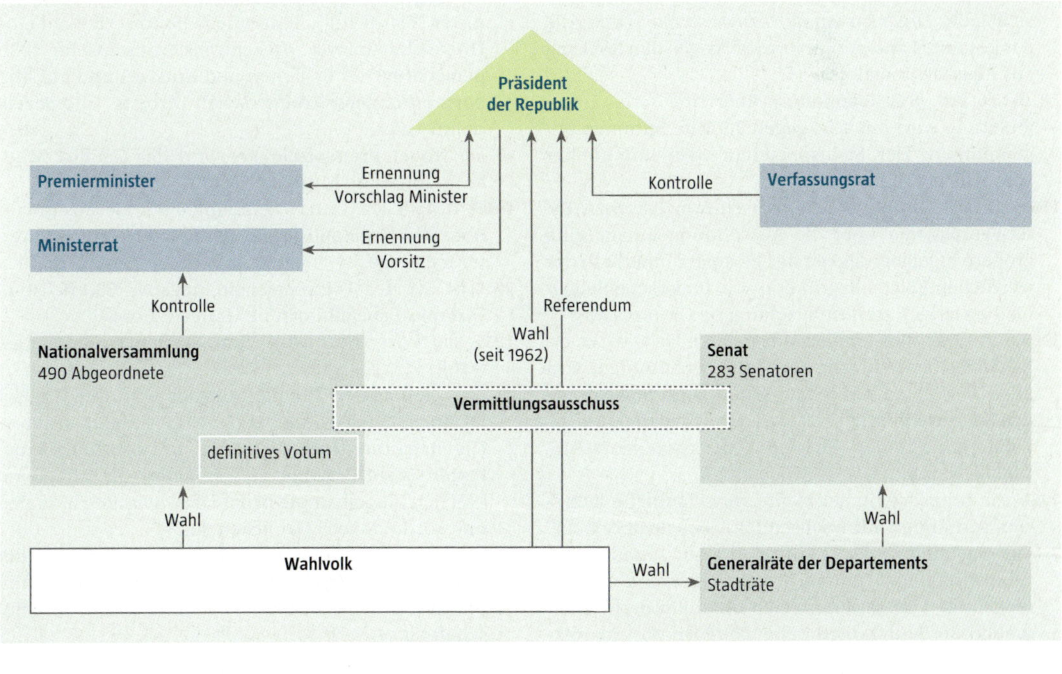

Einsparungen, Abwertung des Franc und handelspolitische Maßnahmen zur Preisdämpfung vorsieht.

1959, 6. Jan. MOLLET tritt als Minister zurück, die Sozialisten scheiden aus der Regierungskoalition aus.

8. Jan. MICHEL DEBRÉ wird Premierminister.

16. Sept. DE GAULLE erkennt öffentlich das Selbstbestimmungsrecht der Algerier an und schlägt der algerischen Unabhängigkeitsbewegung FLN drei Lösungsmöglichkeiten vor: Trennung von Frankreich, Integration oder Assoziierung.

1960, Jan. Der Präfekt von Algier, General JACQUES MASSU (*1908, †2002), führend beim Putsch vom 13. Mai 1958, wird aus Algerien abberufen.

24. Jan. Aufstand der französischen Siedler in Algier, gegen den die Armee keine Maßnahmen ergreift.

13. Febr. Erster Atomwaffenversuch in der Sahara.

9.–13. Dez. Reise DE GAULLES nach Algerien: Demonstrationen der Algerienfranzosen, die Gegenkundgebungen der Moslems hervorrufen.

19. Dez. Die Nationalversammlung erkennt das Selbstbestimmungsrecht der Algerier an.

1961, 8. Jan. In einem Plebiszit wird DE GAULLES Algerienpolitik mit 75,2 % der Stimmen bestätigt.

22. April Ein daraufhin unternommener Putsch der Generäle MAURICE CHALLE (*1905, †1979; 1958 Oberkommandierender in Algerien), EDMOND JOUHAUD (*1905, †1995) und RAOUL SALAN (*1899, †1984; 1956–1958 Oberkommandierender in Algerien) scheitert.

1962, 18. März Der Vertrag von Évian beendet den Algerienkrieg. Etwa eine Mio. erwerbsfähige Franzosen wandern bis Ende 1962 aus Nordafrika ins Mutterland ab.

8. April Ein Referendum billigt die Algerienpolitik.

14. April Premierminister DEBRÉ tritt zurück. Nachfolger wird der Gaullist GEORGES POMPIDOU (*1911, †1974).

22. Aug. DE GAULLE entgeht nur knapp einem Mordanschlag der *Organisation de l'Armée secrète* (OAS), die das gesamte Land mit Terrorakten gegen den Rückzug aus Algerien überzieht.

28. Okt./6. Nov. Ein Referendum über eine Verfassungsänderung wird mit 12,8 gegen 7,9 Mio. Stimmen angenommen: Der Staatspräsident wird unmittelbar vom Volk gewählt.

1963, 22. Jan. Abschluss des deutsch-französischen **Élysée-Vertrags**, der über die Aussöhnung hinaus eine größere Eigenständigkeit der Europäer innerhalb der westlichen Allianz begründen soll. Praktische Folgen bleiben jedoch zur Enttäuschung DE GAULLES aus.

1965, 5./19. Dez. Präsidentschaftswahlen: DE GAULLE erhält im ersten Wahlgang nur 44,6 % der Stimmen, wird aber im zweiten mit 55,2 % erneut zum Staatspräsidenten gewählt und setzt sich damit gegen den Kandidaten der Linken, FRANÇOIS MITTERRAND (*1916, †1996), durch.

1966 Zu Jahresbeginn setzt eine wirtschaftliche Rezession verbunden mit wachsender Arbeitslosigkeit ein.

7. März Nachdem der Aufbau einer nationalen Atomstreitmacht (*force de frappe*) genügend weit gediehen ist, verlässt Frankreich die militärische Integration der NATO, bleibt aber Mitglied des Atlantikpaktes. Das europäische NATO-Hauptquartier muss von Paris nach Brüssel verlegt werden.

10. Juni Die kommunistische Gewerkschaft CGT und die sozialistische (früher christliche) Gewerkschaft CFDT vereinbaren ein gemeinsames Aktionsprogramm.

1967, 12. März Die Gaullisten (UNR-UDT) müssen bei den Parlamentswahlen Verluste hinnehmen, werden jedoch stärkste Fraktion und erreichen zusammen mit den Unabhängigen Republikanern (FNRI, 1966 gegründet) von GISCARD D'ESTAING (*1926) eine knappe Mehrheit. Das Anwachsen der Stimmen der Linken setzt auch den Prozess der Einigung zwischen Kommunisten und Sozialisten in Gang.

Nov. Die gaullistische UNR-UDT wird in *Union pour la Défense de la République* (UDR) umbenannt.

1968, 13. Mai **Mai-Unruhen**: Studentendemonstrationen, zunächst in Nanterre, greifen auf Paris über. Diesen Demonstrationen schließt sich der wirtschaftliche, soziale und politische Protest in der Arbeiterschaft an. CGT, CFDT und andere große Gewerkschaften rufen zum Generalstreik auf. Wilde Streiks und Fabrikbesetzungen mit z. T. revolutionären Zielen führen zum Zusammenbruch des öffentlichen Lebens.

27. Mai Das »Grenelle-Abkommen« zwischen der Regierung und den Sozialpartnern, das drastische Verbesserungen der sozialen Verhältnisse zusichert, führt noch nicht zu einem Ende des Streiks.

29./30. Mai DE GAULLE verlässt Paris mit unbekanntem Ziel. Er versichert sich insgeheim in Baden-Baden der Loyalität der Militärs und nutzt die durch sein Verschwinden entstandene Angst vor dem Chaos, um Neuwahlen anzukündigen und damit die Maibewegung zu brechen.

23./30. Juni Die Parlamentswahlen sind ein Votum gegen das Chaos der Maitage. Die Gaullisten (UDR) gehen als Sieger hervor. POMPIDOU wird erneut Premierminister (bis 10. Juli). Seine »neue Politik« zielt auf eine Universitätsreform, Dezentralisierung (Gebietskörperschaften: 21 Regionen und Korsika) und auf Mitbestimmung der Arbeiterschaft (Arbeits- und Sozialpolitik) ab.

13. Juli Neuer Premierminister wird der Gaullist MAURICE COUVE DE MURVILLE (*1907, †1999).

1969, 11. April DE GAULLE verknüpft einen Gesetzentwurf über die Regionalisierung Frankreichs mit der Vertrauensfrage.

27. April Da der Volksentscheid negativ (53,1 % Neinstimmen) ausfällt, tritt DE GAULLE zurück.

1./15. Juni POMPIDOU wird zum Staatspräsidenten gewählt.

21. Juni Zum neuen Premierminister wird der Gaullist JACQUES CHABAN-DELMAS (*1915, †2000) ernannt. Die Regierungsmehrheit wird um Zentrumsdemokraten (*Centre démocrate*) erweitert. Anschließend brechen Flügelkämpfe in der UDR zwischen liberalen und »orthodoxen« Gaullisten aus.

1./2. Dez. Haager Gipfel der EG: Frankreich stimmt der zuvor immer abgelehnten Aufnahme Großbritanniens und anderer Staaten in die Europäische Gemeinschaft zu.

1971, Nov. Die (liberalen) Radikalen um JEAN-JACQUES SERVAN-SCHREIBER (*1924, †2006; Parteipräsident 1971–1975, 1977–1979) und das Demokratische Zentrum unter ihrem Parteivorsitzenden JEAN LECANUET (*1920, †1993) schließen sich zum *Mouvement Réformateur* zusammen. Danach spaltet sich der linke Flügel der Radikalsozialisten ab und stößt später (1972) zur *Union de la Gauche.*

1972, 27. Juni Sozialisten, Kommunisten und Linksradikale schließen ein Abkommen über ein Wahlbündnis. Die Kommunisten werden damit aus der langjährigen Isolation herausgeholt und die langfristigen Chancen für eine Ablösung der Regierungsmehrheit unter den Bedingungen des Präsidialregimes entscheidend verbessert.

6. Juli PIERRE MESSMER (*1916, †2007) vom »orthodoxen« Flügel der Gaullisten ersetzt den liberalen CHABAN-DELMAS im Amt des Premierministers.

1973, 4./11. März Der Regierungsblock kann trotz Verlusten der Gaullisten bei den Wahlen die Mehrheit (276 Mandate von 490) behaupten. Für die Sozialisten beginnt eine Phase kontinuierlicher Stimmengewinne. Die Regierung MESSMER konzentriert ihre Politik auf die Beschränkung des Energieverbrauchs, da sich die Ölimporte durch die Schwäche des Franc verteuern.

1974, 2. April Tod POMPIDOUS.

5. Mai Die Linksunion stellt FRANÇOIS MITTERRAND als Kandidaten auf. Die Mitte einigt sich auf den Unabhängigen Republikaner VALÉRY GISCARD D'ESTAING, die Gaullisten auf JACQUES CHABAN-DELMAS, dem jedoch der rechte Flügel der UDR um JACQUES CHIRAC (*1932) die Unterstützung versagt. Im ersten Wahlgang erhalten MITTERRAND 43,2 %, GISCARD D'ESTAING 32,6 % und CHABAN-DELMAS 15,1 %.

19. Mai GISCARD D'ESTAING wird mit 50,8 % der Stimmen gegen 49,2 % für MITTERRAND zum Staatspräsidenten gewählt. CHIRAC wird Premierminister und bildet ein Koalitionskabinett bis hin zur *Mouvement Réformateur.* Er versucht, die Inflationsrate herabzudrücken.

1976, Febr. Die Kommunistische Partei mit ihrem seit 1972 amtierenden Generalsekretär GEORGES MARCHAIS (*1920, †1997) lässt die Formel »Diktatur des Proletariats« fallen.

21. Mai Die Führer der Linksunion, MARCHAIS, MITTERRAND und ROBERT FABRE (*1915, †2006), Vorsitzender der 1973 gebildeten »Radikalen Linkspartei« (*Parti radical de gauche* [PRG]), können sich auf eine Aktualisierung des 1972 verabschiedeten Aktionsprogramms nicht einigen.

25. Aug. Rücktritt von Premierminister CHIRAC – ein Höhepunkt in dessen Konflikt mit GISCARD D'ESTAING. Nachfolger wird RAYMOND BARRE (*1924, †2007).

Sept. BARRE legt einen Wirtschaftsplan vor, der einschneidende Sparmaßnahmen vorsieht. Die Gewerkschaften reagieren mit einem Generalstreik.

Dez. Als faktischer Führer (1974/75 Vorsitzender) der UDR bildet CHIRAC diese zum RPR (*Rassemblement pour la République*) um.

1977, 20. März Die Kommunalwahlen enden mit einem Sieg der Linksunion, wobei die Sozialisten Stimmenzuwächse verzeichnen, nicht die Kommunisten.

Mai Eine Kommission der Linksunion gerät über der Frage der Verstaatlichung der Schlüsselindustrien erneut in heftige Meinungsverschiedenheiten, die mit dem Bruch des Bündnisses der linken Parteien enden. Die Kommunisten sind nicht bereit, eine weitere Stärkung der Sozialisten auf ihre Kosten zuzulassen.

1978, 1. Febr. Errichtung der *Union pour la démocratie française* (UDF). Ein Zusammenschluss der *Parti républicain* (PR, bis 1977 Unabhängige Republikaner), der Radikalen (SERVAN-SCHREIBER) sowie des *Centre des démocrates sociaux* (CDS, bis 1976 *Centre démocrate*), zur Unterstützung des Staatspräsidenten folgt.

19. März Bei den Wahlen zur Nationalversammlung scheitert die Linksunion. RAYMOND BARRE wird erneut Premierminister.

1979 Während die Regierung an ihrer Wirtschaftspolitik festhält, steigt die Inflation auf über 10 % und die Arbeitslosenzahl im Zuge von Rationalisierungen und Produktivitätssteigerungen auf 1,4 Millionen.

1981, 26. April Im ersten Wahlgang der Präsidentschaftswahlen tritt CHIRAC gegen GISCARD D'ESTAING an, ebenso MARCHAIS gegen MITTERRAND. Die Spaltung des bürgerlichen Lagers und die Diskreditierung der Kommunisten durch den Bruch der Linksunion ermöglichen es MITTERRAND, sich im zweiten Wahlgang mit 51,7 % gegen GISCARD D'ESTAING (48,2 %) durchzusetzen.

13. Mai Rücktritt der Regierung unter Premierminister BARRE.

Premierminister Frankreichs seit 1959

Jahr	Premierminister
1959–1962	Michel Debré
1962–1968	Georges Pompidou
1968–1969	Maurice Couve de Murville
1969–1972	Jacques Chaban-Delmas
1972–1974	Pierre Messmer
1974–1976	Jacques Chirac
1976–1981	Raymond Barre
1981–1984	Pierre Mauroy
1984–1986	Laurent Fabius
1986–1988	Jacques Chirac
1988–1991	Michel Rocard
1991–1992	Edith Cresson
1992–1993	Pierre Bérégovoy
1993–1995	Edouard Balladur
1995–1997	Alain Juppé
1997–2002	Lionel Jospin
2002–2005	Jean-Pierre Raffarin
2005–2007	Dominique de Villepin
seit 2007	François Fillon

Mitterrand und Chirac (seit 1981)

Mit seinem Sieg über GISCARD D'ESTAING im Frühjahr 1981 wird FRANÇOIS MITTERRAND zum ersten Präsidenten der V. Republik aus den Reihen der Linken. Im Vordergrund der Regierungsaktivitäten steht ein sozialpolitisches Maßnahmenpaket, mit dessen Hilfe die Wirtschaftskrise überwunden werden soll. Parallel dazu werden Strukturreformen zur Absicherung des erwarteten Aufschwungs in Angriff genommen (Verstaatlichung von Industrien und Großbanken, Dezentralisierung, Verbesserung der Arbeitnehmerrechte). Weitere Reformen zielen auf die Beseitigung obrigkeitsstaatlicher Strukturen, die die autoritäre Modernisierung überdauert haben. Durch die negative wirtschaftliche Entwicklung wird die Reformpolitik zunehmend in Frage gestellt. MITTERRAND und sein Finanzminister JACQUES DELORS (*1925) entschließen sich daher zu einer strikten Austeritätspolitik, mit der sich Frankreich den anderen Industrieländern anpasst. Zugleich setzt die französische Regierung auf den Ausbau des Europäischen Währungssystems zur Währungsunion. Dieser Grundsatzentscheidung, die von einer Mehrheit der politischen Kräfte mitgetragen wird, folgen weitere Schritte zur Stärkung der europäischen Ebene. Nach dem Verlust der absoluten Mehrheit, entscheidet sich MITTERRAND für eine »parlamentarische« Interpretation der Verfassung: Er beruft CHIRAC als Führer des bürgerlichen Lagers zum Premierminister und lässt ihn weitgehend ungestört regieren. Nur in der Außen- und Sicherheitspolitik, die nach der Verfassung in die Kompetenz des Präsidenten fällt, macht er seinen Einfluss weiter geltend. In den Präsidentschaftswahlen vom Frühjahr 1988 kann sich MITTERRAND, der nun als Staatsmann über den Parteien auftritt, deutlich gegen CHIRAC durchsetzen. Die Politik seines neuen Premierministers MICHEL ROCARD bewegt sich inhaltlich auf halbem Wege zwischen den Reformen der sozialistischen Ära und der Konsolidierungspolitik der Zusammenarbeit (*cohabitation*). Die Kombination der Maßnahmen ermöglicht es Frankreich, am Konjunkturaufschwung der zweiten Hälfte der 80er-Jahre teilzunehmen. Um der Sozialistischen Partei wieder zu einer dauerhaften Mehrheit zu verhelfen, versucht MITTERRAND seit 1990, die Regierung nach links zu profilieren, was jedoch nicht gelingt. Für einen Ansehensverlust sorgen mehrere politische Skandale, in die die Sozialisten stärker verwickelt sind als die bürgerlichen Parteien.

MITTERRANDS Nachfolger CHIRAC erklärt den Kampf gegen die Arbeitslosigkeit zur ersten Aufgabe seiner Präsidentschaft, beruft ALAIN JUPPÉ zum Premierminister und bildet ein Kabinett, das sich durch Gefolgschaftstreue und proeuropäische Orientierung auszeichnet. JUPPÉS forcierte Modernisierungspolitik lässt die Regierung rasch unpopulär werden. Nach den Neuwahlen zur Nationalversammlung 1997 kommt es zu einer *cohabitation* unter umgekehrten Vorzeichen: Der Präsident muss den sozialistischen Parteiführer LIONEL JOSPIN zum Premierminister berufen. Die neue Regierung konzentriert sich zunächst auf die Bekämpfung der Arbeitslosigkeit und kann – begünstigt durch ein starkes wirtschaftliches Wachstum in den Jahren 1998–2001 – tatsächlich eine Senkung der Arbeitslosenzahlen erreichen. Weniger erfolgreich sind die Bemühungen um eine Reform des Schul- und Justizsystems. Nach seiner Wiederwahl im Juni 2002 beruft CHIRAC den liberalen JEAN-PIERRE RAFFARIN zum Premierminister. Die neue Regierung profiliert sich mit Maßnahmen zur Stärkung der inneren Sicherheit, zur Dezentralisierung und zum Abbau des unterdessen wieder angewachsenen Haushaltsdefizits. In der Europapolitik schließt CHIRAC zur Linie der deutschen Regierung GERHARD SCHRÖDERS auf, die angesichts der Erweiterung der Europäischen Union eine Stärkung der europäischen Institutionen betreibt. Die Achse Paris–Bonn hat folglich großen Anteil sowohl an der Erarbeitung der europäischen Verfassung durch einen Konvent unter dem Vorsitz des ehemaligen Staatspräsidenten GISCARD D'ESTAING als auch an ihrer Durchsetzung bei der Regierungskonferenz im Juni 2004. Parallel dazu profilieren sich CHIRAC und SCHRÖDER seit dem Sommer 2002 mit gleichartiger Kritik an der amerikanischen Intervention im Irak.

Als RAFFARIN im Frühjahr 2003 eine Reform des Rentensystems in Angriff nimmt, löst er eine heftige Streik- und Demonstrationswelle aus. Das Vorhaben kann RAFFARIN im Parlament durchsetzen, doch schwindet seine anfangs hohe Popularität. Tiefpunkt seiner Regierungszeit ist die Niederlage bei dem Referendum über die EU-Verfassung. Als Konsequenz ernennt CHIRAC DOMINIQUE DE VILLEPIN zum neuen Premierminister, der dem Kampf gegen die hohe Arbeitslosigkeit höchste Priorität einräumt. Zwar kann seine Regierung erste Erfolge verzeichnen, doch ist dafür innenpolitisch ein hoher Preis zu zahlen: Ein Gesetzentwurf zur Aufhebung des Kündigungsschutzes für Berufsanfänger wird nach wochenlangen Demonstrationen und Streikaktionen von Studenten, Gewerkschaften und Linksparteien zurückgezogen. Im Herbst 2005 erschüttern gewalttätige Unruhen die Vororte der französischen Großstädte.

1981, 22. Mai Nach seinem Sieg über GISCARD D'ESTAING ernennt Staatspräsident MITTERRAND den Sozialisten PIERRE MAUROY (*1928) zum neuen Premierminister.

30. Juni In vorgezogenen Neuwahlen erhält die Sozialistische Partei 37,5 % der Stimmen und 54,9 % der Parlamentssitze. MAUROY bildet sein Kabinett unter Aufnahme von vier kommunistischen Ministern um. Die geschwächte Kommunistische Partei wird damit in die Regierungsverantwortung eingebunden.

18. Sept. Abschaffung der Todesstrafe.

1983, 20. Jan. MITTERRAND plädiert vor dem deutschen Bundestag für den NATO-Doppelbeschluss.

25. März MITTERRAND erläutert sein drastisches Sparprogramm zur Wiederherstellung des außenwirtschaftlichen Gleichgewichts: Unterstützung von Kleinunternehmern, Sanierung der Rentenversicherung, Kampf gegen Arbeitslosigkeit.

1984, 17. Juni In den Wahlen zum Europäischen Parlament sinkt der Anteil der Kommunisten auf 11,2 %. Die rechtsextreme »Nationale Front«, zuvor eine unbedeutende Splitterpartei, erhält mit 11,1 % fast ebenso viele Stimmen.

24. Juni Nach einer Massendemonstration für den Erhalt der Privatschulen wird der sozialistische Schulgesetzentwurf von MITTERRAND zurückgezogen. MAUROY reicht daraufhin seinen Rücktritt ein.

17. Juli Die Kommunisten nehmen dies zum Anlass, in die Opposition zu gehen. In der neuen Regierung von LAURENT FABIUS (*1946) sind sie nicht mehr vertreten.

22. Sept. Staatspräsident MITTERRAND und der deutsche Bundeskanzler HELMUT KOHL (*1930) gedenken in Verdun der Toten beider Weltkriege.

1986, 20. März Nach dem Sieg des bürgerlichen Parteienbündnisses bei den Wahlen zur Nationalversammlung (16. März) beruft MITTERRAND den Gaullisten CHIRAC als Führer der stärksten Fraktion zum Premierminister: *Cohabitation* zwischen bürgerlicher Regierung und sozialistischem Staatspräsidenten.

14. April Die *cohabitation* erlebt durch die Weigerung MITTERRANDS, das Privatisierungsgesetz der Regierung zu unterzeichnen, ihre erste Krise.

1987, 11. Mai In Lyon beginnt der Prozess gegen den ehemaligen SS-Führer und Gestapo-Chef der Stadt KLAUS BARBIE (*1913, †1991). Der Angeklagte wird wegen Verbrechen gegen die Menschlichkeit zu lebenslänglicher Haft verurteilt.

1. Juli Die »Einheitliche Europäische Akte«, die die Einstimmigkeitsregel im EG-Ministerrat einschränkt und einen Fahrplan zur Vollendung des europäischen Binnenmarkts festlegt, tritt in Kraft.

1988, 22. Jan. Am 25. Jahrestag des Élysée-Vertrags unterzeichnen MITTERRAND und KOHL Protokolle über die Gründung eines deutsch-französischen Sicherheits- und Verteidigungsrats sowie eines Wirtschafts- und Finanzrats.

8. Mai Im zweiten Wahlgang der Präsidentschaftswahlen setzt sich MITTERRAND (54 %) gegen CHIRAC (46 %) durch. Unter dem Sozialisten MICHEL ROCARD (*1930) wird eine neue Regierung gebildet.

5./12. Juni Bei den Parlamentswahlen erreichen die Sozialisten keine absolute Mehrheit. ROCARD muss sich auf eine relative parlamentarische Mehrheit stützen.

20.–22. Dez. Staatsbesuch MITTERRANDS in der DDR.

1990, 19. April Nach Irritationen über MITTERRANDS Versuch, die DDR auch nach der »Wende« als Staat zu erhalten, fordern der französische Staatspräsident und der deutsche Bundeskanzler KOHL in einer gemeinsamen Botschaft die Verwirklichung der EG-Währungsunion und der politischen Union bis 1993.

1991, Jan./Febr. Französische Truppen beteiligen sich am Einsatz der multinationalen Allianz im 2. Golfkrieg.

15. Mai Premierminister ROCARD reicht auf Verlangen MITTERRANDS seinen Rücktritt ein. Seine Nachfolgerin wird die Sozialistin EDITH CRESSON (*1934), von der sich der Präsident eine stärkere Mobilisierung der sozialistischen Basis erhofft.

14. Okt. KOHL und MITTERRAND kündigen die Bildung eines deutsch-französischen Armeekorpses an, das als Keimzelle einer europäischen Streitmacht gedacht ist.

10. Dez. Auf dem EG-Gipfel in Maastricht erhält MITTERRAND eine verbindliche Zusage zur Verwirklichung der Währungsunion sowie eine Grundsatz-Zustimmung zur politischen Union.

1992, 2. April Nach einer Wahlniederlage bei den Regional- und Kantonalwahlen bildet MITTERRAND die Regierung um. Neuer Premierminister wird der bisherige Wirtschafts- und Finanzminister PIERRE BÉRÉGOVOY (*1925, †1993).

19. Juni Der Beitritt Frankreichs zum Atomwaffensperrvertrag wird in der Nationalversammlung ratifiziert.

20. Sept. Bei einem von MITTERRAND zur Stärkung seiner Popularität angesetzten Referendum stimmt nur eine knappe Mehrheit von 51,1 % für die Ratifizierung des Maastrichter Vertrags.

1993, 21./28. März Bei den Parlamentswahlen erreichen die bürgerlichen Parteien RPR und UDF eine deutliche Mehrheit. Premierminister BÉRÉGOVOY tritt nach der Wahlniederlage zurück und verübt am 1. Mai Selbstmord.

2. April ÉDOUARD BALLADUR (*1929) bildet die neue Regierung; Beginn der zweiten *cohabitation* unter MITTERRAND.

1994, 6. Mai Staatspräsident MITTERRAND eröffnet zusammen mit der britischen Königin ELISABETH II. bei Calais den Eurotunnel unter dem Ärmelkanal.

1995, 7. Mai Im ersten Durchgang der Präsidentschaftswahlen (23. April) gewinnt der Sozialist JOSPIN eine höhere Stimmenzahl als der Gaullist CHIRAC, der jedoch aus der Stichwahl als Sieger (52,6 %) hervorgeht.

17. Mai CHIRAC übernimmt das Amt des Staatspräsidenten, ALAIN JUPPÉ (*1945) wird zum neuen Premierminister ernannt.

11./18. Juni Nach Kommunalwahlen stellt die rechtsextreme *Front Nationale* (FN) erstmals in einer Großstadt (Toulon) den Bürgermeister.

16. Juli Präsident CHIRAC erkennt erstmals die Mitverantwortung des französischen Staats an der Deportation der französischen Juden an.

5. Sept. Frankreich unternimmt einen Kernwaffentest im Südpazifik. Bis Anfang 1996 folgen weitere.

1996, 22. Febr. Staatspräsident CHIRAC kündigt eine Armeereform an, Sie enthält die Abschaffung der allgemeinen Wehrpflicht sowie die Bildung einer Berufsarmee von 352 000 Mann (einschließlich Gendarmerie) statt vorher 500 000 Soldaten.

1997, 25. Mai/1. Juni Verlierer der vorgezogenen Parlamentswahlen sind die bürgerlichen Parteien, stärkste Kraft die Sozialisten. Neuer Premierminister wird LIONEL JOSPIN (*1937), dessen Regierung auch drei Kommunisten angehören. Diesmal besteht eine *cohabitation* zwischen einem bürgerlichen Staatspräsidenten und einem sozialistischen Regierungschef.

1998, 15. März Bei den Regionalwahlen wird das Linksbündnis JOSPINS stärkste Kraft (36,6 %), Gewinne gibt es auch für die *Front Nationale* (15,3 %, in einigen Regionen bis 29 %).

2. April Der Kollaborateur MAURICE PAPON (*1910), in der Nachkriegszeit u. a. Haushaltsminister, wird wegen Beteiligung an Judendeportationen zu 10 Jahren Haft verurteilt.

1999, 23. Dez. Zum ersten Mal seit 1981 kündigt die korsische Separatistenorganisation *FLNC-Canal historique* einen bedingungslosen und unbefristeten Waffenstillstand an.

2000, 17. April Eine Expertenkommission legt einen Untersuchungsbericht über Entrechtung und Enteignung der Juden in Frankreich 1940–1944 vor. Noch vom Staat verwaltete herrenlose Vermögen sowie von den Banken gehaltene nachrichtenlose Vermögenswerte sollen in einen »Fonds der Erinnerung« eingebracht werden.

24. Sept. In einem Referendum billigen 73 % eine Verfassungsänderung, wonach Präsidentschaften künftig genauso lange dauern sollen wie Legislaturperioden. So soll vermieden werden, dass Staatspräsident und Premierminister verschiedenen politischen Lagern angehören.

2001, Dez. Die Regierungschefs der EU-Mitgliedstaaten beauftragen einen Konvent aus Parlamentariern und Regierungsvertretern unter Leitung des früheren Staatspräsidenten Giscard d'Estaing mit der Ausarbeitung einer europäischen Verfassung.

2002, 1. Jan. Die von der Regierung Jospin bereits 1997 angekündigte 35-Stunden-Woche wird für fast alle Beschäftigten verbindlich.

21. April Im ersten Wahlgang der Präsidentschaftswahlen sorgt der unerwartete Erfolg des Rechtspopulisten Jean-Marie Le Pen (*1928) für Aufregung: Er erhält 16,9 % der abgegebenen Stimmen und kann damit fast 20 000 Stimmen mehr verbuchen, als der sozialistische Premierminister Jospin, der sich mit dem dritten Platz hinter Chirac und Le Pen begnügen muss.

23. April Gründung der *Union pour la majorité présidentielle* (UMP), um die Kandidatur von Chirac beim zweiten Wahlgang der Präsidentschaftswahlen zu unterstützen.

5. Mai Bei der Präsidentschaftswahl siegt der Amtsinhaber Chirac in der Stichwahl mit 82,2 % über Le Pen. Nach dem Rücktritt des Kabinetts Jospin beruft Chirac am 6. Mai den Rechtsliberalen Jean-Pierre Raffarin (*1948) zum Premierminister.

16. Juni In der entscheidenden Runde der Parlamentswahl erreicht die UMP von Präsident Chirac die absolute Mehrheit. Premierminister Raffarin wird erneut mit der Regierungsbildung beauftragt.

17. Nov. Fast das gesamte rechtsbürgerliche Lager schließt sich zur neuen Sammlungspartei *Union pour un mouvement populaire* (UMP) zusammen. Vorsitzender wird Alain Juppé.

2003, 21. März Präsident Chirac verurteilt den Krieg der USA und Großbritanniens gegen den Irak als völkerrechtswidrig.

4. April Die Nationalversammlung verabschiedet die Kompromissfassung des Gesetzes zur Wahlrechtsreform. Ziel des Gesetzes ist die Schaffung stabiler Mehrheiten. Zu diesem Zweck wird eine Zehn-Prozent-Hürde für die entscheidende zweite Runde bei Wahlen eingeführt.

12. Nov. Der Elf-Aquitaine-Prozess, das größte Korruptionsverfahren in der Geschichte der V. Republik, endet mit der Verurteilung von 37 Angeklagten und hohen Strafen gegen die Haupttäter. Das Gericht sieht als erwiesen an, dass bei der Privatisierung des ehemals staatlichen Erdölkonzerns *Elf* Schmiergelder in Höhe von 300 Mio. Euro geflossen sind.

2004, 10. Febr. Beide Parlamentskammern verabschieden das Verbot, in staatlichen Schulen auffällige religiöse Symbole, u. a. das Kopftuch, zu tragen.

21./28. März Bei den Regionalwahlen erleiden die rechtsbürgerlichen Parteien eine schwere Niederlage. Im Rahmen einer umfangreichen Kabinettsumbildung durch Präsident Chirac wird Nicolas Sarkozy (*1955) Superminister für Wirtschaft und Finanzen und Dominique de Villepin (*1953) Innenminister.

2005, 29. Mai Bei einem Referendum stimmen 55 % der Wähler gegen die EU-Verfassung. Als Konsequenz bildet Präsident Chirac die Regierung um. Neuer Premierminister wird de Villepin.

27. Okt. Eine Welle gewalttätiger Ausschreitungen in Pariser Vororten erschüttert die Öffentlichkeit. Die Unruhen greifen auf weitere französische Großstädte über und lösen eine heftige Debatte über die Einwanderungsproblematik aus. Die Regierung erklärt Anfang Nov. den Notstand und ermöglicht es den Präfekten, in besonders betroffenen Gebieten nächtliche Ausgangssperren zu verhängen.

2006, 7. Febr. Landesweiter Aktionstag gegen das von der Regierung vorgelegte Gesetz *Contrat première embauche*, mit dem der Kündigungsschutz für Berufsanfänger quasi aufgehoben wird. Aus Protest besetzen Studenten mehrere Universitäten.

März Massive Proteste von Schülern und Studenten gegen das Berufsanfänger-Gesetz, unterstützt von Gewerkschaften und Linksparteien. Nach mehreren landesweiten Protesttagen, die das öffentliche Leben fast zum Erliegen bringen, zieht die Regierung Anfang April den Gesetzentwurf zurück.

16. Mai Premierminister de Villepin übersteht in der Nationalversammlung ein Misstrauensvotum der Sozialisten. Hintergrund ist der »Clearstream-Skandal«: In der Verleumdungsaffäre um gefälschte Kundendateien des Finanzhauses *Clearstream* wird de Villepin verdächtigt, den Geheimdienst auf angebliche Schmiergeldkonten von Innenminister Sarkozy angesetzt zu haben.

2007, 6. Mai Im zweiten Durchgang der Präsidentschaftswahl setzt sich Nicolas Sarkozy (UMP) mit 53 % gegen die Sozialistin Ségolène Royal (*1953) durch, die 47 % der Stimmen erhält.

17. Mai Der neue Präsident beruft seinen engen Vertrauten François Fillon (*1954), bis 2005 Minister für Bildung und Forschung, zum Premierminister.

10./17. Juni Bei den Parlamentswahlen kann die regierende UMP die absolute Mehrheit erreichen. Auf sie und die mit ihr verbündete liberale Partei *Nouveau Centre* entfallen 345 von 577 Sitzen.

Monaco seit 1454/1949

Das seit 1454 von der **Dynastie Grimaldi** regierte, mit Unterbrechungen seit 1641 unter französischer Schutzherrschaft befindliche Fürstentum besitzt seit 1911 eine Verfassung und wird von Frankreich außenpolitisch vertreten, mit dem seit 1865 Zollunion besteht.

1949, 9. Mai Auf Fürst LUDWIG II. (1922–1949; Sohn ALBERTS I. [1899–1922]) folgt sein Enkel RAINIER III. (*1923, †2005).

1962, 17. Dez. Die neue Verfassung stärkt die Rechte des Nationalrats (Parlament).

1963, Feb. Vertrag mit Frankreich beschränkt bisherige französische Steuervorteile.

1980, Juli Durch ein Gesetz wird die Ausrufung und Durchführung von Streiks wesentlich erschwert.

1993, 28. Mai Monaco wird als 182. Mitgliedsstaat in die Vereinten Nationen aufgenommen.

1997, 8. Jan. Beginn der **Siebenhundertjahrfeiern** des Hauses Grimaldi.

2000, 22. Juni Der Rechtsausschuss der französischen Nationalversammlung bezeichnet das Fürstentum als »Offshore-Zentrum«, das Geldwäsche begünstigt. In Monaco residieren ca. 6000 Briefkastenfirmen.

2005, 6. April Fürst RAINIER III. stirbt, sein Nachfolger wird sein Sohn ALBERT (*1958).

Niederlande seit 1945 | Forts. v. S. 1059 |

Ähnlich wie in Belgien finden auch in den Niederlande nach Kriegsende »Säuberungen« statt, d. h. strafrechtliche Verfolgung von Niederländern (200 000 Internierte), die der Zusammenarbeit mit der deutschen Besatzung verdächtig sind. Dank der günstigen Lage in Europa und der Hilfe des Marshallplans (1947) sowie durch geschickte Anpassung an die Veränderungen auf den Weltmärkten, können sich die Niederlande relativ rasch über die Folgen der Besatzungszeit und den **Verlust ihres Kolonialreiches** hinwegsetzen. Auch regionale Strukturprobleme, wie die Anfang der 60er-Jahre auftretende Kohlenkrise, in deren Verlauf mehrere große Staatsminen ihren Betrieb einstellen, können die konjunkturelle Aufwärtsentwicklung und die Maßnahmen zur Verbesserung der Infrastruktur des Landes kaum beeinflussen, z. B. den Ausbau des Rotterdamer Hafens (Europort).

1945, 24. Juni Die Londoner Exilregierung unter PIETER SJOERD GERBRANDY (*1885, †1961) wird nach ihrer Rückkehr in die Niederlande von einer Interimsregierung unter Ministerpräsident WILLEM SCHERMERHORN (*1894, †1977) abgelöst.

1946, 12. Mai **Erste Nachkriegswahlen** zur Zweiten Kammer: Katholische Volkspartei (KVP) 32, Partei der Arbeit (sozialdemokratisch; PvdA) 29, calvinistische Antirevolutionäre Partei (ARP) 13, ebenfalls calvinistische Christlich-Historische Union (CHU) 8, Freisinnige, später: Volkspartei für Freiheit und Demokratie (VVD) 6, Kommunistische Partei (CVP) 10, Reformierte Partei (SGP) 2 Sitze.

3. Juli Koalitionsregierung (KVP – PvdA) unter Ministerpräsident LOUIS JOSEPH MARIA BEEL (*1885, †1961) gebildet.

1948, 7. Aug. Koalitionsregierung (KVP – PvdA, Liberale, CHU) des sozialdemokratischen Ministerpräsidenten WILLEM DREES (*1886, †1988).

2. Sept. Königin WILHELMINA dankt zugunsten ihrer Tochter **JULIANA** (*1909, †2004) ab.

31. Dez. Die niederländische Armee hat Java besetzt, um niederländisches Eigentum zu schützen, nachdem Verhandlungen mit Indonesien gescheitert sind.

1949, 28. April Die Zweite Kammer billigt die Verfassungsänderung über die Bildung einer **Union aus den Niederlanden und Indonesien**. Der Union obliegt die Leitung der Außenpolitik, der Verteidigung und der Wirtschaftsangelegenheiten.

1951, 14. März Zweite Koalitionsregierung (KVP, PvdA, Liberale, CHU) unter dem sozialdemokratischen Ministerpräsidenten WILLEM DREES.

1956, 15. Febr. Indonesien kündigt die Union mit den Niederlanden.

1958, 12. Dez. Die (vierte) Regierung (seit 13. Okt. 1956) unter Führung von WILLEM DREES (PvdA) scheitert an einer geplanten Steuererhöhung, weil der sozialdemokratische Finanzminister JAN HOFSTRA (*1904, †1999) und die anderen PvdA-Minister zurücktreten: Bruch der KVP-PvdA-Koalition.

1962, 15. Aug. Ein niederländisch-indonesisches Abkommen über die Beilegung des West-Neuguinea-Konflikts (Irian Barat, später Irian Jaya, heute Papua) wird unterzeichnet.

1966, 14. Nov. Sturz der von Katholischer Volkspartei und Sozialdemokraten getragenen Koalitionsregierung (seit 27. April 1965) unter Ministerpräsident JOSEPH MARIA LAURENS THEO CALS (*1914, †1972).

Veränderung der Parteienstruktur

Seit Mitte der 60er-Jahre beginnt sich die, für die niederländische Gesellschaft bislang so charakteristische, Trennung und Zersplitterung in konfessionelle, weltanschauliche und sog. neutrale Gruppierungen und Bereiche (»Versäulung«), zunehmend aufzulösen. Augenfälliges Zeichen hierfür ist das Entstehen neuer Parteien und Bewegungen, die ihre Anhängerschaft nun auch aus den traditionell verhafteten »Säulen« rekrutieren. Zugleich setzt damit in den etablierten Parteien ein Auflösungsprozess ein. Die christlichen Parteien sind gezwungen sich einander anzunähern. Dieser Vorgang erreicht 1976 einen vorläufigen Höhepunkt mit dem Wahl- und Aktionsbündnis der drei christlich-konservativen Parteien (ARP, CHU, KVP).

1967, 5. April Bildung der Koalitionsregierung PIET DE JONG (*1915) aus KVP, CHU, VVD, ARP.

1968 Die Progressiven Radikalen (PPR) spalten sich von der KVP ab.

1970 Abspaltung der Demokratischen Sozialisten (DS 70) von der PvdA.

1971, 28. April Wahlen zur Zweiten Kammer: KVP 35, ARP 13, CHU 10, VVD 16, PvdA 39, Demokraten 66 elf, DS 70 acht, CPN 6 Sitze.

1. Juli Koalitionsregierung unter BAREND WILLEM BIESHEUVEL (*1920, †2001) aus ARP, KVP, VVD, CHU, DS 70. Die fünf Parteien einigen sich auf Ausgabensenkung und Inflationseindämmung.

17. Juli Die DS 70 tritt aus der Regierung BIESHEUVEL wegen Streits um das Haushaltsdefizit aus.

20. Juli Rücktritt der Regierung BIESHEUVEL.

29. Nov. Wahlen, bei denen christliche Parteien Mandate verlieren.

1973 Die Regierungskrise (seit 1970) kann erst durch die **Bildung einer großen Koalition** unter JOOP DEN UYL (*1919, †1987) beendet werden.

21. Dez. Wirtschaftliches Ermächtigungsgesetz: Die Regierung darf Mieten, Preise, Löhne und Dividenden unter Kontrolle nehmen. Die Rezession der Weltwirtschaft, die Verknappung der Energie, v. a. der Ölboykott der arabischen Staaten und den Niederlande führen zu einem Rückgang der Investitionen, steigender Arbeitslosigkeit (1977 5,5 %) und einer hohen Teuerungsrate (1976 8,9 %).

1975, 2.–14. Dez. Molukker kapern auf offener Strecke einen Zug und nehmen im indonesischen Konsulat in Amsterdam Geiseln (4. Dez.). Die Existenz der etwa 3000 Personen umfassenden Gemeinschaft in den Niederlanden führt in den siebziger Jahren zu schweren innenpolitischen Auseinandersetzungen. Die Molukker, zumeist Angehörige der ehemaligen kolonialen Streitmacht der Niederlande (KNIL), nach der Unabhängigkeit Indonesiens nach Europa verbracht oder geflohen, verlangen von der Regierung DEN UYL eine Unterstützung ihrer Forderung nach einem selbstständigen Staat Südmolukken.

1977, 22. März Ministerpräsident JOOP DEN UYL erklärt den Rücktritt seines Kabinetts infolge des Auseinanderbrechens der Koalition von Sozialdemokraten und Christlichen Demokraten.

23. Mai Südmolukkische Terroristen halten in einer Grundschule und in einem gekaperten Zug Geiseln in ihrer Gewalt.

25. Mai Bei Neuwahlen gewinnt die Arbeiterpartei, PvdA, eine relative Mehrheit der Sitze; DEN UYL wird von Königin JULIANA erneut mit der Regierungsbildung beauftragt.

10. Juni Nach vergeblichen Verhandlungen mit den südmolukkischen Geiselnehmern fordert die gewaltsame Befreiung der letzten Geiseln durch Sicherheitskräfte acht Menschenleben. Das Verhältnis zwischen den farbigen Minderheiten und den Holländern verschlechtert sich.

16. Dez. Nach einer neunmonatigen **Regierungskrise** bildet der bisherige christdemokratische Justizminister ANDRIES VAN AGT (*1931) in Ablösung des Kabinetts DEN UYL aus CDA (»Christen Democratisch Appel«, Zusammenschluss von ARP, CHU, KVP) und der rechtsliberalen VVD eine Koalitionsregierung.

1978, März Erneute südmolukkische Geiselnahme; die Befreiung durch Streitkräfte fordert zwei Todesopfer. Einberufung eines molukkischen Rates durch das Parlament (31. Aug.).

1980, 30. April Nach der Abdankung von Königin JULIANA folgt ihre älteste Tochter BEATRIX (*1938) auf dem Thron.

1982, 4. Nov. Nach Parlamentswahlen (8. Sept.) bildet RUUD LUBBERS (*1939; CDA) eine Koalition aus Christdemokraten (CDA) und Rechtsliberalen (VVD).

1983, 17. Febr. Die neue Verfassung tritt in Kraft: Sie garantiert besseren Schutz der Privatsphäre; Grundrecht auf Arbeit, Sozialhilfe und Umweltschutz.

1986, 21. Mai Ministerpräsident LUBBERS gewinnt die Parlamentswahlen. Seine Koalition aus Christdemokraten (34,6 %; CDA) und Rechtsliberalen (VVD, 17,4 %) kann trotz VVD-Verlusten mit absoluter Mehrheit weiterregieren.

1989, 2. Mai Die Regierung LUBBERS tritt nach dem Scheitern eines nationalen Umweltprogramms zurück. Nach Parlamentswahlen am 6. Sept. kann LUBBERS erneut eine Regierung (Koalition von Christ- und Sozialdemokraten) stellen (7. Nov.).

1994, 22. Aug. WIM (WILLEM) KOK (*1938) wird als neuer Ministerpräsident vereidigt, nachdem die Sozialdemokraten aus Parlamentswahlen (3. Mai) als Sieger hervorgegangen sind. An der von PvdA, VVD und D 66 gebildeten Regierung ist die CDA und damit erstmals seit 1917 die politische Vertretung des Katholizismus nicht mehr beteiligt.

1998, 6. Mai Bei der Parlamentswahl behauptet sich das Bündnis unter WIM KOK.

1999, 21. Dez. Ein Militärgerichtsverfahren gegen sieben ehemalige niederländische UN-Blauhelm-Soldaten wird eingestellt; u. a. war diesen vorgeworfen worden, während ihres Einsatzes in Bosnien-Herzegowina den Massakern von Srebrenica im Juli 1995 untätig zugesehen zu haben.

2001, 10. April Der Senat stimmt einem Gesetz über die **Legalisierung der aktiven Sterbehilfe** zu. Die Annahme des Gesetzes ruft innerhalb und außerhalb der Niederlande teilweise heftige Kritik hervor.

2002, 2. Febr. Kronprinz WILLEM-ALEXANDER (*1967) heiratet die bürgerliche Argentinierin MÁXIMA ZORREGUIETA (*1971). Da der Vater der Braut in der Zeit der argentinischen Militärdiktatur hohe Regierungsämter bekleidete, hat es zuvor eine längere politische Kontroverse gegeben.

16. April Die Regierung KOK tritt zurück, nachdem ein Untersuchungsbericht ihr die Verantwortung für das Versagen niederländischer Blauhelme beim Massaker von Srebrenica 1995 gegeben hat.

6. Mai Der Rechtspopulist PIM FORTUYN (*1948) wird von einem Umweltaktivisten in Hilversum erschossen; erster politischer Mord in den Niederlanden seit 400 Jahren.

15. Mai Bei den Parlamentswahlen erringt die CDA 43 von 150 Sitzen. Zweitstärkste Partei wird die Liste des neun Tage zuvor einem Attentat zum Opfer gefallenen PIM FORTUYN.

22. Juli JAN PETER BALKENENDE (*1956; CDA) wird von Königin BEATRIX als Regierungschef vereidigt. Seinem Mitte-Rechts-Kabinett gehören außer Christdemokraten auch Liberale und Mitglieder der Liste Pim Fortuyn an.

16. Okt. Die Mitte-Rechts-Koalition von BALKENENDE zerbricht an einem Machtkampf innerhalb der Liste Fortuyn.

2003, 22. Jan. Aus der vorgezogenen Parlamentswahl gehen die Sozialdemokraten als Gewinner hervor; mit 27,3 % der Stimmen sind sie zweitstärkste Partei, dicht hinter der CDA von Ministerpräsident BALKENENDE (28,6 %). Die in sich zerstrittene Liste Fortuyn bringt es nur auf 5,7 %.

14. Mai Nach monatelangen Verhandlungen gelingt BALKENENDE die Bildung einer Dreiparteienregierung von Christdemokraten, Rechts- und Linksliberalen unter seiner Führung. Das neue Kabinett wird am 27. Mai vereidigt.

15. Okt. Ministerpräsident BALKENENDE erzielt eine Übereinkunft zwischen den Sozialpartnern zur Stabilisierung der Staatsfinanzen und Wiederbelebung der Konjunktur.

2004, 17. Febr. Die Entscheidung 26 000 Asylbewerber abzuschieben bedeutet eine endgültige Abkehr des Parlaments von der liberalen Asylpolitik.

2. Nov. Der wegen seiner islamkritischen Filme umstrittene Regisseur THEO VAN GOGH (*1957) wird Opfer eines islamistisch motivierten Attentats. Es kommt zu Anschlägen auf muslimische Einrichtungen.

2005, 1. Juni Die Niederländer lehnen mit 61 % der Stimmen die EU-Verfassung ab.

2006, 22. Nov. Neuwahlen, nachdem die Linksliberalen aus der Regierung ausgeschiede sind; Verluste des CDA (26,5 %) und der Rechtsliberalen (14,7 statt 17,9 %), die PvdA kommt nur noch auf 21,2 %, die populistische Sozialistische Partei aber auf 16,6 %. Die neue Regierung unter BALKENENDE beruht auf einer Koalition zwischen CDA, PvdA und der biblizistischen *ChristenUnie* (4 %).

Belgien seit 1945 | Forts. v. S. 1061 |

Das politische Geschehen nach Kriegsende ist geprägt von den Folgeproblemen aus der deutschen Besatzungszeit (Gerichtsverfahren gegen Hunderttausende belgischer Staatsbürger, zumeist Flamen, die der Kollaboration mit den Deutschen in den Kriegsjahren angeklagt sind) und den Konflikten um die Verfassung. Umstritten ist das Verhalten von König LEOPOLD III. (*1901, †1983) vor und nach der Kapitulation; vorgeworfen wird ihm v. a., 1940 das Land nicht verlassen und 1941 LILIANE BAELS (*1916, †2002) geheiratet zu haben, deren Familie zu den Kollaborateuren gerechnet wird, sowie vor 1940 gegenüber Regierung und Parlament autoritär aufgetreten zu sein. Weiterhin spaltet der Sprachenstreit zwischen niederländisch sprechenden Flamen und französisch sprechenden Wallonen das Land.

1945, 11. Febr. Bildung der Regierung unter dem sozialistischen Ministerpräsidenten ACHILLE VAN ACKER (*1898, †1975), Koalitionskabinett aus der *Socialistische Partij* (SP), der Christlich-Sozialen Partei (CSP), Liberalen, Kommunisten und Parteilosen.

28. Juli Die Regierung beharrt auf dem Parlamentsbeschluss vom 20. Sept. 1944, der König solle abdanken, und erhält dafür die Unterstützung der Deputiertenkammer (Parlament).

1946, 17. Febr. Bei Parlamentswahlen erhalten die CSP 92 (bisher 73), die SP 68 (64), die Liberalen 18 (33), die Kommunisten 23 (9) Mandate.

11. März Bildung eines sozialistischen Kabinetts unter PAUL-HENRI SPAAK (*1899, †1972). Da die Regierung im Parlament keine Unterstützung findet, wird sie bereits am 31. März abgelöst. Bis 1950 werden fünf Regierungen (darunter zweimal PAUL-HENRI SPAAK) mit **wechselnden Koalitionen** (SP, CSP, Liberale), von 1950 bis 1954 drei christlich-soziale Alleinregierungen gebildet.

1949, 26. Juni Bei Parlamentswahlen erringen die CSP 105 (bisher 92), die SP 66 (68), die Liberalen 29 (18) und die Kommunisten 12 (23) Sitze.

1950, 12. März Eine Volksabstimmung über die Rückkehr König LEOPOLDS III. erbringt eine Mehrheit zu seinen Gunsten von 57,6 % (Flandern 72 %, Wallonien 42 %, Brüssel 48 %).

22. April LEOPOLD III. kehrt aus dem Exil zurück. Angesichts darauf folgender schwerer Unruhen erklärt er jedoch seinen Rücktritt.

1. Aug. Der König überträgt seine Vollmachten an seinen Sohn BAUDOUIN I. (*1930, †1993). Dieser besteigt am 17. Juli 1951 den belgischen Thron.

Strukturprobleme Belgiens

Die Politik Belgiens zielt seit 1948 auf eine **Integration in das westliche Wirtschafts- und Verteidigungssystem** ab. Aus den Mitteln des Marshallplans erhält das Land 113 Mio. US-$, die neben den Erträgen aus dem Kolonialbesitz (Belgisch-Kongo) und dank der einigermaßen unversehrt gebliebenen Industrie eine rasche Überwindung der Kriegsfolgen ermöglichen. Seit Mitte der 50er-Jahre wächst die Wirtschaft parallel zur internationalen Konjunkturentwicklung. Gleichwohl bleibt die Wachstumsrate im Vergleich mit anderen europäischen Staaten zurück (Zunahme des realen Bruttosozialprodukts jährlich etwa 3 %), da die Regierungen bis Ende der 50er-Jahre v. a. unrentable Wirtschaftszweige wie den Kohlenbergbau stützen. Dabei nimmt die Industrialisierung des flämischen Raums zu, während der Anteil Walloniens zurückgeht. Anfang der 60er-Jahre kommt es in Wallonien zu heftigen Streiks, als mit dem Einheitsgesetz ein Abbau von Sozialleistungen droht. Die Anfang der 70er-Jahre einsetzende wirtschaftliche Rezession beginnt sich trotz verstärkter Stabilitätsbemühungen gegen Ende des Jahrzehnts nur sehr langsam abzuschwächen (stagnierende Bruttoinvestitionen). Während die Wachstumsrate des Bruttosozialprodukts 1970 noch 6,5 % beträgt, sinkt sie 1976 auf fast 3 %. Gegen den anhaltenden Widerstand der Gewerkschaften gelingt es der Regierung nicht (1976), die bisherige Koppelung der Löhne und Gehälter an den Preisindex aufzuheben.

Innenpolitisch sind die ersten Nachkriegsjahre neben der Königsfrage von der **Vergangenheitsbewältigung** gekennzeichnet: In zahlreichen Prozessen gegen Kollaborateure werden 2900 Todesurteile gefällt, 242 davon vollstreckt. Da es v. a. um Flamen katholischer Herkunft geht, setzt sich die CSP bald für eine weitgehende Amnestie ein, was gegen den wallonischen Flügel der Partei nur schwer durchzusetzen ist.

Neben Fragen staatlicher Unterstützung konfessioneller Schulen (im Schulpakt von 1958 gelöst) beherrscht die **flämische Frage** die Innenpolitik. Die Gegensätze zeigen sich schon 1950 bei der Volksabstimmung über die Königsfrage, als eine große Mehrheit der Flamen, aber nur eine Minderheit der Wallonen für eine Rückkehr LEOPOLDS III. nach Belgien stimmen. Die 1954 gegründete flämische *Volksunie* setzt sich für eine gesetzliche Flamisierung des Wirtschaftslebens und des Schulwesens in Flandern, für Kulturautonomie, für Festlegung der Sprachgrenze sowie für eine forcierte Industrialisierung Flanderns ein. Die *Volksunie* erhält großen Zulauf und kann ihren Stimmenanteil bis 1974 auf 10,2 % erhöhen. Unterstützt wird die Partei von der Flämischen Volksbewegung (1956 gegründet) die außerparlamentarisch tätig ist und als Initiator einer Reihe von Beratungs- und Aktionsausschüssen zur Förderung der flämischen Belange auftritt.

In der **wallonischen Bewegung** finden die Flamen ihr auf Föderalisierung drängendes Pendant. ANDRÉ RENARD (*1911, †1962) gründet die »Wallonische Volksbewegung« (*Mouvement Populaire Wallon*), die für Reform der sozioökonomischen Strukturen und für wallonische Selbstständigkeit in einem föderalisierten Belgien eintritt. Die verschiedenen wallonischen Gruppierungen sind in der »Wallonischen Sammlungsbewegung« (*Rassemblement Wallon*) zusammengefasst, die mit der »Demokratischen Front der frankophonen Brüsseler« (*Front Démocratique des Bruxellois Francophones*) zusammenarbeitet. Die Regionalisierung findet 1970 konkreten Ausdruck in der Bildung regionaler Wirtschaftsräte und Entwicklungsgesellschaften. Auf wallonische Initiative geht es zurück, dass Gesetzesentwürfe aufgeschoben werden können, wenn 75 % der Abgeordneten einer Sprachgruppe in den Gesetzesvorlagen eine Störung der Beziehungen zwischen beiden Gruppen sehen.

Die **Kongo-Frage** überschattet die Außenpolitik in den 50er- und 60er- Jahren, gerade weil Belgien durch seine Beteiligungen an Privatfirmen (*Union Minière*) in der reichen Bergbauprovinz Katanga seinen starken wirtschaftlichen Einfluss erhalten will. Auch nach der Unabhängigkeit des Kongo (1960; Demokratische Republik Kongo) kommt es wiederholt zu umstrittenen Interventionen (»Polizeiaktionen«) belgischer Soldaten. Seit den 70er-Jahren konzentriert sich die Außenpolitik der Brüsseler Regierungen auf die Ausgestaltung der Benelux-Vereinbarungen sowie auf die EG- und NATO-Politik.

1954, 22. April Koalitionsregierung von SP und Liberalen unter ACHILLE VAN ACKER. Die neue Regierung kündigt die stufenweise Gewährung der Autonomie für Belgisch-Kongo an, will aber politische und wirtschaftliche Rechte Belgiens in der afrikanischen Koloniewahren.

1955, 26. Juli Ausbruch des Streites um die staatliche Finanzierung der katholischen Schulen zwischen der sozial-liberalen Regierungskoalition und der CSP. Das zwischen allen Parteien ausgehandelte Schulabkommen bringt einen weiteren Ausbau des staatlichen Schulsystems bei Berücksichtigung des elterlichen Wahlrechts.

1958, 25. Juni Nachdem der Schulstreit zur Wahlniederlage der Regierungskoalition geführt hat, bildet GASTON EYSKENS (*1905, †1988) eine CSP-Alleinregierung, die nach wenigen Monaten (6. Nov.) unter Hereinnahme liberaler Minister erweitert wird und bis zum 27. März 1961 im Amt ist.

1961, 25. April Regierungskoalition zwischen CSP und SP: Ministerpräsident THÉO LEFÈVRE (*1914, †1973), Stellvertretender Ministerpräsident und Außenminister PAUL-HENRI SPAAK. Das Regierungsbündnis wird vom 27. Juli 1965 bis zum 11. Febr. 1966 unter PIERRE HARMEL (*1911) fortgeführt.

1963, 2. Aug. Gesetz über die Neueinteilung der Sprachgebiete: Errichtung einer flämischen, einer französischen und einer deutschen Sprachregion sowie Gewährung eines Sonderstatus für die zweisprachige Hauptstadt Brüssel.

1966, 19. März Koalition zwischen CSP und der Partei für Freiheit und Fortschritt (liberal): Ministerpräsident PAUL VANDEN BOEYNANTS (*1919, †2001); bis 7. Febr. 1968 im Amt.

1968, 17. Juni Wechsel der Koalition: CSP und SP bilden unter EYSKENS eine neue Regierung.

1969, Juni Gesetz über die Regionalisierung der Wirtschaftsverwaltung.

1970, 19. Dez. Parlament und Senat billigen die Verfassungsreform: Die Regierung muss paritätisch besetzt werden; Flandern, Wallonien und Brüssel erhalten kulturelle und wirtschaftliche Kompetenzen. Durchführungsgesetze regeln die **Errichtung von »Kulturräten«** und den Schutz der jeweiligen Minderheit.

1972, 21. Jan. Bestätigung EYSKENS als Ministerpräsident einer Koalitionsregierung zwischen Christlich-Sozialen (nunmehr: CVP – *Christelijke Volks-Partij* in Flandern; PSC – *Parti Social Chrétien* in Wallonien) und Sozialisten (nunmehr: BSP – *Belgische Socialistische Partij* in Flandern; PSB – *Parti Socialiste Belge* in Wallonien). Die Koalition wird am 26. Jan. 1973 unter EDMOND LEBURTON (*1915, †1997) bis zum 19. Jan. 1974 fortgeführt.

1974, 21. Juli Gesetz über die provisorische Regionalisierung des Landes (u. a. durch die Errichtung von Regionalparlamenten).

10. Okt. Entsprechend dem Gesetz vom Juni 1969 werden regionale Wirtschaftsräte und -gesellschaften gebildet und die bis 1971 paritätisch angewiesenen Regionalkredite neu festgesetzt. Damit wird auch der **veränderten Wirtschaftsstruktur Belgiens** Rechnung getragen. Während Wallonien, früher Zentrum des Bergbaus und der Stahlindustrie, relativ weniger Zuwendungen erhält (38 %), schneidet Flandern mit seinen modernen Verarbeitungsindustrien erheblich besser ab (52%); die Hauptstadt Brüssel erhält rund 10% der gesamten Mittel.

1975, 25. April Leo Tindemans (*1922; CVP) bildet ein Minderheitskabinett aus CVP-PSC, Liberalen und dem *Rassemblement Wallon* (RW).

1977, 25. Febr. Ein Generalstreik der belgischen Eisenbahner bildet den Beginn einer **Protestwelle der Gewerkschaften** gegen das Regierungsprogramm zur Stabilisierung der Wirtschaft und der Staatsfinanzen.

9. März Unterschiedliche Auffassungen in der Haushaltspolitik und in Fragen der Regionalisierung führen zur Auflösung des Parlaments und zur Ausschreibung von Neuwahlen.

17. April Die Parlamentswahlen ergeben eine Mehrheit für die CVP-PSC und die BSP-PSB, die sich auf einen Gemeinschaftspakt über Regionalisierung und Staatsreform einigen. Der bisherige Regierungschef Tindemans bildet eine neue Koalitionsregierung.

1978, 22. Febr. Vorlage des Entwurfs einer Verfassungsreform für das regionalisierte Belgien (»Stuyvenberg-Abkommen«). Danach werden unter einer paritätisch aus Flamen und Wallonen zusammengesetzten Regierung drei Regionen (Flandern, Wallonien und Brüssel) gebildet, die jeweils von einer regionalen Regierung geleitet werden; Letztere besitzt in vielen Bereichen von der Zentralregierung unabhängige Entscheidungsbefugnis.

11. Okt. Ministerpräsident Tindemans erklärt seinen Rücktritt, da sich die Parteien über die Durchführung der im Gesetzentwurf vorliegenden Staatsreform nicht einigen können.

20. Okt. Paul Vanden Boeynants übernimmt die bisherige Regierung in voller Zusammensetzung als Übergangskabinett bis zu Neuwahlen.

1979, 3. April Mit dem Amtsantritt des neuen Ministerpräsidenten Wilfried Martens (*1937; CVP) wird die Regierungskrise überwunden (Neuwahlen vom 17. Dez. 1978). Die neue Koalitionsregierung wird getragen von CVP, den Sozialisten und der Demokratischen Front der Frankophonen.

1980, 5.–7. Aug. Abgeordnetenkammer und Senat billigen das Regionalisierungsgesetz.

1981, 6. April Nach dem Rücktritt von Wilfried Martens (31. März) scheitert auch das Kabinett von Mark Eyskens (*1933; CVP) an der Wirtschaftskrise (21. Sept.). Martens wird erneut Regierungschef (17. Dez.).

1984, 30. Jan In Eupen konstituiert sich der Rat (seit 2004: das Parlament) der Deutschsprachigen Gemeinschaft (RDG), eine der drei eigenständigen politisch-kulturellen Körperschaften im föderalisierten Belgien.

23. März Durch Annahme des Immigrantengesetzes erschwert das Parlament die Einreise von Arbeitnehmern aus Nicht-EG-Ländern.

1985, 28. Nov. Nach vorgezogenen Neuwahlen bildet Martens die neue Regierung.

1986, 23. Mai Die Regierung versucht, mit einem drastischen Sparprogramm den Haushalt zu sanieren.

1987, 21. Okt. Regierungskrise durch die Voerstreek-Frage (**Sprachenstreit** zwischen flämisch und französisch Sprechenden im Süden der Provinz Limburg). Sie wird durch die Vereidigung der siebten Regierung Martens beendet.

13. Dez. Nach vorgezogenen Parlamentswahlen sind die Sozialisten zum ersten Mal seit 1936 wieder stärkste politische Kraft.

1988, 9. Mai Amtsantritt einer aus fünf Parteien (darunter jeweils flämische und wallonische CVP und Sozialisten) bestehenden Koalitionsregierung unter Wilfried Martens.

5. Aug. Eine von der Abgeordnetenkammer verabschiedete Verfassungsänderung sieht größere Autonomie für Flandern und Wallonien ab 1989 vor.

1989, Jan. Mit der Abtretung von Teilen der staatlichen Einkünfte an die Regionen und der Bildung der Region Brüssel ist Belgien der **Umwandlung in einen Bundesstaat** näher gekommen.

1991, 25. Nov. Nach vorgezogenen Parlamentswahlen am 24. Nov., die zu einer Parteienzersplitterung führen, tritt Ministerpräsident Martens zurück, bleibt aber zunächst geschäftsführend im Amt.

1992, 28. Sept. Die neue Koalitionsregierung aus Christdemokraten und Sozialisten unter Jean-Luc Dehaene (*1940; Ministerpräsident seit 7. März) beschließt eine **Staatsreform**: Belgien wird in einen Bundesstaat der drei regionalen Gemeinschaften der Flamen, Wallonen und Deutschsprachigen umgewandelt. Für die Hauptstadt Brüssel ist ein Sonderstatus vorgesehen.

1993, 23. April Das Parlament stimmt den letzten zwei von insgesamt 34 Verfassungsänderungen über die Umwandlung Belgiens in einen Bundesstaat zu.

8. Mai Die Staatsreform wird rechtskräftig.

31. Juli Tod König Baudouins. **Albert II.** (*1934), Bruder des Verstorbenen, legt am 9. Aug. als neuer König den Amtseid ab.

1994, 21. Jan. Aufgrund von Korruptionsvorwürfen müssen etliche hochrangige Politiker der Sozialistischen Partei von ihren Regierungsämtern zurücktreten.

1995, 21. Mai In Parlamentswahlen wird die Regierung Dehaene bestätigt.

1996, 8. Sept. Der frühere Minister Alain van der Biest (*1943, †2002) wird wegen des Verdachts verhaftet, den Auftrag zur Ermordung des wallonischen Regionalpolitikers André Cools (*1927, †1991) erteilt zu haben.

20. Okt. Etwa 200000 Belgier gedenken mit einem Schweigemarsch in Brüssel der Opfer einer **Serie von Mädchenmorden**. Der Protest richtet sich gegen mutmaßliche Verbindungen zwischen Verbrecherkreisen sowie Polizei- und Justizapparat.

1998, 23. Dez. Das Brüsseler Kassationsgericht verurteilt zwölf ranghohe Politiker und Industriemanager wegen Bestechlichkeit im Zusammenhang mit Rüstungsgeschäften zu Haftstrafen.

1999, 13. Juni Bei der Parlamentswahl erleidet die durch zahlreiche Skandale erschütterte Koalitionsregierung unter Dehaene eine Schlappe. Liberale, Sozialisten und Grüne bilden ein neues Kabinett unter dem Liberalen GUY VERHOFSTADT (*1953), der am 12. Juli als Ministerpräsident vereidigt wird.

2000, Mai Im Zuge der Aufarbeitung der belgischen Kolonialgeschichte im Kongo beginnt eine parlamentarische Untersuchungskommission die Ermordung des kongolesischen Ministerpräsidenten PATRICE LUMUMBAS im Jahr 1961 zu untersuchen.

8. Okt. Bei den Gemeinde- und Regionalwahlen kommt es durch **Gewinne des rechtsradikalen Vlaams Blok** v. a. im flämischen Landesteil zu einer politischen Kräfteverschiebung nach rechts.

2002, 31. Aug. Ministerpräsident VERHOFSTADT gewinnt eine Vertrauensabstimmung im Parlament. Vorausgegangen ist eine Regierungskrise wegen Waffenlieferungen an Nepal, in deren Verlauf die Grüne Ministerin für Umwelt und Gesundheit, MAGDA ALVOET (*1944), zurücktrat.

2003, 10. Febr. Als Gegner einer militärischen Intervention im Irak ohne UN-Mandat legt Belgien zusammen mit Deutschland und Frankreich in der NATO sein Veto gegen den Antrag der USA ein, Hilfeleistungen für den Allianzpartner Türkei im Falle eines Krieges vorzubereiten.

18. Mai Dank der Gewinne seines sozialistischen Koalitionspartners bei der Parlamentswahl kann Ministerpräsident VERHOFSTADT im Amt bleiben. Sein neues Regierungsprogramm sieht v. a. die Reduzierung der Staatsverschuldung vor.

12. Juli Die neue sozialliberale Regierung schafft das umstrittene »Genozid-Gesetz« ab, das die »universelle Zuständigkeit« belgischer Gerichte für Kriegsverbrechen, gleich wo verübt, postuliert hatte.

2004, 20. Febr. Verabschiedung eines Gesetzes, das ab 2006 auch Einwanderern aus Nicht-EU-Ländern Stimmrecht auf kommunaler Ebene gewährt.

13. Juni Bei den Regionalwahlen in Flandern wird der *Vlaams Blok* nach den Christdemokraten zur zweitstärksten Partei.

Nov. Wegen Verstoßes gegen das Antirassismus-Gesetz wird der *Vlaams Blok* vom Obersten Gericht verurteilt, löst sich auf und wird als *Vlaams Belang* (Flämisches Interesse) mit nur leicht abgemildertem Parteiprogramm neu begründet.

2005, 13. Mai Die Regierung VERHOFSTADT übersteht eine Vertrauensabstimmung im Parlament. Anlass ist ein Sprachenstreit in den Vororten von Brüssel.

Okt. Rentenreformpläne der Regierung (u. a. Beschränkung der Frühverrentung, Verlängerung der Lebensarbeitszeit) führen zu Protesten und zeitweiligem Generalstreik.

Nov. Flämische Wirtschaftsführer legen angesichts des Auseinanderklaffens der Wirtschaftsentwicklung in Flandern und Wallonien ein »Manifest für ein selbstständiges Flandern in Europa« vor und treten für die Umwandlung der belgischen Regionen in eigene Staaten ein. Für die Hauptstadtregion Brüssel wird ein Sonderstatus als EU-Hauptstadt vorgeschlagen. Daraufhin erfolgt eine scharfe, mit der Zentralregierung abgestimmte Reaktion des Königs ALBERT II.

2007, 10. Juni Bei den Parlamentswahlen müssen die Parteien der Regierungskoalition z. T. starke Verluste hinnehmen: die flämischen Liberalen kommen nur noch auf 11,8 %, die Sozialisten auf 10,3 %, in Wallonien auf 10,9 %. Da die Koalition nicht mehr die Mehrheit hat, wird der Wahlsieger (18,5 %), der Chef der flämischen *Christen Demokratisch en Vlaams* (CV&P; bis 2001 CVP) YVES LETERME (*1960), mit der Bildung einer neuen Regierung beauftragt. Er ist jedoch zunächst nicht in der Lage, gemeinsam mit der wallonischen Schwesterpartei (6 %) eine tragfähige Koalition zu bilden, Haupthindernis ist die Unfähigkeit aller Parteien, sich über eine stärkere Verselbstständigung der Regionen zu einigen. Hierbei geht es v. a. um Finanztransfers aus dem reicheren Flandern ins ärmere Wallonien. In der politischen Diskussion wird das Auseinanderbrechen Belgiens befürchtet.

1. Dez. Nach mehreren Anläufen, eine Koalition zustande zu bringen, gibt LETERME den Auftrag des Königs zur Regierungsbildung zurück.

21. Dez. Der noch amtierende Regierungschef VERHOFSTADT bildet eine Übergangsregierung mit LETERME als stellvertretendem Regierungschef. Sie soll innerhalb von drei Monaten einen Ausweg aus der Krise finden. Das Parlament spricht VERHOFSTADT am 23. Dez. das Vertrauen aus.

2008, 20. März YVES LETERME wird als Ministerpräsident einer Koalition aus CV&P, *centre démocrate Humaniste* (cdH; bis 2002 PSC), Liberalen und wallonischen Sozialisten vereidigt.

Luxemburg seit 1945 | Forts. v. S. 1062 |

Die enge Zusammenarbeit mit den Nachbarländern Belgien (Währungsassoziation) und Niederlande sowie die Mitgliedschaft in der Europäischen Gemeinschaft sichern die wirtschaftliche und politische Existenz des Kleinstaates. Die Europäische Investitionsbank und das Sekretariat des Europaparlaments haben ihren Sitz in der Hauptstadt Luxemburg. Aufgrund der lothringischen Erzvorkommen kann die Wirtschaft des Landes auf einer international bedeutenden **Eisen- und Stahlindustrie** aufbauen (ARBED-Konzern). Die Industrie wie auch die sich vorwiegend auf Viehwirtschaft und Weinanbau umstellende Landwirtschaft sind stark von ausländischen Arbeitskräften abhängig.

1945, 20. Nov. Der Vertreter der Christlich Sozialen Volkspartei (CSV) PIERRE DUPONG (*1885, †1953), der die Exilregierung geleitet hat (seit 6. Nov. 1937 im Amt), bildet ein neues Kabinett. Nach zwei weiteren Regierungsbildungen ist er bis Dez. 1953 Regierungschef; danach wird bis März 1958 die Regierung von JOSEPH BECH (*1887, †1975) geleitet.

1948, 15. April Luxemburg gibt die »immer während Neutralität« auf und tritt 1949 der NATO bei. Die allgemeine Wehrpflicht wird 1967 abgeschafft; ein Berufsheer (560 Mann) nimmt die Verteidigungsaufgaben im Rahmen der NATO wahr.

1959, 26. Febr. Nach der kurzen Regierung (11. April–

10. Dez. 1958) des Ministerpräsidenten PIERRE FRIEDEN (*1892, †1959) bildet der Christlich-Soziale CHRISTIAN PIERRE WERNER (*1913, †2002) sein erstes Kabinett. Vier weitere von ihm geführte Regierungen folgen bis 1974.

1964, Nov. Großherzogin CHARLOTTE (*1896, †1985) dankt zugunsten ihres Sohnes JEAN (*1921) ab.

1974, 15. Aug. Luxemburg wird von einer Koalition aus Sozialisten und Liberalen regiert: Regierungschef und Außenminister ist der Liberale GASTON THORN (*1928, †2007).

1979, 10. Juni Aus den Wahlen zur Abgeordnetenkammer gehen die Christlichen Demokraten unter CHRISTIAN PIERRE WERNER als Sieger hervor. WERNER wird erneut Ministerpräsident (16. Juli 1979 bis 18. Juni 1984).

1984, 20. Juni JACQUES SANTER (*1937; CSV) bildet die neue Regierungskoalition aus CSV und LSAP (Luxemburgische Sozialistische Arbeiterpartei).

1989, 14. Juli Trotz Verlusten bei Parlamentswahlen (18. Juni) bleibt die CSV stärkste Partei; neue Regierung aus CSV und LSAP unter SANTER.

1992, 2. Juli Die Abgeordnetenkammer ratifiziert das Vertragswerk von Maastricht.

1994, 15. Juli SANTER wird von den Staats- und Regierungschefs der Europäischen Union als neuer EU-Kommissionspräsident und Nachfolger von JACQUES DELORS (*1925) nominiert.

1995, 20. Jan. Finanzminister JEAN-CLAUDE JUNCKER (*1954) wird Ministerpräsident.

1997 Durch die politische und wirtschaftliche Stabilität kann Luxemburg seine Position als führender internationaler Bankenplatz und Medienstandort weiter ausbauen.

1999, 14. Juni Nach Verlusten bei der Parlaments- und der Europawahl (13. Juni) erklärt Ministerpräsident JUNCKER seinen Rücktritt. Erneut mit der Regierungsbildung beauftragt, stellt er am 7. Aug. ein neues Kabinett aus CSV und Demokratischer Partei (DP) vor.

2000, 7. Okt. Großherzog JEAN dankt zugunsten seines ältesten Sohnes HENRI II. (*1955) ab.

2002, Jan. Der ARBED-Konzern fusioniert mit französischen und spanischen Unternehmen zum weltweit zweitgrößten Stahlkonzern ARCELOR.

2004, 13. Juni Aus den Wahlen zur Abgeordnetenkammer geht die CSV gestärkt hervor; Verluste bei der DP. Neuer Koalitionspartner JUNCKERS wird die (Letzeburgische) Sozialistische Arbeiterpartei (LSAP).

2005, Juli Die Bevölkerung stimmt mit 56,5 % für die Annahme des Entwurfs für eine EU-Verfassung. JUNCKER, der angekündigt hat, im Fall der Ablehnung zurückzutreten, bleibt im Amt.

2006, Nov. ARCELOR wird vom indisch-britischen Unternehmen *Mittal Steel* übernommen, der nunmehr größte Stahlkonzern der Welt (Sitz in Luxemburg).

Großbritannien und Nordirland seit 1945 | Forts. v. S. 1049 |

Obwohl Großbritannien erneut auf Seiten der Sieger steht, beschleunigt der Zweite Weltkrieg den **Verlust der britischen Weltmachtposition**. Zwar sind die Verluste an Menschenleben geringer als im Ersten Weltkrieg (270 000 Soldaten und 60 000 Zivilisten), aber die ökonomischen Folgen sind gravierend. 1945 hat sich der Wert britischer Exporte im Vergleich zur Vorkriegszeit nahezu halbiert, die Auslandsinvestitionen sind um 25 % zurückgegangen und Großbritannien ist zum größten Schuldner der Welt geworden, mit den USA als Hauptgläubiger. Es benötigt annähernd fünf Jahre, um die Folgen des Krieges mit amerikanischer Hilfe wirtschaftlich zu überwinden und wieder den Leistungsstandard der Vorkriegszeit zu erreichen. Das wiedergewonnene Wirtschaftspotenzial kann sich unter den Bedingungen eines zunehmend härteren Wettbewerbs auf den Weltmärkten nur mit Mühe behaupten. Überholte Produktionsmethoden, strukturelle Anpassungsschwierigkeiten sowie Mangel an Investitionen lassen die britische Industrieproduktion langsamer als die anderer westlicher Industriestaaten steigen. Zudem belasten anhaltend hohe Militärausgaben die Wirtschaft. Dies ist jedoch der Preis für die britische Nachkriegspolitik, weiterhin neben den USA und der Sowjetunion als gleichberechtigter Partner zu agieren. Tatsächlich rückt das Land als Großmacht ins zweite Glied und beschränkt seine weltpolitische Rolle darauf, als verlässlicher **Juniorpartner der USA** zu agieren. Hinzu kommt, dass sich Großbritannien nach dem Zweiten Weltkrieg gezwungen sieht, seine Führungsposition innerhalb des *Commonwealth* Schritt für Schritt aufzugeben. Die sich anbietende Alternative einer stärkeren Hinwendung zum kontinentalen Europa und den späten Beitritt zur Europäischen Union vollzieht Großbritannien nur unter dem Eindruck ökonomischer Sachzwänge und begleitet bis heute jeden Schritt auf dem Wege zu einer verstärkten politischen Integration in die Europäische Union mit Skepsis.

Die Innenpolitik der Nachkriegszeit steht ganz im Zeichen des Experiments, die Folgen bestehender und wachsender sozialer Differenzen durch den **Ausbau des Wohlfahrtsstaates** aufzufangen. Doch als unzureichende Rahmenbedingungen, insbesondere die damit verbundenen Kosten Ende der 1970er-Jahre, in die generelle Krise münden, reagiert die konservative Regierung unter MARGARET THATCHER (*1925) darauf mit neoliberalen Alternativkonzepten. Und wie in den 1950er- und 1960er-Jahren die Konservativen die Politik des Wohlfahrtsstaates mittragen, so knüpft nach erneutem Machtwechsel im Jahre 1997 die Sozialpolitik von *New Labour* an die Grundprinzipien des **Thatcherismus** an.

Die Regierung Attlee (1945–1951)

1945, 5. Juli Da es im Wahlkampf vorrangig um die Grundzüge künftiger Sozial- und Wirtschaftspolitik geht, erringt die *Labour Party* in den ersten Wahlen seit Kriegsende unter CLEMENT ATTLEE (*1883,

†1967) einen eindeutigen Sieg über den Kriegshelden CHURCHILL (*1874, †1965) (parlamentarische Mehrheit von 143 Sitzen). Die neue Regierung verfolgt eine Politik weitreichender **sozialer und wirtschaftspolitischer Reformen**, wie sie z.T. bereits im Beveridge-Report konzipiert sind. Günstige Voraussetzungen hierfür liefern ein von den USA gewährter Kredit über 3,75 Mrd. Dollar sowie die zwei Jahrzehnte andauernde niedrige Arbeitslosigkeit.
Ende des Jahres leitet die Regierung nach und nach die Vergesellschaftung wichtiger Wirtschaftszweige ein, ohne jedoch im Endeffekt die wirtschaftliche Struktur Großbritanniens revolutionär zu verändern.

1946 Verstaatlichung der Bank von England, des Kohlebergbaus und des Transportgewerbes; das Gewerkschaftsgesetz von 1927 wird aufgehoben. Das **Gesetz zur allgemeinen Pflichtversicherung** (Renten-, Hinterbliebenen-, Arbeitslosen- und Krankenversicherung) ist ein Meilenstein auf dem Weg in den allgemeinen Wohlfahrtsstaat *(National Insurance Act)*.

1947 Den Auswirkungen der durch den extrem harten Winter verursachten Versorgungskrise sowie einer durch die vorübergehend freie Konvertibilität des Pfundes verursachten Finanzkrise begegnet die Regierung mit unpopulären Maßnahmen zur Rationierung und Regulierung des privaten Verbrauchs.

30. Juli Verstaatlichung der Elektrizitätswerke.

15. Aug. Indien wird in die Unabhängigkeit entlassen. Es wird, ebenso wie das von ihm abgetrennte Pakistan, Mitglied des *Commonwealth of Nations*. Die **Auflösung des British Empire** schreitet nun unaufhaltsam voran.

1948, 1. Jan. Verstaatlichung der Eisenbahnen.

20. Febr. Das Gesetz zur Wahlrechtsreform schafft gemäß dem Grundsatz »one man, one vote« das Doppelwahlrecht für Geschäftsinhaber, deren Wohnsitz in einem anderen Wahlkreis liegt, ab; das gleiche gilt für die Inhaber akademischer Grade, da die zwölf Universitäten das Recht verlieren, eigene Abgeordnete zu entsenden. Die Wahlkreise werden neu eingeteilt und ihre Gesamtzahl auf 625 erhöht. Gleichzeitig wird Briefwahl künftig zugelassen.

16. April Großbritannien tritt als Gründungsmitglied der *Organization for European Economic Cooperation (OEEC)* bei und erhält weitere Kredite zum inneren Aufbau. Besonders auf Betreiben des britischen Außenministers ERNEST BEVIN (*1881, †1951) bleibt die Sowjetunion von der OEEC ausgeschlossen.

9. Mai Verstaatlichung der Eisen- und Stahlindustrie. Gegen dieses Vorhaben erhebt sich großer Widerstand, im Oberhaus findet es keine Mehrheit. Das Gesetz wird 1951 von den Konservativen wieder aufgehoben, am 3. Nov. 1967 von der *Labour*-Regierung aber erneut in Kraft gesetzt.

22. Juni Mit dem Schiff *Empire Windrush* landen 492 Einwanderer aus Jamaika an, um in Großbritannien zu arbeiten. Damit beginnt die allmähliche Umkehrung des Migrationsstromes zwischen Großbritannien und den Ländern des *Commonwealth*.

5. Juli Auf der Grundlage des entsprechenden Gesetzes von 1946 wird der **staatliche Gesundheitsdienst** (*National Health Service*) eingerichtet.
Ein in diesem Jahr verabschiedetes Gesetz gesteht allen Bürgern des *Commonwealth* das Recht auf einen britischen Pass zu.

18. Sept. Die Abwertung des Pfund Sterling um 30,5 % (1:2,80 US-$) führt nur zu einer vorübergehend verbesserten Zahlungsbilanz.

14. Nov. Ein Parlamentsgesetz beschränkt das Vetorecht des Oberhauses auf ein Jahr.

1950, 23. Febr. Neuwahlen bringen für die *Labour Party* deutliche Verluste, aber immer noch eine relative Mehrheit der Parlamentssitze (315 gegen 298 Konservative); ATTLEE bleibt Premierminister.

Premierminister Großbritanniens seit 1945

Jahr	Premierminister	Partei
1945–1951	Clemens Attlee	Labour
1951–1955	Winston Churchill	Konservative
1955–1957	Anthony Eden	Konservative
1957–1963	Harold Macmillan	Konservative
1963–1964	Alexander Douglas Home	Konservative
1964–1970	Harold Wilson	Labour
1970–1974	Edward Heath	Konservative
1974–1976	Harold Wilson	Labour
1976–1979	James Callaghan	Labour
1979–1990	Margaret Thatcher	Konservative
1990–1997	John Major	Konservative
1997–2007	Tony Blair	Labour
seit 2007	Gordon Brown	Labour

Konservative Mehrheiten (1951–1964)

1951, 25. Okt. Da Differenzen innerhalb der *Labour Party* (Linke *Bevanites* gegen die Rüstungspolitik ATTLEES) Neuwahlen erforderlich machen, erringen die Konservativen die Mehrheit an Sitzen (321 gegen 295 *Labour*) im Unterhaus, obgleich die *Labour-Party* (48,8 gegen 48,0 %) mehr Stimmen erhält. WINSTON CHURCHILL bildet die neue Regierung.

1952, 6. Febr. Tod König GEORGS VI. (*1895, †1952). Es folgt seine Tochter ELISABETH II. (*1926).

3. Okt. **Erster britischer Atombombenversuch** durch den Großbritannien die Aufrechterhaltung seines Großmachtanspruches unterstreicht.

1954, 4. Juli Nach weitgehender Abschaffung von Kontrollen ab 1950 wird die Rationierung von Lebensmitteln offiziell beendet.

1955, 5. April CHURCHILL tritt aus gesundheitlichen Gründen zurück; sein Nachfolger wird der bisherige Außenminister ANTHONY EDEN (*1897, †1977). Die Unterhauswahlen im Mai bringen den Konservativen eine klare Mehrheit.

1956 Nachdem am 26. Juli der ägyptische Präsident NASSER die Verstaatlichung des Sueskanals verkündet hat und Großbritannien u.a. um seine Ölversorgung fürchtet, entschließt es sich (gemeinsam mit Frankreich und Israel) zu massiver militärischer Intervention. Im Oktober wird die Kanalzone von Truppen besetzt, doch weltweiter Widerstand, angeführt von den USA, erzwingt im Dez. den Rückzug. Damit ist endgültig offenkundig, dass Großbritannien nicht mehr in der Lage ist, eine eigenständige Rolle als politische Großmacht zu spielen.

1957, 9. Jan. In Folge der **Sueskrise** tritt EDEN zurück, sein Nachfolger wird HAROLD MACMILLAN (*1894, †1986).

1958, 30. April Einführung von *life-peers* im Oberhaus (im Gegensatz zu erblicher Mitgliedschaft) sowie des Rechts für weibliche Adlige, den Sitz ihrer Familie einzunehmen.

Aug./Sept. »Rassenunruhen« im Londoner Stadtteil Notting Hill und in Nottingham.

1959, 9. Okt. Vor dem Hintergrund einer boomenden Wirtschaft (Premierminister MACMILLAN: »you never had it so good«) erringen die Konservativen ihren dritten Wahlsieg in Folge mit einer deutlichen Mehrheit (365 gegen 258 *Labour*-Sitze).

1960, 4. Jan. Als Alternative zur Europäischen Wirtschaftsgemeinschaft betreibt Großbritannien die **Gründung der EFTA** (Europäische Freihandelszone).

3. Febr. Mit einer Rede vor dem südafrikanischen Parlament über die Bedeutung eines neuen afrikanischen Nationalismus (»winds of change«) leitet MACMILLAN den zügigen **Rückzug Großbritanniens aus seinen afrikanischen Kolonien** ein.

17. Nov. Aufhebung der allgemeinen Wehrpflicht in Umsetzung eines entsprechenden Beschlusses der Regierung von 1957.

1961, Juli Angesichts der wachsenden wirtschaftlichen Schwierigkeiten ordnet die Regierung einen allgemeinen Lohnstopp bis zum April 1962 an, der weitgehend ohne Effekt bleibt und auf großen Widerstand in der Öffentlichkeit stößt.

Juli/Aug. Aus wirtschaftlichen Erwägungen strebt MACMILLAN den Beitritt Großbritanniens zur Europäischen Wirtschaftsgemeinschaft (EWG) an. Das Unterhaus billigt das Vorhaben (Stimmenthaltung der *Labour Party*) und am 10. Aug. stellt die Regierung den offiziellen Beitrittsantrag.

1962, 27. Febr. Als die Zahl der jährlichen Einwanderer aus den Ländern des *Commonwealth* 100 000 überschreitet, werden erste Maßnahmen zur Drosselung des Zustroms eingeleitet, die sich v. a. gegen Farbige richten.

7. März Konstituierung des Nationalen Rats für Wirtschaftliche Entwicklung (NEDC), einer Art Wirtschaftsrat, an dem Regierung und Sozialpartner beteiligt sind. Das Gremium besteht bis 1992.

1963 Anstieg der Arbeitslosenzahl auf 878 000 im Winter 1962/63 (die höchste Zahl seit 1945).

14. Jan. Frankreichs Staatspräsident CHARLES DE GAULLE lehnt eine britische EWG-Vollmitgliedschaft endgültig ab.

18./19. Okt. Rücktritt MACMILLANS, der durch geschicktes Taktieren und gegen mannigfachen innerparteilichen Widerstand Sir ALEC DOUGLAS-HOME (*1903, †1995) als Nachfolger durchsetzt. Ursprünglich LORD HOME, erlaubt ihm nun ein Gesetz, auf seinen Sitz im Oberhaus zu verzichten.

Von Wilson bis Callaghan (1964–1979)

Diese fünfzehn Jahre umfassende Zeitspanne ist durch eine sich kontinuierlich verschärfende **wirtschaftliche Krisensituation** gekennzeichnet, die Großbritannien den Ruf des «kranken Mannes Europas« verschafft. Während im Inland Preise und Arbeitslosigkeit steigen, gerät international das Pfund unter Druck. Gleichzeitig machen die Gewerkschaften gegen jegliche rigorose Sanierungspolitik wie Preis- und Lohnstopps Front. Wiederholte Versuche, v. a. der *Labour*-Regierungen, durch einen sog. »Sozialkontrakt« den sozialen Frieden zu sichern, scheitern regelmäßig. 1972 z. B. gibt es 2530 Streiks mit 23,9 Mio. verlorenen Arbeitstagen.

1964, 15. Okt. Unterhauswahlen: Die *Labour Party* erzielt einen knappen Wahlsieg (317 Sitze gegen 304 Konservative). Neuer Premierminister wird HAROLD WILSON (*1916, †1995).

1965, 26. Okt. Die Todesstrafe wird zunächst für fünf Jahre, dann endgültig abgeschafft.

1966, 22. Febr. Mit WILSONS Ankündigung des Abbaus britischer Verpflichtungen »östlich von Sues« setzt eine weitere Etappe des Rückzugs aus Übersee ein.

31. März Durch Neuwahlen kann WILSON die parlamentarische Basis seiner Regierung verbreitern (363 Unterhaussitze gegen 253 Konservative).

23. Mai Angesichts eines Streiks der Seeleute wird vorübergehend der Notstand ausgerufen.

1967, 26. Jan. Erneute Verstaatlichung der Stahlindustrie.

10. Mai Die *Labour*-Regierung erneuert den Antrag um Aufnahme in die EWG.

18. Nov. Abwertung des Pfund um 14,3 % (1 £: 2,40 US-$).

1968, 28. Febr. Angesichts massenhafter Vertreibung asiatischer Siedler aus Kenia erfolgt mit der *Commonwealth Immigrants Act* eine weitere Begrenzung von Einwanderungen (Farbiger).

Juni/Juli Bemühungen um eine weitergehende Reform des Oberhauses, die u. a. das Ziel verfolgen, die Erblichkeit der Mitgliedschaft abzuschaffen, können trotz Erfolg versprechender Zwischenergebnisse nicht zu einem Abschluss gebracht werden.

5. Okt. Mit der gewaltsamen Auflösung einer friedlichen Demonstration der katholischen Bürgerrechtler durch die paramilitärische protestantische Polizeitruppe (*Royal Ulster Constabulary*) in Londonderry (Derry) beginnt in **Nordirland eine Serie blutiger Zusammenstöße** zwischen einer sozial und politisch benachteiligten katholischen Minderheit sowie einer bevorzugten protestantischen Mehrheit.

1969, April Mit einem erneuten Wahlgesetz wird das Wahlalter von 21 auf 18 Jahre herabgesetzt.

19. Aug. Nach schweren Unruhen mit Toten in Nordirlands Hauptstadt Belfast und in Londonderry schickt Premier WILSON Truppen und beansprucht für die

Regierung in London die letzte Verantwortung in Nordirland. Das Land wird auch in den folgenden Jahren ständig von Bürgerkrieg mit Unruhen und Mord heimgesucht. Britische Truppen werden in wechselnder Stärke stationiert.

1970, 18. Juni Bei den Unterhauswahlen erringen die Konservativen die Mehrheit mit 331 Sitzen gegen 287 Labour-Mandate. Der neue Premierminister EDWARD HEATH (*1916, †2005) forciert die Beitrittsverhandlungen mit der Europäischen Gemeinschaft (EG).

16. Juli Ein landesweiter Streik veranlasst die Regierung abermals vorübergehend zur Verkündung des Ausnahmezustandes.

1971, 15. Febr. Einführung des Dezimalsystems in der Währung.

5. Aug. Mit der Verabschiedung der *Industrial Relations Act* zur Neuregelung der Arbeitsbeziehungen knüpft die konservative Regierung an die 1969 gescheiterten Initiativen der Labour-Regierung an; das Vorhaben misslingt jedoch letztlich wegen des Widerstands der Gewerkschaften.

30. Sept. In Nordirland gründet der radikal-protestantische Geistliche IAN PAISLEY (*1926) die Democratic Unionist Party, die für den unveränderten Bestand der Union mit Großbritannien eintritt und jeden Kompromiss und jegliche Zusammenarbeit mit Katholiken ablehnt.

1972 Zu Beginn des Jahres überschreitet die Zahl der Arbeitslosen die Millionengrenze.

22. Jan. **Das Abkommen über den Beitritt zur EG** wird unterzeichnet.

30. Jan. Bei einer Demonstration in Londonderry werden nach dem Ausbruch von Gewalttätigkeiten 13 unbewaffnete Demonstranten von britischen Soldaten erschossen (*Bloody Sunday*), was weltweiten Protest auslöst. Die irischen Reaktionen gipfeln im Niederbrennen der britischen Botschaft in Belfast (2. Febr.). Daraufhin wird Ende März das nordirische Parlament (*Stormont*) aufgelöst und der nordirische Ministerpräsident (seit 1971) BRIAN FAULKNER (*1921, †1977) abgesetzt. London übernimmt die direkte Regierungsgewalt.

23. Juni Die Freigabe des Pfundkurses führt zu dessen Abwertung um 20 %.

1973, 1. Jan. Großbritanniens EG-Mitgliedschaft tritt in Kraft.

13. Nov. Nach dem Ölpreisschock vom Herbst und der landesweiten Weigerung der Bergarbeiter, künftig Überstunden zu leisten, verhängt die Regierung erneut den Ausnahmezustand und beschließt, ab Januar 1974 die 3-Tage-Woche einzuführen.

1974, Jan. Die 1973 von Premierminister HEATH in Nordirland zusammengestellte gemeinsame Regierung von Protestanten und Katholiken scheitert v. a. am überwältigenden Widerstand der Protestanten.

28. Febr. Angesichts eines allgemeinen Streiks der Bergarbeiter um weitere Lohnerhöhungen setzt HEATH Neuwahlen an, aus denen die *Labour Party* mit einem knappen Vorsprung vor den Konservativen (301 gegen 296 Sitze) als stärkste Fraktion hervorgeht. Die *Labour Party* bildet unter HAROLD WILSON eine Minderheitsregierung, die durch Neuwahlen am 10. Okt. mit einer knappen absoluten Mehrheit bestätigt wird.

1975 Die Regierung beschließt weitere Verstaatlichungen (Flugzeug- und Schiffbauindustrie).

Juni Inbetriebnahme der ersten Pipeline zum Transport des Nordseeöls vor der schottischen Küste.

5. Juni Die nach wie vor strittige Frage der britischen EG-Mitgliedschaft wird durch ein Referendum zugunsten des Verbleibs in der Gemeinschaft entschieden (67,2 % Ja, 32,8 % Nein; Beteiligung 63,4 %).

1976, 16. März Rücktritt WILSONS, dessen Nachfolger als Premier und Parteichef JAMES CALLAGHAN (*1912, †2005) wird, der allerdings über keine Mehrheit im

Wahlen in Großbritannien seit 1945

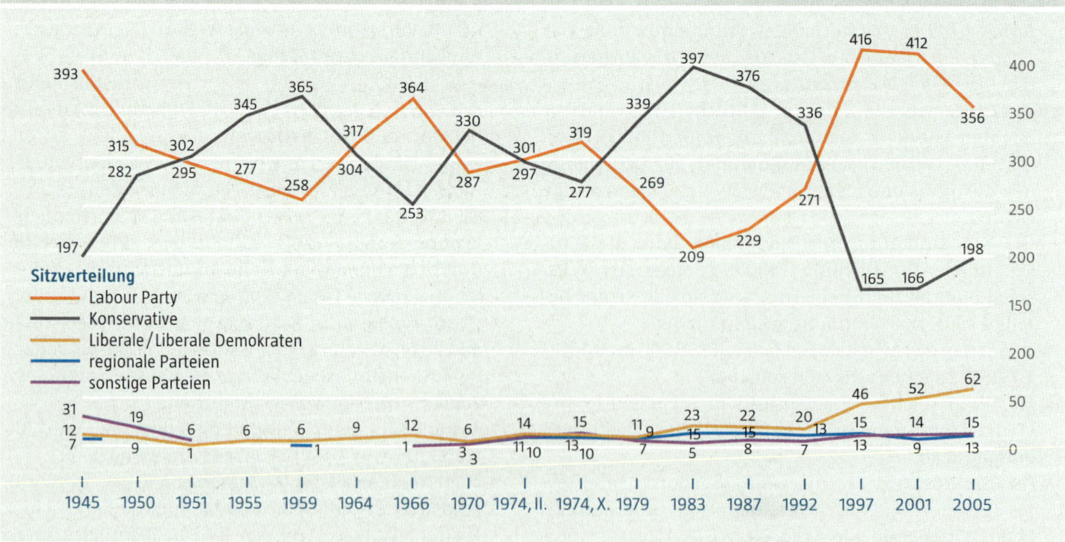

Unterhaus mehr verfügt (Parteiaustritte, verlorene Nachwahlen).

28. Juni Angesichts der Auswirkungen der weltweiten wirtschaftlichen Rezession (das Pfund sinkt auf 1,714 Dollar, die Zahl der Arbeitslosen steigt bis zum Jahresende auf 1,3 Mio.) schließt die Regierung auf drei Jahre einen **Sozialpakt mit den Gewerkschaften**, in dem programmatische Prioritäten für die wirtschaftliche und soziale Entwicklung gesetzt werden (Einfuhrbegrenzung, Vermögenssteuer, Preis- und Lohnbeschränkung). Künftige Streiks können dadurch allerdings nicht verhindert werden.

1977, 23. März Das Kooperationsabkommen mit den Liberalen verschafft der *Labour*-Regierung wieder eine (unsichere) Unterhausmehrheit. Der Pakt wird von den Liberalen nach einem Jahr wieder gekündigt.

1978/79 Im sog. *Winter of Discontent* (Winter der Unzufriedenheit) lähmen ausgedehnte Streiks v. a. das Gesundheitswesen und andere wesentliche Dienstleistungsbereiche (Krankenhäuser, Müllabfuhr, Transport) und mindern nachhaltig das Ansehen der Regierung.

1979, 28. März Um den Forderungen schottischer und walisischer Nationalisten entgegenzukommen, propagiert *Labour* eine Politik der Devolution, d. h. der Übertragung von Rechten auf Zeit und unter dem letztendlichen Vorbehalt der Souveränität des Londoner Parlaments, an neu einzurichtende regionale Parlamente. Zu diesem Zweck veranstaltete Referenden erreichen weder in Schottland noch in Wales die erforderlichen Mehrheiten.

Von Thatcher zu Blair (seit 1979)

Unter dem Eindruck der tief greifenden ökonomischen Krise und der daraus folgenden gesellschaftlichen Verteilungskämpfe kommt es zunächst zu einer neuen **Polarisierung der politischen Parteien**. Der bislang bestehende Grundkonsens über die Einrichtung eines Interventionsstaates mit sozialen Zielsetzungen zerbricht angesichts der offenkundigen Tatsache, dass dieser in der gegenwärtigen Situation nicht finanzierbar ist. Während in der *Labour Party* »linke« Strömungen an Gewicht gewinnen, sodass es zur Abspaltung einer gemäßigten Fraktion (SDP) kommt, fordern die Konservativen unter der Führung MARGARET THATCHERS mit einem neoliberalen Programm die **Abkehr vom Wohlfahrtsstaat** und propagieren stattdessen die Förderung des Individualismus und der Marktgesetze. Nach dem Wahlsieg der Konservativen 1979 verfolgt die Regierung THATCHER dementsprechend die Bekämpfung der Inflation durch Beschneidung der öffentlichen Ausgaben bei gleichzeitiger Senkung des Staatsdefizits als oberstes Ziel der Politik. Dem dienen in der Praxis Steuersenkungen als Anreize für private Investitionen, Rückzug des Staates aus den Kerngebieten der Ökonomie durch Reprivatisierungen und Reduzierung der Aufwendungen für den Sozialbereich. Ein vorübergehendes Anwachsen der Arbeitslosenzahlen wird in Kauf genommen, die Macht der Gewerkschaften durch neue Gesetze nachhaltig beschnitten und die Position der Arbeitgeber gestärkt. Auch die Rückkehr von *Labour* an die Macht bedeutet keine grundsätzliche Abkehr von dieser Politik, die nun von einer reformierten Arbeiterpartei unter TONY (ANTHONY) BLAIR (*1953) mit dem erklärten Ziel der »Modernisierung« des Wohlfahrtstaates fortgeführt wird.

Die Folgen dieser Politik (*New Labour*) sind einerseits wirtschaftliche Erfolge, die sich in geringer Arbeitslosigkeit, in einem starken Pfund und wachsendem Wohlstand bei allerdings zunehmenden Einkommensdifferenzen niederschlagen, sowie andererseits Missstände im Bereich des öffentlichen Sektors (Gesundheitswesen, Verkehr, Stadtsanierung). Das Verhältnis zur Europäischen Union bleibt trotz weiter bestehender Mitgliedschaft kritisch-distanziert, während nach wie vor die **enge Bindung an die USA** besteht, wie Großbritanniens Teilnahme am Irak-Krieg zeigt.

1979, 3. Mai Die Konservativen erringen bei der Unterhauswahl die absolute Mehrheit (339 Mandate; *Labour*: 268). – **MARGARET THATCHER** (*1925) wird **erste Premierministerin** in der Geschichte Großbritanniens.

1980 Mit dem *Employment Act* (Beschäftigungsgesetz) wird das erste von insgesamt acht Gesetzen der Regierung THATCHER (bis 1990) verabschiedet, mit denen die **Macht der Gewerkschaften**, d. h. insbesondere deren Streikrecht, nachhaltig **eingeschränkt** wird. Sämtliche Gesetze sind bis heute (2006) in Kraft.

1981, 26. März Vier ehemalige Labour-Minister gründen die Sozialdemokratische Partei (SDP, *Social Democratic Party*). Sie sehen sich dazu v. a. durch den übermächtigen Einfluss der Gewerkschaften auf die Parteiorganisation veranlasst und propagieren als Ziel u. a. die Einführung des Verhältniswahlrechts.

April/Aug. Straßenschlachten zwischen farbigen arbeitslosen Jugendlichen und rechtsextremistischen Gruppen (»Skinheads«) in London und zahlreichen anderen Städten.

10. Aug. Zehn IRA-Gefangene sterben in einem britischen Gefängnis an den Folgen eines Hungerstreiks, mit dem sie ihre Anerkennung als politische Gefangene erzwingen wollen.

1982, 2. April **Argentiniens Besetzung der Falklandinseln** im Südatlantik (seit 1833 von Großbritannien besetzt) führt zum bewaffneten Konflikt. Mit logistischer und diplomatischer Unterstützung der USA gelingt die Rückeroberung durch britische Streitkräfte. Der Sieg trägt wesentlich dazu bei, THATCHERS Position selbst angesichts von 3,39 Mio. Arbeitslosen (13,8 % der Erwerbsfähigen) innenpolitisch zu festigen.

1983, 9. Juni Aus Parlamentswahlen gehen die Konservativen unter Premierministerin THATCHER als Sieger hervor (397 Mandate); Verluste bei *Labour* (209 Mandate). Das Zwei-Parteien-System bleibt im Unterhaus trotz fast gleicher Stimmenzahl für *Labour* und die Sozialliberale Allianz (Liberale und SDP), die aufgrund des Mehrheitswahlrechts nur wenige Mandate bekommt (23 Mandate), erhalten.

1984, März Beginn des Bergarbeiterstreiks unter der Führung des Vorsitzenden der Gewerkschaft NUM

(*National Union of Mineworkers*), ARTHUR SCARGILL (*1938), der diesen Streik als Fundamentalopposition gegen die Politik der Regierung versteht. Die zum Teil erbitterten Auseinandersetzungen (Ausschreitungen, massive Polizeieinsätze) dauern über ein Jahr und sind der längste Arbeitskampf in Großbritannien im 20. Jh. Die letztendliche Kapitulation der Streikenden ist zugleich das Symbol für den nachhaltigen Machtverlust der Gewerkschaften.

26. Juni Nach harten Verhandlungen erzielt THATCHER eine Reduzierung des britischen Beitrags zur Finanzierung der EG.

15. Nov. Mit der Unterzeichnung des **Nordirland-Abkommens** zwischen der Republik Irland und Großbritannien wird Irland ein grundsätzliches Mitspracherecht in Angelegenheiten, die Nordirland betreffen, gewährt. In den folgenden Wochen große Protestkundgebungen der protestantischen Bevölkerungsmehrheit in Nordirland.

1986, 24. Aug. Privatisierung des staatlichen Energieunternehmens *British Gas*.

1987, 11. Juni Bei den Wahlen zum Unterhaus setzen sich die Konservativen mit 375 von 650 Sitzen klar durch. *Labour* erhält 229 Sitze, die Liberalen 17 Sitze, die SDP fünf Sitze. Es beginnt MARGARET THATCHERS dritte Amtsperiode.

1988, 3. März Vereinigung der Mehrheit der SDP und der Liberalen Partei zur SLDP (*Social Liberal Democratic Party*), die bald darauf die Bezeichnung *Liberal Democrats* annimmt. Zu ihrem Führer wird PADDY ASHDOWN (*1941) gewählt.

1990, 1. April Das Inkrafttreten einer als allgemeine gleiche Kopfsteuer konzipierten Kommunalsteuer (*Poll Tax*) zieht schwere Unruhen nach sich.

22. Nov. Nach mehreren Kabinettsumbildungen und vehementer, auch innerparteilicher Kritik an ihrer Innen-, Wirtschafts- und Europapolitik **Rücktritt MARGARET THATCHERS**. Die Regierung übernimmt der bisherige Schatzkanzler im Kabinett Thatcher JOHN MAJOR (*1943) am 28. Nov.

1991, 17. Jan. Britische Truppen beteiligen sich am Einsatz der multinationalen Allianz gegen den Irak im Zweiten Golfkrieg.

1992, 9. April Überraschend deutlicher Sieg der Konservativen (336 Mandate) gegenüber 271 Mandaten der *Labour Party* bei den Unterhauswahlen.

1993, 1. April An die Stelle der *Poll Tax* tritt in Form einer Grundsteuer die *Council Tax*.

20. Mai Nachdem Großbritannien bei den Verhandlungen über den Ausbau der Europäischen Gemeinschaft (EG) zur Europäischen Union (EU) wesentliche Zugeständnisse wie v. a. die Nichtteilnahme an der Währungsunion erreicht hat, ratifiziert das Unterhaus den **Vertrag von Maastricht**.

1994, 6. Mai Feierliche Eröffnung des von Großbritannien und Frankreich gemeinsam gebauten Eurotunnels unter dem Ärmelkanal.

31. Aug. Die IRA kündigt die Einstellung des bewaffneten Kampfes an.

1995, April Ein Sonderparteitag der *Labour Party* streicht auf Initiative des seit 1994 amtierenden Parteiführers TONY BLAIR den berühmten Punkt 4 (*Clause Four*), in dem das öffentliche Eigentum an den Produktionsmitteln gefordert wird, aus dem Parteiprogramm.

1996, 9. Febr. Mit einem Bombenanschlag in der Londoner Canary Wharf kündigt die IRA ihren »Waffenstillstand« auf als Protest gegen die Aufforderung, parallel zu den laufenden politischen Verhandlungen ihre Waffen zu vernichten.

1997, 1. Mai Bei den Unterhauswahlen siegt die oppositionelle *Labour Party* und erreicht die absolute Mehrheit der Parlamentssitze (419 Mandate). TONY BLAIR wird neuer Premierminister (2. Mai). Die Konservativen müssen starke Verluste hinnehmen (nunmehr nur noch 165 Mandate). Die SLDP erhält 46 Mandate.

6. Mai Der Schatzkanzler der neuen Regierung, GORDON BROWN (*1951), stellt die Unabhängigkeit der Bank von England her.

1. Juli Die bisherige britische Kronkolonie **Hongkong** geht in die Souveränität der Volksrepublik China über.

20. Juli Die IRA verkündet abermals eine Waffenruhe.

31. Aug. Der Unfalltod der populären DIANA (*1961), Prinzessin von Wales und geschiedene Gattin des Thronfolgers CHARLES (*1948), löst in der britischen Öffentlichkeit extreme Anteilnahme aus, teilweise mit Kritik am Verhalten der königlichen Familie bzw. der Institution der Monarchie verknüpft.

11./18. Sept. Schotten und Waliser entscheiden sich in Volksabstimmungen für die Konstituierung eigener Landesparlamente (*Devolution*).

1998, 10. April Nachdem der Konflikt in Nordirland während der letzten 30 Jahre ca. 3600 Menschenleben gefordert hat und Verhandlungen um eine friedliche Lösung v. a. von der IRA durch einen ständigen Wechsel von Waffenstillstandsankündigungen und blutigen Anschlägen begleitet werden, schließen die am nordirischen Friedensprozess beteiligten Parteien das **Karfreitagsabkommen**. Es sieht für Nordirland eine Halbautonomie, den Verbleib bei Großbritannien und eine Machtteilung im künftigen nordirischen Parlament zwischen Protestanten und Katholiken vor.

22. Mai Bei der Volksabstimmung entscheiden sich in der Provinz Ulster 71 %, in Irland 94,4 % für das Karfreitagsabkommen.

25. Juni Wahl zur neuen nordirischen Versammlung. DAVID TRIMBLE (*1944) von der *Ulster Unionist Party* (UUP) wird Erster Minister.

1999, 1. April Das im Jahr zuvor beschlossene Gesetz über einen allgemeinen Mindestlohn tritt in Kraft.

6. Mai In Schottland und Wales finden erstmals Wahlen zu den neuen Regionalparlamenten statt. Sieger ist die *Labour Party*, die Nationalisten stellen jeweils die zweitstärkste Kraft.

11. Nov. Gemäß eines im Januar von der Regierung eingebrachten Gesetzentwurfs zur Abschaffung der Erblichkeit der Oberhaussitze *(hereditary peers)* wird durch eine Übergangsregelung noch 92 Erbadligen, die durch Wahl bestimmt werden, gestattet, ihren Sitz vorerst zu behalten.

2001, 7. Juni Die Unterhauswahlen werden zum Erfolg

für *Labour* (413 von 659 Sitzen). Die Liberalen erhalten 52 Sitze, die Konservativen 166 Mandate.

2002, 14. Okt. Trotz der Ankündigung, ihre Waffen zu vernichten, findet keine nachweisliche Abrüstung der IRA statt. Aufgrund der daraus resultierenden Spannungen innerhalb der nordirischen Versammlung suspendiert London zum vierten Mal die Selbstverwaltung und stellt die Provinz Ulster wieder unter britische Direktverwaltung.

7. Nov. Gibraltar entscheidet sich in einem Referendum mit 98,97 % der Wählerstimmen für einen Verbleib bei Großbritannien.

2003, März In Einhaltung zuvor gegebener Zusagen Blairs an den US-Präsidenten Bush beteiligt sich Großbritannien mit einem 45 000 Mann starken Kontingent am Krieg der USA gegen den Irak.

26. Nov. Aus den Wahlen zum nordirischen Regionalparlament gehen die Gegner des Friedensprozesses gestärkt hervor. Die radikalen Protestanten (*Democratic Unionist Party*, DUP) unter Ian Paisley legen um 7,5 %, die katholische *Sinn Féin* um 5,9 % zu. Unter diesen Umständen bleibt es bei der Suspendierung der Selbstverwaltung.

2004, 8. März Das Oberhaus blockiert mit 216 gegen 183 Stimmen eine Reformvorlage der Regierung, die den konservativen Erbadel ganz aus dem Oberhaus hatte beseitigen wollen.

2005, 5. Mai Die *Labour Party* unter Premier Blair gewinnt zum dritten Mal hintereinander die Wahlen zum Unterhaus (Labour: 356 Sitze; Konservative: 198; Liberale: 62).

7. Juli Ein **Anschlag islamistischer Selbstmordattentäter** auf den öffentlichen Verkehr in London (U-Bahnen und Bus) fordert 52 Todesopfer und ca. 700 Verletzte.

2007, 7. März Nach langwierigen Verhandlungen und schließlichen Konzessionen der *Sinn Féin* finden Neuwahlen für das nordirische Regionalparlament statt, aus denen die beiden radikalen Parteien, die *Democratic Unionist Party* und die *Sinn Féin* gestärkt hervorgehen. Dennoch kommt es am 8. Mai zur Bildung einer gemeinsamen Regierung unter Führung Ian Paisleys (DUP) mit Martin McGuinness (*1950; *Sinn Féin*), einem ehemaligen Kommandanten der IRA als seinem Stellvertreter.

3. Mai Bei Neuwahlen zum schottischen Regionalparlament verliert *Labour* erstmals die Mehrheit und die *Scottish National Party* (SNP) übernimmt die Regierung.

27. Juni Vor dem Hintergrund sinkender Sympathiewerte für *Labour* tritt Tony Blair vom Amt des Premierministers zurück. Sein Nachfolger wird der bisherige Finanzminister Gordon Brown.

Irland seit 1945 | Forts. v. S. 1051 |

Die politischen Beziehungen zwischen Irland und Großbritannien sind auch nach 1945 noch durch die konfessionellen Gegensätze und die Erinnerung an frühere Konflikte geprägt. Die Republik verzichtet darüber hinaus nicht auf eine Eingliederung Nordirlands, aber ihr Anspruch verliert allmählich seine politische Brisanz. Lediglich Extremistengruppen sind bestrebt, den irischen Forderungen auch durch Terror Nachdruck zu verleihen. Sie erhalten jedoch von der irischen Regierung keine Unterstützung mehr, seit Ende der 60er-Jahre werden sie von ihr bekämpft. Für die irische Innenpolitik charakteristisch ist der Gegensatz zwischen den beiden großen Parteien *Fianna Fáil* (»Schicksalskämpfer«, nationalkonservativ) und *Fine Gael* (»Stamm der Gälen«, liberal-konservativ), die sich in der Führung ablösen.

Die wirtschaftliche Lage bleibt lange Zeit schwierig, die agrarische Monostruktur erweist sich als nicht zukunftsträchtig. Bis in die 1980er-Jahre bleibt die Handelsbilanz defizitär, die Zahlungsbilanz weist zwischen 1952 und 1976 nur dreimal positive Werte auf, und die Arbeitslosenquote sinkt nicht unter 6 %. Die Wirtschaft hängt stark von Großbritannien ab. Nach Anfangsschwierigkeiten in den 1970er-Jahren erweist sich die EG-Mitgliedschaft für Irland von Vorteil. Umfangreiche Zahlungen aus dem Kohäsionsfond der EG-Regionalförderung in Verbindung mit gezielten Wirtschaftsreformprogrammen der irischen Regierung legen seit der zweiten Hälfte der 1980er-Jahre den Grundstock für einen signifikanten und nachhaltigen Wirtschaftsaufschwung (»keltischer Tiger«), der Irland im Jahre 2006 das zweithöchste Pro-Kopf-Bruttoinlandsprodukt in der EU beschert.

1945, 25. Juni Das *Fianna Fáil*-Mitglied Seán O'Kelly (*1882, †1966) wird Präsident Irlands (bis 1959).
Die *Fianna Fáil* unter Führung von Eamon De Valera (*1882, †1975) regiert weiterhin (bis 1948, 1951–1954 und 1957–1959).

1948, 18. Febr. Eine Koalition der bisherigen Oppositionsparteien bildet eine neue Regierung. Premierminister wird der *Fine Gael*-Politiker John A. Costello (*1891, †1976; bis 1951 und 1954–1957).

16. April Irland tritt der »Organisation für europäische wirtschaftliche Zusammenarbeit« (OEEC), die 1961 durch die OECD ersetzt wird, als Gründungsmitglied bei.

1949, 18. April (Ostermontag) Jahrestag des Osteraufstands von 1916: Der Austritt Irlands aus dem Commonwealth wird mit Inkrafttreten des *Republic of Ireland Act* rechtskräftig. **Irland wird unabhängige Republik.**

3. Mai Großbritannien akzeptiert den irischen Austritt mit der Verabschiedung der *Ireland-Bill*; Bestandsgarantie für Nordirland, Irland gilt weiterhin nicht als Ausland; britische (und neuseeländische) Bürger gelten umgekehrt für Irland nicht als Ausländer.

5. Mai Irland zählt zu den Gründungsmitgliedern des Europarates.

1952, 20. Mai Die Aufhebung der letzten Lebensmittelrationierungen lässt die Preise für Lebensmittel rasch steigen.

1955, Aug. Die im angloirischen Krieg 1919–1921 gegründete »Irisch-Republikanische Armee« (IRA) radikalisiert sich und beginnt mit der »Grenzkampagne« (Sabotageakte und bewaffnete Überfälle auf

Grenzposten), um auf ihr Ziel, die Vereinigung der Republik Irland mit Nordirland, hinzuweisen.

15. Dez. Irland wird UNO-Mitglied.

1956 Die Wirtschaftsrezession in Irland erreicht ihren Tiefpunkt.

1957, 8. Juli Die Regierung beginnt, gegen die Aktivitäten der IRA auf dem Boden der Republik Irland einzuschreiten.

15. Sept. Irland tritt der Weltbank und dem Internationalen Währungsfonds (IWF) bei. In diesem Rahmen versucht die Republik, eine verstärkte Förderung der Ansiedlung ausländischer Industriefirmen zur Verbesserung der Industriestruktur und des Exports zu erreichen.

1958 Irland beteiligt sich erstmals am Blauhelm-Einsatz der UNO im Libanon.

1959, 18. Juni De Valera wird zum Staatspräsidenten gewählt (bis 1973).

23. Mai De Valeras Nachfolger als Premierminister wird der *Fianna Fáil*-Politiker Seán Lemass (*1899, †1971, bis 1966).

1961, 1. Aug. Irland beantragt den Beitritt zur Europäischen Wirtschaftsgemeinschaft (EWG).

1962, 20. April 29 gefangene IRA-Angehörige werden aus der Haft entlassen, nachdem sich die IRA zur Einstellung terroristischer Tätigkeiten bereit erklärt.

1963, 21. Jan. Irland beantragt den Beitritt zur »Europäischen Gemeinschaft für Kohle und Stahl« (EGKS) und zur »Europäischen Atomgemeinschaft« (EURATOM).

1965, 14. Jan. Lemass reist nach Belfast und trifft den Premierminister des zu Großbritannien gehörenden Nordirland, Terence O'Neill (*1914, †1990). Am 9. Febr. kommt O'Neill zu einem Gegenbesuch nach Dublin. Damit erkennt die Regierung Irlands formell die nordirische Regierung an. Im Vordergrund stehen jedoch Wirtschaftsgespräche.

14. Sept. Irland erweitert seine Fischereigrenze von drei auf zwölf Meilen (gültig ab 1. Okt.).

15. Dez. Ohne dass das irische Teilungsproblem geregelt ist, wird ein Abkommen über eine irisch-britische Freihandelszone unterzeichnet (stufenweiser Abbau von Zollschranken; impliziert keinen Beitritt Irlands zur EFTA).

1966, 1. Juli Das Gesetz über den zollfreien Warenverkehr mit Großbritannien tritt in Kraft.

10. Nov. John »Jack« Lynch (*1917, †1999) tritt sein Amt als neuer Premierminister der *Fianna Fáil*-Regierung an (bis 1973 und 1977–79).

1967, 12. Mai Irland beantragt erneut den Beitritt zur EWG, EGKS und EURATOM.

1968, 11. Sept. Irland wird Mitglied des »Allgemeinen Zoll- und Handelsabkommens« (GATT).

ab 1968 Durch ihr radikal-terroristisches Auftreten verliert die IRA in der Republik Irland zunehmend an Einfluss.

1972, 22. Jan. Die Regierung unterzeichnet das Abkommen für den Beitritt Irlands zur Europäischen Gemeinschaft (EG). Der EG-Beitritt wird am 10. Mai durch ein Referendum mit großer Mehrheit gebilligt.

2. Dez. Gesetz zur wirkungsvollen Bekämpfung der IRA.

8. Dez. Die Bevölkerung stimmt dafür, die verfassungsmäßige Sonderstellung der katholischen Kirche abzuschaffen. Dadurch soll den Protestanten Nordirlands eine Wiedervereinigung erleichtert werden.

1973, 14. März Liam Cosgrave (*1920) bildet eine Regierung aus Mitgliedern seiner *Fine Gael* und der *Labour Party* (bis 1977).

30. Mai Erskine Childers (*1905, †1974; *Fianna Fáil*) wird zum ersten protestantischen Staatspräsidenten Irlands gewählt.

1974, 29. Nov. Zum Nachfolger des verstorbenen Staatspräsidenten Childers wird Cearbhall Ó Dálaigh (*1911, †1978) gewählt. Er tritt sein Amt am 19. Dez. an (bis 1976).

1976, 15. März Irland erhält von der EG einen Kredit in Höhe von 300 Mio. Dollar.
Das Parlament verabschiedet ein Gesetz, das auch die Verurteilung von Terroristen ermöglicht, die außerhalb der irischen Republik (gemeint ist v. a. Nordirland) Anschläge verüben.

10. Sept. Das Parlament stimmt zur verstärkten Bekämpfung des Terrorismus dem Gesetz über die Ausrufung des nationalen Notstandes zu und verschärft darüber hinaus die Strafen für Terroraktionen (15. Sept.).

22. Okt. Staatspräsident Ó Dálaigh tritt zurück.

9. Nov. Ó Dálaighs Nachfolger wird Patrick Hillery (*1923).

1977, 2. Dez. Irland und Großbritannien unterzeichnen ein gegen die Interessen anderer EG-Staaten gerichtetes Abkommen zum gemeinsamen Schutz ihrer beider Fischereigewerbe.

1978, 1. Jan. Irland wird Vollmitglied der EG.

1979, 11. Dez. Nach dem Rücktritt von Premierminister Lynch (5. Dez.) wird Charles James Haughey (*1925, †2006) neuer Chef der *Fianna Fáil*-Regierung.

1981, 30. Juni Nachdem die Parlamentswahlen (11. Juni) keine klaren Mehrheiten erbracht haben, wählt das irische Parlament den bisherigen Oppositionsführer Garret FitzGerald (*1926; *Fine Gael*) zum Premierminister. FitzGerald führt eine Minderheitsregierung aus *Fine Gael* und *Labour Party*.

1983, 5. Jan. Verbot der *Irish National Liberation Army* (INLA) in Irland.

1985, 15. Nov. Das Nordirland-Abkommen mit Großbritannien schafft eine gemeinsame Regierungskommission mit ständigem Sekretariat in Belfast.

21. Dez. Gründung der *Progressive Democrats*.

1987, 17. Febr. Die nach dem Bruch der Regierungskoalition von *Fine Gael* und *Labour Party* stattfindenden Unterhauswahlen gewinnt *Fianna Fáil*. Haughey wird erneut Premierminister.

1990, 7. Nov. Die Präsidentschaftswahlen enden mit einem Sieg der parteilosen Rechtsprofessorin Mary Robinson (*1944), die für die *Labour Party* antritt.

1992, 11. Febr. Nach Kritik innerhalb der *Fianna Fáil* tritt Haughey zurück. Das Parlament wählt Albert Reynolds (*1932) zum neuen Premierminister.

18. Juni Bei einer Volksabstimmung votieren 68,7 % der Iren für das Vertragswerk von Maastricht.

1993, 12. Jan. Mit der *Labour Party* bildet REYNOLDS nach den Parlamentswahlen vom 25. Nov. 1992 eine neue Koalitionsregierung.

15. Dez. REYNOLDS und der britische Premierminister JOHN MAJOR (*1943) unterzeichnen in London eine gemeinsame Deklaration über Nordirland, in der sie den nordirischen Parteien nach einem Gewaltverzicht und der Einhaltung eines Waffenstillstands Friedensgespräche anbieten.

1994, 15. Dez. Nach dem Rücktritt REYNOLDS bildet der bisherige Oppositionsführer und Vorsitzender der *Fine Gael*, JOHN BRUTON (*1947), zusammen mit der *Labour Party* eine neue Regierung.

1995, 22. Febr. Irland und Großbritannien schließen ein Nordirlandabkommen, nach welchem dem Willen der dortigen Bevölkerung bei zukünftigen Regelungen Rechnung getragen werden soll.

1997, 27. Febr. Das gesetzliche Ehescheidungsverbot wird offiziell aufgehoben, nachdem bereits 1995 in einem Referendum eine knappe Mehrheit der Iren (50,2 %) die Einführung der zivilrechtlichen Ehescheidung befürwortet hatte.

26. Juni Nach Parlamentswahlen wird »BERTIE« (BARTHOLOMEW) AHERN (*1951; *Fianna Fáil*) neuer Premierminister eines Minderheitskabinetts.

30. Okt. Bei vorgezogenen Präsidentschaftswahlen setzt sich unter vier Kandidatinnen und einem Kandidaten die konservative Nordirin MARY MCALEESE (*1951) durch.

1998, 12. Dez. *Labour Party* und *Democratic Left* schließen sich zusammen. Die neue Linkspartei übernimmt den Namen *Labour Party*; sie verfügt im Repräsentantenhaus über 21 Mandate.

1999, 10. Nov. Das Parlament billigt den Beitritt Irlands zur »Partnerschaft für den Frieden« mit der NATO.

2. Dez. Im Zuge des nordirischen Friedensprozesses wird der Anspruch Irlands auf den Nordteil der Insel aus der Verfassung von 1937 gestrichen.

2000 Mehrere Untersuchungsausschüsse befassen sich mit dem Finanzgebaren des ehemaligen Regierungschefs CHARLES HAUGHEY.

März Der irische Gewerkschaftsdachverband *Irish Congress of Trade Unions* (ICTU) schließt einen Sozialpakt mit dem Arbeitgeberverband und der Regierung.

2001, 12. Febr. Als erster Mitgliedsstaat erhält Irland von den EU-Finanzministern eine formelle Rüge wegen einer Inflationsrate von 5,5 % im Jahr 2000. Die Arbeitslosenquote sinkt auf 3,8 % im Jahresdurchschnitt, zum Jahresende wird ein im Verhältnis zum Vorjahr um beinahe 20 % gewachsener Handelsbilanzüberschuss erwirtschaftet.

7. Juni In einem Referendum lehnen die Iren mit 54 % den Vertrag von Nizza zur EU-Erweiterung ab.

2002, 1. Jan. Irland führt zusammen mit elf anderen EU-Staaten den Euro als Zahlungsmittel im täglichen Zahlungsverkehr ein.

17. Mai Bei den Parlamentswahlen wird *Fianna Fáil* stärkste Partei. Gewinne gibt es auch für Grüne und *Sinn Féin*, Verluste dagegen für die oppositionelle *Fine Gael*.

19. Okt. In der zweiten Volksabstimmung akzeptieren die Iren mit 62,9 % den Vertrag von Nizza und machen damit den Weg frei für die EU-Osterweiterung.

2004, 11. Juni Bei den Europawahlen verliert *Fianna Fáil* 9,1 % gegenüber dem Ergebnis von 1999. In einem gleichzeitig stattfindenden Verfassungsreferendum stimmen 79,1 % der Wähler dafür, das bisher geltende automatische Staatsbürgerrecht jedes Kindes, das auf der Insel geboren wird, abzuschaffen.

2005, Okt. Die Inflationsrate kann auf 2,7 % gesenkt werden, das Wirtschaftswachstum beträgt 4,7 %.

Wirtschaftliche Entwicklung seit den 1990er-Jahren

Zwischen 1995 und 2006 wächst die irische Wirtschaft im Schnitt um 6 % pro Jahr. Der Aufschwung hat eine zwar kleine, aber moderne und leistungsfähige Nationalökonomie geschaffen, in der der zuvor dominierende Agrarsektor vom Industrie- und Dienstleistungssektor überflügelt wurde. Die Industrie trägt 46 % zum Bruttoinlandsprodukt bei, umfasst 80 % der irischen Exporte und beschäftigt 29 % der irischen Arbeitnehmer. Das irische Pro-Kopf-Bruttoinlandsprodukt liegt um 40 % über dem der vier größten EU-Mitgliedsstaaten und ist das zweithöchste nach Luxemburg.

2007, 24. Mai Aus den Parlamentswahlen geht die *Fianna Fáil* von Premierminister AHERN erneut als stärkste Partei hervor.

Südeuropa seit 1945

Italien seit 1945 | Forts. v. S. 1077 |

Der Zweite Weltkrieg hat Italiens Großmachtstellung zerstört, doch wird das faschistische Regime von innen gestürzt und eine totale Niederlage vermieden. Das Land wird im September 1943 zweigeteilt, aber das Königreich besteht im Süden weiter und dehnt sich infolge des alliierten Vormarsches seit dem Frühjahr 1944 zur Mitte aus; seit Juni 1944 ist Rom wieder Hauptstadt. Die 1943 neu bzw. wieder gegründeten Parteien stimmen nur im Antifaschismus überein, schon zwischen 1943 und 1946 teilen sie sich in die beiden Blöcke, die bis ca. 1990 die italienische Politik antagonistisch bestimmen: Die neue *Democrazia Cristiana* (DC, Nachfolgerin des *Partito Popolare Italiano*) unter ALCIDE DE GASPERI (*1881, †1954) und die Liberalen (PLI) unter LUIGI EINAUDI (*1874, †1961) wollen eine Demokratie westlicher Ausrichtung schaffen, die Sozialisten (zunächst PSIUP, seit 1947 wieder PSI) unter PIETRO NENNI (*1891, †1980) und die Kommunisten (PCI) unter PALMIRO TOGLIATTI (*1893, †1964) eine sozialistische Republik mit Anlehnung an die Sowjetunion. Dazwischen stehen der liberal-demokratische *Partito d'Azione* (bis 1947) und die kleine *Partito Repubblicano Italiano*, (PRI). Die katholisch inspirierte DC entwickelt sich bald zur großen Integrationspartei der Mitte. Die Linksparteien berufen sich auf die *Resistenza*, deren Mythisierung bald begann.

Das Ende der Monarchie

19. Juni Nachdem die Kandidaturen De Gasperis (DC) und Nennis (PSIUP) scheiterten, einigen sich die Parteien auf Feruccio Parri (*1890, †1981; *Partito d'Azione*), ein Führer der kurzfristig auch politisch einflussreichen Partisanenbewegung, als Ministerpräsidenten; De Gasperi wird Außenminister. Die Linksparteien fordern die schnelle Abschaffung der Monarchie.

10. Dez. De Gasperi bildet ein Kabinett aus allen Parteien. Wegen der Staatsform schlägt er ein Plebiszit vor.

1946, 10. März–7. April Gemeinderatswahlen, bei denen die DC stärkste Partei wird.

2. Juni Das Plebiszit über die zukünftige Staatsform ergibt für die Republik 12,7 Mio., für die Monarchie 10,7 Mio. Stimmen. Gleichzeitig finden **Wahlen zur konstituierenden Versammlung** statt: Christliche Demokraten 207 Sitze, Sozialisten 115, Kommunisten 104, Demokratisch-Nationale Union 41, Liberale 41, Republikaner 25, andere Gruppen 65.

13. Juni Umberto II., König seit der Abdankung seines Vaters (9. Mai 1946), verlässt Italien.

18. Juni **Proklamation der Republik**.

26. Juni Die Konstituante wählt den Liberalen Enrico De Nicola (*1877, †1959) zum vorläufigen Staatspräsidenten.

5. Sept. Abkommen De Gasperis mit dem österreichischen Außenminister Karl Gruber (*1909, †1995) in Paris, am Rande der Friedenskonferenz: Für Südtirol wird Autonomie zugesichert.

Die Nachkriegszeit (1947–1962): Koalitionen der Mitte unter Führung der Democrazia Cristiana (DC)

1947, 7./9. Jan. Der rechte Flügel der Sozialistischen Partei unter Giuseppe Saragat (*1898, †1988) bildet eine sozialdemokratische, zur Mitte tendierende Partei (PSLI, seit 1952 PSDI). Die verbliebene Mehrheit unter Nenni bleibt bei der Zusammenarbeit mit den Kommunisten.

10. Febr. Pariser Friedensvertrag: Italien muss den Dodekanes an Griechenland, Istrien an Jugoslawien abtreten und auf alle Kolonien verzichten. Triest wird Freistaat.

4. April Dritte Regierung De Gasperi (seit 3. Febr.) legt ein Programm zur Bekämpfung der Inflation und zur Sanierung des Staatshaushaltes vor, zunehmende Unterstützung durch die USA.

31. Mai De Gasperi bildet ein viertes Kabinett ausschließlich aus Christdemokraten und Unabhängigen. Damit sind die Linksparteien von der Regierung ausgeschlossen, was dem dringenden Wunsch der USA entspricht.

22. Dez. Die Konstituante nimmt mit 453 gegen 62 Stimmen die **neue Verfassung** an, die am 1. Jan. 1948 in Kraft tritt. Die Verfassung bekennt sich zum Antifaschismus, zur Demokratie, zur internationalen Zusammenarbeit und zu sozialen Reformen. Sie findet Kompromisse zwischen katholischer, liberaler und sozialistischer Staatskonzeption und beschließt die Regionalisierung des Landes. Vorerst werden aber nur vier autonome Regionen eingeführt: Aosta-Tal, Sardinien, Sizilien und Trentino / Südtirol. Das Parlament besteht aus der Abgeordnetenkammer (630 Abgeordnete) und dem Senat (315 gewählte Senatoren, dazu einige durch Ernennung durch den Präsidenten der Republik). Beide Kammern haben die selben Funktionen, sodass die parlamentarische Arbeit kompliziert wird. Die Verfassung rezipiert die Lateranverträge von 1929 (Art. 7).

28. Dez. Kommunisten und Sozialisten unter Nenni bilden eine »Demokratische Volksfront«.

1948, 31. Jan. Das erste (unvollständige) Autonomiestatut für Trentino / Südtirol tritt in Kraft.

18./19. April Parlamentswahlen: DC 48,5 %, Volksfront 31 %, PLI, PRI und PSLI zusammen 13,5 %.
De Gasperi und Einaudi engagieren sich für die politische Einigung Europas. Die DC bildet seitdem und bis 1989/90 den Kern der politischen Führung und wird von der katholischen Kirche gestützt, die Mehrheit der Intellektuellen tendiert zur Linken.

11. Mai Wahl des Liberalen Einaudi zum Staatspräsidenten.

23. Mai Die neue (6.) Regierung von De Gasperi (mit Liberalen, Sozialdemokraten und Republikanern) arbeitet für die Eingliederung Italiens in das westliche Bündnis und wirtschaftlichen Wiederaufbau.

14. Juli Attentat auf Togliatti: PCI und die Gewerkschaft *Confederazione Nazionale di Lavoro* rufen den **Generalstreik** aus. Die Regierung befürchtet einen kommunistischen Umsturz, kann aber die Ordnung aufrechterhalten.

1949, 3. Aug. Italien wird Gründungsmitglied des Europarates.

1950, 30. April Die nicht kommunistischen Gewerkschaften vereinigen sich zur *Confederazione Italiana dei Sindacati Lavoratori* (CISL).

12. Mai Der Gesetzentwurf zur Agrarreform sieht die Enteignung und Aufteilung von 1,5 Mio. ha brachliegendem Boden vor.

1. Okt. Interministerieller Ausschuss für die **wirtschaftliche Erschließung Süditaliens** (*Cassa per il Mezzogiorno* [Hilfsfond für Süditalien]).

1951, 18. April Italien tritt der Europäischen Gemeinschaft für Kohle und Stahl (EGKS) als Gründungsmitglied bei.

1952, Febr. Gesetz zur Bekämpfung neofaschistischer Aktivitäten.

1953, 7./8. Juni Parlamentswahlen erbringen für das demokratische Zentrum 302 Sitze (Christliche Demokraten 261, Sozialdemokraten 19, Liberale 14, Republikaner 5 und Südtiroler Volkspartei 3), für die Linksopposition (Kommunisten und Sozialisten) 218 Sitze und für die Rechtsopposition (Monarchisten und neofaschistischer MSI – *Movimento Sociale Italiano*) 69 Sitze. Aber mit dem Rückgang der DC auf 40 % geht die Ära De Gasperi zu Ende.

28. Juli De Gasperis Rücktritt.

15. Aug. Der Christdemokrat Giuseppe Pella (*1902, †1981) bildet eine DC-Regierung.

1954, 8. Febr. Der Christdemokrat Mario Scelba (*1901, †1991) stellt die Koalition mit PLI und PSDI wieder her (*Centrismo*).

5. Okt. Ein De-facto-Abkommen zwischen Italien, Jugoslawien, Großbritannien und den USA regelt das Triest-Problem: Provisorische Grenzziehung; Triest kehrt zu Italien zurück und wird Freihafen.

1955, 11. Mai Staatspräsident wird Giovanni Gronchi (*1887, †1978) vom linken Flügel der DC.

1956, 27./28. Mai Bei den Provinzialrats- und Regionalwahlen gewinnt das Zentrum (v. a. DC, Sozialdemokraten, Liberale) 53,4 %, die Linke 34,1 % und die Rechte 11,2 % der Stimmen.

1957, 25. März Italien wird Gründungsmitglied der EWG und von EURATOM (»Römische Verträge«).

6. Mai Die Koalitionsregierung (seit 1955) unter Antonio Segni (*1891, †1972; DC) tritt zurück, da die Sozialdemokraten ihr unzureichenden Reformwillen vorwerfen.

Wirtschaftliche Entwicklung der Nachkriegszeit

Die **Wirtschaft nimmt** in den 50er-Jahren einen **großen Aufschwung**. Das Pro-Kopf-Einkommen steigt 1952–1971 von 32,1 % auf 44,3 %. Impulse bekommt die Wirtschaft durch amerikanische Wirtschaftshilfe, die Beteiligung am europäischen Markt, das Wechselkursgefälle zum Dollar-Raum, günstige weltwirtschaftliche Konjunktur, stärkere Aktivierung des Südens für den inneren Markt und ein niedriges Lohnniveau; Hauptvoraussetzung des Aufschwunges ist jedoch ein großes Reservoir an billigen Arbeitskräften (Arbeitslose, freiwerdende landwirtschaftliche Arbeitskräfte). Andererseits wächst das Bewusstsein der sozialen Ungleichheit, und die durch sektorale und regionale Unterschiede der Wirtschaft bedingte starke Binnenwanderung führt zu zunehmenden Spannungen in den Einwanderungszentren Turin, Mailand und Rom.

1958, 25./26. Mai Wahlen zur Kammer: DC 42,4 %, PCI 22,7 %, PSI 14,2 %, PLI 3,5 %, PRI 1,4 %, PSDI 4,5 %, MSI 4,8 %, Monarchisten 4,8 %.

2. Juli Amintore Fanfani (*1908, †1999) bildet eine Regierung (bis 1959) des »linken Zentrums« aus Christlichen Demokraten und Sozialdemokraten.

1960, März–Juli Ein gegen den linken Flügel der DC unternommener Versuch der Regierungsbildung durch Fernando Tambroni mit Unterstützung der Neofaschisten scheitert am Widerstand der Linksparteien. In der darauf folgenden Krise unterbreitet Fanfani ein Programm der **Öffnung nach links** (*Apertura a sinistra*): Verstaatlichung der Elektrizitätswerke, Besteuerung von Spekulationsgewinnen, Erhöhung der Arbeiterrenten.

26. Juli Fanfani bildet eine Regierung aus DC, Sozialdemokraten und Republikanern (bis 1962).

1961, 14. Aug. Die italienische Regierung errichtet eine **Südtirol-Kommission**, um den dort wachsenden Unruhen zu begegnen und eine wirksame Autonomie zu erarbeiten.

Die Öffnung nach Links (Apertura a Sinistra) seit 1962/63

Der linke Flügel der DC unter Amintore Fanfani und besonders Aldo Moro (*1916, †1978) setzt eine reformistische Erweiterung der Regierungsbasis durch. Der PSI unter Pietro Nenni, der sich inzwischen von der PCI distanziert hat, tritt in die Regierung ein. Die Regierung bemüht sich um die West-Ost-Entspannung.

1962, 21. Febr. Fanfani bildet eine Regierung aus DC und PSDI, die erstmals vom PSI unterstützt wird.

11. Mai Antonio Segni (DC, rechter Flügel) zum Staatspräsidenten gewählt.

1963, 28./29. April Bei Parlamentswahlen werden die Parteien der *Apertura a sinistra* geschwächt, sodass Fanfani zurücktritt (16. Mai); der Christdemokrat Giovanni Leone (*1908, †2001) bildet ein Übergangskabinett (21. Juni–5. Nov.).

25. Sept. Der Ministerrat beschließt ein Sechs-Punkte-Programm zur Inflationsbekämpfung.

5. Dez. Aldo Moro (DC) bildet eine Mitte-Links-Koalitionsregierung mit DC, Sozialdemokraten, Republikanern und Sozialisten (Stellvertretender Ministerpräsident Pietro Nenni, Außenminister Giuseppe Saragat [*1898, †1988]). Moro bleibt bis 5. Juni 1968 nach zwei weiteren Kabinettsbildungen im Amt.

1964, 21. Aug. Tod des Generalsekretärs des PCI, Palmiro Togliatti, dessen (am 4. Sept. 1964) veröffentlichtes »Testament« scharfe Kritik an der sowjetischen Parteiführung übt.

28. Dez. Staatspräsident wird Giuseppe Saragat (PSDI).

1965, 17. April Gesetz zur Bekämpfung der Arbeitslosigkeit und der Rezession.

1966, 31. Juli PSI und PSDI vereinigen sich bis 1969 zur *Partito Socialista Unitario* (PSU).

1968, 19. Mai Bei den Parlamentswahlen erzielen Kommunisten und DC Gewinne, PSU und Rechtsparteien sind geschwächt.

13. Dez. Nach einem DC-Kabinett unter Giovanni Leone (25. Juni–19. Nov.1968) bildet Mariano Rumor (*1915, †1990) eine Regierung des *Centro-Sinistra*.

1969, 5. Juli Rücktritt der Regierung wegen Spaltung des PSU.

9. Aug. Rumor bildet eine DC-Minderheitsregierung (bis 7. Febr. 1970).

Herbst Die sozialen Konflikte brechen offen aus: **Massenstreiks**, Unruhen an Universitäten und Schulen. Mit einem Bombenattentat in Mailand (14 Tote, über 100 Verletzte) beginnt die heiße Phase des Terrorismus.

1970, 28. März Bildung des dritten Kabinetts Rumor unter Beteiligung der Sozialdemokraten und Sozialisten: Regierung des *Centro-Sinistra* seit 7. Aug. 1970 unter dem Christdemokraten EMILIO COLOMBO (*1920) fortgeführt.

15. Mai Einteilung des Staatsgebiets in 14 Regionen mit parlamentarisch kontrollierten Regierungen; Dezentralisierung gemäß der Verfassung.

7./8. Dez. **Putschversuch** unter Führung von VALERIO PRINCIPE BORGHESE (*1906, †1974), Führer des neofaschistischen *Fronte Nazionale*.

1971, Juli Die Regierung COLOMBO bemüht sich, die Konjunktur zu beleben, da die industrielle Erzeugung um 3 % zurückgeht und durch andauernde Streiks Millionen von Arbeitsstunden verloren gehen.

27. Dez. GIOVANNI LEONE wird Staatspräsident.

1972, 20. Jan. Das zweite **Autonomiestatut für die Provinzen Bozen und Trient** tritt in Kraft: Beginn einer guten, versöhnlichen Entwicklung.

18. Febr. Erneuerung der *Centro-Sinistra*-Koalition durch Bildung einer Regierung (bis 12. Juni 1973) unter GIULIO ANDREOTTI (*1919; DC-Mitte), danach ist wieder MARIANO RUMOR (viertes und fünftes Kabinett) Ministerpräsident (bis Okt. 1974).

März Der reformistisch gesinnte ENRICO BERLINGUER (*1922, †1984) wird Parteisekretär des PSI (seit 1964 LUIGI LONGO; *1900, †1980).

7. Mai Parlamentswahlen: Gewinne für PCI und PSI, leichte Verluste der DC.

25. Juli Die drei großen Gewerkschaften schließen sich zu einem Dachverband zusammen.

1973, 9. Okt. PCI-Führer BERLINGUER schlägt die »Erneuerung des historischen Kompromisses« (*compromesso storico*) vor, wie er 1943/45 zwischen allen antifaschistischen Parteien bestanden habe; er will ein dauerhaftes Bündnis von DC und PCI. Orientierung des PCI zum Eurokommunismus.

1974, 18. März Die Zentralbank gibt bekannt, dass das Handelsbilanzdefizit 3267 Mrd. Lire beträgt; rapider Schwund der Währungsreserven; hohe Inflationsrate.

12./13. Mai Bei einer Volksabstimmung sprechen sich 59,1 % der Stimmberechtigten für die Einführung der von der katholischen Kirche bekämpften Ehescheidung gemäß Gesetz vom 1. Dez. 1970 aus.

seit Juni/Juli **Schwere innen- und wirtschaftspolitische Krise**, die dem Radikalismus von rechts und links Vorschub leistet.

23. Nov. Nach Rücktritt der fünften Regierung RUMOR bildet MORO sein viertes Kabinett: Koalition zwischen Christdemokraten und Republikanern.

1975, Juni Bei Kommunal- und Regionalwahlen kommt der PSI mit 33,4 % bis auf zwei Punkte an die DC (35,3 %) heran.

1. Okt. Vertrag von Osimo mit Jugoslawien: Anerkennung der 1954 von den Alliierten gezogenen Grenze, Vereinbarungen über Kooperation und Minderheitenschutz. Der Vertrag ist ein wichtiger Schritt zur Entspannung, die MORO und ANDREOTTI mit aktiver Mittelmeerpolitik verbinden (Unparteilichkeit gegenüber Israel und Palästina).

1976, Juli – 1979, Juni Ministerpräsident ANDREOTTI in zwei DC-Regierungen, die vom PCI punktuell unterstützt werden.

1976, 14. Okt. MORO wird Präsident der *Democrazia Cristiana*.

1977, Jan. Verabschiedung des Gesetzes über Straffreiheit für Abtreibung in den ersten drei Monaten der Schwangerschaft, gegen heftigen Widerstand des Heiligen Stuhls.

1978, 16. März **ALDO MORO** wird von Angehörigen der radikal-kommunistischen Roten Brigaden (*Brigate Rosse*) **entführt**.

21. März Beschluss von Notstandsmaßnahmen zur Bekämpfung des Terrors.

9. Mai MORO wird tot aufgefunden, nachdem er von den Roten Brigaden ermordet wurde. Der Schrecken darüber leitet einen Umdenkungsprozess ein, der zu einer neuer Konsolidierung der politischen Mitte, einschließlich des PSI, führen wird.

16. Juni Staatspräsident LEONE tritt wegen Korruptionsvorwürfen zurück.

8. Juli Der Sozialist SANDRO PERTINI (*1896, †1990) wird mit großer Mehrheit zum siebten Präsidenten der Republik gewählt.

Dez. Italien tritt dem Europäischen Währungssystem (EWS) bei.

1979, 3. Juni Parlamentswahlen: DC 38,3 %, PCI 30,4 %, PSI 9,8 %, MSI 5,3 %, PSDI 3,8 %, PRI 3 %, PLI 1,9 %. – Die PCI bleibt stark, aber die Mitte (mit PSI) konsolidiert sich.

5. Aug. FRANCESCO COSSIGA (*1928; DC) bildet eine Regierung aus Christdemokraten, Sozialdemokraten und Liberalen.

1980, 27. Sept. Wegen der Ablehnung seines Wirtschaftsprogramms tritt COSSIGA zurück.

31. Okt. Die neue Regierung unter ARNALDO FORLANI (*1925; DC) beschließt ein Sparprogramm.

Stabilisierung im Pentapartido (Koalition aus DC, PSI, PSDI, PRI und PLI) (1981–1989)

1981, 26. Mai Der **P2-Skandal** wegen der Mitgliedschaft führender Politiker in der Geheimloge »Propaganda Zwei« führt zu FORLANIS Rücktritt.

28. Juni GIOVANNI SPADOLINI (*1925, †1994; PRI, Ministerpräsident bis 11. Nov. 1982) bildet das erste nicht von der DC geführte Kabinett (*Pentapartito*). Die DC behält die meisten Ministerien.

1982, 12. März UMBERTO BOSSI (*1942) gründet die norditalienische Protestpartei *Lega Lombarda* (offiziell 12. April 1984, seit 4. Dez. 1989 *Lega Nord*), welche für eine föderalistische Umgestaltung Italiens eintritt.

ab Juni **Zusammenbruch der** größten italienischen Privatbank, **Banco Ambrosiano**, der auch die Vatikanbank belastet.

1983, 4. Aug. Nach AMINTORE FANFANIS fünftem Kabinett (1. Dez. 1982–29. April 1983) wird BETTINO CRAXI (*1934, †2000) als erster Sozialist Ministerpräsident. Er betreibt die Sozialdemokratisierung seiner Partei, bekämpft vom PCI.

1984, 19. Febr. **Neues Konkordat**: Alle Konfessionen erhalten gleiche Rechte und freiwillige, auf die Steuer anzurechnende Beiträge ihrer Mitglieder.

11. Juni Nach dem Tod von ENRICO BERLINGUER wird der Altkommunist ALESSANDRO NATTA (*1918, †2001) Generalsekretär der PCI.

1985, 3. Juli Der mit großer Mehrheit gewählte Christdemokrat COSSIGA wird Staatspräsident; er fordert eine konsequente Reformpolitik.

1986, 10. Febr. Eröffnung eines **Massenprozesses gegen Mitglieder der Mafia** in Palermo.

1. Aug. Regierungsneubildung unter CRAXI.

1987, 9./18. April Rücktritt der Regierung CRAXI, neue Regierung unter FANFANI. Die DC übernimmt erneut die politische Führung.

29. Juli Regierung (*Pentapartito*) unter GIOVANNI GORIA (*1943, †1994; DC) nach Misstrauensvotum im Juni und Parlamentswahlen (DC 33,8 %, PCI 26,9 %, PSI 14,2 %, MSI 5,8 %, kleine Parteien zusammen 8,8 %).

1988, 13. April Regierung unter CIRIACO DE MITA (*1928; DC).

13. Juni Rücktritt von PCI-Generalsekretär NATTA, Nachfolger wird ACHILLE OCCHETTO (*1936), der an BERLINGUERS Reformkurs anschließt.

1989, 19. Mai Rücktritt von DE MITA als Ministerpräsident, Regierungsneubildung unter GIULIO ANDREOTTI (DC) (23. Juli), bis 1991 *Pentapartido*, danach (bis 1992) ohne PRI.

1990, 22. Febr. Der Parteitag des PCI befürwortet eine sozialistisch-reformistische Neuausrichtung; Umbenennung in *Partito democratico della Sinistra* (PDS, seit 1996 *Democratici di Sinistra*, DS).

1991 Italienische Truppen unterstützen die multinationale Koalition im Zweiten Golfkrieg gegen den Irak.

Krise und Neustrukturierung des Parteiensystems seit 1992

Anfang der 1990er-Jahre geraten die Regierungsparteien, besonders DC und PSI, in eine Identitätskrise. Sie haben sich Systeme des Klientelismus und der Korruption geschaffen, die nun aufgedeckt werden und besonders in Mailand zu zahlreichen Prozessen führen, welche die traditionelle politische Klasse insgesamt diskreditieren. Für die DC kommt erschwerend hinzu, dass sie von vielen Italienern nach dem Wegfall der kommunistischen Gefahr nicht mehr für nötig gehalten wird. Auch ist inzwischen die Lega-Bewegung erstarkt, die die Staatsnation infrage stellt und die Interessen des neuen Mittelstandes im Norden besser zu vertreten scheint als die alten Parteien, welche an etatistischer Sozialpolitik aus den 70er-Jahren festhalten. Der Staat setzt sich gegen das organisierte Verbrechertum nicht durch; seine Verschuldung zwingt ihn zum zeitweiligen Verlassen des Europäischen Währungssystems.

1994 greift der Mailänder Medienunternehmer SILVIO BERLUSCONI (*1936) mit seiner Sammlungsbewegung *Forza Italia* in die Politik ein und verändert deren Stil in personalistischer, ökonomischer und emotionalisierender Richtung. Darüber entsteht ein **Bipolarismus**, allerdings nicht zwischen zwei Parteien, sondern zwischen zwei jeweils heterogenen Koalitionen. Die »Rechte« (unter BERLUSCONI 1994, 2001–2006, seit 2008) hat ihre Schwerpunkte im Norden, die »Linke« (unter dem Reformkatholiken ROMANO PRODI [*1939] bzw. dem DS-Politiker MASSIMO D'ALEMA [*1949] 1996–2000, 2006–2008) in Rom und im Süden. Im Norden fordern inzwischen die meisten politischen Kräfte die Föderalisierung des Staates. Mehr denn je lastet der **Nord-Süd-Gegensatz auf Italien**. Die Gesellschaft des Nordens und von Teilen Mittelitaliens ist modern und produktiv, die des Südens immer noch eher statisch und rückständig. Trotz mancher Erfolge der Sicherheitskräfte sind Camorra (Neapel) und Mafia (Sizilien) weiterhin stark.

1992, April Neuwahlen: DC 29,7 %, PDS 16,1 %, PSI 13,6 %, Lega 8,6 %, *Rifondazione Comunista* (RC) 5,6 %, MSI 5,4 %, kleine Parteien zusammen 10 %.

25. Mai OSCAR LUIGI SCALFARO (*1918; DC) Präsident der Republik. Präsident COSSIGA war zurückgetreten, weil ihm die Reformen der Regierung nicht weit genug gingen.

1992, Juli–1993, April Ministerpräsident GIULIANO AMATO (*1938; PSI); Koalition wie zuvor.

4. Aug. Ein neues Anti-Mafia-Gesetz gibt der Polizei größere Befugnisse.

1992/1993 Neugründung der DC als *Partito Popolare Italiano* (PPI) mit sozialkatholischem Programm. Rechtere Gruppen verselbstständigen sich.

1993, April Der parteilose Finanzexperte CARLO AZEGLIO CIAMPI (*1920) wird Ministerpräsident.

1993/1994 GIANFRANCO FINI (*1952), seit 1991 Generalsekretär des MSI, formt diesen um zur demokratisch auftretenden Rechtspartei *Alleanza Nazionale* (AN). BERLUSCONI gründet die liberale Sammlungsbewegung *Forza Italia* (FI). BERLUSCONI und FINI besetzen Teile des politischen Zentrums, welches bis 1990 zur DC tendierte.

1994, März Neuwahlen: FI 21 %, PDS 20,4 %, AN 13,5 %, PPI 11,1 %, PSI 2,2 %.
BETTINO CRAXI geht ins Exil nach Tunesien. In Abwesenheit wird er wegen Bestechung verurteilt.

17. Mai Ministerpräsident wird BERLUSCONI mit einer Mitte-Rechts-Koalition: FI, AN, *Lega Nord* und eine rechtere Gruppe aus der früheren DC um PIERFERDINANDO CASINI (*1955).

22. Dez. Nachdem die Lega die Koalition verlassen und die Mailänder Staatsanwaltschaft Ermittlungen gegen BERLUSCONI wegen des Verdachts auf Bestechung publik gemacht hat, tritt dieser zurück. Neuer Ministerpräsident wird der parteilose LAMBERTO DINI (*1931).

1996, 21. April Parlamentswahlen mit einem knappen Sieg des Bündnisses *L'Ulivo* (Der Ölbaum) aus PDS, PPI, Liste Dini und Grünen. ROMANO PRODI wird Ministerpräsident.

24. Nov. Die Lira kehrt in das Europäische Währungssystem (EWS) zurück.

1998, 21. Okt. MASSIMO D'ALEMA (*1949; PDS) wird Ministerpräsident. PRODI wird 1999 Präsident der Europäischen Kommission.

1999, 13. Mai CARLO AZEGLIO CIAMPI (*1920) wird Staatspräsident.

23. Okt. Der mehrfache Regierungschef GIULIO ANDREOTTI wird nach mehreren Prozessen vom Vorwurf der Mafia-Verstrickung freigesprochen. Bereits am 24. Sept. Freispruch vom Vorwurf, die Ermordung eines unbequemen Journalisten veranlasst zu haben.

2000, 16. April Nach Verlusten bei den Regionalwahlen tritt D'ALEMA zurück. Nachfolger wird der inzwischen parteilose GIULIANO AMATO.

2001, März Verfassungsänderung zur Stärkung der Reformen (Dezentralisierung).

13. Mai Wahlsieg der *Casa delle libertà* (Mitte-Rechts) unter BERLUSCONI über den vom römischen Oberbürgermeister FRANCESCO RUTELLI (*1954) geführten *L'Ulivo* (Mitte-Links) mit 42,5 % (Senat) bzw. 45,4 % (Kammer) gegen 39,2 % bzw. 43,7 %. Bildung der zweiten Regierung BERLUSCONI, welche liberale Wirtschaftspolitik und Förderung mittelständischer Betriebe, Steuersenkungen und weitere Regionalisierung verspricht. GIANFRANCO FINI (AN) wird stellvertretender Ministerpräsident, UMBERTO BOSSI (*Lega Nord*) Minister für Verwaltungsreform.

18. Nov. PIERO FASSINO (*1949; lange im PCI) tritt an die Spitze der *Democratici di Sinistra* (DS), er tritt für konsequente Reformpolitik ein.

2002, 24. März Die zur Mitte tendierenden Parteien des *Ulivo* unter RUTELLI schließen sich als *Margherita* zusammen.

6. Dez. Die beiden Gruppierungen früherer Christdemokraten in der *Casa delle libertà* bilden die *Unione del Centro* (UdC).

2002, Dez.–2005, April **Gesetzgebungsverfahren über die »devoluzione«**, d. h. die Übertragung weiterer Kompetenzen (u. a. für Gesundheit, Schule und Polizei) an die Regionen sowie die Ausweitung der Rechte des Ministerpräsidenten.

2003, 15. Febr. Massenproteste gegen den bevorstehenden Irak-Krieg und Italiens Beteiligung daran.

18. Juni Ein neues Immunitätsgesetz schützt alle Inhaber der fünf höchsten Staatsämter vor Ermittlungen und Anklagen. Das Verfahren gegen BERLUSCONI wegen Richterbestechung wird deswegen ausgesetzt.

27. Dez. Insolvenzerklärung des größten italienischen Lebensmittelkonzerns Parmalat.

2004, Mai/Juni Heftiger Konflikt um die Justizreform, mit der die Regierung die Karrieren von Richtern und Staatsanwälten trennen und letztere dem Justizminister unterstellen will.

11. Juni Bei der Europawahl erreicht Mitte-Rechts 43,4 %, Mitte-Links (einschließlich der Postkommunisten) 37,2 %. BERLUSCONIS *Forza Italia* fällt auf 21 % zurück (1999 25,2 %), aber ihre Koalitionäre AN, *Lega*, UdC nehmen leicht zu.

Nov. ROMANO PRODI kehrt zurück in die Führung des Mitte-Links-Bündnisses (seitdem *Unione*); an seiner Seite stehen FASSINO und RUTELLI.

2005, 10. April Bei Wahlen in 13 von 20 Regionen hält Mitte-Rechts nur in der Lombardei und im Veneto die Mehrheit.

Dez. Ein neues Wahlgesetz begünstigt Koalitionen (ab 10 % der Stimmen) und gibt einen Bonus für die Partei, welche die meisten Stimmen erhält. In einer Koalition kommt jede Partei, die 2 % erhält, ins Parlament. Parteien, die selbstständig bleiben, müssen 4 % erzielen. Die Fragmentierung wird gefördert und soll zugleich gelenkt werden. Die Macht der Parteiführungen wird auf Kosten der bis dahin sehr ausgeprägten innerparteilichen Demokratie gestärkt, die Präferenzstimmen werden abgeschafft.

2006, April Die Mitte-Links-Koalition (*Unione: Democratici di Sinistra, Margherita, Rifondazione Comunista, Comunisti Italiani*, UDEUR und kleine Parteien) erzielt bei den Parlamentswahlen eine ganz knappe Mehrheit über die Mitte-Rechts-Koalition *Casa delle libertà* (*FI, AN, Unione dei Democratici del Centro, Lega Nord* und kleine Parteien). PRODI wird Ministerpräsident, D'ALEMA Außenminister. Die Mehrheit in der Kammer ist sicher, aber nicht die im Senat. Die Regierung zieht die italienischen Truppen aus dem Irak-Krieg zurück; das Engagement in Afghanistan im Rahmen der NATO wird fortgesetzt. Italien engagiert sich stark für die Befriedung des Libanons.

Mai Präsident der Republik wird GIORGIO NAPOLITANO (*1925; DS, früher Kommunist), welcher zwischen Regierungskoalition und Opposition vermittelt.

Dez. Die Regierung PRODI setzt ihr umstrittenes Finanzgesetz zur Konsolidierung der Staatsfinanzen durch. Die notwendigen Reformen des Wahlrechts und der Institutionen (Vereinfachung der Gesetzgebung, Umwandlung des Senats zur Vertretung der Regionen, Verkleinerung des Parlaments) kommen jedoch nicht voran. Die Handlungsfähigkeit der Regierung leidet unter den Gegensätzen zwischen ihren unterschiedlichen Gruppierungen, von denen die einen zur Mitte, die anderen nach links tendieren.

2007, 14. Okt. Die beiden größeren Parteien der *Unione – Democratici die Sinistra, Margherita* und einige kleine Gruppen, vereinigen sich zum *Partito Democratico* (PD), unter WALTER VELTRONI (*1955).

2008, 25. Jan. Wegen interner Konflikte und des dadurch bewirkten Verlustes der Senatsmehrheit tritt die Regierung PRODI zurück. Die politische Klasse wirkt handlungsunfähig. Präsident NAPOLITANO erreicht keine Übergangsregierung zum Zweck schneller Wahlreform und ordnet darum Neuwahlen an.

13./14. April Die Listenverbindung *Popolo della Libertà*, ein Bündnis von *Forza Italia* und *Alleanza Nazionale* unter SILVIO BERLUSCONI gewinnt die Parlamentswahlen. BERLUSCONI wird Ministerpräsident.

San Marino

San Marino erlangt in wechselvollen Kämpfen mit Urbino und Rimini im 13. und 14. Jh. seine Unabhängigkeit, die der Papst 1549, nach letzten Gebietserweiterungen 1463, anerkennt. Auch nach der Eroberung Italiens durch NAPOLEON 1797 behält San Marino seine Unabhängigkeit, die 1815 der *Wiener Kongress* bestätigt. 1862 wird mit Italien ein Freundschaftsvertrag und eine Zollunion abgeschlossen. Die 1923–1943 regierende faschistische Regierung bleibt im Zweiten Weltkrieg neutral. Die Verfassung vom 8. Okt. 1600 ist im Wesentlichen noch gültig. Das Staatsoberhaupt wird von zwei »regierenden Kapitänen« gebildet, die einander alle sechs Monate abwechseln. Neben dem Staatsrat (*Congresso di Stato*), existiert ein aus 60 Abgeordneten bestehendes Parlament, »der Große und Generalrat«, der für fünf Jahre in allgemeiner Wahl gewählt wird.

1945, 11. März Aus den Parlamentswahlen gehen die kommunistische *Partito Comunista Sammarinese* (PCS) und die sozialistische *Partito Socialista Sammarinese* (PSS) als Sieger hervor; beide Parteien bilden bis 1957 die Regierung.

1957, 14. Okt. Unter Führung der christdemokratischen *Partito Democratico Cristiano Sammarinese* (PDCS) wird nach einem unblutigen Umsturz eine neue Regierung gebildet, die bei Wahlen 1959 bestätigt wird.

1973, März Christdemokraten und Sozialisten bilden eine instabile Koalition

1978, Mai PCS, PSS und die *Partito Socialista Unitario* bilden nach Wahlen ein neue Regierung.

1986, Juni Sturz der Volksfrontregierung in San Marino nach einem Korruptionsskandal; die neue Regierungskoalition bilden Christdemokraten und Kommunisten.

1988, 16. Nov. **Aufnahme San Marinos in den Europarat**.

1992, 2. März Die UN-Generalversammlung nimmt San Marino als 175. Mitgliedsstaat in die Vereinten Nationen auf.

2002, 1. Jan. Einführung des Euro als Landeswährung.

Vatikan seit 1945 | Forts. v. S. 1078 |

PIUS XII., der sich von 1939 bis 1945 der Verhinderung, Verkürzung und/oder Milderung des Krieges gewidmet hatte, wendet sich nunmehr ganz dem Inneren der Kirche zu und führt den **päpstlichen Zentralismus auf den Höhepunkt**. Autoritär nimmt er Stellung zu den meisten grundsätzlichen Fragen der Kirche und der Gesellschaft, so in der Enzyklika *Humani generis* (1950). Theologische Neuansätze weist er zurück, fördert aber liturgische Reformen. Auf den neuen Ökumenismus reagiert er vorsichtig; eindeutig verurteilt er den Kommunismus. In Italien unterstützt er die *Democrazia Cristiana*, versucht sie aber weiter zu beeinflussen, als der aktiv katholische Parteiführer DE GASPERI hinnehmen will. Das »Heilige Jahr« 1950 bekundet den päpstlichen Anspruch auf Mitgestaltung der modernen Welt.

1946, 21. Febr. Durch die Kardinalserhebung der drei deutschen Bischöfe JOSEF FRINGS (*1887, †1978), CLEMENS AUGUST VON GALEN (*1878, †1946) und KONRAD VON PREYSING (*1880, †1950) bekundet PIUS XII. auch seine Hochachtung für das besiegte deutsche Volk, welches er nicht insgesamt als verantwortlich für den Nationalsozialismus betrachtet.

1950, 1. Nov. PIUS XII. verkündet das **Dogma von der leiblichen Aufnahme Mariä in den Himmel** und macht damit als erster Papst von der 1870 dogmatisierten Unfehlbarkeit Gebrauch.

1958, 28. Okt. Nach dem Tod von PIUS XII. (9. Okt.) wird der Patriarch von Venedig, Kardinal ANGELO GIUSEPPE RONCALLI (*1881, †1963), zum Papst gewählt: JOHANNES XXIII. Sein Pontifikat bringt weitreichende, historisch begründete Reformen, welche eine Versöhnung von Kirche und moderner Welt beabsichtigen. Zunächst werden die römische Kurie und das Kardinalskollegium weiter internationalisiert.

1961, 15. Aug. In der Enzyklika »Mater et Magistra« wird die katholische Soziallehre neu dargelegt, die demokratische Staatsform gewürdigt und ein Ausgleich zwischen reichen und armen Nationen gefordert.

25. Dez. Einberufung des **Zweiten Vatikanischen Konzils**. Das am 11. Okt. 1962 beginnende Konzil soll das religiöse Leben erneuern, z. B. durch die Einführung der Landessprachen in die Liturgie. Die Kirche wird als »Volk Gottes« verstanden, dessen Mitglieder, also auch die Laien, grundsätzlich gleichberechtigt sind. Die Stellung der Bischöfe wird aufgewertet. Auch ergreift das Konzil mutige ökumenische Initiativen und beginnt den Dialog mit den Juden. Die Religionsfreiheit wird anerkannt.

1963, 11. April Die Enzyklika »Pacem in terris« wendet sich an »alle Menschen guten Willens« und fordert konkrete Schritte zur Abrüstung und zum Frieden.

21. Juni Nach dem Tod von JOHANNES XXIII. (3. Juni) wird der Erzbischof von Mailand, Kardinal GIOVANNI BATTISTA MONTINI (*1897, †1978), zum Papst gewählt: PAUL VI. Er führt das Vatikanische Konzil (Beendigung 8. Dez. 1965) und das Reformwerk seines Vorgängers vorsichtiger fort.

1964–1970 Auslandsreisen PAULS VI., darunter eine Reise in das Heilige Land (1964). Erste Begegnung (seit 1439) mit dem orthodoxen (ökumenischen) Patriarchen von Konstantinopel ATHENAGORAS (*1886, †1972, 1948–1972; Reisen zur UN-Generalversammlung in New York (1965) und zum Ökumenischen Rat der Kirchen in Genf (1969).

1967/1968 Die Sozialenzyklika »Populorum progressio« (1967) findet breite Zustimmung, die Enzyklika »Humanae vitae« (1968) über die Weitergabe des Lebens dagegen wegen der Bekräftigung des Verbots der Empfängnisverhütung auch heftigen Widerspruch.

1978, 26. Aug. Nach dem Tod PAULS VI. (6. Aug.) wird Kardinal ALBINO LUCIANI (*1912, †1978), Erzbischof von Venedig, zum Papst gewählt: JOHANNES PAUL I. Er tritt als Seelsorger in der Tradition JOHANNES' XXIII. auf, stirbt aber am 28. Sept. unerwartet.

Die Päpste seit 1922

Pius XI.	1922–1939	Johannes Paul I.	1978
Pius XII.	1939–1958		
Johannes XXIII.	1958–1963	Johannes Paul II.	1978–2005
Paul VI.	1963–1978	Benedikt XVI.	seit 2005

16. Okt. Kardinal KAROL WOJTYŁA (*1920, †2005), Erzbischof von Krakau, wird zum Papst gewählt: JOHANNES PAUL II., der erste Nichtitaliener seit 1523 und der erste slawische Papst. JOHANNES PAUL II. kehrt zum päpstlichen Autoritarismus zurück und beansprucht für die katholische Kirche die Rolle einer konservativen, dabei menschennahen Gegenkraft zum postmodernen Progressismus. Er fördert jedoch den ökumenischen und interreligiösen Dialog. Die mediale Präsenz des Vatikans wird systematisch verstärkt.

1979, Jan. Der Papst reist zur dritten Generalversammlung des lateinamerikanischen Episkopats nach Mexiko und wendet sich dort gegen die dortige »Befreiungstheologie«.

2.–10. Juni JOHANNES PAUL II. besucht auf einer als Pilgerreise bezeichneten Rundfahrt seine Heimat Polen: Er stärkt die katholische Opposition gegen das kommunistische Regime.

Sept.–Nov. Besuche des Papstes in Irland, den USA und bei der UNO sowie in der Türkei (Istanbul) wegen des ökumenischen Patriarchen DIMITRIOS I. (*1914, †1991). Es folgen zahlreiche weitere Reisen (insgesamt 104).

1981, 13. Mai Der **Papst** wird bei einem von osteuropäischen Geheimdiensten organisierten **Attentat** am 13. Mai schwer verletzt.

25. Nov. Kardinal JOSEPH RATZINGER (*1927; seit 1977 Erzbischof von München-Freising) wird Präfekt der vatikanischen Glaubenskongregation.

1982, 16. Jan. Erstmals seit 1570 wieder volle diplomatische Beziehungen zu Großbritannien.

28. Nov. Das autoritär-konservative *Opus Dei* wird zur Personalprälatur erhoben und auch weiterhin sehr gefördert.

1983, 27. Nov. Ein neuer *Codex Iuris Canonici* (CIC) stärkt die Stellung der römischen Kurie.

1984, 19. Febr. Unterzeichnung eines neuen **Konkordats mit Italien**: Verzicht auf Privilegien, Einführung einer freiwilligen Kirchensteuer. Der Einfluss des Vatikans auf Italien bleibt groß, besonders auf die dortigen Diskussionen um Familienfragen und Bioethik.

9. April Kurienreform: Der Kardinalstaatssekretär wird de facto Premierminister des Vatikanstaates und der römischen Kurie.

1987, 7. Dez. Das Oberhaupt der griechisch-orthodoxen Kirche, Patriarch DIMITRIOS I., besucht den Vatikan.

1988, Juni Kurienreform: Das Staatssekretariat wird weiter ausgebaut.

28. Juni Kardinalstaatssekretär AGOSTINO CASAROLI (*1914, †1998) besucht die Sowjetunion, Treffen mit Staatschef MICHAIL S. GORBATSCHOW.

1989, Juli Aufnahme diplomatischer Beziehungen zu Polen.

1. Dez. Besuch von Staatschef GORBATSCHOW im Vatikan; er sichert Religionsfreiheit in der Sowjetunion zu.

1990, 1. Dez. ANGELO SODANO (*1927) wird Kardinalstaatssekretär.

1991, 1. Mai Papst JOHANNES PAUL II. reagiert auf den Niedergang des Kommunismus in Osteuropa mit der Sozialenzyklika »Centesimus annus«, in der er vor den Gefahren eines radikalen Kapitalismus warnt.

1992, 16. Nov Ein neuer, das kirchliche Lehramt herausstellender Katechismus tritt an die Stelle des alten von 1566.

1994, 28. Juni Der Papst ernennt den **ersten Nuntius für Israel**; wenige Monate zuvor war ein Grundlagenvertrag über die gegenseitige Anerkennung geschlossen worden (30. Dez. 1993).

1998, 11. Jan. Der Papst fordert die deutschen Bischöfe auf, die bisherige Praxis der Schwangerschaftsberatung (mit Beratungsscheinen nach §§ 218 und 219 des Strafgesetzbuches) aufzugeben.

2000 »Heiliges Jahr«.

12. März In einem Schuldbekenntnis setzt sich die katholische Kirche mit ihren historischen Verfehlungen, u. a. mit gewaltsamer Intoleranz gegenüber Andersdenkenden, mit den Religionskriegen und den Kreuzzügen sowie dem Antisemitismus auseinander.

3. Sept. JOHANNES PAUL II. spricht zwei seiner Vorgänger selig: den populären JOHANNES XXIII. sowie den autoritären PIUS IX.

5. Sept. Erklärung der vatikanischen Glaubenskongregation *Dominus Jesus*: Bekräftigung der Auffassung von der Einzigartigkeit der von Jesus gestifteten katholischen Kirche.

2001, 6. Mai Auf seiner Syrienreise besucht JOHANNES PAUL II. die Omajjaden-Moschee von Damaskus – **erster Besuch eines Papstes in einer Moschee**.

2002, 18. Juli Papst JOHANNES PAUL II., erneut auf Besuch in seiner polnischen Heimat, hält vor zwei Mio. Menschen eine Messe in Krakau.

2002/2003 In der Irakkrise warnt der Heilige Stuhl mehrmals vor einem Aggressionskrieg der USA.

17. April In der Enzyklika »Ecclesia de Eucharistia« erteilt der Papst einer gemeinsamen Feier des Abendmahls von Katholiken und Protestanten eine Absage und enttäuscht damit ökumenische Hoffnungen.

2005, 2. April JOHANNES PAUL II. stirbt nach langer Krankheit. Zu seiner Beisetzung am 8. April kommen ca. vier Mio. Pilger nach Rom, dazu über 200 Staatsoberhäupter und Regierungschefs aus aller Welt.

19. April Kardinal JOSEPH RATZINGER, seit 30. Nov. 2002 auch Dekan des Kardinalskollegiums, wird in nur vier Wahlgängen zum Papst gewählt: BENEDIKT XVI. In allen Fragen der Doktrin hält er an dem von ihm mitgestalteten Kurs seines Vorgängers fest, fördert aber den innerkirchlichen Dialog.

2006, Nov. Reise von BENEDIKT XVI. nach Istanbul zum Patriarchen von Konstantinopel BARTHOLOMÄUS I. (*1940).

Malta seit 1947

1530 gibt Kaiser KARL V. Malta, das seit dem Mittelalter politisch mit Sizilien verbunden ist, zusammen mit den benachbarten Inseln dem Johanniterorden (seither Malteserorden) als Lehen. 1565 wird eine osmanische Belagerung erfolgreich abgewehrt. Die **Herrschaft des Malteser-**

ordens endet 1798 mit der Eroberung Maltas durch französische Truppen, doch schon 1800 kommen die Inseln unter **britische Herrschaft**. Malta wird 1813 Kronkolonie und erhält 1921 die innere Selbstverwaltung (1936 wieder Kronkolonie). Im Zweiten Weltkrieg stören britischen See- und Luftstreitkräfte von Malta aus den Nachschub für die deutschen und italienischen Truppen in Nordafrika empfindlich, nachdem es den Achsenmächten 1941/42 nicht gelungen war, den britischen Stützpunkt auf Malta zu zerstören.

1947 Malta erhält die Selbstregierung, die 1958 nach einem Verfassungskonflikt suspendiert wird.

1962 Malta erhält die Autonomie.

1964, 5. Mai Volksabstimmung für die von Premier BORG OLIVIER (*1911, †1980; *Nationalist Party*) vorgeschlagene Verfassung: Malta wird konstitutionelle Monarchie unter britischer Krone im *British Commonwealth of Nations*; die katholische Kirche wird Staatskirche.

21. Sept. **Proklamation der Unabhängigkeit**. Großbritannien zahlt Subventionen gegen die Überlassung von Stützpunkten auch für die NATO.

1970, 5. Dez. Assoziierungsabkommen mit der EG.

1971, 14. Juni Wahlsieg der *Labour Party*: DOM MINTOFF (*1916) wird Regierungschef (bis 1984). In den folgenden Jahren planwirtschaftlich ausgerichtete Wirtschaftspolitik und Annäherung an Libyen.

1972, 26. März Der neue Truppenstationierungsvertrag mit Großbritannien sieht neben britischen auch NATO-Finanzhilfen sowie EG-Mittel für Industrialisierungsprojekte vor, während Malta den Briten und der NATO weiterhin militärische Präsenz gestattet und sich verpflichtet, keinem Warschauer-Pakt-Staat militärisch nutzbare Anlagen zu überlassen.

1974, 13. Dez. **Proklamierung der Republik**.

1979, 31. März Ende der militärischen Präsenz Großbritanniens und der NATO.

1980/1983 Verteidigungsabkommen mit Libyen (11. März 1980); Hafenabkommen mit der Sowjetunion (26. Jan. 1981); Neutralitätsabkommen mit Italien (11. März 1983).

1983, 29. Juni Enteignung der Kirchengüter.

1987, 12. Mai EDWARD FENECH ADAMI (*1934; *Partit Nazzjonalista*) wird Premierminister (bis 1996): Stärkere Orientierung an den westlichen Demokratien.

1989, 4. April Neues Staatsoberhaupt wird VINCENT TABONE (*1913).

1990, 16. Juli Malta beantragt den EG-Beitritt.

1994, 4. April CARMELO MIFSUD BONNICI (*1933) wird zum Staatspräsidenten gewählt.

1996, 26. Okt. Aus den Parlamentswahlen geht die Labour Party als Sieger hervor. Neuer Regierungschef wird ALFRED SANT (*1948), der den Aufnahmeantrag für die EU zurückzieht.

1998, 5. Sept. Bei vorgezogenen Parlamentswahlen gewinnt die oppositionelle *Partit Nazzjonalista* die Mehrheit. Ihr Vorsitzender ADAMI übernimmt erneut das Amt des Premierministers. Am 14. Sept. erneuert er den Aufnahmeantrag in die EU.

1999, 4. April GUIDO DE MARCO (*1931) tritt das Amt als Staatspräsident an.

2003, 8. März Bei einer Volksabstimmung sprechen sich 53,6 % der Stimmbürger für einen Beitritt zur EU aus.

2004, März LAWRENCE GONZI (*1953) übernimmt das Amt des Premierministers. Das Parlament wählt ADAMI zum Staatspräsidenten.

1. Mai **Beitritt Maltas zur EU**.

2008, 1. Jan. Einführung des Euro.

Spanien seit 1945 | Forts. v. S. 1089 |

Die Diktatur Francos bis 1975

1946, 8. Dez. Nach dem Zweiten Weltkrieg ist Spanien außenpolitisch isoliert. Es wird nicht in die Vereinten Nationen aufgenommen; vielmehr empfiehlt die UN-Vollversammlung den Mitgliedern den Abbruch der diplomatischen Beziehungen zu Spanien. Bis auf Argentinien und den Vatikan folgen alle Mitglieder dieser Aufforderung. Die **internationale Isolierung führt zur inneren Konsolidierung** des politischen Systems. Die Blockbildung während des Kalten Krieges lässt die strategische Bedeutung Spaniens wachsen.

1947, 30. Jan. Ein Handelsabkommen zwischen Spanien und Argentinien sichert die spanische Grundversorgung auf niedrigstem Niveau.

1950, 4. Nov. Die UNO heben den Boykottbeschluss von 1946 auf (Aufnahme Spaniens in die UNO 1955).

1953, 27. Aug. Spanien und der Vatikan schließen ein **Konkordat**, das der spanischen Regierung ein entscheidendes Mitspracherecht bei der Ernennung von Bischöfen einräumt und dafür der katholischen Kirche eine Reihe von Privilegien, u. a. auf dem Erziehungssektor, gewährt. Die Kirche wird an Ämtern des Staates beteiligt.

26. Sept. Bedingt durch die internationale Entwicklung unterstützen die USA das Franco-Regime als Gegner des Kommunismus. Um einen günstigen Stützpunkt zur Überwachung des westlichen Mittelmeers zu erhalten, schließen die USA mit Spanien ein Stützpunktabkommen über zehn Jahre sowie einen Vertrag über wirtschaftliche bzw. militärische Hilfe. Die **Abkommen mit den USA** verhelfen Spanien zu internationaler Anerkennung und sind Ausgangspunkt für die wirtschaftliche Gesundung des Landes.

Entwicklung des Franco-Regimes

Das bedeutendste Grundgesetz des neuen Regimes ist das **»Gesetz über die Prinzipien der Nationalen Bewegung«**, die *Ley de Principios del Movimiento Nacional* (17. Mai 1958). Dieses Gesetz, das die bisherige Verfassungsentwicklung zusammenfasst, ist unabänderlich; es darf keine Rechtsnorm erlassen werden oder in Kraft bleiben, die gegen **die Grundsätze des Movimiento Nacional** (konfessioneller Staat, monarchische Staatsform, ständestaatliche Vertretung) verstößt. Die gesamte Staatsordnung beruht auf den Prinzipien des *Movimiento Nacional* (Nationale Bewegung); dieser Begriff löst den Parteinamen Falange offiziell ab.

Nach dem Bürgerkrieg vereinigt FRANCO (*1892, †1975) in seiner Person die Ämter des Staatsoberhauptes, des Regierungschefs, des Oberbefehlshabers der Streitkräfte und des Führers der »Nationalen Bewegung«. Eine Zäsur in der Verfassungsgeschichte ist das **Staatsgrundgesetz**, die durch Referendum angenommene *Ley orgánica del Estado* (11. Jan. 1967). Die wichtigste Bestimmung ist die Trennung der Ämter des Staatsoberhauptes und des Ministerpräsidenten. Das künftige Staatsoberhaupt wird nicht über die außerordentlichen Kompetenzen FRANCOS verfügen. Der Ministerpräsident leitet die allgemeine Politik und steht dem Ministerrat vor. Die Regierung ist nicht den Cortes (Ständeversammlung), sondern dem Obersten Gerichtshof zivil- und strafrechtlich verantwortlich. Entstehung, Zusammensetzung und Funktion der Cortes werden geändert bzw. erweitert; die Kammer erhält neue Kompetenzen (Annahme von Gesetzen) übertragen. Der »Nationalrat« des *Movimiento Nacional* fungiert als eine Art zweite Kammer. Der 1947 geschaffene Rat des Königreichs erhält eine neue Zusammensetzung und wird wegen weitreichender Kompetenzen zum zentralen Entscheidungsgremium im Staat (Mitbestimmung bei Berufung und Entlassung der Inhaber der sechs höchsten Staatsämter, Entscheidung über Verfassungswidrigkeit von Gesetzen, Entscheidung über Krieg und Frieden u. a.). Religionsfreiheit wird formal garantiert. Beeinflusst von den sozialpolitischen Forderungen des Zweiten Vatikanischen Konzils, wird das Arbeitsrecht umfassend verändert. Die Aufgabe der Streitkräfte, Hüter der verfassungsmäßigen Ordnung zu sein, wird bekräftigt.

Auf dem Sektor der **Wirtschaftspolitik** betreibt das »Nationale Industrieinstitut« zunehmend Staatsinterventionismus; diese Form der Wirtschaftslenkung ist jedoch ein Misserfolg und führt zur Zunahme sozialer Spannungen, zu hohen Inflationsraten und zu Defiziten in der Zahlungsbilanz. Eine Welle von Streiks und Demonstrationen erfasst Anfang der 50er-Jahre das Land. Mehrfache Abwertungen der Peseta können die Inflation nicht bremsen, sodass eine Änderung der Protektions-, Subventions- und Autarkiepolitik sowie wirtschaftliche Stabilisierungsmaßnahmen erforderlich werden. Aufgrund innenpolitischer Schwierigkeiten muss sich das Regime außenwirtschaftlich öffnen; innenpolitisch zeichnen weiterhin Immobilismus und Reformunfähigkeit den **Franquismus** aus.

1956, 10. Febr. Studentenproteste in Madrid gegen die Diktatur.

7. April Spanien erkennt die **Unabhängigkeit Marokkos** an.

1958, 20. Jan. Spanien wird in die OEEC (Organisation für europäische wirtschaftliche Zusammenarbeit) aufgenommen.

24. April Nach Streiks und landesweiten Arbeiterprotesten wird ein Gesetz über kollektive Tarifabschlüsse verabschiedet; im Untergrund formieren sich die Arbeiterkommissionen (*Comisiones Obreras*, CCOO), die Gewerkschaftsfunktionen übernehmen.

1959, Febr. Jugendliche aus dem Umfeld des *Partido Nacionalista Vasco* (PNV) **gründen die Separatistenorganisation ETA** (*Euskadi ta Askatasuna*: Baskenland und Freiheit) **zum Kampf gegen die Diktatur**.

Stabilisierungsplan und neue Wirtschaftspolitik

Der **Stabilisierungsplan** (21. Juli 1959) und die damit eingeleitete neue Wirtschaftspolitik sollen den Anschluss an die EWG-Länder erleichtern. Er reorganisiert das Finanzwesen, löst staatliche Kontrollinstanzen auf und liberalisiert den Außenhandel. Der Plan steht unter der Devise »Wachstum und Stabilität«. In den folgenden Jahren verzeichnet Spanien nach Japan die höchste wirtschaftliche Wachstumsrate der westlichen Welt (**»spanisches Wirtschaftswunder«**), kann allerdings die wirtschaftlichen Probleme (negative Handelsbilanz, Arbeitslosigkeit, Emigration, geringe Wettbewerbsfähigkeit der Industrie, Inflation, soziale Spannungen) nicht überwinden. Die Produktion orientiert sich stärker am Export, den der Staat intensiv fördert. Emigrationsabkommen mit europäischen Ländern erleichtern die Auswanderung; die Devisen aus den Emigrantenüberweisungen und dem beginnenden Massentourismus bessern die Zahlungsbilanz auf. Spanien gelingt der Anschluss an entwickelte Industriestaaten. Die Modernisierung der spanischen Wirtschaftsstruktur wird von Technokraten des katholischen Laienordens *Opus Dei* (»Werk Gottes«) betrieben, die in den 60er-Jahren zahlreiche Regierungsposten innehaben.

1962, 9. Febr. Vor dem Hintergrund der wirtschaftlichen Reformbemühungen stellt Spanien den **Antrag auf Assoziation an die EWG**, den die Mitgliedsländer jedoch hinhaltend behandeln. 1970 wird der schrittweisen Beseitigung der Zollschranken zugestimmt.

Außen- und Kolonialpolitik

Außenpolitische Belastungen sind v. a. das **Gibraltarproblem** und die **Beziehungen zu Marokko**. Seit 1954 fordert Spanien von Großbritannien die Rückgabe Gibraltars; die Briten lehnen das spanische Ansinnen ab und verweisen auf die Volksabstimmung von 1967. 1969 verfügt FRANCO eine (erfolglose) Blockade gegen Gibraltar.

Seit Mitte der 50er-Jahre **räumt Spanien seine kolonialen Besitzungen in Nordafrika**. 1956 erkennt es die Unabhängigkeit des früheren Protektoratsgebiets Marokko an, 1958 räumt es den Nordteil von Spanisch-Sahara, 1968 wird Spanisch-Guinea als Äquatorialguinea unabhängig; 1969 muss Ifni (Atlantikküste) an Marokko abgetreten werden, 1975 übergibt Spanien überstürzt die südlichen Teile von Spanisch-Sahara an Marokko und Mauretanien. Die beiden nordafrikanischen Städte Ceuta und Melilla gehören noch zu Spanien (werden jedoch von Marokko beansprucht).

Mitte und Ende der 60er-Jahre intensiviert Spanien auch seine Beziehungen mit den Ostblockstaaten und formalisiert sie im politischen Bereich.

1964 Innenpolitisch nehmen die Spannungen zu, der **Regionalismus wird zu einem Hauptproblem**. Die baskische Separatistenorganisation ETA wird zusehends radikaler und verfolgt ihre Ziele mit Terroranschlägen. Die offiziellen Syndikate werden von den Arbeitern nicht als ihre Interessenvertretung angesehen, die illegalen Arbeiterkommissionen (*Comisiones Obreras*) gewinnen Einfluss auf die Arbeiterschaft.

1965 Die katholische Kirche erkennt Katalanisch und Baskisch als Amtssprachen der Kirche an. Die spanischen Bischöfe fordern – v.a. nach dem Zweiten Vatikanischen Konzil – soziale Gerechtigkeit.

1967, 28. Juni Im »Gesetz über religiöse Freiheit« wird Glaubensfreiheit anerkannt.

1968 **Die Kirche geht auf Distanz zum Regime** und spricht sich für eine Revision des Konkordats aus. – Parallel dazu wirkt die katholische Laienbewegung *Opus Dei* mit dem Ziel der Verbesserung des bestehenden Wirtschaftssystems. Das *Opus Dei* hat elitäre gesellschaftliche Vorstellungen und besetzt allmählich die wichtigsten Einfluss- und Entscheidungszentren des Staates (seit 1958 in der Regierung).

1969, 24. Jan. Wegen Unruhen beschließt der Ministerrat den Ausnahmezustand.

23. Juli Prinz JUAN CARLOS (*1938) wird zum Nachfolger FRANCOS erklärt.

1970, 28. Dez. Auf internationalen Protest stoßen die Urteile des sog. »Burgos-Prozesses« gegen 16 Mitglieder von ETA. Das innenpolitische Klima verhärtet sich.

1973, 4. Juni Ministerpräsident wird Admiral LUIS CARRERO BLANCO (*1903, †1973), der bereits ein halbes Jahr später ermordet wird (20. Dez.).

31. Dez. Neuer Regierungschef wird CARLOS ARIAS NAVARRO (*1908, †1989), der ein Jahr später die Bildung sog. »Assoziationen« zulässt, wenn sie den Prinzipien der Bewegung nicht widersprechen.

1974, 12. Febr. Verabschiedung des **»Regierungsprogramms der Öffnung«**: In der Folgezeit verschärft sich der Konflikt zwischen Staat und Kirche. In Massendemonstrationen fordern Hunderttausende wirtschaftliche Besserstellung, Amnestie und Gewerkschaftsfreiheit.

1975 Die ETA und der maoistische *Frente Revolucionario Antifascista y Patriota* (FRAP) verschärfen ihre **Terroraktionen**.

20. Nov. Der **Tod FRANCOS** gibt den Weg frei für politische Reformen.

Die Verfassungsentwicklung nach Francos Tod

Der Regimewandel nach FRANCOS wird unter Leitung und Kontrolle der franquistischen Institutionen und eines Teils der in ihnen verherrschenden politischen Elite durchgeführt. Damit geht er formal innerhalb der von FRANCO errichteten Legalität vor sich und bricht nicht mit dem autoritären Verfassungsrecht des Franquismus. Inhaltlich jedoch ist der Wandel keine Reform oder Revision des franquistischen Systems, sondern bedeutet – unter Bruch mit den Strukturprinzipien des autoritären Regimes – dessen Ersetzung durch eine neue, auf demokratischen Prinzipien basierende Regierungsform. Im »Gesetz über die politische Reform«, der *Ley sobre la reforma política* (18. Nov. 1976), bekennt sich der Staat zu den Grundsätzen der Volkssouveränität, des Rechtsstaats, der Menschenrechte und der parlamentarischen Monarchie. Die Cortes, die sich aus zwei Kammern zusammensetzen, erhalten ihre Legitimation aus allgemeiner, direkter und geheimer Wahl. Mit dem Reformgesetz knüpft das spanische Verfassungsrecht wieder an liberal-pluralistische Konzeptionen an. Es stellt zwar keinen formalen Bruch mit dem Franco-Regime dar, überwindet jedoch inhaltlich wesentliche Strukturprinzipien des franquistischen Staates. Die am 27. Dez. 1978 verkündete neue Verfassung beseitigt endgültig die Grundgesetze der Franco-Ära. Spanien wird als sozialer und demokratischer Rechtsstaat in der Staatsform einer **parlamentarischen Monarchie** definiert. Alle Grundrechte und Freiheiten sind garantiert, Kirche und Staat werden getrennt. Der katholischen Religion bleibt eine Sonderstellung eingeräumt. Die Staatsstruktur wird durch die Regionalautonomie tief gehend verändert.

Aufbau der Demokratie (1975–1982)

1975, 22. Nov. Zwei Tage nach FRANCOS Tod wird **JUAN CARLOS I.** von Bourbon zum **König von Spanien** proklamiert; in seiner Thronrede verspricht er den Spaniern ein größeres Mitspracherecht in der Politik.

5. Dez. ARIAS NAVARRO wird – zur Enttäuschung der Reformer – erneut Ministerpräsident und leitet einen zögernden Reformkurs ein.

1976, 25. Mai Zu den wichtigsten **politischen Reformen** gehört die Aufhebung des Verbots politischer Versammlungen und Demonstrationen.

9. Juni Ein weiteres Gesetz erkennt de facto die Existenz politischer Parteien an.

1. Juli Wegen zunehmender Kritik am schleppenden Fortgang der innenpolitischen Reformen tritt ARIAS NAVARRO zurück.

17. Juli Neuer Regierungschef wird ADOLFO SUÁREZ (*1932), der ein umfassendes Reformprogramm bekannt gibt (Grundsatz der Volkssouveränität, Anerkennung der Menschenrechte, Unabhängigkeit der Justiz, Bildung repräsentativer Organe, Versprechen größerer Regionalautonomie, Amnestie politischer Gefangener, Revision des Konkordats).

4. Aug. Die Regierung erlässt ein Amnestiegesetz.

18. Nov. Durch das »Gesetz über die politische Reform« lösen sich die ständestaatlichen Cortes selbst auf.

15. Dez. Die Volksbefragung ergibt eine überragende Zustimmung der Bevölkerung zu dem **Demokratisierungsvorhaben**; die extreme Rechte und die extreme Linke versuchen, die Reformen durch Terror zu verhindern.

1977, 30. März Ein neues Gewerkschaftsgesetz garantiert das Recht der freien gewerkschaftlichen Vereinigung.

15. Juni In den **ersten freien Parlamentswahlen** seit 1936 siegt die *Unión de Centro Democrático* (UCD) von Ministerpräsident SUÁREZ (34 %); die Sozialisten (PSOE) unter FELIPE GONZÁLEZ (*1942) erhalten 28 %, die Kommunisten (PCE) unter SANTIAGO CARRILLO (*1915) erhalten 9 % der Stimmen.

25. Okt. Zur Überwindung der Wirtschaftskrise (Inflation, Stagnation, Arbeitslosigkeit, Handelsbilanzdefizit) sowie zur Absicherung der weiteren Demokratisierung schließt die Regierung mit den Oppositionsparteien und Tarifpartnern den »Pakt von Moncloa«.

24. Nov. Spanien wird in den Europarat aufgenommen.

31. Dez. Das Baskenland und Katalonien (27. Sept.) erhalten »vorläufige Autonomie«; andere Landesteile folgen.

1978, 31. Okt. Während des ganzen Jahres wird der Verfassungsentwurf diskutiert, der schließlich mit 325 von 345 Stimmen im Parlament verabschiedet wird.

6. Dez. Volksabstimmung zum Verfassungsentwurf mit einer Zustimmung von 87,8 % der Stimmen; 32,9 % der Stimmberechtigten bleiben den Urnen fern.

27. Dez. Die **neue Verfassung** tritt in Kraft.

1979, 3. Jan. Durch vier Abkommen wird das Konkordat von 1953 zwischen Spanien und dem Vatikan abgelöst.

1. März Parlamentswahlen: Sieg der UCD (167 Sitze); PSOE an zweiter Stelle (121 Sitze).

25. Okt. In Plebisziten werden **Autonomiestatute** für das **Baskenland** und **Katalonien** angenommen.

1980, März Bei den Wahlen zu den Regionalparlamenten im Baskenland und in Katalonien gewinnen jeweils die nationalistischen Parteien.

24. Juli Ein neues Gesetz zur Religionsfreiheit **trennt Kirche und Staat**.

1981, 29. Jan. Nach dem Rücktritt von ADOLFO SUÁREZ bildet LEOPOLDO CALVO-SOTELO (*1926) das neue Kabinett (25. Febr.).

23. Febr. Am verfassungstreuen Verhalten von König JUAN CARLOS scheitert ein **Putsch der paramilitärischen Guardia Civil**.

2. Aug. Die UCD und der PSOE vereinbaren die Umwandlung Spaniens in einen dezentralisierten Staat.

1982, 30. Mai Spanien wird **16. Mitglied der NATO**.

28. Okt.–2. Dez. Parlamentswahlen führen zur Mehrheit für die Sozialisten (46,1 %); FELIPE GONZÁLEZ bildet eine **sozialistische Regierung**.

Die Ära González (1982–1996)

Die 14 Jahre der Ministerpräsidentschaft von FELIPE GONZÁLEZ bedeuten für Spanien einen gewaltigen Modernisierungssprung. Kernpunkte des Regierungsprogramms sind der Aufbau des Sozialstaats, Umstrukturierung des Gesundheitswesens, Bevorzugung des öffentlichen vor dem privaten Schulsystem, Unterordnung der militärischen unter die zivile Gewalt. Spanien erfährt eine strukturelle Anpassung an die Weltwirtschaft. Außen- und sicherheitspolitisch geht es zuerst um den Eintritt in die EG und den Verbleib in der NATO, später dann um die Integration in die supranationalen Organisationen der westlichen Hemisphäre. Während GONZÁLEZ' Regierungszeit nimmt die Staatsverschuldung auf 65 % des Bruttoinlandprodukts zu. Auch die hohe Arbeitslosigkeit kann nicht gesenkt werden.

1983, 23. Febr. Lockerung des Abtreibungsverbots; Verabschiedung weiterer Autonomiestatute; der Großkonzern Rumasa wird verstaatlicht.

1984, 3. Juni Etwa 250 000 Demonstranten fordern in Madrid Spaniens NATO-Austritt.

1985, 5. Febr. Öffnung der Grenze zu Gibraltar.

12. Juni Spanien unterzeichnet die Beitrittsprotokolle zur EG.

1986, 1. Jan. Der **EG-Beitritt Spaniens** ist in Kraft.

12. März Die Mehrheit der Spanier stimmt in einem Referendum für einen Verbleib in der NATO.

22. Juni Bei Parlamentswahlen siegen die Sozialisten un-

Regierungs- und Wahlsystem in Spanien seit 1978

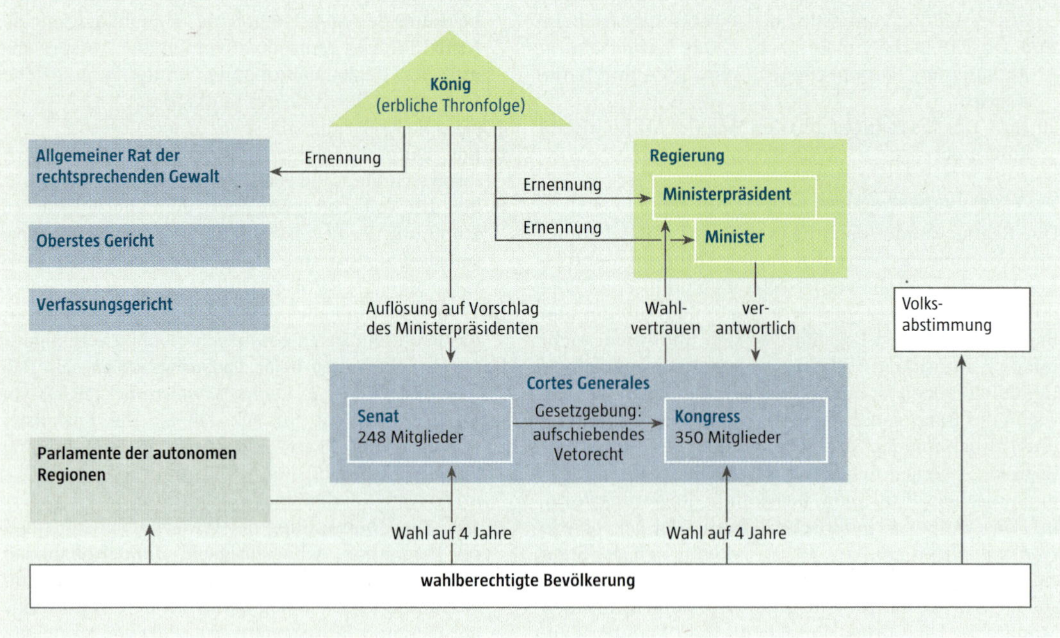

ter GONZÁLEZ trotz erheblicher Verluste mit 44%. GONZÁLEZ besucht Kuba (14. Nov.).

1987, Jan. Unruhen in der spanischen Exklave Melilla in Marokko.

5. Nov. Spanien tritt dem Atomwaffensperrvertrag bei.

1988, 11. Jan. Fünf von sechs der im baskischen Parlament vertretenen Parteien unterzeichnen einen Anti-Terror-Pakt.

28. Sept. Abschluss eines neuen Verteidigungsabkommens mit den USA: Reduzierung der US-Truppen, Verzicht auf Lagerung von Atomwaffen.

14. Dez. **Generalstreik** gegen die Wirtschafts- und Sozialpolitik der sozialistischen Regierung.

1989, 9. Jan. Nach einem **Waffenstillstandsangebot der ETA** werden die Gespräche nach dem Bruch des Waffenstillstands (4. April) beendet.

29. Okt. Vorgezogene Parlamentswahlen: Die Sozialisten bleiben mit 40% stärkste Partei, ein neues Kabinett GONZÁLEZ wird vereidigt (7. Dez.).

1990, 5. Febr. Der ehemalige Franco-Minister MANUEL FRAGA IRIBARNE (*1922) wird Regierungschef Galiciens.

10. April JOSÉ MARÍA AZNAR (*1953) wird Vorsitzender des konservativen *Partido Popular* (PP).

Juli Belastung des Verhältnisses zu Kuba durch kubanische Botschaftsflüchtlinge.

28. Okt. Bei Wahlen im Baskenland wird die dortige Regierungskoalition bestätigt.

1991, 12. Jan. Der stellvertretende Ministerpräsident ALFONSO GUERRA GONZÁLEZ (*1940) tritt nach Korruptionsvorwürfen gegen seinen Bruder zurück.

25. Juni Spanien tritt dem Schengener Abkommen bei.

1992 Die **Weltausstellung Expo 92** wird in Sevilla eröffnet (20. April) und geht mit einer Gedenkfeier anlässlich des 500. Jahrestages der Entdeckung Amerikas durch KOLUMBUS am 12. Okt. zu Ende. Die **Olympischen Spiele** finden in Barcelona statt (Juli/Aug.), Madrid ist Kulturhauptstadt Europas.

28. Mai Mit einem **Generalstreik** protestieren die Gewerkschaften gegen die Wirtschaftspolitik der Regierung.

29. Okt. Das Parlament billigt den Maastricht-Vertrag.

1993 Spanien erlebt eine tiefe Wirtschaftsrezession; Zunahme von Korruptionsskandalen in der Regierungspartei.

6. Juni Vorgezogene Parlamentswahlen ergeben Verluste für den PSOE. GONZÁLEZ bildet eine Minderheitsregierung (13. Juli).

1994, 29. Juli Bei etlichen Anschlägen baskischer Terroristen wird u. a. auch ein General der spanischen Armee getötet. Führende Mitglieder von ETA können in Frankreich verhaftet werden. Der Verdacht des Staatsterrorismus kommt wegen mutmaßlicher Unterstützung der *Grupos Antiterroristas de Liberación* (GAL) durch die Regierung GONZÁLEZ auf.

1995 Die Ermittlungen gegen die GAL ergeben, dass bis in höchste Regierungskreise ihre bewaffneten Aktionen gegen ETA unterstützt und dabei auch Morde geduldet bzw. veranlasst wurden.

28. Mai Hohe Verluste für den PSOE bei Kommunal- und Regionalwahlen.

Die Regierung der Konservativen (1996–2004)

Das Regierungsprogramm AZNARS enthält vier Schwerpunkte: Maßnahmen zur Stimulierung der **Wirtschaft** und zur Schaffung neuer Arbeitsplätze, Vertiefung der regionalen **Autonomie**, Stärkung der demokratischen Institutionen, Fortführung des europapolitischen Engagements. Der Erfüllung der Maastrichter Konvergenzkriterien zur Teilnahme an der Europäischen Wirtschafts- und Währungsunion wird oberste Priorität eingeräumt. Die **Arbeitsmarktreformen** liberalisieren das Arbeitsrecht so weit, dass außertarifliche Arbeitsverträge unterhalb des Mindestlohns ermöglicht werden. Zahlreiche Privatisierungen werden aus ordnungspolitischen Gründen und zur Haushaltssanierung vorgenommen, hinzu kommt eine umfassende Deregulierung. Die Stabilitätsfortschritte sind unverkennbar. In der zweiten Legislaturperiode (2000–2004) wird der Politikstil der Regierung AZNAR wesentlich härter und arroganter. Im Bildungsbereich werden tiefgreifende Reformen durchgeführt, im Kampf gegen ETA und den radikalen Nationalismus werden deutliche Fortschritte auf polizeilichem Gebiet erzielt, auch die Arbeitsmarktsituation verbessert sich erheblich. AZNAR beendet seine Regierungszeit mit einem ausgeglichenen Staatshaushalt. – In der **Außenpolitik** kommt es mit der einseitigen Hinwendung zu den USA im Irak-Konflikt zu einem Paradigmenwechsel.

1996, 3. März Der konservative Oppositionsführer JOSÉ MARÍA AZNAR LÓPEZ gewinnt knapp die vorgezogenen Parlamentswahlen (156 von 350 Mandaten). Die Sozialisten erreichen 141 Mandate. AZNAR bildet am 4. Mai eine neue Regierung, die die katalanische Regionalpartei CiU (*Convergència i Unió*) toleriert.
Die Autonomen Gemeinschaften erhalten ein neues Finanzierungsmodell.

14. Nov. Das Parlament billigt einen Antrag auf vollständige Teilnahme Spaniens an der militärischen Integration der NATO.

1997, 22. Jan. Den spanischen Vorschlag einer gemeinsamen Oberhoheit über Gibraltar bei weitgehender innerer Autonomie lehnt Großbritannien ab.

8. April Die Regierung verkündet einen neuen Konvergenzplan zur Erfüllung der Maastrichtkriterien; weitreichende Arbeitsmarktreformen, die zu einem deutlichen Sinken der Arbeitslosenquote führen.

Juli **Massendemonstrationen** in zahlreichen Städten Spaniens (in Madrid über 1,5 Mio. Menschen) **gegen den ETA-Terror** nach der Entführung und Ermordung des Kommunalpolitikers MIGUEL ÁNGEL BLANCO (*1968). Seit ihrem ersten Attentat 1968 fielen ETA fast 800 Menschen zum Opfer.

2. Dez. Spanien tritt der militärischen Struktur der NATO bei.

1998 Mit 47,7 Mio. Besuchern wird Spanien im Jahr 1998 erstmals nach Frankreich das weltweit beliebteste Urlaubsziel.

12. Sept. 23 nationalistische Parteien und Organisationen im Baskenland unterzeichnen die »Erklärung von Lizarra« als Friedensinitiative.

16. Sept. **ETA** verkündet eine **unbefristete Waffenruhe**. Am 3. Nov. genehmigt Ministerpräsident Aznar erstmals die Aufnahme offizieller Kontakte zum Umfeld der Separatistenorganisation.

25. Okt. Bei den Wahlen zum baskischen Regionalparlament bleibt der regierende gemäßigt nationalistische *Partido Nacionalista Vasco* (PNV) mit knapp 28 % stärkste politische Kraft. Juan José Ibarretxe (*1957) bildet eine Minderheitsregierung (29. Dez.).

1999, 18. Febr. Das Parlament beschließt die Abschaffung der allgemeinen Wehrpflicht bis Ende 2002.

4. Juni Die Staats- und Regierungschefs der EU ernennen den Spanier Javier Solana (*1942) zum ersten hohen Repräsentanten für die »Gemeinsame europäische Außen- und Sicherheitspolitik« (GASP).

28. Nov. Nach dem Fehlschlag der Verhandlungen mit der Regierung nimmt ETA ihre Mord- und Terroranschläge wieder auf.

22. Dez. Gegen die Regierung setzt das Parlament eine Liberalisierung des Ausländerrechtes durch.

2000, 12. März Bei den Parlamentswahlen erhält die konservative Regierungspartei *Partido Popular* (PP) die absolute Mehrheit der Mandate (183 von 350). Die Wähler honorieren die Wirtschaftspolitik der Regierung Aznar, die 3,7 % Wachstum erzielt und die Arbeitslosenquote von 22,7 auf 15,8 % gesenkt hat.

12.–16. Juli Eine Terrorwelle von ETA erschüttert Spanien.

24. Sept. **Massendemonstration in San Sebastián gegen den ETA-Terror** mit rund 200 000 Teilnehmern. Ähnlich große Veranstaltungen folgen in Bilbao (21. Okt.) und Madrid (31. Okt.).

24. Nov. Mit einer Novellierung des Ausländergesetzes wird die im Dez. 1999 beschlossene Liberalisierung z. T. wieder aufgehoben.

2001, 13. Mai Bei vorgezogenen Neuwahlen für das baskische Regionalparlament (nötig geworden durch den Auszug der ETA-nahen *Euskal Herritarok* im April 2000) gelingt es den »gesamtspanischen« Parteien nicht, die Mehrheit der Nationalisten zu brechen. Im Laufe des Jahres verschärfen sich die Spannungen zwischen Zentralregierung und Regierung des Baskenlandes, da letztere eine Volksabstimmung über eine Abspaltung des Baskenlandes von Spanien durchführen lassen will.

2002, 5. Juni Das Parlament verabschiedet ein Parteiengesetz, das eindeutig gegen die mit ETA sympathisierende *Herri Batasuna* gerichtet ist.

11.–17. Juli Marokkanische Soldaten besetzen die kleine Insel Perejil/Leila vor der marokkanischen Küste; eine Woche später zwingen spanische Soldaten die Marokkaner, die Insel wieder aufzugeben, wodurch es zur **Kriegsgefahr zwischen Spanien und Marokko** kommt. Letzteres erhebt erneut Ansprüche auf die spanischen Exklaven Ceuta und Melilla.

26. Aug. Per Gerichtsurteil wird der **Baskenpartei Batasuna jede Betätigung verboten**. Ihr Vermögen ist seit dem 3. Juli beschlagnahmt.

7. Nov. Bei einem Referendum in Gibraltar sprechen sich 98,7 % der Wähler gegen die geplante gemeinsame britisch-spanische Verwaltung Gibraltars und für einen Verbleib bei Großbritannien aus.

13. Nov. Die Havarie des mit 77 000t Schweröl beladenen Tankers »Prestige« führt zu einer großen **Umweltkatastrophe an der nordspanischen Küste**. Das mangelhafte Krisenmanagement der spanischen Behörden ruft Massenproteste hervor.

2003, 30. Jan Obwohl über 90 % der Bevölkerung den geplanten Irak-Krieg ablehnen, schließt sich die spanische Regierung mehreren europäischen Staaten an, die mit einem »Offenen Brief« an die Seite der USA treten.

15. Febr. Mehr als drei Mio. Menschen protestieren in ganz Spanien gegen den Kurs der Regierung Aznar im Irak-Konflikt. Unbeeindruckt davon legt die spanische Regierung (zusammen mit den USA und Großbritannien) dem UN-Sicherheitsrat einen Resolutionsentwurf vor (24. Febr.), der einen Militärschlag gegen den Irak legalisieren soll.

16. März **»Azorengipfel«** zwischen US-Präsident Bush, dem britischen Premierminister Blair und Ministerpräsident Aznar wegen der Irak-Krise. In der Folge gibt es wiederholt massive Proteste gegen den Kriegskurs Aznars.

24. Juli Ein Vorauskommando der spanischen Streitkräfte trifft im Irak ein. Insgesamt entsendet Spanien 1300 Mann als Besatzungstruppen in den Irak.

2. Sept. Mariano Rajoy (*1955) wird zum Generalsekretär und Spitzenkandidaten des PP für die Wahlen im März 2004 ernannt.

2004, 18. Jan. Das Verfassungsgericht bestätigt das Verbot der baskischen *Batasuna*-Partei.

18. Febr. ETA verkündet für Katalonien die Aussetzung ihrer »bewaffneten Aktionen«.

11. März Durch **Bombenanschläge in den Madrider Bahnhöfen** Atocha, Santa Eugenia und El Pozo werden 191 Menschen getötet und mehr als 1500 verletzt. Auf Druck der Regierung Aznar wird der Verdacht sofort auf ETA gelenkt. Obwohl sich in den folgenden Tagen die Hinweise auf eine Täterschaft islamistischer Terroristen verdichten, beharrt die Regierung des PP auf ihrer These der ETA-Täterschaft, um unmittelbar vor den Parlamentswahlen weiterer Kritik an ihrer Irakpolitik zu entgehen. Bei der Aufklärung des Attentats in den folgenden Monaten wird der Regierung Verschleierung und Manipulation vorgeworfen.

12. März In ganz Spanien nehmen mehr als 11 Mio. Menschen an **Demonstrationen gegen die Terroranschläge** und zum Gedenken der Opfer teil.

14. März Bei den Parlamentswahlen setzt sich überraschend die PSOE unter José Luis Rodríguez Zapatero (*1960) mit 42,6 % der abgegebenen Stimmen gegen die bisher mit absoluter Mehrheit regierende Volkspartei (PP) durch.

15. März Die Regierung Zapatero löst sein Wahlversprechen ein und kündigt den **Rückzug der spanischen Truppen aus dem Irak** an (Abschluss 27. Mai).

30. Aug. Die Regierung plant einen drastischen Kurswechsel in der Ausländerpolitik. Sie will illegalen Einwanderern, die Arbeit haben, ein Bleiberecht geben.

15. Nov. Die verbotene baskische Partei *Batasuna* legt einen Friedensplan vor und ruft dazu auf, den bewaffneten Kampf zu beenden. Ihr Vorsitzender schlägt Spanien und Frankreich ein Referendum über die Zukunft des Baskenlandes vor.

2005, 2. Febr. Das spanische Parlament lehnt den umstrittenen Unabhängigkeitsplan (»Plan Ibarretxe«) für das Baskenland ab.

20. Febr. In einem Referendum (Wahlbeteiligung 41 %) ratifiziert Spanien die **Verfassung der Europäischen Union** mit 78,5 %.

29. Sept. Beim Ansturm hunderter afrikanischer Flüchtlinge auf die Exklave Ceuta sterben zwei Menschen.

2006, 22. März ETA verkündet einen »dauerhaften Waffenstillstand«; in der Folgezeit gibt es erste Verhandlungskontakte zwischen Regierung und ETA.

19. Mai Das Parlament billigt den »Plan Afrika« zur Eindämmung des Zustromes illegaler schwarzafrikanischer Einwanderer auf die Kanarischen Inseln.

18. Juni In Katalonien wird das neue Autonomiestatut durch ein Referendum angenommen (74 % Zustimmung, Wahlbeteiligung von knapp 50 %).

Juli Der Emigrantenstrom aus Schwarzafrika reißt nicht ab: Der Status von 2,8 Mio. Immigranten (6,5 % der Bevölkerung) wird legalisiert; rund eine weitere Mio. dürfte sich »irregulär« im Land aufhalten.

1. Nov. Parlamentswahlen in Katalonien führen zu einer Wiederauflage der Dreierkoalition mit José Montilla (*1955; PSC: *Partit dels Socialistes de Catalunya*) als Ministerpräsident.

30. Dez. ETA-Attentat auf den Madrider Flughafen (zwei Tote); der »Friedensprozess« ist gescheitert.

2007, 15. Febr. Beginn des **Prozesses gegen die islamistischen Attentäter** vom 11. März 2004, der mit hohen Haftstrafen endet.

18. Febr. Andalusien stimmt mit 87 % dem neuen Autonomiestatut zu (Wahlbeteiligung 36 %).

11. Nov. Eklat zwischen König Juan Carlos und dem venezolanischen Präsidenten Hugo Chávez auf dem Iberoamerikanischen Gipfel in Santiago de Chile.

2008, 9. März Bei den Parlamentswahlen kann sich die PSOE unter Zapatero knapp als stärkste Partei behaupten.

Andorra seit 1278/1913

Im 62 km² großen Staat Andorra teilen sich die Funktion des Staatsoberhaupts der spanische Bischof von Seu d'Urgell (Ostpyrenäen) und der französische Staatspräsident. Dieser **Modus der Staatsführung** geht zurück auf ein 1278 geschlossenes Abkommen (*Paréage*). Alle zwei Jahre finden Erneuerungswahlen des auf vier Jahre gewählten Generalrats (Volksvertretung) statt.

1913 Eröffnung neuer Kommunikationswege (Verbindungsstraße zwischen Andorra und Spanien, eine Verbindungsstraße mit Frankreich folgt 1933).

1933 Politische und soziale Unruhen und **Absetzung des Consell** (Regierung).

8. Aug.–9. Okt. Besetzung durch französische Truppen (Gendarmerie). Das Wahlrecht wird auf alle männlichen Andorraner ab dem 25. Lebensjahr erweitert.

1934, 6. Juli Der Russe Boris Skossyreff (*um 1896, †1944?) wird zum **Prinzen von Andorra** ausgerufen.

14. Juli Die spanische Guardia Civil fällt in Andorra ein und nimmt Skossyreff gefangen.

1936–1939 Andorra bleibt während des Spanischen Bürgerkriegs neutral.

1939, 25. Sept. Das Land unterzeichnet einen **Friedensvertrag mit Deutschland** und bleibt während des Zweiten Weltkriegs neutral.

1960er-Jahre Wirtschaftsboom.

1970er-Jahre Institutionelle Reformen.

1971 Eine Wahlrechtsreform verleiht Frauen das Wahlrecht (ab 21 Jahren Aktivwahlrecht, ab 25 Jahren Passivwahlrecht).

1981/82 **Bildung der ersten Regierung** unter Òscar Ribas Reig (*1936) als Exekutivorgan und Ersetzung des *Consell de la Terra* (seit 1868) durch den Generalrat als Legislativorgan.

1984 Ribas Reig tritt im April zurück; neue Regierung unter Josep Pintat Solans (*1925).

1990, 12. Jan. Ribas Reig wird erneut Regierungschef.

1993, 14. März **Die erste geschriebene Verfassung** des Fürstentums wird mit knapp 75 % im Referendum von der Bevölkerung angenommen (Inkraftsetzung 4. Mai). Internationale Anerkennung des Landes als demokratischer und sozialer Rechtsstaat mit parlamentarischer Mitfürstenregierung.

3. Juni Andorra schließt mit Spanien und Frankreich einen Nachbarschaftsvertrag und **wird formell souverän.**

28. Juli Als 184. Mitgliedsstaat tritt Andorra den Vereinten Nationen bei. Es folgen weitere Beitritte (Europarat, UNESCO, WHO, OSZE) und die Aufnahme diplomatischer Beziehungen mit über 70 Ländern.

12. Dez. Bei Parlamentswahlen sind zum ersten Mal Parteien und nicht nur Einzelbewerber zugelassen. Die Wahlen enden ohne klare Mehrheitsverhältnisse; Ribas Reig wird in seinem Amt bestätigt (19. Jan. 1994).

1997, 16. Febr. Die von Marc Forné Molné (*1947) geführte Koalitionsregierung (seit 21. Dez. 1994 im Amt) wird bei Parlamentswahlen bestätigt.

2001, 4. März Bei den Parlamentswahlen kann sich die liberalkonservative Partei des Regierungschefs Forné als stärkste politische Kraft behaupten.

2002, 15. Mai Ein neues Immigrationsgesetz bestimmt eine Quotenregelung und neue Aufenthalts- und Arbeitsgenehmigungen.

29. Sept. Auf dem höchsten befahrenen Gipfel der Pyrenäen wird ein Tunnel eröffnet.

2004, 16. Nov. Regierungschef Forné und Außenminister Juli Minoves unterzeichnen mit der **EU ein Kooperationsabkommen** und eine Vereinbarung über Zinsbesteuerung.

2005, 24. April Parlamentswahlen zum *Consell General*: Der PLA (*Partit Liberal Andorra*) verliert die absolute Mehrheit; neuer Regierungschef wird Albert Pintat Santolària (*1943). Der PS (*Partit Socialdemòcrata*) bekommt 12 Sitze (vorher 6); der CDA (Centre Demòcrata Andorra) 2 Sitze (vorher 5).

Durch den Ausbau der Verkehrswege und der Kommunikation lässt das Land die frühere Isolierung hinter sich; es gewinnt hohe Einnahmen aus dem Tourismus. Das Land benutzt den Euro, ist aber nicht in der EU, daher werden Produkte steuerfrei verkauft. Andorra ist eine Art Fiskalparadies: Es gibt keine Mehrwertsteuer, keine Einkommens- oder Vermögenssteuer und das Steuerwesen ist insgesamt einfach.

Portugal seit 1945 | Forts. v. S. 1093 |

Nach dem Zweiten Weltkrieg behält Portugal sein **autoritär-korporativistisches Regime** unter António de Oliveira Salazar (*1889, †1970), das durch Einrichtung der 1958 gebildeten Korporationen (Selbstverwaltungsorganisationen der einzelnen Produktionszweige der Wirtschaft unter Kontrolle der Regierung) ausgebaut wird. **Wiederholte Militärputsche** (z. T. mit monarchistischem Einschlag) gegen das Salazar-Regime werden unterdrückt. Seit Ende der 50er-Jahre leisten monarchistische, liberale, sozialistische und kommunistische Gruppen, seit 1965 auch liberale Katholiken (trotz Pressezensur, Verhaftungen u. a.) Widerstand.

Nach dem Zweiten Weltkrieg wird die Wirtschaftspolitik reformuliert. Ziele sind die Beschleunigung der Industrialisierung und Anhebung des allgemeinen Lebensstandards. Portugal muss verspätet Marshallplanhilfe akzeptieren. Seit 1953 werden mehrere Entwicklungspläne durchgeführt, die zu hohem Wirtschaftswachstum führen. In den 60er-Jahren kommt es zu massivem Zufluss ausländischen Kapitals.

1949, April Trotz seines politischen Systems gehört Portugal wegen seiner strategischen Bedeutung zu den **Gründungsmitgliedern des Nordatlantikpaktes** (NATO).

1951, 11. Juni Alle portugiesischen Kolonien werden formell zu Überseeprovinzen des Mutterlandes.

9. Aug. General Francisco Higino Craveiro Lopes (*1894, †1964) wird nach dem Tod (18. Juni) von Staatspräsident Carmona (*1869, †1951) sein Nachfolger.

6. Sept. Die USA unterhalten aufgrund eines Abkommens (mehrfach verlängert) auf den Azoren Militärstützpunkte und unterstützen Portugal wirtschaftlich (Abkommen vom Febr. 1950).

1953, 27. Juni Die *Lei orgânica do Ultramar Portugues* bestimmt, dass die Überseeprovinzen integrierter Bestandteil des portugiesischen Staates sind. In den 50er-Jahren bilden sich für Angola, Moçambique und Guinea Befreiungsbewegungen.

1955, 4. Jan. Mit Brasilien unterhält das Land enge politische, wirtschaftliche und v. a. kulturelle Beziehungen, die durch Gründung einer »luso-brasilianischen Gemeinschaft« verstärkt werden.

Dez. Nachdem die Sowjetunion ihren Widerstand aufgegeben hat, wird **Portugal UN-Mitglied**.

1958 Bei den Präsidentschaftswahlen erhält der liberale Gegenkandidat Humberto Delgado (*1906, †1965) 23,5 %, woraufhin Salazar die Direktwahl abschafft. Delgado wird 1965 in Spanien ermordet.

9. Aug. Américo (Deus Rodrigues) Tomás (*1894, †1987) wird neuer Staatspräsident.

1960 Die UN-Vollversammlung fordert in ihrer Entkolonialisierungs-Deklaration die »rasche und bedingungslose« Gewährung der Unabhängigkeit aller Kolonien. Die interafrikanischen Organisationen verurteilen Portugals Kolonialpolitik. Dagegen fördert Salazar v. a. in Angola seit Ende des Zweiten Weltkrieges die Einwanderung portugiesischer Siedler.

1961, Jan. Die Opposition lässt, um die Weltöffentlichkeit auf die nicht-demokratische Situation in Portugal aufmerksam zu machen, das portugiesische Passagierschiff »Santa Maria« kapern.

Dez. Eine **Armeerevolte**, an der auch Zivilisten beteiligt sind, scheitert. In den folgenden Jahren häufen sich regierungsfeindliche Studentendemonstrationen.

18. Dez. Nach Ablehnung indischer Forderungen auf Übergabe Portugiesisch-Indiens marschieren indische Truppen in die portugiesischen Exklaven Goa, Daman (Damão) und Diu ein und nehmen die Besitzungen ohne Widerstand ein. Portugal erkennt die Annexion erst 1974 an.

1962 Als Gegenmaßnahme werden alle rund 12 000 in Moçambique lebenden Inder ausgewiesen und ihr Eigentum beschlagnahmt. – Seit Anfang der 60er-Jahre kommt es in den afrikanischen Besitzungen immer wieder zu Aufständen, die sich zu **Kolonialkriegen** ausweiten.

1963, 14. Mai Das Verhältnis zu Spanien ist gutnachbarlich und geht auf die Waffenhilfe im Spanischen Bürgerkrieg zurück. Der Freundschafts- und Nichtangriffspakt von 1939 wird auf einer Konferenz Salazars mit Staatschef Franco in Mérida bekräftigt.

1968, 26. Sept. Für den schwer erkrankten Salazar übernimmt Marcelo Caetano (*1906, †1980) die Regierung.
Sein Versuch, das innenpolitische Leben zu liberalisieren (u. a. Lockerung der Pressezensur) scheitert. Die **wirtschaftlichen Probleme** nehmen, v. a. infolge des teuren Kolonialkriegs, zu (Inflation). Portugal wendet rund 40 % seines Staatshaushalts für die Sicherung seiner afrikanischen Gebiete auf. In den mittleren Rängen der Armee bildet sich eine politisierte Oppositionsgruppe heraus, die eine rasche Beendigung des Kolonialkriegs anstrebt: der *Movimento das Forças Armadas* (MFA, Bewegung der Streitkräfte).

1973 Portugal lässt in allen seinen afrikanischen Territorien zum ersten Mal »Gesetzgebende Versammlungen« wählen, nachdem eine Verfassungsänderung diese Kolonien offiziell in »Staaten« umbenannt hat.

1974 Die Veröffentlichung des kritischen Buches »Portugal und die Zukunft« von **General António de Spínola** (*1910, †1996) zur Kolonialpolitik stürzt das Regime Caetano in eine Krise, die durch die wirtschaftliche Instabilität und Rezession infolge der Erdölverteuerung aufgrund der Ölkrise von 1973 verschärft wird.

25. April Der **Militärputsch des MFA** (»**Nelkenrevolution**«) beendet die Diktatur; die Führung des Landes übernimmt eine Militärjunta unter SPÍNOLA. Das Reformprogramm umfasst u. a. eine demokratische Verfassung, freie Wahlen, Selbstbestimmung für die Kolonien und die soziale und wirtschaftliche Neugestaltung Portugals.

Als Folge der Beseitigung des CAETANO-Regimes **löst sich das portugiesische Kolonialreichrasch auf**, zumal der Militärputsch als Ziel die Beendigung des Kolonialkriegs in Afrika hat, der nach Meinung von General SPÍNOLA militärisch nicht mehr zu gewinnen ist. Die regierende Bewegung der Streitkräfte (MFA) drängt auf baldige Übergabe der Macht an einheimische Regierungen (auch ohne Volksabstimmungen).

15. Mai General SPÍNOLA wird von der Junta zum provisorischen Staatspräsidenten ernannt.

16. Mai Die erste Regierung nach dem Militärputsch bildet, unter Beteiligung verschiedener Parteien, ADELINO DA PALMA CARLOS (*1905, †1992). Die wichtigsten, inzwischen konstituierten Parteien sind die Demokratische Bewegung, die Demokratische Volkspartei, die Kommunistische Partei (ALVARO CUNHAL; *1913, †2005) und die Sozialistische Partei (MARIO SOARES; *1924).

9. Juli Wegen wirtschaftspolitischer Differenzen zwischen den verschiedenen Kräften im Kabinett tritt PALMA CARLOS zurück.

17. Juli Neuer Regierungschef wird Oberst VASCO DOS SANTOS GONÇALVES (*1921, †2005). Die **Bewegung der Streitkräfte (MFA) wird zur beherrschenden politischen Kraft**. Sie schlägt einen sozialistischen Kurs ein und gerät damit in Gegensatz zu SPÍNOLA, dem es nicht gelingt, die Öffentlichkeit gegen diese Bestrebungen einzusetzen. Gegen den Willen SPÍNOLAS wird auch ein Gesetz verabschiedet, in dem das Recht der Völker auf Selbstbestimmung und die Unabhängigkeit der Territorien in Übersee festgeschrieben werden.

10. Sept. Als erstes Gebiet wird Portugiesisch-Guinea als Guinea-Bissau in die Unabhängigkeit entlassen.

30. Sept. Nach SPÍNOLAS Rücktritt wird General FRANCISCO DA COSTA GOMES (*1914, †2001) Staatspräsident. Die Revolution erfährt einen Linksruck.

1975, 25. Jan. Der Einfluss der Kommunisten wächst; gegen den Widerstand der Sozialisten können sie ein Gesetz zur Gründung einer Einheitsgewerkschaft durchdrücken.

11. März Die Konflikt zwischen den politischen Gruppierungen nehmen zu. Beunruhigt durch die Machtzunahme der KP, lässt sich SPÍNOLA zu einem Putsch anregen, der misslingt; SPÍNOLA flieht ins Ausland.

Die Parteien, die sich an den Wahlen zur verfassunggebenden Versammlung beteiligen wollen, müssen einen »Pakt über die Grundlagen der künftigen Verfassung« unterzeichnen, der der Militärbewegung, unabhängig vom Wahlergebnis, entscheidende Machtpositionen für die folgenden Jahre einräumt.

Im Zuge der Durchführung des **Wirtschaftsnotplans** der Regierung werden die größeren Wirtschaftsunternehmen verstaatlicht und der Großgrundbesitz enteignet. Allmählich werden die **wichtigsten Finanz- und Wirtschaftsbereiche verstaatlicht**: Banken und Versicherungen, metallverarbeitende und petrochemische Industrie, Brauereien, Werften, papierverarbeitende Gewerbe und Transportunternehmen. Folgen der staatlichen Intervention in die Wirtschaft sind die Überausstattung an Arbeitskräften bei ständig steigenden Löhnen und die starke Subventionsabhängigkeit der Unternehmen, was zur Einschränkung der Wettbewerbsposition und zu zunehmender Verschuldung des Staates führt.

25. April In den Wahlen zur verfassunggebenden Versammlung siegen die Sozialisten (37,8 %), gefolgt von der Demokratischen Volkspartei (26,3 %) und den Kommunisten (12,5 %). Die Zusammensetzung der Regierung GONÇALVES bleibt jedoch unverändert. Die **Spannungen zwischen Sozialisten und Kommunisten** nehmen zu, da letztere mithilfe der Regierung eine Monopolisierung der Macht anstreben. Der MFA bricht auseinander. Nach Putschen und Gegenputschen ist die Macht des Revolutionsrates eingegrenzt.

Juni/Juli Moçambique (25. Juni), die Kapverdischen Inseln (5. Juli), São Tomé und Príncipe (12. Juli) werden unabhängig. **In Angola entbrennt ein Bürgerkrieg** zwischen den Befreiungsbewegungen. | s. S. 1970 |

Der Wegfall der traditionellen Absatzmärkte in den Kolonien verschärft die **Wirtschaftskrise** in Portugal. Zugleich kommt es durch die Heimkehrer aus den Kolonien zu einer verstärkten Güternachfrage im Land. Folgen sind die Erhöhung des Handelsdefizits und die Verschlechterung der Leistungsbilanz. Die erstarkte Arbeiterbewegung, die Streikwellen und Verstaatlichungen schrecken außerdem ausländische Investoren ab, die Einnahmen aus dem Tourismus sind rückläufig.

Das Agrarreformgesetz legalisiert die Besetzung von Großbetrieben im Süden, schafft den Großgrundbesitz ab und ersetzt ihn durch »Kollektive Produktionseinheiten« (UCP, *Unidades Colectivas de Produção*).

11./17. Juli Mit ihrem Austritt aus der Regierung protestieren Sozialisten und Volksparteiler gegen die zunehmende Einengung des politischen Pluralismus.

5. Sept. Der heftige Machtkampf endet mit der Absetzung von Ministerpräsident GONÇALVES durch eine Offiziersversammlung; Regierungschef wird JOSÉ B. PINHEIRO DE AZEVEDO (*1917, †1983). In der neuen Regierung sind die Parteien im Verhältnis zu ihren in den Wahlen erlangten Stimmen vertreten.

20. Nov. Eine kommunistisch gelenkte revolutionäre Soldatenbewegung führt zu einer Rebellion linker Truppenteile. Der Revolutionsrat enthebt den Führer der Rebellion, OTELO SARAIVA DE CARVALHO (*1936), seines Amtes als Stadtkommandant von Lissabon. Der »gemäßigte« Oberst ANTÓNIO DOS SANTOS RAMALHO EANES (*1935) schlägt den Aufstand schließlich nieder. Er führt eine **Neustrukturierung der Armee** durch und schaltet sie aus der Politik aus.

1976, 2. April Die **Verfassung** von 1976 sieht eine Verpflichtung auf eine sozialistische Wirtschaftsordnung vor. Das Regierungssystem beruht zuerst auf einem außerkonstitutionellen Pakt zwischen den politischen Parteien und der »Bewegung der Streitkräfte« (MFA). Der Revolutionsrat wird zum obersten Kontrollorgan, die Autonomie des sich etablierenden Parteiensystems ist begrenzt.

25. April Aus den ersten Parlamentswahlen gehen wieder die Sozialisten (34,8 %) als Sieger hervor, gefolgt von der Demokratischen Volkspartei (24,3 %), vom Sozialdemokratischen Zentrum (15,9 %) und der Kommunistischen Partei (14,4 %). Der Sozialist MARIO SOARES bildet eine Minderheitsregierung.

27. Juni Die Präsidentschaftswahlen gewinnt RAMALHO EANES (bis 1986).
Nach der Klärung der politischen Verhältnisse treten die **wirtschaftlichen Probleme** immer mehr in den Vordergrund; die Regierung SOARES wendet Notmaßnahmen an und sucht Finanzhilfe in den USA und der EG. Über die Frage des EG-Beitritts, der Landreform und der Gewerkschaftspolitik kommt es zu Auseinandersetzungen zwischen den (sich allmählich isolierenden) Kommunisten und der Regierung.

Juli Auf Portugiesisch-Timor bekämpfen sich konkurrierende Parteien, bis Indonesien zugunsten der anschlusswilligen Parteien eingreift und Osttimor annektiert.
Macau bleibt als »Territorium« mit voller innerer Autonomie unter portugiesischer Souveränität.

22. Sept. Portugal wird in den Europarat aufgenommen (1977 Antrag auf Aufnahme in die EG).

1977 Die Regierung verkündet neue wirtschaftspolitische Ziele: Rationalisierung der Ökonomie, Hinwendung zu marktwirtschaftlichen Strukturen und zur EG. Der neue Wirtschaftsplan zeigt positive Ergebnisse: Ausgleich der Auslandsschulden (1979/80), Bekämpfung der Inflation (1977: 25 %; 1979: 16 %), Senkung der Arbeitslosenquote.

8. Dez. Als die beiden Parteien zur Rechten der Sozialisten sich weigern, im Parlament für SOARES zu stimmen, gerät die Minderheitsregierung in die Krise und wird schließlich gestürzt.

1978, 12. Febr. Nach langwierigen Verhandlungen gelingt es SOARES, eine Koalitionsregierung mit dem »Demokratisch-Sozialen Zentrum« (CDS) zu bilden. Bereits nach einigen Monaten treten jedoch innerhalb der Regierung erhebliche Meinungsverschiedenheiten über die Landwirtschaftspolitik auf.
Die anhaltende politische Instabilität jener Jahre ist auf politische Grundkonzeptionen in der Verfassung zurückzuführen, die letztlich unvereinbar sind. Daher kommt es auch immer wieder zu kurzlebigen Präsidialregierungen.

27. Juli Als die CDS-Minister das Kabinett verlassen, entlässt Präsident EANES die Regierung SOARES.

10. Aug. Präsident EANES ernennt ALFREDO NOBRE DA COSTA (*1923, †1996) zum Chef eines Fachkabinetts.

18. Nov. Präsident EANES setzt CARLOS ALBERTO MOTA PINTO (*1936, †1985) als Regierungschef ein.

Dez. Bei der Abstimmung über das Regierungsprogramm enthalten sich die Sozialisten und bewahren dadurch die Regierung vor ihrem sofortigen Sturz.

1979, 6. Juni Rücktritt der Regierung nach parlamentarischem Tadelsantrag.

19. Juli MARIA DE LURDES PINTASILGO (*1930, †2004) wird Ministerpräsidentin.

2. Dez. Parlamentswahl: Sieg der konservativen »Demokratischen Allianz«.

1980, 3. Jan. FRANCISCO SÁ CARNEIRO (*1934, †1980) wird Ministerpräsident, unter dem es zu einer ersten **Revision der Verfassung** kommt. Die Agrarreform findet ein Ende, es erfolgen erste Reprivatisierungen.

1981, 10. Jan. FRANCISCO PINTO BALSEMÃO (*1937) bildet eine neue Regierung.

1982, 12. Aug. Eine **Verfassungsreform** führt zur Aufhebung des Revolutionsrates: Die Sozialismuspostulate der Verfassung werden abgeschwächt, das Rechtsstaatsprinzip wird fester verankert, das Militär muss sich endgültig den Zivilisten unterordnen, die Wirtschafts- und Sozialordnung wird liberalisiert, die präsidialen Befugnisse werden reduziert.
Ein **neues Abkommen mit dem Internationalen Währungsfonds** stellt ein hartes Stabilisierungsprogramm dar, das Restriktionen der Devisen-, Währungs- und Haushaltspolitik vorsieht. Das Sanierungsprogramm ist nur mit hohen sozialen und wirtschaftlichen Kosten zu realisieren, stabilisiert aber insgesamt die wirtschaftliche Situation.

1983, 25. Mai Nach langer Regierungskrise Erfolg der Sozialisten bei den Parlamentswahlen.

9. Juni SOARES wird Regierungschef (Große Koalition). Seine Regierung beginnt eine Wirtschaftspolitik mit harten Einschränkungen.

8. Aug. Der IWF gewährt einen Kredit mit strengen Auflagen für die Wirtschaftspolitik, die zu Arbeitslosigkeit, hoher Inflation und einer allgemeinen sozialen Krise führen.

1985 Gründung der Präsident EANES nahe stehenden Demokratischen Erneuerungspartei (PRD).

1986, 1. Jan. **EG-Beitritt Portugals**.

16. Febr. Wahl von SOARES zum Staatspräsidenten und *cohabitation* mit der Regierung von ANÍBAL CAVACO SILVA (*1939).

In den folgenden Jahren der EG-Mitgliedschaft erfährt Portugal eine großzügige Unterstützung aus Brüssel. Das Land hat bevorzugten Zugang zu den Strukturfonds und zu Sonderprogrammen (Industrie, Landwirtschaft). Auch außenwirtschaftlich erfolgt ein Aufschwung. Portugal hat jahrelang die höchsten Wirtschaftswachstumsraten Europas.

1987, 26. März Ein Abkommen mit China legt die Übergabe Macaus an China für 1999 fest.

3. April Sturz der von CAVACO SILVA geführten Regierung nach einem Misstrauensvotum, die Regierung bleibt jedoch im Amt.

19. Juli Parlamentswahlen: Die Sozialdemokratische Partei CAVACO SILVAS erhält 50,2 % der Stimmen. Diese absolute Mehrheit ist ein entscheidender Wendepunkt in der politischen Entwicklung des Landes; es beginnt eine Ära innenpolitischer Stabilität.

1989, 21. Juni. Verfassungsänderung: Der neue Text spricht nicht mehr von einem sozialistischen Gesellschaftsmodell; er betont den demokratischen Pluralismus und die marktwirtschaftliche Ordnung. Die Agrarreform wird aus der Verfassung gestrichen.

1991, 14. Jan. MARIO SOARES wird mit deutlicher Mehrheit (70,4 %) erneut zum Präsidenten gewählt.

6. Okt. Bei Parlamentswahlen erzielen die Sozialdemokraten des Regierungschefs CAVACO SILVA 50,4 %; die erfolgreiche *cohabitation* wird fortgesetzt.

1992, 10. Dez. Mit 200 gegen 21 Stimmen ratifiziert das Parlament den **Maastricht-Vertrag**.

1995, 12. Okt. Nach einem Wahlsieg der Sozialisten (43,8 %) bildet ANTÓNIO DE OLIVEIRA GUTERRES (*1949) eine Minderheitsregierung. Das Regierungsprogramm sieht die Erfüllung der Maastrichter Konvergenzkriterien vor, außerdem eine Stabilisierungspolitik, sozialen Ausgleich, eine differenzierte Rentenerhöhung und allgemein eine Verbesserung der Lebensverhältnisse der Armen.

1996, 14. Jan. Der Sozialist JORGE BRANCO DE SAMPAIO (*1939) gewinnt mit 53,8 % der Stimmen die Präsidentenwahl gegen den früheren Ministerpräsidenten CAVACO SILVA (46,2 %) und wird am 9. März als neuer Staatspräsident vereidigt.

17. Juli Gründung der **»Gemeinschaft portugiesischsprachiger Länder«** (200 Mio. Menschen; Sitz: Lissabon) zur Förderung der Zusammenarbeit.

1997 Als Folge eines »Sozialpakts« erfüllt Portugal die Maastrichter Konvergenzkriterien und kann der Europäischen Währungsunion (EWU) beitreten.

1998, 8. Nov. Die von der Regierung geplante Gebietsreform (statt der bisher 18 Distrikte nur noch acht Regionen mit Selbstverwaltungskompetenzen) wird in einer Volksabstimmung abgelehnt.

1999, 10. Okt. Bei der Parlamentswahl erzielt die regierende Sozialistische Partei (PS) unter Ministerpräsident ANTÓNIO GUTERRES mit 44 % das beste Ergebnis ihrer Geschichte. GUTERRES bildet eine neue Minderheitsregierung.

20. Dez. Portugals **letzte Kolonie Macau** wird als Sonderverwaltungszone **an die Volksrepublik China übergeben**.

2001, 12. März Portugal erhält eine formelle **Abmahnung der EU-Kommission**, Haushaltsdisziplin zu wahren und Sparmaßnahmen einzuleiten.

17. Dez. Nach Verlusten bei den Kommunalwahlen (16. Dez.) gibt GUTERRES seinen Rücktritt bekannt.

2002, 17. März Bei den vorgezogenen Parlamentswahlen müssen die regierenden Sozialisten Verluste hinnehmen. Stärkste politische Kraft wird die Sozialdemokratische Partei (PSD) mit 40,1 % der Stimmen. Ihr Spitzenkandidat JOSÉ MANUEL DURÃO BARROSO (*1956) bildet eine Koalitionsregierung mit der rechten Volkspartei (PP). In den folgenden Jahren leidet die Koalition unter wachsenden Wirtschaftsproblemen, Skandalen und mangelnder Reformfähigkeit.

2003, Jan. In der Irak-Krise reiht sich Portugal in die »Koalition der Willigen« ein. Ministerpräsident BARROSO unterzeichnet die Solidaritätserklärung vom 30. Jan. mit den USA (»Offener Brief der Acht«).

2004, 29. Juni Nach seiner Wahl zum neuen Präsidenten der EU-Kommission tritt BARROSO als portugiesischer Ministerpräsident zurück. Nachfolger wird PEDRO SANTANA LOPES (*1955; PSD).

30. Nov. Präsident JORGE SAMPAIO löst wegen einer Krise in der Regierung SANTANA LOPES (wirtschaftliche Problemen, desolate Staatsfinanzen) das Parlament auf.

2005, 20. Febr. Bei den vorgezogenen Wahlen gewinnen die Sozialisten unter ihrem Spitzenkandidaten JOSÉ SÓCRATES (*1957) mit 45,1 % die absolute Mehrheit. Hauptaufgaben der neuen Regierung sind die Konsolidierung der Staatsfinanzen und die Integration von Ausländern.

Sommer Portugal leidet unter der **extremsten Dürre seit Jahrzehnten**. Brände vernichten 200 000 Hektar Wald.

2006, 9. März Der liberal-konservative ANÍBAL CAVACO SILVA (PSD) wird erster »bürgerlicher« Staatspräsident seit der Nelkenrevolution. Mit dem sozialistischen Ministerpräsidenten SÓCRATES kommt es erneut zu einer erfolgreichen *cohabitation*.

2007, 12. Febr. In einem Referendum spricht sich eine Mehrheit von knapp 60 % (bei allerdings 56 % Nichtwählern) für eine Liberalisierung der Abtreibung (Straffreiheit für freiwillige Schwangerschaftsabbrüche während der ersten zehn Wochen) aus.

Nordeuropa seit 1945

Schweden seit 1945 | Forts. v. S. 1105 |

Die Neutralität Schwedens wird durch die Ereignisse des Zweiten Weltkrieges, die territorialen Veränderungen in Skandinavien – die finnischen Abtretungen an die Sowjetunion – und den Kalten Krieg auf die Probe gestellt. Schweden regt 1948 vergeblich einen skandinavischen Verteidigungspakt an. Es engagiert sich intensiv in den Vereinten Nationen und bemüht sich um die vielfältige Förderung der internationalen Zusammenarbeit. Die schwedische Außenpolitik setzt unter Ministerpräsident OLOF PALME (*1927, †1986) nach 1969 mit ihrer eindeutigen Stellungnahme gegen die Haltung der USA im Vietnamkrieg und mit ihrem Eintreten für die nationalen Befreiungsbewegungen in den Ländern der Dritten Welt neue Akzente.

Innenpolitisch baut die Sozialdemokratische Arbeiterpartei, die von 1932 bis 1976 in der Regierungsverantwortung steht, den Sozialstaat durch die Einführung weitgehender Fürsorgeleistungen für alle Bürger, jedoch mit starker Belastung im Bereich der Steuern und Abgaben dermaßen aus, dass Schweden in den 50er- und 60er-Jahren oft als ein Modell für das westliche Europa angesehen wird.

1945, 31. Juli Ministerpräsident PER ALBIN HANSSON (*1885, †1946), mit einer dreimonatigen Ausnahme 1936 seit 1932 im Amt, bildet sein viertes Kabinett.

1946, 20. Juni Durch die Verabschiedung des Gesetzes zur Altersversicherung (*Folkpension*) wird ein ausgedehntes Sozialsystem verankert, das den Arbeitnehmern den hohen Lebensstandard sichert, den sie durch den Wirtschaftsaufschwung (Rüstungsindustrie) während des Zweiten Weltkriegs erreicht haben.

10. Okt. TAGE FRITIOF ERLANDER (*1901, †1985) wird Nachfolger des kurz zuvor gestorbenen HANSSON.

1947 KARIN KOCK (*1891, †1976) wird Schwedens erste Kabinettsministerin.

1948 Verhandlungen über eine gemeinsame nordische Verteidigungspolitik scheitern.

1950, 29. Okt. Nach dem Tod von König GUSTAV V. (*1858) folgt ihm sein Sohn GUSTAV VI. ADOLF (*1882, †1973) auf dem schwedischen Thron nach.

1951, Nov. Schweden gründet mit Dänemark und Norwegen den Nordischen Rat, der als Organ für die Zusammenarbeit der Parlamente und Regierungen am 25. Juni 1952 in Kraft tritt. Im Dez. 1952 tritt Island, im Okt. 1955 Finnland bei. Ähnlich wie der Europarat, dem Schweden seit 1949 angehört, kann der Nordische Rat in Fragen der Vereinheitlichung im Rechts-, Sozial- und Wirtschaftswesen Empfehlungen an die Regierungen aussprechen.

1957, 30. Okt. Ministerpräsident ERLANDER bildet eine neue sozialdemokratische Regierung, die bis 9. Okt. 1969 im Amt bleibt.

1960, 3. Mai Mit dem **Inkrafttreten der Konvention der Freihandelszone EFTA** wird Schweden Mitglied dieser Wirtschaftsvereinigung.

1968, 10. März Die USA brechen die diplomatischen Beziehungen zu Schweden wegen Meinungsverschiedenheiten über den Vietnamkrieg ab.

17. Mai Der schwedische Reichstag beschließt in Abänderung der Verfassung die Einführung des parlamentarischen Einkammersystems sowie eine Änderung des Wahlverfahrens. Von den 350 Abgeordneten werden 310 direkt durch Verhältniswahlrecht gewählt, die restlichen 40 Mandate werden anteilig an die Parteien vergeben, die mindestens 4 % der abgegebenen Stimmen erreichen.

1969, 10. Jan. Aufnahme diplomatischer Beziehungen zu Nordvietnam.

9. Okt. ERLANDER tritt als Ministerpräsident und Parteivorsitzender der Sozialdemokratischen Arbeiterpartei zurück. Sein Nachfolger in beiden Ämtern wird der bisherige Kultusminister OLOF PALME, der als besonders reformorientiert eingestuft wird.

1970, 10. Jan. Die 1968 wegen Meinungsverschiedenheiten über den Vietnamkrieg abgebrochenen diplomatischen Beziehungen mit den USA werden wieder aufgenommen.

20. Sept. Wahlen zum Reichstag nach dem neuen Modus: Die Sozialdemokraten verlieren die absolute Mehrheit, während die Zentrumspartei (*Centerpartiet*) und die Liberale Volkspartei (*Folkpartiet liberalerna*) Mandate hinzugewinnen können. Die Kommunisten (*Vänsterpartiet*) überspringen die vorgesehene Vier-Prozent-Hürde. PALME bleibt mit einem Minderheitskabinett im Amt.

1971, 11. März Nach einem Streik öffentlicher Angestellter (Febr.), durch den Gehaltserhöhungen erzwungen werden sollen, wird die Regierung durch Sondergesetz ermächtigt, öffentliche Angestellte zur Arbeitsaufnahme zu zwingen.

1972, 22. Juli Unterzeichnung des Freihandelsabkommens mit der Europäischen Gemeinschaft.

21. Dez. Aufnahme diplomatischer Beziehungen zur DDR.

Die wirtschaftliche Entwicklung seit 1973

Durch Lohnerhöhungen bei gleichzeitiger Lohnsteuersenkung sowie durch höhere Weltmarktpreise für Eisen-, Stahl- und Holzprodukte, die bei gleichzeitiger Drosselung des Energieverbrauchs die gestiegenen Erdölausgaben kompensieren, bleibt Schweden 1973/74 von der Weltwirtschaftskrise nicht nur verschont, sondern erlebt sogar einen neuen Wirtschaftsboom. In den folgenden Jahren zwingen eine stark ansteigende Inflationsrate und wachsende Zahlungsbilanzschwierigkeiten zur Aufgabe des bisherigen wirtschaftlichen Kurses; erst 1978 zeichnet sich eine deutliche Verbesserung ab.

In den folgenden Jahrzehnten profitiert Schweden zunächst von einer ausgeglichenen wirtschaftlichen Lage. Die nach wie vor starke soziale Politik führt jedoch schrittweise zur Krise des »schwedischen Modells«, was sich in der politischen Stimmung niederschlägt.

1973, 15. Sept. Tod von GUSTAV VI. ADOLF. Die Nachfolge tritt sein Enkel KARL XVI. GUSTAV (*1946) an.

16. Sept. Die Reichstagswahlen ergeben keine klaren Mehrheiten, Ministerpräsident PALME bildet wiederum eine Minderheitsregierung.

1975, 1. Jan. Die **neue Verfassung** tritt in Kraft: Der Monarch ist nicht mehr Oberbefehlshaber der Streitkräfte, zudem verliert er das Recht, bei Kabinettssitzungen den Vorsitz zu führen, den Ministerpräsidenten zu ernennen (jetzt durch den Reichstagspräsidenten) sowie Gesetze zu unterzeichnen (jetzt Recht des Ministerpräsidenten).

29. Okt. Die schwedische Entwicklungshilfe erreicht erstmals 1 % des Bruttosozialprodukts.

1976, 19. Sept. Die Ergebnisse der Reichstagswahlen drücken die Unzufriedenheit der Bevölkerung mit der Wirtschafts- und Sozialpolitik der Sozialdemokraten aus. Zum ersten Mal nach 44 Jahren Regierungszeit der Arbeiterpartei gelingt es einer bürgerlichen Koalition, nicht zuletzt wegen des positiven Echos ihrer gegen die Kernkraftwerkspolitik gerichteten Kampagne im Wahlkampf, die Regierung zu stellen. Neuer Ministerpräsident wird der Vertreter der Zentrumspartei THORBJÖRN FÄLLDIN (*1926).

1977, 29. Aug. Schweden scheidet aus der europäischen Währungsschlange aus und wertet die schwedische Krone um weitere 10 % ab – zuerst im April um 6 % –, was ein starkes Exportwachstum der schwedischen Wirtschaft zur Folge hat.

1978, 20. April Durch Gesetz wird die Möglichkeit der weiblichen Thronfolge eingeführt.

5. Okt. FÄLLDIN tritt wegen Auseinandersetzungen um die Kernkraftwerkspolitik zurück.

18. Okt. Neuer Ministerpräsident einer liberalen Minderheitsregierung wird OLA ULLSTEN (*1931).

1979, 16. Sept. Reichstagswahlen erbringen für die bürgerliche Koalition eine knappe Mehrheit gegenüber Sozialdemokraten und Kommunisten.

11. Okt. Regierungschef einer bürgerlichen Koalitionsregierung wird wiederum FÄLLDIN.

1981, 29. Jan. Das Oberste Gericht weist den Anspruch der Lappen auf ein eigenes Territorium ab.

27. Sept. Spannungen mit der Sowjetunion wegen eines sowjetischen U-Bootes vor dem Kriegshafen Karlskrona (Hässelö).

1982, 8. Okt. Nach dem sozialdemokratischen Sieg bei Parlamentswahlen (19. Sept.) und FÄLLDINS Rücktritt bildet PALME ein sozialdemokratisches Kabinett.

1983, 29. Okt. Schweden und Dänemark einigen sich in Grenzfragen (Skagerrak, Kattegat, Öresund, Bornholm) vorwiegend auf das Mittellinienprinzip.

1986, 12. März Nach der Ermordung von PALME (27. Febr.) wird der bisherige Vizepremier INGVAR CARLSSON (*1934) Ministerpräsident.

1988, 18. Sept. Die Reichstagswahlen bestätigen die Sozialdemokraten, die mit Unterstützung der Kommunisten regieren. Verluste bei den Konservativen.

1990 Aufgrund von Tarifkonflikten kommt es zu einer Streikwelle.

15. Febr. Rücktritt der Regierung CARLSSON, nachdem der Reichstag einen Lohn- und Preisstopp zur Inflationsbekämpfung ablehnt. Am 26. Febr. wird CARLSSON mit den Stimmen von Sozialdemokraten und Kommunisten wieder gewählt.

12. Dez. Das Parlament spricht sich für einen Beitritt zur Europäischen Gemeinschaft aus.

1991, 23. März Schweden und Dänemark vereinbaren, Malmö und Kopenhagen durch eine Brücken- und Tunnelkombination für den Straßen- und Eisenbahnverkehr zu verbinden.

Sept./Okt. Bei den Reichstagswahlen erzielen die Sozialdemokraten ihr schlechtestes Ergebnis seit 1928. CARL BILDT (*1949), Vorsitzender der konservativ-gemäßigten Sammlungspartei (*Moderata samlingspartiet*), bildet eine neue Koalitionsregierung mit Christdemokraten (*Kristdemokraterna*), Liberaler Volkspartei und Zentrumspartei.
Schweden bewirbt sich um die Mitgliedschaft in der Europäischen Union.

1994, 18. Sept. Oppositionsführer INGVAR CARLSSON siegt bei den Reichstagswahlen über den Amtsinhaber BILDT und wird neuer Ministerpräsident (6. Okt.) einer sozialdemokratischen Minderheitsregierung.

1995, 13. Nov. In einem Referendum votieren 52,2 % der Wähler für den Beitritt zur Europäischen Union und den Vertrag von Maastricht. **Schweden wird Mitglied der Europäischen Union** (1. Jan. 1996).

1996, 21. März Finanzminister GÖRAN PERSSON (*1949) wird nach dem bereits 1995 angekündigten Rücktritt CARLSSONS vom Reichstag zum neuen Ministerpräsidenten gewählt.

1997, Febr. Eine Volksabstimmung entscheidet für den Ausstieg aus der Atomenergie.

10. Okt. Die Regierung entscheidet sich gegen die Teilnahme an der dritten Stufe der Europäischen Wirtschafts- und Währungsunion.

1998, 20. Sept. Bei der Reichstagswahl erzielen die Sozialdemokraten nur 36,5 % der Stimmen, behaupten sich aber als stärkste Partei, da die Sammlungspartei (22,7 %) sich nicht verbessert. Dagegen legen *Vänsterpartiet* (12 %) und Christdemokraten (11,8 %) deutlich zu. Ministerpräsident PERSSON bildet erneut eine sozialdemokratische Minderheitsregierung, die *Vänsterpartiet* und Umweltpartei unterstützen.

1999, 12. Okt. Die Ermordung des Gewerkschafters BJÖRN SÖDERBERG (*1958) ist der Höhepunkt einer Serie rechtsradikaler Gewalttaten.

30. Nov. Mit der Stillegung des ersten von zwei Reaktorblöcken des Atomkraftwerks Barsebäck beginnt Schwedens Ausstieg aus der Atomenergie.

2000, 1. Jan. Die protestantische *Svenska Kyrkan*, der 85 % der Schweden angehören, verliert ihren Status als Staatskirche. Geistliche sind künftig keine Staatsbediensteten mehr.

30. März Der Reichstag billigt eine Strukturreform der Streitkräfte. Die Verteidigungsausgaben sollen gesenkt, die Truppenstärke halbiert werden.

2001, 12. Jan. Laut einer schwedisch-russischen Historikerkommission wurde der schwedische Diplomat RAOUL WALLENBERG (*1912), der 1944 rund 30 000 Juden vor der Deportation bewahrte, wahrscheinlich 1947 in Budapest vom sowjetischen Geheimdienst erschossen.

2002, 15. Sept. Mit einem Wahlsieg der Sozialdemokraten festigt die schwedische Minderheitsregierung unter PERSSON ihre Stellung.

2003, Jan. Inkrafttreten einer Teilreform des Rentenwesens. Die bisherige Volksrente wird in eine Garantierente umgewandelt, die versteuert werden muss.

17. Jan. Ministerpräsident PERSSON kritisiert in scharfer Form die Absicht der USA, den Irak anzugreifen.

10. Sept. Außenministerin ANNA LINDH (*1957) wird bei einem Kaufhausbesuch in Stockholm niedergestochen und stirbt am folgenden Tag.

14. Sept. Bei einer Volksabstimmung sprechen sich 56,1 % der Wähler gegen die Einführung des Euro aus.

2006, 17. Sept. Bei den Wahlen erzielt die konservative Gemäßigte Sammlungspartei unter Führung von FREDRIK REINFELDT (*1965) mit über 25 % der Stimmen das beste Resultat seit der Zwischenkriegszeit. Die Sozialdemokraten erreichen unter PERSSON mit 35,2 % den geringsten Wähleranteil seit 1920. Entscheidendes Wahlthema war die ungewöhnlich hohe Arbeitslosigkeit in Schweden (über 15 %). Die Sozialdemokraten verlieren damit nach 12 Regierungsjahren die Macht an den bürgerlichen Rechtsblock (»Allianz«) unter Führung der Konservativen. PERSSON tritt als Parteichef der Sozialdemokraten zurück. Im Kabinett REINFELDT wird CARL BILDT Außenminister.

Norwegen seit 1945 | Forts. v. S. 1106 |

Die Ereignisse des Zweiten Weltkriegs, das Entstehen einer 150 km langen Grenze mit der Sowjetunion aufgrund finnischer Gebietsabtretungen sowie die Weigerung Schwedens, trotz des Kalten Krieges, seine Neutralität aufzugeben und so eine skandinavische Verteidigungsallianz zu ermöglichen, veranlassen Norwegen, sich unter Aufgabe der traditionellen Neutralitäts- und Isolationspolitik 1949 der NATO anzuschließen. In der Folge wird für die Frage der Beziehungen zur Sowjetunion das Problem Spitzbergen immer entscheidender.

Reiche Erdöl- und Erdgasvorkommen in der Nordsee sowie eine rasche Industrialisierung nach dem Zweiten Weltkrieg und ein in den letzten Jahrzehnten hoch entwickelter tertiärer Sektor machen Norwegen zu einem der reichsten Staaten der Welt.

1945, 9. Mai Die erste Nachkriegsregierung unter Einar Gerhardsen (*1897, †1987) führt sozial- und wirtschaftspolitisch den vom schwedischen Sozialismus beeinflussten Reformkurs weiter. Gerhardsen leitet anschließend vier Kabinette: Mai–Juni 1945, Juni 1945–Nov. 1951, Jan. 1955–Aug. 1963, Sept. 1963–Okt. 1965. Zwischen Nov. 1951 und Jan. 1955 übernimmt Oscar Torp (*1893, †1958) die Regierungsgeschäfte.

24. Aug. Norwegen ist Gründungsmitglied der NATO.

1957, 2. Sept. Nach dem Tod König Håkons VII. (*1872) besteigt sein Sohn Olav V. (*1903, †1991) den norwegischen Thron.

1960, 3. Mai **Norwegen ist Gründungsmitglied der EFTA.**

1963, 27. Aug. Bildung eines bürgerlichen Minderheitskabinetts unter John Lyng (*1905, †1978), das bereits im Sept. wieder von einer Regierung Gerhardsen abgelöst wird.

1968, Juni Die Mehrzahl der Parlamentsabgeordneten stimmt für das Verbleiben in der NATO über das vertraglich mögliche Kündigungsjahr 1969 hinaus.

1971, 2. März Der seit 1965 regierende Per Borten (*1913, †2005) muss vom Amt des Ministerpräsidenten zurücktreten.

10. März Bildung eines sozialdemokratischen Minderheitskabinetts unter Trygve Martin Bratteli (*1910, †1984).

1972, 24./25. Sept. Eine Volksabstimmung spricht sich mit rund 54 % der abgegebenen Stimmen gegen einen Beitritt zur Europäischen Gemeinschaft aus. In der Beitrittsdiskussion spielt u. a. die Frage eine Rolle, ob ein Beitritt den EG-Partnern freien Zugang zu den Fischereigewässern eröffnen würde.

7. Okt. Bratteli, dessen Regierung einen Beitritt zur EG betrieben hat, tritt zurück.

17. Okt. Nachfolger Brattelis wird Lars Korvald (*1916, †2006) mit einem bürgerlichen Minderheitskabinett. Korvald sucht umgehend bei der EG um Verhandlungen über einen Handelsvertrag nach.

1973, 14. Mai Mit der EG wird ein Freihandelsvertrag geschlossen, der den gestaffelten Abbau der Zölle für gewerbliche Erzeugnisse binnen fünf Jahren (ausgenommen »empfindliche Güter«) vorsieht und EG Zollsenkungen für Fischereiprodukte einräumt.

Sept. Die Neuwahlen zum Storting bringen einen knappen Sieg der Sozialdemokraten und des Linksblocks.

15. Okt. Bildung eines neuen Kabinetts Bratteli.

1974, März Bratteli räumt der Sowjetunion die Benutzung des Zivilflugplatzes auf Spitzbergen ein und schließt ein Schifffahrtsabkommen.

29. Aug. Bekanntgabe des **Fundes bedeutender Erdöl- und Erdgasvorkommen** im Nordseebett. Norwegen wird in der Folge zwar im Energiebereich autark und kann exportieren, sieht sich aber neuen Problemen gegenübergestellt. So überfordert der beginnende Industrieboom den Arbeitskräftemarkt und führt zu einer Abwanderung aus Nordnorwegen.

26. Sept. Die Regierung kündigt eine Fischereizone von 50 und eine Wirtschaftszone von 200 Seemeilen an.

1976, 15. Okt. Das am 12. Jan. unter Odvar Nordli (*1927) gebildete Kabinett sucht durch ein neues Fischereiabkommen sowie bei den Streitfragen Spitzbergen und Grenzziehung im Schelf ein besseres Einvernehmen mit der Sowjetunion.

1977, 22. April Ekofisk-Katastrophe: Das Auslaufen großer Erdölmengen auf einer Bohrinsel im Ekofisk-Gebiet verdeutlicht bisher vernachlässigte Probleme des Erdölbooms.

1978, 31. Aug. Norwegen gibt die Existenz sowjetischer Radarstationen auf Spitzbergen und den Absturz eines sowjetischen Aufklärers auf der Insel Hopen bekannt.

1981, 14. Jan. Gegen den Protest der Sowjetunion vereinbart die Regierung mit den USA die Einrichtung von Militärdepots in Norwegen.

4. Febr. Gro Harlem Brundtland (*1939) löst Nordli als Regierungschef ab. Ihr folgt am 14. Okt., nach der sozialdemokratischen Wahlniederlage, der Konservative Kåre Willoch (*1928).

1985, 8./9. Sept. Bei Parlamentswahlen muss die bürgerliche Regierungskoalition Verluste hinnehmen.

1986, 2. Mai Ministerpräsident Willoch tritt zurück. Am 9. Mai tritt Brundtland an seine Stelle, die eine sozialdemokratische Minderheitsregierung anführt.

1989, 11. Sept. Die Parlamentswahlen lassen nur eine bürgerliche Minderheitsregierung unter Jan Syse (*1930, †1997) zu.

1990, 29. Okt. Nach Konflikten in der EG-Politik legt Syse sein Amt nieder. Im Nov. übernimmt Brundtland erneut die Regierung.

1991, 21. Jan. Nach dem Tod Olavs V. (17. Jan.) wird sein Nachfolger Harald V. (*1937) vor dem Parlament vereidigt.

1993, 12./13. Sept. Die Regierung Brundtland wird bei Parlamentswahlen bestätigt.

1994, 27./28. Nov. 52,2 % der Stimmberechtigten lehnen bei einem Referendum den geplanten Beitritt Norwegens zur Europäischen Union ab.

1996, 25. Okt. Nach dem Rücktritt Brundtlands wird Thorbjørn Jagland (*1950), Vorsitzender der *Arbeiderpartiet*, neuer Ministerpräsident (1996/97).

1997, 15. Sept. Bei den Parlamentswahlen verlieren die

Linksparteien an Stimmen. Das neue Kabinett bildet Kjell Magne Bondevik (*1947) von der Christlichen Volkspartei (*Kristelig Folkeparti*).

1999 Bei den Kommunal- und Regionalwahlen erleidet die *Arbeiderpartiet* schwere Verluste, Gewinne dagegen bei den rechten Oppositionsparteien.

2000, 9. März Nach einer Abstimmungsniederlage tritt Ministerpräsident Bondevik zurück. Der Sozialdemokrat Jens Stoltenberg (*1959) bildet eine Minderheitsregierung.

2001, 10. Sept. Wahlschlappe der regierenden Sozialdemokraten. Der Christdemokrat Bondevik bildet ein Kabinett aus der konservativen *Høyre*, der Christlichen Volkspartei und der liberalen *Venstre*.

2003, 17. Nov. Bei der Verabschiedung des Staatshaushaltes 2004 gewinnt die Mitte-Rechts-Minderheitsregierung von Ministerpräsident Bondevik erstmals die Unterstützung der Sozialdemokraten. Kommentatoren begrüßen das als »historischen Kompromiss«.

2004, Mai Norwegische Diplomaten nehmen ihre Vermittlungsbemühungen um Frieden in Sri Lanka wieder auf. Die Friedensgespräche zwischen Regierung und Rebellen wurden im April 2003 abgebrochen.

2005, 12. Sept. Aus den Parlamentswahlen geht die *Arbeiderpartiet* unter Jens Stoltenberg als Wahlsieger hervor. Er bildet im Okt. eine Koalition mit der Sozialistischen Linkspartei und der Zentrumspartei.

Dänemark mit Grönland und Färöer seit 1945 | Forts. v. S. 1108 |

Aufgrund der Erfahrungen im Zweiten Weltkrieg beschließt Dänemark, seine traditionelle Neutralität aufzugeben und sich zum Schutz seines Territoriums dem Bündnissystem der USA anzuschließen: 1949 wird es NATO-Mitglied. In der Sozialpolitik gewinnen, auch durch das schwedische Beispiel gefördert, sozialdemokratische Vorstellungen die Oberhand, was auf Kosten von Industrie und Landwirtschaft zur Expansion des öffentlichen Dienstleistungssektors (Gesundheitswesen, Bildungswesen, Wohnungsbau) und zu ständig wachsenden Steuern führt. Wirtschaftliches Hauptziel ist die Verbindung von Industrie- und Agrarstaat, woraus der Beitritt zur Europäischen Gemeinschaft folgt.

1945, 8. Nov. Bildung einer Koalitionsregierung aus Mitgliedern aller Parteien und Vertretern der Freiheitsbewegung unter Ministerpräsident Knud Kristensen (*1880, †1962) von der *Venstre*. Danach übernehmen der Sozialdemokrat Hans Hedtoft (*1903, †1955) 1947–1950 und 1953–1955 sowie der *Venstre*-Politiker Erik Eriksen (*1902, †1972) 1950–1953 die Regierungsverantwortung.

1953, 5. Juni Durch Verfassungsreform wird ein parlamentarisches Einkammersystem errichtet, Grönland zum Reichsteil erklärt und die weibliche Thronfolge eingeführt.

1955, 1. Febr. Regierungsbildung unter dem sozialdemokratischen Ministerpräsidenten Hans Christian Hansen (*1906, †1960). Das zweite Kabinett Hansen folgt am 27. Mai 1957.

29. März In der deutsch-dänischen »Grundsatzerklärung« einigen sich die Regierungen der Bundesrepublik Deutschland und Dänemarks über den Sonderstatus der beiderseitigen Minderheiten in Schleswig und über deren Sonderrechte.

1960, 21. Febr. Nach dem Tod von Ministerpräsident Hansen tritt der bisherige Finanzminister Viggo Kampmann (*1910, †1976) die Nachfolge an. Er bildet am 18. Nov. seine Regierung.
Eine Verwaltungsreform verschiebt das politische Schwergewicht in die großen, über 200 000 Einwohner zählenden Städte.

1962, 3. Sept. Regierung des sozialdemokratischen Ministerpräsidenten Jens Otto Krag (*1914, †1978), der nach zweimaliger Kabinettsumbildung bis zum 24. Jan. 1968 im Amt verbleibt.

1967 Dänemark strebt die Aufnahme in die Europäische Gemeinschaft an.

1968, 1. Febr. Bürgerliche Koalitionsregierung unter Hilmar Baunsgaard (*1920, †1989).

Wirtschaftliche Entwicklung seit 1970

Mit der Weltwirtschaftskrise 1973/74 erlebt Dänemark zum ersten Mal seit dem Krieg einen wirtschaftlichen Rückschritt und negatives Wachstum. Eine wirkliche Hochkonjunktur kehrt erst wieder in den 90er-Jahren – nach guten Jahren um 1984/85 – zurück. Die Arbeitslosigkeit steigt von 1 % (1973) über 10,5 % (1983) auf 12 % (1993), ist seither aber wieder deutlich gefallen (2002: 5,2 %). Nach 1973 folgt zunächst ein Wechsel zwischen einer keynesianischer Investitionspolitik und einer Sparpolitik, v. a. bei sozialdemokratischen Regierungen. 1992 wird die Wohlfahrtsstaatspolitik modifiziert, um die öffentlichen Ausgaben zu begrenzen und das Haushaltsdefizit abzubauen. Seit Anfang der 1970er-Jahre vollzieht Dänemark den Übergang von der Industrie- zur Dienstleistungsgesellschaft.

1971, 11. Okt. Nach den Parlamentswahlen vom 21. Sept. bildet Krag mit Unterstützung der Linkssozialisten ein sozialdemokratisches Minderheitskabinett.

1972, 14. Jan. Margarete II. (*1940), Tochter König Friedrichs IX. (*1899, †1972), folgt ihrem Vater auf dem dänischen Thron.

2. Okt. Da in der Bevölkerung eine relativ starke Abneigung gegen den Beitritt zur Europäischen Gemeinschaft besteht, veranstaltet die Regierung eine Volksabstimmung (ohne Färöer), in der bei etwa 90 % Beteiligung rund 63,5 % (ohne Grönland) für den Beitritt stimmen.

5. Okt. Regierungsbildung des sozialdemokratischen Ministerpräsidenten Anker Jørgensen.

1973, 1. Jan. Dänemark unterzeichnet die Urkunde über den **Beitritt zur Europäischen Gemeinschaft**. Regelungen für Übergangszeiten werden vereinbart.
Mit der internationalen Ölkrise beginnt eine Zeit wechselnder wirtschaftlicher Instabilität.

19. Dez. Ablösung Jørgensens durch den konservativen Ministerpräsidenten Poul Hartling (*1914, †2000).

1975, 13. Febr. Jørgensen wird zum zweiten Mal Ministerpräsident einer sozialdemokratischen Regierung.

1978, 1. Jan. Dänemark wird Vollmitglied der EG, was angesichts ständig zunehmender Wirtschaftsschwierigkeiten neuerliche Hoffnungen auf Besserung weckt.

29. Aug. Zur Bekämpfung der Wirtschaftskrise einigen sich Sozialdemokraten und Liberale (*Venstre*) auf eine Koalition unter Ministerpräsident Jørgensen (3. Kabinett) und verkünden ein Wirtschaftsprogramm zur Kostendämpfung, das schärfste Proteste der Gewerkschaften auslöst.

1979, 26. Okt. Nach dem Rücktritt der Koalitionsregierung am 28. Sept. erbringen Neuwahlen leichte Gewinne der Sozialdemokraten, die eine Minderheitsregierung unter Jørgensen bilden.

1982, 10. Okt. Nach Jørgensens Rücktritt (1. Okt.) bildet Poul Schlüter (*1929) als erster konservativer Regierungschef des 20. Jh.s ein bürgerliches Minderheitskabinett. Im Zeichen der neuen bürgerlichen Koalition entwickeln sich neoliberale wirtschaftliche Ideen.

1983 Das Parlament beschließt wesentliche Abweichungen vom NATO-Doppelbeschluss. Das individuelle Asylrecht wird bei einer Revision des Ausländerrechts als ein Menschenrecht anerkannt.

1984 Der Anteil ausländischer Staatsbürger steigt im Lauf der Jahre von 2% (1984) auf 4,5% (1997). Die Flüchtlingsfrage wird dadurch immer mehr zur politischen Streitfrage; es erwachen starke restriktive Tendenzen.

1986 Zunehmende Zahl von Umweltgesetzen. Es verstärkt sich die Bedeutung des technologischen Sektors in der wirtschaftlichen Entwicklung der kommenden Jahrzehnte.

1987/88 Den Parlamentswahlen vom 8. Sept. 1987 und 10. Mai 1988 folgt jeweils eine Minderheitsregierung unter Schlüter.

1989 Mit Unterstützung der bürgerlichen Parteien kommt es zur Verabschiedung eines Sparhaushaltes.

1990, 22. Nov. Nach erfolglosen Haushalts- und Steuerdebatten wird das Parlament aufgelöst. Die Neuwahlen (12. Dez.) führen wieder zu einer Regierung Schlüter.

1991, 23. März Dänemark und Schweden beschließen den Bau einer Eisenbahn- und Straßenverbindung zwischen Kopenhagen und Malmö mittels einer Brücken- und Tunnelkombination über den Öresund.

1992, 2. Juni Mit der Mehrheit von 50,7% votieren die Dänen bei einer Volksabstimmung gegen den Vertrag von Maastricht.

1993, 14. Jan. Schlüter tritt wegen einer Falschaussage gegenüber dem Parlament zurück. Neuer Ministerpräsident wird am 25. Jan. der Sozialdemokrat Poul Nyrup Rasmussen (*1943).

18. Mai Bei einem zweiten Referendum sprechen sich 56,8% der Wähler für den überarbeiteten Vertrag über die Europäische Union aus.

1994, 27. Sept. Ministerpräsident Rasmussen bildet nach vorgezogenen Neuwahlen (21. Sept.) ein Minderheitskabinett aus Sozialdemokraten, Sozialliberalen (*Radikale Venstre*) und Zentrumsdemokraten (*Centrum-Demokraterne*).

1996, 20. Dez. Die Zentrumsdemokraten verlassen nach Streitigkeiten um den Haushalt für 1997 die Koalitionsregierung. Am 30. Dez. bildet Rasmussen eine neue Minderheitsregierung.

1997, 31. Aug. Dänemark vereinbart mit Deutschland und Polen die Bildung eines multinationalen Militärverbandes (»Korps Nordost«).

1998, 11. März Bei vorgezogenen Wahlen zum Folketing werden die Sozialdemokraten mit 36% stärkste politische Kraft. Die Mitte-Links-Koalition unter Rasmussen setzt ihre Arbeit fort.

27. April–7. Mai Ein Generalstreik legt das öffentliche Leben lahm. Die Gewerkschaften fordern eine zusätzliche sechste Urlaubswoche; die Regierung kommt mit einem Kompromiss entgegen.

14. Juni Freigabe der Brücke über den Großen Belt für den Autoverkehr. Damit ist die Verbindung der Hauptinsel Seeland mit dem jütländischen Festland über die Insel Fünen geschaffen.

2000, 11. Juni Dänisch-schwedisches Volksfest zur **Einweihung der Brücke über den Öresund**.

28. Sept. Bei einer Volksabstimmung entscheidet sich die Mehrheit von 53% gegen einen Beitritt Dänemarks zur Europäischen Wirtschafts- und Währungsunion.

2001, 20. Nov. Rechtsruck bei der Parlamentswahl; die Liberale Partei (*Venstre*) wird mit 31,3% stärkste politische Kraft. Ihr Führer Anders Fogh Rasmussen (*1953) bildet mit Konservativen und der rechtspopulistischen »Dänischen Volkspartei« eine Koalitionsregierung.

28./29. Okt. Ein in Kopenhagen veranstalteter tschetschenischer Weltkongress führt zu Spannungen mit Russland. Der für den 11. Nov. geplante EU-Russland-Gipfel wird deswegen von Kopenhagen nach Brüssel verlegt.

2003, 21. März Ministerpräsident Rasmussen, der bereits die Solidaritätserklärung der acht europäischen Staaten (30. Jan.) für die Irakpolitik der USA unterzeichnet hat, setzt im Folketing einen militärischen Beitrag Dänemarks für den Irakkrieg durch.

19. Sept. Das Folketing verabschiedet eine Neufassung des Gesetzes über Familienzusammenführung. Danach wird künftig das Recht auf einen Wohnsitz in Dänemark gewährt, wenn einer der Ehepartner mindestens 28 Jahre die dänische Staatsbürgerschaft besitzt oder seit 28 Jahren in Dänemark lebt.

2006 Im sog. »Karikaturenstreit«, durch die Veröffentlichungen in der dänischen Tageszeitung »Jyllands Posten« ausgelöst, äußert sich der dänische Ministerpräsident Rasmussen entschieden im Sinne der Meinungsfreiheit.

2007, 13. Nov. Bei Neuwahlen zum Folketing wird die Regierung unter Fogh Rasmussen knapp bestätigt.

Grönland seit 1917

1917 Die USA anerkennen das Recht Dänemarks auf Grönland.

1933, 5. April Grönland wird als rechtmäßige Kolonie Dänemarks vom Internationalen Gerichtshof in Den Haag anerkannt; dieser erkennt Norwegen das Recht auf Annexion von unbewohnten Gebieten in Ostgrönland ab.

1941, 9. April Die Insel Grönland ist im Krieg von Dänemark abgeschnitten. Der dänische Gesandte in Washington, HENRIK KAUFFMANN (*1888, †1963), schließt eigenmächtig einen Vertrag mit den USA, der diesen die Errichtung von Marine- und Luftbasen auf Grönland zugesteht (»Kauffmann-Traktat«).

1950 Dänemark setzt ein kräftiges Entwicklungsprogramm für Grönland in Gang, welches die Lebensverhältnisse, die weit unter denen in Dänemark liegen, verbessern soll.

1951 Unter Vorbehalt seiner fortbestehenden Souveränität tritt Dänemark den USA den Schutz der Insel mit dem Recht auf Stützpunkte ab.

1953 Grönland wird durch Verfassungsreform Teil des Königreichs Dänemark. Der Impuls dazu geht eindeutig von Dänemark aus.
Starkes Bevölkerungswachstum in den Hauptorten, v. a. in Nuuk (Godthåb). In den Folgejahren Entstehen und Anwachsen nationaler Gefühle und Bestrebungen, Widerstand gegen die mit der Modernisierung verbundene »Verdänung« und Forderung nach mehr Mitbestimmung.

1979, 17. Jan. In einer Volksabstimmung entscheiden sich 70,1 % für die innere Autonomie, die am 16. Febr. vom dänischen Parlament gebilligt wird.

1982, 23. Febr. Etwa 52 % der Wähler stimmen für den Austritt aus der Europäischen Gemeinschaft.

1984, 13. März Ein in Brüssel unterzeichneter Vertrag ermöglicht Grönlands EG-Austritt zum 1. Jan. 1985.

1985 Nach dem Austritt aus der EG besteht eine Zollunion. Die EG-Mitgliedsstaaten haben das Recht, in grönländischen Gewässern zu fischen und gewähren Grönland dafür eine jährliche Finanzhilfe.

1987, 27. Mai Die von JONATHAN MOTZFELDT (*1938) geführte Koalitionsregierung wird in vorgezogenen Parlamentswahlen bestätigt.

1991, 5. März Die Sozialdemokraten bleiben nach Parlamentswahlen stärkste Fraktion. Ihr Vorsitzender LARS-EMIL JOHANSEN (*1946) wird Ministerpräsident.

1995, 4. März JOHANSEN bildet nach Neuwahlen wieder die Regierung.

1999, 14. Febr. Bei der Parlamentswahl muss die sozialliberale Regierungskoalition Verluste hinnehmen. MOTZFELDT führt die neue Koalitionsregierung.

2002, 3. Dez. Bei den Parlamentswahlen gibt es Zuwächse für die Parteien, die für eine erweiterte oder gänzliche Unabhängigkeit von Dänemark eintreten.

2003, 28. Nov. Der Oberste Gerichtshof in Kopenhagen weist die Forderung grönländischer Ureinwohner auf Rückgabe ihres 1953 zugunsten des US-Stützpunktes Thule enteigneten Geländes zurück.

Färöer (Føroyar) seit 1948

1948, 23. März Der dänische König unterzeichnet das Gesetz über die Innere Autonomie, der Austritt aus dem Sterlingblock und der Beitritt zum dänisch-grönländischen Währungsgebiet folgen (10. Nov.).

1972 Die Färöer beteiligen sich nicht an der Volksabstimmung Dänemarks über den Beitritt zu den europäischen Gemeinschaften, sondern entscheiden sich in einer eigenen Volksabstimmung (1975) für jeweils bilaterale Abkommen.

1977, 15. März Fischereiabkommen zwischen Dänemark, dem *Landsstyret* der Färöer und der EG auf zehn Jahre.

1994, 8. Juli Die Parlamentswahlen enden mit einer Niederlage der seit 1990 regierenden Sozialdemokraten (*Javnaðarflokkurin* [JF]), die hinter der liberalen Unionistischen Partei, die fortan den Ministerpräsidenten stellt, zweitstärkste Gruppierung werden.

2001, Febr. Die Regierung lässt auf dänischen Druck das Vorhaben fallen, eine Volksabstimmung über die Vorbereitung der nationalen Souveränität abzuhalten.

2004, 3. Febr. Nach den vorgezogenen Parlamentswahlen vom 20. Jan. bildet der Sozialdemokrat JÓANNES EIDESGAARD (*1951) eine neue Regierung aus Mitgliedern der sozialdemokratischen JF sowie der beiden konservativen Parteien.

Island seit 1944 | Forts. v. S. 1108 |

1944, 17. Juni **Island wird unabhängig**: Die Aufhebung der Personalunion mit Dänemark wird durch eine Volksabstimmung mit großer Mehrheit beschlossen. Die Gründung der Republik Island erfolgt in Thingvellir. Erster, direkt vom Volk gewählter Staatspräsident ist SVEINN BJÖRNSSON (*1881, †1952).
Nach 1945 sind die USA bestrebt, Island in das westliche Bündnissystem zu integrieren: Das führt zur Einbeziehung in den Marshallplan 1948 und zum Beitritt zur NATO 1949 (Gründungsmitglied).

1946, 5. Okt. Ratifizierung eines Abkommens zwischen den USA und Island, das den Abzug der US-Truppen vorsieht, weiterhin aber die Benutzung des Flugplatzes Keflavík für zivile Zwecke gestattet. Island tritt den Vereinten Nationen bei.

1947–1951 Nach Protesten der Bevölkerung ist Island vorübergehend ohne fremde militärischer Präsenz.

1948 Island wird Gründungsmitglied der OEEC, später OECD.

1949 Nachdem sich Norwegen und Dänemark für einen **Beitritt zur NATO** entschieden haben und keine Hoffnung mehr auf ein nordisches Verteidigungsbündnis besteht, schließt sich Island der Organisation an.

1950 Ausweitung der isländischen Fischereizone auf vier Seemeilen.

1951 Durch die Unterzeichnung eines militärischen Schutzabkommens mit den USA kommt es zur Einräumung von Stützpunkten im Rahmen der NATO und zur Übergabe des Flugplatzes Keflavík an die isländische Verwaltung.

1952, 29. Juni Ásgeir Ásgeirsson (*1894, †1972) wird zum Staatspräsidenten gewählt.

1958, Juni »Kabeljaukrieg« mit Großbritannien nach Ausweitung der Hoheitsgewässer auf zwölf Seemeilen. Der Konflikt wird 1961 durch einen Kompromiss beigelegt.

1968, 30. Juni Der Historiker Kristján Eldjárn (*1916, †1982) wird neuer Staatspräsident.

1970, 1. März Island wird **Vollmitglied der Europäischen Freihandelszone** (EFTA).

1971, 14. Juli Nach den Parlamentswahlen kommt es zur Bildung einer linksgerichteten Koalitionsregierung durch Ministerpräsident Ólafur Jóhannesson (*1913, †1984) von der Fortschrittspartei.

1972, 15. Febr. Die Ausdehnung der isländischen Fischereigrenze von zwölf auf 50 Seemeilen veranlasst Großbritannien und die Bundesrepublik Deutschland, vor dem Internationalen Gerichtshof in Den Haag Klage zu erheben. Das Vorgehen Islands wird im Urteil vom 25. Juli 1974 bestätigt.

1974, 29. Aug. Eine Koalitionsregierung der konservativen Unabhängigkeitspartei und der Fortschrittspartei unter Ministerpräsident Geir Hallgrímsson (*1925, †1990) nimmt ihre Geschäfte auf.

1975 Die Ausdehnung der Fischereigrenzen auf 200 Seemeilen lässt den Streit mit Großbritannien und der Bundesrepublik Deutschland erneut ausbrechen. Er führt 1976 sogar zum zeitweiligen Abbruch der diplomatischen Beziehungen zu Großbritannien. Der Grund für den von Island geführten »Kabeljaukrieg« ist die völlige wirtschaftliche Abhängigkeit vom Fischfang (90 % des Exports). Dieser Umstand ist auch die Ursache für die Ablehnung eines EG-Beitritts.

1978, 31. Aug. Bildung einer Linkskoalition aus Fortschrittspartei, Sozialdemokraten und Kommunisten unter Ministerpräsident Jóhannesson.

1980, 8. Febr. Neue Koalitionsregierung unter Gunnar Thoroddsen (*1910, †1983).

29. Juni Als erste Frau wird Vigdis Finnbogadóttir (*1930) zur Staatspräsidentin gewählt.

1983, 26. Mai Steingrímur Hermansson (*1928) bildet die neue konservative Regierung.

1986 Sozialpakt von Regierung, Arbeitgebern und Gewerkschaften zur Inflationsbekämpfung.

1987/88 Thorsteinn Pálsson (*1947) löst vorübergehend Hermannsson als Ministerpräsident ab.

1990 Einführung einer Mehrwertsteuer von 24,5 %.

1993, 12. Jan. Das Parlament ratifiziert den EWR-Vertrag und damit den zollfreien Absatz von Fisch und Fischprodukten. Island übernimmt damit auch 80 % der Gesetze des EU-Binnenmarktes.

1995, 19. Mai Aufnahme Islands in den Ostseerat.

1996, 29. Juni Der frühere Finanzminister Ólafur Ragnar Grímsson (*1943) gewinnt mit 40,9 % der Stimmen die Präsidentschaftswahl und löst damit Finnbogadottir ab, die nicht mehr kandidiert hat.

1999, 8. Mai Bei der Parlamentswahl wird die seit acht Jahren regierende Mitte-Rechts-Koalition bestätigt. Erstmals zieht die neue Linksgrüne Bewegung *Vinstrihreyfingin-grænt framboð* mit sechs Mandaten in den Althing ein.

2000, Mai Staatspräsident Grímsson bleibt ohne Neuwahl im Amt, da der einzige Gegenkandidat nicht genügend Unterschriften für seine Kandidatur zusammenbringt.

2001, 25. März Island tritt dem Schengener Abkommen als assoziiertes Mitglied bei.

2003, März Das Parlament stimmt für den Bau eines Wasserkraftwerks am Vatnajökull, das den Strombedarf für eine gleichfalls zu errichtende Aluminiumhütte decken soll.

10. Mai Bei der Parlamentswahl bleibt der regierenden Koalition unter Ministerpräsident Davíð Oddsson (*1948) trotz Verlusten die Mehrheit erhalten.

17. Aug. Trotz internationaler Proteste nimmt Island den seit 14 Jahren ausgesetzten Fang von Zwergwalen wieder auf.

2004, 26. Juni Bei den Präsidentschaftswahlen wird der bisherige Amtsinhaber Grímsson wiedergewählt.

15. Sept. Der bisherige Außenminister Halldór Ásgrímsson (*1947) löst Ministerpräsident Oddsson als Regierungschef ab (bis Juni 2006).

2006 Abzug der letzten amerikanischen Truppen von der Insel beschlossen.

Finnland seit 1945 | Forts. v. S. 1110 |

Aufgrund der machtpolitischen Verschiebungen im Ostseeraum durch die Ereignisse des Zweiten Weltkrieges bemüht sich Finnland nach 1945 um strikte Neutralität, achtet jedoch bei seinen außenpolitischen Beziehungen darauf, nicht gegen die Interessen der Sowjetunion zu handeln. Diese sog. »Paasikivi-Linie« der finnischen Politik, benannt nach dem Staatspräsidenten Juho Kusti Paasikivi (*1870, †1956) und begründet durch den 1948 zehn Jahre geschlossenen, bereits 1955 um 20 Jahre verlängerten Freundschafts- und Beistandspakt mit der Sowjetunion, wird 1956–1981 durch Staatspräsident Urho Kaleva Kekkonen (*1900, †1986) weiter ausgebaut.

Diese besonderen Beziehungen zur Sowjetunion bleiben nicht ohne Auswirkungen auf den Spielraum finnischer Innen- und Wirtschaftspolitik. Dennoch ist Finnland bemüht, seine Bindungen an den Westen und zu den anderen skandinavischen Staaten zu vertiefen, was sich 1955 im Beitritt zum Nordischen Rat, 1961 im Assoziierungsabkommen mit der EFTA und im Freihandelsabkommen mit der EG von 1973 manifestiert. Erst die neue Außenpolitik der Sowjetunion unter Michail Gorbatschow (*1931) gestattet Finnlands Mitgliedschaft im Europarat (1989). Der EU-Beitritt ist erst nach der Neuregelung des Freundschaftsvertrags von 1948 und der Auflösung der Sowjetunion möglich.

1945, 5. Mai Eine mit einem Lastenausgleichssystem gekoppelte Landreform ermöglicht die Wiedereingliederung der bäuerlichen Bevölkerung aus den finnischen Gebieten, die an die Sowjetunion abgetreten wurden.

1946, 4. März Rücktritt von Marschall KARL GUSTAV EMIL MANNERHEIM (*1867, †1951) als Staatspräsident. Nachfolger wird der in Verhandlungen mit der Sowjetunion erfahrene Ministerpräsident JUHO KUSTI PAASIKIVI. Der neue Ministerpräsident heißt MAUNO PEKKALA (*1890, †1952).

1947, 10. Febr. Im Friedensvertrag von Paris werden die im Moskauer Frieden von 1940 beschlossenen Grenzen wiederhergestellt. Finnland überlässt der Sowjetunion das Petsamogebiet und verpachtet die Halbinsel Porkkala für 50 Jahre.

1948, 6. April Der **Vertrag** über Freundschaft, Zusammenarbeit und gegenseitige Hilfe **mit der Sowjetunion** verpflichtet Finnland, sich nicht am Interessenkonflikt der Großmächte zu beteiligen, im Fall einer gegen einen der Vertragspartner gerichteten Aggression militärischen Beistand zu leisten bzw. einen solchen anzunehmen und im Gefahrenfall in Konsultationen einzutreten.

29. Juli Neuer Ministerpräsident wird der Sozialdemokrat KARL AUGUST FAGERHOLM (*1901, †1984).

1950, 17. März Nachfolger von Ministerpräsident FAGERHOLM wird URHO KALEVA KEKKONEN vom Landbund.

1955, 28. Okt. Finnland tritt dem gemeinsam von Schweden, Dänemark und Norwegen 1951 gegründeten Nordischen Rat bei.

1956, 16. Febr. Ministerpräsident KEKKONEN wird zum Staatspräsidenten gewählt.

3. März FAGERHOLM übernimmt zum zweiten Mal das Amt des Ministerpräsidenten (bis Mai 1957).

1961, 27. März Assoziierungsabkommen mit der Europäischen Freihandelszone EFTA; allerdings verpflichtet sich Finnland, der Sowjetunion dieselbe Meistbegünstigung wie den EFTA-Staaten einzuräumen.

1962, 13. April Der Vertreter des Landbundes, AHTI KARJALAINEN (*1923, †1990), bildet aus der Mitte und den Linken eine Koalitionsregierung.

1966, März Die Reichstagswahlen lassen die Sozialdemokraten zur stärksten Partei werden.

27. Mai Zum neuen Ministerpräsidenten wird der Sozialdemokrat RAFAEL PAASIO (*1903, †1980) gewählt, der seine Regierung unter Einschluss der Volksdemokraten (Kommunisten) bildet.

1968 Der Sozialdemokrat MAUNO KOIVISTO (*1923) wird Ministerpräsident.

1969 Finnland setzt sich mit Nachdruck für den sowjetischen Plan einer »Konferenz für Sicherheit und Zusammenarbeit in Europa« (KSZE) ein.

1970, 15. Juli Nach den Reichstagswahlen vom März, die keine eindeutige parlamentarische Mehrheit ergeben, bildet KARJALAINEN erneut eine Koalitionsregierung aus Vertretern der Mitte und der Linken.

1972, 4. Sept. Neuer Ministerpräsident wird der Sozialdemokrat KALEVI SORSA (*1930, †2004).

1973, 16. Mai Finnland unterzeichnet ein Abkommen über wirtschaftliche Zusammenarbeit mit dem »Rat für gegenseitige Wirtschaftshilfe« (RGW).

3. Juli **Beginn der »Konferenz für Sicherheit und Zusammenarbeit in Europa« (KSZE) in Helsinki.**

5. Okt. Abkommen mit der Europäischen Gemeinschaft über Freihandel mit gewerblichen Waren, das am 1. Jan. 1974 in Kraft tritt.

1975, 30. Nov. Nach Reichstagswahlen vom Sept. veranlasst KEKKONEN die Bildung einer Volksfrontregierung unter MARTTI MIETTUNEN (*1907, †2002), der bereits 1961/62 dieses Amt bekleidet hatte.

1977, 15. Mai Die die Kommunisten einschließende Mitte-Links-Koalitionsregierung Ministerpräsident SORSAS wird von der überwältigenden Mehrheit des Reichstags unterstützt.

1978, 16. Febr. Die unangefochten starke Position von Staatspräsident KEKKONEN wird durch seine fünfte Wiederwahl bestätigt.

1979, 26. Mai Nach den Parlamentswahlen vom März, die leichte Gewinne für die bürgerlichen Parteien bringen, wird eine Regierung aus Sozialdemokraten, der Zentrumspartei (*Suomen Keskusta*) und Kommunisten unter Ministerpräsident KOIVISTO gebildet.

1981, 27. Okt. Präsident KEKKONEN tritt zurück.

1982, 26. Jan. KOIVISTO wird neuer Präsident.

1983, 6. Juni KOIVISTO verlängert den finnisch-sowjetischen Vertrag von 1948 vorzeitig um 20 Jahre.

1984, 25.–27. Mai Der XX. Parteitag der Kommunistischen Partei Finnlands fordert eine neue Wirtschafts- und Sozialpolitik.

1987, März Aus den Reichstagswahlen geht eine Koalitionsregierung unter HARRI HOLKERII (*1937) von der Nationalen Sammlungspartei hervor.

1988, 15. Febr. KOIVISTO wird im Amt bestätigt.

1989, 5. Mai Finnland wird Mitglied des Europarats.

1990–1993 Eine wirtschaftliche Rezession in den frühen 90er-Jahren im Zusammenhang mit dem Zusammenbruch der Sowjetunion führt zu teilweise zweistelligen Rückgängen im finnischen Bruttoinlandsprodukt und wirkt sich auf die nationale Innenpolitik aus.

1991, 26. April Nach den Reichstagswahlen bildet ESKO AHO (*1954) von der Zentrumspartei erstmals seit 25 Jahren wieder eine Regierung ohne Beteiligung der Linksparteien.

6. Nov. Finnland einigt sich mit der Sowjetunion auf einen Nachfolgevertrag für den Freundschaftsvertrag von 1948.

1994, 1. März MARTTI AHTISAARI (*1937) wird neuer Staatspräsident.

16. Okt. 57 % der Finnen votieren für den Beitritt zur Europäischen Union (EU).

1995, 1. Jan **Finnland tritt als Vollmitglied der EU bei.**

13. April Der Sozialdemokrat PAAVO LIPPONEN (*1941) bildet nach den Parlamentswahlen eine neue Koalitionsregierung.

1996, 14. Okt. Der Beitritt Finnlands zum Europäischen Währungssystem (EWS) wird wirksam.

1999, 21. März Trotz Verlusten der Sozialdemokraten bei den Reichstagswahlen bleibt die Koalitionsregierung unter LIPPONEN im Amt.

2000, 6. Febr. Die bisherige Außenministerin TARJA HALONEN (*1943) gewinnt als Kandidatin der regierenden Sozialdemokraten die Stichwahl zur Präsidentschaft.

1. März Inkrafttreten der am 4. Juni 1999 verabschiedeten

Verfassungsreform, die die Rechte des Parlaments gegenüber dem Präsidenten stärkt.

2001, 25. März Finnland tritt dem Schengener Abkommen bei.

18. Mai Der Reichstag genehmigt den Bau des weltweit ersten Endlagers für hochradioaktiven Atommüll. Finnland besitzt insgesamt vier Atomkraftwerke.

2003, 16. März Bei den Parlamentswahlen wird die oppositionelle bürgerlich-bäuerlich geprägte Zentrumspartei stärkste politische Kraft. Sie geht mit der Sozialdemokratischen Partei und der Schwedischen Volkspartei, der Partei der schwedischen Minderheit, eine Koalition ein, an deren Spitze mit ANNELI JÄÄTTEENMÄKI (*1955) von der Zentrumspartei erstmals eine Frau steht (vereidigt 17. April).

24. Juni Nach nur zwei Monaten Regierungszeit erklärt JÄÄTTEENMÄKI ihren Rücktritt wegen eines Skandals um die Verwendung von Geheimdienstmaterial im Wahlkampf. Von diesem Vorwurf wird sie am 19. März 2004 freigesprochen. Ihr Amt übernimmt der bisherige Verteidigungsminister MATTI VANHANEN (*1955), der auch der KESK angehört. Im Okt. übernimmt dieser auch den Parteivorsitz.

2006, 29. Jan. TARJA HALONEN wird als Präsidentin wieder gewählt.

2007, 18. März Bei den Parlamentswahlen gewinnen die Konservativen dazu und bilden mit der Zentrumspartei von Ministerpräsident VANHANEN sowie den Grünen und der Schwedischen Volkspartei die neue Regierung. Laut dem Regierungsprogramm ist Finnland »offen für eine eventuelle Mitgliedschaft« in der NATO.

Die Baltischen Staaten seit 1945

Estland, Lettland und Litauen werden 1940 und (nach deutscher Besetzung im Zweiten Weltkrieg) erneut 1944 als Sozialistische Sowjetrepubliken Teil der UdSSR. Unter sowjetischer Herrschaft erleben sie eine weitgehend gemeinsame Geschichte. Dazu gehören 1948/49 **Massendeportationen**, vornehmlich von Bauern nach der Zwangskollektivierung der Landwirtschaft, und in den 50er-Jahren die in der Sowjetunion verbreitete **»Tauwetterperiode«**, auf die eine verstärkte **Russifizierungspolitik** mit forcierter russischer Einwanderung folgt.

In den 1980er-Jahren treten nationale und freiheitliche Reform- und Protestbewegungen an die Öffentlichkeit. Sie verdichten sich 1989 zu einer **Freiheits- und Unabhängigkeitsbewegung**, die am 23. Aug. 1989 in einer Menschenkette zwischen den drei Hauptstädten einen massenwirksamen Ausdruck findet. Bereits im Frühjahr 1990 beschließen die drei Parlamente nacheinander die staatliche **Unabhängigkeit**. Die Sowjetmacht reagiert auf diese Entwicklung schließlich im Jan. 1991 mit Gewaltaktionen in Riga und Vilnius. Die Antwort sind (Febr./März 1991) Volksabstimmungen, die sich in allen drei Staaten für die Unabhängigkeit entscheiden. Mit dem Moskauer Putsch (Aug. 1991) orthodox-kommunistischer Kräfte, wird die Entwicklung zur Unabhängigkeit faktisch unumkehrbar gemacht, die diplomatische Anerkennung seitens der EG-Staaten (27. Aug.) und die UNO-Mitgliedschaft (17. Sept. 1991) folgen.

Die politische Bewegung verbindet sich mit **marktwirtschaftlichen Reformen** auf staatlicher und internationaler Ebene: Sept./Okt. 1991 Eröffnung der Baltischen Investitionsbank und Resolution über ein kollektives Sicherheitssystem sowie um die Jahreswende 1991/92 Freigabe der Lebensmittelpreise als Zeichen der Abkehr von der sowjetischen Kommandowirtschaft. Der mächtige Nachbar macht jedoch auch nach dem Abzug der ehemaligen Roten Armee (1993/94) seine Interessen im Baltikum geltend: Das Problem der erheblichen **russischen Minderheiten** sorgt ebenso wie die Regelung von Grenzfragen (Estland, Lettland) und des nachbarschaftlichen Verhältnisses (z. B. Handel, Transitverkehr) für langwierige Verhandlungen und wiederholte Spannungen. Im Nov. 1994 protestiert Russland gegen die **Kaliningrad-Erklärung** (Forderung nach Entmilitarisierung der russischen Exklave Kaliningrad) der drei Staaten, später gegen deren europäisch-atlantische Integrations- und Bündnispolitik. Demgegenüber wird die **Westorientierung** weiterverfolgt bis zum Beitritt der drei baltischen Republiken im Zuge der sog. Osterweiterung zur NATO am 29. April 2004 und zur Europäischen Union (EU) am 1. Mai 2004. Seit dem 21. Dez. 2007 gehören sie zu den Staaten des Schengen-Abkommens.

Estland seit 1944/47 | Forts. v. S. 1141 |

Die Rote Armee erobert Estland in der zweiten Jahreshälfte 1944. Im Jan. 1945 werden Gebiete im Nordosten und Südosten des Landes an die Russische Sozialistische Föderative Sowjetrepublik (RSFSR) abgetreten.

1947 Beginn der **Kollektivierung der Landwirtschaft**.

1949, März Massendeportationen von Bauern, die sich der beschleunigten Kollektivierung widersetzen.

1953 Ende des bewaffneten Widerstandes durch Untergrundorganisationen gegen die Sowjetmacht.

1954 Übergabe Ost-Narwas (Teil Ost-Estlands) an die RSFSR.

1957 In der »Tauwetterperiode« der UdSSR erholt sich die Wirtschaft durch die Politik der Dezentralisierung leicht. Es beginnt eine verstärkte russische Zuwanderung. Die Phase der Dezentralisierung endet 1965.

1980 Erste Proteste gegen die Einwanderung von Russen.

1983 ARNOLD RÜÜTEL (*1928) wird Präsidiumsvorsitzender des Obersten Sowjets von Estland.

1986, Okt. Bildung einer ökologischen Protestbewegung gegen den Phosphoritabbau.

1988, April Gründung der unabhängigen Volksfrontbewegung für die Umgestaltung (*Rahvarinne*) mit dem Ziel nationaler Unabhängigkeit.

11. Sept. »Sängerfest« in Tallinn. Forderung nach mehr Eigenständigkeit.

16. Nov. **Souveränitätserklärung** des Republiksowjets. Am 22. Nov. erklärt das Präsidium des Obersten Sowjets der UdSSR diesen Beschluss für ungültig.

1989, 18. Jan. Estnisch wird Staatssprache.

4./5. März Bildung der prosowjetischen, von Russen getragenen »Interfront«, die sich im Aug. v. a. gegen das neuerlassene restriktive Wahlgesetz wendet.

23. Aug. Eine Menschenkette zwischen den baltischen Hauptstädten erinnert an den deutsch-sowjetischen Nichtangriffspakt von 1939 (ca. 1,5 Mio. Teilnehmer).

1990, 24. Febr. Das Republikparlament stellt die »Unrechtmäßigkeit und Ungültigkeit« der estnischen Beitrittserklärung zur Sowjetunion von 1940 fest.

18. März Die Wahlen zum Parlament gewinnen die Anhänger der vollen Unabhängigkeit. Das neue Parlament bestätigt am 29. März Rüütel als Parlamentspräsident und damit als Staatsoberhaupt.

30. März Das Parlament beschließt den stufenweisen Übergang zur Unabhängigkeit und die Einrichtung neuer Staatsorgane.

8. Mai Teile der Vorkriegsverfassung werden wieder eingesetzt und die Estnische SSR in **Republik Estland** umbenannt. Am 7. Aug. wird die bisherige Verfassung aufgehoben.

Herbst Aufbau estnischer Streitkräfte und einer Zollgrenze.

1991, 3. März Bei einer Volksbefragung, die anstelle des unionsweiten Referendums für den Erhalt der UdSSR abgehalten wird, spricht sich die Bevölkerung mit über 77 % der Stimmen für die Unabhängigkeit aus.

20. Aug. Nach dem Moskauer Putsch **scheidet Estland aus der UdSSR aus.** Russlands Präsident Jelzin erkennt die Unabhängigkeit am 24. Aug. an. Am 27. Aug. folgt die Anerkennung durch die Staaten der EG.

6. Sept. Anerkennung Estlands durch die Sowjetunion.

17. Sept. Estland wird Mitglied der UNO.

23./24. Sept. Estland, Lettland und Litauen gründen die Baltische Investitionsbank.

5. Okt. Der Baltische Rat unterzeichnet eine Resolution, die ein kollektives Sicherheitssystem für Estland, Lettland und Litauen im Rahmen der KSZE vorsieht.

1992, 2. Jan. Als eine Maßnahme der beabsichtigten **Wirtschaftsliberalisierung** werden die Preise für Lebensmittel und Konsumgüter freigegeben.

5. Okt. Lennart Meri (*1929, †2006) siegt bei der Wahl zum Staatspräsidenten über Rüütel.

21. Okt. Mart Laar (*1960; Vaterlandsunion) wird Ministerpräsident einer Koalitionsregierung (bis 8. Nov. 1994).

1993, 14. Mai Estland wird **Mitglied des Europarates.**

8. Juli Das Parlament billigt ein neues **Staatsbürgerschaftsgesetz**, das rund ein Drittel der Bevölkerung (v. a. Russen und Ukrainer) zu Ausländern erklärt. Auf scharfen Protest Russlands hin wird eine abgemilderte Variante verabschiedet, die eine Besserstellung der Russen in Estland vorsieht.

1994, 3. Febr. Annahme des NATO-Programms »Partnerschaft für den Frieden«.

26. Juli Staatspräsident Meri und Russlands Präsident Jelzin unterzeichnen in Moskau ein Abkommen über den **Abzug russischer Truppen** aus Estland.

28. Sept. Beim Untergang der in estnisch-schwedischem Besitz befindlichen Fähre »Estonia« sterben ca. 900 Menschen.

11./13. Nov. Auf die Kaliningrad-Erklärung der baltischen Staaten über eine Entmilitarisierung der Exklave Kaliningrad antwortet Russland mit scharfem Protest.

1995, 12. Juni Estland unterzeichnet ein **Assoziierungsabkommen mit der Europäischen Union.**

1996, 20. Sept. Lennart Meri wird für weitere fünf Jahre zum Präsidenten gewählt.

1998, 8. Dez. Der Reichstag beschließt eine Änderung des Staatsbürgergesetzes, um die Einbürgerung zu erleichtern.

1999, 7. März Bei den Parlamentswahlen erhält die Allianz aus Reformpartei, konservativer Vaterlandsunion und gemäßigten Sozialdemokraten die absolute Mehrheit. Mart Laar, Führer der Vaterlandsunion, wird am 22. März zum Ministerpräsidenten gewählt.

Okt. Bei den Kommunalwahlen werden auch die als staatenlos geltenden ca. 200 000 Russen zugelassen.

2000, 13. Dez. Nach Ablauf der zweiten Amtsperiode Lennart Meris wird Arnold Rüütel zum Staatspräsidenten (2001–2006) gewählt.

2002, 8. Jan. Zerfall der Mitte-Rechts-Koalition, Mart Laar tritt zurück. Neuer Ministerpräsident wird Siim Kallas (*1948), der eine Koalition aus seiner liberalen Reformpartei und dem Zentrum führt.

2003, 2. März Aus der Parlamentswahl geht die erst seit 2001 existierende liberalkonservative Partei *Res Publica* als bestimmende Kraft hervor. Ihr Gründer Johan Parts (*1966) wird am 10. April als neuer Ministerpräsident vereidigt.

14. Sept. Bei einem Referendum sprechen sich 67,9 % der Wähler für einen Beitritt zur EU aus.

2004, 29. April **Beitritt zur NATO.**

1. Mai **Beitritt zur EU.**

2005, 13. April Andrus Ansip (*1956) wird Ministerpräsident einer Koalitionsregierung aus Zentrum und Volksunion.

18. Mai Unterzeichnung des seit 1999 verhandelten **Grenzvertrages mit Russland.** Präsident Putin zieht jedoch die russische Unterschrift am 27. Juni wegen unterschiedlicher Bewertung der Zugehörigkeit Estlands zur Sowjetunion zurück.

2006, 23. Sept. Toomas Hendrik Ilves (*1953) wird zum Staatspräsidenten gewählt.

2007, April Mit dem Streit um die Verlegung eines sowjetischen Kriegerdenkmals aus dem Zentrum von Tallinn eskalieren die Spannungen zwischen Estland und der russischen Minderheit (25 % der Gesamtbevölkerung), das schwierige Verhältnis zu Russland verschärft sich.

21. Dez. Estland gehört zu den EU-Staaten des Schengen-Abkommens.

Lettland seit 1945 | Forts. v. S. 1142 |

1945, Jan. Die wieder errichtete **Lettische Sozialistische Sowjetrepublik** muss das Gebiet von Pytalowo/Abrene an die Russische Sozialistische Föderative Sowjetrepublik (RSFSR) abtreten.

8. Mai Kapitulation der deutschen »Kurland-Armee«.

1949 **Massendeportationen** überwiegend von Bauern, die sich der Kollektivierung der Landwirtschaft widersetzen, nach Sibirien.

1953–1959 Vorübergehende »Tauwetterperiode« in der Sowjetunion: Entstalinisierung, stärkerer Einfluss der Letten auf die Politik, kulturelles Aufblühen. Nach Ende dieser Periode beginnen »Säuberungen«.

1960 Der neue KP-Chef Lettlands, Arwid Janowitsch Pelsche (*1899, †1983), betreibt eine konsequente **Russifizierungspolitik** und verstärkte **Industrialisierung**. Die Einwanderung von Russen wird gefördert. Unter seinem Nachfolger Augusts Voss (*1916, †1994; 1966–1984) wird diese Politik fortgeführt.

1986 Der Schriftstellerkongress Lettlands beklagt die Verdrängung der lettischen Sprache und Geschichtsfälschungen.

1987, 14. Juni Am Gedenktag der Massendeportationen von ca. 44 000 Esten und Letten nach Sibirien (1940/41) kommt es zu einer Großdemonstration (Forderung nach Freiheit Lettlands).

1988 Jahr der friedlichen Massendemonstrationen (»singende Revolution«), die seit Mitte des Jahres von den Sicherheitskräften geduldet werden.

26. Juni Gründung der Nationalen Unabhängigkeitsbewegung Lettlands (LNNK).

6. Okt. Lettisch wird neben Russisch Amtssprache. Die Nationalsymbole der ersten Republik werden wieder legalisiert.

9. Okt. Gründungskongress der Lettischen Volksfront (LTF) in Riga.

1989, 8./9. Jan. Orthodox-kommunistische Unabhängigkeitsgegner verbinden sich in der Interfront.

Mai Lettisch wird Staatssprache.

23. Aug. Zum Gedenken an den deutsch-sowjetischen Nichtangriffspakt Bildung einer Menschenkette zwischen den baltischen Hauptstädten mit ca. 1,5 Mio. Teilnehmern.

1990, 16. Febr. Das lettische Parlament erklärt den Beitritt zur Sowjetunion von 1940 für ungültig.

18. März Bei den Parlamentswahlen siegt die Lettische Volksfront mit 131 von 201 Mandaten.

4. Mai **Unabhängigkeitserklärung** durch das lettische Parlament: vorgesehen ist eine Übergangsperiode. Am selben Tag wird der bisherige Vorsitzende des Obersten Sowjet, Anatolijs Gorbunovs (*1942), zum Parlamentspräsidenten gewählt, der bis zur Wahl eines Staatspräsidenten dessen Aufgaben wahrnimmt.

7. Mai Ivars Godmanis (*1951; Lettische Volksfront) wird Ministerpräsident.

1991, 20. Jan. Ein **Angriff von sowjetischen Sicherheitskräften** auf das lettische Innenministerium in Riga scheitert.

3. März Volksabstimmung über die Unabhängigkeit Lettlands: 74 % Ja-Stimmen.

21. Aug. Nach dem Moskauer Putsch tritt Lettland aus der Sowjetunion aus. Die Kommunistische Partei (KP) und später auch die Interfront werden verboten.

6. Sept. Anerkennung durch die Sowjetunion.

17. Sept. Lettland wird **Mitglied der UNO**.

23./24. Sept. Estland, Lettland und Litauen gründen die Baltische Investitionsbank.

5. Okt. Der Baltische Rat unterzeichnet in Vilnius eine Resolution, die ein kollektives Sicherheitssystem für Estland, Lettland und Litauen im Rahmen der KSZE vorsieht.

15. Okt. Neuregelung des Staatsbürgerschaftsrechts in Lettland.

10. Dez. Freigabe der Lebensmittelpreise vor dem Hintergrund beabsichtigter marktwirtschaftlicher Reformen.

1993, 5.–6. Juni **Erste freie Parlamentswahlen** nach 1940: Der Wahlsieger, das Bündnis reformorientierter früherer Kommunisten und Exilletten (»Lettischer Weg«), bildet mit dem Bauernbund eine Koalitionsregierung.

7. Juli Der Wirtschaftswissenschaftler und Kandidat des Bauernbundes, Guntis Ulmanis (*1939), wird zum Staatspräsidenten gewählt (am 18. Juni 1996 für weitere drei Jahre im Amt bestätigt).

1994, 14. Febr. Annahme des NATO-Programms »Partnerschaft für den Frieden«.

31. Aug. **Abzug der russischen Truppen** aus Lettland.

11./13. Nov. Auf die Kaliningrad-Erklärung der baltischen Staaten über eine Entmilitarisierung der Exklave antwortet Russland mit scharfem Protest.

1995, 10. Febr. Aufnahme Lettlands in den Europarat.

12. Juni Lettland unterzeichnet ein Assoziierungsabkommen mit der EU.

1997, 28. Juli Rücktritt der Regierung unter Ministerpräsident Andris Skele (*1958; Regierungschef seit 21. Dez. 1995). Präsident Ulmanis beauftragt den früheren Wirtschaftsminister Guntars Krasts (*1957) mit der Regierungsbildung.

1998, 3. Okt. Bei den Parlamentswahlen wird die von Andris Skele gegründete rechtsliberale Volkspartei mit 20,9 % der Stimmen stärkste politische Kraft. Die zugleich stattfindende Volksabstimmung ergibt eine Mehrheit für die vom Parlament am 22. Juni beschlossene Erleichterung der Einbürgerung der nichtlettischen Minderheit, v. a. der Russen.

1999, 17. Juni Die parteilose Vaira Vike-Freiberga (*1937) wird zur Staatspräsidentin gewählt.

16. Juli Andris Skele bildet erneut eine Mitte-Rechts-Regierung.

21. Okt. Russland übergibt die Radar-Frühwarnstation in Skundra an die lettische Regierung und beendet damit seine militärische Präsenz in den baltischen Staaten.

2000, 12. April Rücktritt der Regierung Skele nach nur neun Monaten Amtszeit. Neuer Ministerpräsident wird Andris Bērziņš (*1951) von der Partei Lettischer Weg.

2001, 23. Jan. Wegen seiner Bemühungen um die Eingliederung der nicht-lettischen Bevölkerungsgruppen wird Lettland aus der Überwachung durch den Europarat entlassen.

2002, 5. Okt. Bei Parlamentswahlen erleiden die wegen Korruptionsvorwürfen belasteten Regierungsparteien eine schwere Niederlage. Gewinner wird mit 23,5 % der Stimmen die Anfang 2002 gegründete konservative Partei Neue Zeit. Ihr Vorsitzender EINARS REPŠE (*1961) bildet ein Vier-Parteien-Koalitionskabinett.

2003, 20. Juni Wiederwahl der populären Präsidentin VIKE-FREIBERGA.

29. Sept. In einem Referendum entscheiden sich 67,0 % der Letten für den Beitritt zur EU.

2004, 5. Febr. Rücktritt von Ministerpräsident EINARS REPŠE. Nachfolger mit einer Minderheitsregierung wird der Vorsitzende der konservativen Union der Grünen und Bauern, INDULIS EMSIS (*1952).

29. April **Aufnahme in die NATO**.

1. Mai **Beitritt zur EU**.

2007, 8. Juli Der parteilose Arzt VALDIS ZATLERS (*1955) wird Staatspräsident.

18. Dez. Der lange verhandelte russisch-lettische Grenzvertrag (27. März unterschrieben) tritt in Kraft.

20. Dez. Der Vorsitzende der Partei Lettischer Weg, IVARS GODMANIS, wird erneut Ministerpräsident.

21. Dez. Lettland gehört zu den EU-Staaten des Schengen-Abkommens.

Litauen seit 1944 | Forts. v. S. 1143 |

1944 Litauen wird bis zum Herbst von der Roten Armee erobert und als **Sozialistische Sowjetrepublik** wieder errichtet.

1948, 7. April Das Memelgebiet wird der Sowjetrepublik Litauen eingegliedert.

Mai **Deportation** von ca. 100 000 Litauern wegen deren Widerstand gegen die Zwangskollektivierung. In den folgenden Jahren halten die Deportationen an (bis 1950 insgesamt ca. 500 000 Deportierte).

1953–1959 Forcierte Industrialisierung. Die »Tauwetterperiode« in der Sowjetunion bringt für die litauische Kommunistische Partei (KP) und Litauen allgemein vorübergehend begrenzte Freiräume.

1972, Mai Demonstrationen für politische und religiöse Freiheit in Kaunas.

1974 Verstärkte Russifizierung und Zurückdrängung der litauischen Sprache.

1987, 28. Juni 600. Jahrestag der Christianisierung Litauens (Gedenkgottesdienst in Vilnius).

1988, 20. Okt. Der Reformkommunist ALGIRDAS MYKOLAS BRAZAUSKAS (*1932) wird KP-Chef Litauens.

22./23. Okt. Gründungskongress der **Sajudis** (litauische Volksfront-Bewegung für die Umgestaltung und Unabhängigkeit). Ihr Vorsitzender wird VYTAUTAS LANDSBERGIS (*1932).

1989, 21. Febr. Litauisch wird Staatssprache.

20. März Wiedereinführung der historischen Nationalflagge.

26. März Bei der Wahl zum sowjetischen Volksdeputiertenkongress erringt die *Sajudis* 36 von 42 Sitzen. In der Folge nähert sich die KP an Positionen der Volksfront (Selbstbestimmungsrecht Litauens) an.

5. Juli Regierungsbeteiligung der *Sajudis*.

23. Aug. Eine Menschenkette mit ca. 1,5 Mio. Teilnehmern durch alle drei baltischen Republiken erinnert an den 50. Jahrestag des deutsch-sowjetischen Nichtangriffspakts.

4. Nov. Einführung einer litauischen Staatsbürgerschaft.

7. Dez. Das Machtmonopol der Kommunistischen Partei wird aus der Verfassung gestrichen: erstmalige Zulassung eines Mehrparteiensystems in der Sowjetunion. Am 19./20. Dez. trennt sich zudem die KP Litauens von der KPdSU.

1990, 15. Jan. BRAZAUSKAS wird zum Vorsitzenden des Obersten Sowjets Litauens und damit zum provisorischen Staatsoberhaupt gewählt.

24. Febr. Bei der litauischen Parlamentswahl erringen Befürworter der Unabhängigkeit drei Viertel der Mandate.

11. März Das Parlament erklärt die **Unabhängigkeit Litauens**, (vom Volksdeputiertenkongress der UdSSR am 15. März als ungültig bezeichnet). Eine vorläufige Verfassung der **Republik Litauen** tritt in Kraft. Parlamentspräsident wird LANDSBERGIS.

18. April Beginn einer sowjetischen Wirtschaftsblockade gegen Litauen.

29. Juni Der Oberste Rat Litauens setzt die Unabhängigkeitserklärung für hundert Tage aus; daraufhin beendet die UdSSR die Wirtschaftsblockade.

1991, 11.–13. Jan. **Putschversuch** eines moskauorientierten »Komitees zur nationalen Errettung Litauens« mit Hilfe sowjetischer Sicherheitskräfte in Vilnius: Belagerung des Parlamentsgebäudes, Stürmung des Fernseh- und Rundfunkgebäudes. 14 Menschen sterben.

9. Febr. In einem Referendum stimmen 90 % der Litauer für die Unabhängigkeit.

22. Aug. Nach dem Moskauer Putsch wird die KP in Litauen verboten.

27. Aug. Die EG-Staaten erkennen die Unabhängigkeit des Landes an.

6. Sept. Die Sowjetunion erkennt die Unabhängigkeit Litauens an.

17. Sept. Litauen wird **Mitglied der UNO**.

23./24. Sept. Estland, Lettland und Litauen gründen die Baltische Investitionsbank.

5. Okt. Der Baltische Rat unterzeichnet in Vilnius eine Resolution, die ein kollektives Sicherheitssystem für Estland, Lettland und Litauen im Rahmen der KSZE vorsieht.

1992, 8. Jan. Dir Preise für Lebensmittel und Konsumgüter werden freigegeben.

13. Jan. Litauen und Polen unterzeichnen einen Freundschafts- und Nachbarschaftsvertrag, der den Schutz der polnischen Minderheit in Litauen verbessert. Polen verzichtet darin auf jegliche Gebietsansprüche gegenüber Litauen.

15. Sept. Der Internationale Währungsfonds (IWF) gewährt Litauen zur Unterstützung von Wirtschaftsreformen einen Kredit in Höhe von 82 Mio. US-$.

25. Okt./15. Nov. Bei den ersten Parlamentswahlen nach der Unabhängigkeit wird die Litauische Demokratische Arbeiterpartei unter BRAZAUSKAS stärkste Kraft.

25. Nov. BRAZAUSKAS wird zum Staatspräsidenten (am 14. Dez. 1993 im Amt bestätigt) gewählt.

1993, 14. Mai Litauen wird Mitglied im Europarat.

31. Aug. Die letzten **russischen Soldaten verlassen Litauen**.

1994, 27. Jan. Beitritt zum NATO-Programm »Partnerschaft für den Frieden«.

18. Juli Litauen unterzeichnet ein Freihandelsabkommen mit der EU (am 1. Jan. 1995 in Kraft).

25. Okt. Weitere Kredithilfe des IWF über 201 Mio. US-$. Litauen und der IWF vereinbaren ein Wirtschaftsreformprogramm.

11./13. Nov. Auf die Kaliningrad-Erklärung der baltischen Staaten über eine Entmilitarisierung der Exklave Gebiet Kaliningrad antwortet Russland mit scharfem Protest.

1995, 12. Juni Litauen unterzeichnet ein Assoziierungsabkommen mit der EU.

1996, 5. März Litauen und Polen erkennen in einem Abkommen die gemeinsame Grenze gegenseitig an.

20. Okt./10. Nov. Bei Parlamentswahlen wird die oppositionelle rechtsnationale Vaterlandsunion unter dem früheren Parlamentspräsidenten VYTAUTAS LANDSBERGIS, die aus der *Sajudis* hervorgegangen ist, stärkste Partei. LANDSBERGIS wird erneut zum Parlamentspräsidenten gewählt (25. Nov.).

1998, 4. Jan. Die Präsidentschaftswahlen gewinnt der parteilose VALDAS ADAMKUS (*1926).

1999, 3. Mai Ministerpräsident GEDIMINAS VAGNORIUS (*1957; Vaterlandsunion), seit 21. April im Amt, tritt zurück. Nachfolger wird der bisherige Bürgermeister von Vilnius, ROLANDAS PAKSAS (*1956), der am 18. Mai eine neue Mitte-Rechts-Regierung bildet.

19. Okt. Ratifikation des am 24. Okt. 1997 mit Russland unterzeichneten Vertrages über den Verlauf der gemeinsamen Grenze.

Nov. ANDRIUS KUBILIUS (*1956) löst PAKSAS als Ministerpräsident ab.

2000, 8. Okt. Bei den Parlamentswahlen erleiden die Regierungsparteien eine schwere Niederlage. Stärkste politische Kraft wird die vom früheren Präsidenten BRAZAUSKAS geführte Sozialdemokratische Koalition mit 31,3 % der Stimmen. Erneut bildet ROLANDAS PAKSAS eine Mitte-Rechts-Regierung, die sich jedoch nur acht Monate hält. Am 3. Juli 2001 wird Oppositionsführer BRAZAUSKAS neuer Ministerpräsident.

2001, 31. Mai. Aufnahme Litauens in die Welthandelsorganisation WTO.

2003, 5. Jan. Bei den Präsidentschaftswahlen setzt sich der frühere Regierungschef ROLANDAS PAKSAS durch.

11. Mai Das EU-Referendum ergibt 91,0 % Ja-Stimmen für einen Beitritt.

2004, 6. April Wegen Verfassungsbruchs in drei Fällen wird Staatspräsident PAKSAS vom Parlament abgesetzt.

29. April **Aufnahme in die NATO.**

1. Mai **Beitritt zur EU.**

27. Juni Bei den vorgezogenen Präsidentschaftswahlen siegt in der Stichwahl der frühere Staatspräsident ADAMKUS.

2006, 18. Juli Der Sozialdemokrat GEDIMINAS KIRKILAS (*1951) wird Ministerpräsident einer Mitte-Links-Minderheitsregierung aus Sozialdemokraten, Bauernpartei, Union des Zentrums und Bürgerlichen Demokraten.

2007, 21. Dez. Litauen nimmt am kontrollfreien Grenzverkehr der EU-Staaten des Schengen-Abkommens teil.

Ostmitteleuropa seit 1945

Polen seit 1945 | Forts. v. S. 1152 |

Der **Wiederaufbau Polens** nach dem Zweiten Weltkrieg ist angesichts der ruinösen Kriegszerstörungen, der Bevölkerungsverluste von insgesamt sechs Mio. Staatsbürgern (17 %, davon etwa die Hälfte Juden), der territorialen Verlagerung nach Westen und der damit verbundenen Verschiebungen großer Bevölkerungsgruppen sehr schwierig. Hinzu kommen bis 1947 fortdauernde Kämpfe gegen Truppen im Untergrund (Ukrainische Aufstandsarmee in Westgalizien) sowie die Dominanz der Sowjetunion und die von ihr auferlegte politische, gesellschaftliche und wirtschaftliche Umorientierung.

Der Weg zur Volksrepublik (1945–1952)

1945, 1. Jan. Das im bereits sowjetisch besetzten Teil Polens eingerichtete **Lubliner Komitee** erklärt sich unter Protest der Londoner polnischen Exilregierung zur **Provisorischen Regierung**; Ministerpräsident wird EDWARD OSÓBKA-MORAWSKI (*1909, †1997), der Nationalkommunist WŁADYSŁAW GOMUŁKA (*1905, †1982) sein Stellvertreter. Die USA erklären, die Exilregierung weiterhin anerkennen zu wollen.

5. Jan. Die Sowjetunion erkennt die Provisorische Regierung an.

17. Jan. Die **Rote Armee besetzt** das von den abziehenden deutschen Truppen fast völlig zerstörte und nahezu menschenleer hinterlassene **Warschau**.

19. Jan. Die **Armia Krajowa** (»Armee im Lande«) wird auf Befehl ihres letzten Kommandeurs, General LEOPOLD OKULICKI (*1898, †1946), **aufgelöst**. Über 50 000 ihrer Angehörigen, die nicht in den Untergrund gehen, werden in die Sowjetunion deportiert.

1. Febr. Die Provisorische Regierung siedelt nach Warschau über.

4.–11. Febr. Auf der Konferenz von Jalta setzt STALIN die **Westverschiebung Polens** zwischen der leicht veränderten Curzon-Linie im Osten und einer Linie entlang der Oder und der Lausitzer Neiße im Westen durch.

Die Forderung des britischen Premiers Winston Churchill nach einer Erweiterung der Provisorischen Regierung unter »Einschluss demokratischer Führer, die im Lande leben, und von Polen, die im Ausland leben« bleibt folgenlos.

5. Febr. Der Vorsitzende des Landesnationalrats, der Kommunist Bolesław Bierut (*1892, †1956), proklamiert die Übernahme der Zivilverwaltung östlich der Oder und Neiße.

21. April Freundschaftspakt zwischen der Warschauer (Provisorischen) Regierung und der Sowjetunion auf 30 Jahre (erneuert 1965).

27. Juni Der »Rat der nationalen Einheit« löst sich und die Vertretung der Exilregierung im Lande auf.

28. Juni Ein »erweitertes Kabinett der nationalen Einheit« wird gebildet, in das Mitglieder der Exilregierung (zwei von 21 Ministern) aufgenommen werden. Ministerpräsident wird Edward Osóbka-Morawski, stellvertretende Ministerpräsidenten Stanisław Mikołajczyk (*1901, †1966) für die Polnische Volkspartei (*Polskie Stronnictwo Ludowe*, PSL) und für die kommunistische Polnische Arbeiterpartei (*Polska Partia Robotnicza*, PPR) Władysław Gomułka. Anerkennung der Regierung durch die Westmächte.

6. Juli Polnisch-sowjetische Vereinbarung über einen »Bevölkerungsaustausch«.

17. Juli–2. Aug. Auf der Potsdamer Konferenz wird die polnische Verwaltung der Gebiete östlich der Oder und der Lausitzer Neiße, einschließlich Stettins (Szczecin), Danzigs (Gdańsk) und des südlichen Ostpreußens bis zu einer endgültigen Regelung durch einen Friedensvertrag mit einer deutschen Regierung anerkannt. Die weitere **Aussiedlung der deutschen Bevölkerung** soll »human und geregelt« erfolgen.

Die Umsiedlungen nach dem Zweiten Weltkrieg

In den Jahren nach Kriegsende wird die seit 1939 in Gang befindliche **Vertreibungs-, Umsiedlungs- und Wanderungswelle** fortgesetzt: Flucht und Ausweisung der Deutschen nach Mittel- und Westdeutschland (insgesamt etwa 6,9 Mio.), Rückkehr vertriebener und verschleppter Polen und Juden (ca. 1,5 Mio.), Wanderung auf der Suche nach Erwerb und Unterkunft sowie nach Angehörigen, Umsiedlung von Polen aus den zentralpolnischen und den von der Sowjetunion annektierten Gebieten (»Repatrianten«) in die sog. »wiedergewonnenen« (d. h. in die unter polnische Verwaltung gestellten) Gebiete (etwa 2,7 Mio.), Umsiedlung von Ukrainern und Weißrussen aus Polen in die Sowjetunion (2,2 Mio.).

15. Aug. Der Erzbischof von Gnesen-Posen (Gniezno-Poznań) und Päpstliche Legat, August Kardinal Hlond (*1881, †1948), errichtet Päpstliche Nuntiaturen in Danzig, Allenstein (Olsztyn), Landsberg/Warthe (Gorzów Wielkopolski), Oppeln (Opole) und Breslau (Wrocław) und schließt damit diese Bezirke faktisch an die polnische katholische Kirche an.

16. Aug. Der **Grenzvertrag zwischen Polen und der Sowjetunion** legt die Ostgrenze Polens auf die geringfügig korrigierte Curzon-Linie von 1919 fest. Ostpreußen wird zwischen beiden Staaten geteilt, das Memelgebiet der Litauischen Sowjetrepublik angegliedert.

13. Nov. Errichtung des »Ministeriums für die wiedergewonnenen Gebiete« unter Władysław Gomułka.

1945/1946 Während die PPR Anhänger verliert, steigen die Mitgliederzahlen der von Mikołajczyk geführten PSL. Sie tritt in Opposition zu einem Demokratischen Block aus Polnischer Arbeiterpartei und anderen Parteien.

1946, 1. Juni Einführung der zentralen Planung in der Wirtschaft.

4. Juli Politisch und sozial bedingte Unruhen führen in Kielce zum **Pogrom gegen Juden** mit 41 Toten.

6. Sept. **Bodenreformgesetz**: Landbesitz über 50 ha wird enteignet und parzelliert. Die Bergwerke werden schon 1945 verstaatlicht, die Industrie 1946. Auch das Eigentum von Deutschen, von ermordeten Juden sowie anderen Opfern der Diktatur fällt an den Staat.

1947, 19. Jan. Wahl zum verfassunggebenden Sejm. Manipulationen, Behinderungen und Fälschung der Wahlergebnisse führen trotz Protestes der Westmächte zum Sieg des Demokratischen Blocks und zur Ausschaltung der PSL; Mikołajczyk emigriert (Okt.).

5. Febr. Bolesław Bierut wird Staatspräsident.

7. Febr. Bildung einer Regierung unter Józef Cyrankiewicz (*1911, †1989), die bis 1952 im Amt bleibt.

19. Febr. Die **»Kleine Verfassung«** wird angenommen; sie regelt die Kompetenzverteilung im Staat formal nach dem Prinzip der Gewaltenteilung, durchbricht dieses aber wiederholt und bereitet so den Übergang zur »Volksdemokratie« vor.

7. Juli Polen verzichtet nach sowjetischer Intervention auf die US-Marshallplan-Hilfe.

22.–27. Sept. Im schlesischen Szklarska Poręba (Schreiberhau) wird das Kommunistische Informationsbüro (Kominform) der kommunistischen Parteien der Sowjetunion, Polens, der Tschechoslowakei, Ungarns,

Polen seit 1945

heutige Grenzen
Polen seit 1945
1945 abgetretene Gebiete
polnische Gebiete nach dem Potsdamer (2. Aug. 1945) und Görlitzer Abkommen (6. Juli 1950). Im Deutsch-Polnischen Grenzvertrag (14. Nov. 1990) von Deutschland als polnisches Hoheitsgebiet anerkannt

Rumäniens, Bulgariens, Jugoslawiens (bis 1948) sowie Frankreichs und Italiens gegründet.

1948, 3. Sept. Im Streit zwischen »Moskauern« und »Partisanen« (Kriegsemigranten gegen ehemalige Untergrundkämpfer im Lande) siegt angesichts des Zerwürfnisses zwischen dem jugoslawischen Staatschef TITO und STALIN die »Moskauer« Gruppe. GOMUŁKA wird als Generalsekretär der PPR abgesetzt; Beginn einer Parteisäuberung.

21. Dez. Zusammenschluss der Polnischen Sozialistischen Partei (PPS) mit der Polnischen Arbeiterpartei zur **Polnischen Vereinigten Arbeiterpartei** (PZPR); ZK-Vorsitzender wird BIERUT.

25. Dez. STEFAN WYSZYŃSKI (*1901, †1981) tritt sein Amt als Erzbischof von Warschau und Gnesen-Posen (Primas von Polen) an.

1949, 21. Jan. Auflösung des »Ministeriums für die wiedergewonnenen Gebiete« nach voller Integration dieser Gebiete in den polnischen Staat.

25. Jan. Polen nimmt an der Gründung des Rates für gegenseitige Wirtschaftshilfe (RGW) in Moskau teil.

15. Juli Die päpstliche Erklärung über die Unvereinbarkeit der Mitgliedschaft in der katholischen Kirche und in einer kommunistischen Partei dient als Vorwand für einen sich verschärfenden **Kampf gegen die polnische katholische Kirche**.

7. Nov. Ernennung des Sowjetmarschalls polnischer Abstammung KONSTANTIN ROKOSSOWSKI (*1896, †1968) zum polnischen Verteidigungsminister und Armee-Oberbefehlshaber (bis 1956).

11.–13. Nov. GOMUŁKA und seine nationalkommunistischen Anhänger (»Heimatkommunisten«) werden aus dem ZK ausgeschlossen und verlieren ihre Staatsämter; GOMUŁKA wird 1951 ohne Prozess inhaftiert.

1950 **Bildung der Nationalen Einheitsfront**, in der zwei gleichgeschaltete Parteien (Vereinigte Bauernpartei und Demokratische Partei) der Polnischen Vereinigten Arbeiterpartei (*Polska Zjednoczona Partia Robotnicza*, PZPR) untergeordnet werden. Die spätstalinistische Parteisäuberung nimmt nicht die Härte der Schauprozesse in den anderen Ostblockstaaten an.

20. März Die katholische Kirche wird enteignet.

14. April Ein in Gnesen geschlossenes Abkommen regelt die Beziehungen zwischen Staat und katholischer Kirche; die »wiedergewonnenen Gebiete« werden darin als »für immer zu Polen gehörend« erklärt.

6. Juli Die DDR erkennt die **Oder-Neiße-Linie** als gemeinsame »Friedensgrenze« mit Polen an (**Görlitzer Abkommen**).

1950/1951 Führende Vertreter der Nationalkommunisten werden degradiert und inhaftiert, ebenso der Rest des bürgerlich-nationalen Flügels der Armeeführung.

Die »Volksrepublik Polen« bis 1959

1952, 22. Juli Eine neue Verfassung schließt die Entwicklung zur Volksdemokratie (offizielle Bezeichnung Volksrepublik Polen, *Polska Rzeczpospolita Ludowa*) nach sowjetischem Vorbild ab: Der Sejm ist formal das höchste Staatsorgan, er wählt den Staatsrat, das kollektive Staatsoberhaupt. Das tatsächliche Machtzentrum ist die Führung der PZPR. Der **Sozialismus ist in der Verfassung** verankert.

26. Okt. Bei den Sejm-Wahlen erhalten nach dem amtlichen Ergebnis die PZPR und die mit ihr in der »Nationalen Front« verbündeten Parteien und Organisationen 99,8 % der Stimmen.

1953 Verschärfte Auseinandersetzung zwischen Staat und Kirche. Schauprozesse gegen mehrere Bischöfe und Priester gipfeln in der Inhaftierung von STEFAN KARDINAL WYSZYŃSKI.
Forcierte Industrialisierung und Kollektivierung; Umstrukturierung der Wirtschaft, besonders in den Oder-Neiße-Gebieten, Senkung der Realeinkommen der Arbeiter und Angestellten.

1954, 1. Jan. Polen verzichtet auf deutsche Reparationszahlungen.

Herbst Nach dem Tode STALINS (5. März 1953) setzt die offizielle Kritik an stalinistischen Methoden in Polen, v. a. in der Wirtschaft, ein.

7. Dez. Das Staatssicherheitsministerium wird aufgelöst; wesentliche Aufgaben übernimmt das wieder eingerichtete Innenministerium.

1955 Dezentralisierung der Wirtschaft.

31. Jan. Polen erklärt den Kriegszustand mit Deutschland für beendet.

11.–14. Mai In Warschau schließen die mit der Sowjetunion verbündeten Staaten einen Militärpakt, den »Vertrag über Freundschaft, Zusammenarbeit und gegenseitigen Beistand« (»Warschauer Pakt«).

1956 Nach dem XX. Parteikongress der KPdSU (Kritik an STALIN) stirbt der 1. Sekretär der PZPR, BIERUT.

12. März BIERUTS Nachfolger EDWARD OCHAB (*1906, †1989) lässt den Abbau von Zwangsmaßnahmen zu (Amnestie für politische Häftlinge, Umbildung von Regierung und Parteispitze), kann aber die Unruhe im Land nicht beseitigen.

28. Juni Während der Internationalen Messe bricht ein **Generalstreik in Posen** (Poznań) aus; eine Demonstration eskaliert zu offenem Aufruhr, der vom Militär blutig niedergeschlagen wird. Die Regierung gibt den Forderungen der Arbeiter jedoch teilweise nach: Reformen in Partei und Staat (später milde Bestrafung der verhafteten Demonstrationsführer).

25./26. Aug. 300-Jahr-Feier der Erklärung der Gottesmutter zur »Königin von Polen« mit über einer Mio. Teilnehmern in Tschenstochau (Częstochowa).

19.–21. Okt. GOMUŁKA, inzwischen rehabilitiert, wird wieder Generalsekretär der PZPR.

ab 24. Okt. Während des Ungarnaufstandes werden zahlreiche Reformen zugelassen (»Frühling im Oktober«): Auflösung der meisten Kolchosen, Pressefreiheit, Auflösung kommunistischer Jugendorganisationen. Es gelingt der Gomułka-Führung, die Sowjetunion von der Bündnistreue Polens zu überzeugen.

28. Okt. KARDINAL WYSZYŃSKI wird freigelassen und tritt sein Amt als Erzbischof wieder an.

29. Okt. Der sowjetische Marschall ROKOSSOWSKI tritt als Verteidigungsminister zurück; sein Nachfolger wird MARIAN SPYCHALSKI (*1906, †1980).

7. Dez. Ein Abkommen zwischen Staat und katholischer Kirche beendet den Kirchenkampf und nimmt viele Beschränkungen der kirchlichen Tätigkeit zurück.

17. Dez. In einem Truppenstationierungsvertrag werden die in Polen stehenden Teile der Sowjetarmee polnischem Recht unterstellt.

1957 Der »Frühling im Oktober« wird schrittweise wieder zurückgedrängt (z. B. Pressefreiheit), andererseits werden spontane Entwicklungen (z. B. Auflösung der Kolchosen, Bildung von Arbeiterräten) zunächst bestätigt, letztere jedoch (1958) wieder eingeschränkt.

20. Jan. Bei Sejm-Wahlen (Einheitsliste der Nationalen Front mit Auswahlmöglichkeit) behält die PZPR mit nur noch 51 % der Mandate die absolute Mehrheit.

2. Okt. Der Vorschlag des Außenministers ADAM RAPACKI (*1909, †1970; 1956–1968), eine atomwaffenfreie Zone in Mitteleuropa einzurichten (sog. Rapacki-Plan) bleibt ohne positives Echo.

1958, 28. Juni Vor Danziger Werftarbeitern betont GOMUŁKA die Führungsposition der Sowjetunion und die Treue Polens zum sozialistischen Lager.

1959, 10.–17. März Dritter Parteitag der Polnischen Vereinigten Arbeiterpartei: GOMUŁKA bemüht sich weiter, unterstützt durch den sowjetischen Parteichef NIKITA CHRUSCHTSCHOW, den Zugriff der Partei auf die Gesellschaft zu straffen. Versuch, den Sozialismus auf dem Lande durch Einrichtung von »Bauernzirkeln« (freiwillige Genossenschaften) einzuführen.

Die zweite Ära Gomułka (1960–1970)

In den 1960er-Jahren »verkrustet« die Gomułka-Führung zusehends: GOMUŁKA versucht, in der Partei- und Staatsführung zwischen **»Moskauern« und »Partisanen« auszugleichen** und durch enge Verbindung mit der Sowjetunion Polens staatliche Stabilität zu sichern. Die Ernennung von MIECZYSŁAW MOCZAR (*1913, †1986) zum Chef des Sicherheitsdienstes gibt den »Partisanen« Auftrieb. Sie werfen GOMUŁKA zu große Nachgiebigkeit gegenüber »revisionistischen« Strömungen, der Reformmarxisten wie ADAM SCHAFF (*1913, †2006) und LESZEK KOŁAKOWSKI (*1927) vor, die ab 1965 unter den Intellektuellen Anhänger finden. Die Vorbereitungen zu den Jahrtausendfeiern Polens (1960–1966) und die damit verbundenen Debatten (»Staatsgründung«–»Taufe« Polens) verschärfen den **Konflikt zwischen Staat und Kirche** erneut: Dem staatlichen Patriotismus stellt die Kirche einen betont katholischen Nationalismus entgegen.

1961, 18. Mai Bildung einer neuen Regierung wiederum unter JÓZEF CYRANKIEWICZ (vierte Mal); stellvertretender Ministerpräsident wird PIOTR JAROSZEWICZ (*1909, †1992).

1963, 7. März Handelsvertrag mit der Bundesrepublik Deutschland und Errichtung von Handelsmissionen in Warschau und Bonn.

1964, 19. März Führende Intellektuelle protestieren im »Brief der 34« an Ministerpräsident CYRANKIEWICZ gegen die einengende politische Einflussnahme auf Kultur und Wissenschaft.

7. Aug. Nach dem Tode von ALEKSANDER ZAWADZKI (*1899) wird EDWARD OCHAB neuer Vorsitzender des Staatsrates (Staatsoberhaupt).

Dez. MIECZYSŁAW MOCZAR wird Innenminister (bis 1968); unter ihm wird das Ministerium ein schlagkräftiges Machtinstrument.

1965, 8. April Erneuerung des sowjetisch-polnischen Freundschafts- und Beistandspakts von 1945: ausdrückliche Anerkennung der »Unantastbarkeit der Staatsgrenze an Oder und Neiße«.

30. Mai Sejm-Wahlen mit manipuliertem Ergebnis (99,2 % für die »Nationale Einheitsfront«); im Sejm sind zwei katholische Gruppen mit je fünf Sitzen vertreten: *Pax* (regimetreu, Vorsitz BOLESŁAW PIASECKI [*1915, †1978]) und *Znak* (Distanz zum Regime, Vorsitz STANISŁAW STOMMA [*1908, †2005]).

18. Nov. **Brief der polnischen an die deutschen katholischen Bischöfe**: »Wir gewähren Vergebung und bitten um Vergebung.«

1967, Juni Der Sechstagekrieg zwischen Israel und den Arabern (5.–10. Juni) gibt Anlass zu einer v. a. gegen Juden gerichteten Kampagne, hinter der MOCZAR steht. Von ca. 30 000 in Polen lebenden Juden verlassen 20 000 (viele Intellektuelle) das Land.

1968, 8. März Der »Prager Frühling« ruft Sympathien in Polen hervor: Auf Studentendemonstrationen reagiert die Gomułka-Führung nervös mit erneuter Verfolgung von »Zionisten« und »Revisionisten«. Eine Entwicklung ähnlich wie in der Tschechoslowakei wird verhindert.

20./21. Aug. Polnische Truppen beteiligen sich am Einmarsch der Warschauer-Pakt-Truppen in die ČSSR.

1970, Aug. Mit Abschluss des Moskauer Vertrages zwischen der Sowjetunion und der Bundesrepublik Deutschland wird der Weg zu Verhandlungen über die Aufnahme diplomatischer Beziehungen zwischen Polen und der Bundesrepublik Deutschland frei.

7. Dez. Nach Verhandlungen (seit Febr. 1970) mit der Bundesregierung unter Bundeskanzler WILLY BRANDT wird der **Normalisierungsvertrag mit der Bundesrepublik Deutschland** abgeschlossen: Unverletzlichkeit der bestehenden Grenzen, Gewaltverzicht. In einer »Information« wird die Bereitwilligkeit der polnischen Seite erklärt, deutschstämmige Bürger aus Polen in die Bundesrepublik ausreisen zu lassen (Beginn 1975 nach erneutem Abkommen: Ausreise von 125 000 Deutschen gegen 2,3 Mrd. DM-Kredit und Rentenabkommen). Kniefall des Bundeskanzlers vor dem Warschauer-Getto-Denkmal.

14. Dez. Normen- und Preiserhöhungen lassen die jahrelange Unzufriedenheit mit der wirtschaftlichen Entwicklung in Polen in einen **Streik der Danziger Werftarbeiter** münden. Der Aufruhr greift auf Gdingen (Gdynia), Elbing (Elbląg), Stolp (Słupsk) und Stettin über.

20. Dez. Blutige Zusammenstöße zwischen Arbeitern und Polizei zwingen GOMUŁKA zum Rücktritt; er wird durch EDWARD GIEREK (*1913, †2001) ersetzt, der durch sein persönliches Auftreten zunächst die Ruhe wiederherstellen kann. Trotz Einleitung korrigierender Maßnahmen setzt sich die Streikwelle 1971 fort. Cyrankiewicz wird Staatsratsvorsitzender, Jaroszewicz übernimmt das Amt des Ministerpräsidenten.

Die Entwicklung unter Parteichef Gierek (1971–1980)

1971, 6./7. Febr. Gierek kritisiert die bisherige Parteiführung scharf und stellt eine Politik der innen- und sozialpolitischen Befriedung, der Verständigung mit der katholischen Kirche und konsumentenfreundlicher Wirtschaftsreformen in Aussicht.

März Die Preiserhöhungen vom Dez. 1970 werden zurückgenommen und Änderungen des Wirtschaftsplans und der Steuern sowie Maßnahmen zur Verbesserung des Lohnniveaus und der Warenversorgung beschlossen.

1972, 1. Jan. Die **Öffnung der Grenze zur DDR** führt zu einem raschen Anstieg des Reiseverkehrs.

9. März Besonders nach den Sejm-Wahlen, bei denen zwei Drittel der Abgeordneten ihr Mandat verlieren, aber auch schon 1971, kann Gierek die Partei- und Staatsspitze stark verändern: langsame Entmachtung von Moczar, Ersetzung des Staatsratsvorsitzenden Cyrankiewicz durch Henryk Jabłoński (*1909, †2003).

28. Juni Nach der Ratifizierung des Warschauer Vertrages mit der Bundesrepublik Deutschland organisiert der Vatikan die Bistümer in den Oder-Neiße-Gebieten vom Vatikan um (Bistumsgrenzen unter Berücksichtigung der nach dem Krieg vollzogenen Grenzziehung).

1973/1974 Die Verbesserung des Verhältnisses Kirche–Staat wird durch Kontakte mit dem Vatikan fortgesetzt.

1975 Intensivierung der internationalen Beziehungen im Zusammenhang mit der Konferenz für Sicherheit und Zusammenarbeit in Europa (KSZE) sowie mit dem Ziel verbesserter Handelskontakte und Kreditabkommen.

28. Mai Abschluss einer grundlegenden Verwaltungsreform: Gliederung des Landes in 49 Woiwodschaften.

1976, 10. Febr. Eine neue Verfassung wird verabschiedet, in der die VR Polen als »sozialistischer Staat« definiert wird.

25. Juni **Unruhen in Radom, Ursus und Plozk** (Płock), die von Arbeitern, Schülern und Hausfrauen getragen werden. Anlass sind chronische **Versorgungsschwierigkeiten** (Fleisch, Butter) und drastische Preiserhöhungen für Lebensmittel, die abermals von der Regierung zurückgenommen werden. Die Wirtschaft der VR Polen, bis in die 70er-Jahre mit beachtlichen industriellen Zuwachsraten, wird durch weltweite Schwierigkeiten, v. a. Energiekrise und Konjunkturrückgang in den westlichen Ländern, beeinträchtigt.

Für die während der Unruhen Verhafteten setzt sich ein »Komitee für die Verteidigung der Arbeiter« (*Komitet Obrony Robotników*, KOR) ein, das seinerseits von den Behörden verfolgt wird. Seine Nachfolgeorganisation, das »Komitee für soziale Selbstverteidigung«, stellt weiterreichende Forderungen im Rahmen der Bürgerrechtsbewegung und veröffentlicht eine Dokumentation über die Zensur in Polen.

1978, 16. Okt. Karol Wojtyła (*1920, †2005), Erzbischof von Krakau, wird zum **Papst Johannes Paul II.** gewählt.

1979, 2.–10. Juni Der triumphale Besuch von Papst Johannes Paul II. in Polen demonstriert die **Stärke der katholischen Kirche** im Lande und beschleunigt den Machtverfall des kommunistischen Staates.

1980, Febr. Angesichts der Hilflosigkeit der Staats- und Parteiführung gegenüber den politischen, sozialen und wirtschaftlichen Problemen (20 Mrd. Dollar Auslandsverschuldung) tritt Ministerpräsident Piotr Jaroszewicz zurück, Edward Babiuch (*1927) wird sein Nachfolger.

Krise, Militärdiktatur und Revolution (1980–1990)

1980, Juli/Aug. Versorgungsschwierigkeiten lösen eine **Streikwelle** und Massenaustritte aus der PZPR aus; überbetriebliche Streikkomitees bilden von der Regierung unabhängige Gewerkschaften.

5./6. Sept. ZK-Sekretär Edward Gierek wird durch Stanisław Kania (*1927) abgelöst.

24. Okt. Die von Lech Wałęsa (*1943) vertretene **unabhängige Gewerkschaft »Solidarität«** (*Solidarność*) wird nach Verhandlungen mit der Regierung (30. Aug.–2. Sept.) offiziell registriert. In Danzig, Stettin und Oberschlesien werden Vereinbarungen über die Anerkennung selbstständiger Gewerkschaften, ein Streikrecht, die öffentliche Kontrolle in Staat und Partei sowie die Verbesserung der Lebensverhältnisse getroffen.

1981, 11. Febr. Wojciech Jaruzelski (*1923) wird Ministerpräsident; er bleibt weiterhin Verteidigungsminister und Oberbefehlshaber der Streitkräfte. Die Zahl der Ministerien wird verringert, ein großer Teil der leitenden Parteifunktionäre ausgewechselt und das innerparteiliche Wahlsystem demokratisiert.

25. Mai Stefan Kardinal Wyszyński stirbt. Der Bischof von Ermland (Warmia), Józef Glemp (*1929), wird sein Nachfolger als Erzbischof von Warschau-Gnesen und Primas von Polen (7. Juli).

Juli–Sept. Die PZPR intensiviert ihren Kurs der Selbstkritik, Appelle und Absichtserklärungen. Die **Solidarność** (inzwischen ca. 10 Mio. Mitgliedern) fasst in 37 Thesen ihr **Programm** eines freien, aus christlich-nationaler Tradition entwickelten, demokratischen gewerkschaftlichen und öffentlichen Lebens zusammen (8. Sept.). Mit ihrem Aufruf an die Arbeiter der anderen sozialistischen Länder Europas, sich im gleichen Sinne zu organisieren, provoziert sie scharfe Reaktionen in der sowjetischen Presse. Bemühungen um eine Verständigung zwischen Regierung und *Solidarność* unter aktiver Beteiligung höchster Kirchenvertreter bleiben erfolglos.

Sept./Okt. Die sich verschärfende **Konfrontation zwischen Regierung und Solidarność** führt zur offenen innenpolitischen Krise.

13. Dez. Unter Jaruzelskis Führung, seit 18. Okt. auch Parteichef, verfügt ein »Militärrat der nationalen Errettung« den **Kriegszustand** und die Verhaftung zahlreicher *Solidarność*-Mitglieder.

1982, 1. Febr. Trotz westlicher Wirtschaftssanktionen meistert die Regierung durch drastische Preiserhöhungen die akute Wirtschaftskrise, kann aber die Verarmung der Bevölkerung nicht aufhalten.

1983, 21. Juli Nach dem zweiten Papstbesuch (16.–23. Juni) hebt der Sejm das Kriegsrecht auf.

6. Okt. **Lech Wałęsa erhält den Friedensnobelpreis.**

1984, 21. Juli Die Verabschiedung eines Amnestiegesetzes führt zur Freilassung politischer Gefangener.

19. Okt. Der mit *Solidarność* verbundene Priester **Jerzy Popiełuszko** (*1947) wird von Sicherheitsbeamten entführt und **ermordet**. An seiner Beisetzung (3. Nov.) nehmen Hunderttausende teil.

1985, 6. Nov. Der Sejm wählt Jaruzelski zum Staatsoberhaupt und Zbigniew Messner (*1929) zum Ministerpräsidenten.

18. Nov. Teilamnestie für *Solidarność*-Mitglieder.

1986, Febr./März Erhöhung der wöchentlichen Arbeitszeit von 42 auf 45 Stunden, weitere Anhebung der Preise für Grundnahrungsmittel.

6. Dez. Jaruzelski beruft einen »Gesellschaftlichen Beirat« zum Dialog mit den kritischen Teilen der Gesellschaft (*Solidarność* arbeitet nicht mit). Ausreisewelle.

1987, 19. Febr. Aufhebung der letzten Sanktionen der USA gegenüber Polen.

28. März Nach drastischen Preiserhöhungen ruft Wałęsa zu »wahren Reformen« nach dem Vorbild Michail Gorbatschows auf.

1988, 25. April Beginn wilder Streiks.

31. Aug. Treffen zwischen Wałęsa und Innenminister Czesław Kiszczak (*1925): erster offizieller Kontakt zwischen der Regierung und der verbotenen Gewerkschaft seit 1981. Wałęsa ruft zur Einstellung des Streiks auf.

18. Dez. Gründung des oppositionellen »Bürgerkomitees« unter Vorsitz Wałęsas.

1989, Jan. Das ZK-Plenum der PZPR verabschiedet ein Programm des gewerkschaftlichen und politischen Pluralismus.

6. Febr. Aufnahme der seit Aug. 1988 geplanten **»Gespräche am Runden Tisch«** (*Okrągły Stół*) zwischen Regierung und Opposition (Leitung: Wałęsa). Streiks und Neubildung von Parteien.

5. April Der »Runde Tisch« vereinbart politische und wirtschaftliche Reformen.

4. Juni Bei teilfreien Parlamentswahlen siegt das Bürgerkomitee: Im völlig frei gewählten Senat gewinnt es 99 von 100 Sitzen, im Sejm alle 160 der Opposition zugestandenen Sitze (von insgesamt 460).

19. Juli Die Nationalversammlung wählt Jaruzelski zum Staatspräsidenten.

1. Aug. Die Freigabe der Lebensmittelpreise führt zu drastischen Preiserhöhungen, der eine Streikwelle folgt.

24. Aug. **Tadeusz Mazowiecki** (*1927; *Solidarność*) wird **erster nichtkommunistischer Ministerpräsident**.

Die Dritte Polnische Republik (seit 1990)

1990, 30. Jan. Aufnahmeantrag in den Europarat.

27. Mai Erste demokratische Kommunalwahlen gewinnt die *Solidarność*.

30. Juli. Spaltung der *Solidarność* in zwei Parteien um Wałęsa und Mazowiecki.

14. Nov. Unterzeichnung des Grenzvertrags mit Deutschland: endgültige **Anerkennung der polnischen Westgrenze**.

9. Dez. Im zweiten Wahlgang wird Wałęsa zum Staatspräsidenten gewählt.

14. Dez. Mazowiecki tritt als Ministerpräsident zurück.

1991, 4. Jan. Neuer Regierungschef wird Jan Krzysztof Bielecki (*1951).

18. Okt. Der Sejm stimmt dem Deutsch-Polnischen Nachbarschaftsvertrag sowie dem Vertrag vom 14. Nov. 1990 über die Anerkennung der Oder-Neiße-Linie als Westgrenze zu.

27. Okt. Die **ersten freien Wahlen zum Sejm** seit 1928 bringen keine klare Mehrheit. Die Demokratische Union des früheren Regierungschefs Mazowiecki wird mit 62 Abgeordneten stärkste Fraktion im Parlament, das aus 460 Mitgliedern besteht.

23. Dez. Jan Olszewski (*1930) wird Ministerpräsident.

1992, 22. Mai Polen und Russland unterzeichnen einen Freundschafts- und Nachbarschaftsvertrag, nachdem der **Abzug russischer Truppen** aus Polen ausgehandelt ist, der größtenteils bis zum 28. Okt. erfolgt.

Juli–Dez. **Zahlreiche Streiks** von bis zu 300 000 Arbeitern in oberschlesischen Bergwerken gefährden das Wirtschaftsprogramm der Ministerpräsidentin (seit 8. Juli) Hanna Suchocka (*1946).

18. Nov. Eine korrigierende Ergänzung der Verfassung (»Kleine Verfassung«) stellt die **Gewaltenteilung** wieder her, stärkt die Position der Regierung und beschneidet die Rechte des Präsidenten.

1993, 1. März Das Freihandelsabkommen CEFTA (*Central European Free Trade Association*) zwischen Ungarn, Polen, Tschechien und Slowenien tritt in Kraft.

26. Okt. Nach einem Linksrutsch bei Wahlen (19. Sept.) zum Sejm und zum Senat bilden die stärksten Parteien SLD (Bündnis der Demokratischen Linken, Nachfolgepartei der kommunistischen PZPR) und die PSL eine Koalitionsregierung unter Ministerpräsidenten Waldemar Pawlak (*1959, Bauernpartei).

1994, 3. März Im Rahmen des NATO-Programms »Partnerschaft für den Frieden« beginnen Frankreich, Polen und Deutschland in Paris eine trilaterale militärpolitische Kooperation.

24. Juni Der Sejm billigt ein Wirtschaftsprogramm für die Jahre 1994–1997, das u. a. eine Fortsetzung der seit 1991 geplanten und eingeleiteten Privatisierungen sowie die Senkung der Inflationsrate und des Haushaltsdefizits vorsieht.

19.–23. Sept. Im Militärbezirk Krakau führen polnische, dänische und deutsche Soldaten das Manöver »Tatra 94« durch, um einen UN-Friedenseinsatz zu üben.

12.–27. Okt. Regierungskrise: Staatspräsident Lech Wałęsa, der der Regierung Pawlak Unfähigkeit vorwirft, reagiert auf den Vorwurf undemokratischen Verhaltens mit der Forderung, ein Präsidialsystem einzuführen.

Nov. Die Staatsbank kündigt eine Währungsreform zum Jahresbeginn an, um die Inflationsrate zu senken. Ein neuer Złoty entspricht 10 000 alten Złoty.

1995, 4. März Der ehemalige PZPR-Politiker und Minister für die Zusammenarbeit mit *Solidarność*, JÓZEF OLEKSY (*1946), wird Ministerpräsident.

30. Juni Verabschiedung eines Privatisierungsgesetzes zur Entstaatlichung von Großbetrieben. Die bis Ende 1994 durchgeführten Privatisierungen erstreckten sich v. a. auf kleine Staatsbetriebe.

10. Okt. Eröffnung der ersten von zehn geplanten Sonderwirtschaftszonen mit Investitionsanreizen für Unternehmen (z. B. bis zu 15-jährige Unternehmenssteuerbefreiung).

23. Dez. ALEKSANDER KWAŚNIEWSKI (*1954; SdRP, Sozialdemokratie der Republik Polen) wird vor dem Sejm als neuer Staatspräsident vereidigt, nachdem er die Wahlen (5./19. Nov.) gegen Amtsinhaber LECH WAŁĘSA (Stichwahl: 51,7 %) gewonnen hat.

1996, 24. Jan. Ministerpräsident JÓZEF OLEKSY tritt nach Spionagevorwürfen zurück.

1. Febr. Der parteilose Sejm-Vizemarschall WŁODZIMIERZ CIMOSZEWICZ (*1950) wird von Staatspräsident KWAŚNIEWSKI mit der Regierungsbildung beauftragt und am 7. Febr. als neuer Ministerpräsident vereidigt.

1997, 2. April/25. Mai Sejm und Senat billigen die **neue Verfassung** der Dritten Republik, die durch ein Referendum bestätigt wird. Sie gründet sich auf christliche und allgemein menschliche Werte, verbindet parlamentarische mit präsidialen Elementen und gibt der Regierung größere Macht als bisher; sie schreibt die Grundsätze der Rechtsstaatlichkeit, der Selbstverwaltung und der sozialen Marktwirtschaft fest.

Juli Beim **Oder-Hochwasser** sterben 56 Menschen. Es entsteht ein materieller Schaden von ca. 5 Mrd. DM.

21. Sept. Wahlen zum Sejm gewinnt das Mitte-Rechts-Bündnis »Wahlaktion Solidarität« (AWS). Staatspräsident KWAŚNIEWSKI beauftragt JERZY BUZEK (*1940) mit der Regierungsbildung (17. Okt.).

12./13. Dez. Der EU-Gipfel in Luxemburg vereinbart direkte Beitrittsverhandlungen mit Polen ab April 1998.

16. Dez. Im Rahmen der NATO-Außenministerkonferenz in Brüssel wird das Protokoll zur Aufnahme Polens in die NATO unterzeichnet.

1998, 18. Dez. Der Sejm beschließt das »Gesetz über das Institut des nationalen Gedenkens«, das der Aufarbeitung der kommunistischen Vergangenheit dienen soll.

1999, 1. Jan. Die im Sommer 1998 beschlossene politische und administrative Neuordnung Polens tritt in Kraft. Der bisherige Zentralstaat erhält eine föderative Struktur, an die Stelle der 49 Woiwodschaften treten 16 Regierungsbezirke, die mit eigenen Parlamenten ausgestattet sind.

12. März Der **Beitritt Polens zur NATO** wird durch Hinterlegung der Ratifikationsurkunde in Independence im US-Bundesstaat Missouri offiziell vollzogen.

2. Mai Der Erlass eines Gesetzes zum »Schutz der Gebiete um die ehemaligen hitlerischen Konzentrationslager« beendet die Auseinandersetzungen um die Ausgestaltung der Gedenkstätte Auschwitz.

2000, 27.–28. April Die Regierungschefs von Deutschland, Polen, der Slowakei, Ungarn und Tschechien unterzeichnen die Gnesener Erklärung, die ein Bekenntnis zu Europa und eine Absage an Nationalismus, Fremdenfeindlichkeit, Rassismus und totalitäre Ideologien enthält.

28. Mai Bruch der Regierungskoalition durch Austritt der liberalen Freiheitsunion. Ministerpräsident BUZEK bildet am 8. Juni eine Minderheitsregierung.

24. Sept. »Marsch der Unzufriedenen« gegen die Sparhaushalts- und Reformpolitik der Regierung.

8. Okt. Bei der Präsidentenwahl setzt sich der Amtsinhaber KWAŚNIEWSKI bereits im ersten Wahlgang durch.

2001, 10. Juli Präsident KWAŚNIEWSKI entschuldigt sich »im Namen des polnischen Volkes« für ein Pogrom, das 1941 von Polen an der jüdischen Bevölkerung des Ortes Jedwabne verübt wurde.

23. Sept. Bei Parlamentswahlen siegt die Allianz aus Demokratischem Linksbündnis (SLD) und gewerkschaftlich orientierter Union der Arbeit (UP). Ihr Führer LESZEK MILLER (*1946) geht eine Koalition mit der europakritischen früheren Blockpartei PSL ein (19. Okt.).

2002, 16.–19. Aug. **Papst JOHANNES PAUL II.** besucht seine polnische Heimat. Höhepunkt der Reise ist eine Messe, die er vor zwei Mio. Gläubigen in Krakau hält.

27. Dez. Die »Rywin-Affäre«, ein Schmiergeldskandal um das in Vorbereitung befindliche Mediengesetz, wird öffentlich. Ministerpräsident MILLER muss vor einem Untersuchungsausschuss aussagen.

2003, 3. März Nach dem Auseinanderbrechen der Koalition von SLD, PSL und UP (27. Febr.) bildet MILLER eine Minderheitsregierung nur mit SLD und UP.

18. März Das Kabinett beschließt eine **Beteiligung polnischer Soldaten am Irak-Krieg**.

7./8. Juni Bei der Volksabstimmung über den EU-Beitritt stimmen 77,5 % der Wähler mit Ja.

13. Juni Ministerpräsident MILLER gewinnt eine Vertrauensabstimmung im Sejm.

3. Sept. Polen übernimmt im Irak das Kommando über die Besatzungszone Zentraler Süden.

2004, 26. April Der Filmproduzent LEW RYWIN (*1945), zentrale Figur der »Rywin-Affäre«, wird wegen Bestechung zu einer Haftstrafe von zweieinhalb Jahren verurteilt. Ob Ministerpräsident MILLER und Staatspräsident KWAŚNIEWSKI in den Fall verstrickt sind, bleibt unklar.

1. Mai **Beitritt zur Europäischen Union** (EU).

2. Mai Einen Tag nach dem Rücktritt von MILLER ernennt KWAŚNIEWSKI den parteilosen Wirtschaftsprofessor MAREK BELKA (*1953) zum neuen Regierungschef.

2005, 31. Okt. Nach ihrem Wahlsieg (25. Sept.) bildet die von den Zwillingsbrüdern LECH und JAROSŁAW KACZYŃSKI (*1949) geführte rechtskonservative Partei

»Recht und Gerechtigkeit« (*Prawo i Sprawiedliwość*, PiS) eine Minderheitsregierung unter Kazimierz Marcinkiewicz (*1959).

23. Dez. Der bisherige Warschauer Stadtpräsident Lech Kaczyński tritt sein Amt als Staatspräsident an (am 23. Okt. 2005 im zweiten Wahlgang gegen Donald Tusk [*1957] gewählt).

2006, 4. Mai PiS bildet mit den rechtsstehenden Parteien »Selbstverteidigung« (*Samoobrona*) und »Liga der polnischen Familien« (*Liga Polskich Rodzin*, LPR) eine Koalitionsregierung.

14. Juli Jarosław Kaczyński wird neuer Ministerpräsident. Die Führung Polens strebt die völlige Beseitigung aller Spuren aus der Zeit der Volksrepublik, der Überwindung des Einflusses der Linken und eine konservative, national-katholische Erneuerung Polens zu einer »Vierten Republik« an. Sie hat allerdings mit zahlreichen Affären der Regierungspartner und dem Erhalt der Koalitionsdisziplin zu kämpfen. Außenpolitisch orientiert sie sich stark an den USA und steht der EU distanziert, den Nachbarstaaten Deutschland und Russland skeptisch gegenüber.

2007, Juni In der Diskussion der EU-Staaten über eine Neuformulierung der gemeinsamen politischen und rechtlichen Grundlagen (»EU-Verfassung«) vertritt Polen nachdrücklich eine Haltung weitgehender nationalstaatlicher Kompetenzen und möglichst geringer Unterschiede in der Stimmgewichtung der größeren und kleineren Mitgliedsstaaten.

7. Sept. Nach dem Scheitern der Koalitionsregierung unter Jarosław Kaczyński beschließt der **Sejm seine Auflösung**.

21. Okt. Bei den Neuwahlen zum Sejm siegt die »Bürgerplattform« (*Platforma Obywatelska*) unter Donald Tusk mit 41,5 % der Stimmen; die PiS erhält 32,1 %.

21. Dez. Polen gehört zu den EU-Staaten mit freiem Grenzverkehr (»Schengen-Staaten«).

Tschechoslowakei – ČSR/ČSSR/ČSFR (1945–1992) | Forts. v. S. 1155 |

Die tschechoslowakische Exilregierung in London unter Präsident Edvard Beneš ist gegen Kriegsende überzeugt, der Weg der **Tschechoslowakischen Republik** (*Československá Republika*, **ČSR**) in der Nachkriegszeit werde unter Wahrung ihrer demokratisch-parlamentarischen Tradition in eine »sozialisierende« Richtung gehen. Diese Auffassung erleichtert die Annäherung an die Kommunisten, deren Führer (v. a. Klement Gottwald) sich überwiegend im Moskauer Exil aufhalten und der Volksfrontlinie der Sowjetunion verpflichtet sind. Der Aufstand in der Slowakei im Spätsommer 1944 wird zwar von der Wehrmacht niedergeschlagen, schafft aber Institutionen (z. B. den Slowakischen Nationalrat), die in den erneuerten Staat eingehen.

Entwicklung zur Sozialistischen Republik (1945–1960)

1945, 5. April In der von der Roten Armee eroberten Slowakei bilden in Kaschau (Košice) die Exilregierung von Edvard Beneš (*1884, †1948) und Moskau treue Kommunisten die »Regierung der Nationalen Front der Tschechen und Slowaken« unter dem tschechischen Botschafter in der Sowjetunion, Zdeněk Fierlinger (*1891, †1976). Die wieder errichtete Tschechoslowakei gilt als Staat der gleichberechtigten Völker der Tschechen und Slowaken in den Grenzen von 1937 mit Ausnahme der im Juni 1945 an die Sowjetunion abgetretenen Karpato-Ukraine (Gebiet südlich der Karpaten bis zur heutigen ukrainischen Grenze). Das Parteienspektrum beschränkt sich auf die Linke und Teile der Mitte: Die Nationale Front besteht aus Kommunisten, Sozialdemokraten, nationalen Sozialisten, Volkspartei und slowakischer Demokratischer Partei. Nicht mehr zugelassen sind u. a. Agrarierpartei, Nationaldemokraten und Slowakische Volkspartei.
Das **Kaschauer Programm** beschließt in der ersten Sitzung die Aufhebung der Staatsbürgerschaft »tschechoslowakischer Bürger deutscher und madjarischer Nationalität« (»aktive Antifaschisten und Anti-Nazisten« ausgenommen) und deren Ausweisung.

5.–9. Mai **Prager Aufstand**: Nach einem Rundfunkaufruf zum Aufstand werden die Prager Deutschen interniert, misshandelt, viele von ihnen ermordet. Gleichzeitig beginnt im ganzen Lande die Verfolgung, Internierung und seit dem Sommer »wilde Vertreibung« der Deutschen (30. Mai »Brünner Todesmarsch« mit ca. 900 Toten, 31. Juli »Blutsonntag von Aussig«).

10. Mai Die Regierung Fierlinger beginnt ihre Arbeit in Prag (bis 1946) mit Beschlüssen zur Verwirklichung des Kaschauer Programms: **Bestrafung von etwa 20 000 »Kollaboranten«** (Angehörige und Sympathisanten von Protektoratsregierung und Regierung des Slowakischen Staats) durch Volksgerichte; **Enteignung und Vertreibung von 2,9 Mio. Deutschen und Ungarn.**

25. Mai **Rückkehr von Beneš**. Die Slowakei wird der Prager Regierung unterstellt.
Der slowakische Staatspräsident Jozef Tiso (*1887, †1947), von den Amerikanern gefangen genommen, wird im Okt. mit drei Ministern an die Prager Behörden ausgeliefert und am 18. April 1947 gehängt.

19. Juni Retributionsdekret über »Bestrafung der nazistischen Verbrecher«, Beginn der »wilden Vertreibungen« der Sudetendeutschen.

29. Juni Ein Moskauer Vertrag, von Ministerpräsident Fierlinger unterzeichnet, tritt nach Angebot von Beneš die Karpato-Ukraine an die Sowjetunion ab.

30. Juli Jan Masaryk (*1886, †1948), 1940–1945 Außenminister der Exilregierung, kehrt aus dem Londoner Exil zurück und übernimmt das Außenministerium.

31. Juli Blutsonntag von Aussig (Ústí nad Labem) mit planmäßiger Ermordung von Sudetendeutschen in großer Zahl (nicht abschließend geklärt).

25. Okt. Präsidialdekret über die »Konfiskation des feindlichen Vermögens«: Verstaatlichung der Banken, Versicherungen, Bergwerke und der Großindustrie.

Nov. Sämtliche alliierte Truppen (USA, Sowjetunion) verlassen die Tschechoslowakei.

1946, 25. Jan. Beginn der »Aussiedlung« der Deutschen nach dem Potsdamer Abkommen.

26. Mai Freie Wahlen zur verfassunggebenden Nationalversammlung. Dabei erringen die Kommunisten in den böhmischen Ländern 40 %, in der Slowakei 30 % (Demokratische Partei 60 %) der Stimmen.

19. Juni Wiederwahl von Beneš als Staatspräsident.

2. Juli Beneš ernennt eine neue Regierung unter Klement Gottwald (*1896, †1953) (Allparteienregierung der Nationalen Front): Gottwald bezeichnet die Tschechoslowakei als »Volksdemokratie«.

1947 Die Unzufriedenheit in der Slowakei mit dem Prager Zentralismus löst erhebliche Unruhe aus.

9. Juli Eine Delegation der Prager Regierung wird in Moskau zur Ablehnung des bereits von ihr angenommenen Marshallplans gezwungen.

Sept. Verordnung einer »Millionärssteuer« auf kommunistischen Antrag hin.

1948, Febr. Vor den Wahlen steigende Spannungen in der Nationalen Front: Die Kommunisten drängen auf schnelle Verabschiedung der Verfassung. In der Regierung bricht Streit wegen der Besetzungspraxis von Polizeioffiziersstellen durch den kommunistischen Innenminister Václav Nosek (*1893, †1955) aus.

20. Febr. Zwölf Minister »bürgerlicher« Parteien treten aus Protest zurück.

25. Febr. Unter Einsatz von Massendemonstrationen, eines Generalstreiks und von »Aktionskomitees« der Nationalen Front gelingt es den Kommunisten, Staatspräsident Beneš nach fünftägigen Verhandlungen zur Ernennung einer neuen, fast nur noch aus Kommunisten bestehenden Regierung der »erneuerten Nationalen Front« unter Klement Gottwald zu bewegen. Damit haben die **Kommunisten** auf legale Weise die **Staatsmacht errungen**. Schon am nächsten Tag beginnt eine durchgreifende »Säuberung« auf allen Gebieten des öffentlichen Lebens.

9. Mai Die verfassunggebende Nationalversammlung verabschiedet die »Verfassung des 9. Mai«, die den Charakter der ČSR als »Volksdemokratie« festlegt. Sie ist weiterhin ein Einheitsstaat der Tschechen und Slowaken; die Slowakei hat zwar einige autonome Einrichtungen, die Slowaken fühlen sich aber gegenüber den Tschechen minderberechtigt.

30. Mai Wahlen: Auf die Einheitsliste der Nationalen Front entfallen über 85 % der Stimmen.

7. Juni Staatspräsident Beneš verweigert die Unterzeichnung der Verfassung und tritt zurück. Sein Nachfolger Gottwald vereinigt in seiner Person das Amt des Staatsoberhaupts und das des Sekretärs der Kommunistischen Partei. **Umgestaltung der Tschechoslowakei nach sowjetischem Muster** in den Bereichen Gesellschaft, Kultur und Wirtschaft (erster Fünfjahresplan 1949–1953 mit Ausbau der Schwerindustrie, Kollektivierung und Mechanisierung der Landwirtschaft).

15. Juni Neue Regierung unter Antonín Zápotocký (*1884, †1957).

27. Juni Verschmelzung der Sozialdemokratischen Partei mit der Kommunistischen Partei (*Komunistická strana Československa*, KPČ). Die übrigen Parteien ordnen sich den Zielen der KPČ unter.

1949 Ein neues **Kirchengesetz** (staatliche Gehaltszahlung an kirchliche Amtsträger) löst eine **Repressionswelle gegen Kirchen**, insbesondere die katholische, aus.

1950–1953 Eine spätstalinistische »Säuberungswelle« erfasst auch die KPČ.

1952, 20.–27. Nov. Schauprozess gegen »Trotzkisten, Titoisten und bürgerliche Nationalisten«, darunter der ehemalige Parteisekretär und stellvertretende Regierungschef Rudolf Slánský (*1901, †1952); mehrere Todesurteile.

1953, 14. März **Tod von Klement Gottwald.** Nachfolger als Parteisekretär wird Antonín Novotný (*1904, †1975), Staatspräsident Antonín Zápotocký (bis 1957).

21. März Die volksdemokratische Blockregierung, Viliam Široký (*1902, †1971), bis 21. Sept. 1963 im Amt.

1956 Die Entstalinisierung nach dem 20. Parteikongress der KPdSU bleibt in der ČSR verbal, da weder die stalinistische Führungsschicht ausgewechselt wird noch die Opfer der »Säuberungen« rehabilitiert werden.

1957, 19. Nov. Nachfolger des verstorbenen Staatspräsidenten Zápotocký wird KP-Generalsekretär Antonín Novotný.

1960, 11. Juli Neue Verfassung: **Proklamation der »Tschechoslowakischen Sozialistischen Republik«** (*Československá Socialistická Republika* – **ČSSR**): Verankerung der führenden Rolle der KPČ, Zentralisierung auf Kosten slowakischer autonomer Institutionen verschärft.

Entstalinisierung, »Prager Frühling« und Einmarsch der Warschauer-Pakt-Truppen (1960–1968)

Im Zeichen einer immer stärker spürbaren Wirtschaftskrise und wachsender Unruhe unter Intellektuellen sowie in der Slowakei macht die Staats- und Parteiführung1962/63 erste Zugeständnisse: Ablösung des Ministerpräsidenten Široký, erste Rehabilitierungen. Anbahnung einer Wirtschaftsreform (Ota Šik [*1919, †2004]): Unter Beibehaltung des Staatseigentums an Produktionsmitteln wird eine stärkere Verlagerung auf die Planung innerhalb der Betriebe und Wirksamkeit von Marktmechanismen (»Ware-Geld-Beziehungen«) in einer »sozialistischen Marktwirtschaft« angestrebt. Wachsende »Weltaufgeschlossenheit« unter tschechoslowakischen Intellektuellen (Kultur- und Wissenschaftskontakte mit »dem Westen«) erregen ab Mitte der 60er-Jahre das Misstrauen der Führungsgruppe Novotnýs, die diesen Tendenzen jedoch relativ viel Spielraum lässt.

1963, Mai Alexander Dubček (*1921, †1992) wird KP-Chef der Slowakei.

20. Sept. Jozef Lenárt (*1923, †2004) wird Ministerpräsident (bis 8. April 1968).

1967, Juni Auf dem tschechoslowakischen Schriftstellerkongress werden scharfe Angriffe gegen die wirtschaftlichen, politischen und sozialen Zustände und gegen die Parteiführung laut.

31. Okt. Die Polizei sprengt eine Protestdemonstration von Studenten.

8./9. Dez. Geheimbesuch des sowjetischen Parteichefs Leonid Breschnew in Prag; dieser gibt die Unterstützung Novotnýs auf.

1968, 5. Jan. Novotný wird vom ZK als Erster Sekretär der KPČ durch den slowakischen Parteisekretär Dubček abgelöst: **Beginn des »Prager Frühlings«**.

März Die öffentlichen Diskussion nimmt an Intensität zu; steigende Informationsfreiheit.

23. März Beim Treffen der Warschauer-Pakt-Staaten in Dresden wird der Prager Reformkurs massiv kritisiert.

30. März General Ludvík Svoboda (*1895, †1979) wird nach geheimer Wahl Staatspräsident.

5. April Das ZK-Plenum der KPČ verabschiedet ein Aktionsprogramm, das durch Demokratisierung einen **»Sozialismus mit menschlichem Antlitz«** ermöglichen und das Machtmonopol der KPČ beschneiden will.

8. April Ernennung einer neuen Regierung unter Oldřich Černík (*1921, †1994).

24. April In einer Regierungserklärung werden **Reformmaßnahmen** eingeleitet: Aufhebung der Zensur, Rehabilitierung von Opfern der Verfolgung, Erweiterung von Reisemöglichkeiten und Wirtschaftsreform.
Der sich in den Reformmonaten (März bis Juli) steigernde Druck von außen lässt die Reformen nicht ungehindert vorankommen: Mehrere Gipfelkonferenzen der Partei- und Staatsspitzen von Sowjetunion, DDR, Polen, Bulgarien und Ungarn und Konsultationen im Rahmen des Warschauer Pakts lassen ein militärisches Eingreifen in der ČSSR befürchten.

8. Mai Treffen der Führer der Warschauer-Pakt-Staaten ohne tschechische Beteiligung in Moskau.

Mai/Juni Stabsmanöver des Warschauer Pakts in der Tschechoslowakei.

27. Juni Ein **»Manifest der 2000 Worte«** wird in Prag publiziert: Verlangen nach konsequenten Reformen, aber auch Befürchtungen für die Zukunft.

7. Juli Die Sowjetunion startet eine neue Propagandakampagne gegen den Prager Kurs: Warschauer Brief der fünf »harten« Warschauer-Pakt-Staaten mit der Warnung vor Konterrevolution in der ČSSR.

29. Juli–2. Aug. Die dauernde Anwesenheit von Manöverabteilungen der Warschauer-Pakt-Truppen im Lande und das Gipfeltreffen von Čierna nad Tisou (Ostslowakei) zeigen den Ernst der Lage, die sich jedoch Anfang Aug. zu entspannen scheint. Demonstrative Massenunterstützung des Reformkurses.

20./21. Aug. In der Nacht beginnen Truppen der Sowjetunion, Polens, Ungarns und Bulgariens mit Unterstützung durch die DDR, das Staatsgebiet der Tschechoslowakei zu besetzen; Prag wird durch Luftlandetruppen eingenommen. Als Grund für den **Einmarsch in die Tschechoslowakei** wird ein »Hilferuf« anonymer »Persönlichkeiten der Partei und des Staates« wegen drohender Konterrevolution genannt. Die tschechoslowakische Führung ruft dazu auf, keinen Widerstand zu leisten und protestiert gegen die Verletzung der Staatssouveränität. Zusammentritt des ZK der KPČ, der Nationalversammlung und des 14. Parteitags, zu dem bereits Delegierte gewählt worden sind; er tagt unter konspirativen Bedingungen. Die Bevölkerung leistet **passiven Widerstand**: Generalstreik, Rundfunk und Presse im Untergrund.

26. Aug. Die nach Moskau gebrachte tschechoslowakische Führung erklärt sich nach tagelangen Verhandlungen zu »Vereinbarungen« bereit: Zurücknahme der Reformen, Ungültigkeitserklärung des 14. Parteitags, Wiedereinführung der Zensur, Stationierung sowjetischer Truppen. Dafür wird auf sowjetischer Seite der Vorwurf der »Konterrevolution« und die »Hilferuf«-These nicht wiederholt.

14./15. Okt. **Stationierungsvertrag** über die dauernde Anwesenheit sowjetischer Truppen.

28. Okt. Verfassungsreform: Die ČSSR wird föderalisiert (Tschechische und Slowakische sozialistische Republiken ČSSR und SSR); Nationalitätengesetz.

Stagnation unter Husák (1969–1987/89)

Die Invasion der Tschechoslowakei, erste Anwendung der **»Breschnew-Doktrin«** (These von der begrenzten Souveränität der sozialistischen Staaten im Fall einer Gefahr für das sozialistische System), beendet das Reformexperiment des »Prager Frühlings«, dessen Realisierungsmöglichkeit unbewiesen bleibt, das aber in Osteuropa eine für die Vorherrschaft der Sowjetunion gefährliche Anziehungskraft entfaltet hat.

1969, 17. April Gustáv Husák (*1913, †1991) löst Alexander Dubček in der Parteiführung ab (Dubček wird im Juni 1970 aus der Partei ausgeschlossen).

1970, Mai Höhepunkt der Parteisäuberung: massenweise **Parteiausschlüsse und Berufsverbote für Intellektuelle**.

6. Mai Freundschafts- und Beistandsvertrag Sowjetunion–Tschechoslowakei.

1971, 25.–29. Mai Der 14. Parteitag der KPČ wird nachgeholt: Husák dankt der Sowjetunion für die »brüderliche Hilfe« der Invasion.

1973, 11. Dez. Nach langen Verhandlungen (Streitpunkt: Ungültigkeit des Münchener Abkommens von Anfang an) **Vertrag** über gegenseitige Beziehungen **zwischen der Bundesrepublik Deutschland und der ČSSR**.

1974, 20. Juni Der Vertrag zwischen der Bundesrepublik Deutschland und der Tschechoslowakei tritt in Kraft. Aufnahme diplomatischer Beziehungen.

1975, 29. Mai Husák wird anstelle von Ludvík Svoboda zum Staatspräsidenten gewählt.

1977, 5. Jan. Eine von 257 Bürgern unterzeichnete **»Charta 77«** fordert (mit Bezug auf die auch von der Tschechoslowakei unterzeichneten KSZE-Bestimmungen von Helsinki) die Verwirklichung der verbrieften **Menschenrechte in der Tschechoslowakei**. Die Regierung setzt die Unterzeichner unter Druck.

Juli–Dez. In der zweiten Jahreshälfte setzen wirtschaftliche Schwierigkeiten (Preiserhöhungen für Konsumartikel, Energielücke) Husák unter Druck (durch den dogmatischen Flügel in der Parteiführung). Personelle Umsetzungen stärken seine Position wieder.

16. Sept. Ungarn und die Tschechoslowakei schließen einen Vertrag über das projektierte Kraftwerk Gabčikovo/Nagymaros ab.

Okt. Auf dem KSZE-Folgetreffen in Belgrad erweist sich die tschechoslowakische Delegation als getreueste Vertreterin der sowjetischen Standpunkte.

Dez. Das ZK der KPČ beschließt eine erneute **»Säuberung« der Partei**.

1979, Nov. In einem Strafprozess gegen zehn Mitglieder der Bürgerrechtsbewegung »Charta 77« werden z. T. langjährige Freiheitsstrafen verhängt.

1981, 6.–10. April Der 16. Parteitag der KPČ bestätigt die Politik GUSTÁV HUSÁKS; er wird als Generalsekretär wiedergewählt.

1983, 26. Okt. Das Parlament billigt die Aufstellung neuer Kurzstreckenraketen in der Tschechoslowakei.

1984, 21. Mai Bei einem Jugoslawien-Besuch vereinbart Ministerpräsident LUBOMÍR ŠTROUGAL (*1924) engere wirtschaftliche Zusammenarbeit.

1987, 17. Dez. HUSÁK tritt als Generalsekretär zurück; Nachfolger wird MILOUŠ JAKEŠ (*1922).

1988, 21. Aug. Protestkundgebungen zum Jahrestag des Einmarschs von Truppen des Warschauer Paktes.

5. Nov. Neue Bürgerrechtsgruppen entstehen: Gründung des »Helsinki-Komitees«.

1989, 31. Okt. Ungarn verzichtet auf das projektierte Kraftwerk Gabčikovo/Nagymaros.

Revolution und Ende der Tschechoslowakei (1989–1992)

1989, 16./17. Nov. Erste Demonstrationen von Studenten in Bratislava und Prag: Auftakt zur **»samtenen Revolution«**.

19. Nov. Das »Bürgerforum« aus zwölf Oppositionsgruppen (u. a. »Charta 77«, »Helsinki-Komitees«) wird als Sprachrohr der Demokratiebewegung gegründet.

seit 20. Nov. Massendemonstrationen in Prag, Rücktritt der KPČ-Führung (24. Nov.), Generalstreik (27. Nov.): Das kommunistische System bricht zusammen.

29. Nov. Die Bundesversammlung streicht die Führungsrolle der KPČ aus der Verfassung.

10. Dez. Nach dem Rücktritt des Slowaken GUSTÁV HUSÁK als Präsident der Tschechoslowakei bildet sich ein mehrheitlich nichtkommunistisches Kabinett.

28./29. Dez. Die Bundesversammlung wählt ALEXANDER DUBČEK, Symbolfigur des Prager Frühlings, zum Parlamentspräsidenten, den Schriftsteller, Dissidenten und ehemaligen Häftling **VÁCLAV HAVEL** (*1936) **zum ersten nichtkommunistischen Staatspräsidenten seit 1948**.

1990, 26. Febr. Die ersten sowjetischen Truppen verlassen das Land.

20. April Die Tschechoslowakei wird umbenannt in **Tschechische und Slowakische Föderative Republik** (*Česká a Slovenská Federativni Republika*, **ČSFR**).

8./9. Juni Bei den **ersten freien Parlamentswahlen** seit 44 Jahren siegen das tschechische Bürgerforum und dessen slowakische Partnerorganisation »Öffentlichkeit gegen Gewalt« (46,6 %, 87 von 150 Mandaten).

5. Juli HAVEL wird als Staatspräsident bestätigt.

Der Versuch, nach der erfolgreichen Revolution die Tschechoslowakeiin einen demokratisch-föderativen Staat umzuwandeln, scheitert prompt an der Nationalitätenfrage: Schon im Juni 1990 entbrennt zwischen Tschechen und Slowaken ein heftiger Streit über die künftige Verfassung der ČSFR. V. a. bei Wirtschaftsfragen treten Gegensätze auf. Im tschechischen Teil des Landes gewinnt nach Kontroversen, die zur Spaltung des Bürgerforums führen, die Ansicht die Oberhand, ohne die Last der rückständigen Slowakei sei die Wirtschaft schneller reformiert und eine baldige Mitgliedschaft in der EG erreicht, mit betont marktwirtschaftlichem Kurs und raschen Privatisierungen. Die slowakische Seite ist mehrheitlich gegen eine schnelle Liberalisierung und wünscht einen langsamen Umbau der Wirtschaft zugunsten der slowakischen Schwerindustrie. Mit der konservativ-tschechischen Demokratischen Bürgerpartei unter VÁCLAV KLAUS (*1941) – hervorgegangen aus dem abgespaltenen rechten Flügel des Bürgerforums – und der »Bewegung für eine Demokratische Slowakei« (*Hnutie za demokratické Slovensko*, HZDS) unter VLADIMÍR MEČIAR (*1942) **siegen 1992 national orientierte Kräfte bei den Wahlen** zum Bundesparlament und den Länderparlamenten. Ein Referendum, das Tschechen und Slowaken ein Mitspracherecht über das Schicksal der ČSFR eingeräumt hätte, lehnen beide Landesregierungen ab. Mit der **Souveränitätserklärung der Slowakei** durch ihr Landesparlament beginnt die Auflösung des Bundesstaates. Nach der Zustimmung des Bundesparlaments hört die Tschechoslowakei Ende des Jahres 1992 auf zu bestehen.

25. Okt. Das neue Sprachengesetz führt zu nationalistischen Demonstrationen.

17. Dez. Ein Rahmengesetz, das die Kompetenzverhältnisse zwischen der Föderation und den zwei Teilrepubliken neu gestaltet, wendet eine Verfassungskrise und den Zerfall der Tschechoslowakei vorerst ab.

1991, 21. Febr. Aufnahme der ČSFR in den Europarat.

17. Juni Im **Kremsierer Kompromiss** können sich Abgeordnete von 22 Parteien und Gruppierungen auf einen Fortbestand des Gesamtstaates einigen.

20. Juni Die letzten Sowjettruppen verlassen die ČSFR.

1992, 27. Febr. Unterzeichnung eines deutsch-tschechoslowakischer »Vertrag über gute Nachbarschaft und freundschaftliche Zusammenarbeit«: Die Vertreibung der Sudetendeutschen gilt als »Gewaltakt«.

Juli Nach der »Unabhängigkeits- und Souveränitätserklärung der Slowakei« (17. Juli) tritt HAVEL als Staatspräsident der Tschechoslowakei zurück (20. Juli). Die Ministerpräsidenten VÁCLAV KLAUS und VLADIMÍR MEČIAR beschließen mit einem Abkommen die **Auflösung der ČSFR zum 1. Jan. 1993** sowie die Gründung einer Zollunion und Freihandelszone. Die neue Tschechische Republik verfügt über 70 % der Industrieproduktion des bisherigen Gesamtstaates.

1992, 31. Dez. Ende der Tschechoslowakei.

1993, 8. Febr. Nach dem Beschluss der beiden Landesparlamente (2. Febr.) über die Auflösung der Währungsunion gelten die tschechische und die slowakische Krone als selbstständige Landeswährungen.

Tschechische Republik seit 1993

1993, 1. Jan. Die **Tschechische Republik** (Tschechien) **wird unabhängig.**

26. Jan. Mit 109 von 200 Stimmen wählt das Parlament **Václav Havel** zum tschechischen **Staatspräsidenten.**

1. März Das Freihandelsabkommen zwischen Ungarn, Polen, Tschechien und Slowenien tritt in Kraft.

30. Juni Tschechien wird Mitglied im Europarat.

26. Aug. Der tschechisch-russische Grundlagenvertrag löst das Abkommen zwischen der Sowjetunion und der Tschechoslowakei vom 6. Mai 1970 ab.

4. Okt. Abschluss eines Assoziierungsabkommens zwischen Tschechien und der EG.

1994, 11. April Die am 1. Okt. 1991 von der Tschechoslowakei eingeleitete **Privatisierung** staatlicher Betriebe **wird fortgesetzt** (bis 30. Nov.).

1995, 17. Febr. Forderungen der **Sudetendeutschen** nach Wiedergutmachung erlittenen Unrechts lehnt Havel ab und fordert stattdessen einen Neuanfang der deutsch-tschechischen Beziehungen.

1996, 4. Jan. **Vertrag mit der Slowakei** über die gemeinsame Staatsgrenze.

23. Jan. Tschechien beantragt die EU-Mitgliedschaft.

31. Mai/1. Juni Erste **Parlamentswahlen nach Auflösung der Tschechoslowakei:** Die konservativ-liberale Regierungskoalition aus Demokratischer Bürgerpartei (*Občanská demokratická strana*, ODS), Christlich-Demokratischer Union (*Křesťanská a demokratická unie – Československá strana lidová*, KDU-CSL) und Demokratischer Bürgerallianz (*Občanská demokratická aliance*, ODA) verliert die absolute Mehrheit, stellt aber – geduldet von den Sozialdemokraten (*Česká strana sociálně demokratická*, ČSSD) – weiterhin die Regierung unter Ministerpräsident Václav Klaus.

1997, 21. Jan. Klaus und Bundeskanzler Helmut Kohl unterzeichnen die **»Versöhnungserklärung von Tschechen und Deutschen«.** Das Parlament Tschechiens stimmt der Erklärung am 14. Febr. zu.

8.–9. Juli In Madrid beschließen die NATO-Mitgliedsstaaten, mit Tschechien (außerdem mit Polen und Ungarn) Beitrittsverhandlungen aufzunehmen.

24. Juli Gedenktag für die 52 Opfer des **Hochwassers im Odergebiet** Anfang des Monats.

29. Nov. Rücktritt der Regierung Klaus wegen einer Parteispendenaffäre.

12./13. Dez. Auf dem Luxemburger EU-Gipfel werden direkte Beitrittsverhandlungen mit Tschechien ab April 1998 beschlossen.

16. Dez. Die NATO-Ministerkonferenz unterzeichnet das Protokoll zur Aufnahme Tschechiens in die NATO.

1998, 2. Jan. Staatspräsident Havel ernennt eine Übergangsregierung unter dem parteilosen früheren Notenbankchef Josef Tošovský (*1950).

20. Jan. Staatspräsident Havel wird im Amt bestätigt.

21. Juni Bei vorgezogenen Parlamentswahlen wird die ČSSD mit 32,5 % der Stimmen stärkste politische Kraft. Ihr Führer Miloš Zeman (*1944) bildet ein Minderheitskabinett, toleriert von der ODS.

1999, 12. März Gemeinsam mit seinen polnischen und ungarischen Amtskollegen vollzieht Außenminister Jan Kavan (*1946) durch Hinterlegung der Ratifikationsurkunde in Independence im US-Bundesstaat Missouri den **Beitritt Tschechiens zur NATO.**

3. Dez. Unter der Parole »Wir danken, geht jetzt!« demonstrieren Zehntausende in Prag gegen die Erstarrung des politischen Lebens durch die Machtaufteilung zwischen den großen Parteien.

2000, 9. März Reform der Gebietsverwaltung: Die 14 Bezirke des Landes erhalten erweiterte Befugnisse.

9. Okt. Die Aufnahme des Probebetriebs im Kernkraftwerk Temelín führt zu Protesten in Deutschland und Österreich.

24. Dez. Die Redakteure des tschechischen Fernsehens besetzen aus Protest gegen die Auswechslung des Führungspersonals die Sendezentrale. Der »Fernsehkrieg« endet am 11. Jan. 2001 mit dem Rücktritt des am 20. Dez. 2000 installierten Intendanten.

2002, 16. Juni Bei den Parlamentswahlen wird die ČSSD stärkste Partei (30,2 %), gefolgt von ODS (24,5 %) und Kommunisten (18,5 %). Neuer Ministerpräsident wird Vladimír Špidla (*1951).

Aug. Das »Jahrhunderthochwasser« von Moldau und Elbe richtet im Raum Prag schwere Schäden an.

2003, 28. Febr. Der ehemalige Ministerpräsident Václav Klaus wird zum Nachfolger von Staatspräsident Václav Havel gewählt.

14. Juni Bei einem Referendum sprechen sich 77,3 % der Wähler für einen Beitritt zur EU aus.

26. Sept. Das Parlament verabschiedet den ersten Teil zur Verringerung der Neuverschuldung.

2004, 13. April Das Parlament nimmt gegen ein Veto des Senates ein Gesetz zur posthumen Ehrung von Präsident Beneš an.

1. Mai **Beitritt zur EU.**

26. Juni Nach schwachem Abschneiden bei der Europawahl (11. Juni) tritt Ministerpräsident Špidla zurück. Der amtierende Innenminister Stanislav Gross (*1971) wird neuer Ministerpräsident.

Okt. Unterschriftenaktionen nach neuem Störfall im Atomkraftwerk Temelín (76 bekannte Störfälle in den ersten fünf Betriebsjahren).

2005, 25. April Rücktritt des in eine Immobilienaffäre verwickelten Ministerpräsidenten Gross.

13. Mai Die neue Koalitionsregierung (Sozial- und Christdemokraten, Liberale) unter dem Sozialdemokraten Jiří Paroubek (*1952) gewinnt die Vertrauensabstimmung im Parlament.

2006, 2./3. Juni Die Sozialdemokraten unterliegen bei Parlamentswahlen der ODS. Erstmals überspringen die Grünen die 5 %-Hürde. Die Regierung aus ODS und Grünen findet erst Anfang 2007 im Parlament die notwendige Mehrheit.

2007, 21. Dez. Beitritt zum Schengener Abkommen.

2008, 15. Febr. Václav Klaus wird als Präsident vom Parlament wiedergewählt.

Slowakische Republik seit 1993

Die Slowakei wird 1945 wieder Teil der Tschechoslowakei. Die im Kaschauer Programm (5. April 1945) zugesicherte und in den Verfassungen vom 9. Mai 1948 und 11. Juli 1960 verankerte Autonomie wird nur in Ansätzen verwirklicht: Weder die slowakische Regierung noch die slowakische KP (seit Mai 1963 unter ALEXANDER DUBČEK) kann sich gegen den Prager Zentralismus behaupten. Die zunehmende Industrialisierung seit Anfang der 1960er-Jahre steigert jedoch den Einfluss der Slowakei. In der Folge des niedergeschlagenen **»Prager Frühlings«** wird GUSTÁV HUSÁK 1968 slowakischer KP-Chef, im April 1969 in Nachfolge DUBČEKS auch KP-Chef der Tschechoslowakei. JOZEF LENÁRT wird 1970 neuer KP-Chef der Slowakei (bis 1988). Nach der neuen Verfassung vom 28. Okt. 1968 wird die Slowakei zum 1. Jan. 1969 als »Slowakische Sozialistische Republik« formal autonom.

1988, 25. März In Bratislava wird eine erste Demonstration (»Kerzendemonstration«) gewaltsam aufgelöst.

1989, 20. Nov. Bildung der slowakischen Bewegung »Öffentlichkeit gegen Gewalt« (VPN). In den Folgemonaten kommt es zu einer Reihe von **Parteigründungen**.

1990, Febr. Gründung der Christlich-Demokratischen Bewegung (*Kresťanskodemokratické hnutie*, KDH) unter Führung von JÁN ČARNOGURSKÝ (*1944) und der nationalistischen Slowakischen Nationalen Partei (*Slovenská národná strana*, SNS).

20. April Der Gesamtstaat wird in **»Tschechische und Slowakische Föderative Republik«** (*Česká a Slovenská Federativni Republika*, **ČSFR**) umbenannt.

8./9. Juni **Freie Parlamentswahlen** im Gesamtstaat und in den Teilrepubliken. In der Slowakei stellt die VPN die stärkste Gruppe.

24. Juni VLADIMÍR MEČIAR (*1942) wird zum Regierungschef der Slowakei gewählt.

1991, 23. April JÁN ČARNOGURSKÝ löst MEČIAR als Regierungschef ab.

27. April MEČIAR, der zuvor die VPN verlassen hat, gründet eine neue politische Organisation, die »Bewegung für eine demokratische Slowakei« (*Hnutie za demokratické Slovensko*, HZDS).

1992, Juli Nach der »Unabhängigkeits- und Souveränitätserklärung der Slowakei« am 17. Juli tritt VÁCLAV HAVEL am 20. Juli als Staatspräsident der ČSFR zurück. Die Ministerpräsidenten VÁCLAV KLAUS und VLADIMÍR MEČIAR beschließen mit einem Abkommen die **Auflösung der ČSFR** zum 1. Jan. 1993 sowie die Gründung einer Zollunion und Freihandelszone.

1993, 1. Jan. Die **Slowakei wird unabhängig**.

2. Febr. Der Beschluss der Landesparlamente der Slowakei und Tschechiens über die Auflösung der Währungsunion löst eine starke Kapitalflucht aus der wirtschaftlich schwächeren Slowakei aus.

15. Febr. Das Parlament wählt **MICHAL KOVÁČ** (*1930) als Mitglied der stärksten Partei HZDS zum ersten Staatspräsidenten (Amtsantritt am 2. März).

30. Juni Aufnahme der Slowakei in den Europarat.

1994, 16. März Nach Kritik von Präsident KOVÁČ und verlorenem Mißtrauensantrag tritt Ministerpräsident MEČIAR zurück. Ihm folgt JOZEF MORAVČIK (*1955).

30. Sept./1. Okt. Die vorgezogenen Parlamentswahlen zum Slowakischen Nationalrat gewinnt die HZDS von VLADIMÍR MEČIAR, den Staatspräsident KOVÁČ mit der Regierungsbildung beauftragt. MEČIAR stellt am 13. Dez. eine **neue Koalitionsregierung** aus HZDS, ZRS (Arbeitervereinigung) und SNS vor.

1995, 1. Febr. Das am 4. Okt. 1993 abgeschlossene Assoziierungsabkommen mit der EU tritt in Kraft.

19. März Die Slowakei und Ungarn unterzeichnen einen Grundlagenvertrag zum Schutz nationaler Minderheiten.

1996, 4. Jan. **Vertrag mit der Tschechischen Republik** über die gemeinsame Staatsgrenze.

22. März Das Parlament beschließt eine neue Verwaltungsgliederung des Landes in acht Bezirke: Die ungarische Minderheit stellt nur noch in einem Bezirk die Bevölkerungsmehrheit.

1997, 23./24. Mai Eine schlecht organisierte Volksabstimmung über den Modus der Präsidentenwahl und einen Beitritt zur NATO scheitert an der geringen Wahlbeteiligung von unter 10 %. Der Regierung MEČIAR wird Sabotage vorgeworfen.

1998, 2. März Die Amtszeit von Präsident KOVÁČ endet, ohne dass ein Nachfolger gefunden wäre. Insgesamt zehn Wahlgänge bis zum 9. Juli bleiben ohne Ergebnis. Am 14. Juli überträgt der Nationalrat die präsidialen Vollmachten auf den Nationalratspräsidenten.

25./26. Sept. Bei den Nationalratswahlen muss die HZDS von Ministerpräsident MEČIAR Verluste hinnehmen, die Oppositionsparteien verfügen über eine verfassungsändernde Zweidrittelmehrheit.

30. Okt. Der Vorsitzende der christlich-liberalen Slowakischen Demokratischen Koalition (*Slovenská demokratická a kresťanská únia*, SDKU) MIKULÁŠ DZURINDA (*1955) wird Ministerpräsident mit radikal marktliberaler Politik.

1999, 14. Jan. Das Parlament beschließt die Direktwahl des Präsidenten und beschränkt dessen Kompetenzen: Aus der zweiten Wahlrunde geht am 29. Mai RUDOLF SCHUSTER (*1934), deutschstämmiger Bürgermeister von Košice (Kaschau), als Sieger hervor.

18. Febr. Ein Geheimbericht über kriminelle Machenschaften des slowakischen Geheimdienstes während der Ära MEČIAR gelangt an die Öffentlichkeit.

10. Juli Sprachengesetz für die ungarische Minderheit.

2000, 5. Mai Einigung zwischen der Slowakei und Tschechien: Aufteilung der Staatsgüter und Finanzausgleich aus der Zeit der Tschechoslowakei.

11. Nov. Ein Versuch der Oppositionspartei HZDS, die Regierung per Volksabstimmung zu stürzen, scheitert mangels Wahlbeteiligung (nur 20 %).

2001, 4. Juli Das Parlament billigt eine **Verwaltungsreform**: Acht Verwaltungseinheiten erhalten bisher von der Zentralregierung wahrgenommene Kompetenzen.

2002, 16. Okt. Nach Parlamentswahlen (20./21. Sept.) erneuert DZURINDA das Regierungsbündnis mit der christlich orientierten Ungarischen Koalition (*Strana maďarskej koalície*, SMK) und der KDH.

2003, 1. Jan. Sparpaket mit einschneidenden Kürzungen v. a. im Sozialbereich.

27. März **Beitritt zur NATO.**

28. Okt. Das Parlament beschließt zum 1. Jan. 2004 ein neues Steuersystem, das ausländischen Investoren größere Anreize bieten soll.

2004, Febr. Wegen der drastischen Kürzung der Sozialhilfe plündern Roma in der Nord- und der Mittelslowakei Lebensmittelgeschäfte.

3. April Eine Volksabstimmung über vorgezogene Neuwahlen scheitert an zu geringer Wahlbeteiligung.

17. April In der zweiten Runde der Präsidentenwahl setzt sich der Vorsitzende der rechtskonservativen Bewegung für Demokratie (*Hnutie za demokraciu*, HZD), Ivan Gašparovič (*1941), gegen Vladimír Mečiar durch.

1. Mai **Beitritt zur EU.**

21. Okt. Marktwirtschaftlich ausgerichtete Reform des Gesundheitswesens.

2006, Juni Nach Verlust der Parlamentsmehrheit von Dzurindas Regierungskoalition erfolgen vorgezogene Neuwahlen: Sieg des Oppositionspolitikers Robert Fico (*1964) und seiner sozialdemokratischen Partei; Koalition mit HZDS unter Mečiar und SNS.

2007, 21. Dez. Beitritt zum Schengener Abkommen.

Ungarn seit 1944/45 | Forts. v. S. 1157 |

Bis zum 4. April 1945 ist die Besetzung Ungarns durch Sowjetarmee vollendet; sie wurde seit dem Ausscheren Rumäniens aus dem Bündnis mit Deutschland (Aug. 1944) und dem vom Regime unter Reichsverweser Miklós Horthy (*1868, †1957) geschlossenen Präliminarwaffenstillstand vom 11. Okt. 1944 erwartet. Die im Lande ergriffenen Mitglieder der Regierung Férenc Szálasi (*1897, †1946) werden hingerichtet. Seit dem 3. Dez. 1944 besteht in Debrecen eine provisorische »Volksfront«-Regierung unter Béla von Dálnoki (*1890, †1948) mit starker Position der Kommunisten, gestützt vom Präsidenten der alliierten Kontrollkommission, Marschall Kliment Woroschilow (*1881, †1969).

Entwicklung zur Volksdemokratie und ungarischer Volksaufstand (1945–1956)

1945, 20. Jan. Die wider das kurzfristig (16. Okt. 1944–April 1945) herrschende Regime Férenc Szálasis gebildete Debrecener Gegenregierung schließt in Moskau einen Waffenstillstand, verzichtet auf alle Gebietserwerbungen der letzten Jahre und stellt Reparationen in Aussicht.

15. März Radikale Bodenreform: 3,2 Mio. ha Großgrundbesitz (über 52 ha) werden beschlagnahmt und parzelliert.

Nov. Bei allgemeinen Wahlen siegt die »Partei der Kleinlandwirte« (*Független Kisgazda-, Földmunkás- és Polgári Párt*, FKgP) mit 57 % der Stimmen.

15. Nov. Bildung einer Koalitionsregierung (FKgP, Kommunisten, »Nationale Bauernpartei« [*Nemzeti Parasztpárt*, NPP], Sozialdemokraten) unter dem Vertreter der FKgP Zoltán Tildy (*1889, †1961) als Ministerpräsident und dem Kommunisten Mátyás Rákosi (*1892, †1971) als Stellvertreter. Bis 1952 sind weitere sechs Koalitionskabinette bei immer stärker werdendem Anteil der Kommunisten in der Regierungsverantwortung.

1946, 2. Febr. **Ungarn**, seit 1918 nur noch nominell Königreich, **wird zur Republik erklärt**.

1947, 10. Febr. Der Friedensvertrag von Paris schreibt u. a. die Wiederherstellung der Grenzen von Trianon (1920) und Abtretung des Pressburger Brückenkopfes an die ČSR fest: Teilweise Aussiedlung der Ungarndeutschen, dafür muss Ungarn etwa 300 000 aus der ČSR ausgewiesene Ungarn aufnehmen.

1947/48 Die kommunistische Partei unter Mátyás Rákosi besetzt zunehmend Schlüsselpositionen im Land: Verstaatlichung von Industrie, Banken und Bergwerken, partielle Ausschaltung der FKgP (Verhaftung von Béla Kovács [*1908, †1959]), im Juni 1948 Zwangsfusion der Kommunistischen und der Sozialdemokratischen Partei zur »Partei der ungarischen Werktätigen« (*Magyar Dolgozók Pártja*, MDP) – 1948 gilt als das »Jahr der Wendung«.

1948, 18. Febr. Ein Freundschaftspakt mit der Sowjetunion verstärkt die Abhängigkeit auf wirtschaftlichem, kulturellem und militärischem Gebiet.

1949, Febr. Verurteilung von Kardinal József Mindszenty (*1892, †1975) zu lebenslanger Haft. Der Konflikt zwischen Staat und Kirche wird im Aug. 1950 mit einem Kompromiss beigelegt.

20. Aug. Neue Verfassung: **Ungarn wird Volksrepublik**; forcierte Industrialisierung.

24. Sept. Außenminister László Rajk (*1909) wird nach Schauprozess wegen »Titoismus« hingerichtet.

1952, 14. Aug. Nach Ausschaltung der FKgP bildet Mátyás Rákosi eine kommunistische Blockregierung.

1953, 4. Juli Imre Nagy (*1896, †1958) wird Ministerpräsident einer Blockregierung: »Neuer Kurs«, der den stalinistischen Druck etwas mildert.

1954, Dez. Ungarn tritt dem Warschauer Pakt bei.

1955, 14. April Nagy wird nach einem Machtkampf von Parteichef Rákosi wegen »Rechtsabweichung« abgesetzt, im Nov. 1955 aus der Partei ausgeschlossen.

18. April Neue Regierung unter Ministerpräsident András Hegedüs (*1922, †1999).

1956 Die Kritik am Regime Rákosis wächst nach dem 20. Parteitag der KPdSU im Zeichen der Entstalinisierung. Träger der Kritik ist v. a. der »Petőfi-Kreis«, ein intellektueller Diskussionszirkel, benannt nach dem ungarischen Nationaldichter und Revolutionär Sándor Petőfi (*1823, †1849).

18. Juli Auf sowjetischen Druck hin wird Rákosi als Erster Parteisekretär abgesetzt, aus ZK und Politbüro ausgeschlossen. Nachfolger ist Ernő Gerő (*1898, †1980): Zunehmende Liberalisierung, u. a. durch die parlamentarische Regierungskontrolle.

Sept. Amnestie für eingekerkerte katholische Priester. In Jalta Gespräche zwischen Parteichef Gerő, dem jugoslawischen Staatschef Josip Broz Tito und dem sowjetischen Parteichef NIKITA CHRUSCHTSCHOW über die sowjetische Kontrolle in Osteuropa.

6. Okt. Das nachträgliche Staatsbegräbnis für den 1949 hingerichteten Außenminister LÁSZLÓ RAJK und andere rehabilitierte Prozessopfer wird zu einer Massendemonstration gegen den Stalinismus.

23. Okt. Auf eine am Vortag unter dem Eindruck der polnischen Ereignisse (Aufstand von Posen) veröffentlichte Resolution hin (freie Mehrparteienwahlen, Abzug der Sowjetarmee, Wirtschaftsreform, Bestrafung der Aktivisten der Stalin-Rákosi-Zeit) eskaliert eine Studentendemonstration zum **Volksaufstand**.

24. Okt. **IMRE NAGY** wird **Ministerpräsident**: Die Revolution breitet sich aus (Straßenkämpfe, Übergreifen auf das Land). In den folgenden Tagen stößt das Eingreifen der Sowjetarmee auf erbitterten Widerstand.

1. Nov. NAGY verkündet den Austritt aus dem Warschauer Pakt und die Neutralität Ungarns, appelliert an die UNO. – Die MDP ist zusammengebrochen, es bilden sich Arbeiter- und Bauernräte. JÁNOS KÁDÁR (*1912, †1989), als Gegner der »moskowitischen« Richtung in der Partei um RÁKOSI in der Stalinzeit verfolgt und 1954 rehabilitiert, gründet die »Ungarische Sozialistische Arbeiterpartei« (USAP; *Magyar Szocialista Munkáspárt* [MSZMP]). Er arbeitet zunächst mit NAGY zusammen, geht aber ab dem 4. Nov. aus bislang ungeklärten Gründen auf die sowjetische Seite über.

4.–11. Nov. **Zusammenbruch der Revolution**: Kardinal MINDSZENTY findet Asyl in der US-Botschaft in Budapest, er darf erst 1971 nach Wien ausreisen. NAGY und seine Mitarbeiter fliehen in die jugoslawische Botschaft, sie werden später verhaftet und im Juni 1958 hingerichtet: Massenflucht aus Ungarn.

4. Nov. JÁNOS KÁDÁR bildet eine neue Regierung, die in ihrem Programm (Jan. 1957) einen moskautreuen Kurs verkündet, aber einige liberale Errungenschaften der Aufstandszeit beizubehalten verspricht.

Die Ära Kádár (1957–1988)

1957, 27. Mai Truppenstationierungsvertrag: Für die Dauer der Existenz der NATO bleibt die Sowjetarmee in Ungarn.

Nov. Auflösung der in der Aufstandszeit von 1956 gebildeten Räteorganisationen.

1959, Nov./Dez. Erster Kongress der USAP. Konsolidierung der Herrschaft KÁDÁRS.

1960 KÁDÁR schlägt gegen die Loyalität zur »sozialistischen Staatengemeinschaft« einen gemäßigten Kurs ein (CHRUSCHTSCHOW: »Gulaschkommunismus«).

1966, Nov./Dez. Für die auf dem 9. Parteitag der USAP beschlossene Wirtschaftsreform werden auch parteilose Fachleute benötigt, die KÁDÁR mit der Devise »Wer nicht gegen uns ist, ist für uns« zu gewinnen sucht.

1967, März Bei den Parlamentswahlen ist es vereinzelt möglich, zwischen mehreren Kandidaten der »Patriotischen Front« zu entscheiden, in der auch Nichtkommunisten Mitglieder sind.

1968, 1. Jan. Beginn der Wirtschaftsreform (weitgehend selbstständige Produktionsplanung der Betriebe, materielle Anreize, Liberalisierung der Märkte und Preise, Qualitätssteigerung). Die Reform leitet vom extensiven zum intensiven Wachstum der Wirtschaft über und macht die ungarische Volkswirtschaft ab 1970 erfolgreicher und international attraktiver.

21. Okt. Ungarische Truppen beteiligen sich am Einmarsch in die Tschechoslowakei.

1970, 13.–28. Nov. Der 10. Parteitag der USAP verabschiedet ein neues Parteistatut: Abwahl von Funktionären bei »Machtmissbrauch« und »Unterdrückung der Kritik«. Der sowjetische Parteichef LEONID BRESCHNEW erkennt KÁDÁRS »Kurs der Mitte« an. Ankündigung einer neuen Verfassung mit Aufwertung der Funktionen des Parlaments. Ein neues Wahlgesetz erlaubt es jedem Bürger, sich um ein Parlamentsmandat zu bewerben.

1972, Nov./Dez. Modifizierung der Wirtschaftsreform, die die ungarische Wirtschaft zur erfolgreichsten in den staatssozialistischen Ländern gemacht hat. Einerseits sollen die Volkswirtschaftspläne im Parlament diskutiert werden, andererseits muss »Gefahren« der Marktwirtschaft begegnet werden, z. B. dem Entstehen größerer Einkommensunterschiede, privatwirtschaftlicher Bereicherung oder Überinvestitionen.

1973, Juli Ungarn wird Vollmitglied des internationalen Handelsabkommens GATT.

21. Dez. Aufnahme diplomatischer Beziehungen zur Bundesrepublik Deutschland.

1975, 17.–22. März Der 11. USAP-Parteitag bekräftigt die Beibehaltung des bisherigen Kurses der Mitte: Die Stabilität der ungarischen Reformvolkswirtschaft, die den aktuellen Bedingungen jeweils angepasst wird (weltwirtschaftlich: Energiekrise; binnenwirtschaftlich: u. a. Arbeitskräftemangel), findet zum zehnjährigen Jubiläum der Wirtschaftsreform internationale Anerkennung. Mitte der 70er-Jahre erfolgt eine vorsichtige Einschränkung der Planungsfreiheit, 1976 kommt es zu Preiserhöhungen.

1978, 5. Jan. Die 1945 in die USA gebrachte Stephanskrone, die Reichsinsignie der ungarischen Monarchie und zentrales Staatssymbol, wird bei einem Besuch von US-Außenminister CYRUS VANCE in Budapest an Ungarn zurückgegeben.

1982 Ungünstige weltwirtschaftliche Bedingungen und hohe Auslandsschulden im Westen erzwingen bei Beibehaltung des auf die Stärkung des marktwirtschaftlichen Sektors orientierten Wirtschaftskurses Forcierung der Exporte und Einschränkung des relativ hohen Lebensstandards. Außenpolitisch vertritt Ungarn ohne Einschränkungen die Politik der Warschauer-Pakt-Staaten.

1987, 27. Sept. Das »Ungarische Demokratische Forum« (UDF) wird gegründet, weitere Parteigründungen folgen 1988/89.

1988, 2. Mai **JÁNOS KÁDÁR tritt** als Parteichef (seit 1957) der USAP **zurück**.

Mehrparteiensystem und Marktwirtschaft seit 1989

1989, 11. Jan. Vereinigungs- und Versammlungsfreiheit.

20./21. Jan. Die USAP verzichtet auf die verfassungsmäßig garantierte Führungsrolle, konzediert Streikrecht.

2. Mai Abbau der Grenzbefestigungen nach Österreich.

16. Juni »Tag der nationalen Versöhnung« mit den Opfern des Aufstands von 1956.

19. Aug. Massenflucht von etwa 500 Bürgern der DDR nach Österreich.

11. Sept. Öffnung der Grenze für DDR-Bürger.

6.–8. Okt. Die USAP löst sich auf; an ihre Stelle tritt die »Ungarische Sozialistische Partei« (*Magyar Szocialista Párt*, MSZP).

23. Okt. Neuer Landesname: **Republik Ungarn**.

1990, 25. März Bei Parlamentswahlen siegt das konservativ-liberale UDF, die Regierung bildet JOZSEF ANTALL (*1932, †1993).

3. Aug. Das Parlament wählt ÁRPÁD GÖNCZ (*1922) zum Staatspräsidenten.

Nov. Als erstes Land des Warschauer Pakts wird Ungarn in den Europarat aufgenommen.

1991, 18. Dez. In einem Freundschaftsabkommen mit Deutschland verpflichtet sich Ungarn, der deutschen Minderheit Rechte zu gewähren. Deutschland sagt seine Unterstützung für den EG-Beitritt Ungarns zu.

1992, 23. Okt. Rechtsextremisten, u. a. »Pfeilkreuzler«, stören die Gedenkrede des Staatspräsidenten GÖNCZ zum Aufstand von 1956.

1993, 1. März Das Freihandelsabkommen zwischen Ungarn, Polen, Tschechien und Slowenien tritt in Kraft.

12. Dez. Ministerpräsident ANTALL stirbt, Nachfolger wird Innenminister PÉTER BOROSS (*1928).

1994, 1. Febr. Das Assoziierungsabkommen zwischen Ungarn und der EU tritt in Kraft.

1. April Ungarn beantragt die Aufnahme in die EU.

24. Juni Der Reformsozialist GYULA HORN (*1932) bildet nach dem Wahlsieg (8./29. Mai) eine sozialistisch-liberale Regierungskoalition aus MSZP und »Bund Freier Demokraten« (*Szabad Demokraták Szövetsége*, SZDSZ).

1995, 19. März GYULA HORN und der slowakische Regierungschef VLADIMÍR MEČIAR unterzeichnen einen Grundlagenvertrag über Minderheitenschutz.

9. Mai Gesetz zur Beschleunigung der Privatisierungen.

1996, 16. Sept. Unterzeichnung eines Grundlagenvertrags mit Rumänien, der u. a. die Rechte der etwa 1,7 Mio. Ungarn in Rumänien regelt.

1997, 8./9. Juli Auf ihrem Gipfeltreffen in Madrid beschließen die NATO-Mitgliedsstaaten, Beitrittsverhandlungen mit Ungarn, Polen und Tschechien.

16. Dez. Bei der Konferenz der NATO-Außenminister in Brüssel wird das Aufnahmeprotokoll für Ungarn unterzeichnet.

1998, 24. Mai Machtwechsel in der zweiten Runde der Parlamentswahl: Der rechtsliberale »Bund Junger Demokraten« (*Fiatal Demokraták Szövetsége, Fidesz*) gewinnt 148 von 386 Mandaten, die Sozialisten unter Ministerpräsident GYULA HORN erhalten 134 Mandate. Der *Fidesz*-Vorsitzende VIKTOR ORBÁN (*1963) bildet mit der FKgP und der UDF eine Koalitionsregierung, die am 6. Juli vereidigt wird.

1999, 25. Jan. Vereinbarung über verstärkte regionale Zusammenarbeit mit Österreich und der Slowakei.

12. März Hinterlegung der Ratifikationsurkunde in Independence im US-Bundesstaat Missouri vollzieht **Beitritt Ungarns** (auch Polens und Tschechiens) **zur NATO**.

2000, 30. Jan. Der Dammbruch eines Zyanid-Rückhaltebeckens im rumänischen Baia Mare verursacht eine Umweltkatastrophe entlang der Theiß.

4. Juni Der parteilose Juraprofessor FERENC MÁDL (*1931) wird zum Staatspräsidenten gewählt.

2002, 21. April Bei den Parlamentswahlen wird die MSZP stärkste Partei: Der von ihr nominierte parteilose PÉTER MEDGYESSY (*1942) bildet ein Koalitionskabinett aus Vertretern von MSZP und SZDSZ, das am 27. Mai vereidigt wird.

2003, 30. Jan. Als einer der Unterzeichner des »Offenen Briefes der Acht« stellt sich Ministerpräsident MEDGYESSY in der Irak-Krise auf die Seite der USA.

12. April In einem Referendum sprechen sich 83,8 % der Wähler für einen Beitritt zur EU aus.

7. Dez. Die bereits vom Parlament beschlossene Teilprivatisierung der Erdölindustrie und die Aufhebung des staatlichen Brennstoffmonopols werden nach einem von der Opposition angeregten Referendum (60 % Neinstimmen) zurückgenommen.

2004, 7. Jan. Beginn eines umfangreichen Sparprogramms (Straffung der öffentlichen Verwaltung, Kürzung von Subventionen).

1. Mai **Ungarn tritt der EU bei.**

13. Juni Niederlage der MSZP bei den Europawahlen.

19. Aug. Nach Streitigkeiten über seine Geheimdienstvergangenheit tritt Ministerpräsident MEDGYESSY zurück.

28. Sept. MEDGYESSYS Nachfolger wird FERENC GYURCSÁNY (*1961; MSZP).

5. Dez. Eine von nationalistischen Parteien initiierte Volksabstimmung über die doppelte Staatsbürgerschaft von Auslandsungarn scheitert an der fehlenden Mindestbeteiligung.

2005, 7. Juni LÁSZLÓ SÓLYOM (*1942) wird im 3. Wahlgang vom Parlament zum Staatspräsidenten gewählt.

2006, April Die Wahlen bestätigen die Regierung GYURCSÁNY (seit 14. Febr. 2007 Vorsitzender der MSZP): Koalition mit der SZDSZ. Nach der Wiederwahl kündigt GYURCSÁNY ein radikales Sparpaket an.

Sept. Eine interne Rede GYURCSÁNYS gelangt in den Rundfunk, in der er zugibt, die Bevölkerung vor den Wahlen über die Wirtschaftslage belogen zu haben. In der Nacht zum 18. Sept. stürmt eine Menschenmenge, die seinen Rücktritt fordert, das Fernsehgebäude in Budapest.

2007, 21. Dez. Beitritt zum Schengener Abkommen.

Osteuropa und Kaukasusstaaten seit 1945

Sowjetunion bis 1991 | Forts. v. S. 1139 |

Die Sowjetunion erleidet infolge des deutschen Angriffs und des auf ihre Vernichtung abzielenden Besatzungsregimes **gewaltige Zerstörungen und Verluste** (25–30 Mio. Tote, viele Mio. Kriegsinvaliden, ca. 25 Mio. Obdachlose, über 1700 zerstörte Städte und 70 000 Dörfer, Vernichtung von ca. einem Drittel des Wertes der Produktionsanlagen, immense Verteidigungskosten, Entwicklungsrückschritt von 8–10 Jahren). Sie kann als Siegermacht **bedeutende territoriale Gewinne** durchsetzen (Nordostpreußen, Ostpolen, Karpato-Ukraine, Nordbukowina, Bessarabien und die baltischen Staaten) und umfasst somit 22 Mio. km² oder ein Sechstel des Festlands der Erde. Dazu errichtet sie an ihren Grenzen einen **Sicherheitsgürtel** mit von ihr abhängigen Staaten, die unter politischem und militärischem Druck ihr Wirtschafts- und Gesellschaftssystem unter der Herrschaft einer Kommunistischen oder Arbeiterpartei nach sowjetischem Vorbild neu aufbauen: Ostmittel- und Südosteuropa und Nordkorea. Aus dem Norden Irans zieht die Sowjetunion ihre Armee 1946 zurück, die Forderungen an die Türkei nach der Rückgabe von Kars und Ardahan sowie die Einräumung von Stützpunkten an den Dardanellen bleiben 1945–1947 ebenso erfolglos wie der Versuch, im griechischen Bürgerkrieg 1947/48 der Kommunistischen Partei Griechenlands zum Sieg zu verhelfen.

Die Ära Stalin nach dem Zweiten Weltkrieg (1945–1953)

Nach Kriegsende kann Stalin (*1878, †1953) seine Herrschaft als totalitäre Diktatur ohne wesentliche Veränderungen fortführen. Durch die Konzentration der wichtigsten Funktionen in Staat und Partei in seiner Hand bildet er das **Zentrum des Machtapparates**; auf seine Person sind Staat, Gesellschaft und Partei ausgerichtet, die er ganz persönlich mittels seiner Privatkanzlei und der Geheimpolizei (NKWD, seit 1946 MWD) unter Lawrentij P. Berija (*1899, †1953) lenkt. Nach einer gewissen Öffnung im »Sowjetpatriotismus« der Kriegsjahre verstärkt Stalin die vor dem Krieg eingeleitete **Zentralisierung der Machtfunktionen**: Die Befugnisse des Obersten Verteidigungsrates gehen auf Politbüro und Parteisekretariat über. Die Partei selbst hat ihre Mitgliederzahl gegenüber dem Vorkriegsstand mit rund 6,7 Mio. (1939: 2,3 Mio.) bei einer Gesamtbevölkerung von etwa 170 Mio. (1940: 194 Mio.) fast verdreifacht (dabei ca. 60 % Funktionäre [Apparatschiks]), als Massenpartei dient sie nach der Liquidierung der Eliten in den »Säuberungen« der Vorkriegszeit nur noch als Herrschaftsinstrument. Gleichwohl baut sie eine **gewaltige Bürokratie** auf, um den Staat umfassend steuern zu können; diese mit Privilegien versehene »Nomenklatura« wird neben der Armee Schwerpunkt des stalinistisch geprägten Staates, die ihren wachsenden politischen Einfluss aber erst nach dem Tode Stalins entfalten. Einfache Mitglieder und hohe Funktionäre bleiben aber nicht verschont von der Atmosphäre permanenter Furcht und des Misstrauens durch Wachsamkeitskampagnen, Verhaftungen, Verurteilungen, Deportationen usw. In Straf- und Zwangsarbeitslagern befinden sich schätzungsweise ca. 10 Mio. Menschen. Willkürliche Maßregelungen und Verunglimpfungen kennzeichnen die **kulturpolitische Kampagne** von Andrej A. Schdanow (*1896, †1948) zur Verherrlichung Stalins im **Personenkult** und der Sowjetunion im »Sozialistischen Realismus« sowie gegen »Objektivismus«, »Formalismus« und »Kosmopolitismus«. Der **Wiederaufbau der Industrie** vollzieht sich bemerkenswert rasch: 1948 erreicht die Gesamtproduktion den Vorkriegsstand von 1940, bis 1952 wird sie verdoppelt, ohne dass allerdings der Lebensstandard verbessert wird.

1945, 28. Juni Stalin wird zum »Generalissimus« ernannt.

29. Juni Vertrag mit der Tschechoslowakei über die Abtretung der Karpato-Ukraine an die Sowjetunion (»Wiedervereinigung« mit der Ukrainischen SSR).

9. Aug. Nach Kriegserklärung gegen Japan Teilnahme am **ostasiatisch-pazifischen Krieg**.

2. Sept. Kapitulation Japans.

4. Sept. Auflösung des Staatlichen Verteidigungskomitees.

24. Okt. Die UdSSR sowie die Ukrainische und Weißrussische SSR treten als Einzelmitglieder der UNO bei.

1946, 6. Febr. Stalin entwickelt die **Zwei-Welten-Theorie**: Beginn aggressiverer Politik gegen das »kapitalistische Lager«: 1948/49 Berliner Blockade, 1950–1953 Koreakrieg. Kalter Krieg: Spannungen in Polen und Ungarn, in der Deutschlandfrage, Aufgabe der Kooperation mit dem Westen seit der Marshallplan-Konferenz in Paris 1947.

25. Febr. Umbenennung der »Roten Armee« in »Sowjetarmee«.

15. März Umwandlung des »Rates der Volkskommissare« in den »Ministerrat der UdSSR« (entsprechend in den Unions- und Autonomen Republiken); in einer Regierungsumbildung bleibt Stalin Vorsitzender des Ministerrates, Verteidigungsminister und Erster Sekretär des Zentralkomitees (ZK) der KPdSU.

18. März **4. Fünfjahrplan** (1946–1950): Beseitigung der Kriegsschäden, Wohnungsbau (60 Mio. m² Wohnfläche), Großprojekte: Großkraftwerke bei Kujbyschew (Samara) und Stalingrad (Wolgograd) an der Wolga (eröffnet 1960) sowie bei Kachowka am Dnjepr, der Turkmenische Kanal und der Leninkanal zwischen Wolga und Don (fertig 1952). Die Kolchosen werden bei strikter Beschränkung des privaten Nutzlandes auf die vorgeschriebene Größe reorganisiert und straffer Parteiaufsicht unterstellt.

1947, 10. Febr. Pariser Friedensverträge mit Italien, Ungarn, Rumänien, Bulgarien, Finnland.

26. Mai Abschaffung der Todesstrafe.

14. Aug. Ende der offeneren Kulturpolitik und Beginn der

terroristischen kulturpolitischen Kampagne unter Leitung von Schdanow (»zweite Schdanowschtina«), in deren Verlauf die Lyrikerin Anna Achmatowa, (*1889, †1966) verdammt wird; verstärkte Verherrlichung Stalins (Personenkult) und der Sowjetunion.

22.–27. Sept. Auf Stalins Veranlassung **Gründung des »Kominform«** (Informationsbüro der kommunistischen und Arbeiterparteien).

14. Dez. Abschaffung der Rationierung für Lebensmittel sowie Währungsreform.

1948 Nach Ablehnung einer Balkanföderation Abschluss bilateraler Verträge mit Rumänien (4. Febr.), Ungarn (8. Febr.) und Bulgarien (18. März).

6. April Freundschafts- und Beistandspakt mit Finnland.

15./18. Mai **Anerkennung Israels.**

24. Juni Beginn der Blockade Berlins (bis 12. Mai 1949).

31. Aug. Nach dem Tod Andrej Schdanows folgt eine gnadenlose **»Säuberung« im Parteiapparat**. Georgij Maximilianowitsch Malenkow (*1902, †1988), Nikita Sergejewitsch Chruschtschow (*1894, †1971) und Lawrentij P. Berija gelingt die Entmachtung der Schdanow-Gruppe.

1949, 25. Jan. **Gründung des RGW** (Rat für gegenseitige Wirtschaftshilfe, COMECON).

5. März Die Ablösung von Wjatscheslaw M. Molotow (*1890, †1986) als Außenminister (seit 1939) durch Andrej Januarjewitsch Wyschinskij (*1883, †1954) erfolgt aus innen- und machtpolitischen Gründen, die Außenpolitik ändert sich nicht. Im Rahmen einer antijüdischen Kampagne (1948–1952) wird Molotows Frau nach Sibirien verbannt.

Aug. Erste sowjetische Atombombenexplosion.

1950, 12. Jan. Wiedereinführung der Todesstrafe.

14. Febr. **Freundschafts- und Beistandspakt mit der Volksrepublik China.**

1. März Einführung des Goldrubels (1 Rubel = 0,222 Gramm Feingold). Der Rubel ist damit nicht mehr abhängig vom Dollar.

27. Juni Durch den Verzicht auf eine Entsendung von Truppen in den Koreakrieg wird eine direkte amerikanisch-sowjetische Konfrontation vermieden.

1951 **5. Fünfjahrplan** (1951–1955): Großbauten zur Bewässerung und Energiegewinnung.

1952, 10. März Sowjetische Note an die Westmächte über »Grundlagen eines Friedensvertrages mit Deutschland«.

Sept. Stalins Schrift »Ökonomische Probleme des Sozialismus« erscheint.

Landwirtschaft und Industrie in der Stalin-Ära

Trotz der 1946 begonnenen Reorganisation stagniert die Produktion auf dem Kolchosland, obwohl 40 % aller Arbeitskräfte in der Landwirtschaft arbeiten. Die jährliche Wachstumsrate der Industrieproduktion beträgt dagegen ca. 13 %. 1950 wird die Zusammenlegung von mehreren Kollektivwirtschaften zu Groß-Kolchosen (bis Herbst 1953 werden 252 000 Betriebe zu 94 800 Großbetrieben mit durchschnittlich 1700 ha Ackerfläche vereint) durchgeführt, die Initiative geht von Chruschtschow aus. Seinen weitergehenden Plan zur Errichtung von »Agrostädten« muss er 1951 auf Einspruch Stalins aufgeben. Die Unausgewogenheit der Industrieproduktion durch die einseitig forcierte Schwerindustrie belastet die gesamte Wirtschaftsentwicklung.

1952, 5.–14. Okt. 19. Parteitag der KPdSU, der erste seit 1939. Der Parteitag findet unter veränderten Bedingungen statt: Die Sowjetunion ist nicht mehr das einzige sozialistische Land, sondern das führende. Das Statut der Partei wird geändert, im Namen der Zusatz (B), d. h. »Bolschewiki«, gestrichen. Politbüro und Organisationsbüro werden zum Präsidium des Zentralkomitees (ZK) zusammengefasst.

1953, 13. Jan. Ein **angebliches Moskauer »Ärztekomplott«** zur Ermordung führender sowjetischer Politiker wird aufgedeckt, was den Beginn einer neuen, v. a. antijüdischen, »Säuberungswelle« nach sich zieht.

5. März Tod Josef Stalins.

Aufstieg zur Weltmacht: die Ära Chruschtschow (1953–1964)

1953, 6. März Die oberste Kommandogewalt in Staat und Partei wird von einer **kollektiven Führung** übernommen, die unter sich die zu Lebzeiten Stalins begonnenen **Machtkämpfe** weiter austrägt: Malenkow wird Vorsitzender des Ministerrates, Molotow wieder Außenminister, Berija erneut Innenminister.

14. März Chruschtschow wird anstelle Malenkows dem Range nach Erster Sekretär des ZK.

17. Juni Sowjetische Panzerverbände schlagen den Aufstand in der DDR nieder.

26. Juni Berija, als Chef der Staatspolizei gefürchtet, wegen zahlloser Übergriffe und brutalen Terrors unter Stalin verhasst, nun Befürworter von Änderungen in der Deutschlandpolitik, wird seines Amtes als Innenminister enthoben (am 9. Juli verhaftet, am 23. Dez. hingerichtet). Verfügungsgewalt und Kontrolle über den Staatssicherheitsdienst liegen seitdem nicht mehr in einer Hand.

27. Juli Der Waffenstillstand in Korea signalisiert die Abkehr von der grundsätzlichen Konfrontation mit dem Westen, welche die Sowjetunion außerhalb ihres Hegemoniebereichs politisch isoliert hat.

8. Aug. Der Ministerratsvorsitzende Malenkow gibt Richtlinien für seine **Verwaltungs- und Wirtschaftsreform**, den »Neuen Kurs«, vor: Umverteilung der volkswirtschaftlichen Prioritäten zugunsten der Konsumgüterindustrie, Förderung der Landwirtschaft zur Steigerung der Erträge, Stärkung der »sozialistischen Gesetzlichkeit«. Der Neue Kurs kommt den Forderungen der »Arbeiterintelligenz« und der bürokratisch-technischen Mittelschicht, die eine Art »Staatsbourgeoisie« bilden, entgegen.

9. Aug. Bekanntgabe der Zündung der **ersten sowjetischen Wasserstoffbombe**. Mit der Modernisierung des sowjetischen Waffenpotenzials (Entwicklung von Trägerwaffen, Umrüstung der Luftwaffe auf Düsenmaschinen) strebt die Kremlführung an, für militärische Eventualfälle gerüstet zu sein.

22. Aug. Die Sowjetunion erlässt der DDR die noch ausstehenden Reparationszahlungen. Die beiderseitigen diplomatischen Vertretungen werden in Botschaften umgewandelt.

3.–7. Sept. Das Plenum des ZK der KPdSU beschließt Maßnahmen zur raschen Steigerung der Agrarproduktion: erhebliche Investitionen, Entsendung von Fachleuten aufs Land, Verminderung der persönlichen Belastung der *Kolchosniki* (Arbeiter einer Kolchose).

13. Sept. Wahl NIKITA CHRUSCHTSCHOWS zum Ersten Sekretär des ZK der KPdSU.

1954, Febr./März Das ZK stimmt CHRUSCHTSCHOWS Siedlungs- und Landbauprogramm zu: Neulandgewinnung von 13 Mio. ha in Westsibirien, Nordkasachstan, im Wolgagebiet und im Nordkaukasus (17. Juli auf 28–30 Mio. ha erhöht); Errichtung riesiger Staatsgüter. Das Zentralkomitee ruft zum »Feldzug nach dem Neuland« auf. Bis 1956 werden ca. 36 Mio. ha Brach- und Neuland erschlossen, doch werden bald die Gefahren extensiver Landnutzung in den halbdürren Steppen sichtbar.

31. März Die Sowjetregierung schlägt erneut ein kollektives Sicherheitssystem in Europa und den eigenen Beitritt zur NATO vor.

21. Juni Beitritt der Sowjetunion zur UNESCO (12. Mai Ukrainische und Weißrussische SSR).

27. Juni Inbetriebnahme des **ersten** sowjetischen **industriellen Atomkraftwerks** in Obninsk bei Moskau.

10. Nov. Das ZK der KPdSU beschließt die Verstärkung der atheistischen Propaganda.

15.–26. Dez. Der Zweite Schriftstellerkongress streicht die Bestimmung im Statut des Schriftstellerverbandes, nach der die Wahrheitstreue von der »Zielsetzung einer ideologischen Umformung der Werktätigen im Geiste des Sozialismus« abhängen soll (Kritische Literatur), zugunsten einer der Lebenswirklichkeit verpflichteten Literatur. Die **»Tauwetter-Periode«**, nach einem im Sept. erschienenen Kurzroman von ILJA EHRENBURG (*1891, †1967) benannt, bedeutet für Literatur, Kunst und Kultur die Abkehr von der strengen Reglementierung und eine gewisse Liberalisierung.

1955, 25. Jan. Erlass des Präsidiums des Obersten Sowjet »über die Beendigung des Kriegszustandes zwischen der UdSSR und ganz Deutschland«.

8. Febr. NIKOLAJ ALEXANDROWITSCH BULGANIN (*1895, †1975) löst GEORGIJ M. MALENKOW als Vorsitzenden des Ministerrats ab; die Übergabe des Verteidigungsministeriums an Marschall GEORGIJ KONSTANTINOWITSCH SCHUKOW (*1896, †1974) deutet auf einen steigenden Einfluss des Militärs hin (Erhöhung der Verteidigungsausgaben).

14. Mai Unterzeichnung des Vertrags über Freundschaft, Zusammenarbeit und gegenseitigen Beistand (**Warschauer Pakt**) mit den unter sowjetischer Hegemonie stehenden Staaten.

15. Mai Unterzeichnung des österreichischen Staatsvertrags durch die Sowjetunion, die Westmächte und Österreich.

2. Juni Abschluss der Verhandlungen CHRUSCHTSCHOWS und BULGANINS in Belgrad und Anerkennung der politisch-ideologischen Selbstständigkeit Jugoslawiens.

4.–12. Juli Auf einem Plenum des ZK der KPdSU stellt Außenminister MOLOTOW die Zweckmäßigkeit des österreichischen Staatsvertrags und der Wiederannäherung an Jugoslawien in Frage, Parteichef CHRUSCHTSCHOW setzt jedoch seine Außenpolitik gegen die »Anti-Partei-Opposition« durch.

Grundlinien der Politik Chruschtschows

Unter dem Einfluss CHRUSCHTSCHOWS setzt in der zweiten Jahreshälfte 1954 die Rückkehr zu einer vorrangigen **Förderung der Schwer- und Investitionsgüterindustrie** ein, ohne dass der Konsumgüter- und Landwirtschaftssektor jedoch vernachlässigt wird. Der Rat für gegenseitige Wirtschaftshilfe (RGW) wird reaktiviert, um lang- und mittelfristig die nationalen Volkswirtschaftspläne zu koordinieren. CHRUSCHTSCHOW rügt MALENKOWS »Konsumismus«, kann aber den Neuen Kurs nicht gänzlich zurücknehmen. Mit Unterstützung der Molotow-Fraktion, die die Beibehaltung einer stalinistisch geprägten Innen- und Außenpolitik fordert, kann CHRUSCHTSCHOW im ZK eine Mehrheit gegen MALENKOWS auf Ausgleich in den internationalen Beziehungen tendierende Politik gewinnen und nach dessen Entlassung seine **Konzeption der »friedlichen Koexistenz«** unter der Voraussetzung militärischer Stärke durchsetzen. Bei der Umsetzung dieser Konzeption stößt CHRUSCHTSCHOW jedoch auf die Kritik der Molotow-Gruppe, der das sowjetische Entgegenkommen bei der Regelung über Österreich (Staatsvertrag) und die Wiederannäherung an Jugoslawien zu weit gehen. Nach dem Ausschalten der Opposition auf dem Plenum des ZK (4.–12. Juli 1955) erscheint CHRUSCHTSCHOW als der eigentliche Architekt der neuen sowjetischen Außenpolitik, die sich, bei aller Annäherung, gegen Einmischung in die inneren Angelegenheiten der Sowjetunion und der sozialistischen Länder entschieden verwahrt: Erklärung der Nachrichtenagentur TASS vom 14. Juni 1955 gegen den Plan von US-Präsident EISENHOWER, »das Problem der Länder Osteuropas« auf die Tagesordnung der Genfer Konferenz (18.–23. Juli 1955) zu setzen. Die von SCHDANOW formulierte Zwei-Lager-Theorie (Kominform-Gründungskonferenz 1947) wird durch die Drei-Welten-Vorstellung ergänzt.

Seit 1955/56 wendet sich die Sowjetunion durch Aufnahme diplomatischer Beziehungen und Gewährung von Entwicklungshilfe den im Entkolonialisierungsprozess entstehenden Staaten der Dritten Welt zu und bemüht sich, v. a. afrikanische Staaten in ihrer Politik der Bündnisfreiheit zu bestärken. In Südostasien erklärt sie sich auf der Grundlage der »friedlichen Koexistenz« zur Garantin der Blockfreiheit und der nationalen Interessen (Besuchsreise CHRUSCHTSCHOWS Nov./Dez. 1955). Die Mittelost-Erklärung (16. April 1955) stellt die Sowjetunion als Schutzmacht der Unabhängigkeit und der nationalen Interessen der Staaten des Nahen und Mittleren Ostens dar. Die **Unterstützung Ägyptens in der Sueskrise** 1956 stärkt das sowjetische Ansehen in der arabischen Welt. Das Zwischenspiel der »verschiedenen Wege zum Sozialismus« und die weltweite Entspannungspolitik gefährden die Einheit des Ostblocks. Mit der Drohung einer Intervention in Polen (polnischer »Frühling im Oktober« 1956) und durch die militärische Niederschlagung des ungarischen Aufstandes (Okt./Nov. 1956) kann die Sowjetunion jedoch ihre hegemoniale Stellung im eigenen Lager sicherstellen.

1955, 9.–13. Sept. Bei seinen Moskauer Verhandlungen mit der sowjetischen Führung erreicht der deutsche Bundeskanzler KONRAD ADENAUER die **Freilassung der letzten deutschen Kriegsgefangenen** und vereinbart die Aufnahme diplomatischer Beziehungen sowie eine Erweiterung des Handels.

19. Sept. Abkommen mit Finnland über die vorzeitige Rückgabe des Flottenstützpunkts Porkkala Udd (vollzogen am 26. Jan. 1956).

1956, 14.–25. Febr. 20. Parteitag der KPdSU: Gegen die Gruppe um Außenminister MOLOTOW, den Ersten Stellvertretenden Ministerratsvorsitzenden LASAR MOISSEJEWITSCH KAGANOWITSCH (*1893, †1991), den ehemaligen Ministerratsvorsitzenden MALENKOW und Staatsoberhaupt KLIMENT JEFREMOWITSCH WOROSCHILOW (*1881, †1969) kann sich Parteichef CHRUSCHTSCHOW durchsetzen. In einer aufsehenerregenden Geheimrede, die rasch im Ausland bekannt wird, **rechnet er mit den Verbrechen der Stalin-Zeit ab**, für die er allein STALIN verantwortlich macht. Er ruft zur Beseitigung des Personenkultes auf, fordert die Stärkung der Rolle der Partei (auch gegenüber dem Staat) und eine auf LENIN bezogene ideologische Erneuerung.

März Demonstrationen gegen die Stalin-Kritik in Georgien, der Heimat STALINS.

3. März CHRUSCHTSCHOW billigt China einen eigenen revolutionären Weg zu.

6. März Partei- und Staatsführung fassen Beschlüsse zur Entfaltung der Initiative der Kolchosbauern und zur Hebung des Lebensstandards.

24. März Das ZK beschließt eine **Parteisäuberung** (Reduzierung der Mitgliederzahl um fast ein Drittel).

17. April Auflösung des Kominform und begrenzte Anerkennung verschiedener nationaler Wege zum Sozialismus.

18.–25. Mai 7. Tagung des RGW: **Ausrichtung der Wirtschaft der Mitgliedsstaaten auf die Sowjetunion** als zentraler Rohstofflieferant und Festlegung der jeweiligen Produktionsschwerpunkte.

2. Juni DIMITRIJ TROFIMOWITSCH SCHEPILOW (*1905, †1995) löst MOLOTOW als Außenminister ab.

30. Juni Beschluss des ZK der KPdSU zur Überwindung des Personenkults: Die Kritik am Personenkult entspricht, selbst wenn sie zeitweilige Schwierigkeiten hervorrufen wird, den Interessen und Zielen der Arbeiterklasse. LENINS »Testament« von 1922 mit der negativen Beurteilung STALINS wird veröffentlicht.

12. Juli Eingliederung der Karelo-Finnischen SSR als Karelische ASSR in die Russische Unionsrepublik (RSFSR).

19. Okt. Abkommen über die Beendigung des Kriegszustandes mit Japan und Aufnahme diplomatischer Beziehungen (die Frage japanischer Ansprüche auf die Kurileninseln bleibt ungelöst).

5. Nov. Scharfe Verurteilung der britischen, französischen und israelischen Intervention am Sueskanal.

11. Nov. Durch den Einsatz sowjetischer Panzerverbände bricht in Ungarn der Volksaufstand zusammen.

1957, 16. Febr. ANDREJ A. GROMYKO (*1909, †1989) löst SCHEPILOW als Außenminister ab.
Die von CHRUSCHTSCHOW betriebene Dezentralisierung der Wirtschaft (Einrichtung regionaler Volkswirtschaftsräte) macht bereits 1958 Korrekturen unumgänglich. Neue wirtschafts-, v. a. **agrarpolitische Großprojekte**, sollen der Sowjetunion zum entscheidenden ökonomischen Erfolg verhelfen.

Juni Die Reformströmungen in den Volksdemokratien und in der Sowjetunion, die Forderung nach Polyzentrismus im »sozialistischen Lager« und die offensichtliche Gefahr eines Verlusts der beherrschenden Stellung der Sowjetunion führen zur Opposition MALENKOWS, MOLOTOWS und KAGANOWITSCHS. CHRUSCHTSCHOW kann seine von der Mehrheit des Präsidiums des ZK beschlossene Absetzung jedoch durch eine mithilfe Marschall SCHUKOWS organisierte Plenarsondersitzung der 133 Mitglieder und 122 Kandidaten des ZK verhindern.

4. Juli Der so mobilisierte Parteiapparat erklärt die drei zu »Parteifeinden« und enthebt sie ihrer Partei- und Regierungsämter. LEONID ILJITSCH BRESCHNEW (*1906, †1982), Verteidigungsminister Marschall SCHUKOW und als Kandidat ALEXEIJ NIKOLAJEWITSCH KOSSYGIN (*1904, †1980) rücken ins Präsidium des ZK nach. CHRUSCHTSCHOW kann (Dez.) das Parteisekretariat durch drei seiner Anhänger erweitern. (Die Gruppe der Gegner CHRUSCHTSCHOWS war durch wirtschaftliche Spitzenkader verstärkt, die ihn allein für die Wirtschaftskrise verantwortlich machten.) CHRUSCHTSCHOW wendet den ökonomischen Fragen verstärkte Aufmerksamkeit zu.

20. Sept. Der Abbruch des 6. Fünfjahrplans (1956–1959) wird bekannt gegeben. Im RGW werden die nationalen Pläne bei absolutem Vorrang der Schwerindustrie neu ausgerichtet.

4. Okt. Nach der erfolgreichen Erprobung einer Interkontinentalrakete (26. Aug.) Start des ersten künstlichen Erdsatelliten (**Sputnik**). Ein zweiter folgt am 3. Nov. Der technologische Erfolg steigert das Prestige der Sowjetunion und löst in den USA den »Sputnik-Schock« aus.

26. Okt. Ablösung SCHUKOWS als Verteidigungsminister durch Marschall RODION JAKOWLEWITSCH MALINOWSKIJ (*1898, †1967).

6. Nov. In einer Grundsatzrede verkündet CHRUSCHTSCHOW ein Ende der »Politik der Stärke«, die »Weltrevolution ohne Gewalt« und fordert eine Gipfelkonferenz zur direkten Verständigung mit den USA.

Dez. Die Sowjetunion unterstützt den Plan des polnischen Außenministers ADAM RAPACKI zur Schaffung einer atomwaffenfreien Zone in Mitteleuropa.

5. Dez. Stapellauf des durch Atomkraft angetriebenen Eisbrechers »Lenin«.

1958, 25./26. Febr. Das ZK beschließt die Umwandlung der Maschinen-Traktoren-Stationen in Reparatur- und Technische Stationen, die Übergabe der Maschinenparks an die Kolchosen sowie die Aufhebung der Pflichtablieferung und der Naturalentlohnung.

27. März BULGANIN muss als Ministerratsvorsitzender zurücktreten, wird aus dem ZK ausgestoßen und zum »Parteifeind« erklärt (Sept.). An seiner Stelle übernimmt CHRUSCHTSCHOW das Amt, **beendet damit die »kollektive Führung«** und beherrscht jetzt allein Partei und Staat. Gegen seine Rivalen hat er sich mittels des Parteiapparats durchgesetzt, den er erneut zum entscheidenden Machtinstrument erhoben hat.

Sommer Beginn erneuter **Auseinandersetzungen mit Jugoslawien**, das an seiner Blockfreiheit und seinem eigenen Weg zum Sozialismus festhält.
Die »Geschichte der KPdSU« wird veröffentlicht.

23. Okt. Der Dichter BORIS LEONIDOWITSCH PASTERNAK (*1890, †1960) erhält den Nobelpreis für Literatur, muss ihn aber unter politischem Druck zurückgeben.
Mit zunehmender Verschärfung der Religionspolitik (bis in die frühen 60er-Jahre Schließung von mehr als der Hälfte, d.h. über 10000, russisch-orthodoxer Kirchen und vieler Einrichtungen anderer Religionen) sowie der Kulturpolitik insgesamt sollen die ideologischen Grundlagen des Staates gestärkt werden.

27. Nov. Im ersten Berlin-Ultimatum kündigt die Sowjetunion an, die Verträge bezüglich Berlins aufzulösen und die Kontrollrechte auf die DDR zu übertragen. Sie fordert den Abzug der Westmächte und die Umwandlung West-Berlins in eine »Freie Stadt«.

Dez. Beginn großer Bildungs- und Rechtsreformen.

1959, Jan./Febr. Der 21. Parteitag der KPdSU (27. Jan.–5. Febr.) beschließt den ersten und einzigen Siebenjahrplan (1959–1965). CHRUSCHTSCHOW verkündet die Vollendung des Sozialismus und den Beginn der »Phase des entfalteten Aufbaus des Kommunismus« in der Sowjetunion mit Aufhebung aller sozialen Gegensätze und gleichmäßiger, reichlicher Versorgung mit Konsumgütern.

6. April/24. Juli Sowjetische Vorschläge für kernwaffenfreie Zonen im Pazifischen Raum, im Ostseeraum (3. Juni), im Balkan- und Adriaraum (25. Juni) sowie in Afrika (24. Juli).

11. Mai–5. Aug. Die Sowjetunion nimmt an der Außenministerkonferenz in Genf über die Deutschlandfrage teil und tritt (5. Dez.) dem Internationalen Komitee für Weltraumforschung bei (im Sept. Start der sowjetischen Mondrakete Luna II).

15.–27. Sept. CHRUSCHTSCHOW sucht im Sinne »friedlicher Koexistenz« die direkte Verständigung mit den USA: Gespräche mit US-Präsident EISENHOWER in Camp David (Abrüstung, Deutschlandfrage, Gipfelkonferenz in Paris).

1960, 14. Jan. CHRUSCHTSCHOW kündigt die Verringerung der konventionellen Streitkräfte um ein Drittel zugunsten der Bewaffnung mit Raketen und Kernwaffen an.

5.–7. Mai Der Oberste Sowjet beschließt die etappenweise Abschaffung der Lohn- und Einkommensteuer und die Umstellung auf den Siebenstunden- bzw. Sechsstundentag.
Das von CHRUSCHTSCHOW angestrebte Ziel eines »Wohlfahrtskommunismus« kann unter den gegebenen Verhältnissen nicht erreicht werden, die Landwirtschaft bleibt ein Problem. Die Planziffern können nicht immer erfüllt werden.

9. Mai LEONID I. BRESCHNEW löst KLIMENT J. WOROSCHILOW als Vorsitzenden des Obersten Sowjet (nominelles Staatsoberhaupt) ab.

16.–17. Mai Den Abschuss eines amerikanischen Aufklärungsflugzeugs über der Sowjetunion (1. Mai: U2-Zwischenfall) nimmt CHRUSCHTSCHOW zum Anlass, die Pariser Gipfelkonferenz über Entspannungsfragen scheitern zu lassen.

Juni Offener chinesisch-sowjetischer Streit wegen CHRUSCHTSCHOWS Politik »friedlicher Koexistenz«.

1961, 6. Jan. Währungsreform: Umstellung des Rubelkurses und der Preise im Verhältnis 1:10.
Angesichts der atomaren Bedrohung ersetzt CHRUSCHTSCHOW die seit 1958 offizielle Militärdoktrin – »lokale« Kriege würden sich unvermeidlich in einen Weltkrieg ausweiten – durch die These von der »Vermeidbarkeit internationaler Kriege«. Nationale Befreiungskriege seien unvermeidbar und würden von der Sowjetunion unterstützt werden.

12. April **Erster bemannter Raumflug** JURIJ ALEXEJEWITSCH GAGARINS (*1934, †1968) mit »Wostok I«.

3.–4. Juni Treffen CHRUSCHTSCHOWS mit US-Präsident JOHN F. KENNEDY in Wien.

30. Juli Der Entwurf des Neuen (dritten) Parteiprogramms wird veröffentlicht und zur (gelenkten) Diskussion gestellt. Es ersetzt das Parteiprogramm von 1919. Zentrale Elemente: Vermeidbarkeit des Krieges und **»friedliche Koexistenz«**, die Sowjetunion ist **nicht mehr »Diktatur des Proletariats«**, sondern ein **»Staat des ganzen Volkes«**. Damit wird aber auch die KPdSU zur Interessenvertreterin nicht nur einer Klasse, des Proletariats, sondern des gesamten Volkes. »Unvermeidbarkeit des Übergangs vom Kapitalismus zum Sozialismus«: Nach einem Zeitplan soll die »materiell-technische Basis des Kommunismus« 1961–1970 »aufgebaut«, 1971–1980 »errichtet« werden.

5. Aug. Das Parteistatut, das die Organisationsstruktur regelt, verwirft »ultralinke« und »ultrakonservative« Richtungen. Art. 28 hebt das Prinzip der kollektiven Führung erstmals als höchstes Prinzip der Parteileitung hervor. Alle wichtigen Entscheidungen müssen durch ein Kollegialorgan getroffen werden.

13. Aug. In Berlin wird der Ostsektor vom Westen abgeriegelt (**»Mauerbau«**).

17.–31. Okt. Der 22. Parteitag der KPdSU bestätigt Programm und Statut und beschließt einen Zwanzigjahresplan zur Herstellung der materiellen Grundlagen des Kommunismus. Allerdings führen die Annäherung an die USA (nach der Berlinkrise im Aug. 1961 und schon vor der friedlichen Beilegung der Kubakrise im Okt. 1962 erkennbar), der nicht mehr zu unterdrückende Konflikt mit China, die z.T. überstürzte Umorganisation im Parteiapparat, wirtschaftliche

Misserfolge und das Aufkommen liberalerer Kräfte in der sowjetischen Gesellschaft zu **Misstrauen und Widerstand in den Führungsgremien**. Zugleich ist in den mittleren Führungskadern der Widerstand von Stalinisten bemerkbar.

1. Nov. Die Umbettung des Leichnams STALINS vom Lenin-Mausoleum in ein Erdgrab an der Kreml-Mauer ist das äußere Kennzeichen der **zweiten Entstalinisierungswelle**.

1962, 7. Febr. Beginn sowjetischer Störaktionen im Luftraum um Berlin.

22. Okt. Mit der öffentlichen Forderung von US-Präsident KENNEDY, die auf Kuba im Bau befindlichen sowjetischen Raketenstellungen zu demontieren, und der Seeblockade Kubas (24. Okt.) erreicht die **Kubakrise** ihren **Höhepunkt**.

28. Okt. Die Sowjetunion erklärt sich zur Räumung ihrer Raketenstellungen auf Kuba bereit. Der Konflikt wird durch ein gemeinsames Schreiben von KENNEDY und CHRUSCHTSCHOW an den UN-Generalsekretär beigelegt.

Nov. 1962/1963 Nach der Auflösung des Innenministeriums (MWD, Geheimdienst) im Jan. 1960 Gründung des Komitees für Partei- und Staatskontrolle.
CHRUSCHTSCHOW leitet mit einer groß angelegten Verwaltungsreform eine Zweiteilung des Parteiapparates in einen industriellen und einen landwirtschaftlichen Sektor ein. In der Landwirtschaft soll die Partei nicht nur anweisen und kontrollieren, sondern sich unmittelbar und ständig an der Verwaltung beteiligen (diese Reform wird sofort nach dem Sturz CHRUSCHTSCHOWS 1964 rückgängig gemacht). Die zentrale Planung ist erschwert durch die Dezentralisierung der Wirtschaft, die bereits 1957 mit der Bildung von mehr als 100 lokalen Wirtschaftsräten einen ersten Höhepunkt erreicht hatte, was unzusammenhängende regionale und lokale Sonderentwicklungen bewirkte; deswegen war schon 1960 die Zentralisierung wieder verstärkt worden (Errichtung des Obersten Volkswirtschaftsrates der Sowjetunion am 13. März 1963).

1963, 20. Juni Einigung über eine direkte Nachrichtenverbindung Washington–Moskau (**»Rotes Telefon«**).

Juli/Aug. Wegen schlechter Ernteerträge sieht sich die sowjetische Führung gezwungen, 12 Mio. Tonnen Getreide, v. a. im westlichen Ausland, anzukaufen.

5. Aug. Unterzeichnung des Moskauer Vertrages zwischen der UdSSR, den USA und Großbritannien über die **teilweise Einstellung der Kernwaffenversuche**.

31. Dez. CHRUSCHTSCHOW schlägt ein weltweites Abkommen über den Verzicht von Gewaltanwendung bei territorialen Konflikten, auch bei einer möglichen Revision der durch den Zweiten Weltkrieg entstandenen Grenzen, vor.

1964, Febr. Das Plenum des ZK der KPdSU berät Maßnahmen zur Steigerung der landwirtschaftlichen Produktion.

14. Okt. Das Plenum des ZK der KPdSU setzt CHRUSCHTSCHOW als Ersten Sekretär ab und wählt LEONID BRESCHNEW, der den Vorsitz des Präsidiums des Obersten Sowjet (Staatsoberhaupt) zu Gunsten von ANASTAS J. MIKOJAN (*1895, †1978) aufgegeben hat (15. Juli), zum Nachfolger; ALEXEIJ KOSSYGIN übernimmt das Amt des Ersten Vorsitzenden des Ministerrates. Statt Alleinherrschaft gilt nun wieder das Prinzip der kollektiven Führung.

Von der Stabilisierung zur Stagnation: die Ära Breschnew (1965–1981)

Die neue, aus der Bürokratie (Nomenklatura) stammende Führungsgruppe erscheint als eine Mannschaft nüchterner Manager und Technokraten. Ruhe und Ordnung bestimmen ihre Innen- und Blockpolitik (verstärkte innere Überwachung, 1968 Wiedererrichtung des MWD als Innenministerium und Geheimdienst zur erhöhten Wirtschafts- und Disziplinaraufsicht, entschiedenes Vorgehen gegen »Dissidenten«). Reformen gelten v. a. der Steigerung wirtschaftlicher Effizienz. In der Außenpolitik werden die Möglichkeiten für Kooperation oder Konflikt nach den jeweiligen Interessen kalkuliert. An die Stelle der Entstalinisierung tritt eine teilweise Rehabilitierung des Diktators.

1965, 24.–26. März Das Plenum des ZK der KPdSU beschließt umfangreiche Investitionen, v. a. private Anreize zur Entwicklung der Landwirtschaft: höhere Agrarpreise, stabile Ablieferungsquoten (schlechte Ernteergebnisse verhindern aber 1965–1968 eine wesentliche Verbesserung). Unionsministerien übernehmen für zahlreiche Industriezweige die Aufgaben der staatlichen Planungskomitees.

24. Sept.–4. Okt. Beschlüsse des ZK der KPdSU und des Ministerrats der Sowjetunion zur Verbesserung der Leitung und der Planung in der Wirtschaft: Mit dem Ziel, unter Beibehaltung des Planungsprinzips eine moderne industrielle Leistungsgesellschaft zu schaffen, versucht die neue Führung, begrenzte Reformen nach dem »Charkower System« des Wirtschaftsexperten JEWSEJ GRIGORJEWITSCH LIBERMAN (*1897, †1983) in einzelnen Wirtschaftszweigen durchzuführen. Unter einer weiterhin zentralen Wirtschaftsverwaltung werden einzelne Entscheidungen (z. B. Prämiensystem, Finanzverwaltung) an die jeweiligen Betriebsleitungen delegiert. Da grundlegende Elemente der Liberalisierung ausgeschlossen werden (z. B. bleibt es bei der Preisbindung), tritt kein Erfolg ein.

9. Dez. NIKOLAJ WIKTOROWITSCH PODGORNYJ (*1903, †1983) löst MIKOJAN als Vorsitzenden des Obersten Sowjet ab.

1966, 10. Jan. Friede von Taschkent: Die erfolgreiche Vermittlung im Kaschmirkonflikt zwischen Indien und Pakistan bringt der Sowjetunion großen Prestigegewinn und Einfluss in Asien.

10.–14. Febr. Die beiden Schriftsteller ANDREJ SINJAWSKIJ (*1925, †1997) und JULIJ DANIEL (*1925, †1988) werden wegen antisowjetischer Propaganda zu mehrjähriger **Zwangsarbeit** verurteilt.

29. März–8. April Der 23. Parteitag der KPdSU bestätigt die beherrschende Stellung der Führung BRESCHNEW/KOSSYGIN. Ein neues Parteistatut führt das Politbüro wieder ein, desgleichen das Amt des Generalsekretärs der KPdSU, welches Leonid Breschnew übernimmt. Träger der Staatsmacht sind die beiden Führungsgremien der Partei (ZK-Sekretariat und Politbüro) und das Präsidium des Ministerrats als Regierung (Vorsitz: Kossygin). Die Chruschtschow-Anhänger werden verdrängt, von der Kritik an Stalin wird abgerückt und die Kontrolle der Kultur verschärft. Bei bekräftigtem Vorrang der Schwerindustrie sollen Konsumgüterindustrie und Landwirtschaft stärker berücksichtigt werden. Außenpolitisch setzt die neue Führung den Kurs Chruschtschows fort: Ausgleich mit den USA und mit ihren Verbündeten, Entspannung bei Sicherung der Hegemonialstellung als Supermacht, v.a. der nuklearen Ebenbürtigkeit mit den USA. Die Verteidigungskonzeption geht von der Erhaltung des bestehenden militärischen Gleichgewichts mit den USA aus: Entwicklung strategischer Kampfmittel, Ausbau der mit Raketen (Atomsprengköpfe) bestückten U-Boot-Flotte.

1967, 7. März Der 5-Tage-Woche wird beschlossen.

13. März Die wirtschaftliche Rechnungsführung in Sowchosen und anderen staatlichen Betrieben wird vom 1. Juli an beschlossen.

21. April Swetlana Allilujewa (*1926), Tochter Stalins, erhält in den USA politisches Asyl.

5. Juni Die Sowjetunion verurteilt die »Aggression Israels« im Sechstagekrieg und bricht die diplomatischen Beziehungen zu Israel ab (10. Juni).

26. Sept. Das ZK-Plenum beschließt Maßnahmen zur weiteren Erhöhung des Lebensstandards.

1968, 1. Juli Zusammen mit den USA und Großbritannien Unterzeichnung des **Vertrages über die Nichtverbreitung von Atomwaffen** (Nonproliferation).

20./21. Aug. Der **Einmarsch von Warschauer-Pakt-Staaten in die ČSSR** beendet den »Prager Frühling«. Die Auseinandersetzungen über die Invasion reichen bis in die sowjetische Führungsspitze. Die Proteste sowjetischer Intellektueller (»Erstes Memorandum« des Atomphysikers Andrej Dmitrijewitsch Sacharow; *1921, †1989) leiten die Bewegung politischer »Nonkonformisten« in die »demokratische Bewegung der Dissidenten« über, d.h. »engagierter anders Denkender mit verschiedenen Auffassungen über Verschärfung der inneren Kontrollen«. Das Ministerium zum Schutz der öffentlichen Ordnung erhält wieder den Namen Ministerium des Innern.

Sowjetische Außenpolitik seit 1969

Das **Zerwürfnis mit der VR China** verstärkt den Willen der sowjetischen Führung zur Verständigung mit dem Westen. Der Vertrag über die Nichtweiterverbreitung von Atomwaffen wird 1968 geschlossen, nachdem die VR China selbst über ein Kernwaffenpotenzial verfügt. Mit der Verschärfung des sowjetisch-chinesischen Konfliktes (Grenzkämpfe am Ussuri) werden im Nov. 1969 mit den USA in Helsinki die **SALT-I-Gespräche** zur Begrenzung der strategischen Rüstung aufgenommen. Breschnews Vorschlag einer Sicherheitskonferenz für Asien, der sich deutlich gegen China richtet, findet ebenso wie sein Plan eines kollektiven (militärischen) Sicherheitssystems keine positive Resonanz, auch nicht bei den Regierungen Nordvietnams und Nordkoreas. Der Versuch, die VR China politisch zu isolieren, führt zu einer **Annäherung an Indien und Japan**. Demselben Ziel dient die massive Unterstützung Vietnams nach Beendigung des Krieges: 1978 Einbeziehung in den RGW sowie Freundschafts- und Beistandspakt.

Nach der Bildung einer sozial-liberalen Koalitionsregierung unter Bundeskanzler Willy Brandt werden 1969 Verhandlungen mit der Bundesrepublik Deutschland aufgenommen. Der Ausgleich mit der Bundesrepublik ist zentraler Punkt der sowjetischen **Entspannungspolitik**, zugleich Voraussetzung für das Berlin-Abkommen von 1971. Das ungeachtet verschiedener Kontroversen normalisierte Verhältnis zwischen der Bundesrepublik und der Sowjetunion ist Voraussetzung für die **Konferenz über Sicherheit und Zusammenarbeit in Europa** (KSZE) und für die Verhandlungen über eine beiderseitige ausgewogene Truppenreduzierung (MBFR). Die Sowjetunion erwartet von der Öffnung nach Westen verbesserte Wirtschaftsbeziehungen: Nach den USA wird die Bundesrepublik Deutschland wichtigster Partner. Neben dem Erwerb neuer Technologien sucht die UdSSR v.a. die Unterstützung bei der **Industrialisierung Sibiriens**, das über rund drei Viertel der Rohstoffe und Energiequellen der Union verfügt.

Nach dem Rücktritt Bundeskanzler Brandts und von US-Präsident Nixon 1974, Breschnews Gesprächspartnern der »ersten Stunde«, gerät die **Entspannungspolitik** zwischen **Ost und West** in eine **Krise**. Die Menschenrechtspolitik unter Jimmy Carter in den USA und die Normalisierung der Beziehungen der USA zur VR China sowie auf der anderen Seite das großangelegte Unternehmen der Sowjetunion, sich in Afrika (mit Unterstützung Kubas), Asien und im Vorderen Orient weite Einflussgebiete zu schaffen, lassen vorübergehend die Fortsetzung des Abrüstungs- und Entspannungsdialogs als gefährdet erscheinen. Mit Abschluss der SALT-II-Gespräche durch Vertragsunterzeichnung 1979 in Wien und mit der Unterbreitung neuer sowjetischer Vorschläge, um die festgefahrenen Truppenreduzierungsverhandlungen in Wien wieder in Gang zu bringen, sind trotz fortgesetzter Aufrüstungspolitik Anzeichen sowjetischer Außenpolitik erkennbar, den eingeschlagenen Weg der »friedlichen Koexistenz« auch nach der bewaffneten Intervention in Afghanistan grundsätzlich fortführen zu wollen.

1968, 12. Nov. Formulierung der **Breschnew-Doktrin** als Rechtfertigung des Einmarsches in die Tschechoslowakei: Beschränkung der Souveränität der sozialistischen Staaten bei Bedrohung des sozialistischen Weltsystems.

1969, 2. März Gefechte zwischen chinesischen und sowjetischen Grenztruppen auf den Ussuri-Inseln Damanskij (seit 1964 bewaffnete Zwischenfälle an Amur und Ussuri, der Grenze zwischen der Sowjetunion und der hochindustrialisierten chinesischen Mandschurei; entlang der Amur-Grenze führt die Trasse der

Transsibirischen Eisenbahn zum Hafen der sowjetischen Pazifikflotte Wladiwostok).

19. März Zurückweisung der chinesischen Gebietsforderungen (zwischen Ussuri und Pazifik) und Verhandlungsangebot an China (11. April); fortdauernde Grenzzwischenfälle.

17. Nov.–22. Dez. In Helsinki beginnen sowjetisch-amerikanische Vorgespräche über eine Begrenzung der strategischen Rüstung (SALT).

1970, 16. April In Wien beginnen die **sowjetisch-amerikanischen SALT-Verhandlungen**. Gespräche über eine Beschränkung der Raketenabwehrsysteme (ABM) schließen sich an.

12. Aug. **Vertrag** zwischen der **Bundesrepublik Deutschland und der Sowjetunion** über Gewaltverzicht und Normalisierung der Beziehungen.

8. Okt. Der Schriftsteller ALEXANDER ISSAJEWITSCH SOLSCHENIZYN (*1918), Autor der Aufsehen erregenden Lagererzählung »Ein Tag im Leben des Iwan Denissowitsch« (1962 mit Genehmigung CHRUSCHTSCHOWS veröffentlicht), erhält den Literaturnobelpreis.

1971, 30. März–9. April Der 24. Parteitag der KPdSU fasst wirtschafts-, gesellschafts- und außenpolitische Pläne programmatisch zusammen.
Der 9. Fünfjahrplan (1971–1975) soll den technisch-wissenschaftlichen Fortschritt, die Konsumgüterindustrie und Landwirtschaft fördern; Schwerpunkt bleibt aber die Schwer- und Investitionsgüterindustrie (kann in wichtigen Teilen nicht erfüllt werden). Innenpolitisch wird die straffere Kontrolle in allen staatlichen und gesellschaftlichen Bereichen durch die Partei sowie verstärkte ideologische Erziehungsarbeit gefordert. Der Umtausch der Parteibücher (begonnen am 1. März 1971) ermöglicht die Kontrolle des Mitgliederstandes (fast 2,6 Mio. neue Mitglieder); 347 000 Mitglieder erhalten wegen Abweichung von der Parteinorm, Disziplinarverfehlungen u. a. keine neuen Mitgliedsdokumente. Die Devise vom »sowjetischen Volk als einer neuen historischen Menschengemeinschaft« wird zur Generallinie erhoben.

Nationalitäten- und Dissidentenbewegung in der Sowjetunion

Die Feiern zum 50. Jahrestag der Gründung der Sowjetunion heben 1972 die **»multinationale Sowjetgesellschaft«** hervor. Die nicht russischen Völker unterliegen einem allmählichen, aber **systematischen Russifizierungsprozess**. Seit Beginn der 70er-Jahre nehmen jedoch nationales Selbstbewusstsein und autonomistische Tendenzen in zahlreichen Gebieten zu. Der prozentuale Anteil der nicht russischen Bevölkerung beträgt bei steigender Tendenz rund 50 %. Gegen die Russifizierung wenden sich, z. T. auch aus religiös-nationalen Gründen, u. a. Juden (Leningrader Prozess 1970), Letten, Litauer, Ukrainer und Krimtataren. In einem Memorandum tritt 1970 ANDREJ D. SACHAROW für die Demokratisierung der Sowjetunion ein. Nach 1970 setzt die Kremlführung ein ganzes Instrumentarium staatlicher **Maßnahmen gegen die Dissidenten- und Nationalitätenbewegung** ein: politische Strafprozesse, langjähriger Freiheitsentzug in Gefängnissen und Lagern (1974 ca. 10 000 politische Häftlinge), Zwangseinweisungen in Nervenheilanstalten, freiwillige oder Zwangsemigration und Ausbürgerung (spektakulärster Fall ist die Ausweisung des Literaturnobelpreisträgers ALEXANDER SOLSCHENIZYN am 14. Febr. 1974).

1972 Verstärkte diplomatische Bemühungen um Iran, die Türkei, Afghanistan, die arabischen Länder, Indien und Pakistan.

22.–30. Mai Staatsbesuch des US-Präsidenten RICHARD NIXON in der Sowjetunion: **Unterzeichnung des SALT-I-Vertrages** (26. Mai), Bekräftigung der friedlichen Koexistenz und der schrittweisen Rüstungsreduzierung.

4. Nov. Ernteausfälle (160 Mio. statt 190 Mio. Tonnen) verursachen einen Schaden von 20 Mrd. Dollar.

1973, 26. April Der erste sowjetische Flugzeugträger (»Kiew«) läuft am Schwarzen Meer vom Stapel: Die Sowjetunion weitet ihre militärische Präsenz auf alle Weltmeere aus und konkurriert in maritimer Machtpolitik mit den USA.

19. Juli Grundlagengesetz über die Verbesserung des schulischen, wissenschaftlichen und beruflichen Bildungswesens.

Aug. Abstimmung der Wirtschaftspläne mit allen RGW-Staaten in jeweils bilateralen Verhandlungen.

15. Aug. In Alma-Ata betont BRESCHNEW, dass zwei Drittel des Territoriums der Sowjetunion in Asien liegen, und sichert die Unterstützung der UdSSR für die nationalen Belange der Staaten Asiens zu; er stellt die Deklaration der Bandungkonferenz (April 1955) in Zusammenhang mit der kollektiven Sicherheit Asiens. Neben der (nicht erreichten) diplomatischen Isolierung der VR China (zur gleichen Zeit Öffnung nach Westen) bemüht sich die Sowjetunion in Asien um die Erschließung von Rohstoffquellen und wirtschaftlich-technische Großprojekte. Die Zusammenarbeit mit Japan scheitert 1975 wegen der Kurilenfrage und wegen hoher sowjetischer Kapitalforderungen.

Die Entwicklung der KPdSU zur Massenpartei

Jahr	Parteimitglieder (mit Kandidaten) (in Mio.)	Bevölkerung der Sowjetunion (in Mio.)
1922	0,53	136,1
1929	1,54	153,4
1938	1,92	167,0
1940	3,99	194,1
1952	6,94	178,5 (1950)
1960	9,16	212,4
1970	14,01	241,7
1980	17,8	264,5
1986	19,41	278,8
1990	17,92	288,6

Okt. Der Oktober-Krieg (Israel gegen Ägypten) belastet die sowjetisch-amerikanischen Beziehungen: Die Ausweisung sowjetischer Berater aus Ägypten (18. Juli 1972) ist ein schwerer Rückschlag für die sowjetische Nahostpolitik. Im April 1972 hat die Sowjetunion jedoch bereits einen Freundschaftsvertrag mit dem Irak geschlossen, gefolgt vom Abkommen über wirtschaftlich-technische Zusammenarbeit mit Syrien (Juli 1972). Nach den ersten Erfolgen der US-Diplomatie 1973/74 (Ausweisung sowjetischer Berater aus dem Irak am 4. Juli 1974) macht sich Moskau den gegen Israel gerichteten Standpunkt der Palästinensischen Befreiungsorganisation (PLO) zu eigen: Jassir Arafat besucht Moskau (25.–30. Nov. 1974).

30. Okt. In Wien beginnen die Verhandlungen über eine ausgewogene beiderseitige Truppenreduzierung in Mitteleuropa (MBFR).

1974, 15. Okt. Nachdem der US-Kongress die Ratifizierung des Handelsabkommens von 1972 von der Haltung der Sowjetunion bei der Auswanderung sowjetischer Juden abhängig gemacht hat, warnt Breschnew die USA vor einer Verknüpfung der Handelspolitik mit inneren Angelegenheiten der Sowjetunion. Obwohl das Handelsabkommen mit den USA nicht zustande kommt, betont die Nachrichtenorganisation TASS, die Politik der Sowjetunion gegenüber dem Westen werde nicht geändert.

24. Nov. Breschnew und US-Präsident Gerald Ford unterzeichnen in Wladiwostok eine Vereinbarung, nach der bis spätestens 1977 das SALT-I-Abkommen durch ein bis 1985 gültiges **SALT-II-Abkommen** abgelöst werden soll.

16. Dez. Während der Plenartagung des ZK setzt Breschnew seine Auffassung vom **Vorrang der Entspannung vor der Ideologie** (Ausnutzung der Krise der westlichen Welt für die revolutionäre Bewegung) durch. Als Konzession an die »Dogmatiker« wird in der Wirtschaftspolitik der Vorrang der Schwerindustrie beschlossen. Die »sozialistische Lebensweise« wird als integrierendes Leitbild für die Entwicklung der Sowjetunion propagiert. Der straffe innenpolitische Kurs der Abgrenzung nach außen wird beibehalten.

1975, 11. Juni Kossygin übt Kritik am wirtschaftlichen Fehlverhalten in der Sowjetunion und betont die vorteilhafte Wechselwirkung zwischen Wirtschaftsbeziehungen zum Westen und Entspannungspolitik.

Aufbau von Partei und Staat in der Sowjetunion (»Demokratischer Zentralismus«), idealisiertes Schema

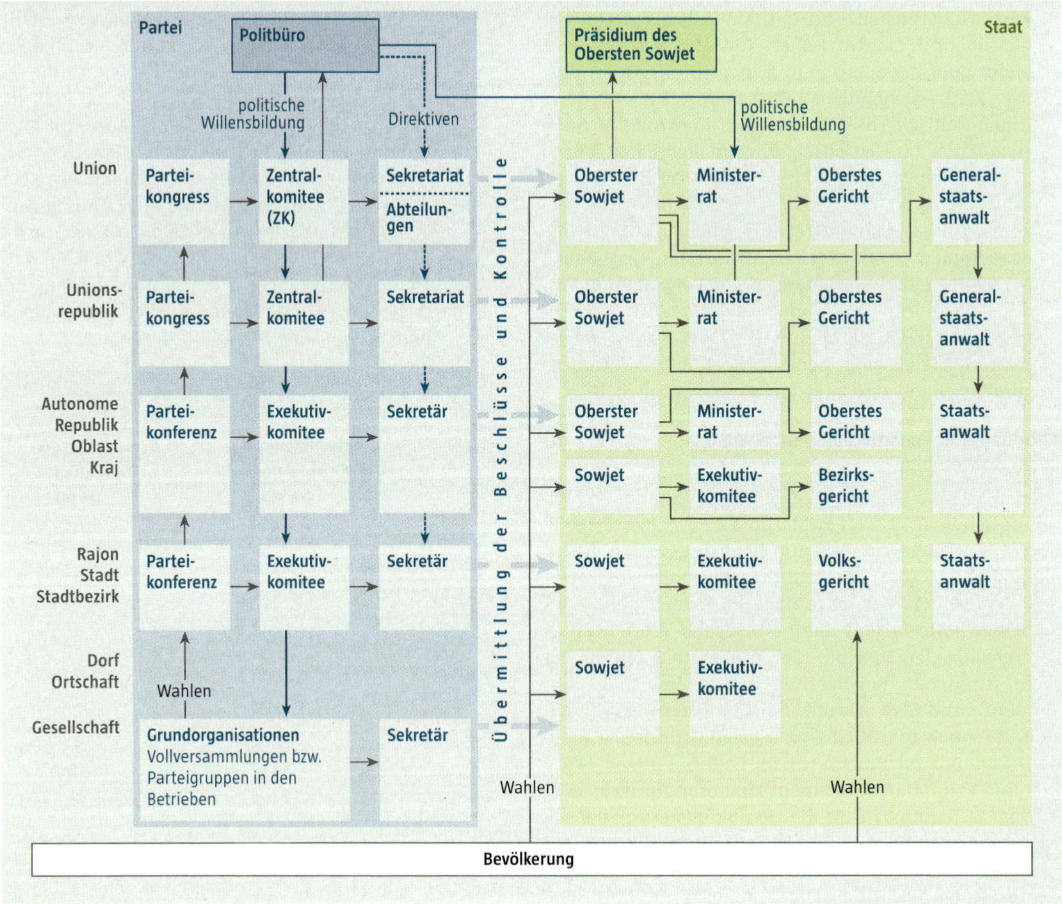

1. Aug. **Unterzeichnung der KSZE-Schlussakte** in Helsinki. Unter Berufung auf deren Bestimmungen über Menschenrechte und Meinungsfreiheit erhebt die Dissidentenbewegung konkrete Forderungen, v.a. nach der Entlassung politischer Häftlinge.

10. Dez. Dem Physiker und Menschenrechtler Andrej Sacharow wird der Friedensnobelpreis verliehen. Da er nicht nach Oslo ausreisen darf, nimmt ihn seine Frau Jelena Georgijewna Bonner (*1923) entgegen.

29. Dez. Die Parteizeitung »Prawda« weist Forderungen nach Liberalisierung im Sinne des westlichen Pluralismus zurück.

1976, 24. Febr.–5. März Der 25. Parteitag der KPdSU demonstriert die Führungsposition Breschnews, bestätigt die Kontinuität der Wirtschafts- und Außenpolitik, behandelt die Rolle der Partei »unter den Bedingungen des entwickelten Sozialismus« und übt Kritik an der Politik der Kommunistischen Partei Chinas, die »unverhüllt gegen die Mehrheit der sozialistischen Staaten« gerichtet sei.

28. April Die Sowjetunion kauft im Westen über 8 Mio. Tonnen Getreide.

8. Mai Das Präsidium des Obersten Sowjet verleiht Breschnew den Rang eines Marschalls der Sowjetunion. Damit ist er ranghöchster Militär.

13. Mai Neun prominente Dissidenten geben in Moskau die Gründung einer Gruppe bekannt, die die Einhaltung der Schlussakte der KSZE in der UdSSR überwachen will; sie werden am 15. Mai offiziell verwarnt.

1977, 8. Jan. Ein Bombenanschlag armenischer Separatisten in der Moskauer Metro fordert sieben Tote.

16. Juni Leonid I. Breschnew wird als Nachfolger Podgornyjs Vorsitzender des Präsidiums des Obersten Sowjet und damit Staatsoberhaupt.

7. Okt. Der Oberste Sowjet verabschiedet einstimmig die **neue Verfassung der Sowjetunion** (nach der Stalin-Verfassung von 1936): Der volksstaatliche Charakter der UdSSR (multinationales, einheitliches Sowjetvolk) wird hervorgehoben und die Partei als »Avantgarde des gesamten Volkes« (nicht mehr der Arbeiterklasse) und umfassend lenkende politische Kraft deklariert.

29. Okt. Fertigstellung des ersten Teilstücks (ca. 400 km) der Bahnstrecke Baikal-Amur-Magistrale (BAM).

1978, April Entsprechend der neuen Unionsverfassung werden unter Berücksichtigung nationaler Eigenheiten neue Verfassungen der Unionsrepubliken und der Autonomen SSR verabschiedet.

22. Aug. Die unter Stalin deportierten Krimtataren ersuchen das ZK der KPdSU um Erlaubnis zur Rückkehr auf die Krim.

1979, Febr. Das japanische Parlament fordert die Sowjetunion zur Räumung der Südkurilen und zur Aufgabe der Militärstützpunkte auf.

18. April Erneuter Kauf von Getreide in den USA.

15.–18. Juni Unterzeichnung des **SALT-II-Abkommens** auf einem Gipfeltreffen in Wien zwischen Breschnew und US-Präsident Jimmy Carter.

ab 27. Dez. Offizieller militärischer Einmarsch in Afghanistan.

1980, ab Jan. Die USA und weitere westliche Staaten reagieren mit Sanktionen (Getreide- und Technologieembargo, Boykott der Moskauer Olympiade) auf die sowjetische Präsenz in Afghanistan.

22. Jan. Verbannung des Regimekritikers Andrej D. Sacharow aus Moskau nach Gorkij (Nischnij Nowgorod).

23. Okt. Ministerpräsident Kossygin, ein Gegner der Afghanistan-Invasion, tritt aus Gesundheitsgründen zurück.

1981 Die Entwicklung in Polen (Solidarność-Bewegung) trifft die sowjetische Führung unvorbereitet. In häufigen Kontakten mit polnischen Politikern versucht die Partei- und Staatsführung, die Krise zu meistern.

23. Febr.–3. März Der 26. Parteitag der KPdSU bestätigt die Politik Breschnews.

22. Nov. Besuch Breschnews in Bonn; Unterzeichnung des **Erdgas-Röhren-Abkommens** (25. Nov.).

Übergangsphase: die Sowjetunion nach Breschnew (1982–1985)

Der **Rückgang des Wirtschaftswachstums** und die verbreitete Ordnungs- und Disziplinlosigkeit, dazu Versorgungsschwierigkeiten, Korruption und nationale Spannungen (Kaukasus, Baltikum), führen zu Diskussionen in der politischen Führung über Möglichkeiten, einer Krise vorzubeugen. Der sich verschlechternde Gesundheitszustand Breschnews und die dadurch verstärkte Unbeweglichkeit der Politik forcieren die Auseinandersetzungen um die **Nachfolgefrage** in den Führungsgremien.

1982, 24. Mai Nach dem Tod des für Ideologie und Außenpolitik zuständigen Sekretärs des ZK der KPdSU, Michail Andrejewitsch Suslow (*1902, †1982), wird der KGB-Chef Jurij Wladimirowitsch Andropow (*1914, †1984) – und nicht der von Breschnew favorisierte Konstantin Ustinowitsch Tschernenko (*1911, †1985) – sein Nachfolger.

12. Nov. Nach dem Tod Breschnews (10. Nov.) wird Andropow Generalsekretär des ZK der KPdSU und bald darauf Vorsitzender des Verteidigungsrates und Staatsoberhaupt.

1983, 16. Juni Andropow beginnt eine entschiedene **Antikorruptionskampagne**; innenpolitisch wird sein Elan bald durch Krankheit gebremst, außenpolitisch kann er die Konfrontation mit den USA nicht abbauen, bis er nach langer Krankheit stirbt (9. Febr. 1984).

1984, 13. Febr. Konstantin Tschernenko wird Andropows Nachfolger als Generalsekretär (am 13. April Staatsoberhaupt).

1985, 10. März Tod von Staats- und Parteichef Tschernenko; **neuer Generalsekretär der KPdSU** wird Michail Sergejewitsch **Gorbatschow** (*1931).

Gorbatschow: Reform und Krise (1985–1991)

Mit Gorbatschow beginnt eine **radikale Kehrtwendung**: Die Reformüberlegungen resultieren aus dem wirtschaftlichen Niedergang; **Glasnost** (Öffentlichkeit) soll eine rücksichtslose, öffentliche Bestandsaufnahme ermöglichen, **Perestroika** (Umbau) die wirtschaftliche Gesundung der Sowjetunion einleiten. Den Begriff der Demokratie, die das Land brauche »wie die Luft zum Atmen«, verbindet der neue Parteichef mit der Forderung nach »Rückbesinnung auf die leninschen Normen«. Die Reformen gewinnen jedoch, beschleunigt durch die Katastrophe von Tschernobyl, Eigendynamik. Die Partei, v. a. die Nomenklatura, beharrt aber, anders als in den übrigen osteuropäischen Ländern, auf der politischen Führung. Außenpolitisch angesehen wie kein anderer sowjetischer Politiker zuvor, verliert GORBATSCHOW das Ansehen im Lande durch den **Zusammenbruch der Grundversorgung der Bevölkerung**.

2. Juli ANDREJ GROMYKO wird Staatsoberhaupt, Außenminister der georgische Parteichef EDUARD AMBROSEWITSCH SCHEWARDNADSE (*1928).

19. Nov. Sowjetunion und USA beschließen auf der Genfer Gipfelkonferenz die Wiederaufnahme des Dialogs.

1986, 26. April Das **Reaktorunglück in Tschernobyl** verursacht eine Strahlenverseuchung in der westlichen Sowjetunion sowie in Ost- und Nordeuropa. Nach anfänglicher Leugnung wird der Schaden offen dargestellt (Prinzip der *Glasnost*).

18. Dez. Unruhen in Alma-Ata; Beginn offener Nationalitätenkonflikte.

19. Dez. ANDREJ D. SACHAROW kehrt aus der Verbannung nach Moskau zurück.

25. Dez. Das Politbüro billigt die Zulassung von sowjetisch-ausländischen Unternehmen (*Joint Ventures*).

1987, 10. April GORBATSCHOW verbindet Vorschläge zur Abrüstung atomarer Mittelstreckenraketen und zur Reduzierung der konventionellen Rüstung im Konzept einer »doppelten Null-Lösung«; erstmals deutet er die Aufgabe der Breschnew-Doktrin von 1968 über das Interventionsrecht der Sowjetunion im kommunistischen Machtbereich an; Legalisierung der Privatwirtschaften.

15. Mai **Abzug der sowjetischen Streitkräfte aus Afghanistan** (bis 15. Febr. 1989).

1988, 1. Jan. Das Unternehmensgesetz tritt in Kraft, das den Unternehmen volle wirtschaftliche Rechnungsführung und Eigenverantwortlichkeit vorschreibt.

19. Jan. Einrichtung einer Arbeitsvermittlung; erste öffentliche UdSSR-Anleihe auf internationalen Kapitalmärkten.

4. Febr. Der Oberste Gerichtshof **rehabilitiert Opfer der Stalin-Ära**, u. a. NIKOLAJ BUCHARIN (*1888, †1938) und ALEXEIJ RYKOW (*1881, †1938).

5. Juni Jahrtausendfeier der Christianisierung Russlands.

28. Juni–1. Juli Die 19. Parteikonferenz der KPdSU beschließt **Verfassungsänderungen**: Wahlen zum Kongress der Volksdeputierten (2250 Mitglieder) mit dem Obersten Sowjet (450 Mitglieder) als ständigem Parlament im April 1989 und Lokal- und Republikwahlen (erstmals mit parteilosen Kandidaten) im Herbst 1989.

1. Okt. Wahl GORBATSCHOWS zum Staatsoberhaupt. Die Agrarproduktion bleibt weit unter den Planzielen; Inflation.

1989 Zahlreiche Sowjetrepubliken erklären ihre Selbstständigkeit und die jeweilige nationale Sprache anstelle des Russischen zur Amtssprache.

Ende Jan. Gründung der Gesellschaft »Memorial«, die sich mit den Verbrechen der Stalin-Zeit befassen will.

31. März Eine Konferenz von Vertretern der 2,2 Mio. Sowjetdeutschen gründet die »Allunionsgesellschaft der sowjetdeutschen Wiedergeburt« und fordert die Wiederherstellung der Wolgarepublik.

25. Mai Der Kongress der Volksdeputierten bewilligt besondere Vollmachten für GORBATSCHOW.

Juli Streiks in den Kohlerevieren.

23. Nov. Das Pachtgesetz ermöglicht ab 1. Jan. 1990 den Aufbau privater Betriebe.

1990, Jan. Marxismus-Leninismus wird als Unterrichtsfach an den sowjetischen Schulen und Hochschulen abgeschafft.

4. Febr. Massenkundgebung in Moskau gegen die Alleinherrschaft der Partei.

27. Febr. Die Einführung des Amtes eines Präsidenten der Sowjetunion mit weitgehenden Vollmachten wird vom Obersten Sowjet und vom Kongress der Volksdeputierten (am 12./13. März) beschlossen: GORBATSCHOW wird Präsident.

28. Febr. Gesetz über die privatwirtschaftliche Nutzung von Agrarland.

2.–13. Juli 28. Parteitag der KPdSU; GORBATSCHOW wird als Generalsekretär wiedergewählt; die kommunistischen Parteien der Sowjetrepubliken werden für selbstständig erklärt.

10. Juli/12. Juli BORIS NIKOLAJEWITSCH JELZIN (*1931, †2007) wird Präsident der Russischen Sowjetrepublik. Die Delegierten der »Demokratischen Plattform« treten aus der KPdSU aus.

1. Aug./3. Okt. Ein Mediengesetz garantiert Pressefreiheit, ein Religionsgesetz Gewissensfreiheit.

15. Okt. **Friedensnobelpreis für GORBATSCHOW** für seinen Beitrag zur Beendigung des Kalten Krieges. Wegen der angespannten Lage nimmt er ihn nicht persönlich entgegen. – Ökonomische Krise; Hilfsaktionen aus Westeuropa.

19. Okt. Der Oberste Sowjet stimmt GORBATSCHOWS Programm zur Wirtschaftsreform zu, das die Stabilisierung der Sowjetökonomie herbeiführen und den **Übergang zur Marktwirtschaft** regeln soll. Die wirtschaftspolitische Verantwortung und Zuständigkeit wird auf die politischen Organe der Sowjetrepubliken übertragen.

23. Okt. Neun nicht kommunistische **demokratische Parteien** schließen sich in Moskau zu einer Bewegung »Demokratisches Russland« zusammen.

21. Dez. Außenminister SCHEWARDNADSE tritt zurück.

Das Ende der Sowjetunion

GORBATSCHOW gerät mit seinem Versuch, die Wirtschaftsordnung von der reglementierenden Planungsbürokratie zu einer Ökonomie der Eigenverantwortung umzugestalten, bei weiterhin bestehenden Versorgungsengpässen und wirtschaftlichen Schwierigkeiten, zunehmend in das Spannungsfeld zwischen demokratischen Reformbefürwortern und orthodox-kommunistischen Kritikern der *Perestroika*: So klammert die im Jan. 1991 eingeleitete Landreform die politisch umstrittene Privatisierung von Grund und Boden aus. Zwischen einzelnen Sowjetrepubliken (z.B. Armenien und Aserbaidschan) sowie innerhalb von Republiken (z.B. in Georgien mit Abchasien) brechen **lange schwelende Nationalitätenkonflikte** offen aus; die militärischen Zusammenstöße versucht die Zentrale in Moskau mit der Entsendung von Truppen einzudämmen. Zudem erfolgt nach und nach die Souveränitätserklärung einzelner Sowjetrepubliken. GORBATSCHOW reagiert Ende 1990 mit einem Ausbau des Präsidialsystems: Die Volksdeputierten billigen die von ihm vorgeschlagenen **Verfassungsänderungen** zum Umbau des Staatsapparats. Der Präsident ist nunmehr für Außenpolitik, Sicherheit, zentrale Wirtschaftslenkung der Sowjetunion sowie für die Kontrolle der 15 Sowjetrepubliken zuständig. Mithilfe eines Unionsvertrags will GORBATSCHOW den auseinanderstrebenden Kräften entgegenwirken und ein Auseinanderfallen der Sowjetunion verhindern. Der Oberste Sowjet stimmt im Sommer 1991 dem Vertragsentwurf zu, der den Sowjetrepubliken Verwaltungs-, Finanz- und Steuerhoheit zugesteht, der Union aber die Verantwortung für Verteidigung, Außenpolitik und Außenhandel belässt. Einen Tag vor der geplanten Vertragsunterzeichnung unternimmt eine Gruppe orthodox-kommunistischer Kräfte einen **Putschversuch** (19. Aug. 1991). Obwohl er scheitert, fällt der sowjetische Bundesstaat auseinander, da die Gegensätze zwischen Zentrale und Sowjetrepubliken, die sich nunmehr alle für souverän erklärt haben, unüberbrückbar werden. Die Gründung der Gemeinschaft Unabhängiger Staaten (GUS; Dez. 1991) bedeutet das Ende der Sowjetunion.

1991, Jan. GORBATSCHOW hebt die Gesetze der Sowjetrepubliken auf, die sich auf die sowjetischen Streitkräfte beziehen (Wehrdienstverweigerung). – Erlass eines Präsidialdekrets zur **Bodenreform** und **Währungsreform** (8. Jan.). Neuer Außenminister wird ALEXANDER ALEXANDROWITSCH BESSMERTNYCH (*1933). – Sowjetische Truppen marschieren in Vilnius auf (11. Jan.), Belagerung des Parlaments; später auch in Riga.

5. Febr. Erlass zur Bekämpfung des organisierten Verbrechens, des Drogenhandels und der Korruption; große Abstimmungskampagne für das Unions-Referendum am 17. März.

Febr./März Volksabstimmungen in Litauen, Lettland und Estland ergeben eine Mehrheit für die Unabhängigkeit. Die Volksabstimmung über den Fortbestand der Sowjetunion als »erneuerte Föderation gleichberechtigter souveräner Staaten« (17. März) ergibt eine Mehrheit für den Fortbestand (sechs Republiken boykottieren).

1. März Ein neues System aus Festpreisen (Grundbedarf), staatlich kontrollierten und freien Preisen wird eingeführt. Beginn eines lang anhaltenden Bergarbeiterstreiks, der bis Mitte März 160 der 650 Gruben erfasst.

4. März Der **»Zwei-plus-Vier-Vertrag«** sowie weitere deutsch-sowjetische Verträge werden im Obersten Sowjet ratifiziert.

4. April JELZIN erhält vom russischen Kongress der Volksdeputierten Sondervollmachten, auf dem Territorium der Russischen Föderation Entscheidungen per Dekret durchzusetzen.

12. Juni **JELZIN** wird mit 57,3 % der Stimmen für fünf Jahre **zum Präsidenten der RSFSR** (erstes frei gewähltes Staatsoberhaupt Russlands) **gewählt**.

19. Aug. Ein selbst ernanntes »Notstandskomitee« unter Führung von Vizepräsident GENNADIJ IWANOWITSCH JANAJEW (*1937), dem Premierminister VALENTIN SERGEJEWITSCH PAWLOW (*1937, †2003), Verteidigungsminister DMITRIJ TIMOFEJEWITSCH JASOW (*1923) und Innenminister BORIS KARLOWITSCH PUGO (*1937, †1991) angehören, verkündet den Ausnahmezustand und erklärt GORBATSCHOW, der sich auf der Krim aufhält, für abgesetzt. Der russische Präsident JELZIN führt den **Widerstand gegen den Staatsstreich** an.

21. Aug. Da es viele Truppenteile ablehnen, gewaltsam gegen die protestierende Bevölkerung vorzugehen, bricht der Staatsstreich zusammen. GORBATSCHOW kehrt am 22. Aug. nach Moskau zurück.

6. Sept. Der Oberste Sowjet beschließt, die **Unabhängigkeit Litauens, Estlands und Lettlands anzuerkennen**.

6. Nov. JELZIN verbietet am Vorabend des 74. Jahrestages der Oktoberrevolution die KPdSU auf dem Territorium der RSFSR und löst ihre Organisation auf.

8. Dez. Russland, die Ukraine und Weißrussland schließen in Minsk einen Vertrag über die Bildung der **Gemeinschaft Unabhängiger Staaten (GUS)**.

21. Dez. Acht weitere ehemalige Sowjetrepubliken (Armenien, Aserbaidschan, Kasachstan, Kirgistan, Moldawien, Tadschikistan, Turkmenistan, Usbekistan) treten dem Minsker Abkommen bei und gründen im Vertrag von Alma-Ata formell die GUS.

25. Dez. **Ende der Sowjetunion** mit dem formellen Rücktritt des entmachteten Staatspräsidenten MICHAIL GORBATSCHOW.

Russland seit 1992

Durch den Zusammenbruch des von der Sowjetunion dominierten politischen, militärischen und wirtschaftlichen Systems nachhaltig geschwächt, ist die russische Außenpolitik von dem Bemühen um eine **Neupositionierung in Europa und der Welt** bestimmt. Es müssen konkrete Probleme bewältigt werden: Grenzregelungen, v.a. mit den baltischen Republiken, Ausdehnung der NATO bis an die Grenzen Russlands, Osterweiterung der Europäischen Union, das Verhältnis zu den früheren Verbündeten, Partnerländern und Gegnern, v.a. zur nunmehr alleinigen Weltmacht USA, sowie die Mitwirkung in den verschiedenen internationalen Organisationen wie Europarat und Welthandelsorganisation (WTO). Die anderen Nachfolgestaaten der Sowjetunion, die alle einen russischen Bevölkerungsanteil haben, betrachtet man als nahes Ausland, zu dem das Verhältnis erst noch entwickelt werden muss. Innenpolitisch stellt sich als zentrale Aufgabe der **Umbau des** bevormundenden und kontrollierenden **Sowjetsystems** in eine moderne zivilgesellschaftliche und privatwirtschaftliche Ordnung, in der die Einführung von Demokratie und Menschenrechten sich unter den Augen der Weltöffentlichkeit vollzieht. Zugleich muss aber auch der Bestand des Staates mit seinen über 160 Nationalitäten gewahrt werden.

1992, 30. Jan./2. Febr. Der russische Präsident Boris N. Jelzin erklärt während seiner Besuche in Großbritannien, den USA und Kanada die Gegnerschaft zwischen Russland und dem Westen für beendet. Zugleich kritisiert Jelzin die geringe westliche Investitionsbereitschaft in Russland.

3. Aug. **Russland** und die **Ukraine** vereinbaren ein **gemeinsames Oberkommando über die Schwarzmeerflotte**, einen der stärksten Marineverbände der ehemaligen UdSSR.

9. Sept. Spannungen zwischen Russland und Japan über die umstrittenen Kurileninseln führen zur kurzfristigen Absage eines Japan-Besuchs durch den russischen Präsidenten.

28. Okt. Die letzten russischen Militäreinheiten räumen Polen, nachdem geheime Dokumente über die Ermordung polnischer Offiziere durch den sowjetischen Geheimdienst NKWD bei Katyn (1940) an Polen übergeben wurden (13. Okt.).

29. Okt. Russland bestätigt die Existenz des geheimen Zusatzprotokolls zum deutsch-sowjetischen Nichtangriffspakt von 1939, was seitens der Sowjetunion stets bestritten wurde.

14. Dez. Der Kongress der Volksdeputierten wählt Wiktor Stepanowitsch Tschernomyrdin (*1938) zum Ministerpräsidenten und Nachfolger Jegor Timurowitsch Gajdars (*1956). Tschernomyrdin, der aus der Leitungsebene der ehemaligen sowjetischen Staatsbetriebe kommt, kündigt eine **Verlangsamung der Wirtschaftsreformen** an.

1993, 3. Jan. Der amerikanische Präsident George Bush und Präsident Jelzin unterzeichnen in Moskau den **START-II-Vertrag**, der bis 2003 eine Reduzierung des strategischen Atomwaffenpotenzials der beiden Staaten um 60 % vorsieht.

14./15. April Die Außen- und Finanzminister der G-7-Staaten beschließen in Tokio eine Finanzhilfe von 43,4 Mrd. US-Dollar für Russland.

25. April Bei einem Referendum votiert die Mehrheit der abstimmenden Bevölkerung (53 %) für Jelzins verfassungs- und wirtschaftspolitischen Kurs.

Juni Die letzten russischen Soldaten verlassen Kuba.

17. Juni Russland und die Ukraine einigen sich über die Aufteilung der Schwarzmeerflotte.

9. Juli Der Oberste Sowjet sieht Sewastopol, den Hauptstützpunkt der Schwarzmeerflotte, als russisches Territorium an.

15. Aug. Der russische Vizepräsident Alexander Wladimirowitsch Ruzkoj (*1947) fordert die Wiederherstellung der Sowjetunion, um Bürgerkriege zu vermeiden.

3. Okt. National-kommunistische Kräfte unternehmen unter Führung von Ruzkoj und Parlamentspräsident Ruslan Imramowitsch Chasbulatow (*1944) einen **Putschversuch und stürmen das Parlamentsgebäude in Moskau**. Jelzin verhängt den Ausnahmezustand über die Hauptstadt und lässt den Aufstand durch regierungstreue Truppen niederschlagen (4. Okt.).

2. Nov. Verteidigungsminister General Pawel Sergejewitsch Gratschow (*1948) stellt eine neue Militärdoktrin vor, die den Einsatz der Armee bei inneren regionalen Konflikten als Schwerpunkt des militärischen Auftrages hervorhebt und Atomwaffen als politisches Mittel der Abschreckung bezeichnet.

12. Dez. Die rechtsnationale Liberaldemokratische Partei (LDP) unter Wladimir Wolfowitsch Schirinowskij (*1946) gewinnt bei Parlamentswahlen 22,8 % der Stimmen. Zweitstärkste Gruppierung wird das für die Marktwirtschaft eintretende Wahlbündnis »Russlands Wahl« (15,4 %). Eine absolute Mehrheit (58,4 %) stimmt der **neuen Verfassung** zu, die **Menschenrechte** sowie ein **Mehrparteiensystem** garantiert und den **Schutz des Privateigentums** festschreibt.

1994, 23. Febr. Die Duma (erste Kammer des Parlaments) beschließt mit 252 gegen 67 Stimmen eine Amnestie für die Putschisten von 1991 und 1993.

27. März Ca. 90 % der Bewohner der Krim sprechen sich bei einem Referendum für einen unabhängigen Status der Halbinsel aus.

27. Mai Der Literaturnobelpreisträger Alexander Solschenizyn kehrt aus dem US-amerikanischen Exil nach Russland zurück und bezieht Position gegen Reformen nach westlichem Vorbild sowie für »traditionelle russische Werte«.

22. Juni Russland tritt dem NATO-Programm **»Partnerschaft für den Frieden«** bei.

24. Juni Auf dem EU-Gipfel auf Korfu unterzeichnet Boris Jelzin ein Kooperationsabkommen mit der EU. Darin erklärt sich die EU zur schrittweisen Öffnung ihres Binnenmarktes für Russland bereit.

31. Aug. Die letzten russischen Soldaten ziehen aus Deutschland ab.

11. Dez. **Russische Truppen besetzen die autonome Republik Tschetschenien** nach einer Geiselnahme russischer Soldaten durch tschetschenische Separatisten in Grosnyj. Bundeskanzler Helmut Kohl und der georgische Staatspräsident Eduard Schewardnadse plädieren für die Erhaltung der territorialen Integrität Russlands im Interesse des europäischen Gleichgewichts (Jan. 1995).

1995, 25. Jan. Eine Mio. russische Soldaten, die nach ihrer Heimkehr aus deutscher Kriegsgefangenschaft im Zweiten Weltkrieg als angebliche Verräter oder Spione in Lagern interniert wurden, werden per Dekret rehabilitiert.

14. März Präsident Jelzin betont die Rolle Russlands als Großmacht und lehnt eine Osterweiterung der NATO ab.

9. Juni Der Streit zwischen Russland und der Ukraine

über Sewastopol wird mit einem Abkommen beigelegt, in welchem der Hafen als Hauptbasis der russischen Schwarzmeerflotte bezeichnet wird.

17. Dez. Die Kommunistische Partei erreicht mit 22 % der Stimmen und 157 Mandaten die meisten Stimmen bei den Dumawahlen. Zweitstärkste Gruppierung wird der aus der Partei »Russlands Wahl« hervorgegangene Wahlblock der rechten Mitte »Unser Haus Russland« (11 %, 55 Mandate), der von der Regierung TSCHERNOMYRDIN gefördert wird, vor der LDP (9,7 %, 51 Mandate).

1996, 5. Jan. Außenminister ANDREJ WLADIMIROWITSCH KOSYREW (*1951) legt sein Amt nieder. Nachfolger wird am 9. Jan. JEWGENIJ MAXIMOWITSCH PRIMAKOW (*1929), bisher Chef des Auslandsgeheimdienstes.

9. Jan. 250 tschetschenische Freischärler nehmen bei einem Überfall auf die Stadt Kisljar in Dagestan ca. 3000 Geiseln, die am 18. Jan. durch eine russische Militäroperation befreit werden.

25. Jan. Der **Europarat** stimmt für die **Aufnahme Russlands** als 39. Mitglied. Der Beitritt erfolgt am 28. Febr.

25. Febr. In einer Grundsatzrede bilanziert Präsident JELZIN die wirtschaftlich-soziale Entwicklung Russlands seit 1991. Erfolge der Reformen sind u. a. die Grundlegung der Marktwirtschaft, viele Unternehmensgründungen und eine verringerte Inflation. Als Kritikpunkte führt er fehlende soziale und wirtschaftliche Rechte der Bürger sowie Korruption und wachsende Kriminalität an.

Mitte März Russische Truppen beginnen eine neue Offensive gegen tschetschenische Unabhängigkeitskämpfer, welche die Stadt Grosnyj besetzt halten. JELZIN erklärt bei einem Besuch in Grosnyj den Tschetschenienkrieg für beendet (28. Mai), es brechen jedoch erneut Kämpfe aus (6. Aug.).

16. Juni/3. Juli Wiederwahl JELZINS zum Staatspräsidenten mit 53,9 % der Stimmen.

10. Aug. Die Duma bestätigt VIKTOR TSCHERNOMYRDIN als Ministerpräsidenten.

17. Okt. JELZIN entlässt den unterlegenen Präsidentschaftskandidaten, Sicherheitsberater ALEXANDER IWANOWITSCH LEBED (*1950, †2002); dieser gründet am 27. Dez. die Russische Republikanische Volkspartei (RRVP).

1997, 7./17. März JELZIN ernennt ANATOLIJ BORISOWITSCH TSCHUBAIS (*1955) und BORIS JEFIMOWITSCH NEMZOW (*1959) zu Ersten Stellvertretenden Ministerpräsidenten.

20.–21. März In Helsinki beraten Präsident JELZIN und US-Präsident BILL CLINTON über die europäische Sicherheitspolitik und die Beschränkung nuklearer Waffen.

2. April JELZIN und der Präsident Weißrusslands, ALEXANDR G. LUKASCHENKA, unterzeichnen den Vertrag über eine Union zwischen beiden Ländern, die jedoch ihre staatliche Souveränität und jeweilige Verfassung beibehalten.

12. Mai Der Präsident Tschetscheniens, ASLAN MASCHADOW (*1951, †2005), und Präsident JELZIN unterzeichnen einen **Friedensvertrag** zur Beendigung des verlustreichen **Tschetschenienkrieges**. Eine abschließende Regelung über den künftigen völkerrechtlichen Status Tschetscheniens erfolgt einstweilen nicht.

27. Mai Die NATO und Russland unterzeichnen ein Sicherheitsabkommen. Damit gibt Russland den Weg für die Erweiterung der NATO nach Osten frei. Das Abkommen sieht die Einrichtung eines Ständigen Gemeinsamen Rates zwischen NATO und Russland als Konsultations- und Koordinationsorgan vor.

31. Mai JELZIN und der Präsident der Ukraine, LEONID KUTSCHMA, unterzeichnen in Kiew einen Grundlagenvertrag über Freundschaft, Zusammenarbeit und Partnerschaft. Der Vertrag bestätigt die territoriale Integrität beider Länder und damit die Zugehörigkeit der Krim und Sewastopols zur Ukraine. Berücksichtigung findet ferner der gegenseitige Schutz der russischen und ukrainischen Minderheiten.

20.–21. Juni Russland nimmt erstmals als Vollmitglied am 23. Wirtschaftsgipfel der G-7-Staaten in Denver teil.

5. Dez. Die OECD stellt ein Ende der seit sieben Jahren anhaltenden Abwärtsentwicklung der russischen Wirtschaft fest, das sich in der Stabilisierung des Bruttoinlandsprodukts und dem Rückgang der Inflationsrate zeigt; die hohe Arbeitslosigkeit kann aber vorerst nicht abgebaut werden.

1998, 23. März JELZIN entlässt den Ministerpräsidenten TSCHERNOMYRDIN und beauftragt den bisherigen Energieminister SERGEJ KIRIJENKO (*1962) mit der Regierungsbildung; KIRIJENKO wird am 24. April von der Duma bestätigt.

17. Juli Die 1991 aufgefundenen sterblichen Überreste des letzten Zaren NIKOLAUS II. und seiner Familie werden in der Peter-und-Pauls-Festung in Sankt Petersburg beigesetzt.

17. Aug. Mit der Freigabe des Rubels und der Einstellung des Schuldendienstes erreicht die sich seit Herbst 1997 anbahnende **Finanzkrise** ihren Höhepunkt. Das Land ist praktisch **zahlungsunfähig**.

23. Aug. Ministerpräsident KIRIJENKO und sein Kabinett werden nach fünf Monaten Amtszeit entlassen.

7. Sept. Die Duma lehnt die von JELZIN vorgeschlagene erneute Berufung von TSCHERNOMYRDIN als Ministerpräsident ab. Auf ihren Druck hin muss JELZIN Außenminister PRIMAKOW zum Regierungschef ernennen, der am 11. Sept. von der Duma bestätigt wird.

1999, 4. März Entlassung des unter dem Verdacht der Geldwäsche und illegaler Geschäftstätigkeit stehenden Exekutivsekretärs der GUS, BORIS BERESOWSKIJ (*1946).

24. März Präsident JELZIN suspendiert die Beziehungen zur NATO wegen der Luftangriffe auf Jugoslawien.

12. Mai JELZIN entlässt Ministerpräsident PRIMAKOW und beruft den bisherigen Innenminister SERGEJ STEPASCHIN (*1952) als Regierungschef.

15. Mai Ein von den Kommunisten beantragtes Amtsenthebungsverfahren gegen JELZIN scheitert.

5. Juli Nach Überfällen tschetschenischer Rebellen auf russische Posten in benachbarten Kaukasusrepubli-

ken fliegt die russische Luftwaffe **Präventivschläge gegen tschetschenische Stützpunkte**.
Vertreter der NATO und Russlands einigen sich über die Rolle der russischen Soldaten in der Kosovo-Friedenstruppe KFOR.

Aug. Der schon länger andauernde Kleinkrieg an der dagestanisch-tschetschenischen Grenze eskaliert. Nach Luft- und Artillerieangriffen vertreiben die russischen Streitkräfte die **islamistischen Rebellen aus Dagestan**.

9. Aug. JELZIN entlässt Ministerpräsident STEPASCHIN und ernennt den Geheimdienstchef WLADIMIR PUTIN (*1952) zum Nachfolger. Er ist der fünfte Ministerpräsident innerhalb von 15 Monaten.

23. Sept. Nach mehreren Bombenanschlägen (u. a. auf einen Wohnblock in Moskau am 9. Sept. mit 92 Toten), die islamistischen Kaukasiern zur Last gelegt werden, beginnen russische Truppen eine **neue Offensive gegen Tschetschenien** (Zweiter Tschetschenienkrieg).

12. Nov. Russische Truppen erobern Gudermes, die zweitgrößte Stadt Tschetscheniens. In der Nacht zum 13. Nov. fliegt die Luftwaffe 180 Angriffe gegen Ziele in der Kaukasusrepublik. Über 200 000 Menschen fliehen in die autonome Republik Inguschetien.

19. Dez. Bei den Dumawahlen bleibt die Kommunistische Partei mit 24,3 % der Stimmen zwar stärkste politische Kraft, der eigentliche Gewinner aber ist die Kreml-Partei *Jedinstwo* (Einheit), die 23,3 % erringt.

25. Dez. Russische Truppen beginnen mit der **Erstürmung von Grosnyj**; die Eroberung ist am 6. Jan. 2000 abgeschlossen.

31. Dez. Präsident JELZIN tritt überraschend zurück. Der zum Interimspräsidenten ernannte PUTIN sichert JELZIN Immunität vor Strafverfolgung zu (gegen JELZIN waren Korruptionsvorwürfe erhoben worden).

2000, Febr. In Tschetschenien verlagert sich der Kriegsschauplatz in die Bergregion.

26. März Bei vorgezogenen Präsidentenwahlen wird der bisherige Interimspräsident PUTIN im Amt bestätigt.

Die Politik von Wladimir Putin

PUTINS Politik zielt darauf ab, den zuletzt vom Zerfall bedrohten föderativen Staat zu stabilisieren, die Zentralregierung zu stärken und das Verhältnis zu den GUS-Staaten weiter zu klären, sie v. a. um Moskau als Zentrum zusammenzuhalten. Die schrittweise Anpassung der wirtschaftlichen Beziehungen zu den Nachfolgestaaten an Weltmarktkonditionen (Preiserhöhungen für Erdgas und Erdöl) sorgt für Spannungen. Besondere Schwierigkeiten ergeben sich mit den baltischen Republiken wegen der Neufestsetzung des Grenzverlaufs und der dortigen großen russischen Minderheiten. Russland bemüht sich um Einfluss auf NATO und EU und auf die Politik der G-8 sowie um die Wiedergewinnung einer Weltmachtposition gegenüber den USA. Der Kampf gegen den internationalen Terrorismus hat mit der US-geführten Intervention in Afghanistan und dem Irakkrieg sowie mit dem andauernden Krieg in Tschetschenien außen- und innenpolitische Aspekte. Da PUTIN sich innenpolitisch in hohem Maße auf Persönlichkeiten aus dem Geheimdienst stützt, aus dem er selbst kommt, und seine Regierungsweise in der Auseinandersetzung mit allen Kräften, die die staatliche Geschlossenheit und den Vorrang der Politik in Frage stellen, zunehmend autoritäre Züge aufweist, zieht er die Kritik ausländischer Beobachter, in deutlich geringerem Maße auch aus dem Inland, auf sich.

2000, 14./19. April Duma und Föderationsrat billigen den 1993 unterzeichneten und 1996 von den USA ratifizierten START-II-Vertrag zur Verringerung der strategischen atomaren Gefechtsköpfe.

28. April Mit 101 Grafiken aus früheren Beständen der Bremer Kunsthalle gelangen zum ersten Mal »Beutekunst«-Gegenstände aus Russland nach Deutschland zurück.

13. Mai Präsident PUTIN verfügt die Einteilung der Russischen Föderation in sieben Verwaltungseinheiten, die weitgehend den Militärbezirken entsprechen.

17. Mai Die Duma bestätigt den von PUTIN vorgeschlagenen MICHAIL KASJANOW (*1957) als neuen Ministerpräsidenten.

13. Juni Verhaftung des Medienunternehmers WLADIMIR GUSSINSKIJ (*1952), dem Unterschlagungen vorgeworfen werden.

28. Juni Die Regierung billigt ein **marktwirtschaftlich orientiertes Wirtschaftsprogramm**.

12. Aug. Untergang des Atom-U-Boots »Kursk« in der Barentsee, wobei alle 118 Besatzungsmitglieder ums Leben kommen.

9. Nov. Der Sicherheitsrat beschließt eine Reduzierung der Streitkräfte um 20 %, d. h. 600 000 Personen.

2001, 5. Febr. Entlassung des Energieministers »wegen chronischer Unfähigkeit, die Probleme im Energiebereich zu lösen«. Infolge des strengen Winters ist in Sibirien und im Fernen Osten gebietsweise die **Energieversorgung zusammengebrochen**.

14. April Der halbstaatliche Energiekonzern Gasprom, Hauptaktionär im hoch verschuldeten Konzern Media Most des Unternehmers WLADIMIR GUSSINSKIJ, übernimmt die Kontrolle im regierungskritischen Fernsehsender NTW, was als Schlag gegen die Pressefreiheit gewertet wird.

20. April Die UN-Menschenrechtskommission verurteilt die Russische Föderation wegen **fortdauernder schwerer Menschenrechtsverletzungen in Tschetschenien**.

6. Juni In Abänderung des Umweltschutzgesetzes von 1991 wird die Einfuhr von Atommüll aus dem Ausland erlaubt.

21. Okt. Nach seiner Bergung wird das Wrack des gesunkenen Atom-U-Boots »Kursk« ins Dock von Murmansk geschleppt; die Leichen der Besatzungsmitglieder werden bald darauf bestattet.

2002, 10. April Präsident PUTIN verständigt sich mit Bundeskanzler SCHRÖDER über die Beilegung der Transferrubel-Schuldenfrage (Altschulden der Sowjetunion gegenüber der DDR).

28. April ALEXANDER LEBED, Gouverneur von Krasnojarsk, kommt bei einem Hubschrauberabsturz in Sibirien ums Leben.

26. Juni Die Duma beschließt, dass russische Bauern wieder Grund und Boden erwerben dürfen. Damit geht die 70 Jahre währende Ära der Zwangskollektivierung zu Ende.

3. Sept. Regierungschef KASJANOW kündigt die Umsetzung des Klimaprotokolls von Kyōto durch Russland an.

23. Okt. **Tschetschenische Terroristen stürmen das Musicaltheater »Nord-Ost«** in Moskau. Bei der gewaltsamen Befreiung durch ein Spezialkommando (26. Okt.) kommen 41 Geiselnehmer und 117 der insgesamt 769 Geiseln ums Leben.

26. Nov. Ein neues Gesetz sieht für die Staatssprachen der Russischen Föderation den alleinigen Gebrauch der kyrillischen Schrift vor.

2003, 12. März Bei der **Neustrukturierung der Sicherheitsbehörden** werden v. a. die Kompetenzen des Inlandsgeheimdienstes FSB stark erweitert.

23. März Bei einer Volksabstimmung in Tschetschenien wird mehrheitlich für eine neue Verfassung gestimmt, die Tschetschenien stärker in die Russische Föderation einbindet. OSZE und westliche Politiker äußern Zweifel am regulären Zustandekommen des Plebiszites.

25. Okt. Der Vorstand der *Jukos*-Ölgesellschaft, MICHAIL CHODORKOWSKIJ (*1963), wird in Sibirien festgenommen. Die Behörden werfen ihm Betrug und Steuerhinterziehung vor.

7. Dez. Bei den Wahlen zur Duma erhält die Partei »Einheitliches Russland«, in der die Putin-Anhänger organisiert sind, mit 37,4 % die meisten Stimmen. Da auch die Liberaldemokratische Partei (LDPR, 11,5 %) und der Block »Heimat« (9,0 %) den Präsidenten unterstützen, verfügt PUTIN über eine stabile Mehrheit.

2004, 5. März MICHAIL JEFIMOWITSCH FRADKOW (*1950) wird Ministerpräsident (bis 14. Sept. 2007).

14. März Bei der Präsidentschaftswahl wird PUTIN mit über 70 % der Stimmen im Amt bestätigt.

29. Aug. Polizeigeneral ALU ALCHANOW (*1957) wird Nachfolger des bei einem Attentat (9. Mai) getöteten tschetschenischen Präsidenten ACHMED KADYROW (*1951).

1. Sept. Terroristen nehmen bei einem Überfall auf eine Schule in Beslan (Nordossetien) über 1000 Geiseln. Sicherheitskräfte stürmen das Gebäude am 3. Sept.: 30 Geiselnehmer und 355 Zivilisten werden getötet.

22. Okt. Die Duma ratifiziert das Kyōto-Protokoll. Damit ist die letzte Hürde für ein Inkrafttreten des 1997 beschlossenen Klimaschutzabkommens genommen.

Nov. PUTIN unterstützt im ukrainischen Wahlkampf den Präsidentschaftskandidaten WIKTOR JANUKOWITSCH, der für eine enge Bindung der Ukraine an Russland eintritt, aber bei der Wahl im Dez. unterliegt.

19. Dez. Die bis dahin unbekannte Fördergesellschaft *Balkal Finansgrup* ersteigert *Juganskneftegas*, die wichtigste Tochter des Ölkonzerns *Jukos*, dessen Gründer MICHAIL CHODORKOWSKIJ in Haft sitzt.

Bei der Durchsetzung höherer Preise für Erdöl und Erdgas kommt es wiederholt zu Spannungen zwischen Russland und v. a. der Ukraine, Weißrussland und Polen; wegen zeitweiliger Sperrung der Pipelines gegen diese Transitländer sind auch die EU und die westeuropäischen Empfängerländer von den Auseinandersetzungen betroffen. Der Streit um das russische Importverbot für polnische Fleischlieferungen belastet die Beziehungen zu Polen und zur EU. Die internationalen Verhandlungen über die Zukunft des Kosovo, bei denen Russland die Belgrader Forderung nach Verbleib dieses Gebietes im serbischen Staatsverband vertritt, bleiben ohne greifbare Ergebnisse. Uneinigkeit besteht auch bei der Beurteilung des Streits der USA und ihrer Bündnispartner mit Iran wegen dessen Atomprogramm.

2005, 8. März Der tschetschenische Rebellenführer ASLAN MASCHADOW wird bei Grosnyj von russischem Militär erschossen.

Mai Duma und Föderationsrat ratifizieren ein Abkommen zur Grenzregelung mit China von 1991, in dem Russland einen Teil bisher strittigen Gebietes abtritt.

26. Mai Russland und Litauen verhandeln erfolgreich über den Transitverkehr mit der Exklave Kaliningrad und die Zugehörigkeit Litauens zur EU.

30. Mai Russland beginnt mit dem Abbau seiner militärischen Stützpunkte in Georgien (beendet Nov. 2007).

31. Mai MICHAIL CHODORKOWSKIJ und der *Jukos*-Manager PLATON LEBEDEW (*1956) werden zu neun Jahren Arbeitslager verurteilt.

8. Sept. Die Vereinbarung über eine deutsch-russische Erdgaspipeline durch die Ostsee wird unterzeichnet.

2006/2007 Die Pläne des amerikanischen Präsidenten GEORGE W. BUSH, ein Raketenabwehrsystem mit Stützpunkten in Polen und Tschechien zu errichten, stoßen auf russischen Widerstand und führen zu einer Abkühlung der Beziehungen.

2006, 10. Juli Der tschetschenische Rebellenführer SCHAMIL BASSAJEW (*1965) stirbt unter ungeklärten Umständen (Mord durch den russischen Geheimdienst oder Unfall).

15.–17. Juli Erster G-8-Gipfel in Sankt Petersburg.

7. Okt. Die Ermordung der bekannten Journalistin ANNA STEPANOWNA POLITKOWSKAJA (*1958) erregt weltweites Aufsehen.

21. Okt. PUTIN befürwortet eine Energie-Partnerschaft mit der EU, lehnt aber eine Energie-Charta ab.

23. Nov. Der ehemalige russische Geheimagent und Putin-Kritiker ALEXANDER WALTEROWITSCH LITWINENKO (*1962) stirbt in London; die ungeklärten Umstände seines Todes ziehen internationale Aufmerksamkeit auf sich und belasten die russisch-britischen Beziehungen.

2007, Febr. Gegen CHODORKOWSKIJ und LEBEDEW werden neue Anklagen erhoben.

10. Febr. PUTIN kritisiert die Ausdehnung der NATO bis an die russischen Grenzen sowie die Dominanz der USA und betont Russlands Anspruch auf eine Rolle als Weltmacht.

2. März RAMSAN KADYROW (*1976), Sohn des früheren tschetschenischen Präsidenten ACHMED KADYROW, wird zum Präsidenten von Tschetschenien gewählt.

18. Aug. Die russische Luftwaffe nimmt die 1992 eingestellten Dauerflüge ihrer Langstreckenbomber wieder auf.

14. Sept. Der Chef der russischen Finanzaufsichtsbehörde, WIKTOR SUBKOW (*1941), wird Ministerpräsident.

7. Nov. Die Duma stimmt PUTINS Vorschlag zu, wegen des geplanten US-Raketenschilds in Osteuropa aus dem **KSE-Abrüstungsvertrag** von 1990 **auszusteigen**.

2. Dez. Bei den Dumawahlen siegt die Kreml-Partei »Einheitliches Russland« unter ihrem Spitzenkandidaten PUTIN deutlich mit 64,3 % der Stimmen. PUTIN soll im Mai 2008 neuer Ministerpräsident werden.

10. Dez. PUTIN, der nach der Verfassung nicht zum dritten Mal Präsident werden darf, schlägt den stellvertretenden Ministerpräsidenten (seit 14. Nov. 2005) DMITRIJ ANATOLJEWITSCH MEDWEDEW (*1965) als Kandidaten für die Präsidentschaftswahl vor. Dessen Nominierung durch die Partei »Einheitliches Russland« unterstützen die sog. Kreml-Parteien »Gerechtes Russland«, »Agrarpartei« und »Bürgerkraft«.

2008, 2. März In der Präsidentschaftswahl siegt MEDWEDEW mit 70,2 % der Stimmen.

14. April PUTIN wird zum neuen Vorsitzenden der Partei »Einheitliches Russland« gewählt.

Weißrussland seit 1945

Weißrussland, das im Mittelalter die westlichen Fürstentümer der Kiewer Rus als »Weiße Rus« umfasste (die Herkunft des Namens ist ungeklärt), kann sich als typisches Übergangsgebiet mit starker **ethnisch-sozialer und kultureller Mischung**, das in seiner Geschichte von Litauen, Polen und Russland beherrscht wird, auf **keine eigenständige historische Tradition** berufen. Die Anfänge einer weißrussischen Nationalbewegung um die Mitte des 19. Jh.s verbinden sich mit dem gegen die polnischen Großgrundbesitzer und die russische Herrschaft gerichteten Kampf um die Bauernbefreiung. Bemühungen um die Errichtung einer nichtkommunistischen Volksrepublik Weißrussland (1917/18) und die Ausrufung einer weißrussischen Sowjetrepublik (März 1919, vorübergehend vereinigt mit einer litauischen Sowjetrepublik) gehen zuletzt in den polnisch-sowjetrussischen Konflikten (1919–1921) unter. Die 1922 gegründete Weißrussische Sozialistische Sowjetrepublik, die nach dem Frieden von Riga (1921) mit Polen nur den östlichen Teil des weißrussischen Territoriums umfasst, tritt am 30. Dez. 1922 dem Vertrag zur Gründung der UdSSR bei. Die Entwicklung eines Nationalbewusstseins, Ansätze zu einer Industrialisierung, die Kollektivierung der Landwirtschaft sowie der Massenterror unter STALIN bestimmen die Jahre bis zur deutschen Besatzung im Zweiten Weltkrieg (1941–1944), in dem Weißrussland sehr große Opfer (Verlust mindestens eines Viertels der Bevölkerung, völlige Vernichtung der Juden) und verheerende Zerstörungen erleidet.

1945 Nach dem Abzug der deutschen Truppen wird die **Weißrussische Sozialistische Sowjetrepublik** mit einem im Westen erweiterten Territorium (die Grenze zu Polen ist nun an die ehemalige Curzon-Linie verlegt) wiederhergestellt. 1,5 Mio. Polen werden nach Polen, v. a. in ehemalige deutsche Ostgebiete, umgesiedelt.

24. Okt. Die Weißrussische SSR gehört neben der UdSSR zu den Gründungsmitgliedern der UNO.

1945–1970 Forcierte Industrialisierung.

1986, 26. April Der **Reaktorunfall in Tschernobyl** (Ukraine) verseucht **ca. 20 % der Fläche Weißrusslands** (v. a. die Region Gomel im Süden des Landes).

1988 Bildung der nationalen Bewegung (Volksfront) *Adradschennje* (Wiedergeburt/Erneuerung).
Bei Kuropaty werden Massengräber von Opfern des sowjetischen Geheimdienstes entdeckt. Im Herbst kommt es dort zu einer Massendemonstration, die die Sicherheitskräfte beenden.

1989, Jan. Die Republikregierung genehmigt die Errichtung einer Gedenkstätte in Kuropaty.

24./25. Juni Gründungskongress der »Weißrussischen Volksfront der Erneuerung« (BNF) in Vilnius.

1990, 1. Jan. Weißrussland erhält – wie die baltischen Staaten – eine **beschränkte wirtschafts- und finanzpolitische Autonomie** innerhalb der UdSSR.

März Beginn einer Welle von Parteigründungen.

27. Juli **Souveränitätserklärung**; zugleich wird die Forderung nach Entschädigung für das Reaktorunglück von Tschernobyl erhoben.

1. Sept. Die weißrussische Sprache wird Staatssprache.

1991, 17. März Das unionsweite Referendum über den Erhalt der UdSSR findet die Unterstützung von 83 % der Abstimmenden in Weißrussland.

April Preissteigerungen lösen Streiks aus, die sich zu einer Arbeiterbewegung mit politischen Forderungen ausweiten.

25. Aug. Nach dem Scheitern des von der weißrussischen Führung unterstützten Moskauer Putsches gegen den sowjetischen Präsidenten GORBATSCHOW stellt die weißrussische Kommunistische Partei ihre Tätigkeit vorläufig ein; der kommunistisch beherrschte Oberste Sowjet **proklamiert die Unabhängigkeit**.

18. Sept. STANISLAU STANISLAWOWITSCH SCHUSCHKEWITSCH (*1934) wird zum Vorsitzenden des Obersten Sowjet (Staatsoberhaupt) gewählt.

19. Sept. Umbenennung des Staates in **Republik Belarus**.

31. Dez. Anerkennung der Unabhängigkeit durch die EG-Staaten.

1993, 19. Okt. Weißrussland und Bulgarien unterzeichnen einen Vertrag über Freundschaft und Zusammenarbeit.

1994, Jan./Febr. Als Folge der schweren Wirtschaftskrise (Inflationsrate 50 %) beschließt das Parlament in Minsk Maßnahmen zur Wirtschaftsreform des rohstoff- und energiearmen Landes. Sie sehen die Privatisierung von 20 % der bisher überwiegend Militärgüter produzierenden Staatsbetriebe vor.

23. Juni/10. Juli Mit dem Versprechen, die Wirtschaftslage in Weißrussland durch engere Zusammenarbeit mit Russland zu verbessern, gewinnt ALJAKSANDR GRIGORJEWITSCH LUKASCHENKA (*1954), Vorsitzender des Parlamentsausschusses für Korruptionsbekämpfung, die Präsidentschaftswahlen. Mit russischer Unterstützung gelingt es LUKASCHENKA in den folgenden zwölf Jahren unter Beibehaltung der Planwirtschaft, das Bruttosozialprodukt um mehr als zwei Drittel und die Reallöhne erheblich zu steigern, die Armutsquote zu halbieren und die Arbeitslosigkeit gering zu halten. Sein Regime nimmt jedoch zunehmend autoritäre Züge an, bekämpft die Opposition und gerät wegen des Vorwurfs mangelnder Rechtsstaatlichkeit und Wahlmanipulationen außenpolitisch immer mehr in Isolation.

1995, 21. Febr. LUKASCHENKA und der russische Präsident BORIS JELZIN unterzeichnen in Minsk einen Grenz- und Freundschaftsvertrag, der eine begrenzte politische Integration sowie eine Wirtschafts- und Verteidigungsunion beider Staaten vorsieht.

1996, 15. Aug.–10. Sept. Der Versuch LUKASCHENKAS, Verfassungsänderungen zur Erweiterung seiner Vollmachten als Staatspräsident in einer Volksabstimmung verabschieden zu lassen, stößt auf den Widerstand des Parlaments.

18. Nov. Das Parlament leitet ein Amtsenthebungsverfahren gegen LUKASCHENKA ein, das bereits am 27. Nov. eingestellt wird.

24. Nov. Aus dem Referendum geht LUKASCHENKA als Sieger hervor: 70,5 % befürworten seinen Verfassungsentwurf.

1997, 2. April Die Präsidenten von Russland und Weißrussland unterzeichnen einen **Unionsvertrag**, der jedoch die Beibehaltung der jeweiligen staatlichen Souveränität vorsieht.

15. Sept. Wegen Verletzungen der Menschenrechte und der Nichteinhaltung rechtsstaatlicher Grundsätze suspendiert der EU-Rat die Ratifizierung des Kooperations- und Partnerschaftsabkommens mit Weißrussland.

1998, Ende Febr. Die OSZE eröffnet gegen den Widerstand von Präsident LUKASCHENKA eine ständige Vertretung in Minsk.

April Die Regierung verlangt die Räumung von 22 überwiegend westlichen Botschaften wegen angeblich notwendiger Renovierungsarbeiten. Der Streit eskaliert am 19. Juni: Die Zufahrtsstraße zum Diplomatenviertel wird gesperrt, Strom und Wasser werden abgestellt.

22. Juni Mehrere Botschafter, u. a. der deutsche, verlassen das Land. Die Auseinandersetzung um die Residenzen wird erst im Jan. 1999 beigelegt.

27. Juni Die Internationale Helsinki-Föderation kritisiert die Menschenrechtssituation in Weißrussland.

13. Aug. Der Europarat setzt den Sondergaststatus für Weißrussland aus.

1999, 8.–16. Mai Die Opposition versucht, Präsidentenwahlen zu organisieren. Präsident LUKASCHENKA bezeichnet die Wahl als rechtswidrig; die zentrale Wahlkommission erklärt das Ergebnis für ungültig.

2000, 26. Jan. Der im Dez. 1999 von den Präsidenten JELZIN und LUKASCHENKA unterzeichnete russisch-weißrussische Unionsvertrag tritt in Kraft.

15. Okt. Die **Wahlen** zum Repräsentantenhaus (566 überwiegend von Präsident LUKASCHENKA persönlich ernannte Kandidaten bewerben sich um 110 Direktmandate) finden **ohne OSZE-Beobachter** statt.

2001, 9. Sept. LUKASCHENKA erklärt sich zum Sieger der Präsidentschaftswahlen; nach Ansicht von Beobachtern hat es sich nicht um faire Wahlen gehandelt.

2002, 14. Aug. Der russische Präsident WLADIMIR PUTIN legt einen Zeitplan zur Vereinigung von Weißrussland mit Russland bis 2004 vor.

21. Okt. Die EU-Außenminister erklären ihre Besorgnis über die Situation der Menschenrechte und der Demokratie in Weißrussland.

2003, 9. Febr. Nachdem der Aufenthalt der OSZE-Mission am 29. Okt. 2002 eigentlich hatte beendet sein sollen, gestattet die Regierung der Organisation ihre Arbeit wieder aufzunehmen.

2004, 15. April Die UN-Menschenrechtskommission **verurteilt** die anhaltenden **Menschenrechtsverletzungen** im Land.

28. April Der Europarat bricht alle Beziehungen zu Weißrussland ab.

17. Okt. In einem Referendum stimmen 77,3 % der Wahlberechtigten für eine **Verfassungsänderung**, die Präsident LUKASCHENKA eine dritte Amtszeit ermöglicht. Ausländische Beobachter schätzen das Ergebnis als manipuliert ein.

2006, März Die Ankündigung des russischen Konzerns Gasprom, den Gaspreis für Weißrussland durch eine Vervierfachung dem Weltmarktpreis anzupassen, führt zu einem anhaltenden **»Gasstreit«** zwischen beiden Staaten.

19. März Präsidentschaftswahl: **LUKASCHENKA** wird mit 82 % der Stimmen zum **zweiten Mal wiedergewählt**.

14. Juli Der führende Oppositionspolitiker ALEXANDER KOSULIN (*1955), ehemaliger Rektor der Universität Minsk und Minister, wird wegen einer nicht genehmigten Versammlung zu einer hohen Gefängnisstrafe verurteilt.

2007, Jan. Die Erhöhung des Gaspreises und die Einführung von Exportzöllen durch Russland lassen die bisher gewährten Vorteile wegfallen; Weißrussland gerät bis Mitte des Jahres in einen Zahlungsrückstand von einer halben Mrd. Euro.

Aug. Der russische Konzern Gasprom droht mit einer Einstellung der Gaslieferungen nach Weißrussland.

14. Dez. Der russische Präsident PUTIN gibt Weißrussland einen Kredit von 1,5 Mrd. Dollar, um die wirtschaftliche Zusammenarbeit und die **Umstellung** Weißrusslands auf **marktwirtschaftliche Prinzipien** zu fördern.

Ukraine seit 1945

Die Ukraine, Grenzland im Südosten Europas, ist aus einem sehr komplizierten, noch nicht abgeschlossenen Prozess der Nationen- und Staatswerdung hervorgegangen. Sie beruft sich wie Russland auf eine **historische Herkunft von der Kiewer Rus**, der frühesten Herrschaftsbildung der Ostslawen. Ihr Territorium und ihre Bevölkerung bilden jedoch die längste Zeit keine geschlossene Einheit, sondern unterstehen russischer, litauischer, polnischer, osmanischer und habsburgischer Herrschaft, von denen sie gesellschaftlich und kulturell nachhaltig beeinflusst werden. Ansätze zu einer gewissen politischen Eigenständigkeit sind im Fürstentum Galizien-Wolhynien und im Hetmanat der Dnjepr-Kosaken (17. Jh.) zu erkennen. Eine nationalukrainische Bewegung, die auf eine bereits entstandene ukrainische Sprache und Kultur verweisen kann, tritt in der 2. Hälfte des 19. Jh.s auf. Zu einem ukrainischen Staat kommt es 1918 mit der Ukrainischen Volksrepublik, die 1919 nach der Eroberung durch die Bolschewiki von der **Ukrainischen Sozialistischen Sowjetrepublik** abgelöst wird und seit dem Staatsvertrag vom 30. Dez. 1922 zur Sowjetunion gehört. In der Sowjetukraine werden der Ausbau der Schwerindustrie und die Energiegewinnung massiv vorangetrieben, andererseits die Kollektivierung der Landwirtschaft mit aller Härte durchgesetzt; der **Hungersnot von 1932/33** fallen Millionen Ukrainer zum Opfer. Im Zweiten Weltkrieg werden Bemühungen, einen nationalukrainischen Staat zu errichten, durch die brutale deutsche Besatzung (1941–1944) zunichte gemacht. Politisch unterliegt die Ukrainische SSR intensiver Kontrolle und **Russifizierungsmaßnahmen** durch die Moskauer Zentrale; es gibt mehrfach **»Säuberungen«**. Während der Sowjetzeit kommt es in mehreren Wellen zu einer starken ukrainischen Emigration.

1945 Die Ukrainische SSR gehört neben der Sowjetunion zu den Gründungsmitgliedern der UNO.

29. Juni Aufgrund eines Vertrages zwischen der Sowjetunion und der Tschechoslowakei wird die **Karpato-Ukraine** in die Ukrainische Sozialistische Republik eingegliedert.
Infolge der auf der Konferenz von Jalta (Febr. 1945) beschlossenen Westverschiebung Polens wird die **Westukraine** ebenfalls an die Ukraine angegliedert, die polnische Bevölkerung ausgewiesen. Erstmals lebt die gesamte ukrainische Bevölkerung in einem Staat.

1946, 8.–10. März Die **Unierte Kirche** der Westukraine wird zwangsweise in die orthodoxe Kirche überführt (in der Karpato-Ukraine 1948).

1946–1947 und 1951–1952 »Säuberungen« und Maßnahmen gegen »ukrainischen Nationalismus« und »jüdischen Kosmopolitismus« fordern zahlreiche Opfer.

1948–1950 Kollektivierung der Landwirtschaft in der Westukraine.

1954, 18. Jan. Der Vertrag von Perejaslaw, mit dem die ukrainischen Kosaken sich dem Moskauer Zaren unterstellt haben (offiziell »Wiedervereinigung der Ukraine mit Russland«), wird mit einer 300-Jahr-Feier begangen.
Auf Beschluss des Präsidiums des Obersten Sowjets der UdSSR wird die **Halbinsel Krim** der Ukrainischen SSR angeschlossen.

1957 Die »Ukrainische Aufstandsarmee«, die im Krieg gegen die Deutschen, aber auch gegen die nachrückende Sowjetarmee gekämpft hatte, stellt ihre Aktivitäten ein.

1966, Nov. Der ukrainische Schriftstellerkongress nimmt gegen die Russifizierung der Ukraine Stellung.

1972, 19. Mai Der Chef (seit 1963) der ukrainischen Kommunistischen Partei, PETRO SCHELEST (*1908, †1996), wird durch WLADIMIR SCHTSCHERBIZKIJ (*1918, †1990) abgelöst.

1972/73 Repressive Maßnahmen gegen Dissidenten, »Säuberungen« in der KP der Ukraine.

1976 Infolge der Konferenz für Sicherheit und Zusammenarbeit in Europa (KSZE), schließen sich oppositionelle Menschenrechtsgruppen zum **Ukrainischen Helsinki-Komitee** zusammen.

1977–1984 Verstärktes Vorgehen der Behörden gegen die demokratische Opposition und eine intensivierte Russifizierungspolitik.

1980 Bischöfe der ukrainischen katholischen Kirche protestieren gegen den Zusammenschluss von 1946. – Spannungen mit der orthodoxen Kirche.

1986, 26. April **Reaktorunglück von Tschernobyl**: Viele Menschen sterben oder werden dauerhaft geschädigt, 12 % der landwirtschaftlichen Nutzfläche der Ukraine bleiben verseucht.

1988, Nov. Erstes Treffen von Anhängern der »Volksbewegung der Ukraine für die Umgestaltung« (Ruch).

1989, Mai SCHTSCHERBIZKIJ tritt als Parteichef zurück.

Juli Streiks in den Kohlerevieren von Donbass und Dnjepr, bei denen finanzielle und politische Forderungen erhoben werden.

8.–10. Sept. Gründungskongress von Ruch: Forderung nach wirtschaftlicher Autonomie, Ukrainisch als Staatssprache, nationalen Symbolen, Legalisierung der unierten ukrainischen katholischen Kirche.

1990, 1. Jan. Ukrainisch wird Staatssprache.

Juni Neugründung der ukrainischen **autokephalen orthodoxen Kirche.**

16. Juli Souveränitätserklärung des Parlaments, die Republikrecht über UdSSR-Recht stellt. Es besteht jedoch keine Mehrheit für den Austritt aus der Union.

23. Juli LEONID MAKAROWITSCH KRAWTSCHUK (*1934) wird Parlamentspräsident.

1991, 20. Jan. Referendum auf der Krim: Die Mehrheit der abstimmenden Einwohner spricht sich für den Status einer autonomen Republik unter Verbleib in der Sowjetunion aus (Zustimmung durch den Obersten Sowjet der Ukraine im Febr.).

17. März 70,2 % der abstimmenden Ukrainer votieren bei einem Referendum für den Erhalt der Sowjetunion.

24. Aug. Nach dem gescheiterten Moskauer Putsch gegen den sowjetischen Präsidenten MICHAIL GORBATSCHOW erklärt die **Ukraine** ihre **Unabhängigkeit.**

4. Sept. Die Autonome Republik der Krim erklärt sich »innerhalb der UdSSR« für souverän und ist somit nicht mehr Teil der Ukraine; sie kann sich damit nicht durchsetzen, ihr Status bleibt umstritten.

1. Dez. Referendum über die Unabhängigkeit der Ukraine (90 % Zustimmung). Bei den gleichzeitig abgehaltenen Präsidentschaftswahlen siegt KRAWTSCHUK. Bei einem Referendum auf der **Krim** sprechen sich 54 % der Abstimmenden für ihre **Unabhängigkeit** aus.

8. Dez. KRAWTSCHUK sowie die Präsidenten Russlands

und Weißrusslands, Boris N. Jelzin und Stanislas S. Schuschkewitsch, unterzeichnen ein Abkommen über die **Gründung der Gemeinschaft Unabhängiger Staaten** (GUS).

21. Dez. Die Ukraine wird Mitglied der GUS.

1992, Jan. Beginn der ukrainisch-russischen Auseinandersetzungen um die Zugehörigkeit der Krim und der ehemals sowjetischen **Schwarzmeerflotte**.

Mai Der Abzug der taktischen russischen Atomwaffen aus der Ukraine wird abgeschlossen.

30. Juni Das ukrainische Parlament billigt ein Gesetz, das der **Krim** weitgehende wirtschaftliche und kulturelle **Autonomie** einräumt. Die Zuständigkeiten für Außen-, Verteidigungs- und Währungspolitik verbleiben bei der Ukraine.

13. Okt. Leonid Danilowitsch Kutschma (*1938) wird Ministerpräsident (Rücktritt 21. Sept. 1993).

1993, Mai Die Kommunistische Partei der Ukraine wird wieder zugelassen (verboten im Aug. 1991).

12. Mai Mit der Ratifizierung durch das ungarische Parlament tritt der ukrainisch-ungarische Grenz- und Minderheitenvertrag, den das Kiewer Parlament bereits 1991 verabschiedet hat, in Kraft. Die Ungarn erhalten in der Karpato-Ukraine begrenzte Autonomie.

1994, 8. Febr. Annahme des NATO-Programms »Partnerschaft für den Frieden«.

10. Juli Kutschma gewinnt die Stichwahl um das Amt des Staatspräsidenten.

11. Okt. Kutschma stellt ein marktwirtschaftliches Programm vor, das sich an monetaristischen Vorgaben von Weltbank und Internationalem Währungsfonds (IWF) orientiert. Seine Ziele sind schnelle Privatisierung, Entwicklung des Unternehmertums, Finanzreform sowie Liberalisierung der Preise und des Handels. In den Folgejahren gelingt eine Drosselung der Inflation von 580 % (1994) über 180 % (1995) auf 40 % (1996). Sozialpolitische Zielsetzungen, v. a. die Bekämpfung der Armut eines wachsenden Bevölkerungsanteils, treten demgegenüber zurück.

16. Nov. Das Parlament ratifiziert den Beitritt der Ukraine zum **Atomwaffensperrvertrag** unter dem Vorbehalt vertraglicher Sicherheitsgarantien durch Russland, die USA und Großbritannien sowie gegen die Zusage US-amerikanischer Finanzhilfe, die am 22. Nov. beim Besuch Kutschmas in Washington erfolgt.

1995, 17. März/4. April Aufhebung der Autonomie für die Krim (Abschaffung des Präsidentenamtes, Aufhebung der Verfassung, direkte Kontrolle durch die ukrainische Regierung).

22. Aug. Teilweise Wiederherstellung der Autonomie der Krim (Recht zur Ernennung/Abberufung des Regierungschefs, allerdings in Absprache mit dem ukrainischen Präsidenten).

1995, 9. Nov. **Aufnahme der Ukraine in den Europarat.**

1996, 2.–16. Sept. **Währungsreform**: Die Hrywnja (Griwna) löst die Übergangswährung Karbowanez ab.

1997, 16. Mai Kutschma und der Vizepräsident der USA, Al Gore, unterzeichnen eine Vereinbarung, wonach alle Atomraketen vom Typ SS-24 auf ukrainischem Territorium vernichtet werden sollen.

28. Mai Mehrere Abkommen mit Russland u. a. über die Aufteilung der Schwarzmeerflotte.

31. Mai Kutschma und der russische Präsident Jelzin unterzeichnen in Kiew einen Grundlagenvertrag, der die territoriale Integrität beider Länder und damit die Zugehörigkeit der Krim sowie Sewastopols zur Ukraine bestätigt. Berücksichtigung findet ferner der Schutz der jeweiligen Minderheiten.

1998, 29. März Bei den Parlamentswahlen werden erstmals 225 der 450 Sitze über Parteien und nur noch 225 direkt vergeben. Am stärksten wird die Kommunistische Partei mit 123 Sitzen. Die Präsident Kutschma nahe stehende Demokratische Volkspartei erhält nur 28 Mandate. Die gleichzeitig stattfindenden Wahlen zum Parlament der Krim enden auch mit einem Sieg der Kommunisten, die sich für einen Anschluss an Russland einsetzen.

1999, 12. Jan. Die neue Verfassung der Krim tritt in Kraft. Die Halbinsel ist jetzt »Autonome Republik und integraler Bestandteil der Ukraine«.

24. März Ratifizierung der russisch-ukrainischen Abkommen über die **Aufteilung der Schwarzmeerflotte**. Russland kann Hafeneinrichtungen auf der Krim für zunächst 20 Jahre pachten.

14. Nov. Kutschma wird als Präsident im Amt bestätigt, obwohl er im Parlament über keine Mehrheit verfügt.

22. Dez. Das Parlament lehnt eine Bestätigung des seit Juli 1997 amtierenden Ministerpräsidenten Walerij Pustowojtenko (*1947) ab und wählt den von Präsident Kutschma nominierten Wiktor Juschtschenko (*1954).

Im Transformationsprozess weit hinter anderen ostmitteleuropäischen Staaten zurückgeblieben, ist die **Ukraine praktisch zahlungsunfähig**. Nach wie vor spielt sich ein Großteil der wirtschaftlichen Aktivitäten in der **Schattenwirtschaft**, teils sogar als Tauschhandel, ab.

2000, 22. Febr. Das Parlament beschließt die Abschaffung der Todesstrafe und kommt damit einer Auflage des Europarats nach.

16. April In einem Referendum sprechen sich über 80 % der Teilnehmer für Verfassungsänderungen aus, die u. a. die Kompetenzen des Staatsoberhaupts gegenüber dem Parlament erweitern sollen.

18. April Kutschma und Russlands Präsident Wladimir Putin vereinbaren eine engere Zusammenarbeit bei der Waffenproduktion.

7. Dez. Ende des langjährigen Streits um die Verbindlichkeiten der Ukraine aus russischen Erdgaslieferungen. Die Ukraine erhält einen Zahlungsaufschub von bis zu elf Jahren.

15. Dez. Nach mehreren Abschaltungen, Reparaturen und Wiederinbetriebnahmen in den Jahren 1998/99 wird das Kernkraftwerk Tschernobyl endgültig stillgelegt.

2001, 26. Febr. Der Tod des seit 2000 verschwundenen regierungskritischen, **ermordeten Journalisten Georgij Gongadse** (*1969, †2000) wird offiziell bestätigt. Präsident Kutschma und weitere hohe Staatsbeamte werden beschuldigt, an dem Verschwinden des Journalisten beteiligt gewesen zu sein.

26. April Misstrauensantrag im Parlament gegen Ministerpräsident JUSCHTSCHENKO. Dieser tritt am folgenden Tag zurück. Das Parlament wählt als Nachfolger am 29. Mai den Vorsitzenden der Partei der Industriellen und Unternehmer, ANATOLIJ KINACH (*1954).

26. April Die Parlamentarische Versammlung des Europarates fordert von der Ukraine substanzielle Fortschritte bei der Erfüllung der mit der Aufnahme in den Europarat eingegangenen Verpflichtungen.

2002, 31. März Der Block »Unsere Ukraine« unter Ex-Ministerpräsident JUSCHTSCHENKO wird bei der Parlamentswahl mit 111 Sitzen stärkste politische Kraft, es folgt der Block »Für eine einige Ukraine« des Präsidenten KUTSCHMA (104 Sitze). Die Kommunisten erhalten nur noch 67 Sitze, der »Block Timoschenko« 21 Sitze.

27. Juli In Lwiw (Lemberg) kommt es bei einer Flugschau zu einer Katastrophe, als ein Kampfjet in eine Zuschauermenge stürzt: 83 Menschen werden getötet.

16. Sept. Die Opposition unter Führung der Unternehmerin JULIJA TIMOSCHENKO (*1960) eröffnet eine Serie von Demonstrationen, bei denen Präsident KUTSCHMAS Rücktritt und Neuwahlen gefordert werden.

16. Nov. Entlassung von Ministerpräsident KINACH wegen Erfolglosigkeit. Nachfolger wird der Gouverneur der Region Donezk, WIKTOR JANUKOWITSCH (*1950).

2003, 20. März In der Irak-Krise stimmt das Parlament für die Entsendung einer 500 Mann starken ABC-Abwehrtruppe, die in Kuwait stationiert wird.

7. Aug. Die Ukraine beteiligt sich mit 1650 Mann an der Sicherungstruppe in der polnischen Militärzone im Irak.

2004, 8. April Die Regierung scheitert im Parlament bei dem Versuch, eine Verfassungsänderung durchzubringen, die die Rechte des Präsidenten stark beschnitten hätte.

26. Nov. Ministerpräsident JANUKOWITSCH wird zum Sieger bei der Präsidentschaftswahl (21. Nov.) erklärt. In- und ausländische Beobachter stellen **erhebliche Wahlmanipulationen** fest. Die Unruhe in großen Teilen der Bevölkerung entwickelt sich zur **»Orangen Revolution«** (benannt nach der Farbe der Fahnen der Anhänger des unterlegenen Kandidaten, des früheren Ministerpräsidenten JUSCHTSCHENKO). In Kiew versammeln sich in den folgenden Wochen immer größere Menschenmengen zu Protestkundgebungen. Eine **Polarisierung innerhalb des Landes** zeichnet sich ab: JANUKOWITSCH steht für die Anlehnung an Russland, JUSCHTSCHENKO für eine Orientierung nach Westen.

8. Dez. Das Parlament nimmt eine Verfassungsänderung an (ab 1. Jan. 2006 in Kraft), die das Parlament und die von dessen Mehrheit gebildeter Regierung stärkt; dem Präsidenten bleibt das Vorschlagsrecht für den Außen- und den Verteidigungsminister sowie für den Leiter des nationalen Sicherheitsdienstes.

26. Dez. **Wiederholung** der umstrittenen **Präsidentenwahl**. Sieger wird diesmal JUSCHTSCHENKO, der am 4. Febr. 2005 seine Mitstreiterin JULIJA TIMOSCHENKO als Regierungschefin einsetzt.

2006, März Parlamentswahl: JANUKOWITSCHS »Partei der Regionen« wird stärkste Fraktion (186 Sitze) und koaliert mit Sozialisten (31 Sitze) und Kommunisten (21 Sitze). Der »Block Timoschenko« erhält 129 Sitze, kann aber die Verluste der JUSCHTSCHENKO-Partei »Unsere Ukraine« (81 Sitze) nicht ausgleichen und geht in die Opposition.

4. Aug. Nach langen Verhandlungen und dem Seitenwechsel der Sozialisten zur »Antikrisenkoalition« wird JANUKOWITSCH Ministerpräsident; an der Außen- und Sicherheitspolitik soll sich nichts ändern.

2007, 30. Sept. **Vorgezogene Parlamentswahlen**: Die »Partei der Regionen« wird wieder stärkste Fraktion (175 Sitze), auch der »Block Timoschenko« erzielt erhebliche Stimmengewinne (156 Sitze), gefolgt von »Unsere Ukraine« (72 Sitze). Wegen der äußerst knappen Mehrheitsverhältnisse ziehen sich die Verhandlungen über Koalitions- und Regierungsbildung hin.

18. Dez. Die von Staatspräsident JUSCHTSCHENKO als **Ministerpräsidentin** vorgeschlagene **JULIJA TIMOSCHENKO** wird durch das Parlament gewählt.

Moldawien seit 1924

Moldawien ist aus der **historischen Landschaft Bessarabien** hervorgegangen. Das ethnisch-kulturelle Mischgebiet mit überwiegend rumänischer Bevölkerung, starken ukrainischen und russischen Anteilen sowie bulgarischen und gagausischen (turksprachigen), bis zum Zweiten Weltkrieg auch jüdischen und deutschen Bevölkerungsgruppen, steht vom 16. bis zum frühen 19. Jh. unter **osmanischer**, dann unter **russischer Herrschaft**; vorübergehend (1856–1878) gehört es zum Fürstentum Moldau. Ein sozialer und nationaler Aufstand führt zur Ausrufung einer eigenständigen Demokratischen **Moldawischen Republik** (15. Dez. 1917), die sich 1918 unter dem Druck ukrainischer Gebietsforderungen und des russischen Bürgerkrieges mit **Rumänien** vereinigt.

1924 Östlich des Dnjestr errichtet die Sowjetunion im rumänisch-ukrainischen Grenzgebiet innerhalb der Ukrainischen SSR die **Moldawische Autonome Sozialistische Sowjetrepublik** (ASSR).

1940 Vereinigung der Moldawischen ASSR mit den von Rumänien infolge deutsch-sowjetischer Absprachen (Nichtangriffspakt vom 23. Aug. 1939) abgetretenen Gebieten Bessarabien und Nord-Bukowina zur »Moldawischen Sozialistischen Sowjetrepublik«, die 1941 von Rumänien besetzt wird.

1944 Nach der sowjetischen Rückeroberung wird erneut die **»Moldawische Sozialistische Sowjetrepublik«** gegründet. In den folgenden Jahren kommt es zu Massendeportationen, einer starken Russifizierung des öffentlichen Lebens und der Unterdrückung der nationalen Eigenständigkeit (künstliche Unterscheidung einer moldawischen Sprache vom Rumänischen, Einführung der kyrillischen Schrift).

1959 Die Schriftsprache der christlich-orthodoxen Gagausen wird anerkannt.

1986 Erste Proteste gegen die Russifizierungspolitik.

1988, Juni In der Republikhauptstadt Chişinău wird ein Organisationskomitee für die »Demokratische Bewegung zur Unterstützung der Perestrojka« gebildet: Forderungen nach Einwanderungsstopp, Wiedereinführung des lateinischen Alphabets und der moldawischen (rumänischen) Sprache als Staatssprache.

1989, 20. Mai Zusammenschluss verschiedener Oppositionsgruppen, wie der »Demokratischen Bewegung«, zur »Moldawischen Volksfront« (Forderung nach Souveränität).

Juli MIRCEA ION SNEGUR (*1940) wird zum Vorsitzenden des Präsidiums des Obersten Sowjets der Republik gewählt.

31. Aug. Das neue Sprachengesetz bestimmt Moldawisch zur einzigen Amtssprache und die Rückkehr von der kyrillischen zur lateinischen Schrift. Daraus entstehen **Konflikte mit den Minderheiten**. Im überwiegend russisch- bzw. ukrainischsprachigen Transnistrien (östlich des Dnjestr) wird das Gesetz von den örtlichen Behörden nicht umgesetzt.

Nov. Die »Moldawische Volksfront« führt nationalistische Demonstrationen an, bei denen es zu schweren Unruhen kommt.

1990, 23. Juni **Souveränitätserklärung** als Sozialistische Sowjetrepublik Moldova.

19. Aug. Ausrufung der **»Gagausischen Sozialistischen Sowjetrepublik«**, der Moldawien jedoch die Anerkennung verweigert.

2. Sept. In Transnistrien, wo Ukrainer und Russen über die Hälfte der Bevölkerung bilden, wird eine **»Sozialistische Sowjetrepublik Dnjestr«** gegründet, die weder von Moldawien noch international anerkannt wird.

3. Sept. SNEGUR wird vom Parlament zum Staatspräsidenten gewählt.

26. Okt.–1. Nov. Auseinandersetzungen zwischen Moldawiern und Gagausen; am 2. Nov. auch mit transnistrischen Demonstranten.

1991, 17. März Moldawien boykottiert das unionsweite Referendum für den Erhalt der UdSSR. Die Minderheiten der Russen, Ukrainer und Gagausen nehmen daran aber teil.

23. Mai Umbenennung in Republik Moldova.

27. Aug. **Proklamation der Unabhängigkeit.**

3. Sept. Die **Dnjestr-Republik** erklärt sich für **unabhängig**, was Moldawien nicht anerkennt.

1. Dez. Die einseitig abgehaltenen Referenden über die Unabhängigkeit der Gagausen und der Dnjestr-Republik nimmt die jeweilige Bevölkerung an.

8. Dez. SNEGUR vom Volk direkt zum Staatspräsidenten gewählt.

13. Dez. Nationale Konflikte in der Dnjestr-Republik.

21. Dez. Beitritt Moldawiens zur Gemeinschaft Unabhängiger Staaten (GUS).

1992, 1. März–25. Juli **Krieg zwischen Moldawien und der Dnjestr-Republik**, der unter Beteiligung des russischen Generals ALEXANDER IWANOWITSCH LEBED (*1950, †2002) und der in Transnistrien stationierten 14. Armee der russischen Streitkräfte beendet wird; der Konflikt ist damit nicht beigelegt.

1993, 7./20. Jan. Präsident SNEGUR scheitert im Parlament knapp mit seinem Plan, ein Referendum über die Wiedervereinigung Moldawiens mit Rumänien abzuhalten.

4. Aug. SNEGUR erhält vor dem Hintergrund einer **schweren Wirtschaftskrise** (Produktionsrückgang, Sinken des Nationaleinkommens, Energie- und Rohstoffmangel) zur Durchführung von Wirtschaftsreformen Sondervollmachten (u. a. bis zum 1. Juli 1994 das Recht, mit Erlassen zu regieren, die Gesetzeskraft besitzen).

5. Aug. Moldawiens Mitgliedschaft in der GUS endet vorerst, als das Parlament wegen des umstrittenen Dnjestr-Gebietes die Ratifikation der Verträge über die GUS-Gründung vom Dez. 1991 ablehnt (endgültiger Beitritt am 8. April 1994).

1994, 27. Febr. Die **ersten freien Parlamentswahlen** gewinnen die ehemaligen kommunistischen Parteien der Agrardemokraten (PDAM) und eines Bündnisses von Sozialisten (BPSMUE).

6. März Bei einem Referendum votieren 90 % der Abstimmenden für die Unabhängigkeit Moldawiens und gegen eine Vereinigung mit Rumänien.

16. März Beitritt zum NATO-Programm »Partnerschaft für den Frieden«.

Dez. Das Parlament billigt ein **Autonomiestatut für die Gagausen**, denen u. a. das Recht auf eine eigene Verwaltung und ein eigenes Bildungssystem sowie die Anerkennung des Gagausischen als Amtssprache zugestanden wird.

1995, 10. Juli Moldawien wird in den Europarat aufgenommen.

24. Dez. In einem Referendum befürworten 81 % der Einwohner der Dnjestr-Region (Transnistrien) die Unabhängigkeit und einen Beitritt zur GUS. Die Regierungen Moldawiens und Rumäniens lehnen die Teilung des Staates Moldawien jedoch ab.

1996, 20. Mai Der Internationale Währungsfonds (IWF) beschließt, Moldawien bei seinen eingeleiteten wirtschaftlichen Reformen und Bemühungen um Finanzstabilität erneut mit Krediten zu unterstützen (erstmals im Febr. 1993).

1. Dez. Bei der Stichwahl zum Präsidentenamt siegt der unabhängige, von der Linken unterstützte Parlamentspräsident PETRU LUCINSCHI (*1940) über den bisherigen Amtsinhaber SNEGUR.

1997, 8. Mai Staatspräsident LUCINSCHI und der Vorsitzende der »Republik Transnistrien«, IGOR SMIRNOW, (*1941) unterzeichnen ein Memorandum zur **Lösung der Transnistrien-Frage**.

1998, 22. März Die Kommunistische Partei wird mit 30,0 % der Stimmen stärkste politische Kraft bei den Parlamentswahlen. Ministerpräsident wird erneut ION CIUBUC (*1943), der eine Koalitionsregierung bildet, in der bis auf die Kommunisten alle Parteien vertreten sind.

1999, 1. Febr. Ministerpräsident CIUBUC tritt zurück. Hintergrund ist die **schwere Wirtschafts- und Finanzkrise** des Landes. CIUBUC beschuldigt seine Koalitionspartner, sich den erforderlichen marktwirtschaftlichen Reformen zu verweigern.

12. März CIUBUCS Stellvertreter ION STURZA (*1960) wird zum Ministerpräsidenten gewählt.

9. Nov. Das Parlament spricht der Regierung STURZA das Misstrauen aus. STURZAS Nachfolger wird am 21. Dez. der parteilose DUMITRU BRAGHIS (*1957).

2000, 5. Juli **Änderung der Verfassung** durch das Parlament: Der Staatspräsident hat fortan nur noch repräsentative Aufgaben.

31. Dez. Nachdem es dem Parlament in vier Wahlgängen nicht gelungen ist, einen Nachfolger für Präsident LUCINSCHI zu wählen, löst dieser das Parlament auf und setzt Neuwahlen an.

2001, 25. Febr. Aus den vorgezogenen Parlamentswahlen gehen die Kommunisten mit der absoluten Mehrheit von 50,7 % der Stimmen als Sieger hervor. Ihr Kandidat WLADIMIR WORONIN (*1941) wird am 4. April zum Staatspräsidenten gewählt.

19. April Der parteilose WASILE TARLEW (*1963) wird zum Ministerpräsidenten gewählt. Die Wirtschaftskrise dauert an; 80 % der Bevölkerung leben in Armut.

2003, 16. Nov. Russland, das den Waffenstillstand zwischen Moldawien und Transnistrien mit einer Friedenstruppe von 2000 Mann überwacht, legt einen Plan zur Lösung des Konflikts vor. Danach soll Transnistrien mit seiner überwiegend russischen Bevölkerung weitgehende Autonomie erhalten. Präsident WORONIN weist den Vorschlag am 25. Nov. zurück.

19. Dez. Verabschiedung eines neuen **Nationalitätengesetzes**, das zwischen moldawischer Mehrheit und rumänischer Minderheit unterscheidet und Russisch als zweite Landessprache neben Rumänisch einführt.

2005, 6. März Bei Parlamentswahlen verlieren die Kommunisten an Stimmen (46,1 %), können aber die absolute Mehrheit der Sitze (56 von 101) behaupten; der Wahlblock Demokratisches Moldawien erreicht 34, die Christlich-Demokratische Volkspartei 11 Sitze.

4. April Das Parlament wählt WORONIN mit 75 Stimmen erneut zum Präsidenten.

2006, 16. Sept. In Transnistrien stimmen in einem international nicht anerkannten Referendum 97,1 % der Wähler für die Unabhängigkeit der Dnjestr-Republik und einen künftigen Beitritt zur Russischen Föderation.

Georgien seit 1917 | Forts. v. S. 654 |

1783 vereinigt König EREKLE (*1721, †1798) Kachetien mit Kartli und unterstellt sich 1784 dem Schutz der russichen Zarin KATHARINA DER GROSSEN. 1801 annektiert der russische Zar PAUL I. einen Teil Georgiens. Das 19. Jh. steht im Zeichen der **Russifizierung**. Die Eroberung des ganzen Landes durch Russland endet erst 1878.

1917, 22. Nov. Zuerst mit deutscher, dann britischer Hilfe wird Georgien unabhängig.

1918, 26. Mai Demokratische Republik (unter den Menschewiki).

1921, 25. Febr. Russische Okkupation und Bildung der Georgischen Sozialistischen Sowjetrepublik.

1922/1936 Georgien ist Teil der Transkaukasischen Föderation, danach Unionsrepublik mit Autonomiegebieten für Osseten, Abchasen und Adscharen.

1944, 15. Nov. Deportation von 200 000 Mescheten nach Mittelasien.

1952 »Säuberungen« in der KP Georgiens durch STALIN.

1956, 5. März Unruhen am dritten Todestag STALINS in seiner georgischen Heimat werden niedergeschlagen.

1972 **EDUARD A. SCHEWARDNADSE** (*1928) **wird Parteichef** der KP Georgiens. Er bekämpft die Korruption und bemüht sich um Wirtschaftsreformen.

1977 SWIAD GAMSACHURDIA (*1939, †1993), Leiter einer Dissidentengruppe, wird verhaftet und in eine psychiatrische Anstalt eingewiesen.

1978, April Das Georgische bleibt nach Protesten gegen seine geplante Abschaffung zweite Amtssprache.

Juni Abchasier demonstrieren gegen eine »Georgisierung« ihres Landes.

1985, 2. Juni SCHEWARDNADSE wird Außenminister der Sowjetunion (bis 1990/91).

1988, 8. Okt. Demonstration der Opposition in Tiflis: Blutige Niederschlagung durch sowjetische Sicherheitskräfte (Tote durch Giftgaseinsatz).

25. Juni Gründung der Georgischen Volksfront.

23. Nov. Zusammenstöße zwischen nationalistischen Georgiern und Südosseten. Südossetische Unabhängigkeitsbestrebungen führen zu Kämpfen zwischen Separatisten und georgischen Truppen.

1990, 9. März **Souveränitätserklärung**.

25. Aug. Der Oberste Sowjet Abchasiens erklärt die Sezession aus Georgien.

28. Okt./11. Nov. Das Oppositionsbündnis »Runder Tisch – Freies Georgien« unter SWIAD GAMSACHURDIA siegt bei den Parlamentswahlen.

11./12. Dez. Nachdem Südossetien auch eine Souveränitätserklärung abgegeben hat, löst das Parlament Georgiens das autonome Gebiet auf und verhängt den Ausnahmezustand: Kämpfe.

1991, 31. März Die georgische Bevölkerung stimmt in einem Referendum mit 99 % der Stimmen für die Unabhängigkeit (Proklamation der Unabhängigkeit am 9. April).

26. Mai **Direktwahl GAMSACHURDIAS** zum Präsidenten mit 86,5 % der Stimmen.

19. Aug. Gegen den diktatorischen Regierungsstil GAMSACHURDIAS und seine rigide Nationalitätenpolitik wächst Opposition: Als er sich im Aug. 1991 mit den Moskauer Putschisten gegen die Opposition in Georgien verbünden zu wollen scheint, schließen sich die meisten Oppositionellen zusammen.

22. Dez. Nach viermonatigen Kämpfen siegt Ende Dezember die Opposition.

1992, 6. Jan. **Sturz GAMSACHURDIAS.**

10. März EDUARD SCHEWARDNADSE übernimmt den Vorsitz des neu gebildeten Staatsrats.

31. Juli Georgien wird Mitglied der UNO.

11. Okt. In einer Direktwahl wird **SCHEWARDNADSE Präsident** mit 95,9 % der Stimmen.

1993, 30. Sept. Der Krieg nach der Unabhängigkeitserklärung Abchasiens endet mit einer Niederlage der

Georgier und ihrer Vertreibung aus Abchasien – 1992 und 1993 rund 10 000 Tote.

24. Okt.–8. Nov. Eine Revolte der Anhänger GAMSACHURDIAS schlagen Regierungstruppen mit Rückendeckung russischer Einheiten nieder.

1994, 3. Febr. Unterzeichnung eines Freundschaftsvertrags zwischen Russland und Georgien.

1. März Das georgische Parlament ratifiziert den Vertrag über den **Beitritt Georgiens zur Gemeinschaft Unabhängiger Staaten** (GUS).

seit 14. Mai Eine GUS-Friedenstruppe überwacht den Waffenstillstand vom 4. April zwischen Georgien und Abchasien. Die separatistischen Gebiete Abchasien und Südossetien werden von Russland unterstützt.

26. Nov. Das Parlament Abchasiens verabschiedet eine Verfassung, die das Land als souveränen Rechtsstaat bezeichnet, und wählt WLADISLAW ARDSINBA (*1945) zum Staatsoberhaupt.

1995, 24. Aug. Verabschiedung der neuen Verfassung Georgiens: Präsidialsystem mit föderativen Elementen (seit 17. Okt. in Kraft).

5. Nov. SCHEWARDNADSE wird bei Präsidentschaftswahlen mit 74,3 % der Stimmen im Amt bestätigt.

1996, Okt. Georgien gibt ca. 100 000 deutsche Bücher zurück, die 1945–47 als Beutekunst in die UdSSR kamen.

1997, 11. Nov. Abschaffung der Todesstrafe.

1998, 9. Febr. Präsident SCHEWARDNADSE entgeht in Tiflis einem Attentat; zwei Leibwächter und der Attentäter kommen ums Leben.

23.–25. Juli Friedensgespräche zwischen Vertretern Georgiens und Abchasiens in Genf enden ergebnislos.

1999, 17. April Einweihung einer Erdölpipeline von Baku in Aserbaidschan nach Supsa in Georgien, welche die Lieferung von Öl nach Westeuropa ohne Durchquerung Russlands erlaubt.

27. April Georgien wird 41. Mitglied im Europarat. Auflagen: Georgien muss die Rückkehr der 1944 deportierten Mescheten ermöglichen, Abchasien, Adscharien und Südossetien Autonomie geben.

3. Okt. In einem von Georgien nicht anerkannten Referendum entscheidet sich die Bevölkerung von Abchasien für die Unabhängigkeit.

31. Okt. Parlamentswahlen bestätigen die Bürgerunion von Präsident SCHEWARDNADSE als stärkste politische Kraft.

2000, 9. April Amtsinhaber SCHEWARDNADSE gewinnt erneut die Präsidentschaftswahlen.

4. Juni Russland beginnt mit Teilabzug von einer seiner vier Militärbasen aus Georgien.

2001, 25. Jan. Georgien wird Mitglied im Europarat.

Juni Präsident SCHEWARDNADSE erklärt, dass über 55 % der Wirtschaftsleistung nicht registriert werden. Der Staatshaushalt ist auch wegen der dadurch entgehenden Steuern chronisch defizitär.

2002, April/Mai US-Militärs treffen zur Ausbildung georgischer Antiterror-Kräfte ein.

24. Aug.–30. Sept. Georgien gerät zunehmend unter russischen Druck. Eine Antiguerilla-Aktion im Pankisi-Tal, wo sich ca. 800 tschetschenische Kämpfer aufhalten, soll die Sicherheit wieder herstellen.

21. Nov. Georgien erklärt auf einem NATO-Gipfel in Prag offiziell seine Absicht, der NATO beizutreten.

2003, 21. März Das Parlament ratifiziert ein Militärabkommen mit den USA: außergewöhnliche Privilegien zur Nutzung der Militärstrukturen und Ausbildung georgischer Eliteeinheiten durch die USA.

20. Nov. Das Wahlbündnis »Für ein neues Georgien« von Präsident SCHEWARDNADSE erklärt sich zum Sieger der Parlamentswahlen vom 2. Nov. Die Opposition bestreitet die Rechtmäßigkeit der Auszählung. Am 22. Nov. stürmen Demonstranten das Parlamentsgebäude, am 23. Nov. tritt SCHEWARDNADSE zurück. Kommissarisches Staatsoberhaupt wird Parlamentspräsidentin NINO BURDSCHANADSE (*1964).

2004, 4. Jan. In vorgezogenen Präsidentschaftswahlen siegt der bisherige Oppositionsführer, der frühere Justizminister MICHAIL SAAKASCHWILI (*1967).

28. März Bei teilweisen Neuwahlen des Parlaments erringt das Wahlbündnis von SAAKASCHWILIS Nationaler Union und Demokratischer Partei 66,2 % der Stimmen: SAAKASCHWILI verfolgt eine eindeutige Orientierung an den USA und Europa.

5. Mai Der autoritäre Präsident der Autonomen Republik Adscharien, ASLAN ABASCHIDSE (*1938), wird vertrieben, Adschariens Autonomie eingeschränkt. Bei Neuwahlen siegt SAAKASCHWILIS' Wahlbündnis.

Juni Georgien wird in die Initiative der Europäischen Nachbarschaftspolitik (ENP) aufgenommen.

Juni–Aug. Konflikte zwischen georgischen und südossetischen Kräften: SAAKASCHWILIS Plan, nach Adscharien auch Südossetien zurückzugewinnen, scheitert.

29. Okt. Der NATO-Rat akzeptiert den *Individual Partnership Action Plan* (IPAP) Georgiens.

2005, 12. Jan. SERGEJ BAGAPHS (*1949) gewinnt die Präsidentschaftswahlen in Abchasien gegen seinen von Moskau favorisierten Rivalen RAUL KHAJIMBA (*1958), nachdem die Wahlen im Okt. 2004 kein eindeutiges Ergebnis gebracht hatten.

Juli Moskau zieht weitere Truppen ab. Die Räumung der Militärbasen soll 2008 abgeschlossen sein.

2006, 22. Jan. Sabotageakte auf die russisch-georgische Gaspipeline und Erhöhung der russischen Gaspreise belasten weiter die georgisch-russischen Beziehungen, gefolgt von einer russischen Importsperre für georgischen Wein und Mineralwasser.

13. Juli Offizielle Eröffnung der Erdölpipeline »Baku – Tiflis – Ceyhan«, die als von den USA geförderte Hauptpipeline für das aserbaidschanische Öl Georgien zum wichtigen Transitland macht.

12. Nov. In einem international nicht anerkannten Referendum stimmt Südossetien für die Unabhängigkeit.

2007, 7. Nov. Nach einer gewaltsamen Auflösung einer Kundgebung der Opposition in Tiflis bricht eine schwere innenpolitische Krise aus, die von einer neuen Eskalation der Konfrontation zwischen Tiflis und Moskau begleitet wird. SAAKASCHWILI verhängt vorübergehend den Ausnahmezustand.

2008, 5. Jan. SAAKASCHWILI gewinnt die vorgezogenen Präsidentschaftswahlen mit 53 % der Stimmen. Die Opposition erkennt das Ergebnis nicht an.

Armenien seit 1915 | Forts. v. S. 654 |

1639 wird Armenien zwischen dem Osmanischen Reich und Persien aufgeteilt. Den persischen Teil erhält 1828 das zaristische Russland. Unruhen der christlichen Bevölkerung gegen die türkische Herrschaft (1894–96) werden niedergeschlagen.

1915 **Massenmorde an Armeniern** im Osmanischen Reich (600 000 bis 1,5 Mio. Tote).

1918, 28. Mai Proklamation der unabhängigen Republik Armenien.

1920 Besetzung durch die Rote Armee – Armenien zwischen der Türkei und Sowjetrussland geteilt (16. März 1921).

1922–1936 Sowjetarmenien ist Teil der Transkaukasischen Föderation, danach eigene Sowjetrepublik.

ab 1945 Nach Kriegsende kehren bis zu 200 000 Auslandsarmenier nach Sowjetarmenien zurück.

1957 Der Klostergutkomplex Etschmiadsin bei Jerewan, 1914 vom russischen Staat beschlagnahmt, geht an die armenische Kirche zurück, die damit wieder ihr religiöses Zentrum erhält.

1965 Demonstrationen zum 50. Jahrestag der Massenmorde.

1974 Beginn einer verstärkten Russifizierungspolitik.

1987 Am Gedenktag der Massenmorde von 1915 Großkundgebungen mit Forderung nach Unabhängigkeit.

1988, 20.–28. Febr. In Jerewan beginnt eine Kampagne mit Massendemonstrationen für die Vereinigung Armeniens mit Bergkarabach (Nagorny Karabach), einem autonomen Gebiet in der Aserbaidschanischen SSR mit überwiegend armenischer Bevölkerung.

7. Dez. Ein Erdbeben mit schweren Zerstörungen fordert 25 000 Tote.

1989 Beginn der **Kämpfe um Bergkarabach**: Der Krieg dauert mit Unterbrechungen fünf Jahre. Aserbaidschan verhängt eine von der Türkei unterstützte Wirtschaftsblockade gegen Armenien: lang anhaltende, schwere Wirtschaftskrise in Armenien (v. a. Lebensmittel- und Energiemangel).

1990, 4. Aug. LEWON TER-PETROSJAN (*1945), Vorsitzender der Armenischen Pan-Nationalen Bewegung, wird Vorsitzender des Obersten Sowjets von Armenien.

23. Aug. Souveränitätserklärung; Umbenennung der Sowjetrepublik in **Republik Armenien**.

1991, 3. Sept. Bergkarabach erklärt sich unabhängig.

21. Sept. Referendum über den Austritt Armeniens aus der Sowjetunion (99 % der Wähler stimmen dafür). Proklamation der Unabhängigkeit am 23. Sept.

16. Okt. LEWON TER-PETROSJAN wird Staatspräsident.

21. Dez. Armenien wird Mitglied der Gemeinschaft Unabhängiger Staaten (GUS).

1992 Beginn von Privatisierungen.

2. März Aufnahme Armeniens in die UNO.

1992–1994 Fortgang des Konflikts um Bergkarabach: Die Armenier siegen militärisch, vertreiben die aserbaidschanische Bevölkerung und besetzen eine Sicherheitszone um Bergkarabach.

1994, Mai Ein von Moskau vermittelter Waffenstillstand beendet die Kämpfe. Seitdem gilt der Konflikt als eingefroren, Bergkarabach als selbsternannte, international nicht anerkannte Republik.

1995, 5. Juli Die **ersten freien Parlamentswahlen** seit der Unabhängigkeit Armeniens gewinnt der Republikanische Block, ein Zusammenschluss der von Präsident TER-PETROSJAN geführten Pan-Armenische Nationalbewegung und mehrerer kleiner Parteien. In einem gleichzeitigen Referendum nimmt eine Mehrheit die neue Verfassung Armeniens an.

1996, 22. Sept. Bei Präsidentschaftswahlen wird LEWON TER-PETROSJAN mit 51 % der Stimmen bestätigt.

1997–1998 TER-PETROSJAN stimmt einem OSZE-Friedensplan für Bergkarabach unter westlichem Druck zu (Dez.), gerät aber innenpolitisch in Isolierung und tritt zurück (3. Febr. 1998).

16. März Bei den vorgezogenen Präsidentschaftswahlen setzt sich in der Stichwahl (30. März) der amtierende Ministerpräsident und vormalige Präsident Bergkarabachs, ROBERT KOTSCHARJAN (*1954), durch.

1999, 30. Mai Der Block Einheit, ein Bündnis aus Republikanischer Partei und Volkspartei, wird bei den Parlamentswahlen stärkste politische Kraft.

11. Juni Der bisherige Verteidigungsminister WASGEN SARKISJAN (*1959, †1999; Republikanische Partei) wird Ministerpräsident.

27. Okt. Ministerpräsident SARKISJAN und sieben weitere Politiker der Führungsriege fallen im Parlament einem Attentat zum Opfer.

2001, 25. Jan. Armenien wird Mitglied im Europarat.

2003, 5. März Amtsinhaber KOTSCHARJAN siegt bei den Präsidentschaftswahlen.

12. Juni Beobachter von OSZE und Europarat üben starke Kritik an der Durchführung der Parlaments- sowie der Präsidentenwahl.

2004, April/Mai Die Opposition, die seit dem 2. Febr. die Parlamentsarbeit boykottiert, versucht vergeblich, mit Massendemonstrationen den Rücktritt von Präsident KOTSCHARJAN durchzusetzen.

Juni Armenien wird in die Initiative der Europäischen Nachbarschaftspolitik (ENP) aufgenommen.

2005, 16. Dez. Der *Individual Partnership Action Plan* (IPAP) zwischen Armenien und der NATO tritt in Kraft.

2006, 10./11. Febr. Friedensgespräche der Präsidenten von Armenien und Aserbaidschan in Rambouillet in Frankreich unter OSZE-Ägide bringen keine Lösung des Karabach-Konflikts.

2007, 13. Mai Bei den Parlamentswahlen stellen internationale Beobachter Fortschritte gegenüber früheren Wahlen fest, obwohl die unterlegene Opposition das Wahlergebnis nicht anerkennt.

2008, 19. Febr. Bei den Präsidentschaftswahlen siegt der bisherige Ministerpräsident SERGEJ SARKISJAN mit 51 % der Stimmen. Der unterlegene ehemalige Präsident TER-PETROSJAN und die Opposition erkennen das Wahlergebnis nicht an.

Aserbaidschan seit 1871

Das heutige Aserbaidschan führt seine historische Tradition auf das Mittelalter zurück. Schon im 7. Jh. kam es zur arabischen Eroberung, zwischen dem 10. und 12. Jh. zur türkischen Einwanderung (7.–11. Jh. Islamisierung). Seit 1221 setzten sich die Mongolen fest. Nach deren Abzug stritten sich Osmanen und Perser um Aserbaidschan. Als dritter Interessent trat 1722 mit Peter dem Grossen Russland auf. 1813/28 wurde das Siedlungsgebiet der Aseri zwischen Russland und Persien geteilt.

1871 Beginn der Erdölförderung: Um 1900 kommen aus Aserbaidschan 60 % des weltweit geförderten Öls.

1918, 27. Mai Proklamation der **unabhängigen Republik Aserbaidschan**.

1920, 28. April Eroberung durch die Rote Armee: Bildung einer Sowjetrepublik.

1922–1936 Teil der Transkaukasischen Sozialistischen Föderativen Sowjetrepublik; danach Unionsrepublik mit der Autonomen Sozialistischen Republik Nachitschewan und dem Autonomen Gebiet Bergkarabach: Die Muslime werden unterdrückt und verfolgt, ihre religiösen Einrichtungen zerstört. Bäuerlicher Widerstand gegen Zwangskollektivierung wird gebrochen.

1945/46 Bildung einer »Demokratischen Republik Aserbaidschan« in Nordiran (Südaserbaidschan) durch die Sowjetunion (Dez.), die sich unter dem Druck der Großmächte im April 1946 zurückziehen muss.

1962/1967 Erste Petitionen der armenischen Bevölkerung von Bergkarabach für Anschluss an Armenien.

1969 Geidar Alijew (*1923, †2004), Mitglied des Moskauer Politbüros 1982–87, wird Vorsitzender der KP Aserbaidschans (bis 1987): weitere Russifizierung.

1988, 28. Febr. Nach einer Anschlussforderung von Bergkarabach an Armenien und der Ankunft aserbaidschanischer Flüchtlinge aus Armenien Pogrom gegen Armenier in Sumgait: Flucht von Armeniern aus Aserbaidschan.

1989, 16. Juli Bildung der nationalistischen Volksfront Aserbaidschans für Kampf um Unabhängigkeit und Bergkarabachs Verbleib bei Aserbaidschan: Beginn der Kämpfe um Bergkarabach. Aserbaidschan verhängt eine von der Türkei unterstützte Wirtschaftsblockade gegen Armenien.

1990, Jan. Eskalation des Karabachkonflikts, Massenproteste und Streiks unter Führung der Volksfront: Die Besetzung Bakus durch die Sowjetarmee (19. Jan.) zur Beendigung der Unruhen fordert über 100 Tote.

19. Nov. Umbenennung des Obersten Sowjet in Oberster Majlis und neuer Staatsname – **Republik Aserbaidschan**.

1991, 30. Aug. Der Oberste Majlis proklamiert die Unabhängigkeit Aserbaidschans.

3. Sept. Bergkarabach erklärt sich unabhängig.

8. Sept. Bei den ersten direkten Präsidentschaftswahlen siegt der amtierende Präsident und Vorsitzende der KP, Ayaz Mutalibow (*1938).

27. Nov. Die Regierung hebt den Autonomiestatus für Bergkarabach auf.

21. Dez. Beitritt zur Gemeinschaft Unabhängiger Staaten (GUS).

1992 Der Konflikt um Bergkarabach entwickelt sich zum Krieg zwischen Aserbaidschan und Armenien.

Febr. Massaker an 600 flüchtenden Aserbaidschanern in Chodjaly (Karabach).

2. März Aufnahme Aserbaidschans in die UNO.

6. März Präsident Mutalibow tritt unter dem Druck der Opposition zurück.

7. Juni Der Vorsitzende der Volksfront Aserbaidschans, Abulfas Eltschibej (*1938, †2000), gewinnt die Präsidentschaftswahlen.

1993 Die Armenier in Bergkarabach siegen militärisch, vertreiben die aserbaidschanische Bevölkerung und besetzten eine Sicherheitszone um Bergkarabach.

4. Juni Präsident Eltschibej tritt nach einem Putsch gegen ihn zurück: Nachfolger Geidar Alijew.

3. Okt. **Alijew** wird mit 98,8 % der Stimmen zum regulären **Staatsoberhaupt** gewählt.

1994, Mai Ein von Moskau vermittelter Waffenstillstand beendet die Kämpfe um Bergkarabach. Seitdem gilt der Konflikt als eingefroren, Bergkarabach als selbsternannte, international nicht anerkannte Republik. Der Krieg hat ca. 30 000 Menschenleben gekostet, in Aserbaidschan über 700 000 Flüchtlinge hinterlassen; fast ein Fünftel des aserbaidschanischen Territoriums bleibt von Armeniern besetzt.

1995, 12. Nov. Billigung der neuen Verfassung in einem Referendum. Bei gleichzeitigen Parlamentswahlen siegt die Partei Alijews, »Neues Aserbaidschan«.

1996, 4. Juni Die staatliche aserbaidschanische Ölgesellschaft SOCAR sowie ein Konsortium von Gesellschaften aus Frankreich, Großbritannien, Iran, Norwegen, Russland und der Türkei schließen den sog. Jahrhundertvertrag zur Ausbeutung der Erdöl- und Erdgasvorkommen im Kaspischen Meer.

1997, 12. Nov. Inbetriebnahme einer Erdölpipeline von Baku nach Noworossisk am Schwarzen Meer.

1998, 11. Okt. Präsident Alijew wird bei von der OSZE als nicht frei charakterisierten Präsidentschaftswahlen in seinem Amt bestätigt.

1999, 17. April Inbetriebnahme einer Erdölpipeline von Baku nach Supsa in Georgien am Schwarzen Meer.

18. Nov. Aserbaidschan, Georgien und die Türkei vereinbaren – unterstützt von den USA – den Bau einer Erdölpipeline von Baku zum türkischen Mittelmeerhafen Ceyhan unter Umgehung Russlands.

2001, 7. Jan. Wegen massiver Wahlfälschungen werden die Parlamentswahlen vom 5. Nov. 2000 teilweise wiederholt. Die Partei Neues Aserbaidschan (NAP) des Präsidenten Alijew gewinnt die absolute Mehrheit.

10. Jan. Russland und Aserbaidschan einigen sich über Rechtsstatus des Kaspischen Meeres. Die fünf Anrainerstaate dürfen in ihren Sektoren die Bodenschätze ausbeuten, Gewässer und Oberfläche werden gemeinsam genutzt.

25. Jan. Aserbaidschan wird mit Mitglied im Europarat.

2002, 24. Aug. Ein Referendum billigt mit 97 % der Stimmen eine Verfassungsänderung, die Ilham Alijew

(*1961), dem Sohn des Präsidenten, die Nachfolge sichern soll.

2003, 2. Okt. Präsident GEJDAR ALIJEW zieht seine Kandidatur zur Präsidentenwahl zugunsten seines Sohnes zurück, der am 15. Okt. mit 77,8 % der Stimmen gewählt wird. Weil die Opposition die Wahlen nicht anerkennt, brechen gewaltsame Proteste aus.

15. Dez. Tod GEJDAR ALIJEWS nach Krankheit: An seiner Beerdigung in Baku am 15. Dez. nehmen nach offiziellen Angaben eine Mio. Menschen teil.

2004, April Nach Kritik des Europarates an der Inhaftierung von Regimegegnern erlassen die Behörden eine Teilamnestie.

Juni Aserbaidschan wird in die Initiative der Europäischen Nachbarschaftspolitik (ENP) aufgenommen.

2005, 27. Mai. Der *Individual Partnership Action Plan* (IPAP) zwischen Aserbaidschan und der NATO tritt in Kraft.

6. Nov. Parlamentswahlen bestätigen die Mehrheit der Regierungspartei Neues Aserbaidschan, aber erneut ohne internationalen demokratischen Standard.

2006, 10./11. Febr. Friedensgespräche der Präsidenten von Armenien und Aserbaidschan in Rambouillet in Frankreich unter OSZE-Ägide bringen wieder keine Lösung des Karabach-Konflikts.

14. Juli Eröffnung der Pipeline Baku – Tiflis – Ceyhan.

Südosteuropa und die Türkei seit 1945

Rumänien seit 1945 | Forts. v. S. 1160 |

Nach Sturz der Militärdiktatur Marschall ANTONESCUS (*1882, †1946) im Aug. 1944 und Waffenstillstand mit der UdSSR am 12. Sept. 1944 **gerät Rumänien** als erster Staat des Balkans **in den Machtbereich der Sowjetarmee**, die das Land besetzt. Nach kurzfristiger Vierparteien-Regierung übernimmt die Staatsmacht eine »Nationaldemokratische Front« aus Kommunisten, Sozialdemokraten und Vereinigten Gewerkschaften, Landarbeiterfront und Union der Patrioten. Nationalliberale und Nationale Bauernpartei werden aus der Nationaldemokratischen Front ausgeschlossen: Stärkung der Kommunisten.

Aufbau der Volksdemokratie und Entstalinisierung (1945–1964)

1945, 6. März Regierung unter Ministerpräsident PETRU GROZA (*1884, †1958) auf sowjetischen Druck: Hinter einer Mehrparteienfassade der Nationaldemokratischen Front **Machtstellung der Kommunisten**.

9. März Rückgabe Nordsiebenbürgens an Rumänien.

22. März Eine Bodenreform **enteignet den Landbesitz** der Deutschen und »Kollaborateure« sowie Besitz über 50 ha.

Sommer Im Machtkampf mit König MICHAEL (*1921) siegt die Regierung GROZA. *Sovroms* (sowjetisch-rumänische Gesellschaften, z. B. *Sovrompetrol*) binden die rumänische Wirtschaft an die sowjetische.

1946/47 Parteien außerhalb des Regierungsblocks werden ausgeschaltet.

1947, 10. Febr. Friedensvertrag von Paris: Nordsiebenbürgen geht an Rumänien, Nordbukowina und Bessarabien an die Sowjetunion, die Süddobrudscha an Bulgarien.

30. Dez. König MICHAEL dankt ab: Volksrepublik Rumänien.

1948, 4. Febr. Freundschaftsvertrag mit der Sowjetunion.

21.–23. Febr. Kommunisten und Sozialdemokraten werden zur Rumänischen Arbeiterpartei (RAP) zwangsvereinigt.

13. April Verfassung der Volksrepublik: Die Große Nationalversammlung ist legislatives Organ und Träger der Souveränität. Staatspräsidium und Ministerrat sind ihr verantwortlich.

nach 1948 Das Privateigentum an Produktionsmitteln wird enteignet (1950 90 %), die Wirtschaft schwerpunktmäßig entwickelt: Schwerindustrie, Donau-Schwarzmeer-Kanal-Projekt, Kollektivierung der Landwirtschaft.
Konflikt in der RAP zwischen der »Moskauer« Gruppe (ehemalige Emigranten, z. B. ANA PAUKER [*1893, †1960]) und »rumänischer« Gruppe (im Krieg interniert) um GHEORGHE GHEORGHIU-DEJ (*1901, †1965) und CHIVU STOICA (*1908, †1975). Die »rumänische« Gruppe siegt nach einer Parteisäuberung.

1951 Deportation von Deutschen, Rumänen, Serben, Bulgaren und Ungarn in den Bărăgan im Süden Rumäniens (Rückkehr erst nach 1956).

1952, 24. Sept. Neue Verfassung: Diktatur des Proletariats, führende Rolle der RAP, Volkssowjets als Organe der lokalen Selbstverwaltung. De facto ist nun die Parteiführung mit der Staatsführung identisch (relativ häufiger Wechsel der Führungspositionen, ohne die Vorherrschaft GHEORGHIU-DEJS zu beeinträchtigen).

Rumänien nach dem Tod Stalins

Nach dem Tod STALINS verstärken sich die **Tendenzen, Rumänien gegenüber der Sowjetunion größeren Spielraum** zu verschaffen: Die rumänische Führung erkennt den Kurs von CHRUSCHTSCHOW nicht an; Auflösung der *Sovroms*, vorsichtiger, konsumentenfreundlicherer »neuer Kurs« in der Wirtschaft (1953, Aufgabe des Donau-Schwarzmeer-Kanal-Projekts), ab 1955 wieder zurückgenommen. Rumänien, seit 1949 im Rat für gegenseitige Wirtschaftshilfe (RGW), tritt 1955 dem Warschauer Pakt bei. Die Entstalinisierung nach dem 20. Parteitag der KPdSU (1956) zeigt in Rumänien kaum Wirkungen.

1958, Juli Ende des Abzugs der Sowjetarmee aus Rumänien.

1962, 27.–30. April Verkündung des »erfolgreichen Abschlusses« der Kollektivierung der Landwirtschaft.

1963, März Das Plenum des ZK der RAP lehnt die Arbeitsteilung unter den RGW-Ländern mit Verzicht auf Industrieausbau in allen Wirtschaftsbereichen ab.

1964, 26. April Unter Ausnutzung des chinesisch-sowjetischen Konflikts betont die **rumänische Führung**, gestützt auf nationale Emotionen, die Gleichberechtigung der Staaten und kommunistischen Parteien und **löst sich** weitgehend **von der sowjetischen Bevormundung**.

Die Diktatur Ceauşescus (1965–1989)

1965, 22. März Nach dem Tod von Gheorghiu-Dejs (19. März) wird Nicolae Ceauşescu (*1908, †1989) sein Nachfolger als Erster Sekretär der RAP.

19.–24. Juli 4. Parteitag der RAP, die in »Kommunistische Partei Rumäniens« (KPR) umbenannt wird: Betonung der nationalen Unabhängigkeit in Wirtschaft und militärischer Verteidigung.

21. Aug. Verfassungsänderung: »Sozialistische Republik Rumänien«.

Versuch einer eigenständigen Politik unter Ceauşescu

Rumäniens Außenpolitik beweist ihren Handlungsspielraum durch freundschaftliche Kontakte mit China, Jugoslawien, Albanien und westlichen Staaten (USA, Bundesrepublik Deutschland – als erster Warschauer-Pakt-Staat außer der UdSSR Aufnahme diplomatischer Beziehungen 1967). Innenpolitisch baut Ceauşescu mit der Geheimpolizei *Securitate* ein diktatorisches Regime auf.

Eine offiziell propagierte Welle nationaler Begeisterung soll Rumäniens Position gegenüber der Sowjetunion stärken und innerstaatliche Konflikte überdecken, lenkt aber auch den Blick auf latente **Nationalitätenprobleme**: ungarische Minderheit in Nordsiebenbürgen (autonomes Gebiet), deutschsprachige Siebenbürger Sachsen und Banater Schwaben (mit starker Auswanderungstendenz in die Bundesrepublik Deutschland).

Im **Nahostkonflikt** (seit 1967) ist Rumänien einer der wenigen Staaten, die mit beiden Seiten Kontakte unterhalten (z. B. Besuch der israelischen Ministerpräsidentin Golda Meïr in Bukarest Mai 1972). Die Industrialisierung ist fortgeschritten; trotzdem arbeiten noch ca. 45 % der Bevölkerung in der Landwirtschaft.

1968, Aug. Rumänien verweigert die Teilnahme an der Invasion der ČSSR, verurteilt die Intervention und die Breschnew-Doktrin.

1970, 7. Juli Neuer Freundschaftsvertrag mit der UdSSR.

1971, 6. Juli Das ZK der KPR beschließt die Straffung der »ideologischen Erziehung« und der Kulturpolitik (»kleine Kulturrevolution«). Im Gegensatz zur UdSSR und den anderen Ostblockländern gab es in Rumänien in der Kulturpolitik nach der Stalin-Ära kein »Tauwetter«, keine Liberalisierung.

15. Okt. Rumänien tritt dem GATT (*General Agreement on Tariffs and Trade*) bei, ein internationales, 1947 in Genf geschlossenes Abkommen zur Erleichterung des Handels auf Basis der Meistbegünstigung.

1974, 28. März **Verfassungsänderung** schafft das Amt eines (Staats-)Präsidenten. Nicolae Ceauşescu vereinigt zahlreiche Spitzenfunktionen in seiner Hand.

1975, Juli Flutkatastrophe in Rumänien (zuletzt 1970).

1977, 4. März **Erdbebenkatastrophe**: zahlreiche Zerstörungen in Bukarest, etwa 1500 Tote, verheerende Folgen für die rumänische Wirtschaft.

1978, 28. März Rede Ceauşescus gegen die intellektuelle Oppositionsbewegung.

Ende Nov. Die rumänische Führung verweigert dem Warschauer Pakt die Beteiligung an neuen Waffensystemen.

1982 Die Wirtschaftskrise zwingt zur Exportsteigerung auf Kosten der Inlandsversorgung: Verschärfung der Minderheitenpolitik.

28. Juli Umschuldungsabkommen mit 15 westlichen Gläubigerstaaten.

1. Nov. »Kopfgeld-Dekret«: Auswanderungswillige müssen »Schulden« an den Staat in (verbotener) konvertierbarer Währung zahlen.

1984, 26. Mai Die **Inbetriebnahme des Donau-Schwarzmeer-Kanals** (Länge 64,2 km) verkürzt den Schifffahrtsweg um 370 km und bringt ein höheres Frachtaufkommen.

28. Juli–12. Aug. Rumänien nimmt als einziges RGW-Land an den Olympischen Spielen in Los Angeles teil.

Drastische Einschränkungen des privaten Energieverbrauchs und unzureichende Versorgung mit Grundnahrungsmitteln werden begleitet von verschärfter politischer Unterdrückung und **Rumänisierungspolitik**. Internationale Proteste gegen Menschenrechtsverletzungen bleiben wirkungslos. Ein »Siedlungsbereinigungsprogramm« plant bis 1990 landesweit die Einebnung von mehr als der Hälfte der Dörfer für Neubausiedlungen.

1989, 16. Dez. Demonstrationen in Timişoara (Temesvár) weiten sich landesweit zum Volksaufstand aus (20. Dez.). Am 21. Dez. beendet die *Securitate* blutig eine Sympathiedemonstration in Bukarest (allein in Bukarest mehr als 500 Tote).

22. Dez. **Ceauşescu wird gestürzt** und nach einem Fluchtversuch mit Ehefrau Elena (*1919) standrechtlich erschossen (25. Dez.).

23. Dez. Provisorische Regierung als »Front der Nationalen Rettung« (FSN) unter Petre Roman (*1946).

26. Dez. Der »Reformkommunist« **Ion Iliescu** (*1930) wird zum provisorischen Staatspräsidenten ernannt.

Rumänien nach der Revolution von 1989

Wie in anderen postkommunistischen Staaten erfolgt die Ablösung der alten Eliten nicht ohne Widerstände. Als »Reformstaat« mit meist kurzlebigen Regierungen und zwei neuen Verfassungen (1991, 2001) nähert sich das Land auf dem mühsamen Weg von Demokratisierung und Liberalisierung dem westlichen Europa.

Seit dem Sturz Ceauşescus steigt die seit 1967 vertraglich mit der Bundesrepublik Deutschland geregelte Aussiedlung der Rumäniendeutschen (1948 knapp 400 000) sprunghaft an. 1990 verlassen 111 150 Rumäniendeutsche das Land. Von ca. 200 000 Deutschen bleiben nur ca. 60 000. Für die ca. 1,5 Mio. Ungarn bildet sich

1989 eine nicht mehr von Staat und Partei gesteuerte Nationalitätenvereinigung, die die Wiedererrichtung einer ungarischen Universität in Cluj (Klausenburg) fordert und die Frage der nationalen Autonomie diskutiert. Im März 1990 kommt es in Tîrgu Mureş zu Konflikten zwischen Rumänen und Ungarn. Die Spannungen halten bis um 1995 an, zumal in Ungarn das Siebenbürgenproblem mit der Frage der Ungarn in Rumänien große Popularität hat.

1990, 20. Mai Die FSN siegt bei den Parlamentswahlen, **Ion Iliescu** bei den Präsidentenwahlen.

Juni Um Proteste zu unterdrücken, ruft die Regierung Bergarbeiter aus dem Schiltal (Valea Jiuliu) zu Gegendemonstrationen nach Bukarest.

1991, 24. Juni Das Parlament nennt die Annexion Bessarabiens und der Nord-Bukowina aufgrund des geheimen Zusatzprotokolls zum deutsch-sowjetischen Nichtangriffspakt (23. Aug. 1939) durch die UdSSR im Juni 1940 einen »brutalen Akt«. Rumänien erkennt die Republik Moldawien völkerrechtlich an.

Sept. Premierminister Roman tritt zurück, nachdem die Bergarbeiter für bessere Lebensbedingungen demonstrieren.

8. Dez. **Neue Verfassung** durch Volksabstimmung angenommen.

11. Dez. Präsident Iliescu kündigt Verhandlungen mit der Ukraine über eine Korrektur der Grenzen an.

1992, 27. Sept. Die am 31. März von der FSN abgespaltene »Demokratische Front der Nationalen Rettung« (FDSN; links-konservative Kräfte und Altkommunisten) des amtierenden Präsidenten Iliescu gewinnt mit 27,7 % der Stimmen die Parlamentswahlen. Bei der Stichwahl (11. Okt.) für das Amt des Staatspräsidenten siegt Iliescu ebenfalls.

1993, 4. Okt. **Rumänien wird 32. Mitglied im Europarat.**

1994, 26. Jan. Beitritt zum NATO-Programm »Partnerschaft für den Frieden«.

28. Febr. **Generalstreik**: Protest gegen fortschreitenden Kaufkraftverlust und für höhere Löhne. Hintergrund ist u. a. ein durch Abschaffung staatlicher Preisbindungen und Einführung der Mehrwertsteuer bedingter Teuerungsschub (1993).

1995, 19. Juni Gesetz zur Beschleunigung der Privatisierung (1991 Entstaatlichung von Kleinbetrieben eingeleitet).

19. Sept. Gegen den Widerstand der ungarischen, slowakischen, tschechischen und deutschen Minderheiten (14. Juni, 2. Sept.) beschließt das Parlament ein Verbot, fremde Nationalhymnen zu singen und ausländische Landesflaggen zu hissen.

1996, 17. Nov. Die Opposition gewinnt die Parlamentswahlen: Der konservative Herausforderer **Emil Constantinescu** (*1939) gewinnt die Stichwahl und wird am 17. Jan. 1997 als **neuer Staatspräsident** vereidigt.

1997, 3. Dez. Ministerpräsident Victor Ciorbea (*1954) versucht, die seit langem schwelende Regierungskrise durch eine Kabinettsumbildung zu beenden.

1998, 1. Jan. Die Regierung beschließt ein Privatisierungsgesetz (Ende Jan. vom Parlament gebilligt).

30. März Nachdem die Demokratische Partei die Regierungskoalition verlassen hat, gibt Ministerpräsident Ciorbea auf. Ihn löst der Generalsekretär der Bauernpartei (PNTCD), Radu Vasile (*1942), ab.

1999, 18. Jan. 10 000 Bergleute aus dem Schiltal, seit Anfang Jan. im Streik gegen Zechenschließungen, brechen zum Marsch nach Bukarest auf: Die Regierung lenkt nach blutigen Zusammenstößen ein.

Mitte Febr. Verabschiedung eines Sparhaushalts zur Senkung der Staatsverschuldung auf 2 % des Bruttoinlandsprodukts (1998 rund 4 %).

20. Okt. Das Parlament verabschiedet ein Gesetz, das Bürgern Einsicht in die betreffenden Akten des früheren Geheimdienstes *Securitate* ermöglicht.

14. Dez. Staatspräsident Constantinescu setzt Ministerpräsident Vasile wegen Verschleppung von Reformen ab. Neuer Regierungschef wird der parteilose Finanzexperte Mugur Isărescu (*1949).

2000, 30. Jan. Der Bruch eines Rückhaltebeckens der Goldmine bei Baia Mare führt zu einer **Umweltkatastrophe entlang des Flusses Theiß.**

Mai/Juni Schwere Finanzkrise durch den Zusammenbruch des Nationalen Investitionsfonds und Liquiditätsschwierigkeiten der Rumänischen Volksbank.

26. Nov. Katastrophale Niederlage der bisherigen Regierungskoalition bei den Parlamentswahlen. Postkommunisten und Rechtsextreme legen deutlich zu.

10. Dez. Erneute Wahl des früheren Präsidenten Iliescu (1990–1996) zum Staatsoberhaupt.

28. Dez. Beide Häuser des Parlaments wählen den Sozialdemokraten Adrian Năstase (*1950) zum Ministerpräsidenten. Er bildet ein Minderheitskabinett.

2001, 7. Febr. Das seit Jahren umstrittene Gesetz zur Rückgabe von Immobilien, die unter der kommunistischen Herrschaft enteignet wurden, tritt in Kraft.

2003, 12. Febr. Beide Häuser des Parlaments befürworten eine Beteiligung an einer Militäraktion gegen den Irak. Rumänien entsendet ab Juli 278 Soldaten.

18./19. Sept. In einer Volksabstimmung billigen die Wähler mit 89,7 % der Stimmen umfangreiche Verfassungsänderungen zur Anpassung der Rechtsnormen an die Standards der EU.

2004, 29. März Mit der Hinterlegung der Beitrittsurkunde in Washington wird die Mitgliedschaft Rumäniens in der NATO wirksam.

28. Nov. Die Parlamentswahl bricht die Vorherrschaft der seit 15 Jahren fast ohne Unterbrechung regierenden postsozialistischen Parteien. Neuer Ministerpräsident wird Călin Popescu-Tăriceanu (*1952; Nationaldemokratische Partei [PNL]).

12. Dez. Der Liberale **Traian Băsescu** (*1951) **gewinnt** im zweiten Wahlgang **die Präsidentenwahl.**

2005, 25. April Rumänien unterzeichnet den Beitrittsvertrag zur EU.

2007, 1. Jan. **Rumänien tritt der EU bei.**

7. Mai Ein Referendum lehnt mit klarer Mehrheit die Amtsenthebung von Staatspräsident Băsescu ab.

Bulgarien seit 1945 | Forts. v. S. 1162 |

Nach dem **Staatsstreich der »Vaterländischen Front«** (unter Führung der Kommunisten, Sozialisten, Bauernpartei) und dem in Moskau am 28. Okt. 1944 geschlossenen Waffenstillstand besetzt die Sowjetarmee Ende 1944, unterstützt von bulgarischen Einheiten, Bulgarien. »Kriegsverbrecherprozesse« und Agrarreform fördern 1945/46 die Umstrukturierung des politischen Lebens.

1945, 2. Febr. Hinrichtung der Mitglieder des Regentschaftsrates und von Politikern und Militärs.

18. Nov. Wahlen zur Nationalversammlung: 88 % der Stimmen entfallen auf die Vaterländische Front.

1946, 8. Sept. Eine Volksabstimmung schafft die Monarchie ab.

15. Sept. Volksdemokratie mit Ausrufung der »Volksrepublik Bulgarien«.

27. Okt. In der Wahl zur verfassunggebenden Nationalversammlung siegt die KP: Am 23. Nov. wird Georgi Dimitrow (*1882, †1949) Ministerpräsident.

1947, 10. Febr. Der Friedensvertrag von Paris bestätigt die Grenzen von 1945: Die mit Rumänien umstrittene **Süddobrudscha bleibt bei Bulgarien**, das Reparationen zahlen muss.

Sozialistische Wirtschaftspolitik

Der erste Zweijahresplan (1. April 1947) leitet die **Planwirtschaft** in Bulgarien ein. 1946–49 wird unter Dimitrow die bulgarische Wirtschaft nach sowjetischem Muster umgestaltet – Verstaatlichung von Grundindustrien, Banken und Bergwerken; die bis 1960 nahezu vollständige Kollektivierung der Landwirtschaft kann an genossenschaftliche Traditionen anknüpfen; die Industrie ist bis 1952 sozialisiert, Groß- und Einzelhandel bis 1959.

1947, 16. Aug. Hinrichtung des Bauernführers Nikola Dimitrow Petkow (*1889): Ausschaltung der oppositionellen Bauernpartei.

4. Dez. **Neue Verfassung** der Volksrepublik Bulgarien nach sowjetischem Muster: Zentralismus, Trennung von Staat und Kirche, die als »traditionelle Kirche« anerkannt wird (1953 erstmalige Wahl eines Patriarchen).

1948, 18. März Dimitrows und Titos **Balkanföderationspläne** scheitern am Einspruch Moskaus. Bulgarien schließt einen Beistandspakt mit der UdSSR und tritt dem *Kominform* bei.

11. Aug. Die kommunistische und die sozialistische Partei fusionieren zur Bulgarischen Kommunistischen Arbeiterpartei (BKP); bürgerliche Parteien werden aufgelöst. Die BKP unter Dimitrows hat in der Vaterländischen Front die führende Rolle inne, ist faktisch Träger der Staatsmacht.

1949, 1. Okt. Nach dem Bruch Jugoslawien–UdSSR kündigt Bulgarien den Pakt mit Jugoslawien.

16. Dez. Nach dem Tode Dimitrows wird in einer großen »Parteisäuberung« Parteisekretär Traitscho Kostow (*1897) hingerichtet.

1950, 1. Febr. Wulko Tscherwenkow (*1900, †1980) wird Ministerpräsident.

Bulgariens Beitritt zum Rat für gegenseitige Wirtschaftshilfe (RGW) und Warschauer Pakt festigt, gefördert durch die prorussische Tradition, die **Einbindung in den Ostblock**.

1956, 16. April Das April-Plenum des Zentralkomitees der BKP leitet eine nur oberflächliche und zögernde Entstalinisierung ein: Tscherwenkow wird als Ministerpräsident abgelöst, Kostow posthum rehabilitiert. In der Folgezeit gibt es weitere Rivalitäten in der Parteiführung, die insgesamt moskautreu im Sinne der Entstalinisierungslinie Chruschtschows bleibt.

1959, Jan. Todor Schiwkow (*1911, †1998), seit 1954 Parteichef der BKP, will mit übersteigerten Planzielen in der Wirtschaft einen »großen Sprung nach vorn«, scheitert aber nach längerer Krise.

1962, 20. Nov. Schiwkow wird nach Säuberung der Parteispitze beim Parteikongress Ministerpräsident.

1965, 14. April Ein für diesen Tag geplanter Militärputsch wird durch Verhaftung der Beteiligten verhindert.

1967, 12. Aug. Im Gefolge des **Freundschaftsvertrages mit der Sowjetunion** zielen mehrere Verträge (1968–1970) auf eine stärkere Verbindung mit der sowjetischen Wirtschaft ab, von der Bulgarien in der Rohstoffversorgung abhängt.

1968, 21. Aug. Bulgarische Truppen nehmen an der Invasion in die ČSSR teil.

1971, 18. Mai **Neue Verfassung** der VR Bulgarien: Kollektives Staatsoberhaupt wird ein Staatsrat (Vorsitzender: Todor Schiwkow). Die führende Rolle der Partei und die Bindung an die Sowjetunion werden in der Verfassung verankert.

1982, 1. Jan. **»Neuer Ökonomischer Mechanismus«** zur Liberalisierung der staatlichen Wirtschaftsplanung.

Bulgarische Außen- und Wirtschaftspolitik

Bulgarien ist eng an das staatssozialistische Lager gebunden (1977 These Schiwkows: Bulgarien müsse »immer enger mit der UdSSR zusammenwachsen«). Das Land bemüht sich um Spannungsausgleich auf dem Balkan, auch mit den NATO-Ländern Griechenland und Türkei (z. B. 1976 Vermittlungsversuch im türkisch-griechischen Konflikt). Die außenpolitischen Beziehungen beeinträchtigt jedoch bisweilen die **Nationalitätenfrage**: So werden 1950 250 000 Türken ausgewiesen. Die Makedonienfrage trübt das Verhältnis zu Jugoslawien: Bulgarien betrachtet die Makedonier in Bulgarien als Bulgaren, gewährt den Pirin-Makedoniern keine Nationalitätenrechte. In der Ära der »Entspannung« werden diplomatische Beziehungen zur Bundesrepublik Deutschland aufgenommen (31. Jan. 1974).

Mit sowjetischer Hilfe hat Bulgarien die **Industrialisierung** der Wirtschaft und der Landwirtschaft vorangetrieben: Ende 1972 folgen agro-industrielle Komplexe (nach dem Muster der Agrostädte von Chruschtschow) mit Großbetrieben bis zu 40 000 ha Land. Andererseits werden seit 1971 Elemente des jugoslawischen Modells vorsichtig übernommen, z. B. Teilnahme der Arbeiter an der Produktionsleitung und seit 1974 teilweise Reprivatisierung kleiner Landwirtschaftsbetriebe.

1984–1989 Assimilierungskampagne gegen die türkische Minderheit mit blutigen Konflikten.

1986–1988 Reformen nach dem Vorbild der Politik des KPdSU-Generalsekretärs MICHAIL GORBATSCHOW.

1989, 20. Mai Die verstärkte Zwangsbulgarisierung löst im Nordosten Bulgariens schwere Unruhen aus. Über 300 000 Bulgarotürken fliehen bis zur Schließung der Grenzen am 17. Aug. 1989 in die Türkei.

10. Nov. **TODOR SCHIWKOW wird als Parteichef abgelöst**, die BKP gibt nach Massendemonstrationen den Führungsanspruch auf.

7. Dez. Bildung der »Union Demokratischer Kräfte« (UDK), eines Dachverbands zahlreicher oppositioneller Parteien und Bewegungen.

1990, 3. Febr. Der Reformkommunist ANDREI LUKANOW (*1938, †1996) wird Ministerpräsident einer BKP-Regierung.

10. Juni Die seit dem 4. April als »Bulgarische Sozialistische Partei« (BSP) firmierende BKP gewinnt die Wahlen, verliert aber nach einer Spaltung bei der zweiten Runde am 17. Juni die politische Führung.

1. Aug. SCHELJU SCHELEW (*1935) von der UDK wird zum Staatspräsidenten gewählt (Wiederwahl am 12./19. Jan. 1992 bis 1997).

15. Nov. Die »Volksrepublik« wird »Republik Bulgarien«.

7. Dez. Nach landesweiten Generalstreiks tritt LUKANOW zurück. Der parteilose DIMITAR POPOW (*1927) bildet eine Übergangsregierung mit UDK und BSP.

1991, 23. Jan. Grundsätzliche Wirtschaftsreformen.

12. Juli Parlament beschließt **neue Verfassung**: sozialer und demokratischer Rechtsstaat.

1992, 23. April Gesetz zur Privatisierung von Staatsunternehmen.

7. Mai Bulgarien wird 27. Mitglied des Europarats.

4. Sept. Der frühere Staats- und Parteichef **SCHIWKOW** wird als erstes Staatsoberhaupt des zusammengebrochenen Ostblocks wegen Amtsmissbrauchs zu einer Freiheitsstrafe **verurteilt** (Freispruch 1996).

1994, 14. Febr. Beitritt Bulgariens zum NATO-Programm »Partnerschaft für den Frieden«.

4. Mai Die Gewerkschaften rufen zum Generalstreik auf. Seit einem Monat erfolgen Protestaktionen wegen Preissteigerungen und hoher Arbeitslosigkeit.

18. Dez. Die ehemals kommunistische BSP gewinnt mit 43,5 % der Stimmen vorgezogene Parlamentswahlen.

1995, 25. Jan. Ihr Spitzenkandidat SCHAN WIDENOW (*1959) bildet als Ministerpräsident eine neue Regierung, die ihre Hauptaufgabe in einer »Politik des regulativen Marktübergangs« sieht.

1996, 25. Mai–16. Juni Der Ex-König SIMEON II. (*1937) besucht erstmals seit Kriegsende Bulgarien.

21. Dez. Nach Massenprotesten gegen die dramatisch verschlechterte wirtschaftliche Lage tritt WIDENOW zurück. Eine schwere Wirtschaftskrise im »Hungerwinter« 1996/97 führt zu Hyperinflation und Bankenzusammenbrüchen.

1997, 19. Jan. Der neue **Staatspräsident PETAR STOJANOW** (*1952) tritt sein Amt an.

19. April Die Parlamentswahlen gewinnt die oppositionelle »Union Demokratischer Kräfte« (UDK). Ihr Vorsitzender IWAN KOSTOW (*1949) wird neuer Ministerpräsident (21. Mai).

Ende Juli Verabschiedung eines Gesetzes, das die Veröffentlichung der Namen und Akten aller Angehörigen der Staatssicherheit regelt.

1998 Der IWF gewährt Bulgarien einen Kredit von 1,8 Mrd. US-Dollar.

1999, 22. Febr. Abkommen zur endgültigen **Beilegung des Sprachenstreits** zwischen Bulgarien und Makedonien: Bulgarien erkennt die makedonische Sprache und Nation an; Makedonien verzichtet auf Einflussnahme auf die makedonische Minderheit in Bulgarien.

10. Dez. Abschaffung der Todesstrafe.

2001, 17. Juni Die »Nationale Bewegung für Simeon II.« wird bei den Parlamentswahlen stärkste Partei (43,05 %): SIMEON II., am 4. April aus dem Exil zurückgekehrt, wird unter dem bürgerlichen Namen **SIMEON SAKSKOBURGGOTSKI** am 12. Juni von Präsident STOJANOW mit der Regierungsbildung beauftragt.

18. Nov. Der Sozialist GEORGI PARWANOW (*1957) wird zum neuen Staatsoberhaupt gewählt.

2003, März Bulgarien unterstützt in der Irak-Krise die USA: Am 30. Mai beschließt das Parlament die Entsendung einer 500 Mann starken Truppe zum Einsatz in der von Polen kontrollierten Sicherungszone.

27. Okt. Bei den Kommunalwahlen erleidet die »Nationale Bewegung Simeon II.« von Ministerpräsident SAKSKOBURGGOTSKI eine empfindliche Niederlage: Durch die schlechte Wirtschaftslage ist die Popularität des Premiers stark gesunken.

2004, 29. März **Bulgarien wird in die NATO aufgenommen.**

2005, 25. April Beitrittsvertrag zur EU unterzeichnet.

Mai Das Parlament beschließt den Rückzug der seit Aug. 2003 in den Irak entsandten Soldaten für Anfang 2006.

Juni Bei den Parlamentswahlen setzen sich die ehemaligen Sozialisten der BSP durch.

16. Aug. Neuer Ministerpräsident wird der Vorsitzende der BSP, SERGEJ STANISCHEW (*1966).

2006, 29. Okt. Wiederwahl Präsident PARWANOWS.

2007, 1. Jan. **Beitritt Bulgariens zur EU.**

Jugoslawien 1945–1991/92 | Forts. v. S. 1166 |

Der entschiedene Kampf der jugoslawischen Partisanen gegen die Besatzungsmächte hat ihre Organisation, den Antifaschistischen Rat (AVNOJ), gegen Kriegsende zur wichtigsten Kraft im Lande gemacht, die Kommunisten unter **JOSIP BROZ TITO** (*1892, †1980) mit führender Rolle. TITO nimmt wegen des Abkommens vom Nov. 1944 mit dem Ministerpräsidenten der Exilregierung IVAN ŠUBAŠIĆ (*1892, †1955) unter Druck aller Alliierten auch Angehörige bürgerlicher Parteien und der Exilregierung in geringer Anzahl auf. Da Jugoslawien fast nur durch die Partisanenarmee befreit wird, ist es relativ **unabhängig von der** kommunistischen Führungsmacht **Sowjetunion**. »Kollaborateure« (u. a. Angehörige der kroatischen faschistischen Unabhängigkeitsbewegung Ustascha [*Ustaša*]) werden zu Kriegsende verfolgt, ebenso Angehörige der deutschen Minderheit.

Eigenständiger Weg zum Sozialismus (1945–1960)

1945, 8. März Zur ersten Nachkriegsregierung Jugoslawiens werden 20 Mitglieder vom Antifaschistischen Rat, drei von der Exilregierung und fünf von den Parteien vorgeschlagen.

11. Nov. **Wahlen** (Einheitsliste der kommunistisch geführten »Volksfront«) **zur verfassunggebenden Skupština** (Parlament), bestehend aus einem Bundesrat und einem Nationalitätenrat.

29. Nov. Die *Skupština* proklamiert eine **Föderative Volksrepublik Jugoslawien** (*Federativna Narodna Republika Jugoslavija* – FNRJ).

1946, 31. Jan. Die *Skupština* nimmt die **Verfassung** der FNRJ an, angelehnt an die der UdSSR von 1936. Die Staatseinheit gewährleistet eine straffe Zentralregierung; die Föderalisierung entschärft die Nationalitätenfrage mit sechs Volksrepubliken als Gliedstaaten: Serbien (mit zwei autonomen Provinzen: Vojvodina, Kosovo-Metohija), Kroatien, Slowenien, Bosnien-Herzegowina, Montenegro, Makedonien.

Juli–Okt. Prozesse gegen den serbischen Widerstandskämpfer DRAŽA MIHAJLOVIĆ (*1893, †1946) und den kroatischen Erzbischof ALOJZIJE STEPINAC (*1898, †1960), die zum Tode bzw. zu 16 Jahren Zwangsarbeit verurteilt werden.

18. Juli Einführung bäuerlicher Kollektivwirtschaften.

5. Dez. Nationalisierung der privaten Wirtschaftsunternehmen.

1947, 10. Febr. **Friedensvertrag von Paris** mit Italien, Ungarn und Bulgarien: Jugoslawien erhält die bisher italienischen Teile der dalmatinischen Küste und der Inseln; die Errichtung einer freien Stadt Triest kommt nicht zustande: Die Teilung in Zone A (britisch und amerikanisch besetzt, später italienisch) und Zone B (jugoslawisch besetzt) bleibt vorerst bestehen.

TITOS Föderationspläne mit Albanien und Bulgarien, das Streben nach einem eigenen Weg Jugoslawiens zum Sozialismus und der Stolz auf den Erfolg der Partisanenbewegung bereiten **Spannungen mit der Sowjetunion** unter STALIN vor.

1948, 27. Juni Die moskautreuen kommunistischen Parteien Osteuropas unter Führung der KPdSU schließen nach längerem Briefwechsel mit der jugoslawischen Parteiführung die KPJ aus dem Kominform aus: **Wirtschaftsblockade Jugoslawiens** durch den Ostblock.

Die jugoslawische Führung reagiert zunächst mit besonderer Linientreue: Fortführung der Kollektivierung der Landwirtschaft und administrativer Zentralismus. Die entgangene Wirtschaftshilfe zur Beseitigung der Kriegsschäden kompensiert die Unterstützung des Westens, dem sich Jugoslawien vorsichtig wirtschaftlich annähert. 1950 beginnt die Suche nach dem **»eigenen Weg«** (»jugoslawischer Sozialismus«).

1950, 26. Juni Gesetz über Beteiligung der »Arbeiterräte« an der Betriebsleitung.

1952, Nov. 6. Parteikongress der KPJ; Angriffe auf die Sowjetunion, Umbenennung der KPJ in Bund der Kommunisten Jugoslawiens (BKJ).

1953, 13. Jan. Verfassungsreform: »Produzentenrat« in der *Skupština*, die Regierung wird durch Bundesexekutivrat in Verbindung mit einer Bundesverwaltung ersetzt, Präsident der FNRJ ist TITO; die Gemeinden erhalten eine wichtige Funktion im Staat.

23. Febr. Die »Volksfront« wird in »Sozialistischer Bund des werktätigen Volkes Jugoslawiens« umbenannt.

28. Febr. Abschluss eines **»Balkanpakts«** zwischen Jugoslawien, Griechenland und der Türkei.

1954, 17. Jan. MILOVAN DJILAS (*1911, †1995), einer der engsten Mitarbeiter Titos, wird wegen Kritik an der Parteiführung aus dem ZK des BKJ ausgeschlossen, später mehrfach eingekerkert. Einige Monate danach wird der TITO-Biograf VLADIMIR DEDIJER (*1914, †1990) ebenfalls von seinen Ämtern suspendiert.

1955, 26. Mai–2. Juni Der Besuch des KPdSU-Parteichefs CHRUSCHTSCHOW und des sowjetischen Ministerpräsidenten BULGANIN in Belgrad beendet das Zerwürfnis mit der UdSSR, das seit STALINS Tod abgeflaut ist. Anerkennung des eigenen jugoslawischen Weges. Die »Belgrader Deklaration« legt die Prinzipien des »sozialistischen Internationalismus« fest.

1956, Okt. Durch die sowjetische Intervention in Ungarn entstehen neue Spannungen zur Sowjetunion.

Politik der Blockfreiheit – Ausbau des föderativen Systems (1961–1970)

1961, 1.–6. Sept. Erste **Konferenz der »Blockfreien«** (23 Staaten) in Belgrad. Jugoslawien hat dank seiner Politik zwischen den Blöcken gemeinsam mit Indien (NEHRU) und Ägypten (NASSER) eine führende Stellung inne.

1963, 7. April **Neue Verfassung**: Der Staat wird in »Sozialistische Föderative Republik Jugoslawien« umbenannt. Abschaffung des Produzentenrats in der *Skupština*, stattdessen zusätzlich zu Föderations- und Nationalitätenrat ein Vierkammersystem nach Ressortprinzip. Verankerung der führenden Rolle von BKJ und

Jugoslawien 1918–1991

Sozialistischem Bund in der Verfassung. Ausbau der Selbstverwaltung; Ämterrotation; Einrichtung eines jugoslawischen Verfassungsgerichtshofs. Anschließend neue Verfassungen der Teilrepubliken, die gestärkt aus der Verfassungsreform hervorgehen.

26. Juni Ein Erdbeben verwüstet Skopje, die Hauptstadt der Republik Makedonien.

1964, 7.–13. Dez. 8. Kongress des BKJ erstmals seit 1948 mit offiziellen Delegationen der Staaten des Rats für gegenseitige Wirtschaftshilfe (RGW), dem Jugoslawien assoziiert wird.

1965, 23. Juni Der Literaturdozent MIHAJLO MIHAJLOV (*1934) wird wegen eines kritischen Berichts über Moskau zu einer Gefängnisstrafe verurteilt.

24. Juli Maßnahmen zur **Wirtschaftsreform** werden als Gesetz dekretiert: Währungsreform ab 1966; Grundsatz der Wirtschaftlichkeit in den Unternehmen; Steuerreform; die unmittelbare Kontrolle der Arbeiterräte über Produktion, Investitionen und Löhne wird erweitert.

1966 Jugoslawien wird Vollmitglied des Zoll- und Handelsabkommens GATT.

1.–3. Juli Beim ZK-Plenum des BKJ wird der Chef des Staatssicherheitsdienstes, ALEKSANDAR RANKOVIĆ (*1909, †1983), Symbolfigur des »zentralistischen Bürokratismus« und »Dogmatismus«, abgesetzt, später aus dem BKJ ausgeschlossen. Sein Sturz gilt weithin als Zurücktreten des serbischen Einflusses: Die »ökonomistische« Richtung gewinnt Oberhand.

1967, Mitte März Die »Deklaration über die Rolle der kroatischen Schriftsprache« kroatischer Intellektueller leitet den Aufschwung des **kroatischen Nationalismus** ein (Zentrum: die Kulturgesellschaft *Matica Hrvatska* in Zagreb). Strittig ist die Gewinnbeteiligung der unterschiedlich entwickelten Republiken am Sozialprodukt Jugoslawiens.

28. März Sechs Verfassungszusätze leiten eine sich über mehrere Jahre erstreckende Verfassungsreform ein. Die Rechte der Teilrepubliken werden erweitert.

1968, 2.–10. Juni **Studentenunruhen** in Belgrad werden durch Zusicherung weitergehender Reformen von der Parteispitze des BKJ besänftigt.

Aug. TITO unterstützt auf einem Besuch der ČSSR den Reformkurs unter DUBČEK und protestiert nach dem 21. Aug. gegen die Besetzung der ČSSR. Spannungen zwischen den Interventionsstaaten und Jugoslawien, erhöhte Verteidigungsanstrengungen.

1969, 11. Febr. Das Gesetz über die territoriale Verteidigung verpflichet die ganze Bevölkerung zum bewaffneten Widerstand im Angriffsfall.

Spannungen im Innern – Stabilität nach außen (1970–1980)

In den 70er-Jahren ist die **wirtschaftliche Rezession** auch in Jugoslawien spürbar: die Arbeitslosenzahl steigt durch Rückkehrer aus Deutschland. Außenpolitisch erreicht TITO zwar bei der Ostberliner Konferenz der KP-Führungen gewisse Zugeständnisse an den »eigenen Weg« Jugoslawiens, doch herrscht Unsicherheit über Reaktionen der UdSSR und der Nachbarstaaten beim baldigen Ende der Herrschaft TITOS. Jugoslawiens weiterhin verfochtene Politik der Blockfreiheit verliert angesichts der Polarisierung in der Dritten Welt an Bedeutung.

1971, 30. Juni Weitere Verfassungsänderungen, u. a. Einrichtung eines kollegialen Staatsoberhaupts; Stärkung der Rechte der Arbeiterselbstverwaltung.

22. Nov. Ein Studentenstreik und Unruhen in Zagreb unterstützen die Forderung nach neuem Devisenverteilungssystem zugunsten der Republik Kroatien. Auch in **Bosnien Unruhe**: Kämpfe zwischen Miliz und »*Ustaša*-faschistischen« Gruppen.

1.–2. Dez. Krisensitzung des Parteipräsidiums des BKJ in Karadjordjevo: TITO verurteilt kroatischen Nationalismus und »Konterrevolution«.

12. Dez. Die kroatische Parteispitze und die Republikregierung (SAVKA DABČEVIĆ-KUČAR [*1923], seit 1967 Premierministerin Kroatiens, MIRKO TRIPALO [*1926, †1995] u. a.) treten zurück.

1972, Sept. **»Säuberungsaktion« in der serbischen Partei**, der TITO Bagatellisierung des Kampfs gegen »Anarcho-Liberalismus« vorwirft (d. h. liberale Tendenzen). Rücktritt von Angehörigen der serbischen Parteispitze, u. a. des jugoslawischen Außenministers MIRKO TEPAVAC (*1922) und serbischen Parteichefs MARKO NIKEZIĆ (*1921, †1991).

1973 Die Spannungen Jugoslawiens mit den Invasionsmächten in der ČSSR von 1968 sind an der Oberfläche weitgehend abgebaut. Im Okt. finden Gespräche zwischen TITO und HUSÁK statt.

1974, 21. Febr. Die neue Verfassung der Sozialistischen Föderativen Republik Jugoslawien fasst die *Amendments* der letzten Jahre zusammen und bringt weitere Reformen: **Staatsaufbau im Delegationsprinzip** von unten nach oben. Dagegen wird die Staatsspitze gestrafft: Das kollegiale Staatsoberhaupt besteht statt aus 22 nur noch aus acht Personen. Daneben bleibt TITO auf Lebenszeit die danach wegfallende Stellung des »Präsidenten der Republik«.

27.–30. Mai 10. Parteitag des BKJ: Die neuen Parteistatuten straffen den Aufbau des BKJ. Er ist die »einzig legitime Vertretung der werktätigen Klasse«. TITO wird als Parteivorsitzender auf Lebenszeit bestätigt.

1975, 28. Jan. Abberufung von acht Dozenten der Belgrader Philosophischen Fakultät (»Praxis«-Gruppe).

15. Okt. Sondersitzung des Parteipräsidiums gegen »Kominformisten« (moskautreue Opposition).

1979, 15. April Ein Erdbeben tötet etwa 200 Menschen an der süddalmatinischen Küste.

Mai Verschiebungen in der Parteispitze signalisieren die Unsicherheit in der Nachfolgefrage.

Jugoslawien nach Tito (1980–1990)

TITOS Tod am 4. Mai 1980 offenbart die latente **Krise**: Staatsoberhaupt wird das »Staatspräsidium« als kollektives Führungsorgan mit jährlich wechselndem Vorsitz. Maßnahmen zur Stabilisierung der Außenwirtschaftsbilanz greifen nicht, die Inflation beschleunigt den Zusammenbruch des Binnenmarkts, den auch sich übereilende Wirtschaftsprogramme nicht aufhalten. Die Verschlechterung der Wirtschaftslage (Inflationsrate 40 %) senkt den Lebensstandard: Staatenbund oder Föderation heißt die Frage.

1981 Konflikt mit der katholischen Kirche wegen angeblicher nationalistischer Propaganda.

März/April **Irredentistische Unruhen unter den Albanern des Kosovo** werden gewaltsam unterdrückt: Spannungen mit Albanien. Das Kosovo kommt bis zur Auflösung Jugoslawiens nicht mehr zur Ruhe.

1982, 17. Okt. Die Bundesregierung verfügt wirtschaftliche Notmaßnahmen. Außenpolitisch und wirtschaftlich nähert sich Jugoslawien dem osteuropäischen Bündnissystem.

1984, 24. März Umschuldungsabkommen mit westlichen Gläubigerstaaten, Preisbindung aufgehoben (3. Mai).

15. Mai Das neue Staatspräsidium (neun Mitglieder) wird vereidigt. Ministerpräsidentin (seit 15. Mai 1982) MILKA PLANINČ (*1924) wechselt neun Minister aus.

1986, Sept. Das »Memorandum« der Serbischen Akademie der Wissenschaften und Künste wird bekannt. Mit seiner Analyse der Benachteiligung Serbiens innerhalb der Jugoslawischen Föderation wird es zum Programm des serbischen Nationalismus.

1987 Streikbewegung gegen Lohnstopp (März). Ein Finanzskandal um das Unternehmen Agrokomerc offenbart Misswirtschaft und Korruption (Sept.); Spannungen im Kosovo (Okt.).

1988, Nov. Erfolge des populistischen serbischen Parteiführers SLOBODAN MILOŠEVIĆ (*1941, †2006). Konflikte im Kosovo.

1989, Febr. Parteigründungen in Slowenien und Kroatien; Einsatz paramilitärischer Truppen gegen Streikbewegung im Kosovogebiet (Ausnahmezustand, Verhaftungswelle; 26. Febr.). Die Parteiführung des Kosovos muss auf serbischen Druck zurücktreten.

28. März Serbien hebt mit einer neuen Verfassung die Autonomie des Kosovo und der Vojvodina auf.

8. Mai SLOBODAN MILOŠEVIĆ wird Präsident Serbiens. Verschärfte Repression durch Serbien im Kosovo.

16. Juni Das slowenische Parlament beschließt das Recht zur Abspaltung von Jugoslawien.

17. Juni Gründung der nationalistischen »Kroatischen Demokratischen Gemeinschaft« (HDZ) in Kroatien unter Führung von FRANJO TUDJMAN (*1922, †1999).

28. Juni Die 600-Jahrfeier der Schlacht auf dem Amselfeld (*Kosovo polje*) gestaltet MILOŠEVIĆ zur serbischen nationalistischen Demonstration gegen die dort mehrheitlich lebenden Albaner.

12. Nov. MILOŠEVIĆ wird mit 86 % der Stimmen als serbischer Präsident wiedergewählt.

1990, 20. Jan. 14. Außerordentlicher Parteitag des BKJ: Die nationale Spaltung wird deutlich. **Währungsreform**.

April/Mai Bei Wahlen in Slowenien und Kroatien siegen nichtkommunistische Gruppen.

26. Mai Faktische Auflösung des Bundes der Kommunisten Jugoslawiens.

2. Juli Das Parlament von Kosovo beschließt die Unabhängigkeit von Serbien. Am 7. Sept. rufen Kosovo-Albaner die »Republik Kosovo« aus.

Die Auflösung Jugoslawiens und der Balkankonflikt (1990–1995)

Die Ursachen für die Auflösung Jugoslawiens und die sie begleitenden Kriege sind vielfältig: Ende des Ost-West-Konflikts, wieder auflebender Nationalismus, Feindbilder aus der Endphase des Zweiten Weltkriegs, nationale, ethnische und konfessionelle Spannungen (v. a. zwischen orthodoxen Serben, katholischen Kroaten und muslimischen Bosniern sowie überwiegend muslimischen Albanern), heterogene wirtschaftlich-soziale Entwicklung der sechs Teilrepubliken Slowenien, Kroatien, Bosnien-Herzegowina, Serbien, Montenegro, Makedonien sowie der zwei autonomen serbischen Provinzen Vojvodina und Kosovo, Ehrgeiz einzelner Machtpolitiker. Die Konflikte brechen nach TITOS Tod auf.

Phasen und Schauplätze des jugoslawischen Nachfolgekriegs sind Ende Juni/Anfang Juli 1991 der Krieg in Slowenien, dann Ende Juni 1991–Jan. 1992 und Mai–Aug. 1995 der Krieg in Kroatien, von April 1992–Nov. 1995 der Krieg in Bosnien-Herzegowina.

1990, 2. Juli Das slowenische Parlament stellt die eigene Verfassung über die Bundesverfassung Jugoslawiens.

19. Aug. Die Serben in der zu Kroatien gehörenden Krajina stimmen für die Unabhängigkeit. Zusammenstöße zwischen Serben und Kroaten werden häufiger.

22. Dez. Kroatien deklariert sich in einer neuen Verfassung als souveräner Staat.

28. Sept. Die neue serbische Verfassung hebt die Autonomie für die Vojvodina und das Kosovo auf.

23. Dez. Volksabstimmung in Slowenien: 88,5 % der Stimmberechtigten sind für die Unabhängigkeit.

Volkszugehörigkeit im ehemaligen Jugoslawien 1991

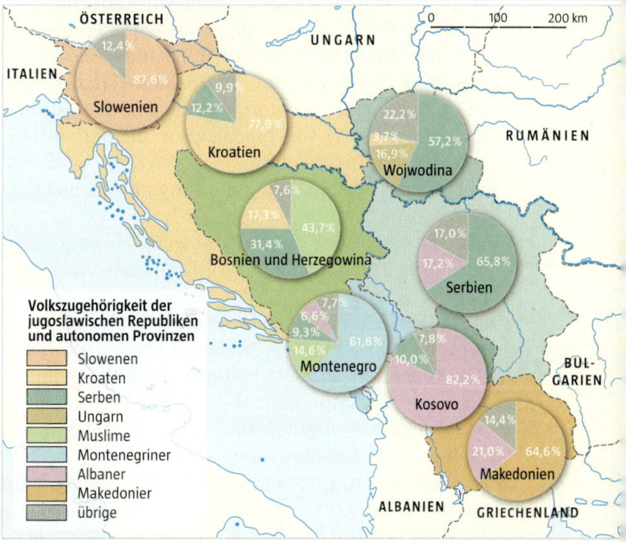

1991, Jan.–März Mehrere Krisengipfel zwischen den Teilrepubliken: Slowenien und Kroatien streben die Unabhängigkeit sowie die Auflösung des Bundesstaats in einen Bund souveräner Einzelstaaten an.

15. Mai Serbien und die bis 1989 innerhalb Serbiens autonomen Provinzen Kosovo und Vojvodina lehnen die turnusgemäße Wahl des kroatischen Repräsentanten STJEPAN MESIĆ (*1934) zum Vorsitzenden des Staatspräsidiums ab.

19. Mai In einem Referendum in Kroatien votiert die Mehrheit für die staatliche Unabhängigkeit.

25. Juni **Unabhängigkeitserklärungen Sloweniens und Kroatiens**: Die serbisch dominierte Bundesarmee geht gewaltsam gegen die früheren Teilrepubliken vor. Im Krieg verliert Kroatien zunächst ein Drittel seines Staatsgebiets (Krajina, Ost- und Westslawonien).

27. Juni–3. Juli Erfolglose Intervention der Jugoslawischen Volksarmee in Slowenien: Am 18. Juli verlässt sie Slowenien.

8. Juli Kompromiss von Brioni: Moratorium der Unabhängigkeitserklärungen für drei Monate.

Juli/Aug. Serbische Freischärler (*Tschetniks*) und die Bundesarmee beginnen den Krieg in Kroatien (Belagerung von Vukovar, Osijek, Dubrovnik), kontrollieren bald ein Drittel des kroatischen Territoriums.

15. Okt. Bosnien-Herzegowina erklärt seine Unabhängigkeit durch Beschluss des Parlaments in Sarajewo mit seiner Mehrheit an Muslimen und Kroaten.

19. Nov. Makedonien erklärt seine Unabhängigkeit, wird aber zunächst nur von der Türkei und Bulgarien diplomatisch anerkannt, weil Griechenland bis zum April 1993 aus Sorge vor Gebietsansprüchen auf die griechische Provinz Makedonien die völkerrechtliche Anerkennung durch die EG blockiert.

19. Dez. **Deutschland erkennt Kroatien und Slowenien völkerrechtlich an**. Anerkennung durch die übrigen EG-Staaten am 15. Jan. 1992.

1992, Jan. Nachdem die Konfliktparteien in Kroatien den UNO-vermittelten Waffenstillstand (Vance-Owen-Friedensplan) akzeptieren, entsendet die UNO 15 000 leicht bewaffnete Blauhelm-Soldaten im Rahmen der **UNPROFOR-Mission** in drei Schutzzonen.

29. Febr./1. März Referendum in Bosnien-Herzegowina: Die Mehrheit der Kroaten und der Muslime stimmt für die Loslösung von Jugoslawien, die Serben boykottieren das Referendum.

6. April EG und USA erkennen die Souveränität Bosnien-Herzegowinas an.

7. April Die »Serbische Republik Bosnien-Herzegowina« wird ausgerufen. Der Krieg verlagert sich nach Bosnien-Herzegowina.

8. April **Offensive der bosnischen Serben** mit Luftangriffen in Bosnien. Der serbische Präsident MILOŠEVIĆ liefert den Angreifern offiziell bis Herbst 1994 Nachschub.

27. April Das Rumpfparlamant in Belgrad gründet die **»Bundesrepublik Jugoslawien«** (BRJ), bestehend aus Serbien und Montenegro.

22. Mai Slowenien, Kroatien und Bosnien-Herzegowina werden in die UNO aufgenommen (Makedonien am 18. April 1993).

Jugoslawien ist damit endgültig aufgelöst. Die 1945 nach nationalen Kriterien zugeschnittenen Republiken Slowenien (1991 87,6 % Slowenen), Kroatien (77,9 % Kroaten, 12,2 % Serben) und Makedonien (64,6 % Makedonier, 21 % Albaner) agieren als Nationalstaaten. Strittig bleibt die staatliche Zugehörigkeit der Gebiete Kroatiens mit hohem serbischen Bevölkerungsanteil (v. a. Ostslawonien, Krajina) und v. a. Bosnien-Herzegowinas (43,7 % Muslime, 31,4 % Serben, 17,3 % Kroaten).

30. Mai Der UN-Sicherheitsrat beschließt ein Wirtschafts- und Waffenembargo gegen die Bundesrepublik Jugoslawien – dort Wirtschaftskrise.

9. Okt. Die UNO verhängt ein **Flugverbot für Militärflugzeuge über Bosnien-Herzegowina** und beauftragt eine Menschenrechtskommission, **Kriegsverbrechen** seit Sommer 1992 (»ethnische Säuberungen«) aufzuklären.

20. Dez. Präsident MILOŠEVIĆ in Serbien wiedergewählt.

1993, 6. Mai Resolution 824 des UN-Sicherheitsrats über **Sicherheitszonen in Bosnien-Herzegowina**.

25. Mai Die UNO beschließt ein internationales Kriegsverbrechertribunal in Den Haag zur Ahndung der Kriegsverbrechen und »ethnischen Säuberungen« in Ex-Jugoslawien.

1994, 28. Febr. Erste **Militäraktion der NATO** seit ihrer Gründung 1949 – Abschuss serbischer Kampfflugzeuge in der Flugverbotszone über Bosnien-Herzegowina.

30. April Fortgang des Bürgerkriegs in Bosnien-Herzegowina trotz Waffenstillstandsvereinbarungen (bis 19. Juli).

4. Aug. Nachdem die bosnischen Serben den am 5. Juli beschlossenen internationalen Friedens- und Teilungsplan für Bosnien-Herzegowina abgelehnt haben, stellt die Bundesrepublik Jugoslawien ihre Unterstützung für diese Volksgruppe offiziell ein: UN-Sanktionen gegen die BRJ gelockert (23. Sept.).

1995, Mai Kroatien erobert das serbisch besetzte Westslawonien zurück.

25. Juli Die bosnischen Serbenführer RADOVAN KARADŽIĆ (*1945) und RATKO MLADIĆ (*1943) werden vor dem Kriegsverbrechertribunal der UNO in Den Haag (in Abwesenheit) wegen Verbrechen gegen die Menschlichkeit angeklagt.

Aug. **Kroatien erobert** die serbisch besetzte **Krajina zurück**.

23. Nov. Aussetzung aller durch die UNO verhängten Sanktionen gegen die Bundesrepublik Jugoslawien.

14. Dez. Unterzeichnung des **Dayton-Friedensabkommens** zwischen Serbien, Kroatien und Bosnien-Herzegowina: staatliche Einheit Bosnien-Herzegowinas als Föderation mit einem kroatisch-muslimischen und serbischen Teil sowie der Hauptstadt Sarajevo (in Kraft 20. März 1996). Die **UN-Friedenstruppe IFOR** unter NATO-Kommando kontrolliert anstelle der UNPROFOR-Einheiten inklusive russischer Verbände die Einhaltung des Dayton-Abkommens in Bosnien.

Insgesamt wurden im jüngsten Balkankrieg 250 000 Menschen zwischen 1991 und 1995 getötet. Ca. 2,2 Mio. Flüchtlinge mussten das Gebiet des früheren Jugoslawien zumindest zeitweise verlassen.

Bundesrepublik Jugoslawien (Serbien/Montenegro) 1992–2003

1992, 27. April **Gründung der Bundesrepublik Jugoslawien** (*Savezna Republika Jugoslavija*, BRJ) – bestehend aus **Serbien** (mit Kosovo und Vojvodina) **und Montenegro**.

Die beiden Teilrepubliken haben hohe Bevölkerungsanteile nationaler Minderheiten: Serbien ohne das Kosovo zählt 1991 u. a. 65,8 % Serben, 17,2 % Albaner und 3,5 % Ungarn; die Vojvodina u. a. 57,2 % Serben, 16,9 % Ungarn und 3,7 % Kroaten, das Kosovo u. a. 88 % Albaner und 7 % Serben; Montenegro u. a. 43 % Montenegriner, 32 % Serben, 13,7 % Muslime und 7,1 % Albaner.

Mai Der UN-Sicherheitsrat verhängt ein Wirtschafts- und Waffenembargo gegen die BRJ wegen ihres militärischen Eingreifens in Bosnien-Herzegowina.

15. Juni Der parteilose Schriftsteller **DOBRICA ĆOSIĆ** (*1921) wird **erster Präsident der BRJ**.

22. Sept. Die Vollversammlung der UNO billigt der BRJ kein Nachfolgerecht für die SFRJ zu. Sie muss sich wie die anderen Nachfolgestaaten neu um die Mitgliedschaft bewerben. Die BRJ akzeptiert den Beschluss nicht und wird erst 2000 nach entsprechender Bewerbung neu aufgenommen.

20. Dez. Präsidentschaftswahlen in Serbien: Wiederwahl SLOBODAN MILOŠEVIĆS. In Montenegro wird MOMIR BULATOVIĆ (*1956) wiedergewählt.

1993, 31. Mai Misstrauensvotum und Sturz von Präsident ĆOSIĆ; ZORAN LILIĆ (*1953) wird neues Staatsoberhaupt (25. Juni).

1994, 23. Sept. UN lockert Sanktionen gegen die BRJ.

1995, Aug. Nach der Rückeroberung der Krajina durch Kroatien kommen fast 150 000 serbische Flüchtlinge in die BRJ.

1.–20. Nov. Die Mitwirkung MILOŠEVIĆS am Friedensabkommen von Dayton führt zu einer begrenzten Etablierung der BRJ als international anerkannter Staat.

23. Nov. **Aussetzung aller** durch die UNO verhängten **Sanktionen** gegen die Bundesrepublik Jugoslawien.

1996, 17. April Deutschland erkennt die BRJ diplomatisch an, nachdem diese ihrerseits Makedonien anerkannt hat.

1997, 15. Juli MILOŠEVIĆ wird als Nachfolger von LILIĆ zum Staatspräsidenten der BRJ gewählt, nachdem er als serbischer Präsident zurückgetreten ist.

21. Dez. Die Präsidentschaftswahlen in Serbien gewinnt der jugoslawische Außenminister MILAN MILUTINOVIĆ (*1942) mit 58,6 % der Stimmen.

24./25. Dez. Friedliche Massendemonstrationen von Kosovo-Albanern gegen Benachteiligung.

1998, Anfang März Die serbische Polizei beginnt **Großoffensive gegen die Befreiungsarmee des Kosovo (UÇK)**: bis Juni sind 50 000 Menschen auf der Flucht.

21. März Bei den – von Jugoslawien nicht anerkannten – Präsidenten- und Parlamentswahlen im Kosovo wird der Vorsitzende der gemäßigten Demokratischen Liga Kosovo (LDK), IBRAHIM RUGOVA (*1944, †2006), im Amt bestätigt.

1. April Wegen der Kämpfe im Kosovo verhängt der UN-Sicherheitsrat ein **Waffenembargo gegen Jugoslawien**.

23. April Ein Referendum in Jugoslawien bekräftigt die harte Haltung Belgrads in der Kosovo-Frage.

13. Okt. Um einen Militärschlag der NATO abzuwenden, gestattet MILOŠEVIĆ den Einsatz von 2000 OSZE-Beobachtern im Kosovo. Im Sommer sind 250 000 Kosovaren aus ihren Dörfern geflohen.

1999, 18. März Das von der Balkan-Kontaktgruppe vorgelegte Friedensabkommen für den Kosovo unterzeichnet nur Albanien.

20. März Die OSZE-Beobachter verlassen das Kosovo. Die serbische Armee beginnt eine **Offensive gegen die UÇK**.

24. März Beginn der **NATO-Luftangriffe** gegen Jugoslawien. Vertreibungen und Massenflucht aus dem Kosovo, fast eine Mio. Menschen sammeln sich in Lagern v. a. in Albanien und Makedonien.

7. Mai Ein NATO-Bombentreffer auf Chinas Botschaft in Belgrad verursacht internationale Verwicklungen.

9. Juni Vertreter der NATO und Jugoslawiens unterzeichnen das Abkommen über den serbischen Truppenabzug aus dem Kosovo.

10. Juni Die KFOR beginnt mit dem Einmarsch in das Kosovo. Racheakte der Kosovo-Albaner an der serbischen Minderheit, Serben fliehen oder werden vertrieben.

20. Sept. Die UÇK stimmt ihrer Auflösung zu, ihre Mitglieder werden in das von der UNO kontrollierte Schutzkorps TMK aufgenommen.

2000, 15. Jan. Ermordung des serbischen Milizenführer ŽELJKO RAŽNATOVIĆ (»Arkan«; *1952). Seine Freischärler (»Arkan Tiger«) haben im Bosnienkrieg zahlreiche Gräueltaten verübt.

24. Sept. Die Präsidenten-, Parlaments- und Kommunalwahlen werden von zahlreichen Unregelmäßigkeiten begleitet. Während die Bundeswahlkommission eine Stichwahl zwischen MILOŠEVIĆ (40,2 %) und seinem Herausforderer VOJISLAV KOŠTUNICA (*1944) (48,2 %) verlangt, behauptet Letzterer, mit 54,7 % bereits die absolute Mehrheit errungen zu haben. Streiks und Massendemonstrationen setzen ein. Ein Sternmarsch von einer halben Mio. Menschen auf Belgrad endet am 5. Okt. mit der Erstürmung des Parlaments. MILOŠEVIĆ verschanzt sich in der Präsidentenvilla.

7. Okt. **KOŠTUNICA wird** als **Staatspräsident** vereidigt.

28. Okt. Erste freie Kommunalwahlen im Kosovo, von serbischer Minderheit boykottiert: Die LDK von IBRAHIM RUGOVA gewinnt 58,1 % der Stimmen.

4. Nov. Ministerpräsident ZORAN ŽIŽIĆ (*1951) bildet ein Koalitionskabinett aus dem ehemaligen Oppositionsbündnis DOS und der Sozialistischen Volkspartei Montenegros (SNP).

23. Dez. Bei den Parlamentswahlen in Serbien setzt sich das Bündnis Demokratische Opposition Serbiens (DOS) mit 64,2 % als Sieger durch. **ZORAN DJINDJIĆ** (*1952, †2003), einer der Organisatoren der politischen Wende, wird **zum Ministerpräsidenten gewählt**.

2001, 25. Jan. Regierungsantritt des Kabinetts DJINDJIĆ in der Teilrepublik Serbien. Ziele der neuen Regierung sind u. a. die Abrechnung mit dem alten Regime und die Bekämpfung der organisierten Kriminalität.

27. April Parlamentswahlen in der Teilrepublik Montenegro: Die Koalition »Der Sieg gehört Montenegro« des Präsidenten MILO DJUKANOVIĆ (*1962) ist mit 42,1 % stärkste politische Kraft; fast gleich stark ist die Opposition »Gemeinsam für Jugoslawien« (40,7 %).

28. Juni Ex-Präsident MILOŠEVIĆ wird an das UN-Kriegsverbrechertribunal in Den Haag ausgeliefert. Rücktritt des jugoslawischen Ministerpräsidenten ŽIŽIĆ, Bruch der Koalition von DOS und SNP.

17. Nov. Parlamentswahl im Kosovo: Stärkste Partei wird RUGOVAS LDK, RUGOVA wird Präsident.

2002, 12. Febr. Beginn des **Prozesses gegen MILOŠEVIĆ** in Den Haag. Der Prozess endet mit MILOŠEVIĆS Tod in der Haft am 11. März 2006.

14. März Umwandlung der Bundesrepublik Jugoslawien in ein Staatenbündnis **»Serbien und Montenegro«** mit gemeinsamem Staatsoberhaupt und gemeinsamer Sicherheitspolitik, aber getrennten Wirtschaftsräumen, Zollsystemen und Währungen.

28. Juli Das jugoslawische Regierungsbündnis DOS schließt die Demokratische Partei Serbiens (DSS) aus und entzieht ihren Abgeordneten das Mandat. Hintergrund ist der andauernde Machtkampf zwischen dem serbischen Premier DJINDJIĆ und dem der DSS angehörenden Präsidenten KOŠTUNICA.

13. Okt./8. Dez. Die Präsidentschaftswahl in Serbien scheitert an zu geringer Wahlbeteiligung. Die Stelle des aus dem Amt scheidenden MILAN MILUTINOVIĆ übernimmt kommissarisch Parlamentspräsidentin NATAŠA MIĆIĆ (*1965).

2003, 4. Febr. Die BRJ wird in »Serbien und Montenegro« umbenannt.

Serbien und Montenegro 2003–2006

2003, 4. Febr. Der Staat Jugoslawien wird endgültig aufgelöst. Die *Skupština* in Belgrad beschließt eine Verfassungscharta für einen neuen Staat »Serbien und Montenegro«. Zum Präsidenten der Staatenunion wird am 7. März der stellvertretende Vorsitzende der montenegrinischen Demokratischen Partei der Sozialisten (DPS), SVETOZAR MAROVIĆ (*1955) gewählt.

12. März Der serbische Ministerpräsident **ZORAN DJINDJIĆ wird** in Belgrad **ermordet**. Die Regierung verhängt den Ausnahmezustand (bis 22. April), rund 4500 Personen werden festgenommen. Als Nachfolger für DJINDJIĆ wählt das Parlament am 18. März den stellvertretenden Vorsitzenden der Demokratischen Partei (DS), ZORAN ŽIVKOVIĆ (*1960).

März Schwere Unruhen in der unter UN-Verwaltung stehenden Provinz Kosovo. Vertreibung von ca. 3500 Serben durch albanische Extremisten.

11. Mai FILIP VUJANOVIĆ (*1954; DS) gewinnt die Präsidentschaftswahlen in Montenegro.

14. Okt. Gespräche zwischen Serbien und Vertretern der Kosovo-Albaner unter UN-Vermittlung in Wien bleiben ohne Ergebnis.

Nov. Das Bündnis Demokratische Opposition Serbiens (DOS) aus 17 Parteien verliert durch Austritt einer Splitterpartei die Mehrheit in der *Skupština*: Interimspräsidentin NATAŠA MIĆIĆ (*1965) ordnet Neuwahlen an.

28. Dez. Die Ultranationalisten der Serbischen Radikalen Partei (SRS) unter VOJISLAV ŠEŠELJ (*1954) gewinnen die Parlamentswahl in Serbien, verfehlen aber die Regierungsmehrheit. Der frühere jugoslawische Präsident und Vorsitzende der nationalkonservativen Demokratischen Partei Serbiens (DSS), VOJISLAV KOŠTUNICA, bildet eine Minderheitsregierung, am 3. März 2004 von der *Skupština* bestätigt. KOŠTUNICA lehnt die Auslieferung von zwölf Kriegsverbrechern an das Haager Tribunal ab.

2004, 17. März Im Kosovo kommen bei den schwersten Ausschreitungen zwischen Serben und Albanern seit Kriegsende 22 Menschen ums Leben.

27. Juni In der zweiten Runde der serbischen Präsidentschaftswahlen (mit geändertem Wahlrecht) setzt sich der europäisch orientierte DS-Vorsitzende BORIS TADIĆ (*1958) gegen den radikalen Nationalisten TOMISLAV NIKOLIĆ (*1952) durch.

23. Okt. Die Demokratische Liga (LDK) von IBRAHIM RUGOVA gewinnt die Parlamentswahlen im Kosovo.

8. Nov. Beginn von Assoziationsgesprächen mit der EU, im Frühjahr 2006 von der EU unterbrochen, da die Regierung Serbien-Montenegros nach Ansicht der EU zu wenig zur Ergreifung der Kriegsverbrecher RADOVAN KARADŽIĆ und RATKO MLADIĆ tut.

2005, Jan. Die USA frieren Finanzhilfe an Serbien wegen fehlender Kooperation mit dem Haager Tribunal ein.

Febr. Präsident TADIĆ bekräftigt Serbiens Anspruch auf das Kosovo-Gebiet.

2006, 21. Mai Referendum über die Unabhängigkeit Montenegros mit 55,5 % der abgegebenen Stimmen bei 86,3 % Wahlbeteiligung erfolgreich.

3. Juni Unabhängigkeitserklärung der Republik Montenegro und Auflösung der Staatenunion.

Repubik Serbien seit 2006

2006, 5. Juni Die *Skupština* stellt das Ende von Serbien und Montenegro fest und erklärt Serbien gemäß der Verfassung zum alleinigen Rechtsnachfolger.

30. Sept. Verfassungsnovelle (am 28./29. Okt. in einem Referendum angenommen): Das Kosovo wird weiterhin als integraler Bestandteil Serbiens angesehen, die Autonomierechte der Vojvodina bleiben gering.

2007, 21. Jan. Parlamentswahlen: Sieg der Serbischen Radikalen Partei (SRS).

15. Mai Die Regierung unter VOJISLAV KOŠTUNICA wird vom Parlament bestätigt.

17. Nov. Bei den von der serbischen Bevölkerung boykottierten Parlamentswahlen im unter UN-Aufsicht stehenden Kosovo siegt die Demokratischen Partei des Kosovo des Oppositionsführers und früheren UÇK-Führers HASHIM THAÇI (*1968), der Ministerpräsident wird.

2008, 3. Febr. Boris Tadić siegt bei der Stichwahl zum Präsidenten.

17. Febr. Das Parlament des **Kosovo erklärt die Unabhängigkeit**. Serbien und Russland nennen die Unabhängigkeit illegal und rufen den Weltsicherheitsrat an. Die USA und die meisten EU-Staaten sichern Unterstützung zu.

21. Febr. Deutschland erkennt die Unabhängigkeit des Kosovo an. Serbien bricht daraufhin die diplomatischen Beziehungen mit Deutschland ab.

Republik Montenegro seit 2006

2006, 3. Juni Nach Volksabstimmung am 21. Mai erklärt das montenegrinische Parlament die Unabhängigkeit.

12. Juni Anerkennung Montenegros durch die EU.

28. Juni Montenegro ist 192. Mitgliedsstaat der UNO.

10. Sept. Parlamentswahlen: Sieg des Regierungsbündnisses unter Filip Vujanović.

2007, 19. Okt. Das Parlament beschließt eine Verfassung für den unabhängigen Staat Montenegro.

Bosnien-Herzegowina seit 1945

1945 Bosnien-Herzegowina wird eine von sechs Teilrepubliken der Föderativen Volksrepublik Jugoslawien.

1963 Neuer Republikname: Sozialistische Republik Bosnien und Herzegowina. Gleichrangigkeit von **muslimischen Bosniaken, Serben und Kroaten**.

1971 Die Muslime (Bosniaken) werden als eigenständige Nation anerkannt.

1984, 8.–19. Febr. Olympische Winterspiele in Sarajevo.

1987, 8. Sept. Finanzskandal um das Unternehmen *Agrokomerc*: Verhaftung des muslimischen Generaldirektors Fikret Abdić (*1939).

1990, 18. Nov.–9. Dez. **Mehrparteienwahlen**: Wahlsieg der ethnisch-religiös zusammengesetzten Koalition aus der muslimischen »Partei der Demokratischen Aktion« (SDA) unter Alija Izetbegović (*1925, †2003), »Serbischen Demokratischen Partei« (SDS) des Nationalisten Radovan Karadžić (*1945) und der »Kroatischen Demokratischen Gemeinschaft« (HDZ).

19. Dez. Neuer Staatsname: Republik Bosnien und Herzegowina. Alija Izetbegović wird Vorsitzender des Staatspräsidiums.

1991, 15. Okt. Spaltung des Parlaments in Bosnien-Herzegowina: Bosniaken und Kroaten erklären die Souveränität und Unteilbarkeit des Landes, die serbischen Abgeordneten bilden ein eigenes Parlament.

10. Nov. Die bosnischen Serben stimmen in einer Volksbefragung für die Abspaltung und den Anschluss an Serbien.

1992, 29. Febr./1. März Das **Referendum über die Unabhängigkeit Bosnien-Herzegowinas**, bei dem sich 99 % der an der Abstimmung Teilnehmenden für die Unabhängigkeit aussprechen, wird von den bosnischen Serben unter Karadžić boykottiert.

27. März Die bosnischen Serben verabschieden eine eigene Verfassung.

2. April Zwischen den Volksgruppen in Bosnien-Herzegowina brechen Kämpfe aus.

7. April Die serbische Volksgruppe proklamiert die Serbische Republik Bosnien-Herzegowina (SRBH).

22. Mai **Bosnien-Herzegowina wird in die UNO aufgenommen.**

Der bis 1995 andauernde Bürgerkrieg führt v. a. im Sommer 1992, auch bei Anwesenheit von UN-Friedenstruppen, zu Gräueltaten, v. a. durch Serben als »ethnische Säuberungen« planmäßig verübt, in erster Linie zulasten der muslimischen Bevölkerung: Die Zahl der Opfer beträgt etwa 100 000.

1995, Juli In der im April 1993 eingerichteten Schutzzone von Srebrenica ermorden vor den Augen niederländischer UN-Truppen serbische Armee- und Polizeieinheiten unter Ratko Mladić (*1943) ca. 8000 muslimische Bosniaken, v. a. Männer und Jungen.

14. Dez. **Bosnien-Abkommen von Dayton**: Aufteilung Bosnien-Herzegowinas in einen kroatisch-muslimischen (ca. 51 % des Territoriums) und serbischen Teil (ca. 49 % des Territoriums) unter nomineller Wahrung der staatlichen Einheiten. **Hauptstadt der Föderation** und Sitz des gemeinsamen Parlaments ist **Sarajevo**. Die Gesamtverantwortung liegt bei dem »Hohen Repräsentanten« der UNO. Erster Repräsent ist der Schwede Carl Bildt (*1949).

1996, 20. März Das Friedensabkommen tritt in Kraft. Seine Einhaltung überwacht eine internationale Friedenstruppe (*Implementation Forces*, IFOR).

20. Dez. Das Mandat IFOR endet. Eine verkleinerte Nachfolgetruppe, SFOR, übernimmt die Aufgabe.

1997, 3. Jan. Das gesamtbosnische Parlament beschließt die Bildung eines Kabinetts mit dem Muslim Haris Silajdžić (*1945) und dem Serben Boro Bosić (*1950) als gleichberechtigte Ministerpräsidenten, die sich wöchentlich als Regierungschef abwechseln.

18. Juni Der Spanier Carlos Westendorp (*1937) wird neuer Hoher Repräsentant der UNO für Bosnien-Herzegowina.

23.–24. Juli Vertreter von 48 Staaten und 30 internationalen Organisationen bewilligen 1,2 Mrd. US-$ für Wiederaufbau und Friedenssicherung in Bosnien-Herzegowina. – Der Wiederaufbau kommt, in den Landesteilen unterschiedlich, nur langsam in Gang, erschwert durch politische Gegensätze sowie zahlreiche Anti-Personen-Minen.

13./14. Sept. Bei den Kommunalwahlen bestätigt sich die Dominanz der führenden nationalistischen Parteien der Serben, Kroaten und Bosniaken in ihren jeweiligen Herrschaftsgebieten.

9./10. Dez. Der Hohe Beauftragte der UNO erhält größere Befugnisse: Er nutzt diese erstmals am 17. Dez., indem er die Ausgabe einheitlicher Pässe verfügt.

1998, 7. Mai Eine Geberkonferenz sagt Aufbauhilfen in Höhe von 1,1 Mrd. US-$ zu.

28. Mai Die NATO-Außenminister verständigen sich auf die Aufstellung einer **SFOR-Polizeitruppe**, die den

Schutz der Rückkehrer und die Verfolgung mutmaßlicher Kriegsverbrecher übernehmen soll.

12./13. Sept. Bei den zweiten Parlaments- und Präsidentschaftswahlen nach dem Krieg wird das bosniakische Parteienbündnis Koalition für ein einheitliches und demokratisches Bosnien-Herzegowina (KCD) mit 40% der Stimmen stärkste Kraft. Bei der Wahl zum dreiköpfigen Staatspräsidium wird der Bosniake IZETBEGOVIĆ wiedergewählt, serbischer Repräsentant wird ŽIVKO RADIŠIĆ (*1937), kroatischer ANTE JELAVIĆ (*1963). SILAJDŽIĆ bleibt als einer von beiden Ministerpräsidenten im Amt, als zweiter wird SVETOZAR MIHAJLOVIĆ (*1949) gewählt.

15./16. Dez. Der Friedensimplementierungsrat in Madrid sieht »erhebliche Defizite« auf dem Weg zu »einem sich selbst tragenden Frieden« zwischen den Volksgruppen.

1999, Juli Der Österreicher WOLFGANG PETRITSCH (*1947) wird neuer Bosnien-Beauftragter der UNO.

Nov. Die NATO verringert die Truppenstärke der SFOR von 30 000 auf 20 000 Mann.

15. Nov. Laut einem Bericht der UNO handelt es bei den Ereignissen bei der Eroberung der UN-Schutzzone Srebrenica im Juli 1995 um das schwerste Verbrechen in Europa seit dem Zweiten Weltkrieg.

2000, 30. Jan. Das UN-Hochkommissariat für Flüchtlinge (UNHCR) schätzt, dass fünf Jahre nach Kriegsende erst die Hälfte der rund 2 Mio. Bosnien-Vertriebenen in ihre Heimat zurückgekehrt ist.

14. Okt. IZETBEGOVIĆ scheidet aus Altersgründen aus dem Staatspräsidium aus. Nachfolger wird HALID GENJAĆ.

11. Nov. Bei den Parlaments- und Kantonswahlen erzielt die multiethnische Sozialdemokratische Partei (SDP) den größten Stimmenanteil.

2001, 22. Febr. Wegen Folter und Vergewaltigung verurteilt das Haager Kriegsverbrechertribunal drei bosnische Serben zu hohen Haftstrafen: Erstmals ist Vergewaltigung als Mittel der Kriegsführung völkerrechtlich geächtet.

7. März Der Bosnien-Beauftragte PETRITSCH unterbindet den Versuch, einen dritten, kroatischen Teilstaat in Bosnien-Herzegowina zu bilden. Staatspräsidiumsmitglied ANTE JELAVIĆ, der entsprechende Forderungen erhoben hatte, wird entlassen.

13. Juli Der Entscheid des UN-Sicherheitsrats, der US-Soldaten Immunität bei Auslandseinsätzen zugesteht, beendet die Krise um das UN-Mandat in Bosnien. Die USA hatten nach Inkrafttreten des Statuts des Internationalen Strafgerichtshofs (1. Juli) damit gedroht, ihre Truppen abzuziehen.

2002, 27. Mai Lord PADDY ASHDOWN (*1941) neuer Hoher Repräsentant der UNO für Bosnien-Herzegowina.

22. Juni Papst JOHANNES PAUL II. bittet in Banja Luka um Vergebung für Verbrechen von Katholiken auf dem Balkan.

5. Okt. Aus den erstmals abgehaltenen Wahlen zu den Vertretungskörperschaften aller Ebenen gehen die nationalistischen Parteien gestärkt hervor, die Reformkräfte müssen Verluste hinnehmen.

2003, 27. Febr. Die ehemalige Präsidentin der bosnischen Serbenrepublik, BILJANA PLAVŠIĆ (*1930), wird vom Haager Kriegsverbrechertribunal wegen Mitverantwortung für Verbrechen gegen die Menschlichkeit zu elf Jahren Haft verurteilt.

6. Okt. Bosnien-Herzegowina und die Staatenunion Serbien und Montenegro schließen ein Abkommen zur Rückführung von Flüchtlingen.

1. Dez. Unter Druck von NATO und EU kommt ein Verteidigungsgesetz zur gemeinsamen Führung der geteilten Streitkräfte zustande.

2004, 28. Jan. Das bisher getrennt verwaltete Mostar erhält eine einheitliche multikulturelle Administration.

1. Juni Die NATO reduziert die Truppenstärke der SFOR von 12 000 auf 7000 Mann.

11. Juni Der erste offizielle bosnisch-serbische Bericht zum Massaker von Srebrenica 1995 gesteht die maßgebliche Beteiligung von Armee und Polizei an der Ermordung von ca. 8000 Muslimen.

Okt. Sieg der nationalen Parteien bei Kommunalwahlen.

2. Dez. Das Kommando der internationalen Friedenstruppe SFOR geht von der NATO an die EU-geführte EUFOR über.

2005, 9. März Nationales Kriegsverbrechertribunal am Obersten Gericht in Sarajevo.

29. März ASHDOWN verfügt die Absetzung des Repräsentanten der Kroaten im Präsidium des Gesamtstaats, DRAGAN COVIĆ, (*1956) wegen Korruption.

2006, 31. Jan. CHRISTIAN SCHWARZ-SCHILLING (*1930) wird neuer Hoher Repräsentant der UNO für Bosnien-Herzegowina.

1. Okt. Niederlage der nationalen Parteien bei den Parlamentswahlen. Von der Spaltung der kroatischen HDZ profitiert die SDP. Wahlsieger auf bosniakischer Seite wird die liberale SBiH, bei den bosnischen Serben die sozialdemokratische SNSD. Im gesamtstaatlichen Parlament bleiben die muslimische SDA stärkste Partei, gefolgt von der SBiH und der SNSD.

2007, 24. Okt. Die Vertreter aller politischen Einheiten erklären den Willen zur Zusammenarbeit nach den Grundsätzen der Europäischen Union.

2008, 1. Jan. Abkommen mit der Europäischen Union über Visumserleichterungen tritt in Kraft.

Kroatien seit 1945

Kroatien mit seinen historischen Gebieten (Binnen-) Kroatien, Slawonien und Dalmatien sowie dem größeren Teil Istriens, unterstand im Binnenraum seit dem Mittelalter der Krone Ungarns, der Süden (Dalmatien, Istrien) war venezianisch, seit 1793 bzw. 1815 österreichisch. Kroatien-Slawonien besaß innerhalb Ungarns konstitutionelle Sonderrechte, zuletzt im Ungarisch-Kroatischen Ausgleich 1868 bestätigt. Daraus wurde ein Anspruch auf »Staatlichkeit« begründet. 1918 kam es zum späteren Jugoslawien, 1941–1945 bestand unter deutscher Besatzungsherrschaft der »Unabhängige Staat Kroatien«.

1945 Kroatien wird Teilrepublik der Föderativen Volksrepublik Jugoslawien, erstmals seit dem Mittelalter sind seine historischen Gebiete staatlich vereint.

1954, 5. Okt. Mit Regelung des **Triest-Konflikts** erhält Kroatien einen kleinen Teil der jugoslawischen Zone B.

1963 Umbenennung Kroatiens in »Sozialistische Republik Kroatien«.

1967 Forderungen nach Eigenständigkeit der **kroatischen Sprache** anstelle der serbokroatischen Spracheinheit, wie sie die »Absprache von Novi Sad« 1952 dekretiert hatte (Mitte März: Deklaration über die Rolle der kroatischen Schriftsprache), werden abgewiesen: Kroatischer Nationalismus entwickelt sich im Bund der Kommunisten Kroatiens.

1970, Jan. Das Zentralkomitee des Bundes der Kommunisten Kroatiens fordert mehr wirtschaftliche Selbstständigkeit: Beginn des »Kroatischen Frühlings«.

1971, 22. Nov. Studentenunruhen in Zagreb werden mit Gewalt beendet – »Säuberungsmaßnahmen«.

12. Dez. Tito verurteilt die »nationalistische Abweichung« Kroatiens: Die Parteiführung wird abgesetzt.

1987 Zahlreiche Arbeitsniederlegungen in Kroatien.

1988, 17./18. Okt. Auf einer Tagung des ZK des Bundes der Kommunisten Jugoslawiens attackieren Serben eine »antiserbische Koalition«.

1989, 27. Febr. Gründung der Kroatischen Demokratischen Gemeinschaft (HDZ) unter Franjo Tudjman (*1922, †1999): Weitere Parteigründungen folgen.

1990, 22./23. April **Mehrparteienwahl**: Sieg der HDZ (absolute Mandatsmehrheit).

30. Mai Tudjman wird vom Parlament zum Vorsitzenden des Staatspräsidiums gewählt.

Aug. Umbenennung Kroatiens in »Republik Kroatien«.

1991, 12. Mai Die serbische Bevölkerungsmehrheit der zu Kroatien gehörenden Krajina fordert in einem Referendum die Angliederung an Serbien.

19. Mai Referendum über die Selbstständigkeit Kroatiens: 94 % der Abstimmenden sind dafür.

25. Juni **Unabhängigkeitserklärungen Kroatiens und Sloweniens.** Die jugoslawische Bundesarmee erobert ein Drittel Kroatiens (Krajina, Ost- und Westslawonien).

ab 22. Juli Gefechte Serben – Kroaten in Ostkroatien; seit Ende August auch um Vukovar und bei Knin.

1992, Jan. UN-Truppen in Kroatien, nachdem die Konfliktparteien den UN-vermittelten Waffenstillstand (Vance-Owen-Friedensplan) anerkannt haben.

15. Jan. Die EU-Staaten erkennen Kroatien an.

22. Mai **Aufnahme Kroatiens in die UNO.**

1993, Ende Jan. Kroatien beginnt Offensive zur Rückeroberung der verlorenen Gebiete (bis April).

1995, 28. April–2. Mai Rückeroberung Westslawoniens.

4. Aug. Rückeroberung der Krajina.

12. Nov. Abkommen über Rückgabe Ostslawoniens an Kroatien.

1996, 15. Jan. Der UN-Sicherheitsrat beschließt die Entsendung von Soldaten und zivilen Beobachtern, um die Krajina zu entmilitarisieren und den Übergang an Kroatien zu begleiten.

1997, 15. Juni Bei Präsidentschaftswahlen wird der autoritär regierende Tudjman im Amt bestätigt.

1998, 15. Jan. Ende der UN-Mission UNTAES, die das ehemals serbisch besetzte Gebiet in Ostslawonien übergangsweise verwaltet hat.

1999, 4. Okt. Der frühere Kommandant des KZ Jasenovać, Dinko Šakić (*1921), wird wegen Verbrechen gegen die Menschlichkeit im Zweiten Weltkrieg zu 20 Jahren Gefängnis verurteilt.

10. Dez. Tod von Präsident Tudjman.

2000, 3. Jan. Machtwechsel bei der Parlamentswahl: Die konservative Regierungspartei HDZ erhält nur noch 30,5 % der Stimmen. Der Ex-Kommunist Ivica Račan (*1944, †2007) wird als neuer Ministerpräsident eines Mitte-Links-Kabinetts am 27. Jan. vereidigt.

7. Febr. Bei den Präsidentschaftswahlen setzt sich der Reformpolitiker **Stipe Mesić** (*1934) durch.

21. März Der mutmaßliche bosnisch-kroatische Kriegsverbrecher und Mafiaboss Mladen Naletilić (*1946) wird an das Internationale Kriegsverbrechertribunal in Den Haag ausgeliefert.

2001, 14. Mai Unterzeichnung eines Stabilisierungs- und Assoziierungsabkommens mit der EU.

5. Juli Die Regierung Račan tritt nach einem Streit über das mit Slowenien gemeinsam betriebene Atomkraftwerk Krško zurück. Račan bildet ein neues Kabinett, das am 31. Juli vom Parlament bestätigt wird.

8. Juli Aus Protest gegen die Auslieferung kroatischer Kriegsverbrecher an das Tribunal in Den Haag verlassen die vier Minister der Sozialliberalen Partei (HSLS) die Regierung.

2002, 1. Okt. Staatspräsident Mesić belastet den angeklagten einstigen jugoslawischen Präsidenten Milošević vor dem Kriegsverbrechertribunal in Den Haag.

18. Dez. Um die Voraussetzungen für einen Beitritt zur EU zu schaffen, legt die Regierung dem Parlament ein umfangreiches Gesetzgebungsprogramm vor.

2003, 5.–9. Juni Der Besuch von Papst Johannes Paul II. in Kroatien steht im Zeichen einer Versöhnung der Volksgruppen nach den Balkankriegen.

19. Sept. Beim ersten offiziellen Besuch eines kroatischen Präsidenten in Belgrad tauschen Stipe Mesić und sein serbischer Amtskollege Marović (*1955) »symbolische« Entschuldigungen für Verbrechen während des Krieges 1991–1995 aus.

23. Nov. Die nationalkonservative HDZ unter Ivo Sanader (*1953) gewinnt die Parlamentswahlen und bildet eine Mitte-Rechts-Minderheitsregierung.

2005, 16. März Wegen mangelnder Zusammenarbeit Kroatiens mit dem Kriegsverbrechertribunal setzt die EU den Beginn der Beitrittsgespräche aus, die am 3. Okt. 2005 doch aufgenommen werden.

2008, 12. Jan. Nach turbulenten Koalitionsverhandlungen nach den Wahlen vom 25. Nov. 2007 wird die Regierung Sanader vom Parlament bestätigt. Die Europäische Union fordert Reformen als Voraussetzung für Beitrittsverhandlungen.

11. März Prozessbeginn gegen die die Exgeneräle Ante Gotovina (*1955), Ivan Čermak (*1949) und Mladen Markač (*1955) vor dem Kriegsverbrechertribunal in Den Haag. Ihnen wird vorgeworfen, im Rahmen der Operation »Sturm« bei der Rückeroberung der serbisch besetzten Krajina im Herbst 1995 Kriegsverbrechen verübt zu haben.

3. April Die NATO beschließt die Aufnahme Kroatiens in das Bündnis im Jahr 2009.

Slowenien seit 1945

1945 Slowenien wird jugoslawische Teilrepublik.

1954, 5. Okt. Londoner Memorandum über den **Triest-Konflikt**: Der Freistaat wird in zwei Zonen geteilt. Zone A mit Triest selbst und nördlich angrenzendem Gebiet geht an Italien, Zone B an Jugoslawien. Den überwiegenden, nördlichen Teil dieser Zone erhält Slowenien, den kleineren, südlichen Kroatien.

1967–1972 Unter STANE KAVČIČ (*1919, †1987) beginnt eine Liberalisierung des öffentlichen Lebens.

1975, 10. Nov. Der **Vertrag von Osimo** regelt abschließend die Beziehungen zwischen Italien und Jugoslawien unter Berücksichtigung des Minderheitenschutzes.

1986, Mai MILAN KUČAN (*1941) wird im April neuer KP-Chef.

1989, 16. Juni **Verfassungsänderungen** (u. a. Recht auf Sezession, Mehrparteiensystem), am 27. Sept. endgültig gebilligt.

7. Dez. Bildung eines Bündnisses der Oppositionskräfte, seit dem 3. Jan. 1990 unter dem Namen »Vereinigte Demokratische Opposition Sloweniens« (DEMOS).

1990, 4. Febr. Der Bund der Kommunisten Sloweniens trennt sich vom Bund der Kommunisten Jugoslawiens (BKJ).

7. März Umbenennung in **Republik Slowenien**.

8./22. April Mehrparteienwahlen: Die in der DEMOS vereinten bürgerlichen Kräfte siegen. In direkter Stichwahl wird MILAN KUČAN Staatspräsident.

16. Mai LOJZE PETERLE (*1948) bildet ein Kabinett aus DEMOS, den Kommunisten u. a.

Mai–Okt. Konflikt zwischen Slowenien und der Bundesarmee: Slowenien übernimmt selbst die Territorialverteidigung.

2. Juli Erklärung des slowenischen Parlaments zur Unabhängigkeit und Souveränität Sloweniens.

23. Dez. In einer Volksabstimmung stimmen 88,5 % der wahlberechtigten Slowenen für die Unabhängigkeit.

1991, 25. Juni **Unabhängigkeitserklärung Sloweniens.**

27. Juni Die Jugoslawische Volksarmee greift Slowenien an. In den schweren Kämpfen kann sich die slowenische Bürgerwehr behaupten.

7. Juli Waffenstillstand unter Vermittlung der EG.

8. Okt. Einführung einer eigenen Währung (Tolar).

25. Okt. Die letzten Bundestruppen verlassen Slowenien in Richtung Kroatien.

23. Dez. Die neue Verfassung Sloweniens garantiert die Menschenrechte und Minderheitenschutz.

30. Dez. Das Parteienbündnis DEMOS löst sich auf.

1992, 22. April PETERLE wird durch ein konstruktives Misstrauensvotum des Parlaments gestürzt. Neuer Chef einer Übergangsregierung aus sechs Parteien und Unabhängigen wird JANEZ DRNOVŠEK (*1950, † 2008) von der LDS (Liberale Demokratie Sloweniens).

22. Mai **Aufnahme Sloweniens in die UNO.**

6. Dez. Bei Parlamentswahlen wird die LDS mit 23,3 % stärkste Partei; DRNOVŠEK bildet eine Koalitionsregierung aus LDS, Christdemokraten (SKD) und Reformkommunisten (Vereinigte Liste – ZLSD).

1995, 30. Nov. Slowenien und die BR Jugoslawien (Serbien und Montenegro) erkennen einander völkerrechtlich an.

1996, 10. Juni Unterzeichnung eines **Assoziierungsabkommens Sloweniens mit der EU.**

10. Nov. Die LDS wird bei Parlamentswahlen mit 27,1 % erneut stärkste Partei. DRNOVŠEK bildet diesmal eine Regierung (27. Febr. 1997).

1997, 23. Nov. Staatspräsident KUČAN wird wiedergewählt.

1998, 31. März Beginn der **Beitrittsverhandlungen mit der EU.**

2000, 8. April Ministerpräsident JANEZ DRNOVŠEK verliert im Parlament eine Vertrauensabstimmung und tritt zurück.

3. Mai Das Parlament wählt ANDREJ BAJUK (*1943) zum neuen Regierungschef. BAJUK bildet Mitte-Rechts-Übergangskabinett, am 7. Juni bestätigt.

15. Okt. Aus den Parlamentswahlen gehen die oppositionellen Liberaldemokraten (LDS) mit 36,2 % der Stimmen als Sieger hervor. Ihr Chef DRNOVŠEK bildet erneut eine Mitte-Links-Regierung.

2002, 11. Nov./1. Dez. Ministerpräsident JANEZ DRVENOŠEK gewinnt die Präsidentenwahl. Nachfolger als Regierungschef wird der bisherige Finanzminister ANTON ROP (*1960).

2003, 23. März In einer Volksabstimmung entscheiden sich die Slowenen mit 66 % für den Beitritt zur NATO und mit 89,6 % für den Beitritt zur EU.

19. Dez. Im Streit mit Kroatien um die Hoheitsrechte in der Bucht von Piran (Nordadria) bekräftigt das Parlament die Forderungen. Eine Einigung erfolgt erst am 25. Jan. 2005.

2004, Febr. Gesetz, das den aus Slowenien vertriebenen Serben und Kroaten die slowenische Staatsbürgerschaft zurückgibt. Das dagegen von der rechtsgerichteten Slowenischen Nationalpartei angestrengte Referendum scheitert am 4. April.

29. März **Beitritt zur NATO** durch Hinterlegung der Urkunde in Washington vollzogen.

1. Mai **Beitritt Sloweniens zur EU.**

3. Okt. Bei den Parlamentswahlen wird die oppositionelle konservative Demokratische Partei (SDS) stärkste Partei: Regierungskoalition unter Ministerpräsident JANEZ JANŠA (*1958).

2005, Nov. Demonstrationen von Gewerkschaften und Oppositionsparteien gegen den mit den Reformplänen der Regierung verbundenen Sozialabbau.

2007, 1. Jan. **Einführung des Euro.**

21. Dez. Beitritt zum Schengener Abkommen.

23. Dez. DANILO TÜRK (*1952) wird in der Stichwahl zum Staatspräsidenten gewählt.

Makedonien seit 1945

1945, 30. April Das im Zweiten Weltkrieg durch Bulgarien besetzte Makedonien wird als eigene Teilrepublik erneut jugoslawisch. Das auf der Grundlage strukturell bulgarischer Dialekte kodifizierte Makedonisch wird Staatssprache (5. Mai).

1953/1954 Die Regierung drängt zahlreiche Angehörige der albanischen Minderheit dazu, sich als Türken zu deklarieren und in die Türkei auszuwandern.

1963, 7. Juli Umbenennung in Sozialistische Republik Makedonien.

26. Juli **Skopje wird durch ein Erdbeben vollständig zerstört.**

1968 Auseinandersetzungen zwischen Bulgarien und Jugoslawien um das bulgarische Pirin-Makedonien, bis 1989 auch über Vardar-Makedonien.

1986 Ausweitung des Konflikts auf Griechenland, das jedoch die Existenz einer makedonischen Frage oder Minderheit im eigenen Lande bestreitet.

1988, Aug. Proteste von Albanern gegen zweisprachigen Unterricht an albanischsprachigen Schulen.

1989/1990 Bildung neuer Parteien, wie der nationalistischen Inneren Makedonischen Revolutionären Organisation – Demokratische Partei für die nationale makedonische Einheit (VMRO-DPNME) und der albanischen Partei der demokratischen Prosperität.

1990, 27. Aug. Eingabe von Vertretern der **albanischen Minderheit** zur albanischen Sprache im Unterricht wird von der makedonischen Regierung abgelehnt.

11. Nov./9. Dez. Parlaments- und Kommunalwahlen: VMRO-DPNME gewinnt vor Reformkommunisten.

1991, 27. Jan. Der Reformkommunist Kiro Gligorov (*1917) wird im zweiten Wahlgang vom Parlament zum Staatspräsidenten gewählt.

15. April **Umbenennung in Republik Makedonien.**

8. Sept. Referendum, von Albanern und Serben boykottiert, mit 74,1 % der Stimmen für die Unabhängigkeit (19. Nov. Unabhängigkeitserklärung).

18. Nov. Verabschiedung einer neuen Verfassung.

20. Dez. Makedonien beantragt völkerrechtliche Anerkennung, die Griechenland innerhalb der EG bis April 1993 blockiert: Es befürchtet Gebietsansprüche Makedoniens auf die griechische Provinz Makedonien. Konflikt mit Griechenland um Nationalflagge mit dem 1978 im nordgriechischen Vergina ausgegrabenen »Stern von Vergina« und möglichen territorialen Ansprüchen auf das historische Makedonien.

1993, 8. April **Aufnahme Makedoniens in die UNO** unter dem – auch von Griechenland akzeptierten, wenn auch zwischen beiden Staaten weiterhin umstrittenen – Namenszusatz »ehemalige jugoslawische Republik«.

1994, 18. Febr. Durch die Blockade aller Zollübergänge setzt Griechenland ein Handelsembargo gegen Makedonien in Kraft (bis 14. Okt. 1995).

16. Okt. Bei den ersten Präsidentschaftswahlen seit der Unabhängigkeit wird Gligorov mit 52,4 % der Stimmen als Staatsoberhaupt bestätigt.

1995, 13. Sept. Griechenland und Makedonien schließen unter UN-Schirmherrschaft ein Interimsabkommen zur Normalisierung der beiderseitigen Beziehungen.

9. Nov. **Aufnahme Makedoniens in den Europarat.**

15. Nov. Beitritt zum NATO-Programm »Partnerschaft für den Frieden«.

1996, 8. April Gegenseitige völkerrechtliche Anerkennung Bundesrepublik Jugoslawien – Makedonien.

1998, 18. Okt./15. Nov. Bei den Parlamentswahlen wird die VMRO-DPNME stärkste politische Gruppierung. Ihr Vorsitzender Ljubčo Georgievski (*1966) erhält den Regierungsauftrag.

2. Dez. Die Regierung stimmt der Stationierung einer internationalen Schutztruppe zur Sicherung der OSZE-Mission im Kosovo zu.

1999, 22. Febr. **Beilegung des Sprachenstreits** zwischen Makedonien und Bulgarien.

April NATO stockt bei Verschärfung der Kosovo-Krise ihre Präsenz in Makedonien auf 15 000 Soldaten auf.

April/Mai Nach Beginn der NATO-Luftangriffe rapide Zunahme des Flüchtlingsstroms aus dem Kosovo. Makedonien gerät an den Rand des wirtschaftlichen Zusammenbruchs; zeitweise Grenze gesperrt.

31. Okt./14. Nov. Vize-Außenminister Boris Trajkovski (*1956, †2004) wird zum Präsidenten gewählt.

2001, Jan. Kämpfer der albanischen »Nationalen Befreiungsarmee« (UÇK) verüben Anschläge auf makedonische Polizeiposten, besetzen ab März Dörfer in mehrheitlich von Albanern bewohnten Gebieten. Nach militärischen Gegenmaßnahmen der Regierung solidarisieren sich die albanischen Minderheit mit den Rebellen.

13. Mai **Bildung einer Allparteienregierung**, um die innenpolitische Krise zu lösen.

14. Juni Präsident Trajkovski bittet die NATO um Entwaffnung der UÇK.

13. Aug. Friedensabkommen, das die Rechte der albanischen Minderheit erweitert.

22. Aug. Beginn der NATO-Aktion zur **Entwaffnung der UÇK** (*Essential Harvest*).

26. Sept. Neues NATO-Mandat (*Amber Fox*) unter deutscher Führung.

2002, 15. Sept. In Makedonien siegt das Oppositionsbündnis bei den Parlamentswahlen: Neuer Regierungschef wird der Führer der Sozialdemokratischen Union (SDSM) Branko Crvenkovski (*1962).

2003, 31. März Kommando über die Friedenstruppen in Makedonien geht von der NATO an die EU über.

4. April Makedonien wird 145. Mitglied der Welthandelsorganisation (WTO).

1. Dez. Nach der Volkszählung vom Nov. 2002 sind von knapp über zwei Mio. Einwohnern rund 1,3 Mio. Makedonier (64,2 %), rund 510 000 Albaner (25,2 %), kleinere Minderheiten Türken, Roma, Serben. Die Albaner waren bisher von einem höheren eigenen Bevölkerungsanteil ausgegangen, jedoch genügt das Ergebnis, um die im Vertrag von Ohrid 2001 ausgehandelten Rechte zu erhalten (sie gelten, falls eine Minderheit über 20 % die Bevölkerung stellt).

2004, 25. Jan. Neues Hochschulgesetz: albanischsprachige Universität in Tetovo als dritte Hochschule.

26. Febr. Präsident Trajkovski kommt bei einem Flugzeugunglück ums Leben.

28. April Ministerpräsident Branko Cvrenkovski gewinnt die Stichwahl um das Präsidentenamt. Die Opposition erkennt das Ergebnis nicht an und bleibt der Vereidigung am 12. Mai fern. Nachfolger Cvrenkovskis als Regierungschef wird der bisherige Innenminister, der parteilose Wirtschaftsexperte Hari Kostov (*1959), der am 15. Nov. zurücktritt.

17. Dez. Neuer Ministerpräsident wird Vlado Bučkovski (*1962), seit dem 26. Nov. 2004 Vorsitzender des SDSM.

2005, 17. Dez. Zuerkennung des EU-Kandidatenstatus.

2006, 25. Aug. Der Führer der Demokratischen Partei für die nationale Arbeit Mazedoniens (VMRO-DPMNE) Nikola Gruevski (*1970) wird nach dem Sieg seiner Partei in den Parlamentswahlen am 5. Juli 2006 neuer Ministerpräsident einer Koalitionsregierung.

Albanien seit 1945/46 | Forts. v. S. 1166 |

Unter Führung der jugoslawischen Partisanen Titos bildet sich im Zweiten Weltkrieg in Albanien eine Widerstandsbewegung, in der, wie in Jugoslawien, die Kommunisten die Oberhand gewinnen und nationale Widerstandskräfte ausschalten. Nach Abzug der Wehrmacht erhält das im Krieg vergrößerte und italienisch annektierte Albanien seine Vorkriegsgrenzen zurück. Im Inneren beginnt unter dem Führer der Albanischen Kommunistischen Partei, **Enver Hoxha** (Hodscha; *1908, †1985), die Umgestaltung in jugoslawischem Fahrwasser: Enteignung des Großgrundbesitzes und italienischen Eigentums; Landverteilung, bald Kollektivierung.

1946, 11. Jan. Die Ende 1945 mit Einheitsliste der Demokratischen Front gewählte Nationalversammlung proklamiert die Albanische Volksrepublik.

7. März **Volksdemokratische Verfassung** (erneuert am 4. Juli 1950): Die mit Einheitslisten der Demokratischen Front gewählte Nationalversammlung wählt ihr Präsidium als kollektives Staatsoberhaupt. Örtliche und regionale Volksräte sind aus den Volksbefreiungsausschüssen hervorgegangen. Die Demokratische Front wird von der Kommunistischen Partei dominiert, deren Generalsekretär Hoxha ist (bis 1954 auch Ministerpräsident). Er überdauert als einziger Parteiführer die vielen Säuberungen der Partei, die 1948 in Albanische Arbeiterpartei umbenannt wird.

Den Bruch zwischen Jugoslawien und der Sowjetunion 1948 benutzt Hoxha, sein Land von der engen Bindung an Jugoslawien zu lösen und eng an die UdSSR anzulehnen. Investitionen der Fünfjahrespläne, die das rückständigste Land Europas zu einem Industrie- und Agrarstaat machen sollen, werden bis 1959 zu über 50 % von den Ostblockstaaten finanziert. Erst Chruschtschows Aussöhnung mit Jugoslawien und die Kritik an Albaniens stalinistischem Kurs 1961 auf dem 22. Kongress der KPdSU löst die prosowjetische Orientierung Hoxhas zugunsten einer prochinesischen ab.

1961, 3. Dez. Albanien bricht die diplomatischen Beziehungen zur UdSSR ab, tritt 1962 aus dem Rat für gegenseitige Wirtschaftshilfe (RGW) aus. Von China wirtschaftlich-technisch unterstützt, folgt es den Wendungen des Maoismus.

1964, 7.–9. Juli Das 13. Plenum des ZK erhebt die »kommunistische Erziehung der Werktätigen« und den »neuen Menschen« zum zentralen Ziel. Einstieg in die »Albanische Kulturrevolution«: Reorganisation des Partei- und Staatsapparats.

1967 Nach Schließung aller Kirchen und Moscheen erklärt sich Albanien zum **atheistischen Staat**.

1968, 13. Sept. Aus Protest gegen die Invasion der ČSSR durch Warschauer-Pakt-Truppen tritt Albanien aus dem Warschauer Pakt aus.

1971, Nov. Der 6. Parteikongress befürwortet die inzwischen eingeleitete vorsichtige **Annäherung Albaniens an Jugoslawien, Rumänien und Griechenland**.

1973–1975 Albanien nimmt aus Protest gegen die Vorherrschaft der Supermächte als einziger europäischer Staat nicht an der KSZE-Konferenz in Helsinki teil.

1974 Die Annäherung Chinas an die USA ruft 1972 albanische Kritik hervor. Die Partei- und Staatsspitze wird von Anhängern der neuen außenpolitischen Linie der Regierung in Peking »gesäubert«.

1974–1976 Der neuen Isolierung begegnet Albanien durch verbesserte Wirtschaftsbeziehungen mit Nachbarländern.

1976, Dez. Der 7. Parteikongress bestätigt die Linie Enver Hoxhas und die seit Mitte 1976 laufende antichinesische Kampagne.

28. Dez. **Neue Verfassung**: Albanien wird Staat der »Diktatur des Proletariats« und erster atheistischer Staat der Welt.

1978 China stellt seine Militär- und Wirtschaftshilfe ein.

1981, ab März Wegen der Albaner im Kosovo kommt es zu Spannungen mit Jugoslawien.

17. Dez. Ministerpräsident Mehmet Shehu (*1913) begeht angeblich Selbstmord; Hoxha nennt ihn »Agent ausländischer Spionagezentren«.

1984, 21. Febr. Griechenland warnt Albanien vor Rechtsverletzungen bei Minderheiten.

1985, 11. April **Tod von Staats- und Parteichef Enver Hoxha**; Nachfolger wird am 14. April Ramiz Alia (*1925). Anschluss an das europäische Eisenbahnnetz durch die neue Strecke Titograd–Shkoder.

1986 Lockerung der außenpolitischen Isolation.

1987, Juli Flucht von ca. 4800 Albanern in westliche Botschaften; Erlaubnis zur Ausreise (12. Juli); Teilprivatisierung der Landwirtschaft (7. Juli); Wiederaufnahme der Beziehungen zur Sowjetunion (8. Juli); Öffnung für ausländische Investoren (27.–31. Juli).

12. Dez. Gründung der Demokratischen Partei Albaniens.

1991, 1.–8. März **Massenflucht** von ca. 20 000 Albanern **nach Italien**.

31. März Erste freie Parlamentswahlen mit Sieg der Kommunistischen Partei. Alia wird am 30. April zum Staatspräsidenten gewählt.

15. April **Umbenennung in Republik Albanien**.

7./9. Aug. Weitere Flüchtlinge aus Albanien treffen in Italien ein: Sie dürfen nicht an Land, werden meist bis zum 18. Aug. nach Albanien zurückgebracht.

1992, 9. April SALI BERISHA (*1944), Vorsitzender der Demokratischen Partei, wird nach Rücktritt ALIAS (3. April) vom Parlament zum neuen Staatspräsidenten gewählt.

13. April ALEXANDER MEKSI (*1939) wird Ministerpräsident.

1995, 12. Juli Nach der Unterzeichnung der europäischen Konvention zum Minderheitenschutz **Aufnahme Albaniens in den Europarat**.

1997, Febr. Nach Zusammenbruch sog. »Sparpyramiden«, in die zahlreiche Menschen investiert hatten, finden Demonstrationen gegen die Regierung statt. Nach Unruhen verhängt das Parlament den **Ausnahmezustand** (2. März).

3. März Wiederwahl BERISHAS zum Staatspräsidenten.

5. März In Südalbanien brechen Kämpfe zwischen Aufständischen und Einheiten der Armee aus. Zahlreiche Albaner versuchen nach Italien zu flüchten.

9. März Nach dem Rücktritt von ALEXANDER MEKSI (1. März) werden Neuwahlen beschlosssen.

13. März Die Unruhen greifen auf Tirana und Teile des Nordens über; landesweiter Zusammenbruch der öffentlichen Ordnung.

27. März Die **OSZE beschließt internationale Schutztruppe** unter italienischem Oberkommando, die ab Mitte April stationiert wird.

29. Juni Bei Parlamentswahlen siegt das Mitte-Links-Bündnis unter dem Sozialisten FATOS NANO (*1952), der neuer Ministerpräsident wird (25. Juli).

24. Juli Nach Rücktritt BERISHAS (23. Juli) wird der Sozialist REXHEP MEJDANI (*1944) neues Staatsoberhaupt: Sozialisten bleiben führende politische Kraft.

12. Aug. Polizei- und Militäraktionen, um die staatliche Autorität der Regierung wiederherzustellen.

10. Sept. Ministerpräsident NANO schließt einen **Partnerschaftsvertrag mit der NATO**.

1998, 13./14. Sept. Ex-Präsident BERISHA nutzt Unruhen in der Bevölkerung und den Mord an einem Oppositionspolitiker, um einen Aufstand gegen die Regierung NANO zu inszenieren. Dieser tritt am 28. Sept. zurück. Neuer Ministerpräsident wird NANOS Parteigenosse PANDELI MAJKO (*1967).

22. Nov. In einem Referendum billigen 93,5 % der Stimmberechtigten die erste demokratische Verfassung Albaniens.

1999, Ende Mai Seit Beginn der NATO-Luftangriffe auf Jugoslawien (24. März) sind über 450 000 Menschen aus dem Kosovo nach Albanien geflohen. Das Engagement internationaler Hilfsorganisationen und die Förderung durch die westlichen Staaten verhelfen Albanien zu einem großen Wirtschaftswachstum.

25. Okt. Wegen Spaltungstendenzen in der Sozialistischen Partei (PSS) tritt Ministerpräsident MAJKO zurück. Nachfolger wird ILIR META (*1969).

2001, 24. Juni/8. Juli Bei Parlamentswahlen erklärt sich die regierende PSS mit 43,5 % der Stimmen zum Sieger.

2002, Jan. Nach Machtkämpfen mit Parteigenossen NANO tritt Ministerpräsident META zurück. Nachfolger wird der frühere Regierungschef PANDELI MAJKO.

24. Juli Als Kompromisskandidat wird ALFRED MOISIU (*1929) Staatspräsident.

26. Juli MAJKO tritt nach nur fünf Monaten Amtszeit zurück. Neuer Ministerpräsident wird FATOS NANO.

2003, 23. Jan. Ein Abkommen soll Albanien helfen, sich der Europäischen Union anzunähern.

2004, 8. Febr. Demonstranten versuchen vergeblich, den Sitz des Ministerpräsidenten zu stürmen und NANO zum Rücktritt zu zwingen.

1./2. März Ministerpräsident NANO und Staatspräsident MOISIU (22. April) besuchen offiziell das Kosovo.

Mai Bei einem Besuch in Griechenland spricht NANO erstmals die von Griechenland stets geleugnete Vertreibung muslimischer Albaner (Camen) aus Nordgriechenland nach Ende des Zweiten Weltkrieges an.

Dez. Albanien, Bulgarien und Makedonien beschließen den Bau einer gemeinsamen Ölpipeline.

2005, 3. Juli Die oppositionelle Demokratische Partei (PDS) unter BERISHA siegt bei den Parlamentswahlen. Am 11. Sept. übernimmt BERISHA die Regierung einer bürgerlichen Koalition.

2006, 12. Juni Unterzeichnung eines Stabilisierungs- und Assoziierungsabkommen mit der EU in Brüssel.

2007, 22. Juli Das Parlament wählt BAMIR TOPI (*1957) zum Staatspräsidenten.

2008, 3. April Die NATO beschließt die Aufnahme Albaniens in das Bündnis im Jahr 2009.

Griechenland seit 1945/46 | Forts. v. S. 1169 |

Nach dem Zweiten Weltkrieg liegt zunächst die Macht bei den Widerstandsbewegungen – der kommunistisch orientierten E.A.M. (*Ethnikon Apeleftherikon Metopon*) und der republikanischen E.D.E.S. (*Ellenikos Demokratikos Ethnikos Syndesmos*). Da die E.A.M. versucht eine kommunistische Regierung mit sowjetischer Hilfe zu etablieren, bricht Mitte 1946 ein **Bürgerkrieg** aus. Er endet 1949 mit Einstellung des Kampfes durch die kommunistische Gegenregierung in Nordgriechenland. Der Schock des Bürgerkriegs und weit verbreitete Kommunistenfurcht versetzen die 1951 von Marschall ALEXANDER PAPAGOS (*1883, †1955) gegründete »Hellenische Sammlungsbewegung« in die Lage, bis 1955 die Regierung zu stellen. Nach PAPAGOS' Tod wird die konservative »Nationale Radikale Union« von KONSTANTIN KARAMANLIS (*1907, †1998) Regierungspartei bis 1963. Nach dem Militärputsch 1967 und der Errichtung eines nationalistischen, autoritären und sozialkonservativen Regimes wird Griechenland 1973 Republik.

Größtes außenpolitisches Problem ist seit 1964 die **Zypernfrage**, der ständige Konflikt mit der Türkei. Da alle griechischen Regierungen seit der Unabhängigkeit 1830 die Einbeziehung aller von Griechen bewohnten Gebiete in den griechischen Staat als ihre Aufgabe betrachten, engagieren sie sich auch in der Frage der Angliederung Zyperns zugunsten der »*Enosis*« (Vereinigung).

1946, 1. Sept. Volksabstimmung, große Mehrheit für die monarchische Staatsform.

1947, 12. März US-Präsident Truman erklärt, da Großbritannien seine militärische Hilfe für Griechenland eingestellt hat, die Bereitschaft der USA, Griechenland und jedem anderen Mittelmeeranrainer jede gewünschte Hilfe bei der Abwehr kommunistischer Bestrebungen zur Machtübernahme (**Truman-Doktrin**).

1. April Nach dem Tod König Georgs II. (*1890, †1947) wird Paul I. (*1901, †1964) sein Nachfolger.

1949, 9. Okt. Das ZK der KP Griechenlands beschließt, nach Einstellung jugoslawischer Waffenhilfe, die Aufgabe des bewaffneten Kampfes.

1952, 9. Okt. Neue Verfassung: **Griechenland ist konstitutionelle Monarchie**; die Legislative liegt bei König und Parlament, Exekutive bildet die parlamentarisch verantwortliche Regierung.

18. Febr. **Beitritt zur NATO** als Sicherung gegen die sowjetische Präsenz auf dem Balkan.

16. Nov. Nach dem Wahlsieg wird Marschall Alexander Papagos Ministerpräsident.

1953, 12. Okt. Stützpunktabkommen mit den USA im Rahmen der NATO.

1955, 5. Okt. Nach dem Tod von Papagos bildet Konstantin Karamanlis eine neue Regierung. Seine Bemühungen gelten v. a. der Modernisierung und Weiterentwicklung der Wirtschaft u. a. mit Mitteln aus dem Marshallplan.

1961, 9. Juli **Assoziierungsabkommen mit der EWG.**

1963, 3. Nov. Bei Parlamentswahlen erhält das linksgerichtete »Vereinigte Zentrum« unter Georgios Papandreou (*1888, †1968) die Mehrheit der Stimmen; er wird mit der Regierungsbildung beauftragt.

1964, 16. Febr. Nach Demission der Regierung Papandreou (24. Dez. 1963) vorzeitige Neuwahlen: Die Zentrumsunion erringt die absolute Mehrheit (Bildung eines neuen Kabinetts Papandreou).

16. März Nachfolger des verstorbenen Königs Paul I. wird sein Sohn Konstantin II. (*1940).

1965, Juli Schwere innenpolitische Krise, als König Konstantin II. der Regierung Papandreou die geforderten Maßnahmen gegen eine Offiziersverschwörung verweigert: Der Verfassungskonflikt entzündet sich an der Frage über das Mitspracherecht des Königs bei der Auswahl der Minister und Führung der Streitkräfte: Rücktritt der Regierung Papandreou.

1965–1967 Weil Konstantin II. Neuwahlen zur Lösung der Krise verweigert (mehrere kurzlebige Regierungen), spitzt sich die innenpolitische Situation zu.

1967, 21. April Nachdem sich die großen Parteien auf Neuwahlen geeinigt haben, putscht eine Gruppe **rechtsstehender Obristen** unter Georgios Papadópoulos (*1919, †1999) und Stylianos Pattakos (*1912).

13. Dez. Nach gescheitertem Gegenputsch geht Konstantin II. ins Exil: Papadópoulos wird bis 24. Aug. 1971 Ministerpräsident.

1968, 29. Sept. Eine durch eine umstrittene Volksabstimmung angenommene Verfassung suspendiert die Grundrechte.

1969, 12. Dez. Dem **Ausschluss aus dem Europarat** wegen Verletzung der Menschenrechte kommt Griechenland durch Austritt zuvor.

1973, 1. Juni **Griechenland wird zur Republik** erklärt.

1974, 24. Juli/25. Juli Scheitern eines gesteuerten Putsches auf Zypern zur Erzwingung des Anschlusses: Zusammenbruch des Militärregimes, Wiederberufung von Konstantin Karamanlis als Ministerpräsident, der sich um Wiedereinführung der Grundrechte nach der Verfassung von 1952 bemüht.

14. Aug. Wegen der unklaren Haltung der NATO und USA in der Zypernkrise scheidet Griechenland aus der militärischen Organisation der NATO aus.

28. Nov. Griechenland wird wieder Vollmitglied des Europarats, nachdem Parlamentswahlen eine Mehrheit für die Regierung Karamanlis erbracht haben.

8. Dez. Volksabstimmung über die Staatsform: 69,2 % der Stimmberechtigten votieren für die Republik.

1975, 11. Juni Eine neue Verfassung tritt in Kraft, die insbesondere die Stellung des Präsidenten stärkt und einen umfangreichen Grundrechtskatalog garantiert.

1976, Jan./Febr. Mit der **Balkankonferenz** in Athen beginnen verstärkte Bemühungen um gutnachbarliche Beziehungen aller Balkanstaaten untereinander.

15. April Abschluss eines neuen Verteidigungsabkommens mit den USA.

1977, 20. Nov. Bei Parlamentswahlen behaupet die Regierungspartei trotz Einbußen die absolute Mehrheit.

28. Nov. Bildung einer neuen Regierung Karamanlis.

1978, 18. Juni Grundsatzprogramm zur wirtschaftlichen Anpassung an die EG.

21. Dez. Grundsatzeinigung mit der EG über den Beitritt Griechenlands als Vollmitglied.

1980, 9. Mai Das Parlament wählt Karamanlis zum Staatspräsidenten (5. Mai). Giorgios Rallis (*1918, †2006) wird Ministerpräsident. Rückkehr Griechenlands zur Militärorganisation der NATO.

1981, 1. Jan. **Griechenland wird Vollmitglied in der EG.**

21. Okt. Andreas Papandreou (*1919, †1996) von der »Panhellenischen Sozialistischen Bewegung« (PASOK) bildet eine Regierung.

1982, 3. Jan. Ankündigung der Sozialisierung von Großbanken und Schlüsselindustrien.

1983, 8. Sept. Griechenland und die USA unterzeichnen einen **Vertrag über US-Militärhilfe** und die weitere Nutzung von US-Stützpunkten bis 1988.

1985, 29. März Im dritten Wahlgang wird der parteilose Jurist Christos Sartzetakis (*1929) zum Staatspräsidenten gewählt.

2. Juni Bei vorgezogenen Neuwahlen erreicht die PASOK 45,8 % gegenüber 40,8 % der konservativen *Nea Demokratia* (ND).

3. Juni **Papandreou** (PASOK) **bildet** eine provisorische **Regierung**. Endgültige Regierung am 26. Juli.

1987, 27. März Die Ölsuche der Türkei in der Ägäis verschärft die seit Jahren andauernden Spannungen; die griechische Armee ist in Alarmbereitschaft.

1988, seit Jan. Mehrere **Treffen Papandreous mit** dem türkischen Ministerpräsidenten **Turgut Özal** führen zur Annäherung.

17. Dez. Starker Ansehensverlust der Regierung wegen zahlreicher Skandale. PAPANDREOU droht mit Rücktritt, falls sein Haushalt nicht angenommen wird.

1989, 2. Juli Parlamentswahlen (18. Juni) ergeben keine eindeutigen Mehrheitsverhältnisse. TZANNIS TZANNETAKIS (*1927; ND) bildet eine Übergangsregierung aus ND und »Links- und Fortschrittskoalition«.

5. Nov. Nach erneuten Wahlen Allparteienkoalition unter XENOPHON ZOLOTAS (*1904, †2004) von der ND.

1990, 13. Febr. Die Koalition unter ZOLOTAS zerbricht am 12. Febr., wird durch Übergangsregierung aus parteipolitisch unabhängigen Persönlichkeiten ersetzt.

März/April Auch nach drittem Wahlgang (3. März) kein klares Ergebnis bei der Wahl des Präsidenten durch das Parlament. Auflösung des Parlaments (12. März) und Neuwahlen (8. April): ND erringt mit 46,9 % 150 von 300 Sitzen, PASOK 38,6 % und 123 Sitze. Seit 11. April **Regierung KONSTANTIN MITSOTAKIS** (*1918).

4. Mai Das Parlament wählt KONSTANTIN KARAMANLIS mit 153 Stimmen zum Präsidenten.

1991, 11. Sept. MITSOTAKIS und der türkische Ministerpräsident MESUT YILMAZ vereinbaren bilateralen Kooperationsvertrag zur Lösung der Zypernfrage.

1992, 20. Jan. Die Regierung MITSOTAKIS beschließt Reformmaßnahmen zur Wirtschaftssanierung, die den Beitritt zum Europäischen Währungssystem (EWS) 1993 ermöglichen sollen.

27. Juni Die Staats- und Regierungschefs der EG entscheiden auf ihrem Gipfel in Lissabon, die unabhängig gewordene jugoslawische Teilrepublik Makedonien nicht anzuerkennen, weil Griechenland Gebietsansprüche auf die eigene Provinz Makedonien befürchtet und vor der Anerkennung eine Namens- und Flaggenänderung Makedoniens fordert.

1993, 10. Okt. Der ehemalige Ministerpräsident PAPANDREOU gewinnt die vorgezogenen Parlamentswahlen gegen den konservativen Regierungschef MITSOTAKIS und bildet eine neue Regierung (12. Okt.).

1994, 16./17. Febr. Wegen des **Namens- und Flaggenstreits mit Makedonien** sperrt Griechenland trotz heftiger Kritik der USA, Russlands und der EG den Hafen von Thessaloniki und die Grenze zu Makedonien für Warentransporte.

10.–20. Nov. Griechische und türkische Seemanöver in der Ägäis führen zu großen **Spannungen mit der Türkei**, welche die neue internationale Seerechtskonvention (16. Nov.), die Griechenland eine Ausdehnung seiner Hoheitsgewässer in der Ägäis von sechs auf zwölf Seemeilen gestattet, nicht unterzeichnet hat.

1995, 14. Okt. Griechenland beendet die 20-monatige Grenzblockade zu Makedonien, nachdem das makedonische Parlament eine Änderung der Staatsflagge beschlossen hat.

1996, 15. Jan. Ministerpräsident **PAPANDREOU tritt** krankheitsbedingt **zurück**.

18. Jan. Der Sozialist KOSTAS (KONSTANTIN) SIMITIS (*1936), seit 30. Juni auch Vorsitzender der PASOK, wird neuer Ministerpräsident.

22. Sept. Die PASOK gewinnt vorgezogene Parlamentswahlen.

1998, 16. März Die Drachme tritt dem Wechselkurs des EWS bei.

9. Okt. Ministerpräsident SIMITIS kündigt das größte (24 Mrd. US-Dollar in den nächsten fünf Jahren) Rüstungsprogramm in der Geschichte des Landes an.

1999, 18. Febr. Das Parlament ratifiziert den (EU-)Vertrag von Amsterdam.

18./19. Febr. Regierungskrise wegen Verwicklung griechischer Regierungsstellen in die Bemühungen, PKK-Chef ÖCALAN vor dem Zugriff der Türkei zu schützen. Die Außen-, Innen- und Polizeiminister sowie der Geheimdienstchef werden entlassen.

März/April Große Protestdemonstrationen gegen die NATO-Luftangriffe auf Jugoslawien.

2000, 1. Jan. Im Fährverkehr mit Italien und Flugverkehr mit den anderen neun Anwenderstaaten des Schengener Abkommens entfallen die Polizeikontrollen.

Jan./Febr. Gegenseitige Besuche der beiden Außenminister GEORGIOS PAPANDREOU (*1952) und İSMAIL CEM am 20./21. Jan. in Ankara und am 3./4. Febr. in Athen – die ersten seit 38 bzw. 40 Jahren – signalisieren **Entspannung zwischen Griechenland und der Türkei.**

8. Febr. KOSTIS STEPHANOPOULOS (*1926), Staatspräsident seit 1995, wird für eine zweite Amtszeit wiedergewählt.

9. April Bei der Parlamentswahl kann die regierende PASOK ihre Mehrheit knapp behaupten.

13. April Der Oberste Gerichtshof in Athen bestätigt den Überlebenden und Angehörigen von Opfern des Kriegsverbrechens von Distomo (verübt durch die Waffen-SS im Juni 1944) den Anspruch auf Entschädigung durch Deutschland.

2001, 1. Jan. Beitritt Griechenlands zur Europäischen Wirtschafts- und Währungsunion.

6. März Außenminister PAPANDREOU gibt gegenüber der Regierung in Skopje eine Garantieerklärung für die territoriale Integrität Makedoniens ab.

26. April/17. Mai Unter dem Druck zweier Generalstreiks lässt die Regierung ihr geplantes Sanierungskonzept für das Sozialversicherungssystem fallen.

18. Juli Vier mutmaßliche Mitglieder der Terrorgruppe »17. November« werden festgenommen. Der Name der Gruppe bezieht sich auf den Studentenaufstand gegen die Militärjunta am 17. Nov. 1973.

2002, 1. Jan. Einführung des Euro.

2003, 17. Dez. Ein Gericht in Athen verurteilt sechs führende Mitglieder der Terrorgruppe »17. November« zu mehrfach lebenslänglicher, neun weitere zu langjähriger Haft.

2004, 7. Jan. Regierungschef KOSTAS SIMITIS gibt angesichts schwacher Umfragewerte den Parteivorsitz der PASOK auf und überlässt die Spitzenkandidatur für die anstehenden Wahlen dem populären Außenminister GEORGIOS PAPANDREOU.

7. März Bei der Parlamentswahl siegt die oppositionelle konservative ND. Ihr Vorsitzender KOSTAS KARAMANLIS (*1956) wird am 9. März Regierungschef.

13.–29. Aug. In Athen finden die XXVIII. Olympischen Sommerspiele statt.

2005, 8. Febr. Der frühere Außenminister KAROLOS PA-

POULIAS (*1929; PASOK) wird zum Staatspräsidenten gewählt.

2007, Juli/Aug. Verheerende Hitzewelle mit Waldbrandkatastrophen.

17. Sept. Bei vorgezogenen Parlamentswahlen setzt sich die Regierung KARAMANLIS knapp durch.

Zypern seit 1878/1945 | Forts. v. S. 653 |

Die Mehrheit der griechischen Zyprioten fordert unter Führung der orthodoxen Kirche seit dem 19. Jh. den **Anschluss an Griechenland** (*Enosis*), zunächst gegen die osmanische, später gegen die britische Herrschaft. 1878 erhält Großbritannien vom Sultan die Kontrolle über Zypern. 1914/18 wird die Insel annektiert, 1925 zur britischen Kronkolonie erhoben. Nach dem Zweiten Weltkrieg tritt das Oberhaupt der griechisch-orthodoxen Kirche auf Zypern, **Erzbischof MAKARIOS III.** (*1913, †1977), an die Spitze der *Enosis*-Bewegung.

1955, 1. April Die griechisch-nationalistische Widerstandsorganisation EOKA (*Ethniki Organosis Kiprion Agoniston*) unter General GEORGIOS GRIVAS (*1898, †1974) beginnt Guerillakampf gegen die britische Kolonialmacht mit Übergriffen auf die Türken Zyperns.

1958 Beendigung des Untergrundkampfes.

1959, 19. Febr. In London einigen sich die Regierungen Großbritanniens, Griechenlands und der Türkei mit Vertretern der beiden zypriotischen Volksgruppen auf die Unabhängigkeit und die Stationierung griechischer und türkischer Truppen. Großbritannien behält über seine Miltärstützpunkte die Hoheitsrechte.

1960, 16. Aug. Erzbischof MAKARIOS proklamiert als Staatspräsident die **Unabhängigkeit Zyperns**.

1963, 21. Dez. Da MAKARIOS den in der Verfassung festgelegten Proporz (30:70) für die Vertretung der beiden Bevölkerungsteile in Regierung und Verwaltung zugunsten der griechischen Bevölkerungsmehrheit ändern will, brechen bürgerkriegsähnliche Kämpfe zwischen den Volksgruppen aus. Die türkischen Vertreter treten aus der Regierung aus.

1964, 14. März Stationierung von UNO-Truppen.

10. Aug. Waffenstillstand: die Hauptstadt Nikosia ist seither geteilt.

1967, Nov. Bürgerkriegsähnliche Zustände verschärfen sich nach dem Militärputsch in Griechenland.

1968, 25. Febr. MAKARIOS als Präsident wieder gewählt.

1974, 15. Juli **Staatsstreich** der Nationalgarde: MAKARIOS gelingt die Flucht.

20. Juli Die Türkei besetzt zum Schutz der türkischen Volksgruppe mit Truppenverbänden den Norden der Insel. 200 000 Griechen werden vertrieben bzw. fliehen in den griechischen Süden.

7. Dez. Rückkehr von Erzbischof MAKARIOS, der Funktionen des Staatspräsidenten wieder übernimmt, von der türkischen Seite aber nicht anerkannt wird.

1975, 3. Febr. Proklamation eines türkisch-zypriotischen Bundesstaates in Nikosia durch eine mithilfe der Türkei eingesetzte gesetzgebende Versammlung. RAUF DENKTAŞ (*1924), Führer der türkischen Volksgruppe, wird zum Präsidenten ausgerufen.

1977, 3. Aug. Tod von Staatspräsident MAKARIOS.

1978 Sein Nachfolger SPYROS KYPRIANOU (*1934, †2002) wird von der Türkei nur für den griechischen Teil der Insel anerkannt.

1983, 15. Nov. RAUF DENKTAŞ proklamiert einseitig die **»Türkische Republik Nordzypern«**; sie wird nur von der Türkei anerkannt.

1985, Juni Unter einer neuen Verfassung (5. Mai) wird RAUF DENKTAŞ am 9. Juni zum Präsidenten Nordzyperns gewählt (70,5 %); auch Parlamentswahlen am 23. Juni gewinnt DENKTAŞ' Nationale Einheitspartei (UBP) mit 36,7 %.

8. Dez. Parlamentswahlen im griechischen Teil gewinnt die Demokratische Sammlung (DISY, 33,6 %) vor der Demokratischen Partei (DIKO, 27,7 %): Präsident KYPRIANOU (DIKO) ist ohne Mehrheit im Parlament.

1988, 21. Febr. In einer Stichwahl gewinnt der unabhängige, von Kommunisten und Liberalen unterstützte **GEORGIOS VASSILIOU** (*1931) die Präsidentschaftswahlen im griechischen Teil Zyperns.

1989, 28. März Der Dialog zwischen den Regierungen im griechischen und türkischen Teil führt auch in der zweiten Runde zu keinem Ergebnis.

1990, Keine Veränderungen durch Parlaments- und Präsidentschaftswahlen in Nordzypern.

4. Juli Zypern beantragt die EG-Mitgliedschaft.

1993, 28. Febr. **GLAFKOS KLERIDES** (*1919; DISY) wird neuer Staatspräsident im griechischen Teil Zyperns.

1994, 20. Juli Griechen und Türken begehen den 20. Jahrestag der Invasion der türkischen Streitkräfte und der Teilung Zyperns.

1997, 9.–13. Juli KLERIDES und DENKTAŞ erörtern ohne konkrete Ergebnisse das **UN-Konzept** einer **Föderation** zweier unabhängiger Staaten auf Zypern.

12.–13. Dez. Teilnahme am Luxemburger EU-Gipfel als **Beitrittskandidat der EU**: Zypern soll bei den ab April 1998 geplanten Erweiterungsverhandlungen Vertreter aus Nordzypern einbeziehen.

15. Dez. Türkische Zyprioten brechen Gespräche mit griechischen Zyprioten aus Protest über die EU-Entscheidung gegen die Türkei ab.

1998, 15. Febr. KLERIDES wird wiedergewählt.

31. März EU beginnt Beitrittsverhandlungen mit Zypern.

1999, 15. April Der nordzyprische Präsident DENKTAŞ wird für eine vierte Amtszeit wiedergewählt.

3.–14. Dez. Repräsentanten der Griechen und Türken auf Zypern treffen sich in New York zu mehreren indirekten »Annäherungsgesprächen« – ohne Ergebnis.

2001, 27. Mai Bei den Parlamentswahlen siegt die prokommunistische Fortschrittspartei des werktätigen Volkes (AKEL) mit 34,7 % der Stimmen.

6. Juni In Nordzypern bildet nach dem Zusammenbruch der rechtsgerichteten Regierungskoalition (25. Mai) Ministerpräsident DERVIŞ EROĞLU (*1938) eine neue Regierung.

2002, 16. Jan. Einigung zwischen Türken und Griechen auf Zypern über einen Verhandlungsfahrplan zur **Überwindung der Teilung**.

2003, 11. März Der Führer der türkischen Zyprer, RAUF DENKTAS, verweigert sich dem UN-Friedensplan.

23. April Die nordzyprische Regierung verfügt vorübergehend die Öffnung der bislang fast undurchdringlichen Demarkationslinie für Tagesbesucher.

2004, Febr./März Gespräche in New York zwischen türkischen und griechischen Zyprern über den UN-Friedensplan bleiben ohne Ergebnis.

24. April Das von den UN angesetzte Referendum ergibt ein gespaltenes Votum: Im türkischen Norden stimmt die Bevölkerung mit 64,9 % für den UN-Friedensplan, im griechischen Süden mit 75,8 % dagegen. Nur der griechische Teil wird Mitglied der EU.

1. Mai **Beitritt der Republik Zypern zur EU.**

2005, 20. Febr. In Nordzypern gewinnt der seit Jan. 2004 amtierende Ministerpräsident MEHMET ALI TALAT (*1952; Republikanische Türkische Partei, CTP) die Parlamentswahlen mit einer auf Vereinigung beider Inselteile zielenden Politik.

17. April TALAT wird als Nachfolger von DENKTAŞ, der auf eine Wiederwahl verzichtet, direkt zum Staatspräsidenten gewählt. Ministerpräsident einer neuen Koalitionsregierung aus CTP und Demokratische Partei (DP) wird am 30. April FERDI SABIT SOYER (*1952).

2006, 28. Febr. Die Republik Zypern stimmt den Projekten der Europäischen Union zur Einleitung der Wiedervereinigung beider Inselteile zu.

2007, 9. Jan. Türkische Zyprer reißen die Teilung der Insel symbolisierende Barrikaden in Lefkosia ein, griechische Zyprer folgen ihnen am 8. März auf der griechischen Seite nach.

2008, 1. Jan. Einführung des Euro. In der türkischen Inselrepublik bleibt die türkische Lira Zahlungsmittel.

17. Febr. Der Generalsekretär der AKEL, DIMITRIS CHRISTOFIAS (*1946), wird zum neuen Präsidenten der Republik Zypern gewählt.

Die Türkei seit 1945 | Forts. v. S. 1181 |

Unter Staatspräsident İSMET İNÖNÜ (*1884, †1973) gibt die Türkei gegen Ende des Zweiten Weltkriegs ihre neutrale Haltung auf, wendet sich den Alliierten zu und erklärt am 23. Febr. 1945 dem Deutschen Reich und Japan den Krieg. Damit sind die Voraussetzungen zum Beitritt zur UNO geschaffen und die Weichen für einen prowestlichen Kurs gestellt (Mitglied des Europarats, Beitritt zur NATO und zum Bagdad-Pakt [CENTO]).

1946, 7. Jan. Unter maßgeblicher Mitwirkung von CELAL BAYAR (*1883, †1986) und ADNAN MENDERES (*1899, †1961) wird die Demokratische Partei (DP) gegründet und BAYAR zum Vorsitzenden gewählt.

19. März Die Sowjetunion kündigt den Neutralitätsvertrag vom 17. Dez. 1925 mit seinen Zusatzprotokollen von 1931 und 1935 zum 7. Nov. 1945, »weil er den durch den Zweiten Weltkrieg bewirkten tiefgreifenden Veränderungen nicht mehr entspricht«. Forderungen nach der Abtretung von Gebieten im Südkaukasus (Kars, Ardahan, Artvin) an Georgien und Armenien sowie Stützpunkten an den Meerengen werden mündlich vorgebracht. Auf der Potsdamer Konferenz reduziert STALIN seine Ansprüche, verlangt aber noch die Revision der Verträge von Montreux (1936) über die Meerengen.

21. Juli Wahlen zur Großen Nationalversammlung: 395 von 465 Sitzen gehen an die Republikanische Volkspartei (CHP), 64 an die neue Demokratische Partei. İNÖNÜ wird erneut Staatspräsident.

1947, 12. März Der amerikanische Präsident HARRY S. TRUMAN fordert vom US-Kongress Mittel für die Unterstützung Griechenlands und der Türkei (Truman-Doktrin).

1950 Der Junglehrer MAHMUT MAKAL (*1933) veröffentlicht die sozialkritische Reportage »Unser Dorf«.

14. Mai Die Demokratische Partei gewinnt bei den Parlamentswahlen die überwältigende Mehrheit der Sitze. BAYAR wird am 22. Mai zum Präsidenten der Republik, MENDERES zum Ministerpräsidenten gewählt.

25. Juli Beschluss der Regierung MENDERES über die Entsendung von 4500 Mann nach Korea ohne Beteiligung des Parlaments.

1951–1960 Während seiner Regierungszeit versucht Ministerpräsident MENDERES entgegen dem früheren Etatismus eine Liberalisierung in Wirtschaft und Handel und fördert die Mechanisierung der Landwirtschaft. Die »Traktorenrevolution« verstärkt die seit den 40er-Jahren auftretende Binnenmigration in die großen Städte und das Entstehen ungeplanter Wohnviertel (*gecekondu*). Er vermag jedoch die wirtschaftlichen Grundprobleme nicht zu lösen und setzt sich daher verstärkt der Kritik der parlamentarischen Opposition aus. Als Inflation und Verknappung lebenswichtiger Güter die innenpolitische Lage zuspitzen, kann MENDERES sich nur durch Unterdrückung der Opposition an der Macht halten. Antidemokratische Maßnahmen wie die Einführung der Pressezensur fördern die Missstimmung unter der Intelligenz.

1951 Der Dichter NAZIM HIKMET (*1902, †1961) flüchtet in die Sowjetunion und verliert die türkische Staatsangehörigkeit.

1952, 18. Febr. Die Nationalversammlung billigt einstimmig den Beitritt zur NATO. Gleichzeitig wird Griechenland in die NATO aufgenommen.

1953, 30. Mai Die Sowjetunion rückt von den 1946 erhobenen Gebietsforderungen ab.

1954, 2. Mai Erneuter Sieg der Demokratischen Partei bei den allgemeinen Wahlen.

1955, 24. Febr. Gemeinsam mit dem Irak schließt sich die Türkei im Bagdad-Pakt zu einem Verteidigungsbündnis zusammen, dem später auch Großbritannien, Pakistan und Iran beitreten. Nach dem Austritt des Irak 1959 wird die Organisation in CENTO (*Central Treaty Organization*) umbenannt.

6./7. Sept. Nach dem Anschlag unbekannter Täter auf ATATÜRKS Geburtshaus in Saloniki kommt es zu schweren Ausschreitungen gegen Griechen und andere christliche Minderheiten in Istanbul. Der Ausnahmezustand für Istanbul wird am 29. Febr. 1956 um drei Monate verlängert.

1959, 31. Juli Die Türkei stellt einen Antrag zur Aufnahme in die Europäische Wirtschaftsgemeinschaft.

1960, 18. April Die Große Nationalversammlung beschließt mit der Mehrheit der Demokratischen Partei eine Untersuchung gegen die Republikanische Volkspartei wegen Volksverhetzung und verbietet ihr jede politische Betätigung für drei Monate.

27. Mai Staatsstreich von Offizieren der Armee. General CEMAL GÜRSEL (*1895, †1966) übernimmt als Vorsitzender eines »Komitees für Nationale Einheit« die Funktion des Staats- und Regierungschefs. In einem gegen die gestürzten Machthaber geführten Prozess werden MENDERES und zwei Minister 1961 zum Tode und BAYAR zu lebenslanger Haft verurteilt.

1961, 9. Juli Durch ein Referendum wird eine neue Verfassung angenommen, in der die Türkei als »nationale, demokratische, laizistische und soziale Republik« definiert wird, die Grundrechte des Einzelnen garantiert und weitgehende Reformen im Erziehungswesen sowie im Sozialbereich vorsieht.

15. Okt. Wahl zur Großen Nationalversammlung ohne eindeutige Mehrheit von einer der vier Parteien.

20. Nov. Der ehemalige Präsident der Republik İSMET İNÖNÜ von der Republikanischen Volkspartei (CHP) bildet eine Koalitionsregierung mit der etwa gleich starken Gerechtigkeitspartei (AP).

1962–1965 Instabile, wenig wirksame Koalitionsregierungen lösen einander ab.

1963, 12. Sept. Die Fortführung des prowestlichen Kurses in der türkischen Außenpolitik findet ihren Ausdruck in der Unterzeichnung des Assoziierungsabkommens mit der EWG (wirksam zum 1. Dez. 1964).

1964, 5. Juni Ein an İNÖNÜ gerichtetes Schreiben des amerikanischen Präsidenten LYNDON B. JOHNSON warnt die Türkei vor einer Intervention auf Zypern und der Verwendung amerikanischer Militärgüter. Der Inhalt und der ultimative Ton des Briefes beeinflussen die türkisch-amerikanischen Beziehungen über mehrere Jahre negativ.

1965, 10. Okt. Bei Parlamentswahlen siegt die Gerechtigkeitspartei unter SÜLEYMAN DEMIREL (*1924), der eine neue Regierung bildet (27. Okt.).

1965–1974 Verstärkte Radikalisierung des politischen Lebens durch eine zunehmende Polarisierung von der äußersten Rechten (Großtürkische Nationalisten und rechtsreligiöse Vereinigungen, die für eine Rückbesinnung auf islamische Werte in der Politik eintreten) bis zur äußersten Linken (revolutionäre Sozialisten, kurdische Extremisten).

1967, 13. Febr. Gründung der »Konföderation revolutionärer Arbeitergewerkschaften« (*Devrimci İşçiler Sendikaları Konfederasyonu* [DİSK]).

1969, 16. Febr. Im Zusammenhang mit einer seit 1968 fortschreitenden Radikalisierung der Studenten kommt es zu blutigen Demonstrationen anlässlich des Besuchs der 6. US-Flotte in Istanbul.

1971, 12. März Angesichts der anhaltend prekären innenpolitischen Situation zwingt die Armee Ministerpräsident DEMIREL durch ein »Memorandum« zum Rücktritt und droht mit direkter Machtübernahme, falls nicht durch ein Fachkabinett binnen Jahresfrist die politische, wirtschaftliche und soziale Ordnung wiederhergestellt ist.

1973, 6. April Die Wahlen zum Präsidenten der Republik ergeben nach dem sechsten Wahlgang eine Mehrheit für den ehemaligen Admiral FAHRI KORUTÜRK (*1903, †1987).

14. Okt. Aus den Parlamentswahlen geht die Republikanische Volkspartei als Siegerin hervor. Ihr Führer BÜLENT ECEVIT (*1925, †2006) propagiert einen Kurs »Links von der Mitte«.

1974, 25. Jan. ECEVIT bildet mit der islamistischen Nationalen Heilspartei (MSP) von NECMETTIN ERBAKAN (*1926) eine Koalitionsregierung.

20. Juli Da nach dem Staatsstreich auf Zypern (15. Juli) der Anschluss an Griechenland proklamiert wird und Griechenland und Großbritannien ein Eingreifen im Sinne der Zypernverträge von 1959 verweigern, lässt die Regierung ECEVIT türkische Truppen im Norden Zyperns landen, die die Schaffung autonomer Verwaltungsgebiete für beide Bevölkerungsgruppen unter einer unabhängigen Bundesregierung durchsetzen sollen.

14. Aug. Zweite »Friedensoperation« auf Zypern. Entlang der »Attila-Linie« wird am 16. Aug. ein Waffenstillstand geschlossen.

18. Sept. Ministerpräsident ECEVIT tritt zurück, weil er sich nach Neuwahlen Stimmengewinne verspricht.

1975, 5. Febr. Der amerikanische Kongress stellt die Militär- und Finanzhilfen für die Türkei wegen der Zypernkrise ein. Die Türkei beruft sich auf ihr Selbstverteidigungsrecht.

13. Febr. Auf Zypern wird ein türkischer Teilstaat (*Kuzey Kıbrıs Türk Cumhuriyeti*) ausgerufen, dessen Unabhängigkeitserklärung erst im Okt. 1983 erfolgt. RAUF DENKTAŞ (*1924) wird zum Präsidenten ernannt.

31. März Kabinett der »Nationalen Front« unter Ministerpräsident DEMIREL, dessen Regierungsprogramm die Schaffung einer biregionalen Föderation auf Zypern, Regelung der Streitigkeiten mit Athen, Festhalten an der NATO-Mitgliedschaft, Förderung der Ost-West-Entspannung auf dem Balkan, verbesserte Beziehungen zur EG und zu den arabischen Staaten sowie den Ausbau der Rüstungsindustrie vorsieht.

26. Juli Die US-Militärbasen werden türkischem Oberbefehl unterstellt.

26.–29. Dez. Der sowjetische Ministerpräsident ALEXEIJ N. KOSSYGIN besucht die Türkei und nimmt an der Eröffnung des mit sowjetischer Hilfe erbauten Stahlwerks von İskenderun teil.

1977, 5. Juni Bei den unter terroristischem Druck (»Blutiger 1. Mai« mit 34 Toten in Istanbul) stehenden Parlamentswahlen verfehlt die Republikanische Volkspartei die Mehrheit. Das von ECEVIT gebildete Minderheitskabinett (21. Juni) scheitert am Vertrauensvotum.

21. Juli Neuer Ministerpräsident einer rechtsgerichteten Koalitionsregierung wird wieder DEMIREL, der nach dem Mehrheitsverlust durch Parteiaustritte zurücktritt (31. Dez.).

1978, 17. Jan. Der am 6. Jan. erneut berufene ECEVIT erhält das Vertrauen des Parlaments.

24. Dez. Rechtsradikale Anschläge auf Aleviten in Kahramanmaraş, 117 Todesopfer.

1979, 30. April Nachdem die Türkei im Zusammenhang mit der Entwicklung im Iran den Austritt aus der CENTO bekannt gegeben hat (15. März), folgt der Beschluss zur Auflösung des Pakts.

29. Aug. Umschuldungsabkommen (2,2 Mrd. Dollar) mit westlichen Banken zur Bewältigung der hohen Auslandsschulden.

16. Okt. Angesichts negativer Nach- und Zwischenwahlergebnisse tritt ECEVIT zurück.

12. Nov. DEMIREL bildet sein sechstes Kabinett.

1980, 24. Jan. Staatssekretär TURGUT ÖZAL (*1927, †1993) stellt sein radikales Wirtschaftsreformprogramm vor.

29. März Die Türkei und die USA unterzeichnen ein neues Stützpunktabkommen.

6. Sept. Antiisraelische »Jerusalem-Kundgebung« NECMETTIN ERBAKANS in Konya.

12. Sept. Das Militär übernimmt unter dem Chef des Generalstabs KENAN EVREN (*1917) wegen »Gefährdung der Republik infolge verräterischer ideologischer und physischer Angriffe äußerer und innerer Feinde« die Macht. Nach dem Militärputsch erfolgt ein rigoroses Vorgehen der Sicherheitskräfte gegen die nicht als nationale Minderheit anerkannten Kurden, denen jedes politische und kulturelle Bekenntnis zum Kurdentum untersagt ist. Im Gegenzug verstärken sich in den nächsten Jahren die kurdischen Autonomiebestrebungen in den Südostprovinzen der Türkei. Es kommt zum Bürgerkrieg mit der PKK (»Arbeiterpartei Kurdistans«). Bis Nov. 1983 bleibt die Macht in Händen der Militärs. In der neuen Verfassung wird ihr Interventionsrecht festgeschrieben.

1982, 7. Nov. Nach verschärftem innenpolitischem Druck wird durch eine Volksabstimmung mit 91,4 % Ja-Stimmen eine neue Verfassung zugunsten EVRENS verabschiedet, der auf sieben Jahre Präsident der Republik wird.

1983, 25. Dez. Nach einem neuen Parteiengesetz (24. April), der Neugründung von Parteien, einem neuen Wahlgesetz (14. Juni) und Parlamentswahlen (6. Nov.) wird deren Sieger TURGUT ÖZAL, Vorsitzender der konservativ-liberalen Mutterlandpartei (ANAP), nach Verlängerung des Kriegsrechts (10. Nov.) um weitere vier Monate neuer Ministerpräsident.

15. Nov. Unabhängigkeitserklärung des türkischen Teilstaats auf Zypern. Die »Türkische Republik Nordzypern« wird nur von der Türkei anerkannt.

1984, 20. März Außer in einigen kurdischen Gebieten wird das Kriegsrecht nach und nach in den einzelnen Provinzen und in den Großstädten aufgehoben (bis 20. März 1986), kann aber durch Parlamentsbeschluss jederzeit wieder verhängt werden. Ab Aug. führt die PKK im Südosten des Landes erste Aktionen durch.

1987 Ägäiskrise: Spannungen mit Griechenland wegen türkischer Ölprospektion (26. März) im von Athen beanspruchten Festlandssockel.

14. April Die Türkei ersucht in Brüssel um Vollmitgliedschaft in der EG und der WEU.

6. Sept. 50,24 % der Bevölkerung votieren in einem Verfassungsreferendum für die Aufhebung des seit 1982 bestehenden Verbots der politischen Betätigung für DEMIREL, ECEVIT, ERBAKAN und ALPARSLAN TÜRKEŞ (*1917, †1997).

29. Nov. Mithilfe einer Änderung des Wahlgesetzes erreicht ÖZALS Mutterlandpartei (ANAP) bei den Parlamentswahlen mit nur 36,3 % der Stimmen die Mehrheit der Sitze.

1988 Mehrere Gipfeltreffen (Davos, Brüssel) führen zur zeitweiligen Annäherung an Griechenland.

1989, 31. Okt. ÖZAL wird vom Parlament für sieben Jahre zum Präsidenten der Republik gewählt.

Islamischer Fundamentalismus

Ende der 80er-Jahre ist ein Erstarken des politischen Islam in der Türkei zu beobachten. ÖZAL, von 1989 bis1993 Präsident der Republik, unterstützt diese Tendenzen. 1991 gelingt der fundamentalistischen Wohlfahrtspartei (RP) unter ERBAKAN mit 16,9 % der Stimmen der Einzug ins Parlament; 1992 bis 1993 steigt ihre Mitgliederzahl um 50 % auf 1,6 Mio. Es wird offensichtlich, dass sich der vom Militär gestützte Kemalismus, der eine moderne, an der westlichen Welt orientierte laizistische Republik propagiert, einer wachsenden Fundamentalopposition stellen muss. Mit der Wohlfahrtspartei wird 1995 erstmals in der Geschichte der modernen Türkei bei Parlamentswahlen eine islamistische Partei eine starke politische Kraft. ERBAKAN ist 1996/97 Regierungschef, muss jedoch dem Druck der Militärs weichen.

1990, Mai Die Regierung erlässt Einschränkungen der Freiheitsrechte. Deportationen aus den überwiegend kurdisch besiedelten Südostprovinzen werden ermöglicht, Zeitungsberichte über die Region zensiert.

1991, 3. Jan. Generalstreik wegen der Löhne, v. a. aber wegen ÖZALS antiirakischer Haltung in der Golfkrise. Trotz syrischer Proteste wird der Atatürk-Staudamm als wichtigster Bestandteil des südostanatolischen Energie- und Bewässerungsprojekts (GAP) eröffnet.

6. Jan. ÖZAL bittet um NATO-Einheiten zum Schutz vor einem irakischen Angriff.

17. Jan. US-amerikanische Flugzeuge greifen den Irak im Zweiten Golfkrieg vom türkischen NATO-Stützpunkt İncirlik aus an.

6. Aug. Die türkische Armee dringt rund 20 km auf nordirakisches Gebiet vor, um Stützpunkte der Kurdenorganisation PKK zu zerstören.

1992, März Bombenangriffe der türkischen Luftwaffe auf Stellungen der PKK im türkisch-irakischen Grenzgebiet kosten mehreren Hundert Kurden das Leben. Mehrere Hunderttausend irakische Kurden retten sich auf türkisches Territorium. Die Verwendung deutscher Waffen bei der Bekämpfung der PKK wird in der Türkei und der Bundesrepublik (Aussetzung der Militärhilfe) kritisiert.

1993, 17. April Präsident ÖZAL stirbt. Ministerpräsident DEMIREL von der »Partei des Rechten Wegs« (DYP) wird für eine Amtszeit von sieben Jahren zum Präsidenten der Republik gewählt. Die Staatsministerin für Wirtschaft, TANSU ÇILLER (*1946), Vorsitzende der DYP, tritt am 13. Juni als erste Frau das Amt des Ministerpräsidenten an.

2. Juli Im zentralanatolischen Sivas sterben bei einem Brandanschlag von Islamisten auf ein Hotel 37 Menschen, überwiegend alevitische Intellektuelle.

1994, 27. März Bei den Kommunalwahlen wird die Wohlfahrtspartei (RP) ERBAKANS mit 19 % die zweitgrößte Partei und gewinnt u. a. die Bürgermeistersitze in Istanbul und Ankara.

1995, 13. Dez. Das Europaparlament stimmt einer Zollunion der Europäischen Union mit der Türkei zu. Die Zollunion tritt am 1. Jan. 1996 in Kraft.

24. Dez. Bei den allgemeinen Wahlen wird die Wohlfahrtspartei (RP) mit 21,4 % stärkste Kraft.

1996, 7. März Nach den Parlamentswahlen vom 24. Dez. 1995 bilden ANAP und DYP eine Regierungskoalition. Im Amt des Ministerpräsidenten sollen sich die Rivalen MESUT YILMAZ (*1947) und ÇILLER, beginnend mit YILMAZ, abwechseln.

7. Juni Nach dem Rücktritt von Ministerpräsident YILMAZ wird ERBAKAN, der Vorsitzende der Wohlfahrtspartei (RP), von Staatspräsident DEMIREL mit der Regierungsbildung beauftragt. ERBAKAN bildet eine Koalition mit der DYP. Ein Wechsel im Amt des Regierungschefs nach zwei Jahren wird verabredet, kommt aber nicht zustande, weil die Regierung unter Druck der Militärführung steht und Mitglieder die DYP-Parlamentsfraktion verlassen haben.

1997, 28. Febr. Der Nationale Sicherheitsrat legt ein 18-Punkte-Programm zur Bekämpfung der »Reaktion« vor. Es wendet sich gegen eine »Infiltration« von Islamisten in Verwaltung und Rechtswesen und stellt einen indirekten Angriff auf die seit den 1970er-Jahren stark ausgebauten staatlichen Lehranstalten für Vorbeter und Prediger (*İmam Hatip Liseleri*) dar.

18. Juni Nach einem Ultimatum des Militärs tritt ERBAKAN zurück. Die dritte Regierung YILMAZ ist ein konservativ-sozialdemokratisches Bündnis.

11. Dez. Streik im Öffentlichen Dienst gegen die Erhöhung der Gehälter um 30 %, da die Inflationsrate der Türkei bei 95 % liegt.

Dez. Die Türkei reagiert auf die bei der Tagung des Europäischen Rates in Luxemburg (12./13. Dez.) eingeleitete Osterweiterung der EU, bei der sie nicht als Beitrittskandidat berücksichtigt wird, mit dem Abbruch der Beziehungen (Antrag der Türkei auf Vollmitgliedschaft seit 1987). Der Ausschluss wird als Ablehnung der türkischen Bemühungen um den Anschluss an den Westen gesehen. Das gespannte Verhältnis hat indessen keine Auswirkungen auf die NATO-Osterweiterung.

1998, 16. Jan. Verbot der islamistischen Wohlfahrtspartei (RP) durch das Verfassungsgericht.

12. Nov. PKK-Führer ABDULLAH ÖCALAN (*1949), der nach seiner Ausweisung aus Syrien über Moskau nach Rom geflohen ist, wird von der italienischen Polizei festgenommen, am 16. Dez. jedoch auf freien Fuß gesetzt. Er reist auf Umwegen nach Kenia.

25. Nov. Sturz der Regierung YILMAZ wegen Korruptionsaffären.

1999, 11. Jan. Der frühere Ministerpräsident BÜLENT ECEVIT (1974 und 1978/79) stellt ein Übergangskabinett vor.

15. Febr. ÖCALAN wird vom türkischen Geheimdienst in Nairobi entführt und in die Türkei gebracht.

18. April Bei den vorgezogenen Parlamentswahlen wird die Demokratische Linkspartei (DSP) von Regierungschef ECEVIT stärkste politische Kraft. Sie geht eine Koalition mit der rechtsextremen Partei der Nationalistischen Bewegung (MHP) und der konservativen Mutterlandpartei (ANAP) ein.

31. Mai Beginn des Prozesses gegen ÖCALAN auf der Gefängnisinsel İmralı. Am 29. Juni wird ÖCALAN wegen »Verbrechen gegen das Land und die Souveränität des Staates« zum Tode verurteilt.

17. Aug. Erdbebenkatastrophe im Nordwesten der Türkei (İzmit): etwa 17 000 Tote, 600 000 Obdachlose.

1. Sept. Die PKK-Führung erklärt den bewaffneten Kampf offiziell für beendet.

10./11. Dez. Der Helsinki-Gipfel des Europäischen Rats über die Erweiterung der EU begrüßt jüngste positive Entwicklungen in der Türkei und erkennt sie als beitrittswilliges Land an.

2000, 20./21. Jan. Ausgelöst durch eine Welle griechischer Hilfsbereitschaft für die Erdbebenopfer von İzmit kommt Bewegung in die zwischen Griechenland und der Türkei strittige Zypernfrage.

5. Mai Der bisherige Präsident des Verfassungsgerichts, AHMET NECDET SEZER (*1941), wird zum Präsidenten der Republik gewählt.

29. Mai Ein offizieller Bericht konstatiert, dass nach wie vor Folter in türkischen Gefängnissen üblich ist.

21. Juni Verbot der radikal-islamistischen Tugendpartei (FP) durch das Verfassungsgericht.

24. Aug. Der ehemalige Bürgermeister von Istanbul RECEP TAYYIP ERDOĞAN (*1954) gründet die Partei für Gerechtigkeit und Entwicklung (AKP).

2001, 14. April Wirtschaftsminister KEMAL DERVIŞ (*1949) legt ein Sanierungsprogramm vor, mit dem Privatisierung vorangetrieben und die Liquiditätskrise im Banksektor (massive Kapitalflucht aus der Türkei) behoben werden soll.

3. Dez. Die Todesstrafe für nicht politische Straftaten wird abgeschafft – sie gilt weiter für »terroristische Verbrechen«.

2002, 10. April Die PKK beschließt auf einem Parteikongress im Nordirak ihre Umwandlung in ein sog. Koordinationsgremium »Freiheit und Demokratiekongress Kurdistan« (KADEK). Sie zieht damit die Konsequenz aus der Niederlage im Krieg gegen die türkische Armee.

20. Juni Die Türkei und Syrien schließen ein Abkommen über militärische Kooperation.

16. Juli Der schwer kranke Ministerpräsident ECEVIT zieht die Konsequenz aus dem Abbröckeln seiner

Drei-Parteien-Koalition und stimmt Neuwahlen im Nov. zu.

3. Aug. Das Parlament beschließt die Abschaffung der Todesstrafe und erfüllt damit eine zentrale Forderung der EU. Der Beschluss ist Teil eines Reformpakets, das u. a. Liberalisierungen im Presserecht, eine stärkere Kontrolle der Polizei und die beschränkte Anerkennung des Kurdischen als Sprache in den Medien und außerschulischen Kursen vorsieht.

3. Okt. Die Todesstrafe gegen PKK-Führer Öcalan wird in eine lebenslange Haftstrafe umgewandelt.

3. Nov. Die Parlamentswahlen enden mit einem Erfolg (34,3 %) der gemäßigt islamistischen Partei für Gerechtigkeit und Entwicklung (AKP), die sich für den Beitritt zur EU ausspricht. Einer ihrer Gründer, Abdullah Gül (*1950), wird am 16. Nov. zum neuen Ministerpräsidenten ernannt. Er fungiert als Platzhalter für den Parteichef Erdoğan, der wegen politischer Vorstrafen nicht Mitglied des Parlaments ist.

2003, 1. März Das türkische Parlament verweigert die Stationierung von US-Soldaten, die im Krieg gegen den Irak eingesetzt werden sollen.

14. März Durch eine Nachwahl (9. März) ins Parlament gekommen, löst Erdoğan wie verabredet Gül als Regierungschef ab.

15. Aug. Nach dem Übertritt zweier parteiloser Abgeordneter zur AKP verfügt diese über 368 von 550 Parlamentssitzen und damit über eine verfassungsändernde Zweidrittelmehrheit.

2004, 1. April Das Europaparlament beschließt, mit der Türkei zunächst noch keine Beitrittsverhandlungen aufzunehmen. Ferner muss die Türkei die derzeit geltenden Einschränkungen für im Handel mit Zypern eingesetzte sowie für in Zypern registrierte Schiffe aufheben.

28. März Bei Kommunalwahlen erzielt die AKP 42 % der Stimmen.

29. Juli Amnestiegesetz für PKK-Rebellen (unter Ausschluss der Führungskader).

2005, 12. Mai Der EU-Gerichtshof für Menschenrechte befindet zum Fall Öcalan, dass der Kurdenführer »nicht von einem unabhängigen und unparteiischen Gericht verurteilt« worden sei.

9. Nov. Die sog. Şemdinli-Affäre erweist, dass Teile des Militärs den Anschlag auf einen kurdischen Intellektuellen billigen.

2006, 11. Nov. Verleihung des Nobelpreises für Literatur an den Romancier Orhan Pamuk (*1952).

11. Dez. Wegen der türkischen Hindernisse für Zyperns Handel frieren die Außenminister der EU die Beitrittsverhandlungen mit der Türkei in acht »Kapiteln«, u. a. freier Warenverkehr, Zollunion und Verkehr, vorläufig ein.

2007, 19. Jan. Die Ermordung des armenisch-türkischen Journalisten Hrant Dink (*1954) wird als Ergebnis einer Kampagne nationalistischer Kreise betrachtet.

22. Juli Deutlicher Sieg der AKP in Parlamentswahlen (341 von 550 Abgeordnete). Die linksnationalistische CHP erreichte 112 Sitze, die nationalistische MHP auf 70 Sitze. Von 26 unabhängigen Abgeordneten gelten 22 als prokurdische. 20 von ihnen vertreten die »Partei der demokratischen Gesellschaft (DTP)«.

28. Aug. Nach einer Verfassungsänderung wird Abdullah Gül zum Präsidenten gewählt.

21. Okt. In einem Referendum entscheiden die Wähler über die Direktwahl des Präsident.

2008, 21.–29. Febr. Die türkische Armee dringt mit Bodentruppen in den Nordirak ein, um gegen die PKK vorzugehen.

Asien seit 1945

Das Jahr 1945 bedeutet die bis dahin tiefste Zäsur in der Geschichte Asiens. Nur in den asiatischen Teilen der Sowjetunion und in der Türkei ist der Umbruch relativ schwach zu spüren. Das Imperium und die militärische Macht Japans sind plötzlich zusammengebrochen. Auch wenn die europäischen Kolonialmächte mit Duldung der USA in ihre einstigen Besitzungen zurückkehren, sind sie doch zu schwach, um aktive imperiale Rollen zu spielen. Nur die Sowjetunion und die USA sind als Großmächte in Asien übrig geblieben. Während der vier Jahre nach dem Ende des Krieges werden die drei bevölkerungsreichsten Staaten des Kontinents zu souveränen Akteuren auf der internationalen Bühne. Den Briten ist bei Kriegsende klar, dass sich Indien als Kolonie nicht würde halten lassen. Sie sind unter einer neuen Labour-Regierung nun selbst an einem schnellen Rückzug interessiert. Im Aug. 1947 entsteht aber nicht der indische Einheitsstaat, das alte Ideal des indischen Nationalismus. V.a. separatistische Strömungen unter muslimischen Politikern sorgen für eine – mit großen menschlichen Opfern verbundene – Teilung des Subkontinents in ein überwiegend hinduistisches Indien und ein muslimisches Pakistan. In Indonesien scheitert 1949 der Versuch der Niederlande, ihre mehr als 300 Jahre alte Kolonialherrschaft fortzusetzen. In China wird nach einem kurzen Bürgerkrieg 1949 eine kommunistische »Volksrepublik« ausgerufen, die sich unverzüglich mit der Sowjetunion verbündet. Während Japan bereits seit seiner Niederlage einer Art von Erziehungsdiktatur der USA unterworfen ist und als wichtigster asiatischer Pfeiler im globalen amerikanischen Sicherheitssystem fungiert, bilden die Sowjetunion mit der VR China sowie der Mon-

Asien 2008

golei und dem Norden des 1945 geteilten Korea einen riesigen eurasischen »Ostblock«.

In den chinesischen Bürgerkrieg mischen sich die beiden Großmächte nur halbherzig ein. Mit dem Ausbruch des Koreakrieges im Juni 1950 holt dann aber der Kalte Krieg Asien endgültig ein. Hinfort halten es die USA für nötig, die Reste des europäischen Kolonialismus als »Bollwerk« gegen den Kommunismus zu stützen. Anders als in China und Indonesien, können sich in Vietnam die nationalrevolutionären Kräfte vor Beginn des Kalten Krieges nicht durchsetzen. Als die Kommunisten, von großen Teilen der Bevölkerung unterstützt, 1954 die französische Kolonialmacht besiegen, interpretieren die USA dies als eine Herausforderung in ihrer weltweiten Auseinandersetzung mit dem Kommunismus. Nur wenige Jahre nach dem Ende des Koreakrieges, der im Grunde ein Krieg zwischen den USA und der VR China war und der mit einem militärischen Patt endete, beginnt die Konflikteskalation zwischen den USA und dem vietnamesischen Kommunismus. Ende der 60er-Jahre wird daraus abermals ein verlustreicher Krieg. Erst 1975 endet die Dekolonisation Vietnams mit der Vereinigung des Landes unter kommunistischer Herrschaft.

Vietnam bleibt jedoch eine große Ausnahme. Überall sonst in Asien ist die Kolonialherrschaft bereits Anfang der fünfziger Jahre verschwunden. Die postkolonialen Staaten Asiens können sich bereits 1955 in Bandung (Indonesien) zu einer Konferenz der »Blockfreien« treffen. Interessenkonflikte und ideologische Meinungsverschiedenheiten bewirken Anfang der sechziger Jahre einen Bruch zwischen den »sozialistischen Bruderländern« China und Sowjetunion. 1972 beginnen die USA und China unerwartet mit der Normalisierung ihrer Beziehungen. 1989 nähern sich dann China und die Sowjetunion einander an. Bei dieser internationalen Konstellation ist es seit dem Ende des Kalten Krieges im Wesentlichen geblieben. Die Schärfe der früheren Auseinandersetzungen ist nach 1989 aus der asiatischen Politik verschwunden; nur Nordkorea bleibt ein beunruhigender Störenfried. Weitere Lasten aus der Vergangenheit sind die Rivalität zwischen Indien und Pakistan sowie der Anspruch Chinas auf die faktisch selbstständige Insel Taiwan. Nach dem Zusammenbruch der Sowjetunion entstehen in Mittelasien fünf neue Staaten, die bis dahin niemals als Nationalstaaten selbstständig waren; dies ist die wichtigste Veränderung auf der geopolitischen Landkarte Asiens seit dem Zweiten Weltkrieg.

Die Dynamik der asiatischen Gesellschaften lässt sich nur z. T. aus den internationalen Umständen herleiten. Jedes Land geht seinen eigenen Weg. Japan, nicht länger von Rüstungsausgaben und imperialen Illusionen belastet, kann sich unter amerikanischem Schutz auf seinen wirtschaftlichen Aufbau konzentrieren. In den 60er-Jahren erlebt es ein grandioses Wirtschaftswunder, wird zum Exporteur hochwertiger Industrieprodukte in die ganze Welt und baut eine Position aus, die es auch früher schon innegehabt hatte: die des asiatischen Landes mit dem höchsten Lebensstandard (einschließlich der weltweit höchsten Lebenserwartung). Südkorea und Taiwan folgen im letzten Quartal des 20. Jh.s dem japanischen Weg mit beträchtlichem Erfolg.

In Indien macht sich erst in den letzten Jahren des 20. Jh.s eine vergleichbare wirtschaftliche Dynamik bemerkbar, v. a. in technologisch fortgeschrittenen Bereichen. Kurz vorher ist die VR China zu einem ökonomischen Spurt gestartet. Sie ist dorthin auf einem ganz anderen politischen Weg gelangt. Während im postkolonialen Indien der Aufbau einer – unter den Bedingungen großer Massenarmut – erstaunlich stabilen Demokratie gelingt, wird China nach 1949 einer Reihe von sozialistischen Experimenten unterzogen: von einer radikalen Landumverteilung über die Kollektivierung der Landwirtschaft bis zum utopischen Projekt eines »Großen Sprungs nach vorn«, der um 1960 Millionen von Todesopfern fordert – das größte demografische Desaster in Asien nach 1945. Diese Experimente enden 1966–76 mit der »Kulturrevolution«, durch die der alte Revolutionsführer Mao Zedong sein eigenes Land ins Chaos stürzte. Nach Maos Tod schwenkt die Führung der KP Chinas auf einen »Reformkurs« ein, der China zu den Weltmärkten hin öffnet und kapitalistischer Privatinitiative breiten Raum lässt. Der wirtschaftliche Aufstieg Chinas, ökologisch stark gefährdet und bis zur Jahrhundertwende nicht in aggressive Außenpolitik umgesetzt, ist nach dem Zerfall der Sowjetunion die zweite fundamentale Entwicklung im späten 20. und frühen 21. Jh.

Die dritte ist die iranische Revolution mit ihren Folgen. 1979 stürzt ein Volksaufstand das Regime der Pahlewi-Dynastie, das seit Jahrzehnten von den USA gefördert worden war. Die Rückkehr des Revolutionsführers Khomeini aus dem französischen Exil und die Islamisierung der inneren Ordnung im Iran ist eine Herausforderung nicht nur der USA, Westeuropas und der atheistischen Sowjetunion, sondern auch der säkularen Regime im Nahen und Mittleren Osten, insbesondere der kemalistischen Türkei. Aus dem Staat Israel, 1948 gegründet und in einer Reihe von Kriegen in seiner Position gefestigt und erweitert, erwächst nun ein neuer Gegner. Die iranische Revolution hat keine unmittelbaren Auswirkungen auf das weiter östlich gelegene Asien. Sie beflügelt aber islamistische Bestrebungen in anderen Teilen der muslimischen Welt, v. a. in Afghanistan. Der Reichtum an Öl – überhaupt ein wichtiger Faktor in der Geschichte des Mittleren Ostens seit dem Ersten Weltkrieg – macht den Iran, der mehrfach in der Geschichte eine Großmachtrolle gespielt hat, zu einem der beiden wichtigsten internationalen Akteure in Westasien. Verändert hat sich damit auch die Position des NATO-Mitglieds Türkei, dessen mögliche Brückenfunktion zwischen Europa und Asien am Beginn des 21. Jh.s zu einer bedeutenden Frage geworden ist.

Der Nahe und Mittlere Osten seit 1945

Entwicklung, Probleme und weltpolitische Bedeutung des Nahen Ostens und Nordafrikas nach 1945

Die Arabische Welt vom Atlantik bis zum Persischen Golf wird verbunden durch ein gemeinsames literarisches Erbe, die islamische Religion, zu der sich etwa 90 % der 230 Mio. Einwohner (1995) bekennen, sowie durch die gemeinsamen geschichtlichen Erfahrungen seit der islamischen Expansion im 7. Jh. Mittel und Symbol dieser Einheit ist in erster Linie die moderne arabische Schriftsprache, die in allen Schulen unterrichtet und durch die Medien gepflegt wird. Im Panarabismus findet diese nationale Verbundenheit ihr politisches Programm, das die föderale oder unitäre Vereinigung einiger oder aller arabischer Staaten fordert. Dagegen stehen die Verfestigung der nach dem Ersten Weltkrieg eingerichteten Territorialstaaten und die Entwicklung lokaler Eliten, die ihre Souveränität erhalten wollen. Trennend wirken auch das Vorhandensein bedeutender religiöser und ethnischer Minoritäten (Christen, Drusen, Kurden, Berber, Juden, Palästinenser), die geografische Ausdehnung der Region, in der dünn besiedelte Wüsten die regenreicheren Küstengebiete und die besonders dicht bevölkerten Flussoasen trennen, die unterschiedliche Verteilung des Ölreichtums, der außer in Algerien und im Irak besonders in Staaten mit relativ geringer Bevölkerung zu finden ist, sowie die unterschiedlichen wirtschaftlichen und sozialen Entwicklungen unter dem Einfluss der verschiedenen Kolonialmächte, die auch nach Erlangung der Unabhängigkeit in den zum Teil von ihnen geschaffenen Territorialstaaten weiter wirken. Übergreifend ist die hohe Wachstumsrate der Bevölkerung zu bemerken, die in sich selbst zu wirtschaftlichen und sozialen Spannungen führt.

Nirgends sind die Veränderungen so tief greifend wie in Frankreichs Siedlungskolonie Algerien und v. a. in Palästina, wo die Entwicklung des Zionismus zum Staat Israel und die dagegen entstandene bittere Opposition des arabischen bzw. palästinensischen Nationalismus wesentlichen Einfluss auf die Entwicklung der arabischen Staaten nehmen. Doch auch die übrigen Mandatsgebiete und Protektorate wurden wirtschaftlich und politisch auf die jeweilige Kolonialmacht und deren Bedürfnisse ausgerichtet. So sind – zusätzlich zu ihrer geografischen Differenziertheit – Subregionen gewachsen, die lange eigenständige Entwicklungen durchmachten: Nordafrika, das Niltal, Syrien-Palästina, Mesopotamien und die Arabische Halbinsel sowie die Golfküste.

Der Großteil der arabischen Staaten erreicht nach dem Zweiten Weltkrieg eine vollständige Unabhängigkeit durch den Rückzug der europäischen Großmächte. Die Macht geht an eine an Europa orientierte Elite über, die typischerweise aus kolonialen Verwaltungsbeamten, gebildeten politischen Aktivisten und Großgrundbesitzern besteht. Diese unter der Vormachtstellung der Großmächte entwickelten Eliten sind auch weiterhin willens, mit Europa zu kooperieren. Die Unabhängigkeit hebt darum die westliche Vormachtstellung zunächst nicht auf. Die politischen Eliten finden sich zu Abkommen mit den Westmächten bereit, die dadurch hoffen, den Nahen Osten und Nordafrika zumindest indirekt kontrollieren und ihre wirtschaftlichen und militärpolitischen Interessen wahren zu können. Gegen die verschleierte Abhängigkeit vom Westen, gegen Militärbasen und ausländische Konzerne, v. a. die Ölgesellschaften, und gegen die konservativen Eliten, deren Interessen sich mit denen des Auslands verbinden, regt sich der Widerstand junger Intellektueller und Offiziere, die sich als Avantgarde der politischen und sozialen Erneuerung verstehen. Staatsstreiche des Militärs, für die die ägyptische Revolution von 1952 zum Modell wird, bringen bis 1978 in 8 der 21 arabischen Staaten reformorientierte republikanische Regime an die Macht. Unmittelbar aus Unabhängigkeitskämpfen gehen radikale republikanische Regime in Algerien und dem Südjemen hervor. Als Vorkämpfer gegen Imperialismus und Neokolonialismus versuchen die republikanischen Regime seit Anfang der 50er-Jahre, die politische und wirtschaftliche Abhängigkeit ihrer Länder zu reduzieren (Kündigung von Militärbasen, Nationalisierungen), die wirtschaftliche Macht der alten Eliten zu brechen (Landreformen, Verstaatlichungen) und tief greifende wirtschaftliche und soziale Reformen einzuleiten. Sie beginnen ehrgeizige Entwicklungsprojekte (Industrialisierung, Staudammbau) und setzen erstmals im arabischen Raum die Instrumente der Planung ein. Ein Schwerpunkt der Entwicklung wird der breite Ausbau des arabischen Erziehungswesens. Zur Rechtfertigung ihrer Reformziele und zur Begründung einer eigenen, vom Westen und Osten unabhängigen politischen und soziokulturellen Identität entwickeln die Militärs teils ihre eigenen Ideologien (GAMAL ABD AL-NASSERS »Arabischer Sozialismus«, HOUARI BOUMEDIENNES Fortentwicklung des algerischen Sozialismus, MUAMMAR AL-GADDAFIS »Kulturrevolution« mit einem »Sozialismus aus dem Koran« | Nordafrikanische Staaten unter »Afrika seit 1945«, S. S. 1889 |, teils verbünden sie sich mit der »Baath- (Wiedergeburt) Partei«, die 1943 von MICHEL AFLAK und SALAH AL-BITAR in Syrien gegründet worden ist und die politische, wirtschaftliche und kulturelle Einheit und Erneuerung der arabischen Nation verwirklichen will.

Die **strategische Bedeutung des Nahen Ostens** für die Sicherung der Kommunikationslinien des britischen Weltreiches (See- und Landverbindungen nach Indien) nimmt nach dem Zweiten Weltkrieg zwar rasch ab, aber die schon in der Antike erkannte und in der neuesten Zeit durch den Bau des Sueskanals erhöhte geostrategische Wichtigkeit der Region bleibt bestehen. Zusätzlich befinden sich in der Region etwa zwei Drittel der nachgewiesenen Erdölreserven der Welt und etwa die Hälfte aller nachgewiesenen Erdgasreserven.

Deswegen bedeutet der Rückzug Frankreichs und

Großbritanniens aus der Region nicht die Entlassung der regionalen Staaten in die völlige Unabhängigkeit, sondern in die Dominierung durch die USA und die Sowjetunion, die zunehmend ihre Konfrontation auf den Nahen Osten ausdehnen. Der Vordere Orient – mehr als der Maghreb – wird zu einer der wichtigsten Konfliktregionen im Kalten Krieg, in der die beiden Weltmächte durch massive Wirtschafts- und Militärhilfe, durch den Aufbau von Sicherheitsapparaten, die Einrichtung von Klientelstaaten und durch Stellvertreterkriege versuchen, die eigene Position zu sichern und auszubauen. Die Anfänge des Kalten Krieges im Vorderen Orient sind durch die Truman-Doktrin und die Krise in Aserbaidschan markiert. In der Folgezeit werden sowohl die **arabischen nationalen Einigungsbestrebungen** und internen Konflikte als auch der **arabisch-israelische Konflikt** entscheidend durch den Kalten Krieg beeinflusst. Dabei geht es weniger um die Durchsetzung einer Weltanschauung demokratischer oder sozialistischer Art, sondern vielmehr um den Ausbau von Machtpositionen in der Region. Den Gegebenheiten des Kalten Krieges kann sich kein Staat des Nahen Ostens – von der Türkei bis hin zum Iran und Afghanistan – entziehen. Gleichzeitig gelingt es den lokalen Staaten aber auch, den Kalten Krieg für eigene, ursächlich nicht damit zusammenhängende Konflikte (Grenzstreitigkeiten zwischen Iran und Irak, syrische Ambitionen im Libanon, aber auch der arabisch-israelische Konflikt) zu instrumentalisieren. Das begründet die permanente Natur dieser Konflikte und ihre globale Wichtigkeit.

Seit Ende der 1960er-Jahre ist ein allgemeiner Entwicklungstrend in Nordafrika und im Nahen Osten zu erkennen: der sich seit Ende der 60er-Jahre verstärkende Trend zum politischen Islamismus, der mithilfe einer fundamentalistischen Interpretation der Religion eine neue politische Ordnung der Gesellschaften, der Staaten und der internationalen Beziehungen entwerfen will. Nur im Iran ist dieser Versuch bisher erfolgreich umgesetzt, obwohl auch hier wichtige Grundgedanken des Nationalismus und der Demokratie weiterhin eine Rolle spielen. In Syrien, Algerien und Ägypten stellt der politische Islamismus eine deutliche Gefahr für die bestehende politische Ordnung dar und selbst in der Türkei spielt er eine ernst zu nehmende Rolle. Wichtig sind hier auch Bewegungen wie Hamas und Hisbollah, die militant und wiederholt terroristisch, aber typischerweise immer im nationalen Rahmen (Libanon, Palästina) operieren.

Das Ende des Kalten Krieges, im Rückblick für den Nahen Osten schon mit dem Rückzug der sowjetischen Truppen aus Ägypten 1972 zu erkennen, wird durch den Einmarsch sowjetischer Truppen 1979 in Afghanistan eingeleitet. Mit dem Zusammenbruch der Sowjetunion 1991 und dem Wegfall des bipolaren internationalen Beziehungssystems ist auch im Nahen Osten eine temporäre Orientierungslosigkeit zu beobachten, die u. a. den Übergriff des Irak auf Kuwait ermöglicht hat. Die Wichtigkeit der Ölreserven in der Region für die westliche und asiatische Industriewelt führt jedoch zu einer militärischen Reaktion der USA, Zeichen dafür, dass die USA auch nach dem Kalten Krieg ihre hegemoniale Stellung im Vorderen Orient nicht aufzugeben bereit sind. Ideologisch wird diese Position durch einen »Neokonservativen Idealismus« begründet, der, ähnlich wie der wilsonsche Idealismus 1918, für die USA die Rolle vorsieht, eine neue und bessere, da demokratische Weltordnung zu schaffen und zu sichern. Im Gegensatz zu der Politik Wilsons kann diese Weltordnung aber auch mit militärischer Gewalt durchgesetzt werden. Erstes Resultat dieser Politik ist der 2003 begonnene und bis heute andauernde Krieg im Irak. Letzten Endes bleibt auch im 21. Jh. wahr, was schon im 19. Jh. galt: Die geostrategische und wirtschaftliche Bedeutung des Vorderen Orients für die Welt ist zu groß, um die direkte Einflussnahme der Großmächte auf ihn zu verhindern.

Arabische Einigungsbestrebungen und innerarabische Konflikte

Die Arabische Liga

Ägypten, Irak, Jemen, Libanon, Saudi-Arabien, Syrien und Transjordanien gründen in Kairo am 22. März 1945 die Arabische Liga als Organisation unabhängiger arabischer Staaten zur politischen, wirtschaftlichen und militärischen Koordinierung und zur Förderung gemeinsamer Interessen. Die Gründung der Liga ist begleitet vom gegenseitigen Misstrauen zwischen dem Irak und Ägypten und dem generellen Verdacht, ein Instrument der Briten zu werden, um deren Kontrolle über die arabischen Länder zu festigen. Sie ist Ausdruck des panarabischen Gedankens, eine politische Vereinigung aller Araber herbeizuführen. Gleichzeitig weist die Charta der Liga auf eine grundsätzliche Widersprüchlichkeit hin: Mitglied kann nur werden, wer die volle Souveränität der anderen Mitgliedstaaten anerkennt. Einerseits existiert eine starke Identifizierung mit dem Arabertum auf der Basis einer gemeinsamen Sprache und Geschichte. Andererseits haben die nach dem Ersten Weltkrieg mit »künstlichen« Grenzen eingerichteten arabischen Territorialstaaten seitdem eine Eigenständigkeit besonders ihrer neuen Eliten erreicht, die die Aufgabe eigener Interessen und Machtpositionen nicht mehr zulässt. Hinzu kommt erschwerend, dass sich in den verschiedenen Territorialstaaten unterschiedliche gesellschaftliche Konstellationen entwickeln, die vom Grad der Urbanisierung, der Art der landwirtschaftlichen Bevölkerung, der Existenz natürlicher Ressourcen (Öl!), der politischen Struktur (Republiken oder Monarchien) sowie von unterschiedlicher Kolonisierung (französisch oder britisch) und verbindlich gewordenen territorialen Grenzen geprägt sind. Entgegen verschiedener Versuche, zumindest einige arabische Länder zu vereinigen, erweisen sich die ursprünglich von den Großmächten gezogenen territorialen Grenzen als unerwartet stabil.

Struktur der Arabischen Liga

Der Liga der arabischen Staaten mit Sitz in Kairo gehören heute 22 Staaten an: Ägypten, Irak, Jemen, Jordanien, Libanon, Syrien, Libyen, Sudan, Marokko, Mauretanien, Tunesien, Kuwait, Algerien, Vereinigte Arabische Emirate, Bahrain, Oman, Katar, Palästina, Somalia, Djibouti und die Komoren sowie de jure das durch die PLO vertretene Palästina. Die ersten sieben Staaten sind die Gründungsmitglieder von 1945. Alle anderen Staaten, außer den Komoren (1993), stießen bis 1977 zur Liga.

Die Liga sieht als ihre Hauptaufgaben die Unterstützung von Befreiungsbewegungen in der arabischen Welt, die Lösung innerarabischer Konflikte, die Unterstützung innerarabischer Zusammenarbeit in Kultur, Erziehung und Wissenschaft sowie die Vertretung der Interessen der Mitgliedstaaten nach außen.

Oberstes Organ ist der Ligarat, der mindestens zweimal jährlich zusammentritt. Beschlüsse binden diejenigen Mitglieder, die zugestimmt haben. Der Ligarat hat 16 Ausschüsse, von denen der Politische Ausschuss der wichtigste ist, da in ihm die umstrittenen Fragen behandelt werden und alle Mitglieder vertreten sind. Das Generalsekretariat mit gewähltem Generalsekretär führt die Beschlüsse aus. Der Vertrag über gemeinsame Verteidigung und wirtschaftliche Zusammenarbeit (1950) ergänzt die Charta der Liga und führt zur Bildung weiterer Organe: Gemeinsamer Verteidigungsrat (1950), Arabischer Wirtschaftsrat (1953) und das Vereinigte Arabische Militärkommando zur Koordinierung der Militärpolitik für die Befreiung Palästinas (1964). 1976 wird eine Arabische Friedenstruppe zur Überwachung des Waffenstillstandes im libanesischen Bürgerkrieg geschaffen. Der Liga sind 16 Nebenorganisationen angegliedert, darunter die Liga-Organisation für Erziehung, Kultur und Wissenschaft, die Arabische Postunion und das Arabische Institut für Erdölforschung.

1955 Die USA bemühen sich im Rahmen ihrer Einkreisungspolitik gegenüber der Sowjetunion, die arabischen Staaten in einen Mittelost-Militärpakt einzubeziehen, der das Zwischenglied zwischen NATO und SEATO bilden soll. Nach der Weigerung Ägyptens können sich auch andere Staaten dem Druck der USA entziehen, sodass am 24. Febr. nur der Irak dem Bagdadpakt (ab 1959 CENTO) beitritt. Der Pakt wird als Versuch verstanden, die arabischen Staaten in ihrer Souveränität einzuengen, und führt zur diplomatischen Hinwendung zur Sowjetunion, die sich mit einer Mittelost-Erklärung (16. April) als Schutzmacht der nationalen Interessen und der Unabhängigkeit im Mittleren Osten anbietet. Gamal Abd al-Nasser (*1918, †1970) verkündet den »positiven Neutralismus« als Prinzip der Außenpolitik und stellt sich damit an die Spitze arabischer Staaten, die eine unabhängige Stellung im Ost-West-Konflikt behaupten wollen, aber bereit sind, mit jedem zusammenzuarbeiten, der ihre nationalen Interessen respektiert.

1956 Die verfehlte US-Politik um den Assuan-Staudamm – eine Reaktion auf Nassers Neutralismus – und die **Sues-Intervention** (29. Okt.–6. Nov.) bewirken, dass der westliche Vormachtanspruch im Nahen Osten erschüttert wird und der östliche Einfluss vordringen kann. Die westliche Politik übersieht, dass die Nationalisten keine Hegemonie Moskaus anstelle der westlichen Vorherrschaft wünschen und dass die konservativ-feudalen arabischen Staaten, auf die der Westen sich politisch stützt, im Kommunismus in erster Linie eine Bedrohung der bestehenden Sozialordnung sehen.

1957, 5. Jan. Die **Eisenhower-Doktrin**, die den Mittelost-Staaten amerikanische Wirtschafts- und Militärhilfe zum Kampf gegen kommunistische Subversion anbietet, vertieft daher die Kluft innerhalb der arabischen Welt: Geführt von Ägypten und Syrien einerseits und Saudi-Arabien andererseits stehen sich das panarabische Lager der »Fortschrittlichen« und die westlich orientierten Konservativen schroff gegenüber.

1958, 1. Febr. Ägypten und Syrien vereinigen sich zur **Vereinigten Arabischen Republik** (**VAR**), der sich der Jemen bereits am 8. März in lockerer Föderation anschließt (Vereinigte Arabische Staaten).

Aufbau und Entwicklung der Vereinigten Arabischen Republik (VAR)

Die VAR ist ein Einheitsstaat mit Gamal Abd al-Nasser als Präsidenten. Eine provisorische Verfassung (8. März 1958) gibt dem Präsidenten weitgehende Vollmachten: Er ernennt die Zentralregierung und die Exekutivräte beider Regionen und wählt die Kandidaten für die Nationalversammlung aus. Ägyptens Nationale Union wird als einzige politische Organisation auf die syrische Region ausgedehnt. 1960 wird eine einzige Nationalversammlung für die VAR gewählt. Für Syrien wird eine Landreform dekretiert (1958), aber nur schleppend durchgeführt; wirtschaftlich bleibt Syrien bis Anfang 1961 weitgehend unabhängig. Die dominierende Rolle von Ägyptern in der Verwaltung Syriens, zunehmende Eingriffe in das Wirtschaftsleben, v. a. die Verstaatlichungen im Juli 1961, und die Auflösung der regionalen Exekutivräte (Aug. 1961) lassen den Widerstand in Syrien wachsen. Unterstützt von betroffenen Wirtschaftskreisen, löst sich Syrien durch einen Staatsstreich des Militärs aus der VAR (28. Sept. 1961).

1958, 6. März Die Gegengründung zur VAR, die Arabische Föderation der haschimitischen Monarchien Jordanien und Irak (wirksam mit Verfassung vom 13. Mai), zerfällt, als ein Staatsstreich des Militärs die Monarchie in Irak stürzt (14. Juli). Britische Fallschirmjäger stützen die jordanische Monarchie, während US-Truppen im Libanon landen, um dort den Bürgerkrieg zu beenden und einer Intervention der VAR vorzubeugen. Hoffnungen auf einen Anschluss der irakischen Republik an die VAR zerschlagen sich nach Richtungskämpfen in Irak.

1961 Nach der Sezession Syriens von der VAR (28. Sept.) kündigt die VAR (Ägypten) die Föderation mit dem Jemen (25. Dez.) und zieht sich vorübergehend aus der panarabischen Führungsrolle zurück.

1962, 10. Nov. Als ein Staatsstreich des Militärs im Jemen (26. Sept.) zum Bürgerkrieg zwischen Royalisten und Republikanern führt, schließt die VAR einen Militärpakt mit den Republikanern und entsendet Truppen.

NASSER hofft, dadurch die Front der »progressiven Staaten« zu stärken und der panarabischen Einigungsbewegung neue Impulse geben zu können.

1962–1969 Saudi-Arabien unterstützt im Jemen-Krieg die Royalisten mit Geld und Waffen, sodass es in den nächsten Jahren zu einer indirekten Konfrontation zwischen Saudi-Arabien und der VAR kommt, die auf dem Höhepunkt des Konflikts 1964–1967 ein Expeditionskorps von 70 000 Mann im Jemen unterhält. Weil Saudi-Arabien und Ägypten Klientelstaaten der USA bzw. der Sowjetunion sind, wird der Jemenitische Bürgerkrieg Teil des Kalten Krieges.

1963, 17. April Nachdem die Baath-Partei durch Militärcoups im Irak (8. Febr.) und in Syrien (8. März) an die Macht gekommen ist, beschließen die VAR, Syrien und Irak eine Union auf föderativer Grundlage. Die Baath-Führung in Syrien wendet sich bald gegen NASSER: Ein Putschversuch von Nasseristen in Syrien (Juli) bedeutet das Ende der Unionspläne. Die Militärunion zwischen Syrien und dem Irak (8. Okt.) kommt ebenfalls nicht zum Tragen.

1964, Jan./Sept. Die Ableitung des Jordan-Wassers durch Israel bringt die arabischen Monarchen und Präsidenten zu einer ersten und zweiten Arabischen Gipfelkonferenz in Kairo bzw. Alexandria zusammen, auf denen sie eine verstärkte Zusammenarbeit beschließen. Mehrere Staaten gründen den Rat für Arabische Wirtschaftseinheit, der wiederum einen Gemeinsamen Arabischen Markt beschließt (13. Aug.).

Rat für Arabische Wirtschaftseinheit

Der Organisation, gegründet 1964, gehören 13 Mitgliedsstaaten der Arabischen Liga und die PLO an. Sie soll einen gemeinsamen arabischen Markt verwirklichen, dem Ägypten, Irak, Jordanien, Syrien und seit 1977 Libyen und der Sudan angehören. Bis 1971 werden im Handel zwischen den Mitgliedsstaaten die Zölle und Steuern schrittweise abgebaut. In der zweiten Stufe soll eine volle Zollunion hergestellt und alle Handelsbeschränkungen aufgehoben werden. Politische Zerwürfnisse zwischen den Mitgliedern verzögern diesen Prozess. Der Arabische Währungsfonds mit Sitz in Abu Dhabi wird 1977 mit dem Ziel gegründet, den Ratsmitgliedern beim Zahlungsbilanzausgleich zu helfen und die Wechselkurse zu stabilisieren. Der Rat gründet eine Reihe multilateraler Organisationen, um die industrielle und landwirtschaftliche Entwicklung zu fördern (gemeinsame arabische Investitionsgesellschaften, spezialisierte arabische Wirtschaftsverbände).

1964, 26. Mai Die VAR und der Irak unterzeichnen ein Abkommen über die Bildung eines gemeinsamen Präsidentschaftsrates; GAMAL ABD AL-NASSER und Präsident ABD AL-SALIM MUHAMMAD AREF (*1921, †1966) geben später die Schaffung einer gemeinsamen politischen Führung bekannt (16. Okt.). Die Unionspläne scheitern nach einem pronasseristischen Putschversuch im Irak (Sept. 1965).

3. Okt. In Tunis gründen Algerien, Marokko, Tunesien und Libyen zur Koordinierung ihrer Wirtschaftspolitik ein Ständiges Konsultativkomitee des Maghreb (Nordafrika).

Die Einheit Nordafrikas

Der Gedanke eines maghrebinischen Zusammenschlusses verbreitet sich in den 50er-Jahren, als Tunesien, Algerien und Marokko gegen Frankreich um ihre Souveränität und Unabhängigkeit kämpfen. 1948 gründet ABD AL-KARIM (EL-KRIM; *1882, †1963) mit Vertretern der Nationalbewegungen das »Komitee für die Befreiung des arabischen Westens«. Für eine einheitliche Politik nach der Unabhängigkeit genügt diese gemeinsame Erfahrung nicht, da Staatsformen und außenpolitische Orientierung zu unterschiedlich sind. Übereinstimmend wollen die Maghreb-Staaten die einseitigen wirtschaftlichen Bindungen an die frühere Kolonialmacht lösen, da Agrarproduktion und Abbau der Bodenschätze auf den französischen Markt ausgerichtet sind, die Volkswirtschaften also miteinander konkurrieren. Daher müssen neue Absatzmärkte erschlossen werden. Die konkrete Zusammenarbeit beginnt bei Tourismus, Agrarerzeugnissen, Transport und Verkehr.

Das Ständige Konsultativkomitee des Maghreb mit Sitz in Tunis dient der Abstimmung und Zusammenarbeit v. a. in der Wirtschaftspolitik. Oberstes Organ ist die Konferenz der Wirtschaftsminister. Das Ständige Komitee überwacht mit dem Sekretariat Kommissionen und spezialisierte Komitees u. a. für Tourismus, Transport und Verkehr sowie den Arbeitsmarkt. 1967 einigen sich die Wirtschaftsminister über einen Gemeinsamen Nordafrikanischen Markt (Liberalisierung des innermaghrebinischen Handels, gemeinsame Außenhandelspolitik gegenüber Drittländern). 1970 beschließen sie die Harmonisierung des Transportwesens, Freizügigkeit für Arbeitskräfte und eine gemeinsame Exportpolitik. Libyen scheidet auf Wunsch Kairos 1970 aus; seit 1975 ist Mauretanien Vollmitglied. Zu einer Übereinstimmung in politischen Fragen, z. B. im Nahostkonflikt, kommen die Maghreb-Staaten nicht; sie wollen sich jedoch möglichst der amerikanisch-sowjetischen Rivalität im Mittelmeerraum entziehen. Das Zusammengehörigkeitsgefühl erleichtert den Staaten im Maghreb die Bereinigung bilateraler Streitigkeiten.

1965, 24. Aug. Nach mehreren vergeblichen Versuchen einigen sich Präsident NASSER und der König von Saudi-Arabien, FAISAL (*1906, †1975), im Abkommen von Dschidda auf die Beilegung des Jemen-Konflikts. Damit ist die Voraussetzung geschaffen, dass die dritte Arabische Gipfelkonferenz in Casablanca ein Solidaritätsabkommen (17. Sept.) schließen kann, in dem die Staaten sich zur Nichteinmischung in innere Angelegenheiten der anderen Staaten verpflichten und die Zusammenarbeit im Rahmen von Gipfelkonferenzen zur festen Einrichtung machen.

Mit dem Ziel einer »gemeinsamen Verteidigung gegen Israel« gelingt es Präsident NASSER, die arabischen Staaten unbeschadet ihrer außenpolitischen Orientierung und ihres inneren Systems zur Zusammenarbeit zu verpflichten. Damit geben jedoch weder die

VAR noch andere panarabisch orientierte Staaten ihre revolutionäre Politik auf, den »nationalen Aufbruch« in den »noch nicht befreiten Bruderländern« zu unterstützen. Die Widersprüche der arabischen Politik belasten im Jemen die Verhandlungen zwischen Republikanern und Royalisten, die ergebnislos abgebrochen werden (Dez.).

König FAISAL, der zum eigentlichen Gegenspieler des sozialrevolutionären Panarabismus geworden ist, versucht nun 1966, die arabischen Monarchien und Iran zu einer Islamischen Allianz zusammenzubringen: Die religiöse Kraft, die der Islam für die meisten Araber immer noch – und zunehmend wieder – besitzt, soll politisches Gewicht erhalten als Grundlage der Zusammenarbeit und als religiös begründeter Widerstand gegen revolutionäre Umtriebe.

1967, 29. Aug.–1. Sept. Nach der **Niederlage der Araber gegen Israel im Sechstagekrieg** (5.–10. Juni) bleibt zwar der Gegensatz zwischen »fortschrittlichen« und konservativen Staaten bestehen, bestimmend wird jedoch die Solidaritätspolitik. Auf der vierten Arabischen Gipfelkonferenz in Khartum sagen die ölreichen Staaten der VAR und Jordanien Ausgleichszahlungen für die Beseitigung der Kriegsfolgen zu, NASSER und FAISAL einigen sich über die Beilegung des Jemen-Konflikts. Dafür bricht ein Konflikt um die Führung des fortschrittlichen Lagers aus: Syrien und Algerien ist die Haltung der VAR im arabisch-israelischen Konflikt zu kompromissbereit. Dieser setzen sie die These der Palästinenser vom »revolutionären Volkskrieg« entgegen, der auch auf Jordanien übergreifen und die Monarchie beseitigen soll. Die Rivalität drückt sich im Gegensatz unter den palästinensischen Befreiungsbewegungen aus: Der von Kairo unterstützte Führer der PLO, AHMED SCHUKAIRI (*1908, †1980), erhält gefährliche Konkurrenz in JASSIR ARAFAT (*1929, †2004), dem Führer der von Damaskus gestützten »al-Fatah«. Mit ihrem neuen Programm (25. Dez.), das die Befreiung Palästinas mit den nationalrevolutionären Zielen des Panarabismus verbindet, werden die radikalen Palästinenser innerhalb des Panarabismus zu einem Machtfaktor, besonders nach der Wahl ARAFATS zum Vorsitzenden des Exekutivkomitees der PLO (Juni 1968). Der Aufstieg der Fatah als national-palästinensischer Bewegung weist aber trotz der panarabischen Rhetorik auf das Ende des Panarabismus als wirksames, politisches Programm hin.

1968 Die OAPEC (*Organization of Arab Petroleum Exporting Countries*) wird gegründet. Gegenwärtig gehören ihr Ägypten, Algerien, Bahrain, Katar, Kuwait, Syrien, Saudi-Arabien, Libyen, Irak, Tunesien und die Vereinigten Arabischen Emirate an. Es ist eine interstaatliche Institution, die sich als Fundament für die weitere wirtschaftliche Integration der arabischen Länder sieht.

1969, 22.–25. Sept. FAISALS Islamische Allianz erweist sich nicht als tragfähiges politisches Konzept. Nach einer Brandstiftung in der Al-Aksa-Moschee in Jerusalem, einem der größten Heiligtümer des Islam, gelingt es jedoch, eine erste Gipfelkonferenz islamischer Staaten in Rabat durchzuführen, durch die die Beziehungen der arabischen Staaten zur übrigen islamischen Welt intensiviert und später institutionalisiert werden.

Die Organisation der Islamischen Konferenz

Die Organisation der Islamischen Konferenz mit ständigem Sekretariat in Dschidda (Saudi-Arabien) wird im Mai 1971 aufgrund der Beschlüsse von Rabat mit dem Ziel gegründet, die islamische Solidarität und die wirtschaftliche und kulturelle Zusammenarbeit der Mitglieder zu fördern. Erklärtes Ziel ist die Unterstützung des palästinensischen Volkes im Kampf um die Befreiung seines Landes. Der Organisation gehören 56 Staaten und die PLO an (2000). Die Mitglieder treffen sich auf jährlichen Außenministerkonferenzen und in größeren Abständen auf Gipfelkonferenzen (zweite Gipfelkonferenz in Lahore 22.–24. Febr. 1974). Den islamischen Konferenzen gelingt es nicht, die Außenpolitik ihrer Mitglieder gegenüber Drittländern zu vereinheitlichen; selbst in der Palästinafrage gehen die Beschlüsse nicht über die UN-Resolutionen hinaus. Breitesten Raum nehmen wirtschaftliche Fragen im Verhältnis Entwicklungsländer – Industrieländer ein. Die Islamische Konferenz errichtet eine Internationale Islamische Nachrichten-Agentur (1972), eine Islamische Entwicklungsbank (1974), eine Rundfunkorganisation (1975) und einen Islamischen Solidaritätsfonds (1977).

1969/70 Da der von den Palästinensern propagierte säkulare Staat, in dem Juden, Moslems und Christen friedlich zusammenleben, auch Jordanien und – in gewisser Weise – den Libanon umfassen soll, bricht hier der offene Konflikt mit den Palästinensern aus, als diese Ende der 60er-Jahre in den Flüchtlingslagern einen Staat im Staate aufzubauen beginnen. NASSER wird zum Vermittler, weil er weder eine Veränderung des innerarabischen Gleichgewichts zugunsten der Radikalen wünschen noch die Vernichtung der Fedajin (Untergrundkämpfer der PLO) zulassen kann: Am 2. Nov. 1969 kommt es zum Kairoer Abkommen zwischen der PLO und dem Libanon und am 27. Sept. 1970 zur Vermittlung eines Waffenstillstands zwischen ARAFAT und König HUSSEIN (*1935, †1999) im jordanischen Bürgerkrieg.

1970, 8. Nov. Nach NASSERS Tod erhält die panarabische Einigungsbewegung durch den Präsidenten von Libyen, MUAMMAR AL-GADDAFI (*1942), neue Impulse. Libyen, die VAR und der Sudan beschließen die Vereinigung auf föderativer Grundlage, der Sudan muss sich jedoch aufgrund innerer Schwierigkeiten zurückziehen. Daraufhin begründen die Präsidenten Libyens, der VAR und Syriens am 17. April 1971 in Benghasi die **Föderation Arabischer Republiken**, der sich der Sudan später anschließen soll. Die Föderation Arabischer Republiken dient der gemeinsamen Verteidigung, Wirtschaftsplanung und Erziehungs- und Wissenschaftspolitik (Deklaration von Bengasi). Die Verfassung der Föderation wird durch Volksabstimmungen gebilligt (Aug./Sept. 1971) und die Föderation in Kraft gesetzt (1. Jan. 1972). Muhammad Anwar as-Sadat (*1918, †1981) ändert den offiziellen Namen Ägyptens »Vereinigte Arabische Republik«, der nur noch auf dem Papier bestand, und ersetzt ihn mit »Arabische Republik Ägypten«. Den Präsidentschaftsrat bilden die drei Präsidenten, der Vorsitz wechselt in zweijährigem Turnus. Exekutivorgan ist ein Ministerrat; die Nationalversammlung mit je 20 Abgeordneten der Mitgliedsstaaten tritt im März 1972 zusammen. Die Föderation scheitert bereits 1973 am Gegensatz zwischen Sadat und Gaddafi, obwohl sie de jure weiter besteht. Die Nationalversammlung tagt noch bis 1975 (März-Sitzung 1976 vertagt). Da der Präsidentschaftsrat seit der Wahl Sadats zum Vorsitzenden (1973) nicht mehr tagt, entlassen ihn die Präsidenten Hafiz al-Assad (*1930, †2000) und Gaddafi per Dekret (5. Dez. 1977) und verlegen den Hauptsitz der Föderation von Kairo nach Tripolis (Libyen).

1971, 2. Dez. Die Vereinigten Arabischen Emirate (VAE) erlangen ihre Unabhängigkeit. Die aus einer Reihe früherer britischer »Vertragsstaaten« am Persischen Golf entstandene Förderation mit gemeinsamer Außen-, Verteidigungs- und Wirtschaftspolitik wird sofort Mitglied der Arabischen Liga.

1972, 2. Aug. Gaddafi ist zum Anschluss an Ägypten bereit und überredet den ägyptischen Präsidenten Sadat, die volle Vereinigung Ägyptens und Libyens bis 1. Okt. 1973 bekannt zu geben und ein »Vereinigtes Politisches Kommando« zu bilden. Der Führungsanspruch Gaddafis, der sich zum »Erben Nassers« ernennt, sowie die libysche »Kulturrevolution«, die mit den liberaleren Auffassungen Ägyptens nicht zu vereinbaren ist, veranlassen Präsident Sadat, die Union durch Taktieren hinauszuzögern.

1973, 18. Juli Ein libyscher Demonstrationszug, der die Grenze zu Ägypten »zerstören« soll, wird von Ägypten aufgehalten. Als Sadat Gaddafi nicht vom bevorstehenden Angriff auf Israel unterrichtet, führt dies zum Scheitern der Union und der Föderation Arabischer Republiken. Gaddafi versucht daraufhin, sein Land mit Tunesien zur Islamisch-Arabischen Republik zu verschmelzen (12. Jan. 1974), muss sich dann aber auf die isolierte Position eines »wahren Vertreters der arabischen Revolution« im Kampf gegen den Imperialismus zurückziehen.

Die arabische Welt nach dem Oktoberkrieg

Die panarabische Bewegung Nasserscher Prägung erhält nach dem Scheitern Gaddafis keine wesentlichen Impulse mehr. Panarabische Politik erstreckt sich allein auf die Allianz gegen Israel als Fremdkörper in der arabischen Welt. Bei der Verfolgung des vordringlichen Ziels, die 1967 besetzten Gebiete zurückzugewinnen, übernimmt König Faisal von Saudi-Arabien zunehmend die Führung (Öl-Embargo, Rüstungsfinanzierung für die »Konfrontationsstaaten«, Vermittlung in innerarabischen Konflikten). Das »Lager der Fortschrittlichen« ist zerstritten: Der Gegensatz zwischen Ägypten und Libyen steigert sich mit zunehmender Annäherung Ägyptens an die USA und Saudi-Arabien bis zum militärischen Grenzkonflikt (Juli 1977). Auch die Rivalität zwischen den Baath-Regimen in Syrien und im Irak führt fast zum bewaffneten Konflikt, so u. a. im Streit um den Euphrat-Damm oder die syrische Unterstützung der aufständischen Kurden. Algerien strebt eine neue Führungsrolle im Nord-Süd-Konflikt an (vierte Gipfelkonferenz der Blockfreien in Algier 1973: Charta von Algier, rigorose Rohstoffpolitik gegenüber Industrienationen). Die Palästinenser zerfallen in eine Mehrheit der Gemäßigten um Jassir Arafat und die für kompromisslose Fortführung des Kampfes eintretende »Ablehnungsfront«.

Der alte Konflikt zwischen Konservativen und Radikalen schwelt im Süden der Arabischen Halbinsel weiter: Seit 1972 kommt es zu Zusammenstößen der Demokratischen Volksrepublik Jemen mit der Arabischen Republik Jemen, Saudi-Arabien und Oman, wo sie den Guerillakrieg der »Volksfront für die Befreiung Omans und des Arabischen Golfes« unterstützt, die auch von Irak und Libyen Hilfe erhält.

Im Südarabien-Konflikt drückt sich zugleich der Konflikt der Großmächte aus, der sich seit Anfang der 70er-Jahre von der Konfrontation im Mittelmeer und im arabisch-israelischen Konflikt auf neue Schauplätze im Indischen Ozean und am Horn von Afrika verlagert. Zur Sicherung der Öllieferungen aus dem Mittleren Osten, mit denen die westlichen Industrieländer 85 % ihres Ölbedarfs decken, rüsten die USA neben Israel seit Anfang der 60er-Jahre Iran zur regionalen Ordnungsmacht am Persischen Golf auf. Beim Abzug Großbritanniens aus seinen letzten Stützpunkten »östlich von Sues« überwinden Iran und Saudi-Arabien ihre alte Rivalität und einigen sich – bereits im Nov. 1968 – zum Schutz ihrer Ölinteressen und der Seetransportwege jegliche revolutionäre Bewegung in der Golfregion zu bekämpfen. Ziel beider prowestlicher Staaten ist es, den Ost-West-Konflikt aus der Subregion fernzuhalten und den Einfluss der Sowjetunion zu begrenzen.

Der neue Nahostkrieg, der Einsatz des Erdöls als politische Waffe und die Einkommenssteigerungen nach der Vervierfachung des Ölpreises 1973/74 führen zu erheblichen Machtverschiebungen: Zum einen wächst die Bedeutung der Region für die USA, die seit 1970 einen wachsenden Anteil ihres Ölbedarfs im Mittleren Osten decken müssen und die, wie sich Präsident Gerald Ford und Außenminister Henry Kissinger im Jan. 1975 äußern, bereit sind, die Ölressourcen der »freien Welt« gegebenenfalls mit militärischer Intervention zu sichern. Zum anderen können sich Iran und Saudi-Arabien mit ihren Öl-Milliarden zu regionalen Großmächten aufrüsten, mit denen andere Staaten aus nationalstaatlichem Eigeninteresse auch über ideologische Gegensätze hinweg kooperieren. So Ägypten, das bereits vor dem Oktoberkrieg 1973 den Einfluss der Sowjetunion zurückdrängt (Ausweisung der sowjetischen Militärberater 1972). Die Sowjetunion intensiviert dafür ihr Engagement in Syrien und Irak und sucht einen Ausgleich für den Verlust ihrer ägyptischen Stützpunkte in Libyen, Somalia und dem Südjemen, wohin umfangreiche Waffenlieferungen und Expertenhilfe gehen. Doch auch Syrien hält enge Beziehungen zu Saudi-Arabien und beginnt eine vorsichtige Annäherung an den Westen.

1973 Der Beschluss der arabischen Staaten, das Erdöl als politische Waffe einzusetzen, zeigt den westeuropäischen Industriestaaten ihre Abhängigkeit vom guten Willen der Öllieferer und stärkt innerhalb der Europäischen Gemeinschaft die Befürworter einer klareren Stellung der Gemeinschaft im arabisch-israelischen Konflikt (EG-Papier vom Mai 1971 auf Initiative Frankreichs). Eine Nahosterklärung (6. Nov.) der EG-Staaten, die dem arabischen Standpunkt weitgehend Rechnung trägt, führt zu Gesprächen zwischen der Arabischen Liga und der EG über die Zusammenarbeit. Die EG ist an langfristigen Abmachungen über eine wirtschaftliche, technische und kulturelle Kooperation interessiert, die Araber wollen, dass die Zusammenarbeit eine politische Grundlage in der EG-Erklärung vom Nov. 1973 erhält, die die Forderungen der Palästinenser umfasst.

Der Euro-Arabische Dialog

Die arabischen Staaten und die EG vereinbaren am 31. Juli 1974 den Euro-Arabischen Dialog in einem Allgemeinen Komitee auf Botschafter- bzw. Ministerebene zu institutionalisieren. Der Euro-Arabische Dialog beginnt mit Verzögerungen aufgrund der Frage der Vertretung der Palästinenser im Allgemeinen Komitee. Die Bildung einer gemeinsamen arabischen Delegation unter Einschluss von Palästinensern wird bei den ersten Sitzungen des Komitees im Mai 1976 in Luxemburg und Febr. 1977 in Tunis als Lösung akzeptiert. Vorgespräche technischer Experten (1974/75) beschränken sich auf die wirtschaftliche Zusammenarbeit und deren technische Durchführung, die ersten Sitzungen des Allgemeinen Komitees finden daher nur auf Botschafterebene statt. Bei der dritten Sitzung im Okt. 1977 in Brüssel fordern die Araber erneut eine politische Dimension des Dialogs. Die Europäer kommen dem bedingt entgegen und verweisen auf die EG-Erklärung vom 29. Juni 1977, die Israel auffordert, »die legitimen Rechte des palästinensischen Volkes anzuerkennen«. Übereinkommen wird über die Errichtung eines Europäisch-Arabischen Zentrums für Wirtschaftliche Zusammenarbeit erzielt (1977), eine Reihe von landwirtschaftlichen Projekten sind um diese Zeit angelaufen oder im Stadium der Vorbereitung. 1980 kommt es zur Erklärung von Venedig, in der der Europäische Rat das Recht der Palästinenser auf Selbstbestimmung und die PLO als deren offizielle Vertretung anerkennt. Nach dem israelisch-ägyptischen Friedensvertrag wird der Euro-Arabische Dialog inaktiv, und nur noch gelegentlich reaktiviert, bis zu seiner Abschaffung zur Zeit des Zweiten Golfkriegs 1990.

1975, April/Juni Syrien und Jordanien errichten eine gemeinsame politische und militärische Führung mit dem langfristigen Ziel der Union. Im Lauf der beiden nächsten Jahre gelingt eine Integration des Elektrizitätsnetzes und des Erziehungswesens sowie eine Zollunion. Den weiteren Integrationsprozess verzögern politische Differenzen nach der Jerusalemreise des ägyptischen Präsidenten SADAT.

4. Sept. Abschluss des zweiten ägyptisch-israelischen Truppenentflechtungsabkommens: die mühsam aufrechterhaltene arabische Einheitsfront droht zu zerbrechen. Syrien, Irak und die PLO werfen Ägypten Verrat an der arabischen Sache vor.

1976, Febr. Die Arabische Liga muss sich immer häufiger mit innerarabischen Konflikten auseinandersetzen und wird zum Forum der Vermittlungsversuche: Ein Vermittlungsausschuss der Liga führt einen Waffenstillstand an der algerisch-marokkanischen Grenze herbei, wo nach dem Abzug Spaniens aus der Westsahara Kämpfe ausgebrochen sind (Jan.), weil Algerien dort die Unabhängigkeitsbestrebungen der Saharaouis gegen Marokko unterstützt.

Okt. Die innerarabischen Gegensätze äußern sich in der Unterstützung der gegnerischen Parteien im libanesischen Bürgerkrieg. Die Invasion Syriens vertieft das Zerwürfnis zwischen Kairo und Damaskus. Erst nach längeren Bemühungen schaffen Gipfelkonferenzen der Arabischen Liga in Riad und Kairo, an denen jedoch nur 16 Mitgliedsstaaten teilnehmen, die Voraussetzungen für einen Waffenstillstand, den eine arabische Friedenstruppe aus 30 000 syrischen Soldaten und kleineren Kontingenten anderer Staaten sichern soll. Aussöhnung von ASSAD und SADAT.

1977, 19./20. Nov. SADATS Jerusalemreise lässt den innerarabischen Konflikt erneut aufbrechen. Algerien, Libyen, Südjemen, Syrien und die PLO bilden die »Front des Widerstandes und der Konfrontation« (5. Dez.) und beschließen, die Beziehungen zu Ägypten einzufrieren (Erklärung von Tripolis), der Irak verlässt das Treffen wegen zu großer Kompromissbereitschaft der Teilnehmer. Ägypten bricht die Beziehungen zu allen beteiligten Staaten ab.

1978, 27./28. März Als die Mitglieder der »Ablehnungsfront« die nächste Sitzung des Ministerrats der Arabischen Liga boykottieren, wird ein Arabisches Solidaritätskomitee unter dem Vorsitz des sudanesischen Präsidenten DSCHAFAR MUHAMMAD AN-NUMEIRI (*1930) eingesetzt. Es gelingt NUMEIRI jedoch nicht, die Gegensätze zu überbrücken: Während einige Staaten SADATS Initiative unterstützen, verhalten sich andere, geführt von Saudi-Arabien, abwartend; es kommt zu keinem Einlenken der Ablehnungsfront. Da NUMEIRI die Position SADATS unterstützt, scheitert seine Initiative mit der Einigung zwischen Ägypten und Israel in Camp David (17. Sept.). Die Position der Ablehnungsfront verhärtet sich (Treffen in Damaskus 20.–23. Sept.). Die zerstrittenen Flügel der Baath-Partei in Syrien und Irak legen ihre Differenzen bei und vereinbaren eine enge Zusammenarbeit auf allen Gebieten mit dem Ziel einer Vereinigung beider Staaten (24.–26. Okt.).

2.–5. Nov. Bei der neunten Arabischen Gipfelkonferenz in Bagdad gelingt es Saudi-Arabien mit Mühe, weitreichende Boykottbeschlüsse gegen Ägypten zu verhindern. Die Konferenz droht Ägypten jedoch für den

Fall eines Separatfriedens wirtschaftliche und politische Konsequenzen an.

1979, 28.–31. März Vermittlungsbemühungen der Arabischen Liga im erneuten militärischen Grenzkonflikt zwischen der Arabischen Republik Jemen und der Demokratischen Volksrepublik Jemen führen bei einer Friedenskonferenz in Kuwait zum Beschluss der beiden Präsidenten, ihre Länder umgehend zu einem Einheitsstaat zu vereinigen.

31. März Nach der Unterzeichnung des **Ägyptisch-Israelischen Friedensvertrages** (26. März) beschließt die Gipfelkonferenz von 18 arabischen Staaten in Bagdad den Abbruch der politischen und wirtschaftlichen Beziehungen zu Ägypten und die Verlegung des Sitzes der Arabischen Liga nach Tunis. Die Mitgliedschaft Ägyptens in zahlreichen anderen regionalen arabischen Organisationen, u. a. OAPEC, Arabischer Fonds für wirtschaftliche und soziale Entwicklung und Rat für Arabische Wirtschaftseinheit, wird im Lauf des April suspendiert, Ägypten von der Teilnahme an der zehnten Islamischen Konferenz in Rabat ausgeschlossen.

1980, Jan. Die Außenminister der Islamischen Konferenz fordern den sofortigen, bedingungslosen Abzug der Sowjetunion aus Afghanistan und bestätigen die Souveränität Irans.

22. Sept. Mit der Invasion in Khuzistan beginnt der Irak den Krieg mit Iran, um von inneren Problemen (Verhältnis der irakischen Schiiten zum revolutionären Iran) abzulenken und um eine dominante Position im Persischen Golf zu erringen (**Erster Golfkrieg 1980–1988**). Die umfangreiche Hilfe Saudi-Arabiens und anderer arabischer Staaten gleichen die wirtschaftlichen Einbußen des Irak aus. Syrien dagegen ist mit Iran verbündet.

1981, Jan. Auf dem dritten Gipfeltreffen der Organisation der Islamischen Konferenz wird der Heilige Krieg zur Befreiung von Jerusalem und der Wirtschaftsboykott gegen Israel ausgerufen.

25. Mai Bahrain, Katar, Kuwait, Oman, Saudi-Arabien und die Vereinigten Arabischen Emirate gründen angesichts des Krieges zwischen Iran und Irak den Kooperationsrat der Arabischen Golfstaaten (*Gulf Cooperation Council* [GCC]). Angestrebt wird eine Wirtschaftsgemeinschaft nach dem Vorbild der Europäischen Gemeinschaft.

Bevölkerungszahlen der Staaten in Nordafrika und dem Nahen Osten 2006

Staaten	Bevölkerung 2006 (in Mio.)		ältere Bevölkerungszahlen (in Mio.)		heutige Wachstumrate
Ägypten	78,8		38,1	(1971)	1,75 %
Algerien	32,9		–		1,22 %
Bahrain	0,6	(davon 235 100 ohne bahrainische Staatsangeh.)	0,2	(1971)	1,45 %
Irak	26,8		11,5	(1965)	2,66 %
Iran	68,8		34,6	(1976)	1,10 %
Israel	6,3	(inkl. die ca. 187 000 israelischen Siedler im Westjordanland, ca. 20 000 in den Golanhöhen und ca. 177 000 in Ost-Jerusalem)	3,5	(1972)	1,18 %
Jemen	21,4		6,9 1,7	Nordjemen (ohne Datum) Südjemen (ohne Datum)	3,46 %
Jordanien	5,9		2,8	(1961)	2,49 %
Katar	0,9		0,1	(1970)	2,50 %
Kuwait	2,4	(davon 1 291 400 ohne kuwaitische Staatsangeh.)	1,1	(1970)	3,52 %
Libanon	3,9		2,7	(ohne Datum)	1,23 %
Libyen	5,9	(davon 166 500 ohne libysche Staatsangeh.)	2,5	(1973)	2,30 %
Marokko	33,2		–		1,55 %
Oman	3,1	(davon 577 300 ohne omanische Staatangeh.)	0,8	(ohne Datum)	3,28 %
Saudi-Arabien	27,0	(davon 5 576 100 ohne saudische Staatsangeh.)	6,5	(1963)	2,18 %
Syrien	18,9	(ohne die ca. 40 000 in den von Israel besetzten Golanhöhen lebenden Menschen, 20 000 Araber und 20 000 israelische Siedler)	7,6	(1970)	2,30 %
Tunesien	10,2		–		0,99 %
Vereinigte Arabische Emirate	2,6		0,2	(1968)	1,52 %

Regionale Kooperation arabischer Staaten

Während die hoch angesetzten und umfassenden Ziele des politischen Panarabismus immer wieder an der Realität territorialer Eigenstaatlichkeit, divergierender Bedingungen und dem Machterhalt lokaler Eliten scheitern, bewährt sich die Zusammenarbeit für deutlich definierte Ziele, die im Interesse zweier oder einiger Staaten liegen. So hat sich die sudanesisch-ägyptische Behörde für die Aufteilung und Regulierung des Nilwassers als ausgesprochen nützlich und stabil erwiesen, nachdem allen totalen Vereinigungsversuchen seitens Ägyptens in den 40er- und 50er-Jahren erbitterter sudanesischer Widerstand entgegengebracht wurde. Die Vereinigten Arabischen Emirate und der Kooperationsrat der Arabischen Golfstaaten sind ebenfalls erfolgreiche Beispiele. Dagegen hat die 1989 gegründete *L'Union du Maghréb Arabe* (UMA) gegenwärtig wieder an Bedeutung verloren.

1983, Dez. Die Außenminister der Organisation der Islamischen Konferenz arbeiten in Dakka einen neuen Vermittlungsvorschlag im irakisch-iranischen Konflikt aus.

1984, Jan. Die anschließende Gipfelkonferenz in Casablanca beschließt gegen den Protest Libyens und Syriens, Ägypten wieder die Teilnahme an den Konferenzen zu erlauben.

1986, Juli Der Ölpreisverfall auf unter 10 US-Dollar pro Barrel (Tiefpunkt seit 1974) führt zu Reduzierung der Importkapazität und Defiziten in den Staatshaushalten der Öl exportierenden Staaten. Ursachen für den Preisverfall sind u. a. die neuen Ölexporteure außerhalb der OPEC.

1987 Der Irakisch-Iranische Krieg (Erster Golfkrieg 1980–1988) wird nach militärischen Rückschlägen des Irak zum vorherrschenden Konflikt. Die meisten Golfstaaten halten Irak als Regionalmacht im Vergleich zu Iran für das kleinere Übel. Die UN-Waffen-

Wirtschaftsstrukturen der Staaten in Nordafrika und dem Nahen Osten

Staaten	Landwirtschaft	verarbeitender Sektor	Dienstleistungssektor	wichtigste Exportgüter
Ägypten	15,0 %	35,7 %	49,3 %	Rohöl, Erdölprodukte, Baumwolle, Textilien, Metallprodukte, Chemikalien
Algerien	9,4 %	58,1 %	32,5 %	Rohöl, Erdgas, Erdölprodukte
Bahrain	0,5 %	38,7 %	60,8 %	Rohöl und Erdölprodukte, Aluminium, Textilien
Irak	7,3 %	66,6 %	26,1 %	Rohöl, Rohmaterialien
Iran	11,2 %	41,7 %	47,1 %	Rohöl, chemische und petrochemische Erzeugnisse, Früchte, Nüsse, Teppiche
Israel	2,6 %	31,7 %	65,7 %	Maschinen und Ersatzteile, Software, Diamanten, landwirtschaftliche Güter, Chemikalien, Textilien und Kleidung
Jemen	13,5 %	47,2 %	39,3 %	Rohöl, Kaffee, getrockneter und gesalzener Fisch
Jordanien	3,3 %	28,7 %	68,0 %	Kleidung, Phosphate, Dünger, Gemüse, Pottasche, Industriegüter, Arzneimittel
Katar	0,2 %	80,1 %	19,7 %	Flüssiggas, Erdölprodukte, Dünger, Stahl
Kuwait	0,5 %	47,9 %	51,6 %	Öl und raffinierte Produkte, Dünger
Libanon	12,0 %	21,0 %	67,0 %	Schmuck, anorganische Chemikalien, Früchte, Tabak, Baumineralien, Papier, Textilfasern
Libyen	7,6 %	49,9 %	42,5 %	Rohöl, raffinierte Erdölprodukte, Erdgas
Marokko	13,3 %	31,2 %	55,5 %	Kleidung, Fisch, anorganische Chemikalien, Transistoren, Rohmaterialien, Dünger, Erdölprodukte, Früchte, Gemüse
Oman	2,7 %	39,0 %	58,3 %	Rohöl, Fisch, Metalle, Textilien
Saudi-Arabien	3,3 %	61,3 %	35,4 %	Rohöl und Erdölprodukte
Syrien	24,9 %	23,0 %	51,9 %	Rohöl, Erdölprodukte, Früchte, Gemüse, Baumwollfasern, Kleidung, Fleisch, Weizen, Tiere
Tunesien	12,8 %	31,0 %	56,2 %	Kleidung, halbfertige Waren, Textilien, landwirtschaftliche Erzeugnisse, mechanische Waren, Chemikalien, Hydrocarbonate
Vereinigte Arabische Emirate	4,0 %	58,5 %	37,5 %	Rohöl, Erdgas, getrockneter Fisch, Datteln

stillstandsresolution 598 tritt am 20. Aug. 1988 in Kraft.

1989, 16. Febr. Gründung des Arabischen Kooperationsrats (GCC) in Bagdad mit dem Irak, Ägypten, Jordanien und der Arabischen Republik Jemen als Mitgliedern. Er ist als Gegengewicht zu UMA und GCC gedacht, scheitert aber an der Divergenz der Interessen der Staaten.

17. Febr. Unterzeichnung der Gründungsurkunde der Union des arabischen Maghreb (*L'Union du Maghréb Arabe*) durch die Staatschefs Marokkos, Mauretaniens, Algeriens, Tunesiens und Libyens in Marrakesch. Ziel ist eine wirtschaftliche Kooperation nach EG-Vorbild.

1990, 16. Juli Irak beschuldigt Kuwait der Grenzverletzung sowie der Ausbeutung des beiderseits der Grenze gelegenen Ölfelds von Rumaila und der Überschreitung der OPEC-Förderquote. Es folgen irakische Truppenbewegungen an die kuwaitische Grenze und Vermittlungsversuche arabischer Politiker.

1. Aug. Im saudi-arabischen Dschidda scheitern Verhandlungen zwischen Kuwait und Irak.

2. Aug. **Irakische Truppen besetzen Kuwait.** Emir Dschabir al-Ahmad al-Sabah (*1926, †2006) flieht nach Saudi-Arabien, wo sich die kuwaitische Regierung im Exil etabliert. Der UN-Sicherheitsrat fordert einstimmig den sofortigen und bedingungslosen Rückzug aus Kuwait (Resolution 660).

6. Aug. Der UN-Sicherheitsrat beschließt Wirtschaftssanktionen gegen den Irak (Resolution 661).

8. Aug. Der Irak annektiert Kuwait als 19. Provinz. US-Präsident George Bush (*1924) kündigt die Entsendung von Truppen nach Saudi-Arabien an.

10. Aug. Die irakische Besetzung Kuwaits spaltet die arabische Welt. Auf einer Gipfelkonferenz der Arabischen Liga in Kairo beschließen zwölf von 20 anwesenden Staaten, eine panarabische Truppe nach Saudi-Arabien zu entsenden.

12. Aug. Der irakische Präsident Saddam Hussein (*1937, †2006) verknüpft die Kuwaitkrise mit dem Palästinakonflikt, indem er einen Abzug aus Kuwait für den Fall in Aussicht stellt, dass Israel sich aus den besetzten Gebieten zurückzieht.

29. Nov. Der UN-Sicherheitsrat ermächtigt die UN-Mitgliedsstaaten »alle erforderlichen Mittel einzusetzen«, um die Erfüllung der Kuwait-Resolutionen durchzusetzen, falls sich der Irak nicht bis zum 15. Jan. 1991 aus dem Emirat zurückgezogen hat (Resolution 678).

bis 1991, Jan. In fünf der sechs Mitgliedsstaaten des GCC sowie in den Gewässern rings um die Arabische Halbinsel ist in einer Allianz gegen die irakische Besetzung Kuwaits Militärpersonal aus 33 Staaten, hauptsächlich aus den USA, Großbritannien und Frankreich, stationiert, die meisten Truppen im Grenzgebiet Saudi-Arabiens mit dem Irak und Kuwait.

17. Jan. **Zweiter Golfkrieg:** Nach Ablauf des UN-Ultimatums eröffnen die USA und ihre Verbündeten den Angriff auf den Irak (»Operation Wüstensturm«) mit massiven Luftangriffen.

24. Febr. Beginn der alliierten Bodenoffensive: Vorstoß nach Kuwait und in den Süden des Irak, daraufhin Rückzug bzw. Kapitulation der irakischen Truppen. Einmarsch der Alliierten in Kuwait-City.

28. Febr. Irak akzeptiert bedingungslos alle zwölf Resolutionen des UN-Sicherheitsrats zur Golfkrise. Einstellung der Kämpfe.

2. März Die Resolution 686 des UN-Sicherheitsrats legt die Voraussetzungen für einen formellen Waffenstillstand mit dem Irak fest: Annullierung der Annexion Kuwaits durch den Irak und Zustimmung zu Reparationszahlungen an Kuwait. Irak willigt ein (3. März).

6. März »Erklärung von Damaskus«: Ägypten, Syrien und die sechs Staaten des GCC befürworten die Schaffung einer arabischen Friedenstruppe für die Golfregion.

11. April Der Waffenstillstand tritt formell in Kraft.

9.–11. Dez. Auf der Gipfelkonferenz der Islamischen Konferenz in Dakar wird der Irak wegen der Besetzung Kuwaits verurteilt.

Die Europäische Union und die arabischen Staaten

Mit der Süderweiterung der Europäischen Union wird die Notwendigkeit deutlich, eine europäische Politik für alle Anrainerstaaten des Mittelmeers zu formulieren – wirtschaftlicher und politischer Art (Erklärung von Venedig 1980, die zu starker finanzieller Unterstützung der Palästinenser führt). In den 70er- und 80er-Jahren werden eine Reihe bilateraler Verträge zwischen der EU und einzelnen arabischen Staaten abgeschlossen.

Der erste Vertrag zwischen der EU und einer Gruppe von arabischen Staaten wird 1989 mit dem GCC abgeschlossen. Ein vergleichbarer Vertrag mit der Arabischen Liga besteht nicht. Nach dem Zusammenbruch der Sowjetunion 1991 und der Osloer Prinzipienerklärung 1993 engagiert sich die EU verstärkt wirtschaftlich und politisch im mediterranen Raum. Der Europäische Rat erklärt den Vorderen Orient im Dez. 1993 zu einer Region von höchster Priorität für die EU. Der Vorschlag einer Partnerschaft führt nach verschiedenen Ansätzen zur Gipfelkonferenz der EU-Regierungs- und Staatschefs in Essen 1994, auf der die Stabilität und Sicherheit der Mittelmeerregion über eine multidimensionale langfristige Strategie zum Programm gemacht wird. Der seit 1995 existierende Barcelona-Prozess zeichnet sich dadurch aus, dass Israel, die Palästinensische Autonomiebehörde und die arabischen Staaten als gleichberechtigte Partner daran teilnehmen. Er ist ein europäisches Globalkonzept für den mediterranen Raum. Die politische Dimension dieses Prozesses soll Frieden und Stabilität in der Region fördern, die wirtschaftliche von den bilateralen Assoziationsabkommen zu einer mediterranen Freihandelszone führen und im Rahmen der dritten Dimension sollen zivilgesellschaftliche Projekte durchgeführt werden. Der erfolglose Gipfel in Camp David im Juli 2000, der Ausbruch der zweiten Intifada und die Anschläge vom 11. Sept. 2001 verringern zunächst die Friedensbemühungen der EU. Die Gründung des Nahostquartetts (USA, UNO, EU und Russland) im April 2002 in Madrid ist jedoch ein neuer Versuch einer Friedensinitiative unter aktiver Beteiligung der EU. Im Agadir-Abkommen vom 25. Febr. 2004 einigen sich Marokko, Tunesien, Ägypten und Jordanien auf die Einrichtung einer Freihandelszone der »mediterranen arabischen Staaten«. Das Agadir-Abkommen nimmt direkt Bezug auf den Barcelona-Prozess und ist als Teil der Euromediterranen Partnerschaft zu verstehen. Ziel ist es, bis 2010 eine euromediterrane Freihandelszone eingerichtet zu haben.

1993, 21. Nov. Die Komoren treten als 22. Mitglied der Arabischen Liga bei.

1994, 10. Nov. Mit einer offiziellen Erklärung SADDAM HUSSEINS erkennt der Irak die Souveränität Kuwaits und die Unverletzlichkeit der Grenze zu Kuwait an.

13./14. Dez. Die Islamische Konferenz kommt in Casablanca zu ihrer siebten Gipfelkonferenz zusammen, auf der eine eindeutige Unterscheidung zwischen islamischen Freiheitskämpfern (Mudschahedin) und terroristischen islamischen Extremisten getroffen wird. Der Organisation der Islamischen Konferenz gehören mittlerweile 51 Staaten sowie die PLO an.

1995, 22. März In Kairo treffen sich die Außenminister der Arabischen Liga zum 50. Jahrestag der Gründung der Organisation, die nunmehr 22 Mitglieder umfasst und etwa 230 Mio. Menschen repräsentiert. Es zeigt sich, dass es der Organisation bislang nicht gelungen ist, innerarabische Probleme zu lösen und zur Festigung einer »arabischen Nation« beizutragen, da die Eigeninteressen der Staaten oft zu weit voneinander abweichen und auch der zumindest offiziell einigenden Wirkung des gemeinsamen Kampfes gegen Israel durch die Friedensverträge Ägyptens und Jordaniens mit Israel der Boden entzogen wurde. Damit beginnt eine Diskussion um die Reform der Arabischen Liga, die 2005 auf der Gipfelkonferenz von Algier offiziell Teil der Tagesordnung wird und Eingang in die Abschlusserklärung findet.

1996, 9.–12. Dez. Auf dem jährlichen Außenministertreffen der Islamischen Konferenz wird der frühere marokkanische Ministerpräsident AZZEDINE (IZZ AL-DIN) LARAKI (*1929) zum neuen Generalsekretär der Organisation gewählt.

1997, 23. März Gipfeltreffen der Islamischen Konferenz in Islamabad: Die arabischen Staaten werden aufgefordert, mit aller Anstrengung islamische Ziele zu verfolgen und insbesondere die Palästinenser zu unterstützen.

15. Juni Ägypten, Bangladesh, Indonesien, Iran, Malaysia, Nigeria, Pakistan und die Türkei gründen die Union der »Developing 8« (D-8) zur Intensivierung der politischen und wirtschaftlichen Kooperation.

Nov. Die Mehrzahl der arabischen Staaten boykottiert offiziell die MENA-Wirtschaftskonferenz (Länder des Nahen Ostens und Nordafrikas) aus Protest gegen Israels Haltung im Nahost-Friedensprozess.

9.–11. Dez. Achtes Gipfeltreffen der Organisation der Islamischen Konferenz in Teheran. Die große Teilnehmerzahl signalisiert ein Ende der Isolation Irans in der islamischen Welt.

1998, 7.–9. Dez. In Abu Dhabi treffen sich die Staaten des GCC – Bahrain, Kuwait, Oman, Katar, Saudi-Arabien und die Vereinigten Arabischen Emirate – und geben eine Stellungnahme ab, um ihrer Unterstützung der UN-Spezialkommission Irak (UNSCOM) erneut Ausdruck zu verleihen.

1999, April Parallel zu den Verhandlungen in Nairobi zur Beendigung des Bürgerkriegs im Sudan starten die Staatschefs von Ägypten und Libyen, HOSNI MUBARAK (*1928) und GADDAFI, eine begleitende »arabische« Friedensinitiative.

April Die Organisation der Islamischen Konferenz beschließt, humanitäre Hilfe für die muslimischen Flüchtlinge aus dem Kosovo zu leisten.

7. Mai Algerien, Bahrain, Ägypten, Jordanien, die Palästinensische Autonomiebehörde, Saudi-Arabien, Tunesien und die Vereinigten Arabischen Emirate ratifizieren ein Antiterrorismusabkommen der Arabischen Liga.

27.–29. Nov. Die Teilnehmer des Gipfeltreffens des GCC in Riad einigen sich über die Schaffung einer Zollunion bis zum Jahr 2005.

2000, 11. März Die Außenminister der Region treffen sich in Beirut, um das halbjährig stattfindende Treffen der Arabischen Liga abzuhalten. Die Liga verkündet, dass sie die Angriffe der Hisbollah auf israelische Soldaten unterstützt. Außerdem warnt die Arabische Liga Israel vor der Möglichkeit der Eskalation des Krieges, sollte sich Israel aus dem Libanon zurückziehen, ohne den Status der palästinensischen Flüchtlinge im Libanon zu klären.

12./13. Nov. Neuntes Gipfeltreffen der 56 Staaten der Islamischen Konferenz in Doba (Katar): Im Mittelpunkt stehen Maßnahmen gegen Israel und Hilfe für die Palästinenser. Weitere Themen sind Afghanistan, Tschetschenien, Somalia und Kosovo.

30./31. Dez. Beim Gipfeltreffen des GCC in Manama (Bahrain) unterzeichnen die Teilnehmer einen Verteidigungspakt. Die gemeinsame Truppe, seit 1986 in Saudi-Arabien stationiert, soll von 5000 Mann auf 22 000 Mann verstärkt werden.

2001, 27./28. März In Amman findet das erste ordentliche Gipfeltreffen der Arabischen Liga seit 1990 statt. Der ägyptische Außenminister AMR MUSA (*1936) wird zum neuen Generalsekretär der Arabischen Liga gewählt. Er löst damit ISMAT ABD AL-MADSCHID (*1923) ab. Die Staats- und Regierungschefs stimmen für Solidarität mit den Palästinensern, Aussöhnung zwischen Irak und Kuwait und das Ende des Embargos gegen den Irak. Die Grenzstreitigkeiten zwischen Irak und Kuwait können jedoch nicht beigelegt werden.

10. Okt. Die 56 Mitglieder der Organisation der Islamischen Konferenz treffen sich in Doha (Katar), um über die US-Offensive in Afghanistan zu diskutieren. Die islamischen Nationen vermeiden es, die US-Attacken zu verurteilen, warnen jedoch vor zivilen Opfern und vor der Ausweitung des Krieges auf andere muslimische Staaten.

2002, 27. März Die Arabische Liga tagt in Beirut ohne Palästinenser-Präsident Arafat, den die Israelis in seinem Hauptquartier in Ramallah festhalten.

Juli Nach dem im Auftrag der UN-Entwicklungsorganisation (UNDP) erstellten ersten »Arabischen Bericht über die menschliche Entwicklung« hätten die 22 Mitgliedsstaaten der Arabischen Liga Fortschritte im Gesundheitswesen gemacht. Katastrophal aber sei die soziale Situation. Ein Fünftel der Einwohner habe weniger als zwei US-Dollar am Tag zur Verfügung, die Hälfte der Jugendlichen wolle auswandern.

24. Okt. Libyen tritt aus der Arabischen Liga wegen deren Ohnmacht in der Irakkrise aus.

2003, 1./2. März Der Sondergipfel der Arabischen Liga in Scharm esch-Scheich beschränkt sich auf die »völlige Ablehnung eines Angriffs auf den Irak«.

Sept. Die Arabische Liga erkennt den von den USA eingesetzten irakischen Verwaltungsrat an.

2004, 21. Jan. Saudi-Arabien, Kuwait, Katar und die Vereinigten Arabischen Emirate erlassen dem Irak seine 50 Mrd. US-Dollar Schulden an sie.

25. Febr. Agadir-Abkommen zwischen Marokko, Tunesien, Ägypten und Jordanien.

1. April Beim arabischen Gipfel in Tunis kommt es zum Eklat, als Libyens Staatschef Gaddafi vorzeitig die Versammlung verlässt. Die Gipfelteilnehmer fordern den Rückzug Israels aus den besetzten Palästinensergebieten.

23. Mai Die Staats- und Regierungschefs können sich beim arabischen Gipfel in Tunis nicht auf eine gemeinsame zwingende Durchführung des Kommuniqués einigen, welches Angriffe auf Zivilisten verurteilt, demokratische und menschenrechtliche Reformen verspricht und den israelisch-palästinensischen Kompromiss nur mithilfe der UN vorsieht.

9. Aug. Bei einer außerordentlichen Sitzung der Arabischen Liga in Kairo lehnen die arabischen Staats- und Regierungschefs alle Sanktionen oder eine internationale militärische Intervention in Darfur (Sudan) ab.

2005, 1. Jan. Die Große Arabische Freihandelszone, die 17 arabische Staaten einschließt, wird ins Leben gerufen.

19. März Die Währungs- und Zentralbankchefs der Mitgliedsländer des GCC stimmen Regulationen zu, die zur Einführung einer Währungsunion und einer gemeinsamen Währung zum Jahresanfang 2010 bestimmt worden sind.

22. März Staats- und Regierungschefs treffen sich in Algier zu einem Gipfel der Arabischen Liga. Auf der Agenda stehen: Beziehungen zu Israel und die Definition von Terrorismus. Eine grundsätzliche Reform der Arabischen Liga selbst wird initiiert, um sie effektiver zu machen.

7. Mai Die Finanzminister von sechs Golfstaaten treffen sich in Bahrain, um die wirtschaftliche Integration, einschließlich einer gemeinsamen Währung und eines Freihandelsabkommens mit den USA, zu besprechen.

20. Okt. Dem UN-Bericht zur Ermordung des früheren libanesischen Ministerpräsidenten Rafiq al-Hariri (*1944, †2005) zufolge sind hochrangige Syrer und Libanesen an dem Attentat beteiligt gewesen; Kritik an der mangelnden Kooperation Syriens bei der Untersuchung wird geäußert.

19. Nov. Konferenz der Arabischen Liga in Kairo mit 100 sunnitischen und schiitischen Arabern sowie sunnitischen Kurden zur Zukunft des Irak.

Dez. Ein provisorisches arabisches Parlament wird von der Arabischen Liga einberufen. Es soll bis 2010 tagen, um eine Verfassung für die Wahlen und die Rolle des Parlamentes zu entwerfen. Außerdem wird das Projekt eines Obersten Gerichtshofs der Liga in Angriff genommen.

23. März Fouad Siniora und der syrische Vizepräsident Faruq al-Shara (*1938) treffen sich mit dem ägyptischen Präsidenten Mubarak in Scharm esch-Scheich zur Verbesserung der Beziehungen zwischen Libanon und Syrien.

29. März Auf der 18. Konferenz der Arabischen Liga in Khartum nimmt die allgemeine Diskussion regionaler Themen, besonders die Spannungen zwischen Libanon und Syrien, breiten Raum ein. Solidaritätsbekundungen für den Irak und Libanon werden abgegeben. 10 der 22 Staatsoberhäupter und Regierungschefs sind nicht gekommen, Saudi-Arabien verzichtet auf sein Recht, die Gipfelkonferenz im kommenden Jahr auszurichten.

14. Juni Bahrain, Kuwait, Oman, Katar, Saudi-Arabien und die Vereinigten Arabischen Emirate einigen sich

Wirtschaftliche Entwicklung der Staaten in Nordafrika und dem Nahen Osten 2005

Staaten	BIP (in Mio. Dollar)	Wirtschafts-wachstums-rate	Pro-Kopf Einkommen (in Dollar)
Ägypten	304,3	4,9 %	3900
Algerien	253,4	5,6 %	7700
Bahrain	15,9	5,9 %	23 100
Irak	94,1	−3,0 %	1800
Iran	610,4	5,0 %	8900
Israel	156,9	5,2 %	25 000
Jemen	19,4	2,8 %	900
Jordanien	26,9	5,8 %	4700
Katar	24,45	8,8 %	28 300
Kuwait	47,4	8,3 %	20 300
Libanon	22,8	0,1 %	6000
Libyen	6,0	8,4 %	11 800
Marokko	147,0	6,7 %	4400
Oman	40,4	5,6 %	13 500
Saudi-Arabien	346,3	6,5 %	13 100
Syrien	71,4	2,8 %	3900
Tunesien	87,9	4,0 %	8600
Vereinigte Arabische Emirate	115,8	8,8 %	45 200

auf einen Ausweichplan für die Verschiffung von Rohöl im Falle einer Blockade der Meerengen Hormuz und Bab al-Mandab. Der Plan wird aus Furcht vor einer Ausweitung des Atomstreits der USA mit dem Iran ausgearbeitet.

2007, 11. März Konferenz in Bagdad zur Zukunft des Irak, das erste Mal mit Beteiligung des Irans und Syriens. Ziel ist die Eindämmung der religiös motivierten Gewalt im Irak.

Der arabisch-israelische Konflikt

| Forts. v. S. 1190 |

Der arabisch-israelische Konflikt beginnt mit der Gründung des Staates Israel als Ausweitung des Palästinakonflikts und wurzelt im Aufeinandertreffen zweier Nationalismen – arabischer Nationalismus und politischer Zionismus – die sich mit unvereinbaren Ansprüchen auf das gleiche Gebiet, Palästina, beziehen. Der »Rechtsanspruch« auf ganz Palästina wird im sich entfaltenden Konflikt von beiden Seiten begründet: auf den für die eigene Seite behaupteten, der anderen aber prinzipiell abgesprochenen »Volkscharakter« der Juden bzw. Palästinenser, auf die Notwendigkeit einer nationalstaatlichen Existenz des jeweiligen Volkes und auf das Selbstbestimmungsrecht. Dies verstehen die Palästina-Araber (Palästinenser) als das Recht der im Lande seit über vierzig Generationen Lebenden, die Zionisten dagegen als das niemals aufgegebene Recht der (von den Römern vertriebenen und im Exil auf die Rückkehr in die historische Heimat wartenden) Juden auf das ihnen nach der Bibel von Gott zugewiesene Land.

Der ursprüngliche Konflikt wird wenige Jahre nach Gründung der zionistischen Bewegung sichtbar. Die mit der »Landnahme« in Palästina beabsichtigte »Eroberung der Arbeit«, d.h. die ausschließliche Beschäftigung jüdischer Arbeiter seitens der Zionisten, soll die Juden zu einem »Volk wie alle anderen Völker« machen. In der Durchführung vermeidet der stark sozialistisch orientierte Zionismus durch getrennte Ansiedlung die traditionellen Formen kolonialer Überlagerung, lässt aber als soziale Konsequenz keinen Platz für Palästina-Araber, theoretisch nicht einmal als Arbeiter. Es gelingt der politisch ausschlaggebenden Richtung des Zionismus auch später nie, für die bereits im Lande lebende nicht jüdische Bevölkerung eine sinnvolle, aktive Rolle bei der Verwirklichung der zionistischen Idee zu definieren: Die Palästina-Araber sind und bleiben nur notgedrungen geduldete Bürger zweiter Klasse im zionistischen Staat. Die Aktivität der Zionisten musste daher zu einem Nationalismus der arabischen Bevölkerung mit einer gegen den jüdischen Nationalismus gerichteten Dynamik führen. Der rechtsradikale Zionismus spricht schon in den 1920er-Jahren von einer »Eisernen Wand« und dem Transfer der arabischen Bevölkerung. Nur ein kleiner Zirkel um Martin Buber (*1878, †1965) hängt der Idee eines binationalen Staats an. Das Dazwischentreten der Großmächte verursacht den Konflikt nicht, sondern verschärft ihn nur (Enttäuschung der Araber durch die »Friedensregelung« nach dem Ersten Weltkrieg, Einbeziehung der arabisch-israelischen Auseinandersetzung in den Ost-West-Konflikt nach dem Zweiten Weltkrieg).

Die Judenverfolgung des »Dritten Reiches« lässt die Einwanderung nach Palästina so anschwellen, dass die Errichtung des zionistischen Staates ein realistisches Ziel wird. Als das ganze Ausmaß der nationalsozialistischen Judenvernichtung bekannt wird, empfiehlt eine breite Mehrheit der UNO gegen den geschlossenen Widerstand der Araber die **Teilung Palästinas**. Der aus schlechtem Gewissen geborene Drang, die Juden für das an ihnen in Europa begangene Unrecht zu entschädigen, überwiegt mögliches Unrecht, das den Palästina-Arabern durch eine Teilung Palästinas zugefügt wird.

Für die Araber ist der Teilungsbeschluss der Generalversammlung der Vereinten Nationen vom 29. Nov. 1947 nicht nur wegen seines reinen Empfehlungscharakters unverbindlich, sondern wegen zahlreicher Verstöße gegen die Völkerbundssatzung und die UN-Charta rechtswidrig und nichtig. Als völkerrechtswidrig haben sie bereits das Palästina-Mandat abgelehnt: Mandat und Teilungsplan verstoßen insbesondere gegen das Selbstbestimmungsrecht, denn selbst in dem für den jüdischen Staat vorgesehenen Teil Palästinas ist die Bevölkerungsmehrheit noch arabisch. Da die Araber nach dem Ersten Weltkrieg von den Großmächten um einen eigenen unabhängigen Staat gebracht werden und sich nach dem Zweiten Weltkrieg einer Entscheidung der Großmächte und der von ihnen »kontrollierten« Stimmen beugen müssen, erblickt der erstarkende Panarabismus in Israel ein »imperialistisches und neokolonialistisches Gebilde«. Seine Feindschaft gegenüber Israel bezieht sich nicht allein auf Folgen der ersten Auseinandersetzungen (Flucht bzw. Vertreibung der Palästinenser, militärische Niederlagen, Gebietsverluste, Verlust Jerusalems), der Panarabismus bestreitet das Existenzrecht des Staates Israel in seiner 1948 errichteten Form. Nachdem er jedoch die Gründung des Staates nicht verhindern kann, plant er seine Vernichtung. Auch nach dem Niedergang des Panarabismus mit der Auflösung der VAR 1961 und der katastrophalen Niederlage der Araber im Krieg von 1967 stellt Israel für die Mehrheit der nun entstehenden, palästinensischen Befreiungsbewegungen eine »Aggression« gegen das palästinensische Volk dar; ihr bewaffneter Kampf zur Befreiung Palästinas »zielt auf die Eliminierung des Zionismus in Palästina« (Palästinensische Nationalcharta 1968, Artikel 15).

Israel dagegen beruft sich auf sein historisches Anrecht auf Palästina (für einen überwiegenden Teil der Israeli einschließlich Judäas und Samarias, d.h. des 1967 besetzten »Westufers« des Jordan) sowie auf die Rechtsgültigkeit der Beschlüsse von Völkerbund und Vereinten Nationen. Der geschlossene Widerstand der arabischen Bevölkerungsmehrheit in Palästina und der arabischen Nachbarstaaten veranlasst die Zionisten weder ihr Ziel der Staatsgründung aufzugeben noch später das zionistische Selbstverständnis des Staates zu modifizieren. Israel besteht auf Anerkennung des Existenzrechts als unabhängiger, souveräner, jüdischer Staat in gesicherten und anerkannten Grenzen. Entstanden in einer feindlichen Umwelt und weiterhin umgeben von unversöhnlichen Feinden, verhärtet sich Israel in seinem Sicherheitsbedürfnis zunehmend; die politische Führung vertraut einer Politik der Stärke und glaubt, der arabischen Herausforderung mit der Sprache der Gewalt (massive Vergeltungsschläge) begegnen zu müssen. Die Eskalation von Gewalt und Gegengewalt nimmt angesichts immenser Rüstungsanstrengungen von Krieg zu Krieg (1948, 1956, 1967, 1973) zerstörerischere Formen an. Auch die »begrenzte« Gewalt von Guerillaanschlägen und Vergeltung eskaliert über die Jahre.

Der Furcht Israels vor der Vernichtung steht die Furcht der Araber vor israelischem Expansionsdrang gegenüber. Von ihrem Ziel, den Staat Israel in seinen historischen Grenzen wieder zu errichten, hat die zionistische Bewegung bis zur Staatsgründung mehrfach Abstriche machen müssen: 1920 Mandatsgebiet ohne Südlibanon und den Ostteil der Sinai-Halbinsel, 1921 Abtrennung Transjordaniens, 1948 Staatsgründung auf 56 % des Mandatsgebiets. Die Araber sehen ihre Furcht, der Zionismus habe sein Ziel eines Israel »vom Euphrat bis zum Sinai« nie aufgegeben, bestätigt in der schrittweisen Expansion bis zur Staatsgründung – von ersten Siedlungen über die Errichtung einer »nationalen Heimstätte« bis zum Staat – und danach: 1948 Eroberung der Hälfte des den Palästinensern durch die UN zugeteilten Gebiets, 1956/57 zögernder Abzug aus dem Sinai und Gaza, 1967 Besetzung Sinais, Rest-Palästinas und der Golanhöhen sowie die offene Annexion des arabischen Teils von Jerusalem (1967) und schleichende Annexion der besetzten Gebiete, seit 1972 Vorstöße in den Südlibanon und Unterstützung christlicher Milizen, 1981 Annexion der Golanhöhen, 1982 Invasion in den Libanon und über den Rückzug (1983–1985) hinaus Errichtung einer »Sicherheitszone« in Südlibanon.

Vermittlungsbemühungen nach den Kriegen von 1948 und 1967 scheitern an unvereinbaren Standpunkten. Zwar erklärt Israel jeweils seine Bereitschaft, im Falle der Anerkennung seines Existenzrechts im Rahmen allgemeiner Verhandlungen über alles reden zu wollen, verändert aber zugleich ständig den Status quo zu seinen Gunsten. Die Araber wiederum bestehen auf Wiederherstellung des Status quo ante, zumindest aber auf israelischen Vorleistungen, da sie fürchten, durch Verhandlungen Israel anzuerkennen, ohne auch nur die in den Resolutionen der Vereinten Nationen niedergelegten – von den Arabern vielfach zunächst gar nicht akzeptierten – Regelungen als Minimalforderungen durchsetzen zu können. Der Sieg der Israelis 1967 führt zu einer Verhärtung ihrer Positionen und einer Militarisierung der Politik, d. h. dem Versuch, die politischen Probleme mit militärischen Mitteln zu lösen. In der arabischen Welt wächst gerade nach 1967, stärker aber noch nach militärischen Erfolgen der Araber im **Oktoberkrieg** 1973, die Zahl derjenigen, die der Kriege müde sind bzw. den Konflikt mit militärischen Mitteln nicht für lösbar halten und die darum bereit sind, sich mit der Existenz Israels abzufinden und eine Verhandlungslösung zu suchen. Als Grundlage einer Friedensregelung akzeptieren alle Verhandlungswilligen die Resolution 242 des UN-Sicherheitsrats vom 22. Nov. 1967, die, von der »Unzulässigkeit des Gebietserwerbs durch Gewalt« ausgehend, als Prinzipien eines gerechten und dauerhaften Friedens nennt: Rückzug israelischer Streitkräfte aus besetzten Gebieten, Beendigung des Kriegszustandes, »Anerkennung der Souveränität, territorialen Integrität und politischen Unabhängigkeit eines jeden Staates in der Region und seines Rechtes, innerhalb gesicherter und anerkannter Grenzen frei von Drohungen und Gewaltakten in Frieden zu leben«, freie Schifffahrt durch internationale Wasserwege der Region, gerechte Lösung des Flüchtlingsproblems und Garantiemaßnahmen. Die Resolution allein reicht jedoch nicht aus, weil ihre Formulierungen den Konfliktparteien unterschiedliche Auslegungen erlauben, weil das Palästinaproblem nur als Flüchtlingsproblem angesprochen wird und nicht als politisches Problem (Verwirklichung des Selbstbestimmungsrechts) und weil das Jerusalem-Problem überhaupt nicht angesprochen wird. Ein Friedensprozess bahnt sich erstmals im Rahmen der 1991 eröffneten Nahostfriedenskonferenz an: Die 1993 erfolgte gegenseitige formelle Anerkennung Israels und der PLO mündet in die Unterzeichnung der Prinzipienerklärung über eine Teilautonomie der Palästinenser in den von Israel besetzten Gebieten.

1945 Mit Rücksicht auf die gespannte Lage in Palästina widersetzt sich die britische Mandatsverwaltung weiterhin einer verstärkten Einwanderung von Juden, v. a. von Überlebenden der nationalsozialistischen Vernichtungspolitik. Die Briten können jedoch nicht gänzlich die illegale Einwanderung von Juden unterbinden, deren Anteil an der Gesamtbevölkerung auf zwei Fünftel angewachsen ist (1946: 608 000 Juden). Bewaffnete Zusammenstöße zwischen Juden und Arabern, besonders aber Terroranschläge jüdischer Untergrundorganisationen (Irgun Zvai Leumi [EZEL] unter Menachem Begin [*1913, †1992], Stern-Gruppe [eigentlich Lechi] unter Avraham Stern [*1907, †1942]) gegen britische Einrichtungen, erhöhen die Kosten der britischen Besatzung zu einem Zeitpunkt, an dem das Gebiet mit der Unabhängigkeit Indiens seinen strategischen Wert verliert und die britische öffentliche Meinung nicht mehr willens ist, die militärischen Kosten zu tragen.

1947, 2. April Großbritannien übergibt das Palästinaproblem – und damit seine Mandatsverpflichtung – an die UNO. Eine Sonderkommission der Generalversammlung soll Lösungsvorschläge erarbeiten.

29. Nov. Die Generalversammlung der Vereinten Nationen empfiehlt gegen die Stimmen aller arabischen und islamischen Staaten und bei Stimmenthaltung Großbritanniens die Teilung Palästinas in einen arabischen und einen jüdischen Staat in Wirtschaftsunion; Jerusalem soll internationalisiert und unter UN-Treuhandverwaltung gestellt werden.
Die geordnete Durchführung des Teilungsplans verhindern noch am selben Tag ausbrechende Kämpfe zwischen Arabern und Juden in Palästina. Großbritannien verweigert der UN-Palästina-Kommission

die Einreise und kündet einseitig die förmliche Rückgabe des Mandats für den 15. Mai 1948 an.

1948, April Die jüdischen Untergrundstreitkräfte gehen zum offenen Angriff über. Es beginnt ein unerklärter Bürgerkrieg. Der Anschlag auf das Dorf Deir Yasin durch jüdische Einheiten, bei dem etwa 250 Zivilisten getötet werden und der Rest der Bevölkerung vertrieben wird, löst eine Massenflucht der arabischen Bevölkerung aus; bis Mitte Mai 1948 haben mindestens 200 000 Araber ihre Heimat verlassen.

14. Mai Die letzten britischen Truppen verlassen Palästina. Am Abend proklamiert DAVID BEN GURION (*1886, †1973) im Namen des Jüdischen Nationalrats den unabhängigen, souveränen **Staat Israel**, der unmittelbar darauf von den USA und der Sowjetunion diplomatisch anerkannt wird.

15. Mai–16. Nov. Die arabischen Staaten machen am Tag, an dem das Palästina-Mandat erlischt, ihre Ankündigung wahr, sich mit Waffengewalt der Teilung widersetzen zu wollen, und gehen zum Angriff über. Vorrangiges Ziel ist aber nicht die koordinierte Befreiung Palästinas von den Zionisten, sondern der Versuch die anderen arabischen Armeen an einer Vereinnahmung zu großer Teile Palästinas zu hindern. Die Zionisten hatten schon vor dem Krieg mit dem jordanischen König ABDULLAH (*1882, †1951) eine informelle Absprache getroffen, dass er das Westjordanufer übernehmen könne, wenn er im Gegenzug syrische und irakische Truppen am Vormarsch hindere. Syrien versucht genau diese Ausdehnung der Macht ABDULLAHS zu verhindern und Ägypten betrachtet den Irak als seinen wichtigsten Rivalen in Palästina. Nach anfänglichen Rückschlägen kann sich die israelische Armee behaupten. Nach einer ersten Waffenruhe gelingt es ihr in zwei weiteren Kriegsrunden sogar, erheblich über das im Teilungsplan vorgesehene Gebiet vorzudringen: Israel gewinnt im Norden das restliche Galiläa, im Osten die Neustadt von Jerusalem mit einem verbindenden Korridor und im Süden an die Negev-Wüste grenzende Gebiete hinzu. Bemühungen der Vereinten Nationen führen erst mit der dritten Waffenruhe zum Erfolg.

11. Dez. Die UN-Generalversammlung empfiehlt in ihrer – seitdem jährlich bekräftigten – »Resolution 194« als Grundlagen einer Konfliktlösung die Rückkehr oder Entschädigung der Flüchtlinge und die Internationalisierung Jerusalems.

1949 Vermittlungsbemühungen der UNO führen zu den bilateralen Waffenstillstandsabkommen von Rhodos zwischen Israel und Ägypten (24. Febr.), Libanon (23. März), Jordanien (3. April) und Syrien (20. Juli): Der Frontverlauf wird mit geringen Korrekturen und

UN-Teilungsplan für Palästina 1947

Die Grenzen Israels 1949–67

einzelnen entmilitarisierten Gebietsstreifen als Demarkationslinie festgelegt; eine UN-Kommission (UNTSO) wirkt bei der Überwachung der Waffenstillstände mit. An der Demarkationslinie herrscht die nächsten Jahre eine brüchige Ruhe: häufige Grenzverletzungen, v.a. durch palästinensische Flüchtlinge, und gelegentliche israelische Vergeltungsschläge. Der Krieg bringt Israel keine Anerkennung durch die arabischen Staaten und keine international anerkannten Grenzen, führt aber zu dem völligen Verschwinden Palästinas als Name für Volk oder Territorium. Der größere Teil Palästinas (etwa 80%) geht an Israel, der Rest kommt zum jordanischen Königreich, der Gazastreifen wird unter ägyptische Verwaltung gestellt. Es ist von (arabischen) Flüchtlingen die Rede, aber nicht von Palästinensern. Sowohl Israel als auch der Panarabismus fördern diese Sicht der Dinge aus unterschiedlichen Gründen.

Das Flüchtlingsproblem

Schwerstwiegende Folge des Krieges von 1948 ist die Flucht und Vertreibung von etwa einer Mio. Arabern. Die zunächst in Lagern im restlichen Palästina (»Westufer«, Gazastreifen) und den angrenzenden arabischen Staaten aufgefangenen Flüchtlinge werden seit 1950 durch das Hilfswerk der Vereinten Nationen für die Palästinaflüchtlinge (UNRWA) betreut (Ernährung, Kleidung, Wohnung, ärztliche Versorgung und Ausbildung). Die Zahl der von der UNRWA erfassten Flüchtlinge beträgt 1951 rund 900000; 1978 sind – teils als Folge des Krieges von 1967, in erster Linie aber aufgrund der natürlichen Vermehrung – 1,75 Mio. Flüchtlinge registriert, von denen 620000 in Lagern leben und Anrecht auf volle Hilfeleistungen haben, weitere 250000 haben nur Anrecht auf Nahrungsmittelrationen, die übrigen sind voll ins Wirtschaftsleben der arabischen Staaten integriert. Diese Integration wird durch besondere Anstrengungen der UNRWA im Erziehungsbereich erleichtert; ihr steht lange die begrenzte Aufnahmefähigkeit des arabischen Arbeitsmarktes entgegen. Hinzu kommt die fehlende Bereitschaft der arabischen Staaten, das Flüchtlingsproblem »auf ihre Kosten« zu lösen. Sie sehen in den Lagern ein politisches Pfand in dem Konflikt mit Israel. Die Herausbildung eines palästinensischen Identitätsgefühls seit der Mandatszeit intensiviert sich im Exil und in den Lagern: Aus den Palästina-Arabern wird das **Volk der Palästinenser.** Im Jahr 1995 halten sich bereits über drei Mio. Flüchtlinge in den Lagern auf.

1949, 11. Mai Bei der Aufnahme in die Vereinten Nationen erkennt Israel ausdrücklich die »Resolution 194« an, leitet jedoch keine Schritte ein, das Flüchtlingsproblem zu lösen. Eine umfangreiche Gesetzgebung überführt Grund und Boden der Flüchtlinge in Staatsbesitz und verhindert eine Integration der Araber. Die im Krieg eroberten Gebiete werden politisch und administrativ in das Staatsgebiet eingegliedert und von Israelis besiedelt.

1950, 1. Jan. Israel verlegt den Regierungssitz nach Jerusalem, woraufhin die Arabische Liga einen Wirtschaftsboykott gegen Israel und in Israel tätige ausländische Firmen verhängt.

6. Febr. Ägypten sperrt den Sueskanal und die Meerenge von Tiran für die israelische Schifffahrt und hält die Sperrung unter Berufung auf den Kriegszustand auch aufrecht, als der Sicherheitsrat Israel das Recht auf die Kanalbenutzung zuspricht (1. Sept. 1951).

24. April Jordanien annektiert den von seinen Truppen seit 1948 besetzt gehaltenen Teil Palästinas (Westjordanland).

25. Mai Die USA, Großbritannien und Frankreich verpflichten sich in einer Dreimächteerklärung, das Kräftegleichgewicht aufrechtzuerhalten und den Status quo notfalls militärisch zu schützen.

1955, 28. Febr. Mitte der fünfziger Jahre häufen sich Anschläge der Palästinenser. Der israelische Überfall auf Gaza erhöht die Spannungen.

1956, 29. Okt.–6. Nov. Als Ägypten aufgrund eines Waffenlieferungsabkommens mit der Tschechoslowakei seit Ende 1955 modernes sowjetisches Kriegsmaterial erhält, sieht Israel das militärische Gleichgewicht bedroht und verabredet – nach der Verstaatlichung des Sueskanals durch GAMAL ABD AL-NASSER – mit Frankreich und Großbritannien einen Angriff auf Ägypten: Israel beginnt den **Sueskrieg** mit dem Einmarsch in Gaza und im Sinai. Ein auf 24 Stunden befristetes Ultimatum Großbritanniens und Frankreichs (30. Okt.) fordert den »Rückzug« der Krieg führenden Parteien auf Linien westlich und östlich des Kanals, die Israel noch gar nicht erreicht hat. Als Ägypten erwartungsgemäß ablehnt, beginnt mit der Bombardierung der Kanalstädte eine britisch-französische Luftoffensive gegen Ägypten. Die USA und andere westliche Staaten verurteilen die Intervention. Unter dem massiven Druck der USA und einer sowjetischen Raketendrohung werden die Waffenstillstandsaufforderungen der Vereinten Nationen angenommen. Eine Friedenstruppe der Vereinten Nationen (UNEF) soll den Truppenrückzug überwachen. Großbritannien und Frankreich ziehen, ohne ihre politischen Ziele erreicht zu haben (Internationalisierung des Kanals, Sturz NASSERS), ihre Truppen bis Ende des Jahres zurück.

1957, März Israel räumt seine letzten Positionen erst, als die UNO-Truppen auch in Scharm el-Scheich stationiert werden und damit die freie Schifffahrt durch die Meerenge von Tiran sichergestellt ist.

Die Auswirkungen der Sueskrise

Die Sueskrise verändert die internationale Lage in der Region: Präsident NASSER gelingt es, die militärische Niederlage in einen politischen Sieg über die beiden alten imperialistischen Großmächte und Israel umzumünzen und damit zum unbestrittenen Führer der arabischen Welt gegenüber West und Ost zu werden. Großbritannien und Frankreich verlieren mit diesem letzten »Abenteuer« im alten imperialistischen Stil den Rest ihrer ehemals dominierenden Stellung in der Region, während der Sowjetunion als »Schutzmacht« der jungen Nationen der diplomatische, politische und militärische

Einstieg in die Region endgültig gelingt, den ihr die USA seit Beginn des Kalten Krieges haben verwehren wollen. Die Sowjetunion nimmt danach eine eindeutig proarabische und antiisraelische Haltung ein und unterstützt Ägypten, Syrien und später den Irak mit umfangreicher Militär- und Wirtschaftshilfe. Israel, von amerikanischer Wirtschafts- und Militärhilfe abhängig, erscheint als Instrument des Imperialismus und ist isolierter als zuvor. Der Höhepunkt panarabischer Politik wird bald mit der 1958 gegründeten und 1961 aufgelösten Vereinigten Arabischen Republik (VAR) überschritten; mit dem Krieg von 1967 wird dem politischen Panarabismus der Todesstoß versetzt. Während derselben Periode kann man die ersten Formationen unabhängiger palästinensischer politischer Aktivität erkennen.

1964, 13.–17. Jan. Als Israel beginnt, in großen Mengen Wasser des Jordans zur Bewässerung der Negev-Wüste abzuleiten, werten dies die in Kairo zur ersten Arabischen Gipfelkonferenz zusammengekommenen arabischen Könige und Staatschefs als Akt der Aggression.

2. Juni Auf Initiative Nassers wird die **Palästinensische Befreiungsorganisation (PLO)** gegründet.

5.–11. Sept. Die zweite Arabische Gipfelkonferenz begrüßt die PLO als offizielle Organisation der Palästinenser. Die PLO stellt ihrerseits eine Palästinensische Befreiungsarmee (PLA) auf, wichtiger aber ist die schon 1958 von Jassir Arafat gegründete *al-Fatah* (Eroberung), die von ägyptischer Einflussnahme unabhängig bleibt. Daneben bilden sich in den nächsten Jahren verschiedene Organisationen der *Fedajin* (Opferbereite), die ab 1965 von arabischen Staaten, insbesondere von Jordanien und Libanon aus, Sabotageakte und Überfälle auf israelischem Gebiet unternehmen. Israel reagiert mit gelegentlichen Vergeltungsschlägen, die an Häufigkeit und Härte zunehmen (Aktion gegen das jordanische Dorf Samu, Nov. 1966).

Von Israel eroberte Gebiete 1967

1967, Frühjahr Als Grenzzwischenfälle an der syrisch-israelischen Demarkationslinie seit 1966 immer heftiger werden und auch zu Luftkämpfen – Abschuss von sechs syrischen MIG-Jägern über Damaskus im April – führen, droht Israel Syrien mehrfach mit einer Invasion, falls die Guerilla-Anschläge nicht aufhören (Anfang Mai). Fehlinformationen über israelische Truppenmassierungen an der syrischen Grenze veranlassen Präsident Nasser, ägyptische Truppen auf die Sinai-Halbinsel zu entsenden (15. Mai).

18. Mai Der Forderung der Vereinigten Arabischen Republik an UNO-Generalsekretär Sithu U Thant (*1909, †1974), die UN-Truppen aus dem Sinai abzuziehen, kommen die Vereinten Nationen nach, als Israel die Verlegung der UNEF auf die israelische Seite ablehnt (Rückzugsbefehl am 19. Mai).

22. Mai Am Tag nach dem Einzug ägyptischer Truppen in Scharm el-Scheich sperrt Nasser die Meerenge von Tiran für die israelische Schifffahrt, obwohl Israel die erneute Sperrung bereits 1957 zum Kriegsfall erklärt hat. Jordanien tritt überraschend dem Ägyptisch-Syrischen Beistandspakt vom 4. Nov. 1966 bei (30. Mai), Irak schließt sich an (4. Juni).

5.–10. Juni Israel entscheidet den Juni-Krieg (**Sechstagekrieg**) bereits in den ersten Stunden durch einen Präventivschlag aus der Luft, der die Luftwaffen Ägyptens, Jordaniens, Syriens und Iraks fast vollständig am Boden zerstört und die arabischen Armeen damit ohne Luftunterstützung lässt. Bis zum Waffenstillstand mit Jordanien und Ägypten (8. Juni) haben israelische Truppen die Altstadt von Jerusalem, Westjordanien und die Sinai-Halbinsel bis zum Sueskanal besetzt. Waffenstillstandsappellen des Sicherheitsrats folgt Israel erst, als es mit der Erstürmung der Golanhöhen (9./10. Juni) alle Kriegsziele erreicht hat.

Israel glaubt, mit diesem Krieg seine Situation dramatisch verbessert zu haben: Da alle Beteiligten den Konflikt letztlich nur mit Gewalt für lösbar hielten, hat Israel mit geringen eigenen Verlusten das arabische Militärpotenzial zerschlagen, noch ehe ihm dieses ernsthaft gefährlich werden konnte. Die erreichten Linien sind scheinbar strategisch günstiger als die bisherigen Grenzen. Die besetzten Gebiete wiederum sind ein Faustpfand für Verhandlungen mit den Arabern über die Anerkennung des Existenzrechts und auszuhandelnde sichere Grenzen. Sollte es aber in absehbarer Zeit nicht zu einem Frieden kommen, wäre die Besetzung des restlichen Palästina nur eine späte Erfüllung des zionistischen Traums. Die Chance, eine schnelle Friedensregelung zu suchen, wird nicht genutzt. Israel betont zwar, mit dem Ziel eines dauerhaften Friedens verhandeln zu wollen, ergreift aber Maßnahmen, die Verhandlungen erschweren müssen: Der neue Flüchtlingsstrom aus den besetzten Gebieten wird von der Militärverwaltung gefördert. Die faktische Annexion der arabischen Altstadt von Jerusalem am 28. Juni (von der UN-Generalversammlung am 4. Juli für nichtig erklärt) sowie die Zerstörung von Dörfern unter strategischen Gesichtspunkten und die im Sept. beginnende Besiedlung der besetzten Gebiete durch landwirtschaftliche Siedlungen im Rahmen von »Wehrdörfern« deuten nicht auf Rückzugsbereitschaft hin. Der sich entwickelnde systematische Widerstand der Bevölkerung in den besetzten Gebieten über die nächsten 40 Jahre wird nicht vorausgesehen.

29. Aug.–3. Sept. Die Arabische Gipfelkonferenz in Khartum wertet die Niederlage als vorübergehenden »Rückschlag« und beschließt, Israel weder anzuerkennen noch direkte Verhandlungen aufzunehmen. Ägypten und Jordanien erhalten Zahlungen zur Beseitigung der Kriegsschäden. Eine Fortsetzung des militärischen Kampfes wird jedoch zurückgestellt und eine politische Lösung nicht ausgeschlossen, was den Protest Syriens, Algeriens und der Fedajin nach sich zieht.

22. Nov. Der Sicherheitsrat verabschiedet einstimmig eine Kompromissformel (»Resolution 242«), die später von Ägypten, Jordanien und Israel als Grundlage einer Friedensregelung akzeptiert wird.

1967/68 Der UN-Vermittler Gunnar Jarring (*1907, †2002) kann in den folgenden Monaten keinerlei Annäherung zwischen den Konfliktparteien herbeiführen (Jarring-Mission). Während Israel auf direkten Verhandlungen vor jedem Rückzug besteht, sehen die Araber im Rückzug, zumindest im Teilrückzug, eine Vorbedingung für Verhandlungen und Anerkennung. Zahlreiche Äußerungen israelischer Politiker deuten auf umfangreiche Gebietsforderungen hin, für die Araber ist nur der vollständige Abzug akzeptabel.

1968 Die Verhärtung der Positionen führt in der ersten Jahreshälfte zu zahlreichen Zwischenfällen, insbesondere entlang des Sueskanals, wo heftige Artillerie-

Jerusalem nach 1967

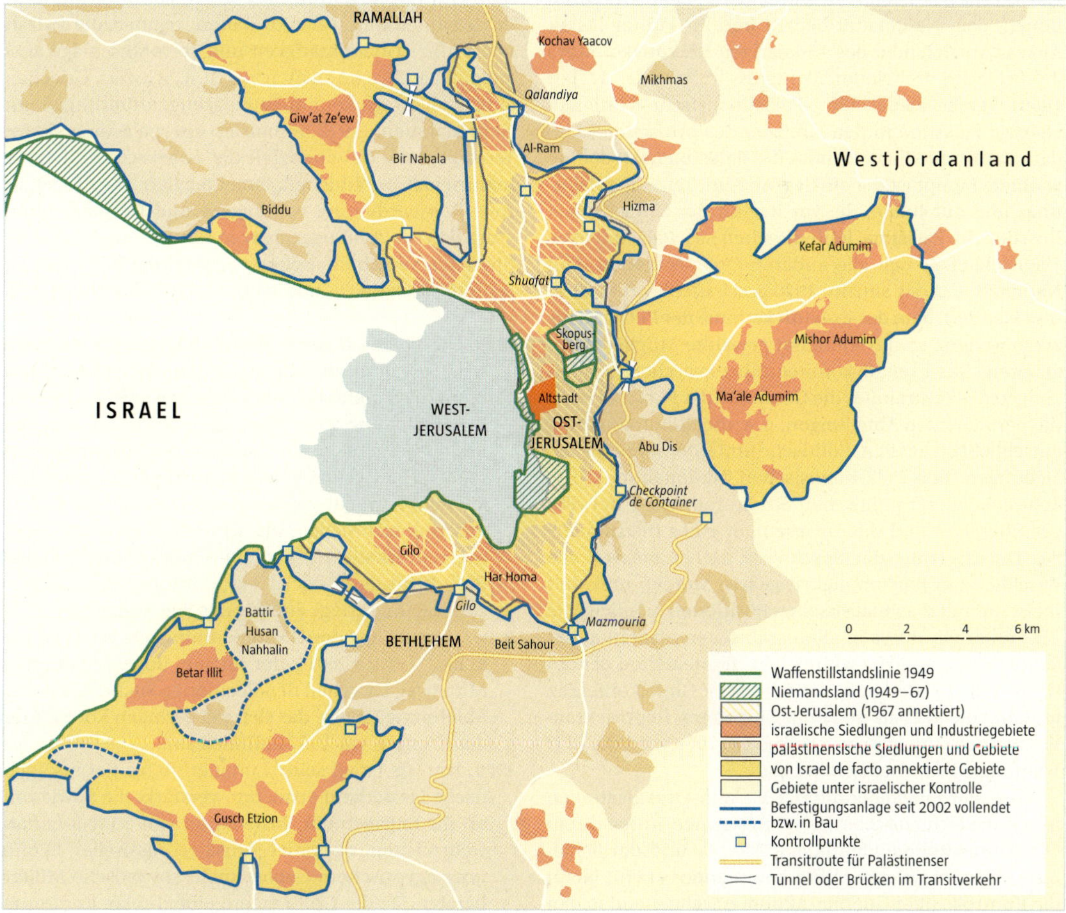

duelle zur Zerstörung der ägyptischen Raffinerien und der Kanalstädte führen. Mehrere hunderttausend Flüchtlinge müssen evakuiert werden. Besondere Bedeutung gewinnt die Guerilla-Tätigkeit der Fatah und anderer Gruppen wie der Volksfront für die Befreiung Palästinas (PFLP). Sie unternehmen, meist von Jordanien und Libanon aus, ihre Kommandos gegen Israel, das seinerseits immer härter zurückschlägt. Diese Gruppen sind nicht mehr gewillt, der panarabischen Politik der arabischen Länder die Initiative zu überlassen. Einer der wichtigsten frühen »Erfolge« ist die Schlacht von Karame (21. März 1968), in der Fatah-Guerillas und jordanische Armeeeinheiten unter großen Verlusten erbitterten Widerstand gegen eine groß angelegte israelische Militäraktion leisten, die ohne Erfolg abgebrochen werden muss. Lange dient die Schlacht von Karame als Beweis für die Besiegbarkeit der israelischen Armee.

Die PLO und andere bewaffnete palästinensische Organisationen bis 1976

Oberstes Organ der Palästinensischen Befreiungsorganisation (PLO) ist der Palästinensische Nationalrat, eine Art Exilparlament, dessen 292 Mitglieder einmal im Jahr zusammentreten. Politisches Gewicht erhält die PLO erst 1968, als al-Fatah, die größte der Fedajin-Organisationen, dem Nationalrat beitritt und ihr Führer Jassir Arafat Vorsitzender des 15-köpfigen Exekutivkomitees der PLO wird. Der Nationalkongress in Kairo (1.–17. Juli 1968) verabschiedet die »Palästinensische Nationalcharta«: Palästina in den Grenzen des britischen Mandats ist die unteilbare Heimat der Palästinenser, der bewaffnete Kampf ist der einzige Weg zur Befreiung Palästinas und nur Juden, die vor Beginn der zionistischen Invasion in Palästina lebten, gelten als Palästinenser. 1969 schließen sich alle anderen Organisationen dem Nationalrat an, sie sind im 1970 geschaffenen Zentralrat repräsentiert, dem das Exekutivkomitee der PLO und bis zu 40 weitere, vom Nationalrat gewählte Mitglieder angehören. Das Exekutivkomitee führt zwischen den Sitzungen des Zentralrates die Geschäfte der PLO und leitet die permanenten Abteilungen, u. a. die Militärabteilung einschließlich der PLA, Politische und Internationale Beziehungen, den Palästinensischen Nationalfonds. Die Schwäche dieser politischen Strukturen ist ihr freiwilliger Charakter und die Abwesenheit eines Instruments zur Durchsetzung der Beschlüsse. Daher müssen alle Beschlüsse in Einstimmigkeit gefasst werden und sind meist nur mit maximalistischen Positionen möglich. Die PLO unterhält Büros in allen arabischen Staaten außer Saudi-Arabien und in zahlreichen Hauptstädten der übrigen Welt. 1974 erkennt die Arabische Gipfelkonferenz in Rabat die PLO als den einzig legitimen Repräsentanten des palästinensischen Volkes an, 1976 wird die PLO Vollmitglied der Arabischen Liga.

Trotz der Eingliederung der Fedajin-Organisationen in die Palästinensische Befreiungsarmee unter ihrem Oberkommandierenden Jassir Arafat und der Schaffung eines Vereinigten Militärkommandos (1970) bleibt die Kontrolle über Guerilla-Aktionen weitgehend in den Händen der jeweiligen Fedajin-Organisation und ihrer Führer. Mehrere von ihnen werden von arabischen Einzelstaaten unterstützt und vertreten häufig deren Interessen. Neben al-Fatah, einer breiten Koalition gemäßigter bis radikaler Palästinenser, sind die wichtigsten Organisationen: die 1967 gegründete marxistisch-leninistische Volksfront für die Befreiung Palästinas (PFLP, Vorsitzender George Habasch [*1926, †2008]), die 1969 von der PFLP abgespaltene Demokratische Volksfront für die Befreiung Palästinas (PDFLP, Vorsitzender Naif Hawatmeh [*1935]) und die 1967 gegründete, von Syrien gestützte al-Saika (Vorsitzender Suhair Muhsin [*1936, †1979]). Der 1970 gebildete Schwarze September ist keine offizielle Fedajin-Organisation, sondern eine Gruppe radikaler Aktivisten, die von verschiedenen Organisationen und Staaten, v. a. von Libyen, unterstützt wird. Die »Ablehnungsfront« innerhalb der PLO bilden jene Organisationen, die jede auf Anerkennung Israels hinauslaufende Lösung ablehnen. In wechselnder Zusammensetzung boykottiert die von der PFLP geführte Ablehnungsfront seit 1974 das Exekutivkomitee und den Zentralrat, arbeitet aber weiter im Nationalrat mit.

Der Rückhalt unter den Flüchtlingen ist so stark, dass die Palästinenserorganisationen in den Lagern im Libanon und Jordanien einen Staat im Staate aufbauen können. Um die ungelöste Palästinafrage im Bewusstsein der Weltmeinung wach zu halten, dehnen die Palästinenser ihre Guerillatätigkeit und Terroranschläge auch auf nicht arabische Staaten aus (u. a. Schweiz, Griechenland, Italien). Es kommt zu Flugzeugentführungen und Geiselnahmen. 1972 ermordet ein palästinensisches Terrorkommando einen Teil der israelischen Olympiamannschaft in München. Israel reagiert mit »Gegenterror«: Bombardierung von Lagern und Dörfern, Sprengung von 13 Zivilflugzeugen in Beirut, Abschuss einer libyschen Verkehrsmaschine, Ermordung führender Palästinenser in Beirut und mehreren westlichen Staaten.

1969 Die Jarring-Mission droht endgültig zu scheitern. Die Sowjetunion, die USA, Großbritannien und Frankreich nehmen Viermächtegespräche über die Verwirklichung der »Resolution 242« auf. Ägypten und Israel zeigen eine gewisse Kompromissbereitschaft. Die Gespräche werden jedoch zugunsten bilateraler Kontakte zwischen den USA und der Sowjetunion unterbrochen, als Mitte des Jahres die Spannungen eskalieren: Fedajin-Aktionen im Jordantal, Brandstiftung in der Al-Aksa-Moschee in Jerusalem, »Abnutzungskrieg« entlang des Sueskanals.

9. Dez. Vorschläge des US-Außenministers William Rogers (*1913, †2001), der im sog. Rogers-Plan einen Mittelweg zwischen den Positionen sucht, stoßen auf Ablehnung Israels, das sich mit geringen Korrekturen der Grenzen vor 1967 abfinden soll.

1970, Jan. Als Israel seine Luftangriffe bis tief ins ägyptische Hinterland ausdehnt, verstärkt die Sowjetunion ihr Engagement: Installation von SAM-3-Luftabwehrraketen, operative Einsätze russischer Piloten über ägyptischem Gebiet, mehr sowjetische Militärberater. Da die Großmächte eine direkte Konfrontation vermeiden wollen, erneuert Außenminister Rogers mit sowjetischer Zustimmung seinen Vorschlag: Wiederherstellung des Waffenstillstandes und Aufnahme von Verhandlungen durch Jarring auf der Grundlage der »Resolution 242«. Nachdem Ägypten den Rogers-Plan angenommen und Israel bedingt zugestimmt hat, tritt eine auf 90 Tage befristete und danach mehrfach verlängerte Waffenruhe in Kraft (8. Aug.).

16.–27. Sept. Ein Versuch der PFLP, durch die Entführung von vier Verkehrsmaschinen nach Jordanien und Kairo (6. und 9. Sept.) die Verwirklichung des Rogers-Plans zu stören, veranlasst König Hussein (*1935, †1999), unterstützt von seiner aus Beduinen rekrutierten Armee, die Macht der Fedajin-Organisationen in Jordanien endgültig zu zerschlagen (»Schwarzer September«).

1971, 5. Febr. Den Bemühungen Gunnar Jarrings kommt der neue ägyptische Präsident Muhammad Anwar as-Sadat mit dem Angebot entgegen, nach einem Teilrückzug Israels aus dem Sinai den Sueskanal wieder zu öffnen. Der Vorschlag wird nicht aufgenommen. Jarring scheitert an der kategorischen Weigerung Israels, den Rückzug auf die Linien vor 1967 zu erwägen.

Oktoberkrieg und Ägyptisch-israelischer Friedensvertrag von 1978

1972, 25.–28. Febr. Israelische Invasion in den Südlibanon, der nach der Zerschlagung der militärischen Präsenz der Palästinenser in Jordanien zum Hauptoperationsgebiet der Fedajin geworden ist. In der Folgezeit häufen sich israelische Luftangriffe auf palästinensische Stützpunkte, wobei auch libanesische Dörfer getroffen und Zivilisten getötet werden.

18. Juli Israel versteht die politisch günstige Lage nach dem Rogers-Plan auch dann nicht für eine politische Lösung des Konflikts zu nutzen, als Ägypten die sowjetischen Militärberater ausweist und damit seine Verhandlungsbereitschaft unterstreicht.

1973, 6.–26. Okt. Von Ägypten politisch vorbereitet, beginnt am jüdischen Versöhnungsfest Jom Kippur ein ägyptisch-syrischer Überraschungsangriff (**Oktoberkrieg**, auch Jom-Kippur- bzw. Ramadan-Krieg). Die ägyptischen Truppen durchbrechen die Bar-Lev-Linie, die israelische Befestigungslinie entlang des Sueskanals seit dem Sechstagekrieg, und stoßen in die Sinai-Halbinsel vor; syrischer Angriff auf die Golanhöhen. Am 8. Okt. gehen israelische Truppen zum Gegenangriff über. Massiver Materialeinsatz (US-Luftbrücke für Israel, sowjetische Lufttransporte für Ägypten und Syrien) führt zu schwersten Verlusten auf beiden Seiten. Israelische Truppen stoßen zwar ab 15. Okt. über den Sueskanal vor, können aber weder die über den Kanal vorgedrungenen Ägypter zurückdrängen noch Damaskus erreichen.

17. Okt. Vertreter der OAPEC-Staaten beschließen in Kuwait, parallel zu den Kampfhandlungen das Erdöl als politische Waffe einzusetzen, um durch Lieferbeschränkungen, Produktionsstop, Embargo und Preiserhöhungen die westlichen Staaten, v. a. die USA, zu zwingen, ihre proisraelische Haltung aufzugeben. Weiterreichende Beschlüsse werden auf der OAPEC-Konferenz in Kuwait gefasst (4./5. Nov.).

22. Okt. Erst als ein militärisches Patt eingetreten scheint, schalten sich die Großmächte ein: Der Sicherheitsrat ordnet die Feuereinstellung an. Als dieser Anordnung nicht Folge geleistet wird und Israel die Stadt Sues und die ägyptische 3. Armee einschließt, droht die Sowjetunion eine Intervention an (24. Okt.), falls die USA nicht gemeinsam mit ihr vorgehen. Die USA versetzen einen Teil ihrer Streitkräfte in nukleare Alarmbereitschaft und üben gleichzeitig Druck auf Israel aus. Erst dann tritt Waffenruhe ein (Nacht vom 25./26. Okt.), die von einer UN-Friedenstruppe überwacht wird (UNEF II).

Die Araber erreichen ihr Hauptziel, Israel und den ölabhängigen Staaten zu zeigen, dass ihre Sicherheit nicht gewährleistet ist, solange Israel arabische Gebiete besetzt halten kann. Da allein die USA mit dem notwendigen Druck Israel zum Rückzug bewegen könnten, unternimmt US-Außenminister Henry Kissinger – in bedingtem Zusammenspiel mit der Sowjetunion – eine Reihe von Reisen zu den Konfliktparteien (»Pendeldiplomatie«), deren erste (5.–10. Nov.) zur Konsolidierung des Waffenstillstands zwischen Ägypten und Israel führt (11. Nov.: »Sechspunkteabkommen« am »Kilometerstein 101«).

26.–28. Nov. Die sechste Arabische Gipfelkonferenz in Algier erklärt, dass die Feuereinstellung kein Ende des Kampfes bedeute und bekräftigt als unabdingbare Forderung den vollständigen Rückzug Israels aus den 1967 besetzten Gebieten und die Wiederherstellung der nationalen Rechte der Palästinenser. Die »Ölwaffe« soll weiter eingesetzt werden.

21./22. Dez. Auf seiner zweiten Nahostreise (13.–20. Dez.) schafft KISSINGER die Voraussetzungen für die Eröffnung der Genfer Nahostfriedenskonferenz unter UN-Schirmherrschaft mit den USA und der Sowjetunion als Co-Präsidenten. Nur Ägypten, Jordanien und Israel nehmen teil, alle berufen sich auf die »Resolution 242« von 1967, legen sie aber wieder unterschiedlich aus. Die Konferenz vertagt sich, um das Ergebnis der von KISSINGER diplomatisch vorbereiteten Truppenentflechtung abzuwarten – alle späteren Bemühungen um Wiedereinberufung der Konferenz scheitern jedoch.

1974, 18. Jan. Ägypten und Israel unterzeichnen das Entflechtungsabkommen ihrer Streitkräfte (in Kraft am 24. Jan.): Israel zieht sich vom Sueskanal bis vor die Sinaipässe zurück, Gefangene sollen ausgetauscht und UN-Kontingente in der Pufferzone eingesetzt werden. Ungleich schwieriger sind entsprechende Verhandlungen mit Syrien, das die Truppenentflechtung als Bestandteil einer allgemeinen Nahostregelung betrachtet wissen will.

31. Mai Das Syrisch-Israelische Entflechtungsabkommen wird in Genf unterzeichnet: Einstellung der im März erneut ausgebrochenen Kämpfe, Gefangenenaustausch, Rückgabe der im Oktoberkrieg von Israel besetzten Gebiete sowie der Orte Kuneitra und Rafid – von Israel beim Rückzug zerstört – und Stationierung von UN-Truppen in der Pufferzone (UNDOF).

Politische Ziele der PLO

Die Wiedereinberufung der Genfer Konferenz wird durch das Problem der Vertretung der Palästinenser erschwert. Israel betrachtet die PLO als Terrororganisation und weigert sich, mit ihr zu verhandeln. Innerhalb der PLO kommt es zu Auseinandersetzungen, als gemäßigte Kräfte bereit scheinen, einen palästinensischen Kleinstaat in den 1967 besetzten Gebieten zu akzeptieren und mit Israel Frieden zu schließen. Fedajin-Gruppen intensivieren ihre Terroranschläge vom Südlibanon aus, um durch provozierte Gegenschläge den aggressiven Charakter des Zionismus zu »offenbaren«. Der Palästinensische Nationalrat lehnt in Kairo bei seiner 12. Jahrestagung (1.–9. Juni 1974) in einem Zehnpunkteprogramm den Kleinstaat zugunsten der Befreiung »ganz Palästinas« ab und weist die »Sicherheitsratsresolution 242« als Grundlage einer Friedenslösung zurück, in der Palästinenser nur als Flüchtlinge, nicht als Volk angesprochen werden. Gleichzeitig wird aber formuliert, dass »die PLO mit allen Mitteln, unter denen der bewaffnete Kampf das wichtigste ist, kämpfen wird, um das palästinensische Land zu befreien und die nationale, unabhängige und kämpferische Souveränität des Volkes über jeden Teil des palästinensischen Landes zu errichten, der befreit wird« – implizit eine Andeutung der Möglichkeit, auch nur in Teilen Palästinas einen arabischen Staat einzurichten. Der Plan des jordanischen Königs HUSSEIN, durch eine Föderation Ostjordaniens mit dem Westufer ein Vereinigtes Arabisches Königreich zu schaffen, wird abgelehnt. Trotzdem scheint bis Ende des Jahres eine Mehrheit der PLO – z. T. unter dem Druck arabischer Regierungen – das begrenzte Ziel eines palästinensischen Staates in den besetzten Gebieten akzeptieren zu wollen. Ein Teil der Fedajin-Organisationen lehnt weiter jede Lösung ab, die eine Anerkennung Israels impliziert und zieht sich im Sept. 1974 aus Zentralrat und Exekutivkomitee der PLO zurück (Ablehnungsfront).

1974, 26.–29. Okt. Auf der siebten Arabischen Gipfelkonferenz in Rabat wird der PLO als der einzigen legitimen Vertreterin des palästinensischen Volkes das Recht zugestanden, eine unabhängige nationale Autorität über alle befreiten Gebiete zu errichten. König HUSSEIN muss auf alle Ansprüche verzichten. Die PLO erhält damit das Recht der Mitentscheidung über Krieg und Frieden im Nahen Osten.

13. Nov. Dies wird unterstrichen durch JASSIR ARAFATS Auftritt vor der UN-Generalversammlung, die später in einer Resolution das Recht des palästinensischen Volkes auf Selbstbestimmung ohne Einmischung von außen und auf nationale Unabhängigkeit und Hoheit bestätigt (22. Nov.).

1975, Frühjahr Nach einer vergeblichen Reise KISSINGERS (9.–22. März) verlangt die Sowjetunion – durch KISSINGERS Diplomatie weitgehend aus Lösungsversuchen im Nahen Osten ausgeschlossen – die Wiedereinberufung der Genfer Konferenz. Die Reaktionen im Nahen Osten sind überwiegend negativ, da sich an den Grundpositionen gegenüber 1973 nichts geändert hat.

4. Sept. Als es Außenminister KISSINGER bei einem erneuten Versuch (21. Aug.–2. Sept.) gelingt, die Standpunkte anzunähern, schließen Ägypten und Israel das zweite Truppenentflechtungsabkommen (unterzeichnet in Genf): Israel räumt die Pässe Gidi und Mitla sowie die Ölfelder von Abu Rhodeis; nicht militärische Güter von und nach Israel erhalten freie Fahrt durch den seit dem 5. Juni wieder geöffneten Sueskanal. Die Einrichtung von elektronischen Frühwarnstationen, drei davon mit amerikanischem Zivilpersonal besetzt, soll zudem Überraschungsangriffen vorbeugen. Beide Seiten erklären ihre Absicht, den Konflikt mit friedlichen Mitteln lösen zu wollen.
Das Abkommen – ein großer Erfolg der Diplomatie KISSINGERS – findet nur bei Saudi-Arabien, Kuwait und dem Sudan Zustimmung, während es die Mehrheit der arabischen Staaten, besonders heftig Syrien und die PLO, als Kapitulation vor amerikanischen und israelischen Interessen wertet.

1976, 26. Jan. Syrien wird zum führenden Verfechter der palästinensischen Rechte und erzwingt – als Gegenleistung für die Verlängerung des Mandats der UN-Truppen auf den Golanhöhen – eine Palästinadebatte im Sicherheitsrat unter Teilnahme der PLO. Nur durch ihr Veto verhindern die USA eine Resolution, die das Recht der Palästinenser bekräftigt, einen eigenen Staat zu errichten.

25. März Ein Veto der USA verhindert eine Resolution des Sicherheitsrats, die Israels Siedlungspolitik in den besetzten Gebieten scharf verurteilt (Israel hat bis 1978 über 90 Siedlungen auf dem Westufer, den Golanhöhen, im Gazastreifen und auf der Sinai-Halbinsel errichtet).

Wegen der Siedlungspolitik kommt es das ganze Jahr über zu Demonstrationen und Zusammenstößen auf dem Westufer und im Gazastreifen. Lokalwahlen auf dem Westufer unterstreichen die Stärke des PLO-Anhangs. Die auch in den USA zunehmende Kritik an der Unbeugsamkeit Israels und die wachsende Abhängigkeit der USA von arabischen Öllieferungen – die Ölimporte aus der arabischen Welt haben sich gegenüber 1973 verdoppelt – führen zu einer Wandlung der US-amerikanischen Politik.

Nov. Noch ehe der neu gewählte US-Präsident JIMMY CARTER sein Amt angetreten hat, stimmen die USA erstmals im Sicherheitsrat und der UN-Generalversammlung gegen Israel (Missbilligung der Siedlungspolitik und der Weigerung Israels, die Flüchtlinge zurückkehren zu lassen).

1977, Febr. Kaum im Amt, entsendet US-Präsident CARTER Außenminister CYRUS VANCE (*1917, †2002) auf Nahostmission und lädt SADAT und den israelischen Ministerpräsidenten YITZHAK RABIN nach Washington ein (Carter-Initiative). Die amerikanische Regierung unterstützt Israel in der Frage »verteidigungsfähiger Grenzen«, sieht jedoch den Rückzug auf die Grenzen von vor 1967 mit nur geringen Korrekturen als notwendigen Bestandteil einer endgültigen Lösung. In diesem Zusammenhang spricht CARTER von einer »Heimstätte« (*homeland*), die für die Palästinenser geschaffen werden sollte.

20. März Hoffnungen, dass die PLO eine flexiblere Haltung gegenüber einer Verhandlungslösung einnehmen würde, erfüllen sich nicht: Der Palästinensische Nationalrat bestätigt die Bereitschaft, einen Kleinstaat zu akzeptieren, lehnt es aber ab, die Errichtung eines »säkularen demokratischen Staates« in ganz Palästina als Ziel aufzugeben.

17. Mai Der Wahlsieg des rechten *Likud*-Blocks in Israel wird als Rückschlag für die US-Friedensinitiative gewertet. Der neue israelische Ministerpräsident MENACHEM BEGIN betont bei verschiedenen Gelegenheiten, unter keinen Umständen mit der PLO verhandeln oder eine palästinensische »Heimstätte« erwägen zu wollen. Ein israelischer Kabinettsvorschlag, der der US-Regierung übermittelt wird, sieht eine Lösung unter permanenter Aufrechterhaltung der israelischen Besetzung des gesamten Westufers und des Gazastreifens vor.

1. Okt. Eine sowjetisch-amerikanische Erklärung ruft zu einer Nahostlösung auf, die »die legitimen Rechte der Palästinenser« sichert. In dieser Formulierung sehen die Araber ein Anzeichen, dass die USA zur lang erwarteten Konfrontation mit Israel bereit sind.

9. Nov. Der ägyptische Präsident SADAT erklärt, er sei der ewigen Verfahrensdebatten müde und würde selbst nach Jerusalem gehen, um einen Frieden herbeizuführen. Die Bemerkung wird von BEGIN unmittelbar mit einer Einladung beantwortet. (Informelle Kontakte scheinen seit Anfang des Jahres die Möglichkeit von direkten Gesprächen vorbereitet zu haben.)

19./20. Nov. SADATS Reise nach Jerusalem gipfelt in einem dramatischen Friedensappell vor der Knesset: Ägypten sei bereit, mit Israel auf der Grundlage einer gerechten und dauerhaften Gesamtlösung in Frieden zusammenzuleben. Als Grundlagen des Friedens sieht SADAT: Rückzug aus den 1967 besetzten Gebieten, Etablierung eines palästinensischen Staats, Sicherheitsgarantien und Gewaltverzicht.

Durchweg positiven Reaktionen in der westlichen Welt steht die scharf ablehnende Haltung der Mehrheit der Araber gegenüber, die eine Schwächung der gemeinsamen Position und letztlich einen ägyptisch-israelischen Separatfrieden fürchten. Auch Israel scheint mit SADATS Bereitschaft zu einem begrenzten bilateralen Abkommen zu rechnen.

14. Dez. Präsident SADAT strebt eine Gesamtlösung an und lädt zu einer Vorkonferenz zur Wiedereinberufung der Genfer Konferenz nach Kairo ein. Nur Israel, die USA und die UNO nehmen teil. Die mit allen anderen Konfliktbeteiligten eingeladene PLO schlägt die Chance aus, mit Israel am Verhandlungstisch zu sitzen.

25. Dez. Ministerpräsident BEGIN bietet beim »Gipfeltreffen« mit SADAT in Ismailia die Räumung der Sinai-Halbinsel und begrenzte Autonomie für die Palästinenser in den besetzten Gebieten an, will sich aber die Kontrolle der Sicherheit und öffentlichen Ordnung vorbehalten. Beide Seiten vereinbaren Verhandlungen.

1978, 11. Jan. Die ägyptisch-israelische Militärkommission tritt in Kairo zusammen. Die Gespräche in der parallel tagenden politischen Kommission in Jerusalem bricht Ägypten nach einem Tag wegen der israelischen Weigerung ab, die Siedlungen auf Sinai aufzugeben (17. Jan.).

Febr. Israel sieht sich heftiger Kritik des amerikanischen Präsidenten und führender Kongressabgeordneter wegen seiner starren Haltung ausgesetzt, v. a. als BEGIN erklärt, die »Resolution 242« erfordere keinen Rückzug aus »Judäa und Samaria«, dem Westjordanland (West Bank).

15.–20. März In einer als Vergeltung für einen Anschlag auf Touristenbusse am 11. März (36 Tote) groß angelegten Offensive in den Südlibanon besetzt Israel das Land bis zum Litani. Neben 200 Fedajin werden 1000 libanesische Zivilisten getötet; 265 000 Flüchtlinge. Die Unverhältnismäßigkeit der Reaktion löst auch in Israel breite Kritik aus. Es bildet sich die »Frieden-Jetzt«-Bewegung. Sie kann am 1. April die größte Friedensdemonstration (1,4 Mio. Menschen) in der Geschichte Israels mobilisieren.

April–Juni Israel zieht seine Truppen stufenweise aus dem Libanon zurück. Eine UN-Truppe (UNIFIL) übernimmt die Kontrolle einer Pufferzone zwischen den Palästinensern und Israel. Im Südosten übergeben die Israelis die Kontrolle an christliche Milizen unter Major Saad Haddad (*1936, †1984), die es seit Längerem schon mit Waffen und direktem Eingreifen gegen die Palästinenser unterstützt.

17. Mai Der amerikanische Senat stimmt für die Lieferung von Kampfflugzeugen an Israel, Ägypten und Saudi-Arabien. Israel ist alarmiert, dass arabische Staaten erstmals modernstes amerikanisches Kriegsmaterial erhalten.

18./19. Juli Außenministertreffen im englischen Leeds: Amerikanischer Druck ermöglicht die Wiederaufnahme der Gespräche zwischen Ägypten und Israel. Die USA werden voller Partner in allen weiteren Verhandlungen.

6.–17. Sept. Da in Leeds kein Durchbruch erzielt wird, lädt Carter Sadat und Begin nach Camp David ein, wo sich – nach mehrfach vom Scheitern bedrohten Verhandlungen – Ägypten und Israel auf zwei Rahmenabkommen für eine Nahostfriedenslösung einigen, die am 19. Sept. in Washington unterzeichnet werden: Ein Rahmenabkommen über einen ägyptisch-israelischen Friedensvertrag, der nach spätestens 90 Tagen unterzeichnet werden soll, und ein Rahmenabkommen über die Prinzipien einer allgemeinen Nahostfriedensregelung. Diese lauten: Rückzug der israelischen Armee auf Sicherheitspositionen und Beendigung der Militärverwaltung auf dem Westufer und in Gaza, palästinensische Selbstverwaltung nach Verhandlungen über die Errichtung der gewählten Selbstverwaltungsorgane, endgültige Regelung der Zukunft der Palästinenser nach einer Übergangszeit von fünf Jahren. Die Verhandlungen sollen den übrigen arabischen Konfliktstaaten zur Beteiligung offen stehen, auch Vertretern der Palästinenser in den besetzten Gebieten.
Bemühungen der US-Regierung, Jordanien und Syrien zur Beteiligung an den bevorstehenden Verhandlungen zu bewegen, bleiben erfolglos. Palästinensische Fedajin verstärken ihre militärischen Auseinandersetzungen – z. T. über die Köpfe der UN-Soldaten hinweg – mit den christlichen Milizen im Südlibanon, um Israel zum Eingreifen zu provozieren. In den folgenden Monaten häufen sich die Bombenanschläge in Israel. Die israelischen Gegenschläge, meist aus der Luft, reichen bis in den Nordlibanon.

11. Okt. Die ägyptisch-israelischen Friedensverhandlungen beginnen in Washington. Zunächst ist man sich schnell einig, v. a. aber wegen der »Verbindung« (*link*) des Friedensvertrages mit dem Rahmenabkommen über die palästinensische Autonomie zögern zunehmende Schwierigkeiten den Vertragsabschluss über die 90-Tage-Frist hinaus.

1979, 7.–13. März US-Präsident Carter fliegt nach Kairo und Jerusalem, um das endgültige Scheitern der Friedensverhandlungen zu verhindern. Wieder gelingt es ihm, Sadat und Begin zu einer Einigung »in letzter Minute« zu überreden.

26. März Sadat, Begin und Carter als Zeuge unterzeichnen in Washington den **Ägyptisch-Israelischen Friedensvertrag**. Vereinbart werden ein stufenweiser Rückzug Israels von der Sinai-Halbinsel bis hinter die Grenzen des Palästina-Mandats im Zeitraum von drei Jahren, Zonen mit reduzierter Truppenstärke sowie UN-Truppen im Grenzgebiet, die Aufgabe aller israelischen Siedlungen auf dem Sinai und die Aufnahme voller diplomatischer Beziehungen neun Monate nach Inkrafttreten des Vertrages (Ratifizierungsurkunden ausgetauscht am 25. April) sowie die Aufnahme der Verhandlungen über die Verwirklichung der palästinensischen Autonomie nach zwei Monaten. Die USA sagen Ägypten und Israel umfangreiche Wirtschaftshilfe und Israel die Beteiligung an den Kosten für die Verlegung der israelischen Luftwaffenstützpunkte aus dem Sinai zu.

1980 Beide Seiten erfüllen Schritt für Schritt die Vereinbarungen; nur die Verhandlungen über die palästinensische Autonomie werden von Ägypten abgebrochen (April), weil Israels Autonomiekonzept und Siedlungspolitik jeden Fortschritt blockiert.

30. Juli Israels Annexion von Jerusalem stößt international auf einhellige Ablehnung.

1981, 7. Juni Israels Luftwaffe zerstört einen im Bau befindlichen irakischen Atomreaktor.

Juli Der US-Vermittler Philip Charles Habib (*1920, †1992) handelt zwischen Israel und der PLO einen Waffenstillstand an der libanesisch-israelischen Grenze aus, den die PLO strikt einhält.

Nov. Die Gipfelkonferenz der Arabischen Liga in Fez lehnt den Plan des saudischen Königs Fahd (*1923, †2005) ab, der einen Palästinenserstaat im Westjordanland vorsieht und implizit Israel anerkennt.

14. Dez. Israel annektiert die Golanhöhen und führt eine Zivilverwaltung in den besetzten Gebieten ein.

1982, 6. Juni Nach einem Anschlag auf den Botschafter Israels in London beginnt die von langer Hand vorbereitete israelische Invasion in den Libanon mit dem Ziel, die PLO militärisch und politisch zu zerschlagen. Nach zweimonatiger Belagerung von Beirut werden die PLO-Kämpfer bis zum 1. Sept. in andere arabische Staaten evakuiert.

Verlagerung der PLO nach Tunesien und ihre Folgen

Die von Israel geforderte Exilierung der politischen und bewaffneten Organisationen der PLO nach Tunesien beendet deren militärische Präsenz im Libanon und bedeutet in den Augen Israels das Ende der PLO. Entgegen den Erwartungen der Israelis wird damit aber nicht die Nationalbewegung und ihr Programm liquidiert, sondern der palästinensische Nationalismus und sein politisches Programm sind mehr denn je fester Bestandteil der politischen Szene im Nahen Osten. Die Evakuierung aus dem Libanon 1982 bedeutet für die PLO: 1. Verlust der Unabhängigkeit der Nationalbewegung, 2. Verlust der militärischen Option, 3. verzweifelte Anstrengungen, die Bewegung organisatorisch zusammenzuhalten, 4. größere Abhängigkeit von arabischen Staaten bei gleichzeitigem Macht- und Statusverlust der Organisation, 5. verringerter Einfluss der radikalen Staaten aufgrund ihrer völligen Inaktivität während des libanesischen Krieges, 6. die offene Rebellion der al-Saika gegen ARAFAT entfernt diese aus der PLO. Damit verschwinden die radikalen Elemente und das Vetorecht einzelner Gruppen. Mehrheitsbeschlüsse können nun gefasst werden, ohne dass die Opposition die PLO verlässt. Das gibt ARAFAT viel größere politische Flexibilität, sich einem Kompromiss zu nähern. In den nächsten Monaten bleibt die Einheit der PLO erhalten trotz einer tiefen Spaltung über die Frage, welche politischen oder militärischen Versuche zu unternehmen sind, um die nationalen Ziele zu verwirklichen.

1. Sept. Der Friedensplan von US-Präsident RONALD REAGAN sieht den Rückzug Israels aus den besetzten Gebieten und palästinensische Autonomie unter jordanischer Hoheit vor.

8. Sept. Die Arabische Liga verabschiedet in Fez, ohne REAGANS Plan abzulehnen, einstimmig einen Friedensplan auf Grundlage des Fahd-Plans von 1981.

16.–18. Sept. Als israelische Truppen nach der Ermordung des neu gewählten libanesischen Präsidenten BASCHIR GEMAYEL (*1947) West-Beirut besetzen, lassen sie ein **Massaker** christlicher Milizen **in den Palästinenserlagern Sabra und Schatila** zu.
Erstmals wird ein Krieg mit Nachbarn von einer Mehrheit der Israelis nicht als ein »gerechter« und notwendiger Verteidigungskrieg angesehen. Die Friedensbewegung wird gestärkt. Es kommt zu Massendemonstrationen und neuen zivilgesellschaftlichen Organisationen wie »Es gibt eine Grenze«. Die nach dem Massaker in den Palästinenserlagern eingesetzte Kahane-Untersuchungskommission erklärt Verteidigungsminister ARIEL SCHARON (*1928) für den Hauptverantwortlichen und -schuldigen und empfiehlt seine Entlassung. Erst unter öffentlichem Druck entlässt BEGIN ihn als Verteidigungsminister, behält ihn aber im Kabinett. Die Friedensbewegung in Israel wird zu einer Massenbewegung.

1983, 17. Mai Das von den USA vermittelte Israelisch-Libanesische Abkommen über den Abzug aller fremden Truppen aus dem Libanon scheitert, weil Syrien nicht rechtzeitig einbezogen wurde.

Nov./Dez. Nach lang andauernder Krise in der PLO greifen Rebellen aus ARAFATS al-Fatah Palästinenserlager bei Tripolis an und zwingen ARAFAT, seine Truppen zu evakuieren.

1984, 27. März Nach dem Abzug der US-Truppen aus Beirut arrangiert sich der libanesische Präsident AMIN GEMAYEL (*1942) mit Syrien und kündigt das Abkommen mit Israel.

1985, Jan.–Juni Israel zieht sich aus dem Libanon zurück, kontrolliert jedoch weiterhin eine 10 km tiefe Sicherheitszone entlang der Grenze.

23. Febr. Das Abkommen von Amman zwischen König HUSSEIN und ARAFAT sieht vor, eine jordanisch-palästinensische Delegation für eine Friedenskonferenz unter UN-Schirmherrschaft zu bilden sowie eine Konföderation zwischen Jordanien und einem zukünftigen palästinensischen Staat anzustreben.

1. Okt. Das **PLO-Hauptquartier** bei Tunis wird **durch** einen **israelischen Luftangriff zerstört.**

1987, 9. Dez. Beginn des palästinensischen Volksaufstands (**Intifada**) in Gaza mit Massendemonstrationen, die sich zunächst auf den gesamten Gazastreifen und dann auf das Westjordanland ausbreiten. Die vom Aufstand völlig überraschten Besatzungsbehörden verlieren zeitweise die Kontrolle und reagieren mit massivem Schusswaffengebrauch. Anscheinend ist die PLO-Führung in Tunis ebenso überrascht. Ihr offizielles Programm ist immer noch die Einrichtung eines säkularen arabischen Staats in ganz Palästina. Die informelle Führung in den besetzten Gebieten ist kompromissbereit aus der Erkenntnis heraus, dass bei maximalen Forderungen unter permanenter israelischer Besatzung der Verlust aller palästinensisch besiedelten Gebiete zu befürchten ist.

1988, Jan. Bildung einer »Vereinigten Führung des Aufstands« aus Vertretern der wichtigsten PLO-Mitgliedsorganisationen, der Kommunistischen Partei Palästinas sowie einer islamischen Gruppe, aus der später die »Hamas« (Islamische Oppositionsbewegung) entsteht. Die Vereinigte Führung koordiniert die Protestaktionen der Palästinenser.

April Der Friedensplan von US-Außenminister GEORGE P. SHULTZ (*1920) sieht auf der Grundlage der UN-Resolutionen 242 und 338 Verhandlungen zwischen Israel und einer jordanisch-palästinensischen Delegation über eine dreijährige Interimsautonomie für die besetzten Gebiete vor.

28. Juli Jordaniens König HUSSEIN löst alle rechtlichen und administrativen Verbindungen zwischen Jordanien und dem Westjordanland. Damit macht de jure kein Staat mehr Souveränitätsansprüche auf das Westjordanland geltend.

12.–15. Nov. Der Kongress des Palästinensischen Nationalrats in Algier ruft den Staat Palästina mit Jerusalem als Hauptstadt aus. Die Staatsgründungserklärung beruft sich auf die »Resolution 181«, mit der die UN-Generalversammlung 1947 die Teilung Palästinas in zwei Staaten empfohlen hatte. In der vom Nationalrat verabschiedeten politischen Erklärung werden alle relevanten UN-Resolutionen anerkannt und damit indirekt auch die Legitimität des Staates Israel.

13. Dez. Der PLO-Vorsitzende ARAFAT schwört allen »Formen des Terrorismus« ab und bestätigt ausdrücklich das Existenzrecht Israels (14. Dez.). Damit ist für die US-Regierung die Voraussetzung für offizielle Kontakte mit der PLO gegeben. Eine erste Gesprächsrunde zwischen den USA und der PLO auf Botschafterebene findet in Tunis statt (16. Dez., Suspendierung am 20. Juni 1990).

1989, 14. Mai Ein Friedensplan der israelischen Regierung sieht Wahlen in den besetzten Gebieten unter israelischer Kontrolle und anschließend Verhandlungen mit den gewählten Vertretern der Palästinenser vor. Den Plan lehnen die PLO und Teile des *Likud* ab.

10. Okt. Der Friedensplan von US-Außenminister JAMES A. BAKER (*1930) weist Ägypten eine Vermittlerrolle zu, räumt Israel ein Vetorecht gegen palästinensische Vertreter ein und erlaubt den Palästinensern, alle Themen in die Verhandlungen einzubringen.

1990 Die wachsende Einwanderungswelle sowjetischer Juden nach Israel (500 000 Einwanderer von 1990–1994) führt zu Kontroversen um deren Ansiedlung in den besetzten Gebieten. BAKER verweigert der *Likud*-Regierung 1991 eine Kreditgarantie für 10 Mrd. US-Dollar, solange diese nicht garantiert, dass die Gelder nicht für Siedlungen in den besetzten Gebieten verwendet werden.

12. Aug. Nach der Besetzung Kuwaits durch den Irak (2. Aug.) erhält die Intifada neuen Auftrieb, indem Iraks Präsident SADDAM HUSSEIN (*1937, †2006) seinen Abzug aus Kuwait von einem Rückzug Israels aus den besetzten Gebieten abhängig macht.

8. Okt. Auf dem Tempelberg in Jerusalem werden während des Laubhüttenfestes 21 Palästinenser von Sicherheitskräften erschossen.

1991, 18. Jan.–25. Febr. Nach Ausbruch des Zweiten Golfkrieges (17. Jan.) treffen irakische Raketenangriffe Israel. Um den Zusammenhalt der antiirakischen Koalition nicht zu gefährden, verzichtet Israel auf Gegenangriffe.

30. Okt. In Madrid beginnt unter der Schirmherrschaft der USA und Russlands die internationale Nahostfriedenskonferenz. In der Folgezeit finden in Washington bis 1993 Gespräche statt, v. a. bilaterale Verhandlungen zwischen Israel und der PLO sowie zwischen Israel und Jordanien, Libanon und Syrien.

1993, 25.–31. Juli Bei israelischen Luftangriffen auf Stützpunkte der schiitischen Hisbollah im Südlibanon werden etwa 130 Libanesen getötet. Die im Febr. 1992 eskalierten Kampfhandlungen dauern bis 1996 an.

20. Aug. Israel und die PLO einigen sich nach Geheimverhandlungen unter norwegischer Vermittlung in Oslo auf ein **Grundlagenabkommen für die Autonomie** der von Israel besetzten Gebiete Westjordanland und Gazastreifen.

Das Osloer Abkommen

Mit einem Notenwechsel zwischen dem PLO-Vorsitzenden JASSIR ARAFAT und dem israelischen Ministerpräsidenten YITZHAK RABIN am 9. Sept. 1993 erkennt die PLO die staatliche Existenz Israels und sein Recht, in Sicherheit und Frieden zu leben, als legitim an, verpflichtet sich zu einem Friedensprozess und gibt aller Gewaltanwendung eine Absage. Israel erkennt das Alleinvertretungsrecht der PLO für alle Palästinenser formell an.

Am 13. Sept. unterzeichnen in Washington der israelische Außenminister SCHIMON PERES und der Leiter der internationalen Abteilung des PLO-Exekutivkomitees MAHMUD ABBAS (*1935) in Gegenwart von RABIN und ARAFAT die **Prinzipienerklärung über die temporäre Selbstverwaltung**. Die Präambel spricht von einem umfassenden Friedensschluss und einer historischen Versöhnung. Beide Seiten erklären sich bereit, für eine maximale Übergangszeit von fünf Jahren eine palästinensische Autonomiebehörde einzurichten, die freie und demokratische Wahlen in den besetzten Gebieten und Jerusalem durchführen soll. Verhandlungen über das endgültige Verhältnis zwischen Israel und der Autonomiebehörde sollen u. a. die Themen Jerusalem, Flüchtlinge, Siedlungen, Sicherheit und Grenzen behandeln. Das Abkommen sieht als ersten Schritt den Rückzug der israelischen Armee aus dem Gazastreifen und dem Gebiet von Jericho sowie die Übergabe dieser Gebiete an die palästinensische Autonomiebehörde vor. Die Prinzipienerklärung wird am 12. Okt. vom PLO-Zentralrat in Tunis gebilligt und tritt am 13. Okt. in Kraft. Der organisatorische Transfer wird schließlich mit dem sog. **Gaza-Jericho-Abkommen** (auch Kairo-Abkommen oder Oslo I genannt) vom 4. Mai 1994 initiiert.

Die palästinensischen Autonomiegebiete

Die Prinzipienerklärung bildet den Rahmen für eine palästinensische Teilautonomie in den von Israel besetzten Gebieten Gazastreifen und Westjordanland. Die Befugnisse der Palästinenser umfassen zunächst die Bereiche Kultur, Gesundheits- und Sozialwesen, direkte Steuern und Tourismus; seit Mai 1994 werden palästinensische Polizisten eingesetzt. Für die äußere Sicherheit und Außenpolitik der Autonomiegebiete sowie die Sicherheit israelischer Bürger und Siedlungen ist weiterhin Israel zuständig. Neben einer Autonomiebehörde – das Autonomiekabinett tritt zu seiner ersten Sitzung am 11. Mai 1996 zusammen – erhalten die Autonomiegebiete nach Wahlen als politisches Organ einen Autonomierat, der auch für Wirtschaftsfragen zuständig ist und die israelische Zivilverwaltung ablöst. Zentrale Probleme der Autonomiegebiete liegen auf wirtschaftlichem Gebiet. Ökonomisch wenig entwickelt, sind sie aufgrund ihres geringen Wirtschaftsvolumens auf längere Sicht kaum lebensfähig. Eine Einbindung in die israelische Wirtschaft oder eine jordanisch-palästinensische Lösung lehnen die Palästinenser ab. 1994 beschließt die Weltbank ein Aufbauprogramm mit einem Volumen von 1,2 Mrd. US-Dollar, das in einem Zeitraum von drei Jahren für Verbesserungen im Transportwesen, in der Wasserversorgung sowie im Wohnungsbau und Bildungswesen verwendet werden soll. Es fehlen in den Autonomiegebieten jedoch palästinensische Experten zur Durchführung von Entwicklungsprojekten sowie Wirtschafts- und Finanzeinrichtungen und eine effiziente Bürokratie zur Verwaltung der Wirtschaftshilfe.

1994, 25. Febr. Ein jüdischer Siedler erschießt in der Ibrahim-Moschee in Hebron (Westjordanland) 29 Muslime. Bei den daraufhin in den von Israel besetzten Gebieten ausbrechenden Unruhen sterben über 20 weitere Menschen. Der Friedensprozess wird auch in der Folgezeit vom gewalttätigen Vorgehen israelischer Siedler in den besetzten Gebieten und von der radikalen Palästinenserorganisation Hamas bedroht.

4. Mai Mit der Unterzeichnung des **Gaza-Jericho-Abkommens** durch RABIN und ARAFAT in Kairo werden Ausführungsbestimmungen zur Prinzipienerklärung in Kraft gesetzt. In der Folge rücken palästinensische Polizeibeamte in Gaza (12. Mai) und Jericho ein. Die israelische Armee beendet ihren Abzug aus dem Gazastreifen bis zum 18. Mai.

29. Aug. Rabin und Arafat unterzeichnen in Erez ein Abkommen über die palästinensische Zivilverwaltung im gesamten Westjordanland.

26. Okt. Nachdem der formell seit 1948 zwischen Israel und Jordanien bestehende Kriegszustand beendet wurde (25. Juli), schließen beide Staaten einen Friedensvertrag. Die Grenzziehung zwischen Totem Meer und dem Golf von Akaba folgt der des britischen Mandatsgebietes von 1922, die von Israel eroberten Gebiete werden dabei nicht berücksichtigt.

1. Nov. Die »Deklaration von Casablanca« ist ein von Politikern und Wirtschaftsvertretern aus 59 Staaten verfasstes, den Nahost-Friedensprozess begleitendes, wirtschaftliches Hilfsprogramm. Sie enthält u. a. eine Vereinbarung über regelmäßige israelisch-arabische Wirtschaftsgipfelkonferenzen.

10. Dez. Rabin, Peres und Arafat erhalten gemeinsam für ihre Friedenbemühungen den Friedensnobelpreis.

1995, 7. März Die Außenminister Ägyptens, Israels und Jordaniens sowie der palästinensische Planungsminister Nabil Shaath (*1938) konferieren in Amman erstmals über eine Rückkehr der palästinensischen Flüchtlinge. Damit erkennt Israel indirekt eine Verantwortung für die Entstehung des Problems an.

21. Aug. Beim zehnten Attentat seit Unterzeichnung des Gaza-Jericho-Abkommens sterben in einem Jerusalemer Bus vier Passagiere, 101 werden verletzt.

28. Sept. In Washington unterzeichnen Rabin und Arafat die »Israelisch-Palästinensische zwischenzeitliche Übereinkunft über das Westjordanland und den Gazastreifen« (auch Oslo II genannt). Geregelt wer-

Autonome Gebiete der Palästinenser nach den Oslo-Abkommen 1993 und 1995

den der israelische Teilrückzug aus diesem Gebiet, die Stellung Hebrons, Wahlen zu einem Palästinenserrat, der beiderseitige Zugang zu den Heiligen Stätten und die Freilassung palästinensischer Gefangener. Das Westjordanland wird in drei Arten von Regionen aufgeteilt: A-Regionen, in denen alleine die Autonomiebehörde für Sicherheit und öffentliche Ordnung verantwortlich ist, B-Regionen (68 % der Bevölkerung), in denen die Autonomiebehörde für alle zivilen Angelegenheiten zuständig ist, sowie, für die Sicherheit Israels, C-Regionen mit israelischen Militärbasen und Siedlungen, die unter israelischer Kontrolle bleiben.

4. Nov. **RABIN fällt dem Attentat eines jüdischen Fanatikers zum Opfer.**

27. Dez. Die seit 1991 unregelmäßig stattfindenden syrisch-israelischen Friedensverhandlungen werden unter Vermittlung der USA wieder aufgenommen, enden jedoch wie weitere Verhandlungsrunden im Jan. und Febr. 1996 ohne greifbare Resultate. Umstritten bleiben die von Israel besetzten Golanhöhen und die israelische Sicherheitszone im Südlibanon.

1996, 20. Jan. ARAFAT siegt mit 87,1 % der Stimmen bei der ersten Wahl zum Vorsitzenden der Autonomiebehörde in den palästinensischen Autonomiegebieten. ARAFATS Bewegung al-Fatah gewinnt 50 von 88 Sitzen im Autonomierat.

24. April Der Palästinensische Nationalrat löscht aus seiner Charta das eingetragene Ziel, den Staat Israel zu beseitigen.

5./6. Mai In Taba (Ägypten) finden erste israelisch-palästinensische Verhandlungen über den definitiven Status der von Israel besetzten Gebiete und Jerusalems statt.

29. Mai Die Wahl BENJAMIN NETANJAHUS (*1949) zum Ministerpräsidenten bringt einen radikalen Gegner der Friedensverhandlungen in Israel an die Macht.

29. Aug. Mit einem Generalstreik protestieren Palästinenser im Gazastreifen und im Westjordanland gegen die anhaltende israelische Siedlungspolitik in den besetzten Gebieten.

25.–27. Sept. Die Öffnung eines archäologischen Tunnels am Tempelberg in Jerusalem auf Veranlassung der israelischen Behörden wird als direkter Angriff auf die Unantastbarkeit der Al-Aksa-Moschee und des Felsendoms verstanden und führt zu schweren Unruhen in Gaza und im Westjordanland.

1997, 17. Jan. Die Verwaltung der Stadt Hebron geht, mit Ausnahme einer kleinen Enklave jüdischer Stadtsiedler, an die Palästinenser über.

18. März Der Baubeginn eines neuen jüdischen Stadtteils (Har Homa) im annektierten arabischen Ost-Jerusalem führt zu scharfen Protesten ARAFATS und zur Verurteilung des Projekts durch eine UN-Resolution.

30. Sept. Unter amerikanischer Vermittlung wird die Fortsetzung des Friedensprozesses beschlossen. Trotz mehrerer Verhandlungsrunden (Okt.–Dez.) und zunehmendem Druck der USA bleiben Ergebnisse aus. Streitpunkt ist v. a. die vertragsgemäß bis Jan. 1998 umzusetzende zweite Phase des israelischen Teilrückzugs aus dem Westjordanland.

1. Okt. Der Mitbegründer und geistliche Führer der Hamas, Scheich AHMAD YASSIN (*um 1937, †2004), wird im Gegenzug für die Freisetzung zweier israelischer Attentäter, die nach dem Fehlschlag eines Attentatsversuchs des Mossad auf den Hamas-Politiker CHALID MESCHAL (*1956) in Amman festgenommen worden waren, aus israelischer Haft entlassen.

14. Nov. Israel wird ob seiner Siedlungspolitik von der UN-Vollversammlung verurteilt. Erstmals stimmen auch Deutschland und Russland der Resolution zu.

1998, 12. März Im Anschluss an die Erschießung dreier palästinensischer Arbeiter an einer Straßensperre kommt es zu schweren Unruhen im Westjordanland.

März Die israelische Regierung gibt Pläne für einen Rückzug aus der sog. Sicherheitszone im Südlibanon bekannt. In den 20 Jahren seit der Besetzung sind in diesem Gebiet 900 israelische Soldaten und 400 verbündete Milizionäre sowie über 2000 gegnerische Kämpfer und mehr als 20 000 Zivilisten ums Leben gekommen.

21. Juni Der »Plan zur Stärkung des Status von Jerusalem« sieht Eingemeindungen im Umland der von Israel »auf ewig« beanspruchten Hauptstadt vor. Die neue Regionalplanung bezieht auch palästinensische Gebiete im Osten Jerusalems mit ein.

7. Juli Palästina wird als teilnehmendes Mitglied ohne Stimmrecht in die UN-Vollversammlung aufgenommen.

23. Okt. Auf dem Nahostgipfeltreffen in Wye bei Washington einigen sich NETANJAHU und ARAFAT unter Vermittlung von US-Präsident BILL CLINTON auf einen Neubeginn des Friedensprozesses und Details des Truppenabzugs aus den besetzten Gebieten, der schon lange vereinbart war. Radikale Palästinenser kritisieren das Abkommen genauso wie radikale Siedler. Der Rückzug beginnt am 20. Nov. und wird am 2. Dez. nach neuen Gewalttaten gestoppt.

1. Dez. Eine Nahostgeberkonferenz von rund 50 Staaten und Organisationen in Washington sagt drei Mrd. US-Dollar für den Aufbau der palästinensischen Wirtschaft und zur Sicherung des Nahostfriedensprozesses in den nächsten fünf Jahren zu.

14. Dez. Die Teilnahme von US-Präsident CLINTON an einer Sitzung des Palästinensischen Nationalrats wird als Bekräftigung des palästinensischen Anspruchs auf Staatlichkeit gewertet.

1999, 26. Jan. Die Knesset nimmt ein Gesetz an, das die Bedingungen für eine Rückgabe der seit 1967 besetzten Golanhöhen und des Ostteils von Jerusalem verschärft: Die Rückgabe muss von der absoluten Mehrheit der Knesset gebilligt und durch ein Referendum bestätigt werden.

4. Sept. In Scharm el-Scheich einigen sich ARAFAT und der neue israelische Regierungschef EHUD BARAK (*1942) auf eine Umsetzung des Wye-Abkommens unter Ausklammerung wesentlicher Punkte (Status von Jerusalem, Rückkehr der Flüchtlinge, Räumung israelischer Siedlungen, künftiger Palästinenserstaat). Die Vereinbarung (Wye II) wird von der Knesset am 8. Sept. gebilligt.

12. Okt. Beginn der Räumung illegaler jüdischer Siedlungen im Palästinensergebiet. Da Barak jedoch am 5. Dez. den Bau von 500 neuen Wohnungen in Nablus genehmigt, brechen die Palästinenser die Verhandlungen über eine Friedensregelung ab.

15./16. Dez., 2000, 3.–10. Jan. Bilaterale Friedensgespräche zwischen Israel und Syrien in Washington bleiben ohne Ergebnis.

2000, 9. März In Scharm el-Scheich wird ein neuer, korrigierter Zeitplan für den Abzug der israelischen Truppen vereinbart.

13. April Die Knesset billigt den Bau von 200 weiteren Wohnungen auf dem Golan, was ein Rückschlag für den israelisch-syrischen Friedensprozess ist.

23. Mai Abschluss des Rückzugs israelischer Truppen aus der sog. Sicherheitszone im Südlibanon. Die mit Israel verbündete Südlibanesische Armee (SLA), etwa 6500 Mann stark, verlässt gleichfalls das Gebiet.

11.–25. Juli Arafat und Barak treffen mit US-Präsident Clinton in Camp David zusammen. Das Treffen endet ohne Einigung. Hauptgrund dafür ist der Streit um Jerusalem. Die Palästinenser wollen den Ostteil der Stadt zur Hauptstadt ihres Staates machen, die Israelis dagegen beanspruchen Jerusalem ungeteilt für sich und sind allenfalls bereit, es gemeinsam mit den Palästinensern zu verwalten.

28. Sept. Nach einem Besuch des nationalistischen *Likud*-Führers Ariel Scharon auf dem von Muslimen als Heiligtum verehrten Tempelberg in Jerusalem kommt es zu gewalttätigen Ausschreitungen, die sich auf verschiedene Städte im Westjordanland ausweiten. Der neue Palästinenseraufstand, die **2. Intifada**, nach der Moschee auf dem Tempelberg auch Al-Aksa-Intifada genannt, gewinnt eine Eigendynamik, die von Arafat nicht zu kontrollieren ist, wie z. B. das Lynchen zweier israelischer Soldaten in Ramallah (12. Okt.).

17. Okt. Ein erneuter Nahostgipfel in Scharm el-Scheich unter Vermittlung von US-Präsident Clinton vermag die Gewaltspirale nicht zu unterbrechen. Anschläge und Vergeltungsaktionen werden fortgesetzt. Die Verhandlungen werden im Jan. 2001 in Taba fortgesetzt, mit neuen Vorschlägen, die auch nicht zur Verwirklichung kommen.

Das Ende des Osloer Abkommens

Der wesentliche Durchbruch des Osloer Abkommens ist die gegenseitige offizielle Anerkennung. Wesentlich ist aber auch, dass *Likud* deutlich gemacht hat, dass Samaria und Judäa nicht zur Disposition stehen, während die Arbeiterpartei dem Grundsatz **»Land für Frieden«** folgt. Die große Schwäche der Grundsatzerklärungen ist, dass wichtige elementare Teile einer umfassenden Regelung nicht behandelt, sondern verschoben werden: Status von Jerusalem, Beschlagnahmung von Land, Siedlungsbau, Flüchtlinge. Das führt zur widersprüchlichen Situation der palästinensischen Autonomie über Jericho und Gaza bei gleichzeitigem Ausbau israelischer Siedlungen und Jerusalems.

Die Verhandlungen ohne Schirmherren (UNO, USA) werden zwischen ungleichen Partnern geführt. Dabei äußert sich scharfe Kritik in palästinensischen Kreisen, die bemängeln, dass zu viel ohne abgesicherte Gegenleistung aufgegeben wird. Die israelischen rechtsnationalen Kreise wittern Verrat an den Siedlern, am Zionismus und den Forderungen der Religion. Auf beiden Seiten muss nun mit größtem Druck radikaler Elemente gerechnet werden (Hamas, Siedler). Seit Mai 1996 verschiebt die *Likud*-Regierung noch einmal die Akzente und fordert nun **»Sicherheit vor Frieden«**. Während »Land« eine objektiv messbare Tauschgröße und »Frieden« mindestens eine rechtliche, vertraglich gesicherte Größe ist, ist »Sicherheit« jedoch ein subjektives, gefühlsmäßiges Konzept, das sich ständig ändernden Vorstellungen und Forderungen unterworfen ist. Von nun an werden systematisch Ausführungen und Anwendungen der bisher durch Abkommen geplanten Schritte verzögert, blockiert und durch immer wieder neue Forderungen nach Sicherheitsgarantien seitens der Palästinenser eingefroren. Der Siedlungsprozess wird verstärkt.

Okt./Nov. Von Israel erlassene Sanktionen führen zum Kollaps des wirtschaftlichen Lebens in den palästinensischen Autonomiegebieten. Gleichzeitig erhöht sich der Druck auf Arafat, die Untergrundgruppen wie Hamas, Islamischer Dschihad, Tanzim und al-Aksa-Brigaden unter Kontrolle zu bringen. Verschiedene arabische Staaten frieren ihre Beziehungen zu Israel ein.

2001, 4. April Die israelische Armee dringt erstmals auf Gebiete der Zone A vor, in der die palästinensische Autonomiebehörde eigentlich die vollständige Zuständigkeit innehat.

1. Juni Der blutigste Selbstmordanschlag seit Beginn der 2. Intifada in Tel Aviv fordert 20 Todesopfer. Vollständige Blockade der Palästinenserstädte im Autonomiegebiet durch Israel.

7. Juni CIA-Direktor George Tenet (*1953) legt einen Plan zur Umsetzung des Mitchell-Berichts vor. Der am 13. Juni vereinbarte Waffenstillstand hält jedoch nur zwei Wochen. Nach einem israelischen Luftangriff am 1. Juli reißen palästinensische Angriffe und Selbstmordattentate sowie Aktionen der israelischen Armee nicht ab.

9. Aug. Bei einem Selbstmordanschlag des Islamischen Dschihad in Jerusalem sterben 15 Menschen.

Dez. Arafat wird in seinem Hauptquartier in Ramallah unter Hausarrest gestellt. Zu Weihnachten wird ihm der Besuch der Geburtskirche in Bethlehem verwehrt.

2002, März Seit Beginn der 2. Intifada sind 1200 Palästinenser und fast 400 Israelis getötet worden.

29. März Beginn der Operation »Schutzwall«: Israelische Truppen dringen in acht von neun Autonomiegebieten ein, um die Infrastruktur des Terrors zu »entwurzeln«. In Ramallah wird Arafats Hauptquartier belagert, in Bethlehem die Geburtskirche, in der sich palästinensische Kämpfer verschanzen.

3.–12. April Besetzung und Verwüstung des Flüchtlingslagers Dschenin. Am 20. April verlangt der UN-Sicherheitsrat eine Untersuchung der Geschehnisse.

Die von UN-Generalsekretär KOFI ANNAN (*1938) zusammengerufene Kommission wird wegen mangelnder Kooperationsbereitschaft seitens Israels am 3. Mai aufgelöst.

2. Mai Nach 140 Tagen wird ARAFATS Hausarrest in Ramallah beendet. Die in der Geburtskirche in Bethlehem Belagerten erhalten freien Abzug (10. Mai) und werden z. T. von EU-Staaten aufgenommen.

Mai Die von der israelischen Armee in den Palästinensergebieten seit Beginn der Intifada angerichteten Schäden werden von der UNO auf mehr als 300 Mio. US-Dollar beziffert.

16. Juni Israel beginnt mit dem Bau eines elektronisch gesicherten Grenzzaunes, der palästinensischen Terroristen den Übertritt auf israelisches Gebiet erschweren soll.

Verlauf der Befestigungsanlagen im Westjordanland Ende 2007

19. Juni Nach zwei schweren Selbstmordanschlägen in Jerusalem mit insgesamt 23 Toten rückt die israelische Armee erneut in die palästinensischen Autonomiegebiete ein.

23. Juli Bei einem israelischen Raketenangriff auf das Wohnhaus eines Hamas-Kommandanten werden außer diesem auch 16 Zivilisten, darunter 11 Kinder, getötet. Der Vorfall löst weltweit Empörung aus, auch in Israel erheben sich kritische Stimmen.

17. Aug. Die irakischen Behörden melden den Tod des palästinensischen Terroristen ABU NIDAL (*1937). Nach ihrer Darstellung hat dieser in Bagdad Selbstmord begangen. ABU NIDAL, der sich vor 30 Jahren von PLO-Führer ARAFAT trennte, soll seitdem Anschläge in 20 Ländern mit mehreren hundert Toten verübt haben.

25. Okt. Die israelische Armee rückt in Dschenin im Westjordanland ein. Es handelt sich um die größte Operation seit der April-Offensive in den besetzten Gebieten.

2003, 25. März Israel nimmt den »Roadmap« genannten Friedensplan des »Nahostquartetts« (USA, Russland, EU, UNO) an, der u. a. die Einrichtung eines Palästinenserstaates bis 2005 vorsieht.

29. April Nach wochenlangem Streit wird der palästinensische Ministerpräsident MAHMUD ABBAS (*1935) vom Parlament bestätigt.

6. Sept. Ministerpräsident ABBAS tritt zurück. Nachfolger wird der Finanzfachmann AHMED KUREI (*1937).

21. Okt. Resolution der UN-Vollversammlung gegen die israelischen Sperranlagen im besetzten Westjordanland.

2004, 22. März Der Palästinenserführer Scheich AHMED JASSIN (*1936) wird bei einem israelischen Kampfhubschrauberangriff getötet. Zu seiner Beisetzung finden sich 200 000 Menschen ein.

11. Nov. Tod des Palästinenserpräsidenten ARAFAT in einem Militärhospital bei Paris.

1. Dez. Regierungsunabhängige Israelis und Palästinenser stellen in Genf mit der »Genfer Initiative« das Modell eines Friedensvertrags vor.

2005, 9. Jan. PLO-Chef MAHMUD ABBAS gewinnt die Präsidentenwahl und tritt die Nachfolge ARAFATS an.

8. Febr. ABBAS und der israelische Regierungschef SCHARON vereinbaren einen Waffenstillstand.

20. Febr. Die israelische Regierung beschließt den vollständigen Abzug und die Räumung aller Siedlungen im Gazastreifen.

15.–17. Aug. Israel beginnt mit dem Abzug aus dem Gazastreifen. Alle Siedler, die nach Ablauf einer 48-stündigen Frist ihre Siedlungen nicht freiwillig räumen, werden von der Armee gewaltsam evakuiert.

2006, 24. Jan. Interimsministerpräsident EHUD OLMERT (*1945) stellt Israels Rückzug aus Teilen des Westjordanlandes in Aussicht. Auf lange Sicht kündigt er an, die Grenzen Israels endgültig festzulegen, sieht jedoch die Beibehaltung großer Siedlungen im Westjordanland vor.

26. Jan. Hamas erreicht bei den palästinensischen Parlamentswahlen die absolute Mehrheit und gewinnt

74 der 132 Sitze. Die bisher regierende Fatah erhält nur 43 Sitze.

20. Febr. Aufgrund der Weigerung der Hamas, Israel anzuerkennen, stoppt die israelische Regierung sämtliche Zollüberweisungen an die palästinensische Autonomiebehörde. Hamas und Fatah verhandeln über die Bildung einer Koalitionsregierung.

29. März Amtseinführung der neuen, von Hamas gestellten palästinensischen Regierung. ISMA'IL HANIYA (*1962) wird Ministerpräsident.

7./8. April Sowohl die EU als auch die USA stellen ihre Hilfszahlungen an die PLO ein, da die regierende Hamas Israel immer noch nicht explizit anerkennen will. Zur gleichen Zeit wachsen die Spannungen zwischen Hamas und Fatah.

10./11. Mai Angesichts der humanitären Probleme, die wegen des Stopps der Hilfszahlungen an die PLO entstanden sind, beschließen EU, USA und Israel die Wiederaufnahme der Überweisungen an die Autonomiebehörde.

26. Juni Nach der Entführung eines israelischen Soldaten durch die Hamas riegelt die Armee den Gazastreifen hermetisch ab.

12. Juli Beginn der massiven israelischen Luftangriffe gegen die Hisbollah im Südlibanon, die sich einen Monat lang hinziehen.

28. Juni Auf der Suche nach dem entführten Soldaten rückt die israelische Armee acht Monate nach dem Abzug erneut in den Gazastreifen ein.

26. Nov. Israelis und Palästinenser einigen sich auf einen Waffenstillstand. Alle bewaffneten Palästinensergruppen stimmen der Waffenruhe zu, Israel zieht sich aus dem Gazastreifen zurück. Seit Beginn der Kämpfe am 28. Juni sind über 300 Palästinenser getötet worden, etwa 1500 wurden verletzt.

15. Dez. Der Machtkampf zwischen Fatah und Hamas droht zu eskalieren. Nach einem Anschlag auf Ministerpräsident HANIYA kommt es zu Straßenschlachten und Feuergefechten zwischen den beiden Gruppen.

16. Dez. Palästinenserpräsident ABBAS kündigt vorgezogene Präsidial- und Parlamentswahlen an. Hamas beabsichtigt, die Wahlen zu boykottieren.

2007, 28. März Gipfel der Arabischen Liga in Riad: Wiederauflage der Initiative von 2002, die von Israel einen Rückzug auf die Grenzen von 1967 fordert und dafür die Aufnahme diplomatischer Beziehungen der Mitgliedsstaaten mit Israel anbietet.

27. Nov. **Nahostkonferenz in Annapolis** (USA): Wiederaufnahme palästinensisch-israelischer Friedensgespräche unter Ausschluss der Hamas, dafür mit Vertretern 20 arabischer Länder, u. a. Ägypten, Jordanien, Saudi-Arabien und zum ersten Mal seit Beginn der 2. Intifada auch mit Syrien. OLMERT und ABBAS, beide innenpolitisch geschwächt, vereinbaren den Abschluss der Friedensgespräche bis Jan. 2009, jedoch wie bei allen vorangegangenen Friedensverhandlungen nur unter Ausklammerung der strittigen Fragen (Status von Jerusalem, Rückkehr der Flüchtlinge, Räumung israelischer Siedlungen, künftiger Palästinenserstaat).

Syrien seit 1946 | Forts. v. S. 1191 |

Mit Abzug der letzten französischen und britischen Truppen erlangt Syrien am 14. April 1946 die volle Souveränität. Im Jahrzehnt nach der Unabhängigkeit ist das Land politisch sehr instabil. Die alte städtische Oberschicht beherrscht das wirtschaftliche und politische Leben. Unzufriedenheit darüber lässt in der neuen professionellen Mittelschicht, v. a. unter der Intelligenz und den Armeeoffizieren, den Anhang reformerischer und radikaler Bewegungen rasch anwachsen: Die sich seit 1940 entwickelnde, aber erst 1955 offiziell zugelassene Arabische Sozialistische Baath-(Wiedergeburts-)Partei wird, in Rivalität zur Kommunistischen Partei, die in Syrien als einzigem arabischen Land legal existiert, zur stärksten politischen Kraft. Die politischen Konflikte und das Versagen der arabischen Armeen im Palästinakrieg lösen 1949 und 1951 mehrere Staatsstreiche des Militärs aus.

Wirtschaftlich erlebt Syrien trotz politischer Instabilität eine Blüte mit durchschnittlichen realen Wachstumsraten von fast 10 % (1950–1957). Der Baumwollboom während des Koreakrieges ermöglicht Großgrundbesitzern umfangreiche Investitionen in das Bewässerungssystem und den Aufbau hoch mechanisierter Großbetriebe, sodass sich die Baumwollproduktion von 1949 bis 1956 versiebenfacht. Syriens traditionelle Industrie, die Textilverarbeitung (Baumwolle, Damast), wächst nicht in gleichem Maße mit. Wegen der Vernachlässigung der Wirtschaftsentwicklung durch die Mandatsmacht Frankreich gibt es nur Ansätze zum Aufbau moderner Industrien (Konserven, Zement). 1952 beträgt der Anteil des industriellen Sektors am Bruttoinlandsprodukt 10 %.

1957 Die Baath-Partei fürchtet eine Machtübernahme der Kommunisten und drängt auf eine Union mit Ägypten.

1958–1961 Syrien vereinigt sich mit Ägypten zur Vereinigten Arabischen Republik (VAR). Die Union zerbricht nach dreieinhalb Jahren an der hegemonialen Politik Ägyptens.

1961, 30. Sept. Zwei Tage nach dem Staatsstreich des Militärs wird die Sezession Syriens von der VAR mit der Proklamation der **Arabischen Republik Syrien** besiegelt. Wahlen zu einer Verfassungsgebenden Versammlung (1. Dez.) und die Einsetzung einer Zivilregierung bringen jedoch keine Stabilität.

1963, 8. März Ein militärischer Staatsstreich bringt die Baath-Partei an die Macht. Der Beschluss, mit Ägypten und dem Irak eine neue Union zu bilden (17. April), führt zu Flügelkämpfen (»Säuberungen« in Armee und Bürokratie). Nach einem Putschversuch von Nasseristen (18. Juli) setzt sich der antiägyptische Flügel durch: General AMIN HAFIZ (*1911) wird Vorsitzender des Nationalen Revolutionsrates. Auch danach ziehen sich Richtungskämpfe zwischen dem überregional panarabisch ausgerichteten gemäßigten Flügel und dem für »permanente Revolution« eintretenden radikalen Flügel (überwiegend getragen von der schiitischen Minorität der Alawiten; auch Drusen) über die nächsten Jahre hin. Das Baath-Regime forciert die Landreform und nimmt umfangreiche Verstaatlichungen vor. Die Ablehnung der Sozialisierungsmaßnahmen und der Führungsrolle der Alawiten in einem überwiegend sunnitisch-islamischen Land führen seit 1964 mehrfach zu Unruhen.

1966, 23. Febr. Der radikale linke Flügel der Baath-Partei übernimmt nach einem Staatsstreich die Macht. Führende Mitglieder der internationalen Baath-Führung werden verhaftet. Die Umwandlung Syriens in eine sozialistische Gesellschaft wird vorangetrieben, die Zusammenarbeit mit der Sowjetunion verstärkt.

Entwicklungsprobleme und die Politik der Baath-Partei

Zur Zeit der Machtübernahme durch die Baath-Partei (1963) ist Syrien noch überwiegend Agrarland: 63 % der Bevölkerung von 4,6 Mio. Einwohnern (1960; 1977: 8,7 Mio.) leben auf dem Land (1963: 50 % der Erwerbspersonen erwirtschaften 30 % des Bruttoinlandsprodukts aus der Landwirtschaft). Etwa 45 % der Fläche ist landwirtschaftlich nutzbar, der Rest ist nur als Weideland brauchbar. Die Agrarstruktur ist gekennzeichnet durch das Nebeneinander von traditionellem Großgrundbesitz, hoch mechanisierten Großbetrieben und vielen Klein- und Kleinstbetrieben mit unwirtschaftlichen Anbaumethoden und entsprechend niedrigen Erträgen. Über 80 % der Landbevölkerung besitzen Kleinbetriebe unter 10ha oder keinen Boden.

Die städtische Bevölkerung wächst schnell (1970: 43,5 %; 1977 aufgrund des Bevölkerungszustroms während des libanesischen Bürgerkrieges etwa 50 %) und konzentriert sich auf die großen Städte im Westen des Landes (Hauptstadt Damaskus 1977: etwa 2 Mio. Einwohner). Die Bevölkerung besteht zu 88 % aus Arabern und ist überwiegend sunnitisch-islamisch (72 %) mit größeren heterodox-islamischen (8 % Alawiten, 2 % Drusen, 1 % Ismailiten) und christlichen Minoritäten. Über die Armee und die Baath-Partei steigen seit Anfang der 60er-Jahre überproportional viele Alawiten, Drusen und auch Ismailiten in höchste Staatsämter auf. Die professionelle Mittelschicht (Ärzte, Anwälte, Intellektuelle und Offiziere) verdrängt seit der Unabhängigkeit allmählich die traditionelle Oberschicht (Großgrundbesitzer, Fernhändler, Beamte und Offiziere der früheren osmanischen Verwaltung). Da Syrien arm an Bodenschätzen ist – erst um 1970 gewinnen Erdöl und Phosphate an Bedeutung – muss es seine Entwicklungsprobleme in erheblichem Maß über eine Intensivierung der Landwirtschaft und Veredelung landwirtschaftlicher Produkte (Textilien, Konserven) zu lösen suchen.

Das Bodenreformgesetz von 1958 wird von der Baath-Regierung mit neuen Höchstgrenzen für individuellen Bodenbesitz erheblich verschärft: Bis 1969 ist etwa ein Fünftel der landwirtschaftlich genutzten Fläche enteignet, aber nur ein Drittel davon an Kleinbauern verteilt, der Rest verpachtet. Die Zusammenfassung der Produzenten in Kollektivbetrieben und Genossenschaften geht nur zögernd voran, sodass noch 1975 etwa 85 % des Bodens privat genutzt werden. Eine gezielte Industrialisierung setzt erst nach der Gründung der VAR unter Führung des öffentlichen Sektors und im Rahmen umfassender Entwicklungspläne ein (erster Fünfjahresplan 1961–1965). Investitionsschwerpunkte bilden die Textilindustrie und importsubstituierende Konsumgüterindustrien, zu denen später die Stahlindustrie, der Maschinenbau und die petrochemische Industrie hinzukommen. 1968 beginnt man mit dem Bau des Euphrat-Dammes bei Tabqa, der den höchsten Anteil an Investitionsmitteln (im dritten Fünfjahresplan 24,7 %) erhält und später Energie für die weitere Industrialisierung liefern und die bewässerte landwirtschaftliche Nutzfläche mehr als verdoppeln soll. Die Entwicklungsfinanzierung erfolgt in erheblichem Umfang durch ausländische technische Hilfe und Kredite, welche in den 60er-Jahren fast ausschließlich aus Ostblockländern kommen, die auch die wichtigsten Handelspartner sind.

1966/67 Seit Jahren anhaltende Spannungen an der syrisch-israelischen Grenze führen mehrfach zu schweren Kämpfen. Syrien bildet palästinensische Fedajin (Saika-Organisation) aus und wird deren wichtigste Basis für Aktionen gegen Israel (meist über Jordanien und Libanon). Der Konflikt eskaliert bis zum Sechstagekrieg 1967.

1968 Die instabile innere Situation nach der Niederlage gegen Israel und die Feindschaft zum neuen Baath-Regime im Irak veranlassen den radikalen Baath-Flügel, Mitglieder des gemäßigten »nationalen« Flügels in die Regierung aufzunehmen. Deren neuer Führer, General Hafiz al-Assad (*1930, †2000), ein Alawit, wird Verteidigungsminister.

1970, Sept. Der radikale Baath-Flügel schickt palästinensische Saika-Verbände und syrische Panzertruppen nach Jordanien, um die Palästinenser gegen König Hussein zu unterstützen. Die Sowjetunion, am Erfolg des Rogers-Plans interessiert, bewirkt jedoch deren Rückzug.

13. Nov. Den daraufhin erneut ausbrechenden Machtkampf zwischen den Baath-Flügeln entscheidet Assad für sich; die linke Führung wird verhaftet oder flieht ins Ausland.

1971, Febr. Erstmals seit 1966 wird wieder ein Legislativgremium gebildet: Der Volksrat, zur Hälfte aus Baath-Mitgliedern bestehend, nominiert Assad, der am 11. März zum Präsidenten gewählt wird. Assad versucht, die Isolierung Syriens in der arabischen Welt zu überwinden. Er nähert sich Jordanien an und schließt ein Abkommen mit Libyen und der VAR über eine Föderation (17. April). Die Palästinenser unterliegen strikter Kontrolle. Syrien hält die engen Beziehungen zur Sowjetunion aufrecht: Abkommen über wirtschaftliche und technische Zusammenarbeit.

1972, 13. April Die Baath-Partei schließt sich mit allen kooperationswilligen politischen Organisationen zur Nationalen Progressiven Front zusammen.

1973, 30. Jan. Der Volksrat verabschiedet eine neue Verfassung, die durch eine Volksabstimmung am 12. März angenommen wird: Syrien ist ein »demokratisch-sozialistischer souveräner Volksstaat«, der

Islam nicht mehr Staatsreligion, jedoch »eine grundlegende Quelle der Gesetzgebung«; der Präsident muss Moslem sein.

26. Mai Wahlen zum neuen Volksrat: Die Nationale Progressive Front gewinnt 140 der 186 Sitze.

1973/74 Nach dem Oktoberkrieg vertritt Syrien eine harte Linie im arabisch-israelischen Konflikt und nimmt beispielsweise nicht an der Genfer Nahost-Friedenskonferenz teil.

Die syrisch-irakische Rivalität

Die Rivalität der Baath-Regime in Syrien und im Irak beginnt 1968, als eine radikale Baath-Gruppe im Irak an die Macht kommt, und verstärkt sich, als in Syrien mit Assad der gemäßigte Flügel die Oberhand gewinnt. Die Beziehungen verschlechtern sich bis zu einem drohenden militärischen Konflikt, als Syrien 1974 beim Wiederaufflammen des Kurdenkrieges die Kurden unterstützt und dem Irak nach Abschluss des Irakisch-Iranischen Protokolls (1975) vorwirft, mit dem Imperialismus zusammenzuarbeiten und in Syrien einen Umsturz vorzubereiten. Ein konkreter Streitpunkt ist die Nutzung des Euphratwassers, da der syrische Euphrat-Damm nach irakischer Auffassung die Bewässerung von Neuland im Irak gefährdet. Die Sowjetunion, die den Staudamm wie die Bewässerungsanlagen gebaut hat, ist mittelbar in den Streit involviert. Auf Vermittlung Saudi-Arabiens einigen sich die Kontrahenten zwar über die Wasserverteilung (Mai 1975), die Beziehungen bleiben jedoch gespannt. Aus Protest gegen die syrische Intervention im libanesischen Bürgerkrieg stoppt der Irak den Ölfluss durch die Ölleitung von Kirkuk an die syrische Küste (1976); Syrien verliert dadurch umgerechnet jährlich 125 Mio. US-Dollar.

1976, Juni **Syrien interveniert zunehmend im libanesischen Bürgerkrieg** und besetzt schließlich weite Teile des Landes. 30 000 syrische Soldaten bleiben als Hauptkontingent der Friedenstruppe der Arabischen Liga im Libanon. Die Anerkennung der syrischen Intervention durch die Arabische Liga und in diesem Zusammenhang die – wenn auch nur vorübergehende – Aussöhnung mit Ägypten erhöhen das Prestige Assads in der arabischen Welt.

1978, Okt. Die gemeinsame Ablehnung des ägyptisch-israelischen Abkommens von Camp David führt vorübergehend zur Beilegung des Konflikts mit dem Irak. Die Bemühungen um politische und wirtschaftliche Zusammenarbeit mit dem Ziel der Vereinigung scheitern jedoch nach wenigen Monaten.

1979 Die fortdauernde Präsenz syrischer Truppen im Libanon beeinträchtigt die innenpolitische Stabilität Syriens: Terroranschläge, der Muslimbruderschaft zugeschrieben, setzen die Attentatsserie gegen führende Alawiten – schon seit 1977 – fort.

1980 Im Irakisch-Iranischen Krieg unterstützt Syrien als einziger arabischer Staat Iran.

1982, Febr. Bei einer Revolte der verbotenen radikal-islamischen Muslimbruderschaft wird die Stadt Hama von Regierungstruppen zerstört.

Juni Bei der israelischen Invasion in den Libanon weicht Syrien der direkten Konfrontation aus.

1983, Mai Der Versuch der USA, den Libanonkonflikt ohne Syrien zu lösen, scheitert. Das mit US-Unterstützung am 17. Mai zustande gekommene israelisch-libanesische Abkommen, das den Rückzug aller ausländischen Truppen aus dem Libanon fordert, lehnt Syrien ab mit der Begründung, ein Abzug syrischer Truppen käme erst nach dem vollständigen Rückzug Israels in Frage. Mahmud al-Zuhbi (*1938, †2000) wird syrischer Ministerpräsident (bis 2000).

1984, 11. März Nach einem Putschversuch wird Assads Bruder Rifaat al-Assad (*1937) zu einem der drei Vizepräsidenten ernannt.

1988, März/April Syrien sammelt seine Verbündeten im Libanon – prosyrische Parteien und Milizen – gegen den Oberbefehlshaber der dortigen Streitkräfte, den christlichen (maronitischen) General Michel Aoun (*1935), und erhält Unterstützung durch Saudi Arabien und die USA.

Nov. Durch den Zusammenbruch der Sowjetunion, dem wichtigsten Verbündeten Syriens, verändert sich die strategische Lage, d. h. eine mit Israel vergleichbare Aufrüstung ist nicht mehr realistisch.

1990 Durch die Auffüllung des Atatürk-Stausees in der Türkei erhält Syrien weniger Wasser aus dem Euphrat. Verhandlungen mit der Türkei und Irak über eine Neuaufteilung des Euphratwassers scheitern (14. März).

ab 2. Aug. In der Kuwaitkrise stellt sich Syrien auf die Seite der anti-irakischen Allianz und entsendet Truppen nach Saudi-Arabien, was eine Annäherung an die USA bewirkt, Hafiz al-Assad aber zunehmend innenpolitischem Druck aussetzt.

1991, 5. Febr. Erklärung Präsident Assads, syrische Truppen würden im Zweiten Golfkrieg innerhalb der anti-irakischen UN-Koalition für die Befreiung Kuwaits kämpfen.

22. Mai Die Präsidenten Syriens und des Libanon, Assad und Elias Hrawi, unterzeichnen in Damaskus einen syrisch-libanesischen Kooperationsvertrag, in dem erstmals seit der Unabhängigkeit beider Staaten Syrien den Libanon formell anerkennt.

1994, Aug. Die Wahlen zur Volksversammlung gewinnt die Nationale Progressive Front mit einer Zweidrittelmehrheit, in der alle erlaubten Parteien unter Führung der Baath-Partei versammelt sind; der Rest der 250 Sitze geht an unabhängige Kandidaten.

1995, Dez. Den seit 1991 unregelmäßig stattfindenden Friedensverhandlungen mit Israel folgen weitere Verhandlungsrunden, die ohne greifbare Ergebnisse enden (bis Febr. 1996). Streitpunkte sind v. a. die von Israel annektierten Golanhöhen und die israelische Sicherheitszone im Südlibanon.

1997, 18. Juli Das US-Außenministerium erklärt seine Bereitschaft, Syrien von der Liste der Länder zu streichen, gegen die wegen Unterstützung des Terrorismus Handelsbeschränkungen erlassen wurden.

1998, April In der Absicht, einen Separatfrieden Israels mit dem Libanon zu verhindern, lehnt Syrien in einer gemeinsamen libanesisch-syrischen Erklärung die von Israel geforderten Sicherheitsgarantien für einen Rückzug aus der sog. Sicherheitszone im Südlibanon ab und besteht auf umfassenden Verhandlungen, v. a. über die Rückgabe der Golanhöhen.

1999, 14. Jan. Assad erhält als einziger Kandidat bei der Volksabstimmung über das Amt des Staatspräsidenten 99,9 % der Stimmen, der damit seine fünfte Amtsperiode antritt. Als designierter Nachfolger gilt sein Sohn Baschar al-Assad (*1965).

15./16. Dez. und 2000, 3.–10. Jan. Die bilateralen Friedensgespräche zwischen Syrien und Israel in Washington bleiben ohne Ergebnis.

2000, 7. März Mit einer Regierungsumbildung wird der Einfluss des Präsidentensohnes Baschar al-Assad weiter gestärkt.

10. Juni Tod Hafiz al-Assads. Nachfolger wird Baschar al-Assad, für den die Verfassung geändert wird (Herabsetzung des Mindestalters für Präsidentschaftskandidaten von 40 auf 34 Jahre). Baschar erhält am 11. Juni den Oberbefehl über die Streitkräfte und wird am 20. Juni Generalsekretär der Baath-Partei. Beim Referendum am 10. Juli erhält er 97,3 % der abgegebenen Stimmen.

29. Sept. Während des (politischen) »Damaszener Frühlings« veröffentlicht eine Gruppe von 99 führenden Intellektuellen einen Appell für mehr demokratische Rechte und Meinungsfreiheit.

10. Nov. Amnestie für etwa 600 politische Gefangene, unter ihnen 380 Mitglieder der Muslimbruderschaft.

2001, Jan. Suspendierung des Ausnahmezustands.

29. März Unter dem neuen Präsidenten werden erstmals Zahlen veröffentlicht, die belegen, wie weit das Land sozial und ökonomisch zurückgeblieben ist. Die Arbeitslosigkeit liegt in den Städten bei 45 %, auf dem Land sogar bei 55 %. Von Regierungsgehältern leben mehr als ein Viertel aller Erwerbstätigen.

2003, 2. März Neuwahlen zur Volksversammlung mit dem üblichen Resultat der Zweidrittelmehrheit der Nationalen Progressiven Front.

20. Nov. Ein vom US-Kongress verabschiedetes Gesetz ermöglicht der US-Regierung, die Sanktionen gegenüber Syrien zu verschärfen. Zugrunde liegt die vom US-Außenministerium am 16. Sept. formulierte Einschätzung Syriens als »Schurkenstaat«, der u. a. Terroristen unterstützt.

2004, 8. März Rücknahme der seit 40 Jahren geltenden und seit 2000 suspendierten Notstandsgesetze. Vorausgegangen ist am 22. Febr. die Abschaffung der Sondergerichte für Wirtschaftssicherheit.

11. Mai US-Präsident George W. Bush unterzeichnet den *Syria Accountability Act*, mit dem Sanktionen begründet werden, die Syrien in der Libanonfrage zum Einlenken bringen sollen.

2005, 26. April Nach dem tödlichen Attentat auf den libanesischen Ministerpräsidenten Rafiq al-Hariri, als dessen Urheber die Regierung in Damaskus gilt, muss Syrien seine Truppen vollständig aus dem Libanon zurückziehen.

6. Mai Die USA erweitern die Sanktionen gegen Syrien.

20. Okt. Veröffentlichung des UN-Untersuchungsberichtes über den Mord an al-Hariri, demzufolge syrische und libanesische Geheimdienste in den Anschlag verwickelt sind.

2006, 8. Jan. Baschar al-Assad trifft sich mit saudischen und ägyptischen Vertretern, um für Unterstützung für seine Beziehungen zum Westen zu werben, nachdem der UN-Bericht zur Ermordung Hariris für ihn kritisch ausgefallen ist.

3. Febr. Als Reaktion auf die Mohammed-Karikaturen in der dänischen Zeitung »Jyllands-Posten« setzen Demonstranten in Damaskus die dänische und norwegische Botschaft in Brand.

12. Sept. Anschlag auf die US-Botschaft in Damaskus. Wer hinter den Anschlägen steckt, ist unklar.

Libanon seit 1946 | Forts. v. S. 1190 |

Konfessionalisierung und Proporz kennzeichnen die sozialen und politischen Grundstrukturen des Libanon, dessen Bevölkerung (1974: etwa 3,1 Mio.) nach der letzten Volkszählung von 1932 im Verhältnis 6:5 aus Christen und Moslems besteht. Das bereits im Libanon-Statut von 1861 für die Zusammensetzung des Verwaltungsrates angewandte Prinzip der Repräsentation nach Religionszugehörigkeit wird für die Republik Libanon im ungeschriebenen Nationalpakt von 1943 als Prinzip eines Religionsproporzes in Regierung und Verwaltung mit leichtem Übergewicht der Christen verankert (1943 und 1947 entsprechende Änderungen der Verfassung von 1926): Der Präsident muss maronitischer Christ, der Ministerpräsident sunnitischer Moslem sein. Die 33 Sitze in der Abgeordnetenkammer (seit 1960: 99 Sitze) werden nach einem im Wahlgesetz festgelegten Schlüssel auf die Religionsgemeinschaften verteilt, wobei das Verhältnis sechs Christen auf fünf Moslems gewahrt bleiben muss. Dieses sorgfältige Ausbalancieren der Machtverhältnisse wird begleitet von der grundsätzlichen Frage nach der Identität des Libanon entweder als souveräner auf Europa, besonders auf Frankreich, ausgerichteter Staat oder als Teil des panarabischen Nationalismus, der eine Vereinigung mit anderen arabischen Staaten, insbesondere mit Syrien, anstrebt.

Das komplizierte Wahlrecht fördert die politische Stärkung der verschiedenen muslimischen und christlichen Glaubensgemeinschaften. Da jede, auch politische, Position nach dem religiösen Proporzschlüssel aufgeteilt wird, können politische Karrieren nur über eine Zugehörigkeit zu und die Unterstützung von einer der Religionsgemeinschaften aufgebaut werden. Davon profitieren besonders die traditionellen Führungseliten (Großgrundbesitzer mit Patronagestrukturen, Klerus) der einzelnen Gemeinschaften. Die politischen Parteien mit sehr unterschiedlichen Programmen stützen sich jeweils auch v. a. auf eine Religionsgemeinschaft und können höchstens in den Städten zusätzlichen Anhang gewinnen. Da auch die Regierung den Proporz zu berücksichtigen hat, wird Politik zum Aushandeln von Interessen der Gemeinschaften. Zum Prinzip wird die minimale

Staatsintervention; darum werden bis 1959 nur kleine Kabinette mit vier Ministern gebildet, danach existieren meist acht bis zehn Ministerien. In der Außenpolitik neigen die Christen politisch und wirtschaftlich dem Westen zu (Annahme der Eisenhower-Doktrin 1957), während die Moslems eher panarabisch orientiert sind.

Das Wirtschaftsleben wird von den Christen dominiert: Investitionen fließen v.a. in den Handel, in Banken, den Fremdenverkehr und andere Dienstleistungen. Das produzierende Gewerbe ist schwach entwickelt, dazu erschwert die Armut an Bodenschätzen die Industrialisierung; hinzu kommt eine rückständige Landwirtschaft (nur 7 % der Gesamtfläche mit Dauerkulturen).

1946, 31. Dez. Der Libanon erlangt seine volle Souveränität mit dem Abzug der letzten französischen Truppen und Behörden.

1957 Die prowestliche Politik der Regierung (Annahme der Eisenhower-Doktrin) führt zur Polarisierung im Wahlkampf: Die zur »Vereinigten Nationalen Front« zusammengeschlossene Opposition tritt für eine panarabische Orientierung und gegen die »Feudalisierung« der Innenpolitik ein. Auch nach dem Wahlsieg der Regierung (Juni) halten die Unruhen an.

1958, Mai–Juli Das Gerücht, Präsident Camille Chamoun (*1900, †1987) wolle durch eine Verfassungsänderung seine Wiederwahl erzwingen, löst schließlich einen Bürgerkrieg aus. Die Kämpfe flauen erst ab, als auf Ersuchen der Regierung US-Truppen an der Küste landen (17. Juli); Vermittlung der Vereinten Nationen (Abzug der US-Truppen bis Okt.).

31. Juli Alle Parteien einigen sich auf den Oberkommandierenden, General Fuad Schihab (*1902, †1973), als neuen Präsidenten.

23. Sept. Schihab bekräftigt bei seinem Amtsantritt die Einheit und Neutralität des Libanon und beruft Raschid Karame (*1921, †1987), einen »Rebellenführer«, zum Ministerpräsidenten.

Die Krise des libanesischen Systems

Ein wachsender Teil der islamischen Bevölkerung fordert einen größeren Anteil am Reichtum des Landes, mehr Investitionen im schwach entwickelten Süden, bessere Bildungschancen und den Ausbau der nur ansatzweise vorhandenen Sozialgesetzgebung. Um ihre Ziele durchsetzen zu können, fordern die Moslems einen angemesseneren Anteil an Spitzenpositionen in Regierung und Verwaltung sowie eine verbesserte Repräsentation (nach inoffiziellen Schätzungen ist der Anteil der Muslime an der Bevölkerung auf über 50 % gestiegen). Die Christen wollen den sozio-ökonomischen und politischen Status quo erhalten und finden sich hier in Interessenidentität mit Teilen der islamischen Oberschicht (Großgrundbesitzer). Die »Konfessionalisierung« sozialer und politischer Konflikte schafft eine immer instabilere Balance zwischen prowestlichen Christen und panarabischen Moslems. Die Stabilität wird weiter beeinträchtigt durch die Anwesenheit von 380 000 Palästinensern (davon 275 000 in Lagern). Die Palästinenser werden in den 60er-Jahren zunehmend in innerlibanesische Konflikte einbezogen, weil die moslemische libanesische Linke und die palästinensischen Flüchtlinge in ihren panarabischen Zielen aneinander natürliche Bundesgenossen finden. Seit 1965 benutzen Fedajin den Libanon als Basis für Guerillaaktionen gegen Israel und provozieren damit Vergeltungsschläge, die die libanesische Bevölkerung in Mitleidenschaft ziehen. Nach dem Sechstagekrieg von 1967 räumt der Libanon auf Druck der arabischen Staaten den Palästinensern eine »Zufluchtsstätte« im Grenzgebiet zu Israel ein: das »Fatah-Land« (Arkub-Gebiet am Hermonmassiv). Wachsender Einfluss erlaubt der PLO zunächst in den Lagern, schließlich offen in Teilen des Libanon, einen »Staat im Staate« zu errichten. Der Libanon wird ab 1968, besonders aber nach der Verdrängung der Fedajin aus Jordanien 1970/71, zum »Konfrontationsstaat«. Gegen den wachsenden Einfluss der Palästinenser richtet sich der Aufbau von christlichen Milizen, insbesondere der rechtsradikalen Falange (v.a. Maroniten), die seit Anfang der 70er-Jahre zu Privatarmeen der alten Spitzenpolitiker und ihrer Clans aufgerüstet werden.

1969, Okt. Demonstrationen und Unruhen drohen den Libanon in einen christlichen und einen moslemischen Teil zerfallen zu lassen. Nach der Einbeziehung der Palästinenser herrschen bürgerkriegsähnliche Zustände. Das Land steht unter Militärverwaltung.

3. Nov. Der ägyptische Präsident Gamal Abd al-Nasser vermittelt das Abkommen von Kairo, das den Status der Palästinenser regelt: Exterritorialität der Lager, Verbot des Waffentragens außerhalb der Lager, Gestattung der Guerilla-Aktionen gegen Israel mit der Einschränkung der Feuereröffnung über die Grenze. Die Palästinenser halten die Abmachungen nicht ein. Der Südlibanon bleibt israelischen Vergeltungsschlägen ausgesetzt – bis hin zu Invasionen (erstmals am 16./17. Sept. 1972 nach dem Überfall auf die israelische Olympiamannschaft in München).

1975 Heftige Kämpfe zwischen der Falange und Palästinensern in Beirut (April) weiten sich zum **Bürgerkrieg** aus. Bildung der »Progressiven Front« (auch »Nationale Front« genannt) durch linke Moslems, Nasseristen, radikale Palästinenser u.a. unter Führung des Drusen Kamal Dschumblat (*1917, †1977), der einen sozialrevolutionären Staat ohne konfessionellen Proporz anstrebt. Das heterogene christliche Lager will den Status quo erhalten. Die arabischen Staaten und Israel mischen sich ein, indem sie die Bürgerkriegsparteien mit Waffen versorgen.

Sept. Ein Komitee für den Nationalen Dialog aus Führern aller politischen und konfessionellen Gruppen erreicht nur vorübergehend ein Abflauen der Kämpfe.

1976, 22. Jan. Syrien interveniert seit 1975 zunehmend (zunächst mit palästinensischen Saika-Verbänden) und erreicht einen Waffenstillstand. Über politische Reformen wird keine Einigung erzielt: Syrien will im Libanon einerseits ein zu weites Vordringen Israels und eine direkte Konfrontation vermeiden, andererseits die Machtbalance zwischen den verschiedenen Kräften im Libanon erhalten, sodass es selbst

Schiedsrichter bleibt. Diese z. T. widersprüchlichen Ziele erklären den Zickzackkurs Syriens, das häufig seine Verbündeten wechselt.

Mai Krise um Staatspräsident SULAIMAN FRANDSCHIJE (*1910, †1992), der nach der Wahl von ELIAS SARKIS (*1924, †1985) zum neuen Präsidenten (8. Mai) nicht zurücktritt (regulärer Amtswechsel am 23. Sept.). Daraufhin kommt es zu heftigen Kämpfen mit verstärkter **syrischer Intervention** – bis 20. Mai sind 30 000 syrische Soldaten im Libanon. Syrien unterstützt zunächst die Linke und die Palästinenser.

1. Juni Als sich der Sieg der Linken und der Palästinenser abzeichnet, beginnt die volle syrische Invasion, um die Waffenruhe zu erzwingen (Furcht Syriens vor einer militärischen Konfrontation mit Israel).

Okt. Vermittlungsversuche der Arabischen Liga führen schließlich zum Abflauen der Kämpfe. Eine arabische Friedenstruppe aus 30 000 syrischen Soldaten und kleinen Kontingenten anderer Staaten soll den Waffenstillstand überwachen. – Über die unmittelbaren Kriegsfolgen (30 000–60 000 Tote; materielle Schäden auf 4 Mrd. US-$ geschätzt) hinaus ist der Libanon mit dem Bürgerkrieg in christliche und moslemische Siedlungsgebiete mit getrennten Verwaltungen auseinandergefallen und als Finanz- und Handelszentrum des Mittleren Ostens lahmgelegt.

9. Dez. Ein »Technokraten«-Kabinett unter SELIM HOSS (*1929) soll den Wiederaufbau des Landes beginnen, findet jedoch keine ausreichende politische Unterstützung.

1977, 16. März Nach der Ermordung DSCHUMBLATS kommt es zu Rachemorden, nicht aber zu direkten Kämpfen. Immer wieder finden sporadische Kämpfe in Beirut und im Süden, auch unter verfeindeten Palästinensergruppen und unter christlichen Milizen statt. Syrische Einheiten der arabischen Friedenstruppe werden zunehmend in die Kämpfe verwickelt.

1978, 15.–20. März Israelische Invasion in den Südlibanon. Beim Rückzug der israelischen Armee übernehmen UN-Truppen (UNIFIL) eine Pufferzone.

Juni Im unmittelbaren libanesischen Grenzgebiet übergibt Israel die Autorität an die christliche Miliz unter Major SAAD HADDAD (*1936, †1984), die es ab Ende des Jahres in den wieder aufflammenden Kämpfen mit Palästinensern aktiv militärisch unterstützt.

Juni/Juli Syrische Einheiten der arabischen Friedenstruppe greifen mit schweren Waffen christliche Wohnviertel in Beirut an.

1979, 18. April HADDAD proklamiert die autonome Republik »Freier Libanon«, von der aus der ganze Libanon von ausländischer Intervention befreit werden soll.

1980, 25. Okt. Auch das neue Kabinett unter SHAFIK AL-WAZZAN (*1925, †1999) kann den Bürgerkrieg nicht beenden. Um die Stadt Zahlé toben mehrfach Kämpfe (1980/81).

1982, 14. Sept. Der nach der **israelischen Invasion** (ab 6. Juni) neu gewählte Präsident BASCHIR GEMAYEL (*1947) fällt einem Attentat zum Opfer. Milizen des Präsidenten und des Majors HADDAD richten Massaker in den Palästinenserlagern Sabra und Schatila an.

21. Sept. BASCHIRS Bruder AMIN (*1942) wird zum neuen Präsidenten gewählt. Die Errichtung einer amerikanisch-französisch-britisch-italienischen Friedenstruppe in Beirut führt (1983) zum direkten westlichen Eingreifen in den Bürgerkrieg.

1983, 17. Mai Das Israelisch-Libanesische Abkommen zum Abzug aller fremden Truppen aus dem Libanon wird von Syrien abgelehnt und nicht umgesetzt. Nord- und Ostlibanon werden von Syrien beherrscht, den Süden kontrolliert unter israelischer Besatzung Major HADDAD.

Aug./Sept. In dem von Israel geräumten Gebiet, besonders in Beirut und in den Schuf-Bergen, beginnt die blutigste Phase des Bürgerkrieges.

31. Okt. Von Syrien vermittelt, beginnt in Genf die Versöhnungskonferenz der Konfliktparteien des Bürgerkriegs.

1984, Febr./März Die multinationale Streitmacht zieht aus Westbeirut ab.

26. April Nach mehreren Verhandlungsrunden kommt es zur Bildung einer Regierung der nationalen Einheit unter Ministerpräsident RASCHID KARAME, zur Kündigung des Abkommens mit Israel und zur Befriedung von Beirut.

1985 Unter den Muslimen verschiebt sich die Macht zugunsten der Schiiten gegenüber den bislang auch wirtschaftlich führenden Sunniten. Der schiitischen Organisation Amal erwächst ab 1985 eine Konkurrenz durch die proiranische, islamisch-fundamentalistische *Hisbollah* (»Partei Gottes«).

ab 19. Mai Die von der Amal mit syrischer Unterstützung durchgeführte Blockade palästinensischer Flüchtlingslager in West-Beirut dauert mit Unterbrechungen bis 1988 an.

10. Juni Der israelische Truppenrückzug (Beginn 20. Jan.) wird abgeschlossen, Israel kontrolliert mit der Südlibanesischen Armee eine 10 km breite »Sicherheitszone« an der Grenze.

1987, 1. Juni Nach der Ermordung von Ministerpräsident KARAME wird SELIM HOSS dessen Nachfolger.

1988 Die von Syrien unterstützte Amal und die Hisbollah liefern sich monatelange Kämpfe im Südlibanon und in den südlichen Vororten Beiruts.

Sept. Verfassungskrise infolge ungeklärter Nachfolge des Präsidenten: AMIN GEMAYEL ernennt eine militärische Übergangsregierung unter dem maronitischen Armeeoberbefehlshaber General MICHEL AOUN (*1935), die von der in West-Beirut residierenden Regierung SELIM HOSS nicht anerkannt wird.

1989 General AOUN setzt sich in Ost-Beirut und im angrenzenden christlichen Gebiet gegen die maronitische Miliz *Forces libanaises* (FL) unter SAMIR GEAGEA (*1952) militärisch durch.

14. März Als AOUN einen »Befreiungskrieg gegen Syrien« verkündet, beginnen die seit Jahren blutigsten Kämpfe gegen die von Syrien unterstützten sunnitischen und drusischen Milizen.

22. Okt. Im saudi-arabischen Taif verabschieden 59 libanesische Parlamentarier ein Abkommen zur Reform des politischen Systems: gleiche Sitzverteilung für Christen und Muslime im Parlament, Beschneidung der Befugnisse des (maronitischen) Staatspräsidenten und Stärkung des (sunnitischen) Ministerpräsidenten; Rückzug der syrischen Truppen in den Ostlibanon binnen zwei Jahren.

5. Nov. Wahl des maronitischen Abgeordneten René Muawad (*1925, †1989) zum Präsidenten des Libanon sowie Ratifikation des Abkommens von Taif.

22. Nov. Präsident Muawad kommt bei einem Bombenanschlag ums Leben.

23. Nov. Wahl von Elias Hrawi (*1926, †2006) zum neuen Präsidenten.

1990, Jan./Febr. Kämpfe um die Vorherrschaft in der maronitischen Enklave zwischen den Forces libanaises und den Truppen von Aoun.

13. Okt. Syrische Truppen stürmen General Aouns Hauptquartier. Aoun flieht mithilfe der französischen Botschaft nach Frankreich.

1991, 22. Mai Die Präsidenten Syriens und des Libanon, Hafiz al-Assad und Elias Hrawi, unterzeichnen in Damaskus einen syrisch-libanesischen Kooperationsvertrag. Darin wird der Libanon erstmals seit der Unabhängigkeit beider Staaten von Syrien formell anerkannt.

1992, 9. März Von libanesischer Seite wird die Zahl der Todesopfer im Bürgerkrieg (1975–1990) mit 144 240 angegeben.

13. Mai Der sunnitische Politiker Rashid as-Solh (*1926) wird von Staatspräsident Hrawi zum neuen Ministerpräsidenten ernannt, nachdem die Regierung Umar Karame (*1934; Ministerpräsident seit 20. Dez. 1990) infolge eines Generalstreiks zurückgetreten ist.

22. Okt. Anstelle as-Solhs wird der Unternehmer Rafiq al-Hariri (*1944, †2005) Ministerpräsident.

1993, 25.–31. Juli Israelische Luftangriffe auf Stützpunkte der Hisbollah im Südlibanon fordern insgesamt 130 Opfer.

1995, 19. Okt. Die Amtszeit des Präsidenten Hrawi wird vom Parlament in Beirut rückwirkend von sechs auf neun Jahre verlängert.

1996, 11.–26. April Eine israelische Militäroperation gegen Hisbollah-Stellungen im Südlibanon führt zu großen Verlusten unter der libanesischen Bevölkerung und zur Zerstörung von zahlreichen Dörfern.

15. Sept. Hariri siegt bei Parlamentsneuwahlen und bleibt Ministerpräsident.

1997, Mai In der Bekaa-Ebene, einem traditionellen Landwirtschaftsgebiet, entsteht eine Bewegung des zivilen Ungehorsams und der Steuerverweigerung, angeführt von Scheich Subhi Tufaili (*1948). Hintergrund ist die Öffnung der Märkte und das Verbot des Haschisch- und Opiumanbaus, das die Bevölkerung um ihre wichtigste Einkommensquelle bringt.

Juli Das UN-Hilfswerk für die Palästina-Flüchtlinge (UNRWA) weist auf die Situation der rund 230 000 Palästinenser hin, die in Lagern im Libanon leben.

1998, Jan. Die libanesische Armee geht gewaltsam gegen Scheich Subhi Tufaili und seine Anhänger vor.

April Nachdem Israel den Rückzug seiner Armee aus der sog. Sicherheitszone im Südlibanon angekündigt hat, weigert sich die libanesische Regierung die von Israel geforderten Sicherheitsgarantien (Entwaffnung der Hisbollah-Milizen, Amnestie für die Kämpfer der proisraelischen Südlibanesischen Armee) abzugeben.

15. Okt. General Émile Lahoud (*1936) wird zum Staatspräsidenten gewählt.

1999, 9. Dez. In einem neuen Wahlgesetz werden die den einzelnen religiösen und ethnischen Gruppen zustehenden Mindestkontingente neu festgelegt.

2000, Jan./Febr. Schwere Vergeltungsschläge der israelischen Armee in der Sicherheitszone nach Anschlägen der Hisbollah in Nordisrael.

23. Mai Die israelischen Truppen schließen den Rückzug aus dem Südlibanon ab. Von der mit Israel verbündeten Südlibanesischen Armee (SLA) bitten 6000 Mann in Israel um Asyl, 1000 ergeben sich den libanesischen Behörden. Da sich Israel, Syrien und Libanon zuerst nicht über einen genauen Grenzverlauf einigen können, verzögert sich das Einrücken der UN-Truppen (UNIFIL) in die ehemalige Sicherheitszone bis zum 30. Juli.

27. Aug./3. Sept. Bei den Parlamentswahlen erleidet der seit 2. Dez. 1998 amtierende Ministerpräsident Selim Hoss eine schwere Niederlage. Die Mehrheit stimmt für den früheren (1992–1998) Ministerpräsidenten Rafiq al-Hariri.

2. Nov. Ministerpräsident Hariri kündigt Verhandlungen mit Syrien über die Beendigung der syrischen Militärpräsenz im Libanon an.

Dez. Staatspräsident Lahoud protestiert gegen israelische und US-amerikanische Pläne, palästinensische Flüchtlinge im Libanon einzubürgern.

2001, 15. März Die Armee geht gegen antisyrische Kundgebungen vor.

14. Juni Syrien beginnt mit der Verlegung von etwa 6000 Soldaten, die bisher in Beirut stationiert waren, hinter die syrische Grenze.

2003, 23. Okt. Generalstreik der Gewerkschaften in Beirut gegen die Sozialpolitik der Regierung. Diese ist gelähmt durch einen Machtkampf zwischen Ministerpräsident Hariri und Staatspräsident Lahoud. Hariri will mit der Privatisierung von Staatsunternehmen das mit 32,8 Mrd. US-$ verschuldete Land aus der Krise führen.

9. Nov. Die israelische Regierung stimmt einem Gefangenenaustausch mit der *Hisbollah* zu.

2004, 3. Sept. Die Resolution 1559 des UN-Sicherheitsrates fordert u. a. den Abzug Syriens aus dem Libanon und die Entwaffnung der *Hisbollah*. Die nicht verfassungskonforme Verlängerung der Amtszeit des prosyrischen Präsidenten Lahoud führt erneut zu Spannungen zwischen Präsident und Regierung, mehrere Minister treten zurück.

20. Okt. Rücktritt der Regierung Hariri, Präsident Lahoud ernennt Umar Karame zum neuen Ministerpräsidenten. Zahlreiche Parlamentarier boykottieren die Gespräche mit Lahoud über die Ernennung eines neuen Ministerpräsidenten.

2005, 14. Febr. Der frühere Regierungschef HARIRI wird bei einem Attentat getötet. Daraufhin richten sich Massendemonstrationen gegen Syrien, das der Anstiftung verdächtigt wird. Unter internationalem Druck erklärt sich die **syrische** Regierung bereit, ihre **Truppen aus dem Libanon abzuziehen**. Die Aktion ist Ende April abgeschlossen. Die Position der *Hisbollah* ist vorläufig geschwächt.

Juni–Aug. Bei einer Reihe von Anschlägen sterben syrienkritische Journalisten. Die Opposition beschuldigt Syrien Urheber der Attentate zu sein.

2. Juni Ein Oppositionsbündnis (antisyrische Koalition) unter Führung SAAD AL-HARIRIS (*1970), Sohn RAFIQ AL-HARIRIS, gewinnt die Parlamentswahlen. FOUAD SINIORA (*1943) wird Ministerpräsident.

2006, 12. Juli Israel reagiert auf die Entführung zweier israelischer Soldaten durch die *Hisbollah* mit massiven **Luftangriffen auf Südlibanon**, worauf die *Hisbollah* den Norden **Israels** mit Kurzstreckenraketen beschießt. Die israelische Armee setzt begrenzt Bodentruppen auf libanesischem Gebiet ein.

30. Juli Bei einem Luftangriff auf das Dorf Kana sterben mindestens 26 Zivilisten. Israel gerät wegen der Luftangriffe zunehmend unter internationalen Druck.

11. Aug. Der UN-Sicherheitsrat verabschiedet einstimmig die Resolution 1701. Sie fordert u. a. eine sofortige Waffenruhe, den Rückzug Israels aus dem Libanon und die Entwaffnung der *Hisbollah*. Die libanesische Armee und UN-Soldaten sollen den Waffenstillstand überwachen.

1. Okt. Israel beendet den Rückzug ohne sein erklärtes Ziel, die Befreiung der beiden entführten Soldaten, noch sein unerklärtes Ziel, die Vernichtung der militärischen Macht der *Hisbollah* und seiner Raketen, erreicht zu haben.

22. Nov. Der Rücktritt von fünf schiitischen und einem christlichen Minister führt zur Regierungskrise. Die *Hisbollah* fordert eine Sperrminorität in der Regierung.

1. Dez. Die *Hisbollah* ruft zu Demonstrationen gegen die Regierung SINIORA auf, etwa 800 000 Menschen protestieren am Regierungssitz.

2007, 20. Mai Der gewaltsame Zusammenstoß zwischen der libanesischen Armee und *Fatah al-Islam*, einer radikal-sunnitischen Gruppe, die sich 2006 von *Fatah al-Intifada*, einem von Syrien unterstützten Ableger der palästinensischen Fatah, abgespaltet hat, entwickelt sich zum militärischen Konflikt um das palästinensische Flüchtlingscamp Nahr al-Barid (400 Tote, 30 000 Flüchtlinge). Erst nach drei Monaten kann die Armee die Kontrolle über das Camp übernehmen.

23. Nov. Die Amtszeit des bisherigen Präsidenten EMIL LAHOUD läuft aus, ohne dass ein Nachfolger rechtzeitig bestimmt werden konnte. Der Streit um die Besetzung des höchsten Amts zwischen prosyrischer Opposition und prowestliche Regierung entwickelt sich zu einem Konflikt um die konstitutionelle Machtverteilung.

Jordanien (Transjordanien) seit 1946

1946, 22. Mai Im Vertrag von London erhält **Transjordanien** die **Unabhängigkeit**. Emir ABDULLAH (*1882, †1951) nimmt den Königstitel an (25. Mai). Eine neue Verfassung wird in Kraft gesetzt.

1948, 15. März Der Vertrag mit Großbritannien über die Neuregelung der Truppenstationierung stellt die volle Souveränität her. Großbritannien erhält Stützpunkte gegen Unterstützungszahlungen.

Mai–Nov. Im Palästinakrieg erzielt allein die jordanische Arabische Legion Erfolge. Sie vertreibt die Juden aus der Altstadt von Jerusalem und bleibt nach dem Waffenstillstand im besetzten Westjordanland (Ostpalästina, West Bank genannt).

1. Dez. ABDULLAH lässt sich in Jericho zum »König von ganz Palästina« ausrufen.

1950, 24. April ABDULLAH lässt die Annexion des Westjordanlands durch Abstimmung bestätigen; der Staat heißt »Haschimitisches Königreich Jordanien«.

1951, 20. Juli ABDULLAH, der eine Verständigung mit Israel sucht, wird ermordet. Als sein Nachfolger besteigt TALAL (*1909, †1972) den Thron (1951/52).

1952, 8. Jan. Neue Verfassung: konstitutionelle Monarchie mit erblicher Königswürde.

11. Aug. Der kranke TALAL tritt zugunsten seines minderjährigen Sohnes zurück. König HUSSEIN I. (*1935, †1999) wird am 2. Mai 1953 inthronisiert.

Strukturelle Grundprobleme Jordaniens

Die gebietsmäßige Erweiterung beeinflusst die innere Entwicklung. Von den Einwohnern Jordaniens (1976: 2,8 Mio., ohne das israelisch besetzte Westufer: 2 Mio.; 98 % Araber, 94 % Muslime) stammt nur ein Drittel aus dem ostjordanischen Gebiet, ein weiteres Drittel sind die Bewohner Ostpalästinas, der Rest Palästinaflüchtlinge. 2006 hat Jordanien östlich des Jordans 5,9 Mio. Einwohner. Das Land verfügt über eine ungünstige Wirtschaftsstruktur, da es zu 77 % aus Wüste besteht und arm an Bodenschätzen ist (v. a. Phosphate, Pottasche). Es gelingt nicht, die Palästinaflüchtlinge ins Staats- und Wirtschaftsleben voll einzugliedern. Sie sind daher für den Panarabismus besonders empfänglich und stehen im Gegensatz zur herrschenden konservativen ostjordanischen Führungsschicht. Im politischen Leben bilden sich allmählich drei Gruppen heraus: Anhänger der Dynastie (Armee und Beduinen), Nationalisten, die z. T. gegen das Königshaus stehen, und sozialrevolutionäre Panaraber, die sich für den Anschluss an Ägypten und Syrien einsetzen (meist Palästinaflüchtlinge).

1956/57 In der Zeit der Sueskrise amtiert eine nationalistische Regierung. Sie erreicht ein Abkommen mit Großbritannien über die Aufhebung des Militärpaktes von 1948 (13. März 1957). Der Druck auf Jordanien, ins proägyptische Lager überzutreten, führt zu einer Interventionsdrohung der USA.

1958, 2. Aug. Die Arabische Föderation Jordaniens mit dem Irak (14. Febr.) wird nach dem Staatsstreich im Irak aufgehoben.

1966 Die Palästinensische Befreiungsorganisation (PLO) findet bei den Flüchtlingen von Anfang an erheblichen Anhang. Jordanien wird zum Ausgangspunkt für Guerilla-Unternehmen in Israel und ist israelischen Vergeltungsschlägen ausgesetzt. Jordanien entzieht der PLO die Unterstützung, als diese beginnt, eine Art Nebenregierung für Palästina zu errichten. Die PLO ruft zur Revolte gegen HUSSEIN und zur Eingliederung Jordaniens ins Lager der »revolutionären Kräfte« im Kampf gegen Israel auf. Bombenanschläge in Jordanien; Schließung des PLO-Büros.

1967, 30. Mai Als der Nahostkonflikt offensichtlich auf einen Krieg hin eskaliert, verbündet sich HUSSEIN mit den arabischen Konfrontationsstaaten, um einen Aufstand im eigenen Land zu vermeiden.

Juni Im **Sechstagekrieg mit Israel** verliert Jordanien das Westufer mit der Altstadt von Jerusalem; 350 000 zusätzliche Flüchtlinge in Ostjordanien, schwerste Störung der Wirtschaft.

1970, 16.–27. Sept. Nach wiederholten schweren Kämpfen zwischen Armee und Palästinensern (Febr., Juni, Aug.) wird die Entführung von drei westlichen Verkehrsmaschinen nach Jordanien (6. und 9. Sept.) für HUSSEIN zum Anlass, die militärische Macht der Palästinenser mit aller Gewalt zu brechen. Es kommt zum erbitterten Bürgerkrieg (**»Schwarzer September«**). Syrien interveniert zugunsten der Palästinenser, die USA lassen die Absicht erkennen, zugunsten HUSSEINS einzugreifen. GAMAL ABD AL-NASSER vermittelt zwischen HUSSEIN und PLO-Chef JASSIR ARAFAT (einen Waffenstillstand (27. Sept.).

13. Okt. Das Abkommen zwischen HUSSEIN und ARAFAT belässt den Palästinensern einen Sonderstatus.

1971, Juli Ein Großangriff der Armee auf die palästinensischen Stützpunkte im Norden des Landes beendet die bewaffnete Präsenz der Palästinenser in Jordanien. Der Süden Libanons wird die neue Basis der PLO.

Aug./Sept. HUSSEIN baut seine innenpolitische Position aus. Er gründet einen Stammesrat, der später die Beduinengebiete verwaltet, und eine Jordanische Nationale Union (ab 1972: Arabische Nationale Union) als von ihm selbst geführte, einzig zugelassene politische Organisation.

28. Sept. Mitglieder der palästinensischen *Fedajin*-Gruppe »Schwarzer September« ermorden Ministerpräsident WASFI AL-TALL (*um 1920) in Kairo.

1972, März HUSSEIN schlägt eine Föderation autonomer Regionen in Jordanien und Palästina (Westufer) mit ihm als Staatsoberhaupt des »Vereinigten Arabischen Königreiches« vor (Hussein-Plan). Den Plan lehnen Palästinenserorganisationen und Israel einhellig ab.

1973, Sept./Okt. Nach der Aussöhnung mit Ägypten und Syrien erlässt HUSSEIN eine Amnestie für politische Häftlinge, v. a. *Fedajin* (18. Sept.), und entsendet Truppen an die syrische Front im Oktoberkrieg.

1974, Okt./Nov. Um die finanzielle Unterstützung durch Saudi-Arabien nicht zu verlieren und nicht in der arabischen Welt völlig isoliert zu werden, stimmt HUSSEIN den Beschlüssen der Arabischen Gipfelkonferenz in Rabat zu (26.–29. Okt.). HUSSEIN betrachtet das Westjordanland als nicht mehr zu Jordanien gehörig und erklärt, an Verhandlungen über die Zukunft dieses Gebietes nicht teilnehmen zu wollen.

1975, 12. Juni HUSSEIN einigt sich mit dem syrischen Präsidenten HAFIZ AL-ASSAD über die Bildung eines Gemeinsamen Obersten Komitees (gemeinsames Militärkommando, politische Koordination, wirtschaftliche Integration).

1978, 19. April HUSSEIN ernennt auf zwei Jahre 60 Mitglieder eines Nationalen Konsultativrats, der beschränkte legislative Funktionen wahrnehmen soll.

1979 Die Friedensverhandlungen zwischen Ägypten und Israel führen zu einer Wiederannäherung zwischen HUSSEIN und den Palästinensern. ARAFAT reist mehrfach nach Amman.

1983 Nach dem Verlust der PLO-Positionen im Libanon verhandelt ARAFAT mit HUSSEIN über die Vertretung der Palästinenser bei möglichen Friedensverhandlungen und über eine etwaige Konföderation.

1984, 9. Jan. In diesem Zusammenhang beruft HUSSEIN das 1974 aufgelöste Parlament wieder ein.

1985, 23. Febr. Das Abkommen von Amman zwischen HUSSEIN und ARAFAT sieht bei Verhandlungen zur Lösung des Palästinakonflikts eine gemeinsame jordanisch-palästinensische Delegation vor.

4. April SAID RIFAI (*1936) wird Ministerpräsident; die Beziehungen zu Syrien vertiefen sich wieder.

1986, 19. Febr. König HUSSEIN kündigt die Zusammenarbeit mit der PLO-Führung auf und versucht, wieder stärkeren Einfluss auf der West Bank zu gewinnen.

1988, 28. Juli HUSSEIN löst die administrativen und rechtlichen Verbindungen Jordaniens mit dem Westjordanland. Die Regierung regelt den Status der Palästinenser in Jordanien neu.

1989 Vom IWF (Internationaler Währungsfonds) verordnete Sparmaßnahmen lösen soziale Unruhen aus, die vom Militär blutig niedergeschlagen werden. Der König verspricht eine politische Liberalisierung und baldige Parlamentswahlen (18. April).

8. Nov. Bei den Parlamentswahlen erhalten die islamisch-fundamentalistischen Kandidaten 31 Mandate, Konservative und Königstreue ebenfalls 31 und die Linke 18 Mandate.

4. Dez. MUDAR BADRAN (*1934) bildet eine Regierung unter Einschluss aller im Parlament vertretenen Strömungen.

1990, 9. Mai König HUSSEIN beauftragt eine Kommission, eine Nationalcharta mit Leitlinien für die Entwicklung zum politischen Pluralismus und einen Sozialkontrakt auszuarbeiten.

ab Aug. Jordanien ist von der Kuwaitkrise und dem UN-Wirtschaftsembargo wegen seiner engen ökonomischen Verflechtung mit dem Irak direkt betroffen und macht eine schwere Wirtschaftskrise durch.

1991, 18. Jan. Das Parlament verabschiedet eine Resolution, in der die USA für den Kriegsausbruch in Kuwait verantwortlich gemacht werden. Dem politischen Einfluss der stark im Parlament vertretenen Muslimbrüder Rechnung tragend, erklärt König HUSSEIN Jordanien im Zweiten Golfkrieg für neutral (27. Jan.).

9. Juni Verabschiedung der Nationalcharta.

1992, 1. Sept. Das neue Parteiengesetz ermöglicht die Wiederzulassung der 1957 verbotenen politischen Parteien. Als erste Partei wird die »Jordanische Nationale Allianz« (3. Dez.) zugelassen; die Muslimbrüder mit unabhängigen Islamisten bilden eine eigene Partei.

1993, 8. Nov. Gemäßigte Kräfte, die König HUSSEIN in seinen Friedensbemühungen mit Israel unterstützen, gewinnen die ersten freien Mehrparteienwahlen zum Parlament seit 37 Jahren.

1994, 25. Juli König HUSSEIN und der israelische Ministerpräsident YITZHAK RABIN beenden den Kriegszustand zwischen ihren Staaten.

26. Okt. Die Ministerpräsidenten Israels und Jordaniens, YITZHAK RABIN und ABD AL-SALAM AL-MADSCHALI (*1925), unterzeichnen einen **Israelisch-Jordanischen Friedensvertrag**.

1995, 5. Jan. MADSCHALI tritt zurück. Neuer Amtsinhaber wird SCHARIF ZAID IBN SCHAKIR (*1934, †2002), früherer Generalstabschef und enger Vertrauter König HUSSEINS.

1996, 4. Febr. Erneuter Amtswechsel: König HUSSEIN beruft den seit Jan. 1995 als Außenminister amtierenden ABD AL-KARIM KABARITI (*1949) zum Ministerpräsidenten.

1997, 4. Nov. Parlamentswahlen unter Boykottaufruf islamistischer und liberaler Parteien. Wahlsieger sind der Regierung nahe stehende Kandidaten.

1998, 19. Aug. Rücktritt des seit 19. März 1997 amtierenden Ministerpräsidenten ABD AL-SALAM AL-MADSCHALI. Nachfolger wird der bisherige Präsident des Königlichen Gerichts, FAYEZ TARAWNA (*1949).

1999, 24. Jan. Der krebskranke König HUSSEIN regelt seine Nachfolge: Statt seines Bruders HASAN (*1947), der seit 1965 Kronprinz ist, soll sein Sohn ABDULLAH (*1962) den Thron erben. ABDULLAH ist Generalmajor der Armee und Leiter der Spezialeinheiten.

7. Febr. **Tod König HUSSEINS**: Noch am selben Tag wird ABDULLAH vor dem Parlament vereidigt, die offizielle Ernennung des Königs unter dem Namen **ABDULLAH II.** erfolgt am 9. Juni.

4. März Einberufung einer neuen Regierung unter Ministerpräsident ABD AL-RAUF AL-RAWABDE (*1939).

22. April Syrien und Jordanien einigen sich auf die Wiederbelebung des gemeinsamen Komitees für bilateralen Handel, das 1994 mit der Unterzeichnung des Friedensvertrages Jordaniens mit Israel aufgelöst wurde. In der Folge verbessert sich die Beziehung beider Länder zueinander.

30. Aug.–22. Sept. Verhaftungsaktionen gegen zahlreiche Führer der islamistischen Hamas. In Abkehr von der Politik seines Vaters ist König ABDULLAH bestrebt, den Bewegungsspielraum palästinensischer Organisationen in seinem Land zu verringern.

13. Sept. Der jordanische König ABDULLAH trifft sich in Beirut mit dem libanesischen Präsidenten ÉMILE LAHOUD (*1936). Das ist der erste Besuch eines jordanischen Staatschefs in Beirut seit 30 Jahren.

5. Dez. Sicherheitskräfte heben ein islamistisches Netzwerk aus, das offensichtlich von OSAMA BIN LADEN (*1957) finanziert worden ist.

2000, 15. Jan Mit einer Kabinettsumbildung versucht Ministerpräsident RAWABDE den wachsenden Widerstand gegen seine Wirtschaftspolitik zu dämpfen.

22. Jan. Das bestehende bilaterale Abkommen mit dem Irak wird verlängert. Es sichert Jordanien die Versorgung mit Erdöl aus dem Nachbarland.

11. April Jordanien wird in die Welthandelsorganisation (WTO) aufgenommen.

18. Juni König ABDULLAH ernennt den Technokraten ALI ABU AL-RAGHIB (*1946) zum neuen Regierungschef.

18. Sept. Wegen Beteiligung an Terroranschlägen werden sechs Islamisten (vier davon in Abwesenheit) zum Tode verurteilt.

4. Okt. Bei seinem ersten Besuch in Jordanien seit 1983 trifft sich der libysche Staatschef MUAMMAR AL-GADDAFI mit König ABDULLAH.

1. Nov. Als erster hochrangiger arabischer Offizieller seit dem Ende des Golfkriegs (1990/91) besucht Ministerpräsident RAGHIB Bagdad.

2001, 16. April Regierungschef RAGHIB besucht als erster arabischer Politiker nach dem Wahlsieg ARIEL SCHARONS Jerusalem, um den Boden für Friedensgespräche zu bereiten.

3. Sept. Jordanien bietet seine Hilfe bei US-Aktionen im Antiterrorkampf an und teilt seine Geheimdienst- und Polizeiakten mit US-Ermittlungsbeamten.

24. Sept. Der US-Senat billigt ein Freihandelsabkommen mit Jordanien, ein Abkommen, das zuvor nur Israel, Kanada und Mexiko gewährt wurde.

2003, 30. Jan. Jordanien erlaubt es dem US-Militär nicht, jordanisches Gebiet zu nutzen, falls es zu einem Irak-Krieg kommen sollte. Der Irak soll nicht über Jordanien angegriffen werden.

17. Juni Parlamentswahlen (58,8 % Wahlbeteiligung), die bereits 2001 abgehalten werden sollten, aber aufgrund der Instabilität der Region verschoben wurden. V. a. die Kandidaten bestimmter Stämme und lokaler Größen, die nicht an eine Partei gebunden sind, gewinnen. Unter den organisierten Parteien bekommt die Islamische Aktionsfront (IAF) die meisten Stimmen (18 der 104 Sitze).

26. Okt. Der neuen, als prowestlich geltenden Regierung unter Ministerpräsident FAISAL AL-FAYEZ (*1952) gehören erstmals drei Frauen an.

17. Nov. König ABDULLAH ernennt einen neuen Königlichen Rat, dem auch vier Frauen angehören.

2004, 9. Febr. König ABDULLAH und der syrische Präsident BASCHAR AL-ASSAD eröffnen die Bauarbeiten für den Wehda-Staudamm am gemeinsamen Grenzfluss Yarmuk. Der Stausee soll die Wasserversorgung Jordaniens und die Stromversorgung Syriens sichern.

6. April Ein jordanisches Gericht verurteilt acht Menschen zum Tode, darunter ABU MUSAB AL-ZARQAWI (*1966, †2006), den jordanischstämmigen Führer der al-Qaida im Irak, für die Ermordung eines Mitarbeiters einer amerikanischen Hilfsorganisation.

1. Juli König ABDULLAH bietet dem Irak als erster arabischer Staat Truppen an, falls diese benötigt werden.

19. Juni NETANJAHU bildet eine rechtskonservativ-religiöse Koalition aus fünf Parteien und kündigt an, die Umsetzung des israelisch-palästinensischen Autonomieabkommens verlangsamen zu wollen.

1997, 17. Jan. Die Verwaltung der Stadt Hebron geht an die Palästinenser über.

3. Juni Die Wahlen zum Vorsitzenden des *Maarach* gewinnt EHUD BARAK (*1942), ehemaliger Generalstabschef und Innenminister.

10./11. Nov. Die Abschaffung der parteiinternen Vorwahlen auf dem *Likud*-Parteitag stärkt NETANJAHUS Machtposition. Dieser und weitere Vorfälle sowie die unklare politische Linie führen zu tiefem Vertrauensverlust in den Ministerpräsidenten und wiederholten Rücktrittsforderungen.

Die Uneinigkeit über den Fortgang des Friedensprozesses gefährdet die Regierungskoalition und verstärkt den außenpolitischen Druck auf Israel.

1998, 4. Jan. Der Rücktritt des Außenministers DAVID LEVY (*1937) verschärft die Regierungskrise.

9. Dez. Der Oberste Gerichtshof weist die Knesset an, binnen eines Jahres ein Gesetz zu erlassen, das die Befreiung der Talmudstudenten vom Wehrdienst aufhebt.

21. Dez. Die Knesset lehnt die Nahostpolitik der Regierung NETANJAHU ab. Ein von der Arbeitspartei eingebrachter Gesetzentwurf über vorzeitige Neuwahlen wird in erster Lesung gebilligt.

1999, 23. Jan. Ministerpräsident NETANJAHU entlässt Verteidigungsminister YITZHAK MORDECHAI (*1944) und beruft stattdessen den als Hardliner geltenden MOSCHE ARENS (*1925).

26. Jan. Die religiösen Parteien setzen in der Knesset ein Gesetz durch, das die alleinige Autorität der orthodoxen Rabbiner in den Religionsräten bestätigt. Am 14. Febr. versammeln sich die Ultraorthodoxen zu einer Großkundgebung gegen die säkulare Justiz.

17. Mai Bei der Direktwahl für das Amt des Ministerpräsidenten unterliegt NETANJAHU mit 43,9 % der Stimmen dem Herausforderer EHUD BARAK (56,1 %). Die gleichzeitig abgehaltene Parlamentswahl sieht beide großen Parteien als Verlierer: »Ein Israel« (Arbeitspartei und Bündnispartner) verfügt nur noch über 26 der 120 Sitze, *Likud* über 19 Sitze. Gewinne verzeichnen die Ultraorthodoxen, ihre *Schas*-Partei wird mit 17 Sitzen drittstärkste Partei. BARAK bildet eine Sieben-Parteien-Regierung, um breite Zustimmung für seine Nahostfriedenspolitik zu haben.

6. Sept. Ein Grundsatzurteil des Obersten Gerichtshofes verbietet die Anwendung von Folter in israelischen Gefängnissen.

2000, Jan. Gegen Präsident EZER WEIZMAN (*1924, †2005) wird wegen Korruption und Steuerhinterziehung ermittelt. Er verzichtet auf einen Teil seiner Befugnisse und kündigt seinen vorzeitigen Rücktritt an.

9. Juli Nationalreligiöse, Einwandererpartei und *Schas*-Partei verlassen die Koalition.

16. Juli Die politische Rechte protestiert in einer Großdemonstration in Tel Aviv gegen die in Camp David laufenden Friedensverhandlungen.

31. Juli Bei der Neuwahl des Staatspräsidenten setzt sich der *Likud*-Politiker MOSCHE KATZAV (*1945) gegen SCHIMON PERES durch.

29. Okt. Verhandlungen zwischen BARAK und dem *Likud*-Führer ARIEL SCHARON über die Bildung einer großen Koalition scheitern.

9. Dez. BARAK tritt zurück, womit eine Neuwahl des Parlaments verhindert wird.

2001, 6. Febr. Bei der letzten Direktwahl für das Amt des Ministerpräsidenten erhält BARAK lediglich 37,6 % der Stimmen. Sieger wird SCHARON mit 62,4 %.

7. März Die Knesset billigt die **von SCHARON gebildete Regierung** der »nationalen Einheit«. Ihr gehören auch Mitglieder der Arbeitspartei an, die sich am 26. Febr. für eine Beteiligung entschieden hat. Außenminister wird SCHIMON PERES. Die 1992 eingeführte Direktwahl des Ministerpräsidenten wird abgeschafft.

2002, 6. Aug. Israel und die Türkei schließen einen Vertrag über die Lieferung von 50 Mio. m^3 Wasser jährlich. Der Vertrag hat eine Laufzeit von 20 Jahren.

30. Okt. Sämtliche Minister der Arbeitspartei treten zurück, nachdem sich für die von ihnen befürwortete Kürzung der Ausgaben für die Siedlungspolitik kein Kompromiss gefunden hat.

2003, 28. Jan. Bei den vorgezogenen Neuwahlen setzt sich der Rechtsruck der israelischen Gesellschaft fort. Die Arbeitspartei erleidet Verluste. Da sie aber zu einer Zusammenarbeit mit der *Likud*-Partei nicht bereit ist, geht diese eine Koalition unter SCHARON mit der liberalen *Schinui*-Partei, den Siedlervertretern und den Rechtsradikalen ein.

18. Dez. In einer Grundsatzrede erläutert SCHARON seine Absicht, eine einseitige Trennung von den Palästinensern zu vollziehen. Dafür sei er auch zur Aufgabe einiger Siedlungen in den besetzten Gebieten bereit.

2004, 2. Mai Bei einem Referendum in seiner eigenen Likud-Partei stimmen 59,5 % der Mitglieder gegen SCHARONS Rückzugsplan.

7. Juni SCHARON übersteht ein Misstrauensvotum in der Knesset.

1. Dez. Die Regierungskoalition SCHARONS zerbricht, als die liberale *Schinui*-Partei gegen den Haushaltsentwurf für 2005 stimmt. Grund der Ablehnung sind die hohen Subventionen für orthodoxe Einrichtungen.

2005, 6. Jan. Nach langwierigen Verhandlungen einigen sich Arbeitspartei und *Likud*-Block auf eine Koalitionsregierung. SCHARON bleibt Ministerpräsident

20. Febr. Die Regierung beschließt den vollständigen Abzug aus dem Gazastreifen.

7. Aug. Finanzminister NETANJAHU erklärt seinen Rücktritt aus Protest gegen SCHARONS Abzugspläne im Gazastreifen.

12. Sept. Israel schließt den Rückzug aus dem Gazastreifen ab und übergibt den Küstenstreifen nach 38-jähriger Besetzung an die Palästinenser.

20./21. Nov. Die Arbeitspartei unter ihrem neue Vorsitzenden AMIR PERETZ (*1952) verlässt die Regierungskoalition und ebnet damit den Weg für Neuwahlen. SCHARON kündigt an, den *Likud*-Block zu verlassen, um eine neue Zentrumspartei (*Kadima*) zu gründen.

2006, 4. Jan. Scharon erleidet einen schweren Herzanfall, sein Stellvertreter Ehmud Olmert (*1945) wird geschäftsführender Ministerpräsident.

28. März *Kadima* gewinnt unter der Führung von Ehmud Olmert die Wahlen zur Knesset und wird mit 29 Sitzen stärkste Partei, zweitstärkste Kraft wird die Arbeitspartei mit 19 Sitzen. Der *Likud*-Block unter Führung Netanjahus erreicht nur 12 Mandate und wird drittstärkste Kraft.

27. April Olmert unterzeichnet einen Koalitionsvertrag mit der Arbeitspartei. Da beide Parteien zusammen keine Mehrheit in der Knesset haben, treten die Rentnerpartei *Gil* sowie die ultraorthodoxe *Schas*-Partei der Regierungskoalition bei. Damit verfügt die Regierungskoalition über 67 der 120 Sitze in der Knesset

26. Juni Nach der Entführung eines Soldaten durch die Hamas riegelt die israelische Armee den Gazastreifen hermetisch ab. Erstmals seit dem Rückzug dringt die Armee auf der Suche nach dem entführten Soldaten in den Gazastreifen ein. Es kommt zu heftigen Gefechten mit bewaffneten Palästinensern.

12. Juli Israel reagiert auf die Entführung zweier Soldaten durch die Hisbollah mit massiven Luftangriffen auf den Südlibanon. Ein massiver Angriff auf Südlibanon wurde spätestens seit der Machtübernahme Olmerts vorbereitet. Warum ein wesentlicher Teil des Planes, der Einsatz von Bodentruppen, erst ganz am Ende zum Zuge kam, ist nicht geklärt. Hisbollah feuert in den folgenden vier Wochen hunderte von Raketen auf Nordisrael. | s. S. 1654 |

26. Nov. Israelis und Palästinenser einigen sich auf einen Waffenstillstand. Alle bewaffneten Palästinensergruppen stimmen der Waffenruhe zu, Israel zieht sich aus dem Gazastreifen zurück. Seit Beginn der Kämpfe am 28. Juni starben über 300 Palästinenser, etwa 1500 wurden verletzt.

11. Dez. Ministerpräsident Olmert gibt in einem Fernsehinterview erstmals zu, dass sein Land Atomwaffen besitzt und bricht damit ein jahrzehntelanges Tabu.

2007 268 000 jüdische Siedler leben im Westjordanland (über zwei Mio. Palästinenser). Weitere 184 000 leben in den nach 1967 annektierten Gebieten um Jerusalem und 17 000 auf den Golanhöhen.

17. Jan. Israels Generalstabschef Dan Halutz (*1948) gibt seinen Rücktritt bekannt. Er begründet den Schritt mit der »Verantwortung«, die er für Verlauf und Ergebnis des Libanonkrieges trägt.

13. Juni Schimon Peres wird zum Nachfolger von Mosche Katzav als Staatspräsident gewählt.

18. Juni Ehud Barak löst Amir Peretz als Verteidigungsminister ab. Peretz war durch seine Beteiligung am Krieg gegen die Hisbollah in die Kritik geraten.

2. Okt. Israel bestätigt Anfang Sept. einen Luftangriff in Syrien durchgeführt zu haben.

Saudi-Arabien seit 1945 | Forts. v. S. 1192 |

Saudi-Arabien nimmt den größten Teil der arabischen Halbinsel ein. Mitte der 40er-Jahre lebt die Bevölkerung überwiegend von Subsistenzweidewirtschaft mit partieller Marktproduktion (Schlacht- und Zuchtvieh) bzw. vom Ackerbau (Oasen, Regenfeldbau im Hochland von Asir; etwa 400 000 ha bzw. 0,2 % der Landesfläche). Noch Mitte der 70er-Jahre sind etwa 60 % der Bevölkerung Nomaden bzw. Bauern, obwohl deren Beitrag zum Bruttoinlandsprodukt nur noch 1,2 % beträgt. Mit der Entwicklung des Erdölsektors entsteht ein neuer Wirtschafts- und Bevölkerungsschwerpunkt im Osten (Dammam). Die städtische Bevölkerung wächst rasch auf etwa 40 % (1975) der Gesamtbevölkerung an – mit einem wachsenden Anteil von Ausländern (über 1 Mio., v. a. Jemeniten, Ägypter, Palästinenser; westliche und japanische Experten mit kurzfristigen Arbeitsverträgen).

Seit 1938 wird Öl in wirtschaftlichen Mengen entdeckt. Nach dem Zweiten Weltkrieg steigt die Produktion rasch an (1946: 8,2 Mio. t, 1980: 496,4 Mio. t). 1945 erfolgt die Eröffnung der Raffinerie in Ras Tannura (Ölhafen), 1947–1950 der Bau der Transarabischen Pipeline (TAP) zum Mittelmeer. Nach einem Abkommen mit der *Arabian American Oil Co.* (ARAMCO) im Dez. 1950 werden die Gewinne zur Hälfte geteilt. Saudi-Arabiens Öleinkünfte steigen von 10,4 Mio. US-$ (1946) auf 2,7 Mrd. US-$ im Jahr vor den Ölpreiserhöhungen (1972), in den nächsten fünf Jahren verfünfzehnfachen sich die Einnahmen auf 39 Mrd. US-$ (1977). 1973 beginnen Verhandlungen mit dem Ziel einer gänzlichen Übernahme der ARAMCO (seit 1988 Saudi Aramco) durch die Regierung. 1978 sind zwar erst 60 % der ARAMCO im Staatsbesitz, die Regierung hat jedoch de facto bereits die volle Kontrolle über die Operationen der Gesellschaft übernommen. Saudi-Arabien verfügt 1978 mit mehr als 20 Mrd. t über fast ein Viertel der nachgewiesenen publizierten Ölreserven der Welt (2007 mit 41,6 Mrd. t immer noch 20 %. Hinzu kommen 6798 Mrd. m^3 Erdgasvorkommen). Da Saudi-Arabien Ende der 70er-Jahre 30 % der Produktion der OPEC-Staaten bzw. fast die Hälfte der Produktion der arabischen Staaten stellt, hat es führenden Einfluss auf die Entscheidungen von OPEC und OAPEC.

1953, 9. Nov. König Saud (*1902, †1969), Sohn Abd al-Aziz ibn-Sauds (*1880, †1953), begünstigt zunächst den arabischen Nationalismus (Unterstützung Ägyptens im Sueskonflikt), sieht aber bald die Staats- und Gesellschaftsordnung vom Panarabismus bedroht und übernimmt die Führung der konservativen arabischen Staaten in der Auseinandersetzung mit den »fortschrittlichen«. Saudi-Arabien wird zur Stütze der US-Nahostpolitik.

1958, 24. März Saud überträgt aus Gesundheitsgründen seinem Bruder Faisal (*1906, †1975) volle Autorität über die Außen-, Innen- und Wirtschaftspolitik, übernimmt nach Auseinandersetzungen zwar noch einmal die Regierungsgeschäfte (Dez. 1960), um sie Mitte 1963 endgültig an Faisal abzutreten.

1964, 2. Nov. SAUD muss zugunsten FAISALS abdanken, dessen Bruder KHALID (*1913, †1982) wird Kronprinz. FAISAL wird zum eigentlichen politischen und ideologischen Gegenspieler des Panarabismus: Eingriff in den jemenitischen Bürgerkrieg zugunsten der Royalisten, Ausdehnung des Einflusses auf die Emirate am Persischen Golf, um revolutionäre Bewegungen von der Ölregion fernzuhalten. So überwindet FAISAL auch den Interessengegensatz zum Iran und erreicht eine Verständigung mit dem Schah (Nov. 1968).

1967, Juni Entsendung eines kleinen Truppenkontingentes in den Sechstagekrieg gegen Israel sowie umfangreiche Finanz- und Militärhilfe an Ägypten und Jordanien.

1973, 31. Mai Das Abkommen über die Lieferung von Phantom-Kampfflugzeugen ist Ausdruck der besonderen Beziehungen zu den USA. Ein weiteres Abkommen folgt 1974, im Mai 1978 stimmt der US-Senat der Lieferung von 60 modernsten Kampfflugzeugen vom Typ F-15 zu. Die USA behalten Nutzungsrechte im von ihnen ausgebauten Luftstützpunkt Dahran.

Okt. Um die USA von ihrer Unterstützung Israels abzubringen – FAISALS proamerikanische Haltung ist stets Ziel heftiger Beschuldigungen seitens der radikalen Araber – geht von FAISAL die Initiative aus, das Erdöl als Waffe gegen die USA und den Westen einzusetzen.

1974, März Aus Sorge vor den weltwirtschaftlichen Konsequenzen des Embargos und der Ölpreispolitik drängt Saudi-Arabien auf Wiederaufnahme der vollen Lieferungen und verhindert in der Folgezeit überhöhte Preissteigerungen; Führungsrolle von Ölminister Scheich AHMAD SAKI JAMANI (*1930). Saudi-Arabien erwartet als Gegenleistung westliche Unterstützung bei der Industrialisierung und Diversifizierung seiner Wirtschaft.

1975, 25. März **FAISAL** wird von einem Neffen aus persönlichen Gründen **ermordet**. Als sein Nachfolger besteigt KHALID den Thron, politisch maßgebend aber ist Kronprinz FAHD (*1923, †2005), ein weiterer Bruder FAISALS. Die Politik FAISALS wird in groben Zügen fortgesetzt. KHALID ist allerdings bereit, Israels Existenzrecht anzuerkennen, falls Israel sich aus allen 1967 besetzten Gebieten (einschließlich Jerusalem) zurückzieht.

1977, Nov. Nach der Jerusalemreise des ägyptischen Präsidenten ANWAR AS-SADAT fällt Saudi-Arabien eine Schlüsselrolle in der arabischen Politik zu: Aus Sorge vor einem Linksrutsch in Ägypten wird SADAT weiter unterstützt.

1978 Führende Staatsmänner aus fast allen arabischen Staaten besuchen Saudi-Arabien zu Konsultationen mit König KHALID oder Prinz FAHD. Saudi-Arabien schwenkt allmählich auf die – mit Rücksicht auf die Religiosität der Saudis modifizierte – Linie der »Ablehnungsfront« gegen Ägypten/Israel ein.

1979, 31. März Nach Unterzeichnung des Ägyptisch-Israelischen Friedensvertrages unterstützt Saudi-Arabien die Boykottmaßnahmen gegen Ägypten; die meisten gemäßigten und konservativen Staaten folgen dem saudi-arabischen Beispiel.

1980 Die Revolution in Iran (1979), die sowjetische Invasion in Afghanistan (1979), die Besetzung der Großen Moschee in Mekka durch bewaffnete Fundamentalisten (Nov. 1979) und der Irakisch-Iranische Krieg verunsichern das Regime und führen zu verstärkter Aufrüstung, einem Bündnis der Golfstaaten und zu Vermittlungsbemühungen im arabisch-israelischen Konflikt (Aug. 1981: Fahd-Plan).

In den 80er-Jahren gehen die Erdöleinnahmen erheblich zurück (von 39 Mrd. US-$ 1977 auf 20,2 Mrd. US-$ 1988). Der Anteil der städtischen Bevölkerung steigt von 26 % Anfang der 70er-Jahre auf 73 % der Gesamtbevölkerung 1990. Der Staat sieht sich in der Folge zunehmend mit innenpolitischen und sozialen Problemen konfrontiert. Die Wirtschaft ist nach wie vor auf ausländische Arbeitskräfte angewiesen. Die offizielle Politik ist jedoch bestrebt, deren Anteil an der Gesamtbevölkerung zu reduzieren (von 41,4 % 1985 auf, nach offiziellen Angaben, 27 % 1992; in erster Linie Inder, Ägypter, Filipinos, Pakistani und Jemeniten). In den 90er-Jahren ziehen die Erdöleinnahmen wieder an (1990: 27 Mrd. US-$). Saudi-Arabien hält 1991 einen Anteil von 13 % der Weltölproduktion und 35 % der OPEC-Produktion. Die geschätzten Reserven betragen 2007 etwa 41,6 Mrd. t.

1982, 13. Juni Tod König KHALIDS. Sein Nachfolger wird **König FAHD**, Kronprinz ABDALLAH IBN-ABD AL-AZIZ (*1924).

1983, Nov. Abkommen mit Irak zum Bau einer Pipeline vom Südirak zur transsaudi-arabischen Rohrleitung.

1986, 29. Okt. Vor dem Hintergrund eines Einnahmerückgangs aus dem Ölexport um 80 % wird Ölminister JAMANI entlassen, Nachfolger wird Planungsminister HISCHAM NASIR (*1932).

1987, 31. Juli Zusammenstöße zwischen iranischen Pilgern und saudischen Sicherheitskräften während der jährlichen Wallfahrt in Mekka fordern über 400 Todesopfer. In Teheran wird die saudische Botschaft gestürmt (1. Aug.).

1988, 19. März Saudi-Arabien erhält atomwaffenfähige Mittelstreckenraketen von der Volksrepublik China.

3. Okt. Beitritt zum Atomwaffensperrvertrag.

1989, 25.–27. März Beim ersten Staatsbesuch von König FAHD im Irak wird ein Nichtangriffsabkommen unterzeichnet.

1990, 8. Aug. Nach dem irakischen Überfall auf Kuwait (2. Aug.) und der Verurteilung des Angriffs durch den UN-Sicherheitsrat (6. Aug.) entsenden die USA mit saudi-arabischer Erlaubnis Truppen in das Königreich, die den Kern einer in den folgenden Monaten aufgestellten multinationalen Streitmacht gegen den Irak und zum Schutz Saudi-Arabiens bilden.

1991, 17. Jan.–28. Febr. Saudi-Arabien beteiligt sich im Zweiten Golfkrieg mit seinen Streitkräften an der alliierten UN-Koalition zur Befreiung Kuwaits. – Die **Stationierung nicht muslimischer Truppen** und v. a. weiblichen Militärpersonals **auf saudischem Boden** löst Diskussionen aus und verstärkt die Spannungen zwischen konservativ-islamischen und liberalen Kräften.

1992, 1. März Proklamation eines schon seit 1979 von der saudischen Regierung versprochenen »Grundgesetzes für die Herrschaftsausübung«, das indessen keine faktische Demokratisierung zur Folge hat.

1993, 20. Aug. Einrichtung eines im Zuge des »Grundgesetzes« festgelegten Konsultativrates aus 60 Mitgliedern, die alle vier Jahre neu bestimmt werden und nicht der Königsfamilie angehören dürfen. Doch hat das neue Gremium nur beratende und keinerlei legislative Befugnisse.

1996, 25. Juni Ein Terroranschlag in der Stadt Dahran, bei dem 19 US-Soldaten sterben, führt zu Mutmaßungen über zunehmende innenpolitische Instabilität in Saudi-Arabien und verstärkte Aktivitäten islamischer Fundamentalisten.

1997, 24. Jan. Ein Bericht der Menschenrechtsorganisation Amnesty International kritisiert die Rechtspraxis in Saudi-Arabien: willkürliche Verhaftungen, Folter, Verurteilung ohne Gerichtsverfahren.

26. Mai Saudi-Arabien und Iran schließen ein Abkommen über politische Zusammenarbeit.

1998, April An den heiligen Stätten in Mekka kommt es zu einer Massenpanik mit mehr als 150 Toten.

1999, 17. März US-Verteidigungsminister William S. Cohen trifft sich in Riad mit dem saudi-arabischen Verteidigungsminister Prinz Sultan bin Abd al-Aziz (*1928) und bietet Saudi-Arabien eine geheim gehaltene Zahl von Raketen und militärisches Training an, um das Land vor Angriffen aus dem Irak zu schützen. Am 1. Jan. 2001 unterschreibt Saudi-Arabien einen Vertrag über 2 Mrd. US-$ für Waffen- und Kommunikationsmittel.

2000, 17. März Amnesty International fordert die UNO auf, die gezielten Menschenrechtsverletzungen in Saudi-Arabien zu thematisieren.

11. April Ein neues Investitions- und Grundeigentumsgesetz erlaubt Ausländern erstmals vollständigen Besitz und die Kontrolle von Unternehmen im Land.

4. Juni Die Verabschiedung eines internen Reglements durch den königlichen Familienrat offenbart die Machtkämpfe zwischen Reformern und Konservativen innerhalb der Herrscherfamilie.

12. Juni Ein Abkommen mit dem Jemen beendet die seit 65 Jahren andauernden Grenzstreitigkeiten.

Juli Saudi-Arabien und Kuwait einigen sich auf die genaue Demarkation ihrer gemeinsamen Seegrenze im Persischen Golf.

Aug. Die Regierung billigt den siebten Fünfjahresplan für die Periode 2000 bis 2005. Anvisiert ist ein Wachstum von 3,2 % und eine stärkere Rekrutierung inländischer Arbeitskräfte.

Herbst Nach einem Bericht des »International Institute for Strategic Studies« gab Saudi-Arabien 1999 6,1 Mrd. US-$ für Kriegsgerät aus und war damit der weltweit führende Importeur von Rüstungsgütern.

26. Sept. Amnesty International veröffentlicht einen Bericht über die Verletzung von Frauenrechten in Saudi-Arabien.

2001, 26. Jan. Die UN-Kommission zur Wahrung der Kinderrechte fordert Saudi-Arabien auf, seine Gesetzgebung in Einklang mit internationalen Standards zu bringen.

21. März Der saudische Außenminister Prinz Saud al-Faisal (*1940) unterschreibt in Doha ein Grenzabkommen zwischen dem Königreich und Katar.

17. April Saudi-Arabien und Iran schließen ein bilaterales Sicherheitsabkommen zur gemeinsamen Bekämpfung von grenzüberschreitender Kriminalität, Geldwäsche, Terrorismus und Drogenhandel.

5. Juni Ende des Staatsmonopols für fossile Energieträger: Die Regierung schließt Verträge mit privaten Erdöl- und Gasunternehmen.

13. Sept. Saudi-Arabien bietet seine Hilfe für US-Aktionen im Antiterrorkampf an und teilt seine Geheimdienstakten mit US-Ermittlungsbeamten.

15. Okt. Saudi-Arabien stellt US-Anwälte ein, die alle nach dem 11. Sept. von den USA verhafteten saudischen Staatsbürger auffinden und verteidigen sollen.

2002 Nach den Anschlägen vom 11. Sept. tritt Saudi-Arabien der von den USA geführten Antiterrorkoalition bei. Gleichzeitig werden zahlreiche persönliche und geschäftliche Verbindungen der Attentäter nach Saudi-Arabien aufgedeckt. Das Land hat zuvor zu den wenigen Staaten gehört, die das Taliban-Regime in Afghanistan anerkannt und gefördert haben. Dadurch und durch die Weigerung Saudi-Arabiens, an einem möglichen Krieg gegen den Irak mitzuwirken, verschlechtern sich die Beziehungen zu den USA.

2003, 12./13. Febr. Bei einem Selbstmordattentat werden in einer Siedlung in Riad 25 Ausländer getötet. In der Folgezeit intensivieren die saudischen Behörden den **Kampf gegen den Terrorismus**.

18. Febr. Eröffnung eines Prozesses gegen 90 als Terroristen verdächtigte Personen.

30. Nov. König Fahd erlässt ein Dekret, das der bislang nur beratenden Shura-Versammlung weitergehende Vollmachten verleiht.

2004, 21. Jan. Saudi-Arabien, Kuwait, Katar und die Vereinigten Arabischen Emirate erlassen dem Irak Gesamtschulden von 50 Mrd. US-$.

18. Febr. Saudi-Arabien akzeptiert den Baustopp eines umstrittenen Grenzwalls zwischen Jemen und Saudi-Arabien, der das Grenzabkommen zwischen den beiden Ländern verletzen könnte. Stattdessen sollen gemeinsame Patrouillen an der Grenze den Schmuggel und die Infiltration aufhalten. Erst am 14. März 2005 unterschreiben beide Länder ein Abkommen zum Schutze und zur Sicherheit der Grenzen.

28. Febr. Ankündigung der Gründung einer Kommission zur Überwachung von Wohltätigkeitsvereinen, welche den Spendenfluss kontrollieren soll. Dieser Schritt wird unternommen, nachdem die USA saudischen Wohltätigkeitsvereinen die Unterstützung von Terroristen vorgeworfen hat.

9. März Gründung der ersten nationalen Menschenrechtsvereinigung. Die Kommission ist von der Regierung unabhängig und hat den Auftrag, Beschwerden der Bürger anzunehmen und die Einhaltung internationaler Verpflichtungen durch die Regierung zu überwachen.

27. Mai Aufruf des regionalen *al-Qaida*-Netzwerks zum Guerillakrieg in den Städten des Königreichs.

28. Okt. Laut »Journalisten ohne Grenzen« steht Saudi-Arabien bei der Missachtung der Presse- und Meinungsfreiheit auf Platz 159 von 167 Staaten.

22. Dez. Nachdem bekannt wurde, dass der libysche Staatschef MUAMMAR AL-GADDAFI an einem Anschlag auf den saudischen Kronprinzen ABDALLAH IBN-ABD AL-AZIZ verwickelt sein soll, zieht Saudi-Arabien seinen Botschafter aus Libyen zurück und verlangt dasselbe von Libyen.

2005, 3./4. April Bei den blutigsten Kämpfen in der Geschichte Riads werden neun Militante getötet und dutzende saudische Sicherheitskräfte verletzt.

23. April Konservative Kandidaten gewinnen bei den Kommunalwahlen in Riad. Nur etwa 300 000 Männer haben ihre Stimme abgegeben. Die Zunahme der Islamisten geht nach den Siegen in Mekka und Medina, wo sie alle Sitze gewinnen, weiter.

1. Aug. König FAHD stirbt, sein Halbbruder Kronprinz ABDALLAH wird der Nachfolger.

16. Okt. **König ABDALLAH** gründet den Nationalen Sicherheitsrat, den Vorsitz hat Prinz BANDAR IBN SULTAN (*1949). Der Rat wird im Zuge der Terrorismusbekämpfung ins Leben gerufen.

11. Nov. Saudi-Arabien wird als 149. Mitglied der WTO aufgenommen.

2006, 3. Juni Nach sechsjährigen Grenzstreitigkeiten einigen sich Saudi-Arabien und Jemen auf eine Definition ihrer gemeinsamen Grenzen.

Kuwait seit 1961 | Forts. v. S. 1192 |

In den Nachkriegsjahren steigt Kuwait zu einem der größten Erdölproduzenten der Welt auf. Kuwait ist bereits in den 60er-Jahren größter Produzent des Mittleren Ostens und größter Exporteur der Welt. Ab 1973 geht die Produktion zur Konservierung der Reserven, aber auch als Folge von Embargo, Preispolitik und Absatzschwierigkeiten auf 89,5 Mio. t (1977) zurück. Trotz des Produktionsrückgangs verfünffachen sich die Öleinnahmen von 1972 bis 1977 auf 8,5 Mrd. US-$. 1973 beginnen Übernahmeverhandlungen mit der in britischen und amerikanischen Händen befindlichen *Kuwait Oil Co.* (KOC): Der Staat übernimmt zunächst 60 % und im März 1975 100 %. Im Sept. 1977 wird die Aminoil verstaatlicht und mit der KOC (April 1978) fusioniert. Die seit 1975 voll staatseigene *Kuwait National Oil Co.* (KNOC) übernimmt die Ölverarbeitung und Vermarktung der Raffinerieprodukte. Kuwait verfügt 2006 mit 16,1 Mrd. t (1996: 13,3 Mrd.) über etwas weniger als 8 % (1996: 10 %) der nachgewiesenen, publizierten Weltölreserven.

Verwendet wird der Ölreichtum (mit 20 300 US-$ hat Kuwait 2006 eines der höchsten Pro-Kopf-Einkommen der arabischen Länder) für den Aufbau eines Wohlfahrtsstaates mit kostenlosem Gesundheitsdienst, Erziehungswesen und anderen Versorgungseinrichtungen sowie für die Förderung der Industrialisierung und Entwicklung der Landwirtschaft. Da die Staatseinnahmen (überwiegend aus dem Ölexport) nur begrenzt im eigenen Land angelegt werden können, investiert Kuwait die überschüssigen Ölmilliarden im Ausland. Damit will sich Kuwait Einnahmen für die Zukunft sichern. Das Auslandsguthaben beträgt 1989 mindestens 124 Mrd. US-$. Rund 4 % des Bruttoinlandsprodukts gehen über den Kuwait-Fonds für arabische Wirtschaftshilfe als Entwicklungshilfe an Länder der Dritten Welt.

1961, 19. Juli Mit der Aufhebung des Protektoratsvertrages von 1899 erlangt Kuwait die volle Unabhängigkeit. Scheich ABDALLAH AL-SALIM AL-SABAH (*1899, †1965) nimmt den Titel Emir (Prinz) an. Kuwait findet Aufnahme in die Arabische Liga und die Vereinten Nationen. Der Irak erhebt jedoch Anspruch auf Kuwait. Auf Bitten ABDALLAHS schickt Großbritannien daher Truppen, die im Sept. durch eine Truppe der Arabischen Liga ersetzt werden.

1962, 11. Nov. Die von einer gewählten Versammlung ausgearbeitete Verfassung verbindet die Elemente des parlamentarisch-demokratischen Regierungssystems mit Grundzügen des patriarchalischen arabischen Staates.

1965, 24. Nov. Tod ABDALLAHS, Nachfolger wird Emir SALIM AL-SABAH (*1913, †1977).

1967, Juni Kuwait unterstützt die arabische Seite im Krieg mit Israel und leistet jährliche Zahlungen von 165 Mio. US-$ an Ägypten und Jordanien.

1973, Okt. Ein kuwaitisches Truppenkontingent nimmt an der Suesfront am Oktoberkrieg gegen Israel teil. Anderen arabischen Konfrontationsstaaten wird finanzielle Unterstützung zuteil. Kuwait beruft die OAPEC-Konferenz ein, die den Einsatz der »Ölwaffe« beschließt (17. Okt.).

1975 Kuwait führt die allgemeine Wehrpflicht ein; bereits seit 1973 (Konflikt mit dem Irak) werden hohe Summen in die Rüstung investiert.

1976, 29. Aug. Nach politischen Unruhen wird die Nationalversammlung für vier Jahre aufgelöst; eine Kommission soll die Verfassung überprüfen.

1977, 31. Dez. DSCHABIR AL-AHMAD AS-SABAH (*1926, †2006) wird Emir; Kronprinz und Ministerpräsident wird SAAD AL-ABDULLAH AL-SALIM AL-SABAH (*1930).

1981, 25. Mai Bahrain, Katar, Kuwait, Oman, Saudi-Arabien und die Vereinigten Arabischen Emirate gründen angesichts des Krieges zwischen Iran und Irak den Kooperationsrat der Arabischen Golfstaaten (*Golf Cooperation Council* [GCC]). Angestrebt wird eine Wirtschaftsgemeinschaft nach dem Vorbild der Europäischen Gemeinschaft.

1984, 15. Aug. Kuwait vereinbart mit der Sowjetunion die Lieferung moderner Luftabwehrsysteme zum Schutz seiner Wasserversorgungsanlagen.

1985, 20. Febr. Bei Parlamentswahlen können arabische Nationalisten ihre Mandatszahl erhöhen; die Kritik der Abgeordneten an der Regierungspolitik wächst.

25. Mai Ein Attentat auf Emir DSCHABIR schlägt fehl.

1986, 3. Juli Der Emir löst das Parlament auf, nachdem einigen Ministern das Misstrauen ausgesprochen wurde.

1987 Eine Serie von Sabotageakten zieht Kuwait, das für den Irak als Finanzier und Nachschubroute eine wichtige Rolle spielt, immer stärker in den Golfkrieg hinein. Im Innern tritt der Gegensatz zwischen der sunnitischen Bevölkerungsmehrheit und der 30% starken schiitischen Minderheit deutlich zutage.

1989, ab Nov. Eine Kampagne zur Wiedereinführung des Parlaments, die von ehemaligen Abgeordneten getragen wird, führt zu Demonstrationsverboten durch die Regierung.

1990, 10. Juni Wahlen zu einem Provisorischen Nationalrat werden von der Opposition boykottiert, da dieses Gremium weder verfassungskonform sei noch hinreichende Befugnisse besitze.

2.–8. Aug. **Besetzung und Annexion Kuwaits durch den Irak**.

16. Okt. Auf einem Volkskongress im saudi-arabischen Dschidda verspricht Emir Dschabir die Einhaltung aller Verfassungsbestimmungen für die Zeit nach der Befreiung Kuwaits.

1991, 17. Jan.–28. Febr. Zweiter Golfkrieg: Der irakische Präsident Saddam Hussein lässt das UN-Ultimatum über die Räumung Kuwaits, das am 15. Jan. abläuft, verstreichen. Daraufhin beginnt die von den Amerikanern geführte Operation »Wüstensturm« zur Befreiung Kuwaits von der irakischen Besatzung und zur Wiederherstellung der kuwaitischen Souveränität.

Mitte Febr. Um Kriegsschiffbewegungen im Persischen Golf zu behindern und eventuelle alliierte Landeoperationen entlang der kuwaitischen Küste zu verhindern, setzen irakische Truppen kuwaitische Ölfelder in Brand. Dies führt zu einer Umweltkatastrophe für die gesamte Region.

25. Febr. Beginn des irakischen Rückzugs aus Kuwait.

6. April Mit der Annahme der UNO-Resolution 687 durch den Irak, welche die Anerkennung der kuwaitischen Grenze und der Souveränität Kuwaits enthält, tritt der Waffenstillstand in Kraft (11. April). Krieg und Besatzungszeit hinterlassen in Kuwait tiefe Spuren.

1992, 5. Okt. Bei den ersten Parlamentswahlen seit 1985 erringen oppositionelle Gruppierungen (politische Parteien sind verboten) 32 von 50 Sitzen. Dennoch ernennt Emir Dschabir den Kronprinzen Saad gegen den Willen der Opposition erneut zum Ministerpräsidenten (12. Okt.).

1994, 24. Febr. Amnesty International beschuldigt die kuwaitischen Sicherheitskräfte, nach der Niederlage Iraks 1991 schwere Menschenrechtsverletzungen an angeblichen proirakischen Kollaborateuren begangen zu haben.

1996, 7. Okt. Bei Parlamentswahlen sind v.a. Kandidaten, die der Regierung nahe stehen, und Islamisten erfolgreich; Ministerpräsident bleibt Saad.

1997, Jan. Die Parlamentsmehrheit stimmt für die Einführung der Scharia, des islamischen Gesetzes, als alleiniger Grundlage der Rechtsprechung im Emirat.

1999, 5. Mai Nach Androhung eines Misstrauensantrags der Regimegegner verfügt Emir Dschabir die Auflösung der Nationalversammlung.

3. Juli Neuwahlen, die der Emir angesetzt hat, machen deutlich, dass es nicht gelungen ist, die Opposition zu schwächen. Liberale und islamistische Kandidaten steigern ihren Anteil in der Nationalversammlung.

Aug. Die Regierung setzt den etwa 100000 staatenlosen Einwohnern Kuwaits eine letzte Frist, sich bis zum Sommer 2000 registrieren zu lassen.

30. Nov. Das Parlament lehnt die Einführung des aktiven und passiven Frauenwahlrechts ab (vom Verfassungsgericht am 4. Juli 2000 bestätigt).

7. Dez. Bildungsminister Yusif Muhammad al-Ibrahim (*1955) ernennt eine Frau, Rasha al-Sabah (*1950), zur Staatssekretärin des Bildungsministeriums.

2000, 27. Sept. Der UN-Sicherheitsrat stimmt einstimmig den Kompensationsforderungen der Kuwait Petroleum Corporation zu, wonach der Irak für seine Zerstörungen auf den Ölfeldern Kuwaits im Golfkrieg 15,9 Mrd. US-$ zahlen soll. Jedoch werden die Reparationszahlungen für den gesamten Golfkrieg von 30% auf 20% der Kosten gesenkt.

9. Nov. Verhaftung von drei Aktivisten eines islamistischen Terrornetzwerkes, die im Verdacht stehen, Anschläge gegen US-Einrichtungen zu planen. In Kuwait befinden sich zehn Jahre nach dem Krieg gegen den Irak noch 5000 amerikanische Soldaten sowie 8000 Zivilisten.

2001, 23. Okt. Islamisten im Parlament drohen mit einem Misstrauensvotum gegen die Familie al-Sabah, falls die Herrscherfamilie weiterhin die v.a. amerikanischen Angriffe auf Afghanistan unterstützt. Trotz des islamistischen Drucks führt die Herrscherfamilie ihre proamerikanische Politik uneingeschränkt fort.

2002, 28. März Der Irak verspricht im abschließenden Kommuniqué des Gipfels der Arabischen Liga in Beirut, dass er Kuwaits Unabhängigkeit und Souveränität respektieren werde.

2003, 5. Juli Königstreue und Islamisten gewinnen die Parlamentswahlen. Der bisherige Außenminister Sabah al-Ahmad (*1929) wird am 13. Juli zum Ministerpräsidenten ernannt. Erstmals seit 38 Jahren ist dieses Amt von dem des Kronprinzen getrennt.

2004, 21. Jan. Saudi-Arabien, Kuwait, Katar und die Vereinigten Arabischen Emirate erlassen dem Irak Gesamtschulden in Höhe von 50 Mrd. US-$.

16. März Die kuwaitische Regierung hat eine Liste von Beschuldigungen gegen Saddam Hussein erstellt und will seinen Tod für die Verbrechen, die er an den Kuwaitis begangen hat.

2005, 30. Jan. Islamisten geben bekannt, dass mit *al-Umma* die erste politische Partei in den arabischen Golfstaaten gegründet wurde.

24. April Mehr als 700 Arbeiter aus Bangladesh stürmen die Botschaft Bangladeshs in Kuwait und verwüsten diese. Ein Sprecher der Protestierenden beklagt, dass sie seit fünf Monaten nicht bezahlt werden.

16. Mai Das Parlament Kuwaits verabschiedet ein Gesetz, das Frauen das aktive und passive Wahlrecht zugesteht. Damit wird innenpolitischen Protesten gegen die Ungleichbehandlung der Frau begegnet.

12. Juni Maasuma al-Mubarak (*1948) wird erste Ministerin in Kuwait; sie übernimmt das Amt für Planung- und Verwaltungsentwicklung.

2006, 29. Juni Erste Parlamentswahlen: Keine der 28 Kandidatinnen gewinnt einen der 50 Sitze, während reformistische und islamistische Kandidaten ihre Sitze von 28 auf 36 steigern können und somit deutlich besser als die Proregierungskandidaten abschneiden.

3. Juli Sabah, seit dem 24. Jan. Emir, ernennt Nasser Muhammad al-Sabah (*1941) zum Ministerpräsidenten und bestätigt dessen Kabinett, in dem die Schlüsselministerien Energie, Verteidigung, Inneres und Äußeres erneut mit Mitgliedern der königlichen Familie besetzt sind.

Bahrain seit 1971

Die Inselgruppe des Emirates Bahrain gehört zu den kleinen Ölproduzenten des Mittleren Ostens (Ölreserven 2006: 19,8 Mio. t), besitzt aber eine der größten Raffinerien im Mittleren Osten. Die Ausbeutung der erheblichen Erdgasreserven (2006: 92 Billionen m^3) beginnt erst in den 70er-Jahren. Zu dieser Zeit erfolgt auch die Fertigstellung des damals größten Gasturbinenwerks der Welt. Bedeutend sind zudem die Aluminiumschmelze (verarbeitet australisches Bauxit) und das Gasverflüssigungswerk. Bahrain baut als erstes Land am Golf ein kostenloses Gesundheits- und Erziehungswesen auf. Es bietet attraktive Investitionsbedingungen für Handel und Banken.

1971, 4. Aug. Die Kolonialmacht Großbritannien entlässt **Bahrain in die Unabhängigkeit**.

1973 Eine gewählte verfassunggebende Versammlung erarbeitet eine Verfassung.

1975, Aug. Die Nationalversammlung von 1973 wird nach einer Regierungskrise aufgelöst.

1986 Eröffnung eines 25 km langen Autobahndamms, der den Inselarchipel mit dem saudi-arabischen Festland verbindet.

April–Mai Militärische Konfrontation zwischen Bahrain und Katar: Streitobjekt sind die Hawar-Inseln, die seit 1930 nach einer von Katar nicht akzeptierten Entscheidung der Kolonialmacht Großbritannien zu Bahrain gehören. In den folgenden Jahren dauert der Territorialkonflikt zwischen den beiden Golf-Anrainerstaaten, obwohl militärisch beigelegt, an.

1994, Dez. Proteste von Angehörigen der schiitischen Bevölkerungsmehrheit (rund 70 %) gegen ihre Benachteiligung durch die von Sunniten gebildete Staatsführung unter Emir Isa ibn Salman al-Khalifa (*1933, †1999).

1999, 7. März Tod des Emirs. Sein Sohn und Nachfolger Scheich Hamad ibn Isa (*1950) steuert einen Kurs des vorsichtigen innenpolitischen Ausgleichs und der außenpolitischen Öffnung.

29. Dez. Bahrain und Katar vereinbaren die Wiederaufnahme diplomatischer Beziehungen.

2000, 30. Sept. Einberufung einer neuen beratenden Versammlung (*Shura*); erstmals nehmen auch Frauen teil.

2001, 14./15. Febr. In einem Referendum billigt die Bevölkerung die neue Nationalcharta, in der eine Umwandlung der Emirherrschaft in eine konstitutionelle Monarchie vorgesehen ist.

18. Febr. Der seit 1975 andauernde Ausnahmezustand wird aufgehoben.

16. März Ein Spruch des Internationalen Gerichtshofes (IGH) entscheidet den mehr als 60 Jahre alten Streit zwischen Bahrain und Katar: Die 1939 von der Kolonialmacht Großbritannien dem Herrscher von Bahrain zugesprochene Hawar-Inselgruppe bleibt endgültig in dessen Besitz. Der Grenzstreit zwischen Bahrain und Saudi-Arabien wird gleichfalls beigelegt.

2002, 9. Mai Bei den ersten Kommunalwahlen seit 1957 sind erstmals auch Frauen mit aktivem und passivem Wahlrecht zugelassen.

24./31. Okt. Erstmals seit 1975 finden Parlamentswahlen statt. Das amtierende Kabinett unter Scheich Hamad Ibn Salman al-Khalifa (*1936) wird bestätigt.

2004, 14. Febr. Die von den vier wichtigsten Oppositionsparteien einberufene Konferenz über die Verfassung des Landes wird verboten.

2006, 8. Juni Mona Jasmin al-Kawari wird zur Richterin am höchsten Zivilgericht Bahrains ernannt. Sie ist die erste Frau, die in den Golfstaaten solch einen hohen Richterposten erhält.

9. Juni Haya Rashid (*1952) wird zur Präsidentin der 61. UN-Generalversammlung gewählt.

11. Juni Bahrain und Katar unterschreiben ein Abkommen, mit dem die diplomatische Zusammenarbeit in internationalen Angelegenheiten enger gestaltet werden soll; außerdem sollen Brücken gebaut und die Luftverbindungen verbessert werden. Die Vereinbarung steht für eine deutliche Wende in den bisher angespannten Beziehungen beider Länder.

25. Nov., 2. Dez. Bei den Parlamentswahlen gewinnen sunnitische und schiitische Islamisten; liberale Parteien verlieren alle Sitze.

Katar seit 1971

Das Emirat Katar lebte fast ausschließlich von der Ölförderung (1977: 21,8 Mio. t, 1992: 20,9 Mio. t, Reserven 2006: 2,4 Mrd. t). Um die Abhängigkeit des Landes vom Erdöl zu mildern, wird in den 80er-Jahren eine auf Erdgas als Energieträger gründende Produktion von Stahl, Zement und petrochemischen Produkten aufgebaut. Wichtiger als Öl sind unterdessen die Erdgasreserven (2006: 25,8 Billionen m^3, 5 % der Weltreserven). Die Entwicklung einer Landwirtschaft wird vorangetrieben: Gemüse, auch für den Export, Früchte; Fischerei (Shrimps).

1971 Unabhängigkeit von Großbritannien: Etabliert wird eine Monarchie mit einem Emir aus der al-Thani-Familie, die seit der Mitte des 19. Jh.s die Macht als Herrscher ausübt.

1986, April/Mai Zwischen Katar und Bahrain kommt es zu einer militärischen Konfrontation wegen der 1930 von Großbritannien festgelegten Zugehörigkeit der Hawar-Inseln zu Bahrain. Zwar wird der Konflikt militärisch beigelegt, doch dauern die Spannungen zwischen den beiden Golf-Anrainerstaaten in den folgenden Jahren an.

1995, 27. Juni Entmachtung von Emir KHALIFA IBN HAMAD AL-THANI (*1932), Staatsoberhaupt und Regierungschef seit 1972, durch seinen Sohn HAMAD IBN KHALIFA AL-THANI (*1950), der am 11. Juli neuer Emir, Ministerpräsident und Verteidigungsminister wird.

30. Okt. Der neue Emir ernennt per Dekret seinen Sohn JASIM IBN HAMAD AL-THANI (*1978) zum Thronfolger.

1996, Febr. Ein Putschversuch gegen Emir HAMAD IBN KHALIFA AL-THANI schlägt fehl.

1999, 29. Dez. Katar und Bahrain vereinbaren die Wiederaufnahme diplomatischer Beziehungen.

2001, 16. März Ein Spruch des Internationalen Gerichtshofes (IGH) beendet den mehr als 60 Jahre andauernden Streit zwischen Katar und Bahrain um die Hawar-Inselgruppe. Diese verbleibt bei Bahrain, so wie es die britische Kolonialmacht 1939 festgelegt hat. Katar erhält dafür den Landstreifen von Zubara.

21. März Die zwischen Katar und Saudi-Arabien seit 35 Jahren umstrittenen Land- und Seegrenzen werden endgültig fixiert.

21. Mai 19 Beteiligte des Putschversuchs von 1996 werden in letzter Instanz zum Tode verurteilt.

2003, 13. Okt. Der Emir eröffnet die »Stadt der Bildung«, die den Einwohnern des Golfstaats eine erstklassige Ausbildung garantieren soll.

2006, 11. Juni Abkommen zwischen Bahrain und Katar, mit dem die Zusammenarbeit in internationalen Angelegenheiten enger gestaltet werden soll; außerdem sollen Brücken gebaut und die Luftverbindungen verbessert werden. Die Vereinbarung steht für eine deutliche Wende in den bisher angespannten Beziehungen beider Länder.

Vereinigte Arabische Emirate seit 1971

| Forts. v. S. 1192 |

1966, 22. Febr. Die britische Regierung kündigt den Abzug ihrer Truppen »östlich von Sues« bis 1971 an. Dadurch brechen die Interessengegensätze von Irak, Saudi-Arabien und Iran, die schon früher in Form von Gebietsansprüchen bestanden haben, erneut auf. Verschärft werden sie durch den arabischen Nationalismus (Aktionen der »Volksfront für die Befreiung Omans und des Arabischen Golfes«).

1968 Auf britische Initiative hin beginnen Verhandlungen über eine Föderation der »Vertragsstaaten«; Saudi-Arabien und Kuwait unterstützen aktiv diese Bemühungen.

1971, 15. Juli Sechs Emirate schließen den Föderationsvertrag zur Bildung der **Vereinigten Arabischen Emirate** (**VAE**), der am 2. Dez. nach dem Ende der Protektoratsverträge durch Großbritannien, mit dem ein Freundschaftsvertrag geschlossen wird, in Kraft tritt. Die VAE wählen den Herrscher von Abu Dhabi zum Präsidenten und den von Dubai zum Vizepräsidenten. Ras al-Khaima tritt der Föderation im Febr. 1972 bei, nachdem weder Großbritannien noch ein arabischer Staat zugunsten des Emirates intervenieren, als Iran kurz vor der Konstituierung der Föderation die beiden Tumb-Inseln in der Straße von Hormus besetzt. – Außerhalb der Föderation bleiben Bahrain und Katar.

14. Aug. Bahrain proklamiert seine Unabhängigkeit. Der Protektoratsvertrag mit Großbritannien wird gekündigt und durch einen Freundschaftsvertrag ersetzt. In einem Abkommen vom 23. Dez. übernehmen die USA den britischen Flottenstützpunkt Muharrak.

1. Sept. Katar proklamiert seine Unabhängigkeit, kündigt die Verträge mit Großbritannien, schließt aber einen Freundschaftsvertrag mit den Briten.

1972, Okt./Nov. Neue Verträge mit den Ölgesellschaften sichern den Emiraten bis zu 51 % Gewinnanteil. Später beginnen Verhandlungen mit dem Ziel der hundertprozentigen Übernahme in Staatsbesitz (bis 1978 haben alle Regierungen Mehrheitsbeteiligungen von mindestens 60 %).

Wirtschaft und Verfassung

Die VAE (Abu Dhabi, Dubai, Ras al-Khaima, Ajman, Scharja, Umm al-Qaiwain, Fujaira) bilden eine geografische und historische Einheit. Die sehr ungleich verteilten Ölreserven haben jedoch die Unterschiede erheblich verstärkt: So verfügt Abu Dhabi 1988 über 13 % der Welterdölreserven und fördert bereits 1977 81,4 Mio. t (1992: 81,8 Mio.), etwa so viel Öl wie Kuwait. Die Reserven der übrigen Emirate sind weitaus geringer. Die Öleinkünfte der VAE betragen insgesamt etwa 13,8 Mrd. US-$ (1992). Um die Einheit der Föderation nicht zu gefährden, finanziert Abu Dhabi etwa drei Viertel des VAE-Etats und stellt einen Großteil seiner Öleinkünfte der Föderation zur Verfügung. 1991 fördern die VAE 118 Mio. t Öl wobei auf Abu Dhabi fast 75 % entfallen. Die geschätzten Ölreserven der VAE betragen 2006 etwa 15,5 Mrd. t, die Erdgasreserven 6 Billionen m^3.

Nach der provisorischen Verfassung vom Dez. 1971 ist der Oberste Rat aus den Regenten der sieben Emirate die höchste Autorität, er wählt Präsident (immer aus Abu Dhabi) und Vizepräsident (immer Dubai). Dazu existiert eine beratende Versammlung (Nationaler Bundesrat) mit 40 Abgeordneten – den Mitgliedsstaaten steht es frei, ihre Abgeordneten wählen zu lassen oder zu ernennen.

1971 Scheich ZAYYID IBN SULTAN AL-NAHAYAN (*1918, †2004), Herrscher von Abu Dhabi, wird erster Präsident der Föderation.

1973, 23. Dez. Abu Dhabi löst seine separate Regierung auf, um den Föderationsprozess zu beschleunigen; gemeinsames Kabinett der Föderation.

1975, 12. Mai Der Oberste Rat beschließt die Zusammenlegung der wichtigsten politischen Ressorts (Verteidigung, innere Sicherheit, Außen- und Erdölpolitik).

1978/79 Schwere innere Krise: Der Nationale Bundesrat befürwortet eine größere Einheit (Abschaffung der Grenzen, gemeinsames Budget, vereinigte Streitkräfte).

1979, März Bei der ersten Sitzung des Obersten Rates

in drei Jahren droht die Föderation zu zerbrechen. Erfolgreiche Vermittlungsbemühungen arabischer Staaten, v. a. Kuwaits, schaffen Abhilfe.

1981, 9. Nov. Die Föderation stabilisiert sich: Der Oberste Rat bestätigt Scheich Raschid al-Maktum (*1912, †1990) von Dubai als Premierminister.

1990, 7. Okt. Nach dem Tod des Emirs von Dubai und Premierministers der VAE übernimmt dessen Sohn, Kronprinz Scheich Maktum ibn Raschid al-Maktum (*1943, †2006), beide Ämter.

1991, 17. Jan. Beginn des Zweiten Golfkriegs: Die VAE beteiligen sich am alliierten Angriff gegen irakische Streitkräfte in Kuwait.

1996, 20. Mai Verfassungsrevision: Das bislang vorläufige Grundgesetz der VAE erhält endgültigen Charakter. **Abu Dhabi** wird zur offiziellen **Hauptstadt der Föderation** erklärt.

1999, 29. Nov. Die Grenzstreitigkeiten mit Oman werden vorläufig beigelegt, ein Abkommen der Außenminister (27. März 2000) fixiert den Grenzverlauf.

2001, 2. Dez. Die Mitglieder des Obersten Rats und die Herrscher der Emirate wählen den amtierenden Präsidenten, Scheich Zayyid ibn Sultan al-Nahayan, und den Vizepräsidenten, Scheich Maktum ibn Raschid al-Maktum, für fünf Jahre wieder.

2003, 28. Aug. Die Regierung gründet einen antiamerikanischen und antisemitischen Thinktank.

2004, 21. Jan. Saudi-Arabien, Kuwait, Katar und die VAE erlassen dem Irak Schulden von 50 Mrd. US-$.

2. Nov. Scheich Zayyid ibn Sultan al-Nahayan, Präsident der VAE und Herrscher von Abu Dhabi, stirbt.

3. Nov. Scheich Zayyids ältester Sohn, Scheich Khalifa (*1948), beerbt ihn als Herrscher von Abu Dhabi und wird danach von den Herrschern der sieben Emirate zum Präsidenten der VAE gewählt.

Oman (Maskat und Oman) seit 1954

| Forts. v. S. 1192 |

1954 Revolte des neuen Imam (geistlicher Führer) von Oman, der ein von Maskat unabhängiges Fürstentum errichten will. Der Imam geht nach Niederschlagung der Revolte (1955) ins Exil.

1960, Okt. Zehn arabische Staaten bringen die Oman-Frage vor die Generalversammlung der Vereinten Nationen, die eine Untersuchungskommission entsendet. Die Frage bleibt ein Jahrzehnt auf der Tagesordnung der Generalversammlung, verschiedene Resolutionen, u. a. gegen den britischen Einfluss, bleiben ohne Wirkung auf die Entwicklung in Oman.

1967 30 Jahre nach Erteilung der ersten Konzession beginnt in großem Umfang die Erdölproduktion (1967: 2,8 Mio. t, 1995: 43 Mio.; Erdölreserven 2007: 870 Mio. t; Erdgasreserven 2007: 850 Billionen m^3).

1970, 24. Juli Sultan Said ibn Taimur (*1910, †1972) wird von seinem Sohn Qabus ibn Said (*1940) gestürzt. Das Land erhält die Bezeichnung **Sultanat von Oman** und wird 1971 Mitglied der UNO. Qabus versucht, die internationale Isolierung zu überwinden: wachsende Zusammenarbeit mit allen Anrainerstaaten am Persischen Golf, ab 1975 selbst mit dem Irak. Qabus beginnt umfassende Reformen zum Aufbau eines modernen Erziehungs- und Gesundheitswesens.

1972 Erfolglose Bemühungen, eine Einigung mit den Aufstandsbewegungen in Dofar zu erzielen. Zwei der Bewegungen schließen sich zur »Volksfront für die Befreiung des Oman und des Arabischen Golfes« (PFLO) zusammen und erhalten zunehmend Unterstützung vom Südjemen, von Irak, der VR China und später Libyen. Omanische Truppen, unterstützt von britischen und später jordanischen Offizieren, dringen in Dofar vor; Grenzgefechte mit Südjemen.

1972–1975 Iran unterstützt den Sultan mit Truppen. Hilfe kommt auch von Saudi-Arabien, den Vereinigten Arabischen Emiraten, Indien und Pakistan; umfangreiche Investitionen zum Wiederaufbau der »befriedeten« Gebiete. Nach einer Großoffensive (Ende 1975) gilt die PFLO als besiegt.

1976, 11. März Auf Vermittlung Saudi-Arabiens wird ein Waffenstillstandsabkommen mit dem Südjemen (Demokratische Volksrepublik Jemen) geschlossen; Amnestie für die Aufständischen. – Rückzug der meisten iranischen Truppen bis 1977.

1978 Guerillas der PFLO trainieren weiter im Südjemen (Ausbildung durch kubanische Militärberater) und versuchen, ab Juni den Aufstand wieder anzufachen.

1981 Sultan Qabus setzt einen Konsultativrat mit 45 Mitgliedern ein. Seine zweite Amtsperiode beginnt 1983.

1986, 9. Nov. Die erste Universität Omans wird durch Sultan Qabus eröffnet.

1987, Okt. An der Grenze zwischen Oman und Südjemen kommt es zu Zwischenfällen.

1991, 17. Jan.–28. Febr. Oman beteiligt sich im Zweiten Golfkrieg an der von den USA angeführten Koalition gegen den Irak zur Befreiung Kuwaits.
Trotz der gegen Ende des Jahres eingesetzten beratenden Versammlung bleibt Oman eine absolute Monarchie.

1996, 6. Nov. Sultan Qabus setzt die erste Verfassung des Sultanats in Kraft, in der Parteien jedoch nicht vorgesehen sind.

1999, 29. Nov. Die Grenzstreitigkeiten mit den Vereinigten Arabischen Emiraten werden vorläufig beigelegt. Ein Abkommen der Außenminister (27. März 2000) fixiert den Grenzverlauf.

2000, 14. Sept. Zum vierten Mal wird der Konsultativrat des Landes in Wahlen neu bestellt. Lediglich ein Viertel der Bevölkerung ist wahlberechtigt, der Konsultativrat hat auch kaum effektive Kompetenzen.

9. Nov. Oman wird in die Welthandelsorganisation (WTO) aufgenommen.

2001, 18. April Die Regierung fordert alle illegalen Einwohner auf, das Land zu verlassen oder sich registrieren zu lassen. Ziel ist ein Abbau der hohen Zahl von Gastarbeitern.

2003, 3. März Der Sultan gründet eine Aufsichtsbehörde für traditionelles Handwerk, deren Leitung der Scheicha Aischa ibn Dschamil al-Sajabijah (*1973) übertragen wird. Erstmals in der Geschichte Omans und aller sechs Golfstaaten erhält damit eine Frau Ministerrang.

5. Okt. Zum ersten Mal werden die 83 Mitglieder des Konsultativrats Omans frei und öffentlich gewählt. Dieser Schritt erfolgt im Zuge der Reformbemühungen zur Demokratisierung des Sultanats.

21. Okt. Sultan QABUS eröffnet die neue *Majlis al-Shura* (beratende Volksversammlung; sieben Frauen als Delegierte). Scheich HAMUD IBN 'ABDULLAH AL-MARTHI wird vom Sultan zum Präsidenten des Oberhauses ernannt. Der Rat berät den Sultan in wirtschaftlichen und sozialen Fragen und hat ansonsten keine Bevollmächtigung.

2004, 25. Febr. Um Investitionen aus dem Ausland zur verstärken, wird es Ausländern erlaubt, Eigentum in Oman zu besitzen.

4. Okt. Zu den Wahlen zur *Majlis al-Shura* sind erstmals alle Bürger über 21 Jahren beiderlei Geschlechts zugelassen.

Jemen seit 1948 | Forts. v. S. 1192 |

Jemen – Arabische Republik Jemen (Nordjemen) 1948–1990

1948, 17. Febr. Bei einem Putschversuch wird der despotische Imam YAHYA (*1876) ermordet. Unter seinem Nachfolger AHMED IBN YAHYA (*1895, †1962) erfolgt eine vorsichtige Öffnung des Jemen nach außen.

1958, 8. März Vom lockeren Anschluss an die Vereinigte Arabische Republik (VAR) erhofft sich der Imam eine Neutralisierung der inneren Unruhen, doch werden kaum praktische Schritte bis zur Kündigung der Mitgliedschaft durch die VAR (Dez. 1961) unternommen.

1962, 26. Sept. Kurz nach Regierungsantritt des neuen Imam MUHAMMAD AL-BADR (*1927, †1996) unternimmt das Militär unter General ABDALLAH AL-SALLAL (*1917, †1994) einen Staatsstreich. Der Imam entkommt in die Berge und gewinnt die Stämme für sich: **Bürgerkrieg zwischen Royalisten und Republikanern.**

10. Nov. Militärpakt mit der VAR, die immer mehr Truppen in den Jemen entsendet und zu einem ausschlaggebenden Machtfaktor im republikanischen Teil des Jemen wird. Die VAR will die nationalrevolutionären Kräfte in der Region gegen Saudi-Arabien und Großbritannien (Aden und Südarabien) stärken. Den ägyptischen Truppen gelingt es nicht, die Royalisten zu besiegen, die von Saudi-Arabien mit Geld und Waffen versorgt werden. Das republikanische Regime ist instabil, es kommt zu häufigen Regierungswechseln und Verfassungsexperimenten. Bei diesem Konflikt handelt es sich um einen im Nahen Osten nicht untypischen, zweischichtigen Stellvertreterkrieg, in dem die Republikaner die Interessen der VAR und die wiederum die der Sowjetunion vertreten, während die Royalisten die Interessen der Saudis und die wiederum die der USA vertreten.

1967, 31. Aug. Während der Gipfelkonferenz der Arabischen Liga in Khartum einigen sich der ägyptische Präsident GAMAL ABD AL-NASSER und der saudi-arabische König FAISAL endgültig über die Beendigung des Jemen-Krieges. Den Abzug der ägyptischen Truppen (abgeschlossen Jan. 1968) nutzen die Republikaner, die die engen Beziehungen zur VAR ablehnen.

4. Nov. SALLAL wird gestürzt, Nachfolger wird ABD AL-RAHMAN AL-IRJANI (*1908, †1998). Der Bürgerkrieg geht unvermindert weiter. Die Republikaner erhalten nun direkte sowjetische Militärhilfe, die Royalisten weiter die Unterstützung durch Saudi-Arabien.

1968, 21. Mai Als Imam AL-BADR abgesetzt wird, beginnen Auseinandersetzungen im royalistischen Lager dessen Position zu schwächen: Mehrere Stämme treten zu den Republikanern über. FAISAL stellt schließlich die Unterstützung ein. Bis Mitte 1969 sind die meisten Führer der Royalisten ins Exil gegangen.

1970, 23. Mai Regierung und Royalisten einigen sich offiziell über die Beendigung des Bürgerkrieges.

28. Dez. Die neue Verfassung der **Arabischen Republik Jemen** (**Nordjemen**) sieht eine Ratsversammlung vor, die im Febr./März 1971 gewählt wird. Der Jemen bleibt instabil; häufige Regierungswechsel.

1972 Wachsende Spannungen im Grenzgebiet zum Südjemen, auf dessen Gebiet der Nordjemen Ansprüche erhebt. Schwere Kämpfe (Sept.) werden auf Vermittlung der Arabischen Liga beigelegt.

28. Okt. Ein Abkommen über den Waffenstillstand und die Vereinigung beider Jemen wird in Kairo unterzeichnet. Aufgrund der verworrenen innenpolitischen Situation in beiden Staaten wechseln in den folgenden Jahren Bemühungen, das Abkommen zu verwirklichen (Febr. 1977: Gemeinsamer Rat der Außen-, Wirtschafts- und Planungsminister), mit erneuten Auseinandersetzungen im Grenzgebiet ab.

1974, 13. Juni IRJANI wird durch einen Militärputsch unter Oberst IBRAHIM AL-HAMADI (*1943, †1977) gestürzt. Das Parlament wird aufgelöst und die Verfassung suspendiert, der Staatsstreich mit administrativen Missständen begründet.

19. Juni Übergangsverfassung: Jemen ist eine arabisch-islamische Republik, die Jemeniten sind Teil der »Arabischen Nation«. Der militärische Kommandorat übernimmt die Funktionen der Legislative und Exekutive. Jemen nähert sich Saudi-Arabien und den USA an und friert die Beziehungen zur Sowjetunion ein (Aug. 1975).

1978, 24. Juni Präsident AHMAD AL-GHASCHMI (*1941) – Nachfolger des im Okt. 1977 ermordeten HAMADI – wird ebenfalls ermordet; Nordjemen macht den Südjemen verantwortlich. An der Grenze brechen heftige Kämpfe aus: Jemen spricht von einer Invasion des Südjemen. Anzeichen deuten jedoch auf eine Stammeserhebung hin, angezettelt von einem ehemaligen Mitglied des Kommandorats, das nach einem Putschversuch (Mai 1978) in den Südjemen geflohen und möglicherweise auch für die Ermordung GHASCHMIS verantwortlich ist.

1979, 28.–31. März Nach Vermittlungen arabischer Staaten, besonders Kuwaits, beschließen die Präsidenten der beiden Jemen bei der Friedenskonferenz in Kuwait die Durchführung des Vereinigungsbeschlusses: Der nordjemenitische Präsident ALI ABDALLAH SALEH (*1942) soll Präsident, Sanaa die Hauptstadt des Einheitsstaates werden.

1982, Jan. Die Vereinigungsbemühungen kommen nicht über die Verabschiedung der gemeinsamen Verfassung hinaus.

1988, 5. Juli Bei den ersten allgemeinen Wahlen für 128 Sitze im Konsultativrat, der mit begrenzten Gesetzgebungsvollmachten ausgestattet ist, erhalten die Kandidaten der vom Präsidenten geführten Sammlungsbewegung die Mehrheit. 30 % der Sitze gehen an Bewerber, die der Muslimbruderschaft nahestehen.

Aden und die Südarabische Föderation – Demokratische Volksrepublik Jemen (Südjemen) 1959–1989

1959, 11. Febr. Sechs Sultanate und Emirate schließen sich zur **Südarabischen Föderation** zusammen. Sie vereinbaren einen Freundschafts- und Schutzvertrag mit Großbritannien, das finanzielle und militärische Unterstützung zusagt. Bis 1965 treten elf weitere Fürstentümer des westlichen und östlichen Protektorats und die britische Kronkolonie Aden (Jan. 1963) der Föderation bei.

1966, Jan. Mehrere Organisationen bilden die nationalistische »Front für die Befreiung des besetzten Südjemen« (FLOSY), die vom Jemen und der VAR unterstützt wird. Ihr steht die radikalere »Nationale Befreiungsfront« (NLF) gegenüber.

22. Febr. Großbritannien kündigt die Unabhängigkeit Südarabiens für 1968 an, scheitert aber mit allen Versuchen, eine provisorische Verwaltung auf breiter Basis zu schaffen, da FLOSY und NLF jede Zusammenarbeit verweigern; anhaltende Terrorkampagnen.

1967, Aug.–Okt. Der NLF gelingt es, in den Fürstentümern nach und nach die Kontrolle zu übernehmen; die Südarabische Föderation zerfällt. Die FLOSY wird nach Kämpfen mit der NLF verdrängt. Großbritannien nimmt Verhandlungen mit der NLF auf. Bis zum 29. Nov. haben die britischen Truppen das Land verlassen.

27. Nov. Die NLF proklamiert die **unabhängige Volksrepublik Südjemen**. KAHTAN AL-SCHAABI (*1920, †1976) wird Präsident.
Wirtschaftliche Schwierigkeiten: Infolge des britischen Abzugs verlieren 20 000 Personen ihre Arbeit.

1969, 22. Juni Mit SALIM ALI RUBAYI (*1935, †1978) kommt der radikale Flügel an die Macht, der die Umgestaltung des Südjemen nach sozialistischem Modell vorantreibt: enge Zusammenarbeit mit den sozialistischen Staaten, v. a. der Sowjetunion, der VR China, der DDR, Nordkorea und später Kuba. Die Sowjetunion rüstet die Armee aus und erhält dafür Landerechte in Aden. Nationalisierung ausländischer Banken, Versicherungen und Firmen.

1970, 30. Nov. Neue Verfassung: Umbenennung des Landes in **»Demokratische Volksrepublik Jemen«** (**DVRJ**); Betonung des laizistischen Charakters des Staates. Bei der Verwirklichung des sozialistischen Modells wächst der Gegensatz zwischen dem prosowjetischen und dem prochinesischen Flügel der NLF. Es entsteht eine Mischform: bürokratischer Zentralismus mit Schwerpunkt in Aden neben revolutionären Arbeiter-, Bauern- und Soldatenräten mit Schwerpunkt im Hadramaut. Die Gründung der »Politischen Organisation Nationale Front« (NFPO) aus NLF, Baathisten und Kommunisten (Juni 1975) verschiebt das Gewicht zugunsten des prosowjetischen Flügels unter Generalsekretär ABD AL-FATTAH ISMAIL (*1939, †1986).

1972, 28. Okt. Auf Vermittlung der Arabischen Liga schließen der Südjemen und der Nordjemen in Kairo einen Friedensvertrag, der die Vereinigung beider Jemen einleiten soll.

1976, März Aussöhnung mit Saudi-Arabien, das den Krieg in Oman beenden möchte, um den iranischen Einfluss einzuschränken. Saudi-Arabien und Kuwait bieten umfangreiche Wirtschaftshilfe an. Die DVRJ schließt einen Waffenstillstand mit Oman (11. März).

1978, 26. Juli Als Nordjemen für die Ermordung seines Präsidenten die DVRJ verantwortlich macht, wird RUBAYI abgesetzt und später hingerichtet. »Starker Mann« im Präsidentschaftsrat ist ABD AL-FATTAH ISMAIL, der nach Verfassungsänderung (31. Okt.) und Neuwahlen zum Obersten Volksrat (23. Dez.) Präsident (Vorsitzender des Präsidiums des Obersten Volksrates) wird (27. Dez.).

1979, 28.–31. März Bei der Friedenskonferenz in Kuwait zur Beendigung des 1978 erneut ausgebrochenen Grenzkrieges mit dem Nordjemen beschließen die Präsidenten beider Staaten, den Vereinigungsbeschluss sofort umzusetzen, kommen der Einheit jedoch nicht näher.

1980 Der neue Präsident ALI NASSER MUHAMMAD (*1939) sucht den Ausgleich.

1986, ab 13. Jan. Bürgerkrieg in Aden: ALI NASSER MUHAMMAD greift die gegnerische Fraktion in der Regierungspartei um ABD AL-FATTAH ISMAIL an, wobei führende Vertreter getötet werden. Das Eingreifen des Militärs fordert zahlreiche Tote. Nach zehn Tagen setzen sich die Gegner von MUHAMMAD durch, der mit seinen Anhängern in den Nordjemen flieht.

6. Febr. ALI SALIM AL-BAYD (*um 1939) wird Generalsekretär der »Jemenitischen Sozialistischen Partei« (JSP).

8. Febr. HAIDAR AL-ATTAS (*1939) wird vom Obersten Volksrat (Parlament) zum neuen Staatspräsidenten und JASSIN SAID NUMAN (*1947) zum Ministerpräsidenten bestimmt.

1989, 11. Dez. Die JSP beschließt neben einer wirtschaftlichen Liberalisierung mit mehr Investitionen im Privatsektor auch politische Reformen: Bekenntnis zu Mehrparteiensystem und Meinungspluralismus in der Presse.

Republik Jemen seit 1990

1989, 1. Dez. Unterzeichnung des Vertrags zwischen Nord- und Südjemen über die Modalitäten für die **Vereinigung beider Staaten**.

1990, 22./23. Mai Proklamation der Republik Jemen mit der Hauptstadt Sanaa und Aden als Wirtschaftshauptstadt. Die parlamentarischen Gremien des Nordens und Südens wählen gemeinsam einen fünfköpfigen Präsidialrat. Dieser bestimmt ALI ABDALLAH SALEH (*1942) zum Präsidenten und JASSIN SAID NUMAN zum Ministerpräsidenten.

1991, 15./16. Mai Die neue Verfassung für den vereinigten Jemen wird in einer Volksabstimmung bei geringer Wahlbeteiligung mit 98 % der Stimmen bestätigt.

1993, 27. April Die Regierungsparteien siegen bei den ersten freien Parlamentswahlen in der Geschichte des Jemen. Stärkste Kraft wird der »Allgemeine Volkskongress« von Präsident SALEH.

1994, Jan. »Charta der Versöhnung«, um innenpolitische Probleme zu beseitigen.

Mai–Juli Neuer Bürgerkrieg: Nach Konflikten im gesamtjemenitischen Parlament kommt es zur Abspaltung des Südjemen und zur Ausrufung einer neuen »Demokratischen Republik Jemen« (21. Mai). Nach gegenseitigen Luftangriffen erobern Truppen des militärisch überlegenen Nordjemen Aden (7. Juli). SALEH erklärt den Bürgerkrieg daraufhin für beendet.

28. Sept. Neue, auf der Scharia basierende Verfassung.

2. Okt. Das Parlament wählt SALEH erneut zum Präsidenten. Unter den 27 Ministern sind keine Vertreter des Südjemen.

1997, 15. Mai Staatspräsident SALEH ernennt FARAJ IBN GHANIM (*1937) zum neuen Ministerpräsidenten.

1998, 17. Mai Im Kampf gegen Korruption und Misswirtschaft gescheitert, tritt GHANIM zurück. Nachfolger wird der Generalsekretär der Partei »Allgemeiner Volkskongress«, ABD AL-KARIM AL-IRYANI (*1934).

Juni Die Erhöhung der Lebensmittel- und Benzinpreise ruft gewalttätige Proteste hervor.
Im Grenzkonflikt zwischen Jemen und Saudi-Arabien, der bis in die 1930er-Jahre zurückreicht, kommt es zur militärischen Konfrontation.

Aug. Um die seit Jahren stattfindenden Entführungen von Ausländern zu unterbinden, wird die Todesstrafe für Geiselnahmen eingeführt. Die Entführungen, sowohl einträgliches Geschäft als auch Mittel, politische Ziele zu erreichen, gehen gleichwohl weiter.

9. Okt. Ein Spruch des Internationalen Gerichtshofes in Den Haag beendet die Streitigkeiten zwischen Jemen und Eritrea über die Grenzziehung im Roten Meer. Das Schiedsgericht entscheidet, dass die Hanish-Inseln sowohl Eritrea als auch dem Jemen gehören. Jemen bekommt vier (Zuqar-Hanish, Abu 'Ali, Jabal al-Tayr und Zubayr) der sieben Inseln zugesprochen.

1999, 23. Sept. Bei den ersten direkten Präsidentschaftswahlen setzt sich der Amtsinhaber SALEH durch. 66 % der Wahlberechtigten haben ihn mit 96,3 % der Stimmen wieder gewählt.

2000, 12. Juni Territoriale Streitfragen mit Saudi-Arabien werden durch ein Grenzabkommen beigelegt.

12. Okt. Bei einem Bombenanschlag auf das US-Kriegsschiff »USS Cole« im Hafen von Aden werden 17 US-Soldaten getötet. Als Drahtzieher des Attentats verdächtigen die USA den saudischen Terroristen OSAMA BIN LADEN (*1957).

2001, 20. Febr. Die neue Verfassung wird in einem Referendum gebilligt.

4. April In der neuen Regierung unter Ministerpräsident ABD AL-KADIR BAJAMAL (*1946) ist erstmals eine Frau vertreten.

8. Mai Die Regierung beschließt, die rund 1400 religiösen Privatschulen zu verstaatlichen, um den Einfluss der Islamisten einzudämmen.

2002, 6. Aug. Gründung einer neuen Nationalen Sicherheitsbehörde. Jemen nimmt im Kampf gegen den internationalen Terrorismus eine Schlüsselrolle ein.

3. Nov. Der mutmaßliche Operationschef von al-Qaida, ABU ALI AL-HARITHI, wird durch eine von einem unbemannten US-Aufklärungsflugzeug abgefeuerte Bombe getötet. Er wird für die Planung der Attacke auf die »USS Cole« verantwortlich gemacht.

2004, 2. Juli Jemen ist das zweite Land nach Jordanien, das dem Irak Truppen zur Gewährleistung der Sicherheit schicken möchte. Der Irak lehnt aufgrund von Bedenken zur Sicherung der Souveränität ab.

2. Sept. Die US-Regierung hebt das Waffenembargo, welches vor 14 Jahren verhängt wurde, auf.

21. Sept. Die Regierung und Anhänger von HUSSEIN BADR AL-DIN AL-HUTHI (†2004) einigen sich auf einen Waffenstillstand, welcher die Kämpfe beendet, die mehr als 600 Soldaten und Rebellen das Leben kosteten.

29. Sept. Zwei an dem Anschlag auf die »USS Cole« beteiligte Terroristen werden zum Tode verurteilt: ABD AL-RAHIM AL-NASCHIRI (*ca. 1967) und JAMAL MUHAMMAD AL-BADAWI (*1960?).

2005, 14. März Abkommen zwischen Saudi-Arabien und Jemen zum Schutz und zur Sicherheit der Grenzen. Zuvor war es jahrelang zu Grenzstreitigkeiten gekommen, die sogar darin gipfelten, dass Saudi-Arabien 2003/04 einen Grenzwall zwischen beiden Ländern erbauen wollte.

29. März Zwischenzeitlich wieder aufkeimende Kämpfe zwischen jemenitischen Sicherheitseinheiten und Anhängern von AL-HUTHI kosten 23 Rebellen und 3 Sicherheitsleuten das Leben. Die Kämpfe dauern an.

30. April ABDULLAH AL-HUSNI, früherer Botschafter Jemens in Syrien, bittet um politisches Asyl in Großbritannien, da jemenitische Machthaber ihn aufgrund seiner Teilnahme an einer südjemenitischen oppositionellen Bewegung ermorden lassen wollten.

26. Juli Nachdem die Subventionen für Öl am 20. Juli deutlich verringert wurden, verdoppelten sich die Benzinpreise. Krawalle mit 39 Todesopfern sind die Folge. Die Benzinpreise werden wieder gesenkt.

25. Sept. Präsident SALEH verkündet, dass Hunderte verhaftete Zaiditen-Rebellen begnadigt werden und der Jemen Kompensationen zahlen werde für die im Exil lebende Zaiditen-Familie. Die Zaiditen herrschten im Jemen bis zur Revolution von 1962.

2006, 3. Juni Nach sechsjährigen Grenzstreitigkeiten einigen sich Saudi-Arabien und Jemen auf eine Festlegung ihrer gemeinsamen Grenze.

23. Sept. Präsident SALEH wird bei den Präsidentschaftswahlen in seinem Amt bestätigt.

2007, Febr. Immer wieder Aufflammen der Kämpfe zwischen Zaiditen-Milizen und Sicherheitskräften der Regierung in der nördlichen Provinz Sa'ada.

17. Juni Nach monatelangen Kämpfen wird ein Waffenstillstand zwischen Zaiditen-Rebellen und Regierung geschlossen. Die Belange der Milizen werde hierin nicht berücksichtigt.

Irak seit 1945 | Forts. v. S. 1191 |

In den Nachkriegsjahren wachsen die inneren Spannungen: Ethnische (Kurdenproblem) und religiöse Gegensätze (Sunniten und Schiiten) sowie soziale Missstände (drückende Pachtverhältnisse, Landflucht, Arbeitslosigkeit) verschärfen die Konflikte zwischen Nationalisten und der probritischen Oberschicht (Großgrundbesitzer, Beamtenaristokratie). Versuche Großbritanniens, über eine Abänderung der bestehenden Verträge den Unmut zu besänftigen und die probritischen Kräfte zu stärken, scheitern, als das Palästinaproblem antiwestliche Gefühle intensiviert (Teilnahme irakischer Truppen am Palästinakrieg; Ausweisung bzw. Auswanderung von etwa 300 000 irakischen Juden bis 1952). Anfang der 50er-Jahre kommt es mehrfach zu schweren Unruhen und zur Verhängung des Kriegsrechts (1952/53, 1956/57).

1952, Febr. Nach einem neuen Vertrag mit der *Iraq Petroleum Co.* (IPC) erhält Irak 50 % der Gewinne. Da gleichzeitig die Ölförderung stark steigt, verfügt Irak erstmals über größere Mittel für Entwicklungsprojekte (Flutkontrolle und Bewässerungsanlagen an Euphrat und Tigris).

1955, 24. Febr. Abschluss eines Bündnisses mit der Türkei (Bagdadpakt), das von den USA und Großbritannien als Verteidigungsabkommen im Nahen und Mittleren Osten gegen die Sowjetunion organisiert wurde, später treten Pakistan und Iran dem Pakt bei. Der Beitritt Großbritanniens (30. März) und das Britisch-Irakische Sonderabkommen (4. April) beenden den Vertrag von 1930: Abzug der britischen Luftwaffenverbände binnen Jahresfrist.

1958, 14. Febr. Die haschimitischen Monarchien Irak und Jordanien reagieren auf die Gründung der Vereinigten Arabischen Republik (VAR) mit der Bildung der Arabischen Föderation.

14. Juli Staatsstreich der Armee unter Brigadegeneral ABD AL-KARIM KASSIM (*1914, †1963) und Oberst ABD AL-SALIM MUHAMMAD ARIF (*1921, †1966). König FAISAL II. (*1935) und Ministerpräsident NURI AL-SAID (*1888) werden ermordet, **Irak zur Republik ausgerufen.** Der Umsturz bedeutet das Ende der Arabischen Föderation. Kurz nach dem Staatsstreich beginnt ein Machtkampf zwischen KASSIM und ARIF, der der Baath-Partei nahe steht und eine Union mit der VAR befürwortet. ARIF wird verhaftet (Sept.) und der Verschwörung angeklagt.

30. Sept. Das Agrarreformgesetz beschränkt den Großgrundbesitz. Etwa 40 % des landwirtschaftlich genutzten Bodens sollen umverteilt werden.

1959, 24. März Irak tritt aus dem Bagdadpakt aus. Kündigung des Sonderabkommens mit Großbritannien: Abzug des letzten britischen Luftwaffenkontingents.

1961, März Beginn des Kurdenaufstandes in Nordirak. MUSTAFA BARSANI (*1903, †1979) proklamiert einen unabhängigen Kurdenstaat.

Das Kurdenproblem

Die etwa 22 Mio. Kurden, die eine dem Persischen verwandte Sprache sprechen und dem sunnitischen Islam angehören, leben zu je einem knappen Drittel in geschlossenen Siedlungsgebieten im nördlichen Irak, im nordwestlichen Iran und der Südosttürkei sowie zu kleineren Teilen in Syrien und dem Kaukasus. Den Kurden ist bei der Auflösung des Osmanischen Reiches ein eigener Staat im Friedensvertrag von Sèvres (1920) zugesagt worden. Bei der endgültigen Friedensregelung bleiben die anatolischen Teile Kurdistans jedoch bei der Türkei, während das ölreiche Kurdengebiet um Mosul 1926 Irak zugeschlagen wird. Die Kurden haben immer wieder auch mit Gewalt ihre Autonomieforderungen durchzusetzen versucht (Kurdenaufstand in der Türkei 1925, Revolte in Irak 1946 und 1961, Autonomieforderungen im Iran 1979). Abgesehen von der Gewährung eines autonomen Gebiets in der Sowjetunion (1930) und von der kurzlebigen Kurdenrepublik von Mehabad im sowjetisch besetzten Iran (1946) bleiben ihre Bemühungen jedoch erfolglos. Die Beziehungen Iraks zu den Kurden (nach irakischen Angaben etwa 15 %, nach kurdischen 25 % der Bevölkerung) werden durch den Ölreichtum im Kurdengebiet um Kirkuk zusätzlich belastet, da die irakischen Investitionen in den überwiegend kurdischen Distrikten in keinem Verhältnis zu den Öleinnahmen der Regierung stehen.

Nach der Revolution 1958 kehrt MUSTAFA BARSANI, der militärische Führer der Kurdenrepublik von Mehabad, aus dem Exil in der Sowjetunion in sein Stammesgebiet im Irak zurück und gründet die Demokratische Partei Kurdistans. Als Verhandlungen mit KASSIM über einen Autonomiestatus scheitern, beginnt 1961 der Aufstand, der sich zum **Kurdenkrieg** ausweitet. Bis Sept. 1961 kontrollieren die Kurden etwa 400 km des Berglandes entlang der Grenzen zur Türkei und zum Iran. Der Krieg zieht sich über Jahre ohne eindeutigen Erfolg für die eine oder andere Seite hin. Als die Kurden die irakischen Truppen bis auf die größeren Städte zurückgedrängt haben, erkennt die Regierung im Febr. 1964 die kurdischen Forderungen im Prinzip an; der Waffenstillstand hält jedoch nur wenige Monate. 1966 bietet die Regierung den Kurden Dezentralisierung und Kurdisch als Amtssprache in den selbst verwalteten Gebieten sowie proportionale Beteiligung in Parlament und Regierung an; 1967 sind erstmals Kurden im Kabinett vertreten. BARSANI sieht seine Forderungen jedoch nicht ausreichend erfüllt; ab 1968 flammt der Krieg wieder auf.

Am 11. März 1970 wird in einem Abkommen den Kurden Autonomie und Beteiligung an der Regierung zugestanden. Da das Abkommen nur teilweise und sehr zögernd erfüllt wird (die grundlegende Volkszählung wird nicht durchgeführt), drohen die Kurden ab 1972 die Wiederaufnahme der Kämpfe an. Das am Ende der Übergangszeit dekretierte Autonomiestatut vom 11. März 1974 lehnt ein Großteil der Kurden als unzureichend ab. Auch nach dem Ende des Kurdenkrieges (1975) kommt es zu Zusammenstößen zwischen Kurden und irakischen Sicherheitskräften, der Wiederaufbau in den kurdischen Gebieten und die Erfüllung des Autonomiedekrets schreiten jedoch voran: Exekutivrat der Kurdischen Autonomen Region; ab April 1977 Kurdisch als Amtssprache der Region. Während des Ersten Golfkrieges und im Zusammenhang mit dem Zweiten Golfkrieg kommt es jedoch erneut zu kriegerischen Konflikten (1988, 1991) zwischen Kurden und dem irakischen Staat.

1961, 12. Dez. Nach langen ergebnislosen Verhandlungen entzieht Irak der *Iraq Petroleum Co.* (IPC) alle ungenutzten Konzessionsgebiete (über 99 % der ursprünglichen Konzession). Damit beginnen jahrelange Auseinandersetzungen mit der IPC.

1963, 8. Febr. Ein Militärputsch bringt Oberst ARIF an die Macht. General KASSIM wird erschossen. Die Baath-Partei übernimmt die Führungsrolle, ist jedoch in einen gemäßigten proägyptischen und einen radikalen Flügel gespalten. Flügelkämpfe und Putschversuche der radikalen (Nov. 1963) wie der proägyptischen Kräfte (Sept. 1965, Juni 1966) lassen Unionsversuche (April 1963 Föderation mit Syrien und der VAR, Okt. 1963 Oberster Verteidigungsrat mit Syrien, Mai 1964 Gemeinsamer Präsidentschaftsrat mit der VAR) scheitern.

1966, 13. April Als ARIF tödlich verunglückt, wird sein Bruder, Brigadegeneral ABD AL-RAHMAN ARIF (*1916, †2007), sein Nachfolger.

1967 Teilnahme am Sechstagekrieg gegen Israel.

1968, 17. Juli Nach wachsender Unzufriedenheit mit dem schwachen Regime ARIFS bringt ein Militärputsch General AHMED HASAN AL-BAKR (*1912/14, †1982) an die Macht. Die innenpolitische Situation ist verworren. Ende 1968 werden umfangreiche »Säuberungen« durchgeführt. Der radikale Flügel der Baath-Partei setzt sich durch.

1971, 11. März Nach dem Abkommen mit den Kurden stabilisiert sich die innenpolitische Situation. Der Waffenstillstand erlaubt der Regierung, mit der Umsetzung ehrgeiziger wirtschafts- und sozialpolitischer Vorstellungen zu beginnen.

Die sozialistische Entwicklungspolitik des Baath-Regimes

Das Agrarreformgesetz vom 21. Mai 1970 leitet eine grundlegende Veränderung der Besitz- und Produktionsverhältnisse in der Landwirtschaft ein: Etwa 27 % der Landesfläche sind kultivierbar, doch nur 5,8 Mio. ha werden landwirtschaftlich genutzt, die Hälfte der nutzbaren Fläche liegt jährlich brach. Bis 1958 existiert ein feudalistisches Agrarsystem mit niedriger Produktivität: 66 % der bewirtschafteten Fläche befinden sich in den Händen von etwa 6000 Großgrundbesitzern, 173 000 Bauern (70 % aller Betriebe) teilen sich weniger als 5 % der Fläche. Da die Agrarreform von 1958 die Verbesserung der Produktionsmethoden und die Erhöhung sowie Diversifizierung der Produktion vernachlässigt und selbst die Umverteilung des Besitzes verschleppt wird, bleibt die Produktivität und damit das Einkommen der Landbevölkerung niedrig; die Folge ist starke Landflucht. Mit dem neuen Gesetz wird die Landwirtschaft ein Schwerpunktbereich der insgesamt stark angewachsenen staatlichen Investitionstätigkeit (Neulanderschließung, Entsalzung des Bodens, Diversifizierung).

Mit der Verstaatlichung der IPC am 1. Juni 1972 beginnt die Nationalisierung des gesamten Erdölsektors und seine Integration in die Volkswirtschaft. Bis 1972 werden die Ölreserven des Irak fast ausschließlich durch die ausländische Firmengruppe der IPC und ihre Töchter *Mosul Petroleum Co.* (MPC) und *Basra Petroleum Co.* (BPC) ausgebeutet. Der Irak hat kaum Einfluss auf Produktionsmenge, Export- und Preispolitik. Da nur 5 % der Fördermenge im Inland verarbeitet werden, muss der Irak Ölprodukte einführen. Zwar steigen seit 1950 die Staatseinnahmen aus dem Ölsektor (1950: 18,8 Mio. US-$, 1970: 521 Mio.) rascher als die Produktion (1950: 7 Mio. t, 1970: 78 Mio. t), die realen Austauschverhältnisse verschlechtern sich jedoch, weswegen der Irak im Sept. 1960 in Bagdad mit anderen Staaten die Organisation der Erdöl exportierenden Staaten (OPEC) gründet. Die im Febr. 1964 gegründete *Iraq National Oil Co.* (INOC) übernimmt die 1961 der IPC entzogenen Konzessionsgebiete, ist aber auf die Kooperation mit ausländischen Gesellschaften angewiesen, die wegen der IPC-Ansprüche zögern. Im Vertrag vom 28. Febr. 1973 akzeptiert die IPC gegen eine Entschädigung von 15 Mio. t Öl die Nationalisierungen. Bis Ende 1975 werden auch MPC und BPC nationalisiert. Es erfolgt der Aufbau eines nationalen Ölsektors mithilfe der Sowjetunion und des französischen Staatskonzerns Elf/ERAP.

Erst Anfang der 70er-Jahre erlauben hohe Investitionsmittel den systematischen Aufbau der Industrie. Schwerpunkte der Industrialisierungsstrategie sind Importsubstitution und Diversifizierung, Verarbeitung der Rohstoffreserven (Schwefel, Phosphat, Eisenerz, Kupfer, Zink), Baumwollverarbeitung und auch Maschinenbau (Traktoren). Ein ehrgeiziger Fünfjahres-Entwicklungsplan (1976–1980) mit durchschnittlichen jährlichen Investitionen von 7,3 Mrd. US-$ wird entworfen, das Investitionsvolumen nach Schwierigkeiten mit der Industrialisierungsstrategie aber 1978/79 reduziert.

1971, 15. Nov. Verkündung eines »Nationalen Paktes« als Grundlage einer Verfassung: volksdemokratisch-sozialistischer Einheitsstaat, Aufbau einer revolutionären Gesellschaft, die Armee ist Trägerin des gesamtarabischen Kampfes. Die Baath-Partei bildet mit der Kommunistischen Partei (IKP) eine Nationale Front, der sich die Demokratische Partei Kurdistans anschließen soll (1973).

1972, 6.–10. April Beim Besuch des sowjetischen Minis-

terpräsidenten Alexeij Kossygin wird ein Freundschaftsvertrag mit der Sowjetunion abgeschlossen (laufende Konsultationen).
Eröffnung des mit sowjetischer Hilfe erschlossenen Ölfeldes von Nord-Rumeila. Als »befreundeter« Staat gewährt die Sowjetunion Militärhilfe, unterstützt wirtschaftliche Vorhaben und den Ausbau des Hafens von Basra.

1973, Okt./Nov. Im Oktoberkrieg gegen Israel schickt Bagdad Truppenkontingente nach Syrien, zieht sie jedoch Ende Okt. wieder ab, da es den Waffenstillstand missbilligt.

1974 Mit dem Wiederaufflammen des Kurdenkrieges verschlechtern sich erneut die Beziehungen zum Iran, besonders durch den Streit um die Grenzziehung im Schatt al-Arab, dem Mündungsgebiet von Euphrat und Tigris, wo der vom Iran 1969 gekündigte Vertrag von 1937 den Irak begünstigte.

1975, 6. März Überraschend legen Iran und Irak während der OPEC-Konferenz in Algier ihren Streit bei. Das Irakisch-Iranische Protokoll (17. März) demarkiert die Landesgrenze und legt die Seegrenze im Schatt al-Arab auf der Talweglinie fest (in Kraft am 1. April). Iran sichert sich damit den Ölexport durch den Persischen Golf und stellt im Gegenzug die Unterstützung für die Kurden ein.

13. März Der Abbruch der materiellen und strategischen Unterstützung durch Iran (und Israel) zwingt die irakischen Kurden einen Waffenstillstand anzunehmen. 250 000 Kurden fliehen in den Iran. **Ende des Kurdenkrieges.** Irak arrangiert sich in bilateralen Abkommen mit Saudi-Arabien (Einigung über die Nutzung der ölreichen Neutralen Zone 1975) und Kuwait (Aufgabe von Gebietsforderungen gegen Verpachtung der Inseln vor dem Hafen Umm Kasr). Im Oman stellt der Irak die Unterstüt zung der Volksfront ein, deren Guerillakrieg mithilfe iranischer und z. T. jordanischer Truppen bis 1976 nieder geschlagen wird.

1977, 5. Dez. Irak verlässt die Konferenz der »Ablehnungsfront« in Tripolis und boykottiert spätere Sitzungen. Der Versuch, eine eigene »Front der Standhaftigkeit und Befreiung« aufzubauen, scheitert.

1978 Da Irak Somalia und die eritreischen Nationalisten gegen Äthiopien unterstützt, verschlechtern sich die Beziehungen zur Sowjetunion rapide. Es kommt zum Bruch mit der IKP nach deren Kritik an der Baath-Partei und zu mehreren Hinrichtungen von Kommunisten wegen subversiver Tätigkeit.

24.–26. Okt. Nach dem Abkommen von Camp David führt die gemeinsame Ablehnung der ägyptischen Politik die verfeindeten Baath-Regime in Syrien und Irak zusammen. Während des Besuchs des syrischen Präsidenten Hafiz al-Assad (*1930, †2000) im Irak wird die »Charta für gemeinsame nationale Aktion« unterzeichnet, in der man sich auf eine enge Zusammenarbeit auf allen Gebieten verständigt.

1979, 16. Juli Präsident al-Bakr wird gezwungen, zugunsten von Ministerpräsident **Saddam Hussein** (*1937, †2006) zurückzutreten. Nachdem eine Verschwörung aufgedeckt wird (28. Juli), kommt es zu zahlreichen Hinrichtungen. An den inneren Schwierigkeiten scheitert die geplante Vereinigung mit Syrien.

1980, 22. Sept. Mit der Invasion in Khuzistan beginnt Irak den Krieg mit Iran (**Erster Golfkrieg**). Offiziell begründet mit der Forderung nach einer Revision des Vertrags von 1975, will Saddam Hussein so von inneren Problemen ablenken, im Glauben, dass der durch die Revolution gebeutelte Iran leichte Beute sei. Umfangreiche Hilfe Saudi-Arabiens und anderer arabischer Staaten gleichen die wirtschaftlichen Einbußen aus. Vom verlustreichen Stellungskrieg verlagern sich die Angriffe zunehmend auf Ölquellen und -tanker im Persischen Golf.

1982, Juli Kontrollierte Wahlen bestätigen Saddam Hussein in seinem Amt als Präsident, trotz erheblicher Opposition im Inneren (Kurden, Schiiten, enttäuschte Baathisten).

1984, 3. Jan. Waffenstillstandsabkommen mit den Kurden.

1986, Febr. Die irakische Halbinsel Fao wird vom Iran erobert. Trotz mehrerer Offensiven gelingt es dem Iran aber nicht, nach Basra durchzubrechen.

1987, 20. Juli Der UN-Sicherheitsrat verabschiedet eine Waffenstillstandsresolution für den Golfkrieg (Resolution 598), die den Truppenrückzug hinter die international anerkannten Grenzen sowie die Bildung einer Kommission zur Untersuchung der Kriegsschuldfrage vorsieht. Irak will die Resolution nur befolgen, wenn sie auch von Iran angenommen wird.

1988, ab Febr. Zahlreiche irakische Raketenangriffe auf Teheran und andere iranische Städte.

17. März Irakische Flugzeuge bombardieren die eigene kurdische Bevölkerung der von iranischen Truppen kontrollierten Stadt Halabja mit Giftgas (3000 bis 5000 Tote).

17.–18. April Die Halbinsel Fao wird unter Einsatz von chemischen Waffen zurückerobert.

20. Aug. Der Waffenstillstand mit dem Iran tritt in Kraft, nachdem dieser die UNO-Resolution 598 akzeptiert hat.

ab Ende Aug. Offensive der irakischen Armee gegen die kurdische Bevölkerung, etwa 100 000 Kurden fliehen in die Türkei.

1990, 1. April Saddam Husseins Äußerungen, eine »strategische Parität« mit Israel herzustellen und im Falle eines (nuklearen) Angriffs auf den Irak binäre chemische Waffen gegen Israel einzusetzen, verschärfen die Kontroverse mit den USA und Israel um die irakische Rüstung mit nicht konventionellen Waffen.

13. April Hussein bietet die Einrichtung einer Zone, frei von Massenvernichtungswaffen, im Nahen Osten an.

2.–8. Aug. Besetzung und Annexion Kuwaits als 19. Provinz durch die irakische Armee, nachdem Saddam Husseins Forderung nach Erlassung seiner Kriegsschulden (etwa 45 Mrd. US-$) seitens der arabischen Ölstaaten und seine Anschuldigung, Kuwait halte den Ölpreis durch Überproduktion absichtlich niedrig, ignoriert worden waren.

6. Aug. Der UN-Sicherheitsrat beschließt Wirtschaftssanktionen gegen Irak, die in den folgenden Jahren aufrechterhalten werden, da Irak nicht alle gegen ihn gerichteten UN-Resolutionen vollständig erfüllt.

1991, 17. Jan.–28. Febr. **Zweiter Golfkrieg**: Der irakische Präsident SADDAM HUSSEIN lässt das UN-Ultimatum über die Räumung Kuwaits verstreichen (15. Jan.). Daraufhin eröffnet die von den Amerikanern geführte alliierte Koalition, die aus sieben arabischen Staaten (Ägypten, Bahrain, Marokko, Oman, Saudi-Arabien, Syrien und die Vereinigten Arabischen Emirate) sowie Großbritannien, Frankreich, der Sowjetunion und weiteren 15 Staaten besteht, im Auftrag der UNO die Operation »Wüstensturm« zur Befreiung Kuwaits mit massiven Bombenangriffen auf Ziele im Irak und in Kuwait. Präsident HUSSEIN richtet einen Aufruf an alle Araber, v. a. die Palästinenser, sich am Kampf gegen den Westen zu beteiligen.

18. Jan.–Ende Febr. Irakische Raketenangriffe auf Israel (Tel Aviv, Haifa). Israel verzichtet auf Vergeltung, um die alliierte Koalition nicht zu gefährden.

Mitte Febr. Irakische Soldaten setzen kuwaitische Ölfelder in Brand, um Kriegsschiffbewegungen im Persischen Golf zu behindern und eventuelle alliierte Landeoperationen entlang der kuwaitischen Küste zu verhindern. Die brennenden Ölquellen und der entstandene Ölteppich führen zu einer Umweltkatastrophe für die gesamte Region.

23. Febr. Nach dem Verstreichen eines weiteren UN-Ultimatums beginnt die alliierte Bodenoffensive unter US-General NORMAN SCHWARZKOPF (*1934).

25. Febr. Beginn des irakischen Rückzugs aus Kuwait. Am 28. Febr. erklärt US-Präsident GEORGE H. BUSH die Einstellung aller alliierten Kampfhandlungen am Golf. Schätzungen gehen von mindestens 85 000 gefallenen und über 100 000 in Kriegsgefangenschaft geratenen irakischen Soldaten aus.

März Aufstände von Schiiten im Süden und Kurden im Norden Iraks gegen die Herrschaft HUSSEINS werden ohne Eingreifen der Allianz niedergeschlagen.

6. April Annahme der UN-Resolution 687 durch den Irak. Die Resolution enthält die Anerkennung der kuwaitischen Grenze und Souveränität sowie die Zerstörung irakischer Massenvernichtungswaffen, Reparationsforderungen und ein Rüstungsembargo.

11. April Der Waffenstillstand tritt formell in Kraft.

1992, 27. Aug. Ein Flugverbot für irakische Flugzeuge wird verhängt, weil Irak die UN-Resolution 688 (zum Kurdenproblem) missachtet hat.

1993, 27. Juni Zwei US-Schlachtschiffe feuern 23 Cruise Missiles auf die Zentrale des irakischen Geheimdienstes in Bagdad ab, um einen geplanten Mordanschlag auf den früheren US-Präsidenten BUSH durch irakische Agenten zu vergelten.

1995, 14. Juni Nach einem gescheiterten Putsch gegen SADDAM HUSSEIN werden 150 Angehörige des Militärs hingerichtet.

15. Okt. In einem überwachten »Plebiszit« wird der einzige zur Wahl stehende Kandidat SADDAM HUSSEIN im Präsidentenamt für weitere sieben Jahre von 99,96 % »des Volkes« bestätigt.

1996, 3. Sept. Die USA reagieren auf das Vordringen irakischer Bodentruppen im Norden des Landes mit der Ausweitung der Flugverbotszone und dem Abfeuern von 27 Marschflugkörpern. Ein zweiter amerikanischer Angriff mit 17 Marschflugkörpern aus internationalen Gewässern folgt (4. Sept.).

Dez. Beginn des UN-Programms »Öl für Nahrungsmittel« (Resolution 986). Der Irak kann trotz des Embargos gewisse Mengen Öl exportieren, um dafür Medikamente und Nahrungsmittel zu kaufen.

1997, Okt./Nov. Ausweisung US-amerikanischer Waffeninspektoren der UN, die nach dem Zweiten Golfkrieg zur Kontrolle des Abbaus der irakischen Massenvernichtungswaffen entsandt wurden. Die Forderungen des Irak, u. a. nach Lockerung der Wirtschaftssanktionen, werden trotz Engpässen bei der Versorgung der Bevölkerung nicht erfüllt. Nach offiziellem Einlenken Iraks (20. Nov.) wird der Konflikt nicht beigelegt, da sog. »sensible Anlagen«, in denen weitere Waffenarsenale vermutet werden, unzugänglich bleiben.

1998, Jan. Erstmals seit dem iranisch-irakischen Krieg findet ein Treffen zwischen den Außenministern des Iran und Irak in Teheran statt. Vereinbart wird u. a. ein Austausch von Kriegsgefangenen.

23. Febr. UN-Generalsekretär KOFI ANNAN erzielt in Bagdad eine Einigung in der Frage der UN-Waffeninspekteure. Der Irak erklärt sich bereit, einer Sondergruppe Zugang zu den als »sensibel« eingestuften Präsidentenpalästen zu verschaffen.

14. Juli Unter Missachtung der UN-Sanktionen vereinbaren Syrien und der Irak die Wiedereröffnung einer Pipeline vom nordirakischen Erdölgebiet Kirkuk zum syrischen Hafen Banias.

6. Aug. Aus Protest gegen die seit acht Jahren andauernden Sanktionen erklärt Präsident HUSSEIN die Zusammenarbeit mit den UN-Waffeninspekteuren für beendet.

Okt. US-Präsident BILL CLINTON unterzeichnet den vom US-Kongress verabschiedeten *Iraq Liberation Act*, der 97 Mio. US-$ für die Unterstützung oppositioneller Gruppen im Irak vorsieht.

14. Nov. Wenige Stunden vor dem geplanten Beginn eines US-Luftangriffes lenkt der Irak ein und gestattet aufs Neue die Arbeit der Waffeninspekteure. Die USA halten ihre Militärpräsenz am Golf aufrecht.

16.–19. Dez. Nach einem neuen Konflikt um die Waffeninspektionen fliegen amerikanische und britische Kampfflugzeuge mehr als 600 Angriffe auf militärische und infrastrukturelle Ziele im Irak, dazu werden von US-Schiffen 415 Marschflugkörper abgefeuert. Bei der viertägigen Operation »Desert Fox« kommen nach irakischen Angaben 62 Soldaten ums Leben.

27. Dez. Der Irak kündigt endgültig jede Zusammenarbeit mit den Waffeninspekteuren der UNO auf.

1999, Febr. Das UN-Welternährungsprogramm (WFP) startet ein Hilfsprogramm für etwa 200 000 unterernährte Kinder im Irak.

April Irakische Elitetruppen schlagen einen Aufstand der schiitischen Opposition in Basra nieder.

17. Dez. Nach achtmonatigen Verhandlungen billigt der

UN-Sicherheitsrat die Resolution 1284, die die Einrichtung einer neuen Kommission zur Kontrolle des irakischen Rüstungsprogramms (UNMOVIC) vorsieht. Das Team, zusammengestellt vom Schweden HANS BLIX (*1928), erhält jedoch vom Irak keine Einreiseerlaubnis.

2000, 1. März Ein Bericht des Internationalen Komitees des Roten Kreuzes stellt fest, dass das Gesundheitssystem und die öffentliche Infrastruktur im Irak in erschreckendem Maße zusammengebrochen sind.

18. April Die UN-Menschenrechtskommission nimmt einen Bericht an, in dem das Regime in Bagdad systematischer, umfassender und extrem schwerer Menschenrechtsverletzungen beschuldigt wird. Der Irak bekräftigt noch einmal seine Weigerung, Inspekteure der UNMOVIC ins Land zu lassen.

6. Dez. Der UN-Sicherheitsrat verlängert das Programm »Öl für Nahrungsmittel« um weitere sechs Monate. Das Programm wird wiederholt verlängert.

2001, 19. Jan. Britische und US-amerikanische Luftstreitkräfte beginnen mit Patrouillenflügen und militärischen Angriffen auf irakische Abwehrstellungen in der Flugverbotszone.

Nov. Der UN-Sicherheitsrat beschließt die Verlängerung der Sanktionen gegen den Irak. Die Aufhebung der Sanktionen wird für den Fall in Aussicht gestellt, dass UN-Inspekteure ungehinderten Zugang zu den Anlagen zur Herstellung möglicher Massenvernichtungswaffen erhalten.

2002, 29. Jan. US-Präsident GEORGE W. BUSH nennt in seiner Rede zur Lage der Nation den Irak Bestandteil einer »Achse des Bösen«, die den Weltfrieden durch Massenvernichtungswaffen bedrohe. Im Zusammenhang mit dem »Krieg gegen den Terror« nach dem 11. Sept. 2001, dem Angriff auf die Taliban in Afghanistan und der (nichtigen) Anschuldigung, dass der Irak Massenvernichtungswaffen besäße, werden in der US-Regierung Pläne zum Sturz von SADDAM HUSSEIN erwogen.

8. Aug. SADDAM HUSSEIN warnt die Amerikaner vor einem Angriff auf den Irak und fordert die Aufhebung der UN-Sanktionen.

5./6. Sept. Amerikanische und britische Kampfflugzeuge fliegen den schwersten Angriff seit vier Jahren. Ziel ist eine Luftabwehrkommandozentrale in der südirakischen Flugverbotszone.

16. Sept. In einem Brief an UN-Generalsekretär ANNAN bietet der irakische Staatschef HUSSEIN die Wiedereinreise von Waffeninspektoren ohne Vorbedingungen an; die USA sehen darin ein Täuschungsmanöver.

15. Okt. In einem Referendum sprechen sich 100 % der irakischen Wähler für eine weitere siebenjährige Amtszeit von Präsident HUSSEIN aus.

8. Nov. Der UN-Sicherheitsrat beschließt einstimmig eine Resolution zur Durchsetzung strenger und umfassender Waffenkontrollen im Irak. Am 27. Nov. nehmen die ersten Kontrolleure ihre Arbeit auf.

2003, 17. März Der UN-Sicherheitsrat holt die Waffeninspekteure zurück. US-Präsident BUSH fordert HUSSEIN auf, das Land zu verlassen.

20. März–2. Mai **Dritter Golfkrieg** (Zweiter Irak-Krieg): Die Kampfhandlungen beginnen mit amerikanischen Luftangriffen.

9. April Zusammenbruch des irakischen Regimes. Amerikanische Truppen besetzen Bagdad.

2. Mai US-Präsident BUSH erklärt die Kampfhandlungen im Irak für weitgehend beendet.

22. Mai Der UN-Sicherheitsrat hebt nach zwölf Jahren die Sanktionen gegen den Irak auf.

17. Juli Der von den USA eingesetzte Übergangsrat tritt erstmals zusammen.

13. Dez. SADDAM HUSSEIN wird in einem Erdloch nahe seiner Heimatstadt Tikrit festgenommen.

2004, 8. März Der irakische Regierungsrat unterzeichnet eine Übergangsverfassung, die u. a. Meinungs- und Glaubensfreiheit vorsieht.

28. April Im US-Fernsehen werden Folterszenen aus dem Gefängnis Abu Ghraib gezeigt. Die US-Besatzungspolitik im Irak gerät in eine schwere Krise.

28. Juni Nach 14 Monaten Besatzung übergeben die Amerikaner formell die Souveränität über das Land an die irakische Regierung und lösen ihre eigene Zivilverwaltung auf.

6. Sept. Die US-Kräfte verzeichnen ihren tausendsten Toten. Fast täglich kommt es im Irak zu Anschlägen und Überfällen.

8. Nov. US-Truppen und irakische Einheiten unternehmen einen Großangriff auf die Rebellenhochburg Falludscha. Bis zum 19. Nov. werden etwa 1200 Aufständische getötet.

21. Nov. Die 19 wichtigsten Gläubigerländer erlassen dem Irak 80 % seiner Schulden. Deutschland allein verzichtet auf 4 Mrd. US-$.

Ethnien und Religionen im Irak

2005, 30. Jan. Trotz Bedrohung durch Aufständische beteiligen sich rund 60 % der Bevölkerung an den Wahlen zur Nationalversammlung. Eine lose Koalition aus schiitischen und kurdischen Parteien gewinnt die Wahl. In den sunnitischen Gebieten wird die Wahl weitgehend boykottiert.

6. April Das Parlament wählt den Kurden DSCHALAL TALABANI (*1933) zum Übergangspräsidenten. Stellvertreter sind je ein Sunnit und ein Schiit.

3. Mai Ministerpräsident IBRAHIM AL-DSCHAFARI (*1947) stellt sein Kabinett vor.

29. Mai Beginn einer Großoffensive gegen Aufständische. Im Einsatz sind 40 000 irakische Polizisten und Soldaten sowie 10 000 US-Soldaten.

27. Aug. Der Verfassungsausschuss legt dem Parlament den Entwurf für die neue Verfassung vor. Das Parlament stimmt nicht wie geplant darüber ab, stattdessen gibt es am 15. Okt. ein Referendum, an dem 60 % aller Iraker teilnehmen. 78 % der Stimmen befürworten den Verfassungsentwurf. Die sunnitische Opposition verfehlt nur knapp die notwendigen Stimmen, die das Referendum hätten scheitern lassen.

18. Okt. Beginn des Prozesses gegen SADDAM HUSSEIN: Der ehemalige Machthaber wird wegen Verbrechen gegen die Menschlichkeit angeklagt.

15. Dez. Parlamentswahlen auf Basis der neuen Verfassung. Nach dem amtlichen Endergebnis (25. Jan. 2006) siegt die schiitisch dominierte »Vereinigte Irakische Allianz«. Sie gewinnt 128 der 275 Sitze, die »Kurdische Allianz« wird mit 53 Sitzen zweitstärkste Kraft vor dem sunnitischen Parteienbündnis um die »Irakische Islamische Partei« mit 44 Sitzen.

2006, 22. Febr. Ein Bombenanschlag auf die Goldene Moschee in Samarra, einem wichtigen Heiligtum der Schiiten, führt zu landesweiten Ausschreitungen zwischen Sunniten und Schiiten.

20. Mai Nach monatelangem Streit um die Regierungsbildung bestätigt das Parlament die Regierung des Ministerpräsidenten NURI AL-MALIKI (*1950).

8. Juni Die US-Armee gibt die Tötung des Terroristenführers ABU MUSAB AL-ZARQAWI (*1966) bekannt.

19. Juli Die US-Streitkräfte und die Regierung schaffen es nicht, die öffentliche Ordnung aufrechtzuerhalten. Nach einem UN-Bericht wurden allein im Mai und Juni 2006 knapp 6000 Iraker getötet.

6. Nov. Ein irakisches Sondertribunal verurteilt SADDAM HUSSEIN zum Tod durch den Strang. Das Gericht befindet ihn für schuldig, Verbrechen gegen die Menschlichkeit begangen zu haben. Hintergrund ist der Mord an 140 Schiiten als Racheaktion für einen fehlgeschlagenen Attentatsversuch auf HUSSEIN.

21. Nov. Syrien und Irak nehmen nach 25 Jahren erstmals wieder diplomatische Beziehungen auf.

23. Nov. Bei der Explosion von sechs Bomben im schiitischen Stadtteil Sadr City sterben in Bagdad mindestens 200 Menschen. Es ist einer der schlimmsten Anschläge seit dem Beginn der US-Besatzung.

29. Nov. Auf Bitten von NURI AL-MALIKI verlängert der UN-Sicherheitsrat das Mandat für die multinationale Streitkraft im Irak um ein Jahr.

6. Dez. Die überparteiliche Baker-Kommission fordert eine grundlegende Neuorientierung der amerikanischen Irak-Politik. Der Bericht empfiehlt diplomatische Verhandlungen mit Syrien und Iran sowie eine Reduzierung der US-Truppen. Der irakischen Regierung soll mehr Eigenverantwortung übertragen werden. | s. S. 1818 |

28. Dez. Die Zahl der gefallenen US-Soldaten im Irak ist auf 3000 gestiegen. Allein im Dez. werden 111 Soldaten getötet. Täglich kommt es zu Angriffen auf amerikanische Truppen.

30. Dez. SADDAM HUSSEIN wird in Bagdad gehängt. Weitere Vertreter des alten Regimes folgen ihm in den nächsten Monaten.

2007, 16. Jan. Laut einem UN-Bericht wurden 2006 knapp 34 000 Iraker getötet.

8. Febr. Der neue Befehlshaber der US-Streitkräfte, DAVID PETRAEUS (*1952), beginnt mit einer Sicherheitsoffensive in Bagdad, die im Zusammenhang mit den Plänen zur Aufstockung der Truppen von Präsident BUSH steht: Mehr Soldaten in die Hauptstadt sollen die Distrikte nacheinander von Milizen befreien.

27. Febr. Die Regierung von AL-MALIKI stimmt der Vorlage eines Gesetzes zur Verteilung der Erdöleinnahmen zu. Die Ratifizierung wird verhindert durch den Konflikt zwischen kurdischer Regionalregierung, die eine dezentrale Verwaltung der Erdölförderung verlangt, und der Regierung in Bagdad, die eine einheitliche nationale Kontrolle der Ressource fordert.

13. Juni Die goldene Moschee in Samarra wird nach 2006 erneut bombardiert und stark beschädigt. Im Gegensatz zu 2006 rufen die wichtigsten politischen und religiösen Führer zu Zurückhaltung auf und können größere Unruhen vermeiden.

15. Juni Mit der Ankunft von weiteren 28 000 US-Soldaten in Bagdad erreicht die Truppenstärke der Amerikaner 160 000 Mann. Die Zahl der Anschläge geht seit Mitte des Jahres deutlich zurück.

19. Juli Die größte sunnitische Gruppierung in AL-MALIKIS Kabinett boykottiert die Regierung. Fünf säkulare Minister schließen sich dem Protest im Aug. an. Damit protestieren insgesamt 17 Minister gegen die schleppende Reformpolitik AL-MALIKIS.

14. Aug. Bombenanschlägen bei Mosul töten knapp 800 Menschen. Die Anschläge richten sich gegen Jesiden, einer religiösen Minderheit von Kurden, die v. a. im Nordirak leben.

2008, 2. März Nach fast 30 Jahren besucht mit MAHMUD AHMADINEDSCHAD der erste iranische Präsident den Irak.

Ende März Heftige Kämpfe zwischen schiitischen Milizen und Regierungstruppen in Basra, nachdem Ende 2007 die britischen Truppen die Kontrolle über die Stadt an die irakische Regierung übergeben hatten.

Iran seit 1945 | Forts. v. S. 1196 |

Iran unter Mohammed Reza Pahlavi

1945, Dez. Unter sowjetischem Schutz bildet die 1941 gegründete linksgerichtete, zunehmend moskautreue kommunistische Tudeh-Partei (*tudeh*, »Masse«) eine autonome Regierung in Aserbaidschan. Auch der von sowjetischen Truppen besetzte iranische Teil Kurdistans konstituiert sich als autonome Republik.

1946, Mai Nach langwierigen Verhandlungen zieht die Sowjetunion ihre Besatzungstruppen aus Iran ab (britische und US-Einheiten schon im März). Die Unabhängigkeitsbewegungen in Aserbaidschan und Kurdistan werden im Nov. niedergeschlagen.

1951, März Nachdem ein Abkommen mit der **Anglo-Iranischen Ölgesellschaft** (AIOC) vom Juli 1949, das den Vertrag von 1933 aufgrund laufend gestiegener Ölfördermengen zugunsten Irans neu regeln soll, vom Parlament an einen Sonderausschuss unter dem Vorsitz MOHAMMED MOSSADEGHS (*1882, †1967) überwiesen wird, spricht sich das Parlament nach anhaltenden öffentlichen Unruhen auf Vorschlag MOSSADEGHS für ein **Gesetz zur Verstaatlichung der Ölindustrie** aus.

29. April MOSSADEGH wird Ministerpräsident einer nationalliberalen Koalition, der Nationalen Front.

1952–1954 Die Reaktion auf das Verstaatlichungsgesetz mündet – unter dem Druck Großbritanniens und der USA – in einen Boykott Irans durch fast alle namhaften Ölgesellschaften. Der Verlust der Einkünfte aus dem Erdölgeschäft und die Verschlechterung der Staatsfinanzen bewirken eine Regierungskrise.

1953, 13.–22. Aug. Ministerpräsident **MOSSADEGH wird von der Armee gestürzt**. Dabei hat der amerikanische Geheimdienst (CIA) seine Hand im Spiel. Wegen der von der Tudeh-Partei geleisteten Unterstützung MOSSADEGHS befürchtet man eine Annäherung Irans an die Sowjetunion. Der während der Krise kurzfristig außer Landes geflohene Schah MOHAMMED REZA (*1919, †1980) kehrt nach MOSSADEGHS Sturz zurück.

1954, 28. Okt. Britisch-iranische Übereinkunft zur Entschädigung der AIOC: Die Nationale Iranische Ölgesellschaft (NIOC) übernimmt einen Teil der Anlagen (Versorgung des Binnenmarktes). Konzession an ein Internationales Konsortium aus acht (später 17) Ölkonzernen: Iran erhält 50 % der Gewinne.

Die Regierung Mohammed Reza Schahs

In seinen ersten Regierungsjahren befürwortet MOHAMMED REZA SCHAH noch die konstitutionelle Monarchie. Nach dem Ende der Besatzungszeit und Sturz MOSSADEGHS entwickelt er sich, wie sein Vater, immer mehr zum Despoten, jedoch ohne dessen Tatkraft. Mit ausländischer Hilfe baut der Schah seinen Geheimdienst (SAVAK, seit 1957) zu einem landesweit gefürchteten Überwachungsinstrument aus und schaltet 1963 nach einer kurzen Phase der Liberalisierung die Opposition gewaltsam aus. Wie sein Vater will der Schah Iran zu einem modernen westlich orientierten Nationalstaat umwandeln. Das zieht die Zurückdrängung des Islams und die Einführung westlicher Gesetze (z. B. Förderung der Gleichberechtigung der Frau) nach sich sowie eine Rückbesinnung auf das vorislamische iranische Erbe. Da die USA, wie zuvor Großbritannien, großes Interesse daran haben, Iran in die westliche Allianz als Bollwerk gegen den Kommunismus einzubinden, erhält das Land großzügige US-Hilfe. So kann der Schah die Armee ausbauen und modernisieren. Er übernimmt bereitwillig die Funktion einer wichtigen Mittelmacht am Golf zur Wahrung westlicher, v. a. amerikanischer Interessen. Das durch die Öleinnahmen und ausländische Gelder stark erhöhte Wirtschaftswachstum kommt jedoch nur der kleinen, wenn auch seit den 60er-Jahren größer werdenden Mittelschicht zugute, während der Großteil der Bevölkerung leer ausgeht. Dieses ökonomische Ungleichgewicht übersieht der Schah ebenso wie die Tatsache, dass er mit seiner Verwestlichung viele gläubige Iraner brüskiert. Für sie ist der Islam nach wie vor ein identitätsstiftender Faktor. Die Geistlichkeit lehnt die Tendenzen der Verwestlichung grundsätzlich als islamfremd ab. Auch verspielt der Schah durch vollständige innenpolitische Repression die Sympathien westlich orientierter Iraner, die sich Fortschritt nicht ohne demokratische Freiheiten vorstellen können. Seit den 60er-Jahren entfremdet er sich daher zunehmend der eigenen Bevölkerung.

1955, 11. Okt. Als Zeichen seines prowestlichen Kurses tritt der Schah dem Bagdadpakt bei (seit 1959: CENTO), einem von Großbritannien im Nahen Osten organisierten Verteidigungsbündnis gegen den Kommunismus.

1957 Iran, das schon seit 1953 US-Militärhilfe erhält, schließt sich der Eisenhower-Doktrin an, die den Staaten des Mittleren Ostens US-Militär- und Wirtschaftshilfe im Kampf gegen den Kommunismus bietet (insgesamt bis 1960 für Iran rund 500 Mio. US-Dollar).
Nach staatlich überwachten Wahlen von 1954, die nur dem Schah genehme Kandidaten zuließen, lässt ein kontrolliertes Zweiparteiensystem keine wirkliche Opposition zu und soll nur den Parlamentswahlen den Anschein größerer Freiheit geben.

1959 Iran schließt einen Beistandspakt mit den USA, da dem Schah der Bagdadpakt wirkungslos erscheint.

1961–1962 Nach den von Unruhen begleiteten, wiederum manipulierten Wahlen von 1960, mit Neuwahlen im Jan. 1961, wird der zu Reformen neigende ALI AMINI (*1907, †1992) im April neuer Ministerpräsident. Unter Druck der US-Regierung von JOHN F. KENNEDY beginnt der Schah eine Phase politischer Liberalisierung. AMINI, dem die anvisierten Reformen nicht weit genug gehen, legt jedoch im Juli 1962 sein Amt nieder, da er vom Schah keine Unterstützung erhält. Von da an kann der Schah bis zu seinem Sturz (1979) seine eigenen Reformvorstellungen durchsetzen – die Nachfolger AMINIS sind alles Vertraute des Monarchen. Die ins Auge gefassten wirtschaftlichen Maßnahmen führen 1962 zu einer ersten Landreform und münden in das Programm der **»Weißen Revolution«**.
Um die seit dem Beistandspakt mit den USA von 1959

gespannten Beziehungen zur Sowjetunion zu normalisieren, erklärt der Schah, keine ausländischen Militärbasen, die die Sowjetunion bedrohen könnten, in Iran zu dulden. In der Folge dieser Entspannungsbemühungen kommt es zu einem bilateralen Wirtschaftsabkommen (Jan. 1966), in welchem Iran gegen Erdgaslieferungen sowjetische Hilfe für industrielle Projekte erhält sowie eine Lieferung leichter Waffen.

1963, 26. Jan. Referendum über das Reformprogramm der **Weißen Revolution**; ferner Alphabetisierungskampagne und Maßnahmen zur Frauenemanzipation.

Die Weiße Revolution

Die Weiße Revolution, später auch »Revolution des Schahs und des Volkes« genannt, ist ein groß angelegtes Reformprogramm in mehreren Phasen: Wichtigstes Ziel ist eine Bodenreform zur Verbesserung der Lage der ländlichen Bevölkerung, u. a. aus dem Verkauf staatlicher Betriebe an Privathand zu finanzieren. Das Entwicklungsprogramm hat aber nicht den erwarteten Erfolg, da die Maßnahmen weniger kleine und mittelgroße Landwirtschaftsbetriebe als vielmehr den herkömmlichen Großgrundbesitz begünstigen. Viele Bauern erhalten zwar Landparzellen als Eigentum, bleiben aber zumeist – trotz steuerlicher Vorteile – von den Großgrundbesitzern abhängig, da ihnen die notwendigen finanziellen Mittel zur selbstständigen Bodenbearbeitung fehlen. Außerdem führt die Eigenart des islamischen Erbrechts rasch zu einer erheblichen Zersplitterung des privatisierten Grundeigentums, die oft Landbearbeitung unwirtschaftlich macht und zur erneuten Verschuldung und Abhängigkeit der Bauern beiträgt. Die gezielte, aber kurzsichtige Förderung einer intensiv mechanisierten Landwirtschaft mit westlicher Technologie, die sich für Klima und Bodenbeschaffenheit des Landes oft als ungeeignet erweist, sowie die Preiskontrollen für landwirtschaftliche Grundprodukte, die einen erschwerten Absatz zur Folge haben, stützen im Grunde eher das bestehende System, als für eine Neuverteilung der Ressourcen zu sorgen. Größter Verlierer sind landlose Landarbeiter. Sie werden durch die fortschreitende Mechanisierung der Landarbeit entbehrlich, sodass sie das wachsende Proletariat in den Städten vermehren. Der zunehmenden Opposition gegen die Reformen schließen sich auch die Führer der Nomadenstämme an. Durch Verstaatlichung von Weideland geraten die Stämme für ihre Nahrungsgrundlage in Abhängigkeit von der Regierung.

1963, März–Okt. Der schiitischen Geistlichkeit fällt angesichts der zunehmend autokratischen Herrschaft des Schahs erneut ihre traditionelle Rolle zu, die Bevölkerung Irans gegen unislamische Einflüsse und eine despotische Regierung zu verteidigen. Ihr Widerstand richtet sich außer gegen die Diktatur des Schahs v. a. gegen die wachsende Abhängigkeit Irans von den USA. Führer der Geistlichkeit wird Ayatollah Ruhollah Khomeini (*1902, †1989). Seine regimekritischen Predigten führen im Juni zu tagelangen Unruhen, die mit Gewalt niedergeschlagen werden, ohne die religiöse Opposition zum Schweigen zu bringen. Nach mehrmaligem Gefängnis wird Khomeini in die Türkei ausgewiesen (1964), von wo aus er sich in den Irak (1965) und nach Paris (1978) begibt.

ab 1966 Nach dem für Ende 1971 angekündigten Rückzug Großbritanniens aus der Region **verfolgt Iran** mit Unterstützung der USA **eine hegemoniale Politik am Persischen Golf.** Die Aufrüstung Irans zur größten Militärmacht der Region wird zunächst mit US-Krediten, später aus den Einnahmen der Erdölproduktion finanziert. Der Staat tätigt v. a. in den 70er-Jahren immer umfangreichere Rüstungskäufe in den USA und Europa; rund 41 000 militärische und 20 000 zivile US-Berater halten sich bis 1978 in Iran auf.

1967 Ein Familienschutzgesetz erleichtert die Ehescheidung für die Frau.

1969, April **Konflikt mit dem Irak** um Grenze und Schifffahrt im Schatt al-Arab: Während in osmanischer Zeit die Grenze zwischen beiden Ländern direkt am iranischen Ufer verläuft, veränderte unter Mohammed Reza, der Khorramschahr zum Haupthafen Irans ausbaute und in Abadan eine Raffinerie errichtete, 1937 ein Vertrag das Grenzregime: Iran erhält Hoheitsrechte für die Häfen der beiden Städte, Irak behielt die Kontrolle über den Strom. Der Kündigung des Vertrages durch Mohammed Reza folgen in den nächsten Jahren mehrere Scharmützel an der Grenze. Erst 1975 wird die Grenze zwischen Iran und dem Irak in die Flussmitte verlegt.

1971, Okt. Bei den **Feiern zum 2500-jährigen Bestehen der iranischen Monarchie** wird mit großem Pomp die lange Geschichte Irans vorgeführt. Der immense Aufwand steht in krassem Gegensatz zu den Lebensverhältnissen eines Großteils der iranischen Bevölkerung und kennzeichnet die Realitätsferne des Schahs und die wachsende Entfremdung von seinem Volk.

30. Nov. Zur militärischen Sicherung der Straße von Hormus besetzt Iran die zu Ras al-Khaima gehörenden Tumb-Inseln und errichtet Marinestützpunkte zum Schutz der Öltransportwege. Ziel dieser Politik ist die **Sicherung des Persischen Golfes** als »Schlagader« Irans gegen die militärische Präsenz der Großmächte sowie gegen subversive und revolutionäre Kräfte im Inneren. Die Oberhoheit über die gleichfalls von Iran beanspruchte Insel Abu Musa teilt sich der Schah nach britischer Vermittlung mit dem Emirat Schardscha.

Wirtschaftliche und soziale Entwicklung bis zum Ende der Monarchie

Die aus der Erdölwirtschaft, der Haupteinnahmequelle Irans, ins Land fließenden Gelder erhöhen sich 1973 durch Verstaatlichung der Ölindustrie (Abkommen der NIOC mit dem internationalen Erdölkonsortium), nochmals gesteigert durch den Ölboykott der arabischen Staaten gegen den Westen, dem sie Unterstützung Israels im Oktoberkrieg 1973 vorwerfen. Auf der OPEC-Versammlung Ende des Jahres setzt der Schah eine Steigerung des Ölpreises auf das Vierfache durch. Die immensen Öleinnahmen ermöglichen dem Schah umfangreiche staatliche Großindustrieprojekte (Eisen-, Stahl-, Elektro- und Maschinenbauindustrie) – v.a. in Westiran –, um Iran langfristig in den Kreis der Industrienationen zu führen und v.a. sein Land mit nicht nuklearen Waffen hochzurüsten, deren unbegrenzte Lieferung US-Präsident NIXON 1972 zugesichert hatte.

Ohne adäquate Infrastruktur kann das Land jedoch von der teuren Industrialisierung nicht angemessen profitieren. Auch kommen die Öleinnahmen nur einem sehr kleinen Teil der Bevölkerung zugute, u.a. den vom Staat entschädigten ehemaligen Großgrundbesitzern, die großteils die neue industrielle Schicht bilden. Die Entwicklung der Landwirtschaft bleibt hinter dem allgemeinen Wachstum deutlich zurück, v.a. in den Nord- und Südprovinzen, wo die Bevölkerungsmehrheit lebt. Dort sind Analphabetismus, extrem niedrige Einkommen und unzureichende ärztliche Versorgung an der Tagesordnung. Armut und Arbeitslosigkeit in den ländlichen Gebieten und die durch Industrialisierung und militärische Aufrüstung notwendigen zahlreichen Importe heizen die Inflationsrate an und führen letztendlich zum Scheitern der vom Schah verordneten Modernisierung.

Zur Inflationsbekämpfung legt 1977 der neue Ministerpräsident JAMSHID AMUZEGAR (*1923) zwar ein Sparprogramm auf, doch erhöht es zunächst die Arbeitslosigkeit noch mehr und trifft v.a. die kaum oder gar nicht ausgebildeten Arbeiter. Dass die zahlreichen für die Entwicklung der Industrie ins Land geholten gut verdienenden Ausländer die Preise steigen lassen, die viele Iraner schon nicht mehr zahlen können, verstärkt die Stimmung gegen den Westen, v.a. die USA. Die Mischung aus Inflation, Versorgungsengpässen, ungleichen Einkommen, enttäuschten Hoffnungen und antiwestlich aufgeheizter Atmosphäre – alles vom Schah unterschätzte Faktoren – dürfte der Islamischen Revolution förderlicher gewesen sein als die zu schnelle Modernisierung.

1975, 2. März Institutionalisierung eines Einparteiensystems: Die Iranische Nationale Erneuerungspartei (*Rastakhiz*, »Auferstehung«; Generalsekretär Ministerpräsident HOVEIDA, *1919, †1979) dient zur Unterdrückung aller dem Schah nicht genehmen Strömungen und als Steuerungsinstrument für die industrielle Entwicklung; maßgebend ist die neue Schicht der Technokraten und Manager. Der Schritt zur Einheitspartei verschärft die Opposition gegen das Regime des Schahs und beschädigt die Idee der Demokratie in Iran, zumal der Westen die autokratische Herrschaft des Schahs aus durchsichtigen machtpolitischen Gründen stützt.

1976, 21. März Die Politik der Verwestlichung und Zurückdrängung des Islams und der Rückgriff auf die vorislamische Vergangenheit Irans veranlassen den Schah, einen neuen Kalender einzuführen: Ausgang ist das Krönungsjahr des Achaimenidenherrschers KYROS DES GROSSEN (550 v.Chr.). 1978 wird der Kalender wieder abgeschafft.

1977, Juni Die wiederbelebte Nationale Front (führend KARIM SANDSCHABI [†1995], später Außenminister der Revolutionsregierung, und SCHAHPUR BAKHTIAR [*1914, †1991], letzter Ministerpräsident unter dem Schah) fordert in einem offenen Brief an den Schah das Ende der Diktatur und die Herstellung der bürgerlichen und politischen Freiheiten.

Die Islamische Revolution

Die schiitische Geistlichkeit – die für das Schah-Regime immer mehr zur Bedrohung wird, ohne dass dieser oder seine Sicherheitskräfte es erkennen – wendet sich zunehmend Ayatollah KHOMEINI (im irakischen Exil) und seiner wachsenden Anhängerschaft in Iran zu. Mit einem gut funktionierenden Verbindungsnetzwerk religiöser Zirkel gelingt KHOMEINI eine Massenprotestbewegung gegen die despotische Regierung des Schahs, die das ganze Spektrum unterschiedlicher Oppositionsgruppen von rechts bis links vereint. Sie streben zwar alle den Sturz des Schahs an, haben jedoch sehr unterschiedliche Vorstellungen von der Zukunft Irans danach.

1978, Jan. Ein in der Zeitung *Ettela'at* erscheinender Artikel (7. Jan.), der KHOMEINI grob verunglimpft, ist Anstoß der folgenden revolutionären Ereignisse in Iran: Er löst Demonstrationen in der heiligen Stadt Ghom aus (8. Jan.), die die Polizei gewaltsam niederschlägt. Die schiitische Geistlichkeit verurteilt dieses Vorgehen als unislamisch und ordnet eine Trauerzeit für die Opfer an, während der es immer wieder zu Unruhen in allen größeren Städten kommt. Die Folge von Massenprotesten gegen den Schah, Zusammenstößen mit Polizei und Militär und neuen Demonstrationen wiederholt sich monatelang vielfach.

Aug. Das Versprechen des Schahs, größere politische Freiheiten zuzulassen, bringt die Rückkehr zum islamischen Kalender, Schließung der Spielkasinos und Zulassung politischer Parteien (mehrere Neugründungen in wenigen Tagen), kann aber den Gang der Ereignisse nicht mehr aufhalten. Die Protestdemonstrationen enden nicht; in mehreren Städten wird das Kriegsrecht verhängt.

Sept. Nachdem KHOMEINI die Beschwichtigungsversuche des Schahs als Heuchelei verwirft, lähmt ein Generalstreik das ganze Land: Das Kriegsrecht wird nach den bis dahin schwersten Zusammenstößen (8. Sept.: »Blutiger Freitag« in Teheran) auf alle Städte ausgedehnt. Die Streikwelle legt die Ölproduktion lahm; eine Mio. öffentliche Bedienstete sind im Ausstand. Eine schwere Wirtschaftskrise lähmt das Land und führt zu einer Kapitalflucht.

6. Okt. KHOMEINI wird aus dem Irak ausgewiesen – vermutlich auf Betreiben des Schahs, der damit eine Gefahr für sein Regime beseitigen will – und lässt sich in Neauphle-le-Château bei Paris nieder. Seine Aktionen gegen den Schah werden von dort aus jedoch erst recht medienwirksam, da der Monarch auf diese Distanz über kein Druckmittel mehr verfügt.

Nov. Der Schah setzt eine Militärregierung ein, um die Ordnung wieder herzustellen, aber die Reformpolitik fortzusetzen; er verspricht die Freilassung aller politischen Gefangenen und Vorbereitung freier Wahlen bis Jahresende. – Die USA und die Sowjetunion warnen vor Einmischung in die inneren Angelegenheiten Irans; die USA stützen weiterhin den Schah, wollen aber nicht intervenieren.

Dez. In Neauphle-le-Château bildet KHOMEINI einen geheimen Revolutionsrat (15 Mitglieder). Am 29. Dez. beruft der Schah SCHAHPUR BAKHTIAR zum neuen Ministerpräsidenten.

1979, 4. Jan. SCHAHPUR BAKHTIAR bildet eine neue Regierung. KHOMEINI ruft zum Kampf gegen sie auf.

16. Jan. Schah MOHAMMED REZA PAHLAVI verlässt Iran.

1. Febr. **Rückkehr des Ayatollah KHOMEINI** aus dem Exil: Er erklärt die Dynastie Pahlavi für weder religiös noch politisch legitimiert und damit für illegal.

5.–11. Febr. Ernennung von MEHDI BAZARGAN (*1908, †1995), eines liberalen gläubigen Muslims – früher Mitglied der Nationalen Front –, zum Ministerpräsidenten der provisorischen Regierung.

BAZARGAN versucht, eine geordnete Machtübergabe durch Geheimverhandlungen mit den USA, SAVAK und Generälen zu erreichen, scheitert jedoch, da am 9. Febr. Eliteeinheiten der kaiserlichen Garde gegen prorevolutionäre Luftwaffenkadetten den Kampf eröffnen. Verschiedene revolutionäre Gruppen unterstützen die Kadetten und überwältigen die Gardeeinheiten. Am 10. und 11. Febr. werden in Teheran und den Provinzen Gefängnisse gestürmt, Polizeiposten und militärische Einrichtungen besetzt, v. a. von linken Gruppen unter Beteiligung einiger Geistlicher. Am 11. Febr. ist die Machtübernahme abgeschlossen.

Iran nach der Islamischen Revolution

Nach dem Sturz der Monarchie im Febr. 1979 beginnen KHOMEINIS Gefolgsleute sofort, Macht und Einfluss konkurrierender Gruppierungen (Konservative und Liberale der Nationalen Front, säkulare oder muslimische Linksgruppen, ethnische Minderheiten wie die meist sunnitischen Kurden, Turkmenen und Belutschen) sowie missliebige Kritiker KHOMEINIS aus der Geistlichkeit (wie Ayatollah HUSSEIN SCHARIATMADARI [*1905, †1986]), zu beseitigen.

Die Regierung BAZARGAN besitzt wenig Autorität, weshalb die Macht de facto zunächst vom schon in KHOMEINIS Exil im Dez. 1978 gegründeten Revolutionsrat sowie revolutionären Gruppen, den sog. »Komitees«, ausgeht. Ihre geheimen Revolutionsgerichte urteilen im Schnellverfahren Repräsentanten des alten Regimes ab. Das öffentliche Leben wird nach den Regeln der Scharia zunehmend islamisiert (Wiedereinführung des Schleiers und islamischen Strafrechts, Verbot von Alkohol und westlichen Filmen). Erst mit der Verfassung der Islamischen Republik (Dez. 1979) verlieren die Revolutionskomitees an Einfluss; der Revolutionsrat löst sich nach den Parlamentswahlen vom Mai 1980 auf.

Außenpolitisch vertritt die Revolutionsregierung die Forderung nach islamischer Einheit und unterstützt die Palästinenser (Besuch JASSIR ARAFATS in Teheran im Febr. 1979 und Errichtung einer PLO-Vertretung); die Beziehungen zu Israel und Südafrika werden abgebrochen, das Verhältnis zu den USA ist feindselig.

1979, 1. April In einer Volksabstimmung (31. März), die KHOMEINI gegen alle inneren Widerstände durchsetzt – in der die Wähler aber lediglich zwischen »Monarchie« und »Islamischer Republik« entscheiden können –, spricht sich eine überwältigende Mehrheit (ca. 97 %) für die **Errichtung der Islamischen Republik** aus, die von KHOMEINI am folgenden Tag proklamiert wird.

3. Aug. Bei den Wahlen zur Verfassunggebenden Versammlung gewinnen überall schiitische Geistliche. Die von ihnen ausgearbeitete Verfassung (gebilligt durch Volksabstimmung am 2./3. Dez.) sichert der Geistlichkeit die entscheidende Machtposition.

Die Islamische Republik

Die ohnehin nur sporadisch angewandte Verfassung von 1907 – von der Volksabstimmung am 31. März de facto außer Kraft gesetzt – ist mit der neuen Verfassung auch de jure aufgehoben. Die Islamische Republik ist eine Theokratie, Allah der alleinige Herrscher. Bis zur Wiederkehr des verborgenen zwölften Imams gilt das Grundprinzip der von KHOMEINI zum Programm erhobenen »Herrschaft des Rechtsgelehrten« (*welajat-e fakih*): Die direkte Regierungsgewalt steht dem am besten qualifizierten Rechtsgelehrten (*fakih*) zu (d. h. zunächst KHOMEINI, solange er lebt) bzw., falls es keinen allgemein für dieses Amt anerkannten Rechtsgelehrten geben sollte, einem Gremium von Rechtsgelehrten, das stellvertretend für den verborgenen Imam bis zu dessen Wiederkehr herrschen soll. Damit geht KHOMEINI weit über die der Geistlichkeit in der Verfassung von 1907 zugestandene Kontrollfunktion und die traditionelle Zwölferschia hinaus, die die Ausübung direkter politischer Herrschaft durch die Geistlichkeit nicht vorsieht.

Neben dem Amt des obersten geistlichen und politischen Führers bzw. dem Führungsrat schiitischer Rechtsgelehrter sieht die Verfassung einen mit geistlichen und weltlichen Juristen paritätisch besetzten Wächterrat vor (12 Mitglieder, 6 vom obersten Führer, 6 vom Parlament bestimmt; Amtszeit: 6 Jahre). Der Wächterrat soll, Neuauflage der Verfassungsergänzung von 1907, die Übereinstimmung der vom Parlament verabschiedeten Gesetze mit dem Islam (Scharia) überwachen. Er überprüft die Kandidaten zum Parlament und Expertenrat sowie den Präsidentschaftskandidaten auf ihre islamische Einstellung. Der Expertenrat besteht aus 86 Geistlichen, die öffentlich gewählt werden und ihrerseits den obersten religiösen Führer aus den eigenen Reihen wählen. Der Feststellungsrat (von KHOMEINI erst im Febr. 1988 gegründet) soll die Interessen des Regierungssystems »feststellen«, indem er die vom Wächterrat blockierten Parlamentsgesetze neu zu verhandeln hilft und den obersten Führer in problematischen Fragen berät. Die (25–40) Mitglieder dieses Rates stammen alle aus der Führungsschicht.

Die Islamischen Revolutionsgarden (Pasdaran, »Wächter«), von KHOMEINI am 5. Mai 1979 zur Verteidigung der Revolution gegründet, haben sich zu einem Militärapparat neben der regulären Armee (2007 ca. 420 000 Mann) mit eigener Rüstungsproduktion und Beteiligung an Wirtschaftsunternehmen aller Art entwickelt. Seit 1982 gibt es ein eigenes Ministerium für die Revolutionsgarden. Nach den Revolutionsgarden (2007 ca. 125 000 Mann) bilden die sog. Basidschan (etwa »Kampfbereite«) die mächtigste paramilitärische Einrichtung der Islamischen Republik (am 26. Nov. 1979 von KHOMEINI gegründet), meist jugendliche Freiwillige (ca. 11–17 Jahre) vom Land oder aus ärmeren Gebieten der Städte. Nach KHOMEINIS Wunsch sollen sie im ganzen Land ein Netzwerk bilden und zur inneren Kontrolle einer islamischen Lebensführung sowie zur Unterdrückung von Unruhen dienen. Unter MAHMUD AHMADINEDSCHAD sind sie auch an den Universitäten aktiv.

Die enorme soziale und wirtschaftliche Bedeutung der religiösen Stiftungen haben sie in diesem Ausmaß erst seit der Revolution von 1979. Die meisten Stiftungen werden von Geistlichen verwaltet, die nur dem obersten Führer verantwortlich und eng mit Staat und Politik verflochten sind. Genaue finanzielle Verhältnisse sind weitgehend unbekannt. Eine Angabe aus dem Jahr 1995 nennt für eine Stiftung ein Kapital von ca. 10 Mrd. Dollar.

1979, 4. Nov. Ein studentisches Revolutionskomitee nimmt bei der **Besetzung der Botschaft der USA** in Teheran zahlreiche Geiseln und verlangt von den USA die Auslieferung des Schahs. Die Regierung BAZARGAN, dessen Unterstützung demokratischer Strömungen den Zielen der Revolution ohnehin nicht entsprach, tritt zurück; der Revolutionsrat übernimmt offiziell die Regierung. Die USA weigern sich, den Schah auszuliefern (dieser reist am 15. Dez. aus und stirbt am 27. Juli 1980 in Kairo) und verstärken ihre Marineeinheiten im Indischen Ozean.

1980, 25. Jan. ABOLHASSAN BANI-SADR (*1934) wird erster Präsidenten der Islamischen Republik.

25. April Der Konflikt mit den USA spitzt sich zu, weil diese mit Sanktionen und einer (gescheiterten) Militäraktion die Geiseln zu befreien suchen.

9. Mai Wahlsieg der streng religiösen Islamisch-Republikanischen Partei (IRP) bei den Parlamentswahlen. Der Revolutionsrat löst sich auf.

22. Sept. Nachdem der irakische Präsident SADDAM HUSSEIN einseitig die Auflösung des Vertrages über den Schatt al-Arab aus dem Jahre 1975 verkündet, beginnt mit der irakischen Invasion in Khusistan der **Irakisch-Iranische Krieg**.

Der Iranisch-Irakische Krieg

Nach Anfangserfolgen der irakischen Armee beginnt Ende 1980 ein verlustreicher Stellungskrieg, bis der iranischen Armee in den folgenden beiden Jahren zahlreiche erfolgreiche Gegenangriffe gelingen. Verhandlungsangebote SADDAM HUSSEINS lehnt Iran ab und fordert dessen Rücktritt sowie Reparationszahlungen. Versuche der iranischen Armee, langfristig auf irakisches Gebiet vorzudringen, scheitern. Der Irak versucht seinerseits, den Krieg auf die Golfregion auszudehnen, damit die vom Öl abhängigen Westmächte Iran zu Verhandlungen zwingen. 1987 entsenden die USA, Großbritannien, Frankreich und die Sowjetunion Kriegsschiffe in das Krisengebiet. Am 20. Juli 1987 nimmt der UN-Sicherheitsrat die Resolution 598 an, die u. a. einen sofortigen Waffenstillstand fordert. Während der Irak der Resolution zustimmt, verlangt Iran zuvor noch eine veränderte Gewichtung der einzelnen Punkte der Resolution. Erst am 18. Juli 1988 stimmt der iranische Präsident KHAMENEI der Resolution 598 zu. Nach weiteren Konflikten tritt am 20. Sept. 1988 der Waffenstillstand in Kraft. Verhandlungen zwischen beiden Kriegsparteien enden in erneuter Anerkennung des Abkommens von 1975 und einem Gefangenenaustausch, bleiben über Kriegsschuld und Reparationszahlungen ohne Einigung.

1981, 20. Jan. Die amerikanischen Geiseln kommen frei.

10. Juni KHOMEINI entlässt Präsident BANI-SADR, der nach Paris flieht.

28. Juni und 30. Aug. Zwei **Bombenanschläge der linksgerichteten Volksmudjahedin** auf das Hauptquartier der IRP und das Büro des Ministerpräsidenten erschüttern das Regime: Parteiführer Ayatollah MOHAMMED HUSSEIN BEHESCHTI (*1928) und über 70 Abgeordnete werden getötet, außerdem der Nachfolger BANI-SADRS, Präsident MOHAMMED ALI RAJA'I (*1933) und Ministerpräsident JAVAD BAHONAR (*1933). HOJJATOLESLAM ALI KHAMENEI (*1939) wird neuer Präsident, MIR HOSSEIN MOUSSAVI (*1943) Ministerpräsident. Die äußere Bedrohung durch den Irak-Krieg stärkt jedoch das Regime so weit, dass jede Opposition – allen voran die Volksmudjahedin – ausgeschaltet wird und die Geistlichkeit (mit KHAMENEI) die Staatsführung übernehmen kann.

1984, 15. April/17. Mai Bei Parlamentswahlen verliert die IRP die absolute Mehrheit.

1985, 16. Aug. ALI KHAMENEI wird bei Präsidentschaftswahlen mit 85 % der Stimmen wiedergewählt.

1988, 7. April/13. Mai Nachdem die IRP ihre Aktivitäten eingestellt hat (2. Juni 1987), stehen bei Parlamentswahlen nur einzelne Kandidaten und keine Parteien zur Wahl. Das neu gewählte Parlament bestätigt am 30. Juni MOUSSAVI im Amt.

2. Juni KHOMEINI ernennt den Parlamentssprecher ALI AKBAR RAFSANDJANI (*1934) zum amtierenden Oberkommandierenden über alle Militärformationen.

3. Juli Das amerikanische Kriegsschiff *Vincennes* schießt ein iranisches Passagierflugzeug über dem Persischen Golf ab; 290 Menschen sterben.

20. Sept. Das Inkrafttreten des von der UNO geforderten Waffenstillstandes zwischen Iran und dem Irak beendet den Iranisch-Irakischen Krieg.

1989, 14. Febr. KHOMEINI erlässt gegen den indisch-britischen Schriftsteller **SALMAN RUSHDIE** (*1947) ein religiöses Gutachten (*Fatwa*), das ihn wegen angeblich blasphemischer Passagen in seinem Roman »Satanische Verse« **zum Tode verurteilt**. Die Reaktion der EU (Rückruf der Botschafter aus Iran, Einstellung der Besuche auf Ministerebene, Einfrierung der Wirtschaftsbeziehungen) hält nur wenige Monate an und bleibt ohne dauerhaftes Resultat.

3. Juni **Tod von Ayatollah KHOMEINI**. Der bisherige Staatspräsident ALI KHAMENEI wird am 4. Juni vom Wächterrat zum neuen religiösen Führer bestimmt.

28. Juli Parlamentssprecher RAFSANDJANI wird Staatspräsidenten: Eine Verfassungsänderung, die das Amt des Ministerpräsidenten abschafft und dem Staatspräsidenten die Leitung der Regierung überträgt, gibt ihm größere exekutive Befugnisse. Der neue Präsident leitet eine vorsichtige wirtschaftliche, z. T. auch innenpolitische Liberalisierung ein.

1991, April Iran nimmt die 1987 abgebrochenen diplomatischen Beziehungen zu Saudi-Arabien wieder auf.

1992, März Soziale Missstände lösen Unruhen in einigen iranischen Großstädten aus, die blutig niedergeschlagen werden. Sie bedeuten einen Rückschlag für die Liberalisierungspolitik RAFSANDJANIS.

10. April/8. Mai Bei den Parlamentswahlen verlieren die islamisch-reformorientierten Kräfte. Die konservativ-reformerischen Politiker müssen mit den traditionellen, KHAMENEI nahestehenden Kräften eine Koalition eingehen. Unter dem Druck der Traditionalisten muss der reformorientierte MOHAMMED KHATAMI (*1943) das Amt des Kulturministers aufgeben.

1993, 11. Juni RAFSANDJANI wird bei den Präsidentschaftswahlen trotz hoher Stimmenverluste für weitere vier Jahre im Amt bestätigt.

1995, 30. April Die USA verhängen ein totales Handels- und Finanzembargo gegen Iran, dem sie Unterstützung des internationalen Terrorismus vorwerfen. Westliche Handelspartner der USA dürfen nur noch in begrenztem Umfang Handel mit Iran treiben.

1996, 8. März/19. April Bei Parlamentswahlen erringen die »Traditionalisten« ca. 40 % der Mandate, die »Technokraten« etwa 30 %; die übrigen Sitze gehen an Unabhängige.

1997, 10. April Nach der Urteilsverkündung im sog. **Mykonos-Prozess** in Berlin um die Ermordung iranischer Oppositionspolitiker am 16. Sept. 1992 in Berlin, der zufolge Iran mit der Billigung bzw. Anstiftung des Attentats durch die Staatsführung einen Völkerrechtsverstoß in Deutschland begangen hat, beschließen die Mitgliedsstaaten der EU, ihre Botschafter aus Teheran zurückzurufen und den sog. »kritischen Dialog« mit Iran auszusetzen. Die Botschafter kehren aber wenige Monate später (Nov.) zurück.

23. Mai Bei den Präsidentschaftswahlen siegt mit über 69 % der Stimmen der ehemalige Kulturminister MOHAMMED KHATAMI. Er tritt für eine gemäßigte Ausrichtung des islamischen Staates ein.

1998, 22. Sept. Präsident KHATAMI erklärt vor der UN-Versammlung in New York die Krise um das *Fatwa* gegen SALMAN RUSHDIE für beigelegt, da seine Regierung diesem nicht folgen werde. Nachdem ihm auch das iranische Parlament zustimmt, wenden sich doch zahlreiche radikalislamische Kräfte (der Vorsitzende des Wächterrats, Leiter religiöser Stiftungen u. a.) gegen die Aufhebung des *Fatwas*; einige erhöhen sogar die Belohnung für die Ausführung des Todesbefehls.

23. Okt. Bei den Wahlen zum Expertenrat, der die »Herrschaft des Rechtsgelehrten« als Staatsdoktrin sichern soll, gewinnen die Traditionalisten und ihre Sympathisanten die Mehrheit. Missliebige Kandidaten hatte der Wächterrat bereits vor der Wahl ausgeschlossen.

Nov./Dez. Serie unaufgeklärter Todesfälle unter Schriftstellern und Publizisten: Oppositionskreise machen den staatlichen Sicherheitsapparat haftbar, dessen Führung dies am 5. Jan. 1999 auch zugibt.

1999, 26. Febr. Bei den ersten Kommunalwahlen seit der Islamischen Revolution (1979) erringen die Anhänger KHATAMIS einen deutlichen Sieg.

7. Juli Das Parlament verabschiedet ein verschärftes Pressegesetz, das es erlaubt, Journalisten für ihre Beiträge juristisch zu belangen.

19. Juli Die Drohung von 24 Kommandeuren der Revolutionsgarden, gegenüber Präsident KHATAMI einzugreifen, wenn er seine Aufgaben nicht in ihrem Sinne, d. h. dem Islam verpflichtet, erfülle, verdeutlicht den sehr begrenzten politischen Spielraum KHATAMIS.

2000, 18. Febr., 8. Mai Bei den in zwei Runden abgehaltenen Parlamentswahlen erringen die Reformer trotz massiver Behinderungen einen überwältigenden Erfolg. Im Parlament, das am 27. Mai zusammentritt, stellen sie drei Viertel der Abgeordneten.

23. Dez. Vor einem Militärgericht in Teheran beginnt ein Verfahren gegen die Urheber der Mordserie vom Nov./Dez. 1998, der zahlreiche Intellektuelle zum Opfer fielen. Am 27. Jan. 2001 werden 15 der Angeklagten, darunter einige hohe Beamte des Geheimdienstes, verurteilt. Das Gericht spricht drei Todesurteile und fünf lebenslange Haftstrafen aus.

2001, 13. Jan. Sieben Intellektuelle erhalten für ihre Teilnahme an einer Konferenz der Heinrich-Böll-Stiftung in Deutschland hohe Haftstrafen.

März Bei einem Staatsbesuch in Moskau verständigt sich Präsident KHATAMI mit der russischen Führung auf eine sicherheitspolitische Kooperation und Rüstungsgeschäfte in Höhe von 7 Mrd. US-Dollar.

17. April **Abschluss eines Kooperationsabkommens mit Saudi-Arabien**, das erste seit der Revolution von 1979.

8. Juni Amtsinhaber KHATAMI entscheidet die Präsidentenwahlen für sich. KHATAMI kann sein Reformprogramm aber nicht durchsetzen, da der Wächterrat alle reformorientierten Parlamentsbeschlüsse kassiert. Dies führt v. a. bei der iranischen Jugend zu großer Enttäuschung und Politikverdrossenheit.

2002, Juni Ein schon vom Parlament verabschiedetes Anti-Folter-Gesetz blockiert der konservative Wächterrat.

29. Sept. Der Wächterrat blockiert einen Parlamentsbeschluss vom 25. Aug., nach dem Frauen das Recht auf Ehescheidung erhalten sollten.

2003, 28. Febr. Bei Kommunalwahlen verlieren die Reformer z. T. erheblich, u. a. wegen geringer Wahlbeteiligung. Am deutlichsten fällt das Ergebnis in Teheran aus: 14 der 15 zur Wahl anstehenden Sitze im Stadtrat gehen an die Konservativen.

26. Dez. Ein Erdbeben zerstört die als UNESCO-Weltkulturerbe anerkannte Stadt Bam. Über 26 000 Tote.

Das iranische Atomprogramm

Pläne für ein iranisches Atomprogramm reichen bis 1953 zurück, als Schah MOHAMMED REZA PAHLAVI die Macht in Iran zurückerlangt. Da die USA das Regime des Schahs für ausreichend gefestigt halten, legt man 1957 ein gemeinsames Atomentwicklungsprogramm auf. Seit 1959 wird das Teheraner Atomforschungszentrum aufgebaut und 1967 in Betrieb genommen, mit einem atomaren Forschungsreaktor aus den USA. 1968 unterzeichnet Iran den Atomwaffensperrvertrag und ratifiziert ihn 1970. Schon damals gibt es Stimmen, die entgegen offiziellen Verlautbarungen des Schahs behaupten, er plane die atomare Bewaffnung Irans. 1975 unterzeichnen die USA und Iran ein Abkommen über ihre Zusammenarbeit auf dem Gebiet der Atomtechnologie. Schon 1974 schließen deutsche Konzerne (Siemens, Thyssen-Krupp, Telefunken) mit Iran einen Vertrag über den Bau des ersten iranischen Atomkraftwerks in Buschehr, der durch die Iranische Revolution 1979 unterbrochen wird.

Der Reaktor in Buschehr wird im Iranisch-Irakischen Krieg 1984, nochmals 1988 durch irakische Luftangriffe beschädigt. 1995 schließt Iran mit Russland einen Vertrag über die Fertigstellung des Reaktors; er soll 2009 ans Netz gehen. In den 80er-Jahren hat Iran laut der Internationalen Atomenergie-Organistation (IAEO) aus Pakistan Pläne zum Bau von Zentrifugen erhalten, mit denen sich Uran bis zur Waffenfähigkeit anreichern lässt. An der Lieferung beteiligt sich für Pakistan Abdul Kadir Khan (*1935), der »Vater der pakistanischen Atombombe«. Nachdem im Aug. 2002 ein iranischer Dissident die Existenz zweier bisher unbekannter Anlagen in Natanz (Anreicherung von Uran) und Arak (Herstellung Schweren Wassers) enthüllt hat, werden 2003 in Natanz Proben von waffentauglichem Uran gefunden. Die iranische Behauptung, dies gehe auf importierte kontaminierte Ausrüstungen zurück, erweist sich jedoch als korrekt.

Nachdem Iran im Okt. 2003 sich bereit erklärt, mit der IAEO zusammenzuarbeiten und die Urananreicherung einzustellen, wird die Erklärung im Nov. 2004 wiederholt. Im Dez. 2005 bestätigt Präsident Ahmadinedschad ein neues Gesetz, das es Iran erlaubt, die internationalen Kontrollen seiner Atomanlagen jederzeit auszusetzen. Radikale Kreise fordern die generelle Kündigung des Atomwaffensperrvertrages. Iran nimmt am 13. Febr. 2006 seine Anlagen zur Urananreicherung wieder in Betrieb. Schon am 4. Febr. kündigt Iran, als der Gouverneursrat der IAEO das Problem des iranischen Atomprogramms vor den UN-Sicherheitsrat zu bringen beschließt, seine freiwillige Zusammenarbeit mit der IAEO auf. Der Sicherheitsrat fordert Iran im März auf, sein Atomprogramm in 30 Tagen einzustellen. Da Iran dieser Forderung nicht nachkommt, verhängt die UNO im Dez. ein Teilembargo und erweitert dies am 24. März 2007. Nachdem Iran am 9. April erklärt, 3000 Zentrifugen wieder in Betrieb genommen zu haben – die Zahl wird von Experten bezweifelt –, knüpft der iranische Atom-Chefunterhändler Ali Laridschani (*1958) erneut Verhandlungen mit dem Außenbeauftragten der EU, Javier Solana, an (25./26. April).

2004, 20. Febr. Die Opposition boykottiert die Parlamentswahl, da der Wächterrat ca. 2400 von 8206 Kandidaten die Teilnahme untersagt hat. Bei 50,6 % Wahlbeteiligung gewinnen die konservativen Kräfte.

2005, 24. Juni Mahmud Ahmadinedschad (*1956), Bürgermeister von Teheran, gewinnt die Präsidentschaftswahl gegen den Favoriten Rafsandjani. Ahmadinedschad hat im Wahlkampf die Verwirklichung der Ziele der Revolution von 1979 versprochen.

Okt. Khamenei erteilt dem Beratungsgremium Oberaufsicht über alle Regierungseinrichtungen, gibt so einen Teil seiner Macht ab, vermutlich um die Position Rafsandjanis, des Vorsitzenden des Gremiums, gegenüber Präsident Ahmadinedschad zu stärken. Während letzterer am 26. Okt. in Teheran die Vernichtung Israels fordert, betont Rafsandjani, dass Iran das Judentum nicht als Problem betrachte.

Dez. Ahmadinedschad untersagt jegliche westliche Musik in den Medien. Der Dirigent des Teheraner Sinfonieorchesters, der Beethovens Neunte Sinfonie aufgeführt hatte, verlässt nach heftiger Kritik der Presse an seiner Person das Land.

2006, April Die USA legen ein Programm im Volumen von 75 Mio. Dollar zum Sturz des Regimes in Iran auf, das u. a. regierungskritische Organisationen im Land unterstützen und Radiosendungen nach Iran intensivieren soll.
Die iranische Armee testet im Persischen Golf nach eigenen Angaben erfolgreich neue Waffensysteme.
Nach einer Bilanz des Ministers für Arbeit und Soziales sind mehr als ein Viertel der Iraner zwischen 20 und 29 Jahren arbeitslos. Die von Präsident Ahmadinedschad versprochene positive Wirtschaftsentwicklung bleibt vorerst aus.

10. Mai Erstmals seit mehr als 25 Jahren entsendet Iran einen Botschafter in den Irak.

24.–28. Mai Nach willkürlichen Amtsenthebungen von Professoren und Infiltration der Universität durch die paramilitärischen Basidschan Studentenunruhen in Teheran.

Juni In der Frauenbewegung aktive Gruppen beginnen die »Kampagne eine Million Unterschriften für die Gerechtigkeit« gegen ungerechte Gesetze, die Frauen eindeutig gegenüber Männern benachteiligen. Nach Aussage der Initiatorinnen sei die Kampagne weder islamisch noch laizistisch, sondern arbeite nur für die gesetzliche Gleichbehandlung der Geschlechter.

22. Sept. Gemäß einer Regierungsverordnung sollen in den Schulen Lehrer nur noch Jungen und Lehrerinnen nur noch Mädchen unterrichten.

15. Dez. Bei den Kommunalwahlen erleiden die Radikalislamisten um Präsident Ahmadinedschad Verluste, bei der Wahl zum Expertenrat setzt sich der ehemalige Staatspräsident Rafsandjani gegen den radikalislamischen Kandidaten der Regierung durch. Zu beiden Wahlen werden wiederum nur vom Wächterrat vorher geprüfte Kandidaten zugelassen. 20 Jahre nach der Revolution tritt jetzt die Gruppe der »zweiten Generation« an, die nach eigenen Bekundungen zu den von der alten Garde angeblich verratenen Idealen der Revolution zurückkehren will.

2007, 13.–17. Jan. Während die USA versuchen, möglichst viele arabische Staaten in eine Front gegen Iran einzubinden, um das Regime durch politische Isolierung und gleichzeitige wirtschaftliche Sanktionen zu schwächen, besucht Präsident AHMADINEDSCHAD vier mittel- und südamerikanische Staaten. Das Ergebnis sind Wirtschaftsabkommen mit Nicaragua, Ecuador und Bolivien und ein Schulterschluss mit dem venezolanischen Präsidenten HUGO CHÁVEZ zum Kampf gegen die USA.

23. März Wegen angeblicher Grenzverletzung werden im iranisch-irakischen Grenzgebiet 15 britische Soldaten von Mitgliedern der Revolutionsgarden festgenommen.

5. April Die gefangenen britischen Soldaten werden auf persönliche Veranlassung Präsident AHMADINEDSCHADS freigelassen. Die Affäre lässt inneriranische Machtkämpfe vermuten, da die gemäßigten Kräfte – RAFSANDJANI, KHATAMI und auch ehemalige Anhänger AHMADINEDSCHADS – mit Sorge die wachsende Isolierung Irans und die Möglichkeit eines Krieges mit den USA sehen. Zudem verschlechtert sich die wirtschaftliche Situation des Landes weiter.

20. Okt Der Atom-Chefunterhändler ALI LARIDSCHANI tritt wegen fortgesetzter Differenzen mit Präsident AHMADINEDSCHAD zurück. Sein Nachfolger wird der bisherige Vizeaußenminister SAID DJALILI (*1965). DJALIL, ein enger Vertrauter AHMADINEDSCHADS, vertritt gegenüber dem Westen und v. a. den USA einen harten Kurs.

3. Dez. Nach einem Bericht der US-Geheimdienste hat Iran sein Atomwaffenprogramm wahrscheinlich im Herbst 2003 eingestellt.

2008, 19. Jan. Erklärung der »Studenten aller Universitäten des Landes« mit einem Aufruf zum Kampf für Freiheit und Gleichheit gegen die Willkür der Regierung.

2. März Besuch AHMADINEDSCHADS im Irak; erster Besuch eines iranischen Präsidenten dort seit 1979.

14. März Bei den Parlamentswahlen gewinnen die konservativen Anhänger von Präsident AHMADINEDSCHAD 19 der 30 Sitze, die in Teheran zur Wahl stehen, und 163 der 260 übrigen Sitzen. Im Vorfeld der Wahl schloss der konservative Wächterrat mindestens 1700 Kandidaten von der Teilnahme an der Wahl aus. AHMADINEDSCHADS Macht und die seiner Anhänger (v. a. die Revolutionswächter) ist wesentlich gestärkt.

Afghanistan seit 1945 | Forts. v. S. 1197 |

Afghanistan bleibt im Kalten Krieg neutral und bezieht Entwicklungshilfe aus Ost und West. Unter Ministerpräsident MOHAMMED DAUD (*1909, †1978) stehen Afghanistan und Pakistan augrund der Paschtunistan-Frage, in der Afghanistan von Pakistan Autonomie für die Paschtunen in der pakistanischen Nordwest-Grenzprovinz fordert, mehrmals am Rande eines Krieges. Afghanistan erkennt die Durand-Linie von 1893 nicht an, durch die in der britischen Kolonialzeit die Grenze Afghanistans zum heutigen Pakistan festgelegt und das Stammesgebiet der Paschtunen geteilt wurde.

1963, 9. März MOHAMMED DAUD tritt zurück, MOHAMMED JUSUF (*1915, †1998) wird Ministerpräsident.

1964, 1. Okt. König ZAHIR SCHAH (*1914, †2007) richtet die konstitutionelle Monarchie ein, in der Mitgliedern der Königsfamilie die Teilnahme an Regierungsgeschäften untersagt ist. Ein Parteiengesetz wird nicht erlassen.
Trotz der Einführung der konstitutionellen Monarchie zeigen in den Jahren bis 1973 die Entstehung radikal kommunistischer wie islamistischer Parteien, häufige Regierungswechsel sowie Hungersnöte die Labilität Afghanistans.

1965, 14. Okt. Das erste frei gewählte Parlament tritt zusammen, bleibt aber aufgrund interner Zwistigkeiten handlungsunfähig.

1973, 17. Juli **Staatsstreich** in Abwesenheit König ZAHIR SCHAHS: MOHAMMED DAUD ernennt sich zum Staatschef und Ministerpräsidenten und ruft die **Republik** aus. Seine Reformvorhaben bleiben in der Planung stecken. Wiederaufnahme der Paschtunistan-Frage.

1977, 24. Febr. Neue Verfassung mit einem Präsidialsystem (Präsident DAUD) und einem Einparteiensystem.

1978, 27. April Nach der Verhaftung führender Kommunisten Staatsstreich von Einheiten der Armee; DAUD und Angehörige der Königsfamilie werden ermordet. MOHAMMED TARAKI (*1917, †1979) wird Vorsitzender des Revolutionsrates und Ministerpräsident der Demokratischen Republik Afghanistan.
Die radikale Umsetzung ehrgeiziger Reformen (Landreform, Bildungsreform, Abschaffung des Brautpreises etc.) in den folgenden Monaten bringt die Bevölkerung gegen die Regierung auf, die mit drastischen Repressionen antwortet. Afghanistan bindet sich, trotz Betonung der Bündnisfreiheit, eng an die Sowjetunion.

5. Dez. Unterzeichnung eines 20-Jahres-Vertrages über Freundschaft und Zusammenarbeit mit der Sowjetunion und verschiedene Kooperationsabkommen.

1979 Der Widerstand der Bevölkerung gegen das kommunistische Regime verstärkt sich: Die Regierung verliert die Kontrolle über große Teile des Landes.

28. April HAFISOLLAH AMIN (*1926, †1979) ernennt sich zum Ministerpräsidenten und demontiert TARAKI, der am 16. Sept. aller Ämter enthoben und kurz darauf ermordet wird. AMIN vermag es nicht, die Kontrolle über Afghanistan zurückzugewinnen, und überwirft sich mit der sowjetischen Führung.

27. Dez. **Intervention sowjetischer Invasionstruppen**, die AMIN hinrichten. Die Intervention wird mit dem Freundschaftsvertrag von 1978 begründet: BABRAK KARMAL (*1929, †1996) kehrt aus dem Exil zurück und übernimmt die Regierungsgeschäfte in Afghanistan.

Sowjetische Intervention 1979–1989

Trotz militärischer Überlegenheit (100 000 Mann) gelingt es den Sowjets nicht, Afghanistan zu kontrollieren. Sowjetische Offensiven und Gegenangriffe der Widerstandskämpfer schaffen die Grundsituation der nächsten Jahre: Die sowjetischen Truppen kontrollieren die großen Städte, der Widerstand die ländlichen Regionen.

Der Krieg legt das Land in Schutt und Asche und fordert ca. eine Mio. Todesopfer. Ungefähr fünf Mio. Afghanen fliehen nach Pakistan und Iran. Der Widerstand, der von Pakistan und dem Iran aus operiert, wird von islamischen Mudjahedin-Parteien dominiert.

1986, 4. Mai Auf sowjetischen Druck hin löst MOHAMMED NAJIBULLAH (*1947, †1996) BABRAK KARMAL als Generalsekretär der Demokratischen Volkspartei Afghanistans ab und übernimmt am 20. Nov. dessen Funktion als Präsident des Revolutionsrats (Staatsoberhaupt).

1987, 30. Nov. NAJIBULLAH verkündet eine Politik der »nationalen Versöhnung« und wird durch eine von ihm einberufene Stammesversammlung (*Loya Jirga*) zum Staatspräsidenten gewählt.

1988, 14. April In Genf unterzeichnen Regierungsvertreter Afghanistans, Pakistans, der Sowjetunion und der USA ein Abkommen über eine Konfliktlösung, das u.a. den vollständigen Rückzug der sowjetischen Truppen bis zum 15. Febr. 1989 vorsieht. Die Mudjahedin und Iran sind an den Verhandlungen nicht direkt beteiligt.

1989, 14. Febr. Die letzten **sowjetischen Truppen verlassen Afghanistan**.

1989–1992 NAJIBULLAH kann sich an der Macht halten und profitiert von der Uneinigkeit der Mudjahedin-Parteien. Die Kämpfe gehen jedoch unvermindert weiter.

1990, 6. März In Kabul scheitert ein vom Mudjahedin-Führer GULBUDDIN HEKMATYAR (*1947) unterstützter Putschversuch von Verteidigungsminister SHANAWAZ TANAI gegen NAJIBULLAH.

1992, 16. April Nachdem Moskau seine Unterstützungszahlungen an die afghanische Regierung eingestellt hat, gehen Regierungsmilizen ein Bündnis mit den Mudjahedin ein und stürzen NAJIBULLAH, der in UN-Gewahrsam genommen wird. SIBGHATULLAH MOJADDEDI (*1925) wird erster Übergangspräsident der Islamischen Republik Afghanistan.

29. Juni BURAHUDDIN RABBANI (*1940) wird zweiter Übergangspräsident und verlängert sein Amt immer wieder eigenmächtig.

1992–1996 Die **Machtübernahme der Mudjahedin** leitet eine neue Phase des Bürgerkrieges zwischen verfeindeten Mudjahedin-Gruppen und diversen Kriegsfürsten ein. Kabul wird vollends zerstört; das Land zerfällt in unzählige Kriegsfürstentümer.

1994 Im Süden des Landes tritt erstmals die **Bewegung der Taliban** (Religionsstudenten) auf, die schnell Südafghanistan erobern und dort ihre radikalen Islamvorstellungen umsetzen. Leidtragende ihrer Politik sind v. a. Frauen und religiöse Minderheiten.

1996–2001 Die Taliban breiten sich im ganzen Land aus. Die gegnerische Nordallianz kontrolliert nur noch den Nordosten des Landes. Vermittlungen der UN scheitern mehrfach. Derweil steigt Afghanistan zum dominierenden Heroinproduzenten auf und produziert 75–90 % des weltweit gehandelten Opiums.

1996, 27. Sept. Die **Taliban** erobern Kabul und **rufen das Islamische Emirat Afghanistan aus**. Der ehemalige Präsident NAJIBULLAH wird öffentlich hingerichtet.

10. Okt. Rivalisierende Kriegsfraktionen, darunter die bisherige Regierung, schließen sich gegen die Taliban zur Nordallianz zusammen.

1998, 20. Aug. Die USA beschießen vom Persischen Golf aus mit Marschflugkörpern Ausbildungslager des saudischen Exilpolitikers OSAMA BIN LADEN (*1957), der als Drahtzieher der Anschläge auf die US-Botschaften in Nairobi und Daressalam am 7. Aug. gilt und in Afghanistan Gastrecht genießt.

Sept. Die Taliban nehmen Mazar-e Sharif im Norden ein und richten ein Blutbad unter der schiitischen Hazara-Bevölkerung an.

1999, 5. Okt. Der UN-Sicherheitsrat erlässt begrenzte Sanktionen gegen Afghanistan, um die Auslieferung OSAMA BIN LADENS zu erzwingen.

2001, März Ungeachtet internationaler Proteste zerstören die Taliban die weltweit bekannten Buddha-Statuen von Bamian (im Hindukusch) wegen ihres »unislamischen« Charakters.

9. Sept. AHMED SCHAH MASSUD (*1953) – legendärer Mudjahedin-Führer und einzig verbliebener Anführer der Nordallianz in Afghanistan – kommt bei einem Attentat ums Leben.

7. Okt. Nachdem das Taliban-Regime der Aufforderung der USA nicht nachkommt, OSAMA BIN LADEN auszuliefern, der für die Anschläge auf das World Trade Center in New York und das US-Verteidigungsministerium (Pentagon) am 11. Sept. verantwortlich gemacht wird, beginnt die von den USA angeführte *Coalition against Terrorism* (Koalition gegen den Terror), die **Offensive »Enduring Freedom« gegen die Taliban**. BIN LADEN ruft zum heiligen Krieg auf.

9. Nov. Truppen der mit der Koalition verbündeten Nordallianz erobern Mazar-e Sharif. Kabul fällt am 13. Nov.

Ethnische Gruppen in Afghanistan

27. Nov.–5. Dez. Auf einer **UN-Konferenz auf dem Petersberg** bei Bonn wird ein Plan für den Friedensprozess ausgehandelt, der u. a. die Installierung einer Übergangsregierung unter Führung von HAMID KARZAI (*1957) vorsieht; diese nimmt am 22. Dez. ihre Arbeit auf. Zur Absicherung der Regierungsarbeit wird **ISAF** (*International Security Assistance Force*) mit 4000–6000 Mann ins Leben gerufen. Deutschland beteiligt sich am Afghanistan-Einsatz mit 2500–3000 Soldaten.

8. Dez. Die Taliban verlieren mit Kandahar im Süden des Landes ihre letzte Hochburg.

Die neue Regierung hat Mühe, ihren Machtanspruch im Lande gegen die Kriegsfürsten durchzusetzen. Zudem wird der Süden des Landes zu einer Kampfzone, in der sich die Taliban und die Koalitionstruppen gegenüberstehen. Auch kommt der Wiederaufbau des Landes nur zögerlich voran, weitet sich der Schlafmohnanbau aus und werden immer wieder Bombenattentate – gerade gegen Ausländer und Regierungsangestellte – verübt.

2002, 8. April Rückkehr von Ex-König ZAHIR SCHAH nach 29 Jahren im Exil in Rom.

13. Juni Die Große Ratsversammlung (*Loya Jirga*) wählt KARZAI zum Präsidenten der Übergangsregierung.

2003, 11. Aug. Die NATO übernimmt die Führung und Koordination der ISAF.

14. Okt. Der UN-Sicherheitsrat billigt die Ausdehnung des ISAF-Mandats über Kabul hinaus. Favorisiert wird dabei das Modell regionaler Wiederaufbauteams (*Provincial Reconstruction Team*, PRT). Ein erstes deutsches PRT wird am 19. Dez. von der Bundeswehr in Kundus im Norden eröffnet.

2004, 4. Jan. Die *Loya Jirga* einigt sich auf eine Verfassung für die **Islamische Republik Afghanistan**, die nach dem Muster der USA eine starke Stellung des Präsidenten vorsieht. Die Verfassung versucht, Werte des Islam mit einem westlichen Demokratieverständnis zu verbinden und wird am 26. Jan. verabschiedet.

31. März/1. April Bei der Geberkonferenz in Berlin werden 4,4 Mrd. US-$ für das Jahr 2004 gewährt und 8,2 Mrd. US-$ bis 2006 in Aussicht gestellt.

9. Okt. HAMID KARZAI wird mit 55,4 % der Stimmen zum Präsidenten gewählt.

2005, 10.–13. Mai Koranschändungen durch US-Soldaten im Irak lösen gewaltsame Proteste in Afghanistan aus.

18. Sept. Landesweite Parlaments- und Provinzwahlen.

19. Dez. In Kabul tritt erstmals seit 32 Jahren ein afghanisches Parlament zusammen; die Eröffnungssitzung beider Häuser stellt formell das Ende des Petersberger Friedensprozesses dar.

2006, 1. Febr. Eine Geberkonferenz in London beschließt den *Afghanistan Compact*, der den afghanischen Staat beim Wiederaufbau stärker in die Verantwortung nimmt.

6.–8. Febr. 2005 in Dänemark veröffentlichte Mohammed-Karikaturen lösen gewaltsame Proteste in Afghanistan aus.

28. März Mit dem Rechtsfall ABDUL RAHMAN, eines Konvertiten, der zum Tode verurteilt werden soll, aber auf Druck der internationalen Gemeinschaft freigelassen wird, verliert KARZAI seine Funktion als »Hüter der Religion«, die die Verfassung dem Präsidenten zuschreibt.

31. Juli/5. Okt. Die NATO-Truppen in Süd- und Südostafghanistan werden unter ISAF-Mandat gestellt.

2.–17. Sept. Die NATO führt in Südafghanistan nahe Kandahar die Operation »Medusa« durch, bei der hunderte Afghanen ums Leben kommen. Bereits seit 2004 nehmen die gewaltsamen Auseinandersetzungen in Süd- und Südostafghanistan drastisch zu und binden 2006 weit über 30 000 NATO-Soldaten. Allein 2006 sterben über 1500 Menschen, darunter viele Zivilisten, in Kämpfen in diesem Gebiet.

27. Sept. Krisengipfel in Washington wegen des Wiedererstarkens der Taliban mit US-Präsident GEORGE W. BUSH, HAMID KARZAI und dem pakistanischen Staatschef PERVEZ MUSHARRAF.

2007 In Afghanistan werden 2007 über 6000 Tonnen Opium geerntet, über 90 % der Weltproduktion.

Der indische Subkontinent seit 1945

Der Indisch-Pakistanische Konflikt seit 1945

Der Indisch-Pakistanische Konflikt entzündet sich an dem bis heute ungelösten **Streit um Kaschmir**: Der überwiegend von Muslimen bevölkerte Staat (1941: 77 %) wird seit 1846 von den Maharadschas der hinduistischen Dogra-Familie beherrscht. Maharadscha HARI SINGH (*1895, †1961; 1925–1952) versucht 1947 nach der Unabhängigkeit Indiens, einen **eigenständigen Staat** zu gründen. Kaschmir schließt sich daher zunächst weder Pakistan, das an Kaschmir wegen der für die Bewässerung des Landes lebenswichtigen Oberläufe der Flüsse Indus, Jhelam, Ravi und Chenab v. a. wirtschaftliches Interesse zeigt, noch Indien an, für das Kaschmir v. a. als strategisches Vorfeld von Bedeutung ist.

1947, 20. Okt. Mit Duldung und Unterstützung Pakistans beginnen nach inneren **Unruhen islamische Stammeskrieger nach Kaschmir einzudringen.**

24. Okt. Der Maharadscha wird nach der Ausrufung einer provisorischen Regierung des »Freien Kaschmir« (*Azad Kashmir*) zur Flucht von Srinagar nach Jammu gezwungen (25. Okt.) und richtet ein Gesuch um militärische Hilfe an die indische Regierung und tritt der Indischen Union vorläufig bei (26. Okt.).

27. Okt. **Indische Luftlandetruppen** beginnen die Stammeskrieger nach Pakistan zurückzudrängen.

1948, 20. Jan./21. April Zwei UNO-Resolutionen zur Beendigung der Kämpfe in Kaschmir bleiben erfolglos.

8. Mai Reguläre pakistanische Truppen greifen in das Kampfgeschehen ein.

1949, 1. Jan. Durch UNO-Vermittlung kommt ein **Waffenstillstand** zustande, der eine endgültige Regelung der Anschlussfrage Kaschmirs durch eine Volksabstimmung vorsieht, dem Indien und Pakistan zunächst zustimmen. Ihre Durchführung scheitert jedoch an Verfahrensfragen. Kaschmir bleibt in das pakistanische »Freie Kaschmir« (*Azad Kashmir*) und das indische Jammu and Kaschmir geteilt.

1951, 31. Okt./1957, 26. Jan. Erneute Spannungen brechen zwischen Indien und Pakistan auf, als im indischen Teil Kaschmirs eine verfassunggebende Versammlung zusammentritt und im Gegensatz zur früher gegenüber der UNO eingegangenen Verpflichtung als **Jammu und Kaschmir** als Bundesstaat in die Indische Union aufgenommen wird.

1959/60 Gespräche zwischen Jawaharlal Nehru und dem pakistanischen Präsidenten Ayub Khan über die Zukunft Kaschmirs verlaufen ergebnislos.

1965, seit April Nach der militärischen Schwächung Indiens im Indisch-Chinesischen Krieg von 1962 und nach der inneren Krise des Landes von 1964/65 kommt es an der von Pakistan nicht anerkannten Grenze im Gebiet des Rann von Katsch (großer Salzsumpf zwischen Indusdelta und Halbinsel Kathiawar) zu kleineren militärischen Konflikten.

30. Juni Durch britische Vermittlung können unter Wahrung des Status quo vom 1. Jan. 1965 die Kampfhandlungen beendet werden.

Aug./Sept. Als im indischen Teil Kaschmirs Unruhen ausbrechen, kommt es zu Kampfhandlungen, in denen Pakistan (bis zum 5. Sept.) Erfolge erzielen kann.

6. Sept. Indische Truppen stoßen in das pakistanische Lahore vor. Mit dem Überschreiten der pakistanischen Grenze weitet sich der Kaschmir-Konflikt zum **Indisch-Pakistanischen Krieg** aus, in dem keine Seite entscheidende Vorteile gewinnen kann (Waffenstillstand unter UNO-Vermittlung am 23. Sept.).

1966, 3.–10. Jan. In den Verhandlungen von Taschkent einigen sich Indien und Pakistan unter Vermittlung der Sowjetunion auf einen Rückzug auf die Positionen vom 5. Aug. 1965.

1970, 7. Dez. Die Staatskrise in Pakistan nach den Wahlen vom 7. Dez. 1970 führt zu einem Bürgerkrieg im Osten des Landes.

1971, 3.–16. Dez. Nach dem militärischen Eingreifen Indiens scheidet Ostpakistan als Bangladesh aus dem pakistanischen Staatsverband aus.

1972, 3. Juli Friedensverhandlungen zwischen Indien und Pakistan im indischen Simla (Himachal Pradesh) führen zu einer **Anerkennung der Waffenstillstandslinie** vom 17. Dez. 1971 in Kaschmir. Eine endgültige Lösung der Kaschmir-Frage wird nicht gefunden, da Indien Pakistans Wunsch nach einer Volksabstimmung nicht nachkommt. Auf der Grundlage der Ergebnisse der Konferenz von Simla normalisiert sich das Verhältnis zwischen Indien und Pakistan.

1976, 21. Juli Die **diplomatischen Beziehungen zwischen Indien und Pakistan** und der seit 1965 unterbrochene Luft- und Landverkehr werden **wieder aufgenommen**.

1980 Wegen der Afghanistan-Krise liefern die USA Waffen an Pakistan, was zu Beginn des Jahres Spannungen zwischen der neu gewählten indischen Regierung unter Indira Gandhi und der von Zia-ul-Haq geführten Regierung Pakistans auslöst.

1985, 8. Dez. Nach der Vereinbarung einer kulturellen, wirtschaftlichen und technischen Zusammenarbeit (Aug. 1983) gründen Bangladesh, Bhutan, Indien, Malediven, Nepal, Pakistan und Sri Lanka in Dhaka die »Südasiatische Vereinigung für regionale Zusammenarbeit« (*South Asian Association for Regional Cooperation*; SAARC) mit Sitz in Kathmandu. Afghanistan tritt im Nov. 2005 bei; China und Japan gehören der Vereinigung mit dem Status von Beobachtern an.

1987, 2. März Indien und Pakistan unterzeichnen ein **Abkommen über einen Truppenrückzug** aus den gemeinsamen Grenzgebieten; dennoch kommt es im Sept. zu Grenzgefechten zwischen Truppen beider Länder.

1988, 29.–31. Dez. Am Rande der SAARC-Gipfelkonferenz in Islamabad unterzeichnen die pakistanische Premierministerin Benazir Bhutto und der indische Premierminister Rajiv Gandhi einen Vertrag über den gegenseitigen Verzicht auf Angriffe gegen Nuklearanlagen.

1989, 17. Juli Mit Rajiv Gandhi besucht zum ersten Mal seit 30 Jahren ein indischer Regierungschef Pakistan. Er und Premierministerin Bhutto bekunden ihren Willen, für Frieden und Sicherheit in der Region einzutreten.

1996 Nach einem Raketenangriff auf die Moschee in Kahuta (im pakistanisch besetzten Teil von Kaschmir), für den Pakistan Indien verantwortlich macht, kommt es am 26. Jan. zu **Schusswechseln entlang der Waffenstillstandslinie**.

1997, 1. Okt. Die im Mai zwischen den Premierministern von Indien und Pakistan vereinbarten Verhandlungen über die Lösung der Kaschmir-Frage werden durch einen Artillerieüberfall auf Kargil (im indisch besetzten Teil) in Frage gestellt.

1998, Mai Die ersten indischen Atomwaffentests seit 1974 haben entsprechende Versuche in Pakistan zur Folge.

29. Juli Ein Treffen zwischen den Premierministern Indiens und Pakistans, Atal Behari Vajpayee und Mian Nawaz Sharif, in Colombo verläuft erfolglos.

1999, 20./21. Febr. Anlässlich der **Eröffnung einer ersten Busverbindung** zwischen Indien und Pakistan verständigen sich beide Seiten in der Erklärung von Lahore auf vertrauensbildende Maßnahmen.

26. Mai–18. Juli Ein **neuer dritter Krieg um Kaschmir** entbrennt nach dem Einsickern ehemaliger Söldner aus Afghanistan (Mudjahedin) als Freischärler im indischen Teil Kaschmirs. Der ergebnislose Krieg leitet das Ende der pakistanischen Zivilregierung ein.

2000, 28. Nov. Indien erklärt in Jammu and Kaschmir entlang der Waffenstillstandslinie eine einseitige Waffenruhe, die bis zum 23. Mai 2001 verlängert wird.

2001, 14.–16. Juli Das indisch-pakistanische Gipfelgespräch von Agra (Uttar Pradesh) bleibt ohne Ergebnis für den Kaschmir-Konflikt.

13. Dez. Bei einem **Attentat auf das indische Parlament** in Delhi kommen 14 Menschen ums Leben, wofür Indien militante Pakistaner und den pakistanischen Geheimdienst verantwortlich macht. Beide Seiten lassen Truppen aufmarschieren, Indien bringt am 26. Dez. Mittelstreckenraketen in Stellung.

2002, 14. Mai Bei einem Rebellenangriff auf eine Kaserne im indischen Teil Kaschmirs werden mehr als 30 Menschen getötet. Seit 1989 haben die Kämpfe in Kaschmir etwa 70 000 Todesopfer gefordert.

2003, 18. April Anlässlich eines Besuchs in Kaschmir bietet Indiens Premierminister VAJPAYEE Gespräche zur Normalisierung der Beziehungen zu Pakistan an.

2004, 1. Jan. Nach zweijähriger Unterbrechung wird die **Flugverbindung zwischen Delhi und Lahore** wieder aufgenommen.

6. Jan. Beide Seiten vereinbaren die Wiederaufnahme eines umfassenden Dialogs.

22. Jan. Vertreter der indischen Regierung und der gemäßigten Separatisten verständigen sich auf ein Ende der Gewalt.

11. Juli Nach eineinhalbjähriger Unterbrechung wird die Busverbindung zwischen Delhi und Lahore wieder aufgenommen.

2005, 5. Sept. Premierminister MANMOHAN SINGH führt zum ersten Mal offizielle Gespräche mit dem 1993 gebildeten Separatistenbündnis *All Parties Hurriyat Conference* (APHC).

2./5. Okt. Bei einem Besuch des indischen Außenministers KUNWAR NATWAR SINGH (*1931) in Pakistan wird eine gegenseitige Information über Versuche mit ballistischen Raketen vereinbart.

29. Okt. Eine pakistanische Terrororganisation übernimmt die Verantwortung für einen **Bombenanschlag in Delhi** direkt vor einem wichtigen hinduistischen Fest.

2006, 5. Dez. Der pakistanische Präsident PERVEZ MUSHARRAF macht ein Angebot zur friedlichen Lösung des Konflikts durch Schaffung eines autonomen Kaschmir unter Kontrolle Indiens und Pakistans ohne ein Beharren auf den Vorgaben der UNO-Resolution von 1948.

2007, 16. Jan. Trotz eines Grenzzwischenfalls entspannt sich die Lage im Laufe des Jahres. Seit dem 30. März werden Bemühungen um eine Demilitarisierung des indischen Teiles Kaschmirs eingeleitet.

Britisch-Indien (1945–1947)

1945, 25. Juni–14. Juli Nach Kriegsende versucht Vizekönig LORD WAVELL (*1883, †1950; 1943–1947) in der Konferenz von Simla vergeblich eine Annäherung von Nationalkongress und Muslim-Liga zu erreichen, um die **Einheit Indiens nach der Unabhängigkeit** zu wahren.

1946, 16. Mai Nach dem Wahlsieg der *Labour Party* 1945 in Großbritannien entsendet das Kabinett in London eine Dreierkommission (*Cabinet Mission*), die einen **Verfassungsplan** vorlegt, der durch eine äußerst schwache Zentralregierung und fast autonome Provinzen noch einmal die Gefahr einer Spaltung des Lands zu bannen versucht. Das dem britischen Parlament vorgelegte Weißbuch wird in Indien abgelehnt.

16. Aug. Die erneuten, von Kalkutta ausgehenden Spannungen führen zu blutigen Konflikten zwischen Hindus und Muslimen.

2. Sept. Da die Labour-Regierung auf baldige Unabhängigkeit drängt, bildet Vizekönig LORD WAVELL eine **provisorische Regierung** unter JAWAHARLAL NEHRU.

9. Dez. Einberufung einer verfassunggebenden Versammlung.

1947, 20. Febr. Nach der Erklärung des britischen Premierministers CLEMENT RICHARD ATTLEE, Indien bis spätestens Juni 1948 in die Unabhängigkeit zu entlassen, wird LOUIS LORD MOUNTBATTEN (*1900, †1979) zum Vizekönig ernant,. Er überzeugt sich in Indien davon, dass die Teilung des Landes unvermeidlich ist.

3. Juni Der von **MOUNTBATTEN** vorgelegte **Plan zur Teilung** wird von der Muslim-Liga (10. Juni) und vom Nationalkongress (14. Juni) gebilligt.

15. Aug. Die beiden Teilstaaten, die **Indische Union und Pakistan**, erhalten den Dominion-Status und **werden aus der britischen Herrschaft** entlassen.

Indien seit 1947 | Forts. v. S. 1204 |

Die beiden Hauptprobleme der indischen Innenpolitik unmittelbar nach Gewinnung der Unabhängigkeit sind die **Überwindung der Folgen der Teilung** von Britisch-Indien in die beiden Staaten Indische Union und Pakistan sowie die **Eingliederung der Fürstenstaaten**. Die Spaltung des Landes, die Verwaltung, Wirtschafts- und Verkehrsräume zerreißt, führt v. a. im Punjab zu Massenfluchtbewegungen. Mindestens eine Mio. der mehr als zehn Mio. Flüchtlinge verlieren ihr Leben. In Bengalen verhindert MAHATMA GANDHI eine vergleichbare Katastrophe.

Mit der Unabhängigkeit wird das Dominion Indien Rechtsnachfolger der britischen Krone auch in der Oberherrschaft über die 562 Fürstenstaaten. Diese sind der Krone durch Verträge, die ihnen weitgehende Freiheit in den inneren Angelegenheiten garantieren, verbunden. Es gelingt dem späteren Innenminister VALLABHAI PATEL (*1875, †1950) die Fürsten durch Verhandlungen unter Garantie von Privilegien und Apanagen (aufgehoben am 28. Dez. 1971) zum Eintritt in das Dominion unter Aufgabe ihrer Rechte zu bewegen. Konflikte entstehen in Haiderabad, Junagadh (Gujarat) und Kaschmir. Der **ungelöste Kaschmir-Konflikt belastet auf Dauer die Beziehungen zwischen Indien und Pakistan**. Nach der Flucht des Herrschers von Junagadh nach Pakistan wird sein Land am 9. Nov. 1947 annektiert. Der Nizam von Haiderabad, MIR OSMAN ALI KHAN BAHADUR FATH JANG ASAF JAH VII. (*1886, †1967; 1911–1950) verweigert zunächst den Beitritt zum Dominion und sucht durch Vertragsverhandlungen eine weitgehend unabhängige Stellung zu behaupten. Der Einmarsch indischer Truppen zwingt Haiderabad am 17. Sept. 1948 zum Beitritt zum Dominion.

Gestalter der indischen Politik und unumstrittene Führerpersönlichkeit nach der Ermordung GANDHIS am 30. Jan. 1948 durch den Hindu-Fanatiker NATHURAM GODSE (*1911, †1948) wird für lange Zeit JAWAHARLAL NEHRU. Als kritischer Anhänger GANDHIS ist NEHRU mehr durch westliche als indische Traditionen geprägt. Im Inneren strebt er eine Industrialisierung mithilfe eines demokratischen Sozialismus an. Diese Politik hemmt die wirtschaftliche Entwicklung Indiens bis zum Beginn der 1990er-Jahre. Grundlage seiner Außenpolitik sind Bündnisfreiheit und Annäherung an China. Da NEHRU der Außenpolitik den Vorrang gegenüber der Innenpolitik einräumt, leitet er während seiner Amtszeit als Premierminister auch das Außenministerium.

Indien ist eine Präsidialrepublik, der Präsident wird für jeweils fünf Jahre gewählt. Die Indische Union (offizieller Staatsname in Hindi: *Bharat*) erhält eine **Volksvertretung mit einem Zweikammersystem**: Direkt gewählt wird das Parlament, die »Volksversammlung« (*Lok Sabha*) mit (2004) 543 Mitgliedern und indirekt aus den gesetzgebenden Versammlungen (*Vidhan Sabha*) der Bundesstaaten das Oberhaus, die »Staatsversammlung« (*Rajya Sabha*) mit höchstens 250 Mitgliedern (2004: 233). An der Spitze der Exekutive steht in den Bundesstaaten ein Gouverneur. Neben den Bundesstaaten (seit 2000: 28) werden zehn, direkt der Zentralregierung unterstellte »Unionsgebiete« (*Union Territories*) geschaffen (2004: sieben). Als offizielle Sprache soll Hindi innerhalb von 15 Jahren das Englische ablösen. Mit dieser an westlichen Vorbildern ausgerichteten Verfassung wendet sich Indien von den Staatsideen GANDHIS ab.

1949, 26. Nov. Die verfassunggebende Versammlung veröffentlicht ihre Arbeit: Indien wird Republik.

1950, 26. Jan. Die indische Verfassung tritt in Kraft und wird bis 2003 durch 93 Änderungen ergänzt.
Mit dem Rücktritt des Generalgouverneurs CHAKRAVARTI RAJAGOPALACHARIAR (*1879, †1972; 1948–1950) **endet die formelle Oberhoheit der britischen Krone über Indien.** Als erster Staatspräsident tritt RAJENDRA PRASAD (*1884, †1963) sein Amt an (bis 1962).

1951, 25. Okt.–1952, 24. Febr. Nach Abschluss der ersten Wahlen erhält der Nationalkongress eine Zweidrittelmehrheit im Parlament (*Lok Sabha*). Die Opposition aus Sozialisten, Kommunisten, der rechtsgerichteten, nationalistischen *Jan Sangh*-Partei (gegründet 1951) und anderen ist zersplittert und im Parlament machtlos. JAWAHARLAL NEHRU bildet sein erstes Kabinett. Grundlage der Wirtschaftspolitik werden Fünfjahrespläne (11. Fünfjahresplan: 2007–2012).

1954, 29. April Der chinesische Ministerpräsident CHOU ENLAI besucht Neu Delhi zum Abschluss eines Freundschaftsvertrags, in dem Indien auf alle von Großbritannien übernommenen Verpflichtungen in Tibet verzichtet. In der Präambel formuliert NEHRU die »Fünf Prinzipien« (*Panc Shil*) seiner Außenpolitik: 1) gegenseitige Achtung territorialer Integrität, 2) Nichteinmischung in innere Angelegenheiten, 3) Gleichberechtigung, 4) friedliche Koexistenz, 5) Verzicht auf militärische Aggression.

1. Nov. Nachdem Chandannagar von den Franzosen an Indien übergeben worden ist (2. Mai 1950), folgen Pondicherry, Karikal, Mahé und Yanam (Austausch der Ratifizierungsurkunden: 18. Aug. 1962).

1955, 18. Mai Die geplante Reform des Hindu-Rechts (*Hindu Code Bill*) scheitert am Widerstand konservativer Gruppen; nur das Ehegesetz (*Hindu Marriage Act*) tritt in Kraft, das durch Verbot der Polygamie und Regelung der Ehescheidung die Stellung der Frau ebenso stärkt wie das Erbgesetz (*Hindu Succession Act* vom 18. Juni 1956).

30. Sept. Die Kommission für die Neuordnung der Bundesstaaten legt ihren Bericht vor, auf dessen Grundlage die Zahl der Staaten von 27 auf 16 vermindert wird und sprachlich weitgehend einheitliche Gebiete entstehen sollen.

1956, 31. Aug. Nach Inkrafttreten des Gesetzes führen Unruhen im Staat Bombay zu einer Ausgliederung des neuen Bundesstaats Gujarat (1. Mai 1960); der Bundesstaat Nagaland wird geschaffen (1. Dez. 1963) und Haryana aus dem Punjab ausgegliedert (1. Nov. 1966). Mit dem Gesetz über die Neuordnung des Nordostens (2. April 1970; durchgeführt: 20. Jan. 1972) findet die **Umbildung der Bundesstaaten** einen ersten vorläufigen Abschluss.

1957, 24. Febr.–9. Juni Die zweiten allgemeinen Wahlen finden statt, in denen der Nationalkongress seine führende Stellung weiter ausbauen kann. RAJENDRA PRASAD wird als Staatspräsident bestätigt (Vizepräsident: SARVEPALLI RADHAKRISHNAN [*1888, †1975]).

1958, 1. März Im Bundesstaat Kerala kann zum ersten

Indien nach 1945

Mal die kommunistische Partei eine Regierung bilden. Schwere Unruhen, die sich an einem Schulgesetz entzünden, führen zur Ausrufung der *President's Rule* (in der Verfassung bei Krisen vorgesehene Übernahme der Zentralregierung von Bundesstaaten durch die Exekutive).

1960 Neuwahlen in Kerala (1. Febr.) führen zur Ablösung der Kommunisten und zur Bildung einer Regierung der Sozialistischen Partei.

1961, 18.–20. Dez. Indische Truppen marschieren in die portugiesische Besitzung Goa ein und besetzen Diu und Daman (Damão). Damit werden die letzten Kolonien auf indischem Boden beseitigt. NEHRUS Lehre von einer gewaltlosen Außenpolitik verliert jedoch ihre Glaubwürdigkeit. Goa, (Bundesstaat seit 30. Mai 1987), Diu und Daman werden vom Parlament zu »Unionsgebieten« unter Bewahrung und Achtung ihrer kulturellen Eigenart erklärt (14. März 1962) und einer zivilen Regierung übergeben (8. Juni 1962).

1962, 16.–27. Febr. Bei den dritten allgemeinen Wahlen nimmt erstmals die 1959 gegründete rechtsliberale *Svatantra*-Partei teil, das politische Kräfteverhältnis verschiebt sich nicht.

13. Mai SARVEPALLI RADHAKRISHNAN wird als zweiter Präsident (bis 1967) vereidigt (Vizepräsident: ZAKIR HUSAIN [*1897, †1969]).

20. Okt. Der Indisch-Chinesische Krieg bricht aus, der mit der Eroberung weiter indischer Gebiete im Nordosten durch chinesische Truppen endet.

Der Indisch-Chinesische Konflikt und seine Auswirkungen

Obwohl NEHRU die VR China bereits am 30. Dez. 1949 diplomatisch anerkennt und um gute Beziehungen bemüht ist, entwickelt sich das indisch-chinesische Verhältnis nach der Besetzung Tibets durch China 1950 ungünstig. Es entstehen **Unklarheiten über den Verlauf der indisch-chinesischen Grenze**, da China die von Großbritannien einseitig in der Konferenz von Simla (13. Okt. 1913–27. April 1914) festgelegte McMahon-Linie (benannt nach dem englischen Unterhändler) im Osten und die Ardagh-Linie von 1897 im Westen nicht anerkennt. Nach Grenzzwischenfällen (Longju 25. Aug. und Konka-Pass 21. Okt. 1959) scheitern Verhandlungen vom 19.–25. April 1960 in Delhi. Die unnachgiebige indische Haltung und die Errichtung eines Militärpostens bei Dhola im Herbst 1962 im Norden der McMahon-Linie führen zu einem chinesischen Präventivschlag, der schnell zu großen Erfolgen gegenüber den mangelhaft ausgerüsteten und schlecht geführten indischen Truppen führt. Nach Erreichen des militärischen Ziels am 21. Nov. 1962, der Verhinderung eines indischen Angriffs, verkündet China einseitig einen Waffenstillstand und beginnt sich seit 1. Dez. aus den eroberten Gebieten zurückzuziehen.

Die blockfreien Staaten, die Indien im Kriege ebenso wenig unterstützen wie die durch die Kuba-Krise geschwächte Sowjetunion, legen in der vom 10.–12. Dez. tagenden Konferenz von Colombo einen Waffenstillstandsplan vor (»Colombo-Vorschläge«), der einen chinesischen Rückzug vorsieht. China stimmt den Vorschlägen nur unter dem Vorbehalt weiterer Verhandlungen mit Indien zu. Auch nach Beendigung des Rückzugs der chinesischen Truppen (2. März 1963) **bleibt die Grenzfrage offen**; es kommt mehrmalig zu Zwischenfällen.

NEHRUS Stellung wird durch den Indisch-Chinesischen Krieg erschüttert. Die erfolgreiche Bitte um westliche Waffenhilfe macht seine blockfreie Außenpolitik unglaubwürdig. Im Innern wird auch die Stellung des Nationalkongresses als führende Partei in Frage gestellt.

1963, 24. Aug. Auf Anraten des Chefministers des Bundesstaats Tamilnad, KUMARASVAMI KAMRAJ (*1903, †1975), ziehen sich im Rahmen einer umfassenden Kabinettsumbildung führende Politiker des Nationalkongresses von ihren Ämtern zurück, um sich der Erneuerung der Partei und der Regelung der NEHRU-Nachfolge zu widmen.

1964, 11. April Als Folge des Indisch-Chinesischen Kriegs spaltet sich die kommunistische Partei in einen Moskauer und einen Pekinger Flügel.

27. Mai NEHRU stirbt, ohne dass die Nachfolgefrage geregelt ist.

9. Juni Als Premierminister wird LAL BAHADUR SHASTRI (*1904, †1966) vereidigt, der im Kabinett NEHRU verschiedene Ministerien geleitet und sich in Krisen (z. B. 1963 während der Unruhen in Kaschmir nach dem Diebstahl eines Haares des Propheten Mohammed) als Mann des Ausgleichs bewährt hat.
Unter SHASTRI gewinnt das Kabinett an Gewicht; zur Vorbereitung wichtiger Entscheidungen ruft SHASTRI den »Großen Rat« (*Grand Council*), eine Vereinigung aus Ministern und Parteifunktionären, ins Leben, der ohne rechtsverbindliche Vollmachten großes politisches Gewicht gewinnt.

1964/1965 Eine innenpolitische Krise des Jahres 1964 aufgrund explosionsartig steigender Lebensmittelpreise, die auch durch ausländische Weizenlieferungen nicht mehr gemildert werden kann, wird 1965 durch eine ungewöhnlich gute Ernte überdeckt.

1965, 25. Jan.–13. Febr. Blutige Unruhen brechen in Südindien, v. a. Madras, am Vorabend der geplanten offiziellen Einführung des Hindi als Staatssprache (26. Jan. 1965) aus. Nach der Verfassung von 1950 soll innerhalb von 15 Jahren der Übergang zum Hindi vollzogen werden. Mangelhafte Vorbereitung bei der Einführung und die Furcht der Dravidisch sprechenden Südinder, von den Sprechern des Indoarischen im Norden sprachlich unterdrückt zu werden, **führen Indien an den Rand eines Sprachenkrieges.**

1.–2. Juni Eine Lösung bringt die Annahme der »Patil-Formel« (nach dem damaligen Eisenbahnminister S. K. PATIL [*1900; †1981]) durch den »Großen Rat«. Sie stellt jedem Bundesstaat die Wahl des Zeitpunkts für die Einführung des Hindi als offizielle Sprache frei und sichert damit den Fortbestand des Englischen als Verkehrssprache. Ein entsprechendes Gesetz tritt in Kraft (16. Dez. 1968).

6.–23. Sept. **Krieg mit Pakistan wegen der ungelösten Kaschmir-Frage.**

1966, 3.–10. Jan SHASTRI verhandelt in Taschkent unter Vermittlung der Sowjetunion mit dem pakistanischen

Präsidenten AYUB KHAN. Das Ergebnis ist ein Abkommen, das einen Rückzug der Krieg führenden Parteien aus den besetzten Gebieten vorsieht.

11. Jan. LAL BAHADUR SHASTRI stirbt in Taschkent. Sein Tod erstickt die in Indien aufkeimende Kritik am Abkommen von Taschkent (vom Parlament gebilligt 21. Febr.; Truppenrückzug abgeschlossen 25. Febr.).

24. Jan. INDIRA GANDHI (*1917, †1984), Tochter J. NEHRUS, wird als Premierministerin vereidigt.

7. Nov. Militante demonstrierende Hindus, die ein Gesetz zum Verbot der Tötung von Kühen fordern, versuchen das Parlament zu stürmen.

9. Nov. Wegen der blutigen Ausschreitungen tritt Innenminister GULZARI LAL NANDA (*1898, †1998) zurück.

1966/67, Winter Wegen einer anhaltenden Dürre kommt es in den Bundesstaaten Bihar und Uttar Pradesh zu Schwierigkeiten in der Versorgung mit Grundnahrungsmitteln.

1966, 22. Dez. Die Reisrationen müssen in ganz Indien um ein Achtel gekürzt werden.

1967, 15.–22. Febr. In den Wahlen muss der Nationalkongress erstmals einen schweren Rückschlag hinnehmen. Im Parlament kann selbst die einfache Mehrheit nur knapp behauptet werden. In den Bundesstaaten Bengalen, Bihar, Haryana, Kerala, Orissa, Punjab, Tamilnad, Uttar Pradesh und im Unionsgebiet Delhi **verliert die Kongresspartei ihre Mehrheit.** Es bilden sich unterschiedliche Koalitionsregierungen, deren Stabilität durch häufigen Parteiwechsel der Abgeordneten erschüttert wird. In den Bundesstaaten Bengalen, Bihar, Punjab und Uttar Pradesh werden daher nach zwei Jahren Neuwahlen erforderlich, die jedoch in keinem der Bundesstaaten zu einer stabilen Mehrheit führen.

13. März Durch die Verluste des Nationalkongresses in den Wahlen geschwächt, muss INDIRA GANDHI in ihr zweites Kabinett den Führer des rechten Flügels ihrer Partei, MORARJI DESAI (*1896, †1995) aufnehmen, der sich 1966 vergeblich um das Amt des Premierministers beworben hat. DESAI wird Finanzminister, zugleich wird für ihn das seit 1950 unbesetzte Amt des Stellvertretenden Premierministers neu belebt.

13. Mai Als erster Moslem wird ZAKIR HUSAIN als dritter Präsident vereidigt (Vizepräsident: VENKATAGIRI VARAHA GIRI, *1894, †1980).

5. Sept. Meinungsverschiedenheiten in der Sprachfrage führen zum Rücktritt des Außen- und ehemaligen Erziehungsministers MAHOMEDALI CURRIM CHAGLA (*1900, †1981), der so gegen den allmählich durchgeführten Vorschlag der Erziehungsministerkonferenz in Delhi (28.–30. April 1967) protestiert, in den Bundesstaaten die Regionalsprachen als Unterrichtssprachen anstelle des Englischen einzuführen.

1968, 10. Jan. Aufhebung des seit dem Krieg mit China bestehenden Ausnahmezustandes vom 26. Okt. 1962.

1968/69 Wachsende innenpolitische Unruhe. In Bombay bildet sich eine militante Organisation, das »Heer Shivas« (*Schiv Sena*), um den Zustrom von Zuwanderern aus Südindien in die Stadt abzuwehren. Diese extrem rechte Bewegung gewinnt unter der Führung

Staatsaufbau von Indien

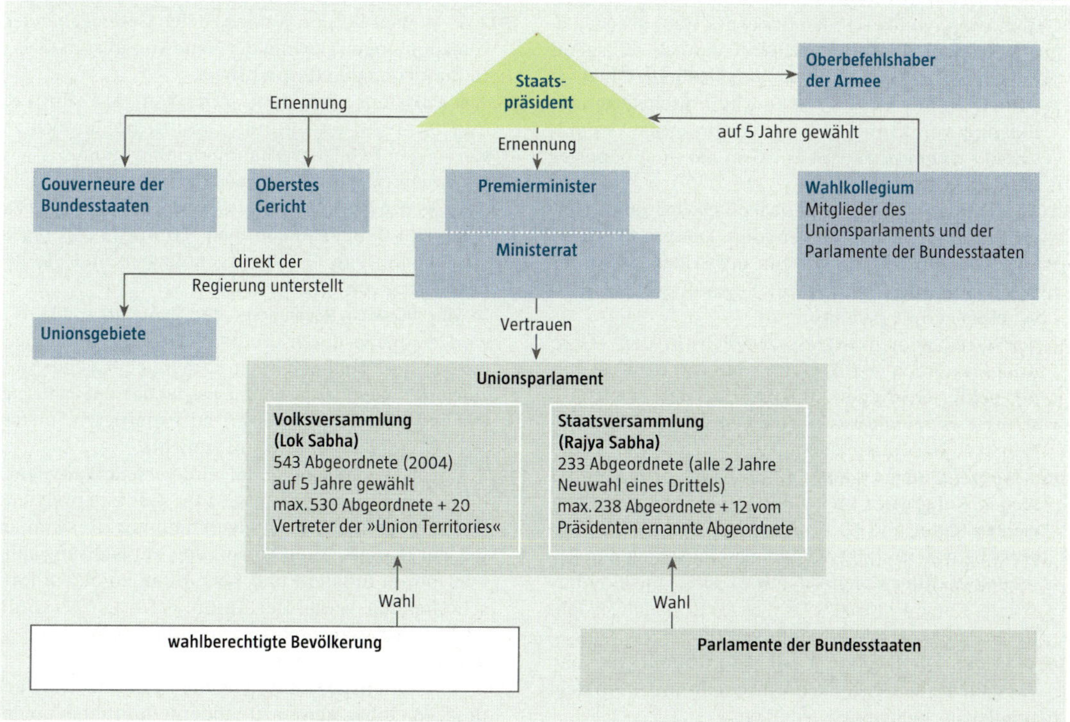

von Bal Thackeray (Bal Thakre, *1927) seit 1995 großen Einfluss auf die Politik des Bundesstaats Maharashtra.

1969, Febr. Blutige Unruhen brechen in Bombay aus.

seit April Für einen eigenen Bundesstaat Telangana, den wenig entwickelten nördlichen Teil des Bundesstaats Andhra Pradesh, beginnt eine zeitweise heftige Agitation. Der Streit kann erst durch die Garantie einer ausgewogenen Entwicklung des Gesamtstaats Andhra Pradesh beigelegt werden (22. Okt. 1973).

1. Mai Seit Sommer 1967 beginnt von Naxalbari aus, einem Ort im nördlichen West-Bengalen, der Aufstand einer radikalen, maoistischen Gruppe. Nach einer wenig erfolgreichen Bekämpfung der Unruhen bilden die »Naxaliten« in Kalkutta die dritte kommunistische Partei in Indien, nachdem sie ihre terroristischen Tätigkeiten seit Nov. 1968 nach Kerala und später auf weitere Bundesstaaten ausgedehnt haben.

3. Mai Der Tod des Staatspräsidenten Zakir Husain im Amt löst eine innenpolitische Krise aus. Zunächst entstehen Spannungen zwischen Indira Gandhi und dem rechten, vom sog. »Syndikat« geführten Flügel des Nationalkongresses, der ihre Wahl zur Premierministerin gefördert hat.

10. Juli Mit ihrem überraschenden Vorschlag einer Verstaatlichung der Banken überrumpelt Indira Gandhi das »Syndikat«.

16. Juli Die nur mühsam ausgeräumten Spannungen brechen mit der Entlassung des Finanzministers Morarji Desai, einem Führer des »Syndikats«, erneut auf, der am 19. Juli auch als Stellvertretender Premierminister zurücktritt.

19. Juli Eine zweite Kraftprobe zwischen Indira Gandhi und dem »Syndikat« entsteht bei der Wahl des Staatspräsidenten. Dem vom rechten Flügel als offiziellen Präsidentschaftskandidaten aufgestellten Neelam Sanjiva Reddy (*1913, †1996) tritt mit schweigender Billigung von Indira Gandhi der bisherige Vizepräsident Venkatagiri Varaha Giri als unabhängiger Kandidat entgegen.

20. Aug. Giri wird gewählt und vier Tage später als vierter Präsident (bis 1974) vereidigt. Diesem erneuten Sieg Indira Gandhis kommt, durch das Recht des Präsidenten den Auftrag zur Regierungsbildung zu vergeben, große Bedeutung zu.

12. Nov. Der Nationalkongress zerbricht in den »Alten Kongress« (rechter Flügel) und den von Indira Gandhi geführten »Neuen Kongress«, als der Arbeitsausschuss des Kongresses Indira Gandhi aus dem Nationalkongress ausschließt.

Dez. Während **Indira Gandhi** mit 221 Abgeordneten des Neuen Kongresses im Parlament eine **Minderheitsregierung** bildet und 63 Abgeordnete dem Alten Kongress beitreten, ergibt sich auf den Parteitagen in Ahmedabad (Alter Kongress) am 21. Dez. und Bombay (Neuer Kongress) am 25. Dez. etwa ein Gleichgewicht in der Anhängerschaft beider Parteien.

1970, 15. Dez. Die Regierung erleidet vor dem Obersten Gericht, das sich gegen eine Abschaffung der Fürstenprivilegien stellt, eine Niederlage.

27. Dez. Indira Gandhi löst das Parlament auf und schreibt vorzeitige Neuwahlen aus.

1971, 1.–7. März Nach dem Rückschlag von 1967 kann der Neue Kongress in den Parlamentswahlen die Zweidrittelmehrheit zurückgewinnen.

18. März Indira Gandhi kann ungehindert durch den abgespaltenen rechten Flügel des Nationalkongresses (Alter Kongress) ihr Kabinett bilden.

9. Aug. In der Außenpolitik wendet sich Indien mit dem Abschluss eines **Freundschaftsvertrags mit der Sowjetunion**, dem zahlreiche weitere Abkommen mit verschiedenen Ländern des Ostblocks folgen, von der Blockfreiheit ab. Zugleich kommt es zu einer Entfremdung zwischen Indien und den USA.

5. Nov. Die 24. Verfassungsänderung, die das Parlament ermächtigt, selbst die Grundrechte abzuändern, tritt in Kraft.

3.–16. Dez. Die durch den Wahlsieg der Partei Mujib-ur-Rahmans (*1920, †1975) in Pakistan entstandene innenpolitische Krise führt in **Ostpakistan** zum Krieg, in den Indien zugunsten eines unabhängigen **Bangladesh** eingreift.

16. Dez. Der indische Generalleutnant Jagjit Singh Aurora (*1916, †2005) nimmt die Kapitulation der pakistanischen Truppen in Ostpakistan entgegen. In Kaschmir kommt es zu vergleichsweise geringen Kampfhandlungen.

28. Dez. Mit der 26. Verfassungsänderung werden die Zahlungen, die den ehemaligen Fürsten als Gegenleistung für die Aufgabe ihrer Souveränität beim Eintritt in die Indische Union 1947/48 in der Verfassung von 1950 garantiert worden waren, eingestellt und ihre Privilegien aufgehoben.

1972, 5.–11. März Bei den Wahlen zu den Gesetzgebenden Versammlungen gewinnt der Neue Kongress in 14 von 16 Bundesstaaten die Mehrheit.

28. Juni Pakistans Präsident Zulfikar Ali Bhutto (*1928, †1979) und Indira Gandhi treffen sich zu viertägigen Friedensverhandlungen in Simla.

3. Juli Abschluss eines **Abkommens über die Normalisierung** des gegenseitigen Verhältnisses **zwischen Indien und Pakistan**. Ein zweites Abkommen (28. Aug. 1973) regelt die Rückführung der Kriegsgefangenen und die Repatriierung von Zivilpersonen.

In der **»Grünen Revolution«** der Erntejahre 1970/71 wird erstmalig durch erhöhten Einsatz von Düngemitteln und Anbau äußerst ertragreicher neuer Weizensorten die **Unabhängigkeit von der Nahrungsmitteleinfuhr** erreicht. Pläne, Weizen zu exportieren, macht 1972 ein schlechter Monsun zunichte.

1973, 1. April Der Weizenhandel wird verstaatlicht; dabei führt ein zu niedrig angesetzter Getreidepreis zur Hortung und Lebensmittelverknappung. Zusammen mit der mangelhaften Versorgung mit Nahrungsmitteln führen Inflation und Korruption zu einem fortschreitenden Verfall der Autorität Indira Gandhis und zu einer schweren innenpolitischen Krise.

1974, Febr. In Gujarat brechen blutige Unruhen aus.

März Korruptionsfälle innerhalb der Regierung des Bundesstaats Bihar führen zu Studentenunruhen, an deren Spitze sich Jayaprakash Narayan (*1902, †1979) stellt. Er genießt als bedeutender Mitkämpfer Mahatma Ghandhis großes moralisches Ansehen, obwohl er sich bereits in den fünfziger Jahren aus der aktiven Politik zurückgezogen hat. Seine gegen Korruption ausgerichtete Bewegung, die auch auf andere Bundesstaaten übergreift (seit Okt. 1974), wird zu einer wachsenden Gefahr für Indira Gandhi.

28. März Die Verstaatlichung des Weizenhandels muss zurückgenommen werden.

18. Mai Indira Gandhis Versuch, ihr Ansehen durch die nach innenpolitischen Gesichtspunkten sorgfältig terminierte **Explosion der ersten indischen Atombombe** wiederherzustellen, zeigt nur mäßige Wirkung, trägt Indien jedoch scharfe Kritik aus dem Ausland ein.

24. Aug. Fakhruddin Ali Ahmed (*1905, †1977) wird als fünfter Präsident der Indischen Union vereidigt (Vizepräsident: Basappa Danappa Jatti, *1912, †2002).

1975, 19. April In der Sowjetunion wird der erste indische Satellit gestartet.

26. April Das **Königtum Sikkim**, das seit 1950 indisches Protektorat ist, wird nach Unruhen im Frühjahr 1973, die sich gegen den König richten, von Indien **annektiert** (4. Sept. 1974) und **der Indischen Union als Bundesstaat eingegliedert**.

24. Juni Das Oberste Gericht bestätigt das Urteil eines Gerichts vom 12. Juni, das Indira Gandhi wegen korrupter Praktiken im Wahlkampf von 1971 schuldig gesprochen hat. Das Urteil führt zu einer Staatskrise, da es mit geringen Änderungen Indira Gandhi ein Verbleiben im Amt bis zur endgültigen Berufungsverhandlung (Revision am 7. Nov. 1975) nur unter bestimmten Bedingungen ermöglicht.

26. Juni Um einer Verdrängung aus dem Amt zu entgehen, ruft Indira Gandhi unter Berufung auf die kritische innenpolitische Situation den inneren Notstand aus. Zahlreiche Oppositionspolitiker, auch aus den Reihen des Neuen Kongresses, werden verhaftet. Der Notstand führt zu einer Pressezensur, aber auch zu Maßnahmen gegen die Wirtschaftskriminalität.

1976 Besserung der wirtschaftlichen Lage mit steigender Produktivität, fallenden Preisen und einer Stabilisierung der indischen Währung.
Während des Notstands wird durch die 42. Verfassungsänderung das Parlament zur allmächtigen Instanz erhoben und die Unabhängigkeit der Judikative eingeschränkt. Dies wird z. T. in der 44. Verfassungsänderung vom 30. April 1979 zurückgenommen.

18. Okt. Unter Führung von Jayaprakash Narayan wird eine Bürgerrechtsunion gebildet.

2. Nov. Trotz der Proteste von Oppositionspolitikern in der neu gebildeten Bürgerrechtsunion wird die 42. Verfassungsänderung vom Parlament verabschiedet und am 18. Dez. vom Präsidenten unterzeichnet.

5. Nov. Das Parlament verschiebt die 1977 anstehenden Wahlen und verlängert die Legislaturperiode um ein Jahr.

1977, 18. Jan. Überraschend kündigt Indira Gandhi die Auflösung des Parlaments an und garantiert freie Wahlen.

23. Jan. Unter Führung von Morarji Desai und mit Unterstützung durch Jayaprakash Narayan schließen sich die bisher zersplitterten Oppositionsparteien in der *Janata*-Partei (*Janata Party*, »Volkspartei«) zu einem Wahlbündnis zusammen.

2. Febr. Nach seinem Ausscheiden aus dem Kabinett Indira Gandhis und dem Neuen Kongress schließt sich der Führer der »Unberührbaren« und ehemalige Landwirtschaftsminister Jagjivan Ram (*1908, †1986) mit dem »Kongress für Demokratie« der *Janata*-Partei an.

11. Febr. Präsident Fakhruddin Ali Ahmed stirbt. Interimspräsident wird Basappa Danappa Jatti.

16.–20. März Die Parlamentswahlen bringen der *Janata*-Partei einen überwältigenden Sieg; Indira Gandhi verliert ihren Sitz im Parlament.

22. März Vor ihrem **Rücktritt** hebt **Indira Gandhi** den inneren Notstand und die Pressezensur (21. März) auf.

25. März Als Premierminister stellt Morarji Desai sein Kabinett vor und bildet die erste nicht von der Kongresspartei getragene Regierung des unabhängigen Indien.

27. März Die Janata-Regierung hebt den seit dem Ausbruch des Kriegs mit Pakistan am 3. Dez. 1971 bestehenden äußeren Notstand auf.

1. Mai Die *Janata*-Partei wird formal vom Wahlbündnis zur Partei erhoben; die ehemaligen Oppositionsparteien wie der Alte Kongress und der rechtsgerichtete *Jan Sangh* gehen in ihr auf.

19. Mai Unter Vorsitz des ehemaligen Obersten Richters J. C. Shah nimmt die »Shah-Kommission« zur Untersuchung von Macht- und Ämtermissbrauch während des inneren Notstands die Arbeit auf.

10.–14. Juni Bei den Wahlen zu den Gesetzgebenden Versammlungen der Bundesstaaten gewinnt die *Janata*-Partei in Bihar, Haryana, Himachal Pradesh, Madhya Pradesh, Orissa, Rajasthan und Uttar Pradesh die Mehrheit.

25. Juli Neelam Sanjiva Reddy wird als sechster Staatspräsident (bis 1982) vereidigt (Vizepräsident bis 1979: Basappa Danappa Jatti).

1978, 7. Jan. Der Streit um die Rolle Indira Gandhis innerhalb des Neuen Kongresses führt zur Spaltung der Partei, von der sich der »Indira-Kongress« trennt.

26. Febr. Bei Wahlen zur Gesetzgebenden Versammlung gewinnt die *Janata*-Partei die Mehrheit in Assam und wird stärkste Partei in Maharashtra, während sich in Andhra Pradesh und Karnataka für den Indira-Kongress eine Mehrheit findet.

5. Nov. Bei Nachwahlen im Bezirk Chikmagalur (Karnataka) besiegt Indira Gandhi den Kandidaten der *Janata*-Partei und kehrt ins Parlament zurück.

19. Dez. Aufgrund der Ermittlungen der »Shah-Kommission« verliert Indira Gandhi ihren Parlamentssitz und muss eine einwöchige Haftstrafe antreten. Nach beinahe zwei Regierungsjahren kann die *Janata*-Regierung auf eine erfolgreiche Außenpolitik, die durch eine Annäherung an den Westen **zur tatsächlichen Blockfreiheit zurückgefunden** hat, zurückblicken. Machtkämpfe innerhalb der sehr heterogenen *Janata*-Partei, wachsende Unruhe im Lande und die noch immer nicht abgeschlossene Bewältigung der Zeit des inneren Notstands lassen die Innenpolitik in weniger günstigem Licht erscheinen.

1979, 15. Juli Im Laufe des Jahres verschärfen sich die Gegensätze innerhalb der *Janata*-Partei und führen zu ihrem Zerfall. Um einem Misstrauensvotum zuvorzukommen, tritt DESAI als Premierminister zurück.

28. Juli DESAIS Nachfolger wird CHARAN SINGH (*1902, †1987), der am 20. Aug. zurücktritt, aber bis zu vorgezogenen Neuwahlen mit der Führung einer Übergangsregierung beauftragt wird.

31. Aug. MOHAMMAD HIDAYATULLAH (*1905, †1992) wird Nachfolger (bis 1984) des Vizepräsidenten JATTI.

8. Okt. JAYAPRAKASH NARAYAN stirbt.

1980, 3.–6. Jan. In den Parlamentswahlen gewinnt die Kongresspartei (Indira-Kongress) eine Zweidrittelmehrheit. Am 14. Jan. wird INDIRA GANDHIS Regierung vereidigt.

Ende Mai Außer in Tamilnad geht die Kongresspartei aus den Wahlen in den Unionsstaaten als Sieger mit absoluten bzw. Zweidrittelmehrheiten hervor.

23. Juni SANJAY GANDHI (*1946), der jüngere Sohn INDIRA GANDHIS und ihr Wunschnachfolger, verunglückt tödlich.

1981, 30. Juli Nach Unruhen in Assam, die seit dem Sept. 1979 anhalten und gegen die seit 1951 eingewanderten Bengalen und Nepalis gerichtet sind, wird der Bundesstaat unter die unmittelbare Verwaltung durch den Präsidenten gestellt (*President's Rule*).

Okt. Die Sikh-Partei *Akali Dal* fordert in Gesprächen von der Zentralregierung die Vereinigung aller Sikhs in einem eigenen Unionsstaat mit weitgehender Autonomie. Im Ausland lebende Sikhs fordern einen unabhängigen Sikh-Staat *Khalistan*.

1982, 19. Juli Der religiöse Sikh-Führer JARNAIL SINGH BHINDRANWALE (*1947, †1984) **besetzt** mit seinen Anhängern das **Hauptheiligtum der Sikhs, den Goldenen Tempel von Amritsar** und ruft zum bewaffneten Kampf gegen die Regierung auf.

25. Juli Als erster Sikh wird GIANI ZAIL SINGH (*1916, †1994) als siebter Präsident der Indischen Union vereidigt (Vizepräsident: RAMASWAMY VENKATARAMAN, *1910, †2002).

1983, 5. Jan. Wahlen in den Bundesstaaten Andhra Pradesh, Karnataka und Tripura enden mit einer vernichtenden Niederlage der Kongresspartei.

15.–21. Jan. Die Wahlen im Bundesstaat Assam werden bei einer Wahlbeteiligung von nur 20 % durch schwere Kämpfe zwischen Assamesen und aus anderen Gebieten Indiens und aus Nepal eingewanderten Bevölkerungsgruppen überschattet.

5./6. Okt. Der Punjab wird unter unmittelbare Verwaltung durch den Präsidenten gestellt (*President's Rule*).

1984, 5.–6. Juni Nach ergebnislosen Verhandlungen mit den Führern der Sikhs und angesichts der wachsenden Anarchie im Punjab lässt die Zentralregierung den **Goldenen Tempel in Amritsar stürmen** (Unternehmen »*Blue Star*«). Neben etwa 100 Armeeangehörigen werden der militante Sikh-Führer BHINDRANWALE und etwa 600 seiner Anhänger getötet. Die Autografen der heiligen Bücher der Sikhs gehen in Flammen auf.

31. Okt. **INDIRA GANDHI wird von ihrer Sikh-Leibgarde getötet.** Blutige Racheakten von Hindus an Sikhs folgen.

3. Dez. **Giftgaskatastrophe in der Stadt Bhopal** in einer chemischen Fabrik des amerikanischen Konzerns *Union Carbide*, der etwa 3000 Menschen zum Opfer fallen (ca. 20 000 Menschen sterben an Spätfolgen) und die etwa 200 000 Verletzte fordert.

24., 27./28. Dez. In den Parlamentswahlen erringt die Kongresspartei unter INDIRA GANDHIS Sohn RAJIV GANDHI (*1944, †1991) einen glänzenden Wahlsieg.

31. Dez. R. GANDHI wird Premierminister. Durch Nachwahlen vom 28. Jan. 1985 kann die Kongresspartei über 403 der 544 Sitze im Parlament verfügen.

1985, 21.–26. Mai Premierminister GANDHI unterzeichnet bei einem Besuch in der **Sowjetunion** ein **Rahmenabkommen** über wissenschaftlich-technische und medizinische Zusammenarbeit.

20. Aug. HARCHAND SINGH LONGOWAL (*1928), Führer des gemäßigten Flügels des *Akali Dal*, der am 24. Juli mit der Regierung die Bildung eines Sikh-Bundesstaats im Punjab vereinbart hatte, wird ermordet.

25. Sept. Sein Nachfolger SURJEET SINGH BARNALA (*1925) bildet nach einem Wahlsieg der Sikh-Partei *Akali Dal* eine Regierung im Punjab.

1986, 26. Febr. Ein **landesweiter Generalstreik** richtet sich gegen die Preispolitik der Regierung.

25. Nov. Unterzeichnung eines **Abkommen gegen den Einsatz von Atomwaffen** anlässlich eines Besuchs des Generalsekretärs der KPdSU, MICHAIL GORBATSCHOW.

1987, 20. Febr. Arunachal Pradesh und Mizoram erhalten den Status von Bundesstaaten.

Juni **Indien unterstützt den Kampf der Tamilen auf Sri Lanka** gegen die Regierungstruppen mit Hilfslieferungen.

13. Juli RAMASWAMY VENKATARAMAN wird (bis 1992) achter Staatspräsident (Vizepräsident: SHANKAR DAYAL SHARMA, *1918, †1999).

29. Juli Im Rahmen eines Abkommens mit Sri Lanka über die Beilegung des Tamilenkonflikts werden bis zum März 1990 indische Truppen in den Norden Sri Lankas verlegt.

1988, 30. März Die 59. **Verfassungsänderung** ermächtigt den Präsidenten, den Ausnahmezustand in den Bundesstaaten auch bei inneren Unruhen auszurufen und nun bis zu drei Jahre (vorher: ein Jahr) die Verwaltung (*President's Rule*) zu übernehmen.

15. Aug. Unter Führung des früheren Ministers VISHNAWATH PRATAP SINGH (*1931) wird eine neue Partei, der *Janata Dal* (»Volkspartei«), als Zusammenschluss mehrerer Oppositionsparteien, darunter des *Janata-Morca*, gegründet.

1989, 22. Mai Indien verfügt erstmals über Mittelstreckenraketen.

29. Nov./1. Dez. Als die Kongresspartei bei den Parlamentswahlen die Mehrheit verliert, tritt R. GANDHI zurück. Neuer Premierminister wird VISHNAWATH PRATAP SINGH, der Führer des *Janata Dal*.

1990 Bei Wahlen in mehreren Bundesstaaten erleidet die Kongresspartei weitere Verluste.

10. Nov. Nach dem Rücktritt V. P. SINGHS wird der Führer des *Samajvadi Janata Dal* (Sozialistische Volkspartei), des abgespaltenen linken Flügels des *Janata Dal*, CHANDRA SHEKHAR (*1927, †2007), als Premierminister vereidigt und bildet mit Unterstützung der Kongresspartei eine Minderheitsregierung.

1991, 21. Mai **RAJIV GANDHI fällt** auf einer Wahlveranstaltung in Sriperumbudur bei Madras einem **Bombenattentat zum Opfer**.

20. Mai–10. Juni Bei den Parlamentswahlen erringt die Kongresspartei einen Wahlsieg.

21. Juni CHANDRA SHEKAR tritt als Premierminister zurück. Der Präsident der Kongresspartei, PAMULPARTI VENKATA NARASIMHA RAO (*1921, †2004) wird neuer Premierminister. Er leitet zusammen mit seinem Finanzminister MANMOHAN SINGH Reformen zur Liberalisierung der Wirtschaft ein.

1992, 25. Juli SHANKAR DAYAL SHARMA, Kandidat der Kongresspartei, wird neunter Staatspräsident (Vizepräsident: KOCHERIL RAMAN NARAYANAN, *1920, †2005).

6. Dez./7.–14. Dez. **Militante Hindus zerstören** die von BABUR (*1483, †1530), dem Gründer des indischen Mogulreichs, erbaute **Babri Moschee**, die nach Vorstellung der Hindus am Geburtsort ihres Gottes Rama in Ayodhya errichtet worden ist. In Indien, Bangladesh und Pakistan brechen schwere Unruhen mit Kämpfen zwischen Hindus und Muslimen aus.

1993, 27.–29. Jan. Während eines Staatsbesuchs des russischen Präsidenten BORIS JELZIN wird ein auf 20 Jahre angelegter Freundschaftsvertrag unterzeichnet, der einen ähnlichen Vertrag von 1971 fortführt.

7. Sept. Premierminister RAO und Chinas Ministerpräsident LI PENG unterzeichnen in Peking einen Vertrag über Truppenreduzierungen an der gemeinsamen Grenze.

1995, 25. Mai Die Kongresspartei spaltet sich in zwei Flügel, als Gegner RAOS den früheren Außenminister NARAYAN DATT TIWARI (*1925) zum neuen Vorsitzenden ausrufen. Die Mehrheit der Kongressabgeordneten im Parlament erklärt sich jedoch für RAO.

1996, 7. Mai Bei den Parlamentswahlen verliert die Kongresspartei ihre Mehrheit. Stärkste Kraft wird die hinduistisch-nationale *Bharatiya Janata Party* (BDP, Indische Volkspartei; gegründet 1979).

1. Juni HARADANAHALLI DODDE DEVE GOWDA (*1933; *Janata Dal*) bildet eine Minderheitsregierung.

12. Dez. Bangladesh und Indien regeln in einem auf 30 Jahre angelegten Abkommen die Nutzung des Ganges-Wassers, die seit dem Bau eines indischen Staudamms im Jahre 1975 umstritten war.

1997, 12. April Premierminister GOWDA tritt zurück, nachdem er die Unterstützung durch die Kongresspartei verloren hat und bei einer Vertrauensabstimmung im Parlament unterlegen ist.

21. April Neuer Premierminister wird der bisherige Außenminister KUMAR GUJRAL (*1919; *Janata Dal*).

25. Juli Der bisherige Vizepräsident KOCHERIL RAMAN NARAYANAN wird als erster Kastenloser (*Dalit*) der zehnte Staatspräsident.

28. Nov. Nachdem die Kongresspartei der Minderheitsregierung GUJRALS das Vertrauen entzieht, reicht der Premierminister seinen Rücktritt ein, bleibt aber bis zum 19. März 1998 im Amt.

1998, 28. Jan. Mehr als sechs Jahre nach dem Attentat auf RAJIV GANDHI werden 26 Tatbeteiligte zum Tode verurteilt.

12. Febr.–7. März Aus den Neuwahlen zur zwölften *Lok Sabha* geht die BDP erneut als stärkste Partei hervor. Auf der Grundlage einer Koalition bildet ATAL BEHARI VAJPAYEE (*1926) eine Minderheitsregierung.

18. März VAJPAYEE verkündet ein Regierungsprogramm mit deutlichen nationalistischen Akzenten.

13. Mai Nach der Wiederaufnahme von Atomwaffenversuchen (11./13. Mai) **verhängen die USA einen Technologie- und Finanzboykott** gegen Indien.

1999, 17. April Die Regierung VAJPAYEE tritt zurück, nachdem eine tamilische Regionalpartei die Koalition verlassen hat. Da die oppositionelle Kongresspartei keine parlamentarische Mehrheit findet, wird das Parlament am 26. April aufgelöst.

25. Mai Nach der Wahl von SONIA GANDHI (*1946), Witwe des 1994 ermordeten Premierministers RAJIV GANDHI, zur Kongresspräsidentin 1998 spaltet sich der Teil der Kongresspartei als Nationalistische Kongresspartei (*Nationalist Congress Party*, NCP) ab, der sich gegen eine »Ausländerin« an der Parteispitze wehrt.

4. Sept.–3. Okt. In den Parlamentswahlen erringt die *Bharatiya Janata*-Partei von VAJPAYEE die Mehrheit, der am 13. Okt. aus 14 Parteien ein neues Kabinett mit 71 Ministern bildet.

18./28. Okt. Bei **Unwetterkatastrophen an der Ostküste** kommen mehr als 10 000 Menschen ums Leben, 11 Mio. werden obdachlos.

2000, 29. Febr. Das Parlament beschließt eine Steigerung der Militärausgaben um 28,2 %.

Frühjahr Im östlichen Indien sind mehr als 100 Mio. Menschen von einer mehrmonatigen **Dürrekatastrophe** betroffen.

21.–24. März US-Präsident BILL CLINTON besucht Indien. Es ist nach 22 Jahren der zweite Staatsbesuch eines Präsidenten der Vereinigten Staaten überhaupt und leitet eine Annäherung beider Länder ein.

Nov. Drei neue Bundesstaaten, Chattisgarh (am 1. Nov.; bisher Teil von Madhya Pradesh), Uttaranchal (am 9. Nov.; bisher Teil von Uttar Pradesh) und Jharkhand (am 15. Nov.; bisher Teil von Bihar) werden gebildet.

2001, 26. Jan. Im westindischen Bundesstaat Gujarat ereignet sich **eines der schwersten Erdbeben** der Neuzeit. 17 122 Menschen kommen ums Leben, 1,1 Mio. werden obdachlos, 7633 Ortschaften sind zu mehr als 50 % zerstört.

9.–28. Febr. Bei der größten in der Geschichte der Menschheit durchgeführten Volkszählung wird für die indische Bevölkerung eine Gesamtzahl von 1,027 Mrd. Menschen ermittelt.

März Trotz einer Regierungskrise nach Aufdeckung mehrerer Korruptionsskandale lehnt VAJPAYEE den geforderten Rücktritt der gesamten Regierung ab.

25. Juli Ermordung der als ehemalige »Banditenkönigin« berühmten Parlamentsabgeordneten POOLAN DEVI (*1963), die nach Verbüßung einer zehnjährigen Gefängnisstrafe 1996 in die Politik gegangen war.

2002, Febr./März **Gewalttätige Konflikte zwischen Hindus und Muslimen** in Gujarat, ohne dass die Polizei eingreift; etwa 2000 Menschen sterben. Unter Ausnutzung der antimuslimischen Stimmung im Wahlkampf erringt Premierminister NARENDRA DAMODARNATH MODI (*1950) im Dez. in Gujarat einen überwältigenden Wahlsieg für die *Bharatiya Janata*-Partei.

25. Juli AVUL PAKIR JAINULABDEEN ABDUL KALAM (*1931) wird elfter Präsident der Indischen Union.

Aug. Das größte Hochwasser seit 20 Jahren macht Hunderttausende obdachlos.

1. Okt. Bei einem Überfall auf Hindu-Pilger durch muslimische Extremisten kommen in Kaschmir acht Menschen ums Leben.

2003, 26. Okt. Nach den Parlamentswahlen (15. Sept., 18. Okt) bildet sich im Bundesstaat Jammu and Kaschmir eine Koalitionsregierung aus Kongresspartei und muslimischer Volkspartei (*Peoples Democratic Party*, PDP), die einen versöhnlichen Kurs gegenüber den Rebellenbewegungen einzuschlagen verspricht.

2004, 5. Jan. Eine aufgebrachte Menschenmenge stürmt eine der wichtigsten indischen Forschungsstätten, das *Bhandarkar Oriental Institute* in Puna. Zahlreiche seltene Handschriften gehen in Flammen auf.

20. Jan. Indien unterzeichnet einen Vertrag zum Ankauf des russischen Flugzeugträgers »Admiral Gorschkow«.

20. April–10. Mai Trotz Einbußen bei vorangegangenen Wahlen in den Bundesstaaten geht die Kongresspartei aus den Parlamentswahlen als Siegerin hervor. Die von ihr angeführte *United Progressive Alliance* (UPA) aus 15 Parteien erhält 217 der 543 Sitze der *Lok Sabha*. Zusammen mit den 53 Sitzen der beiden kommunistischen Parteien verfügt die UPA über eine Mehrheit im Parlament. Die Spitzenkandidatin der UPA, die Italienerin SONIA GANDHI, verzichtet auf das Amt des Premierministers zugunsten des früheren Finanzministers (1991–1996) MANMOHAN SINGH, da sie von vielen Indern als »Ausländerin« angefeindet wird.

22. Mai MANMOHAN SINGH wird als Premierminister vereidigt. Zusammen mit seinem Finanzminister PALANIAPPAN CHIDAMBARAM (*1945) knüpft er an die von RAO begonnenen Wirtschaftsreformen an.

26. Dez. Ein durch ein Seebeben ausgelöster Tsunami richtet an Küsten schwere Schäden an; etwa 16 000 Menschen sterben. Besonders betroffen sind die Andamanen und Nikobaren sowie der Bundesstaat Tamil Nadu.

2005, 28. Mai SONIA GANDHI wird mit großer Mehrheit als Präsidentin der Kongresspartei bestätigt.

25. Aug. Das Parlament verabschiedet ein Gesetz, das erstmals eine Arbeitslosenversicherung für die Landbevölkerung vorsieht.

2006, 2. März US-Präsident GEORGE W. BUSH und der indische Premierminister MANMOHAN SINGH unterzeichnen in Delhi ein **Abkommen über die zivile Nutzung der Kernenergie**. Damit endet ein durch die USA nach den indischen Atomversuchen von 1998 verhängtes Embargo und verschafft Indien Zugang zur Atomtechnologie. Indien ist damit de facto als Atommacht anerkannt. Die Ratifizierung des Vertrages durch Indien scheitert vorerst an der Bedingung, auf Nukleartests und Wiederaufbereitung zu verzichten.

23. März SONIA GANDHI gibt ihr Mandat in der *Lok Sabha* auf, wird aber im Mai bei Nachwahlen erneut Mitglied des Parlaments.

6. Juli Indien und China öffnen ihre seit 1962 geschlossene Grenze am Nathu-la Pass, wodurch China zugleich die von Indien 1974 vollzogene Annexion Sikkims anerkennt.

19. Juli Premierminister MANMOHAN SINGH wirbt in Washington für eine grundlegende Neuordnung der gegenseitigen Beziehungen.

20.–23. Nov. Während des Besuches von HU JINTAO in Indien, dem ersten eines chinesischen Präsidenten seit zehn Jahren, wird eine nukleartechnische Zusammenarbeit vereinbart.

30. Nov. Bei schweren Unruhen im Staat Maharashtra zerstören *Dalits* (»Unberührbare«) staatliche Einrichtungen.

2007 Die vermutlich gegen eine Annährung zwischen Indien und Pakistan gerichteten Anschläge (11. Juli 2006: Bombay mehr als 200 Tote, 8. Sept.: Malegaon/Maharashtra, 19. Febr. 2007: Verbindung Delhi-Lahore, 18. Mai: Hyderabad) setzen sich fort. Auch die Bedrohung durch Terrorakte der 1967 gegründeten Naxaliten hält an. Seit dem 5. Jan. setzt eine neue Welle der Gewalt durch Separatisten in Nordosten ein.
Der Wirtschaftsaufschwung und damit eine Überforderung der Infrastruktur hält an, doch wird die Privatisierungspolitik aus Sorge vor einer wachsenden sozialen Ungleichheit ausgesetzt. Der seit 2007/08 geltende 11. Fünfjahresplan zielt daher auf die Förderung der Unterschichten in Stadt und Land.

11. Mai Bei Wahlen im Staat Uttar Pradesh erringt erstmals die *Bahujan Samaj Party* (»Partei der Vereinigten Massen«) der *Dalits* die absolute Mehrheit und stellt den Premierminister.

25. Juli Als erste Frau wird PRATIBHA DEVISINGH PATIL (*1934) als zwölftes Staatsoberhaupt vereidigt (Vizepräsident: MOHAMMAD HAMID ANSARI; *1937).

Pakistan seit 1947

Der **Name Pakistan** wird 1933 von dem Studenten CHAUDHURY RAHMAT ALI (*1897, †1951) in Cambridge geprägt aus den **Anfangsbuchstaben der Provinzen** P(unjab), A(fghanen Provinz), K(aschmir), S(ind) und dem Auslaut von (Belutschi)stan; Pakistan heißt in der offiziellen Landessprache Urdu zugleich »Land der Reinen (*pak*)«.

Innerhalb der am 30. Dez. 1906 gegründeten Muslim-Liga, die ursprünglich als Gegengewicht gegen den vornehmlich von Hindus geführten Nationalkongress entstand, entwickelt sich aus dem Streben nach garantierten Sitzen für Muslime in den Parlamenten eines unabhängigen Indien der Gedanke an einen eigenen islamischen Staat. Die Forderung nach weitgehend unabhängigen, von Muslimen geführten Gebieten wird mit der »Pakistan-Resolution« (»Lahore-Resolution«) vom 23. März 1940 zur offiziellen Politik der Muslim-Liga.

1947, 15. Aug. Nach dem Scheitern aller Versuche, die Einheit des Lands zu wahren, wird aus den Provinzen mit überwiegend islamischer Bevölkerung (Sind, Nordwestprovinz, Belutschistan, westlicher Punjab im Westen und Ostbengalen mit einem Distrikt Assams im Osten) der **Staat Pakistan als britisches Dominion** innerhalb des *Commonwealth of Nations* gebildet. Pakistan, das nicht alle indischen Muslime in sich vereinigt, besteht aus Westpakistan mit der Hauptstadt Karatschi (seit 1950 Rawalpindi, seit 1965 Islamabad) und Ostpakistan mit der Hauptstadt Dhaka (Dacca).

1948 Nach dem Tode (11. Sept.) des Staatsgründers und ersten Generalgouverneurs Mohammad Ali Jinnah (*1876, †1948), der den Titel *Qaid-e-Azam* (»Großer Führer«) trägt und seit 1934 Präsident der Muslim-Liga war, beginnt in Pakistan eine Zeit politischer Unsicherheit mit rasch wechselnden Regierungen.
Die Innenpolitik wird durch die **Gegensätze zwischen** dem einheitlich verwalteten **Ostpakistan** mit einer Bengali sprechenden Bevölkerung und dem in zahlreiche Provinzen und Volksgruppen verschiedener Sprache und unterschiedlicher Kultur gespaltenen **Westpakistan** belastet.
Außenpolitisch sucht Pakistan enge Verbindungen zum Westen durch ein Verteidigungsabkommen mit den USA (19. Mai) und durch den Beitritt zur SEATO (*South East Asia Treaty Organization*) als Gründungsmitglied (8. Sept.). Das Verhältnis zu Indien ist durch die ungelöste Kaschmir-Frage gespannt.

1954, 24. Okt. Generalgouverneur Ghulam Mohammed (*1895, †1956) löst die verfassunggebende Versammlung, die seit 10. Aug. 1947 tagt, auf, als sie seine Machtbefugnis zu beschneiden sucht.

1955, Juli Eine zweite Verfassunggebende Versammlung konstituiert sich.

30. Sept. Obwohl die Provinzen im Westen zu einer einzigen Verwaltungseinheit zusammengeschlossen werden, gelingt die Integration des Lands nicht. Der **Flüchtlingsstrom aus und nach Pakistan** nach der Abspaltung vom übrigen Britisch-Indien (Schätzungen sprechen von mehr als zehn Mio. Flüchtlingen) und die weite räumliche Trennung der beiden Teile des Lands (Ost- und Westpakistan) stellen die Verwaltung vor fast unlösbare Aufgaben.

1956, 23. März Durch das Inkrafttreten der Verfassung wird die **»Islamische Republik Pakistan« begründet** (Präsidialrepublik). Wahlen für die Nationalversammlung werden nicht abgehalten, sodass die Politik weiterhin von provisorischen Regierungen bestimmt wird.

1958, 7. Okt. Nach einer Periode innenpolitischer Unruhe ruft Präsident Iskander Mirza (*1899, †1969) das Kriegsrecht aus, setzt die Verfassung außer Kraft und verbietet die Parteien. Zum Premierminister ernennt er den Oberbefehlshaber der Armee, Mohammad Ayub Khan (*1907, †1974).

27. Okt. Nach Mirzas Rücktritt übernimmt Ayub Khan auch das Amt des Präsidenten und regiert, gestützt auf die Armee, mit unumschränkten Vollmachten.

1958–1968 Es gelingt Ayub Khan, eine zehnjährige Periode innenpolitischer Stabilität verbunden mit einem wirtschaftlichen Aufschwung einzuleiten. In der Außenpolitik rückt er von der einseitigen Ausrichtung nach Westen ab und sucht ein ausgewogenes Verhältnis zu den USA, der Sowjetunion und der VR China herzustellen (1961 wird ein Wirtschaftsabkommen mit der Sowjetunion und am 2. März 1963 ein Vertrag mit der VR China über den Verlauf der gemeinsamen Grenze abgeschlossen).

1960 Um die Rückkehr zur Demokratie vorzubereiten, führt Ayub Khan das System der »Grunddemokratie« (*Basic Democracy*) ein, ein Mischsystem aus Wahlen in sehr kleinen Wahlkreisen und ernannten Beamten in der lokalen Verwaltung. In indirekten Wahlen lässt sich Ayub Khan als Präsident bestätigen.

1961, 29. April Eine von Ayub Khan eingesetzte Kommission legt eine neue Verfassung vor.

1962 Die **neue Verfassung** wird unterzeichnet (1. März) und tritt in Kraft (8. Juni). Sie betont die Gleichheit der beiden Teile Pakistans durch die gleiche Anzahl von Abgeordnetensitzen für West- und Ostpakistan in der Nationalversammlung. Islamabad wird Regierungssitz, die Nationalversammlung tagt in Dhaka.

28. April/6. Mai Indirekte Wahlen zur Nationalversammlung und zu den beiden Provinzparlamenten.

1965, 3. Jan. Ayub Khan wird in freien Wahlen als Präsident bestätigt; gegen ihn kandidiert die Schwester des Staatsgründers, Fatimah Jinnah (*1893, †1967), die zahlreiche Stimmen auf sich vereinen kann.

6.–23. Sept. Nach dem Indisch-Pakistanischen Krieg (Kaschmir-Konflikt) leitet Ayub Khan mit der Annahme der Vereinbarungen von Taschkent (10. Jan. 1966) eine **Entspannung** des **Verhältnisses zu Indien** ein.

1969 Im Frühjahr kommt es zu einer heftigen Opposition gegen Ayub Khan, die v. a. die Einführung direkter Wahlen fordert.

25. März Der durch eine schwere Krankheit gezeichnete Ayub Khan tritt zurück.

1. April Neuer Präsidenten wird Yahya Khan (*1917, †1980). Dieser ruft unter Hinweis auf separatistische Bewegungen den Ausnahmezustand aus und **setzt die Verfassung von 1962 außer Kraft**.

1970, 30. März Yahya Khan löst die 1955 geschaffene Verwaltungseinheit Westpakistan in die Provinzen Punjab, Sind, Belutschistan, Nordwestprovinz und die zentral verwalteten Stammesgebiete auf.

7. Dez. In den (wegen einer Flutkatastrophe vom 5. Okt. verschobenen) ersten freien und direkten Parlamentswahlen gewinnt die ostpakistanische *Awami-*Liga unter Scheich Mujib-ur-Rahman (*1922, †1975) die absolute Mehrheit in der Nationalversammlung, während in Westpakistan die *Pakistan Peoples Party* (PPP) des ehemaligen Außenministers (1963–1966) Zulfikar Ali Bhutto (*1928, †1979) die stärkste Kraft wird. Da Westpakistan, das bisher die Politik des Landes bestimmt hat, nun eine Majorisierung durch Ostpakistan befürchtet, verzögert BHUTTO die für den 3. März 1971 angesetzte Einberufung der Nationalversammlung.

1971, seit 25. März Nachdem sich Ostpakistan unter der Führung von MUJIB-UR-RAHMAN aus dem Staatsverband zu lösen beginnt, versucht die westpakistanische Armee die Separationsbestrebungen blutig zu unterdrücken.

3.–16. Dez. Ein Flüchtlingsstrom aus Ostbengalen nach Indien veranlasst die indische Regierung zu einer militärischen Intervention. Mit der Kapitulation der pakistanischen Truppen unter Generalleutnant ABDULLAH KHAN NIAZI (*1915, †2004) **scheidet Ostpakistan (Bangladesh) aus dem Staatsverband aus.**

20. Dez. Nach dem Auseinanderbrechen von Pakistan tritt YAHYA KHAN vom Amt des Staatspräsidenten zurück; sein Nachfolger wird ZULFIKAR ALI BHUTTO, der zunächst nach einer Interimsverfassung mit diktatorischen Vollmachten regiert.

1972 BHUTTO leitet in einer Reihe von Verhandlungen die Normalisierung der Beziehungen zu Indien ein. Pakistan tritt aus dem *Commonwealth of Nations* aus.

1973 Im Nordwesten Pakistans und in Belutschistan kommt es zu anhaltenden blutigen Unruhen in Verbindung mit dem Streben nach erweiterter Autonomie dieser Landesteile.

12. April BHUTTO unterzeichnet eine **neue Verfassung.**

14. Aug. Die neue Verfassung tritt in Kraft. Sie sieht ein Zweikammersystem vor und schränkt die Macht des Staatspräsidenten zugunsten des Premierministers ein. Der **Islam wird Staatsreligion.** Dem Autonomiebestreben der Provinzen wird in bescheidenem Umfang Rechnung getragen. Staatspräsident wird FAZAL ELAHI CHAUDHURY (*1904, †1982); BHUTTO übernimmt das Amt des Premierministers.

1974, 22. Febr. Pakistan erkennt Bangladesh an und nimmt diplomatische Beziehungen auf (31. Dez.).

1977, 7. März Die Wahlen zur Nationalversammlung werden von der zur *Pakistan National Alliance* vereinigten Opposition, die BHUTTOS pakistanischer Volkspartei unterliegt, als verfälscht angefochten. Zusammen mit der seit 1973 ungelösten Belutschistan-Krise führt der Boykott der Wahlen zu den Provinzparlamenten (10. März) zu einer Staatskrise.

5. Juli Stabschef **ZIA-UL-HAQ** (*1924, †1988) **gelangt durch unblutigen Staatsstreich an die Macht**, regiert als »Oberster Verwalter des Kriegsrechts« (*Chief Martial Law Administrator*) und löst das Parlament auf. Oppositionspolitiker werden verhaftet.

1978, 18. März BHUTTO wird wegen des Mordes an einem Oppositionspolitiker während seiner Amtszeit angeklagt und zum Tode verurteilt.

20. Mai Die Berufungsverhandlung gegen das gegen BHUTTO ergangene Urteil beginnt.

Aug. ZIA-UL-HAQ bildet eine Zivilregierung.

16. Sept. Nach dem Rücktritt von FAZAL ELAHI CHAUDHURY übernimmt ZIA-UL-HAQ auch das Amt des Staatspräsidenten.

1979, 10. Febr. Unter der Regierung ZIA-UL-HAQ vollzieht sich eine **deutliche Islamisierung des öffentlichen Lebens** durch die Einführung einer strengen, islamisch orientierten Gesetzgebung.

4. April Die Hinrichtung BHUTTOS (Bestätigung des Todesurteils am 6. Febr.) führt zu blutig unterdrückten Unruhen.

Okt. Für den 17. Nov. angesetzte Wahlen werden auf unbestimmte Zeit verschoben.

1980, 1. Febr. ZBIGNIEW K. BRZEZINSKI bekräftigt als Sicherheitsberater von Präsident CARTER die Beistandsgarantie der USA von 1959 im Fall eines Angriffs der Sowjetunion auf Pakistan.

1981, Mitte Sept. Die **USA leisten Militär- und Wirtschaftshilfen** in Höhe von 3,2 Mrd. Dollar.

1983 Bis April 1983 nimmt Pakistan etwa drei Mio. Flüchtlinge aus Afghanistan auf.

1984, Juni Nach langen Beratungen legt die Ansari-Kommission ihren Bericht über eine zukünftige islamische Verfassung vor.

19. Dez. Eine Volksbefragung billigt die Islamisierung des Landes und bestätigt ZIA-UL-HAQ für fünf Jahre als Präsidenten.

1985, 25. Febr. Eingeschränkt durch das Kriegsrecht finden Parlamentswahlen statt.

3. März/22. März **Verfassungsänderungen stärken die Stellung des Präsidenten.** ZIA-UL-HAQ ernennt auf dieser Grundlage MOHAMMAD KHAN JUNEJO (*1932, †1993) zum Premierminister.

30. Dez. Das Kriegsrecht wird aufgehoben.

1986, Jan. Registrierte Parteien werden wieder zugelassen, u. a. die PPP, mit den Vorsitzenden (ab Mai) BENAZIR BHUTTO (*1953, †2007) und ihrer Mutter NUSRAT BHUTTO (*1929), Witwe von ZULFIKAR BHUTTO.

1988, 29./30. Mai ZIA-UL-HAQ löst alle Parlamente und Regierungen des Landes auf.

17. Aug. **ZIA-UL-HAQ stirbt bei einem Flugzeugabsturz.** Bei den folgenden Parlamentswahlen erringt die PPP 45 % der Stimmen.

16. Nov./1. Dez. BENAZIR BHUTTO wird Premierministerin, GHULAM ISHAQ KHAN (*1915, †2006) Staatspräsident.

1989, 1. Okt. Pakistan tritt wieder in das *Commonwealth* ein.

1990, 6. Aug. ISHAQ KHAN löst das Parlament auf und entlässt die Regierung BHUTTO. Der Vorsitzende der Islamischen Demokratischen Allianz, MIAN NAWAZ SHARIF (*1949), wird nach den Wahlen (24. Okt.) neuer Regierungschef.

1992, Febr. Pakistan bestätigt öffentlich die Fähigkeit, eine Atombombe bauen zu können.

1993, Okt. BENAZIR BHUTTO wird nach ihrem Sieg bei den Parlamentswahlen (6. Okt.) erneut zur Premierministerin gewählt (19. Okt.).

14. Nov. Außenminister FARUK AHMAD KHAN LEGHARI (*1940) wird zum Staatspräsidenten gewählt.

1997, 3. Febr. Bei Parlamentswahlen gewinnt die Muslim-Liga unter MIAN NAWAZ SHARIF die absolute Mehrheit. SHARIF wird am 17. Febr. erneut Premierminister.

31. Dez. SHARIF stärkt die Stellung des Premierministers durch mehrere Verfassungsänderungen und setzt nach Rücktritt LEGHARIS (2. Dez.) die Wahl von MOHAMMED RAFIQ TARAR (*1929) zum Staatspräsidenten durch, der am 1. Jan. 1998 sein Amt antritt.

1998, 28./30. Mai Als Antwort auf indische Atomwaffentests (11./13. Mai) lässt Pakistan seinerseits eine **Serie von Atomsprengsätzen zünden**. Nach einer weltweiten Verurteilung der Versuche verkündet Pakistan am 11. Juni ein Atomtest-Moratorium.

Aug. Als die USA wegen der Atomversuche Wirtschaftssanktionen gegen Pakistan verhängen, steht **das Land vor dem Staatsbankrott**.

9. Okt. Das Parlament nimmt ein Gesetz an, wonach die islamische Scharia alleiniges Rechtssystem werden soll.

1999, Jan. Nach einer Lockerung der amerikanischen Sanktionen bewilligt der IWF (Internationaler Währungsfonds) ein neues Hilfsprogramm in Höhe von 5,5 Mrd. US-Dollar.

15. April Die im Ausland lebende ehemalige Premierministerin BENAZIR BHUTTO und ihr Ehemann ASIF ALI ZARDARI (*1955) werden wegen Korruption zu fünf Jahren Haft verurteilt. ZARDARI wird am 22. Nov. 2004 nach einem Urteil des Obersten Gerichts gegen Kaution freigelassen.

Aug./Sept. Nach dem Ende des ergebnislosen dritten Kaschmir-Kriegs mit Indien kommt es zu Spannungen zwischen der Regierung und dem Militär.

12. Okt. **Premierminister SHARIF** wird von dem von ihm entlassenen Generalstabschef **PERVEZ MUSHARRAF** (*1943) in einem unblutigen, im Lande selbst begrüßten **Militärputsch**, dem dritten in der pakistanischen Geschichte, **gestürzt.** Der Westen reagiert mit Forderungen nach Rückkehr zur Demokratie.

14. Okt. MUSHARRAF ruft den **Ausnahmezustand** aus. Als eine der ersten Maßnahmen des Militärregimes wird ein nationales Büro für Korruptionsbekämpfung geschaffen.

18. Okt. Pakistans Mitgliedschaft im *Commonwealth* wird ausgesetzt.

2000, 26. Jan. Die Justiz wird der Militärregierung unterstellt.

19. Mai Die Einführung einer Umsatzsteuer von 15 % löst einen zweiwöchigen Generalstreik aus. Die Regierung beschließt, Kleinhändler von der Steuer auszunehmen.

22. Juli Der ehemalige Premierminister SHARIF wird zu 14 Jahren Haft in einem Arbeitslager verurteilt.

31. Dez. Kommunalwahlen werden ohne Zulassung politischer Parteien durchgeführt. Dennoch werden alle Mandate von Kandidaten mit bekannter Parteizugehörigkeit gewonnen.

2001, März–Juli Das Ausbleiben des Wintermonsuns hat eine katastrophale Dürreperiode zur Folge. Die Ernteerträge sinken um die Hälfte.

5. Juni Die Regierung verkündet eine Amnestie bei freiwilliger Abgabe illegaler Waffen innerhalb von zwei Wochen. Der Bestand an illegalen Waffen wird auf etwa fünf Mio. Stück geschätzt.

20. Juni MUSHARRAF erklärt sich zum Staatspräsidenten und wird am 21. Juni vom Obersten Richter des Landes vereidigt.

Okt. Pakistans Regierung wird von den USA in den Kampf gegen das Taliban-Regime in Afghanistan eingebunden.

20. Nov. Die Botschaft der Taliban in Islamabad wird geschlossen.

2002, 30. April Präsident **MUSHARRAF** wird in einem umstrittenen Referendum **im Amt bestätigt**.

8. Mai Bei einem Selbstmordanschlag in Karatschi werden 14 Menschen getötet, darunter 11 Franzosen.

21. Aug. Präsident MUSHARRAF erweitert seine Machtfülle durch 29 Verfassungsänderungen.

11. Sept. In Karatschi wird RAMZI BINALSHIBH (*1972), der in die Anschläge vom 11. Sept. 2001 verwickelt sein soll, festgenommen. Nach Angaben des Geheimdienstes sind seit Sept. 2001 insgesamt 442 ausländische Terroristen festgenommen und größtenteils an die USA überstellt worden.

10. Okt. Bei den Parlamentswahlen, in die die Regierung massiv eingreift, wird die von Präsident MUSHARRAF unterstützte Pakistanische Muslim-Liga (*Qaid-e-Azam*, PML-Q) stärkste Partei.

16. Nov. Zum ersten Mal tritt das Parlament seit der seit 1999 andauernden Militärherrschaft zusammen.

21. Nov. Der Kandidat der PML-Q, MIR ZAFRULLAH KHAN JAMALI (*1944), wird zum Premierminister gewählt.

2003, Okt. Einleitung von Militäroperationen im Grenzgebiet zu Afghanistan gegen Mitglieder von al-Qaida und Taliban.

2004, 1. Jan. Das Regierungsmandat von Präsident MUSHARRAF wird bis 2007 bestätigt.

28. Aug. SHAUKAT AZIZ (*1949; PML-Q) übernimmt das Amt des Premierministers.

14. Okt. Das Parlament verabschiedet ein Gesetz, das es MUSHARRAF erlaubt, bis zum Ende seiner Amtszeit Staats- und Armeechef zu bleiben.

2005 Eine durch die Verfolgung der Taliban seit dem Vorjahr ausgelöste Rebellion in Waziristan (Grenze zu Afghanistan) wird nach einem Abkommen der Regierung mit vier Stammesführern beendet (28. Mai).

8. Okt. Ein **schweres Erdbeben** im Nordwesten des Landes fordert zwischen 73 000 und 88 000 Tote.

2006, 3. März US-Präsident GEORGE W. BUSH besucht Pakistan zu einer Zeit zunehmender Entfremdung. BUSH erkennt Pakistan, im Gegensatz zu Indien, nicht als Atommacht an.

26. Sept. Ein Treffen der Präsidenten MUSHARRAF, BUSH und HAMID KARZAI (Afghanistan) in Washington kann die Verstimmungen zwischen Pakistan und den USA nicht ausräumen.

23.–25. Nov. Während eines Besuches des chinesischen Präsidenten HU JINTAO in Pakistan wird ein Freihandelsabkommen unterzeichnet.

2007, 9. März Die Entlassung des Obersten Richters IFTIKHAR CHAUDHRY (*1948) führt nach landesweiten Unruhen und internationalen Protesten zu seiner Wiedereinsetzung (20. Juli).

10. Juli Die Armee beendet die Besetzung der illegal errichteten Roten Moschee in Islamabad durch bewaffneten Islamisten nach längerer Belagerung.

27. Dez. Die am 18. Okt. aus dem Exil in London und Dubai zurückgekehrte ehemalige Premierministerin BENAZIR BHUTTO wird vor den für Mitte Januar geplanten Neuwahlen in Rawalpindi ermordet.

2008, 18. Febr. Die verschobenen Wahlen zum Parlament bringen der Opposition aus der *Pakistan Peoples Party* (PPP) unter dem Ehemann von BENAZIR BHUTTO, ASIF ALI ZARDARI, und der *Pakistan Muslim Leage* (*Nawaz*) unter dem ehemaligen Premierminister MIAN NAWAZ SHARIF deutliche Gewinne, während die Partei des Präsidenten, die PML-Q, schwere Verluste hinnehmen muss.

25. März MAKHDOOM SYED YOUSAF RAZA GILANI (*1952; PPP) wird neuer Premierminister einer Koalitionsregierung aus PPP, PML-Q und kleineren Parteien

Bangladesh seit 1970

Seit der Gründung Pakistans 1947 bestehen aufgrund der sprachlichen und kulturellen Verschiedenheit zwischen Ost- und Westpakistan kaum überbrückbare Gegensätze. Die Politik des gesamten Landes wird in Westpakistan bestimmt.

1970, 7. Dez. Scheich MUJIBUR RAHMAN (*1920, †1975) kann mit dem Ruf nach weitgehender Autonomie für Ostpakistan an der Spitze der *Awami*-Liga die Wahlen zur Nationalversammlung gewinnen.

1971, 26. März Als die Regierung YAHYA KHANS (*1917, †1980) versucht, den Bestand des Staatsverbandes durch den rücksichtslosen Einsatz von Militär in Ostpakistan zu sichern, ruft MUJIBUR RAHMAN die **unabhängige Volksrepublik Bangladesh** (»Land der Bengalen«) mit der Hauptstadt Dhaka (Dacca) aus.

3.–16. Dez. Der ausbrechende Bürgerkrieg, in dessen Verlauf etwa zehn Mio. Menschen nach Indien fliehen, wird durch eine militärische Intervention Indiens beendet.

1972, 12. Jan. MUJIBUR RAHMAN kehrt aus der Haft in Pakistan zurück und bildet ein vorläufiges Kabinett.

19. März Außenpolitisch geht Bangladesh zunächst eine enge Verbindung mit Indien ein, die durch einen 25-jährigen Freundschaftsvertrag gefestigt wird.

10. April Die Nationalversammlung tritt zusammen. Bangladesh wird Mitglied des britischen *Commonwealth of Nations*.

1973, 7. März Obwohl sich die Regierung MUJIBUR RAHMANS nach den Wahlen auf ein umfassendes Mandat stützen kann, gelingt es ihr nicht, die innenpolitischen Probleme zu lösen: Die nach Indien geflohenen Bengalen können zwar bis Mitte 1972 zurückgeführt werden, das Problem der 1947 nach Ostpakistan geflohenen etwa 1,5 Mio. Biharis, die während des Bürgerkriegs die westpakistanischen Truppen unterstützten, bleibt jedoch ungelöst. Die **Wirtschaft bricht** trotz ausländischer Hilfe nach einer Verstaatlichungswelle 1972 und durch Korruption **zusammen**.

1974 Bangladesh wird von einer **schweren Flutkatastrophe** heimgesucht.

1975, 25. Jan. Durch eine Verfassungsänderung lässt sich MUJIBUR RAHMAN mit unumschränkten Vollmachten ausstatten.

15. Aug. Eine wachsende Entfremdung zwischen ihm und der Armee sowie dem immer mehr verarmenden Mittelstand führen zu einem Staatsstreich und zur Ermordung von MUJIBUR RAHMAN.

3.–7. Nov. Sein Nachfolger wird KHONDAKAR MUSHTAG AHMED (*1918, †1996), der in einer **Reihe von Putschen** von ABU SADAT MOHAMMAD SAYEM (*1916, †1997) als Präsident (1975–1977) und zugleich als »Oberster Verwalter des Kriegsrechts« (*Chief Martial Law Administrator*) (1975–1976) abgelöst wird.

1976, 29. Nov. Der Berater SAYEMS, General ZIAUR RAHMAN (*1936, †1981), erringt die Macht als *Chief Martial Law Administrator* (bis 1979) und wird am 21. April 1977 nach dem Rücktritt von SAYEM zugleich Präsident (bis 1979) von Bangladesh.

1978, 3. Juni Durch eine Volksabstimmung wird ZIAUR RAHMAN in seinem Amt bestätigt. – Unter der neuen Administration kommt es zu einer Beruhigung der Innenpolitik und zum Abrücken von der einseitig proindischen Außenpolitik. Eines der Hauptprobleme im Verhältnis beider Staaten, die Verteilung des Ganges-Wassers zur Bewässerung, kann durch ein Abkommen (Nov. 1977) nur kurzfristig ausgeräumt werden. Im Innern bereitet ZIAUR RAHMAN eine vorsichtige Hinwendung zur Demokratie vor.

1979, 18. Febr. Aus allgemeinen Wahlen geht seine *Bangladesh Nationalist Party* (BNP) als deutliche Siegerin hervor. Premierminister wird SHAH AZIZUR RAHMAN (*1925, †1988).

1981, 30. Mai **Präsident ZIAUR RAHMAN** wird von aufständischen Offizieren **ermordet**.

15. Nov. Der bisherige Vizepräsident, ABDUS SATTAR (*1906, †1985), wird zum Präsidenten gewählt.

1982, 24. März Präsident SATTAR wird von Generalleutnant HUSSAIN MOHAMMED ERSHAD (*1930; 1982–1984) gestürzt, der das **Kriegsrecht verhängt**. ERSHAD erklärt sich zum »Obersten Kriegsrechtsverwalter« (*Chief Martial Law Administrator*).

1984, April Der Bau eines indischen Grenzzauns führt zu Zwischenfällen.

1986, 7. Mai Parlamentswahlen finden unter Kriegsrecht und ohne Beteiligung der Opposition statt. Die regierende *Jatiya*-Partei (»Nationalpartei«) von ERSHAD gewinnt 152, die Parteienallianz unter Führung der *Awami*-Liga 97 von 300 Sitzen.

9. Juli MIZANUR RAHMAN CHOWDHURY (*1928, †2006) wird Premierminister.

10. Nov. Die 1982 suspendierte Verfassung wird wieder in Kraft gesetzt, das **Kriegsrecht aufgehoben**.

1987, 7. Dez. ERSHAD löst das Parlament auf.

1988, 3. März Parlamentswahlen, die wiederum von der Opposition boykottiert werden, bringen der *Jatiya*-Partei eine absolute Mehrheit. Neuer Premierminister wird MOUDUD AHMED (*1940).

7. Juni Der **Islam wird Staatsreligion**.

Aug./Sept. Schwere **Hochwasserkatastrophen** führen zu fast 30 Mio. Obdachlosen. Im Frühjahr 1989 herrscht eine wochenlange Trockenheit. Der IWF (Internationaler Währungsfonds) hilft mit einem Notstandskredit.

1989, Aug. Nach einer Regierungsumbildung wird KAZI ZAFAR AHMED (*1940) Premierminister.

1990, Okt./Nov. Blutige Unruhen begleiten eine seit drei Jahren laufende Kampagne der Opposition zur Absetzung ERSHADS. ERSHAD verhängt den Ausnahmezustand und tritt am 5. Dez. zurück.

1991, 27. Febr. Die **ersten freien Parlamentswahlen seit 1975** enden mit einem überraschenden Sieg der BNP unter KHALEDA ZIA (*1945; 1991–1996, 2001–2006), der Witwe von ZIAUR RAHMAN, ohne jedoch zu klaren Mehrheitsverhältnissen zu führen.

8. Okt. ABDUR RAHMAN BISWAS (*1926; BNP) wird zum Staatspräsidenten gewählt (bis 1996).

1994–1996 Der Opposition, die der Regierungspartei BNP Korruption und Wahlfälschung vorwirft, gelingt es durch Massenkundgebungen und Generalstreiks das öffentliche Leben zeitweise lahm zu legen.

1996, 12. Juni Nach dem Sieg der *Awami*-Liga bei Parlamentswahlen wird deren Vorsitzende SHEIKH HASINA WAJED (*1947), die älteste Tochter des Staatsgründers MUJIBUR RAHMAN, Premierministerin in einer Koalitionsregierung, der auch die *Jatiya*-Partei angehört.

23. Juli SHAHABUDDIN AHMED (*1930; *Awami*-Liga) wird neuer Staatspräsident.

12. Dez. **Bangladesh und Indien** einigen sich in einem für 30 Jahre geltenden Abkommen über die seit dem Bau eines indischen Staudamms 1975 umstrittene **Nutzung des Gangeswassers** während der Trockenzeit.

1997, 9. März Die Regierung einigt sich mit der Rebellenbewegung *Jana Shangati Samity* (»Volksgruppenvereinigung«), die in der Region von Chittagong operiert. Diese erhält lokale Autonomie, wodurch eine Rückkehr von etwa 50 000 nach Indien geflohenen Personen möglich wird.

1998, Aug./Sept. Bei einer **Hochwasserkatastrophe**, die **zwei Drittel des Landes heimsucht**, verlieren fast 1500 Menschen ihr Leben, 25 Mio. werden obdachlos.

8. Nov. 23 Jahre nach Ermordung des früheren Staatspräsidenten MUJIBUR RAHMAN werden 15 Tatbeteiligte zum Tode verurteilt, von denen sich jedoch nur drei im Gewahrsam der Behörden befinden.

1999, Jan./Febr. Mit mehreren Generalstreiks versucht die Opposition einen Regierungswechsel zu erzwingen.

23. Juni Bangladesh und Indien schließen ein Abkommen über den Ausbau von Handel und Verkehr zwischen beiden Staaten.

Nov. Nach erneuten Generalstreiks im Sept. beginnt die Opposition einen unbefristeten Boykott der Parlamentssitzungen.

Dez. Indien und Bangladesh legen ihre Grenzen endgültig fest und verständigen sich auf deren Überwachung, um Rebellengruppen den Übertritt zu erschweren.

2001, Jan. Konflikte an der Grenze zu Birma.

18. April Der im Vorjahr geregelte Grenzkonflikt mit Indien bricht wieder auf. Es kommt zu Gefechten zwischen Grenztruppen beider Seiten, die am 20. April durch einen Waffenstillstand beendet werden. Neue Verhandlungen beginnen am 12. Juni.

15. Juli Die Regierung von SHEIKH HASINA WAJED tritt zurück. Die Geschäfte übernimmt eine Übergangsregierung unter LATIFUR RAHMAN (*1936).

1. Okt. Aus den Parlamentswahlen, bei denen die bisher regierende *Awami*-Liga nur 62 von 300 Mandaten erreicht, gehen die konservative BNP und die *Jama'at-e-Islami* (»Islamische Partei«) mit zusammen 200 Mandaten als Sieger hervor. BNP-Führerin KHALEDA ZIA wird erneut Premierministerin.

2002, 29.–31. Juli Beim ersten Staatsbesuch in Bangladesh **bedauert der pakistanische Präsident MUSHARRAF die Massaker von 1971.**

Juli/Aug. Überschwemmungen nach starken Regenfällen machen über sechs Mio. Menschen obdachlos.

6. Sept. Als neuer Staatspräsident wird IAJUDDIN AHMED (*1931) vereidigt.

16. Okt. Mit der Operation »Sauberes Herz« geht die Regierung gegen die Gewaltkriminalität vor.

2003, Okt. Nach einer Statistik von *Transparency International* gilt Bangladesh zum dritten Mal in Folge als **korruptestes Land der Welt.**

2004, April Seit Beginn des Jahres hat es in Bangladesh acht Generalstreiks gegeben. Dabei geht es neben politischen Zielen (Rücktritt der Regierung, Bekämpfung der Korruption) auch um soziale und wirtschaftliche Probleme. Proteste richten sich auch gegen die Privatisierung von Staatsunternehmen.

Juni/Aug. Beinahe zwei Drittel des Landes werden während des Monsuns überschwemmt. Etwa 30 Mio. Menschen sind von dieser **schwersten Flutkatastrophe seit Jahrzehnten** betroffen.

26. Dez. Der durch ein Seebeben ausgelöste Tsunami richtet an den Küsten von Bangladesh schwere Schäden an.

2005 Gewalt und Verfall der öffentlichen Ordnung halten an.

2006, 20. April Bangladesh und Indien unterzeichnen ein Abkommen zur Intensivierung des Handels und der Bekämpfung des Terrors.

27. Okt. Nach dem Ende der Amtszeit von KHALEDA ZIA brechen am folgenden Tag Unruhen aus. Präsident IAJUDDIN AHMED tritt an die Spritze einer Übergangsregierung (29. Okt.).

2007, 12. Jan. Nachdem die für den 22. Jan. geplanten Neuwahlen verschoben worden sind, wird unter dem ehemaligen Direktor der Staatsbank, FAKRUDDIN AHMED (*1940), eine Notstandsregierung gebildet, um vor den nun für Ende 2008 vorgesehenen Wahlen Korruption, Gewalt und Islamismus einzudämmen.

Sri Lanka (Ceylon) seit 1946 | Forts. v. S. 1205 |

1946, 17. Mai Eine neue Verfassung, die ein Zweikammersystem mit Senat und Parlament vorsieht, wird fertiggestellt.

1947, 18. Juni **Ceylon** wird von Großbritannien **zum Dominion erklärt.**

Aug./Sept. Nach den ersten Parlamentswahlen leitet Premierminister Don Stephen Senanayake (*1884, †1952) als Führer der siegreichen *United National Party* (UNP) eine liberale prowestliche Politik ein.

1948, 4. Febr. Durch den *Ceylon Independence Act* wird die Insel innerhalb des britischen *Commonwealth* **in die Unabhängigkeit entlassen.**

1952, Mai Nach dem Sieg der UNP bei den Wahlen setzt Dudley Shelton Senanayake (*1911, †1973; 1952/53, 1960, 1965–1970) als Premierminister die Politik seines Vaters fort.

1953, 20. Juli Wirtschaftliche Schwierigkeiten ziehen die Erhöhung des Reispreises nach sich.

Aug. Die angespannte wirtschaftliche Lage führt zu Streiks und Unruhen.

Okt. Nach dem Rücktritt von D. S. Senanayake löst ihn sein Vetter John Lionel Kotelawala (*1897, †1980) im Amt des Premierministers ab.

1954–1956 Die **Wirtschaftsprobleme**, die sich aus der Abhängigkeit vom Weltmarktpreis für Tee und Rohkautschuk ergeben, werden nicht gelöst. Auch ein Ausgleich zwischen den Bevölkerungsgruppen, v. a. der buddhistischen Mehrheit der Singhalesen und der hinduistischen Minderheit der Tamilen, die seit 1840 aus Südindien als Plantagenarbeiter einwandern, kommt nicht zustande.

1956, 5.–7. April Nach den Parlamentswahlen wird die UNP durch die dem singhalesischen Nationalismus verpflichtete *Sri Lanka Freedom Party* (SLFP) unter Solomon West Ridgeway Dias Bandaranayake (*1899, †1959) abgelöst.

1957, 8. Febr./7. Juni Außenpolitisch sucht Bandaranayake eine Lösung aus den einseitigen Bindungen an den Westen durch die **Aufnahme diplomatischer Beziehungen zu China** und durch die Auflösung der britischen Militärstützpunkte.

1958, 2.–8. Mai Als der Versuch der Regierung, das Singhalesische unter Wahrung der Interessen der tamilsprachigen Bevölkerung zur Staatssprache zu machen, scheitert, brechen **blutige Unruhen** aus.

1959, 25./26. Sept. Die innenpolitischen Spannungen gipfeln in einem Attentat eines buddhistischen Mönchs auf Bandaranayake, dem er erliegt.

1960, 19. März Nach einer Übergangsregierung unter Wijeyananda Dahanayake (*1902, †1997) bildet Dudley Senanayake nach den vierten Wahlen ein Minderheitskabinett.

20. Juli Bei den Parlamentswahlen gewinnt die SLFP unter der Witwe von Bandaranayake, Sirimawo Ratwatte Dias Bandaranayake (*1916, †2000; 1960–1965, 1970–1977, 1994–2000), die Mehrheit und wird damit erste Premierministerin.

1963 Die durch Bevölkerungswachstum und Inflation entstandenen wirtschaftlichen Schwierigkeiten werden durch **Verstaatlichungen**, der auch ausländische Ölgesellschaften unterliegen, verschärft. Die USA stellen daher ihre Wirtschaftshilfe für Ceylon ein.

1964, 1. Febr. Die Einführung des **Singhalesischen als Staatssprache** führt zu neuen Unruhen und zu Spannungen zwischen Singhalesen und Tamilen.

1965, 22. März Ein geplantes Pressegesetz, das eine staatliche Lenkung der Presse zur Folge gehabt hätte, wird durch die sechsten Parlamentswahlen vereitelt.

25. März Senanayake wird erneut Premierminister. Die konservative Regierung bemüht sich erfolgreich um die Wiederaufnahme westlicher Wirtschaftshilfe und um eine Steigerung der Reisproduktion.

1967, Nov. Eine Abwertung der Rupie bleibt wegen gleichzeitigen Absinkens des Weltmarktpreises für Tee und Rohkautschuk wirkungslos.

1970, 27. Mai Die SLFP gewinnt die Parlamentswahlen, denen eine **Kürzung der Reisration** der Bevölkerung durch die UNP-Regierung vorausgegangen ist. Gemäß ihren Wahlversprechen bildet Sirimawo Bandaranayake trotz Erreichen der absoluten Mehrheit ein Koalitionskabinett mit den Kommunisten.
Eine antiwestliche Außenpolitik bedingt eine Drosselung der Wirtschaftshilfe. Daher gerät Ceylon, bei gleichzeitiger Entwicklung eines extremen Wohlfahrtsstaats, an den **Rand des Staatsbankrotts.**

1971, 5. April Das ungelöste Problem der Jugendarbeitslosigkeit, v. a. unter den Universitätsabsolventen, führt zu einem besonders von Jugendlichen getragenen **maoistischen Aufstand**, der auch mit ausländischer Hilfe nur mit Mühe niedergeschlagen werden kann.

1972 Infolge des Aufstands, dem erneute Unruhen folgen, werden für die Entwicklung des Landes notwendige Investitionen in die Verstärkung von Militär und Polizei umgewandelt. Im Rahmen einer **Verfassungsreform** wird der Senat abgeschafft. Heftige indische Kritik ruft die vorgesehene zweifache Staatsbürgerschaft entweder durch Geburt oder Registrierung hervor, die die Tamilen benachteiligt.

22. Mai Eine neue Verfassung tritt in Kraft. Zugleich wird der alte Name Ceylon (aus singhalesisch Simhala »Löwen[insel]«) aufgegeben und der **Staat in Republik Sri Lanka umbenannt.** Erster Staatspräsident wird der bisherige Generalgouverneur (seit 2. März 1962) William Gopallawa (*1897, †1981).

1973, 1. Okt. Mangelnde Auslandshilfe zwingt die Regierung nach einer Ernährungskrise zur Kürzung der freien Reisration.

1974, 28. Jan./Juni Ein Abkommen über die Staatsbürgerschaft der Tamilen und ein Vertrag über die Grenze in der Palk Strait, der Meerenge zwischen beiden Staaten, räumen Spannungen im Verhältnis Sri Lankas zu Indien aus.

1977, 21. Juli Aufgrund der katastrophalen Wirtschaftslage kann die UNP bei den Parlamentswahlen eine Zweidrittelmehrheit gewinnen. Oberstes Ziel der Regierung unter Junius Richard Jayawardene (*1906, †1996) ist die Abwendung des Staatsbankrotts und die Wiederbelebung der Wirtschaft durch Liberalisierung und Anreize für private, auch ausländische Investitionen.

Okt. Nach einer **Verfassungsreform** steht ein Präsident an der Spitze von Staat und Regierung.

1978, 4. Febr. JUNIUS RICHARD JAYAWARDENE wird als neuer Staatspräsident vereidigt.

1983, Juli/Aug. Seit dem 24. Juli verlieren bei **schweren Zusammenstößen zwischen Tamilen und Singhalesen** etwa 400 Menschen ihr Leben, 100 000 werden obdachlos. Es kommt zu Schäden in Höhe von 200 Mio. US-Dollar. Die radikale Tamilenpartei LTTE (*Liberation Tigers of Tamil Eelam*) fordert einen separaten Staat.

1987, Febr. Regierungstruppen gehen auf der Halbinsel Jaffna massiv gegen die Tamilen vor, um die seit Jahren schwelenden ethnischen Konflikte zu unterdrücken. Indische Interventionstruppen werden auf der Insel stationiert (Juli 1987–März 1990).

29. Juli Nach einem Abkommen mit Indien zur Lösung der Tamilenfrage sollen unter Aufsicht indischer Truppen die Tamilen entwaffnet und autonome Provinzen für sie eingerichtet werden.

1989, 2. Jan. Staatspräsident wird der bisherige Premierminister RANASINGHE PREMADASA (*1924, †1993).

1990, 24. März Die indischen Truppen ziehen ab, ohne dass der Konflikt gelöst ist.

1993, 1. Mai Tamilische Separatisten ermorden RANASINGHE PREMADASA. Zum neuen Staatspräsidenten wird Premierminister DINGIRI BANDA WIJETUNGA (*1922) gewählt.

1994, 9. Nov. Die amtierende Premierministerin CHANDRIKA BANDARANAYAKE KUMARATUNGA (*1945, 1994–2005) siegt bei den Präsidentschaftswahlen. Ihre Mutter, SIRIMAVO BANDARANAYAKE, wird zum dritten Mal Premierministerin.

1995, 17. Okt. Die bisher größte Offensive der Regierungstruppen gegen die tamilische LTTE wird eingeleitet. Trotz Einnahme der Halbinsel Jaffna gelingt **kein entscheidender Schlag gegen die Tamilenrebellen**.

1996/97 Die Kämpfe zwischen den Volksgruppen sowie zwischen Regierungstruppen und der LTTE halten an.

1998, 26. Jan. Ein offizielles Verbot der LTTE erschwert weitere Friedensgespräche.

4. Febr. Die Feiern zum 50. Jahrestag der Unabhängigkeit werden von den weiter andauernden Kämpfen zwischen Regierungstruppen und LTTE überschattet.

Aug. Der **Ausnahmezustand** wird verhängt.

1999, Juni Die Armee eröffnet eine neue Offensive, um die Landverbindung zur Halbinsel Jaffna zu sichern.

Nov. Durch eine Offensive der Rebellen im Norden der Insel wird die Verbindung nach Jaffna unterbrochen.

21. Dez. Bei der Präsidentschaftswahl wird die bei einem Attentat (18. Dez.) verletzte CHANDRIKA KUMARATUNGA im Amt bestätigt.

2000, 16. Febr. Ein erster Vermittlungsversuch zwischen Regierung und Rebellen in Colombo durch den norwegischen Außenminister KNUT VOLLEBÆCK beginnt.

22. April Mit der **Einnahme des** strategisch wichtigen **Elefanten-Passes**, der den Zugang zur Halbinsel Jaffna beherrscht, gelingt den Rebellen die Einkesselung von über 25 000 Regierungssoldaten. Die Regierung verkündet am 28. April die Teilmobilmachung und richtet einen Hilferuf an das befreundete Ausland. Am 11. Mai wird das **Kriegsrecht verhängt**.

10. Aug. Nach dem Rücktritt der Premierministerin SIRIMAVO BANDARANAYAKE wird das Parlament aufgelöst (24. Aug.).

10. Okt. Bei den Parlamentswahlen bleibt die regierende *People's Alliance* (PA), zu der auch die SLFP gehört, stärkste Kraft. Premierminister bleibt RATNASIRI WICKRAMANAYAKE (*1933).

21. Dez. Die Tamilenpartei LTTE erklärt einseitig eine Waffenruhe.

2001, 24. Juli Ein Selbstmordkommando der LTTE greift am Jahrestag des Ausbruchs des Bürgerkriegs (24. Juli 1983) den militärischen Teil des Flughafens von Colombo an. Durch die Explosion eines Treibstofftanks entsteht ein Großbrand. Seit Beginn des Konfliktes sind 64 000 Menschen umgekommen.

2002, 24. Febr. **Regierung und LTTE schließen einen Waffenstillstand**. Die tamilischen Rebellen halten jedoch am Ziel eines eigenen Staates fest.

5. Sept. Die Regierung hebt das Verbot der LTTE auf.

2.–5. Dez. Bei Verhandlungen in Oslo einigen sich Regierung und LTTE auf das Modell einer föderativen Ordnung nach dem Beispiel der Schweiz.

2003, 31. Okt. Die LTTE rückt von ihrer Hauptforderung nach einem souveränen eigenen Staat ab und erklärt sich mit einer regionalen Autonomie einverstanden. Während Premierminister WICKRAMANAYAKE dem zustimmt, lehnt Präsidentin KUMARATUNGA Zugeständnisse an die LTTE ab.

4. Nov. Präsidentin KUMARATUNGA nutzt die Abwesenheit von Premierminister WICKRAMANAYAKE zu einem Staatsstreich und ruft den Ausnahmezustand aus.

2004, 2. April Bei den vorgezogenen Neuwahlen verliert die bisher regierende UNP die Mehrheit. Sieger wird KUMARATUNGAS neues Wahlbündnis *United People's Freedom Alliance* (UPFA); zum Premierminister ernennt KUMARATUNGA am 6. April den bisherigen Oppositionsführer MAHINDA RAJAPAKSE (*1945). Die neue Regierung geht gegenüber den Tamilen auf einen härteren Kurs.

26. Dez. Die Ostküste von Sri Lanka wird von einem **Tsunami** heimgesucht, die schwere Schäden verursacht und etwa 35 000 Menschen das Leben kostet. Die Verteilung von Hilfsgütern wird durch den Konflikt mit den Tamilen erschwert.

2005, 17. Nov. MAHINDA RAJAPAKSHE wird zum Präsidenten gewählt. Er kündigt Gespräche mit den tamilischen Rebellen an.

21. Nov. RATNASIRI WICKRAMANAYAKE wird erneut Premierminister.

2006, 22./23. Febr. Nach einer Unterbrechung von drei Jahren werden in Genf unter norwegischer Vermittlung nach besonders heftigen und gewalttätigen Auseinandersetzungen im Vorjahr **erneut Gespräche zwischen der Regierung und den Tamilen** aufgenommen, die am 29. Okt. ohne Ergebnis abgebrochen werden.

31. Mai Nach den USA, Kanada und Japan erklärt auch

die Europäische Union LTTE zu einer terroristischen Vereinigung.

23. Nov. Die regierende SLFP bildet mit der oppositionellen UNP eine Einheitsregierung, um gegen die LTTE vorzugehen.

27. Nov. Die LTTE erklärt den Waffenstillstand von 2002 für beendet. Die Folge sind anhaltende schwere Kämpfe.

2007, 2. Nov. Der stellvertretende Anführer und Leiter des politischen Arms der LTTE, SUPPAYYA PARAMU THAMILSELVAN (*1967), kommt ums Leben.

Malediven seit 1956

1956, 26. Juli Den Malediven (»Kranzinseln«), seit 1887 ein britisches Protektorat, wird **innere Autonomie** gewährt, wobei die Vertretung nach außen weiterhin bei der Regierung von Großbritannien liegt. Die Inselgruppe bleibt im britischen *Commonwealth of Nations*; Staatsoberhaupt ist Sultan MUHAMMAD FAREED DIDI (*1901, †1969; 1954–1968).

1965, 26. Juli Die Malediven **erlangen die volle Souveränität**.

Sept. Die Inselgruppe wird in die Vereinten Nationen aufgenommen.

1968, 11. Nov. Die Bevölkerung entscheidet sich in einer Volksabstimmung für die Umwandlung der Staatsform in eine Republik. Staatspräsident und damit zugleich Regierungschef wird der bisherige Premierminister IBRAHIM NASIR (*1926), der dieses Amt bereits seit 1957 inne hatte.

1975, März NASIR verhängt den Ausnahmezustand.

Dez. Der seit 1942 bestehende britische Luftwaffenstützpunkt auf der Insel Gan (Addu Atoll) wird der maledivischen Regierung übergeben.

1978, 10. Nov. Nach dem Rücktritt NASIRS wird MAUMOON ABDUL GAYOOM (*1937) zum neuen Präsidenten gewählt.

1983, 11. Nov. Nach einem hohen Wahlsieg (30. Sept.) tritt GAYOOM seine zweite Amtszeit an.

1988 Ein Putschversuch gegen Präsident GAYOOM schlägt fehl. Am 11. Nov. beginnt GAYOOM seine dritte Amtszeit.

1993, 1. Okt. Präsident GAYOOM wird zum vierten Mal wiedergewählt.

1994–1997 Der **Tourismus** entwickelt sich zur **Haupteinnahmequelle** des Landes.

1998, 15. Okt. Staats- und Regierungschef GAYOOM wird im Amt bestätigt und tritt seine fünfte Amtszeit an.

1999, 19. Nov. Bei der Parlamentswahl werden nur Personen gewählt, da politische Parteien nach dem auf den Malediven geltenden islamischen Recht nicht zulässig sind.

2003, 18. Okt. Bei der Präsidentenwahl wird der seit 1978 herrschende GAYOOM für weitere fünf Jahre im Amt bestätigt.

2004, Aug. Forderungen nach demokratischen Rechten ziehen Unruhen in der Hauptstadt Malé nach sich. Der Präsident verhängt daraufhin kurzfristig den Ausnahmezustand (Aug.–Okt.).

26. Dez. Ein Tsunami überflutet die nur etwa 1,80 m über dem Meeresspiegel liegenden Inseln und richtet schwere Schäden an, obwohl er durch die den Inseln vorgelagerten Korallenriffs abgeschwächt wird; etwa 100 Menschen sterben.

2005, 22. Jan. Bei den Parlamentswahlen, zu denen wiederum keine Parteien zugelassen sind, werden 18 Sitze von oppositionellen Politikern gewonnen. Das Parlament besteht aus 42 gewählten und 8 vom Präsidenten ernannten Mitgliedern.

2006, Juli–Okt. In London geführte Gespräche zwischen der oppositionellen *Maldivian Democratic Party* und der Regierung zur Beendigung von Willkürakten gegen die Opposition verlaufen ergebnislos.

Nepal seit 1945 | Forts. v. S. 1205 |

Als der letzte Rana-Herrscher MOHAN SHAMSHER RANA (*1885, †1967) sich gegen alle Reformversuche zu stemmen sucht, **beendet** König TRIBHUVAN (*1906, †1955) mit indischer Hilfe die **Herrschaft der Rana-Familie**.

1951, 15. Febr. König TRIBHUVAN (nomineller König seit 1911) kehrt aus dem indischen Exil (seit 10. Nov. 1950) zurück und bildet am 18. Febr. eine Regierung aus jeweils fünf Mitgliedern des 1947 gegründeten *Nepali Congress* und der Rana-Familie. Damit wird die Vorherrschaft der seit 1846 de facto regierenden Familie der Rana beendet.

1956, 20. Sept. In einem Vertrag mit China erkennt Nepal die Rechte Chinas auf Tibet an.

1959 Unter öffentlichem Druck erlässt König MAHENDRA (*1920, †1972; seit 1956) eine **Verfassung und** gestattet **allgemeine Wahlen**, aus denen der *Nepali Congress* als deutlicher Sieger hervorgeht. Premierminister wird BISHVESHVAR PRASAD KOIRALA (*1914, †1982).

1960, 21. März Der indisch-chinesische Grenzkonflikt veranlasst Nepal, mit China ein Grenzabkommen zu schließen. Die Grenze verläuft über den Hauptkamm des Himalajas.

15. Dez. König MAHENDRA verbietet alle politischen Parteien und gestaltet das Land in einem Staatstreich in eine autokratische Hindu-Monarchie um.

1962, 16. Dez. Eine **neue Verfassung** erweitert die Befugnisse des Königs. Zugleich soll der Einfluss des *Nepali Congress* und damit auch derjenige Indiens unterdrückt werden.
Nach dem Vorbild MAHATMA GANDHIS und mit Blick auf die »Basisdemokratie« in Pakistan wird der **»Nationale Rat«** (*Rashtrija Pancayat*) **eingeführt**, dessen Grundlage der direkt gewählte *Pancayat* (»Fünferrat«) auf dörflicher Ebene ist. Daraus werden in Form einer Pyramide jeweils die Stadt-, Distrikt- und Zonenräte und schließlich der Nationalrat (90 gewählte, 30 ernannte Mitglieder) gewählt.

1961–1966 Um nicht ausschließlich auf den Transit über Indien angewiesen zu sein, erfolgt ein **Ausbau des Straßennetzes** mit chinesischer Hilfe und die Anlage des

Trans-Himalaya-Highway mit einem Grenzübergang bei Kodari.

1969–1972 Unter König MAHENDRA und seinem Sohn und Nachfolger BIRENDRA kommt es zu anhaltenden innenpolitischen Unruhen und Krisen.

1972, 31. Jan. BIRENDRA BIR BIKRAM SHAH (*1945, †2001) wird König.

1975, 14./24. Febr. Die traditionellen Krönungszeremonien für König BIRENDRA werden abgehalten.

12. Dez. In einer Verfassungsänderung wird die **Macht des Königs gestärkt** und das System der Volksvertretungen neu geordnet.

1977, 12. Sept. Rücktritt von Premierminister TULSI GIRI (*1928; 1960–1965, 1975–1977); Nachfolger wird KIRTI NIDHI BISTA (*1927), der bis 25. Mai 1979 amtiert.

1983, 12. Juli BISTAS Nachfolger SURYA BAHADUR THAPA (*1928; 1963–1969, 1979–1983) wird durch LOKENDRA BAHADUR CHAND (*1939/40; 1983–1986, 1990, 1997, 2002–2003) von der königsnahen RPP (*Rashtriya Prajatantra Party*) als Premierminister abgelöst.

1986, 15. Juni Nach den Parlamentswahlen vom 12. Mai wird MARICH MAN SINGH SHRESTA (*1940) Premierminister.

1990, 19. April Nach monatelangen blutigen Demonstrationen für mehr Demokratie wird das Parlament aufgelöst. Premierminister wird KRISHNA PRASAD BHATTARAI (*1924; 1990–1991, 1999–2000).

9. Nov. Die **neue Verfassung** sieht die Einführung einer **konstitutionellen Monarchie** vor.

1991, 26. Mai GIRIJA PRASAD KOIRALA (*1921; 1991–1994, 1998–1999, 2000–2001, seit 2006), ein Bruder von B. P. KOIRALA, wird an der Spitze einer von dem *Nepali Congress* gebildeten Regierung Premierminister.

1994, 30. Nov. Nach seinem Sieg bei Parlamentswahlen bildet der Vorsitzende der Kommunistischen Partei Nepals (KPN), MAN MOHAN ADHIKARI (*1920, †1999), eine Regierung.

1995, 11. Sept. SHER BAHADUR DEUBA (*1946; *Nepali Congress*, 1995–1997, 2001–2002, 2004–2005) wird Premierminister.

1996 Im Jahre 1995 gehen radikale Mitglieder der Kommunistischen Partei in den Untergrund, um für die Demokratie zu kämpfen. Unter der Führung von PUSHPA KAMAL DAHAL (*1954), genannt *Pracanda* (»der Schreckliche«), bildet sich die *Communist Party of Nepal-Maoist* (CPN-M). In den folgenden Jahren wird die Innenpolitik in ständig wachsendem Maße durch die **bewaffnete Auseinandersetzung mit maoistischen Rebellen** bestimmt.

1997, 10. März König BIRENDRA ernennt LOKENDRA BAHADUR CHAND zum Premierminister als Nachfolger von S. B. DEUBA.

4. Okt. LOKENDRA BAHADUR CHAND scheitert an einem Misstrauensvotum. Neuer Regierungschef wird der bisherige Außenminister SURYA BAHADUR THAPA.

1998, 15. April Nach einem Generalstreik (6. April) beruft König BIRENDRA den Vorsitzenden des *Nepali Congress* GIRIJA PRASAD KOIRALA, erneut zum Premierminister.

10. Dez. Nach einem Bruch der Regierungskoalition nimmt KOIRALA proindische und sozialdemokratische Kräfte in sein Kabinett auf.

1999, 3./17. Mai Bei den Parlamentswahlen ergibt sich eine klare Mehrheit für den *Nepali Congress*. Ministerpräsident wird am 31. Mai erneut KRISHNA PRASAD BHATTARAI.

24. Dez. Aus Kathmandu wird ein indisches Passagierflugzeug nach Afghanistan entführt. Der Zwischenfall hat starke Auswirkungen auf den Tourismus, von dem Nepal wirtschaftlich abhängig ist.

2000, 16. März Nach dem Rücktritt von Premierminister BHATTARAI übernimmt G. P. KOIRALA erneut die Regierung (22. Mai).

3. Okt. Gespräche zwischen der Regierung und der maoistischen Untergrundorganisation CPN-M scheitern. Die CPN-M kontrolliert inzwischen etwa die Hälfte des Landes.

2001, April Die **maoistischen Guerilleros** eröffnen eine Offensive gegen Polizeistationen.

1. Juni Während eines Dinners wird die königliche Familie, König **BIRENDRA**, Königin AISHWARYA DEWI (*1949) und andere Familienmitglieder von unbekannten Tätern erschossen. Kronprinz DIPENDRA (*1971) ist vom 1. bis 4. Juni König von Nepal, bevor auch er seinen Schussverletzungen erliegt.

4. Juni Der jüngere Bruder von BIRENDRA, GYANENDRA (*1947), wird neuer König.

19. Juli Rücktritt des Ministerpräsidenten G. P. KOIRALA; Nachfolger wird der frühere Regierungschef SHER BAHADUR DEUBA.

Nov. Wegen wachsender Angriffe der maoistischen Rebellen wird der Ausnahmezustand verhängt.

2002, Mai Während einer Regierungsoffensive werden mehrere hundert maoistische Rebellen getötet. König GYANENDRA löst das Parlament auf.

4. Okt. Entlassung des Premierministers SHER BAHADUR DEUBA. König GYANENDRA setzt nacheinander mehrere Übergangspremiers ein.

2003, 29. Jan. Nachdem die **maoistischen Rebellen** große Teile des Landes unter ihre Kontrolle gebracht haben, schließen sie mit der Regierung einen **Waffenstillstand**. Gespräche über vertrauensbildende Maßnahmen scheitern am 21. April. Der Waffenstillstand endet am 27. Aug.

2004, 2. Jun. GYANENDRA setzt den im Okt. 2002 entlassenen Premierminister SHER BAHADUR DEUBA wieder ein und erklärt sich bereit, Wahlen für ein neues Parlament auszuschreiben.

2005, 1. Febr. Der König verhängt den Ausnahmezustand, entlässt das im Vorjahr eingesetzte Kabinett und übernimmt selbst die Regierungsgeschäfte.

2006, 21. April König GYANENDRA sieht sich unter öffentlichem Druck gezwungen, zu einer **demokratischen Regierungsform zurückzukehren**. Premierminister der neuen konstitutionellen Monarchie wird wiederum GIRIJA PRASAD KOIRALA (30. April).

21. Nov. G. P. KOIRALA unterzeichnet mit PUSHPA KAMAL DAHAL *Pracanda*, dem Führer der Maoisten, ein Abkommen, das den seit gut einem Jahrzehnt andauernden Bürgerkrieg beenden soll.

2007, 15. Jan. König **Gyanendra wird abgesetzt** und sein Besitz enteignet. Premierminister Koirala wird amtierendes Staatsoberhaupt von Nepal. Eine vorläufige Volksvertretung konstituiert sich.

1. April Wie im Vertrag von 21. Nov. 2006 festgelegt, treten die Maoisten mit fünf Ministern in die Regierung ein.

28. Dez. Eine Zweidrittelmehrheit des Parlaments votiert für die Abschaffung der Monarchie. Nepal soll eine »Föderale Demokratische Republik« werden.

2008, 10. April Bei den Wahlen zur verfassunggebenden Versammlung gewinnt die CPN-M die absolute Mehrheit der Mandate.

Bhutan seit 1949

1949, 8. Aug. Das 1907 von Ugyen Wangchuk (*1861, †1926) begründete selbstständige Fürstentum regelt im bhutanisch-indischen Vertrag die Beziehungen zu seinem Nachbarstaat. Indien, das jährlich 500 000 Rupien Subsidien gewährt, übernimmt die Außenvertretung Bhutans.

1964, Nov. König Jigme Dorji Wangchuk (*1928, †1972; 1952–1972) übernimmt auch die Regierung und damit die gesamte Staatsgewalt.

1971, 12. Febr. Bhutan erlangt die volle Unabhängigkeit.

28. Sept. Bhutan wird in die UNO aufgenommen.

1972, 25. Juli Jigme Singye Wangchuk (*1955) folgt seinem Vater als König.

1974, 2. Juni Die Krönung des Königs findet in der Hauptstadt Thimphu statt.

1984, 17.–24. April Bhutan und die VR China führen in Peking ihr erstes Gespräch über die Demarkation ihrer gemeinsamen Grenze.

1988, Mai In Peking wird erneut über die Grenzziehung zwischen Bhutan und der VR China verhandelt.

1989 Bhutan beginnt, seinen Handel in der Region zu intensivieren.

1990, Sept. **Unruhen** in den von Nepalesen bewohnten Landesteilen werden **von der Armee niedergeschlagen**.

1991, 1. Nov. König Wangchuk sagt seine Teilnahme am SAARC-Gipfeltreffen (Südasiatische Vereinigung für regionale Kooperation) ab, da er einen Aufstand der durch die »Buthanisierungspolitik« unterdrückten nepalesischen Minderheit befürchtet.

1991–1996 Es kommt zu mehreren **Flüchtlingswellen** von Angehörigen der **nepalesischen Minderheit** aus Bhutan nach Nepal.

1998, Aug. Ein Dekret von König Wangchuk legt fest, dass die Regierung künftig nicht mehr vom König ernannt, sondern vom Parlament gewählt werden soll. Dieses erhält auch das Recht, den König mit Zweidrittelmehrheit abzuwählen.

2000, 4. Aug. Heftige Monsunregenfälle führen zu einer Flutkatastrophe.

Dez. Nach mehrjährigen Verhandlungen kommt es zu einer ersten Verständigung über die Repatriierung der ausgesiedelten oder vertriebenen Nepalesen.

2003, 15. Dez. Beginn einer gemeinsamen Aktion indischer und bhutanischer Sicherheitskräfte gegen indische Separatisten, die im südlichen Bhutan Lager unterhalten. Bis Ende Dez. werden **30 Stützpunkte der Guerilleros zerstört**.

2004, April Die Regierung beginnt eine neue Offensive gegen indische Separatistengruppen.

2005, 26. März Der Entwurf einer Verfassung wird vorgelegt.

17. Dez. König Jigme Singhe Wangchuk kündigt für 2008 seinen Rücktritt an. Gleichzeitig soll **erstmals eine demokratische Wahl zum Parlament** stattfinden.

2006, April Zum ersten Mal erscheinen im Rahmen des allgemeinen Demokratisierungsprozesses zwei nicht staatliche Zeitungen.

14. Dez. Jigme Singhe Wangchuk tritt vorzeitig zurück. Sein Sohn Dasho Jigme Khesar Namgyal Wangchuk (*1980) wird König von Bhutan.

2007, 8. Febr. Während seiner ersten Auslandsreise unterzeichnet der König in Delhi einen erneuerten Freundschaftspakt, der Bhutan außenpolitische Souveränität verleiht.

31. Dez. Wahlen zum Nationalrat, dem Oberhaus des künftigen Zweikammersystems. Wahlen zur Nationalversammlung sind für März 2008 vorgesehen.

Zentralasien seit 1945

Kasachstan seit 1945 | Forts. v. S. 1207 |

Kasachstan ist in der UdSSR seit 1925 autonome Sowjetrepublik, seit 1936 Unionsrepublik. Nach der Kollektivierung der Landwirtschaft (1929) sinkt die Bevölkerung um ca. 20 %. Von 1949 bis 1991 finden im Gebiet von Semipalatinsk **Atomwaffentests** statt. Mit Nutzung brachliegender Flächen und Industrialisierung Kasachstans wandern seit 1954 zunehmend Russen ein. 1962 fliehen nach einem Aufstand ca. 60 000 Kasachen und Uiguren aus dem chinesischen Xinjiang nach Kasachstan.

1986 Anti-russische Unruhen in Alma Ata nach Absetzung des kasachischen Parteichefs Dinmuchamed Kunajew (*1912, †1993), der durch den Russen Gennadi Kolbin (*1927, †1998) ersetzt wird.

1989, 16. Juni Im Westen Kasachstans Unruhen wegen sozialer und ethnischer Spannungen.

1990, 24. April Nursultan Nasarbajew (*1940) wird zum Vorsitzenden des Ministerrates gewählt.

1990, 25. Okt. Kasachstan erklärt seine Souveränität innerhalb der Sowjetunion.

1991, 17. März Beim unionsweiten Referendum stimmen 94 % der Kasachen für den Fortbestand der UdSSR.

1. Dez. Nasarbajew wird bei den ersten direkten Präsidentschaftswahlen als Präsident bestätigt.

16. Dez. **Unabhängigkeitserklärung**; neuer Staatsname: Republik Kasachstan. Kasachisch wird Amtssprache.

21. Dez. Auf einem Gipfeltreffen in Alma Ata (jetzt Almaty) tritt Kasachstan der Gemeinschaft Unabhängiger Staaten bei.

1994, 7. März Erste Parlamentswahlen nach der Unabhängigkeit.

1995, 28. März Nasarbajew löst das Parlament auf, nachdem das Verfassungsgericht die Wahlen vom März 1994 für ungültig erklärt hatte.

1995, 24. April Die zentralasiatischen Staaten Kasachstan, Kirgistan und Usbekistan beschließen den Aufbau eines gemeinsamen Wirtschaftsraums.

29. April Verlängerung der ersten Amtszeit des Präsidenten bis zum Jahr 2000 per Referendum.

30. Aug. Die **neue Verfassung Kasachstans** wird in einem Referendum angenommen.

1996, 31. Mai Unterzeichnung eines Abkommens zum Schutz der deutschen Minderheit in Kasachstan (ca. 500 000 Deutschstämmige).

1997, 28. Febr. Die Staatspräsidenten der zentralasiatischen Staaten vereinbaren in Almaty eine enge Zusammenarbeit zur Rettung des Aralsees. Dieser trocknet durch die Wasserentnahme seiner Zuflüsse für die Bewässerung von Baumwollplantagen aus.

24. Sept. **Abkommen mit China** über die gemeinsame Erschließung von Erdöl- und Erdgasvorkommen.

10. Dez. **Verlegung der Hauptstadt** von Almaty **nach Akmola** (1998 Umbenennung in Astana).

1998, 6. Juli Kasachstan und Russland schließen einen Freundschaftsvertrag und ein Abkommen über die Nutzung des nördlichen Teils des Kaspischen Meeres.

1999, 10. Jan. Vorgezogene Präsidentschaftswahlen bestätigen Präsident Nasarbajew im Amt. Die Teilwahlen zum Senat (17. Sept.) und Wahlen zum Unterhaus (10., 24. Okt.) ergeben Mehrheiten für die Nasarbajew unterstützenden Parteien bzw. Kandidaten.

2000, 27. Juni Präsident Nasarbajew erhält weitreichende Befugnisse auf Lebenszeit.
Das ehemalige sowjetische Atomtestgelände in Semipalatinsk wird endgültig geschlossen.

2002, Sept. Präsident Nasarbajew schafft auf Forderung der OSZE das Amt eines Menschenrechtsbeauftragten. Die repressive Praxis staatlicher Behörden, v. a. gegen kritische Medien, hält trotzdem an.

2003, Juli Ein Gesetz, das privaten Grundbesitz ermöglichen soll, wird vom Präsidenten ohne Zustimmung des Parlaments unterzeichnet.

2004, 25. Febr. Ein internationales Konsortium schließt mit der Regierung ein Abkommen zur Ausbeutung des Kaschagan-Ölfeldes im Kaspischen Meer, mit geschätzten 13 Mrd. Barrel einer der größten Ölfunde der letzten 30 Jahre.

19. Sept. Bei Parlamentswahlen (die zweiten seit der Unabhängigkeit), die nicht internationalen demokratischen Standard erreichen, gewinnt die regierungsnahe Partei Otan (Vaterland) die Mehrheit.

2005, 4. Dez. Bei Präsidentschaftswahlen wird Nasarbajew mit 91 % der Stimmen für weitere sieben Jahre wiedergewählt.

2007, 18. Aug. Die Regierungspartei des Präsidenten (Vaterlandspartei) gewinnt bei zweifelhaften Parlamentswahlen sämtliche Sitze.

Turkmenistan seit 1945 | Forts. v. S. 1207 |

Die Turkmenische Sowjetrepublik wird 1924/25 gegründet, nach teilweise erbittertem Widerstand der Bevölkerung gegen die Errichtung der kommunistischen Herrschaft. Die Kollektivierung zwingt seit Ende der 1920er-Jahre viele Nomaden zur Sesshaftigkeit. Der Bau des Karakum-Kanals (seit 1956) zur Bewässerung der Baumwollfelder entzieht dem Amudarja so viel Wasser, dass der **Aralsee seither kontinuierlich austrocknet**.

1985 Saparmurad Nijasow (*1940, †2006) wird Vorsitzender der KP.

1989, Mai/Juni In Aschchabad Ausschreitungen Jugendlicher gegen armenische Händler.

1990, 27. Okt. Der Oberste Sowjet erklärt die Souveränität innerhalb der Sowjetunion und wählt Nijasow zum Vorsitzenden, de facto zum Präsidenten der Turkmenischen Sowjetrepublik.

1991, 17. März Das Referendum zum Erhalt der UdSSR erzielt mit 98 % die höchste Zustimmung in der Sowjetunion.

22. Aug. Die **Unabhängigkeitserklärung** wird bei einer Abstimmung von 94 % der Turkmenen angenommen (26. Okt.): Das Land wird in »Republik Turkmenistan« umbenannt. Nijasow löst die KP auf und gründet die Demokratische Partei. Er lässt sich *Turkmenbaschi* (Führer aller Turkmenen) nennen, begründet eine Ein-Mann-Diktatur und einen gigantischen Personenkult.

21. Dez. Beitritt zur Gemeinschaft Unabhängiger Staaten.

1992, 18. Mai **Neue Verfassung** mit weitreichenden Befugnissen des Staatspräsidenten.

21. Juni Nijasow wird mit 99,5 % der Stimmen zum Präsidenten gewählt.

1993, 1. Nov. Als eigene Währung Turkmenistans wird der Manat eingeführt.

1994, 15. Jan. Nijasow wird in einem Referendum mit 99,9 % Zustimmung bis 2002 in seinem Amt bestätigt.

12. Dez. Parlamentswahlen mit 99,8 % Wahlbeteiligung.

1996, 23.–24. Jan. Turkmenistan und Iran unterzeichnen Abkommen über Rohstofftransporte und Infrastrukturprojekte. Am 13. Mai wird eine Bahnstrecke zwischen Tejen und Mashhad im Iran eröffnet.

1. Okt. Turkmenistan erklärt sich zum neutralen Land.

1998, 25. Mai Unterzeichnung eines Partnerschafts- und Kooperationsabkommens mit der EU.

1999, 12. Dez. Bei den Parlamentswahlen bewerben sich bis zu 99 % Kandidaten der Demokratischen Partei von Präsident Nijasow (Wahlbeteiligung 99,6 %).

28. Dez. Durch **Verfassungsänderung** erhält Nijasow die Amtsvollmachten des Staatschefs auf Lebenszeit.

2002, 8. Aug. Das Parlament beschließt Änderung der Monatsnamen. Der Januar heißt jetzt Turkmenbaschi, der April wird nach Nijasows Mutter benannt.

29. Dez. Ein Schauprozess verurteilt den ehemaligen Außenminister und Botschafter in China, BORIS SCHICHMURADOW, zu 25 Jahren Haft, weil er ein Attentat auf Präsident NIJASOW geplant habe.

2003, 16. April Die UN-Kommission für Menschenrechte verurteilt die massiven Menschenrechtsverstöße in Turkmenistan.

2004, 19. Dez. Parlamentswahlen mit 76,8 % Wahlbeteiligung.

2006, April Abkommen mit China über den Bau einer Gaspipeline nach China.

21. Dez. Präsident NIJASOW stirbt an Herzversagen.

2007, 11. Febr. Interimspräsident GURBANGULY BERDYMUCHAMMEDOW (*1957) gewinnt die Präsidentschaftswahlen.

Usbekistan seit 1945 | Forts. v. S. 1207 |

Die 1924 geschaffene Sowjetrepublik Usbekistan ist seit 1925 Teil der UdSSR, 1936 wird noch Karakalpakstan zugeordnet. KP-Chef SCHARAF RASCHIDOW (*1917, †1983) forciert seit 1959 Baumwollmonokulturen. Zwischen 1983 und 1987 werden über 4000 Parteifunktionäre wegen Korruption (Baumwollmafia) verurteilt.

1989, 3./4. Juni Schwere Konflikte zwischen Usbeken und Mescheten in der Stadt Fergana: Letztere werden über eine Luftbrücke evakuiert.

1990, 24. März Der Oberste Sowjet wählt ISLAM A. KARIMOW (*1938) zum Staatspräsidenten.

15. Dez. Die Republik Karakalpakstan verkündet ihre Souveränität innerhalb der Usbekischen SSR.

1991, 17. März Referendum zum Erhalt der UdSSR wird mit 93 % der Stimmen unterstützt.

31. Aug. **Unabhängigkeitserklärung**: Umbenennung des Staates in »Republik Usbekistan«.

21. Dez. Beitritt zur Gemeinschaft Unabhängiger Staaten.

29. Dez. KARIMOW siegt bei Präsidentschaftswahlen. Zugleich wird die Unabhängigkeit mit 98 % der Stimmen bestätigt.

1992 Die Oppositionsparteien *Birlik* (Einheit) und *Erk* (Freiheit) werden verboten, ihre Anhänger verfolgt.

1994, 1. Juli Der Sum wird neue Währung Usbekistans.

13. Juli Usbekistan tritt dem NATO-Programm »Partnerschaft für den Frieden« bei.

1995, 8. Jan. Bei **ersten Parlamentswahlen** seit der Unabhängigkeit siegt die Demokratische Volkspartei von Präsident KARIMOW.

26. März Ein Referendum verlängert die Amtszeit von KARIMOW bis zum Jahr 2000.

24. April Usbekistan, Kasachstan und Kirgistan beschließen den Aufbau eines einheitlichen Wirtschaftsraums bis zum Jahr 2000.

1997, 28. Febr. Die zentralasiatischen Staaten vereinbaren enge Zusammenarbeit zur Rettung des austrocknenden Aralsees. In umliegenden Regionen leidet die Bevölkerung an Gesundheitsschädigungen durch Versalzung des Bodens.

1999, 16. Febr. Bei einem Bombenanschlag auf Präsident KARIMOW kommen 16 Menschen ums Leben, KARIMOW selbst bleibt unverletzt. Die Täter werden der islamistischen Szene zugerechnet.

Aug. Rebellen der Islamischen Bewegung Usbekistan (IMU) versuchen über Tadschikistan und Kirgistan nach Usbekistan einzudringen, mit dem Ziel, im Ferganatal einen islamischen Staat zu errichten.

2000, 9. Jan. Nachdem die Parlamentswahlen (5. Dez. 1999) bereits mit einem für KARIMOW genehmen Ergebnis ausgegangen sind, wird er bei den Präsidentschaftswahlen mit 91,9 % der Stimmen im Amt bestätigt.

21. April In der usbekischen Hauptstadt Taschkent unterzeichnen die Präsidenten der vier zentralasiatischen Staaten Kasachstan, Kirgistan, Tadschikistan und Usbekistan ein Abkommen zur gemeinsamen Bekämpfung von Terrorismus, Drogenschmuggel, politischem und religiösem Extremismus.

2001, Okt./Nov. Für ihren Kampf gegen das Taliban-Regime in Afghanistan erlaubt Usbekistan den USA Militärstützpunkt in Khanabad.

2002, 27. Jan. Durch ein Referendum lässt KARIMOW seine Amtszeit von fünf auf sieben Jahre verlängern.

März Usbekistan und die USA vereinbaren ein Abkommen über eine strategische Partnerschaft.

2004, März Bei weiteren Bombenanschlägen in Taschkent, für die Islamisten verantwortlich gemacht werden, sterben mindestens 47 Menschen.

6. April Die Europäische Bank für Wiederaufbau und Entwicklung stellt die Kreditvergabe an Usbekistan wegen der schlechten Menschenrechtslage und Blockade von Wirtschaftsreformen weitgehend ein.

26. Dez. Parlamentswahlen ohne Beteiligung von Oppositionsparteien.

2005, 13. Mai In der Stadt Andidschan feuert das Militär auf friedliche Demonstranten; etwa 800 Menschen kommen ums Leben. Die Regierungspropaganda spricht von 180 getöteten Islamisten.

Aug. Als Reaktion auf internationale Kritik, auch der USA, auf die Vorgänge in Andidschan, beschließt das Parlament die Räumung des US-Stützpunktes.

4. Okt. Die EU verhängt Sanktionen gegen Usbekistan.

14. Nov. Usbekistan und Russland unterzeichnen ein bilaterales Verteidigungsabkommen.

2006, 18. Jan. Human Rights Watch (HRW) bezeichnet Usbekistan im jährlichen Bericht als eines der Länder mit schwersten Menschenrechtsverletzungen.

2007, 23. Dez. KARIMOW lässt sich mit 88 % der Stimmen erneut zum Präsidenten wählen.

Tadschikistan seit 1945 | Forts. v. S. 1207 |

Tadschikistan, seit 1924 eine autonome Republik in der Sowjetrepublik Usbekistan, wird 1929 eine eigenständige Sowjetrepublik. Trotz der Industrialisierung und des forcierten Baumwollanbaus seit den 30er-Jahren, verstärkt seit 1961 unter KP-Chef DSCHABAR RASULOW (*1913, †1982) (u. a. Nurek-Staudamm), bleibt Tadschikistan die am wenigsten entwickelte Unionsrepublik.

1979 Im Zusammenhang mit der sowjetischen Invasion in Afghanistan kommt es zu Verhaftungen von Oppositionellen.

1982 Rahman Nabijew (*1930, †1993) wird Nachfolger Rasulows als KP-Chef.

1989 Tadschikisch wird offizielle Amtssprache.

1990, 11.–14. Febr. Unruhen in Duschanbe wegen der akuten Wohnungsnot.

29. Nov. Der Oberste Sowjet Tadschikistans wählt Kachar Machkamow (*1932) zum Präsidenten.

1991, 17. März Referendum: 96 % der Tadschiken sprechen sich für den Erhalt der Sowjetunion aus.

9. Sept. Unabhängigkeitserklärung. Staatsname: **Republik Tadschikistan**.

24. Nov. Rahman Nabijew siegt bei den Präsidentschaftswahlen.

21. Dez. Beitritt zur Gemeinschaft Unabhängiger Staaten.

1992, Sept. Auseinandersetzungen zwischen kommunistischen, islamischen und demokratischen Gruppen führen zum **Bürgerkrieg**, der 20 000 Opfer fordert.

7. Sept. Präsident Rahman Nabijew tritt unter dem Druck der Opposition zurück.

19. Nov. Mit Emomali Rachmonow (*1952) wird ein entschiedener Gegner der islamischen Opposition neues Staatsoberhaupt.

1993 Die Regierung gewinnt die Kontrolle und verbietet alle Oppositionsparteien.

1994, 20. Okt. Ein Waffenstillstandsabkommen zwischen den Bürgerkriegsparteien tritt in Kraft. Ein Referendum billigt den Verfassungsentwurf, der dem Präsidenten weitgehende Vollmachten gibt. Rahmonow wird in international nicht als demokratisch anerkannten Wahlen als Präsident bestätigt.

1995, 26. Febr. Die ersten Parlamentswahlen seit der Unabhängigkeit enden mit einem Erfolg der Kommunistischen Partei. Das Ergebnis wird von der islamischen und demokratischen Opposition nicht anerkannt.

1997, 27. Juni Regierung und »Vereinigte Tadschikische Opposition« (UTO) unterzeichnen einen Friedensvertrag, der den fünfjährigen Bürgerkrieg beendet. Eine »Nationale Versöhnungskommission« aus Vertretern von Regierung und Opposition soll die Einhaltung gewährleisten.

11. Sept. Rückkehr des Oppositionsführers Said Abdullo Nuri (*1947, †2006) nach fünfjährigem Exil.

12. Dez. Präsident Rachmonow ernennt erstmals drei Vertreter der Opposition zu Ministern.

1998, 24./25. März Schwere Gefechte zwischen Regierungstruppen und Einheiten der islamischen Opposition nahe und in der Hauptstadt Duschanbe.

Nov. Nach einem Ultimatum zur Abgabe der Waffen, das Präsident Rachmonow und Oppositionsführer Nuri den bewaffneten Gruppen am 1. Okt. gestellt haben, kommt es erneut zu schweren Kämpfen. Eine Rebellengruppe bringt zeitweilig Regierungs- und Verwaltungsgebäude in Chudschand (früher Leninabad) unter ihre Kontrolle.

1999, 26. Febr. Tadschikistan schließt sich der von Kasachstan, Kirgisistan, Russland und Weißrussland gegründeten »Gemeinschaft Integrierter Staaten« (GIS) an.

3. Aug. Die UTO erklärt formell die Auflösung ihrer bewaffneten Einheiten; ihre Kämpfer werden in die Armee integriert.

26. Sept. In einem Verfassungsreferendum spricht sich die Mehrheit u. a. für die Aufhebung des Verbots religiöser Parteien aus.

6. Nov. Präsident Rachmonow wird für weitere sieben Jahre im Amt bestätigt.

2000, 27. Febr./12. März Bei den Wahlen zum Unterhaus wird die Volksdemokratische Partei von Präsident Rachmonow stärkste politische Kraft.

27. März Formeller Abschluss des 1997 eingeleiteten Friedensprozesses.

Okt. Gegen die Putschisten von Chudschand (Nov. 1998) ergehen vier Todesurteile und 59 Haftstrafen.

30. Okt. Der **Somoni als neue Landeswährung** löst den tadschikischen Rubel ab.

2001, Okt. Tadschikistan stellt den USA Flugplätze für den Kampf gegen die Taliban in Afghanistan zur Verfügung.

2003, 22. Juni Ein Referendum erlaubt Präsident Rahmonow zwei weitere siebenjährige Amtsperioden.

2004, 4. Juni Präsident Rachmonow und sein russischer Amtskollege Putin vereinbaren eine ständige russische Truppenpräsenz in Tadschikistan.

2005, 27. Febr. Die Regierungspartei gewinnt die Parlamentswahlen, die nicht internationalem Standard entsprechen.

Juni Ablösung der russischen Grenztruppen durch tadschikische Kräfte.

2006, Aug. Gaffor Mirsojew, früherer Militärkommandant, wird wegen Verrats zu lebenslanger Haft verurteilt. Verschiedene Oppositionspolitiker wurden in den Jahren zuvor in politischen Prozessen zu langen Haftstrafen verurteilt.

6. Nov. In nicht freien Wahlen wird Präsident Rahmonow mit 79,3 % der Stimmen für eine dritte Amtsperiode bestätigt.

Kirgistan seit 1945 | Forts. v. S. 1207 |

Kirgistan (Kirgisistan), seit 1926 eine autonome Republik in der Russischen Sowjetrepublik, wird 1936 Unionsrepublik. Die Kollektivierung führt zur Flucht und Vertreibung vieler Kirgisen. Seit den 30er-Jahren, verstärkt durch Industrialisierung nach dem Zweiten Weltkrieg, wandern Russen zu. Seit 1977 gibt es Umweltprobleme im Ferganabecken durch Überdüngung und Bewässerung.

1990, 4. Juni In der Region Osch eskalieren Konflikte um Bau- und Ackerland zwischen Kirgisen und usbekischer Minderheit.

27. Okt. Askar Akajew (*1944) wird zum Staatspräsidenten durch den Obersten Sowjet gewählt.

15. Dez. Umbenennung der Unionsrepublik in **Republik Kirgistan**.

1991, 31. Aug. Unabhängigkeitserklärung.

13. Okt. AKAJEW siegt in der Direktwahl zum Staatspräsidenten.

21. Dez. Beitritt zur Gemeinschaft Unabhängiger Staaten.

1993, 5. Mai Eine neue Verfassung bekennt sich zur Marktwirtschaft und weiterer Demokratisierung.

10. Mai Der Som wird als Währung Kirgistans eingeführt.

1995, 5./19. Febr. Erste Parlamentswahl seit der Unabhängigkeit: Mehrheit für Präsident AKAJEW nahe stehende Kandidaten. Premierminister wird APAS DSCHUMAGULOW (*1934).

24. April Kirgistan, Kasachstan und Usbekistan beschließen den Aufbau eines einheitlichen Wirtschaftsraums bis zum Jahr 2000.

24. Dez. Bei Präsidentschaftswahlen wird AKAJEW als Staatspräsident bestätigt.

1998, 14. Okt. Kirgistan wird in die Welthandelsorganisation (WTO) aufgenommen.

17. Okt. Ein Referendum billigt die Verfassungsänderung, die Privatisierung von Agrarland gestattet.

1999, Aug. Rebellen der Islamischen Bewegung Usbekistan (IMU) dringen über Tadschikistan und Kirgistan nach Usbekistan ein, um im Ferganatal einen islamischen Staat zu errichten, besetzen in Kirgistan vorübergehend einige Dörfer.

2000, 20. Febr. Bei den Parlamentswahlen, die nicht internationalem Standard entsprechen, erhält die oppositionelle Kommunistische Partei mit 27,7 % die meisten Stimmen, aber infolge des Wahlrechts nur 5 Parlamentssitze (von 67).

Aug./Sept. Kämpfe zwischen Regierungstruppen und Kämpfern der IMU.

29. Okt. Präsident AKAJEW wird mit 74,5 % der Stimmen für eine dritte Amtszeit bestätigt. Bei den Wahlen kommt es zu beträchtlichen Manipulationen, u. a. werden 14 von 20 Mitbewerbern ausgeschlossen.

2001, 22. Jan. Der Oppositionspolitiker und frühere Vizepräsident FELIKS KULOW (*1948) wird in einem politischen Prozess wegen Amtsmissbrauchs (als Minister für Staatssicherheit 1997/98) zu sieben Jahren (im Mai 2002 zu zehn Jahren) Lagerhaft verurteilt.

Okt. Kirgistan gewährt den USA einen Militärstützpunkt nahe Bischkek zur Unterstützung des Kampfes gegen die Taliban in Afghanistan.

2002, März Bei einer Kundgebung gegen die Regierung werden im südkirgisischen Kerbent fünf Demonstranten von der Polizei erschossen.

22. Mai Sturz der Regierung von Premierminister KURMANBEK BAKIJEW (*1949) wegen blutiger Niederschlagung der Unruhen im März. Nachfolger wird BAKIJEWS Stellvertreter NIKOLAI TANAJEW (*1945).

14. Aug. Gründung der Oppositionsbewegung »Für die Absetzung Akajews und Reformen für das Volk«.

2003, 3. Febr. Präsident AKAJEW versucht, Kritik an seiner zunehmend autoritären Regierung mit einer neuen Verfassung abzuwehren: In einem Referendum stimmen 78,8 % der Wähler für deren Annahme.

Okt. Errichtung einer russischen Militärbasis 50 km entfernt vom US-Stützpunkt.

2005, 23. März Nach offenbar unkorrekt verlaufenen Parlamentswahlen brechen Unruhen aus, die zum Sturz der Regierung führen. Am 26. März spricht das Verfassungsgericht dem inzwischen nach Moskau geflohenen Präsidenten AKAJEW die Regierungsbefugnis ab. Das Parlament setzt KURMANBEK BAKIJEW als Nachfolger ein. FELIKS KULOW wird freigelassen.

10. Juli BAKIJEW gewinnt mit großer Mehrheit die Präsidentschaftswahlen, KULOW wird Premierminister.

2006, Febr. Unruhen und Massenproteste gegen die Regierung wegen anhaltender Korruption und Labilität.

Nov. Nach erneuten Massenprotesten und Machtkämpfen stimmt Präsident BAKIJEW einer neuen Verfassung mit erweiterten Rechten des Parlaments zu.

19. Dez. Die Regierung KULOW tritt zurück, um den Weg für Neuwahlen freizumachen.

2007, 16. Dez. Bei Parlamentswahlen gewinnt die neu gegründete Partei des Präsidenten 71 der 90 Sitze. Von internationalen Beobachtern werden die Wahlen als Rückschritt eingestuft.

Die Mongolei seit 1945 | Forts. v. S. 1206 |

Das traditionell weidewirtschaftlich orientierte Land nimmt seit 1945 einen außerordentlichen **industriellen Aufschwung**: Öl- und Kohleförderung, Produktion von Wolle, Fleisch und Leder, Anbau und Export von Getreide.

1945, 20. Okt. Volksabstimmung, die auf einen Beschluss von US-Präsident ROOSEVELT und Generalissimus CHIANG KAISHEK in Jalta zurückgeht: überwältigende **Mehrheit für die Unabhängigkeit.**

1947 Grenzstreitigkeiten mit China; KAISHEK verhindert die Aufnahme der Mongolischen Volksrepublik in die UNO (bis 1961).

seit 1950 Sehr gute Beziehungen zur VR China und zur Sowjetunion; mehrfach Freundschafts- und Wirtschaftsabkommen mit beiden Ländern.

1952, Jan. Nach dem Tod von Marschall CHORLOOGIJN TSCHOJBALSAN (*1895, †1952) wird YUMJAAGIJN TSEDENBAL (*1916, †1991) Ministerpräsident.

1958 Kollektivierung der Viehzucht.

1960 Neue Verfassung: Der Große Chural (Volksrat) ist das oberste Staatsorgan.

1962 Eintritt der Mongolischen VR in den Rat für gegenseitige Wirtschaftshilfe (RGW).

1963/1964 Vermessung der Grenze mit der VR China.

1964, Juni Endgültige Festlegung des Grenzverlaufs zu China. Mit der Verschärfung des chinesisch-sowjetischen Konflikts wendet sich die Mongolische VR immer stärker der Sowjetunion zu.

1966, Jan. Besuch des sowjetischen Parteichefs BRESCHNEW und Abschluss eines Freundschafts-, Kooperations- und gegenseitigen Hilfepaktes.

1969 China erklärt das Grenzabkommen von 1964 für ungültig und stellt Gebietsforderungen.

seit 1970 Die Mongolische VR greift die chinesische Minoritätenpolitik, vornehmlich den »Han-Chauvinismus« im autonomen Gebiet Innere Mongolei an.

1974, Juni Zwei Jahre nach dem Tod von JAMSRANGIJN SAMBUU (*1895, †1972; Präsident 1954–1972) wird Parteichef TSEDENBAL sein Nachfolger und JAMBYN BATMUNCH (*1926, †1997) übernimmt das Amt des Ministerpräsidenten.

1980, 26. Nov. Abkommen mit der Sowjetunion über den gemeinsamen Grenzverlauf.

1984, 22. Aug. Als Nachfolger des entmachteten TSEDENBALS wird Ministerpräsident BATMUNCH auch Generalsekretär.

1990, 2. März Abschluss der Verhandlungen über den **Abzug der sowjetischen Truppen** bis 1992. Nach massiven Demonstrationen für mehr Demokratie tritt im März das Politbüro zurück, eine Verfassungsänderung lässt Parteien zu. Neuer Staatspräsident wird PUNSALMAAGJIN OTSCHIRBAT (*1942).

22./29. Juni Aus Parlamentswahlen geht die Regierungspartei, die Mongolische Revolutionäre Volkspartei (MRVP), als Siegerin hervor. Ministerpräsident wird am 11. Sept. DASCHIJN BYAMBASUREN (*1942).

1991, 15. Okt. Die Mongolei tritt dem IWF und der Weltbank bei.

1992, 12. Febr. Inkrafttreten einer neuen Verfassung; »Mongolei« wird der neue offizielle Staatsname.

28. Juni Die MRVP gewinnt erneut die Parlamentswahlen.

1996, 30. Juni Bei Parlamentswahlen siegen die zur Demokratischen Union zusammengeschlossenen Oppositionsparteien, die Mongolische Nationaldemokratische Partei (MNDP) und die Mongolische Sozialdemokratische Partei (MSDP) über die MRVP. Ministerpräsident wird MENDSAICHAN ENCHSAICHAN (*1955) von der MSDP.

1997, 18. Mai Bei den Präsidentschaftswahlen siegt NATSCHAGIJN BAGABANDI (*1950) von der MRVP.

1998, 17. April Unter dem Druck wachsender Kritik am radikalen wirtschaftlichen Programm, das die sozialen Probleme verschärft hat, tritt die von ENCHSAICHAN geführte Koalitionsregierung zurück. Neuer Ministerpräsident wird ZACHIAGIJN ELBEGDORJ (*1963) von der MNDP.

24. Juli Die Regierung ELBEGDORJ stürzt über ein Misstrauensvotum der MRVP.

9. Dez. Der bisherige Bürgermeister von Ulan Bator, JANLAVIJN NARANTSATSRALT (*1957), wird neuer Ministerpräsident.

1999, 22. Juli Rücktritt von NARANTSATSRALT; Nachfolger wird RINCHINNYAMIJN AMARJARGAL (*1961).

2000, 2. Juli Bei den Parlamentswahlen gewinnt die oppositionelle exkommunistische MRVP. Das Wahlergebnis wird als Reaktion auf die forcierte Umwandlung des zentralistischen Plansystems zur Marktwirtschaft gewertet.

25. Juli MRVP-Generalsekretär NAMBARIJN ENCHBAYAR (*1958) wird als Ministerpräsident vereidigt.

2001, Winter Nach Kälte- und Dürrekatastrophen in den Jahren 1999 und 2000, denen 2,4 Mio. Stück Vieh zum Opfer fielen, wird die Mongolei erneut von einem extremen Winter getroffen. Bis April gehen weitere 2 Mio. Herdentiere ein.

20. Mai Staatsoberhaupt BAGABANDI wird im Amt bestätigt.

2004, 27. Juni Bei der Parlamentswahl verliert die regierende MRVP die Mehrheit. Gewinner ist die Demokratische Koalition des Mutterlandes (MDC). In der Koalitionsregierung stellt sie mit ELBEGDORJ den Regierungschef.

2005, 22. Mai Der Kandidat der MRVP und bisherige Parlamentspräsident, ENCHBAYAR, gewinnt die Präsidentenwahl.

2006, 25. Jan. Nach dem Austritt mehrerer MRVP-Minister aus dem Koalitionskabinett Wahl des MRVP-Vorsitzenden MIYEGOMBO ENCHBOLD (*1964) zum Ministerpräsidenten und Bildung einer »Regierung der nationalen Einigkeit«.

Ostasien seit 1945

Volksrepublik China seit 1945 | Forts. v. S. 1216 |

Die vier Jahre zwischen der Niederlage Japans im Zweiten Weltkrieg und dem Sieg der Kommunisten im chinesischen Bürgerkrieg lassen sich mit gleicher Berechtigung aus zwei Perspektiven darstellen: als Ausklang der republikanischen Ära auf dem chinesischen Festland sowie als Vorgeschichte der kommunistischen Machtübernahme. Neben der Bedeutung dieser Übergangsepoche als Ablösungsphase einer revolutionären Elite durch eine andere und damit als Vor- bzw. Nachspiel im engeren chinesischen Rahmen beginnen sich in dieser Zeit auch Fronten zu formieren, die nach 1949 die internationale Szene in Asien prägen werden.

Als die **Kommunisten** nach fast 30 Jahren dauernden Kämpfen und Koalitionen mit der *Guomindang* (GMD) die Herrschaft in China für sich allein erringen können, übernehmen sie ein von Kriegen und Bürgerkriegen zerstörtes Land. Dass ihnen trotz der zahlenmäßigen Überlegenheit ihrer Gegner und deren gewaltiger materieller Unterstützung durch die USA in relativ kurzer Zeit der Sieg zufällt, zeugt nicht nur für ihre militärische Schlagkraft, sondern auch für die Hoffnungen, die große Teile der Bevölkerung in sie setzen. Obwohl die Erfahrungen, die die Kommunisten bei der Verwaltung der von ihnen besetzten Gebiete in den vorangegangenen Jahren sammelten, eine bessere Ausgangsbasis als den russischen Kommunisten vor deren Machtübernahme geben, fehlen ihnen nicht nur Kenntnisse, die zum Aufbau einer modernen Gesellschaft erforderlich sind, sondern auch das dazu notwendige Personal. So ist die Zukunft, die vor ihnen liegt, keineswegs so leuchtend, wie **MAO ZEDONG** sie in Reden und Gedichten preist, sondern eher ungewiss, weil voller innen- wie außenpolitischer Gefahren.

Bürgerkrieg und Gründung der Volksrepublik (1945–1949)

1945, 23. April–11. Juni Auf dem **VII. Parteitag der KPCh** in Yan'an (Provinz Shaanxi) legt Mao Zedong (*1893, †1976) seinen Bericht »Vorwärts zur Koalitionsregierung« vor. Ein von Liu Shaoqi (*1898, †1969) entworfenes Parteistatut löst dasjenige von 1928 ab. Es wird der Beschluss gefasst, »die Gedanken Maos sowie den Marxismus zur Richtschnur« für die Parteiarbeit zu machen.

14. Aug. Die Sowjetunion schließt einen Freundschaftsvertrag mit der geschwächten Nationalregierung der GMD, nachdem der Kreml noch sechs Tage zuvor Japan den Krieg erklärt hat und daraufhin sowjetische Truppen große Teile der **Mandschurei** besetzt haben. Die Sowjetunion hat sich damit jene Konzessionen vertraglich gesichert, die ihr von den Westmächten auf der Konferenz von Jalta (4.–11. Febr. 1945) für den Kriegseintritt gemacht worden sind. China muss die Unabhängigkeit der Äußeren Mongolei anerkennen und der Sowjetunion größere Rechte in Nordostchina einräumen, u. a. die Beteiligung an der Verwaltung der mandschurischen Eisenbahnen, die Errichtung einer Marinebasis in Port Arthur (Lushun) sowie weitere wirtschaftliche und militärische Konzessionen in Talien (heute: Dalian) auf der Liaodong-Halbinsel.

28. Aug. Mao Zedong führt in Begleitung des amerikanischen Botschafters Patrick J. Hurley (*1883, †1963) Verhandlungen in Chongqing (regierungsunmittelbare Stadt im Osten der Provinz Sichuan) mit dem GMD-Führer Chiang Kaishek (*1887, †1975). Beide bekunden während der bis zum 11. Okt. dauernden Verhandlungen in einer gemeinsamen Erklärung die Bereitschaft zu Frieden und Zusammenarbeit. Dennoch kommt es mehr und mehr zu militärischen Zusammenstößen.

2. Sept. Nach der Kapitulation Japans versuchen Kommunisten und Nationalisten, die von ihren Truppen besetzten Gebiete so schnell wie möglich auszuweiten. USA und Sowjetunion drängen die beiden Seiten zu einer friedlichen Einigung.

1945–1949 Umfangreiche Wirtschaftshilfe der USA für Kaishek. Die sowjetische Unterstützung für die Kommunisten bleibt dagegen relativ gering.

1946, 10. Jan. General George C. Marshall, der Sonderbeauftragte von US-Präsident Harry S. Truman, vermittelt den Abschluss eines Waffenstillstands, der zu Beginn der Politischen Konsultativkonferenz, auf der u. a. die Bildung einer Koalitionsregierung, die Vereinigung aller Streitkräfte sowie politische und wirtschaftliche Reformen beschlossen werden, in Kraft tritt.

Jan./Febr. Hungersnöte in allen Provinzen. Umfangreiche sowjetische Demontage in der Mandschurei.

12. März Die innenpolitische Lage verschärft sich, als nach dem Rückzug der sowjetischen Truppen Verbände der GMD die südmandschurische Stadt Mukden (heute: Shenyang, Provinz Liaoning) besetzen und sich weiterer Gebiete in Nordchina bemächtigen.

15. April Der frühere Hauptunterhändler (1936–1945) der KPCh mit der GMD, Chou Enlai (*1898, †1976), erklärt den Kriegszustand für die Mandschurei.

23. Juni Mao fordert die USA auf, die Unterstützung für die Nationalregierung (GMD) einzustellen.

15. Nov. Beginn der von Chiang Kaishek nach Nanjing (Provinz Jiangsu) einberufenen verfassunggebenden Nationalversammlung. Die Besetzung weiterer Gebiete durch GMD-Truppen führt zum Boykott der Nationalversammlung durch die Kommunisten und anderer Parteien.

25. Dez. **Inkrafttreten der »Verfassung der Republik China«.** Studentenproteste gegen die amerikanische Truppenpräsenz in China.

1947, Frühjahr Der **Bürgerkrieg bricht offen aus.** Mitte März evakuieren die Kommunisten Yan'an und ziehen sich vor den vorrückenden Nationalarmeen zurück.

10. Okt. Nach Maos Anordnung zur Gegenoffensive verkündet die KPCh ein neues Bodengesetz, das die Enteignung der Großgrundbesitzer zum Ziel hat.

1948, 19. März Chiang Kaishek wird von der Nationalversammlung zum Präsidenten der Republik gewählt.

29. März Li Zongren (*1890, †1969) wird Vizepräsident.

Herbst Nach Anfangserfolgen der GMD geht die militärische Initiative Ende des Jahres mehr und mehr auf ihre Gegner über. Die um 1939 einsetzende Inflation in den GMD-Gebieten erreicht katastrophale Ausmaße. Während sich immer größere Teile der Bevölkerung von der GMD abwenden, bemühen sich die Kommunisten mit einer gemäßigten Politik erfolgreich um die Bildung einer breiten Einheitsfront unter Einschluss der »nationalen Bourgeoisie« und kooperationsbereiter Großgrundbesitzer. Immer häufiger laufen auch GMD-Truppen zu den Kommunisten über. Im Zuge einer Herbstoffensive dehnen die Kommunisten ihre Kontrolle über die ganze Mandschurei aus.

1949, Jan. Die großen Städte Chinas fallen an die Volksbefreiungsarmee, am 22. Jan. auch Peking. Mit der Besetzung der Insel Hainan im Süden ist die kommunistische Eroberung Chinas im April 1950 abgeschlossen.
Mao Zedong richtet das Hauptquartier der Partei in Peking ein.

5.–13. März Das 2. Plenum des Zentralkomitees (ZK) der KPCh beschließt, den Schwerpunkt der Parteiarbeit vom Land in die Städte zu verlegen; damit kehren die Kommunisten zu der städtischen Basis zurück, die sie zwei Jahrzehnte zuvor unter dem Druck der GMD verlassen hatten.
Nach dem Rücktritt Chiang Kaisheks (21. Jan. 1949) übernimmt Li Zongren als amtierender Präsident die Regierung. Dessen Ablehnung der von den Kommunisten diktierten Friedensbedingungen führt zur erneuten Offensive kommunistischer Verbände. Kaishek und zahlreiche Mitglieder der **Nationalregierung fliehen auf die Insel Taiwan** (Dez.), gefolgt von ca. zwei Mio. Soldaten und Zivilpersonen.

15.–19. Juni Mao Zedong eröffnet in Peking die erste Sitzung eines Ausschusses, der die Einberufung der Politischen Konsultativkonferenz sowie die Bildung einer Koalitionsregierung der Einheitsfrontparteien vorbereiten soll.

21. Sept. In Peking tritt die Politische Konsultativkonferenz des chinesischen Volkes zusammen, an der 584 stimmberechtigte Delegierte aller Einheitsfrontparteien teilnehmen.

27.–30. Sept. Verabschiedung von zwei Organisationsgesetzen der Zentralen Volksregierung der Volksrepublik (VR) China und der Politischen Konsultativkonferenz sowie eines gemeinsamen Programms.

1. Okt. Mao Zedong wird zum Ersten Vorsitzenden der Zentralen Volksregierung und damit zum neuen chinesischen Staatsoberhaupt gewählt. Auf dem Tor des Himmlischen Friedens in Peking ruft Mao die **Volksrepublik China** aus und gibt die Zusammensetzung der neuen Koalitionsregierung bekannt.

Der Staatsaufbau nach dem Organisationsgesetz von 1949 und der Verfassung von 1954

Gemäß Artikel 1 des Organisationsgesetzes der Zentralen Volksregierung von 1949 ist die VR China ein Staat der **»demokratischen Volksdiktatur«**, geführt von der Arbeiterklasse und getragen von einem Bündnis der Arbeiter und Bauern, die »um sich alle demokratischen Elemente und die verschiedenen Nationalitäten des Landes« sammeln. Die übrigen 30 Artikel befinden über Struktur und Kompetenzen des Zentralen Volksregierungsrats, des Staatsverwaltungsrats, des Revolutionären Militärrats, dem die Volksbefreiungsarmee untersteht, über Volksgericht und Volksstaatsanwaltschaft. An der Spitze des Staatsverwaltungsrats und der 31 Ministerien steht der Ministerpräsident (1949–1976 Chou Enlai). Obwohl die nichtkommunistischen Parteien und Verbände relativ stark vertreten sind, sind alle wichtigen Positionen in der Hand der KPCh. Einfluss üben die Kommunisten v. a. über den Revolutionären Militärrat aus sowie über die von den Feldarmeen aufgebauten und getragenen Regionalverwaltungen (Nordchina, Nordostchina, Nordwestchina, Ostchina, Südwestchina). Allerdings wird die relativ große Selbstständigkeit dieser Regionalverwaltungen in den nächsten Jahren zugunsten der Zentralverwaltung abgebaut. Nach deren Auflösung 1954 gliedert sich die chinesische Volksrepublik in 21 Provinzen, fünf autonome Gebiete und die zwei regierungsunmittelbaren Städte Peking und Shanghai (heute auch Tianjin und Chongqing). Die 1954 verabschiedete **neue Verfassung** definiert die VR China als »Staat des Volkes geführt von der Arbeiterklasse und beruhend auf einem Bündnis von Arbeitern und Bauern«. Sie stellt auf dem Wege sozialistischer Industrialisierung und Umgestaltung die allmähliche Beseitigung von Ausbeutung und den Aufbau einer sozialistischen Gesellschaft in Aussicht.

Aufbau und Entwicklung der Volksrepublik (1950–1966)

1950, Febr. Mao Zedong reist in die Sowjetunion, seine erste Auslandsreise. Stalin lässt ihn zwei Monate warten, bis der Abschluss eines chinesisch-sowjetischen Freundschafts- und Beistandsvertrags erfolgt.

1. Mai Ein neues Ehegesetz trägt wesentlich zur Gleichberechtigung der Frau, damit aber auch zur Auflösung der traditionellen Familienstruktur bei.

30. Juni Wie das Ehegesetz dient auch ein neues **Agrarreformgesetz** der Festigung der Macht des neuen Regimes sowie einer tief greifenden sozioökonomischen Umgestaltung des Landes. Im Rahmen dieses Gesetzes werden im Laufe der nächsten Jahre 43 % der gesamten landwirtschaftlichen Nutzfläche neu verteilt, der Pachtzins gesenkt und die Streichung alter Pachtschulden verfügt. Damit ist dem Großgrundbesitz die wirtschaftliche Grundlage seiner Macht entzogen.

Okt. Eine chinesische »Freiwilligenarmee« aus über 700 000 Mann tritt auf nordkoreanischer Seite in den Koreakrieg ein. Ihr gelingt es, die amerikanischen Truppen wieder hinter die Teilungslinie auf südkoreanisches Territorium zurückzudrängen.

1950/1951 Truppen der VR China besetzen Tibet.

1951, 23. Febr. Mit dem Beginn der Bewegung zur »Niederwerfung von Konterrevolutionären« werden die herrschenden Schichten der alten Gesellschaft – sofern sie nicht geflüchtet oder gleich nach der Machtübernahme liquidiert worden sind – politisch entmachtet. Mithilfe der »Drei-Anti-Kampagne« (gegen Verschwendung, Korruption und Bürokratismus) wird der Verwaltungsapparat gesäubert. Die nachfolgende »Fünf-Anti-Kampagne« (gegen Bestechung, Steuerhinterziehung, Entwendung von Staatseigentum, Betrug und Diebstahl von Wirtschaftsgeheimnissen) richtet sich gegen die verbliebenen Unternehmer und Kaufleute.

23. Mai Das chinesisch-tibetische **17-Punkte-Abkommen garantiert Tibet Autonomie und freie Religionsausübung**; in der Hauptstadt Lhasa werden chinesische Zivil- und Militärbehörden eingesetzt, das Land wird in drei Regionen geteilt. Einführung neuer landwirtschaftlicher Methoden, Bau von Straßen, Schulen und Krankenhäusern, Entstehen einer lokalen Kleinindustrie.

Die Wirtschaftspolitik bis zum Ende des 1. Fünfjahrplans

Der Wandel der chinesischen Wirtschaftsverfassung beginnt auf dem Lande mit der Ende 1951 einsetzenden Bildung von Vereinigungen für gegenseitige Hilfe und von **Landwirtschaftlichen Produktionsgenossenschaften**. Weitere Aufgaben auf wirtschaftlichem Gebiet sind die Beseitigung der Inflation, die Sanierung der Staatsfinanzen, der Wiederaufbau der Industrie, die Aktivierung des Binnenhandels, der dazu notwendige Ausbau der Infrastruktur sowie die Beseitigung des ausländischen Einflusses. Im Rahmen der »sozialistischen Umgestaltung« (**Verstaatlichung**, staatliches Außenhandelsmonopol, staatliche Kapitalbeteiligungen u. a.) geht der private Anteil an Industrie und Handel stark zurück. Mit mehreren Massenkampagnen zur Vernichtung von »Klassenfeinden« wird die Partei diszipliniert und die Bevölkerung im Geiste des Sozialismus umerzogen.

Mit ihrem 1. Fünfjahrplan von 1953 schlägt die chinesische Führung einen Wirtschaftskurs ein, der sich eng an dem Entwicklungsmodell der Sowjetunion orientiert. Schwerpunkt ist die **forcierte Entwicklung der Indus-**

trie, v.a. der Schwer- und Grundstoffindustrie, die als Motor des wirtschaftlichen Wachstums angesehen wird. Konsumgüterindustrie und Landwirtschaft bleiben dagegen vernachlässigt. Während Letztere die Hauptlast bei der Kapitalschöpfung tragen muss, fließen ihr nur ca. 6,2 % der staatlichen Investitionen zu. Zwar bleiben sowjetische Kredite gering, die Entsendung von über 10 000 Experten sowie die Lieferung wichtiger Investitionsgüter und technischer Pläne trägt jedoch wesentlich zur Wirtschaftsentwicklung des ersten Jahrzehnts bei. Ganze Industriezweige (Flugzeuge, Autos, Traktoren, Radio, chemische Industrie) entstehen mithilfe der sowjetischen Berater. Sie bilden die Grundlage für die erfolgreiche Industrialisierung der Mao-Ära.

Trotz beachtlicher wirtschaftlicher Erfolge während des 1. Fünfjahrplans – mit einer durchschnittlichen jährlichen Steigerung des Bruttosozialprodukts von ca. 6 % und Wachstumsraten der Industrieproduktion von 18,5 % – ist die weitere wirtschaftliche Entwicklung aufgrund der nur langsam gewachsenen landwirtschaftlichen Produktion gefährdet. Zu den wirtschaftlichen Problemen, die gegen eine Fortsetzung des alten Kurses sprechen (Versorgungsengpässe bei Konsumgütern, fehlende Rohstoffe für die Industrie, Devisenknappheit aufgrund des Rückgangs landwirtschaftlicher Exporte) kommen gesellschaftspolitische: Unzufriedenheit der Bauern über die Unterschiede im Lebensstandard im Vergleich zu den Städten, Landflucht, Zunahme »kapitalistischer« Tendenzen unter den Bauern.

1953, Okt. Die von MAO verkündete »Generallinie der Partei in der Übergangsperiode« und die vom Politbüro angenommene »Resolution über die Entwicklung von gegenseitiger Hilfe und Kooperation in der Landwirtschaft« beschleunigt **Kollektivierung** und Sozialisierung von Handel, Landwirtschaft und Industrie weiter. Drei Jahre später ist die Verstaatlichung von Industrie und Handel weitgehend abgeschlossen. Viele ehemalige Eigentümer werden als Leiter mit Gehalt und Gewinnbeteiligung abgefunden.
Der erste Zensus der Volksrepublik ergibt eine Bevölkerung von 582,6 Mio. Menschen.

1954, April–Juli Die VR China nimmt an der Genfer Konferenz über Korea und Indochina teil.

29. April Unterzeichnung eines Indisch-Chinesischen Abkommens über Handel und Verkehr zwischen dem tibetischen Gebiet Chinas und Indien.

19. Juni Auflösung der einzelnen Regionalverwaltungen: neue Gliederung in **Provinzen und autonome Gebiete**.

15. Sept. In Peking eröffnet MAO ZEDONG den I. Nationalen Volkskongress (1226 Delegierte). Die Politische Konsultativkonferenz bleibt bestehen, wird jedoch in eine Dachorganisation der Einheitsfrontpolitik mit nur beratender Funktion umgewandelt.

20. Sept. Der Nationale Volkskongress verabschiedet eine **neue Verfassung** (106 Artikel) und ergänzt diese durch ein Organisationsgesetz über den Nationalen Volkskongress sowie vier Organisationsgesetze über den Staatsrat, die örtlichen Volkskongresse, die Volksgerichte und die Volksstaatsanwaltschaft.

27. Sept. MAO ZEDONG wird vom Nationalen Volkskongress zum Staatspräsidenten gewählt.

30. Sept.–12. Okt. **Besuch einer sowjetischen Regierungsdelegation** unter Parteichef CHRUSCHTSCHOW, Ministerpräsident BULGANIN und Außenminister MIKOJAN: Ablehnung der chinesischen Forderung nach Rückgabe der Äußeren Mongolei, jedoch Unterzeichnung von Kreditvereinbarungen sowie Zusagen über die Rückgabe von Port Arthur und die Auflösung der gemischten Aktiengesellschaften in der autonomen Region Xinjiang.

1954, Sept.–1955, Febr. Kommunistische und taiwanesische Truppen kämpfen um Inseln an der chinesischen Küste. Die 7. US-amerikanische Flotte hilft bei der Evakuierung der Taiwanesen von den Dachen-Inseln, die von den Kommunisten besetzt werden.

31. März Die Politbüromitglieder und Leiter der Regionalabteilungen Nordost- und Ostchina, GAO GANG (*1905, †1954) und RAO SHUSHI (*1903, †1975), werden ihrer Staats- und Parteiämter enthoben. Als Gründe werden angeblich separatistische Ambitionen sowie gravierende Meinungsunterschiede über die weitere Wirtschaftspolitik genannt, in der GAO und RAO eindeutig das sowjetische Modell favorisieren. GAO begeht Selbstmord. – Zur Bekämpfung antizentralistischer Tendenzen werden die Regionalbüros aufgelöst.

18.–24. April CHOU ENLAI nimmt an der Solidaritätskonferenz afrikanischer und asiatischer Staats- und Regierungschefs im indonesischen Bandung teil und wirbt erfolgreich um Vertrauen für die VR China.

31. Juli MAO tritt in einer programmatischen Rede vor regionalen Parteifunktionären für eine Beschleunigung der landwirtschaftlichen Kollektivierung ein.

10. Okt. Das sechste erweiterte Plenum des VII. Zentralkomitees stimmt der von MAO geforderten schnelleren Kollektivierung zu. Daraufhin kommt es zum verstärkten Zusammenschluss der bäuerlichen Haushalte zu **Produktionsgenossenschaften**; ihnen gehören bis Ende 1956 fast alle bäuerlichen Haushalte an. Ziele dieser Maßnahmen sind u.a. Hebung des Lebensstandards der Landbevölkerung, Beschleunigung der Industrialisierung sowie Verhinderung einer »kapitalistischen Restauration« auf dem Lande.

1956, 14. Jan. Auf Betreiben CHOU ENLAIS gibt die Partei ihre bislang geübte harte Politik gegenüber Intellektuellen auf.

25. April In einer Rede »Über die zehn Großen Beziehungen« beginnt sich eine erste Abkehr vom sowjetischen Entwicklungsmodell anzukündigen. Gegen den Widerstand LIU SHAOQIS und anderer Parteiführer setzt sich MAO für eine weitere Liberalisierung ein.

26. Mai LU DINGYI (*1906, †1997), Direktor der Propagandaabteilung des ZK, ermuntert unter dem Motto MAOS – »Lasst hundert Blumen blühen, lasst hundert Gedankenschulen miteinander wetteifern« – die Intellektuellen zu offener Diskussion und Kritik (**»Hundert-Blumen-Bewegung«**).

1. Sept. Beginn von Grenzstreitigkeiten mit Indien, die von nun an ständig zunehmen.

7.–27. Sept. In Peking tritt der VIII. Parteitag der KPCh zusammen, dessen Delegierte zum ersten Mal von den Parteimitgliedern gewählt werden. Er verabschiedet ein neues Parteistatut. MAO wird erneut zum Parteivorsitzenden gewählt; ein Ständiger Ausschuss des Politbüros wird gebildet und die Position des Parteisekretariats gestärkt. Generalsekretär der Partei wird DENG XIAOPING (*1904, †1997).

15. Nov. MAO setzt sich auf dem zweiten Plenum des VIII. ZK erneut kritisch mit der Entstalinisierungspolitik CHRUSCHTSCHOWS auseinander und warnt angesichts der Aufstände in Ungarn und Polen die eigene Partei vor Bürokratismus, Subjektivismus und Sektierertum.

1957, 27. Febr. MAO plädiert in einer Rede vor der Obersten Staatskonferenz »Über die richtige Behandlung von Widersprüchen im Volke« für eine offene Diskussion zur Austragung der auch im Sozialismus andauernden gesellschaftlichen Widersprüche. Die Kritik an der Partei und am Sozialismus, die so ermutigt allmählich einsetzt, ist unerwartet heftig und tief greifend; an einigen Universitäten kommt es im Juni sogar zu Studentenunruhen, die an die Bewegung vom 4. Mai (1919) erinnern. Die Partei reagiert mit einer **»Kampagne gegen Rechtsabweichler«**, deren harte Repressions- und Disziplinierungsmaßnahmen bis ins darauf folgende Frühjahr andauern und jede Opposition ersticken.

15. Okt. In einem »Vertrag über neue Technik für die nationale Verteidigung« sichert die Sowjetunion China technische Hilfe beim Bau eigener Atomwaffen zu.

Die chinesische Außenpolitik 1949–1955

Nachdem die Zentrale Volksregierung schon am 1. Okt. 1949 von der Sowjetunion und anderen osteuropäischen Staaten anerkannt worden ist, folgt Anfang Jan. 1950 die Anerkennung durch Großbritannien, die skandinavischen Staaten, Afghanistan, Israel, die Schweiz und Indien. Bemühungen CHOU ENLAIS um den Ausschluss der nationalchinesischen Delegation (Taiwan) aus der UNO scheinen zunächst hoffnungsvoll, verschlechtern sich jedoch nach der Invasion nordkoreanischer Truppen in Südkorea (25. Juni 1950). Weiter erschwerend wirken sich der sich verschärfende Ost-West-Konflikt und die außenpolitisch »einseitige Anlehnung« Pekings an die Sowjetunion aus, die am 14. Febr. 1950 in drei Abkommen ihren Niederschlag gefunden hat: ein gegen Japan gerichtetes Defensivbündnis, ein Abkommen über einen über fünf Jahre laufenden Kredit der Sowjetunion über 300 Mio. US-$ sowie eine Vereinbarung über den Abbau der sowjetischen Sonderrechte in Port Arthur, Dalian und an den mandschurischen Eisenbahnen. – Auch die Vernichtung der nach Taiwan geflüchteten Nationalregierung scheitert, nachdem die USA nach Ausbruch des Koreakrieges zum Schutz der eigenen Truppen die 7. Flotte in die Straße von Taiwan schicken und so die Eroberung der Insel verhindern.

Der Einmarsch chinesischer Truppen in Tibet, das wieder in den chinesischen Staatsverband eingegliedert wird, belastet die Beziehungen zu Indien. Die internationale Reputation der VR China erreicht einen Tiefpunkt, als Ende Okt. **chinesische Freiwillige in Korea intervenieren**, um ein weiteres Vorrücken der UN-Verbände zu verhindern. Am 1. Febr. 1951 wird die VR China daher von der Generalversammlung der UNO als Aggressor verurteilt.

Erst 1954 gelingt es Peking, wieder auf der internationalen Bühne präsent zu sein. Dies zeigt sich v. a. durch die Teilnahme an der Genfer Konferenz über Korea und Indochina (26. April–21. Juli 1954). Weiterhin entspannt sich der Konflikt mit Indien; am 29. April 1954 kommt es zur Unterzeichnung eines Indisch-Chinesischen Abkommens über den Handel und Verkehr zwischen dem tibetischen Gebiet Chinas und Indien. Einen Erfolg der chinesischen Außenpolitik ist schließlich die Teilnahme an der **Solidaritätskonferenz** afrikanischer und asiatischer Staats- und Regierungschefs in **Bandung** (18.–22. April 1955); hier unterstreicht CHOU ENLAI die Bereitschaft seines Landes zur Herstellung gutnachbarlicher Beziehungen und zur Anerkennung der fünf Prinzipien **»friedlicher Koexistenz«** (territoriale Integrität und Souveränität, Nichtangriff, Nichteinmischung, Gleichberechtigung, friedliche Koexistenz).

1957, 2. Nov. Eine Delegation unter Leitung MAOS trifft zum 40. Jahrestag der Oktoberrevolution in Moskau ein, um an einer Konferenz kommunistischer Parteien teilzunehmen. MAO stellt die Führungsrolle der Sowjetunion im sozialistischen Lager heraus und verkündet angesichts der sowjetischen Weltraumerfolge die These, dass »der Ostwind über den Westwind die Oberhand gewonnen« habe. Trotz äußerlich demonstrierter Einigkeit kommt es über den auf dem XX. Parteitag der KPdSU eingeschlagenen Kurs zu Differenzen, v. a. über die Politik der »friedlichen Koexistenz«, die Bewertung von Atomkriegen und die Einschätzung des parlamentarischen Weges.

1958, 5.–23. Mai Auf dem zweiten Plenum des VIII. ZK in Peking setzt sich nach parteiinternen Konflikten über den wirtschaftlichen Kurs die radikale Gruppe in der Partei um MAO durch.

17.–30. Aug. Auch auf der Sitzung des erweiterten Politbüros in Beidaihe (Provinz Hebei) kann sich MAO mit seiner Politik der »Drei Roten Banner« behaupten.

Politik der »Drei Roten Banner«

Diese Politik umfasst die Generallinie des **sozialistischen Aufbaus**, den **»Großen Sprung nach vorn«** und die **Volkskommunen**. Sie ist in Ansätzen schon in MAOS Zwölfjahresprogramm für die Landwirtschaft von 1955, in seiner Rede »Über die zehn Großen Beziehungen« vom April 1956 sowie in seiner Widerspruchsrede vom Febr. 1957 erkennbar. Sie wendet sich vom sowjetischen Modell und der Forderung nach einem graduellen quantitativen Wandel ab und plädiert für eine »permanente Revolution« und eine **gleichgewichtige Entwicklung von Industrie und Landwirtschaft**. Die Letztere soll über die Schaffung größerer Produktionseinheiten und eine intensivere Mobilisierung der Arbeitskraft der Bevölkerung durch Massenbewegungen zum Motor der Entwicklung werden. Von dem neuen Kurs werden nicht nur »schnellere, bessere und mehr Ergebnisse« erwartet, sondern auch eine verstärkte Weiterentwicklung des politischen Bewusstseins der Bevölkerung. Im Mittelpunkt dieser Politik steht eine radikale Dezentralisierung. Volkskommunen werden als neue »Grundeinheiten der sozialistischen Gesellschaftsordnung« geschaffen, welche Industrie, Landwirtschaft, Handel, Erziehung und Verteidigung umfassen und sich in Produktionsbrigaden und Produktionsgruppen untergliedern.

Volkskommunen sollen das Wirtschaftswachstum fördern, die Unterschiede zwischen Stadt und Land, Kopf- und Handarbeit, Arbeitern und Bauern verringern, den Einsatz der Arbeitskräfte verbessern und den »konkreten Weg für den Übergang zum Kommunismus« erkunden. Dass dessen Erreichung kurz bevorsteht, wird immer wieder verkündet. Millionen von Menschen werden in gewaltigen Masseneinsätzen zu infrastrukturellen Arbeiten (Straßen, Bewässerungsanlagen etc.) eingesetzt. Ende des Jahres ist fast die gesamte Landbevölkerung in über 25 000 Volkskommunen zusammengefasst.

Schon Ende 1958 häufen sich aber die durch Planung und Durchführung verursachten Fehlschläge in der Politik des »Großen Sprungs«. So bricht die akkurate Berichterstattung und Statistik völlig zusammen und es gibt erste Anzeichen einer Hungerkrise. Die Unzufriedenheit in der Bevölkerung wächst und äußert sich sogar in vereinzelten Fällen von aktivem Widerstand. Auf den Konferenzen in Zhengzhou (Provinz Henan, Okt. 1958), Wuchang (Provinz Hubei, Nov. 1958), Wuhan (Provinz, Hubei, Dez. 1958), Zhengzhou (Febr.–März 1959) und Shanghai (April 1959) müssen Korrekturen vorgenommen, das Tempo gedrosselt, Planziele herabgesetzt, die Kommunalisierung abgebaut und den Produktionsgruppen wieder größere Rechte eingeräumt werden.

1958, 23. Aug.–5. Okt. **Beschießung der taiwanesischen**, dem Festland vorgelagerten **Inseln Quemoy und Matsu**. Moskau steht zwar zu seinen Bündnisverpflichtungen im Falle eines amerikanischen Angriffs auf das chinesische Festland, verweigert aber die Rückendeckung für Maßnahmen zur Eroberung Taiwans. Der Konflikt beginnt so auf die politische Ebene überzugreifen.

18. Okt. Indien protestiert formell gegen den chinesischen Bau einer Straße durch das umstrittene Aksai-Jin-Gebiet im nördlichen Kaschmir.

1959, März In **Tibet** führen soziale Spannungen mit chinesischen Siedlern und Konflikte der chinesischen Behörden mit den religiösen Führern zu einem blutig unterdrückten **Aufstand**. CHOU ENLAI beauftragt den Pantschen-Lama TSCHÖKYI GYALTSHAN (*1937, †1989), den zweithöchsten tibetischen Führer nach dem Dalai-Lama, mit der Leitung eines Vorbereitungskomitees für die Autonome Region Tibet. Der **14. Dalai-Lama**, TENZIN GYATSO (*1935), **flieht nach Indien**.

27. April Auf der ersten Plenarsitzung des II. Nationalen Volkskongresses wird LIU SHAOQI zum Staatspräsidenten gewählt. Er vertritt einen gemäßigteren Reformkurs, durch dessen Anreize die Produktion wieder angekurbelt werden soll. MAO tritt freiwillig in die »zweite Führungslinie« zurück und widmet sich verstärkt der Parteiarbeit.

20. Juni Die Sowjetunion kündigt den Chinesisch-Sowjetischen Atomwaffenhilfsvertrag.

2. Juli–16. Aug. Auf Konferenzen des erweiterten Politbüros und des ZKs in Lushan (Provinz Jiangxi) bricht die **Kritik an MAO** und seiner Wirtschaftspolitik offen aus, angeführt von Verteidigungsminister PENG DEHUAI (*1898, †1974). Obwohl sich MAO durchsetzen kann und PENG sowie seine Anhänger ihrer Ämter enthoben werden, muss MAO weitere Korrekturen seines Kurses hinnehmen.

30. Sept. Der sowjetische Parteichef CHRUSCHTSCHOW stattet der VR China anlässlich der Feierlichkeiten zur zehnjährigen Staatsgründung einen Besuch ab. Nach der sowjetischen Haltung bei der Quemoy-Krise von 1958, der Kündigung des Atomwaffenhilfsvertrags im Juni 1959, der mangelnden Unterstützung Pekings bei den Grenzstreitigkeiten mit Indien (Juli 1959) und den unverhüllten Versuchen Moskaus, sich mit Washington zu arrangieren, haben sich die Differenzen noch weiter vertieft.

seit 1960 Eine umfassende **Landreform in Tibet** bricht die traditionelle Klosterherrschaft; die sozialistische Gesellschaftsordnung Chinas wird durchgesetzt.

1960, 16. April In einem Artikel des Parteiorgans Rote Fahne anlässlich des 90. Geburtstags von LENIN werden die »revisionistischen Tendenzen« der sowjetischen Politik angegriffen. Einige Wochen später zieht die Sowjetunion überraschend alle Experten aus China ab und stellt die technische Hilfe ein. Dieser Schritt und schwere Naturkatastrophen tragen weiter zur **Verschlechterung der wirtschaftlichen Lage** bei.

In den sog. »Drei bitteren Jahren« (1959–1961), der größten historisch bekannten Hungersnot, sterben zwischen 15 und 46 Mio. Menschen. Erstmals ist das gesamte Riesenreich, von den kalten Weizenanbaugebieten im Norden bis zu den subtropischen Reisregionen im Süden, davon betroffen.

Juli–Aug. Eine zweite Beidaihe-Konferenz beschließt eine weitere **Revidierung der Politik des »Großen Sprungs«**. Die Parteipolitik wird nun zunehmend von Mitgliedern der ersten Führungslinie um LIU SHAOQI und DENG XIAOPING beherrscht; von ihnen wird die Linie »Landwirtschaft als Grundlage und Industrie als führender Faktor« proklamiert, mit der es nun verstärkt zu Investitionen auf dem Agrarsektor kommt (**»Neue ökonomische Politik«**). Tausende arbeitslose Städter, Jugendliche und Soldaten werden aufs Land zur Unterstützung der dortigen Produktion geschickt.

Unter dem Einfluss des neuen Verteidigungsministers LIN BIAO (*1907, †1971) beginnt sich die Volksbefreiungsarmee in eine »große Schule des Denkens MAO ZEDONGS« zu verwandeln. In einer Reihe von Kampagnen wird die Armee von nun an zur »Verbesserung des Arbeitsstils« angehalten und auf die Linie MAOS eingeschworen.

1962, Jan.–Febr. Auf einer erweiterten Arbeitskonferenz des ZK in Peking schließt sich auch LIU SHAOQI der Kritik des »Großen Sprungs« an und tritt für eine weitere Liberalisierung der Wirtschaftspolitik und für die Rehabilitierung einiger »Rechtsabweichler« ein. – Die bestehenden Meinungsgruppen beginnen sich zu »Fraktionen« mit eigenen Programmen zu verhärten; die Polarisierung der beiden »Linien« wird zunehmend »antagonistischer«. Dabei konzentrieren sich die Auseinandersetzungen auf die Bereiche der Kultur, der Ideologie und der Propaganda.

Aug. Auf der vorbereitenden Arbeitskonferenz für das zehnte Plenum des VIII. ZK in Beidaihe startet Mao eine Offensive gegen die Konsolidierungspolitik von Liu und Deng.

24.–27. Sept. Auf dem Plenum selbst setzt Mao seine Linie fort. Er warnt vor kapitalistischen Tendenzen, betont die Fortsetzung des Klassenkampfes auch in der Phase des Sozialismus und verweist auf die Bedeutung der Erziehung »revolutionärer Nachfolger«. Obwohl er eine Bestätigung der Lushan-Resolution vom Aug. 1959 durchsetzen und die Rehabilitierung von »Rechtsabweichlern« verhindern kann, wird in der Praxis die Politik Lius und Dengs fortgeführt. Diese findet ihren Ausdruck in der Politik der »Drei Freiheiten – eine Festlegung« (Ausdehnung privat genutzter Landparzellen und freier Handel mit den dabei gewonnenen Produkten; privates Kleingewerbe; Festsetzung der Produktionsquoten auf der Ebene der bäuerlichen Haushalte). Privatinitiative und materielle Anreize stehen wieder im Vordergrund. Fachwissen, Planung und stärkere Dezentralisierung der Wirtschaft werden aufgewertet.

20. Okt.–22. Nov. **Zwischen Indien und China** kommt es wegen der umstrittenen Gebiete zum **militärischen Konflikt**, den China schnell zu seinen Gunsten entscheidet. Nach tiefen Einbrüchen in indisches Gebiet erklärt China einseitig den Waffenstillstand und zieht seine Truppen zurück. Fortan ist das Verhältnis zu Indien gespannt. Pakistan wird zum wichtigsten Verbündeten Chinas in der Region.

1963, 20. Mai Das ZK der KPCh stimmt der Durchführung einer von Mao konzipierten **»Sozialistischen Erziehungsbewegung«** zu, die schon auf dem zehnten Plenum des VIII. ZK vom Sept. 1962 in Aussicht genommen worden ist. Doch auch dabei zeigt sich deutlich ein »Kampf der beiden Linien«. Während Mao mithilfe dieser Kampagne in Fortsetzung der Politik des »Großen Sprungs« den »Klassenkampf verschärfen« und das politische Bewusstsein heben will, versuchen die Parteipragmatiker um Liu die Disziplinierung des Parteiapparates und die Stabilisierung des Parteieinflusses auf dem Lande zu verstärken.

30. Mai Das ZK der KPdSU schlägt in einem Brief an das ZK der KPCh die Aufnahme bilateraler Gespräche auf Parteiebene zur Bereinigung der bestehenden Differenzen vor.

14. Juni Die chinesische Parteiführung nimmt die Einladung an und legt in einem unter der Leitung Maos erarbeiteten »Vorschlag zur Generallinie der internationalen kommunistischen Bewegung« an das ZK der KPdSU die eigene Position dar. In ihm wird von Moskau insbesondere die Aufgabe der Koexistenzpolitik gefordert, die Ablehnung des parlamentarischen Weges zum Sozialismus bekräftigt, die These vom Absterben des Klassenkampfes im Sozialismus attackiert und vor dem »Revisionismus« gewarnt.

5.–22. Juli Eine Delegation unter der Leitung von Deng Xiaoping und Peng Zhen (*1902, †1997) trifft in Moskau ein, doch führen die Gespräche zu keinem Konsens und werden schließlich ergebnislos eingestellt.

5. Aug. Dagegen Abschluss eines Abkommens über das Verbot von Kernwaffentests nach Verhandlungen zwischen den USA, Großbritannien und der Sowjetunion in Moskau.

Dez.–1964, Febr. Zehnwöchige Afrikareise Chou Enlais durch zehn Länder. Nach dem Bruch mit der Sowjetunion ist ein Bündnis mit Ländern der Dritten Welt umso wichtiger.

1964, Mai Erste Editionen der »Zitate des Vorsitzenden Mao« (»Mao-Bibel«) erscheinen in einem Armeeverlag. In den nächsten drei Jahren werden fast eine Mio. Ausgaben des kleinen roten Buches gedruckt.

10. Juli Mao benutzt den Besuch einer Delegation der Sozialistischen Partei Japans dazu, eine neue Version seiner **Zwischenzonen-Theorie** vorzustellen. Ihr zufolge bestehen zwischen den USA und den sozialistischen Ländern zwei große Zwischenzonen, die zum einen von den unterentwickelten Staaten und zum anderen von den entwickelten Mächten Westeuropas sowie von Japan gebildet werden. Den Staaten der beiden Zwischenzonen empfiehlt Mao, zur Abwehr imperialistischer Aggression mit den sozialistischen Ländern zusammenzuarbeiten.

14. Juli Mit der Veröffentlichung des Grundsatzartikels »Über den Pseudokommunismus Chruschtschows und die historischen Lehren für die Welt« erreicht die Kritik am innen- und außenpolitischen Kurs der Sowjetunion ihren bisherigen Höhepunkt.

16. Okt. Zündung der ersten **chinesischen Atombombe**.

Dez. Peking setzt die religiösen und weltlichen Oberhäupter in Tibet, den Dalai-Lama und den Pantschen-Lama, offiziell ab.

21. Dez. Der III. Nationale Volkskongress tritt in Peking zusammen (bis 4. Jan. 1965). Maos Kritik an der Kultur- und Erziehungsarbeit nimmt zu.

1965, 13. Juli Zur Verbesserung der Kultur- und Erziehungsarbeit wird ein »Fünferausschuss Kulturrevolution« unter dem Vorsitz von Peng Zhen gebildet.

9. Sept. Formale Errichtung des Autonomen Gebiets Tibet.

Sept./Okt. Auf einer Arbeitskonferenz des ZK über Probleme im Kulturbereich fordert Mao zur Kritik an Wu Han (*1909, †1969), Historiker und stellvertretender Bürgermeister von Peking, auf. Dieser hat 1961 in seinem historischen Drama »Hai Rui wird entlassen« die »Säuberung« Peng Dehuais kritisiert. Mao kann sich jedoch nicht durchsetzen und zieht sich auf eine sechsmonatige Inspektionsreise zurück.

10. Nov. In einer Shanghaier Literaturzeitung wird auf Veranlassung von Mao und dessen Frau Jiang Qing (*1913, †1991), die politisch immer stärker in Erscheinung tritt, eine scharfe Kritik YAO WENYUANS (*1931, †2005) an dem Drama von WU HAN veröffentlicht. Der Artikel wird bald darauf von der Armeezeitung und schließlich auch von der Pekinger Volkszeitung nachgedruckt.

17. Nov. Erstmals wird in der UNO über die Frage der Aufnahme der VR China abgestimmt, die erforderliche Zweimittelmehrheit wird jedoch noch nicht erreicht (47:47 bei 20 Enthaltungen).

Das Jahrzehnt der Kulturrevolution (1966–1976)

1966, März Während LIU SHAOQIS Besuch in Pakistan werden einige seiner wichtigsten Verbündeten ihrer Ämter enthoben, u.a. LUO RUIQING (*1906, †1978), PENG ZHEN und LU DINGYI.

16. Mai In einem Rundschreiben des ZK ist zum ersten Mal von der **»Großen Proletarischen Kulturrevolution«** die Rede, mit der gegen die ideologischen Positionen vorgegangen werden soll, die noch von den »Resten der Bourgeoisie und des Feudalismus in Partei, Regierung und Armee« gehalten werden.
An den Mittel- und Hochschulen bilden sich **Rotgardistengruppen**, die auf Wandzeitungen die Zerstörung der »alten Autoritäten« fordern. Da sie von MAO selbst und den publizistischen Organen unterstützt werden, gelingt es der Partei nicht, sie unter Kontrolle zu bringen. Der Terror an den Hochschulen weitet sich aus.

Juni Maoisten übernehmen die Kontrolle über die »Volkszeitung« (*Renmin Ribao*) und die Leitung im Pekinger Parteikomitee. Damit verlagert sich das Zentrum kulturrevolutionärer Agitation von Shanghai wieder auf die Hauptstadt.

16. Juli MAO schwimmt bei Hangzhou (Provinz Zhejang) im Yangzi und demonstriert so spektakulär seine gute körperliche Verfassung. Dann kehrt er nach neunmonatiger Abwesenheit nach Peking zurück.

1. Aug. Beginn des von MAO einberufenen elften Plenums des VIII. ZK, welches mit MAO-Verbündeten erweitert worden ist. LIN BIAO löst LIU SHAOQI als Vizevorsitzender der Partei ab.

8. Aug. In einer 16-Punkte-Entschließung legitimiert das ZK die Kulturrevolution und ruft zum Kampf gegen die Machthaber in der Partei auf, »die den kapitalistischen Weg gehen«.

18. Aug. Zusammen mit LIN BIAO nimmt MAO in Peking die erste große Massenkundgebung der Roten Garden ab; immer stärkerer **Mao-Kult**. Beginn der rotgardistischen Zerstörungszüge gegen die »Vier Alten« (Ideen, Kultur, Sitten, Gewohnheiten). Allein in Peking werden über 33 000 Wohnungen durchsucht, 1772 »schwarze Elemente« nach demütigenden öffentlichen Schauprozessen zum Tode verurteilt und über 70 000 »Menschen mit schlechtem Klassenhintergrund« aus der Stadt vertrieben; von 6843 werden 4922 Kulturgüter zerstört.
Terror und Exzesse der studentischen Roten Garden steigern sich und provozieren den Widerstand von Arbeitern und Bauern. – Zwar gelingt es MAO und seinen Anhängern, ihre Gegner in der Parteizentrale zu entmachten und sich in Peking und einigen anderen Großstädten durchzusetzen, doch blocken in den Provinzen die dortigen Parteiführer die Angriffe der Roten Garden weitgehend ab und behaupten ihre Positionen.

22. Nov. MAOS Sekretär CHEN BODA (*1904, †1989) wird zum Vorsitzenden des Zentralen Kulturrevolutionären Komitees ernannt. JIANG QING übernimmt den Vizevorsitz.

1967, Jan. Der im Vorjahr begonnene Rückruf aller Botschafter Chinas (bis auf Kairo) wird beschleunigt.

4. Jan. In Shanghai bricht der sog. **»Januarsturm«** los; hier wie in anderen Städten übernehmen die Radikalen gewaltsam die Macht. Die Partei antwortet mit der Aufstellung eigener Verbände (»Scharlachgarden«) und versucht, die Arbeiter und Bauern auf ihre Seite zu ziehen.

17. Jan. MAO erteilt der **Volksbefreiungsarmee** den Befehl zum Eingreifen, da Streiks, Demonstrationen und Kämpfe die Wirtschaft in ein Chaos zu stürzen drohen. Obwohl zum »Schutz der Linken« aufgefordert, benutzen viele militärische Führer in den Provinzen die Gelegenheit, die Radikalen unter Kontrolle zu bringen und mithilfe gemäßigter Kader den reibungslosen Ablauf der Wirtschaft sicherzustellen.
Bildung von **»Revolutionskomitees«** aus Militärs, »revolutionären Parteikadern« und Vertretern von Massenorganisationen in der Provinz Heilongjiang unter Mitwirkung des dortigen Militärbefehlshabers CHEN XILIAN (*1913, †1998).

5. Febr. Proklamation der »Kommune von Shanghai«. Die radikalste Phase der Kulturrevolution beginnt.

6. April Im Gegenzug verbietet die von der Linksfraktion kontrollierte Militärkommission des ZK die von einigen Militärführern in den Provinzen angestrebte Auflösung der revolutionären Massenorganisationen.

17. Juni Zündung der ersten chinesischen Wasserstoffbombe.

26. Juli In Wuhan, wo es seit der Festnahme von über 3000 Rotgardisten im Frühjahr durch die Armee wiederholt zu Massenprotesten und gewaltsamen Auseinandersetzungen kommt, werden während eines Aufenthalts MAOS und CHOU ENLAIS in der Stadt Vertreter aus Peking sowie der Kommandeur der Militärregion Wuhan, CHEN ZAIDAO (*1909, †1993) von Demonstranten verprügelt. MAO verfügt die Absetzung CHENS und verlässt eilig die Stadt. Über 1000 Menschen werden bei den nachfolgenden Strafaktionen der Armee getötet (**»Wuhan-Zwischenfall«**).

Aug. Die Roten Garden stürmen das Außenministerium (8. Aug.) und setzen die britische Botschaft in Peking in Brand (22. Aug.).
Der Versuch der Maoisten, sich auch in Südchina durchzusetzen, scheitert, als der dortige Befehlshaber HUANG YONGSHENG (*1910, †1983) mit regulären Truppen in die Kämpfe eingreift. Schon zuvor haben sich unter dem Druck der regionalen Befehlshaber auf einer erweiterten Sitzung der Militärkommission des ZK in Peking MAO, LIN BIAO und JIANG QING von den »Revolutionären Rebellen« distanziert. Der **Hö-**

hepunkt der Kulturrevolution ist damit überschritten. Während aus der »Gruppe Kulturrevolution« die Linksextremisten entfernt werden, führt die Armee die Disziplinierung der Roten Garden und der von ihnen dominierten Massenorganisationen durch.

5. Sept. Abkommen über den Bau der Tansania-Sambia-Eisenbahn, dem größten chinesischen Entwicklungshilfeprojekt.

14. Okt. Anordnung zur sofortigen Wiederaufnahme des Unterrichts an Schulen und Hochschulen. Bereits seit Sept. hat sich mit Billigung MAOS die in Heilongjiang erstmals gebildete Verbindung von Militär- und Parteikadern sowie von Massenorganisationsvertretern als Organisationsform im ganzen Land durchgesetzt. Allerdings werden diese Machtorgane von Anfang an von den Angehörigen der Volksbefreiungsarmee dominiert. Unter Leitung des Militärs wird im ganzen Land allmählich die Ordnung wieder hergestellt. Maßnahmen zur Wiederbelebung der Wirtschaft und zum Wiederaufbau der Partei werden eingeleitet.

1968, Sept. In Tibet und Xinjiang werden die letzten Revolutionskomitees gegründet und damit ganz China für »rot« erklärt.

1. Okt. Eröffnung der Yangzi-Brücke bei Nanjing, das Prestigeprojekt des Aufbaus ohne ausländische Hilfe.

13.–31. Okt. Das zwölfte Plenum des VIII. ZK nimmt den Entwurf eines neuen Parteistatuts an, das von CHEN BODA, YAO WENYUAN und ZHANG CHUNQIAO (*1911, †2005) ausgearbeitet worden ist. Obwohl schon längst entmachtet und von der politischen Bühne verschwunden, wird LIU SHAOQI erst jetzt formell aller Ämter enthoben und aus der Partei ausgestoßen. Er stirbt ein Jahr später im Gefängnis.

22. Dez. MAO fordert die Absolventen von Schulen und Hochschulen auf, aufs Land zu gehen, um sich von den Bauern »umerziehen« (chinesisch *laogai*) zu lassen. In der Folge werden mehr als zehn Mio. Jugendliche in die Randzonen Chinas abkommandiert. Die Rebellion der Jugend ist damit zerschlagen. Im »Kaderschulprogramm vom 7. Mai«, eine Art Gulagsystem, das harte körperliche Arbeit mit dem Studium der Mao-Schriften verbindet, verschwinden auf unbestimmte Zeit neben Rotgardisten auch Parteikader und Intellektuelle.

1969, 2./15. März Schwere Zwischenfälle an der sowjetisch-chinesischen Grenze (**Ussuri-Konflikt**). Nach starken sowjetischen Truppenkonzentrationen und unter dem Eindruck des Einmarsches von Truppen des Warschauer Paktes in die Tschechoslowakei vom Aug. 1968 wächst in China das Gefühl der Bedrohung.

1.–24. April Unter strengster Geheimhaltung tritt in Peking der IX. Parteitag der KPCh zusammen. Das **Ende der Kulturrevolution** wird verkündet und ein neues Parteistatut angenommen, das LIN BIAO namentlich als »Nachfolger« MAOS bezeichnet. Dessen Gedanken werden wieder zur Richtschnur für die Arbeit der Partei erhoben.

15. April Das neugewählte ZK wird ebenso wie das neue Politbüro von Vertretern der Volksbefreiungsarmee dominiert.

28. April Das erste Plenum des IX. ZK wählt MAO ZEDONG erneut zum Parteivorsitzenden.

Mai Der Wiederaufbau der Partei wird verstärkt propagiert und eine von nun an ständig wachsende Zahl von Kadern, die während der Kulturrevolution »gesäubert« worden sind, auf Betreiben CHOU ENLAIS rehabilitiert. Während CHOU mithilfe der Partei und mit Unterstützung zahlreicher Regionalbefehlshaber einen Kurs der politischen und wirtschaftlichen Konsolidierung steuert, propagiert LIN BIAO die Rückkehr zur Politik des »Großen Sprungs«, nun allerdings unter der Leitung der Armee und mithilfe einer weitgehend militarisierten Bevölkerung. Macht- und Linienkämpfe der beiden Gruppen setzen ein.

18. Aug. Kämpfe an der chinesisch-sowjetischen Grenze in Xinjiang. Die Sowjetunion droht indirekt mit einem Nuklearschlag.

Chinesische Außenpolitik seit 1969

Nach dem IX. Parteitag im April 1969 beginnt sich **China aus der außenpolitischen Isolation zu lösen** und viele der während der Kulturrevolution aufgegebenen Botschafterposten neu zu besetzen. Die Kontakte zu Rumänien werden ausgebaut. Seit Sommer 1969 mehren sich zudem die Anzeichen für eine amerikanisch-chinesische Annäherung. Die Geheimgespräche des Sonderbeauftragten des amerikanischen Präsidenten, HENRY KISSINGER, in Peking tragen dazu wesentlich bei. Während seines Besuchs in China (21.–27. Febr. 1972) trifft US-Präsident NIXON auch mit MAO ZEDONG zusammen, der sich so demonstrativ hinter die neue außenpolitische Linie CHOU ENLAIS stellt. Im Shanghai-Kommuniqué bekennen sich beide Staaten zum Prinzip der friedlichen Koexistenz und zur Regelung internationaler Streitfälle ohne Anwendung von Gewalt. Sie stellen fest, dass eine Normalisierung der amerikanisch-chinesischen Beziehungen im Interesse »aller Staaten« liege und erteilen hegemonialen Bestrebungen im asiatisch-pazifischen Raum ebenso eine Absage wie der Aufteilung der Welt in Einflusssphären der Großmächte. Das **Taiwan-Problem bleibt ungelöst**. Während Peking auf seiner Ansicht beharrt, Taiwan sei eine Provinz Chinas und in Peking sitzt die einzig rechtmäßige Regierung Chinas, erkennt die US-Regierung die Auffassung »aller« Chinesen an, dass es nur ein China gebe und Taiwan ein Teil Chinas sei. Beide Seiten geben ihr Interesse an einer Fortsetzung der Kontakte und einer Normalisierung der Beziehungen zu Protokoll. Der Prozess der diplomatischen Anerkennung, schon vor der amerikanisch-chinesischen Annäherung begonnen, setzt sich nach dem NIXON-Besuch verstärkt und beschleunigt fort: Noch im selben Jahr tauschen Japan und die Bundesrepublik Deutschland mit der VR China Botschafter aus. Die neue außenpolitische Strategie findet ihre konzeptionelle Ausprägung in der sog. **Dreiwelten-Theorie**, die DENG XIAOPING 1974 vor der UNO erläutert. Von den drei Welten, in die sich ihr zufolge die internationale Landschaft einteilen lässt, bilden die beiden »Supermächte« USA und Sowjetunion die Erste, die entwickelten Staaten in West und Ost die Zweite und die unterentwickelten Länder, zu denen sich auch China zählt, die Dritte Welt. Als strategische Konsequenz strebt Peking die Bildung einer »breitestmöglichen Einheitsfront« gegen die beiden »Supermächte« an, v.a. gegen die Sowjetunion. Deshalb kooperiert China mit allen Ländern der Dritten Welt, ungeachtet des politischen Systems und versucht, seine Beziehungen zu den Ländern der Zweiten Welt auszubauen.

1970, März MAO spricht sich für eine Änderung der Verfassung von 1954 und für die Streichung des Staatspräsidentenamtes aus. Die Armee wird verstärkt zum Gehorsam gegenüber der Partei aufgerufen.

24. April China startet seinen **ersten Weltraumsatelliten**.

22. Juli Als erste wird die Qinghua-Universität in Peking wieder eröffnet. Andere Universitäten folgen. Zulassungen sind noch bis 1972 abhängig vom »Klassenhintergrund« und von Empfehlungen der Arbeitseinheiten der Bewerber.

17. Aug. Wiederaufnahme der 1958 abgebrochenen Beziehungen zu dem als »revisionistisch« verurteilten Jugoslawien. Es folgen diplomatische Beziehungen mit Kanada (13. Okt.) und Italien (6. Nov.).

20. Nov. In der UNO wird erstmals eine einfache Mehrheit für die Aufnahme der VR China erreicht.

Dez. Bildung von 26 Provinzkomitees sowie der Parteikomitees von Peking, Shanghai und Tianjin. Ihre Zusammensetzung spiegelt den Machtverlust der linken Massenorganisationen und den Machtgewinn der neuen Koalition von Parteiveteranen und lokalen Militärbefehlshabern wider.

1971, 24. April CHOU ENLAI empfängt eine amerikanische Tischtennis-Delegation.

9.–11. Juli Geheimbesuch des amerikanischen Sicherheitsberaters HENRY KISSINGER in Peking. Einladung CHOU ENLAIS an US-Präsident RICHARD NIXON zu einem Besuch in China.

12. Sept. Nach dem Scheitern eines Putsches stürzt LIN BIAO auf der Flucht über der Mongolei mit dem Flugzeug ab. Erst Anfang Dez. setzt eine »Kampagne zur Kritik am Revisionismus und zur Korrektur des Arbeitsstils« ein. Obwohl sie offenbar der Ausschaltung der LIN BIAO-Anhänger, insbesondere im zentralen Militärapparat dient, wird LIN BIAO erst auf dem X. Parteitag im Aug. 1973 offiziell damit in Verbindung gebracht. Die Zahl der Rehabilitierungen von Altfunktionären und Militärs nimmt weiter zu. Zudem wird der Wiederaufbau des zentralen Verwaltungsapparats beschleunigt vorangetrieben.

25. Okt. Die **VR China** wird als Vertreterin Chinas **in die Vereinten Nationen aufgenommen**; gleichzeitig verlassen die Vertreter Taiwans die Weltorganisation.

1972, 21.–27. Febr. US-Präsident NIXON besucht die Volksrepublik China. In Shanghai wird in einem gemeinsamen Kommunique die Aufnahme diplomatischer Beziehungen in Aussicht gestellt. Die USA akzeptieren Taiwan als Teil Chinas und kündigen ihren schrittweisen militärischen Rückzug von der Insel an.

13. März Der seit 1950 bestehende diplomatische Gesandtenaustausch zwischen China und Großbritannien wird auf die Botschafterebene angehoben.

25.–30. Sept. Während des Besuchs des japanischen Premiers KAKUEI TANAKA wird die Aufnahme diplomatischer Beziehungen zwischen beiden Ländern vereinbart und der Abschluss eines Friedens- und Freundschaftsvertrags in Aussicht genommen, nachdem die japanische Regierung sich bereit erklärt hat, den Friedensvertrag von 1952 zu annullieren und Taiwan als einen Bestandteil Chinas anzuerkennen.

11. Okt. Aufnahme diplomatischer Beziehungen zwischen der VR China und der Bundesrepublik Deutschland.

Die innenpolitische Krise (1971–1975)

Nach dem Fall LIN BIAOS kristallisiert sich als linker Gegenpol zu den Parteipragmatikern um CHOU ENLAI die Gruppe um MAOS Frau JIANG QING und die Shanghaier Funktionäre ZHANG CHUNQIAO und YAO WENYUAN. Diese beobachtet mit Argwohn die Rehabilitierung ehemaliger Parteifunktionäre und die allmähliche Zurückdrängung »kulturrevolutionärer Errungenschaften« zu Gunsten einer an Rationalität und Effizienz orientierten Wirtschafts- und Gesellschaftspolitik. Versuche zur Wiederherstellung eines dazu erforderlichen leistungsbezogenen Erziehungssystems provozieren bald ebenso ihren Widerstand, wie die Aktivierung des Außenhandels mit den westlichen Staaten, mit deren Hilfe die Mechanisierung und Modernisierung der chinesischen Wirtschaft, v.a. aber der Armee beschleunigt werden soll. Obwohl es den Linken auf dem X. Parteitag von 1973 gelingt, den jungen Shanghaier Parteifunktionär WANG HONGWEN (*1935, †1992) in die höchste Parteispitze zu bringen, setzen die gemäßigten Kräfte sich in den Führungsorganen weiter durch. Die Zahl der Militärs nimmt in den obersten Parteiorganen ab; einen weiteren Machtverlust müssen sie Ende des Jahres mit einem Revirement unter den regionalen Militärbefehlshabern hinnehmen. Nach intensiven Rekrutierungen erreicht die KPCh eine Mitgliederzahl von 28 Mio. (vor der Kulturrevolution: 17 Mio.). Seit dem Frühjahr wird der Wiederaufbau der während der Kulturrevolution aufgelösten offiziellen Massenorganisationen (Kommunistisches Jugendkorps, Gewerkschaftsverband, Chinesischer Demokratischer Frauenbund) verstärkt betrieben. Durch sie versuchen die Linken ihre Machtbasis zu verbessern, die bislang im Wesentlichen aus der Unterstützung MAOS und der Kontrolle der Massenmedien bestand. Über die Letzteren betreiben sie seit Herbst 1972 eine als Kritik an LIN BIAO und KONFUZIUS getarnte Massenkampagne gegen CHOU ENLAI und seine Anhänger. Diesem gelingt es jedoch, sich auf dem IV. Nationalen Volkskongress im Jan. 1975 mit seiner Politik der **»Vier Modernisierungen«** (Landwirtschaft, Industrie, Landesverteidigung, Wissenschaft und Technik), mit deren Hilfe China zu einer der führenden wirtschaftlichen Mächte der Welt aufsteigen soll, durchzusetzen. Über eine Reihe von Kampagnen versucht die Parteilinke daraufhin die Initiative wieder an sich zu reißen. Hauptziel der Angriffe ist nun der einstige Generalsekretär der Partei, DENG XIAOPING (im Frühjahr 1973 rehabilitiert), der anstelle des erkrankten CHOU ENLAI die Regierungsgeschäfte führt.

1973, 24.–28. Aug. Nach dem X. Parteitag, der durch eine Satzungsänderung und personelle Umgestaltung in den Organen der Ausschaltung LIN BIAOS Rechnung trägt, steigert sich der innenpolitische Widerstand der Linksgruppe zu einer Reihe von Kampagnen, die alle dem Ziel dienen, CHOU ENLAI zu entmachten und die Fortsetzung seiner Politik zu blockieren.

11.–17. Sept. Erstmals besucht ein westeuropäisches Staatsoberhaupt, der französische Präsident GEORGES POMPIDOU, die VR China.

1974, 10. April DENG XIAOPING stellt der UN-Vollversammlung die sog. »Dreiwelten-Theorie« vor, die von nun an als offizielle Grundlage der chinesischen Außenpolitik bezeichnet wird.

1975, 13.–17. Jan. Auf dem nach der Verfassung längst überfälligen IV. Nationalen Volkskongress, der in demonstrativer Abwesenheit MAOS in Peking stattfindet, gelingt CHOU ENLAI eine wichtige Konsolidierung seines gemäßigten Reformkurses (Politik der Vier Modernisierungen). Während in der Linksfraktion lediglich ZHANG CHUNQIAO mit dem Amt des 2. Stellvertretenden Ministerpräsidenten eine wichtige Position zufällt, kann CHOU seine Regierungsmannschaft mit Männern seiner Wahl besetzen (Ernennung DENG XIAOPINGS zum 1. Vizepremier). – Der Volkskongress verabschiedet eine neue Verfassung.

Frühjahr MAO warnt vor der Gefahr des Revisionismus und initiiert eine Kampagne zum Studium der Werke von MARX, ENGELS und LENIN. ZHANG CHUNQIAO und YAO WENYUAN, denen die Kontrolle der Medien des Landes untersteht, lassen eine 33-bändige Ausgabe von Zitaten aus den marxistischen Klassikern veröffentlichen. Zusammen mit JIANG QING und WANG HONGWEN werden sie von MAO selbst erstmals als »Viererbande« beschrieben.

Die Verfassung von 1975

Die Verfassung definiert die Volksrepublik als einen »sozialistischen Staat der **Diktatur des Proletariats**« und enthält die Feststellung, dass die Phase des Sozialismus von Klassenkämpfen geprägt ist und daher der Diktatur des Proletariats bedarf. Die **Führungsrolle der Partei** über Regierung und Armee wird hervorgehoben und dem Ständigen Ausschuss des Nationalen Volkskongresses die Funktionen des Staatsoberhaupts zugewiesen. Das Streikrecht wird garantiert, außerdem die private Bewirtschaftung und Nutzung kleiner Parzellen sowie die Ausübung häuslicher Nebengewerbe in kleinem Umfang gestattet. Außenpolitisch enthält die neue Verfassung neben einem Bekenntnis zum Prinzip des »proletarischen Internationalismus« die Feststellung, dass China niemals anstrebe, eine »Supermacht« zu werden.

1976, 7. Jan. Nach dem **Tod CHOU ENLAIS** gelingt der Parteilinken ein vorläufiger Durchbruch, nachdem sie in einer Reihe von Kampagnen versucht hat, die Initiative wieder an sich zu reißen.

7. Febr. Statt DENG XIAOPING wird der bisherige Sicherheitsminister HUA GUOFENG (*1920) zum neuen geschäftsführenden Ministerpräsidenten ernannt.

1.–5. April Auf dem Platz des Himmlischen Friedens im Zentrum Pekings kommt es zu spontanen Trauerkundgebungen der Bevölkerung für den verstorbenen CHOU ENLAI, die von Ordnungshütern gewaltsam unterbunden werden (**Tiananmen-Zwischenfall**).

7. April DENG XIAOPING wird nach wochenlanger, von MAO gebilligter Kampagne vom Politbüro aller Partei- und Regierungsämter enthoben; gleichzeitig wird HUA GUOFENG als neuer Ministerpräsident bestätigt und auf Vorschlag MAOS zum 1. Stellvertretenden Parteivorsitzenden gewählt. – Angesichts des sich rapide verschlechternden Gesundheitszustands von MAO ZEDONG intensiviert die Linksfraktion den Kampf um seine Nachfolge. Die Kampagnen gegen die Anhänger CHOUS und DENGS werden verschärft, der Aufbau von Milizen vorangetrieben.

28. Juli Ein Erdbeben zerstört die Millionenstadt Tangshan (Provinz Hebei) fast vollständig. Schwere Schäden auch in Peking und in Tianjin. Nach offiziellen Angaben gibt es 240 000 Tote, inoffizielle Schätzungen gehen von bis zu 700 000 Toten aus. Die Regierung verweigert ausländische Hilfsangebote; aufgrund unzureichender Rettungsmaßnahmen sterben viele Menschen noch nach dem Beben. Dadurch verliert die Führung weiter an Prestige.

8. Sept. **MAO ZEDONG stirbt** mit 82 Jahren. Unmittelbar danach setzt der Kampf um seine Nachfolge ein.

Die Ära Deng Xiaoping (1978–1997)

7. Okt. Das Politbüro wählt HUA GUOFENG zum neuen Parteivorsitzenden; noch am selben Tag werden die Frau MAOS und ihre Anhänger (**Viererbande**) verhaftet. Damit wird offenbar, dass die Linke nach dem Tod MAOS gegen die sich formierende Koalition aus gemäßigten Parteiveteranen und regionalen Militärbefehlshabern, der sich auch die Führer des Sicherheitsapparates angeschlossen haben, kein vergleichbares Machtpotenzial aufbieten kann. Mit der Unterstützung der Armee gelingt es den Siegern schnell, den Widerstand der Linksfraktion zu brechen und die durch Naturkatastrophen vom Frühjahr 1976 sowie durch Machtkämpfe geschädigte Wirtschaft wieder in Gang zu bringen.

1977, 16.–21. Juli Das 3. Plenum des X. ZK rehabilitiert DENG XIAOPING erneut.

12.–18. Aug. Der vorzeitig nach Peking einberufene XI. Parteitag zieht die personellen Konsequenzen der neuen Entwicklungen: Während die Anhänger der Linksfraktion aus allen Parteigremien entfernt werden, übernimmt die Koalition der Sieger die Macht. Zu den fünf Stellvertretern des neuen Parteivorsitzenden HUA GUOFENG zählt auch DENG XIAOPING. – Die Kulturrevolution wird für beendet erklärt; die Partei nimmt ein **neues Parteistatut** an, das die kulturrevolutionären Positionen der Statuten von 1969 und 1973 weiter abschwächt und an die Satzung von 1956 anknüpft. Sie ist stärker auf eine kollektive Führung abgestellt und betont die Prinzipien der Disziplin und Kontrolle.

Merkmale und Folgen der neuen Wirtschaftspolitik

Zur Ankurbelung der Politik der bereits 1975 beschlossenen **»Vier Modernisierungen«** sowie zur Intensivierung der wissenschaftlichen und technischen Forschung läuft seit dem Sturz der Viererbande eine Reihe nationaler Konferenzen ab. Ins Zentrum der Politik rückt die Generallinie eines »Neuen Großen Sprungs nach vorn« (Zehnjahresplan 1976–1985). Anknüpfend an die frühere Strategie, sollen Landwirtschaft und Industrie gleichzeitig entwickelt werden, ebenso Schwer- und Leichtindustrie, nationale und lokale Industrie.

Grundzüge der künftigen Wirtschaftspolitik werden insbesondere auf dem 3. Plenum des XI. ZK (Dez. 1978) beschlossen. Nach einer Periode vorsichtiger Reformen soll eine marktorientierte sozialistische Wirtschaftsform entstehen. Maßnahmen sind die Förderung von Privatinitiativen und des Leistungsprinzips sowie die Gewährung größerer Entscheidungskompetenzen für staatseigene Unternehmen. In der Landwirtschaft ermöglichen Pachtverträge eine selbstständige Bewirtschaftung; kleinere bäuerliche Familienbetriebe entstehen (Selbstverantwortungssystem). In der Industrie wird größere Eigenverantwortlichkeit zunächst bei ausgewählten Betrieben erprobt, außerdem die Errichtung von Privatunternehmen gefördert. Um das wirtschaftliche Wachstum zu forcieren und den technologischen Anschluss an den Westen zu schaffen, öffnet sich China durch wissenschaftliche Kontakte, Einfuhr von modernen Anlagen sowie Kooperationsprojekte mit ausländischen Unternehmen nach außen. Dies geschieht besonders in den seit 1979 eingerichteten **Wirtschaftssonderzonen** – v. a. Küstenregionen, die für den internationalen Handel geöffnet werden.

Die Liberalisierungsmaßnahmen haben soziale Konsequenzen. Die Einkommensverteilung wandelt sich, Einkommensunterschiede nehmen zu. Viele Partei- und Staatsfunktionäre sehen sich benachteiligt. Als Folge erlebt China in den 1980er-Jahren auf allen Ebenen des Partei- und Staatsapparates eine Zunahme von Bestechung, Unterschlagung und persönlicher Bereicherung. Zwar gibt es zwischen 1979 und 1989 von staatlicher Seite Überlegungen für eine Erneuerung des politischen Systems (z. B. Pläne für ein gesetzgebendes Zweikammernsystem und eine unabhängige Gewerkschaft). Diese Vorhaben werden jedoch von ideologisch orientierten Kräften bekämpft und von Befürwortern aus Furcht vor unkontrollierbaren Folgen eingestellt. Somit geht mit der wirtschaftlichen keinerlei bürgerliche oder politische Liberalisierung einher. Die sich 1989 in Studentenprotesten artikulierenden Forderungen nach Menschenrechten, Freiheit und Demokratie werden blutig niedergeschlagen. Der XIV. Parteitag der KPCh im Okt. 1992 beschließt die beschleunigte Fortsetzung der Wirtschaftsreform, blockiert aber gleichzeitig jede Veränderung im politischen Bereich. 1993 wird die **»sozialistische Marktwirtschaft« in die Verfassung** aufgenommen.

1978, 26. Febr. In Peking tritt der V. Nationale Volkskongress zusammen. Er bestätigt personell und programmatisch den gemäßigten Kurs der vergangenen Jahre. Hua Guofeng wird als Ministerpräsident in seinem Amt bestätigt. Ein wachstumsorientierter Wirtschaftsplan (1976–1985) wird verabschiedet.

5. März Die neu angenommene Verfassung wird als »neue Verfassung für eine neue Entwicklungsdekade« bezeichnet. Auch sie definiert die VR China als einen »sozialistischen Staat der Diktatur des Proletariats« und unterstreicht die Führungsrolle der kommunistischen Partei. Wirtschaftlich wird die Notwendigkeit einer rascheren Entwicklung und Modernisierung betont. Der Grundrechtskatalog wird in einigen Punkten ergänzt (u. a. Gleichstellung der Frau, Sozialunterstützung). Nach der (schon 1970 heftig diskutierten) Streichung des Amts des Staatspräsidenten geht der militärische Oberbefehl auf den Vorsitzenden des ZK der KPCh über.

Gleichzeitig mit dem Nationalen Volkskongress tritt nach 13-jähriger Unterbrechung die **V. Politische Konsultativkonferenz** zusammen, ein Zeichen, dass die gemäßigte Politik der Vereinten Fronten wiederaufgenommen werden soll. Der Konferenz gehören über 2000 Persönlichkeiten aus allen Bereichen der Gesellschaft an, darunter Abgeordnete der früheren demokratischen Parteien und der Pantschen-Lama.

Aufbau zahlreicher neuer Forschungsinstitutionen: Durch ein Sofortausbildungsprogramm sollen 800 000 in der wissenschaftlichen Forschung benötigte Fachkräfte (v. a. in Laser- und Raumfahrttechnik, Computer, Energiequellen, Hochenergiephysik und Genetik) bereit gestellt werden. Chinesische Studenten werden wieder zum Auslandsstudium in die USA, nach Japan und Europa zugelassen.

3. April Abschluss eines Handelsvertrags zwischen der VR China und der EG.

Mai Mit dem einsetzenden Exodus von Vietnamesen chinesischer Abstammung aus Vietnam verschlechtern sich die Beziehungen zwischen Hanoi und Peking. Eine weitere Verschärfung verursacht der Grenzkonflikt zwischen Vietnam und Kambodscha, in dem China für Kambodscha Partei ergreift und materielle Unterstützung leistet.

3. Juli Peking stellt die Finanz- und technische Hilfe an Vietnam ein; fast zur selben Zeit kommt es zu Konflikten an der chinesisch-vietnamesischen Grenze, die im Laufe des Jahres weiter eskalieren.

7. Juli Das chinesische Außenministerium gibt in einer Note an die albanische Botschaft in Peking die Rückberufung der chinesischen Experten und die Einstellung der chinesischen Hilfe an Albanien bekannt. Peking reagiert damit auf die albanische Kritik an der chinesischen Innen- und Außenpolitik, die ein Jahr zuvor eingesetzt und sich ständig gesteigert hatte.

10. Aug.–1. Sept. Der chinesische Partei- und Regierungschef Hua Guofeng unternimmt eine erste längere Auslandsreise, die ihn nach Rumänien, Jugoslawien und in den Iran führt.

12. Aug. Die **VR China** und **Japan** schließen nach längeren Verhandlungen einen **Friedens- und Freundschaftsvertrag**, der auch die von Moskau bekämpfte Anti-Hegemonie-Klausel enthält.

23.–29. Okt. Zur offiziellen Unterzeichnung des Vertrags stattet der stellvertretende Ministerpräsident DENG XIAOPING Japan einen Staatsbesuch ab, in dessen Verlauf er auch vom japanischen Kaiser HIROHITO empfangen wird.

5.–14. Nov. DENG XIAOPING besucht die ASEAN-Staaten Thailand, Malaysia und Singapur: Er bekräftigt die chinesische Zustimmung zur Schaffung einer neutralen Zone in Südostasien. Die Reise DENGS steht deutlich unter dem Eindruck des kurz zuvor zwischen Vietnam und der Sowjetunion geschlossenen Freundschaftsvertrags und der militärische Konflikt in Indochina.

Nov./Dez. Beginn der »Mauer der Demokratie«: Auf großen Wandpostern wird eine offizielle Neubewertung der Demonstrationen vom 5. April 1976 und die Demokratisierung des politischen Systems als Ergänzung zu den Modernisierungsbemühungen in anderen Bereichen gefordert. Studenten- und Intellektuellengruppen gründen zahlreiche Zeitschriften, deren Namen ihr politisches Programm widerspiegeln, etwa »Aufklärung«, »Demokratie und Recht«, »Pekinger Frühling«, »Ernte« oder »Wissenschaft«. Die Parteiführung zeigt sich zu einer Neubewertung des 5. Aprils 1976 bereit.

Dez. Das dritte Plenum des XI. ZK bestätigt offiziell DENG XIAOPINGS Kurs der »sozialistischen Modernisierung«. Die Bekämpfung der Armut erhält oberste Priorität, der Klassenkampf tritt in den Hintergrund. Jedoch Bindung an die »Vier Kardinaltugenden«: Festhalten am sozialistischen Weg, Diktatur des Proletariats, Führung der KPCh, Theorie des Marxismus-Leninismus-Stalinismus.

5. Dez. US-Präsident JIMMY CARTER und der chinesische Regierungschef HUA GUOFENG geben die Absicht ihrer Regierungen bekannt, Anfang 1979 volle diplomatische Beziehungen aufzunehmen.

1979, 1. Jan. Aufnahme **diplomatischer Beziehungen zwischen** der **VR China** und den **USA**. Die USA beenden damit ihre seit 1949 bestehenden diplomatischen Beziehungen zur taiwanesischen Regierung.

29. Jan. DENG XIAOPING trifft zu einem Staatsbesuch in Washington ein. China erhält den Status einer *most favored nation* (Meistbegünstigungsklausel).

17. Febr. Beginn eines **Grenzkrieges zwischen der VR China und Vietnam** an der Nordgrenze Vietnams. China begründet seinen Angriff, den es als »begrenzte Strafaktion« charakterisiert, mit Vietnams wiederholtem Eingreifen in Kambodscha.

5. März Rückzug der chinesischen Streitkräfte aus Vietnam.

Die Demokratiebewegung wird unterdrückt. WEI JINGSHENG (*1949), der die Einführung von Demokratie als »fünfte Modernisierung« fordert, wird verhaftet und zu 15 Jahren Haft verurteilt.

4. April Sieben Tage vor der automatischen Verlängerung des Abkommens kündigt China den Freundschaftsvertrag mit der Sowjetunion von 1950.

15. April Aufnahme von Friedensgesprächen zwischen China und Vietnam.

8. Juli Ein Gesetz über chinesisch-ausländische *joint ventures* tritt in Kraft. Einrichtung von vier Wirtschaftssonderzonen in den Provinzen Guangdong und Fujian (Zhuhai, Shenzhen, Shantou, Xiamen).

15. Okt.–10. Nov. HUA GUOFENG besucht als erster chinesischer Regierungschef Westeuropa (21.–28. Okt. die Bundesrepublik Deutschland).

15. Nov. Ankündigung, dass alle Denunzierungsopfer seit 1957 wieder rehabilitiert werden sollen.

Dez. Die Normalisierungsgespräche mit der Sowjetunion werden nach deren Eingreifen in Afghanistan von chinesischer Seite auf unbestimmte Zeit vertagt.

1980, 5.–13. Jan. Der Besuch des US-Verteidigungsministers HAROLD BROWN (*1927) in der VR China ist der erste formelle Kontakt zwischen der chinesischen und amerikanischen Militärführung. Die USA zeigen sich bereit, China Rüstungsgüter zu liefern.

23.–28. Febr. Auf dem fünften Plenum des XI. ZK werden vier weitere prominente Vertreter der ehemaligen Mao-Gruppe von allen Leitungspositionen in Partei und Regierung entbunden; stattdessen rücken mit ZHAO ZIYANG (*1919, †2005) und HU YAOBANG (*1915, †1989) zwei weitere Anhänger DENG XIAOPINGS in den Ständigen Ausschuss des Politbüros des ZK ein. HU YAOBANG wird Generalsekretär des wiedererrichteten Sekretariats des ZK. LIU SHAOQUI wird rehabilitiert.

Mai Im Südpazifik findet das größte chinesische Seemanöver seit dem frühen 15. Jh. statt. – China wird Mitglied der **Weltbank** und des **Internationalen Währungsfonds**.

27. Mai –1. Juni HUA GUOFENG besucht als erster chinesischer Regierungschef Japan.

30. Aug.–10. Sept. Drittes Plenum des V. Nationalen Volkskongresses. Mit Ministerpräsident HUA GUOFENG stellen vier Stellvertretende Premiers ihre Ämter zur Verfügung. ZHAO ZIYANG wird neuer chinesischer Regierungschef. – Das zur Eindämmung des starken Bevölkerungswachstums durch das »Ehegesetz der VR China« verordnete Prinzip der **Ein-Kind-Familie** kann in den folgenden Jahren nur eingeschränkt umgesetzt werden. Das Mindestheiratsalter wird für Männer auf 22 und für Frauen auf 20 Jahre hochgesetzt.

Okt. Verbesserung der Beziehungen zwischen den USA und Taiwan. Die Taiwanfrage wird in den folgenden Jahren zum wichtigsten Konfliktpunkt zwischen den USA und der VR China.

1981, 25. Jan. Urteilsverkündung im Prozess gegen »die konterrevolutionären Cliquen um LIN BIAO und JIANG QING« (die Viererbande). JIANG QING und YAO WENYUAN werden zum Tode verurteilt, die Vollstreckungen jedoch für zwei Jahre aufgeschoben und später in lebenslange Haft umgewandelt (JIANG QING begeht 1991 Selbstmord). WANG HONGWEN und ZHANG CHUNQIAO erhalten lebenslangen bzw. zwanzigjährigen Freiheitsentzug.

27.–29. Juni Sechstes Plenum des XI. ZK: HUA GUOFENG tritt vom Vorsitz des ZK und des Militärausschusses des ZK zurück. HU YAOBANG erhält den Vorsitz der

Partei, DENG XIAOPING den des Militärausschusses. In einer Resolution zur Parteigeschichte werden die Kulturrevolution sowie der späte MAO offen kritisiert.

30. Sept. Die VR China schlägt Taiwan Gespräche über eine Wiedervereinigung vor.

1982 In der chinesischen Presse häufen sich die Berichte über Korruption von Parteikadern. Es kommt zu öffentlichen Hinrichtungen.

1. Juli Ein Zensus ermittelt eine Gesamtbevölkerung von 1,008 Mrd. Chinesen.

17. Aug. In Peking und Washington wird ein **»Gemeinsames Kommuniqué« über Taiwan** veröffentlicht, in dem sich die USA verpflichten, die Waffenlieferungen an Taiwan quantitativ wie qualitativ allmählich abzubauen.

1.–12. Sept. Der XII. Parteitag der KPCh billigt den Entwurf eines neuen Parteistatuts. Das Amt des Parteivorsitzenden wird durch das eines Generalsekretärs des ZK ersetzt; Generalsekretär wird HU YAOBANG.

5.–22. Okt. In Peking findet die erste Runde der **chinesisch-sowjetischen Gespräche** zur Normalisierung der Beziehungen statt. Weitere Gesprächsrunden (1983 und 1984) bleiben ohne wesentliche Ergebnisse.

26. Nov.–10. Dez. Fünftes Plenum des V. Nationalen Volkskongresses: Annahme einer neuen Verfassung.

1983 Deutliche Zunahme ausländischer Investitionen in China. Unterzeichnung von Verträgen zur Off-shore-Ölgewinnung mit mehreren Ölgesellschaften.

In der Landwirtschaft steht die **Dezentralisierung der Produktion** im Mittelpunkt. Verschiedene Formen des Verantwortlichkeitssystems (Arbeitskontrakt, Ertragskontrakt und Reinertrags-Liefersystem) zwischen Bauern und Dorfverwaltung ermöglichen die private Nutzung von Boden und Produktion. Das Selbstverantwortungsprinzip wird allmählich auch in städtischen Betrieben eingeführt und verleiht der Unternehmensleitung mehr Handlungsspielraum (Entlassungen, Beförderungen, Investitionen, etc.).

DENG XIAOPING setzt einen **Generationenwechsel in der Partei und Regierung** durch: 140 Führungskader treten »freiwillig« zurück. Landesweit werden etwa 900 000 über 60-jährige Kader aller Verwaltungsebenen in den Ruhestand versetzt. Auch in der obersten Staatsführung rücken wesentlich jüngere Vertreter nach, von denen 75 % über eine Hochschulbildung verfügen.

18. Juni Auf dem ersten Plenum des VI. Nationalen Volkskongresses erhält LI XIANNIAN (*1909, †1992) das wiederhergestellte Amt des Staatsvorsitzenden.

Okt. Eine Kampagne gegen »geistige Verschmutzung« richtet sich gegen die mit der Öffnung Chinas verbundenen stärkeren Einflüsse westlicher Kultur und die zunehmenden Forderungen nach Freiheit und Demokratie. Durch eine parteiinterne Kampagne zur »Berichtigung von Ansichten und Arbeitsstil« sollen Reste kulturrevolutionären Denkens und andere Widerstände gegen den Reformkurs endgültig ausgemerzt werden.

1984, April Erweiterung der Wirtschaftssonderzonen um 14 Küstenstädte und die Insel Hainan. Das Perlfluss-Delta bei Kanton, das Min-Delta bei Fuzhou (Provinz Fujian) und das Yangzi-Delta bei Shanghai werden zu »Entwicklungsdreiecken für rasches Wirtschaftswachstum und zu Zonen für Handel und Investitionen« erklärt.

Als Stütze seines Reformkurses gründet ZHAO ZIYANG ein Forschungsinstitut für wirtschaftliche Strukturreformen, dem 75 Wirtschaftswissenschaftler angehören. Es entwickelt sich zum wichtigsten systeminternen *think tank* der nächsten Jahre.

26. April–1. Mai Besuch des amerikanischen Präsidenten RONALD REAGAN in der VR China. Während es in der Taiwan-Frage zu keiner Annäherung kommt, verstärkt sich die wirtschaftliche Kooperation; u. a. wird ein Abkommen über Zusammenarbeit bei der friedlichen Nutzung von Kernenergie paraphiert.

29. Mai–16. Juni Ministerpräsident ZHAO ZIYANG geht auf Europareise.

26. Sept. Großbritannien und die VR China paraphieren ein **Abkommen**, wonach **Hongkong** nach Ablauf des Pachtvertrages **1997** als **Sonderregion** wieder chinesischer Herrschaft untersteht.

10. Okt. Bei der Eröffnung des dritten Plenums des XII. ZK wird eine Konzentration der Wirtschafsreformen auf den städtischen Bereich angekündigt.

1985, 26. Jan. Vertrag über den Bau eines Atomkraftwerkes mit Firmen aus Hongkong. Die Energieversorgung der VR China gilt als unzureichend. Mehrere Abkommen zur Zusammenarbeit auf kerntechnischem Gebiet mit wichtigen Industriestaaten folgen in den nächsten Monaten.

März Besuch von Mitgliedern des Nationalen Volkskongresses in Moskau. Treffen des Vizeministerpräsidenten LI PENG (*1928) mit KPdSU-Generalsekretär MICHAIL GORBATSCHOW. Auch auf wirtschaftlichem Gebiet engere Kontakte mit der UdSSR (Eisenbahnfrachtvertrag vom 12. Febr., Handelsabkommen mit fünfjähriger Laufzeit vom 10. Juli).

April Beschleunigung der Inflation sowie erste Anzeichen einer Überhitzung der Wirtschaft. Während sich das industrielle Wachstum fortsetzt, geht die absolute Getreideproduktion zurück.

Mehrere Hundert Opfer früherer Landverschickungen kehren illegal nach Peking zurück und protestieren vor dem Parteihauptquartier stellvertretend für Tausende ihrer Leidensgenossen gegen die schlechte Behandlung durch die Partei und für eine Rückkehr in ihre Heimatorte.

Mai Bei den **Reformen der Volksbefreiungsarmee** werden Kürzungen der Mannschaftsstärke sowie eine Abkehr von der Volkskriegsdoktrin und von der Fixierung auf einen Krieg mit der Sowjetunion beschlossen. 47 000 Offiziere werden in den Ruhestand geschickt und etwa eine Mio. Soldaten in zivile Einheiten überführt.

Sept. Das Plenum des ZK und die Nationale Parteikonferenz der KPCh bestätigen die Reform- und Öffnungspolitik DENG XIAOPINGS. Die im Juli begonnene Verjüngung der Führungsspitze wird fortgesetzt. Studentenproteste gegen die wachsende japanische Konkurrenz auf dem chinesischen Markt.

1986 Diskussionen über die Notwendigkeit politischer

Reformen. DENG XIAOPING beauftragt ZHAO ZIYANG mit der Bildung einer fünfköpfigen Forschergruppe für politische Strukturreformen.

6. Juni Vereinbarung mit der Sowjetunion über die Einrichtung von Generalkonsulaten.

6. Aug. **Eröffnung der ersten Börse** in der Stadt Shenyang (Provinz Liaoning).

Okt. Der Rückgang ausländischer Investitionen soll durch wirtschaftliche Erleichterungen für exportorientierte oder technologieintensive Betriebe aufgefangen werden. Vertrag mit der Sowjetunion über Lieferungen von Kraftwerksausrüstungen.

21.–26. Okt. Im Rahmen der Wiederannäherung an die Ostblockstaaten besucht der Staats- und Parteichefs der DDR, ERICH HONECKER, China.

Dez. **Grenzkonflikt mit Indien** wegen der Erhebung Arunachal Pradeshs mit seiner umstrittenen Grenze zum indischen Bundesstaat.

Massive Studentenunruhen mit der Forderung nach mehr Demokratie: Zentrale Figur ist der Astrophysiker und Vizepräsident der Technischen Universität Hefei (Provinz Anhui), FANG LIZHI (*1936), der sich für Gewaltenteilung und demokratische Wahlen einsetzt. Die Regierung verhängt ein Demonstrationsverbot.

1987, 16. Jan. Wegen zu großer Liberalität in politischen Grundsatzfragen wird KPCh-Generalsekretär HU YAOBANG seiner Ämter enthoben und ihm die politische Verantwortung für die Demonstrationen auferlegt. Zehntausende Studenten werden zu Arbeitseinsätzen aufs Land geschickt. DENG XIAOPING spricht sich entschieden gegen jede politische Liberalisierung aus. FANG LIZHI wird »bourgeoiser Liberalismus« vorgeworfen. Er wird aus der Partei ausgeschlossen und in ein kleines Forschungsinstitut versetzt.

13. April Vertrag mit Portugal über die **Rückgabe Macaos** an die VR China im Jahre **1999**.

12.–17. Juli Bundeskanzler HELMUT KOHL besucht die VR China.

Sept.–Okt. Demonstrationen in Tibet gegen die chinesische Besatzungspolitik werden gewaltsam unterdrückt.

Okt. Erste große chinesische Anleihe auf dem US-Kapitalmarkt.

25. Okt.–1. Nov. XIII. Parteitag der KPCh: Der Reformkurs wird bestätigt; wieder werden leitende Funktionen an jüngere, gut ausgebildete Politiker vergeben. DENG XIAOPING scheidet aus Politbüro und ZK aus, Ministerpräsident ZHAO ZIYANG wird Generalsekretär des ZK. Er fordert eine Verbindung wirtschaftlicher und politischer Reformen (»sozialistische Demokratie«).

24. Nov. **LI PENG** löst ZHAO ZIYANG als **Ministerpräsident** ab.

1988 Die Inflation nimmt weiterhin zu. Die landwirtschaftliche Produktion stagniert, in der Industrie erfolgt ein Hyperwachstum. Die Unternehmensreform führt zu Entlassungen. Innerhalb und außerhalb der Partei werden die wachsenden Probleme der Korruption und Kriminalität diskutiert.

14. März Gefecht chinesischer und vietnamesischer Kriegsschiffe bei den Spratly-Inseln, auf welche Vietnam und die VR China Anspruch erheben.

März/April Das erste Plenum des VII. Nationalen Volkskongresses bestimmt – erstmals in geheimer Wahl – YANG SHANGKUN (*1907, †1998) zum Staatspräsidenten. Ein neues Unternehmensgesetz gibt den Staatsbetrieben mehr Dispositionsfreiheit. Der marktwirtschaftlich orientierte Reformkurs muss jedoch aufgrund zunehmender Inflation 1989/90 wieder eingeschränkt werden.

Frühjahr/Sommer Der sechsteilige Dokumentarfilm »Elegie des Flusses« (*Heshang*) führt viele aktuelle Probleme Chinas auf dessen alte Traditionen zurück, wie der hartnäckigen Orientierung in Richtung Landesinneres und das mangelnde Interesse für die Welt jenseits seiner maritimen Grenzen. Nationale Symbole Chinas wie der Huanghe (Gelbe Fluss), die Große Mauer und der Drachen werden in dem Film als Zeichen der rückwärtsgewandten Passivität und Schwäche statt der Größe und Macht dargestellt. Die Regierung lässt den Film verbieten.

26.–30. Sept. Das dritte Plenum des XIII. ZK beschließt aufgrund seiner skeptischen Einschätzung der Wirtschaftlage eine Politik der Einschränkung.

1.–3. Dez. QIAN QICHEN (*1928) besucht als erster chinesischer Außenminister seit 1957 Moskau, um die Normalisierung der Beziehungen vorzubereiten.

18.–24. Dez. Mit dem Besuch des indischen Premierministers RAJIV GANDHI in China beginnt eine erneute Annäherung zwischen beiden Ländern.

1989 Inflation, Arbeitslosigkeit und Korruption sind weiterhin die Hauptkrisenherde und führen zu einer wachsenden Unzufriedenheit in der chinesischen Bevölkerung.

6. Jan. FANG LIZHI fordert von DENG XIAOPING in einem Brief die Freilassung aller politischen Gefangenen.

28. Jan. Der unerwartete Tod des 10. Pantschen-Lama, der kurz zuvor erst in seine Klosterresidenz in Shigatse zurückgekehrt war (1959–1982 Gefangenschaft und Hausarrest in China), löst Unruhen in Tibet aus. Zahlreiche Mönche und Nonnen werden misshandelt und verhaftet.

März/April Der Nationale Volkskongress kündigt Sparmaßnahmen im Zusammenhang mit der hohen Inflation (36 %) an.

15. April Der Tod des früheren Parteichefs HU YAOBANG führt zu Trauerkundgebungen, die nach wenigen Tagen in Streiks und Massendemonstrationen von Studenten übergehen. Die Studenten fordern bessere Lebensbedingungen und mehr Diskussionsfreiheit. Die Volkszeitung verurteilt die Demonstrationen jedoch als »planvolle Verschwörung« (26. April).

4. Mai Am 70. Jahrestag der Vierten-Mai-Demonstrationen von 1919 versammeln sich über 100 000 Studenten friedlich auf dem Tiananmen-Platz (Platz des Himmlischen Friedens) in Peking.

13. Mai Mehrere Tausend Studenten treten in den Hungerstreik.

15.–18. Mai KPdSU-Generalsekretär GORBATSCHOW besiegelt mit seinem Staatsbesuch die Wende in den beiderseitigen Beziehungen. Die Entspannung der Staats- und Parteibeziehungen sowie die Entmilitarisierung der gemeinsamen Grenze stehen im Mittelpunkt der Gespräche, nachdem in der zweiten Hälfte der 80er-Jahre die »drei Hindernisse« einer friedlichen Koexistenz aus dem Weg geräumt worden waren (Rückzug aus Afghanistan, Truppenreduktion in der Mongolischen VR, Einigung über die Kambodscha-Frage). Das Programm des Staatsbesuchs muss wegen der immer heftiger werdenden Demonstrationen geändert werden.

19. Mai ZHAO ZIYANG bemüht sich um einen Vermittlungsversuch. Er geht zu den hungerstreikenden Studenten auf dem Tiananmen-Platz und bittet sie um den Abbruch ihrer Aktionen. LI PENG bezeichnet die Demonstranten jedoch als »Konterrevolutionäre« und fordert ein hartes Durchgreifen. Das Politbüro ist über das weitere Vorgehen gespalten.

18. Mai/20. Mai Auf Massendemonstrationen in Peking und anderen großen Städten fordern Millionen »Freiheit und Demokratie«. Arbeiter solidarisieren sich mit den Studenten. LI PENG und DENG XIAOPING setzen sich mit ihrer harten Linie gegen den kompromissbereiten Generalsekretär des ZK, ZHAO ZIYANG, durch: Über Peking wird das Kriegsrecht verhängt (Aufhebung am 10. Jan. 1990).

30. Mai Die »Göttin der Demokratie«, eine weithin sichtbare Skulptur in Anlehnung an die amerikanische Freiheitsstatue, wird auf dem Tiananmen-Platz errichtet.

3./4. Juni **Blutige Niederschlagung des Protestes** durch die Armee auf dem **Tiananmen-Platz** in Peking. Soldaten der Volksbefreiungsarmee gehen mit äußerster Brutalität gegen unbewaffnete Zivilisten vor. Eine Welle der Verhaftungen und des Terrors beginnt. In den Folgemonaten werden zahlreiche Todesurteile gegen »Aufrührer« vollstreckt. Das westliche Ausland verhängt Sanktionen. FANG LIZHI flieht mit seiner Frau in die US-Botschaft. Erst am 26. Juni 1990 erhält er eine Ausreisegenehmigung.

23./24. Juni ZHAO ZIYANG und weitere Vertreter einer moderaten Linie in Partei und Regierung werden ihrer Ämter enthoben. Neuer Generalsekretär des ZK wird JIANG ZEMIN (*1926), bis 1988 Bürgermeister von Shanghai.

10. Dez. Die Verleihung des Friedensnobelpreises an den Dalai-Lama, das geistige Oberhaupt Tibets, wird von der VR China als Einmischung in innere Angelegenheiten scharf kritisiert.

1990, 22. Okt. Die EG hebt ihre Sanktionen gegen die VR China auf. Die gesperrten Weltbank-Kredite sind bereits seit dem 8. Febr. wieder freigegeben. Die Menschenrechtspolitik der VR China bleibt jedoch in den nächsten Jahren Ausgangspunkt für immer wiederkehrende Spannungen mit den westlichen Industrieländern.

25.–30. Dez. Das siebte Plenum des XIII. ZK erneuert den Führungsanspruch der KPCh in Staat und Gesellschaft.

1991, Sept. Normalisierung der Beziehungen zu Vietnam. – Zehn führende Dissidenten werden zu Haftstrafen bis zu 13 Jahren verurteilt.

24. Okt. Vertrag zwischen der VR China und Laos über den Verlauf der gemeinsamen Grenze.

1. Nov. Die Regierung der VR China veröffentlicht erstmals ein **Weißbuch zur Lage der Menschenrechte**, in dem als wichtigste Menschenrechte das Recht auf Leben, auf Nahrung und auf Unterkunft genannt werden. Auch seien in China die Religionsfreiheit und die Rechte der Frau gewährleistet.

29. Dez. Der Nationale Volkskongress stimmt in Peking dem Beitritt zum Atomwaffensperrvertrag zu.

1992 DENG XIAOPING unterstreicht sein Eintreten für Marktreformen und Wirtschaftswachstum durch seine Reise in die Wirtschaftssonderzonen im Süden Chinas.

1. Febr. Der amerikanische Präsident GEORGE BUSH trifft Ministerpräsident LI PENG zu einem kurzen Gespräch.

22. Sept. Der Staatsrat veröffentlicht ein Weißbuch zu Tibet. Darin wird **Tibet als untrennbarer Teil Chinas bezeichnet**.

27.–30. Sept. Der Besuch des Staatspräsidenten Südkoreas, ROH TAE-WOO, leitet eine Wiederaufnahme normaler Beziehungen zur VR China ein.

12.–18. Okt. Der reformorientierte Flügel der KPCh wird im Zuge personeller Veränderungen auf dem XIV. Parteitag gestärkt.

23.–28. Okt. Der japanische Kaiser AKIHITO stattet der VR China einen Staatsbesuch ab und drückt sein »tiefes Bedauern über den japanischen Eroberungskrieg« (1931–1945) aus.

1993, 9. Febr. Die Regierung gibt ein umfangreiches Aufrüstungsprogramm bekannt.

15.–31. März Das erste Plenum des VIII. Nationalen Volkskongresses wählt JIANG ZEMIN, Generalsekretär des ZK und Vorsitzender der Zentralen Militärkommission, zum Staatspräsidenten. In der Verfassung wird der Begriff »Planwirtschaft« durch »sozialistische Marktwirtschaft« ersetzt.

7. Sept. Ministerpräsident LI PENG und der indische Premierminister NARASIMHA VENKATA RAO unterzeichnen in Peking einen Vertrag über Truppenreduzierungen an der gemeinsamen Grenze.

11.–14. Nov. Das dritte Plenum des ZK verabschiedet ein Reformprogramm zum Aufbau einer sozialistischen Marktwirtschaft bis zum Ende des Jahrhunderts.

14. Dez. Die VR China hebt das Handelsverbot mit Taiwan auf.

1994, 2.–6. Sept. Während seiner Moskaureise unterzeichnet JIANG ZEMIN mit dem russischen Präsidenten BORIS JELZIN u. a. ein Grundsatzabkommen über die beiderseitigen Beziehungen und über eine konstruktive Partnerschaft.

7. Okt. Die VR China unternimmt in der Lop Nor-Wüste (Provinz Xinjiang) den 41. unterirdischen Atombombentest seit 1964.

1996, 5.–17. März Das vierte Plenum des VIII. Nationalen Volkskongresses billigt den **9. Fünfjahrplan** (1996–2000) zur volkswirtschaftlichen und sozialen Entwicklung. Er sieht u. a. Maßnahmen zur Bekämpfung der bedrohlichen Inflation, die Förderung der Landwirtschaft, eine Reform der Staatsbetriebe und die Förderung der im Vergleich zu den Küstenregionen unterentwickelten Binnenprovinzen vor.

12.–20. März Mit groß angelegten Manövern vor der Küste Taiwans sucht die VR China, Einfluss auf die Präsidentschaftswahlen in Taiwan auszuüben. Nachdem die USA Flugzeugträgerverbände in die Region verlegen, vermeidet die VR China weitere Drohgebärden.

23. Juni Nach einer Resolution des deutschen Bundestages zugunsten der Einhaltung der Menschenrechte in Tibet sagt die chinesische Regierung einen Besuch von Bundesaußenminister Klaus Kinkel ab.

29. Juli 45. unterirdischer Kernwaffenversuch. Anschließend verkündet die Regierung einen Teststopp.

1997, Febr. Chinesische Sicherheitskräfte schlagen Unruhen in der mehrheitlich von muslimischen Uiguren bewohnten zentralasiatischen Provinz Xinjiang nieder, wo es bereits 1996 zu Zusammenstößen mit uigurischen Separatisten gekommen war.

19. Febr. **Deng Xiaoping stirbt** im Alter von 92 Jahren.

Hongkong

Hongkong ist seit dem Vertrag von Nanking (Nanjing) (1842) britische Kolonie. Nach dem Zweiten Weltkrieg entwickelt sich die Freihandelszone zu einem der weltweit größten Handels- und Finanzzentren (Steigerung des jährlichen Pro-Kopf-Einkommens 1990–1994 um 5,7 %; bedeutender Export: Maschinen und Transportausrüstung, Textil- und Bekleidungsprodukte, feinmechanische und optische Erzeugnisse). Nach der Rückkehr Hongkongs unter chinesische Hoheit (1997) soll es nach der Formel »Ein Land, zwei Systeme« als **Sonderverwaltungsregion** weitgehende Autonomie erhalten: Während Außenpolitik und Verteidigung in die Kompetenz der Regierung der VR China fallen, ist es erklärtes Ziel der chinesischen Führung – vom VII. Nationalen Volkskongress 1990 als »Grundgesetz für Hongkong« verabschiedet – Hongkongs Wirtschaftssystem beizubehalten.

1. Juli Die VR China übernimmt die Souveränität über **Hongkong**.

Juli In Thailand und Südkorea beginnt eine Finanz- und Währungskrise, die fast alle Staaten Ostasiens erfasst (**Asienkrise**) und auch globale Auswirkungen zeigt. Da die chinesische Währung noch nicht konvertibel ist und das Ausland in China v. a. in Fabriken investiert (weniger in Finanzgeschäfte), bleibt China von der Krise relativ unberührt.

12.–18. Sept. Der XV. Parteitag der KPCh billigt die **schrittweise Privatisierung der hochverschuldeten Staatsbetriebe**. Staatspräsident und ZK-Generalsekretär Jiang Zemin kündigt – zu Gunsten einer Modernisierung der Armee – eine Reduktion um 500 000 Soldaten (1997 ca. 3 Mio.) bis zum Jahr 2000 an.

29./30. Okt. Der USA-Besuch von Jiang Zemin führt zu Handelsabkommen; die Differenzen über die Menschenrechtspolitik der VR China werden jedoch nicht ausgeräumt.

10. Nov. China und Russland unterzeichnen eine Erklärung über den Verlauf des größten Teils ihrer gemeinsamen Grenze.

Aufbruch zur Wirtschaftsmacht unter pragmatisch-technokratischer Führung (seit 1998)

1998, 5.–19. März Auf der Jahrestagung des Nationalen Volkskongresses wird Jiang Zemin für weitere fünf Jahre als Staatspräsident bestätigt. Die Delegierten wählen den Wirtschaftsreformer Zhu Rongji (*1928) zum neuen Ministerpräsidenten. Dieser legt einen Plan zur Reorganisation der staatlichen Verwaltung auf allen Ebenen vor, nach dem 8 Mio. Staatsbeschäftigte ihre Entlassung zu erwarten haben.

24. April Der Dalai-Lama erklärt, die geistlich-politische Funktion seines Amtes als Oberhaupt des tibetischen Lamaismus und als Führer seines Landes im Exil habe sich überlebt. Er wünsche lediglich eine »souveräne Autonomie« Tibets innerhalb Chinas.

26. Mai Erste **Wahlen in Hongkong** nach dem Abzug der Briten. Die oppositionelle Demokratische Partei (DP) wird stärkste Fraktion.
Ministerpräsident Zhu Rongji bringt ein umfangreiches Programm zur Liberalisierung der chinesischen Wirtschaft auf den Weg, das u. a. die Privatisierung der Staatsbetriebe voranbringt.

25. Juni–3. Juli Staatsbesuch von US-Präsident Clinton in China. Bürgerrechtler versuchen erfolglos, einen Antrag auf amtliche Registrierung der Chinesischen Demokratischen Partei (CDP) zu stellen.

Juli–Sept. Das Yangzi-Hochwasser verursacht die größten Überschwemmungen seit 40 Jahren. Über 3600 Menschen kommen ums Leben, 1 Mio. verlieren ihr Obdach, der materielle Schaden wird auf 25 Mrd. US-$ geschätzt.
Der Versuch, eine »Demokratische Partei Chinas« zu etablieren, scheitert erneut. Ihre führenden Mitglieder werden verhaftet.

1999, März China spricht sich im UN-Sicherheitsrat gegen eine militärische Lösung des Kosovokonflikts aus.

5.–15. März Vor den Delegierten des Nationalen Volkskongresses kündigt Ministerpräsident Zhu Rongji an, den Kurs der Öffnung zum Ausland und der Strukturreformen beibehalten zu wollen, allerdings solle die Umstrukturierung der verlustbringenden Staatsbetriebe langsamer erfolgen.

20. April Amnesty International erhebt schwere Vorwürfe gegen die chinesische Führung wegen der **Menschenrechtsverletzungen**, die **an den muslimischen Uiguren** in der Autonomen Region Xinjiang begangen werden.

25. April Über 10 000 Anhänger der **Falun-Gong-Sekte** demonstrieren in Peking vor dem Hauptgebäude der KPCh. Die Kultbewegung, der nach eigenen Angaben rund 100 Mio. Mitglieder angehören, wird am 23. Juli wegen Gefahr für die öffentliche Ordnung verboten.

8. Mai NATO-Kampfflugzeuge bombardieren versehentlich die chinesische Botschaft in Belgrad (4 Tote). Die USA leisten eine Entschädigungszahlung in Höhe von 28 Mio. US-$.

15. Nov. Nach 13 Jahre andauernden Verhandlungen einigen sich China und die USA auf die bilateralen Bedingungen für den Beitritt Chinas zur Welthandelsorganisation (WTO).

19. Dez. **Portugal gibt die Kolonie Macao an China zurück.**

2000 Im Gegensatz zu anderen Staaten, in denen die ausländischen Direktinvestitionen auf die Hälfte sinken, erlebt China in diesem Jahr eine Steigerung um 10 %. Dies macht sich auch im besseren Lebensstandard in den Städten und in der Entstehung einer neuen Mittelklasse bemerkbar. Das Wirtschaftswachstum des Fünfjahresplanes 1996–2000 beträgt im jährlichen Durchschnitt 8,3 %. – Ein großes Problem stellt weiterhin das Wohlstandsgefälle zwischen Stadt und Land sowie zwischen den Küstenregionen und dem kontinentalen Binnenland im Westen dar. Die Regierung startet ein Programm »Entwicklung des Westens« (*Xibu kaifa*). Dazu gehören Großprojekte wie der Bau der Qinghai-Tibet-Eisenbahn.

5. März Ministerpräsident ZHU RONGJI bezeichnet in seinem Rechenschaftsbericht für die Delegierten des Volkskongresses die Korruption als eines der zentralen Probleme, die der Reformpolitik entgegenstünden. Im Mittelpunkt seiner Abschlusserklärung (15. März) steht die Forderung nach einer Wiedervereinigung mit Taiwan, gegebenenfalls unter Anwendung von Gewalt.

März Der Minister für Wasserressourcen, WANG SHUCHENG, gibt bekannt, dass 670 Städte unter Wassermangel leiden, am bedeutendsten Peking, wo der Grundwasserspiegel in 30 Jahren um 60 m gefallen ist.

April Mehr als 5000 Anhänger der verbotenen Falun-Gong-Sekte befinden sich zur »Umerziehung« in Arbeitslagern, über 300 führende Mitglieder werden zu teilweise hohen Haftstrafen verurteilt.

19. Sept. Bei den Wahlen zum Legislativrat in Hongkong gewinnt die oppositionelle DP 12 der 24 direkt zu wählenden Sitze.

8. Nov. Im bisher größten Korruptionsprozess in der Geschichte der VR China (Schadenswert 9 Mrd. US-$) werden 14 Todesurteile und 12 lebenslange Haftstrafen ausgesprochen.

20. Dez. China und Vietnam einigen sich über die **Grenzsicherung im Golf von Tonkin**. Die von beiden Seiten beanspruchten Spratly- und Paracel-Inseln im Südchinesischen Meer bleiben im Abkommen unberücksichtigt.

2001, 23. Jan. Abschluss eines Vertrages mit dem Konsortium Transrapid International zum Bau einer Magnetschwebebahn zwischen der Innenstadt und dem Flughafen von Shanghai.

26. Febr. Die UN-Menschenrechtskommissarin MARY ROBINSON fordert China auf, das Strafsystem »Umerziehung durch Arbeit« (*laogai*) aufzugeben.

5.–15. März Der Nationale Volkskongress verabschiedet den **10. Fünfjahresplan**. Die Regierung gibt zu, dass die Sanierung des Staatssektors bislang teilweise gescheitert sei. Die Militärausgaben werden wegen »drastischer Veränderungen« der internationalen Lage um 14,7 % erhöht.

1. April Kollision eines US-Aufklärungsflugzeuges mit einem chinesischen Kampfflugzeug über dem Südchinesischen Meer. Die amerikanische Maschine muss auf der Insel Hainan notlanden. Die chinesische Regierung gibt die Besatzung am 13. April, das Flugzeug im Juni frei.

5. Juni Der Umweltbericht der Regierung konstatiert **fortschreitende Umweltzerstörungen** in China und nennt als Hauptursachen Bevölkerungsexplosion, Zersiedlung, Raubbau und Überweidung.

14. Juli China, Russland, Kasachstan, Kirgistan, Tadschikistan und Usbekistan gründen die *Shanghai Cooperation Organization* (SCO), die sich als ein Sicherheitsbündnis ähnlich der NATO sieht. In ihr arbeiten die beteiligten Regierungen v. a. bei der Bekämpfung des Terrorismus und Extremismus in der Region zusammen. Auch wirtschaftliche (Freihandelszone) und kulturelle Kooperationen werden bei den jährlichen Treffen beschlossen.

Dez. **China** 143. **Mitglied** der **WTO**.

2002, Jan. Beginn der Abrissarbeiten in den vom Drei-Schluchten-Damm-Projekt betroffenen 22 Städten und Landkreisen. Der geplante Stausee soll 663 km lang sein und fast 40 Mrd. Kubikmeter Wasser fassen. 1,3 Mio. Menschen müssen umgesiedelt werden.

März Die Regierung kündigt an, die Militärausgaben um 17,6 % zu erhöhen.

Aug. Bei Überschwemmungen in Zentralchina kommen über 1000 Menschen ums Leben. Am Dongting-See, einem Überlaufbecken des Yangzi, versuchen eine Mio. Helfer den Bruch der Deiche zu verhindern.

14. Nov. Der Parteitag der KPCh beschließt eine ideologische und soziale Öffnung der Partei. JIANG ZEMIN zieht sich offiziell von der Regierungsarbeit zurück, hat aber im Politbüro zahlreiche Mitglieder seiner »Shanghai-Clique« etabliert, die ihm weiterhin die Kontrolle hinter der Bühne ermöglichen. Mit seiner Theorie der »Drei Vertretungen« (Förderung der gesellschaftlichen Produktivkräfte, Entwicklung der fortschrittlichen Kultur Chinas, Durchsetzung von Interessen der Mehrheit) verteidigt JIANG nicht nur die umstrittene Integration von Privatunternehmern in die Partei, sondern will sich selbst auch in die Reihe der marxistischen Theoretiker einordnen.

2003, 11. Febr. **Ausbruch der SARS-Krankheit** (Schweres Akutes Atemwegssyndrom). Auch andere Staaten Südostasiens sind davon betroffen. Am 30. März verhängen Hongkong und Singapur eine Quarantäne. Die Regierung ergreift drastische Maßnahmen zur Eindämmung der SARS-Krankheit (21. April).

15. März Der Volkskongress beruft KP-Chef HU JINTAO (*1942) als Nachfolger von JIANG ZEMIN zum Staatsoberhaupt.

1. Juni Am Drei-Schluchten-Staudamm beginnt mit der Schließung von 19 Schleusentoren die Flutung.

27.–29. Aug. China übernimmt im Nordkorea-Konflikt die Rolle des internationalen Friedensvermittlers in den sog. Sechs-Parteien-Gesprächen (VR China, Nordkorea, Südkorea, USA, Russland und Japan).

15. Okt. Erstmals entsendet die VR China eine bemannte

Raumkapsel ins All. Das geglückte Unternehmen löst eine nationale Euphorie aus.

2.–3. Nov. Auf einem Treffen des *Boao Forum for Asia*, einer 2001 gegründeten, internationalen Organisation austro-asiatischer Staaten (vergleichbar mit dem Weltwirtschaftsforum von Davos), stellt die chinesische Führung erstmals offiziell ihr neues Sicherheitskonzept eines »friedlichen Aufstiegs Chinas« (*Zhongguo heping jueqi*) vor. Darin stellt sich China als zuverlässiger, gleichberechtigter Partner dar.

2004, Jan. Amnesty International berichtet von einer verschärften Verfolgung von Internetnutzern; etwa 30 000 Polizisten untersuchen das Internet auf politisch unerwünschte Inhalte.

16. April China verhindert eine Abstimmung in der UN-Menschenrechtskommission über eine Resolution, in der die Menschenrechtslage in China verurteilt werden sollte.

19. Sept. JIANG ZEMIN tritt von seinem letzten Parteiamt, dem Vorsitz der Militärkommission, zurück. Erstmals nach 1949 erfolgt ein Führungswechsel in der KPCh friedlich.

2005, 14. März Der Volkskongress verabschiedet ein »Anti-Abspaltungsgesetz«, in dem Taiwan mit Krieg gedroht wird, falls es weiter nach Unabhängigkeit strebe.

2006, 4. März HU JINTAO lässt acht Moralregeln zur Disziplinierung von Parteimitgliedern (»Acht Ehren und acht Schanden«) verkünden, in denen an Patriotismus, Volkswohl, Wissenschaftlichkeit, Sorgfalt, Hilfsbereitschaft, Ehrlichkeit, Disziplin und Bescheidenheit appelliert wird.

5.–15. März Auf der vierten Sitzung des 10. Nationalen Volkskongresses stellt Ministerpräsident WEN JIABAO (*1942) in seinem Regierungsbericht sein Konzept der »Drei ländlichen Bereiche« (*san nong*) vor, das Hilfsmaßnahmen für die ländlichen Armutsgebiete und die Aufhebung der Landwirtschaftssteuern (ab 2007) vorsieht und das wachsende Wohlstandsgefälle zwischen Stadt und Land bremsen will.

20. Mai Nach 13-jähriger Bauzeit wird der **Drei-Schluchten-Staudamm**, eine der größten Talsperren der Welt, in Betrieb genommen.

1. Juli Eröffnung des letzten Streckenabschnitts der **Qinghai-Tibet-Eisenbahn** zwischen Golmud (Provinz Qinghai) und Lhasa (Tibet) durch Staatspräsident HU JINTAO. Damit ist Tibet nun auch mit der Eisenbahn vom chinesischen Kernland aus erreichbar.

2008, März/April In Tibet und von Tibetern bewohnten angrenzenden Provinzen kommt es zu Demonstrationen und Auseinandersetzungen mit den Sicherheitskräften, bei denen nach offiziellen Angaben 22, nach Angaben von Exil-Tibetern über 100 Menschen sterben. Die Unruhen in Tibet führen zu weltweiten Diskussionen über den Umgang mit den Olympischen Sommerspielen in Peking im Aug.; der olympische Fackellauf wird in mehreren Orten gestört.

Taiwan (Republik China) seit 1945

| Forts. v. S. 1216 |

Gemäß dem Abkommen von Kairo (26. Nov. 1943) und den Potsdamer Beschlüssen (1945) muss Japan auf seine kolonialen Eroberungen verzichten. **Taiwan** – seit dem Frieden von Shimonoseki von 1895 japanische Kolonie – fällt an die **Republik China** und erhält Provinzstatus.

1945, 25. Okt. Die japanischen Truppen kapitulieren offiziell und die *Guomindang* (GMD)-Regierung übernimmt die Kontrolle der Insel. Sie verstaatlicht Schlüsselindustrien und Monopole zur Finanzierung ihrer Truppen im Bürgerkrieg gegen die Kommunisten.

1947, Febr./März Die starke Misswirtschaft unter Gouverneur CHEN YI (*1901, †1972) führt zu blutig niedergeschlagenen **Aufständen der Taiwanesen** gegen das neue Regime (»Zwischenfall vom 28. Februar«). Inhaftierungen, Ermordungen und Flucht großer Teile der taiwanesischen Intellektuellen sowie die Gründung einer taiwanesischen Unabhängigkeitsbewegung in Japan, den USA und Europa sind die Folge. Es entsteht eine tiefe Spaltung zwischen den heimischen Taiwanesen (*benshengren*) und den zugewanderten Festländern (*waishengren*), die Taiwans Gesellschaft bis heute prägen.

1949, Dez. Auf der Flucht vor den vorrückenden kommunistischen Truppen auf dem Festland setzt die **nationalchinesische Regierung** mit zwei Mio. Anhängern nach Taiwan über. Sie bilden die Grundlage für die GMD-Herrschaft unter CHIANG KAISHEK (*1887, †1975), der an dem Ziel einer zukünftigen Rückeroberung des Festlandes festhält und verspricht, aus Taiwan eine Modellprovinz zu machen.

1949–1953 **Erfolgreiche Landreform** in drei Stufen: Pachtherabsetzung (1949), Verkauf von staatseigenem Grund an die »Bebauer« (seit 1951) und Teilenteignung der Großgrundbesitzer, die mit Aktien neugegründeter Industrien entschädigt werden. Diese Maßnahmen legen, gemeinsam mit der massiven Wirtschafts- und Militärhilfe der USA (zwischen 1951 und 1965 ca. 1,5 Mrd. US-Dollar), der wirklichkeitsnahen Rahmenplanung und leistungsstarken Bürokratie sowie durch umfangreiche amerikanische und japanische Direktinvestitionen die Basis für das **»taiwanesische Wirtschaftswunder«** und festigen zugleich die Herrschaft der GMD.

1950, 1. März Wahl des Generalissimus **CHIANG KAISHEK** zum **Präsidenten** der Republik China. Das Parlament setzt sich aus Vertretern aller Provinzen Gesamt-Chinas zusammen, denn CHIANGS Regierung des »freien China« beansprucht, für das ganze Land zu sprechen, und verkündet ihr Ziel, das Festland zurückzuerobern. Dank des Einflusses der USA behauptet Taiwan vorerst seine UN-Mitgliedschaft.

1954, Sept.–1955, Febr. Gefechte mit kommunistischen Truppen um taiwanesische Inselgruppen in der Formosastraße, die dem Festland vorgelagert sind; die Dachen-Inseln werden schließlich aufgegeben.

2. Dez. Abschluss eines bilateralen **Verteidigungsabkommens zwischen den USA und Taiwan**, das nach weiteren Zwischenfällen mit der VR China auf die Inselgruppen der Pescadores und die Küsteninseln Quemoy und Matsu ausgedehnt wird (März 1955).

1958, Aug./Sept. Die Beschießung Quemoys durch Truppen der VR China führt zur Alarmierung der 7. US-Flotte: **Quemoy-Krise**; deswegen Wiederaufnahme der Warschauer Gespräche auf Botschafterebene zwischen den USA und der VR China.

1965 Beendigung der US-Wirtschaftshilfe für Taiwan. Eine landwirtschaftliche Selbstversorgungsquote von 100 % wird erreicht.

1971, 25. Okt. **Ausschluss Taiwans aus der UNO**. Als Folge reduzieren sich die diplomatischen Beziehungen rapide: 1977 sind es nur noch 23 (meist unbedeutende) Länder, die volle Beziehungen zu Taiwan unterhalten. Dennoch bleiben die Außenhandelsbeziehungen dank der leistungsfähigen Wirtschaft (Konsumgüter, chemische und Elektroindustrie) zum Großteil erhalten.

1972, 6. Juni Chiang Kaisheks Sohn Chiang Chingkuo (*1910, †1988) wird Ministerpräsident. Er beginnt die starken Spannungen zwischen einheimischen Taiwanesen (85 % der Bevölkerung) und den Festlandchinesen abzubauen (die Taiwanesen stellen bislang nur die Provinzverwaltung, während sie von den wichtigeren staatlichen Behörden fast gänzlich ausgeschlossen sind). Chiang Chingkuo bemüht sich auch, mehr Taiwanesen in den Parteiapparat zu integrieren. Dennoch entwickelt sich in den 1970er-Jahren eine Oppositionsbewegung, die eine Demokratisierung Taiwans fordert.

1975, 6. April Nach dem Tode von Generalissimus Chiang Kaishek (5. April) wird Yen Chiakan (*1905, †1993) Staatspräsident.

1978, 21. März Ministerpräsident **Chiang Chingkuo** wird **zum Staatspräsidenten gewählt**.

1979, 1. Jan. Die Aufnahme voller diplomatischer Beziehungen zwischen Washington und Peking beschränkt die Kontakte zwischen den USA und Taiwan auf »besondere« wirtschaftliche und kulturelle Beziehungen sowie militärische Garantien.

10. Dez. Zum Tag der Menschenrechte kommt es in Kaohsiung zu **schweren Zusammenstößen** mit der Polizei. Die gesamte Führungsgruppe der sog. *Dangwai* (»Parteiexterner«), einer **Oppositionsbewegung** aus Intellektuellen und Aktivisten, die u. a. organisierte Wahlkämpfe fordern, wird verhaftet und zu langjährigen Gefängnisstrafen verurteilt.

31. Dez. Die VR China stellt die Beschießung Quemoys (seit 1958 an allen ungeraden Tagen) ein und schlägt eine Wiedervereinigung unter Anerkennung der Autonomie Taiwans vor.

1982, 17. Aug. Das **Kommuniqué der USA und der VR China zur Taiwanfrage** wird abgelehnt.

1983, 9. Febr. Die USA geben die Lieferung von 66 Kampfflugzeugen an Taiwan bekannt.

1984, 16. März Präsident Chiang Chingkuo wird wiedergewählt.

1986, 6. Dez. **Parlamentswahlen**: Die neu gegründete oppositionelle Demokratische Fortschrittspartei (*Democratic Progressive Party*, DPP) schafft einen überraschenden Anfangserfolg. Bei den Ergänzungswahlen zur Nationalversammlung und zum Legislativ-Yuan erhält sie bereits einen Stimmenanteil von 19,9 %, bzw. 24,5 %.

1987, 3. Juli Einleitung eines Demokratisierungsprozesses: Nach 38 Jahren Geltung ist das **Kriegsrecht aufgehoben**, wird allerdings durch das Nationale Sicherheitsgesetz z. T. ersetzt.

1988, Jan. Neuer **Staatspräsident** und *Guomindang*-Vorsitzender wird nach dem Tode seines Vorgängers **Lee Tenghui** (*1923). Damit ist zum ersten Mal ein einheimischer Politiker an der Spitze von Partei und Staat. Er setzt in den folgenden Jahren den Demokratisierungsprozess entschlossen fort.
Da die GMD trotz ihrer autoritären Politik seit den 1950er-Jahren auf Lokal- und Provinzebene relativ freie Wahlen zugelassen hat, verfügt die Bevölkerung über Erfahrungen in politischer Partizipation. So verläuft die taiwanesische Demokratisierung zwar schrittweise, aber friedlich.

7.–13. Juli Der 13. Parteitag der GMD beschließt u. a. eine weitere vorsichtige Öffnung gegenüber dem Festland.

1989, 22. Jan. Die gesetzliche **Zulassung von Oppositionsparteien**, bisher nur geduldet, zieht eine Welle von Parteigründungen nach sich.

2. Dez. Bei Teilwahlen zur Nationalversammlung erleidet die *Guomindang* starke Verluste.

1990 Bewerbung um Aufnahme im GATT (Allgemeines Zoll- und Handelsabkommen).

März Ausweitung der Demonstrationen für demokratische Reformen und Rücktritt der Regierung (Mai). Neuer **Regierungschef** wird General **Hau Peitsun** (*1919).

1991, 30. April Staatspräsident Lee Tenghui erklärt den kommunistischen Aufstand auf dem Kontinent für beendet und strebt eine Normalisierung der Beziehungen zur VR China an. Das Handels- und Reiseverbot zur VR China wird am 17. Dez. aufgehoben.

1. Mai Abschaffung der die Verfassung einschränkenden Sonderbestimmungen. Neuwahlen und eine Pensionierung sämtlicher Altparlamentarier zum 31. Dez. wird beschlossen.

Dez. Bei Parlamentswahlen siegt die GMD über die oppositionelle DPP.

1993, 3. Febr. Ministerpräsident Hau Peitsun tritt zurück; zum neuen Regierungschef wird Lien Chan (*1936; GMD) gewählt (23. Febr.).

1995, Dez. Die DPP legt bei den Parlamentszahlen zwar zu, doch erringt die GMD die absolute Mehrheit der Stimmen.

1996, 23. März Staatsoberhaupt **Lee Tenghui** wird bei den ersten direkten Präsidentschaftswahlen **bestätigt**. Die Wahl wurde von Manövern der VR China vor der Küste Taiwans überschattet.

1997, 21. Aug. Ministerpräsident Lien Chan tritt zurück; Nachfolger wird am 28. Aug. der frühere Wirtschaftsminister Vincent Siew (*1939).

30. Dez. Südafrika nimmt diplomatische Beziehungen zur VR China auf; daraufhin bricht Taiwan die seinen zu Südafrika ab. Dem Beispiel Südafrikas folgen in den nächsten Monaten die Zentralafrikanische Republik sowie Guinea-Bissau (23. April 1998). Danach unterhält Taiwan nur noch mit 28 Staaten volle diplomatische Beziehungen.

1998, 5. Dez. Bei den Wahlen zur Nationalversammlung behauptet sich die seit 1950 regierende GMD.

1999, 11. Juli Präsident LEE TENGHUI spricht in einem Fernsehinterview erstmals von der Eigenstaatlichkeit Taiwans. Die VR China droht daraufhin mit militärischer Gewalt.

21. Sept. Ein **schweres Erdbeben** fordert mehr als 2400 Todesopfer und verursacht beträchtliche Schäden an der Infrastruktur des Inselstaates. Der volkswirtschaftliche Verlust wird auf 14 Mrd. US-Dollar geschätzt.

Wirtschaftlicher Strukturwandel

Beschäftigungszahlen aus Landwirtschaft wie auch Industrie belegen **Taiwans Strukturwandel**: Der Beitrag der Landwirtschaft zum BIP liegt nur noch bei 2,1 % (1952 32,2 %) und der Anteil der Erwerbsbevölkerung im Primärsektor beträgt noch 7,8 % (1952 56 %). Selbst in der Industrie ist er seit seinem Höchststand Mitte der 1980er Jahre (47 %) auf 37,2 % gefallen. Dagegen dominiert der Dienstleistungssektor mit einem Beitrag von 65,5 % zum BIP und einem Erwerbstätigenanteil von 55 %. Am stärksten expandieren der Immobilien- und Versicherungssektor sowie das Finanzdienstleistungsgewerbe.

2000, 18. März Bei der Präsidentschaftswahl erleidet die **GMD** eine **Niederlage**. Ihr Kandidat, der amtierende Vizepräsident LIEN CHAN, gelangt nur auf den dritten Platz. Sieger wird CHEN SHUIBIAN (*1951) von der oppositionellen DPP. Da diese in ihrem Programm die staatliche Unabhängigkeit Taiwans fordert, wird die Wahl CHENS vonseiten der VR China mit scharfen Warnungen quittiert.

24. März Als Konsequenz aus der Niederlage der GMD bei der Präsidentenwahl tritt der scheidende Staatspräsident LEE TENGHUI als Parteivorsitzender zurück.

20. Mai Vereidigung des neuen Ministerpräsidenten TANG FEI (*1933; GMD), der aber bereits am 3. Okt. wieder zurücktritt, da die Zusammenarbeit mit Präsident CHEN scheitert.

4. Okt. Neuer Ministerpräsident wird CHANG CHUNHSIUNG (*1938; DPP), der bis Febr. 2002 regiert.

2001, 1. Jan. Von den zu Taiwan gehörenden Inseln Chinmen und Matsu aus sind direkte Kontakte mit dem chinesischen Festland erlaubt. Am 2. Jan. laufen erstmals taiwanesische Schiffe legal Häfen der VR China an.

April Taiwan erhält von den **USA** die Zusage über **Waffenlieferungen** im Wert von 4 Mrd. US-Dollar.

11. Nov. Taiwan wird Mitglied der Welthandelsorganisation (WTO).

2002, 3. Aug. Präsident CHEN SHUIBIAN schlägt eine Volksabstimmung zur endgültigen Trennung Taiwans von der VR China vor. Aus Peking erfolgt scharfer Protest. Auch die USA erklären, an der **Ein-China-Doktrin** festhalten zu wollen.

2003, Frühjahr Taiwan verzeichnet nach China und Hongkong weltweit die meisten SARS (Schweres Akutes Atemwegssyndrom)-Fälle.

Nov. Einweihung des »Taipei 101«, mit 508 m Höhe das höchste Gebäude der Welt.

2004, 28. Febr. Über 2 Mio. Demonstranten bilden eine fast 500 km lange Menschenkette und bringen so das Selbstbewusstsein der Bevölkerung gegenüber den Ansprüchen der Führung in Peking zum Ausdruck.

20. März Bei den Präsidentschaftswahlen setzt sich Amtsinhaber CHEN SHUIBIAN mit 50,1 % der Stimmen gegenüber dem Herausforderer LIEN CHAN durch, nachdem am Tag zuvor ein Attentat auf CHEN verübt wurde. Nach Protesten und einer Neuauszählung der Stimmen wird CHEN erst am 20. Mai vereidigt.

11. Dez. Die Parlamentswahlen gewinnt die Opposition aus GMD und Volkspartei (PFP), die sich für eine vorsichtige Annäherung an die VR China einsetzen. Daraufhin legt CHEN SHUIBIAN den DPP-Vorsitz nieder.

2005, 1. Febr. FRANK CHANG-TING HSIEH (*1946; DPP) wird Ministerpräsident einer Minderheitsregierung von DPP und Taiwan-Solidaritätsunion (TSU); er wird am 25. Jan. 2006 durch SU TSENG-CHANG (*1947; DPP) abgelöst.

2007, 21. Mai CHANG CHUNHSIUNG von der DPP wird erneut Ministerpräsident.

2008, 12. Jan. Die GMD gewinnt mit deutlicher Mehrheit die Parlamentswahlen.

Demokratische Volksrepublik Korea (Nordkorea) seit 1945 | Forts. v. S. 1218 |

Der Aufbau der kommunistischen Bewegung Koreas beginnt während der japanischen Besatzung (1910–1945) in der Emigration (»Irkutsk-Gruppe« in der Sowjetunion, »Shanghai-Gruppe« in China).

1945, Aug./Sept. Nach der Kapitulation Japans besetzen sowjetische Truppen den Norden des Landes bis zum 38. Breitengrad als Demarkationslinie, um die japanischen Truppen zu entwaffnen, der Süden ist aus demselben Grund von US-Truppen besetzt. Die Sowjetunion erkennt die unmittelbar nach der Befreiung als Selbstverwaltung gebildeten »Komitees zur Gründung eines Staates Chosŏn« an, durchsetzt sie allerdings mit eigenen Leuten.

1946, 8. Febr. Mit sowjetischer Hilfe organisiert der »Kriegsheld« KIM IL-SUNG (*1912, †1994), der seit 1941 unter chinesischem Kommando in der nordöstlichen Antijapanischen Armee kämpft, den Wiederaufbau des Nordens: Bildung eines provisorischen Volkskomitees und Erstellung eines 20-Punkte-Programms (Agrarreform, Arbeiterschutzgesetze, Verstaatlichung von Industrie, Verkehrswesen, Banken).

Aug. Gründung der »Koreanischen Arbeitspartei« (*Chosŏn rodong-dang)*

1947, 4. Dez. Obwohl sich die Vereinten Nationen (gegen den Einspruch der Sowjetunion) als allein zuständig für die Frage der koreanischen Wiedervereinigung erklären und Wahlen unter ihrer Aufsicht verlangen, gibt sich Nordkorea eine sozialistische Verfassung.

1948, 25. Aug. Nordkorea führt Wahlen durch.

9. Sept. Ausrufung der Volksdemokratischen Republik Korea mit Kim Il-sung als Ministerpräsident.

1949 Die Sowjetunion zieht ihre Truppen bis auf Militärberater ab. Rückkehr zahlreicher koreanischer Soldaten, die als Freiwillige auf Seiten der chinesischen Kommunisten gekämpft hatten.

1950, 25. Juni Nach kleineren militärischen Konflikten an der Demarkationslinie (38. Breitengrad) fallen nordkoreanische Truppen in Südkorea ein: **Beginn des Koreakriegs.**

Aug. UN-Truppen, zum Großteil US-Amerikaner, halten unter General Douglas MacArthur die Invasion am Naktong auf.

20. Okt. Eroberung der Hauptstadt Pjöngjang während einer Gegenoffensive, bei der die UN-Truppen mit Billigung der UNO Nordkorea angreifen.

26. Okt. Durch das Vorrücken der UN-Truppen bis zum Yalu (mandschurische Grenze) fühlt sich die VR China bedroht: Etwa 200 000 Freiwillige greifen unter Führung P'eng Te-huais (*1898, †1974) in die Kämpfe ein.

1951, 4. Jan. Chinesische Verbände stoßen mit nordkoreanischen Soldaten bis südlich von Seoul vor. Die Front stabilisiert sich am 38. Breitengrad.

Koreakrieg

Juli Nach einer Feuerpause folgt der Beginn der zweijährigen, schwierigen Waffenstillstandsverhandlungen in der nordkoreanischen Stadt P'anmunjŏm. Nordkorea wird weiterhin bombardiert.

1953, 27. Juli Unterzeichnung eines Waffenstillstandsvertrages, der den Frontverlauf als De-facto-Staatsgrenze bestätigt.

seit 1955 Propagierung einer Staatsdoktrin der »Eigenständigkeit« (*chuch'e*, meist in der Schreibung *juche*): ideologische Autonomie, politische Unabhängigkeit, wirtschaftliche Selbstständigkeit und Selbstwehr in der Verteidigung. Im chinesisch-sowjetischen Konflikt versucht Kim erfolgreich, neutral zu bleiben und den endgültigen Bruch zu vermeiden.

1960, 6. Juli Nach der drastischen Beschränkung sowjetischer Lieferungen schließt Nordkorea ein Freundschafts- und Beistandsabkommen mit Moskau.

15. Juli Ein ähnliches Abkommen wie mit der Sowjetunion wird mit der VR China abgeschlossen.

1968, 23. Jan. Nordkoreanische Patrouillenboote bringen das US-Aufklärungsschiff »Pueblo« auf, das die von Nordkorea beanspruchte 12-Meilen-Zone verletzt haben soll.

23. Dez. Nach langwierigen Verhandlungen und amerikanischer Entschuldigung wird die Besatzung freigelassen.

1971, Aug. Nach einer positiven Reaktion Nordkoreas auf Gesprächsangebote des südkoreanischen Roten Kreuzes kommt es zu erfolgreichen Verhandlungen von Rotkreuzvertretern beider Staaten in P'anmunjŏm an der Demarkationslinie zwischen Nord- und Südkorea über humanitäre Fragen (Familienzusammenführung).

1972, 4. Juli Unter dem Eindruck der Annäherung zwischen den USA und der VR China treffen sich Vertreter Nord- und Südkoreas zu Geheimverhandlungen: Ein gemeinsames Kommuniqué propagiert die friedliche Wiedervereinigung sowie den Verzicht auf Propaganda und Provokation. Zwischen den beiden Hauptstädten wird ein »heißer Draht« eingerichtet. Beide Staaten konstituieren einen Koordinationsausschuss.

28. Dez. In einer neuen Verfassung wird die Machtposition Kim Il-sungs gestärkt: Er ist nun Staatspräsident, Vorsitzender der KP, des Zentralen Volksausschusses, der Nationalen Verteidigungskommission sowie Oberkommandierender der Streitkräfte.

1973, Aug. »Einfrieren« des Dialogs zwischen Nord- und Südkorea.

1975, Aug. Besuch Kims in Peking und erste Auslandsreise des chinesischen Ministerpräsidenten nach Pjöngjang.

1979, Jan. Erneute Verhandlungsangebote Nordkoreas werden von Südkorea positiv beantwortet.

März Scheitern der Gespräche mit Südkorea.

1980, Jan./Febr. Erneute Wiederaufnahme des Dialogs nach der Ermordung des südkoreanischen Staatspräsidenten Park Chung-hee (1979). Kim Il-sungs Sohn Kim Jong-il (*1942) wird als politische Kraft etabliert.

1984, 10. Jan. Nordkorea schlägt den USA Dreiergespräche zur Lösung der Koreafrage vor.

15. Aug. Südkorea bietet Technologie zur Verbesserung des Lebensstandards an.

1985, Sept. Nach umfangreichen Verhandlungen erster Besucheraustausch mit Südkorea.

1987, Sept. Die Regierung muss einem Umschuldungsabkommen zustimmen, nachdem das Land von internationalen Bankkonsortien für zahlungsunfähig erklärt worden ist.

1988, Jan. Vorübergehender Abbruch der Beziehungen zu Japan und den USA.

1990, Sept. Aufnahme von Gesprächen mit Südkorea. Nordkorea lehnt die diplomatische Anerkennung Südkoreas weiterhin ab.

3. Okt. Deutschland beendet seine diplomatischen Beziehungen zu Nordkorea. Stattdessen wird eine »Deutsche Interessenvertretung Pjöngjang« unter der Schutzmacht Schwedens eingerichtet.

1991, 13. Dez. Nord- und Südkorea unterzeichnen ein Aussöhnungsabkommen.

1993, 12. März Nordkorea kündigt als Reaktion auf ein US-amerikanisch-südkoreanisches Manöver den Ausstieg aus dem Atomwaffensperrvertrag an, den es 1985 unterzeichnet hat. Der Ausstieg wird schließlich suspendiert.

1994, 8. Juli Tod von Staats- und Parteichef Kim Il-sung.

12. Okt. Abschluss einer Rahmenvereinbarung zwischen Nordkorea und den USA: Einfrieren des nordkoreanischen Atomprogramms und Abbau der existierenden Atomkraftanlagen gegen Energielieferung, wirtschaftliche Kooperation und die Errichtung von zwei Leichtwasserreaktoren. Japan und Südkorea sagen die Mitfinanzierung der Reaktoren zu.

1995–1997 Nach schweren Überschwemmungen im Sommer 1995 und weiteren im Sommer 1996 tritt eine Nahrungsmittelknappheit ein. Es gelingt nicht, die zerstörte Infrastruktur wieder aufzubauen. Internationale Hilfslieferungen werden durch restriktive Auflagen Nordkoreas behindert.

1997, 8. Okt. Kim Jong-il wird zum Generalsekretär der Kommunistischen Partei ernannt.

9. Dez. Süd- und Nordkorea beginnen in Genf erneut Verhandlungen über einen Friedensvertrag. Als Vermittler sind die USA und die VR China beteiligt.

1998 Nordkorea beginnt mit Reformen, die auf eine Dezentralisierung zielen.

13. März Generalmobilmachung der auf 1,1 Mio. Soldaten geschätzten Streitkräfte.

22. März Abbruch der Verhandlungen in Genf.

26. Juli Erstmals seit acht Jahren finden Wahlen zur Obersten Volksversammlung statt (Wahlbeteiligung 98,7 %).

31. Aug. Der Abschuss einer mehrstufigen Rakete, die den Nordosten Japans überquert, ruft dort scharfen Protest hervor.

1999, 16. März Die USA setzen die Inspektion unterirdischer Anlagen in Kŭmchan-ri bei Yongbyŏn durch. Am 27. Juni wird festgestellt, dass das Tunnelsystem für die Herstellung von Atomwaffen ungeeignet sei.

Mai Die Regierung gibt erstmals zu, dass es in den vergangenen drei Jahren Hungersnöte mit zahlreichen Opfern gegeben habe (unabhängige Schätzungen nennen 2,5 Mio. Tote).

13. Sept. Nordkorea verzichtet auf den umstrittenen Test einer Langstreckenrakete. Im Gegenzug erklären sich die USA bereit, die seit 50 Jahren bestehenden Handelssanktionen (außer für Militärgüter) zu lockern.

14. Dez. Japan kündigt die Aufhebung seiner Sanktionen an.

2000, 7. April Verhandlungen zwischen Japan und Nordkorea scheitern, da dieses eine Entschuldigung für das von den Japanern in der Kolonialzeit (1910–1945) begangene Unrecht verlangt.

19. Juni Die USA heben die Sanktionen auf.

19. Sept. Wiedereröffnung der seit 1953 unterbrochenen Eisenbahnverbindung mit Südkorea.

25./26. Sept. Wiederbeginn von Verhandlungsrunden über vertrauensbildende Maßnahmen. U. a. werden Familienbegegnungen (jeweils 100 ausgewählte Besucher) vereinbart.

2001, 21. Febr. Als Reaktion auf die erneute Einstufung als »Schurkenstaat« durch die amerikanische Regierung stellt Nordkorea den Vertrag von 1994 in Frage, mit dem es sich zur Schließung von Anlagen zur Herstellung von waffenfähigem Plutonium verpflichtet hatte.

1. März Wiederaufnahme der diplomatischen Beziehungen zu Deutschland.

März Abbruch der Verhandlungen mit Südkorea.

2./3. Mai Verhandlungen in Pjöngjang mit Vertretern der Europäischen Union über eine Weiterentwicklung der Beziehungen.

Juni Hungerkatastrophe infolge eines extrem kalten Winters und lang anhaltender Dürre: 80–90 % der Kartoffelpflanzen und Getreidesaat sind im Boden vertrocknet. Nordkorea bleibt auf humanitäre Hilfe aus dem Ausland angewiesen.

2002, 29. Jan. In seinem Bericht zur Lage der Nation nennt US-Präsident George W. Bush neben Iran und Irak auch Nordkorea als Teil der »Achse des Bösen«.

Juli Verkündung von Wirtschaftsreformen: Einschränkung des öffentlichen Verteilungssystems, Neustrukturierung von Preisen und Einkommen, Einführung weiterer Marktmechanismen in die Planwirtschaft sowie unterschiedlicher Arten von Sonderwirtschaftszonen.

7. Aug. »Grundsteinlegung« für den ersten der im Rahmen der 1994 geschlossenen Vereinbarung versprochenen Leichtwasserreaktoren.

17. Sept. Beim ersten Treffen eines japanischen Premierminister mit einem Staatschef Nordkoreas nach 1945 bestätigt Kim Jong-il die Entführung japanischer Bürger vor einigen Jahrzehnten aus Spionagegründen. Im Gegenzug entschuldigt sich Japans Premierminister Junichirō Koizumi (*1942) für Besatzungsgräuel während des Zweiten Weltkriegs.

3. Okt. Die USA nehmen den seit Jahren unterbrochenen Dialog mit Nordkorea wieder auf. Nordkorea gibt zu, ein Atomprogramm zu betreiben. Es wird deutlich, dass dies als Druckmittel gedacht ist, um die Einhaltung der Zusagen von 1994 einzufordern.

27. Dez. Nordkorea weist die Inspekteure der Internationalen Atomenergie-Organisation (IAEO) aus.

2003, 10. Jan. Nordkorea erklärt seinen Austritt aus dem Atomwaffensperrvertrag.

3. Aug. Kim Jong-il wird für weitere fünf Jahre als Vorsitzender der Nationalen Verteidigungskommission bestätigt. Als »ewiger Präsident« gilt nach wie vor sein 1994 verstorbener Vater Kim Il-sung.

27.–29. Aug. Auf Betreiben Chinas findet eine Sechsergesprächsrunde (USA, Nordkorea, Südkorea, China, Russland, Japan) über Nordkoreas Atomprogramm statt.

29. Sept. Die Regierung weist die Forderung der IAEA nach einer Einstellung seines umstrittenen Atomprogramms zurück.

20. Nov. Die Vereinten Nationen warnen vor einer dramatischen Ernährungskrise: Nordkorea produziere nur etwa 80 % der benötigten Lebensmittel.

2004 Beginn des Baus eines Industriekomplexes in Kaesŏng als Gemeinschaftsprojekt mit Südkorea.

2005, 10. Febr. Nordkorea erklärt, Atomwaffen zu besitzen.

Okt. Verkündung der Rückkehr zum System öffentlicher Verteilung von Nahrungsmitteln.

2006 Nordkorea empfängt Hilfen im Wert von knapp 800 Mio. US-$ aus Südkorea. 2019 Flüchtlinge aus Nordkorea kommen in diesem Jahr im Süden an und erhöhen die Zahl der im Süden lebenden nordkoreanischen Flüchtlinge auf über 10 000. Die Drohgebärden im Atomstreit mit den USA nehmen zu.

4./5. Juli Testabschüsse von sieben Raketen einschließlich einer Langstreckenrakete vom Typ »Taepodong 2«.

9. Okt. Nordkorea führt trotz Drohungen des UN-Sicherheitsrates nahe seiner Nordgrenze eine nukleare Testzündung durch. Die Explosionsstärke wird mit 550 Tonnen TNT angegeben.

Nov. Der organisierte Protest einer Händlergruppe in Hoeryŏng gegen die Schließung eines Marktes ist das erste publik gewordene Ereignis öffentlicher Auflehnung gegen behördliche Entscheidungen.

2007, 13. Febr. Die Sechs-Parteien-Gespräche mit Nordkorea kommen zu einem erfolgreichen Abschluss: Nordkorea sagt den Verzicht auf Entwicklung von Atomwaffen zu. Im Gegenzug werden Energielieferungen versprochen.

Juli Inspektoren der IAEO verifizieren die Abschaltung des Reaktors von Yongbyŏn.

2.–4. Okt. Gipfeltreffen zwischen Kim Jong-il und dem südkoreanischen Präsidenten Roh Moo-hyun, resultierend in einer gemeinsamen Friedenserklärung.

Republik Korea (Südkorea) seit 1945

| Forts. v. S. 1218 |

Die Alliierten garantieren in der Konferenz von Potsdam im Juli 1945 wie schon in der Erklärung von Kairo (Dez. 1943) die Unabhängigkeit Koreas. Vorgesehen ist der Einmarsch sowjetischer Truppen in Korea. Nach Abwurf der Atombomben auf Hiroshima und Nagasaki entscheiden die USA, den Süden der Halbinsel selbst zu besetzen.

1945, 15. Aug. Nach der Kapitulation Japans organisieren sich die Koreaner in »Komitees zur Vorbereitung einer koreanischen Staatsgründung« (Volkskomitees).

ab 8. Sept. Amerikanische Soldaten nehmen im Süden des Landes bis zum 38. Breitengrad als Demarkationslinie die Kapitulation der japanischen Truppen entgegen.

10. Sept. Einsetzung einer US-Militärregierung.

20. Dez. Im Moskauer Abkommen einigen sich die Alliierten (USA, Sowjetunion, Großbritannien, China) auf eine fünfjährige Treuhandschaft für Korea.

1947, 14. Nov. Die Vereinten Nationen beschließen allgemeine Wahlen unter ihrer Aufsicht in ganz Korea.

1948, 10. Mai Da die UN-Beschlüsse von Nordkorea boykottiert werden, finden nur in Südkorea Wahlen zur Nationalversammlung statt. Seit März halten Proteste gegen die einseitigen Wahlen an, v. a. auf der Insel Cheju, wo noch Volkskomitees existieren. Die blutige Niederschlagung der Unruhen zieht sich über mehrere Monate hin.

Koreakrieg und Diktatur Rhee (1948–1960/61)

1948, 20. Juli Syngman Rhee (*1875, †1965), der bereits 1919 an der Exilregierung in Shanghai beteiligt war, wird zum ersten Präsidenten gewählt: Erste Republik (1948–1960).

8. Sept. Bis auf einige Militärberater verlassen die US-Truppen Korea.

Okt. In den Südküstenstädten Yŏsu und Sunch'ŏn rebellieren zur Befriedung Chejus eingezogene Soldaten. Nach Niederschlagung des Aufstands bilden sich Guerillatruppen. Das »Nationale Sicherheitsgesetz« wird erlassen.

1950, 25. Juni Nach militärischen Konflikten an der Demarkationslinie fallen nordkoreanische Truppen in Südkorea ein und beginnen so den **Koreakrieg**. Innerhalb von zwei Monaten ist der größte Teil Südkoreas überrannt.

Aug. UN-Truppen, die zum Großteil aus Kontingenten der USA bestehen, bringen unter General Douglas MacArthur die Invasion am Naktong zum Stehen.

Okt. In einer Gegenoffensive greifen die UN-Truppen mit Billigung der UNO Nordkorea an und erreichen die chinesische Grenze.

1951, Jan. Nordkoreanische Truppen und chinesische Freiwillige stoßen bis südlich von Seoul vor, doch schließlich erstarrt die Front im Frühjahr an der alten Demarkationslinie des 38. Breitengrads.

Juli Nach einer Feuerpause beginnen langwierige Friedensverhandlungen in P'anmunjŏm (38. Breitengrad). Der Luftkrieg, in erster Linie das Bombardement Nordkoreas, hält an.

1953, 27. Juli Unterzeichnung eines Waffenstillstandsvertrags, der den Frontverlauf als De-facto-Staatsgrenze bestätigt.

1954, 1. Okt. Südkorea schließt mit den USA ein Abkommen im Falle eines Verteidigungskrieges.
Das Land erhält massive amerikanische Wirtschaftshilfe und politische Unterstützung. SYNGMAN RHEE führt mithilfe des »Nationalen Sicherheitsgesetzes« ein autokratisches Regime und erstickt alle Versuche der Opposition, das präsidiale System durch ein parlamentarisches zu ersetzen.

1960, April Offensichtliche Wahlmanipulationen zugunsten von RHEES vierter Wiederwahl rufen heftige Studentenunruhen hervor, die ihn ins Exil zwingen.

1960/61 Die Zweite Republik ist ein parlamentarisches System unter Ministerpräsident CHANG MYON (*1899, †1966), das jedoch die Interessenkonflikte in der südkoreanischen Gesellschaft nicht ausgleichen kann.

Militärdiktatur (1961–1987)

1961, 16. Mai Die Zweite Republik findet durch einen Militärputsch ihr Ende.

3. Juli Nach Aufhebung der Verfassung setzt sich General PARK CHUNG-HEE (*1917, †1979) an die Spitze der Militärregierung.

1963, 17. Dez. PARK übernimmt nach staatsstreichähnlichen Maßnahmen das Amt des Staatspräsidenten: Dritte Republik.
PARKS autoritäres Regime regiert mit einem straffen Polizeiapparat, Bespitzelung der Bevölkerung durch den Geheimdienst und der häufigen Verhängung des Kriegsrechts, doch wird es als fester Verbündeter von den USA gestützt (45 000 Koreaner kämpfen im Vietnamkrieg).

1965, 22. Juni Im »Vertrag über die allgemeinen Beziehungen« zwischen Japan und Südkorea anerkennt Japan die südkoreanische Regierung als die »allein gesetzmäßige« von ganz Korea. Im Zusammenhang mit diesem »Normalisierungsvertrag« stehen Wirtschaftshilfen und Investitionen aus Japan. Das südkoreanische Regime setzt auf exportorientierte Entwicklung und in den 70er-Jahren zunehmend auf die Schwerindustrie.

1969, Sept. Eine Verfassungsänderung, die PARK eine Wiederwahl 1971 ermöglicht, wird unter Ausschluss der Opposition vom Parlament verabschiedet.

1971, Aug. Ein Gesprächsangebot des südkoreanischen Roten Kreuzes wird von Nordkorea angenommen und führt zu Verhandlungen von Rotkreuzvertretern beider Länder in P'anmunjŏm über humanitäre Fragen (Familienzusammenführung). In der Folge treffen sich Vertraute von General PARK und dem nordkoreanischen Ministerpräsidenten KIM IL-SUNG (*1912, †1994) zu Geheimverhandlungen über die Möglichkeit der friedlichen Wiedervereinigung.
Zur Abmilderung der Landflucht und der negativen Industrialisierungsfolgen ruft PARK eine Bewegung der kommunalen Eigeninitiative aus (*Saemaŭl-undong*, »Neudorf-Bewegung«). Dennoch kann der Oppositionskandidat KIM DAE JUNG (*1925) große Erfolge bei den Präsidentenwahlen erzielen.

1972, 4. Juli Ein gemeinsames Kommuniqué Nord- und Südkoreas sieht den Verzicht auf Propaganda und Provokation, die Errichtung eines »heißen Drahtes« zwischen Seoul und P'yongyang sowie die Konstitution eines Koordinationsausschusses vor.

Okt. Die Neuorganisation der US-Präsenz in Ost- und Südostasien führt zur außenpolitischen Schwächung des Regimes und seiner innenpolitischen Verhärtung. Zur Stärkung der Exekutive werden die »Yushin-Reformen« (»Revitalisierungsreformen«) proklamiert.

Nov. PARK lässt in einem Referendum eine neue Verfassung legitimieren, die ihm erweiterte Machtbefugnisse ausstellt und die Möglichkeit der unbegrenzten Wiederwahl schafft. Sein Vorschlag, beide koreanische Staaten in die UNO aufzunehmen, wird von Nordkorea zurückgewiesen, da dies den Status des geteilten Landes bestätigen würde.

1973, 8. Aug. Entführung des Oppositionspolitikers KIM DAE JUNG in Tokio durch den koreanischen Geheimdienst.

Aug. Ende der Annäherung zwischen Süd- und Nordkorea (»Einfrieren« des Dialogs).

1977, Jan. US-Präsident JIMMY CARTER kündigt an, den Großteil der in Südkorea stationierten US-Bodentruppen bis 1981 abzuziehen. Das Vorhaben wird 1979 während eines Staatsbesuchs in Seoul weitgehend rückgängig gemacht.

1978, 6. Juli Die Nationalkonferenz bestätigt PARK für weitere sechs Jahre im Amt.

1979, Jan. Südkorea zeigt eine positive Reaktion auf nordkoreanische Angebote, über die Beziehungen zwischen beiden Staaten zu verhandeln.

Okt. Die willkürliche Entfernung von Oppositionsführer KIM YOUNG SAM (*1927) aus dem Parlament führt zu Demonstrationen und Unruhen v. a. in KIMS Heimat, der südlichen Provinz Kyŏngsang.

26. Okt. Im Zuge von Streitigkeiten über das Vorgehen gegen die Unruhen wird Präsident PARK durch den Geheimdienstchef Südkoreas ermordet. Sein Nachfolger wird Ministerpräsident CHOI KYU HA (*1919, †2006).

12. Dez. General CHUN DOO HWAN (*1931) setzt sich gemeinsam mit ROH TAE-WOO (*1932) an die Spitze des Militärs.

1980, April CHUN DOO HWAN übernimmt die Befehlsgewalt über den südkoreanischen Geheimdienst KCIA.

18.–26. Mai Eine Welle von Demonstrationen gegen ein neuerliches Militärregime mündet in den **Aufstand von Kwangju**, den ein Massaker der Armee beendet.

16. Aug. CHUN DOO HWAN wird Staatspräsident.

17. Sept. Oppositionspolitiker KIM DAE JUNG wird zum Tod verurteilt, später aber begnadigt.

1983, 1. Sept. Jagdflugzeuge der Sowjetunion schießen

ein südkoreanisches Passagierflugzeug westlich von Sachalin ab.

1984, 6. Sept. Ein Besuch CHUN DOO HWANS in Japan soll die seit der Kolonialzeit bestehenden Spannungen zwischen beiden Ländern beilegen.

1985, 12. Febr. In den Parlamentswahlen erhält die von KIM DAE JUNG gegründete *New Korean Democratic Party* (NKDP) auf Anhieb 29 % der Stimmen.

April Vereinigung der Oppositionsgruppen unter Führung der NKDP.

1986/1987 Im Zusammenhang mit der Forderung nach Direktwahl des Präsidenten kommt es immer wieder zu schweren Unruhen und Straßenkämpfen oppositioneller Gruppen mit Sicherheitskräften. Als CHUN im April 1987 die Diskussionen über dieses Thema für beendet erklärt, spitzen sich die Konfrontationen zu.

Wandel zur Demokratie und Erstarken als Industrienation (seit 1987)

1987, 29. Juni ROH TAE WOO verkündet ein Reformprogramm, das den Weg in die Demokratie eröffnet.

12./27. Okt. Die Nationalversammlung und eine Volksabstimmung bestätigen eine neue Verfassung.

16. Dez. Direkt gewählter neuer Staatspräsident wird der Vorsitzende der Regierungspartei *Democratic Justice Party* (DJP), ROH TAE-WOO, da die Opposition in die zwei Parteien um KIM DAE JUNG und KIM YOUNG SAM gespalten ist.

1988, 26. April Bei den Parlamentswahlen verliert die DJP ihre absolute Mehrheit.

17. Sept.–2. Okt. Die XXIV. Olympischen Sommerspiele werden in Seoul ausgetragen. Die 1981 gefallene Entscheidung, die Spiele an Seoul zu geben, hat sich als wichtiger Faktor der Demokratisierung erwiesen.

1990, 22. Febr. Bildung der *Democratic Liberal Party* (DLP) aus DJP, *Reunification Democratic Party* (RDP) und *New Democratic Republican Party* (NDRP) unter dem Vorsitz ROHS. Die Opposition legt die Mandate nieder.

4.–7. Sept. Erstes Treffen der beiden koreanischen Regierungschefs in Seoul. Trotz weiterer Gespräche gibt es keine Annäherung in der Frage der Wiedervereinigung.

1991, 26. April Im Anschluss an eine Demonstration wird ein Student von Polizisten getötet. Daraufhin kommt es zu blutigen Unruhen.

22. Mai Ministerpräsident ROH JAE BONG (*1936) tritt zurück.

1992, 18. Dez. KIM YOUNG SAM (DLP) siegt bei den Präsidentschaftswahlen.

1995, 16. Nov. Die ehemaligen Staatspräsidenten ROH TAE-WOO und CHUN DOO HWAN werden verhaftet und im Dez. 1996 aufgrund ihrer Verantwortung für das Massaker von Kwangju zu langjährigen Gefängnisstrafen verurteilt.

1996, 11. April Bei Parlamentswahlen wird die aus der DLP hervorgegangene *New Korean Party* (NKP) stärkste Partei, gefolgt von dem ebenfalls 1995 gegründeten *National Congress for New Politics* (NCNP).

12. Dez. Aufnahme Südkoreas in die OECD.

26. Dez. Wegen der von der Regierung beschlossenen Verschärfung des Arbeitsgesetzes (Aufhebung des Kündigungsschutzes) kommt es zu Massendemonstrationen. Es wird wegen der anhaltend schweren Proteste im März 1997 in revidierter Fassung verabschiedet.

1997 Die Verwicklung der Familie von KIM YOUNG SAM in mehrere Finanzskandale wird publik.

3. Dez. Aufgrund seiner im Herbst ausgebrochenen, schweren Wirtschafts- und Finanzkrise erhält Südkorea einen Kredit des IWF in Rekordhöhe mit strikten wirtschaftspolitischen Auflagen.

18. Dez. KIM DAE JUNG wird zum Staatspräsidenten gewählt. Er kündigt die Begnadigung von ROH TAE-WOO und CHUN DOO HWAN an.

1998, 13. Febr. In einem 100-Punkte-Plan, den KIM DAE JUNG für seine Regierung vorstellt, ist als außenpolitisches Ziel u. a. die Schaffung einer südostasiatischen Kooperation nach dem Vorbild der OSZE formuliert.

13. März Die Regierung beschließt eine Amnestie für 5,5 Mio. Verurteilte, ausgenommen Wirtschaftskriminelle.

17. Aug. Der von KIM DAE JUNG eingesetzte Ministerpräsident KIM JONG PIL (*1926) wird vom Parlament bestätigt.

7.–10. Okt. Bei einem Staatsbesuch von KIM DAE JUNG in Japan entschuldigt sich die japanische Regierung für die Verbrechen während der Kolonialherrschaft in Korea (1910–1945).

ab Okt. Südkoreaner können die in Nordkorea gelegene, traditionell verehrte Berglandschaft Kümgangsan im Rahmen eines vom Hyundai-Konzern mit Nordkorea vereinbarten Tourismusprojektes besuchen.

1999, 15. Jan. Südkorea erhält vom US-Verteidigungsminister WILLIAM COHEN (*1940) das Angebot, unter den »nuklearen Schutzschild« der USA zu kommen. Vorausgegangen ist die Versenkung eines nordkoreanischen Spionage-U-Bootes durch die südkoreanische Marine am 10. Dez. 1998.

23. Nov. Die militante *Korean Confederation of Trade Unions* (KCTU) erhält ihre amtliche Anerkennung als zweiter nationaler Dachverband neben der gemäßigten *Federation of Korean Trade Unions* (FKTU).

2000, 13. April Bei den Wahlen zur Nationalversammlung bleibt die von KIM DAE JUNG als *Millennium Democratic Party* (MDP) neu gegründete Nachfolgeorganisation der NCNP nur zweitstärkste politische Kraft hinter der oppositionellen konservativen *Grand National Party* (GNP; früher *New Korean Party* [NKP]). KIM ernennt am 22. Mai den Vorsitzenden der mit der MDP verbündeten »Liberaldemokratischen Union« (ULD), LEE HAN DONG (*1934), zum neuen Ministerpräsidenten.

12.–14. Juni In Pjöngjang treffen die Repräsentanten von Süd- und Nordkorea, KIM DAE JUNG und KIM JONG-IL (*1942), zum ersten Staatsbesuch seit 55 Jahren zusammen.

20./21. Okt. Auf dem 3. Asien-Europa-Gipfeltreffen, das

in Südkorea stattfindet, erhält Kim Dae Jung außenpolitische Unterstützung für seine Aussöhnungspolitik gegenüber Nordkorea.

8. Nov. Der mit 18 Mrd. US-$ verschuldete Autokonzern »Daewoo Motors« wird für bankrott erklärt.

10. Dez. Kim Dae Jung wird mit dem Friedensnobelpreis ausgezeichnet.

2001, 1. April Das 1996 unterzeichnete Rahmenabkommen über Handel und Zusammenarbeit mit der EU tritt in Kraft.

2002, 29. Juni Beim schwersten Seegefecht im Gelben Meer seit 1953 zwischen süd- und nordkoreanischen Marinestreitkräften werden mindestens 34 Seeleute getötet.

28. Aug. Das Parlament lehnt den von Präsident Kim Dae Jung als Regierungschef vorgeschlagenen Zeitungsverleger Chang Dae Whan (*1952) ab. Nach der am 31. Juli im Parlament gescheiterten Theologin Chang Sang (*1939) ist dies der zweite durchgefallene Kandidat für das Amt des Ministerpräsidenten.

31. Aug./1. Sept. Der Taifun »Rusa« richtet den größten Sachschaden in der Geschichte des Landes an. Es gibt mehr als 200 Tote und Vermisste.

19. Dez. Der liberale Rechtsanwalt und frühere Menschenrechtsaktivist Roh Moo-hyun (*1946) gewinnt die Präsidentschaftswahlen. Wichtig ist die Unterstützung von Internet-Gruppierungen (*Netizen*).

2003, 5. Febr. Eröffnung der ersten grenzüberschreitenden Straßenverbindung nach Nordkorea seit dem Krieg von 1950–1953.

26. Febr. Der ehemalige Bürgermeister von Seoul, Goh Kun (*1938), wird neuer Regierungschef.

20. Sept. Spaltung der Regierungspartei MDP. 37 Parlamentsabgeordnete gehen zur neu gegründeten *People's Participation United New Party* über.

4. Dez. Präsident Roh Moo-hyun scheitert beim Versuch, die Einsetzung eines Sonderermittlers zur Aufklärung von Korruption unter seinen Mitarbeitern zu verhindern. Sein Veto wird vom Parlament mit Zweidrittelmehrheit überstimmt.

2004, 12. März In einer chaotischen Sitzung wird Präsident Roh Moo-hyun vom Parlament aufgrund einer Verletzung des Wahlkampfgesetzes, das Neutralität gebietet (Unterstützung der *Uri Party*), seines Amtes enthoben. Die Roh stützende Bevölkerung reagiert mit wütenden Protesten auf der Straße und im Internet. Das Verfassungsgericht erklärt am 14. Mai das Verfahren für ungültig. In der Zwischenzeit führt Goh Kun die Regierungsgeschäfte.

15. April Bei der Parlamentswahl erringt die von der MDP abgespaltene *Uri Party* einen überwältigenden Sieg.

29. Juni Der frühere Bildungsminister Lee Hae-Chan (*1952) wird vom Parlament als Regierungschef bestätigt.

22. Okt. Das Verfassungsgericht erklärt das Gesetz, mit dem im Aug. des Jahres die Verlegung der Hauptstadt in die Region von Kongju (100 km südlich von Seoul) beschlossen wurde, für verfassungswidrig; damit scheitert die geplante Hauptstadtverlegung.

2005, Jan. Zwischen Japan und Korea flammt der Streit um die Inselgruppe Tokto (Liancourt Felsen) nahe der westlichen Insel Ullŭngdo auf.

2. März Das Parlament beschließt die Abschaffung des patriarchalisch geprägten Familienregistrierungssystems (*hojuje*).

18. Juli Zwischen Süd- und Nordkorea wird eine Breitbandverbindung in Betrieb genommen.

19. Okt. Gründung eines *World Stem Cell Hub* als Förderorganisation für die um den Klonforscher Hwang Woo-suk (*1953) konzentrierte biotechnologische Forschung durch die Regierung.

2006, 10. Jan. Ein Untersuchungsausschuss der *Seoul National University* gibt bekannt, dass es sich bei den im Febr. 2005 verkündeten und als Durchbruch in der genetischen Forschung dargestellten Ergebnissen des Wissenschaftlers Hwang Woo-suk (Herstellung von Stammzelllinien aus geklonten Embryonen) um eine Fälschung handelt.

März Die Beschäftigten der seit Anfang 2005 privatisierten koreanischen Eisenbahngesellschaft KORAIL führen einen heftigen Arbeitskampf.

14. März Lee Hae-Chan muss wegen zu geringen Engagements als Regierungschef zurücktreten. Roh Moo-hyun ernennt Han Myeong-sook (*1944) zu seiner Nachfolgerin. Sie ist die erste Frau auf diesem Posten.

13. Okt. Außenminister **Ban Ki moon** (*1944) wird zum **UN-Generalsekretär** gewählt (Amtsantritt Jan. 2007).

2007, 11. Febr. Ein Brand in der Einwanderungsbehörde der Südküstenstadt Yŏsu, bei dem von 55 dort internierten Fremdarbeitern zehn getötet und 17 verletzt werden, wird Auslöser für eine breite Debatte über den Umgang mit den etwa 186 000 illegalen Fremdarbeitern in Südkorea.

2. April Nach zehnmonatigen Verhandlungen kann ein Freihandelsabkommen mit den USA abgeschlossen werden.

17. Mai Zwei Eisenbahnverbindungen zwischen Süd- und Nordkorea, je eine an der West- und der Ostküste, werden wieder eröffnet.

19. Dez. Der konservative Kandidat Lee Myung-bak (*1941) gewinnt trotz anhängiger Anklage wegen Korruption mit großer Mehrheit die Präsidentschaftswahl (Amtsantritt 25. Febr. 2008).

Japan seit 1945 | Forts. v. S. 1223 |

Mit der Unterzeichnung der Kapitulationsurkunde durch Japan geht die Staatsgewalt für die Dauer der Besatzungszeit (bis 1952) an das Alliierte Hauptquartier in Tokio unter General Douglas MacArthur über. Zum Programm der Besatzungsbehörden gehört die Demokratisierung des öffentlichen Lebens ebenso wie die Entmilitarisierung Japans und die Bestrafung japanischer Kriegsverbrechen. Die ursprünglich geplante Entflechtung der Großkonzerne erweist sich als ökonomisch undurchführbar und wird im Verlauf der 50er-Jahre rückgängig gemacht. Um die Loyalität der japanischen Bevölkerung zu sichern, verzichten die alliierten Behörden auf die Absetzung des Tennō, beschränken seine Befugnisse allerdings auf rein repräsentative Funktionen und gestehen ihm keinerlei politische Macht zu.

Auf der territorialen Ebene verliert Japan alle Gewinne nicht nur des Zweiten Weltkriegs, sondern auch der vorangegangenen Eroberungskriege. Das Staatsgebiet wird auf die Grenzen von 1868 eingeschränkt. Damit verliert Japan die Mandschurei, Korea, Taiwan, Sachalin und die Kurilen. Die Bonininseln und Okinawa werden unter US-Verwaltung gestellt. Damit wird die Repatriierung von 6,5 Mio. Japanern aus den ehemaligen Kolonialgebieten notwendig. Um den politischen Einfluss von »Personen, die an der japanischen Expansion beteiligt gewesen waren«, für die Zukunft auszuschalten, werden insgesamt 180 000 Personen aus leitenden Positionen in Regierung, Verwaltung, Wirtschaft, Erziehungswesen und anderen Bereichen des öffentlichen Lebens entfernt. Auch diese Maßnahmen wurden im Lauf der 50er-Jahre schrittweise rückgängig gemacht.

Die Besatzungszeit (1945–1952)

1945, 22. Dez. Durch einen Erlass des Alliierten Hauptquartiers wird die Neugründung der 1940 aufgelösten politischen Parteien und Gewerkschaften ermöglicht. Im Zuge einer allgemeinen Bodenreform werden Großgrundbesitzer zum Verkauf von Land an Pachtbauern gezwungen.

1946, 1. Jan. In einer Rundfunkansprache entsagt Kaiser HIROHITO (*1901, †1989) dem Anspruch des Tennōs auf göttliche Abkunft und der Legitimierung der kaiserlichen Herrschaft aus einer sakralen Funktion mit den Worten: »Jene Bande, die mich und mein Volk umschließen, beruhen nicht auf der falschen Vorstellung, dass der Tennō göttlich sei.«

19. Jan. In Tokio nimmt der Internationale Militärgerichtshof für den Fernen Osten die Verhandlungen gegen 25 Angeklagte auf, denen im Verlauf des Zweiten Weltkriegs begangene Kriegsverbrechen zur Last gelegt werden.

10. April Zu den ersten Reichstagswahlen der Nachkriegszeit treten fünf Parteien an: die wieder gegründete Sozialistische Partei (*Shakaitō*), die erstmals legal auftretende Kommunistische Partei Japans (*Nihon Kyōsantō*), die neu gegründete Gemeinschaftspartei (*Kyōdōtō*) und die in der Tradition der bürgerlichen Vorkriegsparteien stehende Liberale Partei (*Jiyūtō*) sowie die Fortschrittspartei (*Shimpotō*).

22. Mai Nach einem Wahlsieg der bürgerlichen Parteien kann der Vorsitzende der Partei der Liberalen, SHIGERU YOSHIDA (*1878, †1967), ein Koalitionskabinett mit der Fortschrittspartei gründen.

7. Okt. Auf Drängen der amerikanischen Besatzungsmacht verabschiedet der Reichstag nach längerer Beratung eine neue Verfassung für Japan, die nach ihrer Proklamation durch den Kaiser am 3. Nov. die alte Verfassung der Meiji-Zeit ablöst. Damit wird die **Umwandlung Japans in eine parlamentarische Demokratie** nach angelsächsischem Muster eingeleitet: Der Kaiser ist in Zukunft nicht offizielles Staatsoberhaupt Japans, sondern »Symbol des Staates und der Einheit des Volkes und leitet seine Stellung vom Willen des Volkes ab, welches die Souveränität innehat«. Der vom Parlament gewählte Premierminister beruft die Minister seines Kabinetts. Die Legislative liegt beim Reichstag, der aus zwei Kammern besteht. Beide Kammern gehen aus allgemeinen Wahlen hervor. Das Wahlrecht wird auf Frauen ausgedehnt. Bürgerrechte und Menschenrechte stehen unter Verfassungsschutz. In dem viel diskutierten Artikel 9 der Verfassung verzichtet des japanische Volk »für immer auf den Krieg als ein souveränes Recht der Nation und die Androhung oder Anwendung von Gewalt als Mittel, internationale Streitigkeiten zu regeln«. Diese Bestimmungen werden nach heutiger Interpretation auf den Verzicht eines Angriffskriegs eingeschränkt.

1947, 25. April Zu den zweiten Parlamentswahlen der Nachkriegszeit tritt auch die neu gegründete Demokratische Partei (*Minshutō*) an. TETSU KATAYAMA (*1887, †1978) kann die erste sozialistisch geführte Regierung Japans bilden.

3. Mai Die neue Verfassung Japans tritt gemäß Artikel 100 des Textes endgültig in Kraft.

1948, 10. Febr. Die von den Sozialisten geführte Koalitionsregierung wird infolge innerer Zwistigkeiten in der Regierungspartei gestürzt. Es folgt eine lange Reihe von konservativen Regierungen unter Führung der Liberalen Partei.

4. Nov. In den **Kriegsverbrecherprozessen von Tokio** werden sieben Hauptschuldige zum Tode, 16 weitere Angeklagte zu lebenslänglichen Haftstrafen verurteilt.

1949 Die veränderte weltpolitische Lage, insbesondere der Kalte Krieg und der Sieg der Kommunisten auf dem chinesischen Festland, leiten eine Veränderung in den Beziehungen zwischen den USA und Japan ein. Die Vereinigten Staaten gewinnen ein zunehmendes Interesse daran, ein erstarktes Japan als Bundesgenossen im Pazifik zu gewinnen. Die japanischen Reparationsleistungen werden offiziell eingestellt. Die USA beginnen zunehmend, die konservativen Kräfte in Japan als ihre Verbündeten zu betrachten. Zugleich wird ein Teil der ursprünglichen Säuberungsmaßnahmen rückgängig gemacht, da die amerikanische Militärverwaltung beim Wiederaufbau der japanischen Industrie weitgehend auf Personal aus der Kriegszeit zurückgreifen muss. Auch der Zusammenschluss von Industrie und Handel in Großkonzernen wird wieder zugelassen und von den Besatzungsbehörden durch Begünstigung bei der Zuweisung von Rohstoffen und der Erteilung von Krediten gefördert.

1950, 11. Jan. US-Präsident TRUMAN beauftragt seinen Sonderbeauftragten JOHN FOSTER DULLES mit der Vorbereitung eines Friedensvertrages. Im Vorgriff auf eine künftige Regelung erhält Japan, das gemäß Artikel 9 der Verfassung keine Streitkräfte unterhalten darf, das Recht zum Aufbau einer mit Panzern, Flugzeugen und Marineeinheiten ausgestatteten »Nationalen Polizeireserve«. Eine mögliche japanische Wiederaufrüstung sowie die Stationierung amerikanischer Truppen auf japanischem Boden wird in der Folge zur zentralen Frage der japanischen Innenpolitik. Die USA schlagen vor, die Verteidigung Japans unter Beibehaltung ihrer Militärbasen auch nach Abschluss eines Friedensvertrages und dem Ende der Besatzungszeit zu übernehmen. Diese Lösung ist in Japan innenpolitisch umstritten.

1951, 8. Sept. Im **Friedensvertrag von San Francisco**, den Japan mit den USA und 47 weiteren Nationen abschließt, verzichtet Japan auf alle territorialen Ansprüche außerhalb der Grenzen von 1868. Korea wird unabhängig; die japanischen Besitzungen auf dem chinesischen Festland sowie Taiwan fallen an China; Japans pazifischer Inselbesitz kommt unter die Verwaltung der USA; die Kurilen und Südsachalin fallen an die Sowjetunion. Diese sowie die Volksrepublik China verweigern allerdings ihre Unterschrift unter den Friedensvertrag und nehmen keine diplomatischen Beziehungen zu Japan auf.
In einem gleichzeitig geschlossenen Vertrag mit den USA stimmt Japan dem Verbleiben amerikanischer Truppen auf japanischem Gebiet zu und wird so in das westliche Verteidigungsbündnis miteinbezogen. Daraus ergeben sich in der Zukunft eine Reihe von Spannungen in territorialen und verteidigungspolitischen Fragen. Im Friedensvertrag haben sich die USA die volle Jurisdiktion über die Insel Okinawa im Ryūkyū-Archipel vorbehalten, obgleich die Einwohner der Insel japanische Staatsbürger bleiben. Mit 100 000 US-Soldaten und 117 Stützpunkten sowie Abschussrampen für Raketen mit Atomsprengköpfen ist Okinawa entscheidend für den pazifischen Verteidigungsgürtel der USA. Japan allerdings strebt die Wiederherstellung seiner vollen Souveränität über die Insel an.

Japan unter liberaldemokratischer Führung (1952–1993)

1952, 28. April Mit der Ratifikation des Vertrags von San Francisco durch den Reichstag endet die Periode der Besatzungsherrschaft und Japan erhält seine volle Souveränität zurück.

9. Juli Japan schließt einen Friedensvertrag mit der nationalchinesischen Regierung auf Taiwan ab und erkennt diese als einzige legitime Vertretung der Republik China an.

1954, Nov. Japan schließt einen Friedensvertrag und ein Reparationsabkommen mit der Republik Birma ab.

1955 Im Laufe des Jahres werden ähnliche Verträge wie mit Birma auch mit den Philippinen, Thailand, Laos und Kambodscha abgeschlossen.

15. Nov. Nach der Wiedervereinigung der gespaltenen Sozialistischen Partei gelingt es, im Zusammenschluss der Liberalen (*Jiyūtō*) und der Demokratischen Partei (*Minshutō*) zur Liberal-Demokratischen Partei (LDP, *Jiyū minshutō*) die konservativen Kräfte zu einigen. Die **Liberal-Demokratische Partei** bleibt von ihrer Gründung an bis 1993 Mehrheitspartei im Unterhaus und stellt jeweils den Premierminister. Damit entsteht ein **Zwei-Parteien-System**, in dem die Sozialisten die Rolle der permanenten Opposition übernehmen. Intern ist die LDP so weitgehend in einzelne Gruppen und Fraktionen gespalten, dass sie weniger als eine Programmpartei, sondern als eine konservative Regierungskoalition aufgefasst werden muss, die durch den Zwang, an der Macht zu bleiben, zusammengehalten wird.
In den Verhandlungen mit der Sowjetunion um einen zukünftigen Friedensvertrag bleiben insbesondere die Zugehörigkeit der Kurilen, von Habomai, Shikotan, Kunashiri und der Insel Etorofu strittig. Auf diese Gebiete hat Japan zwar im Vertrag von San Francisco verzichtet, doch ist dieser von der Sowjetunion, die sich auf die Abmachungen von Potsdam und Jalta beruft, nicht unterzeichnet worden.

1956, 19. Okt. Nach langwierigen Verhandlungen einigen sich Moskau und Tokio auf ein Abkommen über die Beendigung des Kriegszustandes und die Normalisierung der diplomatischen Beziehungen. Die Sowjetunion erklärt sich bereit, die von Japan beanspruchten südlichen Kurilen und die Inseln Habomai und Shikotan nach Abschluss eines Friedensvertrages zurückzugeben. Da für Japan auch Fragen der Fischereirechte im Ochotskischen Meer und im Beringmeer betroffen sind, stimmt es den Abmachungen trotz einiger offener Fragen zu.

8. Dez. Japan wird in die UNO aufgenommen.

1958, 20. Jan. Durch einen Friedensvertrag und ein Reparationsabkommen mit Indonesien wird der Prozess der Normalisierung der Beziehungen Japans zu den Staaten Südostasiens abgeschlossen.

1960, 21. Jan. Der amerikanisch-japanische Sicherheitsvertrag sieht die Garantie amerikanischen Militärbeistands für den Fall eines bewaffneten Angriffs auf japanisches Gebiet vor. Die USA erhalten weiterhin das Recht, Streitkräfte in Japan zu stationieren und die vorhandenen Luftstützpunkte auszubauen. Der Vertrag beinhaltet eine gegenseitige Konsultationsklausel, erkennt das Recht Japans an, den Vertrag einseitig zu kündigen, und bestätigt die »residuale Souveränität« Japans über die Ryūkyū- und Bonininseln.

24. Jan. Die Ratifizierung des Sicherheitsvertrags führt zu schweren innenpolitischen Auseinandersetzungen, antiamerikanischen Massendemonstrationen und einem Generalstreik. Ein für den Sommer vorgesehener Besuch US-Präsident EISENHOWERS in Japan wird abgesagt.

14. Juli Weitere Unruhen, die in einem Attentatsversuch auf den neu gewählten Vorsitzenden der LDP HAYATO IKEDA (*1899, †1965) und der Ermordung des Sozialistenführers INEJIRŌ ASANUMA (*1898, †1960) am 12. Okt. gipfeln. Sozialisten, Kommunisten und ein großer Teil der Gewerkschaftsbewegung bekämpfen die einseitige Bindung Japans an die USA und drängen auf einen Ausgleich mit der Sowjetunion und China. Die soziale Unruhe findet ihren Ausdruck u. a. in dem großen Zulauf zur radikalen neobuddhistischen Sekte *Soka Gakkai* (»Gesellschaft für Wertschöpfung«), die ihre Mitgliederzahl von 5 000 (1951) auf 10 Mio. (1962) erhöhen kann.

1962, 27. Sept. Als politisches Organ der buddhistischen

Sekte *Soka Gakkai* wird die »Liga für gerechte Politik« (*Komei seiji renmei*) gegründet, die sich als politische Partei seit ihrer Teilnahme an Reichstagswahlen *Komeitō* (Gerechtigkeitspartei) nennt und beachtliche Wahlerfolge aufweisen kann. Innenpolitisch spricht sich die *Komeitō* für den Aufbau einer klassenlosen Gesellschaft, wirksamere Maßnahmen der Sozialpolitik, die Ausrottung der Korruption und eine stärkere Stellung des Oberhauses aus. Als ihre außenpolitischen Ziele bezeichnet sie die allgemeine Abrüstung, die Sicherung des Weltfriedens und internationale Zusammenarbeit. Japan soll zu diesem Konzept durch die Auflösung der japanischen Selbstverteidigungsstreitkräfte und eine unabhängige Politik zwischen Ost und West beitragen.

1967 Japan nimmt erneute Verhandlungen über die Rückkehr von Okinawa unter volle japanische Souveränität auf.

1969, 19.–21. Nov. Beim Besuch von Premierminister Eisaku Satō (*1901, †1975; 1964–1972) in Washington vereinbart dieser mit Präsident Nixon die Rückkehr Okinawas unter japanische Souveränität unter Beibehaltung der Stützpunktprivilegien der USA.

1970, 22. Juni Der amerikanisch-japanische Sicherheitsvertrag von 1960 wird mit der Maßgabe seiner automatischen Verlängerung um jeweils ein Jahr, sofern keine der Vertragsparteien ihn kündigt, aktualisiert. Die innenpolitischen Gegensätze um den weltpolitischen Kurs Japans verstärken sich, wobei die Frage der Normalisierung der Beziehungen zur Volksrepublik China zunehmend in den Vordergrund der politischen Diskussion tritt. Japan hat zwar bereits 1962 ein Fünfjahresabkommen über den nicht staatlichen Handel mit China abgeschlossen, dabei aber die Anerkennungsfrage offen gelassen.

1971, 17. Juli Als Premierminister Satō als Reaktion auf die Änderung der amerikanischen Chinapolitik unter Präsident Nixon seine Bereitschaft bekundet, Gespräche mit der chinesischen Regierung aufzunehmen, lehnt diese ihn als Gesprächspartner ab.

1972, 15. Mai Gemäß den amerikanisch-japanischen Abmachungen von 1969 **kehrt Okinawa zu Japan zurück**.

29. Sept. Auf einer Reise in die Volksrepublik China erreicht Premierminister Kakuei Tanaka (*1918, †1993) die Aufnahme diplomatischer Beziehungen zwischen beiden Staaten. Japan erklärt den 1952 mit der nationalchinesischen Regierung auf Taiwan geschlossenen Friedensvertrag für ungültig und erkennt die »chinesische Provinz« Taiwan als integralen Bestandteil der Volksrepublik China an.

28. Okt. Sein innenpolitisches Programm legt Tanaka im sog. »Tanaka-Plan für die Neugestaltung des japanischen Archipels« fest. Zu den aus ökologischen und sozialpolitischen Gründen dringend erforderlichen Maßnahmen zählen u. a.: wirtschaftliche und industrielle Dezentralisierung, Auflösung der Ballungszentren Tokio, Osaka und Nagoya, Gründung neuer Industriestädte mittlerer Größe in den agrikulturell bestimmten Landesteilen, um die Landflucht einzudämmen, Maßnahmen gegen Umweltverschmutzung und Bodenspekulation sowie der Ausbau der Infrastruktur in den benachteiligten Teilen des Landes.

22. Nov. In einer Erklärung zur Nahostkrise sowie in mehreren Reden im Rahmen einer anschließenden Reise Tanakas durch den Nahen Osten macht sich Japan weitgehend den Standpunkt der arabischen Länder zu eigen.

1974, Jan. Japan schließt im Vorgriff auf einen zukünftigen Vertrag ein langfristiges Handelsabkommen mit der VR China ab.

23. Mai Nach einem Anstieg der Bodenpreise um 36 % innerhalb von zwei Jahren wird im Rahmen des Tanaka-Plans ein Gesetz gegen Bodenspekulation und Preiswucher verabschiedet.

29. Sept. Regelmäßiger Linienflugverkehr zwischen Japan und China wird aufgenommen.

8. Okt. Japan schließt einen Vertrag über wirtschaftlich-technische Zusammenarbeit mit der Bundesrepublik Deutschland ab.

13. Nov. Verhandlungen Japans mit China über einen Friedensvertrag führen zu Protesten der Sowjetunion wegen der möglichen Aufnahme einer antisowjetischen Hegemonialklausel in den geplanten Vertrag.

18.–22. Nov. Gerald R. Ford stattet als erster US-Präsident Japan einen offiziellen Staatsbesuch ab.

26. Nov. Mehrere Finanzskandale, Korruptionsvorwürfe und Bestechungsaffären zwingen Premierminister Tanaka zum Rücktritt, am 9. Dez. auch vom Amt des Parteivorsitzenden der LDP. Sein Nachfolger in beiden Ämtern wird der ehemalige Außenminister Takeo Miki (*1907, †1988).

1975, Juni Die mit 29 von 511 Abgeordneten im Unterhaus vertretene rechtspopulistische *Komeitō*, das politische Organ der buddhistischen Sekte *Soka Gakkai*, verkündet ein Bündnis mit der Kommunistischen Partei Japans zum gemeinsamen Kampf gegen Atomwaffen und Faschismus.

1976, Jan. Der bereits mehrfach angestrebte Versuch, mit der Sowjetunion zu einer Einigung über einen Friedensvertrag zu kommen, scheitert erneut an deren Weigerung, die südlichen Kurilen an Japan zurückzugeben.

Juli Gegen den ehemaligen Premierminister Tanaka wird im Zusammenhang mit einer Bestechungsaffäre zugunsten der amerikanischen Flugzeugfirma Lockheed Anklage wegen Vorteilsannahme erhoben.

24. Dez. Nach dem Rücktritt von Premierminister Takeo Miki von seinen Ämtern als Regierungschef und als Parteivorsitzender wird der ehemalige stellvertretende Premierminister und neue Parteivorsitzende der LDP Takeo Fukuda (*1905, †1995), der zum rechten Parteiflügel gerechnet wird, zum neuen Premierminister gewählt.

1977, 11. Mai Gegen die Stimmen der sozialistischen und der kommunistischen Fraktionen verabschiedet das Unterhaus ein Gesetz, das den USA die Nutzung von Stützpunkten auf der Insel Okinawa für weitere fünf Jahre gestattet. Das am selben Tag ratifizierte Gesetz über die gemeinsame Ausbeutung des Festlandssockels mit Südkorea wird von Nordkorea und China für nichtig erklärt.

1978, Jan. Erneute Verhandlungen mit der Sowjetunion über den Abschluss eines Friedensvertrages scheitern auch diesmal an der Kurilenfrage.

12. Aug. Gegen den Willen der Sowjetunion gelingt Japan der **Abschluss eines Friedens- und Freundschaftsvertrages mit der VR China.**

7. Dez. Der neue Vorsitzende der LDP, MASAYOSHI OHIRA (*1910, †1980), wird zum neuen Premierminister gewählt.

1979, 21. Febr. In einer Resolution fordert das japanische Parlament die Sowjetunion zur Rückgabe der besetzten Kurilen und der Auflösung der dort eingerichteten Militärbasen auf.

1980, Mai/Juni Sturz der Regierung durch Misstrauensvotum des Unterhauses bei Uneinigkeit der Liberal-Demokraten; Parlamentsauflösung (16. Mai), Tod OHIRAS (12. Juni), Neuwahlen mit Sieg für die LDP (22. Juni).

17. Juli Der Vorsitzende der Liberal-Demokraten, ZENKO SUZUKI (*1911, † 2004), wird zum Premierminister gewählt.

1981, 9. April Nach dem Zusammenstoß eines US-amerikanischen Atom-U-Bootes mit einem japanischen Frachter kommt es zu antiamerikanischen Demonstrationen.

1982, 26. Nov. YASUHIRO NAKASONE (*1918) wird neuer Premierminister, nachdem SUZUKI wegen parteiinterner Differenzen zurückgetreten ist.

1984, 6. Sept. Der südkoreanische Staatspräsident CHUN DOO HWAN (*1931) stattet Japan einen Staatsbesuch ab. Hauptgegenstand der Gespräche in Tokio ist der Versuch zur Beilegung der aus Japans Kolonialherrschaft über Korea stammenden Differenzen.

1986, 28. Okt. Im Rahmen des Privatisierungsprogramms der LDP wird ein Gesetz zur Privatisierung der staatlichen Eisenbahnen, einer der letzten großen Staatsbetriebe, verabschiedet.

1987, 6. Nov. NOBORU TAKESHITA (*1924, †2000) tritt die Nachfolge NAKASONES als Premierminister an.

1989, 7. Jan. Tod des Shōwa-Tennōs Kaiser HIROHITO.

25. April TAKESHITA tritt nach einer Parteispendenaffäre zurück.

Premierminister Japans seit 1945

Amtszeit	Premierminister	Partei
1945, Aug. – Okt.	Prinz Higashikuni	parteilos
1945 – 1946	Kijūrō Shidehara	parteilos
1946 – 1947	Shigeru Yoshida	LPJ
1947 – 1948	Tetsu Katayama	SPJ
1948, März – Okt.	Hitoshi Ashida	DP
1948 – 1954	Shigeru Yoshida	DLP
1954 – 1956	Ichirō Hatoyama	DP
1956 – 1957	Tanzan Ishibashi	LDP
1957 – 1960	Nobusuke Kishi	LDP
1960 – 1964	Hayato Ikeda	LDP
1964 – 1972	Eisaku Satō	LDP
1972 – 1974	Kakuei Tanaka	LDP
1974 – 1976	Takeo Miki	LDP
1976 – 1978	Takeo Fukuda	LDP
1978 – 1980	Masayoshi Ōhira	LDP
1980 – 1982	Zenko Suzuki	LDP
1982 – 1987	Yasuhiro Nakasone	LDP
1987 – 1989	Noboru Takeshita	LDP
1989, Juni – Aug.	Sōsuke Uno	LDP
1989 – 1991	Toshiki Kaifu	LDP
1991 – 1993	Kiichi Miyazawa	LDP
1993 – 1994	Morihiro Hosokawa	NJP
1994, April – Juni	Tsutomu Hata	NJP
1994 – 1996	Tomiichi Murayama	SDPJ
1996 – 1998	Ryūtarō Hashimoto	LDP
1998 – 2000	Keizō Obuchi	LDP
2000 – 2001	Yoshirō Mori	LDP
2001 – 2006	Junichirō Koizumi	LDP
2006 – 2007	Shinzo Abe	LDP
seit 2007	Yasuo Fukuda	LDP

DLP = Demokratisch-Liberale Partei (1950 umbenannt in Liberale), DP = Demokratische Partei (1955 Zusammenschluss mit der Liberalen Partei zur Liberaldemokratischen Partei), LPJ = Liberale Partei Japans (1955 Zusammenschluss mit der DP zur LDP), LDP = Liberaldemokratische Partei, NJP = Neue Japan-Partei, SPJ = Sozialistische Partei Japans (1991 umbenannt in Sozialdemokratische Partei Japans [SDPJ])

Politische und wirtschaftliche Instabilität seit 1990

Die 90er-Jahre sind geprägt von der japanischen Wirtschaftskrise nach dem Zusammenbruch der sog. *Bubble Economy* (»Seifenblasen-Wirtschaft«), als 1990 der überbewertete Immobilienmarkt zusammenbricht und die Aktienkurse rapide sinken. Mehrere Banken und Versicherungsgesellschaften müssen Konkurs anmelden.

1990, 18. Febr. Die LDP erringt die absolute Mehrheit bei den Unterhauswahlen. Die zweitstärkste Fraktion bilden die Sozialdemokraten.

12. Nov. Der Sohn Kaiser HIROHITOS, Kronprinz AKIHITO (*1933), besteigt unter dem Titel »Heisei-Tennō« den Kaiserthron.

1991, 16.–19. April Während des Besuches des sowjetischen Präsidenten GORBATSCHOW in Japan werden mehrere Abkommen über technische Kooperation, Waren- und Kulturaustausch und Luftverkehrsfragen unterzeichnet. Premierminister TOSHIKI KAIFU (*1931; 1989–1991) sagt Kredite an die Sowjetunion zu. Der Streit über die Kurilen bleibt ungelöst, sodass das japanische Angebot »Land gegen Yen« scheitert.

1992, 23.–28. Okt. Anlässlich eines Staatsbesuchs in China drückt Kaiser AKIHITO dem chinesischen Volk sein »tiefes Bedauern über den japanischen Eroberungskrieg« (1931–1945) aus, verzichtet jedoch auf die von chinesischer Seite erwartete förmliche Entschuldigung.

1993, 18. Juli Bei den Wahlen zum Unterhaus verliert die LDP erstmals seit 1955 ihre absolute Mehrheit. Gewinner sind neben den Sozialisten Dissidenten der LDP, die sich in konservativen Parteineugründungen formieren.

9. Aug. MORIHIRO HOSOKAWA (*1938), Gründer und Parteivorsitzender der Neue Japan-Partei Japans (*Nihon Shintō*), wird Premierminister einer Koalitionsregierung aus sieben Parteien. **Erstmals seit 1955 ist die LDP nicht in der Regierung**.

1994, 8. April HOSOKAWA tritt aufgrund von Korruptionsvorwürfen zurück. Erst am 29. Juni gelingt es dem Vorsitzenden der Sozialisten, TOMIICHI MURAYAMA (*1924,) eine neue Regierung zu bilden.

10. Dez. Die Mehrheit der Oppositionsparteien schließt sich zur Neuen Fortschrittspartei (*Shinshintō*) zusammen.

1995, 20. März Angehörige der 1987 von dem selbsternannten Erlöser ASAHARA SHŌKŌ (eigentlich MATSUMOTO CHIZUO, *1955) gegründeten neobuddhistischen Sekte AUM (*ŌM Shinrikyō*, »höchste Wahrheit«) verüben einen Giftgasanschlag auf die U-Bahn von Tokio, der 12 Todesopfer und mehr als 5000 Verletzte fordert.

1996, 8. Sept. In einer Volksabstimmung sprechen sich 89 % der Einwohner Okinawas für eine Verringerung der militärischen Präsenz der USA auf der Insel aus.

1997, 11. April Das Unterhaus verabschiedet ein Gesetz, das die **weitere Stationierung von US-Truppen auf Okinawa** auch gegen den Willen der Bevölkerungsmehrheit ermöglicht.

1998, 12. Jan. Das japanische Finanzministerium beziffert die Summe der »faulen« Kredite bei den Banken auf einen Wert von 77 Mrd. Yen, etwa 1 % der Gesamtkreditsumme. Die Wirtschafts- und Finanzkrise verschärft sich im Laufe des Jahres weiter.

8. Okt. Der japanische Premierminister KEIZO OBUCHI (*1937, †2000; 1998–2000) und der südkoreanische Präsident KIM DAE JUNG unterzeichnen eine gemeinsame Erklärung, in der Japan um Entschuldigung für seine Koreapolitik in den Jahren 1910–1945 bittet.

1999, 24. Mai Nach heftigen innenpolitischen Auseinandersetzungen verabschiedet das Parlament neue Verteidigungsrichtlinien, denen zufolge Japan bei einem Kriegsfall »in der näheren Umgebung« die USA militärisch unterstützen soll.

22. Juli Das Sonnenbanner und die traditionelle Kaiserhymne werden offiziell zu Staatssymbolen erklärt.

2000, 12. Juli Mit der Insolvenzerklärung der Warenhauskette Sogō wird das größte Insolvenzverfahren der japanischen Nachkriegsgeschichte eingeleitet. Generell verstärken sich die Anzeichen einer bevorstehenden neuen Wirtschaftsrezession.

12. Dez. Auf einem von internationalen Frauenverbänden organisierten **Kriegsverbrechertribunal** werden Exkaiser HIROHITO sowie Mitglieder der ehemaligen politischen und militärischen Führung postum als Kriegsverbrecher schuldig gesprochen. Die Anklage bezieht sich primär auf die Zwangsprostitution von etwa 200 000 koreanischen, taiwanesischen und philippinischen Frauen in japanischen Militärbordellen während des Zweiten Weltkriegs.

2001, 26. April Nach dem Rücktritt von Premierminister YOSHIO MORI (*1937) wird der bisherige Gesundheitsminister JUNICHIRŌ KOIZUMI (*1942) zum Premierminister ernannt.

18. Okt. Im Rahmen des weltweiten Kampfes gegen Terrorismus genehmigt das Parlament erstmals den Einsatz japanischer Soldaten im Ausland.

2002, 27. Aug. Das Distriktsgericht Tokio erkennt die Tatsache an, dass japanische Truppen während des Zweiten Weltkriegs in China Feldversuche mit biologischen Waffen durchgeführt haben, lehnt jedoch eine Entschädigung der Opfer ab.

17. Sept. Als erster japanischer Premierminister stattet KOIZUMI Nordkorea einen Staatsbesuch ab. Der nordkoreanische Präsident KIM JONG IL (*1942) gesteht die Entführung mehrerer japanischer Staatsbürger vor einigen Jahrzehnten ein. Im Gegenzug entschuldigt sich Japans Premierminister für Besatzungsgräuel während des Zweiten Weltkriegs.

2003, 15. Mai / 6. Juni Beide Häuser des Parlaments stimmen einer Notstandsgesetzgebung zu, die es dem Premierminister u. a. erlaubt, vorsorglich Truppen ins Ausland zu entsenden.

2004, 26. Jan. Premierminister KOIZUMI erteilt den Einsatzbefehl für eine 1100 Mann starke Truppe, die zur Friedenssicherung in den Irak entsandt wird. Es ist die erste Auslandsoperation japanischer Streitkräfte seit dem Ende des Zweiten Weltkrieges.

27. Febr. Im Prozess gegen die Initiatoren der Giftgasanschläge auf die U-Bahn von Tokio im Jahre 1995 werden zehn Führungsmitglieder der Sekte AUM zum Tode verurteilt, auch der Sektenführer ASAHARA SHŌKŌ als Anstifter der Mordanschläge.

2005, 30. Aug. Nach einer Abstimmungsniederlage im Unterhaus zur Frage der Privatisierung des Postwesens, dem letzten entscheidenden Punkt seines Privatisierungsprogramms, erklärt KOIZUMI seinen Rücktritt als Premierminister, löst das Unterhaus auf und schreibt Neuwahlen aus.

11. Sept. Bei den vorgezogenen Neuwahlen erringt die LDP ihren größten Wahlsieg seit 1969. Gemeinsam mit ihrem Koalitionspartner, der Neuen *Komeitō*, verfügt sie über mehr als zwei Drittel der Sitze im Unterhaus. Trotz der nunmehr gesicherten parlamentarischen Mehrheit für sein Gesetzesvorhaben erklärt KOIZUMI, sich an sein Rücktrittsversprechen zu halten und nach Ablauf der Legislaturperiode weder für den Parteivorsitz noch für das Amt des Premierministers kandidieren zu wollen.

2006, 26. Sept. Nach dem Rücktritt von KOIZUMI wird der neue Vorsitzende der LDP SHINZŌ ABE (*1954) zum Premierminister gewählt.

2007, 14. Mai Nach dem Unterhaus (6. Okt. 2005) nimmt auch das Oberhaus die Debatte über eine Revision der Verfassung auf. Wichtigster und am stärksten umstrittener Punkt der angestrebten Reform ist die Änderung des Artikels 9 (»Kriegsverzichtartikel«) der Verfassung von 1947. Eine Volksabstimmung über den Verfassungsentwurf soll 2010 stattfinden.

26. Sept. Nach dem Rücktritt von Shinzō Abe wird Yasuo Fukuda (*1937) neuer Premierminister.

Südostasien seit 1945

Bis 1990 werden die internationalen Beziehungen in Südostasien weitgehend durch den Kalten Krieg bestimmt. Trotz des Vietnamkrieges, worin auch Thailand, Kambodscha und Laos involviert sind, versuchen die meisten Staaten in der Region ihre nationale Unabhängigkeit zu sichern sowie direkte Interventionen seitens der Sowjetunion, China oder der USA zu vermeiden. Gleichzeitig werden die ersten Jahre nach dem Zweiten Weltkrieg v. a. bestimmt durch Dekolonisierungskrisen, mit Ausnahme von Thailand, das nie formell unter Kolonialherrschaft stand.

1954, 29. März Nach dem französischen Rückzug aus Indochina übernehmen die USA die Führung im Kampf gegen die kommunistischen Befreiungsbewegungen. Sie appellieren an ihre Verbündeten, sich an einem **Militärbündnis** für den südostasiatischen Raum zu beteiligen. Das thailändische Militärregime, das von einem Übergreifen der Befreiungsbewegung am unmittelbarsten bedroht ist, folgt dem Aufruf ebenso wie die von den USA gestützte philippinische Regierung. Großbritannien, Australien und Neuseeland schließen sich an, um ihre Interessen v. a. in Malaya zu wahren, desgleichen Frankreich.

8. Sept. In Manila begründen daraufhin die USA, Thailand, die Philippinen, Großbritannien, Australien, Neuseeland, Frankreich und Pakistan die **SEATO** (*Southeast Asia Treaty Organization*). Die Mitglieder verpflichten sich zu gegenseitigem Beistand gegen »kommunistische Aggressoren«.

1962, 6. März Die besondere Beziehung zwischen Thailand und den USA innerhalb der SEATO wird im Rusk-Thanat-Kommunikee hervorgehoben.

1963, 11. Juni Im Zusammenhang mit dem Konflikt um die Eingliederung Sabahs in die Föderation Malaysia beschließen Malaysia, die Philippinen und Indonesien in Manila die Gründung einer **Konföderation** der Nationen malaiischen Ursprungs namens **Maphilindo**. Das Projekt verliert durch die Konfrontation Indonesiens mit Malaysia weitgehend an Bedeutung.

1966, 16. Juni Wegen der Gegensätze zwischen autoritären und liberalen, wirtschaftlich unterentwickelten und entwickelten Mitgliedsstaaten hat die **Gründung des Asian and Pacific Council** (ASPAC), zu dem sich in Seoul die Philippinen, Thailand, Malaysia, Südvietnam, Südkorea, Taiwan, Japan, Australien und Neuseeland zusammenschließen, nur geringe Auswirkungen.

1967, 8. Aug. Mehr Erfolg ist der **ASEAN** (*Association of South East Asian Nations*) beschieden, die in Bangkok von Thailand, den Philippinen, Malaysia, Singapur und Indonesien **gegründet** wird. Die ASEAN soll v. a. die wirtschaftliche Zusammenarbeit zwischen den Mitgliedsstaaten fördern.

1971, Nov. Beginnend mit dem gemeinsamen Aufruf, Südostasien in »eine Zone des Friedens, der Freiheit und der Neutralität« zu verwandeln, erhält die ASEAN einen ausgeprägteren außenpolitischen Charakter.

1973, Jan. Weil der Asian and Pacific Council aufgelöst wird und auch die SEATO nur noch eine Scheinexistenz führt, ist die ASEAN der einzige multilaterale Zusammenschluss in Südostasien von Bedeutung.

1976, 24. Febr. Auf der ersten **Gipfelkonferenz der ASEAN**, in Denpasar (Bali), schließen die Regierungschefs der fünf Staaten einen Freundschaftsvertrag ab: Gründung eines ASEAN-Sekretariat in Jakarta, Erweiterung der Kommissionen und möglicher Kooperationsbereiche, gemeinsame Förderung von Industrieprojekten. Darüber hinaus wird die Gründung einer Sicherheitsgemeinschaft geplant.

1979, 13. Jan. Die Außenminister der ASEAN-Staaten fordern in Bangkok den sofortigen Rückzug der vietnamesischen Truppen aus Kambodscha.

1980, 26. Juni Die Außenminister der ASEAN-Staaten bekunden ihre Unterstützung für die von den Roten Khmer geführte Exilregierung Kambodschas.

1984, 7. Jan. Brunei wird 6. ASEAN-Mitglied.

1985, 11. Febr. Die **Außenministerkonferenz der ASEAN-Staaten** fordert Vietnam auf, sich aus Kambodscha zurückzuziehen.

1987, 25. Juli Die internationale Kambodscha-Konferenz lehnt separate Verhandlungen der ASEAN-Staaten mit Vietnam ab.

15. Dez. Dritte ASEAN-Gipfelkonferenz in Manila: Die Wirtschaftsbeziehungen der Mitglieder untereinander sollen verbessert werden.

1989, 3./4. Juli Das Thema der **Jahrestagung der ASEAN** ist die Kambodscha-Frage sowie die zunehmenden wirtschaftlichen Spannungen zwischen den Mitgliedern.

22.–27. Aug. Die Tagung der Interparlamentarischen Organisation der ASEAN-Staaten (AIPO) in Manila drückt Besorgnis über den geplanten EG-Binnenmarkt und die Handelsschranken zwischen der EG und ASEAN aus.

1990, 18. Juli Die USA entziehen der kambodschanischen Widerstandskoalition die Unterstützung und erklären sich zu Verhandlungen mit Vietnam bereit.

29. Juli Die Außenministerkonferenz der ASEAN-Staaten endet, ohne dass sich die USA und die ostasiatischen Staaten in der Kambodscha-Frage geeinigt hätten.

Seit 1990 haben sich die intraregionalen Beziehungen Südostasiens weitgehend stabilisiert. Ausnahme ist 1999 die Krise als Folge des Volksreferendums über die Unabhängigkeit von Osttimor. Seit 2001 bemühen sich die USA die Regierungen in dem internationalen Anti-Terror-Krieg einzubinden, was zum verstärkten Vorgehen gegen muslimische Minderheiten in Süd-Thailand sowie den südlichen Philippinen geführt hat.

1991, 7.–9. Okt. Auf einer Konferenz der Wirtschaftsminister der ASEAN-Staaten einigt man sich auf die Schaffung einer Freihandelszone für Industrieprodukte innerhalb der nächsten 15 Jahre.

1992, 27.–28. Jan. Das vierte Gipfeltreffen der ASEAN-Staaten in Singapur verabschiedet eine Deklaration zur Schaffung einer südostasiatischen Wirtschaftsgemeinschaft. Grenzüberschreitende Wirtschaftszonen werden in Zukunft gefördert.

22.–23. Okt. Die Wirtschaftsminister der ASEAN-Staaten beschließen die Freihandelszone **ASEAN Free Trade Area** (AFTA) in Kraft zu setzen. Durch schrittweise Senkung der Zölle bis 2003 (für landwirtschaftliche Produkte bis 2010) sollen die Handelshemmnisse beseitigt werden. Innerhalb von 15 Jahren soll ein gemeinsamer Binnenmarkt entstehen.

1993, 1. Jan. Mit dem Beitritt von Malaysia und Singapur wird die AFTA zur größten Freihandelszone der Welt.

1994, 25. Juli Etablierung des ASEAN Regional Forum (ARF), was sich zur wichtigsten Instanz zur Konfliktbewältigung und Sicherheit in der Region entwickelt.

22.–23. Sept. Auf dem Außenministertreffen der EU- und ASEAN-Staaten in Karlsruhe wird eine Intensivierung der bestehenden Zusammenarbeit beschlossen.

1995, 28. Juli Vietnam wird 7. Mitglied der ASEAN.

1996, 1.–2. März Auf dem ersten ASEM (**Asia-Europe-Meeting**)-Gipfel in Bangkok beraten ASEAN und EU über Formen der Kooperation.

1997, 23. Juli Laos und Birma (Myanmar) werden als 8. und 9. Mitglied in die ASEAN-Organisation aufgenommen. Die geplante Aufnahme Kambodschas wird wegen der dortigen Unruhen verschoben.

ab Mai/Juni Wirtschafts- und Finanzkrise in Thailand, Malaysia und Indonesien: Der Internationale Währungsfonds greift massiv mit Krediten ein, die an (wirtschafts-)politische Auflagen gebunden sind.

15. Dez. In Kuala Lumpur wird die ASEAN Vision 2020 verkündet, worin die Bildung einer Wirtschaftgemeinschaft vorgesehen ist, nachdem die Freihandelszone weitgehend realisiert worden ist.

1998, 2.–4. Mai Auf dem 2. Gipfel der Staats- und Regierungschefs der 13 ASEM-Staaten und Vertretern der EU-Kommission in London werden zwei Abkommen zur gegenseitigen Investitionsförderung und zum Abbau von Handelsschranken geschlossen.

15./16. Dez. Die 6. Gipfelkonferenz der ASEAN steht im Zeichen der anhaltenden Finanzkrise in den einstigen südostasiatischen »Tigerstaaten«.

1999, 30. April Kambodscha wird 10. ASEAN-Mitglied.

2000, 15./16. Nov. 8. Gipfeltreffen der Asiatisch-Pazifischen Wirtschaftlichen Zusammenarbeit (APEC) in Bandar Seri Begwan (Brunei). Die Teilnehmer fordern verstärkte Anstrengungen, um den »unvermeidlichen Strukturwandel zu beschleunigen«.

2002, 30. Juli Beim 35. Jahrestreffen der ASEAN-Staaten im Sultanat Brunei erklären die Außenminister der zehn assoziierten Staaten ihre Bereitschaft zu gemeinsamen Maßnahmen gegen den Terrorismus.

2003, 8. Okt. China und Indien treten dem Freundschafts- und Kooperationsvertrag der ASEAN bei. Die Vertragspartner verpflichten sich auf eine »strategische Partnerschaft für Frieden und Wohlstand«.

2007, 15. März Nürnberger Erklärung, worin eine Intensivierung der Zusammenarbeit zwischen EU und ASEAN angekündigt wird

18.–22. Nov. 13. ASEAN Gipfeltreffen in Singapur: Unterzeichung der **ASEAN Charter**, worin Ziele, Prinzipien, Rechte und Pflichten der Mitgliedsstaaten festgeschrieben werden. Neben schon existierende Klauseln über die Respektierung der nationalen Souveränität und das Prinzip der Nicht-Einmischung in inneren Angelegenheiten, werden auch rechtstaatliche und demokratische Prinzipien anerkannt.

Birma (Myanmar) seit 1945 | Forts. v. S. 1224 |

1945, 27. März Die *Burma National Army* unter General Aung San (*1915, †1947) eröffnet den bewaffneten Kampf gegen die japanische Besatzungsmacht. Die politische Führung hat die Antifaschistische Freiheitsliga des Volkes (*Anti-Fascist People's Freedom League* [AFPFL]), zu der sich die im Aug. 1944 die Kommunistische Partei (KPB), die Volksrevolutionäre Partei und bewaffnete Widerstandsgruppen zusammengeschlossen hatten. Nach Kriegsende versucht die britische Regierung die koloniale Administration des Landes wiederherzustellen.

1946, Jan. Der erste Nationalkongress der Freiheitsliga lehnt die britischen Pläne für die Selbstverwaltung Birmas als Dominion ab und bestärkt die Forderung nach vollständiger Unabhängigkeit. Aung San, der zum sozialistischen Flügel der Liga gehört, verhandelt mit Großbritannien über die Unabhängigkeitsforderung. Seine Vorstellungen über die Zukunft Birmas stoßen jedoch in seiner eigenen Organisation auf Widerstand.

Febr. Die Kommunistische Partei Birmas spaltet sich in eine Minderheit um Thakin Soe (*1906, †1989; »Rote Flagge«), die für bewaffneten Kampf eintritt, und die auf den Verhandlungsweg setzende »Weiße Flagge« unter Thakin Than Tun (*1911, †1968).

Okt. Die »Weiße Flagge« wird wegen Differenzen über den weiteren Weg und persönlicher Rivalitäten aus der Freiheitsliga ausgeschlossen.

Dez. Im Gefolge des Ultimatums der AFPFL vom 13. Nov. erkennt der britische Premierminister Clement Attlee das Recht Birmas auf Unabhängigkeit an.

1947, 27. Jan. Aung San und Attlee schließen ein Abkommen über die Konditionen zur Gewährung der Unabhängigkeit.

12. Febr. Vertreter der Shan, Kachin, Qin und Bamar vereinbaren in Panglong die Bildung der Union.

19. Juli Noch vor Abschluss der Verhandlungen werden

AUNG SAN und sechs seiner Kabinettsmitglieder im Auftrag politischer Rivalen ermordet.

24. Sept. Die konstituierende Versammlung billigt die Verfassung, die als politisches System die parlamentarische Demokratie vorsieht.

17. Okt. U NU (*1907, †1995) und ATTLEE unterzeichnen ein Abkommen über die Anerkennung Birmas als unabhängiger Staat.

1948, 4. Jan. **Gründung der Republik der Union von Birma** (*Pyidaungsu Myanmar Naingantaw*), die das birmanische Kernland und die vorwiegend von Minoritäten bewohnten Unionsstaaten der Shan, Kachin, Karen, Kayah und Qin umfasst. Obwohl nach föderativen Prinzipien gegliedert, bleibt die Macht in den Händen der Zentralregierung. U NU wird zum Premierminister gewählt. Seine Regierung kann ihre Autorität nur bedingt geltend machen: Am 27. März beginnt die KP »Weiße Flagge« als erste große Organisation den bewaffneten Kampf gegen die Regierung, verstärkt durch Teile der Veteranenorganisation *People's Volunteer Organization* (PVO) und meuternde Truppen. An der Grenze zu Ostpakistan fordert die separatistische *Mujahid*-Partei den Anschluss ihrer Heimat an das Nachbarland.

1949, 31. Jan. Die christliche *Karen National Union* (KNU) und ihr bewaffneter Arm, die *Karen National Defence Organisation* (KNDO), treten mit dem Ziel eines unabhängigen Karenstaates in den bewaffneten Kampf ein und besetzen die Außenbezirke der Hauptstadt Yangon (Rangun). Zahlreiche Provinzstädte sind in der Hand der Rebellen. Weitere meuternde Einheiten der Armee schließen sich dem Aufstand an. Die Regierung U NU kann sich nur an der Macht halten, weil die verschiedenen gegnerischen Gruppen sich untereinander bekämpfen und sie Unterstützung seitens der Qin, Kachin und Shan erhält.

Nach Gründung der VR China dringen Truppen der Guomindang in das von den Shan besiedelte Hochland ein, schaffen sich dort eine Enklave auf birmanischem Boden und forcieren den Anbau von Opium.

1950 Mit wachsender Truppenstärke gelingt es General NE WIN (*1911, †2002), die Aufstandsbewegung einzudämmen, und der Regierung U NU, den Aufbau des durch Krieg und Bürgerkrieg schwer zerstörten Landes einzuleiten. Das Steueraufkommen ist gering, zumal weite Gebiete der Kontrolle der Zentralregierung entzogen sind. Der Staatshaushalt wird weitgehend durch den über Yangon abgewickelten Reisexport finanziert, der jedoch nicht das Vorkriegsniveau erreicht, in der Birma größter Reisanbauer und -exporteur der Welt war. Die Exportminderung ist durch Krieg und höheren Eigenbedarf infolge des Bevölkerungswachstums bedingt. Mehr als die Hälfte der Bevölkerung lebt vom Reisanbau. Daher trägt die Verdoppelung des Reispreises im Verlauf des Koreakrieges zu einer vorläufigen wirtschaftlichen Erholung bei.

1951 Die AFPFL gewinnt die erste Parlamentswahl und bildet unter Führung von U NU die Regierung.

1952, 4.–17. Aug. Die »Pyidawtha (Glückliches Land) Konferenz« unter Leitung von U NU beschließt gleichnamigen Achtjahresplan zur Errichtung eines Wohlfahrtsstaats auf Grundlage von Prognosen der amerikanischen Firma *Knappen, Tippetts and Abbett* und mit Bezug auf buddhistische und sozialistische Ideen. Die Pyidawtha-Vision scheitert an den von der Firma nicht in Rechnung gestellten konkreten Bedingungen: hohe militärische Ausgaben und Transportprobleme infolge des Bürgerkriegs, Mangel an Fachkräften nach Abzug der indobritischen Verwaltung, Klientelismus, Korruption und Misswirtschaft. U NUS Streben nach Profilierung als Förderer des Buddhismus in der Tradition birmanischer Könige verursacht hohe Kosten, u. a. durch aufwändige Bauwerke für das von ihm einberufene »Sechste Buddhistische Konzil« (1954–56).

1954–1956 Der Weltmarktpreis für Reis fällt, bei sinkenden Exportziffern, von 60 £ Sterling auf 36 £.

1954 In Verwirklichung des außenpolitischen Grundprinzips aktiver Neutralität ist Birma Mitautor der fünf Prinzipien der friedlichen Koexistenz, die die Bandungkonferenz proklamiert.

1956 Die AFPFL gewinnt die Parlamentswahl, verliert aber Stimmen an die *National United Front*.

1958 Die gravierender werdenden wirtschaftlichen Missstände und interfraktionelle Machtkämpfe führen zur Spaltung der Freiheitsliga in die »Saubere AFPFL« unter U NU und die dem Militär nahestehende »Stabile AFPFL« unter U BA SWE (*1915, †1987), die stärker den sozialistischen Idealen AUNG SANS folgt. Infolge der Regierungskrise destabilisiert sich die innere Lage bedrohlich.

28. Okt. U NU übergibt das Amt des Premierministers an General NE WIN, unter dessen Führung die militärische Treuhandregierung das Land stabilisiert und die Parlamentswahlen 1960 vorbereitet.

1959, 24. April Die Fürsten (*Sawbwas*) der Shan und Kayah unterzeichnen ein Abkommen mit der Zentralregierung über den Verzicht auf ihre administrative Autorität und legislativen Rechte gegen Zahlung von Entschädigungen und Pensionen. Sie behalten ihre Titel und Ländereien und bleiben anerkannten Führungspersönlichkeiten der Shan.

1960, 6. Febr. Bei den Parlamentswahlen stehen sich die »saubere« Freiheitsliga, die behauptet, U NU von ihren korrupten Elementen befreit zu haben, und die »stabile« Freiheitsliga gegenüber.

Die »saubere« Liga, reorganisiert als »Unionspartei«, gewinnt die Wahlen v. a. wegen ihres religiös ausgerichteten Programms, das u. a. die Erhebung des Buddhismus zur Staatsreligion vorsieht. U NU übernimmt erneut das Amt des Premierministers und betreibt intensiv die Umsetzung seiner Wahlversprechen: Im Aug. 1961 bestätigt das Parlament die Verfassungsänderung, die den Buddhismus als Staatsreligion verankert, was auf heftige Ablehnung der christlichen Minderheiten wie den Kachin, Karen und Qin stößt. Die gleichzeitig vorgesehene Gleichberechtigung anderer Religionen ruft heftigen Widerstand militanter Gruppen des Sangha hervor.

1961/62 Parteienzwist, ökonomische Probleme und administrative Schwächen tragen zusätzlich zur Destabilisierung der innenpolitischen Lage bei. Unter Bezug auf ihr in der Verfassung von 1947 verankertes Sezessionsrecht fordern die Shan-Fürsten in ihrem Memorandum vom 24. Jan. 1961 die Herstellung eines echten Föderalismus. Danach sollen die vorwiegend von Bamar bewohnten sieben Provinzen zu einem einzigen Unionsstaat zusammengefasst werden, alle Unionsstaaten mit gleicher Repräsentantenzahl in der Nationalitätenkammer vertreten sein und mit eigener Finanzhoheit von der Zentralregierung, deren Befugnisse auf wenige Bereiche begrenzt werden, getrennt werden. Die Union droht neuerlich auseinanderzubrechen. In Yangon befürchtet man, dass die Amerikaner das Shan-Territorium bei einer Ausweitung des Indochinakonflikts als Brückenkopf gegen China nutzen, wodurch die Neutralität gefährdet wäre.

1962, 2. März Vor diesem Hintergrund führt General NE WIN kurz vor Ende des von den Shan-Fürsten initiierten Föderalismusseminars einen **Staatsstreich** durch und übt an der Spitze eines Revolutionsrats die Macht aus.

30. April In der Deklaration »Birmanischer Weg zum Sozialismus« umreißt das neue Regime seine Ziele: Planwirtschaft, in der der staatliche Sektor zunehmend dominiert, Schaffung von Genossenschaften, soziale Sicherheit, Eintracht aller Volksgruppen, mit den wirtschaftlichen Erfolgen zunehmend Sicherung von Bildung und Gesundheit für alle, hohe Moral in Übereinstimmung mit ethischen und kulturellen Traditionen. Abgesehen von Protesten v. a. der Studentenorganisationen gegen die Abschaffung der parlamentarischen Demokratie löst die Machtübernahme keine nennenswerten Reaktionen aus.

4. Juli Die *Burma Socialist Programme Party* (BSPP) wird als zentralistische Kaderpartei gegründet, 1971 aber in eine Massenpartei umgewandelt. Bis 1988 bleibt sie die einzige legale Partei Birmas. Als ihr ideologisches Konzept veröffentlicht die Partei im Jan. 1963 »Das System der Wechselbeziehungen zwischen dem Menschen und seiner Umwelt«. Beide Dokumente sind eine Mischung von Grundsätzen sozialistischer Theorien mit traditionellen buddhistischen Auffassungen sowie pragmatischen Ansichten und Ausdruck des Versuchs, die Gesellschaft von oben planmäßig zu modellieren.

7. Juli Die Besetzung der Yangon-Universität durch Studenten als Protest gegen das Militärregime anlässlich neuer Campusregeln wird mit Waffengewalt aufgelöst, das Gebäude der Studentenunion gesprengt. Es gibt zahlreiche Tote und Verletzte.

1963, 15. Febr. Der Revolutionsrat beginnt umfangreiche Verstaatlichungen. Etwa meist vom Kleinhandel lebende 100 000 Inder und 12 000 Pakistani verlassen das Land. Die Versorgung der Bevölkerung soll den staatlichen Volksläden vorbehalten sein. Wegen mangelnder Warenausstattung der Läden kann sich ein blühender Schwarzmarkt etablieren.

Entwicklungen Mitte der 60er-Jahre

Die Verstaatlichungen und der wachsende Eigenbedarf – seit der Vorkriegszeit hat sich die Bevölkerung um die Hälfte vermehrt, während die Reisernten erst 1964 das Vorkriegsniveau erreichen und ab Mitte der 1970er-Jahre langsam wachsen – führen zu einer Minderung der Reisausfuhr von 1,8 Mio. Tonnen (1963) auf 350 000 Tonnen (1968). Der staatliche Außenhandel reduziert sich somit auf ein Minimum, während der Schmuggel zu einem bedeutenden Wirtschaftsfaktor anwächst.

1964 werden alle Parteien außer der BSPP verboten. Im gleichen Jahr wird die Grundbildung, 1966 die Hochschulbildung reformiert, nichtstaatliche Bildungseinrichtungen sind nicht mehr zugelassen.

Außenpolitisch verfolgt NE WIN eine striktere Neutralität als sein Vorgänger. In bescheidenem Ausmaß nimmt Birma amerikanische Waffenlieferungen an, während sich die Sowjetunion und die VR China bei einigen Entwicklungsprojekten engagieren.

1967, Juni Konflikt mit der VR China, als Mitarbeiter der chinesischen Botschaft in Yangon das Übergreifen der »Kulturrevolution« auf vorwiegend von chinesischen Kindern besuchten Schulen befördern. Eine erboste Menschenmenge fordert die Einhaltung der Landesgesetze, verwüstet und plündert das Chinesenviertel der Hauptstadt und dringt in die chinesische Botschaft ein. Auf die Vorwürfe von Radio Peking, der Revolutionsrat sei faschistisch, reagiert NE WIN mit der Ausweisung der 500 an Entwicklungsprojekten beschäftigten chinesischen Techniker.

1968, 24. Sept. Vorübergehend verstärkt sich die Guerillatätigkeit der »Weißen Flagge«, bis ihr prochinesischer Führer THAN TUN von seinem Leibwächter ermordet wird.

1970, Okt. Nach dem Abklingen der Kulturrevolution in China stellen die beiden Regierungen wieder volle diplomatische Beziehungen her.

1971, 15. Dez. Von seinem thailändischen Exil aus ruft U NU, der sich noch immer für den rechtmäßigen Premierminister hält, zum bewaffneten Widerstand gegen NE WIN auf. Obwohl die wirtschaftliche Lage sich weiter verschlechtert hat, finden die Anhänger U NUS nicht die erhoffte Unterstützung in der Bevölkerung. NE WIN sieht sich zu einer »Demokratisierung« veranlasst.

1972, 22. April Im Rahmen eines Überganges zu einer »zivilen Regierung« treten General NE WIN und weitere an der Regierung beteiligte Militärs aus den Streitkräften aus.

1973, 15. Dez. Die seit 1972 in Ausarbeitung befindliche Verfassung wird durch eine Volksabstimmung bestätigt und tritt am 3. Jan. 1974 in Kraft.

1974, 2. März NE WIN übergibt die Macht an das gewählte Parlament und übernimmt das Amt des Staatspräsidenten der Sozialistischen Republik der Union von Birma. Die nominalen politischen Veränderungen können nicht verhindern, dass die ökonomischen Probleme und die verbreitete Unzufriedenheit andauern.

11. Dez. Weil die Regierung dem verstorbenen ehemaligen UNO-Generalsekretär U THANT (*1909, †1974), der mit U NU in Verbindung stand, ein Staatsbegräbnis verweigert, kommt es in Yangon zu Straßenschlachten zwischen Studenten und der Polizei. An den Demonstrationen beteiligen sich zahlreiche junge Mönche.

1975 Nachdem die Stützpunkte der »Roten Flagge« in den Bago Yoma bereits 1970 erobert und THAKIN SOE gefangen genommen worden ist, gelingt den Regierungstruppen, das Hauptquartier der »Weißen Flagge« zu zerschlagen und die Rebellen in die nordöstlichen Grenzgebiete zu verdrängen.

7. Juni Infolge von Arbeiterstreiks und studentischen Protesten werden Schulen und Universitäten geschlossen. Nach ihrer Wiedereröffnung flackern die Unruhen jedoch erneut auf. Gefährdet ist NE WINS Regime v. a. durch die Opposition in der Armee, der hauptsächlichen Stütze seiner Macht.

1976, 21. Juli Ein Putschversuch junger Offiziere scheitert.

1977 Nach kritischer Einschätzung der Lage korrigiert der zweite Parteitag der BSPP die bisherige Planwirtschaft durch Annahme des 20-Jahr-Plans, der marktwirtschaftliche Elemente wie wirtschaftliche Rechnungsführung vorsieht.

1978, Febr. NE WIN ruft zu einem Feldzug gegen Korruption und Misswirtschaft auf. Zahlreiche hohe Funktionäre werden aus ihren Ämtern entlassen.

März In Arakan beginnt die Polizeiaktion »Drachenkönig« gegen »illegale Einwanderer«. 250 000 bengalische Muslime fliehen ins benachbarte Bangladesh. Nach Verhandlungen mit Bangladesh erlaubt Birma ihre Rückkehr.

1979, Jan. Mit dem Hinweis auf 30 000 registrierte Drogensüchtige verstärkt die Regierung ihren Kampf gegen Anbau und Schmuggel von Opium.

Sept. Birma lässt seine Mitgliedschaft in der Bewegung der blockfreien Staaten ruhen aus Protest gegen die Mitwirkung von Staaten wie Kuba.

1980, 24.–26. Mai Zur »Reinigung, Verbreitung und Dauerhaftigkeit« der Lehre wird eine Kongregation aller neun Gruppierungen des buddhistischen Mönchsordens einberufen und eine Leitungshierarchie parallel zur staatlichen geschaffen, an deren Spitze das *State Sangha Maha Nayaka Committee* (Oberster Sangha-Rat) steht, sowie die Registrierung der Mönche durchgesetzt.

28. Mai Der Staatsrat verkündet eine Generalamnestie für Rebellen.

1981, 9. Nov. Der Staatsrat wählt SAN YU (*1919, †1996) zum Staatspräsidenten; als Parteivorsitzender behält NE WIN eine machtvolle Stellung.

1983, 9. Okt.–4. Nov. Ein Bombenattentat nordkoreanischer Geheimdienstoffiziere auf eine südkoreanische Regierungsdelegation in Yangon fordert 21 Todesopfer, darunter drei koreanische Minister. Birma bricht die diplomatischen Beziehungen zu Nordkorea ab.

1985 Entwertung der 100- und 500-Kyat-Noten bei begrenzter Entschädigung.

1987, 25. Mai–8. Juli Der zweite Kongress der ethnisch begründeten Guerillaorganisationen der *National Democratic Front* beschließt eine Zusammenarbeit mit der KPB.

5. Sept. Die Entwertung aller Banknoten im Wert von 25, 35 und 75 Kyat (50 % der kursierenden Währung), gedacht als ein Schlag gegen Schwarzmarkt und Schmuggel, trifft v. a. die einfache Bevölkerung. Dies und die schlechte Versorgungslage führen zu Schüler- und Studentenunruhen.

11. Dez. Die Generalversammlung der UNO gewährt Birma den Status eines »Least Developed Country«.

1988, 13.–18. März Studentenunruhen, die durch das harte Durchgreifen der Sicherheitskräfte gegen einen handgreiflichen Streit zwischen Studenten und Jugendlichen, bei dem es Tote gab, ausgelöst werden.

Juni Erneute Studentenunruhen, die sich auf Bago, Mawlamyine und andere Städte ausweiten, führen zur Schließung aller Universitäten und Schulen.

23.–26. Juli Auf dem Parteitag der BSPP treten Parteichef NE WIN und Staatspräsident SAN YU zurück. Beide Ämter übernimmt Brigadegeneral SEIN LWIN (*1923, †2004), berüchtigt wegen seines harten Vorgehens gegen die Studentenunruhen. In der Wirtschaftspolitik kommt es zu einer Kehrtwende zugunsten der Marktorientierung.

3. Aug. Über Yangon wird nach Massendemonstrationen das Kriegsrecht verhängt.

8. Aug. Beginn eines Generalstreiks: Die gewaltsame Auflösung einer Massendemonstration fordert laut westlicher Medien 3000, offiziell einige hundert Tote.

12. Aug. Das Zentrale Exekutivkomitee der BSPP veranlasst SEIN LWIN zum Rücktritt und beruft am 24. Aug. MAUNG MAUNG (*1925, †1994) zum Präsidenten.

24. Aug. In Yangon findet die bislang größte Demonstration für Demokratie in Birma statt. MAUNG MAUNG kündigt einen außerordentlichen Parteitag an, dessen Ziele eine Verfassungsänderung zugunsten eines Mehrparteiensystems, die Vorbereitung allgemeiner Wahlen und die Übergabe der Macht an die daraus hervorgehende Regierung sein sollen. Oppositionsgruppen bestehen auf einer von ihnen benannten sofortigen Interimsregierung mit anschließender Parlamentswahl sowie der Aufhebung des Kriegsrechts.

18. Sept. Mit der Begründung des drohenden Zusammenbruchs der Administration und der Lynchjustiz gegen Funktionäre des alten Systems übernimmt die Militärführung durch einen **Militärputsch** als Staatsrat für die Wiederherstellung von Recht und Ordnung (*State Law and Order Restauration Council* [SLORC]) unter SAW MAUNG (*1928, †1997; ab 21. Sept. Premierminister) die Macht.

24. Sept. AUNG GYI (*1919), TIN OO (*1927) und AUNG SAN SUU KYI (*1945), Tochter von General AUNG SAN, gründen die *National League for Democracy* (NLD).

26. Sept. Die BSPP wird zur *National Unity Party* (NUP).

1989, 17. April In der Armee der Kommunistischen Partei rebellieren Truppen aus der Volksgruppe der Wa und beenden mit der Einnahme des Hauptquartiers den 41-jährigen kommunistischen Aufstand.

18. Juni Der Militärrat verfügt die Ersetzung der bisherigen internationalen Staatsbezeichnung »Birma/Burma« durch die landessprachliche **Bezeichnung Myanmar**.

20. Juli Nach den erfolgreichen Massenkundgebungen im Land seit 1988 werden AUNG SAN SUU KYI und TIN OO unter Hausarrest gestellt.

1990, 27. Mai Die ersten freien Mehrparteienwahlen bringen einen überwältigenden Sieg der oppositionellen *National League for Democracy* (NLD; 397 von 485 Sitzen). Die Militärs sind jedoch nicht bereit, die Macht einer politischen Partei zu übergeben, sondern bestehen auf einer auf Grundlage einer neuen Verfassung gebildeten Regierung.

27. Juli In einer Deklaration stellt der SLORC sein Selbstverständnis als militärische Treuhandregierung, die die Staatsgewalt in allen drei Aspekten per Befehl ausübt, vor und begründet, dass die gewählten Volksvertreter die Aufgabe haben, die Verfassung des künftigen demokratischen Staates zu erarbeiten.

1991, 14. Okt. Die Regimegegnerin AUNG SAN SUU KYI erhält den Friedensnobelpreis.

1992, 23. April General THAN SHWE (*1933) löst SAW MAUNG als Staats- und Regierungschef ab. Einen Tag später bietet der SLORC einen Dialog mit Führern der Oppositionsparteien und die Durchführung eines Nationalkonvents zur Erarbeitung einer neuen Verfassung an.

24. Aug. Wiedereröffnung der Universitäten und Hochschulen nach zuvor erfolgter Öffnung der Schulen.

1. Sept. Erneuter Eintritt Myanmars in die Blockfreienbewegung.

1993, 9. Jan. Beginn des Nationalkonvents zur Erarbeitung der Grundzüge der neuen Verfassung. Im Sept. werden die 104 Grundprinzipien verabschiedet, die bei Aufrechterhaltung des politischen Führungsanspruchs des Militärs den Strukturen parlamentarischer Demokratie weitgehend Rechnung tragen und mehr Rechte für ethnische Minderheiten vorsehen.

15. Sept. Gründung der *Union Solidarity and Development Association* (USDA) als landesweite Massenorganisation zur Unterstützung der Regierungspolitik.

Okt. Die *Kachin Independence Army* schließt einen Waffenstillstand mit dem SLORC.

1995, Jan. Fall von Manerplaw, dem Hauptstützpunkt der *Karen National Union* (KNU) und der gesamten Antiregierungsbewegung im Grenzgebiet zu Thailand, infolge einer Offensive der *Democratic Karen Buddhist Army* mit Unterstützung der Regierungsstreitkräfte.

Juni Die *New Mon State Party* (NMSP) schließt als 15. Widerstandsorganisation Waffenstillstand mit dem SLORC.

10. Juli Aufhebung des seit 1989 bestehenden Hausarrests für AUNG SAN SUU KYI. Wiederbelebung internationaler Hilfe, v. a. von Japan.

Nov. Die NLD-Vertreter im Nationalkonvent fordern demokratische Verfahrensweisen und werden nach einem mehrtägigen Boykott der Sitzungen gemäß der Geschäftsordnung ausgeschlossen.

1996, 5. Jan. Opiumkönig KHUN SA (*1933, †2007) schließt eine Vereinbarung mit dem SLORC über die Kapitulation seiner Mao Tai-Armee und die Rückkehr in die Legalität.

31. März Der Nationalkonvent wird nach der Ausarbeitung detaillierter Prinzipien für Legislative, Administrative und Judikative ausgesetzt.

21.–28. Mai Das Militärregime lässt über 250 Politiker der NLD verhaften.

7. Dez. Studentendemonstrationen in Yangon mit Forderungen nach Organisations- und Meinungsfreiheit führen zur Schließung aller mittleren und höheren Bildungseinrichtungen im Land.

1997 Im Rahmen des Infrastrukturprogramms wird als zweite Brücke über den Irrawadi die Nawaday-Brücke bei Pyay in Betrieb genommen. Weitere Erweiterungen des Straßen- und Eisenbahnnetzes.

März Antimuslimische Ausschreitungen unter führender Beteiligung buddhistischer Mönche beginnen in Mandalay und breiten sich auf weitere Städte mit hohem muslimischem Bevölkerungsanteil und starker Mönchskonzentration aus (u. a. Pakokku, Bago, Yangon). Moscheen und Haushalte werden geplündert.

23. Juli Myanmar wird in die ASEAN aufgenommen.

15. Nov. Neukonstituierung der Junta unter dem Namen Rat für Frieden und Entwicklung (*State Peace and Development Council* [SPDC]).

1998, 15. April Amnesty International berichtet über Zwangsumsiedlungen ethnischer Minderheiten.

Juli AUNG SAN SUU KYI wird daran gehindert, Oppositionelle außerhalb der Hauptstadt zu besuchen und verharrt unter Protest sechs Tage in ihrem Auto. Ihre Ankündigung, das 1990 gewählte und bisher am Zusammentritt gehinderte Parlament zusammenzurufen, beantwortet die Junta am 11. Sept. mit der Verhaftung von 187 Oppositionellen.

1999, März AUNG SAN SUU KYIS Ehemann MICHAEL ARIS (*1946) stirbt in England. Ihm war die Einreise verweigert worden. Die Ausreisegenehmigung für AUNG SAN SUU KYI mit Rückkehrgarantie schlägt sie aus.

1. Okt. Geiselnahme in der Botschaft Myanmars in Bangkok durch Karen-Rebellen: Thailand und Myanmar verhängen gegeneinander Sanktionen.

Dez. Öffnung der seit Dez. 1996 geschlossenen Universitäten und Hochschulen.

2000, 2./3. Sept. AUNG SAN SUU KYI wird erneut unter Hausarrest gestellt. Im Okt. beginnen auf Vermittlung des UN-Sonderbeauftragten RAZALI ISMAIL (*1939) Gespräche zwischen ihr und dem SPDC.

2001, April Erstmals seit fünf Jahren besucht eine Menschenrechtsdelegation der UNO das Land. In der Folgezeit lockert das Militärregime die Repressionen gegen die Opposition.

2002, 7. März Der Ehemann der Lieblingstochter NE WINS, KHIN SANDAR WIN (*1952), und ihre drei Söhne werden wegen eines mutmaßlichen Putschversuchs gegen den SPDC unter Nutzung schwarzer Magie verhaftet und am 26. Sept. zum Tode verurteilt. Das Urteil wird nicht vollstreckt, die Verurteilten befinden sich seitdem in Haft.

6. Mai Aufhebung des Hausarrests von Aung San Suu Kyi mit Zusicherung freier Reise und Tätigkeit.

2003 Auf der im Nov. 2002 begonnenen Rundreise Aung San Suu Kyis durch Myanmar ereignen sich am 30. Mai schwere Zusammenstöße zwischen ihrer Begleitmannschaft und regierungstreuen Gruppen bei Depayin (Provinz Sagaing) mit mindestens 4 Toten und 50 Verletzten. Sie wird in »Schutzhaft« genommen mit der Begründung, dass die Regierung beschuldigt würde, wenn ihr etwas zustößt.

26. Aug. Staatschef General Than Shwe legt das Amt des Regierungschefs nieder, bleibt aber Vorsitzender des SPDC und Oberbefehlshaber der Streitkräfte. Premierminister wird der als reformorientiert geltende General Khin Nyunt (*1939).

30. Aug. General Khin Nyunt stellt den »Sieben-Punkte-Plan des Übergangs zur Demokratie« (»Road Map«) vor: Weiterführung des Nationalkonvent, Entwurf der neuen Verfassung auf dieser Grundlage, Referendum, Wahlen, Einberufung des Parlaments, Bildung einer Regierung auf dieser Grundlage und Aufbau der entwickelten, modernen und demokratischen Nation.

Okt. Erneute antimuslimische Ausschreitungen unter Führung buddhistischer Mönche beginnen in Mandalay und breiten sich auf weitere Städte mit hohem muslimischem Bevölkerungsteil. Wieder werden Moscheen und Haushalte geplündert. Mönche erhalten Ausgangssperren.

2004, 17. Mai Der Nationalkonvent nimmt seine Arbeit wieder auf, wobei der Anteil der Vertreter ethnischer Gruppen überproportional erhöht wurde. Die NLD verweigert die Mitarbeit, solange Aung San Suu Kyi nicht aus dem Hausarrest entlassen ist.

8. Okt. Die Mitglieder des ASEM beschließen verschärfte Sanktionen gegen Myanmar, da die Forderung nach Aufhebung des Hausarrestes von Aung San Suu Kyi nicht erfüllt ist.

19. Okt. Regierungschef General Khin Nyunt wird unter dem Vorwurf der Korruption und Pflichtverletzung seines Amtes enthoben und verhaftet, die ihm unterstehende Militärische Aufklärung aufgelöst. Neuer Premier wird Generalleutnant Soe Win (*1948, †2007). Die Regierung erklärt ihre Entschlossenheit, die »Road Map« wie geplant zu realisieren.

2005, 8./9. Febr. Verhaftung von Funktionären von Organisationen der Shan wegen Propagierung der Föderalismusprinzipien von 1961.

17. April Sao Hkam Pa, ältester Sohn des ersten Präsidenten der Union von Birma Sao Shwe Thaik (*1896, †1962), erklärt in seinem kanadischen Exil die Unabhängigkeit des Shan-Staats und bildet eine Regierung mit fünf Getreuen. Sie wird von den meisten Antiregierungskräften abgelehnt, da sie einen echten Föderalismus im Rahmen der Union vorziehen.

7. Mai Bombenexplosionen in drei Handelszentren Yangons: 11 Tote, 162 Verletzte.

Ende Juli Verzicht Myanmars auf den turnusmäßigen ASEAN-Vorsitz angesichts des auf die ASEAN ausgeübten westlichen Druckes. Offizielle Begründung ist die Konzentration auf innere Prozesse des Landes.

20. Sept. Der tschechische Ex-Präsident Vaclav Havel und der südafrikanische Bischof Desmond Tutu legen einen Bericht vor, in dem die Verhältnisse in Myanmar als Bedrohung des regionalen Friedens dargestellt werden, und fordern den UN-Sicherheitsrat zum Eingreifen auf. Die Regierung Myanmars verwahrt sich ausdrücklich gegen die Vorwürfe.

6. Nov. Beginn der Verlagerung von Regierungsstellen in das Gebiet von Pyinmana etwa 320 km nördlich Yangons, wo die neue Hauptstadt entsteht. Als Grund wird die zentralere Lage des Ortes angegeben.

2006, 27. März Während der Feierlichkeiten zum Armeetag wird erstmals die neue Hauptstadt Nay Pyi Taw (»königliche Residenz«) im Gebiet von Pyinmana offiziell benannt.

1. April Erhöhung der Gehälter der Mitarbeiter im öffentlichen Dienst um das Fünf- bis Dreizehnfache, begleitet von Preissteigerungen u. a. bei Reis, Fleisch, Gemüse, Kraftstoffe.

2007, 18. Juli–3. Sept. Der Nationalkonvent verabschiedet die 104 Grundsätze sowie weitere 14 Kapitel detaillierter Prinzipien zu Legislative, Exekutive und Judikative für die auszuarbeitende Verfassung, wobei ein wesentlicher Schwerpunkt die Teilung von Vollmachten zwischen Zentrale und Regionen ist.

19. Aug. Beginn der Protestaktionen gegen die Erhöhung der Kraftstoffpreise, die eine Preissteigerungswelle für Grundnahrungsmittel und Waren des täglichen Bedarfs ausgelöst hat. Zunächst in geringem Umfang unter Führung von Aktivisten der Opposition, v. a. der als »88er-Generation« bekannten Gruppe ehemaliger Studenten, nehmen sie ab Anfang Sept. an Größe und Ausbreitung zu sowie immer stärker politischen Charakter an, indem neben der Verbesserung der Lebenslage die Freilassung politischer Gefangener und Aussöhnung gefordert werden. Signifikant ist die aktive und massenhafte Beteiligung buddhistischer Mönche, die von der am 9. Sept. gebildeten *All Burma Buddhist Monks' Union* koordiniert wird.

24. Sept. In Yangon führen 20 000 Mönche einen Demonstrationszug an, an dem nach westlichen Medien etwa 100 000 Bürger teilnehmen. Das oberste Gremium des Mönchsordens (*State Sangha Maha Nayaka Committee)* weist die lokalen Sangha-Räte an, dafür zu sorgen, dass die Mönche sich von Politik und politischen Parteien fernhalten.

26./27. Sept. Die Sicherheitskräfte der Regierung, unterstützt von zivilen Milizen, lösen die Demonstrationen, v. a. in Yangon, auf. 10 Tote werden offiziell bestätigt, westliche Medien vermuten eine weit höhere Zahl. Offensichtlich haben das Ausmaß der Bewegung und die Präsenz der Mönche die Regierung gelähmt und einheitliche Anweisungen an die Sicherheitskräfte behindert, sodass vermutlich oft ohne klare Anweisungen gehandelt wurde. Fast 3000 Personen, darunter zahlreiche Mönche, werden verhaftet, meist aber gegen Loyalitätsverpflichtung wieder freigelassen, und Klöster durchsucht.

29. Sept.–2. Okt. UN-Sonderbotschafter Ibrahim Gambari (*1944) führt Vermittlungsgespräche mit General THAN SHWE und trifft mit AUNG SAN SUU KYI zusammen. Am 25. Okt. kommt es zu ersten Gesprächen zwischen der SPDC und AUNG SAN SUU KYI.

11. Okt. Der UN-Sicherheitsrat erklärt sein entschiedenes Bedauern über die Niederschlagung der Protestbewegung. Eine Verurteilung kommt wegen des Vetos der VR China und Russlands nicht zustande.

24. Okt. Generalleutnant THEIN SEIN (*1945) wird Nachfolger des am 12. Okt. verstorbenen Premiers SOE WIN. Als neuer Sekretär 1 des SPDC fungiert THIHA THURA TIN AUNG MYINT OO (*1950).

2008, 3. Mai Ein schwerer Wirbelsturm fordert bis zu 100 000 Todesopfer. Internationale Hilfe wird kaum ins Land gelassen.

Thailand seit 1945 | Forts. v. S. 1225 |

1945, 15. Sept. NAI PRIDI PHANOMYONG (*1900, †1983) wird mit Unterstützung der antijapanischen Widerstandsgruppen Premierminister.

1946, 9. Juni Ermordung(?) von König RAMA VIII. ANANDA MAHIDOL (*1925). Nachfolger wird sein Bruder RAMA IX. BHUMIBOL ADULYADEJ (*1927).

1947, 8. Nov. Militärs nehmen den unaufgeklärten Mord an König ANANDA MAHIDOL zum Anlass, die Zivilregierung zu stürzen und Marschall PLAEK PHIBUN SONGKHRAM (*1897, †1964), der für das Bündnis mit Japan im Zweiten Weltkrieg verantwortlich ist, wieder an die Macht zu bringen.

1950, 28. Febr. PHIBUN SONGKHRAM vereinbart mit den von Frankreich eingesetzten Regierungen in Indochina die Aufnahme diplomatischer Beziehungen. Die prowestliche Haltung seines Regimes wird von den USA mit finanzieller und militärischer Unterstützung sowie der Entsendung von Militärberatern honoriert. Thailand entwickelt sich zur Operationsbasis für die US-Streitkräfte in Südostasien.

1955, Juni Nach jahrelanger Unterdrückung der Meinungs- und Pressefreiheit, Verbot der politischen Parteien und Ausschaltung führender Oppositionspolitiker leitet PHIBUN SONGKHRAM eine Phase der Liberalisierung ein, um in der Bevölkerung Unterstützung gegen eine rivalisierende Militärfraktion zu erlangen. Die Parteien, außer den Kommunisten, werden wieder zugelassen, Wahlen anberaumt.

1957, 26. Febr. Trotz Manipulation zeigen die Wahlergebnisse deutlich die geringe Popularität der Militärregierung.

16. Sept. Nach Studentenunruhen wird das Regime PHIBUN SONGKHRAMS durch eine Offiziersverschwörung um SARIT THANARAT (*1908, †1963), THANOM KITTIKACHORN (*1911, †2004) und PRAPASS CHARUSTHIRA (*1912, †1976) entmachtet. Die drei Monate später stattfindenden Neuwahlen offenbaren, dass die regierende Junta nicht beliebter ist als ihre Vorgänger.

1958, 20. Okt. Der neue Premierminister SARIT THANARAT setzt die Verfassung außer Kraft, löst das Parlament auf und verbietet die Parteien. Die Gegner der Militärdiktatur, Gewerkschafts- und Bauernführer, Sprecher der Studentenbewegung und oppositionelle Parlamentarier werden verhaftet, einige von ihnen hingerichtet.

1962, 6. März DEAN RUSK (*1909, †1994), Außenminister der USA, und sein thailändischer Kollege THANAT KHOMAN (*1914) vereinbaren, die Zusammenarbeit ihrer Länder gegen »kommunistische Aggression und Subversion« über die Beistandsverpflichtungen des SEATO-Pakts hinaus zu erweitern.

19. Mai Gestützt auf das Abkommen veranlasst US-Präsident JOHN F. KENNEDY die Verlegung einer 10 000 Mann starken Bereitschaftstruppe nach Thailand, um den Konflikt zwischen Kommunisten und Royalisten in Laos zu beeinflussen.

1963, 19. März Ein amerikanisch-thailändisches Militärhilfeabkommen regelt die technischen Voraussetzungen für militärische Operationen, v. a. der US-Luftwaffe, in Indochina.

8. Dez. Ministerpräsident THANARAT stirbt. THANOM KITTIKACHORN tritt seine Nachfolge an.

1964, Juni Die Luftwaffenoperationen in Laos und Vietnam von thailändischem Territorium (neun Luftwaffenstützpunkte der USA) aus beginnen. Gleichzeitig organisiert sich der bewaffnete Widerstand zum Sturz des Militärregimes.

1965, 1. Jan. Die Thai Patriotische Front, Nachfolgeorganisation der am 1. Nov. 1964 gegründeten Thailändischen Unabhängigkeitsbewegung, tritt in Aktion. Die Aufständischen operieren v. a. im Isan (Nordostthailand), dem ärmsten Gebiet des Landes. In der Provinz Nakhon Phanom müssen sich durchschnittlich 1200 Menschen eine Wasserstelle teilen. Ein Arzt versorgt im Schnitt 32 000 Personen, die Kindersterblichkeit liegt bei 60–116 pro 1000 Geburten (1957–1964) und nur 0,3 % der Dörfer verfügen über Elektrizität. Von den 90 000 registrierten Leprakranken (Thailand hat den höchsten Anteil an Leprakranken in Asien) leben 70 000 im Isan.

Dez. Um die Befreiungsbewegung in Schach zu halten, wird die Abwehr von Polizei, Armee und zivilen Stellen koordiniert. US-Spezialeinheiten übernehmen die Ausbildung der im Kampf gegen die Patriotische Front eingesetzten thailändischen Truppen. In den kleinen, isolierten Aufstandsgebieten erproben die USA ihre für Vietnam geplanten Kriegseinsätze.

1967, Sept. 34 000 US-Soldaten sind in Thailand stationiert. Von den USA unterhaltene thailändische Truppen kämpfen (seit Mai 1964) in Laos und rücken auch in Vietnam ein.

1968, 20. Juni Die Regierung verkündet eine Verfassung, die den Machtanspruch des Militärs festigen soll und den bürgerlichen Parteien beschränkte Mitwirkung am politischen Leben zusichert.

1969 Die Eskalation des Vietnamkrieges, die ihren Höhepunkt erreicht, führt zu einer Scheinblüte der thailändischen Volkswirtschaft, die in diesem Jahr eine Zuwachsrate des Bruttosozialprodukts von etwa 7 % bewirkt (durchschnittliche jährliche Zuwachsrate 1953–1963: 2,1 %). Der Boom begünstigt die Militär- und Zivilbürokratie sowie das Bürgertum. Der neu gewonnene Reichtum konzentriert sich auf Bangkok; die Einkommenskluft zwischen der Hauptstadt und dem flachen Lande vergrößert sich ständig.

1970, Juli Die USA ziehen die ersten 6000 ihrer nunmehr 45 500 Mann starken Streitkräfte aus Thailand ab. Gleichzeitig ziehen 11 000 thailändische Soldaten aus Vietnam ab.

1971, 17. Nov. Das Militärregime annulliert die drei Jahre zuvor in Kraft getretene Verfassung. Ein nationaler Exekutivrat unter Führung von THANOM KITTIKACHORN soll das Land fünf Jahre regieren und im Laufe dieser Zeit eine neue Verfassung entwerfen.

1972, 15. Dez. Nach Protesten demokratischer Politiker und wegen zunehmender Unruhe in der Studentenschaft, beschließt das Militärregime eine Interimsverfassung.

1973, 13.–15. Okt. In Bangkok demonstrieren 300 000 Menschen gegen die Machthaber. Das Militär stürmt die Thammasat-Universität und verwundet oder tötet Hunderte von Demonstranten. Um einen Bürgerkrieg zu verhindern, ernennt König BHUMIBOL den Liberalen SANYA DHARMASAKTI (*1907, †2002) zum Ministerpräsidenten. Die Armeeführung entzieht THANOM KITTIKACHORN und PRAPASS CHARUSTHIRA die Unterstützung und zwingt beide ins Exil.

1974 Ultrarechte Kräfte schließen sich in paramilitärischen Verbänden zusammen und verüben, oft mit polizeilicher Hilfe, eine Serie politischer Mordanschläge. Die militärische Führung fühlt sich durch die neutralistische Außenpolitik der Zivilregierung verunsichert. Der Konflikt verschärft sich, als parlamentarische Gruppen fordern, die Kommunistische Partei zu legalisieren und die Aufsicht des Staates gegenüber Großunternehmen zu verstärken, deren Interessen mit denen des Militärs eng verflochten sind.

1975, 17. März Nach Parlamentswahlen bildet sich eine Mitte-Rechts-Koalition mit KUKRIT PRAMOJ (*1911, †1995) als Premierminister, der in seiner Regierungserklärung den Abzug aller amerikanischen Soldaten aus Thailand binnen eines Jahres fordert.

1. Juni Der neue außenpolitische Kurs drückt sich in der Aufnahme diplomatischer Beziehungen zur Volksrepublik China aus.

1976, 20. April Neuwahlen und der Wechsel im Amt des Premierministers – SENI PRAMOJ (*1905, †1997) tritt an die Stelle seines Bruders KUKRIT (21. April) – können nicht verhindern, dass das Militär dem Parlamentarismus ein Ende bereitet.

6. Okt. Nachdem schwer bewaffnete Angehörige der ultrarechten Jugendorganisation Rote Büffel mit Unterstützung der Polizei eine studentische Protestversammlung gegen den Terror der paramilitärischen Verbände stürmen, dabei Dutzende von Versammlungsteilnehmern getötet und 3000 verhaftet werden, übernimmt ein Militärrat die Macht und ernennt den Richter TANIN KRAIVIXIEN (*1927) zum Premierminister.

1977, 11. Nov. Die Militärjunta unter dem Oberkommandierenden der Streitkräfte, KRIANGSAK CHOMANAN (*1917, †2003), löst TANIN gegen den Willen des Königs ab. TANIN ist für das Militär nicht mehr tragbar, weil seine repressive Politik den Aufständischen der Patriotischen Front Zulauf verschafft, das Investitionsklima negativ beeinflusst und einen Ausgleich mit den kommunistischen Nachbarstaaten verhindert, mit denen Thailand immer häufiger in Grenzkonflikte verwickelt wird. Auch ist er durch Ausdehnung des Kampfes unter der Devise »Recht und Ordnung« auf das Offizierskorps unbeliebt.

1978, 22. Dez. König BHUMIBOL unterzeichnet eine neue Verfassung, in der die Durchführung von Neuwahlen vorgesehen ist.

1979, 4. Juni Die Armee riegelt die Grenzen nach Kambodscha und Laos ab, um den Flüchtlingsstrom (bisher 250 000 Menschen) aus diesen Ländern aufzuhalten.

1980, 29. Febr. Rücktritt der Regierung wegen Streit über die Wirtschaftspolitik. Der Oberkommandierende der Armee, PREM TINSULANONDA (*1920), wird am 3. März neuer Premierminister.

1981, 1.–4. April Ein Putschversuch der Armee schlägt fehl.

1982, 26. Mai Thailändische Truppen nehmen im Norden etwa 1500 kommunistische Guerillas gefangen.

Sept. Kooperationsabkommen mit der EG über Tapioka-Erzeugung und -Handel.

1983, 18. April Parlamentswahlen stärken die Koalitionsparteien und damit PREMS Position.

1984, 16. Juli Handelskrieg gegen Japan wegen Nichterfüllung des Handelsabkommens.

1985, 9. Sept. Erfolgloser Putschversuch unter General SERM NA NAKHOM.

1986, 27. Juli Auf die Auflösung des Parlaments (1. Mai) folgen Neuwahlen. PREM TINSULANONDA bildet eine Koalitionsregierung (5. Aug.).

1988, Jan. Die muslimische Separatistenbewegung im Süden gibt bewaffneten Kampf auf.

28. April Auflösung des Parlaments nach Abstimmungsniederlage der Regierung. Die Neuwahlen bringen Verluste, jedoch weiterhin eine Mehrheit der Koalition. Premierminister wird CHATICHAI CHOONHAVAN (*1922, †1998), Führer der Chart Thai Partei (4. Aug.). Politische und wirtschaftliche Liberalisierung, hohe Wachstumsraten, jedoch auch hohe Korruption. Zunehmender Konflikt mit der Armeeführung.

1991, 23. Febr. CHATICHAI CHOONHAVAN wird durch die Armee gestürzt. König BHUMIBOL ernennt ANAND PANYARACHUN (*1932) zum Premierminister.

1992, 17.–20. Mai Die sog. »Blutigen Maidemonstrationen« in Bangkok führen zum Sturz der Militärregierung von General SUCHINDA KRAPRAYOON (*1933), Premierminister seit dem 7. April. Die rund 200 000 Demonstranten werden vom Militär gewaltsam zurückgedrängt, was zu 52 Toten und 3500 Inhaftierten führt.

10. Juni ANAND PANYARACHUN wird erneut zum Premierminister der Übergangsregierung ernannt.

23. Sept. CHUAN LEEKPAI (*1938), Vorsitzender der Demokratischen Partei, wird zum neuen Premierminister ernannt. Während seiner Regierungszeit stehen die wirtschaftliche Stabilität und die Förderung eines Demokratisierungsprozesses im Vordergrund.

1994, 8. April Eröffnung einer Brücke über den Mekong nach Laos.

Weiterhin hohes Wirtschaftswachstum (1990–1994: durchschnittlich 8,2 %).

1995, 19. Mai CHUAN LEEKPAI löst das Parlament auf, nachdem er für seine Agrarpolitik keine ausreichende Unterstützung erfährt. BANHARN SILAPA-ARCHA (*1932) wird neuer Premierminister.

1996, 27. Sept. Nach Neuwahlen wird der frühere Oberkommandierende der Armee, CHAVALIT YONGCHAIYUDH (*1932), neuer Premierminister.

1997, ab 14./15. Mai Krise des Finanzsystems und schrittweise erhebliche Abwertung des thailändischen Baht.

11. Aug. Der IWF sagt Kredite in Höhe von 17 Mrd. US-$ zu.

28. Sept. Die Nationalversammlung verabschiedet eine neue Verfassung. Wichtigstes Ziel ist die Eindämmung der Korruption und des Stimmenkaufs.

6. Nov. Rücktritt des Premierministers CHAVALIT YONGCHAIYUDH. Sein Nachfolger wird erneut CHUAN LEEKPAI.

8. Dez. Die Schließung von 56 der 58 Banken des Landes leitet eine Neuordnung der Kreditbranche ein. Im Gefolge der Finanzkrise brechen Tausende von Unternehmen, u. a. in Baubranche, Industrie (v. a. Fischverarbeitung) und Dienstleistungen zusammen.

1999 Der Tourismus, Thailands wichtigster Devisenbringer, verzeichnet einen Zuwachs von 10 %.

1. Okt. Nach einer Geiselnahme in der Botschaft Birmas in Bangkok durch Gegner der in Birma herrschenden Militärjunta verhängen Thailand und Birma gegeneinander Sanktionen.

2000, 4. März Bei den Direktwahlen zum Senat setzen sich in Bangkok unabhängige und sozial engagierte Kandidaten durch.

Aug.–Okt. Die Hochwasserkatastrophe, die ganz Südostasien heimsucht, richtet auch in Thailand schwere Schäden an. 85 % des Reisanbaus werden vernichtet.

17. Nov. CHUAN LEEKPAI tritt als Regierungschef zurück.

2001, 6./29. Jan. Bei den Wahlen zum Repräsentantenhaus erringt die erst 1998 gegründete Partei *Thai Rak Thai* (TRT) einen deutlichen Sieg. Ihr Gründer und Vorsitzender, der Unternehmer THAKSIN SHINAWATRA (*1949), wird Regierungschef.

3. Aug. Premierminister THAKSIN, im Dez. 2000 von der Antikorruptionsbehörde der Vermögensverschleierung beschuldigt, wird vom Verfassungsgericht freigesprochen.

2002, Mai Birma schließt bis Okt. die Grenze zu Thailand, nachdem thailändische Armeeeinheiten mit Granaten in Gefechte zwischen der birmesischen Armee und Shan-Rebellen eingreifen.

2003, 21. März Nachdem sich Kambodscha verpflichtet hat, für die anti-thailändischen Ausschreitungen in Phnom Penh Schadensersatz zu leisten, wird die seit Jan. geschlossene Grenze wieder geöffnet.

3. Dez. Premierminister THAKSIN erklärt den am 1. Febr. ausgerufenen »Anti-Drogen-Krieg« für siegreich beendet. Im Lauf der Kampagne wurden mehr als 52 000 mutmaßliche Drogenhändler und Rauschgiftproduzenten verhaftet, 2625 Menschen kamen ums Leben.

2004, 26. Jan. Die im Nov. 2003 ausgebrochene Vogelgrippe fordert erste Todesfälle unter Menschen gefordert habe. Wegen des Einfuhrverbots der Abnehmerländer von Geflügel und Geflügelprodukten bricht der thailändische Exportmarkt zusammen.

Jan.–März In den südlichen Grenzprovinzen beginnt eine Serie gewaltsamer Übergriffe und Überfälle, die zur Ausrufung des Kriegrechtes führt. Große Truppeneinheiten werden dauerhaft im Süden stationiert.

28. April Höhepunkt der Gewaltserie in Südthailand sind die Ereignisse in der Moschee Krue Se in Pattani, bei denen bewaffnete Polizisten die Moschee stürmen und dort 32 mutmaßliche Rebellen erschießen.

26. Dez. Ein Tsunami richtet an der Küste schwere Schäden an. Über 5000 Menschen finden den Tod.

2005, 6. Febr. THAKSIN und seine Partei TRT gewinnen bei den Parlamentswahlen mit einer Zweidrittelmehrheit. THAKSIN tritt seine zweite Amtszeit an.

2006, 19. Sept. Friedlicher Militärputsch gegen die Regierung THAKSIN durch Armeekräfte, die den royalistischen General SONTHI BOONYARATGLIN (*1946) unterstützen. In enger Abstimmung mit Krone und Kronrat übernimmt das Militär in Form eines Verwaltungsrates die Macht, verspricht aber, binnen eines Jahres Neuwahlen einzuleiten. Die Verfassung wird außer Kraft gesetzt und das Parlament aufgelöst.

1. Okt. Der moderate General SURAYUD CHULANONT (*1943) wird Chef der Übergangsregierung.

2007, Mai Die Partei TRT des ehemaligen Premierministers THAKSIN wird verboten.

Aug. Die neue, von der Militärregierung vorgelegte Verfassung wird in der ersten Volksabstimmung des Landes von 57,8 % der Teilnehmer bestätigt.

23. Dez. Bei Neuwahlen gewinnt die TRT-Nachfolgepartei *Phak Palang Prachachon* (Partei der Volksmacht), doch verfehlt sie die absolute Mehrheit.

2008, 29. Jan. SAMAK SUNDARAVEJ (*1935) wird Premierminister einer Koalitionsregierung aus PPP und fünf kleineren Parteien.

Laos seit 1945 | Forts. v. S. 1226 |

1945, 8. April Die Japaner veranlassen König SISAVANG VONG (*1885, †1959; 1904–1959), die **Unabhängigkeit von Laos** auszurufen und Prinz PHETSARATH (*1890, †1959) zum Ministerpräsidenten zu ernennen.

15. Sept. Prinz PHETSARATH erklärt die Einheit und Unabhängigkeit von Laos.

10. Okt. Unter Einfluss französischer Berater wird PHETSARATH vom König entlassen. Daraufhin konstituiert sich in Vientiane eine Volksversammlung, die eine provisorische Regierung des Freien Laos (*Lao Issara*) bildet, alle Verträge mit Frankreich für nichtig erklärt, den König absetzt und PHETSARATH zum Staatsoberhaupt beruft.

1946, 24. April Die zurückkehrenden französischen Besatzungstruppen treiben die Lao-Issara-Regierung ins Exil nach Bangkok. Der rechte Flügel der Exilregierung schart sich um den Fürsten Souvanna Phouma (*1901, †1984), der linke um seinen Halbbruder Fürst Souphanouvong (*1909, †1995).

1949, 18. Juli Unter dem Druck der indochinesischen Befreiungsbewegungen gewährt Frankreich im Rahmen der Französischen Union Laos die Unabhängigkeit. Daraufhin kehrt Prinz Souvanna Phouma nach Vientiane zurück.

Okt. Die Lao-Issara-Exilregierung löst sich auf.

1950, 7. Febr. Die USA erkennen Laos als unabhängigen Staat an.

13. Aug. Prinz Souphanouvong und seine Anhänger – der linke Flügel der Lao-Issara-Bewegung gründet als nationale Einheitsfront den *Neo Lao Issara* – brechen mit Prinz Souvanna Phouma, verbünden sich mit der Demokratischen Republik Vietnam und bilden in Nordvietnam die provisorische Regierung des Pathet Lao (Land Laos).

1951, Nov. Prinz Souvanna Phouma übernimmt das Amt des Ministerpräsidenten und bildet seine erste Regierung, die sich um einen Ausgleich mit Frankreich bemüht (Abschluss eines neuen Unabhängigkeitsvertrags am 22. Okt. 1953).

1953 Die militärischen Kräfte des *Pathet Lao* erobern mithilfe der *Viet Minh* die Provinzen Sam Neua und Phong Saly im Nordosten von Laos.

1954, 21. Juli Die Genfer Indochinakonferenz beschließt ein Waffenstillstandsabkommen: Die *Pathet Lao* sollen an den Staatsaufgaben beteiligt werden und dafür die von ihnen beherrschten Provinzen der königlichen Regierung in Vientiane unterstellen. Das Abkommen sieht außerdem die Umgruppierung der *Pathet Lao* in den Provinzen Phong Saly und Huaphan im Nordosten vor, die damit unter die faktische Kontrolle der *Pathet Lao* fallen. Außenpolitisch sollen alle Parteien strikte Neutralität wahren.

1956, 6. Jan. Im Einklang mit diesem Abkommen lösen die *Pathet Lao* ihre provisorische Regierung auf und beteiligen sich am zweiten Kabinett (seit 21. März 1956) von Souvanna Phouma. Der *Pathet Lao* nimmt als legale Partei (*Neo Lao Haksat*) am politischen Geschehen teil.

1958, 15. Aug. Nach einem Wahlerfolg der *Neo Lao Haksat* betreiben die USA den Sturz der Koalition: Rechtsgerichtete, prowestliche Royalisten unter Führung von General Phoumi Nosavan (*1920, †1985) ergreifen die Macht, ernennen Phoui Sananikone (*1903, †1983) zum Ministerpräsidenten, verhaften Souphanouvong, verdrängen die *Pathet Lao* aus Verwaltung und Armee und provozieren so das Wiederaufflackern des Bürgerkrieges, in dem die Neutralisten Souvanna Phoumas im Bündnis mit den *Pathet Lao* den proamerikanischen Rechten gegenüberstehen.

1960, 9. Aug. Der Fallschirmjägerhauptmann Kong Le (*1933) kann mit seiner Truppeneinheit Vientiane einnehmen und vier Monate besetzt halten. Kong Le versucht die Erneuerung des Regierungsbündnisses von *Pathet Lao* und Neutralisten zu erzwingen.

Dez. Bevor royalistische Truppen über thailändisches Gebiet nach Vientiane vordringen, zieht sich die Truppe von Kong Le auf die strategisch wichtige Ebene der Tonkrüge zurück.

13. Dez. Neuer royalistischer Ministerpräsident wird Fürst Boun Oum (*1912, †1980). Nach dem zeitweisen Verlust Vientianes, muss das Regime um Phoumi noch weitere militärische Niederlagen hinnehmen, bis es in Waffenstillstandsverhandlungen eintritt.

1962, 23. Juli Bildung einer Regierung der Nationalen Einheit unter Beteiligung von Neutralisten, *Pathet Lao* und Royalisten und Führung von Souvanna Phouma. Das Land bleibt aber de facto in zwei Zonen geteilt: Der Nordosten ist in der Hand der *Pathet Lao*, das Mekong-Tal kontrollieren die Royalisten. Ministerpräsident Souvanna Phouma, der sich zunehmend auf die proamerikanische Fraktion stützt, gibt seine neutrale Haltung auf.

7. Okt. Als die USA 18 000 Söldner aus den Meo-Bergstämmen anwerben, um im *Pathet-Lao*-Territorium zu kämpfen und den Nachschubweg der *Vietcong* (Ho-Chi-Minh-Pfad) zu unterbrechen, schließt Souvanna Phouma mit dem US-Botschafter in Vientiane ein Geheimabkommen, das die Versorgung der Meo-Truppen durch die von den USA eingerichtete und unterhaltene Luftlinie Air America regelt.

1963, 1. April Die Koalition bricht auseinander: Aus Protest gegen die Ermordung des Außenministers Quinim Pholsena (*1915) legen die *Pathet-Lao*-Minister ihre Ämter nieder.

1964, Mai Der Krieg nimmt nun an Heftigkeit zu. US-Flugzeuge unternehmen von thailändischen Stützpunkten aus Angriffe auf *Pathet-Lao*-Gebiete. Etwa 10 000 amerikanische Soldaten, deren Anwesenheit von der US-Regierung offiziell bestritten wird, beteiligen sich mit zunächst 5000 (1973: 20 000) Soldaten aus Thailand am Krieg. Nach jahrelangen Kämpfen zeichnet sich keine militärische Lösung ab.

1965 Umbenennung der *Pathet-Lao*-Verbände in Laotische Volksbefreiungsarmee.

1970, 6. März Die *Pathet Lao* übernehmen die politische Initiative und unterbreiten einen Friedensvorschlag, in dem der Abzug der US-Truppen, Einstellung der Luftangriffe, allgemeine Wahlen und die Wiedervereinigung des Landes gefordert wird.

1973, 21. Febr. Verhandlungen (seit Okt. 1972) führen schließlich zu einem Waffenstillstand und zu Vereinbarungen über die neuerliche Bildung einer Regierung der Nationalen Einheit.

1974, 5. April Diese dritte Koalition unter Ministerpräsidenten Souvanna Phouma setzt sich je zur Hälfte aus den bisherigen Machthabern in Vientiane und aus Führern des *Pathet Lao* zusammen. Die US-Truppen und die thailändischen Verbände ziehen ab, die nordvietnamesischen Truppen bleiben weiterhin präsent.

24. April Ein Nationales Politisches Konsultativkomitee unter Beteiligung der *Pathet Lao* beschließt ein 18-Punkte-Programm, dass u. a. die Fortsetzung der Monarchie und eine neutrale Außenpolitik vorsieht.

1975, April Nach der Besetzung der kambodschanischen

Hauptstadt Phnom Penh durch die Roten Khmer und den Fall von Saigon flüchtet ein Großteil der Oberschicht und der royalistischen Generalität nach Thailand. 30 000 Menschen, die meisten von ihnen Angehörige der Meo-Stämme, verlassen Laos. Die königliche Armee wird demobilisiert, *Pathet-Lao*-Truppen rücken in ihre Stellungen ein.

1. Dez. König SAVANG VATTHANA (*1907, †1978?) muss abdanken.

2. Dez. Eine Nationalversammlung beschließt die Abschaffung der Monarchie und die Ausrufung der **Demokratischen Volksrepublik Laos.**

3. Dez. Ernennung von SOUPHANOUVONG zum Präsidenten und von KAYSONE PHOMVIHAN (*1920, †1992) zum Ministerpräsidenten.

1977, 18. Juli Um die »besonderen Beziehungen« zwischen Laos und Vietnam zu festigen, unterzeichnen Vertreter beider Länder einen Vertrag über Freundschaft und Zusammenarbeit (Laufzeit: 25 Jahre).

1978, 6. März Der höchste Repräsentant des Buddhismus in Laos, PRA DHAMMAYANO (*1892), flieht nach Thailand.

Mai Die Regierung initiiert ein Programm zur Kollektivierung der Landwirtschaft, das aber fehlschlägt und bereits nach einem Jahr gestoppt werden muss.

1979, Nov. Angesichts der anhaltenden Wirtschaftskrise beschließt das Zentralkomitee der *Lao People's Revolutionary Party* (LPRP) moderate Wirtschaftsreformen, u. a. eine gewisse Förderung des Privatsektors.

1984 Bei einem Treffen in Vientiane bieten die Außenminister von Laos, Kambodscha und Vietnam der ASEAN Gespräche zur Beilegung der Streitfragen an.

1986, 29. Okt. PHOUMI VONGVICHIT (*1909, †1994) wird neuer Staatspräsident.

13.–15. Nov. Auf dem 4. Kongress der LPRP werden marktwirtschaftliche Reformen beschlossen, die als »*New Economic Mechanism*« bekannt werden. In Anlehnung an die Reformpolitik in Vietnam wird auch in Laos der Privatsektor gefördert, außerdem öffnet sich das Land für ausländische Investitionen.

1989, 26. März Nach Kreis- und Provinzwahlen werden erstmals seit 1975 Parlamentswahlen durchgeführt.

1991, 14. Aug. Verabschiedung einer **neuen Verfassung**, in der die *Pathet Lao* einzige politische Partei ist.

1992, 26. Nov. NOUHAK PHOUMSAVANH (*1914) wird neuer Staatspräsident, neuer Regierungschef KHAMTAY SIPHANDONE (*1924).

1994, 8. April Die Eröffnung einer Brücke über den Mekong nach Thailand setzt den Kurs vorsichtiger wirtschaftlicher Liberalisierung fort.

1995 Die USA heben das Handelsembargo gegen Laos auf.

1997, 23. Juli Laos wird in die ASEAN aufgenommen.

1998, 24. Febr. Der Vorsitzende der regierenden LPRP, KHAMTAY SIPHANDONE, übernimmt auch das Amt des Staatspräsidenten.

1999, 6. Aug. Entlassung des Finanzministers und des Zentralbankgouverneurs als Konsequenz aus der schleppenden wirtschaftlichen Entwicklung. Laos ist hinter den Nachbarstaaten weit zurückgeblieben.

2000 Mehrere Bombenattentate erschüttern die Hauptstadt Vientiane. Die Regierung macht oppositionelle Kräfte im Ausland verantwortlich.

2001, 12.–14. März Auf dem 7. Parteikongress der LPRP werden die Führungskader der Partei und ihr Vorsitzender, Präsident KHAMTAY SIPHANDONE, bestätigt.

2006, 30. April Wahlen zur Nationalversammlung.

8. Juni Die Nationalversammlung wählt eine neue Regierung. Neuer Präsident und Parteichef wird CHOUMMALY SAYASONE (*1936), neuer Ministerpräsident BOUASONE BOUPHANVANH (*1954).

Kambodscha seit 1945 | Forts. v. S. 1226 |

1945, 12. März König NORODOM SIHANOUK (*1922) erklärt sein Land für unabhängig. Die Franzosen aber beharren nach der Kapitulation der Japaner auf ihrem Herrschaftsanspruch und behandeln Kambodscha weiterhin als Protektorat.

1949, 8. Nov. Unter dem militärischen Druck der Befreiungsbewegung *Khmer Issarak* findet sich Frankreich bereit, eine beschränkte Unabhängigkeit (Armee und Polizei bleiben unter französischer Führung, Verzicht auf eigene Außenpolitik) innerhalb der Französischen Union zuzulassen.

1951, 30. Sept. Die Revolutionäre Volkspartei Kambodschas wird gegründet.

1954, 20. Juli Die Genfer Indochinakonferenz bestätigt die volle Souveränität Kambodschas.

1955, 2. März König SIHANOUK dankt zugunsten seines Vaters NORODOM SURAMARIT (*1896, †1960) ab und organisiert die Sozialistische Volksgemeinschaft (*Sangkum*), die 15 Jahre lang als Regierungspartei Instrument seiner Politik bleibt.

23. Okt. SIHANOUK übernimmt nach einem Wahlerfolg der Sozialistischen Volksgemeinschaft das Amt des Ministerpräsidenten. Als Maxime seiner Außenpolitik fordert er strikte Neutralität für sein Land.

1956 Als SIHANOUK sich weigert, der SEATO beizutreten, und chinesische Finanzhilfe annimmt, errichten Thailand und Südvietnam eine Wirtschaftsblockade und unterstützen den bewaffneten Widerstand der rechtsgerichteten *Khmer Serei* gegen seine Regierung.

1960, 20. Juni Nach dem Tod SURAMARITS übernimmt SIHANOUK das Amt des Staatsoberhauptes unter Verzicht auf die Königswürde.

In den folgenden Jahren verschärft sich SIHANOUKS Konflikt mit den USA, die ihn auffordern, dafür Sorge zu tragen, dass der nordvietnamesische Nachschub für die Vietcong nicht mehr über kambodschanisches Territorium transportiert werden kann.

1965, 3. Mai Als US-Flugzeuge kambodschanische Dörfer im Grenzgebiet zu Vietnam bombardieren, bricht SIHANOUK die diplomatischen Beziehungen zu Washington ab.

1966, 22. Okt. Bei Parlamentswahlen siegen die Rechtskräfte. Ihr Führer LON NOL (*1913, †1985) wird Ministerpräsident.

1966–1970 Ein Teil der linken Gruppierungen zieht sich

daraufhin in den Untergrund zurück und bildet die Roten Khmer. SIHANOUK arrangiert sich zunächst mit LON NOL und seinen Anhängern, überwirft sich aber mit ihnen, als diese seine Politik der Bodenreform und der Verstaatlichung rückgängig machen.

1969 Die USA beginnen mit geheimen Bombardements auf kambodschanisches Territorium.

1970, 18. März Ministerpräsident LON NOL nutzt einen Auslandsaufenthalt SIHANOUKS, um ihn als Staatsoberhaupt zu entmachten.

1. Mai Durch den Putsch erhalten die USA freie Bahn, ihren Krieg auf Kambodscha auszudehnen und die Rückzugsgebiete der Vietcong anzugreifen. Als Gegenleistung unterstützen sie das Regime LON NOL mit Militär- und Wirtschaftshilfe.

5. Mai SIHANOUK bildet in Peking eine Exilregierung mit KHIEU SAMPHAN (*1931), der die Aufstandsbewegung in Kambodscha führt, als Verteidigungsminister.

1971, März Die Roten Khmer beherrschen vier Fünftel Kambodschas. Schließlich kontrolliert LON NOL nur noch die Hauptstadt Phnom Penh und ihre nächste Umgebung.

1973 Nach dem Pariser Friedensabkommen vom Jan. 1973 verstärken die USA die Bombardements auf Kambodscha. Der Bombenkrieg führt zu einer Radikalisierung der kambodschanischen Gesellschaft.

1975, 20. April Phnom Penh wird von den Roten Khmer eingenommen.

1976, 5. Jan. In der neuen Verfassung bezeichnet sich Kambodscha als Demokratischer Staat Kampuchea.

4. April NORODOM SIHANOUK, nominell noch Staatsoberhaupt, wird von KHIEU SAMPHAN abgelöst. Eigentlicher Machthaber als »Bruder Nummer eins« ist POL POT (*1928, †1998), der am 13. Mai neuer Ministerpräsident wird.

Terrorregime der Roten Khmer

Mit der Machtergreifung der Roten Khmer beginnt eine Schreckensherrschaft, der 1975–1979 ca. 1,7 Mio. Menschen zum Opfer fallen. Die Roten Khmer stützen sich v. a. auf die junge Generation zwischen 15 und 20 Jahren und verkünden ein neues revolutionäres Zeitalter, in dem keine Klassenunterschiede mehr existieren und durch eine Umformung des Agrarsektors eine erhebliche Steigerung der Reisproduktion erreicht werden soll. Um diese ideologischen Ziele in die Tat umzusetzen, müssen die Einwohner von Phnom Penh die Stadt im April 1975 verlassen, z. T. in unwegsamen Dschungelgebieten Land urbar machen und landwirtschaftliche Kooperativen errichten. Der Fünfjahrplan der Führung von 1976 sieht utopisch hohe Zahlen für die Reisproduktion vor, die die Kader der Roten Khmer mit Gewalt durchzusetzen versuchen. Viele Kambodschaner sterben in der Folge an den überharten Arbeitsbedingungen, Entkräftung und mangelnder medizinischer Versorgung. Gleichzeitig werden im ganzen Land »Massensäuberungen« durchgeführt, die sich gegen jegliche »Feinde der Revolution«, d. h. die Träger der alten Regierung, Intellektuelle im allgemeinen, »Saboteure« und Angehörige ethnischer Minderheiten wie die Cham wendet. Viele werden im berüchtigten Tuol Sleng-Gefängnis in Phnom Penh zu Tode gefoltert.

Ab 1977 kommt es zu größeren bewaffneten Konflikten mit Vietnam. Der Traum von POL POT ist es, unter Einschluss von früherem kambodschanischem Territorium im Mekong-Delta ein »Groß-Kambodscha« zu schaffen. Als die Angriffe durch die Roten Khmer eskalieren, entschließt sich die vietnamesische Führung Mitte 1978 zu einem großangelegten Militärschlag gegen Kambodscha. Der vietnamesischen Großoffensive von Weihnachten 1978 können die Roten Khmer wenig entgegensetzen und fliehen in das unzugängliche Gebiet an der kambodschanisch-thailändischen Grenze.

1978, 25. Dez. Nach einer Reihe von Grenzzwischenfällen marschiert eine etwa 100 000 Mann starke vietnamesische Streitmacht mit Unterstützung von etwa 20 000 Angehörigen der Khmer Einheitsfront für die Nationale Rettung in Kambodscha ein.

1979, 8. Jan. Einnahme Phnom Penhs durch vietnamesische Truppen. Die Roten Khmer kämpfen jedoch mit chinesischer Waffenhilfe im Dschungel weiter. HENG SAMRIN (*1934) bildet eine provietnamesische Regierung.

Mai Mehr als 40 000 Kambodschaner entfliehen dem Dschungelkrieg nach Thailand.

8. Juni Thailändisches Militär beginnt, die Flüchtlinge über die Grenze zurückzutreiben. Dennoch schwillt der Flüchtlingsstrom weiter an.

21. Sept. Die Vollversammlung der Vereinten Nationen spricht mit 71 zu 35 Stimmen den Roten Khmer das Recht zu, Kambodscha in der UNO zu vertreten.

6. Dez. Die thailändische Regierung gibt bekannt, dass sich auf ihrem Territorium nunmehr über eine Mio. kambodschanischer Flüchtlinge befinden.

1982, 22. Juni Auf Drängen Chinas und der ASEAN-Staaten verbünden sich die Roten Khmer, die Anhänger SIHANOUKS und konservative Kreise zum Widerstand gegen Vietnam. In der Exilregierung dieser Dreierkoalition wird SIHANOUK Staatspräsident.

1985, Frühjahr Letzte militärische Offensive Vietnams. Im Aug. kündigen die Vietnamesen einen Truppenabzug an.

1988 Mehrere informelle Treffen zwischen kambodschanischen Gruppen sowie den Außenministern von Vietnam, Laos, Thailand und Indonesien bringen keine Ergebnisse.

1989, 30. April Die neue Verfassung ändert den Landesnamen in das ideologisch neutrale »Staat Kambodscha«, der Buddhismus wird Staatsreligion.

Sept. Die vietnamesischen Truppen verlassen nach fast elfjähriger Präsenz das Land.

1990, 27. Aug. Der Friedensplan des Sicherheitsrates der UNO sieht vor, dass das Land bis zu freien Wahlen weitgehend unter der Aufsicht der UNO steht.

Dez. Die Bürgerkriegsparteien stimmen Kernpunkten zu, erzielen jedoch keine völlige Einigung.

1991 Wiederaufflammen der Kämpfe zwischen Regierung und Roten Khmer.

23. Okt. In Paris unterzeichnen die Bürgerkriegsparteien ein Friedensabkommen. Daraufhin übernimmt der aus dem Exil zurückgekehrte NORODOM SIHANOUK den Vorsitz einer Übergangsregierung.

1992, 28. Febr. Das Land wird konstitutionelle Monarchie und in Königreich Kambodscha umbenannt.

1993, 24. Sept. Mit der Thronbesteigung SIHANOUKS endet die UN-Aufsicht.

1994–1996 Wiederholt Kämpfe zwischen Regierungstruppen und den Roten Khmer.

1997, 6. Juli Die seit 29. Okt. 1993 amtierende Regierung unter den beiden Ko-Ministerpräsidenten, dem Royalisten Prinz NORODOM RANARIDDH (*1944) und dem Vorsitzenden der *Cambodian People's Party* (CPP), HUN SEN (*1952), zerbricht, RANARIDDH flieht außer Landes. Kämpfe zwischen den Royalisten und HUN SENS Truppen.

Juli Der ehemalige Ministerpräsident POL POT wird in einem Schauprozess von seinen früheren Anhängern, den Roten Khmer, verurteilt.

1998, 29. Febr. RANARIDDH und HUN SEN rufen ihre Truppen zum unbefristeten Waffenstillstand auf.

15. April Tod POL POTS in einem Versteck nahe der thailändischen Grenze.

26. Juli Bei den ersten von Kambodscha selbst organisierten Parlamentswahlen siegt die CPP. Ihr Führer HUN SEN bildet als Ministerpräsident eine Koalitionsregierung mit der royalistischen FUNCINPEC.

1999, 25./26. Febr. Eine von der Weltbank organisierte Geberkonferenz in Tokio sichert Hilfszahlungen in Höhe von 450 Mio. US-$ zu.

30. April Kambodscha wird 10. Mitglied der ASEAN.

5./6. Dez. Die letzte kämpfende Einheit der Roten Khmer ergibt sich der Regierung.

2000, Aug.–Okt. Die Hochwasserkatastrophe, die ganz Südostasien heimsucht, richtet auch in Kambodscha schwere Schäden an. 20 von 23 Provinzen werden überflutet, 2,2 Mio. Menschen sind direkt betroffen.

2001, 7. Aug. Der Verfassungsrat stimmt einer Gesetzvorlage zur Einsetzung eines internationalen Gerichtshofes zur Aburteilung der Hauptschuldigen am Völkermord unter dem Regime POL POT zu.

Dez. Die erste Brücke über den Mekong wird eröffnet.

2003, Jan. Offenbar gezielte Falschmeldungen über thailändische Tempelschändungen im kambodschanischen Nationalheiligtum Angkor führen zu Pogromen gegen Thailänder.

17. Mai Die Regierung verständigt sich mit einer UN-Delegation über die Einrichtung eines international gestützten Sondergerichts, das sich mit den Verbrechen der Roten Khmer befassen soll.

2004, 30. Juni Nach der Parlamentswahl vom 27. Juni 2003, die kein klares Ergebnis gebracht hat, einigen sich die postkommunistische CPP und die royalistische FUNCINPEC auf eine neue Koalitionsregierung unter dem bisherigen Ministerpräsidenten HUN SEN.

31. Aug. Die Nationalversammlung ratifiziert ein Gesetz über den Beitritt zur Welthandelsorganisation.

29. Okt. Nach der Abdankung König SIHANUKS (7. Okt.) besteigt sein Sohn NORODOM SIHAMONI (*1953) den Thron.

2005, Febr. Der Oppositionsführer SAM RAINSY (*1949) muss Kambodscha verlassen, nachdem das Parlament ihm seine Immunität entzogen hat.

April Nach langjährigen Debatten einigt sich die UNO auf die Einrichtung eines Tribunals, vor dem sich die überlebenden Führer der Roten Khmer für ihre Verbrechen verantworten sollen. Die Vereinbarung zwischen Kambodscha und der UNO über die Einrichtung eines Sondertribunals für die Verbrechen der Roten Khmer kann in Kraft treten.

2006, Febr. Oppositionsführer SAM RAINSY darf wieder nach Kambodscha zurückkehren.

2007, 1. April Die zweiten Kommunalwahlen finden statt.

Vietnam seit 1945 | Forts. v. S. 1226 |

1945, 14. Aug. Die Nachricht von der japanischen Kapitulation löst in Vietnam eine Welle von Massenkundgebungen mit der Forderung nach Unabhängigkeit aus.

25. Aug. Kaiser BAO DAI (*1913, †1997) dankt in Hue ab.

2. Sept. HO CHI MINH (*1890, †1969), der Führer der Viet Minh, ruft in Hanoi die **Demokratische Republik Vietnam** (DRV) aus.

23. Sept. Die Franzosen, die nicht bereit sind, sich mit dem Verlust ihrer Herrschaft über Indochina abzufinden, erzwingen in Saigon die Wiedererrichtung ihres kolonialen Regimes.

Okt.–Dez. In wenigen Monaten gelingt es den Franzosen, ganz Cochinchina und den Süden von Annam zurückzuerobern. HO CHI MINH sucht durch Verhandlungen eine Einigung mit Frankreich.

1946, 6. März Frankreich erklärt sich in einem Präliminarabkommen (Konvention von Hanoi) bereit, die Unabhängigkeit Vietnams anzuerkennen. Der neue Staat soll aber als Mitglied der Indochinesischen Föderation und der Französischen Union dem ehemaligen Kolonialherren verbunden bleiben. Die französische Armee darf in Hanoi, Haiphong und anderen wichtigen Plätzen Garnisonen unterhalten. Über die Zukunft des französisch besetzten Südens soll eine Volksabstimmung entscheiden.

1. Juni Frankreich versucht die vereinbarte Abstimmung zu verhindern und installiert in Saigon eine Regierung, der überwiegend Vietnamesen mit französischem Pass angehören.

6. Juli–10. Sept. Die vietnamesische Führung versucht, auf der Konferenz von Fontainebleau eine friedliche Einigung zu erreichen. Die Konferenz scheitert, und auch ein Modus vivendi, der in Paris zwischen HO CHI MINH und dem französischen Minister für die überseeischen Gebiete, MARIUS MOUTET (*1876, †1968), am 14. Sept. ausgehandelt wird, kann den Konflikt nicht lösen.

20. Nov. Bei dem Versuch der französischen Zollverwaltung, im Hafen von Haiphong eine für die Demokratische Republik Vietnam bestimmte Waffenlieferung zu beschlagnahmen, kommt es zu einem Feuergefecht. Daraufhin bombardieren französische

Flugzeuge und Kriegsschiffe Haiphong (23. Nov.). 6000 Menschen kommen ums Leben.

19. Dez. Mit der Eröffnung des Kampfes gegen die französische Besatzung von Hanoi, zu dem Ho Chi Minh aufgerufen hat, beginnt der **Indochinakrieg**.

Die regulären Truppen der Demokratischen Republik Vietnam sind zahlenmäßig schwach und schlecht ausgerüstet. Sie werden in den ersten Kriegswochen aus den Städten verdrängt. Der Befreiungskampf wird von Guerillaeinheiten der Viet Minh geführt, die ihre waffentechnische Unterlegenheit durch Rückhalt bei der Bevölkerung und Beweglichkeit ausgleichen. In den »befreiten Gebieten« leiten die Viet Minh soziale und wirtschaftliche Umwälzungen ein: in den Dörfern übernehmen gewählte Volksräte die Verwaltung, Großgrundbesitz wird aufgeteilt, Pachten und Steuern werden ermäßigt.

1948, 27. Mai Um die Unabhängigkeitsbewegung zu spalten und die nationalistischen bürgerlichen Kräfte von der Unterstützung der Viet Minh abzubringen, unterstützt Frankreich die Einberufung einer provisorischen Zentralregierung Vietnams mit Sitz in Saigon.

1949, 8. März Unterzeichnung des Élysée-Abkommens, das die Bildung des Assoziierten Staates Vietnam vorsieht.

13. Sept. Der ehemalige Kaiser Bao Dai übernimmt das Amt des Staatschefs der Regierung des Assoziierten Staates Vietnam.

1950, 16. Jan. Als die VR China diplomatische Beziehungen zur Demokratischen Republik Vietnam aufnimmt und die Sowjetunion diesem Beispiel 14 Tage später folgt, erkennen die USA und Großbritannien im Gegenzug die Saigoner Regierung an. Der antikoloniale Kampf gegen Frankreich gerät jetzt mehr und mehr in das Fahrwasser des Kalten Krieges.

Sept.–Nov. Bei einer Großoffensive in den Grenzprovinzen zu China erobern die Viet Minh eine Reihe französischer Stellungen. Damit ist der Weg für Versorgungsgüter, Waffen u. a. aus China frei. Auch der ideologische Einfluss aus China macht sich in Vietnam immer mehr bemerkbar.

Im Rahmen ihrer Roll-back-Strategie gewähren die USA Militärhilfe an Frankreich, während Nordvietnam in zunehmendem Maße von China mit Waffen beliefert wird. Die US-Unterstützung kann jedoch die Schwächung der französischen Position nicht aufhalten.

Nordvietnam führt eine Bodenreform durch (19. Dez. 1953), die sich eng an maoistische Vorbilder anlehnt. Bei der Reform kommt es in vielen Dörfern zu Exzessen, mehrere Tausende von Personen werden unberechtigterweise als Großgrundbesitzer eingestuft und hingerichtet. Die Landreform zielt nicht nur auf die Umverteilung des Landes, sondern auch auf die radikale Umgestaltung der ländlichen Gesellschaft Nordvietnams ab.

1954, 7. Mai Den Viet Minh gelingt es unter General Vo Nguyen Giap (*um 1911), die französische Festung Dien Bien Phu einzuschließen und zur Kapitulation zu zwingen. Damit ist das **Ende der französischen Herrschaft über Indochina** besiegelt.

21. Juli Die Demokratische Republik Vietnam und Frankreich unterzeichnen in Genf einen Waffenstillstand: Vietnam wird entlang des 17. Breitengrades geteilt. Es wird aber festgestellt, dass diese »militärische Demarkationslinie eine provisorische Linie ist und in keiner Weise als politische und territoriale Trennung ausgelegt werden darf«. Im Juli 1956 sollen Wahlen abgehalten werden, um das Land wieder zu vereinigen. Nordvietnam mit 16,2 Mio. Einwohnern umfasst die industriellen Zentren Hanoi, Haiphong und Nam Dinh, Südvietnam mit 15 Mio. Einwohnern erstreckt sich beinahe ausschließlich über Agrargebiet. Durch die Teilung entstehen für den Norden, der damit von der wichtigen Reiskammer im Mekong-Delta abgeschnitten ist, erhebliche Versorgungsprobleme. Etwa 1 Mio. Menschen, v. a. Katholiken, fliehen aus dem Norden in den Süden.

1954, 16. Juni In Saigon beauftragt Bao Dai den Katholikenführer Ngo-Dinh Diem (*1901, †1963) mit der Regierungsbildung. Ngo Dinh Diem gelingt es innerhalb eines Jahres, die profranzösische Generalität und die 40 000 Mann starken Privatarmeen der politisch-religiösen Sekten (Hoa Hao, Cao Dai, Binh Xuyen) auszuschalten.

1955, 26. Okt. Nach einer manipulierten Volksabstimmung setzt Ngo-Dinh Diem Bao Dai ab und erklärt sich zum Staatsoberhaupt.

1956, 22. Mai Als der in Genf vereinbarte Zeitpunkt für gesamtvietnamesische Wahlen heranrückt, lehnt Ngo-Dinh Diem die Abstimmung mit der Begründung ab, Südvietnam habe das Waffenstillstandsabkommen nicht unterzeichnet.

Sept.–Dez. Die Exzesse bei der seit 1953 durchgeführten Landreform stürzen Nordvietnam ins Chaos. Die Arbeiterpartei Vietnams sieht sich gezwungen, die Reform zu stoppen und eine Korrekturkampagne einzuleiten. Parteichef Truong Chinh (*1907, †1988) und weitere hochrangige Parteikader müssen zurücktreten. Gleichzeitig fordern kritische Intellektuelle in der Zeitung »Nhan Van« die Lockerung der Parteiherrschaft über alle Bereiche des Lebens in Nordvietnam und setzen sich für mehr Freiräume in Kunst und Literatur ein. Nach einer kurzen liberalen Phase wird die Zeitung »Nhan Van« verboten.

1958–1960 In Nordvietnam setzt die kommunistische Führung den Aufbau des Sozialismus mit der Kollektivierung der Landwirtschaft und der Verstaatlichung des Handels fort. Ab Anfang 1958 führt die Führung der Arbeiterpartei Vietnams eine Kampagne gegen die Gruppe von Intellektuellen durch, die 1956 ihre kritische Stimme erhoben hatten. Einige Personen werden 1960 zu langen Haftstrafen verurteilt, viele andere mit langjährigem Berufsverbot belegt.

1959, Jan. Auf dem 15. Plenum beschließt das ZK der Vietnamesischen Arbeiterpartei, beim Kampf um die Wiedervereinigung des Landes wieder verstärkt auf bewaffnete Aktionen zu setzen.

1956–1960 Im Süden führt Ngo-Dinh Diem, nach den anfänglich erfolgreichen Maßnahmen zur Stabilisierung seiner Herrschaft, den Staat schrittweise zurück ins Chaos. Dazu tragen Korruption und Ämterpatronage bei, v. a. die Bereicherung der Angehörigen der Präsidentenfamilie und die Bevorzugung der katholischen Minorität in Verwaltung, Armee und Wirtschaft, die totalitären Praktiken der Geheimpolizei, die sich sowohl gegen Sympathisanten der Viet Minh als auch gegen liberale und buddhistische Kritiker der Regierung richten sowie die Verzögerung und halbherzige Durchführung der von Diem 1956 angekündigten Landreform. Die Weigerung Diems, Wahlen abzuhalten, veranlasst Nordvietnam, den Kampf im Süden wieder aufleben zu lassen. Den aus dem Norden eindringenden Aufständischen gelingt es, zusammen mit den lokalen Guerillaeinheiten in kurzer Zeit zur allgegenwärtigen Bedrohung für Diems Herrschaft zu werden.

1960, 5.–10. Sept. Auf ihrem 3. Nationalkongress beschließt die Vietnamesische Arbeiterpartei die Eskalation des Kampfes in Südvietnam. Le Duan (*1907, †1986) wird zum neuen Generalsekretär der Partei gewählt und zur treibenden Kraft beim Kampf um die Wiedervereinigung Vietnams.

20. Dez. Die verschiedenen Widerstandsgruppen Südvietnams schließen sich auf Grundlage eines Programms, das neben dem Anspruch auf Wiedervereinigung bürgerlich-demokratische und gemäßigt sozialistische Forderungen enthält (Presse-, Versammlungs- und Religionsfreiheit, Frauenemanzipation, Minoritätenschutz, Bodenreform, soziale Absicherung der Arbeiter und Angestellten, wirtschaftliche Unabhängigkeit, kulturelle Eigenständigkeit, Blockfreiheit), zur Nationalen Befreiungsfront Südvietnams (*Front National de Libération du Viet Nam Sud* [FNL], nach der führenden kommunistischen Gruppe auch als Vietcong bezeichnet) zusammen.

Vietnamkrieg

1963, Mai–Juni Landesweite Demonstranten buddhistischer Mönche schwächen die Herrschaft von Ngo-Dinh Diem weiter.

2. Nov. Im Verlauf eines Militärputsches – die Befreiungsfront hat das südvietnamesische Regime mittlerweile in eine prekäre militärische Lage gebracht – wird Diem ermordet. Mehrere kurzlebige Regierungen lösen einander ab, bis eine Offiziersjunta unter Nguyen Van Thieu (*1923, †2001) und Nguyen Cao Ky (*1930) die Macht in Saigon übernimmt. Als sich nach der Beseitigung Diems die militärische Lage für Südvietnam auch weiterhin verschlechtert, setzt die **Amerikanisierung des Krieges** ein.

1964, 30. Juli Die USA nehmen den Zwischenfall im Golf von Tongking, eine angebliche Attacke nordvietnamesischer Torpedobooten auf den US-Zerstörer »Maddox«, zum Anlass für massive Vergeltungsangriffe.

1965, 6. Febr. Beginn eines systematischen Luftkriegs gegen Nordvietnam und die von der FNL kontrollierten Gebiete, der hohe Verluste unter der Zivilbevölkerung fordert.

7. März US-Bodentruppen greifen in den Kampf ein. Die ersten 3500 Marineinfanteristen landen bei Da Nang.

1967, 1. April Um der Militärherrschaft einen demokratischen Anschein zu verleihen, wird eine Verfassung (Präsidialverfassung mit dem Recht des Präsidenten, den Premierminister zu ernennen) verabschiedet. Nguyen Van Thieu bewirbt sich um das Amt des Präsidenten, Nguyen Cao Ky um das des Vizepräsidenten.

3. Sept. Die Wahlen, die unter weitgehender Ausschaltung der Opposition stattfinden, bringen diesen beiden Kandidaten erwartungsgemäß die Mehrheit.

1967/68 Die Eskalation des Krieges erreicht ihren Höhepunkt. Den schätzungsweise 230 000 Partisanen aufseiten der Befreiungsbewegung, durch etwa 50 000 Angehörige von regulären nordvietnamesischen Einheiten verstärkt, stehen 540 000 Amerikaner, etwa die gleiche Anzahl Südvietnamesen, 50 000 Südkoreaner und kleinere Kontingente von Thais, Filipinos, Australiern und Neuseeländern gegenüber.

1968, 31. Jan. Die FNL beginnt das vietnamesische Neujahr mit der **Tet-Offensive** (Neujahrsoffensive): Guerilla-Einheiten erobern strategisch wichtige Punkte Saigons und dringen bis zum Präsidentenpalast vor. Die Kämpfe dauern stellenweise eine Woche, ehe die Aufständischen das Stadtgebiet räumen. Die vorübergehende Einnahme Saigons, die Teil eines Großangriffs auf die wichtigen Militärstützpunkte und Städte in Südvietnam ist, wird nur unter schweren Verlusten erreicht, die Offensive beweist aber die ungebrochene Kampfkraft der FNL. Die Amerikaner erkennen nun, dass der Krieg für sie nicht mehr zu gewinnen ist. Der amerikanische Oberbefehlshaber in Vietnam kann sich mit seiner Forderung, seine Streitmacht um weitere 206750 Mann zu verstärken, nicht mehr durchsetzen.

16. März Bei einer militärischen Aktion in einem Dorf der zentralvietnamesischen Provinz Quang Ngai werden Hunderte von Dorfbewohnern von US-Soldaten erschossen. Der verantwortliche Offizier für das sog. »Massaker von My Lai« wird von einem Militärgericht zu lebenslänglicher Zwangsarbeit verurteilt, aber bereits nach vier Jahren Hausarrest begnadigt.

31. März US-Präsident LYNDON B. JOHNSON entschließt sich, die Bombenangriffe auf Nordvietnam über den 20. Breitengrad hinweg einzustellen und Friedensgespräche anzubieten.

13. Mai Die nordvietnamesische Führung willigt in JOHNSONS Angebot ein. Die Verhandlungen beginnen in Paris.

1969 Beginn der **Vietnamisierung des Krieges**: Die USA ziehen schrittweise ihre Truppen ab und beschränken sich darauf, ihrem südvietnamesischen Verbündeten mit Waffen- und Finanzhilfe beizustehen. Vor ihrem Rückzug wollen sie die militärische Ausgangsposition der Saigoner Regierung jedoch verbessern, indem sie durch eine Vervielfachung der Luftangriffe auf Laos und die Ausdehnung des Krieges auf Kambodscha den Nachschubweg der FNL (Ho-Chi-Minh-Pfad), der über die Territorien dieser beiden Länder führt, unterbrechen. Weitere Maßnahmen zur Vietnamisierung werden auf dem wirtschaftlichen Sektor eingeleitet: Die Deviseneinnahmen Südvietnams stammen zu etwa 80 % von den hier stationierten US-Soldaten, sodass für 1969 Exporte im Werte von 20 Mio. US-$ Importe im Werte von 775 Mio. gegenüberstehen. Um die durch den Truppenabbau entstehenden Mindereinnahmen auszugleichen, steigern die USA ihre direkte Finanzhilfe. Damit treiben sie aber die Inflation in die Höhe und fördern so die Unpopularität des von ihnen gestützten Regimes.

8. Mai In Erwartung des baldigen Umsturzes beschließt die FNL die Bildung einer provisorischen Regierung, die sich aus Vertretern aller am Frieden interessierten Kräfte zusammensetzen soll. Das Regierungsprogramm wirbt um die Unterstützung des Bürgertums: Es kündigt zwar die Zerschlagung des Monopolkapitals an, verspricht aber gleichzeitig, das Eigentum an Produktionsmitteln innerhalb gewisser Grenzen zu schützen. Die Wiedervereinigung mit dem Norden des Landes sei Schritt um Schritt zu verwirklichen, vorerst aber genüge es, Reise- und Postverkehr, Handel und Kulturaustausch zwischen beiden Teilstaaten zu ermöglichen.

3. Sept. Der Machtwechsel nach dem Tod HO CHI MINHS verläuft reibungslos. Neben dem Generalsekretär der Arbeiterpartei Vietnams, LE DUAN, spielen Ministerpräsident PHAM VAN DONG (*1906, †2000), Verteidigungsminister General VO NGUYEN GIAP, und der Vorsitzende der Nationalversammlung, TRUONG CHINH, eine wichtige Rolle im Machtgefüge Nordvietnams. Im Süden verschlechtert sich die militärische und wirtschaftliche Situation rapide.

1971, 3. Okt. NGUYEN VAN THIEU lässt sich durch manipulierte Wahlen im Präsidentenamt bestätigen, ohne jedoch darüber hinwegtäuschen zu können, dass ihn selbst seine bisherigen Gefolgsleute im Militär, in der Bürokratie und im Bürgertum nicht länger unterstützen wollen. Die rechtsgerichtete Opposition sammelt sich um den ehemaligen Vizepräsidenten NGUYEN CAO KY.

1972 Eine Atempause scheint sich für THIEUS Regime anzukündigen: Wegen des US-Bombenteppichs über dem Ho-Chi-Minh-Pfad bricht der Nachschub für die FNL zusammen.

29. März Reguläre nordvietnamesische Truppen dringen nach Süden vor und besetzen die Provinz Quang Tri. Daraufhin befiehlt US-Präsident RICHARD NIXON, Nordvietnam durch Bombenangriffe und eine Seeblockade zum Rückzug zu zwingen (9. Mai). Die Osteroffensive der FNL und Nordvietnams schlägt zwar fehl, doch zeigt sie auch den Fehlschlag der amerikanischen Vietnamisierungsstrategie.

In Paris nähern sich die Waffenstillstandsverhandlungen ihrem Abschluss.

18. Dez. Zur amerikanischen Verhandlungsstrategie gehört es, kurz vor der Einigung das Gebiet Hanoi–Haiphong zu bombardieren. Bei diesen sog. »Weihnachtsbombardements« kommt es zu den schwersten Zerstörungen seit Beginn des Krieges.

1973, 28. Jan. Nach fast fünfjährigen Verhandlungen vereinbaren die Gegner in Paris einen Waffenstillstand, der zwar den Abzug der US-Truppen, aber nicht den der nordvietnamesischen Verbände aus Südvietnam vorsieht. Das Pariser Friedensabkommen regelt außerdem den Austausch von Kriegsgefangenen. Der Waffenstillstand zwischen den vietnamesischen Kriegsparteien hält jedoch nicht lange.

1974, 19. Jan. Die VR China nutzt die chaotische Situation in Südvietnam und erobert die von einer südvietnamesischen Garnison verteidigten Paracelinseln, in deren Umgebung Ölvorkommen vermutet werden. Weder Nordvietnam noch die FNL verurteilen die Besetzung der Inseln ausdrücklich, aber die Spannung zwischen China und seinen nordvietnamesischen Verbündeten verdichtet sich durch diesen Vorfall.

1975, 21. April In auswegloser Lage legt Präsident THIEU sein Amt nieder.

30. April FNL-Truppen und reguläre nordvietnamesische Truppen rücken in Saigon ein. **Nach 30 Jahren fast ununterbrochenen Kampfs herrscht in Vietnam Frieden.**

1976, 26. April Eine provisorische Regierung übernimmt die Führung Südvietnams, bis gesamtvietnamesische Wahlen stattfinden.

2. Juli **Nord- und Südvietnam werden unter dem Namen Sozialistische Republik Vietnam wiedervereint.**

Vietnam nach dem Ende des Krieges

Die Regierung des Gesamtstaates setzt sich im Wesentlichen aus Führern der ehemaligen Demokratischen Republik Vietnam (Nordvietnam) zusammen. Südvietnam ist unterrepräsentiert. Hanoi wird Hauptstadt, das frühere Saigon in Ho-Chi-Minh-Stadt umbenannt. Vietnam sieht sich mit einer Reihe von Problemen konfrontiert: Im ganzen Land sind Wohngebiete, Fabriken, Dämme, Straßen, Brücken und Bahnlinien wieder aufzubauen. Die Mehrheit der südvietnamesischen Bevölkerung, die vor den Kämpfen in sicherere Gebiete, v. a. in die Städte, geflohen ist, muss umgesiedelt werden. Die ehemals allein durch die Anwesenheit der US-Amerikaner in Gang gehaltene Volkswirtschaft des Südens muss sich den geänderten sozial- und wirtschaftspolitischen Verhältnissen anpassen. Dazu kommen noch die, v. a. durch den Einsatz des Entlaubungsmittels Agent Orange bedingten, ökologischen sowie sozialen Probleme durch die hohe Zahl von Witwen und Waisen, Kriegsversehrten, Drogenabhängigen und Prostituierten. Dennoch ist die vietnamesische Parteiführung unter LE DUAN optimistisch, dass sie beim Wiederaufbau schnelle Erfolge erzielen kann. Unterstützung findet Vietnam v. a. bei der Sowjetunion, die zum zweiten Fünfjahrplan (1976–1980) einen Zuschuss im Wert von 5 Mrd. DM zusagt. Die Einrichtung sog. »Umerziehungslager« führt zur Entfremdung großer Teile der südvietnamesischen Bevölkerung von der neuen Führung in Hanoi.

Dez. Auf ihrem 4. Kongress wird die Arbeiterpartei Vietnams in Kommunistische Partei Vietnams (KPV) umbenannt.

1978, März Die Führung in Hanoi beschließt die Verstaatlichung des Privathandels und die Kollektivierung der Landwirtschaft in Südvietnam. Dies und die Verschlechterung der Beziehungen mit der VR China führen v. a. im Süden zu einer Fluchtwelle über das Südchinesische Meer.

29. Juni Die Sozialistische Republik Vietnam wird als 10. Vollmitglied in den Rat für Gegenseitige Wirtschaftshilfe (RGW) aufgenommen.

25. Dez. Vietnamesische Truppen marschieren nach Grenzzwischenfällen in Kambodscha ein.

1979, 8. Jan. Vietnamesische Truppen nehmen die kambodschanische Hauptstadt Phnom Penh ein. Das im April 1975 in Kambodscha an die Macht gekommene Regime der Roten Khmer wird durch die militärische Blitz-Offensive der vietnamesischen Armee gestürzt.

16. Febr. Der vietnamesische Ministerpräsident PHAM VAN DONG unterzeichnet mit dem Präsidenten des neuen kambodschanischen Revolutionsrates, HENG SAMRIN, in Phnom Penh einen »Freundschafts- und Kooperationsvertrag«.

17. Febr. Die VR China startet eine als »begrenzte Strafaktion« deklarierte Offensive gegen Vietnam. Über eine Luftbrücke nimmt die Sowjetunion die Versorgung Vietnams mit militärischen Nachschubgütern auf.

5. März Die VR China stellt die Kriegshandlungen gegen Vietnam ein und zieht sich anschließend sukzessive vom vietnamesischen Boden zurück.

15. April Vorläufige Entspannung der Lage durch die Aufnahme von Friedensgesprächen zwischen China und Vietnam.

Juni Die malaysische Regierung kündigt an, als Zwangsmaßnahme die etwa 76 000 in Malaysia lebenden Vietnamflüchtlinge (größtenteils aus Vietnam vertriebene Chinesen) aus dem Land auszuweisen: Die Flüchtlinge sollen in ihren Booten in internationale Gewässer zurückgeschleppt werden.

4. Juli Die EG-Kommission beschließt als Sanktionsmaßnahme wegen der vietnamesischen Flüchtlingspolitik die für Vietnam vorgesehene Nahrungsmittelhilfe in Höhe von 66 Mio. DM nur den Flüchtlingen aus diesem Land zukommen zu lassen.

Sept. Angesichts der katastrophalen wirtschaftlichen Lage beschließt die Kommunistische Partei Vietnams einige moderate Reformen, v. a. in der Landwirtschaft. Die Reformen, die eine gewisse Stärkung der Privatinitiative vorsehen, scheinen zunächst erfolgreich, haben aber letztlich keine durchschlagende Wirkung.

1982 Der Flüchtlingsstrom aus Vietnam lässt nach. Gründe dafür sind die Unterbringung der Flüchtlinge in Durchgangslagern der Nachbarstaaten ohne Aussicht auf eine neue Heimat und die Erweiterung der legalen Ausreisemöglichkeiten.

1983, 6. Febr. Vietnam und die VR China tauschen an der Grenze Gefangene aus.

1984, 2. April Artillerieduelle zwischen chinesischen und vietnamesischen Truppen im Grenzgebiet zu Nordvietnam.

1985, Sept. Die Währungsreform zeigt keine positiven Wirkungen, die wirtschaftliche Situation verschlechtert sich weiter.

1986, 10. Juli Der Tod des Parteichefs LE DUAN macht den Weg frei für eine neue Politik.

Dez. Der 6. Parteitag der KPV beschließt eine Reformpolitik, die unter der vietnamesischen Bezeichnung *doi moi* bekannt wird. Konkrete Reformschritte wie die Abschaffung des Subventionssystems, die Verabschiedung eines liberalen Investitionsgesetzes werden erst in den folgenden Jahren eingeleitet.

1987, 18. Juni VO CHI CONG (*1913) als Vorsitzender des Staatsrates Staatsoberhaupt. Die neue Regierung führt PHAM HUNG (*1912, †1988).

1988, 14. März Gefecht vietnamesischer und chinesischer Kriegsschiffe bei den in der Region umstrittenen Spratlyinseln.

5. April Die Verabschiedung der Resolution Nr. 10, die die Förderung der Privatinitiative in der Landwirtschaft vorsieht, führt zur Auflösung der Kooperativen auf dem Lande und zum rasanten Anstieg der Reisproduktion.

22. Juni DO MUOI (*1917) wird Nachfolger des verstorbenen Ministerpräsidenten PHAM HUNG.

1989, 2. Sept. Der Generalsekretär der Kommunistischen Partei, NGUYEN VAN LINH (*1915, †1998), lehnt ein Mehrparteiensystem ab. Im Okt. 1988 hatten sich die Demokratische und die Sozialistische Partei aufgelöst.

Sept. Der Rückzug der vietnamesischen Truppen aus Kambodscha beendet die langjährige außenpolitische Isolation Vietnams und schafft die Voraussetzungen für die Normalisierung der Beziehungen zu China.

1990, Juni Auf dem 7. Kongress der KPV wird Do Muoi zum neuen Generalsekretär gewählt. Angesichts des Zusammenbruchs der sozialistischen Staaten in Osteuropa erteilt die Parteiführung in Hanoi weitergehenden politischen Reformen eine Absage und hält am Machtmonopol fest.

1991, 10. Aug. Vo Van Kiet (*1922) wird zum Ministerpräsidenten gewählt.

1992, 15. April Die Nationalversammlung verabschiedet die neue Verfassung. Sie bestätigt die Monopolstellung der KPV und sieht die Vergabe von Land an Privatpersonen vor.

1995, 28. Juli Vietnam wird Mitglied der südostasiatischen Staatengemeinschaft ASEAN.

6. Aug. Der 1992 eingeleitete Normalisierungsprozess in den Beziehungen zwischen Vietnam und den USA führt zur Eröffnung einer US-Botschaft in Hanoi.

1996, 28. Juni–1. Juli Die KPV lehnt auf ihrem VIII. Parteitag die Einführung eines Mehrparteiensystems weiterhin ab. In der Wirtschaft soll eine Mischform aus staatlicher Kontrolle und marktwirtschaftlichem System gelten.

1997, 24. Sept. Tran Duc Luong (*1937) löst Le Duc Anh (*1920) als Staatspräsident ab. Neuer Ministerpräsident wird Phan Van Khai (*1933).

26. Dez. Der Reformgegner Le Kha Phieu (*1931) wird Nachfolger Do Muois als Generalsekretär der Kommunistischen Partei.

1998, 28. Aug. Die Regierung lässt zwei prominente Regimegegner frei und amnestiert über 5000 Häftlinge.

1999, Febr.–Juni Aufstand der lokalen Bauern gegen korrupte Kader in Thai Binh, einer Provinz im Delta des Roten Flusses: Die Führung in Hanoi zeigt sich zunächst konsterniert, leitet jedoch in der Folge Maßnahmen ein, um auf örtlicher Ebene für mehr Transparenz zu sorgen. Die Korruption bleibt jedoch ein großes Problem.

16.–19. Nov. US-Präsident Bill Clinton besucht Vietnam. Die USA versprechen Hilfe bei der Beseitigung von Landminen.

25. Dez. Ein Abkommen mit China beendet die jahrzehntelangen Grenzstreitigkeiten im Golf von Tongking. Die Hoheitsrechte über die Spratly- und Paracelinseln bleiben allerdings weiter umstritten.

2001, Jan./Febr. Im zentralen Hochland kommt es zu Konflikten zwischen ethnischen Minoritäten und vietnamesischen Sicherheitskräften. Hintergrund ist die massive Ansiedlung ethnischer Vietnamesen in diesem Gebiet und die Vertreibung der einheimischen Bevölkerung von ihrem angestammten Land.

13. Juli Die USA und Vietnam unterzeichnen ein Handelsabkommen.

2002, Juli Bei der Zerschlagung einer Mafia-Bande, die Prostitution und Drogenhandel in großem Stil betrieb und Verbindungen zum Staatsapparat besaß, werden auch 51 Polizeioffiziere und Polizisten festgenommen.

2003, 5. Juni Im größten Strafprozess in der Geschichte des Landes, in dem gegen 155 Angeklagte verhandelt worden ist, ergehen sechs Todesurteile und mehrere Dutzend langjährige Gefängnisstrafen.

Dez.–2004, April Neben Thailand ist Vietnam das am stärksten von der Vogelgrippe betroffene Land. Die Übertragung des Virus auf Menschen kostet 16 Vietnamesen das Leben.

2004, 13. April Nach Berichten des Europäischen Parlaments hat sich die Menschenrechtslage in Vietnam verschlechtert.

2005, Juni Der vietnamesische Ministerpräsident Phan Van Khai besucht die USA.

2006, 27. Juni Die Nationalversammlung bestätigt Nguyen Tan Dung (*1949) als neuen Ministerpräsidenten und wählt Nguyen Minh Triet (*1942) zum neuen Staatspräsidenten.

18./19. Nov. In Hanoi findet der APEC-Gipfel (*Asia-Pacific Economic Cooperation*) statt, das größte außenpolitische Ereignis in Vietnam bislang.

2007, Jan. Nach langjährigen Verhandlungen wird Vietnam Mitglied der Welthandelsorganisation (WTO).

Juni Nguyen Minh Triet besucht als erstes vietnamesisches Staatsoberhaupt nach dem Ende des Vietnamkrieges die USA.

Juli Nguyen Minh Triet und Nguyen Tan Dung werden als Staatspräsident bzw. Ministerpräsident wieder gewählt. Nguyen Tan Dung kündigt eine Kabinettsumbildung an.

Malaysia (Malaya) seit 1945 | Forts. v. S. 1227 |

Großbritannien beabsichtigt 1945 nach dem Sieg über Japan, die neun, nominell von Sultanen beherrschten Staaten auf der malaiischen Halbinsel und die unter direkter Kolonialherrschaft stehenden Straits Settlements Penang und Malakka zur Malaiischen Union zusammenzuschließen. Die Führung der Union soll ein britischer Gouverneur übernehmen, dem eine Ratsversammlung aus Vertretern der verschiedenen Bevölkerungsgruppen zugeordnet ist. Der Plan wird von der Bevölkerung (49,8 % Malaien, 38,4 % Chinesen und 10,8 % Inder) aus unterschiedlichen Motiven abgelehnt.

1945, 25. Aug. Die antijapanischen Widerstandskämpfer, v. a. Kommunisten chinesischer Herkunft, veröffentlichen ein Manifest mit der Forderung nach einem souveränen, republikanischen Malaya, in dem alle Bevölkerungsgruppen gleichberechtigt sind. Die Malaien befürchten, dass die endgültige Entmachtung ihrer Sultane zugunsten einer zentralen Kolonialbehörde v. a. den wirtschaftlich überlegenen Chinesen und Indern Nutzen bringt, zumal vorgesehen ist, allen Einwanderern, die länger als 15 Jahre in Malaya leben, die Staatsbürgerschaft zuzuerkennen.

1946, 1.–4. März Der malaiische Nationalismus artikuliert sich auf dem Panmalaiischen Kongress, aus dem die *United Malays National Organisation* (UMNO) hervorgeht.

1. April Die allgemeine Ablehnung hält Großbritannien zwar nicht von der Gründung der Malaiischen Union ab, doch erkennt es bald die Notwendigkeit, sich mit den Malaien über einen Machtzuwachs der Sultane und restriktive Maßnahmen für die Zuerkennung der Staatsangehörigkeit zu verständigen.

1948, 1. Febr. Aus dieser Übereinkunft entsteht die **Föderation Malaya**. Die chinesischen Arbeiter beantworten die für sie nachteiligen Vereinbarungen mit einer Streikwelle.

11. Juni Als ein Gesetz die Betätigung der Gewerkschaften einschränkt, ruft die Kommunistische Partei zum bewaffneten Kampf auf.

1949, 1. Febr. Die daraufhin gegründete Befreiungsbewegung kann im Guerillakampf v. a. auf den Beistand der chinesischen Kleinbauern zählen, die an den Waldrändern siedeln.

1952 Durch die Zwangsumsiedlung einer halben Mio. Menschen aus den Guerillazonen in 550 sog. »neue Dörfer« verliert die Befreiungsbewegung schrittweise ihren Rückhalt. Der Kampf der 5000–6000 Partisanen gegen die 400 000 Kombattanten aus Armee, Polizei und paramilitärischen Verbänden lässt nach. Die Operationsbasis der Befreiungsbewegung bleibt künftig auf das malaiisch-thailändische Grenzgebiet begrenzt. Die Kolonialregierung hält aber weiterhin den Ausnahmezustand aufrecht, der jede linke Opposition unterbindet. Die konservativen, nationalistischen Parteien der Chinesen (*Malaysian Chinese Association* [MCA]), Inder (*Malaysian Indian Congress* [MIC]) und Malaien (*United Malays National Organisation* [UMNO]) dagegen können ihre Machtpositionen ausbauen.

1955, 27. Juli Das gemeinsame politische Programm eint trotz gravierender ethnischer Gegensätze die drei Parteien in einer Allianz, die bei den ersten Wahlen zum Nationalrat (*Federal Legislative Council*) 51 der 52 Mandate gewinnt. Das britische Argument, dass die Widersprüche zwischen den Volksgruppen es für lange Zeit unmöglich machen würden, Malaya in die Unabhängigkeit zu entlassen, wird durch die Erfolge der Allianz widerlegt.

1956, Juni–Okt. Eine Commonwealth-Kommission erarbeitet eine Verfassung, die den Sultanen Mitwirkung an der Zentralregierung und den Malaien in ihrer Gesamtheit Sonderrechte, z. B. im Bildungswesen, garantiert, Malaiisch zur Staatssprache und den Islam zur offiziellen Religion erklärt. Für die Chinesen und Inder bringt der Entwurf eine vorteilhafte Regelung der Staatsangehörigkeit.

1957, 31. Aug. Mit dem Inkrafttreten der Verfassung erhält die **Föderation Malaya die Unabhängigkeit**. Die Allianz wählt den Parteichef der UMNO, Prinz (*Tunku*) ABDUL RAHMAN PUTRA (*1903, †1990), zum Premierminister. Staatsoberhaupt wird einer der neun Sultane, die sich alle fünf Jahre aus ihrem Kreis in diesem Amt ablösen. Malaya – und später Malaysia – wird somit das weltweit einzige Wahlkönigtum.

In den folgenden Jahren geben die Briten auch ihre Besitzungen Sabah (Britisch-Nordborneo), Sarawak und Brunei auf Borneo, sowie die Kronkolonie Singapur, die sich der Föderation anschließen soll, auf.

1961, Mai Um den Malaien die knappe Bevölkerungsmehrheit zu erhalten, schlägt ABDUL RAHMAN vor, neben dem zu drei Vierteln von Chinesen bewohnten Singapur auch die Gebiete auf Borneo in die Föderation einzugliedern. Die dort lebende Bevölkerungsmehrheit wird zusammen mit den Malaien zur Gruppe der Bumiputra gerechnet, die die indigenen Bevölkerungsgruppen umfasst. Nach langwierigen Verhandlungen entscheiden sich Singapur und, nach einer Volksabstimmung, auch Sabah und Sarawak, mit der bisherigen Föderation den **Staatenbund Malaysia** zu begründen. In Brunei aber wehrt sich eine nationalistische Gruppe gegen den beabsichtigten Zusammenschluss und propagiert die Ausdehnung des Sultanats auf die Nachbarterritorien Sabah und Sarawak.

1962, 7. Dez. Als Sultan SAIFUDDIN (*1916, †1986) von Brunei diesem Plan nicht zustimmt, beginnen die Nationalisten unter MOHAR AZAHARIS (*1928/29, †2002) mit einem Aufstand, den britische Truppen im Keim ersticken. Der Sultan entscheidet sich dennoch gegen den Anschluss an Malaysia und bevorzugt stattdessen, seinen Kleinstaat mit seinen großen Erdölvorkommen unter britischer Protektion zu belassen. Widerstand gegen die Bildung Malaysias kommt v. a. von der Regierung der Philippinen, die mit Unterstützung Indonesiens Anspruch auf Sabah und Sarawak erhebt. Indonesien versucht vom benachbarten Kalimantan aus, diesem Anspruch durch bewaffnete Aktionen (*Konfrontasi*) Geltung zu verschaffen, die bis 1966 andauern.

1963, 16. Sept. Gegen alle Anfeindungen tritt der Vertrag über Malaysia in Kraft. Neben der äußeren Bedrohung, gegen die sich Malaysia mithilfe von zeitweise bis zu 50 000 britischen, australischen und neuseeländischen Soldaten wehrt, zeichnen sich auch innenpolitische Spannungen in dem neuen Staatengebilde ab.

1965, 9. Aug. Nachdem weder über die Verteilung der Staatseinnahmen noch über die angemessene Vertretung der Chinesen in Regierung und Verwaltung ein Übereinkommen erzielt werden kann, scheidet Singapur aus der Föderation aus. Auch im überwiegend nichtislamischen Ostmalaysia (Sabah, Sarawak) beklagt sich die Bevölkerung über die wirtschaftliche und politische Benachteiligung durch die Regierung in Kuala Lumpur.

1966, 11. Aug. Die Gefahr einer Sezession verringert sich erst, als Indonesien nach der Entmachtung Präsident ACHMED SUKARNOS den Status Ostmalaysias innerhalb der Föderation vertraglich anerkennt.

In den folgenden Jahren verschärft sich der ethnische Konflikt. Eine Mehrheit der Chinesen sieht sich in der MCA, die als Partner in der Allianz weiterhin an der Regierung beteiligt ist, unzureichend vertreten. Während die MCA-Führung v. a. um ein günstiges Investitionsklima besorgt ist, sammelt sich eine chinesische Protestbewegung, die für Chancengleichheit in allen Teilen der Gesellschaft eintritt.

1969, 10. Mai Parlamentswahlen: Die MCA verliert einen Großteil ihrer Mandate.

13. Mai Als ABDUL RAHMAN ein kommunistisches Komplott für den Stimmenverlust verantwortlich macht und die Opposition das Wahlergebnis mit einer Demonstration feiert, bricht in Kuala Lumpur eine viertägige Straßenschlacht zwischen Chinesen und Malaien aus, die 150 Todesopfer und unzählige Verwundete fordert. Daraufhin erklärt die Regierung den Notstand und übergibt die Amtsgeschäfte einem Exekutivrat (*Emergency National Operations Council*) unter Führung des stellvertretenden Ministerpräsidenten ABDUL RAZAK (*1922, †1976).

1970, 21. Sept. Nach Beruhigung der Lage tritt ABDUL RAHMAN zurück. Neuer Premierminister wird ABDUL RAZAK.

1971, 20. Febr. Der Exekutivrat löst sich auf, und das vor Beginn der Unruhen gewählte Parlament eröffnet seine erste Sitzung unter Führung der *Barisan Nasional* (BN; Nationale Front). Diese umfasst neben der UMNO, MCA und MIC elf weitere, teils multiethnische Parteien und verfügt dadurch über eine deutliche Zweidrittelmehrheit. Die UMNO behält jedoch klar die dominierende Position in dieser Koalition und stellt weiterhin den Premierminister.

1973, 30. März Der Rückzug der USA aus Vietnam veranlasst die malaysische Regierung, ihre Außenpolitik neu zu überdenken. Als einer der ersten nicht-kommunistischen Staaten nimmt Malaysia diplomatische Beziehungen zu Nordvietnam auf.

8. April Abschluss eines Kulturabkommens mit der Sowjetunion.

1974, 31. Mai Wichtigster Schritt bei der außenpolitischen Neuorientierung ist die Aufnahme diplomatischer Beziehungen zur VR China. Die Hoffnung, dass die Normalisierung des Verhältnisses zu Peking auch das Ende der chinesischen Unterstützung für die wieder aktiver werdenden 1200 Partisanen im malaiisch-thailändischen Grenzgebiet bedeutet, erfüllt sich jedoch nicht. Guerillaeinheiten dringen aus ihren Rückzugsgebieten im Dschungel in die Städte vor.

1975, 26. Aug. Die Verlagerung des Kampfes in die Metropole Kuala Lumpur wird durch die Sprengung des Nationaldenkmals offensichtlich.

1976, 14. Jan. ABDUL RAZAK stirbt unerwartet.

24. Juli ABDUL RAZAKS Nachfolger im Amt des Premierministers, HUSSEIN ONN (*1922, †1990), nimmt Verhandlungen mit Thailand auf, um das Guerillagebiet an der Grenze unter Kontrolle zu bekommen. Sie bleiben jedoch ohne Übereinkunft, da Thailand nur dann bereit ist, gegen die malaiischen Kommunisten zu kämpfen, wenn umgekehrt Malaysia gegen die Separatisten vorgeht, die für die Loslösung der islamischen Gebiete im Süden Thailands eintreten.

1978, 8. Juli Die von HUSSEIN ONN geführte Regierungskoalition der Nationalen Front gewinnt bei den Parlamentswahlen 85 % der Sitze (aber nur 56 % der Stimmen).

Juli–Okt. Jeden Monat erreichen 3000–4000 vietnamesische Flüchtlinge die Ostküste Malaysias.

1979, Juni Obwohl Malaysia den Flüchtlingsstrom abzuwehren versucht und Boote mit Asylsuchenden zurückweist, erhöht sich die Zahl der Flüchtlinge auf 75 000.

1981, 16. Juli MAHATHIR BIN MOHAMAD (*1925) wird Premierminister. Er gibt der Leichtindustrie den Vorrang vor langfristigen Entwicklungsprojekten der Schwerindustrie.

1983, 15. Dez. MAHATHIRS Versuch, die Rechte des Königs und der Sultane zu beschneiden, erreicht, dass das Parlament vom König nicht unterschriebene Gesetze in Kraft setzen kann.

1984, 9. Febr. Der als Gegner von MAHATHIRS Reformpolitik bekannte, traditionalistisch gesinnte Sultan von Johor, MAHMUD ISKENDAR (*1932), wird zum neuen König gewählt.

1985, Nov. Konflikte von Polizei und Militär mit islamischen Fundamentalisten fordern Todesopfer.

1986, Febr. Thailändische und malaysische Armee-Einheiten gehen gemeinsam gegen Guerillas der Kommunistischen Partei Malaysias vor. Religionsunruhen zwischen Muslimen und Christen im Bundesstaat Sabah.

März Der 5. Fünfjahrplan soll im Rahmen der Neuen Wirtschaftspolitik u. a. die Wirtschaftskraft der malaysischen Volksgruppe stärken.

2./3. Aug. Vorgezogene Parlamentswahlen: Die Regierungskoalition Nationale Front erringt eine Zweidrittelmehrheit.

1988, Febr. Nach Unregelmäßigkeiten bei parteiinternen Wahlen wird die stärkste Partei der Nationalen Front, UMNO, gerichtlich verboten. Ihr Vorsitzender, Regierungschef MAHATHIR, gründet daraufhin die UMNO Baru (Neue UMNO) und entledigt sich so seiner innerparteilichen Widersacher.

Aug. Der oberste Richter des Supreme Court, SALLEH ABBAS, wird zusammen mit vier weiteren Richtern unter dem Vorwurf angeblichen »Missverhaltens« vor Gericht gestellt. SALLEH ABBAS weigerte sich zuvor, Gerichtsurteile im Sinne von MAHATHIR und UMNO zu fällen. Die nachfolgenden Verfassungsänderungen schränken die Unabhängigkeit der Gerichte ein.

27. Okt. In einer von Sicherheitskräften durchgeführten Operation (»Operasi Lallang«), werden 106 Mitglieder von Oppositions- und Bürgerrechtsgruppen sowie einzelnen Aktivisten unter dem *Internal Security Act* (ISA) ohne Gerichtsverhandlung festgenommen.

1989, 2. März Neues Staatsoberhaupt wird König AZLAN MUHIBUDDIN SHAH (*1928).

1990, Okt. Die Nationale Front gewinnt die Parlamentswahlen und erreicht 127 von 180 Mandaten.

1992/93 Der Konflikt der Regierung mit den Sultanen um die Macht in den Bundesstaaten verstärkt sich. Am 19. Jan. 1993 beschließt das Parlament die Abschaffung der Privilegien der Sultane.

1994, 4. Febr. TUANKA JAAFAR ABDUL RAHMAN (*1922) wird zum zehnten König gewählt.

1995, 24.–25. April Bei Parlamentswahlen erringt die Nationale Front 161 der 192 Mandate. MAHATHIR BIN MOHAMAD bleibt Premierminister.

1997, 24. Juli Kurssturz des malaysischen Ringgit ist Ausdruck einer schweren Wirtschafts- und Finanzkrise.

Sept./Okt. Die verheerenden Waldbrände in Indonesien führen zu erheblicher Luftverschmutzung.

2. Sept. Unzufrieden mit den bisherigen Maßnahmen zur Überwindung der Finanz- und Wirtschaftskrise sowie mit der Kritik an seinem Politikstil, entlässt Premier MAHATHIR den Finanzminister ANWAR IBRAHIM (*1947). Dieser antwortet mit einer Protestkampagne gegen den Regierungschef. ANWAR wird verhaftet (20. Sept.) und wegen angeblicher Homosexualität und Korruption vor Gericht gestellt (2. Nov.). MAHATHIR übernimmt selbst kurzzeitig das Amt des Finanzministers und führt drastische Kapital- und Devisenkontrollen ein.

1999, 26. Febr. Der Sultan von Selangor, SALAHUDDIN ABDUL AZIZ SHA ALHAJ (*1926, †2001), wird zum elften König von Malaysia gewählt.

4. April Die Frau des entlassenen Finanzministers ANWAR, WAN AZIZAH WAN ISMAIL (*1952), gründet die *Parti Keadilan Nasional* (Nationale Gerechtigkeitspartei [PKN]) als Sammelbecken der Protestbewegungen gegen MAHATHIR. Zusammen mit der muslimischen *Parti Islam SeMalaysia* (PAS) und der mehrheitlich chinesischen *Democratic Action Party* (DAP) bilden sie das Oppositionsbündnis *Barisan Alternatif* (BA; Alternative Front).

14. April ANWAR wird wegen Amtsmissbrauchs zu sechs Jahren Haft verurteilt.

29. Nov. Bei der vorgezogenen Parlamentswahl siegt das von Premierminister MAHATHIR geführte 14-Parteienbündnis Nationale Front. Überraschungsgewinne erzielt die PAS, die bei gleichzeitig abgehaltenen Regionalwahlen zwei von 13 Regierungen übernimmt.

2000, 23. April Auf der ostmalaysischen Insel Sipadan wird eine Gruppe von Touristen von Kämpfern der Rebellengruppe Abu Sayyaf entführt und auf die südphilippinische Insel Jolo verschleppt.

8. Aug. In einem zweiten Prozess wird Ex-Finanzminister ANWAR wegen angeblicher homosexueller Kontakte zu neun Jahren Haft verurteilt.

2001, 10./11. April Acht Politiker der oppositionellen PKN werden festgenommen.

1. Juni Rücktritt des Finanzministers DAIM ZAINUDDIN (*1938) nach einem Zerwürfnis mit Premierminister MAHATHIR über die Finanzreform und die Wirtschaftspolitik.

21. Sept. Die DAP zieht sich aus dem Oppositionsbündnis *Barisan Alternatif* zurück, weil sie das Ziel der PAS, Malaysia zu einem islamischen Staat zu machen, ablehnt.

2003, 31. Okt. Nach 22 Amtsjahren tritt Premierminister MAHATHIR zurück. Nachfolger wird Innenminister ABDULLAH AHMAD BADAWI (*1939).

2004, 21. März Bei den vorgezogenen Wahlen zum Bundesparlament setzt sich die *Barisan Nasional* mit 64,4 % der Stimmen durch. Die oppositionelle PAS erhält nur 15,8 %.

2. Sept. Im letzten Berufungsverfahren wird das Urteil gegen ANWAR IBRAHIM wegen angeblicher Homosexualität aufgehoben, ANWAR wird daraufhin freigelassen. Da der Vorwurf der Korruption von den Gerichten nicht angetastet wird, bleibt er bis 2008 von der Übernahme politischer Ämter ausgeschlossen.

26. Dez. Der die Region schwer verwüstende Tsunami trifft Malaysia nur auf den Inseln Langkawi und Penang; 66 Menschen sterben.

2005, März Landesweite Razzien gegen illegale ausländische Arbeitskräfte führen zu Massenverhaftungen und überfüllten Deportationslagern. Allein in den ersten drei Tagen der Operation werden etwa 8000 Menschen verhaftet.

2006, Mai In mehreren Interviews kritisiert Ex-Premierminister MAHATHIR seinen Nachfolger ABDULLAH BADAWI heftig. Hintergrund sind einige von ABDULLAH gestoppte Großprojekte, die MAHATHIR noch zu seiner Amtszeit begonnen hatte.

28. Mai Steigende Lebenshaltungskosten sowie Kürzungen der Benzinsubventionen führen zu Demonstrationen in der Hauptstadt Kuala Lumpur, die die Polizei niedergeschlägt.

7. Nov. Der Politikberater ABDUL RAZAK BAGINDA (*1960) wird wegen eines Mordes festgenommen. Mit ihm zusammen stehen drei Mitglieder einer Sonderpolizeieinheit vor Gericht, die dem Verteidigungs- und stellvertretenden Premierminister NAJIB RAZAK (*1953) unterstehen. NAJIBS Rolle ist noch ungeklärt, den übrigen vier Verdächtigen droht die Todesstrafe.

14. Nov. Auf der UMNO-Jahresversammlung werden wiederholt rassistische Reden gegen Nichtmalaien gehalten. Da die Versammlung live im Fernsehen übertragen wird, kommt es zu Protesten der Oppositionsgruppen.

2007, Jan. Mehrere Internet-Blogger werden von der Regierung wegen Verleumdung angeklagt, führende Politiker drohen härteres Eingreifen bei Internetpublikationen an.

10. Okt. Als Teil eines Rüstungsabkommens fliegt der erste malaysische Astronaut, SHEIKH MUSZAPHAR SHUKOR (*1972), an Bord einer russischen Sojus-Rakete zur Raumstation ISS.

Singapur seit 1945

Als Großbritannien nach dem Ende der japanischen Besatzung Singapur im Sept. 1945 wieder in Besitz nimmt, findet es eine im Kampf gegen die Japaner erstarkte Arbeiterbewegung vor, die sich gegen die Wiedererrichtung der Kolonialherrschaft zur Wehr setzt.

1946, 29. Jan. Die Verhaftung von kommunistischen Gewerkschaftsführern löst einen Generalstreik aus.

1. April Die Briten wollen die Stadt, die für sie von großem strategischem und wirtschaftlichem Wert ist, behalten und erklären sie daher zur Kronkolonie.

1948, 15. Juli Der Konflikt zwischen Gewerkschaften und Kolonialmacht verschärft sich: Gleichzeitig mit Malaya wird die Kronkolonie Singapur unter Ausnahmerecht gestellt.

1955, April Unter dem Eindruck fortdauernder Unruhe in der Bevölkerung finden sich die Briten bereit, eine beschränkte Selbstverwaltung zuzulassen. Dazu werden Wahlen abgehalten, die der antikolonialistischen *Labour Front* die Mehrheit bringen. In langwierigen Verhandlungen erreicht Singapur schließlich die Autonomie. Außenpolitik und Verteidigung bleiben vorläufig in britischer Hand.

1959, 30. Mai Bei den Parlamentswahlen erreicht die sozialistische *People's Action Party* (PAP) mit 43 von 51 Sitzen die Mehrheit.

5. Juni PAP-Generalsekretär und Gewerkschaftsanwalt LEE KUAN YEW (*1923) übernimmt das Amt des Premierministers.

1963, 16. Sept. Singapur tritt der aus Malaya, Sabah und Sarawak bestehenden Föderation Malaysia bei.

1965, 9. Aug. Aufgrund politischer und ethnischer Spannungen wird Singapur aus der Föderation Malaysia ausgeschlossen. Als unabhängigem Stadtstaat ist Singapur nun der Zugang zu den Rohstoffen und Märkten Malaysias erschwert. Um die Arbeitslosenquote (13 %) zu verringern und den Bedarf von jährlich 8000 zusätzlichen Stellen (die Hälfte der Bevölkerung ist unter 21 Jahren) nachzukommen, bietet die Regierung ausländischen Investoren günstigste Bedingungen. V. a. die Japaner machen davon Gebrauch.

21. Sept. Singapur wird Mitglied der UNO.

1967, 14. März Einführung der Wehrpflicht.

8. Aug. Singapur ist Gründungsmitglied der *Association of Southeast Asian Nations* (ASEAN).

1968, 13. April Die PAP gewinnt bei der Wahl zum Parlament alle Sitze.

1970 Dank des extremen Wirtschaftsliberalismus – ungeachtet der sozialistischen Fassade der Regierungspartei – erreicht Singapur eine Steigerung des Bruttosozialprodukts um 17,2 %. Kritik an der Regierungspolitik wird mit Polizeimaßnahmen auf Basis des aus der Kolonialzeit beibehaltenen *Internal Security Acts* erstickt.

1972, 2. Sept. Ohne nennenswerte Opposition kann sich die PAP bei Parlamentswahlen erneut alle Mandate sichern. Sporadisch regt sich Widerstand von chinesischen Traditionalisten gegen ihre Marginalisierung durch die englischsprachige Elite um LEE KUAN YEW sowie gegen die Verwestlichung, v. a. die führende Rolle des Englischen im Unterricht und in der Verwaltung. Die weltweite wirtschaftliche Rezession erfasst Singapur und verstärkt die sozialen Spannungen.

1974, Juni LEE beugt Unruhen vor, indem er linke Regimegegner verhaften lässt.

1976, 28. Juli Als sich in der bisher politisch passiven Studentenschaft Protestbewegungen bilden, reagiert LEE mit der Verhaftung von vier Studentenführern.

11. Sept. Die PAP wird wegen fortwährender Menschenrechtsverletzungen aus der Sozialistischen Internationale ausgeschlossen.

1979, 9. Aug. Die Regierung leitet eine Kampagne zur Erlernung von Mandarin ein, um den Gebrauch der vielen chinesischen Dialekte einzuschränken.

1981, 1. Nov. Die Opposition gewinnt bei Nachwahlen erstmals seit 13 Jahren wieder einen Parlamentssitz.

1985, 30. Aug. WEE KIM WEE (*1915, †2005) wird Staatspräsident.

1986, 27. Okt. Der Verkauf ausländischer Presseerzeugnisse wird starken Restriktionen unterworfen.

1987, März Ankündigung von umfangreichen Privatisierungen von Staatsbetrieben.

1990, 26. Nov. Nach 31 Jahren tritt Regierungschef LEE zurück, bleibt dem Kabinett aber als *Senior Minister* in wichtiger Funktion erhalten. GOH CHOK TONG (*1941) wird sein Nachfolger.

1993, 28. Aug. ONG TENG CHEONG (*1936, †2002) wird bei der ersten Direktwahl zum Staatspräsidenten gewählt.

1997, 2. Jan. Bei Parlamentswahlen siegt die Regierungspartei PAP. Ministerpräsident GOH CHOK TONG sieht sich in seiner Politik der Zurückweisung westlicher Einflüsse bestätigt.

1998 Die Finanzkrise in Asien trifft auch Singapur: Erste Rezession seit 13 Jahren.

1999, 1. Sept. Der ehemalige Geheimdienstchef SELLAPAN RAMA NATHAN (*1924) tritt die Nachfolge von ONG TENG CHEONG als Staatspräsident an.

Sept. Die Regierung startet eine mit 200 Mio. US-$ geförderte Bildungsoffensive, um den Umbau zur Wissensgesellschaft voranzutreiben.

2001, 29. Juni Ein neues Lizenzsystem erleichtert ausländischen Banken den Zugang zum Markt.

3. Nov. Bei den Wahlen erringt die PAP 82 von 84 Sitzen.

2003, März Neben China und Kanada gehört Singapur zu den am stärksten von der SARS (Schweres Akutes Atemwegssyndrom)-Epidemie betroffenen Gebieten. Die Krankheit fordert im Stadtstaat 32 Todesopfer.

15. Mai Die USA schließen mit Singapur als erstem asiatischem Land ein Freihandelsabkommen.

2004, 12. Aug. LEE HSIEN LOONG (*1952), der älteste Sohn von LEE KUAN YEW, wird als Premierminister vereidigt. GOH CHOK TONG bleibt als *Senior Minister* im Kabinett. LEE KUAN YEW wird *Minister Mentor* mit Kabinettsrang.

2005, 18. April Die Regierung beschließt den Bau zweier umstrittener Großcasinos.

1. Sept. Präsident NATHAN wird im Amt bestätigt, nachdem alle Gegenkandidaten disqualifiziert wurden.

2006, 6. Mai Die PAP erringt 82 von 84 Parlamentssitzen. Damit wird LEE HSIEN LOONG als Premierminister bestätigt.

2007, Okt. Das Parlament stimmt gegen die Entkriminalisierung von Homosexualität.

Brunei seit 1984

Seit 1888 steht das ölreiche Sultanat Brunei unter britischem Protektorat. Am 29. Sept. 1959 verkündet OMAR ALI SAIFUDDIN III. (*1914, †1986), Sultan seit 1950, eine Verfassung, die den Islam als Staatsreligion festlegt.

Nachdem Gegner der Aufnahme in die Malaysische Föderation einen Aufstand veranlassen (8. Dez. 1962–13. Mai 1963), beschließt Brunei, weiterhin unter britischer Obhut zu bleiben.

Die seit den 1950er-Jahren erschlossenen Offshorevorkommen für Erdöl und Erdgas sorgen für den Wohlstand der über 370 000 Einwohner von Brunei (Bruttoinlandsprodukt 2006 über 30 000 US-$).

1984, 1. Jan. **Brunei wird unabhängig.**

1990 Sultan Muda Hassan al-Bolkiah (*1946; seit 1967 Sultan) führt die Staatsideologie einer malaiisch-muslimischen Monarchie ein.

2000, Febr. al-Bolkiah kündigt wirtschaftliche Reformen an. Hintergrund ist die Empörung über das verschwenderische Finanzgebaren des jüngeren Sultansbruders Prinz Jefri Bolkiah (*1954).

2004, Sept. Nach 20 Jahren wird das Parlament wieder eröffnet. Es besteht aus 21 vom Sultan bestellten Mitgliedern. Anschließend wird das Grundgesetz geändert, was eine Direktwahl von 15 Parlamentsmitgliedern ermöglichen soll. Eine Wahl hat bisher nicht stattgefunden.

2005, Mai Sultan al-Bokiah entlässt vier Minister aus seinem Kabinett. Damit wird die seit 2004 eingeleitete, vorsichtige Reformpolitik weitergeführt.

Indonesien seit 1945 | Forts. v. S. 1227 |

1945, 17. Aug. Die Kapitulation Japans veranlasst die Führer der Unabhängigkeitsbewegung, Achmed Sukarno (*1901, †1970) und Mohammad Hatta (*1902, †1980), die Republik Indonesien auszurufen.

29. Sept. Bis zum Eintreffen der ersten alliierten Landungstruppen auf Java kann die Befreiungsbewegung ihre Macht ausweiten und konsolidieren.

1946, 15. Nov. Der Einflussbereich der Republik erstreckt sich über Java, Sumatra und Madura, als die Niederlande im Vertrag von Linggadjati die geänderten Machtverhältnisse anerkennen, zugleich aber die Zusicherung erhalten, dass die von der Republik kontrollierten Gebiete Teil eines Staatenbunds im Rahmen der geplanten Niederländisch-Indonesischen Union werden. Die Niederländer wollen die ethnischen Gegensätze, v. a. die verbreitete Furcht vor einer javanischen Vorherrschaft, für sich zu nutzen, indem sie separatistische Tendenzen fördern und einige autonome indonesische Staaten etablieren.

1947, 20. Juli Unter dem Vorwand, die Nationalisten seien vertragsbrüchig geworden, besetzen die Niederländer weite Territorien der Republik.

1948, 17. Jan. Das durch die UNO vermittelte Renville-Abkommen beschränkt die republikanische Gebietshoheit auf Zentraljava und das Hochland von Sumatra. Die Indonesier widersetzen sich der niederländischen Rückeroberung in einem Guerillakrieg.

18. Sept. Ein von der Kommunistischen Partei (PKI) geführter antikolonialistischer Aufstand wird niedergeschlagen.

18. Dez. Um den Widerstand des Gegners im Zentrum zu brechen, unternehmen die Niederlande einen Angriff auf Yogyakarta und verhaften neben Staatspräsident Sukarno und seinem Stellvertreter fast die gesamte republikanische Regierung. Dieses Vorgehen wird von der UNO und den USA gleichermaßen verurteilt. Weil die USA befürchten, dass in einem langwierigen Befreiungskampf die PKI erstarken könnte, zwingen sie die Niederlande mit der Drohung, ihnen die entsprechend dem Marshallplan gewährte Wirtschaftshilfe zu entziehen, zum Nachgeben.

1949, 2. Nov. Die Niederlande verzichten auf ihre kolonialen Besitzansprüche, nur der Westen Neuguineas (Irian Barat) bleibt unter ihrer Herrschaft. Auch nach dem Abzug der Kolonialmacht sind separatistische Bewegungen aktiv, v. a. die ambonesischen Christen leisten der neuen staatlichen Autorität erbitterten Widerstand.

27. Dez. **Die Republik der Vereinigten Staaten von Indonesien wird unabhängig.** Demnach ist Indonesien ein föderalistischer Bundesstaat.

1950, 17. Aug. Die Regierung antwortet auf die separatistischen Bewegungen mit Armeeeinsätzen, einer Zentralisierung der Verwaltung und am 5. Jahrestag der Unabhängigkeitserklärung mit der Umwandlung Indonesiens von einer Föderation in einen Einheitsstaat. Die ethnischen Auseinandersetzungen werden durch Konflikte zwischen Sukarno und der Armeeführung überlagert. Während der Chef des Generalstabs, Abdul Haris Nasution (*1918, †2000), die Modernisierung und Verkleinerung des Heeres verlangt, wendet sich Sukarno gegen eine Reform, von der er die Verdrängung seiner Verbündeten aus militärischen Positionen befürchtet.

1952, 17. Okt. Ein Putschversuch Nasutions bleibt erfolglos, weil es Sukarno gelingt, gestützt auf seine *Partai Nasional Indonesia* (PNI) und im Bündnis mit der Kommunistischen Partei, die Volksmassen zu mobilisieren.

1953 Die Ausrichtung der Regierungspolitik an javanischen Interessen, eine andauernde Wirtschaftskrise und eine verbreitete Korruption schaffen chaotische Verhältnisse. Islamische Traditionalisten im Norden Sumatras führen einen monatelangen bewaffneten Kampf um mehr Selbstverwaltung. Die Armee entwickelt sich immer mehr zu einem Staat im Staate, erhebt Abgaben und betreibt den Export von Rohstoffen auf eigene Rechnung.

1955, 18.–24. April Konferenz von Delegationen aus 23 asiatischen und 6 afrikanischen Staaten in Bandung (**Bandungkonferenz**). | s. S. 1435 |

29. Sept. Trotz erster demokratischer Parlamentswahlen erfüllen sich die damit verknüpften Hoffnungen auf eine politische Stabilisierung nicht.

1956, Okt. In Sumatra, Sulawesi (Celebes), Maluku (Molukken) und Kalimantan (Borneo) greifen lokale Aufstände um sich. In dieser Situation beschließt Sukarno eine »gelenkte Demokratie« einzuführen.

1. Dez. Vizepräsident Hatta, der der auf Sumatra ansässigen Volksgruppe der Minangkabau angehört und als

Vertreter der nichtjavanischen Belange gilt, reagiert auf SUKARNOS Ankündigung, das Regierungssystem nach dem Vorbild der traditionellen Dorfdemokratie umzugestalten, mit seinem Rücktritt.

1957, 9. Mai SUKARNO konstituiert einen Nationalrat, in den er Repräsentanten der verschiedenen ethnischen und religiösen Gruppen, der Berufsorganisationen, der Armee, der Polizei und der Parteien beruft.

1958, 15. Febr. In Padang errichten lokale Militärbefehlshaber und oppositionelle Politiker eine Revolutionäre Regierung der Republik Indonesien. Die Aufstandsgebiete liegen aber zu weit voneinander entfernt, um eine einheitliche Aktion gegen SUKARNO zu ermöglichen und die Vorherrschaft der javanisch dominierten Zentralregierung zu brechen.

April Trotz amerikanischer und britischer Waffenhilfe muss die Revolutionsregierung vor den heranrückenden zentralstaatlichen Truppen kapitulieren.

1959, 5. Juli SUKARNO löst die verfassungsgebende Versammlung (Konstituante) auf und verkündet die Rückkehr zur Verfassung von 1945, die dem Präsidenten weitreichende Machtbefugnisse einräumt.

1960, März Auf dem Höhepunkt seiner Kampagne für die »gelenkte Demokratie« löst SUKARNO das Parlament auf und entsendet die Abgeordneten in die Kammer für Gegenseitige Hilfe, in der einstimmige Beschlüsse zu fassen sind. Kommt keine Einigung zustande, gibt der »Große Führer der Revolution«, d. h. SUKARNO, den Ausschlag. Die zwei bedeutendsten Oppositionsparteien, die islamische *Masyumi*-Partei (Anhänger v. a. in der nichtjavanischen Bevölkerung) und die Sozialistische Partei, werden aus der Kammer ausgeschlossen.

In den Mittelpunkt der Außenpolitik tritt der Konflikt um Irian Barat (Westneuguinea), das noch unter niederländischer Führung steht. Indonesien will den Anspruch auf dieses von Papua-Stämmen bewohnte Gebiet notfalls mit Gewalt durchsetzen.

1961 40 % des Staatshaushaltes werden für die militärische Aufrüstung ausgegeben.

Jan. Die UdSSR unterstützt die Rüstungsanstrengungen mit Waffenlieferungen im Wert von 400 Mio. US-$.

1962, Febr. Nach einem Schusswechsel im umstrittenen Küstengebiet ruft SUKARNO die Generalmobilmachung aus. Nur durch die Vermittlung der UNO und der USA wird ein Krieg vermieden.

Aug. Indonesien und die Niederlande vereinbaren, Irian vorläufig unter UNO-Verwaltung zu stellen und am 1. Mai 1963 an Indonesien zu übergeben. Über das künftige Schicksal des Territoriums sollen seine Bewohner in einer Volksabstimmung entscheiden.

1963, 1. Mai Irian Barat gerät de facto vollständig unter indonesische Kontrolle.

16. Sept. Mit der Gründung Malaysias geht Indonesien offiziell zur Konfrontationspolitik über: SUKARNO missbilligt die Eingliederung Sabahs und Sarawaks in die Föderation Malaysia und unterstützt die Philippinen, die einen Anspruch auf diese Gebiete geltend machen. Militärischen Aktionen an den Grenzen zu Sabah und Sarawak, während Massendemonstrationen die britische und amerikanische Unterstützung des »neokolonialistischen Gebildes« Malaysia verurteilen. Die gleichzeitige Enteignung westlicher Wirtschaftsunternehmen bereichert v. a. das Militär, das die Firmen in eigener Regie weiter betreibt.

1965, 7. Jan. Als Malaysia in den UNO-Sicherheitsrat berufen wird, kündigt Indonesien den Vereinten Nationen die Mitgliedschaft auf.

SUKARNO geht ein immer engeres Bündnis mit der PKI, der mitgliederstärksten kommunistischen Partei außerhalb Chinas und des Ostblocks, ein. Neben der PKI ist die durch die gewaltigen Rüstungsausgaben und die Beschlagnahme ausländischen Eigentums begünstigte Armee der bedeutendste Machtfaktor.

1. Okt. Die sechs ranghöchsten Generäle werden entführt und getötet. Während die Hintergründe unklar bleiben, werden die Kommunisten beschuldigt, hinter diesem Umsturzversuch zu stehen. Die Armee inszeniert daraufhin einen Gegenputsch, in dessen Verlauf mindestens 100 000 Mitglieder sowie Sympathisanten der PKI ums Leben kommen (Schätzungen schwanken zwischen 100 000 und zwei Mio. Todesopfern). Hunderttausende werden in Straflagern interniert und anhand neuer Gesetze für Jahrzehnte diskriminiert und aus dem politischen Leben ausgeschlossen. Eine Offiziersjunta drängt SUKARNO schrittweise aus dem Präsidentenamt.

1966, 11. März Der neue Machthaber, Generalmajor SUHARTO (*1921, †2008), erzwingt von SUKARNO eine Vollmacht zur Ausübung der Regierung. SUHARTO beendet die Konfrontation mit Malaysia und macht die Enteignung ausländischen Kapitals teilweise rückgängig.

20. Sept. Indonesien kehrt wieder in die UNO zurück. Die SUHARTO-Administration proklamiert die Neue Ordnung: Bei innerer Stabilität soll die permanente Wirtschaftskrise mit ausländischer Kapitalhilfe überwunden werden. Während der jährliche Export kaum 600 Mio. US-$ einbringt, ist Indonesien mit 2,4 Mrd. US-$ verschuldet. Die Lebenshaltungskosten steigen 1966 um 860 %.

1967, 12. März Der Beratende Volkskongress, eine vom Militär beherrschte Körperschaft, wählt SUHARTO zum »geschäftsführenden Präsidenten«. SUKARNO bleibt nominelles Staatsoberhaupt.

1968, 27. März General SUHARTO übernimmt auch formal das Amt des Staatspräsidenten. Er festigt seine Macht, indem er sich zum Oberbefehlshaber aller Waffengattungen ernennen lässt.

1969 Das Offizierskorps besetzt strategische Schlüsselpositionen in Verwaltung und staatlichen Unternehmen.

1970, 21. Juni Als SUKARNO stirbt, sind seine Anhänger aus allen einflussreichen militärischen und politischen Positionen entfernt.

1971, 3. Juli Die Militärregierung veranstaltet Wahlen zum Repräsentantenhaus. Ernst zu nehmende Oppositionsparteien dürfen nicht kandidieren. Die Wahl bringt erwartungsgemäß der vom Militär kontrollierten *Golkar* (»Funktionelle Gruppen«) die Mehrheit.

Umfangreiche ausländische Investitionen tragen zur Erhöhung der wirtschaftlichen Produktivität und zur Abschwächung der Inflation bei. Der Lebensstandard der Bevölkerung steigt jedoch nicht. Die heimische Kleinindustrie ist durch die Konkurrenz ausländischer Waren in ihrer Entwicklung behindert.

1973 Eine »Vereinfachung des Parteiensystems« schließt die neun Parteien, die noch neben *Golkar* bestehen, zu zwei Parteien zusammen.

5. Aug. Soziale Spannungen entladen sich in ethnischen Unruhen. In Bandung kommt es zu Ausschreitungen gegen die chinesische Minderheit, die bezichtigt wird, aus der liberalen Wirtschaftspolitik unangemessene Vorteile zu ziehen.

1974, 15. Jan. Die Erbitterung über die einseitige wirtschaftliche Nutzung Indonesiens durch die Industriestaaten führt beim Besuch des japanischen Ministerpräsidenten Kakuei Tanaka in Jakarta zu Studentenprotesten und Straßenschlachten, in deren Verlauf 13 Menschen den Tod finden, und bietet der Regierung Anlass, politische Aktivitäten stark einzuschränken.

Herbst Durch den Preisanstieg von Rohöl erhöhen sich die jährlichen Einnahmen Indonesiens aus dem Ölexport auf 3,45 Mrd. US-$. Das für den Ölexport verantwortliche Firmenkonglomerat *Pertamina* entwickelt sich zu einem bedeutenden Machtfaktor, der bei den meisten Wirtschaftsprojekten dominiert. Als sich wegen der weltweiten Rezession die Kredite verteuern, kann es seine anspruchsvollen, aber schlecht geplanten und durch Korruption geschädigten industriellen Entwicklungsvorhaben nicht finanzieren.

1975, 12. März *Pertamina* wird zahlungsunfähig. Suharto garantiert den ausländischen Kreditgebern die Begleichung der *Pertamina*-Schulden. Obwohl die gesamten Devisenreserven für die Schuldentilgung eingesetzt werden, bleibt vorläufig ein Defizit von 6,2 Mrd. US-$.

28. Nov. Portugal zieht sich schrittweise aus seiner Kolonie Timor, dem östlichen Teil der größten und östlichsten der Kleinen Sundainseln, zurück. Auf der Insel entbrennt ein Bürgerkrieg um die Machtablösung, in dem die linksgerichtete FRETILIN (Revolutionäre Front für ein unabhängiges Osttimor) zunächst die Oberhand gewinnt. Die FRETILIN ruft die Unabhängigkeit aus.

7. Dez. Suharto, der ein unabhängiges und überdies sozialistisch orientiertes Osttimor nicht duldet, befiehlt die militärische Invasion.

1976, 31. Mai In Dili, der Hauptstadt von Portugiesisch-Timor, etabliert sich eine von Indonesien gestützte Regierung, die nach einigen Monaten Amtszeit Indonesien um Integration bittet.

17. Juli Suharto entspricht dem Antrag und erklärt Osttimor zur 27. Provinz Indonesiens. Etwa 800 Partisanen der FRETILIN führen den Kampf gegen die 40 000 Soldaten der indonesischen Besatzung weiter.

1977, 8. Dez. Unterdessen mehren sich die Proteste gegen Korruption und Verschwendungssucht des Regimes. Suhartos Vorhaben, sich ein auf 9,6 Mio. US-$ veranschlagtes Mausoleum zu errichten, löst eine Welle von Studentendemonstrationen aus, 200 Studentenführer beschließen in Jakarta, eine Kampagne gegen die sozialen Missstände einzuleiten.

1978, 22. März Ungeachtet des Widerstandes in der Bevölkerung lässt sich Suharto vom Volkskongress einstimmig für weitere fünf Jahre im Amt des Präsidenten bestätigen. Als Reaktion auf die Proteste werden mehrere hundert Menschen verhaftet und Universitäten geschlossen.

1981, 11. Nov. Die UNO-Vollversammlung fordert für Osttimor das Selbstbestimmungsrecht.

1982, Mai Die Doppelfunktion des Militärs wird gesetzlich verankert. Damit übernehmen die indonesischen Streitkräfte nicht nur militärische, sondern auch soziopolitische Aufgaben.

1983, 11. Jan. Die sinkenden Erdöleinnahmen und das Haushaltsdefizit erzwingen Sparmaßnahmen.

23. März. Waffenstillstandsabkommen mit FRETILIN, doch dauern die Guerillakämpfe an.

ab Aug. Indonesien setzt in Osttimor Elitesoldaten ein.

1984, 13. März Unterzeichnung eines Kreditvertrages über 750 Mio. US-$ mit westlichen Banken.

11. April Im Rahmen des staatlichen Transmigrationsprogramms sollen wegen der Übervölkerung Javas 690 000 Javaner nach Irian Jaya (Westneuguinea, bis 1972 Irian Barat) umgesiedelt werden.

1985 Alle politischen Parteien und Organisationen sind verpflichtet, die Staatsdoktrin Pancasila als einziges Grundprinzip anzuerkennen.
Wiederaufnahme der Wirtschaftsbeziehungen zur Volksrepublik China.

1986, Sept. Abwertung der Währung, Aufhebung der Kursbindung an den US-Dollar und Preisstopp für Grundnahrungsmittel.

Okt. Erleichterungen für ausländische Investoren und Importeure werden angekündigt.

1987, Febr.–Juni Als Teil umfangreicher ausländischer Finanzhilfe gewährt die Weltbank dem stark verschuldeten Land Kredite von mehr als 1,7 Mrd. US-$.

23. April Aus den Parlamentswahlen geht die *Golkar* mit 72,9 % der Stimmen und 299 von 500 Sitzen im Volksrepräsentantenhaus als Sieger hervor.

1988, Juni Die *Intergovernmental Group on Indonesia*, ein Geberkonsortium von Industriestaaten unter Einschluss der Weltbank, stellt Kredite in Höhe von 4 Mrd. US-$ in Aussicht.

1989, 8.–12. Sept. Besuch des Staatspräsidenten Suharto in der Sowjetunion.

1990, 8. Aug. Nach einer vorsichtigen Annäherung 1989 nimmt Indonesien die seit 23 Jahren unterbrochenen diplomatischen Beziehungen zur VR China wieder auf.

1991, 12. Nov. In Dili auf Osttimor kommt es zum »Santa-Cruz-Massaker«, als indonesische Soldaten mehr als 100 Demonstranten erschießen.

1993, 10. März Staatspräsident Suharto wird im Amt bestätigt.

1994, 21. Juni Den drei größten Wochenzeitschriften wird die Lizenz entzogen. Alle drei berichteten häufig über die Geschäfte des SUHARTO-Clans, Menschenrechtsverletzungen, Korruptionsskandale und Machtmissbrauch. Dieses Verbot beendet eine kurze Phase der politischen Öffnung.

1996, 10. Dez. CARLOS BELO (*1948), Bischof von Osttimor, und der im australischen Exil lebende JOSÉ RAMOS-HORTA (*1949) erhalten wegen ihres Einsatzes für die Menschenrechte in Osttimor den Friedensnobelpreis.

1997, 29. Mai Bei Parlamentswahlen siegt *Golkar* mit 74 %. Der blutige Wahlkampf zeigt jedoch die wachsenden sozialen und politischen Spannungen.

Sept. Indonesien gerät in den Sog der Asienkrise. Die indonesische Rupiah verliert bis zu 84 % an Wert.

Sept./Okt. Auf den Inseln Sumatra und Kalimantan wüten verheerende Waldbrände, die zu Smogalarm auch in den Nachbarländern führen sowie die Luft- und Seefahrt massiv behindern. Ursache ist v. a. die außer Kontrolle geratene Brandrodung.

6. Nov. Der Internationale Währungsfonds gewährt einen Kredit über 10 Mrd. US-$ zur Überwindung der Finanzkrise und Stabilisierung der Wirtschaft.

1998, Jan. Nach Verschärfung der Krise sagt Staatspräsident SUHARTO unter internationalem Druck wirtschaftliche und politische Reformen zu.

10. März Wiederwahl SUHARTOS trotz massiver Proteste.

4. Mai Die Erhöhung der Strompreise um 70 % führt zum Zusammenschluss der seit März demonstrierenden Studenten mit anderen Massenorganisationen.

12.–15. Mai Nach der Erschießung von vier Studenten kommt es in Jakarta zu schweren Unruhen mit mehr als 500 Toten.

18. Mai Rund 5000 Studenten besetzen das Parlamentsgebäude um die Absetzung SUHARTOS zu erzwingen. Das Militär schreitet nicht ein.

21. Mai **Rücktritt SUHARTOS.** Nachfolger im Amt wird der Vizepräsident BACHARUDDIN JUSUF HABIBIE (*1936); er kündigt eine innenpolitische Liberalisierung und den Kampf gegen Korruption und Misswirtschaft an.

4. Aug. Aufnahme von Gesprächen über Osttimor.

9. Nov. Zusammentritt der Beratenden Volksversammlung in Jakarta. Da die noch überwiegend von SUHARTO ernannten Mitglieder des Gremiums keine wesentlichen Reformen beschließen, gehen die Protestaktionen von Studenten und Opposition weiter.

1999, seit Jan. Die unter SUHARTO unterdrückten Konflikte zwischen ethnischen und religiösen Gruppen brechen offen aus. Brennpunkte sind die Molukken (Christen gegen Muslime), Westkalimantan auf Borneo (ansässige Ethnien gegen Zuwanderer aus Java), Aceh auf Sumatra und Irian Jaya (Separatisten gegen die Zentralregierung).

7. Juni Aus den Parlamentswahlen, deren offizielles Ergebnis erst am 3. Aug. bekannt gegeben wird, geht die Demokratische Partei des Kampfes (PDI-P), geführt von MEGAWATI SUKARNOPUTRI (*1947), Tochter des Staatsgründers SUKARNO, mit 33,7 % der Stimmen als stärkste politische Kraft hervor. Die bisher regierende *Golkar* erhält nur 22,4 %.

4. Sept. Bei einem Referendum in Osttimor sprechen sich 78,5 % der 450 000 Stimmberechtigten für die Unabhängigkeit aus. Daraufhin kommt es zu gewalttätigen Übergriffen proindonesischer Milizen. Etwa 7000 Menschen werden ermordet, die Hauptstadt Dili wird zerstört, eine Fluchtbewegung setzt ein, die die gesamte Bevölkerung erfasst. Trotz Ausrufung des Kriegsrechts (9. Sept.) bleibt das Militär passiv. Am 15. Sept. billigt der UN-Sicherheitsrat die Entsendung einer Internationalen Schutztruppe (INTERFET), die ab dem 20. Sept. die Kontrolle über Osttimor übernimmt. Am 31. Okt. verlassen die letzten indonesischen Soldaten Osttimor.

20. Okt. Die Beratende Volksversammlung wählt ABDURRAHMAN WAHID (*1940) von der neu gegründeten islamischen Nationalen Auferstehungspartei (PKB) zum neuen Staatspräsidenten. Seine Kontrahentin MEGAWATI SUKARNOPUTRI wird Vizepräsidentin. Im »Kabinett der Nationalen Einheit« ist der Einfluss des Militärs zurückgedrängt.

2000, 28. Sept. Ein angestrebtes Gerichtsverfahren gegen Expräsident SUHARTO, das Korruptionsfälle aus dessen Amtszeit aufklären soll, wird aus Gesundheitsgründen eingestellt.

2001, 1. Jan. Ein Gesetz über regionale Autonomie tritt in Kraft. Es soll die Konflikte in mehreren Provinzen des Landes entschärfen.

23. Juli Die Beratende Volksversammlung setzt Präsident WAHID, gegen den seit April ein Amtsenthebungsverfahren wegen politischer Inkompetenz und Verstrickung in Finanzskandale läuft, ab und vereidigt MEGAWATI SUKARNOPUTRI als Präsidentin.

30. Aug. Wahl zur Verfassungsgebenden Versammlung in Osttimor. Sieger wird die Partei des ehemaligen Rebellenführers JOSÉ »XANANA« GUSMÃO (*1946).

2002, 1. Jan. Gesetze über den Sonderautonomiestatus für Aceh und Papua (ehemals Irian Jaya) treten in Kraft.

19. Mai **Osttimor wird unabhängig.**

10. Aug. Die Beratende Volksversammlung beschließt in einer Verfassungsänderung die Direktwahl des Staatsoberhauptes und Ausschluss von Vertretern des Militärs in den Parlamenten ab 2004. Eine Einführung des islamischen Rechts wird abgelehnt.

4. Sept. Parlamentspräsident AKBAR TANJUNG (*1945) wird wegen Veruntreuung von etwa 4,5 Mio. Euro Staatsgeldern zu drei Jahren Haft verurteilt, in dritter Instanz aber freigesprochen.

12. Okt. Beim bisher größten Terroranschlag seit dem 11. Sept. 2001 kommen auf der Ferieninsel Bali 202 Menschen ums Leben. Die Täter werden der radikalislamischen Organisation *Jemaah Islamiyah* zugerechnet. Präsidentin MEGAWATI erlässt als Reaktion darauf am 18. Okt. zwei Antiterror-Notverordnungen, die die Rechte von Häftlingen, die des Terrorismus verdächtigt werden, stark einschränken.

9. Dez. Vertreter der Regierung und der Separatistenbewegung Freies Aceh einigen sich in Genf auf ein Friedensabkommen.

2003, 18. Mai Nach mehreren bewaffneten Zwischenfällen, die das Friedensabkommen von Genf zunehmend brüchig gemacht haben, verhängt die Präsidentin das Kriegsrecht über Aceh. Das Militär startet eine Großoffensive mit ca. 40 000 Mann.

13. Aug. Errichtung des indonesischen Verfassungsgerichts.

2004, 5. April Bei den Parlaments- und Regionalwahlen wird die alte Staats- und Einheitspartei *Golkar* mit 21,6 % stärkste Kraft. Die Regierungspartei PDI-P erlebt starke Einbußen und erhält nur noch 18,5 %.

23. April Erneute Kämpfe zwischen Christen und Muslimen in der Hauptstadt der Molukken, Ambon.

13. Mai Die Regierung erklärt die Rebellenbewegung in Aceh für besiegt und hebt das Kriegsrecht über die Provinz auf.

7. Sept. Munir Said Thalib (*1965), Indonesiens bekanntester Menschenrechts- und Antikorruptionsaktivist sowie Träger des Alternativen Nobelpreises, wird vergiftet. Hinter dem Mord wird der indonesischen Geheimdienstes BIN vermutet, doch bleibt dieser ohne juristische Konsequenzen.

4. Okt. Bei der ersten direkten Präsidentschaftswahl setzt sich der Herausforderer Susilo Bambang Yudhoyono (*1949) gegen die Amtsinhaberin Megawati Sukarnoputri durch. Mit Yudhoyono hat sechs Jahre nach dem Sturz des Suharto-Regimes wieder ein Militär das höchste Staatsamt inne.

26. Dez. Die Küsten Indonesiens werden von einer durch ein Seebeben ausgelösten Flutwelle (Tsunami) heimgesucht. Die schlimmsten Auswirkungen hat die Katastrophe in der vom Bürgerkrieg zerstörten Provinz Aceh. Sie fordert dort 168 000 Menschenleben.

2005, 15. Aug. Vertreter der indonesischen Regierung und der Bewegung Freies Aceh unterzeichnen in Helsinki ein Friedensabkommen.

1. Okt. Erneuter Terroranschlag auf Bali, bei dem 23 Menschen ums Leben kommen.

2006 53 Verwaltungsbezirke erlassen Verordnungen auf Grundlage der Scharia.

27. Mai Ein Erdbeben nahe Yogyakarta tötet 5700 Menschen.

2007 Pro Tag werden in Indonesien 4900 ha Regenwald zerstört.

3.–14. Dez. Bei der Internationalen Klimakonferenz auf Bali einigt sich die Staatengemeinschaft darauf, innerhalb der nächsten zwei Jahre einen Vertrag auszuhandeln, der das Kyoto-Protokoll ablösen soll.

Osttimor (Timor-Leste) seit 1974/2002

Timor wird 1586 portugiesische Kolonie. Seit 1951 ist Portugiesisch-Timor eine Überseeprovinz Portugals. Die Nelkenrevolution am 25. April 1974 bedeutet das Ende des portugiesischen Kolonialreiches.

1974, Mai Erste Parteien entstehen, wie die UDT und die FRETILIN/ASDT, die sich für die Unabhängigkeit aussprechen und die APODETI, die für eine Integration in Indonesien einsteht.

1975, 28. Okt. Die linksgerichtete FRETILIN erklärt einseitig die Unabhängigkeit Osttimors, nachdem ihre Koalition mit der UDT zerbrochen und ein Bürgerkrieg entbrannt ist.

7. Dez. Mit Billigung der USA und Australiens dringen indonesische Truppen in Osttimor ein, um es Indonesien einzugliedern. Die FALINTIL, der bewaffnete Arm der FRETILIN, führt den Widerstandskampf an. Bis 1999 verliert ein Drittel der Bevölkerung ihr Leben durch Mord, Folter und Hunger.

1976, 17. Juli Indonesien erklärt Osttimor zur 27. Provinz.

1981, 8. März Kay Rala »Xanana« Gusmão (*1946) wird Oberkommandeur der FALINTIL.

1989, 12. Okt. Papst Johannes Paul II. besucht Osttimor, dessen Bevölkerungsmehrheit dem katholischen Glauben angehört.

1991, 12. Nov. Das Santa-Cruz-Massaker ruft international Empörung über die Brutalität des indonesischen Militärs hervor.

1996, 11. Okt. Bischof Carlos Belo (*1946) und der osttimoresische Exilpolitiker José Ramos-Horta (*1949) erhalten gemeinsam den Friedensnobelpreis für ihr gewaltloses Eintreten für die Freiheit Osttimors.

1998, 21. Mai Der indonesische Präsident Suharto tritt zurück. Sein Nachfolger, Präsident Jusuf Habibie, erwägt Anfang 1999 eine Loslösung Osttimors von Indonesien.

1999, 30. Aug. Bei einem Referendum stimmen 78,5 % der Osttimoresen gegen die Autonomie innerhalb Indonesiens und damit für eine Unabhängigkeit.

Sept. Proindonesische Milizen zerstören mit Unterstützung des indonesischen Militärs systematisch 80 % der Infrastruktur des Landes und vertreiben rund ein Viertel der Bevölkerung nach Westtimor (Indonesien). Etwa 1500 Personen kommen ums Leben.

20. Sept. Australisch geführte INTERFET-Truppen landen nach einem UN-Sicherheitsratsbeschluss in Osttimor.

19. Okt. Das indonesische Parlament erkennt das Ergebnis des Referendums an.

25. Okt. Der UN-Sicherheitsrat etabliert die UN-Übergangsverwaltung UNTAET, die die Verwaltung des gesamten Landes übernimmt. Priorität haben die Wiederherstellung der Sicherheit, die Koordination der humanitären Hilfe sowie der Aufbau demokratischer Institutionen.

11. Dez. Das Nationale Beratergremium aus 15 timoresischen und UNTAET-Repräsentanten nimmt seine Arbeit auf und berät UNTAET bei allen Entscheidungen.

2000, Febr. Der neue indonesische Präsident Abdurrahman Wahid besucht Osttimor und entschuldigt sich für die Verbrechen des indonesischen Militärs während der Besatzung. Auch UN-Generalsekretär Kofi Annan reist nach Osttimor und mahnt die Verfolgung von Menschenrechtsverletzungen an.

Juli Eine Koalitionsregierung aus vier timoresischen und vier internationalen Ministern wird eingerichtet. Sie wird unterstützt durch einen Nationalen Rat, der zunächst aus 33, später 36 timoresischen Vertretern aus allen Bereichen des öffentlichen Lebens besteht.

2001, 30. Aug. Bei den Wahlen zur verfassungsgebenden Versammlung erhält die FRETILIN 57 % der Stimmen und gewinnt 55 der 88 Sitze.

2002, 14. März Ein Ad-hoc-Tribunal in Jakarta nimmt den Prozess gegen 18 Angeklagte auf, die für die schweren Menschenrechtsverletzungen in Osttimor vor und nach dem Referendum 1999 verantwortlich gemacht werden. Nur einer der Angeklagten, ein ehemaliger timoresischer Milizenführer, wird im März 2006 zu einer Freiheitsstrafe von 10 Jahren verurteilt.

14. April Aus den Präsidentschaftswahlen geht Xanana Gusmão als Sieger hervor.

20. Mai Unter dem offiziellen Namen **»Demokratische Republik Timor-Leste« wird Osttimor unabhängig**. Die neue Verfassung tritt in Kraft, die verfassunggebende Versammlung wird zum Parlament umgewandelt, Gusmão wird zum Präsidenten und Mari Alkatiri (*1949) zum Ministerpräsidenten ernannt. Die UNTAET-Mission wird durch UNMISET abgelöst.

27. Sept. Die UNO nehmen Osttimor als 191. Staat auf.

2003, 6./7. März Australien und Osttimor einigen sich über die Gewinnverteilung bei der Ausbeutung von zwei Erdgas- und Erdölvorkommen in der Timorsee.

2004, 20. Mai Die UN-Friedensmission übergibt die internen und externen Ordnungsbefugnisse offiziell an die neu gebildeten einheimischen Sicherheitskräfte. UNMISET wird personell verkleinert und erhält neue Aufgaben.

2005, 12. April Ein Ölfonds nach norwegischem Vorbild wird gegründet, um die Einnahmen aus den Gas- und Ölvorkommen in der Timorsee zu verwalten.

20. Mai Die UN beendet ihre Arbeit in Osttimor, nur wenige Berater bleiben unter UNOTIL im Land. Auch die Anklage- und Untersuchungsbehörde, die sich mit schweren Straftaten vor und nach dem Referendum von 1999 beschäftigte, wird aufgelöst, obwohl bei weitem nicht alle Fälle bearbeitet wurden.

31. Okt. Die unabhängige Wahrheits- und Versöhnungskommission (CAVR) übergibt ihren Bericht an Präsident Gusmão.

2006, April Gewaltsame Auseinandersetzungen zwischen Militär, Polizei und jugendlichen Banden in Dili führen zum Zusammenbruch staatlicher Strukturen und bringen das öffentliche Leben zum Stillstand: Mindestens 30 Menschen sterben, 150 000 Menschen werden zu Flüchtlingen im eigenen Land.

Juni Mari Alkatiri tritt als Ministerpräsident zurück, sein Nachfolger wird José Ramos-Horta. Er bittet Australien und die UN um Unterstützung bei der Wiederherstellung der öffentlichen Sicherheit. Eine 1000 Mann starke Schutztruppe und 1600 UN-Polizisten kommen ins Land.

25. Aug. Die UN-Folgemission UNMIT nimmt ihre Arbeit auf.

2007, 23. Febr. Der Vertrag zwischen Osttimor und Australien über die Ausbeutung des Greater-Sunrise-Gasfeldes in der Timorsee tritt in Kraft. Erwartet werden Einnahmen von bis zu 20 Mrd. US-$, die hälftig verteilt werden sollen. Die maritime Grenzziehung wird um 50 Jahre vertagt.

9. Mai Bei der Stichwahl um das Präsidentenamt setzt sich der parteilose José Ramos-Horta mit 69 % gegen den FRETILIN-Kandidaten Francisco »Lu Olo« Guterres (*1955) durch.

30. Juni Die ersten Parlamentswahlen verlaufen größtenteils friedlich. Die FRETILIN verliert ihre absolute Mehrheit und gewinnt nur 21 der 65 Sitze im Parlament. Vier weitere Parteien, darunter die Demokratische Partei und die neu gegründete CNRT unter Xanana Gusmão, erhalten 37 Sitze und damit den Regierungsauftrag.

8. Aug. Gusmão wird als Ministerpräsident zusammen mit seinem Kabinett vereidigt. Gewaltsame Ausschreitungen durch FRETILIN-Anhänger, weil die FRETILIN nicht in der neuen Regierung vertreten ist.

2008, 11. Febr. Präsident José Ramos-Horta wird bei einem Attentat schwer verletzt, Ministerpräsident Xanana Gusmão überlebt einen Anschlag auf ihn unverletzt.

Philippinen seit 1946 | Forts. v. S. 1227 |

Nach der Unabhängigkeit führt der Inselstaat seine enge Verbindung zu den USA fort. Während des Kalten Krieges unterhalten die Amerikaner Militärbasen in den Philippinen, der Einfluss amerikanischer Unternehmen auf die Nationalwirtschaft ist ungebrochen. Mit Ausnahme der Diktatur von Fernando Marcos (1972–1986) werden die Philippinen demokratisch regiert, allerdings beherrscht das Klientelsystem einer Oligarchie weniger mächtiger Familien Politik und Wirtschaft. Die soziale Ordnung wird von großen Unterschieden zwischen Elite und arme Landbevölkerung geprägt, die katholische Kirche spielt nach wie vor eine große Rolle in der Gesellschaft. Sind die Philippinen in den 50er- und 60er-Jahren im Vergleich zu den Nachbarländern wirtschaftlich weiter entwickelt, so ist das asiatische Wirtschaftswunder der 80er- und 90er-Jahre an dem Land vorbeigegangen. Viele philippinische Staatsbürger verdienen ihr Geld als Gastarbeiter im Ausland. Der Dauerkampf mit der muslimischen Bevölkerung im Süden (Mindanao und der Sulu-Archipel) setzt sich fort, wobei es zu einem Kreislauf von Gewalt und mehr oder weniger friedlicher Koexistenz kommt.

1946, 4. Juli Die USA entlassen die Philippinen formal in die **Unabhängigkeit**. Der *Philippine Trade Act* (*Bell Trade Act*) garantiert die Fortdauer des wirtschaftlichen Abhängigkeitsverhältnisses bis 1974. Die Einfuhr amerikanischer Waren erfolgt zollfrei, während Paritätsrecht den Zugang zu den Rohstoffen beherrscht und Exportquoten für philippinischen Zucker, Reis, Tabak, Hanf und andere Agrarprodukte einseitig von den Amerikanern bestimmt werden können.

1947, 14. März Ein Militärabkommen sichert den USA für 99 Jahre die Souveränität über 23 Militärstützpunkte zu. Die aus dem Kampf gegen die japanische Besetzung hervorgegangene *Huk* (*Hukbalahap*, Antijapanische Volksarmee) leistet, unter Führung der Kommunistischen Partei, Widerstand gegen die proamerikanische Politik des Präsidenten MANUEL ROXAS (*1892, †1948) und seiner Parteigänger aus der über 90 % des Nationalvermögens verfügenden Oligarchie der 200 Familien.

1951, 30. Aug. In einem Beistandsabkommen verpflichtet sich die Regierung, auf der Seite der USA in den Koreakrieg einzugreifen. Fünf Bataillone werden nach Korea entsandt. Obwohl die *Hukbalahap* durch die militärischen Aktionen geschwächt und ihre Führung zerschlagen ist, breiten sich die gegen die Oligarchie der Reichen und ihre amerikanischen Verbündeten gerichteten Unruhen über ganz Luzon und die Nachbarinseln aus.

1953, 10. Nov. RAMÓN MAGSAYSAY (*1907, †1957), der soziale Reformen verspricht, wird zum Präsidenten gewählt. Er leitet 1954 einige unzulängliche Änderungen des Pachtsystems ein. Statt der üblichen 50 % des Ernteertrages soll der Pächter »nur« noch 25 % an den Grundherren abliefern müssen. Die Reformpolitik kann sich gegen den geschlossenen Widerstand der Großgrundbesitzer nicht durchsetzen.

1954, 17. Mai LUIS TARUC (*1913, †2005), Anführer der *Hukbalahap*, ergibt sich. Damit kommt die Rebellion zu ihrem Ende, obwohl noch Reste der Bewegung bis in die frühen 60er-Jahre aktiv bleiben.

1955, 5. Sept. Im *Laurel-Langley Agreement* wird der *Philippine Trade Act* revidiert, worin die Zollsätze für amerikanische Waren schneller angehoben werden und philippinische Produkte geringeren Importbeschränkungen unterliegen.

1957, 17. März MAGSAYSAY kommt bei einem Flugzeugunglück ums Leben. Sein Nachfolger im Präsidentenamt ist CARLOS P. GARCIA (*1896, †1971), der sich für eine von den USA unabhängigere Politik einsetzt.

1963, 5. Aug. Die Philippinen erheben Einspruch gegen die beabsichtigte Gründung der Föderation Malaysia. Sie machen historische Rechte auf Sabah geltend und reichen deswegen Klage beim Internationalen Gerichtshof ein.

1965, 9. Nov. Nach einem von Ausschreitungen gekennzeichneten »Wahlkampf« siegen die in der Nationalistischen Partei zusammengeschlossenen Gruppen mit ihrem Präsidentschaftskandidaten FERNANDO MARCOS (*1917, †1989). MARCOS baut ein zentralisiertes Machtsystem auf, wobei Spitzenposten im Militär, in der Verwaltung und in der Wirtschaft von seinen Klienten eingenommen werden. Er öffnet die Wirtschaft, und führt eine – nicht sehr erfolgreiche – Landreform durch. Große Summen werden von einem Programm zur Verbesserung der Infrastruktur verschlungen.

1968, 18. März Die philippinische Armee ermordet dutzende Muslimrekruten auf der Insel Corregidor, was zu einer Eskalation im Süden des Landes und zur Gründung der von NUR MISUARI (*1940) geleiteten *Moro National Liberation Front* (MNLF) führt.

1969, 29. März Ein radikaler Flügel der *Huk*, geleitet von JOSE MARÍA SISON (*1939) und BERNABE BUSCAYNO (*1943), begründet die Neue Volksarmee (NPA). Diese sucht ein Bündnis mit dem liberalen Bürgertum und der linkskatholischen Studentenschaft. In der anhaltenden Krise stellt sich MARCOS zur Wiederwahl für das Präsidentenamt.

Nov. MARCOS wird wiedergewählt, doch seine erneute Amtsübernahme, die im Zeichen einer ausufernden Inflation steht, entfesselt eine öffentliche Diskussion über die Herkunft seines in den vergangenen vier Jahren angesammelten Privatvermögens.

1970, Juni Islamische Separatisten beginnen auf Mindanao einen Aufstand. Sie wehren sich dagegen, dass immer mehr Christen von den übervölkerten Inseln des Archipels auf das relativ dünn besiedelte Mindanao einwandern.

1972, 23. Sept. Nach einem weiteren Jahr blutiger Unruhen verhängt MARCOS das Kriegsrecht und proklamiert den Beginn einer »Neuen Gesellschaft«: 50 000 Verhaftungen von Regimegegnern, Verbot der oppositionellen Presse, nächtliche Ausgangssperre, vorübergehende Schließung der Schulen, Preiskontrollen, Verstaatlichung der Massenverkehrsmittel.

31. Dez. MARCOS ordnet die Bildung von *Barangays* (Volksversammlungen) an, die in den Dörfern und Stadtbezirken zusammentreten und die Regierungspolitik durch Akklamation legitimieren sollen.

1973, 31. März. Eine neue, von den *Barangays* gebilligte Verfassung, die dem Staatsoberhaupt diktatorische Vollmachten verleiht, tritt in Kraft. MARCOS bleibt unter dem Kriegrecht mit legislativer Gewalt ausgestattet und regiert durch Dekrete.

1978 Unter dem Druck amerikanischer Menschenrechtsforderungen ordnet MARCOS Wahlen für eine interimistische Nationalversammlung an. Der Wahlkampf der liberalen Opposition wird von dem zum Tode verurteilten Senator BENIGNO AQUINO (*1932, †1983) vom Gefängnis aus geleitet. Trotz Manipulationen erhält seine Partei bei den Wahlen am 7. April 40 % der Stimmen. AQUINO wird begnadigt und reist am 8. Mai 1980 in die USA aus.

1983, 21. Aug. **BENIGNO AQUINO wird bei seiner Rückkehr aus dem Exil in Manila ermordet.** Zeugen beschuldigen Regierungssoldaten und vermuten eine Verwicklung der Marcos-Familie. Der Mord ist der Anfang einer ständig wachsenden Oppositionsbewegung, welcher Oppositionspolitiker, gesellschaftliche Gruppen und die katholische Kirche unter Leitung von JAIME SIN (*1928, †2005), Erzbischof von Manila, angehören.

1986, 7. Febr. Bei den Präsidentschaftswahlen tritt CORAZÓN AQUINO (*1933), Witwe des ermordeten Oppositionsführers, als Gegenkandidatin zu MARCOS an. Als sich MARCOS am 17. Febr. nach massiven Manipulationen zum Sieger ausrufen lässt, kommt es zu einem friedlichen Volksaufstand, den auch ein Teil der Armee unterstützt. MARCOS flieht ins Ausland.

25. Febr. CORAZÓN AQUINO wird als neue Staatspräsidentin vereidigt.

1987, 2. Febr. Eine Volksabstimmung bestätigt die Präsidentschaft CORAZÓN AQUINOS bis 1991 und billigt die **neue Verfassung**, mit der eine Rückkehr zur Demokratie ermöglicht wird. Am 11. Mai folgen Wahlen für den

Kongress, an den die legislative Gewalt übertragen worden ist. Die Regierungskoalition (*Lakas ng Bayan*) siegt.

1991, 9./16. Sept. Der letzte Versuch eines Stützpunktabkommens mit den USA, das am 15. Mai 1990 gekündigt worden war, scheitert an der Ablehnung des Senats in Manila. Am 30. Sept. 1992 verlassen die US-Truppen die Philippinen.

1992, 11. Mai Der ehemalige Verteidigungsminister Fidel Ramos (*1928) wird zum Staatspräsidenten gewählt.

1996, 2. Sept. Die Regierung und die *Moro National Liberaton Front* (MNLF) erklären den Bürgerkrieg auf Mindanao für beendet und unterzeichnen einen Friedensvertrag.

1998, 11. Mai Der ehemalige Filmschauspieler und bisherige Vizepräsident Joseph Ejercito Estrada (*1937) gewinnt die Präsidentschaftswahlen. Die Mehrheit der Bevölkerung leidet unter den Folgen der asiatischen Wirtschaftskrise.

1999, Jan. Rebellen der *Moro Islamic Liberation Front* (MILF), einer Abspaltung der *National Liberation Front* (MNLF), beginnen erneut den Sezessionskrieg auf Mindanao.

Nov. Auf der Hauptinsel Luzon geht die bisher im Untergrund operierende maoistische Neue Volksarmee (NPA) mit ca. 11 000 Guerillakämpfern zum offenen Angriff auf die Armee über.

2000, 9. Jan. Präsident Estrada zieht eine umstrittene Verfassungsreform zurück, mit der seine Macht gestärkt und ausländischen Investoren mehr Spielraum im Land gewährt werden sollte.

23. April Die muslimische Terrorgruppe *Abu Sayyaf* entführt von der malayischen Ferieninsel Sipadan 21 ausländische Touristen, darunter drei deutsche, und verschleppt sie auf die Insel Jolo. Durch internationale Vermittlertätigkeit (zuletzt Libyen) kommen die Geiseln bis zum 9. Sept. frei. Die Entführer erhalten vermutlich mehr als 10 Mio. US-$ Lösegeld.

16. Sept. Die philippinische Armee beginnt eine Großoffensive gegen die *Abu Sayyaf*.

2001, 20. Jan. Präsident Estrada, seit Nov. 2000 in ein Amtsenthebungsverfahren wegen Korruption verwickelt, wird gestürzt. An seine Stelle tritt die Vizepräsidentin Gloria Macapagal-Arroyo (*1947).

25. April Ex-Präsident Estrada wird verhaftet. Am 27. Juni beginnt gegen ihn ein Prozess wegen »wirtschaftlicher Ausplünderung des Staates«.

2002, 29. Jan. US-Spezialisten beginnen mit dem Training von Kampfgruppen gegen die *Abu Sayyaf*, die der Beziehungen zur *al-Qaida* von Osama bin Laden verdächtigt wird.

23. Nov. Die Philippinen und die USA schließen ein Abkommen zur gegenseitigen Unterstützung bei Versorgung und Logistik. In der Irakkrise stehen die Philippinen neben Singapur als einziges Land Südostasiens an der Seite der USA.

2004, 10. Mai Bei der Präsidentschaftswahl (wegen Unregelmäßigkeiten am 24. Juni wiederholt) setzt sich Amtsinhaberin Macapagal-Arroyo mit 39,1 % der Stimmen über ihren Herausforderer, den Filmstar Fernando Poe Jr (*1939, †2004; 35,7 %) durch.

2005, Jan. Zwischen Regierungstruppen und MILF-Rebellen brechen schwere Kämpfe aus, womit ein im Juli 2003 vereinbarter Waffenstillstand endet.

Sept. Präsidentin Macapagal-Arroyo übersteht einen Versuch der Opposition, ein Absetzungsverfahren einzuleiten.

2007, Sept. Der ehemalige Präsident Estrada wird der Korruption schuldig befunden und zu lebenslanger Haft verurteilt, von der Präsidentin aber kurz darauf begnadigt.

Australien, Neuseeland und Ozeanien seit 1945

Australien und Neuseeland

Australien seit 1945 | Forts. v. S. 1242 |

Australien ist im Pazifischen Krieg zum ersten Mal in seiner Geschichte einer **direkten militärischen Gefahr** ausgesetzt, als Japan bis in die unmittelbare Nähe des fünften Kontinents vorrückt und mit Luftangriffen gegen Orte im Norden sein Bedrohungspotenzial demonstriert. Australien verdankt die Abwehr der Gefahr v. a. den USA, die für die Rückeroberung des südwestpazifischen Raums, insbesondere der Philippinen, den fünften Kontinent als Aufmarschgebiet und Versorgungsbasis benötigen. Australien entsendet nach Kriegsende etwa 10 000 Mann als Besatzungstruppen nach Japan und nimmt aktiven Anteil an der Verfolgung und Bestrafung japanischer Kriegsverbrecher in Gerichtsverfahren.

Die australische Regierung ist einer der aktivsten Förderer bei der Schaffung der Vereinten Nationen. Mit der *South Pacific Commission* (1947) und dem Colombo-Plan (1950) entwickelt sie Wege und Instrumente zu **engeren Beziehungen zu den Ländern in Ozeanien und in Asien**. Australien setzt sich u. a. früh für die Unabhängigkeit Indonesiens von der niederländischen Kolonialmacht ein.

Bedeutsam bleibt die enge **Anlehnung an die USA**. In neueren kriegerischen Auseinandersetzungen der USA auf dem asiatischen Festland, v. a. in Korea und Vietnam, sieht Australien sich im Bündnis mit den USA zu Solidarität verpflichtet.

In den sich von kolonialer Herrschaft befreienden Völkern Asiens und Ozeaniens werden neue Partner gesehen. Solange sich Australien an der rassistischen »White Australia«-Politik orientiert, werden in den bevölkerungsreichen Staaten hingegen auch neue Gefahrenherde ausgemacht. Beunruhigend wirken dabei auch Modernisierungs- und Industrialisierungsbestrebungen der sich emanzipierenden Staaten. Mit dem zuvor als größte Bedrohung angesehenen Japan wird eine »Normalisierung« des Verhältnisses und ein für beide Seiten profitabler Handel angestrebt. Mit China bleiben normale Beziehungen jahrzehntelang unmöglich. Im Gegensatz dazu entwickelt sich mit Indonesien ein nachbarschaftliches, allerdings gelegentlich durch Differenzen gestörtes Verhältnis. Australien, dessen Absatz für landwirtschaftliche Produkte und Bodenschätze in Europa und Amerika, v. a. aber in Großbritannien, lange gesichert war, verlagert seit den 60er-Jahren seine **wirtschaftlichen Interessen zunehmend nach Asien**.

Auf die durch Asien befürchtete Bedrohung suchen die australischen Regierungen traditionell eine Absicherung durch die Einwanderungspolitik, d. h. mithilfe eines forcierten Wachstums der Bevölkerung. Ein Übergewicht des britisch-irischen Elements wird dabei nicht mehr als wichtig angesehen. Die in Europa durch Zerstörung, Verdrängung, Flucht und Umsiedlung entstandene Lage wird genutzt, um Einwanderer zu gewinnen. Diese Politik ist zwei Jahrzehnte lang erfolgreich.

1945, 5. Juli Nach dem Tod von Premierminister CURTIN (*1885) wird JOSEPH BENEDICT CHIFLEY (*1885, †1951) neuer Premierminister.
Mit ARTHUR AUGUSTUS CALWELL (*1896, †1973) als Einwanderungsminister wird ein **erfolgreiches Einwanderungsprogramm** entwickelt, das bis Ende seiner Regierungszeit 1949 etwa eine halbe Mio. Einwanderer ins Land bringt, bis 1970 etwa 2,5 Mio.

1947 Australien ist Gründungsmitglied der *South Pacific Commission*.

1948–1960 Australien entsendet Truppen zur britischen Kolonie Malaya (heute Malaysia), um dort eine kommunistische Bewegung zu bekämpfen.

1949, 19. Dez. Die *Liberal Party*, die unter ROBERT GORDON MENZIES' (*1894, †1978) Leitung Mitte der 40er-Jahre zum großen Teil aus der *United Australia Party* hervorgegangen ist, bildet nach dem Wahlsieg eine Koalition mit der *Country Party*. **MENZIES** bleibt, begünstigt durch die Schwäche der *Labor Party*, **17 Jahre lang Premierminister**. Ende der Verstaatlichungspolitik. Das Snowy Mountains Projekt zur Nutzung des Wasserreservoirs durch den Bau von Dämmen, Wasserkraftanlagen etc. wird fortgesetzt.

1950 **Der Colombo-Plan** wird von Staaten des Commonwealth of Nations zur Unterstützung asiatischer Länder bei ihrer wirtschaftlichen Entwicklung, insbesondere durch Ausbildungsprojekte, beschlossen.

1950–1953 Australien unterstützt die UNO im Koreakrieg durch Bereitstellung von Truppen und militärischen Mitteln.

1951, März–April Das Gesetz zum Verbot der Kommunistischen Partei (Okt. 1950) wird vom *High Court* für ungültig erklärt, weil es Menschen- und Eigentumsrechte verletzt. In einer Volksabstimmung (22. Sept.) wird mit knapper Mehrheit ein Verbot der Kommunistischen Partei abgelehnt.

1952, 28. April Das **ANZUS-Abkommen** (Australien, Neuseeland und USA) tritt in Kraft. Es ist im Sept. 1951 u. a. gegen das wieder erstarkte Japan geschlossen worden und bildet die Grundlage der australischen Sicherheitspolitik und Zusammenarbeit mit den USA bis in die Gegenwart. Es finden jährlich Konsultationen der Außen- und Verteidigungsminister statt. Neuseelands Mitgliedschaft ruht seit 1986.

1953, Okt. Britische Atomtests beginnen im Gebiet von Woomera, Südaustralien.

1954, April **Petrov-Affäre**: Der Diplomat und Chef der sowjetischen Spionage in Australien, VLADIMIR PETROV (*1907, †1991), bittet um Asyl. Die Affäre schadet der *Labor Party* und stärkt konservative Kräfte. Die Sowjetunion bricht die diplomatischen Beziehungen ab und nimmt sie erst fünf Jahre später wieder auf.

Mai MENZIES' Regierung wird durch Wahlen bestätigt.

9. Sept. Konferenz in Manila: Nach der Niederlage Frankreichs in Indochina schließt Australien mit den

USA und Staaten Süd- und Südostasiens den **Gründungsvertrag zur South-East Asia Treaty Organisation (SEATO)** gegen die Ausbreitung des Kommunismus.

1956, 22. Nov.–8. Dez. Olympische Sommerspiele in Melbourne.

Sozial- und Einwanderungspolitik

Nach dem Ende des Pazifischen Kriegs wird eine Antwort auf die »asiatische Herausforderung« gesucht und anfangs in einer forcierten Immigrationspolitik gefunden. Die begehrtesten Einwanderer sind weiterhin Briten, von denen etwa eine Mio. die Vergünstigungen eines Reiseprogramms von 1947 bis 1955 wahrnimmt. Nach einem Abkommen mit der Internationalen Flüchtlingsorganisation (1947) können ausgewählte *Displaced Persons* von Mitteleuropa nach Australien auswandern. Bonn schließt mit Canberra einen Vertrag, nach dem seit 1952 auch Deutsche von australischen Vergünstigungen profitieren. 1958 wird der berüchtigte Diktat-Test für Einwanderer abgeschafft, und seit 1960 beginnt der **Abbau der 1901 allgemein eingeführten »White Australia« Politik.** Seit 1974 gibt es in Einwanderungsgesetzen keine rassistischen Klauseln mehr. Während des Zweiten Weltkriegs beginnt sich das Verhältnis von Regierung und Mehrheitsbevölkerung zu den Aborigines zu verändern, da diese als Hilfskräfte bei den Truppen und in der Industrie eingesetzt werden. Mehrere Hilfsorganisationen schließen sich zum *Federal Council for the Advancement of Aborigines and Torres Strait Islanders* zusammen. Anfang der 60er-Jahre bekommen die **Aborigines in verschiedenen Bundesstaaten Wahlrecht.**

1957, 6. Nov. Australisch-niederländische Erklärung über eine mögliche Konföderation des westlichen und östlichen Teils von Neuguinea (heute Indonesien und Papua-Neuguinea).

1960 Indonesien beansprucht den westlichen Teil Neuguineas (West Irian).

1961, Dez. MENZIES' Regierung gewinnt die Wahl mit hauchdünner Mehrheit.

1962, 9. Mai Nachdem Australien für den Abzug niederländischer Kolonialtruppen aus dem westlichen Neuguinea eingetreten ist, versichert es sich amerikanischer Hilfe für den Fall eines Konflikts um Neuguinea.

1964 Einführung einer selektiven Wehrpflicht (*National Service Scheme*).

1966 Mit der Abwanderung des Gurindji-Stamms als Hilfskräfte von Farmen im Northern Territory beginnt die **Landrechtsbewegung der Aborigines**, die ihre einstigen Landrechte wiedererlangen möchten.

20. Jan. HAROLD EDWARD HOLT (*1908, †1967) wird nach Rücktritt von MENZIES Premierminister.
HOLT besucht die USA und verspricht Australiens **Unterstützung im Vietnamkrieg.**

März Erste Demonstrationen gegen den Vietnamkrieg.

8. März HOLT verkündet die Verdreifachung der australischen Truppenstärke in Vietnam.

Okt. Staatsbesuch von US-Präsident LYNDON B. JOHNSON (erster amerikanischer Präsident in Australien).
Höchstzahl australischer Einsatztruppen in Vietnam: 8500 Mann. Während des ganzen Krieges dienen mehr als 50 000 Australier in Vietnam, über 500 fallen.

1967, 27. Mai Eine Volksabstimmung zur Beendigung der Diskriminierung von Aborigines fällt mit über 90 % Zustimmung aus.

1968, 9. Jan. Nachdem Premierminister HOLT im Meer verschollen ist, wird JOHN GREY GORTON (*1911, †2002) Premierminister.

1970 Einige Gruppen von Aborigines kehren zu früheren Stammesgebieten zurück, um wieder eine traditionelle Lebensweise aufzunehmen.
In Melbourne protestieren 70 000 Personen gegen den Vietnamkrieg. Zahlreiche Wehrpflichtige lehnen aus Gewissensgründen den Kriegsdienst ab. Die Protestbewegung gegen den Krieg ist die schwerste politische Auseinandersetzung mit der Regierung seit der Ablehnung der Wehrpflicht im Ersten Weltkrieg.

1971, 10. März Premierminister GORTON tritt zurück; sein Nachfolger wird WILLIAM MCMAHON (*1908, †1988).

April Der Besuch eines australischen Tischtennisteams in China kündigt symbolisch die Aufweichung außenpolitischer Fronten an (Ping-Pong Diplomatie).

1972 Die Regierung beschließt den Abzug des größten Teils der Truppen aus Südostasien. Damit beginnt eine **Wende in der australischen Außenpolitik**, die sich mit umwälzenden inneren Reformen nach dem Regierungsantritt von EDWARD GOUGH WHITLAM (*1916) fortsetzt.

Jan.–Juli *Aboriginal Embassy*: Zur Erringung der Landrechte wird ein Zelt gegenüber dem Eingang des Parlaments als Mahnung aufgestellt. – Wahl des ersten Aborigine als Abgeordneter im Bundesparlament.

Dez. Ein *Department of Aboriginal Affairs* wird bei der Bundesregierung eingerichtet.
Die letzten australischen Truppen verlassen Vietnam. Ihr Empfang ist von Protesten begleitet.

Wirtschaftliche Entwicklung

Die Landwirtschaft verliert nach dem Pazifischen Krieg ihre führende Rolle. Mit der **Entdeckung und Erschließung von Bodenschätzen** beginnt ein *mineral boom*. Antriebsfaktor ist anfangs die Suche nach Uran, von den USA und Großbritannien als Abnehmer gefördert, die seit 1949 von Südaustralien mit Uranerzen beliefert werden. 1951 und 1954 werden **Uranvorkommen** im Northern Territory und in anderen Bundesstaaten entdeckt und erschlossen. Bauxit und Nickel ergänzen in den 60er-Jahren die Palette abbauwürdiger Bodenschätze. Auf dem Energiesektor unterstützen Erdölvorkommen in Queensland, an der Nordwestküste Australiens und an der Südküste Victorias den einheimischen Bedarf, der so bald zu Dreiviertel gedeckt werden kann. Die bedeutendste Entdeckung sind Eisenerzlager in Westaustralien. Japan beginnt 1966 durch seinen Bedarf an Rohstoffen und landwirtschaftlichen Produkten die mit Großbritanniens EG-Beitritt entstandene Absatzlücke auszufüllen.

Australiens **Aufschwung durch den mineral boom** hält auch in den 70er-Jahren an. Auch wenn die einsetzende Globalisierung Australien Vorteile schafft, so gibt es doch unerwartete Rückschläge, z. B. durch die Ölkrise. Sie zwingt das Land zu einer Anhebung der Schutzzölle die v. a. Japan trifft, das daraufhin nach anderen Rohstofflieferanten Ausschau hält. Binnenwirtschaftlich reagiert die Regierung 1978/79 u. a. mit einer Kürzung der Zahl der Beschäftigten im öffentlichen Dienst. Der Preis für Erdöl – in Australien geringer als die Hälfte des Weltmarktpreises – wird auf dessen Niveau erhöht. Die Regierung sucht einen Ausgleich für die Verluste, u. a. mit indirekten Steuern auf Genussmitteln und mit der Einführung einer Ausreisesteuer.

Die 90er-Jahre sind von einer **Wirtschaftskrise** mit anschließender Konsolidierung und Öffnung geprägt. Maßgeblichen Anteil daran hat die Regierung von PAUL KEATING, die eine umfangreiche Privatisierung staatlicher Betriebe durchsetzt. Die Kooperation mit den südostasiatischen und südpazifischen Staaten wird durch die Mitgliedschaft in der *APEC* (*Asia-Pacific Economic Cooperation*) außerordentlich gestärkt. 2004 wird ein Freihandelsabkommen mit den USA geschlossen. 2007 übernimmt teilweise China mit wachsender Leistungsfähigkeit und Produktionskraft von Japan die Position als größter Handelspartner auf dem australischen Markt. Im Export steht Kohle an erster Stelle mit 12 % vom Gesamtexport, gefolgt von Gold mit 7 %, Wolle 6 %, Eisenerz 5 % und Aluminiumoxid (Tonerde) 4 %.

1972, 2. Dez. Parlamentswahlen: Sieg der *Labor Party* unter EDWARD GOUGH WHITLAM. Er verfolgt u. a. das Ziel, den Rassismus in der Einwanderungspolitik zu überwinden.

22. Dez. Aufnahme **diplomatischer Beziehungen mit der VR China**.

Ende Dez. Ende der Wehrpflicht.

1973, 4. Jan. Der Einwanderungsminister ALBERT JAIME GRASSBY (*1926, †2005) verkündet das Ziel, alle rassistischen Hinweise bei Einwanderungsbestimmungen wegfallen zu lassen. Noch im gleichen Jahr wird die Förderung der Einwanderung auf Personen jeglicher Hautfarbe übertragen; die Bevorzugung britischer Einwanderer wird aufgegeben.
Nutzen davon haben die im und nach dem Vietnamkrieg (Boat-People) eintreffenden Flüchtlinge, von denen bis 1982 allein aus Vietnam, Laos und Kambodscha 66 000 aufgenommen werden.

20.–25. Febr. WHITLAM setzt bei einem Besuch in London die Aufhebung der Verbindung australischer Gerichte zum britischen *Privy Council* (Kronrat) als Appellationsinstanz durch.

26. Febr. Aufnahme diplomatischer Beziehungen zu Nordvietnam; Einstellung der Militärhilfe für Südvietnam.

1974, 18. Mai Parlamentswahlen mit Verlusten der *Labor Party* im Senat.

11. Juni Erneute Regierungsbildung durch WHITLAM.

11. Juli Sir JOHN KERR (*1914, †1991) aus der *Labor Party* wird Generalgouverneur.

Sept. **Abwertung des Australischen Dollars** gegenüber dem US-Dollar um 12 %; wirtschaftliche Problemen durch eine Inflation, die sich von 10 auf 20 % erhöht.

1975, 14. Okt. Die Opposition fordert wegen einer Korruptionsaffäre den Rücktritt der Regierung und Neuwahlen und blockiert die Haushaltsvorlage.

11. Nov. Zur Sicherung der Annahme des Haushaltsentwurfs will WHITLAM dem Generalgouverneur die Auflösung beider Häuser des Parlaments empfehlen. Doch zuvor verkündet KERR bereits die Entlassung der Regierung und beauftragt den Führer der Liberalen Partei, MALCOLM FRASER (*1930), mit der Bildung einer Übergangsregierung.

13. Dez. FRASER gewinnt die Wahlen und bildet eine Koalitionsregierung mit der *National Country Party*. Innenpolitisch versucht er die durch die **Ölkrise beeinträchtigte Wirtschaft** zu fördern, außenpolitisch das Verhältnis zu den USA zu verbessern, ohne dabei die unter seinem Vorgänger geknüpften Beziehungen zu den asiatischen Staaten zu beeinträchtigen.

1976, 31. März U-Boote der USA mit Kernwaffen an Bord erhalten Hafenrechte in der neuen Marinebasis Cockburn Sound am Indischen Ozean.

Ende 1976 Abwertung des Australischen Dollars gegenüber dem US-Dollar um 17,5 %. Bis 1982 bleibt die Arbeitslosigkeit nahe 10 %, die Inflationsrate bei 12 %.

1977, 25. Aug. Aufhebung des von der Vorgängerregierung beschlossenen Exportverbots für Uranerz, was zu Interessenskonflikten zwischen dem Interesse an einer atomwaffenfreien Zone im Pazifik und der Bedrohung der Lebensräume der Aborigines im Northern Territory führt.

8. Dez. Generalgouverneur KERR gibt nach anhaltender Kritik an der Entlassung WHITLAMS sein Amt auf.

10. Dez. MALCOLM FRASER gewinnt die vorgezogenen Wahlen. Die **wirtschaftliche Krise** führt zu Einschnitten im Lebensstandard.

1978, 3. Nov. Regierungsabkommen mit den Aborigines über den Uranerzabbau im Northern Territory.

1980, 2. Nov. MALCOLM FRASER bildet neue Regierung. Wachsendes Haushaltsdefizit: Ein Gremium alter Minister (sog. *Razor Gang*) soll Vorschläge zu dessen Beseitigung machen. Steigende Lebenshaltungskosten; Einschränkung staatlicher Unterstützung im Gesundheitswesen.

1981/82 Eine Dürreperiode verschlimmert die schlechte wirtschaftliche Lage.

1981 Es kommt zu Problemen mit den Aborigines, die wachsende Unterstützung in der Bevölkerung finden, v. a. bei den verschiedenen Konfessionen.

1983, 5. März Haushoher Sieg der *Labor Party* bei Neuwahlen mit ROBERT JAMES LEE (BOB) HAWKE (*1929). HAWKE knüpft innenpolitisch an WHITLAMS Reformpolitik an. Außenpolitische Ziele sind die Milderung der Gegensätze im Kalten Krieg und die Freundschaft zu asiatischen und ozeanischen Nachbarstaaten.
Wichtigste Kraft in HAWKES Kabinett ist Finanzminister PAUL KEATING (*1944).

10. März Abwertung des Australischen Dollars um 10 %.

31. Mai Wiederaufnahme **diplomatischer Beziehungen zur Sowjetunion**.

1984, Febr. Das Gesundheitssystem wird reformiert. Es soll durch eine einprozentige Einkommensteuererhöhung eine Grundversorgung für alle sichern.

1. Dez. Parlamentswahlen: Labor gewinnt mit HAWKE bei geringen Verlusten.

1985, 26. Okt. In einem feierlichen Staatsakt wird der Uluru-Nationalpark mit dem Monolithen **Ayers Rock an die Aborigines zurückgegeben**.

1986, 3. März Unterzeichnung des *Australian Act 1986* durch Königin ELISABETH II. Damit werden die letzten rechtlichen und politischen Bindungen zwischen Großbritannien und Australien beseitigt. Mit dem gleichzeitigen Inkrafttreten des *Australian Act 1985* wird auch die australische Legislative von Bindungen an britische Institutionen befreit.

1987, 5. Juni Premierminister HAWKE löst beide Häuser des Parlaments mit der Begründung auf, die Opposition behindere Regierungsvorhaben zur Wiederbelebung der Wirtschaft.

11. Juli Die *Labor Party* gewinnt die Wahlen für eine dritte Amtszeit von HAWKE.

1988, 26. Jan. 200. Jahrestag der Landung der ersten Weißen, vorwiegend verbannte Sträflinge unter dem Deutsch-Briten ARTHUR PHILLIP (*1738, †1814). Die Organisationen der Aborigines protestieren gegen die Feierlichkeiten, da damals ihr Leidensweg begann.

1989, Nov. In Canberra Gründung der APEC (*Asia-Pacific Economic Cooperation*) von Australien, USA und Japan. Gegenwärtig hat die Organisation 21 Mitglieder.

1990, 24. März Bei Parlamentswahlen hat *Labor* Stimmenverluste, erringt aber weiterhin die Mehrheit im Repräsentantenhaus. Im Streit mit HAWKE gewinnt KEATING die Unterstützung der *Labor Party*.

1991 **Australien unterstützt die USA im Golfkrieg** mit Truppen und Material.

19. Dez. Nach dem Rücktritt als Schatzkanzler wird PAUL KEATING von der *Labor Party* zum neuen Vorsitzenden und am 20. Dez. zum Premierminister gewählt.

1992 **Wirtschaftskrise**: Rezession im Bergbau und Niedrigpreise für Fleischexporte, Arbeitslosigkeit über 11%. Gegensteuerung durch Reduzierung der jährlichen Einwanderungsquote um ein Drittel auf 80000.

3. Juni **»Mabo-Entscheidung«**: Der Oberste Gerichtshof bestätigt die Landrechte der australischen Aborigines. Mit dieser Entscheidung wird die bislang gültige Doktrin vom australischen Kontinent als *terra nullius* bei der weißen Besiedlung verworfen.

17. Dez. Der Einwanderern abgeforderte Schwur auf die britische Königin wird abgeschafft. An seine Stelle tritt eine Vereidigung auf Australien und die australische Nation. Das ist ein erster Schritt der Regierung KEATING gegen die monarchische Tradition und Australiens Verbindung zu Großbritannien.

1993, 13. März Die *Labor Party* gewinnt die Parlamentswahlen. KEATING bildet eine neue Regierung, die auf drei Ziele setzt: völlige Trennung von der englischen Monarchie, um Australien zu einer Republik zu machen, eine Aussöhnung mit den Aborigines und verstärkte Verbindungen zu Asien, v. a. zu Indonesien.

22. Dez. Die Regierung erkennt die »Mabo-Entscheidung« an und leitet die sich daraus ergebende Gesetzgebung ein.

1995 Bildung einer »Einheimischen Landgesellschaft«, die Land zur Rückgabe an die Aborigines aufkaufen soll.

1996, 2. März Bei den Parlamentswahlen siegt das Wahlbündnis von Liberaler und Nationaler Partei über die bislang regierende *Labor Party*.

11. März JOHN W. HOWARD (*1939), Vorsitzender der Liberalen Partei, wird in einer Koalition mit der Nationalen Partei neuer Premierminister. Ziel seiner Innenpolitik ist eine solide Haushaltspolitik u. a. mithilfe einer Privatisierung der Sozialdienste und der Gesundheitsvorsorge.

März KIM CHRISTIAN BEAZLEY (*1948) wird Führer der *Labor Party*.

Dez. Entscheidung des Obersten Gerichtshofes (*Wik Case*), dass der Anspruch von Aborigines auf Land durchaus neben anderen Ansprüchen hinsichtlich der Pachtung von Weideland bestehen kann, was auf 40% der australischen Landmasse zutrifft.

1998 Die Regierung **begrenzt die Landrechte der Aborigines**, indem den Bundesstaaten und Territorien das Recht zur Gesetzgebung auf diesem Gebiet zugesprochen wird, wobei auch bereits anerkannte Rechte wieder eingeschränkt werden können.

3. Okt. Bei vorgezogenen Wahlen zum Parlament bleibt die Regierungskoalition trotz Verlusten an der Macht. In der gleichzeitig stattfindenden Teilwahl zum Senat bleibt die Mehrheit der Opposition erhalten.

1999, 29. Juni Das Parlament billigt eine umstrittene Steuerreform mit einer Mehrwertsteuer sowie Senkung der Einkommens- und Unternehmenssteuer.

12. Sept. Australien wird von der UNO mit der Führung einer **Eingreiftruppe in Osttimor** beauftragt, das nach 24 Jahren unter indonesischer Besatzung fast ein Viertel seiner Bevölkerung verloren hat. Am 20. Mai 2002 wird Osttimor unabhängig.

6. Nov. Die Bevölkerung Australiens lehnt in einer Volksabstimmung die **Einführung der Republik ab**.

2000, 27. Mai Bis zu 250000 Menschen nehmen an einem **»Versöhnungsmarsch«** teil, der das Verhältnis zwischen Aborigines und der übrigen Bevölkerung verbessern soll. Premierminister HOWARD lehnt weiterhin eine Entschuldigung für Diskriminierungen und die Wegnahme des Lebensraums der Aborigines ab, wohl aus Bedenken gegen unabsehbare Entschädigungszahlungen. Die Mehrheit der Australier beginnt in der Kunst der Aborigines ein Element ihrer nationalen Identität zu sehen.

15. Sept.–1. Okt. Olympische Sommerspiele in Sydney.

2001, 26. Aug. 433 afghanische Flüchtlinge, vom norwegischen Frachter Tampa gerettet, werden nicht an Land gelassen. Sie werden vom pazifischen Inselstaat Nauru aufgenommen. Der Fall bewegt die australische Öffentlichkeit und Politik über Jahre.

10. Nov. Wahlen: Die Regierungskoalition unter JOHN HOWARD behauptet sich. – SIMON CREAN (*1949) löst KIM BEAZLEY als Führer der *Labor Party* ab.

2002, 12. Okt. **Islamistischer Terroranschlag in Kuta Beach auf Bali**: 202 Personen werden getötet, darunter 88 Australier. Der Kampf gegen den internationalen Terrorismus hat seit dem 11. Sept. 2001 höchste Priorität.

Ende 2002 Proteste von Asylbewerbern in Lagern gegen eine restriktive Behandlung.

2003, 18. März Der Bitte der USA, sich am **Krieg gegen den Irak** zu beteiligen, kommt die Regierung noch am gleichen Tag nach, nachdem Australien schon Anfang Sept. 2002 Unterstützung zugesagt hatte. Mit 2000 Soldaten, Kriegsschiffen und Kampfflugzeugen stellt Australien das drittgrößte Kontingent. In der Öffentlichkeit entsteht das Wort vom »Hilfssheriff der USA«.

Juni Australien sorgt als »regionale Ordnungsmacht« auf den Salomonen mit der *Regional Assistance Mission for the Solomon Islands* (RAMSI) für Ruhe.

22. Aug. Ein ehemaliger Spitzenbeamter beschuldigt die Regierung, die Öffentlichkeit über die Berechtigung eines Kriegs gegen den Irak getäuscht zu haben. Premierminister Howard räumt ein, dass der Entschluss zum Irak-Einsatz möglicherweise auf ungenauen Informationen beruht habe (Febr. 2004).

Okt. Die Eisenbahnlinie zwischen Darwin und Adelaide ist fertiggestellt; sie ist die erste direkte Bahnverbindung zwischen Nord- und Südaustralien.

4. Dez. Die Regierung beabsichtigt, sich an der Entwicklung des von den USA geplanten Raketenabwehrsystems zu beteiligen.

2004, 15. Febr. Nach dem Unfalltod eines jungen Aborigine in Sydney kommt es zu **Protesten der Aborigines**.

Sept. Terroristischer Anschlag auf die australische Botschaft in Jakarta.

9. Okt. Parlamentswahlen: Howard gewinnt mit der Koalition. Die Grünen kommen auf über 7 % und übernehmen damit die Rolle als dritte Kraft im Land. Krise in der *Labor Party*.

2005, Jan. Australien bietet über 1 Mrd. US-$ Hilfe für Tsunami-Opfer und Schäden in Indonesien an.

28. Jan. Kim Beazley wird erneut Führer der *Labor Party*.

1. Juli Regierungsmehrheit für Howard auch im Senat.

Okt. Verschärfung der Terrorgesetzgebung und großangelegte Razzia in den Vorstädten von Sydney und Melbourne.

8. Nov. Verhaftung von 16 Muslimen zur Verhinderung eines geplanten Anschlags.

2005–2006 Rassistische Krawalle in Sydney zwischen weißen und libanesischstämmigen Australiern.

2006, 1. April Besuch des chinesischen Ministerpräsidenten Wen Jiabao, der v. a. die Verhandlungen über den Abschluss eines Freihandelsabkommens beschleunigen soll.

Juni Um die fortgesetzten **Unruhen auf Osttimor** zu beenden, werden Interventionstruppen unter australischer Führung entsandt.

4. Dez. Kevin Rudd (*1957) wird neuer Vorsitzender der *Labor Party*. In den sechs Bundesstaaten und zwei Territorien stellt die *Labor Party* nach Regionalwahlen die Regierung.

2007, 5. Jan. China sichert sich in einem Abkommen die Versorgung mit australischem Uran, das für den Betrieb von 28 geplanten Atomreaktoren benötigt wird.

24. Nov. Die *Labor Party* gewinnt klar die Parlamentswahlen. Kevin Rudd wird neuer Premierminister.

2008, 13. Febr. In einer Ansprache vor dem Parlament entschuldigt sich Premierminister Rudd im Namen der Regierung bei den Aborigines für beganges Unrecht in der Vergangenheit.

Neuseeland seit 1945 | Forts. v. S. 1244 |

Mit dem Abbau der kriegsbedingten Einschränkungen und Kontrollen beginnt für Neuseeland in den 1950er-Jahren eine Zeit gesellschaftlicher Wandlungen und wirtschaftlichen Aufschwungs. Reformen verändern die alten Gesetze und Traditionen. Die Gegensätze zwischen *Maori* und *Pakeha* (Weißen) werden abgebaut; im Vierteljahrhundert nach Kriegsende finden die meisten Maoris in den Städten Wohnung und Arbeit. Statt »Assimilation« wird »Integration« das Schlagwort der Bevölkerungspolitik. »Maori« wird zur zweiten Amtssprache Neuseelands erhoben. Am Ende wird auch die Idee vom »weißen Neuseeland« überwunden. Asiaten dürfen nach Neuseeland einwandern.

Die wichtigste Einnahmequelle Neuseelands bleibt bis zur Mitte des 20. Jh.s die Landwirtschaft. In den 50er- und 60er-Jahren erlebt das Land eine Blütezeit mit Vollbeschäftigung, da auch Frauen in Berufe drängen, die bisher Männern vorbehalten waren. 1965 wird mit Australien das NAFTA (*New Zealand – Australia Free Trade Agreement*) abgeschlossen, um den Wegfall von Exporten zum Mutterland auszugleichen, das bislang die Hälfte der neuseeländischen Exporte abgenommen hat, nun aber den Anschluss an Europa sucht. 1983 bringt CER (*Closer Economic Relations Trade Agreement*) mit Australien eine weitere Absicherung der Interessen. Der britische EG-Beitritt 1973 zwingt Neuseeland zu einer Umorientierung im Exporthandel. Australien, China, Japan und die sog. »Tigerstaaten« werden die wichtigsten Handelspartner Neuseelands. Da sich der Globalisierungsprozess ungünstig auf die Landwirtschaft auswirkt, wird fortan die Industrie stark gefördert. Dennoch wird auch in diesem Bereich wachsende Arbeitslosigkeit zu einem Problem. Seit den 80er-Jahren verlieren in Neuseeland die Ideale eines Sozialstaats an Wirkungskraft. Staatliche Betriebe werden privatisiert, neoliberale Wirtschaftskräfte gestärkt. Während »Big Business« von den Reformen profitiert, bekommen die unteren Einkommensgruppen die Last des Wandels zu spüren.

Politisch setzt sich der im Krieg begonnene Prozess einer Ablösung von Bindungen zum »Mutterland« fort; es werden engere regionale Beziehungen gesucht und eingegangen. Schon 1947 treten Neuseeland und Australien für die Region als führende Mitglieder in der *South Pacific Commission* auf.

Der 1951 geschlossene ANZUS-Pakt zwischen den USA, Australien und Neuseeland soll das Vordringen des Kommunismus anhalten, der sich 1949 im festländischen China durchgesetzt hat. Als Verbündeter der USA entsendet Neuseeland eine kleine Streitmacht zuerst nach Korea, später nach Vietnam. Die Bindungen zu den USA lockern sich schlagartig, als der Protest gegen die atomare Aufrüstung Neuseeland erfasst. Gegen Ende des Kalten Kriegs proklamiert es sich als atomwaffenfrei und verstößt damit die USA als Bündnispartner. Die Positionen beider sind diametral entgegengesetzt.

1947, 25. Dez. Unterzeichnung des Westminster Statuts vom Jahre 1931. Neuseeland bekräftigt seine Position als souveräner Staat im britischen Commonwealth mit dem englischen König als Staatsoberhaupt.

1948 Staatsbürgerschaftsgesetz, das allerdings nur *Pakeha* (Weiße) betrifft.

1949, 4. Mai Zur Sicherung gegenüber nicht absehbarer Entwicklungen in Südost- und Ostasien wird die **allgemeine Wehrpflicht** durch Volksentscheid eingeführt und zehn Jahre später wieder abgeschafft.

30. Nov. Die *National Party* gewinnt die Wahlen; SIDNEY GEORGE HOLLAND (*1893, †1961) wird Premierminister.

1950 Entsendung von Truppen nach Korea.
Neuseeland ist Mitunterzeichner des Colombo Plans zur Entwicklungshilfe asiatischer Staaten.

1951, 1. Jan. Aufhebung des Zweikammersystems. Die **Volksvertretung** besteht fortan aus dem *House of Representatives* mit heute 120 Mitgliedern, darunter 4 Maori.

1. Sept. **ANZUS-Pakt:** Verteidigungsbündnis mit Australien und USA.

1954 Mitgliedschaft im südostasiatischen Verteidigungspakt SEATO.

1956 Entsendung von Truppen nach Malaya zur Bekämpfung von Guerillas.

1957 Regierung der *National Party* unter KEITH JACKA HOLYOAKE (*1904, †1983).

1957–1960 WALTER NASH (*1882, †1968) von der *Labour Party* ist Premierminister.

1960–1972 Premierminister HOLYOAKE (*National Party*).

1962, 1. Jan. Westsamoa (seit 1946 Mandatsgebiet von Neuseeland) wird unabhängig.

1965 Entsendung eines Bataillons nach Vietnam. Wachsende Proteste gegen den Vietnamkrieg.

4. Aug. Die Cookinseln erhalten Selbstregierung.

31. Aug. *New Zealand Australia Free Trade Agreement* (NAFTA) abgeschlossen.

1967 Währungsreform: Das britische Pfund Sterling wird vom Neuseeländischen Dollar (»Kiwi-Dollar«) mit Dezimalsystem abgelöst.

1971, Aug. Das **South Pacific Forum** (seit 2000 *Pacific Island Forum*) von Neuseeland, Australien, Fidschi, Tonga und Westsamoa in Wellington beschließt regelmäßige Treffen.

1972, 8. Dez. Nach dem Sieg der *Labour Party* bei den Parlamentswahlen wird NORMAN ERIC KIRK (*1923, †1974) neuer Premierminister. Er ändert die Sozial- und Wirtschaftspolitik (Ziel: gleicher Lohn für alle) sowie die Außenpolitik. Eine Verfassungsreform setzt das Wahlalter von 20 auf 18 Jahre herab.

22. Dez. Diplomatische Anerkennung der VR China und Abbruch der Beziehungen zu Taiwan.

1973, 6. Sept. Nach dem Tod von NORMAN ERIC KIRK wird WALLACE (BILL) ROWLING (*1927, †1995) Premierminister.

1975, 9. Aug. Die Abwertung des neuseeländischen Dollars um 15 % bleibt wirtschaftlich ohne durchschlagende Wirkung.

29. Nov. Die *National Party* unter ROBERT DAVID MULDOON (*1921, †1992) gewinnt die absolute Mehrheit. Er geht die Wirtschaftskrise mit einer Palette von Maßnahmen an, bekannt unter dem Namen »Muldoonism«. Die Regierungshilfe für die Rentner wird als Paradigmenwechsel in der Sozialpolitik gesehen, z. B. beträgt die Rentenhöhe 80 % des Einkommens für alle über 60 (1977). Hilfe für die Landwirtschaft garantiert Mindestpreise für Milchfett, Wolle, Lamm- und Rindfleisch.

1975 *Treaty of Waitangi Act:* Bildung eines Tribunals zur Untersuchung der Landansprüche der Maoris.

1979, 21. Juni Erneute Abwertung des neuseeländischen Dollar um 5 %.

1980 Neuseeland ist Gründungsmitglied des *Pacific Economic Cooperation Council.*

1981, 28. Nov. Knapper Sieg MULDOONS bei den Parlamentswahlen.

1983 CER-Abkommen mit Australien: das Freihandelsverhältnis (NAFTA) wird weiter entwickelt.

1984 Dritte Abwertung des neuseeländischen Dollar in zehn Jahren um 20 %. – Die USA suspendieren den ANZUS-Vertrag mit Neuseeland als Missbilligung der Proteste gegen die Atomrüstung.

14. Juli **Wahlsieg der Labour Party.** Premierminister wird DAVID RUSSELL LANGE (*1942, †2006).

1985 Eine eigenständige Verfassung ersetzt den *New Zealand Constitution Act* von 1852. Streit mit – Frankreich über die Versenkung des Greenpeace-Schiffs »Rainbow-Warrior« durch französische Agenten im Hafen von Auckland. – Besuchsverbot für atomgetriebenes amerikanisches Kriegsschiff »Buchanan«.

1986, 11. Aug. Die USA kündigen ihre militärischen Sicherheitsverpflichtungen gegenüber Neuseeland auf. Neuseeland sucht engere Beziehungen zu Australien.

1987, 4. Juni Neuseeland erklärt sich durch Parlamentsbeschluss zur nuklearfreien Zone. Nach den Plänen von Finanzminister ROGER DOUGLAS (*1937) (»Rogernomics«) beginnt die Privatisierung staatlicher Unternehmen. Rückzug der Regierung aus der Wirtschaft verbunden mit verstärkten Sozialleistungen.

1988 Wirtschaftskrise mit einer hohen Staatsverschuldung und einem Anstieg der Arbeitslosenzahl auf über 100 000, drei Jahre später auf über 200 000.
Einsetzung einer Royal Commission zur Untersuchung der Sozialpolitik.

1989 Neuseeland ist Gründungsmitglied der *Asia Pacific Economic Cooperation* (APEC).
Nach dem Rücktritt von DAVID RUSSELL LANGE wird GEOFFREY WINSTON RUSSELL PALMER (*1942) Premierminister. Die *Labour Party* ist gespalten; Gründung der *New Labour Party.*

1990, 27. Okt. Die **National Party** unter JAMES BRENDON (JIM) BOLGER (*1935) **gewinnt die Parlamentswahlen** mit der Zielsetzung, Sozialleistungen und Pflichtmitgliedschaft in Gewerkschaften abzubauen.

13. Dez. CATHERINE TIZARD (*1931) wird Generalgouverneurin, die erste Frau in diesem Amt.

1991 Durch Truppenentsendung in den Golfkrieg Wiederannäherung an die USA.

1993, 6. Nov. Die *National Party* unter Premierminister BOLGER gewinnt knapp mit 50 der 99 Mandate bei den Parlamentswahlen, was zu Problemen mangels eindeutiger Mehrheit führt.

1995, 1. Jan. Neuseeland wird Mitglied der Welthandelsorganisation.

22. Sept. Mit zwölf zu drei Stimmen weist der Internationale Gerichtshof in Den Haag Neuseelands Klage gegen **französische Atomwaffenversuche** auf dem Mururoa-Atoll ab.

3. Nov. Königin ELISABETH II. unterzeichnet während ihres Besuchs in Neuseeland ein Gesetz über Entschädigungsleistungen an die Maoris für die Landnahme weißer Siedler im 19. Jh.

1996 Einführung eines modifizierten Verhältniswahlrechts (*Mixed member proportional system*).

12. Okt. Nach den Parlamentswahlen bildet BOLGER eine Koalitionsregierung mit der von Maoris dominierten Partei *New Zealand First*.

1997, 4. Nov. JENNY SHIPLEY (*1952), Vorsitzende der *National Party*, löst BOLGER ab und wird Neuseelands erste Premierministerin.

1999, 27. Nov. Die *Labour Party* siegt bei den Parlamentswahlen. HELEN CLARK (*1950) bildet eine Koalitionsregierung mit der *Progressive Party*, der *New Zealand First Party* und der *United Future New Zealand*. Die erstmals zur Wahl angetretenen *Greens* unterstützen die Regierung.

1999–2002, 2006 Einsatz von ca. 4000 Soldaten in Osttimor.

2000, 17. Mai Gesetz zur weitgehend **rechtlichen Gleichstellung** von homosexuellen Paaren und unverheirateten Lebenspartnern.

4. Sept. Neuseeland und Singapur vereinbaren Zollfreiheit im bilateralen Handel. Das Abkommen ist die Grundlage für die Entwicklung einer Asiatischen Freihandelszone (AFTA), der seit Anfang 2002 zehn Staaten angehören.

2002, 27. Juli Die *Labour Party* gewinnt die Parlamentswahlen wiederum mit HELEN CLARK, die eine neue Koalitionsregierung mit der *Progressive Party*, dem Kern der *Alliance Party*, bildet und von der *United Future New Zealand* unterstützt wird.

2004 Das Gipfeltreffen des *Pacific Islands Forum* in Auckland strebt eine verstärkte Zusammenarbeit an.

5. Mai 15 000 Maori protestieren in Wellington gegen ein Gesetz, das Küstenstreifen und Meeresböden zum Staatsbesitz erklärt. Es wird als Verletzung des Friedensvertrages von Waitangi (1840) gesehen.

1. Juli **Einweihung des Obersten Gerichtshofes** in Wellington; Ende der juristischen Abhängigkeit vom *Privy Council* in London.

2005 Verstärkung der Streitkräfte, u. a. Beteiligung am Einsatz in Afghanistan seit 2004.

26. April Änderung der Gesetze zur Einwanderung und Staatsbürgerschaft; u. a. wird die zur Erlangung der Staatsbürgerschaft notwendige Aufenthaltsdauer von drei Jahren auf fünf verlängert.

17. Sept. Bei Wahlen zum Parlament erhält die *Labour Party* unter HELEN CLARK mit 50 von 121 Sitzen die Mehrheit für eine dritte Amtszeit. Mit der *Progressive Party* wird eine Regierungskoalition gebildet, die die kleineren Parteien *New Zealand First, United Future New Zealand* und die Grünen tolerieren; die *National Party* ist die stärkste Oppositionspartei.
HELEN CLARK propagiert die *constitutional evolution*: Mitglieder ihrer Regierung von anderen Parteien dürfen die Regierungspolitik kritisieren, allerdings nicht ihr eigenes Ressort.

2006, 30. Juni Die Neuseeländische Regierung entschuldigt sich bei den Maori-Stämmen im Raum von Rotorua und der Bay of Plenty für die Verstöße gegen den Vertrag von Waitangi und gibt ihnen 50 000 Hektar an Land aus dem Besitz der Krone zurück.

Ozeanien seit 1945 | Forts. v. S. 1245 |

Der z. T. forcierte Abbau kolonialer Bindungen nach dem Pazifischen Krieg hat tief greifende Folgen. In den verschiedenen Gebieten rücken einheimische Kräfte politisch, wirtschaftlich und kulturell in den Vordergrund und knüpfen zur Festigung ihrer nationalen Identität an traditionelle Formen und kulturelle Besonderheiten an. Trotz aller Veränderungen hat die ethnisch-kulturelle Gliederung des südwestpazifischen Raums in drei Haupträume – Melanesien, Polynesien und Mikronesien – Bestand, auch weil die Rückbesinnung auf ethnische Eigentümlichkeiten für die politische Emanzipation von der kolonialen Herrschaft und Abhängigkeit zur nationalen Selbstfindung bedeutsam wird. Bei aller Hervorhebung ethnischer Charakteristika bleiben dennoch eine Fülle kolonial entstandener und inzwischen integrierter Eigenarten und Beziehungen bestehen. Die alten Einflüsse wirken vielfach in Form neuer transnationaler Bindungen zu den alten Kolonialstaaten weiter. Seit 1945 kommen neue Faktoren hinzu. Neu ist das militärisch-technische Interesse der westlichen Atommächte am riesigen, wenig bevölkerten Raum, in dem für Atomtests ein scheinbar geeignetes Übungsfeld gefunden wird. Neu ist auch der Einstrom von Migranten und Wirtschaftskräften aus anderen Staaten v. a. aus Südost- und Ostasien, die im pazifischen Raum wirtschaftliche Verbindungen zu knüpfen beginnen.

Die Entwicklung politischer und gesellschaftlicher Einheiten zu unabhängigen Nationalstaaten lösen mancherorts schwere interne Konflikte aus. Frühere, in der Kolonialzeit geförderte Einsätze von Kontraktarbeitern, z. B. nach Fidschi entsandter Plantagenarbeiter aus Indien, weiten sich zu Problemen aus, die politisch kaum lösbar erscheinen und zu neuer Migration führen.

Häufig entsteht in den neuen Staaten Ozeaniens ein

Zielkonflikt, weil das mit einer Orientierung an der vorkolonialen Vergangenheit gesuchte nationale Selbstverständnis mit dem Streben nach staatlicher Anerkennung verbunden ist, die in der Staatengemeinschaft am ehesten über eine Verbindung zur alten Kolonialmacht gewonnen wird. Ein anderer Weg sind regionale Verbindungen der nach Selbstständigkeit oder Unabhängigkeit strebenden Inselgebiete, mit deren Hilfe sie international ihre Interessen wahrzunehmen suchen.

1946–1962 Die Amerikaner zünden **Atombomben über** den Atollen von **Bikini und Eniwetok**, in den **Marshallinseln**, dann in den Christmas Islands (Kiritimati), mit verheerenden gesundheitlichen Schäden für die Bevölkerung und lange anhaltender radioaktiver Verseuchung der Umwelt.

1947 Die Kolonialmächte USA, Großbritannien, Frankreich, Australien und Neuseeland gründen die *South Pacific Commission* mit 21 Inselgebieten, der erste von vielen regionalen Zusammenschlüssen.

1957–1958 Großbritannien testet Atombomben im Bereich der Gilbert- und Ellice-Inseln.

1966–1996 Frankreich bringt etwa 190 Atombomben in der Region von Französisch-Polynesien zur Explosion. Auf Proteste der Inselbevölkerungen hin beschließt Frankreich die Tests endgültig einzustellen. Von zweifelhaftem Wert ist der mit dem Testaufwand verbundene vorübergehende wirtschaftliche Gewinn der betroffenen Regionen.

1971, 5.–7. Aug. Gründung des **South Pacific Forum** (SPF) der unabhängigen ozeanischen Länder, Fidschi, Nauru, Tonga, Westsamoa, Niue und Papua-Neuguinea sowie Australien und Neuseeland. Es soll die politischen, wirtschaftlichen und kulturellen Beziehungen untereinander fördern. Seitdem finden jährliche Treffen statt.

1973 Das **South Pacific Forum Secretariat** entsteht im Rahmen des SPF (2000 in *Pacific Islands Forum* umbenannt). Gegenwärtig gehören dem Forum 16 Staaten und drei Beobachterstaaten an. Ziel: Verbindungen zur UNO, der EU etc. zu schaffen und zu pflegen. Sitz der Organisation ist Suva, Hauptstadt von Fidschi.

1985, 6. Aug. Das *South Pacific Forum* schließt einen **Vertrag über atomwaffenfreie Zone** in der Region, dem sich die betroffenen Atommächte zehn Jahre später anschließen.
Wirtschaftlich zeigen China und Taiwan ein rivalisierendes Interesse an den Inselgebieten Ozeaniens.

Melanesien

Fidschi

Politisch von größter Bedeutung ist die Bevölkerungszusammensetzung, die in der britischen Kolonialzeit seit 1879 durch die Anstellung von Kontraktarbeitern für den Zuckerrohranbau aus Indien stark geprägt wird. Heute sind auf Fidschi fast 54 % der Bevölkerung melanesischen Ursprungs und knapp 40 % indischer Abkunft.

1959 Unruhen zwischen Melanesiern und den bei der Bodenverteilung benachteiligten Indern.

1965–1966 Das Inselgebiet erhält die innere Autonomie.

1970, 10. Okt. Die **Fidschi-Inseln** werden **unabhängig**, bleiben aber im britischen *Commonwealth of Nations*. Obgleich die Zahl der Inder seit 1943 die der Fidschianer vorübergehend übersteigt, liegt das politische Schwergewicht auf Seiten der Fidschianer, deren Stammesführer alle Entscheidungen beeinflussen.
Erster Premierminister wird Ratu Sir Kamisese Mara (*1920, †2004). Bis zu den Wahlen 1987 wird Fidschi von der konservativen *Alliance Party* regiert, hinter der die melanesische Bevölkerung steht.

1987, 12. April Die *Fiji Labour Party* (FLP), die die Gewerkschaften vertritt, und die indisch dominierte *National Federation Party* bilden eine Koalitionsregierung unter Premier Timoci Bavadra (*1934, †1989).

14. Mai Sturz der Koalitionsregierung durch **Militärputsch** unter Oberstleutnant Sitiveni Rabuka (*1948), der Stellung und Rechte der fidschianischen Bevölkerung gefährdet sieht. Unruhen und Übernahme der Regierungsgewalt durch den Generalgouverneur.

22. Sept. Eine Kompromisslösung mit einer Verfassungsreform und Einigung der Parteien auf eine zivile Übergangsregierung wird vom Militär abgelehnt.

25. Sept. **Zweiter Militärputsch.**

7. Okt. Sitiveni Rabuka ruft die Republik aus. Ratu Sir Penaia Ganilau (*1918, †1993), früherer Generalgouverneur, wird erster Staatspräsident.

5. Dez. Ratu Kamisese Mara ist bis 1992 wieder Premierminister.
Fidschi wird gegen das britische Votum vom *Commonwealth of Nations* ausgeschlossen.

1990 Die **melanesische Vorherrschaft** wird in der Verfassung **verankert**. Es folgen politische Unruhen und der Niedergang der Wirtschaft. Die von den Melanesiern politisch unterdrückte aber wirtschaftlich dominierende indische Bevölkerung beginnt das Land zu verlassen; die Abwanderung dauert an.

1992, 2. Juni Sitiveni Rabuka wird als Führer der *Fijian Political Party* Premierminister.

1993, 16. Dez. Der Rat der Stammesführer bestimmt Ratu Kamisese Mara zum Präsidenten.

1994, 28. Febr. Nach dem Tod von Präsident Ratu Sir Penaia Ganilau und einer Übergangsregierung wird Ratu Kamisese Mara Präsident der Republik.

1997 Auf Druck des Commonwealth Annahme einer neuen demokratischen Verfassung. Fidschi kehrt ins Commonwealth zurück.

1998, 14. April Fidschi tritt der *Melanesian Spearhead Group* zur Förderung des Handels bei.

1999, Mai Mahendra Chaudhry (*1942), Vorsitzender der FLP, wird nach Wahlsieg seiner Partei Premierminister. Als erster indischstämmiger Regierungschef ist sein vorrangiges Ziel, die Spannungen zwischen den ethnischen Gruppen abzubauen.

2000, 19. Mai Putsch des Geschäftsmanns George Speight (*1957): Chaudhry und seine Regierung werden in Geiselhaft genommen.

25.–29. Mai Josaia Voreqe »Franka« Bainimarana

(*1954), Befehlshaber der Streitkräfte, erklärt zuerst Premierminister CHAUDHRY, dann Präsident RATU KAMISESE MARA für abgesetzt. Das Militär übernimmt die Macht und blockiert die Möglichkeiten einer politischen Zusammenarbeit mit dem indischen Bevölkerungsteil. Die Freilassung der Geiseln bleibt eine leere Geste.

13. Juli Der Rat der Stammesführer ernennt RATU JOSEFA ILOILO (*1920) zum neuen Staatsoberhaupt. Chef der Übergangsregierung wird LAISENIA QARASE (*1941), in dessen Kabinett die Putschisten nur einen indischstämmigen Minister akzeptieren. – Die Mitgliedschaft im Commonwealth wird bis 2001 suspendiert.

2001, Aug. LAISENIA QARASE, Führer der wenige Monate zuvor gegründeten *Fijian People's Party* (FPP), wird zum Premierminister gewählt.

2002 QARASE weigert sich, Vertreter von CHAUDHRYS multiethnischer FLP in sein Kabinett aufzunehmen, wie verfassungsmäßig vorgeschrieben.

2005 Die Ankündigung der Regierung, eine Amnestie auf den Weg zu bringen, um die Putschisten des Jahres 2000, v. a. GEORGE SPEIGHT, in die Freiheit zu entlassen, schürt neue Spannungen. Regelungen für die Landverteilung in den Küstengebieten, die Inder dort verdrängt hätten, werden aufgeschoben.

2006, 6.–13. April LAISENIA QARASE von der FPP gewinnt die Wahlen. Zweitstärkste Partei im Parlament wird die FLP unter MAHENDRA CHAUDHRY. Spannungen über die Regierungsbildung, in der jede Partei mit über 10 % vertreten sein muss, beunruhigen weiter das politische Leben.

5. Dez. Das **Militär putscht zum vierten Mal** innerhalb von 20 Jahren. Der Oberbefehlshaber des Militärs, BAINIMARAMA, erklärt die Regierung QARASE für abgesetzt. Die Folgen sind Wirren. – Die Mitgliedschaft im Commonwealth wird wieder suspendiert.

2007, 4. Jan. BAINIMARAMA gibt die Regierungsgewalt an Präsident ILOILO zurück, der das Vorgehen des Militärs billigt, eine Übergangsregierung ernennt und Neuwahlen ankündigt. Am folgenden Tag wird BAINIMARAMA als Regierungschef vereidigt.

6. Sept. BAINIMARAMA erneuert den Notstand als Maßnahme gegen QARASES Machtstreben. Für März 2009 werden Neuwahlen angesetzt.

Papua-Neuguinea (und Bougainville)

Papua und Neuguinea werden nach dem Zweiten Weltkrieg zunächst als gemeinsames Territorium von Australien als Treuhandgebiet der UNO verwaltet. 1957 beginnen Gespräche zwischen den Niederlanden und Australien über die Unabhängigkeit eines vereinigten Neuguinea. Indonesien beansprucht und besetzt jedoch den Westteil der Insel.

1963 West-Papua wird von Indonesien als Provinz inkorporiert.

1964 Wahlen zum Parlament Papuas und des östlichen Neuguineas in Port Moresby.

1971 Annahme des Namens **Papua-Neuguinea**.

1973, 1. Dez. Papua-Neuguinea erhält die Selbstregierung.

1975, 6. Sept. Papua-Neuguinea wird unabhängig und bleibt als unabhängiges Mitglied im *Commonwealth of Nations*. Erster Premierminister (bis 1980) wird MICHAEL SOMARE (*1936) (erneut 1982–1985).

10. Okt. Papua-Neuguinea wird Mitglied der UNO.

1985–1988 PAIAS WINGTI (*1951) Premierminister nach Rücktritt MICHAEL SOMARES (erneut 1992–1994).

1988, Nov. Eine Kupfermine auf der Insel **Bougainville** wird zum Streitobjekt zwischen lokalen und wirtschaftlichen Interessen; Sabotageakte.

1989 Die »Bougainvilles Revolutionäre Armee« (BRA) unter FRANCIS ONA (*1953, †2005) beginnt einen Bürgerkrieg, der fast zehn Jahre dauert und etwa 20 000 Menschenleben fordert. Die BRA gewinnt den Großteil der einheimischen Bevölkerung für sich.

1990, März Abzug der Regierungstruppen und Blockade Bougainvilles.

1992 Rückeroberung der Insel durch Regierungstruppen und Wiederaufnahme des Kampfs gegen die BRA.

1993, März–April Grenzkonflikte zwischen den Salomonen und Papua-Neuguinea.

1994 Die Stadt Rabaul wird durch einen Vulkanausbruch fast völlig zerstört.

1994–97 JULIUS CHAN (*1939) wird Premierminister (davor 1980–82).

1997 Premierminister CHAN schickt die britisch-südafrikanische Söldnertruppe *Sandline International* nach Bougainville. Das Vorgehen löst heftige Proteste in Australien aus, nach denen CHAN zurücktritt (27. März).

1997, Juli–1999 Premierminister WILLIAM SKATE (*1953, †2006) nimmt nach australischer und neuseeländischer Vermittlung Verhandlungen mit der BRA auf.

1997–1998 Waffenstillstandsabkommen zwischen Regierung und Aufständischen.

1999–2002 MEKERE MAROUTA (*1946), von der *People's Democratic Movement*, Premierminister; Bougainvilles Unabhängigkeitsstreben.

2001, 30. Aug. **Friedensabkommen auf Bougainville**: Gegen Versprechen weitreichender Autonomie legen Aufständische die Waffen nieder. Für die kommenden 10 bis 15 Jahre wird ein Referendum über die Unabhängigkeit von Bougainville in Aussicht gestellt.

2002, 2. Aug. Sir MICHAEL SOMARE von der *National Alliance Party* wird erneut Premierminister.

2002–2004 Entwurf einer Verfassung für Autonomie Bougainvilles.

2004, Nov./Dez. Annahme der Verfassung durch eine Versammlung in Bougainville und durch die Regierung in Port Moresby. Am 12. Jaan. 2005, tritt die Verfassung für Bougainville in Kraft.

20. Mai **Wahlen** zur ersten autonomen Provinzregierung **in Bougainville.** Wahlsieger und erster Präsident des autonomen Bougainville wird JOSEPH KABUI (*1954). Spätestens 2015 soll die Bevölkerung in einem Referendum über die volle Unabhängigkeit entscheiden.

2007, Juni/Juli Wahlen, bei denen SOMARE als Premierminister bestätigt wird.

Salomonen

Nach Kriegsende sind die Salomonen wieder britisches Protektorat. 1953 werden die Inseln Verwaltungszentrum, da die britische Hohe Kommission von Suva (Fidschi) nach Honiara, der Hauptstadt der Salomonen, verlegt wird.

1974 An die Stelle eines Gouverneurs tritt ein Hoher Kommissar.

1976, 2. Jan. Autonomie für die Salomonen.

1978, 7. Juli **Unabhängigkeit für die Salomonen** und Mitgliedschaft im britischen *Commonwealth of Nations.*

1984, 24. Okt. Premierminister Solomon Mamaloni (*1943, †2000) verliert die Parlamentswahlen; Nachfolger bis Dez. 1986 wird Peter Kenilorea (*1943). Auf ihn folgt Ezekiel Alebua (*1947).

1993, März–April Grenzkonflikte zwischen den Salomonen und Papua-Neuguinea

1994, Nov. Solomon Mamaloni wird nach politischer Krise wieder Premierminister.

1998–2000 Schwere soziale und ethnische Unruhen.

1999, Juni Auf der Salomonen-Insel Guadalcanal ruft die Regierung den Notstand aus und bittet Australien um Hilfe. Spannungen und Gewalttätigkeiten zwischen Einheimischen und Zuwanderern von der Nachbarinsel Malaita.

2000, 30. Juni Manasseh D. Sogavare (*1955) wird Premierminister (bis 17. Dez. 2001).

2003 Die von Australien geführte *Regional Assistance Mission* (RAMSI) mit Kontingenten von 15 Staaten (u. a. Neuseeland, Papua-Neuguinea, Fidschi, Tonga) soll Stabilität und Entwicklung unterstützen. Taiwanesische finanzielle Unterstützung tut ein Übriges.

2006, April/Mai Australische Truppen werden zur Sicherung der Wahlen eingeflogen. Nach der Wahl von Snyder Rini (*1949) zum Premierminister (18. April), tritt dieser am 26. April wegen anhaltender Unruhen zurück. Am 4. Mai wird Manasseh D. Sogavare wieder Premierminister. Anhaltende Differenzen mit Australien über Hilfeleistungen. Guadalcanals Unabhängigkeitsstreben bleibt auf der politischen Tagesordnung.

2007, 20. Dez. David Derek Sikua (*1959) wird Premierminister.

Neukaledonien

Die Neukaledonier erhalten 1946 die französische Staatsbürgerschaft ohne Wahlrecht. 1956 wird Neukaledonien ein französisches Überseeterritorium mit begrenzter Autonomie; 1958 entscheidet sich die Bevölkerung gegen die Unabhängigkeit. Nickelfunde und -abbau in den 1960er-Jahren lösen Einwanderungswellen aus. Die Melanesier, die sich *Kanaken* (Menschen) nennen, verlieren die Mehrheit; in den 70er-Jahren nehmen die Spannungen der ethnischen Gruppen zu.

1984, Sept. Bildung einer Sozialistischen kanakischen nationalen Befreiungsfront (FLNKS). Boykott der Wahlen zur Regionalversammlung.

Dez. Bildung einer Gegenregierung unter Jean-Marie Tjibaou (*1936, †1989), die **Neukaledonien für unabhängig erklärt** und es **Kanaky** nennt. Fortdauernder Streit über die Stimmengewichtung von Kanaken und Eingewanderten bei Wahlen; Unruhen.

1985, 23. Aug. Einteilung des Landes in vier Regionen, deren Regionalräte eine weitgehende Autonomie erhalten; in einem Kongress werden Fragen der gesamten Inselgruppe behandelt.

Sept. Bei Wahlen gewinnt die FLNKS; in der Region von Nouméa hingegen dominiert die Partei der Siedler.

1986 Die französische Regierung beschneidet die Autonomie aller vier Regionalräte und beschließt einen Volksentscheid über die Zugehörigkeit zu Frankreich. Mit einem neuen Statut zur Selbstbestimmung wird die Landesgliederung revidiert, um den Einfluss der FLNKS zu begrenzen.

1987 Die Volksabstimmung ergibt eine klare Mehrheit für einen Verbleib bei Frankreich. Die Mehrzahl der Kanaken boykottiert die Abstimmung.

1988, Juni Nach blutigen Unruhen einigen sich die verfeindeten Parteien im *Matignon Accord,* der die Autonomie in Aussicht stellt. Aufschub der Entscheidung über Unabhängigkeit um zehn Jahre.

1989, 4. Mai Ermordung des FLNKS-Führers Tjibaous.

1998, 5. Mai Der *Nouméa Accord,* der eine sukzessive Machtübertragung vorsieht, wird in einer Volksabstimmung angenommen. Die völlige Unabhängigkeit soll in 15–20 Jahren möglich sein.

8. Nov. Neukaledonien wird die »kanakische Identität« bestätigt. Nach dem *Loi Organique* (»organischen Gesetz«) wird die Regierungsgewalt drei Regionalbehörden zunehmend übertragen; die auswärtigen Beziehungen, Finanzwesen, Verteidigung und die öffentliche Ordnung verbleiben in französischer Hand. Ein neu gebildeter »Häuptlingsrat« wird in kanakischen Angelegenheiten konsultiert. Die französische Staatsbürgerschaft bleibt neben einer neukaledonischen erhalten. In 10–15 Jahren soll über Unabhängigkeit oder Verbleib bei Frankreich entschieden werden.

1999 Erste eigene Regierung.

2003, 23. März Änderung der französischen Verfassung: Neukaledonien wird eine zu Frankreich gehörige Überseegemeinschaft mit besonderem Status.

2004, 10. Juni Marie-Noelle Themereau (*1950) wird Regierungschefin.

2006 Frankreich stimmt der Einschränkung des Wahlrechts für Personen mit begrenzter Aufenthaltsdauer zu.

Vanuatu

Nach Kriegsende wird das britisch-französische Kondominium auf den Neuen Hebriden wiedererrichtet. Es formiert sich Widerstand der Bevölkerung, die seit 1960 die Selbstbestimmung verlangt.

1971 Die *Nagriamel*-Partei, gegründet 1966 von Jimmy Stevens (*1927, †1994), fordert die volle Unabhängigkeit.

1977 Innere Autonomie.

1979 Ausarbeitung einer Verfassung für Vanuatu.

1980, 30. Juni Stevens erklärt einseitig die Insel Espiritu Santo zu einer unabhängigen Republik; die Sezession scheitert.

30. Juli Zustimmung der Schutzmächte zur **Unabhängigkeit der Neuen Hebriden**, die sich **Vanuatu** nennen. Erster Staatspräsident wird Ati George Kalkoa (Sokomanu) (*1937), erster Premierminister (bis 1991) Walter Hadye Lini (*1942, †1999).

1981, Sept. **Vanuatu wird Mitglied der UNO.**

1983, April Vanuatu erklärt sich zur atomwaffenfreien Zone.

1993, 22. Juli Abkommen mit Papua-Neuguinea, Salomonen und (seit 1997) Fidschi zur Bildung der *Melanesian Spearhead Group* (MSG). Ziele sind eine Freihandelszone und Frieden auf den Salomonen.

1995, 30, Nov. Nach Parlamentswahlen wird Serge Vohor (*1955) Premierminister. Es folgen verschiedene Koalitionsregierungen.

1996–2004 Reihe wechselnder Premierminister.

2004, 11. Dez. Vohor wird beschuldigt, ohne Konsultation des Parlaments Taiwan diplomatisch anerkannt zu haben; er verliert das Misstrauensvotum. Nachfolger wird Ham Lini (*1951).

2006, April Unruhen und Proteste gegen eine Nickelmine, die Ende des Jahres in Betrieb genommen wird.

Polynesien

Die Inselgebiete durchlaufen eine Phase politischer Emanzipation, die teils von ihrer kolonialen Position, teils von der bisherigen Kolonialmacht abhängig ist. So wird Hawaii 1959 Bundesstaat der USA, Westsamoa 1962 unabhängig, Französisch-Polynesien 2004 mit Frankreich assoziiert, Pitcairn bleibt britische Kolonie.

Samoa

Die westlichen Inseln von Samoa werden zwischen 1920 und 1946 von Neuseeland als Mandatsgebiet des Völkerbunds verwaltet und zwischen 1946 und 1961 als Treuhandgebiet der UNO. 1947 wird Samoa im Legislativrat eine einheimische Mehrheit mit weitgehenden Vollmachten zugestanden.

1961, 9. Mai Die Verfassung, die neben modernen, zahlreiche traditionelle Elemente enthält, wird von der Bevölkerung angenommen

1962, 1. Jan. **Samoa i Sisifo** (Western Samoa) wird als erstes Land Polynesiens unabhängig. Staatsoberhaupt wird Susuga Malietoa Tanumafili II. (*1913, †2007).

1970 Samoa wird Mitglied des britischen *Commonwealth of Nations.*

1976, 24. März Tuiatua Tamasese Efi (*1938) wird Premierminister (bis 1982).

15. Dez. **Samoa wird Mitglied der UNO.**

1979 Gründung der *Human Rights Protection Party* (HRPP), erste politische Partei Samoas, durch Afioga Va'ai Kolone (*1911, †2001), Premierminister 1982 und 1985–1988, sowie Tofilau Eti Alesana (*1921, †1999), Premierminister 1982–1985 und 1988–98.

1991 Alesana führt durch das Parlament das allgemeine Wahlrecht ein und beendet damit das traditionelle alleinige Wahlrecht der Häuptlinge (*Matai*).

1997, Juli Das Parlament (*Fono*) ändert trotz starker Proteste in Amerikanisch-Samoa den Staatsnamen von **Western Samoa** zu **Samoa**.

1998, 23. Nov. Premierminister wird Sailele Tuila'epa Malielegaoi (*1945; wiedergewählt 2001, 2006).

2002 Die neuseeländische Premierministerin Helen Clark bittet die Samoaner um Entschuldigung für die »inkompetente und unangemessene Behandlung Samoas« während der frühen Jahre neuseeländischer Verwaltung.

2007, 17. Juni Tuiatua Tamasese Efi wird zum Staatsoberhaupt gewählt.

Amerikanisch-Samoa

Die im Südwestpazifik liegende Inselgruppe ist ein nicht inkorporiertes Territorium der USA im Südwestpazifik. 1948 wird eine Zweikammerlegislative mit beratender Funktion eingerichtet. Seit 1951 ernennt das Innenministerium den Gouverneur. Seit 1967 hat die Legislative (*Fono*) begrenzte Gesetzgebungsrechte.

Tonga

Nach dem Tod von Königin Salote Tupou III. (*1900; Königin seit 1918) folgt 1965 ihr Sohn König Taufa'ahau Tupou IV. (*1918, †2006), der bereits seit 1949 als Premierminister die Regierung leitet. Die Regierungsform ist autokratisch mit nur geringen Möglichkeiten einer Mitbestimmung des Volks. Die Legislative besteht aus König und Kronrat, der zur einen Hälfte vom Erbadel besetzt wird (neun Mitglieder) und zur anderen von Abgeordneten, die vom Volke auf drei Jahre gewählt werden. Alle zwölf Regierungsmitglieder sind auch Abgeordnete im Parlament.

1970, 4. Juni **Unabhängigkeit** durch Verzicht Großbritanniens auf die Schutzherrschaft. Tonga bleibt Mitglied im britischen *Commonwealth.*

1992 Die *Pro-Democracy Movement* formiert sich. Daraus geht 1994 die *People's Party* hervor und 1999 die *Human Rights and Democracy Movement.*

seit 1993 Die Reformorientierten gewinnen stets die Mehrheit der vom Volk zu wählenden Mandaten.

2001 Das Biotechnologieunternehmen Autogen Ltd. erhält von der Regierung von Tonga die exklusiven Rechte zur Erfassung und Erforschung des gesamten Erbguts der Bevölkerung, die als eine der ethnisch homogensten der Welt gilt.

2005 Zum ersten Mal werden vom Volk gewählte Parlamentsmitglieder in die Regierung aufgenommen.

2006, 11. Sept. König Taufa'ahau Tupou IV. stirbt. Nachfolger ist sein Sohn, der den Regierungsnamen **George Tupou V.** (*1948) annimmt.

16. Nov. Unruhen in der Hauptstadt Nukualofa. Ziel: größere Mitwirkung des Volks an der Regierung.

Tuvalu

Die früheren Ellice-Inseln stimmen 1974 in einem Referendum über die bisherige Verbindung mit den Gilbertinseln ab. 1975 erfolgt die Umbenennung in Tuvalu, am 1. Jan. 1976 die Trennung von den Gilbertinseln.

1978, Mai Selbstverwaltung für Tuvalu.
1. Okt. **Tuvalu wird unabhängig** als konstitutionelle Monarchie mit der englischen Königin als Staatsoberhaupt. Sie ist gleichzeitig Inhaberin der Exekutive, vertreten durch den Generalgouverneur, der auf Vorschlag des Premierministers ernannt wird. Ins Parlament werden 15 Abgeordnete mit dem Premierminister auf vier Jahre gewählt. Familienclans üben die Rolle von Parteien aus. Erster Premierminister bis 1981 wird Toalipi Lauti (*1928).
1989, 27. Sept. Parlamentswahlen bringen Bikenibeu Paeniu (*1956) an die Macht (bis 1993), der den seit 1981 regierenden Tomasi Puapua (*1938) ablöst.
1996, 24. Dez. Paeniu, die beherrschende politische Persönlichkeit am Ende des Jh.s, wird erneut Premierminister und bei den Parlamentswahlen am 26. März 1998 bestätigt.
2000 **Tuvalu wird Mitglied der UNO.**
2006, 14. Aug. Nach Wahlen wird Apisai Ielemia Premierminister.

Cookinseln

1946 erhält das von Neuseeland annektierte Inselgebiet einen Legislativrat, der 1957 zu einer Gesetzgebenden Versammlung erweitert wird. Am 4. Aug. 1965 erlangen die Cookinseln die volle innere Selbstverwaltung in Assoziierung mit Neuseeland, das die Verteidigung übernimmt. Staatsoberhaupt ist Elisabeth II. als Königin von Neuseeland. Erster Premierminister bis 1978 wird Albert Henry (*1907, †1981). Die Cookinseln sind Mitglied des britischen *Commonwealth of Nations* und 1971 Gründungsmitglied des *Pacific Islands Forum*.

Niue

Die Insel im südlichen Pazifik erhält 1965 eine begrenzte Selbstverwaltung von Neuseeland, am 19. Okt. 1974 die volle Autonomie mit einem Status wie die Cookinseln. Ein Generalgouverneur vertritt die britische Königin. 1975 wird Niue Mitglied des *Pacific Islands Forum*. Eine Mitgliedschaft in der UNO wurde bisher nicht erreicht.

1984–1992 Erster Premierminister Robert Rex (*1909, †1992).
2002, 2. Mai Neuer Premierminister wird Mititaiagimene Young Vivian (*1936; wiedergewählt am 30. April 2005).

Tokelau

Mit dem *Tokelau Islands Act* wird das britische Inselgebiet 1948 Neuseeland als Kolonie übertragen. 1980 wird für die Beziehungen zu Neuseeland ein Administrator bestellt. Innere Angelegenheiten sind weitgehend einem einheimischen Ältestenrat überlassen. Der am 2. Dez. 1980 unterzeichnete Tokehega-Vertrag zwischen Neuseeland und den USA legt die Seegrenze zwischen Tokelau und Amerikanisch-Samoa fest.

1996 Nach dem *Tokelau Amendment Act* hat die Legislative 45 Sitze. Jeder der drei Atolle hat 15 Sitze, die deren Ältestenräte für drei Jahre wählen.
2004, 11. Nov. Tokelau ist bereit, mit Neuseeland über seine Unabhängigkeit bei freier Assoziation ähnlich den Cookinseln und Niue zu verhandeln.
2005, Okt. Tokelau erhält Beobachterstatus im Pacific Islands Forum.
2006, 13.–15. Febr. Referendum über die Unabhängigkeit: Die nötige Zweidrittelmehrheit zur Loslösung wird verpasst: Festhalten am bisherigen Status wegen bleibender finanzieller Unterstützung durch Neuseeland. Das Referendum wird im Okt. 2007 erfolglos wiederholt.

Osterinsel

Die Osterinsel (*Rapa Nui*) wird 1955 von der chilenischen Marine übernommen, nachdem zuvor der größte Teil der Insel an ein britisch-französisches Konsortium als Schafsweide verpachtet war. 1965 wird ein Gouverneur von der chilenischen Regierung ernannt, 1967 endet das chilenische Kriegsrecht. Seit 1984 ist der Gouverneur stets ein Insulaner. 1995 wird der Naturpark *Rapa Nui* zum Weltnaturerbe erklärt. Alle Inselbewohner haben die chilenische Staatsbürgerschaft.

Pitcairn

Die Pitcairninseln sind die letzte britische Kronkolonie im Pazifik. Die Bewohner wehren sich gegen eine Änderung des kolonialen Status, der ihnen britischen Schutz gewährt. Ein Hoher Kommissar in Neuseeland regelt ihre Beziehungen mithilfe des Vorsitzenden vom Inselrat. Der Inselrat als Legislative ist mit judikativen Befugnissen ausgestattet. Mit einer Verfassungsreform werden 1999 die Aufgaben des Hohen Kommissars einem Magistrat auf der Insel übertragen.

Französisch-Polynesien

Französisch-Polynesien besteht aus den Gesellschaftsinseln, dem Tuamotu Archipel, den Marquesasinseln, den Australinseln und den Gambierinseln.

Tahiti – die größte Insel der Gesellschaftsinseln – erhält 1957 weitgehende Autonomie. Die Unabhängigkeitsbewegung bricht zusammen. Die 1958 gewählte Vertretung entscheidet mehrheitlich für den Verbleib bei Frankreich als Überseeterritorium. 1966–1974 führt Frankreich Atomtests auf dem Mururoa-Atoll durch.

1977 Nach einer **Verfassungsänderung** wird Französisch-Polynesien von einem Hohen Kommissar, einem Regierungsrat und einem territorialen Parlament mit zunächst 30 Sitzen regiert.

1984 Ausweitung der Autonomie.

1984–1987, 1991–2004 GASTON FLOSSE (*1931) Präsident des Regierungsrats.

2004, Febr. Frankreich ist nach dem neuen Autonomiestatut nur noch für Äußeres, Verteidigung, Justiz und Geldwesen zuständig. Das regionale Parlament erhält 57 Sitze. Französisch-Polynesien wird nicht Teil der EU, obgleich seine Bürger französische Staatsbürger und damit auch EU-Bürger sind, die das Wahlrecht zum Europäischen Parlament haben.
Präsident wird vom 27. Febr.–15. Juni zunächst GASTON FLOSSE, nach kurzzeitigem Rücktritt ab 22. Okt. wieder GASTON FLOSSE.

2005, März–2006, Dez. OSCAR TEMARU erneut Präsident.

2006, 26. Dez. GASTON TONG SANG (*1949) gewinnt die Präsidentschaftswahlen.

Wallis und Futuna

Wallis und Futuna, bestehend aus den Wallisinseln und den Horninseln, ist französische Kolonie. Am 4. Okt. 1958 wird die französische Verfassung angenommen, am 22. Dez. 1959 über den Status als Überseeterritorium abgestimmt. Am 29. Juli 1961 erhalten die Inseln die Teilautonomie und werden von Neukaledonien getrennt.

Mikronesien

Die Föderierten Staaten von Mikronesien

Die Föderation umfassen die vier Inselgruppen Chuuk (bis 1990: Truk), Kosrae, Pohnpei (bis 1990 Ponape) und Yap. 1947 wird das bis 1945 von Japan verwaltete Völkerbundsmandatsgebiet den USA als Treuhandgebiet der UNO übergeben. 1969 beginnen Gespräche von Vertretern Mikronesiens mit den USA über die volle Unabhängigkeit.

1979 Ausarbeitung einer Verfassung. Jeder der vier Bundesstaaten behält im Rahmen der Föderation für sein Staatsgebiet die eigene Verfassung, eine gewählte Legislative und eine Regierung und bleibt somit auch für den Staatshaushalt verantwortlich. Regierungschef in der Übergangszeit und erstes Staatsoberhaupt bis 1987 wird TOSIWO NAKAYAMA (*1931).

1983 Zustimmung der Bevölkerung zum *Compact of Free Association* mit den USA. Der Föderation wird die Selbstregierung erteilt. Verteidigung und Sicherheit bleiben aber amerikanische Angelegenheiten, ebenso die weitere finanzielle Unterstützung.

1986, 3. Nov. Die Föderierten Staaten erhalten die **Unabhängigkeit**, bleiben aber mit den USA frei assoziiert.

1991, 17. Sept. Die Föderierten Staaten von Mikronesien werden Mitglied der UNO.

2003, 11. Mai Staatsoberhaupt und Regierungschef wird JOSEPH J. URUSEMAL (*1952).

Die Republik der Marshallinseln

Zwischen 1947 und 1986 werden die Marshallinseln als Treuhandgebiet der UNO von den USA verwaltet. Bis in die 60er-Jahre nutzen die USA das Seegebiet mit seinen Atollen (u. a. Bikini und Eniwetok) für Atomtests. Die umgesiedelten Bewohner können 1966 zurückkehren, müssen die Inseln und Atolle Mitte der 70er-Jahre aber wieder verlassen, da die radioaktive Verseuchung unterschätzt wurde. Entschädigungsansprüche werden abgelehnt. Der Großteil der Atomtestgebiete sind erst ab 2010 bis 2040 wieder bewohnbar; einige Gebiete sind für 24 000 Jahre als tabu erklärt worden. – Die Bewohner der Marshallinseln erstreben die Unabhängigkeit; 1979 wird der erste Verfassungsentwurf erarbeitet.

1980 Die Marshallinseln erhalten die volle Selbstregierung. Die Distrikte Kosrae, Ponape, Truk und Yap werden als »Vereinigte Staaten von Mikronesien« weitgehend unabhängig.

1983 Freie Assoziierung mit den USA, die die Verteidigung übernehmen.

1986, 23. Okt. Die Marshallinseln bekommen Selbstverwaltung im Rahmen der freien Assoziierung mit den USA. Ende der US-Treuhandschaft.

1990, 22. Dez. Mit dem Ende der Treuhandaufgabe der USA werden die **Marshallinseln unabhängig** und international anerkannt.

1991, 17. Sept. Die Marshallinseln werden Mitglied der UNO.

2000–2008 Präsident und Regierungschef ist KESSAI H. NOTE (*1950).

2008, 7. Jan. Neuer Präsident und Regierungschef wird LITOKWA TOMEING (*1937).

Palau (Belau)

Die Inselgruppe wird seit 1947 als Treuhandgebiet von den USA verwaltet. 1979 lehnt die Bevölkerung eine Mitgliedschaft in den Föderierten Staaten von Mikronesien ab, wünscht aber die Unabhängigkeit.

1981 Erklärung der Trennung von den Karolinen.

1983 Für die Durchsetzung demokratischer und souveräner Rechte in Verbindung mit der Schaffung einer nuklearwaffenfreien Zone erhält die Bevölkerung von **Palau den alternativen Nobelpreis.**

1994, 1. Okt. **Palau wird unabhängig**, ist aber weiterhin mit den USA assoziiert, die für Verteidigung und Außenpolitik zuständig bleiben. Zum Assoziationsvertrag lässt Palau den Passus der Verfassung, nach dem es eine atomwaffenfreie Zone ist, fallen und erhält dafür von den USA die Zusage über Investitionen von 480 Mio. US-$ in den nächsten 15 Jahren.

Dez. Palau wird Mitglied der UNO.

2001, 19. Jan. Staatsoberhaupt und Regierungschef wird TOMMY ESANG REMENGESAU (*1956).

2006, 7. Okt. Melekeok wird Regierungssitz. In der alten Hauptstadt Koror bleiben das oberste Gericht, die Finanzbehörden und die Hochschule.

Nauru

Die Insel hat einst reiche Phosphatvorkommen, die im 20. Jh. weitgehend abgebaut werden.

1968, 31. Jan. Als parlamentarische Republik wird **Nauru unabhängig** von Australien, das weiterhin Aufgaben der nauruischen Außenpolitik, Sicherheit, Rechtswesen und Verteidigung wahrnimmt. Erster Präsident wird HAMMER DEROBURT (*1922, †1992; bis 1976, weiterhin 1978–1986, 1986–1989).

1975 Erste Parteigründung: *Nauru Party*; es folgen *Democratic Party of Nauru*, *Centre Party* und *Nauru First Party*, eine Nachfolgeorganisation der erstgenannten Partei. Neben den Parteien üben Familienclans starken politischen Einfluss aus.

1976–1978 Präsident BERNARD ANNEN AUWEN DOWIYOGO (*1946, †2003; weiterhin 1989–1995, 1996, 1998/99, 2000/01, 2003).

1995, Aug. Abbruch der diplomatischen Beziehungen zu Frankreich nach französischen Atomtests im Pazifik.

1997 Wiederaufnahme der Beziehungen zu Frankreich.

1999 Nauru wird Mitglied im *Commonwealth* und in der UNO.

2001 Nauru erlaubt Australien ein Auffanglager für 300 sog. Boat-People zu errichten.

2002, 21. Juli Abbruch diplomatischer Beziehungen zu Taiwan und Aufnahme zur VR China, die Nauru Finanzhilfe verspricht.

2003/2004 Die Phosphatlager sind erschöpft. Politische Krise: in einem Jahr drei Präsidenten.

2004, 4. März Aufnahme diplomatischer Beziehungen zu Island, von dem Nauru sich Hilfe für den Aufbau einer Fischereiindustrie erhofft.

22. Juni Präsident LUDWIG SCOTTY (*1948).

Dez. Hungerstreik der in Camps auf Nauru untergebrachten Asylbewerber, denen die Einreise nach Australien verwehrt wurde.

2005, 14. Mai Wiederaufnahme diplomatischer Beziehungen zu Taiwan. Taipeh verspricht eine umfassende Entwicklungshilfe für Landwirtschaft, Fischerei, Erziehung und Tourismus. Als Gegenleistung wird Nauru Taiwans Interessen unterstützen.

2007, 19. Dez. Präsident SCOTTY wird durch Misstrauensvotum abgesetzt. Nachfolger ist MARCUS STEPHEN (*1969).

Nördliche Marianen (Northern Mariana Islands)

Nach 1945 werden die Nördlichen Marianen Treuhandgebiet der USA unter der UNO. Für die USA sind die Inseln ein wichtiger militärischer Stützpunkt. Die Bevölkerung entscheidet sich 1970 gegen die volle Unabhängigkeit und für eine bleibende Verbindung zu den USA. 1972 beginnen Verhandlungen für eine Selbstregierung des Inselgebiets.

1976, 24. März **Annahme der neuen Verfassung** durch die Regierung der Nördlichen Marianen, nach der das **Commonwealth of the Northern Mariana Islands** mit den USA assoziiert bleibt. Die Legislative besteht aus zwei Kammern des Parlaments und der Regierung mit dem Gouverneur als Regierungschef. Von großem Einfluss sind die Familienclans.

1978, 1. Jan. Die Verfassung tritt in Kraft.

1986, 3. Nov. Autonomie: Die Bewohner der Nördlichen Marianen erhalten das US-Staatsbürgerrecht.

1990, 22. Dez. Die UNO beendet das Treuhandmandat der USA. Das politische Leben wird wiederholt durch Korruption und Skandale erschüttert.

Kiribati

Die Ellice- und Gilbertinseln unterstehen nach dem Zweiten Weltkrieg als britische Kolonie dem Hochkommissar für den westlichen Pazifik. Im Juli 1963 erhalten die Inseln Selbstverwaltungsinstitutionen; 1967 wird ein *House of Representatives* eingerichtet.

1974 Die Ellice-Inseln spalten sich von den Gilbert-Inseln ab und nehmen den Namen **Tuvalu** an.

1977, 1. Jan. Die Inseln erhalten die Autonomie.

1978, Febr. Erste allgemeine Wahlen. Das alle vier Jahre gewählte Parlament hat 42 Mitglieder, von denen einer ein bestelltes Mitglied der Insel Banaba ist. Die politischen Parteien werden vom traditionellen Clansystem überlagert.

1979, 12. Juli **Kiribati wird unabhängig** und gleichzeitig Mitglied im britischen *Commonwealth of Nations*. Erster Präsident bis 1982 wird IEREMIA TIENANG TABAI (*1950; erneut 1983–1991).

1985 Anschluss an atomwaffenfreie Zone des Südpazifik.

1991–1994 TEATAO TEANNAKI (*1936) ist Staatspräsident, Regierungschef und Außenminister.

1994–2003 TEBURO TITO (*1953) Präsident von Kiribati.

1995–1999 Nach Wiederaufnahme französischer Atomtests bricht Kiribati die diplomatischen Beziehungen zu Frankreich ab.

1995, 1. Jan. Änderung der internationalen Datumsgrenze, da der 180. Längengrad zwischen den Gilbert- und Phoenixinseln verläuft. Seitdem einheitliche Uhrzeit.

1999, 15. Sept. **Kiribati wird Mitglied der UNO.**

2003 Aufnahme diplomatischer Beziehungen zu Taiwan und Abbruch der Beziehungen zur VR China.

10. Juli ANOTE TONG (*1952) wird neuer Staatspräsident.

Guam

Guam ist ein nichtinkorporiertes Territorium in Amerikanisch-Ozeanien. Die Insel besitzt für die USA eine große strategische Bedeutung; etwa ein Drittel der Insel wird von Marine und Luftwaffe genutzt. Der *Organic Act* von 1949 machte Guam zu einem externen Territorium der USA. Interne Belange werden im Einkammerparlament mit 15 Abgeordneten beschlossen, die für zwei Jahre gewählt werden. Die Einwohner sind US-Bürger, dürfen aber nicht an den amerikanischen Wahlen teilnehmen. Im Repräsentantenhaus ist Guam durch einen nichtstimmberechtigten Delegierten vertreten.

Amerika seit 1945

Die panamerikanische Bewegung gewinnt während des Zweiten Weltkriegs an Aufschwung. Aufbauend auf der Akte von Chapultepec (1945; Schloss südwestlich von Mexiko Stadt) wird 1947 der Interamerikanische Beistandspakt unterzeichnet. Die 1948 gegründete **»Organisation Amerikanischer Staaten«** – OAS (Ziele: gemeinsames Handeln bei Aggressionen, friedliche Regelung von Streitigkeiten, Förderung der wirtschaftlichen und kulturellen Zusammenarbeit) wird unter Druck der USA immer mehr ein Instrument zur Abwehr des Kommunismus auf dem lateinamerikanischen Kontinent. Auf der 7. Konferenz der OAS in Punta del Este (1962; Uruguay) wird der Marxismus-Leninismus als unvereinbar mit dem interamerikanischen System erklärt, 1964 auf einer Tagung in Washington Kuba ausgeschlossen.

Um weitere revolutionäre Entwicklungen zu verhindern und Kuba zu isolieren, konzipieren die USA eine **neue Lateinamerika-Politik**, die auf die schrittweise Einführung einer gelenkten kapitalistischen Entwicklung abzielt. 1961 verkündet US-Präsident John F. Kennedy ein 10-Punkte-Programm, das eine **»Allianz für den Fortschritt«** (*Alianza para el progreso*) **zwischen den USA und Lateinamerika** darstellen soll. Das anspruchsvolle soziale und wirtschaftliche Reformprogramm (Bildungs- und Gesundheitswesen, Wohnungsbau, Beschäftigungspolitik, Boden- und Steuerreformen), dessen Grundzüge in der Charta von Punta del Este niedergelegt sind, gilt heute als gescheitert. Die »Allianz für den Fortschritt« wird im System der OAS verankert; gegen die US-Vorherrschaft wird die OAS-Charta 1967 in Buenos Aires revidiert. Obwohl US-Präsident Richard M. Nixon 1969 eine partnerschaftliche Lateinamerikapolitik verkündet, bleiben die Beziehungen zwischen den USA und dem Subkontinent unbefriedigend; allerdings **verlieren die USA** zusehends ihre **Stellung als Hegemonialmacht der OAS**. Ab 1977 treten wegen der US-Menschenrechtspolitik der Regierung Jimmy Carters Spannungen (v. a. mit autoritären Militärdiktaturen) auf.

Auch in den 1980er-Jahren richten die USA ihre **Lateinamerikapolitik** weitgehend am **Ost-West-Konflikt** aus (Unterstützung regimefeindlicher Truppen in Nicaragua, Invasion auf Grenada). Diese Politik wird in Lateinamerika heftig kritisiert. Außerdem wird deutlich, dass die OAS dringend reformbedürftig ist, da sie die anstehenden Probleme (Drogenhandel, Terrorismus u. a.) nicht bewältigen kann und die lateinamerikanischen Regierungen ein interamerikanisches System fordern, in dem die USA ihre Vormachtstellung zu Gunsten einer Gleichberechtigung aller Mitgliedstaaten aufgeben.

Im Aug. 1992 beschließen die USA, Kanada und Mexiko die **Errichtung der nordamerikanischen Freihandelszone NAFTA** (*North American Free Trade Agreement*), die 1994 wirksam wird. Dieser zwischenstaatliche Vertrag geht aus dem Kanadisch-Amerikanischen Freihandelsabkommen von 1989 hervor. Die NAFTA nimmt keine übernationalen Regierungsfunktionen wahr und deren Bestimmungen nehmen auch keine Vorrangposition gegenüber nationalem Recht ein. Die NAFTA wird kontrovers diskutiert: Internationale Firmen unterstützen die NAFTA meist in der Annahme, dass niedrigere Zölle ihren Handel steigern. Gewerkschaften in den USA stehen der NAFTA dagegen kritisch gegenüber und befürchten v. a. die Verlagerung von Arbeitsplätzen nach Mexiko. Auch mexikanische Landwirte betrachten die NAFTA kritisch, weil sie sich durch den offenen Markt einem unfairen Wettbewerb ausgesetzt sehen, bedingt durch die hohen staatlichen Zuschüsse für US-Farmer. Eine **erste Bewährungsprobe** hat die NAFTA noch im Gründungsjahr zu bestehen. Infolge der drastischen Abwertung des Peso (Dez. 1994) in Mexiko kommt es zu einer Wirtschaftskrise. Eine Finanzhilfe des Internationalen Währungsfonds von über 50 Mrd. US-Dollar rettet das Land vor dem drohenden Kollaps. 20 Mrd. stammen dabei aus Reserven der US-Regierung, die damit ihr großes Interesse an der ökonomischen Absicherung der NAFTA deutlich macht.

Bereits 1991 stellt US-Präsident George Bush einen **Plan für eine Amerikanische Freihandelszone** (*Free Trade Area of the Americas*, FTTA) vor. Dem sind seit 1967 mehrere Versuche vorausgegangen, einen gemeinsamen Markt im gesamten Doppelkontinent zu errichten. Als erster Schritt in Richtung FTAA findet im Dez. 1994 eine Konferenz der Staats- und Regierungschefs von 34 nord- und südamerikanischen Staaten (erster Amerika-Gipfel) statt; als einziger amerikanischer Staat fehlt Kuba. Als Beginn der Freihandelszone wird 2005 ins Auge gefasst. Allerdings gibt es bei den Verhandlungen große Interessengegensätze, z. B. über Zollsenkungen. Auf dem dritten Amerika-Gipfel in Quebec im April 2001 bekennen sich die Staats- und Regierungschefs erneut zum FTAA-Plan, ebenso wie beim außerordentlichen Amerika-Gipfel im Jan. 2004 in Monterrey (Mexiko). 2005 können die USA mit dem **DR-CAFTA** (*Dominican Republic-Central American Free Trade Agreement*), einem **Freihandelsabkommen** mit Costa Rica, der Dominikanischen Republik, El Salvador, Guatemala, Honduras und Nicaragua einen Teilerfolg verbuchen. Das DR-CAFTA garantiert US-Firmen den unbeschränkten Zugang zum Markt dieser mittelamerikanischen Länder. Bis 2015 müssen die mittelamerikanischen Länder alle Importhürden für US-Produkte abgebaut haben. Das Abkommen ist sowohl in den USA als auch in den Partnerländern umstritten.

Nordamerika seit 1945

Kanada seit 1945 | Forts. v. S. 1282 |

Der im Ersten Weltkrieg begonnene Prozess der Entwicklung Kanadas zu einer Nation gelangt mit dem Zweiten Weltkrieg zu einem gewissen Abschluss. Die Nachkriegspolitik ist dadurch geprägt, die gewonnene Selbstständigkeit auch in die internationale Politik einzubringen. Kanada hat den Status einer »mittleren Macht« und ist in viele internationale Organisationen eingebunden. Besondere politische Bedeutung hat die Mitgliedschaft in UNO und NATO, sowie im Commonwealth als *Senior Dominion*. Kanadas Rolle als **Vermittler zwischen Großbritannien und den USA** in der Frühphase des Kalten Krieges verleiht dem Land einen wichtigen Status in der internationalen Diplomatie. In wirtschaftlichen und sicherheitspolitischen Fragen entwickeln sich in den 1950er-Jahren die USA zum dominanten Partner, während Großbritannien zunehmend an Bedeutung verliert.

Bei fortgesetzter politischer Führung der Liberalen Partei (bis 1957) zeichnet sich die innenpolitische Entwicklung in den 1940er- und 1950er-Jahren durch eine relativ gute Kooperation der Franko- und Anglokanadier, soziale Reformen, ein trotz konjunktureller Labilität kräftiges Wirtschaftswachstum, hohe Beschäftigungszahlen und Produktionszuwächse und einen steigenden Lebensstandard aus. Wie in den USA werden Konsum und das Leben in der Vorstadt (*suburbia*) zum Sinnbild einer **durch die Mittelschicht getragenen kanadischen Nachkriegsgesellschaft.** Im sozialen wie im kulturellen Bereich greift der Staat immer häufiger regulierend ein.

Von 1946–2001 nimmt Kanada über 5,4 Mio. Einwanderer auf. Die Bevölkerungszahl wächst, auch aufgrund hoher Geburtenraten bis 1965 (Babyboomer-Generation) von 14 Mio. 1951 über 23,5 Mio. 1978 auf 31,2 Mio. 2004. – Die **wirtschaftliche Prosperität zieht ausländisches Kapital an.** Von 1945 bis 1955 verdoppelt es sich auf 13,5 Mrd. und nimmt bis 1961 nochmals um weitere zehn Mrd. zu. Der Anteil Großbritanniens daran sinkt von zwei Dritteln vor dem Ersten Weltkrieg auf unter 20 % im Jahr 1955. Der Anteil der USA dagegen steigt bis 1955 auf drei Viertel aller Direktinvestitionen.

1945 Kanada ist **Gründungsmitglied der Vereinten Nationen.** Es beteiligt sich an vielen friedenserhaltenden Aktionen der UNO mit größeren Truppenkontingenten, u. a. 1956–1967 am Sueskanal und im Gazastreifen, 1960–1964 im Kongo, seit 1964 auf Zypern, seit 1978 im Nahen Osten

1946 Das kanadische Parlament verabschiedet ein Gesetz, das eine eigenständige kanadische Staatsbürgerschaft, unabhängig von Großbritannien, festlegt.

1947 In den Leduc-Ölfeldern in der **Provinz Alberta wird das erste Öl gefördert.**

1948–1949 Während der Zuspitzung des Ost-West-Konflikts beteiligt sich Kanada an den Vorgesprächen zur Gründung der NATO und ist Mitunterzeichner dieses Verteidigungspaktes (4. April 1949).

1948, 15. Nov. Nach dem Rücktritt von Premierminister William L. Mackenzie King (*1874, †1950; 1921–1930, 1935–1948) setzt sein Nachfolger, Louis St. Laurent (*1882, †1973; 1948–1957), dessen Politik bruchlos fort. Frühere Gesetze zur Arbeitslosenversicherung (1940) und Familienhilfe (1944) werden 1951 durch ein Gesetz zur Altersversorgung ergänzt.

1949, 31. März Neufundland, dessen 1907 erworbener Dominion-Status 1934 aus finanzpolitischen Gründen suspendiert worden war und das seitdem dem britischen Kolonialamt unterstand, wird nach einer Volksabstimmung zehnte Provinz Kanadas. Kanada erhält das Recht, seine Verfassung zu ändern.

1950–1953 Kanada beteiligt sich am Koreakrieg mit einer Brigade innerhalb der Commonwealth-Division.

1951 Thérèse Casgrain (*1896, †1981) wird zur Parteichefin der CCF (*Co-operative Commonwealth Federation*, Nachfolgepartei ab 1961: *New Democratic Party*, NDP) in Quebec gewählt. Sie ist damit die erste Frau, die eine politische Partei in Kanada anführt.
Die *Royal Commission on National Development in the Arts, Letters and Sciences* (Massey-Kommission) kommt unter Leitung von Vincent Massey (*1887, †1967) zu dem Schluss, dass Kanada durch eine **kulturelle Überfremdung durch die USA** gefährdet sei. Um dem entgegenzuwirken, schlägt die Kommission die Einrichtung kultureller Institutionen vor (z. B. kanadische Nationalbibliothek und *Canada Council*).

1952 Vincent Massey wird der erste in Kanada geborene Generalgouverneur Kanadas.

1956 Der *Canadian Labour Congress*, ein nationaler Gewerkschaftsbund, wird durch den Zusammenschluss zweier Gewerkschaften gegründet.

Grundlinien der Außenpolitik

Im Verlauf des Ost-West-Konflikts verfolgt Kanada eine **enge militärische Zusammenarbeit mit den USA** sowie eine aktive NATO-Bündnispolitik. 1949 wird ein Abkommen zur wirtschaftlichen Koordinierung der gemeinsamen Verteidigung geschlossen. Ihm folgen 1955 ein Abkommen zum Ausbau des gemeinsamen Radar-Warnsystems, 1957 ein nordamerikanisches Luftverteidigungsabkommen (NORAD), 1959 ein Abkommen über den Einsatz von Atomenergie für gemeinsame Verteidigungszwecke und 1963 Vereinbarungen über die Ausrüstung des Luftverteidigungssystems mit nuklearen Sprengköpfen sowie über die Lagerung von Kernwaffen für amerikanische Truppen in Kanada. Als nordamerikanischer Bündnispartner in der NATO stationiert Kanada Truppen in der Bundesrepublik Deutschland (1951), die trotz der im Vergleich zu den USA geringeren Zahl schnell politische Relevanz erlangen.

1957, 21. Juni Nach Wahlerfolgen der Konservativen bildet John Diefenbaker (*1895, †1979) zunächst eine Minderheitsregierung.

Okt. Für den kanadischen Entspannungsbeitrag bei der

Sueskrise von 1956 erhält Außenminister Lester Bowles Pearson (*1897, †1972) den Friedensnobelpreis.

1958, 1. April Diefenbaker erzielt den **größten Wahlerfolg der kanadischen Geschichte**: 208 von 265 Mandaten. Die 22-jährige Herrschaft der Liberalen Partei ist zu Ende.

Die Ära Diefenbaker

Die **Erschließung neuer Rohstofflager**, u. a. seit 1947 Erdöl und Erdgas in Alberta, 1948 Eisenerzlager in Labrador, in den 50er-Jahren Uranvorkommen in Saskatchewan und Ontario, in den 60er-Jahren Bleilagerstätten am Großen Sklavensee (North West Territorries), erfordert den Ausbau des Transport- und Verkehrssystems. 1959 wird der gemeinsam mit den Vereinigten Staaten gebaute St.-Lorenz-Seeweg eröffnet, auf dem Hochseeschiffe bis in die Großen Seen fahren können. 1963 wird der *Trans Canada Highway* vollendet, der die West- und Ostküste verbindet. Die zwischen Edmonton (Alberta) und Toronto bzw. Montreal angelegte Ölpipeline, ein ausgedehntes Erdgasleitungsnetz, neue Eisenbahnstrecken nach Labrador und zum Großen Sklavensee sowie andere Transportanlagen ermöglichen die Beförderung von Rohstoffen über weite Strecken.

Der **Ausbau der Industrie** und die Erschließung der Bodenschätze erfolgen unter starker Beteiligung ausländischen Kapitals, das besonders aus den USA ins Land hineinströmt. In den 60er-Jahren kommen rund 75 % der Auslandsinvestitionen vom großen Nachbarn im Süden. Über 50 % der kanadischen Industrie befinden sich im Besitz bzw. unter der Kontrolle des Auslandes; die Aluminium-, Gummi- und Autoindustrie liegt fast ganz in US-amerikanischer Hand. Während die Auslandsinvestitionen den Lebensstandard stark anheben, wächst die Furcht vor Überfremdung und Abhängigkeit.

Die **Industrialisierung fördert die Verstädterung**, wirft Verkehrs- und Versorgungsprobleme (Schaffung eines überprovinzieller Energierat) auf und macht Maßnahmen für den Umweltschutz notwendig; die Sozialleistungen werden ausgebaut. Die Überbelastung der Staatsfinanzen führt schließlich zu einer Krise: Seit Beginn der 60er-Jahre weist die Wirtschaft stärkere Rezessionen auf (erster größerer Einbruch 1960–1962; Arbeitslosenquoten 1971: 6,2 %, 1978: 8,6 %).

Kanada sucht sich gegen zu starke wirtschaftliche Einflüsse aus den USA mithilfe einer staatlichen Investitionsüberprüfung zu wehren. In der Weltpolitik verfolgt es einen flexibleren Kurs. Zunehmende Spannungen zwischen Anglo- und Frankokanadiern und **Autonomiebestrebungen in der Provinz Quebec** gefährden den Zusammenhalt des Bundesstaates.

1960 Jean Lesage (*1912, †1980) und die Liberalen kommen in Quebec an die Macht. Die *Bill of Rights* wird verabschiedet.

1961 Der *National Indian Council* wird gegründet, die *New Democratic Party* organisiert sich.

1961/1963 Abkommen mit der VR China über umfangreiche Weizenlieferungen.

1962, 17. Dez. In der Provinz Quebec wächst die Kritik der Frankokanadier an der Vorherrschaft der Anglokanadier im Gesamtstaat. Nachdem sich bereits 1960 mit der *Rassemblement pour l'indépendance nationale* (R.I.N.) eine separatistische Bewegung gebildet hatte, gründet Marcel Chaput (*1918, †1991) eine **separatistische Partei**, die *Parti républicain du Québec.*

Die »stille Revolution« der 1960er- Jahre

Die 1960er-Jahre sind charakterisiert durch **drei große gesellschaftliche Veränderungsprozesse**: die Liberalisierung von Politik und Gesellschaft, die Entwicklung einer sich aus der Babyboomer-Generation rekrutierenden Gegenkultur und die Entstehung einer Emanzipationsbewegung innerhalb der ethnischen und sozialen Minderheiten Kanadas (Ureinwohner, Schwarze, Frauen und Homosexuelle). In dieser Zeit artikuliert sich auch die Unzufriedenheit Quebecs mit der kanadischen Konföderation. Sie ist Ausdruck eines fundamentalen gesellschaftlichen Wandels, der als »stille Revolution« bezeichnet wird, der durch einen **rapiden Modernisierungsprozess** gekennzeichnet ist. Die politische Umsetzung der Traditionskritik setzt dann allerdings erst 1960 mit Jean Lesage und der Übernahme der politischen Führung Quebecs durch die liberale Partei ein. Zu den Pfeilern von Lesages Reformprogramm gehört u. a. die Gründung der Ministeriums für kulturelle Angelegenheiten (*Ministry of Cultural Affairs*) 1961, die zu einer dynamischen Entwicklung frankokanadischer Kunst und Literatur führt.

In den 1960er-Jahren wächst auch das Bewusstsein für Belange der indigenen Bevölkerung. 1960 erweitert die Regierung das Wahlrecht für sog. *Status Indians* in den Bundeswahlen. Die Hawthorn-Kommission legt Mitte der 1960er-Jahre ihren Bericht über den sozialen, wirtschaftlichen, politischen und kulturellen Status der *Native People* vor, der zur Revision des *Indian Act* führt.

1963 Die militante *Front de Libération du Québec* (FLQ) wird gegründet.

22. April Nach dem Sturz Diefenbakers und Neuwahlen (Konservative 95 Sitze, Liberale 129 Sitze) übernehmen die Liberalen wieder die Führung. Premierminister wird Lester Bowles Pearson (*1897, †1972). Die Regierung setzt eine Königliche Kommission zur Untersuchung der Zweisprachigkeit (*bilingualism*) und des Zusammenlebens zweier Kulturtraditionen (*biculturalism*) ein. Aufgrund des ersten Kommissionsberichtes wird 1969 beschlossen, dass **Englisch und Französisch Amtssprachen** des Landes sein sollen. 1971 verkündet die Regierung eine »*multiculturalism policy*«, aufgrund der Programme zur Erhaltung, Entwicklung und Verbreitung der verschiedenen Kulturtraditionen unterstützt werden.

1965 Die *Student Union for Peace Action* wird gegründet, der *National Pension Plan* eingeführt (mit einer separaten Regelung für Quebec) und der »Krieg gegen die Armut« (*War on Poverty*) beginnt.

Einführung einer neuen Nationalflagge, die neben den nationaltypischen Farben rot und weiß ein Ahornblatt zeigt. Das Parlament entscheidet sich für eine neue zweisprachige Nationalhymne.

1966 Der *Federal Medical Act* wird verabschiedet.
Die *Union Nationale* gewinnt die Wahlen in Quebec und löst damit die liberale Regierung ab.

1967 Kanada feiert sein 100-jähriges Bestehen, u. a. mit einer Weltausstellung in Montreal.

Juli Ein Besuch des französischen Staatspräsidenten **Charles de Gaulle stärkt den Nationalismus der Frankokanadier**. Er spricht von den »Franzosen beiderseits des Atlantiks« und vom »freien Québec«. Premierminister Pearson protestiert gegen diese Äußerungen, woraufhin de Gaulle seinen Besuch abbricht.

Nov. René Lévesque (*1922, †1987) tritt aus der *Quebec Liberal Party* aus und beginnt mit der Organisation der separatistischen *Parti Québécois*.

1968, 25. Juni Nach dem Rücktritt Pearsons und Neuwahlen wird der Frankokanadier Pierre Elliott Trudeau (*1919, †2000), der neue Führer der Liberalen, Premierminister. Innenpolitisch bemüht sich die Regierung, wenn auch ohne durchschlagenden Erfolg, mit dem Konzept der *equal partnership* und des *cultural dualism*, um Entspannung zwischen den zwei Gründungsnationen. Außenpolitisch überprüft sie die bisherigen Bindungen Kanadas sowie Verpflichtungen im Rahmen des NATO-Bündnisses und verfolgt v. a. im Wirtschaftsbereich eine sog. *Third Option*-Politik (engere Verbindungen mit der Europäischen Wirtschaftsgemeinschaft und mit Japan).

1969 Kanada beginnt, seine NATO-Truppen in Europa von 9800 auf 5000 Mann zu reduzieren.
Das Parlament verabschiedet den *Official Languages Act*, der größere sprachliche Gleichheit zwischen frankophonen und anglophonen Kanadiern herstellen soll.

1970, 13. Okt. Mit der Regierung der VR China, die als »einzige rechtmäßige Regierung Chinas« anerkannt wird, werden (ein Jahr vor der Aufnahme in die UNO und der Annäherung zwischen China und den USA) diplomatische Beziehungen aufgenommen.

Okt. Frankokanadische Extremisten der FLQ stürzen die **Provinz Quebec in eine Krise** (Oktober-Krise). Es kommt zu Studentenstreiks und Demonstrationen. Der britische Handelsattaché James R. Cross (*1921) und der Arbeitsminister Quebecs, Pierre Laporte (*1921), werden entführt. Laporte wird nach Ablehnung der Forderung der Entführer, politische Häftlinge freizulassen, ermordet. 10 000 Soldaten werden nach Quebec geschickt. Premierminister Pierre Trudeau ruft zeitweilig den nationalen Ausnahmezustand aus (*War Measures Act*).

Der Niedergang des liberalen Konsensus (1972–1992)

Die kanadische Nachkriegsgeschichte war bis zu Beginn der 1970er-Jahre charakterisiert durch wirtschaftliche Expansion und politischen Optimismus, basierend auf einem parteiübergreifenden liberalen Konsens. Zentralisierter Föderalismus führt jedoch Ende der 1960er-Jahre zunehmend zu politischen Konflikten. Gleichzeitig beginnt die Wirtschaft zu schwächeln. Die Zeit nach 1972 ist gekennzeichnet durch den Wechsel zwischen verfassungspolitischer und wirtschaftspolitischer Diskussion. Nach der Wahl einer konservativen Regierung 1984 werden Nationalismus und Föderalismus über Bord geworfen zugunsten von Freihandel und Sonderrechten für Quebec (*Meech Lake Accord*). Die Prinzipien einer liberalen Wirtschaftsordnung werden ersetzt durch Privatisierung und Deregulierung. Allerdings findet bis 1992 kein Abbau des Sozialstaats statt, das Rentensystem wird sogar noch verbessert.

1974 Nachdem 1970 eine zu starke Kapitalbeteiligung aus den USA an Kanadas größter Uranfirma gesetzlich verhindert wurde, bestimmt ein Investitionsgesetz, dass ausländische Investitionen und Besitzbeteiligungen an kanadischen Firmen von über 50 % genehmigungspflichtig sind. Als Kontrollinstanz wird die *Foreign Investment Review Agency* eingerichtet.
In Quebec wird Französisch zur offiziellen Sprache der Provinz deklariert.

1976, 15. Nov. Bei den Provinzwahlen in Quebec siegt die separatistische *Parti Québécois* über die Liberalen. René Lévesque, der neue Premierminister der Provinz, vertritt weiterhin die Forderung nach kompromissloser Autonomie. Es kommt jedoch vorerst nicht zur Volksabstimmung.

1977 Die Regierung Quebecs verabschiedet die *Charter of the French Language*, die Französisch als einzige offizielle Sprache in Quebec festlegt.

1978, Juni Premierminister Trudeau legt einen Verfassungsentwurf vor, in dem regionale, provinziale und sprachliche Interessen stärkere Berücksichtigung finden. Eine *Task Force on National Unity* reist durch Kanada.

1979, 22. Mai Parlamentswahlen: Die Liberalen unter Trudeau erhalten nur noch 114 Sitze, die Konservativen unter Joe Clark (*1939), sie repräsentieren v. a. die anglokanadische Bevölkerung, bilden mit 136 Mandaten eine neue Regierung.

1980, 18. Febr. Nach dem Rücktritt der Regierung Clark erringen die Liberalen bei Neuwahlen die absolute Mehrheit. Trudeau wird wieder Premierminister (3. März).

20. Mai Die *Parti Québécois* favorisiert die Unabhängigkeit Quebecs und lässt in einer Volksabstimmung darüber abstimmen. 60 % der Bevölkerung stimmen für den Verbleib in der Konföderation.

1982, 17. April Königin Elisabeth II. proklamiert eine **eigenständige kanadische Verfassung**. Diese enthält eine Charta der Bürgerrechte und erlaubt dem Bundesparlament, künftige Verfassungsänderungen unabhängig von Großbritannien vorzunehmen. Den Provinzen wird jedoch zugestanden, solche Änderungen nicht zu akzeptieren. Der Premierminister von Quebec, René Lévesque, erstrebt weiterhin die Unabhängigkeit.

1984, 15. Sept. Nach dem Rücktritt von Premierminister Trudeau (30. Juni) und einer Übergangsregierung unter John Napier Turner (*1929; Liberale Partei) wird nach dem Wahlsieg der Konservativen Brian Mulroney (*1939; Progressiv-Konservative Partei) Premierminister.

1987, 3. Juni Im *Meech Lake Accord* einigen sich Bund und Provinzen darauf, der französisch sprechenden Provinz **Quebec Sonderrechte zu gewähren**. Quebec will dafür die Verfassung von 1982 anerkennen.

1988, 2. Jan. Premierminister MULRONEY und US-Präsident RONALD REAGAN unterzeichnen ein Freihandelsabkommen (Vorläufer der NAFTA), demzufolge die Zölle bis 1998 stufenweise abgebaut werden sollen.

5. Sept. Den **indigenen Völkern** des Mackenzie-Tals (North West Territories) wird ein Gebiet von ca. 180 000 km² als Eigentum zugesprochen. Die Inuits der westlichen Arktis hatten bereits 1984 90000 km², die Yukon-Indianer 1988 41000 km² erhalten. Die Inuits der östlichen Arktis sollen 352 000 km² bekommen, etwa 7 % der Fläche Kanadas. Ferner erhalten die Nachkommen der Ureinwohner Jagdrechte in einem Gebiet von 2,85 Mio. km², fast 30 % der Fläche Kanadas.

21. Nov. Bei Parlamentswahlen siegt die *Progressive Conservative Party*. Premierminister BRIAN MULRONEY bleibt im Amt.

1989, 5. Dez. AUDREY MCLAUGHLIN (*1936) von der *New Democratic Party* (NDP) ist die erste Frau, die als Parteichefin einer nationalen Partei vorsteht (bis 1995).

1990, 23. Juni Die Provinzen Neufundland und Manitoba verweigern die Ratifizierung des *Meech Lake Accords*. Der Einigungskompromiss von 1987 mit Sonderrechten für Quebec ist damit gescheitert.

25. Juni Sieben unabhängige Mitglieder des Parlaments aus Quebec gründen unter Führung von LUCIEN BOUCHARD (*1938) den *Bloc Québécois*, der sich bald zur eigentlichen Oppositionspartei auf Bundesebene entwickeln wird.

2. Sept. Die Armee beendet einen monatelang militant ausgetragenen Konflikt zwischen Mohawk-Indianern und der Gemeinde Oka (40 km von Montreal entfernt). Anlass war die Absicht, auf altem Indianergebiet einen Golfplatz zu bauen.

1991, 24. Sept. Die Regierung in Ottawa schlägt ein umfassendes Reformpaket vor, das u. a. folgende Punkte enthält: Anerkennung Quebecs als »eigenständige Gesellschaft« (*distinct society*), Senatsreform, Souveränität bzw. Selbstregierung der Ureinwohner, Stärkung der wirtschaftlichen Einheit sowie Anpassung der Beziehungen zwischen Bundesregierung und den Provinzen mit dem Ziel, den Provinzen mehr Kontrollmöglichkeiten einzuräumen.

1992, 22. Aug. Die *First Minister's Conference* einigt sich unter Teilnahme des Premiers von Quebec, ROBERT BOURASSA (*1933, †1996), auf die **umfangreichste Reform der Verfassung seit 1867** (*Charlottetown Accord*). Die Reform regelt die Vertretung der Anglo- und Frankokanadier in den obersten Staatsorganen. Quebec werden hierbei Quoten zuerkannt; ferner werden die Autonomierechte der Ureinwohner anerkannt und die Stellung der Provinzen gestärkt.

26. Okt. Bei einem Referendum lehnen knapp 55 % der Kanadier die Verfassungsreform ab.

17. Dez. Premierminister MULRONEY unterzeichnet den **Nordamerikanischen Freihandelszonenvertrag** mit den USA und Mexiko (NAFTA) in Ottawa, der am 1. Jan. 1994 in Kraft tritt.

1993, 24. Febr. MULRONEY gibt seinen Rücktritt bekannt.

13. Juni Verteidigungsministerin KIM CAMPBELL (*1947) wird zur neuen Premierministerin gewählt. Sie setzt sich im zweiten Wahlgang als **erste weibliche Premierministerin** Kanadas durch.

25. Okt. Bei Parlamentswahlen erleidet die regierende *Progressive Conservative Party* eine schwere Niederlage. Zum Wahlsieger avanciert die Liberale Partei unter JEAN CHRÉTIEN (*1934), der auch neuer Premierminister wird (4. Nov.).
Die Bundeswahlen von 1993 legen die politische Bedeutung der regionalen Teilung Kanadas offen. Neben den beiden großen Parteien, der *Liberal Party* und den *Progressive Conservatives*, etablieren sich **zwei regionale Blöcke im Parlament**: der *Bloc Québécois*, die zweitgrößte Fraktion im Parlament und damit offizielle Oppositionspartei, sowie die im Westen Kanadas verankerte Reformpartei, die *New Democratic Party*. Die konservative Partei ist damit politisch bedeutungslos geworden.

1994, 12. Sept. Wahlsieg der *Parti Québécois* in Quebec, die ein neues Referendum zur Unabhängigkeit der Provinz ankündigt.

1995, März–April Mit der Aufbringung eines spanischen Trawlers durch die kanadische Marine (9. März) beginnt der **Fischereikonflikt zwischen Kanada und der EU**. Die Spanier führen die Visumpflicht für Kanadier ein (14. März); spanische und kanadische Marineeinheiten treffen vor der neufundländischen Küste aufeinander. Der Streit wird durch einen Kompromiss beigelegt. Dieser sieht fast gleiche Fangquoten und Schutz vor Überfischung vor der Küste Neufundlands vor (15. April).

30. Okt. Im **zweiten Unabhängigkeitsreferendum** wird in der Provinz **Quebec** mit 50,6 % der Stimmen bei einer Wahlbeteiligung von 94 % die Trennung von Kanada **abgelehnt**. Da Anglokanadier und Einwanderer (zusammen 20 % der Bevölkerung) fast geschlossen für den Verbleib stimmen, votiert eine klare Mehrheit der Frankokanadier für die Unabhängigkeit Quebecs.

1996, 25. Jan. Premierminister CHRÉTIEN nimmt eine umfangreiche Regierungsumbildung vor.

1997, Nov. Während des APEC-Treffens (*Asia-Pacific Economic Cooperation*) in Vancouver finden heftige Proteste von Globalisierungsgegnern statt. Die Polizei greift massiv ein und provoziert eine politische Krise.

3./4. Dez. Die auf eine Initiative von Außenminister LLOYD AXWORTHY (*1939) zurückgehende **Konvention zur Ächtung von Landminen** (*Ottawa Treaty*) wird in Ottawa von 125 Staaten (ohne die USA, VR China und Russland) unterzeichnet. Als Außenminister (1996–2000) setzt sich AXWORTHY für die kanadische Tradition des Multilateralismus ein.

1998, 7. Jan. Die kanadische Regierung entschuldigt sich formell für die ungerechte Behandlung von Ureinwohnern.

5. Aug. Der Stamm der Nisga'a gibt 90 % des von ihm beanspruchten Gebietes auf und erhält dafür in seinem

Kerngebiet das Recht auf Selbstverwaltung und Justiz. Damit ist ein Modell für die Lösung von Autonomieproblemen geschaffen.

1999, 1. April **Nunavut** (»Land des Volkes«) trennt sich von den North West Territories ab und konstituiert sich **als eigenes Territorium** mit weitreichender Autonomie.

18. Sept. Der Oberste Gerichtshof billigt dem Volk der Mimaq Fischereiprivilegien aus einem Vertrag von 1760 zu.

7. Okt. ADRIENNE CLARKSON (*1939) wird 26. Generalgouverneurin von Kanada (bis 2005). Sie ist nach JEANNE SAUVÉ (*1922, †1993; 1984–1990) die zweite Frau in diesem Amt.

2000, 2. April Die oppositionelle *Reform Party* löst sich auf und konstituiert sich gemeinsam mit abgespaltenen Gruppen der *Progressive Conservative Party* neu als *Canadian Alliance*.

27. Nov. Bei den Parlamentswahlen siegt die regierende Liberale Partei. Mit der regional sehr unterschiedlichen Verteilung der Stimmen auf einzelne Parteien setzt sich der Trend zum Auseinanderdriften der Ost- und Westregionen fort.

Kanada im 21. Jahrhundert

Die **Beziehungen zu den USA** im 21. Jh., v. a. nach den Terroranschlägen vom 11. Sept. 2001, bestimmen auch die politische Tagesordnung. Grenzsicherung und Zusammenarbeit in der Terrorbekämpfung stellen eine Herausforderung für das sich an den Werten einer offenen, multiethnischen und den Prinzipien der Diversität orientierenden Land dar. Multikulturalismus und Einwanderung haben die kanadische Gesellschaft in der zweiten Hälfte des 20. Jh.s verändert. Zu Beginn des 21. Jh.s steht innenpolitisch die **Identitätsfrage im Vordergrund**. Nach den Verfassungsreformen von 1992 (*Charlottetown Accord*) und 1995 sind noch jene **Verfassungsfragen ungelöst**, in denen u. a. die Rechte der Ureinwohner und der Bewohner Quebecs betroffen sind. Angesichts der fallenden Geburtenraten wird die wirtschaftliche Entwicklung Kanadas auch **in Zukunft von Einwanderung** abhängen, v. a. aus nicht-europäischen Gesellschaften. Dies wird zu einer weiteren Veränderung der ethnischen Zusammensetzung Kanadas führen, die sich immer weiter vom europäischen Kern entfernt.

2001, 8. März Zum Premierminister der Provinz Quebec wird BERNARD LANDRY (*1937), ein entschiedener Befürworter einer Sezession, gewählt. Mit **aktiver Einwanderungspolitik** will die Provinzregierung den Anteil französischsprachiger Einwohner erhöhen.

2003, 17. März Premierminister CHRÉTIEN lehnt eine Beteiligung Kanadas am Krieg gegen den Irak ab.

26. Aug. Die Regierung unterzeichnet ein Abkommen, das den Tlicho-Indianern im Land zwischen dem Großen Sklavensee und dem Großen Bärensee (North West Territories) u. a. eine Nutzung der Bodenschätze in eigener Regie gestattet.

12. Dez. Premierminister CHRÉTIEN übergibt sein Amt an den früheren Finanzminister PAUL MARTIN (*1938).

2004, April Im Zusammenhang mit einer kontroversen Debatte um die von CHRÉTIEN im Dez. 2002 eingeführte Anti-Terror-Gesetzgebung veröffentlicht die kanadische Regierung ihr erstes nationales Sicherheitspapier. In ihm stehen die sicherheitspolitischen Implikationen des latenten Wertekonflikts mit den USA im Vordergrund.

26. Mai Die Inuit im nördlichen Labrador stimmen mit 76,4 % einem Vertrag zu, der ihnen Selbstverwaltung und Nutzungsrechte in einem Territorium von 72 000 km^2 gibt. Über ein Viertel des Gebietes geht in Inuit-Eigentum über.

28. Juni Bei den vorgezogenen Parlamentswahlen verlieren die Liberalen ihre absolute Mehrheit, bleiben aber mit 36,7 % der Stimmen stärkste Kraft.

2005 Die Minderheitsregierung von MARTIN wird durch Korruptionsskandale in der Liberalen Partei überschattet. Der Skandal beeinflusst in hohem Maße das politische Klima im Vorfeld der Bundeswahlen 2006.

2006, 23. Jan. Bei den Bundeswahlen gewinnt die *Conservative Party* die Mehrheit der Sitze mit 40,3 % (124 von 308 Sitzen) und 36,3 % der Wählerstimmen. Die Wahlen führen erneut zu einer Minderheitsregierung, diesmal der konservativen Partei mit STEPHEN HARPER (*1959) als Premierminister.

Die Vereinigten Staaten von Amerika seit 1945 | Forts. v. S. 1302 |

Die USA nach dem Zweiten Weltkrieg (1945–1947)

Im Krieg haben die Vereinigten Staaten (USA) ihre militärischen, wirtschaftlichen und technischen Ressourcen in nie zuvor gekanntem Maße mobilisiert. Außer den Streitkräften ist auch die staatliche Verwaltung ganz erheblich ausgebaut worden. Im **Lager der westlichen Alliierten** besitzen die USA eine unbestrittene **Führungsposition**. Mit den Siegen über das faschistische Italien (Sept. 1943), Deutschland (Mai 1945) und Japan (Aug. 1945) sind die USA erfolgreich am Ziel ihrer Anstrengungen. Zugleich stehen sie aber auch vor neuen Aufgaben, die nicht leichter zu lösen sind: Umstellung des eigenen Landes auf Friedensverhältnisse und Neuordnung besiegter wie befreiter Staaten und der Welt insgesamt in einem System der kollektiven Sicherheit. Ein Rückfall in den Isolationismus – wie nach dem Ersten Weltkrieg – findet nicht statt. Der größte Teil der amerikanischen Streitkräfte wird zunächst demobilisiert. Die Entzweiung der ehemaligen Alliierten und der offene Ausbruch des Ost-West-Konflikts sind 1945 noch nicht klar abzusehen. Die USA leisten seit 1943 im Rahmen der *United Nations Relief and Rehabilitation Administration* (UNRRA) **umfangreiche Hilfsmaßnahmen zur Linderung der Not** in den vom Kriege betroffenen Ländern Europas (bis 1947) und Asiens (bis 1949).

1945, 12. April Nach dem Tod FRANKLIN D. ROOSEVELTS übernimmt der bisherige Vizepräsident **HARRY S. TRUMAN** (*1884, †1972; Demokrat) das Präsidentenamt; er führt die Politik seines Vorgängers mit innenpolitischen Reformen und weltpolitischem Engagement fort. In seine erste Amtszeit fallen das Ende des Zweiten Weltkrieges, Normalisierungs- und Wiederaufbaumaßnahmen und der **Beginn des Ost-West-Konflikts**.

8. Mai Mit dem V-E Day (*Victory Europe Day*), dem Tag der deutschen Kapitulation in Reims, ist der Zweite Weltkrieg in Europa zu Ende.

11. Mai Die Vereinigten Staaten stellen die Pacht- und Leihhilfe an ihre Verbündeten auf dem europäischen Kriegsschauplatz ein.

5. Juni Entsprechend früheren Vereinbarungen der Alliierten (Europäische Beratungskommission, Jalta-Konferenz) beginnt **in Deutschland** die **Viermächteverwaltung**, an der die USA beteiligt sind. Erster Militärgouverneur, zugleich amerikanischer Vertreter im Alliierten Kontrollrat, ist General Dwight David Eisenhower (*1890, †1969). Ihm folgen die Generäle Joseph Taggert McNarney (*1893, †1972) im Nov. 1945 und im März 1947 Lucius Dubignon Clay (*1897, †1978).

26. Juni Mit 49 anderen Staaten unterzeichnen die USA die **Charta der Vereinten Nationen (UNO)**. 1946 beschließt die UNO, ihren ständigen Sitz in den USA zu errichten. John Davison Rockefeller jun. (*1874, †1960) stiftet 8,5 Mio. Dollar zum Ankauf des Geländes in New York.

16. Juli Auf dem Versuchsgelände von Alamogordo (New Mexico) wird die **erste Atombombe** zur Explosion gebracht.

17. Juli–2. Aug. Auf der Potsdamer Konferenz, der letzten Gipfelkonferenz der »Großen Drei« (USA, Sowjetunion, Großbritannien) im Zweiten Weltkrieg, erörtert Präsident Truman mit dem britischen Premier Winston Churchill bzw. Clement Attlee, der diesen auf der Konferenz ablöst, und dem sowjetischen Partei- und Regierungschef Josef Stalin u. a. Neuordnungsfragen in Europa und die Besatzungspolitik in Deutschland.

6./9. Aug. Mit dem Abwurf von zwei **Atombomben** auf **Hiroshima** und **Nagasaki** zwingen die USA Japan zur Beendigung des Krieges.

14. Aug. Mit dem V-J Day (*Victory Japan Day*), dem Tag der japanischen Kapitulation, ist der Zweite Weltkrieg auch in Ostasien zu Ende. **Japan wird von amerikanischen Streitkräften** besetzt. Der japanische Kaiser (Tennō) behält seine Stellung, der japanische Verwaltungsapparat bleibt bestehen. Entmilitarisierung und Demokratisierung werden jedoch von General Douglas MacArthur (*1880, †1964), dem Oberkommandierenden der Besatzungstruppen, kontrolliert.

21. Aug. Das amerikanische Pacht- und Leihprogramm der Kriegszeit ist beendet, die USA haben ihren Verbündeten Hilfe im Wert von 50,6 Mrd. Dollar geleistet.

10. Sept.–2. Okt. Außenminister James Francis Byrnes (*1879, †1972) vertritt die USA auf der ersten Konferenz des Außenministerrates der Großmächte in London. Es folgen Konferenzen in Moskau (1945), Paris und New York (1946), Moskau und London (1947), auf denen die Friedensverträge für Italien, Ungarn, Bulgarien, Rumänien und Finnland ausgearbeitet werden (unterzeichnet 10. Febr. 1947). Keine Einigung erfolgt über einen Staatsvertrag mit Österreich und einen Friedensvertrag mit Deutschland.

14. Nov. In **Nürnberg beginnt der Prozess** des Internationalen Militärgerichtshofes gegen deutsche **Hauptkriegsverbrecher** (beendet am 1. Okt. 1946). In Tokio findet von 1946 bis 1948 ein ähnlicher Prozess gegen japanische Hauptkriegsverbrecher statt.

1946, 14. Juni Der amerikanische Vertreter in der Atomenergiekommission der UNO, Bernard Mannes Baruch (*1870, †1965), legt einen Plan zur **internationalen Kontrolle der Atomenergie und zur Atomabrüstung** vor, der von sowjetischer Seite mit der Forderung nach einem Atomwaffenverbot, jedoch ohne internationale Kontrolle, beantwortet wird. Eine Einigung kommt nicht zustande.

1. Juli Beginn einer Reihe amerikanischer Atombombentests auf dem Bikini-Atoll (Marshallinseln) im Pazifik.

4. Juli Präsident Truman proklamiert entsprechend dem *Tydings-McDuffie-Act* von 1934 die **Unabhängigkeit der Philippinen.**

1. Aug. Der Kongress in Washington beschließt, eine nationale Atomenergiekommission zu gründen, um Atomenergie für zivile Zwecke nutzbar zu machen.

6. Sept. Der amerikanische Außenminister James F. Byrnes kritisiert in einer Rede in Stuttgart den Alliierten Kontrollrat und kündigt eine Wiederaufbaupolitik für Deutschland, notfalls auch ohne die Sowjetunion, an (1. Jan. 1947 Gründung der Bizone).

Innenpolitik in den USA in der unmittelbaren Nachkriegszeit

Die innenpolitische Situation von 1945–47 ist durch **soziale und wirtschaftliche Umstellungsprobleme** im Übergang auf Friedensverhältnisse bestimmt. Aus dem Kriege heimkehrende Soldaten (1945 12 Mio.) erhalten Unterhalt und freie Ausbildung an Schulen und Universitäten.

Um einer befürchteten Nachkriegsrezession vorzugreifen, präsentiert Truman im Sept. 1945 dem Kongress ein sozial- und wirtschaftspolitisches 21-Punkte-Programm, das u. a. erweiterte Arbeitslosenhilfe, landwirtschaftliche Preissubventionen und öffentliche Entwicklungsprojekte vorsieht. Eine Wirtschaftskrise bleibt jedoch trotz Entlassungen und dem zeitweiligen Ansteigen der Arbeitslosigkeit bis auf 2,7 Mio. (März 1946) aus, auch wenn sich die Währungsverhältnisse nicht stabil halten lassen. Die Kaufkraft der Bevölkerung ist dank einer hohen Sparquote in den Kriegsjahren und einer neuen Lust am Konsum nach Jahren des Verzichts groß. Die Lebensmittelrationierung wird Ende 1945 weitgehend aufgehoben. Preiskontrollen, die Präsident Truman fortführen möchte, werden unter Druck der Produzenten und der Geschäftswelt 1946 schrittweise abgebaut. Die Preise steigen, die Lebenshaltungskosten erhöhen sich 1946–1948 um 50 %. Die Gewerkschaften, deren Mitgliederzahlen bis 1947 auf 22,4 % aller Arbeitnehmer anwachsen, fordern höhere Löhne. Schon im Nov. 1945 beginnt ein Streik von 180 000 Arbeitern der Automobilindustrie. Streiks in der Stahl-, Fleischkonserven- und Elektroindustrie folgen. Im Febr. 1946 befinden sich 1,6 Mio. Arbeiter im Ausstand. Lohnerhöhungen werden genehmigt. Als Folge verbreiteter Unzufriedenheit mit Inflation, Streiks, Preiserhöhungen und Produktionsengpässen gewinnen die Republikaner bei den Kongresswahlen im Nov. 1946 erstmals seit 1928 wieder die Mehrheit in beiden Häusern. Eine erneute Streikwelle (Bergarbeiter, Eisenbahner) spitzt die Situation im Lande kritisch zu und bewirkt Restriktionen: Am 23. Juni 1947 setzt der Kongress gegen TRUMANS Veto das Taft-Hartley-Gesetz durch. Es verbietet den Gewerkschaftszwang für Arbeitnehmer, erlaubt gerichtliches Vorgehen der Unternehmer gegen Gewerkschaften, die Tarifverträge brechen, verpflichtet Gewerkschaften zur Offenlegung ihrer Finanzen und setzt eine 60-Tage-Abkühlungsperiode vor Streiks fest.

Die USA in der Zeit des Ost-West-Konflikts (1947–1960)

Im Weltkonflikt der Machtblöcke wächst bei den Amerikanern die Furcht vor dem möglichen Gegner im eigenen Land. Es kommt zu **Verfolgungen von Kommunisten** und des Kommunismus Verdächtigter, die zeitweilig hysterische Formen annehmen. TRUMAN ordnet 1947 ein »Loyalitätsprogramm« zur Überprüfung von Bundesangestellten an; die Anhörungen des bereits 1938 vom Repräsentantenhaus eingesetzten **Ausschusses zur Untersuchung unamerikanischer Aktivitäten** (*House Committee on Un-American Activitities*) erregen zunehmend mehr Aufsehen. Auch internationale Entwicklungen – die unerwartet frühe sowjetische Atombombe, die Aufdeckung des »Atomspions« KLAUS FUCHS (*1911, †1988) sowie der »Verlust« Chinas an die Kommunisten im Jahr 1949 – lassen Besorgnis und Verdachtsmomente auf kommunistischer Spionage und Einflussnahme in den USA wachsen. Unter diesen Bedingungen kann Senator JOSEPH MCCARTHY (*1909, †1957) seit Anfang 1950 bis 1954 seine antikommunistische Hexenjagd betreiben. MCCARTHY gibt als sein extremster Repräsentant einem Phänomen seinen Namen (McCarthyismus), das jedoch weit über seine Person reicht.

Im Verlauf des Ost-West-Konflikts **rüsten die USA erneut auf** und mobilisieren ihr großes wirtschaftlich-technisches Potenzial. Bedingt durch die Rivalität zwischen Ost und West werden Waffensysteme weiterentwickelt, die letzten Endes zum **»atomaren Patt«** und **»Gleichgewicht des Schreckens«** führen. Der Konflikt wird nicht nur mit Mitteln der Rüstung, des Militäreinsatzes und der Machtpolitik, sondern auch mit einer intensiven Propaganda ausgefochten (psychologische Kriegsführung).

GEORGE FROST KENNAN (*1904, †2005; 1944–1946 amerikanischer Geschäftsträger in Moskau; 1947 Chef des Planungsstabes des Außenministeriums) formuliert die amerikanische **Strategie des »Kalten Krieges«** (»Langes Telegramm« vom Febr. 1946 und »X-Artikel« 1947 in der Zeitschrift *Foreign Affairs*): In nüchterner Einschätzung der sowjetischen Expansion und im Vertrauen auf die eigene Stärke sollten die für den Kommunismus anfälligen Länder v. a. mit wirtschaftlichen Mitteln unterstützt und dadurch Machterweiterungen des Gegners »eingedämmt« werden (**Politik des Containment**).

KENNANS Formulierungen entsprechen der Vorstellung vieler Vertreter der amerikanischen Regierung und außenpolitischen Elite, die sich vom Vorgehen der Sowjetunion provoziert fühlen. Andererseits warnen Kritiker der neuen Eindämmungsstrategie vor einer Unterstützung antikommunistischer, aber nicht liberaler Staaten, vor einer antisowjetischen Außenpolitik schlechthin und vor einem neuen weltpolitischen Engagement. Dramatische Vorgänge zur Stabilisierung des Ostblocks wie der Staatsstreich in der Tschechoslowakei (Febr. 1948) und die Berliner Blockade (1948–1949) lassen die kritischen Stimmen jedoch bald verstummen.

1947, 12. März Präsident TRUMAN fordert in einer Botschaft an den Kongress (**Truman-Doktrin**) die wirtschaftliche und militärische Unterstützung Griechenlands und der Türkei, um diese Länder vor »aggressiven Schritten zur Errichtung totalitärer Regime« zu schützen. Er zeichnet das Bild einer weltweiten Konfrontation zwischen Freiheit und Totalitarismus, in der die USA allgemein allen freien Völkern, die sich der Gefahr von »Unterdrückung durch bewaffnete Minderheiten oder durch äußeren Druck« ausgesetzt sähen, helfen müssten. Die Truman-Doktrin wird zu einem zentralen Dokument beim Prozess der **zunehmenden Globalisierung des Kalten Krieges**. (Für Hilfsmaßnahmen werden bis 1949 625 Mio. Dollar bewilligt.)

22. März Mit der *Truman Loyalty Order* wird die Überprüfung der Regierungsbediensteten auf ihre Verfassungstreue und einer eventuellen Beteiligung an subversiven Aktionen eingeleitet. 1948 wird ALGER HISS (*1904, †1996), ein ehemaliger Beamter des Außenministeriums, wegen Übermittlung vertraulicher Dokumente an die Sowjetunion vor Gericht gestellt (Schuldspruch wegen Meineides 1950).

12. April Die UNO überträgt den USA die Treuhandverwaltung der einst japanischen Inseln im Pazifik.

5. Juni In einer Rede an der Harvard University kündigt Außenminister GEORGE CATLETT MARSHALL (*1880, †1959) ein umfassendes wirtschaftliches **Hilfsprogramm für das notleidende und wirtschaftlich stagnierende Europa** an (**Marshallplan**). Zweck der Hilfe sei »die Wiederherstellung einer funktionierenden Weltwirtschaft, und damit auch die Herstellung politischer und sozialer Verhältnisse, die zum Existieren freiheitlicher Institutionen nötig« seien.

2. Juli Auf einer Konferenz der Außenminister Großbritanniens, Frankreichs und der Sowjetunion lehnt der sowjetische Außenminister WJATSCHESLAW MOLOTOW den Marshallplan für sein Land ab. Die übrigen Ostblockstaaten und Finnland sehen sich gezwungen, der Sowjetunion Folge zu leisten. Westdeutschland wird später in das Hilfsprogramm einbezogen.

26. Juli Ein *National Security Act* fasst die bislang getrennt verwalteten amerikanischen Streitkräfte unter einem neuen Verteidigungsministerium zusammen; erster Verteidigungsminister wird JAMES V. FORRESTAL (*1892, †1949). Ein **Nationaler Sicherheitsrat wird eingerichtet**, der die inneren, auswärtigen und militärischen Maßnahmen zur Erhaltung der nationalen Sicherheit koordinieren soll. Die Nachrichtendienste der verschiedenen Behörden werden in der *Central Intelligence Agency* (CIA) zusammengefasst. Der *National Security Act* wird zum Kern des sog. *National Security State*, in dem die Bundesregierung ein wachsendes Auftragsnetzwerk mit Wirtschaft und Forschung aufbaut, das über die kommenden Jahrzehnte immer weiter wächst.

2. Sept. Im Vertrag von Rio de Janeiro (Rio-Pakt) vereinbaren die USA und die lateinamerikanischen Länder **gegenseitige Hilfe im Falle eines Angriffs**.

17. Dez. Der amerikanische Kongress billigt das *European Recovery Program* (ERP), worauf die 16 west- und südeuropäischen Teilnehmerstaaten die *Organization for European Economic Cooperation* (OEEC) als internationale Koordinierungsinstanz gründen (16. April 1948). Bilaterale Verträge zwischen den USA und den Teilnehmerstaaten folgen. Von 1948 bis 1951 leisten die USA Hilfe im Wert von 12,4 Mrd. Dollar (überwiegend nicht rückzahlbar). Das europäische Wirtschaftsprogramm trägt erheblich zur wirtschaftlichen und – nicht zuletzt durch seine psychologische Wirkung – politischen Stabilisierung des nichtkommunistischen Europas bei und wird Vorbild für weitere Auslandshilfeprogramme.

1948, 30. April **Gründung der Organisation Amerikanischer Staaten (OAS)** als panamerikanisches Verteidigungssystem.

11. Juni In einer von Senator Arthur Hendrick Vandenberg (*1884, †1951; Republikaner) eingebrachten Resolution empfiehlt der Senat, die nationale Sicherheit durch regionale und kollektive Verteidigungsabsprachen zur gegenseitigen Hilfe zu stärken.

24. Juni Der Kongress beschließt im *Selective Service Act* die **Wehrpflicht von Männern** zwischen 19 und 26 Jahren.

26. Juni Die **Berliner Blockade** wird durch eine auf Vorschlag des amerikanischen Militärgouverneurs Lucius D. Clay errichtete **Luftbrücke** überwunden. Um die amerikanische Entschlossenheit zu unterstreichen, entsendet Truman im Juli außerdem ein Geschwader atombombenfähiger B-29 Bomber auf britische Stützpunkte. Die Luftbrücke wird zu einer Demonstration amerikanischer technologischer Leistungsfähigkeit (pro Tag werden bis zu 13 000 Tonnen nach Berlin geflogen) und verhärtet weiter die aufkommende antisowjetische Stimmung in den Öffentlichkeiten westeuropäischer Staaten ebenso wie in den USA. Aufgrund des Jessup-Malik-Abkommens vom 4. Mai 1949 endet die Blockade am 12. Mai 1949.

Präsidenten der USA seit 1945

Amtszeit	Präsident	Partei
1945–1953	Harry Spencer Truman	Demokrat
1953–1961	Dwight David Eisenhower	Republikaner
1961–1963	John Fitzgerald Kennedy	Demokrat
1963–1969	Lyndon Baines Johnson	Demokrat
1969–1974	Richard Milhous Nixon	Republikaner
1974–1977	Gerald Rudolph Ford	Republikaner
1977–1981	James Earl Carter	Demokrat
1981–1989	Ronald Wilson Reagan	Republikaner
1989–1993	George Herbert Walker Bush	Republikaner
1993–2001	William Jefferson Clinton	Demokrat
seit 2001	George Walker Bush	Republikaner

2. Nov. Trotz Spaltung der eigenen Partei (Abspaltung der *Progressive Party* unter Exvizepräsident Henry Agard Wallace [*1888, †1965] und der Südstaaten-Demokraten unter James Strom Thurmond [*1902, †2003]) wird Truman überraschend gegen den Republikaner Thomas Edmund Dewey (*1902, †1971) mit klarer Mehrheit für eine zweite Amtszeit als Präsident der USA gewählt. Wichtig für Trumans Wahlsieg war die Unterstützung durch die gewerkschaftlich organisierte Arbeiterschaft.

1949, 19. Jan. In seiner Antrittsrede zu Beginn der zweiten Amtszeit kündigt Präsident Truman ein Programm zur technischen und industriellen Unterstützung der Entwicklungsländer an (Punkt-Vier-Programm). Der Kongress bewilligt (am 24. Juni) zunächst 45 Mio. Dollar. Die **Entwicklungshilfe** wird für lange Zeit zum wichtigen **Instrument der amerikanischen Außenpolitik**.

4. April In Washington unterzeichnen die Außenminister der USA, Kanadas, Großbritanniens, Frankreichs, der Benelux-Staaten, Italiens, Portugals, Dänemarks, Norwegens und Islands den **Nordatlantikpakt** (*North Atlantic Treaty Organization*, **NATO**). Damit schließen die USA zum ersten Mal in ihrer Geschichte in Friedenszeiten ein militärisches Bündnis ab. Erster Oberkommandierender wird General Dwight D. Eisenhower. Truman bewilligt überdies die Entsendung von vier Divisionen der US-Armee nach Westeuropa und ersucht den Kongress um die Bereitstellung von Militärhilfe für NATO-Staaten in Höhe von mehr als einer Mrd. Dollar.

8. April In Washington beschließen die Außenminister der USA, Großbritanniens und Frankreichs als Vorbereitung zur Gründung eines westdeutschen Staates den Zusammenschluss ihrer Besatzungszonen, ein Besatzungsstatut und einen neuen Industrieplan für Deutschland.
Der Sieg der Kommunisten im chinesischen Bürgerkrieg in einer Zeit erfolgreicher Eindämmungspolitik in Europa löst eine heftige Kontroverse über die amerikanische Chinapolitik aus, in der v. a. republikanische Politiker der Regierung Truman vorwerfen, den »Verlust« Chinas verschuldet zu haben und gegenüber dem Kommunismus zu nachgiebig gewesen zu sein (»*soft on communism*«). Auf die Machtübernahme durch die Kommunisten reagieren die USA mit einer **Nichtanerkennungspolitik gegenüber der Volksrepublik China**, die offiziell erst 1979 endet.

5. Aug. In einem *China White Paper* des Außenministeriums wird der chinesischen Nationalregierung (Guomindang) die Schuld für die Niederlage im Bürgerkrieg gegeben. Amerikanische Versuche, zwischen

Nationalchinesen und Kommunisten zu vermitteln, waren gescheitert, die Chinahilfe endet. Etwa 2 Mrd. Dollar Unterstützung sind der Regierung CHIANG KAISHEK gewährt worden, wovon ein großer Teil in kommunistische Hände geraten ist.

29. Aug. Mit der Explosion einer sowjetischen Atombombe, von der die USA aufgrund erhöhter atmosphärischer Radioaktivität erst im Sept. erfahren, endet das amerikanische Kernwaffenmonopol. Die Nachricht erschüttert den amerikanischen Glauben an die eigene Stärke. Im Jan. 1950 genehmigt TRUMAN in einer geheimen Entscheidung die **Entwicklung und Produktion der Wasserstoffbombe.**

1950, April Der Nationale Sicherheitsrat empfiehlt nach dem kommunistischen Sieg in China und der sowjetischen Entwicklung der Atombombe eine gewaltige Erhöhung der Verteidigungsausgaben. Erst unter der Wirkung des Koreakrieges wird dieses Programm, das die zunehmende **Militarisierung des Kalten Krieges** markiert, politisch durchsetzbar. Bis Ende 1950 verdreifacht TRUMAN den Verteidigungshaushalt.

25. Juni Das Vordringen nordkoreanischer Truppen über den 38. Breitengrad nach Süden, ein Hilferuf Südkoreas und der Aufruf des UN-Sicherheitsrates, Südkorea Hilfe zu leisten, veranlassen Präsident TRUMAN, der im Falle amerikanischer Untätigkeit auch in Europa kommunistische Aggression befürchtet, amerikanische Streitkräfte nach Korea zu entsenden (27. Juni): **Beginn des Koreakrieges.** Für diese »Polizeiaktion« der UNO gibt es keine formale Kriegserklärung durch die USA.

23. Sept. Gegen Präsident TRUMANS Veto verabschiedet der Kongress ein Gesetz zur Überwachung kommunistischer Organisationen und zur Internierung von Kommunisten während eines nationalen Notstandes (*McCarran Internal Security Act*).

1951, 29. März Nachdem ein britisches Gericht den Atomphysiker KLAUS FUCHS, der an der Entwicklung der amerikanischen Atombombe gearbeitet hatte, wegen Geheimnisverrats an die Sowjetunion zu Gefängnis verurteilt hat (1950), werden JULIUS (*1916) und ETHEL ROSENBERG (*1918) wegen des gleichen Delikts von einem amerikanischen Gericht zum Tode verurteilt und 1953 hingerichtet.

11. April General MACARTHUR wird als Oberbefehlshaber der UN-Streitkräfte im Koreakrieg durch General MATTHEW BUNKER RIDGWAY (*1895, †1993) ersetzt, weil er sich im Gegensatz zur Regierung öffentlich für die Bombardierung von Stützpunkten in China und für einen bedingungslosen Siegfrieden in Korea ausgesprochen hat.

10. Juli In Korea, wo die Kämpfe stagnieren, beginnen Waffenstillstandsverhandlungen, die sich bis 1953 hinziehen.

1. Sept. Die USA, Australien und Neuseeland schließen gemeinsam einen **Sicherheitspakt** ab (**ANZUS**).

8. Sept. In San Francisco wird ein von den USA vorbereiteter Friedensvertrag zwischen Japan und 49 Gegnerstaaten des Zweiten Weltkrieges (allen außer der Sowjetunion und Indien) abgeschlossen. Ein bilateraler Sicherheitsvertrag vom gleichen Tage erlaubt die weitere **Stationierung amerikanischer Truppen in Japan.** Die Übernahme des militärischen Schutzes durch die USA ermöglicht Japan, sich v. a. auf die Entwicklung der eigenen Wirtschaft zu konzentrieren. In den Jahren zuvor hatten die USA als alleinige Besatzungsmacht unter General MACARTHUR den Aufbau eines demokratischen Staates angeleitet.

1952, 3. März Puerto Rico erhält den Status eines »freien Commonwealth, freiwillig assoziiert mit den USA« (in Kraft 25. Juli).

1. Nov. Auf dem Eniwetok-Atoll (Marshallinseln) im Pazifik wird die **erste amerikanische Wasserstoffbombe** zur Explosion gebracht. Nach der Explosion einer sowjetischen Wasserstoffbombe (12. Aug. 1953) ist das »atomare Patt« jedoch wiederhergestellt.

Innenpolitische und gesellschaftliche Entwicklung unter Truman

Präsident TRUMAN setzt den *New Deal* seines Vorgängers ROOSEVELT fort. Sein eigenes sozialpolitisches Programm, das er in seiner Rede zur Lage der Nation 1949 als *Fair Deal* vorstellt, wird vom reformunwilligen Kongress jedoch weitgehend blockiert (z. B. Bürgerrechtsgesetzgebung, nationale Krankenversicherung). Zusätzlich verhindert ab 1950 der Koreakrieg eine Konzentration der Regierung TRUMAN auf innenpolitische Reformen. So lassen sich **nur Ansätze des Fair Deal verwirklichen,** u. a. die Beendigung der Rassendiskriminierung in den Streitkräften und in Behörden, die Erweiterung der Sozialversicherung und ein Wohnungsbaugesetz. Das von Anfang an wenig populäre militärische Engagement in Korea führt 1950/51 zusammen mit neuerlichen Inflationsproblemen und Korruptionsvorwürfen zu einem dramatischen Popularitätsverfall der Regierung TRUMAN, weswegen er auf eine neuerliche Präsidentschaftskandidatur verzichtet. Kandidat der Demokratischen Partei wird 1952 und 1956 der erfolglose ADLAI EWING STEVENSON (*1900, †1965).

Nach dem Krieg erwarten und fordern zunehmend mehr Afroamerikaner das ihnen de facto immer noch verwehrte Wahlrecht. Zwar steigt der Anteil der zu Wahlen registrierten Afroamerikaner in den Südstaaten bis 1947 auf 12 % (1940 nur 2 %), doch sieht sich die schwarze Bevölkerung dort einem wiederbelebten Ku Klux Klan und verstärkt **rassistischen Gewaltakten** ausgesetzt. Im Dez. 1946 richtet TRUMAN einen Ausschuss zur Bürgerrechtsproblematik ein (*President's Committee on Civil Rights*), der in seinem 1947 vorgelegten Bericht (»*To Secure These Rights*«) ein Ende der rassischen Diskriminierung und Segregation sowie gesetzliche Maßnahmen gegen Lynchmorde und Einschränkungen des Wahlrechts fordert. Nachdem der Kongress die Vorschläge der Kommission nicht umgesetzt hat, ordnet TRUMAN 1948 (per *Executive Order*) ein Ende der Rassentrennung in den Streitkräften und ein Ende rassischer Diskriminierung beim Einstellen von Bundesangestellten an.

Unter der schwarzen Bevölkerung setzt eine starke Süd-Nord-Wanderung in die Industriezentren ein. Ab 1946 steigen die Einwandererzahlen wieder auf über

100 000 im Jahr, jedoch gelingt es TRUMAN nicht, die Quotengesetzgebung zu liberalisieren. Im *McCarran-Walter Act* (1952) wird nur die Diskriminierung von Asiaten beseitigt. TRUMAN bemüht sich, Arbeitskämpfe in Krisenzeiten zu verhindern.

1953, 20. Jan. General EISENHOWER, während des Zweiten Weltkrieges Oberbefehlshaber der Alliierten Streitkräfte in Europa, 1952 Kandidat der Republikanischen Partei und klarer Wahlsieger über den Demokraten STEVENSON, wird Präsident der USA (bis 1961), Vizepräsident RICHARD MILHOUS NIXON (*1913, †1994). Die Republikaner gewinnen eine knappe Mehrheit in beiden Häusern des Kongresses.

Die Präsidentschaft Eisenhowers

Der Parteienwechsel im Präsidentenamt nach 20 Jahren demokratischer Vorherrschaft führt nicht zu grundlegenden Veränderungen in der Innen- und Außenpolitik. Ohne eindeutig für eine politische Richtung zu stehen, verkörpert der populäre Kriegsheld EISENHOWER die Kompetenz, Autorität und die stabilen Verhältnisse, nach denen sich viele Amerikaner sehnen. NIXON repräsentiert hingegen die scharf antikommunistische Politik des McCarthyismus. Die Eisenhower-Administration verfolgt einen als »dynamischen Konservativismus« und »modernen Republikanismus« bezeichneten, moderaten und pragmatischen Kurs, führt aber den aus der Ära ROOSEVELTS überkommenen *New Deal* fort und **verbessert die Sozialversicherung**.

Im **Ost-West-Konflikt** verfolgt Amerika eine **»Politik der Stärke«**. Außenminister JOHN FOSTER DULLES (*1888, †1959) bezeichnet die amerikanische Politik gegenüber der Sowjetunion als *Brinkmanship* (Bereitschaft, »bis an den Rand des Abgrundes zu gehen«). Nachdem die USA das Wasserstoffbombenmonopol eingebüßt haben, soll die Drohung mit »massiver Vergeltung« mit Kernwaffen den Gegner von einem Atomwaffenangriff abhalten. Der Auslandsnachrichtendienst **CIA** wird in den zwei Amtszeiten EISENHOWERS zunehmend als **verdecktes Instrument des Kalten Krieges** eingesetzt, um offene und größere militärische Interventionen zu vermeiden. So ist die Organisation u. a. an Umstürzen im Iran (1953) und in Guatemala (1954) beteiligt, interveniert im philippinischen Wahlkampf (1954) und ist (ab 1954) massiv an der Errichtung der antikommunistischen Herrschaft NGO DINH DIEMS in Südvietnam beteiligt.

1953, 1. März Für die Ressorts Gesundheit, Erziehung und Wohlfahrt wird ein neues Bundesministerium errichtet.

27. April EISENHOWERS Sicherheitsprogramm setzt an Stelle des Prinzips der Verfassungstreue das Prinzip des »Sicherheitsrisikos« als Kriterium für eine Entlassung aus dem Staatsdienst fest.

27. Juli In P'anmunjŏm (**Korea**) wird ein **Waffenstillstand** vereinbart. Die Demarkationslinie entspricht dem Frontverlauf in der Nähe des 38. Breitengrades.

1954, 22. April–17. Juni Anhörungsverfahren eines **Untersuchungsausschusses des Senats** unter JOSEPH RAYMOND MCCARTHY zur Aufdeckung prokommunistischer Umtriebe finden ihren Höhepunkt in Vernehmungen (mit Fernsehübertragung) des Heeresministers ROBERT T. STEVENS (*1899, †1983). Die Methoden des Senators, v. a. seine nicht beweisbaren Anschuldigungen, werden scharf kritisiert, u. a. von Präsident EISENHOWER.

17. Mai Das Oberste Bundesgericht unter Vorsitz des liberalen EARL WARREN (*1891, †1974) entscheidet im Falle Brown vs. Board of Education of Topeka einstimmig, dass die **Rassentrennung** an den Schulen dem **Gleichheitsprinzip** des 14. Verfassungszusatzes (1866) **widerspricht**. Mit dem Urteil, dass separate Bildungseinrichtungen »von Natur aus ungleich« (*»inherently unequal«*) seien, ist die frühere Doktrin *»Separate but equal«* (Plessy vs. Ferguson, 1896) aufgehoben und der Weg zur rassischen Integration der Schulen juristisch geebnet. In der Folge versuchen *White Citizens Councils* die Integration zu hintertreiben.

18.–29. Juni Die CIA unterstützt eine Invasion von Exilguatemalteken aus Honduras, die die Regierung in Guatemala stürzen. Diese hat zuvor den Landbesitz der *United Fruit Company* enteignet und aus dem Ostblock Waffen bezogen.

24. Aug. Durch ein Gesetz zur Kontrolle des Kommunismus verliert die Kommunistische Partei der USA ihren rechtlichen Status.

8. Sept. In Manila unterzeichnen Vertreter der USA, Großbritanniens, Frankreichs, Australiens, Neuseelands, Pakistans, der Philippinen und Thailands einen Vertrag zur Gründung der **South East Asia Treaty Organization** (**SEATO**), eines Gegenstücks zur NATO (aber ohne automatische Beistandspflicht und gemeinsames Oberkommando) im pazifischen Raum.

2. Dez. Die USA und **Taiwan** (Nationalchina) schließen einen **Verteidigungspakt gegen die VR China** ab.

3. Dez. Der Senat verurteilt Senator MCCARTHYS Praktiken bei der Verfolgung angeblicher Kommunisten mit 67 zu 22 Stimmen. Damit ist der Einfluss des Hauptexponenten der Kommunistenverfolgung in den USA gebrochen.

1955, 5. Mai Mit Inkrafttreten der Pariser Verträge endet die amerikanische Besatzungspolitik in Deutschland.

15. Mai Nach Inkrafttreten des österreichischen Staatsvertrags verlassen die amerikanischen Besatzungstruppen das Land.

5. Dez. Die großen Gewerkschaften *American Federation of Labor* (AFL) und *Congress of Industrial Organizations* (CIO; ausgeschlossen aus der AFL 1937) vereinigen sich in der AFLCIO mit etwa 15 Mio. Mitgliedern.

1956, 19. Juni In Montgomery (Alabama) erzwingen schwarze Amerikaner unter Führung des Baptistenpfarrers MARTIN LUTHER KING (*1929, †1968) nach einem siebenmonatigen Boykott der Omnibusse die **Aufhebung der Rassentrennung** in diesem Verkehrsmittel. Der erfolgreiche Busboykott verstärkt den politischen Aktivismus und Protest der afroamerikanischen Bürgerrechtsbewegung, nachdem sie zunächst v. a. auf den Rechtsweg gesetzt hatte. KING gründet im folgenden Jahr die *Southern Christian Leadership Conference* zur Durchsetzung der Rassenintegration mit friedlichen Mitteln.

19. Juli Nach Waffenkäufen Ägyptens in Ostblockländern ziehen die USA und die Weltbank ihr Angebot zur Mitfinanzierung des Nilstaudammes bei Assuan zurück. Ägypten verstaatlicht daraufhin den Sueskanal (26. Juli).

31. Okt. Nach Ausbruch der **Sueskrise** (militärisches Vorgehen Israels, Großbritanniens und Frankreichs gegen Ägypten) verurteilt Präsident EISENHOWER die Gewaltanwendung als Mittel zur Regelung internationaler Streitigkeiten. Die USA **fordern die Einstellung der Feindseligkeiten** (diese erfolgt am 6. Nov.).
Präsident EISENHOWER begrüßt die Erhebung in Ungarn (seit 23. Okt.). Unmittelbare Hilfe kann nicht gewährt werden, 14316 Flüchtlinge werden jedoch aufgenommen.

6. Nov. In einer Neuauflage der Kandidatenkonstellation von 1952 wird EISENHOWER gegen STEVENSON mit großer Mehrheit wiedergewählt.

29. Nov. Die USA erklären, dass sie den Bagdadpakt (CENTO, 1955) unterstützen werden, ein Verteidigungsbündnis von Staaten des Nahen Ostens mit Großbritannien. Im folgenden Jahr treten sie dessen Militärischem Ausschuss bei.

1957, 5. Jan. In einer Botschaft an den Kongress schlägt Präsident EISENHOWER die **militärische Zusammenarbeit mit Nahost-Staaten** vor, die einem kommunistischen Angriff ausgesetzt sind und amerikanische Hilfe erbitten (Eisenhower-Doktrin, offizielle Verkündung 9. März). Der Kongress ermächtigt ihn dazu und bewilligt dafür 200 Mio. Dollar.

9. Sept. Ein Bürgerrechtsgesetz sieht die Einsetzung einer Bundeskommission vor, die Verletzungen des Wahlrechts und der Bürgerrechtsgesetze aufgrund von Hautfarbe, Rasse, Religion und nationaler Herkunft untersuchen soll. Im Justizministerium wird eine Bürgerrechtsabteilung eingerichtet.

24. Sept. In Little Rock, der Hauptstadt von Arkansas, werden Bundestruppen eingesetzt, um schwarzen Schülern den ihnen von Gouverneur ORVAL EUGENE FAUBUS (*1910, †1994) und Gegnern der Rassenintegration verweigerten Eintritt in eine bislang nur von Weißen besuchte öffentliche Schule zu ermöglichen.

4. Okt. Der Start des ersten künstlichen Satelliten Sputnik durch die Sowjetunion löst in den USA den sog. **Sputnik-Schock** aus. Das Raketenbauprogramm wird daraufhin neu organisiert und der Militäretat erhöht. Schulen und Universitäten erhalten Bundesmittel zur Verbesserung der Ausbildung. Der *National Defense Education Act* (2. Sept. 1958) sieht die Verwendung von Bundesmitteln zur Studienförderung vor.

1958, 31. Jan. Der **erste amerikanische Satellit** (Explorer I) wird von Cape Canaveral (Florida) in eine Umlaufbahn um die Erde geschossen.

29. Juli *Die National Aeronautics and Space Administration* (**NASA**), eine Regierungsbehörde zur Förderung der Raumforschung und Raumschifffahrt, wird in Washington, D.C., errichtet.

14. Dez. Die ultimative Kündigung des Viermächtestatus der Stadt Berlin durch die Sowjetunion und die Forderung nach Entmilitarisierung und Errichtung einer »Freien Stadt« (27. Nov.) werden auf einer Außenministerkonferenz der USA, Frankreichs und Großbritanniens in Paris zurückgewiesen.

1959, 3. Jan./21. Aug. Die Territorien Alaska und Hawaii werden als 49. und 50. Staat in die Union aufgenommen.

25. April Eröffnung des gemeinsam mit Kanada gebauten St.-Lorenz-Seeweg, der Überseeschiffen die Fahrt bis nach Chicago und Duluth (Oberer See) ermöglicht.

15.–27. Sept. Der sowjetische Partei- und Regierungschef NIKITA CHRUSCHTSCHOW besucht die USA und spricht mit Präsident EISENHOWER in dessen Ferienort Camp David (Maryland) über Möglichkeiten zur Überwindung des Kalten Krieges, des Wettrüstens und des Deutschland- und Berlin-Problems.

1960, 1. Febr. Ausgehend von Greensboro (North Carolina) beginnt in den Südstaaten eine Welle von **Sit-ins**, Protestaktionen von Studenten **gegen die verbreitete Rassendiskriminierung** in Cafeterias.

1. Mai Ein amerikanisches **Erkundungsflugzeug** vom Typ **U-2** wird beim sowjetischen Swerdlowsk (Gebiet des Mittleren Ural) **abgeschossen**.

16.–17. Mai Eine Gipfelkonferenz in Paris zur Erörterung von Entspannungsmaßnahmen scheitert, weil CHRUSCHTSCHOW von EISENHOWER vergeblich eine Entschuldigung wegen der U-2-Flüge verlangt.

6. Juli Die Beschlagnahme amerikanischer Ölraffinerien und anderen amerikanischen Eigentums in Kuba sowie der zunehmend prosowjetische Kurs der kubanischen Regierung unter FIDEL CASTRO wird von den USA zunächst mit der Einschränkung der amerikanischen Zuckerimporte, dann mit einem **Embargo** (12. Okt.) für alle Waren, die für **Kuba** bestimmt sind (außer Lebensmitteln und Medikamenten), beantwortet. Der Abbruch der diplomatischen Beziehungen erfolgt am 3. Jan. 1961.

1961, 17. Jan. Drei Tage vor Ende seiner zweiten Amtszeit warnt EISENHOWER in seiner Abschiedsbotschaft vor der Machtkonzentration und möglicher unangemessener Einflussnahme des »militärisch-industriellen Komplexes«, der sich in der Nachkriegszeit herausgebildet hat.

Wirtschaft und Gesellschaft in den 1950er-Jahren

1945 beginnt eine **Phase wirtschaftlichen Aufschwungs**, die – von nur kurzen Rezessionen unterbrochen – 25 Jahre andauert und zur Entwicklung einer **»Wohlstandsgesellschaft«** führt, die einer breiten Mehrheit der Bevölkerung einen bis dahin unerreicht hohen Lebensstandard ermöglicht. Das Bruttosozialprodukt steigt von 212 Mrd. (1945) auf 503,7 Mrd. Dollar (1960), das durchschnittliche Realeinkommen erhöht sich von 1947 bis 1970 um 80 %. Die ständig wachsende Kaufkraft und die leichte Verfügbarkeit von Krediten sind die wirtschaftliche Basis für die sich in der Nachkriegszeit entwickelnde Konsumkultur. Die Produktions- und Verkaufszahlen für Konsumgüter nehmen rasant zu und zahlreiche neu entwickelte Produkte wie Fernsehen und Klimaanlagen werden äußere Kennzeichnen eines neuen Mittelklasselebensstils. An den Stadträndern entstehen im großen Maßstab auf dem Reißbrett geplante und **industriell gefertigte Wohnsiedlungen**, die die große Nachfrage nach erschwinglichen Eigenheimen bedienen; zwischen 1940 und 1970 verdoppelt sich der in Vorstädten lebende Bevölkerungsanteil von 20 auf 40 %. Während sich das Umland der Städte so zur sich rasant ausbreitenden *suburbia* (Vorstadt) einer v. a. weißen Mittelklassegesellschaft wandelt, werden die Innenstädte zum Ort verarmter Bevölkerungsschichten (v. a. von aus dem ländlichen Süden in die Städte migrierenden Afroamerikanern).

Mit der Ausdehnung urbaner Räume geht ein verstärkter Bau von Schnellstraßen und Autobahnen einher. Gewaltige öffentliche Straßenbaumaßnahmen werden 1947 und 1956 (*Interstate Highway Act*) begonnen. Neben dem wachsenden privaten Konsum sind die öffentlichen Aufträge für Rüstungs- und damit verbundene Forschungsprojekte ein wichtiger Faktor des ungebrochenen wirtschaftlichen Wachstums (Verteidigungshaushalt 1947 10 Mrd., 1961 98 Mrd. Dollar).

Die Konzentration wirtschaftlicher Unternehmungen wächst. Auslandsinvestitionen, Auslandshilfe, Truppenstationierungen in Übersee und ein reger Tourismus führen zu einer **negativen Zahlungsbilanz**. Die wirtschaftliche Wachstumsphase und die Bildung einer Wohlstandsgesellschaft bedeuten auch das Entstehen einer »Wegwerfgesellschaft«, die mit natürlichen Ressourcen nicht haushaltet. Eine zunehmende Schädigung der Umwelt ist die Folge, bleibt jedoch lange weitgehend unbeachtet von der Öffentlichkeit.

Unmittelbar nach Kriegsende beginnt die – in den 1930er-Jahren niedrige – Geburtenrate steil anzusteigen: Der sog. **Babyboom** beginnt und produziert mit den *Babyboomern* die zahlenmäßig größte Generation in der Geschichte der USA. Die Geburtenrate bleibt über die gesamten 1950er-Jahre hoch und beginnt erst 1961 wieder zu sinken. Die Bevölkerungszahl steigt von 151 Mio. 1950 auf 179 Mio. 1960. Der Babyboom befördert ebenfalls das wirtschaftliche Wachstum der Nachkriegszeit.

Eine bereits in den Kriegsjahren einsetzende, breite inneramerikanische **Migrationsbewegung** in die Staaten des *Sunbelt* (der Süden und Südwesten der USA) hält in der Nachkriegszeit weiter an; v. a. die südwestlichen Staaten und Florida verzeichnen allein in den 1950er-Jahren ein Bevölkerungswachstum von 25–78 %, was in dieser Region zu einem spektakulären Wirtschaftswachstum führt.

Die ideologische, wirtschaftliche und soziale Auseinandersetzung im Kalten Krieg eint die Gesellschaft politisch um einen antikommunistischen Konsens, der im populären, moderaten und integrativen Präsidenten Eisenhower seine Verkörperung findet. Zudem entsteht ein gewisser gesellschaftlicher Konformismus, der durch eine verbreitete Hinwendung zum Privaten verstärkt wird. Gleichzeitig wird das familiäre Leben durch die **massenhafte Verbreitung des Fernsehens** verändert (1946 besitzen 8000 Haushalte einen Fernseher, 1950 3,9 Mio., 1961 47 Mio.), das u. a. bei der Herausbildung einer homogenen Konsumkultur wichtig ist. Während sich die Konsumgesellschaft sozialer und kultureller (Selbst-)Kritik weitgehend enthält, wird ihr Wertegerüst von den sich als gesellschaftliche Außenseiter verstehenden Schriftstellern der Beat Generation radikal abgelehnt, u. a. Allen Ginsberg (*1926, †1997), Jack Kerouac (*1922, †1969) und William Burroughs (*1914, †1997).

Traditionelle Wertvorstellungen bleiben auch im Bereich der Sexualität prägend; die Veröffentlichung der diese Leitbilder anzweifelnden Studien Alfred Ch. Kinseys (*1894, †1956) 1948 und 1953 wird in weiten Teilen der Öffentlichkeit als Skandal empfunden. Die Mitgliedschaft in religiösen Gemeinschaften nimmt stark zu (1945 sind 71,7 Mio. Menschen organisiert religiös, 1961 schon 116 Mio.); auf der amerikanischen Währung wird ab 1956 der Zusatz »*In God We Trust*« hinzugesetzt und in den *Pledge of Allegiance* (Treueschwur) die Formel »*under God*« eingefügt.

Der wirtschaftliche Boom und die Bildung einer Wohlstandsgesellschaft lassen Armut und soziale Probleme jedoch nicht verschwinden. An der relativen Verteilung der Einkommen ändert sich wenig. In wirtschaftlich wenig entwickelten Gebieten (z. B. in den Appalachen) und bei den afroamerikanischen und indianischen Bevölkerungsteilen herrscht nach wie vor verbreitete Armut. Ende der 1950er-Jahre leben 22,4 % der Gesamt- und über 50 % der schwarzen und indianischen Bevölkerung unter der Armutsgrenze. Die **andauernde Existenz von Armut** inmitten der Wohlstandsgesellschaft bleibt jedoch weitgehend unbeachtet.

Auch nach der Entscheidung des Obersten Gerichtshofs von 1954, die der Rassentrennung an Schulen die legale Grundlage entzieht, ändert sich aufgrund der Verschleppungspolitik der Südstaaten an der tatsächlichen Situation wenig. Zudem unternimmt die Regierung Eisenhower kaum etwas, um die Durchsetzung des Gerichtsbeschlusses zu garantieren. Gewalttätige Übergriffe auf Schwarze häufen sich. Nach den Ereignissen von Little Rock werden 1957 und 1960 zwar die ersten Bürgerrechtsgesetze seit 82 Jahren verabschiedet, sie bleiben aufgrund ihrer schwachen Vollstreckungsgewalt jedoch weitgehend folgenlos. Trotzdem zeigen sie die zunehmende Präsenz von Bürgerrechtsfragen und einen allmählichen Mentalitätswandel auch in Washington an. Die sich de facto dennoch kaum ändernde Lage der afroamerikanischen Bevölkerung führt bei dieser zunehmend dazu, neue und provokative Wege – gewaltfreien – zivilen Ungehorsams und von Selbsthilfe zu beschreiten.

Die 1953 begonnene Politik der **Beendigung der Souveränität indianischer Reservationen** bedeutet den Entzug von (mit dem *Indian Reorganization Act* 1934 eingeführter) bundesstaatlicher Unterstützung für zahlreiche Stämme und eine erzwungene Assimilation indigener Gesellschaften an die dominante Kultur. Bis 1960 verlassen über 10 % der Native Americans ihre Reservationen, um meist in städtischer Armut zu enden.

Innere und äußere Krisen: Von Kennedy bis Nixon (1961–1974)

Nach den innenpolitisch wenig kontroversen und außenpolitisch vom Kalten Krieg geprägten 50er-Jahren beginnt mit der Kennedy-Regierung eine Epoche des **gesellschaftspolitischen Aufbruchs und der Reformen**, aber auch von schweren Krisen. Nach dem glücklichen Ende der Kubakrise, als die Weltmächte kurz vor einem Atomkrieg stehen, setzen Bemühungen um internationale Entspannung ein. Das wachsende militärische Engagement der USA im **Vietnamkrieg** führt zu einer tiefen Spaltung der Bevölkerung und hat einen **großen Ansehensverlust im Ausland** zur Folge. Die Bürgerrechtsbewegung drängt immer massiver auf die Gleichstellung der schwarzen Bevölkerung. Viele weitere Protestbewegungen, angeführt von Studenten, Frauen, *Native Americans* u. a., fordern ebenfalls gesellschaftspolitische Reformen, sind aber auch Anzeichen einer bis heute andauernden kulturellen Kluft. Der im Rahmen der Watergate-Affäre in der Amtszeit Präsident NIXONS aufgedeckte Amtsmissbrauch und weitere **politische Skandale lösen eine moralische Krise** im Innern aus. Sie führen aber auch zu vielen politischen Reformen, die als Beleg für die Selbstheilungskräfte des amerikanischen Systems gesehen werden können.

1961, 20. Jan. JOHN FITZGERALD KENNEDY (*1917, †1963), demokratischer Senator von Massachusetts, wird nach einem knappen Wahlsieg über den Republikaner RICHARD NIXON, Präsident der USA (bis 1963; jüngster Präsident und erster Katholik in diesem Amt). Vizepräsident wird LYNDON BAINES JOHNSON (*1908, †1973).

KENNEDY steht für einen **Aufbruch v. a. der jungen Generation**. Er verschärft den Kalten Krieg, setzt dann aber zunehmend auf Entspannungspolitik. Auch wegen konservativer Mehrheiten im Kongress bleibt sein Reformprogramm moderat. In der Bürgerrechtsfrage setzt sich KENNEDY 1963 vermehrt für die rechtliche Gleichstellung der Schwarzen ein.

1. März KENNEDY ordnet die Gründung des *Peace Corps* (Friedenskorps) an, einer Organisation freiwilliger Entwicklungshelfer, die in Ländern der sog. Dritten Welt eingesetzt werden.

Präsidentenwahlen USA 1960

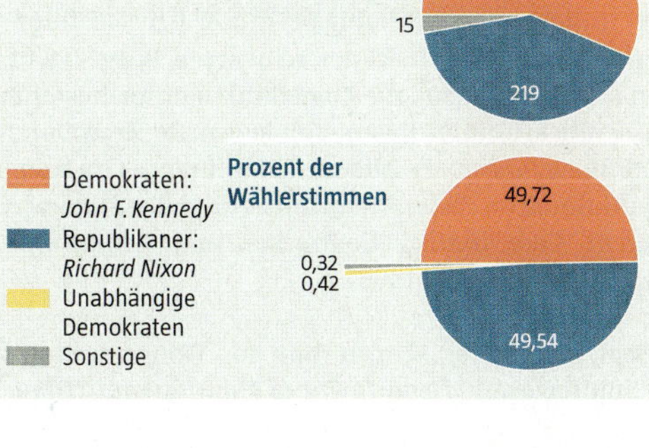

17.–18. April Der **Invasionsversuch** von 1400, vom amerikanischen Geheimdienst CIA ausgebildeten, Exil-Kubanern **in der kubanischen Schweinebucht** zum Sturz des Regimes von FIDEL CASTRO endet in einem Fiasko. Mit einem geheimen Programm, das auch Mordanschläge auf CASTRO umfasst, betreibt die Kennedy-Regierung in der Folge die Destabilisierung Kubas.

5. Mai Nachdem der sowjetische Kosmonaut JURIJ GAGARIN bereits in einem Raumschiff die Erde umkreist hat (12. April), unternimmt der amerikanische Astronaut ALAN BARTLETT SHEPARD (*1923, †1998) einen kurzen, selbst gesteuerten Weltraumflug.

3.–4. Juni Präsident KENNEDY und der sowjetische Partei- und Regierungschef CHRUSCHTSCHOW treffen sich in Wien. Anstatt eine Annäherung im Ost-West-Konflikt und in der Berlinfrage zu erreichen, gehen sie mit gegenseitigen Drohungen auseinander.

25. Juli In einer Fernsehansprache formuliert Präsident KENNEDY drei Punkte, bei denen es keinen Kompromiss in der Berlinfrage geben werde: bei den Besatzungsrechten der Alliierten in West-Berlin, beim freien Zugang nach West-Berlin sowie bei der Freiheit der West-Berliner. Eine Verletzung der drei sog *Essentials* würde Krieg bedeuten.

17. Aug. Auch weil der **Bau der Berliner Mauer** (13. Aug.) nicht gegen die drei *Essentials* von Präsident KENNEDY verstößt, beschränkt sich die amerikanische Seite auf **scharfen Protest** an die Adresse Moskaus. Das führt zunächst zu einem Glaubwürdigkeitsverlust der westlichen Schutzmacht, doch hätte ein militärisches Eingreifen Krieg bedeutet.

Nov. Präsident KENNEDY ordnet eine **Verstärkung des amerikanischen Engagements in Vietnam** an. Seit 1950 unterstützen die USA zunächst die Kolonialmacht Frankreich; nach der 1954 beschlossenen Teilung des Landes leisten sie Wirtschafts- und Militärhilfe für das Regime in Südvietnam in seinem Kampf gegen die Kommunisten. Die Zahl der »Militärberater« in Vietnam steigt in KENNEDYS Amtszeit von knapp 800 auf über 16 000.

1962, 20. Febr. Der Astronaut JOHN HERSCHEL GLENN (*1921) umkreist dreimal die Erde.

1. Okt. JAMES MEREDITH (*1933) wird gegen den Widerstand von Gouverneur ROSS BARNETT (*1898, †1987) als erster schwarzer Student an der Universität von Mississippi eingeschrieben. Unruhen von Gegnern der Rassenintegration führen zum Einsatz von Bundestruppen und Nationalgarde.

16.–28. Okt. Die 13 Tage der **Kubakrise** sind **der gefährliche Höhepunkt des Kalten Krieges**. Als Reaktion auf die Entdeckung von Abschussanlagen für russische Atomraketen auf Kuba beschließt der amerikanische Krisenstab zunächst eine Seeblockade, um weitere Waffenlieferungen zu verhindern. Luftangriffe oder eine Invasion Kubas werden nicht ausgeschlossen. Am 28. Okt. erklärt sich CHRUSCHTSCHOW zum Abzug der Atomwaffen bereit. Im Gegenzug versprechen die USA, auf eine Invasion Kubas zu verzichten. In einem erst viel später bekannt gewordenen Geheimvereinbarung sichert KENNEDY außerdem zu, amerikanische Atomraketen aus der Türkei abzuziehen. Der glückliche Ausgang der Kubakrise bereitet den Boden für erste Ansätze der Entspannungspolitik.

1963, 2. April In Birmingham (Alabama) demonstrieren Schwarze unter Führung von MARTIN LUTHER KING **gewaltlos für die Rassenintegration.** 3300 Demonstranten werden verhaftet. Nach Sprengstoffanschlägen weißer Fanatiker gegen Schwarze (11. Mai) werden Bundestruppen eingesetzt.

26. Juni Während seines nur achtstündigen Besuchs von West-Berlin wird Präsident KENNEDY von über 1 Mio. Berlinern gefeiert. Am Rathaus Schöneberg beschließt er seine Rede mit den berühmten Worten: **»Ich bin ein Berliner«**.

5. Aug. Die USA, die Sowjetunion und Großbritannien schließen in Moskau einen Vertrag zur **Beendigung von Kernwaffenversuchen** über der Erde, im Weltraum und unter Wasser ab. 103 Staaten schließen sich dem Vertrag an (nicht Frankreich und die VR China). Gemeinsam mit dem am 30. Aug. aktivierten »heißen Draht«, einer direkten Telegrafenverbindung zwischen den Regierungen in Moskau und Washington, ist dies eine zweite vertrauensbildende Maßnahme.

28. Aug. In einem Marsch nach Washington demonstrieren über 200 000 schwarze und weiße Amerikaner für die Verabschiedung eines neuen Bürgerrechtsgesetzes. Höhepunkt ist eine Rede von MARTIN LUTHER KING auf den Stufen des Lincoln-Denkmals (*»I have a dream.«*).

22. Nov. Präsident **KENNEDY** wird bei einem Besuch in Dallas (Texas) **erschossen**. Der offizielle Untersuchungsbericht erklärt LEE HARVEY OSWALD (*1939, †1963) zum Alleintäter.
Vizepräsident LYNDON B. JOHNSON (Demokrat) übernimmt das Präsidentenamt (Wiederwahl 1964), Vizepräsident wird HUBERT HORATIO HUMPHREY (*1911, †1978; Demokrat).

Ein umfassendes Sozialreformprogramm (*Great Society*) sowie die rechtliche **Gleichstellung der schwarzen Amerikaner** zählen zu JOHNSONS großen Erfolgen. Unter seiner Führung verstricken sich die USA jedoch immer stärker in den Vietnamkrieg. Die Rassenfrage und das Vietnam-

Präsidentenwahlen USA 1964

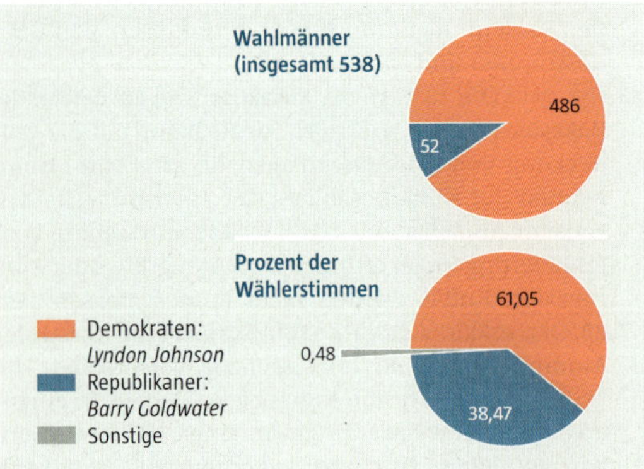

Engagement führen zu Protesten, Massendemonstrationen und Unruhen. 1968 verzichtet JOHNSON auf eine erneute Kandidatur für das Präsidentenamt.

1964, 29. Juni Der Kongress verabschiedet ein **umfassendes Bürgerrechtsgesetz**, mit dem das Wahlrecht der schwarzen Bevölkerung gestärkt und die Rassentrennung in öffentlichen Gebäuden, Schulen, Restaurants, Hotels u. a. aufgehoben wird.

7. Aug. Der Angriff nordvietnamesischer Torpedoboote auf einen amerikanischen Zerstörer im Golf von Tongking am 2. Aug. sowie ein angeblicher weiterer Angriff am 4. Aug. (denen geheime amerikanische Operationen gegen Nordvietnam vorausgegangen sind) werden von der Johnson-Regierung als Vorwand genutzt, um den amerikanischen Militäreinsatz in Vietnam massiv auszuweiten. Mit der Tongking-Resolution gibt der Kongress dem Präsidenten eine **Blankovollmacht zur Kriegsführung in Südostasien**. Im Febr. 1965 beginnen großflächige Bombardierungen, im März werden die ersten Bodentruppen eingesetzt.

1965, 21. Febr. Der radikale Schwarzenführer MALCOLM X (*1925) wird in New York ermordet. Seine Mörder haben Verbindungen zur muslimischen schwarzen Bürgerrechtsorganisation *Nation of Islam*, von der sich MALCOLM X losgesagt hatte.

28. April Die USA intervenieren mit Truppen in der Dominikanischen Republik, wo ein Aufstand gegen die konservative Regierung begonnen hatte. US-Bürger sollen geschützt und eine angeblich drohende kommunistische Machtübernahme verhindert werden. Die Organisation Amerikanischer Staaten (OAS) hilft bei der Wiederherstellung friedlicher Verhältnisse.

30. Juli Präsident JOHNSON unterzeichnet ein Gesetz, das die **medizinische Versorgung** der Amerikaner im Alter von über 65 Jahren im Rahmen der allgemeinen Sozialversicherung vorsieht (in Kraft 1966).

6. Aug. Ein **neues Wahlrechtsgesetz** schafft u. a. den Lese- und Schreibtest bei der Wählerregistrierung ab, mit dem v. a. Schwarze im Süden an der Ausübung des Wahlrechts gehindert wurden.

11.–16. Aug. In Watts, einem Stadtteil von Los Angeles, ereignen sich schwere Unruhen unter der schwarzen Bevölkerung. Polizei und Nationalgarde werden eingesetzt (34 Tote, Hunderte von Verletzten).

In den Jahren 1964–1968 kommt es in den **sog. schwarzen Gettos der Großstädte** zu zahlreichen, oft blutig verlaufenden **Unruhen** mit Höhepunkten 1967 in Newark (New Jersey) und in Detroit (Michigan) mit 22 bzw. 43 Toten. Innerhalb und außerhalb der schwarzen Bürgerrechtsorganisationen wächst die Ungeduld über fortbestehende Rassendiskriminierungen (Schlagworte: *Freedom Now* und *Black Power*). Es bilden sich militante Gruppen mit revolutionären Zielen (Radikalisierung des *Student Non-Violent Coordinating Committee* und Gründung der *Black Panther Party* 1966).

9. Sept. Ein neues Ministerium für Wohnungsbau und Städtewesen (*Department of Housing and Urban Re-*

newal) wird errichtet, das sich u. a. mit der Subventionierung von Mieten für Bedürftige und mit der Erneuerung der verfallenden Großstadtzentren befassen soll. Minister wird 1966 Robert C. Weaver (*1907, †1997) als **erstes schwarzes Kabinettsmitglied** einer amerikanischen Regierung.

3. Okt. Ein revidiertes **Einwanderungsgesetz beseitigt** das seit 1924 geltende **Quotensystem** nach Herkunftsländern, dass Einwanderer aus westeuropäischen Ländern bevorzugte und Einwanderung aus China und Japan praktisch verbot. Jährlich können von nun an bis zu 20 000 Einwanderer pro Herkunftsland aufgenommen werden (Höchstgrenze für die östliche Hemisphäre 170 000, für die westliche 120 000).

1966, 28./30. Juni Gründung der Frauenrechtsorganisation *National Organization of Women*.

1967, 2. Okt. Mit Thurgood Marshall (*1908, †1993) ernennt Präsident Johnson den ersten Schwarzen als Richter für den Obersten Gerichtshof der USA.

1968, 16. März In dem Dorf **My Lai** (im Norden Südvietnams) erschießen US-Soldaten über 300 unbewaffnete vietnamesische Männer, Frauen und Kinder. Das **Massaker** wird zunächst verheimlicht, 1969 aber aufgedeckt.

4. April **Martin Luther King** wird in Memphis (Tennessee) von einem flüchtigen Sträfling **ermordet**. King hat 1964 als Verfechter der Gewaltlosigkeit beim Kampf um die Rassenintegration den Friedensnobelpreis erhalten. Nach seinem Tod kommt es unter den Schwarzen in 171 Städten zu Unruhen und Ausschreitungen.

10. Mai Nach der Tet-Offensive der Vietcong (31. Jan.) und der Zurücknahme des amerikanischen Bombenkrieges auf Gebiete südlich des 20. Breitengrades (31. März) beginnen in Paris **Gespräche** mit Vertretern Nordvietnams **über** eine **Beendigung des Vietnamkrieges**. Im Okt. wird die Bombardierung nordvietnamesischer Ziele ganz eingestellt.

6. Juni Senator Robert F. Kennedy (*1925; Demokrat), Bruder von John F. Kennedy, 1961–1964 Justizminister und aussichtsreicher Kandidat für die Präsidentschaftswahlen im Nov., stirbt in Los Angeles an den Folgen eines Attentates.

Präsidentenwahlen USA 1968

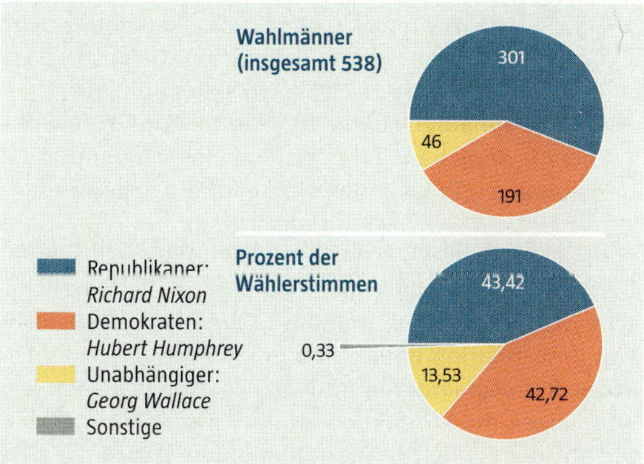

1. Juli Die USA, die Sowjetunion und Großbritannien schließen einen **Vertrag über die Nichtweiterverbreitung von Kernwaffen** (Kernwaffensperrvertrag). Frankreich und die VR China beteiligen sich nicht.

26./29. Aug. Während des Nominierungsparteitags der Demokratischen Partei in Chicago werden Proteste von Antikriegsdemonstranten mit großer Polizeigewalt unterdrückt.

1969, 20. Jan. Richard Nixon übernimmt nach einem knappen Wahlsieg über Hubert H. Humphrey das Präsidentenamt (wiedergewählt 1972).

Außenpolitisch bemüht sich Nixon um den Abzug der amerikanischen Truppen aus Vietnam, ohne dabei als Verlierer zu erscheinen, sowie um eine Entspannungspolitik gegenüber der Sowjetunion und China. Sein Berater für Fragen der Außenpolitik und Sicherheit ist Henry Alfred Kissinger (*1923; 1973–1977 Außenminister). Innenpolitisch verfolgt Nixon im Unterschied zu seinen Vorgängern kein größeres Reformprogramm und sucht seine Basis im Mittelstand (der »schweigenden Mehrheit«).

April Die Größe der amerikanischen Streitkräfte in Vietnam erreicht mit 543 400 Mann ihren Höhepunkt. Im Juli beginnt der Truppenabzug. Den Krieg sollen verstärkt Vietnamesen führen (»Vietnamisierung«).

20. Juli Den amerikanischen Astronauten Neil A. Armstrong (*1930) und Edwin E. Aldrin jr. (*1930) gelingt als ersten Menschen die **Landung auf dem Mond**.

24. Juli Präsident Nixon erklärt, dass die Länder Asiens ihre Sicherheitsprobleme zunehmend selbst lösen müssten. Die USA ständen zwar zu ihren Verpflichtungen und zögen sich nicht zurück, würden aber auch nicht erneut intervenieren (sog. Guam-Doktrin, 1970 erweitert zur Nixon-Doktrin: Unterstützung von Verbündeten, aber nicht Übernahme der gesamten Verteidigung der freien Nationen in der Welt).

15.–18. Aug. Auf einer Farm im Staat New York kommen fast eine halbe Mio. Besucher zu einem Musikfestival (bekannt geworden als **Woodstock-Festival**) zusammen, das als ein Höhepunkt der Gegenkultur gilt.

15. Nov. Die Proteste gegen das amerikanische Engagement in **Vietnam** finden in einer **Massendemonstration** in Washington, D.C., ihren Höhepunkt (etwa 250 000 Teilnehmer).

1970, 30. April Der Einmarsch von 50 000 amerikanischen und südvietnamesischen Soldaten in Kambodscha zur Bekämpfung kommunistischer Operationsbasen führt zu heftigen Konflikten in den USA. Als auf dem Campus der Kent State University in Ohio die Proteste eskalieren, werden vier Studenten von Mitgliedern der Nationalgarde erschossen (1. Mai).

31. Dez. Senat und Repräsentantenhaus widerrufen die Tongking-Resolution (von 1964), die den Präsidenten zur Kriegsführung in Südostasien ermächtigt hat.

1971, 10. Juni Präsident Nixon lässt nach 21-jährigem striktem Embargo die ersten **Lockerungen für den Chinahandel** zu.

1972, 21./28. Febr. Nixon besucht auf Einladung von

MAO ZEDONG und CHOU ENLAI die VR China. In einem gemeinsamen Kommuniqué wird die **Normalisierung der amerikanisch-chinesischen Beziehungen** angekündigt.

22. März Der vom Kongress mit Zweidrittelmehrheit verabschiedete **Verfassungszusatz über die Gleichstellung von Mann und Frau** geht zur Ratifizierung an die Parlamente der Einzelstaaten. Die notwendige Zustimmung von drei Viertel der Staaten wird trotz Fristverlängerung verfehlt.

15. April Nach dem Einsetzen einer großen Offensive nordvietnamesischer Streitkräfte über den 17. Breitengrad nach Süden (30. März) nimmt die amerikanische Luftwaffe die Bombardierung Hanois und Haiphongs (Golf von Tongking) wieder auf. Nordvietnamesische Häfen werden vermint (ab 8. Mai).

22.–30. Mai NIXON besucht als erster amerikanischer Präsident die Sowjetunion. In Moskau wird das **SALT-I-Abkommen** zur Begrenzung strategischer Waffen unterzeichnet (*Strategic Arms Limitation Talks*; am 3. Aug. vom amerikanischen Senat ratifiziert).

17. Juni Fünf Personen werden beim Einbruch in das Wahlhauptquartier der Demokratischen Partei im Komplex des Watergate-Apartments in Washington, D.C., verhaftet. Sie wollten Abhörgeräte anbringen.

1973, 22. Jan. Der Oberste Gerichtshof der USA erlaubt im Verfahren Roe vs. Wade die Abtreibung in den ersten drei Monaten der Schwangerschaft.

27. Jan. In Paris unterzeichnen Vertreter der USA, Nord- und Südvietnams sowie der Nationalen Befreiungsfront ein **Waffenstillstandsabkommen für Vietnam**. Gefangene Amerikaner werden freigelassen. Die letzten US-Truppen verlassen das Land (29. März). Für die USA ist der **Vietnamkrieg beendet**. Seit 1956 haben mehr als 58 000 Amerikaner ihr Leben verloren, 1940 gelten noch immer als vermisst.

27. Febr.–8. Mai Über 200 Mitglieder des *American Indian Movement*, einer militanten Organisation zur Durchsetzung der Rechtsansprüche der indigenen Bevölkerung, besetzen den Ort Wounded Knee im Reservat der Oglala Sioux in South Dakota, wo 1890 ein Indianer-Massaker stattgefunden hat. Zu ihren Forderungen gehört die Überprüfung der insgesamt 371 zwischen der US-Bundesregierung und Indianerstämmen geschlossenen Verträge.

Präsidentenwahlen USA 1972

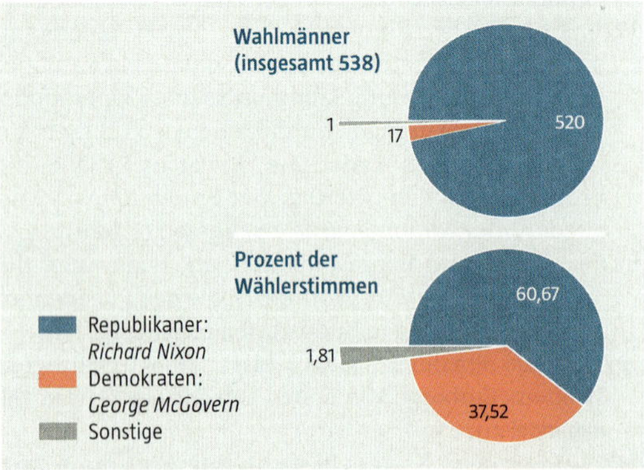

17. Mai Ein Senatsausschuss zur Untersuchung der **Watergate-Affäre** beginnt mit Vernehmungen zum Einbruch in das Wahlhauptquartier der Demokratischen Partei. Die Täter handelten im Auftrag des Ausschusses zur Wiederwahl des Präsidenten. Regierungsbeamte und Mitarbeiter NIXONS behindern die Ermittlungen. Die Frage nach der Mitwisserschaft NIXONS wird gestellt. Gegen den ehemaligen Justizminister JOHN NEWTON MITCHELL (*1913, †1988) und andere Personen aus NIXONS Umgebung werden Gerichtsverfahren eingeleitet.

16.–25. Juni Während eines Besuches des sowjetischen Parteichefs LEONID BRESCHNEW in den USA werden neun bilaterale Verträge unterzeichnet, darunter ein **Abkommen zur Verhinderung eines Nuklearkrieges**.

1. Juli Die in der Anfangsphase des Ost-West-Konflikts (1948) eingeführte Wehrpflicht wird aufgehoben. Eine Berufsarmee wird gebildet.

10. Okt. Vizepräsident SPIRO THEODORE AGNEW (*1918, †1996; Republikaner), tritt wegen Steuerhinterziehungsvergehen zurück. Sein Nachfolger wird GERALD RUDOLPH FORD (*1913, †2006; seit 1965 Führer der Republikaner im Repräsentantenhaus).

26. Okt. Nach der Beendigung des Oktoberkrieges im Nahen Osten beginnt eine intensive **Reisediplomatie Außenminister KISSINGERS** zur Entspannung der Lage (Truppenentflechtungsabkommen zwischen Ägypten bzw. Syrien und Israel 1974/75).

7. Nov. Gegen NIXONS Veto beschließt der Kongress den *War Powers Act*, ein Gesetz, das das Recht des Präsidenten zum Einsatz amerikanischer Streitkräfte außerhalb der USA ohne Zustimmung des Kongresses auf 60 Tage begrenzt.

1974, 9. Mai–30. Juli Der Rechtsausschuss des Repräsentantenhauses führt Anhörungen im Hinblick auf ein Impeachment-Verfahren zur **Amtsenthebung von Präsident NIXON** durch. Die gegen diesen erhobenen Vorwürfe gehen weit über die eigentliche Watergate-Affäre hinaus. Dazu zählen die Behinderung der Justiz, illegale Abhöraktionen und der Missbrauch von CIA und FBI. Das Repräsentantenhaus schließt sich mit großer Mehrheit dem Ausschussbericht an und empfiehlt dem Senat die Einleitung des Impeachment-Verfahrens.

9. Aug. Präsident NIXON tritt zurück. Nachfolger wird GERALD R. FORD, neuer Vizepräsident NELSON ALDRICH ROCKEFELLER (*1908, †1979; Republikaner).
FORD begnadigt NIXON für alle im Amt vorgekommenen Vergehen. Eine gerichtliche Verfolgung des ehemaligen Präsidenten wird dadurch abgewendet.

Wirtschaft und Gesellschaft in den 60er- und 70er- Jahren

Bis zum Ende der 60er-Jahre expandiert die amerikanische Wirtschaft ohne größere Einbrüche; Arbeitslosigkeit und Inflation halten sich in mäßigen Grenzen. Die **hohen Rüstungsausgaben** und der kostspielige Vietnamkrieg regen die Produktion an und lassen kaum Probleme auf dem Arbeitsmarkt aufkommen. Allerdings geht dies zulasten der Sozialprogramme. Die Umstellung der Kriegswirtschaft auf die Friedenswirtschaft in den 70er-Jahren bereitet jedoch Schwierigkeiten. Zwar wächst das Bruttosozialprodukt weiter, aber die Beschäftigungslage verschlechtert sich erheblich (1975: 8,5 % Arbeitslose), und die Preisentwicklung ist stark inflationär (1974: 11 %). NIXONS Stabilisierungsprogramme (1971–1974), die u. a. befristete Preiskontrollen und die Abwertung des Dollars umfassen, können die Entwicklung nicht grundlegend ändern. Die **Energiekrise** verschärft die Arbeitslosigkeit und den Preisauftrieb. Der internationale Wechselkurs des Dollars fällt um über die Hälfte, was zwar den amerikanischen Export hebt, aber das Vertrauen in den US-Dollar als Leitwährung abschwächt.

Die amerikanische Bevölkerung wächst von 179 Mio. 1960 auf 203 Mio. 1970. Die Zahl der Studenten an Colleges und Universitäten steigt noch schneller an als in den 50er-Jahren: Während 1960 30 % aller Amerikaner zwischen 18 und 21 Jahren eine College- oder Universitätsausbildung erhalten, sind es 1970 etwa 60 %. In den 70er-Jahren gibt es unter Akademikern eine besonders hohe Arbeitslosigkeit. Die Zahl der Studenten geht zurück. Probleme des Umweltschutzes führen zu Protesten gegen die Zerstörung der Natur. 1970 werden die Ölgesellschaften gesetzlich haftbar gemacht für von ihnen verursachte Umweltschäden. Um das Für und Wider der Atomenergiegewinnung kommt es seit Mitte der 70er-Jahre in den USA zu Kontroversen.

Die USA von Ford bis Carter (1975–1981)

Das **internationale Prestige** der USA und der Glaube an die Zukunft des von ihnen repräsentierten demokratisch-kapitalistischen Systems sind Mitte der 70er-Jahre **auf einen Tiefpunkt gesunken**; es sieht so aus, als hätten die USA alles verloren: den Krieg in Vietnam, die Glaubwürdigkeit der eigenen Institutionen, den Leitwert des US-Dollars, die Scharnierfunktion im internationalen Sicherheitssystem und die Fähigkeit, die Sicherheit der eigenen Repräsentanten im Ausland zu schützen. Während weitere Unregelmäßigkeiten und Skandale vergangener Administrationen bekannt werden, bemüht sich Präsident FORD durch betont korrekte Amtsführung um die Wiederherstellung des Ansehens der Regierung. Die **Macht des Kongresses** gegenüber der Exekutive **ist gewachsen**; dies zeigt sich u. a. in einem verstärkten Anspruch des Senats auf Mitsprache in außenpolitischen Fragen.

Wirtschaftlich leiden die USA unter dem **Ölpreisschock**, der zweistellige Inflationsraten produziert und speziell die Autoindustrie in eine tiefe Rezession abrutschen lässt. Gesellschaftlich gewinnen die **Frauenbewegung** und die **Umweltschutzbewegung** an Dynamik. Der Zusammenbruch des *liberal consensus* im Gefolge des Vietnamkriegs und die Zersplitterung der Neuen Linken hinterlassen ein politisches Vakuum, das einem konservativen *backlash* den Weg bereitet.

Nach dem Übergangspräsidenten FORD setzt der neue Präsident JAMES EARL (JIMMY) CARTER (*1924), Demokrat und ehemaliger Gouverneur von Georgia, sich bewusst vom Glanz der imperialen Präsidentschaft ab. CARTERS Bekenntnis, ein »wiedergeborener Christ« zu sein, entspricht dem konservativen Zeitgeist, dem sich kein Politiker mehr ganz entziehen kann.

Sein Sieg leitet eine konzeptionelle **Kehrtwende in der amerikanischen Außenpolitik** ein: Nicht mehr Geheimdiplomatie und Gleichgewichtsdenken sollen das amerikanische Handeln in der internationalen Politik bestimmen, sondern Moral, Menschenrechte und Demokratie.

1975, 13. Jan. Präsident FORD schlägt gegen die **anhaltende wirtschaftliche Rezession** ein Programm einschließlich größerer Einkommensteuerabschreibungen und höhere Steuern auf Öl und Erdgas zur Bekämpfung der Ölpreiskrise vor.

14. Jan. Die Sowjetunion weigert sich, die Bestimmung der kürzlich verabschiedeten *Trade Reform Bill* anzuerkennen, wonach Handelskonzessionen ihr gegenüber von einer liberaleren Emigrationspolitik der Sowjetunion abhängig sind. Die USA kündigen daraufhin den 1972 abgeschlossenen Handelsvertrag.

5. Febr. Der Senat beschließt gegen die Vorstellungen Präsident FORDS und Außenminister KISSINGERS wegen des türkischen Verhaltens in der Zypern-Krise die **Einstellung der Rüstungshilfe an die Türkei** (in Kraft bis 1978). Die Südostflanke der NATO ist geschwächt.

28. April Präsident FORD befiehlt das Ausfliegen aller in Südvietnam verbliebenen Amerikaner.

30. April Südvietnam kapituliert gegenüber den Vietcong und Nordvietnam. Die USA nehmen 140 000 Vietnam-Flüchtlinge auf.

10. Juni Ein von Präsident FORD eingesetzter Ausschuss zur Untersuchung der Tätigkeiten der CIA unter Vorsitz von Vizepräsident ROCKEFELLER berichtet über illegale Praktiken des amerikanischen Nachrichtendienstes im Inland. Einzelheiten über die Auslandstätigkeit der CIA werden später von einem Senatsausschuss offen gelegt (21. Nov.).

19. Dez. Der Senat verbietet weitere amerikanische Hilfeleistungen für prowestlich orientierte Gruppen im Bürgerkrieg in Angola. Die von der Sowjetunion und Kuba unterstützte Bewegung MPLA setzt sich dort durch (12. Febr. 1976). **FORD und KISSINGER geraten zunehmend unter Druck**: Während auf der Linken JIMMY CARTER ihre Entspannungspolitik als zu wenig ehrgeizig kritisiert und eine stärkere Betonung der Menschenrechte fordert, findet auf der Rechten RONALD REAGAN (*1911, †2004) Beifall für sein Argument, die Sowjetunion habe die Entspannung nur genutzt, um sich im globalen Systemwettkampf mit den USA Vorteile zu verschaffen.

1976, 20. März Die US-Militärbasen in Thailand, die letzten in Südostasien, müssen auf Anordnung der Regierung in Bangkok innerhalb von vier Monaten geschlossen werden.

28. Mai Präsident FORD und der sowjetische Staats- und Parteichef BRESCHNEW unterzeichnen in Moskau einen **Vertrag über die Einschränkung unterirdischer Kernexplosionen** zu friedlichen Zwecken. Gegenseitige Inspektionen an Ort und Stelle werden zugelassen.

1977, 20. Jan. JIMMY CARTER übernimmt nach einem

knappen Wahlsieg über Gerald R. Ford das Präsidentenamt. Vizepräsident wird Walter Frederick Mondale (*1928). Carter will den Menschenrechten in der Welt mehr Geltung verschaffen, die Fokussierung der amerikanischen Außenpolitik auf das Verhältnis zur Sowjetunion verringern, der nuklearen Abrüstung neue Impulse verleihen und sich mehr mit Westeuropa und Japan sowie den Nord-Süd-Beziehungen befassen. Innenpolitisch konzentriert er sich auf die Bereiche Energie, Transport und Umwelt. Er leitet eine Politik der **Deregulierung und Entkartellisierung** ein. Die Deregulierung des Flugverkehrs (1978) lässt innerhalb eines Jahrzehnts die Zahl der US-Fluggesellschaften auf über 70 ansteigen.

Remoralisierung amerikanischer Außenpolitik 1976–1981

Die zweite Hälfte der 70er-Jahre ist durch die Rückkehr zu einer **idealistischen und moralischen Außenpolitik** gekennzeichnet. Die Betonung der Menschenrechte wird von der Sowjetführung als feindseliger Akt interpretiert. Die Entspannungspolitik wird zunächst auf Eis gelegt. In Lateinamerika und im Nahen Osten ist die Politik hingegen erfolgreich. Südafrikas Apartheid-Politik wird heftig kritisiert. Die idealistische Außenpolitik wird von Entspannungskritikern im Kongress und in der amerikanischen Bevölkerung mit Verweis auf die kontinuierlich steigenden Rüstungsausgaben der Sowjetunion und den Ausbau sowjetischer und kubanischer Truppenpräsenz in Afrika in Frage gestellt. Das antikommunistische Ressentiment innerhalb der amerikanischen Gesellschaft wird durch das Bekanntwerden der Gräueltaten der Roten Khmer unter Pol Pot in Kambodscha gegen Ende der 70er-Jahre weiter geschürt. Die Unterzeichnung des SALT-II-Abkommens im Juni 1979 erweist sich als Schlussakt der Entspannungspolitik. Innerhalb weniger Monate schlägt das internationale Klima aufgrund der Vertreibung des Schah aus dem Iran, der Geiselnahme in der amerikanischen Botschaft in Teheran und des sowjetischen Einmarsches in Afghanistan um.

1977, 21. Jan. Präsident Carter amnestiert etwa 10 000 junge Amerikaner, die sich während des Vietnamkrieges dem Militärdienst entzogen haben.

Präsidentenwahlen USA 1976

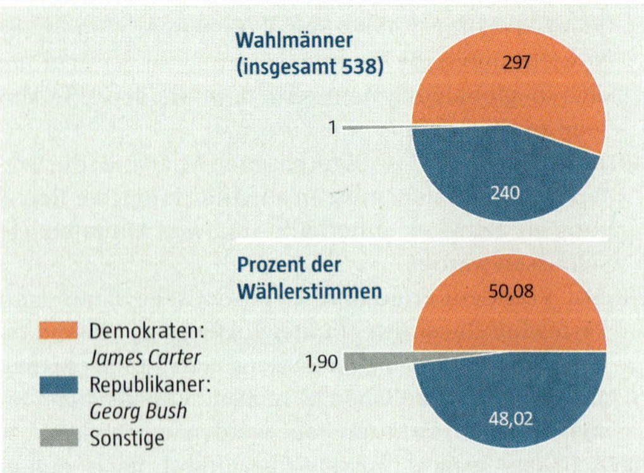

4. Aug. Die USA werden von der Energiekrise schwer getroffen, ein Energieministerium wird errichtet (Erster Minister James Rodney Schlesinger [*1929]).

1978, 25. März Nach 110 Tagen Dauer endet ein **bundesweiter Streik der Kohlenbergarbeiter**, den Präsident Carter auf Grundlage des Taft-Hartley-Gesetzes vergeblich zu überwinden versucht hat.

18. April Der Senat ratifiziert einen **neuen Panamakanal-Vertrag**, dem zufolge die Kanalzone am 1. Sept. 1979 und der Kanal selbst am 31. Dez. 1999 Panama übergeben werden sollen. Den USA wird das Recht eingeräumt, im Notfall militärisch zu intervenieren, um die Wasserstraße offen zu halten und ihre Neutralität zu garantieren.

6. Juni Die Bevölkerung Kaliforniens spricht sich in einer Abstimmung über die sog. »Proposition 13« mit Zweidrittelmehrheit für eine Senkung der Grundsteuer um 57 % aus. Die »Steuerrevolte« findet auch in anderen Bundesstaaten Befürworter und zeigt eine wachsende Unzufriedenheit über die hohen Steuerlasten an.

6.–17. Sept. In **Camp David** einigen sich der ägyptische Präsident Anwar as-Sadat und der israelische Ministerpräsident Menachem Begin im Beisein Präsident Carters auf einen **Rahmenvertrag für einen Frieden zwischen** ihren Ländern. Nach dem Rückzug israelischer Truppen von der Sinaihalbinsel sollen diplomatische Beziehungen aufgenommen werden. Der endgültige Vertrag kommt nicht in der vorgesehenen Frist von drei Monaten, sondern erst nach neuen Besprechungen Carters in **Ägypten und Israel** am 26. März 1979 zustande.

Herbst Präsident Carter bittet den Internationalen Währungsfonds (IWF) um Stützungshilfe (*Carter Bonds*), um ein weiteres Absacken des Dollarkurses auffangen zu können.

1979, 1. Jan. Zwischen den USA und der **VR China** werden volle **diplomatische Beziehungen** aufgenommen. Gleichzeitig werden die offiziellen Beziehungen zu Taiwan abgebrochen (bei Weiterführung nichtstaatlicher Wirtschafts-, Handels- und Kulturbeziehungen). Der Verteidigungspakt mit Taiwan wird aufgekündigt.

16. Jan. Durch den Sturz des iranischen Schahs Mohammed Reza Pahlevi und die Ausrufung der Islamischen Republik (1. April) verschlechtern sich die bislang sehr engen Beziehungen Washingtons mit Iran rapide. Das gemeinsame Verteidigungssystem ist gefährdet. Die Einschränkung der Öllieferungen trägt erheblich zur Verschärfung der amerikanischen Energiekrise bei.

28. März Im Atomkraftwerk Three Mile Island bei Harrisburg (Pennsylvania) ereignet sich der bisher schwerste Reaktorunfall in der Geschichte der friedlichen Nutzung der Kernenergie.

18. Juni Präsident Carter und der sowjetische Staats- und Parteichef Breschnew unterzeichnen in Wien den **zweiten Vertrag zur Begrenzung strategischer Waffen** (**SALT II**). Beide Seiten verpflichten sich, ihren Bestand an Fernwaffen auf 2400 Träger, ab 1981 auf 2250 Träger zu beschränken. Ein SALT III-Abkommen soll bis 1985 ausgehandelt werden.

4. Nov. Iranische Studenten besetzen die US-Botschaft in Teheran, verlangen die Auslieferung des geflüchteten Schahs und halten die Botschaftsangehörigen als Geiseln fest.

1980, Jan./Febr. Als Reaktion auf den sowjetischen Truppeneinmarsch in Afghanistan (Dez. 1979) sperren die USA den Weizenexport in die Sowjetunion und beschließen, die Olympischen Sommerspiele in Moskau zu boykottieren. Die CIA leitet Hilfsmaßnahmen für diejenigen Gruppen der afghanischen Bevölkerung ein, die sich der sowjetischen Okkupation gewaltsam widersetzen. Carter verpflichtet die USA, mit militärischen Mitteln jeden Versuch einer feindlichen Macht zu unterbinden, die Ölzufuhr aus dem Persischen Golf in westliche Länder abzuschneiden (Carter-Doktrin).

25. April Eine Militäraktion der USA zur Befreiung der Geiseln in Teheran scheitert.

4. Nov. Carter zieht sich aus dem politischen Geschehen weitgehend zurück und bemüht sich fast ausschließlich um die Befreiung der Geiseln, doch kann er zum Wahltag keine Erfolgsmeldung geben. Damit ist seine Niederlage gegen den republikanischen Herausforderer Ronald Reagan besiegelt.

Das Ende der Entspannungspolitik

Ende der 1970er-Jahre ist die **Entspannungspolitik an einem Nullpunkt** angekommen. Die kubanischen Kampftruppen in Angola und Äthiopien, der sowjetische Einmarsch in Afghanistan und der Einmarsch vietnamesischer Streitkräfte in Kambodscha werden als Schachzüge Moskaus betrachtet, mit denen strategisch bedeutende Regionen für das kommunistische Lager gewonnen werden sollen. In Europa ersetzt die Sowjetunion die Mittelstreckenraketen durch zielgenauere, weiter reichende und mit Dreifachsprengköpfen ausgestattete Flugkörper vom Typ SS-20. Die **NATO** reagiert darauf am 12. Dez. 1979 mit dem **Doppelbeschluss**, der Moskau Abrüstungsverhandlungen anbietet, gleichzeitig aber die Stationierung von 198 Pershing II-Raketen und 464 Marschflugkörpern in Europa vorsieht. Damit wird die Phase des sog. **Zweiten Kalten Krieges** eingeläutet.

Präsidentenwahlen USA 1980

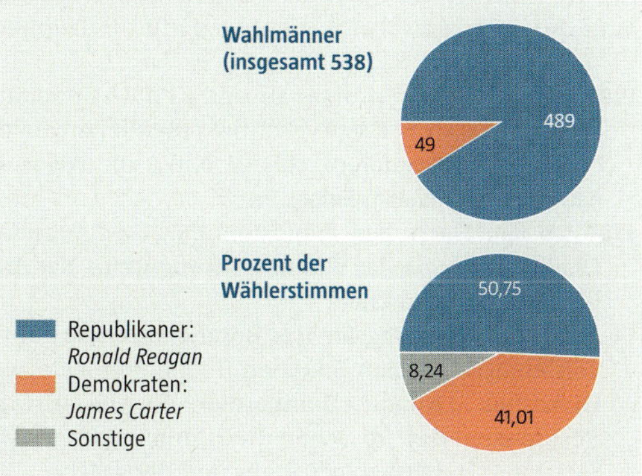

Die USA von Ronald Reagan bis George Bush (1981–1992)

Obwohl Ronald Reagans Außenpolitik die internationalen Spannungen zunächst gefährlich steigert, kann der Präsident in seiner zweiten Amtszeit zusammen mit dem sowjetischen Staats- und Parteichef Michail Gorbatschow den **Kalten Krieg beenden**. Präsident George Bush tritt ein schweres außen- und innenpolitisches Erbe an. Ihm obliegt es, politische Antworten auf den Strukturwandel in der internationalen Politik zu finden. Dazu gehört nicht nur die Lösung der deutschen Frage in Form der deutschen Wiedervereinigung, sondern auch der Umgang mit dem Zusammenbruch der Sowjetunion und die Reaktion auf neue sicherheitspolitische Herausforderungen in der Golfregion.

1981, 20. Jan. Ronald Wilson Reagan, 1967–1975 Gouverneur von Kalifornien, übernimmt nach hohem Wahlsieg das Präsidentenamt; Vizepräsident wird George Herbert Walker Bush (*1924). Die Republikaner stellen erstmals seit 1955 die Mehrheit im Senat. Sein Regierungsprogramm umfasst die Reduzierung der Staatsausgaben, die Wiederbelebung der Wirtschaft durch Steuersenkungen, die Erhöhung des Militäretats und eine härtere Position gegenüber der Sowjetunion. Reagans Strategie ist darauf ausgerichtet, einer verunsicherten und misstrauischen Bevölkerung durch rasches Handeln den Eindruck von Mut, Entschlossenheit und Tatkraft zu vermitteln.
Die 52 in **Iran festgehaltenen amerikanischen Geiseln** werden nach 444 Tagen Gefangenschaft **freigelassen**.

30. März **Attentat auf Ronald Reagan.** Danach steigt seine Popularitätskurve deutlich nach oben. Reagan wird von der großen Masse der Bevölkerung als Sinnbild des *American Dream* wahrgenommen.

Die Wiederbelebung des amerikanischen Patriotismus

Die Amerikaner überwinden die Traumata des Vietnamkriegs und der Watergate-Affäre erstaunlich schnell. Präsident Reagan appelliert mit seinem Versprechen, die »amerikanische Größe« wiederherzustellen, an den Patriotismus im Land.

Wirtschaftspolitisch korreliert der neue Patriotismus mit einer Wiederbelebung des Individualismus und Materialismus und einer **Abkehr vom New Deal und der Utopie der Great Society**. Die neoliberale Politik Reagans setzt auf Deregulierung, Privatisierung öffentlicher Aufgaben, Rückbildung der Staatsbürokratie und Wiederbelebung des Föderalismus. Die Sozialausgaben werden drastisch gekürzt. Die konservative Grundstimmung wird durch das evangelikale protestantische Christentum, die *New Christian Right*, gestärkt. Die fundamentalistischen Bewegungen schaffen gemeinsame Feindbilder: nach außen den atheistischen Kommunismus, im Innern liberale Politiker, Juristen und Intellektuelle, die sie für viele Erscheinungen der nach ihrer Meinung »permissiven« Gesellschaft verantwortlich machen. Ihre Botschaft von der **Rückkehr zu den alten amerikanischen Werten** von Familie, Kirche und Patriotismus fällt in breiten Kreisen der Gesellschaft auf fruchtbaren Boden.

Außenpolitisch korreliert diese Entwicklung mit dem Versprechen, die weltpolitische Größe und Überlegenheit der USA wieder herzustellen. Die erste Amtszeit Präsident REAGANS ist durch die **massivste Aufrüstung seit dem Vietnamkrieg** geprägt. REAGAN stimmt einer Erhöhung des Rüstungsbudgets um 15 % auf 233 Mrd. Dollar 1981/82 zu. Das Fünfjahresprogramm für 1982–1986 sieht für die Verteidigung Gesamtausgaben von 1,5 Billionen Dollar vor.

1981, 29. Dez. Wegen sowjetisch unterstützter Verschärfung der Diktatur in Polen verhängt Präsident REAGAN **Wirtschaftssanktionen (Erdgasröhren-Embargo) gegen die Sowjetunion**. Die CIA beginnt mit der Unterstützung der oppositionellen Gewerkschaftsbewegung *Solidarność*.

1982, ab Jan. Die USA suchen das Entstehen weiterer linksgerichteter Regime in Mittelamerika zu verhindern: El Salvador erhält verstärkt Wirtschafts- und Militärhilfe; in Nicaragua unterstützen die USA die antisandinistischen Guerillas (Contras).

12. Juni Im New Yorker Central Park versammeln sich 800 000 Menschen zur bislang größten amerikanischen Demonstration gegen die Atomrüstung.

30. Juni Die benötigte Dreiviertelmehrheit zur Ratifizierung des 1972 verabschiedeten Verfassungszusatzes über die Gleichberechtigung von Mann und Frau wird nicht erzielt.

29. Sept. Die USA beteiligen sich an der **internationalen Friedenstruppe im Libanon** und werden in die Bürgerkriegshandlungen hineingezogen. 1983 sterben bei Bombenanschlägen in Beirut 289 US-Amerikaner. Kriegsschiffe der USA beschießen wiederholt Stellungen der Syrer und der Drusen.

1983, 8. März In einer Rede vor fundamentalistischen Christen bezeichnet REAGAN die Sowjetunion als *»evil empire«* (Reich des Bösen). Im gleichen Monat kündigt REAGAN die **Strategic Defense Initiative** (SDI) an, deren Ziel es ist, die USA durch ein hochmodernes weltraumgestütztes Raketenabwehrsystem vor nuklearen Überraschungsangriffen zu schützen.

1. Sept. Nach dem Abschuss eines koreanischen Verkehrsflugzeugs mit 269 Passagieren, das sich in den russischen Luftraum verirrt hatte, kommt es zu heftigen antisowjetischen Protesten in den USA. Die amerikanische Regierung präsentiert dem Sicherheitsrat der UNO den Funkverkehr der an dem Zwischenfall beteiligten russischen Piloten und stellt damit die Sowjetunion bloß.

25. Okt. Nach Ermordung des Premierministers von Grenada, MAURICE BISHOP, und der Machtübernahme durch einen linksgerichteten Militärrat besetzen Truppen der USA und von sechs ostkaribischen Staaten die Insel.

23. Nov. Nach zweijährigen Verhandlungen bricht die Sowjetunion die Genfer Gespräche über den Abbau von Mittelstreckenraketen in Europa ab.

1984, Febr./März Das US-Kontingent der Friedenstruppe im Libanon wird abgezogen.

28. Juli–12. Aug. Die Sowjetunion und alle Ostblockländer boykottieren die Olympischen Sommerspiele in Los Angeles.

4. Nov. **RONALD REAGAN** gewinnt die Präsidentschaftswahlen mit einem **Erdrutschsieg**.

1985, 6. Febr. In seiner Ansprache zur Lage der Nation formuliert REAGAN eine Strategie der Unterminierung sowjetischen Einflusses in der Dritten Welt, die bald als »Reagan-Doktrin« bekannt wird.

Die Reagan-Doktrin und die Dritte Welt

Präsident REAGAN verspricht schon früh in seiner Präsidentschaft, der **Sowjetunion nicht nur direkt, sondern auch in der Dritten Welt entgegenzutreten**: Die USA beginnen, Rebellengruppen in ihrem Kampf gegen Moskau-freundliche Regierungen zu unterstützen. Zwischen 1981 und 1989 trainieren, bezahlen und bewaffnen die USA antikommunistische Kämpfer u. a. in Angola, Moçambique, Kambodscha, Afghanistan und Nicaragua. In El Salvador versorgt Washington die Regierung mit Militär- und Wirtschaftshilfe in einem brutalen Bürgerkrieg gegen linksgerichtete Guerillas. Auch die Militärhilfe, die über den pakistanischen Geheimdienst an die afghanischen Widerstandskämpfer (Mudjahedin) geliefert wird, wird sukzessive auf zwei Mrd. Dollar ausgebaut. Die innenpolitisch umstrittenste Umsetzung der Reagan-Doktrin betrifft Nicaragua, wo die CIA Contra-Rebellen im bewaffneten Kampf gegen die nicaraguanische Regierung unterstützt. **REAGAN** vermeidet jedoch weitgehend eine direkte Unterstützung antikommunistischer Rebellen oder proamerikanischer Regierungen mit US-Truppen.

1985, 19. Nov. Präsident REAGAN und KPdSU-Generalsekretär MICHAIL S. GORBATSCHOW beschließen auf der Genfer Gipfelkonferenz (bis 21. Nov.) die **Wiederaufnahme des Abrüstungsdialogs**.

1986, 28. Jan. Nach der Explosion der US-Raumfähre Challenger wird das Raumfahrtprogramm der USA bis 1988 unterbrochen.

14. April Als Vergeltung für das Bombenattentat auf die von amerikanischen Soldaten frequentierte Berliner Diskothek »La Belle« bombardiert die US-Luftwaffe Residenzen des libyschen Revolutionsführers MUAMMAR AL-GADDAFI in Tripolis und Bengasi.

Präsidentenwahlen USA 1984

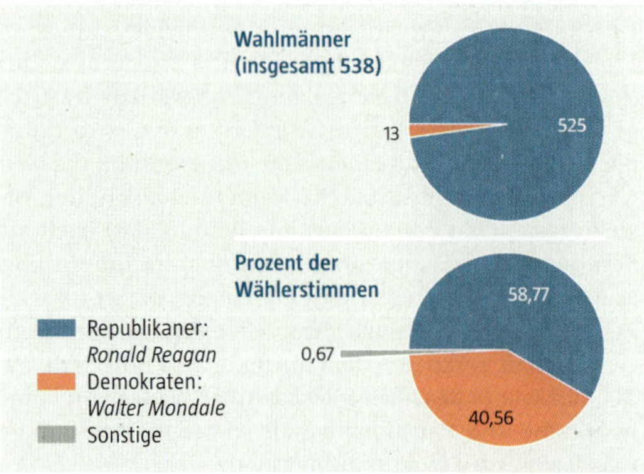

2. Okt. Der Kongress beschließt **Handelssanktionen gegen** das Apartheid-Regime in **Südafrika**.

11./12. Okt. Reagan und Gorbatschow treffen sich in Reykjavik. Beide Seiten signalisieren ihre Bereitschaft zur Verringerung von Nuklearwaffen. Die USA verzichten jedoch nicht auf die Entwicklung strategischer Verteidigungssysteme.

Wende in den amerikanisch-russischen Beziehungen 1985–1989

Deutet im Wahljahr 1984 noch vieles auf eine Verhärtung und Eskalation des Ost-West-Konflikts hin, so tritt ab 1985 eine Entwicklung ein, die zum Abbau von Spannungen und schließlich sogar zur **Überwindung des Kalten Kriegs** führt. Reagan will in seiner zweiten Amtszeit beweisen, dass er nicht nur Kalter Krieger, sondern auch Friedensstifter sein kann. Bei den ersten beiden Treffen Reagans mit dem neuen Generalsekretär der KPdSU, Michail Gorbatschow 1985 und 1986 nähern sich die Positionen beider Seiten in der Rüstungsfrage an. Ende 1987 verständigen sich beide auf die sog. **»doppelte Nulllösung«**, die im Kerngebiet Europas die Eliminierung der atomaren Kurz- und Mittelstreckenraketen zwischen 500 und 500 Kilometer Reichweite beinhaltet; die anderen NATO-Ländern tragen diese Vereinbarung mit. War es bis dahin immer nur um eine Begrenzung der Aufrüstung gegangen, so tilgt der INF-Vertrag eine ganze Waffenkategorie aus dem Arsenal der Supermächte und lässt die Verifizierung von Abrüstungsmaßnahmen vor Ort zu. Zusammen mit der Ankündigung der einseitigen Reduzierung sowjetischer Streitkräfte sind damit noch vor Reagans Ausscheiden aus dem Amt günstige Voraussetzungen für eine substanzielle Verringerung der strategischen und konventionellen Rüstung geschaffen.

3. Nov. Das Bekanntwerden der durch US-Regierungsbeamte und CIA organisierten geheimen Waffenlieferungen an den Iran (Ziel: Geiselbefreiung im Libanon) und der gesetzwidrigen Verwendung dabei erhaltener Gelder zur Unterstützung nicaraguanischer Contras (**Iran-Contra-Affäre**) führt die Reagan-Administration in eine Krise.

4. Nov. Bei Kongresswahlen erreichen die Demokraten eine Mehrheit im Senat und bauen ihre bestehende Mehrheit im Repräsentantenhaus aus.

6. Nov. Ein Gesetz räumt Einwanderern, die vor 1982 illegal in die USA einreisten, ein Aufenthaltsrecht ein. Bis 1988 nehmen es rund 1,8 Mio. Menschen, die meisten von ihnen aus Mexiko, in Anspruch.

1987, Jan. Gorbatschow schlägt vor, alle sowjetischen und amerikanischen Mittelstreckenraketen abzuschaffen. Er nimmt damit den Vorschlag Reagans von 1981, eine »Null-Lösung« anzustreben, wieder auf.

12. Juni **Reagan** appelliert in seiner **Rede am Brandenburger Tor** in Berlin an die Sowjetunion: »*Mr. Gorbachev, tear down this wall!*«.

7.–10. Dez. Bei einem Treffen in Washington unterzeichnen Reagan und Gorbatschow das INF-Abkommen (*Intermediate-Range Nuclear Forces*) über die **globale Beseitigung aller landgestützten Mittelstreckenraketen**.

1988, 2. Jan. Präsident Reagan und der kanadische Premierminister Brian Mulroney unterzeichnen ein **Freihandelsabkommen**, welches einen stufenweisen Abbau der Zölle zwischen den **USA** und **Kanada** bis 1998 vorsieht.

29. Mai–2. Juni Anlässlich des Moskau-Besuches von Reagan verkündigt Gorbatschow den Abzug der sowjetischen Truppen aus Afghanistan. Einige Monate später stellt er eine einseitige Reduzierung der Streitkräfte in Aussicht.

3. Aug. Der Senat verabschiedet ein Handelsgesetz, das Maßnahmen gegen »unfaire Handelspraktiken« anderer Länder vorsieht. Es soll die internationale Wettbewerbsfähigkeit der USA verbessern. Im Ausland werden den USA protektionistische Tendenzen vorgeworfen.

21. Dez. Ein US-amerikanisches Verkehrsflugzeug wird durch eine Sprengladung über der schottischen Ortschaft **Lockerbie** zum **Absturz** gebracht. Die USA bezichtigen im Nov. 1991 Libyen der Urheberschaft für den Terroranschlag.

1989, 20. Jan. Vizepräsident George Bush übernimmt nach einem klaren Wahlsieg über den Demokraten Michael Dukakis (*1947; Gouverneur von Massachusetts) das Präsidentenamt; Vizepräsident wird Dan (James Danforth) Quayle (*1947). Bush will das bedrohlich angewachsene Haushaltsdefizit durch Ausgabenkürzungen abbauen, Steuererhöhungen aber vermeiden und die Drogensucht bekämpfen. Außenpolitisch muss er Antworten auf die Veränderungen in Osteuropa finden und die außenpolitischen Altlasten der Reagan-Ära im Verhältnis zum Kongress abbauen. – Die Demokraten halten in beiden Häusern des Kongresses die Mehrheit.

24. März Die Havarie des Öltankers Exxon Valdez im Prince William Sound (Alaska) löst eine Umweltkatastrophe aus. Die Mineralölgesellschaft Exxon wird dazu verpflichtet, die entstandenen Schäden auf eigene Kosten zu beseitigen.

3. Juni Nachdem chinesisches Militär am Platz des himmlischen Friedens in Peking Studentenproteste gewaltsam aufgelöst hat, verurteilt Präsident Bush die Anwendung von Gewalt, storniert Treffen zwi-

Präsidentenwahlen USA 1988

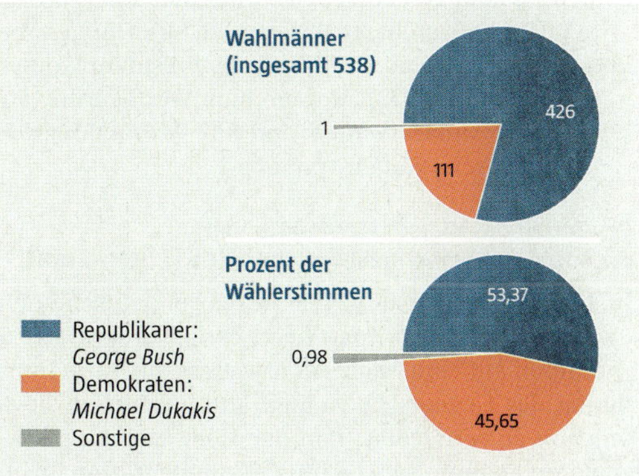

schen den Militärs beider Länder und setzt die Waffenverkäufe an China aus. Gleichzeitig betont er, dass die langfristigen Interessen beider Länder berücksichtigt und die komplexe innenpolitische Lage in China anerkannt werden müssen.

9. Aug. Präsident BUSH unterzeichnet ein Gesetz zur Rettung der *Savings and Loan Associations* (Bausparkassen), die infolge hoher Zinsverpflichtungen und schlechter Geschäftsführung in großer Zahl zusammenbrechen. Auf die öffentlichen Haushalte kommen dadurch in den nächsten 30 Jahren zusätzliche Belastungen von etwa 300 Mrd. Dollar zu.

17. Okt. Ein Erdbeben verursacht im Raum San Francisco schwere Schäden.

Deutsche Wiedervereinigung, 1989–1990

Nach dem Fall der Mauer am 9. Nov. 1989 leitet die US-Regierung eine **konsequente Wiedervereinigungspolitik für Deutschland** ein. Im Dez. definiert BUSH vor der NATO in Brüssel die Voraussetzungen, unter denen sich die USA eine Wiedervereinigung vorstellen können. Dazu gehören freie Wahlen in der DDR, eine Zusicherung der Bundesregierung, dass die Ostgrenzen zu Polen entsprechend den Bestimmungen der KSZE-Schlussakte nur durch friedliche Verhandlungen geändert werden dürfen, die dauerhafte Zugehörigkeit Gesamtdeutschlands zur NATO und zur Europäischen Gemeinschaft. Im Febr. 1990 verständigen sich das US-Außenministerium und das Bonner Auswärtige Amt auf das Format der »Zwei-plus-Vier«-Verhandlungen zwischen den beiden deutschen Staaten und den vier Siegermächten des Zweiten Weltkriegs. Im Sept. 1990 wird der **Zwei-plus-Vier-Vertrag** in Moskau unterzeichnet. Er zieht einen Schlussstrich unter den Zweiten Weltkrieg, indem er die Rechte und Verantwortlichkeiten der vier Siegermächte für Berlin und für »Deutschland als Ganzes« beendet und dem deutschen Volk die volle Souveränität zurückgibt.

1989, 20.–26. Dez. **US-Streitkräfte besetzen Panama**, dessen Staatschef MANUEL NORIEGA, wegen Beteiligung am internationalen Drogenhandel in den USA unter Anklage, den USA am 15. Dez. den Krieg erklärt hatte. Nach mehrtägigen Gefechten stellt sich NORIEGA und wird nach Miami gebracht (1992 zu einer Haftstrafe von 40 Jahren verurteilt). Die US-Streitkräfte ziehen sich bis zum 14. Febr. 1990 zurück, das 1985 verhängte Wirtschaftsembargo wird am 13. März aufgehoben.

1990, 1. Juni Während eines Besuchs Präsident GORBATSCHOWS in den USA werden eine Verringerung strategischer Nuklearwaffen und ein Produktionsstopp für chemische Waffen vereinbart.

Der Zerfall des Warschauer Paktes und die Suche nach einer neuen Weltordnung (1991–2001)

Im Unterschied zur aktiven Rolle bei der deutschen Wiedervereinigung setzt BUSH beim Zerfallsprozess der Sowjetunion auf eine **Politik des Abwartens**, um eine Demütigung des Gegners und einen anti-westlichen Revisionismus zu vermeiden. Statt den »Sieg im Kalten Krieg« zu feiern, bemüht sich die Bush-Administration im ehemaligen Ostblock **marktwirtschaftliche Reformen und Demokratie zu fördern** und die Sowjetunion bzw. das von BORIS JELZIN repräsentierte Russland über die KSZE, die »Gruppe der 7« und die Wirtschaftsorganisationen der UNO in das internationale Handels- und Währungssystem einzubinden. Bei der Sicherheitspolitik setzt BUSH auf die NATO, die durch strukturelle Reformen sowie die Betonung ihres politischen Charakters zum Ansprechpartner der Nachfolgestaaten der Sowjetunion umgeformt werden soll.

Mit der Überwindung der bipolaren Weltordnung **verliert die Sicherheitspolitik jedoch ihre zentrale Stellung**. Themen wie internationale Wirtschaftsbeziehungen, Menschenrechte, globaler Umweltschutz, die während des Kalten Krieges von den meisten amerikanischen Präsidenten als *»low politics«* angesehen werden konnten, erhalten nun ein eigenständiges Gewicht. Dem Bereich der *»high politics«* dagegen fehlt eine klare Orientierung und ein Ziel, die neue Rolle der USA in der Weltpolitik wird nicht abschließend definiert.

1990 Beginn einer **wirtschaftlichen Rezession**, die länger als gewohnt andauert und deren Bekämpfung 1992 zum Hauptwahlkampfthema wird. Der Zusammenbruch zahlreicher Bausparkassen kostet den Staat insgesamt 200 Mrd. Dollar.

8. Aug. Nach dem irakischen Überfall auf Kuwait (2. Aug.) und dessen Verurteilung im UN-Sicherheitsrat entsenden die **USA Streitkräfte nach Saudi-Arabien**. Sie sollen als Kern einer multinationalen Streitmacht das Land schützen und Irak zum Rückzug aus Kuwait und zur Freigabe ausländischer Geiseln zwingen.

Der Krieg gegen den Irak

Präsident BUSH reagiert auf den Überfall des Irak auf Kuwait am 2. Aug mit einer Rede vor dem Kongress am 11. Sept., in der er für die Errichtung einer »neuen Weltordnung« plädiert. Parallel zum Aufbau einer militärischen Verteidigungslinie in Washington bemüht er sich darum, eine internationale Koalition gegen Bagdad zu schmieden. Auf einem Gipfeltreffen Anfang Sept. in Helsinki sichert GORBATSCHOW zu, dass die Sowjetunion nicht nur den Überfall verurteilen, sondern auch gemeinsame Aktionen im Rahmen des UN-Sicherheitsrates befürworten werden.

1991, 17. Jan.–28. Febr. Die USA führen im **Zweiten Golfkrieg** unter Oberbefehl von General NORMAN SCHWARZKOPF (*1934) die Anti-Irak-Koalition aus 26 Staaten an, die im Auftrag der UNO **Kuwait von der irakischen Besatzung befreit** (Operation Wüstensturm). Eine alliierte Militärstreitmacht von über 500 000 Soldaten wird in der Golfregion aufgebaut. Der Sieg über SADDAM HUSSEIN ruft in den USA patriotische Bekundungen hervor, wie man sie seit 1945 nicht mehr erlebt hatte.

12. Febr. Aufgrund der Befürchtung, der Golfkrieg könne die Entwicklung der hoch verschuldeten amerikanischen Volkswirtschaft weiter beeinträchtigen, fällt der Kurs des Dollar auf DM 1,4535.

20. Febr. Die Regierung stellt ihre Energiepolitik bis 2010 vor: Ziele sind die Senkung des Erdöl-Importanteils auf 40–45 %, die Verringerung des Erdölverbrauchs sowie eine Steigerung der Inlandsproduktion.

17. April Präsident BUSH und die Häuptlinge verschiedener indigener Völker erörtern Maßnahmen zur Erhaltung der indianischen Kultur.

6./12. Mai Mit der Verschrottung der letzten US-amerikanischen und sowjetischen Mittelstreckenraketen wird erstmals eine ganze Kategorie von Nuklearwaffen beseitigt.

9./16. Sept. Ein neues Stützpunktabkommen mit den Philippinen scheitert an der Ablehnung des Senats in Manila. Dennoch verlängert die philippinische Präsidentin CORAZÓN AQUINO die Aufenthaltserlaubnis für die US-Streitkräfte um ein Jahr.

27. Sept. Präsident BUSH ergreift nach dem Zerfall des Warschauer Pakts eine **neue Abrüstungsinitiative** und kündigt die Beseitigung aller landgestützten Kurzstreckenraketen als nukleare Gefechtsfeldwaffen an sowie den Abzug der taktischen Nuklearwaffen von den Schiffen der US-Marine.

3. Dez. Der Stabschef des Weißen Hauses, JOHN HENRY SUNUNU (*1939), tritt nach Vorwürfen wegen des Missbrauchs amtlicher Privilegien zurück.

1992, 8. März Ein internes Strategiepapier der Regierung definiert als Grund für die weitere globale Militärpräsenz der USA das Ziel, die Entstehung einer neuen feindlichen Supermacht zu verhindern. Der Neuerwerb von Atomwaffen soll danach notfalls mit der Drohung atomarer Vergeltung unterbunden werden.

29. April–2. Mai Nachdem vier der Körperverletzung an einem Schwarzen angeklagte weiße Polizisten entgegen den Indizien freigesprochen worden sind, brechen in Los Angeles und San Francisco die **gewalttätigsten Unruhen seit den 60er-Jahren** aus. In ihrem Verlauf werden 58 Menschen getötet und etwa 2300 verletzt; der Sachschaden beläuft sich auf etwa 1 Mrd. Dollar. Die Verarmung weiter Teile der städtischen schwarzen Bevölkerung und die sich aus dem sozialen Aufstieg der asiatischstämmigen Bevölkerung ergebenden Spannungen zwischen diesen Gruppen sind wesentliche Ursache für die Ausschreitungen.

Präsidentenwahlen USA 1992

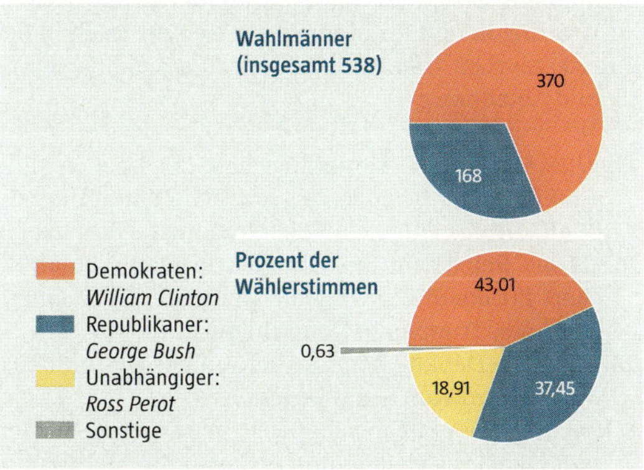

22. Mai Der Kongress verabschiedet den Staatshaushalt für 1993. Er weist bei einem Volumen von 1,5 Billionen Dollar ein Defizit von 326,6 Mrd. Dollar auf.

23. Okt. Mit Unterzeichnung des *Cuban Democracy Act 1992* verschärft Präsident BUSH das Handelsembargo gegen Kuba, um das sozialistische Regime zu stürzen. Betroffen sind ausländische Filialen amerikanischer Firmen, v. a. Tochterunternehmen in Europa.

8. Dez. Das Repräsentantenhaus beschließt ein erweitertes Stimmrecht der Abgeordneten aus dem District of Columbia (Hauptstadt Washington), Puerto Rico, Guam, Amerikanisch-Samoa und den Virgin Islands.

9. Dez. Die USA entsenden im Rahmen der UN-Hilfsaktion *Operation Restore Hope* 28 000 Soldaten in das von einer Hungerkatastrophe bedrohte Bürgerkriegsland Somalia.

17. Dez. Präsident BUSH unterzeichnet in Washington die Verträge über die **Gründung der Nordamerikanischen Freihandelszone** (**NAFTA**; Mitglieder: Kanada, USA, Mexiko).

22. Dez. Präsident BUSH hebt das 1989 gegen die VR China wegen der Niederschlagung der Demokratiebewegung verhängte Waffenembargo auf.

Die Vereinigten Staaten seit 1993

1993, 20. Jan. BILL (WILLIAM JEFFERSON) CLINTON (*1946), demokratischer Gouverneur von Arkansas, wird nach hohem Wahlsieg Präsident der USA; Vizepräsident wird AL (ALBERT) GORE (*1948). Unter den 14 Mitgliedern seiner Regierung befinden sich Vertreter aller ethnischen Minderheiten.

Präsident CLINTON konzentriert sich in der ersten Amtszeit darauf, der amerikanischen Wirtschaft zu neuer Weltgeltung zu verhelfen. Er präsentiert sich im Stile JOHN F. KENNEDYS als Hoffnungsträger der jungen Generation und stellt eine liberale Erneuerung von Staat und Gesellschaft in Aussicht. Sein Regierungsprogramm umfasst u. a. Steuererhöhungen (v. a. für höhere Einkommen), Reduzierung des Haushaltsdefizits, Ausgabenkürzungen, Schaffung neuer Arbeitsplätze, Verbesserung des Krankenversicherungsschutzes und andere Sozialprogramme. Die Amtszeit CLINTONS und der wirtschaftliche Aufschwung 1993–2000 fallen zeitlich zusammen. Aus dem Defizit von 290 Mrd. Dollar 1990 wird 10 Jahre später ein Überschuss von 236 Mrd. Dollar.

26. Febr. Ägyptische muslimische Fundamentalisten verüben einen **Bombenanschlag auf das World Trade Center** in New York.

3./4. April Präsident CLINTON sagt bei einem Gipfeltreffen mit dem russischen Präsidenten BORIS JELZIN im kanadischen Vancouver eine Soforthilfe in Höhe von 1,6 Mrd. Dollar an Russland zu, um die dortigen demokratischen und wirtschaftlichen Reformen zu fördern. Zum Abschluss wird die »Deklaration von Vancouver« veröffentlicht, die eine amerikanisch-russische Partnerschaft in der internationalen Politik sowie Zusammenarbeit bei der globalen Abrüstung von chemischen und nuklearen Waffen vorsieht.

13. Mai Verteidigungsminister LES ASPIN (*1938, †1995) erklärt den **Verzicht der USA auf** das 1983 unter Präsident REAGAN begonnene Programm zur Stationierung von **Raketenabwehrsystemen** im Weltraum (**SDI**).

27. Juni US-Kriegsschiffe beschießen die Zentrale des irakischen Geheimdienstes in Bagdad mit Marschflugkörpern. Damit vergelten die USA einen gescheiterten Mordanschlag Iraks auf Expräsident BUSH in Kuwait (14. April).

Die Politik des »engagement« und »enlargement«

Die Clinton-Administration stellt die amerikanische Außenpolitik unter das Motto des *»enlargement«*, **die Ausbreitung von Demokratie, Marktwirtschaft und Menschenrechten**. Der neowilsonianische Ansatz wird ergänzt durch die Betonung ökonomischer Aspekte der Außenpolitik. Augenfälligsten Ausdruck findet diese Neuorientierung in der Einrichtung des »Nationalen Wirtschaftsrats«. Er soll die gewachsene Bedeutung der Ökonomie in der internationalen Politik im außenpolitischen System der USA institutionell verankern. Die »National Security Strategy of Engagement and Enlargement« (1994) sieht darüber hinaus die Intensivierung der Kontakte mit Russland und China vor, um diese Großmächte ebenso wie die alten Partner Großbritannien, Frankreich, Japan und Deutschland international stärker einzubinden. Die transatlantischen Beziehungen befinden sich im Umbruch, in Europa wächst der Wunsch nach größerer außen- und sicherheitspolitischer Autonomie. Außenminister WARREN CHRISTOPHER (*1925) richtet seine Energien auf den pazifischen Raum (APEC-Initiative); die **NATO wird zu einer globalen Interventionsallianz** umgestaltet.

1993, Ende Juni–Aug. Nach anhaltenden Überschwemmungen im Bereich des Mississippi stellt die Bundesregierung eine Finanzhilfe von 2,5 Mrd. Dollar zum Schadensausgleich zur Verfügung.

11. Juli Die USA und Japan schließen ein Wirtschafts- und Handelsabkommen. Japan erklärt sich bereit, Handelshemmnisse abzubauen und den Import amerikanischer Waren zu fördern. Die USA verpflichten sich u. a. zu einer Reduktion ihres Budgetdefizits.

5.–6. Aug. Das umstrittene Programm Präsident CLINTONS zur Konsolidierung des Bundeshaushaltes (*Omnibus Budget Reconciliation Act*) wird vom Kongress verabschiedet: Der Einkommensteuersatz für Spitzenverdiener wird von 28 % auf 40 % erhöht, einige Ausgabenposten, darunter auch der für Verteidigung, werden gesenkt.

19. Aug. Aufgrund des stark angestiegenen Flüchtlingsstroms beendet die Regierung die automatische Asylgewährung für Kubaner in den USA.

13. Sept. Vertreter Israels und der Palästinensischen Befreiungsorganisation unterzeichnen in Washington im Beisein von Präsident CLINTON das **Gaza-Jericho-Abkommen** über eine Teilautonomie der Palästinenser in den von Israel besetzten Gebieten. Das bedeutet einen neuen Erfolg für die Nahostpolitik der USA nach dem Friedensvertrag von Camp David (1979).

22. Sept. Präsident CLINTON stellt sein Programm zur **Reform des Gesundheitswesens** vor: Im Mittelpunkt steht die Gewährung eines Krankenversicherungsschutzes für alle US-Bürger bei gleichzeitiger Kostenreduktion im Gesundheitswesen.

2./4. Okt. Öffentliche Folterung eines amerikanischen Soldaten in der Hauptstadt Somalias. Daraufhin zieht CLINTON ab dem 17. Dez. die US-Truppen aus dem Land zurück.

6. Okt. Die USA bezahlen mit 533 Mio. Dollar 53 % ihrer seit Jahren ausstehenden UN-Beiträge.

Regionale Krisen, humanitäre Interventionen und Nation-Building

Als Befürworter des Multilateralismus beteiligt CLINTON die USA an humanitären Interventionen der UNO in Somalia, zieht sich hier jedoch nach der Folterung eines amerikanischen Soldaten zurück. Der »Somalia-Schock« ist mitverantwortlich dafür, dass weder die UNO noch die USA noch die ehemaligen europäischen Kolonialmächte im Frühjahr 1994 dem Genozid der Hutu an den Tutsi in Ruanda Einhalt gebieten. Der Militärputsch in Haiti ist ein Testfall für die Politik des *enlargement*. Eine amerikanische Delegation unter Expräsident CARTER gelingt es, die Junta zum Abdanken zu bewegen.

Im Bosnienkrieg setzt CLINTON die Politik BUSHS fort und überlässt der UNO und der EU die Initiative und Verantwortung. Doch erst die unter amerikanischer Leitung geführten Verhandlungen in Dayton (Ohio) führen zu einer Friedensregelung (21. Nov. 1995). Auf die Krise im Kosovo reagiert die Clinton-Administration zunächst zurückhaltend. Erst als im Sommer 1998 die Serben im Guerillakrieg die Oberhand gewinnen und mit Massenvertreibungen beginnen, erhöhen die USA auf Drängen der neuen Außenministerin MADELEINE ALBRIGHT (*1937) ihr Engagement.

Mit der Einladung nach Camp David im Sept. 1995 will CLINTON auch den ins Stocken geratenen Nahostfriedensprozess wieder in Gang bringen. Die Ermordung des israelischen Ministerpräsident RABIN im Nov. 1995 setzt diesen Bemühungen ein jähes Ende. Die im Nahostkonflikt und im Bosnienkrieg, aber auch in Nordirland (Mitchell-Mission) sowie gegenüber Nordkorea (1994/95) erfolgreichen Vermittlungsaktionen und Stabilisierungsschritte zeigen, dass die USA von den regionalen bzw. lokalen Konfliktparteien als ordnende Hand gerufen und akzeptiert werden. Die Übernahme der Verantwortung in und für immer neue Gebiete stößt in der amerikanischen Öffentlichkeit jedoch auf vielfache Kritik und Ablehnung.

1994, 28. Febr. NATO-Kampfflugzeuge der US-Luftwaffe schießen über Bosnien vier serbische Kampfflugzeuge ab, die das Flugverbot der UNO missachtet haben.

10.–12. Juli Bei einem Staatsbesuch in Deutschland sichert Präsident CLINTON die weitere Präsenz amerikanischer Truppen in Deutschland zu.

26. Sept. Die Debatte über die Reform des Gesundheitswesens wird vom Senat vertagt.

8. Nov. Die Republikaner erzielen bei Kongresswahlen spektakuläre Gewinne und erringen die Mehrheit in

Senat und Repräsentantenhaus. Dadurch wird der innen- und außenpolitische **Handlungsspielraum der Clinton-Administration zunehmend eingeschränkt** und die Durchsetzung der Konzeption einer »Neuen Weltordnung« unter Führung der USA begrenzt. So sperrt der Kongress die Zahlungen für UN-Missionen und schließlich auch die regulären Beitragszahlungen zur UNO (13. Nov. 1997).

1995, 19. April Bei einem Sprengstoffanschlag auf das Federal Building in Oklahoma City sterben 168 Menschen. Als Tatverdächtige werden kurz danach zwei paramilitärisch organisierte Waffenliebhaber festgenommen.

Der **Dollar fällt** wegen des amerikanischen Haushaltsdefizits und der Währungskrise in Mexiko, welche die USA zu Peso-Stützungskäufen veranlasst, **auf das historische Tief** von DM 1,3620.

7. Juni Das Repräsentantenhaus lehnt es ab, den *War Powers Act* von 1973 abzuschaffen, der den Einsatz von US-Truppen im Ausland nach 60 Tagen von der Zustimmung des Kongresses abhängig macht.

Als Reaktion auf das Attentat in Oklahoma City verabschiedet der Senat ein Gesetz, das der Regierung größere Vollmachten bei der Bekämpfung von Gewaltdelikten und terroristischen Aktivitäten gewährt.

11. Juli 20 Jahre nach Beendigung des Vietnamkrieges verkündet Präsident Clinton die **Aufnahme diplomatischer Beziehungen zu Vietnam**.

23./24. Okt. Präsident Clinton verständigt sich mit Russlands Präsident Boris Jelzin in Hyde Park (New York) über die russische Teilnahme an einer Friedenslösung in Bosnien.

14.–19. Nov. In dem seit Juli andauernden **Haushaltskonflikts mit dem Kongress** sichert Präsident Clinton zu, bis zum Jahr 2002 einen ausgeglichenen Haushalt vorzulegen. Erst im Febr. 1996 kann der Konflikt beigelegt werden.

1.–21. Nov. Die USA und die EU vermitteln im Bürgerkrieg in Bosnien-Herzegowina Verhandlungen zwischen Serbien, Kroatien und Bosnien-Herzegowina auf dem US-Luftwaffenstützpunkt bei Dayton (Ohio). Diese münden im **Friedensabkommen von Dayton**, welches am 14. Dez. in Paris unterzeichnet wird.

Präsidentenwahlen USA 1996

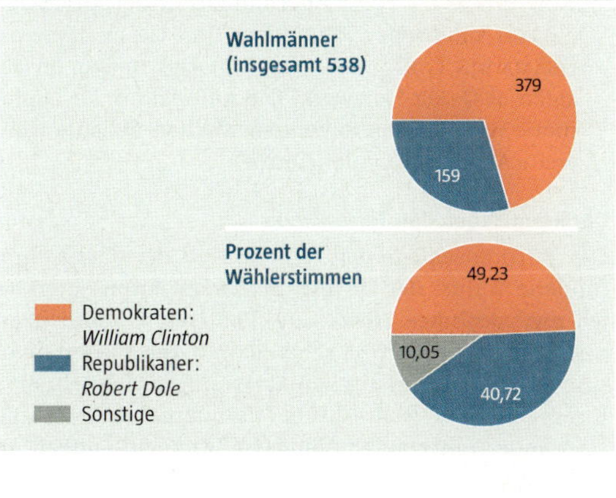

1996, 12. März Mit dem Helms-Burton-Gesetz wird das Handelsembargo gegen Kuba weiter verschärft.

10. Aug. Der Kongress stimmt einer Erhöhung des gesetzlichen Mindestlohns zu.

22. Aug. Präsident Clinton unterzeichnet das Gesetz zur **Reform der Sozialhilfe**, das in vielen Punkten die Forderungen der Republikaner erfüllt. Demnach haben Bedürftige keinen Anspruch mehr auf lebenslange Unterstützung; Sozialhilfe an Arme wird höchstens fünf Jahre gezahlt. Die Unterzeichnung des Gesetzes kann als endgültiger Abschied vom liberalen Weltbild des *New Deal* und der *Great Society* und als Durchbruch zu einer wirklich »konservativen Revolution« interpretiert werden.

4. Sept. Die US-Luftwaffe beschießt Ziele in Südirak, nachdem der Irak das UN-Flugverbot südlich des 32. Breitengrades verletzt hat.

1997, 20.–21. März Präsident Clinton und der russische Präsident Jelzin beraten auf dem Gipfeltreffen in Helsinki über die Sicherheitspolitik in Europa und die Beschränkung nuklearer Waffen.

Anfang Mai Die **Wirtschaft** der USA erlebt einen **über Jahre ungebrochenen Boom**. In ihrem Gefolge sinkt die Zahl der Arbeitslosen im ersten Quartal 1997 auf 5,2 %. Ein Ansteigen der Inflationsrate veranlasst jedoch den Vorsitzenden der US-Notenbank, Alan Greenspan (*1926), zu einer Erhöhung des Leitzinses (25. März).

13. Juli Laut Regierungsbericht zur Entwicklung der NAFTA wuchs das Handelsvolumen mit den Partnern Kanada und Mexiko seit Inkrafttreten des Freihandelsabkommens (1. Jan. 1994) um 44 %.

Nov./Dez. Die Ausweisung US-amerikanischer Rüstungsinspekteure durch den Irak führt zu einer Krise zwischen der UNO und dem Irak. Auch nach dem offiziellen Einlenken des Irak (21. Nov.) werden die UN-Inspektionen behindert.

1998 Die seit acht Jahren anhaltende wirtschaftliche Expansion setzt sich fort, auch für 1998 wird eine Steigerung des Bruttoinlandsproduktes um 3,8 % verzeichnet.

29. Juli Ende des folgenreichsten Streiks in der amerikanischen Automobilindustrie seit 1970: Der Ausstand von 9200 Arbeitern in zwei Zulieferbetrieben hatte 54 Tage lang dafür gesorgt, dass bei General Motors bis zu 193 500 Menschen ohne Arbeit waren.

17. Aug. Präsident Clinton gibt in einer Fernsehansprache zu, eine »unangemessene« Beziehung zur ehemaligen Praktikantin im Weißen Haus, Monica Lewinsky (*1973), gehabt zu haben. Er korrigiert damit eine Aussage vom 17. Jan., in der er eine sexuelle Beziehung zu ihr geleugnet hatte.

8. Okt. Auf Grundlage eines Berichts von Sonderermittler Kenneth Starr (*1946) zur **Lewinsky-Affäre** leitet das Repräsentantenhaus ein Amtsenthebungsverfahren gegen Clinton ein.

23. Okt. Unter Vermittlung von Präsident Clinton treffen der israelische Ministerpräsident Benjamin Netanjahu und Palästinenserpräsident Jassir Arafat in Wye Plantation (Maryland) eine Vereinbarung zum Neubeginn des Friedensprozesses.

3. Nov. Bei den Kongress- und Gouverneurswahlen bleibt der »Lewinsky-Effekt« aus, die Demokraten verzeichnen sogar Stimmenzuwächse. Verlierer ist NEWT GINGRICH (*1943), der republikanische *Speaker* des Repräsentantenhauses und eigentliche Gegenspieler des Präsidenten. Er legt sein Amt nieder und nimmt auch das Kongressmandat nicht an.

22. Nov. Die US-Tabakindustrie verpflichtet sich zur Zahlung von 206 Mrd. US-$. Sie entgeht damit den Klagen auf Ersatz für die öffentlichen Gesundheitsleistungen zur Behandlung von Raucherkrankheiten.

1999, 7. Jan. Beginn des Impeachment-Prozesses gegen Präsident CLINTON. Vorwürfe sind Meineid und Behinderung der Justiz. Der **Antrag auf Amtsenthebung scheitert** in der Schlussabstimmung im Senat am 12. Febr., da die erforderliche Zweidrittelmehrheit nicht zustande kommt.

April/Mai Bei den Luftschlägen gegen Jugoslawien während der Kosovo-Krieges trägt die US-Luftwaffe mit 769 Maschinen die Hauptlast.

23. Juni Der Senat beschließt die Wiederaufnahme von Zahlungen an die UNO.

Unipolare Weltordnung und »American Empire«

An der Jahrtausendwende scheinen die USA militärisch auf absehbare Zeit so gut wie unverwundbar zu sein. Nur sie sind in der Lage, mit ihren modernen Streitkräften und Waffen an nahezu jedem Ort der Welt militärische Präsenz zu zeigen, wenn sie es aus Gründen der eigenen nationalen Sicherheit für geboten halten. Als besonders gefährlich werden Staaten wie Iran, Irak, Libyen und Nordkorea wahrgenommen, die in der Lage sind Massenvernichtungswaffen zu entwickeln oder zu beschaffen. Die drei erst genannten Länder stellen aus US-Sicht auch deshalb eine Bedrohung dar, weil sie den Zugang zu wichtigen Rohstoffquellen sperren können und weil sie – zusammen mit Syrien und dem Sudan – anti-westliche fundamentalistische Bewegungen in der islamischen Welt unterstützen. Die USA verfolgen eine **im hohen Maße unilaterale Politik**, die sich u. a. in Handelssanktionen gegen Länder wie Kuba, Libyen und Iran ausdrückt. Eine neue außenpolitische Strategie ist jedoch auch zu Beginn des 21. Jh.s nur in Umrissen erkennbar.

Präsidentenwahlen USA 2000

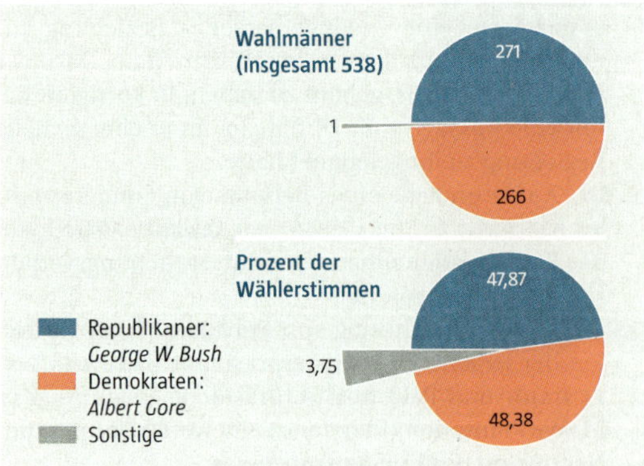

2000, 10. Jan. In der bislang größten Fusion der Industriegeschichte schließen sich die Medienfirmen AOL und TimeWarner zusammen. Der Börsenwert des neuen Konzerns wird auf 250 Mrd. US-$ geschätzt.

7. Nov. Bei den Präsidentenwahlen siegt der Republikaner **GEORGE WALKER BUSH** (*1946), Sohn des früheren Präsidenten GEORGE BUSH und Gouverneur von Texas, mit 271 Wahlmännerstimmen (von 538) über den Demokraten AL GORE (267 Stimmen). Das Ergebnis wird allerdings erst nach erbittertem juristischen Tauziehen um das bei der Wahl angerichtete Auszählchaos mit einem Spruch des Obersten Gerichtshofes mit 5 zu 4 Stimmen vom 12. Dez. gültig. Die Republikaner erzielen im Repräsentantenhaus eine knappe Mehrheit (221:212), im Senat erringen sie einen Sitz mehr als die Demokraten. Vizepräsident wird RICHARD (DICK) CHENEY (*1941).
Wie für CLINTON, so spielt auch für BUSH Außenpolitik zunächst eine untergeordnete Rolle. Er kümmert sich in seinen ersten Amtsmonaten v. a. um sein Steuersenkungsprogramm und die Bildungsreform. In der Außenpolitik gewinnen jene Fragen an Bedeutung, deren innenpolitische Relevanz hoch ist, z. B. Mexiko.

2001, 13. März Die Regierung **steigt aus dem Klimaschutz-Protokoll von Kyoto aus.** Als Begründung verweist sie auf die nationale Energiekrise.

April/Mai Der geplante Bau einer »Nationalen Raketenabwehr« (NMD) wird zur zentralen verteidigungspolitischen Initiative der Bush-Regierung erklärt. Sie soll die USA vor Angriffen mit Interkontinentalraketen durch »Schurkenstaaten« wie Nordkorea schützen. NMD belastet die Beziehungen zu Europa, Russland und China erheblich, weil diese darin eine Unterminierung des ABM-Vertrags sehen und einen neuen Rüstungswettlauf befürchten.

24. Mai Die Republikaner verlieren nach dem Austritt eines Senators aus der Partei ihre Senatsmehrheit.

11. Juni Die Bush-Regierung lehnt die Einrichtung eines permanenten Internationalen Strafgerichtshofs ab.

11. Sept. **Islamistische Terroristen kapern vier Passagierflugzeuge** und lenken sie als fliegende Bomben in Büro- und Verwaltungsgebäude der USA. Eines trifft das **Pentagon** in Washington (189 Tote), eines stürzt bei Pittsburgh nach der Gegenwehr von Passagieren ab (40 Tote), zwei weitere treffen das **World Trade Center** in New York (2774 Tote). Als Drahtzieher der Anschläge gilt der saudische Exilpolitiker und Geschäftsmann OSAMA BIN LADEN mit seinem in Afghanistan ansässigen al-Qaida-Netzwerk. Die amerikanische Diplomatie wirbt in den folgenden Wochen für eine weltweite Allianz gegen den Terror.

Der Krieg gegen den Terrorismus

Die Terroranschläge des 11. Sept. und der damit empfundene Verlust der Unverwundbarkeit lösen einen **tiefen psychologischen Schock** aus. Politiker, Öffentlichkeit und Medien in den USA sehen in den Anschlägen nicht primär einen terroristischen Akt, sondern vielmehr eine Kriegserklärung islamistischer Fundamentalisten. Die USA ändern ihre außenpolitische Strategie radikal. An die Stelle einer eher zurückhaltenden und zögernden Politik tritt eine proaktive Außenpolitik, die sich ganz dem Ziel der Bekämpfung des internationalen Terrorismus widmet und auch vorbeugende Kriegsführung nicht mehr ausschließt. Die USA definieren auch das Verhältnis zu den weltpolitischen Partnern und Rivalen neu, was die **Struktur der internationalen Beziehungen fundamental verändert**. Dabei können die USA zunächst auf die Unterstützung der Weltgemeinschaft bauen. EU und UNO sichern Washington ihre Solidarität bei der Bekämpfung des internationalen Terrorismus zu. Die NATO aktiviert zum ersten Mal in ihrer Geschichte Artikel 5 des Washingtoner Vertrags, der den Angriff auf ein Mitglied als Angriff auf die gesamte Allianz definiert. Kooperationsangebote des russischen Präsidenten PUTIN umfassen selbst die Tolerierung amerikanischer Basen in den ehemaligen asiatischen Sowjetrepubliken und tragen zu einem vorübergehenden Aufbau einer strategischen Partnerschaft zwischen Washington und Moskau bei. Die außenpolitische Neuorientierung fasst Präsident BUSH am 29. Jan. 2002 in seiner Rede zur Lage der Nation zusammen. Darin definiert er nicht nur eine »Achse des Bösen« (*axis of evil*), sondern er führt den **Antiterrorkrieg auch in seine nächste Phase**. In einer deutlichen Ausweitung der bisherigen Mission erklärt BUSH die globale Ausrottung des Terrors zum Ziel amerikanischer Außen- und Sicherheitspolitik, zu deren Erreichung er maximale internationale Handlungsfreiheit reklamiert.

7. Okt. Da das Taliban-Regime in **Afghanistan** sich weigert, OSAMA BIN LADEN auszuliefern, beginnen die **USA mit einer Luftoffensive** gegen das Land.

13. Dez. Die USA steigen aus dem 1972 mit der damaligen Sowjetunion geschlossenen ABM-Vertrag aus.

2002, 29. Jan. Präsident BUSH spricht von einer **»Achse des Bösen«**, die den Weltfrieden durch das Horten von Massenvernichtungswaffen bedrohe.

26. Juni Die Telefongesellschaft WorldCom gibt Bilanzfälschungen in Milliardenhöhe zu. Das Unternehmen meldet am 22. Juli Insolvenz an – die größte Pleite in der amerikanischen Wirtschaftsgeschichte.

14. Aug. Über 600 amerikanische Unternehmen haben den von der Börsenaufsicht SEC (*Securities and Exchange Commission*) geforderten Eid für die Richtigkeit ihrer Bilanzen abgegeben.

15. Aug. Mehr als 600 Angehörige von Opfern des Angriffs vom 11. Sept. erheben bei einem Bezirksgericht in Washington Schadensersatzklage über mindestens 365 Mrd. US-$ gegen mehrere saudische Familien, die sie der Beihilfe zu den Anschlägen beschuldigen.

12. Sept. Vor der UN-Vollversammlung fordert Präsident BUSH den Irak ultimativ zum Verzicht auf Massenvernichtungswaffen und zur Beendigung der Unterstützung des internationalen Terrorismus auf.

Mitte Sept. Die neue »Nationale Sicherheitsstrategie der USA« wird verkündet, die den **Erhalt der militärischen Übermacht der USA** vorsieht und aktiv gegen »Schurkenstaaten« vorgeht. Die »Bush-Doktrin« zielt auf die Schaffung einer internationalen Struktur, in der amerikanische Normen universell gelten und in der die USA das Recht haben, diese auch im Alleingang durchzusetzen. Viele Verbündete, v. a. die Kontinentaleuropäer, lehnen diese neue »Pax Americana« ab.

1. Okt. Die USA fordern neben den UN-Experten im Irak den Einsatz eigener Waffeninspektoren und freien Zugang zu den Palästen von SADDAM HUSSEIN.

10./11. Okt. Abgeordnetenhaus und Senat erteilen Präsident BUSH die **Vollmacht für einen Krieg gegen den Irak**.

5. Nov. Bei den Wahlen zum Kongress behaupten die Republikaner ihre Mehrheit im Repräsentantenhaus und gewinnen die Mehrheit im Senat zurück.

25. Nov. Präsident BUSH unterschreibt ein Gesetz über ein neues Ministerium für Heimatschutz.

7. Dez. BUSH gibt bekannt, dass die USA mit **dem Aufbau des Raketenabwehrsystems (NMD)** beginnen werden.

22. Dez. Verteidigungsminister DONALD RUMSFELD (*1932) spricht im Zusammenhang mit der Gegnerschaft, die ein Angriff auf den Irak in Europa findet, vom »alten Europa«, das einem »neuen« zu weichen habe.

2003, Jan.–März In drei Berichten der Leiter der Inspektorenteams im Irak an den UNO-Sicherheitsrat bleibt umstritten, inwieweit Bagdad seine Verpflichtungen im Rahmen des Atomwaffensperrvertrages und der Waffenstillstandsvereinbarung von 1991 (Resolution 1441) erfüllt. Trotz intensiver Bemühungen gelingt es den USA und Großbritannien nicht, den UNO-Sicherheitsrat davon zu überzeugen, dass der Irak seinen Abrüstungsauflagen nicht nachgekommen ist und von dem Land eine unmittelbare Gefahr ausgehe, die einen Militärschlag erfordert. Die Auseinandersetzungen über diese Frage belasten die transatlantischen Beziehungen und **gefährden den Zusammenhalt von NATO und EU**. In den USA und in Europa finden große Friedensdemonstrationen statt.

18. März Präsident BUSH stellt SADDAM HUSSEIN nach einem Dreiergipfel mit den britischen Premierminister TONY BLAIR und dem spanischen Ministerpräsidenten JOSÉ MARÍA AZNAR auf den Azoren ein Ultimatum: Entweder er verlasse das Land binnen 48 Stunden oder es werde zu einem Militärschlag kommen.

20. März Die seit Monaten in der Golfregion aufmarschierten Truppen der USA, Großbritanniens und Australiens **beginnen den Krieg gegen den Irak** ohne UN-Mandat. Die Mehrheit der Mitglieder des Sicherheitsrats und die große Mehrheit der Völkerrechtler halten den Krieg zur Entwaffnung des Irak für unzulässig.

2. Mai Präsident BUSH erklärt die Kampfhandlungen gegen den Irak für weitgehend beendet. Ein Ende der US-Militärpräsenz ist wegen der instabilen Verhältnisse jedoch unabsehbar.

23. Mai Der Kongress verabschiedet eine abgeschwächte Fassung des von der Regierung im Jan. vorgelegten Konjunkturprogramms. Vorgesehen sind danach Steuererleichterungen in Höhe von 350 Mrd. US-$ (verteilt auf 10 Jahre) und eine Reduzierung der Dividendensteuer auf 15 %.

7. Okt. Der österreichisch-amerikanische Filmschauspieler ARNOLD SCHWARZENEGGER (*1947) gewinnt die Wahl zum Gouverneur von Kalifornien.

8. Dez. Präsident BUSH unterzeichnet das Gesetz zur **Reform des Gesundheitswesens**, das v. a. Rentnern und Sozialhilfeempfängern eine bessere Versorgung ermöglichen soll.

2004, April Außenminister COLIN POWELL (*1937) räumt ein, bei seiner Darstellung der Bedrohung durch den Irak vor dem UN-Sicherheitsrat von nicht ausreichend gesicherten Fakten ausgegangen zu sein.

Mai Die Veröffentlichung von Fotos, die die Folterung irakischer Gefangener durch US-Soldaten im Gefängnis Abu Ghraib zeigen, sorgt für weltweite Empörung.

3. Juni Wegen anhaltender Kritik an Falschinformationen tritt CIA-Direktor GEORGE TENET (*1953) zurück.

28. Juni Der **Oberste Gerichtshof rügt die Praxis der Regierung**, unter Terrorverdacht Festgenommene auf dem exterritorialen Stützpunkt **Guantánamo** (Kuba) ohne Anwalt, rechtliches Gehör und ordentlichen Prozess auf unbestimmte Zeit festzuhalten.

22. Juli Die zur Untersuchung der Terroranschläge vom 11. Sept. 2001 eingesetzte Kommission veröffentlicht ihren Abschlussbericht. Darin wird u. a. den US-Geheimdiensten ein schlechtes Zeugnis ausgestellt.

2. Nov. Amtsinhaber BUSH gewinnt die Präsidentschaftswahl gegen den demokratischen Herausforderer, Senator JOHN E. KERRY (*1943). Außenminister POWELL, der schon im Nov. seinen Rücktritt erklärt hatte, wird durch CONDOLEEZZA RICE (*1954) ersetzt.

2005, Jan. In der Ansprache bei seiner zweiten Amtseinsetzung erklärt BUSH, dass es nun die Politik der USA wäre, Tyranneien auf der Welt zu beenden und dass das Überleben der amerikanischen Freiheit von der Freiheit jedes anderen Landes abhinge.

Irakkrieg

Der Irak ist das bestimmende Thema der zweiten Amtszeit BUSHS. Mit Unterstützung der USA und Großbritanniens wird für den Irak eine Übergangsverfassung verabschiedet, deren Ziel es ist, einen föderalen demokratischen Staat zu bilden. Anfang Jan. 2005 wählen die Iraker eine Übergangsregierung und im Okt. stimmen sie über eine neue Verfassung ab. Seit dem offiziellen Ende der Kampfhandlungen kommt es im Irak zu ständigen terroristischen Angriffen und seit 2006 zu bürgerkriegsähnlichen Zuständen mit Kämpfen zwischen Schiiten und Sunniten. Seit Kriegsende sind zehntausende Iraker und knapp 4000 (Anfang) US-Soldaten getötet worden. BUSHS Politik ändert sich dadurch nicht, die demokratische Opposition kann sich nicht auf einen gemeinsamen Alternativvorschlag einigen. Allerdings wächst in Anbetracht der wachsenden Ausgaben für den Krieg, der getöteten Amerikaner und der dadurch erzwungenen militärischen Handlungsunfähigkeit in anderen Konflikten wie mit Iran oder Nordkorea, die Kritik.

Präsidentenwahlen USA 2004

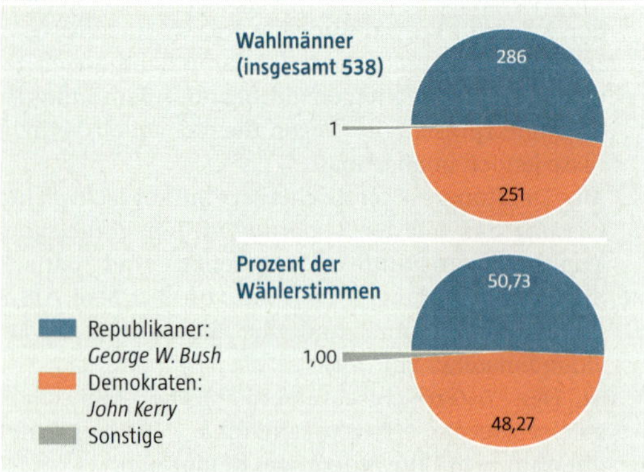

29. Aug. Hurrikan »Katrina« trifft auf die Südküste der USA und löst eine der verheerendsten Naturkatastrophen in der Geschichte der USA aus. New Orleans, die nur unzureichend auf die Naturkatastrophe vorbereitet war, wird überflutet. Über 1800 Menschen sterben, der Sturm richtet Sachschäden im Wert von 81 Mrd. Dollar an. Präsident BUSH wird von den Medien und den Überlebenden der Katastrophe wegen fehlender Notfallplanung heftig kritisiert.

2006 In der Debatte um das Aufenthaltsrecht illegaler hispanischer (meist mexikanischer) Einwanderer nimmt BUSH eine eher liberale Haltung ein und befürwortet erleichterte Aufenthaltsbedingungen für bereits im Inland befindliche Einwanderer, überwiegend mit dem Hinweis, dass die USA traditionelles Einwanderungsland sind.

Okt. BUSH unterzeichnet ein Gesetz zum Ausbau der Grenze zu Mexiko, was die mexikanische Regierung massiv kritisiert.

7. Nov. Bei den Kongresswahlen erleiden die Republikaner eine Niederlage und verlieren die Mehrheit im Repräsentantenhaus und im Senat. Das bestimmende Thema der Wahlen ist der Irakkrieg. Nach der Wahl tritt Verteidigungsminister RUMSFELD zurück.

6. Dez. Eine vom Kongress eingesetzte Kommission legt ihre Vorschläge für eine neue Strategie im Irak vor, die einen Abzug aller Kampftruppen aus dem Irak bis 2008 enthalten. Die demokratische Opposition fordert danach eine Änderung der Strategie mit Abzug der amerikanischen Truppen.

2007, 11. Jan. Präsident BUSH stellt seine neue Irak-Strategie vor: Diese lässt die Vorschläge der Kommission und die Forderungen der Opposition unberücksichtigt und beinhaltet die Entsendung von 21 000 weiteren Soldaten zwecks Befriedung der Situation mit anschließendem Abzug, sobald die irakische Regierung alleine in der Lage ist, für Stabilität zu sorgen.

Herbst, 2008, Winter Nachdem zahlreiche Schuldner von Immobilienkrediten ihre Kredite nicht mehr begleichen können und viele Banken Abschreibungen in Höhe von mehreren Milliarden US-Dollar vornehmen müssen, verschärft sich die Krise der amerikanischen Wirtschaft.

4. März Aus den Vorwahlen für die Präsidentschaftswahlen am 4. Nov. geht bei den Republikanern JOHN SIDNEY MCCAIN (*1936) als Sieger hervor. Bei den Demokraten liefern sich BARACK OBAMA (*1961) und HILLARY CLINTON (*1947), Ehefrau des Expräsidenten BILL CLINTON, ein Kopf-an-Kopf-Rennen.

Lateinamerika seit 1945

Nach dem Zweiten Weltkrieg wird die Entwicklung Lateinamerikas insgesamt von großer Dynamik, wirtschaftlichem Wachstum und gesellschaftlichem Wandel geprägt. Sie leidet aber auch unter erheblichen **Schwankungen des Entwicklungsprozesses** und immer **wiederkehrenden politischen Krisen**. Gerade in den Problembereichen, der traditionell großen sozialen Ungleichheit und weitgehend fehlenden Rechtssicherheit, ändern sich die Strukturen nicht wesentlich. Lateinamerika bleibt weltweit der Kontinent mit dem höchsten Maß an Ungleichheit in Einkommen und Vermögen. Global liegt Lateinamerika in seinen Standards (Bildung, Lebenserwartung, Infrastruktur) im internationalen Mittelfeld: Trotz zeitweise spektakulärer wirtschaftlicher Wachstumsschübe lassen die regelmäßig ausbrechenden (Verteilungs-)Krisen und Inflationswellen **keine Lösung des sozialen Problems durch anhaltendes Wachstum** zu. Andererseits kann, trotz zahlreicher Staatskrisen (wie Militärputsche, Bürger- und Guerillakriege, »Revolutionen«), nicht wie in Afrika von *failed states* gesprochen werden – mit Ausnahme Haitis. Die **traditionellen Machtstrukturen** erweisen sich in den meisten Ländern als erstaunlich **resistent**. Nur in Kuba kommt es nach der Revolution von 1959 zu einem vollständigen System- und Elitenwechsel.

Eine Wertung der Erfolge und Fehlschläge in der politischen und wirtschaftlichen Entwicklung muss das **hohe Bevölkerungswachstum** nach 1950 berücksichtigen: Die Bevölkerung Lateinamerikas und der Karibik wächst von 167 Mio. Einwohnern 1950 auf 522 Mio. 2000, verdreifacht sich also. Während sich in Argentinien die Einwohnerzahl nur verdoppelt (von 17 auf 36 Mio.), vervierfacht sie sich z. B. in Mexiko (von 27 auf 99 Mio.), verfünffacht sich fast in Venezuela (von 5 Mio. auf ca. 24 Mio.). Zum natürlichen Bevölkerungswachstum kommen Migrationsströme. **Landflucht** erzeugt einen **rasanten Urbanisierungsprozess** mit bisher unbekannten Megastädten (Mexiko-Stadt, Lima, Buenos Aires, São Paulo, Rio de Janeiro). Dazu wandelt sich das bisherige Einwanderungsziel Lateinamerika zum **Auswanderungsgebiet**, das Millionen meist junger, oft überdurchschnittlich ausgebildeter Bürger in die USA und nach Europa »exportiert«.

Politische Entwicklungen

Politisch ist eine nachhaltige Ausweitung der Partizipation (Gewährung des Wahlrechts jenseits von ethnischen, Vermögens- oder Bildungskriterien; Wahlrecht für Frauen) und die **prinzipielle Durchsetzung der Demokratie** als Regierungssystem zu verzeichnen.

Das **Militär fügt sich** seit den 1980er-Jahren weitgehend **in seine verfassungsmäßige Rolle**, nachdem es sich in den Nachkriegsjahrzehnten noch oft zum »Retter der Nation« aufgeschwungen hat. In den 1950er-Jahren gibt es noch personalistische Diktaturen, abgelöst von zivilen Kräften demokratischer Reformpolitik. Nach 1960 hat es zunächst den Anschein, als würden sich diese zivilen Kräfte (wie in Venezuela, Chile, Kolumbien, Peru etc.) durchsetzen; die USA unterstützen sie im Rahmen der »Allianz für den Fortschritt« – v. a., um der Herausforderung der kubanischen Revolution entgegenzutreten. Trotz mehrerer Wellen von Militärputschen, v. a. in den 1960er- und 1970er-Jahren, die vom Kalten Krieg, dem Ost-West-Konflikt und den von Kuba gesteuerten Guerillaaktivitäten begünstigt bzw. damit gerechtfertigt werden und denen oft die US-»Doktrin der nationalen Sicherheit« zugrunde liegt, muss sich nach den Wirtschaftskrisen der 1980er- und 1990er-Jahre das Militär überall aus der direkten politischen Verantwortung zurückziehen. Heute besteht ein Junktim zwischen demokratischer Legitimierung und Entwicklungshilfe, die OAS (Organisation Amerikanischer Staaten) verurteilt politische Diktaturen.

Mitte und Ende der 80er-Jahre ist der Weg zur Demokratie auch in Lateinamerika ein wichtiger Entwicklungsaspekt: So kehrt Chile mit der Vereidigung von Präsident Patricio Aylwin Azócar im März 1990 zu demokratischen Verhältnissen zurück. Nicaraguas Entwicklung nimmt durch freie Wahlen im Febr. 1990 und den Amtsantritt der neuen Präsidentin Violeta Barrios de Chamorro eine neue Wendung. Wichtig werden neue **ethnisch fundierte politische Gruppen** im Andenraum, aber auch in Mittelamerika, die das traditionelle Parteiensystem infrage stellen.

Es bleibt die personalistische Herrschaftsform des Präsidialregimes. Die meist labilen Parteiensysteme sind oft von populistischen Bewegungen bedroht. Trotz dieser Strukturmängel sind 2008 in allen Staaten Lateinamerikas und der Karibik – außer Kuba – durch demokratische Wahlen legitimierte Regime an der Macht.

Wirtschaftsentwicklungen

Wirtschaftlich bleibt die **Bilanz** Lateinamerikas über die letzten Jahrzehnte **unbefriedigend**: Phasen spektakulären Wachstums in einigen Ländern (Mexiko, Brasilien, Chile) stehen tiefen Krisen und Jahre der Stagnation gegenüber. Keine Volkswirtschaft kann nach 1950 zur industrialisierten Welt aufschließen. Manche stagnieren über Jahrzehnte (Argentinien), andere fallen im internationalen wie kontinentalen Vergleich spektakulär zurück (Bolivien, Nicaragua, Haiti). Zur weiteren Ausdifferenzierung **zwischen den Staaten** kommen **wachsende interne Ungleichheiten**. Während Mexiko durch den Beitritt zu OECD und NAFTA (Nordamerikanische Freihandelszone) 1994 zur Ersten Welt gehören will, verbleibt der Süden auf Drittwelt-Niveau. Brasilien wird zum Exporteur von Industrieprodukten, aber viele Länder des Kontinents behalten die Exportstrukturen des 19. Jh.s.

Die Wirtschaften Lateinamerikas sind heute immer noch **überwiegend als Rohstoffexporteure** nach außen orientiert. Zwar löst nach der Weltwirtschaftskrise 1929 bzw. spätestens durch die Doktrin der CEPAL (Wirtschaftskommission für Lateinamerika und die Karibik) nach dem Zweiten Weltkrieg das Programm eines binnenzentrierten Wachstums (»Entwicklung nach innen«) die traditionelle »Entwicklung nach außen« ab, doch erst nach den beiden Ölkrisen (1973/79) und durch die fast alle Länder Lateinamerikas tangierende Verschuldungskrise von 1982 müssen viele **Volkswirtschaften** ihre **Binnenmärkte öffnen und die Wirtschaft deregulieren**. Teilweise traumatische Erfahrungen mit den aufgenötigten Privatisierungsprozessen der 1980er- und 1990er-Jahre (Ablösung staatlicher Monopole durch private; weitere Konzentration des Reichtums) provozieren seit Ende der 1990er-Jahre bei den Wahlen einen **»Linksruck«**, der die Rolle des Staates in der Wirtschaft wieder stärkt. Das historische Versagen des lateinamerikanischen Staates in seinen originären Aufgaben lässt diese erneute Wende allerdings wenig erfolgversprechend erscheinen.

Die **Gewerkschaften** verlieren durch den Rückgang der Industriearbeiter (Deindustrialisierung infolge der Marktöffnung) an Organisationsmacht und politischem Einfluss. Auch die Ausweitung des informellen Sektors in fast allen Ländern Lateinamerikas schwächt sie.

Regionale Zusammenarbeit

Die **politische und wirtschaftliche Kooperation innerhalb Lateinamerikas** wird seit den 1960er-Jahren vorangetrieben, wobei die Entwicklung der Europäischen Gemeinschaft (EG) bzw. der Europäischen Union (EU) als Vorbild dient: 1960 Gründung der »Lateinamerikanischen Freihandelsvereinigung« (*Asociación Latinoamericana de Libre Comercio*; ALALC) mit Sitz in Montevideo und des »Gemeinsamen Zentralamerikanischen Marktes« (*Mercado Común Centroamericano*; MCCA). Da jedoch die Staaten Lateinamerikas nicht dazu bereit sind, Souveränität abzutreten, stoßen die Versuche der Zusammenarbeit immer wieder an Grenzen. Dazu leidet die ALALC seit ihrer Gründung unter bürokratischen Fehlentwicklungen und schwerwiegenden Krisen; v. a. fällt das erzielte Ergebnis für einzelne Staaten sehr unterschiedlich aus. 1980 wird sie von der »Lateinamerikanischen Integrationsvereinigung« (*Asociación Latinoamericana de Integración*; ALADI) als Rechtsnachfolger abgelöst, die flexible Liberalisierung anstrebt.

Der Andenpakt geht auf die »Deklaration von Bogotá« (1966) zurück, die subregionale Abkommen zwischen den kleineren und mittleren Ländern einerseits und einem der größeren Staaten der ALALC andererseits vorschlägt. Offiziell gegründet wird er 1969 in Cartagena de Indias (*Acuerdo de Cartagena*, Kolumbien) von Chile, Peru, Bolivien, Kolumbien, Ecuador (Beitritt Venezuelas 1973). Der Andenpakt soll eine Umstrukturierung der ALALC herbeiführen. Zu den Hauptproblemen gehören vielfältige **Infrastrukturprobleme** (Entfernungen, Bodenverhältnisse, unterschiedliche Bevölkerungsdichte, ungenügende Hafenkapazitäten), **strukturelle Heterogenität der wirtschaftlichen und politischen Systeme** in den einzelnen Mitgliedsstaaten. Um 1995 konstituiert sich der Andenpakt nach Änderungen in der Mitgliedschaft neu als »Staatengemeinschaft der Anden« (*Comunidad Andina de Naciones*, CAN).

In der Karibik beginnt der Integrationsprozess mit dem Vertrag von St. John's (1968) als Freihandelsvereinigung (*Caribbean Free Trade Association*; CARIFTA), 1973 durch den Vertrag von Chaguaramas zur Wirt-

Die Organe der Organisation der Amerikanischen Staaten

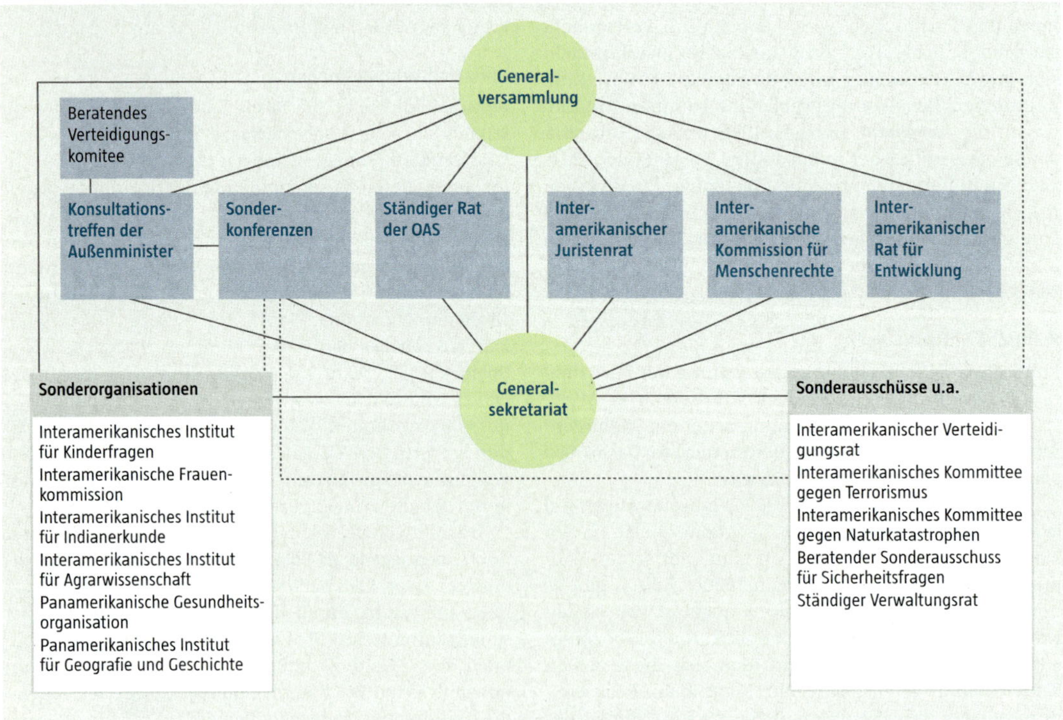

schaftsgemeinschaft (*Caribbean Communtiy and Common Market*; CARICOM) umgewandelt. Neben Guyana gehören zum Integrationsraum CARIFTA/CARICOM mehrere Inselstaaten.

Auf Initiative Mexikos und Venezuelas wird im Okt. 1975 die **gesamtlateinamerikanische Wirtschaftsorganisation** *Sistema Económico Latinoamericano* (SELA) mit Sitz in Caracas gegründet zur gegenseitigen Konsultation, Koordinierung und Zusammenarbeit im wirtschafts- und sozialpolitischen Bereich sowie zur Wahrung gemeinsamer Interessen. In den 90er-Jahren intensivieren die Staaten Lateinamerikas ihre wirtschaftliche Zusammenarbeit: 1995 tritt der »Gemeinsame Markt des Südens Lateinamerikas« (*Mercado Común del Sur*; Mercosur) zwischen Argentinien, Brasilien, Paraguay und Uruguay in Kraft, während sich die zentralamerikanischen Staaten im »Sekretariat für Zentralamerikanische Wirtschaftsintegration« (*Secretariá de Intergración Económica Centroamericana*; SIECA) zusammenschließen.

Der Versuch der USA, nach der Einbindung Mexikos in die NAFTA 1994 auch eine gesamtamerikanische Freihandelszone (*Free Trade Area of the Americas*, FTAA; spanisch: ALCA) zu schaffen, scheitert am Widerstand Brasiliens und Venezuelas beim Gipfeltreffen der Regierungschefs aus Nord- und Südamerika in Mar del Plata im Nov. 2005. Doch auch die **»bolivarische Alternative«** von Venezuelas Präsident Hugo Chávez, ALBA (*Alternativa Bolivariana para las Américas*), hat kaum Erfolgsaussichten, den Kontinent zu einen. Gegen einen im Süden wachsende Anti-Amerikanismus wollen die USA Zentralamerika durch die Freihandelszone CAFTA (*Central American Free Trade Agreement*) einbinden und setzten ansonsten auf bilaterale Freihandelsverträge.

Der Vertrag von Tlatelolco vom 14. Febr. 1967, seit 2002 von allen 33 Staaten Lateinamerikas und der Karibik ratifiziert, erklärt Lateinamerika und die Karibik zur kernwaffenfreien Zone und verbietet die Herstellung, den Besitz und das Testen von Atomwaffen.

Zwischenstaatliche Konflikte und Interventionen

Im zwischenstaatlichen Bereich sind in Lateinamerika die meisten historischen Konfliktfälle geklärt oder unter Kontrolle. Dennoch gibt es immer wieder auch **militärische Auseinandersetzungen** um strittige Grenzzonen, so den kurzen »Fußballkrieg« zwischen Honduras und El Salvador 1969, den Grenzkonflikt Argentinien-Chile 1978/79, Kämpfe zwischen Peru und Ecuador 1995 im Amazonasgebiet. Der einzige wirkliche Krieg findet um die Falklands (Malvinas) statt, als Großbritannien 1982 die Inseln nach deren Besetzung durch Argentinien zurückerobert. Allerdings schlummern viele Konflikte nur, teils seit der Kolonialzeit, die sich bei politischer Opportunität leicht »aktivieren« lassen, z. B. die Grenzziehung zwischen Venezuela und Guyana im Essequibo-Gebiet.

Auch innenpolitische Konflikte gewinnen außenpolitische Dimensionen: So greifen die USA u. a. in Guatemala 1954 und Chile 1973 »verdeckt« ein. Seit der sandinistischen Revolution in Nicaragua (1979) ist Mittelamerika bis Anfang der 1990er-Jahre permanenter Krisenherd. Die USA setzen verschiedene Regime unter Druck und dämmen mit Geld, Waffen und Militärberatern die revolutionären Kräfte ein. Offen intervenieren sie in der Dominikanischen Republik 1965, Grenada 1983 und Panama 1989.

Für die USA treten seit Beendigung der Guerillaaktivitäten in Mittelamerika und nach Eindämmung der Schuldenkrise durch Weltbank und Internationalen Währungsfonds (IWF) der **internationale Rauschgifthandel** und der **Drogenanbau** in Lateinamerika als Sicherheitsprobleme in den Vordergrund.

Gesellschaftliche Entwicklungen

Die **Menschenrechtsfrage** wird durch Interventionen der USA und den Charakter der von ihnen unterstützten Diktaturen zum Thema der internationalen Politik: Die Verleihung des Friedensnobelpreises 1980 an den Argentinier Adolfo Pérez Esquivel und 1992 die guatemaltekische Menschenrechtlerin Rigoberta Menchú Tum spiegelt diese Konflikte wider. Bemühungen um Frieden und Demokratie in Lateinamerika gewinnen weitere internationale Unterstützung; auch der Präsident Costa Ricas, Óscar Arias Sánchez, erhält 1987 den Friedensnobelpreis.

Die **Katholische Kirche** erlebt interne Konflikte (Theologie der Befreiung, Basisgemeinden) und kämpft mit chronischem Priestermangel, worüber auch seit 1968 häufige Besuche der Päpste Paul VI. (1963–1978), Johannes Paul II. (1978–2005) und Benedikt XVI. (seit 2005) auf dem »katholischen Kontinent« nicht hinwegtäuschen können. Viele katholische Gläubige in Mittelamerika, im Andenraum und in Brasilien wechseln zu evangelikalen Glaubensgemeinschaften. Die Katholische Kirche trat aber unter den Diktaturen (überwiegend) für die Respektierung der demokratischen und sozialen Grundrechte ein, scheute auch so in Argentinien, Brasilien und Chile nicht die offene Konfrontation mit den Regierungen.

Während die politische Gewalt abnimmt, werden die Gesellschaften Lateinamerikas derzeit durch eine Welle der Gewaltkriminalität heimgesucht. In Kolumbien, Mexiko und Brasilien nehmen Einfluss und Aktivitäten der **Drogenkartelle** potenziell staatsgefährdende Ausmaße an. Erfolge der Bekämpfung bleiben gering, solange die sozialen Probleme in den Anbau- und Durchgangsländern ungelöst sind und die Zusammenarbeit zwischen Anbau- und Konsumentenländern nicht funktioniert.

Seit Ende der 1980er-Jahre werden auch die ökologischen Probleme Lateinamerikas weltweit wahrgenommen, allerdings von außen wesentlich deutlicher als innerhalb Lateinamerikas. Die UN-Umweltkonferenz 1992 in Rio de Janeiro trägt hierzu bei. Für die **Erhaltung des Regenwaldes** am Amazonas gibt es Hilfsprogramme auf der ganzen Welt, von der Überprüfung von Krediten nach ökologischen Kriterien bis zum Einfuhrstopp für Tropenhölzer.

Mexiko seit 1946 | Forts. v. S. 1319 |

Zu den Merkmalen der mexikanischen Entwicklung seit dem Zweiten Weltkrieg gehört bis Ende der 1970er-Jahre das Nebeneinander von hoher politischer Stabilität und – jeweils nur kurz von Krisen unterbrochener – wirtschaftlicher Dynamik: Der 1929 gegründete *Partido Revolucionario Institucional* (PRI), bis 1946 *Partido Nacional Revolucionario* (PNR), herrscht bis 2000. Die jeweiligen Präsidenten »benennen« ihre Nachfolger, Wahlergebnisse der PRI-Kandidaten bei den »Präsidentschaftswahlen« liegen bis 1976 um die 90 %. Einzige Oppositionspartei von einiger Bedeutung ist bis in die 1980er-Jahre der konservativ-katholische *Partido Acción Nacional* (PAN). Erst zur Wahl 1988 bildet sich, durch Abspaltung vom PRI, auch eine relevante linke Opposition.

In Mexikos Wirtschaftsstruktur dominiert trotz fortschreitender Industrialisierung noch lange der Agrarsektor in seiner Beschäftigungswirkung und dem politischen und symbolischen Gewicht der Agrarfrage. Die bereits in der Revolutionsverfassung von 1917 verankerte Agrarreform mit umfangreichem Umverteilungsprogramm wurde allerdings nie konsequent vollendet. Der Staat bleibt in der Wirtschaft bis zur »Öffnungspolitik« 1985 entscheidend für die Investitionsschwerpunkte. Die Dynamik des wirtschaftlichen Wachstumsprozesses seit 1940 mit gesamtwirtschaftlichen Wachstumsraten von (durchschnittlich) über 6 % pro Jahr (bei einem Bevölkerungswachstum von ca. 3 %) tragen maßgeblich eine beschleunigte Industrialisierung und deutliche Binnenmarktorientierung. Der Erdölboom der 1970er-Jahre hilft diesem System der Importsubstitution nochmals für kurze Zeit aus der Krise. Erst die internationale Verschuldungskrise 1982 erzwingt das Ende dieser Entwicklungspolitik.

1946–1952 Nach den Revolutionsgenerälen ist Präsident MIGUEL ALEMÁN VALDÉS (*1903, †1983) der erste einer Reihe ziviler PRI-Präsidenten. Er stärkt die Wirtschaft durch eine dezidierte **Industrialisierungspolitik**. Zugleich erreicht jedoch die Korruption der öffentlichen Verwaltung ein hohes Ausmaß.

1952–1958 Mit dem Grundübel allseitiger Bestechlichkeit versucht Präsident ADOLFO RUIZ CORTINES (*1891, †1973) aufzuräumen. In erster Linie bereitet er den Boden für ein weiterhin erfolgreiches Wirtschaftswachstum (durchschnittlich 6,5 %). Infrastrukturelle Maßnahmen lockern die bedenkliche räumliche Wirtschaftskonzentration (v. a. in Mexiko-Stadt, Guadalajara, Monterrey) auf. Um die Zahlungsbilanz zu entlasten, öffnet er das Land dem Tourismus; Einnahmen aus dem Dienstleistungssektor sollen die traditionell negative Handelsbilanz Mexikos ausgleichen.

1958–1964 Präsident ADOLFO LÓPEZ MATEOS (*1910, †1969) treibt den Transformationsprozess möglichst gleichgewichtig zugunsten aller sozialökonomischen Schichten voran. Erstmals seit der Präsidentschaft von LÁZARO CÁRDENAS (*1895, †1970; 1934–1940) kommt es wieder zu einem umfangreichen **Landverteilungsprogramm**. Mehrere Industriezweige werden nationalisiert.

1964–1970 Auch GUSTAVO DÍAZ ORDAZ (*1911, †1979) vollbringt in innenpolitischen Modernisierungsbereichen bemerkenswerte Leistungen (z. B. Landverteilung, Erziehungswesen, Ausbau der Infrastruktur, Fortführung der Industrialisierung) bis hin zu einem »Wirtschaftswunder«. Die Olympischen Sommerspiele 1968 und die Fußballweltmeisterschaft 1970 geben Mexikos international ein neues Image.

1967, 14. Febr. In Tlatelolco wird ein Vertrag unterzeichnet, der das Testen, Stationieren und Besitzen von Kernwaffen für Lateinamerika und die Karibik verbietet. Der Vertrag wird schließlich von allen 33 Staaten Lateinamerikas und der Karibik ratifiziert.

1968, Juli Schwere Studentenunruhen und Massendemonstrationen in Mexiko-Stadt.

2. Okt. Blutbad in Tlatelolco auf dem »Platz der drei Kulturen«: Kurz vor Beginn der XIX. Olympischen Sommerspiele in Mexiko erweist der Einsatz unverhältnismäßiger Gewalt mit Hunderten von Toten die politische Schwäche der Regierung. Die **Studentenrevolte**, der sich auch zahlreiche ärmere Einwohner anschließen, ist der heftigste Ausbruch von Unzufriedenheit in Mexiko seit Jahrzehnten.

1970–1976 Präsident LUIS ECHEVERRÍA ÁLVAREZ (*1922), Innenminister unter DÍAZ ORDAZ und verantwortlich für das Massaker von Tlatelolco, versucht verstärkt Mexikos überfällige Distributionsprobleme anzugehen, die Abhängigkeit von den USA durch eine »Dritte-Welt-Politik« zu mildern und v. a. eine demokratische Öffnung in Partei und Regierung durchzusetzen.

1973, 1. Juli Die Stärkung der Opposition bei den Kongresswahlen bestätigt eine gewisse Demokratisierung der Innenpolitik.

1976, 31. Aug. Nach der Wahl (4. Juli) des neuen Präsidenten JOSÉ LÓPEZ PORTILLO (*1920, †2004) mit 93,6 % der Stimmen (ohne relevanten Gegenkandidaten) gibt die Regierung den mexikanischen **Peso-Kurs** nach 22 Jahren fester Parität zum US-Dollar frei, wodurch sich ein Abwertungseffekt von 40 % ergibt. Wie oft in Mexiko, ist mit dem Präsidentenwechsel eine Wirtschaftskrise verbunden. Rasch wachsende Einnahmen aus dem Erdölsektor verhindern für eine weitere Amtsperiode von sechs Jahren den Kollaps des bisherigen Wachstumsmodells. Mit LÓPEZ PORTILLO beginnt, nach den Militärs (bis 1946) und den Juristen, die Ära der Ökonomen als Präsidenten.

1979, Jan. Papst JOHANNES PAUL II. besucht Mexiko anlässlich der 3. Vollversammlung der lateinamerikanischen Bischöfe (CELAM) in Puebla.

1. Juli Bei Neuwahlen zum Abgeordnetenhaus entfallen auf den regierenden PRI nur noch 57 % der Stimmen.

1980 Mexikos Einwohnerzahl wächst auf ca. 70 Mio. an (1940: ca. 20 Mio., 1970: ca. 50 Mio.).

1982, 4. Juli Wahl des PRI-Kandidaten MIGUEL DE LA MADRID HURTADO (*1934) zum neuen Präsidenten (76 % der Stimmen, Amtsantritt 1. Dez.).

1. Sept. Hohe Inflation (98,8 %) und Auslandsverschuldung zwingen den noch amtierenden Staatspräsidenten José López Portillo zum **»Krisenpaket«**: Etwa 50 Banken werden verstaatlicht, eine totale Devisenkontrolle wird eingeführt. Mexiko kann seine Auslandsschulden nicht mehr bedienen.

1983, 29. Dez. Umschuldungsabkommen mit ausländischen Banken (25. Okt., 22. Dez.) und Kreditabkommen mit den USA bessern die Finanzlage.

1984, 1. Sept. Präsident Miguel de la Madrid kann bei der Parlamentseröffnung die Überwindung des schwersten Krisenstadiums in der Wirtschaft feststellen. Er wendet sich schrittweise vom alten Wirtschaftsmodell ab und beginnt nach der Stabilisierung eine Politik der »Öffnung«: Außenöffnung der Wirtschaft, Entstaatlichung, Deregulierung.

1985, 7. Juli Bei den Parlamentswahlen verliert die Regierungspartei weitere 4,1 % ihrer Stimmen.

1986, 24. Aug. Mexiko wird 92. Vollmitglied im »Allgemeinen Zoll- und Handelsabkommens« (GATT).

1988, 6. Juli **Carlos Salinas de Gortari** (*1948) von der PRI, wird mit 50,3 % zum Präsidenten gewählt (Amtseinführung 1. Dez.); die Opposition – eine linke Abspaltung vom PRI – erhebt aufgrund eigener Auszählungen den Vorwurf massiven Wahlbetruges.

1990, 7. April Umstrukturierung der hohen **Auslandsschulden** (ca. 50 % des BIP) nach dem Brady-Plan der Bretton-Woods-Institutionen zur Schuldenbegrenzung.

1992, 12. Aug. Die Handelsminister Mexikos, Kanadas und der USA beenden die Verhandlungen zur Gründung einer Nordamerikanischen Freihandelszone NAFTA in Washington. Diese soll zum 1. Jan. 1994 entstehen und sämtliche Zölle und Einfuhrbeschränkungen zwischen den Beteiligten innerhalb der kommenden 15 Jahre beseitigen.

1994, 1. Jan.–2. März Mitglieder des sog. *Ejército Zapatista de Liberación Nacional* (EZLN) beginnen mit der Besetzung mehrerer Rathäuser im Bundesstaat Chiapas einen Guerillakampf. Die Regierung setzt Militäreinheiten ein und einigt sich (2. März) mit den Aufständischen auf ein Friedensabkommen (»Kompromisse für einen würdigen Frieden in Chiapas«) unter Vermittlung des bei den Indios hoch angesehenen Bischofs Samuel Ruiz aus San Cristóbal.

23. März, 28. Sept. Die nie hinreichend aufgeklärten politischen Morde am Präsidentschaftskandidaten des PRI Luis Donaldo Colosio Murrieta (*1950) sowie am PRI-Generalsekretär José Francisco Ruiz Massieu (*1946) erschüttern das Regime zusätzlich.

21. Aug. Der seit 1929 regierende PRI gewinnt die Präsidentschafts- und Parlamentswahl. Sein Kandidat Ernesto Zedillo Ponce de León (*1951) wird mit 48% der Stimmen zum Nachfolger von Carlos Salinas de Gortari gewählt. Der *Partido Acción Nacional* (PAN) erreicht 26 % der Stimmen, der linke *Partido de la Revolución Democrática* (*PRD*) knapp 17 %.

Dez. Starke Kursverluste des Peso eröffnen eine Wirtschaftskrise. Der Internationale Währungsfond (IWF) gewährt eine Finanzhilfe von über 50 Mrd. US-$ (20 Mrd. aus Reserven der US-Regierung) zur Überwindung der Krise.

1996, 28. Juni Die Revolutionäre Volksarmee (*Ejército Popular Revolucionario*, ERP) ruft zum Sturz der Regierung auf. Die neue Guerillagruppe verübt regional beschränkt einige Überfälle und Anschläge und wird von der Armee erfolgreich bekämpft.

26. Okt. **Sozialpakt** zwischen Regierung, Arbeitgeber- und Arbeitnehmerorganisationen zur Stabilisierung der Wirtschaft.

1997, 6. Juli Bei den Parlamentswahlen verliert der PRI erstmals seit 68 Jahren die Mehrheit im Abgeordnetenhaus, bleibt aber stärkste Partei.

13.–16. Sept. Gründungskongress des *Frente Zapatista de Liberación Nacional* (FZLN), dem politischen Arm der »zapatistischen« Guerillabewegung.

22. Dez. Eine rechtsgerichtete paramilitärische Einheit verübt ein Massaker an 45 Indianern in einem Flüchtlingslager der Zapatisten in Acteal (Chiapas).

1998, 3. März Der ehemalige Leiter der Drogenbekämpfungsbehörde, General Jesús Gutiérrez Rebollo, wird wegen Amtsmissbrauchs zu einer hohen Haftstrafe verurteilt. Mitte Mai wird bekannt, dass zwölf der 19 größten mexikanischen Banken in die Geschäfte der Drogenmafia verwickelt sind.

1999, 14. Jan. Nach einem Bericht der Menschenrechtsorganisation Human Rights Watch sind Folter, Verschleppungen und außergerichtliche Hinrichtungen übliche Praxis in Mexiko.

21. Jan. Raúl Salinas de Gortari, Bruder des früheren Präsidenten Carlos Salinas, wird wegen Anstiftung zur Ermordung seines Schwagers Ruiz Massieu zu 50 Jahren Haft verurteilt. Dieses Urteil wird im Juni 2005 aufgehoben und Salinas aus der Haft entlassen.

Juli 20 Paramilitärs, die am Massaker von Acteal beteiligt waren, werden zu je 35 Jahren Gefängnis verurteilt.

Okt. Bei einer **Hochwasserkatastrophe** werden Hunderte Menschen getötet und Hunderttausende obdachlos.

7. Nov. Erstmals wird der Präsidentschaftskandidat des regierenden PRI, der bisherige Innenminister Francisco Labastida Ochoa (*1942), nicht durch Empfehlung des scheidenden Präsidenten, sondern durch landesweite Vorwahlen ermittelt.

2000, 2. Juli Bei den Präsidentschaftswahlen unterliegt der Kandidat des PRI, Labastida Ochoa, dem Vertreter des rechtsliberalen PAN, Vicente Fox Quesada (*1942). Gleichzeitige Kongresswahlen ergeben für Fox jedoch keine Mehrheit seines Bündnisses aus PAN und Grünen (PVEM): Im Abgeordnetenhaus bleibt der PRI mit 207 (von 500) Sitzen stärkste Fraktion, im Senat verfügt er über die Mehrheit.

1. Dez. **Amtsantritt des neuen Präsidenten Fox**. Als erste Maßnahme ordnet er den Rückzug von 18 000 Soldaten aus der Konfliktregion Chiapas an.

2001, 28. März Erstmals nehmen Rebellenführer aus Chiapas an einer Parlamentssitzung teil. Die Friedensinitiative von Fox scheitert jedoch.

April Der Oberste Gerichtshof erklärt die seit 1934 übliche »Ausschlussklausel« in Tarifverträgen für verfassungswidrig. Sie hatte bisher Unternehmen gezwungen, Nicht-Gewerkschaftsmitglieder zu entlassen.

2002, Jan. Wegen eines Konjunktureinbruchs verabschiedet das Parlament Änderungen der Steuergesetze, u.a. Anhebung der Luxussteuer von 5 auf 20 %, Steuer auf Handys und Fernsehgeräte.

1. Aug. Massiver Protest der Anwohner verhindert den Bau eines neuen Großflughafens nahe Mexiko-Stadt.

8. Sept. Mexiko tritt aus dem seit 1947 bestehenden Interamerikanischen Beistandspakt von Rio aus (Rio-Pakt).

2003, 6. Juli Bei den Teilwahlen zum Abgeordnetenhaus erleidet der regierende konservative PAN von Präsident Fox eine schwere Niederlage. Ohne Mehrheit im Parlament ist Fox bei seinen Vorhaben nunmehr auf die Mitwirkung des oppositionellen PRI angewiesen.

8. Aug. Die Rebellenbewegung FZLN übergibt die Verwaltung in den von ihr erkämpften autonomen Gebieten in Chiapas an zivile Kräfte.

Dez. Die bei der Bevölkerung unbeliebte Steuerreform scheitert im Parlament.

2004, 29. Aug. Massenproteste in Mexiko-Stadt für den PRD-Oberbürgermeister Andrés Manuel López Obrador (*1953), dessen Kandidatur zur Präsidentschaft 2006 unter fadenscheinigen Vorwürfen des Amtsmissbrauchs unmöglich gemacht werden soll (Aufhebung der Immunität). Als sich diese Strategie als nicht durchführbar erweist, entlässt Fox den »verantwortlichen« Generalstaatsanwalt.

2005, Juni Expräsident Echeverría (1970–1976) wird aufgrund von Erschießungen während seiner Amtszeit (1971) wegen »Völkermords« angeklagt. Dieses Verfahren führt allerdings ebenso wenig zu einem Prozess wie Anklagen wegen des Massakers von Tlatelolco 1968 (2002 und 2006).

2006, 2. Juli Die Präsidentenwahlen gewinnt hauchdünn der Kandidat des PAN, Felipe de Jesús Calderón Hinojosa (*1962), mit 35,88 % und einem Vorsprung von 244 000 Stimmen vor dem PRD-Kandidaten López Obrador (35,3 %). Obwohl der PAN bei den Wahlen auch zur stärksten Partei aufsteigt, braucht Calderón doch für die nächsten drei Jahre die parlamentarische Kooperation mit dem PRI. López Obrador erkennt allerdings auch nach Ausschöpfung aller rechtlichen Mittel den Wahlsieg von Calderón nicht an, proklamiert sich zum »legitimen« Präsidenten und bildet eine (vorerst einflusslose) »Gegenregierung«.

1. Dez. Nach seinem Amtsantritt, den der PRD im Parlament vergeblich zu verhindern sucht, startet Calderón unter demonstrativer Einbeziehung des Militärs einen intensiven Kampf gegen die Drogenkriminalität. Die USA werfen Mexiko vor, Durchgangsland für ca. 90 % der Kokainlieferungen zu sein.

2007 Präsident Calderón kann mit politischer Unterstützung durch PRI-Abgeordnete einen Renenreform einleiten.
Der PRI stabilisiert sich unter Führung von Beatriz Paredes Rangel (*1953) und gewinnt mehrere Regional- und Kommunalwahlen.

Guatemala seit 1945 | Forts. v. S. 1320 |

Über 40 Jahre, von der durch die USA gesteuerten Intervention von 1954 bis zum Friedensabkommen vom 29. Dez. 1996, bestimmt politische Gewalt die Entwicklung Guatemalas – bis zu 200 000 Tote und »Verschwundene«, eine Mio. Flüchtlinge, 90 % von ihnen Indios. Die

Mexiko, Zentralamerika und Karibik 2008

ethnische Spaltung des Landes (etwa 60 % Indios mit Maya-Sprachen, etwa 30 % spanischsprachige Mestizen respektive »Ladinos«) spiegelt sich in den wirtschaftlichen Gegensätzen. Auch nach dem offiziellen Friedensschluss zwischen Regierung und Guerillas ist das Land nicht befriedet. Die politische Gewalt wird vielmehr von krimineller Gewalt, u. a. von Jugendbanden, sog. *Maras*, abgelöst. Hinzu kommt die Drogenkriminalität: 75 % des in die USA geschmuggelten Kokains sollen ihren Weg über Guatemala finden, im Hochland wird zudem Opium erzeugt.

Wirtschaftliche Grundlage ist die Landwirtschaft; Exportprodukte sind v. a. Kaffee, Bananen, Baumwolle, Fleisch und Zucker. Dieser Sektor beschäftigt die Hälfte der Arbeitskräfte, stellt zwei Drittel des Exports und ein Viertel des Sozialprodukts. Die hohen Bevölkerungszuwachsraten (1950–2005 jährlich etwa 2,5 %) verschärfen die sozialen Probleme aus der ungleichen Besitzstruktur. 75 % der Bevölkerung leben unter der Armutsgrenze. Insgesamt weist die Wirtschaft eine überproportionale Entwicklung der Industrie, die Tendenz zur Diversifizierung der Exportprodukte und stärkere Hinwendung zu anderen Märkten (EU, Japan) auf.

Die Außenpolitik prägt v. a. nach 1960 der ältere Konflikt mit Großbritannien um die britische Kolonie Belize (»Britisch-Honduras«), die Guatemala traditionell als Teil seines Territoriums beansprucht. 1977 wird zwischen beiden Ländern eine friedliche Lösung des Problems vereinbart. Doch nach der Unabhängigkeit Belizes 1981 dauert es noch ein Jahrzehnt bis zur Aufnahme diplomatischer Beziehungen.

1945 Die Wahl Juán José Arévalos (*1904, †1990) zum Präsidenten als Kandidat der oppositionellen gemäßigt linken Parteienkoalition *Frente Popular Libertador* (FPL) ermöglicht eine liberale Verfassung.

1945–1951 Arévalos maßvolle Politik der Einkommensumverteilung zielt auf Einführung demokratischer Institutionen und Eingliederung aller Bürger in den Staat. Da seine Reformgesetze die Interessen der Firma *United Fruit Company* beeinträchtigen, verschlechtern sich die Beziehungen zu den USA.

1951–1954 Arévalos Nachfolger, Jacobo Arbenz Guzmán (*1913, †1971), will eine schnellere, v. a. unabhängigere Entwicklung Guatemalas erreichen und plant Infrastrukturmaßnahmen, die der *United Fruit Company* Konkurrenz schaffen.

1952 Am wichtigsten ist die Agrarreform: Enteignung unkultivierten Landes und Großgrundbesitzes gegen Entschädigung, Aufteilung an Landarbeiter und Teilenteignung der *United Fruit Company*. Arbenz' Regierung stößt auf zunehmenden Widerstand der USA.

1954, 18. Juni Furcht vor einer kommunistischen Machtübernahme, v. a. die Gefährdung der Besitzungen der *United Fruit Company*, führen zu einer **vom US-Geheimdienst CIA organisierten Invasion** des Exilpolitikers Oberst Carlos Castillo Armas (*1914, †1957), der Arbenz stürzt: Bis 1986 herrschen die Militärs.

1954–1957 Als Chef der Invasionsarmee wird Castillo Präsident und treuester Verbündeter politischer und wirtschaftlicher Interessen der USA. Politische Repression gegen linke Kräfte wird zur Regel, die Agrarreform rückgängig gemacht, enteignetes Land an die ursprünglichen Besitzer zurückgegeben.

1957, 26. Juli Castillo wird ermordet: Nach Monaten politischer Wirren wird General Miguel Ydígoras Fuentes (*1895, †1982) am 2. März 1958 Präsident.

1962, März Putschversuch junger Offiziere: Einer der Führer des fehlgeschlagenen Putsches, Marco Antonio Yon Sosa (*1932, †1970), gründet eine erste Guerillagruppe, den »MR 13«. Andere Guerillaorganisationen verlagern ihre sozialrevolutionären Aktionen vom Land in die Hauptstadt.

1963 Ydígoras wird kurz vor Ende seiner Amtszeit von einer rechtsgerichteten Offiziersgruppe gestürzt.

1965 Die Militärregierung Enrique Peralta Azurdia (*1908, †1997; 1963–1966) verkündet eine neue Verfassung.

1966, März Zu Wahlen werden nur »gemäßigte« und Rechtsparteien zugelassen. Überraschend gewinnt der reformerisch orientierte Julio César Méndez Montenegro (*1915, †1996): Obwohl vom *Partido Revolucionario* (PR), arbeitet er mit der Oligarchie und den reaktionären Militärs zusammen.

1966–1970 Die Unfähigkeit der neuen Regierung, die (seit 1960) auftretende Guerilla zu besiegen, führt zur Bildung rechtsgerichteter Terrororganisationen.

1967 Das Militär führt einen blutigen Feldzug gegen die Guerillas, der v. a. zahlreiche unbeteiligte Landbewohner das Leben kostet.

1970, 5. April Im Gegenzug erschießen die Guerillas mehrere Diplomaten. Durch die Unnachgiebigkeit der Regierung wird auch der deutsche Botschafter Karl Graf Spreti (*1907, †1970) Opfer der Guerillas.

1970, Nov. –1971, Nov. Während des Ausnahmezustandes erreicht der Terror der Todesschwadrone ihren Höhepunkt.

1970–1974 Präsident Carlos Araña Osorio (*1918, †2003) leitet eine neue Phase rechtsorientierter Politik ein.

1974 Mit massiver Wahlfälschung der Regierungskoalition gewinnt ihr Kandidat, General Kjell Eugenio Laugerud García (*1930, 1974–1978), die Wahlen offiziell knapp vor dem Kandidaten des oppositionellen Parteienbündnisses *Frente Nacional de Oposición* (FNO). Wie sein Vorgänger kommt auch Laugerud durch die rechtskonservativen Parteien *Movimiento de Liberácion Nacional* (MLN) und *Partido Institucional Democrático* (PID) an die Macht.

1976, 4. Febr. Ein schweres Erdbeben fordert über 20 000 Tote, rund eine Mio. Menschen werden obdachlos.

1977, 16. März Durch die neue US-Menschenrechtspolitik von Präsident Carter unter Druck gesetzt, verzichtet Guatemala auf amerikanische Militärhilfe.

1978, 5. März Bei Präsidentschaftswahlen siegt General Fernando Romeo Lucas García (*1924, †2006) als Kandidat einer Rechtskoalition mit relativer Mehrheit.

1982, 23. März General Efraín Ríos Montt (*1926) wird mit Putsch Chef einer Militärjunta. Unter seiner Herrschaft geht das Militär brutal gegen die Landguerilla und deren vermutete Unterstützer vor (etwa 17 000 Tote, Massenflucht nach Mexiko).

1983, 8. Aug. General ÓSCAR HUMBERTO MEJÍA VICTORES (*1930) wird nach einem Militärputsch neuer Staatspräsident.

1984, 1. Juli Wahlen zur »verfassunggebenden Versammlung« sollen die Rückkehr zur Demokratie einleiten: Das Militär verspricht die Macht an eine Zivilregierung abzugeben.

1985, 8. Dez. Im zweiten Wahlgang der Präsidentschaftswahlen erreicht der Christdemokrat VINICIO CEREZO ARÉVALO (*1942) 68,4 % der Stimmen. Mit seinem Amtsantritt am 14. Jan. 1986 ist der Übergang von der Militär- zur Zivilregierung vollzogen.

1987, 2. Okt. Regierung und »Nationalrevolutionäre Einheit Guatemalas« (*Unidad Revolucionaria Nacional Guatemalteca*, URNG) einigen sich in Madrid auf einen Waffenstillstand und Verhandlungen.

1988/89 Zwei Putschversuche scheitern.

1991, 6. Jan. Der konservative JORGE SERRANO ELIAS (*1945) gewinnt die Stichwahl um das Amt des Staatspräsidenten gegen JORGE CARPIO NICOLLE (*1932, †1993). Er ist Angehöriger einer der protestantischen Gemeinschaften, die in Mittelamerika der katholischen Kirche zunehmend Konkurrenz machen.

1992, 16. Okt. Die Quiché-Indianerin RIGOBERTA MENCHÚ TUM (*1959) erhält den Friedensnobelpreis für ihren Kampf um die Menschenrechte und die friedliche Organisation der Unterdrückten.

1993, 25. Mai Präsident SERRANO löst nach dem Vorbild des peruanischen Präsidenten ALBERTO FUJIMORI (»Putsch von oben«) das Parlament und den Obersten Gerichtshof auf. Dagegen nimmt Verteidigungsminister General JOSÉ DOMINGO GARCÍA SAMAYOA Stellung und ergreift mit der Armee die Macht. SERRANO flieht am 1. Juni nach Panama ins Exil. Das Parlament wählt am 5. Juni fast einstimmig den bisherigen Menschenrechtsbeauftragten RAMIRO DE LEÓN CARPIO (*1942, †2002) zum neuen Staatspräsidenten.

1996, 7. Jan. ÁLVARO ARZÚ IRIGOYEN (*1946) wird zum Staatsoberhaupt gewählt.

30. Dez. Mit **Unterzeichnung eines Waffenstillstandsabkommens** zwischen der Regierung und vier Vertretern der Guerillaorganisation URNG in Guatemala-Stadt endet der 36-jährige blutige Bürgerkrieg.

1998, 23. Sept. Die im Friedensabkommen von 1996 vereinbarte Verkleinerung der Armee um ein Drittel ist abgeschlossen.

1999, 25. Febr. Die im Febr. 1997 eingesetzte Kommission zur historischen Wahrheitsfindung legt ihren Abschlussbericht vor. Im Bürgerkrieg gehen Menschenrechtsverletzungen zu 93 % auf das Konto der Armee.

10. März Bei einem Besuch in Guatemala entschuldigt sich US-Präsident BILL CLINTON für die Rolle der USA im Bürgerkrieg: Die Unterstützung der Armee und des Geheimdienstes sei ein Fehler gewesen.

16. Mai Bei einem Referendum votieren 55 % der Teilnehmer (nur 18 % Wahlbeteiligung) gegen eine vom Parlament verabschiedete Verfassungsreform.

7. Nov. Bei den Parlamentswahlen gewinnt der rechtsgerichtete *Frente Republicano Guatemalteco* (FRG) die absolute Mehrheit. Der Kandidat der FRG für das Präsidentenamt, ALFONSO PORTILLO CABRERA (*1951), kann sich in der Stichwahl am 26. Dez. durchsetzen. Er tritt als »Strohmann« für den Exdiktator RÍOS MONTT an, der nicht kandidieren darf.

Dez. Die Friedensnobelpreisträgerin RIGOBERTA MENCHÚ TUM reicht bei einem spanischen Gericht Klage gegen mehrere guatemaltekische Militärs und Politiker wegen ihrer Verbrechen im Bürgerkrieg ein.

2001, 1. Mai Der US-Dollar wird als Zweitwährung neben dem Quetzal eingeführt.

Juni Elf Indiogemeinschaften reichen bei einem guatemaltekischen Gericht Klage wegen Völkermords während der Militärdiktatur ein.

2003, 1. Jan. Die Ende 2002 auslaufende zivile UN-Mission zur Sicherung des Friedensabkommens von 1996 wird um ein Jahr verlängert.

25. Aug. Guatemala lehnt den im Sept. 2002 ausgearbeiteten Vertragsentwurf für die Beilegung der Grenzstreitigkeiten mit Belize ab.

9. Nov. Die Parlamentswahlen gewinnt das vom Konservativen ÓSCAR BERGER PERDOMO (*1946) geführte Rechtsparteienbündnis GANA. BERGER PERDOMO siegt auch bei den am selben Tag und am 28. Dez. (Stichwahl) abgehaltenen Präsidentschaftswahlen.

2004, 8. März Der Exmilitärmachthaber RÍOS MONTT wird unter Hausarrest gestellt. Ein guatemaltekisches Gericht macht ihn für die Ermordung von etwa 100 000 Mayas im Bürgerkrieg mitverantwortlich.

2005, 18. Juli Haftbefehl gegen den Ex-Staatschef PORTILLO CABRERA wegen Unterschlagung von 15,7 Mio. US-$. PORTILLO lebt seit Febr. 2004 in Mexiko.

2006, 28. Febr. Sicherheitsabkommen mit Mexiko und Belize, um den Kampf gegen die Jugendbanden besser zu koordinieren.

Anfang Okt. Der Hurrikan »Stan« fordert 2000 Tote.

2008, 14. Jan. Der Sozialdemokrat ÁLVARO COLOM CABALLEROS (*1951) übernimmt das Präsidentenamt, nachdem er am 4. Nov. 2007 die Stichwahl mit 52,8 % der gültigen Stimmen gewonnen hat.

Belize seit 1964 | Forts. v. S. 1315 |

Für Belize, einst Kronkolonie Britisch-Honduras, ist die Erringung der Unabhängigkeit 1981 sowie deren internationale Anerkennung und Akzeptanz durch das Nachbarland Guatemala die zentrale politische Frage. Wirtschaftlich bleibt die Land- und Forstwirtschaft neben der Wachstumsbranche Tourismus und der Fischerei Haupterwerbsquelle der Bevölkerung. Allerdings werden nur 3 % des Territoriums landwirtschaftlich genutzt. Wichtigste Anbauprodukte sind Mais, Reis, Bohnen, Bananen, Zitrusfrüchte, Zuckerrohr und Kokosnüsse. Die ausgedehnten Wälder liefern Edelhölzer (Mahagoni, Zedern, Pinien, Rosenholz). Industrie zur Verarbeitung der Landwirtschaftsprodukte ist noch wenig entwickelt; diese stellen deshalb über 90 % des Exports, der zu über

50 % in die USA geht. Wegen unzureichender staatlicher Kontrolle ist Belize Transitland für Menschenhandel und Drogenschmuggel geworden.

Die sehr heterogene Gesellschaft muss nicht nur mit ethnischen (Mestizen, Kreolen, Maya), sprachlichen (Englisch, Spanisch, Maya-Sprachen) und religiösen (50 % Katholiken, vielfältige protestantische Kulte) Differenzen leben, sondern auch ein anhaltend hohes Bevölkerungswachstum verkraften (2006: 2,3 %).

1964 Nach Erreichen der Autonomie wird George C. Price (*1919) von der *People's United Party* (PUP) Premierminister von Britisch-Honduras.

ab 1970 Guatemala droht wiederholt einzumarschieren, Großbritannien verschiebt die Unabhängigkeit.

ab 1977 Verhandlungen zwischen Großbritannien und Guatemala bleiben zunächst erfolglos.

1981, 21. Sept. Nachdem ein Abkommen Großbritanniens mit Guatemala die Voraussetzungen geschaffen hat, wird **Belize** als Monarchie im Britischen Commonwealth **unabhängig** und 156. UNO-Mitglied (25. Sept.). Premierminister bleibt George C. Price.

1982, 30. Juni Guatemala erneuert seine Gebietsansprüche gegen Belize. Großbritannien warnt vor Waffengebrauch und verweist auf seine in Belize zum Schutz stationierten Truppen.

1985 Nach hohem Wahlsieg im Dez. 1984 übernimmt die *United Democratic Party* (UDP) unter Manuel Esquivel (*1940) die Regierung.

1989, 5. Sept. Parlamentswahlen gewinnt die sozialdemokratische PUP unter George C. Price.

1991, 8. Jan. Belize wird 34. Mitglied der OAS.

14. Aug. Der Präsident Guatemalas, Jorge Serrano, erkennt die Unabhängigkeit Belizes an, hält aber territoriale Ansprüche auf dessen Gebiet aufrecht.

11. Sept. Aufnahme diplomatischer Beziehungen zu Guatemala. Belize begrenzt seine Territorialgewässer auf drei Seemeilen, damit Guatemala einen größeren Atlantikzugang erhält.

1993, 30. Juni Bei den Parlamentswahlen siegt die UDP. Manuel Esquivel wird Regierungschef.

1995, 15. Juli Belize und Kuba nehmen diplomatische Beziehungen auf.

1998, 1. Sept. Said Wilbert Musa (*1944; PUP) wird neuer Regierungschef. Er beginnt eine Politik der massiven Erhöhung des Wirtschaftswachstums, das durch Haushaltsdefizite und eine rapide steigende Auslandsverschuldung finanziert wird (Stand 1998: 230 Mio. US-$, 2005: 933 Mio. US-$).

2000, Okt. Hurrikan »Keith« verursacht Schäden im Wert von 200 Mio. US-$, die Hälfte des Bruttoinlandsprodukts.

2001, Jan. Als vertrauensbildende Maßnahme gegenüber Guatemala verzichtet die Regierung auf eine Ausweisung guatemaltekischer Siedler, die sich auf dem Boden Belizes niedergelassen haben.

2002, Sept. Im langjährigen Territorialkonflikt einigen sich Guatemala und Belize auf einen Vertragsentwurf. Trotz intensiver Bemühungen der OAS steht jedoch eine definitive Lösung weiter aus.

2003, 5. März Bei vorgezogenen Neuwahlen siegen Regierungschef Said Wilbert Musa und seine PUP.

2004–2006 Das Haushaltsdefizit nimmt weiter zu. Die Regierung ist 2005 und 2006 gezwungen, ein mit dem IWF abgestimmtes Stabilisierungsprogramm durchzuführen.

2007, 20. Febr. Ein formelles Umschuldungsangebot an die Gläubiger vom Okt. 2006 wird akzeptiert.

2008, 7. Febr. Die oppositionele UDP unter Dean Barrow (*1951) gewinnt die Wahlen mit 57,0 % der Stimmten.

El Salvador seit 1944/48 | Forts. v. S. 1321 |

Nach dem Sturz des Diktators Maximiliano Hernández Martínez (*1882, †1966; 1932–1944) wechseln sich die Regierungen in schneller Folge ab, doch beherrschen die Militärs weiter die Politik. Durch Putsche oder Wahlen an die Macht gekommen, vertreten sie v. a. die Interessen der agroindustriellen Oberschicht, der »14« bzw. »60 Familien«. Den 1981 offen ausgebrochenen Bürgerkrieg beendet erst 1992 ein Friedensvertrag. Nach der kurzen reformorientierten Phase unter der Präsidentschaft des Christdemokraten José Napoleón Duarte (*1925, †1990; 1980–1982, 1984–1989) stellt seitdem stets die Rechtspartei ARENA (*Alianza Republicana Nacionalista*) die Präsidenten. Im Parlament und auf kommunaler Ebene sind jedoch auch einstige Aufständische des FMLN (*Frente Farabundo Martí para la Liberación Nacional*) stark vertreten.

Kaffee ist seit Ende des 19. Jh.s Hauptexportprodukt und wichtigste Einnahmequelle. Neben der Monokultur kennzeichnet eine extrem ungleichmäßige Verteilung die Struktur der Landwirtschaft: 1973 besitzen nur 0,4 % der Eigentümer rund 38 % der landwirtschaftlichen Nutzfläche. Landmangel verursacht Migrationsbewegungen, die 1969 im Krieg mit Honduras eskalieren. Seit der großen Bauernrebellion von 1932 werden zwar wiederholt Agrarreformprogramme angekündigt und Gesetze erlassen, eine wirksame Landumverteilung unterblieb jedoch. Das Agrarreformgesetz von Juli 1976, das umfangreiche Enteignungen vorsieht, wird nach heftigen Protesten der Großgrundbesitzer erheblich abgemildert. Die Agrarreform vom Frühjahr 1980 fördert v. a. Genossenschaften. Aber auch nach dem Friedensschluss 1992 werden unter Aufsicht der UNO die vereinbarten Agrar- und Justizreformen nur unzureichend umgesetzt, die ARENA-Regierungen fördern vielmehr die erneute Parzellierung des Genossenschaftslandes.

Zum zweitwichtigsten Exportprodukt wird nach dem Zweiten Weltkrieg die Baumwolle, die in mechanisierten Großbetrieben in der Küstenzone produziert wird. Folge der Erschließung der Küstenregion ist eine massenhafte Proletarisierung von Kleinbauern (Landflucht). Die offene Arbeitslosigkeit liegt Ende der 70er-Jahre bei mindestens 20 %, die ländliche Unterbeschäftigung bei etwa 65 %. 2005 wird die offizielle Arbeitslosigkeit mit 6,2 %, die Unterbeschäftigung mit etwa 30 % angegeben.

Die Industrialisierung beschränkt sich zunächst auf

die Veredelung der eigenen Agrarprodukte, nach Gründung (1960) des »Gemeinsamen Zentralamerikanischen Marktes« (*Mercado Común Centroamericano* [MCCA]) auf Verarbeitung importierter Rohstoffe und Halbfertigwaren ausgeweitet. Schon Ende der 70er-Jahre gilt El Salvador als das Land mit dem höchsten Industrialisierungsgrad Mittelamerikas. Inzwischen stellt die Lohnfertigung (*Maquila*) mit über 50 % der Exporte, v. a. für den US-Markt, den wichtigsten Wirtschaftsfaktor dar, Kaffee hingegen nur noch 5 % der Exporte.

1948 Die Armee übernimmt die Macht.

1950 Óscar Osorio (*1910, †1969) wird zum Präsidenten gewählt (bis 1956). Er findet für sein Modernisierungs- und Industrialisierungsprogramm die Unterstützung der Mittelschichten, bleibt aber in Ansätzen von Strukturreformen stecken.

1956–1960 Der Versuch seines Nachfolgers José María Lemus (*1911, †1993), mehr politische Freiheit zu gewähren, endet mit Repression sozialer Unruhen und Verkündigung des Kriegsrechts.

1961 Nach Lemus' Sturz (26. Okt. 1960) und dem Gegenputsch gegen die progressive Militärjunta, die ihn zuvor gestürzt hat, erneuert die »Status-quo-Partei« *Partido de Conciliación Nacional* (PCN) die Allianz zwischen Oberschicht und konservativer Militärführung.

1962 Präsident wird Julio Adalberto Rivera (*1921, †1973; 1962–1967). Als wirksamste Opposition formiert sich (1960), neben zahlreichen linken Splittergruppen, die christdemokratische Partei *Partido Demócrata Cristiano* (PDC).

1969, 14. Juli Unter Präsident Fidel Sánchez Hernández (*1917, †2003; 1967–1972) kommt es mit Honduras zum sog. **»Fußballkrieg«**: Die OAS erzwingt einen Waffenstillstand. Die stillschweigende Vorverlagerung der Siedlungsgrenze bis tief nach Honduras und die Verschärfung des Konkurrenzkampfs um Arbeitsplätze durch aus Honduras ausgewiesene Siedler (*guanacos*) sind wesentliche Ursachen des Konflikts, ausgelöst durch ein Fußballländerspiel. Die jährliche Wachstumsrate der Bevölkerung (1965–1970: 3,6 %) und Landknappheit erzeugen innen- wie außenpolitischen Krisendruck.

1972, Febr. Bei Präsidentschaftswahlen verliert (angeblich) die Opposition. Der PCN-Kandidat Arturo Armando Molina (*1927) gewinnt mit wahrscheinlich massiver Wahlfälschung.

25. März Nach Molinas fragwürdigem Wahlsieg scheitert der Putsch einer linksgerichteten Offiziersgruppe – Verhängung des Kriegsrechts.

1977, 20. Febr. Bei Präsidentschaftswahlen siegt die Regierungspartei mit General Carlos Humberto Romero (*1924) mit angeblich 60 % der Wählerstimmen. Auf umfangreiche Proteste nach den Wahlen antwortet die Regierung mit Verhängung des Ausnahmezustands (zahlreiche Tote): Guerillaaktionen nehmen zu. Die prekäre Lage der Mehrheit der Bevölkerung explodiert in häufigen Unruhen (Bauernrebellionen) und mehrfachen Entführungen.

1978, 12. März Großbritannien stellt wegen Verletzung der Menschenrechte seine Waffenlieferungen ein. Bei von der Opposition boykottierten Kongresswahlen, fallen alle Sitze an den regierenden PCN. Die Opposition ist in allen ihren Aktionen stark behindert.

1979, 15. Okt. Teile der Streitkräfte stürzen Präsident Romero. Die reformwillige Militärjunta unter den Obersten Jaime Abdul Gutiérrez (*1936) und Adolfo Arnaldo Majano (*1938) plant eine umfassende Agrarreform (Enteignung der Ländereien von über 500 ha). Die sozialen Unruhen halten jedoch an.

1980, 23. März Rechtsextremisten ermorden Erzbischof Óscar Romero (*1917).

1981, Jan. Offener Ausbruch des Bürgerkriegs, Verhängung des Kriegszustands, Terror paramilitärischer »Todesschwadrone« gegen linke »Rebellen«: bis 1982 etwa 75 000 Tote, 1 Mio. Flüchtlinge.

1983, 23. Dez. Die neue Verfassung tritt in Kraft.

1984, 6. Mai José Napoleón Duarte (*1925, †1990), schon vom 13. Dez. 1980 bis 29. April 1982 Staatschef, gewinnt die Präsidentschaftswahlen.

14. Aug. Das US-Repräsentantenhaus bewilligt 70 Mio. US-$ für Militärhilfe. Starkes Engagement der USA gegen die linke Guerilla.

1987, 7. Aug. Unterzeichnung eines **Friedensplans für Mittelamerika** in Guatemala-Stadt mit den Präsidenten von Costa Rica, Nicaragua, Guatemala und Honduras zur Beendigung der Bürgerkriege.

1988, 20. März Bei Parlamentswahlen (Wahlbeteiligung nur 40 %) erreicht die rechtsextreme ARENA 30 Sitze, Duartes Christdemokraten (PDC) 23 und die Nationale Versöhnungspartei (PCN) 7 Sitze.

1989, 19. März Der ARENA-Politiker Alfredo Cristiani (*1947) siegt in von schweren Unruhen begleiteten Präsidentschaftswahlen (53,8 %). Verhandlungen mit Guerillas, die u. a. die Auflösung der Todesschwadronen, Amnestie und eine Agrarreform fordern, gehen weiter.

Nov. Herbstoffensive der Guerilla.

1990 Verhandlungen zwischen Regierung und Guerillas. Die USA fordern Einhaltung der Menschenrechte.

1991, 10. März Die Parlaments- und Kommunalwahlen werden nicht von den Guerillas boykottiert.

1992, 16. Jan. Präsident Cristiani und Vertreter der Guerillas unterzeichnen in Mexiko-Stadt einen Friedensvertrag zur Beendigung des elfjährigen Bürgerkriegs.

1994, 24. April Der ARENA-Politiker Armando Calderón Sol (*1948) siegt bei Präsidentschaftswahlen und tritt am 1. Juni sein Amt an.

1996, 6. Sept. El Salvador und Guatemala unterzeichnen ein Abkommen über eine Zollunion zwischen beiden Staaten.

1997, 16. März Bei den Wahlen zur Nationalversammlung bleibt die regierende konservative ARENA trotz Stimmeneinbußen stärkste Partei.

1999, 9. März Der Kandidat der ARENA, Francisco Guillermo Flores Pérez (*1959), gewinnt die Präsidentschaftswahlen.

2000, 12. März Die linke frühere Guerillasammlungsbewegung FMLN wird bei den Wahlen zur Nationalversammlung stärkste politische Kraft.

6. Okt. Der Oberste Gerichtshof hebt die 1993 erlassene Amnestie für während des Bürgerkrieges begangene Verbrechen auf und macht damit den Weg für ihre strafrechtliche Verfolgung frei.

2001, 1. Jan. Der US-Dollar wird als zweite Landeswährung neben dem Colón eingeführt.

13. Jan./13. Febr. Zwei Erdbeben suchen El Salvador heim; über 1200 Menschen sterben, 1,5 Mio. werden obdachlos. Das wirtschaftlich ohnehin daniederliegende Land wird weiter zurückgeworfen.

2002, 23. Juli Ein Gericht in Florida verurteilt zwei salvadorianische Exgeneräle zur Zahlung von 55 Mio. US-$ Schadensersatz an drei ihrer Folteropfer.

2003, 16. Jan. UN-Generalsekretär KOFI ANNAN erklärt die Überwachung des Friedensabkommens durch die UNO für beendet.

16. März Bei den Parlamentswahlen erhält die regierende ARENA 32 % der Stimmen, die linksgerichtete FMLN bleibt mit 34 % stärkste Kraft. Die Wahlbeteiligung liegt unter 30 %.

2004, 21. März Der Kandidat der ARENA, ELÍAS ANTONIO »TONY« SACA GONZÁLEZ (*1965), gewinnt die Präsidentschaftswahl mit 57,7 % der Stimmen gegen SCHAFIK HANDAL (*1930, †2006) von der FMLN. GONZÁLEZ führt die stabilitätsorientierte Wirtschaftspolitik seiner Vorgänger fort. Seit 1996 hält das Wirtschaftswachstum jedoch kaum mit dem Bevölkerungswachstum (2005: 1,8 %) Schritt. Das Land hat weiterhin ein hohes Defizit in der Handelsbilanz und lebt nicht zuletzt von den Überweisungen (jährlich etwa 2,5 Mrd. US-$) der in die USA ausgewanderten Salvadorianer. Zudem gehen 61 % der Exporte in die USA

2005, Okt. Der tropische Wirbelsturm »Stan« fordert 72 Tote.

2006, 12. März Bei den Parlamentswahlen gewinnt ARENA 34 von 84 Mandaten, FMLN 32, PCN 10. Die Demokratisierung des Landes ist ein Erfolg, doch die sozialen Probleme sind weiterhin ungelöst. El Salvador hat zudem eine der höchsten Mordraten weltweit.

Honduras seit 1933 | Forts. v. S. 1321 |

Über Jahrzehnte dominieren kleine oligarchische Gruppen und Militärs die Politik. Zunächst stellen Konservative und Liberale die politischen Führungsgruppen des Landes. Der *Partido Nacional de Honduras* (PNH) vertritt die Interessen der Latifundisten, während der *Partido Liberal de Honduras* (PLH) für Reformmaßnahmen zur Modernisierung des Landes (Reform der Einkommens- und Vermögensverteilung) eintritt. Seit Anfang der 60er-Jahre verlieren die beiden traditionellen Parteien an Bedeutung, denn die Militärs reißen von 1963 bis 1982 die Macht an sich und haben auch im Wirtschaftsleben einen maßgeblichen Einfluss. Mit der neuen Verfassung von 1982 konsolidiert sich jedoch die Demokratie unter den beiden traditionellen Parteien und beschränkt die Macht der Militärs.

Honduras bleibt Agrarland mit einem im Vergleich zu seinen Nachbarländern niedrigen Urbanisierungsgrad. Eine unzulängliche Infrastruktur hemmt die wirtschaftliche Entwicklung. Neben Bananenkulturen, heute im Besitz der US-Konzerne *Chiquita Brands International* (bis 1984 *United Brands Company*, bis 1970 *United Fruit Company*) und *Dole Food Company* (bis 1964 *Standard Fruit Company*), gewinnt der Anbau von Baumwolle und Kaffee größere Bedeutung. Agrarprodukte wie Kaffee, Palmöl und Zitrusfrüchte dominieren neben Bananen bis heute den Export. Hinzu kommen Rohstoffe (Gold, Holz) und Meeresprodukte.

Extrem ungleiche Besitzverhältnisse, unzureichende Bildung (über 20 % Analphabeten) und ein relativ niedriges Wirtschaftswachstum bei anhaltend hohem Bevölkerungswachstum (2006: 2,2 %) bewirken eine hohe Arbeitslosigkeit (etwa 28 %). Der Versuch Honduras', sich aus der Situation eines rückständigen Agrarlandes durch Integration in den »Gemeinsamen Zentralamerikanischen Markt« (MCCA) zu lösen, scheitert an der Ungleichheit der zentralamerikanischen Staaten. Immer noch arbeiten fast doppelt so viele Honduraner in der Landwirtschaft (39 %) als in der Industrie (21 %). Die schwache Industrialisierung kann die erdrückende Abhängigkeit von den USA (73 % des Exports, 53 % des Imports) nicht lockern; die junge Veredelungsindustrie (*Maquiladora*) verstärkt sie vielmehr noch. Das Außenhandelsdefizit ist strukturell. Honduras gehört 2000 zu den am wenigsten industrialisierten, gemessen am Bruttosozialprodukt pro Kopf auch zu den ärmsten Ländern Lateinamerikas: 53 % der Bevölkerung sind laut Statistik »arm«.

1933–1948 Stabilisierung der politischen Lage unter der Diktatur von TIBURCIO CARÍAS ANDINO (*1876, †1969).

1949, 1. Jan. JUAN MANUEL GÁLVEZ (*1887, †1972) wird zum Nachfolger von CARÍAS bestimmt.

1954 Wahlen führen zu Unruhen: JULIO LOZANO DÍAZ (*1885, †1957) macht sich zum Staatschef; er regiert diktatorisch.

1956, 21. Okt. Eine Militärjunta stürzt LOZANO DÍAZ.

1957, 21. Dez. Bei Neuwahlen siegt der 1954 mehrheitlich gewählte Liberale JOSÉ RAMÓN VILLEDA MORALES (*1908, †1971) als neuer Präsident.

1957–1963 Unter VILLEDA MORALES' demokratischer Regierung beginnen Reformen (Arbeitsgesetzgebung, Sozialversicherung, Gründung der Nationalen Entwicklungsbank): Ein »konservativer« Militärputsch unterbricht die Reformpolitik.

1963, 3. Okt. Nach dem Sturz VILLEDA MORALES' übernimmt Oberst OSVALDO LÓPEZ ARELLANO (*1921) die Macht.

1965 LÓPEZ ARELLANO lässt sich von einer verfassunggebenden Versammlung zum Staatspräsidenten wählen.

1969, 14. Juli Aufgrund seiner geringen Siedlungsdichte (27 Einwohner/km^2) ist Honduras bevorzugtes Einwandererland für die Bevölkerung des dicht besiedelten Nachbarstaats El Salvador (in den 60er-Jahren etwa 500 000). Als ein Regierungsdekret die Ausweisung salvadorianischer Siedler verfügt, verschlechtern sich die Beziehungen zwischen beiden Staaten bis zum **»Fußballkrieg«**, ausgelöst durch ein Fußballspiel. Die OAS stellt notdürftig einen Waffenstillstand her. Ein Großteil der eingewanderten Salvadorianer muss das Land verlassen.

1970 Honduras tritt als Folge des Kriegs und wegen der Verschlechterung seiner wirtschaftlichen Position aus dem »Gemeinsamen Zentralamerikanischen Markt« (MCCA) aus.

1971, 28. März Nach López Arellano wird Ramón Ernesto Cruz Uclés (*1903, †1985) zum Präsidenten gewählt. Er bildet mit der PNH und PLH eine Regierung des »Nationalen Einheitspakts«, die das Parteien- und parlamentarische System weiter diskreditiert.

1972, 4. Dez. Nach einjähriger Regierung des »Nationalen Einheitspakts« bringt, vor dem Hintergrund parteipolitischer Zwistigkeiten, ein (diesmal eher linksorientierter) Militärputsch López Arellano wieder an die Macht. Parlament und Verfassung werden suspendiert.

1974–1979 Der »Nationale Entwicklungsplan« fördert v.a. den landwirtschaftlichen Sektor, aber auch die weiterverarbeitende Industrie und Infrastruktur. Im sozialen Bereich richten sich Anstrengungen auf die Senkung des Analphabetentums (etwa 70%, 2003: 23%) und Hebung des Gesundheitswesens auf dem Land. Der Wirbelsturm »Fifi« (Sept. 1974) zerstört 75–90% der Bananenanbaugebiete. Ein Jahr später werden die Bananenplantagen der *United Brands Company* nationalisiert, der Konzern behält jedoch seine marktbeherrschende Stellung.

1975, 22. April Nach Aufdeckung einer Bestechung führender Politiker durch die *United Brands Company* (zur Senkung der Exportsteuern für Bananen) wird López Arellano in einem unblutigen Militärputsch gestürzt. Der neue Präsident Oberst Juan Alberto Melgar Castro (*1930, †1987) kündigt sofort eine Bodenreform und die Beendigung aller Privilegien ausländischer Gesellschaften an.

Juni Beginn massiver Landbesetzungen durch landlose (inzwischen gewerkschaftlich organisierte) Arbeiter.

1975–1978 Präsident Melgar erreicht einen Energieverbund mit den Nachbarstaaten und das Waffenstillstandsabkommen mit El Salvador nach erneuten Grenzgefechten. Anhaltende soziale Unruhen offenbaren die gesellschaftliche Krise.

1978, 7. Aug. Präsident Melgar wird durch einen Militärputsch gestürzt. Die Militärjunta unter General Juan Paz García (*1932, †2000) verspricht Reformen und Einhaltung der Menschenrechte.

1980, 30. Okt. El Salvadors Frieden mit Honduras beendet den seit 1969 andauernden Kriegszustand.

1982, 11. Jan. Verabschiedung der neuen demokratischen Verfassung.

27. Jan. Mit Amtsantritt von Präsident Roberto Suazo Córdova (*1927) endet die Militärherrschaft.

ab 1982 Gegner der Sandinisten in Nicaragua, (*Contra*), operieren mit massiver US-Hilfe von Honduras aus.

1985, 24. Nov. José Azcona del Hoyo (*1927, †2005) gewinnt die Präsidentschaftswahlen.

1986, 14. Dez. Der Präsident fordert die nicaraguanische *Contra* ohne Erfolg auf, Honduras zu verlassen.

1988, 8. April Studenten greifen die US-Botschaft an: Ausnahmezustand.

1989, 10. März Honduras stellt den Schuldendienst ein.

26. Nov. Aus allgemeinen Wahlen geht Rafael Leonardo Callejas Romero (*1943) von der PNH, als neuer Präsident hervor. Er will den hohen Staatsetat kürzen, um Honduras wieder kreditwürdig zu machen.

1990, Juni Abzug der nicaraguanischen *Contra* aus Honduras.

1992, 11. Sept. Der Grenzstreit zwischen Honduras und El Salvador wird durch ein Urteil des Internationalen Gerichtshofs (IGH) in Den Haag beigelegt.

1993, 28. Nov. Der ehemalige Präsident des Interamerikanischen Gerichtshofs in San José, Carlos Roberto Reina (*1926, †2003), gewinnt die Präsidentschaftswahlen (Amtsantritt 27. Jan. 1994).

1995, 6. April Nahezu geschlossen stimmt das Parlament für die Abschaffung der Wehrpflicht.

1997, 21. Dez. Carlos Roberto Flores Facussé (*1950) wird zum Präsidenten gewählt.

1998, Okt. Der Hurrikan »Mitch« richtet in Mittelamerika schwere Schäden an. Am stärksten betroffen sind Honduras und Nicaragua. In Honduras kommen mehr als 5600 Menschen ums Leben, Hunderttausende verlieren ihr Obdach, die Sachschäden liegen bei 2 Mrd. US-$.

1999, 20. Jan. Das Parlament ratifiziert eine Verfassungsänderung: Die Streitkräfte, bisher außerhalb staatlicher Kontrolle, werden dem Präsidenten unterstellt.

25.–28. Mai Eine internationale Geberkonferenz sagt Hilfe in Höhe von 9 Mrd. US-$ für die von »Mitch« betroffenen Staaten zu.

30. Nov. Ratifikation eines Abkommens mit Kolumbien über die gemeinsame Seegrenze. Dadurch verschärft sich der Streit mit Nicaragua, das ebenfalls Teile des fraglichen Gebiets beansprucht.

2000, Aug. Nach anhaltender Dürre bittet die Regierung um Lebensmittelhilfe aus dem Ausland.

20. Juni Das Oberste Gericht ermöglicht Strafverfahren gegen Militärangehörige, die unter der Militärjunta (1978–1980) Verbrechen begangen haben.

2001, 8. März Honduras und Nicaragua einigen sich über ein Stillhalteabkommen im Seekonflikt.

25. Nov. Der frühere Unternehmer Ricardo Maduro Joest (*1946) von der oppositionellen PNH gewinnt die Präsidentschaftswahlen.

2003, 5. April Gefängnisrevolte mit 69 Toten.

7. Aug. Ein neues Gesetz bestraft die Mitgliedschaft in einer Jugendbande mit drei Jahren Gefängnis: Der Staat sucht sich damit der rasant zunehmenden Jugendkriminalität zu erwehren.

Nov. Der Internationale Währungsfonds (IWF) gewährt Honduras einen Schuldenerlass von 965 Mio. US-$ unter der Bedingung, dass die Summe in Sozialprogramme investiert wird.

2005, 3. März Ratifizierung des Beitritts zum CAFTA (Zentralamerikanisches Freihandelsabkommen).

27. Nov. Bei der Präsidentschaftswahl kommt es zu einem Kopf-an-Kopf-Rennen: Der Kandidat des PLH, José Manuel Zelaya Rosales (*1952), siegt mit 49,9 % der Stimmen über Porfirio Lobo Sosa (*1947, 46,2 %) vom regierenden PNH.

21. Dez. Vollständiger Schuldenerlass durch den IWF und die Weltbank, der schon vom G-8-Gipfel im Juli befürwortet wurde.

2006, 27. Jan. Amtsantritt von Präsident Zelaya Rosales.

2007 Von den 7. Mio. Honduranern leben und arbeiten 1 Mio. im Ausland, v. a. in den USA. Deren Rücküberweisungen stützen die Wirtschaft mit 2,8 Mrd. US-$ pro Jahr.

Nicaragua seit 1936/56 | Forts. v. S. 1321 |

Die von Anastasio »Tacho« Somoza García (*1896, †1956) mit US-Hilfe (1936/37) begründete Familiendynastie regiert bis 1979. Somoza (1937–1947, 1950–1956) herrscht zwei Jahrzehnte mit diktatorischen Maßnahmen (Aufbau eines vom Familienclan kontrollierten Wirtschaftsimperiums) und macht Nicaragua zum Inbegriff der Rückständigkeit und politischen Reaktion. Seine eigene Herrschaft sichert er durch die *Guardia Nacional*, die als öffentlich finanzierte Privatarmee fungiert, und durch den Aufbau einer disziplinierten Partei, des *Partido Liberal Nacionalista* (PLN), die durch Wahlen und Kongressbeschlüsse die formale Legalität wahrt.

Der von breiten Schichten getragene bewaffnete Aufstand der Sandinisten beendet 1979 die Familienherrschaft der Somozas. Die aktive Unterstützung der USA für die antisandinistische Contra-Bewegung behindert jedoch ein weiteres Jahrzehnt die politische und wirtschaftliche Entwicklung des Landes. Seit 1990 werden zwar Wahlergebnisse von allen politischen Akteuren akzeptiert, doch dominieren weiterhin Personalismus und Klientelismus. Nicaragua ist weit von rechtsstaatlichen Verhältnissen entfernt.

Trotz der 1950–1970 begonnenen Industrialisierung ist Nicaragua bis heute ein nach außen gerichtetes und von außen abhängiges Agrarexportland. Die Industrialisierungsansätze werden durch das Erdbeben von 1972, Korruption der Somoza-Familie, bewaffnete Konflikte nach 1978 und die Emigration vieler Unternehmer weitgehend zerstört. 1970 stellen die vier traditionellen Exportgüter Baumwolle, Kaffee, Zucker und Bananen noch 45 % der Exporte. Bis 2006 verschiebt sich die Exportpalette nur leicht: es dominieren Kaffee (17 %), Fleisch (15 %), Meeresfrüchte (11 %) und Zucker (5 %). Nicaragua leidet unter einem hohen strukturellen Außenhandelsdefizit: Der Export deckt nur ein Drittel der Importe. Die hohe Auslandsverschuldung kann nur durch Verzicht der Gläubigerländer abgebaut werden. Das Bevölkerungswachstum ist weiterhin hoch (1950–1985: etwa 3 %, 2006: 1,89 %). Die wirtschaftliche Lage mildern nur hohe Überweisungen der Emigranten (v. a. aus den USA) etwas.

Außenpolitisch kann die Vermittlung der OAS bewaffnete Grenzkonflikte mit Costa Rica (1948/49, 1955) und Honduras (1957) beilegen. Das Gros der außenpolitischen Aktivitäten ist auf Mittelamerika gerichtet. Grenzkonflikte mit Honduras, Kolumbien (über Seerechte) und Costa Rica (San Juan-Fluss) halten an.

1956, 29. Sept. Nach der Ermordung Somozas wird, abgesichert durch die vom Vater aufgebauten Machtinstrumente, sein ältester Sohn Luis Somoza Debayle (*1922, †1967) Präsident.

1963, Febr. Wegen des Wiederwahlverbots der Verfassung übernimmt nach Wahlen René Schick Gutiérrez (*1909, †1966), ein Gefolgsmann von Luis Somoza, die Macht.

1966 Nach dessen Tod wird Lorenzo Guerrero (*1900, †1981) Präsident.

1967 Der Ernennung des jüngeren »Tacho«-Sohns Anastasio Somoza Debayle (»Tachito«; *1925, †1980) zum Präsidentschaftskandidaten des PLN folgt ein ernsthafter Versuch, die zersplitterte Opposition in der *Unión Nacional Opositora* zu vereinen. Gegen ein angeblich »kommunistisches Komplott« beginnt die verschärfte Jagd auf Oppositionelle (paramilitärische Schlägertruppe AMROC). Die sich im Untergrund formierende linke Opposition wie die »Sandinistische Befreiungsfront« (*Frente Sandinista de Liberación Nacional* FSLN) versucht, durch gelegentliche spektakuläre Aktionen Widerstand zu demonstrieren.

5. Febr. Einschüchterung, Propaganda und Manipulation sichern Anastasio Somoza die Wahl zum Präsidenten.

1971 Die beiden großen Parteien schließen ein Abkommen: Nach Beendigung der Präsidentschaft Somozas soll das Land gemeinsam eine Regierungsjunta bis 1974 regieren, die »Demokratisierung« Nicaraguas einleiten und die Ausarbeitung einer neuen Verfassung ermöglichen.

1972, 1. Mai Nach dem Rücktritt Somozas übernimmt eine Regierungsjunta (Triumvirat) mit Roberto Martínez Lacayo (*1899, †1984; PLN), Fernando Agüero Rocha (*1920; *Partido Conservador*, PCN) und Alfonso Lovo Cordero (*1927; PLN) die Gewalt.

23. Dez. Der verheerenden Erdbebenkatastrophe, die die Hauptstadt Managua fast völlig zerstört, folgt eine politische Krise: Als Armeeoberbefehlshaber zieht Somoza in einem Nationalen Krisenrat alle Notstandskompetenzen an sich. Außerdem zweigt der Somoza-Clan einen Großteil der Hilfsgüter für sich ab.

1974, 1. Sept. Bei den Wahlen wird Somoza erwartungsgemäß für sechs Jahre zum Präsidenten gewählt.

1975/1977 Innenpolitisch spitzt sich die Lage seit 1975 stetig zu: Der Widerstand der FSLN nimmt zu (Okt. 1977 gescheiterter Staatsstreich).

1978, 10. Jan. Die Ermordung des bedeutenden Oppositionspolitikers Pedro Joaquín Chamorro (*1924) provoziert einen Generalstreik und gewaltsame Demonstrationen.

Aug. Ein Kommando der FSLN besetzt das Parlament und erzwingt die Freilassung politischer Gefangener. Weitere Aktionen, von großen Teilen der Bevölkerung unterstützt, treiben nach Besetzung der Stadt Matagalpa zum Bürgerkrieg. Den Aufruhr der Bevölkerung schlägt die Nationalgarde blutig nieder (zahlreiche Tote und Verletzte).

1979, Juni Aktionen der FSLN weiten sich erneut zum Bürgerkrieg aus. SOMOZA verliert die Unterstützung der USA und der Nachbarländer.

17. Juli SOMOZA erklärt seinen Rücktritt und verlässt das Land. Die »Junta des Nationalen Wiederaufbaus« übernimmt unter TOMÁS BORGE MARTÍNEZ (*1930) die Regierungsgewalt. Der Bürgerkrieg, der fast 40 000 Tote gefordert hat, ist zu Ende. Die Junta leitet eine Bodenreform ein und enteignet die Somozas. Die Sandinisten verdrängen die bürgerlichen Kräfte aus der Regierungsjunta.

1981, 28. Sept. Generalmobilmachung gegen die Invasion der von den USA unterstützten Anhänger SOMOZAS und Gegenrevolutionäre aus Honduras.

1982 Zwangsumsiedlung von 8500 Miskitos ins Landesinnere. Etwa 10 000 Indios fliehen nach Honduras. Kuba hilft Nicaragua mit Militärberatern, Geld und Technik

1983, 4. März Papst JOHANNES PAUL II. ruft bei einer Predigt in Managua zur Versöhnung auf.

1984, 10. Mai Der Internationale Gerichtshof (IGH) in Den Haag fordert die USA auf, die unter Beteiligung des CIA unternommene Verminung nicaraguanischer Häfen (Febr.–April) einzustellen.

4. Nov. Wahlsieg des regierenden FSLN: DANIEL ORTEGA (*1945) wird mit 63 % der Stimmen zum Präsidenten gewählt.

1985, 1. Mai Die USA verhängen ein vollständiges Handelsembargo gegen Nicaragua.

12. Juni Im Exil gründen drei Führer der Opposition (*Contra*) die »Nicaraguanische Oppositionsunion« zur Bekämpfung des sandinistischen Regimes.

1987, 9. Jan. Die neue Verfassung tritt in Kraft.

5. Okt Regierung und elf Oppositionsparteien nehmen im Rahmen des mittelamerikanischen Friedensprozesses einen nationalen Dialog auf.

1988, 24. Aug. Die Nationalversammlung beschließt bei Abwesenheit von 21 Oppositionsabgeordneten ein neues Wahlgesetz.

1990, 25. Febr. VIOLETA BARRIOS DE CHAMORRO (*1929), die Witwe des 1978 ermordeten PEDRO JOAQUÍN CHAMORRO, erreicht bei den Präsidentschaftswahlen etwa 55 % der Stimmen, DANIEL ORTEGA etwa 41 %. Im Parlament verfügt die »Nationale Oppositionsunion« (*Unión Nacional Opositora*, UNO), ein Bündnis von 14 Kleinparteien aller Orientierungen, über 51 Sitze gegenüber 39 der Sandinisten. Die Sandinisten akzeptieren ihre überraschende Niederlage.

27. Juni Offizielles Ende der Entwaffnung der *Contra*, die den Bürgerkrieg für beendet erklärt.

Mai/Juli Nach den Streiks gegen die Wirtschaftspolitik der Regierung wird ein Kompromiss ausgehandelt: Lohnerhöhung und Aussetzung der von der Regierung verfügten Rückgabe von enteignetem Land.

1995, 21. Febr. HUMBERTO ORTEGA (*1947), der Bruder DANIEL ORTEGAS, tritt als Oberkommandierender der Streitkräfte zurück. Nachfolger wird JOAQUIN CUADRA LACAYO (*1946).

4. Juli Mit Inkrafttreten der neuen Verfassung konstituiert sich Nicaragua als Sozial- und Rechtsstaat.

1996, 20. Okt. Bei den Präsidentschaftswahlen siegt der Kandidat der »Liberalen Allianz«, ARNOLDO ALEMÁN LACAYO (*1946). Amtsantritt am 10. Jan. 1997.

1997, Sept. Die im Rahmen der Landreform während der sandinistischen Herrschaft erfolgten Enteignungen werden per Gesetz legalisiert.

1998, April Unterzeichnung eines Umschuldungsabkommens mit den im Pariser Club zusammengeschlossenen Gläubigerstaaten.

Okt. Wie das Nachbarland Honduras, wird auch Nicaragua von dem über Mittelamerika tobenden Hurrikan »Mitch« besonders getroffen. Das Land wird dadurch wirtschaftlich um Jahrzehnte zurückgeworfen.

1999, Okt. Ausrufung des Notstands wegen schwerer Regenfälle.

2000, 5. Nov. Bei Kommunalwahlen siegt der oppositionelle FSLN in den meisten Bezirken und den Provinzhauptstädten.

2001, 8. März Im Streit um ein Seegebiet in der Karibik verständigen sich Nicaragua und Honduras auf ein Stillhalteabkommen.

4. Nov. Bei der Präsidentenwahl siegt der bisherige Vizepräsident ENRIQUE BOLAÑOS (*1928) vom regierenden *Partido Liberal Constitucionalista* (PLC) über den Sandinisten DANIEL ORTEGA.

2003, 19. Febr. 42 Abgeordnete des PLC kündigen Präsident BOLAÑOS die Gefolgschaft auf. Damit verliert die Regierung ihre Mehrheit im Parlament.

7. Dez. Expräsident ALEMÁN LACAYO wird wegen Geldwäsche, Betrug und Veruntreuung von Staatsgeldern zu 20 Jahren Haft und einer Geldstrafe von 17 Mio. US-$ verurteilt. Er kann die Strafe jedoch im Hausarrest verbringen und spielt weiterhin eine wichtige politische Rolle.

2004 Das G-8-Treffen beschließt einen weiteren Schuldenerlass für Nicaragua von 4,5 Mrd. US-$ (HIPC-Initiative).

2005, 30. Mai Präsident BOLAÑOS ruft den Notstand aus, um die durch steigende Energiepreise ausgelöste Krise zu bewältigen.

Okt. Ratifizierung des *Central American Free Trade Agreement* (CAFTA), ein Freihandelsabkommen der USA mit Ländern Zentralamerikas.

2006, 5. Nov. DANIEL ORTEGA (FSLN) gewinnt mit geändertem Wahlrecht im ersten Wahlgang mit 38 % der Stimmen die Präsidentschaftswahl gegen den Liberalen EDUARDO MONTEALEGRE (*1955). Den Wahlkampf führt er nicht mehr als sozialistischer Revolutionär, sondern als geläuterter Katholik (Abtreibungsverbot als Wahlversprechen).

2007, 10. Jan. Amtsantritt von Präsident ORTEGA. Innenpolitisch setzt er soziale Akzente (Abschaffung des Schulgeldes), außenpolitisch schließt er sich dem von Venezuelas Präsident CHÁVEZ betriebenen ALBA-Projekt (*Alternation Boliviarana para América Latina y el Caribe*) an.

Costa Rica seit 1947 | Forts. v. S. 1321 |

1947 Unter Nachwirkungen der Weltwirtschaftskrise (1929) bildet sich in Costa Rica eine politische Erneuerungsbewegung, deren Führer José Figueres Ferrer (*1906, †1990) wird. Die Unzufriedenheit mit der Regierung wirkt sich in Tumulten und Streiks aus.

1948 Bei Wahlen stehen sich der Expräsident (1940–1944) Rafael Ángel Calderón Guardia (*1900, †1971) und als Oppositionskandidat Otilio Ulate Blanco (*1891, †1973) gegenüber, der mit knapper Mehrheit siegt. Als die Regierung die Wahl annulliert und Ulate verhaftet, zwingt sie Figueres in einem sechswöchigen Bürgerkrieg zur Kapitulation.

Bürgerkrieg

Der Bürgerkrieg von 1948 bedeutet einen entscheidenden Einschnitt in die politische Geschichte Costa Ricas, der sich für die parlamentarische Demokratie stabilisierend auswirkte: Den überlieferten personalistisch strukturierten Gruppen tritt nun mit dem *Partido Liberación Nacional* (PLN) eine programmatisch orientierte Parteiorganisation gegenüber, die mit ihrem sozialdemokratischen Reformprogramm eine Alternative zu dem nahezu gleich starken konservativ-liberalen Parteienblock der *Unificación Nacional* bildet, mit dem sie seither fast regelmäßig in der Regierungsbildung alterniert. Seit Jahrzehnten zählen die politischen Verhältnisse Costa Ricas zu den stabilsten in ganz Lateinamerika. Erst gegen Ende des 20. Jh.s verliert das Zwei-Parteien-System seine Dominanz.

Die Landwirtschaft, v. a. Kaffee mit 3 % des Exports und Bananen mit 7 %, nimmt nach wie vor einen wichtigen Rang in der produzierenden Wirtschaft ein, erbringt ein Fünftel der Exporteinnahmen und 8 % des Sozialprodukts. Die Landbesitzverteilung ist in Costa Rica wesentlich weniger ungleich als in den meisten lateinamerikanischen Staaten. Die Existenz einer breiten Mittelschicht ist das Erbe der bäuerlichen Kolonisierung, die keinen Raum für eine ländliche Aristokratie oder breite besitzlose Schichten ließ. Etwa 90 % der Fläche werden von den Eigentümern selbst bewirtschaftet.

Nach dem Zweiten Weltkrieg beginnt der Aufbau einer Industrie und erreicht eine wachsende Dynamik, sodass das Land in einzelnen Bereichen, z. B. in der chemischen Industrie, eine Führungsstellung in Zentralamerika erringt, auch in der Produktion elektronischer Bauteile; der Anteil der Industriegüter am Export steigt dadurch wertmäßig auf 77 %. Zu einem wichtigen Devisenbringer entwickelt sich auch der (Öko-)Tourismus

1948, 8. Mai Nach der Proklamation der »Zweiten Republik Costa Rica« erklärt Figueres Ferrer als provisorischer Regierungschef das Heer für aufgelöst.

1949, 7. Nov. Der rechtmäßig gewählte Präsident Ulate Blanco übernimmt die Staatsgewalt und gründet den *Partido Liberación Nacional* (PLN).

1953 Bei den folgenden Wahlen wird Figueres Ferrer mit großer Mehrheit zum Präsidenten gewählt. Sein Reformprogramm soll den landwirtschaftlichen Anbau diversifizieren, die Industrialisierung fördern und die Sozialfürsorge verbessern.

1958 Nach Spaltung des PLN gewinnt der Konservative Mario Echandi Jiménez (*1915) bei den nächsten Wahlen eine knappe Mehrheit.

1962–1970 Der PLN stellt mit Francisco Orlich Bolmarcich (*1907, †1969; 1962–1966) den Präsidenten, der vom Konservativen José Joaquín Trejos Fernández (*1916; 1966–1970) abgelöst wird.

1970–1974 Figueres Ferrer ist ein drittes Mal im Präsidentenamt. In Einklang mit dem Programm des PLN befürwortet er v. a. soziale Reformen, u. a. Verstaatlichung der Grundindustrien und Banken, eine Agrarreform und den Ausbau sozialer Leistungen.

1974 Bei den Präsidentschafts- und Parlamentswahlen verliert der PLN die bisherige absolute Mehrheit. Der Kandidat der Partei, Daniel Oduber Quirós (*1921, †1991), wird jedoch zum Präsidenten gewählt.

1978, 5. Febr. Bei den Präsidentschaftswahlen siegt der Kandidat des konservativen *Partido Unido* (PUN), Rodrigo Alberto Carazo Odio (*1926). Er hat im Wahlkampf der Regierungspartei wachsende Bürokratisierung vorgeworfen.

1979, Juni Costa Rica unterstützt aktiv die revolutionäre Gegenregierung Nicaraguas. 1981 folgen die Abwendung von den Sandinisten und Annäherung an die USA.

1982, 7. Febr. Wahlsieg des PLN: Luis Alberto Monge Álvarez (*1925) wird zum Präsidenten gewählt.

Aug. Sparmaßnahmen zur Überwindung der schweren Wirtschaftskrise.

1983, 17. Nov. Präsident Monge Álvarez proklamiert Costa Ricas immerwährende Neutralität.

1984, 22. Juni Für Costa Ricas Auslandsschulden wird mit 220 Gläubigerbanken ein Stillhalteabkommen mit Tilgungsaussetzung abgeschlossen.

1985 Kämpfe mit Nicaragua (1986 beigelegt). Trotz erklärter Neutralität erhält Costa Rica erstmals seit 40 Jahren US-Militärhilfe.

1986, 2. Febr. Bei den Präsidentschafts- und Parlamentswahlen wird der sozialdemokratische Kandidat, Óscar Arias Sánchez (*1941), mit 52 % der Stimmen zum Präsidenten gewählt.

1987 Arias erhält für seinen Friedensplan für Mittelamerika den Friedensnobelpreis.

1990, 4. Febr. Die Präsidentschaftswahlen gewinnt Rafael Ángel Calderón Fournier (*1949) (51 %). Bei den Parlamentswahlen erringt sein *Partido de Unidad Socialcristiana* (PUSC) 29 Sitze, der PLN 25. Die Innenpolitik Arias' gilt als gescheitert.

1994, 6. Febr. José María Figueres Olsen (*1954; PLN) gewinnt die Präsidentschaftswahlen.

1995, 16. Aug. Präsident Figueres Olsen einigt sich mit der Gewerkschaft über eine Rentenreform und eine Erhöhung der Beamtengehälter.

1998, 1. Febr. Bei den Parlamentswahlen wird der oppositionelle PUSC stärkste Partei. Sein Kandidat Miguel Ángel Rodríguez Echeverría (*1940) gewinnt auch die gleichzeitig stattfindenden Präsidentschaftswahlen.

2000, Juni Costa Rica und Nicaragua einigen sich über eine verbesserte Überwachung der gemeinsamen Grenze, um den Drogenschmuggel zu unterbinden.

2001 Der Tourismus ist inzwischen eine der wichtigsten Devisenquellen: Über eine Mio. ausländische Gäste besuchen Costa Rica.

März Die Entscheidung der Regierung, einer US-Ölfirma Probebohrungen in einer von Indios besiedelten Region zu gestatten, führt zu heftigen Protesten.

2002, 8. Mai ABEL PACHECO DE LA ESPRIELLA (*1933; PUSC) tritt sein Amt als Präsident an.

2003, März Costa Rica unterstützt, anders als die meisten Staaten Lateinamerikas, den US-Angriff auf den Irak.

4. April Das Verfassungsgericht hebt einen Erlass von 1969 auf, der ehemaligen Präsidenten und Vizepräsidenten die Kandidatur für das Präsidentenamt verbot. Hierdurch wird Expräsident ARIAS eine Kandidatur im Jahr 2006 ermöglicht.
Zunehmende Unzufriedenheit wegen ausbleibender Reformen; Ermittlungen gegen PLN und PUSC wegen illegaler Wahlkampffinanzierung.

2004, 25. Jan. Costa Rica unterzeichnet den Vertrag über das Zentralamerikanische Freihandelsabkommen (CAFTA), ratifiziert ihn jedoch nicht.
Mit RAFAEL ÁNGEL CALDERÓN FOURNIER und MIGUEL ÁNGEL RODRÍGUEZ ECHEVERRÍA sitzen zeitweise zwei Expräsidenten wegen Korruptionsvorwürfen in Untersuchungshaft und anschließendem Hausarrest. RODRÍGUEZ muss wegen der Vorwürfe von seinem neuen Amt als OAS-Generalsekretär zurücktreten. Expräsident JOSÉ MARÍA FIGUERES OLSEN tritt – ebenfalls wegen Korruptionsverdachts – von seiner Position beim Weltwirtschaftsforum zurück.

2005, Okt. CALDERÓN und RODRÍGUEZ werden aus dem Hausarrest entlassen, da Untersuchungshaft nur für maximal ein Jahr verhängt werden darf.

2006, 5. Febr. ÓSCAR ARIAS SÁNCHEZ (PLN) wird mit 40,9 % der Stimmen zum zweiten Mal zum Präsidenten gewählt. Da sein Gegenkandidat OTTÓN SOLÍS FALLAS (*1954) vom linken *Partido Acción Ciudadana* (PAC) nur um wenige Stimmen zurückliegt, wird eine Neuauszählung der Stimmen per Hand angeordnet. ARIAS tritt, anders als SOLÍS, für die Ratifizierung des Freihandelsabkommens (CAFTA) ein. Die USA, mit 40 % wichtigster Außenhandelspartner, drängen auf eine weitere wirtschaftliche Öffnung des Landes.

2007, 7. Okt. In einem Referendum billigt die Bevölkerung mit 51,6 % der Stimmen den Beitrit zum Freihandeslabkommen CAFTA.

Panama seit 1947 | Forts. v. S. 1323 |

Die **Abhängigkeit von den USA** seit der Unabhängigkeit 1903 und anhaltende Versuche der Eliten Panamas, sich daraus wieder zu lösen, bestimmen die politische und wirtschaftliche Entwicklung des Landes. Politisch gelingt die Emanzipation mit Abschluss der **Torrijos-Carter-Verträge** von 1977, die die Rückgabe des Panamakanals und der Kanalzone bis Ende 1999 sowie Betrieb und Sicherheit des Kanals regeln. Auch die **US-Intervention von 1989** verhindert nicht die Umsetzung der Verträge.

Die Wirtschaft des Landes ist zweigeteilt: Der traditionelle Agrarsektor beschäftigt noch 18 % der Erwerbstätigen und stellt 8 % des Sozialprodukts. Sieht man von der Freizone Colón ab, die mit ihrem global orientierten Im- und Export die Außenhandelsstatistik beherrscht, so stellen Produkte aus Landwirtschaft und Fischerei sogar 74 % des sonstigen Exports (davon 41 % Fisch und Meeresprodukte, 9 % Bananen, 8 % Melonen) dar. Neben dem schwach entwickelten Industriesektor (ca. 20 % der Wirtschaftsleistung und Beschäftigten), der stark binnenorientiert ist, dominiert der Dienstleistungssektor mit ca. 75 % das BSP. Außer dem Kanal (mit seinen Gebühren und Serviceeinrichtungen, wie die Freizone Colón) sind hier der Bankensektor, Versicherungen, das Schiffsregister und neuerdings der Tourismus zu nennen. Diese Sektoren der schon seit 1903 vom US-Dollar abhängigen Wirtschaft konzentrieren sich in Panama-Stadt und um den Kanal, während das übrige Panama unter der Teilung des Landes durch den Kanal und einer mangelhaften Infrastruktur leidet. Der wirtschaftlichen Spaltung des Landes entspricht somit auch eine soziale.

In seinen internationalen Beziehungen baut Panama auf Freihandelsverträge mit möglichst vielen Partnern. Die regionale Integration (Mittelamerika) wird vernachlässigt. Auch nach der NORIEGA-Ära ist das Land immer wieder Vorwürfen wegen Drogen- und Waffenschmuggels sowie Geldwäsche ausgesetzt.

1947 Panama kündigt den im Zweiten Weltkrieg abgeschlossenen Stützpunktvertrag mit den USA, die zusagen, die Stützpunkte schnellstmöglich zu räumen.

1951, 9. Mai Nach erneuten innenpolitischen Spannungen wird Präsident ARNULFO ARIAS MADRID (*1901, †1988) vom Kommandanten der Nationalpolizei, Oberst JOSÉ ANTONIO REMÓN CANTERA (*1908, †1955) gestürzt, der sich 1952 zum Präsidenten wählen lässt.

1955, 25. Jan. REMÓN CANTERA erreicht im Remón-Eisenhower-Vertrag, der erst nach seiner Ermordung unterzeichnet wird, eine neuerliche **Vertragsrevision**: Die Jahrespacht der **Panamakanalzone** wird auf 1,93 Mio. Dollar festgelegt; es gilt ein einheitlicher Lohnindex für alle Arbeitnehmer in der Kanalzone; die USA verzichten auf ihr Straßen- und Eisenbahnmonopol durch den Isthmus und geben requirierte Territorien an Panama zurück. Dafür erhalten sie u. a. das Recht auf Nutzung von Manövergebieten für 15 Jahre und den Bau einer strategischen Autobahn.

Konflikt um den Panamakanal

Trotz der Vertragsrevision von 1955 können die USA die Unzufriedenheit in Panama auch durch weitere Zugeständnisse nicht abfangen, sodass 1963 eine Grundsatzrevision des Panamakanalvertrags ansteht. Ehe sie jedoch realisiert werden kann, brechen 1964 über den sog. Flaggenstreit schwere antiamerikanische Ausschreitungen aus. Nach deren Beendigung bleiben mehrere Konferenzen mit den USA erfolglos.

1968, 11. Okt. Im Gefolge des Flaggenstreits stürzt die Nationalgarde unter Omar Torrijos Herrera (*1929, †1981) den Präsidenten Arnulfo Arias Madrid mit dem Ziel der »Wiedergewinnung der nationalen Souveränität«. Zunächst regiert eine **Offiziersjunta** diktatorisch per Dekret, politische Parteien werden verboten. Die neue Regierung beginnt wirtschaftliche, soziale und politische Reformen.

1970 Reform des Bankengesetzes. Panama entwickelt sich zum *offshore*-Bankenzentrum.

1972 Nach dem Ausräumen innerer Differenzen gelingt es Torrijos, als »Oberster Führer der panamesischen Revolution« anerkannt zu werden. Er erhält umfassende Vollmachten für sechs Jahre und übernimmt auch formell die Leitung der Regierung. Eine **neue Verfassung** tritt in Kraft. Demetrio Basilio Lakas Bahas (*1925, †1999) fungiert formell als faktisch einflussloses Staatsoberhaupt (1969–1978).

1973, 15.–21. März Panama mobilisiert gezielt internationale Unterstützung für seine Position gegen die USA, besonders erfolgreich bei einer Tagung des UN-Sicherheitsrates in Panama-Stadt im März.

1974, 7. Febr. Nachdem jahrelang Verhandlungen zwischen den **USA** und **Panama** über einen neuen Vertrag stagniert haben, unterzeichnen die Außenminister beider Länder, Henry Kissinger und Juan Antonio Tack (*1934), ein **Grundsatzabkommen**, das die schrittweise Übergabe des Kanals und der Kanalzone an Panama vorsieht.

1977, 7. Sept. Nach weiteren langwierigen Verhandlungen unterzeichnen US-Präsident Jimmy Carter und Omar Torrijos **neue Kanalverträge**: Übergabe der Kanalzone in die Souveränität Panamas ab 1. Jan. 2000. Zusatzabkommen sollen die Neutralität der Wasserstraße sowie das Recht der USA sicherstellen, den Kanal gegen jede Bedrohung zu verteidigen. Die Verträge werden 1978 erst nach einem schwierigen Verhandlungsprozess durch den US-Senat ratifiziert und treten nach Verabschiedung der nötigen Ausführungsgesetze am 1. Okt. 1979 in Kraft.

1978, 11. Okt. Bei Neuwahlen, durch die die Ämter des Staats- und Ministerpräsidenten wieder zusammengelegt werden, wird Aristides Royo (*1940) zum Staats- und Regierungschef gewählt. Omar Torrijos Herrera bleibt Befehlshaber der Nationalgarde.

1981, 31. Juli Torrijos stirbt bei einem Flugzeugabsturz. Neuer »starker Mann«, seit 1983 auch offizieller Chef der Nationalgarde, wird Manuel Antonio Noriega (*1938).

1982, 30. Juli Ricardo de la Espriella (*1934) wird Präsident und Regierungschef.

1983, 24. April Mit großer Wählermehrheit wird eine **neue Verfassung** angenommen.

1984, 13. Febr. Jorge E. Illueca Sibauste (*1918) wird nach Rücktritt de la Espriellas Interimspräsident.

11. Okt. Nach seinem Wahlsieg am 6. Mai übernimmt Nicolas Ardito Barletta Vallarino (*1938) das Amt des Staats- und Regierungschefs.

1987 Der eigentliche Machthaber und Oberbefehlshaber der Streitkräfte, General Manuel Antonio Noriega, wird öffentlich des politischen Mordes und des Wahlbetrugs bezichtigt.

1988, 26. Febr. Nachdem Noriega in den USA wegen Rauschgifthandels angeklagt wird, gelingt es Präsident Eric Arturo Delvalle (*1937; Staatschef seit 28. Sept. 1985) nicht, ihn abzusetzen. Delvalle wird vielmehr selbst seines Amtes enthoben. Provisorischer Nachfolger wird Manuel Solís Palma (*1917).

1989, 7. Mai Bei Präsidentschaftswahlen kommt es trotz internationaler Kontrolle zu Unregelmäßigkeiten. Nachdem die Opposition den Sieg für sich reklamiert, erklärt der Nationale Wahlrat die Wahl am 10. Mai für ungültig.

15. Dez. General **Noriega übernimmt die Regierung** und erklärt den Kriegszustand mit den USA.

20. Dez. **Die USA greifen Panama an.** Als Ziele der Invasion gelten Gewährleistung der Sicherheit von US-Bürgern und US-Eigentum in Panama, Unterbindung des Drogenhandels und Durchsetzung der Demokratie. Bei Kämpfen kommen nur 23 US-Soldaten, aber (offiziell) 516 Panamesen, v. a. Zivilisten, ums Leben. Inoffizielle Schätzungen liegen wesentlich höher. Noriega sucht am 24. Dez. in der Apostolischen Nuntiatur in Panama-Stadt Zuflucht. Der Wahlsieger vom 7. Mai, Oppositionsführer Guillermo Endara Galimany (*1936), wird neuer Präsident.

1990, 4. Jan. Noriega verlässt unfreiwillig die Nuntiatur und wird von US-Behörden in die USA gebracht und dort in Untersuchungshaft genommen.

1991, 5. Sept. In Miami beginnt der **Prozess gegen Noriega**, u. a. wegen des Verdachts auf Rauschgifthandel. Er wird am 10. Juli 1992 zu 40 Jahren Haft verurteil.

1994, 8. Mai Ernesto Pérez Balladares (*1946), Demokratisch-Revolutionäre Partei (PRD), gewinnt die Präsidentschaftswahlen und wird am 1. Sept. neues Staatsoberhaupt Panamas.

1998, 30. Aug. Bei einem Verfassungsreferendum lehnen 64 % der Wähler die vom Parlament gebilligte unmittelbare Wiederwahl des Präsidenten ab.

1999, 2. Mai Mireya Moscoso (*1946), Witwe des dreimaligen Staatschefs Arnulfo Arias Madrid, gewinnt die Präsidentschaftswahlen. Bei den zugleich stattfindenden Parlamentswahlen wird das Bündnis *Nueva Nación*, zu dem auch der bisher regierende PRD gehört, stärkste politische Kraft.

14. Dez. Der ehemalige US-Präsident Carter übergibt in einer Zeremonie an der Miraflores-Schleuse den Kanal an Panama. **Am 31. Dez. endet die Hoheit der USA über die Kanalzone auch formell.** Die neue *Autoridad del Canal de Panamá* übernimmt die Aufgaben der bisherigen Kanalkommission.

2000, 27. Dez. Die Regierung gibt die Einrichtung einer Wahrheitskommission bekannt, die das »Verschwinden« von ca. 50 Personen in den Jahren 1968–1989 untersuchen soll.

2004, 2. Mai Bei der Präsidentschaftswahl siegt der Sohn des früheren autokratischen Machthabers General Omar Torrijos Herrera, Martín Torrijos Espino (*1963) als Kandidat der Mitte-Links-Allianz aus PRD und Volkspartei (PP); er übernimmt am 1. Sept. sein

Amt und vertritt einen strikten Sparkurs. Der PRD wird bei den gleichzeitig stattfindenden Parlamentswahlen mit 37,9 % der Stimmen stärkste Kraft.

2006, 24. April Torrijos kündigt eine umfangreiche Erweiterung des Kanals bis 2014 an. Das Vorhaben wird am 22. Okt. durch Volksabstimmung gebilligt; die Kosten von 5,3 Mrd. Dollar sollen durch eine Anhebung der Transitgebühren finanziert werden.

Dez. Abschluss eines Handelsabkommens mit den USA, dessen Ratifizierung im US-Senat jedoch noch aussteht.

2007, 3. Sept. Offizieller Baubeginn zur Erweiterung des Panamakanals.

Abhängige Gebiete seit 1962

| Forts. v. S. 1314, 1315 |

In den formell unter europäischer Herrschaft verbleibenden Territorien der Karibik wird nach dem Zweiten Weltkrieg der kulturelle und wirtschaftliche Einfluss der USA dominierend. Die Verantwortung für die militärische Sicherheit geht de facto auch für den Bereich des Britischen Commonwealth auf die USA über.

Die gegenwärtig noch abhängigen Gebiete sind kaum mehr an einer erweiterten oder vollständigen Unabhängigkeit interessiert, da die bestehende Einbindung in die Strukturen der EU und die hohen Subventionen der europäischen Mutterländer bei weitgehenden ökonomischen Freiheiten (Finanzzentren, *off-shore-banking*) den Einwohnern einen Lebensstandard ermöglichen, der bei völliger staatlicher Unabhängigkeit kaum aufrechtzuerhalten wäre.

Zu **Großbritannien** gehören weiterhin als Übersee-Territorien Anguilla, die Cayman-Inseln, Bermuda, die Turks- und Caicos-Inseln, die Britischen Jungferninseln und die Falklandinseln.

1962, Febr. Die Cayman- sowie die Turks- und Caicos-Inseln entscheiden sich nach dem Scheitern der Westindischen Föderation für den **Status einer Kronkolonie** mit beschränkter Autonomie. Die **Cayman-Inseln** entwickeln sich zu einem erfolgreichen Touristik- und Finanzzentrum, das inzwischen ihren 45 000 Einwohnern einen sehr hohen Lebensstandard sichert.

1967, 1. März Einige britische Besitzungen in **Westindien** schließen sich zu den »Assoziierten Staaten Westindiens« (*The West Indies Associated States*) zusammen. Der Zusammenschluss umfasst bei Gründung die (z. T. zu den Leeward- und Windward-Inseln gehörigen) Territorien Antigua, St. Christopher (Saint Kitts), Nevis-Anguilla, Dominica, St. Lucia, Saint Vincent und Grenada. Zwischen 1974 (Grenada) und 1983 (Saint Kitts und Nevis) werden bis auf Anguilla alle diese Inseln unabhängig.

1967, April Die Britischen Jungferninseln (Kronkolonie) erlangen ihre innere Autonomie.

1968, 8. Juni **Bermuda** erhält innere Autonomie und eine Verfassung: Einführung des allgemeinen Wahlrechts, Ausweitung der Selbstregierung, volle **innere Selbstverwaltung**. Es regiert zunächst die gemäßigt konservative *United Bermuda Party* (UBP, seit 1963), 1982–1995 unter John D. Swan (*1935). 1995 wird mit 73 % die Unabhängigkeit per Referendum abgelehnt; im gleichen Jahr werden die 1941 errichteten US-Militärstützpunkte geschlossen. 1998 gewinnt erstmals die *Progressive Labour Party* (PLP) die Wahlen. Seit Juli 2003 führt Alex Scott (*1940; PLP) die Regierung, der am 30. Okt. 2006 von Ewart Frederick Brown Jr. (*1946) abgelöst wird. Am 18. Dez. 2007 werden Brown und die PLP durch Wahlen bestätigt.

1980 Anguilla trennt sich endgültig von Saint Kitts und Nevis und erhält am 1. April 1982 eine eigene Verfassung.

1982, 2. April Die Besetzung der Falklandinseln durch Argentinien löst den **Falklandkrieg** aus. Die argentinischen Truppen kapitulieren am 14. Juni. Da Argentinien seinen Souveränitätsanspruch nie aufgegeben hat, stehen weiterhin britische Truppen (ca. 1700 Mann) auf den Inseln.

1985, 3. Okt. Die Falklandinseln erhalten eine eigene Verfassung.

2006, 9. Aug. Die Turks- und Caicos-Inseln erhalten eine neue Verfassung.

Von **Frankreich** abhängig sind in der Karibik die als Übersee-Departements (*Départements d'outre-mer*, DOM) verwalteten Französischen Antillen (Guadeloupe und Martinique, seit 1946) und Französisch-Guayana (*Guyane Française*, seit 1947) sowie die vor der kanadischen Küste gelegenen Inseln Saint-Pierre et Miquelon. Dieses Überseeterritorium wird von 1985 an als *collectivité territoriale (C.T.)* und seit der Änderung der französischen Verfassung vom 28. März 2003 als *collectivité d'outre-mer (COM)* bezeichnet.

Von den **Niederlanden** abhängige Gebiete sind die Niederländischen Antillen (Aruba, Bonaire, Curaçao, Saba, Sint Eustatius, Sint Maarten), die als Überseeprovinz mit innerer Selbstverwaltung seit 1954 in das niederländische Königreich integriert sind. 1986 trennt sich Aruba (ca. 100 000 Einwohner) von den (restlichen) Niederländischen Antillen (zusammen ca. 180 000 Einwohner) und wird zu einem autonomen Staat innerhalb des Königreichs der Niederlande. Eine vollständige Unabhängigkeit strebt Aruba seit 1990 nicht mehr an.

In direkter politischer Abhängigkeit von den **USA** stehen, nachdem die Panama-Kanalzone zum 1. Jan. 2000 in panamesische Verwaltung übergegangen ist, neben Puerto Rico die 1917 von Dänemark erworbenen Virgin-Islands (St. Croix, St. Thomas, St. John; zusammen ca. 113 000 Einwohner), die ein *organized, unincorporated territory of the US* mit innerer Autonomie sind.

Bahamas seit 1959 | Forts. v. S. 1314 |

Von den etwa 700 Inseln der Bahamas sind nur ca. 30 permanent bewohnt. Die über 300 000 Einwohner (85 % Schwarze, 12 % Weiße) leben v. a. auf New Providence (210 000) und Grand Bahama (47 000).

Die Bahamas zählen zu den wohlhabendsten Ländern der Karibik, mit einem Pro-Kopf-Bruttosozialprodukt von über 20 000 US-$. Wichtigster Wirtschaftszweig ist seit langem der Tourismus, der heute ca. 60 % des Bruttosozialprodukts und die Hälfte der Arbeitsplätze stellt. 80 % der Touristen kommen aus den USA. Die Bahamas profitieren nach 1959 nicht zuletzt vom Ende des US-Tourismus auf Kuba. Schwankungen im US-Auslandstourismus, wie zuletzt nach dem 11. Sept. 2001, machen sich deshalb überproportional bemerkbar.

In- und ausländische Investoren werden v. a. durch die Ausgestaltung der Bahamas zum **Steuerparadies** angezogen. Seit 1955 genießt die Freizone von Freeport/Lucaya auf Grand Bahama Steuer- und Zollfreiheit. Die Inseln sind ein internationales Finanz- und Bankzentrum mit Bankgeheimnis und zahlreichen »Briefkastenfirmen«. Die Finanzdienstleistungen sind der zweitwichtigste Wirtschaftssektor, sie stellen ca. 15 % des Sozialprodukts. Die Landwirtschaft besitzt v. a. wegen der ungünstigen Bodenverhältnisse nur eine untergeordnete Bedeutung. 2005 sind nur 5 % der Erwerbstätigen im Agrarsektor beschäftigt, etwa ebenso viele in der Industrie. Die wirtschaftlichen Diversifizierungsversuche der 1970er-Jahre sind erfolglos. Problematisch ist die hohe (Gewalt-)Kriminalität, die nicht zuletzt aus der Präsenz des internationalen Drogenhandels folgt.

nach 1959 Der 1729 von Großbritannien auf den Bahamas eingeführte politisch-administrative Aufbau bleibt im Wesentlichen bis 1964 unverändert. Es erfolgt eine schrittweise Demokratisierung des Wahlrechts. Die weiße Elite organisiert sich seit 1958 in der *United Bahamian Party* (UBP), die selbstbewusster auftretende schwarze Bevölkerungsmehrheit in der 1953 gegründeten *Progressive Liberal Party* (PLP).

1962 Wahlsieg der UBP.

1964, 7. Jan. Großbritannien gewährt den Bahamas faktisch innere **Selbstverwaltung**. Roland Symonette (*1898, † 1980), der die weiße Händleroligarchie (»Bay Street Boys«) vertritt, wird erster Premierminister.

1967, 10. Jan. Die UBP verliert bei Wahlen die parlamentarische Mehrheit an die PLP. Unter Premierminister Lynden Oscar Pindling (*1930, †2000) bildet die PLP die Regierung.

1971 Die Oppositionsgruppen vereinigen sich zu einer neuen Partei, dem *Free National Movement* (FNM).

1972 Die PLP erringt einen klaren Wahlsieg, indem sie die Unabhängigkeit zum Wahlkampfthema macht.

1973, 10. Juli Pindling setzt die **Unabhängigkeit** im Commonwealth durch. Staatsoberhaupt bleibt Elisabeth II. Ein Generalgouverneur vertritt die Krone. Die Bahamas werden UN-Mitglied.

1982, 10. Juni Wiederwahl der Regierung von Pindling.

1983 US-Medien beschuldigen Pindling der Zusammenarbeit mit der kolumbianischen Drogenmafia. Der Premierminister wehrt sich jedoch vehement gegen diese Anschuldigungen. Eine von ihm eingesetzte Untersuchungskommission stellt zwar die Durchdringung der gesamten Gesellschaft durch den Drogenhandel fest, präsentiert allerdings keine Beweise gegen Pindling.

1985 Auf den Bahamas sind 374 Bank- und Finanzinstitutionen registriert. Auch das Schiffsregister wächst: Hinter Liberia und Panama werden die Bahamas zur drittwichtigsten »Flagge«.

1987, 19. Juni Die PLP unter Premierminister Pindling erlangt bei Parlamentswahlen 31 Sitze und stellt damit weiterhin die Regierung.

1992, 19. Aug. Hubert Alexander Ingraham (*1947), Führer des FNM, gewinnt die Parlamentswahlen und wird am 21. Aug. Premierminister.
Infolge der Rezession gehen die Touristenzahlen zurück, was sich auf das Bruttoinlandsprodukt und die Arbeitslosenquote negativ auswirkt.

1997, 14. März Bei den Parlamentswahlen erringt das regierende FNM 34 von 40 Sitzen.

2001 Zu Beginn des Jahres treten **Gesetze gegen Geldwäsche** in Kraft. Nach wie vor jedoch gilt das Land als einer der wichtigsten internationalen Anbieter von »Offshore«-Finanzdienstleistungen.

2002, 3. Mai Perry Gladstone Christie (*1943) wird nach seinem Wahlsieg Premierminister. Die PLP gewinnt 29 der 40 Sitze. Christie richtet erstmals ein Ministerium für Finanzdienstleistungen und Investment ein und fördert den Ausbau des Hotelsektors.

2007, 2. Mai Wahlsieg des FNM mit 49,86 % der Stimmen und 23 der 41 Sitze. Alexander Ingraham wird am 4. Mai erneut Premierminister.

Kuba seit 1945 | Forts. v. S. 1322 |

Die Nachkriegsgeschichte Kubas bildet in Lateinamerika einen Sonderfall: Zwar fällt die Diktatur von Fulgencio Batista y Zaldívar (*1901, †1973) kaum aus dem zeitgenössischen Rahmen. Doch die folgende Herrschaft von Fidel Castro Ruz (*1927) seit 1959 ist nicht nur aufgrund ihrer Dauer eine Ausnahme. Der charismatische Castro schafft mit seinem permanenten politischen »Suchprozess« einen anderen Staat und eine neue »sozialistische« Gesellschaft, verändert die Wirtschaftsordnung Kubas mehrmals und positioniert das Land als eigenständigen Akteur auf der internationalen Bühne. Trotz mehrerer Fluchtwellen von Dissidenten in die USA (zusammen über eine Mio. Auswanderer, ca. 10 % der Bevölkerung) kann er die Zustimmung der Mehrheit der Kubaner zu seinem Regime sichern. Die aggressive Politik der USA dient geradezu der Regimestabilisierung, wobei die US-Regierung auch unter dem Druck von inzwischen ca. zwei Mio. Exilkubanern und der *Cuban-American National Foundation* (CANF) steht. Ironischerweise stabilisieren aber auch die Exilkubaner durch ihre Transferzahlungen an Verwandte in Milliardenhöhe das Castro-Regime. Trotz des andauernden Wirtschaftsboykotts kann das Regime durch seine Allianz zunächst mit der Sowjetunion und seit 2000 mit Venezuela wirtschaftlich überleben. Auch der krankheitsbedingte Rückzug Castros von seinen politischen Funktionen Mitte 2006 verändert diese Konstellation zunächst nicht. Kuba bleibt ein Einparteienstaat mit zentraler Lenkung von Staat, Wirtschaft und Gesellschaft.

Zum Zeitpunkt der Revolution 1959 ist die Landwirtschaft auf eine einzige Monokultur ausgerichtet: Der **Zuckersektor** absorbiert nahezu alle materiellen und menschlichen Ressourcen. Die Exporteinnahmen gehen zu 90 % auf Zucker zurück; die Insel ist in großem Umfang auf Nahrungsmittelimporte angewiesen. Hinzu kommt die Durchdringung der Wirtschaft mit US-Kapital: Es kontrolliert 1958 90 % der Bergbauproduktion, 37 % der industriellen Zuckerproduktion, 36 % der besten Ländereien, fast die gesamte Energieversorgung, das Kommunikationssystem, den Tourismus. Die eher erratische als kontinuierliche Wirtschaftspolitik unter CASTRO steigert die Abhängigkeit vom Zuckerexport zunächst, um diesen Sektor nach dem Wegfall des sowjetischen Marktes schließlich völlig zu vernachlässigen.

Der revolutionäre Mitstreiter CASTROS, der argentinische Arzt ERNESTO »CHE« GUEVARA (*1928, †1967), unternimmt 1960 in seiner Eigenschaft als Präsident der Nationalbank erste Vorstöße zur zentralen Planung der Volkswirtschaft. Planungszentrum wird die *Junta Central de Planificación* (JUCEPLA). Im gleichen Jahr erfolgt die **Verstaatlichung** der ausländischen Betriebe und parallel dazu die Sozialisierung aller größeren kubanischen Industrieunternehmen sowie aller Banken und Warenhäuser. Das private Eigentum an städtischen Mietshäusern wird beseitigt. Wirtschaftspolitisch erhält 1961 die Industrialisierung Priorität. Nach der »Kubakrise« 1962 müssen Lebensmittel und Kleidung rationiert werden. Es bildet sich ein Schwarzmarkt heraus, der bis heute existiert. Die **Massenauswanderung** von mehr als einer halben Mio. Kubanern beraubt das Land eines Großteils der dringend benötigten technischen Kader, dient aber als politisches Ventil. Nach einer Phase der Improvisation in der zweiten Hälfte der 60er-Jahre setzt sich das v. a. von GUEVARA formulierte Modell der Budgetfinanzierung bei vorrangiger Verwendung moralischer Anreize durch. Dieser Weg führt zur Zentralisierung der **Wirtschaftssteuerung**, Zurückdrängung von Arbeitsnormen und Prämien, Abbau von Lohndifferenzierungen, umfangreichem Einsatz freiwilliger Arbeit. Anfang der 1970er-Jahre folgt schließlich die Anbindung an das sowjetische Planungsmodell. Die 1990er-Jahre bringen nach dem Zusammenbruch der Sowjetunion schließlich die sog. »Sonderperiode in Friedenszeiten« mit erheblichen Einschränkungen für die Bevölkerung und dem gelungenen Versuch, durch Ausbau des Tourismus die Devisenbilanz zu entspannen. Bis heute ist jedoch Kubas Industrie international kaum wettbewerbsfähig. Die offiziellen Wirtschaftsdaten Kubas sind generell mit den üblichen volkswirtschaftlichen Daten nicht gleichzusetzen und somit international kaum vergleichbar.

1952, 10. März Nach den Präsidentschaften von RAMÓN GRAU SAN MARTÍN (*1887, †1969; 1944–1948) und CARLOS PRÍO SOCARRÁS (*1903, †1977; 1948–1952) putscht sich Expräsident FULGENCIO BATISTA Y ZALDÍVAR zurück an die Macht, da er bei den bevorstehenden Wahlen keine Chancen sieht, auf demokratische Weise wiedergewählt zu werden. Die Verfassung von 1940 wird außer Kraft gesetzt.

1953, 26. Juli Der fehlgeschlagene Überfall auf die Moncada-Kaserne in Santiago gilt als Beginn der Revolution (»Bewegung des 26. Juli«) unter Führung des Rechtsanwalts **FIDEL CASTRO RUZ**. CASTRO wird nach kurzer Haft amnestiert.

1954, Nov. »Demokratische« Bestätigung von Präsident FULGENCIO BATISTA durch Wahlen.

1956, 2. Dez. Mit der Landung der Rebellen auf kubanischem Boden beginnt ein zweijähriger Guerillakrieg. CASTROS **Guerillabewegung** verfolgt in erster Linie nationale und demokratische Ziele (Wiederherstellung der Verfassung von 1940) mit stark sozialreformerischen Komponenten.

1959, 1. Jan. Diktator BATISTA flieht ins Exil, nachdem seine durch Korruptionsaffären und interne Streitigkeiten geschwächte Armee schwere Niederlagen erleidet und die USA ein Waffenembargo verhängen.

5. Jan. Auflösung des Kongresses; Bildung einer neuen Regierung unter Präsident MANUEL URRUTIA LLEÓ (*1901, †1981).

16. Febr. **FIDEL CASTRO** wird **Ministerpräsident**.

17. Mai Ein erstes Agrarreformgesetz legt eine Höchstgrenze für landwirtschaftliche Betriebe fest (402,6 ha) und eliminiert damit den bisherigen privaten Großgrundbesitz (8 % aller Landbesitzer vereinigen bisher über 70 % der landwirtschaftlichen Nutzfläche auf sich, 40 % der Bauern verfügen über nur 3,3 % der Anbaufläche). Die enteigneten Betriebe werden z. T. als Kooperativen, z. T. als Staatsbetriebe unter Verwaltung der neu geschaffenen Agrarreformbehörde (INRA) fortgeführt. Bis 1961 werden eine Mio. ha Land umverteilt.

18. Juli Neuer Staatspräsident wird OSVALDO DORTICÓS TORRADO (*1919, †1983).

1960, 8. Mai Kuba nimmt diplomatische Beziehungen zur Sowjetunion auf, nachdem schon im Febr. ein erstes kubanisch-sowjetisches Handels- und Kapitalhilfeabkommen abgeschlossen wurde.

Juli Der US-Kongress kürzt nach der Verstaatlichung von 36 der wichtigsten US-Unternehmen (Zuckermühlen und -raffinerien, Elektrizitäts- und Telefongesellschaften, Banken, Erdölraffinerien) die Abnahme der kubanischen Zuckerquote um 0,7 Mio. Tonnen. Das bedeutet eine empfindliche Reduzierung der kubanischen Deviseneinnahmen.

Okt. Die USA verhängen gegen Kuba ein partielles **Handelsembargo**, das im Febr. 1962 zu einem totalen Embargo auf alle Einfuhren aus Kuba ausgedehnt wird. Dieses Wirtschaftsembargo stellt die Insel vor schwerste **Versorgungsprobleme** und zwingt das Land kurzfristig zur Suche neuer Absatzmärkte. Die Sowjetunion beginnt als Haupthandelspartner eine ähnlich dominierende Rolle zu spielen wie zuvor die USA. Die Exportabhängigkeit der Gesamtwirtschaft ist ungeschmälert.

1961, 17. April Ein von den USA initiierter Invasionsversuch von Exilkubanern scheitert (**Fiasko in der Schweinebucht**). Die Fusion der »Bewegung des 26. Juli« mit der Sozialistischen Volkspartei (PSP) und dem »Revolutionsdirektorium« wird in Angriff genommen. Die »Vereinigten Revolutionsgruppen« stellen die Vorläufer der Vereinigten Partei der Sozialistischen Revolution (PURS) dar, deren Chef CASTRO wird.

2. Dez. Kuba wird zur **sozialistischen Republik** auf Grundlage des Marxismus-Leninismus erklärt, nachdem CASTRO bereits im Frühjahr den sozialistischen Charakter der kubanischen Revolution verkündet hat. Besondere Merkmale der politischen Struktur sind der personalistische Führungsstil, die Rolle der Kommunistischen Partei als »gesellschaftliche Avantgarde« und die herausragende Stellung der Massenorganisationen, z. B. der Komitees zur Verteidigung der Revolution. Eine breite Kampagne beseitigt den Analphabetismus auf der Insel.

1962, Febr. Die **USA** verhängen ein **totales Handelsembargo** auf alle Einfuhren aus Kuba. Parallel zur Verschärfung der Spannung zwischen den USA und Kuba, lehnt sich das Land immer stärker an die Sowjetunion an.

Sept.–Nov. **Kubakrise** zwischen den USA und der Sowjetunion, als US-Aufklärer sowjetische Raketenstellungen auf Kuba entdecken.

22. Okt. In einer öffentlichen Erklärung fordert US-Präsident JOHN F. KENNEDY den Rücktransport der auf Kuba befindlichen Mittelstreckenraketen sowie den Abbau der Abschussrampen.

24. Okt.–21. Nov. Die **USA** errichten eine **Blockade**, welche die Sowjetunion zum Einlenken bewegt: Parteichef NIKITA CHRUSCHTSCHOW erklärt die Annahme der von Präsident KENNEDY aufgestellten Forderungen.

1963, Jan. Der Kubakonflikt wird durch ein gemeinsames Schreiben von Präsident KENNEDY und Parteichef CHRUSCHTSCHOW an den Generalsekretär der UNO offiziell beigelegt. Die Verständigungspolitik der beiden Großmächte unter Ausschaltung Kubas führt vorübergehend zu einer merklichen Entfremdung zwischen Kuba und der Sowjetunion.

Zweites Agrarreformgesetz: Verstaatlichung des Grundbesitzes über 67 ha.

Politische und ideologische Differenzen zur Sowjetunion

Die kubanische und sowjetische Führung schätzen v. a. die internationale Lage unterschiedlich ein, wobei die These FIDEL CASTROS von der Notwendigkeit des bewaffneten Aufstandes (Politik des »Exports von Revolution«) der sowjetischen Reformismusstrategie (Bildung von Volksfrontregierungen) entgegensteht. Bei der Frage des internen Wandlungsprozesses in sozialistischen Staaten ist das kubanische Konzept einer Priorität moralischer Anreize mit den sowjetischen Liberalisierungsthesen unvereinbar. Im sowjetisch-chinesischen Konflikt zeigt Kuba sich lange Zeit nicht bereit, auf die Moskauer Linie einzuschwenken. Erst seit der stärker werdenden wirtschaftlichen **Abhängigkeit Kubas von der Sowjetunion** seit Beginn der 70er-Jahre gibt die kubanische Führung ihre ideologische Eigenständigkeit z. T. auf.

1964, Juli Auf Druck der USA wird Kuba aus der **Organisation der Amerikanischen Staaten (OAS) ausgeschlossen** und dadurch in Lateinamerika isoliert. Alle lateinamerikanischen Staaten mit Ausnahme Mexikos brechen in der Folgezeit die diplomatischen, wirtschaftlichen und kulturellen Beziehungen zu Kuba ab.

1965, 3. Okt. Umbenennung der PURS in Kommunistische Partei Kubas (PCC).

1968, 13. März »Neue revolutionäre Offensive«: Verstaatlichung von Kleinunternehmern und beginnende Enteignung von kleinbäuerlichem Grundbesitz.

1970 Kuba strebt eine Zuckerrohrernte von 10 Mio. t an, erreicht aber nur 8,35 Mio. t. Nach der »Selbstkritik« CASTROS setzt in der Wirtschaftspolitik eine Neuorientierung ein: Die Verwendung materieller Anreize, Normierung der Arbeitsleistung und Lohndifferenzierungen treten immer stärker in den Vordergrund. Nach Überwindung des Tiefstandes von 1970 beginnt ein wirtschaftlicher Aufschwung.

1972, Juli Mit seinem **Beitritt zum Rat für gegenseitige Wirtschaftshilfe (RGW)** schließt Kuba seine wirtschaftspolitischen Experimente weitgehend ab und integriert sich stärker in das sozialistische Lager.

Dez. Abschluss von Wirtschaftsabkommen zwischen Kuba und der Sowjetunion, in denen die UdSSR die Rückzahlung aller 1960–1972 entstandenen kubanischen Verpflichtungen gegenüber der Sowjetunion (nach westlichen Schätzungen etwa 3 Mrd. US-$) bis 1986 aussetzt; danach soll die Tilgung zinslos in Naturalform (Zucker- und Nickellieferungen) erfolgen. CASTRO bekennt sich dafür zum Marxismus-Leninismus sowjetischer Prägung.

1973 CASTRO proklamiert einschneidende Maßnahmen zur Steigerung der Arbeitsproduktivität. Außenpolitisch bahnt sich eine **Wiederannäherung an die USA** an: Kuba, die USA und Kanada schließen ein Abkommen gegen Luft- und Seepiraterie.

1974, Jan.–Febr. Der Besuch des sowjetischen Parteichefs LEONID BRESCHNEW in Havanna wird von der kubanischen Führung als das Ende der »Politik des Revolutionsexports« interpretiert.

Juni/Juli In der Provinz Matanzas werden zum ersten Mal seit 1959 Wahlen abgehalten. Die Organe der »Volksmacht« sollen Regierungsfunktionen wahrnehmen, die wirtschaftliche Produktion lenken sowie regionale Entwicklungsaktivitäten durchführen.

1975, 30. Juli Beendigung der OAS-Sanktionen gegen Kuba; die USA heben ihr Embargo vorerst nur teilweise auf. Kuba tritt dem neuen lateinamerikanischen Wirtschaftssystem SELA (*Sistema Económico Latinoamericano*) bei.

17.–22. Dez. Erster Parteitag der PCC Kubas: Nach volksdemokratischem Muster werden ein Verfassungsentwurf, ein Parteistatut sowie ein Fünfjahresentwicklungsplan beraten und angenommen. In Verfolgung der »Politik der Solidarisierung mit den Ländern der Dritten Welt« beteiligt sich Kuba mit bis zu 36 000 Soldaten und Militärberatern am **Angolakrieg** aufseiten der Befreiungsorganisation MPLA. Die südafrikanischen Invasoren werden zurückgeschlagen, die MPLA gewinnt den Bürgerkrieg. Kubanische Truppen bleiben bis 1991 im Land.

1976, 16. Febr. In einem Referendum wird die **neue Verfassung** mit fast 98 % Ja-Stimmen angenommen. In ihr wird der PCC die Führungsrolle in Staat und Gesellschaft zuerkannt und die Oberste Gewalt einer neu zu schaffenden Nationalversammlung übertragen, aus deren Reihen sich der Staatsrat rekrutiert.

Okt. Die in den ersten Gemeinderatswahlen seit der Revolution gewählten Räte bestimmen die Mitglieder der 14 Provinzversammlungen sowie die Abgeordneten der Nationalversammlung per Einheitsliste.

2. Dez. FIDEL CASTRO wird zum Vorsitzenden des Staatsrats ernannt und hat damit das Amt des Staatsoberhaupts und das des Regierungschefs inne.

1977 Eine partielle »Normalisierung« der Beziehungen zwischen Kuba und den USA erfolgt durch die Eröffnung von »Interessenvertretungen« in beiden Hauptstädten. 1978 wird der regelmäßige kommerzielle Flugverkehr zwischen beiden Ländern wieder aufgenommen. Kuba schließt **Militärabkommen** mit Libyen, Moçambique (März 1977) und Angola (Okt. 1977).

1978, ab Jan. Kubanische Truppen beteiligen sich in Ostafrika auf äthiopischer Seite am Kampf um das Ogadengebiet. Die Kampftruppen werden bis Aug. 1979 weitgehend abgezogen.

Juli/Aug. 11. Weltjugendfestspiele in Havanna mit 16 000 Teilnehmern.

1979, April Wahl der Vertreter des *Poder Popular* auf Basis- und Munizipalebene.

Sept. Gipfeltreffen der Blockfreien Staaten in Havanna.

Dez. Konferenz der »Gruppe der 77« (Entwicklungsländer) in Havanna.

1980, April Nachdem zunächst 10 000 Kubaner das Gelände der peruanischen Botschaft besetzen, um ihre Ausreise zu erzwingen, können rund 120 000 Flüchtlinge über den Hafen Mariel das Land verlassen.

1981, 21. Sept **Kooperationsabkommen mit Grenada**, u. a. zum Ausbau eines internationalen Flughafens. Die Sowjetunion liefert verstärkt Waffen an Kuba.

1982, 6. April Hilfsabkommen mit Nicaragua.

Sept. Kuba stellt an seine westlichen Gläubiger ein Umschuldungsersuchen.

1983, 25. Okt Bei der US-Intervention auf Grenada werden 42 kubanische Bauarbeiter getötet.

1984, 14. April Weil die Umschuldung nicht zustande kommt, setzt Kuba die Schuldentilgung für 1984 aus.

12. Juli Die USA und Kuba führen in New York zweitägige, zunächst geheim gehaltene Verhandlungen über Auswanderungs- und Einreisefragen.

1988, 22. Aug. Südafrika, Angola und Kuba unterzeichnen in Johannesburg ein Waffenstillstandsabkommen.

1989, 10. Jan. Kuba beginnt mit dem **Abzug seiner Truppen aus Angola**.

2. April Nach dem Besuch des sowjetischen Staatsoberhaupts MICHAIL GORBATSCHOW distanziert sich CASTRO in mehreren Reden von den Reformbestrebungen in Osteuropa (Juli, Nov.).

1990, 29. Aug. **Angespannte Wirtschaftslage** aufgrund der Einschränkung sowjetischer Öllieferungen und Wirtschaftshilfe (drastische Brennstoffrationierung); Kuba setzt daher verstärkt auf Tourismus. Erneute Wirtschaftspolitik moralischer Anreize, Abschaffung der freien Bauernmärkte.

1991, 14. Okt. Auf dem IV. Parteitag der PCC Kubas beklagt FIDEL CASTRO den Rückgang der Warenlieferungen aus den europäischen Ostblockstaaten, v. a. aus der Sowjetunion, und lehnt jede Demokratisierung Kubas ab.

1993, 30. Juni Die letzten Truppen der ehemaligen Sowjetunion ziehen aus Kuba ab.

26. Juli CASTRO legalisiert im Zuge wirtschaftlicher Reformmaßnahmen den Devisenbesitz auf Kuba, um die katastrophale Wirtschaftslage zu verbessern.

1994, 9. Sept. Die USA und Kuba schließen ein Abkommen über die Beendigung der mehrmonatigen **Massenflucht** von Kubanern **nach Florida**.

1995, 25. März Kuba tritt dem Vertrag von Tlatelolco bei. Er untersagt die Verbreitung von Atomwaffen in Lateinamerika und der Karibik.

1996, 24. Febr. Der Abschuss zweier US-Privatflugzeuge durch die kubanische Luftwaffe führt zu Spannungen mit den USA, die mit einer **Verschärfung des** seit 1962 bestehenden **Wirtschafts-, Handels- und Finanzembargos** reagieren. Dies steigert die seit Jahren bestehende Wirtschaftskrise in Kuba: Das Bruttoinlandsprodukt sinkt seit 1990 kontinuierlich.

1997 Wegen der andauernden Wirtschaftskrise und hoher Preise leidet die Bevölkerung an Mangelernährung. Einzig wachsender Wirtschaftszweig ist der Tourismus.

1998, 21.–25. Jan. **Besuch von Papst JOHANNES PAUL II.**

14. Okt. In der UN-Vollversammlung sprechen sich 157 Staaten, mehr als je zuvor, für die Aufhebung der US-Sanktionen gegen Kuba aus. Aufgrund von Unwetter und Dürre verzeichnet Kuba die schlechteste Zuckerrohrernte seit Jahrzehnten.

1999, 15./16. Nov. Der 9. Iberoamerikanische Gipfel der Staatschefs Lateinamerikas sowie der ehemaligen Kolonialmächte Spanien und Portugal findet erstmals in Havanna statt.

2000, 28. Juni ELIÁN GONZALEZ (*1993), Überlebender eines im Nov. 1999 vor Miami gesunkenen kubanischen Flüchtlingsbootes, kehrt nach monatelangem juristischen Tauziehen zwischen Exil-Kubanern und US-Justiz nach Kuba zurück.

11./18. Okt. US-Repräsentantenhaus bzw. Senat beschließen eine Lockerung des Embargos: Künftig ist der Export von Lebensmitteln und Medikamenten gestattet.

26.–30. Okt. FIDEL CASTRO besucht Venezuela: Kuba wird in das zwischen Venezuela und verschiedenen mittelamerikanischen und karibischen Staaten bestehende Öllieferungsabkommen einbezogen. Beginn der Sonderbeziehung zu dem von HUGO CHÁVEZ seit 1999 regierten Venezuela.

2001, 17. Okt. Russlands Präsident WLADIMIR PUTIN kündigt die Schließung der letzten russischen Abhörstation auf Kuba an.

1. Dez. Wiederaufnahme des Dialogs zwischen der EU und Kuba.

2002, 18. Juni Bei einer Volksbefragung sprechen sich 8,1 der 8,2 Mio. registrierten Wähler dafür aus, den Sozialismus als unantastbaren Bestandteil der kubanischen Verfassung festzuschreiben.

2003, 6. März Die Abgeordneten der Nationalversammlung wählen Fidel Castro zum sechsten Mal für weitere fünf Jahre zum Staatsratsvorsitzenden und damit Staats- und Regierungschef.

19.–21. März Repressionswelle gegen die interne Opposition; 75 Dissidenten werden verhaftet.

Sept. Ein Bündnis kubanischer Oppositionsgruppen legt einen Forderungskatalog für mehr bürgerliche und wirtschaftliche Freiheiten vor.

2004, 15. April Die UN-Menschenrechtskommission verurteilt in Resolution die Missachtung grundlegender Menschenrechte in Kuba.

Mai Die US-Regierung verschärft die seit über 40 Jahren geltenden Sanktionen gegen Kuba.

25. Okt. Rückkehr zu planwirtschaftlichen Methoden und Abschaffung des US-Dollar als Zahlungsmittel.

23. Nov. Kooperationsabkommen mit der VR China.

2005, Jan. 14 der 75 im Jahr 2003 festgenommenen Regimekritiker kommen wieder frei.

2006, 31. Juli Aufgrund der als Staatsgeheimnis behandelten Erkrankung von Fidel Castro (Darmoperation) wird sein Bruder Raúl Castro (*1931) amtierender Staats- und Regierungschef. Raúl Castro pflegt einen kollektiveren Führungsstil als Fidel; die erwartete Reformpolitik bleibt zunächst jedoch aus.

11.–15. Sept. 14. Gipfeltreffen der Blockfreien Staaten in Havanna.

9. Okt. Der 40. Todestag von Ernesto »Che« Guevara wird zum Propagandaereignis.

2007, 15. April Fidel Castro erscheint das ganze Jahr krankheitsbedingt nur sporadisch im Fernsehen.
Die Wirtschaft wächst nach offiziellen Angaben um 7 %, zeigt aber Krisensymptome.

2008, 19. Febr. Fidel Castro tritt von seinem Amt als Staatsoberhaupt und Oberkommandierender der Armee zurück.

24. Febr. Wahl Raúl Castros zum neuen Staatspräsidenten.

Jamaika seit 1944/55 | Forts. v. S. 1314 |

Politisch erweist sich Jamaika angesichts seiner Entwicklungs- und Strukturprobleme als ausgesprochen stabil, wozu das aus Großbritannien übernommene Mehrheitswahlrecht beiträgt. Durch Demokratisierung des Wahlrechts 1944 und Ausweitung der inneren Selbstregierung geht die politische Macht nach 1946 schrittweise in die Hände der schwarzen Bevölkerung über. Seit 1944 stehen sich in einem **Zweiparteiensystem** die 1938 von Norman Washington Manley (*1893, †1969) gegründete *People's National Party* (PNP) und die als Abspaltung 1943 gebildete *Jamaica Labour Party* (JLP) gegenüber. Nach 1944 wechseln sich beide Parteien immer wieder in der Regierungsführung ab. Diese institutionelle Stabilität drückt sich auch in der langen Amtszeit nur weniger *Chief Minister* (bis 1959) und Premierminister aus: Die eher rechte JLP stellt mit Alexander Bustamante (*1884, †1977; 1953–1955, 1962–1967) und Edward Philip George Seaga (*1930; 1980–1989) ebenso langjährige Regierungschefs wie die PNP mit Norman Washington Manley (1955–1962), seinem Sohn Michael Norman Manley (*1924, †1997; 1972–1980, 1989–1992) und Percival Noel James Patterson (*1935; 1992–2006).

Jamaikas Wirtschaft hat sich in den letzten Jahrzehnten grundlegend gewandelt. Dominierte bis zum 19. Jh. die Zuckerproduktion, verbreitern sich in den 1950er-Jahren die Grundlagen der Wirtschaft entscheidend: Bergbau (Bauxit), Industrie und Fremdenverkehr lösen die Landwirtschaft als wichtigsten Sektor ab, die aber immer noch Zucker, Bananen, Kaffee und Zitrusfrüchte exportiert. Seit 1952 bauen US- und kanadische Firmen Bauxit ab; Jamaika wird drittgrößter Bauxit- und Aluminiumoxidproduzent der Welt, doch gerät dieser Wirtschaftszweig um 1975 in die Krise; zwei von drei Großproduzenten ziehen sich zurück. Inflation und Arbeitslosigkeit werden zu Hauptproblemen der Wirtschaftspolitik, die zeitweise unter Michael Manley mit hohen Steuersätzen, Preis-, Lohn- und Einkommenskontrollen die unternehmerische Initiative lähmt. 1976 erlebt das Land die schwerste Wirtschaftskrise seit seiner Unabhängigkeit, was zur Machtübernahme durch die konservative JLP und einer konsequenten Stabilisierungspolitik führt. Seit Jahrzehnten bleibt das Phänomen der Gewaltkriminalität ungelöst: Jamaika hat eine der höchsten Mordraten der Welt, Straßen- und Drogenkriminalität gefährden den Tourismus als eine der wichtigsten Devisenquellen.

Während die Insel 2006 ca. 2,7 Mio. Einwohner (76 % Schwarze, 15 % Mulatten, kleine Gruppen von Indern, Europäern, Chinesen und Mestizen) hat, sind eine Mio. Jamaikaner in die USA, nach Kanada und Großbritannien emigriert. Ihre Geldüberweisungen tragen entscheidend zur Entlastung der Zahlungsbilanz bei.

1955/1959 Die PNP gewinnt mit ihrer radikaleren Forderung nach politischer Unabhängigkeit die Wahlen.

1959 Die Insel erhält die innere Selbstverwaltung.

1961 Nach einer Volksabstimmung tritt Jamaika 1962 aus der Westindischen Konföderation aus, der das Land seit 1958 angehört hat.
Die USA schließen ein Militärabkommen mit Jamaika und erhalten Stützpunktrechte.

1962, 10. April Wahlsieg der JLP unter Bustamante, der am 29. April wieder die Regierung übernimmt.

6. Aug. **Unabhängigkeit und neue Verfassung**: Jamaika bleibt konstitutionelle Monarchie im britischen Commonwealth.

1962–1972 Auf Sir Alexander Bustamante, den ersten Premierminister des unabhängigen Jamaika, folgt 1967 nach dessen krankheitsbedingtem Rücktritt zunächst Donald Sangster (*1911, †1967; 23. Febr.–11. April), bevor Lawson Hugh Shearer (*1923, †2004) nach dem erneuten Wahlsieg der JLP die neue Regierung bildet.

1972, 2. März In Parlamentswahlen siegt die oppositionelle PNP: Regierungschef wird Michael Manley. Er sucht die Anbindung Jamaikas an die Dritte Welt und profiliert sich als deren Sprecher.

1973 Jamaika ist Gründungsmitglied der karibischen Wirtschaftsgemeinschaft CARICOM.

1976, 19. Juni Wegen der sich verschärfenden Gewalt verhängt die Regierung den Ausnahmezustand.

15. Dez. Michael Manley erringt einen deutlichen Wahlsieg. Unter seiner Führung verändert die PNP ihre Programmatik in Richtung auf einen »demokratischen Sozialismus«. Langfristige Ziele sind eine gemischte Wirtschaftsstruktur (Privatwirtschaft, öffentlicher Sektor, Genossenschaftswesen), gerechtere Verteilung des Volkseinkommens und Investitionslenkung. Verstärkte Zusammenarbeit mit karibischen Nachbarländern soll die Abhängigkeit von den westlichen Industrienationen mildern.

1979 Die in Anlehnung an kubanische Vorbilder durchgeführte, weitgehend erfolglose Wirtschaftspolitik führt zu sozialer Unzufriedenheit und Unruhen.

1980, 1. Nov. Oppositionsführer Edward Seaga (JLP) gewinnt überlegen die Wahlen (51:9 Sitze) und übernimmt die Regierung. Als bedingungsloser Verfechter des Wirtschaftsliberalismus sucht er die sozialistischen Experimente seines Vorgängers zu beenden und das Land erneut an die USA zu binden.

1983, 15. Dez. Unter Premierminister Edward Seaga gewinnt die JLP bei Parlamentswahlen alle 60 Mandate, weil sich die PNP aus Protest gegen dessen antikommunistische Kampagne im Kontext der Grenada-Invasion der USA nicht an den Wahlen beteiligt.

1985, 15. Jan. Bei Unruhen wegen der Erhöhung der Preise für Benzin und Gas (20–30 %) gibt es mehrere Tote.

24. Juni Die Gewerkschaften rufen wegen hoher Lebenshaltungskosten und Entlassungen den Generalstreik aus.

1989, 9. Febr. Bei den Parlamentswahlen gelingt der PNP unter Michael Manley erneut die Regierungsübernahme. Dieser führt die Stabilisierungspolitik seines Vorgängers fort und setzt dezidiert auf internationale Kooperation.

1992, 28.–30. März Percival J. Patterson, seit 1964 in der engeren PNP-Führung, wird als Nachfolger von Michael Manley Parteivorsitzender der PNP und Premierminister. Er bemüht sich besonders um die Konsolidierung der Wirtschaft und setzt die Privatisierungspolitik fort. Allerdings bleiben Wachstumserfolge in der Wirtschaft aus.

1993, 14. Nov. Jamaika und Kolumbien unterzeichnen einen Vertrag über die Festlegung der Meeresgrenzen und **Abgrenzung der Hoheitsgewässer** zwischen ihren Staaten.

1995, Nov. Bruce Golding (*1947) tritt als Vorsitzender der JLP zurück und gründet die *National Democratic Movement* (NDM).

1997, 18. Dez. Die PNP unter Premier Patterson siegt bei den Parlamentswahlen.

2000 Das Land leidet unter einer exorbitanten Schuldenlast. Bis zum Jahresende betragen die Auslandsverbindlichkeiten 120 % des gesamten Exportvolumens. Der von IWF und Weltbank geforderte Spar- und Privatisierungskurs ist gegen die massiven Proteste der Bevölkerung nur schwer durchzusetzen.

2001, 10. April Amnesty International wirft Jamaikas Polizei vor, im Jahr zuvor 140 Menschen ermordet zu haben – die weltweit höchste Rate an Tötungen durch Polizisten im Verhältnis zur Einwohnerzahl.

2002, Sept. Bruce Golding schließt sich wieder der JLP an und wird im Nov. 2003 erneut zum Vorsitzenden gewählt.

16. Okt. Die regierende PNP unter Premier Patterson behält bei den Parlamentswahlen ihre Mehrheit.

2003 Der Versuch der PNP-Regierung, Jamaika in eine Republik umzuwandeln, scheitert am Widerstand der JLP.

2004 Auf Jamaika werden in diesem Jahr 1145 Personen ermordet. Die Aufklärungsquote liegt nur bei 50 %. Der Tourismus leidet unter der Gewaltkriminalität.

2005, 7. Sept. Bei einem Treffen in Montego Bay schließen 14 karibische Staaten mit Venezuela ein Abkommen über die Lieferung verbilligten Erdöls (Petrocaribe-Vereinbarung). Das von Energieeinfuhren abhängige Jamaika profitiert damit weiterhin von den Öllieferungen Venezuelas.

2006, 30. März Patterson tritt aus gesundheitlichen Gründen zurück. Als erste Frau übernimmt Portia Simpson Miller (*1945; PNP) das Amt des Premierministers. Die Wirtschaft wächst erstmals wieder um 3 %, Inflation und Arbeitslosigkeit gehen zurück.

2007, 3. Sept. Die Oppositionspartei JLP gewinnt knapp die Parlamentswahlen (33 von 60 Sitzen) und löst nach 18 Jahren die PNP an der Regierung ab. Bruce Golding wird Premierminister.

Haiti seit 1946 | Forts. v. S. 1322 |

Haiti ist mit Abstand das ärmste und am wenigsten entwickelte Land der westlichen Hemisphäre. Etwa 65 % der 8,5 Mio. Einwohner, auf dem Land sogar 80 %, leben in absoluter Armut, eine Oberschicht von 1 % der Bevölkerung besitzt den Großteil des nationalen Reichtums. Oft sind über die Lage in Haiti nur Vermutungen möglich, da die meisten Statistiken (auch internationaler Organisationen) auf Schätzungen beruhen. Viele Tatbestände lassen sich nicht hinreichend quantifizieren und überprüfen, weil verlässliche Daten fehlen.

Als Kolonie durch ihre Zuckerrohrplantagen im 18. Jh. eine Quelle des Reichtums für Frankreich, verarmt die Insel nach der Unabhängigkeit 1804 und fällt vielfach in eine Subsistenzwirtschaft zurück. Zwei Drittel der Haitianer leben heute von der Landwirtschaft. In den Städten dominiert der informelle Sektor. Nach dem Zusammenbruch der Kaffeewirtschaft (nur noch 4 % der Exporte) sichern die Fertigungsbetriebe in und um Port-au-Prince gewisse Exporteinnahmen. 80 % der Exporte gehen in die USA. Die Geldüberweisungen der Emigranten, die 2005 einem Viertel des Bruttosozialprodukts entsprechen, sind die wichtigste Devisenquelle.

Die Unfähigkeit der politischen Führungsschicht korrespondiert mit ihrer Gewalttätigkeit und Korruption: Im Korruptionsindex von Transparency International steht Haiti schon traditionell am Ende der Liste. Auch die wenigen demokratisch legitimierten Regierungsphasen, etwa unter JEAN-BERTRAND ARISTIDE im Jahr 1991, enden wieder in Kleptokratien und Gewaltorgien.

Seit 2004 stehen Haiti de facto unter Aufsicht von UN-Blauhelmen, die für ein Minimum an Sicherheit sorgen. Die staatlichen Institutionen sind unterentwickelt; ein staatliches Gewaltmonopol ist kaum durchsetzbar.

1946 Seit der US-Besetzung der Insel (1915–1934) übt die mulattische Elite die Herrschaft über die schwarze Bevölkerungsmehrheit aus; dies führt zur schwarzen Gegenbewegung, die den Präsidenten DUMARSAIS ESTIMÉ (*1900, †1953) an die Regierung bringt.

1950, 6. Dez. Nach einem Militärputsch übernimmt General PAUL MAGLOIRE die Macht (*1907, †2001).

1956, 12. Dez. Sturz von MAGLOIRE. Während der nun folgenden Staatskrise wechseln sich binnen weniger Monate vier provisorische Regierungen ab.

1957, 22. Okt. Allgemeine Wahlen bringen **FRANÇOIS DUVALIER** (»Papa Doc«; *1907, †1971) mit über 70 % der Stimmen an die Macht.

Die Herrschaft François Duvaliers (1957–1971)

Während sich DUVALIER Sondervollmachten geben lässt und seine Diktatur ausbaut (1964 ernennt er sich zum Präsidenten auf Lebenszeit), brechen zahlreiche Staaten Lateinamerikas die diplomatischen Beziehungen zu Haiti ab; ein Krieg mit der Dominikanischen Republik ist nur knapp zu verhindern. Der Diktator behauptet sein **Terrorregime**, indem er sich auf die zahlreichen Anhänger des Voodoo-Kults, die gefürchtete Geheimpolizei und eine Miliztruppe, die »Tontons Macoutes«, stützt. Wirtschaftlich fördert er die schwarze Unter- und Mittelschicht gegenüber der mulattischen Oberschicht; dennoch verschlechtern sich die Lebensverhältnisse der Bevölkerung. Wichtige Infrastrukturobjekte zerfallen mangels Wartung. Die USA verweigern dem Regime ab 1962 Hilfsgelder. Die Landwirtschaft wird bei Investitionen weitgehend übergangen. Die Auswanderung entzieht dem Land besonders die gut Ausgebildeten.

1971, 22. April Nach FRANÇOIS DUVALIERS Tod wird sein Sohn JEAN-CLAUDE DUVALIER (*1951; »Baby Doc«), wie in einem Referendum einstimmig gebilligt, »Präsident auf Lebenszeit«. Die USA nehmen noch 1971 ihre Hilfsprogramme wieder auf. Die Wirtschaft wächst in den Jahren 1972 bis 1976.

1973, 11. Febr. Bei den ersten Parlamentswahlen nach zwölf Jahren fallen alle 58 Abgeordnetensitze der Einheitspartei *Parti Unité National* zu.

1978, 19. April Zur Fortsetzung der von seinem Vater begonnenen Politik in gemäßigter Form verkündet JEAN-CLAUDE DUVALIER die Schaffung eines »Nationalkomitees für den Jeanclaudismus«. Der politischen soll nun eine wirtschaftliche »Revolution« folgen, junge Technokraten sollen die Wirtschaft modernisieren. Es bleibt allerdings bei einer Pseudo-Liberalisierung der Wirtschaft. DUVALIER arrangiert sich mit der mulattischen Oberschicht, wofür seine Hochzeit mit der Mulattin MICHÈLE BENNETT PASQUET (*1950) im Jahr 1980 symbolisch steht.

1979, 11. Febr. Bei den Parlamentswahlen siegen die »offiziellen« Kandidaten.

1983, März Papst JOHANNES PAUL II. kritisiert bei seinem Besuch das Regime in aller Schärfe und fordert Wandel.

1986, 7. Febr. Den Diktator JEAN-CLAUDE DUVALIER zwingen Unruhen und v. a. der Druck der USA, die ihre Zahlungen am 30. Jan. einstellen, zur Flucht. Eine Militärjunta (»Nationaler Regierungsrat«) unter General HENRI NAMPHY (*1932) übernimmt die Macht, ändert aber am System wenig: »Duvalierismus ohne DUVALIER«.
Eine neue Verfassung wird ausgearbeitet, die 23. seit 1804: Das haitische Creole wird neben Französisch Amtssprache.

1987, 29. Nov. Die für diesen Tag angesetzten freien Wahlen werden wegen andauernder Gewalttätigkeiten und Morde abgesagt.

1988, 17. Jan. Aus Wahlen geht LESLIE MANIGAT (*1930) als Sieger hervor. Eine geringe Wahlbeteiligung wegen Boykotts und Unregelmäßigkeiten berauben die neue Regierung der Legitimität.

20. Juni Nach einem **Militärputsch** übernimmt General NAMPHY erneut die Macht.

18. Sept. PROSPER AVRIL (*1937), Kommandeur der Präsidialgarde, ruft sich nach einem weiteren Militärputsch zum Präsidenten aus.

1990, 10. März Präsident AVRIL gibt nach einem gescheiterten Putsch (1989) und anhaltenden Protesten sein Amt auf und verlässt Haiti. Drei Tage später wird die Juristin ERTHA PASCAL TROUILLOT (*1943) vorläufige Präsidentin. Ihr Ziel sind freie Wahlen.

16. Dez. Die ersten freien Präsidentenwahlen nach DUVALIERS Sturz gewinnt der linksgerichtete Pater **JEAN-BERTRAND ARISTIDE** (*1953) mit 67,5 % der Stimmen, gestützt auf eine politische Massenbewegung der ländlichen Bevölkerung und Slumbewohner, den Lavalas.

1991, 1. Okt. Staatspräsident JEAN-BERTRAND ARISTIDE wird durch einen Armeeputsch gestürzt. Eine Junta unter General RAOUL CÉDRAS (*1949) übernimmt die Macht; ARISTIDE flieht in die USA. Kommissarischer Präsident wird von 1991–1992 der Richter JOSEPH NÉRETTE (*1924, †2007), danach von 1992–1993 Ministerpräsident MARC LOUIS BAZIN (*1932).

1994, 31. Juli Die UN-Resolution 940 ermächtigt alle Mitgliedsstaaten der Vereinten Nationen, in Haiti mit dem Ziel zu intervenieren, das seit 1991 bestehende Militärregime zu stürzen und demokratische Verhältnisse wiederherzustellen.

7. Aug.–19. Sept. Der ehemalige US-Präsident JIMMY CARTER überredet General CÉDRAS zur Aufgabe. Dieser geht am 12. Okt. nach Panama ins Exil. 15 000 US-Soldaten landen auf Haiti und sichern ARISTIDES erneute Amtseinsetzung am 15. Okt.

1995 Das haitianische Militär wird offiziell aufgelöst.

17. Dez. **René Préval** (*1943), 1991 bereits Premierminister unter Aristide, wird nach dem Verzicht Aristides auf eine erneute Kandidatur bei sehr geringer Wahlbeteiligung mit 87,9 % der Stimmen zum neuen Staatspräsidenten gewählt.

1996, 7. Febr. Amtsantritt von Préval. Erstmals übernimmt ein Präsident sein Amt von einem demokratisch gewählten Vorgänger und gibt dieses an einen ebenso legitimierten Nachfolger ab.

1997, 15. Mai Die Teilwahlen zum Senat werden auf unbestimmte Zeit verschoben, nachdem die regierende *Organisation Politique Lavalas* (OPL) im ersten Wahlgang Unregelmäßigkeiten moniert hat und die Stichwahl boykottiert.

30. Nov. Nach dem Ende der UN-Militär- und Polizeimission UNMIH im Juni 1996 wird eine bis zu 300 Mann starke internationale zivile Polizeitruppe (MIPONUH) stationiert, 500 US-Soldaten bleiben zusätzlich im Land.

1998, 25. Nov. Das Mandat der MIPONUH wird um ein Jahr verlängert.

1999, 11. Jan. Präsident Préval erklärt die 46. Legislaturperiode des Parlaments für abgelaufen. Ende März nimmt eine Übergangsregierung ihre Arbeit auf.

16. Juli Ein umstrittenes neues Wahlgesetz sieht die Neubestellung aller Mandate des Abgeordnetenhauses und Annullierung der Teilwahlen zum Senat von 1997 vor: Neuwahlen werden mehrfach verschoben, es kommt zu politisch motivierten Gewalttaten und Ausschreitungen.

20. Nov. Der UN-Sicherheitsrat verlängert das Mandat der MIPONUH bis zum geplanten Wahltag am 15. März 2000.

2000, März Abzug der UN-Blauhelmtruppe.

Mai–Juli Bei den Parlaments- und Kommunalwahlen am 21. Mai, 19. Juni und 9. Juli fällt die überwältigende Zahl der Mandate an die *Fanmi Lavalas* (FL) von Jean-Bertrand Aristide.

26. Nov. Aristide siegt auch bei den Präsidentschaftswahlen. Bei gleichzeitigen Teilwahlen zum Senat erhöht die FL die Zahl ihrer Mandate auf 26 (von 27).

2001, 2. März Präsident Aristide ernennt den Wirtschaftsexperten **Jean-Marie Chérestal** (* 1947) zum **Regierungschef**. Die wirtschaftliche Lage des Landes ist desolat, laut einem Bericht der FAO sind 62 % der Bevölkerung unterernährt. Nur ein Viertel der Bevölkerung erhält Trinkwasser. Die Zahl der Flüchtlinge ins Ausland, v. a. in die Dominikanische Republik, steigt: 1,5 Mio. Haitianer leben im Ausland.

4. Juni Aristide verspricht gegenüber der OAS, 2002 vorgezogene Parlamentswahlen stattfinden zu lassen.

2002, 12. März Ministerpräsident Chérestal tritt wegen Korruptionsvorwürfen zurück. Nachfolger wird Senator Yvon Neptune (*1946).

Mitte Nov. Gewaltsame Zusammenstöße von Anhängern und Gegnern Präsident Aristides nehmen zu.

2003, 8. April Bei der 200-Jahrfeier zum Todestag des Nationalhelden Toussaint Louverture fordert Präsident Aristide von Frankreich die 90 Mio. Franc (heute ca. 21 Mrd. US-Dollar) zurück, die Haiti 1804 für seine Unabhängigkeit bezahlen musste.

3. Juni Aufgrund der Forderungen von OAS und der Gemeinschaft karibischer Staaten (CARICOM) tritt der Polizeichef Haitis zurück. Auch sein Nachfolger kapituliert vor Gewalt und Einschüchterungsversuchen und geht am 22. Juni in die USA ins Exil.

14. Aug. Die Regierung kündigt die seit Jahren zugesagten vorgezogenen Parlamentswahlen zum Jahresende an. Opposition und USA lehnen die Durchführung vor Verbesserung der allgemeinen Sicherheitslage ab.

22. Sept. Amiot Métayer, Anführer einer ursprünglich für Aristide kämpfenden Straßenbande *Armée Cannibale*, wird tot aufgefunden – in den folgenden Wochen starke Proteste gegen Aristide in Gonaïves und Port-au-Prince. Die Sicherheitslage gerät gegen Jahresende immer weiter außer Kontrolle.

2004, 1. Jan. Die Opposition boykottiert die Feiern zum 200. Unabhängigkeitstag.

5. Febr. Aufständische nehmen die Stadt Gonaïves ein. Vermittlungsversuche der CARICOM zur Beilegung des Bürgerkrieges in Haiti scheitern.

29. Febr. Nach der Eroberung von Cap-Haïtien durch die Rebellen am 22. Febr. und nachdem sich Frankreich und die USA gegen Aristide erklärt haben (25./28. Febr.), verlässt dieser das Land in Richtung Zentralafrikanische Republik. Der Oberste Richter Boniface Alexandre (*1936) übernimmt gemäß Verfassung das Amt des Präsidenten und fordert vom UN-Sicherheitsrat eine Friedenstruppe an. Er stimmt der Entsendung einer 3600 Mann starken, von den USA geführten Stabilisierungstruppe zu.

9. März Ein siebenköpfiger Rat der Weisen ernennt Ex-Außenminister Gérard Latortue (*1934) zum neuen Ministerpräsidenten. Sein Vorgänger Neptune wird vom neuen Regime verhaftet, nach einem Hungerstreik 2006 ohne Verfahren aus der Haft entlassen.

31. Mai Aristide erhält mit seiner Familie Asyl in Südafrika.

1. Juni UN-Blauhelme (*Mission des Nations Unies pour la Stabilisation en Haiti*, MINUSTAH) übernehmen das Mandat der US-geführten Stabilisierungstruppe. Trotz der Präsenz und mehrmaliger Aufstockung (2007: 6782 Militärs, 1859 Zivilisten) der MINUSTAH, deren Mandat immer wieder verlängert wird, bewegt sich Haiti am Rande der Unregierbarkeit. Gewaltkriminalität und Entführungen nehmen weiter zu.

2005 Gewalttätige Konflilkte zwischen Anhängern Aristides und dem neuen Regime mit Hunderten von Opfern halten an. – Auf mehreren Geberkonferenzen einigen sich die USA, die EU, wichtige Industrieländer und die Weltbank auf Hilfe zum Wiederaufbau Haitis, doch werden kaum Mittel ausgezahlt.

2006, 7. Febr. Erste Runde der Wahlen, die zweite am 21. April: 18 Parteien im neuen Parlament.

16. Febr. René Préval wird mit offiziell 51,15 % der Stimmen zum Wahlsieger der Präsidentschaftswahl erklärt, obwohl er im ersten Wahlgang nur 48 % (Amtsantritt 14. Mai) der Stimmen erhalten hat. Préval stützt sich v. a. auf die armen Schichten. Haiti ist auf

Öleinfuhren angewiesen, deshalb pflegt er die Beziehungen zu Venezuela.

2007 Haiti ist zur Aufrechterhaltung der öffentlichen Ordnung weiterhin auf die UN-Truppe angewiesen. Für eine kontinuierliche wirtschaftliche und politische Entwicklung fehlen, trotz gewisser Verbesserungen im wirtschaftlichen Bereich, die wichtigsten Grundvoraussetzungen: Rechtssicherheit, Stabilität der Institutionen, ein staatliches Gewaltmonopol.

2008, April Unruhen wegen stark gestiegener Preise für Grundnahrungsmittel.

Dominikanische Republik seit 1952

| Forts. v. S. 1322 |

Nach drei Jahrzehnten brutaler diktatorischer Herrschaft durch General RAFAEL LEÓNIDAS TRUJILLO Y MOLINA (*1891, †1961) und dessen Familienclan folgen fast vier Jahrzehnte (insgesamt sieben Präsidentschaften), die politisch von TRUJILLOS ehemaligem Gefolgsmann, dem asketischen, aber überaus machtbewussten JOAQUÍN ANTONIO BALAGUER RICARDO (*1906, †2002) dominiert werden. Das Land, das bis 1961 wie ein Privatbesitz der Familie TRUJILLO verwaltet wird, entwickelt unter BALAGUER trotz des wiederholten Vorwurfs der Wahlfälschung letztlich funktionierende demokratische Mechanismen.

Der Ausbau des Tourismussektors, heute mit gut drei Mio. Gästen pro Jahr die wichtigste Einnahmequelle, beendet die bisherige einseitige Abhängigkeit vom Zuckerexport. Aufgrund ihres strukturellen Handelsdefizits ist die Dominikanische Republik besonders auf Einkünfte aus dem Dienstleistungsbereich angewiesen; sie setzt zudem verstärkt auf die Einrichtung von Freihandelszonen. Trotz der wirtschaftlichen Diversifizierung (u. a. durch Nickel-Exporte) besteht jedoch die Abhängigkeit vom US-Markt weiter (2005: Abnehmer von 79 % der Exporte). Diese Situation wird durch den Beitritt der Dominikanischen Republik zum Freihandelsvertrag DR-CAFTA mit den Staaten Zentralamerikas und den USA gewissermaßen vertraglich »gefasst«. Andererseits erhält das Land über das PETROCARIBE-Abkommen verbilligtes Erdöl aus Venezuela. Die Arbeitslosigkeit liegt bei ca. 17 %, rund 25 % der Bevölkerung leben unter der Armutsgrenze, die Beschäftigung im informellen Sektor übersteigt die im formellen.

Ein Indiz für die prekäre soziale Situation ist die hohe Migration: Schätzungsweise 800 000 haitianische Arbeiter halten sich (überwiegend illegal) im Lande auf, über eine Mio. der 9,2 Mio. Dominikaner leben und arbeiten ihrerseits im Ausland, v. a. in New York, aber auch in Europa. – Die Lage des Landes im Wirkungsbereich tropischer Wirbelstürme wirft die wirtschaftliche Entwicklung immer wieder zurück. So fordern 2007 die Stürme »Noël« und »Olga« weit über hundert Todesopfer.

1952 RAFAEL LEÓNIDAS TRUJILLO lässt seinen Bruder HÉCTOR BIENVENIDO TRUJILLO (*1908, †2002) zum Präsidenten wählen.

1960, 3. Aug. Der Konservative JOAQUÍN BALAGUER, seit 1957 Vizepräsident unter HÉCTOR TRUJILLO, wird nach dessen Rücktritt erstmals Präsident.

1961, 30. Mai Ermordung RAFAEL TRUJILLOS. Die Familie TRUJILLO muss auf Druck der USA das Land verlassen, ihr Vermögen wird konfisziert. BALAGUER entgleitet die Kontrolle; er tritt zum 31. Dez. zurück.

1962, 20. Dez. Nach weiteren Staatsstreichen und kurzfristigen Regierungswechseln kommt es schließlich zu den ersten freien Wahlen seit fast 40 Jahren. Aus ihnen geht JUAN EMILIO BOSCH GAVIÑO (*1909, †2001) für den *Partido Revolucionario Dominicano* (PRD) als Sieger hervor.

1963, 27. Febr. BOSCH tritt sein Amt an. Am 29. April wird eine neue Verfassung verkündet. Doch bereits am 25. Sept. stürzt das Militär BOSCH und übernimmt die Macht. Die Verfassung wird abgeschafft, **innenpolitischer Terror** und chaotische Wirtschaftszustände charakterisieren die Situation.

1965, 24. April Die Bewegung für die Rückkehr zu verfassungsmäßigen Zuständen entwickelt sich zu einer Revolution.

28. April Gegen die »linke« Tendenz des Aufstands **intervenieren die** USA militärisch; die US-Marinetruppen erhalten später den Status einer »interamerikanischen Schutzmacht« der OAS. Die bürgerkriegsähnlichen Kämpfe im Sommer fordern mehr als 4000 Tote. Die Interventionskräfte ziehen sich im Sept. 1966 zurück.

1966, 1. Juli Nach verschiedenen Führungswechseln innerhalb der Militärjunta werden Wahlen abgehalten, bei denen JOAQUÍN BALAGUER wieder die **Präsidentschaft** erlangt.
BALAGUER setzt eine Verfassungsänderung durch, die seine Wiederwahl (1970 und 1974, Wahlboykott durch die Opposition) erlaubt. Innenpolitisch stützt sich BALAGUER auf den *Partido Reformista* (PR). Die Opposition ist zersplittert.

1972 BALAGUER führt eine Landreform durch.

1973 Expräsident BOSCH gründet nach Auseinandersetzungen im PRD den *Partido de la Liberación Dominicana* (PLD).

1978, 16. Mai In den Präsidentschaftswahlen siegt mit knappem Vorsprung der Kandidat des oppositionellen sozialdemokratischen PRD, Antonio Guzmán Fernández (*1911, †1982); bei den Parlamentswahlen jedoch gewinnt die konservative bisherige Regierungspartei PR die Mehrheit.

1979, Aug. Streiks und **Zusammenstöße zwischen Arbeitern und Polizei**.

1982, 16. Mai SALVADOR JORGE BLANCO (*1926; PRD) wird neuer Präsident.

1986, 16. Mai JOAQUÍN BALAGUER (*Partido Reformista Social Cristiano* [PRSC]), wird mit 41,56 % der Stimmen wieder Präsident.

1990, 16. Mai Bei allgemeinen Wahlen wird BALAGUER bestätigt; die Opposition unter JUAN BOSCH reklamiert Wahlbetrug.

1994, 16. Mai Präsidentschaftswahl: BALAGUER (PRSC) lässt sich trotz heftiger Proteste der Opposition zum

Sieger (42,5 %) über seinen Gegenkandidaten JOSÉ FRANCISCO PEÑA GÓMEZ (*1937, †1998; PRD, 41,4 %) erklären. Seine Amtsperiode wird schließlich, v. a. auf Druck der USA, mittels einer verfassungsmäßig zweifelhaften Absprache auf zwei Jahre verkürzt.

1996, 30. Juni Bei der Stichwahl zum Präsidentenamt siegt LEONEL ANTONIO FERNÁNDEZ REYNA (*1953; PLD), mit knapper Mehrheit (51,2 %) vor JOSÉ FRANCISCO PEÑA GÓMEZ (PRD, 48,8 %). FERNÁNDEZ REYNA hat die Unterstützung des PRSC von BALAGUER und bildet mit diesem die »National-Patriotische Front« (FNP).

1998, 16. Mai Bei den Parlamentswahlen siegt der oppositionelle sozialdemokratische PRD.

22. Sept. Der Hurrikan »Georges« richtet schwere Verwüstungen an. Mindestens 209 Menschen sterben.

2000, 16. Mai RAFAEL HIPÓLITO MEJÍA DOMÍNGUEZ (*1941) vom PRD gewinnt die Präsidentschaftswahlen. Er setzt eine Steuerreform durch, die durch Erhöhung der indirekten Abgaben die Abhängigkeit der Staatskasse von den Zolleinnahmen beseitigen soll, doch verdoppelt sich unter seiner Präsidentschaft die öffentliche Verschuldung auf 56 % des BSP.

2002, 16. Mai Bei den Parlaments- und Kommunalwahlen erringt der regierende PRD einen klaren Sieg.

14. Juli Tod BALAGUERS.

25. Juli Eine Verfassungsänderung ermöglicht erneut die Wiederwahl des Präsidenten.

2004, 16. Mai Bei der Präsidentschaftswahl schlägt LEONEL FERNÁNDEZ REYNA (PLD) seinen Vorgänger MEJÍA (PRD) deutlich, mit 57,1 zu 33,7 % der Stimmen. Die Transferzahlungen der Emigranten erreichen 2,7 Mrd. US-$.

2005, 26. Aug. Nach Massenausweisungen und Morden an Haitianern beruft Haiti seinen Botschafter ab.

2006, 16. Mai Parlamentswahl: Der Block um den PLD erhält 52,37 % der Stimmen, 96 von 178 Sitzen im Abgeordnetenhaus sowie 22 von 32 Sitzen im Senat.

2007, März Das Freihandelsabkommen der Dominikanischen Republik mit Zentralamerika und den USA (DR-CAFTA) tritt in Kraft. Die Wirtschaft wächst um 8 %, aber die Auslandsschulden steigen auf 8,8 Mrd. US-$.

2008, 1. Jan. Ein Partnerschaftsabkommen mit der EU tritt in Kraft.

16. Mai Präsident FERNÁNDEZ REYNA stellt sich erneut zur Wahl.

Puerto Rico seit 1898/1948

Die 1898 nach dem Spanisch-Amerikanischen Krieg von den USA annektierte Insel Puerto Rico erhält 1900 mit dem *Foraker Act* eine Zivilregierung unter einem vom US-Präsidenten ernannten Gouverneur. Im *Jones-Shafroth Act* vom 2. März 1917 erhalten die Einwohner die US-Staatsbürgerschaft (aber kein Wahlrecht für US-Institutionen) und beschränkte Selbstverwaltung. Durch die Statusänderung nehmen puertoricanische Truppen direkt am Ersten Weltkrieg teil. Die Verwaltung Puerto Ricos untersteht bis 1935 dem US-Kriegsministerium, bis 1952 dem Innenministerium. Wirtschaftlich folgt aus der US-Okkupation die Umstellung von der Kaffee- auf eine Zuckerrohrwirtschaft.

1947 gewährt der US-Kongress den Puertoricanern das Recht, einen eigenen Gouverneur zu wählen. Am 2. Jan. 1949 übernimmt als erster gewählter Gouverneur LUIS MUÑOZ MARÍN (*1898, †1980) vom *Partido Popular Democrático* (PPD) diesen Posten. Er ist bereits unter seinem US-Vorgänger REXFORD GUY TUGWELL (*1891, †1979) an der Ausarbeitung von Reformgesetzen (Landwirtschaft, Industrialisierung) beteiligt und prägt die weitere Entwicklung Puerto Ricos. Im Juli 1950 gewähren die USA mit dem *Public Law 600* den Puertoricanern das Recht, eine eigene Verfassung auszuarbeiten und in deren Rahmen ihre Stellung zu den USA neu zu bestimmen. Nach der Verfassung von 1952 ist die Insel **als »Commonwealth of Puerto Rico« den USA assoziiert**, wirtschaftlich mit den USA durch gemeinsamen Markt und gemeinsame Währung verbunden (*self-governing unincorporated territory*). Die Außenpolitik leitet das US-Außenministerium, die innere Regierung ein Parlament und ein alle vier Jahre direkt vom Volk gewählter Gouverneur. Im US-Repräsentantenhaus ist Puerto Rico durch einen direkt gewählten, nicht stimmberechtigten *Resident Commissioner* vertreten, der aber sonst alle Rechte eines US-Kongressmitglieds besitzt. Diese Zwitterstellung Puerto Ricos als *Estado Libre Asociado* bzw. *Commonwealth* (der spanische Terminus entspricht nicht dem englischen) wird auch durch die Referenden 1967, 1993 und 1998 nicht geändert. Anhänger der völligen Unabhängigkeit bleiben eindeutig in der Minderheit (5–8 %), aber auch weder die Anhänger einer Eingliederung in die USA als 51. Staat (*statehood*) noch die einer definitiven Beibehaltung des Commonwealth-Status erreichen eindeutige Mehrheiten. Jede Statusänderung müsste ohnehin der US-Kongress absegnen.

Gründe für diese Unentschiedenheit liegen in der völligen wirtschaftlichen Eingliederung Puerto Ricos in die US-Wirtschaft, was die Insel (mit einem Bruttosozialprodukt von 19 100 US-$ pro Kopf) zur reichsten »lateinamerikanischen« Volkswirtschaft macht. Allerdings beruht diese Zahl v. a. auf Transferzahlungen und Subventionen, die bei einer Unabhängigkeit entfallen würden. Zudem leben heute schon ebenso viele Puertoricaner in den USA wie auf der Insel: jeweils ca. 4 Mio. (2,7 Mio. Auswanderer plus Nachkommen in zweiter und dritter Generation, etwa die Hälfte allein in New York und New Jersey). Geblieben ist auch nach 100 Jahren die kulturelle Differenz: 72 % der Puertoricaner sind Katholiken. 93 % sprechen Spanisch als Muttersprache, für 7 % ist Englisch Erstsprache. Nur ein Fünftel der Bevölkerung soll Englisch »fließend« sprechen.

1948–1964 Unter dem Gouverneur LUIS MUÑOZ MARÍN, dem »Vater des modernen Puerto Rico« (wiedergewählt 1952, 1956, 1960), setzt eine **stürmische Wirtschaftsentwicklung** ein. Industrialisierung (»Operation Bootstrap«) und Tourismus werden gefördert, Anreize für das Auslandskapital gesetzt, Diversifizierung der Landwirtschaft durch Beseitigung der Abhängigkeit von der Monokultur Zuckerrohr angestrebt. Die Hebung des Lebensstandards gelingt auch durch die Drosselung des hohen Bevölkerungswachstums (Familienplanung, Emigration).

1952, 25. Juli Die neue Verfassung tritt in Kraft.

1962, 1. März Der neu geschaffene Entkolonialisierungsausschuss der Vereinten Nationen verweigert die Untersuchung des Status von Puerto Rico.

1965, 2. Jan. ROBERTO SÁNCHEZ VILELLA (*1913, †1997; PPD) wird neuer Gouverneur.

1967, 23. Juli In der Volksabstimmung über den künftigen Status der Insel sprechen sich 60,5 % für den (derzeitigen) **Commonwealth-Status** aus, 39 % für *statehood*.

1968, Nov. Bei Wahlen siegt der Führer der Oppositionspartei *Partido Nuevo Progresista* (PNP), LUIS ALBERTO FERRÉ AGUAYO (*1904, †2003), weil der PPD wegen eines Streites zwischen MUÑOZ MARÍN und SÁNCHEZ VILELLA geschwächt ist. Der erst 1967 als Partei konstituierte PNP vertritt die *statehood*, wobei er Interessen der einheimischen Oberschicht und breiter marginalisierter Bevölkerungsschichten (Empfänger von Hilfsgeldern) bündelt.

1970 Allein in New York leben mehr als eine Mio. Puertoricaner. Die Rückkehr von *nuyoricans* auf die Insel führt zu Problemen sozialer Akzeptanz.

1972, 28. Aug. Nachdem der UN-Entkolonialisierungsausschuss eine von den USA zurückgewiesene Resolution angenommen hat, wonach Puerto Rico als Kolonie zu betrachten sei und das Recht auf Unabhängigkeit habe, macht sich FIDEL CASTRO zum Sprecher der puertoricanischen Unabhängigkeitsbewegung.

1973, 2. Jan. Der neue Gouverneur RAFAEL HERNÁNDEZ COLÓN (*1936; PPD) fördert die Zusammenarbeit mit kleineren Nachbarstaaten. Die vorteilhafte wirtschaftliche und soziale Entwicklung hat der Unabhängigkeitsbewegung, die 1952 noch 19 % der Stimmen erhalten hat, weitgehend den Boden entzogen.

1977, 2. Jan. Amtsantritt von Gouverneur CARLOS ANTONIO ROMERO BARCELÓ (*1932) vom PNP.

1980 In den Festlandstaaten der USA leben nun zwei Mio. Puertoricaner.

4. Nov. Die Gouverneurswahlen bestätigen ROMERO BARCELÓ im Amt, der für den Anschluss Puerto Ricos als 51. Bundesstaat der USA eintritt.

1985–1993 Zweite Amtszeit von Gouverneur RAFAEL HERNÁNDEZ COLÓN (PPD).

1986 Der UN-Entkolonialisierungsausschuss spricht sich erneut für die Unabhängigkeit Puerto Ricos aus.

1991 Gouverneur RAFAEL HERNÁNDEZ COLÓN unterzeichnet ein Gesetz, das Spanisch zur einzig offiziellen Sprache erklärt. 1993 werden Englisch und Spanisch jedoch wieder gleichberechtigte Amtssprachen.

1992, 3. Nov. PEDRO JUAN ROSSELLÓ GONZÁLEZ (*1944) vom PNP wird zum Gouverneur gewählt. Er befürwortet die Umwandlung Puerto Ricos zum 51. US-Staat und wird nach vier Jahren im Amt bestätigt.

1993, 14. Nov. Bei einer **Volksabstimmung** über den künftigen Status Puerto Ricos siegen die Befürworter des bislang geltenden Status eines mit den USA assoziierten Staates knapp mit 48,9 % gegenüber 46,6 %.

1998, 13. Dez. Bei einem erneuten Referendum lehnt die Mehrheit von 50,5 % alle angebotenen Alternativen ab: Unabhängigkeit 2,5 %; Beibehaltung des Commonwealth-Status 0,3 %; *statehood* 46,7 %.

2001, 2. Jan. Die neue Gouverneurin SILA MARÍA CALDERÓN SERRA (*1942; PPD) tritt ihr Amt an.

1. Mai Der Konflikt um die Puerto Rico vorgelagerte und von der US-Marine militärisch genutzte Insel Vieques endet mit dem Abzug der US-Truppen.

2004, Nov. Der PPD-Kandidat ANÍBAL ACEVEDO VILÁ (*1962) schlägt bei der Gouverneurswahl den Gegenkandidaten ROSSELLÓ GONZALÉZ (PNP) mit nur 3566 Stimmen Vorsprung.

2005, 2. Jan. ACEVEDO VILÁ tritt sein Amt an.

2006, 25. Okt. Nachdem der Oberste Gerichtshof Puerto Ricos beschlossen hat, dass eine eigene puertoricanische Staatsbürgerschaft, getrennt von der US-Staatsbürgerschaft, bestehe, wird diese dem Führer der Unabhängigkeitsbewegung JUAN MARI BRÁS (*1925) »bestätigt«. MARI BRÁS hatte schon 1994 auf seine US-Staatsbürgerschaft verzichtet.

2007 Die wirtschaftliche Bindung Puerto Ricos an die USA ist enger als je zuvor: 90 % des Exports gehen in die USA. Jährlich besuchen fünf Mio. Touristen, v. a. aus den USA, das Land.

7. Febr. Der *Puerto Rico Democracy Act of 2007* wird im US-Repräsentantenhaus eingebracht. Der Gesetzentwurf fordert die Durchführung eines weiteren Plebiszits in Puerto Rico über die Statusfrage vor dem 31. Dez. 2009.

Saint Kitts und Nevis seit 1983

Die Föderation Saint Kitts und Nevis (früher: Saint Christopher und Nevis) ist auch nach der Unabhängigkeit 1983 als Mitglied im Commonwealth eine stabile Demokratie nach britischem Vorbild. Saint Kitts stellt im Parlament acht, Nevis drei Abgeordnete. Das Land durchläuft seit Jahrzehnten einen schwierigen wirtschaftlichen Strukturanpassungsprozess. Nachdem die Produktion und der Export von Zucker das Wirtschaftsleben bis in die 1970er-Jahre bestimmten, beschließt die Regierung 2005, die Zuckerproduktion wegen der andauernden Verluste langsam auslaufen zu lassen. Inzwischen dominiert der Tourismus das Wirtschaftsleben. Daneben existiert auch ein kleiner Industriesektor. Das BSP (pro Kopf 10 129 US-$ 2005) wird folglich vom Dienstleistungssektor (67 %) bestimmt (Industrie: 30 %, Landwirtschaft: 3 %). Das Land ist relativ hoch verschuldet (2005 mit fast 300 Mio. US-$).

Die Einwohnerzahl (46 000, davon 86 % Schwarze, 11 % Mulatten, 2 % Weiße, 1 % Inder) nimmt nach dem Zweiten Weltkrieg zunächst ab und wächst erst seit den 1990er-Jahren wieder geringfügig. 72 % der Bevölkerung leben auf Saint Kitts, davon etwa 20 000 in der Hauptstadt Basseterre. – Seit 1976 sind die Inseln über den Lomé-Vertrag **mit der EG/EU assoziiert**. Dennoch geht der größte Teil der Exporte in die USA. Die Regierung setzt aber auch auf regionale Kooperationen wie CARICOM bzw. CSME (*Caribbean Single Market and Economy*).

1983, 19. Sept. Nach 360 Jahren britischer Herrschaft werden Saint Kitts (Saint Christopher) und Nevis als Monarchie im britischen Commonwealth unabhängig und am 23. Sept. 154. UNO-Mitglied. KENNEDY SIMMONDS (*1936; Premier bereits seit 1980) amtiert bis 1995 als Premierminister, gestützt von seinem konservativen *People's Action Movement* (PAM).

1984, Juni SIMMONDS gewinnt bei Neuwahlen neun von elf Mandaten.
Saint Kitts und Nevis wird 32. Mitglied der OAS.

1995, 3. Juli Bei vorgezogenen Parlamentswahlen siegt die *Saint Kitts and Nevis Labour Party* (SKNLP) unter ihrem Vorsitzenden DENZIL DOUGLAS (*1953), der neuer Premierminister wird.

1997, Okt. Die parlamentarischen Vertreter von Nevis sprechen sich für die Unabhängigkeit der Insel aus, die in einer Volksabstimmung bestätigt werden soll. Nevis ist teilweise autonom, hat ein eigenes Parlament und einen Premierminister.

1998, 10. Aug. Beim Referendum auf Nevis findet die vom Parlament beschlossene Unabhängigkeit nicht die erforderliche Zweidrittelmehrheit.

2000, 6. März DENZIL DOUGLAS gewinnt bei den Wahlen mit seiner SKNLP die absolute Mehrheit.

2001, 22. Juni Der Inselstaat wird vom Geldwäscheausschuss der OECD auf die schwarze Liste der unkooperativen Steueroasen gesetzt. Die folgende strengere Regulierung und Überwachung schwächt das Offshore-Bank-Geschäft. Die relative räumliche Nähe zu Puerto Rico und den Virgin Islands regt den Drogenschmuggel in die USA an. Der Tourismus leidet unter den Folgen des Terroranschlags vom 11. Sept. in den USA, nachdem schon 1998 und 1999 Schäden durch Wirbelstürme entstanden.

2004, 25. Okt. Die SKNLP verliert bei den Wahlen zwar einen Sitz, siegt aber mit 50,6 % der Stimmen. Die Regierung DOUGLAS wird somit bestätigt.

2006 Das BSP wächst um 4,6 % infolge des florierenden Tourismus und der Bautätigkeit.

3. Juli Beitritt von Saint Kitts und Nevis zum CARICOM Single Market (CSM).

Antigua und Barbuda seit 1974/81

Der Antigua, Barbuda und das unbewohnte Redonda umfassende Inselstaat zählt 2007 laut CEPAL 84 000 Einwohner, laut *CIA World Fact Book* allerdings nur 69 100. Fast die gesamte Bevölkerung lebt auf Antigua, dort v. a. in der Hauptstadt Saint John's.

Die Wirtschaft wird inzwischen völlig vom Tourismus beherrscht, der 85 % der Deviseneinnahmen und, je nach Saisonverlauf, 50–60 % des BSP stellt. Der Außenhandel ist ständig stark defizitär. Der früher die Wirtschaft dominierende Zuckeranbau wurde 1972 beendet. Die Landwirtschaft stellt deshalb nur noch 4 %, die Industrie 22 % und der Dienstleistungssektor 74 % des BSP. 1974 tritt Antigua CARICOM bei, 1976 erfolgt die **Assoziierung mit der EG** (Lomé-Vertrag). Antigua setzt auf die regionale wirtschaftliche Zusammenarbeit im Rahmen der *Caribbean Single Market and Economy* (CSME).

1981, 1. Nov. Die ehemals britische Kolonie (zuletzt ein mit Großbritannien assoziierter Staat) Antigua und Barbuda wird – gegen den Widerstand von Barbuda – als Monarchie im Rahmen des Commonwealth **unabhängig** und am 10. Nov. 157. Mitglied der UNO sowie am 5. Dez. der OAS. Erster Premierminister wird VERE CORNWALL BIRD (*1910, †1999), der bereits 1960–1967 Chief Minister, 1967–1971 und seit 1976 Premier von Antigua war. Er kommt aus der Gewerkschaftsbewegung und ist Gründer der regierenden konservativen *Antigua Labour Party* (ALP). In Vertretung der Krone amtiert ein Generalgouverneur.

1984 Die Landwirtschaft leidet unter einer extremen Trockenheit.

17. April BIRD wird für eine weitere Amtsperiode wiedergewählt. Die ALP erringt 16 von 17 Parlamentssitzen.

1987, 1. April **Beitritt zum Allgemeinen Zoll- und Handelsabkommen** (GATT).

1989, 9. März Bei den Parlamentswahlen erreicht die ALP unter Premier BIRD mit 63,8 % 15 von 17 Sitzen; anschließend sind Nachwahlen wegen Unregelmäßigkeiten bei der Wahl einiger Abgeordneter nötig.

1992, 6. April Die wichtigsten der Oppositionsparteien schließen sich zur *United Progressive Party* (UPP) zusammen.

1994, 8. März LESTER BRYANT BIRD (*1938), bisher Außenminister und Parteivorsitzender, folgt auf seinen Vater VERE C. BIRD im Amt des Premierministers, nachdem die ALP die Parlamentswahlen gewonnen hat.

1999, 9. März Bei den Parlamentswahlen setzt sich wiederum die regierende ALP durch. Premier BIRD wird im Amt bestätigt.

26. Aug. Das Parlament verabschiedet einen Zusatzartikel zur Verfassung, mit dem die Geldwäsche bekämpft werden soll.

2001, 16. Juli Ein unabhängiger Untersuchungsausschuss zur Aufklärung eines **Korruptionsskandals** in der gesetzlichen Krankenversicherung nimmt seine Arbeit auf.

2004, 23. März Der Sieg der UPP (13 Sitze) bei den Parlamentswahlen beendet die jahrzehntelange Herrschaft der Familie BIRD und der ALP. Ihr bleiben nur noch vier Sitze im Parlament. Neuer Premierminister wird WINSTON BALDWIN SPENCER (*1948) von der UPP.

Dominica seit 1940

Für die ca. 72 000 Einwohner ist die **Landwirtschaft** weiterhin wichtigster Erwerbszweig. 40 % der Beschäftigten sind in diesem Sektor tätig, nur 32 % in der Industrie und 28 % im Dienstleistungssektor. Hauptexportartikel sind

Bananen und Zitrusfrüchte, doch deren Produktion wird immer wieder durch Hurrikane beeinträchtigt, etwa 1994 und 1995. 2003 startet die Regierung ein Strukturanpassungsprogramm, um Verschuldung und Arbeitslosigkeit (23 %) abzubauen. Der Ausbau des **Öko-Tourismus** leidet unter dem Fehlen eines internationalen Flughafens. Die Insel setzt wirtschaftlich auf die vertiefte regionale Kooperation im Rahmen der *Caribbean Single Market Economy* (CSME). – Auf Dominica lebt die einzige in der östlichen Karibik verbliebene Gruppe von Kariben. Sie stellen jedoch nur ca. 1,5 % der Bevölkerung (91 % Schwarze, 6 % Mulatten und Kreolen).

1940, 1. Jan. Nach wechselnder Zugehörigkeit zu Großbritannien bzw. Frankreich wird Dominica den britischen Windward-Inseln zugeschlagen.

1960, 1. Jan. Die Verwaltungseinheit wird aufgelöst und durch die bis 1962 bestehende Westindische Föderation abgelöst.

1967, 1. März Dominica wird zu einem mit Großbritannien assoziierten Staat; nur die Außenbeziehungen und die Verteidigung verbleiben bei Großbritannien.

1978, 3. Nov. Die Insel wird **als Republik** im Commonwealth **unabhängig**. Interimspräsident wird der bisherige Gouverneur Louis Cools-Lartigue (*1905, †1993). Premierminister bleibt der seit 1974 regierende Patrick Rowland John (*1938), Führer der 1970 gegründeten *Dominica Labour Party* (DLP). Die *Dominica Freedom Party* (DFP) steht in Opposition.

1979, 16. Jan. Frederick Degazon (*1913) wird vom Parlament zum Staatsoberhaupt gewählt, verlässt Dominica jedoch bereits am 11. Juni 1979.

21. Juni Nach einer schweren innenpolitischen Krise, ausgelöst durch den Zusammenbruch der Bananenproduktion, wird Jenner Armour (*1936, †2001) neuer amtierender Staatspräsident und Oliver Seraphine (*1946) neuer Premierminister. Der Hurrikan »David« zwingt die neue Regierung bereits im Aug. zum Katastrophenmanagement.

1980, 25. Febr. Aurelius Marie (*1903, †1995) wird zum Staatspräsidenten gewählt.

21. Juli Die gemäßigt rechte DFP siegt bei Wahlen; Mary Eugenia Charles (*1919, †2005) wird Premierministerin. Sie regiert von Febr. 1981 bis Mai 1983 mit dem **Ausnahmezustand**.

1983, 25. Okt. Dominica unterstützt die US-Politik und beteiligt sich an der Besetzung Grenadas.

19. Dez. Clarence Augustus Seignoret (*1919, †2002) wird Staatsoberhaupt.

1985, 1. Juli Die Parlamentswahlen gewinnt die regierende DFP mit 15 von 21 Mandaten; Mary Eugenia Charles bleibt Premierminister.

1990, 28. Mai Die DFP unter Charles verliert bei den Parlamentswahlen, bleibt aber an der Regierung.

1993, 25. Okt. Parlamentspräsident Crispin Sorhaindo (*1931) wird mit Zustimmung aller Parteien als Nachfolger von Clarence Augustus Seignoret zum neuen Präsidenten gewählt.

1995, 14. Juni Nach den Parlamentswahlen vom 12. Juni wird Edison James (*1943), Vorsitzender der oppositionellen *Dominica United Workers' Party* (DUWP), Premierminister.

1998, 6. Okt. Vernon Shaw (*1930) amtiert bis 2003 als Präsident.

2000, 31. Jan. Nach 20 Jahren in der Opposition gelangt die *Labour Party of Dominica* (LPD, bis 1985 DLP) mit einem Sieg bei den Parlamentswahlen wieder an die Macht. Ihr Spitzenkandidat Roosevelt (Rosie) Douglas (*1941, †2000) wird am 3. Febr. Chef einer Koalitionsregierung aus LPD und DFP.

22. Juni Dominica wird vom Geldwäscheausschuss der OECD als unkooperativ im Kampf gegen Geldwäsche und Steuerflucht eingestuft.

3. Okt. Nach Premier Douglas' überraschendem Tod am 1. Okt. übernimmt der bisherige Arbeitsminister Pierre Charles (*1954, †2004) von der LPD den Posten des Regierungschefs.

2001, 2. April Mit dem *Integrity in Public Office Act* sollen Korruptionsvorwürfe gegen die frühere DUWP-Regierung verfolgt werden. Die Wirtschaft befindet sich 2001 und 2002 in einer tiefen Krise.

2003, 2. Okt. Der parteilose Nicholas Liverpool (*1934) übernimmt das Amt des Präsidenten.

2004, 8. Jan. Roosevelt Skerrit (*1972) folgt dem am 6. Jan. verstorbenen Charles als Premierminister.

März Abbruch der diplomatischen Beziehungen zu Taiwan und Anerkennung der VR China, die dafür großzügig Entwicklungshilfe gewährt.

2005, 5. Mai Bei den Parlamentswahlen siegt erneut die LPD vor der DUWP.

2007, 26. Febr. Premierminister Skerrit nimmt das Angebot von Venezuelas Präsident Hugo Chávez an, mit 80 Mio. US-$ den Bau einer Erdölraffinerie auf Dominica zu finanzieren. Das Projekt ist aus Gründen des Umweltschutzes umstritten.

Saint Lucia seit 1979

Die gebirgige Karibikinsel ist mit 169 000 Einwohnern (Schätzung 2007) dicht besiedelt (1950: 85 000 Einwohner). Allein in der Hauptstadt Castries lebt über ein Drittel der Bevölkerung. Etwa 90 % sind Afroamerikaner, 6 % Mulatten, 3 % indischer und ca. 1 % europäischer Abstammung. Seit 1976 ist Saint Lucia der EG/EU assoziiert (Lomé-Vertrag), ebenso ist es CARICOM angeschlossen. In den 1980er-Jahren wird die Infrastruktur ausgebaut und die Industrialisierung gezielt gefördert; man stellt v. a. Textilien, Papierprodukte und elektronische Bausteine her. 2003 sind 25 % der Erwerbstätigen in der Industrie beschäftigt, 53 % im Dienstleistungssektor und nur noch 22 % in der Landwirtschaft. In der Zusammensetzung des BIP tritt der Strukturwandel noch stärker hervor: 5 % Landwirtschaft, 18 % Industrie, 77 % Dienstleistungen. Auch wenn der Export immer noch von den Bananen dominiert wird, so verfügt die Insel heute über den am besten entwickelten Industriesektor der östlichen Karibik. Daneben tragen der Tourismus (684 000 Touristen in 2002) und das Offshore-Bankgeschäft zur soliden wirtschaftlichen Entwicklung bei.

1979 Als konstitutionelle Monarchie im Commonwealth wird Saint Lucia am 22. Febr. **unabhängig**. Es folgt die Aufnahme in UNO und OAS. Der Premierminister JOHN GEORGE MELVIN COMPTON (*1925, †2007) wird mit seiner seit 1964 regierenden *United Workers Party* (UWP) nach den Wahlen vom 3. Juli von ALLAN FITZGERALD LAURENT LOUISY (*1916) und der *Saint Lucia Labour Party* (SLP) abgelöst.

1981, 4. Mai Premierminister LOUISY tritt nach Konflikten mit dem Führer des radikalen Parteiflügels, GEORGE ODLUM (*1934, †2003), zurück; Nachfolger wird der Generalstaatsanwalt WINSTON FRANCIS CENAC (*1925, †2004), der sich jedoch nur acht Monate im Amt halten kann.

1982, 4. Mai Nach einer dreimonatigen Interimsregierung und Wahlen wird JOHN G. COMPTON (UWP) erneut Premierminister.

1987, 30. April Die regierende konservative (UWP) verliert bei den **Parlamentswahlen** fünf Mandate, erreicht aber 53,2 % der Stimmen.

1996, 2. April Der Wirtschaftswissenschaftler VAUGHAN ALLAN LEWIS (*1940) wird als neuer Premierminister vereidigt.

1997, 23. Mai Bei Parlamentswahlen siegt die oppositionelle SLP mit 16 Sitzen; die UWP erringt nur noch ein Mandat. Neuer Premierminister wird am 24. Mai KENNY DAVIS ANTHONY (*1951).

2001, 3. Dez. Die SLP wird bei den Wahlen mit 14 von 17 Sitzen bestätigt.

2006, 3. Juli Saint Lucia tritt dem CARICOM Single Market (CSM) bei.

11. Dez. Bei den Wahlen gewinnt die UWP mit dem reaktivierten Spitzenkandidaten JOHN G. COMPTON, der am 15. Dez. zum dritten Mal Premierminister wird.

2007, 7. Sept. Premierminister COMPTON stirbt nach längerer Krankheit. Nachfolger wird am 9. Sept. sein bisheriger Stellvertreter, STEPHENSON KING (*1958), ebenfalls UWP.

Barbados seit 1944 | Forts. v. S. 1314 |

Die ca. 280 000 Einwohner (100 000 in der Hauptstadt Bridgetown) dieser östlichsten Insel der Karibik sind wirtschaftlich sehr erfolgreich. Mit einem BSP pro Kopf von 11 050 US-Dollar (2005) zählen sie zur Spitzengruppe in der Karibik. Eine schon kurz nach dem Zweiten Weltkrieg einsetzende gezielte Diversifizierung der Wirtschaft, der Ausbau der Infrastruktur und ein gewachsenes Bildungswesen ließen den Dienstleistungssektor expandieren. Die Zahl der Auslandsgäste ist von ca. 156 000 (1970) auf 1,1 Mio. (2000) gestiegen. Der Dienstleistungssektor erzeugt 79,4 % des BSP, die Industrie 16,3 % und die Landwirtschaft, die früher mit Zucker die Gesamtwirtschaft und den Export dominierte, nur noch 4,3 %. Zur Stabilität trägt auch die Diversifizierung des Außenhandels bei: Während 2005 nur 18,6 % der Exporte in die USA gehen und 12 % nach Großbritannien, werden um die 40 % in die karibischen Nachbarländer exportiert.

Ein stabiles, am britischen Westminster-Modell orientiertes Parteien- und Regierungssystem ermöglicht bereits seit der Kolonialzeit diese kontinuierliche Entwicklung. Die eher rechtsliberale *Barbados Labour Party* (BLP) und die linksliberale *Democratic Labour Party* (DLP) lösen sich an der Regierung ab.

Barbados ist seit 1966 Mitglied der Vereinten Nationen und gehört seit 1967 zur OAS.

1944–1964 Veränderungen im Regierungssystem Barbados' ergeben sich durch schrittweise Demokratisierung des Wahlrechts seit 1944 und Ausweitung der inneren Selbstverwaltung nach 1946. Sie führt über Zwischenstufen und nach Scheitern der Westindischen Föderation 1962 zur inneren **Selbstverwaltung** ab April 1964. Die politische Macht geht auf die schwarze Mehrheit (92 %) der Bevölkerung über.

1966, 30. Nov. Barbados erringt die politische Unabhängigkeit. Ministerpräsident wird nach dem Wahlsieg am 2. Nov. der Führer der 1955 gegründeten DLP, ERROL WALTON BARROW (*1920, †1987), der schon seit 1961 als Premier die Regierung führte. Er ist entschiedener Förderer der regionalen Zusammenarbeit, Mitbegründer von CARIFTA (*Caribbean Free Trade Association*, 1965) und CARICOM (*Caribbean Community*, 1973).

1976, 8. Sept. Neuer Regierungschef wird der Führer der BLP, JOHN MICHAEL GEOFFREY MANNINGHAM (TOM) ADAMS (*1931, †1985). In der Wirtschafts- und Außenpolitik verfolgt er einen Rechtskurs.

1978 Der Inselstaat beginnt mit dem Aufbau eigener Verteidigungsstreitkräfte.

1979, März Die im Zweiten Weltkrieg eingerichteten **US-Stützpunkte** werden **geräumt**.

1983, 25. Okt. ADAMS unterstützt die US-Invasion Grenadas logistisch und mit einem Truppenkontingent.

1985, 11. März Premierminister ADAMS erliegt einem Herzinfarkt; Nachfolger wird sein Stellvertreter HAROLD BERNARD ST. JOHN (*1931, †2004).

1986, 28. Mai Die oppositionelle DLP gewinnt 24 von 27 Parlamentssitzen; ihr Vorsitzender ERROL BARROW (*1920, †1987) wird wieder Premierminister.

1987, 1. Juni Nach dessen Tod übernimmt sein Stellvertreter, LLOYD ERSKINE SANDIFORD (*1937), das Amt.

1991, 21. Jan. Bei den Parlamentswahlen behält die regierende DLP unter Premierminister SANDIFORD ihre Mehrheit. Aufgrund der Rezession, v. a. in den USA und in Großbritannien, hat Barbados mit wirtschaftlichen Schwierigkeiten zu kämpfen.

1994, 6. Sept. OWEN SEYMOUR ARTHUR (*1949), Führer der oppositionellen BLP, erringt einen deutlichen Wahlsieg.

1997, Mai In Bridgetown findet das erste Gipfeltreffen der USA mit 14 karibischen Ländern statt. Neben der regionalen Zusammenarbeit steht die Drogenbekämpfung im Mittelpunkt.

1999, 20. Jan. Bei den Wahlen zum Repräsentantenhaus erringt die regierende BLP 26 von 28 Mandaten.

2001, April Die Regierung leitet einen Anti-Drogen-Masterplan ein. Wie viele andere Karibikstaaten ist auch Barbados ein Umschlagplatz für den **Drogenhandel** zwischen Südamerika und den USA.

2003, 21. Mai Bei den Wahlen verteidigt die BLP mit 23 Sitzen ihre Mehrheit souverän, während die DLP nur sieben Sitze erringt. OWEN ARTHUR wird als Premierminister bestätigt.

2006 Die Wirtschaft wächst seit 2004 wieder mit jeweils ca. 4 % Steigerung im Jahr.

2008, 15. Jan. Wahlsieg der DLP (20 von 30 Mandaten) unter dem neuen Premierminister DAVID THOMPSON (*1961).

Saint Vincent und die Grenadinen seit 1979

Saint Vincent, zu dem neben der gleichnamigen Hauptinsel noch die 32 kleinen Inseln der nördlichen Grenadinen gehören, hat ca. 120 000 Einwohner, von denen 30 000 in der Hauptstadt Kingstown leben. Während noch Ende der 1970er-Jahre mehr als die Hälfte der Erwerbstätigen in der Landwirtschaft tätig waren, sind dies heute weniger als 15 %. Zwei Drittel der Beschäftigten arbeiten im Dienstleistungssektor, wo der **Tourismus** immer wichtiger wird (pro Jahr über 200 000 Auslandsgäste), etwa 20 % im Industriellen Sektor. Dennoch stellt die Landwirtschaft immer noch den Großteil der Exporte, mit Bananen (39 %), Pfeilwurzmehl und Reis. Die nur schwach entwickelte Industrie verarbeitet die heimischen Produkte, u. a. zu Rum, Kopra und Fruchtsäften, und exportiert Tennisschläger. Die wirtschaftliche Entwicklung der Inseln wird immer wieder durch schwere Stürme zurückgeworfen, so zuletzt 1994, 1995 und 2002.

Saint Vincent ist Mitglied der *Organisation of Eastern Caribbean States* (OECS), der UNO und der OAS. Außerdem ist es CARICOM angeschlossen und seit 1976 der EG/EU assoziiert (Lomé- bzw. Cotonou-Vertrag).

1979, 27. Okt. Saint Vincent, vormals britische Kolonie und zuletzt mit Großbritannien assoziierter Staat, erringt nach Plebiszit und Parlamentsabstimmung als Monarchie im Commonwealth die **Unabhängigkeit**. Premierminister wird ROBERT MILTON CATO (*1915, †1997) von der *St. Vincent Labour Party* (SVLP). Er war bereits 1969–1972 und seit 1974 Premier von St. Vincent. Die Krone vertritt ein Generalgouverneur.

Dez. Ein Sezessionsversuch auf der Grenadinen-Insel Union Island durch Rastafari-Anhänger wird mithilfe von Truppen aus Barbados niedergeschlagen.

1980, 16. Sept. Aufnahme in die UNO als 154. Mitglied.

1981, 5. Dez. Saint Vincent wird OAS-Mitglied.

1983, 25. Okt. Beim Eingreifen der USA auf Grenada beteiligt sich Saint Vincent am karibischen Truppenkontingent.

1984, 30. Juli Bei Parlamentswahlen erobert die *New Democratic Party* (NDP) unter JAMES FITZ-ALLEN MITCHELL (*1931) neun von 13 Mandaten; MITCHELL wird Premierminister. Um die hohe Arbeitslosigkeit zu bekämpfen, plant er den Ausbau der Infrastruktur und eine Landreform zur Erschließung ungenutzter Ressourcen. Außenpolitisch distanziert er sich von den USA und deren Grenada-Invasion.

1989 Vorgezogene Neuwahlen bestätigen Premierminister MITCHELL.

1994 Bei Parlamentswahlen siegt die NDP; der neue Regierungschef heißt wieder MITCHELL.

1998, 15. Juni Bei den Parlamentswahlen kann die NDP unter MITCHELL nur knapp ihre Mehrheit halten.

2000, 27. Okt. Premierminister MITCHELL tritt zurück. Nachfolger wird der bisherige Finanzminister ARNHIM ULRIC EUSTACE (*1944).

2001, 28. März Die oppositionelle *United Labour Party* (ULP) gewinnt die Parlamentswahlen (zwölf Sitze gegenüber drei der NDP). Ihr Spitzenkandidat RALPH EVERARD GONSALVES (* 1946) wird am 29. März als Premierminister vereidigt.

20. April Die neue Regierung wechselt die gesamte Führungsspitze des Offshore Finance Authority Board aus und macht damit ihre Absicht deutlich, die **Geldwäsche und Korruption** energisch zu bekämpfen.

2005, 7. Dez. Bei den Wahlen wird die ULP mit 55,3 % der Stimmen (12 Sitze) bestätigt. Die oppositionelle NDP gewinnt mit 44,7 % der Stimmen nur drei Mandate.

Grenada seit 1956 | Forts. v. S. 1314 |

Basis der Volkswirtschaft und wichtigste Devisenquelle der gut 100 000 Einwohner ist der Tourismus, v. a. seit dem Bau des internationalen Flughafens 1985, außerdem ein Offshore-Finanzzentrum. Im Dienstleistungssektor sind 62 % der Beschäftigten tätig (Schätzung 1999). Die wenig effiziente Landwirtschaft (24 % der Beschäftigten, 8 % des BSP) trägt nur wenig zum Abbau der hohen Arbeitslosigkeit (ca. 25 %) bei. Angebaut und exportiert werden Kakao, Bananen, Muskat- und Kokosnüsse; bei Muskatnüssen ist Grenada nach Indonesien zweitwichtigster Produzent mit 25 % Weltmarktanteil. Politische Konflikte und die Parteien prägen weniger ideologische Gegensätze als charismatische Persönlichkeiten.

1958 Nach der Auflösung der seit 1885 bestehenden Windward-Föderation tritt Grenada als britische Kolonie der **Westindischen Föderation** bei.

1962 Auch die Westindische Föderation löst sich auf, Grenada untersteht wieder der britischen Kolonialverwaltung bis zum Eintritt in die autonome »Assoziation Westindischer Staaten«.

1967, 27. Febr. Die Insel erhält den Status eines mit Großbritannien assoziierten Staates.

1967/1972 Bei Wahlen erhält die *Grenada United Labour Party* (GULP) unter ihrem Führer ERIC M. GAIRY (*1922, †1997) die Mehrheit. Wegen dessen diktatorischer Praktiken spricht sich die Opposition gegen die Unabhängigkeit der Insel aus.

1973, 19. Dez. Grenada erhält eine neue Verfassung.

1974, 7. Febr. **Grenada wird unabhängig** im Commonwealth. Seitdem verschlechtern sich die sozialen Zustände – Gewalttätigkeit, Korruption, Misswirtschaft.

1979, 13. März Die Regierung GAIRY wird durch einen Staatsstreich revolutionärer Kräfte unter MAURICE BISHOP (*1944, †1983), Führer der Oppositionspartei *New JEWEL* gestürzt. Dieser installiert ein *People's Revolutionary Government* (PRG), das die Verfassung außer Kraft setzt und per Dekret regiert.

1983, 25. Okt. Nach BISHOPS Ermordung am 19. Okt. **besetzen US-Truppen** »wegen drohender Errichtung eines kubanischen Militärstützpunktes« **die Insel**.

1984, 3. Dez. Die *New National Party* (NNP) unter dem USA-freundlichen HERBERT BLAIZE (*1918, †1989) gewinnt die Neuwahlen, die wieder unter der Verfassung von 1973 stattfinden.

1989, 19. Dez. Nach dem Tod von Premier BLAIZE folgt ihm JOSEPH BEN JONES (*1924, †2005) im Amt nach.

1990, 13. März Knapper Sieger der Parlamentswahlen ist der *National Democratic Congress* (NDC); NICOLAS BRAITHWAITE (*1925), von NDC und *National Party* (NP) unterstützt, wird Regierungschef.

1994, April Grenada und Kuba normalisieren ihre zwischenstaatlichen Beziehungen.

4. Sept. GEORGE BRIZAN (*1942) wird zum Vorsitzenden des NDC gewählt. Er löst NICOLAS BRAITHWAITE ab.

1995, 22. Juni Der Führer der oppositionellen NNP, KEITH MITCHELL (*1946), Sieger der Parlamentswahlen vom 20. Juni, wird neuer Premierminister.

1999, 18. Jan. Vorgezogene Wahlen zum Repräsentantenhaus bestätigen die absolute Mehrheit der NNP. Grenada verzeichnet ein **kräftiges Wirtschaftswachstum**, v. a. durch den expandierenden Tourismus und Ausbau des Offshore-Finanzsektors seit 1997. Die Kluft zwischen Arm und Reich vertieft sich jedoch weiter.

2003, 27. Nov. Bei den Parlamentswahlen siegt die NNP mit 46,6 % knapp vor dem NDC (44,1 %).

2004, 7. Sept. Hurrikan »Ivan« verursacht schwere Schäden und verwüstet 90 % der Häuser der Hauptstadt Saint George's.

Trinidad und Tobago seit 1958

| Forts. v. S. 1314 |

Dank der bereits 1866 entdeckten Ölvorkommen (Export seit 1910) gehören die 1,3 Mio. Einwohner des Inselstaates mit einem Bruttosozialprodukt von 13 340 US-$ pro Kopf (2006) zu den reichsten Bewohnern der Karibik und liegen damit um 100 % über dem Durchschnittswert für die Karibik. Ein Drittel des Sozialproduktes, über 60 % der Staatseinnahmen und 70 % der Exporte werden durch Erdöl, Erdgas und deren Verarbeitung erwirtschaftet. Ein Rückgang des Ölpreises, wie in den 1980er-Jahren, gefährdet damit aber auch die gesamte wirtschaftliche Entwicklung. Doch seit 1994 wächst die Wirtschaft ohne Unterbrechung. Ebenfalls eine wichtige Rolle spielt der Tourismus, besonders für Tobago. In der Landwirtschaft arbeiten zwar noch knapp 10 % der Beschäftigten, aber sie ist gesamtwirtschaftlich irrelevant geworden – 75 % der Nahrungsmittel werden importiert.

Auch politisch ist der Staat seit Beginn der Selbstverwaltung stabil: Nur drei Parteien lösen sich an der Regierung ab. Das *People's National Movement* (PNM, 1956–1986; 1991–1995; seit 2001), die *National Alliance for Reconstruction*, NAR (1986–1991), zu der sich die langjährigen Oppositionsparteien *United Labour Front* und *Democratic Action Congress* für die Wahl 1986 zusammenschließen, und der von diesem Bündnis 1989 abgespaltene *United National Congress*, UNC (1995–2001). Das vom »Vater der Nation«, ERIC EUSTACE WILLIAMS (*1911, †1981), 1956 gegründete PNM vertritt dabei dezidiert den schwarzen Teil der Bevölkerung (2000: 37,5 %), während die NAR und der UNC den indischen Teil repräsentieren (40 %). Der ethnische Gegensatz hat jedoch nicht mehr die Schärfe wie anfangs der 1970er-Jahre. Sorge bereitet jedoch die aktuelle Zunahme der Gewaltkriminalität mit Morden und Entführungen.

1958 Die seit 1888 verwaltungsmäßig vereinigten britischen Inseln Trinidad und Tobago werden Mitglied der Westindischen Föderation.

1959 Der Inselstaat erlangt innere Selbstverwaltung.

1962, 31. Aug. Als die Inseln unabhängig werden, bleiben sie vorerst als **parlamentarische Monarchie** im *britischen Commonwealth of Nations*. Regierungschef ist seit 1956 der Führer des PNM, ERIC EUSTACE WILLIAMS.

1970, 26. Febr. Heftige Konflikte zwischen der Black-Power-Bewegung, unterstützt vom *National Joint Action Committee*, und der Polizei. Am 4. und 5. April nimmt ein Drittel der Bevölkerung an Protestmärschen teil. Die Regierung verkündet am 21. April den Ausnahmezustand.

1974, 31. Aug. Die Regierung erwirbt die Anlagen der *Shell Trinidad Limited* und gründet die staatseigene *Trinidad and Tobago Oil Co.* (TRINTOC).

1976, 1. Aug. Eine neue Verfassung tritt in Kraft. Der Inselstaat löst seine Bindung zur britischen Krone und wird **unabhängige Republik**. ELLIS EMMANUEL CLARKE (*1917) wird zunächst kommissarisch erster Staatspräsident ohne exekutive Befugnisse.

1978, 7. Aug. Tobago erhält die innere Selbstverwaltung.

1981, 31. März Nach dem Tod von ERIC EUSTACE WILLIAMS wird GEORGE MICHAEL CHAMBERS (*1928, †1997; PNM) Premierminister und gewinnt die Parlamentswahlen am 9. Nov.

1986, 14. Dez. Bei den **Parlamentswahlen** löst die oppositionelle NAR unter ARTHUR NAPOLEON RAYMOND ROBINSON (*1926) das PNM an der Regierung ab.

1987, 17. Febr. Ein Wahlmännergremium wählt NOOR MOHAMMED HASSANALI (*1918, †2006; NAR) zum neuen Präsidenten.

1990, 28. Juli muslimische Rebellen stürmen das Parlament und nehmen den Premierminister als Geisel; sie geben am 1. Aug. auf. (Muslime stellen nur 6 % der Bevölkerung, Hindus 22,5 %, Katholiken 26 %).

1991, 17. Dez. Nach seinem Sieg bei den Parlamentswahlen am 16. Dez. wird der Führer des oppositionellen PNM, der Sozialdemokrat PATRICK AUGUSTUS MERVYN MANNING (*1946), neuer Premierminister.

1993 Aus einem Zusammenschluss der staatlichen Ölfirmen TRINTOC und TRINTOPEC entsteht die *Petroleum Company of Trinidad and Tobago* (Petrotrin).

1995, 6. Nov. Der Vorsitzende des oppositionellen UNC, Basdeo Panday (*1933), gewinnt die Parlamentswahlen und bildet mit der NAR eine Koalitionsregierung. Panday ist der erste indischstämmige Premierminister.

1997, 19. März Der frühere Premierminister Arthur N. R. Robinson (NAR) wird Staatspräsident.

2000, 11. Dez. Der regierende UNC geht aus den Parlamentswahlen mit 19 von 36 Sitzen erneut als Sieger hervor. Die neue Regierung von Premierminister Panday wird am 22. Dez. vereidigt.

2001, 10. Dez. Bei vorgezogenen Parlamentswahlen kommt es im Parlament zu einem Patt (jeweils 18 Sitze) zwischen PNM und UNC. Präsident Robinson ernennt Manning am 24. Dez. zum Premierminister.

2002, 29. Aug. Premierminister Manning löst das Parlament auf und schreibt Neuwahlen zum 7. Okt. aus, in denen das PNM 20 von 36 Sitzen erringt.

2003, 17. März George Maxwell Richards (*1931) löst Robinson im Präsidentenamt ab.

12. Aug. Trinidad und Tobago und Venezuela unterzeichnen ein Abkommen über die Ausbeutung der Erdöl- und Erdgasreserven im Bereich der gemeinsamen Hochseegrenzen.

2006 Aufgrund der Ölpreissteigerung und der Inbetriebnahme der weltweit größten Flüssiggasanlage wächst die Wirtschaft um 12 %.

24. April Expremierminister Panday wird wegen Steuerhinterziehung zu zwei Jahren Gefängnis verurteilt, jedoch kurz darauf auf Kaution entlassen. Er tritt zunächst von seinen politischen Ämtern zurück. Das Urteil wird am 13. März 2007 von der Berufungsinstanz aufgehoben.

2007, 3. Jan. Panday übernimmt wieder die politische Führung des UNC.

5. Nov. Premierminister Manning und das PNM werden mit 46 % bei den Wahlen bestätigt.

Kolumbien seit 1945 | Forts. v. S. 1323 |

Kolumbien verzeichnet zwar ein jahrzehntelanges stetiges Wirtschaftswachstum (von der Weltwirtschaftskrise 1929 bis zur Verschuldungskrise 1982, von der Kolumbien kaum betroffen ist, liegt das jährliche Wirtschaftswachstum pro Kopf mit 2,6 % im lateinamerikanischen Mittel) und eine demokratische Abfolge der Präsidenten, unterbrochen 1953–1957 durch die Diktatur von General Gustavo Rojas Pinilla (*1900, †1975), doch wird das Land seit 1948 von einem (fast) permanenten Bürgerkrieg erschüttet, der Hunderttausende von Toten fordert. Der Staat kann zu keiner Zeit sein Gewaltmonopol durchsetzen, das linke Guerillabewegungen und Drogenbanden, meist beide gleichzeitig, infrage stellen, bis 2005 auch rechte Paramilitärs. Daher und weil sich die Bevölkerungszahl Kolumbiens seit dem Zweiten Weltkrieg von ca. 11 Mio. auf 44 Mio. vervierfacht hat, sind die wirtschaftlichen Erfolge um so höher zu bewerten.

Nach den Jahren der *violencia* (Gewalttätigkeit) ab 1948 und der Diktatur suchen die traditionellen Parteien Ende der 1950er-Jahre eine Kompromisslösung, um ihre bedrohte Herrschaft zu erneuern. In dieser Übereinkunft, der Nationalen Front (*Frente Nacional*), durch die **Verfassung von 1958** sanktioniert, vereinbaren sie eine Machtteilung zwischen Liberalen und Konservativen: In vier Amtsperioden tritt abwechselnd ein liberaler und ein konservativer Präsident an die Spitze des Staates, der Kongress besteht ohne Rücksicht auf den Ausgang der Wahlen, jeweils zur Hälfte aus liberalen und konservativen Abgeordneten und Senatoren. Exekutivposten werden abwechselnd, öffentliche Organe paritätisch besetzt. Da dieses **Regierungssystem** automatisch eine Teilnahme anderer Kräfte an der politischen Mitbestimmung ausschließt, lehnt die Opposition die »Verständigungsverfassung« ab, die wegen ihrer mechanischen Funktion die Fortdauer der Herrschaft der Oberklasse aus Wirtschafts-, Militär- und Kirchenhierarchie ermöglichen soll. Weite Kreise der Wählerschaft bleiben den Wahlen fern (bis heute ist die Wahlbeteiligung sehr niedrig) oder unterstützen Splittergruppen innerhalb der »verfassungsmäßigen« Parteien.

In den Jahren des Systems der »Nationalen Front« erzeugen soziale Missverhältnisse zahlreiche Unruhen und eine starke **Guerillabewegung**, die große Landstriche unter ihre Kontrolle bringt und eigene »Republiken« errichtet. Am wichtigsten sind das 1964 gegründete »Nationale Befreiungsheer« (*Ejército de Liberación Nacional*, ELN) und die »Kolumbianischen Revolutionären Streitkräfte« (*Fuerzas Armadas Revolucionarias de Colombia*, FARC). Letztere weiten ihre »Fronten« bis in die 1990er-Jahre immer weiter aus. Die Guerilla verfügt in Kolumbien, anders als in vielen Staaten Lateinamerikas, über ein solides soziales Fundament und eine sichere ökonomische Basis, den Drogenhandel. Bis heute gelingt es der Zentralregierung daher weder, die Guerilla militärisch zu besiegen, noch sie in den politischen Prozess einzubinden. Neben der politisch motivierten Guerilla wächst die »normale« Kriminalität; allein das »Entführungsgewerbe« wird zum Milliardengeschäft.

Außenpolitisch leitet Kolumbien zunächst die Zusammenarbeit der Andenstaaten ein, v. a. mit Venezuela und Ecuador seit 1966. Seit den 1990er-Jahren wächst die Abhängigkeit von den USA bzw. die politische Hinwendung zu den USA (Plan Colombia 1999; Freihandelsvertrag): Kolumbien wird zum wichtigsten Verbündeten der USA in Südamerika.

Wirtschaftlich gelingt Kolumbien der Ausbruch aus der Kaffee-Monokultur. Inzwischen bestimmen Erdöl (25 %) und Steinkohle (11 %) neben landwirtschaftlichen Erzeugnissen und Textilien die Exportpalette. Kaffee stellt nur noch 6 % der Exporteinnahmen.

1946, 5. Mai Nach Flügelkämpfen und Spaltungen im *Partido Liberal Columbiano* (PLC), die sich auf keinen gemeinsamen Kandidaten einigen kann, wird Mariano Ospina Pérez (*1891, †1976) vom *Partido Conservador Colombiano* (PCC) zum Präsidenten gewählt, obwohl er weniger Stimmen als beide liberale Kandidaten zusammen hat; die Parteikonflikte verschärfen sich.

1948, 9. April Als der linksliberale Oppositionspolitiker JORGE ELIÉCER GAITÁN (*1898, †1948), nach seiner erfolglosen Präsidentschaftskandidatur 1946 inzwischen unbestrittener Führer der Liberalen, ermordet wird, entladen sich angestaute Konflikte in einem spontanen Ausbruch der Gewalt (*Bogotazo*): Die Kämpfe münden in einen **Bürgerkrieg**, der ungefähr 200 000 Menschen das Leben kostet. Bandenunwesen und Gewalttätigkeiten dauern bis 1963 an. Zu ihren Ursachen gehören die explosive soziale Situation der Kleinbauern in den Kaffeeanbaugebieten und die Feindschaft innerhalb der traditionellen Parteien.

1950–1953 Der Ansatz des konservativen Präsidenten LAUREANO GÓMEZ CASTRO (*1889, †1965), einen korporativen Staat aufzubauen, scheitert. GÓMEZ ist nach einem Herzinfarkt ab 1951 kaum noch regierungsfähig.

1953, 13. Juni Innere Unruhen führen zum Eingreifen des Militärs unter General GUSTAVO ROJAS PINILLA.

1953–1957 Anfangs gelingt es der **Militärdiktatur**, durch Einsatz der Armee und einige Sozialreformen, den Terror einzudämmen. Bald jedoch führen die zunehmende Staatsintervention, die Besteuerung von Kapitalvermögen und eine beispiellose Korruption dazu, dass die Oberschicht, die ihre überkommenen Interessen bedroht sieht, ihre Differenzen begräbt und den Bruch mit der Militärregierung herbeiführt.

1957, 10. Mai Als auf dem Land die Guerillatätigkeit wieder zunimmt, übergibt – nach Ausrufung des Generalstreiks und blutigen Straßenschlachten – ROJAS PINILLA die Macht an eine Junta.

1958–1966 Auf den liberalen Präsidenten ALBERTO LLERAS CAMARGO (*1906, †1990) folgt der konservative GUILLERMO LEÓN VALENCIA (*1909, †1971).

1966, 15. Febr. Der katholische Geistliche **CAMILO TORRES RESTREPO** (*1929), der sich 1965 dem ELN anschließt und einen (wenn nötig gewaltsamen) Wandel der gesellschaftlichen Verhältnisse verficht, wird in einem Feuergefecht mit Regierungstruppen **erschossen**. CAMILO TORRES wird nach seinem Tod zu einer Ikone der Linken in Lateinamerika.

1966, 7. Aug. Der Liberale CARLOS LLERAS RESTREPO (*1908, †1994) wird Präsident.

1968, 15.–28. Aug. Gegenüber der umstrittenen »Theologie der Befreiung« setzt sich Papst PAUL VI. auf dem **Eucharistischen Weltkongress in Bogotá** für einen sozialen Wandel durch Gerechtigkeit und Liebe ein.

1970, 19. April Knapper Wahlsieg des Vertreters der Konservativen, MISAEL PASTRANA BORRERO (*1923, †1997), über Exdiktator ROJAS PINILLA und dessen ANAPO (*Alianza Nacional Popular*). Die Anhänger von ROJAS PINILLA unterstellen PASTRANA Wahlbetrug. Aus ihrem Umfeld bildet sich die Guerillagruppe M-19 (*Movimiento 19 de Abril*).

1974, 21. April Zum ersten Mal seit 1950 Präsidentschaftswahl mit echten Alternativen. Die Liberalen gehen mit ihrem Kandidaten ALFONSO LÓPEZ MICHELSEN (*1913, †2007) mit 55 % der abgegebenen Stimmen als eindeutiger Sieger hervor.

8.–12. Nov. Zusammen mit Venezuela und Costa Rica beantragt Kolumbien auf der OAS-Konferenz in Quito, die Wirtschaftsblockade gegen Kuba aufzuheben. Nach dem Scheitern dieses Antrages stellt es 1975 selbstständig **Beziehungen zu Kuba** her.

1974–1978 Trotz des Wahlsiegs der Liberalen bleiben alle Ämter in der Exekutive je zur Hälfte bei Konservativen und Liberalen. LÓPEZ MICHELSEN beginnt seine Amtszeit mit dem Anspruch, die Lage der ärmsten Bevölkerungsteile durch Beschleunigung der bisher nur in Ansätzen durchgeführten Landreform und Eingriffe in die sehr ungleiche Einkommensverteilung zu verbessern. Da die Arbeitslosigkeit jedoch zunimmt (1975 offiziell 10,5 %) und der Reallohn sinkt, kommt es zu Massenprotesten, auf die die Regierung mit Repressionen und einer Verhärtung der Innenpolitik reagiert. Auch in den folgenden Jahren bestimmen die traditionellen ungelösten Probleme (Bevölkerungsexplosion, Landflucht, extreme Gewalttätigkeiten, steigende Lebenshaltungskosten und Arbeitslosigkeit) das innenpolitische Klima.

1977, Sept. Schwere Zusammenstöße zwischen Militär und streikenden Arbeitern: Regierungskrise, in der fast das ganze Kabinett zurücktritt.

1978, 4. Juni Präsidentenwahlen enden mit dem Sieg des liberalen Kandidaten JULIO CÉSAR TURBAY AYALA (*1916, †2005) nur äußerst knapp vor seinem konservativen Rivalen BELISARIO BETANCUR CUARTAS (*1923).

16. Sept. Ein **»Sicherheitsstatut«** macht den Ausnahmezustand zur Dauereinrichtung.

1982, 30. Mai BETANCUR gewinnt die Präsidentenwahlen; Amtsantritt am 7. Aug.

19. Juni Der Ausnahmezustand wird aufgehoben; eine **Generalamnestie**, verkündet am 20. Nov., soll den Guerillakrieg beenden.

26. Dez. Präsident BETANCUR ruft den Wirtschaftsnotstand aus (bis 11. Febr. 1983).

1984, ab 1. Nov. Die »Kommission für den Nationalen Dialog« eröffnet Verhandlungen zwischen der Regierung und den Guerillabewegungen.

1985, 6./7. Nov. Ein Überfall der **Guerillabewegung M-19** auf den Justizpalast von Bogotá fordert 112 Tote.

1986, 9. März Die Liberalen unter VIRGILIO BARCO VARGAS (*1921, †1997) erringen bei Parlamentswahlen rund 50 % der Stimmen, die Konservativen 40 %.

25. März BARCO siegt bei der Präsidentschaftswahl.

1987, Aug. **Grenzkonflikte mit Venezuela** im Golf von Venezuela.

1989, 18. Aug. LUIS CARLOS GALÁN SARMIENTO (*1943), Präsidentschaftskandidat der Liberalen, wird von den **Drogenkartellen** ermordet, nachdem er einen erbarmungslosen Kampf gegen diese angekündigt hatte. Nach seinem Tod übernimmt BARCO diese Forderung. Der Terror gegen Politiker und Justizbeamte verschärft sich (bis Aug. 1990 zeichnet das Kartell für Hunderte von Bombenanschlägen verantwortlich).

1990, 8. März Die Guerillabewegung M-19 übergibt einer Kommission der Sozialistischen Internationalen ihre Waffen und unterzeichnet ein Friedensabkommen mit der Regierung.

11. März Die Liberalen erreichen die absolute Mehrheit in beiden Kammern.

27. März Der Liberale César Gaviria Trujillo (*1947) gewinnt die Präsidentschaftswahlen mit rund 57 % der Stimmen (Amtsamtritt 7. Aug.). Der Präsidentschaftskandidat der M-19 wird Gesundheitsminister.

9. Dez. Die von früheren Guerillakämpfern gegründete Partei »Demokratische Allianz M-19« geht mit rund 25 % der Stimmen als stärkste Kraft aus den Wahlen zu einer verfassunggebenden Versammlung hervor.

1991, 5. Juli Die **neue Verfassung** tritt in Kraft. Sie legalisiert u. a. die Ehescheidung, untersagt die Auslieferung kolumbianischer Staatsbürger, zielt auf Dezentralisierung und beschränkt die präsidialen Vollmachten. Es bleibt aber beim Präsidialregime und einem Zwei-Kammern-Parlament.

1992, 23. Nov. Die »Demokratische Allianz M-19« scheidet aus der Regierung aus. Hauptgründe sind die Verlängerung des Ausnahmezustands am 9. Nov. und wirtschaftspolitische Differenzen.

1993, 2. Dez. Tod des »Drogenbosses« Pablo Escobar. Das Drogenkartell von Medellín gilt als zerschlagen, doch andere Gruppen treten schnell an seine Stelle.

1994, 13. Juni Kolumbien, Mexiko und Venezuela vereinbaren ein Freihandelsabkommen (G3-Staaten).

7. Aug. Ernesto Samper Pizano (*1950), Kandidat der regierenden Liberalen, wird nach seinem Wahlsieg am 19. Juni als neuer Staatspräsident vereidigt.

1995, 16. Aug. Zunehmende Gewaltbereitschaft: Präsident Samper ruft den **Ausnahmezustand** aus.

2. Nov. Die Ermordung des Oppositionspolitikers Álvaro Gómez Hurtado (*1919), Sohn des Expräsidenten Laureano Gómez und bereits 1988 einmal vom M-19 entführt, ist Anlass für eine Erweiterung des Ausnahmezustandes.

1996, 12. Juni Präsident Samper wird mangels Beweisen vom Vorwurf, illegale Wahlkampfgelder entgegengenommen zu haben, freigesprochen.

1997, 28. Febr. Das US-Außenministerium verweigert Kolumbien zum zweiten Mal nach 1996 die sog. Zertifizierung (nur bei Nachweis aktiver Drogenbekämpfung gewähren die USA Auslandshilfe). Präsident Samper kündigt am 9. April ein Gesetz an, das die – 1991 untersagte – Auslieferung kolumbianischer Staatsbürger an die USA ermöglichen soll.

April Die paramilitärischen Gruppen schließen sich unter Carlos Castaño in den *Autodefensas Unidas de Colombia* (AUC) zusammen.

25. Okt. Trotz monatelanger Einschüchterungskampagnen durch Guerillas und Paramilitärs werden Gouverneurs- und Kommunalwahlen durchgeführt. Sie enden mit Erfolgen der regierenden Liberalen.

1998, 8. März Bei mit 200 000 Soldaten und Polizisten gesicherten Parlamentswahlen bleiben die Liberalen stärkste politische Kraft.

21. Juni Der Konservative Andrés Pastrana Arango (*1954) gewinnt die Präsidentschaftswahlen und löst am 7. Aug. den liberalen Samper ab.

12. Okt. Die neue Regierung tritt in Verhandlungen mit der Guerillaorganisation ELN ein.

7. Nov. Die Guerillaorganisation FARC erhält die Kontrolle über ein rund 42 000 km^2 großes demilitarisiertes Gebiet im südlichen Kolumbien.

1999, 7. Jan. Beginn der ersten direkten Friedensgespräche zwischen Regierung und FARC, aus Sicherheitsgründen ohne FARC-Chef Manuel Marulanda Vélez (»Tirofijo«). Am 2. Mai treffen dann Präsident Pastrana und Marulanda persönlich zusammen.

20. Sept. Präsident Pastrana stellt der UN-Generalversammlung seinen 1998 lancierten »Plan Colombia« zur Bekämpfung des Drogenhandels und Förderung der Entwicklung vor: IWF, Weltbank und Interamerikanische Entwicklungsbank bewilligen Milliardenkredite.

12./23. Okt. In Bogotá, Medellín und Cali zerschlägt eine international koordinierte Polizeiaktion eines der größten Drogenkartelle Lateinamerikas.

24. Okt. Bei der größten **Friedensdemonstration** in der Geschichte Kolumbiens gehen etwa 14 Mio. Menschen, fast ein Drittel der Bevölkerung, auf die Straße. In dem seit 35 Jahren andauernden Bürgerkrieg zwischen Regierung, Guerillabewegungen und rechten paramilitärischen Gruppen sind bisher über 100 000 Menschen ums Leben gekommen, Millionen zu Flüchtlingen im eigenen Land geworden. Die Fluchtbewegung der Landbevölkerung vor dem Bürgerkrieg und großflächiger Landkauf zur Geldwäsche erhöhen die Landbesitzkonzentration. Die Wirtschaftskrise verschärft sich, das BSP nimmt um 4,2 % ab.

2000, 19. Febr. Nach dem Muster der mit den FARC getroffenen Vereinbarung erhält auch die ELN-Guerilla ein entmilitarisiertes Gebiet zugeteilt.

21. Okt. Bei den Bürgermeister- und Gouverneurswahlen verlieren die Konservativen deutlich.

2001, 11. Jan. US-Präsident Clinton kündigt ein v. a. militärisches Hilfsprogramm von 1,28 Mrd. US-Dollar für Kolumbien an.

27. April Ein Bericht der UN-Menschenrechtskommission belegt die schweren **Menschenrechtsverletzungen** von Militärs, Paramilitärs und Rebellenverbänden v. a. an der Zivilbevölkerung.

Juli Die Regierung behauptet, bei der Umsetzung des »Plan Colombia« den Drogenanbau und -handel nachhaltig unterbunden zu haben. Kritiker bezweifeln die Angaben.

2002, 20. Febr. Präsident Pastrana beendet die Friedensverhandlungen mit den FARC: Beginn einer Militäroffensive gegen das von der Guerilla kontrollierte Gebiet.

26. Mai Bei der Präsidentschaftswahl siegt mit 53 % der als Hardliner geltende Álvaro Uribe Vélez (*1952). Obwohl Mitglied der Liberalen, kandidiert er als Unabhängiger. Uribe hat als Bürgermeister von Medellín und Gouverneur von Antioquia große Verwaltungserfahrung. Er will die Sicherheitslage verbessern und die Wirtschaft konsolidieren.

11. Aug. Nach Anschlägen und Feuergefechten mit 115 Toten verhängt Uribe den Ausnahmezustand. Eine Sondersteuer von 1,2 % auf das Vermögen von Unternehmen und Privaten soll den Kampf gegen das organisierte Verbrechen finanzieren. Die Regierung plant, für den Kampf gegen die Guerilla 20 000 Bauern zu bewaffnen und 1 Mio. Informanten zu werben.

Dez. Nachdem die Intensivierung des Krieges gegen die Rebellen keine Befriedung gebracht hat, nimmt Präsident URIBE die seit Febr. ruhenden Verhandlungen mit den FARC wieder auf.

2003, März Die Regierung Kolumbiens unterstützt, im Gegensatz zu fast ganz Lateinamerika, den Einmarsch der USA in den Irak.

28. Juni Die Präsidenten Kolumbiens, Boliviens, Ecuadors, Venezuelas und der Vizepräsident Perus treffen sich als Repräsentanten der Andengemeinschaft, um über die Kooperation mit dem Mercosur zu beraten. Ziel ist der Aufbau einer gemeinsamen südamerikanischen Front gegen die von den USA geplante Freihandelszone (FTTA). – Parallel führt Kolumbien bilaterale Verhandlungen mit den USA über einen Freihandelsvertrag.

Juli Die Oberstaatsanwaltschaft entscheidet, die Anführer der FARC nicht nur wegen politischer Delikte, sondern auch wegen Drogenhandels anzuklagen, da seit längerem eine Symbiose zwischen der Guerilla und dem Drogenhandel besteht.

15. Juli Die Anführer der paramilitärischen AUC erklären sich bereit, ihre Truppen bis Ende 2005 zu demobilisieren. Durch den Erfolg seiner Doppelstrategie (hartes Vorgehen bei gleichzeitigem Verhandeln) erreicht URIBE hohe Popularitätswerte.

25. Aug. In einer gemeinsamen Erklärung sprechen sich die Guerillaorganisationen FARC und ELN gegen jeden Dialog mit der Regierung aus.

Südamerika 2008

25. Okt. Das von der Regierung angesetzte Referendum über Verfassungsänderungen scheitert an zu geringer Wahlbeteiligung (unter 25 %).

2004, 9. Okt. Der US-Kongress beschließt die Verdoppelung des US-Militärpersonals in Kolumbien. V. a. setzen die USA dort aber Mitglieder privater Sicherheitsdienste ein.

30. Nov. Eine Verfassungsänderung ermöglicht die Wiederwahl des Präsidenten URIBE.

31. Dez. Der FARC-Führer RICARDO PALMERA PINEDA alias »Simón Trinidad« (*1950) wird nach seiner Festnahme im Jan. 2004 in Quito von Kolumbien an die USA ausgeliefert. Er ist der bislang ranghöchste FARC-Gefangene und wird in den USA wegen Terrorismus und Drogenhandels angeklagt.

2005, 21. Juni Das »Gesetz über Gerechtigkeit und Frieden« wird verabschiedet. Die Entwaffnung der ca. 32 000 Kämpfer der AUC ist abgeschlossen; sie sollen überwiegend amnestiert und in das Zivilleben integriert werden. Die Anführer kommen vor Gericht.

4. Aug. US-Präsident GEORGE W. BUSH erklärt, den »Plan Colombia« weiterhin unterstützen zu wollen. Seit 2000 zahlen die USA dafür mehr als 3 Mrd. US-Dollar.

19. Okt. Das Verfassungsgericht ermöglicht endgültig die Wiederwahl URIBES.
Die Wirtschaft wächst weiterhin kontinuierlich. Allerdings leben 66 % der Bevölkerung in Armut, 3 Mio. Menschen sind Vertriebene im eigenen Land.

12. März Bei Parlamentswahlen siegen die URIBE nahestehenden Parteien im Senat und Repräsentantenhaus: Schwere Niederlage der Liberalen und Konservativen.

28. Mai Wiederwahl URIBES mit 62 % der Stimmen, bei 45 % Wahlbeteiligung.

2007, Mai SALVATORE MANCUSO (*1964), inhaftierter Führer der AUC, beschuldigt höchste Kreise von Politik und Wirtschaft, den Aufbau der rechtsextremen Todesschwadronen unterstützt zu haben. Internationale Konzerne hätten Schutzgelder bezahlt. Mehrere Kongressabgeordnete aus URIBES Wahlbündnis werden wegen Kooperation mit den AUC verhaftet.

28. Juni Elf seit 2002 von den FARC gefangen gehaltene Abgeordnete kommen, angeblich bei einem Befreiungsversuch, ums Leben: FARC und Regierung bezichtigen sich gegenseitig des Mordes. In Kolumbien zählt man 833 Entführte, ca. 200 in Händen der FARC.

2008, 1. März FARC-Kommandant RAÚL REYES, geboren als LUIS EDGAR DEVIA SILVA (*1948), wird auf ecuadorianischem Territorium durch einen kolumbianischen Luftangriff getötet. Der Angriff führt zu bald wieder beigelegten Spannungen zwischen Kolumbien, Ecuador und Venezuela.

Venezuela seit 1945 | Forts. v. S. 1324 |

Der Erdölsektor dominiert seit den 1920er-Jahren die Ausfuhren und somit die Wirtschaft Venezuelas (1924: 30 % der Exporte; seit 1934 über 90 %). Zwar gibt der Erdölexport dem Land finanzielle Ressourcen und Entwicklungsmöglichkeiten, gleichzeitig jedoch gerät Venezuela seit Beginn des Erdölbooms in eine Situation extremer struktureller Abhängigkeit. Seit den 60er-Jahren steht die Nationalisierung des Erdölabbaus im Zentrum der politischen Debatte. 1975 wird das Gesetz zur Nationalisierung des Abbaus und der Kommerzialisierung des Erdöls erlassen. Trotz hoher staatlicher Investitionen in den Industriesektor gelingt es nicht, mit den Öleinnahmen einen sich selbst tragenden Wachstumsprozess im produzierenden Gewerbe zu erreichen. Dagegen wird der tertiäre Sektor zunehmend aufgebläht (2003: 69 % der Beschäftigten, gegenüber 11 % in der Landwirtschaft und 20 % in der Industrie).

Der industrielle Wachstumsprozess hat es nicht vermocht, die starken Unterschiede zwischen traditionellen (Landwirtschaft, Handwerk) und modernen Wirtschaftssektoren zu verringern sowie das Problem der Arbeitslosigkeit zu lösen. V. a. gelingt es trotz hoher Erträge aus dem Erdölexport nicht, das Einkommensgefälle abzubauen und soziale Krisen zu überwinden.

Mit dem Verlust an finanziellem Spielraum verliert das 1958 etablierte demokratische Zweiparteiensystem in den 1980er-Jahren zunehmend an Legitimität. Die Machtübernahme des charismatischen Exputschisten HUGO CHÁVEZ durch Wahlen beendet das Zweiparteiensystem 1999 definitiv, die alternierende Herrschaft der sozialdemokratischen *Acción Democrática* (AD) und der christdemokratischen COPEI zerfällt. Die »bolivarische Republik« von CHÁVEZ stärkt erneut die Rolle des Staates, bricht mit der neoliberalen Wirtschaftspolitik des vorangehenden Jahrzehnts und bevorzugt die Masse der 25 Mio. Venezolaner gegenüber den bisherigen Profiteuren, den städtischen Ober- und Mittelschichten. Die soziale Spaltung des Landes wird so bestenfalls abgemildert (1,5 Mio. Venezolaner wandern unter CHÁVEZ aus), die politische Polarisierung wird noch verstärkt.

Außenpolitisch wirbt CHÁVEZ im Rahmen seines »Bolivarismus« für die Einigung Lateinamerikas gegenüber den USA unter seiner Führung. Die Erhöhung der Rohölpreise von 1999 bis 2008 um fast das Fünffache gibt ihm hierbei einen erheblichen finanziellen Spielraum.

1945, 18. Okt. Der Sturz der seit 1941 amtierenden Regierung unter ISAÍAS MEDINA ANGARITA (*1897, †1953) durch eine militärisch-zivile Koalition bringt die 1941 gegründete *Acción Democrática* (AD) unter RÓMULO BETANCOURT (*1908, †1981) an die Macht. Die AD ist die erste Massenpartei Venezuelas mit kleinbürgerlichem Ursprung und ländlicher Basis sowie politischen und sozialen Reformzielen; das damalige AD-Programm ist antiimperialistisch und fordert die Integration der Massen durch allgemeines Wahlrecht.

1948, 22. Nov. Dieselben Militärs, die die AD an die Macht gebracht haben, putschen gegen den inzwischen in den ersten allgemeinen und freien Wahlen mit großer Mehrheit zum Präsidenten gewählten Schriftsteller RÓMULO GALLEGOS (*1884, †1969; AD).

1953–1958 Als **neuer Diktator** steigt, nach einer zweijährigen Übergangszeit unter CARLOS DELGADO CHALBAUD (*1900, †1950), General MARCOS PÉREZ JIMÉ-

NEZ (*1914, †2001) auf, der durch kontrollierte Wahlen (1957) als Präsident bestätigt wird. Nach finanzieller Misswirtschaft macht sich die wachsende Unzufriedenheit der Bevölkerung in Demonstrationen luft.

1958, 23. Jan. PÉREZ' Sturz durch eine zivil-militärische Koalition stellt den Beginn einer demokratischen Entwicklung des Landes dar, die trotz Putschversuchen (1992, 2002) bis heute anhält.

1959 Nach einer Übergangsregierung unter Admiral WOLFGANG LARRAZÁBAL (*1911, † 2003) wird der AD-Kandidat RÓMULO BETANCOURT zum Präsidenten gewählt. Auf Basis einer Wahlabsprache entsteht eine Art **»große Koalition«** der bedeutendsten Parteien.

1959–1964 In die Regierungszeit BETANCOURTS fallen die unruhigsten Jahre der venezolanischen Politik in diesem Jahrhundert.

1960 Der größte Teil der Parteijugend verlässt die AD und schließt sich in dem an orientierten *Movimiento de la Izquierda Revolucionaria* (MIR) zusammen.

Sept. Venezuela ist **Gründungsmitglied der OPEC**.

1962 Zahlreiche **Terror- und Sabotageakte**: Die *Fuerzas Armadas de Liberación Nacional* (FALN) werden v. a. in Caracas aktiv (offizielle Gründung am 20. Febr. 1963).

1964, 11. März BETANCOURT kann trotz heftiger innenpolitischer Konflikte seine Amtszeit legal beenden und das Präsidentenamt seinem Nachfolger von der AD, RAÚL LEONI (*1905, †1972), übergeben.

1968 Bei Wahlen siegt die stärkste Oppositionspartei, der christlich-soziale *Comité de Organización Política Electoral Independiente* (COPEI).
Selbstkritik der Guerillaorganisation FALN; zunehmende Bedeutungslosigkeit der Guerilla durch interne Krisen.

1969 Neuer Präsident wird am 12. März RAFAEL CALDERA RODRÍGUEZ (*1916). Innenpolitisch kann er durch seine Pazifizierungsstrategie das Klima politischer Gewalt abbauen. Der COPEI praktiziert eine später von der AD-Regierung fortgesetzte flexible Lateinamerikapolitik des »ideologischen Pluralismus« und der »pluralistischen Solidarität«. Auf wirtschaftspolitischem Gebiet verstaatlicht er die Erdgasproduktion, kündigt den unvorteilhaften Handelsvertrag mit den USA und sorgt im Erdölsektor durch das sog. »Reinvestitionsgesetz« dafür, dass die ausländischen Gesellschaften bis zum Auslaufen der Konzessionen 1983 ihre Anlagen auf dem modernsten Stand halten.

1973, 12. Dez Der AD-Kandidat CARLOS ANDRÉS PÉREZ RODRÍGUEZ (*1922) wird zum Präsidenten gewählt.

1974–1978 PÉREZ lässt sich Sondervollmachten erteilen, damit er seine nationalistisch-reformerische Politik durchsetzen und dringende wirtschaftliche Maßnahmen zur Nutzung der Öleinnahmen per Dekret ermöglichen kann. Außenpolitisch findet Venezuela zu einer profilierten Rolle in Lateinamerika. Die größere internationale Bedeutung ist auch darauf zurückzuführen, dass es in der OPEC politisch sehr aktiv ist. Die unter der Regierung PÉREZ gültigen Hauptlinien der Außenpolitik sind: Abgrenzung und Betonung der Unabhängigkeit gegenüber den USA; Stärkung der eigenen Position in den Ländern der Andengruppe, in Zentralamerika und im karibischen Raum; Diversifizierung der Außenbeziehungen. Mit Kolumbien treten wiederholt Grenzspannungen auf; zu den Militärdiktaturen der Region zeichnet sich eine zunehmende Distanz ab. Venezuela übernimmt die US-Menschenrechtsdoktrin und die Kampagne gegen die Verbreitung der Nuklearenergie (Kontroverse mit Brasilien).

1978 Bei den Präsidentschaftswahlen siegt der Kandidat der Oppositionspartei COPEI, LUIS HERRERA CAMPINS (*1925, † 2007), und amtiert während der Verfassungsperiode 1979–1984.

1982, 4. Mai Alte Gebietsansprüche Venezuelas an Guyana führen zu Grenzzwischenfällen.

1983, 18. Febr. Die drastische Abwertung des Bolívar markiert das Ende des bisherigen Wachstumsmodells: Anstieg der Auslandsverschuldung auf 33 Mrd. US-$.

4. Dez. JAIME LUSINCHI (*1924; AD) gewinnt die Parlaments- und Präsidentenwahlen und tritt das Präsidentenamt am 2. Febr. 1984 an.

1984, 3. Aug. Mexiko und Venezuela kündigen weitere begünstigte Erdöllieferungen an neun Staaten Mittelamerikas als Wirtschaftshilfe im Sinne des Contadora-Planes an.

1988, 4. Dez. Der Vorsitzende der sozialdemokratischen AD, CARLOS ANDRÉS PÉREZ, wird erneut zum Staatspräsidenten gewählt. Der Staat ist de facto bankrott: Defizit des Staatshaushalts von 9 % des BSP, Auslandsverschuldung von 35 Mrd. US-$.

1989, Febr./März Das Regierungsprogramm zur Sanierung der Wirtschaft führt zu blutigen Unruhen (Caracazo am 27. Febr.) und zur Verhängung des Ausnahmezustands.

1992, 4. Febr. Ein Putschversuch des MBR-200 (*Movimiento Bolivariano Revolucionario* – 200), einer bereits 1982 gegründeten Offiziersgruppe, gegen Präsident PÉREZ scheitert. Oberst HUGO RAFAEL CHÁVEZ FRIAS (*1954) übernimmt in einer Fernsehansprache die Verantwortung für den Putsch und wird dadurch landesweit bekannt. Am 27. Nov. missglückt ein weiterer Putschversuch.

1993, 2. April Venezuela und Chile schließen ein Freihandelsabkommen.

21. Mai Präsident PÉREZ wird aufgrund von Korruptionsvorwürfen vom Senat suspendiert und am 31. Aug. vom Kongress abgesetzt. Übergangspräsident wird am 4. Juni RAMÓN JOSÉ VELÁSQUEZ MUJICA (*1916).

19. Juni Venezuela und die CARICOM-Staaten unterzeichnen ein Handelsabkommen.

1994, 2. Febr. Der mit einer relativen Mehrheit von nur 30,5 % gewählte Präsident RAFAEL CALDERA tritt sein Amt an.

13. Juni Kolumbien, Mexiko und Venezuela vereinbaren ein Freihandelsabkommen (G-3-Staaten), das am 1. Jan. 1995 in Kraft tritt.

28. Juni/12. Sept. CALDERA erlässt Notverordnungen, um die anhaltende Wirtschafts- und Finanzkrise in Griff zu bekommen; in diesem Zusammenhang werden auch Freiheitsrechte zeitweilig (bis 4. Juli 1995) außer Kraft gesetzt.

1996, 15. April Um die Wirtschaftskrise zu bekämpfen, verkündet Präsident CALDERA ein neues Wirtschaftsprogramm. Die damit verbundene Wechselkursfreigabe am 22. April führt zu einer weiteren massiven Abwertung des Bolívar.

1998, 8. Nov. Bei den Parlamentswahlen wird die linksnationalistische Sammelbewegung *Polo Patriótico* stärkste politische Kraft. Ihr Spitzenkandidat HUGO CHÁVEZ, der als Initiator des gescheiterten Putsches von 1992 zwei Jahre im Gefängnis saß und von CALDERA begnadigt wurde, gewinnt auch die Präsidentschaftswahlen am 6. Dez. Die Wahlergebnisse offenbaren den **Niedergang der** beiden großen **Traditionsparteien AD und COPEI**, die nach 40 Jahren Regierung ein von Korruption und Misswirtschaft ruiniertes Staatswesen hinterlassen.

1999, März Präsident CHÁVEZ erhält gesetzgeberische Sondervollmachten für Maßnahmen zur Haushaltssanierung, die am 15. April noch erweitert werden.

25. Juli Bei den Wahlen zur verfassunggebenden Versammlung kann CHÁVEZ einen weiteren Erfolg für sich verbuchen. Seine Anhänger erhalten 120 der 128 Mandate.

19. Aug. Die verfassunggebende Versammlung verhängt per Notstandsdekret den Ausnahmezustand über das Justizwesen. Mit einem weiteren Dekret werden am 25. Aug. dem Parlament, in dem CHÁVEZ' Gegner die Mehrheit haben, die meisten Befugnisse entzogen.

15. Dez. In einem Referendum wird die **neue Verfassung** von 71,2 % der Stimmberechtigten bestätigt.

Dez. Bei Überschwemmungen und Erdrutschen aufgrund schwerer Regenfälle kommen zwischen 15 000 und 50 000 Menschen ums Leben.

2000, 24. Jan. Die verfassungsgebende Versammlung löst sich zu Gunsten eines 21-köpfigen Interimsausschusses selbst auf.

30. Juli Präsidentschafts- und Parlamentswahlen bringen die erwarteten Erfolge für CHÁVEZ und den *Polo Patriótico*. Venezuela wird in **»Bolivarische Republik Venezuela«** umbenannt.

27./28. Aug. 40. Gründungstag der OPEC. Der Preis für das Barrel Rohöl bewegt sich in der Bandbreite von 22–28 US-$.

Okt. Besuch von FIDEL CASTRO in Venezuela.

Nov. Spannungen mit Kolumbien wegen Kontakten von CHÁVEZ zur FARC-Guerilla.

7. Nov. Die Nationalversammlung verabschiedet ein **Ermächtigungsgesetz**, das es dem Präsidenten ermöglicht, unbeschränkt Gesetze zu erlassen.

3. Dez. Die Regierung versucht, per Volksabstimmung die Gewerkschaften zu entmachten. Das Referendum wird jedoch wie die zugleich stattfindenden Kommunalwahlen von 78 % der Stimmberechtigten boykottiert.

2001, 16. Mai Die Katholische Bischofskonferenz wirft der Regierung vor, die Gesellschaft zu spalten und keine Fortschritte in der Armutsbekämpfung zu erzielen.

23. Juni Verhaftung (und spätere Auslieferung an Peru) des peruanischen Geheimdienstchefs unter Präsident ALBERTO FUJIMORI, VLADIMIRO LENIN MONTESINOS TORRES (*1945).

2002, 11./13. April Nach **Massenprotesten** verhaften Armeeeinheiten zunächst Präsident CHÁVEZ und erzwingen seinen Rücktritt. Der Präsident des Unternehmerverbandes FEDECAMARAS, PEDRO CARMONA ESTANGA (*1941), ruft sich selbst zum Staatspräsidenten aus und löst Parlament und Oberstes Gericht auf. Nach 40 Stunden unter Militärarrest kehrt CHÁVEZ am 14. April wieder in sein Amt zurück, da die meisten Armeeeinheiten ihm die Treue bewahrten.

10. Okt. Gewerkschaften und Unternehmerverband organisieren eine Massendemonstration mit einer Mio. Teilnehmern gegen CHÁVEZ. Dieser antwortet am 13. Okt mit einer Großkundgebung seiner Anhänger.

19. Dez. Nach einem ersten Generalstreik am 21. Okt. ruft die Opposition den unbefristeten Generalstreik aus. Da sich auch die Besatzungen mehrerer Öltanker dem Ausstand anschließen, wird die Ölindustrie lahm gelegt. Zentrale Forderung ist der Rücktritt von CHÁVEZ. Brasiliens Präsident LULA DA SILVA bildet die Gruppe der »Freunde Venezuelas« (Brasilien, Chile, Mexiko, USA, Spanien, Portugal), um zu vermitteln.

2003, 3. Febr. Die Opposition beendet den Generalstreik und einigt sich am 18. Febr. mit der Regierung auf einen Gewaltverzicht.

20. Aug. Die Opposition legt dem Parlament rund 2,7 Mio. Unterschriften für ein Volksbegehren gegen CHÁVEZ vor. Das BSP geht infolge der innenpolitischen Auseinandersetzungen um 9,4 % zurück. 51 % der Venezolaner arbeiten im informellen Sektor.

2004, Febr. Abwertung des Bolívar gegenüber dem US-$ um 20 %. Als Folge des Dauerkonflikts zwischen Regierung und Opposition ist die venezolanische Wirtschaft in eine tiefe Krise geraten.

15. Aug. Mit einer unerwarteten Mehrheit von 58,3 % der Stimmen geht das von der Opposition erzwungene Referendum zugunsten von CHÁVEZ aus.

2005, Febr. CHÁVEZ wirft den Agenten der Antidrogenbehörde der USA, DEA, Spionage vor und verweist sie des Landes.

2006, 3. Dez. Bei den Präsidentschaftswahlen erhält CHÁVEZ 62,84 % der Stimmen, sein Gegenkandidat MANUEL ROSALES GUERRERO (*1952) 36,9 %. CHÁVEZ strebt nun die Errichtung des »Sozialismus des 21. Jahrhunderts« an.

Die Steuereinnahmen steigen gegenüber dem Vorjahr um 50 %. Dennoch stellt das Erdöl noch ein Drittel des BSP und die Hälfte der Staatseinnahmen.

2007, Jan. Nach Verabschiedung eines »Ermächtigungsgesetzes« durch das Parlament erlässt die Regierung Gesetze zur Sozialisierung der Wirtschaft, zur Bildungsreform und Stärkung kommunaler Einheiten.

24. März Die Parteien des Regierungslagers werden in der Vereinigten Sozialistischen Partei Venezuelas (PSUV) zusammengeschlossen. Bis zum 25. Juni sollen es schon 5,7 Mio. sein. Im Febr. 2008 übernimmt CHÁVEZ auch die Präsidentschaft der Partei.

1. Mai Die staatliche Ölgesellschaft PDVSA übernimmt die Kontrolle der Ölfelder im Orinoco-Becken. Die meisten betroffenen Konzerne akzeptieren die vorgeschlagene Entschädigung und bleiben in Venezuela; *Exxon Mobile* und *Conoco Philips* dagegen ziehen sich aus Venezuela zurück und wehren sich juristisch, u. a. durch Blockierung von venezolanischem Vermögen im Ausland.
Venezuela tritt aus Weltbank und IWF aus.

2. Dez. Bei der Abstimmung über die während des Jahres ausgearbeitete reformierte Verfassung (Möglichkeit der unbeschränkten Wiederwahl und Stärkung der Rolle des Präsidenten; Entmachtung der Gouverneure, insgesamt 33 überarbeitete Artikel) erleidet CHÁVEZ eine erste Niederlage. Sein Projekt wird bei geringer Wahlbeteiligung von 50,7 % der Wähler abgelehnt.

2008, 1. Jan. Währungsreform: Streichung von drei Nullstellen bei der inflationierten Landeswährung Bolívar; sie heißt nun *Bolívar fuerte* (»starker Bolívar«).

18. Jan. Das Parlament erkennt die kolumbianischen Rebellenorganisationen FARC und ELN als politische Gruppierungen an. Präsident CHÁVEZ verhandelt weiter über die Freilassung von Geiseln der FARC, allerdings seit Nov. 2007 ohne die Zustimmung von Kolumbiens Präsident ÁLVARO URIBE VÉLEZ.

Guyana (Britisch-Guayana) seit 1950

| Forts. v. S. 1315 |

Das einzige englischsprachige Land in Südamerika hat nur 751 000 Einwohner, ist jedoch aufgrund seiner Entstehungsgeschichte kulturell, ethnisch und politisch tief gespalten. In der politischen Konfrontation von *People's Progressive Party* (PPP) und *People's National Congress* (PNC) spiegeln sich die Interessenkonflikte zwischen den Nachkommen ehemals indischer Kontraktarbeiter (ca. 50 % der Bevölkerung; PPP-Anhänger) und den »kreolischen« Nachkommen ehemaliger afrikanischer Sklaven (36 %; neigen zur PNC). Hinzu kommt die religiöse Trennungslinie: ca. 50 % der Einwohner Guyanas sind Christen, 35 % Hindus, 10 % Muslime. Die Wirtschaft beruht weiterhin auf Landwirtschaft (Zucker, Reis) und Bergbau (Bauxit) sowie dem Export der hier erzeugten Rohstoffe (Gold, Zucker je ca. 25 %, Bauxit, Reis, Shrimps je ca. 10 % der Exporte). Die Regierung ist der wichtigste Arbeitgeber. In Guyana sind v. a. fehlende private Investitionen und die Inkompetenz der Regierung für die andauernde Stagnation verantwortlich (1998 bis 2004 lag das Wirtschaftswachstum nur bei 0,6 % pro Jahr). Die Infrastruktur wie das Bildungssystem weisen schwere Mängel auf. Im Rahmen des »Kampfes gegen die Armut« sind in den letzten Jahren lediglich der extreme Hunger beseitigt und der Primarunterricht sichergestellt worden. Trotz eines weitgehenden Schuldenerlasses 2004 beträgt Mitte 2007 die öffentliche Auslandsverschuldung immer noch 655 Mio. US-$, ca. 70 % des BIP. Außenpolitisch stehen die Grenzkonflikte mit den Nachbarländern Venezuela und Suriname im Vordergrund. Venezuela beansprucht weiterhin, trotz eines Schiedsspruchs aus dem Jahr 1899, zwei Drittel des Territoriums von Guyana.

1950 Auf Basis mehrerer Gewerkschaften gründet der (ethnische) Inder CHEDDI JAGAN (*1918, †1997) die linksorientierte PPP. Sein Ziel ist eine neue Verfassung und die Unabhängigkeit von Großbritannien.

1953 Die PPP bildet erstmalig nach allgemeinen Wahlen die Regierung, die der britische Gouverneur aber wegen Kommunismusverdacht absetzt. Auf Druck der USA werden britische Truppen ins Land verlegt.

1955 Von der PPP spaltet sich der spätere PNC ab.

1961, 26. Aug. Nach Gewährung der vollen **Autonomie** (Verfassung) wird JAGAN erneut Regierungschef.

1964, 12. Dez. Nach Wahlen gelingt es dem PNC, die PPP aus der Regierung zu drängen: Premier wird LINDEN FORBES SAMPSON BURNHAM (*1923, †1985), 1950 zusammen mit JAGAN Gründer der PPP. BURNHAM baut in den zwei Jahrzehnten seiner Machtausübung konsequent eine personale, autoritäre und repressive, letztlich aber inkompetente Herrschaftsstruktur auf.

1966, 26. Mai Nach Erlangung der **Unabhängigkeit** (als Monarchie im Rahmen des britischen Commonwealth) gewinnt in den ersten Wahlen der PNC (1968) die absolute Mehrheit der Stimmen, jedoch mit Wahlmanipulationen zugunsten des damals von den USA unterstützten BURNHAM. Gegen die wachsende Kritik wehrt sich die Regierung mit zunehmender Repression.

1970, 23. Febr. Um die Bevölkerung zur Teilnahme an der Entwicklung des Landes zu aktivieren, erklärt Premier BURNHAM den Staat zur **»Kooperativen Republik«** im britischen Commonwealth. Genossenschaften sollen als dritter Sektor (neben dem privaten und staatlichen) langfristig den privaten ersetzen.
Der neue Staatsname soll die sozialistische Grundrichtung der Politik und die genossenschaftliche Organisation des Staates kennzeichnen. Staatsoberhaupt wird RAYMOND ARTHUR CHUNG (*1918).

1971 Die Zuckerproduktion erreicht ihren Höchststand. In den folgenden Jahren geht sie trotz der Abnahme- und Preisgarantie der EU (Lomé-Abkommen) zurück.

1976 Der Anstieg der Ölpreise und der gleichzeitige Preissturz beim Zucker bringen das Land in erhebliche wirtschaftliche Schwierigkeiten.

1978, 18. Nov. Massenselbstmord (921 Opfer) unter Anhängern des US-Sektenführers JIM JONES in Jonestown.

1980, Febr. BURNHAM führt per Verfassungsänderung das Präsidialregime ein und wird am 6. Okt. zum Präsidenten gewählt. Gegen ihn wird erneut der Vorwurf der Wahlfälschung erhoben.

1982 Vermittlung der UNO im Grenzkonflikt mit Venezuela (Essequibo-Territorium).

1983, 1. Aug. USA stoppen die Auszahlung von drei Landwirtschaftskrediten.

1985, 6. Aug. Tod BURNHAMS. Unter seiner Herrschaft ist Guyana nach Haiti zum ärmsten Land in der westlichen Hemisphäre herabgesunken.

9. Dez. **HUGH DESMOND HOYTE** (*1929, †2002) übernimmt

das Präsidentenamt und wird in Wahlen bestätigt: Die Parlamentswahlen gewinnt der PNC mit 78,5 %.

1991, 8. Jan. Guyana wird 35. Mitglied der OAS.

1992, 5. Okt. CHEDDI JAGAN gewinnt für die oppositionelle PPP die Wahlen und wird neuer Staatspräsident.

1997, 6. März Staatspräsident CHEDDI JAGAN stirbt. Sein Amt übernimmt am 13. März verfassungsgemäß Premierminister SAMUEL HINDS (*1943).

15. Dez. Bei Präsidentschafts- und Parlamentswahlen erringt das regierende Bündnis aus PPP und sozialpolitischer Bewegung CIVIC 36 der 65 Mandate. Die Spitzenkandidatin der PPP, JANET JAGAN (*1920), Witwe CHEDDI JAGANS, wird Staatspräsidentin. Die Opposition reklamiert Wahlbetrug.

1999, 11. Aug. JANET JAGAN tritt aus Gesundheitsgründen zurück, der ehemalige Finanzminister BHARRAT JAGDEO (*1964) wird ihr Nachfolger.

Okt. Die neun indigenen Völker rufen zum Protestmarsch in die Hauptstadt auf, um die Regierung zur Anerkennung ihrer Gebietsansprüche zu bewegen. Venezuela bekräftigt seine Ansprüche auf ca. 70 % des Territoriums von Guyana, nämlich das rohstoffreiche Gebiet westlich des Flusses Essequibo.

2000, Juni **Grenzkonflikte mit Suriname** eskalieren bis zur Mobilisierung von Truppen. Die Marine Surinames besetzt eine Ölförderplattform Guyanas.

2001, 15. Jan. Das Oberste Gericht annulliert die Parlamentswahlen vom Dez. 1997: Bei Neuwahlen am 15. März setzt sich erneut die regierende PPP von Präsident JAGDEO mit absoluter Mehrheit durch. Die Opposition spricht von Unregelmäßigkeiten.

2005, Jan./Febr. Die Hauptstadt Georgetown wird zum Katastrophengebiet nach heftigen Regenfällen; 40 % der Bevölkerung sind betroffen.

21. Dez. Kompletter Schuldenerlass durch den IWF. Dennoch wächst die Wirtschaft nur mäßig, die Agrarexporte gehen zurück.

2006, Jan. Zur Gewinnung neuer Exportmärkte tritt Guyana der Vereinigung des CSME (*Caricom Single Market and Economy*) bei.

28. Aug. Wiederwahl von Präsident JAGDEO, der mit Mehrheit regieren kann (PPP: 54,6 %; PNC: 34 %).

2007, 17. Sept. Der Territorialkonflikt vom Juni 2000 zwischen Guyana und Suriname wird durch ein Urteil des Ständigen Schiedsgerichtshofs in Den Haag beigelegt. Guyana erhält ca. zwei Drittel, Suriname ein Drittel des umstrittenen Meeresgebiets zugesprochen. Beide Seiten erkennen den Schiedsspruch an.

Suriname (Niederländisch-Guayana) seit 1954 | Forts. v. S. 1315 |

Suriname ist bis Ende 1954 eine Kolonie der Niederlande. Am 28. Okt. 1954 ergeht das »Statut des Königreichs der Niederlande«: Noch verbliebene Kolonien erhalten den Status eines gleichberechtigten und sich selbst verwaltenden Teils der Niederlande de facto mit **Selbstverwaltung** in eigenen Angelegenheiten. – Wirtschaftliche Grundlage sind seit Beginn des 20. Jh.s die reichen Bauxit- und Tonerdevorkommen und die darauf aufbauende Aluminiumindustrie. Sämtliche Bauxitproduktionsanlagen sind von SURALCO, einer Tochterfirma des US-Konzerns ALCOA, gebaut und finanziert. Surinames Export besteht mehrheitlich (ca. 73 %) aus Bauxit, Tonerde und Aluminium. Der Bergbau stellt mehr als ein Drittel des Sozialprodukts. Seit der Assoziierung mit der EG (1962) verstärkt sich der Export nach Europa.

Es gibt **drei starke Bevölkerungsgruppen**: Kreolen (ca. 31 %), Inder (Hindus, 37 %), Javaner (15 %). Zwischen der indischen und der kreolischen Bevölkerung herrschen starke Spannungen. Nicht nur ethnisch, auch sprachlich und religiös ist die Gesellschaft gespalten: Hindus (27,4 %), Protestanten (25,2 %), Katholiken (22,8 %), Muslime (19,6 %). Die politischen Parteien sind im Wesentlichen Interessenvertretungen der ethnischen Bevölkerungsgruppen: Die Vereinigte Hindostanische Reformpartei für den indischen Bevölkerungsteil ist bis 1973 Regierungspartei; die *Nationale Partij Suriname* (NPS) vertritt das politische Zentrum und den rechten Flügel der Kreolen; die Javaner bilden eine relativ kleine politische Gruppierung, die *Kaum Tani Persatuan Indonesia* Partei (KTPI). 1973 wird die indische Bevölkerungsmehrheit von der Macht verdrängt. Eine kreolisch-javanische Koalition führt das Land gegen Widerstand der Inder zur Unabhängigkeit; voraus ging eine Massenauswanderung in die Niederlande.

1975, 25. Nov. Nach der Erlangung der Unabhängigkeit bleibt der vorherige Regierungschef und NPS-Führer **HENCK A. E. ARRON** (*1936, †2000) an der Spitze der Exekutive; Staatsoberhaupt wird der bisherige Gouverneur JOHAN H. E. FERRIER (*1910).

1977, 31. Okt. Bei den Parlamentswahlen siegt der regierende Kreolenblock.

1980, 25. Febr. Nach einem **Putsch von Feldwebeln** bildet ein von einem »Nationalen Militärrat« überwachter Zivilrat die Regierung. Eigentlicher Machthaber wird der Unteroffizier, und spätere Oberstleutnant DÉSIRÉ DELANO (»DESI«) BOUTERSE (*1945). Weitere Putsche, Putschversuche und Regierungswechsel folgen.

1982, 8. Dez. In Fort Zeelandia werden 15 prominente Oppositionelle vom Militär erschossen (»Dezember-Morde«).

1983, 3. Febr. Bis zur Verabschiedung einer neuen Verfassung agiert die Übergangsregierung unter WIM UDENHOUT (*1937); vier der sechs Minister ernennt die Armee.

1985, 17. Aug. Die Nationalversammlung erklärt DESI BOUTERSE zum Staatsoberhaupt.

1987, 30. Sept. Ratifizierung der neuen Verfassung.

25. Nov. Bei Parlamentswahlen erringt das Wahlbündnis der Opposition, die *Nieuwe Front voor Democratie en Ontwikkeling* (NF), einen überwältigenden Wahlsieg.

1990, 25. Dez. Der Rücktritt BOUTERSES am 22. Dez. führt zu einer politischen Krise, die die Armee durch einen **Staatsstreich** beendet. Neuer Präsident wird JOHAN KRAAG (*1913, †1996).

1991, 16. Sept. Erst beim dritten Wahlgang wird RONALD VENETIAAN (*1936) Nachfolger von Präsident KRAAG.

1994, 24. März Die Armee beendet eine Besetzungsaktion der noch unbekannten Surinamischen Befreiungsfront (SLF). Sie fordert u. a., ausländische Firmen von der Exploration der Bodenschätze auszuschließen.

1995, 20. Febr. Suriname wird 14. Vollmitglied der karibischen Wirtschaftsgemeinschaft CARICOM.

1996, 5. Sept. JULES ALBERT WIJDENBOSCH (*1941), Kandidat der oppositionellen *Nationale Democratische Partij* (NDP), wird als Nachfolger von VENETIAAN neues Staatsoberhaupt.

2000, 25. Mai Bei vorgezogenen Parlamentswahlen wird die NF unter Expräsident VENETIAAN stärkste Partei: VENETIAAN wird am 4. Aug. zum neuen Präsidenten gewählt.

2005, 25. Mai Bei Parlamentswahlen siegt die NF mit 39,7 % vor der NDP mit 22,2 %: VENETIAAN wird von der Nationalversammlung mit 62,9 % als Präsident wieder gewählt.

2006 BOUTERSE, der in den Niederlanden in Abwesenheit bereits 1999 wegen Kokainhandels verurteilt wurde, muss sich wegen der »Dezember-Morde« von 1982 vor Gericht verantworten.

Ecuador seit 1945 | Forts. v. S. 1324 |

Ecuador zählt nach dem Zweiten Weltkrieg, trotz überwiegend ziviler Herrschaft, zu den politisch instabilsten Staaten Lateinamerikas. Nicht nur geografisch, auch machtpolitisch ist das Land zwischen dem dynamischen Wirtschaftszentrum Guayaquil an der Küste und der eher konservativen Hauptstadt Quito im Hochland gespalten. Häufig blockieren sich die gegensätzlichen Interessen beider Regionen, die in einem nicht nur ideologisch, sondern auch regional und ethnisch gespaltenen Parteiensystem Ausdruck finden. Die indigene Bevölkerung, ein Viertel bis ein Drittel der Gesamtbevölkerung, organisiert sich seit den 60er-Jahren zunehmend politisch und fordert ihre Rechte von der kleinen weißen Oberschicht (ca. 10 %) und der mestizischen Mehrheit des Landes ein. Die Erschließung des Erdöls für den Export seit den 70er-Jahren führt nicht zu einem sozialen Ausgleich, sondern zur weiteren Verschärfung der Verteilungskonflikte, die zudem die Inflation anheizen. Auch die Übernahme des US-Dollars als Landeswährung im Jahr 2000 entspannt die soziale Lage nicht.

Außenpolitisch kommt es trotz der Anerkennung des Verlustes der (seit 1830 umstrittenen) Amazonasgebiete an Peru 1942 (Protokoll von Rio de Janeiro) immer wieder zu militärischen Konflikten mit dem Nachbarland.

Ecuador wird aufgrund seiner Dauerkrise zum Auswanderungsland. Die Rücküberweisungen der Emigranten (weit über eine Mio., v. a. in Spanien und den USA) belaufen sich 2007 auf mehr als drei Mrd. US-$.

1945–1948 Die Jahre nach dem Zweiten Weltkrieg bringen dem Land einen wirtschaftlichen Aufschwung; durch die neu eingeführten **Bananenkulturen** können die Exporterlöse kräftig gesteigert werden. Die wirtschaftliche Expansion zieht eine Zeit politischer Stabilität nach sich.

1948–1960 Regierungen der gewählten Präsidenten GALO PLAZA LASSO (*1906, †1987; 1948–1952), der eine geordnete Verwaltung erreicht, JOSÉ MARÍA VELASCO IBARRA (*1893, †1979; dritte Präsidentschaft 1952–1956) und CAMILO PONCE ENRÍQUEZ (*1912, †1976; 1956–1960). Mit PONCE wird im 20. Jh. der erste Konservative Präsident.

1960, 1. Sept. VELASCO IBARRA aus Quito wird zum vierten Mal zum Präsidenten gewählt; er versucht, die Agrarreform voranzutreiben, scheitert jedoch. Dagegen steigen die Kosten der Lebenshaltung weiter, die Steuern werden erhöht.

1961, 7. Nov. Zum Verhängnis wird VELASCO die **Kuba-Politik**, über die es zu heftigen Konflikten im Land kommt. Schließlich zwingt ihn das Heer zum Rücktritt; neuer Präsident wird CARLOS JULIO AROSEMENA MONROY (*1919, †2004).

1961–1968 Mehrere Präsidentschaften und eine Militärjunta (1963–1966) lösen einander ab.

1968, 2. Juni Nach Wahlen wird VELASCO IBARRA zum fünften Mal Präsident (Amtsantritt am 1. Sept.).

1968–1972 Während seiner Präsidentschaft intensiviert VELASCO die diplomatischen Beziehungen zu den Ostblockstaaten. – Der stärkste innenpolitische Machtfaktor ist seit langem das Militär.

1970, 22. Juni Das Parlament wird suspendiert und VELASCO erhält diktatorische Befugnisse.

1971 Als VELASCO Wahlen ausschreiben lässt, ist sein schärfster Gegenspieler ASAAD BUCARAM aus Guayaquil mit seiner Massenpartei *Concentración de Fuerzas Populares* (CFP); hinter VELASCO steht die *Federación Nacional Velasquista* (FNV).

1972, 15. Febr. Kurz vor Ablauf seiner Amtszeit stürzt das Militär VELASCO. Ihm werden Ausbeutung des Volkes, Korruption und Verrat vorgeworfen. Der Putsch schließt die Parteien vom politischen Leben aus und verhindert somit einen befürchteten Sieg BUCARAMS.

1972–1976 Unter Führung von General GUILLERMO RODRÍGUEZ LARA (*1924) kündigt das Militär tief greifende **Strukturreformen** an: Agrar- und Steuerreform, Einkommensumverteilung, Beendigung des nationalen »Ausverkaufs« hinsichtlich der Erdölkonzessionen, Verringerung der Abhängigkeit vom Ausland. Die wesentlichste Stütze der forcierten Industrialisierung ist der Exportboom des Erdöls. Die angekündigten Reformen bleiben jedoch in Ansätzen stecken; seit 1973 werden die sozialreformerischen Ziele weitgehend aufgegeben.

Die Wirtschaft in den siebziger Jahren

Die Wirtschaftsstruktur ist in den 1970er-Jahren einem grundlegenden Wandel begriffen. Ist bis dahin der Agrarsektor bestimmend, so macht 1975 der **Erdölexport** bereits 57,5 % des gesamten Ausfuhrwertes aus; der Außenhandel wird zum dynamischen Sektor der Volkswirtschaft. Der erste Entwicklungsplan (1964–1973) hat seine Schwerpunkte noch in landwirtschaftlichen Vorhaben und Industrialisierungsmaßnahmen. Ab 1973 wird das

Erdöl zum ausschlaggebenden Wirtschaftsfaktor: Ecuador wird von einem Bananen- zu einem Erdölexportland. Die gestiegenen Öleinkünfte ermöglichen die Verwirklichung der immer wieder hinausgeschobenen Agrarreform und eine beschleunigte Industrialisierung. Der folgende Entwicklungsplan (1973–1977) hat v. a. infrastrukturelle Maßnahmen und soziale Investitionen im Gesundheits- und Bildungswesen zum Inhalt. Der Entwicklungsplan für 1976–1985 legt die Schwerpunkte auf die Petrochemie und die Metallverarbeitung.

1976, 11. Jan. Eine **Militärjunta** unter ALFREDO PÓVEDA BURBANO (*1926, †1990) stürzt das Regime RODRÍGUEZ LARA und bildet einen »Obersten Rat der Regierung«.

1978, 15. Jan. Zwei Verfassungsentwürfe werden einer Volksabstimmung unterbreitet, wobei die **liberalere Verfassung** angenommen wird.

1979, 29. April Bei den Präsidentschaftswahlen siegt JAIME ROLDÓS AGUILERA, (*1940, †1981), Schwiegersohn von BUCARAM und Kandidat der *Concentración de Fuerzas Populares* (»Sammlung der Volkskräfte«, CFP), mit 62 % der Stimmen gegen SIXTO DURÁN BALLÉN (*1921), den Kandidaten des christlichsozialen *Partido Social Cristiano* (PSC). Sein Amtsantritt beendet das Militärregime.

1981, 23. Jan.–2. Febr. **Grenzkonflikt mit Peru** um ein erdölreiches Gebiet am Río Marañón.

25. Mai Nach ROLDÓS' Unfalltod bei einem Flugzeugabsturz am 24. Mai wird OSVALDO HURTADO LARREA (*1939) Staatspräsident.

28. Sept. Ecuador tritt der Gruppe der blockfreien Staaten bei.

1983, 27./28. Juli In Paris vereinbaren 13 Gläubigerstaaten Ecuadors eine Umschuldung.

1984, 10. Aug. Nach Wahlen am 29. Jan. wird der Konservative LEÓN FEBRES CORDERO RIVADENEIRA (*1931) als neuer Präsident vereidigt.

1986, 1. Juni Teilwahlen zum Kongress erbringen eine Mehrheit der linken Opposition.

16. Nov. Aus dem »Nationalrat der Indigenen Nationalitäten Ecuadors« geht die CONAIE (*Confederación de Nacionalidades Indígenas del Ecuador*) hervor, deren Protestaktionen seitdem die Innenpolitik entscheidend beeinflussen. Mit ihren ca. 3 Mio. Mitgliedern hat sie ein hohes Mobilisierungspotenzial.

1987, 16. Jan. Symptomatisch für den Autoritätsverfall des Präsidenten LEÓN FEBRES CORDERO ist dessen Entführung durch rebellierende Luftwaffeneinheiten. Sie halten ihn auf dem Stützpunkt Taura kurze Zeit gefangen, bis er der Freilassung des wegen eines Putschversuchs inhaftierten Luftwaffengenerals FRANK VARGAS PAZZOS (*1934) zustimmt.

5. März **Ein Erdbeben** in der Provinz Napo kostet **ca. 1000 Menschenleben** und führt zu **schweren Sachschäden**, auch an der Ölpipeline. Die Regierung reagiert mit einem drastischen wirtschaftlichen Notstandsprogramm.

1988, 31. Jan. Allgemeine Wahlen bringen zunächst keine Entscheidung über den Präsidenten. In den Parlamentswahlen gewinnen die Sozialdemokraten 30 von 71 Sitzen, die Christlichsozialen verlieren sechs Sitze.

8. Mai Der Sozialdemokrat RODRIGO BORJA CEVALLOS (*1935) aus Quito gewinnt die Stichwahl um die Präsidentschaft mit 47,3 %.

1989, 26. Sept. Gründung der staatlichen Ölgesellschaft *Petroecuador* als Nachfolger der 1972 konstituierten Gesellschaft *Corporación Estatal Petrolera Ecuatoriana* (CEPE).

1990, 18. Juni Bei Parlamentswahlen verliert der Präsident, zunehmend unpopulär infolge seiner Entscheidungsschwäche und der steigenden Inflation, die Mehrheit im Parlament.

1992, 5. Juli Mit SIXTO DURÁN BALLÉN gewinnt der Kandidat der Republikanischen Union (PUR) die Präsidentschaftswahl.

25./27. Nov. Ecuador gibt seinen Austritt aus der OPEC zum Jahresende bekannt.

1995, 26. Jan. Militärischer **Grenzkonflikt mit Peru** über den Grenzverlauf im Amazonas-Gebiet. Dieser wird am 17. Febr. durch die Friedenserklärung vom Itamaraty (nach dem Sitz des brasilianischen Außenministeriums) zunächst beigelegt.
Die CONAIE gründet die Bewegung *Pachakutik*, die seitdem als Partei der Indigenen an Wahlen teilnimmt.

1996, 7. Juli Die Stichwahl zum Präsidentenamt gewinnt ABDALÁ JAIME BUCARAM ORTIZ (*1952), der Kandidat des *Partido Roldosista Ecuatoriano* (PRE).

29. Okt. Abkommen von Santiago. Ecuador und Peru unterzeichnen ein weiteres Abkommen zur Beilegung des Grenzstreites zwischen beiden Staaten.

1997, 6. Febr. Das Parlament setzt BUCARAM wegen »geistiger Unfähigkeit« ohne medizinisches Gutachten und verfassungswidrig als Staatsoberhaupt ab und wählt am 11. Febr. FABIÁN ALARCÓN RIVERA (*1947) zum Präsidenten.

30. Nov. Direktwahl einer verfassunggebenden Versammlung: Sie beschließt bis zum 8. Mai 1998 zahlreiche Verfassungsänderungen, u. a. zur stärkeren Dezentralisierung des Staates.

1998, 31. Mai/12. Juli Bei vorgezogenen Präsidentschaftswahlen setzt sich der ehemalige Bürgermeister von Quito, der Christdemokrat JORGE JAMIL MAHUAD WITT (*1949) durch. Seine Partei, die *Democracia Popular* (DP), wird bei zeitgleichen Parlamentswahlen stärkste politische Kraft.

26. Okt. **Einigung mit Peru über eine endgültige Grenzziehung.** Durch den Rückgang der Erdölpreise und unterlassene Strukturreformen befindet sich Ecuador in der schwersten Wirtschaftskrise seit Jahrzehnten.

1999, 12. Febr. Die Zentralbank gibt den Wechselkurs der Landeswährung Sucre frei. Am 10./11. März Generalstreik gegen die Sparmaßnahmen der Regierung.

26. Sept. Ecuador kann seinen internationalen Zahlungsverpflichtungen nicht mehr nachkommen. Ein IWF-Kredit kommt deswegen nicht zur Auszahlung.

Nov. Präsident MAHUAD WITT gewährt den USA auf zehn Jahre Nutzungsrechte am Flughafen von Manta, etwa 150 km von der Grenze Kolumbiens entfernt, offiziell zur Bekämpfung des Drogenschmuggels. Die USA kompensieren damit den Wegfall ihrer Basen in Panama.

2000, 21./23. Jan. Die desolate Wirtschaftslage (1999 52%, 2000 96% Inflation), Privatisierungspläne der Regierung und die Ankündigung, den schwachen Sucre durch den US-Dollar zu ersetzen, führen zum Sturm der indigenen Bevölkerung auf das Parlament und das Oberste Gericht in Quito. Präsident MAHUAD WITT wird abgesetzt, Vizepräsident GUSTAVO NOBOA BEJARANO (*1937) tritt die Nachfolge an.

9. Sept. Die **Landeswährung Sucre** wird **durch den US-Dollar abgelöst**. Diese »Dollarisierung« schränkt den Handlungsspielraum der Regierung ein; eine Abwertung wird unmöglich.

2001, 16. Jan. Bei einem Tankerunglück entgehen die zu Ecuador gehörenden Galapagos-Inseln mit ihrer einzigartigen Flora und Fauna nur knapp einer Verseuchung durch auslaufendes Öl.

2. Febr. Indio-Aufstand gegen Preiserhöhungen für Kraftstoffe und öffentliche Verkehrsmittel. Die Regierung lenkt am 7. Febr. ein.

2002, 20. Okt./24. Nov. Bei den Präsidentschaftswahlen setzt sich der Kandidat des *Partido Sociedad Patriótica 21 de Enero* (PSP), der ehemalige Armeeoberst und Linksnationalist LUCIO EDWIN GUTIÉRREZ BORBÚA (*1957), 2000 maßgeblich am Sturz von MAHUAD beteiligt, durch. Aus den gleichfalls am 20. Okt. abgehaltenen Kongresswahlen geht der PSC als stärkste Kraft hervor. Da GUTIÉRREZ' PSP nur 8 Mandate erringt, muss der neu gewählte Präsident ohne eigene Mehrheit regieren.

2003, 6. Aug. Drei Minister der Indiopartei *Pachakutik*, die GUTIÉRREZ bisher unterstützt hat, treten wegen einer zu nachgiebigen Haltung der Regierung gegenüber dem IWF aus dem Kabinett aus.

24. Nov. Das Kabinett bietet seinen Rücktritt an, da Vorwürfe laut geworden sind, dass Regierungsmitglieder, u. a. der Staatschef, Kontakte zu Drogenschmugglern hätten. Präsident GUTIÉRREZ lehnt jedoch einen Rücktritt ab und nimmt nur eine Kabinettsumbildung vor.

2004 Steigende Ölpreise führen zu höheren Staatseinnahmen, doch die Popularität des Präsidenten GUTIÉRREZ sinkt wegen seiner Wirtschaftspolitik und wegen massiver Korruptionsvorwürfe weiter.

2005, 20. April Nach längeren politischen Wirren setzt ein »Rumpfparlament« Präsident GUTIÉRREZ wegen »Aufgabe des Amtes« ab. Die Streitkräfte entziehen dem Präsidenten ihre Unterstützung, worauf dieser in die brasilianische Botschaft flieht und am 24. April ins Exil geht. Vizepräsident LUIS ALFREDO PALACIO GONZÁLEZ (*1939) übernimmt die Präsidentschaft.

13. Okt. GUTIÉRREZ kehrt aus dem Exil zurück und wird umgehend verhaftet.

2006, 3. März Expräsident GUTIÉRREZ wird auf Beschluss des Obersten Gerichtshofes aus der Untersuchungshaft entlassen. Er darf aber nicht für die Präsidentschaftswahl 2006 kandidieren.

26. Nov. Der frühere Wirtschafts- und Finanzminister RAFAEL CORREA (*1963) siegt im zweiten Wahlgang der Präsidentschaftswahlen mit 56,8% der Stimmen über ÁLVARO FERNANDO NOBOA PONTÓN (*1950), einen Unternehmer aus Guayaquil, der bereits 1998 und 2002 vergeblich für die Präsidentschaft kandidierte.
CORREA lehnt den Abschluss eines Freihandelsvertrages mit den USA (dorthin gehen 50% der Exporte) sowie die Verlängerung des Vertrages über die Nutzung von Manta über 2009 hinaus ab.

2007, 15. Jan. CORREA tritt sein Amt als Präsident an. Ohne eigene Abgeordnete im Parlament setzt er nach verfassungsrechtlichen Wirren dort die erneute Wahl einer verfassunggebenden Versammlung durch. Diese Entscheidung wird am 15. April mit 81,7% der Stimmen gebilligt. Die neue Verfassung ist die 21. in Ecuadors Geschichte seit 1830.

30. Nov. Die am 30. Sept. gewählte verfassunggebende Versammlung nimmt ihre Arbeit auf.

Peru seit 1945 | Forts. v. S. 1326 |

Nach dem Zweiten Weltkrieg verändert sich Peru wirtschaftlich und gesellschaftlich mit großer Dynamik. Dieser Strukturwandel wird jedoch immer wieder durch radikale politische Umbrüche sowie seit 1980 durch den Terror der Guerilla des *Sendero Luminoso* (»Leuchtender Pfad«) und in der Folge durch anhaltende institutionelle Instabilität behindert. Auch durch die Drogenproblematik (Kokainproduktion und -export) wird der Staat weiter korrumpiert und geschwächt.

Die Bevölkerung nimmt rasch zu (1950: 7,6 Mio., 2007: 28,7 Mio.); der Urbanisierungsgrad steigt v. a. durch die Binnenwanderung auf 73%. Diese städtischen Massen lassen sich nicht auf Dauer von der politischen Willensbildung ausschließen. V. a. der indigene Teil der Bevölkerung (ca. 45%), der zunehmend aus den Anden nach Lima und in andere Küstenstädte wandert, lässt sich nicht mehr von der weißen Ober- und Mittelschicht (ca. 15%) und den Mestizen (ca. 37%) dominieren.

Auch die Wirtschaftsstruktur verändert sich: Es entsteht eine von US-Kapital getragene Konsumgüterindustrie, nationale Unternehmen werden zurückgedrängt. Seit Beginn der 1950er-Jahre steigen die Direktinvestitionen aus den USA und Westeuropa in den dynamischen Industriebranchen stark an. Bevorzugte Anlagebereiche sind Bergbau, Erdöl, Zucker und Baumwolle. Seit Mitte der 50er-Jahre expandiert auch die Fischindustrie, die sich nach 1964 bei ausländischen Großunternehmen konzentriert; 1968 sind 80% der wichtigsten Unternehmen in US-Besitz.

Die zunehmende Verschlechterung der Lage auf dem Agrarsektor führt anfang der 60er-Jahre zu Unruhen und Guerillabewegungen nach kubanischem Muster. Unter der Führung von HUGO BLANCO GALDOS (*1934) kommt es zu organisierten **Bauernaufständen** im Hochland. Schließlich wird 1964 eine Landreform verkündet; bis zur zweiten Agrarreform von 1969 sind jedoch nur ca. 8% der gesamten Betriebsfläche enteignet.

Nur wenige politische Parteien bleiben über alle Umbrüche präsent. Dies gilt zuerst für die schon 1924 von Víctor Raúl Haya de la Torre (*1895, †1979) in Mexiko-Stadt gegründete APRA (*Alianza Popular Revolucionaria Americana*), deren Machtübernahme wiederholt (1962, 1968) durch Putsche verhindert wird. Die 1956 gegründete *Acción Popular* (AP) des zweimaligen Präsidenten Fernando Belaúnde Terry (*1912, †2002) wird mit ihrem populistischen Programm zur zweitwichtigsten Partei nach der APRA. Die Christdemokraten, heute vertreten durch den eher rechten *Partido Popular Cristiano* (PPC) der zweimaligen Präsidentschaftskandidatin Lourdes Celmira Flores Nano (*1959), repräsentieren die Mittelklasse. Immer wieder entstehen um Präsidentschaftskandidaten (meist kurzlebige) populistische Bewegungen und Parteiallianzen, so 2006 die *Unión por el Perú* (UPP) von Ollanta Humala Tasso (*1963). Diese stützt sich v. a. auf die indigene Bevölkerung Perus.

1945–1948 Präsident José Luis Bustamante y Rivero (*1894, †1989) von den Liberalen kooperiert mit der APRA.

1948, Okt. Als die APRA versucht, ihr revolutionäres und antiklerikales Programm durchzusetzen, setzen die Rechtskreise Bustamante ab und errichten eine **Diktatur unter General Manuel Apolinario Odriá Amoretti** (*1897, †1974). Die Macht der alten Oligarchie ist damit wieder gefestigt.

1956 Die noch verbotene APRA unterstützt bei Wahlen den erfolgreichen Kandidaten der Konservativen, Manuel Prado y Ugarteche (*1889, †1967).

1962 Bei Wahlen wird zwar der APRA-Führer Víctor Raúl Haya de la Torre (*1895, †1979) mit relativer Mehrheit (32,9 % der Stimmen) zum Präsidenten gewählt, muss jedoch dem Druck der Militärs weichen und tritt sein Amt nicht an.

1963, 29. Mai Festnahme des Guerillaführers Hugo Blanco Galdos aus Cuzco, der anschließend zu 25 Jahren Gefängnis verurteilt wird.

28. Juli Durch Neuwahlen bringt das Militär unter Ausschluss der APRA Fernando Belaúnde Terry (*1912, † 2002) von der AP an die Macht.

1963–1968 Dieser verfügt eine groß angelegte Bautätigkeit, vergrößert den Staatsapparat und fördert den Mittelstand.

1968, 3. Okt. Als wachsende Inflation und Verschuldung eine Abwertung der Währung nötig machen und die fälligen Wahlen die radikalere APRA an die Macht bringen könnten, putscht die Armee unter General Juan Velasco Alvarado (*1910, †1977).

1968–1975 Ausübung der Staatsgewalt durch die Armee unter Velasco Alvarado.

Die »peruanische Revolution«

Als Vorwand für den Staatsstreich dient die »nationale Empörung« der Militärs über die Gewährung von Lizenzen zur Weiterverarbeitung von in nationaler Regie gefördertem Erdöl an US-Gesellschaften. Ausschlaggebend ist jedoch die Unfähigkeit der Regierung Belaúnde zu wirklichen sozialen Reformen und die Furcht vor einem Wahlsieg der APRA. Die Militärs beabsichtigen einen radikalen Staatsumbau durch eine »Revolution von oben«. Es handelt sich somit nicht um eine (traditionelle) personalistische Diktatur, sondern um den Versuch, die seit längerem an der Militärakademie ausgearbeiteten Reformpläne in die Praxis umzusetzen. Denn seit dem Zweiten Weltkrieg haben sich Sozialstruktur und Selbstverständnis des Offizierskorps geändert: Die Streitkräfte entwickeln sich vom willfährigen Instrument der Oligarchie zum verantwortungsbewussten und – seit der kubanischen Revolution – sozialpolitisch engagierten Machtfaktor. Die Militärregierung zielt im Rahmen ihrer »peruanischen Revolution« – propagiert als »dritter Weg« zwischen Kapitalismus und Kommunismus – auf eine beschleunigte Ablösung des ausländischen durch peruanisches Kapital (Industrie-, Bergbau- und Bankreformen) und auf die rasche Besserstellung der Unterprivilegierten (Erziehungsreform, Gewinnbeteiligung, betriebliches Mitspracherecht). Die Wirtschaftspolitik der Regierung führt zu einer zunehmenden staatlichen Kontrolle des Wirtschaftslebens und einer vermehrten Lenkung aller wirtschaftlich relevanten Bereiche.

Die radikale **Agrarreform** vom 24. Juni 1969 erfasst im Gegensatz zur Reform unter Belaúnde Terry die gesamte Landfläche (Abschluss der Agrarreform 1976). Die Überführung der enteigneten Großbetriebe in Genossenschaften unter staatlicher Kontrolle soll v. a. die Produktivität steigern. Von 1969 bis 1976 werden über 10 Mio. ha Land enteignet; meist werden Formen des kollektiven Eigentums geschaffen.

Die Enteignung und Verstaatlichung der *International Petroleum Company* (IPC) führt am 24. Juli 1969 zur Gründung der **Petroperú** als staatlicher Ölgesellschaft. Im Zuge der fortschreitenden »Peruanisierung« werden 1972 auch die Telefongesellschaften und der Energiesektor (ELECTROPERU), im Mai 1973 auch das bedeutsame Fischereiwesen (EPCHAP) verstaatlicht; gleiches gilt für den wichtigen Bergbau (MINEROPERU). Die **Verstaatlichung** der US-Gesellschaften *Cerro de Pasco Copper Corp.* (1974) und der *Marcona Mining Company* (1975) belegen den grundsätzlichen Anspruch des Staates auf die Rohstoffvorkommen.

Seit der Machtübernahme des Militärs ist die Volksvertretung aufgelöst; weite Teile der Verfassung von 1933 sind ungültig. Die Macht liegt bei der *Junta Revolucionaria*. Die Parteien verlieren ihre Funktion als Organisationen der Willensbildung. Der *Frente de Defensa de la Revolución Peruana* (FDRP; »Verteidigungsfront der Peruanischen Revolution«) stützt sich nur auf mit staatlicher Unterstützung entstandene Massenorganisationen. Die Mobilisierung der Massen wird lediglich in kontrollierter Form zugelassen (»Revolution von oben«).

1975, 29. Aug. Nach einem internen Putsch übernimmt General Francisco Morales Bermúdez (*1921) die Macht. Die neue Regierung verkündet eine Generalamnestie für Exilierte und lässt alle Publikationsorgane wieder zu.

Die **revolutionäre Politik** der Militärregierung wird in

der Folge **stufenweise abgebaut**: Ein neues Regierungsprogramm (*Plan Tupac Amarú*) soll den revolutionären Plan *Inca* ablösen. Im Zuge des von der Regierung noch als »zweite Phase der Revolution« proklamierten Prozesses wird der privatwirtschaftliche Sektor gestärkt; man revidiert die gesetzliche Grundlage der Arbeitermitbestimmung und Selbstverwaltung (*Comunidad Industrial* und *Propiedad Social*). Die seit 1973 staatliche Fischereiflotte wird reprivatisiert, ausländische Erdölfirmen erhalten wieder Betätigungsgenehmigungen.

1978, 30. Jan. General Óscar Molina Pallochia (*1921) wird Ministerpräsident.

18. Juni Mit dem Ziel einer Rückkehr zu demokratischen Spielregeln wird eine verfassunggebende Versammlung gewählt. Die meisten Stimmen (35 %) erhält die APRA. Noch unter Morales Bermúdez erfolgt unter dem Druck der internationalen Gläubiger der Schwenk zu einer neoliberalen Wirtschaftspolitik.

1979, 2. Febr. General Pedro Richter Prada (*1921) wird Ministerpräsident.

12. Juli Verabschiedung der **neuen Verfassung**.

1980, 28. Juli Der Amtsantritt des am 18. Mai zum Präsidenten gewählten Fernando Belaúnde Terry bringt Peru wieder eine Zivilregierung.

1981, 6. März Abschluss eines **Abkommens mit Ecuador** zur Beilegung des Grenzkonflikts.
Das Land leidet unter dem zunehmenden Terror der **maoistischen Guerillabewegung Sendero Luminoso (»Leuchtender Pfad«)**.

1983, 30. Mai Nach Terroranschlägen der Guerilla wird der Ausnahmezustand verhängt.

30. Juni Peru unterzeichnet in Washington ein Umschuldungsabkommen mit 275 ausländischen Gläubigerbanken.

1984, 12. Okt. Im neuen Kabinett unter Luis Pércovich Roca (*1931) erhalten die Politiker Schlüsselposten, die Erfahrung bei der Guerillabekämpfung vorweisen können.

1985, 14. April Alan García Pérez (*1949, APRA) mit 45,7 % der Stimmen zum Präsidenten gewählt: Er verfügt ein wirtschaftliches Notprogramm und die einseitige Reduktion des Schuldendienstes. Die keynesianische Wachstumspolitik ist zunächst erfolgreich.

1986, 17. Juli Das Kabinett tritt nach einem Massaker am 18./19. Juni mit 250 Toten an aufständischen Häftlingen der Guerilla *Sendero Luminoso* zurück.

28. Juli Die Regierung kündigt die Verstaatlichung der Banken an, um die Inflation und Kapitalflucht einzudämmen und die Aufdeckung von Drogengewinnen zu ermöglichen.

1987, 22. Juni Ministerpräsident Luis Alva Castro (*1942), seit 28. Juli 1985 im Amt, tritt wegen persönlicher Rivalitäten mit dem Präsidenten zurück. Nachfolger ist Guillermo Larco Cox (*1932, †2002).

1988, 13. Mai Die Regierung Larco Cox tritt nach Kritik an ihrer Wirtschaftspolitik (Lohn- und Steuererhöhungen, Privatisierungen) zurück; Armando Villanueva del Campo (*1915) (APRA) bildet die neue Regierung.

1989, 15. Mai Der Schriftsteller Luis Alberto Sánchez (*1900, †1994) wird Nachfolger des zurückgetretenen Ministerpräsidenten Villanueva. Die Präsidentschaft von Alan García endet in politischer Handlungsunfähigkeit, offener Korruption, unkontrollierter Hyperinflation und Ausweitung des Terrorismus des *Sendero Luminoso* auf weite Regionen des Landes.

1990, 10. Juni Im zweiten Wahlgang der **Präsidentschaftswahl** setzt sich der unabhängige Kandidat **Alberto Fujimori** (*1938), Liste »Wende 90« (*Cambio 90*), mit 56 % der Stimmen überraschend gegen den Kandidaten der konservativen FREDEMO, den Schriftsteller Mario Vargas Llosa (*1936), durch.

8. Aug./21. Aug. Nachdem die Regierung ein Notstandsprogramm (Lebensmittel werden um 400 % teurer, Benzinpreise 30 mal so hoch) verkündet, kommt es zu schweren Unruhen und zum Generalstreik.

16. Sept. Die Guerillagruppe *Sendero Luminoso* weitet ihre Terroraktionen auf das ganze Land aus.

1991 Der Kampf zwischen Regierung und dem *Sendero Luminoso* eskaliert weiter. Die Aktivitäten einer weiteren Guerillagruppierung namens *Movimiento Revolucionario Túpac Amaru* (MRTA) nehmen zu.

Febr. Um die sich ausbreitende Choleraepidemie zu bekämpfen, bittet die Regierung um internationalen Beistand.

5. April Mit Unterstützung von Armee und Polizei führt Präsident Fujimori einen Staatsstreich durch (»Putsch von oben«). Neuer Regierungschef wird am 6. April Óscar de la Puente Raygada (*1938), da der bisherige Premierminister Alfonso de los Heros (*1940) aus Protest zurücktritt.

1. Juli **Währungsreform**: Einführung der neuen Währung *Nuevo Sol* statt des alten *Inti*.

1992, Sept. Festnahme des Sendero-Anführers, des Philosophie-Professors Abimael Guzmán (*1934), der sich selbst Presidente Gonzalo nennen lässt. Weitere Verhaftungen von Sendero- und MRTA-Führern sowie der Erlass eines »Reuegesetzes«, das viele Guerilleros zur Abgabe der Waffen bewegt, beenden die militärische Gefahr durch die maoistische Guerilla.

1993, 29. Dez. Die neue Verfassung tritt in Kraft.

1995, 26. Jan. Zwischenfälle an der Grenze zu Ecuador eskalieren zu einem militärischen Grenzkonflikt, der durch die Friedenserklärung vom 17. Febr. durch brasilianische Vermittlung beigelegt wird.

9. April Präsident Fujimori wird wiedergewählt. Sein Gegenkandidat ist der ehemalige UN-Generalsekretär Javier Pérez de Cuéllar (*1920).

1996, 29. Okt. Das Abkommen von Santiago de Chile ist ein weiterer Schritt zur Beilegung des Grenzstreites zwischen Peru und Ecuador.

17. Dez. Mitglieder des MRTA überfallen die japanische Botschaft und nehmen Geiseln. Sie fordern die Freilassung inhaftierter Gesinnungsgenossen. Die Besetzung endet am 22. April 1997 mit der Befreiung der restlichen Geiseln und der Tötung der Geiselnehmer.

1997, Dez. Menschenrechtsorganisationen beklagen zunehmende Folterungen sowie Druck auf Opposition und Medien. Die von Präsident Fujimori zur Terrorismusbekämpfung errichteten Sondergerichte und Geheimdienste fördern diese Entwicklung.

1998, 28. Okt. Unterzeichnung eines Abkommens mit Ecuador, das einen bis ins Jahr 1941 zurückreichenden Grenzkonflikt beendet.

1999, 28. April Ein **landesweiter Generalstreik** richtet sich gegen das zunehmend autokratische Regime Präsident FUJIMORIS.

14. Juli Der *Sendero*-Kommandant ÓSCAR RAMÍREZ DURAND (*1952) alias FELICIANO wird im südperuanischen Hochland gefasst.

13. Aug. Peru schließt mit Ecuador mehrere Abkommen über wirtschaftliche Zusammenarbeit ab.

13. Nov. Beilegung eines 120 Jahre lang andauernden Grenzstreites mit Chile.

27. Dez. Präsident **FUJIMORI** gibt seine Absicht bekannt, entgegen den Bestimmungen der Verfassung für eine **dritte Amtszeit** zu kandidieren.

2000, 9. April Bei Parlamentswahlen verliert FUJIMORIS Wahlbündnis Perú 2000 die absolute Mehrheit. Die zeitgleichen Präsidentschaftswahlen enden mit dem Sieg des Amtsinhabers FUJIMORI. Zur Stichwahl am 28. Mai tritt der Herausforderer ALEJANDRO TOLEDO MANRIQUE (*1946) wegen befürchteter Manipulationen nicht mehr an.

30. Juli Massenproteste bei der Vereidigung FUJIMORIS in Lima. Nach Aufdeckung eines Bestechungsskandals, in den der De-facto-Geheimdienstchef VLADIMIRO LENIN MONTESINOS TORRES (*1945) verwickelt ist, verliert FUJIMORI den Rückhalt im Parlament.

19. Nov. FUJIMORI flieht nach Japan, sein Kabinett tritt zurück.

21. Nov. Das Parlament setzt FUJIMORI wegen »moralischer Unfähigkeit« ab, eine Übergangsregierung unter dem früheren UN-Generalsekretär JAVIER PÉREZ DE CUÉLLAR übernimmt die Geschäfte. Das Präsidentenamt bekleidet VALENTÍN PANIAGUA CORAZAO (*1936, † 2006). Gegen 600 Repräsentanten des **»Systems Fujimori«** werden Ermittlungen aufgenommen.

2001, 23. Febr. Der Kongress beschließt, Anklage gegen FUJIMORI wegen Verletzung seiner Amtspflichten zu erheben.

8. April Bei den Präsidentschafts- und Parlamentswahlen wird das Oppositionsbündnis *Perú Posible* stärkste politische Kraft. Sein Führer **ALEJANDRO TOLEDO MANRIQUE** setzt sich in der Stichwahl am 3. Juni gegen den aus dem Exil zurückgekehrten ehemaligen Präsidenten ALAN GARCÍA PÉREZ durch und wird am 28. Juli als neuer **Präsident** vereidigt.

23. Juni Der flüchtige Exgeheimdienstchef MONTESINOS wird in der venezolanischen Hauptstadt Caracas gefasst und nach Peru ausgeliefert. Ein erstes Verfahren bringt ihm 15 Jahre Gefängnis ein; weitere Verfahren gegen ihn laufen.

2002, 16. Juni Nach heftigen Protesten v. a. in der Region Arequipa gegen den Privatisierungs- und Sparkurs der Regierung TOLEDO verhängt diese den Ausnahmezustand über den Süden des Landes.

17. Nov. Die Regional- und Kommunalwahlen stehen im Zeichen der ab 1. Jan. 2003 wirksamen Aufteilung des Landes in 25 Regionen, die jeweils eigene Regierungen erhalten. Die Mehrheit geht an die linksgerichtete APRA. Die Partei von Präsident TOLEDO, die *Perú Posible*, kann lediglich eine Region für sich gewinnen.

2003, 12. März Das Parlament stimmt für die Aufhebung der Immunität des früheren, im japanischen Exil lebenden Präsidenten FUJIMORI. Japan ist jedoch nicht bereit, ihn auszuliefern.

25. Aug. Peru erklärt als assoziiertes Mitglied seinen Beitritt zum südamerikanischen Wirtschaftsverbund Mercosur. Dessen Kernstaaten sind Argentinien, Brasilien, Paraguay und Uruguay.

28. Aug. Nach dem Bericht der Wahrheits- und Versöhnungskommission sind im Bürgerkrieg 1980–2000 über 69 000 Menschen ums Leben gekommen, jeweils die Hälfte als Opfer der Rebellen bzw. Sicherheitskräfte.

2004, 15. Febr. Nach dem Rückzug des Koalitionspartners *Frente Independiente Moralizador* (FIM) aus dem Kabinett muss Präsident TOLEDO zum vierten Mal seit seinem Amtsantritt die Regierung umbilden.

2005, 7. Nov. Verhaftung von Expräsident FUJIMORI in Santiago de Chile, wo er seine Rückkehr nach Peru und die Teilnahme an den Wahlen 2006 vorbereiten will. Peru fordert seitdem seine Auslieferung wegen Menschenrechtsverbrechen und Korruption. FUJIMORI wird nach einem halben Jahr unter Auflagen zunächst freigelassen.

Herbst Ende des Jahres beginnt der politische Aufstieg des nationalistischen Linkspopulisten und Exmilitärs OLLANTA HUMALA, der VELASCO ALVARADO als sein Vorbild nennt und von Venezuelas Präsident HUGO CHÁVEZ FRÍAS Unterstützung bekommt.

2006, 4. Juni Expräsident ALAN GARCÍA PÉREZ (APRA) gewinnt die zweite Runde der Präsidentschaftswahlen gegen OLLANTA HUMALA, dessen Parteienbündnis UPP jedoch bei der Parlamentswahl am 9. April 45 der 120 Parlamentssitze erringt. GARCÍA ist somit zum Regieren auf die Christdemokraten sowie die Anhänger FUJIMORIS angewiesen.

TOLEDO, dessen Partei bei den Wahlen völlig untergeht, schließt vor Ende seiner Regierung ein bisher nicht ratifiziertes Freihandelsabkommen mit den USA ab.

28. Juli GARCÍA beginnt seine zweite Präsidentschaft, die innenpolitisch zunächst von einem strengen Sparkurs und außenpolitisch von vielfältigen Initiativen (Verhältnis zu Chile und zum Mercosur) geprägt ist. Wirtschaftspolitisch setzt er den Kurs von TOLEDO, mit leichten sozialen Korrekturen, fort.

2007, 16. Aug. Ein schweres Erdbeben fordert in der Küstenregion über 500 Tote.

Mitte Aug. Chile reagiert äußerst heftig auf den peruanischen Anspruch auf ca. 38 000 km² Pazifik innerhalb der 200-Seemeilen-Zone vor der Küste beider Länder. Peru will den Streitfall vor den Internationalen Gerichtshof in Den Haag bringen.

21. Sept. Der Oberste Gerichtshof Chiles erklärt in einer nicht mehr anfechtbaren Entscheidung die Auslieferung von Perus Expräsident FUJIMORI an Peru für zulässig. Bereits am 11. Dez. wird dieser in einem ersten Prozess, zu 6 Jahren Haft verurteilt.

Bolivien seit 1942 | Forts. v. S. 1326 |

Bolivien gelingt es in der zweiten Hälfte des 20. Jh.s nicht, seine natürlichen Ressourcen zur wirtschaftlichen Entwicklung zu nutzen. Auf dem Altiplano, dem zentralen Hochplateau, zählen hierzu Erze (Zinn, Wolfram, Zink, Kupfer, Blei, Wismut, Antimon, Silber, Gold), östlich der Anden Erdöl und v. a. Erdgas (zweitgrößte Erdgasvorkommen Lateinamerikas). Im 20. Jh. entwickelt sich **Zinn** zunächst zum **Hauptausfuhrprodukt**. Der Zinnbergbau liegt seit dem 19. Jh. in den Händen dreier Konzerne (Patiño, Aramayo, Hochschild), die mit britischem, später US-Kapital die ursprünglich bolivianische Bergbauindustrie dominieren. Sie werden ebenso durch die vom *Movimiento Nacionalista Revolucionario* (MNR) geführte Revolution von 1952 enteignet wie die Großgrundbesitzer. Die durch extreme Bodenkonzentration gekennzeichnete Agrarstruktur wird auf dem Altiplano durch Reformen seit 1952 umgestaltet; im östlichen Tiefland bleibt der Großgrundbesitz jedoch erhalten. Allerdings erreichen weder Bergbau noch Agrarproduktion eine entscheidende Produktivitätssteigerung. Was bleibt, ist eine nur kurzfristige Entspannung der sozialen Lage, die die Guerilla des ERNESTO »CHE« GUEVARA (*1928, †1967) 1967 scheitern lässt.

Mit dem Militärputsch von 1964 endet das Regime des MNR; es folgen fast zwei Jahrzehnte von Machtkämpfen zwischen rechten und linken Militärs, deren zivilen Gefolgsleuten und den starken Gewerkschaften unter JUAN LECHÍN OQUENDO (*1914, †2001).

Die Militärs scheitern an Wirtschaftskrisen, Auslandsverschuldung und Drogenkriminalität. Danach kommen 1982 die Revolutionäre von 1952, HERNÁN SILES SUAZO (*1913, †1996) und (1985) VÍCTOR PAZ ESTENSSORO (*1907, †2001), nochmals demokratisch an die Macht. Dessen Versuch, 1986 das Land durch radikale neoliberale Reformen auf einen Wachstumspfad zu zwingen (Währungsstabilisierung, Aufgabe des staatlichen Bergbaus), bringt zwar einen Zugewinn an Stabilität, aber langfristig zu geringe Wachstumsraten. Der Kokaanbau wird durch die erzwungene Migration ins Tiefland geradezu gefördert. Das Land steht finanzpolitisch unter Kuratel der internationalen Gebergemeinschaft und ist mehr oder weniger handlungsunfähig. Die soziale Unruhe wächst, zwei Drittel der neun Millionen Bolivianer leben unter der Armutsgrenze.

In den letzten Jahren müssen die demokratischen Institutionen mehrmals dem Druck der Straße weichen – Sturz der Präsidenten GONZALO SÁNCHEZ DE LOZADA (*1930) 2003 und CARLOS DIEGO MESA GISBERT (*1953) 2005. Ob die seit Aug. 2006 tagende verfassunggebende Versammlung die ethnisch, sozial und regional disparaten Teile Boliviens zu einer handlungsfähigen Entität oder sogar zu einer »Nation« bündeln kann, bleibt offen.

1942, 7. Juni Gründung des antiimperialistischen und antioligarchischen *Movimiento Nacionalista Revolucionario* (MNR) durch VÍCTOR PAZ ESTENSSORO.

1943, 20. Dez. Mithilfe des MNR stürzt Major GUALBERTO VILLARROEL LÓPEZ (*1908, †1946) die Regierung des Präsidenten ENRIQUE PEÑARANDA DEL CASTILLO (*1862, †1969); PAZ ESTENSSORO wird Finanzminister. Während des VILLARROEL-Regimes müssen die »Zinnbarone« höhere Steuern zahlen, eine Landverteilung ist geplant.

1946, 21. Juli In einer Revolte der Opposition wird VILLARROEL gestürzt und mit einer Reihe von Anhängern ermordet. Latifundisten, Großindustrielle und mächtige Finanzkreise gewinnen die Macht zurück.

1951, 6. Mai Nach den Präsidenten ENRIQUE HERTZOG GAZAIZABAL (*1897, †1981; 1947–1949) und MAMERTO URRIOLAGOITIA HARRIAGUE (*1895, †1974; 1949–1951) bringen Wahlen einen eindeutigen Sieg des MNR-Kandidaten PAZ ESTENSSORO; die Regierung annulliert jedoch die Wahlergebnisse, eine Militärjunta übernimmt die Macht.

1952, 9. April PAZ ESTENSSORO kommt erst nach einer von Teilen der Armee, den Studenten und den Gewerkschaften unterstützten Revolte an die Macht. Die Führung dieser **»bolivianischen Revolution«** liegt in den Händen des MNR; die populistische Allianz hat eine antioligarchische und antiimperialistische Ausrichtung, die sich durch Mobilisierung und Bewaffnung der Massen schnell vertieft und sozialrevolutionäre Maßnahmen ermöglicht. Das sozialpolitische Ziel der Revolution ist die Integration der Massen der Arbeiter und Bauern in die Gesellschaft.

31. Okt. Die **Zinnminen werden verstaatlicht**; die »Zinnbarone« erhalten später auf US-Druck erhebliche Entschädigungen. Die staatliche Bergbaugesellschaft *Corporación Minera de Bolivia* (COMIBOL) wird gegründet. Bald nach der Verstaatlichung treten schwere Probleme auf – Kapitalmangel, Verfall des Zinnpreises auf dem Weltmarkt: Absatzschwierigkeiten für Bergbauprodukte und Produktionsrückgang führen zu Unruhen unter den Zinnbergbauarbeitern.

1953, 2. Aug. Eine umfassende **Agrarreform** schafft Latifundien und Leibeigenschaft ab – vier Mio. ha Land werden an Kleinbauern vergeben.

Die »bolivianische Revolution«

Das Ergebnis der Reformen sind sehr heterogene Produktionsverhältnisse: Auf dem Altiplano schafft die Agrarrevolution individuelle Parzellierung (Minifundismus); im Tiefland im Osten entstehen dagegen große Plantagen. Kooperative Betriebsformen sind selten. – Die größtenteils analphabetischen **Indios erhalten die Bürgerrechte**, v. a. das aktive und passive Wahlrecht; man fördert gewerkschaftliche Organisationen der Arbeiter. Nach der vorübergehenden Auflösung der Streitkräfte werden die Waffen an Arbeiter- und Bauernmilizen verteilt, die sich mit den Gewerkschaften zu Zentren politischer Macht entwickeln. Die Revolution löst enorme Kapitalflucht und rapiden Währungsverfall aus. Es folgen im MNR ideologische Flügelkämpfe. Mit

z. T. massivem Druck erzwingen die USA eine gewisse »Rückbildung« der Revolution. Das neue **Erdölgesetz** von 1955 gibt das seit 1937 bestehende Staatsmonopol auf und begünstigt ausländische, v. a. US-Investitionen.

1956–1960 Unter **Präsident Hernán Siles Suazo** gelingt es zwar, die Inflation zu stoppen, aber die ursprünglichen Ziele nationalrevolutionärer Politik werden noch stärker ausgehöhlt.

1960–1964 Die erneute Präsidentschaft Paz Estenssoros bringt wieder eine Mitte-Links-Koalition des MNR an die Regierung. Sie setzt jedoch die unter dem Vorgänger begonnene antigewerkschaftliche Politik fort bis zum Bruch zwischen MNR und Gewerkschaften sowie Unterdrückung der Gewerkschaften durch Abschaffung der Arbeiterkontrolle und der vereinbarten »Mitregierung«.

1964, 3. Nov. Nach Streiks und Arbeiterunruhen **stürzt das Militär Paz Estenssoro** nach seiner dritten Wiederwahl. Das Militär wird für fast 20 Jahre bestimmender Faktor der Politik.

5. Nov. General René Barrientos Ortuño (*1919, †1969) übernimmt die Macht, die er 1966 durch Wahlen legitimieren lässt. Die USA verstärken ihr Engagement gegen die von Kuba unterstützte Guerilla.

1967, 9. Okt. In einem Feuergefecht zwischen bolivianischen Truppen und Partisanen wird der Guerillero **Ernesto »Che« Guevara** gefangen genommen und **ermordet**. Das fehlgeschlagene Guerillaexperiment und das zeitgleiche peruanische Beispiel eines linksnationalistischen Militärregimes tragen zu zunehmendem sozialen Engagement der Armee bei.

1969, 27. April Barrientos verunglückt tödlich.

26. Sept. Nach einem unblutigen Staatsstreich gegen dessen Nachfolger, Luis Adolfo Siles Salinas (*1925, †2005), übernimmt General Alfredo Ovando Candía (*1918, †1982) die Macht. Er orientiert sich wieder an den Zielen der Revolution von 1952 (Widerruf der Erdölgesetzgebung) und entfaltet rege außenpolitische Aktivitäten (Zinnlieferungen an die Sowjetunion, Aufnahme diplomatischer Beziehungen zu sozialistischen Staaten).

1970, 6. Okt. Ovando wird durch eine rechte Militärjunta zum Rücktritt gezwungen, die jedoch ihrerseits am nächsten Tag durch einen linken Gegenputsch unter General Juan José Torres Gonzáles (*1921, †1976) gestürzt wird. Dieser beruft eine Beratende Volksversammlung (*Asamblea Popular*) ein, in der die Arbeiterorganisationen die Mehrheit erhalten.

1971, 22. Aug. Die Radikalisierung der Volksversammlung trägt zur Formierung der rechten Opposition bei, die in einem blutigen Staatsstreich unter Oberst **Hugo Banzer Suárez** (*1926, †2002) Präsident Torres Gonzáles stürzt. Dieser wird 1976 im Exil ermordet. Unruhen, Versorgungsschwierigkeiten und Putschversuche gefährden wiederholt das Regime.

1972, 27. Okt. Zum ersten Mal seit 1956 muss der **Peso** um ca. 40 % **abgewertet** werden.

23. Nov. Nach heftigen Streiks verhängt die Regierung den Ausnahmezustand. Angekündigte freie Wahlen werden wiederholt verschoben.

1974, 22. Mai Außenpolitisch erringt die Regierung Prestigeerfolge: Enge Beziehungen zu Brasilien verdeutlichen die **Verträge von Cochabamba** über wirtschaftliche Zusammenarbeit und langfristige Lieferung bolivianischen Erdgases. Der Bau der Pipeline benötigt 20 Jahre. Erst 1999 beginnen Gaslieferungen nach São Paulo.

9. Juli Die zunächst zivil-militärische Koalitionsregierung wird, nach mehreren erfolglosen Putschversuchen, durch ein reines Militärkabinett ersetzt.

7. Nov. Nach einem weiteren ultrarechten Putschversuch suspendiert Banzer sämtliche Parteien und Gewerkschaften.

9. Dez. In der »Deklaration von Ayacucho« befürworten acht Staaten eine Neuregelung des Zugangs zum Pazifik unter Beachtung bolivianischer Interessen: Die Beziehungen zu den La-Plata-Staaten werden intensiviert.

1978, 9. Juli Bei den termingerecht durchgeführten Präsidentschaftswahlen erringt General Juan Pereda Asbun (*1931) angeblich über 50 % der Stimmen.

21. Juli Nach Annullierung der Wahl wegen offensichtlicher Wahlfälschungen wird Pereda in einem Staatsstreich in sein Amt eingesetzt.

24. Nov. Vier Monate später stürzt das Militär die Regierung bereits wieder; die Macht übernimmt der Armeechef General David Padilla Arancibia (*1924).

1979, 2. Juli Präsidentschaftswahl: Kein Kandidat erreicht die erforderliche Mehrheit.

6. Aug. Der Kongress wählt Walter Guevara Arze (*1912, †1996) für ein Jahr zum Interimspräsidenten.

1. Nov. Blutiger Putsch unter Oberst Alberto Natusch Busch (*1933, †1994), der sich zum Präsidenten ernennt.

16. Nov. Nach massivem Widerstand muss Natusch zurücktreten. Die Parlamentspräsidentin Lidia Gueiler Tejada (*1921) wird bis zur Durchführung von Neuwahlen zur Staatspräsidentin gewählt.

1980, 18. Juli Den am 29. Juni gewählten Präsident Hernán Siles Suazo hindert ein erneut blutiger Militärputsch (17. Juli) an der Amtsübernahme: Die Junta ernennt General Luis García Meza (*1929) zum Staatschef.

1981/82 Die Militärregierung bleibt wegen ihrer Gewalttätigkeit und ihrer Kokaingeschäfte international isoliert: Weitere Putschversuche und Streiks zwingen die Militärs zum Rückzug.

1982, 5. Okt. Der letzte Militärdiktator, Guido Vildoso Calderón (*1937), beruft das 1980 gewählte Parlament ein; dieses ernennt Siles Suazo zum neuen Präsidenten, mit dessen Amtsantritt am 10. Okt. die **Militärherrschaft endet**.

1983 Für Bolivien beginnt eine finanzielle und wirtschaftliche Talfahrt mit Generalstreiks und Regierungsumbildungen.

1985, 14. Juli Bei allgemeinen Wahlen erreicht die *Acción Democrática Nacionalista* (ADN), die Partei des früheren Diktators Banzer, 42 Parlamentssitze, der

MNR 43, der *Movimiento de la Izquierda Revolucionaria* (»Bewegung der revolutionären Linken«, MIR) 15 Sitze.

6. Aug. Paz Estenssoro vom MNR wird in das Präsidentenamt eingeführt.

1986 Die Regierung verfügt ein **Notprogramm für die Wirtschaft** nach dem weltweiten Zinnpreisverfall – Massenentlassungen und Schließung von mehr als der Hälfte der Zinnbergwerke.

1987, 27. Febr. Das neue Kabinett tritt wegen fehlender Vertrauensbasis im Parlament zurück. Der Präsident nimmt den Rücktritt wegen der notwendigen wirtschaftlichen Sparpolitik zur Reduzierung der Auslandsschulden nicht an.

1988 Zweites Kabinett Paz Estenssoro; die Arbeitslosenquote ist mit 25 % weiterhin sehr hoch.

1989, 5. Aug. Jaime Paz Zamora (*1939; MIR) wird vom Parlament als neuer Präsident gewählt, nachdem er bei der Direktwahl am 7. Mai nur Platz drei erreichte.

1992, 1. April Zur Bekämpfung des Kokaanbaus führt die Regierung eine Antidrogenoperation (»Langer Atem«) durch.

24. Aug. Uruguay gestattet Bolivien vertraglich die Benutzung des Seehafens Nueva Palmira. Bolivien erhält damit einen **Zugang zum Atlantik**.

1993, 6. April Bolivien und Chile schließen ein Handelsabkommen.

21. April Schuldspruch in Abwesenheit im Prozess gegen den früheren Diktator Luis García Meza, der zu 30 Jahren Haft ohne das Recht auf Begnadigung verurteilt wird. Seit seiner Auslieferung durch Brasilien im März 1995 verbüßt García Meza diese Strafe.

6. Juni Gonzalo Sánchez de Lozada (*1930; MNR) erzielt bei der Präsidentschaftswahl nur eine relative Mehrheit. Das Parlament wählt Sánchez am 4. Aug. zum Staatspräsidenten.

1995, 19. April Verhängung des Ausnahmezustandes bis 16. Okt. nach wochenlangen Streiks, u. a. von Lehrern und Kokabauern.

1997, 1. März Das Assoziierungsabkommen Boliviens mit der lateinamerikanischen Wirtschaftsgemeinschaft Mercosur tritt in Kraft.

1. Juni Bei den Präsidentschaftswahlen siegt Hugo Banzer Suárez (ADN) mit 22,3 % der Stimmen. Er trifft mit dem MIR und der *Unidad Cívica Solidaridad* (Bürgerunion der Solidarität, UCS) eine Koalitionsvereinbarung und wird vom Parlament auf fünf Jahre zum Präsidenten gewählt.

1999, 5. Dez. Bei landesweiten Kommunalwahlen wird der oppositionelle MNR stärkste politische Kraft.

2000, 25. Jan. Die **Weltbank erlässt** nach 900 Mio. US-$ 1999 Bolivien weitere 850 Mio. US-$ **Schulden**.

26. Jan. Der Gewerkschaftsdachverband (COB) zerfällt in zwei Lager – deutliche Schwächung der Gewerkschaften.

3. Febr. Gewalttätige Zusammenstöße in Cochabamba, dem Zentrum des bolivianischen Kokaanbaus, zwischen Bauern und Polizei. Hintergrund ist die harte Linie der Regierung in der Drogenbekämpfung mit dem *Plan Dignidad*. Während die Zerstörung der Anbauflächen fortschreitet, bleiben landwirtschaftliche Substitutionsprogramme wirkungslos.

7. April Bei anhaltenden Streiks und Unruhen verhängt die Regierung bis 20. April den Ausnahmezustand.

21. April Präsident Banzer bittet seine Landsleute wegen seiner Fehler in der Zeit der Militärherrschaft (1971–1978) um Vergebung.

2. Mai Kokabauern und Regierung einigen sich auf ein Ende der landesweiten Streiks.

2001, 7. Aug. Präsident Banzer tritt wegen Krankheit zurück. Nachfolger wird Vizepräsident Jorge Quiroga Ramírez (*1960).

2002, 4. Aug. Im zweiten Durchgang der Präsidentenwahl siegt im Parlament der Unternehmer Gonzalo Sánchez de Lozada (MNR) über den Führer des *Movimiento al Socialismo* (MAS) und der Koka-Bauernbewegung Juan Evo Morales Ayma (*1959). Er verspricht Investitionen in die Infrastruktur.

2003, Jan. Protestaktionen in den Kokaanbaugebieten gegen die Vernichtung der Kokafelder.

12./13. März Eine Demonstration von 7000 Polizisten, die die Rücknahme von Steuerplänen und eine Lohnerhöhung fordern, eskaliert in La Paz mit bürgerkriegsähnlichen Unruhen, die 33 Todesopfer fordern.

Sept./Okt. Massendemonstrationen wenden sich gegen die Politik der Regierung: Neben Maßnahmen gegen den Kokaanbau und soziale Härten einer forcierten Reform- und Sparpolitik steht v. a. die Ausbeutung der Erdgasvorkommen im Brennpunkt der Kritik. Die Opposition wirft der Regierung »Ausverkauf des nationalen Reichtums an die USA« vor.

17. Okt. Präsident Lozada tritt zurück und flüchtet in die USA. Gegen ihn wird in Bolivien Anklage erhoben. Sein Stellvertreter Carlos Diego Mesa Gisbert bildet als Übergangspräsident am 20. Okt. eine neue Regierung aus parteilosen Fachleuten. Mit Schaffung eines Ministeriums für ethnische Angelegenheiten kommt er den Forderungen der Indios entgegen.

2004, 21. Febr. Verabschiedung einer Verfassungsreform.

April Nach dem kollektiven Rücktritt des Kabinetts kommt es zu einer Regierungsumbildung. Hintergrund sind nicht eingelöste Versprechen zur Verstaatlichung der heimischen Rohstoffe.

18. Juli In einem Referendum über die Energiepolitik sprechen sich 87 % der Wähler für die Rücknahme des Kohlenwasserstoffgesetzes und für die Neugründung des unter Lozada aufgelösten staatlichen Ölkonzerns YPFB aus.

2005, 9. Juni Präsident Mesa kann die Staatskrise nicht lösen und tritt vor anhaltenden Protestwellen zurück. Übergangspräsident wird der Vorsitzende des Obersten Gerichtshofes, Eduardo Rodríguez Veltzé (*1956).

6. Juli Eine Verfassungsänderung ermöglicht vorgezogene Neuwahlen, Einberufung einer verfassunggebenden Versammlung und ein Referendum über die Autonomie einzelner Regionen.

18. Dez. Juan Evo Morales Ayma, der Kandidat des MAS und Führer der Kokabauern, erhält bei den Präsidentschaftswahlen 53,7 % der Stimmen und setzt sich damit überraschend bereits im ersten Wahlgang gegen Expräsident QUIROGA (28,6 %) durch.

2006, 22. Jan. Amtseinführung von EVO MORALES.

4. März Der Kongress beschließt die Einberufung einer verfassunggebenden Versammlung.
Die Regierung versucht, auf diplomatischem Wege den Anbau der Kokapflanze zu entkriminalisieren (Streichung von Koka von der Liste 1 illegaler Suchtmittel bei den UN). Bolivien ist nach Kolumbien und Peru drittgrößter Erzeuger von Koka.

1. Mai Bolivien verstaatlicht die Erdöl- und Erdgasförderung, die 38 % der Exporte stellt. Die in Bolivien tätigen internationalen Ölkonzerne müssen innerhalb von sechs Monaten neue Verträge mit dem Staatskonzern YPFB aushandeln. Die bislang im internationalen Vergleich extrem niedrigen Abgaben werden erhöht, ebenso die Gaspreise für die Abnehmerländer Argentinien und Brasilien.

Juni Die Regierung verkündet eine Landreform, die v. a. den Großgrundbesitz im Osten des Landes betrifft.

2. Juli Bei der Wahl zur verfassunggebenden Versammlung erzielt der MAS einen klaren Sieg. Ein Referendum lehnt größere Autonomie der Regionen ab.

6. Aug. Die verfassunggebende Versammlung tritt mit 255 Mitgliedern zusammen. Da die Regierung in ihr nicht über eine Zweidrittelmehrheit verfügt, kommen zunächst kaum Entscheidungen zustande.

2007, 10. Aug. Venezuela und Bolivien gründen den binationalen Ölkonzern *Petroandina*, der zunächst 600 Mio. US-$ in die Exploration in Bolivien investieren soll. Auch die spanische Repsol-YPF kündigt Investitionen von mindestens 900 Mio. US-$ innerhalb von drei Jahren an.

9. Dez. Die verfassunggebende Versammlung billigt in Abwesenheit der Opposition die neue *Carta Magna*. Die Verfassung soll am 4. Mai 2008 einem Volksentscheid unterworfen werden.

Paraguay seit 1940 | Forts. v. S. 1326 |

Politisch wie wirtschaftlich zählt Paraguay zu den am wenigsten entwickelten Staaten Lateinamerikas. Die Macht liegt seit 1947 bei unterschiedlichen Fraktionen einer Partei, des 1887 gegründeten *Partido Colorado*, offiziell **Asociación Nacional Republicana** (ANR). Zwischen 1954 und 1989 regiert diktatorisch General ALFREDO STROESSNER MATIAUDA (*1912, †2006), der Paraguay nach den Verlusten des Chacokrieges (1932–35) und den folgenden innenpolitischen Wirren »stabilisiert«. STROESSNER stützt seine Herrschaft neben der Armee auf die Partei, entmachtet in ihr aber nach und nach alle potenziellen zivilen Konkurrenten und lässt sich, außen- wie innenpolitisch Garant des Antikommunismus, immer wieder »wählen«. Der Staat (mit über 200 000 Angestellten), die Partei (mit Organisationen für Frauen, Studenten, Kriegsveteranen, Arbeiter, Landwirte etc.) und das Wirtschaftsleben Paraguays verfilzen zu einem undurchdringlichen Dickicht, das bis heute rechtsstaatlichen Verhältnissen fern steht. Daran ändert auch die Einführung eines neuen Strafgesetzbuches (1997) mit deutscher Hilfe nichts.

Wirtschaftlich dominiert in Paraguay bis heute die Agrarwirtschaft; allein Soja erlöst ein Drittel der Exporte. Der Industrialisierungsgrad ist einer der niedrigsten in Lateinamerika. Die eigentliche Dynamik der Wirtschaft liegt seit Jahrzehnten beim Schmuggel: der traditionell hohe Überschuss von Importen gegenüber den offiziellen Exporten in einem devisenschwachen Land lässt sich anders nicht erklären. Dieser »Erwerbszweig« Paraguays, meist als »informelle Aktivitäten« umschrieben, leidet jedoch unter der wirtschaftlichen Öffnungspolitik und drastischen Zollsenkungen der letzten Jahrzehnte in allen Nachbarländern. Eine allerdings nicht nachhaltige Dynamisierung der Wirtschaft gelingt nur in den Jahren des Baus des Staudamms von Itaipú (bis 1984) zusammen mit Brasilien. Die folgende Wirtschaftskrise beschleunigt den Sturz des Diktators.

Die Unterentwicklung des Landes mehr noch als die politische Unterdrückung zwingen hunderttausende der heute sechs Mio. Paraguayer zur Emigration. Deren Geldüberweisungen sind bereits die zweitgrößte Devisenquelle. Dafür wandern im Grenzgebiet brasilianische Farmer nach Paraguay ein. Eine Besonderheit des Landes ist, dass nicht nur die ca. 3 % Indios, sondern auch die meisten der 90 % Mestizen neben Spanisch das indigene Guaraní sprechen (40 % als Muttersprache).

1940–1948 Regierungszeit des Generals HIGINIO MORÍNIGO (*1897, †1985).

1947, 7. März Beginn eines kurzen Bürgerkrieges, der im Aug. mit dem Sieg der ANR (*Partido Colorado*) endet. Ihre Mitglieder besetzen im Land alle wichtigen Ämter; die ANR wird Regierungspartei. Präsident MORÍNIGO wird am 3. Juni 1948 zum Rücktritt gezwungen.

1949–1954 Präsidentschaft von FEDERICO CHAVES (*1882, †1978) nach mehreren kurzfristigen Regierungswechseln.

1954, 15. Mai Durch einen **Militärputsch übernimmt General ALFREDO STROESSNER die Macht.**

Die Stroessner-Diktatur

General STROESSNER regiert das Land, trotz Bestehens einer formal demokratischen Verfassung, im Einvernehmen mit den bestimmenden sozialen Schichten (Großgrundbesitzer, Armee- und Polizeioffiziere, höhere Regierungsbeamte) mit **diktatorischen Vollmachten**. Der Grad politischer Bewegungsfreiheit im Land ist sehr gering. Die Opposition wird systematisch unterdrückt, verhaftet, gefoltert und zu Hunderten ermordet. Die Präsidentschafts- und Kongresswahlen sind manipuliert.

Außenpolitisch wird nach dem Sturz JUAN PERÓNS 1955 das traditionell freundschaftliche Verhältnis zu Argentinien kühler. Paraguay lehnt sich enger an Brasilien an, das den wirtschaftlichen Aufbau des Nachbarlandes unterstützt; seither läuft der Außenhandel v. a. über brasilianische Häfen. Paraguay erzielt vorübergehend hohe Wachstumsraten. Ende 1975 unterzeichnen Brasilien und Paraguay in Asunción ein Abkommen über Freundschaft und Zusammenarbeit. Zudem vereinbaren beide Staaten den Bau des Wasserkraftwerks Itaipú am Oberlauf des Paraná-Flusses, dessen Inbetriebnahme 1984 erfolgt. Es folgt Ende 1973 ein Abkommen mit Argentinien über das gemeinsam zu errichtende Wasserkraftwerk Yaciretá-Apipé (Baubeginn 1976).

Die katholische Kirche kritisiert die Unterdrückung der Meinungsfreiheit, willkürliche Verhaftungen und die wirtschaftliche Entwicklung des Landes, die nicht nach den Bedürfnissen der Massen ausgerichtet sei. Sie wird zur faktischen Opposition. Der **Konflikt zwischen Staat und Kirche** spitzt sich seit 1970 gefährlich zu, wird jedoch äußerlich nach vatikanischer Vermittlung beigelegt.

1958/1963/1968/1973 Die Änderung der jeweiligen Verfassungsvorschriften ermöglicht immer wieder die **Wiederwahl General STROESSNERS** zum Präsidenten.

1976 Zwei liberale Parteien schließen sich zum *Partido Liberal Unido* (PLU) zusammen. Mit dem *Partido Revolucionario Febrerista* (PRF), einer linksdemokratischen Partei mit sozialem Reformprogramm, bildet er die geduldete Opposition, während dem *Partido Demócrata Cristiano* (PDC) administrative Manipulationen die Teilnahme an Wahlen verwehrt.

1978, 12. Febr. Nach erneuter Verfassungsänderung zur »repräsentativen Demokratie« Paraguays wird STROESSNER wieder zum Präsidenten gewählt.

1980, 17. Sept. Der Expräsident von Nicaragua, ANASTASIO SOMOZA DEBAYLE, wird in Asunción ermordet.

1983, 6. Febr. Sechste Wiederwahl STROESSNERS zum Präsidenten für weitere fünf Jahre.

1984, 25. Okt. Betriebsbeginn des größten **Wasserkraftwerks** der Welt, **Itaipú**. Paraguays Stromanteil (50 %) wird größtenteils nach Brasilien exportiert. Ende des Baubooms in Paraguay.

1989, 3. Febr. Mit einem Militärputsch wird STROESSNER gestürzt und geht nach Brasilien ins Exil. General ANDRÉS RODRÍGUEZ PEDOTTI (*1923, †1997; *Partido Colorado*) wird zunächst Übergangspräsident.

1. Mai Die *Colorados* gewinnen die Wahlen: RODRÍGUEZ wird »verfassungsgemäßer« Präsident.

1991, 26. März Vertrag von Asunción: Paraguay bildet mit Argentinien, Brasilien und Uruguay eine Zoll- und Freihandelszone, *Mercado Común del Sur* (Mercosur), die zum 1. Jan. 1995 in Kraft tritt.

1992, 20. Juni Proklamierung der neuen Verfassung.

1993, 9. Mai Bei der **ersten relativ freien** und allgemeinen **Präsidenten- und Parlamentswahl** siegt JUAN CARLOS WASMOSY MONTI (*1938), Kandidat des regierenden *Partido Colorado*.

1994, 15. März Mit Unterstützung von Kirche, Opposition und Gewerkschaften demonstrieren Tausende von Bauern für eine bessere soziale Versorgung, höhere Baumwollpreise und Besitzurkunden über das von ihnen bearbeitete Land.

1996, 22.–25. April Machtkampf zwischen Präsident WASMOSY und dem entlassenen Befehlshaber des Heeres, LINO CÉSAR OVIEDO SILVA (*1943), der friedlich beigelegt wird. Präsident WASMOSY unterlässt jedoch nicht nur die vereinbarte Ernennung OVIEDOS zum Verteidigungsminister, sondern verhindert auch dessen Aufstellung als Präsidentschaftskandidat der *Colorados* durch eine Anklage wegen Meuterei. OVIEDO flieht nach Argentinien.

1998, 10. Mai Bei den Präsidentschaftswahlen siegt der Kandidat des *Partido Colorado*, RAÚL ALBERTO CUBAS GRAU (*1943), »Statthalter« des nicht wählbaren OVIEDO, mit 54,5 % der Stimmen gegen den Oppositionskandidaten DOMINGO LAÍNO FIGUEREDO (*1939). Die Mehrheit des *Partido Colorado* bestätigen gleichzeitige Parlamentswahlen.

18. Aug. Drei Tage nach seinem Amtsantritt beschwört Präsident CUBAS GRAU durch Begnadigung des Generals OVIEDO, der wegen des Putschversuches von 1996 zu zehn Jahren Haft verurteilt worden ist, eine innenpolitische Krise herauf.

1999, 11. Febr. Abgeordnetenhaus und Senat beschließen die Einleitung eines Amtsenthebungsverfahrens gegen Präsident CUBAS GRAU.

23. März Ermordung von Vizepräsident LUÍS MARÍA ARGAÑA, einem Parteigänger des gestürzten Diktators STROESSNER, unter ungeklärten Umständen: OVIEDO wird sofort als Auftraggeber des Mordes beschuldigt. Daraufhin führen schwere Unruhen in der Hauptstadt Asunción zu sieben Toten und vielen Verletzten.

28. März Präsident CUBAS GRAU tritt zurück. Nachfolger wird Senatspräsident LUIS ÁNGEL GONZÁLEZ MACCHI (*1947). Er bildet eine »Regierung des nationalen Konsenses« mit Vertretern des *Partido Colorado* und Oppositionspolitikern.

2. Sept. Argentinien weigert sich, den dort im Exil befindlichen Exgeneral OVIEDO auszuliefern.

2000, 19. Mai Anhänger OVIEDOS versuchen einen Militärputsch, der nach wenigen Stunden scheitert.

Juni Exgeneral OVIEDO wird in Brasilien verhaftet, aber nicht ausgeliefert.

13. Aug. Nach der Direktwahl des neuen Vizepräsidenten erklärt sich der Oppositionskandidat JULIO CÉSAR FRANCO GÓMEZ (*1951) zum Sieger. Das Oberste Gericht spricht ihm am 27. Aug. die Rechtmäßigkeit seines Wahlsieges zu: Präsident und Vizepräsident blockieren sich daraufhin gegenseitig.

10. Dez. Ein Gericht in Asunción stellt einen **Haftbefehl gegen** den in Brasilien lebenden **Exdiktator STROESSNER** aus; während seiner 35-jährigen Herrschaft sollen 400 Menschen verschwunden sein.

2002, 6. Sept. Bürgerrechtsgruppen rufen einen nationalen Tag des Protestes aus. Hintergrund ist die Einstufung Paraguays als das Land mit der höchsten Korruptionsrate in Lateinamerika durch die Nichtregierungsorganisation Transparency International.

2003, 11. Febr. Ein Amtsenthebungsverfahren gegen Präsident MACCHI wegen schlechter Amtsführung, Korruption und Mitverantwortung für den Tod oppositioneller Demonstranten scheitert im Kongress.

27. April Bei den Präsidentschaftswahlen, zu denen MACCHI nicht mehr antritt, setzt sich ÓSCAR NICANOR DUARTE FRUTOS (*1956; *Partido Colorado*) mit 37 % der Stimmen gegen JULIO CÉSAR FRANCO GÓMEZ vom *Partido Liberal Radical Auténtico* (PLRA, 24 %) durch

(Amtsübernahme 15. Aug.) Bei gleichzeitigen Kongresswahlen bleibt der seit 56 Jahren regierende *Partido Colorado* stärkste Partei, aber ohne Mehrheit in den beiden Häusern des Parlaments.

2004, 7. April Die Regierung leistet 270 000 US-Dollar Entschädigung an Opfer der Stroessner-Diktatur.

29. Juni Exgeneral OVIEDO kehrt freiwillig aus Brasilien nach Asunción zurück, wo er sofort verhaftet wird. Er leitet aus dem Gefängnis weiterhin seine Partei UNACE (*Unión Nacional de Ciudadanos Éticos*) und betreibt seine Rehabilitierung.

2005, 16. Febr. Die vor fünf Monaten entführte Tochter von Expräsident CUBAS GRAU wird ermordet aufgefunden. Die Behörden beschuldigen eine linke Bewegung, zusammen mit den kolumbianischen FARC die Entführung durchgeführt zu haben.

2006, 29. März Massenprotest in Asunción gegen die von DUARTE FRUTOS betriebene Verfassungsänderung, die seine Wiederwahl ermöglichen soll.

5. Juni Expräsident MACCHI wird wegen Korruption und Veruntreuung zu sechs Jahren Haft verurteilt. Die Revisionsinstanz hebt das Urteil im Sept. auf; am 29. Dez. wird MACCHI wegen illegaler Bereicherung zu acht Jahren Haft verurteilt.

16. Aug. Exdiktator STROESSNER stirbt in Brasilia.

19. Nov. Bei den Kommunalwahlen gewinnen die *Colorados* in 75 % der Gemeinden Paraguays, v. a. in den Zentren Asunción, Ciudad del Este und Encarnación.

25. Dez. Der ehemalige katholische Bischof der Diözese San Pedro, FERNANDO ARMINDO LUGO MÉNDEZ (*1949), gibt seine Kandidatur für die Präsidentschaft im Jahr 2008 bekannt.

2007, 5. Jan. Expräsident CUBAS wird von der Anklage kriminellen Handelns während seiner Präsidentschaft entlastet, sein Vermögen wieder freigegeben.

26. Juli Der seit 60 Jahren regierende *Partido Colorado* zeigt Auflösungserscheinungen: Der Argaña-Flügel entzieht Präsident DUARTE FRUTOS seine Unterstützung. Dieser gründet daraufhin das *Movimiento Progresista Colorado.*

6. Sept. Ein Militärtribunal veranlasst die bedingte Freilassung von Exgeneral OVIEDO, der daraufhin umgehend seine Präsidentschaftskampagne beginnt.

2008, 20. April Bei den Präsidentschaftswahlen setzt sich Exbischof FERNANDO LUGO von der linken Opposition gegen BLANCA OVELAR (*1957) als Vertreterin der *Colorados* und Exgeneral LINO OVIEDO durch; LUGO wird am 15. Aug. vereidigt.

Uruguay seit 1945 | Forts. v. S. 1327 |

Der wirtschaftliche Erfolg des Agrarexporteurs Uruguay spiegelt sich lange in der Stabilität seiner politischen Verfassung wider: Die (durchaus gegensätzlichen) Interessen von Großgrundbesitzern und Händlern nehmen die traditionellen politischen Parteien der *Colorados* (Handelssektor, Industrieproletariat) und *Blancos* (agrarisch-konservativ) wahr. Seit Beginn des 20. Jh.s stabilisiert sich ein politisches Repräsentativsystem auf der Basis dieses Parteiendualismus; beide Parteien bestimmen bis 1973 ohne Intervention der Streitkräfte die Politik des Landes. Die Gesellschaft ist – für lateinamerikanische Verhältnisse – relativ homogen (85 % weiße Einwanderer), urban (92 % städtische Bevölkerung mit dem Zentrum Montevideo) und infolge der früh einsetzenden staatlichen Sozialpolitik und eines niedrigen Bevölkerungswachstums lange ohne größere Verteilungskonflikte. Mit der Krise des Agrarexportmodells in den 1960er- und 1970er-Jahren beginnt auch eine politische und institutionelle Krise.

1951 Nach dem Schweizer Modell wird ein Nationaler Regierungsrat ins Leben gerufen, der sein Vorbild in der Verfassung von 1919 hat.

1952, 1. März Die **neue Verfassung** überträgt unter Beseitigung des Präsidentenamtes die gesamte Exekutivgewalt dem *Consejo Nacional de Gobierno*, in dem die Mehrheitspartei mit sechs und die stärkste Oppositionspartei mit drei Mitgliedern vertreten sind und der Vorsitz alljährlich wechselt.

1958, 1. März Wahlsieg der *Blancos*, deren Reformprogramm (Währungsreform, Lohnstopp) die drohende Krise nicht abwenden kann: Agrarprodukte, Hauptexport Uruguays, sind auf dem Weltmarkt wegen starker Konkurrenz und Preisverfall nicht mehr ausreichend abzusetzen. Der Strukturwandel Richtung Dienstleistungsgesellschaft verläuft zu langsam.

1966, 27. Nov. In der zunehmenden Staats- und Wirtschaftskrise votiert die Mehrheit der Bevölkerung in einer **Volksabstimmung für die Wiedereinführung des Präsidialsystems.**

1967–1972 Präsident wird JORGE PACHECO ARECO (*1920, †1998). Erbitterter Gegner der Regierung ist die etwa 1963 gegründete sozialrevolutionäre Stadtguerrilla-Organisation der **Tupamaros** (benannt nach dem Inka-Herrscher TUPAQ AMARU, *1545, †1572), die Terroraktionen als politisches Druckmittel einsetzen. Ihr Programm wird als sozialistisch und nationalistisch definiert. Auf die Herausforderung durch die Tupamaros antwortet die PACHECO-Regierung mit der Aufhebung der Grundrechte.

1971, 28. Nov. Bei Präsidentschafts- und Parlamentswahlen versucht – angesichts eines allgemein verbreiteten Krisenbewusstseins – ein **Volksfrontbündnis** (*Frente Amplio*) aus Christdemokraten, Kommunisten und sozialistischen Gruppen, innerhalb des Systems eine politische Alternative durchzusetzen. In einem Wahlkampf unter dem Zeichen von Ausnahmezustand, Pressezensur, Verbot von Oppositionsblättern und Verhaftungen scheitert jedoch der *Frente Amplio* trotz großer Stimmengewinne im städtischen Bereich.

1972–1976 Die *Colorados* stellen den folgenden Präsidenten JUAN MARÍA BORDABERRY AROCENA (*1928).

1973, 27. Juni Nach Konflikten mit dem Militär löst Präsident BORDABERRY in einem kalten **Staatsstreich** unter dem Druck der Streitkräfte den Kongress auf. Die Verfassung wird weitgehend außer Kraft gesetzt. Die Tupamaros werden militärisch zwar schnell besiegt, doch das autoritäre Regime verfestigt sich.

Uruguay unter der Militärherrschaft (1973–1985)

Uruguays Wirtschaft in den 1970er-Jahren bestimmt unverändert der Agrarsektor. Der Export besteht zu fast 80 % aus Agrarprodukten, über die Hälfte der Industrieproduktion beruht auf der Weiterverarbeitung agrarischer Rohstoffe. Während die Exporte in der Zeit des Zweiten Weltkrieges und des Koreakrieges bis etwa 1950 ständig wachsen, lassen der Rückgang der Nachfrage nach Fleisch, Wolle und Häuten auf dem Weltmarkt und das allzu ausgebaute Sozialsystem das Wirtschaftsaufkommen mehr und mehr sinken. Seit 1965 hat eine kontinuierliche **Inflation** zum Ruin des Wirtschaftssystems beigetragen und fast alle Sozialleistungen wieder aufgezehrt (durchschnittliche Jahresinflationsrate in den 70er-Jahren: mindestens 50 %).

Die Militärs können die wirtschaftliche Krise nicht bewältigen. Diese äußert sich in realem Nullwachstum, Arbeitslosigkeit, Inflation, Abnahme der Realeinkommen, Haushalts- und Zahlungsbilanzdefiziten und einer großen Auslandsverschuldung. Die Belebung der Außenwirtschaft leidet unter schwankenden Weltmarktpreisen und den Einfuhrbeschränkungen der Industrieländer (v. a. der EG). Die strukturellen Ursachen der wirtschaftlichen Krise (Bodenbesitzstruktur, mangelnde Produktivität im Agrarsektor, ungenügender Ausbau des Landwirtschaftsexports) werden nicht in Angriff genommen. Uruguay wird zum Auswanderungsland.

1973, 18. Dez. Ein Staatsrat mit 25 Mitgliedern übernimmt die Funktion des Parlaments. Über das wichtigste Regierungsorgan, den *Consejo de Seguridad Nacional* (COSENA), ist das Militär direkt an der Staatsführung beteiligt. Die Parteien sind verboten (Linksparteien) oder zur Inaktivität verdammt (*Blancos, Colorados*). Die Militärs erstreben die Errichtung einer »kontrollierten Demokratie«. Den wirtschaftlichen Niedergang begleiten die weitere Verschärfung der innenpolitischen Repression und kontinuierlicher Abbau der Bürgerrechte.

1975 Nach der Rückkehr zu marktwirtschaftlichen Prinzipien erholt sich die Wirtschaft langsam.

1976, 12. Juni Die **Streitkräfte setzen Bordaberry ab.**

1. Sept. Aparicio Méndez Manfredini (*1904, †1988) wird Staatspräsident, nachdem vorübergehend Pedro Alberti Demichelli (*1896, †1980) das Amt bekleidet hat. Höchstes Staatsorgan wird der neu geschaffene »Rat der Nation«. Zahlreiche Linkspolitiker verlieren für 15 Jahre ihre politischen Rechte.

1978 Dank der günstigen außenwirtschaftlichen Entwicklung erholt sich die Wirtschaft. Die politische Repression hält an.

1980, 30. Nov. Per Referendum wird der Entwurf einer neuen Verfassung abgelehnt.

1981, 1. Sept. General Gregorio Álvarez Armelino (*1925) wird neuer Staatspräsident.

1982, 28. Nov. Wiederbelebung des vom Militär unterdrückten Parteilebens durch allgemeine Wahlen zu Gremien der drei zugelassenen Parteien. Das Scheitern des autoritären Regimes wird auch durch den Ausbruch der Verschuldungskrise offensichtlich.

1984, 26. Nov. Bei ersten **freien Wahlen** seit 1973 siegt der gemäßigte *Partido Colorado*.

1985, 1. März Nach dem Rücktritt von Präsident Gregorio Álvarez (11. Febr.) **endet** mit der Vereidigung von Julio María Sanguinetti (*1936) als Staatspräsident **die Militärherrschaft**.

1986, Dez. Das Parlament billigt das Gesetz zur Amnestie für Menschenrechtsverletzungen für Sicherheitskräfte (April 1989 durch Volksreferendum bestätigt).

1989, 26. Nov. Aus allgemeinen Wahlen geht Luis Alberto Lacalle (*1941) von den konservativen *Blancos* als Sieger der Präsidentschaftswahlen hervor.

1990, 1. März Lacalle tritt sein Amt an; er regiert eine große Koalition von *Blancos* und *Colorados*.

1991 Umschuldung nach dem Brady-Plan.

26. März Uruguay, Paraguay, Argentinien und Brasilien vereinbaren eine gemeinsame Zoll- und Freihandelszone (Mercosur), die am 1. Jan. 1995 in Kraft tritt. Uruguay wird Sitz des Sekretariats des Mercosur, kann seine eigenen Interessen zwischen Brasilien und Argentinien aber kaum durchsetzen.

1992, 24. Aug. Uruguay gestattet Bolivien vertraglich die Benutzung des Seehafens Nueva Palmira, wodurch Bolivien einen Zugang zum Atlantik erhält.

1993, 1. März Im Zuge der **Währungsreform** wird der Neue Peso durch den *Peso Uruguayo* (PU) ersetzt. Ziel ist die Sanierung des Staatshaushaltes und die Bekämpfung der Inflation.

4. Mai Mit einem Generalstreik protestieren die Gewerkschaften gegen die neoliberale Wirtschaftspolitik von Präsident Lacalle.

1994, 27. Nov. Der *Colorado* Sanguinetti gewinnt erneut die Präsidentschaftswahl und tritt sein Amt am 1. März 1995 an.

1999, 31. Okt. In den Parlamentswahlen wird das Linksbündnis *Encuentro Progresista-Frente Amplio* (EP-FA) stärkste Kraft vor dem bisher regierenden *Partido Colorado*. Dessen Kandidat Jorge Luis Batlle Ibáñez (*1927) siegt in der Stichwahl am 28. Nov. und wird am 1. März 2000 als neuer Präsident vereidigt.

2000, März Die Regierung erklärt, die Menschenrechtsverletzungen und Verbrechen während der Militärherrschaft (1973–1985) aufklären und Entschädigungen leisten zu wollen. Dafür wird eine Kommission unter Erzbischof Nicolás Cotugno (*1938) gebildet.

24. Okt. Das Abgeordnetenhaus billigt einen Fünfjahres-Haushaltsplan, der u. a. die Privatisierung von Teilen der staatlichen Telekommunikation vorsieht.

2002, Juni/Juli Die Wirtschaftskrise in Argentinien greift auf Uruguay über. Mit der **Freigabe des Peso** von der Dollarbindung setzt eine Talfahrt der Landeswährung ein. Durch Massenabhebungen zum Umtausch und Transfer ins Ausland werden ca. 40 % der uruguayischen Devisenreserven aufgezehrt. Allein 1999–2002 geht das Sozialprodukt um 20 % zurück, die Arbeitslosigkeit steigt auf ca. 20 %.

13. Nov. Der *Partido Nacional* kündigt das Regierungsbündnis mit dem *Partido Colorado*, um nicht mit den bei der Bevölkerung unpopulären Sparprogrammen der Regierung identifiziert zu werden. Präsident

BATLLE nimmt daher eine Umbildung und Verkleinerung des Kabinetts vor.

2003 Nach einem Referendum (60 % Nein-Stimmen) Rücknahme der vom Parlament beschlossenen Teilprivatisierung der Erdölindustrie und der Aufhebung des staatlichen Brennstoffmonopols.
Ein Umschuldungsangebot der Regierung über 5,3 Mrd. US-Dollar wird von den Besitzern von Staatsanleihen überwiegend akzeptiert.

2004, 31. Okt. Bei den Präsidentschaftswahlen siegt der Kandidat der Linken, TABARÉ VÁZQUEZ (*1940), mit gut 50 % der Stimmen. Das linke Bündnis *Encuentro Progresista-Frente Amplio* gewinnt auch die Mehrheit im Senat und Abgeordnetenhaus; in beiden Häusern werden ehemalige Tupamaros zu Präsidenten gewählt: 170 Jahre der politischen Kontrolle durch *Colorados* und *Blancos* sind beendet.
Uruguays Auslandsverschuldung ist mit 13 Mrd. US-Dollar höher als das Bruttoinlandsprodukt.

2005, 1. März Amtsantritt von Präsident TABARÉ VÁZQUEZ, der sofort einen Plan zur Behebung der sozialen Notlage in Kraft setzt.

2006 Außenpolitisch bestimmt der Streit mit Argentinien wegen des von Uruguay am gleichnamigen Grenzfluss geplanten Baus zweier Zellulosefabriken die Agenda. Umweltaktivisten und die argentinische Regierung versuchen den Bau zu stoppen.
Innenpolitisch beginnt die Regierung, die Verbrechen der Militärdiktatur (1973–1985), trotz des entgegenstehenden Referendums von 1989, aufzuarbeiten. Im Sept. werden erstmals frühere Offiziere und Polizisten wegen Entführungen schuldig gesprochen.

2008, Jan. Der *Frente Amplio* diskutiert die Möglichkeit der Wiederwahl des Präsidenten, aber TABARÉ VÁZQUEZ lehnt eine Verfassungsänderung ab.

Argentinien seit 1943 | Forts. v. S. 1328 |

1943, 4. Juni Mit dem Militärputsch des *Grupo de Oficiales Unidos* (GOU) beginnt der **Aufstieg JUAN DOMINGO PERÓNS** (*1895, †1974), der das neu geschaffene Arbeits- und Sozialministerium erhält. Lohn- und Rentenerhöhungen sowie die Einführung anderer Sozialleistungen bringen ihm die Unterstützung breiter Bevölkerungsschichten ein.

1945, 17. Okt. Als eine Gruppe von Militärs PERÓN gefangen setzt, erzwingt der von EVA (»EVITA«) DUARTE (*1919, †1952), PERÓNS späterer Gattin, organisierte Marsch der Descamisados (wörtlich: Hemdlosen) dessen Freilassung.

1946, 24. Febr. Gegen den Widerstand oligarchischer Kreise, Liberaler, Studenten, Industrieller und der USA erreicht PERÓN in den Präsidentschaftswahlen eine deutliche Mehrheit.

Der Peronismus

Der Peronismus, der verschiedene soziale Gruppen (Industrie- und Landarbeiter, Pächter, breite städtische Schichten) in einer »Bewegung« vereint, prägt für die nächsten 50 Jahre die argentinische Politik. Anfangs sichert sich PERÓN die Hilfe der Streitkräfte, Staatsbürokratie, Arbeiterschaft und Gewerkschaften durch großzügige Sozialpolitik und geschicktes demagogisches Auftreten. Die Allianz zwischen Militär und in der *Confederación General del Trabajo* (CGT) zusammengeschlossenen Gewerkschaften bildet die Basis für die Neustrukturierung des Landes: PERÓN beginnt ein umfassendes Reformprogramm. Durch Professionalisierung, Verbesserung der Gehälter und Aufstiegschancen der Offiziere sowie Erhöhung der Staatsausgaben für Aufrüstung und Entwicklung einer nationalen Rüstungsindustrie sichert sich PERÓN die weitere Unterstützung der Streitkräfte.

Die zweite Säule seiner Politik besteht in einer fortschrittlichen Sozialpolitik (Lohnerhöhungen, verbesserte Sozialversicherung, billige Wohnungen, Arbeitsrecht), durch die er die Gewerkschaften von sich abhängig macht. PERÓN schafft sich eine Partei, den *Partido Justicialista* (PJ), und ein Parteiprogramm als formale Legitimierung seiner Maßnahmen. Seine Politik des »dritten Weges« zwischen Kapitalismus und Kommunismus mündet außenpolitisch in verstärkter Zusammenarbeit mit den übrigen Staaten Lateinamerikas, um den Einfluss der USA abzubauen.

Auf wirtschaftlichem Gebiet nehmen staatliche Eingriffe zu: Die Eisenbahnen, v. a. in britischem Besitz, werden vom Staat erworben. Verstaatlichungen, Kontrolle des Geld- und Kreditwesens sowie des Außenhandels zielen auf die binnenwirtschaftliche Aktivierung. Wichtigstes Instrument zur Kontrolle des Außenhandels ist das *Instituto Argentino para la Promoción del Intercambio* (IAPI), das für die neue korporatistische Organisation des Staats steht. Angestrebt wird eine Industrialisierung über Importsubstitution, finanziert durch hohe Besteuerung des Außenhandels.

1949, 16. März Durch eine **Verfassungsreform** lässt PERÓN seine Sozialpolitik verankern und sichert sich gleichzeitig die Möglichkeit der Wiederwahl.
Eine galoppierende Inflation ist die Konsequenz von PERÓNS Politik. Konstanten Lohnerhöhungen steht kein entsprechender Produktivitätsanstieg gegenüber. Erst die drastische Abnahme der Anbauflächen und zwei aufeinander folgende Missernten lassen die Regierung ihre Politik ändern. Im **zweiten Fünfjahrplan** schenkt sie den Agrarexporten, der Einkommenspolitik und dem Auslandskapital mehr Beachtung: Abkehr von der nationalistischen Wirtschaftspolitik, Präsenz von US-Unternehmen und erneute Auslandsverschuldung kosten PERÓN bei seinen Anhängern Sympathien.

1952, 26. Juli Der Tod seiner Frau EVA DUARTE raubt PERÓN eine der wichtigsten Stützen seines Regimes.

1955, 20. Mai Die katholische Kirche macht sich PERÓN zur Gegnerin, als er durch eine Verfassungsreform Staat und Kirche trennt und die Steuerfreiheit für Kirchen und religiöse Körperschaften abschafft.

19. Sept. Nach Konflikten mit der Armee führen die Militärs **PERÓNS Sturz** herbei; er flieht ins Ausland.

Alle Regierungen nach PERÓN müssen sich mit dessen Erbe befassen. Der Versuch, den Einfluss des exilierten Politikers und seiner Massengefolgschaft, v.a. in den Gewerkschaften, möglichst gering zu halten und seine Partei von Wahlen auszuschließen, misslingt. Im Militär, das ausschlaggebend bleibt, stehen sich Liberale (*azules*) und Konservative (*colorados*) gegenüber, was zu häufigen Putschen und Revolten führt.

1958 Nach Übergangsregierungen unter General EDUARDO LONARDI (*1896, †1956; 1955) und General PEDRO ARAMBURU (*1903, †1970; 1955–1958) triumphiert bei Präsidentschaftswahlen ARTURO FRONDIZI (*1908, †1995; UCRI).

1962 FRONDIZI erlaubt den Peronisten zur Parlamentswahl die Aufstellung eigener Kandidaten. Nach deren Sieg zwingt das Militär FRONDIZI zum Rücktritt.

1963–1966 Die Minderheitspräsidentschaft ARTURO UMBERTO ILLIAS (*1900, †1983; UCRP) ist gekennzeichnet von Misswirtschaft, steigender Inflation, Arbeitslosigkeit und Verfall des Lebensstandards. Die Kündigung der Erdölverträge mit Kompensationszahlungen bringt ernste finanzielle Schwierigkeiten.

1966, 28. Juni Die *Colorados* setzen ILLIA ab; mit ihrer **»argentinischen Revolution«** erklären sie General JUAN CARLOS ONGANÍA (*1914, †1995) zum Präsidenten: Die Revolutionsjunta löst den Kongress, die Provinzparlamente und alle politischen Parteien auf. ONGANÍA versucht zuerst erfolgreich, die Wirtschaft zu sanieren.

1969, Mai Ein gemeinsamer Streik von Studenten und Gewerkschaften in der Industriestadt Córdoba (Cordobazo) wird mit Waffengewalt unterdrückt, schwächt aber die Regierung ONGANÍA.

1970, 8. Juni Eine Militärjunta stürzt die Regierung. Präsident wird als Kompromisskandidat der Streitkräfte General ROBERTO LEVINGSTON (*1920).

1971, 25. März Die Macht geht auf General ALEJANDRO LANUSSE (*1918, †1996) über. Er lässt politische Parteien wieder zu, leitet eine vorsichtige Öffnung zu den Peronisten ein und bereitet die Machtübergabe an eine verfassungsmäßige Regierung vor.

1973, 11. März Wahlen bringen dem linksperonistischen Kandidaten der Justizialistischen Befreiungsfront (FJL), HÉCTOR J. CÁMPORA (*1909, †1980), knapp 50% der Stimmen; PERÓN selbst darf noch nicht kandidieren. Die orthodoxen Peronisten unter Führung der CGT zwingen jedoch CÁMPORA rasch zum Rücktritt, um so die Wahl PERÓNS zu ermöglichen.

25. Sept. Bei Neuwahlen werden der inzwischen aus seinem spanischen Exil zurückgekehrte **PERÓN** mit fast 62% der Stimmen **zum Präsidenten**, seine dritte Frau MARÍA ESTELA (»ISABEL«) MARTÍNEZ DE PERÓN zur Vizepräsidentin **gewählt**.

In der dritten Präsidentschaft PERÓNS zerfällt die peronistische Bewegung FREJULI in einen linken und einen rechten Flügel. Ohne erkennbares Konzept versucht PERÓN, seine Führungsrolle durch Ausbalancierung der verschiedenen Gruppierungen zu sichern und das Land innenpolitisch zu entspannen. Die eigentlichen machtpolitischen Kämpfe toben nun in der peronistischen Bewegung selbst, begleitet von einer zunehmenden Terrorwelle zuerst (ab 1969) links-, dann (ab 1974) rechtsextremer Gruppen. Die Innenpolitik konzentriert sich immer mehr auf die Bekämpfung des Terrorismus. Dessen bekannteste Gruppierungen sind auf der Linken der *Ejército Revolucionario del Pueblo* (ERP) und die linksperonistischen Montoneros sowie auf der Rechten die *Alianza Anticomunista Argentina* (AAA).

Außenpolitisch versucht Argentinien seine Beziehungen auch mit den Staaten des Ostblocks zu verbessern. Zielstrebiger werden die Beziehungen mit Nachbarländern gefördert, teilweise (besonders zu Paraguay und Bolivien) in wirtschaftlicher Rivalität mit Brasilien.

1974, 1. Juli Nach dem **Tod PERÓNS** wird seine Witwe MARÍA ESTELA (*1931) verfassungsgemäß Präsidentin.

7. Nov. Zur Bekämpfung des Terrorismus beschließt das Parlament das **Antisubversionsgesetz**, auf dessen Grundlage ein unbefristeter Ausnahmezustand verhängt wird. Die wirtschaftliche, soziale und politische Krise verschärft sich. Trotz strenger Preiskontrollen steigen die Verbraucherpreise so schnell wie noch nie (offiziell allein 1975 um 335%). Politische Wirren und soziale Spannungen wirken sich katastrophal auf die Wirtschaft aus.

1975, 11. Juli Der »starke Mann« der Regierung, Sozialminister JOSÉ LÓPEZ REGA (*1916, †1989), muss aus dem Kabinett ausscheiden.

1976, 24. März Als die Regierung die politische und wirtschaftliche Situation nicht mehr beherrscht, **putscht die Armee** unblutig, stellt die überforderte Präsidentin PERÓN unter Hausarrest und bildet eine Regierungsjunta unter General JORGE RAFAEL VIDELA (*1925) 1977–1981 als Staatspräsident. Die Militärregierung setzt alle Gouverneure ab, löst Parlamente und Gemeinderäte auf und verbietet Parteien, Gewerkschaftsorganisationen und Wirtschaftsverbände. Aktionen der rechtsgerichteten paramilitärischen Organisationen und der untereinander konkurrierenden militärischen Geheimdienste geraten völlig außer Kontrolle. Die Anzahl der politischen Morde nimmt zu, zahlreiche Personen »verschwinden« durch Staatsterror spurlos, viele sind in politischer Haft und werden gefoltert.

1977, 7. Mai Die argentinische Bischofskonferenz bekundet ihre »ernste Beunruhigung« über die vielen Fälle von Entführungen, von spurlosem Verschwinden, Folterungen, Festnahmen und langer Haft ohne Prozess oder Urteil.

Argentinien zur Zeit des Militärregimes

Mit drastischen Mitteln versucht die Regierung VIDELA, die zerrüttete Wirtschaft zu sanieren. In fünf Jahren »neoliberaler« Wirtschaftspolitik gelingt es jedoch nicht, die Inflation zu beseitigen und ein selbsttragendes Wirtschaftswachstum in Gang zu bringen. Die Auslandsverschuldung steigt rapide. Die Junta ist gespalten: VIDELA ist für begrenzte Konzessionen mit Aussicht auf eine langfristige Demokratisierung, Admiral EMILIO MASSE-

RA (*1925), 1978 ersetzt durch Admiral ARMANDO LAMBRUSCHINI (*1924), für Repressionen.

Die Außenpolitik des Militärregimes soll Prestige und Vertrauen in internationalem Rahmen gewinnen (Fußballweltmeisterschaft 1978). Die Zusammenarbeit mit den durch Militärregime beherrschten Nachbarländern wird energisch vorangetrieben. Jedoch erzeugt die traditionelle Rivalität mit Brasilien um die Vorherrschaft im südlichen Lateinamerika fortgesetzte Spannungen.

1978 Konflikt mit Chile um den Grenzverlauf am Beaglekanal. Argentinien droht mit Krieg. Im Auftrag des Vatikans sucht Kardinal SAMORÈ zu vermitteln.

1981, 29. März General VIDELA tritt »planmäßig« nach fünf Jahren von der Präsidentschaft zurück. Sein Nachfolger General ROBERTO EDUARDO VIOLA (*1924, †1994) muss schon am 11. Dez. 1981 zurücktreten, abgelöst von General LEOPOLDO FORTUNATO GALTIERI (*1926, †2003).

1982 Schwere Wirtschaftskrise: Argentinien ist zahlungsunfähig; internationale Verschuldungskrise. Streiks und Demonstrationen gegen die Junta.

April Die **Besetzung der Falklandinseln** (Malvinas) durch Argentinien (14. März/1. April) macht GALTIERI innenpolitisch zum Helden, provoziert jedoch den von ihm nicht erwarteten Krieg mit Großbritannien.

ab 1. Mai Britische Luft- und Seestreitkräfte erobern die Falklandinseln zurück; die argentinischen Truppen kapitulieren (15. Juni); GALTIERI tritt zurück (17. Juni).

1. Juli Die Armee macht General REYNALDO BENITO BIGNONE (*1928) zum Staatspräsident; sein Kabinett bleibt ohne Unterstützung von Luftwaffe und Marine.

1983, 1. Juni Währungsreform: Ersatz des Peso Ley durch den Peso Argentino.
Vorsichtige Demokratisierung; Zulassung von Gewerkschaften.

30. Okt. Die allgemeinen freien Wahlen gewinnt die Radikale Bürgerunion UCR (*Unión Cívica Radical*). RAÚL ALFONSÍN (*1927; UCR) wird Staatspräsident. Mit seinem Amtsantritt am 10. Dez. **endet das Militärregime**. Wiederaufbau des Rechtsstaats; Versuch wirtschaftspolitischer Stabilisierung.

1984, 20. Sept. Gemäß dem Bericht einer nationalen Untersuchungskommission »verschwanden« unter dem Militärregime mindestens 9000 Menschen; Schätzungen für die Gesamtzahl der Opfer aus Bürgerkrieg und Staatsterror gehen bis 30 000.

18. Okt. Argentinien und Chile unterzeichnen in Rom nach Vermittlung des Vatikans den Vertrag über die Grenzmarkierung im Beaglekanal.

1985 Drastische Maßnahmen zur Beseitigung der Inflation (neue Währung »Austral«).

9. Dez. Hohe Haftstrafen für einige Angehörige der ehemaligen Militärjunta; vier Freisprüche.

1986, 3. Okt. ALFONSÍN legt ein **Modernisierungsprogramm** vor: Dezentralisierung, Verfassungsreformen, Entflechtung Staat–Wirtschaft, Sozial- und Bildungsreformen.

23. Dez. Die Abgeordnetenkammer verabschiedet ein Gesetz zur Verjährung der Verbrechen der Junta; massiver Protest der Bevölkerung.

1987, 15. April Im Gefolge der Prozesse gegen der Menschenrechtsverletzung angeklagte Militärs erzwingt eine Militärrevolte (bis 23. April) das »Gesetz über den Befehlsnotstand«. Amnestie für Armee- und Polizeioffiziere (8. Juni).

6. Sept. Bei Parlamentsteil- und Gouverneurswahlen verliert die UCR die absolute Mehrheit.

1988 Zwei weitere Militärrevolten. Im April Einstellung des Schuldendienstes (bis Juni 1990).

1989, 14. Mai Die **Präsidentschaftswahlen** gewinnt der Peronist CARLOS MENEM (*1935; PJ), Nachfolger ALFONSÍNS.

1990, März Erste Stabilisierungsversuche von MENEM scheitern. Bei einer Währungsabwertung um über 50 %, einer Inflation von fast 5000 % 1989 und sinkender Produktivität beschließt die Regierung weitere Sparmaßnahmen und umfassende Privatisierungen (Steuererhöhungen, Abbau im öffentlichen Dienst). Wiederaufnahme der diplomatischen Beziehungen zu Großbritannien.

Okt. Die Begnadigung mehrerer hoher Militärs stößt auf massive Kritik in der Bevölkerung.

1991, 26. März Argentinien gründet mit Brasilien, Uruguay und Paraguay die Wirtschaftsgemeinschaft Mercosur.

1. April Erfolgreiches Stabilisierungsprogramm: Bindung der argentinischen Währung an den US-Dollar (*currency board*).

19. Sept. Argentinien tritt aus der Bewegung der blockfreien Staaten aus.

25. Sept. Argentinien und Großbritannien einigen sich auf vertrauensbildende Maßnahmen zur Normalisierung in der Falkland-Frage.

1992, 1. Jan. Währungsreform: Ersatz des Austral durch den Peso. 1 Peso entspricht 1 US-$ und muss durch entsprechende Währungsreserven gesichert sein.

3. Febr. Präsident MENEM gibt Archivmaterial über NS-Prominenz frei, die nach 1945 nach Argentinien eingereist ist, u. a. Dossiers über ADOLF EICHMANN, JOSEF MENGELE, WILFRIED VON OVEN, EDUARD ROSCHMANN, WALTER KUTSCHMANN und JOSEF SCHWAMMBERGER.

1994, 24. Aug. Die **neue Verfassung** tritt in Kraft. Sie lässt u. a. eine einmalige Wiederwahl des Staatspräsidenten zu. Der Anspruch auf die Falkland-Inseln wird in der Verfassung festgeschrieben.

1995, 25. April Heereschef General MARTÍN BALZA erklärt öffentlich, dass in der Diktatur das Militär Verbrechen begangen habe und die Armee dafür Verantwortung übernehmen müsse. Weitere Offiziere schließen sich der Selbstkritik an. Die Rolle der Kirche im Militärregime gerät ebenfalls unter Kritik.

14. Mai MENEM siegt bei den Präsidentschaftswahlen. Die Peronisten gewinnen auch die gleichzeitig stattfindenden Wahlen zur Abgeordnetenkammer.

1996 Argentinien und Chile vereinbaren für beide Länder erleichterten Zugang zum Atlantik bzw. Pazifik.

8. Aug./26.–27. Sept. Landesweite **Generalstreiks** gegen die

Wirtschafts- und Finanzpolitik der peronistischen Regierung.

1997, 26. Okt. Bei Wahlen zur Abgeordnetenkammer verlieren die Peronisten ihre Mehrheit.

1998, 9. März Eine von der Regierung eingesetzte internationale Historikerkommission legt einen Bericht zum Aufenthalt ehemaliger Nationalsozialisten in Argentinien vor: Nach 1945 flüchteten mindestens 143 Funktionäre des NS-Regimes nach Argentinien.

9. Juni Der frühere Diktator Jorge Rafael Videla wird wegen mutmaßlicher Beteiligung an Kindesentführungen während der Militärdiktatur (1976–1983) festgenommen. Bis Jan. 1998 folgen acht weitere **Verhaftungen ranghoher Militärs**.

27. Okt.–1. Nov. Präsident Menem besucht als erstes argentinisches Staatsoberhaupt nach dem Falkland-Krieg (1982) Großbritannien.

16. Dez. Argentinien und Chile einigen sich über die Grenzziehung in der wasserreichen Hielos-Continentales-Region in Patagonien (ratifiziert 2. Juni 1999).

1999, 24. Okt. Bei den Präsidentschaftswahlen siegt Fernando de la Rúa (*1937; UCR), Kandidat des oppositionellen Mitte-Links-Bündnisses. Gleichzeitige Teilwahlen zum Abgeordnetenhaus und die Gouverneurswahlen in sechs Provinzen ändern jedoch nichts an der Mehrheit des peronistischen *Partido Justicialista*. Die Wirtschaftslage des Landes bleibt desolat: 1999 beträgt die (Brutto-)Auslandsverschuldung 149 Mrd. US-$, die Arbeitslosenquote 17,8 %, das Bruttoinlandsprodukt nimmt um 3 % ab.

2000, 1. Mai Die wirtschaftlichen Konkurrenten Argentinien und Brasilien verabreden in der »Deklaration von Buenos Aires«, gemeinsame Zielgrößen zur Harmonisierung ihrer Wirtschaften festzulegen.

Aug. Aufdeckung eines Bestechungsskandals, in den Regierungsmitglieder verwickelt sind, im Okt. umfassende Regierungskrise: Vizepräsident Carlos Álvarez von der *Frente País Solidario* (FREPASO) und Senatsvorsitzender José Genoud (UCR) treten zurück.

24. Nov. Generalstreik gegen den geplanten Umbau des bisher von den Gewerkschaften kontrollierten Versicherungssystems.

2001, 6. März Das Bundesgericht erklärt zwei der Amnestiegesetze Präsident Alfonsíns von 1986/87 für verfassungswidrig. Der Weg ist frei für eine strafrechtliche Verfolgung der Verbrechen in der Militärdiktatur (1976–1983).

16. März Wirtschaftsminister Ricardo López Murphy (UCR) stellt ein radikales Sparpaket vor, u. a. Entlassung von ca. 30 % der Staatsbediensteten: Die Minister des FREPASO treten aus der Regierung aus. López Murphy muss jedoch bereits nach zwei Wochen zurücktreten; ihn ersetzt der frühere Wirtschaftsminister unter Menem, Domingo Cavallo.

7. Juni Der frühere Präsident Menem wird wegen des Vorwurfs illegaler Waffengeschäfte festgenommen.

14. Okt. Bei den Parlamentswahlen erleidet die Regierungskoalition eine Niederlage: Die **Peronisten werden** im Abgeordnetenhaus und im Senat **stärkste Kraft**.

Dez. Bargeldabhebungen und Transfers ins Ausland werden beschränkt. Es kommt zu schweren Unruhen mit Toten. Rücktritt von Cavallo.

20. Dez. Rücktritt von Präsident de la Rúa. Der Peronist Adolfo Rodríguez Saá (*1947) wird am 23. Dez. Übergangspräsident, verkündet ein Moratorium für den Schuldendienst. Er scheitert nach einer Woche.

2002, 1. Jan. Der bei der Präsidentenwahl 1999 unterlegene Eduardo Duhalde (*1941; ebenfalls Peronist) wird von der Gesetzgebenden Versammlung als neuer Präsident gewählt. Freigabe des Wechselkurses des Peso und Abwertung um ca. 50 %.

11. Juli Exjuntachef Galtieri wird zusammen mit 42 weiteren, wegen Menschenrechtsverletzungen während der Diktatur Beschuldigten in Haft genommen.

16. Juli Der IWF gewährt ein Jahr Aufschub für die Rückzahlung eines Kredits über 985 Mio. US-$. Die Verelendung hat drastische Formen angenommen; die Hälfte der Bevölkerung lebt unter der Armutsgrenze. Das BSP geht 2002 um 10,9 % zurück.

20. Aug. Das US-Außenministerium gibt über 4000 Geheimdokumente frei: Die US-Regierung war über die Verbrechen der Militärdiktatur informiert.

Sept. Gegen den früheren Junta-Chef Galtieri und 25 weitere hohe Militärs und Polizisten werden offiziell Verfahren eröffnet. (Galtieri stirbt am 12. Jan. 2003).

2003, 25. Mai Nach dem ersten Wahlgang der Präsidentschaftswahlen verzichtet der besser platzierte Carlos Menem (Amtsinhaber 1989–1999) auf die Stichwahl und macht den Weg frei für den zweitplazierten Néstor Carlos Kirchner (*1950; PJ). Dieser entlässt als erstes 50 Generäle und führt eine personelle Erneuerung des Obersten Gerichts durch, das bisher mit Menem-Anhängern besetzt war und regelmäßig die wirtschafts- und finanzpolitischen Maßnahmen der Regierung behindert hat.

24./25. Juli Mit Haftbefehl gegen 45 Mitglieder der ehemaligen Militärjunta, darunter Exstaatspräsident Videla, entspricht ein argentinisches Gericht einem spanischen Auslieferungsersuchen. Eine Anordnung des Präsidenten hebt ein Dekret von 2001 auf, das die Auslieferung von Militärs verhindert hatte.

12. Aug. Um die Verbrechen aus der Zeit der Militärdiktatur weiter ahnden zu können, hebt das Abgeordnetenhaus die Amnestiegesetze von 1986 und 1987 auf (vom Senat am 21. Aug. bestätigt). – Die Wirtschaft stabilisiert sich; das BSP nimmt um 8,8 % zu.

2004, Jan. Gegen Expräsident Menem, der sich in Chile aufhält, sowie mehr als 200 weitere Beamte früherer Regierungen wird wegen Korruption, Geldwäsche und Annahme von Bestechungsgeldern ermittelt.

Juni Die Regierung legt den privaten Gläubigern im Ausland ein Angebot zur Umschuldung von 100 Mrd. US-$ vor: Verzicht der Gläubiger auf 60–90 % (einschließlich Zinsen) des Wertes ihrer Anleihen.

Trotz anhaltenden Wirtschaftswachstums lebt noch die Hälfte der Bevölkerung unter der Armutsgrenze.

2005 Dank der von Kirchner gegenüber den privaten Gläubigern erfolgreich durchgesetzten Umschuldung sinkt die Auslandsschuld von 171 Mrd. US-$ (2004) auf 113 Mrd. US-$.

23. Okt. Teilwahlen zu Senat und Abgeordnetenhaus sichern KIRCHNER die relative Mehrheit.

4./5. Nov. Gipfeltreffen der Staatschefs Lateinamerikas und der USA in Mar del Plata.

2006, Dez. Die Wirtschaft wächst auch im vierten Jahr unter KIRCHNER mit fast 10%, was seine innenpolitische Stellung vor den Wahlen 2007 weiter stärkt. Außenpolitisch belastet der Konflikt mit Uruguay wegen des dort geplanten Baus von zwei Zellulosefabriken in Fray Bentos am Grenzfluss Uruguay die Beziehungen im Mercosur. Dagegen unterstützt KIRCHNER die antiamerikanischen Positionen von Venezuelas Präsident HUGO CHÁVEZ.

2007, 12. Jan. Aufgrund eines internationalen Haftbefehls der argentinischen Justiz wird die Expräsidentin MARIA ESTELA MARTÍNEZ DE PERÓN in Madrid vorübergehend festgenommen. Ihr werden Verbindungen zur rechtsextremen Todesschwadron *Alianza Anticomunista Argentina* während ihrer Präsidentschaft 1974–1976 vorgeworfen.

Juli Präsident KIRCHNER verzichtet auf eine erneute Bewerbung um die Präsidentschaft, unterstützt die Kandidatur seiner Frau, der Senatorin CRISTINA FERNÁNDEZ DE KIRCHNER (*1953).

28. Okt. CRISTINA FERNÁNDEZ DE KIRCHNER gewinnt die Wahl mit 45% der Stimmen im ersten Wahlgang und tritt am 10. Dez. ihr Amt an.

2008, 7. März Expräsident NESTOR KIRCHNER eint die seit 2005 führungslose Peronistische Partei hinter sich.

Brasilien seit 1945 | Forts. v. S. 1329 |

Die Machtübernahme von **GETÚLIO DORNELLES VARGAS** (*1883, †1954) beendet 1930 auf Dauer die nationale Vorherrschaft der Einzelstaaten São Paulo und Minas Gerais während der »Alten Republik«: Der korporatistische Zentralstaat wird nun zum Entwicklungsmotor. VARGAS repräsentiert eine neue Form der Politik, den brasilianischen Populismus, und leitet entscheidende Strukturreformen in Wirtschaft und Gesellschaft ein. Innenpolitisch stützt er sich auf das städtisch-industrielle Bürgertum und die Industriearbeiterschaft, deren Interessen in seinen Parteigründungen Berücksichtigung finden. Diese »Koalition« dominiert die Politik auch nach seinem Selbstmord bis 1964. Nicht eingebunden in dieses System politischen und sozialen Ausgleiches sind die Landarbeiter – damals noch die Mehrheit der Bevölkerung. VARGAS' Entwicklungsideologie steht so für den Willen zur wirtschaftlichen und sozialen Modernisierung Brasiliens wie für die Absicherung des Machtanspruchs der Eliten im Inneren. (Unter der Militärherrschaft wird dann offen auch ein Großmachtanspruch nach außen proklamiert, der sich heute z.B. im Anspruch auf eine ständige Vertretung des Landes im Weltsicherheitsrat dokumentiert.) Beide Faktoren, Wachstum, Entwicklung und Modernisierung auf der einen, Machterhaltung und Machtprojektion auf der anderen Seite, bestimmen die brasilianische Politik für den Rest des 20. Jh.s. Das alte positivistische Motto der Republik, »Ordnung und Fortschritt«, gilt unabhängig von der ideologischen Ausrichtung der jeweils Herrschenden, ihrer regionalen Verwurzelung oder ihres Bildungsstandes. Jeder Regierende bleibt auf die Bildung von Machtallianzen angewiesen, auch die militärischen Diktatoren nach 1964. Brasilien wird kein Rechtsstaat, doch die exzessive politische Gewalt der späten 1960er- und frühen 1970er-Jahre (Stadt- und Landguerilla, politisch motivierte Entführungen, Folter und Mord seitens des Militärs) dominiert nur wenige Jahre. Schon 1979 können die aus politischen Gründen Exilierten ins Land zurückkehren. Und die »Linke« führt heute das »Modell« der militärischen Technokraten von 1964 weiter, in der Form sozialdemokratischer Modernisierung unter FERNANDO HENRIQUE CARDOSO (1995–2002) oder leicht variiert durch Mechanismen sozialen Ausgleichs unter dem Sozialisten LUIZ INÁCIO LULA DA SILVA (seit 2003).

1945, 29. Okt. VARGAS wird durch das Militär zum Rücktritt gezwungen, das in Europa für die Demokratie und gegen den Faschismus gekämpft hat und in Brasilien nun keine Diktatur mehr stützen will.

1946, 16. Sept. Verkündung einer neuen demokratischen Verfassung.

2. Dez. VARGAS' politischer Einfluss bleibt beherrschend, nachdem bei der Präsidentschaftswahl sein Kandidat, der bisherige Kriegsminister EURICO GASPAR DUTRA (*1883, †1974) siegt. VARGAS bleibt als Senator für Rio Grande do Sul politisch aktiv.

1951, 31. Jan. VARGAS wird für die Amtsperiode 1951–1956 als Präsident direkt gewählt.

1951–1954 Die **zweite Regierungszeit VARGAS'** ist durch den weiteren Ausbau des staatlichen Einflusses in der Wirtschaft (Korporatismus, Schaffung von Nationaler Entwicklungsbank BNDE und staatlicher Erdölgesellschaft Petrobrás) aber auch durch Korruption und politische Intrigen gekennzeichnet.

1954, 24. Aug. VARGAS begeht Selbstmord nach Rücktrittsforderung des Militärs. Sein Nachfolger im Amt wird Vizepräsident JOÃO FERNANDES CAFÉ FILHO (*1899, †1970): Nach VARGAS ändert sich das Wirtschaftskonzept eines primär autonom-nationalistischen Kapitalismus zugunsten der Vorstellung eines abhängigen, mit dem kapitalistischen Westen eng assoziierten Systems.

1955, 3. Okt. JUSCELINO KUBITSCHEK DE OLIVEIRA (*1902, †1976) wird zum Präsidenten gewählt.

1955–1960 In KUBITSCHEKS Regierungszeit fällt mit der Erschließung des Binnenlandes der Bau der **neuen Hauptstadt Brasilia**. Seine forcierten Industrialisierungspläne bringen dem Land eine ungewöhnlich hohe Inflationsrate und eine auf Dauer untragbare Verschuldung. Seit KUBITSCHEKS **Industrialisierungspolitik** wird Brasilien zu einem »Demonstrationsmodell« externer Entwicklungsfinanzierung – viele multinationale Unternehmen tätigen Direktinvestitionen. In ausländischem Besitz befinden sich große Teile der modernen Industriezweige (Autoindustrie, Eisenbahnausrüstungen, Pharmazeutik, Maschinenbau, Chemie), während die Konsumgüterindustrien überwiegend in privater brasilianischer Hand sind und der Staat gezielt in Infrastruktur, Schwerindustrie und Energieversorgung investiert. – Durch neue regionale Entwicklungsbehörden (SUDAM, SUDENE) versucht KUBITSCHEK, die großen Entwicklungsunterschiede zu mildern.

1960, 3. Okt. Die Wahl von JÂNIO DA SILVA QUADROS (*1917, †1992; Amtsantritt 31. Jan. 1961) scheint den Beginn einer überfälligen sozialen Reformpolitik zu signalisieren (Kampf gegen die Korruption, Einsparungen in der Staatsverwaltung, Währungsreform).

1961, 25. Aug. QUADROS resigniert jedoch schon nach sieben Monaten. Sein Rücktritt bringt den gewählten Vizepräsidenten und Führer der von VARGAS gegründeten Arbeiterpartei *Partido Trabalhista Brasileiro* (PTB), JOÃO BELCHIOR MARQUES GOULART (*1918, †1976), an die Macht. Das Militär erzwingt zuvor jedoch ein parlamentarisches System, um Machtbefugnisse des »linken« GOULART zu beschränken.

1963, 6. Jan. Die vorübergehende Einführung des parlamentarischen Systems hebt eine Volksabstimmung auf. GOULART strebt Basisreformen im Agrarbereich, Wohnungsbau, Bankwesen, Wahlrecht, Verwaltungssystem und Erziehungswesen an; er baut eine selbstständige Außenpolitik und erweiterte Außenhandelsbeziehungen auf. Zur Verwirklichung der Reformen paktiert er mit den Gewerkschaften, zeitweilig den Kommunisten; der Versuch, sich Rückhalt bei den unteren Rängen der Armee zu verschaffen, misslingt und führt direkt zum Militärputsch.

1964, 31. März GOULARTS Taktieren mit der Linken provoziert die Intervention des Militärs, das **GOULART stürzt**. – Generalstabschef HUMBERTO DE ALENCAR CASTELO BRANCO (*1900, †1967) wird Präsident.

Entwicklungsmodell und Politik der brasilianischen Diktatur (1964–1985)

Nach der Machtübernahme des Militärs erhält der Präsident quasi-diktatorische Vollmachten, das Parlament bleibt jedoch bestehen. Die Parteien werden aufgelöst und 1965 durch ein **künstliches Zweiparteiensystem** ersetzt – der Regierungspartei ARENA (*Aliança Renovadora Nacional*) steht die »offizielle« Oppositionspartei MDB (*Movimento Democrático Brasileiro*) gegenüber.

1968/69 beginnt das sog. **»brasilianische Wirtschaftswunder«** (*milagre brasileiro*), v. a. Erreichung eines starken Wirtschaftswachstums, Steigerung des Exports und erfolgreiche Eindämmung der Inflation (wiederholte Abwertung des Cruzeiro). Bestimmende Merkmale des »brasilianischen Entwicklungsmodells« sind: Repression und Folter gegen Kritik und Opposition, Allianz von hohen Militärs und zivilen Technokraten in der Führungselite, wachstumsorientierte kapitalistische Wirtschaftspolitik bei Beteiligung des Auslandskapitals und einer starken Position des Staates, geringe Partizipation der Gesamtbevölkerung an den wesentlichen soziopolitischen Entscheidungen. Die ländliche Entwicklung wird weitgehend vernachlässigt; massenhafte Landflucht führt zu erhöhter (versteckter) Arbeitslosigkeit in den Städten. Das Agrarreformgesetz von 1964 und das **Agrarprogramm PROTERRA** von 1972 bringen keine Strukturveränderung der Besitzverhältnisse.

Das »Wirtschaftswunder« begünstigt v. a. die höheren Einkommensgruppen; der Reallohn der Arbeiter fällt, die Einkommensverteilung wird immer krasser. 90 % der Landbevölkerung (38 % der Gesamtbevölkerung) leben am Rande des physischen Existenzminimums. Rund 40 % der Bevölkerung gelten als unterernährt; die Analphabetenrate sinkt zwar (1970: 33 %), aber die Zahl der Analphabeten nimmt absolut zu.

Bemühungen um ein **enges Verhältnis zu den USA** sind anfangs ein Eckpfeiler der brasilianischen Außenpolitik. Die Aktivitäten des Außenministeriums konzentrieren sich zunächst auf Lateinamerika, wo sich Brasilien auf seinem Weg zur ersten Macht der Region gezielt eine »Einflusssphäre« schafft. Seit der Erdölkrise 1973 sind zudem der nötige Energieimport sicherzustellen und Zahlungsmöglichkeiten dafür zu finden. Dazu dienen Abkommen über die Lieferung von Erdgas aus Bolivien, von Koks aus Kolumbien und von hydroelektrischer Energie aus gemeinsamen Projekten an den Grenzflüssen mit Paraguay, Argentinien und Uruguay. 1975 werden die Beziehungen zu den USA stark belastet, gegen deren Willen Brasilien mit der Bundesrepublik Deutschland einen Vertrag über den Bau von acht Atomkraftwerken schließt (von denen allerdings nur eines 2000 in Betrieb geht). Teil dieses Vertrages sind Urananreicherungs- und Wiederaufbereitungsanlagen, die technologische Grundlage zur Herstellung von Atomwaffen liefern können. Die **Distanzierung von den USA** findet 1977 (vor dem Hintergrund der US-Menschenrechtspolitik) ihren Ausdruck in der Kündigung des Verteidigungs- und Militärhilfeabkommens mit den USA.

1967–1969 Die **Militärregierung** des Generals ARTURO DA COSTA E SILVA (*1902, †1969) löst das Parlament auf (13. Dez. 1968); sie spricht sich im »Institutionellen Akt Nr. 5« das Recht zu, durch Dekrete zu regieren, die Persönlichkeitsrechte aufzuheben und die Presse zu kontrollieren. Die Verfassungen von 1967 und 1969 sorgen für eine Stärkung der Bundesexekutive.

1969, 30. Okt. Nach einem Schlaganfall COSTA E SILVAS übernimmt vorübergehend eine Militärjunta die Macht und ernennt General EMILIO GARRASTAZÚ MÉDICI (*1905, †1985) zum Präsidenten.
Unter MÉDICI intensiviert das Regime die systematische politische Repression gegen alle (vermeintlichen) Gegner. Linksrevolutionäre Untergrundorganisationen entwickeln sich zur Stadtguerilla (MR 8 und ALN). Die Eskalation des (staatlichen) Terrors hält an. Gewalt und Gegengewalt bestimmen die innenpolitische Auseinandersetzung: 1969 wird der Guerillachef CARLOS MARIGHELA (*1911), 1971 sein Nachfolger CARLOS LAMARCA (*1937) erschossen.

1974–1979 Unter Präsident ERNESTO GEISEL (*1908, †1996) erzwingt der erste Ölschock eine Revision des wirtschaftlichen Modells: Die staatlichen Investitionen werden nochmals intensiviert, die Finanzierung erfolgt nun verstärkt über Auslandsverschuldung.

Ziel bleibt ein möglichst hohes Wachstum bei Lohn- und Preiskontrollen sowie die Verbesserung der Industrie- und Agrarstruktur. Die von der **Regierung Geisel** erwartete politische Liberalisierung unterbleibt, der Ausnahmezustand seit 1969 bleibt erhalten.

1974, 15. Okt. Die Oppositionspartei MDB kann ihren Anteil an Parlamentssitzen überraschend auf 162 (von 364) erhöhen. Geisel suspendiert mit präsidialen Sondervollmachten das Parlament.

1975, 10. Nov. Brasilien erkennt das MPLA-Regime in Angola an.

1976 Zu den deutlichsten **Kritikern des Militärregimes** gehört, neben Anwälten und Studenten, die **katholische Kirche**. Wortführer des sozialpolitische Forderungen erhebenden progressiven Klerus ist Hélder Câmara (*1909, †1999), Erzbischof von Olinda und Recife. Die Bischofskonferenz klagt 1973 die Regierung an, das kapitalistische System mit Foltermethoden, Mord und Verhaftungen aufrechtzuerhalten. Die Bischöfe prangern die sozial-ökonomische Politik der Regierung, die Indianerpolitik und die Doktrin der nationalen Sicherheit der Militärs an.

1978, 3. Juli Die sieben Anliegerstaaten des Amazonasgebietes schließen sich im Amazonaspakt (*Tratado de Cooperación Amazónica*, TCA) zusammen.

15. Okt. General João Baptista de Oliveira Figueiredo (*1918, †1999) wird (indirekt) zum neuen Staatspräsidenten gewählt.

1979, 1. Jan. Der 1968 verkündete Institutionelle Akt Nr. 5, die Grundlage für alle diktatorischen Maßnahmen, wird aufgehoben.

22. Aug. Mit dem Erlass eines Amnestiegesetzes beginnt die *Abertura*, die langsame Öffnung zur Demokratie: Oppositionelle Politiker kehren aus dem Exil zurück.

1980, 10. Febr. Gründung der »Arbeiterpartei« (*Partido dos Trabalhadores*; PT).

1980/1981 Die politische und wirtschaftliche Steuerungsfähigkeit des Regimes kommt zunehmend an ihre Grenzen: Streiks der Land- und Metallarbeiter, Dürrekatastrophe im Nordosten, schwere Wirtschaftskrise, hohe Verschuldung, Inflation.

1982 Als das mit ca. 90 Mrd. US-Dollar am höchsten verschuldete Entwicklungsland der Welt muss Brasilien wegen **Zahlungsunfähigkeit** den Schuldendienst einstellen: Offener Ausbruch der Verschuldungskrise, das Wirtschaftsmodell ist am Ende.

15. Nov. Bei den **ersten freien Wahlen seit 1964** behauptet die Regierungspartei PDS (*Partido Democrático Social*) nur im Senat die Mehrheit.

1983, 28. Febr. Brasilien erhält einen IWF-Kredit von 5,5 Mrd. US-Dollar.

26. Sept. Der IWF gewährt Brasilien einen weiteren Kredit von 11 Mrd. US-Dollar zur Schuldenfinanzierung.

1984, 27. April Nach Großdemonstrationen für die Direktwahl zum Präsidentenamt kündigt Figueiredo deren Einführung für 1988 an. Am 15. Jan. 1985 soll ein Wahlmännergremium das erste zivile Staatsoberhaupt seit 1964 wählen.

25. Okt. **Betriebsbeginn des Wasserkraftwerks Itaipú**, am Grenzfluss Paraná (Leistung 14 000 Megawatt).

1985, 21. April Der Kongress wählt am 15. Jan. Tancredo Neves (*1910, †1985) zum Präsidenten. Krankheitsbedingt kann er das Amt nie übernehmen. Nach seinem Tod folgt ihm Vizepräsident José Sarney Costa (*1930), der frühere Vorsitzende der den Militärs nahestehenden Regierungspartei PDS.

1986, 28. Febr. Verkündung des Cruzado-Plans, der mit einer neuen Währung und durch einen Lohn- und Preisstopp die Inflation eindämmen soll.

15. Nov. Allgemeine Wahlen führen zu einem »Erdrutschsieg« der regierenden Demokratischen Allianz und legitimieren damit Präsident Sarney. Außerdem wird die Verfassungsgebende Versammlung gewählt, die am 1. Febr. 1987 zusammentritt.

1988, 5. Okt. Die neue Verfassung tritt in Kraft.

1989, 17. Dez. Der Liberale Fernando Collor de Mello (*1949) siegt im zweiten Wahlgang der ersten direkten Präsidentschaftswahlen nach der Diktatur knapp über Luiz Inácio Lula da Silva (*1945) von der Arbeiterpartei.

1990, 16. März Wirtschaftsnotprogramm zur Bekämpfung der Inflation (Einfrieren von Bankguthaben, Subventionsstreichungen, neue Währung, Personalabbau im öffentlichen Dienst).

1991, 26. März Vertrag von Asunción. Brasilien ist Gründungsmitglied der Zoll- und Freihandelszone Mercosur, die am 1. Jan. 1995 in Kraft tritt.

1992, 9. Juli Brasilien und seine Gläubigerbanken einigen sich auf die Umschuldung von knapp der Hälfte (45 Mrd. US-Dollar) seiner Auslandsschulden.

29. Sept. Wegen des Verdachts auf Korruption wird Präsident Collor de Mello für 180 Tage von seinem Amt suspendiert. Sein Stellvertreter Itamar Franco (*1931) übernimmt am 2. Okt. die Amtsgeschäfte für die Dauer des Impeachment-Verfahrens.

29. Dez. Präsident **Collor de Mello tritt zurück**. Als neuer Staatspräsident wird Itamar Franco vereidigt.

1993, 21. April Bei einem Referendum über die Staatsform spricht sich die Mehrheit für die Beibehaltung der Republik und des Präsidialsystems aus.

8. Aug. Goldgräber verüben im Amazonas-Gebiet ein Massaker an den Yanomami-Indianern. Militärs wenden sich gegen weitergehende Selbstbestimmungsrechte der Urbevölkerung (11. Aug.). Es kommt zu Geiselnahmen und Besetzungen durch Indianer.

1994, 1. Juli Der von Finanzminister Fernando Henrique Cardoso (*1931) konzipierte »Real-Plan« führt mit der Einführung des Real zur anhaltenden Stabilisierung der Währung.

3. Okt. Der Sozialdemokrat Cardoso siegt daraufhin bei den Präsidentschaftswahlen gegen den Kandidaten der sozialistischen Arbeiterpartei (PT) Luiz Inácio Lula da Silva und tritt am 1. Jan. 1995 sein Amt an.

12. Dez. Der Prozess gegen Collor de Mello wird aus Mangel an Beweisen eingestellt. Seinen ehemaligen Financier Paulo César Farias (*1945, †1996) verurteilt man zu sieben Jahren Haft; er stirbt unter mysteriösen Umständen im Gefängnis.

1997, 4. Juni Gesetzliche Maßnahmen zum Schutz des Regenwaldes zeigen keine Wirkung: Brasiliens Weltanteil am Tropenholzhandel hat sich seit 1992 kontinuierlich erhöht.

Cardoso verstärkt die Privatisierungspolitik.

Eine Verfassungsänderung schafft die Möglichkeit der Wiederwahl in Exekutivämter, also auch in das des Präsidenten.

4. Okt. Präsidentschaftswahlen, mit Wahlen zum Abgeordnetenhaus, Teilwahlen zum Senat und Gouverneurswahlen verbunden, bestätigen Präsident Cardoso im Amt, die fünf in der Mitte-Rechts-Regierung vertretenen Parteien behalten die Mehrheit.

1999, 10. Jan. Präsident Cardoso unterzeichnet ein Gesetz zur Schaffung eines Verteidigungsministeriums, das erstmals von einem zivilen Minister geführt wird.

15. Jan. Der Wechselkurs der Landeswährung Real muss von der Zentralbank freigegeben werden, weil selbst eine die Binnenkonjunktur abwürgende Hochzinspolitik die Kapitalflucht nicht stoppen kann. Die Überbewertung des Real seit 1994 hatte zu einem erheblichen Defizit in der Handelsbilanz geführt.

7. Sept. Den Unabhängigkeitstag nützen mehrere hunderttausend Demonstranten zu Protesten gegen die neoliberale Wirtschafts- und Sozialpolitik der Regierung.

2000, März Der Gouverneur von Rio de Janeiro, Anthony Garotinho (*1960), organisiert unter der Parole *mãos limpas* (saubere Hände) eine groß angelegte Antikorruptionskampagne.

22. April In Porto Seguro findet die offizielle Gedenkveranstaltung zur 500-Jahr-Feier der Entdeckung Brasiliens durch den portugiesischen Seefahrer Pedro Álvares Cabral statt. Im Vorfeld der Veranstaltung erinnern Indiogruppen daran, dass die Urbevölkerung des Landes durch die von Europäern eingeschleppten Krankheiten fast völlig ausgelöscht wurde.

11. Sept. Rund 15 000 Aktivisten der Landlosenbewegung (MST, *Movimento dos Trabalhadores Rurais Sem Terra*) besetzen öffentliche Gebäude und Banken in elf Bundesstaaten, um ihre Forderung nach Verteilung brachliegenden Landes zu unterstreichen.

1./15. Okt. Bei den Kommunalwahlen setzen sich die Linksparteien gegen die auf Bundesebene regierende Mitte-Rechts-Koalition durch.

2001, 20. Febr. Im Bundesstaat São Paulo meutern 24 000 Häftlinge. Der Aufstand, vermutlich organisiert von den einsitzenden Chefs eines Verbrechersyndikates, endet mit der Kapitulation der Gefangenen.

25. Febr. Der Konflikt um den Posten des Senatspräsidenten eskaliert zum **Bruch der Regierungskoalition** durch Austritt der Minister des *Partido da Frente Liberal* (PFL). Gegenseitige Beschuldigungen decken Korruptionsaffären auf – Rücktritt der beteiligten Spitzenpolitiker.

20. März Untergang der größten Ölbohrinsel (P-36) der Welt vor der brasilianischen Küste.

2002, 23. Aug. 7 % des Amazonas-Regenwaldes (etwa die Fläche Belgiens) werden unter Schutz gestellt.

6. Sept. Der IWF bewilligt einen Kredit über 30 Mrd. US-$. Die Aussicht auf einen Wahlsieg des Kandidaten Lula da Silva (PT) hatte die Finanzmärkte in Panik versetzt. Alle wichtigen Präsidentschaftskandidaten sichern daraufhin die Fortführung der bisherigen Stabilisierungspolitik zu.

6./27. Okt. **Luiz Inácio Lula da Silva**, Kandidat des linksgerichteten PT, gewinnt die Präsidentschaftswahlen im zweiten Wahlgang gegen den der sozialdemokratischen Partei PSDB angehörenden bisherigen Gesundheitsminister José Serra (*1942). Bei gleichzeitigen Teilwahlen zu Parlament und Senat sowie den Abstimmungen über die Neubesetzung der 27 Gouverneure in den Bundesstaaten ergibt sich jedoch keine Mehrheit für da Silvas Partei. Diese ist auf Koalitionspartner angewiesen. Mit einer rigoros stabilitätsorientierten Wirtschafts- und Sozialpolitik überwindet da Silva das ihm anfänglich entgegengebrachte Misstrauen der Finanzmärkte.

2003, April Eine halbe Mio. Angestellter im öffentlichen Dienst protestiert gegen die geplante Kürzung ihrer Pensionen. Die geplante Einschränkung bisheriger Privilegien durch die Rentenreform stößt auf erheblichen Widerstand.

Juni Trotz eines Auftritts auf dem Forum der Globalisierungsgegner in Porto Alegre (23. Jan.) und seines Engagements für den südamerikanischen Wirtschaftsbund Mercosur erklärt sich da Silva bei einem Besuch in Washington bereit, die Verhandlungen zur Gründung der von den USA intendierten gesamtamerikanischen Freihandelszone FTAA, in dem Brasilien als Ko-Vorsitzender agiert, weiter mit zu tragen: Brasilien vertritt auch unter da Silva sehr dezidiert seine Außenhandelsinteressen gegenüber den USA.

6. Aug. Eine Rentenreform sieht u. a. eine längere Lebensarbeitszeit und Einschnitte bei den künftigen Rentenzahlungen für Staatsbedienstete vor.

20. Okt. Die Regierung stellt ihr neues Sozialprojekt *Bolsa Familia* (Familiengeld) für Bezieher geringer Einkommen vor. Das Programm ist Teil des groß angelegten Sozialplanes *Fome Zero* (Null Hunger), um die Staatsaktivitäten im Sozialbereich zu bündeln.

13. Nov. Präsident da Silva kündigt ein Elektrifizierungsprogramm für 12 Mio. Haushalte, v. a. in ländlichen Gegenden, an.

2004, 25. Jan. Durch Eintritt des *Partido do Movimento Democrático Brasileiro* (PMDB, früher MDB) von der politischen Mitte in das Regierungsbündnis verfügt da Silva im Parlament erstmals über eine Mehrheit. Der PMDB tritt jedoch bereits im Dez. wieder aus der Regierung aus.

3. Okt./31. Okt. Bei Kommunalwahlen baut der PT seine Position landesweit aus. Aber auch die führende Oppositionspartei, der sozialdemokratische PSDB des Expräsidenten Cardoso, erzielt Erfolge.

2005 Ab Mitte des Jahres beherrscht eine Korruptionsaffäre die Innenpolitik und zwingt führende PT-Politiker, wie den PT-Vorsitzenden José Genoíno (*1946) und Kabinettschef José Dirceu (*1946), zum Rücktritt: Das Wahlverhalten von Abgeordneten war, so der Vorwurf, systematisch durch monatliche Zahlungen (*mensalão*) erkauft worden. Die hierfür nötigen Gelder sollen über fingierte Regierungsaufträge beschafft worden sein. Während fast die gesamte PT-Spitze (vorübergehend) abtreten muss, erklärt LULA DA SILVA beharrlich, er habe von nichts gewusst.

Nov. Amerikanisches Gipfeltreffen im argentinischen Mar del Plata: Brasilien verhindert mit Venezuela und Argentinien einen Erfolg der US-Bemühungen um eine kontinentale Freihandelszone (FTAA).

2006, 1. Mai Bolivien zwingt den brasilianischen Großinvestor Petrobrás – wie alle anderen Investoren in dieser Branche – zum Abschluss neuer Verträge bei der Öl- und Gasförderung und zum Verkauf von Raffinerien. Brasilien akzeptiert die Verluste und höhere Preise für die Gaslieferungen.

01./29. Okt. Präsident LULA DA SILVA wird im zweiten Wahlgang für weitere vier Jahre im Amt bestätigt. Er erhält 60,8 % der Stimmen, sein PSDB-Gegenkandidat, der frühere Gouverneur von São Paulo, GERALDO ALCKMIN (*1952), 39,2 %. Bei den am 1. Okt. parallel stattfindenden Wahlen zum Abgeordnetenhaus und Senat schneidet der PT, trotz aller Korruptionsvorwürfe der letzten beiden Jahre, erstaunlich gut ab. Expräsident COLLOR DE MELLO wird in seinem Heimatstaat Alagoas als Senator gewählt. Auch andere der Korruption bezichtigte prominente Politiker wie PAULO MALUF (*1931) werden wieder gewählt.

2007, 1. Jan. Amtsantritt von LULA DA SILVA. Er bindet erneut den PMDB in die Regierung ein, um sich eine breitere parlamentarische Basis zu sichern.

März Besuch von US-Präsident GEORGE W. BUSH, der großes Interesse am brasilianischen Ethanol-Programm und einer künftigen Kooperation bekundet. Brasilien ist hier technologisch führend und zudem als weltweit drittgrößter Agrarexporteur nach den USA und der EU ein Akteur von globaler Bedeutung.

2008, 22. Febr. Erstmals in seiner Geschichte ist Brasilien ein Gläuberland: Laut Zentralbank übertreffen die Guthaben seit Jan. die öffentlichen und privaten Auslandsschulden.

Chile seit 1946 | Forts. v. S. 1329 |

In Lateinamerika zählt Chile heute zu den am weitesten entwickelten Staaten. Dies gilt nicht nur für die Wirtschaft, sondern auch für seine institutionelle Ordnung und rechtsstaatliche Praxis. Doch der Modernisierungsprozess Chiles führt nach dem Zweiten Weltkrieg trotz früh eingeleiteter Reformen zunächst zu einer dramatischen Eskalation politischer Konflikte, zum Verlust des gesellschaftlichen Konsenses und zum Zusammenbruch der Institutionen. Ab 1960 teilt sich die Gesellschaft in drei etwa gleichstarke Kräfte, die sich gegenseitig politisch blockieren. Diese Auseinandersetzungen gipfeln im Versuch der Etablierung eines sozialistischen Regimes unter Präsident SALVADOR ALLENDE GOSSENS (*1908, †1973). Sein Plan einer konsequenten (letztlich revolutionären) sozialistischen Umgestaltung von Wirtschaft und Gesellschaft und der Umverteilung des Produktivvermögens unter der Regierung der *Unidad Popular*, der allerdings nie durch eine parlamentarische Mehrheit gedeckt ist, führt zur gewaltsamen Konterrevolution durch die Streitkräfte am 11. Sept. 1973 und der folgenden fast siebzehnjährigen Diktatur von General Augusto JOSÉ RAMÓN PINOCHET UGARTE (*1915, †2006).

Erst diese Erfahrung mit zwei aufeinander folgenden extremen politischen und wirtschaftlichen Modellen führt ab 1990 zu einer Konsolidierung der wieder errichteten Demokratie und zu einer Phase anhaltenden wirtschaftlichen Wachstums auf marktwirtschaftlicher Grundlage. Doch die Kosten des Lernprozesses dieser Transformation sind hoch: Das Land durchlebt in den 1970er- und 1980er-Jahren einen brutalen, nie revidierten Deindustrialisierungsprozess mit zwei tiefen Rezessionen (1975 mit –13 %, 1982 mit –13,6 % des BSP). Das darauf über 20 Jahre anhaltende hohe Wirtschaftswachstum führt nicht zu einer wesentlichen Abmilderung der sozialen Gegensätze; die Einkommens- und Vermögensunterschiede bleiben in Chile bis heute auch für lateinamerikanische Verhältnisse sehr hoch. Die politischen Lager stehen sich zudem seit Jahrzehnten unverändert als Blöcke (*Concertación* der linken Mitte vs. rechte *Alianza*) gegenüber, nicht als Parteien, die in unterschiedlicher Weise koalitions- und kooperationswillig wären. Doch zeigen sich in den letzten Jahren innerhalb beider Parteiblöcke zunehmend personell wie ideologisch begründete Risse, die in Zukunft zu einer Auflockerung dieser Blockstruktur führen könnten.

Auf wirtschaftlichem Gebiet ist der Strukturwandel unübersehbar. Chile hat eine Markt- und Wettbewerbswirtschaft aufgebaut, die seine mineralischen und landwirtschaftlichen Ressourcen für den Export nutzt, aber inzwischen ihren Schwerpunkt im Dienstleistungsbereich hat. Die Außenorientierung dominiert die Wirtschaft: 2004 erreicht der Export einen Anteil von 34 % am BSP; das Land erzielt damit hohe Handelsbilanzüberschüsse. Chile hat inzwischen weltweit die meisten Freihandelsverträge abgeschlossen, so ein Assoziationsabkommen mit der EU 2003, Freihandelsverträge mit den USA 2004, China 2005 und Japan 2007. Die Einbindung in lateinamerikanische Kooperationsversuche (Andengemeinschaft, Mercosur) gestaltet sich aber gerade aufgrund dieser dezidierten Freihandelspolitik schwierig. Die regionale Exportstruktur ist trotz der andauernden Abhängigkeit vom Kupfer relativ differenziert (USA, EU, Asien, Lateinamerika) und das Land ist somit nicht von einem Auslandsmarkt abhängig. Dennoch stützt sich der anhaltende Wirtschaftsboom nicht zuletzt auf die hohen Kupferpreise (57,3 % der chilenischen Exporte im Jahr 2006), was ein gewisses Risiko darstellt.

1946–1952 Präsidentschaft von GABRIEL GONZÁLEZ VIDELA (*1898, †1980), der von einer linken Koalition unter Einschluss der Kommunisten gewählt wird. Die 1938 an die Regierung gelangte Volksfront wird jedoch unter seiner Regierung von einer Allianz der Mittelklasse mit der Oberschicht abgelöst, die auch Ausdruck der neuen weltpolitischen Situation im Kalten Krieg ist.

1948 Die Kommunistische Partei wird bis 1957 verboten und die Arbeiterbewegung unterdrückt.

1949 Einführung des Frauenwahlrechtes.

1952–1958 Regierung von CARLOS IBÁÑEZ DEL CAMPO (*1877, †1960), der bereits von 1927 bis 1931 diktatorisch herrschte. IBÁÑEZ antwortet mit **Stabilisierungsmaßnahmen** (Lohnstopp bei steigenden Preisen) auf die wirtschaftlichen Schwierigkeiten, welche durch die reduzierten Exporteinnahmen nach dem Ende des Koreakriegs entstehen.

1957 Bei den Parlamentswahlen tritt erstmals der *Frente de Acción Popular* (FRAP) auf, ein Bündnis von Sozialisten, Kommunisten und »Volksdemokraten«. Diese Zusammenfassung linker Kräfte kann jedoch den Sieg des rechten JORGE ALESSANDRI RODRÍGUEZ (*1896, †1986) bei den Präsidentschaftswahlen nicht verhindern. ALESSANDRI RODRÍGUEZ setzt mithilfe einer restriktiven Lohnpolitik, mit US-Krediten und Zugeständnissen an das ausländische Kapital, die Industrialisierungspolitik fort. Während seiner Regierung wird EDUARDO FREI MONTALVA (*1911, †1982) als Kandidat des *Partido Demócrata Cristiano* (PDC), einer neuen politischen Kraft der Mitte, systematisch aufgebaut; der PDC repräsentiert einen bürgerlichen, auch für die politische Rechte teilweise akzeptablen Reformismus.

1964, 4. Sept. Beim Wahlkampf kommt es zu einer deutlichen Polarisierung zwischen dem FRAP-Kandidaten, dem sozialistischen Senator SALVADOR ALLENDE und EDUARDO FREI, der nach einem deutlichen Wahlsieg mit 56 % der Stimmen die Präsidentschaft bis 1970 übernimmt.
Diese erste christdemokratische Regierung Lateinamerikas ist entschlossen, durch ihre »Revolution in Freiheit« eine demokratische Alternative zu der revolutionären kubanischen Lösung zu verwirklichen. Das **reformpolitische Konzept FREIS** beinhaltet eine längst überfälligen Agrarreform, eine Reform der Kupferpolitik, eine Steuerreform, eine Bildungs- und Erziehungsreform sowie wirtschaftspolitisch die Bekämpfung der galoppierenden Inflation.

1966, 11. Mai Fusion der bisherigen konservativen Parteien (*Partido Liberal, Conservador Unido, Acción Nacional)* zum *Partido Nacional.*

1967, 28. Juni Nach jahrelangen Auseinandersetzungen gelingt es der Regierung FREI, ein **Agrarreformgesetz** durchzusetzen. Die Regierung enteignet ca. 18 % der landwirtschaftlichen Nutzfläche (= 3,6 Mio. ha Land), auf der rund 321 000 Landarbeiterfamilien angesiedelt werden.

Der zweite Reformkomplex umfasst den **Bergbau**: Seit der Weltwirtschaftskrise hat der Bergbau (v. a. Kupfer) für Chiles Außenhandel kontinuierlich an Bedeutung zugenommen. 1969 bestreitet der Bergbau 88,9 % der Ausfuhren (Kupfer: 79,1 %). In schwierigen Verhandlungen mit den US-Konzernen gelingt die »ausgehandelte Nationalisierung«, die Chile 51 % der Aktien der nun gemischten Gesellschaften verschafft und die Option auf die restlichen 49 % zwischen 1973 und 1982 einräumt. – Die Steuerreform bleibt bereits in den Anfängen stecken. Erfolge sind dagegen im Erziehungswesen (Bildungsreform) und im sozialen Wohnungsbau zu verzeichnen.

1970, 4. Sept. Bei den Wahlen gewinnt der Kandidat der FRAP-*Unidad Popular* (UP), **SALVADOR ALLENDE GOSSENS**, mit knappem Vorsprung vor Expräsident JORGE ALESSANDRI (der als Unabhängiger für den *Partido Nacional* kandidiert) die relative Mehrheit (36,6 % der abgegebenen Stimmen). ALLENDE wird vom Kongress mit den Stimmen der Christdemokraten als Präsident bestätigt, nachdem er die Erhaltung der freiheitlichen Demokratie zusagt.

1971, 15. Juli Das Parlament ratifiziert einstimmig das verfassungsändernde **Gesetz zur Nationalisierung** der *Gran Minería* (»Großer Bergbau«). Alle Bodenschätze und Naturressourcen des Landes stehen danach unter Verfügungsgewalt des Staates. Rund 5,8 Mio. ha Land werden enteignet und meist in Landreformzentren überführt. Gegen den Widerstand ehemaliger Landbesitzer kommt es teilweise zu gewaltsamen Landbesetzungen, die v. a. der linksradikale *Movimiento de Izquierda Revolucionaria* (MIR) unterstützt. Unter Rückgriff auf ein Dekret aus der kurzlebigen »Sozialistischen Republik« von 1932 erfolgt unter ALLENDE aber auch sehr schnell die **Sozialisierung** einheimischer Industrieunternehmen, gegen die sich heftiger Widerstand bei der Opposition regt. Als die wirtschaftliche Situation der Ober- und Mittelschicht gefährdet erscheint, kommt es sowohl zu einem Investitionsboykott in der Wirtschaft als auch zu Obstruktionsmaßnahmen im Kongress zur Einschränkung des Verstaatlichungsprozesses.

1972 Ein Streik der Fuhrunternehmer im Okt. weitet sich zur Protestbewegung des Mittelstandes gegen die UP-Regierung aus. ALLENDE muss in 21 Provinzen den **Ausnahmezustand** verhängen und im Nov. Militärs in die Regierung aufnehmen.
Die Kupferpreise sinken auf dem Weltmarkt; die USA verhängen eine Kreditblockade. Streiks der Kupferarbeiter wirken sich negativ auf die Produktion aus; sinkende Arbeitsdisziplin hat einen starken Produktionsrückgang zur Folge.
Die anfänglich positiven Wirtschaftsergebnisse werden durch die ab 1972 einsetzenden hohen Inflationsraten zunichte gemacht. Mit zunehmenden Wirtschaftsproblemen fordern die Linksradikalen, den legalen Weg zu verlassen und eine Parallelmacht (*poder popular*) aufzubauen. Der Graben zwischen UP und Christdemokraten wird größer. Entgegen seiner ursprünglichen Absicht verschuldet ALLENDE Chile in knapp drei Jahren um über 822 Mio. US-$, fast ausschließlich im kapitalistischen Ausland.

1973, 4. März Bei den Parlamentswahlen erhalten die Regierungsparteien der UP nur 44 % der Stimmen; die Oppositionsparteien behalten somit die Mehrheit in beiden Kammern.

Juni Der Kongress lehnt die Regierungsvorlage zur Verfassungsänderung für eine erweiterte Verstaatlichung der Industrie ab. Der PDC fordert Garantien gegen weitere Verstaatlichungen, die Freigabe der verfassungswidrig besetzten Fabriken und eine wesentlich stärkere Beteiligung der Generäle an der Regierungsverantwortung.

Juli–Aug. Ein erneuter Streik der Transportunternehmer sowie ein fehlgeschlagener Putschversuch bringen das Land an den Rand des Bürgerkrieges.

11. Sept. Die **Armee putscht**; beim Sturm auf den Regierungspalast kommt ALLENDE durch Selbstmord um. Eine Militärjunta unter General **AUGUSTO PINOCHET UGARTE**, seit Juli 1974 »Oberster Führer der Nation«, verhängt den Ausnahmezustand, hebt die Verfassung auf, löst Kongress und Parteien auf, erklärt den Gewerkschaftsbund CUT für illegal. Es folgt eine Welle **politischer Verfolgungen**, Deportierungen und Erschießungen (»Todeskarawane«) mit insgesamt ca. 3000 Toten. Die Junta kündigt für 1980 eine neue Verfassung im Sinne einer Ständevertretung an.

Wirtschaftliche Entwicklung

Wirtschaftspolitisch greifen die Militärs in Zielsetzungen und Methoden zunächst auf die 60er-Jahre zurück. Sie stellen erneut den individuellen Besitz an den Produktionsmitteln und das freie Unternehmertum in den Mittelpunkt ihrer Politik. Mit Ausnahme des Kupferbergbaus werden verstaatlichte Betriebe reprivatisiert. Die sozialen Kosten der neuen Politik tragen v. a. die unteren, z. T. auch die Mittelschichten. Die Realeinkommen der Lohn- und Gehaltsempfänger sinken beträchtlich. Diese Politik führt zu einer gewaltigen Steigerung der **Arbeitslosigkeit** (z. T. über 20 %), erreicht aber eine Sanierung der Staatsfinanzen und einen Ausgleich in der Handelsbilanz. Obwohl die Militärjunta verfassungswidrig Entschädigungen an die enteigneten US-Kupferunternehmen zahlt, schrecken die miserable Wirtschaftslage, die weiterhin unkontrollierte **Inflation** (1973: 606 %; 1974: 369 %; 1975: 343 %) und die innenpolitischen Verhältnisse ausländische Investoren vorerst ab.

1974 Die Christdemokraten und die Kirchen, die anfänglich dem Putsch wohlwollend gegenüberstehen, distanzieren sich, als das Ausmaß der brutalen Verfolgung politischer Gegner bekannt wird.

1975 Einbruch der Wirtschaftsleistung um ca. 13 %. Ein neues Wirtschaftsteam (»Chicago Boys«) wird berufen.

1976, 21. Sept. In Washington, D.C. wird der chilenische Exaußenminister MARCOS ORLANDO LETELIER DEL SOLAR (*1932, †1976) durch den chilenischen Geheimdienst DINA ermordet, was die Beziehungen zwischen Chile und den USA auf Jahre belastet und zu einem Waffenembargo der USA führt.
Chile tritt aus dem Andenpakt aus und nähert sich den La-Plata-Staaten an.

1977, 16. Dez. Die UN-Vollversammlung verurteilt Chile wegen fortgesetzter Verletzung der Menschenrechte.

1978, 4. Jan. General PINOCHET lässt eine Volksbefragung durchführen, die 75,3 % Stimmen für die »Verteidigung der Würde Chiles« erbringt. Über diesen Volksentscheid kommt es innerhalb der Militärjunta zu einer schweren Krise, in deren Verlauf Luftwaffengeneral GUSTAVO LEIGH GUZMÁN (*1920, †1999), der eine baldige Demokratisierung fordert, am 24. Juli aus der Junta ausgeschlossen und durch FERNANDO JORGE MATTHEI AUBEL (*1925) ersetzt wird.

21. Febr. Beilegung des fast zum Krieg ausgeweiteten Konflikts mit Argentinien wegen der Grenzziehung im Bereich des Beaglekanals durch vatikanische Vermittlung.

19. April Generalamnestie für alle nach 1973 von Militärgerichten verurteilten Personen.

1979 Einige Gewerkschaftsrechte, wie die Versammlungsfreiheit, werden wieder hergestellt.

1980, 11. Sept. Billigung der **neuen Verfassung** mit 67 % der Stimmen in einer Volksabstimmung.

1981, 11. März Die neue Verfassung tritt in Kraft. Amtseinführung PINOCHETS für weitere acht Jahre als Präsident und Oberbefehlshaber des Heeres.

23. Okt. Die USA heben das seit 1976 bestehende Waffenembargo für Chile auf.

1982 Das neoliberale Wirtschaftsmodell der »Chicago-Boys« gerät erneut in eine tiefe Krise. Auch Chile wird von der internationalen Verschuldungskrise erfasst (Auslandsschuld: ca. 18 Mrd. US $).

20. Dez. Ein Hirtenbrief der Bischöfe fordert die Wiederherstellung der Demokratie.

1983, ab 11. Mai Auf »Aktionstage« der Opposition mit Streiks und Demonstrationen antwortet die Regierung mit Razzien und Verhaftungen, bei denen es Tote und Verletzte gibt.

1984, 26. Jan. Chile unterzeichnet ein Umschuldungsabkommen mit westlichen Banken.

29. Nov. Argentinien und Chile unterzeichnen in Rom das vom Vatikan vermittelte **Abkommen über die Grenzregelung am Beaglekanal.**

1985, Aug. Trotz wirtschaftlicher Konsolidierung Bombenanschläge und verstärkte Unruhen gegen das Regime PINOCHET.

1986, 7. Sept. Nach einem Attentatsversuch des *Frente Patriótico Manuel Rodríguez* (FPMR) auf PINOCHET wird der Ausnahmezustand bis zum 31. Dez. verhängt.

1988, 2. Febr. 16 regimekritische Parteien gründen das *Comando por el No*, um eine weitere Präsidentschaft PINOCHETS zu verhindern.

5. Okt. In einem Plebiszit wird eine weitere Amtszeit PINOCHETS mit 54,6 % Neinstimmen abgelehnt. Die Regierung verhandelt daraufhin mit der Opposition über Verfassungsänderungen.

1989, 30. Juli Verfassungsreferendum: 85,7 % Zustimmung zur Revision der Verfassung, die die Befugnisse des Präsidenten beschränken und seine Amtszeit verkürzen soll.

14. Dez. Der Christdemokrat **PATRICIO AYLWIN AZÓCAR** (*1918) wird als gemeinsamer Kandidat von Christdemokraten und Linksparteien schon im ersten Wahlgang mit 55 % **zum neuen Präsidenten gewählt.** PINOCHET bleibt jedoch bis 1998 Oberbefehlshaber des Heeres.

1990, 11. März Amtsantritt von Präsident AYLWIN und damit Wiederherstellung der Demokratie.

12. Dez Umschuldungsabkommen nach dem Brady-Plan.

1991, 8. Febr. Die »Nationale Kommission für Wahrheit und Versöhnung«, nach ihrem Leiter »Rettig-Kommission« genannt, übergibt ihren Bericht über die Menschenrechtsverletzungen während der Militärherrschaft.

19. Juli Chile und Kuba nehmen wieder diplomatische und wirtschaftliche Beziehungen auf.

22. Sept. Abkommen von Santiago de Chile: Mexiko und Chile vereinbaren einen Freihandelsvertrag, der einen fast völligen Abbau von Zöllen innerhalb der nächsten vier Jahre vorsieht.

1993, 13. Jan. Chile gestattet dem ehemaligen DDR-Staats- und Parteichef ERICH HONECKER den Aufenthalt.

April Chile schließt mit Venezuela ein Freihandelsabkommen (2. April) und mit Bolivien ein Wirtschafts- und Handelsabkommen (6. April).

11. Dez. Der Christdemokrat EDUARDO FREI RUIZ-TAGLE (*1942) siegt als Kandidat der *Concertación* aus Christdemokraten und Linksparteien bei den **Präsidentschaftswahlen** mit 58 % der Stimmen.

1996, 25.–27. April, 25. Juni Chile und Argentinien unterzeichnen mehrere Abkommen, die den Zugang beider Länder zum Atlantik bzw. Pazifik erleichtern. Dies ist auch dem Integrationsprozess zwischen dem MERCOSUR und Chile dienlich, mit dem Chile einen Assoziationsvertrag abschließt.

1997, 11. Dez. Die Regierungskoalition von Präsident FREI siegt bei Parlamentswahlen mit 50,54 % der Stimmen.

1998, 10. März General PINOCHET übergibt das Kommando als Oberbefehlshaber des Heeres an General RICARDO IZURIETA CAFFARENA (*1943). Am 11. März wird er im Kongress als Senator auf Lebenszeit vereidigt, womit er in Chile sicher vor Strafverfolgung ist.

19. Aug. Auf Beschluss des Parlamentes wird der von der Militärjunta eingeführte offizielle Feiertag am Jahrestag des Putsches (11. Sept. 1973) abgeschafft.

16. Okt. PINOCHET wird bei einer medizinischen Behandlung in London auf Grundlage eines spanischen Haftbefehls in Auslieferungshaft genommen.

1999 Erstmals seit 1982/83 Rückgang der Wirtschaftsleistung: Das BSP sinkt um 0,8 %.

2000, 16. Jan. Der Kandidat der regierenden Mitte-Links-Koalition, der Sozialist RICARDO LAGOS ESCOBAR (*1938), gewinnt in der Stichwahl gegen den Rechtspopulisten JOAQUÍN JOSÉ LAVÍN INFANTE (*1953) mit 51,3 % die Präsidentenwahl.

3. März Nach über 16 Monaten Hausarrest seit seiner Verhaftung in London am 16. Okt. 1998 kehrt PINOCHET nach Chile zurück.

8. Aug. Der Oberste Gerichtshof bestätigt die **Aufhebung der Immunität von General PINOCHET**. Am 1. Dez. ergeht Anklage gegen ihn wegen Anstiftung zum Mord (im Fall der sog. »Todeskarawane«). Trotz vieler noch folgender Anklageerhebungen wird PINOCHET bis zu seinem Tod 2006 jedoch aus Gesundheitsgründen (»leichte Demenz«) nie vor Gericht gestellt.

21. Okt. Bei den Kommunalwahlen können die Parteien der Regierungskoalition ihre Mehrheit behaupten.

24. Nov. Die katholische Kirche Chiles legt ein Schuldbekenntnis für ihre Verfehlungen während der Militärdiktatur ab.

16. Dez. Aus den Parlamentswahlen geht die aus vier Parteien bestehende Mitte-Links-Koalition unter Präsident LAGOS (*Concertación*) gestärkt hervor.

2002, 18. Nov. Abschluss eines Assoziationsabkommens mit der EU, das am 1. März 2003 in Kraft tritt.

Dez. Nach jahrelangen Verhandlungen einigen sich Chile und die USA über den Abschluss eines Freihandelsabkommens, das zum 1. Jan. 2004 in Kraft tritt.

2003, 3. Jan. Präsident LAGOS verständigt sich mit der Opposition auf ein Reformprogramm, das das Wirtschaftswachstum befördern und mehr Transparenz in den öffentlichen Institutionen erzielen soll.

2004, Mai Der Appellationsgerichtshof in Santiago hebt die Immunität des ehemaligen Diktators PINOCHET wieder auf.

6. Okt. Einigung zwischen regierender *Concertación* und oppositioneller *Alianza* auf eine Verfassungsänderung, die den Einfluss des Militärs zurückdrängt. Das bisherige Wahlsystem wird jedoch beibehalten.

5. Nov. Heereskommandant JUAN EMILIO CHEYRE entschuldigt sich für seine Institution offiziell bei den Folteropfern.

2006, 15. Jan. Die Sozialistin VERÓNICA MICHELLE BACHELET JERIA (*1951) siegt in der Stichwahl der Präsidentschaftswahlen über den Kandidaten der Rechten, den Milliardär SEBASTIÁN PIÑERA (*1949), mit 53,5 % der Stimmen.

11. März MICHELLE BACHELET JERIA übernimmt als erste Frau in Chile das Amt des Präsidenten. Ihr erklärtes Ziel ist es, die Spaltung der chilenischen Gesellschaft in Arme und Reiche zu überwinden: Die untersten 10 % der Bevölkerung verfügen über 1,2 % der Einkommen, die obersten 10 % dagegen über 47 %.

Mai Schülerproteste gegen die Bildungspolitik.

10. Dez. Tod PINOCHETS.

2007 Chiles Beziehungen zu den Nachbarländern Bolivien und Peru sind erneut durch historische Grenzkonflikte akut belastet: Bolivien fordert weiterhin einen souveränen Zugang zum Pazifik, während Peru ein Seegebiet im Bereich der 200-Meilen-Zone für sich reklamiert, das auch Chile beansprucht.

20. Juli Die Regierungskoalition *Concertación* verliert ihre Mehrheit im Senat, da sieben Senatoren der Regierungsparteien (u. a. der ehemalige Vorsitzende der Christdemokraten, ADOLFO ZALDÍVAR) ihr die Unterstützung verweigern. ZALDÍVAR wird im Jan. 2008 sogar aus dem PDC ausgeschlossen. BACHELET ist gezwungen, künftige Gesetzesvorhaben auch mit der Opposition abzustimmen.

21. Sept. Chile liefert den peruanischen Expräsidenten ALBERTO FUJIMORI an Peru aus, wo dieser sich wegen Menschenrechtsverletzungen und Korruption während seiner Amtszeit verantworten muss.

2008, 8. Jan. Nach deutlichem Popularitätsverlust 2007 bildet Präsidentin BACHELET ihr Kabinett um.

Afrika seit 1945

Der Prozess der Dekolonisation verläuft in Afrika erstaunlich zügig. 1945 existieren auf dem afrikanischen Kontinent nur drei unabhängige Staaten: Liberia, Äthiopien und Ägypten. 15 Jahre später ist die Zahl bereits auf 27 gewachsen. Allein 1960 erlangen 17 afrikanische Kolonien ihre Unabhängigkeit, v. a. im Westen und in der Mitte des Kontinents. Kurz darauf schwappt die Dekolonisationswelle auch nach Ostafrika. Und Mitte der 1970er-Jahre beginnen schließlich auch die »weißen« Siedlerregimes des südlichen Afrika zu wanken, eine Entwicklung, die mit den ersten freien Wahlen in Südafrika 1994 ihren Abschluss findet. Während die Kolonialmächte nach dem Zweiten Weltkrieg in Asien angesichts der massiven nationalistischen Bewegungen mehr oder weniger schnell resignieren, denkt niemand in Europa an eine rasche Aufgabe der afrikanischen Kolonien. Es findet südlich der Sahara vielmehr eine »zweite koloniale Besetzung« statt. In Frankreich und Großbritannien favorisiert man für Afrika einen mit größeren Investitionen verbundenen »Entwicklungskolonialismus«, der den Europäern direkten Nutzen und den Afrikanern die für die Unabhängigkeit nötige »Reife« bescheren soll. Die USA sehen eine Zeitlang in Europas Herrschaft die beste Garantie für die Stabilität Afrikas, das zugleich als strategisches Hinterland und Rohstofflieferant von Bedeutung ist. V. a. nach dem Ausbruch des Koreakrieges geraten nationalistische, antikoloniale Kräfte in Afrika quasi automatisch in den Ruch, kommunistisch beeinflusst zu sein. Parallel steigt der Antikommunismus zu einer weltweiten Bewegung auf. Als in Paris und London aus wirtschaftlichen und politischen Erwägungen die Entscheidung fällt, auch die afrikanischen Kolonien in die Unabhängigkeit zu entlassen, können die Kolonialmächte den Machttransfer nur bedingt kontrollieren. Vor dem Hintergrund der Systemauseinandersetzung zwischen den USA und der Sowjetunion in der kolonialen Welt bestimmt am Ende oft die Stärke der jeweiligen nationalistischen Gruppierungen den tatsächlichen Zeitplan der Dekolonisation. Die Kolonialherren stolpern gleichsam aus Afrika hinaus.

Als die afrikanischen Staaten unabhängig werden, glaubt die Generation der politischen Führer dieser Jahre in der Position zu sein, das jeweils beste von Europa und Afrika auswählen zu können. Doch die Politiker werden Opfer ihres schnellen Erfolges. Sie konzipieren, ganz Gefangene des zeittypischen Machbarkeitswahns, ihre jungen Staaten als Sozialstaaten mit umfassender Interventionskompetenz, sehen sich jedoch mit dem Erbe eines schwachen und autoritären Staates konfrontiert. Zudem müssen sie erkennen, dass die ererbte koloniale Wirtschaftsstruktur ihnen kaum Handlungsspielraum lässt. Angesichts der beträchtlichen Lücke zwischen Wollen und Können und aus Schwäche heraus suchen die Regierenden der meisten Staaten ihr Heil in autoritären Lösungen. Im Kontext eines spezifischen Dekolonisationsprozesses entstehen fragile Staaten, in denen eine europäisch geprägte »Modernität« mit lokalen Formen sozialer Organisation verbunden wird. Die unabhängigen Staaten Afrikas müssen neben der Regierungsverantwortung auch das Scheitern kolonialer Entwicklungsprojekte übernehmen. Die neuen Regierungen erben eine enge, exportorientierte Infrastruktur sowie die begrenzten Märkte für Produzenten von Rohstoffen. Aber sie müssen nun den Preis für die im Zuge des spätkolonialen Entwicklungsenthusiasmus etablierte, nun immer schwerfälliger werdende Verwaltungsstruktur zahlen. Und sie müssen mit den wachsenden Erwartungen der Bevölkerung umgehen, die hofft, dass der Staat nun endlich ihnen gehört. Die spätkolonialen Entwicklungsanstrengungen schaffen auch in Ländern, die über eine vergleichsweise gute Infrastruktur und Rohstoffe verfügen, nie die Grundlage für eine starke Volkswirtschaft. Die Ökonomien orientieren sich weiterhin nach außen und die wirtschaftliche Macht des Staates bleibt auf die Schnittstelle zwischen innen und außen beschränkt. Die afrikanischen Politiker bekommen in der Regel ein untrügliches Gefühl dafür, wie prekär die Macht ist, die sie geerbt haben: Sie besitzen wenig Hoffnung, dass die wirtschaftliche Entwicklung ausreichend Wohlstand generieren wird, um ihnen politischen Kredit zu verschaffen, und dass das inländische Wachstum reicht, um genügend Steuern abzuwerfen. Sie schaffen begrenzte, von den Herrschenden kontrollierte Aufstiegsmöglichkeiten und engen politische Spielräume ein, um die Opposition klein zu halten. Allein das Militär verfügt über Machtmittel, einen Diktator zu stürzen. Über 30 afrikanische Staaten erleben nach ihrer Unabhängigkeit mehr oder weniger lange Phasen der Militärherrschaft. Es kommt zu über 80 vorübergehenden oder länger andauernden Machtübernahmen sowie zu zahllosen – teils fingierten, teils echten – gescheiterten Putschversuchen afrikanischer Streitkräfte.

Der Wind des demokratischen Wandels, der nach dem Ende des Ost-West-Konflikts durch Afrika weht, führt vielerorts zu Demokratisierungsbewegungen und Mehrparteiensystemen. Westliche Entwicklungshilfe wird verstärkt politisch konditionalisiert, d. h. an das Vorhandensein demokratischer Strukturen geknüpft. Viele Reformen bleiben jedoch stecken. Gewalt und Bürgerkriege bestimmen den Alltag vieler Länder. Der Genozid in Ruanda, bei dem im April und Mai 1994 zwischen 700 000 und 1 Mio. Menschen ermordet werden, gehört zu den schrecklichsten Episoden im an Gräueln nicht armen 20. Jh. Die Ausbreitung der Immunschwäche Aids schreitet voran. Afrikanische Politiker suchen – noch mit gemischten Erfolgen – stärker auf regionale und kontinentale Kooperation zu setzen. Die 1963 gegründete Organisation für Afrikanische Einheit (OAU), welche lange als »Klub der Diktatoren« gilt, wird 2002 durch die Afrikanische Union ersetzt, die sich zumindest verbal für politische Reformen und Demokratie in Afrika einsetzt. Wirtschaftlich und strategisch gewinnt der Kontinent derzeit an Bedeutung, was sich besonders am enormen Engagement Chinas zeigt.

Kriege und bewaffnete Konflikte in Afrika seit 1945

Staat	Kriege	bewaffnete Konflikte*
Angola	Dekolonisationskrieg (1961–1975), Krieg gegen UNITA (1975–2002), Cabinda (1991–1994)	*Cabinda (1995–1998) *Cabinda (seit 2002)
Äthiopien	Eritrea-Konflikt (1961–1991), Ogaden-Aufstand 1963–1964), Tigray-Konflikt (1974–1991), Ogaden-Krieg 1975–1984), Oromo-Konflikt (1976–1993), Grenzkrieg Eritrea/Äthiopien (1998–2000)	Gambela (2003)
Burkina Faso	Grenzkrieg Mali/Burkina Faso (1985)	
Burundi	Bürgerkrieg (1972–1973), Bürgerkrieg (seit 1993)	
Djibouti	Bürgerkrieg (1991–1994)	
Elfenbeinküste	Bürgerkrieg (seit 2002)	
Eritrea	Grenzkrieg Eritrea/Äthiopien (1998–2000)	
Guinea	Bürgerkrieg (2000–2001)	
Guinea-Bissau	Unabhängigkeitskrieg (1963–1974), Antiregimekrieg (1998–1999)	
Kamerun	Dekolonisationskrieg (1955–1963), Grenzkrieg Nigeria/Kamerun (Bakassi-Halbinsel) (1996)	
Kenia	Mau-Mau-Aufstand (1952–1956), Shifta-Krieg (1963–1967)	
Kongo, Republik	Bürgerkrieg (1997–1999)	(seit 2002)
Kongo, Demokratische Republik (früher Zaire)	Sezessionskrieg (1960–1963), Antiregimekrieg I (1960–1963), Antiregimekrieg II (1964–1966), Katanga-Soldaten (1964–1966), Söldnerrebellion (1967), Shaba (1977–1978), Antiregimekrieg III (1996–1997), Afrikanischer Regionalkrieg (1998–2001), Ostkongo (seit 2005)	Kivu (seit 1997) Ituri (seit 2002)
Liberia	Bürgerkrieg (1989–1996), Bürgerkrieg (seit 2000)	
Madagaskar	Dekolonisationskrieg (1947–1948)	(2002)
Mali	Grenzkrieg Mali/Burkina Faso (1985), Bürgerkrieg (1990–1996)	
Mauretanien	Westsahara (1975–1991)	
Moçambique	Unabhängigkeitskrieg (1964–1974), Destabilisierungsfeldzug (1975–1992)	
Namibia	Unabhängigkeitskrieg (1966–1988)	Caprivi (1999)
Nigeria	Maitatsine-Aufstand (1980), Tiv-Aufstand (1964), Biafra-Krieg (1967–1970), Grenzkrieg Nigeria/Kamerun (Bakassi-Halbinsel) (1996), Ijaw (1999–2000)	Scharia-Unruhen 1999–2002) Tiv/Junkun 2000-2002), Niger-Delta (seit 2003), Nord- und Zentralnigeria (seit 2004)
Niger	Tuareg (1990–1994)	FDR (1994–1998)
Ruanda	Tutsi-Invasion aus Burundi, Uganda, Zaire (1963–1966), Rebelleninvasion aus Uganda (1990–1994), Rebelleninvasion aus Kongo (Dem. Rep.) (1997–2002)	
Sambia	Mushala-Aufstand (1976–1982)	
Senegal	Basse-Casamance-Konflikt (seit 1990)	
Sierra Leone	Bürgerkrieg (1991–2002)	
Simbabwe	„Chimurenga II" (1966–1979), Matabeleland-Konflikt (1983–1988)	
Somalia	Bürgerkrieg (seit (1988)	
Südafrika	Anti-Apartheid-Krieg (1976–1994)	
Sudan	Erster Sudanesischer Bürgerkrieg (1955–1972), Südsudan-Konflikt, Zweiter Sudanesischer Bürgerkrieg (1983–2002), Darfur (seit 2003)	
Tansania	Grenzkrieg Uganda/Tansania I (1971–1972) und II (1978–1979)	*(seit 1996)
Tschad	Bürgerkrieg (1966–1996), Bürgerkrieg (seit 2006)	
Uganda	Bürgerkrieg (1981–1992), Grenzkrieg Uganda/Tansania I (1971–1972), Grenzkrieg Uganda/Tansania II (1978–1979), Bürgerkrieg (seit (1995)	
Zentralafrik. Rep.	Bürgerkrieg (2002–2003), Bürgerkrieg (seit 2006)	1996–1997

* Die mit * gekennzeichneten Bewaffneten Konflikte sind Fortführungen der Kriege gleichen Namens.

Nordafrika seit 1945 | s. Einführung »Nahe Osten und Nordafrika« S. 1618 |

Ägypten seit 1945 | Forts. v. S. 1339 |

In den Nachkriegsjahren erreicht die politische, wirtschaftliche und soziale Krise Ägyptens ihren Höhepunkt. Rasches Bevölkerungswachstum seit den 30er-Jahren hat eine zunehmende Landflucht ausgelöst. Die weitgehend von Ausländern kontrollierte Wirtschaft ist einseitig auf Baumwollanbau und -handel ausgerichtet, die Ansätze zu einer Industrialisierung (Baumwollverarbeitung, Importsubstitution technologisch einfacher Konsumgüter) reichen nicht aus. Arbeitslosigkeit und Massenarmut führen zu sozialen Spannungen, die die extrem ungleiche Einkommensverteilung verschärft. Die parlamentarischen Parteien vertreten die Interessen der Großgrundbesitzer und der städtischen Oberschicht. Studenten, junge Intellektuelle und Offiziere sowie die zahlenmäßig kleine Arbeiterschaft sind Träger der nationalrevolutionären Bewegung. Nach der Niederlage der ägyptischen Armee im Palästinakrieg (1948/49) baut Oberst **Gamal Abd al-Nasser** (*1918, †1970) die Geheimorganisation der »Freien Offiziere« mit dem Ziel auf, das korrupte Regime zu stürzen.

1952, 23. Juli Staatsstreich der »Freien Offiziere« (**Ägyptische Revolution**). König Faruk (*1920, †1965) muss abdanken und geht ins Exil (26. Juli). Ein Revolutionsrat unter Vorsitz von General Muhammad Nagib (*1901, †1984) wird oberstes Legislativ- und Exekutivorgan.

9. Sept. Mit einer Landreform, die Grundbesitz auf maximal 84 ha pro Eigentümer (bis 1969 reduziert auf 21 ha) beschränkt, beginnen Maßnahmen, die die wirtschaftliche und politische Macht des alten Regimes brechen.

1953, Febr. Die als Parteienersatz gegründete »Befreiungsfront« (Vorsitzender: Nasser) soll Unterstützung für das Regime organisieren.

18. Juni Proklamation der ägyptischen Republik. Ministerpräsident Nagib wird auch Staatspräsident.

1954 Über der Frage einer baldigen Rückkehr zu demokratischen Verhältnissen kommt es zum Bruch mit Nagib (»März-Krise«).

18. April Nasser übernimmt das Amt des Ministerpräsidenten und setzt Nagib später auch als Staatspräsidenten ab (14. Nov.). Verhaftungen von Kommunisten und Muslimbrüdern entfernen letzte Machtkonkurrenten.

19. Okt. Ein Abkommen mit Großbritannien setzt den Vertrag von 1936 außer Kraft. Die britischen Truppen ziehen binnen 20 Monaten ab.

1955, Mai Nasser verkündet den positiven Neutralismus als Prinzip der Außenpolitik: »Nichtanlehnung«, aber Zusammenarbeit mit West und Ost.

Sept. Waffenlieferungsabkommen mit der CSSR.

1956, 23. Juni Durch Plebiszit wird die neue Verfassung angenommen, Nasser gleichzeitig mit 99,9 % der Stimmen zum Präsidenten gewählt. Der Revolutionsrat löst sich auf. Die Verfassung räumt dem Präsidenten weitgehende Rechte auch im legislativen Bereich ein. Einzige politische Organisation wird die »Nationale Union« (gegründet 1957).

19. Juli Wegen Nassers Neutralitätspolitik (Zusammenarbeit mit Jugoslawien und Indien; Anerkennung der VR China) ziehen die USA, Großbritannien und die Weltbank ihre Finanzierungszusage für den Bau des Assuan-Staudammes zurück.

26. Juli Nasser reagiert mit der Verstaatlichung der Sueskanal-Gesellschaft.

29. Okt.–6. Nov. Großbritannien sieht seine Stellung »östlich von Sues« gefährdet, Frankreich will Nasser wegen der Unterstützung der algerischen Befreiungsbewegung treffen. Gemeinsam mit Israel treten beide Mächte gegen Ägypten in den **Sueskrieg** ein. | s. S. 1633 | Trotz der militärischen Niederlage setzt sich Ägypten politisch durch, weil die USA den Alleingang ihrer Verbündeten Großbritannien, Frankreich und Israel nicht verzeiht und sie zum bedingungslosen Rückzug zwingt. Räumung und Wiedereröffnung des Kanals mithilfe der UNO. Die freie Schifffahrt wird aufgrund der Konvention von Konstantinopel (1888) garantiert, die Aktionäre der Kanalgesellschaft entschädigt. Für Israels Schifffahrt bleibt der Kanal geschlossen.

1958, 1. Febr. Zusammenschluss Ägyptens und Syriens zur **Vereinigten Arabischen Republik** (VAR). Der Jemen schließt sich in loser Föderation an.

1961, Juli Nach Verstaatlichung der Großbanken (1960) zu Beginn des ersten Fünfjahresplans (1960–1965) wird der größte Teil des modernen Sektors der Wirtschaft verstaatlicht.

28. Sept. Nach der Sezession Syriens von der VAR erfolgt die Auflösung der Nationalen Union und der Nationalversammlung. Konzentration auf Innen- und Wirtschaftspolitik: Arabischer Sozialismus ergänzt das Ziel der panarabischen Einheit.

1962, 30. Juni Der »Nationalkongress der Volkskräfte« verabschiedet die Charta der nationalen Aktion: »totale Revolution« mit dem Ziel einer kooperativen sozialistischen Gesellschaft, jedoch Ablehnung des Klassenkampfes, vielmehr Auflösung der Klassenunterschiede im Rahmen der nationalen Einheit; Festhalten am Privateigentum, aber Kampf gegen ausbeuterisches Kapital. Gründung der »Arabischen Sozialistischen Union« (ASU).

Ägyptens Entwicklungsprobleme und Nassers Entwicklungspolitik

Ägyptens Grundproblem ist das extrem ungünstige Verhältnis von Bevölkerungswachstum und nutzbarem Boden: Weniger als 4 % der Landesfläche sind bewohnbar. Die Bevölkerung verdoppelt sich in 30 Jahren bis 1978 auf 40 Mio. Einwohner. Folge der Bevölkerungsdichte ist eine starke Urbanisierung: Bis 1978 leben 45 % der Bevölkerung in Städten, ein Viertel der Gesamtbevölkerung im Großraum Kairo. Landwirtschaftliche Entwicklungen (Vergrößerung der Erntefläche durch ganzjährige Bewässerung, Intensivierung durch neue Produkte und Anbaumethoden, Neulandgewinnung) können Ägyptens Wirtschaftsprobleme nicht lösen. Das Land gerät in wachsende Abhängigkeit von Nahrungsmittelimporten. Rohstoffknappheit erschwert die Industrialisierung. 1952 zeigt sich die große außenwirtschaftliche Abhängigkeit: Da der Exportanteil von Baumwolle und Baumwollprodukten 87 % beträgt kommt es als Folge der Halbierung der Weltmarktpreise für Baumwolle nach dem Korea-Boom 1951/52 zur Wirtschaftskrise.

Kurz nach der Revolution fallen entwicklungsstrategische Entscheidungen für eine rasche **Industrialisierung** und Diversifizierung in Produktion und Export im Rahmen umfassender Planung und unter Führung des öffentlichen Sektors. Der erste Fünfjahresplan (1960–1965) setzt die Schwerpunkte auf Landwirtschaft (etwa 25 % der Investitionsmittel), Schwerindustrie, Zwischenprodukt- und auch Investitionsgüterindustrie sowie Erdölexploration und -förderung, Energiewirtschaft, Transport und städtischen Wohnungsbau. Wichtigstes Großprojekt ist der zwischen 1960 und 1970 mit sowjetischer Hilfe gebaute Assuan-Staudamm (Bewässerungsprojekte, Neulandgewinnung, Energieerzeugung). Die Entwicklungsprojekte werden durch umfangreiche westliche und östliche Wirtschaftshilfe finanziert. Die Entwicklungspolitik führt zu überdurchschnittlichen realen Wachstumsraten von um 8 % zwischen 1957 und 1964. Die Entmachtung der Großgrundbesitzer und großen Unternehmen sowie die Nationalisierung aller ausländischen Unternehmen (zwischen 1956 und 1961) begünstigen zusammen mit verteilungspolitischen Maßnahmen (Landverteilung, Sozialversicherung, Ausbau des Erziehungswesens) die angestrebte innere Entwicklung. Seit 1963/64 kommt es zu wachsenden Schwierigkeiten: Die Konzentration auf kapitalintensive, erst langfristig voll wirksame Großprojekte wie Assuan-Staudamm und Schwerindustrie steht im Konflikt mit der – angesichts von Bodenknappheit und Bevölkerungsdruck kurzfristig notwendigen – Steigerung der Konsumgüterproduktion bzw. -importe (Nahrungsmittel) und der Schaffung von Arbeitsplätzen. Kapitalmangel tritt auf, als nach den USA auch andere westliche Länder ihre Entwicklungshilfe reduzieren bzw. einstellen.

1964, 25. März Die neue provisorische Verfassung verankert die Prinzipien der Nationalcharta: Die Vereinigte Arabische Republik (VAR) ist ein »demokratischer sozialistischer Staat«, der sich auf die »Allianz der Volkskräfte« gründet; der Islam ist Staatsreligion. Die dominierende Stellung des Präsidenten wird festgeschrieben, die Arabische Sozialistische Union (ASU) ist die einzige politische Organisation. In der Volksversammlung müssen Bauern und Arbeiter die Hälfte der Abgeordneten stellen.

9.–25. Mai Anlässlich der Fertigstellung der ersten Baustufe des Assuan-Damms besucht der sowjetische Partei- und Regierungschef Nikita S. Chruschtschow Ägypten. Die sowjetische Hilfe wird verstärkt, als sich in der Folgezeit die Beziehungen zu den USA ständig verschlechtern.

1965 Geheime Waffenlieferungen der Bundesrepublik Deutschland an Israel veranlassen Nasser, Walter Ulbricht, den Partei- und Staatsratsvorsitzenden der DDR, auf Staatsbesuch einzuladen (24. Febr.–2. März): langfristige Wirtschaftsabkommen zur Durchführung des zweiten Fünfjahresplans, jedoch keine De-jure-Anerkennung der DDR.

13. Mai Abbruch der diplomatischen Beziehungen zur Bundesrepublik Deutschland, als diese Beziehungen zu Israel aufnimmt.

1967, 5.–8. Juni Vernichtende Niederlage in dem von Nasser provozierten und von den Israelis geplanten **Sechstagekrieg**. Nach dem Rückschlag ist die innere Situation instabil. Nasser reagiert 1968 mit dem »Programm des 30. März«: innere Reformen und Neuaufbau der ASU »von unten nach oben«. Eine außenpolitische Doppelstrategie sieht die verstärkte Rüstung gegen Israel mit sowjetischer Hilfe und zugleich Kompromissbereitschaft im Nahostkonflikt und vorsichtige Wiederannäherung an den Westen vor.

1970, 28. Sept. Nach dem plötzlichen Tod Nassers setzt sein Nachfolger **Anwar as-Sadat** (*1918, †1981), bis dahin Vizepräsident, diese Politik verstärkt fort.

1971 Sowjetfreundliche Mitglieder der alten Führungsgruppe um Nasser, insbesondere Vizepräsident Ali Sabri (*1920, †1991), versuchen, Sadat eine kollektive Führung aufzuzwingen.

15. Mai Sadat entledigt sich seiner innenpolitischen Gegner (»Korrektiv-Revolution«).

27. Mai Trotz dieser Maßnahmen gelingt es Sadat, einen Freundschaftsvertrag mit der Sowjetunion abzuschließen.

11. Sept. Eine Verfassung, durch Volksabstimmung gebilligt, erweitert die Grundrechte und stärkt die Unabhängigkeit der Justiz, hält aber an der sozialistischen Wirtschafts- und Gesellschaftsordnung fest und belässt die dominierende Stellung des Präsidenten. Die VAR wird in »Arabische Republik Ägypten« umbenannt.

1972, 18. Juli Sadat gibt die Ausweisung der 17 000 sowjetischen Militärberater bekannt.

1973, 6.–26. Okt. Ägypten entschließt sich zum Überraschungsangriff gegen Israel: **Oktoberkrieg**. Die militärischen Erfolge sind die Voraussetzung, dass Sadat dem Prinzip eines Verhandlungsfriedens zustimmen kann. Hinwendung zu den USA: Wiederaufnahme der diplomatischen Beziehungen (7. Nov.). US-Präsident Richard Nixon sagt während seines Besuchs in Kairo (12.–14. Juni 1974) Wirtschaftshilfe und Förderung der friedlichen Nutzung der Atomenergie zu. Die Sowjetunion weigert sich, die ägyptischen Verluste an Kriegsmaterial auszugleichen, daher bemüht sich Sadat in Großbritannien und Frankreich um neue Waffen und vereinbart die Lieferung französischer Mirage-Kampfflugzeuge (Jan. 1975).

1974, 8. April Sadat legt im Oktoberpapier die wirtschafts- und innenpolitischen Prinzipien seiner »Öffnungspolitik« vor (angenommen durch Volksabstimmung am 17. Mai).

Wirtschaftliche und innenpolitische Liberalisierung unter Sadat

Beim Amtsantritt SADATS steckt Ägypten in einer wirtschaftlichen und innenpolitischen Krise. Die umfangreiche Wirtschaftshilfe der Sowjetunion reicht für die Bedürfnisse Ägyptens nicht aus, kann v. a. notwendige Importe aus westlichen Industrieländern nicht ersetzen. Aufgrund von Devisenmangel (Verpfändung des Hauptexportgutes Baumwolle an die Sowjetunion, Sueskanal seit 1967 geschlossen) liegen in importabhängigen Industriezweigen bis über 50 % der Kapazitäten brach. Die mit der Verfassung von 1971 begonnene Abkehr vom »Nasserismus« (innenpolitische Liberalisierung: größere Meinungsfreiheit, Lockerung der Pressezensur, Belebung der Wirtschaft mit westlicher Hilfe) setzt SADAT nach dem Erfolg im Oktoberkrieg von 1973 verstärkt fort. Die Liberalisierung der Wirtschaft soll das Land westlichen Investitionen öffnen (Investitionsgesetz von 1974). Am gemischtwirtschaftlichen System mit dominierendem öffentlichem Sektor und am Prinzip umfassender Entwicklungsplanung wird festgehalten, der Privatinitiative jedoch mehr Raum gegeben. Der Wiederaufbau der zerstörten Städte am Sueskanal wird eingeleitet, der Ausbau der Kanalzone zu einem Industrie- und Handelszentrum geplant. Ab 1974 stellt sich eine massive arabische und westliche Kapitalhilfe ein.

Die öffentliche Diskussion über die Nasser-Ära und die Auseinandersetzung über die gesellschaftspolitischen Alternativen führen zu wachsendem Druck auf SADAT, mehr politische Partizipation zuzulassen. Es bilden sich Meinungs-»Plattformen« innerhalb der ASU. Den ersten halbwegs freien Parlamentswahlen im Herbst 1976 schließt sich die Zulassung von politischen Parteien an.

1976, 15. März Ägypten widerruft den Freundschaftsvertrag mit der Sowjetunion. SADAT wirft Moskau vor, Ägypten politisch, wirtschaftlich und militärisch unter Druck setzen zu wollen.

28. Okt./4. Nov. Bei den Wahlen zur Volksversammlung gewinnt die SADAT unterstützende Arabisch-Sozialistische Plattform 280 der 342 Mandate. SADAT lässt die Umwandlung der ASU-Plattformen in selbstständige Parteien zu (Parteiengesetz von 1977).

1977, 18./19. Jan. Preiserhöhungen für subventionierte Güter lösen die schwersten Unruhen seit der Revolution aus. Kommunisten und radikale Moslemgruppen werden für den Aufruhr verantwortlich gemacht. Es folgt eine Verhaftungs- und Prozesswelle sowie restriktive Gesetzgebung (Demonstrations- und Streikverbot).

19./20. Nov. SADATS Reise nach Jerusalem stärkt seine innenpolitische Stellung, da die Bevölkerung mit einem Frieden die Hoffnung auf wirtschaftlichen Aufschwung und damit rasche Verbesserung ihrer Lebensumstände verbindet.

1978, 21. Mai In einer Volksabstimmung entscheiden sich 98 % der Bevölkerung für SADATS »Sechs Prinzipien«, mit denen jedem politische und journalistische Betätigung verboten wird, der vor oder nach der Revolution das politische Leben »korrumpiert« hat oder Ideologien vertritt, die mit der Religion unvereinbar sind.

Juli–Nov. SADAT reorganisiert die politische Struktur und gründet eine eigene »National-Demokratische Partei« (NDP), zu der so viele Mitglieder der Regierungspartei übertreten, dass diese sich auflöst und es zur Bildung einer neuen Regierung kommt. Auf SADATS Initiative erfolgt die Gründung einer »ehrenhaften Opposition«, der »Sozialistische Arbeitspartei«.

1979, 26. März SADAT unterzeichnet den **Friedensvertrag mit Israel**. Ägypten wird daraufhin von der Arabischen Liga suspendiert.

20. April Nachdem 15 Abgeordnete gegen die Ratifizierung des Friedensvertrages opponiert haben, wird er durch ein Referendum mit 99,9 % der Stimmen aufgenommen.

7./14. Juni Bei den Parlamentswahlen erringt die NDP 305 Sitze; die »Sozialistische Arbeitspartei« kommt auf 29, die »Liberal-Sozialistische Partei« auf 3 Sitze.

1981, 6. Okt. Die wachsende Opposition gegen SADAT führt auch zu Konflikten zwischen islamischen Fundamentalisten und Kopten. Nach einer Verhaftungswelle wird **SADAT** bei einer Militärparade **ermordet**. Ziele des **neuen Präsidenten HOSNI MUBARAK** (*1928) sind: Friedenspolitik gegenüber Israel, bessere Beziehungen zu den arabischen Staaten, Wirtschaftsreformen und innenpolitische Liberalisierung.

1982 Nach Israels Invasion in den Libanon wird der ägyptische Botschafter aus Tel Aviv abberufen, die diplomatischen Beziehungen aber aufrechterhalten.

1984, 27. Mai Bei den Parlamentswahlen erhält die regierende NDP 73 %, der *Neo-Wafd*, auf dessen Liste Anhänger der Muslimbruderschaft kandidieren, 15 % der Stimmen.

5. Juni Nach dem Tod von Ministerpräsident FUAD MUHIE AL-DIN (*1926) versuchen mehrere Regierungen erfolglos, die notwendigen Wirtschaftsreformen durchzuführen.

1986, 24./25. Febr. Meuterei der Bereitschaftspolizei in Kairo, erstmals seit 1977 wird die Armee zur Niederschlagung innerer Unruhen eingesetzt.

11. Nov. ATIF SIDKI (*1930, †2005) wird von MUBARAK mit der Regierungsbildung beauftragt.

1987, 6. April Bei den Parlamentswahlen erhält die NDP 347 der 448 Sitze. Stärkste Oppositionsfraktion wird ein Parteienbündnis mit Unterstützung der Muslimbruderschaft (59 Sitze), der *Neo-Wafd* erhält nur noch 35 Sitze.

5. Okt. Präsident MUBARAK wird für eine zweite Amtszeit von sechs Jahren per Plebiszit im Amt bestätigt.

1989, 15. März Nach langwierigen Verhandlungen mit Israel und dem Spruch einer internationalen Schiedskommission fällt das Gebiet von Taba an Ägypten.

21. Mai Ägypten wird wieder volles Mitglied der Arabischen Liga.

Okt./Nov. Krise um die etwa eine Mio. ägyptischen Gastarbeiter im Irak, nachdem die irakischen Behörden die Rücküberweisungen der Gastarbeiter stark beschränkt haben.

1990, Aug. Ägypten stellt sich in der Golfkrise auf die Seite der Alliierten. Schuldenerlass Saudi-Arabiens und anderer Ölstaaten sowie der USA (14 Mrd. US-$).

29. Nov. Nachdem das Verfassungsgericht die Parlamentswahlen von 1987 für ungültig erklärt hat, finden Neuwahlen statt, die von den meisten Oppositionsparteien boykottiert werden. Die NDP erhält eine Zweidrittelmehrheit.

1991, 17. Jan.–28. Febr. Ägypten beteiligt sich an der alliierten Koalition im Zweiten Golfkrieg zur Befreiung Kuwaits.

3. Dez. Die UN-Vollversammlung wählt den stellvertretenden ägyptischen Ministerpräsidenten Boutros Boutros-Gali (*1922) zum UNO-Generalsekretär.

1992, 15. Juli Vor dem Hintergrund zunehmender islamistischer Gewaltakte billigt das Parlament schärfere Antiterrorgesetze.

6. Nov. Prediger in einer Moschee in Assiut rufen erstmals offen zum bewaffneten Kampf gegen die Regierung auf und treten für die Errichtung eines islamischen Staates ein.

1993, 24. April Die Beziehungen zwischen Ägypten und Sudan verschlechtern sich. Hauptgrund ist der Streit um die Region Halaib, in der auf Ölfunde spekuliert wird.

4. Okt. Eine Volksabstimmung bestätigt Präsident Mubarak für weitere sechs Jahre im Amt (94,61 % der Stimmen).

1995, 26. Juni Mubarak entgeht einem Mordanschlag in Addis Abeba; er macht sudanesische Islamisten und die Regierung in Khartum für das Attentat verantwortlich.

1996, 4. Jan. Nach dem Rücktritt von Atif Sidki ernennt Präsident Mubarak den bisherigen Planungsminister Kamal al-Ganzouri (*1933) zum neuen Ministerpräsidenten.

18. April Ein Anschlag islamischer Fundamentalisten auf ein Kairoer Hotel fordert 18 Todesopfer und 13 Verletzte, darunter viele Touristen. Die Regierung reagiert mit Massenverhaftungen und Hinrichtungen.

1997 Um einen Fortgang des Nahostfriedensprozesses zu erwirken, führt Mubarak Gespräche mit Syrien, den USA, Deutschland und Israel.

13. März Weitere Terrorakte fordern 14 Opfer. In einer Stellungnahme (15. März) bestreiten Islamisten die Verantwortung für die Anschläge.

17. Nov. Der Anschlag auf eine Touristengruppe bei Luxor, zu dem sich die islamistische Untergrundorganisation *Dschama'at al-Islamija* bekennt, fordert 62 Tote (58 Touristen). Eine Stornierungswelle ausländischer Touristen folgt. Präsident Mubarak verordnet schärfere Sicherheitsmaßnahmen. Widersprüchliche Stellungnahmen der *Dschama'at* verweisen auf interne Uneinigkeiten.

1998, 8. Juni Das Parlament beschließt die Privatisierung der vier Staatsbanken und der staatlichen Versicherungsunternehmen.

Juni Nach dem starken Rückgang der Touristenzahlen aufgrund der Anschläge von 1996/97 erreichen diese wieder annähernd die früheren Höhen.

1999, 1. Febr. Vor dem Obersten Militärgericht beginnt ein Prozess gegen 107 Angeklagte (nur 47 davon in Gewahrsam), die der Mitwirkung bei terroristischen Anschlägen beschuldigt werden. Am 18. April werden neun Angeklagte in Abwesenheit zum Tode verurteilt, weitere elf zu lebenslänglich Gefängnis.

27. April Als Geste der Aussöhnung werden über 1000 Mitglieder der *Dschama'at al-Islamija* aus dem Gefängnis entlassen. Deren Führung erklärt den Verzicht auf bewaffnete Aktionen.

26. Mai Per Gesetz wird die Arbeit »privater Vereinigungen und Nichtregierungsorganisationen« strengen staatlichen Zulassungsbestimmungen unterworfen.

26. Sept. Staatspräsident Mubarak wird in einem Referendum für eine vierte Amtszeit bestätigt. Er erhält 94 % der Stimmen.

Okt. Nachdem die Sicherheitskräfte, gestützt auf den seit 1981 geltenden Ausnahmezustand, alle Terrorgruppen weitgehend zerschlagen haben, geraten auch die gemäßigten islamischen Kräfte wie die Muslimbruderschaft unter Druck. Ihre Führung wird verhaftet und muss sich seit Dez. vor dem Kairoer Militärtribunal verantworten.

31. Dez. In al-Kushih kommt es nach einer Auseinandersetzung zwischen koptischen Händlern und Muslimen zu Plünderungen und Brandstiftungen koptischer Geschäfte. Die Ausschreitungen, die sich bis zum 3. Jan. 2000 hinziehen, fordern 20 Tote und 33 Verletzte.

2000, 27. Jan. Das Parlament beschließt ein neues Scheidungsrecht, das Frauen die Auflösung der Ehe ohne Begründung erlaubt, ein Recht, das bisher Männern vorbehalten war.

19. Febr. Mubarak trifft sich in Beirut mit dem libanesischen Präsidenten Emile Lahoud. Es ist der erste Besuch eines ägyptischen Staatschefs im Libanon seit dessen Unabhängigkeit 1943.

27. Febr. Der seit 1981 geltende Ausnahmezustand wird für weitere drei Jahre verlängert.

11. April Um der verbreiteten Praxis des Wahlbetrugs ein Ende zu setzen, wird ein neues Wahlgesetz erlassen.

Okt./Nov. Bei den Parlamentswahlen gewinnt die regierende Partei NDP 312 der 444 Parlamentssitze, während unabhängige Kandidaten 95, Oppositionsparteien 16 und Unterstützer der verbotenen Muslimbruderschaft 17 Sitze gewinnen. Die Wahl wird überschattet von brutalen Übergriffen der Polizei, Drohungen, Wahlmanipulationen, Repressionen gegenüber Oppositionellen beim Urnengang und 9 Toten.

19. Nov. Mehr als 200 Delegierte eröffnen die erste Gipfelkonferenz arabischer Frauen.

2001, 16. Mai–12. Juni Zwischenwahlen zum Oberhaus (*Schura*) bestätigen die dominierende Stellung der NDP. Die Wahlbeteiligung liegt jedoch nur bei 15 %.

21. Mai Der Bürgerrechtler Saad al-Din Ibrahim (*1938) wird u. a. wegen Rufschädigung Ägyptens und Annahme illegaler Hilfsgelder zu sieben Jahren Gefängnis verurteilt. Menschenrechtsorganisationen kritisieren das Urteil als politisch motiviert.

13. Sept. Ägypten bietet seine Hilfe bei US-Aktionen im

Antiterrorkampf an und teilt seine Geheimdienst- und Polizeiakten mit US-Ermittlungsbeamten.

Okt./Nov. In Ägypten startet erneut eine Offensive gegen mutmaßliche Islamisten. Etwa 200 Menschen werden festgenommen, darunter Professoren und Ärzte; 94 mutmaßlichen Islamisten werden angeklagt.

2002 Der Rückgang des Fremdenverkehrs nach den Anschlägen vom 11. Sept. trägt dem Land Verluste von etwa drei Mrd. US-$ ein.

12. Juni Die ägyptische Polizei verhaftet Salah Hashim, Gründer der ägyptischen *Dschama'at al-Islamija*. Der Organisation wird vorgeworfen, den Anschlag in Luxor 1997 verübt zu haben.

29. Juli Der Bürgerrechtler Ibrahim wird zum zweiten Mal wegen Unterschlagung und Annahme von Geld aus dem Ausland zu sieben Jahren Haft verurteilt.

15.–19. Sept. Beim achten Parteikongress der regierenden NDP wird Gamal Mubarak (*1963), Sohn des Staatspräsidenten, zum Sekretär für politische Fragen gewählt.

13. Okt. Einweihung der Bibliotheca Alexandrina in der Hafenstadt Alexandria.

2003, 26.–29. Sept. Beim Parteitag der NDP kündigt der Reformflügel der Partei eine Modernisierung von Parteien- und Gewerkschaftsrecht sowie mehr Freiheiten für zivilgesellschaftliche Organisationen an.

6. Okt. Die ägyptische Regierung lässt 2277 islamistische Militante aus den Gefängnissen frei. Am 30. Sept. 2003 kamen schon hunderte Anhänger der *Dschama'at al-Islamija* frei.

10. Dez. Zum ersten Mal seit der Iranischen Revolution 1979 treffen sich die Präsidenten Ägyptens und Irans.

2004, 1. Jan. Präsident Mubarak erklärt, dass sein Sohn Gamal Mubarak ihn nicht als Präsidenten beerben werde.

8. März Der Kultusminister enthebt tausende islamistische Lehrer ihres Amtes. V. a. bei Islamisten zeigt sich Ägyptens harte Linie gegen Regimekritiker, die im Allgemeinen mit Haftstrafen rechnen müssen.

9. Juli Aufgrund des hohen Reformdrucks tritt die Regierung zurück. Präsident Mubarak ernennt Ahmed Nazif (*1952) zum neuen Ministerpräsidenten.

2. Okt. Zum dritten Mal wird die Zulassung der islamisch orientierten *Hizb al-Wasat al-Jadid* als politische Partei offiziell abgelehnt.

1. Nov. Die Volkskampagne 26 nicht staatlicher Organisationen fordert massive Reformen wie die Einschränkung der Dauer des Präsidentenamts und die Aufhebung des Notstandsgesetzes von 1981.

14. Dez. Über 1000 Christen besetzen die koptisch-orthodoxe Kathedrale in Kairo als Reaktion auf die erzwungene Konvertierung einer Frau zum Islam. Ägypten und Israel unterschreiben ihren ersten Handels- und Industrievertrag seit 1979.

2005, 31. Jan. Ayman Nur (*1964), Gründer der Partei *al-Ghad*, wird wegen der Anschuldigung festgenommen, nötige Unterschriften für die Anerkennung seiner Partei gefälscht zu haben. Nach harscher internationaler Kritik und nationalem Protest wird er am 12. März aus dem Gefängnis entlassen.

1. Febr. Die Internationale Atomenergie-Organisation (IAEO), die in Ägypten nach Beweisen für ein Atomwaffenprogramm gesucht hat, wird nicht fündig.

9. Febr. Bei der Buchmesse in Kairo werden drei Menschen festgenommen, die gegen Mubaraks protestieren, und linksgerichtete Bücher konfisziert; geplante Reden dürfen nicht gehalten werden.

April Demonstrationen in 15 Städten gegen die Notstandsgesetze und für das Ende der 24 Jahre alten Notstandsgesetzgebung und der Präsidentschaft Mubaraks. An weiteren großen Demonstrationen gegen die Regierung beteiligen sich Islamisten, Linke und Nationalisten. Das Regime reagiert mit Festnahmen.

10. Mai Die zwei Kammern des Parlaments ratifizieren ein Gesetz, das es Parteien erlaubt, einen eigenen Präsidentschaftskandidaten aufzustellen. Jedoch müssen sie 65 Parlamentsabgeordnete für sich stimmen lassen und mindestens 300 Unterschriften vom Schura-Rat bekommen. Da im Parlament Mubaraks Partei NDP die Mehrheit hat, bräuchten oppositionelle Präsidentschaftskandidaten auch Stimmen der NDP.

25. Mai In einem Referendum entfallen 83 % der Stimmen (Wahlbeteiligung 53 %) für das neue Gesetz, das mehr als einen Kandidaten in einem Präsidentschaftswahlkampf vorsieht. Die Wahlen werden überschattet von polizeilichen Übergriffen auf Demonstranten.

7. Sept. Erste Präsidentschaftswahlen in der Geschichte des Landes, bei der mehrere Kandidaten antreten: Mubarak erhält 88,6 % der Stimmen, Ayman Nur als Zweiter 7,3 %. Nach den Wahlen kommt es in Kairo zu Protesten. Unabhängige Wahlbeobachter wurden nicht zugelassen.

9. Okt. Zehn große Oppositionsparteien (nicht Muslimbruderschaft und *al-Ghad*) stimmen zu, bei den kommenden Parlamentswahlen auf der gemeinsamen Liste der NDP an den Wahlen teilzunehmen.

5. Dez. Ayman Nur wird erneut festgenommen und am 24. Dez. zu fünf Jahren Zwangsarbeit verurteilt.

8. Dez. Nach drei Runden der Parlamentswahlen gewinnt die Muslimbruderschaft 19 % der Parlamentssitze und wird stärkste Oppositionskraft, während die NDP von Präsident Mubarak 70 % der Sitze bekommt. Ayman Nur verliert seinen Parlamentssitz.

2006, 19. Jan. Über 450 Mitglieder der Muslimbruderschaft, die während der Parlamentswahlen 2005 verhaftet wurden, werden aus der Haft entlassen. Etwa 300 bleiben gefangen.

12. April Etwa 900 Mitglieder der *Dschama'at al-Islamija* werden aus der Haft entlassen, unter ihnen auch einer der Gründer der Organisation, Najeh Ibrahim.

24. Sept. Nach 20-jähriger Pause nimmt Ägypten die Entwicklung seines zivilen Atomprogramms wieder auf.

2007, 24. März Ein Referendum (Wahlbeteiligung etwa 25 %) nimmt Verfassungsänderungen an, u. a. Verbot der Gründung religiöser Parteien, mehr Macht für die Poliziei im Anti-Terrorkampf, Abschaffung der Sicherung unabhängiger Wahlen durch richterliche Überwachung der Stimmabgabe.

12. Juni Die NDP gewinnt die Wahl des Schura-Rats. Die

Muslimbruderschaft erfährt bei der ersten Wahl gemäß der geänderten Verfassung eine Niederlage

28. Juni Gesetzliches Verbot der Beschneidung von Frauen. Bisher wurde sie bei etwa 90 % aller Ägypterinnen unabhängig ihrer religiösen Zugehörigkeit vorgenommen.

Libyen seit 1949/51 | Forts. v. S. 1341 |

1949, 11. Nov. Die Vereinten Nationen beschließen die »Wiedervereinigung« und Unabhängigkeit von Cyrenaika, Tripolitanien und Fessan.

1951, 24. Dez. Das Vereinigte **Königreich Libyen** wird unter MUHAMMAD IDRIS AL-SENUSSI (IDRIS I.; *1890, †1983) **unabhängig**. Gemäß der Verfassung vom Okt. 1951 erhalten die drei Provinzen erhebliche Autonomie (seit 1963 Einheitsstaat).

1959 Verschiedene Ölgesellschaften (Konzessionen seit 1955/56) entdecken reiche **Erdöllager** in allen drei Landesteilen. Die Ölproduktion steigt rasch von 0,9 Mio. Tonnen (1961) auf 159,7 Mio. Tonnen (1970). Die Öleinnahmen reduzieren Libyens Abhängigkeit und intensivieren die Diskussionen über die Stützpunkte. Die meisten britischen Truppen ziehen bis 1966 ab.

1967, Juni Die Parolen des Panarabismus finden bei der jüngeren Generation günstigen Boden: Während des Nahostkrieges kommt es zu nationalistischen Unruhen und zu einer gesteigerten Missstimmung gegen Großbritannien und die USA.

1969, 1. Sept. **Staatsstreich des Militärs**: Der »Revolutionäre Kommandorat« unter dem Stabschef der Armee UMAR MU'AMER AL-GADDAFI (*1942) setzt den abwesenden König ab und ruft die **Libysche Arabische Republik** aus. Das neue Regime vertritt eine radikal nationalistische Politik: Die letzten ausländischen Truppen ziehen bis Mitte 1970 ab; Araber ersetzen europäische und amerikanische Experten; Arabisch wird einzige Verkehrssprache, selbst im Außenhandel; Enteignung und Ausweisung von 25 000 Italienern und Juden; das innerlibysche Vertriebsnetz der Ölgesellschaften wird verstaatlicht (Juli 1970); verstärkte Rüstung: Frankreich liefert Mirage-Kampfflugzeuge, die Sowjetunion Panzer.

Gaddafis Versuch einer revolutionären Außen-, Erdöl- und Entwicklungspolitik bis 1977

GADDAFI drängt immer wieder auf rasche Verwirklichung der **panarabischen Einheit**: revolutionäre Allianz mit der VAR und Sudan (Charta von Tripolis, 27. Dez. 1969); Föderation Arabischer Republiken mit Syrien und der VAR (17. April 1971); Vereinigung mit Ägypten zum 1. Okt. 1973 (2. Aug. 1972); Vereinigung mit Tunesien (12. Jan. 1974). Die Einigungsversuche scheitern am Führungsanspruch GADDAFIS, der sich als NASSERS Erbe versteht. Zudem stößt GADDAFIS revolutionärer Radikalismus mit seiner Mischung aus islamischem Fundamentalismus und sozialistischen Ideen auf Ablehnung.

Libyen stellt Ägypten im Oktoberkrieg von 1973 (entgegen den Vereinbarungen mit Frankreich) Mirage-Kampfflugzeuge zur Verfügung und zahlt an die »Konfrontationsstaaten« fast 1 Mrd. US-$. Da Libyen die kompromissbereite ägyptische Haltung nach dem Krieg scharf verurteilt, wird die Finanzhilfe an Kairo eingestellt (28. März 1974). Libyen teilt die Position der radikalen Palästinenser, die es finanziell und militärisch unterstützt. Wegen der radikalen Haltung auch im Nahostkonflikt (Israel hat kein Existenzrecht und muss vernichtet werden) kommt es zur wachsenden Isolierung in der arabischen Welt.

Nach dem Scheitern der panarabischen Politik sucht GADDAFI Rückhalt bei **afrikanischen Staaten südlich der Sahara** mit islamischer Bevölkerung, die er finanziell und militärisch fördert (Burundi, Somalia, Uganda, Madagaskar, Niger). Es kommt zu Zahlungen an Befreiungs- und Umsturzbewegungen in der ganzen Welt (Irland, Rhodesien, Oman, Philippinen) sowie für subversive Aktivitäten in Ägypten und in Sudan. Im Tschad unterstützt Libyen die FROLINAT-Rebellen und besetzt 1973 die Grenzprovinz Aozou, auf die nachträglich Besitzansprüche erhoben werden (nach der Einigung im Tschad 1978/79 Kämpfe gegen die libysche Annexionspolitik).

Seit der Revolution bemüht sich die Regierung um größeren Einfluss auf Produktions- und Preispolitik der Erdölgesellschaften: Im April 1971 werden höhere **Ölpreise** durchgesetzt, im Dez. 1971 die Anlagen von *British Petrol* verstaatlicht, seit 1972 über 51 % Beteiligungen an den übrigen ausländischen Gesellschaften verhandelt. Diejenigen, die den libyschen Vorstellungen nicht zustimmen, werden verstaatlicht. Einige Konzerne ziehen ihr technisches Personal ab oder drosseln die Produktion. Diese Maßnahmen lassen zusammen mit der Wirkung des Ölembargos von 1973/74 und den Ölpreiserhöhungen (über dem OPEC-Niveau) die Produktion bis 1975 auf 71,5 Mio. t sinken. Zwischen Sept. 1974 und Juni 1975 muss Libyen mehrfach den Ölpreis senken. Als sich eine Einigung über die Entschädigungsforderungen der ausländischen Erdölgesellschaften abzeichnet (1977 abgeschlossen), steigt die Produktion wieder auf 104 Mio. t (1977) an (1978: Reserven 3,4 Mrd. t; 1992: Reserven 3,005 Mrd. t; Produktion 73,2 Mio. t; 2006: Reserven 5,646 Mrd. t, Produktion 83,5 Mio. t).

Die seit der Revolution trotz des Produktionsrückgangs stark gestiegenen **Öleinnahmen** (1968: 952 Mio. US-$; 1977: 9,4 Mrd. US-$) werden für die Förderung der Landwirtschaft (ehrgeiziges Projekt zur Nutzung unterirdischer Wasserreservoirs in den Kufra-Oasen) und den Aufbau einer **Industrie** verwandt, dazu kommen hohe Ausgaben für Wohnungsbau, Verkehr und Erziehung. Ungünstige regionale Verteilung der Bevölkerung (1976: 2,5 Mio. Einwohner, 2005: 6,0 Mio.) und ein Mangel an qualifizierten Arbeitskräften (hoher Anteil von Ausländern, darunter über 200 000 Ägypter) erschweren die Entwicklung: Libyen nimmt mehr Geld ein, als es sinnvoll ausgeben kann (»unterentwickeltes Überflussland«); Überschüsse werden im Ausland angelegt (Auslandsguthaben 1975 auf 4 Mrd. US-$ geschätzt).

Weil die 1971 gegründete Arabische Sozialistische Union (ASU) nicht im Stande ist, die libysche Bevölkerung in ihrem Sinne zu mobilisieren, leitet GADDAFI am

15. April 1973 eine »Kulturrevolution« ein: Zwischen Kommunismus und westlichem Materialismus sieht er im Islam einen sozialrevolutionären dritten Weg, der alle arabischen Völker zusammenführen soll. Er ruft die **»Volksrevolution«** aus: Bildung von Volkskomitees, die bis Ende 1973 in den Betrieben und Verwaltungen teils die Leitung übernehmen oder teils (wie in den Erdölunternehmen) als eine Art Betriebsrat fungieren.

1974, 2. April Nach schweren Meinungsverschiedenheiten im Revolutionären Kommandorat wird GADDAFI seiner Amtsverpflichtungen enthoben. Er bleibt formal Vorsitzender des Revolutionsrates und Oberbefehlshaber der Streitkräfte, soll sich jedoch künftig ideologischen Aufgaben und den Massenorganisationen widmen. Die Regierungsgeschäfte führt Ministerpräsident Major ABD AS-SALAM DSCHALLUD (*1944), der als pragmatischer und sowjetfreundlicher Politiker gilt. – GADDAFI kann im Herbst 1974 die politische Autorität zurückgewinnen.

14.–20. Mai Besuch DSCHALLUDS in Moskau. Es entwickeln sich **enge Beziehungen zur Sowjetunion**: Bildung eines bilateralen Ausschusses auf Regierungsebene; Handelsabkommen (Lieferung von Öl gegen Waffen und Entwicklungshilfe).

1975, 12.–15. Mai Gegenbesuch des sowjetischen Ministerpräsidenten ALEXEIJ KOSSYGIN: Konsultationsvereinbarungen, Abkommen über Zusammenarbeit, Vertrag über Waffenlieferungen im Wert von 2,2 Mrd. US-$. Die Sowjetunion stattet die 30 000 Mann starken libyschen Streitkräfte mit einem überdimensionierten Waffenarsenal aus.

1977, 2.–28. März Der von der ASU gebildete Allgemeine Volkskongress verabschiedet die neue **Verfassung**: Libyen wird in Sozialistische Libysche Arabische Volksdschamahirija umbenannt. Der Koran ist das soziale Gesetz. Unmittelbare Autorität des Volkes: Alle Macht geht an Volkskongresse, Volkskomitees, Gewerkschaften, Berufsverbände und den Allgemeinen Volkskongress über; die Revolutionären Kommandoräte werden aufgelöst; GADDAFI wird Generalsekretär des Allgemeinen Volkskongresses; der Ministerrat wird durch ein Allgemeines Volkskomitee mit Sekretären für die verschiedenen Ressorts ersetzt.

2.–5. Dez. Libyen bringt die Gegner der Friedensinitiative des ägyptischen Präsidenten ANWAR AS-SADAT in Tripolis zusammen und übernimmt nach langer Isolierung eine Führungsrolle in der Ablehnungsfront: verstärkte bilaterale Zusammenarbeit (u. a. Finanzierung sowjetischer Waffenlieferungen an Syrien).

1979, 1. März Die Mitglieder des Generalsekretariats, u. a. GADDAFI und DSCHALLUD, treten bei einer Sondersitzung des Allgemeinen Volkskongresses zurück, um sich ganz ihren militärischen Aufgaben und der Arbeit mit den Massen zu widmen: Übergang der Macht an das Volk. Wahl einer neuen kollektiven Staatsführung unter Generalsekretär ABDUL ATI AL-OBEIDI (*1939) und eines neuen Allgemeinen Volkskomitees. – Trotz seines offiziellen Rücktritts bleibt GADDAFI der eigentliche Führer von Staat und Revolution.

1983 Libysche Truppen halten den Norden Tschads im neuen Bürgerkrieg weiter besetzt. Die **Politik der Einmischung**, auch in Sudan, führt zu Konfrontationen mit Frankreich und USA (Luftkämpfe vor der Küste; Verstärkung französischer Truppen in Tschad).

1984, 13. Aug. Marokko und Libyen vereinbaren in Oujda die Bildung einer Föderation zur politischen und wirtschaftlichen Zusammenarbeit.

1986, 7. Jan. Die **USA verhängen ein Wirtschaftsembargo**, das mit Libyens Unterstützung des internationalen Terrorismus begründet wird.

5. April Für einen Bombenanschlag in der Westberliner Diskothek »La Belle«, bei dem ein US-Soldat getötet wird, machen die USA Libyen verantwortlich.

14. April Amerikanische Flugzeuge bombardieren Ziele in Tripolis und Bengasi.

Dez. Libysche **Militäroffensiven im Tschad** führen zu hohen eigenen Verlusten.

1988, März Eine innenpolitische Liberalisierung setzt ein: Gefängnisse werden demonstrativ zerstört und Gefangene amnestiert.

11.–12. Juni Der Allgemeine Volkskongress nimmt eine »Charta über die Gewährung von Freiheiten und Menschenrechten in Libyen« an.

ab Okt. Kontroverse mit den USA um die von der bundesdeutschen Firma Imhausen gelieferte Chemieanlage von Rabta, in der nach US-Angaben C-Waffen produziert werden.

1989, 23.–26. Mai Ein erstes Treffen zwischen GADDAFI und Ägyptens Präsident HOSNI MUBARAK führt zur Wiederaufnahme der seit 1979 unterbrochenen diplomatischen Beziehungen.

1992, 31. März Wegen des Verdachts, den internationalen Terrorismus zu unterstützen, verhängt die UNO mit der Resolution 748 ein **Luftfahrtembargo gegen Libyen**.

1994, 3. Febr. Der Haager Internationale Gerichtshof entscheidet, dass der 114 000 km^2 große Aouzou-Streifen gemäß dem libysch-französischen Nachbarschaftsvertrag von 1955 zu Tschad gehört und lehnt damit den Territorialanspruch Libyens ab: Präsident GADDAFI erklärt den Konflikt mit Tschad für beendet (4. März).

1995, Juli/Aug. Hinweise auf zunehmende Aktivitäten islamischer Fundamentalisten verdichten sich.

1996 Wiederholt brechen in verschiedenen Teilen des Landes oppositionelle Unruhen aus.

5.–7. Okt. Staatsbesuch des türkischen Ministerpräsidenten NECMETTIN ERBAKAN. Trotz GADDAFIS heftiger Attacken auf die türkische Kurdenpolitik kommt es zur Unterzeichnung eines Handelsabkommens.

1998, 12. Juni Die Teilnehmer des OAU-Gipfeltreffens in Ouagadougou (Burkina Faso) rufen zur Nichtbeachtung der Sanktionen gegen Libyen auf, da sie nur die Bevölkerung träfen.

10. Juli Italien schließt mit Libyen einen Vertrag zur **Regelung der Spätfolgen der italienischen Kolonialherrschaft** und zur Normalisierung der Beziehungen zwischen beiden Staaten.

1999, 5. April Zehn Jahre nach dem Anschlag auf ein US-Verkehrsflugzeug über dem schottischen Lockerbie

(Dez. 1988) erklärt sich GADDAFI bereit, die beiden libyschen mutmaßlichen Urheber auszuliefern. Die Tatverdächtigen werden am 6. April unter großen Sicherheitsvorkehrungen einem schottischen Gericht vorgeführt, das auf dem niederländischen Luftstützpunkt Camp Zeist bei Utrecht tagt. Im gleichen Zug setzt der UN-Sicherheitsrat die Sanktionen gegen Libyen (Luftverkehrsembargo, Handelsbeschränkungen) vorläufig aus (EU folgt am 20. April). Nur die US-Sanktionen haben weiter Bestand.

Juni/Juli GADDAFI bestätigt sich als Vermittler im sudanesischen Bürgerkrieg, im Kongokonflikt und in der Auseinandersetzung zwischen Eritrea und Äthiopien.

16. Juli Libyen zahlt 31 Mio. US-$ Entschädigung an die Hinterbliebenen der Opfer eines von libyschen Geheimdiensten über Nigeria zum Absturz gebrachten französischen Passagierflugzeuges.

2. Dez. Als erster Regierungschef der westlichen Welt nach 15 Jahren besucht Italiens Ministerpräsident MASSIMO D'ALEMA Libyen, um die italienischen Interessen im Erdöl- und Erdgassektor zu sichern.

2000, 1. März Umfassende Reorganisation des Staatsapparates: Eine Reihe von Ministerien (»Volkskomitees«) wird aufgelöst; ihre Aufgaben werden von 26 Volkskongressen auf Provinzebene übernommen.

25. März Eine Delegation des US-Außenministeriums reist nach Tripolis, um eine Aufhebung des 1981 erlassenen Reiseverbotes für US-Bürger zu prüfen.

Sept. In Tripolis und Bengasi kommt es zu ausländerfeindlichen Ausschreitungen. Hintergrund ist die wachsende Arbeitslosigkeit in der libyschen Bevölkerung und die hohe Zahl von ca. 2 Mio. Gastarbeitern, zumeist aus dem subsaharischen Afrika.

2001, 31. Jan. Das im Mai 2000 eröffnete **Lockerbie-Verfahren** endet mit Freispruch für den einen und lebenslanger Haft für den anderen libyschen Angeklagten (am 14. März 2002 vom Berufungsgericht bestätigt).

21. Mai Das sog. Volksgericht in Tripolis verurteilt 180 der an den ausländerfeindlichen Ausschreitungen vom März Beteiligten zu Haftstrafen zwischen einem Jahr und lebenslänglich. Sieben weitere Angeklagte werden zum Tode verurteilt.

2002, 9.–11. Juli Die Afrikanische Union wird im sambischen Lusaka als Nachfolgeorganisation der Organisation für Afrikanische Einheit ins Leben gerufen. Diese Initiative geht auf GADDAFI zurück.

2003, 30. April Libyen übernimmt auch offiziell die Verantwortung für den Lockerbie-Anschlag und richtet einen Fonds zur Entschädigung der Hinterbliebenen ein.

1. Sept. Aufhebung der UN-Sanktionen gegen Libyen. Das US-Embargo jedoch bleibt in Kraft.

27. Dez. Mit Erlaubnis durch Staatschef GADDAFI nehmen die Inspektoren der Internationalen Atomenergiebehörde (IAEA) ihre Arbeit in Libyen auf.

2004, 6. Jan. Libyen ratifiziert das Abkommen zum Stopp von Atomtests von 1996, am 19. März auch das Zusatzprotokoll zum Atomwaffensperrvertrag.

11. Okt. Die EU hebt ihr Waffenembargo gegen Libyen auf.

2006, Mai Die USA nehmen wieder diplomatische Beziehungen mit Libyen auf.

2007, 17. Juli Nach sieben Jahren endet der international scharf kritisierte HIV-Prozess gegen fünf bulgarische Krankenschwestern und einen palästinensischen Arzt, die in ihre Heimatländer zurückkehren dürfen. Frankreichs Präsident SARKOZY hatte sich persönlich für die Freilassung eingesetzt.

18. Juli SARKOZY und GADDAFI unterzeichnen in Tripolis eine Absichtserklärung über den Bau eines Atomkraftwerkes.

Dez. GADDAFIS Staatsbesuch in Frankreich sorgt für Aufsehen und Kritik. Während seines Aufenthaltes in Paris nächtigt GADDAFI in einem Beduinenzelt im Garten des Elysée-Palastes.

Tunesien seit 1945 | Forts. v. S. 1341 |

1945, Febr. Frankreich gesteht den Nationalisten politische und Verwaltungsreformen zu, kann sich aber unter dem Druck der etwa 147 000 Franzosen in Tunesien nicht zu weiteren Zugeständnissen entschließen.

1950 Der Widerstand der französischen Siedler verstärkt sich, als Frankreich in Zusammenarbeit mit der *Néo-Destour* (Neue Verfassungs-Partei) Tunesien schrittweise in die Souveränität zu führen scheint. Es kommt wiederholt zu nationalistischen Unruhen.

1953/1954 Auseinandersetzungen zwischen radikalen Gruppen tunesischer Nationalisten und französischen Siedlern führen zu bürgerkriegsähnlichen Zuständen.

1954, 31. Juli Frankreich bietet Tunesien **innere Autonomie** an (Abkommen unterzeichnet am 2. Juni 1955): Innere Sicherheit, Verteidigung und Außenpolitik bleiben in der Hand Frankreichs. Die Autonomie ist unter den Nationalisten umstritten.

1955, 12. Okt. In der *Néo-Destour* setzt sich die gemäßigte Richtung durch: Der radikale, für sofortige Lösung von Frankreich eintretende Flügel unter SALAH BEN YOUSSEF (*1907, †1961) wird ausgeschlossen, HABIB BOURGUIBA (*1903, †2000) beim Parteitag als Vorsitzender bestätigt (17. Nov.). BOURGUIBA vertritt eine Strategie der Verhandlungen, die Frankreich enge Zusammenarbeit auch nach der Unabhängigkeit anbietet.

1956, 20. März Französisch-Tunesisches Protokoll: **Frankreich erkennt die Unabhängigkeit Tunesiens an.** Die französischen Truppen ziehen bald darauf ab, behalten jedoch zunächst den Stützpunkt in Biserta.

25. März Bei den **Wahlen** zur Verfassunggebenden Versammlung gewinnt die Nationale Front (Bündnis der *Néo-Destour*) alle Sitze.

11. April **BOURGUIBA wird zum Ministerpräsidenten gewählt.** Aufbau eines tunesischen Staats- und Verwaltungsapparates: Nur ein Drittel der französischen Beamten bleibt in tunesischen Diensten. – Die *Néo-Destour* wird von der dominierenden zur einzig zugelassenen Partei.

1957, 25. Juli Die verfassunggebende Versammlung setzt

Bei Mohammed VIII. al-Amin (*1881, †1962; seit 1943) ab, erklärt Tunesien zur **Republik** und bestimmt Bourguiba zum Präsidenten.

1958, Febr. Außen- und innenpolitische Schwierigkeiten: Das Verhältnis zu Frankreich – von Anfang an durch die tunesische Forderung nach Truppenabzug belastet – verschlechtert sich nach der Bombardierung von Sakiet Sidi-Youssef durch die französische Luftwaffe: Tunesien unterstützt die algerische Unabhängigkeitsbewegung; Frankreich braucht die Stützpunkte im Algerienkrieg. Tunesien will die Beziehungen abbrechen, verhandelt aber.

17. Juni Frankreich erklärt sich zum Truppenabzug unter Beibehaltung des Stützpunkthafens Biserta (arabisch: Benzert) bereit. – Mit Unterstützung der VAR versuchen Anhänger Ben Youssefs Bourguiba zu stürzen. Die verbesserten Beziehungen zu Frankreich ermöglichen die innenpolitische Konsolidierung: Reform der *Néo-Destour* und Prozesse gegen Regimegegner. Ben Youssef wird in Abwesenheit zum Tode verurteilt (1961 in Frankfurt ermordet), weshalb es zu gespannten Beziehungen zur VAR kommt (Abbruch der Beziehungen im Okt.).

1959, 1. Juni Die **neue Verfassung** unterstreicht die starke Stellung des Präsidenten: Er bestimmt die Politik und beruft die nur ihm verantwortlichen Kabinettsmitglieder.

8. Nov. Bei den allgemeinen Wahlen wird Bourguiba zum Präsidenten gewählt; die *Néo-Destour* erringt alle 90 Sitze in der Nationalversammlung.

1961, Juli Biserta-Krise: Bourguiba fordert ultimativ von Frankreich die Übergabe von Biserta. Der tunesische Demonstrationszug auf Biserta löst schwere Kämpfe aus (17.–22. Juli); Verhandlungen führen erst nach Ende des Algerienkrieges zum Erfolg.

1963, Okt. Die **Räumung Bisertas** wird abgeschlossen.

1964, 11. Mai Die Nationalversammlung beschließt die **Verstaatlichung des ausländischen Grundbesitzes** (betroffen davon sind 4700 Grundbesitzer mit etwa 700 000 ha besten Bodens der insgesamt rund 4,6 Mio. ha landwirtschaftlicher Nutzfläche).

Nov. Entwicklung des »tunesischen Sozialismus«, zu dem sich die *Néo-Destour* auch durch Namensänderung in *Parti Socialiste Destourien* (PSD) bekennt.

Der »tunesische Weg zum Sozialismus« und Bourguibas Außenpolitik

Obwohl reich an Bodenschätzen (Phosphat, Erdöl; daneben Eisenerz, Blei, Zink v. a.), ist Tunesien zur Zeit der Unabhängigkeit (1956) überwiegend **Agrarland**: Neben hoch mechanisierten Großbetrieben, überwiegend in ausländischem Besitz, die va. für den französischen Markt produzieren (Weizen, Olivenöl, Wein), findet sich der traditionelle Sektor mit 450 000 Kleinbauern.

Nach Verschlechterung der wirtschaftlichen und sozialen Verhältnisse setzt sich um 1960 der Gewerkschaftsflügel um Ahmed Ben Salah (*1926) durch: Es folgen Maßnahmen gegen den französischen Einfluss (Nationalisierungen). Ein Zehnjahres-Perspektivplan 1962–1971 bestimmt einen eigenen »tunesischen Weg zum Sozialismus« mit umfassenden Strukturreformen und »autonomer Entwicklung« durch ein integriertes System von privaten, genossenschaftlichen und staatlichen Unternehmen. Kernstück ist die Agrarreform: Angleichung der Eigentumsverhältnisse, kooperative Bewirtschaftung, Erziehung zu neuem Bewusstsein. Nach Ben Salahs Sturz 1969 **Auflösung des Kooperativsystems, Reprivatisierung der Betriebe** und Investitionsanreize für in- und ausländisches Kapital (1969 Investitions-, 1972 Exportförderungsgesetz).

Im Agrarbereich kommt es nur vorübergehend zu Produktionssteigerungen (Rückgang des Beitrags zum Bruttoinlandsprodukt bis 1976 auf 17,4 %; Anteil an den Erwerbstätigen: 35 %); die private Investitionstätigkeit im industriellen Sektor und Dienstleistungsbereich (Tourismus) nimmt stark zu. Umfangreiche staatliche Investitionen in der **Industrie** lassen die Produktion bereits 1962–1971 um 106 % steigen, v. a. im Phosphatbergbau und der Erdölgewinnung sowie in der verarbeitenden Industrie (Textilien, Baumaterialien, Phosphate; Anteil des industriellen Sektors am Bruttoinlandsprodukt 1956: 15,5 %; 1977: 32 %). Im Export verdrängen Erdöl, Phosphate und Textilien die landwirtschaftlichen Erzeugnisse (Olivenöl) von der Spitze; wichtige Devisenbringer sind **Tourismus** und die Überweisungen tunesischer Erwerbstätiger v. a. aus Frankreich und Libyen.

In der Außenpolitik vertritt Tunesien Bündnisfreiheit, angesichts der Abhängigkeit von westlicher Entwicklungshilfe jedoch mit deutlicher Neigung zu einem prowestlichen Kurs: Ausdruck davon ist die zunehmende **Zusammenarbeit mit der EG** (28. März 1969 Assoziierungsabkommen). Die Beziehungen zur übrigen arabischen Welt, v. a. zur VAR, schwanken wegen Bourguibas kompromissbereiter Haltung im Nahostkonflikt zwischen Spannungen und Versöhnung. Als er die Anerkennung Israels in den Grenzen des UN-Teilungsplans von 1947 vorschlägt (21. April 1965: Reduzierung des israelischen Staatsgebiets gegenüber den Waffenstillstandslinien von 1949, wofür die arabischen Staaten die Rücksiedlung der Palästinaflüchtlinge einhandeln sollen), wird er besonders von Nasser heftig kritisiert. Bourguiba boykottiert daraufhin die Arabische Gipfelkonferenz in Casablanca (er wirft Nasser vor, die Liga für seine Zwecke zu missbrauchen), entsendet aber im Sechstagekrieg 1967 Truppen. Nach dem Krieg ist Bourguiba für eine Beendigung des Kriegszustandes mit Israel.

1971, 11.–15. Okt. Bourguibas schlechter Gesundheitszustand und dadurch bedingte lange Auslandsaufenthalte (allein 1970 sechs Monate) lassen die **Nachfolgefrage** und die Zukunft des Präsidialsystems zum beherrschenden innenpolitischen Thema werden: Der Reformflügel um Innenminister Mahmoud Mestiri (*1929, †2006) setzt sich beim Parteikongress des PSD mit Vorschlägen zur Verfassungsreform gegen Bourguiba durch. Bourguiba und Ministerpräsident Hédi Nouira (*1911, †1993; seit Okt. 1970) entmachten die Reformer und festigen in den nächsten Jahren ihre Kontrolle über das politische System.

1974, 12.–15. Sept. Der Parteikongress in Monastir wählt

BOURGUIBA zum Parteivorsitzenden auf Lebenszeit und billigt seine politischen Vorstellungen.

17. Dez. Nach Präsidentschafts- und Parlamentswahlen (3. Nov.: Wiederwahl BOURGUIBAS) wird die **Verfassung geändert**: Der Ministerpräsident ist designierter Nachfolger des Präsidenten; die Nationalversammlung kann einen Präsidenten auf Lebenszeit wählen.

1975, 19. März BOURGUIBA wird Präsident auf Lebenszeit. Erneute Verfassungsänderungen erweitern noch einmal die Rechte des Präsidenten (Dez.). Das Regime fährt einen scharfen innenpolitischen Kurs gegen Oppositionelle, v. a. Lehrer und Studenten (Hunderte von politischen Häftlingen).

1976/1977 Tunesien modernisiert und vergrößert seine Streitkräfte mit Unterstützung der USA (Waffenlieferungen) und Frankreichs (Rüstungsgüter und Ausbildungshilfe).

1977, 10. Juni Tunesien und Libyen wollen ihren Streit über die Abgrenzung des gemeinsamen Festlandsockels (es werden reiche Ölreserven vermutet) dem Internationalen Gerichtshof zum Schiedsspruch vorlegen (erfolgt am 1. Dez. 1978). Damit entspannt sich das seit Jahren gestörte Verhältnis zu Libyen (Tunesien hat die am 12. Jan. 1974 beschlossene Union mit Libyen nach drei Tagen praktisch widerrufen). Die Staaten beschließen im Okt. eine enge Zusammenarbeit.

1978, 26. Jan. Der Gewerkschaftsverband *Union Générale des Travailleurs Tunisiens* (UGTT) ruft zum **Generalstreik** auf; es kommt in mehreren Städten zu Demonstrationen und blutige Zusammenstöße; der Ausnahmezustand wird erklärt (bis 25. Febr.). Gegen über 200 Gewerkschaftsführer werden Prozesse angestrengt (Juli–Okt.). Soziale Ungleichheit, wirtschaftliche Stagnation, Inflation und Massenarbeitslosigkeit, aber auch die schwache Führung ließen die organisierte Opposition stark anwachsen: diese fordert soziale Sicherheit, bürgerliche Freiheitsrechte, v. a. Pressefreiheit und Zulassung von Oppositionsparteien; die Opposition agiert zum Teil vom Ausland aus (AHMED BEN SALAH floh 1973).

1980, 23. April MOHAMMED MZALI (*1925) löst NOUIRA ab und beginnt Liberalisierungspolitik.

1981, April Das neu gewählte Exekutivkomitee der UGTT besteht weitgehend aus 1978 verhafteten Führern.

1. Nov. Eine Listenverbindung der UGTT mit dem PSD gewinnt alle 136 Sitze bei Parlamentswahlen nach neuem Mehrparteiensystem mit 5 %-Hürde.

1982, März **Freundschaftsvertrag mit Algerien**, durch Verteidigungsabkommen ergänzt (1983).

1984 Schwere Unruhen zwingen BOURGUIBA, Preiserhöhungen für Nahrungsmittel aufzuheben.

1986 Ministerpräsident MZALI wird abgesetzt (8. Sept.) und nach seiner **Flucht in die Schweiz** in Abwesenheit zu einem Jahr Gefängnis verurteilt (2. Okt.).

1987, 9. März Die v. a. im *Mouvement de la Tendance Islamique* (MTI) organisierten islamischen **Fundamentalisten** werden zur größten politischen Herausforderung. MTI-Führer RACHID GHANNOUCHI (*1941) wird zu lebenslanger Zwangsarbeit verurteilt.

7. Nov. Der 84-jährige **BOURGUIBA** wird für **amtsunfähig** erklärt. Ministerpräsident ZINE AL-ABIDINE BEN ALI (*1936) übernimmt die Amtsgeschäfte.

1988, Mai/Juni GHANNOUCHI wird freigelassen, AHMED BEN SALAH kehrt aus dem Exil zurück.

7. Nov. Abschluss eines Nationalpakts mit allen politischen Gruppierungen (auch MTI) über Verhaltensregeln für politische Organisationen; Zusicherung des »Meinungspluralismus«.

1989, 2. April BEN ALI gewinnt ohne Gegenkandidat die **Präsidentschaftswahlen**. Der in *Rassemblement Constitutionnel Démocratique* (RCD) umbenannte frühere PSD gewinnt aufgrund des Mehrheitswahlrechts alle 141 Sitze im Parlament.

1992, 28./30. Aug. Fast 300 Mitglieder der islamisch-fundamentalistischen *Ennadha*-Bewegung werden wegen Gefährdung der inneren Sicherheit und Umsturzvorbereitungen zu langjährigen Freiheitsstrafen verurteilt.

1994, 20. März **Wiederwahl BEN ALIS** zum Präsidenten mit 99 % der Stimmen.

1995, 21. Jan. Die Innenminister von Spanien, Portugal, Italien, Frankreich, Algerien und Tunesien konferieren in Tunis über die potenzielle Bedrohung ihrer Staaten durch militante Muslime und verabschieden die **»Erklärung von Tunis«**, in der Terrorismus und Fanatismus verurteilt werden.

17. Juli Tunesien und die EU unterzeichnen ein Abkommen über umfassende Kooperation und den Abbau von Zollschranken.

1996, 23. Mai Das Europaparlament kritisiert die innenpolitischen Verhältnisse und die Lage der Menschenrechte in Tunesien.

1999, 24. Okt. Staatspräsident BEN ALI wird für ein drittes Mandat wiedergewählt. Bei den gleichzeitig stattfindenden Parlamentswahlen erringt die Regierungspartei RCD 148 der 182 Sitze. Der neuen Regierung unter Ministerpräsident MOHAMED GHANNOUCHI (RCD) gehören vier Frauen an.

17. Dez. Ein Dekret der Regierung beschleunigt die seit 1992 prinzipiell beschlossene **Arabisierungskampagne** in Wirtschaft und Verwaltung. Zum 11. Jan. 2000 müssen Schilder, Straßennamen und Unternehmenskürzel umbenannt werden.

2000, 3. Febr. Wegen Erhöhung der Brotpreise kommt es zu Protesten und Demonstrationen, die in Gewalttätigkeiten eskalieren.

April Tunesien wird von der UN-Menschenrechtskommission in Genf wegen fehlender Meinungs- und Pressefreiheit sowie Verstößen gegen die Anti-Folter-Konvention verurteilt.

2001, März Intellektuelle und Oppositionspolitiker schließen sich zu einem informellen Bündnis zusammen, das eine Generalamnestie, durchgreifende politische Reformen und eine vollständige Trennung von Staat und Regierungspartei fordert.

2002, 11. April Auf der Touristeninsel Djerba explodiert vor der Synagoge ein mit Flüssiggas beladener Lastwagen. 19 Menschen (14 Deutsche) werden getötet. Die Behörden vermuten Terroristen als Drahtzieher.

26. Mai In einem umstrittenen Referendum sprechen sich 95,52 % der Stimmberechtigten für ein lebenslanges Mandat von Staatspräsident BEN ALI aus.

2003, 7. Jan. Das Parlament stimmt einem Gesetz zu, das unter Einschränkungen auch den Oppositionsparteien erlaubt, einen Kandidaten für die Präsidentschaftswahlen zu benennen.

10. Juni Nach einem von Amnesty International veröffentlichten Bericht ist die Lage der Menschenrechte weiterhin prekär.

2004, 24. Okt. Staatspräsident BEN ALI wird mit 94,5 % der Stimmen für eine vierte Amtsperiode gewählt. Die Opposition beklagt Benachteiligung und Wahlfälschung. Unabhängige Wahlbeobachter sind nicht zugelassen.

2006/07 Zum Jahreswechsel kommt es in Tunis zu heftigen Gefechten zwischen Sicherheitskräften und bewaffneten Islamisten.

2008, 22. Febr. Zwei österreichische Touristen werden von Mitgliedern des Terrornetzwerkes *al-Qaida* entführt.

Algerien seit 1945 | Forts. v. S. 1340 |

1945, Mai Nationalistische Unruhen in Sétif werden von Frankreich blutig unterdrückt (15 000 Tote), FERHAT ABBAS (*1899, †1985) verhaftet, seine Organisation aufgelöst. Die Verfassung der IV. Republik sieht die völlige Integration Algeriens in Frankreich vor.

1947, 20. Sept. Das **Algerien-Statut** soll allen Algeriern die französische Staatsbürgerschaft gewähren; Einrichtung einer algerischen Versammlung mit je 60 Abgeordneten der 1,5 Mio. Europäer und der 9 Mio. islamischen Algerier. Wahlmanipulationen verhindern offene Opposition gegen die französische Herrschaft und drängen die militanten Nationalisten in den Untergrund: Neben der mehr konservativen *Union Démocratique du Manifeste Algérien* (UDMA) unter ABBAS spielt der radikale *Mouvement pour le Triomphe des Libertés Démocratiques* (MTLD) eine führende Rolle. Im MTLD wird eine Geheimorganisation (*Organisation spéciale*, OS) gegründet, die bereits 1949 unter Führung von ACHMED BEN BELLA (*1918) einen Terrorangriff auf Oran unternimmt.

1954, März Die Algerienfranzosen lehnen jegliche Zugeständnisse an die einheimische Bevölkerung ab. Mitglieder der OS bilden der *Comité révolutionnaire d'unité et d'action* (CRUA) und bereiten den Aufstand vor.

1. Nov. Umstrukturierung des CRUA in den **Front de Libération Nationale** (FLN) mit der **Armée de Libération Nationale** (ALN) als militärischem Arm.

Algerienkrieg

Der Aufstand beginnt 1954 an verschiedenen Stellen gleichzeitig und weitet sich auf alle besiedelten Gebiete Algeriens aus: Da die ALN den besser ausgerüsteten, zahlenmäßig überlegenen regulären französischen Truppen (auf der Höhe des Krieges 500 000 Mann) im offenen Kampf nicht gewachsen ist, geht sie zum Guerillakrieg über. Seit 1956 üben die Franzosen zunehmend Gegenterror aus: Ihre Mittel sind Folter, Internierung und Umsiedlung der Bevölkerung. Die Folge ist ein Flüchtlingsstrom nach Marokko und Tunesien.

1956, Aug. Die meisten algerischen Nationalisten und religiösen Führer (*ulema*) haben sich dem FLN angeschlossen. Der geheime erste FLN-Kongress beschließt das Programm für ein unabhängiges sozialistisches Algerien und bildet den Nationalrat der Algerischen Revolution (*Conseil national de la révolution algérienne*, CRNA).

1957 Marokko und Tunesien versuchen zu vermitteln; Geheimverhandlungen mit Frankreich werden abgebrochen, als BEN BELLA und andere FLN-Führer entführt und in Frankreich interniert werden.

1958, 4. Febr. Die französische Nationalversammlung verabschiedet das Algerien-Statut als Kompromisslösung. Die Algerienfranzosen sehen ihre bevorrechtete Stellung gefährdet und fürchten Verhandlungen mit den Aufständischen.

13. Mai Die Rebellion der Algerienfranzosen, von der Armee unterstützt (**Putsch von Algier**), führt zum Sturz der IV. Republik in Frankreich. Der französische Präsident CHARLES DE GAULLE scheint von Anfang an entschlossen, die bisherige Integrationspolitik aufzugeben, verstärkt jedoch den Einsatz des Militärs in Algerien: Die Antwort ist verstärkter Terror des FLN.

19. Sept. Der FLN bildet in Kairo eine Exilregierung (*Gouvernement provisoire de la République Algérienne*, GPRA) unter FERHAT ABBAS und unter Einschluss der in Frankreich internierten FLN-Führung.

1960, 18. Jan.–1. Febr. Als DE GAULLE öffentlich das Recht der Algerier betont, ihre Zukunft selbst zu bestimmen (Sept. 1959), rebellieren die weißen Siedler erneut: Ohne Unterstützung durch die Armee bricht ihr »Barrikaden-Aufstand« nach wenigen Tagen zusammen.

1961, 14. Jan. Trotz massiver Wahlenthaltung beim Referendum wird das Gesetz über die Einführung der Selbstbestimmung und die Einsetzung autonomer Körperschaften in Algerien verkündet. Französische Siedler und Armeeangehörige bilden die **Organisation de l'Armée Secrète** (OAS) mit dem Ziel, eine Verhandlungslösung und die Übergabe der Macht an die Algerier zu verhindern.

22.–26. April Der Generalsputsch bricht an der Loyalität des Offizierskorps zusammen.

Mai Die daraufhin einsetzende Terrorkampagne der OAS in Algerien und Frankreich kann den Beginn direkter Verhandlungen zwischen der französischen Regierung und der algerischen Exilregierung in Evian (Schweiz) nicht verhindern. Die französische Regierung will zunächst nur den Waffenstillstand erreichen, der GPRA besteht auf Unabhängigkeit.

1962, 18. März Frankreich und GPRA unterzeichnen das **Abkommen von Evian**: Zentralen Elemente sind Waffenstillstand, Errichtung eines unabhängigen algerischen Staates und Garantien für die Algerienfranzosen. Die Erklärung über algerisch-französische Zu-

sammenarbeit besagt, dass Frankreich den Flottenstützpunkt Mers el-Kebir für 15 und das Atomtestgelände in der Sahara für fünf Jahre behält.
Die OAS versucht mit wahllosem Terror, die Verwirklichung des Abkommens zu verhindern, löst aber nur Gegenterror des FLN und die **Massenflucht der Europäer** aus Algerien aus. –Die FLN-Führung und der GPRA sind tief gespalten; auch in der ALN manifestiert sich der Gegensatz zwischen den Guerillaführern innerhalb Algeriens und den in Tunesien und Marokko stationierten regulären Armeeeinheiten unter dem Oberkommandierenden Oberst HOUARI BOUMEDIENNE (*1927, †1978).

3. Juli Nachdem sich in der **Volksabstimmung** 91 % für Unabhängigkeit in Zusammenarbeit mit Frankreich ausgesprochen haben (1. Juli), proklamiert DE GAULLE die **Unabhängigkeit Algeriens**. Der »zentralistische« GPRA-Flügel versucht, die Kontrolle über FLN und ALN zu gewinnen: BOUMEDIENNE wird entlassen. BEN BELLA und BOUMEDIENNE marschieren mit den ALN-Einheiten aus Marokko in Algerien ein (11. Juli) und errichten in Tlemcen ein Politbüro in Konkurrenz zum GPRA. Beim Marsch auf Algier kommt es zu heftigen Kämpfen (Anfang Sept.).

20. Sept. Allgemeine Wahlen zur **verfassunggebenden Versammlung**, die Algerien zur Republik erklärt (25. Sept.) und BEN BELLA zum Ministerpräsidenten wählt (26. Sept.). BEN BELLA bringt alle politischen Organisationen unter strikte Kontrolle des FLN; alle konkurrierenden Parteien werden verboten (Nov.).

1963, 28. Aug. Die Versammlung billigt die Verfassung: Präsidialsystem; der FLN erhält als einzig zugelassene politische Organisation weit gehende Vollmachten

8. Sept. Die Verfassung wird durch Volksabstimmung angenommen.

15. Sept. **BEN BELLA** wird **zum Staatspräsidenten gewählt** und hat – zugleich Regierungschef, Oberbefehlshaber der Streitkräfte und Generalsekretär des FLN –alle Macht auf sich vereint.

Algerien nach der Unabhängigkeit

Folgen des Algerienkrieges, der über eine Mio. Tote gefordert hat, sind zerstörte wirtschaftliche und soziale Strukturen: Ein Drittel der Bevölkerung wurde umgesiedelt; Flüchtlinge und Internierte müssen reintegriert werden; 70 % der Bevölkerung sind arbeitslos.

Mit der Flucht bzw. **Auswanderung von** einer Mio. **Europäern** verliert das Land fast alle Unternehmer, Techniker, Facharbeiter, Verwaltungsbeamte, Ärzte und Lehrer; Fabriken und landwirtschaftliche Großbetriebe sind verlassen (40 % der landwirtschaftlichen Nutzfläche und über 80 % der Industrie, Banken und Versorgungsbetriebe waren in französischer Hand). Gestützt auf den FLN und den seit 1963 FLN-kontrollierten Gewerkschaftsverband UGTA beginnt BEN BELLA den **Wiederaufbau** Algeriens unter sozialistischen Vorzeichen: Im Zentrum steht die *autogestion*, die Selbstverwaltung der Betriebe und des verstaatlichten Bodens, durch Arbeiterkomitees und Veteranenansiedlung auf Staatsland. Auf den Staatsfarmen (Ende 1963 ca. 2,3 Mio. ha) wird bei ausgeweiteter Beschäftigung nicht mehr produziert als unter französischer Herrschaft. Den Wiederanstieg der gewerblichen und industriellen Produktion erschwert zusätzlich die erhebliche Verkleinerung des Binnenmarktes nach der Flucht der Europäer.

Algerien kann den Wiederaufbau nur mit umfangreicher Auslandshilfe, v. a. Frankreichs, bewältigen: Neben Wirtschaftshilfe braucht Algerien technische Experten (Erschließung der reichen Bodenschätze) und Lehrer (noch 1973 sind über die Hälfte der Sekundarschul- und Hochschullehrer Ausländer). – Das **Verhältnis zu Frankreich** wird immer wieder belastet durch die Politik BEN BELLAS, der von Anfang an nicht gewillt ist, das Abkommen von Evian zu verwirklichen (Okt. 1963 Verstaatlichung der restlichen französischen Ländereien). Da Frankreich sein Atomtestgelände und den Flottenstützpunkt nicht vorzeitig verlieren will, bleibt es kompromissbereit. Als Gegengewicht gegen die Abhängigkeit von Frankreich entwickelt Algerien enge Beziehungen zu den Ostblockstaaten (Kredite der Sowjetunion und der VR China) sowie zur VAR. Im Laufe der 60er-Jahre Intensivierung der Beziehungen zur Sowjetunion, die in größerem Umfang Waffen liefern.

1963, Okt. Der Streit mit Marokko über die Grenzziehung in der Sahara führt zum militärischen Konflikt; trotz Vermittlung bleibt das Verhältnis auf lange Zeit belastet.

1965, 19. Juni Unblutiger **Staatsstreich des Verteidigungsministers BOUMEDIENNE**: Der Revolutionsrat besteht überwiegend aus Militärs; BEN BELLA wird unter Hausarrest gestellt (bis 1979). BOUMEDIENNE bekennt sich wie BEN BELLA zu einem national verstandenen Sozialismus, betont jedoch die islamische Komponente Algeriens. Die Staatstätigkeit in der Wirtschaft wird ausgeweitet, ausländische Bergwerkgesellschaften verstaatlicht (1966).

1967, Juni Teilnahme am Nahostkrieg mit Luftwaffeneinheiten und Abbruch der Beziehungen zu den USA. Algerien vertritt eine harte Linie im Nahostkonflikt.

1967/68 **Innenpolitische Gegensätze** verstärken sich auch in der Armee (Dez. 1967 bewaffneter Aufstand des Generalstabschefs niedergeschlagen). Der Konflikt zwischen aktiv am Algerienkrieg beteiligten Gruppen und Exilalgeriern spitzt sich zu. BOUMEDIENNE, gestützt auf den Revolutionsrat und Vertraute aus der Exilzeit, setzt sich durch: Die Bedeutung des FLN und der Gewerkschaften wird reduziert, die Regierung agiert per Dekret, die Verwaltungsstrukturen werden reformiert.

1971, 4. Febr. Nationalisierung der französischen **Ölgesellschaften** CFP und ERAP: Die staatliche algerische Gesellschaft SONATRACH (gegründet 1963) übernimmt 51 % der Erdölanlagen sowie 100 % der Ölleitungen und Erdgasproduktion. Frankreich boykottiert algerische Ölimporte und droht mit dem Abzug der Techniker und Lehrer. Nach zähen Verhandlungen akzeptieren CFP und ERAP Minderheitsbeteiligung gegen garantierte Ölmengen. Entschädigungen werden durch Regierungsabkommen geregelt

(15. Dez.). Die »besonderen Beziehungen« zu Frankreich sind damit praktisch beendet.

8. Nov. **Charta der Agrarrevolution**: Vom Eigentümer nicht genutztes Land wird verstaatlicht und landlosen Bauern im Rahmen von Genossenschaften zugeteilt; eine Höchstgrenze für privaten Besitz wird festgelegt. Es kommt zu Umverteilungen. Die Regierung ordnet das Wasserrecht neu und implementiert Maßnahmen zur Ansiedlung der Nomaden und Umverteilung des privaten Viehbestands (Höchstgrenze).

Wirtschaft und Entwicklungspolitik bis Ende der 70er-Jahre

Die Wirtschaft Algeriens ist in der **Kolonialzeit** ganz auf den Handelspartner Frankreich ausgerichtet. Angesichts des Reichtums an mineralischen Rohstoffen (neben Erdöl und -gas Eisenerz, Blei, Zink, Antimon, Phosphate u. a.) entwickelt sich der industrielle Sektor rasch (1960 Beitrag zum Bruttoinlandsprodukt 33 %, davon produzierendes Gewerbe 10 %; Landwirtschaft nur 21 %); dennoch bleibt Algerien zunächst überwiegend Agrarland (67 % der Beschäftigten; über 80 % der Exporte, davon zwei Drittel Wein). Nach der Phase der *autogestion* wird das Ziel einer binnengerichteten, international konkurrenzfähigen **Industrialisierung** mit Vierjahres-Investitionsplänen angestrebt.

Die Welle der Nationalisierungen (v. a. 1967–1970) bringt 100 % des Bergbaus und den Großteil der verarbeitenden Industrie unter staatliche Kontrolle. Im **Erdölsektor** sind Auslandsinvestitionen nur noch als Minderheitsbeteiligungen bei SONATRACH möglich (Gesetz vom April 1972). Die Ölförderung in großem Stil beginnt 1958 und steigt bis 1977 auf 53,5 Mio. t (2006: 97,1 Mio. t; Reserven 1977: 904 Mio. t, 2006: 1,72 Mrd. t); gewaltige Erdgasreserven von 4000 Mrd. m^3 (2005: 4580 Mrd. m^3), Produktion 1977 10 Mrd. m^3 (2005: 89,2 Mrd m^3) machen Algerien Anfang der 80er-Jahre zum größten Erdgasexporteur der Welt. – Die Bedeutung der **Landwirtschaft** geht stark zurück (1977 nur noch 8 % Beitrag zum Bruttoinlandsprodukt und 35 % der Beschäftigten [2002: 24 %]). Die Entwicklungsfinanzierung erfolgt bei weiter hohen Auslandskrediten (Auslandsschuld 1977: 8,2 Mrd. US-$ = 42,5 % des Bruttosozialprodukts) zunehmend durch Exporteinnahmen (1976: 5,3 Mrd. US-$; zu 96 % Erdöl, Gas, Erdölprodukte, Erze und Stahl; trotz der engen Beziehungen zum Ostblock ist die EG mit 70 % wichtigster Handelspartner); Überweisungen der Auslandsalgerier, Importbeschränkungen für Konsumgüter zugunsten hoher Investitionsgüterimporte. Mit einer Investitionsquote von 49 % des Bruttoinlandsprodukts (1977) und einer Sparquote von 38 % nimmt Algerien in der Welt Spitzenpositionen ein. Da die Industrialisierung nur begrenzt zu neuen Arbeitsplätzen führt (1976: 18 % der Beschäftigten im industriellen Sektor bei einem Beitrag zum Bruttoinlandsprodukt von 57 %), besteht das Problem großer **Arbeitslosigkeit** und Unterbeschäftigung (ca. 20 % der städtischen und 50 % der ländlichen Bevölkerung); 1977 kommt es zu Streiks und Demonstrationen gegen Arbeitslosigkeit und Inflation.

1973/74 Die **außenpolitische Stellung** Algeriens gewinnt stark an Bedeutung. Im und nach dem Oktoberkrieg von 1973 (Teilnahme am Ölembargo) unterstützt Algerien die Forderungen der PLO, nähert sich aber auch wieder den USA (1974 Wiederaufnahme der Beziehungen nach mehreren Besuchen Außenminister HENRY KISSINGERS). In den Nord-Süd-Beziehungen vertritt Algerien eine **rigorose Rohstoffpolitik** als Weg zu einer breiten Kapitalbildung in den Entwicklungsländern; das Land wird Sprecher der Entwicklungsländer gegenüber den Industrieländern. Das Verhältnis zu Frankreich normalisiert sich wieder (Paris hat 1970/72 die Importe auf fast ein Drittel gedrosselt und den Zustrom algerischer Arbeiter gebremst): Algerien leistet Entschädigungen für enteigneten französischen Besitz; der Warenaustausch verbessert sich; die Abstimmung in der Mittelmeerpolitik intensiviert sich.

1975/76 Nach vorübergehender Verbesserung der Beziehungen zu Marokko (1969 Wiedereröffnung der Grenze, 1970 und 1972 Einigung über den Grenzverlauf) kommt es zum **Streit über die Zukunft von Spanisch-Sahara**. Algerien wünscht einen unabhängigen, aber schwachen Staat an seiner Südwestgrenze und unterstützt darum die Befreiungsorganisation Frente Polisario in ihrem Kampf gegen die marokkanischen Annexionspläne. Nach Spaniens Rückzug flammen Kämpfe im Grenzgebiet auf (1976). Es folgt ein mehrjähriger Konflikt.

1976, 27. Juni Die Nationalcharta wird durch Referendum angenommen: Algerien ist ein »Staat des revolutionären Sozialismus«, der den Verhältnissen in der Dritten Welt angepasst ist; der Islam ist Staatsreligion; die Führungsrolle des FLN ist unumstritten (Einparteiensystem).

19. Nov. Die Prinzipien der Nationalcharta werden in der neuen **Verfassung** verankert (angenommen durch Referendum).

10. Dez. Wahl BOUMEDIENNES zum Präsidenten.

1977, 25. Febr. Wahl der Nationalversammlung.

1978, 20. Nov. Der Revolutionsrat übernimmt für den schwer erkrankten BOUMEDIENNE die Staatsführung.

27. Dez. Tod BOUMEDIENNES.

1979, 27.–31. Jan. Der vierte FLN-Kongress verabschiedet neue Statuten, die umfassendere Vollmachten für das Zentralkomitee beinhalten; der Revolutionsrat wird aufgelöst. Neuwahlen von ZK und Politbüro: Generalstabschef CHADLI BENDJEDID (*1929) wird Generalsekretär und Präsidentschaftskandidat.

7. Febr. **CHADLI wird zum Präsidenten gewählt.** Er will die Politik der Nationalcharta fortsetzen und die sozialistische Gesellschaft verwirklichen (Grundsatzerklärung am 13. März).

8. März Ministerpräsident wird Oberst MOHAMMED ABDELGHANI (*1927, †1996).

1980 Säuberungen im Staatsapparat und reduzierter Einfluss des FLN stärken den Präsidenten.

1982, 5. März Bei den Wahlen gewinnen die Kandidaten des FLN 73 % der Stimmen.

1983, Dez. Der fünfte FLN-Kongress wählt CHADLI BENDJEDID erneut zum Generalsekretär und einzigen

Kandidaten für die Präsidentschaftswahl, bei der er mit 96 % der Stimmen wiedergewählt wird (12. Jan. 1984).

1987, 28. Febr. Bei Wahlen zur Nationalversammlung können nur Bewerber kandidieren, die seit drei Jahren dem FLN angehören.

15. Mai Die diplomatischen **Beziehungen mit Marokko** werden wiederaufgenommen. Der Konflikt um die Westsahara soll durch ein Referendum über die Selbstbestimmung gelöst werden.

1988, Okt. Nach Unruhen kündigt Präsident CHADLI BENDJEDID Reformen an.

Nov. Das Reformprogramm wird durch ein Referendum bestätigt (3. Nov.) neue Regierung unter Ministerpräsident KASDI MERBAH (*1938, †1993) (5. Nov.).

22. Dez. **Wiederwahl von CHADLI BENDJEDID** zum Staatspräsidenten (einziger Kandidat).

1989, 23. Febr. Eine neue Verfassung wird per Referendum angenommen: Sozialismus und FLN werden nicht mehr erwähnt, die Rolle des Militärs wird auf die äußere Verteidigung beschränkt, das Recht auf »Bildung politischer Vereinigungen« sowie individuelle und kollektive Freiheitsrechte werden verankert. Es bilden sich politische Parteien.

9. Sept. Ministerpräsident MOULOUD HAMROUCHE (*1943) soll die Umsetzung des Reformprogramms beschleunigen.

1990, 12. Juni Die **Islamische Heilsfront** (*Front Islamique du Salut*, FIS) geht als eindeutige Siegerin aus den Kommunal- und Regionalwahlen hervor. Der FLN erleidet eine empfindliche Niederlage. Verschiedene neu zugelassene Parteien boykottieren die Wahlen.

27. Sept. ACHMED BEN BELLA kehrt aus dem Exil zurück.

1991, 30. Jan. Das Zentralkomitee des FLN bekundet Algeriens Solidarität mit dem irakischen Volk im Zweiten Golfkrieg. Proirakische Großdemonstration von Anhängern des FIS (31. Jan.).

26. Dez. Der FIS gewinnt bei den seit 1962 ersten freien Wahlen zur Nationalversammlung 188 von 231 Mandaten.

1992, 11. Jan. Staatspräsident BENDJEDID tritt zurück. Ministerpräsident SID AHMED GHOZALI (*1937) annulliert im Zusammenwirken mit dem neuen Hohen Sicherheitsrat (Konsultativorgan aus Regierungsmitgliedern und Armeeführung) das Wahlergebnis und sagt den zweiten Wahlgang ab.

16. Jan. Als neuen Präsidenten beruft der Hohe Sicherheitsrat den im marokkanischen Exil lebenden früheren Freiheitskämpfer MOHAMMED BOUDIAF (*1919, †1992).

4. März Verbot des FIS, ihre Anhänger gehen in den Untergrund. Auf die von ihnen verübten Anschläge antwortet die Regierung mit Massenverhaftungen und Hinrichtungen. Reaktion sind immer grausamere Massaker islamistischer Splittergruppen an der Zivilbevölkerung.

2. Juli Nach dem Mord an BOUDIAF (29. Juni) wird der ehemalige Diplomat ALI KAFI (*1928) neuer Präsident.

1993, 7. Febr. Der Hohe Sicherheitsrat verlängert den seit dem 9. Febr. 1992 bestehenden **Ausnahmezustand** auf unbestimmte Zeit.

1994, 30. Jan. Verteidigungsminister **LAMINE ZÉROUAL** (*1941) wird vom Hohen Sicherheitsrat zum neuen **Staatspräsidenten** für eine dreijährige Übergangszeit berufen und am 31. Jan. vereidigt.

1995, 13. Jan. Algerische Oppositionsgruppen verpflichten sich bei einem Treffen in Rom zum Gewaltverzicht und fordern die Militärregierung zu Verhandlungen auf.

16. Nov. Staatspräsident ZÉROUAL gewinnt die Präsidentschaftswahlen mit 61 % der Stimmen und kündigt einen verstärkten Kampf gegen terroristische Gewalt an.

1996, 28. Nov. In einem Referendum stimmen die algerischen Bürger für eine **Verfassungsänderung**. Die Befugnisse des Staatspräsidenten werden bei gleichzeitiger Kürzung der Amtszeit gestärkt.

1997, 5. Juni Parlamentswahlen, gegen die der FIS zum Boykott aufruft, werden mit einer Wahlbeteiligung von 65,49 % durchgeführt. Stärkste Gruppierung wird der *Rassemblement National Démocratique* (RND) ZÉROUALS vor dem FLN.

Okt. Der RND-Sieg bei Kommunalwahlen (23. Okt.) löst umfangreiche Proteste wegen des Vorwurfs der Wahlfälschung aus und vereint erstmals Anhänger verschiedener Richtungen in einer Großdemonstration (30. Okt.).

18. Nov. Die Gefangenenhilfsorganisation Amnesty International gibt die **Zahl der Opfer** seit Beginn der Kämpfe mit **80 000** an. – Zunehmende Kritik an unklarer Haltung der Sicherheitskräfte zu den Massakern wird laut.

1998, Juni Nach der Ermordung des beliebten kabylischen Sängers LOUNÈS MATOUB (*1956) (25. Juni), vermutlich durch Islamisten, kommt es in den von Berbern bewohnten Gebieten zu schweren Unruhen. Hintergrund der regierungsfeindlichen Demonstrationen ist das bevorstehende Inkrafttreten (5. Juli) eines 1996 beschlossenen Gesetzes, das Hocharabisch zur einzigen offiziellen Sprache des Landes macht, wodurch das die Berbersprache Tamazight sprechende Viertel der algerischen Bevölkerung vom Verkehr mit Behörden abgeschnitten ist.

11. Sept. Staatspräsident LAMINE ZÉROUAL gibt seinen vorzeitigen Rücktritt bekannt. Damit wird eine tief greifende **Krise in der politisch-militärischen Führungsschicht** Algeriens deutlich. Entscheidender Streitpunkt ist die Haltung gegenüber den islamistischen Parteien und Gruppen.

14. Dez. Rücktritt des Ministerpräsidenten AHMED OUGAHIA (*1952).

1999, 26. Jan. Spaltung der Regierungspartei RND. Der Mehrheitsflügel unterstützt den früheren Außenminister (1963–1979) ABD AL-ASIS BOUTEFLIKA (*1937), welcher vom FLN für die Präsidentenwahl als Kandidat aufgestellt wird.

15. April Nachdem die sechs anderen Bewerber einen Tag vor dem Wahltermin wegen angeblicher Wahlmanipulation ihre Kandidatur zurückgezogen haben, wird BOUTEFLIKA als einziger Kandidat zum Staatspräsidenten gewählt und am 27. April vereidigt. In seiner Antrittsrede erklärt er, eine Politik der »nationalen Versöhnung« führen zu wollen.

Juni Der FIS und sein bewaffneter Arm, die Islamische Armee des Heils (*Armée islamique du salut*, AIS) teilen die Einstellung aller bewaffneter Aktionen mit. Die Bewaffneten Islamischen Gruppen (*Groupe Islamique Armé*, GIA) jedoch rufen zur »Intensivierung des Heiligen Krieges« auf.

16. Sept. In einem Referendum wird BOUTEFLIKA mit 98,6 % der Stimmen in seinem Amt bestätigt.

Dez./Jan. Neue Anschläge und Massaker sowohl der Terrorgruppen als auch der Sicherheitskräfte.

23. Dez. Acht Monate nach seinem Amtsantritt präsentiert BOUTEFLIKA eine Regierung unter Ministerpräsident AHMED BENBITOUR (*1946).

2000, 20. März Das seit Juli 1999 geltende **Amnestieangebot an die islamistischen Gruppen** wird unbefristet verlängert.

29. März Die Regierung lädt vier Menschenrechtsorganisationen ein, sich im Land zu informieren.

20. Aug. Rücktritt des Ministerpräsidenten BENBITOUR. Nachfolger wird ALI BENFLIS (*1944).

13. Nov. Verbot der politischen Bestätigung für die gemäßigte islamistische Wafa-Partei. Mit Beginn des Ramadan (27. Nov.) flammen die Gewalttätigkeiten wieder auf.

2001, 21. April Nach dem Tod eines jungen Berbers brechen schwere **Unruhen in der Kabylei** aus. Massendemonstrationen finden auch in Algier statt (31. Mai, 14. Juni).

16. Mai Das Parlament billigt eine Gesetzesvorlage, nach welcher Verleumdungen staatlicher Institutionen, Beamte und Würdenträger mit hohen Strafen geahndet werden können.

29. Aug. Bei einem Bombenanschlag in Algier, dem ersten nach vier Jahren, werden 34 Menschen verletzt.

2002, April Meutereien in algerischen Gefängnissen gegen schlechte Haftbedingungen: In den überfüllten Haftanstalten sitzen ca. 38 000 Straftäter ein.

30. Mai Bei den von mehreren Oppositionsparteien boykottierten Parlamentswahlen sichert sich der regierende FLN die absolute Mehrheit.

2003, Febr. Sechs Reisegruppen mit insgesamt 32 hauptsächlich deutschsprachigen Touristen werden in der Sahara entführt. Am 13. Mai können 17 von ihnen von der Armee befreit werden. Die übrigen kommen nach langen Verhandlungen am 18. Aug. frei.

Aug. Die Regierung erkennt die Berbersprache Tamazight als Unterrichtssprache an.

30. Dez. Der seit Sept. im FLN andauernde Machtkampf führt dazu, dass die Partei zu den Teilwahlen zur zweiten Parlamentskammer mit zwei getrennten Listen antritt. Es gewinnt der *Rassemblement National Democratique* (RND), der den Präsidenten BOUTEFLIKA unterstützt.

2004, 8. April Die Präsidentschaftswahlen enden mit einem unerwartet klaren Sieg des Amtsinhabers BOUTEFLIKA, der 84,99 % der Stimmen erhält.

2005, 1. Mai Umfangreiche Regierungsumbildung. Teile der Regierung setzen sich für die zunehmende Privatisierung öffentlicher Betriebe und die Öffnung der Erdöl- und Erdgassektors für private Investitionen ein.

30. Sept. Bei einem Referendum stimmen 97 % der Wähler der »Charta für Frieden und nationale Versöhnung« zu, die u. a. die Amnestie für viele islamistische Extremisten beinhaltet.

2007, Dez. Bei einem von *al-Qaida*-Terroristen verübten Bombenanschlag in Algier sterben über 60 Menschen, darunter mehrere UN-Mitarbeiter. Bereits im April hatten bei einem Anschlag in Algier 33 Menschen ihr Leben gelassen.

Marokko seit 1953/56 | Forts. v. S. 1340 |

Gegen die westlich orientierten Nationalisten der Istiklal-Partei richtet sich der Widerstand der Gruppierungen, die sich um den Pascha von Marrakesch, THAMI EL GLAOUI (*1879, †1956), sammeln. Frankreich sucht diesen Gegensatz für seine Zwecke zu nutzen: Als sich die Konflikte zwischen der französischen Verwaltung und Sultan MOHAMMED V. (*1909, †1961) verschärfen, bedrohen Berber-Stämme die großen Städte. MOHAMMED V. muss ins Exil (20. Aug. 1953), weigert sich jedoch abzudanken; Nachfolger wird sein Onkel MOHAMMED BEN ARAFA (*1890, †1976), der sich der französischen Politik willfährig zeigt. Die **Absetzung des Sultans** löst eine Welle der nationalen Erhebung aus; auch die Berber wenden sich nun gegen Frankreich, das sich zu Verhandlungen bereit erklären muss. Mohammed V. kehrt am 16. Nov. 1955 als Sultan nach Marokko zurück.

1956, 2. März Ein Französisch-Marokkanisches Abkommen hebt den Protektoratsvertrag von 1912 auf: Frankreich erkennt die **Unabhängigkeit und Souveränität Marokkos** an und leistet Hilfe beim Aufbau der Streitkräfte. Sultan MOHAMMED V. sucht die Unterstützung der Nationalisten für den Aufbau eines modernen Staatswesens. Als stärkste politische Partei bildet die *Istiklal*-Partei die Mehrheit in der Regierung. Die im Lande bleibenden französischen Beamten erhalten Garantien.

7. April Spanien übergibt die nördliche Zone seines Protektorats; es gibt jedoch keine Einigung über die südliche Zone (nach längeren Auseinandersetzungen im April 1958 übergeben) und über die Enklaven (Ifni kommt 1969 an Marokko; Ceuta und Melilla bleiben spanisch).

8.–29. Okt. Eine internationale Konferenz spricht Marokko Tanger zu (die Charta vom 4. Sept. 1957 bestätigt die Privilegien Tangers als internationaler Freihafen – 1959 aufgehoben; ab 1962 wieder Freihafen). Die *Istiklal*-Partei strebt ein »Groß-Marokko« unter Einschluss von Spanisch-Sahara, Mauretanien, Französisch-Sudan (Mali) und Teilen Südwestalgeriens an. Der Sultan erhebt in den folgenden Jahren immer wieder Ansprüche auf diese Gebiete, begründet dies mit marokkanischer Oberhoheit in vorkolonialer Zeit. Daher sind die Beziehungen zu Spanien und – nach deren Unabhängigkeit – zu Mauretanien sowie Algerien gespannt.

12. Nov. Die Nationale Ratsversammlung (vom Monarchen ernannte Mitglieder) tritt zusammen.

1957, 18. Aug. **MOHAMMED V. nimmt den Königstitel an.** Die traditionelle Stärke der marokkanischen Monarchie beruht auf ihrer religiösen Funktion (der Herrscher ist zugleich religiöses Oberhaupt) und der ausgleichenden Rolle des Herrschers zwischen den verschiedenen Bevölkerungsgruppen (zwei Drittel Araber, ein Drittel Berber). Der Versuch MOHAMMEDS V., seine Macht auszuweiten, stößt jedoch auf den Widerstand der demokratisch gesinnten Kräfte in der *Istiklal*-Partei, die in einen konservativen und einen radikalen Flügel zu zerfallen beginnt.

1959/60 Die dem radikalen Flügel zuzurechnende Regierung (seit Dez. 1958) ABDALLAH IBRAHIM (*1918, †2005) strebt die grundlegende Modernisierung Marokkos an, stößt aber auf Widerstand. Die von MEHDI BEN BARKA (*1920, †1965) 1959 gegründete radikale *Union Nationale des Forces Populaires* (UNFP) ist von Anfang an Verfolgungen durch Polizei und Armee ausgesetzt, obwohl sie die Regierung unterstützt.

1960, 21. Mai MOHAMMED V. übernimmt selbst die Regierung: Der Fünfjahrplan 1960–1964 wird begonnen, mehrfach geändert und 1962 schließlich aufgegeben.

1961, 26. Febr. Nach dem Tod MOHAMMEDS V. wird sein Sohn **HASAN II.** (*1929, †1999) **König** und übernimmt ebenfalls das Amt des Premierministers.

1962, Juli **Marokkanisch-algerischer Konflikt**: Marokkanische Truppen dringen nach Algeriens Unabhängigkeit ins beanspruchte Grenzgebiet ein; Marokko erhebt zudem Anspruch auf das rohstoffreiche Gebiet um Tindouf. Nach Gefechten (Okt. 1963) akzeptiert Marokko die Vermittlung von OAU-Mitgliedern: Abkommen über eine entmilitarisierte Zone (20. Febr. 1964). Die Beziehungen zu Algerien bleiben gespannt.

7. Dez. **Verfassung** wird durch Referendum angenommen: Sie sieht eine **konstitutionelle Monarchie** mit starker Stellung des Königs vor.

1963 Die autokratische und reformfeindliche Regierung HASANS II. löst wachsenden Widerstand aus: Auch die *Istiklal*-Partei geht auf Oppositionskurs.

17. Mai Bei den Wahlen zum Abgeordnetenhaus gewinnt die dem König nahe stehende neue Partei *Front pour la Défense des Institutions Constitutionnelles* (FDIC; nach deren Spaltung 1964 *Mouvement Populaire*, MP) keine klare Mehrheit (69 der 144 Sitze).

Juli Repressive Maßnahmen gegen Oppositionsparteien: Die UNFP-Führung wird verhaftet, viele von ihnen gefoltert und hingerichtet.

1965, 7. Juni Als *Istiklal* und die UNFP Koalitionsangebote ablehnen und freie Wahlen fordern, ruft der König den Notstand aus und regiert per Dekret. »Starker Mann« neben HASAN ist Innenminister MOHAMMED OUFKIR (*um 1920, †1972).

Okt. UNFP-Führer BEN BARKA verschwindet in Paris spurlos. Die französische Regierung macht OUFKIR für die Ermordung BEN BARKAS verantwortlich.

1966, 26. Jan. Frankreich bricht die diplomatischen Beziehungen zu Marokko ab.

1967 In der arabischen Politik versucht König HASAN eine Vermittlerrolle zu spielen: Im Nahostkrieg unterstützt Marokko nur verbal die arabische Seite.

1968 Marokkos **Ansprüche auf Spanisch-Sahara** belasten das Verhältnis zu Algerien und Mauretanien; Verhandlungen mit der spanischen Regierung verlaufen ergebnislos.

1969, 15. Jan. Der Versuch Marokkos, das Verhältnis zu seinen Nachbarstaaten zu entspannen, führt mit Algerien zum »Vertrag über Solidarität und Zusammenarbeit« (**Regelung der Grenzfragen** 1970–1972).

3. Okt. Nach Jahren der Instabilität erweitert HASAN wieder den Spielraum für politische Aktivität: Kommunalwahlen finden statt.

1970 Marokko will Algerien und Mauretanien für das Konzept eines Kondominiums über die Westsahara gewinnen und Mauretanien in den maghrebinischen Wirtschaftsraum einbeziehen: Abkommen mit Algerien (28. Mai), Freundschaftsvertrag mit Mauretanien (8. Juni).

24. Juli Trotz breiter Ablehnung (unbeirrte Opposition von *Istiklal* und UNFP, die eine »Nationale Front« bilden – 1972 auseinander gebrochen) wird die neue Verfassung, die die Rechte der Volksvertretung und des Kabinetts weiter zugunsten des Königs beschneidet, durch ein Referendum mit offiziell 98 % der Stimmen angenommen.

21./28. Aug. Bei Wahlen erhalten die Oppositionsparteien nur 22 der 240 Sitze; 60 gehen an den regierenden MP, 158 an überwiegend konservative, regierungsfreundliche »Unabhängige«.

14. Sept. König HASAN und die Präsidenten von Algerien und Mauretanien, HOUARI BOUMEDIENNE und MOKTAR OULD DADDAH, stimmen ihre Sahara-Politik aufeinander ab.

1971, 10. Juli **Putschversuch** eines Teils der Armee (vermutlich rechtsgerichtete Kräfte, die von Libyen unterstützt werden).

4. Aug. Mittelbare Auswirkung des Putsches ist die Ankündigung von wirtschaftlichen, sozialen und politischen Reformen durch HASSAN.

1972, 1. März Die neue Verfassung wird durch Referendum gebilligt: Die Exekutive liegt bei der Regierung, die strenger als bisher vom Parlament kontrolliert wird. Direktwahl von zwei Dritteln der Abgeordneten (bisher ein Drittel) soll durch das Volk erfolgen. Die innenpolitische Lage beruhigt sich nicht: Die Wahlen werden ohne Termin verschoben.

16. Aug. Erneut Putschversuch einer Gruppe von Luftwaffenoffizieren. OUFKIR begeht Selbstmord; es folgt die summarische Exekution der Beteiligten. Die Hintergründe der Attentatsversuche bleiben im Dunkeln; die politische Opposition ist nicht beteiligt. *Istiklal* und UNFP lehnen erneut den Eintritt ins Kabinett ab.

1973 Marokko übernimmt eine aktivere Rolle im Nahostkonflikt, entsendet ein Expeditionskorps nach Syrien (Febr.) und Ägypten (Okt.) und nimmt am Oktoberkrieg teil.

3. März Hasan II. kündigt in einer Thronrede den Beginn der »Marokkanisierung« an: Enteignung von noch vorhandenen ausländischen Landwirtschaftsbesitzen (ca. 260000 ha französischer Grundbesitz; gewisse Entschädigung 1974 vereinbart). In einigen Zweigen der Industrie muss mindestens 50 % des Kapitals in marokkanischen Händen sein; die Fischereizone wird auf 70 Seemeilen ausgedehnt und für fremde Fangschiffe gesperrt.

Wirtschaft, Entwicklung und die Politik der »Marokkanisierung« (1960–1977)

Marokko hat günstige Bodenverhältnisse und reiche Bodenschätze. Ansätze zu einer reformorientierten Wirtschaftspolitik um 1960 bleiben im Ansatz stecken: Im **Agrarsektor** (Anteil der Beschäftigten 1960: 62 %; 1977: 53 %; 2004: 43 %) kommen die Investitionen v. a. den Großgrundbesitzern zugute. Bis 1973 werden nur 90 000 ha verstaatlichten Landes an Kleinbauern verteilt; das Genossenschaftswesen ist wenig entwickelt. Landwirtschaft und Fischerei decken 90 % des Nahrungsmittelbedarfs und liefern 37 % (1976; 2002: 16 %) der Exportprodukte (v. a. Zitrusfrüchte, Tomaten, Fisch). – Im **industriellen Sektor** einschließlich Bergbau (Beitrag zum Bruttoinlandsprodukt 1977: 31 %) führt die Förderung der Privatinitiative zu überdurchschnittlichem jährlichem Wachstum (1970–1977: 7,8 %; 2006: 3,4 %). Marokko ist der Welt drittgrößter Produzent und größter **Exporteur von Phosphaten** (1976: 39 % der Exporte); daneben gibt es Vorkommen an Blei, Zink, Kobalt, Mangan u. a. In der verarbeitenden Industrie dominiert Leichtindustrie. Konsumgüter (v. a. Textilien, Teppiche) machen 11 % der Exporte aus. Tourismus ist ein bedeutender Wirtschaftsfaktor (Einnahmen 1977: 335 Mio. US-$).

Die **Entwicklungsstrategie** seit 1973 zielt auf ein gemischtwirtschaftliches System; es kommt zur Verstaatlichung »strategischer« Wirtschaftszweige (Bodenschätze, Energie, Schwerindustrie [Eisen, Stahl], Nachrichten-, Verkehrs- und Kreditwesen), doch wird Privatinitiative bei zunehmender »Marokkanisierung« in den Bereichen Landwirtschaft, Leichtindustrie, Handel und Tourismus gefördert. Entwicklungsfinanzierung erfolgt über eine Politik der Auslandsverschuldung (1977: 43,5 Mrd. US-$; 2004: 16,3 Mrd. US-$); bei einer Investitionsquote von 29 % des BSP 1977 hat Marokko mit 7 % eine der niedrigsten Sparquoten der Welt. Marokko ist fast völlig von Ölimporten abhängig (1976: 11 % der Importe). Die wachsende Belastung des Haushalts durch erhöhte Militärausgaben (Ausgaben für Militär und innere Sicherheit 1977 etwa 2,4 Mrd. US-$, fast ein Viertel des Bruttosozialprodukts: 2002: 13 %) zwingt die Regierung zur Kürzung von Subventionen für Grundnahrungsmittel (1974); Hauptproblem für die Bevölkerung sind Inflation, Arbeitslosigkeit und wachsende soziale Ungleichheit; 1978 finden Streiks und Demonstrationen statt. Da auch die Landverteilungen nach 1973 Begüterte begünstigen, ist das Ergebnis der »Marokkanisierung« in den späten 70er-Jahren der Transfer von Vermögenswerten auf Marokkaner, nicht die entwicklungspolitische Transformation der marokkanischen Gesellschaft.

1974 Hasan II. bereitet mit einer internationalen Kampagne die **Annexion von Spanisch-Sahara** vor. Die Opposition zeigt sich kooperationsbereit: Eine Welle der nationalen Einheit lässt politische und soziale Konflikte in den Hintergrund treten.

1975, 6.–9. Nov. Der Schiedsspruch des Internationalen Gerichtshofes (Okt.) liefert den Vorwand für den »Grünen Marsch« von 250 000 Marokkanern über die Grenze. Spanien erklärt sich im dreiseitigen Abkommen bereit, Marokko und Mauretanien die Verwaltung der Sahara zu übergeben (14. Nov.). Dies führt zum Konflikt mit Algerien (Jan./Febr. 1976 Kämpfe im Grenzgebiet).

1976, 14. April Marokkanisch-Mauretanischer Vertrag über die Aufteilung der Westsahara. Marokko beginnt mit der Integration des von ihm verwalteten Territoriums in das marokkanische Staatsgebiet.
Gegen die **Guerillagruppe der Frente Polisario** kann sich Marokko militärisch behaupten, ohne sie dauerhaft aus dem Territorium fernhalten zu können. Frankreich gewährleistet militärische Hilfe (Waffenlieferungen), die Beziehungen zu den USA sind wegen deren Weigerung, Kampfflugzeuge zu liefern, gespannt (trotzdem kommt es zur Zusammenarbeit: Im April 1977 und Juni 1978 fliegen französische bzw. amerikanische Transportflugzeuge marokkanische Truppen zur Stützung des Regimes Mobutu nach Zaire).

1977, 3. Juni Hasan nutzt die Welle der nationalen Einheit zur schrittweisen Wiederherstellung verfassungsmäßiger Zustände. Nach Kommunal- und Provinzwahlen (Nov. 1976 bzw. Jan. 1977) finden **Wahlen zur Abgeordnetenkammer** statt: 141 Sitze für die königstreuen Unabhängigen, 49 für die *Istiklal*-Partei, 44 MP, 16 *Union Socialiste des Forces Populaires* (USFP, Abspaltung der UNFP). Bildung einer Regierung aus Unabhängigen, MP und erstmals wieder *Istiklal.*

1978, Okt. Gründung des *Rassemblement National des Indépendants* (RNI) durch Premierminister Ahmed Osman (*1930).

1979, 14. Aug. Marokko **annektiert** nach dem Friedensvertrag Mauretaniens mit dem *Polisario* auch den **Südteil der** Westsahara.

1982, 13. Nov. Marokko gibt trotz Aufforderung der UN-Generalversammlung und der OAU (Organisation für Afrikanische Einheit) die Besetzung der Westsahara nicht auf. Erst als die OAU am Westsahara-Problem zu zerbrechen droht, zieht Marokko aus dem wirtschaftlich unwichtigen Südteil der Westsahara ab.

1983 König Hasan erklärt vor der UN-Generalversammlung, er werde einen Volksentscheid in der Westsahara akzeptieren.

1984, Jan. Nach Preiserhöhungen schlägt die Armee Unruhen in mehreren Orten nieder.

13. Aug. Hasan II. und der libysche Präsident Gaddafi unterzeichnen in Oujda (Marokko) den Vertrag über eine **Staatenunion zwischen Libyen und Marokko** (am 29. Aug. 1986 von Marokko aufgekündigt).

12. Okt. König HASAN eröffnet das neue Parlament, in dem die Mitte-Rechts-Parteien die absolute Mehrheit haben.

12. Nov. Marokko verlässt die OAU, weil die von *Polisario* proklamierte Demokratische Arabische Republik Sahara die ihr zuerkannten Mitgliedsrechte wahrnimmt.

1987, 4. Mai HASAN II. trifft den algerischen Staatspräsidenten CHADLI BENDJEDID, um eine Lösung des Westsahara-Konflikts zu erörtern.

20. Juli Marokkos Aufnahmeantrag für die Europäische Gemeinschaft wird abgelehnt.

1990, 14. Dez. Ein Generalstreik wegen der sich verschlechternden sozialen Lage wird blutig niedergeschlagen.

1991, 28. Jan. Die drei größten Gewerkschaften und die Regierung unterstützen einen Generalstreik gegen den Zweiten Golfkrieg.

4. Sept. König HASAN II. erklärt sein Einverständnis für den **Waffenstillstand in der Westsahara**, wo marokkanische Truppen gegen den *Polisario* kämpfen.

1992, 4. Sept. Die in einem Referendum angenommene neue Verfassung bestätigt die Machtstellung des Königs.

1993, 3. Nov. Die Oppositionsparteien lehnen König HASANS Angebot einer Regierungsbeteiligung mit begrenzten Vollmachten ab.

1994, 3. März König HASAN fordert die Eingliederung der zu Spanien gehörenden **Exklaven Ceuta und Melilla** in das Staatsgebiet Marokkos.

26. Aug. Auf Gewalttaten algerischer Islamisten in Marokko reagiert König HASAN mit der Schließung der Grenze zu Algerien.

1997, 24. April Der frühere amerikanische Außenminister JAMES A. BAKER führt mit der marokkanischen Regierung Gespräche über die Zukunft der Westsahara.

14. Nov. Mit den ersten Direktwahlen des Parlaments durch das Volk trägt HASAN II. Forderungen der Opposition Rechnung.

1998, 4. Febr. Der Führer der USFP, ABDERRAHMAN YOUSSOUFI (*1924), bildet ein Kabinett, dem Minister aus sieben Parteien angehören; dies ist der erste demokratische Machtwechsel seit der Unabhängigkeit Marokkos.

1999, 23. Juli König HASAN II. stirbt in Rabat. Nachfolger wird sein Sohn SIDI MOHAMMED (*1963), der als **MOHAMMED VI.** den Thron besteigt.

1. Aug. In seiner Thronrede verspricht MOHAMMED VI. eine Fortsetzung des von seinem Vater eingeleiteten Reformkurses. Für fast 46 000 Häftlinge wird eine Amnestie angekündigt.

9. Nov. Mit der Entlassung des langjährigen Innenministers DRISS BASRI (*1938, †2007), der seit 25 Jahren die restriktive Innenpolitik Marokkos prägte, wird ein wesentliches Hindernis der Reformpolitik beseitigt.

2000, 12. März Mehrere hunderttausend Islamisten protestieren gegen eine Gesetzesvorlage der Regierung, die die Rechte der Frauen verbessern will. Damit wird deutlich, welche Macht der Islamismus in Marokko inzwischen darstellt.

2001, 8. März Die Regierung kündigt Maßnahmen gegen den Haschischanbau an.

2002, 17. Juli Spanische Elitetruppen beenden die 6-tägige Besetzung der Felseninsel Perejil durch marokkanisches Militär. Die Insel liegt in marokkanischen Hoheitsgewässern, wird aber von Spanien beansprucht und sollte nach einem Abkommen von 1960 unbewohnt bleiben. Der Konflikt setzt sich im Aug. fort: Marokko bekräftigt seine Ansprüche auf die spanischen Exklaven Ceuta und Melilla. Spanien entsendet Kriegsschiffe zu deren Schutz.

27. Sept. Bei den Wahlen zum Unterhaus bleibt die USFP des Premierministers ABDERRAHMAN YOUSSOUFI stärkste Partei.

2003, 16. Mai Bei einer Serie von Selbstmordanschlägen in Casablanca kommen 44 Menschen ums Leben. Die Attentate gelten einem spanischen Club, verschiedenen jüdischen Einrichtungen und einem Luxushotel.

18. Aug. Vier in die Anschläge von Casablanca verwickelte Islamisten werden zum Tode verurteilt, 83 weitere Angeklagte erhalten Haftstrafen. Der Prozess ist der erste in einer Reihe von Verfahren, die sich gegen insgesamt 2000 Verdächtige richten.

10. Okt. König MOHAMMED VI. kündigt eine Reform des Frauen- und Familienrechts an, welche die rechtliche Stellung der Frauen verbessern soll (im Jan. 2004 vom Parlament verabschiedet).

2004, April MOHAMMED VI. setzt eine unabhängige nationale Kommission für Gleichheit und Versöhnung ein, die Menschenrechtsverletzungen aus der Regierungszeit König HASSANS II. aufarbeiten soll.

2007, 7. Sept. Bei den Parlamentswahlen geben nur 37 % der Wahlberechtigten ihre Stimme ab. Premierminister wird ABBAS AL-FASSI (*1940), Vorsitzender der *Istiklal*, der stärksten Partei im Parlament.

Westsahara (Spanisch-Sahara) seit 1958/73

Das Gebiet der Westsahara unterteilt sich in die zwei historischen Regionen Saquiet el-Hamra im Norden und Río de Oro im Süden. 1958 zur **Überseeprovinz Spanisch-Sahara** vereinigt, dienen sie Spanien lange nur als militärischer Flankenschutz für die Kanarischen Inseln. Die zu 80 % nomadische Bevölkerung lebt von Viehzucht (Kamele); Ackerbau ist nur in Regenjahren möglich. Weitere Wirtschaftsbereiche sind der Fischfang und die Fischverarbeitung. Die Bedeutung von Spanisch-Sahara ändert sich schlagartig mit der Entdeckung ergiebiger **Phosphatvorkommen** im Norden des Landes bei Bou Craa 1965; der Abbau nach modernen, kapitalintensiven Verfahren findet seit 1972 statt (nur 1000 Beschäftigte, davon 200 Saharaouis). Beim Phosphatexport (bereits 1974: zwei Mio. t) konkurriert Spanisch-Sahara mit Marokko auf dem Weltmarkt; Marokko hat bereits bei der Unabhängigkeit 1956 Anspruch auf die Westsahara erhoben und würde mit den Vorkommen von Bou Craa seine Phosphatreserven enorm steigern.

1973 Wachsender Druck auf Spanien durch Marokko, Mauretanien und Algerien, die seit 1970 ihre Politik in der Westsahara-Frage abstimmen. Attentate und Guerillaaktionen verschiedener Unabhängigkeitsbewegungen, von den Nachbarstaaten unterstützt; zur wichtigsten wird der von Algerien unterstützte *Frente Popular para la Liberación de Saguia el Hamra y Río de Oro* (**Frente Polisario**, Volksfront für die Befreiung von Saquiet el-Hamra und Río de Oro).

1975, 14. Nov. Der »Grüne Marsch« von 250 000 Marokkanern über die Grenze (6.–9. Nov.) veranlasst Spanien, im dreiseitigen Abkommen mit Marokko und Mauretanien die Verwaltung der Westsahara abzugeben. Marokkanische Truppen besetzen die Westsahara. Der Abzug der spanischen Truppen ist im Jan. 1976 abgeschlossen.

3. Dez. Bildung eines **Provisorischen Nationalrats der Sahara** in Algier; 67 der 104 Abgeordneten der gewählten Provinzversammlung von Spanisch-Sahara erkennen den *Frente Polisario* als gesetzgebende Instanz der Sahara an.

1976, Jan./Febr. Militärischer Konflikt mit Marokko und Mauretanien; es kommt auch zu Kämpfen zwischen algerischen und marokkanischen Einheiten.

28. Febr. Ende der spanischen Präsenz; der Provisorische Nationalrat ruft die **Demokratische Arabische Republik Sahara** (DARS) aus. Provisorische Verfassung (29. Febr.).

5. März Bildung einer Regierung in Algier. Es folgt die diplomatische Anerkennung durch Algerien und einige subsaharische afrikanische Staaten.

14. April Marokkanisch-Mauretanisches Abkommen über die Grenzziehung in der Westsahara (Maureta-

Afrika 2008

nien erhält das südliche Drittel) und über gemeinsame Ausbeutung der Bodenschätze. Marokko und Mauretanien gliedern die von ihnen verwalteten Gebiete als Provinzen in ihr Staatsgebiet ein: Es handelt sich um eine de-facto-**Annexion der Westsahara**.

1975/76 Marokkanischen Truppen (auch in Mauretanien) gelingt es, die von Algerien modern ausgerüsteten Truppen des *Frente Polisario* aus der Westsahara zu verdrängen; sie können jedoch das Wüstengebiet nicht ganz kontrollieren.

1978, 12. Juli Der *Frente Polisario* erklärt nach dem Staatsstreich in Mauretanien einseitig den Waffenstillstand. Trotz Wiederaufnahme der Kämpfe im Winter gibt es Geheimkontakte mit der neuen Regierung.

1979, 5. Aug. Friedensvertrag Mauretaniens mit dem *Frente Polisario*: Mauretanien übergibt der DARS seinen Teil der Westsahara. **Konflikt mit Marokko**, das sich weigert, seine Truppen abzuziehen, und auch den Süden der Westsahara annektiert.

1980 Der Aufnahmeantrag der DARS scheitert in der OAU (Organisation für Afrikanische Einheit) an der erforderlichen Zweidrittelmehrheit; trotzdem wächst die internationale Anerkennung der DARS, die bereits 1981 von 45 Staaten als souveräner Staat diplomatisch anerkannt ist.

1982, 22. Febr. **Aufnahme der DARS in die OAU.**

1984, 27. Febr. Mauretanien erkennt die DARS an.

1987, März Der marokkanische Befestigungswall (2700 km lang) zum Schutz gegen den *Frente Polisario* wird fertig gestellt.

1988, 30. Aug. Marokko und der *Polisario* akzeptieren den Friedensplan des UNO-Generalsekretärs JAVIER PÉREZ DE CUÉLLAR (Referendum über die Zukunft des Territoriums und somit über die Unabhängigkeit der DARS).

1989, 4.–5. Jan. Ein erstes Treffen zwischen König HASSAN und Vertretern der *Frente Polisariot* bringt keine konkreten Ergebnisse. Im Herbst brechen erneut Kämpfe aus.

1990, 5. Juni Nach einer Reise von PÉREZ DE CUÉLLAR in das Krisengebiet einigen sich Marokko und der *Frente Polisario* über den Kreis der Stimmberechtigten beim Referendum.

5. Juli Ein Organisationsplan der UNO und OAU für das Referendum sieht einen Waffenstillstand, Rückzug des Militärs und eine Überwachung der Stimmabgabe durch die UNO vor.

1991, 6. Sept. Der auf Initiative der UNO vereinbarte **Waffenstillstand mit Marokko** tritt in Kraft. Das geplante Referendum verzögert sich jedoch; die UN-Bemühungen zur Lösung des Westsahara-Konflikts gehen in den folgenden Jahren weiter.

1996, 29. Mai Der UN-Sicherheitsrat suspendiert die Vorbereitung des Westsahara-Referendums.

1997, 16. Sept. *Frente Polisario* und Marokko einigen sich unter Vermittlung des UN-Beauftragten JAMES A. BAKER **erneut** auf ein **Referendum** (7. Dez. 1998) zur Beilegung des Westsahara-Konflikts.

1998, Sept. Die erste Phase der Registrierung für das Referendum ist abgeschlossen. Der weitere Fortgang wird jedoch durch neuen Streit über die Identifikationskriterien behindert.

2000 UN-Generalsekretär KOFI ANNAN verschiebt das Referendum auf unbestimmte Zeit.

Juni/Juli Direkte Verhandlungen zwischen Vertretern der marokkanischen Regierung und des *Polisario* in London und Genf bleiben ohne Ergebnis.

2001, 29. Juni Der UN-Sicherheitsrat billigt einen von ANNAN vorgelegten Plan, nach dem die Westsahara in das marokkanische Staatsgebiet eingegliedert werden und eine eigene Exekutive erhalten soll. Das Referendum soll erst fünf Jahre später stattfinden. Der *Polisario* und seine Schutzmacht Algerien weisen den Plan zurück.

2004, 12. Juni Der frühere US-Außenminister JAMES A. BAKER tritt von seinem Amt als UN-Sonderbeauftragter zurück, nachdem ihm nicht gelungen ist, eine Einigung zwischen marokkanischer Regierung und *Polisario* herzustellen.

2007, Juni Ein zweitägiges Treffen bei New York zwischen der marokkanischen Regierung und dem *Frente Polisario* endet ohne Ergebnis.

Nordostafrika seit 1945

Sudan seit 1948 | Forts. v. S. 1343 |

1948, 15. Juli Aufgrund einer britischen Verordnung wird im anglo-ägyptischen Kondominium Sudan gegen den Protest der ägyptischen Regierung eine Verwaltungsreform in die Wege geleitet.

1951, 27. Okt. Die verfassunggebende Versammlung wendet sich gegen die ägyptische Entscheidung, Sudan wieder Ägypten anzugliedern.

15. Nov. Die Wahlen zur verfassunggebenden Versammlung bringen für die antiägyptisch eingestellte Unabhängigkeitsbewegung die Mehrheit.

1952, 2. April Großbritannien unterbreitet einen Verfassungsentwurf, der eine begrenzte Selbstverwaltung für Sudan vorsieht. Dagegen wendet sich die ägyptische Regierung, die König FARUK (*1920, †1965) als den Souverän Sudans bezeichnet.

1953, 12. Febr. Unterzeichnung einer Kompromissvereinbarung in Kairo: Sudan wird das Selbstbestimmungsrecht eingeräumt, sich für die Unabhängigkeit oder einen Anschluss an Ägypten zu entscheiden.

29. Nov. Die allgemeinen Wahlen gewinnt die für die Unabhängigkeit eintretende Nationale Unionspartei (*Umma*).

1954, 9. Jan. Der Führer der siegreichen *Umma*, ISMAIL AL-AZHARI (*1900, †1969), bildet eine Regierung.

1956, 1. Jan. **Unabhängigkeit Sudans** nach einer Volksabstimmung. Das Problem des neuen Staates ist der krasse ethnische und religiöse Gegensatz zwischen dem Norden und Süden des Landes, der nicht zuletzt durch die Kolonialzeit geschaffen wurde (islamischer Norden, überwiegend christianisierter Süden). Wegen der politischen Übermacht des Nordens (60 % der Bevölkerung) und einer Islamisierungspolitik im Süden entwickelt sich aus dem Aufstand einiger Gruppen im Süden ein langjähriger Bürgerkrieg.

April Beitritt Sudans zur Arabischen Liga.

5. Juli Der neue Führer der *Umma*, ABDULLAH KHALIL (*1892, †1970), wird zum Ministerpräsidenten gewählt.

1958, 11. März Bei allgemeinen Wahlen gewinnt die *Umma* 68 und die *People's Democratic Party* (PDP) 26 Parlamentssitze.

17. Nov. Staatsstreich der Armee unter General IBRAHIM ABBOUD (*1900, †1983), der selbst Staatschef wird (Suspendierung der Verfassung, Auflösung des Parlaments, Parteienverbot).

1959, 8. Nov. Sudan und die Vereinigte Arabische Republik (Ägypten) einigen sich über das Problem der Verteilung des Nilwassers. Die Vereinigte Arabische Republik leistet eine Entschädigung von 43 Mio. US-$ für die Überflutung sudanesischen Gebiets im Zusammenhang mit dem Bau des Assuan-Staudammes.

1964, 15. Nov. Mit der Ablösung des Militärs in der Regierungsverantwortung durch eine zivile Regierung beginnt eine Periode innenpolitischer Instabilität (wechselnde Koalitionen, Parteienzank).

1969, 25. Mai Erneuter Staatsstreich der Armee: Die Regierungsgewalt übernimmt ein Revolutionsrat unter Führung von Oberst DSCHAFAR MUHAMMAD AN-NUMEIRI (*1930), der nach außen eine Annäherung an die Sowjetunion sucht und innenpolitisch einen staatssozialistischen Kurs (Verstaatlichung ausländischer Banken und Unternehmen 1970) vertritt.

1971, 19. Juli Putsch des prokommunistischen Flügels im Revolutionsrat gegen die nationalrevolutionären Vertreter in der Armee unter NUMEIRI.

22. Juli Mithilfe Libyens und Ägyptens kann sich NUMEIRI an der Macht halten. Es folgen zahlreiche Verhaftungen von Kommunisten, Hinrichtungen und scharfe diplomatische Auseinandersetzungen mit der Sowjetunion.

10. Okt. NUMEIRI wird zum Staatsoberhaupt gewählt.

1972, 27. Febr. Unterzeichnung eines Friedensabkommens mit den südsudanesischen Aufständischen in Addis Abeba: Mit Wirkung vom 4. März wird Südsudan Autonomiestatus gewährt (Vertretung im sudanesischen Parlament entsprechend dem proportionalen Anteil an der Gesamtbevölkerung, weitgehende wirtschaftliche Selbstverwaltung), eine Amnestie versprochen sowie ein Aufbauprogramm (ausländische Kredite) vereinbart.

25. Juli Die Wiederaufnahme der diplomatischen Beziehungen zu den USA (bereits am 13. Juni zur Bundesrepublik Deutschland) deutet auf eine außenpolitische Öffnung zum Westen, die im Zusammenhang mit dem Bestreben der sudanesischen Regierung steht, ausländische Investitionen zu erleichtern.

1973, 14. April **Neue Verfassung**: Die innere Autonomie Südsudans wird verankert, der Islam zur Staatsreligion erhoben, das Christentum als die Religion eines »großen Teils der Bevölkerung« anerkannt und die Sudanesische Sozialistische Union als Einheitspartei bezeichnet.

22. Okt. Südsudan erhält eine provisorische Regierung.

1976, Juli Niederschlagung eines Putschversuchs. Sudan bezichtigt Libyen vor der UNO der Anstiftung und schließt mit Ägypten einen Verteidigungspakt (15. Juli).

1977, Mai Die Schließung der sowjetischen Militärmission in Sudan und Verringerung des sowjetischen Botschaftspersonals kennzeichnen die Verschlechterung in den Beziehungen zur UdSSR.

14. Aug. Im Rahmen einer Amnestie für politische Häftlinge werden führende Exilpolitiker begnadigt. Der Führer der Nationalen Front, SADIQ AL-MAHDI (*1935), kehrt nach Sudan zurück und löst nach der Aussöhnung der Opposition mit NUMEIRI die Nationale Front auf.

1979, 12.–21. Jan. Die gemeinsame Sitzung der Parlamente Ägyptens und Sudans sowie Regierungsvereinbarungen über wirtschaftliche, soziale und kulturelle Integration unterstreichen die zunehmende Zusammenarbeit beider Staaten, die nach vorübergehender Abkühlung der Beziehungen in der »Charta der Integration« (1982) langfristig vereinbart wird.

1983 Nach der Aufteilung Südsudans in drei Provinzen (Juni) und der Einführung des islamischen Strafrechts (Sept.) droht der Bürgerkrieg wieder aufzuflammen.

1985, 6. April Ein Militärputsch führt zu NUMEIRIS Sturz. General ABDEL RAHMAN SWAR AL-DAHAB (*1934) wird neuer Staatschef.

29. Okt. Vereinbarung eines Waffenstillstands mit der südsudanesischen *Sudan People's Liberation Army* (SPLA).

1986 Die in Südsudan boykottierten Parlamentswahlen gewinnt die *Umma*.

5. Mai *Umma* und *Democratic Unionist Party* (DUP) einigen sich auf eine Regierung der nationalen Einheit unter Ministerpräsident AL-MAHDI. Da die Regierung die Anwendung des islamischen Rechts (Scharia) nur aussetzt und nicht aufhebt, führen Aufständische im Süden den Kampf fort. Der Krieg in Südsudan verhindert in der Folgezeit immer wieder internationale Hilfe für die vom Hungertod bedrohte Bevölkerung.

1988, 15. Mai Eine lange Koalitionskrise lässt erst nach, als die Nationale Islamische Front (NIF) mit fünf Ministern an der Regierung beteiligt wird.

10. Sept. Die Körperstrafen des islamischen Rechts werden gegen den Protest des Südens wieder eingeführt.

16. Nov. Die DUP schließt mit der SPLA ein Abkommen über die Beendigung des Bürgerkriegs. Als dies im Parlament keine ausreichende Unterstützung findet, verlässt die DUP die Regierung (29. Dez.).

1989, 6. März Nach einem entsprechenden Ultimatum

der Armee bildet AL-MAHDI eine Regierung der Nationalen Einheit ohne die NIF mit dem Ziel, den Bürgerkrieg zu beenden.

30. Juni Ein Revolutionärer Kommandorat zur nationalen Rettung unter General OMAR HASSAN AL-BASHIR (*1944) übernimmt die Macht. Verhandlungen mit der SPLA bleiben ergebnislos. Der Krieg im Süden geht weiter.

1992, 24. April–16. Mai Offensive von Regierungstruppen gegen Rebellen im Süden: Dank umfassender iranischer Waffenhilfe können große Gebiete unter Kontrolle gebracht werden.

1993 Die ägyptisch-sudanesischen Beziehungen verschlechtern sich. Grund ist v. a. der Streit um die Region Halaib (Erdölfunde).

16. Okt. Der Revolutionäre Kommandorat löst sich auf, nachdem er General BASHIR zum Staatspräsidenten berufen hat. Damit ist die Militärherrschaft formal beendet. Der Bürgerkrieg in Sudan dauert jedoch an.

1994, 14. Febr. BASHIR verfügt eine regionale Neuorganisation des Landes.

8.–23. März In Nairobi finden Friedensgespräche unter Beteiligung mehrerer afrikanischer Staaten zur Erreichung eines Waffenstillstandes im Bürgerkrieg statt.

13. Juli BASHIR bildet sein Kabinett um. Neuer Innenminister ist MUHAMMAD KHAIR, Gegner einer Kompromisslösung mit den südsudanesischen Rebellen. Neue Kampfvorbereitungen gegen die Aufständischen werden getroffen.

1996, 6.–17. März Die erste Wahl zum Staatspräsidenten seit Machtübernahme der Militärregierung gewinnt BASHIR mit 75,7 % der Stimmen.

1997, 10./21. April Die sudanesische Regierung und Vertreter von der SPLA abgespaltener Gruppen unterzeichnen zwei Friedensabkommen. Der Bürgerkrieg dauert an.

29. Okt. Unter Vermittlung von NELSON MANDELA beginnen in Nairobi offizielle Verhandlungen zur Beendigung des Bürgerkrieges. Die Parteien können jedoch keine Einigung erzielen.

24. Nov. Die USA verhängen eine Wirtschaftsblockade gegen das Regime in Khartum wegen »Missachtung der Menschenrechte und Unterstützung des Terrorismus«.

1998, Juni/Juli In den umkämpften Gebieten sterben nach Angaben des UN-Welternährungsprogramms und anderer Hilfsorganisationen täglich etwa 200 Menschen, über 2 Mio. sind vom Hungertod bedroht.

1. Juli Inkrafttreten einer neuen Verfassung, die Meinungs- und Religionsfreiheit und ein Mehrparteiensystem vorsieht.

20. Aug. Als Vergeltung für Anschläge auf die US-Botschaften in Nairobi und Daressalam (7. Aug.) bombardiert die US-Marine mit Marschflugkörpern eine Chemiefabrik in Khartum, in der eine Produktionsstätte für Giftgas vermutet wird.

Nov. Gemäß der neuen Verfassung erlässt die Regierung ein Parteiengesetz, das die Opposition jedoch ablehnt.

1999, 22. Mai Der 1985 gestürzte Exdiktator NUMEIRI kehrt aus dem ägyptischen Exil zurück. – Die NIF ändert ihren Namen zu *National Congress Party* (NCP).

27. Mai Erneute Friedensgespräche in Nairobi enden ohne Ergebnis. In dem seit 1983 andauernden Bürgerkrieg sind nach einer Schätzung des *United States Committee for Refugees* 1,9 Mio. Menschen, überwiegend Zivilisten, ums Leben gekommen.

15. Okt. Nach Angaben der FAO sind in Sudan 2,4 Mio. Menschen von Nahrungsmittelhilfen abhängig.

8. Dez. Ein Abkommen mit Uganda führt zur Wiederaufnahme voller diplomatischer Beziehungen.

12. Dez. BASHIR kommt einer drohenden Entmachtung durch das Parlament zuvor, indem er einen dreimonatigen Ausnahmezustand verhängt und das Parlament auflöst.

2000, 1. März Ablauf eines Ultimatums, das der SPLA-Führer JOHN GARANG (*1945, †2005) den in Sudan tätigen nichtstaatlichen Organisationen gestellt hat und mit dem er sie zur Zahlung von »Steuern und Abgaben« verpflichten wollte. Elf der 18 größten humanitären Organisationen verlassen daraufhin das Land.

April Mit dem Export von täglich 200 000 Barrel Rohöl tritt Sudan offiziell in den Kreis der Erdölexporteure ein. Die Erschließung und Förderung ist von westlichen Konsortien trotz des Bürgerkriegs intensiv vorangetrieben worden.

26. Sept. In Asmara (Eritrea) finden Gespräche zwischen BASHIR und dem Vorsitzenden der *National Democratic Alliance* (NDA, Bündnis aus SPLA und verschiedenen Oppositionsgruppen), AHMED ALI AL-MIRGHANI (*1941), statt, bei denen die Aufnahme von Friedensverhandlungen beschlossen wird. Die Gespräche werden im Okt. in Nairobi fortgesetzt und enden ohne Ergebnis.

8. Dez. Im Gefolge von gewalttätigen Auseinandersetzungen zwischen verfeindeten islamischen Gruppierungen erschießt ein Extremist in einer Moschee in Khartum 32 Betende.

13.–22. Dez. Bei den Präsidentschafts- und Parlamentswahlen, von der Opposition boykottiert, wird BASHIR als Präsident wiedergewählt, die regierende NCP erhält 205 der 270 Sitze.

2001, 3. Jan. BASHIR verlängert den Ausnahmezustand um ein weiteres Jahr.

Jan. Die SPLA, durch ein Abkommen mit der UNICEF (Okt. 2000) dazu verpflichtet, alle minderjährigen Soldaten zu entlassen, übergibt der UNICEF 2500 Kindersoldaten im Alter zwischen acht und 15 Jahren.

12. Juni Angesichts des Vordringens der SPLA bis in die Nähe der Erdölfelder verkündet die Regierung die Generalmobilmachung.

3. Juli Ein von Ägypten und Libyen vorgelegter Friedensplan wird von beiden Seiten akzeptiert.

2002, Jan. Regierung und SPLA einigen sich auf einen lokal begrenzten, international überwachten Waffenstillstand in den Nuba-Bergen im Norden. Die Kämpfe in der ölreichen Südregion gehen weiter.

20. Juli **Abkommen von Machakos** (Kenia): Nach einer Übergangszeit von sechs Jahren soll ein international überwachtes Referendum stattfinden, in dem der Süden über seine Selbstbestimmung entscheiden darf. Die Regierung in Khartum ist so lange verpflichtet, kein islamisches Recht im Süden einzuführen.

2. Sept. Nach Eroberung einer wichtigen Garnisonsstadt im Süden durch die SPLA zieht sich die Regierung aus den Friedensgesprächen zurück. Der seit 1983 in Sudan herrschende Bürgerkrieg hat 2 Mio. Menschen das Leben gekostet.

15. Okt. Erstmals seit Beginn des Bürgerkriegs wird ein Waffenstillstand vereinbart, der für das ganze Land gilt.

2003, Febr. In der Region Darfur im Westen bricht der Krieg zwischen den von der Regierung unterstützten arabischstämmigen Reitermilizen (*Dschandschawid*) und der in der sudanesischen Befreiungsbewegung SLM organisierten Zivilbevölkerung offen aus.

25. Sept. Regierung und SPLA erzielen ein Teilabkommen über Sicherheit.

2004, 27. Mai Unterzeichnung der letzten Teile des Friedensabkommens zwischen Regierung und SPLA. Die Kämpfe in Darfur gehen unterdessen weiter. Eine Mio. Menschen, ein Fünftel der Einwohner Darfurs, sind geflohen. Nach einem Bericht des UN-Hochkommissars für Menschenrechte haben Regierungstruppen und mit ihnen verbündete Milizen zahlreiche Kriegsverbrechen und Verbrechen gegen die Menschlichkeit begangen.

30. Juli Der UN-Sicherheitsrat fordert ultimativ ein Ende des Konflikts in Darfur.

2005, Mai Auf einer Geberkonferenz der Afrikanischen Union (AU) in Addis Abeba wird eine Finanzhilfe von 200 Mio. US-$ zur Aufstockung der in Darfur stationierten AU-Truppen von 2270 auf 7000 Mann zugesichert. Nach Einschätzung der UNO werden in der Krisenregion nur noch 30 % des Bodens bebaut, 2,8 Mio. Menschen sind auf Hilfslieferungen angewiesen. Der Krieg hat bisher etwa 100 000 Todesopfer gefordert. Experten sprechen von einem »Genozid auf Raten«.

30. Juli Garang kommt bei einem Hubschrauberabsturz ums Leben; er war erst am 9. Juli zum Vizepräsidenten der Zentralregierung vereidigt worden. Bei Ausschreitungen in verschiedenen Städten des Landes kommen rund 130 Menschen ums Leben.

5. Aug. Salva Kir Mayardis (*1951) wird neuer Chef der SPLA und kurz darauf zum Vizepräsidenten (9. Aug.).

2006, Febr. Die bewaffneten Auseinandersetzungen in Darfur intensivieren sich. Mit der sudanesischen Regierung verbündete Milizionäre gehen gegen Flüchtlinge und ausländische Hilfsorganisationen vor.

5. Mai Die sudanesische Regierung und eine Fraktion der *Sudan Liberation Army* (SLA) unterzeichnen in Abuja ein Friedensabkommen. Viele Rebellengruppen lehnen das Abkommen jedoch ab. Bereits eine Woche nach Unterzeichnung flammen die Kämpfe in Darfur wieder auf.

Juni Neue Kämpfe zwingen das Welternährungsprogramm, seine Arbeit in Darfur einzustellen. 400 000 Menschen sind von Hungersnot bedroht.

2007, 13. Juni Die sudanesische Regierung stimmt nach monatelangem Widerstand der Entsendung einer internationalen Friedenstruppe nach Darfur zu.

1. Aug. Der UN-Sicherheitsrat genehmigt eine Friedensmission von UNO und AU. Die UNAMID-Truppe soll 26 000 Soldaten umfassen. Im März 2008 sind jedoch erst 9000 Mann im Einsatz.

Äthiopien seit 1950 | Forts. v. S. 1346 |

1950, 2. Dez. Die Generalversammlung der UNO verabschiedet einen Plan für eine föderative Vereinigung von Eritrea und Äthiopien, der für die ehemalige italienische Kolonie den Autonomiestatus vorsieht.

1952, 11. Sept. Formelle Abtretung von Eritrea durch die britische Verwaltung und Angliederung an Äthiopien gegen den breiten Widerstand der überwiegend islamischen Bevölkerung.

1954, 29. Nov. Der vertraglichen Vereinbarung entsprechend übergibt Großbritannien die *Reserved Areas* im Ogaden an Äthiopien, das die Verwaltung für das gesamte Gebiet übernimmt. Somalia erhebt darauf nach seiner Unabhängigkeitserklärung Ansprüche.

1955 Artikel 1 der neu verkündeten **Verfassung** proklamiert den »ewigen Frieden« zwischen allen in Äthiopien lebenden Gruppen.

1960, 17. Dez. **Kaiser Haile Selassie** (*1892, †1975) gelingt die Niederwerfung eines gegen ihn gerichteten Militärputschs in Addis Abeba.

1961, 31. März Mit der Kabinettsreform erhält der Inhaber des neu geschaffenen Ministerpräsidentenamtes das Recht, die Kabinettsmitglieder selbst zu bestimmen. Der bisherige Ministerpräsident vor Kaiser Haile Selassie, Akliku Habte Wold (*1912, †1974), bleibt Regierungschef.

1962, 14. Nov. Gegen den starken Widerstand in der Bevölkerung wird **Eritrea offiziell als Provinz in den äthiopischen Staat inkorporiert**. Die *Eritrean Liberation Front* (ELF) kämpft in einem Guerillakrieg für ein unabhängiges Eritrea gegen die Machthaber in Addis Abeba.

1964, 14. Febr. Der Appell der Organisation für Afrikanische Einheit (OAU) für eine sofortige Waffenruhe im **Grenzkonflikt zwischen Äthiopien und Somalia** um den Ogaden hat nur vorübergehenden Erfolg, ebenso die Waffenstillstandsvereinbarungen von Khartum im März: Ogaden bleibt umstrittenes Krisengebiet.

1968–1969 Angesichts der prekären wirtschaftlichen und sozialen Lage (ein selbst für afrikanische Verhältnisse niedriges Pro-Kopf-Einkommen sowie eine ungleiche Bodenverteilung mit ausgedehntem Großgrundbesitz) brechen Studentenunruhen aus.

1974, 26. Febr. Durch eine Meuterei verschärft sich die **innenpolitische Krisensituation** (Forderung nach Solderhöhung äthiopischer Regierungstruppen) in der eritreischen Hauptstadt Asmara als Folge enorm gestiegener Preise, v. a. von Lebensmitteln (Ausweitung der Dürrekatastrophe von der Sahelzone auf die Länder des Savannengürtels).

28. Febr. Kaiser Haile Selassie sieht sich durch das

Übergreifen der Meuterei auf einen in unmittelbarer Nähe der Hauptstadt gelegenen Luftwaffenstützpunkt veranlasst, eine neue Regierung unter dem Fürstensohn LIDZ ENDALKATZEW MAKONNEN (*1927, †1974) zu berufen und diese mit der Ausarbeitung eines Reformprogramms zu beauftragen.

6. März Die in der *Confederation of Ethiopian Labour Unions* (CELU) zusammengeschlossenen Gewerkschaften rufen den **ersten Generalstreik** in der Geschichte des Landes aus.

11. März Kaiser HAILE SELASSIE stellt weitere Reformen in Aussicht (Zulassung politischer Parteien, revidierte Steuerpolitik, Expansion von Wirtschaft und Handel, Bodenreform und gerechtere Verteilung des Nationaleinkommens); gleichzeitig gelingt es Ministerpräsident MAKONNEN in einem Übereinkommen mit den Gewerkschaften, den Generalstreik zu beenden, doch weder der Kaiser noch er können die weiter um sich greifende Unruhe in der Armee eindämmen.

April–Aug. Allmähliche **Entmachtung des Kaisers** und seiner Führungsgruppe durch ein Koordinationskomitee der Streitkräfte.

1. Aug. Bildung eines neuen Kabinetts unter dem royalistischen Ministerpräsidenten MIKAEL IMRU (*1926), dem jedoch bereits der »starke Mann« des Koordinationskomitees, der christliche Eritreer AMAN ANDOM (*1922, †1974), als Verteidigungsminister angehört.

22. Aug. Die Eritreische Befreiungsfront ELF lässt verlauten, sie zeige sich mit den Vorgängen in Addis Abeba zufrieden, und gibt zu verstehen, mit dem Koordinationskomitee der Streitkräfte Verhandlungen über die Zukunft Eritreas aufnehmen zu wollen.

12. Sept. **Absetzung von Kaiser HAILE SELASSIE**, der unter Hausarrest gestellt wird; Vorsitzender einer Provisorischen Militärregierung wird AMAN ANDOM.

23. Nov. General ANDOM fällt dem inneren Machtkampf der regierenden Militärs zum Opfer und wird bei einer Massenexekution neben mehreren kaiserlichen Anhängern hingerichtet. Nachfolger als Vorsitzender des Provisorischen Militärverwaltungsrates wird General TEFERI BENTI (*1921, †1977); als Stellvertreter tritt der neue »starke Mann«, MENGISTU HAILE MARIAM (*1937), in den Vordergrund.

1975, 31. Jan. Ausbruch der gemeinsam von der ELF und der linksorientierten PLF (*Popular Liberation Front*) geführten **»Februaroffensive« in Eritrea** gegen die äthiopische Vorherrschaft mit Unterstützung einiger arabischer Staaten (Raketenangriffe auf militärische Ziele in Asmara und Mausawa). Die äthiopische Luftwaffe fliegt einen Vergeltungsschlag gegen Partisanenstellungen im Norden Asmaras (2. Febr).

16. Febr. Über die gesamte Provinz **Eritrea** wird der **Ausnahmezustand** verhängt und zusätzlich die Hauptstadt Asmara unter Kriegsrecht gestellt.

4. März Nach der Verstaatlichung in- und ausländischer Industrieunternehmen wird eine Bodenreform durchgeführt (Aufhebung privaten Besitzes, Verstaatlichung des bebaubaren Bodens, Abschaffung des bisherigen Pachtsystems) und die Bildung von Genossenschaften angeordnet (23. März).

25. März Groß angelegter Entlastungsangriff durch äthiopische Regierungstruppen in Eritrea mit starken Verlusten der Rebellen.

2. April In Sudan werden über 30 000 **Neuflüchtlinge aus Eritrea** registriert. Sie sind ein klares Zeichen für die zunehmende Überlegenheit der äthiopischen Regierungstruppen; seither scheint die Zentralregierung Herr der Lage in Eritrea zu sein.

1976, April Die Staatsführung der Militärs legt in einem umfassenden politischen Programm die Schaffung einer »Demokratischen Volksrepublik« unter »proletarischer« Führung fest.

1977, Febr. Richtungskämpfe in der Militärführung führen zur Absetzung und Hinrichtung von General BENTI; MENGISTU HAILE MARIAM übernimmt formell den Vorsitz im Provisorischen Militärverwaltungsrat.

30. Juni Äthiopien meldet zum ersten Mal, dass reguläre somalische Truppen in den Ogaden eingefallen sind.

1978, März Die somalische Regierung unterrichtet offiziell die US-Regierung über den Beschluss, die regulären Verbände aus dem Ogaden abzuziehen. Mit sowjetisch-kubanischer Waffenhilfe ist den äthiopischen Truppen fast die völlige Vernichtung des im Ogadengebiet eingesetzten somalischen Kriegsmaterials gelungen.

Nov. Abschluss eines **sowjetisch-äthiopischen Vertrages** über Freundschaft und Zusammenarbeit. Das Abkommen sieht zur Sicherung der Verteidigungsfähigkeit eine Fortsetzung der militärischen Zusammenarbeit vor.

1979, Juli/Aug. Eine neue Großoffensive v.a. gegen die *Eritrean People's Liberation Front* (EPLF) ist wenig erfolgreich.

18. Dez. Gründung einer Kommission unter MENGISTU als Kern einer Arbeiterpartei.

1981, 26. März Eritreische Separatistengruppen schließen sich zusammen (verstärkte militärische Aktivitäten in Eritrea).

1982, Juli Äthiopische Übergriffe führen wieder zu Kämpfen im somalischen Grenzgebiet.

1983, April Die Regierungsumbildung stärkt MENGISTUS Stellung.

5. Mai Die allgemeine Wehrpflicht wird eingeführt.

1984, Sept. Gründungskongress der marxistisch orientierten äthiopischen Arbeiterpartei: MENGISTU wird erster Generalsekretär.

1984–1985 Eine **Dürrekatastrophe** bedroht über sieben Mio. Menschen mit dem Hungertod. Internationale Hilfen werden durch den Rebellenkrieg im Norden erschwert. Die Regierung beginnt mit der Umsiedlung von über einer Mio. Bauern aus den Provinzen Tigray, Wollo und Eritrea, die zahllose Opfer fordert.

1986, 8. Sept. Friedensgespräche mit Somalia beginnen. Der Verfassungsentwurf für ein Präsidialsystem wird gebilligt, bei dem die marxistisch-leninistische Arbeiterpartei führend sein soll (Verstaatlichung der Produktionsmittel).

1987, 1. Febr. Bei dem Verfassungsreferendum stimmen 81 % für eine neue Verfassung.

14. Juni Bei den Parlamentswahlen wird die **Demokrati-**

sche Volksrepublik Äthiopien ausgerufen. Präsident wird MENGISTU, Regierungschef FIKRE SELASSIE WODGERES (*1945). Äthiopien bleibt ein Einheitsstaat, jedoch werden autonome Regionen (Eritrea, Tigre, Ogaden) geschaffen. Erneute Hungerkatastrophe im Norden und Osten sowie Umsiedlungen.

1988, März Die **Rebellenbewegungen** EPLF und *Tigray People's Liberation Front* (TPLF) drängen Regierungstruppen zurück.

4. April Versöhnung zwischen Äthiopien und Somalia.

1990 Die Einnahme von Massawa durch die EPLF unterbricht die internationale Hungerhilfe. Die Arbeiterpartei wird umbenannt in Äthiopische Demokratische Einheitspartei (Abkehr vom Marxismus). EPLF und TPLF erzielen wachsende Erfolge gegen die Regierungstruppen.

1991, Febr. Eine neue Gesprächsrunde zwischen Regierung und EPLF zieht erstmals die Möglichkeit der Autonomie Eritreas in Betracht.

21. Mai Staatspräsident **MENGISTU tritt** angesichts der militärischen Erfolge regimefeindlicher Rebellen **zurück** und flüchtet außer Landes. Vizepräsident General TESFAYE GEBRE KIDAN (*1935, †2004) übernimmt die Regierung.

28. Mai Addis Abeba fällt in die Hände der Rebellen; bereits zuvor ist ganz Eritrea unter Kontrolle der EPLF.

23. Juli Der Nationalrat, der mit der Ausarbeitung einer neuen Verfassung beauftragt ist, wählt MELES ZENAWI (*1955) für zwei Jahre zum Staatspräsidenten.

1993, 23.–25. April Die Bewohner der Provinz **Eritrea** entscheiden sich in einem Referendum mit 99,8 % für die **Unabhängigkeit** von Äthiopien; sie tritt am 24. Mai in Kraft.

1994, 8. Dez. Die am 5. Juni gewählte verfassunggebende Versammlung verabschiedet einstimmig die neue Verfassung Äthiopiens mit weitgehendem Selbstbestimmungsrecht der neun Regionen des Landes.

1995, 22. Aug. Das am 7. Mai und 18. Juni neu gewählte Parlament wählt NEGASO GIDADA (*1943) zum neuen Staatspräsidenten und benennt den Staat in **»Demokratische Bundesrepublik Äthiopien«** um. MELES ZENAWI wird zum Ministerpräsidenten gewählt.

1997, 6. März Aufgrund einer Dürrekatastrophe wird der Ausnahmezustand verhängt.

28. Nov. Durch Einführung einer eigenen Währung (Nakfa) in Eritrea wird die bisherige äthiopisch-eritreische Währungsunion aufgekündigt. **Grenzstreitigkeiten** verschärfen die Spannungen weiter.

1998, 12. Mai Erste Artilleriegefechte zwischen eritreischen und äthiopischen Truppen, denen im Juni Luftangriffe und Bodenkämpfe folgen.

Okt. Nach einer durch die Regenzeit erzwungenen Pause flammt der Grenzkrieg wieder auf.

1999, 28. Febr. Beide Seiten stimmen einem von der OAU vorgelegten Friedensplan zu. Dennoch gehen die Kämpfe bis zum Juni weiter.

2000, 23. Febr. Nach acht Monaten Waffenruhe brechen erneut Feindseligkeiten im Grenzgebiet aus. Die Versorgungslage in Äthiopien ist aufgrund langer Dürre katastrophal: Nach Angaben der UNO sind bis zu acht Mio. Menschen vom Hungertod bedroht. Hilfslieferungen können das Land nur schwer erreichen, da Äthiopien seit 1993 keinen eigenen Hafen mehr besitzt.

14. Mai Bei den Parlamentswahlen erhalten die in der *Ethiopian People's Revolutionary Democratic Front* (EPRDF) zusammengeschlossenen Parteien 472 von 548 Mandaten.

18. Juni Die Kriegsparteien schließen in Algier ein **Waffenstillstandsabkommen**.

Sept. Die UNO beschließt die Entsendung von 4200 Blauhelm-Soldaten, die eine Pufferzone im Grenzgebiet zwischen Äthiopien und Eritrea besetzen sollen.

12. Dez. Abschluss eines Friedensvertrages: Der Grenzkrieg, der keiner Seite Gewinne einbrachte, hat rund 80 000 Menschenleben gefordert, ca. 1,2 Mio. Menschen mussten fliehen.

2001, 18. April Eröffnung der Pufferzone durch die UN-Mission in Äthiopien. Die **Studentenunruhen in Addis Abeba** weiten sich auf alle Universitäten und Hochschulen des Landes aus.

9. Okt. Als Nachfolger von NEGASO GIDADA wird **GIRMA WOLDE GIORGIS** (*1925) zum **Staatsoberhaupt** gewählt.

2003, ab Dez. In der Region Gyambella nahe der sudanesischen Grenze kommt es zu wiederholten Zusammenstößen zwischen Angehörigen verschiedener Volksgruppen. Dabei werden vermutlich bis zu 260 Menschen getötet. Die Regierung entsendet rund 5000 Soldaten, um Frieden und Sicherheit wieder herzustellen.

2004, 30. Jan. Der ehemalige kanadische Außenminister LLOYD AXWORTHY (*1939) wird zum UN-Sonderbeauftragten für Äthiopien und Eritrea ernannt. Er soll Bewegung in den Friedensprozess bringen, der wegen fortdauernder Grenzstreitigkeiten ins Stocken geraten ist.

2005, 15. Mai Bei den Parlamentswahlen behält die regierende EPRDF von Ministerpräsident MELES ZENAWI die Mehrheit. Wegen mutmaßlichem Wahlbetrug kommt es zu Protesten und Demonstrationen. Zahlreiche Oppositionspolitiker und Journalisten werden verhaftet. Eine Reihe von Oppositionspolitikern tritt ihren Sitz im Parlament nicht an.

2006, 23. Dez. Nach Spannungen mit Somalia und der dort seit Mitte des Jahres zur bedeutendsten politischen Kraft gewordenen »Union islamischer Gerichte« und ihrer Milizen, marschieren äthiopische Truppen im Nachbarland ein. Nach der Eroberung von Mogadischu kommt es dort 2007 mehrfach zu intensiven Kämpfen mit Milizen.

Eritrea seit 1952/93 | Forts. v. S. 1346 |

Nach der 1952 von der UNO bestimmten, aber gegen den Widerstand der Bevölkerung durchgeführten Angliederung Eritreas an Äthiopien als autonome Einheit und der 1962 erfolgten Annexion dieses Gebietes formiert sich ein bewaffneter Widerstand gegen Äthiopien zunächst in des *Eritrean Liberation Front* (ELF). Unter Führung des *Eritrean People's Liberation Front* (EPLF) können die Rebellen zunehmende militärische Erfolge gegen die äthiopischen Streitkräfte verzeichnen. Mit der Eroberung der Hauptstadt Asmara am 24. Mai 1991 ist praktisch ganz Eritrea in der Hand der Aufständischen. Die neue Regierung Äthiopiens entspricht daraufhin grundsätzlich dem Selbstbestimmungsanspruch Eritreas (28. Mai 1991).

1993, 23.–25. April In der äthiopischen Provinz Eritrea votieren bei einer Volksabstimmung 99,8 % für die **Unabhängigkeit von Äthiopien**.

21. Mai Der Rebellenführer ISAYAS AFEWERKI (*1945) wird erster Präsident des neuen Staates.

24. Mai AFEWERKI proklamiert in Asmara die unabhängige Republik Eritrea.

1995–1996 Bewaffneter **Konflikt mit der Republik Jemen** um die Huneish-Inseln im Roten Meer, deren Zugehörigkeit völkerrechtlich ungeklärt ist: Eritrea und Jemen einigen sich auf eine friedliche Lösung, die Inseln sollen entmilitarisiert werden.

1997, 28. Nov. Eritrea führt eine eigene Währung (Nakfa) ein und kündigt damit die Währungsunion mit Äthiopien. Ein Wirtschaftskrieg ist die Folge, der im Mai 1998 in militärische Auseinandersetzungen übergeht. Eritreische Truppen marschieren in Grenzgebiete ein, von denen die Regierung behauptet, sie seien unrechtmäßig unter äthiopischer Verwaltung.

1999, Juni Eine vorläufige Waffenruhe tritt ein.

2000, 29. Febr. Die Kämpfe im Grenzgebiet flammen erneut auf. Innerhalb des Landes sind ca. eine Mio. Menschen auf der Flucht. Bei einer Gesamtbevölkerung von 3,5 Mio. unterhält Eritrea mehr als 200 000 Soldaten. Die Wirtschaft liegt am Boden.

18. Juni **Waffenstillstandsabkommen von Algier** zwischen den Kriegsparteien.

12. Dez. Abschluss eines Friedensvertrages.

2001, 18. April UN-Truppen beziehen eine Pufferzone zwischen Eritrea und Äthiopien.

31. Mai 15 Mitglieder der Regierungspartei erheben die Vorwürfe gegen Präsident ISAYAS AFEWERKI, er habe versäumt, die in der Verfassung vorgesehenen Kontrollinstanzen einzurichten.

2003, 20. Nov. Die Regierung beruft ihren Botschafter aus der Afrikanischen Union ab. Sie wirft ihr Untätigkeit in der nach wie vor strittigen Frage des Grenzverlaufs zwischen Eritrea und Äthiopien vor.

2008, Febr. Der UN-Sicherheitsrat wirft der Regierung vor, die Arbeit der UNO-Friedensmission im Grenzgebiet zu Äthiopien massiv zu behindern.

Somalia (Britisch- und Italienisch-Somaliland) seit 1949 | Forts. v. S. 1344 |

1949, 21. Nov. Zur Vorbereitung der Unabhängigkeit beauftragen die UNO Italien mit der **Treuhandverwaltung der ehemaligen Kolonie Italienisch-Somaliland**.

1956, 19. Mai Das erste frei gewählte Parlament wählt ABDULLAH ISSA zum Premierminister.

1960, 1. Juli Die **unabhängige Republik Somalia** wird proklamiert, nachdem die britische Regierung der Vereinigung von Britisch- und Italienisch-Somaliland zugestimmt hat.

12. Juli ABDULLAH OSMAN (*1908, †2007) wird Präsident der Republik, ABDI RASHID SHERMARKE (*1919, †1969) Premierminister.

1961, 20. Juni In der **neuen Verfassung** ist die Forderung nach allen von Somali bewohnten Gebieten (Französisch-Somaliland, Northern Frontier District Kenias, Ogaden-Gebiet Äthiopiens) verankert. In der regierenden *Somali Youth League* (SYL) besteht keine Einigkeit darüber, wie die beanspruchten Gebiete vereinigt werden sollen.

1967, 1. Juli ABDI RASHID SHERMARKE wird neuer Staatspräsident. Seine prowestliche Politik setzt auf Entspannung: Gewaltverzichtsvereinbarung mit Kenia, Einfrieren des Streits um das Ogaden-Gebiet mit Äthiopien.

1969, Okt. Bei einem **Staatsstreich der Armee** wird Staatspräsident SHERMARKE ermordet. Ein Oberster Revolutionsrat unter General MOHAMMED ZIJAD BARRE (*1919, †1995) ruft die Somalische Demokratische Republik aus.

1970 Die neue Regierung verstaatlicht ausländisches Eigentum; außenpolitisch lehnt sich Somalia an die arabischen Staaten an und sucht die Annäherung an die Sowjetunion.

1974, Juli Die Vereinbarung über **militärische Zusammenarbeit mit der Sowjetunion** ermöglicht den Ausbau der somalischen Armee zu einer der schlagkräftigsten in Afrika.

1976, 1. Juli Mohammed ZIJAD BARRE vereinigt in seiner Person das Amt des Staatspräsidenten, des Regierungschefs und des Generalsekretärs der neu gegründeten Staatspartei *Somali Revolutionary Socialist Party* (SRSP).

1977, Nov. **Bruch mit der Sowjetunion** (Kündigung der militärischen und wirtschaftlichen Zusammenarbeit), weil sie nach dem Sturz von Kaiser HAILE SELASSIE Äthiopien militärisch unterstützt, ein Land, dem gegenüber sich Somalia wegen des Streits um das Ogaden-Gebiet im kriegsähnlichen Zustand befindet (die sog. westsomalische Befreiungsfront operiert von Somalia aus erfolgreich im Ogaden).

1978 Die von Somalia unterhaltenen militärischen Einheiten (darunter auch reguläre Truppen) müssen sich nach massiver sowjetisch-kubanischer Unterstützung der äthiopischen Seite **aus dem** bereits weitgehend besetzten **Ogaden zurückziehen**.

1979, 30. Dez. Die ersten Parlamentswahlen seit 1969 bestätigen die SRSP mit 99,9 % Stimmanteil. Flüchtlingsströme aus dem Ogaden verschärfen die kritische Wirtschaftssituation.

1982, Juli Infolge äthiopischer Übergriffe kommt es erneut zu Kämpfen im somalischen Grenzgebiet. Die USA helfen Somalia mit Waffenlieferungen.

1986 Beginn der Friedensgespräche mit Äthiopien.

1988, 4. April Die Versöhnung Äthiopiens und Somalias wird proklamiert (Truppenabzug). Die Rebellenbewegung *Somalia National Movement* (SNM) dringt in den Norden Somalias vor.

1990, 3. Sept. Barre bildet eine neue Regierung unter Premierminister Mohammed Hawadle Madar.

1991, Jan./Febr. Eine **Rebellenarmee erobert** die Hauptstadt **Mogadischu**; Flucht Barres. Neuer Präsident ist Ali Mahdi Mohammed (*1939). Gegensätze zwischen den vier Rebellengruppen führen zur Verschiebung der geplanten Nationalkonferenz.

18. Mai Das SNM erklärt einseitig für Nordsomalia (ehemals Britisch-Somaliland) die Unabhängigkeit. Die **»Republik Somaliland«** (Hauptstadt Hargeysa) wird international nicht anerkannt.

1992, 3. Dez. Der UN-Sicherheitsrat beschließt die Entsendung einer 30 000 Mann starken **multinationalen Streitmacht** unter Führung der USA nach Somalia, um die Verteilung der bereitgestellten Hilfsgüter gegen die im Gefolge des Bürgerkriegs drohende Hungerkatastrophe abzusichern (»Operation Restore Hope«). Am 9. Dez. landen die ersten Soldaten an der Küste Somalias.

1993, 21. April Deutschland beschließt, einem Ersuchen des UNO-Generalsekretärs Boutros-Ghali entsprechend, die Entsendung von rund 1600 Bundeswehrsoldaten als Teil der UN-Mission **UNOSOM II**.

17. Dez. Nach dem Tod von 18 amerikanischen Soldaten am 3./4. Okt. beginnen die USA mit dem Abzug ihrer Truppen.

1994, 4. Febr. Die Entscheidung des UN-Sicherheitsrates, die Zahl der UN-Soldaten in Somalia zu reduzieren, führt zum Abzug der deutschen Einheiten.

1995, 3. März Die letzten UN-Truppen verlassen Mogadischu.

1995–1997 **Verstärkte Kämpfe rivalisierender Clans** und ihrer Milizen. Clanchef Mohamed Farah Aidid (*1935, †1996), der sich seit Juni 1995 als Präsident Somalias betrachtet, stirbt am 1. Aug. 1996. Sein Sohn Hussein Mohammed Aidid (*1962) wird am 4. Aug. als Nachfolger proklamiert.

1997, 22. Dez. In der von den beiden wichtigsten Clanchefs unterzeichneten »Erklärung von Kairo« werden ein Waffenstillstand und die Bildung einer Übergangsregierung vereinbart. Die Gefechte zwischen den Milizen dauern jedoch an.

1998 Die **Region Puntland** an der Nordostspitze Somalias erklärt sich einseitig für unabhängig.

2000 Am 2. Mai beginnt eine **Versöhnungskonferenz für Somalia** im benachbarten Djibouti. Die Versammlung, an der 800 Vertreter von Clans und anderen Gruppen teilnehmen, setzt am 13. Aug. ein Übergangsparlament ein, das am 26. Aug. Abdulkassim Salad Hassan (*1941) zum Präsidenten wählt.

9. Sept. Ein Sicherheitskomitee wird eingesetzt, das die Entwaffnung der Milizenverbände vornehmen soll.

20. Okt. Der von Präsident Salad Hassan ernannte Premierminister Ali Khalif Galaid (*1941) wird vereidigt. Die Oppositionsparteien erkennen die neue Regierung nicht an, rivalisierende Milizen tragen nach wie vor Kämpfe, auch in Mogadischu, aus.

2001, Jan. Premierminister Galaid beschuldigt die äthiopische Regierung, die Milizen in Somalia mit Waffen zu unterstützen.

22. März Die im Süden operierenden Oppositionsführer verkünden die Bildung eines Versöhnungs- und Aufbaurates, der alle Parteien des Landes einschließen soll.

7. Aug. Regierungstruppen erobern den von Milizen gehaltenen Hafen Kismayo zurück.

2002 Als mögliches Rückzugsgebiet geflohener *al-Qaida*-Kämpfer wird Somalia in die **Antiterrorplanungen der USA** einbezogen.

27. Okt. Versöhnungskonferenz für Somalia in Kenia, auf der ein Waffenstillstandsabkommen erzielt wird, das kurz darauf schon wieder Makulatur ist.

2004 Im kenianischen Exil wird ein Übergangsparlament gebildet, in dem verschiedene Clans vertreten sind. Der Übergangsregierung mit Abdullahi Yusuf Ahmed (*1934) als Präsident gelingt es jedoch nicht, die Kontrolle über größere Landesteile und die Hauptstadt Mogadischu zu erlangen.

2006 Die Union islamischer Gerichte steigt zur bedeutendsten politischen Kraft auf und kontrolliert Mogadischu sowie große Landesteile im Süden und im Zentrum.

24. Dez. Äthiopien erklärt der Union islamischer Gerichte den Krieg und marschiert in Somalia ein. In der Folge kann die Übergangsregierung erstmals in Mogadischu einziehen.

2007 In Mogadischu liefern sich Regierungsgegner und Regierungstruppen heftige Kämpfe. Mehrere hunderttausend Menschen fliehen aus der Stadt.

15. Juli–30. Aug. Die Nationale Versöhnungskonferenz in Mogadischu mit etwa 1300 Teilnehmern wird von Gewalt im Umfeld überschattet. Konkrete Ergebnisse kommen nicht zustande.

Djibouti (Französisch-Somaliland) seit 1958 | Forts. v. S. 1344 |

1958, 28. Sept. Die französische Besitzung der Afar und Issa bleibt auch weiterhin Überseeterritorium; damit werden die Möglichkeiten, autonome Republik zu werden oder die Französische Communauté zu verlassen, zurückgewiesen.

12. Dez. Das Parlament in Djibouti billigt die Beibehaltung des Status eines **französischen Überseeterritoriums**.

1967, 19. März Ein umstrittenes Referendum billigt den weiteren Verbleib bei der Kolonialmacht Frankreich.

1972, Okt. Die vom französischen Parlament beschlossene Verfassungsänderung sieht den Ausbau der Selbstverwaltung vor.

1977, 8. Mai Nach Abschluss der Verfassungsgespräche wird ein Referendum, das über die Unabhängigkeit zu entscheiden hat, abgehalten und die Wahl zur verfassunggebenden Versammlung durchgeführt.

27. Juni Unabhängigkeitserklärung der **Republik Djibouti**; Staatspräsident wird Hassan Gouled Aptidon (*1916, †2006).

1978, 2. Okt. Barkat Gourad Hamadou (*1930) löst

MOHAMMED ABDALLAH KAMIL (*1936) im Amt des Premierminister ab.

1983, Nov. Die Geberländer beschließen weitere Hilfen für Djibouti.

1987, April APTIDON wird mit 90 % der Stimmen bei den Parlaments- und Präsidentschaftswahlen wiedergewählt.

1988, Jan. Schwere Unruhen in Balbala bei Djibouti.

1992, 4. Sept. 97 % der Bürger stimmen in einer Volksabstimmung für die Einführung einer neuen Verfassung, die die Zahl der Parteien auf vier begrenzt.

18. Dez. Parlamentswahlen mit mehreren Parteien.

1993, 7. Mai Präsident **APTIDON** wird zum vierten Mal und erstmals bei einer freien Präsidentschaftswahl mit 61 % der Stimmen **wiedergewählt**.

1994, 12. Juni Die Regierung und die Rebellenbewegung *Front pour la Restauration de l'Unité et de la Démocratie* (FRUD) einigen sich auf ein Ende des über zweijährigen Bürgerkrieges.

1996, 11. März Der FRUD wird als legale Partei zugelassen.

1999, 9. April **ISMAIL OMAR GUELLEH** (*1947) wird zum **Staatsoberhaupt** gewählt.

2000, 7. Febr. Die Regierung unterzeichnet in Paris ein Friedensabkommen mit einer militanten Splittergruppe des FRUD, die anders als der FRUD den Kampf auch nach der Einigung von 1994 fortgesetzt hat.

2001, 7. März DILEITA MOHAMED DILEITA (*1958), Nachfolger des wegen Krankheit zurückgetretenen Premierministers BARKAD GOURAD HAMADOU, tritt sein Amt an. In der am 4. Juli neu gebildeten Regierung ist der gemäßigte Flügel der FRUD mit vier Ministern vertreten.

2003, 10. Jan. Die regierende Parteienkoalition von Präsident ISMAIL OMAR GUELLEH gewinnt die Parlamentswahlen.

Aug./Sept. Wegen eines von der Regierung für den 15. Sept. gesetzten Ausreiseultimatums verlassen ca. 80 000 v. a. aus Somalia, Äthiopien und dem Jemen stammende Personen das Land. Nach Ansicht von Menschenrechtsorganisationen ist die Ausweisung auf Druck der USA zustande gekommen. Djibouti gehört wegen seiner Lage am Eingang zum Roten Meer zu den wichtigen Stützpunkten im Kampf gegen den internationalen Terrorismus.

2005, 8. April Wiederwahl GUELLEHS zum Präsidenten. Es gibt keinen Gegenkandidaten.

Ostafrika seit 1945

Kenia seit 1947 | Forts. v. S. 1351 |

Der nach 17 Jahren Auslandsaufenthalt im Sept. 1946 zurückgekehrte **JOMO KENYATTA** (*1891, †1978) wird am 1. Juni 1947 **Präsident der Kenya African Union** (KAU). Die KAU ist eine im Wesentlichen aus der illegalen *Kikuyu Central Association* (KCA) hervorgegangene Beratungsorganisation für den ersten Afrikaner im Legislativrat, die sich als gesamtkenianische Organisation zu formieren versucht und u. a. bei den Luo unter OGINGA ODINGA (*1911, †1994) Unterstützung gewinnt, aber v. a. von Kikuyu geprägt bleibt, die auf Verfassungsreformen setzen. Dagegen formieren sich seit 1946 zahlreiche, von den weißen Siedlern zunehmend unter Druck gesetzte, afrikanische Kleinpächter, die eine Verbindung mit radikaleren Gruppen in Nairobi eingehen, aus der sich in Geheimbünden die von Kikuyu dominierte **Mau-Mau-Bewegung** herausbildet, die zunehmend Einschüchterungs- und Sabotageakte durchführt. 1948 erhalten die nichtamtlichen Mitglieder die Mehrheit im Legislativrat; Europäer und Nichteuropäer sind unter ihnen gleich stark vertreten, die vier Afrikaner werden weiterhin ernannt.

1952, 1. Jan. Auch die neue Verfassung kann die zunehmende **Radikalisierung der Mau-Mau** angesichts der Unfähigkeit der Kolonialverwaltung zu tatsächlichen Reformen nicht mehr aufhalten.

20. Okt. Nach verschiedenen Mau-Mau-Angriffen wird der Notstand erklärt und 128 Afrikaner werden verhaftet, meist KAU-Führer, darunter KENYATTA, der in einem fragwürdigen Prozess verurteilt wird.

1953, 8. Juni Verbot der KAU: Der **Gewaltausbruch nach der Notstandserklärung** wird mit massiven militärischen Mitteln (u. a. Flächenbombardements), groß angelegten Umsiedlungsaktionen, Umerziehungslagern und Inhaftierung von ca. 90 000 Afrikanern beantwortet. Mehr als 1000 Mau-Mau-Kämpfer werden auf Grundlage hastig verabschiedeter Anti-Terrorgesetze gehängt; die Mau-Mau-Guerillas werden in die unzugänglichen Berggebiete abgedrängt. Bis Ende 1956 kommen offiziell ca. 11 500 Afrikaner, 95 Europäer und 2000 mit ihnen verbündete Afrikaner um.

1954, April Mit der **neuen Verfassung** wird der Exekutivrat zum Ministerrat mit nichtamtlicher Mehrheit (darunter ein Afrikaner) umgewandelt.

1957, März Afrikaner erhalten acht (1958: 14) zum ersten Mal direkt gewählte Vertreter im Legislativrat.

1959, Juli/Aug. Nach Aufhebung des Verbots überregionaler Parteien bildet sich die *Kenya National Party* (KNP) unter MASINDE MULIRO (*1922, †1992), gegen die sich Kikuyu- und Luo-Abgeordnete zum *Kenya Independence Mouvement* (KIM) zusammenschließen.

11. Nov. Der Notstand wird aufgehoben; eine neue Verfassung wird ausgearbeitet, die die Machtübergabe an die Afrikaner festsetzt.

1960, 14. Mai Die **Kenya African National Union** (KANU) wird gegründet unter den Luo ODINGA und dem Gewerkschaftsführer TOM MBOYA (*1930, †1969), mit dem inhaftierten KENYATTA an der Spitze.

21. Juni Die *Kenya African Democratic Union* (KADU) spaltet sich unter RONALD NGALA (*1923, †1972) und MASINDE MULIRO von der KANU ab.

1961, 27. Febr. Bei Wahlen gewinnt die KANU 19, die KADU 11 Sitze (von den offenen, nicht für die Minderheiten reservierten 33 Sitzen); die KADU tritt im Mai in die Regierung ein, die KANU nicht (Forderung nach Freilassung KENYATTAS).

28. Okt. KENYATTA wird nach seiner Freilassung im Aug. offiziell zum KANU-Präsidenten gewählt; er tritt im April 1962 in eine KANU/KADU-Koalitionsregierung ein.

1963, 26. Mai Bei Neuwahlen erhält die KANU 54 % der Stimmen und zwei Drittel der Sitze.

1. Juni Kenia erhält eine interne Selbstregierung unter KENYATTA als Premierminister.

12. Dez. **Unabhängigkeitserklärung Kenias**; noch aktive Mau-Mau-Kämpfer geben auf (Amnestie).

1964, Jan. Eine Meuterei in der Armee wird mithilfe britischer Truppen niedergeschlagen.

10. Nov. Nach schrittweiser Abschwächung der von der KADU durchgesetzten föderativen »Majimbo-Verfassung« mit regionaler Teilautonomie löst sich die KADU auf; ihre Führer treten zur KANU über.

12. Dez. **Kenia wird faktisch Einparteienstaat** und erklärt sich zur Republik. Präsident ist JOMO KENYATTA.

1965, 27. April Das programmatische »Sessional Paper No. 10« löst schwere Spannungen innerhalb der KANU aus.

1966, April/Mai Vizepräsident ODINGA tritt zurück. Er gründet zusammen mit anderen aus der KANU ausgetretenen Parlamentariern die *Kenya People's Union* (KPU), die jedoch in der fälligen Nachwahl nur neun der 29 Sitze halten kann.

1969, 26. Okt. Nach der Ermordung von TOM MBOYA am 5. Juli kommt es zu heftigen Unruhen in Kisumu; die KPU wird verboten und KPU-Abgeordnete werden verhaftet.

Dez. In den ersten allgemeinen Wahlen seit 1963 kandidiert nur noch die KANU.

1974 Versuche der Regierung zur Ausschaltung von Kritikern, die auf Klassenbildungsprozesse, Bereicherung der herrschenden Klasse sowie auf die gravierendsten Probleme (Arbeitslosigkeit, Landmangel, Landflucht, weitgehende Fremdbestimmung der Wirtschaft) hingewiesen haben, gelingen nicht, trotz massiver Einschüchterung v. a. auch bei den Wahlen.

1975, 11. März JOSIAH M. KARIUKI (*1929), der prominenteste Kritiker, wird tot aufgefunden; eine Parlamentskommission findet Anzeichen für die Verwicklung höchster Regierungskreise in die Ermordung. Nach Unruhen an der Universität werden einige Kritiker verhaftet.

1976 Ansprüche Ugandas auf Gebiete im westlichen Kenia werden mit einem Transitboykott ugandischer Waren beantwortet, doch kommt es am Ende zu einer gemeinsamen Regelung.

12. Dez. Amnestie für 10 000 der etwa 30 000 Gefängnisinsassen.

1978, 22. Aug. **Präsident KENYATTA stirbt.**

6. Okt. Vizepräsident (seit 1967) **DANIEL ARAP MOI** (*1924) wird am 6. Okt. von der KANU-Parteikonferenz zum Nachfolger KENYATTAS gewählt.

1979, 8. Nov. Die Regierung MOI wird in Parlamentswahlen bestätigt.

1982, 9. Juni Die KANU wird einzige Staatspartei in Kenia.

ab 1. Aug. Unruhen und Plünderungen nach der Niederschlagung eines Putschversuchs der Luftwaffe.

1986, 13. März Die Universität von Nairobi wird nach Studentenunruhen geschlossen.

2. Dez. Eine umstrittene Verfassungsänderung erweitert die Kompetenzen des Präsidenten.

1987, Dez. Die Grenzstreitigkeiten mit Uganda werden nach einem Treffen zwischen MOI und YOWERI MUSEVENI beigelegt.

1988, 21. März Bei den Parlamentswahlen werden 128 Abgeordnete der KANU wieder gewählt. Die zweite Amtszeit MOIS beginnt.

1990, Febr. Der **Außenminister ROBERT OUKO** (*1931, †1990) wird unter ungeklärten Umständen **erschossen**.

1991, 10. Dez. Die Einparteienherrschaft der KANU des Staatspräsidenten MOI endet nach Unruhen mit einer Verfassungsreform, die ein Mehrparteiensystem in Kenia gestattet.

1992, 29. Dez. Der amtierende Präsident MOI gewinnt mit fast 40 % der Stimmen die Präsidentschaftswahl. Bei den gleichzeitig durchgeführten Parlamentswahlen erhält die KANU eine absolute Mehrheit.

1997, 29./30. Dez. Präsident MOI siegt bei den unter chaotischen Umständen stattfindenden Wahlen über die gespaltene Opposition. Die KANU kann ihre absolute Mehrheit verteidigen.

1998, Jan. Bei ethnisch überformten Konflikten zwischen Kalenjin und Kikuyu werden mindestens 80 Menschen getötet.

7. Aug. Bei **Bombenanschlägen auf die US-Botschaften** in Nairobi und Daressalam (Tansania) werden in Nairobi 253, in Daressalam 10 Menschen getötet. Die USA bezichtigen den saudischen Exilpolitiker OSAMA BIN LADEN als Drahtzieher. Nach einer **Streikwelle** im Sommer kommt es Ende des Jahres zu Protestkundgebungen gegen die Willkür der Polizei.

1999, 2. Febr. Auf Studentendemonstrationen in Nairobi antwortet die Regierung mit der Schließung der Universität.

23. Juli Der Oppositionelle RICHARD LEAKEY (*1944) wird zum Chef des öffentlichen Dienstes ernannt. Die Regierung erhofft sich damit eine konsequente Bekämpfung der Korruption und eine Reform des öffentlichen Dienstes.

2000, Jan./Febr. Zwischen Nomaden aus Uganda und kenianischen Viehhirten sowie zwischen äthiopischen und kenianischen Hirten kommt es zu gewaltsamen Zusammenstößen. Aufgrund einer **Dürreperiode** sind 3,3 Mio. Menschen im Norden Kenias von einer Hungersnot bedroht.

2001, 26. März Nachdem bereits 2000 die 1997 gegründete Anti-Korruptionsbehörde (KACA) für illegal erklärt worden ist, bedeutet die Entlassung des Chefs des öffentlichen Dienstes, RICHARD LEAKEY, einen weiteren Rückschlag im Kampf gegen die Korruption.

11. Juni Erstmals werden vier Mitglieder der oppositionellen *National Development Party* (NDP) in die Regierung aufgenommen.

2002, 27. Dez. Mit der Präsidentschaftswahl geht die despotische Herrschaft von Daniel arap Moi zu Ende. **Neues Staatsoberhaupt** ist **Emilio Mwai Kibaki** (*1931), dessen Partei, die *National Rainbow Coalition* (NARC), bei der gleichzeitig stattfindenden Parlamentswahl 125 der 210 Sitze erhält, während die bisher regierende KANU nur auf 64 Sitze kommt.

2004, 23. Jan. Eine Aussage von Mois ehemaligem Kabinettschef Mbithi belegt eine Verwicklung des früheren Präsidenten in den Skandal um die betrügerischen Gold- und Diamantengeschäfte der Firma Goldenberg in den 1990er-Jahren.

3. Juli Bei gewalttätigen Demonstrationen in Nairobi werfen die Demonstranten dem Präsidenten vor, er verhalte sich im Machtkampf mit seinen Koalitionspartnern nicht anders als sein Vorgänger Moi. Die Lebensverhältnisse in Kenia haben sich seit dem Regierungswechsel kaum gebessert; nach wie vor lebt die Hälfte der Einwohner unter der Armutsgrenze.

2005, April Der Staatssekretär für Korruptionsbekämpfung, John Githongo (*1965), flieht nach England. Er hatte Korruption in höchsten Regierungskreisen entdeckt und war bedroht worden.

Nov. Bei einem Volksentscheid stimmen 60 % der Wahlberechtigten gegen einen im Vorfeld unter den Parteien und auch im Regierungsbündnis heftig umstrittenen Verfassungsentwurf, der für den Präsidenten weiterhin weitreichende Einflussmöglichkeiten vorsieht. Nach dem Debakel entlässt Kibaki sein Kabinett, die NARC bricht auseinander.

2007, 27. Dez. Die Präsidentschaftswahlen münden in bürgerkriegsähnliche Verhältnisse. Bei der Stimmenauszählung kommt es zu offenkundigen Unregelmäßigkeiten. Unter Druck erklärt der Vorsitzende der Wahlkommission Kibaki zum Sieger (30. Dez.). Daraufhin kommt es zu gewaltsamen Protesten der Anhänger des Gegenkandidaten Raila Odinga (*1945) und zur Eskalation der Gewalt in vielen Landesteilen. Der Konflikt ist stark ethnisiert, insbesondere Kikuyu werden attackiert.

2008, 28. Febr. Auf Vermittlung des ehemaligen UN-Generalsekretärs Kofi Annan einigen sich Kibaki und Odinga auf die Bildung einer Koalitionsregierung.

Tansania (Tanganyika mit Sansibar) seit 1945 | Forts. v. S. 1350 |

Das heutige Tansania ist nach dem Zweiten Weltkrieg UN-Treuhandterritorium (*Tanganyika Territory*) und wird 1946 an Großbritannien übergeben und Teil von Britisch-Ostafrika. In den folgenden Jahren entwickelt das Land sich nach und nach auf die Selbstverwaltung und Unabhängigkeit zu. Schon 1945 werden zwei Afrikaner in den Legislativrat berufen (zahlenmäßig gleiche Repräsentation mit Indern erst seit 1948).

1948, Aug. Nach dem Bruch der *African Association* mit ihrer Sansibar-Zweigstelle wird sie in *Tanganyika African Association* (TAA) umbenannt. Sie nutzt die Kluft zwischen Kolonialregierung/Chiefs und der immer stärker unterdrückten Bevölkerung aus, verbindet sich mit fast allen Protestbewegungen im Lande, erhält breite Massenunterstützung u. a. durch enges Kooperieren mit Genossenschaften und Gewerkschaften und entwickelt sich zu einer außerordentlich geeinten Nationalbewegung.

1953 **Julius Nyerere** (*1922, †1999) wird zum Präsidenten der TAA gewählt.

1954, 7. Juli Die TAA wird als *Tanganyika African National Union* (TANU) unter Julius Nyerere und Oscar Kambona (*1928, †1997) neu gegründet: Sie fordert eine gewählte afrikanische Mehrheitsregierung und baldige Unabhängigkeit.

1955, 20. März Nach der Berufung von drei Afrikanern in den Exekutivrat (1954) wird eine Drittelparität (Afrikaner-Asiaten-Europäer) der nichtamtlichen Legislativratsmitglieder zugestanden.

1959, 15. Febr. In den auf Grundlage eines »multirassischen« Konzepts (drei Stimmen je Wähler, für je einen Vertreter der drei »rassischen« Gruppen, die die gleiche Sitzzahl haben) durchgeführten ersten Wahlen zum Legislativrat gewinnt die TANU alle Sitze (die Hälfte ohne Gegenkandidaten), da sie prominente europäische und asiatische Kandidaten aufstellen kann. Fünf TANU-Mitglieder werden in den neuen Ministerrat berufen.

1960, 30. Aug. Bei Wahlen gewinnt die TANU 70 von 71 Sitzen (bei 58 Sitzen kein Gegenkandidat).

1961, Mai Julius Nyerere (Chefminister seit 1960) wird mit Erlangung der inneren Selbstregierung Premierminister. **Tanganyika erhält die Unabhängigkeit.**

1962, 22. Jan. Nyerere überlässt Rashidi Kawawa (*1929) das Amt des Premierministers, um sich der Reorganisation der TANU zu widmen.

5. Nov. Nach einer Verfassungsänderung wird **Nyerere zum Präsidenten gewählt: Tanganyika wird Republik.**

1964, 16.–20. Jan. Eine Truppenmeuterei gegen Unterbezahlung und zögernde Afrikanisierung des Offizierskorps schlagen zurückgeholte britische Truppen nieder; ca. 550 Führer von Gewerkschaften und anderen Oppositionsgruppen werden verhaftet.

28. April Nach der Unterzeichnung der Unionsakte (23. April) zwischen Nyerere und Präsident Abeid Karume (*1905, †1972) von Sansibar wird die Vereinigte Republik von Tanganyika und Sansibar gegründet (am 29. Okt. in **Vereinigte Republik Tansania** umbenannt) mit Nyerere als Präsident, Karume als Erstem Vizepräsident und Kawawa als Zweitem Vizepräsident. Sansibar bleibt im Inneren weitgehend autonom (v. a. Rechtsprechung, Finanzen), Karume regiert durch den Revolutionsrat mit zunehmender Repression.

1965, 5. Juli Verkündung des faktisch seit den ersten Wahlen (1958/59) bestehenden Einparteienstaates.

1967, 5. Febr. Verkündung der Arusha-Deklaration, die auf die Verwirklichung eines **tansanischen Sozialismus**

mit verstärkter Hinwendung auf eigene Anstrengungen und Ressourcen statt ausländischer Hilfe abzielt: Sie stellt die Entwicklung der Landwirtschaft v.a. durch Schaffung von genossenschaftlich organisierten *Ujamaa* (Gemeinsinn)-Dörfern in den Vordergrund und versucht, eine weitere Klassendifferenzierung aufzuhalten (Verstaatlichung von Banken, Versicherungen, Großhandel und größeren Industriebetrieben; Erlass eines Verhaltenskodex für Führungskräfte).

1970, Aug. Nach Aufdeckung von Umsturzplänen auf Sansibar und auf dem Festland wird ein Putschversuch auf Sansibar niedergeschlagen.

1971, Febr. Veröffentlichung der Parteirichtlinien (*Mwongozo*): Beginn einer verschärften Kontrolle des Staatsapparates und der Einhaltung des Verhaltenskodex durch die TANU. Zahlreiche Mietshäuser werden enteignet (Zunahme der Konflikte zwischen Management und Arbeitern in der Folge).

Aug. Nach Asylgewährung für den gestürzten Präsidenten Ugandas, Milton Obote, kommt es zum **Grenzkonflikt mit Uganda** (erneut im Okt.).

1972, 18. Febr. Eine Dezentralisation der Verwaltung gibt den Regionen größere Befugnisse. Rashidi Kawawa übernimmt das neu geschaffene Amt des Premierministers; die in der Folge betriebene Forcierung der Umsiedlung in *Ujamaa*-Dörfer führt z.T. zu Übergriffen und zur Anwendung von Gewalt.

7. April Ermordung des Sansibar-Präsidenten Karume; Aboud Jumbe (*1920) wird sein Nachfolger.

Sept. Eine **Invasion Ugandas** durch Obote-Anhänger von Tansania aus und mit indirekter Unterstützung Tansanias schlägt fehl. Im Gegenzug bombardiert Uganda tansanische Städte (zahlreiche Invasionsdrohungen Ugandas folgen).

1973, März Grenzzwischenfälle mit Burundi.

1975, Sept./Okt. Der Abschluss eines Vertrages zur engen Kooperation mit dem unabhängigen Moçambique und die Eröffnung der mit chinesischer Hilfe gebauten **Eisenbahn von Daressalam nach Sambia** (1860 km) verdeutlichen Tansanias stärkere Neuausrichtung nach Süden; Tansania nimmt immer mehr eine Schlüsselposition unter den sog. »Frontstaaten« im Kampf um die Befreiung des südlichen Afrika ein.

1977, 5. Febr. Nach längeren Verhandlungen verschmelzen TANU und ASP zur *Chama cha Mapinduzi* (CCM, »Partei der Revolution«). Edward Sokoine (*1938, †1984) wird Premierminister.

25. April Eine **neue Verfassung** stellt die CCM nun auch formal über Parlament und Regierung.

1978, Okt./Nov. Nach Grenzzwischenfällen mit Tansania besetzen und verwüsten ugandische Truppen das tansanische Gebiet nördlich des Kagera-Flusses.

1979, Jan. Nach dem Rückzug der ugandischen Truppen marschiert die tansanische Armee mit Exil-Ugandern in Uganda ein; tansanische Truppen bleiben zur Aufrechterhaltung der Ordnung auch nach Einsetzung einer Übergangsregierung (13. April) im Lande (begrenzt auf zwei Jahre in einem **Abkommen mit Uganda**).

12. Okt. Der Revolutionsrat von Sansibar, der seit 1964 regiert, nimmt eine Verfassung an, die die CCM bestätigt. Die hohen Kosten des Militäreinsatzes schwächen die Ökonomie des Landes weiter.

1980, 7. Nov. Parlaments- und Präsidentenwahlen: **Nyerere** wird **im Amt bestätigt**; Premierminister wird Cleopa David Msuya (*1931).

1983, 23. Febr. Edward Sokoine wird neuer Premierminister.

1984, 29. Jan. Jumbe legt alle Ämter nieder; Interimspräsident Sansibars wird Ali Hassan Mwinyi (*1925; Wahl am 19. April).

12. April Nach Sokoines Tod durch einen Verkehrsunfall wird Salim Ahmed Salim (*1942) Premierminister.

1985, 5. Nov. Mwinyi tritt nach Nyereres Verzicht das Staatspräsidentenamt an. Joseph S. Warioba (*1940) wird Premierminister.

1986 Mwinyi sagt bei einem Besuch in Moçambique tansanische Hilfe beim Kampf gegen die Rebellen der RENAMO zu.

Aug. Sambia und die VR China schließen einen Vertrag über den weiteren **Ausbau der Eisenbahn nach Sambia**.

1987 Tansania entsendet Truppen nach Moçambique, um dort den Kampf gegen RENAMO zu unterstützen.

31. Okt. Nyerere wird als Vorsitzender der Einheitspartei CCM wiedergewählt.

1988, 22. Jan. Omar Ali Juma wird neuer Regierungschef von Sansibar, nachdem Regierung und Revolutionsrat entlassen wurden.

Nov. Die tansanischen Truppen ziehen sich aus Moçambique zurück.

1990 Nyerere eröffnet die Diskussion über die Einführung eines Mehrparteiensystems. Als das Parlament dieses ablehnt, **legt Nyerere am 17. Aug. den Parteivorsitz der CCM nieder**; neuer Vorsitzender wird Mwinyi.

1992, 7. Mai Das Bundesparlament verabschiedet ein Gesetz über die Einführung des Mehrparteiensystems. Auch das Parlament von Sansibar votiert für eine entsprechende Verfassungsänderung.

1994, April Nach dem Genozid in Ruanda setzt ein **Flüchtlingsstrom nach Tansania** ein.

1995, 23. Nov. **Benjamin William Mkapa** (*1938) **wird Präsident**, nachdem er die Präsidentschaftswahlen für die Regierungspartei CCM mit 62 % der Stimmen gewonnen hat.

27. Nov. Mkapa beruft **Frederick Sumaye** (*1950) zum neuen **Premierminister**.

1996, 24. Jan. Die Grenze wird für ruandische Hutu-Flüchtlinge geöffnet, die aus Lagern in Burundi fliehen. 1996 befinden sich ca. 750 000 Flüchtlinge aus Ruanda und Burundi in Tansania.

2000 **Verfassungsänderung**, nach der bei der Präsidentenwahl die einfache Mehrheit ausreichen soll. Bei den Parlaments- und Präsidentschaftswahlen werden die regierende CCM und Präsident Mkapa bestätigt.

2001, März Den Abgeordneten der oppositionellen *Civic United Front* (CUF), die das Wahlergebnis von 2000 nicht anerkennen und seitdem die Parlamentssitzungen boykottieren, werden die Mandate entzogen

2005, Okt. Bei Wahlen auf Sansibar erringt die CCM 60 % der Stimmen, der CCM-Kandidat für das Amt des Präsidenten, AMAHI ABEID KARUME (*1948), wird mit 53 % bestätigt. Obwohl die Abgeordneten der CUF ihre Mandate zum Repräsentantenhaus akzeptieren, erkennen sie die CCM-Regierung und den Präsidenten der Insel offiziell nicht an.

Dez. Die CCM erhält bei der Parlamentswahl erneut die Mehrheit der Stimmen. JEKAYA KIKWETE (*1950), dessen Wahl in der Partei nicht unumstritten ist, übernimmt das Amt des Staatspräsidenten (Vereidigung 21. Dez.) von Tansania.

Uganda seit 1945 | Forts. v. S. 1347 |

Nach 1945 versucht die Oberschicht Bugandas ihre Sonderstellung in Uganda zu erhalten. Nach Abzug der britischen Distriktsbeamten und größeren Kontrollbefugnissen des Buganda-Parlaments *Lukiiko* kommt es in Buganda zu schweren Unruhen. 1946 werden die ersten Afrikaner in den zentralen Legislativrat aufgenommen und eine Parität mit den europäischen und indischen nichtamtlichen Mitgliedern gewährt.

1949, 27. April Nach weiteren schweren Unruhen in Buganda, ausgelöst durch Forderungen der Chiefs und Clanältesten (*Bataka*) nach einer gerechteren Landverteilung, nach größerer Repräsentanz im *Lukiiko*, wird die *Bataka Party* verboten.

1950 In der Folge tritt der Buganda-Premier zurück und zugleich erhöht sich der Anteil der gewählten *Lukiiko*-Mitglieder auf 45 %; die Afrikaner stellen nun die Hälfte der nichtamtlichen Mitglieder im Legislativrat, Buganda verweigert jedoch die Entsendung von Vertretern.

1953, 30. Nov. Nachdem der *Kabaka* (Herrscher) EDWARD MUTESA II. (*1924, †1969; seit 1942) die völlige Unabhängigkeit Bugandas gefordert hat, wird er deportiert; eine Solidarisierungskampagne der Bevölkerung Bugandas wertet ihn zum Märtyrer kolonialer Willkür auf.

1955, 17. Okt. Mit der Rückkehr MUTESAS II. wird die **konstitutionelle Monarchie** akzeptiert: Es werden Direktwahlen für zwei Drittel der *Lukiiko*-Mitglieder sowie ein dem *Lukiiko* verantwortliches Kabinett eingeführt. Ein nationaler Ministerrat mit drei afrikanischen Ministern und afrikanischer Mehrheit wird unter den nichtamtlichen Legislativratsmitgliedern eingesetzt; der Buganda-*Lukiiko* verweigert jedoch die Direktwahl zum Uganda-Legislativrat.

1956 Die *Democratic Party* (DP) wird durch Buganda-Katholiken als Gegengewicht zum protestantisch dominierten Buganda-Establishment gegründet.

1958 Buganda, Ankole und Bugisu boykottieren die ersten Direktwahlen zum Legislativrat.

1959 Nach schweren Unruhen in Buganda wird der Ausnahmezustand ausgerufen.

1960, 9. März Aus Abspaltungen des 1952 gegründeten *Uganda National Congress* bildet sich der *Uganda People's Congress* (UPC) unter MILTON OBOTE (*1925, † 2005) als z. T. protestantisch geprägte Sammelbewegung mit nationaler Ausrichtung (gegen den Buganda-Separatismus).

9. Okt. Buganda fordert die Loslösung von Uganda; die Forderung wird von der Kolonialverwaltung ebenso ignoriert wie die Sezessionserklärung am 1. Jan. 1961.

1961, 23. März Der UPC gewinnt bei den wieder von Buganda boykottierten Wahlen die Mehrheit der Stimmen, während die DP 54 % der Sitze erringt, da ihr (bis auf einen) sämtliche Buganda-Sitze (ein Viertel der Gesamtsitze) trotz einer Wahlbeteiligung von nur ca. 2,5 % zufallen.

2. Juli Der nicht adlige, aus Buganda stammende Katholik BENEDICTO KIWANUKA (*1922, †1978) wird Premierminister.

1962, 22. Febr. Die daraufhin in Buganda gegründete Partei *Kabaka Yekka* (KY) gewinnt nach Durchsetzung ihres Ziels einer indirekten Wahl (d. h. durch die *Lukiiko*) der Buganda-Mitglieder des Zentralparlaments die ersten Direktwahlen zum *Lukiiko* mit 96 % der Sitze gegen die DP und geht im Landesparlament eine Koalition mit OBOTES UPC ein.

1. März **Uganda erhält die innere Selbstregierung**; nach dem Sieg der UPC bei den Wahlen am 25. April zum Landesparlament verhilft die KY OBOTE zum Posten des Premierministers.

Juni Buganda wird föderativer, Ankole, Toro, Bunyoro halbföderativer Status zugestanden.

9. Okt. **Uganda erhält die Unabhängigkeit.**

1963, 9. Okt. Uganda wird Republik mit KABAKA MUTESA II. als nichtexekutivem Präsidenten und OBOTE als Premierminister.

1964, Jan. Eine Meuterei in der Armee wird mithilfe britischer Truppen niedergeschlagen.

9. Okt. Nach einem Referendum kommen die »*lost counties*« an Bunyoro zurück und die UPC/KY-Koalition zerbricht darüber; zahlreiche KY- und DP-Anhänger wechseln zur UPC über.

1966, 22. Febr. **OBOTE übernimmt die Macht** (Verhaftung von fünf Ministern).

15. April OBOTE wird Exekutivpräsident und setzt eine neue Verfassung ein, die die Chiefs aus den Regionalparlamenten ausschließt und der Buganda-Führungsschicht das 1900 erworbene Land nimmt.

Mai/Juni Aufgrund von Bugandas Ablehnung der Verfassung und seines Ultimatums an die Regierung zum Verlassen des Buganda-Gebietes lässt OBOTE den Ausnahmezustand in Buganda ausrufen, den Palast des *Kabaka* stürmen und Buganda auflösen.

1967, 8. Sept. Eine **neue Verfassung** errichtet einen Einheitsstaat, teilt Buganda in Distrikte auf und schafft die vier anderen Reiche (Ankole, Toro, Bunyoro, Bugisu) ab.

1968, 14. Aug. Die DP wird verboten, Verhaftungen von Oppositionellen folgen.

1969, 19. Dez. Eine UPC-Konferenz legalisiert den Einparteienstaat und verabschiedet die »Charta des kleinen Mannes« (Pläne für eine klassenlose Gesellschaft, gerechtere Verteilung und Verstaatlichungen). Am letzten Konferenztag wird OBOTE bei einem Attentat leicht verwundet; der Ausnahmezustand für Buganda wird auf ganz Uganda ausgeweitet und alle Parteien außer dem UPC werden verboten.

1971, 25. Jan. Die Armee nutzt einen Auslandsaufenthalt OBOTES zum **Putsch**: Der aus dem sozial und wirtschaftlich benachteiligten Norden stammende **General IDI AMIN** (*1928, †2003) übernimmt die Macht.

2. Febr. AMIN wird Präsident, verbietet alle politischen Aktivitäten und stellt die Armee über das bisher geltende Recht: Sie erstickt mit Terrormaßnahmen jeden Widerstand.

24. Aug. **Grenzkonflikt mit Tansania**, das OBOTE Exil gewährt hat (erneuter Konflikt im Okt.).

1972 Bruch mit dem verbündeten Israel: AMIN wendet sich den arabischen Staaten zu. Etwa 50 000 Asiaten werden aus Uganda vertrieben.

16./17. Sept. Ein Invasionsversuch von Obote-Anhängern von Tansania aus (indirekte Unterstützung durch Tansania) schlägt fehl. In der Folge werden tansanische Städte bombardiert.

1976, 23. Febr. AMIN, inzwischen »Feldmarschall«, meldet Ansprüche auf Gebiete im Westen Kenias an; Kenias Transitboykott ugandischer Waren wird mit Einstellung des Stromexports nach Kenia beantwortet. Der Konflikt wird am 8. Aug. beigelegt.

4. Juli Nach dem israelischen Kommandounternehmen gegen den Flugplatz von Entebbe (Befreiung von Geiseln einer Flugzeugentführung) werden die Beziehungen mit Großbritannien abgebrochen.

1978, 31. Okt. Nach Grenzkonflikten mit Tansania besetzen und verwüsten Truppen Ugandas das tansanische Gebiet nördlich des Kagera-Flusses.

1979, 20. Jan. Nach dem Rückzug der ugandischen Truppen im Nov. 1978 dringen Exil-Ugander zusammen mit Truppen Tansanias in Uganda ein, unterstützt von im Lande gebildeten Guerillagruppen.

26. März 28 Befreiungsgruppen halten in Moshi (Tansania) eine Konferenz ab: Bildung der *Uganda National Liberation Front* (UNLF) unter Vorsitz von YUSUF LULE (*1912, †1985).

13. April Nach der Einnahme von Entebbe am 5. April und Kampala am 11. April durch tansanische Truppen wird eine provisorische Regierung unter YUSUF LULE eingesetzt; **AMINS Terrorherrschaft** (mindestens 200 000 Tote) ist damit **zu Ende**.

20. Juni Zwischen dem (in Moshi eingesetzten) Konsultativrat und LULE entsteht ein Konflikt über die Ernennung von Ministern; LULE wird von GODFREY BINAISA (*1920) als Präsident abgelöst.

6. Okt. Durch die UNLF eingesetzte Distriktsräte wählen 48 % der Mitglieder einer Generalversammlung.

19. Nov. Verteidigungsminister YOWERI MUSEVENI (*um 1944) wird entmachtet.

1980 Nach Parlamentswahlen wird **MILTON OBOTE erneut Präsident**, PAULO MUWANGA (*1924, †1991) wird Vizepräsident und Verteidigungsminister.

1981, Ende Juli Die tansanischen Truppen ziehen ab.

1982 Tausende Tutsi-Flüchtlinge werden zur Rückkehr nach Ruanda gezwungen.

1985, Juni Vordringen der *National Resistance Army* (NRA) unter YOWERI MUSEVENI.

27. Juli **Sturz OBOTES** und Putsch von General BASILIO OKELLO (*1929, †1990). Generalleutnant TITUS OKELLO (*1914, †1996) wird neuer Staatspräsident und Vorsitzender des Militärrats.

1986, 29. Jan. OKELLO flieht und **MUSEVENI wird neuer Präsident**, nachdem NRA-Rebellen die Hauptstadt Kampala eingenommen haben. Der *National Resistance Council* wird oberstes Regierungsorgan.

1987, 14. Mai Beginn eines Wirtschafts- und Wiederaufbauprogramms.

1988, Febr. Indirekte Wahlen zum *National Resistance Council.*

1990, 30. Sept. Von Uganda aus dringen starke Einheiten der Rebellengruppe *Front Patriotique Ruandais* (FPR) in Ruanda ein.

1992, 17. Jan. Der Bürgerkrieg in Ruanda greift auf den Süden Ugandas über.

1993 Formelle Wiedereinführung der Monarchie in Buganda und anderen früheren Königreichen; die föderalistischen Bestrebungen in Buganda bleiben jedoch bestehen.

1994, 28. März Der *National Resistance Movement* des Staatspräsidenten MUSEVENI gewinnt die Wahlen zur verfassunggebenden Versammlung und stellt 145 der 214 Mitglieder.

1995, 8. Okt. MUSEVENI unterzeichnet die **neue Verfassung Ugandas**, die den Bürgern eine parteipolitische Betätigung außerhalb der Regierungspartei verbietet.

1996, 9. Mai Bei den Präsidentschaftswahlen siegt MUSEVENI mit 74 % der Stimmen. Im Norden des Landes häufen sich Überfälle von Rebellengruppen.

1997 Die im Westen operierende Rebellenorganisation *Alliance of Democratic Forces* (ADF) verstärkt ihre Angriffe.

1998, Dez. Uganda erhält von der Weltbank und westlichen Geberländern einen Kredit von 2,2 Mrd. US-$.

1999, 10. Juli In Lusaka wird das von Präsident MUSEVENI vermittelte Friedensabkommen für die DR Kongo unterzeichnet. Das Bündnis zwischen Ruanda und Uganda endet.

2000, 17. März Bei einem Kirchenbrand in Kanungu im Südwesten kommen mindestens 530 Mitglieder einer christlichen Sekte ums Leben, weitere 1000 Leichen, zumeist Opfer von Gewalt, werden in Massengräbern gefunden.

3. Mai IWF und Weltbank bestätigen, dass Uganda alle Bedingungen der internationalen Schuldenhilfe erfüllt. Damit kann ein Schuldenerlass von 1,3 Mrd. US-$ gewährt werden.

2. Juli Die Bevölkerung stimmt in einem **Referendum gegen die Einführung des Mehrparteiensystems.**

2001, 12. März Präsident MUSEVENI wird mit 69,3 % Stimmanteil im Amt bestätigt.

26. Juni Bei den Parlamentswahlen werden v. a. Anhänger MUSEVENIS gewählt.

2002, 6. Sept. In einem Friedensabkommen mit der DR Kongo verpflichtet sich Uganda zum Abzug seiner Truppen aus dem Nachbarland.

8. Okt. Für eine Großoffensive gegen die seit 15 Jahren in der Grenzregion zum Sudan tätige *Lord's Resistance*

Army (LRA) werden ca. 400 000 Menschen vorübergehend in Militärlagern untergebracht.

Dez. Regierung und Rebellen der *National Rescue Front* (UNRF) unterzeichnen einen Friedensvertrag. Danach erhalten die Rebellen Umsiedlungshilfe, ein Teil ihrer Kämpfer wird in die Armee übernommen.

2004, 21. Febr. Trotz einer am 3. März 2003 vereinbarten Waffenruhe setzt die LRA mit einem Massaker (bis zu 250 Tote) in einem Lager nahe der Stadt Lira ihren Kampf gegen die Regierung fort. Die LRA ist v. a. für Rekrutierung und Einsatz von Kindersoldaten berüchtigt.

2005, 28. Juli In einem Referendum stimmen die Ugander mehrheitlich für die Einführung eines Mehrparteiensystems.

2006, 23. Febr. Der *National Resistance Movement* gewinnt die Parlamentswahlen. MUSEVENI setzt sich mit knapp 60 % der Stimmen bei der Präsidentschaftswahl durch. Kurz zuvor hat er die Verfassung ändern lassen, um sich eine dritte Amtsperiode zu ermöglichen.

Ruanda seit 1946 | Forts. v. S. 1348 |

1946, 13. Dez. Ruanda-Urundi wird ein UN-Treuhandschaftsgebiet unter belgischer Verwaltung.

1952, 14. Juli Die Schaffung repräsentativer Beratungsgremien auf allen Verwaltungsebenen soll eine Mitbeteiligung der Hutu ermöglichen, doch kann der politische Aufstieg von Hutu-Évolués (Angestellte mit westlicher Bildung) weitgehend von den Tutsi verhindert werden, die in den Wahlen (1953/54) 52 % der Mandate auf der untersten und (begünstigt durch das indirekte Wahlsystem) 89–91 % auf der mittleren/obersten Verwaltungsebene gewinnen.

1956/57 **Wahlen**: Die Vertreter der Tutsi verbessern ihre Position im Obersten Landesrat (97 %). Das seit Beginn der Kolonialzeit von den Europäern festgeschriebene soziale und politische System einer Tutsi-Dominanz wird von der aufkommenden jungen, europäisch gebildeten Hutu-Elite bekämpft, die zunehmend von den Missionen und der belgischen Mandatsverwaltung unterstützt wird (seit 1955/56). Die von den Kolonialherren forcierte Ethnisierung der gesellschaftlichen und politischen Ordnung gewinnt eine neue Dynamik.

1957, 24. März Eine Gruppierung von Hutu in Zentralruanda wendet sich im **»Hutu-Manifest« gegen die Tutsi-Vorherrschaft**, plädiert für demokratische Institutionen und bildet im Juni die Sammlungsbewegung des *Mouvement Social Muhutu* (MSM) unter GRÉGOIRE KAYIBANDA (*1924, †1976), von dem sich die stärker auf Südruanda konzentrierte *Association pour la Promotion Sociale de la Masse* (APROSOMA) abspaltet (Nov.).

1958, Mai Eine Gruppe von Günstlingen um den *Mwami* (König) verneint in einer Erklärung jegliche Gemeinsamkeiten mit den Hutu; zunehmende Diffamierung der Hutu-Politiker.

1959, 28. Juli »Coup von Mwima« nach dem Tod MUTARAS III. (*1912/13, †1959) mit der Ausrufung des neuen *Mwami* KIGERI V. (*1935) ohne Kenntnis der Belgier; wegen des als Überrumpelung empfundenen Wahlverfahrens gewinnt KIGERI V. nicht das Vertrauen der Hutu.

15. Aug. Tutsi-Politiker gründen die *Union Nationale Ruandaise* (UNAR) und fordern die Unabhängigkeit sowie die volle Wiederherstellung der Monarchie.

14. Sept. Gemäßigte Tutsi unter Chief PROSPER BWANAKWELI bilden den auch Hutus offen stehenden *Rassemblement Démocratique Ruandaise* (RADER), mit dem sie ein Programm sozialer und politischer Harmonisierung, eine evolutionäre und demokratische Entwicklung anstreben.

19. Okt. KAYIBANDA bildet aus dem MSM den verstärkt pro-belgischen *Parti du Mouvement de l'Émancipation Hutu* (PARMEHUTU): Forderung nach **Hutu-Emanzipation** vor der Unabhängigkeit.

3.–10. Nov. Ausbruch von bürgerkriegsähnlichen **Kämpfen** (»Hutu-Revolte«) **zwischen Hutu und Tutsi** mit Tausenden von Toten; Beginn der Massenflucht von Tutsi in die Nachbarländer.

1960, 6. Febr. Ersetzung des Obersten Landesrates durch den Provisorischen Spezialrat mit Vertretung der vier großen Parteien, in dem die Hutu – auf deren Seite die Mandatsverwaltung sich damit eindeutig stellt – jedoch die Mehrheit halten.

30. Juni Nach dem endgültigen Bruch der Hutu-Parteien mit dem *Mwami* erhält der PARMEHUTU bei Gemeindewahlen (Boykott der ins Exil ausgewichenen UNAR) 76,5 % der Mandate.

25. Okt. Nach Übernahme fast aller lokaler Körperschaften durch Hutu (Beendigung der Tutsi-Vormachtstellung) wird GRÉGOIRE KAYIBANDA zum provisorischen Regierungschef ernannt.

1961, 28. Jan. Mit belgischer Billigung Konferenz aller Hutu-Gemeinderäte und -Bürgermeister in Gitarama, die ein Parlament (PARMEHUTU 91 %, APROSOMA 9 % der Sitze) wählen. Mit **Ausrufung der Republik** (»Staatsstreich von Gitarama«) wird der *Mwami*, KIGERI V., gestürzt; KAYIBANDA wird Premierminister.

25. Sept. In den unter UNO-Aufsicht abgehaltenen Wahlen gewinnt der PARMEHUTU 79,5 % der Sitze; 80 % der Wähler stimmen in einem Referendum für die Abschaffung der Monarchie.

26. Okt. Nach dem Ende der Monarchie (2. Okt.) wird GRÉGOIRE KAYIBANDA Präsident.

21. Dez. In Verhandlungen mit Belgien wird eine **getrennte Autonomie für Ruanda und Burundi** beschlossen: Ruanda erhält innere Autonomie.

1962, 19. April Wirtschaftsunion mit Burundi (gekündigt 31. Dez. 1963).

1. Juli Die **Republik Ruanda erhält die Unabhängigkeit** unter Präsident KAYIBANDA, der in der Folge eine Mittlerposition zwischen den Hutu-Fraktionen einnimmt; die Hutu im Norden behalten ihre weitgehende Autonomie von der Zentralregierung bei. Die UNAR entmachtet den zur Regierung übergetretenen »Rwagasana-Flügel«.

Juli Bewaffnete Gruppen der *Inyenzi*, eine Anfang 1962 unter Tutsi-Flüchtlingen (seit Nov. 1959 ca. 80 000–150 000) gegründete Widerstandsbewegung, dringen von Kongo und Uganda aus in Ruanda ein.

1963, 21. Dez. Invasion in der Region Bugesera von Uganda, Kongo und Burundi aus; die von Burundi nach Norden vormarschierende »Königliche Armee Ruandas« unter dem Befehl KIGERIS V. wird jedoch vor der Hauptstadt Kigali von der Nationalgarde Ruandas abgewehrt und aufgerieben.

1964, 11.–19. Jan. In den folgenden Gegenreaktionen der Hutu (getragen von jahrelanger Furcht vor einem Tutsi-Gegenschlag) werden mindestens 14 000 Tutsi ermordet; Oppositionsparteien werden verboten.

1967, 20. März Nach erneuten *Inyenzi*-Angriffen von Burundi aus (Nov.–Dez. 1966) **Abkommen zwischen Ruanda und Burundi** durch Vermittlung Zaires, die Guerillaaktivitäten von ihren beiden Ländern aus durch Entwaffnung der Flüchtlinge zu beenden.

1969, Aug. Erster Botschafteraustausch zwischen Ruanda und Burundi.

1973, 16. Febr. Erneute blutige **Feindseligkeiten gegen Tutsi**; zugleich Studentenunruhen, Bildung von Revolutionskomitees und Boykott von Tutsi-Geschäften; Einsatz von Militär und Polizei.

5. Juli Nach längeren Fraktionskämpfen zwischen Hutu aus dem Norden und den die Partei und Regierung dominierenden Hutu aus Zentral- und Südruanda kommt es zum **Staatsstreich** unter dem aus dem Norden stammenden Verteidigungsminister (seit 1965) und Armeechef General JUVÉNAL HABYARIMANA (*1937, †1994) an der Spitze des aus hohen Offizieren gebildeten *Comité pour la Paix et l'Unité Nationale*; Verbot des PARMEHUTU. Die Dominanz regionaler Gruppen wird abgebaut, eine gemäßigtere Haltung im Hutu-Tutsi-Verhältnis eingenommen.

1975, 5. Juli Gründung der Einheitspartei *Mouvement Révolutionnaire Nationale pour Développement* (MRND) und Verabschiedung eines MRND-Manifests.

1978 Annahme einer **neuen Verfassung** (Referendum 17. Dez.): Wahl HABYARIMANAS zum Präsidenten.

1980, 5. Mai Nach erneuten Spannungen zwischen Hutu und Tutsi wird der ehemalige Sicherheitschef Major THEONESTE LIZINDE (†1996) wegen Putschverdachtes verhaftet.

1983 Wie schon im Okt. 1982 kommt es zu einem starken Rückstrom von Ruandern aus Uganda.

Dez. Die Grenzen werden geschlossen.

1988, 14. Aug. Nach Massakern in Burundi fliehen über 60 000 Hutu nach Ruanda.

19. Dez. Wiederwahl von Staatspräsident HABYARIMANA für weitere fünf Jahre.

1989, Mai Konferenz in Ruanda und Burundi über die Repatriierung burundischer Flüchtlinge.

1990, Okt. Einheiten des *Front Patriotique Rwandais* (FPR), eine im ugandischen Exil gegründete Tutsi-Organisation, dringen bis zur Hauptstadt Kigali vor. HABYARIMANA kann mit Regierungstruppen sowie belgischer, französischer und zairischer Hilfe die Rebellen zurückdrängen.

1991, 10. Juni Mit der Unterzeichnung einer neuen Verfassung leitet Staatspräsident HABYARIMANA die Demokratisierung des Landes ein.

1992, 18. Aug. Die Regierung und Vertreter der FPR unterzeichnen ein Friedensabkommen in Arusha.

1994, 6. April Die **Ermordung der Staatspräsidenten Ruandas und Burundis, JUVÉNAL HABYARIMANA und CYPRIEN NTARYAMIRA**, durch Flugzeugabschuss gibt den **Startschuss für** einen offenbar von langer Hand vorbereiteten **Genozid**, bei dem 800 000 bis eine Mio. Menschen, überwiegend Tutsi, ermordet werden (Mai–Sept.).

18. Juli Die siegreiche FPR erklärt den Bürgerkrieg für beendet und setzt eine Regierung der nationalen Einheit aus Hutu und Tutsi ein. – Aus Angst vor Racheakten fliehen ca. 1,5 Mio. Hutu nach Zaire.

1995, 27. Juni Konstituierung des **UN-Kriegsverbrechertribunals** für Ruanda mit ständigem Sitz in Arusha.

Nov. Hunderttausende Flüchtlinge kehren aus Zaire und Tansania zurück.

1997, April/Mai Nachdem aufständische Tutsi in Zaire zehntausende Hutu-Flüchtlinge aus den Lagern vertrieben haben (85 000 gelten zeitweise als vermisst), beginnt das UN-Hochkommissariat eine Rückführungsaktion der verbliebenen Flüchtlinge nach Ruanda.

4. Sept. Vor dem UN-Kriegsverbrechertribunal in Arusha bekennt sich der ehemalige ruandische Regierungschef JEAN KAMBANDA (*1955) des Völkermordes für schuldig und wird zu lebenslänglicher Haft verurteilt.

1998, Nov. Nach Berichten von Hilfsorganisationen haben wegen der Kämpfe zwischen der ruandischen Armee und Hutu-Milizen ca. 600 000 Menschen ihre Dörfer verlassen. Da die Hutu-Milizen Versorgungsbasen in der DR Kongo unterhalten, greift der Krieg auch dorthin über.

1999, 16. Dez. Eine UN-Kommission gibt in einem Bericht der **UNO eine Mitschuld am Völkermord** von 1994: Warnungen seien ignoriert, UN-Truppen sogar kurz vor Beginn der Massaker abgezogen worden. Kritik wird auch an den USA geübt, die ein Mandat für Friedenstruppen in Ruanda blockiert hätten.

2000, 23. März Nach dem Rücktritt des seit 1994 amtierenden Präsidenten PASTEUR BIZIMUNGU (*1950) übernimmt PAUL KAGAME (*1957) die Interimspräsidentschaft.

17. April KAGAME wird zum neuen Präsidenten gewählt. Er ruft zur Versöhnung auf und sichert Hutu-Flüchtlingen eine gefahrlose Rückkehr zu.

23. Dez. Internationaler Währungsfonds (IWF) und Weltbank erlassen Ruanda 71 % seiner Schulden.

2001, 6. März Erstmals seit dem Völkermord von 1994 werden wieder Kommunalwahlen abgehalten.

Mai/Juni **Schwere Kämpfe** zwischen Regierungstruppen und der Hutu-Miliz *Interahamwe*, die aus der DR Kongo zurückkehrt.

8. Juni In Brüssel werden vier nach Belgien geflüchtete Beteiligte des Völkermordes, darunter zwei Nonnen, zu hohen Haftstrafen verurteilt.

Juli Zur Bewältigung der **Massenprozesse** gegen des Völkermords Beschuldigte (rund 130 000 warten in ruandischen Gefängnissen auf ihren Prozess) werden über 260 000 Laienrichter ausgebildet.

2002, 30. Juli Unterzeichnung eines **Friedensabkommens** mit der DR Kongo. Ruanda verspricht den Abzug seiner Truppen aus dem Nachbarland.

12. Aug. Ex-Generalstabschef AUGUSTIN BIZIMUNGU (*1952), einer der Leiter des Völkermordes von 1994, wird in einem Demobilisierungslager in Angola festgenommen und an das UN-Tribunal für Ruanda ausgeliefert.

16. Aug. Der UN-Sicherheitsrat beschließt die Aufstockung des Ruanda-Kriegsverbrechertribunals in Arusha von neun auf 27 Richter.

2003, 26. Mai Bei einem Referendum stimmen 93 % der Wahlberechtigten für die neue Verfassung, die als Konsequenz aus dem Völkermord die Herrschaft einer einzigen Partei verhindern soll.

25. Aug. Die erste freie Präsidentenwahl nach dem Völkermord endet mit einer Bestätigung des Amtsinhabers PAUL KAGAME, der 95 % der Stimmen erhält.

2004, 5. April Bei den Gedenkfeiern zur zehnten Wiederkehr des Beginns des Genozids wirft Präsident KAGAME der westlichen Welt Versagen vor.

2005, 20. April Ca. 2000 Beschuldigte des Völkermords sind nach Burundi geflohen, um sich ihrer Verurteilung durch die *Gacaca*-Justiz in Ruanda zu entziehen.

2006, 1. Jan. Eine Verwaltungsreform tritt in Kraft, nach der Ruanda in fünf statt wie bisher zwölf Provinzen aufgeteilt ist.

Burundi seit 1946 | Forts. v. S. 1348 |

1946, 13. Dez. Ruanda-Urundi wird **UN-Treuhandschaftsgebiet** unter belgischer Verwaltung.

1953/54 Die Hutu erreichen bei **Wahlen** lediglich für die Beratungsgremien auf der untersten Verwaltungsebene eine Mandatsmehrheit, während die durch das komplizierte indirekte Wahlsystem begünstigten Tutsi auf den mittleren und oberen Ebenen klare Mehrheiten gewinnen und damit ihre Vormachtstellung absichern. Tutsi-*Évolués* (Angestellte mit westlicher Bildung) werden zu entscheidenden Trägern der nationalen Politik. Gegen sie, jedoch nicht gegen die Monarchie des *Mwami* (König) oder die Tutsi allgemein, richtet sich die Frontstellung der aufstrebenden, europäisch gebildeten Hutu-Elite.

1959, Sept. Nach der **Zulassung politischer Parteien** offizielle Gründung der *Unité et Progrès National* (UPRONA) unter dem *Mwami*-Sohn LOUIS RWAGASORE (*1932, †1961), die wesentliche Unterstützung von vielen Tutsi, aber auch einigen Hutu erhält; gegen sie wird der *Parti Démocrate Chrétien* (PDC) gebildet. Die kurz darauf gegründete Hutu-Partei *Parti du Peuple* (PP; Ziel: schrittweise Autonomie) sowie der *Parti Démocrate Rural* (PDR) unterstützen den *Mwami*.

1960, 22. Febr. Das Mandat des Obersten Landesrates wird von der belgischen Mandatsverwaltung nicht erneuert, an seiner Stelle wird eine Interimskommission eingesetzt.

6. Juli Der auf Druck der UNO von den Belgiern provisorisch eingesetzte Regierungschef JOSEPH CIMPAYE (*1932, †1972) bildet eine **Allparteienregierung** unter Einschluss der UPRONA.

18. Sept. Die UPRONA stellt in der Folge den *Mwami* als entscheidendes Bindeglied zu den Hutu heraus und erreicht deren Mobilisierung in den von der UNO beaufsichtigten **Neuwahlen**, in der die UPRONA 91 % der Mandate gewinnt, die im *Front Commune* zusammengeschlossenen Parteien (PDC, PDR, PP) jedoch nur 3 %. 47 % der Abgeordneten sind Hutu.

29. Sept. LOUIS RWAGASORE wird Premierminister, PIERRE NGENDADUMWE (*1937, †1965) sein Stellvertreter.

13. Okt. RWAGASORE wird ermordet; ANDRÉ MUHIRWA (*1920, †2003), Schwiegersohn des *Mwami*, wird neuer Premierminister.

1962, 19. Jan. Beginn des offenen ethnischen Konflikts zwischen Tutsi und Hutu.

1. Juli **Unabhängigkeit Burundis** unter dem Präsidenten *Mwami* MWAMBUTSA IV. (*1912, †1977) und Premierminister MUHIRWA vor dem Hintergrund verstärkter innenpolitischer Instabilität.

Sept. Spaltung der UPRONA in einen »Monrovia-Flügel« unter PAUL MIREREKANO (†1965; Hutu) und einen »Casablanca-Flügel« unter MUHIRWA.

1963, 8. Juni PIERRE NGENDADUMWE vom Monrovia-Flügel wird erster Hutu-Premierminister.

6. Juli Die UPRONA zerfällt endgültig; die **Monrovia-Gruppe** unter JOSEPH BAMINA (*1925, †1965; Hutu) versucht, in einem Pakt zwischen Hutu-Elite, Tutsi-Aristokratie sowie dem *Mwami* einen prowestlichen Kurs zu steuern, den die radikale, von Tutsi-Intellektuellen geprägte **Casablanca-Gruppe** als grundlegenden Wandel zugunsten der Hutu bekämpft.

1964, 6. April ALBIN NYAMOYA (*1924, †2001), Tutsi und Vertreter der Casablanca-Gruppe, wird Premierminister; er lehnt sich an die VR China an (Staatsbesuch Sept. 1964).

1965, 9. Jan. Nach NYAMOYAS Entlassung beruft der *Mwami* PIERRE NGENDADUMWE erneut zum Premierminister, der jedoch ermordet wird (15. Jan.). Verhaftung zahlreicher radikaler Tutsi aus der UPRONA (u. a. NYAMOYA) und Verbot der UPRONA-Jugendorganisation (JNR).

22. Jan. Der UPRONA-Präsident JOSEPH BAMINA (Hutu) wird Premierminister.

10. Mai UPRONA-Wahlsieg (64 % der Sitze), der *Mwami* verweigert aber die Ernennung des von der Hutu-Parlamentsmehrheit (70 %) vorgeschlagenen Kandidaten für das Amt des Premierministers.

24. Juli Der *Mwami* erklärt die **absolute Monarchie** und ernennt seinen Privatsekretär, LÉOPOLD BIHUMUGANI (*1919, †2003; BEZI-GANWA; auch BIHA genannt), zum Premierminister (14. Sept.).

11. Okt. **Putschversuch des radikalen Tutsi-Flügels** (Ziel: Errichtung einer Republik). Aus Furcht vor einem erneuten Putsch der Tutsi-Radikalen und der JNR putschen 50 Hutu in Armee und Polizei; ihre Machtübernahme wird jedoch von der Leibgarde des *Mwami* und loyalen Truppen unter Hauptmann MICHEL MI-

COMBERO (*1940, †1983) verhindert (18./19. Okt.). Den folgenden Unterdrückungsmaßnahmen fallen über 5000 Hutu zum Opfer, v. a. unter der Hutu-Elite, darunter alle Parlamentarier (auch die Expremierminister BAMINA und MIREREKANO).

1966, 24. März *Mwami* MWAMBUTSA überträgt seinem Sohn CHARLES NDIZEYE (*1947, †1972) den größten Teil seiner Machtbefugnisse.

8. Juli Unter der Regie von MUHIRWA und mithilfe von Hauptmann MICOMBERO setzt **NDIZEYE** seinen abwesenden Vater ab, **übernimmt alle Vollmachten**, suspendiert die Regierung BIHA und hebt die Verfassung auf.

12. Juli Gestützt auf die von Hutu großenteils »gesäuberte« Armee und auf radikale Tutsi-Politiker bildet MICHEL MICOMBERO als Premierminister eine neue Regierung.

30. Juli Das Primat der UPRONA wird erklärt, NDIZEYE als NTARE V. inthronisiert (1. Sept.).

28. Nov. MICOMBERO setzt NTARE V. während dessen Staatsbesuch in Zaire ab, ruft die Republik aus und übernimmt das Amt des Präsidenten.

1967, 20. März **Abkommen zwischen Burundi und Ruanda** zur Beendigung der Guerillaaktivitäten von ihren beiden Ländern aus; Botschafteraustausch im Aug. 1969.

1969, Sept./Dez. Verhaftungen von Hutu, darunter Offiziere und Minister; Hinrichtungen.

1971, 20. Okt. Eine Junta aus 27 Offizieren (v. a. Tutsi) wird eingesetzt.

1972, 30. März NTARE V. kehrt aus dem Exil über Uganda zurück. Trotz einer Amnestie und Zusagen für seine Sicherheit an Uganda wird er bei seiner Ankunft in Burundi verhaftet.

29. April Nach Massenverhaftungen (16. April) **Aufstand von Hutu-Bauern** im Süden; durch die unmittelbar nach Beginn ihrer Angriffe erfolgte Hinrichtung von NTARE V. eskaliert die Rebellion.

6. Mai Hinrichtung der angeblichen Rädelsführer und von ca. 450 Hutu-Soldaten (nur noch Tutsi in der Armee).

1973, 10. Mai Hutu-Guerillas greifen von Tansania, Ruanda und Zaire aus an, Gegenmaßnahmen der Armee und Racheaktionen der JNR fordern Hunderte von Opfern unter den Hutu.

30. Mai Zusammenstoß zwischen Truppen aus Burundi und Tansania im Zuge von Verfolgungsaktionen der Armee Burundis; Flucht von etwa 150 000 Hutu. Während der Hutu-Rebellion 1972 und der Unterdrückungsmaßnahmen 1973 gibt es ca. 150 000–250 000 **Todesopfer**.

5. Juni Entlassung des Premierministers NYAMOYA; sein Amt übernimmt wieder MICOMBERO.

1974, 11. Juli Eine neue Verfassung gibt MICOMBERO unbegrenzte Machtfülle in einem Einparteien-Präsidialsystem ohne Legislative.

1976, 1. Nov. **Armeeputsch** unter Oberst JEAN-BAPTISTE BAGAZA (*1946; Tutsi, seit 1972 stellvertretender Stabschef), der Präsident wird (21. Nov., und Oberst EDOUARD NZAMBIMANA (*1945) als Premierminister (bis 13. Okt. 1978) einsetzt. Die Verfassung wird außer Kraft gesetzt, ein Oberster Revolutionsrat aus 30 Militärs gebildet; Verbot der UPRONA, Entmachtung des extremsten Verfechters der Tutsi-Suprematie, ARTÉMON SIMBANANIYE (*1935; Provinz Bururi).

1979, 26.–29. Dez. Erster UPRONA-Kongress, Wahl BAGAZAS zum UPRONA-Präsidenten.

1982, Okt. Nach Annahme und Billigung einer **neuen Verfassung** durch ein Referendum (Frühjahr) erste Wahlen seit 17 Jahren: Zur Wahl stehen nur Kandidaten der Einheitspartei UPRONA; Wahlbeteiligung 95 %.

1985 Ausweisung von 80 Missionaren, Konflikt zwischen Staat und katholischer Kirche.

1986 Zuspitzung des **Konfliktes mit der Kirche**, Verbot des Religionsunterrichts und Verstaatlichung katholischer Schulen. Kooperationsabkommen mit Uganda (2. Nov.).

1987, 3. Sept. Sturz Präsident BAGAZAS während dessen Abwesenheit durch einen **Staatsstreich** unter Major PIERRE BUYOYA (*1949). Die Regierung wird durch einen Militärrat (*Comité Militaire du Salut National*, CMSN) ersetzt. BUYOYA wird neuer Präsident.

1988, 14. Aug. Schwere **Unruhen zwischen Tutsi und Hutu**; nach Massakern fliehen über 60 000 Hutu nach Ruanda.

19. Okt. Regierungsumbildung, die neue Regierung wird mit zwölf Hutu und elf Tutsi besetzt.

1989, Mai Konferenz in Ruanda und Burundi über die Repatriierung burundischer Flüchtlinge.

1992, 9. März In einem Referendum stimmen die Burundier mit 90,2 % für eine demokratische Verfassung. Diese verbietet Parteien mit ethnischem Charakter. Dennoch findet der oppositionelle *Front pour la Démocratie au Burundi* (FRODEBU) v. a. Rückhalt bei den Hutu, während die UPROMA traditionell von den Tutsi dominiert wird.

1993, 10. Juli Mit MELCHIOR NDADAYE (*1953, †1993; FRODEBU) wird erstmals ein Hutu zum Staatspräsidenten gewählt. Am 21. Okt. wird er von Militärs gestürzt und ermordet. In der Folge kommt es zu Kämpfen zwischen Hutu und Tutsi.

1994, 6. April Der am 13. Jan. gewählte Staatspräsident CYPRIEN NTARYAMIRA (*1955, †1994) wird zusammen mit dem Staatspräsidenten Ruandas, JUVÉNAL HABYARIMANA, bei einem Flugzeugabschuss getötet.

30. Sept. SYLVESTRE NTIBANTUNGANYA (*1956; FRODEBU) wird zum Staatspräsidenten gewählt.

1. Dez. Die Wahl des Hutu JEAN MINANI zum Parlamentspräsidenten führt zu einer politischen Krise, in deren Folge der seit Jahrzehnten schwelende Bürgerkrieg erneut aufflammt.

1996, 25. Juli **Militärputsch**: BUYOYA wird erneut Staatspräsident (Vereidigung 30. Sept.).

1997, Aug. Scheitern von Waffenstillstandsverhandlungen zwischen Regierung, Opposition und Rebellen.

1998, 24. März Das Welternährungsprogramm richtet eine Luftbrücke nach Burundi ein, um 37 000 unterernährte Kinder zu versorgen.

11. Juni BUYOYA wird als Präsident einer Übergangsregierung anerkannt.

5. Okt. Das Parlament spricht sich für eine **Politik der Part-**

nerschaft zwischen Tutsi und Hutu aus. Der Bürgerkrieg geht jedoch trotz der im Juni in Arusha aufgenommenen Verhandlungen weiter. Sowohl Regierungstruppen wie auch Rebellen veranstalten immer wieder Massaker unter der Zivilbevölkerung. Die Zahl der Flüchtlinge ist auf 820 000 angestiegen, davon halten sich mehr als 300 000 in tansanischen Flüchtlingslagern auf.

1999, Sept. Die Regierung siedelt erneut über 350 000 Hutu in sog. »beschützte Siedlungen« um.

2000, 19. Jan. UN-Generalsekretär KOFI ANNAN bezeichnet die von der Regierung eingerichteten Lager als »humanitäre Katastrophe«.

28./29. Aug. Nach mehreren Anläufen (zuletzt im Jan./Febr.) kommt es in Arusha zu einem Friedensabkommen, das 15 der 19 im Bürgerkrieg engagierten Regierungen und Organisationen unterzeichnen.

20. Sept. Die letzten Parteien der Tutsi-Minderheit treten dem Abkommen von Arusha bei. Die Umsetzung gestaltet sich jedoch schwierig.

2001, 25. Jan. Die Vertragsparteien einigen sich auf die Zusammensetzung des Parlaments: 60 % der Sitze für die Hutu, 40 % für die Tutsi.

11. Juli Einigung über eine dreijährige **Übergangsregierung**.

2002, 7. Juli Beginn einer Offensive der Hutu-Rebellengruppen *Force pour la Défense de la Démocratie* (FDD) und *Forces de la Libération Nationale* (FNL). Bis zum 5. Aug. sterben bei den Kämpfen 630 Menschen.

6. Aug. Aufnahme von Friedensverhandlungen in Daressalam.

2003, Jan. Die Afrikanische Union (AU) beschließt einen Militäreinsatz zur Beendigung des Bürgerkrieges in Burundi.

30. April Wie im Aug. 2000 in Arusha vereinbart, übergibt der Tutsi-Präsident PIERRE BUYOYA die Amtsgeschäfte an den bisherigen Hutu-Vizepräsidenten DOMITIEN NDAYIZEYE (*1953).

16. Nov. Regierung und Hutu-Rebellengruppe FDD unterzeichnen eine **Friedensvereinbarung**. U. a. wird den Rebellen eine Regierungsbeteiligung eingeräumt.

2004, 21. April Die bisher nicht verhandlungsbereite Hutu-Rebellengruppe FNL verkündet eine einseitige Waffenruhe.

1. Mai Die FDD zieht ihre Vertreter aus der Regierung zurück.

21. Mai Der UN-Sicherheitsrat beschließt zum 1. Juni die Entsendung einer **Friedenstruppe für Burundi**.

2005, 3. März In einem Referendum billigen 91,4 % der Wähler die neue Verfassung, die eine Machtteilung zwischen Hutu und Tutsi festschreibt.

4. Juli Bei den Parlamentswahlen setzt sich die FDD mit 58,2 % als stärkste Partei durch.

19. Aug. PIERRE NKURUNZIZA (*1963) wird zum neuen Präsidenten gewählt. Die FNL erkennt die neue Regierung nicht an und setzt den bewaffneten Kampf fort.

Ostafrikanische Inselstaaten seit 1945

Madagaskar seit 1945 | Forts. v. S. 1352 |

1945, 18. Nov. Unter Patronage der Nationalisten JOSEPH RASETA (*1887, †1979) und JOSEPH RAVOAHANGY (*1893, †1970) bildet sich der *Mouvement Démocratique de la Rénovation Malgache* (MDRM), das die Gewerkschaften und die meisten politischen Organisationen beherrscht.

1946 Als Gegengewicht wird mit Förderung der Kolonialverwaltung der *Parti des Déshérités de Madagascar* (PADESM) unter **PHILIBERT TSIRANANA** (*1912, †1978) gegründet, die die Emanzipation der Küstenbewohner verficht.

25. Okt. Nach Abtrennung der Komoren wird Madagaskar in fünf Provinzen mit Provinzparlamenten aufgeteilt, um dem politischen Übergewicht der Merina entgegenzuwirken.

1947, Jan. **Wahlen** zu den fünf Provinzparlamenten: Das MDRM gewinnt 70 % der Stimmen, die Kolonialregierung ändert jedoch die vorgesehene Prozedur für die Beschickung des Landesparlaments durch die einzelnen Provinzparlamente, sodass die gewählten Franzosen zusammen mit den PADESM-Abgeordneten den MDRM in drei Provinzen überstimmen können.

29. März An verschiedenen Punkten der Insel, v. a. an der Ostküste, brechen **Aufstände** aus; gegen die Aufständischen, die zeitweilig etwa ein Sechstel des Landes in ihrer Gewalt haben, wird mit massivsten militärischen Mitteln vorgegangen.

1948, 1. Dez. Die Aufstände werden als beendet angesehen (80 000–200 000 Tote). In der Folge wird der MDRM zerschlagen; die Nationalbewegung ist bis 1956 gelähmt.

1956, 28. Dez. PHILIBERT TSIRANANA gründet, von der Kolonialverwaltung ermuntert, das in der Nachfolge des PADESM stehende *Parti Social Démocrate* (PSD).

1957, 31. März Wahlen zu den Provinzparlamenten; die gemäßigten »Provinzialisten« erhalten 59 % der Mandate.

29. Mai PSD, *Union des Démocrates Sociaux Malgaches* (UDSM) sowie einige Lokalparteien können sechs der acht Minister im Kabinett des Regierungschefs TSIRANANA stellen.

1958, 14. Okt. Nach Annahme des Referendums über die französischen Verfassungsvorschläge wird **Madagaskar autonome Republik** innerhalb der französischen Communauté.

1959, 29. April Verkündigung einer nach französischem Vorbild ausgerichteten Präsidialverfassung.

2. Mai Der erste Präsident Madagaskars ist PHILIBERT TSIRANANA.

1960, 26. Juni Madagaskar erhält die **Unabhängigkeit**.

4. Sept. Der PSD gewinnt bei Wahlen 60 %, mit Listenverbindungen 82 % der Mandate, kann in der Folge ihren Einfluss in den ländlichen Gebieten ausdehnen und sich de facto zur Staatspartei entwickeln.

1969–1970 Während einer längeren, krankheitsbedingten Abwesenheit Tsirananas versucht der neue Premierminister Calvin Tsiebo (*1902) die ausbrechenden Spannungen zwischen dem linken Flügel des PSD unter Innenminister André Resampa (*1924) und dem rechten Flügel unter Außenminister Jacques Rabemanajara (*1913, †2005) unter Kontrolle zu halten.

1970, 21. Nov. Nach seiner Rückkehr im Mai verfolgt Tsiranana eine gegen angebliche kommunistische Subversion gerichtete Politik und schließt ein **Abkommen** über wirtschaftliche Kooperation **mit Südafrika**.

1971, 31. März Aufstand verarmter Bauern in der Tulear-Provinz mit 2000 Toten, getragen vom *Mouvement National pour l'Indépendance de Madagascar* (MONIMA) unter Monja Jaona (*1910, †1994).

1972, Mai Nach dem Ausbruch von Unruhen wird der Ausnahmezustand verhängt; die Unruhen weiten sich zum **Generalstreik** aus (134 Tote). Etwa 100 000 Demonstranten fordern den Rücktritt von Präsident Tsiranana, der die Regierung auflöst und dem Armeestabschef General Gabriel Ramanantsoa (*1906, †1979) alle Machtbefugnisse überträgt.

25. Juni Nach dem Ende des Generalstreiks und aufgrund des Versprechens von Ramanantsoa, den Forderungen nach wirtschaftlichen und sozialen Reformen nachzukommen, lässt die am 27. Mai neu gebildete Regierung politische Gefangene frei und kündigt die Abkommen mit Südafrika.

4.–9. Sept. Nach **Verhängung des Kriegsrechts** Ende Aug. beschließt die Landeskonferenz des gemeinsamen Kampfausschusses der »Bewegung des 13. Mai« die Unterstützung Ramanantsoas (in einem Referendum am 8. Okt. erhält er Vollmachten für fünf Jahre).

11. Okt. Tsiranana tritt vom Amt des Präsidenten zurück, das Ramanantsoa übernimmt.

1973, 4. Juni Revidiertes Kooperationsabkommen mit Frankreich (u. a. Truppenabzug).

1975, 25. Jan. Nach Meutereien unzufriedener, aus der Küstenregion stammender Offiziere der mobilen Polizei löst General Ramanantsoa die Regierung auf und tritt zurück.

5. Febr. Als Nachfolger bestimmt Ramanantsoa Innenminister Oberst Richard Ratsimandrava (*1931), der am 11. Febr. während eines Putschversuchs von der Sicherheitspolizei ermordet wird.

13. Febr. Ein **Militärdirektorium** unter General Gilles Andriamahazo (*1919, †1989) übernimmt die Macht, erklärt den Ausnahmezustand und hat auch seit dem 24. März offiziell die Funktion eines kollektiven Staats- und Regierungsoberhauptes inne.

15. Juni Ablösung des Militärdirektoriums durch einen **Obersten Revolutionsrat** unter Vorsitz des Fregattenkapitäns Didier Ratsiraka (*1936), der Staats- und Regierungschef wird. Er schlägt einen sozialistischen Kurs ein (Verstaatlichung von Banken, Versicherungen und Schifffahrt) und verstärkt die Beziehungen zu den kommunistischen Staaten.

Sept. Nach Aufhebung des Ausnahmezustandes wird in einer einwöchigen Kampagne die »Charta der Madegassischen Sozialistischen Revolution« propagiert.

Dez. Ein Referendum über die Charta, eine neue Verfassung und eine siebenjährige Amtsperiode für Ratsiraka wird mit 94,7 % der Stimmen angenommen und das Land in **Demokratische Republik Madagaskar** umbenannt.

1976, 4. Jan. Erster Präsident wird Didier Ratsiraka; in den Obersten Revolutionsrat wird die gleiche Zahl von Zivilisten und Militärs aufgenommen.

11. Jan. Oberst Joel Rakotomalala (*1929, †1976) wird Premierminister der v. a. aus Zivilisten bestehenden Regierung.

19. März Gründung der *Avantgarde de la Révolution de Malagasy* (AREMA) als linke Sammlungspartei unter Ratsiraka (Generalsekretär).

20. Aug. Nachfolger des tödlich verunglückten Premierministers wird Justin Rakotoniaina (*1933, †2001), in dessen Kabinett nur noch ein Militär sitzt.

17. Sept. Die Hauptstadt wird von Tanarive in Antananarivo umbenannt.

7. Dez. Ausländischer Besitz über 100 ha wird verstaatlicht.

1977, 30. Juni Bei den Wahlen zur gesetzgebenden Nationalversammlung gewinnt die Liste der Einheitsfront aus AREMA, AKFM (Kongresspartei für die Unabhängigkeit Madagaskars, gegründet 1960) unter Richard Andriamanjato (*1930) und einigen kleineren Parteien 96 % der Stimmen (AREMA: 82 % der Sitze).

4. Aug. Oberst Désiré Rakotoarijaona (*1934) wird neuer Premierminister.

1979, 19. Okt. Abschluss eines **Marineabkommens mit der Sowjetunion**, das dieser den Zugang zu den Häfen Madagaskars ermöglicht.

1980, Aug. Vereinbarung mit der Sowjetunion über wirtschaftliche Zusammenarbeit.

Nov. Die Beziehungen zu den USA normalisieren sich.

1982, 7. Nov. Präsident Ratsiraka wird wiedergewählt.

1983, 28. Aug. Die **Parlamentswahlen** bringen der AREMA 65 % und der AKFM 9 % der Stimmen.

1986, Jan. Erweiterung der Wirtschaftszone auf 200 Seemeilen.

1987, Febr./März Plünderungen und Ausschreitungen gegen die indische und pakistanische Bevölkerung.

1989, 12. März Bei vorgezogenen Präsidentschaftswahlen erhält Ratsiraka 62,7 % der Stimmen. Bei den Parlamentswahlen gehen 120 der 137 Sitze an die AREMA.

1990, 13. Mai Ein **Putschversuch in Antananarivo** schlägt fehl.

16. Aug. Der südafrikanische Präsident Frederik de Klerk besucht Madagaskar; Aufnahme offizieller Beziehungen.

1991, 19. Dez. Nach Generalstreiks und Massenprotesten gegen die Staatsführung wird die Opposition an einer Übergangsregierung beteiligt, die auch eine neue Verfassung ausarbeiten soll.

1992, 19. Aug. In einem Referendum wird die neue Verfassung mit 72 % der Stimmen angenommen: Sie sieht ein Zweikammersystem vor, das die Macht des Präsidenten beschneidet.

1993, 10. Febr. Der Oppositionspolitiker ALBERT ZAFY (*1927) siegt bei der Stichwahl um das Präsidentenamt mit 67 % der Stimmen gegen Amtsinhaber RATSIRAKA.

16. Juni Die Präsident ZAFY unterstützenden Parteien gewinnen bei den Parlamentswahlen die Mehrheit der Abgeordnetensitze.

1995, 17. Sept. Bei einer **Volksabstimmung** über die Kompetenzen des Präsidenten stimmen 72 % der Bürger für das Recht des Staatsoberhaupts, den Premierminister zu ernennen und zu entlassen; bisher war dies dem Parlament vorbehalten.

13. Okt. Der seit 1993 amtierende Premierminister FRANCISQUE RAVONY (*1942) tritt aufgrund des Ergebnisses der Volksabstimmung zurück.

1996, 5. Sept. Das Verfassungsgericht setzt Präsident ZAFY wegen Verfassungsbruchs auf Antrag des Parlaments ab.

1997, 9. Febr. Expräsident RATSIRAKA tritt nach seinem knappen Sieg bei den Wahlen vom Nov. und Dez. 1996 wieder das Amt des Staatsoberhauptes an.

1998, 17. Mai Bei den Parlamentswahlen wird die AREMA von Präsident RATSIRAKA stärkste politische Kraft. Die frühere Einheitspartei, die noch in den 80er-Jahren einen sozialistischen Kurs verfolgte, tritt jetzt für Parteienpluralismus und freie Marktwirtschaft ein.

2000, Febr./April **Unwetterkatastrophen** töten 130 Menschen und machen Zehntausende obdachlos. Ca. 550 000 Menschen sind auf Lebensmittelhilfe angewiesen.

3. Dez. An den Provinzwahlen nimmt aufgrund eines Boykottaufrufes der Oppositionsparteien und des Rates der christlichen Kirchen Madagaskars nur ein Viertel der Wahlberechtigten teil. Fast überall kann sich die Regierungspartei AREMA durchsetzen.

2001, Juni **Einführung neuer Verwaltungseinheiten** (»autonome Provinzen«).

16. Dez. Nach dem ersten Wahlgang der Präsidentschaftswahl zweifelt der Herausforderer **MARC RAVALOMANANA** (*1949), das offizielle Ergebnis (46,2 % der Stimmen für ihn) an und ruft das Volk zum Generalstreik auf. Sein Konkurrent, Amtsinhaber DIDIER RATSIRAKA, flüchtet in die Küstenstadt Toamasina, von wo aus er eine Wirtschaftsblockade der Hauptstadt organisiert.

2002, 4. März RAVALOMANANAS Anhänger beginnen in Antananarivo eine Regierung zu etablieren.

18. April RAVALOMANANA und RATSIRAKA einigen sich unter Vermittlung der OAU auf eine neue Stimmenauszählung. Diese bestätigt RAVALOMANANA als Sieger.

14. Juni RATSIRAKA flieht nach Frankreich. Regierungstruppen rücken in große Teile der von seinen Anhängern gehaltenen Provinzen ein.

2. Juli Die letzte größere Bastion der Anhänger von RATSIRAKA, die Hafenstadt Antsiranana, fällt.

15. Dez. Bei den Parlamentswahlen erringt die Partei *Tiako-i-Madagasikara* (TIM) des Präsidenten RAVALOMANANA die absolute Mehrheit.

2003, 15. Jan. RAVALOMANANA stellt sein neues Kabinett unter Premierminister JACQUES SYLLA (*1946) vor.

seit Aug. In mehreren Strafverfahren werden ehemalige Regierungsmitglieder zu Zwangsarbeit und Haftstrafen verurteilt. Gegen den ehemaligen Präsidenten RATSIRAKA, dem die Veruntreuung von 7 Mio. Euro vorgeworfen wird, ergeht ein Urteil (10 Jahre Zwangsarbeit) in Abwesenheit.

2006, 3. Dez. Nach einem turbulenten Wahlkampf, in dem die Mehrzahl der Oppositionsparteien einen Aufruf zum Militärputsch gegen den Präsidenten unterzeichnet hat, wird RAVALOMANANA mit 54,8 % der Stimmen wiedergewählt.

Komoren seit 1946 | Forts. v. S. 1352 |

Nach **Abtrennung der Komoren von Madagaskar** (25. Juli 1946) etabliert sich die Inselgruppe als französisches Überseeterritorium mit einem Generalrat in Dzaoudzi (Mayotte), von dessen 24 Mitgliedern 20 gewählte Vertreter der Komoren-Bevölkerung sind. Sie organisieren sich in zwei nach den Farben der Wahlstimmzettel benannten Gruppen: den »Weißen« (*Vieux Turbans*) unter SAID IBRAHIM (*1911, †1975) und den von Großkaufleuten getragenen »Grünen« (*Moderne*) unter SAID MOHAMED CHEIKH (*1904, †1970).

1957, 19. Mai Nach Vermittlung des Gouverneurs schließen sich die »Grünen« und »Weißen« zu einer gemeinsamen Liste zusammen für die Landesparlamentswahl, die 99,7 % der Stimmen erhält.

Aug. MOHAMED AHMED (*1917, †1984) wird erster Regierungschef.

1958, 28. Sept. Nach Annahme des Referendums über die neuen französischen Verfassungsvorschläge stimmt das Parlament für die Beibehaltung des Status (**Überseeterritorium**). Die Vertreter Mayottes enthalten sich; sie fordern den Status eines französischen Départements.

1959, 8. März Bei Wahlen erhalten erstmals die Vertreter der separatistischen Bewegung von Mayotte Mandate (nach der Wahlrechtsänderung vom 31. Jan. gibt es getrennte Sitze für die vier Inseln).

1961, 22. Dez. Partielle innere Selbstregierung und Teildezentralisierung. SAID MOHAMED CHEIKH (Mitglied der Sultansfamilie der Insel Große Komore) wird Regierungschef.

1962, 1. Sept. Verlegung der Hauptstadt von Dzaoudzi auf Mayotte (der wohlhabendsten der vier Inseln) nach Moroni auf die Große Komore (der größten und bevölkerungsreichsten Insel).

1968, 3. Jan. Auf Drängen der etablierten Führungsschicht der Komoren gewährt Frankreich **innere Autonomie**.

Aug. Die Koalition zwischen »Grünen« und »Weißen« zerfällt wegen Differenzen über die Frage der Unabhängigkeit. Als liberaler Nachfolger der »Weißen« konstituieren sich unter dem Einfluss der jüngeren Generation des *Rassemblement Démocratique du Peu-*

ple Comorien (RDPC) unter Said Mohamed Jaffar (*1918, †1993) und Mazawar Abdallah auf den Großen Komoren und der *Parti Social-Démocrate des Komores* (PSDC) auf Anjouan; als Nachfolger der »Grünen« konstituieren sich die *Union Démocratique des Komores* (UDC) unter Said Ibrahim. Der auf der Großen Komore und Mohéli gegründete *Parti Socialiste Comorien* (PASOCO) fordert als erste Partei auf den Komoren die sofortige Unabhängigkeit.

1970, 16. März Schwere **innenpolitische Krise** nach dem Tod des Regierungschefs Said Mohamed Cheikh.

2. April Nachfolger von Regierungschef Said Mohamed Cheikh wird Said Ibrahim.

1971, 6. Juli Neuwahlen bestätigen Said Ibrahim als Regierungschef. Nach heftigen Angriffen gegen seine profranzösische Politik wird er jedoch durch ein Misstrauensvotum gestürzt.

1972, 16. Juni Said Ibrahims Neffe und Schwiegersohn, Said Mohamed Jaffar (RDPC), der bereits Anfang des Jahres die Unabhängigkeit gefordert hat, wird neuer Regierungschef.

3. Dez. Nach seinem Rücktritt im Okt. gewinnt bei Wahlen das Bündnis zwischen RDPC, UDC und *Parti pour l'Evolution des Komores* (PEC) alle Sitze (87 % der Mandate) außer denen von Mayotte, die der *Mouvement Mahorais* (MM) gewinnt (80 % der Stimmen Mayottes).

26. Dez. Ahmed Abdallah (*1918, †1989) wird Regierungschef mit dem Mandat des Parlaments, die Unabhängigkeit unter Beibehaltung der französischen Kooperation auszuhandeln.

1973, 15. Juni Übereinkunft mit Frankreich, das die Gewährung der Unabhängigkeit innerhalb von fünf Jahren von einem Referendum abhängig macht (das Parlament fordert jedoch bei Enthaltung der Mayotte-Vertreter am 22. Dez. die Unabhängigkeit bis 1976).

1974, 22. Dez. Im **Referendum** sprechen sich die Wähler der Großen Komore, Anjouans und Mohélis mit jeweils über 99,9 % dafür aus, »dass das Territorium der Komoren unabhängig wird«, während Mayotte mit 63,2 % dagegen stimmt. Auf französischen Druck hin arbeitet das Parlament der Komoren eine Mayotte entgegenkommende Verfassung mit starker Dezentralisierung aus, doch spricht ihm Regierungschef Ahmed Abdallah das Recht dazu ab.

1975, 3. Juli Das französische Parlament beschließt die Errichtung eines Verfassungskomitees der Komoren, dessen Vorschläge in getrennten Referenden von jeder Insel akzeptiert werden müssen.

6. Juli Das Komoren-Parlament **erklärt** daraufhin einseitig die **Unabhängigkeit** und wählt Ahmed Abdallah zum Präsidenten. Frankreich behält die Kontrolle über Mayotte, interveniert jedoch nicht; Marcel Henry, Repräsentant der drei Mayotte beherrschenden Familien, erklärt als Führer des MM die Unabhängigkeitserklärung für rechtswidrig.

3. Aug. Der gegenüber Mayotte verständigungsbereitere, aus oppositionellen Politikern gebildete *Front National Uni* (FNU) setzt unter der Regie von Ali Soilih (*1938, †1978) Präsident Abdallah ab.

11. Aug. Das Parlament wird durch einen Nationalen Revolutionsrat unter Said Mohamed Jaffar abgelöst, dem Repräsentanten aller vier Inseln angehören.

21.–22. Sept. Sezessionsbestrebungen Anjouans unter Ahmed Abdallah beenden Anhänger des Nationalen Revolutionsrates durch militärisches Eingreifen.

12. Nov. Die **Komoren** werden **durch die UNO** als Gesamtstaat (einschließlich Mayottes) **anerkannt**.

31. Dez. Frankreich erkennt zwar die Unabhängigkeit der drei Inseln an, behält sich jedoch die Abhaltung eines Referendums auf Mayotte vor.

1976, Jan. Ali Soilih wird Präsident (2. Jan.), Abdallah Mohamed (†2000) Premierminister (6. Jan.).

8. Febr. Der Versuch des UN-Sicherheitsrates, das Referendum auf Mayotte zu verhindern, scheitert am **Veto Frankreichs**; 99,4 % der abgegebenen Stimmen sprechen sich im Referendum gegen ein Verbleiben bei den Komoren aus.

11. April In einem weiteren Referendum sind 97,5 % der gültigen Stimmen für die Beibehaltung des Status eines französischen Überseeterritoriums (80 % der abgegebenen Stimmen werden auf Betreiben des MM ungültig gemacht, das für die sofortige Umwandlung in ein französisches Département eintritt).

18. Dez. Die Gewährung des Status einer »*Collectivité Territoriale*« innerhalb der französischen Republik zementiert die **Trennung Mayottes von den Komoren** und wird von UNO und OAU verurteilt.

1978, 13. Mai Die Regierung wird durch einen mithilfe weißer Söldner durchgeführten Putsch abgesetzt: Ein Direktorium aus Zivilisten und Militärs, geleitet von Said Atthoumani, übernimmt die Macht; eine Regierung unter Abdallah Mohamed wird gebildet.

23. Mai Die zurückgekehrten Politiker Ahmed Abdallah und Mohamed Ahmed werden Co-Präsidenten des Direktoriums. Ali Soilih wird am 29. Mai erschossen.

22. Okt. Nach Annahme einer **neuen Verfassung** wird Ahmed Abdallah Präsident der Föderativen Islamischen Republik.

22. Dez. Salim Ben Ali (*um 1918, †2002) wird neuer Premierminister.

1979, 6. Dez. Das französische Parlament bestätigt den Status Mayottes für fünf Jahre.

1982, 6. Febr. Bildung der Einheitspartei *Union Comorienne pour le Progrès* (UCP).

7. März Präsident Ahmed Abdallah wird wiedergewählt. Premierminister wird Ali Mroudjae (*1939).

1984, Jan. Komoren und Frankreich verhandeln über den Status der Insel Mayotte.

1987 Bei den Parlamentswahlen werden fast nur Abgeordnete der UCP gewählt.

1989, 4. Nov. Ein Verfassungsreferendum ermöglicht Abdallah seine vierte Präsidentschaftskandidatur.

26. Nov. **Präsident Abdallah** wird bei einem Staatsstreich durch Söldnertruppe **erschossen**. Interimspräsident wird Said Mohammed Djohar (*1918, †2006). Französische Truppen beenden den Söldnereinsatz.

1990, 11. März Beim zweiten Gang der Präsidentschaftswahlen erhält Djohar 55 % der Stimmen.

1992, 7. Juni 75 % der Wahlberechtigten stimmen bei einem **Referendum** der neuen **Verfassung** zu, welche die Amtszeit des Präsidenten auf fünf Jahre bei nur einer möglichen Wiederwahl begrenzt und den Modus der Präsidenten- wie der Parlamentswahl neu regelt.

22./29. Nov. Bei Parlamentswahlen erringen die den Präsidenten unterstützenden Parteien eine knappe Mehrheit.

1993, 21. Nov. Die Arabische Liga nimmt die Komoren als 22. Mitglied auf.

1995, 28. Sept. Aufständische Söldner unter BOB DENARD (*1929, †2007) stürzen Präsident DJOHAR.

5. Okt. Französische Soldaten schlagen die Revolte nieder. Der beim Putsch in die französische Botschaft geflohene Premierminister CAABI EL-YACHROUTOU wird zum Staatspräsidenten proklamiert.

1996, 16. März Aus den **Präsidentschaftswahlen** geht MOHAMMED TAKI ABDOULKARIM (*1936, †1998) als Sieger hervor.

20. Okt. Die bei einem Referendum mit 85 % der Stimmen angenommene neue Verfassung stärkt die Stellung des Präsidenten und ist deutlich vom Islam beeinflusst.

1997 Seit Jahresbeginn sind in Teilen der Komoren separatistische Bewegungen aktiv, die den Anschluss oder die Assoziierung an Frankreich erstreben.

5./6. Aug. Die Inseln Anjouan und Mohéli erklären ihre Unabhängigkeit von der Islamischen Bundesrepublik der Komoren.

3. Sept. Erfolglose militärische Invasion der Regierungstruppen auf Anjouan.

10.–13. Dez. Auf einer internationalen Konferenz unter Schirmherrschaft der OAU in Addis Abeba kann die Sezessionskrise nicht beigelegt werden.

1998, 6. Nov. Präsident MOHAMMED TAKI ABDULKAREM stirbt.

5. Dez. Ausbruch von Kämpfen zwischen rivalisierenden Milizen auf Anjouan.

1999, 30. April Oberst AZALI ASSOUMANI (*1959) ruft sich nach einem **Militärputsch** als neues Staatsoberhaupt aus. Pogrome der Einwohner von Grande Komore an Zuwanderern aus dem sezessionistischen Anjouan.

2000, 21. März Ein Putsch von Armee-Einheiten scheitert.

26. Aug. Präsident ASSOUMANI und der Militärmachthaber von Anjouan, SAID ABEID ABDEREMANE (*1941), unterzeichnen ein Abkommen, das die staatliche Einheit der Inselgruppe als Föderation gewährleisten soll. Die Opposition lehnt das Abkommen ab.

2001, 17. Febr. In einem Friedensabkommen werden den sezessionistischen Inseln weitreichende Autonomierechte eingeräumt.

9. Aug. Militärputsch auf Anjouan, Juntachef SAID ABEID wird abgesetzt.

23. Dez. In einem **Referendum** wird die neue Union mit 76 % der Stimmen angenommen. Jede der drei Inseln hat fortan einen eigenen Präsidenten.

2002, Aug. Die EU sagt ein Hilfsprogramm von 27,3 Mio. Euro zu.

2003, 18./25. April Bei den Parlamentswahlen fallen 27 von 33 Mandaten an die Oppositionsparteien, die für eine Erweiterung der Autonomierechte der Inseln eintreten.

2006, 14. Mai Aus den Präsidentschaftswahlen, bei denen gemäß dem in der Verfassung von 2001 festgelegten Rotationsprinzip nur Kandidaten der Insel Anjouan antreten, geht der sunnitische Geschäftsmann ANDALLAH SAMBI (*1958) mit 58 % der Stimmen als Sieger hervor.

Réunion seit 1946

Die Gewährung des Status eines **französischen Überseedépartements** (15. Aug. 1946) wird gegen die verdeckte Opposition von Großgrundbesitzern und Zuckerfabrikanten durchgesetzt und von der Kommunistischen Arbeiterbewegung begrüßt, die bis 1958 zwei der drei Réunion-Sitze im französischen Parlament hält. Sie formiert sich (am 30. Nov. 1947) unter Führung von PAUL (*1925) und R. VERGÈS zur *Fédération Réunionnaise du Parti Communiste Français.*

1958, 28. Sept. Nach Annahme des Referendums über die neuen französischen Verfassungsvorschläge kommt es bei den folgenden Wahlen im französischen Parlament zu Manipulationen; aufgrund des Mehrheitswahlrechts können sich keine kommunistischen Kandidaten mehr durchsetzen.

1959, 18. Mai Die *Fédération Réunionnaise* wird zur *Parti Communiste Réunionnais* (PCR); sie strebt einen Départementstatus Réunions an.

1963, 5. Mai Wahlmanipulationen veranlassen den französischen Expremierminister MICHEL DEBRÉ (*1912, †1996), sich einer Nachwahl zu stellen; er ist bis 1988 einer der drei Réunion-Abgeordneten im französischen Parlament und kann eine starke gaullistische Gruppierung aufbauen, die mit ihr nahe stehenden Gruppierungen eine sichere Mehrheit im Landesparlament halten kann.

1973, Juni Réunion wird **Hauptquartier der französischen Streitkräfte** im Indischen Ozean.

1974, 19. Mai Nach heftigen Auseinandersetzungen im Wahlkampf (französische Präsidentenwahl) erhalten die Linksparteien 50,5 % für ihren Kandidaten FRANÇOIS MITTERRAND.

1979, Okt. Die Gewerkschaften organisieren Aktionen mit einem Generalstreik.

1983, 20. Febr. Bei Übersee-Regionalwahlen erzielen auch die Linksparteien Réunions Stimmenzuwächse.

1991, Febr.–März **Soziale Unruhen**: Anlass der Spannungen, die sich z. B. in Geschäftsplünderungen äußern, sind die schwierige wirtschaftliche Lage, hohe Arbeitslosigkeit (1996 ca. 37 %) sowie das Bevölkerungswachstum und das damit verbundene Anwachsen der Elendsviertel.

1996, 11. April Frankreich tritt für sein Überseedépartement Réunion der Proklamation eines atomwaffenfreien Afrika in einem Zusatzprotokoll bei.

2002, 1. April Der Euro wird offizielles Zahlungsmittel.

Mauritius seit 1947

1947 Mauritius erhält eine **neue Verfassung** (erweitertes Wahlrecht, Legislativrat mit 56 % gewählten Mitgliedern).

1948, 10. Aug. Bei Wahlen gewinnt die unter SEEWOOSAGUR RAMGOOLAM (*1900, †1985) neuformierte *Parti Travailliste* (PT; Inder und Kreolen) 68 % der Sitze und schlägt die im *Ralliement Mauricien* (RM) organisierten Vertreter der frankomauritischen Pflanzeroligarchie (»*Grandes Familles*«; ca. 55 % des anbaufähigen Landes sind in der Hand von 25 Zuckerplantagen), die jedoch durch Nominierung in den Legislativrat ausschlaggebenden Einfluss behält.

1953, 27. Aug. Erneuter Wahlsieg der PT; der RM benennt sich in *Parti Mauricien Social Démocrate* (PMSD) um und gewinnt zunehmend die Unterstützung von Teilen der kreolischen Mittelschicht.

1958 Aus Sorge vor einer Hindu-Dominanz gründen muslimische Händler den *Muslim Committee of Action* (MCA); indische Genossenschaftler bilden den *Independent Forward Bloc* (IFB).

1959, 26. Sept. Nach erneutem Wahlsieg der PT wird RAMGOOLAM Chefminister.

1963, 21. Okt. Bei Wahlen büßt die PT mit 47,5 % der Sitze ihre seit 1948 bestehende absolute Mehrheit ein.

1964, März RAMGOOLAM bildet eine Allparteienkoalition und wird Premierminister.

1965, 1.–11. Mai Unruhen und **Konflikte zwischen Hindus und kreolischen Arbeitern**, v. a. wegen der die Hindus (Bevölkerungsmehrheit) begünstigenden Wahlrechtsänderungen. Der PMSD verlässt die Koalition und propagiert den Verbleib bei Großbritannien zum Schutz vor einer Hindu-Dominanz, nachdem ihre Forderung nach einem Referendum vor Erlangung der Unabhängigkeit abgelehnt worden ist.

1966 Mauritius erhält eine neue Verfassung (**volle innere Autonomie,** nur noch gewählte Parlamentarier).

1967, 7. Aug. PT, MCA und IFB, im Wahlbündnis des *Parti de l'Indépendance* (PI) zusammengeschlossen, gewinnen bei Wahlen 61,5 % der Sitze gegen 38,5 % des PMSD unter GAETAN DUVAL (*1930, †1996).

1968, 12. März Mauritius erhält einschließlich der Inseln Rodrigues und Agalega sowie des Cargodos-Carajos-Archipels die **Unabhängigkeit** unter Premier Sir SEEWOOSAGUR RAMGOOLAM.

1969, 1. Dez. Es bildet sich eine Koalition der nationalen Einheit zwischen PT/MCA und PMSD.

1970, 21. Sept. Die Unzufriedenheit mit der Koalitionsregierung wird bei einer Nachwahl deutlich: Das *Mauritian Militant Movement* (MMM, 1968 gegründet) unter PAUL BÉRENGER (*1945) gewinnt 70 % der Stimmen mit einem Programm der Klassensolidarisierung von Arbeitern und Arbeitslosen.

1971, Dez. Der nach der Verhaftung von Gewerkschaftlern und Oppositionsführern im Aug. ausgerufene **Generalstreik** wird mit der Erklärung des Ausnahmezustandes und der Verhaftung von ca. 120 MMM-Führern eingedämmt.

1973, 17. Dez. Vor dem Hintergrund der von Außenminister DUVAL (als dominierender Figur der Koalition) betriebenen politischen und wirtschaftlichen **Hinwendung zu Frankreich und Südafrika** bricht anlässlich von Steuererhöhungen und dem Ausschluss der meisten PMSD-Minister aus der Regierung die Koalition auseinander; die Regierung versucht wegen der nur noch knappen Mehrheit eine Annäherung an das MMM.

1976, 20. Dez. Nach Lockerung des seit 1971 bestehenden Ausnahmezustandes entscheidet das MMM die ersten Wahlen seit 1967 mit 48,5 % der Stimmen für sich, doch bilden der regierende PI (40 %) und der PMSD (11,5 %) eine Koalition.

1979, Aug.–Okt. Lang anhaltende Streiks in der Zuckerindustrie, unterstützt durch das MMM.

1982, 11. Juni Bei Parlamentswahlen wird RAMGOOLAM vernichtend geschlagen. Neuer Premierminister wird ANEEROOD JUGNAUTH (*1930), der eine prosowjetische Politik vertritt.

1985, 15. Dez. Generalgouverneur Sir SEEWOOSAGUR RAMGOOLAM stirbt. Sein Nachfolger wird am 17. Jan. 1986 Sir VEERASAMY RINGADOO (*1920, †2000).

1987 Bei den **Parlamentswahlen** erhalten die Regierungsparteien 38, die Opposition 22 Sitze.

1990, 19. Juli Abkommen zwischen Regierungsparteien und MMM, bei der kommenden Parlamentswahl zusammenzugehen. Mit der geplanten Verfassungsänderung soll Mauritius Republik werden.

1992, 12. März Mauritius beendet den Dominion-Status mit der **Proklamation der Republik Mauritius** durch das Parlament in Port Louis, bleibt aber Mitglied im *Commonwealth of Nations*.

30. Juni Das Parlament wählt CASSAM UTEEM (*1941) für fünf Jahre zum Präsidenten.

1995, 20. Dez. Die Oppositionsparteien PT und MMM erhalten einen Stimmenanteil von 65 % bei vorgezogenen Parlamentswahlen, nachdem Premierminister JUGNAUTH wegen einer Abstimmungsniederlage das Parlament aufgelöst hat. Neuer Premierminister wird NAVIN CHANDRA RAMGOOLAM (*1947; PT).

1999, 21.–23. Febr. Nach dem Tod eines der kreolischen Minderheit angehörenden populären Sängers in Polizeihaft kommt es zu schweren Ausschreitungen.

2000, 11. Sept. Bei Parlamentswahlen muss die regierende PT Verluste hinnehmen. Wahlsieger wird das Bündnis aus MMM und *Mouvement Socialiste Mauricien* (MSM), neuer Premierminister ANEEROOD JUGNAUTH (bis 2003).

2005, Juli Eine von der PT geführte Soziale Allianz gewinnt die Parlamentswahlen. RAMGOOLAM wird erneut Premierminister.

Seychellen seit 1948

1948 Einführung der **Wahl** von zwei Dritteln der nichtamtlichen Mitglieder **des Legislativrates**; die Sitzverteilung dominiert in der Folge die Organisation der franko-kreolischen Großgrundbesitzer (*Grand Blond Set*), der *Seychelles Taxpayers and Producers Association* (STPA).

1963, 14. Aug. Gegen die STPA konkurriert in den Wahlen die *Seychelles Islanders United Party*, (SIUP).

1964–1965 Die SIUP geht mit anderen politischen Organisationen auf in der *Seychelles People's United Party* (SPUP) unter ALBERT RENÉ (*1935); gegen sie gründet JAMES MANCHAM (*1939) die *Seychelles Democratic Party* (SDP), die eine enge Anlehnung an Großbritannien propagiert. Dagegen steht die SPUP für baldige Unabhängigkeit und gesellschaftliche Reformen.

1965, 8. Nov. Abtrennung der Inseln Aldabra, Des Roches und Farquhar, die für militärische Zwecke der USA und Großbritanniens mit dem bisher von Mauritius verwalteten Chagos-Archipel zum **British Indian Ocean Territory** zusammengefasst werden.

1967, 12. Dez. Bei Wahlen gewinnt die SDP vier, die SPUP drei der acht Sitze; die SDP nähert sich der STPA an.

1970 Nachdem die SDP-Pläne für eine Assoziation der Seychellen mit Großbritannien im März von diesem verworfen worden sind, wird im Okt. eine gesetzgebende Versammlung mit 83 % gewählten Mitgliedern gewährt.

11. Nov. Bei den Wahlen gewinnt die SDP zehn, die SPUP fünf der Sitze (53 bzw. 44 % der Stimmen); JAMES MANCHAM wird Chefminister.

1974, 25. April Bei Wahlen (Hintergrund: Ankündigung der Unabhängigkeit innerhalb eines Jahres) gewinnt mit 52,4 % der Stimmen die SDP 13 Sitze gegenüber zwei Sitzen der SPUP mit 47,6 % der Stimmen.

1975, Juni/Okt. Auf britischen Druck hin kommt es zu einer Koalition zwischen SDP und SPUP und zur inneren Autonomie.

1976, 29. Juni Die **Seychellen** erlangen die **Unabhängigkeit** als Republik unter Präsident Sir JAMES MANCHAM und Premierminister ALBERT RENÉ (die Inseln Aldabra, Farquhar und Des Roches kommen wieder hinzu).

1977, 4. Juni Während eines Auslandsaufenthaltes des Präsidenten putschen SPUP-Anhänger; ALBERT RENÉ wird Präsident.

1978, 9. Juni Nach Aufdeckung eines Komplotts wird die in *Seychelles People's Progressive Front* (SPPF) umbenannte SPUP zur einzigen Partei erklärt.

1979, 5. Juni Eine neue Verfassung proklamiert die Seychellen zum Einparteienstaat.

27. Juni ALBERT RENÉ wird zum Präsidenten gewählt.

1981, 26. Nov. Ein Putschversuch von Söldnern scheitert (ebenso eine Armeemeuterei am 17./18. Aug. 1982).

1984, 10. Jan. Seychellen, Madagaskar und Mauritius unterzeichnen ein Kooperationsabkommen der im Dez. 1982 gegründeten »Kommission des Indischen Ozeans«.

1987, 5. Dez. Bei den **Parlamentswahlen** siegt die Einheitspartei SPPF bei einer Wahlbeteiligung von 66 %.

1988, Juni Die Seychellen nehmen diplomatische Beziehungen zu den Komoren und Mauritius auf.

1991, 24. Juli Fünf Oppositionsparteien schließen sich auf ihrer Exiltagung zur Vereinigten Demokratischen Bewegung zusammen und fordern Staatspräsident RENÉ zur Abhaltung eines Referendums über die Einführung eines Mehrparteiensystems auf.

1992, 26. Juli Die SPPF gewinnt mit 59 % der Stimmen die Wahlen zur verfassunggebenden Versammlung.

1993, 18. Juni Mit über 73 % der Stimmen wird in einem **Referendum** die neue **Verfassung** angenommen (ein erster Entwurf war am 15. Nov. 1992 an der geforderten Mindestzustimmung von 60 % gescheitert).

23. Juli Staatspräsident **RENÉ** wird bei der ersten freien Präsidentschaftswahl seit 1976 mit einem Stimmenanteil von 59,5 % **wiedergewählt**.

1998, 22. März Bei den **ersten freien Parlamentswahlen** erringt die frühere Einheitspartei SPPF 30 der 34 Sitze.

2004, 14. April Präsident RENÉ tritt aus Altersgründen zurück. Nachfolger wird der bisherige Vizepräsident JAMES ALIX MICHEL (*1944).

2006, 31. Juli Wiederwahl von MICHEL.

Westafrika seit 1945

Mauretanien seit 1946 | Forts. v. S. 1357 |

Im Zuge der französischen Entkolonialisierungspolitik nach dem Zweiten Weltkrieg werden Mauretanier zunehmend an der Verwaltung der Kolonie beteiligt. 1946 findet die Wahl einer Territorialversammlung statt, 1956 wird ein Regierungsrat als beschränkt verantwortliche Exekutive gebildet.

1958, 28. Nov. Die **Islamische Republik Mauretanien** wird aufgrund einer Volksabstimmung (2. Okt.) **autonomer Staat** der französischen Communauté.

1959 Die Verfassung sieht ein parlamentarisches System vor. Bei den **Wahlen zur Nationalversammlung** gewinnt der *Parti du Regroupement Mauritanien* (PRM) unter MOKTAR OULD DADDAH (*1924, †2003) alle Sitze; DADDAH wird Premierminister.

1960 Die Minderheit im Süden, die die Vereinigung mit Mali wünscht, schließt sich nach dem Zerfall der Mali-Föderation (Aug. 1960) dem PRM an.

28. Nov. **Mauretanien proklamiert seine Unabhängigkeit**.

1961, 20. Mai Neue Verfassung: präsidentielles Regierungssystem; der Präsident ist zugleich Regierungschef und Oberbefehlshaber der Armee; der Islam ist Staatsreligion.

20. Aug. DADDAH wird zum Staatspräsidenten gewählt. Bildung des *Parti du Peuple Mauritanien* (PPM) als Einheitspartei; DADDAH wird dessen Generalsekretär.

1963, 17. Febr. Verständigung mit Mali: **Grenzabkommen von Bamako**.

1967 Gegen die marokkanischen Ansprüche sichert sich DADDAH durch Annäherung an Algerien ab (März Staatsbesuch).

1968 Der linke Flügel des PPM – beeinflusst von Entwicklungen in Frankreich und vom radikalen Panarabismus – agitiert gegen den eher konservativen DADDAH, insbesondere wegen der engen Bindungen an Frankreich, das eine Vormachtstellung genießt. Ein Aufstand der einheimischen Arbeiter gegen die europäischen Führungskräfte der internationalen Minengesellschaft MIFERMA, die die reichen Eisenerzlager von Zouérate abbaut, wird niedergeschlagen. Die Opposition der Gewerkschaften hält an.

1970 Das gemeinsame Interesse an Spanisch-Sahara trägt zur **Aussöhnung mit Marokko** und Sicherung der äußeren staatlichen Existenz bei (Aufnahme diplomatischer Beziehungen).

14. Sept. In Nouadibou einigen sich DADDAH, König HASSAN (Marokko) und HOUARI BOUMEDIENNE (Algerien), ihre Bemühungen um die Entkolonialisierung von Spanisch-Sahara aufeinander abzustimmen.

1973, 15. Febr. Um die »volle Souveränität« zu erlangen, kündigt DADDAH alle mit Frankreich geschlossenen wirtschaftlichen, finanziellen und militärischen Abkommen; die neuen Verträge mit Paris sehen nur eine begrenzte Zusammenarbeit vor.

Okt. **Mauretanien** unterstützt die arabische Seite im Nahostkrieg und wird **Mitglied der Arabischen Liga** (13. Okt.).

1974 Die **Dürrekatastrophe in der Sahelzone** (seit 1969) trifft Mauretanien schwer, da 90 % der Bevölkerung von Ackerbau und Viehzucht leben; im Norden und Südwesten sind 90 %, im Südosten 40 % der Viehbestände vernichtet.

29. Nov. Da die Abhängigkeit von den Einnahmen der MIFERMA (etwa ein Drittel der Staatseinnahmen) damit noch drückender wird, wird sie von der staatlichen Gesellschaft SNIM übernommen (Entschädigung der Aktionäre und Schuldendienstzahlungen an die Weltbank); die Verstaatlichung der übrigen Bergbaugesellschaften ist bis Febr. 1975 abgeschlossen.

1975, Aug. Der PPM-Kongress beschließt **Verfassungsänderungen**: Der PPM wird oberste Verfassungsinstitution, Legislative und Exekutive haben nur noch vollziehende Funktionen; der PPM-Kongress wählt das Politbüro, das den Generalsekretär bestellt; Wahlen zur Nationalversammlung werden zur Bestätigung der PPM-Einheitsliste. Die von DADDAH vorgelegte **Charta des PPM** definiert die mauretanische Demokratie als islamisch, nationalistisch, zentralisiert und sozialistisch; sie sieht ein gemischtwirtschaftliches System vor. Als Generalsekretär und Staatspräsident hat DADDAH praktisch diktatorische Vollmachten.

14. Nov. Mauretanien hat sich in der Westsahara-Frage auf Marokkos Seite ziehen lassen (Geheimabkommen im Okt. 1974) und übernimmt nach dem dreiseitigen Abkommen mit Spanien zusammen mit Marokko die Verwaltung von Spanisch-Sahara.

1976, März Konflikt mit Algerien (Abbruch der Beziehungen) und dem *Frente Polisario*, den Mauretanien bis 1974 zunächst unterstützt hat.

14. April Nach dem Vertrag mit Marokko über die **Aufteilung der Sahara** behandelt Mauretanien den südlichen Teil (Río de Oro) als Provinz. Trotz militärischer Hilfe durch Marokko und Frankreich und finanzieller Unterstützung durch Saudi-Arabien kann die mauretanische Armee keinen durchgreifenden Erfolg gegen die Truppen des *Polisario* erzielen; Mauretanien kontrolliert schließlich nur die Städte.

1978, 10. Juli **Staatsstreich der Armee** stürzt OULD DADDAH; das »Militärkomitee für Nationalen Wiederaufbau« unter Generalstabschef Oberstleutnant MUSTAFA OULD SALEK (*1936) übernimmt die Regierung. Ziel ist der wirtschaftliche Wiederaufbau; Parteienpluralität wird angekündigt. SALEK tritt für eine Intensivierung der Beziehungen zu Marokko ein (18. Sept. Besuch in Rabat; 13. Jan. 1979 mehrere Kooperationsabkommen unterzeichnet: u. a. Fischerei, Abbau von Bodenschätzen, gemeinsame Entwicklungsbank). Mauretanien erhält von Saudi-Arabien einen Kredit von 100 Mio. US-$ für den Wiederaufbau (4. Sept.).

1979, 3. Juni MOHAMED MAHMOUD OULD LOULY (*1943) wird neuer Staatschef.

5. Aug. LOULY unterzeichnet einen **Friedensvertrag mit dem Frente Polisario** in Algerien: Mauretanien erkennt die Demokratische Arabische Republik Sahara an.

1980, Jan. Verteidigungsminister MOHAMED KHOUNA OULD HAIDALLA (*1940) übernimmt durch einen **Staatsstreich** die Macht, ernennt später aber eine zivile Regierung.

1983, Dez. Beitrittsverhandlungen zum Tunesisch-Algerischen Freundschaftsvertrag.

1987, 22. Okt. Ein Putschversuch der *Forces de libération africaines de Mauritanie* (FLAM) wird blutig niedergeschlagen.

1989, 24./25. April Blutige Ausschreitungen gegen Mauretanier in der senegalesischen Hauptstadt Dakar und gegen Senegalesen in der mauretanischen Hauptstadt Nouakchott nach einem Grenzstreit zwischen Bauern und Viehzüchtern.

1992, 24. Jan. Bei den Präsidentschaftswahlen wird Präsident MAAOUYA OULD SID' AHMED TAYA (*1941; seit 1984 im Amt) mit 62,7 % der Stimmen wiedergewählt.

1996, 11./18. Okt. Bei Parlamentswahlen gewinnt die Regierungspartei *Parti Républicain Démocrate et Social* (PRDS) 71 von 79 Sitzen.

1997, 12. Dez. Präsidentschaftswahlen bestätigen TAYA mit über 90 % der Stimmen.

1999, 28. Nov. Als dritter arabischer Staat nach Ägypten (1979) und Jordanien (1994) nimmt Mauretanien volle diplomatische Beziehungen zu Israel auf.

26. Dez. **Austritt Mauretaniens aus der** westafrikanischen Wirtschaftsgemeinschaft **ECOWAS**, da diese die Einführung einer gemeinsamen Währung beschlossen hat, was Mauretanien ablehnt.

2000, 7. April Bei den Senatswahlen wird erstmals eine Frau gewählt (für die regierende PRDS).

4. Juni Mauretanien beschuldigt die neue senegalesische Regierung, das Abkommen über die Nutzung des Senegal-Flusses zu brechen. Die mauretanische Regierung fordert alle im Senegal lebenden Landsleute zur Rückkehr auf.

Okt. Nach Beginn der 2. Intifada der Palästinenser in Israel kommt es zu starken Protesten gegen die israelfreundliche Politik der Regierung.

2002, 6. Nov. Amnesty International wirft der Regierung vor, nicht genug gegen das Fortdauern der Sklaverei zu unternehmen.

2003, 8. Juni Ein Putschversuch abtrünniger Militäreinheiten scheitert.

7. Nov. Bei den Präsidentschaftswahlen wird Amtsinhaber Ould Sid' Ahmed Taya im Amt bestätigt. Erstmals kandidierte auch eine Frau.

2005, 3. Aug. Militärputsch einer Gruppe von Offizieren (Militärrat für Gerechtigkeit und Demokratie). Oberst Ely Ould Mohamed Vail (*1952) wird zum Staats- und Regierungschef ernannt und kündigt an, innerhalb von zwei Jahren demokratische Verhältnisse einzuführen. Mauretanien wird vorübergehend aus der Afrikanischen Union ausgeschlossen.

2006, Juni Bei einem Referendum wird eine neue demokratische Verfassung gebilligt.

19. Nov./3. Dez. Bei den Parlamentswahlen erringen unabhängige Kandidaten fast die Hälfte der Stimmen.

2007, 25. März Bei den Präsidentschaftswahlen setzt sich in der Stichwahl der frühere Finanzminister Sidi Mohamed Ould Cheikh Abdallahi (*1938) mit 52,9 % der Stimmen durch.

Senegal seit 1945 | Forts. v. S. 1357 |

Die bestehenden politischen Vereinigungen schließen sich 1945 zum *Comité d'Entente* (später *Bloc Africain*) zusammen, in dem sich die *Section Française de l'Internationale Ouvrière* (SFIO) als treibende Kraft unter Amadou Lamine Guèye (*1891, †1968) durchsetzt. Gewerkschaften spielen eine zunehmend wichtige Rolle. Zwischen 1945 und Mitte der 1950er-Jahre gibt es regelmäßig größere Streiks.

1946, 18. Okt. Nach der Gründung des interterritorialen *Rassemblement Démocratique Africain* (RDA) etabliert sich die *Union Démocratique Sénégalaise* (UDS) als RDA-Sektion.

1947 Spannungen innerhalb der SFIO nach Erweiterung der Wahlkörperschaft führen zur Abspaltung des *Bloc Démocratique Sénégalais* (BDS) unter **Léopold Sédar Senghor** (*1906, †2001).

1957, 31. März **Wahlen** zum Landesparlament: Der *Bloc Populaire Sénégalais* (BPS; Nachfolger des BDS unter Einschluss des radikaleren UDS/RDA-Flügels) erringt 78 % der Sitze.

18. Mai Mamadou Dia (*1910) wird erster Regierungschef.

1958 Der unterlegene *Parti Sénégalais d'Action Socialiste* (20 % der Sitze) schließt sich dem BPS an, der sich in *Union Populaire Sénégalaise* (UPS) umbenennt.

28. Sept. Annahme französischer Verfassungsvorschläge durch ein Referendum.

25. Nov. **Senegal wird autonome Republik** innerhalb der Französischen Communauté.

1959, 25. März Zusammenschluss mit Französisch-Soudan zur Mali-Föderation. Die Bundesverfassung vom 17. Jan. sieht Dakar als Sitz der Bundesbehörden vor. Modibo Keita (*1915, †1977; Soudan) wird Regierungschef der Föderation, Léopold Senghor Präsident der Bundesversammlung.

1960, 20. Juni Unabhängigkeit der Mali-Föderation; die neue Verfassung behält gegen den Willen der Soudan-Führung den bundesstaatlichen Charakter.

19. Aug. Daraus resultierende Konflikte führen zur Absetzung Dias durch Keita und zur Erklärung des Notstandes; Verhaftung Keitas und anderer Soudan-Führer in Senegal.

20. Aug. Senegal erklärt das Ende der Mali-Föderation und proklamiert die **Unabhängigkeit**.

5. Sept. **Léopold Senghor** wird **Präsident**, Mamadou Dia bleibt Premierminister.

1962, 17. Dez. Misstrauensvotum gegen Dia wegen autoritären Regierungsstils und Beschneidung von Parlamentskompetenzen; der Konflikt wird mithilfe der Streitkräfte zugunsten Senghors entschieden (Dia wird verhaftet und verurteilt; Amnestie 1974).

1963, 1. Dez. Die UPS gewinnt bei Wahlen, die nach Annahme der Präsidialverfassung (Abschaffung des Premieramtes) abgehalten werden, alle Parlamentssitze (sie ist seit 1966 einzige Partei).

1967, 22. März Attentat auf Senghor; Festnahme zahlreicher Personen mit Beziehungen zu Dia.

1968, Mai Studentenrebellion gegen den dominierenden französischen Einfluss und Senghors autoritären Führungsstil; die Gewerkschaften schließen sich mit einem **Generalstreik** an. Beide Gruppen werden durch hartes Vorgehen der Regierung noch mehr in die Opposition getrieben.

1970, 22. Febr. Nach einem weiteren Generalstreik (Juni 1969) wird eine »Dekonzentration« der Regierung angekündigt; das wieder eingeführte Amt des Premierministers übernimmt Abdou Diouf (*1935).

1973, Jan.–März Ausbruch von Unruhen nach Unterdrückung des Versuchs, eine alternative Gewerkschaftsbewegung zu gründen; oppositionelle Gewerkschafter suchen engere Aktionseinheit mit Studenten und Schülern; zugleich Krise zwischen islamischen Führern und UPS.

1976, 6. April Einführung eines »Kontrollierten Dreiparteiensystems«: Die UPS – nun *Parti Socialiste du Sénégal* (PS) – soll den demokratischen Sozialismus, der *Parti Démocratique Sénégalais* (PDS) unter Abdoulaye Wade (*1926) die liberale Demokratie und der *Parti Africain de l'Indépendance* (PAI; gegründet 1957, 1960 verboten, 1976 reaktiviert) die marxistisch-leninistische Richtung vertreten.

1978, 26. Febr. Bei Wahlen (erstmals Verhältniswahlrecht) erhalten der PS 82 % und der PDS 18 % der Sitze; damit ist zum ersten Mal seit 1959 eine Oppositionspartei im Parlament vertreten.

1979, 7. Jan. Der *Mouvement Républicain Sénégalais* unter Boubacar Guèye (†1989) wird als vierte Partei anerkannt.

1980, 31. Dez. **Präsident Senghor tritt** freiwillig zugunsten von Abdou Diouf **zurück**. Neuer Premierminister wird Habib Thiam (*1933).

1982, 1. Febr. Diouf wird Präsident der neu geschaffenen

Konföderation Senegambia zwischen Senegal und Gambia.

1983, Febr. DIOUF wird bei Neuwahlen im Amt bestätigt.

1984, Mai Bildung eines Verteidigungsrates der Konföderation Senegambia.

1988, 28. Febr. Wiederwahl von DIOUF bei Parlaments- und Präsidentschaftswahlen; der PS erhält 73,2 %, der PDS 25,8 % der Stimmen.

1989, 22. April Schwere Ausschreitungen gegen Mauretanier in Dakar, daraufhin Massenflucht von Mauretaniern aus Senegal.

Aug. DIOUF erklärt die Konföderation Senegambia für gescheitert.

1991, 7. April ABDOU DIOUF ernennt HABIB THIAM erneut zum Premierminister, der am 8. April ein Kabinett bildet, in das erstmals in der Geschichte Senegals Oppositionspolitiker aufgenommen werden.

12. Nov. Der Internationale Gerichtshof in Den Haag entscheidet in einem Schiedsspruch den **Grenzstreit zwischen Senegal und Guinea-Bissau** an der westafrikanischen Küste für Senegal.

1993, 21. Febr. Staatspräsident ABDOU DIOUF wird bei der Präsidentschaftswahl mit 58,4 % der Stimmen wiedergewählt.

1995, 3. Dez. Ein Friedensangebot des *Mouvement des Forces Démocratiques de Casamance* (MFDC), die im Süden Senegals seit Anfang der 80er-Jahre für die Unabhängigkeit der Region Casamance kämpft, an Senegal hat keine Konfliktlösung zur Folge.

1998, 16. Febr. Amnesty International berichtet von **Menschenrechtsverletzungen** und einem »Klima des Terrors«, unter dem die Bevölkerung leide.

24. Mai Bei den Parlamentswahlen bleibt der regierende PS stärkste Partei.

1999, 26. Dez. Vertreter der Regierung und des separatistischen MFDC einigen sich auf einen Waffenstillstand. Die **Kämpfe in der Casamance** gehen allerdings weiter.

2000, 3. Febr. Ein Gericht in Dakar erhebt Anklage wegen Menschenrechtsverletzungen gegen den früheren Diktator des Tschad, HISSÈNE HABRÉ, der seit Dez. 1990 in Senegal lebt. Ihm wird jedoch nicht der Prozess gemacht, er muss das Land verlassen.

19. März Bei den Präsidentschaftswahlen unterliegt der Amtsinhaber DIOUF seinem Herausforderer ABDOULAYE WADE (PDS). WADE wird am 1. April vereidigt und ernennt MOUSTAPHA NIASSE (*1939; *Alliance des Forces du Progrès*, AFP) zum Premierminister. Dieser bildet eine Koalitionsregierung aus sieben Parteien.

2001, Jan. Verabschiedung einer neuen Verfassung.

3. März Nach der Entlassung von NIASSE wird mit der bisherigen Justizministerin MAME MADIOR BOYE (*1940) erstmals eine Frau Regierungschefin in Senegal.

29. April Bei den Wahlen zur Nationalversammlung erringt das Bündnis *Sopi*, zu dem auch der PDS gehört, die absolute Mehrheit.

20. Dez. Im Alter von 95 Jahren stirbt der langjährige Staatspräsident LEOPOLD SÉDAR SENGHOR im normannischen Verson.

2002, 3. Nov. Entlassung von Premierministerin MAME MADIOR BOYE. Nachfolger wird der bisherige Kabinettschef des Präsidenten, IDRISSA SECK (*1959).

2004, 21. April MACKY SELL (*1961; PDS) wird Premierminister.

2007, 25. Febr. ABDOULAYE WADE gewinnt im ersten Wahlgang die Präsidentschaftswahlen.

19. Juni CHEIKH HADJIBOU SOUMARÉ (*1951; PDS) wird Premierminister.

Gambia seit 1946 | Forts. v. S. 1357 |

Seit 1946 wird nur für Einwohner der »Kolonie« schrittweise das Mitspracherecht im Legislativrat gewährt. Das Bildungs- und Entwicklungsgefälle zwischen »Kolonie« und Protektorat wird zementiert; Wolof und Kreolen bauen ihren sozioökonomischen Vorsprung aus. Die »traditionellen«, von der Kolonialverwaltung abhängigen Führungsgruppen des britischen Protektorats sind nach der neuen Verfassung von 1954 erstmals im Legislativrat vertreten (indirekt gewählte Sitze), sogar mit mehr Einfluss als die Wähler der »Kolonie« (10 % des Gesamtgebietes), deren Stadtbevölkerung sich antikolonialistisch zu mobilisieren beginnt. Politische Parteien beginnen sich nur langsam zu formieren.

1960 Mit der **neuen Verfassung** erhält Gambia eine repräsentative Selbstregierung; eine direkte Wahl findet nun auch für das bisher als Domäne der traditionellen Herrscher behandelte Protektorat statt (zwölf Vertreter, dazu sieben aus der »Kolonie« und acht Vertreter der Protektorats-Chiefs). Die Entfaltung von Parteien aus der »Kolonie« wird im Protektorat erheblich erschwert.

1961–1962 PIERRE N'JIE (*1909, †1993) von der *United Party* (UP) wird Regierungschef (22. März 1961) trotz eines Wahlsiegs der *People's Progressive Party* (PPP; Partei der Bauernbevölkerung), die die nächsten Wahlen (Mai 1962) noch klarer gewinnt. Daraufhin wird DAWDA KAIRABA JAWARA (*1924) Regierungschef (4. Juni 1962); er bricht mit der Absetzung von 13 Chiefs weitgehend deren Einfluss.

1965, 18. Febr. Nach Gewährung der inneren Selbstregierung (4. Okt. 1963) erhält **Gambia** die **Unabhängigkeit**; JAWARAS Koalitionsregierung zerbricht kurz darauf.

1966, Mai Die PPP gewinnt bei Wahlen 75 % der Sitze; sie leitet eine Integration von Wolof und Kreolen der »Kolonie« in die Regierung ein. Diese »Mittelklasse« wird auch durch Konzentration entwicklungspolitischer Maßnahmen auf die Küstenregion bevorzugt.

1970, 24. April Nach einem neuen Referendum wird **Gambia Republik**, DAWDA KAIRABA JAWARA Präsident. Kritik an seinem autoritären Herrschaftsstil, Proteste der Mandingo gegen die Verbindung seiner Interessen mit denen von Wolof und Kreolen (Stadt-Land-Gegensatz) sowie die Proletarisierung von chancenlosen Schulabgängern führen zu breiter Unzufriedenheit.

1975, Okt. Bildung der *National Convention Party* (NCP) unter dem Ex-Vizepräsidenten SHERIFF DIBBA

(*1937); sie erhält bei Wahlen am 5. April 1977 23 % der Stimmen.

1982 Dawda Kairaba Jawara wird Vizepräsident der neuen **Konföderation Senegambia** zwischen Senegal und Gambia.

1984 Bildung eines Verteidigungsrates für Senegambia (Mai), Gründung einer gambischen Armee (Nov.).

1989, Aug. Senegals Präsident Abdou Diouf erklärt die Konföderation Senegambia für gescheitert.

1992, 29. April Der amtierende Staatspräsident Dawda Kairaba Jawara gewinnt die Präsidentschaftswahlen mit 58,4 % der Stimmen.

1994, 23. Juli Nach einem **unblutigen Putsch** übernimmt ein vierköpfiger »Provisorischer Regierender Rat der Patriotischen Streitkräfte« unter Leutnant Yaya Jammeh (*1965) die Macht.

26. Juli Jammeh ernennt sich selbst zum Staatspräsidenten und bildet eine Militärregierung.

1996, 26. Sept. Nachdem Jammeh im Aug. die Oppositionsparteien verboten hat, siegt er bei Präsidentschaftswahlen mit 55,8 % der Stimmen. Am 28. Sept. löst er den »Provisorischen Regierenden Rat der Patriotischen Streitkräfte« auf.

1997, 3. Jan. Bei der Parlamentswahl gewinnt die Patriotische Allianz von Staatspräsident Jammeh. Sie erhält 33 von 45 Mandaten.

2000, 10./11. April Bei einem **Studentenaufruhr** in der Hauptstadt **Banjul** werden zwölf Menschen von Sicherheitskräften erschossen.

2001, 22. Juli Zum 7. Jahrestag des Putsches von 1994 verkündet Staatspräsident Jammeh die Aufhebung des Parteienverbots.

18. Okt. Die Patriotische Allianz erhält bei den Parlamentswahlen erneut die absolute Mehrheit.

2004, Dez. Proteste nach Ermordung eines regierungskritischen Journalisten.

Guinea-Bissau (Portugiesisch-Guinea) seit 1951

1951, 11. Juni Guinea-Bissau wird portugiesische Überseeprovinz; die Abhängigkeit von der Erdnussmonokultur, die fast vollständige Kontrolle der Wirtschaft durch die *Companhia Uniao Fabril* und die *Banco Nacional Ultramarino* bleibt bestehen.

1954, 20. Mai Mit dem **»Eingeborenenstatut«** erhält eine kleine Zahl von Afrikanern unter bestimmten Bedingungen (u. a. portugiesische Sprachkenntnisse, Einkünfte, Berufsausübung, politisches Wohlverhalten) den privilegierten Status der »Assimilation«.

1956, Sept. Gründung des *Partido Africano da Independencia da Guiné e Cabo Verde* (PAIGC) unter Führung des von den Kapverden stammenden Amilcar Cabral (*1924, †1973).

1959, 3. Aug. Niederschlagung eines vom PAIGC und von einer geheimen Gewerkschaftsbewegung unterstützten Hafenarbeiterstreiks (50 Tote). In der Folge ändert der PAIGC seine Strategie, die nun die Mobilisierung der Landbevölkerung zur Hauptaufgabe erklärt.

1963, 22. Jan. Der PAIGC beginnt nach einer Welle von Verhaftungen (Erklärung des Ausnahmezustands) mit dem bewaffneten **Guerillakampf** und stellt eine reguläre Armee auf.

1964, Juli Eröffnung einer zweiten PAIGC-Front im Norden; schwere Niederlage der Portugiesen (900 Tote) in der Schlacht um die Como-Insel. Sie geraten in der Folge in die Defensive.

1967–1969 Das zunehmende **militärische Engagement Portugals**, mit zumindest indirekter NATO-Unterstützung, sowie die verschärften Unterdrückungsmaßnahmen beeinträchtigen den effektiven, von der Landbevölkerung getragenen Guerillakampf kaum.

1972, Aug.–Okt. In 11 von 15 Regionen hält der PAIGC allgemeine Wahlen für die erste Nationale Volksversammlung eines unabhängigen Guinea-Bissau ab.

1973, 20. Jan. Ermordung Amilcar Cabrals durch portugiesische Agenten in Conakry.

24. Sept. Ausrufung der Unabhängigkeit Guinea-Bissaus von der Nationalen Volksversammlung; eine Verfassung wird verkündet: An der Spitze des Staatsrates steht der stellvertretende Generalsekretär des PAIGC, Luis Cabral (*1931; Bruder von Amilcar Cabral).

1974, 10. Sept. Portugal gewährt die **Unabhängigkeit Guinea-Bissaus**; Präsident wird Luis Cabral, Premierminister Francisco Macias Mendes (*1939, †1978).

1976, Mai Die Nationalen Volksversammlungen der Kapverden und Guinea-Bissaus wählen einen »Rat der Einheit«, der mit der Ausarbeitung einer Verfassung für die Vereinigung der beiden vom PAIGC regierten Republiken beginnt (Jan. 1977).

1978 Unfalltod von Premier Mendes (7. Juli); sein Nachfolger wird João Bernardo Vieira (*1939) (11. Okt.).

1980, 15. Nov. Vieira stürzt Cabral im sog. **»Reisputsch«**.

1984 Billigung einer **neuen Verfassung** (Febr.), Vieira wird Staatsoberhaupt (16. Mai).

1990, 7. April Vieira spricht sich für ein Mehrparteiensystem aus.

1994, 7. Aug. In den ersten freien Wahlen seit der Unabhängigkeit des Staates gewinnt João Bernardo Vieira mit 52 % der Stimmen die Stichwahl um das Amt des Staatspräsidenten.

1997, 1. Jan. Guinea-Bissau tritt als 8. Mitglied der CFA-Franc-Zone bei.

1998, 7. Juni Militäraufstand gegen Präsident Vieira. Den Regierungstruppen gelingt es nicht, den Putsch niederzuschlagen, große Teile der Armee laufen zu den Aufständischen über. Unterstützung erhält der Präsident durch Truppen aus dem Senegal und aus Guinea.

2. Nov. Auf dem Gipfeltreffen der Wirtschaftsgemeinschaft Westafrikanischer Staaten (ECOWAS) wird ein Friedensplan zur Beendigung des Bürgerkrieges ausgehandelt. ECOMOG-Truppen der Gemeinschaft werden jedoch erst nach dem Waffenstillstand vom 3. Febr. 1999 stationiert.

1999, 7. Mai Die Aufständischen stürmen den Präsidentenpalast. Vieira geht nach Portugal ins Exil. Der bisherige Parlamentspräsident Malam Bacai Sanha (*1947) wird zum Übergangspräsidenten ernannt.

7. Juli Verabschiedung einer neuen Verfassung, die den

Zugang zu Staatsämtern auf Personen beschränkt, deren Eltern Staatsbürger von Guinea-Bissau sind.

28. Nov. Bei den Parlamentswahlen erhält der PAIGC nur noch 25 von 102 Mandaten. Sieger wird der oppositionelle *Partido para a Renovação Social* (PRS), dessen Führer KUMBA YALA (*1953) auch die Stichwahl zum Präsidenten (16. Jan. 2000) gewinnt.

2000, 24. Jan. Der parteilose CAETANO N'TCHAMA (*1955) wird zum Premierminister ernannt.

2001 Eine Meuterei von Teilen der Armee wird niedergeschlagen.

2003, 14. Sept. In einem unblutigen Militärputsch wird Präsident KUMBA YALA wegen Unfähigkeit abgesetzt. Er verzichtet am 17. Sept. auf die Macht. Die Militärs ernennen HENRIQUE PEREIRA ROSA (*1946) zum Übergangspräsidenten.

2004, 28./30. März Bei den Parlamentswahlen verfehlt die frühere Regierungspartei PAIGC die absolute Mehrheit. Ihr Vorsitzender CARLOS GOMES JÚNIOR (*1949) wird am 10. Mai neuer Premierminister.

2005, 24. Juli Nachdem JOAO BERNARDO VIEIRA aus dem Exil zurückgekehrt ist, wird er im zweiten Wahlgang zum Staatsoberhaupt gewählt.

Kap Verde seit 1951

Die Inseln, 1462 von Portugal annektiert, werden zur Drehscheibe des Sklavenhandels. Die Wirtschaft (Anbau von Zuckerrohr) befindet sich seit Mitte des 17. Jh.s im Niedergang. Die ressourcenarmen Kap Verden sind wiederkehrenden Dürrekatastrophen und Hungersnöten (1900–1949 83 000 Hungertote) ausgesetzt. Die Abhängigkeit von der Handel und Banken kontrollierenden portugiesischen Oligarchie bleibt bestehen.

1951, 11. Juni **Kap Verde wird portugiesische Überseeprovinz.**

1954, 20. Mai Der mit dem »Eingeborenenstatut« verbundene privilegierte »Assimiliertenstatus« betrifft nur wenige Afrikaner und Kreolen; viele von ihnen geben dem Befreiungskampf in Guinea-Bissau (seit 1963) unter Führung des PAIGC (*Partido Africano da Independencia da Guiné e Cabo Verde*) starke Impulse, der jedoch nicht auf die Kap Verden ausgeweitet werden kann.

1973, 1. Jan. Gewährung der **inneren Autonomie**: Die Mitglieder des mit erweiterten Kompetenzen ausgestatteten Legislativrates werden gewählt (Zensuswahlrecht).

1974, Mai–Aug. In den **Dekolonisationsverhandlungen** mit der neuen portugiesischen Regierung kann der PAIGC seine Forderung nach Zusammenschluss mit Guinea-Bissau nicht durchsetzen.

20. Dez. Einsetzung einer Übergangsregierung gemäß einem Abkommen mit Portugal.

1975, 30. Juni Wahlen zur Nationalversammlung ohne Parteienkandidatur; die Pro-PAIGC-Listen gewinnen alle Mandate.

5. Juli **Unabhängigkeit der Republik von Kap Verde** unter Präsident ARISTIDES PEREIRA (*1923; PAIGC-Generalsekretär seit Jan. 1973), PEDRO PIRES (*1934) wird Premierminister (12. Juli).

1976, Mai Die Nationalen Volksversammlungen der Kapverden und Guinea-Bissaus wählen einen »Rat der Einheit«, der mit der Ausarbeitung einer Verfassung für die Vereinigung der beiden von der PAIGC regierten Republiken beginnt (Jan. 1977).

1981, 30. Jan. Gründung des PAICV (*Partido Africano da Independência de Cabo Verde*).

1990 **Reformprogramm** des PAICV-Nationalrats, ein Mehrparteiensystem wird geplant.

1991, Jan. Bei ersten freien Parlamentswahlen siegt die Opposition hoch über den PAICV.

17. Febr. Der Oppositionsführer ANTÓNIO MASCARENHAS MONTEIRO (*1944) gewinnt mit 72 % der Stimmen die Präsidentschaftswahl gegen Amtsinhaber ARISTIDES PEREIRA (26 %).

1995, 17. Dez. Die Regierungspartei *Movimento para a Democracia* (MPD) des Premierministers CARLOS VEIGA (*1949) gewinnt die absolute Mehrheit bei den **Parlamentswahlen** und verfügt über 50 der 79 Sitze.

1996, 18. Febr. MONTEIRO wird bei Präsidentschaftswahlen im Amt bestätigt.

2001, 14. Jan. Bei den Wahlen zur Nationalversammlung gewinnt der oppositionelle PAICV mit 40 Mandaten. Als neuer Premierminister wird am 1. Febr. JOSÉ MARIA NEVER (*1960) vereidigt.

25. Febr. Bei den Präsidentschaftswahlen setzt sich der frühere Regierungschef PIRES mit einer Mehrheit von 17 Stimmen gegen seinen Konkurrenten VEIGA durch.

2006 Bei den Parlamentswahlen im Jan. gewinnt der PAICV die absolute Mehrheit. Im Febr. wird Präsident PIRES in direkter Wahl bestätigt.

Guinea seit 1947 | Forts. v. S. 1357 |

Guinea ist seit 1946 Überseeterritorium innerhalb der Französischen Union. Das Land ist reich an Bodenschätzen, neben Gold und Diamanten v. a. Bauxit.

1947, Mai Gründung des antikolonialistischen *Parti Démocratique de Guinée* (PDG) als Sektion des interterritorialen *Rassemblement Démocratique Africain* (RDA) unter MADEIRA KEITA (*1917).

1952 Nach der Strafversetzung KEITAS in den Soudan (Mali) übernimmt AHMED SÉKOU TOURÉ (*1922, †1984; seit 1948 Generalsekretär der größten Gewerkschaft) die Führung des PDG und beginnt mit der Mobilisierung von Bauern, Jugend und Frauen.

1953 SÉKOU TOURÉ erreicht die Solidarisierung breitester Bevölkerungsschichten während eines 66-Tage-Streiks: Machtzuwachs für TOURÉS Gewerkschaft, Machtverlust der *Chefferie* (von der Kolonialverwaltung eingesetzte »traditionelle« Herrscher).

1957, 31. März Wahlen zum Landesparlament: 93 % der Sitze für den PDG.

14. Mai **SÉKOU TOURÉ** wird **Regierungschef** und setzt die Abschaffung der *Chefferie* durch.

1958, 28. Sept. Als einzige französische Afrikakolonie

lehnt Guinea den Beitritt zur Französischen Communauté in einem Referendum mit 95,2 % der Stimmen auf Betreiben des von der RDA-Linie abweichenden PDG ab.

2. Okt. **Guinea erhält die Unabhängigkeit**, Frankreich zieht in kürzester Zeit das gesamte Inventar und Personal ab und stellt abrupt sämtliche Hilfeleistungen ein.

23. Nov. Gründung der Union Afrikanischer Staaten mit Ghana, der sich Mali im April 1961 anschließt. Guinea und Mali lehnen sich jedoch aus wirtschaftlichen Gründen wieder stärker an die Elfenbeinküste an.

1960, 1. März Nach **Ausscheiden aus der CFA-Franc-Zone** und Verstaatlichungsmaßnahmen kommt es mit Unterstützung von Exil-Guineern und Franzosen zum Putschversuch der Armee (April).

1961, 15. Jan. Wahl Sékou Tourés zum Präsidenten.

1964, 8. Nov. Mit einer drastischen Reduzierung der Zahl der Parteimitglieder, einer Intensivierung der Verflechtung von Partei und Staat, dem Ausschluss aller Kaufleute von verantwortlichen Posten sowie Überprüfungen des seit 1958 erworbenen Vermögens von Parteimitgliedern erfolgt eine deutliche Abkehr vom bisherigen Dogma des Nichtvorhandenseins von Klassengegensätzen; die Notwendigkeit eines Klassenkampfes wird nunmehr betont.

1969, Febr. Nach Aufdeckung eines Putschplanes (angeblich mit französischer Unterstützung) umfangreiche **»Säuberungen« in Armee und Partei**; nach einem Mordkomplott (März) gegen Touré Verurteilung von 50 Offizieren, Ex-Ministern und Staatssekretären.

1970, 21.–27. Nov. Höhepunkt der »permanenten Komplotte« nach Attentatsversuchen und Verschwörungen (24. Juni 1969, 25. Sept. und 2. Okt. 1970) ist der **Invasionsversuch von portugiesischen Truppen** und Exilguineern, der zurückgeschlagen wird.

1971, 26. März Abschluss eines Verteidigungspaktes mit Sierra Leone, dessen Premierminister während eines Staatsstreichs Truppen aus Guinea unterstützen.

6. Juli Nach Aufdeckung weiterer Attentats- und Invasionspläne Verhaftung der Stabschefs.

1972, 27. April Nachdem durch »Säuberungen« 1970/71 ca. zwei Drittel des Führungspersonals von Partei und Staat ausgeschaltet worden sind, bringt der **»Parteikongress der Sieger«** weitere Änderungen in Partei- und Staatsspitze; das neu geschaffene Amt des Premierministers übernimmt Louis Lansana Béavogui (*1923, †1984).

1976, 13. Mai Niederschlagung des »Foulah-Komplotts«, in das Angehörige der Volksmiliz und Fulbe-Führer sowie Diallo Telli (*1925, †1977; OAU-Generalsekretär 1964–1972) verwickelt sein sollen.

1978, 21. Nov. Auf dem PDG-Kongress wird Guinea umbenannt in **»Volks- und Revolutionsrepublik Guinea«**.

1984 Nach Tourés Tod am 29. März gelingt ein Militärputsch. Neues Staatsoberhaupt wird Oberst Lansana Conté (*1934), neuer Premierminister wird Diara Traoré (*1935).

1985, 4. Juli Gescheiterter Putsch von Diara Traoré.

1986, 11. Sept. Nichtangriffspakt mit Sierra Leone und Liberia.

1990, 23. Dez. Bei einem Referendum stimmt die Mehrheit für ein Zweiparteiensystem und eine Zivilregierung.

1993, 19. Dez. Staatschef General Conté gewinnt die ersten freien Präsidentschaftswahlen seit der Unabhängigkeit 1958 mit 50,9 %. Die Wahl wird von blutigen Zwischenfällen in Conakry begleitet.

1995, 11. Juni Der von General Conté angeführte *Parti de l'Unité et du Progrès* siegt bei den ersten **freien Parlamentswahlen**. Er verfügt über 71 Sitze gegenüber 43 Sitzen der Opposition.

1996, 2.–3. Febr. Ein Putschversuch von Militäreinheiten gegen Conté scheitert.

1998, 14. Dez. Bei den Präsidentschaftswahlen, die unter besonderen Sicherheitsvorkehrungen stattfinden, wird Conté im Amt bestätigt.

1999, 8. März Der bisherige Präsident des Obersten Gerichtshofes, **Ladime Sidime** (*1944), wird zum **Premierminister** ernannt.

2000, Sept. Ein bewaffneter Konflikt mit Rebellengruppen aus Guinea und Sierra Leone im Grenzgebiet zu Sierra Leone und Liberia führen zu einer dramatischen Situation für die dort zusammengedrängten Flüchtlinge aus beiden Ländern (320 000 Menschen). Erst Anfang Febr. 2001 gelingt es, einen Sicherheitskorridor zu schaffen, durch den der Großteil der Flüchtlinge ins Hinterland Guineas abziehen kann.

2002, Aug. Die EU stellt Guinea Hilfen in Höhe von 21 Mio. Euro zur Verfügung.

2003, 21. Dez. Bei den Präsidentschaftswahlen wird Lansana Conté im Amt bestätigt.

2006 Transparency International bezeichnet Guinea als das korrupteste Land Afrikas (Nov.). Die Unzufriedenheit mit der Regierung wächst. In diesem Jahr finden allein drei Generalstreiks statt.

2007 Die Proteste setzen sich fort und werden von Sicherheitskräften brutal niedergeschlagen (ca. 200 Tote). Als Kompromiss mit den Gewerkschaften wird Lansana Kouyaté (*1950) zum Premierminister ernannt (Febr.). Seinem Kabinett gehört niemand aus der bisherigen Regierung an.

Sierra Leone seit 1951 | Forts. v. S. 1358 |

Seit 1860 haben die Kreolen unter der nichteuropäischen Bevölkerung eine Vorrangstellung inne. Die Etablierung einer **einheitlichen Regierung für Kolonie und Protektorat** am 19. Nov. 1951 soll diese versuchsweise beenden. Fortan gibt es eine Mehrheit der nichtamtlichen Mitglieder im Legislativrat, von denen 7 in der Kolonie direkt und 14 im Protektorat indirekt gewählt werden.

1953 Sechs nichtamtliche Legislativratsmitglieder erhalten Ministerposten, Milton Margai (*1895, †1964) führt die Regierungsgeschäfte und wird Regierungschef (9. Juli 1954).

1957, 31. Jan. **Wahlrechtserweiterung** durch Verfassungsänderung: Von 51 Parlamentsmitgliedern werden 14 (Kolonie) und 25 (Protektorat) direkt gewählt, hinzu kommen zwölf Sitze für traditionelle Herrscher aus dem Protektorat.

19. Mai Die antikoloniale *Sierra Leone People's Party* (SLPP) gewinnt die Wahlen mit neun (Kolonie-) bzw. 14 (Protektorats-)Sitzen.

1958, 14. Aug. Nachdem der Exekutivrat vollständig in afrikanische Hände gekommen ist (innere Selbstregierung), wird MILTON MARGAI Premierminister; im Kabinett sind nur noch afrikanische Mitglieder.

2. Sept. Gründung der *People's National Party* (PNP) unter ALBERT MARGAI (*1910, †1980), Halbbruder MILTON MARGAIS, und SIAKA STEVENS (*1905, †1988).

1960, April/Mai STEVENS gründet das *Elections before Independence Movement* (später *All People's Congress*, APC); ALBERT MARGAIS' Anhänger schließen sich wieder der SLPP an.

1961, 27. April **Unabhängigkeit Sierra Leones** (Dominion-Status mit Generalgouverneur).

1962, 25. Mai Die sich auf die Süd- und Ostprovinzen und die Chiefs stützende SLPP kann in den Wahlen 45 %, STEVENS' APC – unterstützt von der Nordregion und getragen von kleinen Händlern und Farmern – 26 % der Sitze erringen. MILTON MARGAI bildet die neue Regierung.

1964, 29. April Nach MILTON MARGAIS Tod wird ALBERT MARGAI vom Generalgouverneur gegen erheblichen Widerstand zum Premierminister ernannt. Seine Politik zielt auf die Einführung der republikanischen Staatsform und eines Einparteiensystems ab.

1967, 17. März Bei Wahlen verfehlt die APC die absolute Mehrheit (48,5 % der Sitze, SLPP 42,4 %); noch vor der Wahl der Sitze der Chiefs ernennt der Generalgouverneur STEVENS zum Premierminister (21. März). Das **Militär** unter DAVID LANSANA (*1922, †1975) **übernimmt** am selben Tag **die Macht** und verhaftet den Generalgouverneur und den Premierminister.

23. März LANSANA wird durch einen zweiten Putsch abgesetzt, ein Nationaler Reformrat unter Oberst AMBROSE GENDA (*1927) setzt die Verfassung außer Kraft und löst die Parteien auf.

27. März GENDA wird durch den aus Großbritannien zurückgekehrten Oberst ANDREW JUXON-SMITH (*1933, †1996) ersetzt, die Rückkehr zur Zivilregierung angekündigt.

1968, 18. April Die **Militärregierung** wird durch einen »Staatsstreich der Unteroffiziere« **gestürzt**, ein Rat der 14 übernimmt die Regierung unter JOHN BANGURA. STEVENS wird am 26. April wieder Premierminister.

1971, 23. März Scheitern eines Armeeputsches unter Oberbefehlshaber JOHN BANGURA. Nach Abschluss eines Verteidigungspaktes mit Guinea (26. März) unterstützen dessen Truppen STEVENS.

19. April **Ausrufung der Republik**: SIAKA STEVENS wird Präsident, IBRAHIM KOROMA (*1930) Vizepräsident und Premierminister.

1973, 11. Mai Zu den Wahlen im Ausnahmezustand stellt die SLPP wegen massiver Einschüchterung keine Kandidaten auf; die APC erhält 84 von 85 Sitzen (80 ohne Gegenkandidaten) und besetzt auch die zwölf Sitze der Chiefs ohne Wahl.

1974, 29. März–2. April Der vierte Kongress der APC nimmt ein neues Statut und ein Programm der nationalen Selbsthilfe an.

8. Juli CHRISTIAN KAMARA-TAYLOR (*1917, †1985) wird zum Premierminister ernannt.

1977, 6. Mai Wahlen trotz Ausnahmezustand nach Studenten- und Schülerunruhen vom 1. Febr.: Die SLPP erhält 15, die APC 62 Sitze; Verschiebung der Abstimmung in acht der Opposition sicheren Wahlkreisen.

1978, 15. Juni Abschaffung des Amtes des Premierministers; IBRAHIM KOROMA und CHRISTIAN KAMARA-TAYLOR werden Erster bzw. Zweiter Vizepräsident; Einführung des Einparteiensystems.

1982, Febr. Ein Militärputsch in Freetown scheitert.

1985, 1. Okt. General JOSEPH SAIDU MOMOH (*1937, †2003) wird zum Präsidenten gewählt.

1986, 11. Sept. Abschluss eines Nichtangriffspaktes mit Guinea und Liberia.

1987, 23. März Scheitern eines Putschversuchs gegen Präsident MOMOH.

1991, Frühjahr Unruhen durch von Liberia einfallende Rebellentruppen der *Revolutionary United Front* (RUF), die sich zu einem Bürgerkrieg ausweiten.

23.–30. Aug. Bei einer Volksabstimmung votieren 60 % der Bürger für die Einführung einer neuen Verfassung, die u. a. ein Mehrparteiensystem vorsieht.

1992, 29. April Präsident MOMOH wird durch einen **Militärputsch** gestürzt. Die Militärregierung unter Hauptmann VALENTINE STRASSER (*1965) suspendiert die neue Verfassung.

6. Mai VALENTINE STRASSER wird als neuer Staatspräsident vereidigt. Seine Truppen verstricken sich im weiterhin andauernden Bürgerkrieg, der die Wirtschaft brachliegen lässt sowie Flucht und Vertreibung nach sich zieht.

1996, 16. Jan. STRASSER wird in einem unblutigen Staatsstreich von Gegnern in seiner Militärführung entmachtet. Das neue Regime unter JULIUS MAADA BIO (*1964) kündigt die Rückkehr des Staates zur Demokratie an.

15. März Die **Präsidentschaftswahlen** gewinnt der frühere Diplomat AHMED TEJAN KABBAH (*1932); mit dessen Amtsantritt endet die vierjährige Militärherrschaft.

1997, 25. Mai Durch einen Militärputsch wird die Regierung unter AHMED TEJAN KABBAH gestürzt; eine Militärjunta unter JOHNNY PAUL KOROMAH (*1960, †2003) übernimmt die Macht. Am 17. Juni wird KOROMAH als Staatspräsident vereidigt.

27. Mai Die von der Wirtschaftsgemeinschaft Westafrikanischer Staaten (ECOWAS) aufgestellte **Friedenstruppe ECOMOG** greift in den Konflikt ein.

23. Okt. In Conakry (Guinea) wird ein Abkommen unterzeichnet, das die Rückkehr KABBAHS und die Entwaffnung aller Kriegsparteien vorsieht. Die Kämpfe dauern jedoch weiter an.

1998, 13. Febr. Die ECOMOG unter nigerianischer Führung erobert die Hauptstadt Freetown. KABBAH kehrt am 10. März zurück. Nach wie vor kontrollieren Milizen der RUF Teile des Landes und begehen willkürliche Terrorakte gegen die Bevölkerung.

1999, 7. Juli Nach Abschluss eines Waffenstillstandes (18. Mai) unterzeichnen Regierungschef KABBAH und der Führer der RUF, FODAY SANKOH (*1937, †2003), in Lomé (Togo) ein Friedensabkommen.

22. Okt. Der UN-Sicherheitsrat stimmt der Entsendung einer Friedenstruppe (UNAMSIL) zu, die den Friedensprozess überwachen soll.

2000, Mai Die Rebellen der RUF widersetzen sich der Entwaffnung, töten vier Mitglieder von UNAMSIL und nehmen 500 **Blauhelmsoldaten als Geiseln**.

17. Mai Regierungstruppen nehmen SANKOH gefangen.

6. Juli Der UN-Sicherheitsrat verhängt ein weltweites Verbot des Handels mit Diamanten aus Sierra Leone. Damit trifft er die Haupteinnahmequelle der RUF.

11. Nov. Regierung und RUF schließen ein neues Waffenstillstandsabkommen. Anfang Dez. beginnt die RUF mit der Entwaffnung und Demobilisierung ihrer Milizen.

2001, 3. Juli Mit der **Entwaffnung der RUF-Rebellen** im Diamantengebiet von Koindu tritt der Friedensprozess in die entscheidende Phase.

2002, 16. Jan. Sierra Leone und die UNO vereinbaren die Einrichtung eines UN-Sondergerichtshofs, der die seit 1966 in Sierra Leone begangenen Kriegsverbrechen (u. a. Einsatz von Kindersoldaten) ahnden soll. In dem Bürgerkrieg wurden etwa 50 000 Menschen getötet, 2 Mio. Menschen waren auf der Flucht.

19. Mai Bei den Präsidentschaftswahlen wird Amtsinhaber KABBAH mit 70,6 % bestätigt.

2003, 7. März Der UN-Sondergerichtshof beginnt in Freetown mit der Vernehmung der 700 Zeugen. Am 20. Juni 2007 fällt er seine ersten Urteile.

2004, 3. Juni Eröffnung des ersten Verfahrens vor dem UN-Sondergerichtshof gegen die Hauptverantwortlichen des Bürgerkrieges von 1991–2002.

2007, 11. Aug. Die APC geht aus den Parlamentswahlen als Sieger hervor. ERNEST BAI KOROMA (*1953; APC) setzt sich bei der Präsidentschaftswahl in der Stichwahl durch und wird am 17. Sept. vereidigt.

Liberia seit 1945 | Forts. v. S. 1359 |

Die von Präsident WILLIAM TUBMAN (*1895, †1971) nach dem Zweiten Weltkrieg forcierte »Politik der offenen Tür« verstärkt Liberias **Abhängigkeit von transnationalen Konzernen** (v. a. nach Entdeckung reicher Eisenerzvorkommen), macht das Land jedoch auch durch günstige Steuergesetze zur Nation mit der **größten** registrierten **Handelsflotte der Welt**; die im Lande verbleibenden Profite konzentrieren sich jedoch auf sehr wenige Familien.

1951 Durch eine Verfassungsänderung wird die Beschränkung auf zweimalige Wiederwahl des Präsidenten aufgehoben und TUBMAN praktisch zum Präsidenten auf Lebenszeit gemacht.

1955 Eine Neufassung des Wahlgesetzes sanktioniert das Verbot von Parteien.

1960 Institutionalisierung der konservativen *True Whig Party* (TWP) zur Staatspartei.

1961, Sept. Trotz gesetzlichen Streikverbots Ausrufung des Generalstreiks durch die bislang von TUBMANS Sohn kontrollierten Gewerkschaften; Verhaftung führender Gewerkschafter.

1963, 5. Febr. Die Zulassung einer Opposition wird nach Aufdeckung eines Staatsstreichplans der Nationalgarde rückgängig gemacht; Repressionen gegen Regimegegner nehmen zu.

Juli Die zunehmende Verarmung der Minen- und Plantagenarbeiter führt zu Streiks auf den Firestone-Plantagen (ca. 20 000 Arbeiter; Kautschuk).

1966, 9. Febr. Anlässlich erneuter Streiks lässt sich Präsident TUBMAN Sondervollmachten zur Niederschlagung geben; ein Komplott von Armeeangehörigen wird aufgedeckt (10. Okt.).

1971, 23. Juli **Tod von Präsident TUBMAN**; Nachfolger wird der seit 1953 amtierende Vizepräsident WILLIAM TOLBERT (*1913, †1980), einer der reichsten Männer Liberias, der sich von Anfang an auf die wenigen einflussreichen Familien sowie auf die Kirchen stützt. In das neue Kabinett werden auch Angehörige der jungen technokratischen Elite einbezogen.

1979, April Unruhen in Monrovia (70 Tote) unter Beteiligung der 1975 in den USA gegründeten, von GABRIEL MATTHEWS (*1948, †2007) geführten *Progressive Alliance of Liberia* (PAL); Guinea leistet Militärhilfe.

1980, 12. April Nach dem Verbot der *Progressive People's Party* im März putschen Unteroffiziere unter SAMUEL DOE (*1952, †1990) gegen das herrschende Regime der Americo-Liberianer: Ermordung TOLBERTS und zahlreiche Hinrichtungen. Bildung eines neuen Kabinetts unter Einschluss von MATTHEWS.

1981 Austausch der kubanischen Militärberater gegen US-»Green Berets«.

1985, 15. Okt Nach allgemeinen, umstrittenen Wahlen wird **SAMUEL DOE** mit 50,9 % Stimmenanteil **Präsident**; im Nov. erfolgloser Umsturzversuch gegen ihn.

1989, 24. Dez. Ein Putsch der *National Patriotic Front of Liberia* (NFPL) von CHARLES TAYLOR (*1948) misslingt.

1990 Massaker der Armee führen zu Massenflucht in die Elfenbeinküste und später Guinea: **Ausbruch eines Bürgerkriegs**. Abspaltung der unabhängigen NFPL unter PRINCE YORMIE JOHNSON (*1959). Beim Kampf gegen den NFPL-Flügel von JOHNSON wird DOE getötet (9. Sept.); am 30. Nov. beendet ein Waffenstillstand den Machtkampf verfeindeter NFPL-Gruppen.

1991, Febr./März Die Bürgerkriegsparteien einigen sich auf Einberufung einer Nationalkonferenz.

1993, 25. Juli AMOS SAWYER (*1945), Staatspräsident an der Spitze einer Interimsregierung in Monrovia, ENOCH DOGOLEA (*1951, †2000), Vizepräsident der NFPL, und ALHAJI KROMAH, Führer der Rebellenbewegung ULIMO, unterzeichnen in Cotonou ein Friedensabkommen.

Dez. Kämpfe zwischen der ULIMO und der neu gegründeten Guerillabewegung *Lofa Defence Force* (LDF).

1994, 21. Okt. Der UN-Sicherheitsrat verlängert das Mandat der UN-Beobachter in Liberia bis Jan. 1995.

21. Dez. Auf Initiative des Staatspräsidenten von Ghana,

JERRY J. RAWLINGS, schließen die Bürgerkriegsparteien ein neues Friedensabkommen, das die Waffenruhe für den 28. Dez. vorsieht. Diese wird bereits am folgenden Tag gebrochen.

1995, 1. Sept. Ein neuer, sechsköpfiger Staatsrat unter dem Literaturprofessor WILTON SANKAWULO (*1943) wird als Übergangsregierung eingesetzt. Er soll sich für die Beendigung des sechs Jahre andauernden Bürgerkriegs einsetzen, in dessen Verlauf ca. 150 000 Menschen gestorben sind.

1996, 3. Sept. RUTH PERRY (*1939) wird als erste Frau an der Spitze eines afrikanischen Staates neue Vorsitzende des Staatsrats, der einen Friedensplan ausarbeitet, demzufolge 1997 eine demokratisch legitimierte Regierung gewählt werden soll.

1997, 19. Juli CHARLES TAYLOR gewinnt mit 75,3 % der Stimmen die Präsidentschaftswahl.

1999, Jan. Nach neun Jahren verlässt die ECOMOG-Friedenstruppe der Westafrikanischen Wirtschaftsgemeinschaft (ECOWAS) das Land.

26. Juli. Öffentliche Vernichtungsaktionen von Waffen der Bürgerkriegsteilnehmer.

11. Aug. Rebellen aus Guinea dringen in Liberia ein. Staatschef TAYLOR ordnet eine Generalmobilmachung an.

2000, Sept. Der zunächst beigelegte Konflikt zwischen Guinea und Liberia flammt wieder auf. Die Kämpfe an der Grenze dauern bis zum Juni 2001 an.

2001, 7. März Der UN-Sicherheitsrat fordert die liberianische Regierung auf, ihre Unterstützung der RUF-Rebellen in Sierra Leone einzustellen.

7. Mai Die **Sanktionen des UN-Sicherheitsrates** (u. a. Importverbot für Diamanten aus Liberia) treten in Kraft.

2002, Febr. Die Regierung TAYLOR verhängt den Ausnahmezustand wegen des Kampfes gegen die Rebellenbewegung LURD (*Liberians United for Reconciliation and Democracy*).

Mai Der UN-Sicherheitsrat verlängert die Sanktionen um ein Jahr. Ein Angriff der Rebellen auf Monrovia wird abgewehrt. Die Rebellen der LURD und des *Movement for Democracy in Liberia* (MODEL) kontrollieren gleichwohl bald rund 60 % des Landes.

2003, 4. Juni Der UN-Sondergerichtshof für Sierra Leone fordert die Auslieferung von Präsident TAYLOR wegen Kriegsverbrechen und Verbrechen gegen die Menschlichkeit. TAYLOR wird vorgeworfen, den Bürgerkrieg in Sierra Leone mitfinanziert zu haben.

30. Juli Nach der Einnahme Monrovias verkündet die LURD einen einseitigen Waffenstillstand.

11. Aug. Präsident TAYLOR legt sein Amt nieder und geht ins Exil nach Nigeria. Nachfolger wird sein bisheriger Stellvertreter MOSES BLAH (*1947).

19. Aug. Unter Vermittlung der Westafrikanischen Wirtschaftsgemeinschaft (ECOWAS) einigen sich Rebellengruppen und Regierung auf einen Waffenstillstand. Der Geschäftsmann GYUDE BRYANT (*1949) wird zum Übergangspräsidenten ernannt.

1. Dez. Unter Aufsicht von v. a. westafrikanischen Soldaten der Friedensmission UNMIL beginnt die Entwaffnung der Rebellen.

2004, 16. Juni Der UN-Sicherheitsrat verabschiedet eine Resolution, nach der Expräsident TAYLORS gesamtes, aus den öffentlichen Kassen Liberias entwendetes Vermögen auf ausländischen Konten einzufrieren ist.

2005, 23. Nov. ELLEN JOHNSON-SIRLEAF (*1939) gewinnt die Präsidentschaftswahlen. Sie ist die erste Frau in Afrika, die durch eine Wahl Staatsoberhaupt wird.

2007, 4. Juni Der Prozess gegen CHARLES TAYLOR vor dem Internationalen Strafgerichtshof in Den Haag wird eröffnet.

Elfenbeinküste (Côte d'Ivoire) seit 1945

| Forts. v. S. 1357 |

FÉLIX HOUPHOUËT-BOIGNY (*1905, †1993) ist im Sept. 1944 Mitbegründer des *Syndicat Agricole Africain* als Schutzorganisation afrikanischer Kaffee- und Kakaopflanzer gegen die Diskriminierung durch europäische Pflanzer. Aus ihr geht 1945, nach ersten Gemeinderatswahlen in der Hauptstadt Abidjan, die der *Bloc Africain* unter HOUPHOUËT-BOIGNY gewinnt, der *Parti Démocratique de Côte d'Ivoire* (PDCI) hervor. Die Ausbreitung des *Syndicats* und die enge Verzahnung mit der *Chefferie* (eingesetzte »traditionelle« Herrscher) ermöglicht dem PDCI eine rasche Verbreitung bis zur Dorfebene. Weitere Parteigründungen, u. a. der *Parti Progressiste de Côte d'Ivoire* (PPCI), folgen. HOUPHOUËT-BOIGNY wird am 18. Okt. 1946 zum Führer des in Bamako (Soudan) gegründeten interterritorialen *Rassemblement Démocratique Africain* (RDA) gewählt, zu dessen Sektion der Elfenbeinküste sich PDCI und PPCI zusammenschließen (24. Nov.). Zwischen 1949 und 1952 verliert die PDCI-RDA an Macht, da sie durch die Kolonialverwaltung – seit Okt. 1946 ist die Elfenbeinküste französisches Überseeterritorium – wegen der Kooperation der RDA mit den französischen Kommunisten heftig bekämpft wird.

1952, 30. März **Wahl zum Landesparlament:** Der PDCI/RDA gewinnt 87,5 % der Sitze. Nach Lösung des Bündnisses zwischen RDA und Kommunisten (1950, auf Druck von HOUPHOUËT-BOIGNY) manifestiert sich die wachsende Stärke des PDCI, die zahlreiche Oppositionsgruppen integriert hat.

1957, 31. März Neuwahl des Landesparlament: Der PDCI erreicht 97 % der Sitze.

15. Mai AUGUSTE DENISE (*1906, †1991) wird Regierungschef statt FÉLIX HOUPHOUËT-BOIGNY, der Minister im französischen Kabinett geworden ist (1. Febr. 1956). Wichtige Entscheidungen der Regierung der Elfenbeinküste fallen jedoch nur nach Konsultationen mit ihm.

1958, 4. Dez. Nach Annahme des Referendums (28. Sept.) über die französischen Verfassungsvorschläge wird die Elfenbeinküste **autonome Republik** innerhalb der Französischen Communauté.

1959, 12. April Nachdem die PDCI-RDA sämtliche Sitze im Parlament gewonnen hat (Ausschaltung der einzigen Konkurrenzpartei im Aug. 1958), wird HOUPHOUËT-BOIGNY am 1. Mai Premierminister.

29. Mai Beitritt der Elfenbeinküste zum Rat der Entente (mit Obervolta, Niger, Dahomey, später Togo), die v. a. von HOUPHOUËT-BOIGNY als Gegengewicht gegen die Mali-Föderation (Senegal/Soudan) forciert worden ist und stark von ihm geprägt wird.

1960, 7. Aug. **Unabhängigkeit der Elfenbeinküste**; die neue Verfassung (7. Nov.) führt ein Präsidialsystem ein. Ein neues Wahlgesetz etabliert faktisch ein Einparteiensystem.

27. Nov. HOUPHOUËT-BOIGNY übernimmt das Amt des Staatspräsidenten.

1963, Aug. Verwicklung höchster politischer Führer (u. a. sechs Kabinettsmitglieder) in einen **Putschversuch**; über 100 Verhaftungen.

1969, Sept.–Dez. Nach Unruhen (März 1968) beginnt HOUPHOUËT-BOIGNY einen »Dialog« mit Vertretern verschiedener gesellschaftlicher Gruppen zur Beseitigung einiger Missstände.

1971–1973 Nach gegenseitigen Besuchen des Präsidenten von Senegal, LÉOPOLD SENGHOR, und HOUPHOUËT-BOIGNYS, nähern sich beide Staaten an und vereinbaren eine gegenseitige militärische Zusammenarbeit.

1975, Mai Verfassungsänderung: Bei einer Vakanz des Präsidentenamtes folgt der Präsident der Nationalversammlung nach.

1980, Okt. Der 7. Kongress des PDCI-RDA beschließt die Schaffung eines *Comité exécutif* als kollektives Führungsorgan mit neun Mitgliedern.

1981, März Der Tod von 46 Ghanaern in Abschiebehaft verursacht Spannungen mit Ghana.

1983, 21. März **Yamoussoukro**, in der Heimatregion des Präsidenten gelegen, wird **neue Hauptstadt**.

1986 Regierungsmitteilung, dass als Landesname nur *Côte d'Ivoire* verwendet werden soll.

1987 Die Elfenbeinküste (*Côte d'Ivoire*) ist nicht in der Lage, den Schuldendienst zu leisten. Zuvor sind die Weltmarktpreise für Kakao – die Elfenbeinküste produziert über 40 % des Weltbedarfs –, Kaffee und Edelhölzer – die Waldbestände sind nach übermäßiger Abholzung drastisch reduziert – stark zurückgegangen. Weltbank und Internationaler Währungsfonds mahnen mit Nachdruck ökonomische Reformen an.

1989, 1./2. Dez. Besuch des südafrikanischen Präsidenten FREDERIK DE KLERK in Yamoussoukro.

1990 Anhaltende Wirtschaftskrise und Demonstrationen für ein Mehrparteiensystem; im März legt die Regierung ein **Sanierungsprogramm für die Wirtschaft** vor; im Mai Zulassung politischer Parteien.

10. Sept. Papst JOHANNES PAUL II. weiht die zweitgrößte Kirche der Welt in Yamoussoukro.

28. Okt. Bei den Präsidentschaftswahlen wird HOUPHOUËT-BOIGNY mit 90 % der Stimmen für weitere fünf Jahre gewählt.

1991, 16. Jan./20. Febr. Die Regierung unter Premierminister ALASSANE OUATTARA (*1942) beschließt im Einvernehmen mit Staatspräsident FÉLIX HOUPHOUËT-BOIGNY eine **Dezentralisierung des Staates** in zehn Regionen und eine Reform der Ministerien.

1993, 7. Dez. HOUPHOUËT-BOIGNY stirbt. Nachfolger wird bis zum Ende der laufenden Amtsperiode (Sept. 1995) HENRI KONAN BÉDIÉ (*1934).

1995, 22. Okt. Bei Präsidentschaftswahlen, die von blutigen Unruhen begleitet werden, siegt BÉDIÉ mit 95,3 % der Stimmen.

1999, 24. Dez. Der wegen Misswirtschaft diskreditierte Staatschef BÉDIÉ wird von einer Militärjunta gestürzt. General ROBERT GUÉI (*1941, †2002) erklärt sich zum Vorsitzenden eines Übergangsrates.

2000, 4. Jan. Bildung einer Interimsregierung aus Oppositionspolitikern und Militärs. Die Wirtschaftslage ist durch den weiteren **Verfall der Kakaopreise** desolat. Die Regierung stellt die Schuldendienste ein.

23./24. Juli Zur Vorbereitung der Präsidentschaftswahlen wird eine neue Verfassung ausgearbeitet und per Referendum angenommen.

18. Sept. Regierungstreue Truppen wehren einen Angriff meuternder Soldaten auf die Residenz des Präsidenten ab. Entgegen früherer Äußerungen, nur zehn Jahre lang im Amt bleiben zu wollen, lässt sich General GUÉÏ als Kandidat zur Präsidentschaftswahl aufstellen. Als das Wahlergebnis am 22. Okt. mit nur rund 40 % der Stimmen nicht zu seinen Gunsten ausfällt, löst die Militärjunta die Wahlkommission auf und verhaftet ihre Mitglieder. Daraufhin wird GUÉÏ am 25. Okt. von einem **Volksaufstand** gestürzt und setzt sich nach Benin ab. Sein Herausforderer, der Sozialist LAURENT GBAGBO (*1945), wird zum Sieger der Wahl erklärt und am 26. Okt. vereidigt. Er bildet ein Kabinett der nationalen Einheit.

10. Dez. Bei den Parlamentswahlen (mit Nachwahlen am 14. Jan. 2001) wird der *Front Populaire Ivoirien* (FPI) von Präsident GBAGBO stärkste politische Kraft.

2001, 8. Jan. Ein Putsch rebellierender Soldaten wird niedergeschlagen.

16. April Die Regierung startet eine Kampagne zur nationalen Aussöhnung.

2002, 29. Juni Nach der Anerkennung des Expremierministers ALASSANE OUATTARA als Staatsbürger (als Voraussetzung für seine erneute Kandidatur) brechen Unruhen aus.

19. Sept. Rebellion muslimischer Militärs (*Force Nouvelles*, FN), die sich in wenigen Tagen zum Bürgerkrieg entwickelt. Anlass ist die zunehmende Unterdrückung des muslimischen Nordens und die Entlassung hunderter muslimischer Soldaten aus der Armee.

2003, 8./9. März Die Konfliktparteien einigen sich auf ein Abkommen zur nationalen Aussöhnung.

14. Mai Der UN-Sicherheitsrat beschließt die Entsendung einer Friedensmission (MINUCI).

7. Juli In einer gemeinsamen Zeremonie erklären Regierung und FN-Rebellen den Krieg für beendet. Faktisch ist das Land in den von den muslimischen Rebellen besetzten Norden und den von Regierungstruppen kontrollierten Süden geteilt.

11. Nov. Beim Gipfeltreffen der westafrikanischen Staatschefs in Accra wird kein Ergebnis erzielt, da sich Präsident GBAGBO weigert, das Friedensabkommen einzuhalten.

2004, 25. März Nach der blutigen Zerschlagung einer

Demonstration treten die Oppositionsparteien aus der Übergangsregierung aus.

6. Nov. Der Angriff von Einheiten der ivorischen Regierungsarmee auf französisches Militär sorgt für eine Eskalation des Bürgerkrieges.

2005 Die Oppositionsparteien schließen ein Wahlbündnis gegen Präsident Gbagbo (16. Mai). Friedensabkommen und Vereinbarungen über das Niederlegen der Waffen (April, Juni) werden nicht umgesetzt; die für den 30. Okt. verabredeten Präsidentschaftswahlen finden nicht statt, da sich Gbagbo u. a. weigert, die Wahlregister erneuern zu lassen.

2006, Mitte Jan. Erneute Eskalation der Situation: Kämpfe zwischen Anhängern Gbagbos und UN-Einheiten.

1. Nov. Der UNO-Sicherheitsrat verlängert das Mandat Gbagbos »letztmalig« für ein Jahr. Die Konfliktparteien zögern die Entwaffnung weiter hinaus.

2007, 4. März Ein Abkommen zwischen Gbagbo und den FN-Rebellen unter Guillaume Soro (*1972) sieht u. a. die Bildung einer Übergangsregierung, den Abzug der im Land stationierten ausländischen Truppen sowie die Eingliederung der FN-Kämpfer in die regulären Streitkräfte vor. Am 4. April wird Soro zum Premierminister ernannt.

Ghana (Goldküste) seit 1946 | Forts. v. S. 1355 |

1946, 29. März Die Goldküste erhält als erste britische Kolonie in Afrika eine Mehrheit der nichtamtlichen Mitglieder (24 von 30) im Legislativrat, in dem auch die Nordterritorien und die Ashanti vertreten sind. Damit wird die Goldküste als Einheit behandelt, die Stärkung der »traditionellen« Herrscher vergrößert jedoch die **Kluft zur westlich gebildeten Elite**, die ebenso wenig wie die Kakaopflanzer mit der neuen Verfassung einverstanden ist.

1947, Aug. Daher gründet sich die erste nationalistische Partei, die *United Gold Coast Convention* (UGCC, Vorläufer u. a. in der 1938 gegründeten *Gold Coast Youth League*) unter Joseph Boakye Danquah (*1895, †1965); Generalsekretär wird der aus London zurückgekehrte Kwame Nkrumah (*1909, †1972).

1948 Unruhen in mehreren Städten (u. a. aufgrund der hohen Preissteigerungen), welche die Briten brutal niederschlagen.

1949, 12. Juni Spannungen innerhalb der UGCC führen zur Abspaltung eines radikaleren Teils und Gründung der *Convention People's Party* (CPP) unter Nkrumah und Komla Agbeli Gbedemah (*1912, † um 1988).

1951, 1. Jan. Eine **neue Verfassung** tritt in Kraft, die eine halbverantwortliche Selbstregierung vorsieht; die Mitglieder des Exekutivrates werden Ressortminister (acht Afrikaner von elf) und sind der erheblich erweiterten Legislative verantwortlich.

13. Febr. Nach einem Wahlsieg der CPP (8. Febr.) wird Nkrumah aus dem Gefängnis entlassen und mit der Bildung der ersten autonomen Regierung beauftragt.

1952, 21. März **Nkrumah** wird zum **Premierminister** ernannt.

1954, 5. Mai Neue Verfassung: **innere Autonomie** mit einem rein afrikanischen Kabinett.

15. Juni Nach drastischer Beschneidung der Macht der »traditionellen« Herrscher (Nov. 1951) gründet sich die konservative, sich auf »traditionelle« Herrscher stützende und verschleiert Separatismus propagierende *Northern People's Party* (NPP, April 1954), die jedoch in den Wahlen (Mehrheitswahlrecht ohne Sitzreservierung für Chiefs) nur 14 % der Sitze gegenüber 69 % für die CPP gewinnt.

Sept. Die damit als gesichert angesehene nationale Einheit wird durch die Gründung des *National Liberation Movement* (NLM) infrage gestellt, die sich auf die Ashanti stützt, eine föderative Verfassung fordert und vor dem Hintergrund der Agitation gegen ein neues Kakaogesetz (niedrige Produzentenpreise) Oppositionsgruppen – auch Ashanti-Mitglieder der CPP – absorbieren kann, so auch die *Ghana Congress Party* (gegründet 4. Mai 1952) unter Kofi Busia (*1913, †1978) und Joseph B. Danquah, die den Nkrumah-Gegnern der alten UGCC entspricht.

1956, 17. Juli Wahlen: Das NLM erhält nur zwölf der 21 Ashanti-Sitze, die NPP hält ihre 15 Sitze im Norden, die CPP gewinnt 71 der 104 Sitze.

1957, 6. März **Unabhängigkeit als Ghana**, dem das britische Mandatsgebiet nach einer Volksabstimmung (9. Mai 1956) angefügt wird, obwohl die im Südteil lebenden Ewe (seit 1949 großenteils im *Togoland Congress* organisiert) dagegen stimmen, da sie für ein wieder vereinigtes Gesamt-Togo eintreten. Ghana wird in fünf Regionen aufgeteilt; Verwaltungsspitze: Chiefs (in Ashanti der Asantehene) mit Regionalkommissaren als Regierungsvertreter.

3. Nov. Alle Oppositionsgruppen fusionieren zur *United Party* (UP); Parteien auf regionaler, ethnischer oder religiöser Grundlage werden verboten (Dez.). Die Opposition, der die regionalen Machtbasen entzogen sind, boykottiert daraufhin die Wahlen zu den **Regionalversammlungen** (1958). Diese werden folglich von der CPP kontrolliert und müssen einem Gesetz zustimmen, das Verfassungsänderungen mit einfacher Mehrheit im Parlament möglich macht, woraufhin die Auflösung der Regionalversammlungen sowie die Teilung der Ashanti-Region und die Kontrolle über die Justiz durchgesetzt werden. Dieser Abbau verfassungsmäßiger Kontrollen geht einher mit der Gleichschaltung der wichtigsten Massenorganisationen, die der CPP angeschlossen werden.

1960, 1. Juli Nach einem Referendum über eine neue Verfassung (23. April) wird Ghana **Republik** unter Kwame Nkrumah als Präsident (mit Sondervollmachten); Aufteilung in acht Regionen.

1962, 11. Sept. Einführung des Einparteiensystems: Durch Volksabstimmung wird die CPP zur Staatspartei erklärt. Verbot des NLM; Verhaftung von 43 oppositionellen Parlamentariern.

1966, 24. Febr. **Armeeputsch** unter Führung des Obersten Emmanuel Kotoka (†1967) während eines Chinaaufenthaltes von Nkrumah. Die Macht übernimmt der *National Liberation Council* (NLC) unter Vorsitz des früheren Armeechefs General JOSEPH A. ANKRAH (*1915, †1992), der Parlament und Parteien auflöst.

3. März NKRUMAH erhält Exil und Co-Präsidentschaft in Guinea.

1967, 17. April In Accra wird ein Putschversuch von Fallschirmjägern niedergeschlagen, dabei kommt General KOTOKA ums Leben.

Juli General ANKRAH übernimmt den Vorsitz des neu ernannten Exekutivrates, der aus dem NLC und 14 zivilen Kommissaren mit Ministerrang gebildet wird.

1969, 2. April Rücktritt General ANKRAHS wegen einer Korruptionsaffäre, General AKWASI AFRIFA (*1936, †1979) wird NLC-Vorsitzender.

29. Aug. Nach Verkündung einer **neuen Verfassung** (22. Aug.) gewinnt bei Wahlen die *Progress Party* (PP) unter KOFI BUSIA 75 %, die *National Alliance of Liberals* (NAL) unter KOMBA AGBELI GBEDEMAH nur 21 % (v. a. im Ewe-Gebiet) der Sitze.

3. Sept. KOFI BUSIA, seit 1966 wichtigster ziviler Berater des NLC, wird Premierminister; die Funktion des Staatspräsidenten wird von einer dreiköpfigen NLC-Kommission unter AFRIFA ausgeübt.

1. Okt. Der NLC tritt seine Machtbefugnisse an die neue Zivilregierung ab; mit EDWARD AKUFO-ADDO (*1906, †1979) wird am 28. Aug. 1970 von einem Wahlmännerkollegium ein ziviler Präsident gewählt.

1970–1972 Die **Regierung BUSIA**, die sich v. a. auf die westlich orientierte Bildungselite, Chiefs und Geschäftsleute stützt, bringt mit ihrer Politik die Schlüsselgruppen des Landes gegen sich auf: Spannungen mit der Bürokratie (Entlassung von 600 Beamten), Auflösung des Gewerkschaftskongresses, rapide Verschlechterung der Wirtschaftslage sowie Konflikte mit den Militärs führen zur Absetzung von BUSIA und AKUFO-ADDO durch einen **Militärputsch** (13. Jan. 1972). Die Macht geht an den Rat der Nationalen Erneuerung unter Oberst IGNATIUS ACHEAMPONG (*1931, †1979) über. Ein Gegenputsch (15. Jan. 1972) misslingt.

1972, 9. Juli Die Beisetzung des am 27. April verstorbenen NKRUMAH in seinem Heimatdorf wird erlaubt, ein Wiederaufleben seiner Ideen wird in der Folge vom Regime genutzt.

1974 Proklamation der **»Revolutionscharta«**: Sie will Unterentwicklung und Abhängigkeit durch eigene Anstrengungen (*self-reliance*) abbauen und eine kulturelle Mobilisierung der Bevölkerung gegen westliche Überfremdung erreichen; Beginn eines landwirtschaftlichen Autarkieprogramms, Wiederaufnahme der Kooperation mit sozialistischen Staaten.

1977, 13. Juli Neunpunkteprogramm zur Wahl eines Parlaments und einer Zivilregierung.

1978, 31. Jan. Gegen die Pläne zur Bildung eines *Union Government* (Militär und Polizei zusammen mit berufsständischen Abordnungen von Zivilisten) wendet sich das neu gegründete *People's Movement for Freedom and Justice* unter KOMLA AGBELI GBEDEMAH und AKWASI AFRIFA.

30. März Das Referendum über *Union Government* bringt trotz Manipulationen und brutalem Eingreifen von Armee und Polizei keine eindeutige Mehrheit, vergrößert aber die **Kluft zwischen Armee und Bevölkerung**: Etwa 35 prominente Politiker, u. a. AFRIFA, GBEDEMAH und AKUFO-ADDO, werden verhaftet (5. April).

1. Juli ACHEAMPONG wird unter Androhung eines Staatsstreiches zum Rücktritt gezwungen, an seine Stelle tritt sein Stellvertreter FRED AKUFFO (*1937, †1979), Stabschef der Armee.

27. Nov. Die **verfassunggebende Versammlung** legt ihren Entwurf vor, politische Parteien werden wieder zugelassen.

1979, 4. Juni Eine Gruppe von Militärs unter Leutnant **JERRY J. RAWLINGS** (*1947) übernimmt die Macht; die früheren Staatschefs ACHEAMPONG sowie AFRIFA und AKUFFO werden hingerichtet.

18. Juni Bei planmäßig abgehaltenen Wahlen gewinnt die in der NKRUMAH-Nachfolge stehende *People's National Party* (PNP) 51 % der Sitze.

9. Juli HILLA LIMANN (*1934, †1998) von der PNP wird zum neuen Präsidenten gewählt.

24. Sept. RAWLINGS übergibt die Macht an eine Zivilregierung unter LIMANN.

1981, 31. Dez. **Erneuter Militärputsch** durch RAWLINGS; Bildung von lokalen »Verteidigungskomitees« und eines »Provisorischen Nationalen Verteidigungsrates«.

1984, 23. März Wie 1982 und 1983 scheitert erneut ein Aufstandsversuch regierungsfeindlicher Militärs.

1985, Mai Etwa 300 000 illegal in Nigeria lebende Ghanaer werden nach Ghana gebracht.

1987 Regierungsumbildung (20. April). Die **Grenze zu Togo** wird wieder **geöffnet** (23. Mai).

1992, 3. Nov. Auf Basis des neuen Mehrparteiensystems wird Staatspräsident RAWLINGS mit 58,3 % der Stimmen gewählt. Er wird am 7. Jan. 1993 vereidigt und proklamiert die IV. Republik.

1995, 6. Jan. Staatspräsident RAWLINGS stellt einen Entwicklungsplan vor, der umfassende Wirtschafts- und Sozialreformen vorsieht. Ghanas Exportwirtschaft basiert v. a. auf dem Kakaoanbau und dem Abbau von Gold und anderen Metallen.

1995/96 Durch Aufflammen ethnisch überformter Konflikte im Norden des Landes und soziale Proteste verschlechtert sich die innenpolitische Lage.

1996, 7. Dez. JERRY J. RAWLINGS wird bei Präsidentschaftswahlen im Amt bestätigt.

2000, 7./28. Dez. Der Vorsitzende der oppositionellen *New Patriotic Party* (NPP), JOHN KUFUOR (*1938), gewinnt die Präsidentschaftswahlen. Der bisherige Amtsinhaber RAWLINGS hat laut Verfassung nicht mehr für eine dritte Amtsperiode kandidieren dürfen.

2001, 3. Jan. Bei den Parlamentswahlen wird die NPP stärkste Partei. Die bisherige Regierungspartei *National Democratic Congress* (NDC) büßt fast ein Drittel ihrer Mandate ein.

2004, Dez. KUFUOR wird bei den Präsidentschaftswahlen in seinem Amt bestätigt.

Togo seit 1946 | Forts. v. S. 1355 |

Das britisch verwaltete Westtogo und das französisch verwaltete Osttogo werden 1946 UN-Treuhandgebiete.

1946 Der 1941 auf französische Veranlassung hin gegründete, von der *Chefferie* (eingesetzte »traditionelle« Herrscher) getragene *Comité de l'Union Togolaise* (CUT) schließt sich unter dem Einfluss von Ewe-Führern britischen Plänen zur Vereinigung der Ewe unter britischer Herrschaft an und bildet mit Gruppen aus Britisch-Togo die *All Ewe Conference.*

9. April Gründung des *Parti Togolais du Progrès* (PTP), der sich den Vereinigungsplänen widersetzt und von der französischen Administration anstelle des CUT unterstützt wird.

8. Dez. **Wahlen zum Landesparlament**: Der PTP unter SYLVANUS OLYMPIO (*1902, †1963; Repräsentant der *United Africa Co.*) gewinnt alle 15 Sitze des Südens; die neun Sitze des Nordens werden von Unabhängigen gewonnen, die sich im Nov. 1950 mit französischer Unterstützung zur *Union des Chefs et des Populations du Nord* (UCPN) zusammenschließen und eng mit dem PTP kooperieren.

13. Dez. Togo wird französisch verwaltetes UNO-Treuhandschaftsgebiet.

1951, 30. Dez. Bei Wahlen erhält der PTP zehn der zwölf Sitze im Süden, die UCPN alle zwölf Sitze im Norden; der CUT boykottiert die Wahlen.

1955, 16. April Reformen in Togo: Ein Gouvernementsrat wird eingesetzt, fünf von seinen neun Mitgliedern mit Kontrollfunktionen für Administrationsabteilungen sind Parlamentsabgeordnete.

12. Juni Wahlen: Der PTP (Süden) bzw. die UCPN (Norden) erhalten je 15 Sitze, Wahlboykott des CUT.

1956, 24. Aug. Nach dem Anschluss Britisch-Togolands (Referendum 9. Mai 1956) an die Goldküste (Ghana), der eine Ewe-»Wiedervereinigung« endgültig blockiert, legt Frankreich ein neues Statut für Togo vor (1. Sept.), das daraufhin **autonome Republik** in der Französischen Union unter Regierungschef NICOLAS GRUNITZKY (*1913, †1969; PTP) wird (16. Sept.).

28. Okt. Ein Referendum nimmt das Statut an (Alternative: Beibehaltung der UN-Treuhandschaft); CUT-Boykott wegen fehlender Überwachung durch die UNO, die das Referendum nicht anerkennt.

1958, 22. Febr. Togo erhält volle innere Autonomie, an den von der UNO überwachten Wahlen (27. April) beteiligt sich der CUT (erstmals seit 1952) und gewinnt 63 % der Sitze.

16. Mai SYLVANUS OLYMPIO wird Premierminister mit einem von Ewe dominierten Kabinett.

1960, 27. April Nach Annahme des Referendums (28. Sept. 1958) über die französischen Verfassungsvorschläge erhält **Togo** die **Unabhängigkeit**.

1961, 9. April Durch ein Referendum wird eine Präsidialdemokratie nach französischem Vorbild eingeführt und OLYMPIO ohne Gegenkandidat zum Präsidenten gewählt. Der CUT (jetzt: *Parti de l'Unité Togolaise*, PUT) gewinnt mit einer Einheitsliste alle Parlamentssitze; die Oppositionsparteien werden nach Aufdeckung angeblicher Komplotte verboten.

1962, 13. Jan. ANTOINE MÉATCHI (*1925, †1984), der letzte Oppositionsführer, und NICOLAS GRUNITZKY gehen ins Exil; zunehmende Entfremdung des Regimes von der Bevölkerung.

1963, 13. Jan. **Putsch unter ÉTIENNE EYADÉMA** (*1937, †2005), SYLVANUS OLYMPIO wird ermordet. Der aus dem Exil zurückgekehrte GRUNITZKY bildet eine Interimsregierung mit Vertretern von vier Parteien (16. Jan.), die, der neuen Verfassung entsprechend, bei den Wahlen (5. Mai) als Einheitsliste mit jeweils Einviertelbeteiligung kandidieren. GRUNITZKY wird Präsident und gerät in einen Machtkampf mit Vizepräsident MÉATCHI (Rückhalt im Norden).

1963–1967 Aufstandsversuche exilierter Opponenten und Widerstand im Kabinett; die bis 1963 dominierende Ewe-Schicht fordert die Bestrafung der Mörder OLYMPIOS.

1967, 13. Jan. Absetzung GRUNITZKYS durch die Armee unter dem aus dem Norden stammenden Stabschef Oberst EYADÉMA; Einsetzung eines Nationalen Versöhnungskomitees unter Oberst KLÉBER DADJO (*1914, †1979).

15. April EYADÉMA löst DADJO ab, setzt eine eigene Verwaltung und ein vom Norden dominiertes Kabinett ein (12. Mai) und verbietet alle Parteien. EYADÉMAS Kontrolle über die Armee, seine Bemühungen um Einvernehmen mit den »traditionellen« Herrschern und die Einbeziehung von Angehörigen verschiedenster Bevölkerungsgruppen in die Regierungsarbeit (Gründung des allen Mitgliedern früherer Parteien offen stehenden *Rassemblement du Peuple Togolais* [RPT] im Aug. 1969) stabilisieren die Lage.

1972, 9. Jan. In einem Referendum wird EYADÉMA im Amt bestätigt. Seitdem gibt es offiziell kein Militärregime mehr, sondern eine »nationale Verschmelzung ziviler und militärischer Segmente der Gesellschaft«.

4. Dez. Da die Gewerkschaften die Integration in die Partei ablehnen, werden sie aufgelöst, eine **Einheitsgewerkschaft** wird gegründet (7. Jan. 1973).

1974, 4. Febr. Der Staatsanteil an der französisch kontrollierten *Compagnie Togolaise des Mines du Bénin* (Phosphat) wird auf 51 % erhöht.

1977, 15. Okt. Verhaftungen zahlreicher Intellektueller nach einem fehlgeschlagenen Putschversuch führen zu Spannungen im Land.

1979 Primat der Partei über alle Staatsorgane (Nov.), Wahl EYADÉMAS zum Präsidenten (Dez.).

30. Dez. Die **neue Verfassung** wird durch Referendum angenommen.

1980 Der 13. Jan., an dem Präsident EYADÉMA die III. Republik proklamiert, gilt als ihr Gründungstag.

1984, 5. Juli Bei der 100-Jahr-Feier zum Abschluss von Schutzverträgen mit dem Deutschen Reich bekräftigt Bundesratspräsident FRANZ JOSEF STRAUSS in Lomé die »bewährte deutsch-togolesische Freundschaft«.

1986, 23. Sept. Ein Putschversuch scheitert. **Wiederwahl von** Präsident **EYADÉMA** mit 99,8 % (21. Dez.).

1988 Einweihung des **Stauwerkes am Nangbeto** am Mowo-Fluss (an der Grenze zu Benin).

1990 Eine Tagung des Nationalrates der Einheitspartei widersetzt sich der Einführung eines Mehrparteiensystems.

1991, 26. Aug. Unter dem Druck der Opposition wird eine Nationale Konferenz einberufen, die JOSEPH KOKOU KOFFIGOH (*1948) zum Premierminister einer Übergangsregierung wählt. EYADÉMA gibt Machtbefugnisse ab (u. a. Rücktritt vom Amt des Oberkommandierenden der Streitkräfte am 6. Sept.). Die neue Regierung wird vom Militär bekämpft.

1992, 9. Febr. 50 000 Menschen demonstrieren in Lomé gegen den Machtanspruch des Militärs.

27. Aug. Staatspräsident EYADÉMA erhält nach einer Vereinbarung mit der Regierung Machtbefugnisse zurück.

1993, 18. Jan. EYADÉMA löst die Regierung auf und bestätigt KOFFIGOH im Amt, der dadurch den Rückhalt in der Opposition verliert.

25. Aug. Staatspräsident EYADÉMA siegt bei den Präsidentschaftswahlen mit 96,4 % der Stimmen.

1994, 23. April Nach **Parlamentswahlen** ernennt EYADÉMA EDEM KODJO (*1938) ohne Berücksichtigung des Wahlergebnisses zum Premierminister. EYADÉMAS Regierung ist durch Gewalt und Unterdrückung der Opposition gekennzeichnet.

1998, 21. Juni EYADÉMA, der seit 31 Jahren an der Macht ist, wird bei den Präsidentschaftswahlen wiedergewählt. Erstmals sind auch Kandidaten der Opposition angetreten. Das Wahlergebnis wird von der Opposition und von Beobachtern der EU und der OAU angezweifelt. Es kommt zu Protestkundgebungen.

1999, 21. März Die Parlamentswahlen werden wegen der **Unregelmäßigkeiten bei den Präsidentschaftswahlen** von acht Oppositionsparteien boykottiert.

30. Juli Die Parteien einigen sich auf eine Wiederholung der Parlamentswahlen im Jahr 2000.

2001, 22. Febr. Vertreter der UN und der OAU legen einen Bericht über Menschenrechtsverletzungen nach der umstrittenen Wiederwahl von Präsident EYADÉMA 1998 vor, demzufolge von den Sicherheitskräften und Milizen nach Protesten gegen das Wahlergebnis hunderte von Menschen ermordet wurden.

2002, 27. Okt Bei den Parlamentswahlen erringt die Regierungspartei RPT 72 der 81 Sitze. Die größeren Oppositionsparteien sind der Wahl ferngeblieben. Wegen demokratischer Defizite erhält Togo seit 1993 kaum noch internationale Hilfe.

2003, 1. Juni Bei den Präsidentschaftswahlen wird EYADÉMA mit 57,2 % der Stimmen im Amt bestätigt. Die Opposition spricht von Wahlbetrug und erklärt ihren Kandidaten EMMANUEL BOB AKITANI (*1931) zum Sieger.

2005, 5. Febr. Tod des Präsidenten EYADÉMA. Sein Sohn FAURE GNASSINGBÉ (*1966) wird gegen die Verfassung zum Präsidenten ausgerufen.

25. April Die Präsidentschaftswahlen enden mit dem Sieg FAURE GNASSINGBÉS. Bei den nach Bekanntgabe des Ergebnisses ausbrechenden Unruhen kommen über 500 Menschen ums Leben, 26 000 fliehen in die Nachbarländer. Viele Entwicklungshilfegelder bleiben bis heute eingefroren.

Benin (Dahomey) seit 1946 | Forts. v. S. 1356 |

1946 Gründung der *Union Progressiste Dahoméenne* (UPD) unter maßgeblichem Einfluss von SOUROU MIGAN APITHY (*1913, †1989), die in den **Parlamentswahlen** zwei Drittel der Sitze gewinnt. Die Erweiterung des Wahlrechts stärkt den Einfluss der *Chefferie* (eingesetzte »traditionelle« Herrscher). Als Vertreter des von der Kolonialverwaltung geförderten, für größere Autonomie des Nordens eintretenden *Groupe Ethnique du Nord Dahomey* (GEND) gewinnt HUBERT MAGA (*1916, †2000) zunehmend an Einfluss.

1951 APITHY schert aus der UPD aus und gründet den auf Porto Novo konzentrierten *Parti du Regroupement Dahoméen* (PRD).

1952, 20. März Die **Nord-Süd-Polarisierung** verstärkt sich bei den Landesparlamentswahlen: Der PRD gewinnt alle Sitze des Südens (19), der GEND alle des Nordens (neun); die vier Abomey-Sitze fallen an den *Bloc Populaire Africain* (BPA, 1947 von der UPD abgespalten) unter JUSTIN AHOMADEGBÉ (*1917, †2002).

1957, 31. März Die 1955 aus BPA, einer UPD-Abspaltung (1951, unter ÉMILE-DERLIN ZINSOU [*1918]) und Jugendorganisationen gegründete und eng mit Gewerkschaften kooperierende *Union Démocratique Dahoméenne* (UDD) unter AHOMADEGBÉ kann in den Wahlen zum Landesparlament nur 12 % (in Abomey), HUBERT MAGAS' jetzt *Rassemblement Démocratique Dahoméen* (RDD) genannte Partei (vorher GEND) nur 10 % der Sitze gewinnen, während SOUROU APITHY mit seinem PRD 58 % erreicht.

März APITHY wird erster Regierungschef mit einer PRD/RDD-Koalition.

25. Mai Bildung des dritten Kabinetts APITHY unter Einschluss von MAGA und ZINSOU.

1958, Jan. Der RDD tritt nach einem Generalstreik aus der Regierung aus.

28. Sept. Nach Annahme des Referendums über die französischen Verfassungsvorschläge wird **Dahomey autonome Republik** innerhalb der Französischen Communauté (4. Dez.).

1959, 2. April Manipulationen und wechselseitiger Kandidaturverzicht von PRD (Süden) und RDD (Norden) während der Wahl führen zu bürgerkriegsähnlichen Auseinandersetzungen. Nach dem Einfliegen französischer Truppen wird die Wahl geregelt: PRD 28, RDD 22, UDD 20 Sitze. Die Zementierung der Einflusszonen schreitet voran: RDD/MAGA im Norden, UDD/AHOMADEGBÉ in Zentral- und Südwest-Dahomey (mit Abomey, Whydah, Cotonou) und PRD/APITHY im Süden/Südosten (mit Porto Novo).

24. Mai Dahomey schließt sich auf Druck der Elfenbeinküste dem Rat der Entente an, die den geplanten Beitritt Dahomeys zur Mali-Föderation verhindert.

1960, Febr. Nach Ausschluss APITHYS (22. Sept. 1959)

aus der Regierung fusionieren PRD und Föderalisten um ZINSOU zum *Parti Nationaliste du Dahomey* (PND).

1. Aug. **Dahomey erhält die Unabhängigkeit.**

13. Nov. Nach erfolglosem Machtergreifungsversuch AHOMADEGBÉS (Sept.) scheidet die UDD aus der Regierung aus; PND und RDD schließen sich zum *Parti Dahoméen de l'Unité* (PDU) zusammen.

25. Nov. Nach Annahme einer **neuen Verfassung** gewinnt der PDU in den Wahlen (Landeslisten mit Mehrheitswahl) alle Sitze.

11. Dez. HUBERT MAGA wird Präsident, SOUROU MIGAN APITHY Vizepräsident.

1961, 11. April Erklärung des Einparteiensystems; Verbot der UDD. Zunehmende Isolierung APITHYS in der Partei und der im Wesentlichen aus dem Norden rekrutierten Regierung.

1963 Rücktritt APITHYS wegen MAGAS Anspruch auf den Posten des PDU-Generalsekretärs und eines Konflikts mit den Gewerkschaften. Nach dem Ausscheren der Porto-Novo-Sektion aus der PDU Generalstreik im Süden und Machtübernahme der Armee (28. Okt.) unter Oberst CHRISTOPHE SOGLO (*1909, †1983): Einsetzung einer provisorischen Regierung unter AHOMADEGBÉ, APITHY und MAGA, die (außer MAGA) mit aus dem Norden stammenden Politikern im Dez. den *Parti Démocratique Dahoméen* (PDD) gründen.

1964, 19. Jan. Bei den Wahlen kandidiert die PDD als einzige Partei. APITHY wird Präsident, AHOMADEGBÉ Regierungschef.

1965, 29. Nov. SOGLO interveniert infolge des Machtkampfes zwischen APITHY und AHOMADEGBÉ. Der Präsident der Nationalversammlung, TAHIROU CONGACOU (*1913, †1994), wird als Übergangspräsident eingesetzt, bringt jedoch keine stabile politische Allianz zustande.

22. Dez. SOGLO übernimmt die Macht und bildet eine **Militärregierung**; sein Regime verschärft die Spannungen im Militär, Sparmaßnahmen führen zum Konflikt mit den Gewerkschaften.

1967, Dez. Nach Streiks und Demonstrationen putscht eine Gruppe jüngerer Offiziere unter MAURICE KOUANDÉTÉ (*1939, †2003) und MATHIEU KÉRÉKOU (*1933); sie setzt SOGLO ab. KOUANDÉTÉ muss die Macht an den Stabschef Oberst ALPHONSE ALLEY (*1930, †1987) als Chef einer provisorischen Regierung abtreten, die den Übergang zur Zivilregierung vorbereiten soll.

1968, 31. März Ein Verfassungsentwurf wird in einem Referendum angenommen.

17. Juli ÉMILE-DERLIN ZINSOU wird von den Militärs zum Präsidenten bestimmt, der Machtkampf in der Armee wird vorübergehend entschärft.

1969, 10. Dez. Nach Aufdeckung eines Komplotts von Anhängern AHOMADEGBÉS (18. April) sowie drei Attentaten auf KOUANDÉTÉ übernimmt dieser, offenbar auf Druck französischer Kreise und der Geschäftswelt von Porto Novo, in einem Putsch die Macht, wird aber von seinen Offizierskollegen nicht als Interimspräsident akzeptiert. Stattdessen wird am 12. Dez. ein **Militärdirektorat** unter dem dienstältesten Oberst, PAUL ÉMILE DE SOUZA (*1930, †1999), zusammen mit KOUANDÉTÉ und Polizeichef BENOIT SINZOGAN, eingesetzt und eine neue vorläufige Verfassung angenommen.

1970, 28. März Nach Wahlen, die jedoch für ungültig erklärt werden, einigen sich MAGA, APITHY und AHOMADEGBÉ auf einen Präsidentschaftsrat, in dem sie gemeinsam als Co-Präsidenten vertreten sind und sich alle zwei Jahre im Vorsitz ablösen sollen. MAGA wird erster Vorsitzender (7. Mai).

1972, 23. Febr. Verhaftung KOUANDÉTÉS sowie zahlreicher Militärs und Zivilisten nach einem Putschversuch.

7. Mai AHOMADEGBÉ wird turnusgemäß Vorsitzender des Präsidentschaftsrates; der rapide Verfall der Staatsmacht gibt Anlass für einen weiteren Putsch (26. Okt.) unter dem stellvertretenden Generalstabschef MATHIEU KÉRÉKOU, der das Amt des Staatsoberhaupts übernimmt, alle politischen und gesellschaftlichen Organisationen auflöst und die höheren Militärs ihrer Funktionen enthebt.

1973, 28. Febr. Ein Putschversuch unter Beteiligung von Oberst ALPHONSE ALLEY wird niedergeschlagen.

1974, 30. Nov. Ausrufung eines »marxistisch-leninistischen« Staates; zahlreiche **Verstaatlichungen**. Der im Okt. 1973 gegründete Nationale Revolutionsrat wird dem MATHIEU KÉRÉKOU direkt unterstehenden Politbüro (sieben Militärs, sechs Zivilisten) unterstellt.

1975, 30. Nov. Dahomey wird zur **Volksrepublik Benin** erklärt; Gründung der Einheitspartei *Parti de la Révolution Populaire du Bénin* (PRPB; Kaderorganisation mit begrenzter Mitgliederzahl).

1977, 16. Jan. Erfolgloser Invasionsversuch – u. a. von weißen Söldnern – in Cotonou; Aufstellung einer Volksmiliz in der Folge.

1979, 21. Nov. Erste **Wahlen** seit 1972: 97,5 % der Stimmen entfallen auf die Einheitsliste des PRPB.

1982, 17. Febr. Papst JOHANNES PAUL II. wird von Präsident KÉRÉKOU empfangen.

1984, 18. Febr. Durch Parlamentsbeschluss werden die Legislaturperiode des Parlaments und die Amtszeit des Präsidenten auf fünf Jahre verlängert.

1985, Mai Rund 100 000 Bürger Benins werden aus Nigeria ausgewiesen.

1986 Aufhebung der seit 1984 andauernden Grenzschließung zu Nigeria.

1989, Juni Bei den Parlamentswahlen wird die PRPB-Einheitsliste mit ca. 90 % Stimmanteil gewählt.

Dez. Abkehr Benins vom Marxismus-Leninismus als Staatsideologie.

1990, 1. März KÉRÉKOU will demokratische Reformen durchführen und hebt die Verfassung und die nationale Revolutionsversammlung auf. Einsetzung einer Zivilregierung unter NICÉPHORE SOGLO (*1934) am 12. März.

2. Dez. **Neue Verfassung** nach einem Referendum.

1991, 24. März Premierminister SOGLO gewinnt die Stichwahl um das Präsidentenamt mit 67,6 % gegen Amtsinhaber MATHIEU KÉRÉKOU. SOGLO leitet marktwirtschaftliche Reformen ein. In der Folgezeit verlieren

Zehntausende durch **Privatisierungen** ihren Arbeitsplatz.

1992, Frühjahr Durch die wirtschaftliche Notlage kommt es zu Studentenunruhen und Streiks im öffentlichen Dienst. Benin gehört zu den ärmsten Ländern Afrikas. Der Staatshaushalt ist zu etwa ein Drittel von öffentlicher Entwicklungshilfe abhängig.

1994, März Nach Abwertung des auch in Benin geltenden CFA-Franc (*Communauté Financière Africaine*) um 50 % (Jan.) streikt der öffentliche Dienst und legt Cotonou für mehrere Tage lahm.

1995, 28. März Bei den **Parlamentswahlen** erhält der *Parti de la Renaissance du Benin* (PRB) des Präsidenten Soglo 20 der 83 Mandate und ist damit stärkste Partei.

1996, 18. März Erneut wird der Staatspräsident in einer Stichwahl ermittelt: Mathieu Kérékou setzt sich gegen den Amtsinhaber Nicéphore Soglo durch.

1998, 14. Mai Kérékou wird auch Premierminister.

1999, 30. März Bei den Parlamentswahlen erhält die PRB 27 von 83 Sitzen.

2001, 22. März Mathieu Kérékou wird als Präsident wiedergewählt.

2006, März Boni Yayi (*1952), der parteilose ehemalige Vorsitzende der Westafrikanischen Entwicklungsbank, gewinnt die Präsidentschaftswahlen im zweiten Wahlgang. Kérékou und Soglo durften aus formalen Gründen nicht mehr kandidieren.

Nigeria seit 1947 | Forts. v. S. 1360 |

Unter dem Druck des 1944 gegründeten *National Council of Nigeria and the Cameroons* (NCNC) unter Nnamdi Azikiwe (*1904, †1996) leitet die britische Kolonialregierung Verfassungsreformen ein, die am 1. Jan. 1947 zu einer neuen Verfassung führen. Diese verfestigt die Dreigliederung Nigerias durch Errichtung von Regionalparlamenten. Im neuen Legislativrat für ganz Nigeria gibt es zum ersten Mal eine afrikanische Mehrheit, die jedoch ernannt und nicht direkt gewählt wird. Nach längeren Verhandlungen mit harten Kontroversen zwischen Norden und Osten/Westen tritt im Jan. 1952 die sog. MacPherson-Verfassung in Kraft: Sie stärkt den zentralen Legislativrat (Repräsentantenhaus) mit 50 % der Sitze für die Nordregion, um deren Sorge vor einer Dominanz des wirtschaftlich weiterentwickelten Südens abzubauen. Der Exekutivrat erhält eine mehrheitliche Beteiligung von afrikanischen Ministern, die Regionen werden politische Einheiten mit legislativer und exekutiver Gewalt. In den Wahlen zu den Regionalparlamenten, die als Wahlkollegien für die zentrale Legislative fungieren, dominiert die neu gegründete *Action Group* (AG) unter Obafemi Awolowo (*1900, †1987) im Westen (45 gegen 30 Sitze der NCNC) und der NCNC in der Ostregion (65 von 84 Sitzen). Die meisten der indirekt gewählten Abgeordneten der Nordregion schließen sich dem neu gegründeten *Northern People's Congress* (NPC) unter Ahmadu Bello (*1909, †1966) an. Die britische Kolonialregierung fördert die Ethnisierung der Politik.

1953, März Ein Antrag der AG auf Selbstregierung bis 1956 führt zu schweren Konflikten mit dem Norden, der mit Sezession droht.

1954, 1. Okt. Nigeria wird **Bundesstaat** (Föderation) mit weitgehender Absicherung der Autonomie der Regionen (u. a. Fiskalpolitik, öffentlicher Dienst, eigene Premierminister). In den ersten direkten Wahlen zum Bundesparlament (Nordregion indirekt) kann sich der NCNC in der Ost- und Westregion, der NPC in der Nordregion durchsetzen; NPC (43 %) und NCNC (30 %) bilden eine Koalitionsregierung.

1957, Mai–Juni Die innere Selbstregierung für die Ost- und Westregion wird für Aug. 1957 und für den Norden für März 1959 festgelegt.

30. Aug. Das neue Amt eines Premierministers der Föderation übernimmt Sir Abubakar Tafawa Balewa (*1912, †1966; NPC) mit einer Koalition aus NPC/NCNC.

1959, 12.–13. Dez. Erste Direktwahlen für alle Regionen zum Bundesparlament (56 % der Sitze für den Norden entsprechend der Bevölkerungszahl): NPC (43 %) und NCNC (28,5 %) bilden wieder eine Koalitionsregierung, die AG (23 %) geht in die Opposition.

1960, 1. Okt. **Unabhängigkeit** unter Premierminister Balewa und Generalgouverneur Nnamdi Azikiwe.

1961, 11. Febr. Referendum unter UNO-Aufsicht über das britische Kamerun-Mandat: Der Südteil kommt zu Kamerun, der Nordteil zu Nigeria.

1962, Mai Die sich im Bundesparlament in Opposition befindliche, in Nord- und Ostregion an Einfluss verlierende AG versucht ihre nationale Politik durch eine radikalere ideologische Linie attraktiver zu machen; es spaltet sich jedoch eine Minderheitsgruppe um Samuel Akintola (*1910, †1966), Premierminister der Westregion, ab und bildet die *United People's Party* (UPP). Der Gouverneur der Westregion setzt ihn ab und Dauda Adegbenro (*1909, †1975) als Premierminister ein, doch übernimmt die Bundesregierung – nach heftigen, u. a. von Akintola geschürten Unruhen – unter Ausrufung des **Ausnahmezustandes** die Regierung der Westregion direkt.

2. Nov. Die AG-Führer (darunter Awolowo) werden wegen Hochverrats verhaftet.

1963, 1. Jan. Akintola wird wieder als Premierminister einer UPP-Regierung in Koalition mit NCNC-Abgeordneten der Westregion eingesetzt, die sich zur *Nigerian National Democratic Party* (NNDP) zusammenschließen.

Sept. Die Wahlen für die neue (aus der Westregion herausgelöste) Mittelwestregion gewinnt der NCNC. NCNC und AG schließen sich mit nördlichen Oppositionsgruppen zur *United Progressive Grand Alliance* (UPGA) zusammen, der NPC mit der NNDP zur *Nigerian National Alliance* (NNA).

1. Okt. **Nigeria wird Republik** unter Präsident Azikiwe und Premierminister Balewa.

1964, 30. Dez. **Boykott der Bundeswahlen** durch die UPGA (nur in der Ostregion vollständig befolgt), Bildung einer Regierung aus NPC, NNDP und NCNC.

1965, 11. Okt. Die Wahlen zum Parlament der Westregion

manipuliert die NNDP-Regierung von Akintola massiv, sodass die UPGA unterliegt; es kommt zu schweren Unruhen, gegen die Akintola mit Terrormaßnahmen vorgeht. Eine Besatzungsmacht aus Polizei und Militär wird stationiert.

1966, 15. Jan. **Putsch von Armeeeinheiten** unter Major Chukwama Nzeogwu (*1937, †1967; Angehöriger der Ibo) angesichts einer bevorstehenden Einigung zwischen den Premierministern der Nord- und Westregion. Balewa, Bello, Akintola u. a. werden ermordet. Da der Putsch nur im Norden gelingt, kann der Oberbefehlshaber, General Johnson Aguiyi Ironsi (*1934, †1966; Ibo), die Macht übernehmen (16. Jan.).

24. Mai Auflösung der Föderation und der autonomen Regionen.

28.–31. Mai Unruhen im Norden fallen ca. 3000 dort ansässige Südnigerianer (v. a. Ibo) zum Opfer.

29. Juli Teile der Armee aus der Nordregion meutern; trotz Verhandlungen kommt es zum **Staatsstreich**, dem zahlreiche Ibo-Offiziere und -Soldaten zum Opfer fallen (u. a. General Ironsi). Der ranghöchste Armeeoffizier, Oberst Yakubu Dan-Yumma Gowon (*1934), übernimmt als Kompromisskandidat des Nordens die Regierung und den Oberbefehl über die Armee.

9. Aug. Die Teilung der Armee und Repatriierung der Soldaten in die jeweiligen Ursprungsregionen verschärfen die Spannungen: Der Militärgouverneur der Ostregion, Oberst Odumegwa Ojukwu (*1933), verweigert die Anerkennung des neuen Oberkommandos.

12. Sept. Einberufung einer **Verfassungskonferenz** mit zivilen Politikern nach dem Beschluss zur Rückkehr zum Föderationsprinzip. Die geplante Konföderationslösung sehen »traditionelle Führer« des Nordens als Bedrohung ihrer Hegemonie im Norden an.

Sept./Okt. Unruhen und offenbar geplante blutige Ausschreitungen im Norden gegen dort ansässige Ibo (etwa 10 000–50 000 Tote).

1967, 31. März Die Ostregion beschließt, kein Geld mehr an die Bundesregierung abzuführen (eigene Einnahmen aus der Erdölförderung).

27. Mai Als sich Ojukwu zur **Sezession der Ostregion** ermächtigen lässt, kontert die Bundesregierung mit der Erklärung des Ausnahmezustandes, der vollen Übernahme der Macht durch Gowon und der Aufteilung des Landes in zwölf neue Bundesstaaten (Ende der föderalen Struktur).

30. Mai Unabhängigkeitserklärung der Ostregion als **Republik Biafra** (Hauptstadt Enugu).

12. Juni Der Bundesexekutivrat wird höchstes Staatsorgan unter Gowon; Ojukwu wird seines Amtes enthoben.

6. Juli **Beginn des Biafra-Krieges** mit dem Befehl zur Unterdrückung des »Ojukwu-Aufstandes«.

20./21. Sept. Besetzung von Benin und großer Teile des Mittelwestens durch Biafra-Truppen und Ausrufung der Republik Benin; Rückeroberung durch Bundestruppen.

23. Nov. Nach Zurückdrängung der Biafra-Truppen und dem Fall von Enugu (4. Okt.) fordert ein Komitee der Organisation für Afrikanische Einheit Biafra auf, die Sezession rückgängig zu machen.

1968, 25. Aug. Beginn der nigerianischen Großoffensive; der provisorische Biafra-Regierungssitz Umuahia fällt (22. April 1969), die Waffenlieferungen westlicher Staaten sowie der Sowjetunion an Nigeria gehen weiter. Biafra antwortet mit einer groß angelegten Propagandaaktion gegen Völkermord und erhält weitreichende Unterstützung karitativer Organisationen.

1970, 15. Jan. Bedingungslose Kapitulation Biafras nach Ojukwus Flucht: Generalamnestie für alle im Bürgerkrieg Inhaftierten; der Krieg hat eine Mio. Tote (davon 50 000 Soldaten) gefordert.

April Die Entdeckung neuer Erdölfelder (März 1969 in der Mittelwestregion, weitere 1973/74 im Nigerdelta) führt zur **Regierungskontrolle der Erdölproduktion**.

1971, 26. April Gründung einer nationalen Erdölgesellschaft und Beitritt zur OPEC; der Ölboom überdeckt die tiefe **Strukturkrise der Wirtschaft** (Verschärfung durch den Biafra-Krieg).

1972, April »Nigerianisierung« von 22 Industrie- und Gewerbezweigen (in Kraft: 31. März 1974) sowie eine Mindestbeteiligung von 40 % bei weiteren 33 von bestimmten Größenordnungen an.

1975, 29. Juli Machtübernahme durch den aus dem Norden stammenden General Murtala Muhammed (*1938, †1976); General Olusegun Obasanjo (*1937) (Angehöriger der Yoruba) wird Stabschef des Heeres (de facto Premierminister). Einleitung von Maßnahmen gegen Korruption: Die früheren Staatsgouverneure sowie ca. 10 000 Staatsbedienstete werden entlassen.

1. Okt. Ankündigung der Rückkehr zur Zivilregierung in fünf Etappen bis Okt. 1979.

1976, 13. Febr. Nach Errichtung von 19 statt 12 Bundesstaaten (3. Febr.) Umsturzversuch unter Oberst Buka Suka Dimka; Ermordung des Staatschefs Muhammed. General Olusegun Obasanjo wird Staatschef, General Shehu Yar-Adua (*1943) Stabschef.

7. Okt. Veröffentlichung eines Verfassungsentwurfes: Vertretung der »traditionellen Herrscher« im Parlament; Wahl zu den neuen Lokalverwaltungsorganen (28. Dez.), die ihrerseits eine Konstituierende Versammlung wählen (31. Aug. 1977).

1978, 22. Sept. Das Verbot politischer Parteien wird aufgehoben.

1979, 19. Juli **Wahlen**: Die *National Party of Nigeria* (NPN) unter Shehu Shagari (*1925) gewinnt 37 % der Sitze gegenüber 25 % der *United People's Party* unter Obafemi Awolowo und 17 % der *Nigerian People's Party* unter Nnamdi Azikiwe. Shehu Shagari wird zum Präsidenten gewählt (11. Aug.).

1. Okt. Das Militär tritt die Macht an die Zivilregierung ab.

1982, 12.–17. Febr. Papst Johannes Paul II. besucht mehrere Städte Nigerias.

1983, Ende Jan. Ausweisung von ca. drei Mio. illegalen Einwanderern aus den Nachbarländern.

Aug. Präsident Shagari wird bei Wahlen im Amt bestätigt. Die NPN besitzt im Senat und im Repräsentantenhaus die absolute Mehrheit.

31. Dez. Militärputsch gegen Präsident Shagari. Die Macht übernimmt am 3. Jan. 1984 ein oberster Militärrat unter General Mohammed Buhari (*1942).

1985, 27. Aug. Mohammed Buhari wird durch einen Militärputsch gestürzt, neuer Staatschef wird Ibrahim Gbadamasi Babangida (*1941); neues Machtorgan ist der Regierende Streitkräfterat (AFRC).

1. Okt. Aufgrund der wirtschaftlichen Lage verhängt Babangida Notstandsmaßnahmen.

1986, 9. Jan. Nigeria wird Mitgliedsstaat der Islamischen Konferenz; seither kommt es mehrfach zu Unruhen in der nicht islamischen Bevölkerung.

1987 Bildung von zwei neuen Bundesstaaten in Nigeria (Katsina, Akwa Ibom).

1988, 23. April Wahl der Abgeordneten zur verfassunggebenden Versammlung, die eine Verfassung für eine bürgerliche Demokratie ausarbeiten soll. Annäherung zwischen Nigeria und Benin in Grenzfragen, Demarkationsabkommen.

1989 Einführung eines **Zweiparteiensystems**; die Parteien werden vom AFRC ausgewählt.

1991, 27. Aug. Um ethnischen Konflikten entgegenzutreten, werden neun weitere Bundesstaaten gegründet.

12. Dez. **Abuja** wird anstelle von Lagos **neue Bundeshauptstadt Nigerias.**

1992, 17./18. Mai Erneut brechen Unruhen aus. Ursachen sind soziale Missstände sowie anhaltende Konflikte zwischen christlichen und muslimischen Bevölkerungsgruppen.

1993, 12. Juni Moshood Abiola (*1937, †1998) von der *Social Democratic Party* (SDP) gewinnt die Präsidentschaftswahl. Babangida lässt die Wahl annullieren, was auf internationalen Protest stößt. Bildung einer Übergangsregierung (7. Juli). Am 26. Aug. tritt Babangida zurück und setzt Ernest Shonekan (*1936) als Staatsoberhaupt ein.

17. Nov. Nach einem **Militärputsch** wird Verteidigungsminister Sani Abacha (*1943, †1998) neuer Staatspräsident und Armeechef.

1995, 10. Nov. Der Schriftsteller Ken Saro-Wiwa (*1941) und acht weitere Umweltaktivisten werden hingerichtet. Sie hatten gegen die **umweltvernichtende Ausbeutung** des Ogoni-Gebietes im Nigerdelta **durch die Erdölförderung** gekämpft. Die Hinrichtung hat eine internationale Isolierung des Militärregimes zur Folge.

1996, 30. Sept. Fünf politische Parteien werden zugelassen. Ein Ende des Militärregimes zeichnet sich jedoch nicht ab. Demokratiebestrebungen der Opposition werden gewaltsam unterdrückt.

1997, März Anklage gegen 16 prominente Dissidenten, unter ihnen der im Exil lebende Schriftsteller und Nobelpreisträger Wole Soyinka (*1934).

1998, 8. Juni Tod des Präsidenten Sani Abacha. Die Militärjunta ernennt den bisherigen Stabschef Abdulsalami Abubakar (*1942) zum Nachfolger. Die am 22. Aug. vereidigte neue Regierung besteht überwiegend aus Fachleuten und Diplomaten.

Sept. Freilassung von 20 Mitgliedern der Bewegung für das Überleben des Ogoni-Volkes (MOSOP). Die Anklage gegen Wole Soyinka und weitere 14 Regimekritiker wird fallen gelassen.

18. Okt. Bei einer **Erdölkatastrophe** kommen 700 Menschen ums Leben, als sie versuchen, Öl aufzufangen, das aus einer Pipeline strömt, und das Öl sich plötzlich entzündet. In Nigeria gibt es über 5000 km Ölleitungen, die häufig angebohrt werden, um das Öl auf dem Schwarzmarkt abzusetzen. Der Anteil des Erdöls an den Exporterlösen liegt bei über 90 %.

1. Nov. Die EU hebt die Sanktionen auf, die wegen der Hinrichtung von Menschenrechtsaktivisten des Ogoni-Volkes 1995 verhängt worden waren.

1999, 20. Febr. Die *People's Democratic Party* (PDP) des ehemaligen Militärmachthabers Olusegun Obasanjo, bereits bei den Kommunal- (5. Dez. 1998) und den Regionalwahlen (9. Jan.) erfolgreich, siegt auch bei den Parlamentswahlen. Obasanjo wird am 27. Febr. zum Präsidenten gewählt.

29. Mai Vereidigung Obasanjos als Präsident. Der Commonwealth hebt die 1995 verfügte Suspendierung der Mitgliedschaft Nigerias auf.

30. Juni Nach 15 Jahren Militärherrschaft wird erstmals eine Zivilregierung vereidigt.

Okt. Anschläge auf Ölförderanlagen des *Shell*-Konzerns.

Nov. Bei Kämpfen zwischen rivalisierenden ethnischen Gruppen im Nigerdelta kommen mindestens 80 Menschen ums Leben.

2000, Jan. Der nordnigerianische Bundesstaat Zamfara führt die Scharia als Gesetzesgrundlage ein. Im Febr. kommt es zu gewaltsamen Auseinandersetzungen zwischen Christen und Muslimen, die sich in der Folgezeit weiter verschärfen. Seither ist die Scharia in 13 von 36 Bundesstaaten eingeführt worden.

29. Febr. Der Staatsrat, die Vertretung der Bundesstaaten, beschließt die Suspendierung der Scharia.

Sept. Die Anti-Korruptions-Organisation Transparency International stuft Nigeria als korruptestes Land der Erde ein.

2001, 30. Jan. Präsident Obasanjo reagiert auf die zunehmende Kritik an der Wirtschafts- und Sozialpolitik mit der Entlassung mehrerer Minister.

2002, 23. Mai Die 2000 eingerichtete **Wahrheitskommission** (*Oputa Panel*) legt ihren Abschlussbericht zu den Verbrechen der Militärdiktatoren 1966–1999 vor.

13. Aug. Ein Machtkampf zwischen Präsident Obasanjo und dem Parlament blockiert alle Institutionen. Die Volksvertretung fordert den Rücktritt des Präsidenten, der seinerseits eine Korruptionsuntersuchung gegen das Parlament sowie gegen Justiz, Wahlkommission und mehrere Ministerien angeordnet hat.

22. Nov. Der für Dez. in der Hauptstadt Abuja geplante Miss-World-Wettbewerb löst Krawalle zwischen Muslimen und Christen mit 215 Toten aus. Die umstrittene Veranstaltung wird nach London verlegt.

2003, März Blutige Auseinandersetzungen zwischen verschiedenen Milizen und Regierungstruppen im Nigerdelta. Anlass sind u. a. Klagen einheimischer Gruppen über die Umweltverschmutzung durch Erdölfirmen. Sie fordern Entschädigungen sowie eine Beteiligung an den Gewinnen. Die Konzerne Shell, Chevron-Texaco und Elf stellen ihre Förderung ein.

2004, 2.–4. Mai Christliche Milizen richten in der Kleinstadt Yelwa ein Blutbad unter den muslimischen Haussa an. In der Folge kommt es zu Vergeltungsaktionen von Muslimen an Christen.

2007, April Umaru Yar'Adua (*1951), Abkömmling einer bekannten Fulbe-Familie, wird zum Präsidenten gewählt. Die Wahl ist von Manipulationsvorwürfen begleitet. Yar'Adua gilt als Strohmann Obasanjos, der nicht wieder gewählt werden konnte.

Mali (Soudan) seit 1946 | Forts. v. S. 1357 |

1946 Mit Unterstützung der französischen Sozialisten wird der *Parti Progressiste Soudanais* (PSP) unter Fily-Dabo Sissoko (*1900, †1964) gegründet. Mamadou Konaté (*1897, †1956) ruft zusammen mit Jean Silvandre (*1896, †1960) den *Bloc Soudanais* ins Leben.

Dez. Der PSP (jetzt unter Sissoko und Silvandre) kann sich in den **Wahlen zur Landeslegislative** mit 93 % der Sitze durchsetzen; Unterstützung erhält er von Kolonialverwaltung und *Chefferie* (eingesetzte »traditionelle« Herrscher), während die Soudan-Sektion des interterritorialen *Rassemblement Démocratique Africain* (RDA), die *Union Soudanaise* (US) unter Konaté, ihre Basis unter Wanderarbeitern und einigen *Évolués* (europäisch assimilierten Afrikanern) mit einem egalitären Programm (u. a. Beseitigung überkommener gesellschaftlicher Strukturen) und mit Gewerkschaftsrückhalt ausbauen kann.

1952 Bei Wahlen erhält der PSP 67 %, die US 32 %.

1957, 31. März In Wahlen setzt sich US-RDA (nach Konatés Tod im März 1956 unter Modibo Keita [*1915, †1977]) mit 81 % der Sitze gegen PSP (8,5 %) durch. Jean-Marie Koné (*1913, †1988) wird erster Regierungschef (24. Mai); Keita ist Mitglied des französischen Kabinetts.

1958, 24. Nov. Nach Annahme des Referendums (28. Sept.) über die französischen Verfassungsvorschläge wird **Soudan autonome Republik** innerhalb der Französischen Communauté.

1959, 8. März Die US gewinnt alle Parlamentssitze und wird einzige Partei.

25. März Zusammenschluss von Soudan und Senegal zur **Mali-Föderation**.

15. April Modibo Keita wird Premierminister des Soudan sowie Regierungschef der Föderation, Mamadou Dia (*1910) sein Stellvertreter und Léopold Sédar Senghor (*1906, †2001) Präsident der Bundesversammlung (beide aus Senegal).

1960, 20. Juni Die Mali-Föderation erhält die Unabhängigkeit; die neue Verfassung behält gegen den Willen der Soudan-Führung den bundesstaatlichen Charakter. Daraus resultierende Konflikte (u. a. über Senghors Kandidatur für die Mali-Präsidentschaft) führen zur Absetzung Dias durch Keita.

19./20. Aug. Notstandserklärung und Verhaftung Keitas und anderer Soudan-Führer in Senegal. Das Parlament Senegals erklärt das Ende der Mali-Föderation.

22. Sept. Unabhängigkeit Soudans als **Republik Mali** unter Modibo Keita als Präsident.

1961, 1. Juli Nach Annäherung Malis an die Ghana-Guinea-Union Vertragsabschluss zwischen den drei Staaten, doch lehnt sich Mali aus wirtschaftlichen Zwängen wieder stärker an die Elfenbeinküste an.

1962, 12. Sept. Der sechste Kongress der US-RDA legt einen sozialistischen Kurs fest: Kollektivfelder und Industrialisierung mithilfe von Staatsbetrieben stehen im Vordergrund.

1963 **Aussöhnung mit Senegal**: Wiederaufnahme von Eisenbahnverkehr und Hafenbenutzung.

1964 Die seit 1961 schwelende Tuareg-Rebellion in der nordöstlichen Gao-Region (Plan zur Errichtung eines eigenen Staates) bricht nach massivem Einsatz der Armee zusammen.

1967, 15. Febr. Verhandlungen mit Frankreich, das die Kontrolle über die Mali-Notenbank erhält und einen Kredit (eine Mrd. Franc) gewährt. Bedingungen sind u. a. eine 50-prozentige Abwertung und der Wiedereintritt in die CFA-Franc-Zone (Austritt: 1. Juli 1962) nach einer Übergangsperiode (1. April 1968).

22. Aug. Zur **ideologischen »Säuberung«** der Partei wird eine »Kulturrevolution« ausgerufen und damit eine mächtige frankophile Gruppe im Staats- und Parteiapparat ausgeschaltet.

1968, 19. Jan. Die Nationalversammlung löst sich auf und überträgt alle Gewalt dem Präsidenten; eine 28-köpfige »Delegation« übt die Gesetzgebung aus.

19. Nov. Nach Herausbildung einer »gegenrevolutionären« Koalition (jüngere Offiziere und frankophile Parteiführer um Jean-Marie Koné [*1913, †1988]) kommt es wegen Keitas Plan zur Bewaffnung der Volksmiliz (dreifache Stärke der Armee) zum Präventivschlag von Armeeoffizieren und zur Verhaftung Keitas; Bildung eines **Militärkomitees** für Nationale Befreiung unter Leutnant Moussa Traoré (*1936) und dem Leiter der Militärakademie Yoro Diakité (*1932, †1973), der die provisorische Regierung leitet, während Traoré als Staatsoberhaupt fungiert (23. Nov.).

1969, 19. Sept. Traoré, der die »sozialistischen« Errungenschaften des Keita-Regimes übernehmen und zur Zivilregierung zurückkehren will, setzt sich gegen Diakité durch und wird Staats- und Regierungschef; der Einfluss des Militärs auf das Kabinett wird verstärkt (10. Sept. 1970).

1971, 26. März Umsturzversuch: Diakité (Vizepräsident des Militärkomitees) wird festgenommen und verurteilt; er stirbt 1973 im Gefängnis.

1972–1974 Infolge der Dürre im Sahel werden etwa 80 000 Flüchtlinge in Lagern der Gao-Region aufgenommen.

1974, 2. Juni Referendum über die neue Verfassung: **Rückkehr zur Zivilregierung**, doch behält das Militär für eine Übergangszeit von fünf Jahren die Kontrolle.

1976, 22. Sept. Gründung der Einheitspartei *Union Démocratique du Peuple Malien* (UDPM).

1979, 19. Juni Nach dem ersten UDPM-Kongress (27.–31. März) wird TRAORÉ zum Präsidenten gewählt.

1984, 17. Febr. **Wiedereintritt in die Westafrikanische Währungsunion.**

1985, Dez. Im Grenzgebiet **Mali–Burkina Faso** kommt es im umstrittenen, rohstoffreichen Agacher-Streifen zu einem **Grenzkrieg**; am 29. Dez. wird ein Waffenstillstand ausgehandelt.

1986, Jan. Einigung zwischen Mali und Burkina Faso auf einen Rückzug. Die Entscheidung des Internationalen Gerichtshofes in Den Haag über den Agacher-Streifen akzeptieren beide Staaten.

6. Juni MAMADOU DEMBÉLÉ (*1936) wird Premierminister.

1988 Bei Parlamentswahlen erhält die UDPM 98,5 %.

1991, 26. März Staatschef MOUSSA TRAORÉ wird durch eine **Militärrevolte** gestürzt und unter Arrest gestellt. Ein Nationaler Versöhnungsrat unter Oberstleutnant AMADOU TOUMANI TOURÉ (*1948) übernimmt die Macht und setzt die Verfassung von 1974 außer Kraft.

9. Aug. Der Entwurf einer an demokratischen Prinzipien orientierten Verfassung wird angenommen. Im Referendum am 12. Jan. 1992 stimmen 98,4 % der Wähler der Verfassung zu.

1992, 26. April Bei der Präsidentschaftswahl wird der Historiker ALPHA OUMAR KONARÉ (*1946) mit 69 % der Stimmen zum ersten demokratisch legitimierten Staatspräsidenten Malis gewählt. Er beruft YOUNOUSSI TOURÉ (*1941) zum Premierminister (8. Juni).

1993, 9. April Nach Unruhen in Bamako tritt die Regierung TOURÉ zurück. Staatspräsident KONARÉ ernennt den parteilosen Verteidigungsminister ABDOULAYE SÉKOU SOW (*1931) zum Premierminister (12. April).

1994, 4. Febr. Der bisherige Außenminister IBRAHIM BOUBACAR KEITA (*1945) wird nach dem Rücktritt von SÉKOU SOW (2. Febr.) neuer Premierminister.

1997, 11. Mai Staatspräsident KONARÉ wird mit 84 % der Stimmen im Amt bestätigt.

1998, Dez. Nach Zusammenstößen bewaffneter Banden im Grenzgebiet zum Senegal einigen sich Mali und Senegal auf ein gemeinsames Sicherheitskonzept.

1999, 12. Jan. Expräsident MOUSSA TRAORÉ sowie seine Frau und sein Schwager werden wegen Veruntreuung staatlicher Mittel zum Tode verurteilt. Durch Gnadenakt des Präsidenten KONARÉ werden die Urteile am 22. Sept. in lebenslange Haft umgewandelt.

2000, 14. Febr. Rücktritt von Premierminister KEITA, dem die schlechte wirtschaftliche Lage des Landes angelastet wird. Als Nachfolger wird am 22. Febr. MANDE SIBIBE (*1940) vereidigt.

2001, 1. Juli Der ehemalige Premierminister KEITA gründet mit 30 Abgeordneten, die er von der regierenden *Alliance pour la Démocratie au Mali* (ADEMA) abgeworben hat, den *Rassemblement pour le Mali* (RPLM) als neue Partei.

2002, Mai AMADOU TOUMANI TOURÉ gewinnt die Präsidentschaftswahlen. Mali erwirbt in den folgenden Jahren den Ruf eines afrikanischen demokratischen Musterlandes.

2007, 19. April TOURÉ gewinnt die von internationalen Beobachtern als »fair und frei« bezeichneten Präsidentschaftswahlen. Bei den Parlamentswahlen erringt das Parteienbündnis *Alliance pour la Démocratie et le Progrès* (ADP) einen klaren Sieg (128 von 147 Parlamentssitzen).

Burkina Faso (Obervolta) seit 1945

Obervolta – seit 1932 zwischen Elfenbeinküste, Soudan und Niger aufgeteilt, die Region um Ouagadougou seit 1938 als Region Oberelfenbeinküste – wird am 4. Sept. 1947 **wieder eigenständige französische Kolonie**.

1948, 30. März Nachwahl zum Landesparlament: Gegen drei Sitze der Obervolta-Sektion des interterritorialen *Rassemblement Démocratique Africain* (RDA) gewinnt die *Union Voltaique* (UV), Partei der Mossi, 13 Sitze.

1952, 30. März Die UV gewinnt die Wahlen zum Landesparlament mit 77,5 % der Sitze, doch kommt es aufgrund von Spannungen zwischen *Chefferie* (eingesetzte »traditionelle« Herrscher) und Angehörigen der westlich gebildeten Elite zu Abspaltungen von der UV, so der *Chefferie* unter dem Oberhaupt (*Moro Naba*) der Mossi und (1954) des *Mouvement Populaire de la Révolution Africaine* (MPA) unter NAZI BONI (*um 1909, †1969).

1956, Sept. Die restliche UV unter dem Mossi ISSOUFOU JOSEPH CONOMBO (*1917) schließt sich mit der RDA-Sektion zum *Parti Démocratique Unifié* (PDU, Ehrenpräsident: der *Moro Naba*) zusammen.

1957, 31. März In den **Wahlen zum Landesparlament** gewinnt der PDU mit teilweiser Unterstützung der *Chefferie* 47 % der Sitze gegen den *Mouvement Démocratique Voltaique* (MDV, 34 % der Sitze) unter MICHEL DORANGE und GÉRARD K. OUÉDRAOGO (*1925).

18. Mai Der nach Obervolta zurückgekehrte Elfenbeinküste-Abgeordnete des französischen Parlaments, OUEZZIN COULIBALY (*1909, †1958), wird Regierungschef einer in enger Konsultation mit FÉLIX HOUPHOUËT-BOIGNY (Führer der Elfenbeinküste) aufgestellten PDU/MDV-Koalitionsregierung.

12. Sept. CONOMBO mit seinen *Chefferie*-Anhängern sowie der MDV treten aus der Regierung aus und schließen sich mit dem MPA (unter NAZI BONI) zum *Groupe de Solidarité Voltaique* (GSV) zusammen; die daraus resultierende Regierungskrise wird durch Rückkehr einiger MDV-Mitglieder ins Regierungslager am 7. Dez. behoben.

1958, 7. Sept. **Tod von COULIBALY**; die versuchte Machtübernahme des *Moro Naba* verhindern französische Truppen.

21. Okt. Nach Annahme des Referendums über die neuen französischen Verfassungsvorschläge (28. Sept.) wird MAURICE YAMÉOGO (*1921, †1993) Regierungschef einer Koalitionsregierung aus PDU und PRA (*Parti du Regroupement Africain*; im März 1958 vom GSV abgespalten).

11. Dez. **Obervolta wird autonome Republik** innerhalb der Französischen Communauté.

1959, 28. Jan. Das Parlament stimmt der Verfassung der geplanten Mali-Föderation (mit Senegal, Soudan und Dahomey) zu; zugleich räumt es YAMÉOGO weitreichende Machtbefugnisse ein, der Obervoltas Beteiligung an der Mali-Föderation zurückzieht (Druck der *Chefferie* und des katholischen Klerus) und am 28. Febr. eine antiföderalistische Verfassung durchsetzt.

19. April Bei manipulierten Wahlen gewinnt der PDU 83 %, der PRA 17 % der Sitze; Föderationsbefürworter u. a. Opponenten gründen am 4. Okt. eine Partei unter NAZI BONI, die sofort zwangsaufgelöst wird.

1960, Juni Nach der Verhaftung von führenden Oppositionellen und NAZI BONIS Flucht ins Exil wird der PDU als *Union Démocratique Voltaique* (UDV-RDA) zur Einheitspartei.

5. Aug. **Unabhängigkeit Obervoltas.** YAMÉOGO wird am 8. Dez. Präsident.

1962, Febr. Festsetzung der Vorherrschaft der Partei gegenüber den Staatsorganen; sie wird zunehmend Machtinstrument YAMÉOGOS und einer kleinen Gruppe, die sich nach dem Rückzug bzw. Parteiausschluss zahlreicher Politiker stärker auf die *Chefferie* (vornehmlich der Mossi) stützt; diese kann sich neue ökonomische Machtpositionen aufbauen.

1966, 3. Jan. Während eines Generalstreiks ergreift der Armee-Stabschef Oberst ABOUBAKAR SANGOULÉ LAMIZANA (*1916, †2005) die Macht: Das Parlament wird durch ein Konsultativkomitee (zehn Militärs, 31 Zivilisten) ersetzt, ein neues Kabinett (sieben Militärs, fünf Zivilisten) eingesetzt und am 16. Dez. ein Verbot politischer Betätigung erlassen.

1968/69 **Innenpolitische Entspannung**: Anerkennung des *Moro Naba* der Mossi, Zulassung von Parteien.

1970, 14. Juni Neue Verfassung durch Referendum angenommen: Mischform aus Militär-/Zivilregierung, in einer vierjährigen **Übergangsperiode** stellen die Militärs ein Drittel der Minister und den Staatspräsidenten.

20. Dez. Wahlen: UDV/RDA 65 %, PRA 21 % der Sitze; am 13. Febr. 1971 wird GÉRARD K. OUÉDRAOGO Premierminister einer Koalitionsregierung (acht UDV-, zwei PRA-Minister, fünf Offiziere).

1974, 8. Febr. Premierminister OUÉDRAOGO scheitert im Parlament und wird von UDV/RDA abgesetzt. General LAMIZANA übernimmt wieder die vollen Machtbefugnisse; mit der Auflösung des Parlaments ist das Experiment »Militär und Parlament« zu Ende.

30. Mai Abschaffung der Parteien und Bildung des *Mouvement pour le Renouveau* (2. Juli) als Basis für eine Einheitspartei im Zuge einer grundlegenden politischen und administrativen Reorganisation mit Aufteilung des Landes in Départements unter Militärpräfekten und (5. Juli) der Bildung eines Konsultativrates (zwölf Militärs von 65 Mitgliedern).

1975, Dez. Politische Wende während eines Generalstreiks der zur wichtigsten politischen Kraft gewordenen Gewerkschaften: Einleitung von Gesprächen über die Rückkehr zur Zivilregierung, der Gewerkschaftsführer ZOUMANA TRAORÉ wird am 9. Febr. 1976 Mitglied des Kabinetts.

1976, Nov. LAMIZANA akzeptiert den neuen Verfassungsentwurf (Rückzug des Militärs, Begrenzung auf drei Parteien).

1977, Jan. LAMIZANA bildet eine Regierung der nationalen Einheit (vier Militärs und elf Parteienvertreter von 20 Ministern) und lässt ab dem 1. Okt. Parteien wieder offiziell zu.

1978, 30. April Nach Annahme der Verfassung (Referendum 27. Nov. 1977) gewinnt in den Wahlen UDV/RDA 49 % der Sitze und bildet nach der Wahl LAMIZANAS zum Präsidenten (28. Mai) nach zwölf Jahren am 17. Juli wieder eine Zivilregierung unter Premierminister JOSEPH CONOMBO.

1979, 28. Mai Zulassung von nur noch drei Parteien, der PRA muss sich auflösen.

5. Nov. Bildung der *Front Progressiste Voltaique* (FPV) unter dem Historiker JOSEPH KI-ZERBO (*1922, †2006) und einigen UDV/RDA-Dissidenten unter JOSEPH OUÉDRAOGO.

1982, Nov. Nach einem **Staatsstreich** durch Unteroffiziere führt JEAN BAPTISTE OUÉDRAOGO (*1942) mit THOMAS SANKARA (*1943, †1987) die Staatsgeschäfte.

1983, Mai Verhaftung von Premierminister SANKARA.

5. Aug. Sturz des Regimes OUÉDRAOGO durch Fallschirmjäger; **neuer Staatspräsident** wird **SANKARA**.

1984, 4. Aug. SANKARAS Dekret ändert den **Landesnamen** in **Burkina Faso** (etwa »Vaterland der Würde«).

1987, 15. Okt. Bei einem Putsch wird Präsident SANKARA gestürzt und getötet, sein Stellvertreter BLAISE COMPAORÉ (*1951) wird Staatschef; neue Regierung unter der »Volksfront«.

1989 19. Sept./25. Dez. Zwei Putschversuche gegen COMPAORÉ scheitern.

1990, März Auf dem ersten Kongress der regierenden Volksfront wird die **Ausarbeitung einer Verfassung** beschlossen, ein Demokratisierungsprozess soll eingeleitet werden.

1991, 1. Dez. Präsidentschaftswahl: BLAISE COMPAORÉ wird im Amt bestätigt.

1992, 24. Mai Bei den erstmals seit 1978 im Rahmen eines Mehrparteiensystems ausgetragenen **Parlamentswahlen** gewinnt die 1989 gegründete Regierungspartei *Organisation pour la démocratie populaire/Mouvement du travail* (ODP/MT) 78 der 107 Mandate.

16. Juni Staatspräsident COMPAORÉ beruft den früheren Minister YOUSSOUF OUÉDRAOGO (*1952) zum neuen Premierminister, der auch Oppositionsmitglieder in sein Kabinett aufnimmt.

1996, 6. Febr. KADRÉ DÉSIRÉ OUÉDRAOGO (*1953), bislang Vizepräsident der Zentralbank der Staaten Westafrikas, wird nach dem Rücktritt von ROCH MARC CHRISTIAN KABORÉ (*1957; Regierungschef seit 20. März 1994) neuer Premierminister.

1997, 11. Mai Bei Parlamentswahlen gewinnt die Regierungspartei *Congrès pour la Démocratie et le Progrès* (CDP). Sie stellt 101 der 110 Abgeordneten.
Mit der unter Mithilfe der Weltbank in Angriff genommenen **Privatisierung** von weiteren 13 Staatsbetrieben tritt die seit Ende der 80er-Jahre andauernde Liberalisierung der Wirtschaft in eine neue Phase.

und intensivieren den bewaffneten Kampf gegen die Regierung, v. a. mit algerischer und libyscher Hilfe.

1968 Die Erste Armee im Nordosten und die Zweite unter HISSÈNE HABRÉ (*1942) im Tibbu-Gebiet spalten sich vom FROLINAT ab. Intensivierung der bewaffneten Aktionen und weitgehender Zusammenbruch von Armee und Verwaltung im Norden und Osten.

Aug. Einnahme des Aouzou-Militärpostens in Tibesti durch Rebellen; die Regierung holt daraufhin zusätzliche **französische Truppen** ins Land, die die Aufständischen überwiegend zurückdrängen.

1971, Aug. Ein Staatsstreich des FROLINAT unter ABBA SIDDICK scheitert, die Regierung bricht wegen angeblicher Verwicklung die Beziehungen zu Libyen ab, das daraufhin den FROLINAT auch offiziell anerkennt.

1972, Juni Einem Angriff von FROLINAT-Kommandos auf Fort Lamy folgt die Verhaftung von etwa 1000 Personen. Wegen innenpolitischer Kritik in Frankreich ziehen die französischen Truppen teilweise ab. Daraufhin **nähert sich Tschad an Libyen an**, das stillschweigend die Aouzou-Region (Tibesti; Vertrag von 1935) erhält (Juni 1973) und den FROLINAT-Guerillas die Unterstützung entzieht.

1973, 4. Sept. Umbenennung des PPT in *Mouvement National pour la Révolution Culturelle et Sociale* (27. Aug.) und Einleitung einer an Zaire angelehnten **»Kulturrevolution«** (u. a. Umbenennung Fort Lamys in N'Djamena).

1974, 21. April Die Geiselnahme von Europäern durch Truppen des vom FROLINAT abgespaltenen Kommandanten HABRÉ in Bardai erregt weltweite Aufmerksamkeit.

1975, 13. April **Staatsstreich** unter General NOËL MILAREW ODINGAR (*1932, †2007). Tod TOMBALBAYES und Freilassung von General FÉLIX MALLOUM (*1932), der Chef des Obersten Militärrates wird und eine Regierung (acht Militärs, zehn Zivilisten) bildet (12. Mai).

27. Okt. Wegen Verhandlungen Frankreichs mit HABRÉ werden die französischen Truppen des Landes verwiesen (Aussöhnung 6. März 1976).

1976, Okt. **Zusammenstoß** von Truppen von HABRÉ mit libyschen Einheiten **im Aouzou-Gebiet**; Libyens folgende Unterstützung von GOUKOUNI OUEDDEI (*1944), dem Stellvertreter HABRÉS und Sohn des geistlichen Oberhaupts der Tibbu, führt zur Entmachtung HABRÉS, der sich mit loyalen Truppen ins Fada-Gebiet zurückzieht.

1978, Febr. Eroberung von Faya Largeau und Gefangennahme eines Drittels der Tschad-Armee durch die Zweite Armee unter OUEDDEI, der jetzt stärksten FROLINAT-Gruppierung.

26. Aug. Abkommen MALLOUMS mit HABRÉ, der Premierminister wird; der Oberste Militärrat wird aufgelöst.

1979, 23. März Entsprechend dem Kano-Abkommen (16. März) treten MALLOUM und HABRÉ zurück; nigerianische Truppen überwachen den vereinbarten, jedoch von HABRÉ und OUEDDEI nicht völlig eingehaltenen Truppenrückzug aus N'Djamena; MALLOUM erhält Asyl in Nigeria (2. April).

24. April Oberst LOL MOHAMMED CHAWA (*1939), Führer der Dritten FROLINAT-Armee, wird Staats- und Regierungschef; OUEDDEI (Innenminister) und HABRÉ (Verteidigungsminister) gehören dem Kabinett an.

28. Aug. Nach Abzug der nigerianischen Truppen (5. Juni) und Ausbruch heftiger Kämpfe zwischen rivalisierenden Fraktionen in der Interimsregierung (11. Juni) wird entsprechend dem Lagos-Abkommen (20./21. Aug.) OUEDDEI Staatspräsident und der aus dem Süden stammende ABDELKADAR KAMOUGUÉ (*1939) als Führer der *Forces Armées Tchadiennes* sein Stellvertreter.

10. Nov. Übergangsregierung der Nationalen Einheit unter OUEDDEI, KAMOUGUÉ (Vizepräsident) und HABRÉ (Verteidigung) und Einbeziehung von elf politischen Gruppierungen.

1980 Nach Vereinigung der Truppen von OUEDDEI und SIDDICK (März) heftige Kämpfe gegen HABRÉ.

1981, Jan. **Intervention von ca. 4000 libyschen Soldaten** in Tschad zugunsten OUEDDEIS.

1982 Zu Jahresbeginn Einsetzung einer **Friedenstruppe der OAU** (Organisation für Afrikanische Einheit) aus Nigeria, Zaire und Senegal.

7. Juni HABRÉS Truppen erobern N'Djamena. OUEDDEI setzt sich nach Algerien ab.

1984, ab 25. Sept. Frankreich und Libyen vereinbaren den Abzug ihrer Truppen.

1985, 1. April Erfolgloser Vermittlungsversuch des malischen Präsidenten TRAORÉ bei einem Treffen von HABRÉ mit OUEDDEI in Bamako (Mali).

Aug. Bildung eines Obersten Revolutionsrates unter OUEDDEI.

1986, 14. Febr. Gefechte um den von Libyen beanspruchten Aouzou-Streifen; HABRÉ bittet Frankreich um militärische Hilfe. Im Dez. libysche Offensive im Nordwesten.

März Kämpfe zwischen Regierungstruppen und Einheiten OUEDDEIS folgen.

1988 **Friedensangebot Libyens** an Tschad, Wiederaufnahme der diplomatischen Beziehungen.

1989 Annahme einer neuen Verfassung (10. Dez.) und Wiederwahl HABRÉS.

1990, April Gefechte an der sudanesischen Grenze.

Aug. Gipfeltreffen HABRÉS mit dem libyschen Staatschef GADDAFI; der Aouzou-Konflikt wird dem Internationalen Gerichtshof übergeben.

4. Dez. Armeeaufstand: Einnahme der Hauptstadt N'Djamena durch Rebellen unter IDRISS DÉBY (*1952). HABRÉ flieht und DÉBY wird zum Staatsoberhaupt gewählt.

1991, 4. März **IDRISS DÉBY** wird als **Staatspräsident** eingesetzt. Er beruft JEAN ALINGUÉ BAWOYEN (*1937) zum Premierminister. Eine Übergangsverfassung wird verabschiedet.

1993, 15. Jan. Beginn einer Nationalen Konferenz mit Vertretern aus Regierung, Provinzparlamenten und Opposition, die eine Verfassung erarbeiten und die Demokratisierung einleiten soll.

Anhaltende ethnisch überformte Konflikte (über 200 Ethnien im Tschad), Aufstände von verschiedenen Milizen und Rebellengruppen sowie Differenzen zwischen den Parteien verhindern die Demokratisierung des Landes und das Ende der Gewalt.

1994, 3. Febr. Der Internationale Gerichtshof in Den Haag spricht Tschad den von Libyen besetzten Aouzou-Streifen zu. Libyen zieht daraufhin seine Truppen ab.

1995, 10. April Nach dem Rücktritt von Delwa Kassiré Koumakoye (*1949; seit 6. Nov. 1993) wird Koibla Djimasta (*1950, †2007) neuer Premierminister.

1996, 31. März In einem Referendum billigt die Bevölkerung mit 61,5 % der Stimmen ein neues Grundgesetz.

2. Juni/3. Juli Präsident Déby wird im Amt bestätigt.

1997, 5. Jan./23. Febr. Bei den Parlamentswahlen erhält die Partei von Präsident Déby, der *Mouvement Patriotique du Salut* (MPS), 44 % der Stimmen. Neuer Premierminister wird Nassour Ouaido (*1947).

9. März Präsident Déby gibt erstmals zu, dass sich seine Armee im Kampf mit einer Rebellenorganisation im Norden des Landes, dem *Mouvement pour la démocratie et la justice au Tchad* (MDJT, Bewegung für Demokratie und Gerechtigkeit), befindet.

13. Dez. Anstelle des zurückgetretenen Nassour Ouaido wird Nagoum Yamassoum (*1954) neuer Premierminister.

2000, Jan. **Hinrichtung von 32 Militärs** wegen eines angeblichen Putschversuches.

2001, 20. März Wiederwahl von Präsident Déby.

2003, 10. Okt. Präsident Déby eröffnet die von Umwelt- und Menschenrechtsgruppen stark kritisierte Ölpipeline, die von den Fördergebieten im Süden Tschads zur Küste von Kamerun führt.

2004, Mai Ein Putschversuch von Militäreinheiten gegen Déby scheitert. Hintergrund der Erhebung ist u. a. der in den Augen vieler Militärs viel zu sanfte Kurs Débys gegenüber der sudanesischen Regierung, die in der Provinz Darfur einen Genozid verübt. Aufgrund des Konfliktes in Darfur sind seit 2003 weit über 200 000 Menschen aus dem Westen des Sudans nach Tschad geflohen.

2006, April Eine Rebellengruppe greift N'Djamena an, wird aber von Regierungstruppen unter Mithilfe der französischen Armee niedergeschlagen.

3. Mai Wiederwahl von Präsident Déby.

2008, Febr. Rebellengruppen marschieren erneut in N'Djamena ein. Die französische Luftwaffe fliegt mehr als 700 Ausländer aus. Nur mühsam gelingt es Regierungstruppen, die Kontrolle wieder zu erlangen.

Zentralafrikanische Republik seit 1947

| Forts. v. S. 1363 |

Gegen die den Sozialisten zuneigende *Amicale Oubanguienne* unter Jean Pierre Songo-Mali fördert der katholische Klerus den aus der Region Lobaye stammenden **Barthélémy Boganda** (*1910, †1959), dessen Anhänger 1947 nach der Wahl zur Landeslegislative (Generalrat) die afrikanische Fraktion weitgehend bestimmen. Boganda wird charismatische **Symbolfigur des Kampfes gegen die Unterdrückung**, sein Ansehen wächst mit zunehmender Verfolgung durch die französische Kolonialverwaltung. Er gründet 1949 den *Mouvement d'Évolution Sociale de l'Afrique Noire* (MESAN), welcher eine breite Anhängerschaft in der ländlichen Bevölkerung gewinnt.

1957, 31. März Nach Bogandas Wahl zum Bürgermeister von Bangui (Nov. 1956) gewinnt der MESAN in den Wahlen zum Landesparlament sämtliche Sitze.

14. Mai Erster Regierungschef wird Abel Goumba (*1926), da Boganda eine Regierungsübernahme unter dem Kolonialsystem ablehnt.

Juni Boganda übernimmt die Präsidentschaft im Großen Rat der Föderation Französisch-Äquatorialafrika und propagiert nachhaltig die Bildung einer **Föderation der Vereinigten Staaten von Lateinafrika** mit der derzeitigen Föderation als Keimzelle.

1958, 1. Dez. Nach einem Referendum über die französischen Verfassungsvorschläge (28. Sept.) wird die Zentralafrikanische Republik (Zentralafrika für das bisherige Französisch-Äquatorialafrika) innerhalb der Französischen Communauté für autonom erklärt; Boganda wird neuer Ministerpräsident.

1959, 29. März Bei der Vorbereitung der nächsten Wahl kommt Boganda bei einem (bis heute ungeklärten) Flugzeugabsturz ums Leben; das völlig auf ihn ausgerichtete und von ihm geprägte System gerät in eine tiefe Krise.

26. April MESAN gewinnt alle Parlamentssitze (Manipulation gegen Oppositionsparteien).

30. April Ein Neffe Bogandas, David Dacko (*1930, †2003), kann sich im Kampf um die Führung mit französischer Unterstützung als neuer Ministerpräsident gegen den vom MESAN unterstützten amtierenden Regierungschef Goumba durchsetzen.

1960 Abel Goumba gründet mit einem Viertel der Abgeordneten den *Mouvement d'Évolution Démocratique de l'Afrique Central* (MEDAC), der am 23. Dez. bereits wieder verboten wird.

Juli David Dacko lässt sich in Abwesenheit des bisherigen Amtsinhabers zum MESAN-Präsidenten wählen.

13. Aug. Die **Zentralafrikanische Republik erhält die Unabhängigkeit**. Dacko übernimmt – zunächst provisorisch – die Funktion des Staatspräsidenten.

1962/63 Der **MESAN** wird zur **Einheitspartei** mit obligatorischer Mitgliedschaft.

1964, 30. März Nach offensichtlich manipulierten Wahlen (15. März) wird der MESAN zur höchsten Instanz im Staat erklärt.

1966, 1. Jan. Der Armeechef, Oberst **Jean-Bédel Bokassa** (*1921, †1996), ebenfalls ein Neffe Bogandas, übernimmt in einem **Staatsstreich** die Macht; Dacko wird unter Hausarrest gestellt.

1967, Nov. Bokassa (inzwischen auch Partei- und Gewerkschaftsführer) sichert seine Macht durch französische Truppen und Ausschaltung bzw. Ermordung zahlreicher Gegner.

1972, März Bokassa wird Präsident auf Lebenszeit. Sein

Regime ist durch abrupte, in der Regel von der Suche nach neuen Geldquellen motivierte außenpolitische Kurswechsel, eine permanente Umbesetzung des Kabinetts und durch grausame Exzesse gekennzeichnet. Außerhalb der Gewerkschaften und der Armee gibt es wenig organisierte Auflehnung.

1976, 5. Sept. Ange-Félix Patassé (*1937) wird Ministerpräsident als Nachfolger von Elisabeth Domitien (*1925, †2005), der ersten Ministerpräsidentin Afrikas (2. Jan. 1975–4. April 1976).

1977, 4. Dez. **Krönung Bokassas zum Kaiser des Zentralafrikanischen Kaiserreiches**, das er ein Jahr zuvor ausgerufen hatte.

1979, Jan. Heftige Schüler- und Studentenunruhen werden mithilfe von Truppen aus Zaire niedergeschlagen; Berichte von der Ermordung zahlreicher Jugendlicher in den Gefängnissen (Bokassa wird Mitbeteiligung vorgeworfen) führen zu weltweiter Aufmerksamkeit.

21. Sept. Expräsident David Dacko (seit einiger Zeit enger Berater Bokassas) übernimmt mithilfe französischer Truppen während einer Libyenreise Bokassas die Macht. Henri Maïdou (*1936) wird Vizepräsident, Bernard Ayandho (*1930, †1993) Ministerpräsident (24. Sept.), **politische Parteien** werden wieder zugelassen (27. Okt.).

1981, Jan. David Dacko gewinnt die Präsidentschaftswahlen mit 50,2 % der abgegebenen Stimmen.

1. Sept. **Unblutiger Putsch** unter General André Kolingba (*1935) mit Zustimmung Frankreichs. Das Kabinett wird durch einen »Militärausschuss für Nationalen Wiederaufbau« ersetzt.

1986, 23. Okt. Rückkehr und **Verhaftung Bokassas**, gegen den ein Prozess beginnt: Ein älteres Todesurteil wird aufgehoben. Kolingba wird im Amt bestätigt, eine neue Verfassung verkündet.

1987, Febr. Gründung der **Einheitspartei** *Rassemblement Démocratique Centrafricain* (RCD).

12. Juni Todesurteil gegen Bokassa, das später zu Zwangsarbeit umgewandelt wird.

1991, 4. Juli Aufgrund von Streik- und Protestwellen und internationalem Druck (Frankreich, USA) werden **Parteien zugelassen**.

1992, 25. Okt. Infolge von Unruhen werden die Präsidenten- und Parlamentswahlen in der Hauptstadt Bangui abgebrochen. Auf Wunsch von Präsident Kolingba annulliert das Oberste Gericht die Wahl (29. Okt.).

1993, 1. Sept. Kolingba verkündet eine Generalamnestie für alle straffälligen Bürger. Auch der ehemalige Machthaber Bokassa wird freigelassen.

22. Aug./19. Sept. Patassé gewinnt die Präsidentschaftswahl gegen Kolingba mit 52,5 % der Stimmen im zweiten Wahlgang.

1996, 18. April–30. Mai Ein Umsturzversuch von Armeeeinheiten gegen Patassé wird mithilfe französischer Truppen niedergeschlagen.

18. Nov.–8. Dez. Erneuter Aufstand von Teilen der Armee, der mit einem Waffenstillstandsabkommen endet.

1997, 30. Jan. Nach Beendigung der **Armeerevolte** beruft Patassé den bisherigen Außenminister Michel Gbezera-Bria (*1946) zum neuen Regierungschef. Im Laufe des Jahres (Juni) erneut Kämpfe mit rebellierenden Armeeeinheiten.

1998, 27. März Der UN-Sicherheitsrat erteilt das Mandat für eine **Friedenstruppe** (MINURCA), die die Entwaffnung der Milizen überwachen und Wahlen vorbereiten soll.

1999, 19. Sept. Präsident Patassé wird wiedergewählt. Die Wahl wird begleitet von schweren Zusammenstößen zwischen Opposition und Regierungsanhängern.

2000, 15. Febr. Ende des Mandates der MINURCA-Friedenstruppe.

22. Nov. Rund 17 000 Staatsangestellte, die seit zwei Jahren kein Gehalt bekommen haben, treten in den Streik. Präsident Patassé hatte den Angestellten im Okt. 10 Mio. US-$ aus seiner Privatkasse versprochen, war die Auszahlung jedoch schuldig geblieben. Es kommt zu Kundgebungen und Protestmärschen.

2001, 28. Mai Meuternde Soldaten greifen die Präsidentenresidenz an.

5. Juni UN-Generalsekretär Kofi Annan schickt den ehemaligen malischen Staatschef Amadou Toumani Touré als Vermittler in die Zentralafrikanische Republik.

2002, 26. Aug. Der Exdiktator André Kolingba wird wegen Schürens von Revolten in Abwesenheit zum Tod verurteilt. Kolingba war am missglückten Staatsstreich vom Mai 2001 beteiligt und lebt seitdem im Exil in Uganda.

2003, 15. März Nach mehreren gescheiterten Anläufen (zuletzt Okt. 2002) gelingt es den rebellierenden Militärs um den früheren Armeechef François Bozizé (*1946), das Regime von Präsident Patassé zu stürzen; dieser geht ins Exil. Bozizé wird zum neuen Staatspräsidenten erklärt. Er ernennt am 23. März Oppositionsführer Abel Goumba zum Ministerpräsidenten.

11. Dez. Entlassung Goumbas nach Unruhen in der Hauptstadt Bangui. Nachfolger wird Célestin Gaombalet (*1941/42).

2004, 5. Dez. Ein Referendum billigt eine neue Verfassung.

2005, 8. Mai Bei den Präsidentschaftswahlen wird Bozizé im Amt bestätigt. Sein Wahlbündnis *Kwa na kwa* (»Arbeit, nichts als Arbeit«) gewinnt auch die gleichzeitig stattfindenden Parlamentswahlen.

2006 Kämpfe zwischen Regierungstruppen und Rebellen im Norden des Landes.

2007, Okt. Die Europäische Union beschließt die Aufstellung einer Friedenstruppe zum Schutz von knapp 200 000 Flüchtlingen aus dem sudanesischen Darfur.

Kamerun seit 1946 | Forts. v. S. 1361 |

Die Kamerunmandate bleiben 1946 unter UNO-Treuhandschaft bei den bisherigen Mandatsmächten Frankreich und Großbritannien.

1948, 10. April Gewerkschaftskräfte formieren sich unter Ruben Um Nyobé (*1913, †1958) und Ernest Ouandie (*1924, †1971) zur *Union des Populations Camerounaises* (UPC), die zur Kamerun-Sektion des interterritorialen *Rassemblement Démocratique Africain* (RDA) wird. Sie baut als einzige politische Gruppierung im Land eine wirkungsvolle Parteiorganisation auf und fordert die Wiedervereinigung Kameruns sowie baldige Unabhängigkeit.

1952, März Wahlen: Die UPC wird von jeglicher parlamentarischer Vertretung ferngehalten.

1954 **Britisch-Kamerun**: Der Südteil des britischen Mandatsgebietes erhält Regionalstatus (eigenes Parlament) in der Föderation Nigeria, während der Nordteil weiterhin als Teil Nord-Nigerias verwaltet wird.

1954–1955 **Französisch-Kamerun**: Die UPC greift im Verbund mit Gewerkschaften zum Mittel des Streiks und fordert die Aufhebung der UNO-Treuhandschaft.

1955, 13. Juli Nach Revolten (Mai) in Städten des Südens wird die UPC verboten und geht zum Guerillakampf über, der durch massiven und extrem brutalen Einsatz von Armee und Polizei bekämpft wird.

1956, 23. Dez. Aus den von der UPC boykottierten Wahlen zum Parlament geht die Gruppe der Abgeordneten aus dem Norden als stärkste Fraktion hervor; sie wird von Ahmadou Ahidjo (*1924, †1989) zur *Union Camerounaise* (UC) vereinigt. Die Gruppierung der *Démocrates Camerounais* unter André-Marie Mbida(*1917, †1980) wird zweitgrößte Fraktion.

1957, 16. April Nach Billigung durch das Parlament verkündet die französische Regierung ein neues **Statut für Kamerun** (u. a. Recht auf Unabhängigkeit); dementsprechend ernennt der französische Hochkommissar André-Marie Mbida zum Premierminister (15. Mai), der ein Koalitionskabinett leitet. Die UC-Minister und Vizepremier Ahidjo treten später aus der Regierung aus, ein Misstrauensantrag führt zum Rücktritt Mbidas (Exil 1960).

1958, 18. Febr. Der massiv von den Franzosen gestützte Ahmadou Ahidjo wird neuer Premierminister.

13. Sept. Nach der Ermordung des populären UPC-Führers Um Nyobé durch Militärs endet die Rebellion im Bassa-Gebiet. Eine UPC-Gruppe kehrt zur legalen Opposition ins Parlament zurück (12. April 1959), doch intensiviert die von Guinea, Ghana und Ägypten unterstützte Exil-UPC unter Felix Moumié (*1926, †1962) den **Guerillakampf** v. a. im Bamiléké-Gebiet, der bis 1964, teils bis 1970 anhält. Moumié wird von einem französischen Geheimagenten in Genf vergiftet (1962). Ca. 20 000 Todesopfer im Bürgerkrieg von 1955–1970.

30. Dez. Nach einem Referendum über die neuen französischen Verfassungsvorschläge (28. Sept.) erhält Kamerun **innere Autonomie**.

1960, 1. Jan. Beendigung des UNO-Mandats. **Kamerun wird unabhängig**.

21. Febr. Die neue Verfassung wird in einem Referendum mit 60 % der Stimmen angenommen (jedoch viele Manipulationen), im Süden dagegen abgelehnt. Der heftige Aufstand v. a. im Bamiléké-Gebiet wird durch Einsatz französischer Truppen eingedämmt.

5. Mai Ahidjo wird Präsident; Ernennung von Charles Assalé (*1911, †1999) zum Premierminister.

1961, Febr. Britisch-Kamerun: In einem Referendum unter UN-Aufsicht entscheidet sich Süd-Kamerun für einen Anschluss an das unabhängige Kamerun (70,5 %), während Nord-Kamerun für einen Verbleib bei Nigeria stimmt (60 %).

Okt. Süd-Kamerun (jetzt West-Kamerun) schließt sich mit dem unabhängigen Kamerun (jetzt Ost-Kamerun) zur **Föderation Kamerun** zusammen. Präsident wird Ahidjo (zugleich Präsident Ost-Kameruns), Vizepräsident der Premierminister von West-Kamerun John Foncha (*1916, †1999).

1964 Weitgehende Auflösung der Oppositionsparteien, die seit den Wahlen (26. April) nicht mehr im Bundesparlament vertreten sind (nur noch UC mit 40 und Fonchas *Kamerun National Democratic Party* [KNDP] mit zehn Sitzen).

1966, 1. Sept. Fusion von UC und KNDP zur Einheitspartei *Union Nationale Camérounaise*, mit der Ahidjo eine Zentralisierungspolitik betreibt.

1969 Beschneidung der bundesstaatlichen Kompetenzen zu Gunsten der Föderation.

1970, 19. Aug. Verhaftung des letzten Präsidenten der Exil-UPC (Ernest Ouandie) und des Bischofs Albert Ndongmo (*1926, †1992) als entscheidende Schläge gegen die noch verbleibende Opposition (UPC, Katholischer Klerus); zunehmender **polizeistaatlicher Charakter** des Regimes.

1972, 2. Juni Nach Annahme einer neuen Verfassung in einem Referendum (20. Mai) wird die Föderation aufgelöst und die **Vereinigte Republik Kamerun** erklärt.

1975, 30. Juni Nach einer Verfassungsänderung im Mai übernimmt das neue Amt eines Premierministers der Ahidjo-Vertraute Paul Biya (*1933).

1982, 6. Nov. Präsident Ahidjo erklärt seinen Rücktritt; Nachfolger wird Paul Biya.

1984, 6. April Ein Putschversuch der Palastwache wird durch regierungstreue Truppen vereitelt.

1985, 24. März Umbenennung der **Einheitspartei** Kameruns in *Rassemblement Démocratique du Peuple Camerounais* (RDPC). Präsident Biya verkündet eine Politik der Erneuerung (*Renouveau*).

1986 Bei einem Gasausbruch im Vulkangebiet des Niossees werden etwa 1700 Menschen getötet.

1986–1988 Schwere Wirtschafskrise wegen zurückgehender Erdölförderung und sinkender Weltmarktpreise bei den wichtigsten landwirtschaftlichen Exportprodukten (v. a. Kakao, Kaffee).

1988, 24. April Präsident Biya wird mit 98,7 % der Stimmen für weitere fünf Jahre gewählt; bei den Parlamentswahlen werden 85 % der Abgeordneten der RDPC-Einheitsliste neu gewählt.

1991, 25. April Staatspräsident Biya beruft nach regierungsfeindlichen Protesten und Streikaktionen (*Operations villes mortes*) Sadou Hayatou (*1942) in das Amt des Premierministers. Die von der Opposition nach dem Vorbild anderer afrikanischer Staaten ge-

Ölvorkommen im Golf von Guinea, die gemeinsam mit Nigeria ab 2012 ausgebeutet werden sollen.

2006, 30. Juli Wiederwahl von MENEZES mit 60% der Stimmen.

Gabun seit 1947 | Forts. v. S. 1363 |

Nach dem Zweiten Weltkrieg gründen JEAN-HILAIRE AUBAME (*1912, †1989) und LÉON M'BA (*1902, †1967) erste Parteien, zwischen denen es schnell zu Spannungen kommt. AUBAME, der Rückhalt bei den Fang aus der Region Woleu-N'tem hat, gründet 1948 die *Union Démocratique et Sociale Gabonaise* (UDSG), die Kolonialverwaltung, *Chefferie* (eingesetzte »traditionelle« Herrscher) und Kirche unterstützen. M'BA, aus der Verbannung (1933–1946) zurückgekehrt, bildet 1946 als Vertreter der Fang in Libreville und an der Gabun-Mündung sowie der Mpongwe das *Comité Mixte Gabonais* (CMG), das eng mit dem interterritorialen *Rassemblement Démocratique Africain* (RDA) zusammenarbeitet.

1954 Beide Gruppierungen der Fang dominieren das Parlament. M'BAS CMG geht im *Bloc Démocratique Gabonais* (BDG) auf, den PAUL GONDJOUT (*1912, †1990) 1952 als Gegengewicht gegen die Fang gegründet hat.

1957, 31. März Bei **Wahlen zum Parlament** kann die UDSG 14 bzw. mit liierten Listen 18 Sitze in der nordöstlichen Hälfte des Landes erreichen, während der BDG acht bzw. mit liierten Listen 16 Sitze erhält, aber – offenbar mit finanzieller Hilfe französischer Holzhändler – noch fünf von sechs unabhängigen Abgeordneten zu sich herüberziehen kann.

20. Mai Der BDG bildet eine Regierung (bis Anfang 1958 zusammen mit der UDSG), LÉON M'BA wird erster Regierungschef.

1958, 28. Nov. Nach einem Referendum über die französischen Verfassungsvorschläge (28. Sept.) wird Gabun **autonome Republik** innerhalb der Französischen *Communauté*.

1960, 17. Aug. **Unabhängigkeit Gabuns**; M'BAS Versuche zur Errichtung eines Präsidialregimes werden vom BDG-Mehrheitsflügel unter Parlamentspräsident GONDJOUT im Verbund mit der UDSG blockiert; M'BAS Einlenken ermöglicht die Verkündigung einer neuen Verfassung.

16. Nov. M'BA ruft den Notstand aus und lässt BDG-Führer verhaften und internieren, vertagt das Parlament und regiert mit Übergangsvollmachten.

1961, 12. Febr. M'BA wird zum Präsidenten gewählt (BDG und UDSG als Einheitsliste), eine von der Exekutive vorgelegte Präsidialverfassung wird vom Parlament angenommen (15. Febr.).

1964, 20. Jan. Neuwahlen, um die UDSG endgültig auszuschalten; AUBAME wird an der Kandidatur gehindert.

18. Febr. Ein Revolutionskomitee (Armee- und Polizeioffiziere) stürzt die Regierung, der verhaftete M'BA muss seinen Rücktritt erklären, AUBAME wird Chef einer provisorischen Regierung. Eingeflogene **französische Truppen intervenieren** aufgrund eines Beistandspaktes von 1960, besetzen Libreville und setzen M'BA wieder ein.

12. April Die nach Inhaftierung der meisten Mitglieder geschwächte Opposition kann trotz massiver Unterdrückung in den manipulierten Wahlen 45% der Stimmen erringen (ein Drittel der Sitze).

1967, 19. März Der BDG kandidiert bei den Wahlen als einzige Partei.

28. Nov. Tod von M'BA; Vizepräsident ALBERT-BERNARD BONGO (*1935) wird Nachfolger (1. Dez.).

1968, Mai Nach **Umwandlung des BDG zur Einheitspartei** *Parti Démocratique Gabonais* (PDG; 12. März) wird Gabun Einparteienstaat mit einer Einheitsgewerkschaft (Juli 1969).

1975, 17. April Der bisherige Vizepräsident LÉON MÉBIAME (*1934) übernimmt nach einer Verfassungsänderung das wiedererrichtete Amt des Premierministers.

1979, 30. Dez. Erste Wiederwahl Präsident BONGOS seit 1973.

1982, Febr. Besuch von Papst JOHANNES PAUL II.

1983, 7. März BONGO nimmt die drei Kommandeure der Teilstreitkräfte in das Zentralkomitee des PDG auf.

1986, 9. Nov. Bei Präsidentschaftswahlen wird BONGO mit 99,9% der Stimmen wiedergewählt.

30. Dez. Eröffnung der quer durch Gabun führenden **Transgabonais-Eisenbahn**.

1991, 14. März Das Parlament verabschiedet eine **neue Verfassung**, die ein Mehrparteiensystem vorsieht.

7. Juni Nach einem von der Opposition initiierten Generalstreik (5. Juni) tritt die Regierung unter Premierminister CASIMIR OYÉ-MBA (*1942) zurück. Am 21. Juni stellt der erneut ernannte OYÉ-MBA das neue Kabinett vor. PASCALINE BONGO (*1956), Tochter des Staatspräsidenten, wird Außenministerin.

1993, 5. Dez. Der seit 1967 regierende Präsident **BONGO** wird erstmals auf Grundlage eines pluralistischen Wahlsystems als Staatspräsident mit 51,5% der Stimmen **wiedergewählt**. Die Wahl wird von Unruhen begleitet.

1996, 10. Juni Gabun, eines der erdölreichsten Länder Afrikas, tritt aus der OPEC (Mitglied seit 1975) aus. Begründet wird der Schritt mit unangemessen hohen Beitragsverpflichtungen.

15./29. Dez. Bei den Wahlen zur Nationalversammlung erringt der regierende PDG 85 der 120 Sitze.

1998, 6. Dez. Erneute Wiederwahl von Präsident BONGO.

2000 Nach Schätzung von Experten reichen die Erdölreserven nur noch für zehn Jahre, die jährliche Produktion ist bereits auf ca. 15 Mio. t gesunken.

2001, Febr. Wegen zunehmender Gewaltbereitschaft in der Gesellschaft wird ein Import- und Verkaufsverbot für Handfeuerwaffen erlassen.

19./20. Juni Im Port Gentil, dem Wirtschaftszentrum des Landes, kommt es zu gewalttätigen Protesten von jugendlichen Arbeitslosen.

2007, 25./27. Nov. BONGO wird bei den Präsidentschaftswahlen für weitere sieben Jahre im Amt bestätigt.

Republik Kongo (Französisch-Kongo/ Kongo-Brazzaville/Volksrepublik Kongo) seit 1946 | Forts. v. S. 1364 |

1946 Jean Félix Tchicaya (*1903, †1961) gründet den sich auf die Gesellschaften des Südens stützenden *Parti Progressiste Congolais* (PPC), der zur Kongo-Sektion des interterritorialen *Rassemblement Démocratique Africain* (RDA) wird, während der *Mouvement Socialiste Africain* (MSA) als Kongo-Sektion der französischen *Section Française de l'Internationale Ouvrière* (SFIO) unter Jacques Opangault (*1907, †1978) v.a. im Norden Unterstützung findet. Die wichtigste Bevölkerungsgruppe, die Kongo, lehnen die Teilnahme an den neuen Institutionen ab und **boykottieren** bzw. sabotieren (Stimmabgabe für den 1942 verstorbenen André Matswa; *1899) alle **Wahlen**.

1956 Dem Priester Fulbert Youlou (*1917, †1972) gelingt es, sich als geistiger Erbe Matswas zu profilieren und die Unterstützung vieler Kongo zu erhalten. Er gründet im Mai die *Union Démocratique de Défense des Intérêts Africains* (UDDIA).

1957, 31. März Bei **Wahlen zum Landesparlament** kann sich die gemeinsame MSA/PPC-Liste mit 23 Sitzen (MSA: 17) knapp gegen die UDDIA-Liste (22 Sitze, UDDIA: 17) durchsetzen.

15. Mai Jacques Opangault (MSA) wird erster Regierungschef einer Koalition.

1958, 28. Nov. Nach einem Referendum über die französischen Verfassungsvorschläge (28. Sept.) wird Kongo-Brazzaville **autonome Republik** innerhalb der Französischen *Communauté*.
Als 22 MSA-Abgeordnete während einer spannungsgeladenen innenpolitischen Situation (Demonstrationen) das Parlament verlassen, setzen die nunmehr 23 UDDIA-Abgeordneten (nach einem Übertritt) zwei Verfassungsgesetze durch, verlegen die Hauptstadt wieder nach Brazzaville und wählen Fulbert Youlou zum Regierungschef (8. Dez.).

1959, 14. Juni In den von massiven Wahlkreismanipulationen zugunsten der UDDIA bestimmten Wahlen kandidieren nur noch MSA und UDDIA, die 84 % der Mandate (58 % der Stimmen) erhält; der MSA tritt in eine Koalitionsregierung ein.

21. Nov. Youlou erhält vom Parlament den Titel eines Präsidenten.

1960, 15. Aug. **Unabhängigkeit als Kongo-Brazzaville**.

1961 Oppositionspolitiker werden in die Regierung aufgenommen, so Jacques Opangault als Vizepräsident.

1963, 15. Aug. Nach der Erklärung des Einparteienstaates (13. April) wird Youlou unter Beteiligung des Militärs zum Rücktritt gezwungen und ein stark von Gewerkschaften bestimmter **Nationaler Revolutionsrat** eingesetzt. Der frühere Minister Alphonse Massamba-Débat (*1921, †1977) wird Premierminister und nach Annahme einer neuen Verfassung Präsident (19. Dez.), während Pascal Lissouba (*1931) als Premierminister ein Kabinett von Fachleuten führt.

1964, 20. Juli Der Nationale Revolutionsrat wird zur Einheitspartei *Mouvement National de la Révolution* umgewandelt.

1966, 6. Mai Ambroise Noumazalaye (*1933, †2007), Repräsentant der Linken, wird neuer Premierminister.

28. Juni Meuterei von Truppenteilen aus dem Norden wegen der Degradierung von Hauptmann Marien Ngouabi (*1938, †1977), die später zurückgenommen wird.

1968, 12. Jan. Die Aufdeckung von Guerillaausbildern aus China führt zur Entlassung des Premierministers und anderer pro-kommunistischer Minister.

1. Aug. Die **Armee ergreift die Macht**, Hauptmann Ngouabi wird Stabschef; ein Nationaler Revolutionsrat wird eingesetzt. Der am 22. Aug. als Premierminister eingesetzte Alfred Raoul (*1930, †1999) übernimmt zusätzlich das Präsidentenamt (4. Sept.).

1969, 1. Jan. Übergabe des Präsidentenamtes an Marien Ngouabi, der sich auf Militärs und Politiker aus dem Norden stützt.

21. Okt. Der *Parti Congolais du Travail* (PCT) wird gegründet, welcher sich auf einen Entwicklungsweg auf der Basis des Marxismus-Leninismus festlegt.

1970, 1. Jan. Die **Volksrepublik Kongo** wird ausgerufen.

16. Dez. Nach Demonstrationen und »Säuberungen« im PCT wird Ngouabi auch Premierminister.

1972, 22. Febr. Putsch linksgerichteter Kräfte unter Ambroise Noumazalaye und Ange Diawara bei Rückhalt der Bauern im Süden; der Gegenputsch unter Stabschef Yhombi-Opango (*1939) erhält Ngouabi die Macht. Während weiterer Putschversuche (Mai; Febr. 1973) wird u.a. Alfred Raoul verhaftet.

1973 Annahme einer **neuen Verfassung** (24. Juni), Henri Lopès (*1937) wird Premierminister.

1974 Verstaatlichung der meisten Ölgesellschaften und Versicherungen.

1975 Schwere innenpolitische Krise: Das gesamte Politbüro des PCT tritt zurück; Stabschef Louis Sylvain Goma (*1942) wird Premierminister (18. Dez.).

1977, 18. März Ermordung Ngouabis durch ein Kommando unter Massamba-Débats früherem Geheimdienstchef.

25. März Massamba-Débat wird hingerichtet.

7. April Ein Militärausschuss regiert im Auftrag des PCT, Oberst Joachim Yhombi-Opango wird Staatschef.

1979, 5. Febr. Yhombi-Opango tritt zurück; der aus dem Norden stammende Oberst Denis Sassou-Nguesso (*1943) übernimmt die Macht und wird Staats- und Regierungschef (31. März).

Okt. Yhombi-Opango wird zum einfachen Soldaten degradiert und wegen Hochverrats angeklagt.

1981 Trotz Freundschaftsvertrag mit der Sowjetunion leichte Öffnung nach Westen.

1984, 7. Aug. Als Nachfolger Gomas wird Ange Édouard Pongui (*1942) neuer Premierminister.

1987, Juli **Gescheiterter Staatsstreich**, der mit Regierungstruppen und französischer Hilfe vereitelt wird, u. a. Festnahme YHOMBI-OPANGOS.

1989 Wiederwahl von SASSOU-NGUESSO, neuer Premierminister ALPHONSE POATY-SOUCHLATY (*1941).

1990, Sept. Das Zentralkomitee des PCT beschließt die **Einführung eines Mehrparteiensystems.**

1991, 10. Juni Die Nationalkonferenz verfügt die Umbenennung der Volksrepublik Kongo in **»Republik Kongo«**.

1992, 31. Aug. Bei den ersten freien Präsidentschaftswahlen seit 1960 gewinnt PASCAL LISSOUBA (*1931) mit 61,3 % über BERNARD KOLÉLAS (*1933) mit 38,7 % der Stimmen.

1993, Juni Nach umstrittenen Parlamentswahlen, in denen sich das Regierungsbündnis eine knappe Mehrheit sichert, kommt es zu **blutigen Unruhen** zwischen Regierungstruppen und bewaffneten Milizen der Opposition. Der Konflikt, in dem auch ethnische Probleme eine Rolle spielen, dauert bis 1995 (Friedenspakt 24. Dez. 1995).

1997, Juni Versuche des Staatspräsidenten LISSOUBA, die oppositionelle Kobra-Miliz des ehemaligen Staatschefs SASSOU-NGUESSO zu entwaffnen, münden in bürgerkriegsähnliche Auseinandersetzungen.

15. Okt. SASSOU-NGUESSO ergreift mithilfe angolanischer Regierungstruppen erneut die Macht in Brazzaville.

1998, 5. Jan. Beginn eines »Forums für Einheit und Demokratie«, an dem mehr als 1000 Vertreter aus allen gesellschaftlichen Gruppen teilnehmen. Bildung eines Übergangsparlaments.

19. Nov. Präsident SASSOU-NGUESSO beruft ein Komitee, das eine neue Verfassung ausarbeiten soll.

Dez. Milizen des ehemaligen Präsidenten LISSOUBA und des ehemaligen Premierministers KOLÉLAS, die sich der Entwaffnung widersetzt haben, verwickeln die Regierungstruppen in verlustreiche Kämpfe.

1999, Okt. Laut der Organisation »Ärzte ohne Grenzen« sind im Bürgerkrieg neben den Zehntausenden Getöteten und Verhungerten auch viele Vergewaltigungsopfer zu beklagen.

2000, 5. Jan. Friedensabkommen zwischen der Regierung und den Rebellen. Es sieht eine Amnestie für alle Milizionäre vor, die ihre Waffen niederlegen.

Herbst Die UNO und Norwegen starten ein Programm zur Integration von Milizionären ins Zivilleben.

2001, 13. April Der »Nationale Dialog«, ein Forum unter Vorsitz des Präsidenten von Gabun, ALBERT BERNARD BONGO, verabschiedet eine »Konvention für den Frieden und den Wiederaufbau im Kongo«. Die Teilnehmer stimmen der neuen Verfassung zu, die ein Präsidialsystem vorsieht.

2002, Jan. In einem Referendum wird mit 84 % der Stimmen die neue Verfassung angenommen, die die Macht des Präsidenten SASSOU-NGUESSO bedeutend erweitert. Unabhängige Beobachter unterstellen der Regierung Manipulation bei der Abstimmung.

2003, Febr. Bei Infektionen mit dem **Ebola-Virus** sterben über 100 Menschen. In der Stadt Kele an der Grenze zu Gabun kommt es daher zur Massenflucht.

17. März Die nach dem Referendum von 2002 entbrannten Kämpfe zwischen Armee und Miliz in der Region Pool beendet eine Friedensvereinbarung, die Präsident SASSOU-NGUESSO und der Führer der Ninja-Rebellenmiliz, FRÉDÉRIC BITSANGOU »Pasteur Ntumi«, unterzeichnen.

Demokratische Republik Kongo (Belgisch-Kongo/Zaire) seit 1950

| Forts. v. S. 1365 |

1950 Gründung der zunehmend an der Idee einer Einheit des alten Kongo-Reiches orientierten Kulturvereinigung *Association des Bakongo* (ABAKO), deren Präsident später der Leiter der 1946 gebildeten *Union des Intérêts Sociaux Congolais*, JOSEPH KASAVUBU (*1910, †1969), wird; sie fordert unverzügliche Gewährung politischer und individueller Grundrechte.

1958, 10. Okt. Gründung des *Mouvement National Congolais* (MNC) als bedeutendste **gesamtkongolesische Partei.** Ihr wichtigster Vertreter wird PATRICE LUMUMBA (*1925, †1961), der als einer der Kongo-Vertreter auf der All-Afrikanischen Völkerkonferenz (8.–14. Dez.) in Accra (Ghana) ein Aktionsprogramm (Wahlen, afrikanische Regierung, Unabhängigkeit) vorträgt.

1959, 4.–6. Jan. Nach dem Verbot einer ABAKO-Versammlung heftige Unruhen in Léopoldville (Kinshasa) und Militäreinsatz; vorübergehendes Verbot der ABAKO, Verhaftung KASAVUBUS und anderer Führer.

13. Jan. Belgien entschließt sich zur schnellen **Dekolonisation**; der Weg zur Unabhängigkeit wird in einer Regierungserklärung durch König BAUDOUIN festgelegt und damit der Plan einer (im Aug. 1958) eingesetzten belgischen Studienkommission bestätigt.

Juni ABAKO-Extremisten **fordern** die sofortige **Unabhängigkeit** und eine eigene Unterkongo-Republik; ihnen schließt sich der *Parti Solidaire Africain* (PSA) unter ANTOINE GIZENGA (*1925) mit dem Plan einer föderativen Republik an (Sept.).

Aug. Ausnahmezustand in der Kasai-Provinz.

Okt. LUMUMBAS Versuch, den im Juli vom MNC abgespaltenen Flügel unter ALBERT KALONJI (*1919 oder 1929) auf der MNC-Konferenz in Stanleyville (Kisangani) auszubooten, schlägt fehl. Nach Unruhen gegen Ende der Konferenz (etwa 100 Tote, 600 Verwundete) wird LUMUMBA verhaftet und kann deshalb an der von KALONJI in Elisabethville (Lubambashi) abgehaltenen MNC-Konferenz (30.–31. Okt.) nicht teilnehmen; die Spaltung des MNC ist endgültig.

Nov. KALONJIS Flügel verbindet sich mit der ABAKO/PSA-Allianz und unterstützt deren Föderationspläne sowie deren Androhung eines Boykotts der Gemeinde- und Territorialratswahlen (15.–20. Dez.), den dann jedoch fast nur die ABAKO durchführt.

1960, 20. Jan.–20. Febr. Belgisch-kongolesische **Verfassungsgespräche in Brüssel**: Trotz starker Repräsentanz der ABAKO/PSA/MNC (Kalonji-) Allianz und des von den Belgiern gegen LUMUMBAS wachsenden Einfluss unterstützten überregionalen *Parti National du Progrès* (PNP) sowie der »traditionellen« Herrscher (jeweils ein Viertel der afrikanischen Delegierten) kann der aus dem Gefängnis entlassene (25. Jan.) LUMUMBA mit belgischer Unterstützung sein Konzept eines Kongo-Gesamtstaates gegen die föderalistischen und separatistischen Tendenzen der meisten Delegierten durchsetzen.

19. Mai Verkündung der **provisorischen Verfassung** mit dualistischer Spitze (Präsident und Premierminister) nach belgischem Verfassungsmodell, einer starken Zentralregierung mit Zweikammern-Parlament und sechs durch Provinzparlamente zu wählende Provinzregierungen.

25. Mai **Wahlen zum Zentralparlament** und zu den Provinzparlamenten: LUMUMBAS MNC wird im Zentralparlament mit 26 % der Sitze stärkste Partei, gefolgt von PSA (9,5 %) und ABAKO (8,8 %). Die Aufsplitterung der Parteien erschwert eine Regierungsbildung; in den Provinzen ist davon v. a. Katanga betroffen: Die aus den einheimischen Katanga-Ethnien gebildete *Confédération des Associations Tribales du Katanga* (CONAKAT) unter MOÏSE TSHOMBÉ (*1919, †1969) und GODEFROID MUNONGO (*1925, †1992) gewinnt nur 42 % der Sitze des Provinzparlaments von Katanga gegenüber 38 % der *Association Générale des Baluba du Katanga* (BALUBAKAT) unter JASON SENDWE (*1917, †1964) sowie mit ihr verbündeter kleinerer Parteien (*Cartel Katangais*). Ein Parlamentsboykott der gegen eine Sezession Katangas eingestellten BALUBAKAT verhindert die Bildung der Provinzregierung (Zweidrittelmehrheit notwendig).

15. Juni MOÏSE TSHOMBÉ setzt daraufhin unter Sezessionsdrohungen bei den Belgiern eine Verfassungsänderung durch und bildet die Provinzregierung allein mit der CONAKAT.

19. Juni JOSEPH KASAVUBU stellt eine Zentralregierung unter Ausschluss des MNC zusammen.

23. Juni LUMUMBAS Drohung mit einer Gegenregierung führt zum Kompromiss eines Koalitionskabinetts (26 Minister aus 13 Parteien) mit Unterstützung der ABAKO unter Premierminister PATRICE LUMUMBA und Vizepremier ANTOINE GIZENGA von dem PSA, der sich LUMUMBA angeschlossen hat.

24. Juni JOSEPH KASAVUBU wird Präsident, die ABAKO gibt dafür ihre seit Jan. betriebenen und nach den Wahlen intensivierten Sezessionspläne auf.

29. Juni TSHOMBÉ erklärt Katanga für unabhängig, begnügt sich nach Androhung der Verhaftung jedoch mit der Forderung nach Autonomie innerhalb einer Föderation.

30. Juni Nach Abschluss eines Freundschaftsvertrages mit Belgien (die Militärbasen Kongos bleiben in belgischer Hand) **Unabhängigkeit als Demokratische Republik Kongo**.

5.–7. Juli Meuterei von Teilen der Armee gegen das noch ausnahmslos belgische Offizierskorps; nach Ablösung des belgischen Oberbefehlshabers und seines Stabes und Einsetzung von VICTOR LUNDULA (*1911) als General und Oberbefehlshaber (8. Juli) sowie von JOSEPH MOBUTU (*1930, †1997) als Stabschef beginnt ein **Massenexodus von Europäern**, der einen Zusammenbruch der Verwaltung zur Folge hat.

10. Juli Nach Meutereien in Elisabethville (Katanga) intervenieren auf Ersuchen TSHOMBÉS dort sowie in Luluabourg (Kananga) und Léopoldville belgische Truppen.

11. Juli TSHOMBÉ und MUNONGO erklären die lange erwartete und vorbereitete Sezession Katangas.

12.–13. Juli Als LUMUMBA die Landeerlaubnis in Elisabethville von belgischen Truppen verweigert wird, rufen er und KASAVUBU die UNO um Hilfe an und erklären den **Krieg mit Belgien**.

15. Juli Weitere belgische Truppen landen in Katanga, während erste UN-Truppen (Tunesien, Ghana) eintreffen und mit der Entwaffnung der Kongo-Armee beginnen. Aufgrund der maßgeblichen Finanzierung des UN-Unternehmens durch die USA werden US-Botschaft und UN-Oberkommando zu den eigentlichen Machtzentren im Lande.

8. Aug. ALBERT KALONJI und JOSEPH NGALULA (*1928) rufen den unabhängigen Bergbaustaat Kasai (= Süd-Kasai) aus.

9. Aug. Der UN-Sicherheitsrat beschließt, sich nicht in innere Konflikte Kongos (d. h. Katanga und Süd-Kasai) einzumischen; die belgischen Truppen werden jedoch nach und nach von UN-Truppen abgelöst (Aug./Sept.). Durch das Verbleiben der meisten Europäer in Katanga und die Einbehaltung der bisher an die Zentralregierung abgeführten Abgaben (v. a. Kupferexportsteuer der *Union Minière*), die bislang ca. 60 % der Steuereinnahmen der Zentralregierung ausgemacht haben, konsolidiert sich die Lage Katangas. 200 belgische Offiziere bilden die neu rekrutierten »Katanga-Gendarmen« aus.

25./26. Aug. Die Kongo-Armee geht gegen Süd-Kasai vor: Trotz dessen Bund mit Katanga fällt die Hauptstadt Bakwanga (heute: Mbuji-Mayi). Massaker der Armee diskreditieren die Regierung von LUMUMBA schwer.

25.–31. Aug. Eine Ministerkonferenz afrikanischer Staaten in Léopoldville gibt keine Zusagen über militärische Hilfe. Daraufhin fordert LUMUMBA sowjetische Militärlieferungen.
Der nach Katanga geflohene KALONJI kehrt mit belgischen Soldaten nach Süd-Kasai zurück.

3. Sept. **Niederlage der Kongo-Armee** bei einem Gegenangriff. Daraufhin verfassungsrechtlich fragwürdige Entlassung LUMUMBAS durch KASAVUBU (5. Sept.), der anschließend von LUMUMBA abgesetzt wird.

5. Sept. Das Unterhaus macht die Entlassung rückgängig. Vertrauensvotum des Senats für LUMUMBA, der sich zum Staatschef und Oberkommandierenden macht, während KASAVUBU eine neue Regierung unter JOSEPH ILEO (*1922, †1994) einsetzt und LUMUMBA vom neuen Oberkommandierenden MOBUTU verhaften lässt (12. Sept.); LUMUMBA entkommt jedoch.

14. Sept. Die **Armee** unter MOBUTU übernimmt in einem offenbar mit den USA abgesprochenen **Putsch** die Macht, angeblich, um LUMUMBA und KASAVUBU zu »neutralisieren«; während KASAVUBU die Regierungsgeschäfte weiterführt, wird LUMUMBA unter Hausarrest gestellt.

14. Okt. LUMUMBAS Vize GIZENGA erreicht Stanleyville und errichtet dort seine Kontrolle mit Unterstützung des abgesetzten Generals VICTOR LUNDULA und Teilen der Armee, die die Ost-Provinz besetzen.

27. Nov. LUMUMBA flieht aus Léopoldville, wird aber mit zahlreichen Anhängern bei Mweka festgenommen und nach Thysville (heute: Mbanza-Ngungu) gebracht (1. Dez.).

12. Dez. GIZENGA ruft in Stanleyville eine **Gegenregierung** aus. Seine Truppen setzen eine Regierung in der Kivu-Provinz ein und dringen bis Nord-Katanga vor (10. Jan. 1961), konsolidieren dort die seit Okt. betriebene Errichtung einer eigenen Lualaba-Provinz unter Leitung einiger BALUBAKAT-Führer (30. Jan.) und besetzen vorübergehend Luluabourg (24. Febr.).

1961, 17. Jan. Nach einer Militärmeuterei in Thysville (13. Jan.) werden LUMUMBA und zwei seiner Mitarbeiter nach Katanga gebracht und dort wahrscheinlich sofort ermordet.

13. Febr. Bekanntgabe von **LUMUMBAS Tod**; die GIZENGA-Regierung wird daraufhin (15. Febr.) von acht Staaten anerkannt.

24.–28. April Die Konferenz von Coquilhatville beschließt die Zusammenarbeit mit der UNO und die Einberufung des Parlaments; zugleich laufen Gespräche zwischen den Regierungen in Léopoldville und Stanleyville an (u. a. Aufhebung der Blockade); der vorübergehend verhaftete TSHOMBÉ erklärt sich bereit, Vertreter aus Katanga ins Zentralparlament zu entsenden und die Katanga-Gendarmen in die Armee der Zentralregierung zu integrieren, widerruft dieses jedoch nach seiner Freilassung (22. Juni).

19. Juli/2. Aug. Unter dem Schutz der UNO wird das **Parlament wieder eröffnet**, das auf Druck der USA und der UNO CYRILLE ADOULA (*1921, †1978; ILEO Innenminister) zum Kompromisspremier wählt; fast die Hälfte der Minister stammt aus LUMUMBAS Kabinett, andere aus der Stanleyville- bzw. ILEO-Regierung. Die eigentlichen Machtträger bleiben die Mitglieder der von den USA unterstützten »Binza-Gruppe« (benannt nach dem Militärlager M'Binza) um JOSEPH MOBUTU, VICTOR NENDAKA (*1924), JUSTIN MARIE BOMBOKO (*1928) und ALBERT NDELE (*1930).

9. Sept. GIZENGA wird Vizepremierminister, beginnt jedoch erneut mit dem Aufbau seiner Machtposition in Stanleyville; LUNDULA schließt sich ADOULA an (11. Nov., Wiedervereinigung der Armee).

13. Sept. Nach einer **Blitzaktion in Katanga** (18.–28. Aug., Gefangennahme und Ausweisung von ausländischen Söldnern und »Beratern«) gehen die UN-Soldaten zum ersten Mal gegen die Regierung von Katanga vor, stoßen jedoch auf heftigen Widerstand.

17. Sept. Das Zusammentreffen des an die Grenze zu Sambia ausgewichenen TSHOMBÉ mit UNO-Generalsekretär DAG HAMMARSKJÖLD kommt wegen dessen tödlichen Flugzeugabsturzes bei Ndola (Sambia) nicht zustande, doch wird ein Waffenstillstand geschlossen (20. Sept.).

Nov.–Dez. Nach Konsolidierung der auf der Coquilhatville-Konferenz anerkannten Existenz der Nord-Katanga-Provinz durch UN-Truppenentsendungen (April/Mai) kehrt die Armee der Zentralregierung dorthin zurück; das Gebiet wird der Zentralregierung unterstellt.

Dez. KALONJI wird in Léopoldville zu Gefängnis verurteilt; Ende der Sezession Süd-Kasais.

1962, 16. Jan. Kongo- und UN-Truppen nehmen Stanleyville ein, General LUNDULA verhaftet GIZENGA (Inhaftierung bis Juli 1964), dessen Regime zusammenbricht.

1963, 14. Jan. Nach Eintreffen einer US-Militärmission in Léopoldville (21. Dez.) Kämpfe zwischen Katanga-Gendarmen und Soldaten der UNO, die die **Katanga-Sezession beenden**.

14. Juni TSHOMBÉ geht ins Exil.

3. Okt. Gründung des *Conseil National de Libération* (CNL) in Brazzaville durch LUMUMBA-Anhänger unter CHRISTOPHE GBENYE (*1927).

1964, 4. Jan. Beginn des Guerillakampfes unter dem GIZENGA-Anhänger PIERRE MULELE (*1929, †1968) in der Kwilu-Provinz; Erklärung des Ausnahmezustands (21. Jan.).

30. Juni Endgültiger **Abzug der UN-Truppen** (etwa 10 000 Mann aus 22 Nationen seit 1961) trotz der Rebellionen in zahlreichen Landesteilen (mehr als ein Drittel des Landes ist nicht mehr unter Kontrolle der Zentralregierung); zugleich Zusammenbruch der ADOULA-Regierung.

5. Juli Auf Druck europäischer Länder und v. a. der USA fordert Präsident KASAVUBU MOÏSE TSHOMBÉ zur Regierungsbildung auf (Hoffnung auf die Katanga-Gendarmen zur Niederwerfung der Rebellionen); das Kabinett der nationalen Einheit bezieht auch KALONJI ein.

27. Juli Verkündung einer provisorischen Regierung für den östlichen Kongo (GASTON SOUMIALOT; *1922, †2007) und den westlichen Kongo (PIERRE MULELE); eine Volksbefreiungsarmee marschiert von der Kivu-Provinz bis Stanleyville (4. Aug.). Bis zu zwei Drittel des Landes sind in der Hand der Rebellen.

5.–10. Sept. Während der Ministerkonferenz der Organisation für Afrikanische Einheit (OAU) in Anwesenheit TSHOMBÉS in Addis Abeba und direkt nach Abschluss eines Hilfsabkommens USA/Belgien für Kongo (massive US-Waffenlieferungen in der Folge) wird in Stanleyville eine **Volksrepublik** unter GBENYE und SOUMIALOT **ausgerufen** (8. Sept.).

22. Sept. Nach Verhandlungen eines OAU-Komitees auch mit den Rebellen verweigert TSHOMBÉ einen Waffenstillstand und treibt den Bürgerkrieg zum Höhepunkt.

16. Okt. Armee und 4000 unter Führung von Oberst FERNAND TSHIPOLA (†1967) aus Angola zurückgeholte Katanga-Gendarmen sowie mindestens 450 wieder angeworbene weiße Söldner eröffnen nach Einnahme von Bukavu (19. Aug.) und Albertville (Kalemie; 26. Aug.) eine Offensive gegen die Stanleyville-Regierung und nehmen im Westen Boende und Ikela ein.

24. Nov. Der Widerstand wird durch etwa 1000 von US-Flugzeugen über Stanleyville abgesetzten belgischen Fallschirmjägern gebrochen. Die Zentralregierung unter TSHOMBÉ kann in der Folge Schritt für Schritt die Kontrolle über die meisten Gebiete erringen.

1965, 18. März–30. April Abhaltung von **Wahlen** im größten Teil des Landes: TSHOMBÉS aus etwa 50 gemäßigten/konservativen Parteien gebildete *Convention Nationale Congolaise* (CONACO) und verbündete Parteien gewinnen 55 % der Mandate.

13. Okt. KASAVUBU entlässt seinen Rivalen TSHOMBÉ (bevorstehende Präsidentschaftswahl) angesichts des Falls des letzten Rebellenbollwerks; der BALUBAKAT-Führer EVARISTE KIMBA (*1926, †1966), ehemaliger Außenminister in TSHOMBÉS Katanga-Regierung, wird Premierminister, doch lehnt ihn das Parlament ab (14. Nov.).

25. Nov. **Machtübernahme** General Joseph D. **Mobutus** in einem unblutigen Militärputsch; Entlassung KASAVUBUS und KIMBAS. Oberst LÉONARD MULAMBA (*1928) wird Premierminister (28. Nov.).

1966, 22. März MOBUTU übernimmt als Präsident alle gesetzgeberische Gewalt, die Zahl der Provinzen wird auf zwölf reduziert (6. April) und eine Reihe von Städtenamen wird afrikanisiert (5. Mai).

23. Juli Besetzung des Flughafens von Kisangani durch etwa 2000 Ex-Katanga-Gendarmen und öffentlicher Gebäude durch weiße Söldner; trotz Versöhnungsversuchen starten Regierungstruppen und weiße Söldner einen Überraschungsangriff (23. Sept.) gegen die Stellungen der Katanga-Gendarmen, deren Baka-Regiment aufgerieben wird.

26. Okt. Premier MULAMBA wird entlassen; MOBUTU übernimmt das Amt selbst.

31. Dez. **Verstaatlichung** der *Union Minière* und Errichtung der staatlichen GÉCOMIN (später GÉCAMINES bzw. *Congo-Étain*) mit Monopol über Schürfrecht und Vermarktung von Kupfer, Zinn und Kobalt.

1967, 14. Febr. Der daraus resultierende Konflikt wird in einem Abkommen mit der *Société Générale* (Muttergesellschaft der *Union Minière*) beigelegt, die sich die – im Gegensatz zum Rohstoffmarkt – krisenunabhängigeren Vertriebsrechte der GÉCAMINES sichert.

20. Mai Manifest des neu gegründeten *Mouvement Populaire de la Révolution* (MPR).

30. Juni Entführung des in Abwesenheit zum Tode verurteilten TSHOMBÉ (13. März; Exil in Spanien), Inhaftierung in Algerien (dort 1969 gestorben); Rebellion von 130 weißen Söldnern und 2500 Ex-Katanga-Gendarmen, die sich nach Scheitern der Einnahme von Kisangani nach Ruanda zurückziehen (Ermordung der Gendarmen nach ihrer Repatriierung).

1968, Aug. **Kooperationsabkommen mit Belgien**: Der seit 1960 gesperrte belgische Besitz wird freigegeben sowie u. a. freier Profittransfer vereinbart.

1970, 5.–9. Aug. Nach einer Vereinbarung über eine Entschädigung für die *Union Minière* (Sept. 1969) kündigt Präsident MOBUTU während eines USA-Besuches deren Rückkehr an; ein internationales Konsortium von Bergbaugesellschaften wird gegründet.

19. Nov. Nachdem der erste MPR-Kongress (20.–23. Mai) den **Einparteienstaat** erklärt hat, erklärt ein Parteistatut alle Bürger zu Parteimitgliedern.

5. Dez. MOBUTU übernimmt den Vorsitz des Obersten Gerichtshofes; durch eine Verfassungsänderung wird der MPR zur einzigen Partei und zum obersten Staatsorgan erklärt (23. Dez.).

1971, 27. Okt. **Umbenennung** des Landes **in Republik Zaire** im Zusammenhang mit einer nationalen »Authentizitätskampagne«, die u. a. schwere Krisen mit der katholischen Kirche auslöst.

1972, Sept./Okt. Verschmelzung von Kabinett und Exekutive des MPR (Minister werden zu Staatskommissaren) und Integrierung des Parlaments in den MPR.

1973, 30. Nov. Beginn der **Verstaatlichungspolitik** mit der Übernahme von Plantagen, einer belgischen Bergbaugesellschaft und der einzigen Reederei, später auch aller im ausländischen Besitz befindlichen Farmen sowie der Großhandelsunternehmen.

1974, 14. Jan. Das Eigentum der ausländischen Ölgesellschaften wird übernommen. Abschluss von Verträgen mit einer belgischen Erzgesellschaft, die die Gründung eines nationalen Unternehmens unterstützt, das die GÉCOMIN übernimmt.

16. Juni **Staatsstreichversuch**; in der Folge Hinrichtungen und »Säuberungen« in höchsten politischen und militärischen Ämtern (etwa die Hälfte der Generalität).

1976, Sept. Eine Regierungskommission unter Vorsitz MOBUTUS beschließt die Rückgabe aller enteigneten ausländischen Unternehmen, doch muss ein 40 %-Anteil an den Firmen an Bürger Zaires verkauft oder in Aktienform übertragen werden.

1977, 8. März Aus Angola dringen mehrere tausend Guerillas des 1968 gegründeten *Front National de la Libération du Congo* (FNLC) in Shaba (Katanga) ein; die sich zurückziehenden und z. T. überlaufenden Soldaten der Regierung plündern weite Gebiete.

7. April Mithilfe einer französischen Luftbrücke werden 1500 (später 3000) marokkanische Truppen eingeflogen, die die FNLC-Truppen unter General NATHANIEL MBUMBA zurückdrängen (Mai).

6. Juli MPINGA KASENDA (*1938, †1994) wird zum Premierminister ernannt; Säuberungswelle (Aug.).

1978, 11. Mai Erneute Invasion von Truppen des FNLC in Shaba, die sich v. a. aus den Zaire-Flüchtlingen (über eine halbe Mio.) in Angola rekrutieren.

19. Mai Französische und anschließend belgische Fallschirmjäger greifen in die Kämpfe ein (Begründung: Schutz von Europäern) und drängen die FNLC-Truppen zurück.

Juni Auf Veranlassung Frankreichs werden die französischen durch etwa 3000 Soldaten aus Marokko, Senegal und Togo (dazu Unterstützung Gabuns und der Elfenbeinküste) abgelöst.

14. Juni Brüsseler **Zaire-Konferenz** von elf westlichen Gläubigerländern und internationalen Finanzgremien zur Sanierung des extrem verschuldeten und trotz reicher Bodenschätze bankrotten Landes; Teile der Finanzverwaltung und die Führung einiger Staatsunternehmen kommen unter Treuhandschaft von Europäern.

15.–17. Juli Nach einer vorbereitenden **Versöhnungskonferenz** zwischen Zaire- und Angola-Delegationen in Brazzaville Aufnahme diplomatischer Beziehungen.

1979, 12. Febr. Nach einem angeblichen Komplott und nach offenbar eine Invasion vorbereitenden Aktionen weißer Söldner in Ruanda entsendet Belgien 250 Fallschirmjäger nach Kitona.

1981, 23. April Premierminister JEAN NGUZA KARL-I-BOND (*1938, †2003) erklärt in Brüssel seinen Rücktritt und kehrt nicht nach Kinshasa zurück. Sein Nachfolger wird JOSEPH N'SINGA UDJUU ONGWAKEBI UNTUBU (*1934).

1982 Wegen der Wiederaufnahme diplomatischer Beziehungen zu Israel streichen OPEC-Fonds und arabische Banken die Entwicklungshilfe. Israel leistet Zaire verstärkt Militärhilfe.

5. Nov. LÉON KENGO WA DONGO (*1935) wird neuer Premierminister (bis 31. Okt. 1986; erneut 26. Nov. 1988–4. Mai 1990).

1984, 12.–14. Juli Bei einem Besuch MOBUTUS in Belgien wird eine **Erhöhung der belgischen Kredite** an Zaire vereinbart.

1987, April In Genf wird die Bildung einer Exilregierung durch verschiedene Oppositionsgruppen bekannt gegeben, die im *Parti Démocratique et Socialiste Congolais* versammelt sind; ihr Ziel ist der Sturz MOBUTUS.

6. Sept. Parlamentswahlen mit Wahlpflicht.

1988, 7. März Bei einer Regierungsumbildung wird NGUZA KARL-I-BOND Außenminister.

April Verbot von 357 Kirchen und Sekten.

1989, 13. Jan. Das Zentralkomitee des MPR unterbricht den Schuldendienst an Belgien, Kündigung des Freundschaftsvertrages von 1960. Belgien sagt daraufhin neue Entwicklungshilfe ab.

23. Juni Bei Gipfeltreffen in Gbadolite wird unter MOBUTUS Leitung ein Waffenstillstand im angolanischen Bürgerkrieg ausgehandelt.

Juli Durch Vermittlung König HASSANS II. von Marokko verständigt sich Zaire mit Belgien.

18. Sept. **Grenzvertrag mit Sambia**, der den langjährigen Grenzkonflikt beendet.

1990 Normalisierung des Verhältnisses zu Belgien.

4. Mai LUNDA BULULU (*1942) wird Chef einer Übergangsregierung.

17. Juli Gesetz über die Zulassung weiterer Parteien.

1991, 21. Okt. Nachdem Präsident MOBUTU unter nationalem und internationalem Druck formell die **Demokratisierung** eingeleitet hat (Eröffnung einer Nationalen Konferenz unter Beteiligung der Opposition am 7. Aug.), kommt es zur Verfolgung und Vertreibung der Luba-Minderheit, die das Rückgrat der Opposition bildet (in der Süd-Provinz Shaba).

1992 Ausschreitungen und Plünderungen marodierender Soldaten erreichen im Dez. einen Höhepunkt.

1993, 21. Okt. Um der hohen Inflationsrate entgegenzuwirken, wird eine Währungsreform durchgeführt.

1996, 7. Okt. Die Verlautbarung, 300 000 Banyamulenge-Tutsis müssten ihre angestammte Heimat im Süden Zaires binnen einer Woche verlassen, führt zu einer Revolte, die Uganda und Ruanda unterstützen.

Okt./Nov. Nach Angriffen von Tutsi-Rebellen fliehen hunderttausende Hutu aus Flüchtlingslagern nahe der ruandischen Grenze.

1997, 15. März Nach monatelangen Kämpfen erobert eine Rebellenallianz unter der Führung von LAURENT-DÉSIRÉ KABILA (*1941, †2001) Kisangani.

April–Mai Zehntausende Hutu-Flüchtlinge aus Ruanda werden von Tutsi in Zaire in den Urwald getrieben. Das UNHCR beginnt daraufhin mit der Rückführung der verbliebenen Flüchtlinge nach Ruanda.

16. Mai Staatschef **MOBUTU gibt die Macht ab und flieht**; KABILA zieht in Kinshasa ein und erklärt sich zum neuen Staatsoberhaupt. **Zaire wird wieder in Kongo umbenannt** (mit dem Zusatz »Demokratische Republik«).

1998, 3. Jan. KABILA bildet die Regierung um und vergibt die entscheidenden Posten an Angehörige seiner Familie bzw. seiner Heimatregion Katanga. Die angekündigte Demokratisierung bleibt ebenso aus wie Privatisierungen oder eine Währungsreform.

20. Mai Per Dekret setzt KABILA ein Übergangsparlament ein, das eine Verfassungsreform (Präsidialsystem) absegnen soll.

3. Aug. Ausbruch einer **offenen Rebellion** von Militäreinheiten im Osten des Landes. Die Rebellen werfen KABILA Machtmissbrauch und Vetternwirtschaft vor. Sie organisieren sich als *Rassemblement congolais pour la démocratie* (RCD) und als *Mouvement de Libération du Congo* (MLC); unterstützt werden sie durch Truppen aus Uganda, Ruanda und Burundi. Den Vormarsch der Rebellen auf Kinshasa stoppen angolanische, simbabwische und namibische Einheiten der Regierungstruppen.

1999, 18. Jan. In Windhuk wird ein Waffenstillstand vereinbart, der jedoch nicht alle Kriegsparteien einbezieht. Namibia kündigt den Truppenrückzug an.

10. Juli Unterzeichnung des **Friedensabkommens von Lusaka** durch den Großteil der Kriegsparteien. Die Gefechte zwischen Regierungstruppen und Rebellen gehen dennoch weiter.

2000, 24.–26. Jan. Bei einem Treffen in New York unter Vermittlung der UN bestätigen die am Konflikt beteiligten Regierungen (DR Kongo, Ruanda, Uganda, Angola, Namibia und Simbabwe) die Gültigkeit des Abkommens von Lusaka. Die Rebellen nehmen an der Konferenz nicht teil.

16. Juni Der UN-Sicherheitsrat fordert alle am Bürgerkrieg beteiligten ausländischen Truppen zum sofortigen und vollständigen Rückzug auf.

2001, 16. Jan. Präsident LAURENT-DÉSIRÉ KABILA fällt einem Attentat zum Opfer. Nachfolger wird sein Sohn **JOSEPH KABILA** (*1971; vereidigt 26. Jan.).
Die Rebellenorganisationen MLC und RCD-ML (eine Abspaltung des RCD) schließen sich zum *Front de Libération du Congo* (FLC) zusammen.

15. Febr. Unter erstmaliger Beteiligung von Rebellengruppen finden in Lusaka Friedensgespräche von Vertretern der DR Kongo, Angolas, Namibias und Simbabwes statt.

16. April Der Bericht einer UN-Expertengruppe wirft führenden Politikern aus Uganda, Burundi und Ruanda vor, sich am Bürgerkrieg in der DR Kongo zu bereichern. Rohstoffe würden in den Kriegsgebieten systematisch geplündert. Gegenüber Angola, Namibia und Simbabwe werden ähnliche Vorwürfe erhoben.

2002, 19. April Verhandlungen zwischen Regierung, Opposition, Rebellen, Kirchen und Bürgergruppen werden nach acht Wochen ergebnislos abgebrochen. Inzwischen haben dreieinhalb Jahre Bürgerkrieg vermutlich 2,5 Mio. Menschen das Leben gekostet.

30. Juli Die Präsidenten der **DR Kongo und Ruandas** unterzeichnen ein **Friedensabkommen**, das den Krieg im Osten Kongos beenden soll. Es sieht sofortige Waffenruhe, die Entwaffnung der Hutu-Milizen und den Abzug ruandischer Truppen aus Kongo vor.

5. Sept. Die Regierung erklärt ihre Separatverhandlungen mit der Rebellengruppe MLC für gescheitert.

6. Sept. Abschluss eines **Abkommens mit Uganda**, in dem sich dieses verpflichtet, seine Truppen aus Kongo abzuziehen.

17. Dez. Die Regierung einigt sich mit den wichtigsten Rebellengruppen, u. a. des MLC und des RCD, auf einen Friedensvertrag.

2003, April **Massaker** der Hema an den Lendu im Ituri-Distrikt. Fast 1000 Männer, Frauen und Kinder werden getötet. Der seit Jahren andauernde Kampf zwischen Hema und Lendu hat bereits 25 000–50 000 Menschen das Leben gekostet. Vordergründig geht es dabei um Landnutzung (Ackerbauern gegen Viehzüchter), dahinter stehen aber Interessen an den Bodenschätzen.

20. Mai Nach Einsetzung der Übergangsregierung (30. Juni) eröffnet Präsident Joseph Kabila das Übergangsparlament.

Okt. Die Expertenkommission der UNO legt einen Bericht vor, wonach 125 regionale und internationale Unternehmen in die »illegale Ausbeutung der natürlichen Ressourcen« des Landes verwickelt sind.

2004, 17. Mai Nach langem Streit erfolgt die für den Friedensprozess bedeutsame Ernennung der Provinzgouverneure. Sie ist die Voraussetzung für die Wiedererlangung der Regierungskontrolle nach dem Bürgerkrieg.

Mai/Juni In Bukavu richten Kämpfe zwischen rivalisierenden Armeeeinheiten ein Chaos an. UN-Truppen, die zunächst einzugreifen versuchen, ziehen sich zurück. Erst loyale kongolesische Einheiten können am 9. Juni die Stadt wieder unter ihre Kontrolle bringen.

2005, 18. Dez. In einem landesweiten Referendum stimmt die Mehrheit (83 %) der ca. 25 Mio. Wahlberechtigten für eine neue Verfassung, die u. a. das Amt des Premierministers vorsieht, der von der Mehrheitsfraktion im Parlament bestimmt wird.

2006, 30. Juli Bei den Parlamentswahlen geht der *Parti du Peuple pour la Reconstruction et la Démocratie* als stärkste Fraktion hervor (22,8 %).

29. Okt. Bei der Wahl zum Präsidenten kann sich Kabila im zweiten Wahlgang mit 58 % der Stimmen durchsetzen. Beide Wahlen werden durch Truppen der UNO und der EU geschützt.

Südliches Afrika seit 1945

Angola seit 1951 | Forts. v. S. 1367 |

Angola erhält am 11. Juni 1951 den Status als **Überseeprovinz Portugals** mit beschränkter innerer Selbstverwaltung. Nachfolgend werden verstärkt Europäer angesiedelt. 1954 erhalten neben den Weißen nur *Assimilados* (Mischlinge und assimilierte Schwarzafrikaner, bis 1960 ca. 30 000) die portugiesischen Bürgerrechte.

1956, Dez. Der *Partido da Luta Unida dos Africanos de Angola* (PLUA), 1953 als erste radikalere Partei der Afrikaner gegründet, schließt sich mit anderen Gruppierungen zum *Movimento Popular de Libertação de Angola* (**MPLA**) unter Mario Pinto de Andrade (*1928, †1990), Agostinho Neto (*1922, †1979) und Amilcar Cabral (*1924, †1973) zusammen.

1959, März–Juli Zahlreiche Angehörige neu gegründeter Organisationen sowie der MPLA werden während einer Verhaftungswelle ausgeschaltet. Es kommt zur weitgehenden Zerstörung der Organisationsstruktur des MPLA, die ihren Sitz nach Guinea verlegt.

1960, Juni Die nach der Verhaftung der MPLA-Führer Agostinho Neto und Joaquim Pinto de Andrade (*1926, † 2008) ausbrechenden Unruhen in Catete schlägt das Militär nieder.

Nov. Arbeitsniederlegung und Steuerverweigerung von zum Baumwollanbau zwangsverpflichteten Bauern in Cassange; ca. 10 000 Todesopfer bei von Jan. bis März 1961 andauernden Repressionsmaßnahmen.

1961, 4. Febr. Vom MPLA als Beginn der nationalen Revolution angesehene Kommandoaktion der 1958–1960 führerlos gewordenen Untergrundbewegung in Luanda; blutige portugiesische Gegenmaßnahmen.

15. März Aufstand im Gebiet der Kongo und Dembos mit blutigen Ausschreitungen gegen Europäer und Ovimbundu-Wanderarbeiter, in der Folge **Guerillakampf** unter starkem Einfluss der 1954 gegründeten *Uniao das Populaçoes de Angola* (UPA) unter Holden Álvaro Roberto (*1923, †2007): Lucunga und Bembe werden am 17. April eingenommen.

Mai Die portugiesische Gegenoffensive mit Verstärkung aus Portugal kann das Aufstandsgebiet allmählich zurückgewinnen; ca. 50 000 Todesopfer.

6. Sept. Portugiesisches Bürgerrecht für alle Afrikaner, doch bleiben die meisten als Analphabeten vom Wahlrecht ausgeschlossen. Abschaffung der Zwangsarbeit, zugleich jedoch Erhöhung der Besteuerung (27. April 1962). Die bisherige restriktive Politik gegenüber ausländischen Investitionen wird aufgegeben, woraufhin es zu einer starken Expansion der

Rohstoffausbeutung kommt. Erhebliche Zunahme der **Einwanderung portugiesischer Siedler**.

1962, 27. März Zusammenschluss der UPA mit dem *Partido Democratico Angolana* zum *Frente Nacionalde Libertação de Angola* (**FNLA**) unter Holden Álvaro Roberto, der mit Unterstützung der Regierung der DR Kongo unter Premierminister Cyrille Adoula zunächst den Befreiungskampf in Angola bestimmt und am 5. April mit dem *Governo Revolucionário de Angola no Exílio* (GRAE) eine Exilregierung bildet. Diese erkennt die Organisation für Afrikanische Einheit (OAU) im Juli 1963 an.

1964, 13. März Nach der Flucht Netos aus Angola im Juli 1962 und seiner Wahl zum MPLA-Präsidenten im Dez. 1962 eröffnet der MPLA eine weitere Kampffront in Cabinda und erhält ebenfalls OAU-Unterstützung.

1966, 13. März Der am 16. Juli 1964 zurückgetretene GRAE-Außenminister Jonas Malheiro **Savimbi** (*1934, †2002) **gründet die UNITA** (*Uniao Nacional para a Independencia Total de Angola*), die bei einem Angriff auf Texeira de Sousa am 25. Dez. die Benguela-Bahn unterbricht. Ähnliche Angriffe erfolgen 1967.

1968, Sept. Nach Beginn von Operationen im Osten im Sept. 1966 eröffnet der seit 1965 auch von Sambia aus operierende MPLA eine neue Front im Nordosten (Katanga-Grenze) und wird von der OAU anstelle des GRAE anerkannt.

1972, 13. Dez. Trotz Bildung eines gemeinsamen Rates für die Befreiung Angolas (Vorsitz: Holden Roberto; Stellvertreter: Agostinho Neto) werden die Rivalitäten untereinander nicht abgebaut. Eine Rebellion im Guerilla-Hauptquartier Kinkuzu schwächt den FNLA, der 1973 mithilfe von China und Zaire neu belebt wird.

1974, 25. Mai Die OAU erkennt die UNITA an.

Juli 240 Tote und Verletzte bei von weißen Extremisten entfesselten Unruhen in Luanda.

Okt. **Waffenstillstand Portugals mit MPLA und FNLA**, im Juni bereits mit der UNITA.

1975, 15. Jan. Im Vertrag von Alvor beschließen MPLA, UNITA, FNLA und Portugal die **Unabhängigkeit Angolas** für den 11. Nov. 1975.

31. Jan. Eine Übergangsregierung mit einem kollektiven Führungsorgan (MPLA/UNITA/FNLA) und paritätischer Besetzung der Ministerposten wird eingesetzt, die Vorbereitungen für die Unabhängigkeit und eine gemeinsame Streitmacht zwischen MPLA und FNLA treffen soll; dieses wird durch den Ausbruch schwerer Kämpfe im Febr./März verhindert.

14. Juli Südafrikanische Truppen besetzen das Gebiet am Cunene-Staudamm in Südangola.

22. Juli Nach einem erfolglosen Waffenstillstand mit dem FNLA vertreibt der MPLA die Rivalen aus Luanda.

7. Aug. Der FNLA tritt aus der Übergangsregierung aus, der portugiesische Hochkommissar (bisher »Schiedsrichter«-Funktion) übernimmt die Verwaltung Angolas am 28. Aug.

29. Aug. Die UNITA gibt ihre »Neutralität« auf, schließt einen Waffenstillstand mit dem MPLA, zieht sich aus Luanda zurück und geht ein Bündnis mit dem FNLA ein.

Sept. Der MPLA erklärt daraufhin seinen Willen, die Macht allein zu übernehmen; mit einer neuen FNLA-Offensive dringen etwa 11 000 Soldaten aus Zaire in Angola ein.

14. Okt. Nachdem spätestens seit Aug. 1975 südafrikanische Ausbilder und seit dem 24. Sept. ein südafrikanisches Expeditionskorps im angolanischen Huambo operieren, überschreitet eine ca. 6000 Mann starke **südafrikanische Truppe** die Grenze Namibias und dringt mit portugiesischen Söldnern sowie FNLA- und UNITA-Unterstützung weit in Angola vor. Der Vormarsch wird etwa 300 km vor Luanda von MPLA- und kubanischen Truppen gestoppt.

10. Nov. **Abzug der portugiesischen Truppen** ohne Klärung des Machttransfers.

11. Nov. Der MPLA ruft in der neuen Hauptstadt Luanda die **Unabhängigkeit der Volksrepublik Angola** aus. Präsident wird Agostinho Neto, das Amt des Premierministers geht an Lopo Fortunato Ferreira do Nascimento (*1942). Der FNLA in Ambriz und die UNITA in Huambo rufen ebenfalls Republiken aus.

1976, Jan./Febr. Mit **kubanischer Unterstützung** kann der MPLA in einer Großoffensive die FNLA-Stützpunkte Carmona und Ambriz sowie Nova Redondo (24. Jan.) und den UNITA-Hauptstützpunkt Huambo (8. Febr.) sowie Benguela und Lobito (10. Febr.) erobern.

27. März Rückzug der südafrikanischen Truppen; kubanische und MPLA-Truppen erreichen am 1. April die Südgrenze.

1977, 27. Mai Der Putschversuch des prosowjetischen Außenministers Nito Alves schlägt fehl; in der Folge kommt es zu umfangreichen »Säuberungen« im MPLA.

Dez. Auf dem ersten Parteikongress wird die »Massenorganisation MPLA« vom »MPLA Partei der Arbeit« abgelöst; in der »Volksdemokratie Angola« werden das städtische und ländliche Proletariat als führende, die Bauern als hauptsächliche Kraft angesehen.

1978, 10. Dez. Premierminister Nascimento wird abgesetzt.

1979, 10. Sept. **Tod Präsident Netos**; sein Nachfolger wird am 20. Sept. José Eduardo dos Santos (*1942).

1984, März Der **Abzug der südafrikanischen Truppen** aus Angola bringt die UNITA in eine schwierige Situation und eine spürbare Entlastung für den MPLA.

1985, 30. April Angola tritt dem Lomé-Abkommen bei.

10. Juli Aufhebung des »Clark Amendment« durch das Repräsentantenhaus der USA, das bis dahin US-Militärhilfe an regierungsfeindliche Truppen in Angola verhindert hatte.

1988, 22. Dez. Unter Vermittlung der USA und der Sowjetunion einigen sich Angola, Kuba und Südafrika auf ein Abkommen, das den Abzug kubanischer Truppen aus Angola und die Entlassung Namibias in die Unabhängigkeit regelt.

1989, 23. Juni Im Jan. beginnt der **Abzug der kubanischen Truppen** aus Angola. Joseph Mobutu vermittelt in Gbadolite (Zaire) einen Waffenstillstand zwischen

Regierung und UNITA, am 24. Aug. bricht jedoch der Bürgerkrieg erneut aus.

1990, April Beginn direkter Friedensgespräche zwischen MPLA und UNITA in Portugal.

9. Dez. Reformprogramm des MPLA: Übergang zu Mehrparteiensystem und Marktwirtschaft.

1991, 25. Mai Die letzten kubanischen Truppen ziehen aus Angola ab.

31. Mai Staatschef Eduardo dos Santos und UNITA-Führer Jonas Savimbi unterzeichnen in Lissabon in Anwesenheit der Außenminister der USA und der Sowjetunion sowie des portugiesischen Ministerpräsidenten ein **Friedensabkommen**.

1992, 29./30. Sept. Als Savimbi den Sieg des Staatschefs dos Santos bei den ersten freien Präsidentschafts- und Parlamentswahlen nicht anerkennt, brechen im Okt./Nov. neue Kämpfe in Luanda aus.

1994, 20. Nov. Die international anerkannte MPLA-Regierung und die Rebellenbewegung UNITA schließen in der sambischen Hauptstadt Lusaka ein weiteres Friedensabkommen.

1995, 8. Febr. Der UN-Sicherheitsrat beschließt die Entsendung einer Friedenstruppe zur Überwachung des Friedensabkommens.

1997, 11. April **Einsetzung einer Regierung** der nationalen Versöhnung unter Beteiligung der UNITA. Zuvor sind ca. 65 000 UNITA-Kämpfer von der UNO entwaffnet worden.

Aug. In den von der UNITA verwalteten Lunda-Provinzen brechen Kämpfe aus. Die UNITA hatte die von ihr kontrollierten Provinzen nicht, wie im Friedensabkommen von Lusaka vereinbart, unter die Verwaltung der Regierung gestellt.

29. Okt. Der UN-Sicherheitsrat verhängt **Sanktionen gegen die UNITA**.

1998, Juni Neue Offensive der UNITA im Norden und Osten des Landes.

Aug. Angolanische Truppen unterstützen die Regierung in der DR Kongo im Kampf gegen Rebellen.

1. Sept. UNITA-Mitglieder werden aus der Regierung ausgeschlossen. Damit ist der Friedensprozess faktisch beendet.

1999, März Angesichts der wieder aufgeflammten Kämpfe zwischen Regierungstruppen und UNITA ziehen die UN ihre zivilen und militärischen Beobachter ab.

Juni Die UNITA kontrolliert fast alle ländlichen Regionen, rund 70 % des Staatsgebietes; ca. 600 000 Angolaner befinden sich auf der Flucht.

Sept. Beginn einer **Offensive der Regierungstruppen**.

2000, 18. April Der UN-Sicherheitsrat kündigt an, die Sanktionen gegen die UNITA stärker zu überwachen, v. a. deren Exporte von Diamanten zu unterbinden.

25. Nov. Laut UN-Angaben gibt es in Angola 2,8 Mio. Flüchtlinge, und nur rund 1 Mio. werden von internationalen Hilfsorganisationen versorgt.

2001, Febr. Nach dem Erlass eines Amnestiegesetzes vom 29. Nov. 2000 haben sich ca. 17 000 ehemalige UNITA-Kämpfer den Behörden gestellt. Die noch verbleibenden angeblich 8000 Kämpfer verlegen sich auf einen Guerillakrieg.

2002, 22. Febr. Der UNITA-Führer **Jonas Savimbi** und sein Stellvertreter Antonio Dembo (*1944) werden von Regierungstruppen **getötet**.

4. April Abschluss eines Waffenstillstandes zwischen Regierung und UNITA.

16. Aug. Start einer neuen UN-Mission zur Unterstützung der Regierung u. a. bei humanitären Aufgaben und bei der Minenräumung.

2003, 9. Dez. Auf dem Parteitag des regierenden MPLA wird José Eduardo dos Santos erneut als Vorsitzender bestätigt. Er kündigt kurz darauf Präsidentschaftswahlen für 2009 an.

2007, 1. Jan. Angola wird als 12. Mitglied der OPEC aufgenommen. Seit 2005 ist das Land nach Nigeria der zweitgrößte Erdölexporteur Afrikas. China wird zum wichtigsten Abnehmer angolanischer Rohstoffe.

Sambia (Nordrhodesien) seit 1946

1946 Die Provinzräte entsenden Delegierte zu einem neu errichteten Afrikanischen Repräsentationsrat (bis 1958), der ab 1948 das Vorschlagsrecht für die Entsendung der beiden ersten afrikanischen Mitglieder (seit Dez. 1953 vier) in den **Legislativrat** erhält.

1948 Seit 1946 zusammengeschlossene afrikanische Vereinigungen benennen sich in *Northern Rhodesia Congress* und schließlich in *Northern Rhodesia African National Congress* (ANC, 1951) unter Harry Nkumbula (*1916, †1983) um.

1953, 3. Sept. Gründung der **Zentralafrikanischen Föderation** mit Südrhodesien und Njassaland; Krise des ANC wegen der Erfolglosigkeit seiner Kampagnen gegen die Bildung der Föderation.

1956, Sept. Streik afrikanischer Minenarbeiter und Ausrufung des Notstandes; Nkumbula kooperiert mit der Protektoratsverwaltung, während der seit 1953 amtierende ANC-Generalsekretär Kenneth David Kaunda (*1924) eine mehr antikolonialistische Linie vertritt.

1958 Spaltung des ANC: Der radikalere Flügel um Kaunda, Simon Kapwepwe (*1922, †1980) und Sikota Wina (*1931) konstituiert sich zum *Zambia African National Congress* (ZANC) und verfolgt einen Konfrontationskurs gegen die britische Kolonialregierung.

1959, Febr./März Anders als der ANC lehnt der ZANC eine neue Verfassung ab. Er fordert die afrikanische Mehrheit und wird verboten; die ZANC-Führung wird im Anschluss daran verhaftet.

Aug. Nach dem **Boykott der Wahlen** durch 70 % der afrikanischen Wähler am 20. März spaltet sich ein Flügel um Mainza Mathias Chona (*1930, †2001) vom ANC ab und schließt sich mit Resten des ZANC und anderen Gruppierungen zur *United National Independence Party* (UNIP) zusammen. Ziel ist der Austritt aus der Föderation und die afrikanische Mehrheitsherrschaft.

1960, 31. Jan. Nach seiner Haftentlassung übernimmt Kenneth Kaunda die UNIP-Führung.

1961, Juli Die UNIP proklamiert den »praktischen, aber

gewaltlosen Kampf«. Die folgenden Unruhen (Boykotts, passiver Widerstand, Streiks) führen zum Teilverbot der UNIP.

1962, 1. Sept. Nach Einsetzung einer **neuen Verfassung** erklärt sich die UNIP angesichts von Sezessionsdrohungen Barotselands mit der Abhaltung von Wahlen gegen die Zusicherung voller Organisationsfreiheit in ganz Nordrhodesien einverstanden.

30. Sept. Wahlen: Von den 37 Sitzen gewinnt die UNIP 14 Sitze (darunter die Barotseland-Sitze) gegenüber sieben des ANC und 16 der Europäer-Partei *United Federal Party* (UFP).

14. Dez. UNIP und ANC bilden die **erste afrikanische Regierung** (KAUNDA/NKUMBULA).

1963, Aug. In den ersten allgemeinen Wahlen zum Barotse-Parlament gewinnt die UNIP alle Sitze; das Lozi-Oberhaupt gibt den Widerstand gegen die volle Integration Barotselands auf.

31. Dez. Auflösung der Zentralafrikanischen Föderation.

1964, 1. Jan. Nordrhodesien erhält innere Autonomie, die UNIP gewinnt in den Wahlen am 21. Jan. 73 % der Sitze. Premierminister KENNETH KAUNDA bildet eine UNIP-Regierung mit je vier Ministern aus den südlichen und zentralen Provinzen sowie Barotseland und dreien aus der Nordprovinz.

24. Okt. **Unabhängigkeit Nordrhodesiens als Republik Sambia**, KENNETH KAUNDA wird Präsident.

1965, 11. Nov. Die einseitige Unabhängigkeitserklärung Rhodesiens (Simbabwe) und das darauf folgende internationale Wirtschaftsembargo bringen für Sambia gravierende Probleme, besonders durch die Schließung der Ölpipeline Beira (Moçambique) – Rhodesien im Dez. Sambia organisiert in der Folge seine Transportwege weitgehend um.

1966 Die aus diesen **Umstrukturierungsproblemen** resultierende Unzufriedenheit unter der Bevölkerung mündet in die Gründung der *United Party* (UP). Es ist der Versuch zur Etablierung einer überregionalen Opposition.

1968, 26. April »Mulungushi-Reformen«: Mehrheitsanteile des Staates an 26 großen Unternehmen.

19. Dez. Bei Wahlen gewinnt die UNIP 77 % der Sitze gegenüber 22 % des ANC, der sich die Unzufriedenheit v. a. in Barotseland zu Nutze macht.

1969, 11. Aug. Die staatliche Übernahme der Kupferminen zu 51 % sowie die **Enteignung von Landbesitzern** ohne Grundbesitztitel werden angekündigt (»Matero-Reform«).

25. Aug. Vizepräsident KAPWEPWE tritt zurück, bleibt aber für eine befristete Zeit noch im Amt; der **Ausnahmezustand** wird erklärt.

1971, 1. Aug. Gründung der *United Progressive Party* (UPP) unter SIMON KAPWEPWE, die zum Sammelbecken der durch die Matero-Reform bedrohten Mittelklasse wird (1973 verboten).

20. Sept. Verhaftung von 75 Opponenten, die wird verboten. Im Febr. 1972 verhaftet man 123 ihrer Führer, darunter KAPWEPWE (Entlassung im Jan. 1973).

13. Dez. Alle Parteien außer der UNIP werden mit der Erklärung des Einparteienstaates aufgelöst.

1973, 9. Jan. Wegen Guerillaaktivitäten der Simbabwe-Befreiungsbewegungen von Sambia aus sperrt Rhodesien die Grenze. Sambia stellt daraufhin die Kupferexporte über Rhodesien ein und schließt seinerseits nach dem Ende der rhodesischen Blockade am 1. Febr. die Grenze zu Rhodesien. Fortan verzichtet Sambia offiziell auf die Benutzung der Transportwege durch Rhodesien.

28. Aug. MAINZA CHONA wird Premierminister.

1974, Nov. Vollständige staatliche Übernahme der beiden größten Kupfergesellschaften.

1975, 27. Mai ELIJAH MUDENDA (*1927) wird Premierminister.

Juni/Juli KENNETH KAUNDA kündigt einen Wandel der Entwicklungsstrategie mit einem Programm ländlicher Rekonstruktion an; der Grundbesitz wird verstaatlicht.

24. Okt. Eröffnung der mit chinesischer Hilfe gebauten Eisenbahn von Kapiri Mposhi nach Tansania (TAZARA-Bahn).

1978, 15. Juni DANIEL LISULO (*1930, †2000) löst MAINZA CHONA (seit 20. Juli 1977 wieder im Amt) als Premierminister ab.

1979, Okt. Schwere Beeinträchtigung der Transportwege durch rhodesische Bombardements.

1981, 18. Febr. Entlassung von Premierminister LISULO; Nachfolger wird NALUMINO MUNDIA (*1927, †1988).

1983, Okt. Bei den Wahlen wird KAUNDA mit 93 % der Stimmen wiedergewählt; eindeutige Mehrheit für die Einheitspartei UNIP.

1984, 22.–24. Mai Sambias Gläubiger sagen auf einer Konferenz in Paris Umschuldung und Hilfskredite zu.

1986, 15. Aug. Abkommen mit der VR China über den Ausbau der Eisenbahn nach Tansania.

1987, 30. April Beschluss, mit Angola und Zaire die Benguela-Eisenbahn wieder aufzubauen.

1988 KAUNDA bricht mit der vom IWF empfohlenen Wirtschaftspolitik und reduziert den Schuldendienst. Bei Wahlen wird KAUNDA mit 95,5 % der Stimmen wiedergewählt.

1989 Unterzeichnung eines **Grenzvertrages mit Zaire**, der die umstrittene Grenze festlegt.

1991, 31. Okt. Nach 27-jähriger Amtszeit verliert KENNETH KAUNDA die **Präsidentschaftswahl** gegen den Verfechter eines Mehrparteiensystems FREDERICK JACOB TITUS CHILUBA (*1943). Am 9. Nov. tritt eine neue Verfassung in Kraft.

1992, 17. Febr. Mit der Vorlage eines wirtschaftspolitischen Rahmenprogramms leitet CHILUBA **marktwirtschaftliche Reformen** ein.

1993, 4. März Wegen der Aufdeckung eines Putschplans verhängt Staatspräsident CHILUBA bis 25. Mai den Ausnahmezustand und lässt 20 Oppositionspolitiker verhaften, u. a. zwei Söhne KENNETH KAUNDAS.

1996, 18. Nov. CHILUBA siegt bei Präsidentschaftswahlen. KENNETH KAUNDA darf an der Wahl nicht teilnehmen.

1997, 28. Okt. Ein Putschversuch von Armeeangehörigen scheitert. CHILUBA verhängt den Ausnahmezustand.

25. Dez. KENNETH KAUNDA wird festgenommen, auf internationalen Druck hin aber nach einigen Tagen freigelassen.

1998, 28. März Aufhebung des Ausnahmezustandes.

1999, 7. März Sambia unterbricht die Öllieferungen in die DR Kongo. Präsident CHILUBA gibt seine Vermittlerrolle im Kongo-Konflikt auf.

12.–16. Sept. Die 11. Internationale Aids-Konferenz findet in der sambischen Hauptstadt Lusaka statt.

2000, März **Privatisierung der** drei **staatlichen Kupferminen**.

30. Okt. KENNETH KAUNDA erhält die ihm im April 1999 entzogene Staatsbürgerschaft zurück.

2001, 27. Dez. CHILUBAS Parteigänger LEVY PATRICK MWANAWASA (*1948) wird zum Präsidenten gewählt. Die Konkurrenten erkennen das Wahlergebnis nicht an.

2003, 19. Febr. Das Oberste Gericht bestätigt die Aufhebung der Immunität von Expräsident CHILUBA. Dieser muss sich ab 9. Dez. wegen Diebstahls, Korruption und Machtmissbrauchs vor Gericht verantworten.

Aug./Sept. Mit einem zweiwöchigen Generalstreik protestieren die Gewerkschaften gegen das Sparprogramm der neuen Regierung.

2006, 28. Sept. Wiederwahl MWANAWASAS mit ca. 42 % der Stimmen. Bei den Parlamentswahlen gewinnt seine Partei *Movement for Multiparty Democracy* (MMD) die Hälfte der Stimmen und wird klar stärkste Fraktion. Oppositionskandidat MICHAEL SATA (*1937), der auf 29 % der Stimmen kommt, beklagt Wahlfälschung; in Lusaka kommt es zu mehrtägigen Straßenschlachten. SATA kritisiert die starke Präsenz Chinas, das besonders am Kupfer interessiert ist.

Malawi (Njassaland) seit 1946

1946 Einsetzung eines **Protektoratsrates**, dessen Mitglieder von den neu eingerichteten Provinzräten entsendet werden; für den Legislativrat werden erstmals zwei Afrikaner und ein Asiat (Inder) nominiert.

1953, 3. Sept. Anlässlich der Gründung der Zentralafrikanischen Föderation (mit Nord- und Südrhodesien) gibt der *Nyasaland African Congress* (NAC) die Kooperation zugunsten einer Konfrontationspolitik auf.

1956, 15. März Die nunmehr fünf Sitze für Afrikaner werden durch Wahlen in den drei Provinzräten beschickt, in denen sich nur vom NAC unterstützte Bewerber durchsetzen, darunter die antikolonialistisch eingestellten Abgeordneten KANYAMA CHIUME (*1929, †2007) und HENRY CHIPEMBERE (*1930, †1974).

1958, 6. Juli CHIUME, CHIPEMBERE und DUNDUZU CHISIZA (*1930, †1962) können den seit 1915 im Ausland lebenden Arzt HASTINGS KAMUZU BANDA (*1906, †1997) zur Rückkehr bewegen und zum charismatischen Führer aufbauen.

1. Aug. BANDA wird zum Parteipräsidenten auf Lebenszeit ernannt und kann den NAC zu einem gegen die Zentralafrikanische Föderation gerichteten und für Unabhängigkeit eintretenden politischen Kampfverband mit Massenmobilisierungswirkung umwandeln: Ein Boykott der Föderationswahlen durch den NAC im Nov. wird nur von 16 afrikanischen Wahlberechtigten nicht befolgt.

1959, 15. Febr. Im Verlauf zunehmender Unruhen nehmen Rebellen Fort Hill (heute: Chitipa) ein, der Notstand wird erklärt und gilt bis Juni 1960 (52 Tote in dieser Zeit); Föderationstruppen werden zur **Niederwerfung der Unruhen** und Gewaltaktionen eingesetzt und über 1000 NAC-Aktivisten verhaftet, unter ihnen HASTINGS BANDA; der NAC wird verboten.

Aug. Als NAC-Nachfolger wird die *Malawi Congress Party* (MCP) unter ORTON CHIRWA (*1919, †1992) gegründet, die die Freilassung der Verhafteten und Auflösung der Föderation fordert.

1960, 1. April HASTINGS BANDA wird aus der Haft entlassen und übernimmt die Führung der MCP.

Juli Die Afrikaner erhalten eine Zweidrittelmehrheit im Legislativrat sowie die Beseitigung der Rassentrennung bei Mandatsverteilung und Wählerlisten zugestanden.

1961, 15. Aug. Die MCP gewinnt in den nach Zweiklassenwahlrecht ausgerichteten Wahlen alle 20 Sitze der zweiten Klasse und zwei der acht Sitze der ersten Klasse gegen fünf Sitze der *United Federal Party* der Europäer; die MCP wird damit zur einzigen Partei der Nicht-Europäer.

1963, 1. Febr. BANDA wird Premierminister, am 31. Dez. wird die Zentralafrikanische Föderation aufgelöst.

1964, Mai Nach einer weiteren Verfassungsänderung gewinnt die MCP bei Wahlen alle 50 nicht reservierten Sitze.

6. Juli, **Njassaland** erhält die innere Autonomie und wird **als Malawi unabhängig**.

8.–9. Sept. BANDAS Weigerung, die Afrikanisierung der Beamtenschaft voranzutreiben, führt zum innenpolitischen Konflikt: Sieben Minister (darunter CHIPEMBERE, CHIUME, Chisiza, CHIRWA) scheiden aus der Regierung aus und greifen zum Mittel des **bewaffneten Aufstandes**. HENRY CHIPEMBERE kann im Febr. 1965 größere Teile des Yao-Gebietes unter seine Kontrolle bringen, nach seinem Rückzug aus Malawi fallen bis 1967 noch häufig bewaffnete Gruppen ins Land ein.

1965, 6. Okt. Eine **neue Verfassung** sieht eine Art Notstandsdiktatur mit starker Konzentration der Befugnisse beim Präsidenten vor. Das System basiert auf den vier Eckpfeilern »Einheit, Loyalität, Gehorsam, Disziplin«. Die von politischem Konservatismus und Antikommunismus geprägte **Einmannherrschaft BANDAS** ist stark antiintellektuell geprägt (Inhaftierung großer Teile der Intellektuellen), stützt sich auf die mit polizeiähnlichen Rechten ausgestatteten Jungen Pioniere (Jugendliche aus ländlichen Gebieten mit wenig Schulbildung) und übernimmt bewusst das kapitalistische Entwicklungsmodell.

1966, 20. Mai Wahl BANDAS zum Präsidenten.

6. Juli **Malawi wird Republik**.

1967, 13. März Malawi schließt als zweiter afrikanischer Staat ein Handelsabkommen mit Südafrika ab. Durch die Aufnahme engerer diplomatischer Kontakte mit Südafrika und Portugal isoliert es sich zunehmend von den anderen afrikanischen Ländern.

1971, 6. Juli Banda setzt bevorstehende Wahlen ab und wird Präsident auf Lebenszeit.

1977, Febr. Verhaftung des ehemaligen Geheimpolizeichefs und des MCP-Generalsekretärs wegen eines Komplotts; im Laufe der nächsten Monate werden ca. 2000 politische Häftlinge entlassen.

1978, 29. Juni **Erste Wahlen seit 17 Jahren;** es treten nur MCP-Kandidaten an.

1979, Febr. Von Banda autorisiertes Attentat auf den Exil-Oppositionsführer Attari Mpakati (†1983).

1983, 6. Mai Der Oppositionspolitiker Mpakati wird am 28. März im Exil in Harare ermordet. Gegen Orton Chirwa, Führer des *Malawi Freedom Movement* (MAFREMO), und seine Frau ergeht das Todesurteil wegen Hochverrats.

1984, 14. Febr. Die UN-Menschenrechtskommission bittet Banda, deren Leben zu schonen.

1987, März Malawi entsendet Truppen nach Moçambique, um dort die Regierung im Kampf gegen die RENAMO-Rebellen zu unterstützen.

Mai Bei Parlamentswahlen treten nur Kandidaten der MCP an.

1988 Staatsbesuch des südafrikanischen Staatspräsidenten Pieter Willem Botha in Malawi.

1992, 14. Mai Wegen fortgesetzter Menschenrechtsverletzungen setzen westliche Geberländer ihre nichthumanitäre Entwicklungshilfe aus.

1993, 14. Juni In einem **Referendum** stimmen 63,5 % **für ein Mehrparteiensystem**.

1994, 17. Mai Der Oppositionspolitiker Bakili Muluzi (*1943) gewinnt die **ersten freien Präsidentschaftswahlen** mit 47,2 % der Stimmen gegen Amtsinhaber Hastings Kamuzu Banda (33,5 %).

1995, 26. Dez. Der ehemalige Staatschef Banda wird vom Vorwurf, 1983 an der Verschwörung zur Ermordung von Oppositionspolitikern beteiligt gewesen zu sein, freigesprochen.

1997, 25. Nov. **Tod von Hastings Banda** in Johannesburg.

1999, 15. Juni Bakili Muluzi wird als Präsident wiedergewählt. Seine Partei, die *United Democratic Front* (UDF), verfehlt bei den gleichzeitig stattfindenden Parlamentswahlen jedoch die absolute Mehrheit.

2000 In Malawi sind seit 1985 mindestens 354 000 Menschen an Aids gestorben, das Land gehört zu den von HIV/Aids am stärksten heimgesuchten Ländern Afrikas (14 % der Bevölkerung infiziert).

2. Nov. Präsident Muluzi reagiert auf Korruptionsvorwürfe, indem er die gesamte Regierung entlässt. Am 6. Nov. ernennt er ein neues Kabinett.

2001, Jan. Schwere **Überschwemmungen** vernichten einen Großteil der Maisernte und machen rund 335 000 Menschen obdachlos.

2004, 18. Mai Bei den gleichzeitig stattfindenden Parlaments- und Präsidentschaftswahlen muss die Regierungspartei UDF eine Schlappe hinnehmen; stärkste Partei wird die *Malawi Congress Party* (MCP) mit 59 von 193 Sitzen. Die UDF bringt jedoch ihren Kandidaten für das Präsidentenamt, Bingu wa Mutharika (*1934), durch.

2005, Jan. Mutharika tritt nach Differenzen aus der UDF aus und gründet seine eigene Partei, die *Democratic Progressive Party* (DPP). Er hat keine Mehrheit mehr im Parlament. UDF und MCP schließen sich zu einem Oppositionsbündnis zusammen und behindern fortan stark die Arbeit der Regierung.

2006, April Vizepräsident Cassian Chilumpha (*1958; UDF) wird unter dem Verdacht festgenommen, an einem Komplott zur Ermordung des Präsidenten beteiligt gewesen zu sein. (Prozessbeginn im Febr. 2007).

Moçambique seit 1949 | Forts. v. S. 1368 |

1949 Gründung des *Núcleo dos Estudantes Africanos Secundários de Moçambique* (NESAM) als kulturellpolitische Organisation.

1951, 11. Juni Moçambique wird portugiesische Überseeprovinz.

1953, 27. Juni Durch ein Organgesetz wird ein Legislativrat geschaffen und eine Assimilationspolitik einschließlich des Erwerbs der portugiesischen Staatsbürgerschaft in Aussicht gestellt.

1960, 16. Juni Nach Demonstrationen gegen Zwangsarbeit töten portugiesische Truppen ca. 600 afrikanische Bauern in Mueda. Das Ereignis ist ein entscheidender Katalysator für die Widerstandsbewegungen.

1961, 6. Sept. Portugiesisches Bürgerrecht für alle Afrikaner, von denen jedoch die meisten als Analphabeten vom Wahlrecht ausgeschlossen bleiben.

1962, 27. April Die Abschaffung der Zwangsarbeit steht weitgehend auf dem Papier, die Diskriminierung nichtqualifizierter Arbeiter, d. h. der Afrikaner, bleibt bestehen.

25. Juni Zusammenschluss von drei afrikanischen Exilorganisationen zum *Frente de Libertação de Moçambique* (**FRELIMO**) unter Eduardo Mondlane (*1920, †1969) und Uria Simango (*1933).Er stützt sich auf das Netzwerk des NESAM. Diese wird verboten.

1964, 25. Sept. **Beginn des bewaffneten Kampfes** des FRELIMO in der Cabo-Delgado- und der Niasa-Provinz im Norden mit einem Angriff auf den Militärposten von Mueda; die Portugiesen müssen sich in der Folge weitgehend aus dem Norden zurückziehen.

1968, Juli Nach Eröffnung einer zweiten FRELIMO-Front in der Tete-Provinz im März kann der Zweite Parteitag bereits in Moçambique abgehalten werden.

1969, 3. Febr. Ermordung des FRELIMO-Präsidenten Eduardo Mondlane in Tansania, offenbar durch den portugiesischen Geheimdienst; danach kollektives Führungsorgan.

1970, 22. Mai Wahl der neuen Führung: Samora Moisés Machel (*1933, †1986) wird Präsident, Marcelino dos Santos (*1929) Vizepräsident und Außenminister, Joaquim Alberto Chissano (*1939) übernimmt das Amt des Sicherheitschefs.

Juni Beginn der **portugiesischen Großoffensive** »Gordischer Knoten« in der Cabo-Delgado-Provinz.

1971, Jan.–April FRELIMO-Offensive: Zerstörung von 20 Militärstützpunkten; nach Berichten über portugiesische Massaker an der Zivilbevölkerung wollen sich katholische Missionare (Weiße Väter) aus Moçambique zurückziehen, werden jedoch am 25. Mai des Landes verwiesen.

21. Juni Erste Kämpfe bei Cabora Bassa; zunehmende Zwangsumsiedlung der Bevölkerung in »Wehrdörfer«.

1972, 25. Juli Errichtung einer neuen FRELIMO-Front in der Manica- und Sofala-Provinz.

Dez. Das Massaker portugiesischer Truppen mit über 400 Toten in dem Dorf Wiriyamu intensiviert die Kritik an der portugiesischen Kolonialpolitik.

1973, 1. Jan. Die Überseeprovinzen werden zu »autonomen« Gebieten erklärt, bleiben aber weiterhin integrierte Bestandteile Portugals. Der Gouverneur Moçambiques erhält Ministerrang.

1974, Jan. Erstmals existiert auch eine Kampffront im Süden; FRELIMO lehnt nach dem Putsch in Portugal am 25. April den angebotenen bedingungslosen Waffenstillstand ab und geht zur Generaloffensive über; zugleich streiken im Mai über 8000 Arbeiter.

1. Juli Eröffnung einer Front in der Provinz Zambezia, die Portugiesen ziehen sich aus dem Norden zurück; 2000 Soldaten weigern sich, gegen FRELIMO ins Feld zu ziehen.

7. Sept. Unterzeichnung eines Abkommens zwischen Portugal und der FRELIMO in Lusaka über Unabhängigkeit, Waffenstillstand, Integrierung der portugiesischen und FRELIMO-Streitkräfte sowie Bildung einer Übergangsregierung.

20. Sept. Nach der Niederschlagung einer Revolte weißer Extremisten am 10. Sept., wird eine **Übergangsregierung** unter Joaquim Chissano als Premierminister mit einem Kabinett aus sechs FRELIMO- und drei portugiesischen Ministern gebildet. In der Folge Abwanderung bzw. Flucht von über 90 % der ca. 200 000 Portugiesen sowie ökonomische Sabotageakte und Kapitalflucht.

1975, 25. Juni **Unabhängigkeit der Volksrepublik Moçambique** unter Präsident Samora Machel. Der FRELIMO und die Staatsführung richten sich marxistisch-leninistisch aus.

24. Juli Verstaatlichung des Gesundheits- und Erziehungswesens. Am 23. Aug. wird die Errichtung von Kollektivfarmen im Rahmen des Schwerpunktprogramms der landwirtschaftlichen Entwicklung beschlossen.

3. März Nach erneuten heftigen **Angriffen rhodesischer Truppen** wird die Grenze am 23./24. Febr. geschlossen.

1977, Juni Nach fünftägiger militärischer Großaktion Rhodesiens im Mai gegen Lager der *Zimbabwe African National Union* (ZANU) ruft Moçambique den UNO-Sicherheitsrat an. Bis dahin gab es über 140 rhodesische Übergriffe.

1980 Nach der Regierungsumbildung im März begrenzte Reprivatisierung der Wirtschaft.

1984, 16. März Vertrag von Nkomati: Samora Machel und der südafrikanische Präsident Pieter Willem Botha unterzeichnen einen **Nichtangriffs- und Sicherheitspakt**.

1985, Juni Machel erklärt den Übergang zur Kriegswirtschaft, um gegen Rebellen der *Resistencia Nacional Moçambicana* (RENAMO) kämpfen zu können. Offensive gegen RENAMO mithilfe Simbabwes im Sept.; Gespräche mit Südafrika über Nkomati-Abkommen aufgrund des Verdachts der südafrikanischen Unterstützung der RENAMO.

1986, 19. Okt. Bei einem Flugzeugabsturz über südafrikanischem Gebiet **stirbt Präsident Machel**. Das Zentralkomitee des FRELIMO wählt als Nachfolger Joaquim Chissano.

1989, Juli Auf dem fünften FRELIMO-Kongress wird die marxistisch-leninistische zugunsten einer allgemein sozialistischen Richtung aufgegeben. Initiativen zur Beendigung des Bürgerkrieges scheitern.

1990, Juli Erste direkte Gespräche mit der RENAMO.

3. Nov. Verabschiedung einer neuen Verfassung: Mehrparteiensystem, Verzicht des FRELIMO auf Machtmonopol, Umbenennung in **Republik Moçambique**.

Dez. Vereinbarung eines regionalen Waffenstillstands und Abzug der Truppen aus Simbabwe.

1991 Regierung und RENAMO können sich nicht auf Einhaltung des Waffenstillstands und über politische Reformen einigen; neue Angriffe der RENAMO.

1992, 4. Okt. Staatspräsident Chissano und der RENAMO-Führer Afonso Dhlakama (*1953) unterzeichnen in Rom einen **Friedensvertrag** zur Beendigung des Bürgerkrieges (ca. 1 Mio. Tote, 6 Mio. Flüchtlinge).

1994, 19. Aug. Die RENAMO lässt sich als Partei registrieren und löst sich anschließend als militärische Organisation auf. Gleichzeitig wird eine neue vereinigte Armee gegründet, der auch ehemalige RENAMO-Kämpfer angehören.

27.–29. Okt. Etwa 1000 ausländische Beobachter kontrollieren die ersten **freien Präsidentschafts- und Parlamentswahlen**, bei denen die Regierungspartei FRELIMO siegt. Präsident Chissano wird mit 53,3 % der Stimmen gegen Afonso Dhlakama (33,7 %) wiedergewählt.

1995, 11. Nov. Moçambique wird als erstes nichtanglophones Land in das *Commonwealth of Nations* aufgenommen.

1996/97 Die Regierung konzentriert sich auf den **Wiederaufbau der** brachliegenden **Wirtschaft** und der zerstörten Infrastruktur. Schon 1995 eröffnete der Maputo-Korridor, eine Sonderwirtschafszone (u. a. Aluminiumschmelze) an der Grenze zu Südafrika.

1999, 3.–5. Dez. Bei den Präsidentschafts- und Parlamentswahlen wird Präsident Chissano im Amt bestätigt. Der regierende FRELIMO erhält 133 von 250 Mandaten. Die oppositionelle RENAMO erkennt das Wahlergebnis nicht an.

2000, 17. Jan. Eine 21-köpfige Regierung unter dem seit 1994 amtierenden Premierminister Pascual Manoel Mocumbi (*1941) nimmt ihre Arbeit auf.

Febr. Nach wochenlangen schweren Regenfällen im Südosten Afrikas sind weite Landesteile Moçambiques überschwemmt. Die **Hochwasserkatastrophe** fordert etwa 800 Todesopfer und richtet materielle Schäden im Wert von 1 Mrd. US-$ an. Wirtschaftlich ist das Land um Jahre zurückgeworfen.

2001, April Die oppositionelle RENAMO kündigt den Dialog mit der Regierung auf, nachdem diese sich wiederholt geweigert hat, die Gouverneursposten mit ihr zu teilen.

2004, Dez. AMANDO GUEBEZA (*1943; FRELIMO), gewinnt die Präsidentschaftswahlen, nachdem CHISSANO freiwillig auf eine dritte Amtsperiode verzichtet hat.

Simbabwe (Rhodesien/Südrhodesien) seit 1946 | Forts. v. S. 1369 |

1946, 25. April Mit »Rassen«-Trennungsparolen gewinnt die rechts stehende, stark von Buren beeinflusste *Liberal Party* (LP) 40 % der Sitze.

1953, 3. Sept. Nach einem Referendum am 9. April tritt Rhodesien zusammen mit Nordrhodesien und Njassaland der Zentralafrikanischen Föderation bei. Deren Sitz befindet sich in Salisbury.

7. Sept. REGINALD GARFIELD TODD (*1908, †2002) wird Premierminister Südrhodesiens.

1954, 27. Febr. Bei **Wahlen** erringt die *United Rhodesia Party* (URP, Fusion aus *United Federal Party* [UFP] und der LP-Abspaltung *Rhodesia Party*) 87 % der Sitze.

1954/55 Die afrikanische Eisenbahnergewerkschaft entwickelt sich unter ihrem Generalsekretär JOSHUA NKOMO (*1917, †1999) zur mächtigsten Organisation der Afrikaner. Die forcierte Anwendung des Landwirtschaftsgesetzes (1950) mit seiner Aufteilung der afrikanischen Bevölkerung in verarmte Kleinbauern und städtisches Industrieproletariat wirkt als Katalysator für den afrikanischen Massenprotest.

1957, 12. Sept. Die *Youth League* (Bulawayo) unter JOSEPH MSIKA (*1923) und die *City Youth League* (Salisbury) unter JAMES CHIKEREMA (*1925, †2006) und GEORGE NYANDORO (*1926, †1994) schließen sich mit dem von JOSHUA NKOMO reaktivierten *African National Congress* (ANC; gegründet 1932) zusammen. Er fordert allgemeine Wahlen und Unabhängigkeit.

1958, 11. Jan. Der größte Teil der URP unter Sir EDGAR WHITEHEAD (*1905, †1971) vereinigt sich mit der *Federal Party* unter ROY WELENSKY (*1907, †1991) zur *United Federal Party* (UFP).

18. Febr. WHITEHEAD wird neuer Premierminister.

5. Juni Wahl: UFP 57 % der Sitze, 43 % für die *Dominion Party* (DP) unter WINSTON FIELD (*1904, †1969).

1959, 25. Febr. **Verbot des ANC**: Etwa 500 Mitglieder werden verhaftet, darunter CHIKEREMA, MSIKA, NYANDORO; in der Folge kommt es zur Verabschiedung einer Reihe von Gesetzen, die die politische Arbeit von Afrikanern stark einengen.

1960, 1. Jan. Gründung der *National Democratic Party* (NDP) als Nachfolgerin des ANC.
Das Gesetz zur Aufrechterhaltung von Recht und Ordnung verbietet politische Versammlungen in den Reservaten, Streiks und Kritik an der Regierung oder sonstigen Autoritäten.

1961, 26. Juli Referendum: Die **neue Verfassung** wird gegen die Opposition der DP angenommen.

6. Dez. Die Verfassung tritt mit einem **Grundrechtekatalog in Kraft**. Großbritannien gibt die Vetorechte von 1923 auf, die Exklusivität der Weißen im Parlament wird beendet (50 A-Sitze für Europäer, 15 B-Sitze für Afrikaner mit der langfristigen Möglichkeit eines Erwerbs der Wahlqualifikation für die A-Sitze).

9. Dez. Verbot der NDP nach heftigen Unruhen in den Reservaten. Als Nachfolgeorganisation wird am 17. Dez. die **Zimbabwe African People's Union** (ZAPU) unter JOSHUA NKOMO, ROBERT MUGABE (*1924) und JASON MOYO **gegründet**, die am 19. Sept. 1962 ebenfalls verboten wird. Über 1000 ihrer Anhänger (u. a. NKOMO) werden verhaftet bzw. unter Hausarrest gestellt. Die ZAPU weicht ins Exil aus, das *People's Caretaker Council* (PCC) übernimmt ihre Aufgaben in Südrhodesien.

1962, 14. Dez. Die 1961 aus DP und einer UFP-Abspaltung unter IAN SMITH (*1919, †2007) gebildete *Rhodesian Front* (RF; burisch/kleinbürgerliche Basis) gewinnt 54 % der Sitze gegen 45 % der UFP. Am 17. Dez. wird WINSTON FIELD Premierminister.

1963, 8. Aug. Die **Zimbabwe African National Union** (ZANU) unter NDABANINGI SITHOLE (*1920, †2000), ROBERT MUGABE und HERBERT CHITEPO (*1923, †1975) spaltet sich von der ZAPU ab; in der Folge finden gewaltsame Auseinandersetzungen zwischen ZAPU und ZANU im sambischen Exil statt.

31. Dez. Auflösung der Zentralafrikanischen Föderation.

1964, 14. April Der eine kompromisslose Linie (Unabhängigkeit ohne Konzessionen an Afrikaner) vertretende IAN SMITH löst WINSTON FIELD als Premierminister ab; JOSHUA NKOMO, JOSEPH MSIKA u. a. werden verhaftet.

26. Aug. PCC und ZANU werden verboten, NDABANINGI SITHOLE u. a. verhaftet; damit sind praktisch alle Ansätze für politische Organisationen der Afrikaner zerschlagen. In der Folge wird HERBERT CHITEPO Leiter der Exil-ZANU, JAMES CHIKEREMA der Exil-ZAPU. Beginn von Sabotageakten und Guerillaaktionen.

Sept. IAN SMITH führt **ergebnislose Gespräche mit der britischen Regierung über die** Gewährung der **Unabhängigkeit**. London stellt fünf Forderungen: ungehinderter Fortschritt zur Mehrheitsherrschaft, Garantien gegen rückläufige Verfassungsänderungen, sofortige Verbesserung des politischen Status der Afrikaner, Maßnahmen zum Abbau der Rassendiskriminierung, Akzeptierung der Unabhängigkeitsverfassung durch das gesamte rhodesische Volk.

5. Nov. Referendum: 89 % der Wahlberechtigten (1,3 % der Bevölkerung; Stimmbeteiligung 62 %) stimmen für die Unabhängigkeit Rhodesiens.

1965, 11. Nov. Nach Ausrufung des Ausnahmezustandes am 5. Nov. **Erklärung der einseitigen Unabhängigkeit**, die kein Staat anerkennt und die von UN-Generalversammlung und UNO-Sicherheitsrat verurteilt wird. Der Sicherheitsrat fordert Großbritannien am 20. Nov. auf, den legalen Zustand wieder herzustellen.

1966, 31. Jan. Nach Einfrieren der rhodesischen Guthaben in London am 3. Dez. 1965 verhängt Großbritannien ein **Totalembargo** gegen Rhodesien und wird vom UNO-Sicherheitsrat am 9. April ermächtigt, gewaltsam gegen Öltransporte nach Rhodesien vorzugehen.

2.–3. Dez. Nach intensiven Verhandlungen zwischen rhodesischen und britische Abgesandten seit Jan. 1966 treffen sich Ian Smith und der britische Premierminister Harold Wilson auf dem Kreuzer »Tiger« vor Gibraltar. Smith akzeptiert am 5. Dez. die auf der Verfassung von 1961 beruhenden britischen Vorschläge, die jedoch vom rhodesischen Kabinett abgelehnt werden.

12. Dez. Der UNO-Sicherheitsrat verhängt Wirtschaftssanktionen.

1968, 23. April Nach einer größeren Guerillaoffensive der ZAPU im März werden reguläre südafrikanische Truppen zur Unterstützung Rhodesiens entsandt. Sie bleiben bis 1975 im Land.

9.–13. Okt. Erneute Verhandlungen von Wilson und Smith; die ausgearbeiteten Vorschläge werden u. a. wegen Beibehaltung des britischen *Privy Council* als Appellationsinstanz bei Verfassungskonflikten am 18. Okt. vom rhodesischen Kabinett abgelehnt.

1969, 20. Juni Referendum über die Erklärung zur Republik (81 % Zustimmung) und über eine neue Verfassung (73 %).

18. Nov. Die **Verfassung** wird vom Parlament **angenommen**; sie erlaubt in ca. 60–95 Jahren theoretisch eine Parität Europäer-Afrikaner, schließt jedoch eine afrikanische Mehrheitsregierung aus. Das neue Landgesetz führt strikte »Rassen«-Trennung der afrikanischen bzw. europäischen Lebensbereiche ein, das Land wird zu gleichen Teilen den Europäern (ca. 220 000) bzw. Afrikanern (ca. 4 Mio.) zugewiesen, wobei erstere die für die Landwirtschaft besser geeigneten Gebiete erhalten.

1970, 2. März **Rhodesien erklärt sich** unter der neuen Verfassung **zur Republik**, der seit 1965 bestehende Ausnahmezustand wird beibehalten. Elf von 13 noch verbliebenen Konsulaten werden geschlossen (Ausnahmen: Südafrika und Portugal); Rhodesien wird fortan von der Organisation für Afrikanische Einheit (OAU) offiziell **Simbabwe** genannt.

10. April Bei Wahlen gewinnt die RF alle 50 Sitze für Europäer, die *Centre Party*, Nachfolgerin der *Rhodesia Party*, sieben der acht Sitze. Die restlichen acht Sitze werden von nach ethnischen Gesichtspunkten zusammengesetzten Wahlkollegien der Chiefs beschickt.

14. April Clifford Dupont (*1905, †1978) wird erstes Staatsoberhaupt der Republik.

1971, 1. Okt. Nach Spaltung der ZAPU im März 1970 wird aus Teilen der ZAPU und ZANU die *Front for the Liberation of Zimbabwe* (FROLIZI) unter Chikerema und Nyandoro gebildet.

24. Nov. Britisch-rhodesisches Übereinkommen über eine Lösung des Verfassungskonflikts auf Grundlage der von Großbritannien zuvor als illegal angesehenen Verfassung von 1970 und unter Verzicht auf die Forderung nach afrikanischer Mehrheitsherrschaft vor der Unabhängigkeit.

16. Dez. Bildung des **African National Council** (ANC) unter Bischof Abel Tendekayi Muzorewa (*1925) als einziger nicht verbotener Vertretung der Afrikaner (offizielle Gründung März 1972), der die zum ersten Mal seit 1964 wieder erlaubten Meinungsäußerungen von afrikanischer Seite während des Besuchs der britischen Pearce-Kommission in einer nationalen Ablehnungskampagne kanalisiert (Jan.–März 1972).

1972, 23. Mai Bericht der Pearce-Kommission: Angesichts der eindeutigen Ablehnung durch die afrikanische Bevölkerung wird das britisch-rhodesische Übereinkommen abgelehnt, von dem sich dann auch die britische Regierung distanziert.

1973, 9. Jan. Wegen intensivierter Guerillaaktionen von Sambia aus **sperrt Rhodesien die Grenze zu Sambia**, das daraufhin die von der Sperre ausgenommenen Kupferexporte einstellt und am 1. Febr. nach Aufhebung der Blockade die Grenze schließt sowie auf die Benutzung der rhodesischen Transportwege verzichtet.

1974, Mai/Aug. Nach dem Umsturz in Portugal am 25. April revidiert Südafrika seine Haltung gegenüber Rhodesien; auf zwei Treffen mit Smith drängt der südafrikanische Premierminister Balthasar Johannes Vorster zur Verständigung mit der afrikanischen Mehrheit.

Nov./Dez. Rhodesien beginnt mit der **Freilassung von Inhaftierten**, darunter Nkomo und Sithole, die jedoch vorzeitig eingestellt wird, als die während der Lusaka-Gespräche (4.–7. Dez., Teilnehmer: Führer der Befreiungsbewegungen, Präsidenten der »Frontstaaten« sowie rhodesische und südafrikanische Vertreter) vereinbarte Waffenruhe nicht eingehalten wird.

9. Dez. Bildung des erweiterten ANC (*United ANC* [UANC]) aus ANC (Muzorewa), ZANU (Sithole), ZAPU (Nkomo) und FROLIZI (Chikerema) in Sambia.

1975, 5. Febr. Der ANC unter Muzorewas Leitung tritt in Verhandlungen mit der rhodesischen Regierung ein (Febr./März). Dies geschieht in enger Konsultation mit den »Frontstaaten« und unter Mitwirkung Südafrikas, das einen schrittweisen Rückzug seiner Truppen ankündigt.

9. Aug. Nach erneuten Gesprächen zwischen Smith und Vorster am 28. Juni kommt es zur **Pretoria-Übereinkunft.** Auf deren Grundlage findet am 25. Aug. die Konferenz auf der Eisenbahnbrücke über den Victoria-Fällen statt; beteiligt sind Muzorewa, Sithole, Chikerema, Nkomo (ANC) und der sambische Präsident Kenneth Kaunda auf der einen sowie Smith und Vorster auf der anderen Seite. Sie soll zur Vorbereitung einer Verfassungskonferenz dienen, scheitert aber u. a. an der rhodesischen Haltung zur Frage der Immunität für afrikanische Politiker bei einer Fortführung der Verhandlungen in Rhodesien.

11. Sept. Muzorewa erreicht den Ausschluss Nkomos aus dem ANC.

31. Okt. Beginn einer Serie von Gesprächen zwischen Smith und Nkomo, nach deren Scheitern sich in den Guerillalagern ein vereinigtes Militärkommando (je neun ZANU- bzw. ZAPU-Offiziere) der *Zimbabwe*

People's Army (ZIPA) unter wesentlichem Einfluss MUGABES bildet, welches den militärischen Führungsanspruch von ZANU/ZAPU zurückweist.

1976, 8. Febr. Die ZIPA wird von den »Frontstaaten« auf der **Konferenz in Quelimane** (Moçambique) anerkannt, die zugleich als einziges Mittel der Lösung der Rhodesienfrage nur noch den bewaffneten Kampf ansieht.

20. Febr. SMITH kündigt eine Abkehr von der bisherigen Politik an und beruft sieben der acht nominierten afrikanischen Parlamentarier zu Ministern bzw. Staatssekretären neu geschaffener Ministerien.

3. März Nach heftigen rhodesischen Übergriffen am 23. und 24. Febr. schließt Moçambique die Grenze, konfisziert rhodesische Eisenbahnwaggons, Lokomotiven und Vermögensgüter.

24. Sept. Nach der Einschaltung des US-Außenministers HENRY KISSINGER akzeptiert SMITH den britisch-amerikanischen »Kissinger-Plan«, der einen paritätisch zwischen Afrikanern und Europäern besetzten Staatsrat, eine »multirassische« Interimsregierung (afrikanische Mehrheit, afrikanischer Premier), afrikanische Mehrheitsherrschaft in zwei Jahren sowie Finanzgarantien der Westmächte für die Europäer Rhodesiens vorsieht, jedoch von den »Frontstaaten« abgelehnt wird.

9. Okt. Zusammenschluss der ZANU unter MUGABE (Operationsbasis Moçambique) und der ZAPU unter NKOMO (Operationsbasis Sambia) zur *Patriotic Front*.

28. Okt.–15. Dez. MUZOREWA, SITHOLE, NKOMO und MUGABE nehmen neben einer britischen und einer rhodesischen Delegation unter SMITH an der **Genfer Rhodesien-Konferenz** teil, die jedoch an der Frage der Übergangszeit bis zur Unabhängigkeit und den nicht eindeutigen Garantien für eine afrikanische Mehrheitsregierung scheitert. Die »Frontstaaten« erkennen daraufhin am 9. Jan. 1977 die *Patriotic Front* an.

Dez. Die Chiefs KAYISA NDIWENI (*1916) und JEREMIAH CHIRAU (*1920) treten aus dem rhodesischen Kabinett aus und gründen die *Zimbabwe United People's Organization* (ZUPO).

1977, Mai Fünftägige militärische Großaktion Rhodesiens gegen ZANU-Lager in Moçambique.

2.–5. Juli Die OAU-Gipfelkonferenz in Libreville erkennt die als legitime Bewegung und staatsbildende Organisation Rhodesiens an.

31. Aug. Wahlen: Die regierende RF kann trotz vorheriger Abspaltung von einem Viertel der europäischen Parlamentarier erneut alle 50 Sitze erringen.

1. Sept. Veröffentlichung gemeinsamer britisch-amerikanischer Vorschläge (Owen-Young-Plan), die folgendes vorsehen: Einsetzung eines britischen Kommissars anstelle des Premiers, sechsmonatige Interimsregierung, Sicherung durch eine UNO-Friedenstruppe sowie allgemeine und gleiche Wahlen. Die Vorschläge werden von SMITH und der *Patriotic Front* abgelehnt.

24. Nov. Die Führer der afrikanischen politischen Organisationen innerhalb Rhodesiens werden von SMITH unter dem Vorbehalt der Akzeptanz des Prinzips einer afrikanischen Mehrheitsregierung zu Gesprächen eingeladen. Teilnehmer sind MUZOREWA (UANC), SITHOLE (ANC) und CHIRAU (ZUPO).

1978, 3. März Abkommen über eine »interne Lösung«: Interimsregierung mit Exekutivrat (SMITH, MUZOREWA, SITHOLE, CHIRAU); doppelt besetzter Ministerrat (je Ministerium ein afrikanischer und ein europäischer Co-Minister) und Parlament mit 100 Sitzen (28 den Europäern vorbehalten); 130 von 170 Artikeln der neuen Verfassung sind ohne die Zustimmung der Europäer nicht revidierbar.

1979, 20. April Erste **allgemeine und gleiche Wahlen** (64 % Wahlbeteiligung trotz Boykotts durch die *Patriotic Front*; massive Manipulierungen): UANC 51, SITHOLES ZANU/ANC 12, *United National Federal Party* unter Chief NDIWENI 9 Sitze; die RF besetzt alle 28 der den Europäern vorbehaltenen Sitze.

29. Mai JOSIAH GUMEDE (*1919, †1989) von der UANC wird erster afrikanischer Präsident von »Simbabwe-Rhodesien«, ABEL MUZOREWA (*1925) übernimmt das Amt des Premierministers. Im Kabinett sitzen 12 Afrikaner und 5 Europäer.

10. Sept.–21. Dez. Nachdem sich Großbritannien auf der Commonwealth-Konferenz in Lusaka am 5. Aug. zur Herbeiführung »tatsächlicher afrikanischer Mehrheitsherrschaft« verpflichtet hat, nehmen an der **Londoner Verfassungskonferenz** gleich starke Delegationen von Simbabwe-Rhodesien und der *Patriotic Front* teil. Nach Einigung über eine neue Verfassung, Übergangsregelungen und einen Waffenstillstand, der am 28. Dez. in Kraft tritt, wird Rhodesien wieder britische Kolonie.

1980, 29. Febr. Nach Wahlen am 14. Febr. für die 20 für Europäer reservierten Sitze, die alle an die RF gehen, gewinnt MUGABES ZANU 57 der 80 Sitze für Afrikaner (NKOMOS ZAPU 20 Sitze); MUGABE wird Premierminister.

18. April **Das Land wird als Simbabwe unabhängig**; Präsident ist CANAAN SODINDO BANANA (*1936, †2003).

Aug./Nov. Simbabwe wird 153. Mitglied der UNO und 60. AKP-Partner (Afrika-Karibik-Pazifik-Staaten).

1982, 17. Febr. MUGABE entlässt NKOMO und zwei weitere ZAPU-Minister aus dem Kabinett.

18. April Salisbury wird in Harare umgetauft. Drastische Verschlechterung der inneren Sicherheitslage.

1983, Jan. **Bürgerkriegsähnliche Situation** durch Bandentätigkeit der Anhänger von NKOMO. Am 13. März setzt sich NKOMO nach London ab, tiefe Krise der ZAPU.

16. Aug. Rückkehr NKOMOS nach Simbabwe. Er behält seinen Parlamentssitz.

1984, 18. Jan. **Ausnahmezustand** wegen Rebellion im Matabeleland vom Parlament verlängert.

1985, 27. Juni–4. Juli Bei den ersten nach »Rassenangehörigkeit« getrennten Parlamentswahlen erhält MUGABES ZANU 63, die ZAPU 15 Sitze. Von den 20 für Weiße reservierten Sitzen gehen 15 an die *Conservative Alliance of Zimbabwe* (CAZ) von IAN SMITH. Die Armee Simbabwes unterstützt im Aug. Regierungstruppen Moçambiques im Kampf gegen RENAMO-Rebellen. Im Okt. finden Gespräche zwischen MU-

GABE und NKOMO über die Vereinigung der Parteien ZANU und ZAPU statt.

1986 Präsident CANAAN BANANA wird für weitere fünf Jahre vereidigt.

1987, 13. Mai Rücktritt SMITHS als CAZ-Vorsitzender und Fraktionsleiter im Parlament.

21. Aug. Abschaffung der reservierten Parlamentssitze für Weiße und der getrennten Wahllisten; damit sind die Weißen nicht mehr im Parlament vertreten.

22. Dez. Das Abkommen über die Vereinigung von ZANU und ZAPU zur vereinigten ZANU-PF wird unterzeichnet. Ihr Vorsitzender **MUGABE** übernimmt am 31. Dez. das Amt des **Präsidenten von Simbabwe**.

1988, 3. April Ein außerordentlicher ZAPU-Kongress stimmt der Vereinigung mit der ZANU zu

1989, 30. April Gründung der Oppositionspartei *Zimbabwe Unity Movement* (ZUM) unter EDGAR TEKERE (*1937).

Dez. Der erste **Parteitag der vereinigten ZANU** strebt ein sozialistisches System und eine marxistisch-leninistische Einparteienherrschaft an.

1990, 29. März Bei Präsidentschafts- und Parlamentswahlen siegt MUGABE mit 78 %, im Parlament erhält die ZANU 116 der 120 Sitze. Ernennung von drei weißen Ministern, es befinden sich noch 90 000 Weiße im Land.

25. Juli Der 1965 von IAN SMITH verhängte Ausnahmezustand wird aufgehoben und eine Landreform angekündigt. Die Regierung will Land von Großfarmern aufkaufen. Abkehr MUGABES vom Einparteiensystem.

1992, 19. März Das Parlament beschließt ein Gesetz über die Landenteignung (*Land Acquisition Bill*), auf dessen Grundlage 50 % des Bodens weißer Farmer gegen Entschädigung zur Enteignung freigegeben wird.

1993, 28. März Gründung der oppositionellen Bewegung *Forum*, in der sich schwarze und weiße Regierungsgegner für marktwirtschaftliche Reformen und eine Demokratisierung des Landes einsetzen.

1996, 16./17. März Bei Präsidentschaftswahlen wird ROBERT MUGABE im Amt bestätigt.

19.–21. Jan. Nach Preissteigerungen kommt es in der Hauptstadt Harare zu **Plünderungen und Unruhen**.

3./4. März Generalstreik als Protest gegen Steuererhöhungen, die kurz zuvor von der Regierung verabschiedet worden sind. Stagnation der wirtschaftlichen Entwicklung.

12. Nov. 841 Großfarmer erhalten die Aufforderung, binnen zwei Wochen ihren Besitz zu räumen.

2000, 13. Febr. Ein **Verfassungsreferendum**, mit dem Präsident MUGABE versucht, seine Machtbefugnisse zu erweitern, wird mit 54,7 % der abgegebenen Stimmen abgelehnt.

Febr. Sog. Kriegsveteranen des Unabhängigkeitskrieges (1972–1980) beginnen mit Besetzungen von Farmen, die sich im Besitz von Weißen befinden.

6. April Das Parlament verabschiedet ein Gesetz, das die entschädigungslose Enteignung der weißen Großgrundbesitzer erlaubt.

24./25. Juni Bei den Parlamentswahlen erhält die regierende ZANU 92 von 150 Sitzen. 57 Sitze entfallen auf die erst 1999 gegründete *Movement for Democratic Change* (MDC) unter MORGAN TSVANGIRAI (*1952).

28. Juli Die Opposition ficht die Wahlergebnisse aus mindestens 37 Wahlbezirken an.

6. Sept. Der Farmerverband reicht Klage vor dem Obersten Gerichtshof gegen das im April erlassene Gesetz zur entschädigungslosen Enteignung ein. Der Klage wird am 10. Nov. stattgegeben, die Regierung setzt sich jedoch darüber hinweg.

2001, 13. Febr. Gestützt auf ein Urteil des Obersten Gerichtshofes beantragt die MDC die teilweise Annullierung der Wahlergebnisse vom 24./25. Juni 2000. Die Regierung antwortet mit verschärften Repressionen.

Juli Der Farmerverband erklärt sich bereit, 1 Mio. ha guten Farmlandes abzutreten, auf denen 20 000 landlose schwarze Familien angesiedelt werden könnten. Auf den besetzten Farmen gehen die Gewalttätigkeiten weiter, seit Febr. 2000 sind 40 Bauern und Landarbeiter ums Leben gekommen.

2002, 13. März ROBERT MUGABE erklärt sich zum Sieger der Präsidentenwahl. Der Wahl vorausgegangen ist eine massive **Einschüchterungskampagne** gegen den Herausforderer MORGAN TSVANGIRAI, die Wahl selbst verläuft unter chaotischen Begleitumständen.

19. März Simbabwe wird wegen der Unregelmäßigkeiten bei der Präsidentenwahl für ein Jahr aus dem *Commonwealth* ausgeschlossen.

9. Mai Das Parlament fordert die weißen Farmbesitzer auf, ihre Ländereien binnen 45 Tagen aufzugeben. Nach Ablauf der Frist erlässt die Regierung am 24. Juni ein Verbot jeder produktiven Tätigkeit auf insgesamt 2900 weißen Farmbetrieben. Dadurch werden 232 000 Landarbeiter arbeitslos.

9. Aug. Erste Verhaftungen weißer Farmer, die sich weigern, ihre Besitzungen zu verlassen.

26. Aug. In dem von MUGABE neu aufgestellten Kabinett sind nur noch Minister vertreten, die die Enteignungen der weißen Farmer befürworten.

2003, Jan. Hungeraufstände in mehreren Städten.

3. Febr. Beginn des Hochverratsprozesses gegen den Oppositionsführer TSVANGIRAI.

5.–8. Dez. Auf dem Commonwealth-Gipfel in Abuja (Nigeria) wird beschlossen, die Mitgliedschaft Simbabwes weiterhin zu suspendieren. Daraufhin tritt Simbabwe am 8. Dez. aus dem *Commonwealth* aus.

2004, April Nur noch ca. 3 % der ehemals über 4000 Farmen in weißem Besitz werden noch von Weißen bewirtschaftet.

2005, Mai Mit der *Operation Restore Order* versucht die Regierung, den informellen Kleinhandel einzudämmen. Die Polizei nimmt fast 10 000 Verhaftungen vor. Slums an den Rändern der Städte werden zerstört, um Zuwanderung vom Land zu verhindern. Die **wirtschaftliche Lage** Simbabwes ist weiterhin **desolat**. Ein Viertel der Bevölkerung hat das Land verlassen, 80 % sind arbeitslos.

26. Nov. Bei den Wahlen zum wieder eingeführten Senat (zweite Parlamentskammer) gewinnt die ZANU-PF 50 der 66 Sitze. Die Opposition hat sich über die Frage, ob sie an den Wahlen teilnehmen soll, gespalten.

2007, 11. März Nach einer Demonstration in Harare wird Oppositionsführer Tsvangirai verhaftet und schwer misshandelt.

Dez. Mugabes Teilnahme am EU-Afrika-Gipfel in Lissabon sorgt für einen Eklat.

2008, 29. März/3. April Die MDC gewinnt bei den Parlamentswahlen 109 der 210 Sitze und besiegt die regierende ZANU-PF von Präsident Mugabe.

2. Mai Nach dem offiziellen Ergebnis der Präsidentschaftswahlen hat Tsvangirai 47,9 % und Mugabe 43,2 % der Stimmen erhalten, sodass eine Stichwahl erforderlich ist. Die MDC spricht von Wahlfälschungen – nach ihren Ergebnissen kommt Tsvangirai auf über 50 % – und lässt zunächst offen, ob Tsvangirai an der Stichwahl teilnehmen wird.

Botswana (Betschuanaland) seit 1950

| Forts. v. S. 1373 |

1950, 5. Febr. **Thronprätendent Seretse Khama** (*1921, †1980) wird wegen seiner Heirat mit einer Engländerin von der südafrikanischem Druck nachgebenden britischen Regierung gebannt und nach London deportiert.

1956, 10. Okt. Nachdem Seretse Khama auf den Thronanspruch verzichtet hat, darf er nach Betschuanaland zurückkehren; seine Reputation als »Märtyrer« kolonialer Willkür bringt ihm breite Unterstützung bei seiner Hinwendung zu politischen Aktivitäten ein.

1960, 6. Dez. Gründung der antitraditionalistischen und antikolonialistischen *Bechuanaland People's Party* (BPP) unter Teilnahme zahlreicher politischer Flüchtlinge aus Südafrika.

1961 **Neue Verfassung**: Der 1950 eingesetzte Gemeinsame Beirat wird unter Beibehaltung paritätischer Besetzung zwischen Afrikanern und Weißen (zahlenmäßiges Verhältnis der Bevölkerung jedoch 99:1) zum Legislativrat umgewandelt und ein Exekutivrat eingesetzt.

1962, 29. Jan. Seretse Khama gründet die *Bechuanaland Democratic Party* (BDP), die die meisten der afrikanischen Legislativratsmitglieder zu sich herüberziehen kann.

1965, 1. März Nach Verkündung einer neuen Verfassung am 29. Jan. (innere Selbstregierung) ohne Repräsentationsprivilegien der weißen Minorität gewinnt die BDP mit ihrem Konzept eines Botswana-Nationalismus in einem »multirassischen« Staat und mit Unterstützung von Chiefs und reichen Viehbesitzern die ersten allgemeinen Wahlen mit 90 % der Sitze.

3. März Seretse Khama wird Premierminister, die Hauptstadt von Mafeking (Südafrika) nach Gaborone verlegt.

1966, 30. Sept. **Unabhängigkeit als Botswana** unter Präsident Sir Seretse Khama.

1969, 18. Okt. Wahlen: Die BDP erhält 77 % der Sitze; 10 % entfallen auf die *Botswana National Front* (BNF) mit ihrem Kontrastprogramm (Afrikanisierung, Verstaatlichung etc.).

1974, 26. Okt. Die BDP konsolidiert ihre Position bei Wahlen mit 84 % der Sitze.

1977, April Nach wiederholtem Eindringen rhodesischer Truppen erfolgt der Aufbau einer Armee.

1979, 20. Okt. Die BDP erhält bei Parlamentswahlen 91 % der Sitze; Wiederwahl Khamas zum Präsidenten.

1980, 13. Juli Präsident Khama stirbt; Nachfolger wird Vizepräsident Quett Ketumile Joni Masire (*1925).

1984, 8. Sept. Hoher Wahlsieg der regierenden BDP unter Staatspräsident Masire.

1985 Angriff südafrikanischer Einheiten auf Gaborone gegen vermutete ANC-Stützpunkte.

1989, 7. Okt. Parlamentswahlen: Die BDP erhält 31 der 38 Sitze, die BNF drei.

1994, 15. Okt. Bei den Parlamentswahlen gewinnt die Regierungspartei BDP 26 von 40 Sitzen,die BNF 13 Sitze. Präsident Masire wird von den Abgeordneten am 17. Okt. wiedergewählt.

1996, 22. Juli Aufgrund von Vorbehalten Namibias lehnt Deutschland die Lieferung von 50 gebrauchten Leopard I-Panzern der Niederlande an Botswana ab.

1998, 1. April Festus Gontebanye Mogae (*1939; BDP) wird neuer Staats- und Regierungschef.

1999 Botswanas Wirtschaft wächst seit 1965 jährlich im Durchschnitt um 11,4 %. Der Reichtum ist allerdings sehr ungleich verteilt, die Mehrheit der Bevölkerung in den ländlichen Gebieten lebt nach wie vor in ärmlichen Verhältnissen. Jeder dritte Erwachsene im Alter von 15 bis 49 Jahren ist mit Aids infiziert oder daran erkrankt.

16. Okt. Bei den Parlamentswahlen erringt die regierende BDP 33 der 40 Mandate.

13. Dez. Der Internationale Gerichtshof in Den Haag spricht die Insel Sedulu (namibisch Kasikili) im Chobe-Fluss Botswana zu.

2000, Nov. Die ethnische Minderheit der San erhebt gegen die Regierung den Vorwurf, sie wolle sie von ihrem Land vertreiben.

2001, März Die Regierung erklärt sich bereit, den Krankenhäusern **kostenlos Medikamente gegen Aids** zur Verfügung zu stellen.

2003, 20. Sept. Die Regierung kündigt für den Haushalt 2003/04 wegen der hohen Ausgaben für das Anti-Aids-Programm ein Defizit von 396 Mio. Dollar an.

Sept. An der Grenze nach Simbabwe wird mit dem Bau eines 4 m hohen elektrischen Sperrzauns begonnen. Die Maßnahme richtet sich vorgeblich gegen die Verbreitung der Maul- und Klauenseuche, doch soll damit vermutlich Armutsflüchtlingen aus Simbabwe die Einwanderung nach Botswana erschwert werden.

2004, 16. Okt. Aus den Parlamentswahlen geht die BDP als Siegerin hervor und gewinnt 44 der 57 Sitze. Wiederwahl Mogaes zum Staats- und Regierungschef.

2006, Dez. Der Oberste Gerichtshof in Lobatse urteilt, die Umsiedlung der San sei nicht rechtmäßig gewesen.

2008, 1. April Mogae tritt wie schon länger angekündigt von seinem Amt zurück. Neuer Präsident wird Ian Khama (*1953).

Namibia (Südwestafrika) seit 1946

| Forts. v. S. 1370 |

1946, 14. Dez. Der Antrag Südafrikas vom 7. Mai auf Übernahme von Südwestafrika (SWA) in sein eigenes Territorium wird von der UN-Generalversammlung abgelehnt.

1947/48 Südafrika kommt den Aufforderungen der UN-Generalversammlung zur Unterstellung des Mandats nicht nach. Es gewährt vielmehr SWA im April 1949 direkte Vertretung im südafrikanischen Parlament.

1950, 11. Juli Der **Internationale Gerichtshof** (IGH) bestätigt in einem Gutachten die Fortdauer der Mandate und die Rechtmäßigkeit ihrer Überwachung durch die UNO.

1954 Die südafrikanische Regierung übernimmt die seit 1928 vom SWA-Administrator ausgeübten Befugnisse über Angelegenheiten der afrikanischen Bevölkerung.

1959, 10. Dez. Eine Allianz aus *Ovamboland People's Organization* (OPO) unter Samuel Nujoma (*1929) und der *SWA National Union* (SWANU) unter Jariretundu Kozonguizi (*1932) sowie den Chiefs-Räten der Herero, Nama und Damara organisiert eine Massenkampagne gegen Umsiedlungsaktionen in der Region um Windhuk: 13 Tote bei Zusammenstößen mit der Polizei (»Katutura-Zwischenfall«).

1960, 19. April Mit Billigung des Herero-Rates gründet die OPO die **Southwest African People's Organization** (SWAPO)

4. Nov. Klage der ehemaligen Völkerbundmitglieder Liberia und Äthiopien gegen Südafrika vor dem Internationalen Gerichtshof wegen Verstoßes gegen die Mandatsbestimmungen.

1964, 27. Jan. Publikation des Berichts der im Sept. 1962 eingesetzten Odendaal-Kommission, die im Rahmen einer strukturellen Angliederung der SWA-Wirtschaft an Südafrika die Einführung der südafrikanischen Apartheidpolitik durch Errichtung von neun **»Homelands«** für die afrikanische Bevölkerung empfiehlt.

29. April Die Regierung Südafrikas nimmt den Bericht an, setzt die Empfehlungen jedoch angesichts des schwebenden IGH-Verfahrens im Wesentlichen erst seit 1968 in Kraft.

1966, 18. Juli Die aufgrund des Odendaal-Berichtes 1965 umgewandelte Klage Liberias und Äthiopiens gegen Verletzung von Menschenrechten wird vom IGH mit der Begründung der fehlenden Legitimation der Kläger zurückgewiesen; die inhaltliche Berechtigung der Klage wird nicht bestritten, die Verletzung von Mandatsnormen und Menschenrechten jedoch in die Kompetenz der UNO verwiesen.

26. Aug. Erste militärische Zusammenstöße zwischen SWAPO-Guerillas und südafrikanischen Truppen in Ovambo sowie Erklärung der Beendigung der südafrikanischen Mandatsherrschaft durch die UN-Generalversammlung am 27. Okt.; SWA wird der unmittelbaren Verantwortlichkeit der UNO unterstellt und das **Recht** des Volkes **auf Unabhängigkeit** bestätigt.

1968, 25. Jan. Erstmals schaltet sich der UN-Sicherheitsrat in die SWA-Frage ein und verurteilt Südafrika wegen der unter dem neuen südafrikanischen Terrorismus-Gesetz angestrengten Gerichtsverfahren gegen afrikanische Bewohner von SWA.

12. Juni **Einführung des Namens Namibia** für SWA durch die UNO und Bestätigung der Berechtigung des Kampfes gegen die illegale Besetzung des Landes. Südafrika verwirklicht in der Folge mit der Errichtung zahlreicher Homelands (jeweils mit Legislativrat und Exekutivausschuss; Ovamboland bereits März 1967) wesentliche Teile des Odendaal-Planes und führt dazu umfangreiche Umsiedlungsaktionen durch.

1969, 1. April Verstärkung der politisch-legislativen Integration Namibias in die Republik Südafrika durch die direkte Unterstellung zahlreicher Administrations-Sachgebiete unter die südafrikanische Regierung; Namibia wird faktisch fünfte Provinz Südafrikas.

1971, 21. Juni Ein neues IGH-Gutachten fordert Südafrika auf, sofort die unrechtmäßige Präsenz in Namibia zu beenden. Es erklärt zudem alle südafrikanischen Handlungen gegenüber Namibia nach dem 27. Okt. 1966 zu Gesetzesverstößen.

13. Dez. Beginn des größten Streiks in der Geschichte Namibias; mindestens 50 Tote.

1972, 4. Febr. Der UN-Sicherheitsrat beauftragt UNO-Generalsekretär Kurt Waldheim mit der südafrikanischen Regierung Kontakt aufzunehmen, um eine Lösung der Namibia-Frage zu erreichen; Waldheim besucht daraufhin im März Südafrika und Namibia.

1. Aug. Nach Vorlage des Waldheim-Berichts am 17. Juli bestätigt der UN-Sicherheitsrat das Recht Namibias auf Unabhängigkeit und territoriale Unverletzbarkeit.

1973, Mai Trotz der laufenden Verhandlungen mit der UNO setzt Südafrika die »Homeland«-Politik mit der Gewährung von Selbstregierung für Ovambo und Kavango und Wahlen im Aug./Sept. für die beiden Gebiete fort, dabei kommt es in Ovambo zum Fiasko durch Wahlboykott: 2,5 % Wahlbeteiligung.

11. Dez. UN-Sicherheitsrat beendet die Gespräche mit Südafrika. Die UN-Generalversammlung übernimmt die Resolution und erkennt die SWAPO als Repräsentanten des Volkes von Namibia an, am 18. Dez. wird ein UN-Kommissar für Namibia eingesetzt.

1974, Juni Massenexodus von ca. 6000 SWAPO-Anhängern wegen weitreichender Verhaftungswellen.

1975, Jan. Erneute **Wahlen für Ovambo**: 76 % Wahlbeteiligung unter massiven Repressionsmaßnahmen in Ovambo, 4 % im Süden und Zentrum Namibias unter den Ovambo-Wanderarbeitern; der Boykottversuch der durch den Exodus gelähmten SWAPO schlägt weitgehend fehl.

Febr. Aufspaltung der 1971 gegründeten *National Convention of Freedom Parties* (Sammelbecken der meisten politischen Organisationen der Afrikaner) nach dem Austritt der Inlands-SWAPO (Dez. 1974), die zusammen mit SWANU und anderen Gruppierungen die *Namibia National Convention* (NNC) bildet. Eine zweite Gruppierung v. a. aus Damara und Nama wird zum *National Council of Namibia* (NCN), der Rest bleibt als *National Convention* unter dem Herero-Chief CLEMENS KAPUUO (*1923, †1978) bestehen.

1. Sept. Beginn der von Südafrika bereits im Nov. 1974 angekündigten, nach ethnischen Gesichtspunkten zusammengesetzten **Turnhallenkonferenz** zur Ausarbeitung einer Verfassung. Die SWAPO bleibt ausgeschlossen.

1976, 30. Jan. Ultimatum des UN-Sicherheitsrats zum 31. Aug. 1976: Forderung nach Wahlen unter UNO-Aufsicht.

18. Aug. Verfassungsplan der Turnhallenkonferenz: »multirassische« Übergangsregierung, Unabhängigkeit für Ende 1978 unter Wahrung der regional-ethnischen Aufsplitterung des Landes. Die damit verbundenen Zusicherungen genügen den USA nicht, die sich seit April durch Außenminister HENRY KISSINGER in die Namibia-Frage eingeschaltet haben.

Okt. Nach drei Gesprächen zwischen KISSINGER und dem südafrikanischen Premier BALTHASAR JOHANNES VORSTER zwischen Juni und Sept. unterbreiten die USA einen eigenen Plan für Namibia.

1977, 18. März Endgültige Annahme eines Verfassungsentwurfs durch die Turnhallenkonferenz, dessen Verabschiedung durch das südafrikanische Parlament zurückgestellt wird, nachdem fünf westliche Mitglieder des UN-Sicherheitsrates intervenieren, die sich nun in die Lösung der Namibia-Frage auf der Grundlage der UN-Sicherheitsrats-Resolution Nr. 385 vom 30. Jan. 1976 einschalten.

April Nach dem Austritt der Inlands-SWAPO aus dem NNC schließt sich dieser mit dem NCN zur *Namibia National Front* (NNF) zusammen; andere Parteien schließen sich der SWAPO an.

1. Sept. Ein durch Südafrika neu eingesetzter Generaladministrator für Namibia regiert durch Proklamationen; die Kapprovinz übernimmt die Verwaltung von Walfischbai.

26. Sept. Aus der seit 1950 die Legislative dominierenden SWA-Sektion der südafrikanischen *Nasionale Party* spaltet sich ein Flügel unter DIRK MUDGE (*1928) ab, der sich am 5. Nov. mit der »Interessengemeinschaft deutschsprachiger Südwester« zur *Democratic Turnhalle Alliance* (DTA) zusammenschließt, während die Restpartei als »Aktionsfront zur Erhaltung der Turnhallen-Grundsätze« (AKTUR) verbleibt.

1978, 10. April Die Verhandlungsvorschläge der Westmächte (Wahlen unter UN-Aufsicht, Unabhängigkeit noch 1978, Reduzierung der südafrikanischen Truppen, Freilassung politischer Gefangener, Rückkehr exilierter Namibianer) werden dem UN-Sicherheitsrat zugeleitet. Nach einer nicht veröffentlichten »Klarstellung« der Westmächte stimmt Südafrika am 25. April zu.

28. April Südafrikanischer Angriff auf das SWAPO-Lager Kassinga in Angola mit ca. 600 Toten; die SWAPO suspendiert die Verhandlungen, stimmt dann jedoch unter Vorbehalten dem Westmächte-Plan zu, der daraufhin am 12. Juli auch vom UN-Sicherheitsrat angenommen wird. Dieser bekräftigt am 27. Juli zugleich die Notwendigkeit einer Eingliederung von Walfischbai in Namibia; Ernennung eines UN-Sonderbeauftragten zur Vorbereitung der Wahlen.

29. Aug. Die Vorschläge des UN-Sonderbeauftragten werden im Bericht KURT WALDHEIMS wiedergegeben, der die Verschiebung des Unabhängigkeitstermins sowie den Einsatz von 7500 Mann Militärpersonal und 360 Polizisten seitens der UNO während der Übergangsperiode empfiehlt.

Sept. Südafrika lehnt den Bericht ab, SWAPO und UN-Sicherheitsrat nehmen ihn an.

13. Nov. In einer »Kompromisslösung« werden die »internen« Wahlen nicht verhindert, jedoch vom UN-Sicherheitsrat vorab für ungültig erklärt.

4.–8. Dez. Manipulierte Wahlen unter Ausschluss von SWAPO und NNF: Die DTA gewinnt 82 % der Sitze.

1979, 27. April 40 SWAPO-Führer verhaftet; die SWAPO schließt alle Inlandsbüros.

23. Mai Nach Einsetzung einer **Nationalversammlung in Windhuk** am 21. Mai wird die südafrikanische UNO-Delegation von den Verhandlungen der UNO-Generalversammlung ausgeschlossen.

13.–17. Nov. Nach Wiederaufnahme (Aug.) der im März abgebrochenen Verhandlungen und neuen Vorschlägen der fünf Westmächte vom 2. Okt. spricht die Genfer Verhandlungsrunde über eine demilitarisierte Zone im Norden.

1980, 1. Juli **Bildung eines Ministerrats** innerhalb der Turnhallenverfassung unter DIRK MUDGE.

4. Sept. DANIE HOUGH (*1937) wird neuer Generaladministrator.

1981 Erweiterung der Rechte für Nationalversammlung und Ministerrat; Vorsitzender ist DIRK MUDGE.

1983, 18. Jan. Nach MUDGES Rücktritt übernimmt der Generaladministrator wieder die Regierung. Nationalversammlung und Ministerrat werden aufgelöst. Neuer Generaladministrator wird WIELLIE VAN NIEKERK (*1937).

1984, 29. Mai–12. Juni Auf einer Europareise bespricht PIETER WILLEM BOTHA Südafrikas Bedingungen für Rückzug aus Namibia.

1985, 7. Juni Einsetzung einer **Übergangsregierung und Nationalversammlung für Namibia** durch Südafrika, die von der UNO für illegal und nichtig erklärt wird.

1988, 22. Dez. Der Waffenstillstand zwischen Angola, Kuba und Südafrika vom 22. Aug. und die Unterzeichnung des Friedensabkommens zwischen Südafrika, Kuba und Angola, das den Angolakrieg beendet, regeln auch den **Unabhängigkeitsprozess für Namibia**.

1989, 28. Febr. Die nicht anerkannte Übergangsregierung löst sich auf. Ausbruch schwerer Kämpfe zwischen SWAPO und südafrikanischen Einheiten, die UN-Truppen nicht unterbinden können.

14. Sept. Rückkehr des SWAPO-Führers SAMUEL NUJOMA aus dem Exil.

7.–11. Nov. International überwachte **Wahlen** zur Verfassunggebenden Versammlung, die SWAPO erhält 57,3 %, die DTA 28,5 % der Stimmen.

1990, 9. Febr. Einstimmige Verabschiedung der **Verfassung** mit Mehrparteien- und Präsidialsystem, NUJOMA wird Präsident.

21. März **Unabhängigkeit der Republik Namibia**, die neue Regierung nimmt die Arbeit auf. Am 23. April wird Namibia 160. UNO-Mitglied.

1993, 15. Sept. Der Namibia-Dollar tritt als Währung an die Stelle des südafrikanischen Rand.

1994, 1. März Südafrika gibt seine Exklave Walfischbai an Namibia zurück.

7./8. Dez. Präsident Nujoma wird bei den ersten Präsidentschaftswahlen seit der Unabhängigkeit mit 76,3 % wiedergewählt. Die SWAPO gewinnt die gleichzeitigen Parlamentswahlen mit einem Anteil von 72,7 %.

1998, 23. Okt. Die Armee geht gegen Separatisten im sog. Caprivi-Zipfel im Nordosten des Landes vor.

Nov. Der Nationalrat stimmt einer Verfassungsänderung zu, die eine dritte Amtszeit des Präsidenten ermöglicht.

1999, 30. Nov./1. Dez. Bei den Präsidentschafts- und Parlamentswahlen wird Präsident Nujoma im Amt bestätigt, die regierende SWAPO erhält 70,3 % der Stimmen.

12. Dez. Die Regierung erteilt der angolanischen Armee die Erlaubnis, auf namibischem Gebiet gegen die UNITA-Rebellen vorzugehen.

13. Dez. Der Internationale Gerichtshof in Den Haag entscheidet den **Streit** zwischen Namibia und Botswana **um die Insel Kasiliki** im Chobe-Fluss zugunsten Botswanas.

2000, Dez. Analog zu der sich zuspitzenden Landreformfrage in Simbabwe nimmt auch in Namibia der Druck auf Präsident Nujoma zu. Seit der Unabhängigkeit sind erst 97 von 4000 Farmen aus weißem Besitz in die Hände schwarzer Familien gekommen.

2001, 7. Febr. Nujoma lässt verlauten, dass er die Landreform beschleunigen, jedoch weiterhin dafür sorgen will, dass Verkäufe freiwillig und gegen Entschädigung erfolgen.

2003 Die Ausbeutung der Diamantenminen (2003 1,55 Mio. Karat) ist mit dem Uranbergbau eine der Säulen der namibischen Wirtschaft. Weiterhin lebt das Land v. a. von Fischfang, Landwirtschaft (v. a. Viehzucht) und Tourismus

2004, 2. März Die Regierung beginnt mit dem Zwangsaufkauf von Farmen. Betroffen sind v. a. Farmen, deren Besitzer im Ausland wohnen, Ausländer sind, mehrere Farmen besitzen oder im Verdacht stehen, ihre Arbeiter auszubeuten.

Juni Herero-Vertreter ziehen ihre im Sept. 2002 bei einem US-Gericht eingereichte Klage gegen die deutsche Bundesregierung zurück. Die Herero hatten Entschädigungszahlungen für das 1904–1907 an ihnen begangene Unrecht bei der Niederschlagung ihres Aufstandes von der ehemaligen deutschen Kolonialmacht gefordert.

15./16. Nov. Bei den Parlamentswahlen siegt die SWAPO mit 75 % der Stimmen. Neuer Präsident wird Hifikepunye Pohamba (*1935) (Amtsantritt: 21. März 2005).

Lesotho (Basutoland) seit 1945/52

| Forts. v. S. 1373 |

Basutoland ist seit 1884 britisches Protektorat. 1952 gründet sich der *Basutoland African Congress* (BAC) unter dem aus der *Lekotla la Bafo*-Bewegung kommenden Ntsu Mokhehle (*1918, †1999). Auf die 1957 vom BAC abgespaltene *Marema Tlou Party* stützt sich Moshweshwe II. (*1938, †1996), dessen Nachfolge als *Paramount Chief* (endgültig: 12. März 1960) von zahlreichen Chiefs bekämpft wird.

1958, 9. Febr. Leabua Jonathan (*1914, †1987), ein Urenkel von Moshweshwe I. (*um 1786, †1870) gründet mithilfe der katholischen Kirche die *Basutoland* (ab 1966: *Basuto*) *National Party* (BNP) als konservative, antikommunistische und auf Kooperation mit Südafrika bedachte Partei gegen die panafrikanische *Basutoland Congress Party* (BCP, vor 1959/60: BAC).

1960, 20. Jan. Bei **Wahlen zu den Distriktsräten** gewinnt die BCP 45 % der Stimmen gegenüber 13,5 % der BNP und stellt damit 29 der 40 gewählten Abgeordneten für den Nationalrat.

1965 In einer weiteren Verfassung werden die Chiefs in einen eigenen Senat abgedrängt und Moshweshwe II. auf die Rolle eines konstitutionellen Monarchen beschränkt.

29. April Für Wahlen darf nur die BNP Werbung unter den vielen aus Basutoland stammenden Wanderarbeitern in Südafrika betreiben; sie gewinnt 52 % der Sitze, die BCP nur 42 %.

6. Mai Chief Sekkonyana Maseribane (*1918, †1986) wird vorübergehend Premierminister, bis Chief Leabua Jonathan nach einer Nachwahl am 7. Juli dieses Amt übernimmt.

1966, 4. Okt. **Unabhängigkeit des Landes als Lesotho**; Moshweshwe II. lässt es in Allianz mit der BCP durch Beharren auf Interventionsrechten zum Verfassungskonflikt kommen.

1970, 10. Jan. Jonathan ist als erster afrikanischer Premierminister auf Staatsbesuch in Südafrika.

30. Jan. Nach einem sich abzeichnenden Wahlsieg der BCP wird die Verfassung aufgehoben und der **Notstand erklärt**; Verhaftung von Oppositionsführern, der aufflammende Guerillakampf wird mit südafrikanischer Hilfe niedergeschlagen.

3. April Moshweshwe II. geht vorübergehend ins Exil, ca. 150 Menschen werden bei einem Zwischenfall mit der Polizei am 4. und 5. April getötet.

4. Dez. Moshweshwe II. beschränkt sich nach seiner Rückkehr auf Repräsentativfunktionen, ein Interimsparlament wird ernannt.

1974, 7. Jan. Nach einem angeblichen Putschversuch der Opposition werden zahlreiche BCP-Anhänger inhaftiert, ermordet oder können fliehen. Mokhehle gelingt die Flucht.

April Die **engen Beziehungen zu Südafrika** werden nach einer Phase der kritischeren Einstellung erneuert.

1979 Ab Mai kommt es zu einer Welle von Zusammenstößen mit BCP-Guerillas; Sabotageakte.

1983, Mai/Juni JONATHAN nimmt Beziehungen zur VR-China und zur Sowjetunion auf.

1986 Sturz von Premierminister JONATHAN durch einen Militärputsch unter JUSTIN METSING LEKHANYA (*1938), MOSHWESHWE II. wird König.

1990 LEKHANYA entmachtet MOSHWESHWE II.

1991, 30. April Bei einem **unblutigen Putsch** wird LEKHANYA abgesetzt. Ein Militärrat unter Oberst ELIAS PHISOANA RAMAEMA (*1933) übernimmt die Macht.

1992, 20. Juli Der 1990 von der Militärregierung LEKHANYA abgesetzte und durch seinen ältesten Sohn LETSIE III. (*1963) ersetzte König MOSHWESHWE II. kehrt aus dem englischem Exil nach Lesotho zurück, übernimmt aber nicht die Königsherrschaft.

1993, 27./28. März Nach den **ersten Parlamentswahlen** seit 1970 wird NTSU MOKHEHLE Premierminister.

1995, 25. Jan. Nach dem Thronverzicht LETSIES III., der im Aug. des vergangenen Jahres einen Putschversuch unternommen hatte, wird wieder sein Vater, MOSHWESHWE II., als Monarch eingesetzt.

1996, 7. Febr. Als König MOSHWESHWE II. bei einem Autounfall stirbt, tritt sein Sohn LETSIE III. erneut als König die Nachfolge an.

1998, 23. Mai Bei den Parlamentswahlen erringt der regierende *Lesotho Congress for Democracy* (LCD) aufgrund des Mehrheitswahlsystems 78 von 80 Sitzen. Den Antrag der Opposition auf Wahlwiederholung weist das Oberste Gericht am 4. Sept. ab.

10. Sept. Meuterei von Offizieren, die der Opposition nahe stehen. Abtrünnige und loyale Einheiten liefern sich Gefechte.

22. Sept. Einmarsch von Truppen aus Südafrika und Botswana, herbeigerufen von der Regierung.

14. Okt. **Abkommen zwischen Regierung und Opposition** unter Vermittlung Südafrikas.

2000, 30. Mai Die letzten Interventionstruppen ziehen sich zurück. In Lesotho beginnen umfassende Privatisierungsmaßnahmen.

2002, Mai Der LCD gewinnt die absolute Mehrheit bei den Parlamentswahlen. Der seit 1998 amtierende Premierminister BETHUEL PAKALITHA MOSISILI (*1945) bleibt im Amt.

2007, 17. Febr. Bei den Parlamentswahlen erleidet der LCD Verluste, gewinnt trotzdem knapp die absolute Mehrheit. MOSISILI bleibt Premierminister.

Swasiland seit 1949/50 | Forts. v. S. 1373 |

Nach der Rekonstituierung des europäischen Beirats 1949 (Mehrheit der gewählten nichtamtlichen Mitglieder) übernimmt 1950 die Kolonialverwaltung die direkte Kontrolle über Finanzen und Justiz.

1960 **Gründung der Swaziland Progressive Party** (SPP, hervorgegangen aus der 1929 gegründeten *Progressive Association*) unter JOHN NQUKU. Sie stützt sich auf die sehr kleine westlich gebildete Mittelschicht, vertritt ein sozialreformerisches panafrikanisches Programm, wendet sich gegen den Anschluss an Südafrika und stellt sich mit der Forderung nach Wahlen gegen den seit 1921 regierenden **König SOBHUZA II.** (*1899, †1982), der eine paritätische Besetzung (ohne Wahl) des Legislativrates durch Swasi-Aristokratie und Europäer anvisiert (»rassische Föderation«).

1963, 10. Juni Nach dem Scheitern von Verfassungskonferenzen im Jan./Febr. kommt es zu einem vom *Ngwane National Liberatory Congress* (NNLC) organisierten Generalstreik, den britische Truppen niederschlagen. Der NNCL (Abspaltung von der SPP) ist die einzige wirkliche Oppositionspartei, angeführt von AMBROSE ZWANE (*1924, †1998). NNLC-Führer werden verhaftet.

1964, 4. Jan. Großbritannien setzt eine Verfassung durch, gegen die SOBHUZA II. ein Protestreferendum organisiert und im Juni das *Imbokodvo National Movement* (INM) gründet.

25. Juni In Allianz mit der 1963 gegründeten *United Swaziland Association*, Partei der weißen Siedler, gewinnt das INM alle Sitze bei Wahlen, wendet sich dann von dieser Allianz ab und leitet mit antikolonialistischen Parolen (Ablehnung getrennter Repräsentation) einen Prozess der »nationalen Versöhnung« ein.

1967, 25. April **Swasiland** erhält eine **innere Selbstregierung** als »*Protected Kingdom*« unter Premier MAKHOSINI DLAMINI (*1914, †1978). Er ist der älteste Sohn des Königs und INM-Generalsekretär.

1968, 6. Sept. **Swasiland erhält die Unabhängigkeit** unter König SOBHUZA II. Parlament und Regierung degenerieren zu dessen Vollzugsorganen.

1973, 12. April SOBHUZA suspendiert die Verfassung. Er ruft den Notstand aus, lässt AMBROSE ZWANE verhaften, regiert ohne Parlament und Parteien und stellt im Sept. eigene Streitkräfte auf.

1976, 17. März Ernennung von Oberst MAPHEVU DLAMINI (*1922, †1979) zum Premierminister; das parlamentarische System wird zugunsten einer an traditionellen Vorbildern orientierten Form der Mitbestimmung abgeschafft.

1979, 24. Okt. Tod des Premierministers; Nachfolger wird am 23. Nov. MANDABALA FRED DLAMINI (*1930).

1982, 21. Aug. Tod von König SOBHUZA I. Seine Frau DZELIWE (*1927, †2003) regiert als Interimsregentin.

10. Aug. Nach internen Machtkämpfen wird sie durch Prinzessin NDLOVUKATI NTOMBI (*1950) abgelöst.

1986, 25. April Krönung Prinz MAKHOSETIVES als **König MSWATI III.** (*1968) von Swasiland.

1989, 12. Juli Entlassung von Premier SOTSHA DLAMINI (*1940), Nachfolger wird OBED DLAMINI (*1937).

1992, 9. Okt. König MSWATI III. löst das Parlament auf und beauftragt die Regierung, eine neue Verfassung auszuarbeiten.

1993, 4. Nov. Nach **Parlamentswahlen** (26. Sept./11. Okt.) ernennt der König Prinz JAMESON MBILINI DLAMINI zum neuen Premierminister. Der Ausnahmezustand (seit 1973) war am 27. Sept. aufgehoben worden.

1996, 26. Juli SIBUSISO BARNABAS DLAMINI (*1942) wird neuer Regierungschef, nachdem der König MBILINI DLAMINI am 8. Mai entlassen hatte.

2000, 1. Sept. Swasiland tritt der Zollunion bei, die auf dem Gipfeltreffen der Entwicklungsgemeinschaft des Südlichen Afrika (SADC) am 6./7. Aug. beschlossen worden ist. Bis 2008 sollen etwa 85 % der Zölle auf 12 000 Produkte aufgehoben werden.

2001, März Die Regierung lehnt eine Initiative der UNO ab, die Medikamente zur Verfügung stellen will, mit denen die Übertragung von Aids von der Mutter auf das ungeborene Kind verhindert werden kann. Swasiland hat mit 25,2 % eine der höchsten HIV-Infektionsraten Afrikas.

2001, 22. Juni König MSWATI III. reagiert auf die von der **Pro-Demokratie-Bewegung** erhobenen Forderungen nach einer Wiederzulassung von Parteien, allgemeinen Wahlen und der Errichtung einer konstitutionellen Monarchie mit der Verlängerung des Ausnahmezustandes, hebt diesen aber auf internationalen Druck hin Ende Juli wieder auf.

Aug. MSWATI III. legt auf einer Volksversammlung eine Verfassungsreform vor.

2003, Okt. Direktwahl von 55 Abgeordneten, die zusammen mit 10 vom König ernannten Abgeordneten das Unterhaus bilden. Parteien sind nicht zugelassen.

2006, Febr. Eine neue Verfassung tritt in Kraft. Parteien sind in ihr nicht ausdrücklich erwähnt, ihre Teilnahme an Wahlen nicht vorgesehen.

Republik Südafrika (Südafrikanische Union) seit 1948 | Forts. v. S. 1374 |

1948, 26. Mai Wahlsieg der burischen *Nasionale Party* (NP) unter DANIEL F. MALAN (*1874, †1959) mit einem Programm der Apartheid gegen die Smuts-Regierung. Am 6. Juni wird er Premierminister.

Apartheid-Gesetze

Zwischen 1949 und 1953 wird eine umfangreiche **Apartheid-Gesetzgebung** erlassen: Verbot »gemischtrassischer« Heiraten und intimer Beziehungen zwischen Weißen und Nichtweißen (1950, verschärft 1957); Registrierung der gesamten Bevölkerung nach »Rassenzugehörigkeit«; getrennte Wohngebiete für alle ethnischen Gruppen (Umsiedlungsaktionen betreffen v. a. Afrikaner und Inder); Gesetz zur Unterdrückung des Kommunismus (unkontrollierbare Vollmachten für den Justizminister, gegen alle emanzipatorischen Gruppen Nichtweißer sowie alle kommunistischen, radikalen oder liberalen weißen Verteidiger der Rechte Nichtweißer angewendet). Im *Bantu Authorities Act* (1951) wird der *Native Representation Council* (1936/37) durch regional gegliederte »Bantu-Behörden« (*Bantu*: burische Bezeichnung für Afrikaner) ersetzt, Protest gegen geltende Gesetze unter Strafe gestellt, Streikverbot für Afrikaner verfügt, ein besonderes Bildungsprogramm nur für Afrikaner (*Bantu Education Act*) und die »Rassentrennung« in öffentlichen Einrichtungen (»Kleine Apartheid«) eingeführt (alle 1953).

1952, April Beginn der vom *African National Congress* (ANC) und *South African Indian Congress* (SAIC) organisierten **»Ungehorsamkeitskampagne«**; nach heftigen Unruhen im Okt. kommt es im Jan. 1953 zu Notstandsmaßnahmen und massiver Gewaltanwendung seitens der Regierung.

1954, 30. Nov. JOHANNES G. STRIJDOM (*1893, †1958) wird Nachfolger MALANS; am 21. Jan. 1955 riskiert er eine Verfassungskrise, um die getrennte Wählerregistrierung und damit die seit 1951 betriebene Aufhebung des direkten Wahlrechts der Kap-Farbigen durchzusetzen.

20. Juni Durch Ernennung gefügiger Richter und Erweiterung des Senats (Zweite Kammer) mit Anhängern der Regierungspartei (NP) verschafft STRIJDOM am 27. Febr. 1956 der Wahlrechtsänderung die erforderliche Zustimmung.

1956, 26. Juni ANC, SAIC, *Coloured People's Organization* und *Congress of Democrats* (Weiße) verabschieden die Freiheitscharta mit Grundprinzipien für ein nicht rassistisches demokratisches Südafrika. 156 Mitglieder der Versammlung werden daraufhin im Dez. verhaftet; die Hochverratsprozesse gegen sie enden erst 1961. Der ANC verliert während dieser Zeit einen großen Teil seiner Führung.

1957 Weitere Einschränkung des Wohn- und Aufenthaltsrechts der Afrikaner außerhalb der Reservate und Verbot gemischtrassischer Gottesdienste (*Native Laws Amendment Act*).

1958, 2. Sept. Unter dem neuen Premier HENDRIK F. VERWOERD (*1901, †1966) erhält die **Apartheidpolitik** mit dem **»Prinzip der Getrennten Entwicklung«** (totale territoriale Trennung zwischen Schwarz und Weiß) eine neue Ausrichtung.

1959 Beginn der Homeland-Politik: Sie umfasst Richtlinien für die Schaffung von Selbstverwaltungen in den *Homelands* (aus den Reservaten hervorgehende »Heimatländer«, von Apartheidpolitikern zunächst *Bantustans* genannt) sowie die Abschaffung der Vertretung der Afrikaner durch Weiße im Parlament (*Promotion-of-Bantu-Self-Government Act*).

1960, 21. März Die Widerstandskampagne des 1959 vom ANC unter ALBERT LUTHULI (*1898, †1967) abgespaltenen *Pan-African Congress* (PAC) unter ROBERT SOBUKWE (*1924, †1978) gegen die Passgesetze führt zum **Massaker** der Polizei **in Sharpeville** mit 67 Toten und 180 Verletzten und zu blutigen Unruhen in Langa (Kapstadt).

30. März **Verhängung des Notstandsrechts**; Verbot von ANC und PAC, die Führer werden verhaftet.

3. April Attentat auf VERWOERD; in der Folge kommt es zur Verdrängung fast aller nicht weißer Organisationen ins Exil oder in den Untergrund.

1961, 31. März Nach dem Austritt aus dem britischen *Commonwealth* am 15. März auf Druck afrikanischer Staaten wird **Südafrika** aufgrund eines Referendums vom 5. Okt. 1960 (52 % Zustimmung) **Republik** mit einem Präsidenten als Staatsoberhaupt.

1961–1963 Ahndung von Sabotage mit der Todesstrafe (*Sabotage Act*), Inhaftierungsmöglichkeit ohne Haftbefehl; Beseitigung des Wohnrechts für Afrikaner in für Weiße reservierten Gebieten. Etwa 7 Mio. Afrikanern wird der Wanderarbeiterstatus aufgezwungen.

1963, 7. Dez. **Transkei-Autonomiestatut** (eigenes Parlament, Staatsbürgerschaft, Flagge und Hymne); nach den Wahlen wird KAIZER MATANZIMA (*1915, † 2003) erster Regierungschef eines Homelands.

1964, 12. Juni **Lebenslange Haftstrafen im Rivonia-Prozess** für acht Führer der afrikanischen Nationalbewegung, darunter NELSON MANDELA (*1918) und WALTER MAX ULYATE SISULU (*1912, † 2003).

1966, 30. März Nach Abkehr vom exklusiven burischen Nationalismus propagiert die NP die Einheit aller Weißen und gewinnt in den Wahlen erstmals die absolute Stimmenmehrheit, nachdem sie bereits seit 1953 die absolute Mehrheit der Sitze innehat.

6. Sept. VERWOERD, Ideologe und politischer Führer der Apartheid-Politik, stirbt nach einem Attentat. Der am 13. Sept. eingesetzte Nachfolger BALTHASAR JOHANNES VORSTER (*1915, †1983), im Zweiten Weltkrieg wegen pronationalsozialistischer Aktivitäten inhaftiert, treibt das Apartheid-System auch in Südwestafrika (Namibia) voran und leitet zugleich eine außenpolitische Entspannungspolitik im Verhältnis zum übrigen Afrika ein (1966–1975).

1967 Nach Zusammenstößen mit Guerillas in Namibia im Aug. 1966 wird für schwere Fälle von »Terrorismus« (weit gefasste Definition) die Todesstrafe vorgesehen (*Terrorism Act*).

1968, 1. Mai Der *Prevention of Political Interference Act* erzwingt die Rassentrennung auf parteipolitischer Ebene und führt zur Selbstauflösung der *Liberal Party* sowie zur Trennung der *Progressive Party* von ihrer nicht weißen Mitgliederschaft; zugleich kommt es zur Abschaffung der indirekten Parlamentsvertretung der »Kap-Farbigen«.

1970–1971 Durch den *Bantu Homelands Citizenship Act* (1970) und den *Bantu Homelands Constitution Act* (1971) wird Afrikanern die Staatsbürgerschaft ihres jeweiligen »Heimatgebietes« aufgezwungen.

1971, 18. März VORSTERS **Entspannungspolitik** wird durch das Angebot eines »Dialogs« mit afrikanischen Staaten sowie wirtschaftlicher und technischer Hilfe an sie konkretisiert; Swasiland, Mauritius, Elfenbeinküste, Liberia u. a. greifen die Initiative auf.

1972, Mai/Juni Nach Studentenunruhen an Universitäten Gründung der *Black People's Convention* als erster größerer, nicht auf ethnischen Kategorien beruhender, politischer Organisation für Afrikaner seit 1960.

1972/73 Wahlen in den Homelands (außer QwaQwa und KwaZulu), Einsetzung von Regierungschefs.

1973, Jan.–März **Arbeiterstreiks in Durban** mit 100 000 Teilnehmern dehnen sich auf zahlreiche andere Städte aus und ziehen bis 1975 eine Reihe weiterer Streiks nach sich.

1975, 19. März Die oppositionelle Arbeiterpartei der »Farbigen« gewinnt die Mehrheit im Kap-»Farbigenrat«, dessen Exekutive nach einem Votum gegen die Apartheidpolitik am 12. Nov. zurücktritt.

1976, 27. März Rückzug südafrikanischer Truppen aus Angola (Einmarsch im Aug. 1975); der UN-Sicherheitsrat verurteilt Südafrika am 30. März als Aggressor: VORSTERS Entspannungspolitik ist gescheitert.

16. Juni Nach Schülerstreiks an der Orlando-West-Schule am 17. Mai kommt es in Soweto (Johannesburg) zum **Massenprotest** von ca. 10 000 afrikanischen Schülern **gegen die Einführung von Afrikaans** (»Sprache der Apartheid«) als zweite Sprache. Aufgrund des Polizeieinsatzes weitet sich der Protest zu blutigen Unruhen aus und erfasst weite Teile des Landes.

Aug./Sept. Schüler und Studenten organisieren drei allgemeine Arbeitsboykotts, die sich zum **größten Streik** in der Geschichte **Südafrikas** ausweiten; die Unruhen erreichen außer den großen Städten auch einige Homelands, der Ausnahmezustand wird verhängt. Die Unruhen ziehen sich bis Mitte 1977 hin: über 1000 Menschen werden getötet, Tausende verurteilt oder gebannt.

26. Okt. Die Unabhängigkeit des Homelands Transkei wird international nicht anerkannt und von der UN-Generalversammlung für rechtsunwirksam erklärt. Trotzdem werden Bophutatswana am 6. Dez. 1977 und Venda am 13. Sept. 1979 für »unabhängig« erklärt.

1977, 12. Sept. Nach dem gewaltsamen Tod von STEVE BIKO (*1946, †1977), dem populären Führer der *South African Students' Organization* (Teil der *Black-Consciousness*-Bewegung), bei Verhören durch die Polizei kommt es zu Unruhen, 18 der wichtigsten politischen Organisationen der Afrikaner werden am 19. Okt. verboten.

4. Nov. Die UNO verhängt erstmals ein bindendes internationales **Waffenembargo** gegen Südafrika und stellt die Bedrohung des Weltfriedens durch Südafrika fest.

30. Nov. Hoher Wahlsieg (81 % der Sitze) der NP trotz zahlreicher Parteiengruppierungen.

1978, 20. Sept. Rücktritt von Premier VORSTER, der zum Staatspräsidenten gewählt wird.

28. Sept. Sein Nachfolger wird der bisherige Verteidigungsminister PIETER WILLEM BOTHA (*1916, † 2006).

1979, Mai Publikation der Berichte der im Juni 1977 eingesetzten Wiehan- sowie Riekert-Kommissionen mit Empfehlungen zur Abänderung von Teilen der Apartheidgesetzgebung.

4. Juni Rücktritt von Präsident VORSTER im Zusammenhang mit dem Erasmus-Bericht (Skandal über eine Verwicklung der Regierung in die geheime Finanzierung einer Zeitung und von Auslandspropaganda); Nachfolger wird MARAIS VILJOEN (*1915, † 2007).

30. Sept. Gründung der *Azania People's Organization* unter CURTIS NKONDO als erste offen operierende politisch-nationale Bewegung der Afrikaner seit 1977, in enger Anlehnung an den Zehnerrat Sowetos unter NTHATO MOTLANA (*1934). Sie ist gegen die 1975 gegründete Inkatha-Bewegung des KwaZulu-Führers Chief GATSHA BUTHELEZI (*1928) gerichtet, die mit der *Labour Party* (»Farbige«) und der *Reform Party* (»Inder«) am 11. Jan. 1978 die *Black Alliance* gebildet hat.

1981, 15. Dez. Der UN-Sicherheitsrat bezeichnet die Unabhängigkeitserklärung der Ciskei vom 4. Dez. als ungültig.

1983, 30. Juni Gründung einer Entwicklungsbank für das südliche Afrika.

1984, 16. Febr. **Abkommen mit Angola** über Truppenrückzug und Grenzsicherung für Namibia unterzeichnet.

16. März Südafrika schließt einen Nichtangriffspakt mit Moçambique ab (Nkomati-Abkommen).

3. Sept. Die neue Verfassung tritt in Kraft. Danach gibt es im Parlament separate Kammern für »Mischlinge« (»Farbige«) und Asiaten.

5. Sept. PIETER W. BOTHA wird zum ersten Staatspräsidenten Südafrikas mit Exekutivgewalt gewählt; damit wechselt das bisher britische Regierungsmuster zum amerikanischen.

1985, 12. März Die rigorose Umsiedlung von Schwarzafrikanern löst schwere Unruhen aus, veranlasst eine Protestresolution des UN-Sicherheitsrates und Sanktionsbeschlüsse, u. a. in den USA.

17. Juni In Namibia wird eine Übergangsregierung eingesetzt. Verhängung des Ausnahmezustands in 36 der 265 Bezirke Südafrikas am 21. Juli.

Nov. Erstes Treffen zwischen dem inhaftierten ANC-Führer NELSON MANDELA und einem Minister der NP-Regierung.

1986 Am 7. März wird der Ausnahmezustand zunächst aufgehoben, dann am 12. Juli für ganz Südafrika erklärt. Bei Unruhen 1985/86 gibt es ca. 1800 Tote.

1987 Einigung mit Zulu-Führer GATSHA BUTHELEZI auf eine gemeinsame Exekutivbehörde für Natal und das Homeland KwaZulu.

3. Nov. Bei Wahlen der für Weiße reservierten Kammer im Mai kann die NP die absolute Mehrheit verteidigen. Der Ausnahmezustand wird verlängert.

1988, 22. Dez. Das **Friedensabkommen Südafrikas mit Angola und Kuba** regelt die Unabhängigkeit Namibias.

1989, 2. Febr. BOTHA tritt nach Gesundheitsproblemen als NP-Parteivorsitzender zurück. Sein Nachfolger wird FREDERIK WILLEM DE KLERK (*1936).

14. Aug. Präsident PIETER W. BOTHA erklärt seinen Rücktritt. Bei Parlamentswahlen am 6. Sept. kann die NP die absolute Mehrheit knapp behalten, **neuer Präsident** wird FREDERIK WILLEM DE KLERK.

Ende der Apartheid

Wegen ihrer Apartheidpolitik wird die Republik Südafrika international isoliert und durch wirtschaftliche Sanktionen unter Druck gesetzt. Nach dem Rücktritt Präsident BOTHAS leitet sein Nachfolger DE KLERK eine radikale **Wende in der Innenpolitik** ein. Zwar hebt bereits BOTHA einzelne Apartheidgesetze auf, verhängt aber im Gegenzug u. a. den Ausnahmezustand und verbietet die Tätigkeit der Anti-Apartheidbewegung. DE KLERK legalisiert 1990 die verbotenen Organisationen und verfügt die Freilassung politischer Gefangener. Die Politik DE KLERKS stößt auf den **Widerstand vieler Buren**; v. a. die 1983 von der NP abgespaltene *Conservative Party* tritt für eine Beibehaltung der Apartheid ein. Trotzdem werden 1991 die rechtlichen Grundlagen des Apartheidsystems außer Kraft gesetzt. Nach der Eindämmung des von rechtsgerichteten Weißen geschürten Konflikts zwischen ANC und Inkatha-Bewegung befürwortet 1992 die Mehrheit der weißen Bevölkerung die Fortsetzung der Reformpolitik und die Ausarbeitung einer **neuen Verfassung**, die die Gleichberechtigung aller »Rassen« festschreibt. Bereits seit 1991 werden die bestehenden Sanktionen gegen Südafrika schrittweise aufgehoben (EG, UNO, USA, OAU). Mit den ersten allgemeinen und freien Wahlen und dem Amtsantritt von Staatspräsident NELSON MANDELA 1994 ist die weiße Herrschaft in Südafrika zu Ende.

Bevölkerungsgruppen in Südafrika (2006)

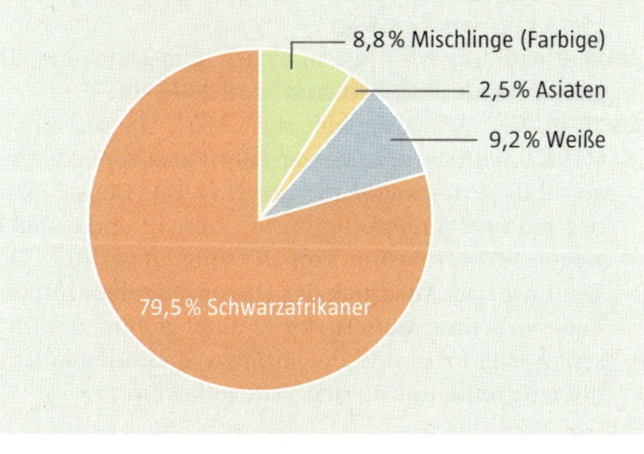

1990, 2. Febr. Beginn des Reformprogramms von Präsident DE KLERK: Das ANC- und PAC-Verbot wird aufgehoben.

11. Febr. **NELSON MANDELA wird freigelassen.**

21. März Namibia wird unabhängig.

8. Juli Aufhebung des Ausnahmezustandes außer für Natal.

15. Juli Beschluss der Inkatha-Bewegung, sich als politische Partei zu formieren.

7. Aug. Nach Gesprächen DE KLERKS mit dem ANC und nach Freilassung der politischen Gefangenen beendet der ANC den bewaffneten Kampf gegen die Regierung (12. Aug.).

Okt. Ausbruch gewalttätiger Machtkämpfe zwischen Inkatha-Bewegung und ANC, die die Regierung zunächst nicht eindämmen kann. Weitere **Lockerung der Apartheid**-Gesetzgebung.

1991, Jan. Vorschlag des ANC zur Durchführung einer Allparteien-Konferenz; erstes Treffen zwischen MANDELA und BUTHELEZI.

15. April Die EG-Außenminister heben die letzten Handelssanktionen gegen Südafrika auf.

5./17. Juni Die grundlegenden Apartheidgesetze werden abgeschafft: das Verbot des Landerwerbs für Schwarze (*Land Act*), die Trennung der Wohngebiete (*Group Areas Act*) und die Registrierung der Bevölkerung nach sog. Rassenzugehörigkeit (*Population Registration Act*) sowie das Gesetz zur Inneren Sicherheit (*Internal Security Act*).

10. Juli Die USA heben mehrere Sanktionen gegen Südafrika auf.

14. Sept. Staatspräsident DE KLERK, ANC-Führer NELSON MANDELA und GATSHA BUTHELEZI (Inkatha-Freiheitspartei) sowie 20 weitere Organisationen unterzeichnen ein Friedensabkommen in Johannesburg, in welchem sie sich zu Demokratie und zur Vermeidung von Gewalt verpflichten.

1992, 17. März In einem Referendum stimmen 68,7 % der weißen Bevölkerung für die Fortsetzung der Reformpolitik DE KLERKS zur Abschaffung der Apartheid und für die Ausarbeitung einer neuen Verfassung.

1993, 8. Okt. Die **UN-Generalversammlung hebt** alle **Wirtschaftssanktionen** gegen Südafrika mit Ausnahme des seit 1986 herrschenden Waffen- und Ölembargos **auf.**

7. Dez. Der Übergangsexekutivrat beginnt mit der Ausarbeitung einer Übergangsverfassung, die am 27. April 1994 in Kraft tritt. In dem Rat sind mit Vertretern von 19 Parteien alle am Reformprozess beteiligten Gruppierungen und Bevölkerungsteile Mitglied. Dies bedeutet das **Ende der weißen Vorherrschaft** in Südafrika.

10. Dez. FREDERIK WILLEM DE KLERK und NELSON MANDELA werden in Stockholm für ihren Einsatz bei der Abschaffung der Apartheid in der Republik Südafrika mit dem Friedensnobelpreis ausgezeichnet.

1994, 26.–29. April Der ANC gewinnt die Wahlen zur Nationalversammlung, an denen Angehörige aller »Rassen« teilnehmen, mit 62,7 % der Stimmen. Die NP DE KLERKS erhält 20,4 % der Stimmen.

9. Mai Das Parlament wählt ANC-Führer **NELSON MANDELA** zum ersten schwarzen **Staatspräsidenten** Südafrikas. Er ernennt den ANC-Vorsitzenden THABO MVUYELWA MBEKI (*1942) und den bisherigen Staatschef DE KLERK zu Vizepräsidenten sowie den Inkatha-Führer BUTHELEZI zum Innenminister.

1995, 6. Juni Das Verfassungsgericht schafft mit sofortiger Wirkung die Todesstrafe in Südafrika ab.

1996, 8. Mai Die verfassunggebende Versammlung in Kapstadt verabschiedet mit großer Mehrheit die neue Verfassung Südafrikas.

1997, 17. Dez. THABO MBEKI wird Nachfolger NELSON MANDELAS als Präsident des ANC.

1998, Sept. Präsident NELSON MANDELA überträgt aus Altersgründen seine Regierungsaufgaben an den Vizepräsidenten THABO MBEKI.

29. Okt. Die **Wahrheits- und Versöhnungskommission**, die politisch motivierte Verbrechen aus der Zeit zwischen 1960 und 1993 aufklären soll, legt ihren Abschlussbericht vor. Seit ihrer Einrichtung im April 1996 hat sie die Aussagen von 21 000 Personen erfasst und mehr als 2500 Opfer vernommen.

1999, 2. Juni Bei den Parlamentswahlen erhält der ANC 266 von 400 Mandaten und verfehlt damit das angestrebte Ziel einer verfassungsändernden Zweidrittelmehrheit um ein Mandat.

14. Juni Das neue Parlament konstituiert sich. MBEKI wird einstimmig zum neuen Präsidenten gewählt.

10. Okt. Erstmals gedenken Regierungsvertreter der schwarzen Opfer des Burenkrieges von 1899 bis 1902.

11. Okt. Mit der EU wird ein Vertrag über Handel, Entwicklung und Zusammenarbeit abgeschlossen.

2000, 26. Jan. Verabschiedung eines Gleichheitsgesetzes, das jede Art von rassischer Diskriminierung unter Strafe stellt.

Juni Auf der Internationalen Aids-Konferenz in Durban behauptet Präsident MBEKI, dass nicht das HI-Virus für Aids verantwortlich sei, sondern die große Armut in den Ländern Afrikas, und ruft damit weltweite Entrüstung hervor. Südafrika ist eines der am stärksten von Aids betroffenen Länder der Welt.

2001, April Gegen 30 einflussreiche südafrikanische Persönlichkeiten werden Korruptionsvorwürfe im Zusammenhang mit Rüstungsgeschäften erhoben.

19. April 41 führende Pharmaunternehmen, die seit 4. März gegen die südafrikanische Regierung wegen Verletzung ihrer Patentrechte prozessieren, ziehen ihre Klage zurück und schließen einen Vergleich, nachdem der Regierung die kostengünstige Einfuhr von Nachahmepräparaten (v. a. zur Behandlung von Aids) erlaubt wird.

Nov. Die Regierungspartei ANC vereinbart eine langfristige Zusammenarbeit mit dem NP-Nachfolger *New National Party* (NNP).

Dez. Ein Gericht in Pretoria korrigiert die umstrittene Aids-Politik der Regierung, indem es diese dazu verurteilt, allen schwangeren HIV-infizierten Frauen das Aids-Medikament Nevirapin auszuhändigen.

2002, 16.–20. Dez. Auf dem Parteitag des ANC wird THABO MBEKI einstimmig als Vorsitzender bestätigt. Der Parteitag erklärt Aids zu einem der drängendsten Probleme der Gegenwart. Das ist eine Abkehr vom bisherigen Herunterspielen der Aids-Problematik.

2003, 21. März Die seit 1995 tagende Wahrheitskommission empfiehlt in ihrem Abschlussbericht die Auszahlung einer Wiedergutmachung in Höhe von ca. 340 Mio. Euro. Präsident MBEKI kündigt am 15. April an, 22 000 namentlich aufgeführte Opfer jeweils mit ca. 3500 Euro zu entschädigen.

17. Nov. Die Regierung beginnt mit der Auszahlung der Entschädigung an Apartheidopfer.

19. Nov. Die Regierung beschließt ein landesweites Programm gegen Aids und den entsprechenden Ausbau des Gesundheitswesens. In Südafrika sind ca. 5 Mio. Menschen HIV-positiv.

2004, 30. Jan. Eine Änderung des Restitutionsgesetzes erlaubt der Regierung Landenteignungen ohne Gerichtsbeschluss vorzunehmen.

14. April Bei den Parlamentswahlen setzt sich der ANC erneut durch. Mit 69,7 % der Stimmen verfügt er über eine Zweidrittelmehrheit in der Nationalversammlung. Stärkste Oppositionspartei ist die Demokratische Allianz.

23. April Bei den Präsidentschaftswahlen wird THABO MBEKI im Amt bestätigt.

2005, 9. April Die NNP löst sich nach dem schlechten Ergebnis bei den Wahlen vom April 2004 auf.

2007, 18. Dez. Der Vizechef des ANC, JACOB ZUMA (*1942), wird gegen MBEKI zum Parteivorsitzenden gewählt. ZUMA stand mehrfach wegen Betrug, Korruption und Vergewaltigung vor Gericht und ist auch wegen Verharmlosung von HIV/Aids umstritten. Die Wahl wird als Ausdruck der Unzufriedenheit mit der Regierung interpretiert, der es nicht gelingt, die wirtschaftliche Krise und die sozialen Spannungen (u. a. hohe Kriminalität) in den Griff zu bekommen.

Register

Das Register ist zur bessern Übersicht in ein Personen- sowie in ein Orts- und Sachregister unterteilt. Im Registeralphabet werden ä wie a, ö wie o und ü wie u behandelt. Der Pfeil ↗ zeigt an, dass die gesuchte Information unter einem anderen Stichwort zu finden ist.

Personenregister

Im Personenregister werden nach dem Namen – soweit bekannt – die Lebensdaten mit Geburts- und Sterbejahr aufgeführt und anschließend die »Nationalität« und »Funktion« der Person beschrieben, etwa »französischer Politiker« oder »König von Dänemark«. Bei Ministerpräsidenten bzw. Premierministern, Präsidenten, Königen, Kaisern und Päpsten erscheinen danach noch die Regierungsjahre, z. B. »1978–1982« oder, wenn mit dem Tod auch die Regierungszeit endete, »seit 1346«. Genannt wird in der Regel nur das höchste Amt.

Die Personen werden mit ihrem Nachname, dann Vorname aufgeführt, Herrscher erscheinen unter ihrem Vornamen, der, soweit im Sprachgebrauch der Historiker üblich, eingedeutscht ist (James = Jakob, Juan = Johann). Bei gleichen Vornamen werden die Herrscher nach dem Alphabet ihres Landes oder ihrer Dynastie aufgeführt ohne Rücksicht auf Rangunterschiede, z. B. Bayern – England – Pfalz – Preußen. Die Kaiser bzw. Könige des Heiligen Römischen Reiches (Deutscher Nation) erscheinen jeweils als erstes, Päpste nach den Herrschern. Bei Doppelnamen richtet sich die Alphabetisierung nach dem ersten Namensbestandteil. Abschließend werden Personen aufgeführt, die nicht Herrscher waren und nur unter ihrem Vornamen bekannt sind, z. B.

- Friedrich I. Barbarossa (* 1122/24, † 1190), deutscher König seit 1152, Kaiser seit 1155

  …
- Friedrich Wilhelm (* 1771, † 1815), Herzog von Braunschweig
- Friedrich I. (Friedrich von Holstein) (* 1471, † 1533), König von Dänemark seit 1523 und Norwegen seit 1524

  …
- Friedrich I. von Wettin († 1152), Erzbischof von Magdeburg

Chinesische Namen werden vollständig wiedergegeben (z. B. Chou Enlai). Arabische Monarchen erscheinen im Regelfall unter ihrem vollständigen Namen (z. B. Harun ar-Raschid ibn al-Mahdi). Römische Personennamen sind unter dem Gentilnamen zu finden (z. B. Tullius Cicero, Marcus). Sind auch Kurzformen geläufig, wie Raschid oder Cicero, findet sich ein Verweis auf den Haupteintrag.

Orts- und Sachregister

Im Orts- und Sachregister steht bei Orten eine kurze geografische Einordnung, bei Schlachten, Verträgen und sonstigen Ereignissen eine Jahreszahl, bei vielen Sachstichwörtern eine Kurzbeschreibung. Bei Staaten und großen Reichen wird oft nach Epochen unterschieden und werden Unterstichwörter verwendet.

Städte erscheinen im Register immer zuerst, danach in alphabetischer Folge die dort abgehaltenen Konferenzen bzw. geschlossenen Verträge etc., z. B.

- London, Hauptstadt von Großbritannien
- London, Flottenkonferenz von (1936)

  …

Konferenzen von Organisationen erscheinen unter der jeweiliger Organisation, z. B.

- OPEC (Organization of Petroleum Exporting Countries)
- OPEC-Konferenzen

  …

Bei Orten, die unter einem antiken und einem modernen Namen bekannt sind, finden sich meist Verweise vom antiken Namen zum modernen Namen. Wenn in dem Werk unter dem modernen Namen kein Ereignis verzeichnet ist, finden sich alle Einträge unter dem antiken Namen und der Verweis läuft auf dieses Stichwort.

Abkürzungen

Im Register werden Adjektive wie »britisch« zu »brit.«, »chinesisch« zu »chin.« oder »westlich« zu »westl.« abgekürzt. Bei Personen wird wie im Haupttext * für geboren bzw. † für gestorben verwendet.

Folgende Abkürzungen werden darüber hinaus benutzt:

Bad.-Württ. = Baden-Württemberg
Bbg. = Brandenburg
Bez. = Bezeichnung
Bf. = Bischof
BRD = Bundesrepublik Deutschland
Bundespräs. = Bundespräsident
dt. = deutsche
Dtld. = Deutschland
Dyn. = Dynastie
Ebf. = Erzbischof
Ebtm. = Erzbistum
Ehz. = Erzherzog
ev. = evangelische
FNZ = Frühe Neuzeit
Fkr. = Frankreich
frz. = französische
Fst. = Fürst
Fstm. = Fürstentum
Gegenks. = Gegenkaiser
Gegenkg. = Gegenkönig
gegr. = gegründet
Gen.-Gouv. = Generalgouverneur
Gen.-Sekr. = Generalsekretär
Gouv. = Gouverneur
Gfst. = Großfürst
Ghtm. = Großherzogtum
Ghz. = Großherzog
GB = Großbritannien
Hl. = Heilige
Hz. = Herzog
Hztm. = Herzogtum
Ing. = Ingenieur
Kt. = Kanton
Kardinalbf. = Kardinalbischof
Kft. = Kurfürst
Kftm. = Kurfürstentum
Kg. = König
Kgs. = Königs
Kg.-Reich = Königreich
Kgn. = Königin
Ks. = Kaiser
Ksn. = Kaiserin
MA = Mittelalter
Meckl. = Mecklenburg
Meckl.-Vorp. = Mecklenburg-Vorpommern
Mgf. = Markgraf
Min.-Präs. = Ministerpräsident
Mitkg. = Mitkönig
Mitks. = Mitkaiser
Ndsachs. = Niedersachsen
NRW = Nordrhein-Westfalen
Osman. = Osmanisch
Patr. = Patriarchat
Pfgf. = Pfalzgraf
Pol. = Politiker
Präs. = Präsident
Prem.-Min. = Premierminister
Prov. = Provinz
Rep. = Republik
relig. = religiös
Rheinl.-Pf. = Rheinland-Pfalz
Sa. = Sachsen
Sa.-Anh. = Sachsen-Anhalt
Sammelbez. = Sammelbezeichnung
Schl. = Schlacht
Schlesw.-Holst. = Schleswig-Holstein
Schriftst. = Schriftsteller
Sul. = Sultan
Sult. = Sultanat
Syn. = Synode
Teil-Rep. = Teilrepublik
Thür. = Thüringen
Tyr. = Tyrann
Univ. = Universität
VAE = Vereinigte Arabische Emirate
Vizekg. = Vizekönig
Vtg. = Vertrag
VR = Volksrepublik
Württ. = Württemberg

A

B

B

C

C

D

E

F

G

H

H

I

J

K

K

K
L

M

L M

M

M

N

P

S

S

S

U

V

X

Y

Z

A

B

D

D

E

F

H

I

H I

I

J

K

L

K L

M

M

O

P

P

Q

R

P
Q
R

S

R
S

S

S

T

T

T

U

V

W

Weiterführende Bibliografie

Vorgeschichte

Cunliffe, B.: Die Kelten und ihre Geschichte, Bergisch Gladbach 1997.
Cunliffe, B. (Hg.): Illustrierte Vor- und Frühgeschichte Europas, Köln 2001.
Demakopoulou, K. u. a. (Hg.): Götter und Helden der Bronzezeit: Europa im Zeitalter des Odysseus, 25. Ausstellung des Europarats, Ostfildern 1999.
Freeden, U. v.; Schnurbein, S. v. (Hg.): Spuren der Jahrtausende. Archäologie und Geschichte in Deutschland. Stuttgart 2002.
Harding, A. F.: European Societies in the Bronze Age, Cambridge 2000.
Henke, W.; Rothe H.: Stammesgeschichte des Menschen: Eine Einführung, Berlin 1999.
Kristiansen, K.; Larsson, T. B.: The Rise of Bronze Age Society. Travels, Transmissions and Transformations, Cambridge 2005.
Kristiansen, K.: Europe before History, Cambridge 1998.
Kruta, V.: Die Anfänge Europas von 6000 bis 500 v. Chr., München 1993.
Leakey, R. E.; Lewin, R.: Wie der Mensch zum Menschen wurde, Hamburg 1996.
Lichardus, J. (Hg.): Die Kupferzeit als historische Epoche. Symposium Saarbrücken und Otzenhausen 6.–13.11.1988, Bonn 1991.
Müller-Beck, H.: Die Steinzeit: Der Weg der Menschheit in die Geschichte, München 2004.
Preuss, J. (Hg.): Das Neolithikum in Mitteleuropa, Wilkau-Hasslau 1998.
Rieckhoff, S.; Theiss, J. B. von: Die Kelten in Deutschland, Stuttgart 2001.
Schrenk, F.; Brommage, T.: Adams Eltern: Expeditionen in die Welt der Frühmenschen, München 2002.
Uelsberg, G. (Hg.): Roots – Wurzeln der Menschheit, Mainz 2006.
Weniger, G.-C.; Erlbruch, W.: Projekt Menschwerdung: Streifzüge durch die Entwicklungsgeschichte des Menschen, Heidelberg 2003.

Altertum

Die Hochkulturen des Alten Orients

Assmann, J.: Ägypten. Eine Sinngeschichte, Frankfurt a. M. 2003.
Bichler, R.: Herodots Welt: Der Aufbau der Historie am Bild der fremden Länder und Völker, ihrer Zivilisation und ihrer Geschichte, Berlin 2001.
Cancik-Kirschbaum, E. C.: Die Assyrer. Geschichte, Gesellschaft, Kultur, München 2003.
Dickinson, O. T. P. K.: The Aegean Bronze Age, Cambridge 1994.
Edzard, D. O.: Geschichte Mesopotamiens: Von den Sumerern bis zu Alexander dem Großen, München 2004.
Fitton, J. L.: Die Minoer, Stuttgart 2004.
Fritz, V.: Die Entstehung Israels im 12. und 11. Jahrhundert v. Chr., Stuttgart 1996.
Hölbl, G.: Geschichte des Ptolemäerreiches: Politik, Ideologie und religiöse Kultur von Alexander dem Großen bis zur römischen Eroberung, Darmstadt 2004.
Jursa, M.: Die Babylonier: Geschichte, Gesellschaft, Kultur, München 2004.
Klengel, H.: Geschichte des hethitischen Reiches, Leiden 1999.
ders.: Syria 3000 to 300 B. C. A Handbook of Political History, Berlin 1992.
Lemche, N. P.: Die Vorgeschichte Israels: Von den Anfängen bis zum Ausgang des 13. Jahrhunderts v. Chr., Stuttgart 1996.
Metzger, M.: Grundriss der Geschichte Israels, Neukirchen-Vluyn ^{11}2004.
Mieroop, M. Van De: A History of the Ancient Near East ca. 3000–323 BC, Oxford 2006.
Olbrycht, M. J.: Parthia et ulteriores gentes: Die politischen Beziehungen zwischen dem arsakidischen Iran und den Nomaden der eurasischen Steppen, München 1998.
Otto, B.: König Minos und sein Volk. Das Leben im alten Kreta, Düsseldorf 2000.
Parzinger, H.: Die Skythen, München 2004.
Potts, D. T.: The Arabian Gulf in Antiquity, Oxford 1992.
ders.: The Archaeology of Elam, Cambridge 1999.
Salvini, M.: Geschichte und Kultur der Urartäer, Darmstadt 1995.
Schäfer, J.; Yule, P.: Die Archäologie der altägäischen Hochkulturen, Heidelberg 1998.
Schiltz, V.: Die Skythen und andere Steppenvölker: 8. Jahrhundert v. Chr. bis 1. Jahrhundert n. Chr., München 1994.
Schippmann, K.: Grundzüge der Geschichte des sasanidischen Reiches, Darmstadt 1990.
Schlögl, H. A.: Das Alte Ägypten: Geschichte und Kultur von der Frühzeit bis zu Kleopatra, München 2006.
Schneider, T.: Lexikon der Pharaonen. Die altägyptischen Könige von der Frühzeit bis zur Römerherrschaft, Zürich 2002.
Schuol, M.: Die Charakene: Ein mesopotamisches Königreich in hellenistisch-parthischer Zeit, Stuttgart 2000.
Selz, G. J.: Sumerer und Akkader: Geschichte, Gesellschaft, Kultur, München 2005.
Siebenmorgen, H. u. a. (Hg.): Im Labyrinth des Minos: Kreta – die erste europäische Hochkultur, München 2000.
Veenhof, K. R.: Geschichte des Alten Orients bis zur Zeit Alexanders des Großen, Göttingen 2001.
Wengrow, D.: The Archaeology of Early Egypt. Social Transformations in North-East Africa, 10,000–2,650 BC., Cambridge 2006.
Wiesehöfer, J. (Hg.): Das Partherreich und seine Zeugnisse, Stuttgart 1998.
ders.: Das frühe Persien. Geschichte eines antiken Weltreichs, München 2006.
Wittke, A.-M.: Mušker und Phryger: Ein Beitrag zur

Geschichte Anatoliens vom 12. bis zum 7. Jh. v. Chr., Wiesbaden 2004.

Die europäische Antike

Ameling, W.: Karthago: Studien zu Militär, Staat und Gesellschaft, München 1993.
Baltrusch, E.: Die Juden und das Römische Reich: Geschichte einer konfliktreichen Beziehung, Darmstadt 2002.
Bechert, T.: Die Provinzen des Römischen Reiches: Einführung und Überblick, Mainz 1999.
Blech, M. u. a. (Hg.): Denkmäler der Frühzeit (Hispania Antiqua), Mainz 2001.
Bleicken, J.: Geschichte der Römischen Republik, München [6]2004.
Brandt, H.: Konstantin der Große: Der erste christliche Kaiser, eine Biografie, München 2007.
Cornell, T. J.: The Beginnings of Rome. Italy and Rome from the Bronze Age to the Punic Wars, London 1995.
Demandt, A.: Die Spätantike: Römische Geschichte von Diocletian bis Justinian, 284–565 n. Chr., München 2007.
Eck, W.: Die Verwaltung des römischen Reiches in der Hohen Kaiserzeit, Basel (Bd. 1) 1995, (Bd. 2) 1997.
Gebhardt, A.: Imperiale Politik und provinziale Entwicklung: Untersuchungen zum Verhältnis von Kaiser, Heer und Städten im Syrien der vorseverischen Zeit, Berlin 2002.
Gehrke H.-J. u. a. (Hg.): Geschichte der Antike: Ein Studienbuch, Stuttgart 2006.
ders.: Geschichte des Hellenismus, München 2003.
Heather, P.: Der Untergang des römischen Weltreichs, Stuttgart 2007.
Heftner, H.: Der Aufstieg Roms: Vom Pyrrhos-Krieg bis zum Fall von Karthago, Regensburg 2005.
Heinen, H.: Geschichte des Hellenismus. Von Alexander bis Kleopatra, München 2003.
Hölkeskamp, K.-J. u. a. (Hg.): Von Romulus bis Augustus. Große Gestalten der römischen Republik, München 2000.
Hornblower, S.: The Greek World, 479–323 BC. London [3]2002
Huss, W.: Ägypten in hellenistischer Zeit: 332–30 v. Chr., München 2001.
Jacques, F. u. a.: Rom und das Reich in der Hohen Kaiserzeit, 44 v.Chr.–260 n.Chr., Stuttgart 1998.
Lembke, K.: Ägyptens späte Blüte. Die Römer am Nil, Mainz 2004.
Lepelley, C.: Rom und das Reich in der Hohen Kaiserzeit. Die Regionen des Reiches, München und Leipzig 2001.
Leppin, H.: Theodosius der Große, Darmstadt 2003.
Linke, B.: Die römische Republik von den Gracchen bis Sulla, Darmstadt 2005.
Martin, J. (Hg.): Das Alte Rom. Geschichte und Kultur des Imperium Romanum, München 1994
Mitchell, S.: A History of the Later Roman Empire, AD 284–641, Oxford 2007.
Murray, O. u. a.: Die Geschichte des antiken Griechenland, Düsseldorf 2006.
Pohl, W.: Die Völkerwanderung. Eroberung und Integration, Stuttgart 2005.
Schlunk, H. u. a. (Hg.): Die Denkmäler der frühchristlichen und westgotischen Zeit (Hispania Antiqua), Mainz 1996.
Schulz, R.: Die Antike und das Meer, Darmstadt 2005.
Sommer, M.: Die Phönizier: Handelsherren zwischen Orient und Okzident, Stuttgart 2005.
ders.: Roms orientalische Steppengrenze: Palmyra-Edessa-Dura-Europos-Hatra. Eine Kulturgeschichte von Pompeius bis Diocletian, Stuttgart 2005.
Stahl, M.: Gesellschaft und Staat bei den Griechen: Archaische Zeit, Paderborn 2003.
Trillmich, W. u. a. (Hg.): Denkmäler der Römerzeit (Hispania Antiqua), Mainz 1993.
Welwei, K.-W.: Das klassische Athen: Demokratie und Machtpolitik im 5. und 4. Jahrhundert, Darmstadt 1999.
ders.: Athen: Vom neolithischen Siedlungsplatz zur archaischen Großpolis, Darmstadt 1992.
ders.: Sparta: Aufstieg und Niedergang einer antiken Großmacht, Stuttgart 2004.
Wolfram, H.: Gotische Studien. Volk und Herrschaft im frühen Mittelalter, München 2005.
ders.: Die Goten. Von den Anfängen zur Mitte des 6. Jahrhunderts. Entwurf einer historischen Ethnographie, München [4]2001.

Europa

Westeuropa

Alexander, M.: Medievalism: The Middle Ages in modern England, New Haven 2007.
Calmes, C.: Gründung und Werden eines Landes: 1815 bis heute, Luxemburg 1989.
Dumont, G.-H.: Histoire de la Belgique, Brüssel 2000.
Ehlers, J.: Geschichte Frankreichs im Mittelalter, Stuttgart 1987.
Elvert, J.: Geschichte Irlands, München [4]2003.
Erbe, M.: Belgien, Niederlande, Luxemburg: Geschichte des niederländischen Raumes, Stuttgart 1993.
Esser, R.: Die Tudors und die Stuarts: 1485–1714, Stuttgart 2004.
Favier, J.: Frankreich im Zeitalter der Lehnsherrschaft: 1000–1515, Stuttgart 1989.
Favier, J. (Hg.): Geschichte Frankreichs, 7 Bde. Stuttgart 1989–1995.
Fryde, N., Vollrath, H.: Die englischen Könige im Mittelalter. Von Wilhelm dem Eroberer bis Richard III., München 2004.
Hinrichs, E. (Hg.): Kleine Geschichte Frankreichs, Stuttgart [4]2006.
Kastendiek, H. u. a. (Hg.): Länderbericht Großbritannien: Geschichte, Politik, Wirtschaft, Gesellschaft, Kultur, Opladen 2007.
Kinealy, C.: Geschichte Irlands, Essen 2004.
Kossmann-Putto, J. A.: Die Niederlande. Geschichte der nördlichen und südlichen Niederlande, Rekkem [5]1995.
Kuhn, A.: Die Französische Revolution, Stuttgart 2004.
Loth, W.: Geschichte Frankreichs im 20. Jahrhundert, Frankfurt a. M. 1995.
Maurer, M.: Kleine Geschichte Englands, Bonn 2005.
North, M.: Geschichte der Niederlande, München 2003.

Pryor, F.: Britain in the Middle Ages: An archaeological history, London 2007.
Schröder, H.-C.: Englische Geschichte, München [5]2006.
Thamer, H.-U.: Die französische Revolution, München 2004.
Ullrich, V.: Napoleon, Reinbek 2006.
Weisenfeld, E.: Geschichte Frankreichs seit 1945. Von de Gaulle bis zur Gegenwart, München 1997.
Wende, P.: Großbritannien 1500–2000, München 2001.
Werner, K.-F.: Die Ursprünge Frankreichs bis zum Jahr 1000, München 1995.

Mitteleuropa

Althoff, G.: Die Ottonen: Königsherrschaft ohne Staat, Stuttgart 2005.
Bahrmann, H.; Links, Ch.: Chronik der Wende, Berlin 1994/95.
Benz, W. (Hg.): Deutschland unter alliierter Besatzung 1945–1949/55. Ein Handbuch, Berlin 1999.
Boockmann, H.: Stauferzeit und spätes Mittelalter, Deutschland 1125–1517, Berlin 1987.
Boshof, E.: Königtum und Königsherrschaft im 10. und 11. Jahrhundert, München 1997.
Boshof, E.: Die Salier, Stuttgart [4]2000.
Clark, Ch.: Preußen. Aufstieg und Niedergang. 1600–1947, München 2007.
Bruckmüller, E.: Sozialgeschichte Österreichs, München 2001.
Burgard, P. (Hg.): Die Frühe Neuzeit: Ein Lesebuch zur deutschen Geschichte 1500–1815, München 1997.
Ehlers, J.: Die Entstehung des deutschen Reiches, München 1998.
Engels, O.: Die Staufer, Stuttgart [8]2005.
Evans, R. J.: Das Dritte Reich, München 2004.
Fried, J.: Der Weg in die Geschichte. Die Ursprünge Deutschlands bis 1024, Berlin 1994.
Görich, K.: Die Staufer. Herrscher und Reich, München 2006.
Görtemaker, M.: Geschichte der Bundesrepublik Deutschland: Von der Gründung bis zur Gegenwart, Frankfurt a. M. 2004.
Gotthard, A.: Das Alte Reich, 1495–1806, Darmstadt 2006.
Hägermann, D.: Karl der Große: Herrscher des Abendlandes, München 2003.
Haverkamp, A.: Aufbruch und Gestaltung. Deutschland 1056–1273, München 1993.
Hein, D.: Die Revolution von 1848/49, München [4]2007.
Hertfelder, T.: Modell Deutschland: Erfolgsgeschichte oder Illusion?, Göttingen 2007.
Hettling, M.: Eine kleine Geschichte der Schweiz. Der Bundesstaat und seine Traditionen. Frankfurt a. M. 1998.
Im Hof, U.: Geschichte der Schweiz, Stuttgart [7]2001.
Kershaw, I.: Hitler, München 2002.
Kolb, E.: Der Frieden von Versailles, München 2005.
Longerich, P.: Politik der Vernichtung: Eine Gesamtdarstellung der nationalsozialistischen Judenverfolgung, München 1998.
Müller, R.-D.: Der letzte deutsche Krieg: 1939–1945, Stuttgart 2005.
Neitzel, S.: Blut und Eisen: Deutschland und der Erste Weltkrieg, Zürich 2003.
Nipperdey, Th.: Deutsche Geschichte 1800–1866. Bürgerwelt und starker Staat, München [6]1993.
Ritter, G. A.: Der Preis der deutschen Einheit: Die Wiedervereinigung und die Krise des Sozialstaats, München 2007.
Schmidt, R. F.: Otto von Bismarck (1815–1918), Realpolitik und Revolution, Stuttgart 2004.
Schneidmüller, B.: Die Welfen. Herrschaft und Erinnerung 819–1252, Stuttgart 2000.
Schroeder, K.: Der SED-Staat. Partei, Staat und Gesellschaft 1949–1990, München 1998.
Schubert, E.: Einführung in die deutsche Geschichte im Spätmittelalter, Darmstadt 1998.
Schulze, H.: Der Weg zum Nationalstaat: Die deutsche Nationalbewegung vom 18. Jahrhundert bis zur Reichsgründung, München [5]1997.
Stollberg-Rilinger, B.: Das Heilige Römische Reich Deutscher Nation. Vom Ende des Mittelalters bis 1806, München 2007.
Stürmer, M.: Das ruhelose Reich. Deutschland 1866–1918, Berlin 1994.
Thoß, B. u. a. (Hg.): Erster Weltkrieg – Zweiter Weltkrieg. Ein Vergleich. Krieg, Kriegserlebnis, Kriegserfahrung in Deutschland, Paderborn 2005.
Ullrich, V.: Die nervöse Großmacht: Aufstieg und Untergang des deutschen Kaiserreichs 1871–1918, Frankfurt a. M. 2007.
Vocelka, K. u. a.: Die private Welt der Habsburger: Leben und Alltag einer Familie, Graz 1998.
ders.: Geschichte Österreichs. Kultur – Geschichte – Politik, München 2004.
Weber, H.: Die DDR 1945–1990, München [4]2006.
Winkler, H. A.: Der lange Weg nach Westen, 2 Bde., München [6]2005.
ders.: Weimar 1918–1933: Die Geschichte der ersten deutschen Demokratie, München 1998.
Wright, J.: Gustav Stresemann: 1878–1929. Weimars größter Staatsmann, München 2006.

Nordeuropa

Bohn, I.: Finnland: Von den Anfängen bis zur Gegenwart, Regensburg 2005.
Bohn, R.: Dänische Geschichte, München 2002.
Bracher, U.: Geschichte Skandinaviens, Stuttgart 1968.
Findeisen, J.-P.: Schweden: Von den Anfängen bis zur Gegenwart, Regensburg 2003.
ders.: Gustav Adolf von Schweden. Der Eroberer aus dem Norden, Gernsbach 2005.
Fleischer, J.: A short history of Greenland, Kopenhagen 2003.
Hjalmarsson, J. R.: Die Geschichte Islands: Von der Besiedlung zur Gegenwart, Reykjavik 2001.
Kaufhold, M.: Europas Norden im Mittelalter: Die Integration Skandinaviens in das christliche Europa (9.–13. Jahrhundert), Darmstadt 2001.
Nordstrom, B. J.: Scandinavia since 1500, Minneapolis 2000.

Petrick, F.: Norwegen: Von den Anfängen bis zur Gegenwart, Regensburg 2002.
Sawyer, P.: Medieval Scandinavia. From Conversion to Reformation circa 800–1500, Minneapolis/London [5]2000.
Schnütgen, A.: Island: Vulkaninsel zwischen Europa und Amerika, Köln [5]1995.

Südeuropa

Altgeld, W. u. a.: Kleine Geschichte Italiens, Stuttgart 2007.
Bernecker, W. L. (Hg.): Die spanischen Könige. 18 historische Portraits vom Mittelalter bis zur Gegenwart, München 1997.
Bernecker, W. L., Discherl, K. (Hg.): Spanien heute: Politik, Wirtschaft, Kultur, Frankfurt a. M.[4]2004.
Bernecker, W. L.: Krieg in Spanien 1936–1939, Darmstadt 2005.
ders.: Spanien-Handbuch: Geschichte und Gegenwart, Tübingen 2006.
ders.: Spaniens Geschichte seit dem Bürgerkrieg, München 1997.
ders.: Spanische Geschichte: vom 15. Jahrhundert bis zur Gegenwart, München [4]2006.
Bernecker, W. L., Pietschmann, H.: Geschichte Spaniens: Von der frühen Neuzeit bis zur Gegenwart, Stuttgart [4]2005.
dies.: Geschichte Portugals: Vom Spätmittelalter bis zur Gegenwart, München 2008.
Briesemeister, D. u. a. (Hg.): Portugal heute: Politik, Wirtschaft, Kultur, Frankfurt a. M. 1997.
Burke, P.: Die Renaissance in Italien: Sozialgeschichte einer Kultur zwischen Tradition und Erfindung, Berlin 1996.
Collado Seidel, C. u. a.: Spanien: Mitten in Europa. Zum Verständnis der spanischen Gesellschaft, Kultur und Identität, Frankfurt a. M. 2003.
Collins, R.: Visigothic Spain 409–711, Malden 2006
Goez, W.: Geschichte Italiens in Mittelalter und Renaissance, Darmstadt 1988.
Hanlon, G.: Early Modern Italy. 1550–1800: Three seasons in European history, Basingstoke 2000.
Herbers, K.: Geschichte Spaniens im Mittelalter: Vom Westgotenreich bis zum Ende des 15. Jahrhunderts, Stuttgart 2006.
Kreienbrink, A.: Einwanderungsland Spanien: Migrationspolitik zwischen Europäisierung und nationalen Interessen, Frankfurt a. M. 2004.
Lill, R.: Geschichte Italiens in der Neuzeit, Darmstadt [4]1994.
Martino, A.: Spanien zwischen Regionalismus und Föderalismus: Entstehung und Entwicklung des Staates der Autonomien (Estado de las Autonomías) als historischer Prozeß, Frankfurt a. M. 2004.
Reinhardt, V.: Geschichte Italiens: Von der Spätantike bis zur Gegenwart, München 2006.
Rosas, F.: Vom Ständestaat zur Demokratie: Portugal im zwanzigsten Jahrhundert, München 1997.
Schmidt, P. (Hg.): Kleine Geschichte Spaniens, Stuttgart 2007.
Straub, E.: Das spanische Jahrhundert, München 2004.
Vones, L.: Geschichte der Iberischen Halbinsel im Mittelalter (711–1480): Reiche, Kronen, Regionen, Sigmaringen 1993.

Ostmitteleuropa, Osteuropa

Beyrau, D. (Hg.): Handbuch der Geschichte Weißrusslands, Göttingen 2001.
Davies, N.: Im Herzen Europas: Geschichte Polens, München [4]2006.
Garleff, M.: Die baltischen Länder: Estland, Lettland, Litauen vom Mittelalter bis zur Gegenwart, Regensburg 2001.
Hauszmann, J.: Ungarn: Vom Mittelalter bis zur Gegenwart, Regensburg 2004.
Hildermeier, M.: Geschichte der Sowjetunion 1917–1991: Entstehung und Niedergang des ersten sozialistischen Staates, München 2001.
Hoensch, J. K.: Geschichte Böhmens: Von der slavischen Landnahme bis zur Gegenwart, München 1997.
ders.: Geschichte der Tschechoslowakei, Stuttgart 1992.
ders.: Geschichte Polens, Stuttgart 1998.
Kappeler, A.: Kleine Geschichte der Ukraine, München 2000.
ders.: Russland als Vielvölkerreich: Entstehung–Geschichte–Zerfall, München 2008.
Kaufmann, W. u. a. (Hg.): Diaspora, Öl und Rosen. Zur innenpolitischen Entwicklung in Armenien, Aserbaidschan und Georgien, Berlin 2004.
Lerch, W. G.: Der Kaukasus: Nationalitäten, Religionen und Großmächte im Widerstreit, Hamburg 2000.
Luks, L.: Geschichte Russlands und der Sowjetunion, Regensburg 2000.
Oberländer, E. (Hg.): Autoritäre Regime in Ostmittel- und Südosteuropa 1919–1944, Paderborn 2001.
Schönfeld, R.: Slowakei: Vom Mittelalter bis zur Gegenwart, Regensburg 2000.

Südosteuropa

Bartl, P.: Albanien: Vom Mittelalter bis zur Gegenwart, Regensburg 1995.
ders.: Grundzüge der jugoslawischen Geschichte, Darmstadt 1985.
Härtel, H.-J.: Bulgarien: Vom Mittelalter bis zur Gegenwart, Regensburg 1998.
Hösch, E.: Geschichte der Balkanländer: Von der Frühzeit bis zur Gegenwart, München [4]2002.
ders.: Geschichte des Balkans, München 2007.
Hösler, J.: Slowenien: Von den Anfängen bis zur Gegenwart, Regensburg 2006.
Libal, W.: Die Serben: Blüte, Wahn und Katastrophe, München 1996.
Roth, H.: Kleine Geschichte Siebenbürgens, Böhlau, 2007.
Steindorff, L.: Kroatien: Vom Mittelalter bis zur Gegenwart, Regensburg 2001.
Tzermias, P. N.: Neugriechische Geschichte: Eine Einführung, Tübingen 1999.
Völkl, E.: Rumänien: Vom 19. Jahrhundert bis in die Gegenwart, Regensburg 1995.

Byzantinisches Reich, Osmanisches Reich, Türkei

Faroghi, S. N.: The Cambridge History of Turkey, Cambridge 2006–2008
Kreiser, K. u. a. (Hg.): Kleine Geschichte der Türkei, Stuttgart 2003.
ders.: Der osmanische Staat 1300–1922, München 2001.
Lilie, R.-J.: Byzanz und die Kreuzzüge, Stuttgart 2004.
ders.: Byzanz: Geschichte des oströmischen Reiches 326–1453, München 42005.
ders.: Einführung in die byzantinische Geschichte, Stuttgart 2007.
Schreiner, P.: Byzanz 565–1453, München 2007.
Zürcher, E. J.: Turkey. A Modern history, London 42004.

Asien

Naher und Mittlerer Osten

Bobzin, H.: Der Koran, München 62007.
ders.: Mohammed, München 2006.
Brown, C. L.: Diplomacy in the Middle East: The International relations of regional and outside Powers, London, New York 2001.
Gronke, M.: Geschichte Irans: Von der Islamisierung bis zur Gegenwart, München 2006.
Haarmann, U. u. a. (Hg.): Geschichte der arabischen Welt, München 52004.
Halm, H.: Das Reich des Mahdi: Der Aufstieg der Fatimiden (875–973), München 1991.
ders.: Der schiitische Islam: von der Religion zur Revolution, München 1994.
ders.: Die Kalifen von Kairo: Die Fatimiden in Ägypten 973–1074, München 2003.
Hoyland, R. G.: Arabia and the Arabs: From the Bronze Age to the coming of Islam, London 2003.
Owen, R.: State, Power and Politics in the Making of the Modern Middle East, New York 2004.
Pawelka, P.: Der Vordere Orient und die internationale Politik, Stuttgart 1993.
Roemer, H. R.: Persien auf dem Weg in die Neuzeit. Iranische Geschichte von 1350–1750, Darmstadt 1989.
Schippmann, K.: Geschichte der alt-südarabischen Reiche, Darmstadt 1998.
Schulze, R.: Geschichte der Islamischen Welt im 20. Jahrhundert, München 2002.
Seipel, W. (Hg.): Jemen. Kunst und Archäologie im Land der Königin von Saba', Wien 1998.
Smith, C. D.: Palestine and the Arab-Israeli conflict: A History with Documents, Basingstoke 62007.
Werner, E. u. a. (Hg.): Der Islam in der Gegenwart, München 52005.
Yapp, M.: The Making of the Modern Near East, 1792 – 1923, Londono 1989.

Zentralasien

Barfield, T.: The Perilous Frontier. Nomadic Empires and China, 221 BC to AD1757, Oxford 1992.
Chiari, B.: Afghanistan, Paderborn 2006.
Conermann, S.; Kusber, J. (Hg.): Die Mongolen in Asien und Europa, Frankfurt a. M. 1997.
Götz, R.; Halbach, U.: Politisches Lexikon GUS, München 1996
Gumppenberg, M.-C. u. a. (Hg.): Zentralasien: Geschichte, Politik, Wirtschaft. Ein Lexikon, München 2004
Pander, K.: Zentralasien: Usbekistan, Kirgistan, Tadschikistan, Turkmenistan, Kasachstan, Köln 62005.
Rashid, A.: Heiliger Krieg am Hindukusch: Der Kampf um Macht und Glauben in Zentralasien, München 2002.
Schetter, C.: Kleine Geschichte Afghanistans, München 2004.
Taube, M. (Hg.): Die Geheime Geschichte der Mongolen, München 1989.
Weiers, M.: Geschichte der Mongolen, Stuttgart 2004.

Ostasien

Chang, J.; Halliday, J.: Mao, Das Leben eines Mannes, Das Schicksal eines Volkes, München 2005.
Cumings, B.: Korea's Place in the Sun: A Modern History, New York 2005.
ders.: North Korea: Another country, New York 2004.
Dabringhaus, S.: Geschichte Chinas 1279–1949, München 2006.
Ebrey, P. B.: China. Eine illustrierte Geschichte, Frankfurt am Main 1996.
Eggert, M. u. a.: Kleine Geschichte Koreas, München 2005.
Hall, J. W.: Das Japanische Kaiserreich, Frankfurt a. M. 132003.
Inoue, K.: Geschichte Japans, Frankfurt a. M. 2003.
Klein, T.: Geschichte Chinas: Von 1800 bis zur Gegenwart, Paderborn 2007.
Kranewitter, R.: Dynamik der Religion: Schamanismus, Konfuzianismus, Buddhismus und Christentum in der Geschichte Koreas von der steinzeitlichen Besiedlung des Landes bis zum Ende des 20. Jahrhunderts, Wien 2005.
Lee, E.-J.: Korea im demokratischen Aufschwung. Politische Kultur und Kulturdiskurse, Leipzig 2005.
Osterhammel, J.: China und die Weltgesellschaft. Vom 18. Jahrhundert bis in unsere Zeit, München 1989.
Saich, T.: Governance and Politics of China, Basingstoke 2004.
Schmidt-Glintzer, H.: China: Vielvölkerreich und Einheitsstaat: von den Anfängen bis heute, München 1997.
Spence, J. D.: Chinas Weg in die Moderne, München 2001.

Südasien

Baxter, C.: Bangladesh: From Nation to a State, Boulder 1998.
Hinüber, O.: Indiens Weg in die Moderne: Geschichte und Kultur im 19. und 20. Jahrhundert, Aachen 2005.
Jaffrelot, C. (Hg.): A history of Pakistan and its origins, London 2004.
Kulke, H.: Indische Geschichte bis 1750, München 2005.
Kulke, H.; Rothermund, D.: Geschichte Indiens, Stuttgart/München 1998
Mann, M.: Geschichte Indiens: Vom 18. bis zum 21. Jahrhundert, Paderborn 2005.
Peebles, P.: The history of Sri Lanka, Westport 2006.
Whelpton, J.: A history of Nepal, Cambridge 2005.
Witzel, M.: Das alte Indien, München 2003.

Südostasien

Andaya, B. W. u. a.: A History of Malaysia, Basingstoke 2001.
Chandler, D. P.: A History of Cambodia, Boulder 2000.
Dahm, B. u. a. (Hg.): Südostasien-Handbuch: Geschichte, Gesellschaft, Politik, Wirtschaft, Kultur, München 1999.
Frey, M.: Geschichte des Vietnamkrieges. Die Tragödie in Asien und das Ende des amerikanischen Traums, München [7]2004.
Nguyen Khac Vien: Vietnam: A Long History, Hanoi 1999.
Reiterer, G. M.: Die Philippinen: Kontinuität und Wandel, Wien 1997.
Ricklefs, M. C.: A History of Modern Indonesia since c. 1200, Basingstoke 2000.
Stuart-Fox, M.: A History of Laos, Cambridge 1997.
Terwiel, B. J.: Thailand's Political History: From the Fall of Ayutthaya in 1767 to Recent Times, Bangkok 2005.
Trocki, C. A.: Singapore: Wealth, power and the culture of control, London 2008.
Wilson, T. (Hg.): Myanmar's Long Road to National Reconciliation, Singapore 2006.

Afrika

Anderson, D. u. a. (Hg.): Africa's Urban Past, Oxford 2000.
Ansprenger, F.: Geschichte Afrikas, München 2007.
Connah, G.: African civilizations: An archaeological perspective, Cambridge 2002.
Cooper, F.: Africa since 1940: The past of the present, Cambridge 2006.
Deutsch, J.-G. (Hg.): Geschichte in Afrika: Einführung in Probleme und Debatten, Berlin 1997.
Eckert, A.: Kolonialismus, Frankfurt am Main 2006.
Iliffe, J.: Geschichte Afrikas, München 2000.
Jones, A.: Zur Quellenproblematik der Geschichte Westafrikas: 1450–1900, Stuttgart 1990.
Lovejoy, P.: Transformations in slavery: A history of slavery in Africa, Cambridge 2006.
Marx, C.: Geschichte Afrikas: von 1800 bis zur Gegenwart, Paderborn 2004.
Speitkamp, W.: Kleine Geschichte Afrikas, Stuttgart 2007.

Amerika

Nordamerika, Vereinigte Staaten

Adams, W. P. u. a.: Die USA im 20. Jahrhundert, München 2007.
ders.: Die USA vor 1900, München 2000.
Angermann, E.: Die Vereinigten Staaten von Amerika als Weltmacht: Innen- und außenpolitische Entwicklungen seit 1917, Stuttgart 1997.
Bitterli, U.: Die »Wilden« und die »Zivilisierten«: Grundzüge einer Geistes- und Kulturgeschichte der europäisch-überseeischen Begegnung, München 2004.
ders.: Die Entdeckung Amerikas: Von Kolumbus bis Alexander von Humboldt, München 2006.
Depkat, V.: Geschichte Nordamerikas, Stuttgart 2006.
Fagan, B. M.: Das frühe Nordamerika: Archäologie eines Kontinentes, München 1993.
ders.: Die ersten Indianer: Das Abenteuer der Besiedlung Amerikas, München 1992.
Finzsch, N.: Konsolidierung und Dissens: Nordamerika von 1800 bis 1865, Münster 2005.
Franklin, J. H. u. a.: Von der Sklaverei zur Freiheit: Die Geschichte der Schwarzen in den USA, Berlin 1999.
Heideking , J. u. a. (Hg.): Geschichte der USA: Quellen zur Geschichte der USA, Tübingen 2007.
Maier, P.: Inventing America: A History of the United States, New York 2006.
Roark, J. L.: The American Promise: A History of the United States, Boston 2003.
Sautter, U.: Geschichte Kanadas, München 2007.
Schmidt, G. F.: Geschichte der USA, Darmstadt 2004.
Schnurmann, C.: Europa trifft Amerika: Atlantische Wirtschaft in der Frühen Neuzeit 1492–1783, Frankfurt a. M. 1998.
Schulze-Thulin, A.: Indianer der Urzeit: Die Clovis-Periode in Nordamerika, München 1995.
Schwabe, K.: Weltmacht und Weltordnung: Amerikanische Außenpolitik von 1898 bis zur Gegenwart. Eine Jahrhundertgeschichte, Paderborn 2007.
Wellenreuther, H.: Ausbildung und Neubildung: Die Geschichte Nordamerikas vom Ausgang des 17. Jahrhunderts bis zum Ausbruch der Amerikanischen Revolution 1775, Münster 2001.
ders.: Niedergang und Aufstieg: Geschichte Nordamerikas vom Beginn der Besiedlung bis zum Ausgang des 17. Jahrhunderts, Münster 2004.
ders.: Von Chaos und Krieg zu Ordnung und Frieden: Der Amerikanischen Revolution erster Teil, 1775–1783, Münster 2006.
Zinn, H.: A People's History of the United States 1492–Present, New York 2003.

Süd- und Mittelamerika

Bernecker, W. L.; Buve, R. T.; Fisher, J. R.; Pietschmann, H.; Tobler, H. W. (Hg.): Handbuch der Geschichte Lateinamerikas, 3 Bde., Stuttgart 1992–1996.
Bernecker, W. L.; Pietschmann, H.; Zoller, R.: Eine kleine Geschichte Brasiliens, Frankfurt a. M. 2006.
dies.: Eine kleine Geschichte Mexikos, Frankfurt a. M. 2007.
Bodemer, K.; Pagni, A.; Waldmann, P.: Argentinien heute: Politik, Wirtschaft, Kultur, Frankfurt a. M. 2002.
Bodemer, K.; Gratius, S.: Lateinamerika im internationalen System: zwischen Regionalismus und Globalisierung, Opladen 2003.
Ette, O. u. a. (Hg.): Kuba heute: Politik, Wirtschaft, Kultur, Frankfurt a. M. 2002.
König, H.-J.: Kleine Geschichte Lateinamerikas, Stuttgart 2006.
Kraus, M.: Ottomeyer, H. (Hg.): Novos Mundos – Neue Welten: Portugal und das Zeitalter der Entdeckungen, Dresden 2007.
Pieper, R.: Die Vermittlung einer Neuen Welt: Amerika im Nachrichtennetz des Habsburgischen Imperiums, 1493–1598, Mainz 2000.
Prem, H. J.: Geschichte Altamerikas, München 1989.

ders.: Die Azteken. Geschichte-Kultur-Religion, München 42006.
Riese, B.: Die Maya. Geschichte-Kultur-Religion, München 62006.
Werz, N.: Lateinamerika: Eine Einführung, Baden-Baden 2005.
Zeuske, M.: Kleine Geschichte Kubas, München 2007.
ders.: Von Bolívar zu Chávez: Die Geschichte Venezuelas, Zürich 2007.

Australien, Neuseeland und Ozeanien

Bader, R. (Hg.): Australien: Eine interdisziplinäre Einführung, Trier 2002.
Berndt, R.; Berndt C.: The World of the First Australians. Aboriginal Traditional Life – Past and Present, Canberra 51999.
Hiery, H. (Hg.): Die deutsche Südsee, 1884–1914. Ein Handbuch, Paderborn 2002.
Kaeppler, A. u. a.: Ozeanien: Kunst und Kultur, Freiburg 1994.
King, M.: The Penguin History of New Zealand, Auckland 2003.
Kreisel, W.: Die pazifische Inselwelt. Eine Länderkunde, Berlin 2004.
Sinclair, K.: A History of New Zealand, Auckland 42000.
Stöhr, W.: Melanesien: schwarze Inseln der Südsee, Köln 1972.
Voigt, J.: Australien, München 2000.
Wilpert, C. B.: Südsee: Inseln, Völker und Kulturen, Hamburg 1987.

Internationale Entwicklungen und Ereignisse

Europäisches Mittelalter

Angenendt, A.: Das Frühmittelalter. Die westliche Christenheit von 400 bis 900, Stuttgart 2001.
Bartlett, R.: Die Welt des Mittelalters: Kunst, Religion, Gesellschaft, Stuttgart 2001.
Bosl, K.: Europa im Mittelalter, Darmstadt 2005.
Frank, K. S.: Geschichte des christlichen Mönchtums, Darmstadt 51996.
Frank, I. W.: Lexikon des Mönchtums und der Orden, Stuttgart 2005.
Fuhrmann, H.: Die Päpste: von Petrus zu Johannes Paul II., München 2005.
Geary, P. J.: Die Merowinger: Europa vor Karl dem Großen, München 2004.
Goez, W.: Kirchenreform und Investiturstreit: 910–1122, Stuttgart 2000.
Hägermann, D. u. a. (Hg.): Das Mittelalter: Die Welt der Bauern, Bürger, Ritter und Mönche, Wien 2005.
Jaspert, N.: Die Kreuzzüge, Darmstadt 2006.
Mayer, H. E.: Geschichte der Kreuzzüge, Stuttgart 102005.
Meinhardt, M. (Hg.): Mittelalter, München 2007.
Meuthen, E.: Das 15. Jahrhundert, München 42006.
Mitterauer, M.: Warum Europa? Mittelalterliche Grundlagen eines Sonderwegs, München 42004.
Padberg, L. E. von: Christianisierung im Mittelalter, Stuttgart 2006.
Prietzel, M.: Das Heilige Römische Reich im Spätmittelalter, Darmstadt 2004.
Prinz, F.: Von Konstantin zu Karl dem Großen: Entfaltung und Wandel Europas, Düsseldorf 2000.
Schieffer, R.: Die Karolinger, Stuttgart 42006.
Schimmelpfennig, B.: Das Papsttum: Von der Antike bis zur Renaissance, Darmstadt 52005.
Schneidmüller, B. u. a. (Hg.): Heilig-Römisch-Deutsch: Das Reich im mittelalterlichen Europa, Dresden 2006.
Steimer, B. (Red.): Lexikon der Päpste und des Papsttums, Freiburg i. Br. 2001.
Wickham, C.: Framing the Early Middle Ages: Europe and the Mediterranean 400–800, Oxford 2005.

Neuzeit 1500 bis 1945

Bald, D.: Hiroshima. 6. August 1945 – Die nukleare Bedrohung, München 1999.
Baumgart, W.: Europäisches Konzert und nationale Bewegung: Internationale Beziehungen 1830–1878, Paderborn 2007.
Beck, T.: Kolumbus' Erben. Europäische Expansion und überseeische Ethnien im ersten Kolonialzeitalter 1415–1815, Darmstadt 1992.
Berghahn, V. R.: Der Erste Weltkrieg, München 2006.
Beyrau, D.: Schlachtfeld der Diktatoren: Osteuropa im Schatten von Hitler und Stalin, Göttingen 2000.
Bischof G.; Dupont, R. (Hg.): The Pacific War revisited, Baton Rouge 1997.
Duchardt, H.: Das Zeitalter des Absolutismus, München 1998.
Duchardt, H.; Knipping, F. (Hg.): Handbuch der Geschichte der Internationalen Beziehungen, 9 Bde., Paderborn 1997 ff.
Fisch, J.: Europa zwischen Wachstum und Gleichheit, 1850–1914, Stuttgart 2003.
Gall, L.: Europa auf dem Weg in die Moderne 1850–1890, München 42004.
Görtemaker, M.: Geschichte Europas 1850–1918, Stuttgart 2002.
Gruchmann, L.: Der Zweite Weltkrieg. Kriegführung und Politik, Wiesbaden 2004.
Hartmann, P. C.: Das Heilige Römische Reich deutscher Nation in der Neuzeit 1486–1806, Stuttgart 2005.
Hirschfeld, G.; Krumeich, G.; Schöningh, I. R. von (Hg.): Enzyklopädie Erster Weltkrieg, Paderborn 2004.
Langewiesche, D.: Europa zwischen Restauration und Revolution 1815–1849, München 52007.
Lutz, H.: Reformation und Gegenreformation, München 52002.
Martin, B.: Deutschland und Japan im Zweiten Weltkrieg, 1940–1945. Vom Angriff auf Pearl Habour bis zur deutschen Kapitulation, Hamburg 2001.
Mieck, I.: Europäische Geschichte der Frühen Neuzeit, Stuttgart 61998.
Mommsen, W. J.: Die Urkatastrophe Deutschlands. Der Erste Weltkrieg 1914 –1918, Stuttgart 2002.
Müller, R.-D.: Der letzte deutsche Krieg 1939–1945, Stuttgart 2005
ders.: Der Bombenkrieg 1939–1945, Berlin 2004.
Münch, P.: Lebensformen in der frühen Neuzeit:1500–1800, Berlin 1998.

Osterhammel, J.: Kolonialismus: Geschichte–Formen–Folgen, München [5]2006.
Pfister, C.: Bevölkerungsgeschichte und historische Demographie: 1500–1800, München 1994.
Post, W.: Die Ursachen des Zweiten Weltkrieges, Tübingen 2003.
Reinhard, W.: Kleine Geschichte des Kolonialismus, Stuttgart 1996.
ders.: Geschichte des modernen Staates, München 2007.
Salewski, M.: Der Erste Weltkrieg, Paderborn 2004.
Schilling, H.: Konfessionalisierung und Staatsinteressen: internationale Beziehungen 1559–1660, Paderborn 2007.
Schöllgen, G.: Das Zeitalter des Imperialismus, München [4]2000.
Schreiber, G.: Kurze Geschichte des Zweiten Weltkriegs, München 2005.
Schröder, H.-J.: Deutschland und Amerika in der Epoche des Ersten Weltkrieges 1900–1924, Stuttgart 1993.
Schroeder, P. W.: The Transformation of European Politics 1763–1848, Oxford 1994.
Strachan, H.: Der Erste Weltkrieg: Eine neue illustrierte Geschichte, München 2003.

Neuzeit seit 1945

Bender, P.: Die »Neue Ostpolitik« und ihre Folgen: Vom Mauerbau bis zur Vereinigung, München [4]1996.
Bernecker, W. L.: Port Harcourt. 10. November 1995 – Aufbruch und Elend in der Dritten Welt, München 1997.
Biermann, H.: John F. Kennedy und der Kalte Krieg: Die Außenpolitik der USA und die Grenzen der Glaubwürdigkeit, Paderborn 1997.
Dülffer, J.: Europa im Ost-West-Konflikt, 1945–1990, München 2004.
ders.: Jalta, 4. Februar 1945: Der Zweite Weltkrieg und die Entstehung der bipolaren Welt, München 1999.
Ende, W.; Steinbach, U. (Hg.): Der Islam in der Gegenwart, München [5]2005.
Frey, M.: Geschichte des Vietnamkriegs: die Tragödie in Asien und das Ende des amerikanischen Traums, München [8]2006.
Gantzel, K. u. a.: Die Kriege nach dem Zweiten Weltkrieg 1945–1992. Daten und Tendenzen, Münster 1999.
Gareis, S. u. a.: Die Vereinten Nationen: Aufgaben, Instrumente und Reformen, Opladen [4]2006.
Greiner, B. (Hg.): Heiße Kriege im Kalten Krieg, Hamburg 2006.
ders.: Kuba-Krise. 13 Tage im Oktober. Analysen, Dokumente, Zeitzeugen, Köln 1991.
Grinevskij, O.: Tauwetter: Entspannung, Krisen und neue Eiszeit, Berlin 1996.
Herbert, U. u. a. (Hg.): Kriegsende in Europa: vom Beginn des deutschen Machtzerfalls bis zur Stabilisierung der Nachkriegsordnung, 1944–1948, Essen 1998.
James, H.: Rambouillet, 15. November 1975: Die Globalisierung der Wirtschaft, München 1997.
Junker, D. (Hg.): Die USA und Deutschland im Zeitalter des Kalten Krieges 1945–1990. Ein Handbuch, Bd. 2, Stuttgart 2001.
Kaiser, K. (Hg.): Die neue Weltpolitik, Bonn 1995.
Leimgruber, W.: Kalter Krieg um Afrika: Die amerikanische Afrikapolitik unter Präsident Kennedy, Stuttgart 1990.
Loth, W.: Helsinki, 1. August 1975: Entspannung und Abrüstung, München 1998.
Nohlen, D. (Hg.): Lexikon Dritte Welt, Länder, Organisationen, Theorien, Begriffe, Personen, Hamburg 2002.
Osterhammel, J.; Petersson, N.: Geschichte der Globalisierung: Dimensionen, Prozesse, Epochen, München [4]2007.
Plato, A. von: Die Vereinigung Deutschlands – ein weltpolitisches Machtspiel: Bush, Kohl, Gorbatschow und die geheimen Moskauer Protokolle, Bonn 2003.
Stöver, B.: Der Kalte Krieg, München 2006.
ders.: Der Kalte Krieg: Geschichte eines radikalen Zeitalters 1947–91, München 2007.
ders.: Die Befreiung vom Kommunismus: Amerikanische Liberation Policy im Kalten Krieg 1947–1991, Köln 2002.
Subok, W.; Pleschakow, K.: Der Kreml im Kalten Krieg, Von 1945 bis zur Kubakrise, Hildesheim 1997.
Urban, K.: Das heiße Erbe des Kalten Krieges: Hinterlassenschaften und Hinterbliebene, München 2000.

Soziale, wissenschaftlich-technische und kulturelle Entwicklungen

Dülmen, R. van: Kultur und Alltag in der frühen Neuzeit, 3 Bde., München 1990–1994.
Eckart, W. U. u. a.: Medizingeschichte. Eine Einführung, Köln 2007.
Felt, U. u. a. (Hg.): Wissenschaftsforschung. Eine Einführung, Frankfurt a. M. 1995.
Hermand, J.: Deutsche Kulturgeschichte des 20. Jahrhunderts, Darmstadt 2006.
Honold, A. u. a. (Hg.): Mit Deutschland um die Welt. Eine Kulturgeschichte des Fremden in der Kolonialzeit, Stuttgart 2004.
Hörisch, J.: Eine Geschichte der Medien. Von der Oblate zum Internet, Frankfurt a. M. 2006.
Jahn, I. (Hg.): Geschichte der Biologie: Theorien, Methoden, Institutionen, Kurzbiographien, Berlin 2006.
Kleinschmidt, C.: Technik und Wirtschaft im 19. und 20. Jahrhundert, München 2007.
Lindberg, D. C.: Die Anfänge des abendländischen Wissens, München 2000.
Mehrtens, H.: Moderne – Sprache – Mathematik, Frankfurt a. M. 1990.
North, J. D.: Viewegs Geschichte der Astronomie und Kosmologie, Braunschweig 1997.
Paulinyi, A. u. a.: Mechanisierung und Maschinisierung: 1600 bis 1840, Berlin 2003.
Tschopp, S. S. u. a.: Grundfragen der Kulturgeschichte, Darmstadt 2007.
Vietta, S.: Europäische Kulturgeschichte. Eine Einführung, Paderborn 2007.
Wunder, H.: »Er ist die Sonn', sie ist der Mond«: Frauen in der Frühen Neuzeit, München 1992.

Abbildungsnachweise

23; 25 Prof. Dr. Gerd-Christian Weniger
74/75 Prof. Dr. Thomas Schneider
80/81 Redaktionsarchiv
83; 93; 98; 102 Prof. Dr. Walther Sallaberger
118 nach: Prof. Dr. Norbert Nebes
135 Prof. Dr. Diamantis Panagiotopoulos
151 Prof. Dr. Uwe Walter
155 Redaktionsarchiv
157 Prof. Dr. Uwe Walter
158 Redaktionsarchiv
162 nach: M. Meier, Könige von Sparta, in: Der Neue Pauly Supplemente 1: Herrscherchronologien der antiken Welt, Stuttgart/Weimar 2004, 180–183
167; 178; 180; 186; 187 oben; 187 unten Prof. Dr. Uwe Walter
212 Redaktionsarchiv
218 Prof. Dr. Uwe Walter nach Th. Hantos
224; 225 Redaktionsarchiv
226 L. R. Taylor, Roman Voting Assemblies, The University of Michigan Press, Ann Arbor 1966
228 Prof. Dr. Uwe Walter
229 Zahlen und Namen nach: K. Latte, Römische Religionsgeschichte, Handbuch der Altertumswissenschaft V. 4. C. H. Beck, München ^{2}1967
234 links Prof. Dr. Uwe Walter
234 rechts Redaktionsarchiv
255 Prof. Dr. Uwe Walter
257; 264; 278; 279 Redaktionsarchiv
297; 314 H. H. Schmitt, in: Lexikon der Alten Welt, Artemis, Zürich, Stuttgart 1965
356 nach: H. Wolfram: Das Reich und die Germanen, Siedler, München 1998
380; 381; 404; 417 Redaktionsarchiv
422 L. Bacci: Europa und seine Menschen. Eine Bevölkerungsgeschichte, C. H. Beck, München 1999
430 links oben; 430 links unten; 430 rechts; 431 links; 431 rechts; 432; 434; 440; 446; 455 Redaktionsarchiv
469 Prof. Dr. Walther Kienast
476; 483; 489 Redaktionsarchiv
500; 505 Prof. Dr. Walther Kienast
511; 513 Redaktionsarchiv
521 Prof. Dr. Walther Kienast
523; 524 Redaktionsarchiv
563; 565; 569 Prof. Dr. Walther Kienast
573 Prof. Dr. Hans Hecker
576 Redaktionsarchiv
580 Prof. Dr. Walther Kienast
581; 588 Redaktionsarchiv
597 Prof. Dr. Walther Kienast
612 Prof. Dr. Hans Hecker
615 Prof. Dr. Walther Kienast
620/621 Prof. Dr. Hans Hecker
659; 661; 680; 682; 694 Redaktionsarchiv
713 nach: W. Reinhard, Parasit oder Partner, Europäische Wirtschaft und Neue Welt 1500–1800, LIT Verlag, München 1997; P. C. Curtin, The Atlantic Slave Trade. A Census, Madison 1969; P. E. Lovejoy, The Volume of the Atlantic Slave Trade. A Synthesis, in: Journal of African History 23/24, 1982
742 unten D. S. Landes, Der entfesselte Prometheus, Kiepenheuer & Witsch, Köln 1973
742 rechts; 743 oben Redaktionsarchiv
743 unten J. Kuczynski, Studien zur Geschichte des Kapitalismus, Akademie-Verlag, Berlin 1957
744; 745; 758; 760; 761 Redaktionsarchiv
766 Nauticus XVI, Mittler, Herford 1914
768; 769; 771; 775; 780; 783 Redaktionsarchiv
792 Wissen im Überblick, Die Weltgeschichte, Verlag Herder, Freiburg i. Br. 1971
801 Redaktionsarchiv
802; 807 Prof. Dr. Rolf-Dieter Müller
810 H.-A. Jacobsen, Der Weg zur Teilung der Welt, Verlag Wehr und Wissen, Koblenz, Bonn 1977
815 G. Reitlinger, Die Endlösung, Colloqium, Berlin 1956
817 Prof. Dr. Rolf-Dieter Müller
818 Berechnungen nach: W. Benz, Dimension des Völkermords, Deutscher Taschenbuch Verlag, München 1996
828 verändert nach: Prof. Dr. Jürgen Rohwer
836 links Redaktionsarchiv
836 rechts; 839; 843 Prof. Dr. Rolf-Dieter Müller
874/875 Putzger Historischer Weltatlas, Cornelsen, Berlin 2001
880 verändert nach: V. Press, D. Stievermann (Hg.), Martin Luther. Probleme seiner Zeit, Klett-Cotta, Stuttgart 1986
894 Redaktionsarchiv
897 Fragen an die Geschichte, hg. v. H. D. Schmidt, II. Hirschgraben, Frankfurt a. M. 1975
898/899 Putzger Historischer Weltatlas, Cornelsen, Berlin 2001
907 Prof. Dr. Gabriele Haug-Moriz
914/915 Putzger Historischer Weltatlas, Cornelsen, Berlin 2001
917 Redaktionsarchiv
918 R. Mandrou, Staatrsäson und Vernunft, Propyläen Geschichte Europas III, Propyläen Verlag in der Ullstein Buchverlage Gmbh, Berlin 1976
922; 924 Redaktionsarchiv
925; 927 E. Weis, Der Durchbruch des Bürgertums, Propyläen Geschichte Europas IV, Propyläen Verlag in der Ullstein Buchverlage Gmbh, Berlin 1978
932 E. R. Huber, Deutsche Verfassungsgeschichte seit 1789, Band 2: Der Kampf um Einheit und Freiheit 1830–1850, Kohlhammer, Stuttgart ^{3}1975
934; 935; 936; 943; 944 Redaktionsarchiv
945 Das Deutsche Kaiserreich 1871–1914, hg. v. G. A. Ritter, Vandenhoeck & Ruprecht, Göttingen ^{2}1975
948 Handbuch der deutschen Wirtschafts- und Sozialgeschichte, hg. v. H. Aubin u. W. Zorn, Band 2: Das 19. und 20. Jahrhundert. Ernst Klett Verlag, Stuttgart 1976
951; 955 Redaktionsarchiv
956 Handbuch der deutschen Wirtschafts- und Sozialgeschichte, hg. v. H. Aubin u. W. Zorn, II. Ernst Klett Verlag, Stuttgart 1976
957; 959; 962; 963 links; 963 rechts; 964 links; 964 rechts Redaktionsarchiv
965 T. W. Mason, Sozialpolitik im dritten Reich, Westdeutscher Verlag, Opladen ^{2}1978
966; 967; 968 links; 968 rechts Redaktionsarchiv
969 Mathilde Jamin, Zwischen den Klassen, Peter Hammer Verlag, Wuppertal 1984
970 Redaktionsarchiv
971 Prof. Dr. Volker Hentschel, Mainz
972; 973/974 Redaktionsarchiv
975 Informationen zur politischen Bildung 123, 126, 127: Der Nationalsozialismus, Bonn (Bundeszentrale für politische Bildung), 1982
978 Redaktionsarchiv
979 Das Parlament, 3. Sept. 1977
981 Handbuch der deutschen Wirtschafts- und Sozialgeschichte, hg. v. H. Aubin u. W. Zorn, II. Ernst Klett Verlag, Stuttgart 1976
1004; 1012; 1023; 1025; 1034; 1038; 1044 Redaktionsarchiv
1053 Prof. Dr. Michael Erbe
1054 E. W. Zeeden, Hegemonialkriege und Gluabenskämpfe, Propyläen Geschichte Europas II, Propyläen Verlag in der Ullstein Buchverlage Gmbh, Berlin 1977
1065; 1078 Redaktionsarchiv
1083 nach: E. J. Hamilton, American Treasure and the Price Revolution in Spain 1501–1659, Harvard University Press, Cambridge, Mass. 1934; M. Morineau, Incroyables gazettes et fabuleux métaux, Cambridge University Press, Paris 1985; H. S. Klein 1998
1089 Redaktionsarchiv
1095; 1099 Ulrich Bracher
1111 Prof. Dr. Walther Kienast
1116; 1125; 1127 Redaktionsarchiv
1135 Die Russischen politischen Parteien von 1905–1907, hg. v. P. Scheibert, Wissenschaftliche Buchgesellschaft, Darmstadt 1972
1136; 1171 Redaktionsarchiv
1188 J. McCarthy: The Population of Palestine. Population history and statistics of the late Ottoman period and the Mandate, New York 1990
1212; 1213; 1285; 1286; 1288; 1299 Redaktionsarchiv
1337 nach: R. Owen, Cotton and the Egyptian Economy 1820–1914, Clarendon Press, Oxford 1969; R. Marbo: The Egyptian Economy 1952–1972, Oxford 1974
1377; 1405; 1419; 1421; 1434/1435; 1441; 1444; 1458; 1460; 1461; 1462 links; 1462 rechts; 1463; 1464; 1465 oben; 1465 unten; 1466; 1467 links; 1467 rechts; 1468 Redaktionsarchiv
1472 Arbeitsgemeinschaft 13. August e.V. /Mauermuseum, Museum Haus am Checkpoint Charlie, Berlin; zitiert nach J. Ritter/P. J. Lapp: Die Grenze. Ein deutsches Bauwerk, Ch. Links Verlag, Berlin 1997
1473 Statistische Bundesamt, DDR 1990, Metzler Poeschel, Stuttgart
1474 Redaktionsarchiv
1476 Statistische Bundesamt, DDR 1990, Metzler Poeschel, Stuttgart
1478; 1479; 1480; 1481; 1482; 1484; 1485; 1487; 1488; 1489; 1495; 1497; 1499; 1510; 1512; 1523; 1528 Redaktionsarchiv
1571 Prof. Dr. Hans Hecker
1572 Redaktionsarchiv
1597 Zahlen nach: I. Geiss, Der Jugoslawienkrieg, Diesterweg, Frankfurt a.M. 1993
1625; 1626; 1629 Prof. Dr. Thomas Philipp
1659 P. Lemarchand & L. Radi: Israel und Palästina morgen: Ein geopolitischer Atlas, Westermann, Braunschweig 1997
1693; 1743; 1798; 1803; 1804; 1805; 1806; 1808; 1809; 1810; 1811; 1813; 1815; 1816; 1818; 1820 Redaktionsarchiv
1888 Prof. Dr. Andreas Eckert
1987 Redaktionsarchiv